D1727125

Münchener Kommentar zum Bürgerlichen Gesetzbuch

Herausgegeben von

Dr. Dr. Dres. h.c. Franz Jürgen Säcker
(em.) Professor an der Freien Universität Berlin

Dr. Roland Rixecker
Präsident des Saarländischen Oberlandesgerichts a.D.
Präsident des Verfassungsgerichtshofs des Saarlandes
Honorarprofessor an der Universität des Saarlandes

Dr. Hartmut Oetker
Professor an der Universität Kiel
Richter am Oberlandesgericht Jena a.D.

Bettina Limperg
Präsidentin des Bundesgerichtshofs, Karlsruhe

Band 13
Internationales Privatrecht II
Internationales Wirtschaftsrecht
Einführungsgesetz zum Bürgerlichen Gesetzbuche (Art. 50–253)
WBVG

Die einzelnen Bände des Münchener Kommentars zum BGB

Band 1: Einleitung und Allgemeiner Teil
§§ 1–240 · AllgPersönlR · ProstG · AGG
Redakteurin: Prof. Dr. Claudia Schubert

Band 2: Schuldrecht · Allgemeiner Teil I
§§ 241–310
Redakteur: Vors. Richter am BGH a.D. Prof. Dr. Wolfgang Krüger

Band 3: Schuldrecht · Allgemeiner Teil II
§§ 311–432
Redakteur: Vors. Richter am BGH a.D. Prof. Dr. Wolfgang Krüger

Band 4: Schuldrecht · Besonderer Teil I (in zwei Halbbänden)
§§ 433–534 · Finanzierungsleasing · CISG
Redakteur: Prof. Dr. Hartmut Oetker

Band 5: Schuldrecht · Besonderer Teil II
§§ 535–630h · HeizkostenV · BetrKV · EFZG · TzBfG · KSchG
Redakteure: Prof. Dr. Martin Henssler/Prof. Dr. Wolfgang Krüger

Band 6: Schuldrecht · Besonderer Teil III
§§ 630–704
Redakteur: Prof. Dr. Martin Henssler

Band 7: Schuldrecht · Besonderer Teil IV
§§ 705–853 · PartGG · ProdHaftG
Redakteur: Prof. Dr. Mathias Habersack

Band 8: Sachenrecht
§§ 854–1296 · WEG · ErbbauRG
Redakteur: Richter des BVerfG a.D. Prof. Dr. Reinhard Gaier

Band 9: Familienrecht I
§§ 1297–1588 · GewSchG · VersAusglG · LPartG
Redakteurin: Prof. Dr. Elisabeth Koch

Band 10: Familienrecht II
§§ 1589–1921 · SGB VIII
Redakteur: Prof. Dr. Dr. h.c. Dieter Schwab

Band 11: Erbrecht
§§ 1922–2385 · §§ 27–35 BeurkG
Redakteurin: Richterin des BVerfG Dr. Sibylle Kessal-Wulf

Band 12: IPR I
Redakteur: Prof. Dr. Jan v. Hein

Band 13: IPR II · IntWR · Art. 50–253 EGBGB · WBVG
Redakteur: Prof. Dr. Jan v. Hein

Münchener Kommentar zum Bürgerlichen Gesetzbuch

Band 13

Internationales Privatrecht II

Internationales Wirtschaftsrecht

Einführungsgesetz zum Bürgerlichen Gesetzbuche (Art. 50–253)

WBVG

Redakteur:

Dr. Jan v. Hein

Professor an der Universität Freiburg

9. Auflage 2025

Zitiervorschlag:
MüKoBGB/Bearbeiter § … Rn. …

beck.de

ISBN 976 3 406 76683 1

Wilhelmstraße 9, 80801 München
info@beck.de
Druck: Druckerei C.H. Beck Nördlingen
(Adresse wie Verlag)

Satz: Meta Systems Publishing & Printservices GmbH, Wustermark
Umschlag: Druckerei C.H.Beck Nördlingen

chbeck.de/nachhaltig
produktsicherheit.beck.de

Gedruckt auf säurefreiem, alterungsbeständigem Papier
(hergestellt aus chlorfrei gebleichtem Zellstoff)

Die Bearbeiterinnen und Bearbeiter des dreizehnten Bandes

Dr. Markus Artz
Professor an der Universität Bielefeld

Hans-Jürgen Bieber
Vorsitzender Richter am Kammergericht Berlin a.D.

Dr. Jan Busche
Professor an der Universität Düsseldorf

Dr. Matthias Casper
Professor an der Universität Münster

Dr. Josef Drexl, LL.M.
Direktor des Max-Planck-Instituts für Innovation und Wettbewerb, München, Honorarprofessor an der Universität München

Dr. Thomas Finkenauer
Professor an der Universität Tübingen

Dr. Matteo Fornasier, LL.M.
Professor an der Universität Bochum

Dr. Martin Franzen
Professor an der Universität München

Jörn Fritsche
Richter am Bundesgerichtshof, Karlsruhe

Dr. Tobias Fröschle
Professor an der Universität Siegen

Dr. Reinhard Gaier
Richter des Bundesverfassungsgerichts a.D., Honorarprofessor der Universität Hannover

Dr. jur. Dr. phil. Herbert Grziwotz
Notar in Regen und Zwiesel, Honorarprofessor der Universität Regensburg

Dr. Helmut Grothe
Professor an der Freien Universität Berlin

Dr. jur. Dr. phil. Stefan Grundmann, LL.M.
Professor an der Humboldt-Universität Berlin

Dr. Jan Dirk Harke
Professor an der Universität Jena, Richter am Oberlandesgericht a.D.

Dr. Martin Häublein
Professor an der Universität Innsbruck

Dr. Peter W. Heermann, LL.M.
Professor an der Universität Bayreuth

Dr. Jan v. Hein
Professor an der Universität Freiburg

Die Bearbeiterinnen und Bearbeiter des dreizehnten Bandes

Heike Hennemann
Vorsitzende Richterin am Kammergericht, Berlin

Dr. Peter Huber
Professor an der Universität Mainz

Dr. Abbo Junker
Direktor des Zentrums für Arbeitsbeziehungen und Arbeitsrecht (ZAAR) an der Universität München, Professor em. an der Universität München

Dr. Dr. h.c. Peter Kindler
Professor an der Universität München

Dr. Jens Kleinschmidt, LL.M.
Professor an der Universität Trier

Dr. Elisabeth Koch
Professorin em. an der Universität Jena

Dr. Jürgen Kohler
Professor em. an der Universität Greifswald

Dr. Wolfgang Krüger
Vorsitzender Richter am Bundesgerichtshof a.D., Honorarprofessor an der Universität Bonn

Dr. Matthias Lehmann, D.E.A., LL.M., J.S.D.
Professor an der Universität Wien

Dr. Dieter Leipold
Professor em. an der Universität Freiburg

Dr. Lars Leuschner
Professor an der Universität Osnabrück

Prof. Dr. Dr. h.c. Volker Lipp
Professor an der Universität Göttingen

Dr. Dirk Looschelders
Professor an der Universität Düsseldorf

Dr. Dieter Martiny
Professor em. an der Universität Frankfurt/Oder

Dr. Felix Maultzsch, LL.M.
Professor an der Universität Frankfurt am Main

Dr. Axel Metzger, LL.M.
Professor an der Universität Hamburg

Dr. Christof Münch
Notar in Kitzingen

Dr. Hartmut Oetker
Professor an der Universität Kiel, Richter am Thüringer Oberlandesgericht a.D.

Dr. Karin Raude
Notarin in Aachen

Dr. Bettina Konstanze Rentsch, LL.M.
Professorin an der Freien Universität Berlin

Die Bearbeiterinnen und Bearbeiter des dreizehnten Bandes

Mathis Rudy
Vorsitzender Richter am Landgericht Nürnberg-Fürth

Dr. Karl August Prinz von Sachsen Gessaphe
Professor an der FernUniversität Hagen

Dr. jur. Dr. rer. pol. Dres. h.c. Franz Jürgen Säcker
Professor em. an der Freien Universität Berlin

Dr. Carsten Schäfer
Professor an der Universität Mannheim

Dr. Angie Schneider
Professorin an der Universität Bremen

Hauke Schäfer
Richter am Oberlandesgericht Rostock

Dr. Kerstin Tillmanns
Professorin an der FernUniversität Hagen

Dr. Klaus Tonner
Professor em. an der Universität Rostock

Dr. Gerhard Wagner, LL.M.
Professor an der Humboldt-Universität Berlin

Dr. Christoph Andreas Weber
Privatdozent an der Universität München, Rechtsanwalt in Frankfurt am Main

Dr. Birgit Weitemeyer
Professorin an der Bucerius Law School, Hamburg

Dr. Marina Wellenhofer
Professorin an der Universität Frankfurt am Main

Dr. Christiane Wendehorst, LL.M.
Professorin an der Universität Wien

Dr. Wolfgang Wurmnest, LL.M.
Professor an der Universität Hamburg

Im Einzelnen haben bearbeitet

Rom I-VO Art. 1–9	Dr. Dieter Martiny
Rom I-VO Art. 10–13	Dr. Jens Kleinschmidt
Rom I-VO Art. 14–16	Dr. Dieter Martiny
Rom I-VO Art. 17, 18	Dr. Jens Kleinschmidt
Rom I-VO Art. 19–29	Dr. Dieter Martiny
EGBGB Art. 46b, 46c, 46d	Dr. Dieter Martiny
Rom II-VO Art. 1–5	Dr. Abbo Junker
Rom II-VO Art. 6 Abs. 1, 2 mit IntLautR	Dr. Josef Drexl
Rom II-VO Art. 6 Abs. 3, 4 mit Int-WettbR/IntKartellR	Dr. Wolfgang Wurmnest
Rom II-VO Art. 7	Dr. Abbo Junker
Rom II-VO Art. 8 mit IntImmGR	Dr. Josef Drexl
Rom II-VO Art. 9–32	Dr. Abbo Junker
EGBGB Art. 38–42	Dr. Abbo Junker
EGBGB Art. 46a	Dr. Abbo Junker
EGBGB Art. 43–46	Dr. Christiane Wendehorst
EGBGB Anh. Art. 46: IntEnteignungsR	Dr. Christiane Wendehorst
IntGesR	Dr. Dr. h.c. Peter Kindler
IntInsR	Dr. Dr. h.c. Peter Kindler
IntFinMarktR	Dr. Matthias Lehmann
EGBGB Art. 50–95	Dr. Dr. Dres. h.c. Franz Jürgen Säcker
EGBGB Art. 96	Dr. Karin Raude
EGBGB Art. 97–137	Dr. Dr. Dres. h.c. Franz Jürgen Säcker
EGBGB Art. 138–140	Mathis Rudy
EGBGB Art. 141–143	Dr. Dr. Dres. h.c. Franz Jürgen Säcker
EGBGB Art. 144–151	Dr. Kerstin Tillmanns
EGBGB Art. 152–168	Dr. Dr. Dres. h.c. Franz Jürgen Säcker
EGBGB Art. 169	Dr. Helmut Grothe
EGBGB Art. 170	Dr. Wolfgang Krüger
EGBGB Art. 171–218	Dr. Dr. Dres. h.c. Franz Jürgen Säcker
EGBGB Art. 219	Dr. Jan Dirk Harke
EGBGB Art. 220	Dr. Jan v. Hein
EGBGB Art. 221, 222	Dr. Hartmut Oetker
EGBGB Art. 223	Dr. Karl August Prinz von Sachsen Gessaphe
EGBGB Art. 223a	Dr. Dr. Dres. h.c. Franz Jürgen Säcker
EGBGB Art. 224 § 1	Dr. Marina Wellenhofer
EGBGB Art. 224 § 2	Heike Hennemann
EGBGB Art. 224 § 3	Dr. Karl August Prinz von Sachsen Gessaphe
EGBGB Art. 225	Dr. Jan Busche
EGBGB Art. 226	Dr. Marina Wellenhofer
EGBGB Art. 227	Dr. Dieter Leipold
EGBGB Art. 228	Dr. Matthias Casper
EGBGB Art. 229 § 1	Dr. Jan Busche
EGBGB Art. 229 § 2	Dr. Wolfgang Krüger
EGBGB Art. 229 § 3	Hans-Jürgen Bieber
EGBGB Art. 229 § 4	Dr. Klaus Tonner
EGBGB Art. 229 § 5	Dr. Wolfgang Krüger
EGBGB Art. 229 § 6	Dr. Helmut Grothe

Bearbeiterverzeichnis

EGBGB Art. 229 § 7	Dr. jur. Dr. phil. Stefan Grundmann
EGBGB Art. 229 § 8	Dr. Hartmut Oetker
EGBGB Art. 229 § 9	Dr. Christoph Andreas Weber
EGBGB Art. 229 § 10	Dr. Marina Wellenhofer
EGBGB Art. 229 § 11	Dr. Christiane Wendehorst
EGBGB Art. 229 §§ 12, 13	Dr. Helmut Grothe
EGBGB Art. 229 § 14	Dr. Tobias Fröschle
EGBGB Art. 229 § 15	Dr. Peter Huber
EGBGB Art. 229 §§ 16, 17	Dr. Marina Wellenhofer
EGBGB Art. 229 § 18	Dr. Christoph Andreas Weber
EGBGB Art. 229 § 19	Dr. Jan Busche
EGBGB Art. 229 § 20	Dr. Elisabeth Koch
EGBGB Art. 229 § 21	Hauke Schäfer
EGBGB Art. 229 § 22 Abs. 1	Dr. Matthias Casper
EGBGB Art. 229 § 22 Abs. 2, 3	Dr. Christoph Andreas Weber
EGBGB Art. 229 § 23	Dr. Helmut Grothe
EGBGB Art. 229 § 24	Dr. Lars Leuschner
EGBGB Art. 229 § 25	Dr. Martin Franzen
EGBGB Art. 229 § 26	Dr. Marina Wellenhofer
EGBGB Art. 229 § 27	Dr. Christiane Wendehorst
EGBGB Art. 229 § 28	Dr. Bettina Konstanze Rentsch
EGBGB Art. 229 § 29	Hans-Jürgen Bieber
EGBGB Art. 229 § 30	Dr. Peter Huber
EGBGB Art. 229 § 31	Dr. Helmut Grothe
EGBGB Art. 229 § 32	Dr. Christiane Wendehorst
EGBGB Art. 229 § 33	Dr. Peter W. Heermann
EGBGB Art. 229 § 34	Dr. Wolfgang Krüger
EGBGB Art. 229 § 35	Dr. Markus Artz
EGBGB Art. 229 § 36	Dr. jur. Dr. phil. Herbert Grziwotz
EGBGB Art. 229 § 37	Dr. Wolfgang Wurmnest
EGBGB Art. 229 § 38 Abs. 1, 2	Dr. Christoph Andreas Weber
EGBGB Art. 229 § 38 Abs. 3–8	Jörn Fritsche
EGBGB Art. 229 § 39	Dr. Jan Busche
EGBGB Art. 229 § 40	Dr. Christoph Andreas Weber
EGBGB Art. 229 § 41	Dr. Jens Kleinschmidt
EGBGB Art. 229 § 42	Dr. Klaus Tonner
EGBGB Art. 229 § 43	Dr. Gerhard Wagner
EGBGB Art. 229 § 44	Dr. Marina Wellenhofer
EGBGB Art. 229 § 45	Dr. Matthias Casper
EGBGB Art. 229 § 46	Dr. Marina Wellenhofer
EGBGB Art. 229 § 47	Dr. Dirk Looschelders
EGBGB Art. 229 § 48	Dr. Bettina Konstanze Rentsch
EGBGB Art. 229 §§ 49–51	Dr. Markus Artz
EGBGB Art. 229 § 52	Dr. Volker Lipp
EGBGB Art. 229 § 53	Dr. Christoph Althammer
EGBGB Art. 229 § 54	Dr. Angie Schneider
EGBGB Art. 229 § 55	Dr. Peter Huber
EGBGB Art. 229 § 56	Dr. Klaus Tonner
EGBGB Art. 229 § 57	Dr. Axel Metzger
EGBGB Art. 229 § 58	Dr. Felix Maultzsch
EGBGB Art. 229 § 59	Dr. Birgit Weitemeyer
EGBGB Art. 229 § 60	Dr. Wolfgang Wurmnest
EGBGB Art. 229 § 61	Dr. Carsten Schäfer
EGBGB Art. 229 § 62	Dr. Markus Artz

Verzeichnis der ausgeschiedenen und teilweise ausgeschiedenen Bearbeiter

Prof. Dr. Rolf Birk: Vor Art. 7–Art. 9, Vor Art. 24–26, 24–26 EGBGB: 1. Aufl. 1983; Art. 7–Art. 10 Anh., Art. 25, 26 EGBGB: 2. Aufl. 1990, 3. Aufl. 1998, 4. Aufl. 2006, 5. Aufl. 2010

Prof. Dr. Jürgen Damrau: Art. 137, 198–212 EGBGB: 1. Aufl. 1983, 2. Aufl. 1990, 3. Aufl. 1999, 4. Aufl. 2006, 5. Aufl. 2010

Prof. Dr. Dr. Carsten Thomas Ebenroth: Nach Art. 10 EGBGB: 1. Aufl. 1983, 2. Aufl. 1990

Börries von Feldmann: Art. 169 EGBGB: 1. Aufl. 1983, 2. Aufl. 1990

Dr. Mathias Habersack: Art. 96 EGBGB: 4. Aufl. 2006, 5. Aufl. 2010, 6. Aufl. 2015, 7. Aufl. 2018

Prof. Dr. Helmut Heinrichs: Art. 170 EGBGB: 1. Aufl. 1983, 2. Aufl. 1990, 3. Aufl. 1999

Prof. Dr. Dr. h.c. Ulrich Immenga: IntWettbR/IntKartellR: 1. Aufl. 1983, 2. Aufl. 1990, 3. Aufl. 1999, 4. Aufl. 2006, 5. Aufl. 2010, 6. Aufl. 2015, 7. Aufl. 2018

Prof. Dr. Karl Kreuzer: Einl. IPR Abschn. K, Art. 12–Nach Art. 12 Anh. III, Art. 30–31 EGBGB: 1. Aufl. 1983; Vor Art. 38–Nach Art. 38 Anh. III EGBGB: 2. Aufl. 1990, 3. Aufl. 1998

Dr. Horst Klinkhardt: Art. 20–Nach Art. 23 Anh. EGBGB: 1. Aufl. 1983; Art. 20–Art. 24 Anh. EGBGB: 2. Aufl. 1990; Art. 19, Art. 20–Art. 24 Anh. EGBGB: 3. Aufl. 1998; Art. 19–Art. 19 Anh. II, Art. 20, 21, Art. 22–Art. 24 Anh. EGBGB: 4. Aufl. 2006, 5. Aufl. 2010

Prof. Dr. Egon Lorenz: Art. 17–Nach Art. 17 EGBGB: 1. Aufl. 1983

Prof. Dr. Dieter Martiny: Vor Art. 12 EGBGB: 1. Aufl. 1983; Vor Art. 27–Art. 37 EGBGB: 2. Aufl. 1990; Vor Art. 27–Art. 30, Art. 33–37 EGBGB: 3. Aufl. 1998, 4. Aufl. 2006

Bearbeiterverzeichnis

Prof. Dr. Hans Jürgen Papier: Art. 52–53a, 54, 79–81, 91, 104, 106, 109, 113, 132, 133 EGBGB: 1. Aufl. 1983, 2. Aufl. 1990

Prof. Dr. Hans Peter Pecher: Art. 96 EGBGB: 1. Aufl. 1983, 2. Aufl. 1990, 3. Aufl. 1999

Prof. Dr. Michael Schwimann: Vor Art. 13–Nach Art. 13 Anh., Art. 18–19 EGBGB: 1. Aufl. 1983; Vor Art. 13–Art. 13 Anh., Art. 19 EGBGB: 2. Aufl. 1990

Prof. Dr. Dr. Franz Jürgen Säcker: Art. 3–6, 31–51 EGBGB: 1. Aufl. 1983

Prof. Dr. Anton Schnyder: IntKapMarktR: 5. Aufl. 2010

Prof. Dr. Jan Schürnbrand: Art. 229 §§ 9, 18, 38 Abs. 1, 2, 40 EGBGB, Art. 247, 247a EGBGB: 6. Aufl. 2015, 7. Aufl. 2018

Prof. Dr. Kurt Siehr: Art. 14–Nach Art. 16 Anh. II, Nach Art. 19 Anh. I, II EGBGB: 1. Aufl. 1983; Art. 14–Art. 16 Anh., Art. 18–Art. 18 Anh. II, Art. 19 Anh. EGBGB: 2. Aufl. 1990; Art. 14–Art. 16 Anh., Art. 18–Art. 18 Anh. II, Art. 19 Anh. I–IV EGBGB: 3. Aufl. 1998; Art. 14–Art. 16 Anh., Art. 18–Art. 18 Anh. II, Art. 21 Anh. I–IV EGBGB: 4. Aufl. 2006, 5. Aufl. 2010; Art. 220 EGBGB: 5. Aufl. 2010; EuEheVO (= Brüssel IIa-VO), EuUnthVO mit HUP, EuSorgeRÜbk, KindEntfÜbk, Art. 14–16 Anh. EGBGB: 6. Aufl. 2015

Dr. Manfred Skibbe: Art. 138–140, 147, 148 EGBGB: 1. Aufl. 1983, 2. Aufl. 1990

Prof. Dr. Hans Jürgen Sonnenberger: Einl. IPR Abschn. A–I, L, Art. 27–Nach Art. 29 Anh. II EGBGB: 1. Aufl. 1983; Einl. IPR, Art. 3–6, 220 EGBGB: 2. Aufl. 1990; Einl. IPR, Art. 3–6 EGBGB: 3. Aufl. 1998; Art. 220 EGBGB: 3. Aufl. 1999; Einl. IPR, Art. 3–6, Art. 220 EGBGB: 4. Aufl. 2006, 5. Aufl. 2010

Prof. Dr. Dr. h.c. Ulrich Spellenberg: Art. 31, 32 EGBGB: 3. Aufl. 1998, 4. Aufl. 2006; Art. 10–13, 17, 18 Rom I-VO: 5. Aufl. 2010, 6. Aufl. 2015, 7. Aufl. 2018, 8. Aufl. 2021; Art. 229 § 41 EGBGB: 7. Aufl. 2018, 8. Aufl. 2021

Rudi Voelskow: Vor Art. 219, Art. 219 EGBGB: 2. Aufl. 1990, 3. Aufl. 1999

Prof. Dr. Thomas Wagenitz: Art. 229 § 14 EGBGB: 4. Aufl. 2006, 5. Aufl. 2010, 6. Aufl. 2015

Vorwort

Die 9. Auflage enthält das Internationale Privatrecht (IPR) in den Bänden 12 und 13. Band 12 erfasst wie bisher den Allgemeinen Teil des IPR, das IPR der natürlichen Personen und der Rechtsgeschäfte sowie das Internationale Familien- und Erbrecht. In Band 13 finden sich das IPR der vertraglichen und außervertraglichen Schuldverhältnisse, das Internationale Sachenrecht sowie besondere wirtschaftsrechtliche Materien (Internationales Immaterialgüterrecht, Wettbewerbs- und Lauterkeitsrecht, Gesellschafts-, Insolvenz- und Finanzmarktrecht). Das intertemporale Kollisionsrecht und sonstige EGBGB-Bestimmungen (Art. 50 ff. EGBGB) sind ebenfalls in Band 13 enthalten.

Außer der selbstverständlichen Aktualisierung und Einarbeitung der Gesetzgebung und Rechtsprechung sowie neuerer wissenschaftlicher Erkenntnisse ergeben sich gegenüber der 8. Auflage wichtige Neuerungen.

Das Internationale Gesellschaftsrecht ermangelt weiterhin einer Kodifikation und wird, wie bislang, maßgeblich von der Judikatur des EuGH geprägt.

Wie schon in der Vorauflage ergaben sich auch dieses Mal personelle Veränderungen. Nicht mehr zum Bearbeiterkreis des IPR zählt Prof. Dr. Dr. h.c. Ulrich Spellenberg, dem für seine langjährige und prägende Mitwirkung an diesem Kommentar sehr herzlich gedankt sei. Seine Nachfolge hat Prof. Dr. Jens Kleinschmidt angetreten.

München, im September 2024 *Herausgeber, Bandredakteur und Verlag*

Inhaltsverzeichnis

Verzeichnis der Abkürzungen

Zeitschriften werden, soweit nicht anders angegeben, nach Jahrgang und Seite zitiert. Zu ausländischen bzw. fremdsprachigen Kommentaren, Lehr- und Handbüchern vgl. ferner Einl. IPR.

aA	anderer Ansicht
ABGB	Allgemeines Bürgerliches Gesetzbuch v. 1.6.1811 (Österreich)
AbgG	Gesetz über die Rechtsverhältnisse der Mitglieder des Deutschen Bundestages (Abgeordnetengesetz) idF der Bek. v. 21.2.1996 (BGBl. 1996 I 326)
Abh.	Abhandlung(en)
Abk.	Abkommen
abl.	ablehnend
ABl.	Amtsblatt
Abs.	Absatz
Abschn.	Abschnitt
Abt.	Abteilung
abw.	abweichend
AcP	Archiv für die civilistische Praxis (Zeitschrift; zitiert nach Band und Seite; in Klammer Erscheinungsjahr des jeweiligen Bandes)
ADHGB	Allgemeines Deutsches Handelsgesetzbuch von 1861
aE	am Ende
AEntG	Gesetz über zwingende Arbeitsbedingungen für grenzüberschreitend entsandte und für regelmäßig im Inland beschäftigte Arbeitnehmer und Arbeitnehmerinnen (Arbeitnehmer-Entsendegesetz – AEntG) v. 20.4.2009 (BGBl. 2009 I 799)
AEUV	Vertrag über die Arbeitsweise der Europäischen Union idF der Bek. v. 9.5.2008 (ABl. EU 2008 C 115, 47)
aF	alte Fassung
AfP	Archiv für Presserecht (Zeitschrift)
AG	Aktiengesellschaft; Die Aktiengesellschaft (Zeitschrift); Amtsgericht (mit Ortsnamen)
AGB	Allgemeine Geschäftsbedingungen
AGBG	Gesetz zur Regelung des Rechts der Allgemeinen Geschäftsbedingungen idF der Bek. v. 29.6.2000 (BGBl. 2000 I 946); aufgehoben
AGBGB	Ausführungsgesetz zum BGB (Landesrecht)
AGG	Allgemeines Gleichbehandlungsgesetz v. 14.8.2006 (BGBl. 2006 I 1897)
AGJ	Arbeitsgemeinschaft für Jugendhilfe
AGJJ	Arbeitsgemeinschaft für Jugendpflege und Jugendfürsorge
AgrarR	Agrarrecht, Zeitschrift für das gesamte Recht der Landwirtschaft, der Agrarmärkte und des ländlichen Raumes
AGV	Außer-Geschäftsraum-Verträge
AHK	Alliierte Hohe Kommission
AHKBl.	Amtsblatt der Alliierten Hohen Kommission in Deutschland
AHKG	Gesetz der Alliierten Hohen Kommission
AKB	Allgemeine Bedingungen für die Kfz-Versicherung (Musterbedingungen des GDV) v. 12.10.2017
AkDR	Akademie für Deutsches Recht
AktG	Aktiengesetz v. 6.9.1965 (BGBl. 1965 I 1089)
AL	Ad Legendum (Zeitschrift)
ALG	Gesetz über die Alterssicherung der Landwirte v. 29.7.1994 (BGBl. 1994 I 1890, 1891)
allgM	allgemeine Meinung
ALR	Allgemeines Landrecht für die Preußischen Staaten von 1794 (zitiert nach §, Teil und Titel)
Alt.	Alternative
Am. J. Comp. Law	American Journal of Comparative Law
AMG	Gesetz über den Verkehr mit Arzneimitteln (Arzneimittelgesetz) idF der Bek. v. 12.12.2005 (BGBl. 2005 I 3394)
Amtl. Begr.	Amtliche Begründung
ÄndG	Gesetz zur Änderung
Anh.	Anhang

Abkürzungsverzeichnis

Anm.	Anmerkung
AnwBl.	Anwaltsblatt (Zeitschrift)
AP	Arbeitsrechtliche Praxis, Nachschlagewerk des Bundesarbeitsgerichts (Nr. ohne Gesetzesangabe bezieht sich auf den gerade kommentierten Paragraphen)
ArbG	Arbeitsgericht (mit Ortsnamen)
ArbGG	Arbeitsgerichtsgesetz idF der Bek. v. 2.7.1979 (BGBl. 1979 I 853; berichtigt)
ArbR	Arbeitsrecht
Arch.	Archiv
ArchBürgR	Archiv für Bürgerliches Recht (Zeitschrift)
ArchRWPhil	Archiv für Rechts- und Wirtschaftsphilosophie (Zeitschrift)
ArchSozWiss	Archiv für Sozialwissenschaft und Sozialpolitik (Zeitschrift)
arg.	argumentum
ARSP	Archiv für Rechts- und Sozialphilosophie (Zeitschrift; zitiert nach Band und Seite)
Art.	Artikel
AS	Sammlung der eidgenössischen Gesetze
AsylG	Asylgesetz idF der Bek. v. 2.9.2008 (BGBl. 2008 I 1798)
AT	Allgemeiner Teil
AufenthG	Gesetz über den Aufenthalt, die Erwerbstätigkeit und die Integration von Ausländern im Bundesgebiet (Aufenthaltsgesetz) idF der Bek. v. 25.2.2008 (BGBl. 2008 I 162)
Aufl.	Auflage
AUG	Gesetz zur Geltendmachung von Unterhaltsansprüchen im Verkehr mit ausländischen Staaten (Auslandsunterhaltsgesetz) v. 23.5.2011 (BGBl. 2011 I 898)
AÜG	Gesetz zur Regelung der Arbeitnehmerüberlassung (Arbeitnehmerüberlassungsgesetz) idF der Bek. v. 3.2.1995 (BGBl. 1995 I 158)
ausf.	ausführlich
AWG	Außenwirtschaftsgesetz v. 6.6.2013 (BGBl. 2013 I 2789)
Az.	Aktenzeichen
B	Bundes-
Bad.-Württ.; bad.-württ.	Baden-Württemberg; baden-württembergisch
BadNotZ	Badische Notar-Zeitschrift
BadRpr.	Badische Rechtspraxis
BAG	Bundesarbeitsgericht
BAGE	Entscheidungen des Bundesarbeitsgerichts
BAGLJÄ	Bundesarbeitsgemeinschaft der Landesjugendämter
Bahngastrechte-VO	Verordnung (EG) Nr. 1371/2007 des Europäischen Parlaments und des Rates vom 23. Oktober 2007 über die Rechte und Pflichten der Fahrgäste im Eisenbahnverkehr (ABl. EG 2007 L 315, 14)
BAnz.	Bundesanzeiger
BÄO	Bundesärzteordnung idF der Bek. v. 16.4.1987 (BGBl. 1987 I 1218)
BauFordSiG	Gesetz über die Sicherung der Bauforderungen (Bauforderungssicherungsgesetz) v. 1.6.1909 (RGBl. 1909 I 449)
BauGB	Baugesetzbuch idF der Bek. v. 23.9.2004 (BGBl. 2004 I 2414)
BauR	Baurecht: Zeitschrift für das gesamte öffentliche und private Baurecht
BauSparkG	Gesetz über Bausparkassen (Bausparkassengesetz) idF der Bek. v. 15.2.1991 (BGBl. 1991 I 454)
Bay., bay.	Bayern, bayerisch
BayBS	Bereinigte Sammlung des bayerischen Landesrechts
BayJMBl.	Bayerisches Justizministerialblatt
BayObLG	Bayerisches Oberstes Landesgericht
BayObLGZ	Amtliche Sammlung von Entscheidungen des Bayerischen Obersten Landesgerichts in Zivilsachen
BayVBl.	Bayerische Verwaltungsblätter (Zeitschrift)
BayVerfGE	Sammlung von Entscheidungen des Bayerischen Verfassungsgerichtshofes
BayVGH	Bayerischer Verfassungsgerichtshof
BayZ	Zeitschrift für Rechtspflege in Bayern
BB	Betriebs-Berater (Zeitschrift)
BBergG	Bundesberggesetz v. 13.8.1980 (BGBl. 1980 I 1310)
BBesG	Bundesbesoldungsgesetz (BBesG) idF der Bek. v. 19.6.2009 (BGBl. 2009 I 1434)
BBG	Bundesbeamtengesetz (BBG) v. 5.2.2009 (BGBl. 2009 I 160)
BBodSchG	Gesetz zum Schutz vor schädlichen Bodenveränderung und zur Sanierung von Altlasten (Bundes-Bodenschutzgesetz) v. 17.3.1998 (BGBl. 1998 I 502)
BDSG	Bundesdatenschutzgesetz v. 30.6.2017 (BGBl. 2017 I 2097)
BDSG 2003	Bundesdatenschutzgesetz idF der Bek. v. 14.1.2003 (BGBl. 2003 I 66); aufgehoben
BeamtStG	Beamtenstatusgesetz (BeamtStG) v. 17.6.2008 (BGBl. 2008 I 1010)

BeamtVG	Gesetz über die Versorgung der Beamten und Richter des Bundes (Beamtenversorgungsgesetz) idF der Bek. v. 24.2.2010 (BGBl. 2010 I 150)
Bearb., bearb.	Bearbeitung/Bearbeiter; bearbeitet
BeckRS	Rechtsprechungssammlung in Beck-Online (Jahr und Nummer)
BEG	Bundesgesetz zur Entschädigung für Opfer der nationalsozialistischen Verfolgung (Bundesentschädigungsgesetz) idF der Bek. v. 29.6.1956 (BGBl. 1956 I 559)
begr.	begründet
Begr.	Begründung
Beih.	Beiheft
Beil.	Beilage
Bek.	Bekanntmachung
Bem.	Bemerkung
ber.	berichtigt
bespr.	besprochen
bestr.	bestritten
betr.	betreffend
BeurkG	Beurkundungsgesetz v. 28.8.1969 (BGBl. 1969 I 1513)
bez.	bezüglich
BezG	Bezirksgericht
BFH	Bundesfinanzhof
BFHE	Sammlung der Entscheidungen und Gutachten des Bundesfinanzhofs
BFM	Bundesfinanzministerium
BG	Bundesgericht (Schweiz)
BGB	Bürgerliches Gesetzbuch idF der Bek. v. 2.1.2002 (BGBl. 2002 I 42; berichtigt)
BGB-InfoV	Verordnung über Informations- und Nachweispflichten nach bürgerlichem Recht (BGB-Informationspflichten-Verordnung-BGB-InfoV) idF der Bek. v. 5.8.2002 (BGBl. 2002 I 3002); aufgehoben
BGBl. I, II, III	Bundesgesetzblatt Teil I, Teil II, Teil III (mit Jahreszahl)
BGG	Gesetz zur Gleichstellung von Menschen mit Behinderungen (Behindertengleichstellungsgesetz) v. 27.4.2002 (BGBl. 2002 I 1468)
BGH	Bundesgerichtshof
BGHR	Rechtsprechung des Bundesgerichtshofs (Band und Seite)
BGHWarn	Rechtsprechung des Bundesgerichtshofs in Zivilsachen – in der Amtlichen Sammlung nicht enthaltene Entscheidungen (als Fortsetzung von WarnR)
BGHZ	Entscheidungen des Bundesgerichtshofs in Zivilsachen
BImSchG	Gesetz zum Schutz vor schädlichen Umwelteinwirkungen durch Luftverunreinigungen, Geräusche, Erschütterungen und ähnliche Vorgänge (Bundes-Immissionsschutzgesetz) idF der Bek. v. 17.5.2013 (BGBl. 2013 I 1274)
BinSchG	Gesetz betreffend die privatrechtlichen Verhältnisse der Binnenschiffahrt (Binnenschiffahrtsgesetz) idF der Bek. v. 20.5.1898 (RGBl. 1898 I 868)
BJagdG	Bundesjagdgesetz idF der Bek. v. 29.9.1976 (BGBl. 1976 I 2849)
BKGG	Bundeskindergeldgesetz idF der Bek. v. 28.1.2009 (BGBl. 2009 I 142; berichtigt)
BKR	Bank- und Kapitalmarktrecht (Zeitschrift)
Bl.	Blatt
BLeistG	Bundesleistungsgesetz idF der Bek. v. 27.9.1961 (BGBl. 1961 I 1769; berichtigt)
BlGBW	Blätter für Grundstücks-, Bau- und Wohnungsrecht
Bln.	Berlin(er)
BMA	Bundesminister(ium) für Arbeit und Sozialordnung
BMFJG	Bundesministerium für Jugend, Familie und Gesundheit (1973–1986)
BMFSFJ	Bundesministerium für Familie, Senioren, Frauen und Jugend (ab 1994)
BMI	Bundesminister(ium) des Innern
BMJ	Bundesminister(ium) der Justiz
BNotO	Bundesnotarordnung idF der Bek. v. 24.2.1961 (BGBl. 1961 I 97)
BörsG	Börsengesetz idF der Bek. v. 16.7.2007 (BGBl. 2007 I 1330)
BPatG	Bundespatentgericht
BPersVG	Bundespersonalvertretungsgesetz v. 15.3.1974 (BGBl. 1974 I 693)
BPflV	Verordnung zur Regelung der Krankenhauspflegesätze (Bundespflegesatzverordnung) v. 26.9.1994 (BGBl. 1994 I 2750)
BPolBG	Bundespolizeibeamtengesetz idF der Bek. v. 3.6.1976 (BGBl. 1976 I 1357)
BR	Bundesrat
BRAO	Bundesrechtsanwaltsordnung v. 1.8.1959 (BGBl. 1959 I 565)
BR-Drs.	Drucksache des Deutschen Bundesrates
BReg.	Bundesregierung
BR-Prot.	Protokoll des Deutschen Bundesrates
BRRG	Rahmengesetz zur Vereinheitlichung des Beamtenrechts (Beamtenrechtsrahmengesetz) idF der Bek. v. 31.3.1999 (BGBl. 1999 I 654)

BRTV-Bau .... Bundesrahmentarifvertrag für das Baugewerbe
BRuR .... Betriebsrat und Recht (Zeitschrift)
Brüssel Ia-VO .... Verordnung (EU) Nr. 1215/2012 des Europäischen Parlaments und des Rates vom 12. Dezember 2012 über die gerichtliche Zuständigkeit und die Anerkennung und Vollstreckung von Entscheidungen in Zivil- und Handelssachen (ABl. EU 2012 L 351, 1)
Brüssel IIa-VO .... Verordnung (EG) Nr. 2201/2003 des Rates vom 27. November 2003 über die Zuständigkeit und die Anerkennung und Vollstreckung von Entscheidungen in Ehesachen und in Verfahren betreffend die elterliche Verantwortung und zur Aufhebung der Verordnung (EG) Nr. 1347/2000 (ABl. EG 2003 L 338, 1; berichtigt)
Brüssel IIb-VO .... Verordnung (EU) 2019/1111 des Rates vom 25. Juni 2019 über die Zuständigkeit, die Anerkennung und Vollstreckung von Entscheidungen in Ehesachen und in Verfahren betreffend die elterliche Verantwortung und über internationale Kindesentführungen (ABl. EU 2019 L 178, 1), im Wesentlichen anwendbar ab dem 1.8.2022
Brüssel I-VO .... Verordnung (EG) Nr. 44/2001 des Rates vom 22. Dezember 2000 über die gerichtliche Zuständigkeit und die Anerkennung und Vollstreckung von Entscheidungen in Zivil- und Handelssachen (ABl. EG 2001 L 12, 1; berichtigt); aufgehoben
BrZ .... britische Zone
BSchuWG .... Gesetz zur Regelung des Schuldenwesens des Bundes (Bundesschuldenwesengesetz) v. 12.6.2006 (BGBl. 2006 I 1466)
BSG .... Bundessozialgericht
BSGE .... Entscheidungen des Bundessozialgerichts
bspw. .... beispielsweise
BStBl. .... Bundessteuerblatt
BT .... Besonderer Teil; Bundestag
BT-Drs. .... Drucksache des Deutschen Bundestages
BtPrax .... Betreuungsrechtliche Praxis (Zeitschrift)
BT-Prot. .... Protokoll des Deutschen Bundestages
BuB .... Hellner/Steuer (Hrsg.), Bankrecht und Bankpraxis, Loseblatt, 134. EL 2018
Buchst. .... Buchstabe
Bunte .... Bunte, Entscheidungssammlung zum AGB-Gesetz
Busgastrechte-VO .... Verordnung (EU) Nr. 181/2011 des Europäischen Parlaments und des Rates vom 16. Februar 2011 über die Fahrgastrechte im Kraftomnibusverkehr und zur Änderung der Verordnung (EG) Nr. 2006/2004 (ABl. EU 2011 L 55, 1)
BVerfG .... Bundesverfassungsgericht
BVerfGE .... Entscheidungen des Bundesverfassungsgerichts
BVerfGG .... Gesetz über das Bundesverfassungsgericht (Bundesverfassungsgerichtsgesetz) idF der Bek. v. 11.8.1993 (BGBl. 1993 I 1473)
BVerfGK .... Kammerentscheidungen des Bundesverfassungsgerichts
BVerwG .... Bundesverwaltungsgericht
BVerwGE .... Entscheidungen des Bundesverwaltungsgerichts
BVFG .... Gesetz über die Angelegenheiten der Vertriebenen und Flüchtlinge (Bundesvertriebenengesetz idF der Bek. v. 10.8.2007 (BGBl. 2007 I 1902)
BVG .... Gesetz über die Versorgung der Opfer des Krieges (Bundesversorgungsgesetz) idF der Bek. v. 22.1.1982 (BGBl. 1982 I 21)
BWNotZ .... Mitteilungen aus der Praxis, Zeitschrift für das Notariat in Baden-Württemberg (früher WürttNotV)
bzgl. .... bezüglich
bzw. .... beziehungsweise

ca. .... circa
ChemG .... Gesetz zum Schutz vor gefährlichen Stoffen (Chemikaliengesetz) idF der Bek. v. 28.8.2013 (BGBl. 2013 I 3498; berichtigt)
CIC .... Codex Iuris Canonici
cic .... culpa in contrahendo
CISG .... Convention on Contracts for the International Sale of Goods – (Wiener) Übereinkommen der Vereinten Nationen über Verträge über den internationalen Warenkauf v. 11.4.1980 (BGBl. 1989 II 586; BGBl. 1990 II 1477)
Clunet .... Clunet, Journal du droit international
CMLRev .... Common Market Law Review
COVFAG .... Gesetz zur Abmilderung der Folgen der COVID-19-Pandemie im Zivil-, Insolvenz- und Strafverfahrensrecht v. 27.3.2020 (BGBl. 2020 I 569)
COVID-19 .... coronavirus disease 2019, deutsch: Coronavirus-Krankheit-2019
COVInsAG .... Gesetz zur vorübergehenden Aussetzung der Insolvenzantragspflicht und zur Begrenzung der Organhaftung bei einer durch die COVID-19-Pandemie beding-

	ten Insolvenz (COVID-19-Insolvenzaussetzungsgesetz) v. 27.3.2020 (BGBl. 2020 I 569)
COVMG	Gesetz über Maßnahmen im Gesellschafts-, Genossenschafts-, Vereins-, Stiftungs- und Wohnungseigentumsrecht zur Bekämpfung der Auswirkungen der COVID-19-Pandemie v. 27.3.2020 (BGBl. 2020 I 569, 570)
COVuR	COVID-19 und Recht (Zeitschrift)
CR	Computer und Recht
CuR	Contracting und Recht (Zeitschrift)
DÄBl	Deutsches Ärzteblatt
DAngVers	Die Angestelltenversicherung (Zeitschrift)
DAR	Deutsches Autorecht (Zeitschrift)
DAVorm.	Der Amtsvormund, Rundbrief des Deutschen Instituts für Vormundschaftswesen (Zeitschrift, zitiert nach Jahrgang und Spalte)
DB	Der Betrieb (Zeitschrift)
DCFR	v. Bar/Clive/Schulte-Nölke, Principles, Definitions and Model Rules of European Private Law, Draft Common Frame of Reference, Outline Edition, 2009, 273
DDR	Deutsche Demokratische Republik
DeckRV	Deckungsrückstellungsverordnung v. 18.4.2016 (BGBl. 2016 I 767)
Denkschrift	Denkschrift des Reichsjustizamts zum Entwurf eines Bürgerlichen Gesetzbuchs, 1896
DepotG	Gesetz über die Verwahrung und Anschaffung von Wertpapieren (Depotgesetz) idF der Bek. v. 11.1.1995 (BGBl. 1995 I 34)
DesignG	Gesetz über den rechtlichen Schutz von Design (Designgesetz) v. 24.2.2014 (BGBl. 2014 I 122)
DfG	Deutsche freiwillige Gerichtsbarkeit
DFGT	Deutscher Familiengerichtstag
dgl.	dergleichen
DGVZ	Deutsche Gerichtsvollzieher-Zeitung
dh	das heißt
diff.	differenzierend
Dig.	Digesten
Digitale-Inhalte-RL	Richtlinie (EU) 2019/770 des Europäischen Parlaments und des Rates vom 20. Mai 2019 über bestimmte vertragsrechtliche Aspekte der Bereitstellung digitaler Inhalte und digitaler Dienstleistungen (ABl. EU 2019 L 136, 1; berichtigt)
DiRUG	Gesetz zur Umsetzung der Digitalisierungsrichtlinie (DiRUG) v. 5.7.2021 (BGBl. 2021 I 3338)
DiskE	Diskussionsentwurf
Diss.	Dissertation
DIV	Deutsches Institut für Vormundschaftswesen
DJ	Deutsche Justiz (Zeitschrift)
DJT	Deutscher Juristentag
DJZ	Deutsche Juristenzeitung (Zeitschrift)
DNG	Gesetz für die Nutzung von Daten des öffentlichen Sektors (Datennutzungsgesetz) v. 16.7.2021 (BGBl. 2021 I 2941; berichtigt)
DNotV	Zeitschrift des Deutschen Notarvereins (1.1901–33.1933), dann DNotZ
DNotZ	Deutsche Notar-Zeitung (Zeitschrift)
DÖD	Der öffentliche Dienst (Zeitschrift)
DogmJ	Jahrbücher für die Dogmatik des heutigen römischen und deutschen Privatrechts
Dok.	Dokument
DÖV	Die Öffentliche Verwaltung
DR	Deutsches Recht (Zeitschrift)
DRiG	Deutsches Richtergesetz idF der Bek. v. 19.4.1972 (BGBl. 1972 I 713)
Drittwirkungs-VO-E	Vorschlag für eine Verordnung des Europäischen Parlaments und des Rates über das auf die Drittwirkung von Forderungsübertragungen anzuwendende Recht, COM(2018) 96 final
DRiZ	Deutsche Richterzeitung (Zeitschrift)
DRspr.	Deutsche Rechtsprechung, Entscheidungssammlung und Aufsatzhinweise
DRV	Deutsche Rentenversicherung (Zeitschrift)
DRWiss.	Deutsche Rechtswissenschaft (Zeitschrift, 1.1936–8.1943)
DRZ	Deutsche Rechts-Zeitschrift
DS	Der Sachverständige (Zeitschrift)
DSA	Verordnung (EU) 2022/2065 des Europäischen Parlaments und des Rates vom 19. Oktober 2022 über einen Binnenmarkt für digitale Dienste und zur Änderung der Richtlinie 2000/31/EG (Gesetz über digitale Dienste) (ABl. EU 2022 L 277, 1; berichtigt)

DS-GVO .... Verordnung (EU) 2016/679 des Europäischen Parlaments und des Rates vom 27. April 2016 zum Schutz natürlicher Personen bei der Verarbeitung personenbezogener Daten, zum freien Datenverkehr und zur Aufhebung der Richtlinie 95/46/EG (Datenschutzgrundverordnung) (ABl. EU 2016 L 119, 1; berichtigt)
DStR .... Deutsches Steuerrecht (Zeitschrift)
DStRE .... Deutsches Steuerrecht – Entscheidungen (Zeitschrift)
Dt.; dt. .... deutsch
DtZ .... Deutsch-Deutsche Rechts-Zeitschrift
DuR .... Demokratie und Recht (Zeitschrift)
DüssTab .... Düsseldorfer Tabelle – Leitlinien für den Unterhaltsbedarf v. 1.1.2022
DVBl. .... Deutsches Verwaltungsblatt (Zeitschrift)
DZWIR .... Deutsche Zeitschrift für Wirtschafts- und Insolvenzrecht (Zeitschrift)
E .... Entwurf
e.V. .... eingetragener Verein
E-Commerce-RL .... Richtlinie 2000/31/EG des Europäischen Parlaments und des Rates vom 8. Juni 2000 über bestimmte rechtliche Aspekte der Dienste der Informationsgesellschaft, insbesondere des elektronischen Geschäftsverkehrs, im Binnenmarkt („Richtlinie über den elektronischen Geschäftsverkehr") (ABl. EG 2000 L 178, 1)
EDL-G .... Gesetz über Energiedienstleistungen und andere Energieeffizienzmaßnahmen v. 4.11.2010 (BGBl. 2010 I 1483)
EEG 2023 .... Gesetz für den Ausbau erneuerbarer Energien (Erneuerbare-Energien-Gesetz) v. 21.7.2014 (BGBl. 2014 I 1066)
EFG .... Entscheidungen der Finanzgerichte
EFZG .... Gesetz über die Zahlung des Arbeitsentgelts an Feiertagen und im Krankheitsfalle (Entgeltfortzahlungsgesetz) v. 26.5.1994 (BGBl. 1994 I 1014)
EG .... Einführungsgesetz; Europäische Gemeinschaft (jetzt: Europäische Union)
EGBGB .... Einführungsgesetz zum Bürgerlichen Gesetzbuche idF der Bek. v. 21.9.1994 (BGBl. 1994 I 2494; berichtigt)
EGMR .... Europäischer Gerichtshof für Menschenrechte
EGV .... Vertrag zur Gründung der Europäischen Gemeinschaften (EG-Vertrag) idF v. 2.10.1997 (ABl. EG 1997 C 340, 1), s. jetzt AEUV
EheG .... Ehegesetz v. 20.2.1946 (= KRG Nr. 16; ABl. KR 1946, 77); aufgehoben
eIDAS-VO .... Verordnung (EU) Nr. 910/2014 des Europäischen Parlaments und des Rates vom 23. Juli 2014 über elektronische Identifizierung und Vertrauensdienste für elektronische Transaktionen im Binnenmarkt und zur Aufhebung der Richtlinie 1999/93/EG (ABl. EU 2014 L 257, 73; berichtigt)
Einf. .... Einführung
einhM .... einhellige Meinung
Einl. .... Einleitung
einschr. .... einschränkend
EJRR .... European Journal of Risk Regulation
ELJ .... European Law Journal
ELR .... European Law Review
EmoG .... Gesetz zur Bevorrechtigung der Verwendung elektrisch betriebener Fahrzeuge (Elektromobilitätsgesetz) v. 5.6.2015 (BGBl. 2015 I 898)
EMRK .... Konvention zum Schutz der Menschenrechte und Grundfreiheiten idF der Bek. v. 22.10.2010 (BGBl. 2010 II 1198)
EMRKZusProt .... 1. Zusatzprotokoll zur Konvention zum Schutz der Menschenrechte und Grundfreiheiten v. 20.3.1952 (BGBl. 1952 II 1879, 1880)
EnEV .... Verordnung über energiesparenden Wärmeschutz und energiesparende Anlagentechnik bei Gebäuden (Energieeinsparverordnung) v. 24.7.2007 (BGBl. 2007 I 1519)
Entsch. .... Entscheidung
entspr. .... entsprechend
ErbbauRG .... Gesetz über das Erbbaurecht (Erbbaurechtsgesetz – früher ErbbauVO) v. 15.1.1919 (RGBl. 1919, 72; berichtigt)
ErbR .... Erbrecht
ErbRVerjRÄndG .... Gesetz zur Änderung des Erb- und Verjährungsrechts v. 24.9.2009 (BGBl. 2009 I 3142)
ErbStG .... Erbschaftsteuer- und Schenkungsteuergesetz idF der Bek. v. 27.2.1997 (BGBl. 1997 I 378)
ERCL .... European Review of Contract Law (Zeitschrift)
Erg. .... Ergänzung
Erl. .... Erlass; Erläuterung
ERPL .... European Review of Private Law (Europäische Zeitschrift für Privatrecht)
ESchG .... Gesetz zum Schutz von Embryonen (Embryonenschutzgesetz) idF der Bek. v. 13.12.1990 (BGBl. 1990 I 2746)

ESÜ	Übereinkommen über den internationalen Schutz von Erwachsenen v. 13.1.2000 (BGBl. 2007 II 323)
etc	et cetera
EU	Europäische Union
EuErbVO	Verordnung (EU) Nr. 650/2012 des Europäischen Parlaments und des Rates über die Zuständigkeit, das anzuwendende Recht, die Anerkennung und Vollstreckung von Entscheidungen und die Annahme und Vollstreckung öffentlicher Urkunden in Erbsachen sowie zur Einführung eines Europäischen Nachlasszeugnisses v. 4.7.2012 (ABl. EU 2012 L 201, 107; berichtigt)
EuG	Europäisches Gericht Erster Instanz
EuGH	Gerichtshof der Europäischen Union
EuGüVO	Verordnung (EU) 2016/1103 des Rates vom 24. Juni 2016 zur Durchführung einer Verstärkten Zusammenarbeit im Bereich der Zuständigkeit, des anzuwendenden Rechts und der Anerkennung und Vollstreckung von Entscheidungen in Fragen des ehelichen Güterstands (ABl. EU 2016 L 183, 1; berichtigt)
EuPartVO	Verordnung (EU) 2016/1104 des Rates vom 24. Juni 2016 zur Durchführung der Verstärkten Zusammenarbeit im Bereich der Zuständigkeit, des anzuwendenden Rechts und der Anerkennung und Vollstreckung von Entscheidungen in Fragen güterrechtlicher Wirkungen eingetragener Partnerschaften (ABl. EU 2016 L 183, 30; berichtigt)
EuR	Europarecht (Zeitschrift)
EuroEG	Gesetz zur Einführung des Euro (Euro-Einführungsgesetz) v. 9.6.1998 (BGBl. 1998 I 1242)
EuSorgeRÜ	Europäisches Übereinkommen über die Anerkennung und Vollstreckung von Entscheidungen über das Sorgerecht für Kinder und die Wiederherstellung des Sorgeverhältnisses v. 20.5.1980 (BGBl. 1990 II 206, 220)
EuZW	Europäische Zeitschrift für Wirtschaftsrecht
EVertr	Vertrag zwischen der Bundesrepublik Deutschland und der Deutschen Demokratischen Republik über die Herstellung der Einheit Deutschlands (Einigungsvertrag) v. 31.8.1990 (BGBl. 1990 I 889)
EVO	Eisenbahn-Verkehrsordnung (EVO) idF der Bek. v. 20.4.1999 (BGBl. 1999 I 782)
evtl.	eventuell
EVÜ	(Europäisches) Übereinkommen über das auf vertragliche Schuldverhältnisse anzuwendende Recht v. 19.6.1980 (BGBl. 1986 II 809; ABl. EG 1980 L 226, 1)
EWGV	Vertrag zur Gründung der Europäischen Wirtschaftsgemeinschaft v. 25.3.1957 (BGBl. 1957 I 766)
EWiR	Entscheidungen zum Wirtschaftsrecht (Zeitschrift)
EWIVAG	Gesetz zur Ausführung der EWG-Verordnung über die Europäische Wirtschaftliche Interessenvereinigung (EWIV-Ausführungsgesetz – EWIVAG) v. 14.4.1988 (BGBl. 1988 I 514)
EWIV-VO	Verordnung (EWG) Nr. 2137/85 des Rates vom 25. Juli 1985 über die Schaffung einer Europäischen wirtschaftlichen Interessenvereinigung (EWIV) (ABl. EU 1985 L 199, 1)
eWpG	Gesetz über elektronische Wertpapiere v. 3.6.2021 (BGBl. 2021 I 1423)
EzA	Entscheidungen zum Arbeitsrecht, hrsg. von Stahlhacke (Nr. ohne Gesetzesstelle bezieht sich auf den gerade kommentierten Paragraphen)
EzFamR	Entscheidungen zum Familienrecht
f., ff.	folgend(e)
FamFG	Gesetz über das Verfahren in Familiensachen und in den Angelegenheiten der freiwilligen Gerichtsbarkeit v. 17.12.2008 (BGBl. 2008 I 2586)
FamFR	Familienrecht und Familienverfahrensrecht (Zeitschrift)
FamG	Familiengericht
FamGB	Familiengesetzbuch der DDR
FamR	Familienrecht
FamRB	Der Familien-Rechts-Berater
FamRBint	Familien-Rechts-Berater international
FamRZ	Ehe und Familie im privaten und öffentlichen Recht, Zeitschrift für das gesamte Familienrecht
FAV	Fernabsatzverträge
FD-ErbR	Fachdienst Erbrecht (Online-Zeitschrift)
FD-RVG	Fachdienst Vergütungs- und Kostenrecht (Online-Zeitschrift)
FD-SWVR	Fachdienst Straßenverkehrsrecht (Online-Zeitschrift)
FD-VersR	Fachdienst Versicherungsrecht (Online-Zeitschrift)
Fernabsatz-RL	Richtlinie 97/7/EG des Europäischen Parlaments und des Rats vom 20. Mai 1997 über den Verbraucherschutz bei Vertragsschlüssen im Fernabsatz (Fernabsatz-Richtlinie) (ABl. EG 1997 L 144, 19); aufgehoben

Abkürzung	Bedeutung
FernUSG	Gesetz zum Schutz der Teilnehmer am Fernunterricht (Fernunterrichtsschutzgesetz) vom 4.12.2000 (BGBl. 2000 I 1670)
FeV	Verordnung über die Zulassung von Personen zum Straßenverkehr (Fahrerlaubnis-Verordnung) v. 13.12.2010 (BGBl. 2010 I 1980)
FEVS	Fürsorgerechtliche Entscheidungen der Verwaltungs- und der Sozialgerichte
FF	Forum Familien- und Erbrecht (Zeitschrift)
FG	Festgabe; Finanzgericht
FGG	Gesetz über die Angelegenheit der freiwilligen Gerichtsbarkeit idF der Bek. v. 20.5.1898 (RGBl. 1898, 771); aufgehoben
FGPrax	Praxis der Freiwilligen Gerichtsbarkeit (Zeitschrift)
Finanzdienstleistungs-Fernabsatz-RL	Richtlinie 2002/65/EG des Europäischen Parlaments und des Rates vom 23. September 2002 über den Fernabsatz von Finanzdienstleistungen an Verbraucher und zur Änderung der Richtlinie 90/619/EWG des Rates und der Richtlinien 97/7/EG und 98/27/EG (ABl. EG 2002 L 271, 16)
FlRG	Gesetz über das Flaggenrecht der Seeschiffe und die Flaggenführung der Binnenschiffe (Flaggenrechtsgesetz) v. 26.10.1994 (BGBl. 1994 I 3140)
Fluggastrechte-VO	Verordnung (EG) Nr. 261/2004 des Europäischen Parlaments und des Rates vom 11. Februar 2004 über eine gemeinsame Regelung für Ausgleichs- und Unterstützungsleistungen für Fluggäste im Fall der Nichtbeförderung und bei Annullierung oder großer Verspätung von Flügen und zur Aufhebung der Verordnung (EWG) Nr. 295/91 (ABl. EG 2004 L 46, 1; berichtigt)
Fn.	Fußnote
FNA	Fundstellennachweis A, Beilage zum Bundesgesetzblatt Teil I
FNB	Fundstellennachweis B, Beilage zum Bundesgesetzblatt Teil II
FPfZG	Gesetz über die Familienpflegezeit (Familienpflegezeitgesetz) v. 6.12.2011 (BGBl. 2011 I 2564)
FPR	Familie Partnerschaft Recht (Zeitschrift)
FR	Finanz-Rundschau (Zeitschrift)
franz.	französisch
FreihEntzG	Gesetz über das gerichtliche Verfahren bei Freiheitsentziehungen v. 29.6.1956 (BGBl. 1956 I 599)
FRES	Entscheidungssammlung zum gesamten Bereich von Ehe und Familie
FRG	Fremdrentengesetz v. 25.2.1960 (BGBl. 1960 I 93)
FrzZ	Französische Besatzungszone
FS	Festschrift
FuR	Familie und Recht (Zeitschrift)
FVE	Sammlung fremdenverkehrsrechtlicher Entscheidungen
FVG	Gesetz über die Finanzverwaltung (Finanzverwaltungsgesetz) idF der Bek. v. 4.4.2006 (BGBl. 2006 I 846; berichtigt)
FWW	Die freie Wohnungswirtschaft (Informationsdienst des Verbandes Freier Wohnungsunternehmen; Zeitschrift)
FZR	Freiwillige Zusatzrentenversicherung der Sozialversicherung
G	Gesetz
GA	Goltdammer's Archiv für Strafrecht (1953 ff.; vorher: Dt. Strafrecht)
GBl.	Gesetzblatt
GBO	Grundbuchordnung idF der Bek. v. 26.5.1994 (BGBl. 1994 I 1114)
GbR	Gesellschaft bürgerlichen Rechts
GD	Generaldirektion
GE	Grundeigentum (Zeitschrift)
GEG	Gesetz zur Einsparung von Energie und zur Nutzung erneuerbarer Energien zur Wärme- und Kälteerzeugung in Gebäuden (Gebäudeenergiegesetz) v. 8.8.2020 (BGBl. 2020 I 1728)
GEKR	Gemeinsames Europäisches Kaufrecht v. 26.2.2014, Oral P7-TA-PRCV (2014) 0159
gem.	gemäß
GemSOBG	Gemeinsamer Senat der obersten Bundesgerichte
GenDG	Gesetz über genetische Untersuchungen bei Menschen (Gendiagnostikgesetz) v. 31.7.2009 (BGBl. 2009 I 2529; berichtigt)
GenG	Gesetz betreffend die Erwerbs- und Wirtschaftsgenossenschaften (Genossenschaftsgesetz) idF der Bek. v. 16.10.2006 (BGBl. 2006 I 2230)
GesR	Gesellschaftsrecht
GesR-RL	Richtlinie (EU) 2017/1132 des Europäischen Parlaments und des Rates vom 14. Juni 2017 über bestimmte Aspekte des Gesellschaftsrechts (ABl. EU L 169, 46)
GewO	Gewerbeordnung idF der Bek. v. 22.2.1999 (BGBl. 1999 I 202)
GG	Grundgesetz für die Bundesrepublik Deutschland v. 23.5.1949 (BGBl. 1949, 1)

ggf.	gegebenenfalls
GKG	Gerichtskostengesetz idF der Bek. v. 5.5.2004 (BGBl. 2004 I 718)
GmbH	Gesellschaft mit beschränkter Haftung
GmbH & Co. (KG)	Gesellschaft mit beschränkter Haftung und Compagnie (Kommanditgesellschaft)
GmbHG	Gesetz betreffend die Gesellschaften mit beschränkter Haftung idF der Bek. v. 20.5.1898 (RGBl. 1898, 846)
GmbHR	GmbH-Rundschau (Zeitschrift)
GMBl.	Gemeinsames Ministerialblatt
GmS-OGB	Gemeinsamer Senat der obersten Gerichte des Bundes
GNotKG	Gesetz über Kosten der freiwilligen Gerichtsbarkeit für Gerichte und Notare (Gerichts- und Notarkostengesetz) v. 23.7.2013 (BGBl. 2013 I 2586)
GoA	Geschäftsführung ohne Auftrag
GOÄ	Gebührenordnung für Ärzte idF der Bek. v. 9.2.1996 (BGBl. 1996 I 210)
GPR	Zeitschrift für das Privatrecht der Europäischen Union
GRCh	Charta der Grundrechte der Europäischen Union v. 12.12.2007 (ABl. EU 2007 C 303, 1)
grdl.	grundlegend
grds.	grundsätzlich
Gruchot	Beiträge zur Erläuterung des (bis 15.1871: Preußischen) Deutschen Rechts, begr. von Gruchot (1.1857–73.1933)
GrünhutsZ	Zeitschrift für das Privat- und öffentliche Recht der Gegenwart, begr. von Grünhut
GRUR	Gewerblicher Rechtsschutz und Urheberrecht (Zeitschrift)
GRUR Ausl	Gewerblicher Rechtsschutz und Urheberrecht, Auslands- und internationaler Teil (Zeitschrift), 1952–1969
GRUR Int	Gewerblicher Rechtsschutz und Urheberrecht, Internationaler Teil (Zeitschrift, 1970 ff.)
GS	Gedenkschrift; Großer Senat
GSZ	Großer Senat in Zivilsachen
GVBl.	Gesetz- und Verordnungsblatt
GVG	Gerichtsverfassungsgesetz idF der Bek. v. 9.5.1975 (BGBl. 1975 I 1077)
GvKostG	Gesetz über Kosten der Gerichtsvollzieher (Gerichtsvollzieherkostengesetz) v. 19.4.2001 (BGBl. 2001 I 623)
GWB	Gesetz gegen Wettbewerbsbeschränkungen idF der Bek. v. 26.6.2013 (BGBl. 2013 I 1750; berichtigt)
GwG	Gesetz über das Aufspüren von Gewinnen aus schweren Straftaten (Geldwäschegesetz) v. 23.6.2017 (BGBl. 2017 I 1822)
GWR	Gesellschafts- und Wirtschaftsrecht (Zeitschrift)
Habilschr.	Habilitationsschrift
Halbbd.	Halbband
Hamb.; hamb.	Hamburg; hamburgisch
HandelsR	Handelsrecht
HansGZ	Hanseatische Gerichtszeitung
HansRGZ	Hanseatische Rechts- und Gerichtszeitschrift
HausratsV	Verordnung über die Behandlung der Ehewohnung und des Hausrats v. 21.10.1944 (RGBl. 1944 I 256); aufgehoben
HdB	Handbuch
HeimatlAuslG	Gesetz über die Rechtsstellung heimatloser Ausländer im Bundesgebiet v. 25.4.1951 (BGBl. 1951 I 269)
HeimG	Heimgesetz idF der Bek. v. 5.11.2001 (BGBl. 2001 I 2970)
HeizkostenV	Verordnung über die verbrauchsabhängige Abrechnung der Heiz- und Warmwasserkosten (Verordnung über Heizkostenabrechnung) idF der Bek v. 5.10.2009 (BGBl. 2009 I 3250)
Hess.; hess.	Hessen; hessisch
HessRspr.	Hessische Rechtsprechung
HEZ	Höchstrichterliche Entscheidungen (Entscheidungssammlung)
HFR	Höchstrichterliche Finanzrechtsprechung
HGB	Handelsgesetzbuch v. 10.5.1897 (RGBl. 1897, 219)
HGÜ	Übereinkommen über Gerichtsstandsvereinbarungen (Haager Gerichtsstandübereinkommen) v. 30.6.2005 (ABl. 2009 L 133, 3)
hins.	hinsichtlich
HintG	Hinterlegungsgesetz (Landesrecht)
hL	herrschende Lehre
hM	herrschende Meinung
HöfeO	Höfeordnung idF der Bek. v. 26.7.1976 (BGBl. 1976 I 1933)
HPflG	Haftpflichtgesetz idF der Bek. v. 4.1.1978 (BGBl. 1978 I 145)

HRR	Höchstrichterliche Rechtsprechung (Zeitschrift)
Hrsg.; hrsg.	Herausgeber; herausgegeben
Hs.	Halbsatz
HWB	Handwörterbuch
idF	in der Fassung
idR	in der Regel
idS	in diesem Sinne
iE	im Einzelnen
iErg	im Ergebnis
ieS	im engeren Sinne
IFG	Gesetz zur Regelung des Zugangs zu Informationen des Bundes (Informationsfreiheitsgesetz) v. 5.9.2005 (BGBl. 2005 I 2722)
IfSG	Gesetz zur Verhütung und Bekämpfung von Infektionskrankheiten beim Menschen (Infektionsschutzgesetz) v. 20.7.2000 (BGBl. 2000 I 1045)
IHK	Industrie- und Handelskammer
iHv	in Höhe von
InfAuslR	Informationsbrief Ausländerrecht
insbes.	insbesondere
InsO	Insolvenzordnung v. 5.10.1994 (BGBl. 1994 I 2866)
IntHK	Internationale Handelskammer
IPG	Gutachten zum internationalen und ausländischen Privatrecht
IPR	Internationales Privatrecht
IPRax	Praxis des internationalen Privat- und Verfahrensrechts (Zeitschrift, 1.1981 ff.)
IPRspr.	Makarov/Gamillscheg/Müller/Dierk/Kropholler, Die deutsche Rechtsprechung auf dem Gebiet des internationalen Privatrechts, 1952 ff.
iSd	im Sinne des, im Sinne der
iSv	im Sinne von
ital.	italienisch
iÜ	im Übrigen
iVm	in Verbindung mit
IVR	Internationales Vertragsrecht
iwS	im weiteren Sinne
IZPR	Internationales Zivilprozessrecht
JA	Juristische Arbeitsblätter (Zeitschrift)
JAmt	Das Jugendamt (bis 2000: DAVorm)
JArbSchG	Gesetz zum Schutze der arbeitenden Jugend (Jugendarbeitsschutzgesetz) v. 12.4.1976 (BGBl. 1976 I 965)
Jb.	Jahrbuch
JbIntR	Jahrbuch des internationalen Rechts
JbJZivRWiss	Jahrbuch Junger Zivilrechtswissenschaftler
JBl.	Juristische Blätter (österreichische Zeitschrift)
JBlSaar	Justizblatt des Saarlandes
JbPraxSchG	Jahrbuch für die Praxis der Schiedsgerichtsbarkeit
JCP	Journal of Consumer Policy
Jg.	Jahrgang
JGG	Jugendgerichtsgesetz idF der Bek. v. 11.12.1974 (BGBl. 1974 I 3427)
Jh.	Jahrhundert
JherJb	Jherings Jahrbücher für die Dogmatik des bürgerlichen Rechts (Zeitschrift, Band und Seite)
JIPITEC	Journal of Intellectual Property, Information Technology and Electronic Commerce
jM	juris – Die Monatszeitschrift
JM	Justizministerium
JMBl.	Justizministerialblatt
JR	Juristische Rundschau (Zeitschrift)
JurA	Juristische Analysen (Zeitschrift)
Jura	Juristische Ausbildung (Zeitschrift)
JurBüro	Das juristische Büro (Zeitschrift)
JurJb	Juristen-Jahrbuch
JuS	Juristische Schulung (Zeitschrift)
JuSchG	Jugendschutzgesetz v. 23.7.2002 (BGBl. 2002 I 2730)
Justiz	Die Justiz (Zeitschrift)
JVEG	Justizvergütungs- und -entschädigungsgesetz v. 5.5.2004 (BGBl. 2004 I 718, 776)
JW	Juristische Wochenschrift (Zeitschrift)
JZ	Juristenzeitung (Zeitschrift)
K&R	Kommunikation und Recht (Zeitschrift)

KAGB .... Kapitalanlagegesetzbuch v. 4.7.2013 (BGBl. 2013 I 1981)
Kap. .... Kapitel
Kapitaladäquanz-VO ..... Verordnung (EU) Nr. 575/2013 des Europäischen Parlaments und des Rates vom 26. Juni 2013 über Aufsichtsanforderungen an Kreditinstitute und zur Änderung der Verordnung (EU) Nr. 648/2012 (ABl. EU 2014 L 176, 1; berichtigt)
Kfz. .... Kraftfahrzeug
KG .... Kammergericht; Kommanditgesellschaft
KGaA .... Kommanditgesellschaft auf Aktien
KGBl. .... Blätter für Rechtspflege im Bereich des Kammergerichts in Sachen der freiwilligen Gerichtsbarkeit in Kosten-, Stempel- und Strafsachen (Zeitschrift)
KGJ .... Jahrbuch für Entscheidungen des Kammergerichts in Sachen der freiwilligen Gerichtsbarkeit, in Kosten-, Stempel- und Strafsachen (bis 19.1899: in Sachen der nichtstreitigen Gerichtsbarkeit), 1.1881–53.1922 (zitiert nach Band und Seite; von Band 20–39 nach Band, Abteilung und Seite)
KGR .... KG-Report
KGSG .... Gesetz zum Schutz von Kulturgut (Kulturgutschutzgesetz) v. 31.7.2016 (BGBl. 2016 I 1914)
KIDL .... Kontoinformationsdienstleistern
Klausel-RL .... Richtlinie 93/13/EWG des Rates vom 5. April 1993 über mißbräuchliche Klauseln in Verbraucherverträgen (ABl. EG 1993 L 95, 29)
Klin. Lab. .... Klinisches Labor (Zeitschrift)
Kom. endg. .... Kommission, endgültig
KommBer. .... Reichstagskommission über den Entwurf eines Bürgerlichen Gesetzbuchs und Einführungsgesetzes
KonsularG .... Gesetz über die Konsularbeamten, ihre Aufgaben und Befugnisse (Konsulargesetz) v. 11.9.1974 (BGBl. 1974 I 2317)
Kösdi .... Kölner Steuerdialog (Zeitschrift)
KR .... Kontrollrat
KreisG .... Kreisgericht
KRG .... Kontrollratsgesetz
krit. .... kritisch
KritJ .... Kritische Justiz (Zeitschrift)
KrVjschr. .... Kritische Vierteljahresschrift für Gesetzgebung und Rechtswissenschaft
KSchG .... Kündigungsschutzgesetz idF der Bek. v. 25.8.1969 (BGBl. 1969 I 1317)
KTS .... Zeitschrift für Konkurs-, Treuhand- und Schiedsgerichtswesen
KunstUrhG .... Gesetz betreffend das Urheberrecht an Werken der bildenden Künste und der Photographie v. 9.1.1907 (RGBl. 1907, 7)
KUR .... Kunstrecht und Urheberrecht (Zeitschrift)
KWG .... Gesetz über das Kreditwesen (Kreditwesengesetz) idF der Bek. v. 9.9.1998 (BGBl. 1998 I 2776)

LAG .... Landesarbeitsgericht (mit Ortsnamen); Gesetz über den Lastenausgleich (Lastenausgleichsgesetz) idF der Bek. v. 2.6.1993 (BGBl. 1993 I 845)
LAGE .... Entscheidungssammlung der Landesarbeitsgerichte
LFGB .... Lebensmittel-, Bedarfsgegenstände- und Futtermittelgesetzbuch idF der Bek. v. 24.7.2009 (BGBl. 2009 I 2205)
LG .... Landgericht (mit Ortsnamen)
lit. .... Buchstabe
Lit. .... Literatur
LKV .... Landes- und Kommunalverwaltung (Zeitschrift)
LM .... Lindenmaier/Möhring, Nachschlagewerk des Bundesgerichtshofs (Nr. ohne Gesetzesstelle bezieht sich auf den gerade kommentierten Paragraphen)
LMK .... Lindenmaier/Möhring, Kommentierte BGH-Rechtsprechung (Zeitschrift)
LPartG .... Gesetz zur Beendigung der Diskriminierung gleichgeschlechtlicher Gemeinschaften: Lebenspartnerschaften v. 16.2.2001 (BGBl. 2001 I 266)
Ls. .... Leitsatz
LSG .... Landessozialgericht (mit Ortsnamen)
LuftRG .... Gesetz über Rechte an Luftfahrzeugen (LuftRG) v. 26.2.1959 (BGBl. 1959 I 57; berichtigt)
LuftVG .... Luftverkehrsgesetz idF der Bek. v. 27.3.1999 (BGBl. 1999 I 550)
LugÜ .... Lugano Übereinkommen über die gerichtliche Zuständigkeit und die Vollstreckung gerichtlicher Entscheidungen in Zivil- und Handelssachen v. 30.10.2007 (ABl. EU 2009 L 147, 5; berichtigt)
LVA .... Landesversicherungsanstalt
LZ .... Leipziger Zeitschrift für Deutsches Recht

MaBV	Verordnung über die Pflichten der Makler, Darlehens- und Anlagenvermittler, Bauträger und Baubetreuer (Makler- und Bauträgerverordnung) idF der Bek. v. 7.11.1990 (BGBl. 1990 I 2479)
MAH	Münchener Anwaltshandbuch
mAnm	mit Anmerkung
MAR	Verordnung (EU) Nr. 596/2014 des Europäischen Parlaments und des Rates vom 16. April 2014 über Marktmissbrauch (Marktmissbrauchsverordnung) und zur Aufhebung der Richtlinie 2003/6/EG des Europäischen Parlaments und des Rates und der Richtlinien 2003/124/EG, 2003/125/EG und 2004/72/EG der Kommission (ABl. EU 2014 L 173, 1; berichtigt)
MarkenG	Gesetz über den Schutz von Marken und sonstigen Kennzeichen (Markengesetz) v. 25.10.1994 (BGBl. 1994 I 3082; berichtigt)
MBl.	Ministerialblatt
MDR	Monatsschrift für Deutsches Recht (Zeitschrift)
mE	meines Erachtens
MedR	Medizinrecht (Zeitschrift 1.1983 ff.)
MessEG	Gesetz über das Inverkehrbringen und die Bereitstellung von Messgeräten auf dem Markt, ihre Verwendung und Eichung sowie über Fertigpackungen (Mess- und Eichgesetz) v. 25.7.2013 (BGBl. 2013 I 2722)
MiCAR	Verordnung (EU) 2023/1114 des Europäischen Parlaments und des Rates vom 31. Mai 2023 über Märkte für Kryptowerte und zur Änderung der Verordnungen (EU) Nr. 1093/2010 und (EU) Nr. 1095/2010 sowie der Richtlinien 2013/36/EU und (EU) 2019/1937 (ABl. 2023 L 150, 40)
MietRB	Der Miet-Rechtsberater (Zeitschrift)
MiLoG	Gesetz zur Regelung eines allgemeinen Mindestlohns (Mindestlohngesetz) v. 11.8.2014 (BGBl. 2014 I 1348)
MitbestG	Gesetz über die Mitbestimmung der Arbeitnehmer (Mitbestimmungsgesetz) v. 4.5.1976 (BGBl. 1976 I 1153)
Mitt.	Mitteilung(en)
MittBayNot	Mitteilungen des Bayerischen Notarvereins, der Notarkasse und der Landesnotarkammer
MittBlBLJA	Mitteilungsblatt des Bayerischen Landesjugendamtes
MittPat	Mitteilungen der deutschen Patentanwälte (Zeitschrift)
MittRhNotK	Mitteilungen der Rheinischen Notarkammer (jetzt: RNotZ = Rheinische Notar-Zeitschrift)
MiZi	Allgemeine Verfügung über Mitteilungen in Zivilsachen
MKSchG	Gesetz über den Mutter- und Kindesschutz und die Rechte der Frau (DDR)
MMR	Multi-Media und Recht (Zeitschrift)
mN	mit Nachweisen
MoMiG	Gesetz zur Modernisierung des GmbH-Rechts und zur Bekämpfung von Missbräuchen v. 23.10.2008 (BGBl. 2008 I 2026)
MoPeG	Gesetz zur Modernisierung des Personengesellschaftsrechts (Personengesellschaftsrechtsmodernisierungsgesetz) v. 10.8.2021 (BGBl. 2021 I 3436)
Mot. I–V	Motive zu dem Entwurf eines Bürgerlichen Gesetzbuches für das Deutsche Reich (Band I Allgemeiner Teil; Band II Recht der Schuldverhältnisse; Band III Sachenrecht; Band IV Familienrecht; Band V Erbrecht)
MPG	Gesetz über Medizinprodukte (Medizinproduktegesetz) idF der Bek. v. 7.8.2002 (BGBl. 2002 I 3146)
MsV	Verordnung über den Inhalt und das Verfahren zur Erstellung und zur Anpassung von Mietspiegeln sowie zur Konkretisierung der Grundsätze für qualifizierte Mietspiegel (Mietspiegelverordnung) v. 28.10.2021 (BGBl. 2021 I 4779)
MÜ	Übereinkommen zur Vereinheitlichung bestimmter Vorschriften über die Beförderung im internationalen Luftverkehr v. 28.5.1999 (BGBl. 2004 II 458)
Mugdan	Die gesamten Materialien zum Bürgerlichen Gesetzbuch für das deutsche Reich, hrsg. von Mugdan, Bd. I–V, 1899
MuSchG	Gesetz zum Schutz von Müttern bei der Arbeit, in der Ausbildung und im Studium (Mutterschutzgesetz) v. 23.5.2017 (BGBl. 2017 I 1228)
mwN	mit weiteren Nachweisen
mWv	mit Wirkung vom
mzN	mit zahlreichen Nachweisen
NamÄndG	Gesetz über die Änderung von Familiennamen und Vornamen v. 5.1.1938 (RGBl. 1938 I 9)
NBl.	Nachrichtenblatt
NblLVABa.	Nachrichtenblatt, Zeitschrift der Landesversicherungsanstalt Baden
NDBZ	Neue Deutsche Beamtenzeitung (Zeitschrift)
NdBZ	Zeitschrift für die notarielle Beratungs- und Beurkundungspraxis

Nds., nds. .... Niedersachsen, niedersächsisch
NdsRpfl. .... Niedersächsische Rechtspflege (Zeitschrift)
NEhelG .... Gesetz über die rechtliche Stellung der nichtehelichen Kinder v. 19.8.1969 (BGBl. 1969 I 1243)
NetzDG .... Gesetz zur Verbesserung der Rechtsdurchsetzung in sozialen Netzwerken (Netzwerkdurchsetzungsgesetz) v. 1.9.2017 (BGBl. 2017 I 3352)
nF .... neue Fassung
NF .... Neue Folge
NiemeyersZ .... Niemeyers Zeitschrift für internationales Recht (25.1915–52.1937/38; vorher s. BöhmsZ)
NJ .... Neue Justiz (Zeitschrift)
NJOZ .... Neue Juristische Online-Zeitschrift
NJW .... Neue Juristische Wochenschrift (Zeitschrift)
NJW-FER .... NJW-Entscheidungsdienst Familien- und Erbrecht (Zeitschrift, vereinigt mit FPR ab 2002)
NJW-MietR .... NJW-Entscheidungsdienst Miet- und Wohnungsrecht (Zeitschrift)
NJW-RR .... NJW-Rechtsprechungs-Report, Zivilrecht (Zeitschrift)
NJW-VHR .... NJW-Entscheidungsdienst Versicherungs- und Haftungsrecht (Zeitschrift)
NordÖR .... Zeitschrift für öffentliches Recht in Norddeutschland
NotBZ .... Zeitschrift für die notarielle Beratungs- und Beurkundungspraxis
npoR .... Zeitschrift für das Recht der Non Profit Organisationen
Nr. .... Nummer(n)
NRW .... Nordrhein-Westfalen
NStZ .... Neue Zeitschrift für Strafrecht
NStZ-RR .... NStZ-Rechtsprechungs-Report Strafrecht (Zeitschrift)
nv .... nicht veröffentlicht
NVersZ .... Neue Zeitschrift für Versicherung und Recht
NVwZ .... Neue Zeitschrift für Verwaltungsrecht
NVwZ-RR .... Rechtsprechungs-Report Verwaltungsrecht (Zeitschrift)
NZA .... Neue Zeitschrift für Arbeits- und Sozialrecht
NZA-RR .... NZA-Rechtsprechungs-Report Arbeitsrecht
NZBau .... Neue Zeitschrift für Baurecht und Vergaberecht
NZFam .... Neue Zeitschrift für Familienrecht
NZG .... Neue Zeitschrift für Gesellschaftsrecht
NZI .... Neue Zeitschrift für Insolvenz und Sanierung
NZM .... Neue Zeitschrift für Mietrecht
NZS .... Neue Zeitschrift für Sozialrecht
NZV .... Neue Zeitschrift für Verkehrsrecht
o. .... oben
oÄ .... oder Ähnliches
ÖBA .... Österreichisches BankArchiv (Zeitschrift)
OBDI .... Online-Bereitstellung digitaler Inhalte
ObG .... Obergericht
OECD .... Organization of Economic Cooperation and Development
OG .... Oberstes Gericht (der ehem. DDR)
OGH .... Oberster Gerichtshof (Österreich)
OGH-BrZ .... Oberster Gerichtshof für die Britische Zone
OGHSt. .... Entscheidungen des Obersten Gerichtshofes für die Britische Zone in Strafsachen (Bd. und Seite)
OGHZ .... Entscheidungen des Obersten Gerichtshofes für die Britische Zone in Zivilsachen (Bd. und Seite)
OHG .... offene Handelsgesellschaft
oJ .... ohne Jahrgang
ÖJZ .... Österreichische Juristenzeitung (Zeitschrift)
OLDI .... Online-Bereitstellung digitaler Inhalte
OLG .... Oberlandesgericht
OLGE .... siehe OLGRspr.
OLG-NL .... OLG-Rechtsprechung Neue Länder (Zeitschrift)
OLGR .... OLG-Report
OLGRspr. .... Die Rechtsprechung der Oberlandesgerichte auf dem Gebiete des Zivilrechts, hrsg. v. Mugdan und Falkmann (1.1900–46.1928; aufgegangen in HRR)
OLGZ .... Rechtsprechung der Oberlandesgerichte in Zivilsachen, Amtliche Entscheidungssammlung
OR .... Schweizerisches Obligationsrecht
ORDO .... ORDO, Jahrbuch für die Ordnung von Wirtschaft und Gesellschaft
öRdW .... (österr.) Recht der Wirtschaft (Zeitschrift)

österr.	österreichisch
oV	ohne Verfasser
OV spezial	Offene Vermögensfragen spezial – Informationsdienst zum Vermögens- und Entschädigungsrecht in den neuen Bundesländern
OVG	Oberverwaltungsgericht
OWiG	Gesetz über Ordnungswidrigkeiten idF der Bek. v. 19.2.1987 (BGBl. 1987 I 602)
ÖZöffR	Österreichische Zeitschrift für öffentliches Recht (zitiert nach Bd. und Seite)
P2B-VO	Verordnung (EU) 2019/1150 des Europäischen Parlaments und des Rates vom 20. Juni 2019 zur Förderung von Fairness und Transparenz für gewerbliche Nutzer von Online-Vermittlungsdiensten (ABl. EU 2019 L 186, 57)
PachtkredG	Pachtkreditgesetz v. 5.8.1951 (BGBl. 1951 I 494)
PAngV	Preisangabenverordnung v. 12.11.2021 (BGBl. 2021 I 4921)
ParteiG	Gesetz über die politischen Parteien (Parteiengesetz) idF der Bek. v. 31.1.1994 (BGBl. 1994 I 149)
PartGG	Gesetz über Partnerschaftsgesellschaften Angehöriger Freier Berufe (Partnerschaftsgesellschaftsgesetz) v. 25.7.1994 (BGBl. 1994 I 1744)
PatG	Patentgesetz idF der Bek. v. 16.12.1980 (BGBl. 1981 I 1)
Pauschalreise-RL	Richtlinie (EU) 2015/2302 des Europäischen Parlaments und des Rates vom 25. November 2015 über Pauschalreisen und verbundene Reiseleistungen, zur Änderung der Verordnung (EG) Nr. 2006/2004 und der Richtlinie 2011/83/EU des Europäischen Parlaments und des Rates sowie zur Aufhebung der Richtlinie 90/314/EWG des Rates (ABl. EU 2015 L 326, 1)
Pauschalreise-RL 1990	Richtlinie 90/314/EWG des Rates vom 13. Juni 1990 über Pauschalreisen (ABl. EG 1990 L 158, 59); aufgehoben
PECL	Principles of European Contract Law, in Lando/Clive/Prüm/Zimmermann, Principles of European Contract Law, Part III, 2003, 205; deutsche Fassung in ZEuP 2003, 895; PECL aF: Principles of European Contract Law alter Fassung, abgedruckt in ZEuP 2001, 400
PfandBG	Pfandbriefgesetz v. 22.5.2005 (BGBl. 2005 I 1373)
PflegeVG	Gesetz zur sozialen Absicherung des Risikos der Pflegebedürftigkeit (Pflege-Versicherungsgesetz) v. 26.5.1994 (BGBl. 1994 I 1014)
PflegeZG	Gesetz über die Pflegezeit (Pflegezeitgesetz) v. 28.5.2008 (BGBl. 2008 I 874)
PflVAuslG	Gesetz über die Haftpflichtversicherung für ausländische Kraftfahrzeuge und Kraftfahrzeuganhänger v. 24.7.1956 (BGBl. 1956 I 667)
PflVG	Gesetz über die Pflichtversicherung für Kraftfahrzeughalter (Pflichtversicherungsgesetz) idF der Bek. v. 5.4.1965 (BGBl. 1965 I 213)
PHI	Produkthaftpflicht International (Zeitschrift)
PICC	UNIDROIT Principles of International Commercial Contracts idF von 2010 mit Änderungen von Mai 2016, www.unidroit.org
PostG	Postgesetz v. 22.12.1997 (BGBl. 1997 I 3294)
Pr.; pr.	Preußen; preußisch
PrALR	Allgemeines Landrecht für die Preußischen Staaten von 1794 (zitiert nach §, Teil und Titel)
Praxis	Die Praxis des Bundesgerichts (Zeitschrift)
PreisklG	Gesetz über das Verbot der Verwendung von Preisklauseln bei der Bestimmung von Geldschulden (Preisklauselgesetz) v. 7.9.2007 (BGBl. 2007 I 2246)
PresseG	Pressegesetz (Landesrecht)
ProdSG	Gesetz über die Bereitstellung von Produkten auf dem Markt (Produktsicherheitsgesetz) v. 8.11.2011 (BGBl. 2011 I 2178; berichtigt)
ProstG	Gesetz zur Regelung der Rechtsverhältnisse der Prostituierten (Prostitutionsgesetz) v. 20.12.2001 (BGBl. 2001 I 3983)
ProstSchG	Gesetz zum Schutz von in der Prostitution tätigen Personen (Prostituiertenschutzgesetz) v. 21.10.2016 (BGBl. 2016 I 2372)
Prot. I–VI	Protokolle der Kommission für die zweite Lesung des Entwurfs des BGB (Bände I und IV 1897; Band II 1898; Band III, V und VI 1899)
PrOVG	Preußisches Oberverwaltungsgericht
PrProt. I–VI	Protokolle der Kommission für die zweite Lesung des Entwurfs des BGB (Bände I und IV 1897; Band II 1898; Band III, V und VI 1899)
PStG	Personenstandsgesetz v. 19.2.2007 (BGBl. 2007 I 122)
PStG-VwV	Allgemeine Verwaltungsvorschrift zum Personenstandsgesetz v. 29.3.2010 (GMBl. 2010, 498)
PStV	Verordnung zur Ausführung des Personenstandsgesetzes (Personenstandsverordnung) v. 22.11.2008 (BGBl. 2008 I 2263)
PSVaG	Pensionssicherungsverein auf Gegenseitigkeit
PucheltsZ	Zeitschrift für französisches Zivilrecht
pVV	positive Vertragsverletzung

r+s	recht und schaden (Zeitschrift)
RA	Rechtsausschuss
RabelsZ	Rabels Zeitschrift für auslandisches und internationales Privatrecht
RAnz.	Deutscher Reichs-Anzeiger
RBHG	Gesetz über die Haftung des Reichs für seine Beamten (Beamtenhaftungsgesetz) v. 22.5.1910 (RGBl. 1910, 798)
RdA	Recht der Arbeit (Zeitschrift)
RdErl.	Runderlass
RDG	Gesetz über außergerichtliche Rechtsdienstleistungen (Rechtsdienstleistungsgesetz) v. 12.12.2007 (BGBl. 2007 I 2840)
RdJ	Recht der Jugend (Zeitschrift)
RdJB	Recht der Jugend und des Bildungswesens (Zeitschrift)
RdTW	Recht der Transportwirtschaft (Zeitschrift)
RE	Rechtsentscheid
RechKredV	Verordnung über die Rechnungslegung der Kreditinstitute und Finanzdienstleistungsinstitute (Kreditinstituts-Rechnungslegungsverordnung) idF der Bek. v. 11.12.1998 (BGBl. 1998 I 3658)
Recht	Das Recht (Zeitschrift)
Rechtstheorie	Rechtstheorie (Zeitschrift)
RefE	Referentenentwurf
RegBl.	Regierungsblatt
RegE	Regierungsentwurf
RelKErzG	Gesetz über die religiöse Kindererziehung v. 15.7.1921 (RGBl. 1921 I 939)
RG	Reichsgericht
RGBl.	Reichsgesetzblatt
RG-Praxis	Die Reichsgerichtspraxis im deutschen Rechtsleben
RGZ	Amtliche Sammlung von Entscheidungen des Reichsgerichts in Zivilsachen
Rh.-Pf.; rh.-pf.	Rheinland-Pfalz; rheinland-pfälzisch
RheinZ	Rheinische Zeitschrift für Zivil- und Prozeßrecht
RIW	Recht der Internationalen Wirtschaft (Zeitschrift)
RJA	Entscheidungen in Angelegenheiten der freiwilligen Gerichtsbarkeit und des Grundbuchrechts, zusammengestellt im Reichsjustizamt (1.1900–17.1922)
RJM	Reichsminister der Justiz
RJWG	Reichsjugendwohlfahrtsgesetz
RL	Richtlinie
RLA	Rundschau für den Lastenausgleich (1.1952 ff.)
RMBl.	Reichsministerialblatt
Rn.	Randnummer(n)
ROHG	Reichsoberhandelsgericht, auch Entscheidungssammlung (Bd. und Seite)
Rom I-VO	Verordnung (EG) Nr. 593/2008 des Europäischen Parlaments und des Rates vom 17. Juni 2008 über das auf vertragliche Schuldverhältnisse anzuwendende Recht (ABl. EG 2008 L 177, 6; berichtigt)
Rom II-VO	Verordnung (EG) Nr. 864/2007 des Europäischen Parlaments und des Rates vom 11. Juli 2007 über das auf außervertragliche Schuldverhältnisse anzuwendende Recht (ABl. EG 2007 L 199, 40; berichtigt)
Rom III-VO	Verordnung (EU) Nr. 1259/2010 des Rates vom 20. Dezember 2010 zur Durchführung einer Verstärkten Zusammenarbeit im Bereich des auf die Ehescheidung und Trennung ohne Auflösung des Ehebandes anzuwendenden Rechts (ABl. EU 2010 L 343, 10)
Rpfleger	Der Deutsche Rechtspfleger (Zeitschrift)
RPflG	Rechtspflegergesetz idF der Bek. v. 14.4.2013 (BGBl. 2013 I 778)
RpflStud	Rechtspfleger-Studienhefte
Rs.	Rechtssache
RSFAV	Verordnung über die Aufgaben und Befugnisse der Behörde zur Aufsicht über den Reisesicherungsfonds sowie über die Verwaltung und Aufbewahrung des Fondsvermögens (Reisesicherungsfondsaufsichtsverordnung) v. 15.10.2021 (BGBl. 2021 I 4707)
RSFV	Verordnung über die Geschäftsorganisation des Reisesicherungsfonds und die Voraussetzungen der Erteilung der Erlaubnis (Reisesicherungsfondsverordnung) v. 1.7.2021 (BGBl. 2021 I 2349)
RSG	Gesetz über die Insolvenzsicherung durch Reisesicherungsfonds (Reisesicherungsfondsgesetz) v. 25.6.2021 (BGBl. 2021 I 2114)
Rspr.	Rechtsprechung
RückAbzinsV	Rückstellungsabzinsungsverordnung (RückAbzinsV) v. 18.11.2009 (BGBl. 2009 I 3790)

RÜG .... Gesetz zur Herstellung der Rechtseinheit in der gesetzlichen Renten- und Unfallversicherung (Renten-Überleitungsgesetz) v. 25.7.1991 (BGBl. 1991 I 1606)
RuW .... Recht und Wirtschaft (Zeitschrift)
RV .... Die Rentenversicherung (Zeitschrift)
RVG .... Gesetz über die Vergütung der Rechtsanwältinnen und Rechtsanwälte (Rechtsanwaltsvergütungsgesetz) v. 15.3.2022 (BGBl. 2022 I 613)
RvglHWB .... Rechtsvergleichendes Handwörterbuch für das Zivil- und Handelsrecht des In- und Auslandes (Band und Seite)
RVGreport .... RVGReport Anwaltsgebühren – Streitwert – Gerichtskosten – Erstattung – Rechtsschutz (Zeitschrift, Bestandteil der Zeitschrift AGS
RWP .... Rechts- und Wirtschaftspraxis (Loseblatt-Ausgabe)
S. .... Seite; Satz
s. .... siehe; section
Saarl. .... Saarland
SaBl. .... Sammelblatt für Rechtsvorschriften des Bundes und der Länder
SaBremR .... Sammlung des bremischen Rechts
SAE .... Sammlung arbeitsrechtlicher Entscheidungen (Zeitschrift)
SaRegG .... Gesetz zur Errichtung eines Samenspenderregisters und zur Regelung der Auskunftserteilung über den Spender nach heterologer Verwendung von Samen (Samenspenderegistergesetz) v. 17.7.2017 (BGBl. 2017 I 2513)
Schiffgastrechte-VO ...... Verordnung (EU) Nr. 1177/2010 des Europäischen Parlaments und des Rates vom 24. November 2010 über die Fahrgastrechte im See- und Binnenschiffsverkehr und zur Änderung der Verordnung (EG) Nr. 2006/2004 (ABl. EU 2010 L 334, 1)
SchiffRG .... Gesetz über Rechte an eingetragenen Schiffen und Schiffsbauwerken v. 15.11.1940 (RGBl. 1940 I 1499)
SchKG .... Schwangerschaftskonfliktgesetz v. 27.7.1992 (BGBl. 1992 I 1398)
SchlH .... Schleswig-Holstein
SchlHA .... Schleswig-Holsteinische Anzeigen (NF 1.1837 ff. Zeitschrift)
SchuldR .... Schuldrecht
SchuldRÄndG .... Gesetz zur Änderung schuldrechtlicher Bestimmungen im Beitrittsgebiet (Schuldrechtsänderungsgesetz – SchuldRÄndG) v. 21.9.1994 (BGBl. 1994 I 2538)
SchRModG .... Gesetz zur Modernisierung des Schuldrechts v. 26.11.2001 (BGBl. 2001 I 3138)
SchVG .... Gesetz über Schuldverschreibungen aus Gesamtemissionen (Schuldverschreibungsgesetz) v. 31.7.2009 (BGBl. 2009 I 2512)
schweiz. .... schweizerisch
SE .... Societas Europaea, Europäische Aktiengesellschaft
SEAG .... Gesetz zur Ausführung der Verordnung (EG) Nr. 2157/2001 des Rates v. 8.10.2001 über das Statut der Europäischen Gesellschaft (SE) (SE-Ausführungsgesetz) v. 22.12.2004 (BGBl. 2004 I 3675)
SeeArbG .... Seearbeitsgesetz (SeeArbG) v. 20.4.2013 (BGBl. 2013 I 868)
SEEG .... Gesetz zur Ausführung der Verordnung (EG) Nr. 2157/2001 des Rates v. 8.10.2001 über das Statut der Europäischen Gesellschaft (SE) (SE-Ausführungsgesetz) v. 22.12.2004 (BGBl. 2004 I 3675)
Sem. Jud. .... La Semaine Judiciaire (Zeitschrift)
SeuffA .... Seufferts Archiv für Entscheidungen der obersten Gerichte in den deutschen Staaten (Zeitschrift, zitiert nach Band und Nr.; 1.1847–98.1944)
SeuffBl. .... Seufferts Blätter für Rechtsanwendung (Zeitschrift, zitiert nach Band und Seite)
SFH/RSprBau .... Schäfer/Finnern/Hochstein, Rechtsprechung zum privaten Baurecht, Stand Juni 2000
SG .... Sozialgericht; Gesetz über die Rechtsstellung der Soldaten idF v. 5.2.2009 (BGBl. 2009 I 160)
SGb .... Die Sozialgerichtsbarkeit (Zeitschrift)
SGB I–XII .... Sozialgesetzbuch 1. bis 12. Buch
SGG .... Sozialgerichtsgesetz idF der Bek. v. 23.9.1975 (BGBl. 1975 I 2535)
SJZ .... Süddeutsche Juristenzeitung (Zeitschrift)
Slg. .... Entscheidungen des Europäischen Gerichtshofs
SoergRspr. .... Soergel(s) Rechtsprechung zum gesamten Zivil-, Handels- und Prozeßrecht (Jahr, Paragraph und Nr.)
sog. .... sogenannt
Sozialer Fortschritt .... Sozialer Fortschritt (Zeitschrift)
SozR .... Sozialrecht (Zeitschrift), Rechtsprechung und Schrifttum, bearbeitet von den Richtern des Bundessozialgerichts
SozVers .... Die Sozialversicherung (Zeitschrift)
SozW .... Sozialwissenschaft(en)
Sp. .... Spalte
SRa .... SozialRecht aktuell

StAG	Staatsangehörigkeitsgesetz v. 22.7.1913 (RGBl. 1913 I 583)
StAZ	Das Standesamt (Zeitschrift)
Sten. Prot.	Stenographisches Protokoll
StGB	Strafgesetzbuch idF der Bek. v. 13.11.1998 (BGBl. 1998 I 3322)
StiftRG	Stiftungsregistergesetz v. 16.7.2021 (BGBl. 2021 I 2947, 2953)
StoffR	Zeitschrift für Stoffrecht (Zeitschrift)
StPO	Strafprozessordnung idF der Bek. v. 7.4.1987 (BGBl. 1987 I 1074; berichtigt)
str.	streitig
StrEG	Gesetz über die Entschädigung von Strafverfolgungsmaßnahmen v. 8.3.1971 (BGBl. 1971 I 157)
Streit	Streit, Feministische Rechtszeitschrift
stRspr	ständige Rechtsprechung
StuW	Steuer und Wirtschaft (Zeitschrift)
StVollzG	Strafvollzugsgesetz v. 16.3.1976 (BGBl. 1976 I 581; berichtigt)
SV-Abk.	Sozialversicherungsabkommen
SVG	Gesetz über die Versorgung für die ehemaligen Soldaten der Bundeswehr und ihre Hinterbliebenen (Soldatenversorgungsgesetz) idF der Bek. v. 16.9.2009 (BGBl. 2009 I 3054)
SZS	Schweizerische Zeitschrift für Sozialversicherung und berufliche Vorsorge
TEHG	Gesetz über den Handel mit Berechtigungen zur Emission von Treibhausgasen v. 21.7.2011 (BGBl. 2011 I 1475)
TestG	Gesetz über die Errichtung von Testamenten und Erbverträgen (Testamentsgesetz) v. 31.7.1938 (BGBl. 1938 I 973); aufgehoben
TFG	Gesetz zur Regelung des Transfusionswesens (Transfusionsgesetz) idF der Bek. v. 28.8.2007 (BGBl. 2007 I 2169)
Timesharing-RL	Richtlinie 2008/122/EG des Europäischen Parlaments und des Rates vom 14. Januar 2009 über den Schutz der Verbraucher im Hinblick auf bestimmte Aspekte von Teilzeitnutzungsverträgen, Verträgen über langfristige Urlaubsprodukte sowie Wiederverkaufs- und Tauschverträgen (ABl. EU 2009 L 33, 10)
Timesharing-RL 1994	Richtlinie 94/47/EG des Europäischen Parlaments und des Rates vom 26. Oktober 1994 zum Schutz der Erwerber im Hinblick auf bestimmte Aspekte von Verträgen über den Erwerb von Teilzeitnutzungsrechten an Immobilien (ABl. EG 1994 L 280, 83); aufgehoben
TKG	Telekommunikationsgesetz idF der Bek. v. 22.6.2004 (BGBl. 2004 I 1190)
TPG	Gesetz über die Spende, Entnahme und Übertragung von Organen und Geweben (Transplantationsgesetz) idF der Bek. v. 4.9.2007 (BGBl. 2007 I 2206)
TranspR	Transport- und Speditionsrecht (Zeitschrift)
TSG	Gesetz über die Änderung der Vornamen und die Feststellung der Geschlechtszugehörigkeit in besonderen Fällen (Transsexuellengesetz) v. 10.9.1980 (BGBl. 1980 I 1654)
TTDSG	Gesetz über den Datenschutz und den Schutz der Privatsphäre in der Telekommunikation und bei Telemedien (Telekommunikation-Telemedien-Datenschutz-Gesetz) vom 23.6.2021 (BGBl. 2021 I 1982)
TVG	Tarifvertragsgesetz idF der Bek. v. 25.8.1969 (BGBl. 1969 I 1323)
TzBfG	Gesetz über Teilzeitarbeit und befristete Arbeitsverträge (Teilzeit- und Befristungsgesetz) v. 21.12.2000 (BGBl. 2000 I 1966)
ua	unter anderem; und andere
uÄ	und Ähnliches
überwM	überwiegende Meinung
uE	unseres Erachtens
UGP-RL	Richtlinie 2005/29/EG des Europäischen Parlaments und des Rates vom 11. Mai 2005 über unlautere Geschäftspraktiken von Unternehmen gegenüber Verbrauchern im Binnenmarkt und zur Änderung der Richtlinie 84/450/EWG des Rates, der Richtlinien 97/7/EG, 98/27/EG und 2002/65/EG des Europäischen Parlaments und des Rates sowie der Verordnung (EG) Nr. 2006/2004 des Europäischen Parlaments und des Rates (Richtlinie über unlautere Geschäftspraktiken) (ABl. EG 2005 L 149, 22; berichtigt)
UKlaG	Gesetz über Unterlassungsklagen bei Verbraucherrechts- und anderen Verstößen (Unterlassungsklagengesetz) idF der Bek. v. 27.8.2002 (BGBl. 2002 I 3422; berichtigt)
UmweltHG	Umwelthaftungsgesetz v. 10.12.1990 (BGBl. 1990 I 2634)
UmwG	Umwandlungsgesetz v. 28.10.1994 (BGBl. 1994 I 3210; berichtigt)
UNIDROIT	Institut International pour l'Unification du Droit Privé
UN-KaufR	siehe unter CISG
UNO	United Nations Organization

unstr. .... unstreitig
UrhG .... Gesetz über Urheberrecht und verwandte Schutzrechte (Urheberrechtsgesetz) v. 9.9.1965 (BGBl. 1965 I 1273)
USt .... Umsatzsteuer
UStG .... Umsatzsteuergesetz idF der Bek. v. 21.2.2005 (BGBl. 2005 I 386)
usw .... und so weiter
uU .... unter Umständen
UWG .... Gesetz gegen den unlauteren Wettbewerb idF der Bek. v. 3.3.2010 (BGBl. 2010 I 254)
v. .... vom; von
VA .... Vermittlungsausschuss
VAE .... Verkehrsrechtliche Abhandlungen und Entscheidungen (Zeitschrift)
VAG .... Gesetz über die Beaufsichtigung der Versicherungsunternehmen (Versicherungsaufsichtsgesetz) v. 1.4.2015 (BGBl. 2015 I 434)
Var. .... Variante
VBL .... Versorgungsanstalt des Bundes und der Länder
VBlBW .... Verwaltungsblätter für Baden-Württemberg
VBVG .... Gesetz über die Vergütung von Vormündern und Betreuern (Vormünder- und Betreuervergütungsgesetz) v. 4.5.2021 (BGBl. 2021 I 882, 925)
VDG .... Vertrauensdienstegesetz (VDG) v. 18.7.2017 (BGBl. 2017 I 2745)
VDuG .... Gesetz zur gebündelten Durchsetzung von Verbraucherrechten (Verbraucherrechtedurchsetzungsgesetz) v. 8.10.2023 (BGBl. 2023 I Nr. 272)
VDV .... Verordnung zu Vertrauensdiensten (Vertrauensdiensteverordnung) v. 15.2.2019 (BGBl. 2019 I 114)
Verbandsklagen-RL .... Richtlinie (EU) 2020/1828 des Europäischen Parlaments und des Rates vom 25. November 2020 über Verbandsklagen zum Schutz der Kollektivinteressen der Verbraucher und zur Aufhebung der Richtlinie 2009/22/EG (ABl. EU 2020 L 409, 1)
Verbraucherkredit-RL ... Richtlinie (EU) 2023/2225 des Europäischen Parlaments und des Rates vom 18. Oktober 2023 über Verbraucherkreditverträge und zur Aufhebung der Richtlinie 2008/48/EG (ABl. 2023 L 2225, 1)
Verbraucherkredit-RL 2008 .... Richtlinie 2008/48/EG des Europäischen Parlaments und des Rates vom 23. April 2008 über Verbraucherkreditverträge und zur Aufhebung der Richtlinie 87/102/EWG des Rates (ABl. EU 2008 L 133, 66; berichtigt); aufgehoben
Verbraucherrechte-RL ... Richtlinie 2011/83/EU des Europäischen Parlaments und des Rates vom 25. Oktober 2011 über die Rechte der Verbraucher, zur Abänderung der Richtlinie des Rates 93/13/EWG und der Richtlinie des Europäischen Parlaments und des Rates 1999/44/EG sowie zur Aufhebung der Richtlinie des Rates 85/577/EWG und der Richtlinie des Europäischen Parlaments und des Rates 97/7/EG (ABl. EU 2011 L 304, 64)
Verbrauchsgüterkauf-RL Richtlinie 1999/44/EG des Europäischen Parlaments und des Rates vom 25. Mai 1999 zu bestimmten Aspekten des Verbrauchsgüterkaufs und der Garantien für Verbrauchsgüter (ABl. EG 1999 L 171, 12)
VerbrKrG .... Gesetz über Verbraucherkredite, zur Änderung der Zivilprozessordnung und anderer Gesetze idF der Bek. v. 29.6.2000 (BGBl. 2000 I 940); aufgehoben
VereinsG .... Vereinsgesetz idF der Bek. v. 5.8.1964 (BGBl. 1964 I 593)
Verh. .... Verhandlung(en)
VermAnlG .... Gesetz über Vermögensanlagen (Vermögensanlagengesetz) v. 6.12.2011 (BGBl. 2011 I 2481)
VersAusglG .... Gesetz über den Versorgungsausgleich (Versorgungsausgleichsgesetz) v. 3.4.2009 (BGBl. 2009 I 700)
VerschG .... Verschollenheitsgesetz idF der Bek. v. 15.1.1951 (BGBl. 1951 I 63)
VersR .... Versicherungsrecht, Juristische Rundschau für die Individualversicherung (Zeitschrift)
VerwG .... Verwaltungsgericht
VerwGH .... Verwaltungsgerichtshof
VerwR .... Verwaltungsrecht
VerwRspr. .... Verwaltungsrechtsprechung in Deutschland (Band und Seite)
Vfg. .... Verfügung
VFGüterstandsG .... Gesetz über den ehelichen Güterstand von Vertriebenen und Flüchtlingen
VG .... Verwaltungsgericht
VGH .... Verfassungsgerichtshof
vgl. .... vergleiche
vH .... von Hundert
VIA .... Verbraucherinsolvenz aktuell (Zeitschrift)

VIZ .... Zeitschrift für Vermögens- und Investitionsrecht (seit 1997: Immobilienrecht)
VkBkmG .... Gesetz über die Verkündung von Gesetzen und Rechtsverordnungen und über Bekanntmachungen (Verkündungs- und Bekanntmachungsgesetz) v. 20.12.2022 (BGBl. 2022 I 2752)
VMBl. .... Ministerialblatt des Bundesministers für (ab 1962: der) Verteidigung
VO .... Verordnung
VOB/A, VOB/B .... Vergabe- und Verdingungsordnung für Bauleistungen, Teil A: Allgemeine Bestimmungen für die Vergabe von Bauleistungen, Teil B: Allgemeine Vertragsbedingungen für die Ausführung von Bauleistungen, idF der Bek. v. 30.5.2002 (BAnz. 2002 Beilage Nr. 202a, 19)
VOBl. .... Verordnungsblatt
Vorb. .... Vorbemerkung
VRegV .... Verordnung über das Zentrale Vorsorgeregister (Vorsorgeregister-Verordnung) v. 21.2.2005 (BGBl. 2005 I 318)
VRG .... Gesetz zur Förderung von Vorruhestandsleistungen (Vorruhestandsgesetz) v. 13.4.1984 (BGBl. 1984 I 601)
VRS .... Verkehrsrechts-Sammlung (Zeitschrift; Band und Seite)
VRV .... Vereinsregisterverordnung v. 10.2.1999 (BGBl. 1999 I 147)
VSBG .... Gesetz über die alternative Streitbeilegung in Verbrauchersachen (Verbraucherstreitbeilegungsgesetz) vom 19.2.2016 (BGBl. 2016 I 254; berichtigt)
VSBInfoV .... Verordnung über Informations- und Berichtspflichten nach dem Verbraucherstreitbeilegungsgesetz (Verbraucherstreitbeilegungs-Informationspflichtenverordnung) vom 28.2.2016 (BGBl. 2016 I 326)
VuR .... Verbraucher und Recht (Zeitschrift)
VVDStRL .... Veröffentlichungen der Vereinigung Deutscher Staatsrechtslehrer
VVG .... Gesetz über den Versicherungsvertrag v. 23.11.2007 (BGBl. 2007 I 2631)
VwGO .... Verwaltungsgerichtsordnung idF der Bek. v. 19.3.1991 (BGBl. 1991 I 686)
VwVfG .... Verwaltungsverfahrensgesetz idF der Bek. v. 23.1.2003 (BGBl. 2003 I 102)
VZS .... Vereinigte Zivilsenate
Warenkauf-RL .... Richtlinie (EU) 2019/771 des Europäischen Parlaments und des Rates vom 20. Mai 2019 über bestimmte vertragsrechtliche Aspekte des Warenkaufs, zur Änderung der Verordnung (EU) 2017/2394 und der Richtlinie 2009/22/EG sowie zur Aufhebung der Richtlinie 1999/44/EG (ABl. EU 2019 L 136, 28)
WärmeLV .... Verordnung über die Umstellung auf gewerbliche Wärmelieferung für Mietwohnraum (Wärmelieferverordnung) v. 7.6.2013 (BGBl. 2013 I 1509)
WarnR .... Rechtsprechung des Reichsgerichts, hrsg. von Warneyer (Band und Nr.), ab 1961: Rechtsprechung des Bundesgerichtshofs in Zivilsachen
WBVG .... Gesetz zur Regelung von Verträgen über Wohnraum mit Pflege- oder Betreuungsleistungen (Wohn- und Betreuungsvertragsgesetz) v. 29.7.2009 (BGBl. 2009 I 2319)
WEG .... Gesetz über das Wohnungseigentum und das Dauerwohnrecht (Wohnungseigentumsgesetz) In der Fassung der Bekanntmachung v. 12.1.2021 (BGBl. 2021 I 34)
WG .... Wechselgesetz v. 21.6.1933 (RGBl. 1933 I 399)
WGV .... Verordnung über die Anlegung und Führung der Wohnungs- und Teileigentumsgrundbücher (Wohnungsgrundbuchverfügung) idF der Bek. v. 24.1.1995 (BGBl. 1995 I 134)
WHG .... Gesetz zur Ordnung des Wasserhaushalts (Wasserhaushaltsgesetz) v. 31.7.2009 (BGBl. 2009 I 2585)
WiB .... Wirtschaftsrechtliche Beratung (Zeitschrift)
WImmoT .... Weimarer Immobilienrechtstage (Dokumentation)
WiRO .... Wirtschaft und Recht in Osteuropa (Zeitschrift)
WM .... Wertpapiermitteilungen, Zeitschrift für Wirtschaft und Bankrecht (Zeitschrift)
Wohnimmobilienkredit-RL .... Richtlinie 2014/17/EU des Europäischen Parlaments und des Rates vom 4. Februar 2014 über Wohnimmobilienkreditverträge für Verbraucher und zur Änderung der Richtlinien 2008/48/EG und 2013/36/EU und der Verordnung (EU) Nr. 1093/2010 (ABl. EU 2014 L 60, 34; berichtigt)
WoM .... Wohnungswirtschaft und Mietrecht (Informationsdienst des Deutschen Mieterbundes; Zeitschrift)
WoVermittG .... Gesetz zur Regelung der Wohnungsvermittlung vom 4.11.1971 (BGBl. 1971 I 1745)
WP .... Wahlperiode
WPflG .... Wehrpflichtgesetz idF der Bek. v. 15.8.2011 (BGBl. 2011 I 1730)
WpHG .... Gesetz über den Wertpapierhandel (Wertpapierhandelsgesetz) idF der Bek. v. 9.9.1998 (BGBl. 1998 I 2708)

WpPG .... Gesetz über die Erstellung, Billigung und Veröffentlichung des Prospekts, der beim öffentlichen Angebot von Wertpapieren oder bei der Zulassung von Wertpapieren zum Handel an einem organisierten Markt zu veröffentlichen ist (Wertpapierprospektgesetz) v. 22.6.2005 (BGBl. 2005 I 1698)
WpÜG .... Wertpapiererwerbs- und Übernahmegesetz v. 20.12.2001 (BGBl. 2001 I 3822)
WRV .... Weimarer Reichsverfassung v. 11.8.1919 (RGBl. 1919, 1383)
WuB .... Wirtschafts- und Bankrecht (Zeitschrift)
WuM .... Wohnungswirtschaft und Mietrecht (Informationsdienst des Deutschen Mieterbundes; Zeitschrift)
WürttNV .... Mitteilungen aus der Praxis, hrsg. v. Württembergischen Notarverein (bis 20.1954), dann BWNotZ
WürttRpflZ .... Württembergische Zeitschrift für Rechtspflege und Verwaltung
WürttZ .... Zeitschrift für die freiwillige Gerichtsbarkeit und Gemeindeverwaltung in Württemberg
WuW .... Wirtschaft und Wettbewerb (Zeitschrift)
WZGA .... Abkommen zwischen der Bundesrepublik Deutschland und der Französischen Republik über den Güterstand der Wahl-Zugewinngemeinschaft v. 4.2.2010 (BGBl. 2012 II 178)
ZADL .... Zahlungsauslösungsdienstleister
ZAG .... Gesetz über die Beaufsichtigung von Zahlungsdiensten (Zahlungsdiensteaufsichtsgesetz) v. 17.7.2017 (BGBl. 2017 I 2446)
Zahlungsdienste-RL ...... Richtlinie (EU) 2015/2366 des Europäischen Parlaments und des Rates vom 25. November 2015 über Zahlungsdienste im Binnenmarkt, zur Änderung der Richtlinien 2002/65/EG, 2009/110/EG und 2013/36/EU und der Verordnung (EU) Nr. 1093/2010 sowie zur Aufhebung der Richtlinie 2007/64/EG (ABl. EU 2015 L 337, 35; berichtigt)
Zahlungsdienste-RL 2007 .... Richtlinie 2007/64/EG des Europäischen Parlaments und des Rates vom 13. November 2007 über Zahlungsdienste im Binnenmarkt, zur Änderung der Richtlinien 97/7/EG, 2002/65/EG, 2005/60/EG und 2006/48/EG sowie zur Aufhebung der Richtlinie 97/5/EG (ABl. EG 2007 L 319, 1; berichtigt)
Zahlungsverzugs-RL ..... Richtlinie 2011/7/EU des Europäischen Parlaments und des Rates vom 16. Februar 2011 zur Bekämpfung von Zahlungsverzug im Geschäftsverkehr (ABl. EU 2011 L 48, 1)
ZAkDR .... Zeitschrift der Akademie für Deutsches Recht
ZAP .... Zeitschrift für die Anwaltspraxis
ZAR .... Zeitschrift für Ausländerrecht und Ausländerpolitik
ZAS .... Zeitschrift für Arbeits- und Sozialrecht (Österreich)
zB .... zum Beispiel
ZBB .... Zeitschrift für Bankrecht und Bankwirtschaft
ZBernJV .... Zeitschrift des Bernischen Juristenvereins
ZBlFG .... Zentralblatt für freiwillige Gerichtsbarkeit und Notariat (ab 12.1911/12: für freiwillige Gerichtsbarkeit, Notariat und Zwangsversteigerung), 1.1900/01–22.1921/22
ZBlHR .... Zentralblatt für Handelsrecht
ZBlJugR .... Zentralblatt für Jugendrecht und Jugendwohlfahrt
ZblSozVers .... Zentralblatt für Sozialversicherung, Sozialhilfe und -versorgung
ZBR .... Zeitschrift für Beamtenrecht
ZDRL .... siehe Zahlungsdienste-RL
ZErb .... Zeitschrift für Steuer- und Erbrechtspraxis
ZertVerwV .... Verordnung über die Prüfung zum zertifizierten Verwalter nach dem Wohnungseigentumsgesetz (Zertifizierter-Verwalter-Prüfungsverordnung) v. 2.12.2021 (BGBl. 2021 I 5182)
ZEuP .... Zeitschrift für Europäisches Privatrecht
ZEV .... Zeitschrift für Erbrecht und Vermögensnachfolge
ZevKR .... Zeitschrift für evangelisches Kirchenrecht
ZFE .... Zeitschrift für Familien- und Erbrecht
ZfF .... Zeitschrift für das Fürsorgewesen (Zeitschrift)
ZfIR .... Zeitschrift für Immobilienrecht (Zeitschrift)
ZfJ .... Zeitschrift für Jugendrecht (Zeitschrift)
ZfKiJugPsychiatrie .... Zeitschrift für Kinder- und Jugendpsychiatrie
ZfPW .... Zeitschrift für die gesamte Privatrechtswissenschaft
ZfRV .... Zeitschrift für Rechtsvergleichung (Österreich)
ZfSH .... Zeitschrift für Sozialhilfe (1.1962 ff.)
ZfSoz .... Zeitschrift für Soziologie
ZfSozReform .... Zeitschrift für Sozialreform
ZfSozW .... Zeitschrift für Sozialwissenschaft

ZfZ .... Zeitschrift für Zölle und Verbrauchsteuern
ZG .... Zeitschrift für Gesetzgebung
ZGB .... Schweizerisches Zivilgesetzbuch
ZGB DDR .... Zivilgesetzbuch der Deutschen Demokratischen Republik v. 19.6.1975 (GBl. DDR 1975 I 465)
ZGS .... Zeitschrift für das gesamte Schuldrecht
ZgS .... Zeitschrift für die gesamte Staatswissenschaft (Band, Jahr, Seite)
ZHR .... Zeitschrift für das gesamte Handelsrecht und Wirtschaftsrecht
Ziff. .... Ziffer(n)
ZImmunForsch .... Zeitschrift für Immunitätsforschung, Allergie und klinische Immunologie
ZInsO .... Zeitschrift für das gesamte Insolvenzrecht (Zeitschrift)
ZIP .... Zeitschrift für Wirtschaftsrecht (bis 1982: Zeitschrift für Wirtschaftsrecht und Insolvenzpraxis)
ZivG .... Zivilgericht
ZJS .... Zeitschrift für das Juristische Studium
ZLW .... Zeitschrift für Luftrecht und Weltraumrechtsfragen
ZMR .... Zeitschrift für Miet- und Raumrecht
ZOV .... Zeitschrift für offene Vermögensfragen, Rehabilitierungs- und sonstiges Wiedergutmachungsrecht
ZPO .... Zivilprozessordnung idF der Bek. v. 5.12.2005 (BGBl. 2005 I 3202; berichtigt)
ZRechtsmed .... Zeitschrift für Rechtsmedizin
ZRG .... Zeitschrift der Savigny-Stiftung für Rechtsgeschichte (germ. Abt. = germanistische Abteilung; rom. Abt. = romanistische Abteilung, kanon. Abt. = kanonistische Abteilung)
ZRP .... Zeitschrift für Rechtspolitik
ZRvgl .... Zeitschrift für Rechtsvergleichung
ZS .... Zivilsenat
ZSR .... Zeitschrift für Sozialreform
ZStW .... Zeitschrift für die gesamte Strafrechtswissenschaft
zT .... zum Teil
ZUM .... Zeitschrift für Urheber- und Medienrecht – Film und Recht
zust. .... zustimmend
ZustErgG .... Gesetz zur Ergänzung von Zuständigkeiten auf den Gebieten des Bürgerlichen Rechts, des Handelsrechts und des Strafrechts (Zuständigkeitsergänzungsgesetz) v. 7.8.1952 (BGBl. 1952 I 407)
zutr. .... zutreffend
ZVertriebsR .... Zeitschrift für Vertriebsrecht
ZVG .... Gesetz über die Zwangsversteigerung und Zwangsverwaltung idF der Bek. v. 20.5.1898 (RGBl. 1898, 713)
ZVglRWiss .... Zeitschrift für vergleichende Rechtswissenschaft (Band, Jahr und Seite)
ZWE .... Zeitschrift für das Wohnungseigentum
ZWeR .... Zeitschrift für Wettbewerbsrecht
ZZP .... Zeitschrift für Zivilprozess (Band, Jahr und Seite)

Verzeichnis der abgekürzt zitierten Literatur

Ahrens/Spickhoff DeliktsR	Ahrens/Spickhoff, Deliktsrecht, 1. Aufl. 2022
AK-BGB	Wassermann, Alternativkommentar zum Bürgerlichen Gesetzbuch, 1. Aufl. 1979
Altmeppen	Altmeppen, GmbHG, 11. Aufl. 2023
Ambrock	Ambrock, Ehe und Ehescheidung, Kommentar zu den Vorschriften des materiellen Rechts (BGB, EheG, RVO u. a.) und des Verfahrensrechts (GVG, ZPO, FGG u. a.) 1977, 1. Aufl. 1977
Anders/Gehle	Anders/Gehle, ZPO, 82. Aufl. 2024
AnwK BGB	Dauner-Lieb/Heidel/Ring, AnwaltKommentar BGB, 1. Aufl. 2004
Arndt/Lerch/Sandkühler	Arndt/Lerch/Sandkühler, BNotO, 8. Aufl. 2015
Ascheid/Preis/Schmidt	Ascheid/Preis/Schmidt, Kündigungsrecht, 7. Aufl. 2024
Badura StaatsR	Badura, Staatsrecht, 7. Aufl. 2018
Bahrenfuss	Bahrenfuss, Berliner Kommentare FamFG – Gesetz über das Verfahren in Familiensachen und in den Angelegenheiten der freiwilligen Gerichtsbarkeit, 3. Aufl. 2017
v. Bar EurSachenR II	von Bar, Gemeineuropäisches Sachenrecht, Band 2: Besitz, Erwerb und Schutz subjektiver Sachenrechte, 1. Aufl. 2019
Bärmann	Bärmann, Wohnungseigentumsgesetz, 15. Aufl. 2023
Bärmann/Pick	Bärmann/Pick, Wohnungseigentumsgesetz: WEG, 20. Aufl. 2020
Bassenge/Roth	Bassenge/Roth, FamFG/RPflG, 12. Aufl. 2009
Bauer/Schaub	Bauer/Schaub, Grundbuchordnung, 5. Aufl. 2023
Baumann/Sikora VereinsR-HdB	Baumann/Sikora, Hand- und Formularbuch des Vereinsrechts, 3. Aufl. 2022
Baumbach/Hefermehl/Casper ...	Baumbach/Hefermehl/Casper, Wechselgesetz, Scheckgesetz, Recht des Zahlungsverkehrs, 24. Aufl. 2020
Baumgärtel/Laumen/Prütting Beweislast-HdB	Baumgärtel/Laumen/Prütting, Handbuch der Beweislast, 5. Aufl. 2023
Baur/Stürner SachenR	Baur/Stürner, Sachenrecht, 18. Aufl. 2009
BeckFormB BHW	Gebele/Scholz, Beck'sches Formularbuch Bürgerliches, Handels- und Wirtschaftsrecht, 14. Aufl. 2022
Beckmann/Matusche-Beckmann VersR-HdB	Beckmann/Matusche-Beckmann, Versicherungsrechts-Handbuch, 3. Aufl. 2015
BeckNotar-HdB	Heckschen/Herrler/Münch, Beck'sches Notar-Handbuch, 8. Aufl. 2024
BeckOGK	beck-online.GROSSKOMMENTAR, Abschnitt BGB hrsg. von Gsell/Krüger/Lorenz/Reymann, Abschnitt Handels- und Gesellschaftsrecht hrsg. von Henssler, Abschnitt Arbeitsrecht hrsg. von Rolfs, Stand 2022–2024
BeckOK BeurkG	Bremkamp/Kindler/Winnen, BeckOK BeurkG, 10. Ed. 2024
BeckOK BGB	Hau/Poseck, BeckOK BGB, 69. Ed. 2024
BeckOK FamFG	Hahne/Schlögel/Schlünder, BeckOK FamFG, 50. Ed. 2024
BeckOK GBO	Hügel, BeckOK GBO, 52. Ed. 2024
BeckOK GG	Epping/Hillgruber, BeckOK Grundgesetz, 57. Ed. 2024
BeckOK ZPO	Vorwerk/Wolf, BeckOK ZPO, 52. Ed. 2024
BeckPFormB	Mes, Beck'sches Prozessformularbuch, 15. Aufl. 2022
Beierlein/Kinne/Koch/Stackmann/Zimmermann Mietprozess	Beierlein/Kinne/Koch/Stackmann/Zimmermann, Der Mietprozess, 1. Aufl. 2006
Bender/Häcker/Schwarz Tatsachenfeststellung	Bender/Häcker/Schwarz, Tatsachenfeststellung vor Gericht, 5. Aufl. 2021
Bengel/Reimann/Holtz/Röhl TV-HdB	Bengel/Reimann/Holtz/Röhl, Handbuch der Testamentsvollstreckung, 8. Aufl. 2023
BerlKommEnergieR	Säcker, Berliner Kommentar zum Energierecht, Band 3, 6, 7, 8, 5. Aufl. 2022
Beuthien	Beuthien, Genossenschaftsgesetz, 16. Aufl. 2018
Binz/Dörndorfer/Zimmermann	Binz/Dörndorfer/Zimmermann, GKG, FamGKG, JVEG, 5. Aufl. 2021

Literaturverzeichnis

BK-GG	Kahl/Waldhoff/Walter, Bonner Kommentar zum Grundgesetz, 223. Aufl. 2024
Blank/Börstinghaus/Siegmund	Blank/Börstinghaus/Siegmund, Miete, 7. Aufl. 2023
Boecken BGB AT	Boecken, BGB – Allgemeiner Teil, 3. Aufl. 2019
BoKoStiftR	Andrick/Muscheler/Uffmann, Bochumer Kommentar zum Stiftungsrecht, 1. Aufl. 2023
Bork/Jacoby/Schwab FamFG	Bork/Jacoby/Schwab, FamFG, 3. Aufl. 2018
Bormann/Diehn/Sommerfeldt	Bormann/Diehn/Sommerfeldt, GNotKG, 4. Aufl. 2021
Brehm/Berger SachenR	Brehm/Berger, Sachenrecht, 3. Aufl. 2014
Brox/Henssler HandelsR	Brox/Henssler, Handelsrecht, 23. Aufl. 2020
Bruck/Möller	Bruck/Möller, VVG, Band 1, 2, 4, 5, 10. Aufl. 2020
Brunner	Brunner, UN-Kaufrecht – CISG, 2. Aufl. 2014
Bub/Treier MietR-HdB	Bub/Treier, Handbuch der Geschäfts- und Wohnraummiete, 5. Aufl. 2019
Buchner/Ott/Wagner-Wieduwilt	Buchner/Ott/Wagner-Wieduwilt, Verbraucherkreditgesetz, 2. Aufl. 1994
Bülow	Bülow, Wechselgesetz, Scheckgesetz, 5. Aufl. 2013
Bülow KreditsicherheitenR	Bülow, Recht der Kreditsicherheiten, 10. Aufl. 2021
Bülow/Artz	Bülow/Artz, Verbraucherkreditrecht, 10. Aufl. 2019
Bumiller/Harders/Schwamb	Bumiller/Harders/Schwamb, FamFG, 13. Aufl. 2022
Bunte/Zahrte	Bunte/Zahrte, AGB-Banken, AGB-Sparkassen, Sonderbedingungen, 6. Aufl. 2023
Burandt/Rojahn	Burandt/Rojahn, Erbrecht, 4. Aufl. 2022
Burgstaller/Neumayr/Geroldinger/Schmaranzer IntZivilVerfR	Burgstaller/Neumayr/Geroldinger/Schmaranzer, Internationales Zivilverfahrensrecht, 20. Aufl. 2016
Calliess/Ruffert	Calliess/Ruffert, EUV/AEUV, 6. Aufl. 2022
v. Campenhausen/Richter StiftungsR-HdB	von Campenhausen/Richter, Stiftungsrechts-Handbuch, 4. Aufl. 2014
Canaris BankVertrR	Canaris, Bankvertragsrecht, Band 1, 2, 3. Aufl. 1988
Canaris Schuldrechtsmodernisierung	Canaris, Schuldrechtsmodernisierung 2002, 1. Aufl. 2002
Canaris Vertrauenshaftung	Canaris, Die Vertrauenshaftung im deutschen Privatrecht, 1. Aufl. 1971
Claussen/Erne Bank- und KapitalmarktR	Claussen/Erne, Bank- und Kapitalmarktrecht, 6. Aufl. 2023
Clemente Sicherungsgrundschuld	Clemente, Recht der Sicherungsgrundschuld, 5. Aufl. 2017
Cosack/Mitteis BürgerlR	Cosack/Mitteis, Lehrbuch des bürgerlichen Rechts, 8. Aufl. 1927
Damrau/Tanck	Damrau/Tanck, Praxiskommentar Erbrecht, 4. Aufl. 2020
Damrau/Zimmermann	Damrau/Zimmermann, Betreuungsrecht, 5. Aufl. 2023
Däubler/Deinert	Däubler/Deinert, KSchR – Kündigungsschutzrecht, 12. Aufl. 2024
Dauner-Lieb/Konzen/Schmidt SchuldR	Dauner-Lieb/Konzen/Schmidt, Das neue Schuldrecht in der Praxis, 1. Aufl. 2002
Dehner NachbarR	Dehner, Nachbarrecht, 7. Aufl. 1991
Demharter	Demharter, Grundbuchordnung, 33. Aufl. 2023
Derleder/Knops/Bamberger BankR/KapMarktR-HdB	Derleder/Knops/Bamberger, Handbuch zum deutschen und europäischen Bank- und Kapitalmarktrecht, 3. Aufl. 2016
Deutsch/Spickhoff MedR	Deutsch/Spickhoff, Medizinrecht, 7. Aufl. 2014
Dörndorfer	Dörndorfer, Rechtspflegergesetz: RPflG, 4. Aufl. 2023
Dörr/Grote/Marauhn	Dörr/Grote/Marauhn, EMRK/GG Konkordanzkommentar, 3. Aufl. 2022
Dreier	Dreier, Grundgesetz Kommentar, Band 1, 4. Aufl. 2023
Dürig/Herzog/Scholz	Dürig/Herzog/Scholz, Grundgesetz-Kommentar, 103. Aufl. 2024
Dürkes Wertsicherungsklauseln	Dürkes, Wertsicherungsklauseln, 10. Aufl. 1992
Dutta/Jacoby/Schwab	Dutta/Jacoby/Schwab, FamFG, 4. Aufl. 2022
Dutta/Weber	Dutta/Weber, Internationales Erbrecht, 2. Aufl. 2021
Ebenroth/Boujong	Ebenroth/Boujong, Handelsgesetzbuch, Band 1, 2, 5. Aufl. 2024
Eckert SachenR	Eckert, Sachenrecht, 4. Aufl. 2005
Eichen SachenR II/1	Eichler, Institutionen des Sachenrechts, Band II/1: Besonderer Teil: Eigentum und Besitz, 1. Aufl. 1957
Eichler SachenR I	Eichler, Institutionen des Sachenrechts, Band 1: Allgemeiner Teil: Grundlagen des Sachenrechts, 1. Aufl. 1954
Eichler SachenR II/2	Eichler, Institutionen des Sachenrechts, Band II/2: Besonderer Teil: Eigentum und Besitz, 1. Aufl. 1960

Ellenberger/Bunte BankR-HdB Ellenberger/Bunte, Bankrechts-Handbuch, 6. Aufl. 2022

Ellenberger/Findeisen/Nobbe/Böger ... Ellenberger/Findeisen/Nobbe/Böger, Kommentar zum Zahlungsverkehrsrecht, 3. Aufl. 2020

Emmerich/Habersack ... Emmerich/Habersack, Aktien- und GmbH-Konzernrecht, 10. Aufl. 2022

Emmerich/Habersack KonzernR ... Emmerich/Habersack, Konzernrecht, 12. Aufl. 2023

Endemann BürgerlR I ... Endemann, Lehrbuch des Bürgerlichen Rechts, Band 1: Einleitung; Allgemeiner Teil; Recht der Schuldverhältnisse, 9. Aufl. 1903

Endemann BürgerlR II/1 ... Endemann, Lehrbuch des bürgerlichen Rechts, Band 2/1: Sachenrecht, 9. Aufl. 1905

Enneccerus/Nipperdey BürgerlR AT II ... Enneccerus/Nipperdey, Lehrbuch des bürgerlichen Rechts, Band 1: Allgemeiner Teil des bürgerlichen Rechts 2. Halbband: Entstehung, Untergang und Veränderung der Rechte, Ansprüche und Einreden, Ausübung und Sicherung der Rechte, 15. Aufl. 1960

Enneccerus/Wolff/Raiser SachenR ... Enneccerus/Wolff/Raiser, Lehrbuch des Bürgerlichen Rechts, Band 3: Sachenrecht, 10. Aufl. 1957

ErfK ... Müller-Glöge/Preis/Gallner/Schmidt, Erfurter Kommentar zum Arbeitsrecht, 24. Aufl. 2024

Erman ... Erman, BGB, 17. Aufl. 2023

Eyermann ... Eyermann, Verwaltungsgerichtsordnung, 16. Aufl. 2022

Eylmann/Vaasen ... Eylmann/Vaasen, Bundesnotarordnung, Beurkundungsgesetz: BNotO BeurkG, 4. Aufl. 2016

Faßbender/Hötzel/Lukanow ... Faßbender/Hötzel/Lukanow, Landpachtrecht, 3. Aufl. 2005

Ferid IPR ... Ferid, Internationales Privatrecht, 3. Aufl. 1986

Ferrari IntVertrR ... Ferrari, Internationales Vertragsrecht, 3. Aufl. 2018

Firsching/v. Hoffmann IPR ... Firsching/von Hoffmann, Internationales Privatrecht, 5. Aufl. 1997

Fischer ... Fischer, Strafgesetzbuch – mit Nebengesetzen, 71. Aufl. 2024

Fischer-Dieskau/Pergande/Schwender ... Fischer-Dieskau/Pergande/Schwender, Wohnungsbaurecht, 226. Aufl. 2021

Fischer/Klanten BankR ... Fischer/Klanten, Bankrecht – Grundlagen der Rechtspraxis, 4. Aufl. 2010

Fischer/Schulte-Mattler ... Fischer/Schulte-Mattler, KWG, CRR-VO, 6. Aufl. 2023

Fitting ... Fitting, Betriebsverfassungsgesetz, 32. Aufl. 2024

FK-InsO ... Bornemann, FK-InsO: Frankfurter Kommentar zur Insolvenzordnung, Band 2, 10. Aufl. 2023

Flume BGB AT I 1 ... Flume, Allgemeiner Teil des Bürgerlichen Rechts Band 1 Erster Teil: Die Personengesellschaft, 1. Aufl. 1977

Flume BGB AT I 2 ... Flume, Allgemeiner Teil des Bürgerlichen Rechts, Band 1 Zweiter Teil: Die juristische Person, 1. Aufl. 1983

Flume BGB AT II ... Flume, Allgemeiner Teil des Bürgerlichen Rechts, Band 2: Das Rechtsgeschäft, 4. Aufl. 1992

Foerste/Graf v. Westphalen ProdHaft-HdB ... Foerste/Graf von Westphalen, Produkthaftungshandbuch, 4. Aufl. 2024

Frenz/Miermeister ... Frenz/Miermeister, BNotO – Bundesnotarordnung, 5. Aufl. 2020

Friederici UnterhaltsR ... Friederici, Aktuelles Unterhaltsrecht, 1. Aufl. 1988

Frowein/Peukert ... Frowein/Peukert, Europäische Menschenrechtskonvention – EMRK-Kommentar, 3. Aufl. 2009

Führich/Staudinger ReiseR-HdB ... Führich/Staudinger, Reiserecht, 9. Aufl. 2024

Gaaz/Bornhofen/Lammers ... Gaaz/Bornhofen/Lammers, Personenstandsgesetz, 6. Aufl. 2023

Gaier/Wolf/Göcken ... Gaier/Wolf/Göcken, Anwaltliches Berufsrecht BORA BRAO EMRK EuRAG FAO GG RDG RDGEG Anwaltshaftung, 3. Aufl. 2019

Gebauer/Wiedmann EurZivilR . Gebauer/Wiedmann, Europäisches Zivilrecht, 3. Aufl. 2021

Geigel Haftpflichtprozess ... Geigel, Haftpflichtprozess, 29. Aufl. 2024

Geiger/Khan/Kotzur/Kirchmair Geiger/Khan/Kotzur/Kirchmair, EUV/AEUV, 7. Aufl. 2023

Geimer IntZivilProzR ... Geimer, Internationales Zivilprozessrecht, 9. Aufl. 2023

Geimer/Schütze EurZivilVerfR . Geimer/Schütze, Europäisches Zivilverfahrensrecht, 4. Aufl. 2020

Geimer/Schütze Int. Rechtsverkehr ... Geimer/Schütze, Internationaler Rechtsverkehr in Zivil- und Handelssachen, 66. Aufl. 2023

Gernhuber/Coester-Waltjen FamR ... Gernhuber/Coester-Waltjen, Familienrecht, 7. Aufl. 2020

Gerold/Schmidt ... Gerold/Schmidt, RVG-Kommentar, 26. Aufl. 2023

v. Gierke PrivatR	von Gierke, Deutsches Privatrecht, Band 1, 2, 3, 4, 2. Aufl. 2010
v. Gierke/Sandrock HandelsR I	von Gierke/Sandrock, Handels- und Wirtschaftsrecht, Band 1: Allgemeine Grundlagen, 1. Aufl. 1975
Godefroid Verbraucherkreditverträge	Godefroid, Verbraucherkreditverträge, 3. Aufl. 2007
Gola/Heckmann	Gola/Heckmann, DS-GVO – BDSG, 3. Aufl. 2022
Götting/Schertz/Seitz PersönlichkeitsR-HdB	Götting/Schertz/Seitz, Handbuch Persönlichkeitsrecht, 2. Aufl. 2019
Gottwald/Haas InsR-HdB	Gottwald/Haas, Insolvenzrechts-Handbuch, 6. Aufl. 2020
Grabitz/Hilf/Nettesheim	Grabitz†/Hilf, Das Recht der Europäischen Union, 81. Aufl. 2024
Graf v. Westphalen LeasingV	Graf von Westphalen, Der Leasingvertrag, 7. Aufl. 2014
Graf v. Westphalen/Emmerich/v. Rottenburg	Graf von Westphalen/Emmerich/von Rottenburg, Verbraucherkreditgesetz, 2. Aufl. 1996
Graf v. Westphalen/Thüsing/Pamp VertrR/AGB-Klauselwerke	Graf von Westphalen/Thüsing/Pamp, Vertragsrecht und AGB-Klauselwerke, 49. Aufl. 2023
Groß KapMarktR	Groß, Kapitalmarktrecht, 8. Aufl. 2022
Grube/Wahrendorf/Flint	Grube/Wahrendorf/Flint, SGB XII, 8. Aufl. 2024
Grundmann EurSchuldVertrR	Grundmann, Europäisches Schuldvertragsrecht, 1. Aufl. 1999
Grundmann/Bianca	Grundmann/Bianca, EU-Kaufrechts-Richtlinie, 1. Aufl. 2002
Grüneberg	Grüneberg, Bürgerliches Gesetzbuch, 83. Aufl. 2024
Grziwotz/Heinemann	Grziwotz/Heinemann, BeurkG – Beurkundungsgesetz, 3. Aufl. 2018
Grziwotz/Lüke/Saller NachbarR-HdB	Grziwotz/Lüke/Saller, Praxishandbuch Nachbarrecht, 3. Aufl. 2020
Guhling/Günter	Guhling/Günter, Gewerberaummiete, 3. Aufl. 2024
Habersack/Casper/Löbbe	Habersack/Casper/Löbbe, GmbHG, Band 1, 2, 3, 3. Aufl. 2019
Habersack/Schäfer	Habersack/Schäfer, Das Recht der OHG, 2. Aufl. 2019
Härting InternetR	Härting, Internetrecht, 6. Aufl. 2017
Hauck/Noftz	Hauck/Noftz, Sozialgesetzbuch, Band 1, 2, 3, 4, 5, 6, 7, 8, 9, 10, 11, 12, 1. Aufl. 2019
Haußleiter	Haußleiter, FamFG, 2. Aufl. 2017
HdB-VerbraucherR	Tamm/Tonner/Brönneke, Verbraucherrecht, 3. Aufl. 2020
Heck SachenR	Heck, Grundriss des Sachenrechts, Nachdruck der Ausgabe von 1930, 3. Aufl. 1994
Henssler	Henssler, Partnerschaftsgesellschaftsgesetz: PartGG, 3. Aufl. 2018
Henssler/Prütting	Henssler/Prütting, BRAO, 6. Aufl. 2024
Henssler/Strohn	Henssler/Strohn, Gesellschaftsrecht, 6. Aufl. 2024
Hepting/Dutta Personenstand-HdB	Hepting/Dutta, Familie und Personenstand – Ein Handbuch zum deutschen und internationalen Privatrecht, 4. Aufl. 2022
Hepting/Gaaz PStR	Hepting/Gaaz, Personenstandsrecht mit Eherecht und Internationalem Privatrecht, 1. Aufl. 1963
Heymann	Horn/Balzer/Borges/Herrmann, HGB, Band 1, 2, 3, 3. Aufl. 2019
Heymann/Kötter	Heymann/Kötter, Handelsgesetzbuch, 21. Aufl. 1971
HK-BGB	Schulze/Dörner/Ebert/Fries/Friesen/Himmen/Hoeren/Kemper/Saenger/Scheuch/Schreiber/Schulte-Nölke/Staudinger/Wiese, Bürgerliches Gesetzbuch, 12. Aufl. 2024
HK-ZPO	Saenger, Zivilprozessordnung, 10. Aufl. 2023
HKK-BGB	Schmoeckel/Rückert/Zimmermann, Historisch-kritischer Kommentar zum BGB Band I: Allgemeiner Teil §§ 1–240, 1. Aufl. 2003; Band II: Schuldrecht. Allgemeiner Teil. 1. Teilband: vor §§ 241–304; 2. Teilband: §§ 305–432, 1. Aufl. 2007
Hoeren/Sieber/Holznagel MMR-HdB	Hoeren/Sieber/Holznagel, Handbuch Multimedia-Recht, 60. Aufl. 2023
v. Hoffmann/Thorn IPR	von Hoffmann/Thorn, Internationales Privatrecht, 9. Aufl. 2007
Honsell	Honsell, Kommentar zum UN-Kaufrecht – Übereinkommen der Vereinten Nationen über Verträge über den Internationalen Warenkauf (CISG), 2. Aufl. 2009
Hopt	Hopt, Handelsgesetzbuch, 43. Aufl. 2024
Horndasch/Viefhues	Horndasch/Viefhues, FamFG, 3. Aufl. 2013
Huber/Mullis CISG	Huber/Mullis, The CISG, 1. Aufl. 2007
Huber/Voßkuhle	Huber/Voßkuhle, Grundgesetz, Band 1, 2, 3, 8. Aufl. 2024
Hueck/Canaris WertpapierR	Hueck/Canaris, Recht der Wertpapiere, 12. Aufl. 1986
Hufen StaatsR II	Hufen, Staatsrecht II, 10. Aufl. 2023

Hügel/Elzer	Hügel/Elzer, Wohnungseigentumsgesetz: WEG, 3. Aufl. 2021
Immenga/Mestmäcker	Immenga/Mestmäcker, Wettbewerbsrecht, Band 2, 7. Aufl. 2024
Ingenstau/Hustedt	Ingenstau/Hustedt, ErbbauRG – Gesetz über das Erbbaurecht, 12. Aufl. 2022
Ingenstau/Korbion	Ingenstau/Korbion, VOB Teile A und B, 22. Aufl. 2021
Jacoby/v. Hinden	Jacoby/von Hinden, Bürgerliches Gesetzbuch: BGB, 18. Aufl. 2022
Jaeger	Jaeger, Insolvenzordnung, Band 4, 2. Aufl. 2021
Jansen	Jansen, FGG – Gesetz über die Angelegenheiten der freiwilligen Gerichtsbarkeit, Band 1, 2, 3, 3. Aufl. 2006
Jarass BImSchG	Jarass, BImSchG, 14. Aufl. 2022
Jarass/Pieroth	Jarass/Pieroth, Grundgesetz für die Bundesrepublik Deutschland, 18. Aufl. 2024
Jauernig	Jauernig, Bürgerliches Gesetzbuch, 19. Aufl. 2023
Johannsen/Henrich/Althammer	Johannsen/Henrich/Althammer, Familienrecht, 7. Aufl. 2020
Josten KreditVertrR	Josten, Kreditvertragsrecht, 2. Aufl. 2017
Jung	Jung, SGB VIII Kinder- und Jugendhilfe – Kommentar zum SGB VIII, 2. Aufl. 2008
Jürgens	Jürgens, Betreuungsrecht, 7. Aufl. 2023
jurisPK-BGB	Herberger/Martinek/Rüßmann/Weth/Würdinger, juris PraxisKommentar BGB, 10. Aufl. 2023
Kapp/Ebeling	Kapp/Ebeling, Erbschaftsteuer- und Schenkungsteuergesetz, 99. Aufl. 2024
Karollus UN-KaufR	Karollus, UN-Kaufrecht, 1. Aufl. 1991
Karpenstein/Mayer	Karpenstein/Mayer, Konvention zum Schutz der Menschenrechte und Grundfreiheiten: EMRK, 3. Aufl. 2022
Kegel/Schurig IPR	Kegel/Schurig, Internationales Privatrecht, 9. Aufl. 2004
KEHE	Keller/Munzig, Grundbuchrecht, 9. Aufl. 2023
Kersten/Bühling FormB Freiwillige Gerichtsbarkeit	Kersten/Bühling, Formularbuch und Praxis der freiwilligen Gerichtsbarkeit, 27. Aufl. 2022
Kinne/Schach/Bieber	Kinne/Schach/Bieber, Miet- und Mietprozessrecht, 7. Aufl. 2013
Kissel/Mayer	Kissel/Mayer, GVG, 10. Aufl. 2021
Kittner/Däubler/Zwanziger	Kittner/Däubler/Zwanziger, KSchR – Kündigungsschutzrecht, 9. Aufl. 2014
KK-OWiG	Mitsch, Karlsruher Kommentar zum Gesetz über Ordnungswidrigkeiten: OWiG, 5. Aufl. 2018
Kleine-Möller/Merl/Glöckner PrivBauR-HdB	Kleine-Möller/Merl/Glöckner, Handbuch des privaten Baurechts, 6. Aufl. 2019
Koch	Koch, Aktiengesetz, 18. Aufl. 2024
Köhler/Bornkamm/Feddersen	Köhler/Bornkamm/Feddersen, UWG, 42. Aufl. 2024
Koller	Koller, Transportrecht, 11. Aufl. 2023
Koller/Kindler/Drüen	Koller/Kindler/Drüen, HGB, 10. Aufl. 2023
Kölner Komm AktG	Noack/Zetzsche, Kölner Kommentar zum Aktiengesetz, Band 1, 2, 4, 9/1, 9/2, 9/3, 4. Aufl. 2020
Kopp/Ramsauer	Kopp/Ramsauer, VwVfG, 24. Aufl. 2023
Kopp/Schenke	Kopp/Schenke, VwGO, 29. Aufl. 2023
Krafka RegisterR	Krafka, Registerrecht, 12. Aufl. 2024
Krieger/Schneider Managerhaftung-HdB	Krieger/Schneider, Handbuch Managerhaftung, 4. Aufl. 2023
Kröll/Mistelis/Perales Viscasillas CISG	Kröll/Mistelis/Perales Viscasillas, UN Convention on Contracts for the International Sales of Goods (CISG), 2. Aufl. 2018
Kropholler IPR	Kropholler, Internationales Privatrecht, 6. Aufl. 2006
Kropholler/v. Hein EurZivilProzR	Kropholler/von Hein, Europäisches Zivilprozessrecht, 10. Aufl. 2020
Kübler/Assmann GesR	Kübler/Assmann, Gesellschaftsrecht, 6. Aufl. 2006
Kübler/Prütting/Bork	Kübler/Prütting/Bork, KPB InsO, 99. Aufl. 2024
Kümpel/Mülbert/Früh/Seyfried Bank-/KapMarktR	Kümpel/Mülbert/Früh/Seyfried, Bank- und Kapitalmarktrecht, 6. Aufl. 2022
Lange/Wulff/Lüdtke-Handjery LandpachtR	Lange/Wulff/Lüdtke-Handjery, Landpachtrecht, 4. Aufl. 1997
Langenbucher/Bliesener/Spindler	Langenbucher/Bliesener/Spindler, Bankrechts-Kommentar, 3. Aufl. 2020
Langheid/Rixecker	Langheid/Rixecker, VVG, 7. Aufl. 2022

Larenz Methodenlehre	Larenz, Methodenlehre der Rechtswissenschaft – Enzyklopädie der Rechts- und Staatswissenschaft, Abteilung Rechtswissenschaft, 6. Aufl. 1991
Larenz SchuldR BT II/1	Larenz, Lehrbuch des Schuldrechts Band 2/1: Besonderer Teil, 13. Aufl. 1986
Larenz/Canaris SchuldR BT II/2	Larenz/Canaris, Lehrbuch des Schuldrechts Band 2/2: Besonderer Teil, 13. Aufl. 1994
Laufs/Kern/Rehborn ArztR-HdB	Laufs/Kern/Rehborn, Handbuch des Arztrechts, 5. Aufl. 2019
Lemke	Lemke, GBO, 3. Aufl. 2022
Lenz/Borchardt	Lenz/Borchardt, EU-Verträge Kommentar – EUV, AEUV, GRCh, 6. Aufl. 2012
Lewald IPR	Lewald, Das deutsche internationale Privatrecht auf Grundlage der Rechtsprechung, 1. Aufl. 1931
Lindner-Figura/Oprée/Stellmann Geschäftsraummiete-HdB	Lindner-Figura/Oprée/Stellmann, Handbuch Geschäftsraummiete, 5. Aufl. 2023
Loewenheim/Meessen/Riesenkampff/Kersting/Meyer-Lindemann	Loewenheim/Meessen/Riesenkampff/Kersting/Meyer-Lindemann, Kartellrecht, 4. Aufl. 2020
Looschelders	Looschelders, Internationales Privatrecht Art. 3–46 EGBGB, 1. Aufl. 2013
Looschelders/Pohlmann	Looschelders/Pohlmann, VVG, 4. Aufl. 2023
Lorenz/Riehm Neues SchuldR .	Lorenz/Riehm, Lehrbuch zum neuen Schuldrecht, 1. Aufl. 2002
Löwe/Graf v. Westphalen/Trinkner	Löwe/Graf von Westphalen/Trinkner, Kommentar zum AGB-Gesetz, Band 2, 3, 2. Aufl. 1983
Löwe/Rosenberg	Löwe/Rosenberg, Die Strafprozessordnung und das Gerichtsverfassungsgesetz: StPO, Band 1, 2, 3/1, 3/2, 4/1, 4/2, 5/1, 5/2, 6, 7, 8, 9, 10, 11, 12, 27. Aufl. 2017
Lüdtke-Handjery/v. Jeinsen	Lüdtke-Handjery/von Jeinsen, HöfeO, 11. Aufl. 2015
Lutter/Hommelhoff	Lutter/Hommelhoff, GmbH-Gesetz, 21. Aufl. 2023
MAH IntWirtschaftsR	Piltz, Münchener Anwaltshandbuch Internationales Wirtschaftsrecht, 1. Aufl. 2017
Martinek Vertragstypen II	Martinek, Moderne Vertragstypen Bd. 2: Franchising, Know-how-Verträge, Management- und Consultingverträge, 1. Aufl. 1992
Martinek/Semler/Flohr VertriebsR-HdB	Martinek/Semler/Flohr, Handbuch des Vertriebsrechts, 4. Aufl. 2016
Martinek/Stoffels/Wimmer-Leonhardt LeasingR-HdB	Martinek/Stoffels/Wimmer-Leonhardt, Handbuch des Leasingrechts, 2. Aufl. 2008
Maurer/Waldhoff AllgVerwR	Maurer/Waldhoff, Allgemeines Verwaltungsrecht, 21. Aufl. 2024
Medicus/Petersen BürgerlR	Medicus/Petersen, Bürgerliches Recht, 29. Aufl. 2022
Meikel GBO	Meikel, GBO – Grundbuchordnung, 12. Aufl. 2020
Meilicke/Graf v. Westphalen/Hoffmann/Lenz/Wolff	Meilicke/Graf von Westphalen/Hoffmann/Lenz/Wolff, Partnerschaftsgesellschaftsgesetz, 3. Aufl. 2015
Meyer-Goßner/Schmitt	Meyer-Goßner/Schmitt, StPO, 66. Aufl. 2023
MHdB ArbR	Kiel/Lunk/Oetker, Münchener Handbuch zum Arbeitsrecht, Band 1, 2, 3, 4, 5. Aufl. 2021
MHdB GesR I	Gummert/Weipert, Münchener Handbuch des Gesellschaftsrechts, Band 1: BGB-Gesellschaft, Offene Handelsgesellschaft, Partnerschaftsgesellschaft, Partenreederei, EWIV, 5. Aufl. 2019
MHdB GesR IV	Hoffmann-Becking, Münchener Handbuch des Gesellschaftsrechts, Band 4: Aktiengesellschaft, 5. Aufl. 2020
MHdB GesR V	Beuthien/Gummert/Schöpflin, Münchener Handbuch des Gesellschaftsrechts, Band 5: Verein, Stiftung bürgerlichen Rechts, 5. Aufl. 2021
MHdB GesR VI	Leible/Reichert, Münchener Handbuch des Gesellschaftsrechts, Band 6: Internationales Gesellschaftsrecht, Grenzüberschreitende Umwandlungen, 5. Aufl. 2022
MHdB GesR VII	Born/Ghassemi-Tabar/Gehle, Münchener Handbuch des Gesellschaftsrechts, Band 7: Gesellschaftsrechtliche Streitigkeiten (Corporate Litigation), 6. Aufl. 2020
MHdB GesR VIII	Lieder/Wilk/Ghassemi-Tabar, Münchener Handbuch des Gesellschaftsrechts, Umwandlungsrecht, Band 8: Umwandlungsrecht, 5. Aufl. 2018

Michalski/Heidinger/Leible/ Schmidt	Michalski/Heidinger/Leible/Schmidt, GmbHG, Band 1, 2, 4. Aufl. 2023
Mugdan I	Mugdan, Die gesamten Materialien zum Bürgerlichen Gesetzbuch für das Deutsche Reich, Band 1: Einführungsgesetz und Allgemeiner Teil, 1. Aufl. 1899
MüKoAktG	Goette/Habersack/Kalss, Münchener Kommentar zum Aktiengesetz, Band 1, 2, 5, 6. Aufl. 2023
MüKoFamFG	Rauscher, Münchener Kommentar zum FamFG, Band 1, 2, 3. Aufl. 2018
MüKoGmbHG	Fleischer/Goette, Münchener Kommentar zum Gesetz betreffend die Gesellschaften mit beschränkter Haftung, Band 1, 2, 3, 4. Aufl. 2022
MüKoHGB	Drescher/Fleischer/K. Schmidt, Münchener Kommentar zum Handelsgesetzbuch, Band 1, 2, 4, 5, 6, 7, 5. Aufl. 2021
MüKoInsO	Stürner/Eidenmüller/Schoppmeyer, Münchener Kommentar zur Insolvenzordnung, Band 1, 2, 3, 4, 4. Aufl. 2019
MüKoStGB	Erb/Schäfer, Münchener Kommentar zum Strafgesetzbuch, Band 1, 2, 3, 4, 5, 6, 7, 8, 9, 4. Aufl. 2020
MüKoZPO	Krüger/Rauscher, Münchener Kommentar zur ZPO, Band 1, 2, 3, 6. Aufl. 2020
v. Münch/Kunig	von Münch/Kunig, Grundgesetz: GG, Band 1, 2, 7. Aufl. 2021
Musielak/Borth/Frank	Musielak/Borth/Frank, FamFG, 7. Aufl. 2022
Musielak/Hau GK BGB	Musielak/Hau, Grundkurs BGB, 18. Aufl. 2023
Musielak/Voit	Musielak/Voit, ZPO, 21. Aufl. 2024
MVHdB I GesR	Böhm/Burmeister, Münchener Vertragshandbuch, Band 1: Gesellschaftsrecht, 8. Aufl. 2018
MVHdB II WirtschaftsR I	Rieder/Schütze/Weipert, Münchener Vertragshandbuch, Band 2: Wirtschaftsrecht I, 8. Aufl. 2020
MVHdB V BürgerlR I	Herrler, Münchener Vertragshandbuch, Band 5: Bürgerliches Recht I, 8. Aufl. 2020
MVHdB VI BürgerlR II	Langenfeld, Münchener Vertragshandbuch, Band 6: Bürgerliches Recht II, 5. Aufl. 2003
Nagel/Gottwald IntZivilProzR	Nagel/Gottwald, Internationales Zivilprozessrecht, 8. Aufl. 2020
Niedenführ/Schmidt-Räntsch/ Vandenhouten	Niedenführ/Schmidt-Räntsch/Vandenhouten, WEG – Kommentar und Handbuch zum Wohnungseigentumsrecht, 13. Aufl. 2019
NK-BGB	Kaiser/Schnitzler/Schilling/Sanders, Bürgerliches Gesetzbuch, Band 4: Familienrecht, 4. Aufl. 2021
NK-BGB	Dauner-Lieb/Heidel/Ring/Dauner-Lieb/Langen, Bürgerliches Gesetzbuch: Schuldrecht Band 2, 4. Aufl. 2021
NK-BGB	Kroiß/Horn, Bürgerliches Gesetzbuch: Erbrecht, 6. Aufl. 2022
NK-BGB	Ring/Grziwotz/Schmidt-Räntsch, Bürgerliches Gesetzbuch, Band 3: Sachenrecht, 5. Aufl. 2022
NK-BGB	Heidel/Hüßtege/Mansel/Noack, Bürgerliches Gesetzbuch: Allgemeiner Teil – EGBGB Band 1, 4. Aufl. 2021
Noack/Servatius/Haas	Noack/Servatius/Haas, GmbH-Gesetz, 23. Aufl. 2022
Nobbe	Nobbe, Kommentar zum Kreditrecht, 3. Aufl. 2018
Oertmann	Oertmann, Kommentar zum Bürgerlichen Gesetzbuch und seinen Nebengesetzen, Band 1, 2, 3. Aufl. 1927
Oetker	Oetker, Handelsgesetzbuch, 8. Aufl. 2024
Ostendorf Int. Wirtschaftsverträge	Ostendorf, Internationale Wirtschaftsverträge, 3. Aufl. 2023
Picone/Wengler IPR	Picone/Wengler, Internationales Privatrecht, 1. Aufl. 1974
Pikart/Henn FGG	Pikart/Henn, Lehrbuch der Freiwilligen Gerichtsbarkeit, 1. Aufl. 1963
Planck	Planck, Planck' s Kommentar zum Bürgerlichen Gesetzbuch nebst Einführungsgesetz, Band 1, 2, 3/1, 3/2, 4, 5, 4. Aufl. 1913
Prütting/Gehrlein	Prütting/Gehrlein, ZPO, 15. Aufl. 2023
Prütting/Helms	Prütting/Helms, FamFG, 6. Aufl. 2022
Prütting/Wegen/Weinreich	Prütting/Wegen/Weinreich, BGB Kommentar, 18. Aufl. 2023
Prütting/Weller HandelsR/ GesR	Prütting/Weller, Handels- und Gesellschaftsrecht, 10. Aufl. 2020
Rauscher	Rauscher, Europäisches Zivilprozess- und Kollisionsrecht, Band 1, 2/1, 2/ 2, 3, 5. Aufl. 2020
Rauscher IPR	Rauscher, Internationales Privatrecht, 5. Aufl. 2017
Reichert VereinsR/VerbandsR	Reichert, Vereins- und Verbandsrecht, 15. Aufl. 2024
Reithmann/Martiny IntVertragsR	Reithmann/Martiny, Internationales Vertragsrecht, 9. Aufl. 2021

RGRK-BGB	Mitglieder des Bundesgerichtshofes/RGRK, Das Bürgerliche Gesetzbuch mit besonderer Berücksichtigung der Rechtsprechung des Reichsgerichts und des Bundesgerichtshofes, 12. Aufl. 2010
Richter StiftungsR-HdB	Richter, Stiftungsrecht, 2. Aufl. 2023
Ring/Grziwotz	Ring/Grziwotz, Systematischer Praxiskommentar GmbH-Recht, 3. Aufl. 2019
Römermann	Römermann, Insolvenzordnung, 48. Aufl. 2023
Römermann PartGG	Römermann, PartGG, 5. Aufl. 2017
Rosenberg/Schwab/Gottwald ZivilProzR	Rosenberg/Schwab/Gottwald, Zivilprozessrecht, 18. Aufl. 2018
Rowedder/Pentz	Rowedder/Pentz, GmbH-Gesetz, 7. Aufl. 2022
Sachs	Sachs, Grundgesetz: GG, 9. Aufl. 2021
Sandrock IntVertragsgestaltung-HdB	Sandrock, Handbuch der Internationalen Vertragsgestaltung, 1. Aufl. 1980
Sauter/Schweyer/Waldner Eingetragener Verein	Sauter/Schweyer/Waldner, Der eingetragene Verein, 21. Aufl. 2021
v. Savigny System I–VIII	von Savigny, System des heutigen Römischen Rechts, Bände 1–8, 1. Aufl. 1840–1849
Schäfer/Finnern/Hochstein	Schäfer/Finnern/Hochstein, Rechtsprechung zum privaten Baurecht – Entscheidungssammlung mit Anmerkungen, 1. Aufl. 1994
Schapp/Schur SachenR	Schapp/Schur, Sachenrecht, 4. Aufl. 2010
Schaub ArbR-HdB	Schaub, Arbeitsrechts-Handbuch, 20. Aufl. 2023
Schauhoff/Mehren StiftungsR	Schauhoff/Mehren, Stiftungsrecht nach der Reform, 1. Aufl. 2022
Schippel/Eschwey	Schippel/Eschwey, Bundesnotarordnung: BNotO, 11. Aufl. 2023
Schlechtriem Einheitliches UN-KaufR	Schlechtriem, Einheitliches UN-Kaufrecht – Das Übereinkommen der Vereinten Nationen über internationale Warenkaufverträge, 1. Aufl. 1981
Schlechtriem/Schwenzer/Schroeter	Schlechtriem/Schwenzer/Schroeter, Kommentar zum UN-Kaufrecht (CISG), 7. Aufl. 2019
Schmidt	Schmidt, EStG, 43. Aufl. 2024
Schmidt-Bleibtreu	Schmidt-Bleibtreu, Kommentar zum Grundgesetz: GG, 15. Aufl. 2021
Schmidt-Futterer	Schmidt-Futterer, Mietrecht, 16. Aufl. 2024
Schmitt EFZG	Schmitt, Entgeltfortzahlungsgesetz, 9. Aufl. 2023
Schmitt/Hörtnagl	Schmitt/Hörtnagl, Umwandlungsgesetz, Umwandlungssteuergesetz, 10. Aufl. 2024
Schneider/Theobald EnergieWirtschaftsR-HdB	Schneider/Theobald, Recht der Energiewirtschaft, 5. Aufl. 2021
Schneider/Volpert	Schneider/Volpert, AnwaltKommentar RVG, 9. Aufl. 2021
Schoch/Schneider	Schoch/Schneider, Verwaltungsrecht, Band VwGO, 44. Aufl. 2023
Scholz	Scholz, GmbH-Gesetz, Band 1, 13. Aufl. 2022
Schöner/Stöber GrundbuchR	Schöner/Stöber, Grundbuchrecht, 16. Aufl. 2020
Schönke/Schröder	Schönke/Schröder, Strafgesetzbuch, 30. Aufl. 2019
K. Schmidt GesR	K. Schmidt, Gesellschaftsrecht Unternehmensrecht II, 4. Aufl. 2002
K. Schmidt HandelsR	K. Schmidt, Handelsrecht: Unternehmensrecht I, 6. Aufl. 2014
K. Schmidt InsO	K. Schmidt, Insolvenzordnung, 20. Aufl. 2023
Schricker/Loewenheim	Schricker/Loewenheim, Urheberrecht, 6. Aufl. 2020
Schroeter UN-KaufR	Schroeter, Internationales UN-Kaufrecht, 7. Aufl. 2022
Schubert Vorentwürfe BGB Anlagen	Schubert, Die Vorlagen der Redaktoren für die erste Kommission zur Ausarbeitung des Entwurfs eines Bürgerlichen Gesetzbuches – Anlagen, 1. Aufl. 1986
Schulte-Bunert/Weinreich	Schulte-Bunert/Weinreich, FamFG, 7. Aufl. 2021
Schulze/Schulte-Nölke SchuldRReform	Schulze/Schulte-Nölke, Die Schuldrechtsreform vor dem Hintergrund des Gemeinschaftsrechts, 1. Aufl. 2001
Schwerdtfeger	Schwerdtfeger, Gesellschaftsrecht, 3. Aufl. 2014
Schwintowski BankR	Schwintowski, Bankrecht, 6. Aufl. 2022
Siegmann/Hellner/Steuer BankR	Siegmann/Hellner/Steuer, Bankrecht und Bankpraxis, 165. Aufl. 2023
Soehring/Hoene PresseR	Soehring/Hoene, Presserecht, 6. Aufl. 2019
Soergel	Soergel, Bürgerliches Gesetzbuch mit Einführungsgesetz und Nebengesetzen (BGB), 14. Aufl. 2020 ff.
Spickhoff	Spickhoff, Medizinrecht, 4. Aufl. 2022
Spindler/Schuster	Spindler/Schuster, Recht der elektronischen Medien, 4. Aufl. 2019

Staub	Staub, Handelsgesetzbuch: HGB, Band 1/1, 1/2, 2/1, 2/2, 5, 6/1, 6/2, 15, 6. Aufl. 2021
Staudinger	Staudinger, BGB – J. von Staudingers Kommentar zum Bürgerlichen Gesetzbuch mit Einführungsgesetz, 13. Bearbeitung 1993 ff.
Stein	Stein, Kommentar zur Zivilprozessordnung, Band 1, 24. Aufl. 2024
Stelkens/Bonk/Sachs	Stelkens/Bonk/Sachs, Verwaltungsverfahrensgesetz, 10. Aufl. 2022
Sternal	Sternal, FamFG, 21. Aufl. 2023
Stöber	Stöber, Zwangsversteigerungsgesetz, 23. Aufl. 2022
Stöber/Otto VereinsR-HdB	Stöber/Otto, Handbuch zum Vereinsrecht, 12. Aufl. 2021
Stoffels AGB-R	Stoffels, AGB-Recht, 4. Aufl. 2021
Thomas/Putzo	Thomas/Putzo, ZPO, 45. Aufl. 2024
Toussaint	Toussaint, Kostenrecht, 54. Aufl. 2024
Uhlenbruck	Uhlenbruck, InsO, Band 2, 16. Aufl. 2023
Ulmer/Brandner/Hensen	Ulmer/Brandner/Hensen, AGB-Recht, 13. Aufl. 2022
Umbach/Clemens	Umbach/Clemens, Grundgesetz, 1. Aufl. 2002
Vieweg/Lorz SachenR	Vieweg/Lorz, Sachenrecht, 9. Aufl. 2022
Wandtke/Bullinger	Wandtke/Bullinger, Urheberrecht, 6. Aufl. 2022
Weber KreditsicherungsR	Weber, Kreditsicherungsrecht, 10. Aufl. 2018
Weinreich/Klein	Weinreich/Klein, Familienrecht, 7. Aufl. 2022
Wellenhofer SachenR	Wellenhofer, Sachenrecht, 38. Aufl. 2023
Weller/Prütting HandelsR	Weller/Prütting, Handels- und Gesellschaftsrecht, 9. Aufl. 2016
Westermann SachenR II	Westermann, Sachenrecht, Band II: Immobiliarsachenrecht, 6. Aufl. 1988
Westermann/Gursky/Eickmann SachenR	Westermann/Gursky/Eickmann, Sachenrecht, 8. Aufl. 2011
Westermann/Staudinger SachenR	Westermann/Staudinger, BGB-Sachenrecht, 14. Aufl. 2023
Westermann/Wertenbruch PersGes-HdB	Westermann/Wertenbruch, Handbuch Personengesellschaften, 79. Aufl. 2021
Weyland	Feuerich, Bundesrechtsanwaltsordnung: BRAO, 11. Aufl. 2024
Wieczorek/Schütze	Wieczorek/Schütze, ZPO: Zivilprozessordnung, Band 1, 11, 5. Aufl. 2019
Wiedemann GesR I, II	Wiedemann, Gesellschaftsrecht Bd. 1: Grundlagen, 1. Aufl. 1980; Bd. 2: Recht der Personengesellschaften, 1. Aufl. 2004
Wieling SachenR	Wieling, Sachenrecht, 5. Aufl. 2007
Wieling SachenR I	Wieling, Sachenrecht, Band I: Sachen, Besitz und Rechte an beweglichen Sachen, 2. Aufl. 2006
Wieling/Finkenauer SachenR	Wieling/Finkenauer, Sachenrecht, 6. Aufl. 2020
Wilhelm SachenR-HdB	Wilhelm, Sachenrecht, 7. Aufl. 2021
Willemsen/Hohenstatt/Schweibert/Seibt Umstrukturierung	Willemsen/Hohenstatt/Schweibert/Seibt, Umstrukturierung und Übertragung von Unternehmen, 6. Aufl. 2021
Windscheid/Kipp PandektenR I	Windscheid/Kipp, Lehrbuch des Pandektenrechts, Band 1, 9. Aufl. 1906
Windscheid/Kipp PandektenR II	Windscheid/Kipp, Lehrbuch des Pandektenrechts, Band 2, 9. Aufl. 1906
Windscheid/Kipp PandektenR III	Windscheid/Kipp, Lehrbuch des Pandektenrechts, Band 3, 9. Aufl. 1906
Winkler	Winkler, Beurkundungsgesetz, 21. Aufl. 2023
Winkler/Schlögel ErbbauR	Winkler/Schlögel, Erbbaurecht, 7. Aufl. 2021
Wöhrmann/Graß	Wöhrmann/Graß, Das Landwirtschaftserbrecht, 11. Aufl. 2018
Wolf SchuldR AT	Wolf, Lehrbuch des Schuldrechts, Band 1: Allgemeiner Teil, 1. Aufl. 1978
Wolf/Lindacher/Pfeiffer	Wolf/Lindacher/Pfeiffer, AGB-Recht, 7. Aufl. 2020
Zimmermann ZPO	Zimmermann, Zivilprozessordnung: ZPO, 10. Aufl. 2015
Zöller	Zöller, ZPO, 35. Aufl. 2024

Internationales Privatrecht II

Teil 5. Internationales Privatrecht der vertraglichen Schuldverhältnisse

Verordnung (EG) Nr. 593/2008 des Europäischen Parlaments und des Rates vom 17. Juni 2008 über das auf vertragliche Schuldverhältnisse anzuwendende Recht (Rom I-VO)

(ABl. EU 2008 L 177, 6)

DAS EUROPÄISCHE PARLAMENT UND DER RAT DER EUROPÄISCHEN UNION –
gestützt auf den Vertrag zur Gründung der Europäischen Gemeinschaft, insbesondere auf Artikel 61 Buchstabe c und Artikel 67 Absatz 5, zweiter Gedankenstrich,
auf Vorschlag der Kommission,
nach Stellungnahme des Europäischen Wirtschafts- und Sozialausschusses,[1]
gemäß dem Verfahren des Artikels 251 des Vertrags,[2]
in Erwägung nachstehender Gründe:

(1) Die Gemeinschaft hat sich zum Ziel gesetzt, einen Raum der Freiheit, der Sicherheit und des Rechts zu erhalten und weiterzuentwickeln. Zur schrittweisen Schaffung dieses Raums muss die Gemeinschaft im Bereich der justiziellen Zusammenarbeit in Zivilsachen, die einen grenzüberschreitenden Bezug aufweisen, Maßnahmen erlassen, soweit sie für das reibungslose Funktionieren des Binnenmarkts erforderlich sind.

(2) Nach Artikel 65 Buchstabe b des Vertrags schließen diese Maßnahmen solche ein, die die Vereinbarkeit der in den Mitgliedstaaten geltenden Kollisionsnormen und Vorschriften zur Vermeidung von Kompetenzkonflikten fördern.

(3) Auf seiner Tagung vom 15. und 16. Oktober 1999 in Tampere hat der Europäische Rat den Grundsatz der gegenseitigen Anerkennung von Urteilen und anderen Entscheidungen von Justizbehörden als Eckstein der justiziellen Zusammenarbeit in Zivilsachen unterstützt und den Rat und die Kommission ersucht, ein Maßnahmenprogramm zur Umsetzung dieses Grundsatzes anzunehmen.

(4) Der Rat hat am 30. November 2000 ein gemeinsames Maßnahmenprogramm der Kommission und des Rates zur Umsetzung des Grundsatzes der gegenseitigen Anerkennung gerichtlicher Entscheidungen in Zivil- und Handelssachen verabschiedet.[3] Nach dem Programm können Maßnahmen zur Harmonisierung der Kollisionsnormen dazu beitragen, die gegenseitige Anerkennung gerichtlicher Entscheidungen zu vereinfachen.

(5) In dem vom Europäischen Rat am 5. November 2004 angenommenen Haager Programm[4] wurde dazu aufgerufen, die Beratungen über die Regelung der Kollisionsnormen für vertragliche Schuldverhältnisse („Rom I") energisch voranzutreiben.

(6) Um den Ausgang von Rechtsstreitigkeiten vorhersehbarer zu machen und die Sicherheit in Bezug auf das anzuwendende Recht sowie den freien Verkehr gerichtlicher Entscheidungen zu fördern, müssen die in den Mitgliedstaaten geltenden Kollisionsnormen im Interesse eines reibungslos funktionierenden Binnenmarkts unabhängig von dem Staat, in dem sich das Gericht befindet, bei dem der Anspruch geltend gemacht wird, dasselbe Recht bestimmen.

(7) Der materielle Anwendungsbereich und die Bestimmungen dieser Verordnung sollten mit der Verordnung (EG) Nr. 44/2001 des Rates vom 22. Dezember 2000 über die gerichtliche Zuständigkeit und die Anerkennung und Vollstreckung von Entscheidungen in Zivil- und Handelssachen („Brüssel I")[5] und der Verordnung (EG) Nr. 864/2007 des Europäischen Parlaments und des Rates vom 11. Juli 2007 über das auf außervertragliche Schuldverhältnisse anzuwendende Recht („Rom II")[6] im Einklang stehen.

(8) Familienverhältnisse sollten die Verwandtschaft in gerader Linie, die Ehe, die Schwägerschaft und die Verwandtschaft in der Seitenlinie umfassen. Die Bezugnahme in Artikel 1 Absatz 2 auf Verhältnisse, die mit der Ehe oder

---

1 [Amtl. Anm.:] ABl. C 318 vom 23.12.2006, S. 56.
2 [Amtl. Anm.:] Stellungnahme des Europäischen Parlaments vom 29. November 2007 (noch nicht im Amtsblatt veröffentlicht) und Beschluss des Rates vom 5. Juni 2008.
3 [Amtl. Anm.:] ABl. C 12 vom 15.1.2001, S. 1.
4 [Amtl. Anm.:] ABl. C 53 vom 3.3.2005, S. 1.
5 [Amtl. Anm.:] ABl. L 12 vom 16.1.2001, S. 1. Zuletzt geändert durch die Verordnung (EG) Nr. 1791/2006 (ABl. L 363 vom 20.12.2006, S. 1).
6 [Amtl. Anm.:] ABl. L 199 vom 31.7.2007, S. 40.

anderen Familienverhältnissen vergleichbare Wirkungen entfalten, sollte nach dem Recht des Mitgliedstaats, in dem sich das angerufene Gericht befindet, ausgelegt werden.

(9) Unter Schuldverhältnisse aus Wechseln, Schecks, Eigenwechseln und anderen handelbaren Wertpapieren sollten auch Konnossemente fallen, soweit die Schuldverhältnisse aus dem Konnossement aus dessen Handelbarkeit entstehen.

(10) Schuldverhältnisse, die aus Verhandlungen vor Abschluss eines Vertrags entstehen, fallen unter Artikel 12 der Verordnung (EG) Nr. 864/2007. Sie sollten daher vom Anwendungsbereich dieser Verordnung ausgenommen werden.

(11) Die freie Rechtswahl der Parteien sollte einer der Ecksteine des Systems der Kollisionsnormen im Bereich der vertraglichen Schuldverhältnisse sein.

(12) Eine Vereinbarung zwischen den Parteien, dass ausschließlich ein Gericht oder mehrere Gerichte eines Mitgliedstaats für Streitigkeiten aus einem Vertrag zuständig sein sollen, sollte bei der Feststellung, ob eine Rechtswahl eindeutig getroffen wurde, einer der zu berücksichtigenden Faktoren sein.

(13) Diese Verordnung hindert die Parteien nicht daran, in ihrem Vertrag auf ein nichtstaatliches Regelwerk oder ein internationales Übereinkommen Bezug zu nehmen.

(14) Sollte die Gemeinschaft in einem geeigneten Rechtsakt Regeln des materiellen Vertragsrechts, einschließlich vertragsrechtlicher Standardbestimmungen, festlegen, so kann in einem solchen Rechtsakt vorgesehen werden, dass die Parteien entscheiden können, diese Regeln anzuwenden.

(15) Wurde eine Rechtswahl getroffen und sind alle anderen Elemente des Sachverhalts in einem anderen als demjenigen Staat belegen, dessen Recht gewählt wurde, so sollte die Rechtswahl nicht die Anwendung derjenigen Bestimmungen des Rechts dieses anderen Staates berühren, von denen nicht durch Vereinbarung abgewichen werden kann. Diese Regel sollte unabhängig davon angewandt werden, ob die Rechtswahl zusammen mit einer Gerichtsstandsvereinbarung getroffen wurde oder nicht. Obwohl keine inhaltliche Änderung gegenüber Artikel 3 Absatz 3 des Übereinkommens von 1980 über das auf vertragliche Schuldverhältnisse anzuwendende Recht[7] („Übereinkommen von Rom") beabsichtigt ist, ist der Wortlaut der vorliegenden Verordnung so weit wie möglich an Artikel 14 der Verordnung (EG) Nr. 864/2007 angeglichen.

(16) Die Kollisionsnormen sollten ein hohes Maß an Berechenbarkeit aufweisen, um zum allgemeinen Ziel dieser Verordnung, nämlich zur Rechtssicherheit im europäischen Rechtsraum, beizutragen. Dennoch sollten die Gerichte über ein gewisses Ermessen verfügen, um das Recht bestimmen zu können, das zu dem Sachverhalt die engste Verbindung aufweist.

(17) Soweit es das mangels einer Rechtswahl anzuwendende Recht betrifft, sollten die Begriffe „Erbringung von Dienstleistungen" und „Verkauf beweglicher Sachen" so ausgelegt werden wie bei der Anwendung von Artikel 5 der Verordnung (EG) Nr. 44/2001, soweit der Verkauf beweglicher Sachen und die Erbringung von Dienstleistungen unter jene Verordnung fallen. Franchiseverträge und Vertriebsverträge sind zwar Dienstleistungsverträge, unterliegen jedoch besonderen Regeln.

(18) Hinsichtlich des mangels einer Rechtswahl anzuwendenden Rechts sollten unter multilateralen Systemen solche Systeme verstanden werden, in denen Handel betrieben wird, wie die geregelten Märkte und multilateralen Handelssysteme im Sinne des Artikels 4 der Richtlinie 2004/39/EG des Europäischen Parlaments und des Rates vom 21. April 2004 über Märkte für Finanzinstrumente,[8] und zwar ungeachtet dessen, ob sie sich auf eine zentrale Gegenpartei stützen oder nicht.

(19) Wurde keine Rechtswahl getroffen, so sollte das anzuwendende Recht nach der für die Vertragsart spezifizierten Regel bestimmt werden. Kann der Vertrag nicht einer der spezifizierten Vertragsarten zugeordnet werden oder sind die Bestandteile des Vertrags durch mehr als eine der spezifizierten Vertragsarten abgedeckt, so sollte der Vertrag dem Recht des Staates unterliegen, in dem die Partei, welche die für den Vertrag charakteristische Leistung zu erbringen hat, ihren gewöhnlichen Aufenthalt hat. Besteht ein Vertrag aus einem Bündel von Rechten und Verpflichtungen, die mehr als einer der spezifizierten Vertragsarten zugeordnet werden können, so sollte die charakteristische Leistung des Vertrags nach ihrem Schwerpunkt bestimmt werden.

(20) Weist ein Vertrag eine offensichtlich engere Verbindung zu einem anderen als dem in Artikel 4 Absätze 1 und 2 genannten Staat auf, so sollte eine Ausweichklausel vorsehen, dass das Recht dieses anderen Staats anzuwenden ist. Zur Bestimmung dieses Staates sollte unter anderem berücksichtigt werden, ob der betreffende Vertrag in einer sehr engen Verbindung zu einem oder mehreren anderen Verträgen steht.

(21) Kann das bei Fehlen einer Rechtswahl anzuwendende Recht weder aufgrund der Zuordnung des Vertrags zu einer der spezifizierten Vertragsarten noch als das Recht des Staates bestimmt werden, in dem die Partei, die die für den Vertrag charakteristische Leistung zu erbringen hat, ihren gewöhnlichen Aufenthalt hat, so sollte der Vertrag dem Recht des Staates unterliegen, zu dem er die engste Verbindung aufweist. Bei der Bestimmung dieses Staates sollte unter anderem berücksichtigt werden, ob der betreffende Vertrag in einer sehr engen Verbindung zu einem oder mehreren anderen Verträgen steht.

(22) In Bezug auf die Auslegung von „Güterbeförderungsverträgen" ist keine inhaltliche Abweichung von Artikel 4 Absatz 4 Satz 3 des Übereinkommens von Rom beabsichtigt. Folglich sollten als Güterbeförderungsverträge auch Charterverträge für eine einzige Reise und andere Verträge gelten, die in der Hauptsache der Güterbeförderung dienen. Für die Zwecke dieser Verordnung sollten der Begriff „Absender" eine Person bezeichnen, die mit

---

7 [Amtl. Anm.:] ABl. C 334 vom 30.12.2005, S. 1.

8 [Amtl. Anm.:] ABl. L 145 vom 30.4.2004, S. 1. Zuletzt geändert durch die Richtlinie 2008/10/EG (ABl. L 76 vom 19.3.2008, S. 33).

dem Beförderer einen Beförderungsvertrag abschließt, und der Begriff „Beförderer" die Vertragspartei, die sich zur Beförderung der Güter verpflichtet, unabhängig davon, ob sie die Beförderung selbst durchführt.

(23) Bei Verträgen, bei denen die eine Partei als schwächer angesehen wird, sollte die schwächere Partei durch Kollisionsnormen geschützt werden, die für sie günstiger sind als die allgemeinen Regeln.

(24) Insbesondere bei Verbraucherverträgen sollte die Kollisionsnorm es ermöglichen, die Kosten für die Beilegung von Rechtsstreitigkeiten zu senken, die häufig einen geringen Streitwert haben, und der Entwicklung des Fernabsatzes Rechnung zu tragen. Um die Übereinstimmung mit der Verordnung (EG) Nr. 44/2001 zu wahren, ist zum einen als Voraussetzung für die Anwendung der Verbraucherschutznorm auf das Kriterium der ausgerichteten Tätigkeit zu verweisen und zum anderen auf die Notwendigkeit, dass dieses Kriterium in der Verordnung (EG) Nr. 44/2001 und der vorliegenden Verordnung einheitlich ausgelegt wird, wobei zu beachten ist, dass eine gemeinsame Erklärung des Rates und der Kommission zu Artikel 15 der Verordnung (EG) Nr. 44/2001 ausführt, „dass es für die Anwendung von Artikel 15 Absatz 1 Buchstabe c nicht ausreicht, dass ein Unternehmen seine Tätigkeiten auf den Mitgliedstaat, in dem der Verbraucher seinen Wohnsitz hat, oder auf mehrere Staaten – einschließlich des betreffenden Mitgliedstaats –, ausrichtet, sondern dass im Rahmen dieser Tätigkeiten auch ein Vertrag geschlossen worden sein muss." Des Weiteren heißt es in dieser Erklärung, „dass die Zugänglichkeit einer Website allein nicht ausreicht, um die Anwendbarkeit von Artikel 15 zu begründen; vielmehr ist erforderlich, dass diese Website auch den Vertragsabschluss im Fernabsatz anbietet und dass tatsächlich ein Vertragsabschluss im Fernabsatz erfolgt ist, mit welchem Mittel auch immer. Dabei sind auf einer Website die benutzte Sprache oder die Währung nicht von Bedeutung."

(25) Die Verbraucher sollten dann durch Regelungen des Staates ihres gewöhnlichen Aufenthalts geschützt werden, von denen nicht durch Vereinbarung abgewichen werden kann, wenn der Vertragsschluss darauf zurückzuführen ist, dass der Unternehmer in diesem bestimmten Staat eine berufliche oder gewerbliche Tätigkeit ausübt. Der gleiche Schutz sollte gewährleistet sein, wenn ein Unternehmer zwar keine beruflichen oder gewerblichen Tätigkeiten in dem Staat, in dem der Verbraucher seinen gewöhnlichen Aufenthalt hat, ausübt, seine Tätigkeiten aber – unabhängig von der Art und Weise, in der dies geschieht – auf diesen Staat oder auf mehrere Staaten, einschließlich dieses Staates, ausrichtet und der Vertragsschluss auf solche Tätigkeiten zurückzuführen ist.

(26) Für die Zwecke dieser Verordnung sollten Finanzdienstleistungen wie Wertpapierdienstleistungen und Anlagetätigkeiten und Nebendienstleistungen nach Anhang I Abschnitt A und Abschnitt B der Richtlinie 2004/39/EG, die ein Unternehmer für einen Verbraucher erbringt, sowie Verträge über den Verkauf von Anteilen an Organismen für gemeinsame Anlagen in Wertpapieren, selbst wenn sie nicht unter die Richtlinie 85/611/EWG des Rates vom 20. Dezember 1985 zur Koordinierung der Rechts- und Verwaltungsvorschriften betreffend bestimmte Organismen für gemeinsame Anlagen in Wertpapieren (OGAW)[9] fallen, Artikel 6 der vorliegenden Verordnung unterliegen. Daher sollten, wenn die Bedingungen für die Ausgabe oder das öffentliche Angebot bezüglich übertragbarer Wertpapiere oder die Zeichnung oder der Rückkauf von Anteilen an Organismen für gemeinsame Anlagen in Wertpapieren erwähnt werden, darunter alle Aspekte fallen, durch die sich der Emittent bzw. Anbieter gegenüber dem Verbraucher verpflichtet, nicht aber diejenigen Aspekte, die mit der Erbringung von Finanzdienstleistungen im Zusammenhang stehen.

(27) Es sollten verschiedene Ausnahmen von der allgemeinen Kollisionsnorm für Verbraucherverträge vorgesehen werden. Eine solche Ausnahme, bei der die allgemeinen Regeln nicht gelten, sollten Verträge sein, die ein dingliches Recht an unbeweglichen Sachen oder die Miete oder Pacht unbeweglicher Sachen zum Gegenstand haben, mit Ausnahme von Verträgen über Teilzeitnutzungsrechte an Immobilien im Sinne der Richtlinie 94/47/EG des Europäischen Parlaments und des Rates vom 26. Oktober 1994 zum Schutz der Erwerber im Hinblick auf bestimmte Aspekte von Verträgen über den Erwerb von Teilzeitnutzungsrechten an Immobilien.[10]

(28) Es muss sichergestellt werden, dass Rechte und Verpflichtungen, die ein Finanzinstrument begründen, nicht der allgemeinen Regel für Verbraucherverträge unterliegen, da dies dazu führen könnte, dass für jedes der ausgegebenen Instrumente ein anderes Recht anzuwenden wäre, wodurch ihr Wesen verändert würde und ihr fungibler Handel und ihr fungibles Angebot verhindert würden. Entsprechend sollte auf das Vertragsverhältnis zwischen dem Emittenten bzw. dem Anbieter und dem Verbraucher bei Ausgabe oder Angebot solcher Instrumente nicht notwendigerweise die Anwendung des Rechts des Staates des gewöhnlichen Aufenthalts des Verbrauchers zwingend vorgeschrieben sein, da die Einheitlichkeit der Bedingungen einer Ausgabe oder eines Angebots sichergestellt werden muss. Gleiches sollte bei den multilateralen Systemen, die von Artikel 4 Absatz 1 Buchstabe h erfasst werden, gelten, in Bezug auf die gewährleistet sein sollte, dass das Recht des Staates des gewöhnlichen Aufenthalts des Verbrauchers nicht die Regeln berührt, die auf innerhalb solcher Systeme oder mit dem Betreiber solcher Systeme geschlossene Verträge anzuwenden sind.

(29) Werden für die Zwecke dieser Verordnung Rechte und Verpflichtungen, durch die die Bedingungen für die Ausgabe, das öffentliche Angebot oder das öffentliche Übernahmeangebot bezüglich übertragbarer Wertpapiere festgelegt werden, oder die Zeichnung oder der Rückkauf von Anteilen an Organismen für gemeinsame Anlagen in Wertpapieren genannt, so sollten darunter auch die Bedingungen für die Zuteilung von Wertpapieren oder Anteilen, für die Rechte im Falle einer Überzeichnung, für Ziehungsrechte und ähnliche Fälle im Zusammenhang mit dem Angebot sowie die in den Artikeln 10, 11, 12 und 13 geregelten Fälle fallen, so dass sichergestellt ist, dass alle relevanten Vertragsaspekte eines Angebots, durch das sich der Emittent bzw. Anbieter gegenüber dem Verbraucher verpflichtet, einem einzigen Recht unterliegen.

---

9 [Amtl. Anm.:] ABl. L 375 vom 31.12.1985, S. 3. Zuletzt geändert durch die Richtlinie 2008/18/EG des Europäischen Parlaments und des Rates (ABl. L 76 vom 19.3.2008, S. 42).

10 [Amtl. Anm.:] ABl. L 280 vom 29.10.1994, S. 83.

(30) Für die Zwecke dieser Verordnung bezeichnen die Begriffe „Finanzinstrumente“ und „übertragbare Wertpapiere“ diejenigen Instrumente, die in Artikel 4 der Richtlinie 2004/39/EG genannt sind.
(31) Die Abwicklung einer förmlichen Vereinbarung, die als ein System im Sinne von Artikel 2 Buchstabe a der Richtlinie 98/26/EG des Europäischen Parlaments und des Rates vom 19. Mai 1998 über die Wirksamkeit von Abrechnungen in Zahlungs- sowie Wertpapierliefer- und -abrechnungssystemen[11] ausgestaltet ist, sollte von dieser Verordnung unberührt bleiben.
(32) Wegen der Besonderheit von Beförderungsverträgen und Versicherungsverträgen sollten besondere Vorschriften ein angemessenes Schutzniveau für zu befördernde Personen und Versicherungsnehmer gewährleisten. Deshalb sollte Artikel 6 nicht im Zusammenhang mit diesen besonderen Verträgen gelten.
(33) Deckt ein Versicherungsvertrag, der kein Großrisiko deckt, mehr als ein Risiko, von denen mindestens eines in einem Mitgliedstaat und mindestens eines in einem dritten Staat belegen ist, so sollten die besonderen Regelungen für Versicherungsverträge in dieser Verordnung nur für die Risiken gelten, die in dem betreffenden Mitgliedstaat bzw. den betreffenden Mitgliedstaaten belegen sind.
(34) Die Kollisionsnorm für Individualarbeitsverträge sollte die Anwendung von Eingriffsnormen des Staates, in den der Arbeitnehmer im Einklang mit der Richtlinie 96/71/EG des Europäischen Parlaments und des Rates vom 16. Dezember 1996 über die Entsendung von Arbeitnehmern im Rahmen der Erbringung von Dienstleistungen[12] entsandt wird, unberührt lassen.
(35) Den Arbeitnehmern sollte nicht der Schutz entzogen werden, der ihnen durch Bestimmungen gewährt wird, von denen nicht oder nur zu ihrem Vorteil durch Vereinbarung abgewichen werden darf.
(36) Bezogen auf Individualarbeitsverträge sollte die Erbringung der Arbeitsleistung in einem anderen Staat als vorübergehend gelten, wenn von dem Arbeitnehmer erwartet wird, dass er nach seinem Arbeitseinsatz im Ausland seine Arbeit im Herkunftsstaat wieder aufnimmt. Der Abschluss eines neuen Arbeitsvertrags mit dem ursprünglichen Arbeitgeber oder einem Arbeitgeber, der zur selben Unternehmensgruppe gehört wie der ursprüngliche Arbeitgeber, sollte nicht ausschließen, dass der Arbeitnehmer als seine Arbeit vorübergehend in einem anderen Staat verrichtend gilt.
(37) Gründe des öffentlichen Interesses rechtfertigen es, dass die Gerichte der Mitgliedstaaten unter außergewöhnlichen Umständen die Vorbehaltsklausel („ordre public“) und Eingriffsnormen anwenden können. Der Begriff „Eingriffsnormen“ sollte von dem Begriff „Bestimmungen, von denen nicht durch Vereinbarung abgewichen werden kann“, unterschieden und enger ausgelegt werden.
(38) Im Zusammenhang mit der Übertragung der Forderung sollte mit dem Begriff „Verhältnis“ klargestellt werden, dass Artikel 14 Absatz 1 auch auf die dinglichen Aspekte des Vertrags zwischen Zedent und Zessionar anwendbar ist, wenn eine Rechtsordnung dingliche und schuldrechtliche Aspekte trennt. Allerdings sollte mit dem Begriff „Verhältnis“ nicht jedes beliebige möglicherweise zwischen dem Zedenten und dem Zessionar bestehende Verhältnis gemeint sein. Insbesondere sollte sich der Begriff nicht auf die der Übertragung einer Forderung vorgelagerten Fragen erstrecken. Vielmehr sollte er sich ausschließlich auf die Aspekte beschränken, die für die betreffende Übertragung einer Forderung unmittelbar von Bedeutung sind.
(39) Aus Gründen der Rechtssicherheit sollte der Begriff „gewöhnlicher Aufenthalt“, insbesondere im Hinblick auf Gesellschaften, Vereine und juristische Personen, eindeutig definiert werden. Im Unterschied zu Artikel 60 Absatz 1 der Verordnung (EG) Nr. 44/2001, der drei Kriterien zur Wahl stellt, sollte sich die Kollisionsnorm auf ein einziges Kriterium beschränken, da es für die Parteien andernfalls nicht möglich wäre, vorherzusehen, welches Recht auf ihren Fall anwendbar ist.
(40) Die Aufteilung der Kollisionsnormen auf zahlreiche Rechtsakte sowie Unterschiede zwischen diesen Normen sollten vermieden werden. Diese Verordnung sollte jedoch die Möglichkeit der Aufnahme von Kollisionsnormen für vertragliche Schuldverhältnisse in Vorschriften des Gemeinschaftsrechts über besondere Gegenstände nicht ausschließen.
Diese Verordnung sollte die Anwendung anderer Rechtsakte nicht ausschließen, die Bestimmungen enthalten, die zum reibungslosen Funktionieren des Binnenmarkts beitragen sollen, soweit sie nicht in Verbindung mit dem Recht angewendet werden können, auf das die Regeln dieser Verordnung verweisen. Die Anwendung der Vorschriften im anzuwendenden Recht, die durch die Bestimmungen dieser Verordnung berufen wurden, sollte nicht die Freiheit des Waren- und Dienstleistungsverkehrs, wie sie in den Rechtsinstrumenten der Gemeinschaft wie der Richtlinie 2000/31/EG des Europäischen Parlaments und des Rates vom 8. Juni 2000 über bestimmte rechtliche Aspekte der Dienste der Informationsgesellschaft, insbesondere des elektronischen Geschäftsverkehrs, im Binnenmarkt („Richtlinie über den elektronischen Geschäftsverkehr“)[13] ausgestaltet ist, beschränken.
(41) Um die internationalen Verpflichtungen, die die Mitgliedstaaten eingegangen sind, zu wahren, darf sich die Verordnung nicht auf internationale Übereinkommen auswirken, denen ein oder mehrere Mitgliedstaaten zum Zeitpunkt der Annahme dieser Verordnung angehören. Um den Zugang zu den Rechtsakten zu erleichtern, sollte die Kommission anhand der Angaben der Mitgliedstaaten ein Verzeichnis der betreffenden Übereinkommen im *Amtsblatt der Europäischen Union* veröffentlichen.
(42) Die Kommission wird dem Europäischen Parlament und dem Rat einen Vorschlag unterbreiten, nach welchen Verfahren und unter welchen Bedingungen die Mitgliedstaaten in Einzel- und Ausnahmefällen in eigenem Namen Übereinkünfte mit Drittländern über sektorspezifische Fragen aushandeln und abschließen dürfen, die Bestimmungen über das auf vertragliche Schuldverhältnisse anzuwendende Recht enthalten.

---

[11] [Amtl. Anm.:] ABl. L 166 vom 11.6.1998, S. 45.
[12] [Amtl. Anm.:] ABl. L 18 vom 21.1.1997, S. 1.
[13] [Amtl. Anm.:] ABl. L 178 vom 17.7.2000, S. 1.

(43) Da das Ziel dieser Verordnung auf Ebene der Mitgliedstaaten nicht ausreichend verwirklicht werden kann und daher wegen des Umfangs und der Wirkungen der Verordnung besser auf Gemeinschaftsebene zu verwirklichen ist, kann die Gemeinschaft im Einklang mit dem in Artikel 5 des Vertrags niedergelegten Subsidiaritätsprinzip tätig werden. Entsprechend dem ebenfalls in diesem Artikel festgelegten Grundsatz der Verhältnismäßigkeit geht diese Verordnung nicht über das zur Erreichung ihres Ziels erforderliche Maß hinaus.
(44) Gemäß Artikel 3 des Protokolls über die Position des Vereinigten Königreichs und Irlands im Anhang zum Vertrag über die Europäische Union und im Anhang zum Vertrag zur Gründung der Europäischen Gemeinschaft beteiligt sich Irland an der Annahme und Anwendung dieser Verordnung.
(45) Gemäß den Artikeln 1 und 2 und unbeschadet des Artikels 4 des Protokolls über die Position des Vereinigten Königreichs und Irlands im Anhang zum Vertrag über die Europäische Union und zum Vertrag zur Gründung der Europäischen Gemeinschaft beteiligt sich das Vereinigte Königreich nicht an der Annahme dieser Verordnung, die für das Vereinigte Königreich nicht bindend oder anwendbar ist.
(46) Gemäß den Artikeln 1 und 2 des Protokolls über die Position Dänemarks im Anhang zum Vertrag über die Europäische Union und dem Vertrag zur Gründung der Europäischen Gemeinschaft beteiligt sich Dänemark nicht an der Annahme dieser Verordnung, die für Dänemark nicht bindend oder anwendbar ist –
HABEN FOLGENDE VERORDNUNG ERLASSEN:

Vorbemerkung (Vor Art. 1 Rom I-VO): Grundlagen, Rom I-VO, EG-Vertragsrechts-Übereinkommen, Internationale Zuständigkeit, Schiedsgerichtsbarkeit

Schrifttum (allgemein zum IVR): zum IPR allgemein → Einl. IPR vor Rn. 1; zum ausländischen IPR → Einl. IPR Rn. 1; zur Rom I-VO vor → Rn. 14; zum ausländischen internationalen und materiellen Schuldrecht und zur Rechtsvergleichung bei *Steinschulte* in Sandrock, IntVertragsgestaltung-HdB I, 1980, Rn. A 263 ff.; Staudinger/*Magnus,* 2021, Einl. Zur Rom I-VO Rn. 1 ff.; zu weiterführender älterer Lit. s. 7. Aufl. 2018; *Basedow,* The Law of Open Societies: Private Ordering and Public Regulation of International Relations, Rec. des Cours 360 (2013), 9; *Beitzke,* Sonderprivatrecht und Kollisionsrecht im NATO-Truppenstatut, FS Kegel, 1987, 33; *Gamillscheg,* Rechtswahl, Schwerpunkt und mutmaßlicher Parteiwille im internationalen Vertragsrecht, AcP 157 (1958/59), 303; *Gamillscheg,* Internationales Arbeitsrecht, 1959; *J. Hartmann,* Das Vertragsstatut in der deutschen Rechtsprechung seit 1945, Diss. Freiburg i. Br. 1972; *Kreuzer,* Das IPR des Warenkaufs in der deutschen Rechtsprechung, 1964; Kronke/Melis/Kuhn (Hrsg.), Handbuch des Internationalen Wirtschaftsrechts, 2. Aufl. 2017; *Lando,* The Conflict of Laws of Contract – General Principles, Rec. des Cours 189 (1984-VI), 225; *Martiny,* Neues deutsches internationales Vertragsrecht, RIW 2009, 737; *Nehne,* Methodik und allgemeine Lehren des europäischen Internationalen Privatrechts, 2012; *Sandrock,* Die Bedeutung des Gesetzes zur Neuregelung des Internationalen Privatrechts für die Unternehmenspraxis, RIW 1986, 841; *Schilling,* Materielles Einheitsrecht und Europäisches Schuldvertrags-IPR, EuZW 2011, 776; *Schnitzer,* Die Zuordnung der Verträge im IPR, RabelsZ 33 (1969), 17; *J. Schröder,* Internationales Vertragsrecht, 1984; *C. Schulze,* Die Kodifikation des Vertragsstatuts im IPR, Basel 1980; *Vischer,* The Antagonism between Legal Security and the Search for Justice in the Field of Contracts, Rec. des Cours 142 (1974-II), 1; *Weitnauer,* Der Vertragsschwerpunkt, 1981; *v. Westphalen,* Rechtsprobleme der Exportfinanzierung, 3. Aufl. 1987; *Zahn/Ehrlich/Haas,* Zahlung und Zahlungssicherung im Außenhandel, 8. Aufl. 2010; *Zweigert/Kropholler,* Quellen des internationalen Einheitsrechts, Bd. I, 1971 und Bd. II, 1972.

Übersicht

I. Geschichtliche Entwicklung

1 Einen tiefen Einschnitt für die Entwicklung des deutschen Internationalen Vertragsrechts (IVR) bedeutete die Übernahme des Europäischen **Übereinkommens über das auf vertragliche Schuldverhältnisse anzuwendende Recht** (EVÜ) in das deutsche Recht im Rahmen der (Teil-)Reform des deutschen IPR von 1986 (→ Rn. 32 ff.) als Art. 27–37 EGBGB. Das neue Recht trat am 1.9.1986 in Kraft. Bei der Umwandlung des EVÜ in die **Rom I-VO** ist das Internationale Vertragsrecht zum 17.12.2009 neu geregelt worden. Besondere Normen für Beförderungsverträge (Art. 5) und Versicherungsverträge (Art. 7) sind hinzugetreten. Ferner wurden zahlreiche Einzelheiten geändert (→ Rn. 18 ff.).

2 Andere Veränderungen betrafen zunächst nur einzelne Vertragstypen und gingen ganz überwiegend auf die Rechtsangleichung durch Vorgaben der EU zurück. Zu nennen ist insbesondere die Regelung des **internationalen Versicherungsrechts** in den inzwischen aufgehobenen Art. 7–14 EGVVG durch Gesetz vom 28.6.1990 (→ Art. 7 Rn. 1). Ebenfalls auf Richtlinien zu **Timesharing-Verträgen, missbräuchlichen Vertragsklauseln, Verbraucherkauf- und Verbraucherkreditverträgen** sowie zum **Fernabsatz von Finanzdienstleistungen** geht Art. 46b EGBGB zurück. Auf dem Gebiet des Arbeitsrechts wurden 1989 das für **Seearbeitsverhältnisse** bedeutsame Flaggenrechtsgesetz (→ Art. 8 Rn. 100) sowie im Jahre 1996 das **AEntG** (→ Art. 8 Rn. 138 f.) erlassen. Eine Reihe von Einzelvorschriften ist im Zusammenhang mit Reformgesetzen zum **Urheberrecht, Transportrecht** und zu **Finanztermingeschäften** geschaffen worden (→ Rn. 7).

II. Grundlagen

3 **1. Rechtsvereinheitlichung.** Auf dem Gebiet des Internationalen Vertragsrechts besteht teilweise auf Staatsverträgen beruhendes **Einheitsrecht** (→ Einl. IPR Rn. 341).[1] Materielles Einheitsrecht gilt vor allem für internationale Transport- und Warenkaufverträge (näher → Art. 4 Rn. 22; → Art. 5 Rn. 5 ff.). Ferner wurden von UNIDROIT einheitliche Grundregeln entworfen (zu den PICC → Art. 3 Rn. 34). Trotz aller Bemühungen um inhaltlich konsistente Kodifikationen ist dieses internationale Einheitsrecht insgesamt unsystematisch und lückenhaft.[2] Außerdem ist eine einheitliche Anwendung nicht ohne weiteres gesichert.[3] Das Einheitsrecht macht daher kollisionsrechtliche Fragestellungen nicht überflüssig und hat auch den Anreiz zum „forum shopping" nicht beseitigt.[4]

4 Obwohl vielfach ein **europäisches Vertragsrecht** gefordert wird, besteht es bislang erst in Ansätzen.[5] Vor allem das Verbraucherrecht ist durch Richtlinien vereinheitlicht worden (→ Art. 6 Rn. 8 f.). Im Transportrecht ist eine Reihe direkt wirkender Verordnungen erlassen worden (→ Art. 5 Rn. 5). Eine generelle Vereinheitlichung des materiellen Schuldrechts war in der EU aber bislang nicht durchsetzbar.[6] Immerhin hat man die gemeinsamen Prinzipien zu ermitteln und zusammenzustellen begonnen (→ Art. 3 Rn. 35).[7] Auch nach einer Mitteilung der Kommission

---

1 Näher *Basedow* Rev. dr. unif. 23 (2018), 1 ff.

2 *Basedow* RabelsZ 81 (2017), 1 (16 ff.); vgl. *Kronke* Rev. dr. unif. 5 (2000), 13 ff.

3 S. *Ferrari* Clunet 2003, 791 ff.

4 Dazu *Ferrari* Int. Comp. L. Q. 51 (2002), 689 ff.; vgl. Staudinger/*Magnus,* 2021, Rom I-VO Einl. Rn. 4.

5 Näher *Leible* NJW 2008, 2558 ff.; *Zimmermann* EuZW 2007, 455 ff.; *Kötz,* Europäisches Vertragsrecht, 2. Aufl. 2015.

6 Näher *Leible* NJW 2008, 2558 ff.; s. auch *Lando* C. M. L. Rev. 24 (1987), 159 (160 f.).

7 S. Lando/Beale (Hrsg.), The Principles of European Contract Law I, II, 2000 (deutsche Übersetzung ZEuP 2000, 675); Lando/Clive/Prüm/Zimmermann (Hrsg.), Principles of European Contract Law III, The Hague 2003 (deutsche Übersetzung ZEuP 2003, 895); ferner Basedow (Hrsg.), Europäische Vertragsrechtsverein-

zum Europäischen Vertragsrecht von Juli 2001[8] und einer weiteren Mitteilung von März 2003[9] ist eine weitergehende Vereinheitlichung nicht erfolgt[10] (→ Einl. IPR Rn. 8). Insgesamt besteht freilich eine große Vielfalt unterschiedlicher Entwürfe und Initiativen.[11] Ursprünglich sollte ein **Gemeinsamer Referenzrahmen** (Common Frame of Reference) mit einheitlichen vertrags- bzw. vermögensrechtlichen Regeln geschaffen werden. Ein wissenschaftlicher Entwurf wurde hierfür erstellt.[12] Das Verhältnis zur Rom I-VO blieb ungeklärt.[13] Dies gilt auch für das ursprünglich geplante sog. optionale Instrument (→ Art. 23 Rn. 3).[14] Der Entwurf eines **optionalen europäischen Kaufrechts** ist wieder zurückgezogen worden (zum GEKR → Art. 4 Rn. 26). Neue Richtlinien konzentrieren sich auf den **digitalen Binnenmarkt** (→ Art. 4 Rn. 27).

Innerhalb der EU erfolgte eine Vereinheitlichung insbesondere auf der kollisionsrechtlichen Ebene durch die Rom I-VO und das vorangegangene EVÜ (→ Rn. 32 ff.). Andere Übereinkommen betreffen nur Teilbereiche des IVR und werden im jeweiligen Zusammenhang behandelt.[15] Außerhalb des Anwendungsbereichs der Staatsverträge kommt auch dort, wo sie nicht zu füllende Lücken aufweisen, die Rom I-VO zum Zuge.[16] Zunehmend bedeutsamer wird eine Rechtsangleichung auf Grund von Verordnungen (→ Rn. 30) und von Richtlinien der EU (→ Rn. 31). Für den Abschluss internationaler Staatsverträge auf dem Gebiet des IVR ist nunmehr die EU zuständig.[17] 5

Mit der Rechtswahlvereinbarung selbst beschäftigen sich die nicht bindenden **Haager Principles on the Choice of Law in International Contracts** 2015,[18] die Verträge über gewerbliche oder berufliche Tätigkeiten erfassen (Art. 1). Sie erlauben eine Rechtswahl (Art. 2), die sich auch auf nicht-staatliches Recht in Form anerkannter Rechtsregeln beziehen kann (Art. 3).[19] Die Rechtswahl kann formlos (Art. 5) ausdrücklich oder stillschweigend erfolgen (Art. 4).[20] Eine eigene Regelung beschäftigt sich mit der kollidierenden Rechtswahl (Art. 6).[21] Rück- und Weiterverweisung sind ausgeschlossen (Art. 8). Neben der Reichweite des Vertragsstatuts (Art. 9) wird auch die Forderungsabtretung behandelt (Art. 10). In- und ausländische Eingriffsnormen sowie der ordre public sind beachtlich (Art. 11). 6

2. Rechtsnatur des Internationalen Vertragsrechts. Das Internationale Vertragsrecht ist der Gesamtbestand von Regeln, welche das auf internationale Schuldverträge anzuwendende Recht enthalten.[22] Das in der Rom I-VO geregelte IVR ist **europäisches Kollisionsrecht** (näher 7

---

heitlichung und deutsches Recht, 2000; *Grundmann* NJW 2000, 14; *Lando* RabelsZ 56 (1992), 261; *Lurger,* Grundfragen der Vereinheitlichung des Vertragsrechts in der Europäischen Union, 2002; *Riesenhuber,* System und Prinzipien des Europäischen Vertragsrechts, 2003; *Riesenhuber,* EU-Vertragsrecht, 2013; *Schmidt-Kessel* RIW 2003, 481; Schulte-Nölke (Hrsg.), Europäisches Vertragsrecht im Gemeinschaftsrecht, 2002.

8 ABl. EG 2001 C 255, 1 = Beil. zu EuZW 2001, Heft 16 = ZEuP 2001, 963; dazu *v. Bar* ZEuP 2001, 799 ff.; *Leible* EWS 2001, 471 ff.; *Sonnenberger* RIW 2002, 489 ff.; *Staudenmayer* Eur. Rev. Priv. L. 10 (2002), 249 ff.

9 Mitteilung der Kommission an das Europäische Parlament und den Rat – Ein kohärentes europäisches Vertragsrecht, ABl. EU 2003 C 63, 1; dazu *Schmidt-Kessel* RIW 2003, 481 ff.

10 S. auch *Staudenmayer* EuZW 2003, 165; *Zypries* ZEuP 2004, 225.

11 Überblick bei *Zimmermann* EuZW 2009, 319 ff.

12 v. Bar ua (Hrsg.), Principles, definitions and model rules of European private law – Draft Common Frame of Reference (DCFR), Interim Outline Edition, 2008; Outline Edition, 2009; dazu *Eidenmüller* ua JZ 2008, 529; *Leible* NJW 2008, 2558; *Remien* GPR 2008, 124; *Schmidt-Kessel,* Der Gemeinsame Referenzrahmen, 2009; Schulze/v. Bar/Schulte-Nölke (Hrsg.), Der akademische Entwurf für einen gemeinsamen Referenzrahmen, 2008; Schulze (Hrsg.), Common Frame of Reference and Existing EC Contract Law, 2. Aufl. 2009.

13 *Heiss/Downes* Eur. Rev. Priv. L. 13 (2005), 693 ff.; *Martiny* ZEuP 2007, 212 ff.; *Mankowski* in Schmidt-Kessel, Der gemeinsame Referenzrahmen, 2009, 389 ff.

14 *Wagner* IPRax 2008, 377 (380). – Zu einem optionalen Instrument für Versicherungsverträge *Fricke* VersR 2008, 443 (452 f.) mwN.

15 S. den Überblick bei *Sandrock* in Yelpaala/Rubino-Sammartano/Campbell, Drafting and Enforcing Contracts in Civil and Common Law Jurisdictions, Deventer 1986, 146 ff. mwN.

16 PWW/*Brödermann/Wegen* Vor IntSchVR Rn. 16.

17 Näher *Schilling,* Das Internationale Privatrecht der Transportverträge, 2016, 44 ff.; *Schilling* EuZW 2011, 776 (777 f.).

18 Text: RabelsZ 79 (2015), 654; dazu *Basedow* Rev. dr. unif. 22 (2017), 304; *Basedow* FS Schnyder, 2018, 3; *Boele-Woelki* Rec. des cours 379 (2015), 35; *Girsberger/Cohen* Rev. dr. unif. 22 (2017), 316; *Girsberger/Trüten* FS Schnyder, 2018, 131; *Lando* Essays in honour of van Loon, 2013, 299; *Martiny* RabelsZ 79 (2015), 624; *Neels* YbPIL 15 (2013/2014) 45; *Pertegás* in Corneloup/Joubert, Le règlement communautaire „Rome I", 2011, 19; *Pfeiffer* FS Magnus, 2014, 499; *Schwartze* FS Kirchner, 2014, 315; *Symeonides* Am. J. Comp. L. 61 (2013), 873.

19 Näher *Michaels* in Purnhagen/Rott, Varieties of European economic law and regulation, 2014, 43 ff.; *Girsberger/Trüten* FS Schnyder, 2018, 131 (136 ff.).

20 Zur stillschweigenden Rechtswahl *Gama* Rev. dr. unif. 22 (2017), 336.

21 Dazu *Kadner Graziano* YbPIL 14 (2012), 71; *Kadner Graziano* Rev. dr. unif. 22 (2017), 351.

22 Staudinger/*Magnus,* 2021, Einl. Rom I-VO Rn. 1.

→ Rn. 14 f.). Für Einzelfragen enthalten weitere gesetzliche Regelungen insbesondere § 449 Abs. 4 HGB (Frachtvertrag), § 451h Abs. 3 HGB (Umzugsvertrag), § 32b UrhG (Nutzungsrechte), § 1 Abs. 2 WpHG (Finanztermingeschäfte). Zwar gibt es Tendenzen für ein von der Praxis herausgebildetes „transnationales Handelsrecht" oder eine „lex mercatoria", die internationale Sachverhalte nicht mehr einem (oft wenig geeigneten) nationalen Recht zuweisen wollen (näher → Art. 3 Rn. 37). Ferner wird das nationale IVR zunehmend von internationalen Regelungen (insbesondere in der Form von Modellverträgen, einheitlichen Bedingungen, Vertragsanleitungen für Vertragsanbahnung, -inhalt und -abwicklung) beeinflusst, auch soweit solche Regelungswerke keine direkte Rechtswirkung beanspruchen.[23] Doch ist nach herrschendem Verständnis internationales Einheitsrecht nur das durch Staatsvertrag geschaffene oder sanktionierte Recht.[24] Ein internationales Gewohnheitsrecht, das die Fragestellung des IVR nach dem anwendbaren Recht überflüssig machen würde, ist (noch?) nicht in Sicht (→ Art. 3 Rn. 29 ff.). Die Kollisionsnormen des deutschen IVR haben allerdings stets den Anforderungen höherrangigen Rechts, insbesondere den Anforderungen des EU-Unionsrechts zu entsprechen[25] (→ EGBGB Art. 3 Rn. 92 ff.).

8 Die Regeln des IVR gelten in erster Linie für die dt. staatlichen Gerichte, strahlen aber auch auf die Schiedsgerichtsbarkeit aus, → Rn. 107 ff. Das **anwendbare Recht** ist im Gerichtsverfahren – wie sonst auch – **von Amts wegen zu bestimmen** (→ Einl. IPR Rn. 318 ff.).[26] Die Parteien brauchen lediglich die Tatsachen vorzutragen.[27] Allerdings kann das Prozessverhalten Aufschluss über den Parteiwillen geben (→ Art. 3 Rn. 54 ff.). Das Gericht darf nicht einfach deshalb deutsches Vertragsrecht anwenden, weil die Parteien nichts zum ausländischen Recht vorgetragen haben. Vielmehr hat sich das Gericht selbst um den Inhalt des ausländischen Rechts zu bemühen (vgl. § 293 ZPO).[28] Die Ermittlung ausländischen Vertragsrechts ist wegen der Vielgestaltigkeit schuldrechtlicher Verpflichtungen und des Ineinandergreifens vertragstypischer Sonderregeln und allgemeiner Gesichtspunkte häufig aufwändig. Das Gericht ist gleichwohl nicht berechtigt, selbständig Vertrauensschutzgrundsätze oder Billigkeitsregeln zu entwickeln, ohne zuvor zu prüfen, wie sich das anwendbare ausländische Recht dazu stellt.[29] Ein Urteil muss auf jeden Fall erkennen lassen, welche Rechtsordnung ihm zu Grunde liegt.[30]

9 **3. Begriff des Vertragsstatuts.** Für jeden Vertrag ist das anzuwendende Recht (Vertragsstatut) zu ermitteln. Vertragsstatut ist das in Fällen mit Auslandsberührung auf die vertraglichen Beziehungen der Parteien anzuwendende Recht. Es beherrscht im Grundsatz das **gesamte Vertragsverhältnis** einschließlich Zustandekommen, Gültigkeit, Inhalt der Ansprüche und Erlöschen. Davon sind jedoch gesondert zu beantwortende Teilfragen wie die Rechts- und Geschäftsfähigkeit (Art. 7, 12 EGBGB), die Form (Art. 11 Rom I-VO), die Vertretungsmacht und besonders anzuknüpfende zwingende Normen (Art. 3 Abs. 3, 4 und Art. 9) ausgenommen.

10 Die **Ermittlung des anwendbaren Rechts** geschieht **im Allgemeinen in mehreren Stufen.**[31] An erster Stelle ist der reale Parteiwille, insbesondere eine ausdrückliche Rechtswahl zu beachten, in zweiter Linie kommt es auf eine etwa stillschweigend getroffene Vereinbarung an (Art. 3). Hilfsweise ist eine objektive Anknüpfung „spezifizierter Verträge" nach der „charakteristischen Leistung" bzw. „engsten Verbindung" vorzunehmen (Art. 4), die ihrerseits wieder durch eine noch engere Verbindung (Ausweichklausel; Art. 4 Abs. 3, Art. 5 Abs. 3, Art. 7 Abs. 2 sowie Art. 8 Abs. 4) korrigiert werden kann (→ Art. 4 Rn. 310).

11 **4. Rechtsquellen.** Abgesehen von besonderen staatsvertraglichen Normen sind maßgebliche internationalvertragsrechtliche Rechtsquelle die Art. 1 ff. Rom I-VO (→ Rn. 14 ff.).[32] Der Umset-

---

[23] *Basedow* RabelsZ 81 (2017) 1 (17 ff.); näher *Seidl-Hohenveldern* Rec. des Cours 163 (1979), 165 (173 ff.); *Wälde* JbRSoz 8 (1982), 379 ff. – Zu Verhaltenskodizes für transnationale Unternehmen *Baade* in Horn, Legal Problems of Codes of Conduct for Multinational Enterprises, 1980, 3; *Hailbronner* FS Schlochauer, 1981, 329; *Horn* RabelsZ 44 (1980), 432; *Wälde* RIW 1978, 285. – Zu den ECE-Bedingungen *Schmitthoff* Int. Comp. L. Q. 17 (1968), 551; Reithmann/Martiny IntVertragsR/*Martiny* Rn. 5.102.

[24] Zur Rechtsvereinheitlichung im IVR näher Staudinger/*Magnus,* 2021, Rn. 22 ff.

[25] Näher *Samtleben* RabelsZ 45 (1981), 218 (243 ff.); *Steindorff* EuR 16 (1981), 426 (433 ff.).

[26] S. aber *Flessner* RabelsZ 34 (1970), 566 ff.; *Aden* DZWiR 1997, 81 ff.

[27] Zur notwendigen Berufung auf die Geltung ausländischen Rechts nach englischem und französischem Verfahrensrecht *Coester-Waltjen* FS Sonnenberger, 2004, 343 (352 ff.); *Ost,* EVÜ und fact doctrine, 1996.

[28] BGH NJW-RR 1986, 484; IPRax 1995, 38 m. Aufsatz *Scheffler* IPRax 1995, 20 = IPRspr. 1993 Nr. 2; RIW 2005, 463 = WM 2005, 423.

[29] BGH NJW 1988, 647 = RIW 1987, 794 betr. Spielschuld nach belgischem Recht.

[30] BGH WM 1988, 1463 = IPRax 1989, 231 m. zust. Aufsatz *H. Roth* IPRax 1989, 213 betr. dt.-schweiz. Entwicklungsvertrag.

[31] Dazu auch *v. Bar/Mankowski* IPR I § 7 Rn. 100.

[32] Zu den Quellen Goode/Kronke/McKendrick/Wool (Hrsg.), Transnational commercial law, Oxford 2. Aufl. 2015; *Wiggers,* International Commercial Law – Source Materials, The Hague 2. Aufl. 2007.

zung von rechtswahlregulierenden Richtlinien dient Art. 46b EGBGB. Die Pflichtversicherung wird in Art. 46d EGBGB erfasst. Insgesamt ist aber der Bereich der deutschen internationalvertragsrechtlichen Normen nach der Aufhebung der bisherigen Art. 27–37 EGBGB sehr schmal geworden.[33] Verschiedentlich hat jedoch der Gesetzgeber auch **nach der Neuregelung von 1986** spezielle Kollisionsnormen geschaffen. Solche Vorschriften finden sich etwa in § 449 Abs. 4 HGB (Frachtvertrag), § 451h Abs. 3 HGB (Umzugsvertrag) sowie in § 32b UrhG (Nutzungsvergütung). Die nationalen Vorschriften werden vielfach als international zwingende Normen bzw. Eingriffsnormen iSd Art. 9 eingeordnet. Dies gilt etwa für §§ 2, 3 AEntG (→ Art. 8 Rn. 138, 176). Die Rom I-VO hat der Einführung neuer zwingender Regeln durch den nationalen Gesetzgeber an sich keine Schranken gesetzt.[34] Doch besteht die Gefahr, dass damit das System der Anknüpfungen des europäischen Kollisionsrechts unterlaufen wird.[35] Nachdem nunmehr Art. 9 Abs. 2 eine inhaltliche Umschreibung solcher Normen vornimmt, drängt sich zumindest auf, dass nicht jede beliebige Norm auf diese Weise durchgesetzt werden kann (→ Art. 9 Rn. 10 f.). Von besonderer Eigenart ist § 21 FlRG, mit dem der Gesetzgeber lediglich Art. 8 interpretieren will (→ Art. 8 Rn. 100 ff.). Soweit es sich um einzelne kollisionsrechtliche Normen in Spezialgesetzen handelt, welche bereits **vor 1986 erlassen** wurden, haben diese als ältere Normen ihre kollisionsrechtliche Funktion verloren. Sie können nur noch als Sachnormen, welche den Anwendungsbereich der Spezialvorschriften regeln, Beachtung finden.[36] Dies galt etwa für den inzwischen aufgehobenen § 1 SeemG (→ Art. 8 Rn. 88). Problematischer sind die später erlassenen transportrechtlichen Vorschriften, die der Gesetzgeber als international zwingende Normen verstanden wissen wollte (→ Art. 5 Rn. 39).

Allgemeine Rechtsquellen wie die **Menschenrechte** haben Einfluss auf das IPR; menschenrechtliche Anforderungen sind zu beachten (→ Einl. IPR Rn. 50). Sie können auch als zwingendes Recht zur Anwendung kommen und im Rahmen einzelner Anknüpfungen eine Rolle spielen. Eine Konkretisierung von Verpflichtungen versuchen die UN-Leitprinzipien für Wirtschaft und Menschenrechte von 2011.[37] International zwingendes Recht kann im Rahmen des Art. 9 Rom I-VO beachtet werden (→ Art. 9 Rn. 27). Menschenrechtliche Rechtspositionen werden besonders durch die **Lieferkettengesetzgebung** geschützt (Art. 16 Rom II-VO Rn. 11). Eine **europäische Richtlinie zu Sorgfaltspflichten von Unternehmen im Hinblick auf Nachhaltigkeit** (CSDD) ist erlassen worden.[38] Ab 1.3.2023 gilt das deutsche **LkSG.** § 2 Abs. 2 LkSG nennt menschenrechtliche Risiken und stellt für deutsche Unternehmen bestimmte Sorgfaltspflichten auf (→ Art. 1 Rn. 7). 12

5. Vertragsgestaltung.

Schrifttum: Czernich/Geimer (Hrsg.), Handbuch der Streitbeilegungsklauseln im Internationalen Vertragsrecht, 2017; *Döser,* Anglo-amerikanische Vertragsstrukturen in deutschen Vertriebs-, Lizenz- und sonstigen Vertikalverträgen, NJW 2000, 1451; *Mallmann,* Rechtswahlklauseln unter Ausschluss des IPR, NJW 2008, 2953; *Mankowski,* Überlegungen zur sach- und interessengerechten Rechtswahl für Verträge des internationalen Wirtschaftsverkehrs, RIW 2003, 2.

Das IVR ermöglicht den Parteien in weitem Umfang, selbst zu bestimmen, welchen Regeln ihr Vertragsverhältnis unterworfen sein soll.[39] Entscheidend hierfür ist der Gebrauch der Parteiautonomie durch eine entsprechende Rechtswahlklausel iSd Art. 3. Hierbei sind auch die sich aus den Art. 3 ff. ergebenden Grenzen der Rechtswahl zu beachten. Von großer Bedeutung ist ferner eine dem jeweils anwendbaren Sachrecht und dem einzelnen Vertragstyp entsprechende und zweckmäßige Vertragsgestaltung.[40] (s. die Erläuterungen zu Art. 5–8). Abgesichert wird die Rechtswahl durch die Vereinbarung eines entsprechenden Gerichtsstandes (→ Rn. 56 ff.) oder eine Schiedsklausel (→ Rn. 87 ff.).[41] Dabei ist anzustreben, dass die Vereinbarung nicht nur aus inländischer, sondern möglichst auch aus der Sicht des ausländischen Rechts Bestand hat. Dies setzt eine länderspezifische Prüfung der Rechtslage voraus.[42] Zahlreiche Handbücher, aber auch Anleitungen, teilweise durch 13

[33] Näher *Martiny* RIW 2009, 737 ff.

[34] *Mankowski* IPRax 1995, 230 (232 f.).

[35] Vgl. *Junker* IPRax 2000, 65 (70).

[36] *Mankowski* IPRax 1995, 230 (231 f.

[37] Dazu *Krause* RdA 2022, 303 (305 ff.).

[38] RL (EU) 2024/1760, ABl. EU 2024 L 1760; zum Vorschlag *Charnitzky/Weigel* RIW 2022, 413 ff.; *Frank-Fahle* RIW 2022, 588 (594 f.); *Mansel/Thorn/Wagner* IPRax 2023, 109 (114 f.).

[39] Dazu *Mankowski* RIW 2003, 2 ff.; Max Planck Institute for Foreign Private and Private International Law RabelsZ 68 (2004), 5 ff., jeweils mwN.

[40] S. insbes. MAH IntWR/*Salger,* 2017, S. 1364; MVHdB WirtschaftsR III; *Ostendorf* in Ostendorf/Kluth Int. Wirtschaftsverträge § 1. Überblick auch bei Reithmann/Martiny IntVertragsR/*Martiny* Rn. 1.149 ff. – Englischsprachige Klauselmuster bei *Vorpeil* IWB 2021, 746 ff.

[41] S. Czernich/Geimer (Hrsg.), Handbuch der Streitbeilegungsklauseln im Internationalen Vertragsrecht, 2017.

[42] Zur AGB-Kontrolle in der Schweiz s. *Sommerfeld* IWRZ 2022, 64; zur Vertragsgestaltung im deutsch-iranischen Wirtschaftsverkehr s. etwa *Bälz/Jourabchi-Eisenhut* RIW 2015, 473.

internationale Organisationen, wie UNICTRAL die Internationale Handelskammer, geben Unterstützung und Anregungen (auch → vor Rn. 1). Wird eine fremde Sprache und Terminologie, insbesondere die anglo-amerikanischer Rechtsordnungen, verwendet, ist die richtige Verwendung von großer Bedeutung.[43]

III. Rom I-VO

Schrifttum: *Bonomi,* The Rome I Regulation on the Law Applicable to Contractual Obligations, YbPIL 10 (2008), 165; Boschiero (Hrsg.), La nuova disciplina comunitaria della legge applicabile ai contratti (Roma I), Turin 2009; Cashin Ritaine/Bonomi (Hrsg.), Le nouveau règlement européen „Rome I" relatif à la loi applicable aux obligations contractuelles, Genf 2008; *Clausnitzer/Woopen,* Internationale Vertragsgestaltung: die neue EG-Verordnung für grenzüberschreitende Verträge (Rom I-VO), BB 2008, 1798; *Einsele,* Auswirkungen der Rom I-Verordnung auf Finanzdienstleistungen, WM 2009, 289; Ferrari (Hrsg.), Rome I Regulation – Pocket Commentary, 2015; *Francq,* Le règlement „Rome I" sur la loi applicable aux obligations contractuelles, Clunet 136 (2009), 41; *Garcimartín Alférez,* The Rome I Regulation, EurLegForum 2008, I-77; Guinchard (Hrsg.), Rome I and Rome II in practice, Cambridge, 2020; *Kenfack,* Le règlement (CE) no. 593/2008 du 17 juin 2008 sur la loi applicable aux obligations contractuelles („Rome I"), Clunet 136 (2009), 3; *Lagarde/Tenenbaum,* De la convention de Rome au règlement Rome I, Rev. crit. dr. int. pr. 97 (2008), 727; *Lando/Nielsen,* The Rome I Regulation, C.M.L. Rev. 45 (2008), 1687; *Leible,* Rom I und Rom II, 2009; *Leible/Lehmann,* Die Verordnung über das auf vertragliche Schuldverhältnisse anzuwendende Recht („Rom I"), RIW 2008, 528; *Lemaire,* Interrogations sur la portée juridique du préambule du règlement Rome I, D. 2008, 2157; *Lüttringhaus,* Übergreifende Begrifflichkeiten im europäischen Zivilverfahrens- und Kollisionsrecht, RabelsZ 77 (2013), 31; *Magnus,* Die Rom I-Verordnung, IPRax 2010, 27; Magnus/Mankowski (Hrsg.), Rome I Regulation, 2017; *Mankowski,* Die Rom I-Verordnung, IHR 2008, 133; *Miguel Asensio,* The law applicable to contractual obligations : the Rome I Regulation in comparative perspective, in Private international law in Mainland China, Taiwan and Europe, 2014, 191; *McParland,* The Rome I Regulation on the Law Applicable to Contractual Obligations, Oxford 2015; *Pfeiffer,* Neues Internationales Vertragsrecht, EuZW 2008, 622; *Plender/Wilderspin,* The European private international law of obligations, London, 5. Aufl. 2020; *Solomon,* The Private International Law of Contracts in Europe, Tul. L. Rev. 82 (2008), 1709; *Solomon,* Die Rom I-Verordnung in der deutschen ordentlichen Gerichtsbarkeit, ZVglRWiss 115 (2016), 586; *R. Wagner,* Der Grundsatz der Rechtswahl und das mangels Rechtswahl anwendbare Recht (Rom-I-Verordnung), IPRax 2008, 377.

Schrifttum zum Grünbuch und zum Verordnungsentwurf: s. 7. Aufl. 2018.

14 **1. Kontext des Europäischen Kollisionsrechts.** Das Internationale Vertragsrecht steht im Kontext der **Schaffung eines europäischen Kollisionsrechts.** Dies prägt die Normen für vertragliche Schuldverhältnisse, insbesondere ihre rechtstechnische Ausgestaltung und die Anwendung der vereinheitlichten Vorschriften. Die Ablösung des EVÜ durch die Rom I-VO von 2008 ist ein weiterer Schritt zur Vereinheitlichung des europäischen Kollisionsrechts der vertraglichen Schuldverhältnisse. Die VO gehört zu einer Reihe von Rechtsakten, die seit Inkrafttreten des Vertrags von Amsterdam am 1.5.1999 im Rahmen der justiziellen Zusammenarbeit in Zivilsachen Kollisionsnormen vereinheitlichen und zur Schaffung eines „Raums der Freiheit, der Sicherheit und des Rechts" ergangen sind (Art. 81 Abs. 2 lit. c AEUV). Erwägungsgrund 1 weist ausdrücklich darauf hin. Es bestehen mehrfache Zusammenhänge mit anderen kollisionsrechtlichen und verfahrensrechtlichen Regeln. Erwägungsgrund 6 nennt als Ziele ausdrücklich Rechtssicherheit und Voraussehbarkeit.[44]

15 Die **Rom II-VO** betrifft außervertragliche Schuldverhältnisse (deliktische Ansprüche, Bereicherung und Geschäftsführung ohne Auftrag), aber auch das Verschulden beim Vertragsschluss. Daher ist jeweils zu bestimmen, welche der Verordnungen im Einzelfall anwendbar ist. In einer Reihe von Fällen hat man sich auch an einzelnen Formulierungen der Rom II-VO orientiert; dies gilt insbesondere für die Schlussartikel.

16 Die Rom I-VO ergänzt auch die **Brüssel Ia-VO.** Diese hat ab 10.1.2015 die Brüssel I-VO abgelöst. Für Klagen aus vertraglichen Streitigkeiten stellt die Brüssel Ia-VO mehrere Gerichtsstände zur Verfügung (→ Rn. 42 ff.). Bei der Wahl zwischen den Gerichten am Wohnsitz des Beklagten (Art. 4 Brüssel Ia-VO) und am Erfüllungsort (Art. 7 Nr. 1 Brüssel Ia-VO) kann der Kläger das Kollisionsrecht des jeweiligen Forums berücksichtigen und sein Verhalten bewusst danach ausrichten, welches Gericht das für ihn günstigste Sachrecht anwenden wird. Auch wenn mit einer umfassenden Vereinheitlichung des Sachrechts der Mitgliedstaaten (noch) nicht zu rechnen ist, so mindert doch ein einheitliches System von Anknüpfungen den Anreiz zum forum shopping. Gleichzeitig soll der angestrebte „innergemeinschaftliche Entscheidungseinklang" es den Mitgliedstaaten erleichtern, ausländische Entscheidungen ohne inhaltliche Überprüfung zu akzeptieren. Angesichts der weiteren Vereinfachung

[43] S. etwa *Döser* NJW 2000, 1451; *Walz* Notar 2015, 111.
[44] Näher dazu *Kenfack* Clunet 136 (2009), 3 (7 ff.).

der gegenseitigen Anerkennung von Urteilen hat dies besonderes Gewicht (vgl. auch Erwägungsgrund 6).[45] Das Internationale Verfahrensrecht stimuliert auch hier die Kollisionsrechtsvereinheitlichung.

Die **Kompetenz zum Erlass** der Rom I-VO folgt aus der allgemeinen Zuständigkeit für das europäische Kollisionsrecht (Art. 81 Abs. 2 lit. c AEUV).[46] Das IVR betrifft den erforderlichen „grenzüberschreitenden Bezug" (zur Entwicklung des Unionsrechts → EGBGB Art. 3 Rn. 29 ff.).[47] Zwar besteht nur eine Zuständigkeit zur Förderung der „Vereinbarkeit der Kollisionsnormen", doch wird dies überwiegend weit ausgelegt.[48] Da das Ziel der Rom I-VO auf der Ebene der Mitgliedstaaten nicht ausreichend verwirklicht werden kann und daher wegen des Umfangs und der Wirkungen der Verordnung besser auf Unionsebene zu verwirklichen ist, kann die Union im Einklang mit dem in Art. 5 EUV niedergelegten Subsidiaritätsprinzip tätig werden. Entsprechend dem ebenfalls in diesem Artikel festgelegten Grundsatz der Verhältnismäßigkeit geht die Rom I-VO nicht über das zur Erreichung ihres Ziels erforderliche Maß hinaus (Erwägungsgrund 43). 17

2. Regelung durch die Rom I-VO. Eine Reform des EVÜ (→ Rn. 32) war – wie Erwägungsgrund 5 ausdrücklich erwähnt – Teil des Haager Programms zur Stärkung von Freiheit, Sicherheit und Recht[49] und schon seit längerem geplant.[50] Das Übereinkommen war vor allem wegen der inzwischen erfolgten Rechtsangleichung in der Union reformbedürftig.[51] Auch sind die Rechtswahlbeschränkungen und Anknüpfungen des Richtlinienrechts vielfach andere Wege gegangen als das Übereinkommen, so dass zahlreiche Spannungen unter den einzelnen Lösungen entstanden sind. Ferner hatte sich bei der Anwendung der Konvention in einer Reihe von Fragen eine unterschiedliche nationale Praxis verfestigt.[52] Einzelne Reformvorschläge wurden vorgelegt.[53] Die bei der Reform zu lösenden Fragen skizzierte ein Grünbuch der Kommission der EG von Januar 2003.[54] Daraufhin erfolgten viele Stellungnahmen. 18

Die Kommission legte 2005 einen Entwurf einer VO vor.[55] Auch hierzu ergingen zahlreiche Stellungnahmen.[56] In den Verhandlungen des Rats wurde – vielfach in Abweichung vom ursprünglichen Entwurf – die endgültige Fassung ausgearbeitet.[57] Ein Bericht des Rechtsausschusses des Europäischen Parlaments enthält zahlreiche Änderungen.[58] Schließlich wurde die VO in erster Lesung vom Europäischen Parlament angenommen[59] und eine legislative Entschließung 19

45 Maßnahmenprogramm zur Umsetzung des Grundsatzes der gegenseitigen Anerkennung gerichtlicher Entscheidungen in Zivil- und Handelssachen, ABl. EG 2001 C 12, 1.

46 Rauscher/*v. Hein* Einl. Rom I-VO Rn. 12.

47 *R. Magnus* ZEuP 2018, 507 (514 ff.).

48 S. *Wilderspin* in Cashin Ritaine/Bonomi, Le nouveau règlement européen „Rome I" relatif à la loi applicable aux obligations contractuelles, 2008, 13 f. – Zur Problematik näher *Jayme* IPRax 2001, 65; *Ehle,* Wege zu einer Kohärenz der Rechtsquellen im Europäischen Kollisionsrecht der Verbraucherverträge, 2002, 102 ff.; *Plender/Wilderspin,* The European private international law of obligations, 5. Aufl. 2020, Rn. 1-014 ff.

49 Haager Programm zur Stärkung von Freiheit, Sicherheit und Recht in der Europäischen Union, KOM (2005) 184 endg. Anh. Ziff. 4.3.

50 Zuerst im Wiener Aktionsplan über den Aufbau eines Raums der Freiheit, der Sicherheit und des Rechts vom 3.12.1998, ABl. EG 1999 C 19, 1 = IPRax 1999, 288; dazu *Wilderspin* in Baur/Mansel, Systemwechsel im europäischen Kollisionsrecht, 2002, 77 ff.

51 *Sonnenberger* ZVglRWiss 100 (2001), 107 (117 ff.); *Martiny* ZEuP 2001, 308 (332 ff.).

52 Dazu *Martiny* ZEuP 2006, 60 ff.; *Martiny* ZEuP 2008, 79 ff.; *Wilderspin* in Lando/Magnus/Nowak-Stief, Angleichung des materiellen und des internationalen Privatrechts in der EU, 2003, 111 ff.

53 Europäische Gruppe für Internationales Privatrecht, Vorschläge für eine Revision des Europäischen Schuldvertragsübereinkommens, IPRax 2001, 64 f. (franz. Fassung) = Rev. crit. dr. int. pr. 89 (2000), 929. – Vgl. auch *Jayme/Kohler* IPRax 2002, 461 (470).

54 Grünbuch über die Umwandlung des Übereinkommens von Rom aus dem Jahr 1980 über das auf vertragliche Schuldverhältnisse anzuwendende Recht in ein Gemeinschaftsinstrument sowie über seine Aktualisierung, KOM (2002) 654 endg. vom 14.1.2003; Text auch bei *Leible,* Grünbuch, 2004, 255 ff.

55 Vorschlag für eine Verordnung des Europäischen Parlaments und des Rates über das auf vertragliche Schuldverhältnis anzuwendende Recht (Rom I) vom 15.12.2005, KOM (2005) 650; Text IPRax 2006, 193.

56 S. insbes. Stellungnahme des Europäischen Wirtschafts- und Sozialausschusses zu dem Vorschlag für eine Verordnung des Europäischen Parlaments und des Rates über das auf vertragliche Schuldverhältnisse anzuwendende Recht (Rom I), KOM (2005) 650 endg., ABl. EG 2006 C 318, 56; näher zu den inhaltlichen Streitpunkten der Reform Rauscher/*v. Hein* Einl. Rom I-VO Rn. 14 ff.

57 Einzelheiten bei *McParland,* The Rome I Regulation on the Law Applicable to Contractual Obligations, 2015, 851 ff.

58 S. RA, Bericht über den Vorschlag für eine Verordnung des Europäischen Parlaments und des Rates über das auf vertragliche Schuldverhältnisse anzuwendende Recht (Rom I), KOM(2005)0650 – C6-0041/2005 – 2005/0261 (COD), vom 21.11.2007 (A6-0450/2007), Berichterstatter *C. Dumitrescu.*

59 Standpunkt des Europäischen Parlaments festgelegt in erster Lesung am 29.11.2007 im Hinblick auf den Erlass der VO (EG) Nr. 593/2008 des Europäischen Parlaments und des Rates über das auf vertragliche Schuldverhältnisse anzuwendende Recht (Rom I) – Erste Lesung (15832/07).

verabschiedet.[60] Die Rom I-VO ist am 17.6.2008 in Straßburg unterzeichnet, am 4.7.2008 im Amtsblatt veröffentlicht worden und am 24.7.2008 in Kraft getreten. Nach Art. 28, 29 gilt sie für Schuldverträge ab dem 17.12.2009.

20 Die angestrebte Harmonisierung der Vorschrift über den Verbrauchervertrag (Art. 5 EVÜ) mit den Rechtswahlbeschränkungen der Richtlinien[61] erfolgte letztlich nicht. Vielmehr wurde das bisherige System grundsätzlich beibehalten. Erfolgt ist eine Ergänzung des die Rechtswahl beschränkenden Art. 3 Abs. 3 EVÜ um einen auf die ganze EU bezogenen Abs. 4. Ferner kam es zu einer Überarbeitung der für international zwingende Vorschriften geltenden Norm (nunmehr Art. 9). Die Erweiterung um Regeln für die bislang nach Art. 1 Abs. 2 lit. f ausgeschlossene rechtsgeschäftliche Stellvertretung scheiterte.

21 Bei Verträgen, bei denen die eine Partei als schwächer angesehen wird, soll diese durch Kollisionsnormen geschützt werden, die für sie günstiger sind als die allgemeinen Regeln (Erwägungsgrund 23). Dies hat für Verbraucherverträge (Art. 6) und Arbeitsverträge (Art. 8) Ausdruck gefunden. Rechtswahlbeschränkungen wurden in die neuen Art. 5 (Beförderungsverträge) und Art. 7 (Versicherungsverträge) aufgenommen. Präzisiert wurde vor allem die objektive Anknüpfung nach Art. 4.

22 Da die Rom I-VO unmittelbar anzuwenden ist und innerhalb ihres Anwendungsbereichs das nationale Kollisionsrecht verdrängt, war eine entsprechende **Änderung des deutschen IVR** notwendig. Die bislang geltenden Art. 27–37 EGBGB wurden zum 17.12.2009 aufgehoben (→ EGBGB Art. 3 Rn. 46 f.).[62] Die der Umsetzung von Richtlinien dienende Vorschrift des Art. 29a EGBGB wurde durch Art. 46b EGBGB ersetzt. Da auch die Art. 7–15 EGVVG beseitigt wurden, fand der bisher in Art. 12 EGVVG geregelte Pflichtversicherungsvertrag in Art. 46d EGBGB einen neuen Standort.

23 **3. Auslegung. a) Zuständigkeit des EuGH.** Die von der Rom I-VO beabsichtigte Vereinheitlichung des IVR lässt sich nur dann erreichen, wenn die Mitgliedstaaten die Vorschriften der Verordnung einheitlich auslegen und gleichmäßig anwenden. Eine eigene Vorschrift über die einheitliche Auslegung nach dem Vorbild des Art. 18 EVÜ (umgesetzt als Art. 36 EGBGB aF), fehlt in der Rom I-VO. Es gelten damit die allgemeinen unionsrechtlichen Grundsätze für die Auslegung von Sekundärrecht.[63] Freilich dürfen dabei die kollisionsrechtliche Zwecke nicht aus den Augen verloren werden.

24 Als sekundäres Unionsrecht untersteht die Rom I-VO der Auslegung durch den Europäischen Gerichtshof.[64] Maßgebliches Instrument ist das **Vorabentscheidungsverfahren** nach Art. 267 AEUV.[65] Taucht in einem Mitgliedstaat in einem schwebenden Verfahren eine entscheidungserhebliche Auslegungsfrage auf, so legt das letztinstanzlich mit der Sache befasste mitgliedstaatliche Gericht dem EuGH diese Frage zur Vorabentscheidung vor (→ EGBGB Art. 3 Rn. 148 ff.). Die Entscheidung des EuGH ist nur für das vorlegende Gericht bindend;[66] für spätere Fälle tritt aber – wie sich auch im europäischen Zivilprozessrecht gezeigt hat – eine faktische Bindungswirkung ein. Unter der Geltung des EVÜ bestand ein eigenes Übereinkommen über die einheitliche Auslegung des Übereinkommens, welches dem EuGH eine entsprechende Zuständigkeit eingeräumt hatte. Die einheitliche Auslegung durch den EuGH hatte jedoch keine selbstständige Bedeutung erlangt (→ Rn. 34).

25 **b) Auslegungsgrundsätze.** Die Auslegung der Rom I-VO folgt den für das sekundäre Unionsrecht entwickelten Grundsätzen.[67] Die entsprechenden Auslegungsmethoden – Berücksichtigung vor allem von Wortlaut, Entstehungsgeschichte, Systematik und Zweck – sind auch hier anzuwenden.

---

[60] Legislative Entschließung des Europäischen Parlaments vom 29.11.2007 zu dem Vorschlag für eine Verordnung des Europäischen Parlaments und des Rates über das auf vertragliche Schuldverhältnisse anzuwendende Recht (Rom I), KOM (2005)0650 – C6-0041/2005 – 2005/0261 (COD) (Verfahren der Mitentscheidung: erste Lesung).

[61] Dazu *Sonnenberger* ZVglRWiss 100 (2001), 107 (118); Max Planck Institute for Foreign Private and Private International Law RabelsZ 68 (2004), 12 ff.; *Pfeiffer* in Leible, Grünbuch, 2004, 25 ff.

[62] Gesetz zur Anpassung der Vorschriften des Internationalen Privatrechts an die VO (EG) Nr. 593/2008 vom 25.6.2009, BGBl. 2009 I 1574; dazu BT-Drs. 16/12104; *Martiny* ZEuP 2010, 747.

[63] Rauscher/*v. Hein* Einl. Rom I-VO Rn. 53 ff.

[64] Zur bisherigen EuGH-Rspr. *Kadner Graziano/Reymond* in Guinchard, Rome I and Rome II in practice, 2020, 11 ff.

[65] Näher dazu *Heiss/Kaufmann-Mohi* in Leible/Unberath, Brauchen wir eine Rom 0-Verordnung?, 2013, 189 ff.; Rauscher/*v. Hein* Einl. Rom I-VO Rn. 38 ff.

[66] Rauscher/*v. Hein* Einl. Rom I-VO Rn. 52.

[67] Zur Brüssel I-VO EuGH Slg. 2009, I-3327 = NJW 2009, 1865 = IPRax 2009, 509 m. Aufsatz *Brinckmann* IPRax 2009, 487 – Falco.

Besondere Bedeutung kommt der einheitlichen Auslegung zu. Die unionsweite Rechtsvereinheitlichung würde gestört, wenn mitgliedstaatliche Gerichte die Verordnung nach ihrem jeweiligen nationalen Vorverständnis anwenden und verschieden auslegen würden. Der EuGH folgt daher einem **unionsrechtlich autonomen Ansatz.**[68] Bedeutung erlangt dies vor allem für die Qualifikation, die unabhängig von der jeweiligen lex fori (oder lex causae) zu erfolgen hat und für die zahlreichen unbestimmten Rechtsbegriffe der VO.[69] Dies führt zu immer mehr eigenständigen Definitionen und Systembegriffen auf Unionsebene, zB für das vertragliche Schuldverhältnis (→ Art. 1 Rn. 8 ff.). Die VO garantiert häufig aber nur im Ausgangspunkt eine einheitliche praktische Anwendung. Mit bewusst oder unbewusst divergierenden nationalen Rechtsprechungstraditionen ist nicht nur bezüglich der Hauptanknüpfungspunkte, sondern auch der Ausweichklauseln und der Handhabung des Eingriffsrechts zu rechnen.[70]

Die autonome Auslegung der VO folgt den allgemein anerkannten Auslegungsmethoden des Europarechts. Die **grammatische Auslegung** beschränkt sich nicht auf nur eine Sprachfassung. Vielmehr ist das Sekundärrecht in allen Amtssprachen der Union verbindlich. Der VO-Text ist im Amtsblatt in allen Sprachen leicht im Internet zugänglich. Entsprechendes gilt für andere unionsrechtliche Regelungen. Grundsätzlich sind alle Sprachfassungen gleichwertig (Art. 342 AEUV, Art. 4 VO Nr. 1 vom 15.4.1958 zur Regelung der Sprachenfrage). Von besonderem Gewicht ist aber die englische Sprache, in der der endgültige Text der VO ausgehandelt wurde. 26

Der im Rahmen der **historischen Auslegung** zu erforschende Wille des Verordnungsgebers kann in mehrfacher Weise ermittelt werden. Er kommt in den **Erwägungsgründen zum Rom I-Text**[71] (vgl. Art. 296 AEUV), in der Kommissionsbegründung zum Verordnungsentwurf (→ Rn. 19) sowie in den jeweiligen Stellungnahmen des Parlaments und des Rates zum Ausdruck. Die Entstehungsgeschichte der einzelnen Vorschrift ist von Bedeutung.[72] Einzelne öffentlich zugängliche Ratsdokumente geben über einzelne Zwischenstadien und Weichenstellungen Auskunft (→ Rn. 19). Ferner ist auch die frühere Regelung im EVÜ sowie die Erläuterung in dem dazu erstellten Bericht von *Giuliano/Lagarde* (→ Rn. 32) weiterhin von Bedeutung. 27

Die **systematische Auslegung** fragt zunächst nach dem Stellenwert der einzelnen Vorschrift und sodann nach der inneren Struktur der Rom I-VO. Der Zusammenhang der einzelnen Bestimmungen ist zu beachten; eine rechtsgebietsübergreifende Auslegung ist anzustreben. Mit Blick auf die enge Beziehung zur Rom II-VO sowie zur Brüssel Ia-VO (→ Rn. 37) sind auch diese Rechtsakte für die Auslegung heranzuziehen.[73] Man spricht zwar von einem **Kohärenz- bzw. Konkordanzgebot** für eine möglichst weitgehende Harmonisierung bei der Auslegung funktional identischer Begriffe in den den Verordnungen.[74] Doch ist seine Reichweite umstritten.[75] Nach Möglichkeit sollten rechtsaktübergreifende Lösungen erreicht werden. Dies gilt etwa bezüglich der „Eingriffsnorm" in der Rom II-VO (Art. 9 Rom I-VO sowie Art. 16 Rom II-VO).[76] Es gilt insbesondere für Normen, die den Anwendungsbereich der Regelungen definieren.[77] Begriffe in Parallelvorschriften sind im Einklang miteinander auszulegen, jedenfalls dann, wenn die Normzwecke der Vorschriften übereinstimmen.[78] Dies dürfte etwa für die „Dienstleistung" (Art. 6 Rom I-VO sowie 28

---

[68] EuGH ECLI:EU:C:2016:774 Rn. 28 = NZA 2016, 1389 = RIW 2016, 811 mAnm *Mankowski* = IPRax 2018, 207 m. Aufsatz *W.H.Roth* IPRax 2018, 177 – Nikiforidis; ECLI:EU:C:2022:86 Rn. 21 = NJW 2022, 1157 = EuZW 2022, 267 mAnm *Wiedemann* = IPRax 2022, 639 m. Aufsatz *Deuring* IPRax 2022, 599 – ShareWood Switzerland.

[69] *Heiss/Kaufmann-Mohi* in Leible/Unberath, Brauchen wir eine Rom 0-Verordnung?, 2013, 186 ff.

[70] Länderberichte zur Rspr. in den Mitgliedstaaten in *Guinchard,* Rome I and Rome II in practice, 2020, 41 ff.

[71] Dazu *McParland,* The Rome I Regulation on the Law Applicable to Contractual Obligations, 2015, Rn. 3.55 f.

[72] EuGH ECLI:EU:C:2016:774 = NZA 2016, 1389 = RIW 2016, 811 mAnm *Mankowski* = IPRax 2018, 207 m. Aufsatz *W.H. Roth* IPRax 2018, 177 – Nikiforidis.

[73] *Martiny* ZEuP 2013, 838 (840 ff.); Rauscher/*v. Hein* Einl. Rom I-VO Rn. 59; näher dazu *Leible,* Rom I und Rom II,2009, 43 ff.; *Dutta* IPRax 2009, 293 (294 ff.); *Würdinger* RabelsZ 75 (2011), 102 (114 ff.); *Garcimartín Alférez* Essays in honour van Loon, 2013, 169 ff.; *Crawford/Carruthers* ICLQ 63 (2014), 1 ff.

[74] EuGH NJW 2016, 1005 = IPRax 2017, 400 m. Aufsatz *Martiny* IPRax 2017, 360 – Ergo Rn. 43; ECLI:EU:C:2019:84 Rn. 28 = EuZW 2019, 134 = RIW 2019, 151 – da Silva Martins; ECLI:EU:C:2022:86 Rn. 34-36 = NJW 2022, 1157 = EuZW 2022, 267 m. zust. Anm. *Wiedemann* = IPRax 2022, 639 m. Aufsatz *Deuring* IPRax 2022, 599 – ShareWood Switzerland; dazu Rauscher/*v. Hein* Einl. Rom I Rn. 22.

[75] Näher *P. Huber* IPRax 2017, 356 (358 ff.); *M. Henrich* GPR 2018, 232 (238 ff.); abl. für „vertragliche Schuldverhälnisse" *Horn,* Vis attractiva contractus, 2023, 77 ff.

[76] EuGH ECLI:EU:C:2019:84 Rn. 28 = EuZW 2019, 134 – da Silva Martins.

[77] *Lüttringhaus* RabelsZ 77 (2013), 31 (41 ff.); *Rühl* GPR 2013, 122 ff.

[78] EuGH ECLI:EU:C:2016:40 = NJW 2016, 1005 = IPRax 2017, 400 m. Aufsatz *Martiny* IPRax 2017, 360 – Ergo; *Lüttringhaus* IPRax 2011, 554 (556 f.); *Würdinger* RabelsZ 75 (2011), 102 (114 ff.).

Art. 7 Nr. 1 Brüssel Ia-VO),[79] das „Ausrichten“[80] (Art. 6 Rom I-VO sowie Art. 17 Brüssel Ia-VO, → Art. 6 Rn. 43) sowie „Arbeitnehmer“[81] und den „Arbeitsort“[82] (Art. 8 Rom I-VO und Art. 20 Brüssel Ia-VO; → Rom I-VO Art. 8 Rn. 52) anzunehmen sein. Besondere Bedeutung kommt der bisherigen Rspr. des EuGH zum GVÜ und zur Brüssel I-VO zu, die für inhaltsgleiche Vorschriften der Brüssel Ia-VO heranzuziehen ist und grundsätzlich ihre Gültigkeit behält.[83] Darüber hinaus bestehen Bezüge zum materiellen Unionsprivatrecht. Allerdings ist der prozessuale Beklagtenschutz der Brüssel Ia-VO nicht mit der Suche der engsten Verbindung nach Rom I-VO gleichzusetzen.[84] So kann beispielsweise die Rspr. des EuGH zur Abgrenzung von Art. 7 Nr. 1, 2 Brüssel Ia-VO (= Art. 5 Nr. 1 und 3 GVÜ/Brüssel I-VO aF) lediglich als grobe Richtschnur dienen. Zum einen ist die spezifisch prozessrechtliche Interessenlage zu berücksichtigen. Zum anderen war der Bereich der vertraglichen Streitigkeiten in Art. 5 Nr. 1 GVÜ/Brüssel I-VO (= Art. 7 Nr. 1 Brüssel Ia-VO) nicht weiter differenziert.[85] Folglich ist in jedem Einzelfall eine genauere Analyse notwendig.[86] Problematisch ist etwa die Abgrenzung zu Verbraucherverträgen bei gemischtem Verwendungszweck (→ Art. 6 Rn. 16). Für zahlreiche Fälle ist daher eine Klärung für die Rom I-VO durch den EuGH notwendig. **Außervertragliche Ansprüche** können vertragsakzessorisch angeknüpft werden (Art. 4 Abs. 3 Rom II-VO, → Art. 4 Rom II-VO Rn. 72). Diese Möglichkeit liefe jedoch leer, wenn die Ansprüche bereits vertraglich qualifiziert würden und somit nicht der Rom I-VO, sondern der Rom II-VO unterfallen würden.[87]

29 Für die letztlich entscheidende **teleologische Auslegung** lassen sich die allgemeinen Ziele der Rom I-VO (ua Stärkung der Parteiautonomie,[88] Schutz der schwächeren Partei, aber auch Rechtssicherheit und Voraussehbarkeit[89]),[90] den Ermächtigungsgrundlagen des primären Unionsrechts sowie den Erwägungsgründen entnehmen.[91] Die Vorschriften der Rom I-VO sind so auszulegen, dass sie größtmögliche praktische Wirksamkeit entfalten („effet utile“).[92] Ferner soll die Auslegung die Stärkung des europäischen Rechtsraums sowie die fortschreitende Integration der Union unterstützen.[93]

IV. Andere Verordnungen und Richtlinien

30 **1. Verordnungen.** Verordnungen der EU gelten unmittelbar in jedem Mitgliedstaat der Union (Art. 288 Abs. 2 AEUV). Für das Verhältnis zur Rom I-VO s. Art. 23. Das Verordnungskollisionsrecht genießt Vorrang vor nationalen Kollisionsnormen (vgl. auch Art. 3 Nr. 1 EGBGB; näher → EGBGB Art. 3 Rn. 45 ff.).[94] Verordnungen sind in der vor allem im Internationalen Verfahrensrecht, zunehmend aber auch auf anderen Gebieten des IPR erlassen worden. Im Übrigen bilden sie die Ausnahme, sind aber auch im Internationalen Vertragsrecht – vor allem im Transportrecht – durchaus vorhanden.[95] Zu nennen sind etwa die **Fluggastrechte-VO** (→ Art. 5 Rn. 59 ff.) sowie die **Soziale-Sicherheit-VO 2004**[96] (→ Art. 15 Rn. 19 ff.). Soweit einheitliches europäisches Sach-

---

79 EuGH ECLI:EU:C:2019:376 Rn. 39 ff. = NJW 2019, 2991 = IPRax 2020, 40 m. Aufsatz *Thomale* IPRax 2020, 18 – Kerr; BGH NJW 2012, 1817 = RIW 2012, 566.

80 *Würdinger* RabelsZ 75 (2011), 102 (120 ff.).

81 BAG NZA 2023, 1265 = IPRax 2024, 220 m. Aufsatz *Junker* IPRax 2024, 196.

82 Dazu *Lüttringhaus* IPRax 2011, 554 (556 ff.).

83 So etwa zu Art. 5 Nr. 1 lit. a Brüssel I-VO EuGH Slg. 2009, I-3327 = NJW 2009, 1865 – Falco; näher *Bitter* IPRax 2008, 96 ff.

84 *Würdinger* RabelsZ 75 (2011), 102 (106 ff.).

85 Näher *Martiny* FS Geimer, 2002, 641 ff.

86 Näher *Coester-Waltjen* IPRax 2020, 385 ff.; *Lein* YbPIL 10 (2008), 177 ff.; *Lüttringhaus* RabelsZ 77 (2013), 31 ff.

87 Dazu *Pfeiffer* IPRax 2016, 111 (112 ff.).

88 EuGH ECLI:EU:C:2016:774 = NZA 2016, 1389 = EuZW 2016, 940 mAnm *Duden* = RIW 2016, 811 mAnm *Mankowski* = IPRax 2018, 207 m. Aufsatz *W.H. Roth* IPRax 2018, 177 – Nikiforidis.

89 EuGH ECLI:EU:C:2016:774 = NZA 2016, 1389 = EuZW 2016, 940 mAnm *Duden* = RIW 2016, 811 mAnm *Mankowski* = IPRax 2018, 207 m. Aufsatz *W.H. Roth* IPRax 2018, 177 – Nikiforidis.

90 Dazu *Lüttringhaus* RabelsZ 77 (2013), 31 (38 ff.).

91 *McParland,* The Rome I Regulation on the Law Applicable to Contractual Obligations, 2015, Rn. 3.36 ff.; *Plender/Wilderspin,* The European private international law of obligations, 5. Aufl. 2020, Rn. 1-092 ff.

92 S. Calliess/Ruffert/*Wegener,* EUV/EGV, 6. Aufl. 2022, EUV Art. 19 Rn. 32.

93 Rauscher/*v. Hein* Einl. Rom I-VO Rn. 62; dazu näher *Streinz,* Europarecht, 12. Aufl. 2023, Rn. 635 ff.

94 Rauscher/*v. Hein* Einl. Rom I-VO Rn. 29; s. schon *Iversen* in Brödermann/Iversen Europäisches Gemeinschaftsrecht und Internationales Privatrecht, 1994, Rn. 553 ff.

95 Näher *Schilling,* Das Internationale Privatrecht der Transportverträge, 2016, 13 ff.; *Brödermann* in Brödermann/Iversen, Europäisches Gemeinschaftsrecht und Internationales Privatrecht, 1994, Rn. 304 ff.

96 VO (EG) 883/2004 des Europäischen Parlaments und des Rates vom 29.4.2004 zur Koordinierung der Systeme der sozialen Sicherheit, ABl. EU 2004 L 166, 1.

recht eingreift, braucht ein auf nationales Recht verweisendes Vertragsstatut nicht mehr ermittelt zu werden. Dies gilt etwa im Hinblick auf die Fluggastrechte-VO für transportrechtliche Ansprüche wegen Überbuchungsschadens.[97]

2. Richtlinien. Weiterhin bedeutsam ist die Rechtsangleichung auf Grund von Richtlinien der EU (näher → EGBGB Art. 3 Rn. 75 ff.). Zu nennen sind insbesondere die Klausel-RL (→ Art. 6 Rn. 10), die Timesharing-RL (→ Art. 6 Rn. 11), die frühere Fernabsatz-RL (→ Art. 6 Rn. 10), die frühere Verbrauchsgüterkauf-RL (→ Art. 6 Rn. 10), die Finanzdienstleistungs-Fernabsatz-RL (→ Art. 6 Rn. 10), die E-Commerce-RL (→ Anh. III Art. 9 Rn. 1) sowie die Verbraucherkredit-RL. Für das Arbeitsrecht ist die Arbeitnehmerentsende-RL von Bedeutung (→ Art. 8 Rn. 8).[98] Diese Richtlinien gehen von einer Sachrechtsangleichung innerhalb der EU aus, wollen das angeglichene Recht aber auch gegenüber Drittstaaten durchsetzen, wenn der Vertrag einen engen Zusammenhang mit dem Gebiet eines Mitgliedstaates aufweist. Für das Verhältnis zur Rom I-VO s. Art. 23. 31

V. EVÜ

Schrifttum: Czernich/Heiss (Hrsg.), EVÜ – Das Europäische Schuldvertragsübereinkommen, Wien 1999; *Gaudemet-Tallon,* Le nouveau droit international privé européen des contrats, Rev. trim. dr. europ. 17 (1981), 215; *Kassis,* Le nouveau droit européen des contrats internationaux, Paris 1993; *Kaye,* The New Private International Law of Contract of the European Community, Aldershot 1993; *Lagarde,* Le nouveau droit international privé des contrats après l'entrée en vigueur de la Convention de Rome du 19 juin 1980, Rev. crit. dr. int. pr. 80 (1991), 287; *Lando,* The EEC Convention on the Law Applicable to Contractual Obligations, C.M.L. Rev. 24 (1987), 159; *Martiny,* Das Römische Vertragsrechtsübereinkommen vom 19. Juni 1980, ZEuP 1993, 298; *Martiny,* Internationales Vertragsrecht zwischen Rechtsgefälle und Vereinheitlichung, ZEuP 1995, 67; *Martiny,* Europäisches Internationales Vertragsrecht – Ausbau und Konsolidierung, ZEuP 1999, 246; *Martiny,* Internationales Vertragsrecht im Schatten des Europäischen Gemeinschaftsrechts, ZEuP 2001, 308; *Martiny,* Neue Impulse im Europäischen Internationalen Vertragsrecht, ZEuP 2006, 60; *Morse,* The EEC Convention on the Law Applicable to Contractual Obligations, Yb. Eur. L. 2 (1982), 107; North, Contract Conflicts, Amsterdam, New York, Oxford 1982, 3; *Ost,* EVÜ und fact doctrine – Konflikte zwischen europäischer IPR-Vereinheitlichung und der Stellung ausländischen Rechts im angelsächsischen Zivilprozess, 1996; *Philip,* EF-IP. I – Lovvalget i Kontraktforhold, Kopenhagen 1982; *Plender,* The Rome Convention on the Law Applicable to Contractual Obligations, in Lando/Magnus/Nowak-Stief, Angleichung des materiellen und des internationalen Privatrechts in der EU, 2003, 25; *Wilderspin,* Die Vergemeinschaftung des internationalen Schuldrechts (Rom I, Rom II), in Baur/Mansel, Systemwechsel im europäischen Kollisionsrecht, 2002, 77; *Wilderspin,* The Rome Convention: Experience to date before the courts of Contracting States, in Lando/Magnus/Nowak-Stief, Angleichung des materiellen und des internationalen Privatrechts in der EU, 2003, 111; s. auch 7. Aufl. 2018; älteres Schrifttum s. 4. Aufl. 2006, EGBGB Vor Art. 27.

Schrifttum zum Übereinkommensentwurf: s. 7. Aufl. 2018.

1. Staatsvertragliche Vereinheitlichung. Eine Vereinheitlichung des IVR der EU-Mitgliedstaaten ist vor der Rom I-VO bereits auf staatsvertraglichem Wege erreicht worden.[99] Zum Rechtszustand vor dem 17.12.2009 → 4. Aufl. 2006, EGBGB Vor Art. 27 Rn. 16 ff. An dieser Stelle sollen nur einige Hinweise im Hinblick auf Altfälle und das Verständnis des jetzigen Rechtszustandes gegeben werden. Am 19.6.1980 wurde das **Übereinkommen über das auf vertragliche Schuldverhältnisse anzuwendende Recht** (EVÜ)[100] in Rom unterzeichnet, das am 1.4.1991 in Kraft getreten ist.[101] Nach einigen anlässlich weiterer Beitritte erfolgten Änderungen gilt eine konsolidierte Fassung.[102] Das Übereinkommen wurde in einem Bericht von *Giuliano* und *Lagarde* erläutert.[103] Die BRepD hat das EVÜ mit dem Gesetz zu dem Übereinkommen über das auf vertragliche 32

---

[97] LG Frankfurt a.M. IPRspr. 1998 Nr. 49 = NJW-RR 1998, 1589; vgl. *Jayme/Kohler* IPRax 1999, 401 (411) noch zur Fluggastrechte-VO 1991.

[98] RL 96/71/EG des Europäischen Parlaments und des Rates vom 16.12.1996 über die Entsendung von Arbeitnehmern im Rahmen der Erbringung von Dienstleistungen, ABl. EG 1997 L 18, 1. Geändert durch RL (EU) 2018/957 vom 28.6.2018, ABl. EU 2018 L 173, 16.

[99] Überblick zum Kollisionsrecht der Mitgliedstaaten in Bericht *Giuliano/Lagarde* BT-Drs. 10/503, 47 ff., 51 f. sowie bei *Lando* C. M. L. Rev. 24 (1987), 171 ff. (188 ff.).

[100] Alle Fassungen des Textes: ABl. EG 1980 L 266, 1 = *Pirrung* 306 ff. = La Convenzione di Roma S. 305 ff. Deutsch-englisch-französisch: BGBl. 1986 II 810. Deutsch-englisch: RabelsZ 46 (1982), 196. Deutsch: IPRax 1981, 67 = ZfRV 21 (1980), 305 = *Sandrock* IntVertragsgestaltung-HdB II, 1980, 1006. – Konsolidierte Fassung: ABl. EU 2005 C 334, 1.

[101] Art. 29 Abs. 1 EVÜ. Vgl. Bek. vom 12.7.1991, BGBl. 1991 II 871.

[102] ABl. EU 2005 C 334, 3.

[103] ABl. EG 1980 C 282, 1; auch in BT-Drs. 10/503, 33 ff.; Text auch bei *Pirrung* S. 342 ff.

Schuldverhältnisse anzuwendende Recht vom 25.7.1986[104] ratifiziert. Bereits im Jahre 1972 hatte die EU-Kommission einen Vorentwurf eines Übereinkommens über das auf vertragliche und außervertragliche Schuldverhältnisse anwendbare Recht **(EVÜ-Entwurf 1972)** vorgelegt,[105] der in einem Bericht von *Giuliano/Lagarde* und *van Sasse van Ysselt* erläutert wurde.[106] Das EVÜ ist für die BRepD am 1.4.1991 im Verhältnis zu **Belgien, Dänemark, Frankreich, Italien, Luxemburg** und dem **Vereinigten Königreich**[107] in Kraft getreten. Das EVÜ gilt ferner für die **Niederlande** (seit 1.9.1991) und **Irland** (seit 1.1.1992).[108] **Griechenland** hat ebenfalls ein Beitritts-Übk. abgeschlossen.[109] Dieses Übk. ist am 1.4.1991 für die Bundesrepublik Deutschland in Kraft getreten.[110] Beigetreten sind dem EVÜ ferner **Portugal** und **Spanien.**[111] Das entsprechende Beitritts-Übk. von 1992 ist für Deutschland am 1.9.1994 (Portugal) bzw. 1.9.1993 (Spanien) in Kraft getreten.[112] **Österreich** ist dem Übereinkommen durch Vertrag vom 29.11.1996 beigetreten.[113] Im deutsch-österreichischen Verhältnis gilt das EVÜ seit 1.12.1998.[114] **Finnland** ist durch Staatsvertrag vom 29.11.1996 beigetreten.[115] Im deutsch-finnischen Verhältnis gilt das EVÜ seit 1.4.1999.[116] Auch für **Schweden** gilt das EVÜ auf Grund Staatsvertrages vom 29.11.1996.[117] Im deutsch-schwedischen Verhältnis ist das EVÜ seit dem 1.10.1998 zu beachten.[118] Die zehn anlässlich der **Ost-Erweiterung der EU** am 1.5.2004 beigetretenen Neumitgliedstaaten waren verpflichtet, dem EVÜ beizutreten.[119] Trotz der in Form einer Verordnung zu erwartenden Reform ist es am 15.4.2005 und anlässlich des EU-Beitritts von Bulgarien und Rumänien erneut zu einem staatsvertraglichen Beitritt gekommen.[120] Dementsprechend ist das EVÜ in Kraft getreten für **Bulgarien** (seit 15.1.2008),[121] **Estland** (seit 1.10.2006),[122] **Lettland** (seit 1.5.2006),[123] **Litauen** (seit 1.12.2006),[124] **Malta** (seit 1.1.2007),[125] **Polen** (seit 1.8.2007),[126] **Rumänien** (seit 15.1.2008),[127] **Slowakei** (seit 1.8.2006),[128] **Slowenien** (seit 1.5.2006),[129] **Tschechien** (seit 1.7.2006),[130] **Ungarn** (seit 1.6.2006),[131] **Zypern** (seit 1.11.2006).[132] Einzelne Vertragsstaaten hatten das EVÜ bereits vorzeitig als nationales Recht in Kraft gesetzt.[133]

---

[104] BGBl. 1986 II 809 = *Pirrung* 305; s. auch die Denkschrift der BReg. zum Übk., BT-Drs. 10/503, 21 = *Pirrung* 334 ff.

[105] Dok. XIV/398/72. Deutscher Text: RabelsZ 38 (1974), 211; franz.: Rev. crit. dr. int. pr. 72 (1973), 209; engl.: Am. J. Comp. L. 21 (1973), 583.

[106] Franz. Text: Riv. dir. int. priv. proc. 9 (1973), 198 = EurPILO 241 = La Convenzione di Roma 507.

[107] Zur Anwendung in England *Plender* in Lando/Magnus/Nowak-Stief, Angleichung des materiellen und des internationalen Privatrechts in der EU, 2003, 25 ff.; *Hartley* FS Jayme, Bd. I, 2004, 297 ff.; *Hill* Int. Comp. L. Q. 53 (2004), 325 ff.

[108] Bek. vom 9.7.1992, BGBl. 1992 II 550.

[109] Luxemburger EWG-Übk. vom 10.4.1984 über den Beitritt Griechenlands zum EWG-Übk. über das auf vertragliche Schuldverhältnisse anzuwendende Recht vom 19.6.1980, ABl. EG 1984 L 146, 1 = *Pirrung* 369. Dt. Ratifikation durch Gesetz vom 6.6.1988, BGBl. 1988 II 562.

[110] Bek. vom 12.7.1991, BGBl. 1991 II 872.

[111] Übk. von Funchal vom 18.5.1992 über den Beitritt des Königreichs Spanien und der Portugiesischen Republik zu dem am 19.6.1980 in Rom zur Unterzeichnung aufgelegten Übereinkommen über das auf vertragliche Schuldverhältnisse anzuwendende Recht, ABl. EG 1992 L 333, 1; BGBl. 1995 II 307.

[112] Bek. vom 26.9.1995, BGBl. 1995 II 908.

[113] Text ABl. EG 1997 C 15, 10 = BGBl. 1998 II 1422.

[114] Bek. vom 3.12.1998, BGBl. 1999 II 7.

[115] Text ABl. EG 1997 C 15, 10 = BGBl. 1998 II 1422.

[116] Bek. vom 3.12.1998, BGBl. 1999 II 7.

[117] Text ABl. EG 1997 C 15, 10 = BGBl. 1998 II 1422.

[118] Bek. vom 3.12.1998, BGBl. 1999 II 7.

[119] Art. 5 Abs. 2 Beitrittsakte, BGBl. 2003 II 1418. – Übereinkommen über den Beitritt vom 14.4.2005, ABl. EU C 169, 1; BGBl. 2006 II 346.

[120] Dazu *Wagner* NJW 2005, 1754 (1755). – Beschluss des Rates vom 8.11.2007 über den Beitritt der Republik Bulgarien und Rumäniens, ABl. EU 2007 L 347, 1.

[121] BGBl. 2008 II 775; dazu *Mansel/Thorn/Wagner* IPRax 2009, 1 (21).

[122] BGBl. 2007 II 638.

[123] BGBl. 2007 II 638.

[124] BGBl. 2007 II 638.

[125] BGBl. 2007 II 638.

[126] BGBl. 2007 II 638.

[127] BGBl. 2008 II 775; dazu *Mansel/Thorn/Wagner* IPRax 2009, 1 (21).

[128] BGBl. 2007 II 638.

[129] BGBl. 2007 II 638.

[130] BGBl. 2007 II 638.

[131] BGBl. 2007 II 638.

[132] BGBl. 2007 II 638.

[133] Näher *Siehr* BerGesVR 27 (1986), 87 ff.

Da das Übereinkommen **keine Rückwirkung** beansprucht, ist es nach Art. 17 EVÜ in einem Vertragsstaat auf Verträge anzuwenden, die geschlossen worden sind, nachdem das EVÜ für diesen Staat in Kraft getreten ist. Das Inkrafttreten muss für jeden Staat gesondert beurteilt werden.[134] Zum deutschen intertemporalen Recht s. Art. 29 sowie Art. 220 EGBGB. Der Gedanke, nach dem Ausscheiden des Vereinigten Königreichs ihm gegenüber das EVÜ wieder anzuwenden, hat keinen Anklang gefunden[135] (zum Brexit → Art. 1 Rn. 90).

2. Inkorporation des EVÜ. Dem EGBGB gehen völkerrechtliche Verträge im Allgemeinen vor, soweit sie unmittelbar anwendbares innerstaatliches Recht geworden sind (Art. 3 Abs. 1 EGBGB aF bzw. Art. 3 Abs. 2 S. 1 EGBGB aF). Diese Regelung kam aber nicht zur Anwendung, denn eine solche Transformation der Art. 1–21 EVÜ war nicht erfolgt. **Art. 1 Abs. 2 ZustG** bestimmte vielmehr, dass diese **Vorschriften innerstaatlich keine unmittelbare Anwendung fanden.** Mit den damals neu geschaffenen Art. 27–37 EGBGB wurde der größte Teil der einheitlichen Bestimmungen des EVÜ in das nationale Recht überführt.[136] Bei Inkrafttreten der Rom I-VO wurden diese Vorschriften **aufgehoben.**[137] 33

Die Bestimmung des Art. 18 EVÜ über die **einheitliche Auslegung** wurde in den (früheren) Art. 36 EGBGB übernommen. Seit dem 1.8.2004 besitzt der EuGH eine Zuständigkeit zur Auslegung des EVÜ.[138] Grundlage dafür sind das **Erste Protokoll** betreffend die Auslegung des am 19.6.1980 in Rom zur Unterzeichnung aufgelegten Übereinkommens über das auf vertragliche Schuldverhältnisse anzuwendende Recht durch den Gerichtshof der Europäischen Gemeinschaften vom 18.12.1988 (EVÜ-Auslegungs-Prot.)[139] sowie das **Zweite Protokoll** zur Übertragung bestimmter Zuständigkeiten für die Auslegung des am 19.6.1980 in Rom zur Unterzeichnung aufgelegten Übereinkommens über das auf vertragliche Schuldverhältnisse anzuwendende Recht auf den Gerichtshof der Europäischen Gemeinschaften vom 19.12.1988[140] (näher → 4. Aufl. 2006, EGBGB Art. 36 Rn. 1 ff.). Bei der Auslegung des EVÜ nimmt der EuGH zulässigerweise auf die Weiterentwicklung von Lösungen in der Rom I-VO Bezug.[141] 34

VI. Internationale Zuständigkeit

Schrifttum: zum allgemeinen verfahrensrechtlichen Schrifttum vor → Einl. IPR Rn. 1; zur früheren Brüssel I-VO s. 7. Aufl. 2018; *Basedow,* Zuständigkeitsderogation, Eingriffsnormen und ordre public, FS Magnus, 2014, 337; *Becker,* Zwingendes Eingriffsrecht in der Urteilsanerkennung, RabelsZ 60 (1996), 691; Czernich/Geimer (Hrsg.), Handbuch der Streitbeilegungsklauseln im Internationalen Vertragsrecht, 2017; *Eichel,* Das Haager Übereinkommen über Gerichtsstandsvereinbarungen vom 30.6.2005, RIW 2009, 289; *Gebauer,* Relativität und Drittwirkung von Verträgen im Europäischen Kollisionsrecht am Beispiel der Vertragskette, FS Martiny, 2014, 325; *Geimer/Schütze,* Europäisches Zivilverfahrensrecht, 4. Aufl. 2020; *Hau,* Zur internationalen Zuständigkeit für Streitigkeiten über (angebliche) Vertragshändlerverträge, ZVertriebsR 2014, 79; *J. F. Hoffmann,* Die Gerichtsstände der EuGVVO zwischen Vertrag und Delikt, ZZP 128 (2015), 465; *Kadner Graziano,* Der Gerichtsstand des Erfüllungsortes in Art. 7 Nr. 1 EuGVVO n.F., RIW 2016, 14; *Magnus,* Gerichtsstandsvereinbarungen unter der reformierten EuGVO, FS Martiny, 2014, 785; *Martiny,* Internationale Zuständigkeit für „vertragliche Streitigkeiten", FS Geimer, 2002, 641; *Nordmeier,* Internationale Gerichtsstandsvereinbarungen nach der EuGVVO n.F., RIW 2016, 331; *Thorn,* Gerichtsstand des Erfüllungsorts und intertemporales Zivilverfahrensrecht, IPRax 2004, 354; *R. Wagner,* Das Haager Übereinkommen vom 30.6.2005 über Gerichtsstandsvereinbarungen, RabelsZ 73 (2009), 100.

---

134 Bericht *Giuliano/Lagarde* BT-Drs. 10/503, 70.

135 *Wagner* IPRax 2021, 2 (9); BeckOGK/*Schulze/Fervers,* 1.8.2021, Art. 25 Rn. 11; dazu auch *Mankowski* EuZW 2020, Sonderausgabe Brexit 3 (6 f.) – Dagegen für die Anwendung des EVÜ *Ungerer* GPR 2024, 10 (12).

136 S. die Aufstellung bei *Kohler* EuR 1984, 155 (156); s. auch *Boriths Müller,* Die Umsetzung der europäischen Übereinkommen von Rom und Brüssel in das Recht der Mitgliedstaaten, 1997, 101 ff. – Die Neubekanntmachung des EGBGB vom 21.9.1994 (BGBl. 1994 I 2494) ist in Bezug auf den berichtigten Wortlaut des Art. 30 erfolgt (Bek. vom 5.5.1997, BGBl. 1997 I 1061).

137 Dazu *Martiny* RIW 2009, 737 ff.

138 S. Bek. in ABl. EU 2004 C 277, 1.

139 ABl. EG 1989 L 48, 1; BGBl. 1995 II 916. Integrierte Fassung des 1. Protokolls auf Grundlage des 4. Beitrittsübk. vom 14.4.2005, BGBl. 2006 II 348. Konsolidierte Fassung ABl. EU 2005 C 334, 20; s. auch Gesetz zu den Protokollen vom 19.12.1988 betreffend die Auslegung des Übereinkommens vom 19.6.1980 über das auf vertragliche Schuldverhältnisse anzuwendende Recht durch den Gerichtshof der Europäischen Gemeinschaften sowie zur Übertragung bestimmter Zuständigkeiten für die Auslegung dieses Übereinkommens auf den Gerichtshof der Europäischen Gemeinschaften vom 16.11.1995 (BGBl. 1995 II 914).

140 ABl. EG 1989 L 48, 17; BGBl. 1995 II 923. Integrierte Fassung des 2. Protokolls auf Grundlage des 4. Beitrittsübk. vom 14.4.2005, BGBl. 2006 II 348. Konsolidierte Fassung ABl. EU C 334, 26.

141 Näher *Lüttringhaus* IPRax 2011, 554 (555 ff.).

35 **1. Allgemeines.** Die internationale Zuständigkeit ist ein Teil des internationalen Verfahrensrechts, das in seiner Gesamtheit außerhalb der Kommentierung liegt (zu Nahtstellen zwischen Verfahrensrecht und IPR → Einl. IPR Rn. 342). Im Folgenden wird zur Erleichterung des Einstiegs lediglich ein Überblick über die für das internationale Vertragsrecht bedeutsamen Quellen der internationalen Zuständigkeit gegeben und auf Gemengelagen des internationalen Verfahrensrechts, des IPR und des Sachrechts eingegangen. Dabei stehen der Erfüllungsort, Gerichtsstands- und Schiedsgerichtsvereinbarungen im Mittelpunkt.

36 **a) Begriff.** Die internationale Zuständigkeit ist die **Zuständigkeit der Gerichte eines bestimmten Staates zur Entscheidung auslandsbezogener Fälle.**[142] Wird die Zuständigkeit ausländischer Gerichte im Rahmen der Urteilsanerkennung (vgl. § 328 Abs. 1 Nr. 1 ZPO) beurteilt, so spricht man von indirekter, sonst von direkter Zuständigkeit. Die anzuwendenden Zuständigkeitsregeln sind heute vielfach nicht im autonomen deutschen Recht, sondern in – vorrangig eingreifenden – EU-Verordnungen und Staatsverträgen niedergelegt.

37 **b) Maßgebliche Zuständigkeitsregeln. aa) Brüssel Ia-VO.** Die internationale Zuständigkeit deutscher Gerichte unterliegt namentlich der **Brüssel Ia-VO.** Sie gilt ab 10.1.2015 und trat an die Stelle der Brüssel I-VO. Diese hatte unter den EU-Mitgliedstaaten das GVÜ abgelöst.[143] Im Verhältnis zu Dänemark findet die Brüssel Ia-VO auf Grund eines Staatsvertrages Anwendung.[144] Hat der Beklagte keinen Wohnsitz im Hoheitsgebiet eines Mitgliedstaates, so bestimmt sich die Zuständigkeit weiterhin nach nationalem Recht (Art. 4 Brüssel Ia-VO). Beispielsweise kann einem US-amerikanischen Beklagten gegenüber der sonst ausgeschlossene § 23 ZPO (Vermögensgerichtsstand) weiterhin angewendet werden.[145]

38 **bb) Staatsverträge.** Zu beachten ist weiterhin das **LugÜ.**[146] Das neugefasste Übereinkommen ist an die Stelle des früheren LugÜ 1988[147] getreten. Die Neufassung hat ua die Zuständigkeitsvorschriften geändert und an die Brüssel Ia-VO angepasst. Das LugÜ ist am 1.1.2010 für die EU in Kraft getreten. Es gilt für Deutschland im Verhältnis zu den EU-Mitgliedstaaten einschließlich Dänemark (seit 1.1.2010), aber auch Nichtmitgliedstaaten wie Island (seit 1.5.2011), Norwegen (seit 1.1.2010) und der Schweiz (seit 1.1.2011).[148] Das LugÜ 1998 war eine im Hinblick auf die damaligen EFTA-Staaten entwickelte „Parallel-Konvention" zum damaligen GVÜ. Es enthielt weitgehend die gleichen Bestimmungen wie das GVÜ und ermöglichte auch den damaligen EFTA-Staaten den Beitritt.

39 Das **HGÜ** ist seit dem 1.10.2015 für die EU und Mexiko in Kraft.[149] Das HGÜ erfasst ausschließliche Gerichtsstandsvereinbarungen (Art. 3 HGÜ) in Zivil- und Handelssachen (Art. 1 Abs. 1 HGÜ). Es ist nicht anzuwenden auf Verbrauchersachen und Arbeitsverträge (Art. 2 Abs. 1 HGÜ). Die Gültigkeit der Gerichtsstandsvereinbarung richtet sich nach dem Recht des vereinbarten Gerichts, einschließlich dessen Kollisionsrecht (Art. 5 Abs. 1 HGÜ, Art. 6 lit. a HGÜ). Die Brüssel Ia-VO hat grundsätzlich Vorrang vor dem HGÜ, wenn beide Parteien ihren Aufenthalt in einem EU-Mitgliedstaat (mit Ausnahme Dänemarks) haben (Art. 26 Abs. 6 lit. a HGÜ). Das HGÜ findet daher nur dann Anwendung, wenn entweder zumindest eine Partei ihren Aufenthalt in einem HGÜ-Vertragsstaat hat, der nicht zugleich EU-Mitgliedstaat ist, oder

[142] Näher *Geimer* IntZivilProzR Rn. 844 ff.; *Nagel/Gottwald* IntZivilProzR § 3 Rn. 23 ff.

[143] EU-Übereinkommen über die gerichtliche Zuständigkeit und die Vollstreckung gerichtlicher Entscheidungen in Zivil- und Handelssachen vom 27.9.1968 idF vom 29.11.1996, ABl. EG 1998 L 27, 3; BGBl. 1998 II 1412, zuvor ABl. EG 1990 C 189, 1; BGBl. 1994 II 519.

[144] Abkommen zwischen der Europäischen Gemeinschaft und dem Königreich Dänemark über die gerichtliche Zuständigkeit und die Anerkennung und Vollstreckung von Entscheidungen in Zivil- und Handelssachen vom 19.10.2005 (ABl. EU 2005 L 299, 62). Das Abkommen trat am 1.7.2007 in Kraft (ABl. EU 2007 L 94, 70).

[145] BGH NJW 1987, 3081 = RIW 1987, 790 mAnm *Geimer* RIW 1988, 221.

[146] Übereinkommen über die gerichtliche Zuständigkeit und die Anerkennung und Vollstreckung von Entscheidungen in Zivil- und Handelssachen vom 30.10.2007, ABl. EU 2007 L 339, 3. Berichtigte Fassung ABl. EU 2009 L 147, 5; dazu *Kohler* in Gottwald, Revision des EuGVÜ, 2000, 1 ff.; *Furrer/Schramm* SchweizJZ 2003, 105 ff. (137 ff.); *Jayme/Kohler* IPRax 2002, 461 (469); *Jayme/Kohler* IPRax 2003, 485 (492); *Dallafior/Götz Staehelin* SchweizJZ 2008, 105 ff.

[147] Luganer Übereinkommen über die gerichtliche Zuständigkeit und die Vollstreckung gerichtlicher Entscheidungen in Zivil- und Handelssachen vom 16.9.1988, ABl. EG 1988 L 319, 9; BGBl. 1994 II 2660.

[148] Bek. vom 8.2.1995, BGBl. 1995 II 221.

[149] Haager Übereinkommen vom 30.6.2005 über Gerichtsstandsvereinbarungen, ABl. EU 2009 L 133, 3; deutsche Übersetzung RabelsZ 73 (2009), 151; dazu *R. Wagner* RabelsZ 73 (2009), 100 ff.; *Eichel* RIW 2009, 289 ff.; *Huber* IPRax 2016, 197 ff. – Weitere Vertragsstaaten Dänemark (1.9.2018), Moldawien (1.7.2024), Montenegro (1.8.2018), Singapur (1.10.2016), Ukraine (1.8.2023).

wenn von in der EU ansässigen Parteien die Zuständigkeit in einem Nicht-EU-Staat vereinbart wird.[150]

Hauptsächlich auf dem Gebiet des **Transportrechts** regelt eine Reihe rechtsvereinheitlichender Staatsverträge auch Zuständigkeitsfragen (zB Art. 33 MÜ).[151] Hier ist häufig zu entscheiden, ob die Konvention nur die internationale oder auch die örtliche Zuständigkeit meint. Ersteres wurde zB für Art. 31 Abs. 1 CMR angenommen,[152] der freilich durch innerstaatliches Recht ergänzt wird.[153] Soweit der Staatsvertrag **Gerichtsstandsvereinbarungen** zulässt, stellt sich die Frage, ob die Regelung dieses Übereinkommens der Formvorschrift des Art. 25 Brüssel Ia-VO vorgeht.[154] 40

cc) Deutsches Recht. Für vermögensrechtliche Streitigkeiten regelt die ZPO die internationale Zuständigkeit nicht unmittelbar. Nach hM sind vielmehr die **Vorschriften über die örtliche Zuständigkeit** (§§ 12 ff. ZPO) **doppelfunktional;** mit der örtlichen Zuständigkeit ist in der Regel zugleich die internationale Zuständigkeit gegeben.[155] 41

2. Allgemeiner Gerichtsstand. a) Brüssel Ia-VO, LugÜ. Grundsätzlich sind Personen, die ihren Wohnsitz (s. Art. 62, 63 Brüssel Ia-VO = Art. 59, 60 LugÜ) im Hoheitsgebiet eines Mitgliedstaates haben, ohne Rücksicht auf ihre Staatsangehörigkeit **vor den Gerichten ihres Wohnsitzstaates** zu verklagen (Art. 4 Brüssel Ia-VO = Art. 2 LugÜ). Hiervon gibt es jedoch eine Reihe von Ausnahmen. Besondere, zusätzliche Zuständigkeiten bestehen für vertragliche Streitigkeiten vor allem am Erfüllungsort (→ Rn. 44 ff.) und am Niederlassungsort (→ Rn. 54). Für einige Fragen (zB dingliche Rechte an Grundstücken; Mietsachen) bestehen ausschließliche Zuständigkeiten (Art. 24 Brüssel Ia-VO = Art. 22 Nr. 1 LugÜ). Im Allgemeinen sind aber Gerichtsstandsvereinbarungen möglich (→ Rn. 56 ff.). Sonderregeln bestehen für Versicherungssachen (→ Art. 7 Rn. 62 ff.) und Verbrauchersachen (→ Art. 6 Rn. 82 ff.). Zu Arbeitssachen → Art. 8 Rn. 188 f. 42

b) Deutsches Recht. Der allgemeine Gerichtsstand wird durch den Wohnsitz (§ 13 ZPO; → EGBGB Art. 5 Rn. 124 ff.), hilfsweise den Aufenthaltsort (§ 16 ZPO), bei juristischen Personen durch den Sitz (§ 17 ZPO) bestimmt. Dort besteht eine Zuständigkeit für alle gegen den Beklagten gerichteten Klagen, soweit kein ausschließlicher Gerichtsstand begründet ist (§ 12 ZPO). 43

3. Erfüllungsort. a) Regelung in Brüssel Ia-VO, LugÜ. Eine eigenständige Regelung der Erfüllungsortzuständigkeit enthält **Art. 7 Nr. 1 Brüssel Ia-VO** (= Art. 5 Nr. 1 LugÜ). Danach kann eine Person, die ihren Wohnsitz in einem Mitgliedstaat hat, in einem anderen Mitgliedstaat am Erfüllungsort verklagt werden. Bilden ein Vertrag oder Ansprüche aus einem Vertrag den Gegenstand des Verfahrens, so kann geklagt werden vor dem Gericht des Ortes, an dem die Verpflichtung erfüllt worden ist oder zu erfüllen wäre (Nr. 1 lit. a). Im Sinne dieser Vorschrift kommt es – sofern nichts anderes vereinbart worden ist – auf den näher definierten Erfüllungsort der Verpflichtung an (Art. 7 Nr. 1 lit. b Brüssel Ia-VO). Maßgeblich für den **Verkauf beweglicher Sachen** ist der Ort in dem Mitgliedstaat, an dem sie nach dem Vertrag geliefert worden sind oder hätten geliefert werden müssen (Nr. 1 lit. b Spiegelstrich 1; → Rn. 49). Für die **Erbringung von Dienstleistungen** ist entscheidend der Ort in einem Mitgliedstaat, an dem sie nach dem Vertrag erbracht worden sind oder hätten erbracht werden müssen (Nr. 1 lit. b Spiegelstrich 2; → Rn. 51). Ist die Bestimmung des Erfüllungsorts in Art. 7 Abs. 1 lit. b nicht anwendbar, so gilt nach der **Auffangregel** von lit. c wieder die Grundregel von lit. a (Nr. 1 lit. c).[156] 44

---

[150] Reithmann/Martiny IntVertragsR/*Hausmann* Rn. 7.28.

[151] Näher Staudinger/*Hausmann,* 2021, IntVertrVerfR Rn. 293 ff.

[152] BGHZ 79, 332 (334) = NJW 1981, 1902 m. abl. Anm. *Kropholler* = VersR 1981, 633 mAnm *Wodrich;* BGH VersR 1983, 282 = IPRspr. 1982 Nr. 149; OLG Hamm TranspR 1986, 431; Reithmann/Martiny IntVertragsR/*Hausmann* Rn. 7.32; *Thume/Demuth* CMR Art. 31 Rn. 35. – Zur Gerichtsstandsvereinbarung s. OLG Hamburg VersR 1984, 687 mAnm *v. Dannenberg* = IPRspr. 1984 Nr. 136.

[153] Art. 1a Vertragsgesetz zur CMR idF vom 5.7.1989 (BGBl. 1989 II 586) schafft eine Zuständigkeit am Ort der Übernahme bzw. Ablieferung des Gutes.

[154] Für Anwendung des Art. 31 CMR EuGH ECLI:EU:C:2014:2145 = EuZW 2014, 840 = TranspR 2015, 116 mAnm *Mankowski* – Nickel & Goeldner Spedition. Vgl. auch *Kropholler/v. Hein* Brüssel I-VO Art. 71 Rn. 14; Reithmann/Martiny IntVertragsR/*Hausmann* Rn. 7.29.

[155] BGHZ 44, 46 (47 f.) = NJW 1965, 1665; BGHZ 63, 219 (220) = NJW 1975, 114; BGHZ 94, 156 (157 f.) = NJW 1985, 2090 = IPRax 1987, 305 m. Aufsatz *Nicklisch* IPRax 1987, 286; BGH NJW 1989, 1154 = IPRspr. 1988 Nr. 178; BGHZ 106, 300 (302) = NJW 1989, 1356 = IPRax 1990, 47 m. Aufsatz *Coester-Waltjen* IPRax 1990, 26; BGH NJW-RR 1990, 604; 1991, 423.

[156] BGH IHR 2010, 212; Staudinger/*Hausmann,* 2021, IntVertrVerfR Rn. 151; vgl. OLG Stuttgart RIW 2004, 711 betr. Poolvertrag.

45 Einen Gerichtsstand des Erfüllungsorts enthält auch das **Haager Übereinkommen über die Anerkennung und Vollstreckung ausländischer Urteile in Zivil- oder Handelssachen von 2019** (Art. 5 Abs. 1 lit. g HAVÜ).[157] Es ist für die EU am 1.9.2023 in Kraft getreten.

46 **aa) Zuständigkeit am Erfüllungsort.** Nach Art. 7 Nr. 1 lit. a Brüssel Ia-VO (= Art. 5 Nr. 1 lit. a LugÜ) besteht eine Zuständigkeit am Erfüllungsort.[158] Dieser Ort wird für zwei Fälle, den Warenkauf und Dienstleistungen, näher umschrieben. Grundsätzlich soll dem Kläger ein Wahlgerichtsstand am Ort der vertragscharakteristischen Leistung zur Verfügung stehen.[159] Dies gilt für alle Ansprüche aus dem Vertrag, auch für aus der verletzten Primärverpflichtung abgeleitete Sekundäransprüche.[160] Die gesonderte Erfüllungsortbestimmung für jede einzelne streitige Verpflichtung ist entfallen.[161] Die Regelung in lit. b definiert den Erfüllungsort und ersetzt die Lösung der Rspr. zum GVÜ, welche diesen Ort früher nach der lex causae bestimmt hatte. Außerhalb des Anwendungsbereichs von Art. 7 Nr. 1 lit. b Brüssel Ia-VO (= Art. 5 Nr. 1 lit. b LugÜ) bleibt es bei der bisherigen Lösung, also der Maßgeblichkeit der lex causae.[162] Ob lit. a in der Zukunft im Lichte von lit. b, dh nach der vertragscharakteristischen Leistung ausgelegt werden wird, wird erst die weitere EuGH-Rspr. zeigen.[163] Bislang hat sich der EuGH aber für Kontinuität ausgesprochen.[164] Daher ist anzunehmen, dass es auf den Erfüllungsort der geltend gemachten Verpflichtung ankommt.[165]

47 Der **Begriff der vertraglichen Streitigkeiten** ist einheitlich auszulegen.[166] Vorausgesetzt wird, dass „ein Vertrag oder Ansprüche aus einem Vertrag" (matters relating to a contract, matière contractuelle) Verfahrensgegenstand sind. Die VO erläutert nicht, wie diese Formulierung zu verstehen ist. Bei der erforderlichen einheitlichen Auslegung ist zu bestimmen, was als Vertrag im Sinne der Vorschrift angesehen werden kann. Dies ist grundsätzlich eine Willenseinigung der Parteien. Doch ist ein eigentlicher Vertragsschluss nicht erforderlich.[167] Vielmehr genügt eine **„freiwillig eingegangene Verpflichtung"** einer Partei,[168] also ein auf autonomer Selbstbindung beruhendes Rechtsgeschäft.[169] Erfasst werden Klagen auf Nichtigerklärung eines Vertrags und auf Rückgewähr von Beträgen, die auf der Grundlage dieses Vertrags ohne Rechtsgrund gezahlt wurden.[170] Die Absicht der VO, eine Bestimmung des Erfüllungsortes unabhängig vom Vertragsstatut zu ermöglichen, lässt sich allerdings nur

---

[157] Haager Übereinkommen vom 2.7.2019 über die Anerkennung und Vollstreckung ausländischer Entscheidungen in Zivil- und Handelssachen; dazu *Leible/Wilke* FS Schack, 2022, 710 (712 ff.).

[158] Krit. zu dieser Zuständigkeit *Levina* JPIL 18 (2022) 266 ff.

[159] *Hau* IPRax 2000, 354 (358 f.); *Bajons* FS Geimer, 2002, 15 (42 f.).

[160] BGH NJW 2016, 409 = VersR 2016, 342 mAnm *Looschelders.*

[161] EuGH Slg. 2007, I-3699 = EuZW 2007, 370 mAnm *Leible/Reinert* = NJW 2007, 1799 – Drack/Lexx mAnm *Piltz;* BGH NJW 2006, 1806; OLG Düsseldorf NJW-RR 2008, 223; OLG Köln ZVertriebsR 2016, 202; *Gsell* IPRax 2002, 484 (485); *Magnus* IHR 2002, 45 (47); *Magnus* ZEuP 2002, 523 (541); *Piltz* NJW 2002, 789 (793); *Thorn* IPRax 2004, 354 (356 f.).

[162] EuGH Slg. 2009, I-3327 = NJW 2009, 1865 – Falco; OLG Stuttgart RIW 2004, 711; OLG Frankfurt RIW 2004, 864; OLG Oldenburg RIW 2016, 459 mAnm *M.J. Müller; Eltzschig* IPRax 2002, 491 (492); *Magnus* IHR 2002, 45 (48 f.); *Magnus* ZEuP 2002, 541; *Kropholler/v. Hein* Brüssel I-VO Art. 5 Rn. 29; krit. *Hau* IPRax 2000, 354 (359 f.); *Thorn* IPRax 2004, 354 (356 f.); *Theiss/Bronnen* EWS 2004, 350 (355 f.). Für einen Übergang zur autonomen prozessualen Auslegung *Kadner Graziano* RIW 2016, 32 ff.

[163] Vgl. *Jayme/Kohler* IPRax 1999, 401 (405); *Kohler* in Gottwald, Revision des EuGVÜ, 2000, 33; *Kropholler/v. Hinden* GS Lüderitz, 2000, 401 (409); *Thorn* IPRax 2004, 350 (356 f.).

[164] EuGH Slg. 2009, I-3327 = NJW 2009, 1865 – Falco; ebenso MüKoZPO/*Gottwald* Brüssel Ia-VO Art. 7 Rn. 29.

[165] Staudinger/*Hausmann,* 2021, IntVertrVerfR Rn. 152.

[166] BGH NJW 2009, 2006 (2007). – StRspr seit EuGH Slg. 1983, 987 Rn. 9 f. – Peters/Zuid Nederlandse Aannemers Vereniging; ebenso *Martiny* FS Geimer, 2002, 641 ff.; *Stadler* FS Musielak, 2004, 569 (575 ff.); *Kropholler/v. Hein* Brüssel I-VO Art. 5 Rn. 5; krit. Geimer/Schütze/*Geimer* EuGVVO Art. 7 Rn. 15 ff.

[167] EuGH EU:C:2015:37 Rn. 35 = EuZW 2015, 218 mAnm *M. Müller* = JZ 2015, 942 mAnm *v. Hein* = IPRax 2016, 143 m. Aufsatz *Staudinger/C. Bauer* IPRax 2016, 107 – Kolassa.

[168] S. EuGH Slg. 1992, I-3967 Rn. 15 – Handte/TMCS; Slg. 2002, I-7357 Rn. 23 = NJW 2002, 3159 = IPRax 2003, 143 m. Aufsatz *Mankowski* IPRax 2003, 127 – Tacconi, zur Haftung wegen Abbruchs von Vertragsverhandlungen nach Art. 1337 c.c. Italien; Slg. 2005, I-481 = IPRax 2005, 239 m. Aufsatz *S. Lorenz/Unberath* IPRax 2005, 219 = NJW 2005, 811 m. Aufsatz *S. Leible* NJW 2005, 796 – Engler/Janus Versand, für Gewinnzusage; RIW 2013, 292 – Česká spořitelna, für Wechsel; RIW 2016, 513 = GRUR Int 2016, 582 – Austro-Mechana, für Leerkassettenvergütung; BGH NJW 2009, 2006 (2007); OLG Oldenburg RIW 2016, 459 mAnm *M.J. Müller; Stadler* FS Musielak, 2004, 569 (579 ff.).

[169] Staudinger/*Hausmann,* 2021, IntVertrVerfR Rn. 92, 93. – Auf ein Leistungsinteresse (im Gegensatz zu einem bloßen Integritätsinteresse) stellt ab *J. F. Hoffmann* ZZP 128 (2015), 465 (475 ff.).

[170] EuGH ECLI:EU:C:2016:282 = EuZW 2016, 419 mAnm *M. Müller* = RIW 2016, 357 – Profit Investment SIM; *Mankowski* RIW 2017, 322 (324 ff.).

im Wege einer autonomen prozessualen Auslegung erreichen.[171] Problematisch ist, wieweit, soweit Voraussetzung des Erfüllungsorts ein wirksamer Vertrag ist, die Wirksamkeit nach dem Vertragsstatut überprüft werden muss. Ist die streitige vertragliche Verpflichtung eine geographisch unbegrenzt geltende Unterlassungsverpflichtung, so kann nach Ansicht des EuGH ein Erfüllungsort nicht bestimmt werden.[172] Dann soll die besondere Zuständigkeitsregel des Art. 7 Nr. 1 Brüssel Ia-VO (= Art. 5 Nr. 1 LugÜ) überhaupt nicht zur Anwendung kommen. Gleiches wird für den nicht vertraglich fundierten Bürgenregress angenommen.[173] Vertraglich ist aber der Rückgriff unter Vertragsgesamtschuldnern.[174] Die Verpflichtung eines Miteigentümers einer Wohnungseigentümergemeinschaft zur Zahlung seines Beitrags ist als vertraglich eingeordnet worden.[175] Auch der abrupte Abbruch einer Geschäftsbeziehung kann in vertraglichem Zusammenhang erfolgen.[176]

Die Abgrenzung der vertraglichen Streitigkeiten gegenüber **deliktischen Handlungen** macht besondere Schwierigkeiten. Beim Zusammentreffen mit vertraglichen Verpflichtungen droht eine ausufernde Einordnung als vertraglich. Macht ein Vertragspartner die Verletzung einer gesetzlichen wettbewerbsrechtlichen Pflicht – wie beim Konditionenmissbrauch (Art. 102 lit. a AEUV) –, die unabhängig von einem Vertrag und seiner Auslegung besteht, geltend, so führt dies nicht zu einer vertraglichen Einordnung. Vielmehr kann die Deliktszuständigkeit (Art. 7 Nr. 2 Brüssel Ia-VO) eingreifen.[177] Dagegen konnten nach der vorangegangenen Brogsitter-Entscheidung des EuGH bei Bestehen einer vertraglichen Beziehung auch deliktische Ansprüche vertraglich eingeordnet werden[178] (→ Art. 1 Rom II-VO Rn. 25). Danach kann für Klagen, die nach nationalem Recht deliktsrechtlicher Natur sind (zB bei einem Wettbewerbsverstoß), gleichwohl die Zuständigkeit des Art. 7 Nr. 1 lit. a Brüssel Ia-VO in Anspruch genommen werden, wenn das vorgeworfene Verhalten als Verstoß gegen die vertraglichen Verpflichtungen angesehen werden kann, wie sie sich anhand des Vertragsgegenstands ermitteln lassen.[179] 48

bb) Warenkauf. Der Begriff des Warenkaufs (sale of goods; vente de marchandises) ist einheitlich im Sinne der Brüssel Ia-VO zu bestimmen. Hierfür kann vergleichend die Definition von Art. 1 CISG herangezogen werden; die VO macht allerdings nicht die Einschränkungen des Anwendungsbereichs des UN-Kaufrechts.[180] Der Verbraucherkauf wird daher von der Brüssel Ia-VO erfasst;[181] ebenso ein Vertrag über die Lieferung einer herzustellenden Sache.[182] Für den Warenkauf kommt es in erster Linie auf den Ort an, an dem die Ware geliefert worden ist (Art. 7 Nr. 1 lit. b Brüssel Ia-VO). Damit ist der tatsächliche Lieferort gemeint, dh der Ort, an dem der Käufer die Ware als vertragsgemäße (wenngleich möglicherweise mängelbehaftete) Leistung tatsächlich annimmt.[183] Ist (noch) nicht geliefert worden, so entscheidet der vertraglich vereinbarte Erfüllungsort.[184] Diese Regel gilt jedoch nur dann, wenn sich der Erfüllungsort in einem Mitgliedstaat iSd Brüssel Ia-VO befindet. Ist das nicht der Fall, so greift die Grundregel des Art. 7 Nr. 1 lit. a Brüssel Ia-VO wieder ein.[185] Der Begriff des 49

[171] *Kadner Graziano* RIW 2016, 14 (20 ff.) – Vgl. zum Bezug zum Vertrag *Markus,* Tendenzen beim materiellrechtlichen Vertragserfüllungsort im internationalen Zivilverfahrensrecht, 2009, 155 ff.

[172] Noch zum EuGVÜ EuGH Slg. 2002, I-1699 = IPRax 2002, 392 m. Aufsatz *Heß* IPRax 2002, 376 = NJW 2002, 1407 m. abl. Anm. *Mankowski* EWiR 2002, 519 – Besix; diff. *J. F. Hoffmann* ZZP 128 (2015), 465 (488).

[173] EuGH ECLI:EU:C:2004:77 = EuZW 2004, 351 = IPRax 2004, 334 m. Aufsatz *S. Lorenz/Unberath* IPRax 2004, 298 – Frahuil.

[174] EuGH ECLI:EU:C:2017:472 Rn. 33 = RIW 2017, 504 – Kareda.

[175] EuGH ECLI:EU:C:2019:376 Rn. 30 = RIW 2019, 364 = IPRax 2020, 40 m. Aufsatz *Thomale* IPRax 2020, 18 – Kerr.

[176] EuGH ECLI:EU:C:2016:559 = NJW 2016, 3087 = JZ 2017, 96 mAnm *Klöpfer/Wendelstein* = IPRax 2017, 396 m. Aufsatz *P. Huber* IPRax 2017, 356 – Granarolo.

[177] EuGH ECLI:EU:C:2020:950 Rn. 33 = NJW 2011, 144 mAnm *R. Wagner* = JZ 2021, 97 mAnm *Wendelstein* = IPRax 2021, 369 m. Aufsatz *Wurmnest* IPRax 2021, 341 = LMK 2020, 434668 mAnm *Mankowski* – Wikingerhof. – Zur Entwicklung der Rspr. *Junker* FS Schack, 2022, 653 ff.; *Spickhoff* IPRax 2022, 476 ff.

[178] EuGH ECLI:EU:C:2014:148 = EuZW 2014, 383 mAnm *Sujecki* = NJW 2014, 1648 = IPRax 2016, 149 m. Aufsatz *Pfeiffer* IPRax 2016, 111 – Brogsitter; näher *Wendenburg/Schneider* NJW 2014, 1633 ff.

[179] S. EuGH ECLI:EU:C:2014:148 = NJW 2014, 1648 = IPRax 2016, 149 m. Aufsatz *Pfeiffer* IPRax 2016, 111 – Brogsitter.

[180] *Magnus* IHR 2002, 45 (47 f.); *Kropholler/v. Hein* Brüssel I-VO Art. 5 Rn. 38. – Für eine Erfassung auch des Werklieferungsvertrages *Theiss/Bronnen* EWS 2005, 350 (354 f.).

[181] *Theiss/Bronnen* EWS 2004, 350 (354).

[182] BGH NJW 2008, 3001 (Vorlagebeschluss).

[183] *Magnus* IHR 2002, 45 (47); *Magnus* ZEuP 2002, 523 (541); *Thorn* IPRax 2004, 350 (356); krit. *Markus,* Tendenzen beim materiellrechtlichen Vertragserfüllungsort im internationalen Zivilverfahrensrecht, 2009, 155 ff., 174 ff.

[184] *Magnus* IHR 2002, 45 (47 f.); *Magnus* ZEuP 2002, 523 (541); MüKoZPO/*Gottwald* Brüssel Ia-VO Art. 7 Rn. 6.

[185] *Magnus* ZEuP 2002, 523 (541); *Kropholler/v. Hein* Brüssel I-VO Art. 5 Rn. 53.

Lieferortes (place of delivery; lieu de livraison des biens) ist im Sinne der Verordnung einheitlich zu bestimmen.[186] Dafür ist nicht auf die lex causae[187] und auch nicht auf die lex fori zurückzugreifen.[188] Vielmehr ist ein Begriff des Lieferortes im Sinne der Verordnung zu entwickeln.

50 Einigkeit dürfte darüber bestehen, dass bei einem vertraglichen Bereitstellen der Ware beim Verkäufer **(Holschuld)** sich der Erfüllungsort dort befindet.[189] Hat der Verkäufer die Ware zum Käufer zu transportieren **(Bringschuld),** liegt der Erfüllungsort bei diesem.[190] Schwierigkeiten macht vor allem die vereinbarte Versendung **(Schickschuld).** Hier war umstritten, wieweit vor allem für dem Einheitskaufrecht unterliegende Käufe eine abweichende Lösung entwickelt werden kann. Teilweise wurde argumentiert, es könnten die maßgeblichen Bestimmungen des CISG mit herangezogen werden. Erschöpft sich die Verpflichtung des Verkäufers mit der Übergabe an den Beförderer bzw. die Transportperson, so sei dies dann der Lieferort (vgl. Art. 31 lit. a CISG);[191] bei weitergehenden Verpflichtungen kann der Lieferort auch beim Käufer liegen.[192] Der EuGH hat jedoch den Erfüllungsort auch bei Versendungskäufen nach dem Ort bestimmt, an dem der Käufer die tatsächliche Verfügungsgewalt über die gelieferte Sache erlangt oder sie nach dem Vertrag hätte erlangen müssen (Bestimmungsort).[193] Dies führt in der Regel zu einem Gerichtsstand am Sitz des Käufers.[194] Wieweit die vertragliche Verwendung von Incoterms-Klauseln den prozessulaen Erfüllungsort bestimmen kann, ist zweifelhaft.[195] Bei Verwendung der FOB-Klausel ist vertraglich vereinbarter Lieferort der Verschiffungshafen.[196] Bei mehrfachen Lieferorten kommt es auf die „Hauptlieferung" an.[197]

51 **cc) Dienstleistungen.** Für Dienstleistungen kommt es in erster Linie auf den tatsächlichen, in zweiter Linie auf den vertraglichen Erbringungsort an (Art. 7 Nr. 1 lit. b Brüssel Ia-VO). Auch hier wird vorausgesetzt, dass sich dieser Ort in einem Mitgliedstaat befindet. Der Begriff der Dienstleistung (provision of services; fourniture de services) wird von der VO nicht näher erläutert. Er ist einheitlich im Sinne der Verordnung zu bestimmen[198] (→ Art. 4 Rn. 37 ff.). Das Unionsrecht verwendet diesen Begriff häufig (vgl. nur Art. 57 AEUV). Auf diesen Gebrauch kann hier Bezug genommen werden.[199] Dienstleistungen sind jedenfalls Tätigkeiten, die in der Regel gegen Entgelt erbracht werden,[200] wenngleich nicht notwendig als Geldzahlung.[201] Dazu gehören gewerbliche, kaufmännische, handwerkliche und freiberufliche Tätigkeiten.[202] Als Dienstleistung ist etwa ein Werkvertrag[203] oder ein Vertriebsvertrag einzuordnen.[204] Das Gleiche gilt für den Transportver-

---

[186] *Gsell* IPRax 2002, 484 (486 ff.).

[187] Anders LG München II IPRax 2005, 143 m. krit. Aufsatz *Kienle* IPRax 2005, 113.

[188] Die CISG-Regeln (Art. 31 CISG) zieht heran *Magnus* IHR 2002, 47 ff.; *Magnus* ZEuP 2002, 523 (541); vgl. auch *Rauscher* FS Heldrich, 2005, 933 (943 ff.).

[189] *Hau* JZ 2008, 974 (975) mwN.

[190] *Hau* JZ 2008, 974 (975 f.) mwN.

[191] OLG München IPRax 2009, 69 m. abl. Aufsatz *Hau* IPRax 2009, 44; OLG Stuttgart IPRax 2009, 64 m. abl. Aufsatz *Hau* IPRax 2009, 44; it. Cass. ZEuP 2008, 165; *Bajons* FS Geimer, 2002, 52 (64); *Piltz* IHR 2006, 53 (56); *Mumelter,* Der Gerichtsstand des Erfüllungsortes im europäischen Zivilprozessrecht, 2007, 184. – Grds. für Niederlassungsort des Verkäufers *Gsell* IPRax 2002, 484 (491).

[192] *Hau* IPRax 2000, 358.

[193] EuGH Slg. 2010, I-1255 = NJW 2010, 1059 – Car Trim/Key Safety Systems mAnm *Piltz;* BGH NJW 2008, 3001 = ZfRV 2008, 165 m. zust. Anm. *Ofner* (Vorlagebeschluss); *Hau* JZ 2008, 977 ff.; *Wipping,* Der europäische Gerichtsstand des Erfüllungsortes, 2008, 108 ff.; *Junker* FS Martiny, 2014,761 (767 ff.); *Kropholler/v. Hein* Brüssel I-VO Art. 5 Rn. 45.

[194] Krit. Staudinger/*Hausmann,* 2021, IntVertrVerfR Rn. 131.

[195] Bejahend für „ab Werk" EuGH Slg. 2011 I-04987 = EuZW 2011, 603 mAnm *Leible* = NJW 2011, 3018 – Electrosteel Europe; abl. *Kadner Graziano* RIW 2016, 14 (24 ff.).

[196] BGH NJW 2009, 2006 (2007); *Ferrari* IPRax 2007, 61 (66).

[197] EuGH Slg. 2007, I-3699 = EuZW 2007, 370 mAnm *Leible/Reinert* = NJW 2007, 1799 mAnm *Piltz* – Color Drack GmbH/Lexx International; *Junker* FS Martiny, 2014, 761 (771 ff.).

[198] EuGH Slg. 2009, I-3327 = NJW 2009, 1865 = IPRax 2009, 509 m. Aufsatz *Brinckmann* IPRax 2009, 487 – Falco; OLG Düsseldorf NJW-RR 2008, 223; Geimer/Schütze/*Geimer* EuGVVO Art. 7 Rn. 133.

[199] EuGH Slg. 2009, I-3327 = NJW 2009, 1865 – Falco – vermeidet jedoch eine direkte Bezugnahme bezüglich der Zuständigkeit nach Art. 5 Nr. 1 Brüssel Ia-VO.

[200] EuGH Slg. 2009, I-3327 = NJW 2009, 1865 – Falco; *Kropholler/v. Hein* Brüssel I-VO Art. 5 Rn. 43.

[201] EuGH ECLI:EU:C:2013:860 = EuZW 2014, 181 m. zust. Anm. *Lenzing* = RIW 2014, 145 – Corman-Collins; dazu *Wais* GPR 2014, 165 ff.

[202] Vgl. *Hau* IPRax 2000, 354 (359); *Bajons* FS Geimer, 2002, 15 (64).

[203] *Gsell* IPRax 2002, 484 (485); Geimer/Schütze/*Geimer* EuGVVO Art. 7 Rn. 134b.

[204] EuGH Slg. 2010, I-2121 = NJW 2010, 1189 – Wood Floor, für Handelsvertreter; ECLI:EU:C:2013:860 = EuZW 2014, 181 m. zust. Anm. *Lenzing* – Corman-Collins; ECLI:EU:C:2016:559 = NJW 2016, 3087 Rn. 37–42 = JZ 2017, 96 mAnm *Klöpfer/Wendelstein* = IPRax 2017, 396 m. Aufsatz *P. Huber* IPRax 2017, 356 – Granarolo; OLG Düsseldorf NJW-RR 2008, 223 betr. Handelsvertreter; OLG Koblenz NJW-RR

trag.[205] Aber auch die Vergabe von Bankkrediten kann dazu gehören.[206] Der Erbringungsort („place where the services were provided or should have been provided“; „lieu de fourniture des services“) ist im Sinne der Verordnung einheitlich zu bestimmen.[207] Dafür ist weder die lex causae, noch die lex fori maßgeblich. Vielmehr ist ein Erbringungsortbegriff im Rahmen der Verordnung zu entwickeln. Man wird auf den Ort abzustellen haben, an dem die Dienstleistung nach dem Vertrag erbracht worden ist oder hätte erbracht werden müssen.[208] Dies wird regelmäßig zu dem Ort führen, an dem der Dienstleistende seine Tätigkeit ausübt,[209] etwa zum Ort der Kanzlei des Rechtsanwalts[210] oder zum Ort des Krankenhauses bei einer dortigen Behandlung.[211] Da beim Transportvertrag grundsätzlich sowohl der Ausgangs-, als auch der Bestimmungsort in Betracht kommt,[212] macht es Schwierigkeiten, eine Auswahl unter den Orten zu treffen bzw. Wahlmöglichkeiten zu gestatten.[213] Im **Luftverkehr** ist sowohl der vereinbarte Ort des Abflugs als auch der Ort der Ankunft der Erfüllungsort.[214] Dies gilt auch, wenn dann, wenn die Beförderung auf Teilstrecken von verschiedenen Luftfahrtunternehmen durchgeführt wird und die Klage auf Ausgleichszahlung auf eine Störung durch ein Luftfahrtunternehmen gestützt wird, das nicht Vertragspartner des betreffenden Fluggasts ist.[215] Der Umsteigeort genügt jedoch nicht.[216] Auch bei der **multimodalen Beförderung** stehen mehrere Orte zur Verfügung, nicht nur der Ort der Lieferung, sondern auch der der Versendung.[217]

dd) Erfüllungsortvereinbarung. Auch für die Wirksamkeit der Erfüllungsortvereinbarung ist die maßgebliche Rechtsordnung auf kollisionsrechtlichem Wege zu ermitteln.[218] Der Erfüllungsort kann nach hM grundsätzlich formfrei vereinbart werden.[219] Dies gilt jedoch nicht für die sog. **abstrakte Erfüllungsortvereinbarung,** dh dann, wenn nicht der Ort bestimmt wird, an welchem der Schuldner die ihm obliegende Leistung zu erbringen hat, sondern ein bestimmter Gerichtsstand festgelegt wird, ohne dass die Voraussetzungen des Art. 25 Brüssel Ia-VO (Art. 23 LugÜ) vorliegen.[220] Eine mündliche Erfüllungsortvereinbarung, welche keinen Zusammenhang mit dem Vertragsverhältnis aufweist, fällt nicht mehr unter Art. 7 Nr. 1 Brüssel Ia-VO (= Art. 5 Nr. 1 LugÜ). 52

b) Deutsches Recht. Auch nach § 29 ZPO wird der Erfüllungsort von der hM – unter Einschaltung des Kollisionsrechts der lex fori – lege causae qualifiziert, also nach dem Vertragsstatut bestimmt[221] (→ Einl. IPR Rn. 119). Hier kommt es ebenfalls auf die **streitige Verpflichtung** an; 53

2009, 502 für Handelsvertreter; *Kindler* FS Sonnenberger, 2004, 433 (441); *Hau* ZVertriebsR 2014, 79 (80 f.); *Magnus* IHR 2018, 49 (59).

205 LG Kleve RdTW 2015, 275; *Mankowski* TranspR 2008, 67 (68 ff.).

206 BGH NJW 2012, 1817 = RIW 2012, 566.

207 BGH NJW 2008, 2121 = IPRax 2008, 513 m. Aufsatz *Staudinger* IPRax 2008, 493 betr. Flugleistungen – Vorlagebeschluss; vgl. *Kropholler/v. Hein* Brüssel I-VO Art. 5 Rn. 45.

208 *Kropholler/v. Hein* Brüssel I-VO Art. 5 Rn. 48.

209 OLG Düsseldorf NJW-RR 2008, 223; OLG Oldenburg NJW-RR 2014, 814 betr. Handelsvertreter; *Magnus* IHR 2018, 49 (59) betr. Vertriebshändler.

210 BGH NJW 2006, 1806 m. krit. Anm. *Berg* NJW 2006, 3035.

211 OLG Oldenburg NJW-RR 2008, 1597.

212 *Mankowski* TranspR 2008, 67 (69 ff.); wN zum Flugverkehr bei *Staudinger* NJW 2008, 2752 (2756).

213 BGH NJW 2008, 2121 = IPRax 2008, 513 m. Aufsatz *Staudinger* IPRax 2008, 493 betr. Flugleistungen – Vorlagebeschluss.

214 EuGH Slg. 2009, I-6073 = NJW 2009, 2801 = IPRax 2010, 160 m. Aufsatz *Staudinger* IPRax 2010, 140 und *Wagner* IPRax 2010, 143 – Rehder; *Junker* FS Martiny, 2014, 761 (777 ff.).

215 EuGH ECLI:EU:C:2018:160 = NJW 2018, 2105 – flightright.

216 BGH RIW 2022, 623.

217 EuGH ECLI:EU:C:2018:558 Rn. 23–25 = TranspR 2018, 472 m. zust. Anm. *Mankowski* – Zurich Insurance und Metso Minerals.

218 BGH NJW-RR 2003, 192 = IPRspr. 2002 Nr. 149; BGHZ 185, 241 (250) = NJW 2010, 2442; OLG Hamm RdTW 2016, 219.

219 EuGH Slg. 1980, 89 = IPRax 1981, 89 m. Aufsatz *Spellenberg* IPRax 1981, 75 = WM 1980, 720 m. zust. Anm. *Schütze* – Zelger/Salinitri; BGH IPRax 1981, 93 m. Aufsatz *Spellenberg* IPRax 1981, 75 (Abschlussentscheidung); NJW 1985, 560 = RIW 1985, 148; NJW 1996, 1819; LG Kleve RdTW 2015, 275.

220 EuGH Slg. 1997, I-911 (943 f.) = IPRax 1999, 31 m. Aufsatz *Kubis* IPRax 1999, 10 = RIW 1997, 415 mAnm *Holl* = EuZW 1997, 209 – MSG Mainschifffahrtsgenossenschaft/Les Gravières Rhénanes. Vorlagebeschluss BGH EuZW 1995, 714. Abschlussentscheidung: BGH NJW-RR 1998, 755 = RIW 1997, 871 für Erfüllungsortvereinbarung in Zeitchartervertrag; ferner EuGH Slg. 1999, I-6307 (6351 f.) – Groupe Concorde/Kapitän des Schiffes Suhadiwarno-Panjan; *Junker* FS Martiny, 2014, 761 (764 f.).

221 BGHZ 120, 334 (347) = IPRax 1994, 204 m. Aufsatz *Basedow* IPRax 1994, 183; BGHZ 188, 85 (92) = NJW 2011, 2056 Rn. 29 m. Aufsatz *Ruzik* RIW 1985, 2019; BGH RIW 2013, 171 = NJW-RR 2013, 309; BAG NZA 1997, 1182; 2005, 297 = DB 2004, 2483 betr. Betriebsrente; Staudinger/*Hausmann,* 2021, IntVertrVerfR Rn. 169 f.; *Schack* FS Kegel, 1987, 505 (516 ff.).

bei Schadensersatzansprüchen wegen Nicht- oder Schlechterfüllung auf die verletzte Primärpflicht.[222] Nach § 269 BGB ist der Erfüllungsort am **Sitz des Schuldners,** sofern ein Ort für die Leistung weder bestimmt noch aus den Umständen, insbesondere aus der Natur des Schuldverhältnisses zu entnehmen ist. Ein einheitlicher Erfüllungsort für die beiderseitigen Leistungen kann nur ausnahmsweise angenommen werden.[223] Unterliegt ein Kaufvertrag dem Einheitskaufrecht, so ist der Erfüllungsort für die Kaufpreisforderung die Niederlassung des Verkäufers (Art. 57 Abs. 1 lit. a CISG).[224] Als vertragliche Ansprüche sind auch die Mindestrechte der Fluggäste nach der Fluggastrechte-VO anzusehen.[225]

54 **4. Andere besondere Gerichtsstände. a) Niederlassung.** Handelt es sich um Streitigkeiten aus dem Betrieb einer Zweigniederlassung, einer Agentur oder einer sonstigen Niederlassung, so besteht nach Art. 7 Nr. 5 Brüssel Ia-VO (= Art. 5 Nr. 5 LugÜ) eine Zuständigkeit des Gerichts des Ortes, an dem sich diese befindet. Auch nach § 21 ZPO besteht ein besonderer Gerichtsstand der Niederlassung für Klagen, die zum Geschäftsbetrieb der Niederlassung Bezug haben. Eine Niederlassung setzt voraus, dass ihre Leitung das Recht hat, aus eigener Entscheidung Geschäfte abzuschließen.[226] Nach außen nicht erkennbare interne Aufgabenbeschränkungen sind unbeachtlich.[227]

55 **b) Vermögen.** Innerhalb des Anwendungsbereichs von Brüssel Ia-VO und LugÜ wurde der Gerichtsstand des Vermögens als exorbitantes Forum beseitigt Art. 5 Abs. 2 Brüssel Ia-VO (= Art. 3 Abs. 2 LugÜ). Dagegen bildet der Vermögensgerichtsstand (§ 23 ZPO) nach deutschem Recht nach wie vor einen im internationalen Handel wichtigen Gerichtsstand.[228] Nach – wenngleich nicht unbestrittener – hM genügt für eine Klage gegen ein ausländisches Unternehmen jeder geldwerte Gegenstand (Sache oder Forderung), zB das Bestehen eines inländischen Bankkontos.[229] Allerdings muss eine hinreichende Inlandsbeziehung oder ein schützenswertes Interesse des Klägers hinzukommen.[230]

56 **5. Gerichtsstandsvereinbarung. a) Allgemeines. aa) Prorogation und Derogation.** Die Gerichtsstandsvereinbarung bestimmt im Allgemeinen anstelle des auf Grund der gesetzlichen Regeln zuständigen Zivilgerichts ein Gericht eines anderen Landes. In diesem Ausschluss der internationalen Zuständigkeit liegt eine Derogation; die positive Begründung der Zuständigkeit der Gerichte eines anderen Landes stellt eine Prorogation dar.[231]

57 **bb) Rechtsnatur.** Die Einordnung der Gerichtsstandsvereinbarung ist umstritten. Nach deutscher stRspr ist sie ein **materiell-rechtlicher Vertrag über prozessrechtliche Beziehungen.**[232] Die Lehre folgt dem zum Teil,[233] während die Gerichtsstandsklausel nach aA als Prozessvertrag

---

[222] BGH RIW 2013, 171 = NJW-RR 2013, 309.

[223] Vgl. BGH DB 1988, 549 = ZIP 1988, 437 m. zust. Anm. *Küstner/v. Manteuffel,* betr. Anspruch des Handelsvertreters; verneinend etwa für Werkvertrag OLG Schleswig NJW-RR 1993, 314 = IPRax 1993, 95 m. Aufsatz *Vollkommer* IPRax 1993, 79.

[224] BGH NJW-RR 1997, 690 (691); OLG Karlsruhe IHR 2004, 62; OLG Saarbrücken MDR 2010, 1338.

[225] BGHZ 188, 85 (91) = NJW 2011, 2056 m. Aufsatz *Ruzik* NJW 2011, 2019.

[226] BGH NJW 1987, 3081 = RIW 1987, 790 mAnm *Geimer* RIW 1988, 221.

[227] OLG Düsseldorf WM 1989, 50 mAnm *Wach* EWiR 1989, 513.

[228] Nachweise bei *Schack* FS Kegel, 1987, 505 ff.; *Geimer* IntZivilProzR Rn. 1346 ff.

[229] BGH NJW 1989, 1431 = RIW 1989, 136; OLG Frankfurt RIW 1988, 133 mAnm *Schütze* EWiR 1988, 81; enger OLG Frankfurt IPRax 1988, 24 m. Aufsatz *Schumann* IPRax 1988, 13.

[230] BGHZ 115, 90 (94) = NJW 1991, 3092 m. Aufsatz *Mark/Ziegenhain* NJW 1992, 3062, *Fricke* NJW 1992, 3066 = IPRax 1992, 160 m. Aufsatz *Schlosser* IPRax 1992, 140; NJW 2013, 386 = IPRax 2014, 341 m. Aufsatz *Koechel* IPRax 2014, 312; BAG NJW 1997, 3462 = IPRspr. 1997 Nr. 154; *Junker* RIW 2001, 94 (96 f.).

[231] MüKoZPO/*Gottwald* Brüssel Ia-VO Art. 25 Rn. 1; Reithmann/Martiny IntVertragsR/*Hausmann* Rn. 7.3.

[232] BGHZ 49, 384 (387) = NJW 1968, 1233; BGH NJW 1971, 323 mAnm *Geimer* = AWD 1970, 323; BGHZ 57, 72 (75) = NJW 1972, 391 mAnm *Geimer;* BGHZ 59, 23 (26 f.) = NJW 1972, 1622 mAnm *Geimer* = AWD 1972, 356 mAnm *v. Hoffmann* AWD 1972, 416 = BB 1972, 764 mAnm *Trinkner;* BGH NJW 1986, 1438 mAnm *Geimer* = IPRax 1987, 168 m. Aufsatz *G. H. Roth* IPRax 1987, 141; NJW 1989, 1431 = IPRax 1990, 41 m. Aufsatz *Schack* IPRax 1990, 19; NJW 1997, 2885 = IPRax 1998, 470 m. Aufsatz *Gottwald/Baumann* IPRax 1998, 445; NJW 2007, 2036 betr. Konnossement; OLG München IPRax 1991, 46 m. Aufsatz *Geimer* IPRax 1991, 31 = IPRspr. 1989 Nr. 194; OLG Bamberg RIW 1989, 221 = IPRax 1990, 105 m. Aufsatz *Prinzing* IPRax 1990, 83; OLG Köln RIW 1997, 233; OLG Frankfurt RIW 1999, 461 = IPRax 1999, 247 m. Aufsatz *Hau* IPRax 1999, 232. – Offengelassen von BAG NJW 1984, 1320 = AP ZPO § 38 Nr. 12 mAnm *Beitzke* = IPRax 1985, 276 m. Aufsatz *E. Lorenz* IPRax 1985, 256.

[233] *Schütze,* Rechtsverfolgung im Ausland, 5. Aufl. 2016, Rn. 194; *Jung/Sandrock* in Sandrock IntVertragsgestaltung-HdB II, 1980, Rn. E 17 ff.

zu qualifizieren ist.[234] Die materiellrechtliche Qualifikation hat vor allem für die Beurteilung des Zustandekommens Folgen. Die maßgeblichen Regeln werden in akzessorischer Anknüpfung der für den Hauptvertrag maßgeblichen lex causae entnommen (→ Rn. 63, → Rn. 78). Dagegen dominiert die lex fori hinsichtlich der Form (→ Rn. 64 ff.) und der prozessualen Wirkungen (→ Rn. 70 ff., → Rn. 84 ff.).[235] Nach Art. 25 Abs. 1 Brüssel Ia-VO ist das vereinbarte Gericht oder sind die Gerichte des vereinbarten Mitgliedstaats zuständig, es sei denn, die Vereinbarung ist nach dem Recht dieses Mitgliedstaats materiell nichtig (→ EGBGB Art. 4 Rn. 166). Es kommt also auf das Recht des prorogierten Gerichts an, einschließlich seines IPRs.[236]

b) Brüssel Ia-VO, LugÜ. aa) Anwendungsbereich. Vereinbaren die Parteien, dass ein Gericht oder die Gerichte eines Mitgliedstaates über bereits entstandene oder künftige Rechtsstreitigkeiten entscheiden sollen, so sind dieses Gericht oder die Gerichte dieses Staates ausschließlich zuständig (Art. 25 Abs. 1 Brüssel Ia-VO [ähnlich Art. 23 Abs. 1 LugÜ]). Diese Regelung **geht der nationalen Regelung in § 38 ZPO vor.**[237] Der Begriff der Gerichtsstandsvereinbarung ist autonom auszulegen.[238] Art. 25 Brüssel I-VO setzt nicht voraus, dass eine der Parteien ihren **Wohnsitz in einem Mitgliedstaat** hat.[239] Beide können ihren Wohnsitz auch in einem Drittstaat haben.[240] Wird die Zuständigkeit der Gerichte eines **Nichtmitgliedstaates,** so ist darauf Art. 25 Brüssel Ia-VO nicht anwendbar. Allerdings kann eine ausschließliche Zuständigkeit nicht abbedungen werden (Art. 25 Abs. 4 Brüssel Ia-VO).[241] 58

bb) Zulässigkeit. (1) Bestimmtheit. Die Vereinbarung muss sich auf eine bereits **entstandene Rechtsstreitigkeit** oder eine künftige aus einem bestimmten bzw. nach Art und Gegenstand bestimmbaren Rechtsverhältnis entspringende Rechtsstreitigkeit beziehen. Sie darf sich daher nicht pauschal auf alle künftigen Rechtsbeziehungen der Parteien erstrecken. Löst eine Vertragsverletzung auch konkurrierende außervertragliche Ansprüche aus, so werden sie von der Prorogation mit umfasst.[242] Das zuständige Gericht ist genügend bestimmt, wenn auf die **Gerichte eines bestimmten Landes**[243] oder Ortes[244] bzw. die Gerichte am Wohnsitz des jeweiligen Klägers[245] oder des Beklagten[246] Bezug genommen wird. Vereinbart werden kann insbesondere, dass jede der beiden Parteien nur vor den Gerichten ihres Heimatstaates verklagt werden kann.[247] 59

(2) Verbraucher-, Versicherungs- und Arbeitsverträge. Art. 25 Abs. 4 Brüssel Ia-VO (Art. 23 Abs. 5 LugÜ) schränkt die Wirksamkeit von Gerichtsstandsvereinbarungen für Verbraucher- und Versicherungsverträge ein. Gerichtsstandsvereinbarungen und entsprechende Vereinbarungen in trust-Bedingungen haben **keine rechtliche Wirkung,** wenn sie Art. 15 Brüssel Ia-VO (Versicherungssachen [Art. 13 LugÜ]) oder Art. 19 Brüssel Ia-VO (Verbrauchersachen [Art. 17 LugÜ]) zuwiderlaufen. Näher → Art. 6 Rn. 86; → Art. 7 Rn. 65. Eine weitere Beschränkung betrifft Arbeitsverträge (Art. 23 Brüssel Ia-VO; Art. 21 LugÜ), → Art. 8 Rn. 188. 60

(3) Ausschließliche Zuständigkeit. Nach Art. 25 Abs. 4 Brüssel Ia-VO sind Gerichtsstandsvereinbarungen unwirksam, wenn die Gerichte, deren Zuständigkeit abbedungen wird, auf Grund des Art. 24 Brüssel Ia-VO ausschließlich zuständig sind (entsprechend Art. 23 Abs. 5 LugÜ). Art. 24 Nr. 1 Brüssel Ia-VO (= Art. 22 Nr. 1 LugÜ) begründet eine ausschließliche Zuständigkeit am 61

---

234 *Hausmann* FS W. Lorenz, 1991, 359 (361); *Wagner,* Prozessverträge, 1998, 346 ff.; *Geimer* IntZivilProzR Rn. 1677; Reithmann/Martiny IntVertragsR/*Hausmann* Rn. 7.7; Stein/Jonas/*Bork* ZPO § 38 Rn. 44. Vgl. auch OLG Saarbrücken NJW-RR 1989, 828.

235 Vgl. *Kropholler* IZVR-HdB Bd. I Kap. III Rn. 480.

236 *Magnus* IPRax 2016, 521 (525) mwN.

237 BGHZ 77, 32 (40) = NJW 1980, 2022 (2023); OLG München IPRax 1991, 46 m. Aufsatz *Geimer* IPRax 1991, 31; OLG Saarbrücken IPRax 1992, 165 m. Aufsatz *Rauscher* IPRax 1992, 143 = NJW 1992, 987; Reithmann/Martiny IntVertragsR/*Hausmann* Rn. 7.34.

238 EuGH Slg. 1992, I-1745 (1774) = NJW 1992, 1671 = IPRax 1995, 32 m. Aufsatz *Koch* IPRax 1995, 19 mAnm *Geimer* EWiR 1992, 353 – Powell Duffryn/Petereit.

239 Staudinger/*Hausmann,* 2021, IntVertrVerfR Rn. 380.

240 *Magnus* FS Martiny, 2014, 785 (788 f.).

241 Staudinger/*Hausmann,* 2021, IntVertrVerfR Rn. 478.

242 OLG München WM 1989, 602 = ZZP 103 (1990), 84 mAnm *H. Schmidt; Kropholler/v. Hein* Brüssel I-VO Art. 23 Rn. 69.

243 Reithmann/Martiny IntVertragsR/*Hausmann* Rn. 7.118; Rauscher/*Mankowski* Brüssel Ia-VO Art. 25 Rn. 170.

244 OLG München RIW 1989, 901 = WuB VII B 1. Art. 17 EuGVÜ 1.89 mAnm *Coester-Waltjen.*

245 OLG München EurLegForum 2000/01, 136 = IPRspr. 2000 Nr. 143; LG Frankfurt a.M. RIW 1986, 543.

246 BGH NJW 1979, 2477.

247 EuGH Slg. 1978, 2133 = RIW 1978, 814 = NJW 1979, 1100 Ls. – Meeth/Glacetal.

Belegenheitsort für Klagen, die dingliche Rechte an unbeweglichen Sachen sowie die Miete oder Pacht von unbeweglichen Sachen zum Gegenstand haben (→ Art. 4 Rn. 131).[248]

62 **(4) Andere Schranken.** Schranken, die das nationale Recht gegen Gerichtsstandsklauseln errichtet, kommen im Anwendungsbereich des Art. 25 Brüssel Ia-VO (= Art. 23 LugÜ) nicht zur Geltung. Dies gilt auch für solche Bestimmungen des BGB, die, wie insbesondere § 307, eine **gerichtliche Inhaltskontrolle** der Angemessenheit von Gerichtsstandsvereinbarungen ermöglichen (str.).[249] Allerdings ist über Beschränkungen wie Art. 15, 19, 23 Brüssel Ia-VO (= Art. 13, 17, 21 LugÜ) hinaus eine aus den vereinheitlichten Regeln entwickelte und vom unvereinheitlichten Recht unabhängige europäische Missbrauchskontrolle möglich.[250] In Fortführung der Ingmar-Entscheidung des EuGH (→ Art. 9 Rn. 28) wurde der Ausgleichsanspruch des Handelsvertreters (§ 89b HGB) als international zwingende Vorschrift angesehen. Der Zweck der Vorschriften dürfe nicht dadurch vereitelt werden, dass über die Rechtswahl hinaus der ausschließliche Gerichtsstand eines Drittstaates (Kalifornien) gewählt werde, dessen Recht dem Handelsvertreterausgleich entsprechende Ansprüche nicht kennt. Die damit einhergehende Derogation deutscher Gerichte sei unwirksam.[251] – Zu Gerichtsstandsklauseln zugunsten von Fluggesellschaften → Art. 5 Rn. 155. Zum Arbeitsvertrag → Art. 8 Rn. 188.

63 **cc) Zustandekommen und Wirksamkeit.** Eine einheitliche Regelung der Anknüpfung von Gerichtsstandsvereinbarungen wäre zwar wünschenswert,[252] ist aber nicht vorhanden. Erforderlich ist eine Vereinbarung, die – vorausgesetzt, sie ist formwirksam – auch stillschweigend erfolgen kann.[253] Der Brüssel Ia-VO und dem LugÜ selbst kann man Mindesterfordernisse einer tatsächlich erfolgten vertraglichen Vereinbarung entnehmen. Nur nach einer Mindermeinung ist eine einheitliche, prozessual zu qualifizierende Lösung zu entwickeln.[254] Nach ganz überwiegender Auffassung enthält das europäische Internationale Zivilprozessrecht jedoch keine Regeln für das Zustandekommen und die Wirksamkeit der Vereinbarung. Daher ist zu diesem Zweck auf die **Regeln des nationalen Rechts zurückzugreifen.**[255] Allerdings besteht eine Tendenz zur extensiven Auslegung der einheitlichen Regelung.[256] Die hM stellt für die Anknüpfung auf die für den Hauptvertrag ermittelte lex causae ab (→ Rn. 57).

64 **dd) Form. (1) Schriftliche Vereinbarung.** Für die Form der Gerichtsstandsvereinbarung bestehen vier Möglichkeiten. Sie muss nach den autonom zu interpretierenden Art. 25 Abs. 1 S. 3 Brüssel Ia-VO (= Art. 23 Abs. 1 S. 3 LugÜ) entweder schriftlich oder mündlich mit schriftlicher

[248] Dazu zählt auch den Timesharing-Vertrag LG Darmstadt EuZW 1996, 191 = IPRax 1996, 121 m. Aufsatz *Jayme* IPRax 1996, 87. Unentschieden BGH NJW 1997, 1697 mAnm *Mankowski* EWiR 1997, 547.

[249] BGH NJW 1996, 1819; LG Karlsruhe NJW 1996, 1417 = IPRspr. 1995 Nr. 158; *Gottwald* FS Firsching, 1985, 89 (103 f.); *Kröll* ZZP 2000, 148 ff.; *Nordmeier* RIW 2016, 331 (334); Geimer/Schütze/*Geimer* EuGVVO Art. 23 Rn. 72; anders OLG Karlsruhe NJW 1982, 1950 zu § 9 AGBG; LG Rottweil IPRax 1989, 45 m. Aufsatz *Lüderitz* IPRax 1989, 25. Offengelassen von BGH IPRax 1992, 373 m. Aufsatz *Jayme* IPRax 1992, 357 mAnm *Geimer* EuZW 1992, 514.

[250] *Leible/Röder* RIW 2007, 481; näher Reithmann/Martiny IntVertragsR/*Hausmann* Rn. 7.58; MüKoZPO/*Gottwald* Brüssel Ia-VO Art. 25 Rn. 72 f.; anders *Gottschalk/Breßler* ZEuP 2007, 56 (75 ff.); *Kropholler/v. Hein* Brüssel I-VO Art. 23 Rn. 20.

[251] BGH IHR 2013, 35 m. krit. Aufsatz *Antomo* IHR 2013, 225 ff. = ZVertriebsR 2013, 89 für Virginia; OLG München IPRax 2007, 322 m. krit. Aufsatz *Rühl* IPRax 2007, 294 = IHR 2006, 166 m. Aufsatz *Thume* IHR 2006, 169 betr. Kalifornien; OLG Stuttgart IHR 2012, 163 betr. Virginia; ebenso iErg *Mankowski* in Hopt/Tzouganatos, Europäisierung des Handels- und Wirtschaftsrechts, 2006, 131, 149 f.; *Mankowski* YbPIL 10 (2008), 44 ff.; *Magnus* IHR 2018, 49 (58 f.); dagegen lässt die Wirksamkeit der Gerichtsstandsvereinbarung nicht an entgegenstehendem international zwingendem Recht scheitern, franz. Cass. civ. Clunet 136 (2009), 599 mAnm *Jobard-Bachelier/Train* = Rev. crit. dr. int. pr. 98 (2009), 69 m. Aufsatz *Bureau/Muir Watt* Rev. crit. dr. int. pr. 98 (2009), 1.

[252] *Magnus* IPRax 2016, 521 (527 ff.).

[253] BGH NJW 1994, 2699 = JR 1995, 456 mAnm *Dörner;* NJW 1996, 1819 = IPRax 1997, 416 m. Aufsatz *Koch* IPRax 1997, 405; Reithmann/Martiny IntVertragsR/*Hausmann* Rn. 7.42. – Auch die Gerichtsstandsklausel eines abgelaufenen Vertrages kann weitergelten; EuGH Slg. 1986, 3337 = NJW 1987, 2155 m. krit. Anm. *Geimer* EWiR 1988, 471 = IPRax 1989, 383 m. Aufsatz *Jayme* IPRax 1989, 361 – Iveco Fiat/van Hool.

[254] *Jayme,* Narrative Normen, 1993, 27; *Jayme* in Reichelt, Europäisches Gemeinschaftsrecht und IPR, 2007, 35 f.

[255] EuGH Slg. 1992, I-1745 = IPRax 1993, 32 m. Aufsatz *Koch* IPRax 1993, 19 = ZEuP 1994, 138 mAnm *Karré/Abermann* – Powell Duffryn/Petereit; BGH NJW 2007, 2036 = RIW 2007, 312; *Gottwald* FS Henckel, 1995, 295 (302 f.); *Nordmeier* RIW 2016, 331 (332 f.); *Kropholler/v. Hein* Brüssel I-VO Art. 23 Rn. 23 ff.; Rauscher/*Mankowski* Brüssel Ia-VO Art. 25 Rn. 134.

[256] Vgl. *Parenti* ZfRV 2003, 221 (223 f.); *Kropholler/v. Hein* Brüssel I-VO Art. 23 Rn. 28.

Bestätigung (lit. a) oder in einer den Gepflogenheiten der Parteien entsprechenden Form (lit. b) oder internationalen Handelsbräuchen entsprechend (lit. c) geschlossen worden sein. Das Erfordernis der **Schriftform** gilt auch für Kaufleute.[257] Es bedeutet, dass die Parteien ihre Erklärungen schriftlich abgeben müssen. Geschieht dies in getrennten Schriftstücken (zB Fernschreiben oder Telefax), so müssen die Erklärungen deutlich übereinstimmen.[258] Art. 25 Abs. 2 Brüssel Ia-VO (= Art. 23 Abs. 2 LugÜ) stellt **elektronische Übermittlungen,** die eine dauerhafte Aufzeichnung der Vereinbarung ermöglichen, der Schriftform gleich. Eine Einbeziehung von AGB, die eine Gerichtsstandsvereinbarung enthalten, „click wrapping", genügt.[259]

Der bloße Abdruck einer Gerichtsstandsklausel in **AGB** genügt nicht.[260] Es muss eine **tatsächliche Übereinkunft der Parteien** vorliegen. Erforderlich ist eine gesonderte schriftliche Vereinbarung bezüglich der Gerichtsstandsfrage. Doch ist eine deutliche Bezugnahme ausreichend, zB durch einen Hinweis auf der Vorderseite auf rückseitig abgedruckte Bedingungen.[261] Es genügt auch eine Gerichtsstandsvereinbarung durch online anklickbare AGB[262] Enthalten die AGB selbst die Gerichtsstandsklausel nicht, sondern verweisen sie ihrerseits lediglich auf andere, nicht beigefügte Bedingungen, in denen sie sich dann findet, so reicht das nicht aus.[263] 65

(2) Schriftliche Bestätigung. Nach Art. 25 Abs. 1 S. 3 lit. a Brüssel Ia-VO (= Art. 23 Abs. 1 S. 3 lit. a LugÜ) genügt auch, wenn die Gerichtsstandsvereinbarung zwar nur mündlich geschlossen, dann aber schriftlich bestätigt wurde (sog. **halbe Schriftlichkeit**). Voraussetzung dieser Bestätigung ist allerdings eine vorangegangene tatsächliche Willensübereinkunft der Parteien.[264] Ist die Gerichtsstandsklausel in AGB enthalten, so müssen die Bedingungen der anderen Partei vorgelegen haben, so dass sie bei gewöhnlicher Sorgfalt davon Kenntnis nehmen konnte.[265] Es reicht nicht aus, dass die AGB erst einem späteren Bestätigungsschreiben beigefügt werden, es sei denn, zwischen den Parteien bestehen **laufende Geschäftsbeziehungen,** in deren Verlauf früher Einigkeit über die Geltung der AGB erzielt wurde.[266] Das Schweigen auf ein Bestätigungsschreiben, dem erstmals eine Gerichtsstandsklausel beigefügt wurde, genügt in der Regel nicht.[267] Nicht notwendig ist aber, dass gerade die Partei, welcher die Gerichtsstandsvereinbarung entgegengehalten werden soll, die Bestätigung abgibt.[268] Es reicht aus, wenn die Bestätigung von der begünstigten Partei erfolgte und hiergegen keine Einwendungen erhoben wurden. 66

(3) Gepflogenheiten der Parteien. Es genügt auch jede sonstige Form, welche den zwischen den Parteien entstandenen Gepflogenheiten entspricht (Art. 25 Abs. 1 S. 3 lit. b Brüssel Ia-VO [= Art. 23 Abs. 1 S. 3 lit. b LugÜ]). Gemeint sind in erster Linie laufende Geschäftsbeziehungen der Parteien.[269] Insoweit können auch Gerichtsstandsklauseln beachtlich sein, welche sich in AGB auf der Rückseite von nach Vertragsschluss übersandten Rechnungen befinden.[270] Gerichtsstandsklauseln 67

[257] OLG München NJW 1982, 1951 = RIW 1981, 848; OLG Karlsruhe NJW 1982, 1950; *Schack* IZVR, 8. Aufl. 2021, Rn. 470.

[258] MüKoZPO/*Gottwald* Brüssel Ia-VO Art. 25 Rn. 29.

[259] EuGH NJW 2015, 2171 = EuZW 2015, 565 mAnm *Wurmnest* – El Majdoub.

[260] EuGH Slg. 1976, 1831 = NJW 1977, 494 – Colnazi/Rüwa; Slg. 1984, 2417 (2432) = RIW 1984, 909 mAnm *Schlosser* = IPRax 1985, 152 m. Aufsatz *Basedow* IPRax 1985, 133 – Tilly Russ; BGH NJW-RR 2004, 1292. Entspr. für Abdruck auf Rechnungsrückseite LG Köln RIW 1988, 644 = IPRax 1989, 290 m. Aufsatz *Schwenzer* IPRax 1989, 274.

[261] EuGH Slg. 1976, 1831; BGH RIW 1977, 649 = IPRspr. 1977 Nr. 125; OLG Hamm RIW 1980, 662; MüKoZPO/*Gottwald* Brüssel Ia-VO Art. 25 Rn. 32.

[262] EuGH ECLI:EU:C:2022:923 Rn. 59 = RIW 2023, 35 = NJW 2023, 33 – Tilman, zu Art. 23 LugÜ.

[263] Reithmann/Martiny IntVertragsR/*Hausmann* Rn. 7.73; anders OLG München RIW 1986, 998 = IPRax 1987, 307 m. abl. Aufsatz *Rehbinder* IPRax 1987, 289.

[264] OLG Hamburg EWS 1996, 365; Reithmann/Martiny IntVertragsR/*Hausmann* Rn. 7.83; Rauscher/*Mankowski* Brüssel Ia-VO Art. 25 Rn. 98.

[265] *Kropholler/v. Hein* Brüssel I-VO Art. 23 Rn. 44 ff.

[266] EuGH Slg. 1977, 1851 = NJW 1977, 495 = RIW 1977, 105 mAnm *Müller* RIW 1977, 163 – Segoura/Bonakdarian; OLG Hamburg RIW 1984, 916 = IPRax 1985, 281 m. Aufsatz *Samtleben* IPRax 1985, 261.

[267] EuGH Slg. 1977, 1851; BGH NJW 1994, 2699 = JR 1995, 456 mAnm *Dörner* mAnm *Mankowski* EWiR 1994, 985; OLG Stuttgart IPRax 2009, 64 m. Aufsatz *Hau* IPRax 2009, 44; *Otto,* Allgemeine Geschäftsbedingungen und Internationales Privatrecht, 1984, 133.

[268] EuGH Slg. 1985, 2699 (2708 f.) = RIW 1985, 736 – Berghoefer/ASA; BGH NJW 1986, 2196 = WM 1986, 402 (Abschlussentscheidung); Reithmann/Martiny IntVertragsR/*Hausmann* Rn. 7.18; *Kropholler/v. Hein* Brüssel I-VO Art. 23 Rn. 47 f.; anders noch OLG München NJW 1982, 1951 = RIW 1981, 848; OLG Celle RIW 1985, 571 = IPRax 1985, 284 m. Aufsatz *Duintjer Tebbens* IPRax 1985, 262.

[269] Reithmann/Martiny IntVertragsR/*Hausmann* Rn. 8.82.

[270] BGH NJW-RR 2003, 192 mAnm *S. Lorenz* EWiR 2003, 417.

in AGB kommen aber nur dann zur Geltung, wenn eine Willensübereinkunft gegeben ist und die Geschäftsbeziehung tatsächlich auf der Grundlage der AGB stattfand.[271]

68 **(4) Internationale Handelsbräuche.** Ausreichend ist auch, wenn die Vereinbarung im internationalen Handelsverkehr in einer Form geschlossen wurde, die internationalen Handelsbräuchen, dh den Üblichkeiten auf diesem Gebiet, entspricht, welche die Parteien kannten oder hätten kennen müssen (Art. 25 Abs. 1 S. 3 lit. c Brüssel Ia-VO [= Art. 23 Abs. 1 S. 3 lit. c LugÜ]).[272] Dieser Verzicht auf die anderen Formerfordernisse ermöglicht die Annahme stillschweigender Vereinbarungen, selbst wenn im Einzelfall keine tatsächliche Übereinkunft nachgewiesen wird. Insofern werden die Grenzen zu reinen Formfragen überschritten. Hier war lange zweifelhaft, welche Rechtsordnung den jeweiligen Maßstab liefert.[273]

69 Es genügt jedenfalls, wenn der Empfänger eines **Bestätigungsschreibens** nach dem Recht seines Niederlassungsortes damit rechnen musste, dass sein Schweigen als Einverständnis angesehen wird.[274] Entscheidend ist, ob das Verhalten einem Handelsbrauch in dem Bereich des internationalen Handelsverkehrs entspricht, in dem die Parteien tätig sind, und ob ihnen der Handelsbrauch bekannt war oder hätte bekannt sein müssen.[275] Vom Verfrachter einseitig in **Konnossemente** eingefügte Gerichtsstandsklauseln wirken kraft internationalen Handelsbrauchs gegenüber dem Befrachter (dem ersten Konnossementsberechtigten);[276] sie entfalten ihre Drittwirkung aber auch gegenüber dem Konnossementsempfänger.[277] Ähnliche Drittwirkungen können bei **Emissionsprospekten für Schuldverschreibungen** eintreten.[278]

70 **ee) Prozessuale Wirkungen. (1) Ausschließliche Zuständigkeit.** Die Parteien können vereinbaren, dass ein ausschließlicher Gerichtsstand gelten soll. Alle ansonsten möglichen Gerichtsstände sind dann derogiert. Die ausschließliche Zuständigkeit steht daher der allgemeinen Wohnsitzzuständigkeit (Art. 4 Abs. 1 Brüssel Ia-VO [= Art. 2 Abs. 1 LugÜ]), aber auch dem Gerichtsstand des Erfüllungsortes (Art. 7 Nr. 1 Brüssel Ia-VO [= Art. 5 Nr. 1 LugÜ]) entgegen.[279] – Gerichtsstandsvereinbarungen können auch **gegenüber Dritten wirken,** die zwar nicht Partei, aber inhaltlich betroffen sind. So kann sich der von einem Versicherungsvertrag begünstigte Dritte auf einen zwischen Versicherer und Versicherungsnehmer formwirksam vereinbarten, dem Interesse des Versicherungsnehmers dienenden Gerichtsstand berufen.[280] Muss ein Dritter, dem ein Konnossement übertragen wurde, sich nach der maßgeblichen nationalen Rechtsordnung den Inhalt der Konnossementsbedingungen des Verfrachters entgegenhalten lassen, so gilt das auch für eine darin enthaltene Gerichtsstandsklausel.[281] In Vertragsketten haben Gerichtsstandsvereinbarungen aber keine Drittwirkung.[282]

71 **(2) Vereinbarung zu Gunsten einer Partei.** Erfolgt eine Gerichtsstandsvereinbarung nur zu Gunsten einer Partei, so behält diese das Recht, jedes andere Gericht anzurufen, das auf Grund der europäischen Regelung zuständig ist (nicht ausdrücklich erwähnt in Art. 25 Brüssel Ia-VO [= Art. 23 LugÜ]). Das prorogierte Gericht ist also in der Regel für die begünstigte Partei konkurrierend, für

---

271 BGH IPRax 2005, 338 m. Aufsatz *Hau* IPRax 2005, 301; RIW 2004, 938; näher Rauscher/*Mankowski* Brüssel Ia-VO Art. 25 Rn. 121.

272 Dazu EuGH ECLI:EU:C:2016:282 = EuZW 2016, 419 mAnm *M. Müller* = RIW 2016, 357 – Profit Investment SIM.

273 Gegen eine aus dem GVÜ abzuleitende Einheitslösung *Gottwald* FS Henckel, 1995, 304 ff.

274 Geimer/Schütze/*Geimer* EuGVVO Art. 25 Rn. 115; vgl. auch BGH WM 1995, 859 = EuZW 1995, 714 mAnm *Mankowski* EWiR 1995, 577; OLG Köln NJW 1988, 2182 = RIW 1988, 555; LG Essen RIW 1992, 227; LG Münster RIW 1992, 230.

275 EuGH Slg. 1997, I-911 = NJW 1997, 1431 = RIW 1997, 415 mAnm *Holl* = IPRax 1999, 31 m. Aufsatz *Kubis* IPRax 1999, 10 – MSG Main-Schifffahrtsgenossenschaft/Les Gravières Rhénanes. – Abschlussentscheidung BGH RIW 1997, 871 = IPRax 1999, 34 m. Aufsatz *Kubis* IPRax 1999, 10.

276 BGH NJW 2007, 2036 (2037 f.) zur Wirkung gegenüber dem Reeder.

277 *Basedow,* Rechtswahl und Gerichtsstandsvereinbarungen nach neuem Recht, 1987, 13 ff.; *Kropholler/Pfeifer* FS Nagel, 1987, 157 (163 f.); Reithmann/Martiny IntVertragsR/*Hausmann* Rn. 7.139 f.

278 EuGH ECLI:EU:C:2016:282 = EuZW 2016, 419 mAnm *M. Müller* = RIW 2016, 357 – Profit Investment SIM.

279 EuGH Slg. 1980, 89 = NJW 1980, 1218 Ls. = IPRax 1981, 89 m. Aufsatz *Spellenberg* IPRax 1981, 75 = WM 1980, 720 mAnm *Schütze* – Zelger/Salinitri; OLG Koblenz RIW 1986, 459 = IPRax 1986, 105 m. Aufsatz *Geimer* IPRax 1986, 85.

280 EuGH Slg. 1983, 2503 = RIW 1984, 62 = IPRax 1984, 259 m. Aufsatz *Hübner* IPRax 1984, 237 – Gerling/Amministrazione del tesoro.

281 EuGH Slg. 1984, 2417 (2434) = RIW 1984, 909 mAnm *Schlosser* = IPRax 1985, 152 m. Aufsatz *Basedow* IPRax 1985, 133 – Russ/Nova; BGH NJW 2007, 2036.

282 EuGH ECLI:EU:C:2013:62 = EuZW 2013, 316 mAnm *Moebus* = IPRax 2013, 552 m. Aufsatz *Weller* IPRax 2013, 501 – Refcomp; krit. *Gebauer* FS Martiny, 2014, 325 ff.

die andere hingegen ausschließlich zuständig.[283] Ist dies nicht ausdrücklich vereinbart, so kommt es auf den **subjektiven Willen der Parteien** bei Abschluss der Zuständigkeitsabrede an. Die einseitige Begünstigung muss sich klar aus dem Wortlaut der Vereinbarung, aus der Gesamtheit der Umstände des Vertrages oder des Vertragsschlusses ergeben.[284] Die Bezeichnung des Wohnsitzgerichts einer Partei genügt für sich allein nicht,[285] weil sie auf vielerlei Gründen beruhen kann.

(3) Rügelose Einlassung. Trotz einer Gerichtsstandsvereinbarung können die Parteien ihre Streitigkeit freiwillig einem anderen als dem vereinbarten Gericht unterbreiten. Ein solches mit der Sache befasstes Gericht kann durch rügelose Einlassung nach Art. 26 Brüssel Ia-VO (= Art. 24 LugÜ) zuständig werden.[286] Die Einlassung braucht zwar nicht zur Hauptsache zu erfolgen. Es reicht jedoch nicht aus, wenn der Beklagte sich nur zur Zuständigkeitsfrage oder lediglich hilfsweise zur Sache einlässt.[287] Zur Aufrechnung → Art. 17 Rn. 40 ff. 72

c) HGÜ. Nach dem HGÜ (→ Rn. 39) genügt außer der Schriftform auch ein Zugriff auf ein anderes Kommunikationsmittel (Art. 3 lit. c). Die Gültigkeit der Gerichtsstandsvereinbarung richtet sich nach dem Recht des vereinbarten Gerichts, einschließlich dessen Kollisionsrecht (Art. 5 Abs. 1, Art. 6 lit. a). 73

d) Deutsches Recht. aa) Zulässigkeit. (1) Allgemeines. Eine nationale kollisionsrechtliche gesetzliche Regelung der Gerichtsstandsvereinbarung besteht nicht.[288] Für die Beurteilung internationaler Gerichtsstandsvereinbarungen werden die §§ 38–40 ZPO entsprechend herangezogen. § 38 Abs. 2 ZPO unterscheidet zwischen dem kaufmännischen und dem nichtkaufmännischen Rechtsverkehr. Ob der Gerichtsstandsvereinbarung **prozessuale Wirkungen** zukommen, wird nach der lex fori beurteilt (→ Rn. 84). Folglich bestimmen die Regeln der §§ 38 ff. ZPO darüber, wann für deutsche Gerichte eine beachtenswerte **Prorogation** vorliegt.[289] Wird die Zuständigkeit ausländischer Gerichte vereinbart und später in einem deutschen Verfahren eingewendet, so richtet sich nach diesen Vorschriften, ob eine wirksame **Derogation** der deutschen Zuständigkeit erfolgt ist.[290] Die Rspr. prüft ebenfalls, ob die Gerichtsstandsvereinbarung **zwingende deutsche Normen,** die auch gegen das Vertragsstatut durchgesetzt werden, ausschalten würde[291] (→ Rn. 62; zur Mindesthaftung des Verfrachters → Art. 5 Rn. 116). 74

(2) Kaufmännischer und nichtkaufmännischer Rechtsverkehr. Kaufleute, juristische Personen des öffentlichen Rechts und öffentlich-rechtliche Sondervermögen dürfen nach § 38 Abs. 1 ZPO grundsätzlich unbeschränkt Vereinbarungen abschließen. – Im **nichtkaufmännischen Rechtsverkehr** ist die Vereinbarung zunächst einmal für zwei Situationen mit internationalem Bezug zulässig: (1) wenn mindestens eine der Parteien (überhaupt) keinen allgemeinen Gerichtsstand im Inland hat (§ 38 Abs. 2 S. 1 ZPO), (2) wenn der Beklagte nach Vertragsschluss seinen Wohnsitz oder gewöhnlichen Aufenthalt ins Ausland verlegt bzw. diese nicht bekannt sind (§ 38 Abs. 3 Nr. 2 ZPO). Im Übrigen (3) ist eine Vereinbarung erst nach Entstehen der Streitigkeit zulässig (§ 38 Abs. 2 Nr. 1 ZPO). Für letzteres reicht nicht aus, wenn die Gerichtsstandsvereinbarung zugleich mit dem Vertrag geschlossen wird, dessen künftige Streitigkeiten sie regelt.[292] – Zu Arbeitssachen → Art. 8 Rn. 188 f. 75

---

[283] *Kropholler/v. Hein* Brüssel I-VO Art. 23 Rn. 93.

[284] OLG Koblenz IPRax 1987, 308 m. Aufsatz *E. Schwarz* IPRax 1987, 291; näher Reithmann/Martiny IntVertragsR/*Hausmann* Rn. 7.149.

[285] EuGH Slg. 1986, 1951 = RIW 1986, 636 = IPRax 1987, 105 m. Aufsatz *Gottwald* IPRax 1987, 81 mAnm *Geimer* EWiR 1986, 793 – Anterist/Crédit Lyonnais; Abschlussentscheidung: BGH NJW 1987, 3080 = IPRax 1987, 107.

[286] EuGH Slg. 1985, 787 (799) = NJW 1985, 2893 = IPRax 1986, 27 m. Aufsatz *Gottwald* IPRax 1986, 10 = RIW 1985, 313 mAnm *Rauscher* RIW 1985, 887 – Spitzley/Sommer.

[287] EuGH Slg. 1981, 2431 = RIW 1982, 48 = IPRax 1982, 238 m. Aufsatz *Leipold* IPRax 1982, 222 – Rohr/Ossberger; Slg. 1982, 1189 (1204) = RIW 1982, 755 = IPRax 1983, 77 m. Aufsatz *Sauveplanne* IPRax 1983, 65 – W./H.; Slg. 1983, 2503 = RIW 1984, 62 = IPRax 1984, 259 m. Aufsatz *Hübner* IPRax 1984, 237 – Gerling/Amministrazione del tesoro. Vgl. auch BGH NJW-RR 2005, 1518; NJW 2006, 1806.

[288] De lege ferenda *Magnus* IPRax 2016, 521 ff.

[289] BGHZ 59, 23 (26) = NJW 1972, 1622 mAnm *Geimer* = AWD 1972, 416 mAnm *v. Hoffmann; Kropholler* IZVR-HdB Bd. I Kap. III Rn. 478 ff.

[290] BGHZ 49, 124 (126) = NJW 1968, 356; BGH NJW 1986, 1438 m. zust. Anm. *Geimer* = IPRax 1987, 168 zust. m. Aufsatz *G. H. Roth* IPRax 1987, 141; NJW 1989, 1431 = IPRax 1990, 41 m. Aufsatz *Schack* IPRax 1990, 19; BGHZ 123, 380 (382) = NJW 1994, 262; BGH NJW 1997, 2885 = IPRax 1998, 470 m. Aufsatz *Gottwald/Baumann* IPRax 1998, 445; OLG München NJW 1987, 2166.

[291] S. *Becker* RabelsZ 60 (1996), 691 (714 ff.).

[292] BGH NJW 1986, 1438 mAnm *Geimer* = IPRax 1987, 168 m. Aufsatz *G. H. Roth* IPRax 1987, 141.

76 **(3) Bestimmtheit.** Die Vereinbarung muss sich auf ein **bestimmtes Rechtsverhältnis** und die aus ihm entspringenden Rechtsstreitigkeiten beziehen (§ 40 Abs. 1 ZPO). Daher ist es nicht möglich, eine Vereinbarung pauschal für alle künftigen Rechtsstreitigkeiten zu treffen. Es genügt aber beispielsweise bei einem Dauerschuldverhältnis die Vereinbarung für den Rahmenvertrag, zB einen Vertragshändlervertrag.[293] Eine Vereinbarung lediglich für die Einzelkaufverträge kann unzureichend sein.[294] – Es ist ausreichend, wenn die **Gerichte eines bestimmten Staates** gewählt werden. Ferner genügt, wenn das konkrete Gericht bestimmbar ist. Daher ist es zulässig, die Zuständigkeit am Ort einer bestimmten Partei zu vereinbaren, zB des Verfrachters im Konnossement[295] oder den Kläger unter mehreren Gerichtsständen wählen zu lassen.[296]

77 **(4) Ausschließliche Zuständigkeit.** Ist für die Klage in Deutschland ein ausschließlicher Gerichtstand kraft Gesetzes begründet, so ist die **Vereinbarung unzulässig.** Eine ausschließliche inländische Zuständigkeit (etwa zum Schutz des Verbrauchers) kann nicht derogiert werden.[297] Auch rügeloses Verhandeln zur Hauptsache begründet keine Zuständigkeit (§ 40 Abs. 2 ZPO).

78 **bb) Zustandekommen und Wirksamkeit.** Folge der materiellrechtlichen Einordnung der Gerichtsstandsvereinbarung (→ Rn. 57) ist insbesondere, dass sich ihr Zustandekommen nach bürgerlichem Recht richtet. Damit sind mittelbar auch die Art. 3 ff. Rom I-VO auf die Gerichtsstandsvereinbarung anzuwenden.[298] Zum gleichen Ergebnis gelangt man zum Teil trotz prozessualer Qualifikation; auch hier wird mangels prozessualer Abschlussregeln das auf Grund des Vertragsstatuts berufene Recht für das Zustandekommen herangezogen.[299] Daher ist – nach bereits vor der Reform hM – zunächst **das Vertragsstatut zu ermitteln.**[300] Dieses entscheidet dann, selbst wenn das ausländische Recht einzelne Bestimmungen zum Prozessrecht zählt, über das Zustandekommen des Hauptvertrages und einer darin enthaltenen Gerichtsstandsvereinbarung[301] (näher → EGBGB Art. 11 Rn. 36). Beispielsweise gilt eine im Konnossement enthaltene Rechtswahlklausel mittelbar auch für die Gerichtsstandsvereinbarung.[302] Die Parteien sind jedoch nicht an das Statut des Hauptvertrages gebunden, sondern können – auch nachträglich – ein eigenes Prorogationsstatut vereinbaren.[303]

79 Ob eine in **AGB** enthaltene Gerichtsstandsklausel die Parteien bindet, richtet sich grundsätzlich nach dem Vertragsstatut.[304] Doch kann sich auch hier entsprechend Art. 10 Abs. 2 der Kunde auf das Recht seines gewöhnlichen Aufenthaltes berufen. Solche Gerichtsstandsvereinbarungen werden bei deutschem Vertragsstatut den §§ 305 ff. BGB unterstellt, die über die **Einbeziehungs- und Inhaltskontrolle** entscheiden.[305] Allerdings ist das Bestreben, alle Rechtsstreitigkeiten an einem Ort zu konzentrieren, im internationalen Handel grundsätzlich unbedenklich. Dies gilt vor allem dann, wenn beide Parteien international tätige Kaufleute sind. Es kann daher in der Regel im Hinblick auf die Inhaltskontrolle (§ 307 BGB) nicht beanstandet werden, dass der Ort des Verwenders

---

293 *Geimer* IntZivilProzR Rn. 1682 f.

294 OLG Bamberg IHR 2013, 253 mAnm *Smyrek* = ZVertriebsR 2014, 121; krit. *Hau* ZVertriebsR 2014, 79 (82).

295 OLG Bremen RIW 1985, 894.

296 OLG München RIW 1986, 381.

297 Näher *Schack* IZVR, 8. Aufl. 2021, Rn. 560 ff.

298 Noch zum EVÜ BGHZ 99, 207 (209 f.) = NJW 1987, 1145 = IPRax 1988, 26 m. Aufsatz *Basedow* IPRax 1988, 15 mAnm EWiR *Geimer* 1987, 405; NJW 1997, 2885 = IPRax 1998, 470 m. Aufsatz *Gottwald/Baumann* IPRax 1998, 445; OLG Bamberg RIW 1989, 221 = IPRax 1990, 105 m. Aufsatz *Prinzing* IPRax 1990, 83; *Sandrock* RIW 1986, 841 (845) Fn. 33; iErg auch *Rüssmann* VersR 1987, 228.

299 Vgl. *Geimer* IntZivilProzR Rn. 1677 ff. S. aber OLG Saarbrücken NJW-RR 1989, 828.

300 BGH NJW 1989, 1431 (1432) = RIW 1989, 136; NJW 1997, 2885 = IPRax 1998, 470 m. Aufsatz *Gottwald/Baumann* IPRax 1998, 445; vgl. *Kropholler* IZVR-HdB Bd. I Kap. III Rn. 482 ff.

301 BGH NJW 1971, 323 mAnm *Geimer;* BGHZ 59, 23 (27) = NJW 1972, 1622 mAnm *Geimer* = AWD 1972, 416 mAnm *v. Hoffmann;* OLG Hamburg RIW 1986, 462.

302 OLG Hamburg VersR 1987, 504 = RIW 1988, 56. – Freilich hat die Rspr. bisweilen die Prorogation im Konnossement nicht beachtet, da es gerade um die Wirksamkeit der Gerichtsstandsvereinbarung gehe, und hat die Vereinbarung den Grundsätzen über die objektive Anknüpfung unterworfen; so insbes. die umstr. „Bombay-Entscheidung", BGH NJW 1983, 2772 = IPRax 1985, 27 m. Aufsatz *Trappe* IPRax 1985, 8 = IPRspr. 1983 Nr. 128b; wN dazu *Basedow,* Rechtswahl und Gerichtsstandsvereinbarungen nach neuem Recht, 1987, 3 ff.

303 OLG Bremen RIW 1985, 894 = TranspR 1985, 430; *Schack* IZVR, 8. Aufl. 2021, Rn. 557.

304 BGHZ 99, 207 (208) = NJW 1987, 1145 = IPRax 1988, 26 m. Aufsatz *Basedow* IPRax 1988, 15 mAnm *Geimer* EWiR 1987, 405 (Orderkonnossement).

305 Ulmer/Brandner/Hensen/*Schmidt* BGB Anh. § 305 Rn. 5 f.; gegen die Anwendung von § 9 AGBG (nunmehr § 307 BGB) *Stoll* FS Kegel, 1987, 623 (653).

als Gerichtsstand bestimmt wird.[306] Eine Gerichtsstandsvereinbarung kann auch nur ausnahmsweise als „überraschend" iSd § 305c BGB angesehen werden.[307]

Ob das **Schweigen auf ein Bestätigungsschreiben** ausreicht, um einer in ihm enthaltenen Gerichtsstandsklausel Wirksamkeit zu verleihen, wurde bereits nach altem Recht nicht nur nach dem Vertragsstatut, sondern auch unter Heranziehung des Aufenthaltsrechts des Schweigenden beantwortet.[308] Nach geltendem Recht ist hierfür Art. 12 Abs. 2 heranzuziehen.[309] 80

Die **materielle Wirksamkeit** der Gerichtsstandsvereinbarung, insbesondere die Beachtlichkeit von Willensmängeln, richtet sich nach Art. 10 Abs. 1. Für das materiell-rechtliche Zustandekommen der Gerichtsstandsvereinbarung zieht man dann, wenn für den Hauptvertrag Einheitskaufrecht gilt, ebenfalls die CISG-Regeln heran.[310] 81

cc) Form. (1) Anwendbares Recht. Die hM sieht die Formgültigkeit von Gerichtsstandsvereinbarungen als **Frage der prozessualen Zulässigkeit** an; Prorogation und Derogation deutscher Gerichte werden nach § 38 ZPO beurteilt[311] (→ EGBGB Art. 11 Rn. 33); Art. 11 Abs. 1 wird nicht vorgeschaltet.[312] Damit scheitert die Vereinbarung eines ausländischen Gerichtsstandes auch bei einem ausländischen Vertragsstatut, wenn die Form des § 38 ZPO nicht eingehalten wurde.[313] 82

(2) Kaufmännischer und nichtkaufmännischer Rechtsverkehr. Kaufleute, juristische Personen des öffentlichen Rechts und öffentlich-rechtliche Sondervermögen können Gerichtsstandsvereinbarungen nach § 38 Abs. 1 ZPO – der gleichfalls für Vereinbarungen der internationalen Zuständigkeit gilt[314] – auch mündlich oder stillschweigend abschließen.[315] Im nichtkaufmännischen Rechtsverkehr des § 38 Abs. 2 ZPO (→ Rn. 75) muss die Vereinbarung hingegen **schriftlich abgeschlossen oder doch wenigstens schriftlich bestätigt** werden. Insoweit gelten die gleichen Anforderungen wie nach der Parallelvorschriften des Art. 25 Brüssel Ia-VO (Art. 23 LugÜ).[316] Gerichtsstandsklauseln in AGB gelten nur, wenn auf sie ausdrücklich Bezug genommen wurde.[317] § 38 Abs. 3 ZPO verlangt sogar eine ausdrückliche und schriftliche Vereinbarung der Zuständigkeit. 83

dd) Prozessuale Wirkungen. (1) Anwendbares Recht. Welche prozessualen Wirkungen die Prorogation oder Derogation der internationalen Zuständigkeit deutscher Gerichte hat, **richtet sich nach der lex fori,** dh nach deutschem Recht (→ Rn. 74).[318] Das deutsche Recht bestimmt auch, ob die Vereinbarung eines Gerichtsstandes neben der örtlichen auch die internationale Zuständigkeit umfassen soll. Dies wird man jedenfalls bei einem Individualvertrag regelmäßig annehmen können.[319] Bei einer Gerichtsstandsklausel in AGB ist selten denkbar, dass sie nur die örtliche Zuständigkeit regeln will. Ist sie gleichwohl so auszulegen, dann ist zB trotz eines vereinbarten ausländischen Forums der inländische Vermögensgerichtsstand (§ 23 ZPO) nicht ausgeschaltet.[320] 84

(2) Ausschließliche Zuständigkeit. Ob die vereinbarte Zuständigkeit nur ein zusätzliches Forum eröffnen soll oder als ausschließliche Zuständigkeit gemeint ist, richtet sich nach der jeweiligen 85

---

306 OLG Hamburg RIW 1986, 462; MDR 2000, 170; OLG Köln NJW-RR 1990, 420; OLG Karlsruhe NJW 1996, 2041; OLG Frankfurt NJW-RR 1999, 604; anders jedoch – und zu eng – für Gerichtsstand in Drittstaat OLG Karlsruhe NJW 1982, 1950; ferner LG Karlsruhe JZ 1989, 690 m. abl. Anm. *Wolf;* NJW 1996, 1417; vgl. auch *Otto,* Allgemeine Geschäftsbedingungen und Internationales Privatrecht, 1984, 229 ff.

307 OLG Düsseldorf NJW-RR 1989, 1330.

308 BGHZ 57, 72 (77 f.) = NJW 1972, 391 mAnm *Geimer;* OLG Nürnberg AWD 1974, 405 mAnm *Linke;* LG Mainz AWD 1972, 298 mAnm *Ebsen/Jayme.*

309 OLG München EuZW 1991, 59 = IPRspr. 1989 Nr. 194 = IPRax 1991, 46 m. Aufsatz *Geimer* IPRax 1991, 31; OLG Karlsruhe NJW-RR 1993, 567.

310 OLG Braunschweig TranspR-IHR 2000, 4 = IPRspr. 1999 Nr. 130; *Piltz* NJW 2003, 2056 (2059).

311 BGH NJW 1986, 1438 mAnm *Geimer* = IPRax 1987, 168 mAnm *G. H. Roth* IPRax 1987, 141; NJW 1989, 1431 = RIW 1989, 136; BGHZ 116, 77 (80) = NJW 1993, 1070 = IPRax 1992, 377 m. Aufsatz *Hess* IPRax 1992, 361 = ZZP 105 (1992), 330 mAnm *Bork;* OLG Düsseldorf IPRax 1999, 38 m. Aufsatz *Hau* IPRax 1999, 24 = IPRspr. 1997 Nr. 159.

312 S. bereits *Kropholler* IZVR-HdB Bd. I Kap. III Rn. 480.

313 BAG NJW 1984, 1320 = AP ZPO § 38 Nr. 12 mAnm *Beitzke* = IPRax 1985, 276 m. Aufsatz *E. Lorenz* IPRax 1985, 256 betr. Zuständigkeit in Casablanca; OLG Nürnberg NJW 1985, 1296.

314 *Geimer* IntZivilProzR Rn. 1607; anders OLG Nürnberg NJW 1985, 1296.

315 OLG Saarbrücken NJW-RR 1989, 828.

316 *Kropholler* IZVR-HdB Bd. I Kap. III Rn. 506.

317 OLG Nürnberg NJW 1985, 1296.

318 BGH NJW 1997, 2885 = IPRax 1998, 470 m. Aufsatz *Gottwald/Baumann* IPRax 1998, 445; *Schack* IPRax 1990, 19; *Kropholler* HdB IZVR Bd. I Kap. III Rn. 480; *Geimer* IntZivilProzR Rn. 1675 f.

319 OLG Hamburg RIW 1993, 68 = IPRax 1993, 170 (172) m. Aufsatz *Ebenroth/Woggon* IPRax 1993, 151.

320 So für die VOB/B BGHZ 94, 156 (158) = NJW 1985, 2090 = IPRax 1987, 305 m. zust. Aufsatz *Nicklisch* IPRax 1987, 286.

Vereinbarung. Bei nicht eindeutigem Wortlaut ist das **Gewollte durch Auslegung** zu ermitteln.[321] Eine Vermutung, wonach ein Gerichtsstand im Zweifel ausschließlich oder fakultativ ist, besteht nicht.[322] Wird im Hauptvertrag ausländisches Recht vereinbart, so spricht das für die Ausschließlichkeit der Zuständigkeit des ausländischen Gerichts.[323]

86 **(3) Rügelose Einlassung.** Trotz Gerichtsstandsvereinbarung kann ein anderes mit der Sache befasstes Gericht durch rügeloses **Verhandeln zur Hauptsache** zuständig werden (§ 39 ZPO).[324] Bestreitet der Beklagte lediglich die Zuständigkeit oder lässt er sich nur hilfsweise zur Hauptsache ein, so genügt das freilich nicht.

VII. Internationales Vertragsrecht und Schiedsgerichtsbarkeit

Schrifttum: zum allgemeinen verfahrensrechtlichen Schrifttum vor → Einl. IPR Rn. 1, insbesondere zur Schiedsgerichtsbarkeit; ferner *Aden,* Internationale Handelsschiedsgerichtsbarkeit, 2. Aufl. 2003; Berger (Hrsg.), Das neue Recht der Schiedsgerichtsbarkeit, 1998; *Berger,* Das neue deutsche Schiedsverfahrensrecht, DZWiR 1998, 45; *Epping,* Schiedsvereinbarungen im internationalen Privatrechtsverkehr nach der Reform des deutschen Schiedsverfahrensrechts, 1999; *Gottwald,* Die sachliche Kontrolle internationaler Schiedssprüche durch staatliche Gerichte, FS Nagel, 1987, 54; *Kronke,* Internationale Schiedsverfahren nach der Reform, RIW 1998, 257; *Lachmann,* Handbuch für die Schiedsgerichtspraxis, 3. Aufl. 2008; *Lörcher/Lörcher,* Das Schiedsverfahren – national/international – nach deutschem Recht, 2. Aufl. 2001; *Magnus,* Sonderkollisionsnorm für das Statut von Gerichtsstands- und Schiedsgerichtsvereinbarungen?, IPRax 2016, 521; *Nolting,* Mangelnde Feststellung des für Formwirksamkeit der Schiedsklausel und Schiedsfähigkeit maßgeblichen Rechts, IPRax 1987, 349; *Pika,* Schiedsvereinbarungsstatut und konkludente Rechtswahl, IPRax 2021, 508; *Schmidt-Ahrendts/Höttler,* Anwendbares Recht bei Schiedsverfahren mit Sitz in Deutschland, SchiedsVZ 2011, 267; *Schütze/Thümmel,* Schiedsgericht und Schiedsverfahren, 7. Aufl. 2021; *Schütze/Tscherning/Wais,* Handbuch des Schiedsverfahrens, 2. Aufl. 1990; *Wächter,* Das Kollisionsrecht der Schiedsvereinbarung, SchiedsVZ 2023, 21; *Zobel,* Schiedsgerichtsbarkeit und Gemeinschaftsrecht, 2005.

87 **1. Schiedsvereinbarungen. a) Allgemeines. aa) Überblick.** Das Recht der Schiedsgerichtsbarkeit liegt insgesamt außerhalb der Kommentierung. Der folgende Überblick soll nur den weiteren Einstieg erleichtern und geht auf Gemengelagen des Schiedsverfahrensrechts, des IPR und des Sachrechts ein. Eine rechtliche Beurteilung von Schiedsvereinbarungen (selbständigen Schiedsabreden oder bloßen Schiedsklauseln, vgl. § 1029 ZPO)[325] ist nur dann möglich, wenn zuvor geklärt wird, ob einer der verschiedenen Staatsverträge (insbesondere UN-Übk., Europäisches Übk.)[326] oder das nationale Recht (§§ 1025 ff. ZPO) Anwendung findet und für welches Verfahrensstadium (Erkenntnis- oder Exequaturverfahren) dies geschehen soll. Von Art. 25 Brüssel Ia-VO (Art. 23 LugÜ) werden Schiedsvereinbarungen nicht erfasst, da diese Bestimmungen nur für Vereinbarungen über die Zuständigkeit staatlicher Gerichte gelten.[327]

88 Das **deutsche Recht der Internationalen Schiedsgerichtsbarkeit** ist durch das Gesetz zur Neuregelung des Schiedsverfahrensrechts (Schiedsverfahren-Neuregelungsgesetz) vom 22.12.1997 (BGBl. 1997 I S. 3224) grundlegend reformiert worden. Die Neuregelung folgt inhaltlich weitgehend dem UNCITRAL-Modellgesetz über die Internationale Handelsschiedsgerichtsbarkeit vom 21.6.1985.[328]

89 **bb) Qualifikation.** Während die Schiedsvereinbarung zunehmend prozessrechtlich qualifiziert wird,[329] handelt es sich nach früherer stRspr um einen materiellrechtlichen Vertrag über prozessuale

---

[321] BGHZ 59, 116 (119 f.) = NJW 1972, 1671 mAnm *Geimer;* BGH NJW 1973, 422 mAnm *Geimer* NJW 1973, 951; OLG München RIW 1986, 381 = IPRax 1985, 341 m. Aufsatz *Jayme/Haack* IPRax 1985, 323; OLG Düsseldorf RIW 1990, 220.

[322] OLG Bamberg RIW 1989, 221 = IPRax 1990, 105 m. Aufsatz *Prinzing* IPRax 1990, 83.

[323] BGHZ 49, 124 (130) = NJW 1968, 356; OLG München NJW 1987, 2166 betr. englisches Recht.

[324] Dazu BGHZ 134, 127 (134 f.) = NJW 1997, 397 = IPRax 1999, 367 m. Aufsatz *Dörner/Staudinger* IPRax 1999, 338.

[325] Klauselbeispiele bei Reithmann/Martiny IntVertragsR/*Hausmann* Rn. 7.498 ff.; *Sandrock,* IntVertragsgestaltung-HdB II, 1980, 1135 ff. – Zur Konfliktbeilegung außerhalb der Schiedsgerichtsbarkeit *Weick* FS Coing, Bd. II, 1982, 543 ff.

[326] Vertragsstaaten FN B sowie bei *Jayme/Hausmann* Nr. 240.

[327] BGH RIW 1979, 710 = WM 1979, 704.

[328] Deutscher Text des ModG bei *Berger,* Das neue Recht der Schiedsgerichtsbarkeit – The New German Arbitration Law, 1998, 65 ff. – Engl. Text: Rev. dr. unif. 1985 II, 321 = *Berger,* Das neue Recht der Schiedsgerichtsbarkeit, 1998, 53 ff. = Commercial Laws of Europe 9 (1986), 147. Franz. Text: Rev. dr. unif. 1985 II, 320; näher dazu Kronke/Melis/Kuhn IntWirtschaftsR-HdB/*Melis* S. 2097 ff.

[329] Reithmann/Martiny IntVertragsR/*Hausmann* Rn. 7.206; *Geimer* IntZivilProzR Rn. 3786. – Zurückhaltend auch *Solomon* FS Schack, 2022, 488 (496).

Beziehungen.[330] Folglich richten sich ihr Zustandekommen und ihre rechtsgeschäftliche Wirksamkeit nach den zivilrechtlichen Vorschriften des sachlich anwendbaren Rechts, dh der jeweiligen lex causae. Hingegen werden die prozessualen Wirkungen nach der jeweiligen lex fori beurteilt. Im Einzelnen besteht jedoch Unsicherheit, wie die verschiedenen Bereiche voneinander abzugrenzen sind.

cc) Anknüpfung nach Verfahrensstadium. Die Wirksamkeit einer Schiedsvereinbarung kann einredeweise im Gerichtsverfahren (Einredewirkung im Hauptsacheverfahren), bei Durchführung eines Schiedsverfahrens oder erst später bei der Vollstreckung eines ausländischen Schiedsspruchs (Vollstreckungsverfahren) zu beurteilen sein. Für letzteres Stadium wird eine unselbständige Anknüpfung der Frage vorgeschlagen, dh es werden die Kollisionsnormen der auf das Schiedsverfahren anwendbaren Rechtsordnung herangezogen.[331] Allerdings wird im Interesse des Entscheidungseinklangs vielfach eine möglichst einheitliche Lösung für alle Stadien gesucht.[332] 90

b) UNÜ. Das New Yorker **UN-Übereinkommen über die Anerkennung und Vollstreckung ausländischer Schiedssprüche** vom 10.6.1958[333] (UNÜ) regelt Form und Inhalt von Schiedsvereinbarungen (dh Schiedsverträgen über entstandene und Schiedsklauseln über künftige Streitigkeiten) auch unabhängig von einem Exequaturverfahren, ist also auch im Einredestadium heranzuziehen. Das UNÜ gilt in den Mitgliedstaaten ohne Rücksicht auf die Staatsangehörigkeit und Niederlassung der Parteien.[334] Es erfasst grundsätzlich alle Schiedsvereinbarungen, die anerkennungspflichtigen Schiedssprüchen zu Grunde liegen bzw. zu solchen führen sollen (Schiedsfähigkeit)[335] (str.). Das deutsche nationale Recht bestimmt ausdrücklich, dass sich die Anerkennung und Vollstreckung ausländischer Schiedssprüche stets nach dem UNÜ richtet (§ 1061 Abs. 1 S. 1 ZPO). Die Vorschriften in anderen Staatsverträgen über die Anerkennung und Vollstreckung von Schiedssprüchen bleiben unberührt (§ 1061 Abs. 1 S. 2 ZPO). Der frühere Dualismus zwischen staatsvertraglicher und nationaler Regelung, welche über das Günstigkeitsprinzip zur Anwendung kam, ist beseitigt worden.[336] 91

Zustandekommen und Wirksamkeit der Schiedsvereinbarung unterliegen dem Schiedsvertragsstatut. Dieses wird für das vor einem Anerkennungsverfahren liegende „Einredestadium" analog § 1059 Abs. 2 Nr. 1 lit. a ZPO bzw. Art. V Abs. 1 lit. a UNÜ bestimmt.[337] Danach besteht Rechtswahlfreiheit; hilfsweise kommt es auf das Recht des Schiedsortes an. Ob die Rechtswahl für den Hauptvertrag sich ohne weiteres auch auf den Schiedsvertrag erstreckt, ist str.[338] Problematisch ist, ob die **objektive Schiedsfähigkeit,** die nach Art. V Abs. 2 lit. a UNÜ nach der lex fori des mit der Sache befassten staatlichen Gerichts zu überprüfen ist, zusätzlich noch nach dem Vertragsstatut gegeben sein muss.[339] Die Vereinbarung eines ausländischen Schiedsgerichts über ausländische Bör- 92

---

330 BGHZ 23, 198 (200) = NJW 1957, 589; BGHZ 40, 320 (322) = NJW 1964, 591; BGH IPRax 2011, 449 m. Aufsatz *Samtleben* IPRax 2011, 469 = NJW-RR 2011, 548; NJW-RR 2011, 1287; OLG Hamburg RIW 1979, 482 m. zust. Anm. *Mezger;* ebenso *Basedow* JbPraxSch 1 (1987), 3 (5 ff.); *Kornmeier/Sandrock* in Sandrock IntVertragsgestaltung-HdB II, 1980, Rn. F 123 ff.; *Schütze/Thümmel,* Schiedsgericht und Schiedsverfahren, 7. Aufl. 2021, § 5 Rn. 62.

331 BGH NJW 1984, 2763 = RIW 1984, 644 m. zust. Anm. *Mezger* = IPRax 1985, 158 m. Aufsatz *Schlosser* IPRax 1985, 141 zum alten Recht; *Geimer* IntZivilProzR Rn. 3766 ff.; vgl. Reithmann/Martiny IntVertragsR/*Hausmann* Rn. 7.426 ff.

332 Dazu *Wächter* SchiedsVZ 2023, 21 (23 f.).

333 BGBl. 1961 II 122. Engl. und franz. Text bei *Schlosser,* Schiedsvereinbarungen, Bd. II, 8 ff. Übersetzung bei *Jayme/Hausmann* Nr. 240.

334 Reithmann/Martiny IntVertragsR/*Hausmann* Rn. 7.236; *Kornmeier/Sandrock* in Sandrock IntVertragsgestaltung-HdB II, 1980, Rn. F 15.

335 Näher Reithmann/Martiny IntVertragsR/*Hausmann* Rn. 7.241 ff.; MüKoZPO/*Gottwald* UNÜ Art. II Rn. 11. – Zu Territorial- und Handelssachenvorbehalt nach Art. I Abs. 3 UNÜ auch *Nolting* IPRax 1987, 349 (350).

336 *Berger* DZWiR 1998, 45 (53).

337 OLG München NJW-RR 1996, 1532 = WiB 1996, 1180 mAnm *Schnelle;* LG München I SchiedsVZ 2014, 100; *Thorn* IPRax 1997, 98 (101); Reithmann/Martiny IntVertragsR/*Hausmann* Rn. 7.264; Zöller/*Geimer* ZPO § 1029 Rn. 113.

338 Früher bejahend BGH RIW 1976, 449 = NJW 1976, 1591; OLG Hamm SchiedsVZ 2014, 38 = IPRspr. 2013 Nr. 282; *v. Hülsen,* Die Gültigkeit von internationalen Schiedsvereinbarungen, 1973, 99 ff.; *Kornmeier/Sandrock* in Sandrock IntVertragsgestaltung-HdB II, 1980, Rn. F 209. Bejahend auch *Solomon* FS Schack, 2022, 488 (496 f.). Verneinend *Schmidt-Ahrendts/Höttler* SchiedsVZ 2011, 273 f.; Reithmann/Martiny IntVertragsR/*Hausmann* Rn. 7.264.

339 Nur für die lex fori OLG Hamm IPRspr. 1983 Nr. 195 = IPRax 1985, 218 m. Aufsatz *Walther/Wackenhuth* 220; Reithmann/Martiny IntVertragsR/*Hausmann* Rn. 7.384 f.; für das Vertragsstatut *Aden,* Internationale Handelsschiedsgerichtsbarkeit, 2. Aufl. 2003, 107 f.; *Kornmeier/Sandrock* in Sandrock IntVertragsgestaltung-HdB II, 1980, Rn. F 210; vgl. auch *Wächter* SchiedsVZ 2023, 21 (29).

sentermingeschäfte, die zugleich Differenzgeschäfte waren, wurde nicht anerkannt, weil sie in Verbindung mit der Vereinbarung New Yorker Rechts zur Folge gehabt hätte, dass das Schiedsgericht den Termin- und Differenzeinwand des damaligen deutschen Rechts nicht beachtet hätte[340] (→ Art. 4 Rn. 171 ff.; → Art. 9 Rn. 152).

93 Das UNÜ verlangt eine **schriftliche Vereinbarung.** Die Schiedsvereinbarung muss von den Parteien unterzeichnet oder in Briefen bzw. Telegrammen enthalten sein, die sie gewechselt haben (Art. II Abs. 2 UNÜ).[341] Ein nachträglicher Hinweis oder das bloße Übersenden der AGB genügt wegen des Schriftformerfordernisses nicht. Der unterschriebene oder schriftlich angenommene Vertragstext muss auf die AGB verweisen oder mit ihnen verbunden sein.[342] Das Schweigen auf ein kaufmännisches Bestätigungsschreiben, das eine Schiedsklausel enthält, reicht ebenfalls nicht aus.[343] Die Schiedsvereinbarung kann jedoch in Folge des Meistbegünstigungsgrundsatzes (Art VII Abs. 1) auch im Einredestadium formwirksam sein, wenn sie nach Maßgabe des innerstaatlichen Rechts oder der Verträge des Landes, in dem sie geltend gemacht wird, wirksam ist.[344] Die Vereinbarung unterfällt allerdings nicht der Formfreiheit des Art. 11 CISG. Das CISG findet auf die Frage der Formgültigkeit von Schiedsvereinbarungen keine Anwendung.[345]

94 **c) EuÜ.** Das **Europäische Übereinkommen über die internationale Handelsschiedsgerichtsbarkeit** vom 21.4.1961[346] (EuÜ) gewährleistet die rechtliche Verbindlichkeit von Schiedsvereinbarungen, die ad-hoc-Schiedsgerichte oder ständige Schiedsgerichte von Organisationen für zuständig erklären. Das EuÜ gilt für Streitigkeiten aus – übereinkommensautonom zu qualifizierenden[347] (str.) – internationalen Handelsgeschäften, falls die Parteien ihren Sitz in verschiedenen Mitgliedstaaten haben (Art. I Abs. 1 lit. a EuÜ). Das EuÜ kann neben dem UNÜ angewendet werden und ergänzt dieses (Art. X Abs. 7 EuÜ).[348]

95 **Zustandekommen und Wirksamkeit** der Schiedsvereinbarung werden in erster Linie nach dem ausdrücklich oder stillschweigend vereinbarten Recht,[349] hilfsweise nach der Rechtsordnung des Staates beurteilt, in dem der Schiedsspruch ergehen soll.[350] Ist letzteres nicht voraussehbar, so wird das autonome Kollisionsrecht der lex fori befragt (Art. VI Abs. 2 EuÜ). Auch hier ist problematisch, ob die **objektive Schiedsfähigkeit** (vgl. § 1030 ZPO) kumulativ nach Vertragsstatut und lex fori[351] oder nur nach letzterer geprüft werden sollte.[352]

96 Für die Schiedsvereinbarung ist – vom EuÜ näher definierte – **Schriftform** erforderlich (Art. I Abs. 2 lit. a EuÜ).[353] Fernschreiben sind Briefen gleichgestellt. Nicht ausreichend sind nach dem Übk. aber Schiedsklauseln in nicht bestätigten Lieferbedingungen,[354] Maklerschlussscheinen[355] oder

340 BGH NJW 1987, 3193 = IPRax 1989, 163 mAnm *Samtleben* IPRax 1989, 148 und mAnm *Welter* EWiR 1987, 1083 = WuB VII A. § 23 ZPO 1/88 mAnm *Schütze;* s. *Becker* RabelsZ 60 (1996), 691 (710 ff.); krit. bei subjektiver Schiedsfähigkeit des Kunden *Schütze* JbPraxSch 1 (1987), 94 (97 f.).

341 Näher Reithmann/Martiny IntVertragsR/*Hausmann* Rn. 7.327 ff.

342 Vgl. BGH RIW 1976, 449; NJW 1984, 2763 = RIW 1984, 644 mAnm *Mezger;* OLG Köln RIW 1993, 499 = IPRax 1993, 399 m. insoweit zust. Aufsatz *Haas* IPRax 1993, 382: bloße Verweisung auf ECE genügte nicht; OLG München NJW-RR 1996, 1532 = WIB 1996, 1180 mAnm *Schnelle:* bloße Bezugnahme auf Einkaufs- und Verkaufsbedingungen reichte nicht aus; Reithmann/Martiny IntVertragsR/*Hausmann* Rn. 7.337 ff.

343 OLG München SchiedsVZ 2009, 340 = IPRspr. 2009 Nr. 280; *Wackenhuth* ZZP 99 (1986), 445 (463); *Kornmeier/Sandrock* in Sandrock IntVertragsgestaltung-HdB II, 1980, Rn. F 91.

344 BGH IPRax 2021, 54 m. Aufsatz *Pika* IPRax 2021, 508 = SchiedsVZ 2021, 97 Rn. 23.

345 BGH IPRax 2021, 54 m. Aufsatz *Pika* IPRax 2021, 508 = SchiedsVZ 2021, 97 Rn. 58.

346 BGBl. 1964 II 426. Engl. und franz. Text bei *Schlosser* Schiedsvereinbarungen, Bd. II, 25 ff. Deutsche Übersetzung auch bei *Jayme/Hausmann* Nr. 241.

347 *Nolting* IPRax 1987, 349 (351 f.); Reithmann/Martiny IntVertragsR/*Hausmann* Rn. 7.251; MüKoZPO/*Gottwald* EuÜ Art. I Rn. 4 je mwN; unentschieden BGHZ 77, 32 (26 f.) = NJW 1980, 2022 = IPRax 1981, 53 m. Aufsatz *Samtleben* IPRax 1981, 43.

348 Näher *Haas* IPRax 1993, 382 (383); MüKoZPO/*Gottwald* UNÜ Art. VII Rn. 6 ff.

349 S. OLG Hamburg RIW 1992, 938; *Otto* IPRax 2003, 333 (334); Reithmann/Martiny IntVertragsR/*Hausmann* Rn. 7.303.

350 Vgl. BGHZ 77, 32 (37 f.) = NJW 1980, 2022 = IPRax 1981, 53 m. Aufsatz *Samtleben* IPRax 1981, 43.

351 *Schmidt-Ahrendts/Höttler* SchiedsVZ 2011, 267 (275 f.); BGHZ 77, 32 (39); vgl. *Epping,* Schiedsvereinbarungen im internationalen Privatrechtsverkehr nach der Reform des deutschen Schiedsverfahrensrechts, 1999, 203 ff.

352 Reithmann/Martiny IntVertragsR/*Hausmann* Rn. 7.392; Stein/Jonas/*Schlosser* ZPO § 1030 Rn. 19; Stein/Jonas/*Schlosser* ZPO § 1061 Anh. Rn. 133.

353 Vgl. BGHZ 77, 32 (37) = NJW 1980, 2022; OLG Hamburg RIW 1982, 283; OLG Frankfurt NJW 1986, 2202.

354 BGH WM 1970, 1050 = IPRspr. 1970 Nr. 133.

355 OLG Hamburg RIW 1979, 482 mAnm *Mezger.*

AGB.[356] Allerdings reicht es aus, wenn die Form nach dem unvereinheitlichten Sitzrecht beider Parteien gewahrt wird (Art. I Abs. 2 lit. a Hs. 2 EuÜ).[357] Dies kann zB bei der Bezugnahme auf AGB der Fall sein.[358]

d) Deutsches unvereinheitlichtes Recht. aa) Zustandekommen und Wirksamkeit. Eine nationale kollisionsrechtliche gesetzliche Regelung der Schiedsvereinbarung besteht nicht.[359] Die materiellrechtliche Qualifikation der Schiedsvereinbarung (→ Rn. 89) zwingt zur Ermittlung eines Vertragsstatuts. Es besteht **Parteiautonomie;** die Parteien können vereinbaren, welches Recht gelten soll.[360] Dies ist zwar ausdrücklich nur für das Verfahren zur Aufhebung oder Vollstreckbarerklärung inländischer Schiedssprüche bestimmt (§ 1059 Abs. 2 Nr. 1 lit. a ZPO). Im Interesse einheitlicher Rechtsanwendung ist diese Regel aber auch im Einredeverfahren vor staatlichen Gerichten anzuwenden.[361] Es ist jedoch umstritten, ob damit die Art. 3 ff. vollständig verdrängt sind[362] und stattdessen § 1059 Abs. 2 Nr. 1 lit. a ZPO entsprechend heranzuziehen ist.[363] **97**

Zwar kann eine eigenständige (anfängliche oder nachträgliche) Rechtswahl vorgenommen werden; regelmäßig richten sich Zustandekommen und Wirksamkeit aber nach dem Statut des Hauptvertrages (ebenso Art. 178 Abs. 2 IPRG Schweiz). Nunmehr beurteilt der BGH das Zustandekommen und die Wirksamkeit einer Schiedsvereinbarung nach **Art V Abs. 1 lit. a UNÜ** analog.[364] Danach unterliegt die Gültigkeit der Vereinbarung vorrangig dem von den Parteien gewählten Recht und hilfsweise dem Recht des Landes, in dem der Schiedsspruch ergangen ist oder – bei analoger Anwendung im Einredeverfahren – ergehen wird.[365] Dagegen kam es nach bisher hM zu einer mittelbaren Anwendung der Art. 3 ff. Rom I-VO auf die Schiedsvereinbarung.[366] Eine für den Hauptvertrag ausdrücklich oder stillschweigend getroffene Rechtswahl wird in der Regel, gestützt auf den Parteiwillen, auf die Schiedsvereinbarung erstreckt.[367] Teilweise wurde auch schon nach altem Recht – vor allem für nationale Schiedsgerichte und in Ermangelung einer stillschweigenden Wahl des Rechts des Hauptvertrages – unter Berufung auf die engste Verbindung eine Anknüpfung der Schiedsvereinbarung an den Schiedsort vorgenommen.[368] Zu beachten ist, dass nach deutschem Recht die Wirksamkeit einer Schiedsvereinbarung nicht von der Wirksamkeit des Hauptvertrages abhängt.[369] Die mit der Vereinbarung eines ausländischen Schiedsgerichts beabsichtigte Nichtanwendung inländischer international zwingender Vorschriften kann zur Nichtbeachtung der Schiedsvereinbarung führen.[370] **98**

---

356 AG Singen RIW 1985, 73 = IPRax 1984, 276 Ls. – Bericht *Jayme.*

357 Näher Reithmann/Martiny IntVertragsR/*Hausmann* Rn. 7.350 ff.; *Kornmeier/Sandrock* in Sandrock IntVertragsgestaltung-HdB, Bd. II, 1980, Rn. F 93 f.; dagegen lässt die Formfreiheit nach dem Recht des Anerkennungsstaates genügen OLG Köln RIW 1993, 499 = IPRax 1993, 399 m. insoweit abl. Aufsatz *Haas* IPRax 1993, 382.

358 BGH WM 1970, 1050 = AWD 1970, 417.

359 De lege ferenda *Magnus* IPRax 2016, 521 ff.

360 OLG Hamm SchiedsVZ 2014, 38 = IPRspr. 2013 Nr. 282.

361 Reithmann/Martiny IntVertragsR/*Hausmann* Rn. 7.274.

362 Bejahend *Hau* IPRax 1999, 232 (234) zu Art. 27 EGBGB aF; Reithmann/Martiny IntVertragsR/*Hausmann* Rn. 8.250; anders zu Art. 27 EGBGB aF BGH IPRax 2006, 266 m. krit. Aufsatz *Geimer* IPRax 2006, 233; *Kronke* RIW 1998, 257 (258); *Eidenmüller* ZZP 114 (2001), 3 (31).

363 So *Schmidt-Ahrendts/Höttler* SchiedsVZ 2011, 267 (272 f.); Reithmann/Martiny IntVertragsR/*Hausmann* Rn. 7.275.

364 BGH NJW-RR 2021, 376 = IPRax 2021, 54 m. Aufsatz *Pika* IPRax 2021, 508 = SchiedsVZ 2021, 97 Rn. 51; dazu *Wächter* SchiedsVZ 2023, 21 (24).

365 BGH IPRax 2021, 54 m. Aufsatz *Pika* IPRax 2021, 508 = SchiedsVZ 2021, 97 Rn. 52.

366 Zu Art. 27 EGBGB BGH RIW 2010, 879 = IPRax 2011, 499 Aufs. *Samtleben* IPRax 2011, 469; OLG Düsseldorf RIW 1996, 239; OLG Hamm SchiedsVZ 2014, 38 mAnm *Bryant;* vgl. *Sandrock* RIW 1986, 845 Fn. 32; *E. Lorenz* ZVersWiss. 1989, 263 (283 ff.); offengelassen von OLG Hamburg IHR 2014, 12 mAnm *Gaber* = IPRspr. 2012 Nr. 43. – Für unmittelbare Anwendung *Basedow* JbPraxSch 1 (1987), 3 (4 ff.) noch zu Art. 27 ff. EGBGB aF.

367 BGHZ 40, 320 (323) = NJW 1964, 591; BGH WM 1969, 216 = IPRspr. 1968–69 Nr. 254 – insoweit nicht in BGHZ 51, 255; BAG DB 1975, 63 = AP ZPO § 38 Nr. 7 mAnm *E. Lorenz;* OLG Hamburg RIW 1979, 482 mAnm *Mezger.*

368 BGH RIW 2016, 536 (543); OLG München IPRspr. 2002 Nr. 223. – S. bereits BGHZ 55, 162 (164) = NJW 1971, 986; OLG Hamburg VersR 1982, 894 mAnm *Riehmer;* VersR 1983, 31 mAnm *Rabe* VersR 1983, 335; OLG Hamburg TranspR 1987, 69 = IPRspr. 1986 Nr. 44: Wirksamkeit folgte dem Recht, das engl. Schiedsgericht auf Zuständigkeitsprüfung anzuwenden hätte. Vgl. auch Reithmann/Martiny IntVertragsR/*Hausmann* Rn. 7.275.

369 BGHZ 53, 315 (318 f.) = NJW 1970, 1046; BGH NJW 1979, 2567.

370 OLG München IPRax 2007, 322 m. krit. Aufs. *Rühl* IPRax 2007, 294 = IHR 2006, 166 m. Aufsatz *Thume* IHR 2006, 169 betr. Handelsvertreter; s. auch OGH IHR 2017, 123 mAnm *Eckardt* = ecolex 2017, 520 m. zust. Anm. *Mankowski.*

99 **bb) Form.** Die maßgebliche Vorschrift für die Form der Schiedsvereinbarung findet sich in § 1031 ZPO. Bei einer Qualifikation der Schiedsvereinbarung als materiellrechtlicher Vertrag wird die maßgebliche Form von Art. 11 EGBGB bestimmt.[371] Die Vorschrift des § 1031 ZPO über den Verlust des Rügerechts würde mithin nur dann zur Anwendung kommen, wenn das deutsche Recht lex causae oder das Recht des Abschlussortes ist.[372] Doch dürfte – ähnlich wie bei der Gerichtsstandsvereinbarung – die Einhaltung von § 1031 ZPO auch dann zu verlangen sein, wenn die Derogation der deutschen internationalen Zuständigkeit wegen einer Schiedsvereinbarung geltend gemacht wird.[373] Wegen des Territorialitätsprinzips des neuen Rechts wird ganz allgemein die Anwendung des Rechts des vereinbarten Schiedsstaats verlangt.[374]

100 **cc) Prozessuale Wirkungen.** Die prozessualen Wirkungen der Schiedsvereinbarungen sind in §§ 1032, 1033 ZPO geregelt. Sie werden im Einredeverfahren nach der lex fori des angerufenen Gerichts beurteilt.[375]

2. Schiedsgerichte und Internationales Vertragsrecht.

Schrifttum: *Babić,* Rome I Regulation: binding authority for arbitral tribunals in the European Union?, JPIL 13 (2017), 71; *Basedow,* Vertragsstatut und Arbitrage nach neuem IPR, JbPraxSch 1 (1987), 3; *Böckstiegel,* Die Bestimmung des anwendbaren Rechts in der Praxis internationaler Schiedsgerichtsverfahren, FS Beitzke, 1979, 443; *Derains,* Possible Conflict of Law Rules and the Rules Applicable to the Dispute in Sanders (Hrsg.), UNCITRAL's Project for a model law on international commercial arbitration, 1984, 169; *Drobnig,* Internationale Schiedsgerichtsbarkeit und wirtschaftsrechtliche Eingriffsnormen, FS Kegel, 1987, 95; *Emde,* Internationale vertriebsrechtliche Schiedsverfahren, RIW 2016, 104; *Grimm,* Applicability of the Rome I and II Regulations to International Arbitration, SchiedsVZ 2012, 189; *Handorn,* Das Sonderkollisionsrecht der deutschen internationalen Schiedsgerichtsbarkeit zur Bestimmung des anwendbaren materiellen Rechts gemäß § 1051 Abs. 1 und 2 ZPO, 2005; *Hausmann,* Anwendbares Recht vor deutschen und italienischen Schiedsgerichten, FS v. Hoffmann, 2011, 971; *Junker,* Deutsche Schiedsgerichte und Internationales Privatrecht (§ 1051 ZPO), FS Sandrock, 2000, 443; *Kulpa,* Das anwendbare (materielle) Recht in internationalen Handelsschiedsgerichtsverfahren, 2005; *Mankowski,* Rom I-VO und Schiedsverfahren, RIW 2011, 30; *Martiny,* Die Bestimmung des anwendbaren Sachrechts durch das Schiedsgericht, FS Schütze, 1999, 529; *McGuire,* Grenzen der Rechtswahlfreiheit im Schiedsverfahrensrecht?, SchiedsVZ 2011, 257; *Nueber,* Nochmals: Schiedsgerichtsbarkeit ist vom Anwendungsbereich der ROM I-VO nicht erfasst, SchiedsVZ 2014, 186; *Pörnbacher/Baur,* Rechtswahl und ihre Grenzen in der internationalen Schiedsgerichtsbarkeit, FS Schütze, 2014, 431; *Sandrock,* Die objektive Anknüpfung von Verträgen nach § 1051 Abs. 2 ZPO, RIW 2000, 321; *Schack,* Sonderkollisionsrecht für private Schiedsgerichte?, FS Schütze, 2014, 511; *Schütze,* Die Bestimmung des anwendbaren Rechts im Schiedsverfahren und die Feststellung seines Inhalts, Liber Amicorum Böckstiegel, 2001, 715; *Solomon,* Das vom Schiedsgericht in der Sache anzuwendende Recht nach dem Entwurf eines Gesetzes zur Neuregelung des Schiedsverfahrensrechts, RIW 1997, 981; *Vocke,* Die Bestimmung des anzuwendenden materiellen Rechts in internationalen Handelsschiedsverfahren im Lichte des deutschen Schiedsverfahrensrechts vom 1. Januar 1998, 2002.

101 **a) Anwendbares Kollisionsrecht.** (Zum allgemeinen Schrifttum vor → Rn. 1.) Auch ein Schiedsgericht steht vor dem Problem, welches Sachrecht es auf einen Rechtsstreit anwenden soll. Dabei stellt sich vor allem in der Internationalen Schiedsgerichtsbarkeit noch die vorgreifliche Frage nach dem für den Schiedsrichter maßgeblichen Kollisionsrecht.[376] Sie gehört in den größeren Zusammenhang der Adressaten des IPR (→ Einl. IPR Rn. 320).

102 Als Rechtsquelle kommen einzelne Staatsverträge sowie die Verfahrensordnungen einzelner Schiedsgerichte in Betracht. Das **UNÜ** (→ Rn. 91) regelt die Frage nicht ausdrücklich. Da die Rechtsanwendung allerdings auch nicht unter den Anerkennungshindernissen genannt wird, impliziert dies die Freiheit des Schiedsrichters bezüglich des Kollisionsrechts.[377] Dagegen gewährt Art. VII

[371] *Basedow* JbPraxSch 1 (1987), 3 (12 f.). Vgl. *Kornmeier/Sandrock* in Sandrock IntVertragsgestaltung-HdB II, 1980, Rn. F 17; *Schlosser* Schiedsvereinbarungen Bd. I Rn. 331.

[372] BGHZ 71, 131 (137) = NJW 1978, 1744; dagegen für grundsätzliche Anwendung *Schmidt-Ahrendts/Höttler* SchiedsVZ 2011, 267 (274).

[373] *Wächter* SchiedsVZ 2023, 21 (28) bei inländischem Schiedsort; Reithmann/Martiny IntVertragsR/*Hausmann* Rn. 7.360 f.; vgl. auch BGHZ 52, 31 (34) = NJW 1969, 1536; anders *Schütze/Tscherning/Wais,* Handbuch des Schiedsverfahrens, 2. Aufl. 1990, Rn. 66.

[374] *Epping,* Schiedsvereinbarungen im internationalen Privatrechtsverkehr nach der Reform des deutschen Schiedsverfahrensrechts, 1999, 122; Reithmann/Martiny IntVertragsR/*Hausmann* Rn. 7.358. Für die Anwendung von Art. 11 EGBGB bei ausländischem oder unbekanntem Schiedsort *Wächter* SchiedsVZ 2023, 21 (28).

[375] Reithmann/Martiny IntVertragsR/*Hausmann* Rn. 7.421.

[376] Näher *Böckstiegel* FS Beitzke, 1979, 443 ff.; *Böckstiegel* FS Schütze, 1999, 141 ff.; *Stein,* Lex mercatoria, 1995, 219 ff.

[377] *Derains* in Sanders, UNCITRAL's Project for a model law on international commercial arbitration, 1984, 1984, 169 (172 f.).

Abs. 1 **EuÜ** (→ Rn. 94) den Parteien ausdrücklich die Befugnis, das in der Hauptsache anwendbare Recht zu vereinbaren. Damit ist der **Grundsatz der Parteiautonomie** verankert. Im Übrigen besteht aber keine Bindung an ein bestimmtes Kollisionsrecht.[378] Mangels Rechtswahl wird die Frage dem pflichtgemäßen Ermessen der Schiedsrichter überlassen; allerdings ist anzunehmen, dass sie von den vom Streitfall berührten Rechtsordnungen auszugehen haben.[379] Nach dem EuÜ ist zunächst das maßgebliche Kollisionsrecht zu ermitteln.[380] Das Schiedsgericht hat sodann das Sachrecht anzuwenden, auf welches die Kollisionsnormen hinweisen, von denen auszugehen das Schiedsgericht jeweils für richtig hält. Die Bestimmungen des Vertrages und Handelsbräuche sind zu beachten. Eine identische Bestimmung enthält Art. 38 ECE-Schiedsordnung von 1966.[381]

Art. 28 Abs. 1 **UNCITRAL-Modellgesetz über die Internationale Handelsschiedsgerichtsbarkeit** vom 21.6.1985[382] erklärt in erster Linie die Vereinbarung von „rules of law" durch die Parteien für zulässig. Fehlt es an einer solchen Vereinbarung, so soll der Schiedsrichter von den „conflict of law rules" ausgehen, die er für anwendbar hält (Abs. 2). Nach Art. 21 Abs. 1 **ICC-SchiedsGO** 2017 können die Parteien die in der Sache anzuwendenden Rechtsregeln frei bestimmen.[383] Liegen keine Hinweise auf eine Rechtswahl vor, so wendet der Schiedsrichter die Rechtsregeln an, die er für geeignet hält. Er ist nicht verpflichtet, das maßgebliche Kollisionsrecht festzulegen oder anzuwenden.[384] Bestrebungen, den IntHK-Schiedsrichtern Empfehlungen über das anzuwendende IVR zur Verfügung zu stellen,[385] sind bislang gescheitert.[386] In der Praxis versuchen die Schiedsrichter häufig Ergebnisse zu erreichen, die den Kollisionsrechten der Heimatstaaten der Parteien oder neueren Konventionen entsprechen.[387] In einer Reihe von Fällen wurde jedoch die kollisionsrechtliche Frage nicht mehr geprüft und stattdessen auf die sog. lex mercatoria (→ Art. 3 Rn. 37 ff.) oder allgemeine Rechtsgrundsätze abgestellt. – Art. 35 **UNCITRAL-SchiedsO** von 2010 gestattet es dem Schiedsrichter Kollisionsregeln (mithin auch die Rom I-VO) anzuwenden, aber auch direkt die in der Sache anwendbaren Rechtsregeln anzuwenden.[388] 103

In der **nationalen Schiedsgerichtsbarkeit** ist die Frage unterschiedlich geregelt.[389] Teilweise bestehen eigene kollisionsrechtliche Normen für Schiedsrichter (so Art. 187 IPRG Schweiz), zum Teil wird auf das Kollisionsrecht des Schiedsortes oder des Schiedsverfahrens Bezug genommen. Ständige nationale Schiedsgerichte bestimmen oft aber auch einfach, dass das materielle Recht des Schiedsortes anzuwenden ist (→ Rn. 107 ff.). Das deutsche Recht enthält eine Regelung in § 1051 ZPO (→ Einl. IPR Rn. 320). Danach ist eine Vorgabe durch **staatliches Kollisionsrecht** erfolgt.[390] Inhaltlich ist eine subjektive Rechtswahl gestattet (Abs. 1). 104

Haben die Parteien die anzuwendenden Rechtsvorschriften nicht bestimmt, so kommt es zu einer objektiven Anknüpfung. Nach § 1051 Abs. 2 ZPO hat das Schiedsgericht das Recht desjenigen Staates 105

---

378 *Lando* Arb. Int. 2 (1986), 106 f. (110); *Stein,* Lex mercatoria, 1995, 125 f.; vgl. auch *Drobnig* FS Kegel, 1987, 95 (101 ff.). – Keine Bindung an ein bestimmtes Kollisionsrecht besteht auch für das Iran-US-Claims Tribunal; näher *Böckstiegel* FS der Rechtswiss. Fak. Köln, 1988, 605 (617); *Crook* Am. J. Int. L. 83 (1989), 281 ff. mwN.

379 Näher *Martiny* FS Schütze, 1999, 529 (532); *Hausmann* FS v. Hoffmann, 2011, 971 (972).

380 *Hausmann* FS v. Hoffmann, 2011, 971 (972).

381 Text *Sandrock* IntVertragsgestaltung-HdB II, 1980, 1118; *Schlosser* Schiedsvereinbarungen, Bd. II, 153. – Zur ECE-SchiedsO auch *Aden,* Internationale Handelsschiedsgerichtsbarkeit, 2. Aufl. 2003, 259 ff.; *Schütze/Tscherning/Wais,* Handbuch des Schiedsverfahrens, 2. Aufl. 1990, Rn. 795 ff.

382 Franz. Text: Rev. dr. unif. 1985 II, 320; engl. Text: Rev. dr. unif. 1985 II, 321 = Commercial Laws of Europe 9 (1986), 147; dazu *Calavros,* Das UNCITRAL-Modellgesetz über die internationale Handelsschiedsgerichtsbarkeit, 1988; *Calavros* in Habscheid/Beys, Grundfragen des Zivilprozessrechts, Bd. IV, 1991, 309; Deutsches Institut für Schiedsgerichtswesen, Übernahme des UNCITRAL-Modellgesetzes über die internationale Handelsschiedsgerichtsbarkeit in das deutsche Recht, 1989; *Granzow,* Das UNCITRAL-Modellgesetz über die internationale Handelsschiedsgerichtsbarkeit von 1985, 1988; *Herrmann* in Habscheid/Beys, Grundfragen des Zivilprozessrechts, Bd. IV, 1991, 235; *Husselein/Stich,* Das UNCITRAL-Modellgesetz über die internationale Handelsschiedsgerichtsbarkeit, 1990; *Real* ZVglRWiss 89 (1990), 407; *Vocke,* Die Bestimmung des anzuwendenden materiellen Rechts in internationalen Handelsschiedsverfahren im Lichte des deutschen Schiedsverfahrensrechts vom 1. Januar 1998, 2002, 66 ff.

383 Zur SchiedsO 1998 Kronke/Melis/Kuhn IntWirtschaftsR-HdB/*Baier* S. 2162 ff.

384 *Hausmann* FS v. Hoffmann, 2011, 971 (975 f.).

385 Dazu *Lando* FS Zweigert, 1981, 157 ff. (Entwurf 173).

386 S. nunmehr aber die Hague Principles on international contracts vom 19.3.2015.

387 Nachweise bei *Derains* in Sanders, UNCITRAL's Project for a model law on international commercial arbitration, 1984, 1984, 169 (176 ff.); *Lando* Arb. Int. 2 (1986), 106 (110 ff.); *Drobnig* FS Kegel, 1987, 95 (103); *Basedow* JbPraxSch. 1 (1987), 3 (16 ff.); dagegen für den Ort des Schiedsgerichts *Aden,* Internationale Handelsschiedsgerichtsbarkeit, 2. Aufl. 2003, 106.

388 *Hausmann* FS v. Hoffmann, 2011, 971 (975).

389 Näher *Drobnig* FS Kegel, 1987, 95 (100 f.).

390 *Sandrock* RIW 2000, 323; MüKoZPO/*Münch* ZPO § 1051 Rn. 1 f.; Zöller/*Geimer* ZPO § 1051 Rn. 2.

anzuwenden, mit dem der Gegenstand des Verfahrens die engsten Verbindungen aufweist. Diese kollisionsrechtliche Vorgabe weicht vom Modellgesetz ab, wonach es in erster Linie auf die Rechtswahl ankommt und der Schiedsrichter im Übrigen das Recht anzuwenden hat, „welches das von ihm für anwendbar erachtete Kollisionsrecht bestimmt" (Art. 28 Abs. 2 ModG).[391] Die vermeintliche Präzisierung im deutschen Recht hat zwar die Maßgeblichkeit der **subjektiven Rechtswahl** bestätigt, wirft im Übrigen aber Zweifel auf. Sie beseitigt nämlich scheinbar das dem Schiedsrichter eingeräumte Ermessen, sich auf ein ihm angemessen erscheinendes Kollisionsrecht zu stützen.[392]

106 Die **„engste Verbindung"** wirft die Frage auf, ob dies das einzige Kriterium sein soll und ob des Weiteren eine vollständige Bindung an das deutsche Kollisionsrecht gewollt ist. Dies wäre dann eine Absage an die sich international immer mehr durchsetzende Auffassung von einem Sonderkollisionsrecht für die Internationale Schiedsgerichtsbarkeit.[393] Für eine solche Bindung an das nationale Kollisionsrecht spricht zwar die Gesetzesbegründung, keineswegs deutlich aber der Gesetzestext.[394] Entgegen dem Ausgangspunkt der Reformkommission hatte sich eine Bezugnahme auf die Art. 3 ff. EGBGB und insbesondere auf die damaligen Art. 27 ff. EGBGB (nunmehr Art. 3 ff. Rom I-VO) durchgesetzt.[395] Diese Absicht hat sich freilich in der Gesetzesfassung selbst nicht bzw. nur ansatzweise niedergeschlagen.[396] Folglich besteht Unsicherheit, ob ein Schiedsgericht im Rahmen der ZPO alle[397] bzw. nur einige Vorschriften der Rom I-VO direkt oder entsprechend heranzuziehen hat oder ob sie für den Schiedsrichter gar nicht gelten.[398] Eine vollständige Anbindung an die Regeln des deutschen IPR wäre insofern misslich, als diese Regeln in erheblichem Umfang (zB im Gesellschaftsrecht) nicht oder nur ansatzweise kodifiziert sind. Schiedsgerichte beschäftigen sich aber auch mit diesen Materien und nicht nur mit dem Vertragsrecht. Die Rom I-VO hat die Schiedsvereinbarungen ausdrücklich ausgenommen (Art. 1 Abs. 2 lit. e). Zwar heißt es im Bericht *Giuliano/Lagarde,* der Ausschluss der staatsvertraglichen Regeln betreffe lediglich die Schiedsvereinbarung und nicht den Hauptvertrag selbst.[399] Diese Äußerung bezieht sich jedoch nur auf die Beurteilung des Vertrages durch ein staatliches Gericht.[400] Entgegen der Begründung des Regierungsentwurfs[401] beanspruchen daher **die Kollisionsregeln des EVÜ** – und heute **der Rom I-VO**[402] – **keine Anwendung für das Schiedsverfahren.**[403] Eine Bindung an die Regeln der Rom I-VO wäre zwar möglich.[404] Sie ist jedoch nicht erfolgt.[405]

---

[391] UNCITRAL-Modellgesetz für die internationale Handelsschiedsgerichtsbarkeit vom 21.6.1985, ILM 24 (1985) 1302 (engl.); näher dazu *Sandrock* RIW 2000, 321 (323); *Vocke,* Die Bestimmung des anzuwendenden materiellen Rechts in internationalen Handelsschiedsverfahren im Lichte des deutschen Schiedsverfahrensrechts vom 1. Januar 1998, 2002, 25 f., 114.

[392] Für tatsächliche Beseitigung *Schütze* FS Böckstiegel, 2001, 715 (716 f.).

[393] Näher *Berger* in Berger, Das neue Recht der Schiedsgerichtsbarkeit, 1998, 21 ff.; *Handorn,* Das Sonderkollisionsrecht der deutschen internationalen Schiedsgerichtsbarkeit zur Bestimmung des anwendbaren materiellen Rechts gemäß § 1051 Abs. 1 und 2 ZPO, 2005, 10 ff.

[394] Näher *Solomon* RIW 1997, 981 ff.; Harmonisierungsvorschlag bei *Berger* in Berger, Das neue Recht der Schiedsgerichtsbarkeit, 1998, 22 f.

[395] S. BT-Drs. 13/5274, 52; dazu *Berger* DZWiR 1998, 52; *Berger* in Berger, Das neue Recht der Schiedsgerichtsbarkeit, 1998, 21 f.

[396] Vgl. *Solomon* RIW 1997, 981 ff.

[397] So etwa *Weigand* WiB 1997, 1273 (1276).

[398] Für letzteres *Hausmann* FS v. Hoffmann, 2011, 971 (977 ff.); zum EVÜ *Kronke* RIW 1998, 257 (262 f.).

[399] Bericht *Giuliano/Lagarde* BT-Drs. 10/503, 44. – Zur Auslegung *Zobel,* Schiedsgerichtsbarkeit und Gemeinschaftsrecht, 2005, 38 ff.

[400] *Babić* JPIL 13 (2017), 71 (79 ff.); *Kassis,* Le nouveaux droit européen des contrats internationaux, 1993, Rn. 492 ff.; anders BT-Drs. 13/5274, 52; vgl. auch *Handorn,* Das Sonderkollisionsrecht der deutschen internationalen Schiedsgerichtsbarkeit zur Bestimmung des anwendbaren materiellen Rechts gemäß § 1051 Abs. 1 und 2 ZPO, 2005, 59 ff.

[401] S. bei *Berger,* Das neue Recht der Schiedsgerichtsbarkeit, 1998, 260 ff.; anders noch Bericht der Reformkommission 167.

[402] *Thorn/Thon* FS Kronke, 2020, 569 (576 ff.); ebenso *Pfeiffer* NJW 2012, 1169 (1170 f.); *Grimm* SchiedsVZ 2012, 189 ff.; *Mayer* in Corneloup/Joubert, Le règlement communautaire „Rome I", 2011, 423 (428 f.); *Schilf* RIW 2013, 678 ff.; *Nueber* SchiedsVZ 2014, 186 ff.; *Pörnbacher/Baur* FS Schütze, 2014, 431 (439 f.); *Schack* FS Schütze, 2014, 511 ff.; *Wegen/Asbrand* RIW 2016, 557 (560); *Babić* JPIL 13 (2017), 71 (89 f.); *Bělohlávek* NIPR 2020, 634 (642 ff.); Reithmann/Martiny IntVertragsR/*Hausmann* Rn. 7.443 ff.; *Krämer,* Möglichkeiten und Grenzen der Rechtswahl in Schiedsverfahren in Deutschland, 2022, 136 ff.; Rauscher/*v. Hein* Art. 1 Rn. 40; anders *Mankowski* RIW 2011, 30 ff.; *Mankowski* FS v. Hoffmann, 2011, 1012 (1022 ff.); *Mankowski* FS Schütze, 2014, 369 ff.; *McGuire* SchiedsVZ 2011, 257 (262 ff.); *Yüksel* JPIL 7 (2011), 149 (177 f.); *Czernich* WiBl 2013, 554 ff.; *Czernich* WiBl 2016, 301 ff.; *Lugani* FS Neumayr I, 2023, 851 (852 ff.); *Gößling,* Europäisches Kollisionsrecht und internationale Schiedsgerichtsbarkeit, 2019, 114 ff.; diff. *Emde* RIW 2016, 104 (110 f.).

[403] Näher zum EGBGB *Basedow* JPraxSch 1 (1987), 3 (4); *Sandrock* RIW 1992, 785 ff.; *Schlosser* RIW 1994, 723 (727); *Solomon* RIW 1997, 986 ff.; *Voit* JZ 1997, 123 f.; *Martiny* FS Schütze, 1999, 529 (532 ff.); *Berger*

b) Anwendbares Sachrecht. aa) Subjektive Rechtswahl. Die angeführten staatsvertraglichen kollisionsrechtlichen Regeln honorieren alle eine Rechtswahl der Parteien. Dies gilt auch für nationale Schiedsgerichte.[406] Mangels Rechtswahl kommt es zu einer objektiven Anknüpfung nach den für maßgeblich gehaltenen Kollisionsnormen. Deutsche Schiedsgerichtsordnungen sehen zum Teil ausdrücklich vor, dass das materielle Recht des Schiedsortes anzuwenden ist[407] (→ Art. 3 Rn. 52). **107**

Nach deutschem Recht gilt für die **subjektive Rechtswahl** die Regelung in § 1051 Abs. 1 ZPO.[408] Danach hat das Schiedsgericht die Streitigkeit in Übereinstimmung mit den Rechtsvorschriften zu entscheiden, die von den Parteien als auf den Inhalt des Rechtsstreits anwendbar bezeichnet worden sind (§ 1051 Abs. 1 S. 1 ZPO). Es besteht also Parteiautonomie. In erster Linie entscheidet – ebenso wie nach Art. 3 Abs. 1 S. 1 Rom I-VO – die subjektive Rechtswahl. Die Bezeichnung des Rechts oder der Rechtsordnung eines bestimmten Staates ist als unmittelbare Verweisung auf die Sachvorschriften dieses Staates und nicht auf sein Kollisionsrecht zu verstehen (§ 1051 Abs. 1 S. 2 ZPO).[409] Anderes gilt nur dann, sofern die Parteien ausdrücklich etwas anderes vereinbart haben. Rück- und Weiterverweisung bleiben daher regelmäßig außer Betracht. **108**

Da das Gesetz die **Voraussetzungen und Grenzen einer subjektiven Rechtswahl** nicht näher präzisiert, könnte man die Maßstäbe hierfür unmittelbar der Vorschrift des § 1051 Abs. 1 ZPO entnehmen. Nach der Auffassung der Gesetzesverfasser soll hierin allerdings eine weitgehende Verweisung auf Art. 27 EGBGB (nunmehr Art. 3 Rom I-VO) liegen. Zwar besteht zwischen beiden Vorschriften im Ausgangspunkt Übereinstimmung; gleichwohl enthält Art. 3 Präzisierungen, welche sich in § 1051 ZPO nicht finden. Eine Anlehnung an die Grundsätze des Internationalen Vertragsrechts ist jedoch geboten.[410] **109**

Aus der erlaubten Verweisung auf „Rechtsvorschriften" ist zu schließen, dass die Parteien des Schiedsverfahrens nicht nur eine einzige Rechtsordnung wählen müssen. Vielmehr ist eine Wahl von Vorschriften mehrerer Rechtsordnungen oder eine nur **teilweise Rechtswahl** zulässig.[411] Ob damit eine weitergehende teilweise Rechtswahl als nach Art. 3 Abs. 1 S. 3 gestattet ist, ist noch ungeklärt.[412] **110**

Da sich die Verweisung auf **„Rechtsvorschriften"** („rules of law" in Art. 28 Abs. 2 UNCITRAL-Modellgesetz vom 21.6.1985), nicht aber (enger) auf ein „Recht" oder eine „Rechtsordnung" bezieht, sind die Parteien nicht auf eine nationale Rechtsordnung beschränkt. Vielmehr ist eine Wahl der Vorschriften eines internationalen Staatsvertrages ebenfalls gestattet. Daher kann zB das UN-Einheitskaufrecht vereinbart werden.[413] Ferner ist die Vereinbarung von verschiedentlich ausgearbeiteten **Grundregeln für internationale Handelsverträge** (→ Art. 3 Rn. 34) zulässig.[414] **111**

---

in Berger, Das neue Recht der Schiedsgerichtsbarkeit, 1998, 22 f.; *Junker* FS Sandrock, 2000, 443 (451 ff.); *Handorn,* Das Sonderkollisionsrecht der deutschen internationalen Schiedsgerichtsbarkeit zur Bestimmung des anwendbaren materiellen Rechts gemäß § 1051 Abs. 1 und 2 ZPO, 2005, 69 f.; *Vocke,* Die Bestimmung des anzuwendenden materiellen Rechts in internationalen Handelsschiedsverfahren im Lichte des deutschen Schiedsverfahrensrechts vom 1. Januar 1998, 2002, 44 ff.; *Zobel,* Schiedsgerichtsbarkeit und Gemeinschaftsrecht, 2005, 107 f.

404 Ebenso etwa *Hausmann* FS v. Hoffmann, 2011, 971 (978); *Plender/Wilderspin,* The European private international law of obligations, 5. Aufl. 2020, Rn. 5.039.

405 *Martiny* FS Schütze, 1999, 529 (532 ff.); *Junker* FS Sandrock, 2000, 443 (456 f.); *Hartenstein* TranspR 2008, 143 (148); *Kulpa,* Das anwendbare (materielle) Recht in internationalen Handelsschiedsgerichtsverfahren, 2005, 346 ff.; anders *G. Wagner* FS Schumann, 2001, 535. – Unentschieden Zöller/*Geimer* ZPO § 1051 Rn. 3.

406 *Pörnbacher/Baur* FS Schütze, 2014, 431 ff. Vgl. *Aden* RIW 1984, 934 ff.; krit. zur Einordnung der Missachtung einer Rechtswahl als Verfahrensfehler *Gottwald* FS Nagel, 1987, 54 (62 f.).

407 Näher *Drobnig* FS Kegel, 1987, 95 (100). – Die Geltung engl. Rechts für ein Londoner Schiedsgericht nimmt OLG Hamburg VersR 1982, 894 an (Wirksamkeit der Schiedsklausel verneint).

408 *Berger* in Berger, Das neue Recht der Schiedsgerichtsbarkeit, 1998, 20 ff.; *Hausmann* FS v. Hoffmann, 2011, 971 (973 ff.); *Kronke* RIW 1998, 257 (262). – *Solomon* RIW 1997, 981 (986 ff.) bestreitet offenbar eine Bindung des Schiedsgerichts.

409 *Hausmann* FS v. Hoffmann, 2011, 971 (980); *Lachmann,* Handbuch für die Schiedsgerichtspraxis, 3. Aufl. 2008, Rn. 941.

410 *Hausmann* FS v. Hoffmann, 2011, 971 (979 ff.). – Für eine unmittelbare Bindung dagegen *McGuire* SchiedsVZ 2011, 257 (263 ff.).

411 *Berger* DZWiR 1998, 52; *Junker* FS Sandrock, 2000, 443 (460); *Hausmann* FS v. Hoffmann, 2011, 971 (981); *Pörnbacher/Baur* FS Schütze, 2014, 435.

412 *Solomon* RIW 1997, 981 (982).

413 *Martiny* FS Schütze, 1999, 529 (538); *Wegen/Asbrand* RIW 2016, 557 (561); Schlechtriem/Schwenzer/*Ferrari* CISG Art. 1 Rn. 82 ff.

414 *Berger* in Berger, Das neue Recht der Schiedsgerichtsbarkeit, 1998, 21; *Solomon* RIW 1997, 981 (982); *Junker* FS Sandrock, 2000, 460 f.; *Mankowski* RIW 2003, 2 (12); *Mankowski* in Leible, Grünbuch, 2004, 63 (98 ff.); *Sandrock* RIW 2000, 322 – offenbar nur als materiellrechtliche Verweisung; *Pörnbacher/Baur* FS Schütze, 2014, 436; *Wegen/Asbrand* RIW 2016, 557 (561); *Vocke,* Die Bestimmung des anzuwendenden

Schließlich ist es erlaubt, die Grundsätze und Regeln der **lex mercatoria** zu vereinbaren.[415] Auch wenn gegen die Vereinbarung der lex mercatoria vor den staatlichen Gerichten Bedenken bestehen (→ Art. 3 Rn. 37 ff.), so gilt das nicht für das schiedsrichterliche Vertragskollisionsrecht in internationalen Handelsstreitigkeiten.[416] Hierfür lässt sich auch anführen, dass die Parteien sich sogar einer Billigkeitsentscheidung unterwerfen dürfen (§ 1051 Abs. 3 ZPO). Die Scharia allein als Rechtsvorschrift ist zu unbestimmt.[417]

112 Das geltende Schiedsverfahrensrecht ist nicht nur in Handelssachen, sondern auch in **Verbrauchersachen** anwendbar. Für die Form der Schiedsvereinbarung ist insofern eine eigene Vorschrift vorgesehen (§ 1031 Abs. 5 ZPO). Die Gesetzesbegründung fühlt sich zwar einerseits offenbar an die internationalvertragsrechtlichen Regeln über den Schutz durch zwingende Normen gebunden. Der Gesetzestext selbst kennt aber keinerlei verbraucherrechtliche Rechtswahlbeschränkungen. Da es in der Begründung ausdrücklich heißt, man könne den Schutz des Verbrauchers vernachlässigen, da er quantitativ nicht ins Gewicht falle, enthält jedenfalls § 1051 ZPO keine Beschränkung.[418] Allerdings lässt sich im Wege einer systematischen und teleologischen Auslegung vertreten, dass auch hier dem Verbraucherschutz nach ähnlichen Maßstäben wie in Art. 17 ff. Brüssel Ia-VO (Art. 15 ff. LugÜ) und Art. 6 Rom I-VO, Art. 46b EGBGB Rechnung getragen werden muss.[419]

113 **bb) Objektive Anknüpfung.** Haben die Parteien die anzuwendenden Rechtsvorschriften nicht wirksam gewählt, so hat das Schiedsgericht im Wege einer objektiven Anknüpfung das Recht des Staates anzuwenden, mit dem der Gegenstand des Verfahrens die „engsten Verbindungen" aufweist (§ 1051 Abs. 2 ZPO). Entgegen der Gesetzesbegründung[420] liegt darin eine Abweichung vom Modellgesetz, wonach der Schiedsrichter die Kollisionsregeln anzuwenden hat, welche er für anwendbar erachtet (Art. 28 Abs. 2 ModG). Die ZPO dagegen verweist auf Sachnormen, konkretisiert aber nicht, was im Einzelnen mit der **engsten Verbindung** gemeint ist. Daher ist zunächst zu entscheiden, welches nationale Kollisionsrecht zur Ausfüllung heranzuziehen ist. Insoweit ordnet das deutsche Kollisionsrecht die Maßgeblichkeit der engsten Verbindung an. Gewollt war offenbar eine Bezugnahme auf die damaligen Art. 3 ff. EGBGB, auf welche, so die Begründung, die gesetzliche Regelung „der Sache nach" abstelle.[421] Dies geht aus dem Gesetzeswortlaut selbst aber nicht hervor. Somit ist beispielsweise offen geblieben, wie weit sich das Schiedsgericht auch hier ohne weiteres auf die lex mercatoria beziehen darf. Dies dürfte zu verneinen sein.[422]

114 Vielfach wurde – in Einklang mit der Gesetzesbegründung – angenommen, dass die **engste Verbindung** nach dem Maßstab des **Art. 4 Rom I-VO** (früher Art. 28 EGBGB) zu ermitteln sei.[423] Da aber diese Bestimmung eine differenzierende Regelung enthält, ist zweifelhaft, ob lediglich die engste Verbindung gemeint ist[424] oder aber auch die unterschiedlichen Anknüpfungsregeln sowie die Ausweichklausel heranzuziehen sind.[425] Letzteres wird namentlich für die charakteristische Leistung

materiellen Rechts in internationalen Handelsschiedsverfahren im Lichte des deutschen Schiedsverfahrensrechts vom 1. Januar 1998, 2002, 53 f.

415 *Labes/Lörcher* MDR 1997, 420 (424); *Berger* DZWiR 1998, 52; *Berger* in Berger, Das neue Recht der Schiedsgerichtsbarkeit – The New German Arbitration Law, 1998, 21; *Kronke* RIW 1998, 257 (262 f.); Reithmann/Martiny IntVertragsR/*Hausmann* Rn. 7.473; anders wegen des unbestimmbaren Inhalts *Wegen/Asbrand* RIW 2016, 557 (561 f.).

416 Vgl. *Solomon* RIW 1997, 981 (982); *Junker* FS Sandrock, 2000, 443 (460 f.).

417 *Wegen/Asbrand* RIW 2016, 557 (562).

418 *Hausmann* FS v. Hoffmann, 2011, 971 (984); ebenso *Solomon* RIW 1997, 981 (983). Unentschieden *Kronke* RIW 1998, 263.

419 *Hausmann* FS v. Hoffmann, 2011, 971 (984); s. auch schon *Martiny* FS Schütze, 1999, 529 (538). – Nur mit dem ordre public will reagieren *Vocke,* Die Bestimmung des anzuwendenden materiellen Rechts in internationalen Handelsschiedsverfahren im Lichte des deutschen Schiedsverfahrensrechts vom 1. Januar 1998, 2002, 122 ff.

420 BT-Drs. 13/5274, 53; dagegen insbes. *Solomon* RIW 1997, 983 f. Zweifel auch bei *Lörcher/Lörcher,* Das Schiedsverfahren – national/international – nach deutschem Recht, 2. Aufl. 2001, Rn. 195.

421 BT-Drs. 13/5274, 53; *Berger* DZWiR 1998, 52.

422 *Sandrock* RIW 2000, 321 (322 ff.); Reithmann/Martiny IntVertragsR/*Hausmann* Rn. 7.472, aber Lückenfüllung erlaubt.

423 *Berger* DZWiR 1998, 52 f.; *Lörcher/Lörcher,* Das Schiedsverfahren – national/international – nach deutschem Recht, 2. Aufl. 2001, Rn. 196; *Lachmann,* Handbuch für die Schiedsgerichtspraxis, 3. Aufl. 2008, Rn. 943; *Schütze/Thümmel,* Schiedsgericht und Schiedsverfahren, 7. Aufl. 2021, § 12 Rn. 10; Zöller/*Geimer* ZPO § 1051 Rn. 5.

424 So wohl *Solomon* RIW 1997, 981 (984).

425 Für letzteres BT-Drs. 13/5274, 53; *Weigand* WiB 1997, 1277; *Lörcher/Lörcher,* Das Schiedsverfahren – national/international – nach deutschem Recht, 2. Aufl. 2001, Rn. 196 ff.; dagegen *Kronke* RIW 1998, 257 (263).

bejaht.[426] Andere wollen die objektive Anknüpfung hingegen nur zur Konkretisierung des schiedsrichterlichen Ermessens heranziehen.[427] Da der Wortlaut des § 1051 Abs. 2 ZPO gerade keine Verweisung auf Art. 4 Rom I-VO (früher Art. 28 EGBGB) ausspricht, ferner diese auch inhaltlich nicht geboten ist, besteht **keine unbedingte Bindung** daran.[428] Das Schiedsgericht darf sich daher zwar an den Maßstäben dieser Vorschrift orientieren, ist aber nicht in jedem Fall daran gebunden.[429]

Obwohl die ZPO-Vorschriften grundsätzlich auch auf **Verbraucherverträge** anwendbar sind, **115**
enthalten sie keinerlei Vorgaben für die objektive Anknüpfung solcher Verträge. Die Gesetzesbegründung meint, dass – da die engste Verbindung sich auf Art. 28 EGBGB (nunmehr Art. 4 Rom I-VO) beziehe – die Spezialbestimmung des Art. 29 Abs. 2 EGBGB (nunmehr Art. 6 Abs. 1 Rom I-VO) ebenfalls anwendbar sei.[430] Auch hier fehlt aber eine präzise Einschränkung, so dass das Schiedsgericht ggf. verbraucherschützende Regeln zu entwickeln hat und sich dabei an den Maßstäben des Art. 6 Rom I-VO orientieren kann.[431]

Das Schiedsgericht hat grundsätzlich eine **Rechtsentscheidung** zu treffen.[432] Es darf nur dann **116**
nach Billigkeit entscheiden, wenn die Parteien es ausdrücklich dazu ermächtigt haben (§ 1051 Abs. 3 S. 1 ZPO). Die Ermächtigung kann bis zur Entscheidung des Schiedsgerichts erteilt werden (§ 1051 Abs. 3 S. 2 ZPO). In allen Fällen hat das Schiedsgericht in Übereinstimmung mit den Bestimmungen des Vertrages zu entscheiden und dabei bestehende Handelsbräuche zu berücksichtigen (§ 1051 Abs. 4 ZPO).

c) Anwendbares Verfahrensrecht. Nach dem **UNÜ** (→ Rn. 91 ff.) und Art. 19 Abs. 1 **117**
UNCITRAL-Modellgesetz von 1985 können die Parteien grundsätzlich das Verfahrensrecht eines bestimmten Staates oder die Schiedsordnung eines Institutionellen Schiedsgerichts wählen. Subsidiär gilt das Recht des vereinbarten Schiedsortes (Art. V Abs. 1 lit. d UNÜ).[433] Auch das **EuÜ** (→ Rn. 94 ff.) geht von Parteiautonomie aus (Art. IV Abs. 1 EuÜ). Hilfsweise kommt ebenfalls das Recht des Schiedsortes zur Anwendung.[434] Schiedsgerichte der IntHK folgen der ICC-SchiedsGO (→ Rn. 103) und brauchen das nationale Verfahrensrecht ihres Sitzes nicht anzuwenden.

Nach der gesetzlichen Regelung der Vorschriften über die Schiedsgerichtsbarkeit sind die **118**
§§ 1025 ff. ZPO dann anzuwenden, wenn der Ort des schiedsrichterlichen Verfahrens im Sinne des § 1043 Abs. 1 ZPO in Deutschland liegt (§ 1025 Abs. 1 ZPO). Das neue Recht folgt damit der sog. territorialen Theorie, wonach es für das Verfahrensrecht auf den Sitz des Schiedsgerichts ankommt.[435] Dagegen wurde bislang nach deutschem unvereinheitlichten Recht das für das Schiedsverfahren maßgebliche Recht durch den Parteiwillen bestimmt (prozessuale bzw. Verfahrenstheorie).[436] Die heutige Bestimmung über den Anwendungsbereich ist zwingender Natur.[437] Allerdings kann im Rahmen des nach deutschem Recht Zulässigen Abweichendes vereinbart werden.

---

[426] So Begr. RegE, BT-Drs. 13/5274, 53; *Labes/Lörcher* MDR 1997, 420 (424); *Weigand* WiB 1997, 1277; *Osterthun* TranspR 1998, 177 (183); *Lörcher/Lörcher,* Das Schiedsverfahren – national/international – nach deutschem Recht, 2. Aufl. 2001, Rn. 197 ff.; anders *Kronke* RIW 1998, 263; *Vocke,* Die Bestimmung des anzuwendenden materiellen Rechts in internationalen Handelsschiedsverfahren im Lichte des deutschen Schiedsverfahrensrechts vom 1. Januar 1998, 2002, 155 ff.

[427] *Berger* in Berger, Das neue Recht der Schiedsgerichtsbarkeit, 1998, 22 f.; MüKoZPO/*Münch* ZPO § 1051 Rn. 23 ff.: „Anleihen" bei Art. 28 EGBGB aF.

[428] *Pfeiffer* EuZW 2008, 622 (623); *Wegen* FS Kühne, 2009, 933 (939 ff.); *Hausmann* FS v. Hoffmann, 2011, 971 (982 f.); ebenso bereits *Martiny* FS Schütze, 1999, 529 (540 f.); *Junker* FS Sandrock, 2000, 443 (462); *Kulpa,* Das anwendbare (materielle) Recht in internationalen Handelsschiedsgerichtsverfahren, 2005, 346 f., 351 f.; Stein/Jonas/*Schlosser* ZPO § 1051 Rn. 8: Orientierung daran sinnvoll.

[429] S. auch BGH SchiedsVZ 2014, 151 betr. Abtretung; *Wegen/Asbrand* RIW 2016, 557 (563).

[430] BT-Drs. 13/5274, 53 = Berger, Das neue Recht der Schiedsgerichtsbarkeit, 1998, 262; ebenso *Lörcher/Lörcher,* Das Schiedsverfahren – national/international – nach deutschem Recht, 2. Aufl. 2001, Rn. 202; *Lachmann,* Handbuch für die Schiedsgerichtspraxis, 3. Aufl. 2008, Rn. 943.

[431] *Martiny* FS Schütze, 1999, 529 (541); *Junker* FS Sandrock, 2000, 443 (463); *Hausmann* FS v. Hoffmann, 2011, 971 (984).

[432] *Berger* DZWiR 1998, 52; Kronke/Melis/Kuhn IntWirtschaftsR-HdB/*Bredow* S. 2293 ff.

[433] OLG Frankfurt RIW 1989, 911; näher Reithmann/Martiny IntVertragsR/*Hausmann* Rn. 7.265 f.; *Schlosser* Schiedsvereinbarungen Bd. I Rn. 420 f.

[434] Nachweise bei Reithmann/Martiny IntVertragsR/*Hausmann* Rn. 7.269; *Schlosser* Schiedsvereinbarungen Bd. I Rn. 423.

[435] *Schumacher* FS Glossner, 1994, 341 (347 ff.); *Berger* in Berger, Das neue Recht der Schiedsgerichtsbarkeit, 1998, 16 ff.; *Berger* DZWiR 1998, 45 ff.; *Kronke* RIW 1998, 260.

[436] Zur Bestimmung des Verfahrensrechts nach dem Parteiwillen BGH NJW 1984, 2763 = RIW 1984, 644 mAnm *Mezger* = IPRax 1985, 158 m. Aufsatz *Schlosser* IPRax 1985, 141; *Basedow* JbPraxSch. 1 (1987), 3 (13 ff.).

[437] *Weigand* WiB 1997, 1276; *Berger* DZWiR 1998, 46 f.; *Kreindler/Mahlich* NJW 1998, 563 (567); *Winkler/Weinand* BB 1998, 598 f.

119 Welches Verfahrensrecht für **im Ausland stattfindende Verfahren** gilt, sagt das Gesetz nicht. Das ausländische Recht muss selbst entscheiden, ob es gleichfalls dem Territorialitätsgrundsatz folgt.[438] Es ist jedoch davon auszugehen, dass bei ausländischem Schiedsort in der Regel ausländisches Verfahrensrecht gilt (vgl. die ausnahmsweise Anwendung einzelner deutscher Verfahrensvorschriften nach § 1025 Abs. 2 ZPO). Sollte am ausländischen Schiedsort gleichwohl die Geltung deutschen Verfahrensrechts vereinbart worden sein, so ist daraus allerdings nicht mehr zu schließen, dass der Schiedsspruch als inländischer anzusehen ist.[439]

120 Nach der bisherigen Rspr. entscheidet das angewendete Verfahrensrecht – und nicht der Sitz des Schiedsgerichts – über die Zuordnung des Schiedsverfahrens und des Schiedsspruches zu einer nationalen Rechtsordnung.[440] Dies hat vor allem für die Anerkennung und Vollstreckung Bedeutung. Für die **Anerkennung ausländischer Schiedssprüche** wird nunmehr auf das UNÜ (→ Rn. 91 ff.) verwiesen (§ 1061 Abs. 1 S. 1 ZPO). Die Vorschriften in anderen Staatsverträgen bleiben unberührt (§ 1061 Abs. 1 S. 2 ZPO).

121 **3. Schiedsrichter- und Schiedsgutachtervertrag.** Von der Schiedsvereinbarung ist der zwischen den Parteien und dem Schiedsrichter geschlossene Schiedsrichtervertrag zu unterscheiden. Er bildet die Grundlage für die schiedsrichterliche Tätigkeit. Von der hM wird er als materiellrechtliche, auf die Leistung von Diensten gerichtete Vereinbarung eingeordnet.[441] Er folgt nicht notwendig dem auf Schiedsvereinbarung oder Schiedsverfahren anwendbaren Recht. Vielmehr kann das anwendbare Recht durch Rechtswahl bestimmt werden (Art. 3 Rom I-VO).[442] Mangels Rechtswahl wird die engste Beziehung ermittelt. Wie diese zu ermitteln ist, ist umstritten. Nach einer vordringenden Auffassung wird sie in erster Linie durch das auf das Schiedsverfahren anzuwendende Recht bestimmt[443] (Art. 4 Abs. 3 Rom I-VO). Diese Rechtsordnung scheint signifikanter zu sein als der Ort, an dem der Schiedsrichter die vertragstypische Leistung zu erbringen hat (vgl. Art. 4 Abs. 1 lit. b Rom I-VO). Vertreten wurde auch eine Anknüpfung an das Recht des Schiedsvertrages.[444] – Das auf den **Schiedsgutachtenvertrag** anwendbare Recht kann durch Rechtswahl vereinbart werden.[445] Mangels Rechtswahl kommt es auf die vertragstypische Dienstleistung des Schiedsgutachters an (Art. 4 Abs. 1 lit. b Rom I-VO).[446]

VIII. Internationales Vertragsrecht und Mediation

Schrifttum: *Greger/Unberath/Steffek,* Recht der alternativen Konfliktlösung, 2. Aufl. 2016; *Rühl,* Die Richtlinie über alternative Streitbeilegung, ZZP 127 (2014), 61.

122 Für grenzüberschreitende Streitfälle in Zivil- und Handelssachen gilt die Mediations-RL,[447] die zu einer Rechtsangleichung, in Deutschland zum Mediationsgesetz, geführt hat. Besondere Regeln für das in der Sache anwendbare Recht bestehen nicht. Die materiell-rechtlichen Aspekte einer Mediationsverereinbarung sind einer Rechtswahl der Parteien zugänglich.[448] Für den Vertrag mit dem Mediator (Mediatorvertrag) kann das anwendbare Recht gewählt werden.[449] Bei der objektiven Anknüpfung ist er als Dienstleistungsvertrag iSd Art. 4 Abs. 1 lit. b anzusehen, da der Mediator die charakteristische Leistung erbringt.[450] Eine erfolgreiche Mediation führt vielfach zu einer

[438] *Kronke* RIW 1998, 257 (261).
[439] *Kreindler/Mahlich* NJW 1998, 563 (567).
[440] BGHZ 21, 365 (367) = NJW 1956, 1838; *Schlosser* Schiedsvereinbarungen Bd. I Rn. 642.
[441] BGHZ 98, 32 (34 f.) = NJW 1986, 3077; näher *Vogt,* Der Schiedsrichtervertrag nach schweizerischem und internationalem Recht, 1996; *Holzberger,* Die materiellrechtliche und kollisionsrechtliche Einordnung des Schiedsrichtervertrages, 2015.
[442] Max-Planck-Institut RabelsZ 71 (2007), 261; vgl. *Basedow* JbPraxSch 1 (1987), 3 (20); *v. Hoffmann* FS Glossner, 1994, 143 ff.; Reithmann/Martiny IntVertragsR/*Hausmann* Rn. 7.213.
[443] *Cavalier* Rev. Lamy dr. aff. 2008 Nr. 29 S. 65/67; Reithmann/Martiny IntVertragsR/*Hausmann* Rn. 7.213; vgl. Soergel/*v. Hoffmann* EGBGB Art. 28 Rn. 245.
[444] *Müller-Freienfels* FS Cohn, 1975, 160 ff.; *Schütze/Tscherning/Wais/Wais,* Handbuch des Schiedsverfahrens, 2. Aufl. 1990, Rn. 173; *Rühl* ZZP 127 (2014), 61; *Vorpeil* RIW 2014, 37.
[445] Reithmann/Martiny IntVertragsR/*Hausmann* Rn. 7.215.
[446] Reithmann/Martiny IntVertragsR/*Hausmann* Rn. 7.215.
[447] RL 2008/52/EG des Europäischen Parlaments und des Rates vom 21.5.2008 über bestimmte Aspekte der Mediation in Zivil- und Handelssachen, ABl. EU 2008 L 136, 3.
[448] *Steffek* in Greger/Unberath/Steffek, Recht der alternativen Konfliktlösung, 2. Aufl. 2016, Rn. F 11; zum alten Recht *Eidenmüller,* Vertrags- und Verfahrensrecht der Wirtschaftsmediation, 2001, 54 f.
[449] Reithmann/Martiny IntVertragsR/*Hausmann* Rn. 7.218.
[450] *Steffek* in Greger/Unberath/Steffek, Recht der alternativen Konfliktlösung, 2. Aufl. 2016, Rn. F 25; Reithmann/Martiny IntVertragsR/*Hausmann* Rn. 7.220.

Abschlussvereinbarung bzw. zu einem Vergleich der Parteien (Mediationsvertrag), für den die allgemeinen Regeln der Rom I-VO gelten.[451]

Kapitel I. Anwendungsbereich

Art. 1 Rom I-VO Anwendungsbereich

(1) [1] Diese Verordnung gilt für vertragliche Schuldverhältnisse in Zivil- und Handelssachen, die eine Verbindung zum Recht verschiedener Staaten aufweisen.
[2] Sie gilt insbesondere nicht für Steuer- und Zollsachen sowie verwaltungsrechtliche Angelegenheiten.

(2) Vom Anwendungsbereich dieser Verordnung ausgenommen sind:
a) der Personenstand sowie die Rechts-, Geschäfts- und Handlungsfähigkeit von natürlichen Personen, unbeschadet des Artikels 13;
b) Schuldverhältnisse aus einem Familienverhältnis oder aus Verhältnissen, die nach dem auf diese Verhältnisse anzuwendenden Recht vergleichbare Wirkungen entfalten, einschließlich der Unterhaltspflichten;
c) Schuldverhältnisse aus ehelichen Güterständen, aus Güterständen aufgrund von Verhältnissen, die nach dem auf diese Verhältnisse anzuwendenden Recht mit der Ehe vergleichbare Wirkungen entfalten, und aus Testamenten und Erbrecht;
d) Verpflichtungen aus Wechseln, Schecks, Eigenwechseln und anderen handelbaren Wertpapieren, soweit die Verpflichtungen aus diesen anderen Wertpapieren aus deren Handelbarkeit entstehen;
e) Schieds- und Gerichtsstandsvereinbarungen;
f) Fragen betreffend das Gesellschaftsrecht, das Vereinsrecht und das Recht der juristischen Personen, wie die Errichtung durch Eintragung oder auf andere Weise, die Rechts- und Handlungsfähigkeit, die innere Verfassung und die Auflösung von Gesellschaften, Vereinen und juristischen Personen sowie die persönliche Haftung der Gesellschafter und der Organe für die Verbindlichkeiten einer Gesellschaft, eines Vereins oder einer juristischen Person;
g) die Frage, ob ein Vertreter die Person, für deren Rechnung er zu handeln vorgibt, Dritten gegenüber verpflichten kann, oder ob ein Organ einer Gesellschaft, eines Vereins oder einer anderen juristischen Person diese Gesellschaft, diesen Verein oder diese juristische Person gegenüber Dritten verpflichten kann;
h) die Gründung von „Trusts" sowie die dadurch geschaffenen Rechtsbeziehungen zwischen den Verfügenden, den Treuhändern und den Begünstigten;
i) Schuldverhältnisse aus Verhandlungen vor Abschluss eines Vertrags;
j) Versicherungsverträge aus von anderen Einrichtungen als den in Artikel 2 der Richtlinie 2002/83/EG des Europäischen Parlaments und des Rates vom 5. November 2002 über Lebensversicherungen[1] genannten Unternehmen durchgeführten Geschäften, deren Zweck darin besteht, den unselbstständig oder selbstständig tätigen Arbeitskräften eines Unternehmens oder einer Unternehmensgruppe oder den Angehörigen eines Berufes oder einer Berufsgruppe im Todes- oder Erlebensfall oder bei Arbeitseinstellung oder bei Minderung der Erwerbstätigkeit oder bei arbeitsbedingter Krankheit oder Arbeitsunfällen Leistungen zu gewähren.

(3) Diese Verordnung gilt unbeschadet des Artikels 18 nicht für den Beweis und das Verfahren.

(4) [1]Im Sinne dieser Verordnung bezeichnet der Begriff „Mitgliedstaat" die Mitgliedstaaten, auf die diese Verordnung anwendbar ist. [2]In Artikel 3 Absatz 4 und Artikel 7 bezeichnet der Begriff jedoch alle Mitgliedstaaten.

Schrifttum: allgemeines Schrifttum zum IVR → Vor Art. 1; *Bitter,* Auslegungszusammenhang zwischen der Brüssel I-Verordnung und der künftigen Rom I-Verordnung, IPRax 2008, 96; *Castendiek,* „Vertragliche" Ansprüche Dritter im internationalen Privatrecht, IPRax 2022, 450: *Czepelak,* Concurrent causes of action in the Rome

---

[451] *Steffek* in Greger/Unberath/Steffek, Recht der alternativen Konfliktlösung, 2. Aufl. 2016, Rn. F 45 ff.; Reithmann/Martiny IntVertragsR/*Hausmann* Rn. 7.221.

[1] [Amtl. Anm.:] ABl. L 345 vom 19.12.2002, S. 1. Zuletzt geändert durch die Richtlinie 2008/19/EG (ABl. L 76 vom 19.3.2008, S. 44).

I and II Regulations, JPIL 7 (2011), 393; *Dickinson,* Territory in the Rome I and Rome II Regulations, Lloyd's M.C.L.Q. 2013, 86; *Dutta,* Das Statut der Haftung aus Vertrag mit Schutzwirkung für Dritte, IPRax 2009, 293; *Kocher,* Diskriminierende Vertragsverweigerung als vorvertragliche Pflichtverletzung – Zum internationalen Privatrecht des Diskriminierungsschutzes, FS Martiny, 2014, 411; *Lüttringhaus,* Grenzüberschreitender Diskriminierungsschutz, 2010; *Magnus,* Anmerkungen zum sachlichen Anwendungsbereich der Rom I-Verordnung, FS Kühne, 2009, 779; *Mankowski,* Seerechtliche Vertragsverhältnisse im Internationalen Privatrecht, 1995; *Martiny,* Zur Einordnung und Anknüpfung der Ansprüche und der Haftung Dritter im Internationalen Schuldrecht, FS Magnus, 2014, 483; *Sonnenberger,* Grenzen der Verweisung durch europäisches internationales Privatrecht, IPRax 2011, 325; *Taschner,* Vertragliche Schuldverhältnisse der Europäischen Union, FS Magnus, 2014, 531; *Urlaub,* Einseitig verpflichtende Rechtsgeschäfte im internationalen Privatrecht, 2010; *Wilhelm,* Die Anknüpfung von Treuhandverträgen im Internationalen Privatrecht unter besonderer Berücksichtigung der Rom I-VO, IPRax 2012, 392; *A.S. Zimmermann,* Blockchain-Netzwerke und Internationales Privatrecht, IPRax 2018, 566.

Zu Abs. 2 lit. b: *Althammer,* Der Begriff der Familie als Anknüpfungspunkt im Europäischen Kollisions- und Verfahrensrecht, NZFam 2016, 629.

Zu Abs. 2 lit. d: *Paschke,* Das internationale Konnossementsrecht, TranspR 2010, 268.

Zu Abs. 2 lit. e: *Staudinger,* Anknüpfung von Gerichtsstandsvereinbarungen und Versicherungsverträgen – Stellungnahme zum EU-Grünbuch über die Umwandlung des Übereinkommens von Rom aus dem Jahre 1980, in Leible, Das Grünbuch zum Internationalen Vertragsrecht, 2004, 37.

Zu Abs. 2 lit. h: *Leithold,* Die kollisionsrechtliche Qualifikation des zur Nachlassplanung verwendeten inter vivos trust, FamRZ 2015, 709; *Schütt,* Vorweggenommene Erbfolge unter der Rom I-Verordnung, 2018.

Übersicht

I. Normzweck

1 Das Kollisionsrecht der vertraglichen Schuldverhältnisse wies in den einzelnen Mitgliedstaaten vor dem EVÜ deutliche Unterschiede auf. Auf der Grundlage einheitlicher Anknüpfungsregeln lässt sich das im Einzelfall anwendbare Recht leichter feststellen. Auf diese Weise soll die Rom I-VO – wie schon ihr Vorgänger, das EVÜ – die Rechtssicherheit im grenzüberschreitenden Rechtsverkehr fördern und die damit verbundenen Kosten senken. Art. 1 eröffnet den Anwendungsbereich für

Schuldverträge. Eine entsprechende Vorschrift enthält Art. 1 Rom II-VO für außervertragliche Schuldverhältnisse. Vorläufer des Art. 1 Rom I-VO war Art. 1 EVÜ, der seinerseits mit seinen Ausnahmen teilweise als Art. 37 EGBGB inkorporiert worden war.

In Abs. 2 werden – ähnlich wie bereits in Art. 1 EVÜ – zehn **Angelegenheiten aufgezählt,** für welche die Rom I-VO nicht gilt. Der Ausschluss der Schuldverhältnisse aus Verhandlungen vor Abschluss eines Vertrags in Abs. 2 lit. i ist die Folge davon, dass dieser Bereich nunmehr in Art. 12 Rom II-VO geregelt worden ist. Abs. 3 stellt gesondert klar, dass die Rom I-VO unbeschadet des Art. 18 nicht für den Beweis und das Verfahren gilt. 2

Die für die Bestimmung des Anwendungsbereichs der Rom I-VO unerlässliche Regelung findet sich in Abs. 4 S. 1. Danach bezeichnet der **Begriff „Mitgliedstaat"** die Mitgliedstaaten, auf die diese Verordnung anwendbar ist. In den Erwägungsgründen Nr. 44 ff. wird erläutert, dass sich Irland an der Annahme und Anwendung der VO beteiligt hat. Das Vereinigte Königreich hat sich ursprünglich nicht beteiligt, dann aber von seiner opt-in-Möglichkeit Gebrauch gemacht (→ Rn. 90). Dänemark gehört hingegen nicht zu den Mitgliedstaaten. 3

Eine Erweiterung des Begriffs der Mitgliedstaaten findet sich allerdings in Abs. 4 S. 2. Dort heißt es, dass in Art. 3 Abs. 4 und Art. 7 der Begriff alle Mitgliedstaaten bezeichnet. Die Beschränkung der Rechtswahl für sog. **Binnenmarktsachverhalte** schützt namentlich vor einer Abwahl des Richtlinienrechts. An der Umsetzung der Richtlinien beteiligt sich Dänemark aber nach wie vor, so dass insoweit die EU als Einheit auftreten kann (→ Art. 3 Rn. 99). Die Regelung des **Versicherungsrechts** in Art. 7 beruht inhaltlich auf bereits geltenden Richtlinien mit kollisionsrechtlichem Gehalt, welche in Dänemark bereits umgesetzt wurden. Außerdem wird in Art. 7 auf die Risikobelegenheit in der Union abgestellt. Auch insoweit war Dänemark einzubeziehen (→ Art. 7 Rn. 18 f.). 4

II. Sachlicher Anwendungsbereich (Abs. 1)

1. Grundsatz. Der sachliche Anwendungsbereich der Rom I-VO erfasst vertragliche zivil- und handelsrechtliche Schuldverhältnisse mit Auslandsbezug. Damit steht die Rom I-VO im Kontext von Art. 1 Abs. 1 EVÜ, Art. 1 Abs. 1 Rom II-VO, ferner von Art. 1 Abs. 1 Brüssel Ia-VO. Allen diesen Regelungen liegt der Gedanke einer aus diesen Rechtsinstrumenten gebildeten Gesamtregelung für das Kollisionsrecht der Schuldverhältnisse zu Grunde. Nach Erwägungsgrund 7 sollen der materielle Anwendungsbereich und die Bestimmungen der Rom I-VO mit der Brüssel Ia-VO und der Rom II-VO im Einklang stehen. In Auslegungsfragen ist daher auch die Rspr. des EuGH zu den anderen Verordnungen und zum EuGVÜ heranzuziehen (→ Vor Art. 1 Rn. 25 ff.). Dies gilt sowhl für die Abgrenzung des Anwendungsbereichs der Verordnungen untereinander als auch gegenüber dem unvereinheitlichten nationalen Recht.[2] 5

2. Zivil- und handelsrechtliche Schuldverhältnisse (Abs. 1 S. 1). Die Zuordnung eines Schuldverhältnisses zu den Zivil- und Handelssachen (civil and commercial matters; matière civile et commerciale) erfolgt nicht nach nationalem Rechtsverständnis. Vielmehr ist – ebenso wie nach Art. 1 Abs. 1 Brüssel Ia-VO – unionsrechtlich autonom auszulegen und zu qualifizieren.[3] Zwischen Zivil- und Handelssachen ist nicht näher zu unterscheiden. Zu den Handelssachen gehört das zivilrechtliche Privatrecht mit wirtschaftlichen Bezügen.[4] Der Begriff der Zivil- und Handelssache iSd Art. 1 Abs. 1 EuGVÜ war zuerst Gegenstand der Eurocontrol-Entscheidung des EuGH.[5] Eine positive Umschreibung der Zivil- und Handelssache findet sich bisher nicht; stattdessen erfolgt nur eine Abgrenzung zu den in Abs. 1 S. 2 genannten Materien des Öffentlichen Rechts. Danach sind solche Schuldverhältnisse von der Rom I-VO ausgenommen, die im Zusammenhang mit der **Ausübung hoheitlicher Befugnisse** entstehen, selbst wenn sie vor Zivilgerichten zu verhandeln sind.[6] Entscheidend ist, ob auch ein Privater die betreffende Tätigkeit ausüben könnte oder nicht.[7] Werden Behörden fiskalisch oder nichthoheitlich tätig, sind für hieraus entstehende vertragliche und außervertragliche Ansprüche die Vorschriften der Rom I-VO bzw. der Rom II-VO anwendbar. Der Bezug vertraglicher Leistungen durch staatliche Stellen ist regelmäßig privatrechtlich einzuordnen.[8] Das Eingreifen einer staatlichen Gebüh- 6

[2] Näher zu „Binnen-" und „Außenabgrenzung" *Lüttringhaus* RabelsZ 77 (2013), 31 (41 ff.).

[3] Ferrari IntVertragsR/*Kieninger* Rn. 3; Rauscher/*v. Hein* Rn. 15; Staudinger/*Magnus,* 2021, Rn. 17.

[4] Vgl. Staudinger/*Magnus,* 2021, Rn. 17.

[5] EuGH Slg. 1976, 1541 = NJW 1977, 489 mAnm *Geimer* = RIW 1977, 40 mAnm *Linke* – LTU/Eurocontrol.

[6] Ferrari IntVertragsR/*Kieninger* Rn. 3. – Zum EuGVÜ EuGH Slg. 1980, 3807 = RIW 1981, 711 = IPRax 1981, 169 m. Aufsatz *Schlosser* IPRax 1981, 154 – Niederlande/Rüffer; EuGH Slg. 2002, I-10489 – Baten = IPRax 1994, 237 m. Aufsatz *Martiny* IPRax 1994, 195 – Gemeente Steenbergen/Luc.

[7] Zu Art. 1 Abs. 1 S. 2 EuGVÜ EuGH Slg. 1993, I-1963 = NJW 1993, 2091 = IPRax 1994, 37 m. Aufsatz *Heß* IPRax 1994, 10 = ZEuP 1995, 846 mAnm *Kubis* – Sonntag/Waidmann; BGHZ 155, 279 (282 ff.) = NJW 2003, 3488 – Distomo.

[8] Calliess/Renner/*Weller* Rn. 10, 11; Ferrari IntVertragsR/*Kieninger* Rn. 4; Staudinger/*Magnus,* 2021, Rn. 20.

renordnung ändert nichts an der zivilrechtlichen Natur.[9] Auch die Beitreibung einer Tagesparkscheingebühr durch eine Gesellschaft für einen gekennzeichneten Parkplatz auf einer öffentlichen Verkehrsfläche ist noch zivilrechtlich.[10] Das gleiche gilt für ungarische Mautansprüche gegen den Kfz-Halter.[11] Verträge auf dem Gebiet des öffentlichen Rechts sind jedoch ausgeschlossen,[12] wenngleich eine analoge Anwendung der Art. 3 ff. in Betracht kommen kann.[13] Das Verhältnis zu einem Notar ist im Allgemeinen als öffentlich-rechtlich zu qualifizieren.[14]

7 Das **Lieferkettensorgfaltspflichtengesetz** (LkSG) schafft und schützt menschenrechtsbezogene Rechtspositionen (§ 2 LkSG; → Vor Art. 1 Rn. 12). Es ist auf bestimmte deutsche und ausländische Unternehmen unabhängig von ihrer Rechtsform anwendbar, wenn sie ihren Hauptverwaltungs- oder Satzungssitz oder ihre Hauptniederlassung im Inland haben (§ 1 LkSG).[15] Der sachliche Anwendungsbereich des Gesetzes ist weit gefasst.[16] In einer Lieferkette werden sämtliche Produkte und Dienstleistungen eines Unternehmens erfasst (vgl. § 2 Abs. 5). Das Gesetz nennt bestimmte Rechtspositionen (§ 2 Abs. 1), für die Sorgfaltspflichten festgelegt werden (§ 3). Vertragsrechtliche Beziehungen vor dem Hintergrund des LkSG sind trotz der aufsichtsrechtlichen Elemente des Gesetzes noch den Zivil- und Handelssachen zuzuordnen. Eine eigene kollisionsrechtliche Regelung enthält das LkSG nicht. Die nach dem Gesetz einzuhaltenden vertraglichen Sorgfaltspflichten sind grundsätzlich dem Vertragsstatut zuzurechnen (→ Art. 12 Rn. 45 ff.). Zum Abbruch der Geschäftsbeziehung → Art. 9 Rn. 53.

8 **3. Vertragliche Schuldverhältnisse. a) Schuldrechtliche Verpflichtungen.** Grundsätzlich fällt jede schuldvertragliche Verpflichtung unter die Rom I-VO, soweit die Verordnung ihre Anwendbarkeit nicht ausdrücklich ausschließt.[17] Auf welche Weise vertragliche Schuldverhältnisse (contractual obligations; obligations contractuelles) von außervertraglichen Schuldverhältnissen abzugrenzen sind, lässt sich der Rom I-VO selbst allerdings nicht entnehmen. Die Auslegung des Begriffs des „vertraglichen Schuldverhältnisses" muss einheitlich und unabhängig von einer nationalen Rechtsordnung erfolgen.[18] Dabei sind Systematik und Zielsetzung der VO zu beachten.[19] Die Kommissionsbegründung verweist auf die Rspr. des EuGH zu Art. 5 Nr. 1 und 3 Brüssel I-VO (nunmehr Art. 7 Nr. 1, 2 Brüssel Ia-VO) und überlässt dem Gerichtshof auch die weitere Präzisierung.[20] Allerdings decken sich die „vertraglichen Schuldverhältnisse" der Rom I-VO und die „vertraglichen Ansprüche" der Brüssel Ia-VO nicht immer.[21] Nach unionsrechtlichem Verständnis beruht ein Vertrag auf der **freiwilligen Verpflichtung einer Partei gegenüber einer anderen,** die eine rechtsgeschäftliche Sonderverbindung zwischen diesen Parteien entstehen lässt.[22] Kontrahierungszwang steht freilich nicht entgegen.[23] Eine zweiseitige oder gar gegenseitige Verpflichtung wird

---

[9] OLG Hamburg IPRspr. 2017 Nr. 55 = NJW-RR 2017, 1465 betr. Rechtsanwaltsgebühr.

[10] EuGH ECLI:EU:C:2021:236 Rn. 73 – Obala i lučice.

[11] EuGH ECLI:EU:C:2021:753 zur Brüssel Ia-VO; BGH NJW 2022, 3644 Rn. 18 m. Aufsatz *Goebel/Wiepen,* NJW 2022, 3611; BGH RIW 2023, 159 = EuZW 2023, 240 Rn. 12.

[12] Staudinger/*Magnus,* 2021, Rn. 18.

[13] BeckOGK/*Paulus,* 1.12.2023, Rn. 15. – Vgl. Staudinger/*Magnus,* 2021, Rn. 26.

[14] Rauscher/*Thorn* Art. 4 Rn. 40; Staudinger/*Magnus,* 2021, Rn. 23.

[15] Näher *Nietsch/Wiedmann* NJW 2022, 1 ff.

[16] Dazu *Nietsch/Wiedmann* NJW 2022, 1 (3 ff.); *Krause* RdA 2022, 303 (309 ff.).

[17] S. bereits zum EVÜ *Gaudemet-Tallon* Rev. trim. dr. europ. 17 (1981), 215 (241).

[18] EuGH ECLI:EU:C:2016:612 = NJW 2016, 2727 = RIW 2016, 681 mAnm *Breckheimer* – Verein für Konsumenteninformation/Amazon; *Bitter* IPRax 2008, 97 ff.; *Martiny* FS Magnus, 2014, 483 ff.; Ferrari IntVertragsR/*Kieninger* Rn. 5; Grüneberg/*Thorn* Rn. 3; Staudinger/*Magnus,* 2021, Rn. 27.

[19] Rauscher/*v. Hein* Rn. 6.

[20] Krit. *Leible* IPRax 2006, 365 (366); *Mankowski* IPRax 2006, 101.

[21] *Tang* JPIL 4 (2008), 36 ff.; Rauscher/*v. Hein* Rn. 6. – Für einen einheitlichen Begriff *Lüttringhaus* RabelsZ 77 (2013), 44 ff.

[22] EuGH ECLI:EU:C:2016:40 = NJW 2016, 1005 = IPRax 2017, 400 m. Aufsatz *Martiny* IPRax 2017, 360 – Ergo. – Zu Art. 5 Nr. 1 EuGVÜ EuGH Slg. 1983, 987 Rn. 9 f. = RIW 1983, 871 = IPRax 1984, 85 m. Aufsatz *Schlosser* IPRax 1984, 65 – Peters; bestätigend EuGH Slg. 1988, 1539 Rn. 10 f. = NJW 1989, 1424 = RIW 1988, 987 mAnm *Schlosser* RIW 1989, 139 = IPRax 1989, 227 m. Aufsatz *Mezger* IPRax 1989, 207 – Arcado; Slg. 1992, I-3967 Rn. 10 = JZ 1995, 90 mAnm *Peifer* – Handte; Slg. 1998, I-6511 Rn. 15 = RIW 1999, 57 = IPRax 2000, 210 m. Aufsatz *Koch* IPRax 2000, 186 – Réunion européenne; Slg. 2002, I-7357 Rn. 19 = NJW 2002, 3159 = EuZW 2002, 655 = IPRax 2003, 143 m. krit. Aufs. *Mankowski* IPRax 2003, 127 – Tacconi/Wagner; Slg. 2004, I-1543 Rn. 24 = EuZW 2004, 351 – Frahuil/Assitalia; Slg. 2005, I-481 = IPRax 2005, 239 m. Aufsatz *S. Lorenz/Unberath* IPRax 2005, 219 = NJW 2005, 811 m. Aufsatz *Leible* NJW 2005, 796 = JZ 2005, 782 m. Aufsatz *Mörsdorf-Schulte* JZ 2005, 770 – Engler/Janus Versand, betr. Gewinnzusage; dazu eingehend *Martiny* FS Geimer, 2002, 641 ff.; *Stadler* FS Musielak, 2004, 569 (579 ff.); *Bitter* IPRax 2008, 96 ff.; *Dutta* IPRax 2009, 293 (294 ff.).

[23] Calliess/Renner/*Weller* Rn. 16; Ferrari IntVertragsR/*Kieninger* Rn. 4, 6; Staudinger/*Magnus,* 2021, Rn. 34.

nicht verlangt.[24] Ein einseitiges Rechtsgeschäft wird erfasst.[25] Die vertragliche Verpflichtung kann auch stillschweigend entstehen.[26] Der Vertragsbegriff ist weit auszulegen.[27] Der EuGH hat freilich im Zusammenhang mit dem Klägergerichtsstand des Verbrauchers (Art. 17 Brüssel Ia-VO [= Art. 15 LugÜ]) den Vertragsbegriff für die Gewinnmitteilung enger definiert.[28] Es wird vorgeschlagen, sich für das IVR eher am weiteren Vertragsbegriff des Art. 7 Nr. 1 Brüssel Ia-VO zu orientieren.[29] Auch Verträge mit mehreren Parteien werden erfasst[30] (→ Rn. 19). Im Falle von für die **Straßenbenutzung** erhobenen „Mautgebühren" kann das schlichte Befahren eines mautpflichtigen Straßenabschnitts genügen.[31] Zwar kommt an sich nur ein Vertrag mit dem Fahrer, nicht aber mit dem Kfz-Halter in Betracht.[32] Allerdings kann der Halter (zB ein Verleihunternehmen) nach Art. 12 Rom I-VO in den Vertrag mit einbezogen werden.[33]

Grundsätzlich gilt die Rom I-VO auch für Verträge in Bezug auf die **Bereitstellung digitaler Inhalte** und für **digitale Dienstleistungen** (digitale Produkte, vgl. § 327 BGB). Verträge im Zusammenhang mit der Schaffung von **Kryptowerten** (→ EGBGB Art. 43 Rn. 303 ff.; vgl. auch aufsichtsrechtlich Art. 3 Abs. 1 Nr. 5 MiCAR; § 1 Abs. 11 S. 4 KWG) werden ebenfalls erfasst[34] (→ Art. 4 Rn. 298 ff.). Allerdings bestehen Probleme bei ihrer Eingrenzung sowie zur Abgrenzung zu sachen- und immaterialgüterrechtlichen Fragen.[35] Eine gewisse sachrechtliche Angleichung in der EU ist durch die Digitale-Inhalte-RL (RL (EU) 2019/770) erfolgt. Keine kollisionsrechtliche Regelung enthält die MiCAR (VO (EU) 2023/1114). 9

Blockchain-Netzwerke in dezentralisierten Datenbanken unterfallen den Regeln für Schuldverträge[36] (→ EGBGB Art. 43 Rn. 304 ff.). Dies gilt auch für offene Netzwerke, wie sie bei Kryptowährungen (zB Bitcoins) verwendet werden.[37] 10

Smart Contracts, sich selbst ausführende Programme, kommen nicht nur bei der Vertragsdurchführung, sondern auch bei der Verhandlung und dem Abschluss von Vereinbarungen zum Einsatz. Sie werden ua in Bezug auf digitale Güter (→ EGBGB Art. 43 Rn. 317) sowie Finanztransaktionen (→ IntFinanzMarktR Rn. 660) verwendet. Sie können selbst Verträge darstellen (sog. echte Smart Contracts), die von Art. 1 erfasst werden.[38] Mithilfe von **Künstlicher Intelligenz** geschlossene Verträge sind von der Rom I-VO nicht ausgeschlossen.[39] 11

Vertragliche Schuldverhältnisse sind nicht nur solche aus dem vereinbarten Leistungsaustausch zwischen den Parteien wie Erfüllungsansprüche. Sie umfassen auch Fragen des allgemeinen Schuldrechts sowie **Sekundäransprüche** aus Vertrag[40] – etwa auf Vertragsauflösung, Schadensersatz wegen 12

[24] *Reuter* RIW 2018, 339 (343 f.). – Ein „Element minimalen Akzeptierens" verlangt aber *Mankowski* FamRZ 2022, 12 (13).

[25] *Hanner,* Internationales Kryptowerterecht, 2022, 129 zum Mining bei der Schaffung von Kryptowerten.

[26] So für Art. 5 Nr. 1 Brüssel I-VO EuGH ECLI:EU:C:2016:559 Rn. 24 = NJW 2016, 3087 = JZ 2017, 96 mAnm *Klöpfer/Wendelstein* = IPRax 2017, 396 m. zust. Aufsatz *P. Huber* IPRax 2017, 356 – Granarolo.

[27] Grüneberg/*Thorn* Rn. 3. – Auf einen umfassenderen Anwendungsbereich von Art. 7 Nr. 1 Brüssel Ia-VO deuten auch andere Sprachfassungen hin, zB „matière contractuelle", „matters relating to contract", „materia contrattuale".

[28] EuGH Slg. 2005, I-481 = IPRax 2005, 239 m. Aufsatz *S. Lorenz/Unberath* IPRax 2005, 219 = NJW 2005, 811 m. Aufsatz *Leible* NJW 2005, 796 = JZ 2005, 782 m. Aufsatz *Mörsdorf-Schulte* JZ 2005, 770 – Engler/Janus Versand, betr. Gewinnzusage; EuGH Slg. 2009, I-3961 = EuZW 2009, 489 – Ilsinger/Dreschers; dazu krit. Ferrari IntVertragsR/*Kieninger* Rn. 8.

[29] Ferrari IntVertragsR/*Kieninger* Rn. 8.

[30] *Gössl* RabelsZ 80 (2016), 579 (600 f.).

[31] BGH NJW 2022, 3644 Rn. 18 m. Aufsatz *Goebel/Wiepen* NJW 2022, 3611; BGH RIW 2023, 159 = EuZW 2023, 240 Rn. 13; *Staudinger/Scharnetzki* DAR 2021, 191.

[32] LG München I VersR 2021, 641; *Zwirlein-Forschner* IPRax 2021, 221 (225). – Anders LG Nürnberg-Fürth DAR 2020, 266 m. Aufsatz *Staudinger* DAR 2020, 276.

[33] BGH NJW 2022, 3644 Rn. 20 m. Aufsatz *Goebel/Wiepen* NJW 2022, 3611; BGH RIW 2023, 159 = EuZW 2023, 240 Rn. 15.

[34] *Skauradszun* ZfPW 2022, 56 (66); *Wendelstein* RabelsZ 86 (2022), 644 (659 f.); *Drögemüller,* Blockchain-Netzwerke und Krypto-Token im Internationalen Privatrecht, 2023, 113 ff.

[35] Näher *Steinrötter* in Maume/Maute, Rechtshandbuch Kryptowerte, 2020, § 3 Rn. 11 ff.

[36] *A.S. Zimmermann* IPRax 2018, 566 (570 ff.); *Steinrötter* in Maume/Maute, Rechtshandbuch Kryptowerte, 2020, § 3 Rn. 52.

[37] *Bertoli* Riv. dir. int. priv. proc. 2018, 581 (599); *Drögemüller,* Blockchain-Netzwerke und Krypto-Token im Internationalen Privatrecht, 2023, 169 ff.

[38] *Rühl* in Braegelmann/Kaulartz, Rechtshandbuch Smart Contracts, 2019, 147 (153); *Erman/Stürner* Rn. 2c. – Bejahend nur für smart contracts nach common law *Procopie* J.I.B.L.R. 2021, 25 (26 ff.); grds. abl. *Lehmann* in Omlor/Link Kryptowährungen und Token, 2. Aufl. 2023, Kap. 5 Rn. 218.

[39] *Dornis* RabelsZ 87 (2023), 306 (314 ff.).

[40] EuGH Slg. 1988, 1539 Rn. 13 = NJW 1989, 1424 = RIW 1988, 987 mAnm *Schlosser* RIW 1989, 139 = IPRax 1989, 227 m. Aufsatz *Mezger* IPRax 1989, 207 – Arcado.

Vertragsverletzung, Rückerstattung des zu viel gezahlten Kaufpreises nach Minderung oder Vertragsstrafe.[41] Einen umfangreichen Katalog enthält Art. 12 Rom I-VO, der den Geltungsbereich des auf den Vertrag anzuwendenden Rechts klarstellt. Eine ähnliche Regelung des Geltungsbereichs des anwendbaren Rechts trifft Art. 15 Rom II-VO für die außervertraglichen Schuldverhältnisse.

13 Ein wirksamer Vertrag muss nicht zustande gekommen sein.[42] Auch das Verhältnis der unmittelbar an einem Scheingeschäft Beteiligten ist als vertragliches Schuldverhältnis anzusehen.[43] Die **Rückabwicklung nichtiger Verträge** ordnet die Rspr. zum Europäischen Prozessrecht als vertragliche Streitigkeit ein (Art. 7 Nr. 1 Brüssel Ia-VO), → Vor Art. 1 Rn. 47. Im Kollisionsrecht ergibt sich eine Überlappung zwischen Art. 12 Abs. 1 lit. e Rom I-VO[44] und Art. 10 Abs. 1 Rom II-VO (Bereicherungsansprüche).

14 Im Einzelnen wirft die Abgrenzung von **vertraglichen und außervertraglichen Schuldverhältnissen** viele Fragen auf. Qualifikationsschwierigkeiten können besonders bezüglich der **culpa in contrahendo** auftreten.[45] Der EuGH hat auch hier das Kriterium der autonomen Selbstbindung herangezogen und den Abbruch von Vertragsverhandlungen mangels freiwillig eingegangener Verpflichtung dem außervertraglichen Bereich zugeordnet.[46] Dem ist die Rom II-VO in Art. 12 gefolgt. Zahlreiche Abgrenzungsfragen entstehen bei gesetzlichen Ansprüchen im Zusammenhang mit Schuldverträgen, wobei teilweise auch Dritte einbezogen sind. Diskutiert wird, ob man noch eine eigene Kategotie des internationalen Schuldrechts definieren kann, die sich sozusagen zwischen der Rom I-VO und der Rom II-VO befindet, aber von beiden nicht erfasst wird. Ein Beispiel dafür wäre die Haftung bei **Vermögensübernahme** und bei Fortführung eines Handelsgeschäfts (→ Art. 15 Rn. 30).[47] Die **Verbandsklage** gegen missbräuchliche AGB-Klauseln wird zwar deliktisch eingeordnet, die jeweilige beanstandete Klausel aber vertraglich angesehen (→ Art. 6 Rn. 62).[48] Rechtssystematisch stellt sich generell die Frage, wie bei tatsächlichen (oder auch nur vermeintlichen) Lücken zu verfahren ist.[49] Der Regressanspruch des Kfz-Haftpflichtversicherers gegen den Führer des versicherten Fahrzeugs wird vertraglich eingeordnet.[50] Der **Ausgleichsanspruch zwischen zwei Haftpflichtversicherern** für denselben Schadensfall ist jedoch als außervertraglich einzustufen.[51] Hier ist zwar jeweils eine vertragliche Versicherungsbeziehung mit den Versicherten vorhanden. Zwischen den Versicherungen selbst besteht jedoch ein außervertragliches Verhältnis.[52]

15 Wird der **Abschluss eines Vertrages entgegen einem Diskriminierungsverbot verweigert,** so ist an sich kein Vertrag zustande gekommen. Verlangt der Diskriminierte den Abschluss eines Vertrages, so ist dieses Verlangen einzuordnen. Eine ähnliche Frage stellt sich bei Schadensersatzansprüchen. Solche Diskriminierungsverbote bestehen etwa nach der Geoblocking-VO (→ Art. 6 Rn. 50) oder nach der arbeitsrechtlichen Antidiskriminierungsgesetzgebung (→ Art. 8 Rn. 112). Eine Einordnung als außervertraglich wird vertreten. Dafür lässt sich anführen, dass es an einem freiwilligen Vertragsschluss fehlt. Nach aA ist gleichwohl eine vertragliche Streitigkeit anzunehmen. Der Grad des diskriminierenden Verhaltens soll nicht über die Qualifikation entscheiden.[53]

16 Im Übrigen wird nach dem **Gegenstand der Pflichtverletzung** zu differenzieren sein.[54] Betrifft sie den Vertragsgegenstand (zB Aufklärungs- oder Beratungspflichten), sind hieraus entstehende Ansprüche vertraglich zu qualifizieren. Die Verletzung allgemeiner Pflichten ohne Bezug zu einer Sonderverbindung der Parteien (zB Verkehrs- oder Schutzpflichten) fällt dagegen in den

---

[41] Staudinger/*Magnus,* 2021, Rn. 37.

[42] *Bitter* IPRax 2008, 96 (98); Rauscher/*v. Hein* Rn. 9.

[43] *Krysa/Wodniansky-Wildenfeld* GPR 2024, 59 (68).

[44] Früher Art. 10 Abs. 1 lit. e EVÜ, umgesetzt in Art. 32 Abs. 1 Nr. 5 EGBGB.

[45] *Geimer/Schütze* EuGVÜ Art. 5 Rn. 18; *Kropholler/v. Hein* Art. 5 Brüssel I-VO Rn. 67; Rauscher/*Leible* Brüssel I-VO Art. 5 Rn. 27.

[46] EuGH Slg. 2002, I-7357 Rn. 24 = NJW 2002, 3159 = IPRax 2003, 143 m. krit. Aufsatz *Mankowski* IPRax 2003, 127 – Tacconi; krit. auch *Jayme/Kohler* IPRax 2003, 485 (490); vgl. ferner *Bitter* IPRax 2008, 96 (99 ff.).

[47] Näher *M. Lehmann* IPRax 2015, 495 (496 ff.).

[48] EuGH ECLI:EU:C:2016:612 = NJW 2016, 2727 = RIW 2016, 681 mAnm *Breckheimer* – Verein für Konsumenteninformation/Amazon.

[49] Näher *Freitag* IPRax 2016, 418 ff.

[50] BGH VersR 2020, 614 Rn. 12.

[51] EuGH ECLI:EU:C:2016:40 = NJW 2016, 1005 = IPRax 2017, 400 m. Aufsatz *Martiny* IPRax 2017, 360 – Ergo; *Lehmann/Ungerer* GPR 2017, 134 ff.

[52] BGH VersR 2021, 572 mAnm *Zwickel* = NVZ 2021, 310 mAnm *Staudinger* = NJW-RR 2021, 697 = EuZW 2021, 503 mAnm *Finkelmeier* = LMK 2021, 812030 mAnm *Pfeiffer;* OLG Karlsruhe VersR 2021, 1486.

[53] *Sein* EuCML 2017, 148, 154 f.

[54] *Castendiek* IPRax 2022, 450 (452). – Vgl. auch Staudinger/*Magnus,* 2021, Rn. 32.

Anwendungsbereich der Rom II-VO (→ Rom II-VO Art. 4 Rn. 20). Es können **Ansprüche sowohl aus Vertrag als auch aus gesetzlichen Schuldverhältnissen** (insbesondere Delikt) entstehen. Die nationalen sachrechtlichen Regelungen sind verschieden, da **Anspruchskonkurrenz** in unterschiedlichem Maße zugelassen oder ausgeschlossen wird.[55] Dies wirft eine Reihe von Fragen auf, wobei allerdings die Abgrenzung von vertraglichen und deliktischen Streitigkeiten bislang nicht die gleiche Fülle von Zweifelsfragen wie im Zuständigkeitsrecht (vgl. Art. 7 Abs. Nr. 1 lit. a Brüssel Ia-VO) hervorgerufen hat.[56] Ob es sich um eine **vertragliche Streitigkeit** handelt, ist – wie auch sonst – im Wege einer **autonomen Qualifikation** zu beantworten (→ Rn. 8).[57] Je nach dem Ergebnis kann dann entweder nur die Rom I-VO oder die Rom II-VO oder es können beide anwendbar sein. Letzteres gilt etwa für die Geheimnisverletzung im Vertragsverhältnis[58] oder kartelldeliktische Ansprüche.[59] Dass das nationale Sachrecht einen stillschweigend geschlossenen Vertrag fingiert, genügt nicht.[60] Die **unterschiedliche Anknüpfung** vertraglicher und gesetzlicher Ansprüche wird kollisionsrechtlich dadurch entschärft, dass grundsätzlich für beide eine Rechtswahl zugelassen ist. Ferner können die gesetzlichen Ansprüche bei objektiver Anknüpfung über Ausweichklauseln **akzessorisch** an das Vertragsverhältnis angeknüpft werden (vgl. Art. 41 Abs. 2 Nr. 1 EGBGB).[61] Das ist der Fall für das Delikt (Art. 4 Abs. 3 S. 2 Rom II-VO), culpa in contrahendo (Art. 12 Abs. 2 lit. c Rom II-VO), bereicherungsrechtliche Ansprüche (Art. 10 Abs. 4 Rom II-VO; vgl. auch Art. 12 Abs. 1 lit. Rom I-VO) sowie Ansprüche aus Geschäftsführung ohne Auftrag (Art. 11 Abs. 4 Rom II-VO). Wie weit sachrechtlich vertragliche Ansprüche neben deliktischen Ansprüchen eingeräumt werden, also eine sog. Kumulierung zulässig ist, entscheidet das anwendbare Recht im Rahmen des jeweiligen **Vertragsstatuts** (Art. 12 Abs. 1 Rom I-VO).[62]

Folge einer Vertragsverletzung können neben vertraglichen Ansprüchen insbesondere auch **17**
deliktische Ansprüche sein, es kann aber auch ganz generell um die Einordnung eines Verhaltens bzw. eines Anspruchs gehen. Dann stellt sich die nicht einfach zu beantwortende Frage nach dem Verhältnis zwischen der **Zuständigkeit in vertraglichen Angelegenheiten** (Art. 7 Nr. 1 lit. a Brüssel Ia-VO) und der für deliktische Ansprüche (Art. 7 Nr. 2 Brüssel Ia-VO), → vor Art. 1 Rn. 48. In ähnlicher Weise stellt sich die Abgrenzungsfrage auch für das **materielle Kollisionsrecht** (→ Rom II-VO Art. 1 Rn. 23).[63] So hat der EuGH etwa einen Schadensersatzanspruch wegen des Abbruchs einer Geschäftsbeziehung als vertraglich bewertet.[64] Eine zu weite Auslegung des Vertragsbegriffs kann allerdings zu einer Überdehnung der Vertragszuständigkeit zu Lasten der Zuständigkeit in Deliktsachen gehen. Die vielfachen Bemühungen des EuGH zur Abgrenzung der Zuständigkeiten sind daher nicht nur wegen der Unsicherheit bezüglich der Abgrenzungskriterien problematisch.[65] Nach Ansicht des EuGH hat eine Klage schon dann einen „Vertrag oder Ansprüche aus einem Vertrag" zum Gegenstand, wenn eine Auslegung des Vertrags der Parteien unerlässlich erscheint, um zu klären, ob das Verhalten, das der Kläger dem Beklagten vorwirft, rechtmäßig oder vielmehr widerrechtlich ist.[66] Dies ist ua der Fall bei einer Klage wegen Verletzung eines Wettbewerbsverbots, die auf den Bestimmungen eines Vertrags oder auf Rechtsvorschriften beruht, die aufgrund dieses Vertrags anwendbar sind.[67] Beruft sich der Kläger hingegen auf die gesetzlichen Regeln über die Haftung aus unerlaubter Handlung oder einer ihr gleichgestellten Handlung, dh

---

55 Näher *Siehr* FS Honsell, 2002, 189 ff. Vgl. auch *Spelsberg-Korspeter,* Anspruchskonkurrenz im internationalen Privatrecht, 2009, 39 ff. – Zur Abgrenzung in der Telemedizin *Wendelstein,* Kollisionsrechtliche Probleme der Telemedizin, 2012, 142 ff.

56 Näher dazu *Wendenburg/Schneider* NJW 2014, 1633 ff.; *P. Huber* IPRax 2017, 356 ff.; MüKoZPO/*Gottwald* Brüssel Ia-VO Art. 7 Rn. 4.

57 *Czepelak* JPIL 7 (2011), 393 (396 f.); *Mankowski* TranspR 2016, 131 ff.

58 *Vollmöller* IPRax 2021, 417 (419).

59 OLG Düsseldorf NZKart 2023, 225 zur Klassifizierung bei Para-Olympics.

60 *Mansel* Liber amicorum Portale, 2019, 56 (70 ff.) zum transaktionsvorbereitenden Beratungsvertrag.

61 *Czepelak* JPIL 7 (2011), 393 (405 ff.).

62 *Czepelak* JPIL 7 (2011), 393 (398 ff.); *Kubis* FS Schack, 2022, 697 (698 f.).

63 Näher dazu *Wendenburg/Schneider* NJW 2014, 1633 ff.; *P. Huber* IPRax 2017, 356 ff.; *Spickhoff* FS Kronke, 2020, 547 (550 ff.); MüKoZPO/*Gottwald* Brüssel Ia-VO Art. 7 Rn. 4 ff.

64 So zu Art. L 442-6 c. comm. Frankreich EuGH ECLI:EU:C:2016:559 = NJW 2016, 3087 = JZ 2017, 96 mAnm *Klöpfer/Wendelstein* = IPRax 2017, 396 m. Aufsatz *P. Huber* IPRax 2017, 356 – Granarolo.

65 Dazu näher *J. F. Hoffmann* ZZP 128 (2015), 465; *Mankowski* GPR 2020, 281; *Pfeiffer* IPRax 2016, 111; *Rieländer* RIW 2021,103.

66 EuGH ECLI:EU:C:2020:950 Rn. 32 = NJW 2021, 144 mAnm *R. Wagner* – Wikingerhof; einschr. zu EuGH EU:C:2014:148 Rn. 25 = RIW 2014, 305 = IPRax 2016, 149 m. Aufsatz *Pfeiffer* IPRax 2016, 111 – Brogsitter.

67 EuGH ECLI:EU:C:2020:950 Rn. 32 – Wikingerhof; im Anschluss an EuGH ECLI:EU:C:2017:472 Rn. 30 bis 33 = RIW 2017, 504 – Kareda.

auf einen Verstoß gegen die gesetzliche Verpflichtung, und ist es nicht unerlässlich, den Inhalt des mit der anderen Partei geschlossenen Vertrags zu prüfen, um zu beurteilen, ob das dieser vorgeworfene Verhalten rechtmäßig oder rechtswidrig ist, da diese Verpflichtung unabhängig von diesem Vertrag besteht, so besteht eine eigenständige Haftung. Die unerlaubte Handlung oder eine einer ihr gleichgestellte Handlung bzw. Ansprüche aus einer solchen Handlung können dann den Gegenstand der Klage iSv Art. 7 Nr. 2 Brüssel Ia-VO sein.[68] Dies ist für einen kartellrechtlichen Unterlassungsanspruch wegen Missbrauchs einer marktbeherrschenden Stellung angenommen worden.[69]

18 **Sachenrechtliche Verträge** werden von Art. 1 nicht erfasst.[70] Hier geht es im Allgemeinen um Rechtsverhältnisse mit dinglichen Wirkungen, die Rechte und Rechtspositionen – oft auch mit Wirkungen gegenüber Dritten – begründen, übertragen, beseitigen oder verändern. So wird etwa der nach Auslandsrecht allein aufgrund Kaufvertrages erfolgende Eigentumsübergang nicht erfasst.[71] Das gleiche gilt für die dinglichen Wirkungen des Treuhandvertrages.[72] Abgrenzungsfragen können bei Vereinbarungen unter Miteigentümern auftauchen.[73]

19 **b) Vertragsparteien.** Regelmäßig findet sich die lediglich auf die Parteien bezogene Wirkung vertraglicher Beziehungen auch im internationalen Vertragsrecht wieder. Eine Rechtswahl bezieht sich grundsätzlich nur auf die Parteien und nicht auf Dritte. Um welche Vertragsparteien es jeweils geht, richtet sich zunächst einmal nach dem Vertragsstatut (→ Art. 12 Rn. 53 ff.). An einem Vertragsverhältnis können mehrere Personen beteiligt sein. Es kann **Gläubigermehrheit** bestehen (→ Art. 12 Rn. 53). Gesondert geregelt sind Aspekte der **Schuldnermehrheit** (Art. 16). Der **Erfüllungsgehilfe** wird dem Schuldner zugeordnet, für den er tätig wird. Es erfolgt keine selbstständige Anknüpfung (→ Art. 12 Rn. 77). Mehrere Personen wirken in einer **Personengesellschaft** zusammen (→ Rn. 73 ff.).

20 Es kann zu **Veränderungen der Gläubigerstellung aufgrund Vertrages** kommen. Der Gläubiger kann durch eine besonders anzuknüpfende **Forderungsabtretung** wechseln (→ Art. 14). Ferner kann ein anderer durch **gesetzlichen Forderungsübergang** als Gläubiger einrücken. Auch hierfür besteht eine eigene Kollisionsregel (→ Art. 15). Auch auf der **Seite des Schuldners können Veränderungen eintreten.** Durch vertragliche Vereinbarung kann der Schuldner ausgewechselt werden. Es kann eine **Schuldübernahme** (→ Art. 15 Rn. 23 ff.), aber auch ein bloßer **Schuldbeitritt** (→ Art. 15 Rn. 27) erfolgen. Ferner ist eine weitergehende **Vertragsübernahme** möglich (→ Art. 15 Rn. 28). Ein Schuldner kann auch **kraft Gesetzes in ein Vertragsverhältnis einrücken,** etwa als Rechtsnachfolger (→ Art. 15 Rn. 29). Dies ist möglich für das Individualarbeitsverhältnis beim Betriebsübergang (→ Art. 8 Rn. 109), ferner bei der Unternehmens- und Vermögensübernahme (→ Art. 15 Rn. 30 ff.).

21 **c) Dritte. Vertragsfremde Dritte** sind an sich nicht in das Vertragsverhältnis mit einbezogen. Gleichwohl können Dritte, an sich nicht am Vertrag beteiligte Parteien, in vielfacher Weise von den Auswirkungen vertraglicher Vereinbarungen der Parteien berührt werden. Vor der Frage nach der richtigen Anknüpfung ist zunächst einmal zu entscheiden, ob eine vertragliche oder außervertragliche Qualifikation zu erfolgen hat. Ggf. ist statt der Rom I-VO die Rom II-VO anzuwenden (→ Rn. 16). Ferner ist zu prüfen, ob es sich bei einer Modifikation der allgemeinen Regeln um gesondert anzuknüpfendes Eingriffsrecht (vgl. Art. 9) handelt. Eigene Schuldverhältnisse mit Dritten bestehen bei **Sicherungsverträgen** wie Bürgschaft und Garantie (→ Art. 4 Rn. 232 ff., → Art. 4 Rn. 237 ff.).

22 Mit dem **Lieferanten eines Unternehmers** (Importeur) kann eine vertragliche Beziehung des Unternehmens bestehen. Eine solche Geschäftsbeziehung unterliegt idR der Rom I-VO. Das LkSG (→ Vor Art. 1 Rn. 12) wirkt nicht direkt auf diese Geschäftsbeziehung ein, indem etwa ihre Gültigkeit in Frage gestellt wird. In die Durchführung wird lediglich im Hinblick auf Sorgfaltspflichten eingegriffen. Allerdings kann auch eine Verpflichtung zur Beendigung der Geschäftsbeziehung entstehen (§ 7 Abs. 3 LkSG), die einzuordnen ist (→ Art. 9 Rn. 52). **Geschädigte Dritte** (zB ausländische Arbeitnehmer) stehen regelmäßig nicht in einer vertraglichen Beziehung zum inländischen Unternehmer.[74] Denkbar wäre, die Verpflichtungen des LkSG über das Konzept des Vertrags mit Schutzwirkung für Dritte (→ Art. 12 Rn. 55) auf geschädigte Dritte zu erstrecken. Das wird

---

68 EuGH ECLI:EU:C:2020:950 Rn. 33 – Wikingerhof.

69 S. EuGH ECLI:EU:C:2020:950 Rn. 33 – Wikingerhof; wohl auch *Horn,* Vis attractiva contractus, 2023, 80 ff.

70 *Ferrari* IntVertragsR/*Ferrari* Art. 3 Rn. 4; Staudinger/*Magnus,* 2021, Rn. 28.

71 Staudinger/*Magnus,* 2021, Rn. 28.

72 *Wilhelm* IPRax 2012, 392 (393).

73 Zum Verfahren EuGH NZM 2019, 435 – Kerr; *Mansel/Thorn/Wagner* IPRax 2019, 85.

74 *Ostendorf* IPRax 2019, 297 (299); *Heinlein* NZA 2018, 276 (279).

jedoch weitgehend abgelehnt.[75] Stattdessen wird eine außervertragliche Einordnung angenommen[76] (→ Rom II-VO Art. 1 Rn. 26).

Eine **Begünstigung von Dritten** kann in unterschiedlicher Weise, insbesondere durch eine vertragliche Vereinbarung, erfolgen. Beim echten **Vertrag zugunsten Dritter** wird letzterem ein eigener vertraglicher Anspruch eingeräumt, der zweifelsfrei von der Rom I-VO erfasst wird.[77] Für die Position des Dritten ist das Vertragsstatut maßgeblich (→ Art. 12 Rn. 54). Die nach deutschem Recht mögliche Haftung aus einem **Vertrag mit Schutzwirkung für Dritte,** welche Schwächen des deutschen Deliktsrechts kompensiert, gehört dagegen nicht mehr zu den vertraglichen Ansprüchen.[78] Andere wollen hier im Hinblick auf die auf den Vertrag gestützten Wirkungen noch vertragsrechtlich qualifizieren[79] (→ Art. 12 Rn. 55). 23

Verschiedentlich werden Dritte auch **kraft Gesetzes einbezogen und begünstigt.** So kann einem Dritten ein (Direkt-)Anspruch gegen eine der Vertragsparteien eingeräumt werden. Dies ist etwa der Fall beim **Direktanspruch des Subunternehmers,** der vertragsrechtlich eingeordnet wird[80] (→ Art. 4 Rn. 63). Einzuordnen ist auch der **Direktanspruch des Empfängers gegen den ausführenden Frachtführer** (§§ 437, 509 HGB; → Art. 5 Rn. 9) sowie der richterrechtlich entwickelte **Direktanspruch des Empfängers gegen den Unterfrachtführer** (→ Art. 5 Rn. 9). Weitere Beispiele sind der Direktanspruch im Zahlungsdiensterecht (§ 675z S. 4 BGB; → Art. 4 Rn. 95) sowie der **Direktanspruch gegen den Versicherer** (Art. 40 Abs. 4 EGBGB; Art. 18 Rom II-VO).[81] Eine eigenständige Haftung gegenüber Dritten besteht schließlich bei **Vermögensübernahme** und bei **Fortführung eines Handelsgeschäfts** (→ Art. 15 Rn. 33). 24

Durchgriffs- bzw. Direktansprüche werfen **bei Vertragsketten** besondere Probleme auf.[82] Hier kann die Partei eines Vertrages gegen die Partei eines anderen, vorgelagerten Vertragsverhältnisses vorgehen. Fraglich ist die Einordnung des **Regresses des Letztverkäufers wegen Vertragswidrigkeit** gegenüber dem in der Verkaufskette vorhergehenden Verkäufer. In Umsetzung der Verbrauchsgüterkauf-RL ist er in den Mitgliedstaaten unterschiedlich ausgestaltet worden (vgl. § 478 BGB). Eine Einordnung als vertragsrechtlich oder als deliktisch kommt in Betracht.[83] Im Anschluss an die EuGH-Rspr. zur internationalen Zuständigkeit für die **Produkthaftung,** die auch für die französische vertragsrechtliche Konstruktion[84] den Deliktsgerichtsstand für maßgeblich hielt,[85] wird materiellrechtlich ebenfalls für eine außervertragliche Qualifikation des Anspruchs plädiert.[86] Daran kann man aber zweifeln, da die Abgrenzung der Gerichtsstände nach Art. 7 Brüssel Ia-VO nicht unbedingt mit dem Anwendungsbereich der Rom I-VO gleichzusetzen ist. 25

d) Gläubigeranfechtung. Qualifikationsfragen wirft auch die Einordnung der Gläubigeranfechtung (actio pauliana) auf. Die Anfechtung ermöglicht es, die Wirkung von Verfügungshandlungen des Schuldners zu beseitigen. Sie wirkt damit der Benachteiligung des Gläubigers entgegen. Es handelt sich um eine Zivil- und Handelssache.[87] Die Zuordnung zu einem außervertraglichen Schuldverhältnis ist schwierig; für eine deliktische Qualifikation fehlt das für die unerlaubte Handlung maßgebliche Element des Schadensausgleichs[88] (→ Rom II-VO Art. 1 Rn. 30 f.). Da die Verfü- 26

[75] *Spindler* ZHR 186 (2022), 67 (109); unentschieden *Habersack/Ehrl* AcP 219 (2019) 155 (181 f.).

[76] So *Thomale/Murko* EuZA 2021, 40 (56); *Ostendorf* IPRax 2019, 297 (299).

[77] BAG RIW 2016, 543; KG VersR 2019, 748 (749) für die Mitversicherung bei der Haftpflichtversicherung; *Castendiek* IPRax 2022, 450 (454); Staudinger/*Magnus,* 2021, Rn. 38.

[78] OGH IPRax 2009, 354; *Martiny* FS Magnus, 2014, 483 (489 f.); *Freitag* IPRax 2016, 418 (421); *Castendiek* IPRax 2022, 450 (453); *v. Bar/Mankowski* IPR II § 1 Rn. 21; Rauscher/*v. Hein* Rn. 10; BeckOGK/*Paulus,* 1.12.2023, Rn. 25; näher *Dutta* IPRax 2009, 293 (294 ff.).

[79] So Staudinger/*Magnus,* 2021, Rn. 38.

[80] Rauscher/*v. Hein* Rn. 10; dagegen als Eingriffsnorm nach Art. 16 Rom II-VO BeckOGK/*Maultzsch,* 1.3.2024, Art. 9 Rn. 13.1.

[81] Dazu *Freitag* IPRax 2016, 418 (423).

[82] Dazu *Martiny* ZEuP 2008, 79 (83 f.); *Martiny* FS Magnus, 2014, 483 (494 ff.) mwN.

[83] Vertraglich, *Gebauer* FS Martiny, 2014, 325 (336 ff.); Rauscher/*v. Hein* Rn. 10; vgl. *Wind,* Der Lieferanten- und Herstellerregress im deutsch-italienischen Rechtsverkehr, 2006; wohl auch *Freitag* IPRax 2016, 418 (423).

[84] Zu dieser *Sonnenberger/Dammann* VI 63. – Nunmehr Art. 1245 ff. C.civ.

[85] EuGH Slg. 1992, I-3967 = JZ 1995, 90 mAnm *Pfeifer* – Handte/TMCS; NJW 2013, 3086 = IPRax 2013, 552 m. Aufsatz *Weller* IPRax 2013, 501 – Refcomp.

[86] *Dutta* ZHR 171 (2007), 79 (94 ff.); Calliess/Renner/*Weller* Rn. 17.

[87] So zur Brüssel Ia-VO EuGH ECLI:EU:C:2018:805 Rn. 44 = RIW 2018, 760 mAnm *Mankowski* EWiR 2018, 701 – Feniks; *Dostal* IHR 2019, 89.

[88] EuGH Slg. 1992, I-2149 Rn. 19 = IPRax 1993, 28 m. Aufsatz *Schlosser* IPRax 1993, 17 – Reichert und Kockler; *Hohloch* IPRax 1995, 306 (307) (Aufsatz zu LG Berlin NJW-RR 1994, 1525); *Kubis* IPRax 2000, 501 (503).

gung des Schuldners regelmäßig nicht in den Zuweisungsgehalt von Gläubigerrechten eingreift, erscheint eine bereicherungsrechtliche Zuordnung ebenfalls nicht überzeugend.[89] Eine vertragliche Zuordnung stellt dagegen auf die der Verfügung zu Grunde liegende rechtsgeschäftliche Verpflichtung ab.[90] In Deutschland greift § 19 AnfG ein.[91]

27 **e) Einseitige Erklärungen.** Einseitige, auf ein Vertragsverhältnis bezogene Rechtsgeschäfte (zB **Rücktritt, Kündigung**) werden vielfach vom Geltungsbereich des Vertragsstatuts erfasst,[92] s. Art. 12 (näher → Art. 12 Rn. 1 ff.). Sie gehören daher zu den vertraglichen Schuldverhältnissen iSd Art. 1.[93] Soweit es um einseitige verpflichtende Rechtsgeschäfte – wie etwa die **Auslobung** deutschen Rechts (§§ 657 ff. BGB; → Art. 4 Rn. 306) – geht, besteht keine Einigkeit.[94] Teilweise wird der Begriff des Vertrages erweiternd ausgelegt, so dass er auch solche Erklärungen abdeckt und die europäische Regelung eingreift.[95] Andere wollen die Rom I-VO nur entsprechend anwenden.[96] Teils wird auch vertreten, einseitige Rechtsgeschäfte würden nicht erfasst. Damit wäre dann der Weg zur Anwendung von Grundsätzen des nationalen Rechts offen.[97]

28 **Gewinnmitteilungen** werden ebenfalls nicht einheitlich qualifiziert. Die Zuordnung derartiger Mitteilungen zum vertraglichen[98] oder außervertraglichen[99] Schuldrecht hängt davon ab, wie man Zielsetzung und Rechtstechnik der Vorschriften (§ 661a BGB, § 5j öst. KSchG) im Kontext des geltenden Rechts bewertet (→ Art. 4 Rn. 307 ff.; → Art. 6 Rn. 21). Zwar spricht die gegen das Versenden von Gewinnmitteilungen gerichtete wettbewerbsregulierende, generalpräventive Zielrichtung dafür, den Anspruch außervertraglich (deliktisch) zu qualifizieren[100] (näher → Rom II-VO Art. 1 Rn. 32 f.). Freilich ist eine vertragliche Einordnung nicht ausgeschlossen.

29 Eine schlüssige Antwort fällt schwer, weil sich die Rspr. mit der Frage vor allem im Zusammenhang mit der internationalen Zuständigkeit beschäftigt hat und zudem den **Begriff des Vertrages** unterschiedlich interpretiert hat (→ Rn. 8). Trifft die Gewinnmitteilung mit einer Warenbestellung zusammen, ergibt sich – wie der EuGH zunächst entschieden hat[101] – auch ein Ansatzpunkt für eine vertragsakzessorische Anknüpfung des Gewinnauszahlungsanspruchs. Die Betrachtung des Versprechens spricht dagegen dafür, den Anspruch auf Auszahlung des Gewinns dem vertraglichen Bereich zuzuordnen. Der fehlende Rechtsbindungswille des Unternehmers wird sozusagen durch § 661a BGB oder § 5j KSchG Österreich „ersetzt". Maßgeblich ist die Ausschreibung des Gewinns als solche; sie beruht auf der freien Entscheidung des Unternehmers und begründet damit eine freiwillig eingegangene Verpflichtung iSd europäischen Vertragsbegriffs. Bei einer solchen Argumentation erstreckt sich der Anwendungsbereich der Rom I-VO auch auf Gewinnmitteilungen.[102] Für die Zuständigkeit hat der EuGH versucht, die Selbstbindung des Unternehmers zu präzisieren.[103] Die deutsche Rspr. hat sich zuletzt für eine ebensolche

---

[89] *Kubis* IPRax 2000, 501 (503).

[90] Zur französischen Sicht s. *Sonnenberger/Dammann* IX 36.

[91] Gegen die Anwendung der Rom I-VO *Sonnenberger* IPRax 2011, 325 (329). Dafür, bei vertraglich bedingter Leistung, BeckOGK/*Paulus,* 1.12.2023, Rn. 18.

[92] Ferrari IntVertragsR/*Kieninger* Rn. 7; Staudinger/*Magnus,* 2021, Anh. II Art. 1 Rn. 3.

[93] *Bitter* IPRax 2008, 96 (99); Staudinger/*Magnus,* 2021, Rn. 36.

[94] Näher dazu *Reiher,* Der Vertragsbegriff im europäischen Internationalen Privatrecht, 2010, 176 ff.; *Urlaub,* Einseitig verpflichtende Rechtsgeschäfte im internationalen Privatrecht, 2010, 111 ff.

[95] Ferrari IntVertragsR/*Kieninger* Rn. 7; Rauscher/*v. Hein* Rn. 7; Staudinger/*Magnus,* 2021, Rn. 35; näher *Martiny* FS Pazdan, 2005, 189 ff.

[96] So wohl Grüneberg/*Thorn* Rn. 3; ebenso zum alten Recht OLG Nürnberg NJW 2002, 3637; *S. Lorenz* IPRax 2002, 192 (195); grds. auch *Wolf* IPRax 2000, 477 (479).

[97] So *Dörner* FS Kollhosser, Bd. II, 2004, 75 (85).

[98] Für eine Zuordnung zum Verbrauchervertrag EuGH Slg. 2009, I-3961 = EuZW 2009, 489 – Ilsinger/Dreschers. Für die Zuständigkeit nach Art. 7 Nr. 1 Brüssel Ia-VO (= Art. 5 Nr. 1 EuGVÜ) EuGH Slg. 2005, I-481 = IPRax 2005, 239 m. Aufsatz *S. Lorenz/Unberath* IPRax 2005, 219 – Engler; BGHZ 153, 82 (90 ff.); LG Potsdam VersR 2003, 378 (379); *S. Lorenz* NJW 2000, 3305 (3309); *S. Lorenz* IPRax 2002, 192; *Piekenbrock/Schulze* IPRax 2003, 328; Rauscher/*Heiderhoff* Art. 6 Rn. 66 ff.

[99] Ferrari IntVertragsR/*Staudinger* Art. 9 Rn. 34; NK-BGB/*Leible* Rom I Art. 4 Rn. 163; Rauscher/*v. Hein* Rn. 8. – Für eine deliktische Qualifikation iSd Art. 5 Nr. 3 EuGVÜ OLG Frankfurt OLGR 2002, 169; OLG Dresden RIW 2002, 959 (960); *Fetsch* RIW 2003, 936 (942); *Leible* IPRax 2003, 28 (31); *Leible* NJW 2003, 407 (409); *Rauscher/Schülke* ELF 2002, 334 (337).

[100] Rauscher/*v. Hein* Rn. 8 (Einordnung unter Art. 6 Abs. 1 Rom II-VO).

[101] EuGH Slg. 2002, I-6367 = IPRax 2003, 50 m. Aufsatz *Leible* IPRax 2003, 28 = NJW 2002, 2697 = ZEuP 2004, 762 mAnm *Staudinger* – Gabriel.

[102] So Ferrari IntVertragsR/*Kieninger* Rn. 8; Erman/*Stürner* Rn. 2b.

[103] S. EuGH Slg. 2009, I-3961 = EuZW 2009, 489 – Ilsinger/Dreschers.

Behandlung wie bei einseitigen Rechtsgeschäften entschieden, allerdings zugleich mit dem Vorliegen einer international zwingenden Norm operiert[104] (→ Art. 9 Rn. 101).

4. Verbindung zum Recht verschiedener Staaten. In reinen Inlandsfällen ist die Rom I-VO nicht anwendbar.[105] Abs. 1 verlangt eine Verbindung zum Recht verschiedener Staaten („situations involving a conflict of laws"; „situations comportant un conflit de lois"). Das ist bei einem gewöhnlichen Aufenthalt bzw. Sitz der Parteien in verschiedenen Staaten der Fall.[106] Allerdings greift die VO auch bei einem Erfüllungsort in einem anderen Staat ein, wenn die Vertragsparteien demselben Staat angehören.[107] Vor allem die englische und französische Fassung zeigen, dass es keiner besonderen Umstände bedarf, die als „Verbindung" anzusehen sind.[108] Für die Internationalität des Vertragsverhältnisses genügt, dass es aufgrund von Elementen des Sachverhalts überhaupt in Frage steht, welche Rechtsordnung anzuwenden ist.[109] Dafür reicht eine Rechtswahlklausel.[110] Gleiches gilt für Eigenschaften der Parteien und die Durchführung des Vertrages.[111] Selbst der Gebrauch einer fremden Sprache, der auf eine Rechtswahl hindeutet, kann genügen.[112] Eine „internationale Situation" wird – anders noch Art. 1 EVÜ-Entwurf 1972[113] – nicht verlangt.[114] Ein Streit, ob schottisches oder englisches Recht gilt, fällt daher in den Anwendungsbereich der VO.[115] Die VO ist mithin großzügiger als zB Art. 1 HKaufÜ 1955 (→ Art. 4 Rn. 29). Die fehlende Auslandsberührung ist auch Gegenstand von Art. 3 Abs. 3 (→ Art. 3 Rn. 90 f.). 30

III. Ausschlusswirkung

1. Grundsatz der Nichtanwendung. Auf nahezu allen Rechtsgebieten gibt es vertragliche Vereinbarungen. Die Rom I-VO bezieht sich jedoch nur auf zivil- und handelsrechtliche Schuldverhältnisse (→ Rn. 6). Daher stellen sich zahlreiche Abgrenzungsfragen. Für die in Art. 1 Abs. 2 aufgezählten Materien gilt die Rom I-VO nicht (Vorläufer sind Art. 1 EVÜ und Art. 37 EGBGB aF). Die Vorschrift hat insoweit den Charakter einer „Ausschlussnorm".[116] Folglich sind auf die jeweiligen Materien andere Staatsverträge und nationale Vorschriften – soweit vorhanden – auch weiterhin anzuwenden. Solche Bestimmungen bestehen zB im internationalen Wertpapierrecht (→ Rn. 42, → Rn. 56). Im Interesse einer einheitlichen Anwendung bzw. Nichtanwendung der VO gilt für die Auslegung der Ausschlusstatbestände der Grundsatz der einheitlichen Auslegung ebenfalls. 31

2. Analoge Anwendung. Mangels besonderer Vorschriften stellt sich die Frage nach den anstelle der Verordnung anzuwendenden Regeln. Hierauf gibt es **keine einheitliche Antwort,** da die Ausschlussnormen der Rom I-VO auf verschiedenen Gründen beruhen: auf ausreichender Regelung durch andere Konventionen (wie etwa im Wertpapierrecht), der Ungeeignetheit der allgemeinen vertragsrechtlichen Regeln für den jeweiligen Sachverhalt (wie im internationalen Familienrecht) oder nur auf der Uneinigkeit der Mitgliedstaaten über die Behandlung bestimmter Materien. Die Bestimmungen der Rom I-VO können auch **für ausgeschlossene Materien herangezogen** werden. Dass damit Regeln unionsrechtlichen Ursprungs auch auf außerhalb der VO liegende Sachverhalte angewendet werden können, ist vom Standpunkt der VO aus unbedenklich.[117] Der Bericht von *Giuliano/Lagarde* bezeichnet ein solches Verfahren schon für das EVÜ als möglich.[118] Das nationale Recht darf sich daher an den Grundsätzen der Verordnung orientieren. 32

---

[104] BGHZ 165, 172 (177 ff.) = NJW 2006, 230 m. zust. Aufsatz *S. Lorenz* NJW 2006, 472 = IPRax 2006, 602 m. Aufsatz *Jordans* IPRax 2006, 582.

[105] Staudinger/*Magnus,* 2021, Rn. 10.

[106] BAG RIW 2016, 543.

[107] EuGH ECLI:EU:C:2023:671 Rn. 52 = EuZW 2023, 1106 mAnm *Wagner* = IPRax 2024, 315 m. Aufs. *Hemler* IPRax 2024, 276 – Diamond Resorts Europe.

[108] PWW/*Brödermann/Wegen* Rn. 8. – Zum EVÜ *Philip* in North, Contract Conflicts, 1982, 94; anders zum EVÜ *W. Lorenz* IPRax 1987, 269 (271). Enger auch *Schwung* WM 1984, 1301 (1302 f.); → Art. 3 Rn. 4.

[109] Staudinger/*Magnus,* 2021, Rn. 11; vgl. auch schon *E. Lorenz* FS Kegel, 1987, 303 (311 f.); anders BeckOGK/*Paulus,* 1.12.2023, Rn. 28.

[110] BGH NJW-RR 2024, 140; Rauscher/*v. Hein* Rn. 21; Staudinger/*Magnus,* 2021, Rn. 10; ebenso für Vereinbarungen über Kryptowerte *Skauradszun* ZfPW 2022, 56 (67 f.); anders BeckOGK/*Paulus,* 1.12.2023, Rn. 28.

[111] Staudinger/*Magnus,* 2021, Rn. 11.

[112] *Magnus* FS Kühne, 2009, 779 (790); Calliess/Renner/*Weller* Rn. 19; Staudinger/*Magnus,* 2021, Rn. 12.

[113] Dazu *Siehr* AWD 1973, 569 (571 f.); *v. Hoffmann* EurPILO 2 ff.

[114] Anders BeckOGK/*Paulus,* 1.12.2023, Rn. 28.

[115] Vgl. *Gaudemet-Tallon* Rev. trim. dr. europ. 17 (1981), 215 (231 f.).

[116] So zu Art. 37 EGBGB *Jayme* IPRax 1986, 265 (266).

[117] Calliess/Renner/*Weller* Rn. 22. – Zum EVÜ *v. Bar* FS W. Lorenz, 1991, 273 (278 ff.); Soergel/*v. Hoffmann* EGBGB Vor Art. 27 Rn. 6 – In Österreich kommt § 35 IPRG zur Anwendung.

[118] BT-Drs. 10/503, 45.

33 Eine generelle Wertentscheidung gegen die den Art. 3 ff. zu Grunde liegenden Prinzipien kann der Ausschlussnorm des Art. 1 nicht entnommen werden.[119] Insbesondere in dem Internationalem Vertragsrecht zuzuordnenden Bereichen kommt dann, wenn die Art. 3 ff. zur Lösung der jeweiligen Sachfrage inhaltlich geeignet scheinen, eine **analoge Anwendung** dieser Normen in Betracht (→ EGBGB Art. 3 Rn. 67 f. zur Lückenfüllung im IPR). Dies gilt vor allem dort, wo sie **allgemeine kollisionsrechtliche Prinzipien** wie den Grundsatz der Parteiautonomie zum Ausdruck bringen.[120] Nicht anders ist es bei der objektiven Anknüpfung. Beispielsweise können die Art. 3 ff. entsprechend auf Orderpapiere angewendet werden.[121] Auch im Ausschluss durch Art. 1 für den Wechsel liegt keine Absage an die Parteiautonomie.[122] In anderen Bereichen ist dagegen vom Weitergelten bisheriger Grundsätze auszugehen.[123]

IV. Ausgeschlossene Materien

34 **1. Öffentlich-rechtliche Angelegenheiten (Abs. 1 S. 2).** Die Verordnung gilt insbesondere nicht für Steuer- und Zollsachen. Hierzu gehören auch öffentlich-rechtliche Gebühren und Abgaben.[124] Verwaltungsrechtliche Angelegenheiten sind ebenfalls ausdrücklich ausgenommen (Art. 1 Abs. 1 S. 2). Auch insoweit ist eine verordnungsautonome Auslegung und Qualifikation notwendig. Für öffentlich-rechtliche Angelegenheiten gelten die Regeln des internationalen öffentlichen Rechts (→ Einl. IPR Rn. 349 ff.). Die Publizität im Rahmen der **Prospektpflicht** bei der Emission von Wertpapieren fällt nicht unter die Rom I-VO.[125]

35 **2. Personenstand, Rechts-, Geschäfts- und Handlungsfähigkeit natürlicher Personen (Abs. 2 lit. a).** Ausgeschlossen ist der Personenstand sowie die Rechts-, Geschäfts- und Handlungsfähigkeit von natürlichen Personen, unbeschadet des Art. 13, der den guten Glauben bezüglich Rechts-, Geschäfts- und Handlungsfähigkeit betrifft. Der Personenstand ist der Status, welcher vielfach auch familienrechtliche Bezüge aufweist. Im Übrigen sind grundsätzlich alle allgemeinen und speziellen Fähigkeiten, rechtsrelevant zu handeln, gemeint.[126] Dieser Ausschluss ist unproblematisch, da nach der Systematik des deutschen Rechts die Geschäftsfähigkeit (vgl. Art. 7 EGBGB) – anders als nach Common Law[127] – ohnehin keine Frage des Vertragsstatuts, sondern eine selbständige Vorfrage ist.[128]

36 **3. Schuldverhältnisse aus einem Familienverhältnis oder vergleichbaren Verhältnis (Abs. 2 lit. b). a) Familienverhältnis.** Ausgeschlossen sind – ähnlich wie nach Art. 1 Abs. 2 lit. a Rom II-VO – Schuldverhältnisse aus einem Familienverhältnis (→ Rom II-VO Art. 1 Rn. 39). Der Begriff, der auch in Art. 1 Abs. 1 EuUnthVO sowie Art. 1 Abs. 2 lit. a EuErbVO auftaucht, ist autonom anzulegen.[129] Nach herkömmlicher Systematik des deutschen IPR werden die entsprechenden vertraglichen Vereinbarungen dem Statut der jeweiligen Sachfrage zugeordnet, der Erbvertrag zB dem Erbstatut (→ EuErbVO Art. 3 Rn. 8 ff.; → EGBGB Art. 26 Rn. 5), der Unterhaltsvertrag dem Unterhaltsstatut (→ HUP Art. 1 Rn. 33 f.). Dieser Ansatz gilt auch hier. Die Art. 3 ff. sind nicht anzuwenden. Soweit im Internationalen Familien- und Erbrecht Parteiautonomie zugelassen ist, ist dies ausdrücklich bestimmt (zB Art. 14 Abs. 2–4 EGBGB, Art. 15 Abs. 2 EGBGB, Art. 25 Abs. 2 EGBGB; Art. 5 Rom III-VO; Art. 8 HUP; Art. 22, 25 EuErbVO). Es ist allerdings nicht ausgeschlossen, sich bei Auslegung dieser Kollisionsnormen in einzelnen Fragen (zB Gültigkeit der Rechtswahl) am Internationalen Vertragsrecht zu orientieren. Sonstige vertragliche Vereinbarungen zwischen Familienangehörigen oder Ehegatten, welche keinen familien- oder erbrechtlichen Gehalt haben, fallen dagegen unter die VO. Das gilt etwa für freiwillige Leistungen und Schenkungen.[130]

---

[119] BGH NJW 1994, 187 = IPRax 1994, 452 m. Aufsatz *Straub* IPRax 1994, 432 = WuB V A § 817 BGB 2.94 mAnm *Thode;* BeckOGK/*Paulus,* 1.12.2023, Rn. 36; Soergel/*v. Hoffmann* EGBGB Art. 37 Rn. 3.

[120] *v. Bar* FS W. Lorenz, 1991, 273 (275); Soergel/*v. Hoffmann* EGBGB Art. 37 Rn. 3.

[121] BeckOK BGB/*Spickhoff* Rn. 37. – Zum alten Recht BGHZ 99, 207 (210) = NJW 1987, 1145 = IPRax 1988, 26 m. Aufsatz *Basedow* IPRax 1988, 15.

[122] BGH NJW 1994, 187 = IPRax 1994, 452 m. Aufsatz *Straub* IPRax 1994, 432 = WuB V A § 817 BGB 2.94 mAnm *Thode.*

[123] Vgl. zum EVÜ *Jayme* IPRax 1986, 265 (266).

[124] Staudinger/*Magnus,* 2021, Rn. 20.

[125] *Steinrötter* in Maume/Maute, Rechtshandbuch Kryptowerte, 2020, § 3 Rn. 90.

[126] Vgl. für die Betreuung EuGH ECLI:EU:C:2013:633 = FamRZ 2013, 1873 mAnm *Wendenburg* = IPRax 2015, 235 m. Aufsatz *v. Hein* IPRax 2015, 198 – Schneider.

[127] *Dicey/Morris/Collins/Collins* II, 2011, Rn. 32–214 ff.; vgl. *Weitnauer,* Der Vertragsschwerpunkt, 1981, 23 f., 90 ff.

[128] *Sonnenberger* IPRax 2011, 325 (330); Staudinger/*Magnus,* 2021, Rn. 47.

[129] *Althammer* NZFam 2016, 629 (633).

[130] Staudinger/*Magnus,* 2021, Rn. 51, 55.

Welche **Familienverhältnisse** im Einzelnen gemeint sind, bestimmt die VO nicht. Auch dieser Begriff ist verordnungsautonom auszulegen.[131] Nach dem Erwägungsgrund 8 sollen Familienverhältnisse die Verwandtschaft in gerader Linie, die Ehe, die Schwägerschaft und die Verwandtschaft in der Seitenlinie umfassen. Nachdem (wie nunmehr auch § 1353 Abs. 1 BGB nF) immer mehr Mitgliedstaaten **gleichgeschlechtliche Ehen** zulassen, ist anzunehmen, dass die Ehe auch solche Verbindungen erfasst. 37

b) Wirkungsgleiche Verhältnisse. Gleichgestellt sind Schuldverhältnisse auf Grund von Verhältnissen, die nach dem auf diese Verhältnisse anzuwendenden Recht mit der Ehe vergleichbare Wirkungen entfalten (vgl. Art. 17b EGBGB). Diese Bezugnahme in Art. 1 Abs. 2 lit. b auf Verhältnisse, die mit der Ehe oder anderen Familienverhältnissen vergleichbare Wirkungen entfalten, soll – in Widerspruch zum Text von lit. b, der auf das für die Verhältnisse geltende Recht abstellt[132] – nach der Rechtsordnung des Mitgliedstaats, in dem sich das angerufene Gericht befindet, ausgelegt werden (Erwägungsgrund 8). Hierin liegt eine Rücksichtnahme auf die lex fori, wenn diese nicht bereit ist, dem jeweiligen Lebensverhältnis familienrechtlichen Charakter zuzubilligen. Dies hat vor allem für **gleichgeschlechtliche Lebensgemeinschaften** Bedeutung.[133] Allerdings wird nicht einfach das Sachrecht der lex fori befragt, vielmehr ist das anwendbare Sachrecht unter Einschaltung der jeweiligen Kollisionsnormen der lex fori zu ermitteln.[134] 38

4. Ehegüterrecht und Erbrecht (Abs. 2 lit. c). Ausgeschlossen sind – ebenso wie nach Art. 1 Abs. 2 lit. b Rom II-VO – Verträge im Rahmen der ehelichen **gesetzlichen oder vertraglichen Güterstände.** Gleichgestellt sind Fragen in Güterständen auf Grund von Verhältnissen, die nach dem auf diese Verhältnisse anzuwendenden Recht – wie etwa eine eingetragene Lebenspartnerschaft – mit der Ehe vergleichbare Wirkungen entfalten. Schenkungen unter Ehegatten fallen in den Anwendungsbereich der Rom I-VO.[135] Ansprüche aus Vermögensziehungen, die ihren Grund nicht in der Ehe haben, sind im Allgemeinen nicht ausgeschlossen. Dies gilt etwa für die gemeinsame Finanzierung eines Grundstücks durch eine Kreditaufnahme.[136] Die Ausgleichszwecken dienende Ehegatteninnengesellschaft des deutschen Rechts ist früher vertragsrechtlich qualifiziert worden[137] (→ Rn. 81). **Seit dem 29.1.2019** greift jedoch die **EuGüVO** ein (→ EuGüVO Art. 1 Rn. 1 ff.). Die Ehegatteninnengesellschaft fällt nunmehr ohne weiteres in den Anwendungsbereich der EuGüVO (→ EuGüVO Art. 27 Rn. 18).[138] Entsprechendes gilt für die vermögensrechtlichen Verhältnisse **eingetragener Partnerschaften** (→ EuPartVO Art. 1 Rn. 1 ff.). 39

Nicht erfasst werden erbrechtliche Verträge. Ausdrücklich genannt werden in der Rom I-VO **Testamente** und **Erbrecht** (Abs. 2 lit. c). Erbverträge fallen daher nicht in den Anwendungsbereich der Rom I-VO, sondern der **EuErbVO** (vgl. Art. 25 EuErbVO). Das Gleiche gilt aufgrund funktionaler autonomer Qualifikation nach dem EuGH, der auf den Wirksamkeitszeitpunkt der Schenkung abstellt, für die **Schenkung auf den Todesfall,** wenn das Eigentum an einem Grundstück erst im Todesfall auf den anderen Vertragspartner übergehen soll.[139] Erfasst wird jedoch der schuldrechtliche Übergabevertrag bei der vorweggenommenen Erbfolge.[140] Rechtswahl ist zulässig. Bei der objektiven Anknüpfung ist charakteristische Leistung die des Übergebenden, auf dessen gewöhnlichen Aufenthalt es daher ankommt.[141] 40

5. Verpflichtungen aus Wechseln, Schecks, Eigenwechseln und anderen handelbaren Wertpapieren (Abs. 2 lit. d).

Schrifttum: *v. Bar,* Wertpapiere im Internationalen Privatrecht, FS W. Lorenz, 1991, 273; *Bernstein,* Wechselkollisionsrecht und excuses for non-performance bei Enteignung des Wechselschuldners, FS W. Reimers, 1979, 229; *Einsele,* Wertpapierrecht als Schuldrecht, 1995; *Eschelbach,* Deutsches Internationales Scheckrecht, Diss. Mainz 1990; *H. Koch,* Konfliktsprobleme des angelsächsischen und des deutschen Scheckrechts, ZHR 140 (1976), 1;

---

131 Calliess/Renner/*Weller* Rn. 24; Staudinger/*Magnus,* 2021, Rn. 52.

132 Krit. *Althammer* NZFam 2016, 629 (633).

133 *Leible/Lehmann* RIW 2008, 528 (530).

134 Calliess/Renner/*Weller* Rn. 27; Rauscher/*v. Hein* Rn. 26; Staudinger/*Magnus,* 2021, Rn. 56; näher *Francq* Clunet 136 (2009), 41 (45 f.).

135 Calliess/Renner/*Weller* Rn. 26; Rauscher/*v. Hein* Rn. 29.

136 OGH FamRZ 2016, 229 mAnm *Wiedemann* = ZfRV 2015, 173.

137 BGH NZFam 2015, 783 mAnm *Mankowski* = FamRZ 2015, 1379 m. abl. Anm. *Christiandl.*

138 *Andrae* IPRax 2018, 221 (223); Rauscher/*v. Hein* Rn. 29.

139 EuGH ECLI:EU:C:2021:708 = FamRZ 2021, 1825 mAnm *Wendland* = ZEV 2021, 717 und mAnm *JP Schmidt* = ErbR 2021, 1026 m. Aufsatz *Rieländer* ErbR 2021, 1016 und m. Aufsatz *de Barros Fritz* IPRax 2022, 360 – UM (Contrat translatif de propriété mortis causa).

140 *Schütt,* Vorweggenommene Erbfolge unter der Rom I-Verordnung, 2018, 82, 87 ff.

141 *Schütt,* Vorweggenommene Erbfolge unter der Rom I-Verordnung, 2018, 105 f.

Mankowski, Warenübereignung durch Dokumentenübertragung und Internationales Privatrecht, FS Herber, 1999, 147; *Mankowski,* Konnossemente und die Rom I-VO, TranspR 2008, 417; *Morawitz,* Das internationale Wechselrecht, 1991; *Schefold,* Zur Rechtswahl im internationalen Scheckrecht, IPRax 1987, 150; *Wirth/Phillips/Rinke,* Wechselprotest und Rückgriff mangels Zahlung und ihre kollisionsrechtliche Behandlung im deutschen Recht, FS Zajtay, 1982, 527.

41 **a) Ausschluss der Rom I-VO.** Das Wertpapierrecht bildet ein eigenes, nicht zum Internationalen Vertragsrecht gehörendes Rechtsgebiet. Dem Ausschluss nach Abs. 2 lit. d[142] liegt insbesondere die Erwägung zu Grunde, dass diese Materie bereits von einer Reihe internationaler Staatsverträge geregelt wird, an denen auch Deutschland beteiligt ist. Schlechthin ausgenommen von der Rom I-VO sind allerdings nur Verpflichtungen aus **Wechseln** (bills of exchange), **Schecks** (cheques) und **Eigenwechseln** (promissory notes). Verpflichtungen aus anderen Wertpapieren (Art. 37 Nr. 1 EGBGB hatte dies auf Inhaber- und Orderpapiere begrenzt) fallen nur teilweise nicht in den Anwendungsbereich der Rom I-VO. Der Ausschluss bezieht sich zudem nur auf solche Verpflichtungen, welche aus der **Handelbarkeit** entstehen, dh im Interesse ihrer Verkehrsfähigkeit besonders ausgestaltet sind[143] (→ Rn. 67). – Eine eigene kollisionsrechtliche Regelung für Wertpapiere enthält die **Finanzsicherheiten-RL.** Im Hinblick auf im Effektengiro übertragbare Wertpapiere ist das Recht des Landes anzuwenden, in dem das maßgebliche Konto geführt wird.[144] Die Richtlinie betrifft jedoch in erster Linie die dinglichen Wirkungen der im Effektengiro übertragbaren Wertpapiere sowie die Bestellung und Verwertung von Sicherheiten (→ EGBGB Art. 43 Rn. 241 ff.; zum Depotvertrag → Art. 4 Rn. 113 f.). Für **elektronische Wertpapiere** finden sich Kollisionsnormen in § 32 eWpG (→ EGBGB Art. 43 Rn. 266k) sowie § 17a DepotG (→ EGBGB Art. 43 Rn. 247 ff.). Der Ausschlussgrund das Art. 1 Abs. 2 lit. d Rom I-VO findet keine Anwendung auf Verträge über **Kryptowerte.**[145]

42 **b) Wechsel. aa) Allgemeines.** Das UNCITRAL-Übk. über internationale gezogene Wechsel und internationale eigene Wechsel vom 9.12.1988 ist noch nicht in Kraft getreten.[146] Es wird ohnehin nur bei Parteivereinbarung zur Anwendung kommen. Im Übrigen gelten noch unverändert drei **Genfer Abk. vom 7.6.1930,** die das Wechselrecht sachrechtlich und kollisionsrechtlich teilw. vereinheitlicht haben.[147] Anl. I des **„Abkommens über das Einheitliche Wechselgesetz"** (EinhWG) ist Grundlage der Art. 1–78 WG. Anl. II erlaubt Vorbehalte.[148] In Ausführung des **„Abkommens über Bestimmungen auf dem Gebiet des internationalen Wechselprivatrechts"**[149] wurden die Art. 91–98 WG erlassen, die heute das deutsche int. WechselR enthalten. Ferner gilt ein **„Abkommen über das Verhältnis der Stempelgesetze zum Wechselrecht"** ebenfalls vom 7.6.1930.

43 Die Art. 91 ff. WG finden auch gegenüber **Nichtvertragsstaaten** (vor allem des angelsächsischen Rechtskreises) Anwendung.[150] Doch kann es nach bisher hM bei der objektiven Anknüpfung zu einer **Rück- oder Weiterverweisung** kommen. Der Grundsatz, dass rechtsvereinheitlichende Staatsverträge im Zweifel nur auf materielles Recht verweisen, soll hier nicht greifen (→ Rn. 45). – Das Einheitliche Wechselrecht enthält eigene Kollisionsnormen für die passive Wechselfähigkeit (Art. 91 WG)[151] sowie die Form und Wirkungen der Wechselerklärungen (zur Wechselfähigkeit von Gesellschaften → IntGesR Rn. 526). Form, Gültigkeit und Wirkungen eines Wechsels unterliegen nämlich nicht ein und derselben Rechtsordnung; vielmehr ist das maßgebliche Statut für jede Wechselerklärung gesondert zu bestimmen. Außerhalb des Anwendungsbereichs des Einheitliche Wechselrecht gilt nationales Recht weiter. Lücken seiner Kollisionsnormen sind mit unvereinheitlichtem IPR zu füllen.[152] – Zum Wertpapiersachstatut → EGBGB Art. 43 Rn. 200.

---

142 Früher Art. 37 Nr. 1 EGBGB (Art. 1 Abs. 2 lit. c EVÜ). – Ähnlich Art. 1 Abs. 2 lit. b Rom II-VO.

143 So zum alten Recht BGHZ 99, 207 = NJW 1987, 1145 = IPRax 1986, 26 m. Aufsatz *Basedow* 15; BGH NJW 1994, 187; OLG Hamm NJW-RR 1992, 499; ebenso Grüneberg/*Thorn* Rn. 10.

144 Zu Art. 9 RL 2002/47/EG über Finanzsicherheiten vom 6.6.2002 (ABl. EG 2002 L 168, 43) s. *Jayme/Kohler* IPRax 2003, 485 (487); *Horn* FS Hadding, 2004, 893 (899 ff.); *Reuschle* RabelsZ 68 (2004), 687 (723 ff.).

145 *Lehmann* in Omlor/Link Kryptowährungen und Token, 2. Aufl. 2023, Kap. 5 Rn. 199.

146 Engl. Text Int. Leg. Mat. 28 (1989), 170; engl. und franz. Rev. dr. unif. 1988 I 184 ff.

147 RGBl. 1933 II 377, 444, 468. In Kraft für Deutschland am 1.1.1934 (Bek. vom 30.11.1933) RGBl. 1933 II 974. Zur Wiederanwendung (Bek. vom 30.5.1953) BGBl. 1953 II 148. – Vertragsstaaten: FN B.

148 Deutsche Vorbehalte RGBl. 1933 II 974 unter II; BGBl. 1960 II 2315 zu Art. 18.

149 Text auch bei Staudinger/*Firsching,* 10./11. Aufl. 1978, EGBGB Vor Art. 12 Rn. 593.

150 BGHZ 21, 155 (157) = NJW 1956, 1597; OLG München IPRspr. 1974 Nr. 26; Baumbach/Hefermehl/*Casper* WG Vor Art. 91 Rn. 1.

151 Näher *v. Bar* FS W. Lorenz, 1991, 273 (275 ff.).

152 Soergel/*v. Hoffmann* EGBGB Art. 37 Rn. 13.

bb) Form der Wechselerklärung (Art. 92 WG). Die Form wechselrechtlicher Erklärungen richtet sich nach dem Recht des Landes, in dem die Wechselerklärung unterschrieben wurde (Art. 92 Abs. 1 WG).[153] Dabei kommt es auf den **tatsächlichen Ausstellungsort** (lex loci veri) und nicht auf den auf dem Wechsel angegebenen Ort (lex loci scripti) an.[154] Welchen Schutz ein Vertrauen in eine falsche Ortsangabe genießt, ist allein dem jeweiligen Sachrecht überlassen. Beispielsweise gelten für einen in Italien ausgestellten Eigenwechsel die italienischen Formvorschriften.[155] 44

Dieses Recht entscheidet auch, ob das Ausstellungsdatum zu den unentbehrlichen Wechselbestandteilen gehört.[156] Ist die Wechselerklärung danach ungültig, entspricht sie aber dem Recht des Staates, in dem eine spätere Wechselerklärung unterschrieben wird, so berühren Formmängel der ersten Wechselerklärung die Gültigkeit der späteren Erklärungen nicht (Art. 92 Abs. 2). Insoweit wird die **Unabhängigkeit der einzelnen Wechselerklärungen** verstärkt.[157] Ferner gilt eine besondere Inländerschutzklausel. Danach ist eine Wechselerklärung, die ein Inländer im Ausland abgibt, im Inland anderen Inländern gegenüber gültig, wenn sie den Formerfordernissen des inländischen Rechts genügt (Art. 92 Abs. 3). 45

Zur Form gehören sämtliche **Gültigkeitserfordernisse** einer Erklärung, dh die sich aus Art. 1, 2 WG ergebenden Anforderungen.[158] Darunter fällt auch die Gültigkeit der Unterschrift des Ausstellers, insbesondere welcher Beschaffenheit sie sein muss.[159] Ferner gehört hierher die Möglichkeit, einen Wechsel in einer Fremdsprache auszustellen.[160] In Deutschland darf ein Wechsel in einer fremden Sprache abgefasst werden.[161] Nach deutschem Sachrecht muss ein Eigenwechsel im Text der Urkunde als Wechsel bezeichnet werden; dies hat in der Sprache zu geschehen, in der die Urkunde ausgestellt ist. Beispielsweise reicht die Bezeichnung als „promissory note" allein in der Überschrift nicht aus.[162] Das spanische Pagaré-Papier ist bei Geltung deutschen Sachrechts nicht als Eigenwechsel eingestuft worden.[163] Dass ein Blankowechsel abredewidrig ausgefüllt wurde, hat der Behauptende zu beweisen (vgl. § 440 Abs. 2 ZPO). Die Ausfüllungsbefugnis richtet sich nicht nach internationalem Wechselrecht, sondern nach dem zu Grunde liegenden Schuldstatut, da vor Ausfüllung noch keine wechselrechtliche Verbindlichkeit besteht.[164] 46

cc) Wirkungen der Wechselerklärung (Art. 93 WG). Die Wirkungen der Wechselerklärung betreffen die Haftung des Wechselschuldners.[165] Die Wirkungen der Verpflichtungserklärungen des Annehmers eines gezogenen Wechsels und des Ausstellers eines Eigenwechsels richten sich nach 47

[153] BGH NJW 1994, 187 = IPRax 1994, 452 m. Aufsatz *Straub* IPRax 1994, 432 = WuB V A § 817 BGB 2.94 mAnm *Thode;* OLG Frankfurt WM 1980, 418.

[154] *v. Bar* FS W. Lorenz, 1991, 273 (282); *Morawitz,* Das internationale Wechselrecht, 1991, 70 f.; Baumbach/Hefermehl/*Casper* WG Art. 92 Rn. 1; Soergel/*v. Hoffmann* EGBGB Art. 37 Rn. 15; Staudinger/*Magnus,* 2021, Anh. I Art. 1 Rn. 11; anders KG JW 1936, 2102 m. abl. Anm. *Rilk* = IPRspr. 1935–44 Nr. 106. – Auch insoweit lässt Rechtswahl im Wechsel zu *Firsching* IPRax 1982, 174 (175). Zum Gutglaubensschutz bei falscher Ortsangabe *Wirth/Philipps/Rinke* FS Zajtay, 1982, 527 (541 f.).

[155] OLG Frankfurt WM 1980, 418 = RIW 1981, 57.

[156] Bejahend für das franz. Recht OLG Frankfurt NJW-RR 1986, 334 = RIW 1985, 488. – Zur fehlenden Angabe des Ausstellungsortes IPG 1971 Nr. 10 (Köln).

[157] Zum Grundsatz der Selbständigkeit der Wechselerklärungen beim Akzept eines span. Blankowechsels BGH NJW 1970, 1366. Vgl. auch *Wirth/Philipps/Rinke* FS Zajtay, 1982, 527 (543 f.).

[158] BGHZ 21, 155 (158) = NJW 1956, 1597; BGH WM 1960, 374 = IPRspr. 1960–61 Nr. 4; *v. Bar* FS W. Lorenz, 1991, 273 (283). – Nicht dagegen ausländische Stempelsteuervorschriften, IPG 1976 Nr. 21 (Hamburg) S. 262 f.

[159] BGH WM 1977, 1322 = RIW 1977, 618.

[160] BGH NJW 1994, 187 = IPRax 1994, 452 m. Aufsatz *Straub* IPRax 1994, 432 = WuB V A § 817 BGB 2.94 mAnm *Thode.*

[161] BGH NJW 1982, 523 = IPRax 1982, 189 m. Aufsatz *Firsching* IPRax 1982, 174; NJW 1994, 187 = IPRax 1994, 452 m. Aufsatz *Straub* IPRax 1994, 432 = WuB V A § 817 BGB 2.94 mAnm *Thode;* OLG Karlsruhe IPRspr. 1979 Nr. 26.

[162] BGH NJW 1993, 3135 = IPRax 1994, 454 m. Aufsatz *Straub* IPRax 1994, 432.

[163] S. BGHZ 82, 200 (202) = NJW 1982, 523 = IPRax 1982, 189 m. Aufsatz *Firsching* IPRax 1982, 174; OLG Köln RIW 1981, 856; anders OLG Karlsruhe IPRspr. 1979 Nr. 26. Vgl. auch IPG 1980–81 Nr. 13 (Kiel). Es kann jedoch in ein abstraktes Schuldversprechen nach § 780 BGB umgedeutet werden, BGH NJW 1988, 1468 = WM 1987, 1416 = JR 1988, 330 mAnm *Bilda* mAnm *Parthe* EWiR 1988, 55. Es ist daher bei Anwendbarkeit span. Rechts auch nicht möglich, ihn in einem deutschen Verfahren wegen Funktionsähnlichkeit als Eigenwechsel zu behandeln (→ Einl. IPR Rn. 247 ff.). Zur span. Wechselrechtsreform s. *Löber* RIW 1991, 291 ff.

[164] OLG München OLGZ 1966, 34 = IPRspr. 1964–65 Nr. 56; Staudinger/*Magnus,* 2021, Anh. I Art. 1 Rn. 10.

[165] Staudinger/*Magnus,* 2021, Anh. I Art. 1 Rn. 13.

dem **Recht des Zahlungsortes** (Art. 93 Abs. 1). Nach der Rspr. zählt die Formstrenge jedoch insofern nicht, als die Parteien noch im Prozess die Geltung deutschen Rechts stillschweigend und mithin formlos vereinbaren können.[166] Für die Abrede zwischen Akzeptant und Wechselinhaber wird dies damit begründet, dass andere Wechselbeteiligte davon nicht betroffen werden.[167]

48 Obwohl der Wortlaut der Vorschrift dies nicht erkennen lässt, ist eine **kollisionsrechtliche Rechtswahl** möglich.[168] Die Vereinbarung eines anderen Rechts mit Wirkung gegenüber Dritten ist jedenfalls dann zulässig, wenn sie sich aus der Wechselurkunde ergibt.[169] Eine Rechtswahl für das der Wechselverpflichtung zu Grunde liegende Geschäft bedeutet jedoch noch keine Rechtswahl für die Wechselverpflichtung.[170] Doch ist auch hier eine Rechtswahl durch Prozessverhalten möglich.[171]

49 Das Wirkungsstatut der jeweiligen Wechselerklärung regelt grundsätzlich **Art und Umfang der Verpflichtungen des Wechselschuldners.** Auch die Voraussetzungen der Verpflichtung des Wechselschuldners folgen diesem Recht.[172] Dazu gehört zB das Erfordernis eines Begebungsvertrages.[173] Ihm unterliegt ebenso etwa das Erlöschen der Wechselforderung durch Aufrechnung,[174] die Zulässigkeit von Einreden des Akzeptanten,[175] einschließlich der Einrede der Bereicherung.[176] Es entscheidet ebenfalls, ob der Aussteller eines Eigenwechsels Einreden aus dem Grundgeschäft erheben kann.[177] Hierzu gehört auch die Notwendigkeit von Rechtserhaltungsmaßnahmen, ferner, ob die Ausübung des Wechselrechts einen Protest des Wechsels erfordert.[178] Ferner fallen hierunter auch die Voraussetzungen für die Verjährung von Ansprüchen gegen den Annehmer.[179] Das Genfer Abk. über das einheitliche Wechselrecht lässt einen Vorbehalt der Vertragsstaaten zu, die Gründe für die Unterbrechung und Hemmung der Verjährung der vor ihren Gerichten geltend gemachten wechselmäßigen Ansprüche nach ihrem Recht zu bestimmen.[180] Von diesem Vorbehalt hat Deutschland Gebrauch gemacht.[181] Unterbrechung und Hemmung der Verjährung werden daher in inländischen Verfahren nach deutschem Recht beurteilt.[182] Welche prozessualen Wirkungen eine Schiedsvereinbarung im Wechselprozess hat, bestimmt hingegen die lex fori.[183]

---

166 BGH WM 1974, 558 = IPRspr. 1974 Nr. 150; NJW 1994, 187 = IPRax 1994, 452 m. Aufsatz *Straub* IPRax 1994, 432 = WuB V A § 817 BGB 2.94 mAnm *Thode.* – Für die Berücksichtigung von Umständen außerhalb der Wechselurkunde schon RGZ 145, 121 (124).

167 BGHZ 104, 145 (148 f.) = IPRax 1989, 170 m. Aufsatz *Schlechtriem* IPRax 1989, 155 = WM 1988, 816.

168 BGH NJW 1994, 187 = IPRax 1994, 452 m. Aufsatz *Straub* IPRax 1994, 432 = WuB V A § 817 BGB 2.94 mAnm *Thode;* OLG Saarbrücken WM 1998, 2465 = IPRspr. 1997 Nr. 53; *Morawitz,* Das internationale Wechselrecht, 1991, 149 ff.; Kronke/Melis/Kuhn IntWirtschaftsR-HdB/*Weller* S. 1144 ff.; Staudinger/*Magnus,* 2021, Art. 1 Anh. I Rn. 19. – Die Rechtswahlmöglichkeit verneinen *Hupka,* Das Einheitliche Wechselrecht der Genfer Verträge, 1934, 253; *Eschelbach,* Deutsches Internationales Scheckrecht, 1990, 153 ff.; *Ferid* IPR Rn. 6–59; *Wengler* § 22a; Soergel/*Kegel,* 11. Aufl. 1984, EGBGB Vor Art. 7 Rn. 339; IPG 1965–66 Nr. 10 (Köln). Vgl. ferner *Bernstein* FS Reimers, 1979, 229 (233); *Wirth/Philipps/Rinke* FS Zajtay, 1982, 527 (560 f.).

169 Diese Form verlangen LG Hamburg IPRspr. 1964–65 Nr. 221a; Baumbach/Hefermehl/*Casper* WG Vor Art. 91 Rn. 2; Staudinger/*Firsching,* 10./11. Aufl. 1978, EGBGB Vor Art. 12 Rn. 593. Wohl auch BGHZ 104, 145 (146 f.) = IPRax 1989, 170 m. zust. Aufsatz *Schlechtriem* IPRax 1989, 155.

170 OLG Saarbrücken WM 1998, 833 = IPRspr. 1997 Nr. 53.

171 OLG Saarbrücken WM 1998, 833 = IPRspr. 1997 Nr. 53; Staudinger/*Magnus,* 2021, Anh. I Art. 1 Rn. 19.

172 *v. Bar* FS W. Lorenz, 1991, 273 (293); *Morawitz,* Das internationale Wechselrecht, 1991, 81 ff.; Soergel/*v. Hoffmann* EGBGB Art. 37 Rn. 20.

173 OLG Düsseldorf IPRspr. 1976 Nr. 19; Soergel/*v. Hoffmann* EGBGB Art. 37 Rn. 20; Staudinger/*Magnus,* 2021, Art. 1 Anh. I Rn. 13.

174 KG WM 2003, 2093 = IPRspr. 2003 Nr. 43.

175 BGH NJW 1994, 187 = IPRax 1994, 452 m. Aufsatz *Straub* IPRax 1994, 432 = WuB V A § 817 BGB 2.94 mAnm *Thode;* Soergel/*v. Hoffmann* EGBGB Art. 37 Rn. 20; IPG 1984 Nr. 45 (Bonn) S. 472 mwN.

176 OLG Saarbrücken WM 1998, 833 = IPRspr. 1997 Nr. 53; Staudinger/*Magnus,* 2021, Anh. I Art. 1 Rn. 13.

177 KG RIW 2006, 865.

178 BGHZ 21, 155 (163); WM 1999, 1561 = WuB I D 4 – Nr. 2.99 mAnm *Bülow;* OLG Koblenz IPRspr. 1976 Nr. 20; OLG Saarbrücken WM 1998, 833 = IPRspr. 1997 Nr. 53. – Zum Wechselprotest nach engl. Recht OLG Frankfurt NJW 1982, 2734 = RIW 1982, 356.

179 RGZ 145, 121 (128 f.) = IPRspr. 1934 Nr. 29; OLG Saarbrücken WM 1998, 833 = 1997 Nr. 53; WM 1998, 2465 = IPRspr. 1997 Nr. 53 = WuB I D. 4. – Nr. 1.99 mAnm *Thode;* Baumbach/Hefermehl/*Casper* WG Art. 93 Rn. 1.

180 Art. 17 Anl. II zum Abk.

181 Bek. vom 30.12.1933, RGBl. 1933 II 974.

182 BGH WM 1958, 1332 (1334) = IzRspr. 1958–59 Nr. 146; OLG Saarbrücken WM 1998, 2465 = WuB I D 4. – Nr. 1.99 mAnm *Thode.*

183 *Czempiel/Kurth* NJW 1987, 2118 (2124). Vgl. auch OLG Frankfurt NJW 1986, 2202. – Zur int. Zuständigkeit LG Frankfurt a.M. IPRax 1997, 258 m. Aufsatz *Bachmann* IPRax 1997, 237.

Die **Wirkungen der übrigen Wechselerklärungen** bestimmen sich nach dem Recht des Landes, in dem die **Erklärungen unterschrieben wurden** (Art. 93 Abs. 2). Zu ihnen gehört auch die selbständig anzuknüpfende Wechselbürgschaft.[184] **50**

Die Übertragung von Wechselurkunde bzw. -forderung durch **Indossament** („Wechselerklärung") unterliegt dem Recht des tatsächlichen Ausstellungsorts des Indossaments. Dieses Recht befindet gemäß Art. 93 Abs. 2 WG einheitlich über die Übertragung der Verpflichtungen von Akzeptant, Aussteller und anderer Wechselinhaber.[185] Beruft sich der Wechselinhaber auf eine Legitimation durch entsprechende Indossamente, so unterliegen die Wirkungen dieser Wechselerklärungen dem Recht des Staates, in dem sie unterschrieben wurden.[186] Ob die Verpflichtung hingegen überhaupt durch Indossierung des Wechsels übertragbar ist, unterliegt dem Statut der ursprünglich verbrieften Verpflichtung.[187] **51**

Das für die Verpflichtung des Einlösenden gemäß Art. 93 Abs. 2 WG maßgebliche Recht regelt den **Erwerb der Gläubigerstellung** im Wechselrücklauf. Die Voraussetzungen und Folgen einer einfachen **Abtretung** einer im Wechsel verbrieften Forderung richten sich nach dem Statut der übertragenen Forderung.[188] Dies lässt sich auf eine analoge Anwendung des Art. 14 Abs. 2 stützen.[189] – Zum Eigentumserwerb an Wechseln → EGBGB Art. 43 Rn. 207 ff. **52**

Ob der Inhaber eines gezogenen Wechsels mit dem Wechsel zugleich die **zu Grunde liegende Forderung erwirbt,** richtet sich nach dem Recht des Ausstellungsortes (Art. 95 WG).[190] Dagegen entscheidet über die Wirkungen des Forderungsübergangs gegenüber dem Schuldner (Einreden) das Statut der übergegangenen Forderung. Hierfür lässt sich Art. 15 anführen.[191] **53**

Die **Rückgriffsfristen,** insbesondere Ausschlussfristen, unterliegen dem Recht am Ausstellungsort (Art. 94 WG).[192] **Teilannahme und Teilzahlung** folgen dem Recht am Zahlungsort (Art. 96 WG). Die **Form der Rechtserhaltungsmaßnahmen** (Protest) wird in Art. 97 WG geregelt; entscheidend ist der Staat, in welchem die Handlungen vorzunehmen sind.[193] Das Recht des Zahlungsortes befindet über die erforderlichen **Maßnahmen bei Verlust oder Diebstahl** (Art. 98 WG). **54**

dd) Rück- und Weiterverweisung. Der Wortlaut des WG lässt Rück- und Weiterverweisung lediglich für die Wechselfähigkeit ausdrücklich zu (Art. 91 Abs. 1 WG). Nach jedenfalls früher hM kann es auch bei der objektiven Anknüpfung der Wechselverbindlichkeiten zu einer Rück- oder Weiterverweisung (Art. 4 Abs. 1 EGBGB) kommen.[194] Der Grundsatz, dass rechtsvereinheitlichende Staatsverträge im Zweifel nur auf materielles Recht verweisen (→ EGBGB Art. 4 Rn. 3), soll hier nicht greifen. Gegen die Berücksichtigung eines renvoi regt sich jedoch zunehmend Widerstand.[195] Es wird zutreffend eingewandt, dass die Anknüpfung an den tatsächlichen Unterschriftsort (Art. 92 Abs. 1, 93 Abs. 2 WG) bzw. den Zahlungsort (Art. 93 Abs. 1 WG) hierdurch erschwert würde. Urkundenpublizität und Verkehrssicherheit sprechen gegen eine zusätzliche Überprüfung des auslän- **55**

---

184 BGH NJW 1963, 252 = IPRspr. 1962–63 Nr. 44; NJW 1982, 183. – Zur Indossantenhaftung OLG Frankfurt RIW 1982, 356 = NJW 1982, 2734.

185 *v. Bar* FS W. Lorenz, 1991, 273 (293 f.); Soergel/*v. Hoffmann* EGBGB Art. 37 Rn. 21; IPG 1984 Nr. 45 (Bonn); anders *Morawitz,* Das internationale Wechselrecht, 1991, 114 ff.

186 BGH WM 1999, 1561 = WuB I D 4 – Nr. 2.99 mAnm *Bülow.*

187 Soergel/*v. Hoffmann* EGBGB Art. 37 Rn. 21.

188 BGHZ 104, 145 (149) = NJW 1988, 1979 = IPRax 1989, 170 m. Aufsatz *Schlechtriem* IPRax 1989, 155; *v. Bar* FS W. Lorenz, 1991, 273 (292 f.); Staudinger/*Magnus,* 2021, Anh. I Art. 1 Rn. 17.

189 Zu Art. 33 Abs. 2 EGBGB Soergel/*v. Hoffmann* EGBGB Art. 37 Rn. 22.

190 *Morawitz,* Das internationale Wechselrecht, 1991, 48 ff. Daher entscheidet das Recht des Ausstellungsortes darüber, ob der Wechsel neben seiner Funktion als Finanzierungsinstrument auch eine solche als Kreditsicherungsinstrument haben kann, vgl. für den in Frankreich ausgestellten Wechsel *Sonnenberger/Dammann* Rn. VII 123.

191 Zu Art. 33 Abs. 3 EGBGB Soergel/*v. Hoffmann* EGBGB Art. 37 Rn. 23.

192 Näher *Morawitz,* Das internationale Wechselrecht, 1991, 97 ff.

193 BGHZ 21, 155 (163) = NJW 1956, 1597; OLG Frankfurt NJW 1982, 2734; *v. Bar* FS FS W. Lorenz, 1991, 273 (283); *Morawitz,* Das internationale Wechselrecht, 1991, 102 ff.

194 Eine Gesamtverweisung bejahen OLG Koblenz IPRspr. 1976 Nr. 20; LG Mainz WM 1975, 149; *Müller-Freienfels* FS Zepos, Bd. II, 1973, 505 ff.; *Bernstein* FS Reimers, 1979, 229 (234); *Koch* ZHR 140 (1976), 1 (14 f.); offengelassen in IPG 1971 Nr. 10 (Köln) S. 112; IPG 1976 Nr. 21 (Hamburg) S. 261; krit. Ferrari IntVertragsR/*Kieninger* Rn. 13. Vgl. auch Staudinger/*Hausmann,* 2013, EGBGB Art. 4 Rn. 130 f.

195 Abl. LG Hamburg IPRspr. 1964–65 Nr. 21; *v. Bar* FS W. Lorenz, 1991, 273 (290 f.); *Morawitz,* Das internationale Wechselrecht, 1991, 137 ff.; Czernich/Heiss/*Nemeth* EVÜ Art. 1 Rn. 27; NK-BGB/*Lüttringhaus* EGBGB Anh. Art. 46d Rn. 28; Soergel/*v. Hoffmann* EGBGB Art. 37 Rn. 25; Staudinger/*Magnus,* 2021, Art. 1 Anh. I Rn. 20; IPG 1965–66 Nr. 10 (Köln).

dischen Kollisionsrechts. Ferner wird auf den Ausschluss von Rück- und Weiterverweisung im internationalen Vertragsrecht (Art. 20) hingewiesen.

56 **c) Scheck. aa) Allgemeines.** Das Scheckrecht wird von drei Genfer Abkommen vom 19.3.1931 teilweise vereinheitlicht.[196] Anl. I des **„Abkommens über das Einheitliche Scheckgesetz"** (EinhSchG) ist Grundlage der Art. 1–57 ScheckG. Anl. II erlaubt Vorbehalte.[197] In Ausführung des **„Abkommen über Bestimmungen auf dem Gebiet des internationalen Scheckprivatrechts"**[198] wurden die Art. 60–66 ScheckG erlassen, die heute das deutsche internationale ScheckR enthalten. Ferner besteht ein **„Abkommen über das Verhältnis der Stempelgesetze zum Scheckrecht"**. Die Art. 60 ff. ScheckG gelten auch gegenüber Nichtvertragsstaaten.[199] Doch kann es dann nach hM bei einer objektiven Anknüpfung zu einer Rückverweisung kommen;[200] hiergegen bestehen die gleichen Bedenken wie im Internationalen Wechselrecht[201] (→ Rn. 43). Außerhalb des Anwendungsbereichs des einheitlichen Scheckrechts gilt nationales Recht weiter. – Die passive Scheckfähigkeit unterliegt grundsätzlich dem Personalstatut (Art. 60 ScheckG). Zur Verjährung → Art. 12 Rn. 108.

57 **bb) Form der Scheckerklärung (Art. 62 ScheckG).** Die Form der Scheckerklärung unterliegt dem Recht des Landes, in dem die **Erklärung unterschrieben wird (Zeichnungsort).** Entscheidend ist der tatsächliche, nicht der im Scheck angegebene Zeichnungsort.[202] Jedoch genügt auch die Einhaltung der Form des Rechts des **Zahlungsortes** (Art. 62 Abs. 1 ScheckG).[203] Zahlungsort ist der Ort, an dem der Scheckgläubiger die Leistung verlangen kann (Art. 1 Nr. 4 ScheckG). Ist die Scheckerklärung danach ungültig, entspricht sie aber dem Recht des Landes, in dem eine spätere Scheckerklärung unterschrieben wird, so gilt der **Grundsatz der Unabhängigkeit der einzelnen Scheckerklärungen:** Mängel der Form der ersten Scheckerklärung berühren nicht die Gültigkeit späterer Scheckerklärungen (Art. 62 Abs. 2 ScheckG). Ferner ist eine Scheckerklärung, die ein Inländer im Ausland abgegeben hat, im Inland gegenüber anderen Inländern gültig, wenn die Erklärung den inländischen Formerfordernissen entspricht (Art. 62 Abs. 3 ScheckG). Unter der Form sind alle Erfordernisse des Art. 1 zu verstehen.[204] Auch die Frage, ob ein Scheck ohne Währungsangabe ungültig ist, gehört hierher.[205]

58 **cc) Wirkungen der Scheckerklärung (Art. 63 ScheckG).** Die Voraussetzungen und Wirkungen der Scheckerklärungen unterliegen dem **Recht des Zeichnungsortes** (Art. 63 ScheckG). Dabei kommt es auf den wirklichen und nicht den auf dem Scheck angegebenen Ort an.[206] Dem Recht dieses Ortes unterliegt etwa die Ausstellerhaftung[207] sowie die Haftung des

---

[196] RGBl. 1933 II 537, 595, 618; Protokoll: S. 613, 619. – Die beiden erstgenannten Abk. traten am 1.1.1934, das zuletzt genannte Prot. am 29.11.1933 in Kraft (Bek. vom 30.11.1933) RGBl. 1933 II 975. Zur Wiederanwendung (Bek. vom 13.3.1953) BGBl. 1953 II 117. Vertragsstaaten: FNB.

[197] Deutsche Vorbehalte RGBl. 1933 II 975 unter II.

[198] Text auch bei Staudinger/*Firsching,* 10./11. Aufl. 1978, EGBGB Vor Art. 12 Rn. 595.

[199] *Koch* ZHR 140 (1976), 1 (10); Baumbach/Hefermehl/*Casper* ScheckG Vor Art. 60 Rn. 1; Soergel/*v. Hoffmann* EGBGB Art. 37 Rn. 26.

[200] BGHZ 108, 353 (357 f.) = NJW 1990, 242 = IPRax 1991, 338 m. Aufsatz *Kronke/Berger* IPRax 1991, 316 = WuB I D 3 7.90 m. krit. Anm. *Schütze* mAnm *Ebenroth* EWiR 1990, 87; NJW 2004, 1456 obiter; OLG Düsseldorf IPRspr. 1976 Nr. 19; *Koch* ZHR 140 (1976), 1 (14); *Eschelbach,* Deutsches Internationales Scheckrecht, 1990, 163 ff.; Staudinger/*Hausmann,* 2013, EGBGB Art. 4 Rn. 119; IPG 1984 Nr. 20 (Köln); IPG 1984 Nr. 21 (Hamburg).

[201] S. *v. Bar* FS W. Lorenz, 1991, 273 (290 f.); Soergel/*v. Hoffmann* EGBGB Art. 37 Rn. 28; IPG 1977 Nr. 9 (Köln).

[202] *Eschelbach,* Deutsches Internationales Scheckrecht, 1990, 90 ff.; Soergel/*v. Hoffmann* EGBGB Art. 37 Rn. 30.

[203] OLG Hamm NJW-RR 1992, 499 = WuB I D 3 5.92 mAnm *Aden;* OLG Köln NJW-RR 1997, 940 = IPRspr. 1996 Nr. 44 (Fall betraf aber keine Formfrage); LG Frankfurt a.M. RIW 1994, 684.

[204] BGH IPRspr. 1977 Nr. 30; OLG Düsseldorf IPRspr. 1976 Nr. 19; OLG Hamm NJW-RR 1992, 499 = WuB I D 3 5.92 mAnm *Aden; Eschelbach,* Deutsches Internationales Scheckrecht, 1990, 81 ff.; IPG 1977 Nr. 9 (Köln).

[205] OLG Köln RIW 1985, 329 = WM 1984, 728 betr. span. Recht.

[206] BGHZ 108, 353 (356 f.) = NJW 1990, 242 = IPRax 1991, 338 m. Aufsatz *Kronke/Berger* IPRax 1991, 316 = WuB I D 3 7.90 m. krit. Anm. *Schütze;* BGH NJW 1995, 1482; OLG Düsseldorf IPRspr. 1976 Nr. 19; OLG München NJW 1985, 567 obiter; LG Frankfurt a.M. RIW 1994, 684; *Eschelbach,* Deutsches Internationales Scheckrecht, 1990, 113 f., 135 f.; Soergel/*v. Hoffmann* EGBGB Art. 37 Rn. 32; IPG 1984 Nr. 21 (Hamburg). – Übersehen von OLG Köln NJW-RR 1997, 940 = WuB I D. 3. – Nr. 8.97 m. krit. Anm. *Bülow* mAnm *Keil* EWiR 1997, 559.

[207] BGH NJW 1988, 647 = IPRax 1988, 228 m. Aufsatz *Gottwald* IPRax 1988, 210 = RIW 1987, 794; NJW 2004, 1456 mAnm *Walker/Reichenbach* EWiR 2004, 405; OLG Düsseldorf IHR 2003, 81 = IPRspr. 2002, Nr. 154; LG München II IPRax 1987, 175 m. zust. Aufsatz *Schefold* IPRax 1987, 150; LG Frankfurt a.M. RIW 1994, 684 (andorran. Recht); *Eschelbach,* Deutsches Internationales Scheckrecht, 1990, 137; IPG 1984

Bezogenen.[208] Die so bestimmte Rechtsordnung regelt grundsätzlich alle Voraussetzungen der Haftung des Scheckschuldners, insbesondere Art und Umfang der Verpflichtungen des Scheckschuldners. Sie entscheidet auch über die Zulässigkeit von Einwendungen aus dem Grundgeschäft.[209]

Eine **Rechtswahl** ist auch beim Scheck zulässig.[210] Die Parteien können das anwendbare Recht jedenfalls dann mit Drittwirkung wählen, wenn sich dies aus der Scheckurkunde ergibt.[211] Auch soweit eine Rechtswahl außerhalb der Urkunde für möglich gehalten wird, werden ihr nur Wirkungen inter partes zugebilligt.[212] 59

Das Recht des Landes, in dem der Scheck zahlbar ist (Zahlungsort), bestimmt die **Personen, auf die ein Scheck gezogen werden kann** (Art. 61 Abs. 1 ScheckG). Ist nach diesem Recht ein Scheck im Hinblick auf die Person des Bezogenen nichtig, so sind gleichwohl die Verpflichtungen aus Unterschriften gültig, die in Ländern auf den Scheck gesetzt worden sind, deren Recht die Nichtigkeit aus einem solchen Grund nicht vorsieht (Art. 61 Abs. 2 ScheckG). 60

Die **Notwendigkeit des Protestes** richtet sich nach dem Recht des Zahlungsortes (Art. 65 Nr. 9 ScheckG). Form und Frist bestimmen sich nach dem Recht des Landes, in dem der Protest zu erheben ist (Art. 66 ScheckG).[213] Rückgriffsfristen richten sich für alle Rückgriffsverpflichteten nach dem Recht des Ausstellungsortes (Art. 64 ScheckG). Für die **Verjährungsfrist** gilt ebenfalls das Recht des Ausstellungsortes. Das Genfer Abkommen über das einheitliche Scheckrecht lässt jedoch einen Vorbehalt der Vertragsstaaten zu, die Gründe für die Unterbrechung und Hemmung der Verjährung der vor ihren Gerichten geltend gemachten scheckrechtlichen Ansprüche nach ihrem Recht zu bestimmen.[214] Von diesem Vorbehalt hat Deutschland Gebrauch gemacht.[215] Unterbrechung und Hemmung werden daher in inländischen Verfahren nach deutschem Recht beurteilt.[216] 61

Hingegen kommt es für die **Vorlegungsfrist** auf den Zahlungsort an (Art. 65 Nr. 2 ScheckG).[217] Ansprüche aus einem im Ausland ausgestellten, im Bundesgebiet zahlbaren Scheck können nicht mehr geltend gemacht werden, wenn die nach deutschem Recht maßgeblichen Vorlegungsfristen verstrichen sind, bevor der Scheck einer Abrechnungsstelle vorgelegt wird.[218] Die bei Verlust und Diebstahl zu ergreifenden Maßnahmen richten sich nach dem Recht am Zahlungsort (Art. 65 Nr. 8 ScheckG). 62

Der **Euroscheck** ist seit 2002 als gewöhnlicher Inhaberscheck zu behandeln. Früher war er durch die Einlösungszusage der bezogenen Bank gekennzeichnet; es war Gleichlauf zwischen dieser Zusage und dem Scheckrecht anzustreben. Daher unterlag das Garantieverhältnis zwischen Bank und privatem Schecknehmer ebenfalls dem Recht des Zeichnungsortes.[219] Ansprüche wegen Verletzung des Girovertrages bei Scheckeinlösung unterstehen dem Statut dieses Vertrages,[220] also in der Regel dem Recht am Banksitz (→ Art. 4 Rn. 92). 63

dd) Rück- und Weiterverweisung. Zum Teil wird angenommen, dass es sich hier um eine Gesamtverweisung handelt.[221] Hiergegen bestehen allerdings die gleichen Bedenken wie beim Wechsel (→ Rn. 55).[222] 64

Nr. 21 (Hamburg) zum engl. Recht. – Zur Ausstellerhaftung nach franz. Recht LG Hamburg IPRspr. 1980 Nr. 43.

208 LG Köln RIW 1980, 215.

209 OLG Saarbrücken IPRspr. 1998 Nr. 188; IPG 1984 Nr. 20 (Köln).

210 BGHZ 104, 145 (147 f.) = IPRax 1989, 170 m. Aufsatz *Schlechtriem* IPRax 1989, 155 = WM 1988, 816; BGHZ 108, 353 (356 f.) = NJW 1990, 242 = IPRax 1991, 338 m. Aufsatz *Kronke/Berger* IPRax 1991, 316 = WuB I D 3 7.90 m. krit. Anm. *Schütze* mAnm *Ebenroth* EWiR 1990, 87; NJW 1992, 1380 = IPRspr. 1992 Nr. 30; OLG Hamm NJW-RR 1992, 499 = WuB I D 3 5.92 mAnm *Aden;* LG München II IPRax 1987, 175: stillschweigende Rechtswahl im konkreten Fall verneint; *Schefold* IPRax 1987, 151 f.; Czernich/Heiss/*Nemeth* EVÜ Art. 1 Rn. 31; Staudinger/*Magnus,* 2021, Anh. I Art. 1 Rn. 30; anders IPG 1977 Nr. 9 (Köln) S. 69 Fn. 5. Unentschieden LG Frankfurt a.M. RIW 1994, 684. Vgl. auch *Eschelbach,* Deutsches Internationales Scheckrecht, 1990, 163.

211 BGHZ 104, 145 (148 f.) = IPRax 1989, 170 m. Aufsatz *Schlechtriem* IPRax 1989, 155 = WM 1988, 816; *Schefold* IPRax 1987, 150 (150 ff.); *Baumbach/Hefermehl/Casper* ScheckG Vor Art. 60 Rn. 1; Soergel/*v. Hoffmann* EGBGB Art. 37 Rn. 32; Staudinger/*Magnus,* 2021, Anh. I Art. 1 Rn. 30.

212 *Schefold* IPRax 1987, 151.

213 Vgl. *Koch* ZHR 140 (1976), 1 (12). – Zur Protesterhebung OLG Düsseldorf IPRspr. 1976 Nr. 19.

214 Art. 26 Anl. II zum Abk.

215 Bek. vom 30.11.1933, RGBl. 1933 II 975.

216 BGH NJW 2001, 305 = WuB VII A. § 690 ZPO Nr. 1.01 mAnm *Schnauder* = IPRspr. 2000 Nr. 32.

217 Näher OLG Düsseldorf WM 1982, 622.

218 OLG München NJW 1985, 567; LG München II IPRax 1987, 175.

219 *Stöcklin* JZ 1976, 310.

220 LG Köln RIW 1980, 215.

221 IPG 1984 Nr. 21 (Hamburg) für Ausstellerhaftung; krit. Ferrari IntVertragsR/*Kieninger* Rn. 15.

222 Staudinger/*Magnus,* 2021, Anh. I Art. 1 Rn. 31.

65 **d) Andere handelbare Wertpapiere. aa) Ausgeschlossene Papiere. (1) Inhaberpapiere und Orderpapiere.** „Andere handelbare Wertpapiere" („negotiable instruments"; „instruments négociables") sind teilweise ausgeschlossen. Der Begriff des Wertpapiers ist autonom zu bestimmen. Davon werden auch elektronische Wertpapiere erfasst.[223] Art. 37 Nr. 1 EGBGB bezeichnete die handelbaren Wertpapiere für die Vorgängerbestimmung des Art. 1 Abs. 2 lit. c EVÜ (heute Art. 1 Abs. 2 lit. d Rom I-VO) als Inhaber- und Orderpapiere. Ein sachlicher Unterschied zum EVÜ war jedoch nicht beabsichtigt. Gemeint waren **Wertpapiere,** welche Rechte in einer Urkunde verbriefen, die mit der Übertragung der Urkunde – sei es durch Übergabe, sei es durch Indossament – übergehen.[224] Allerdings ist nunmehr ein verordnungsautonomer Begriff des handelbaren Wertpapiers zu entwickeln.[225] Nach Erwägungsgrund 9 sollen auch ganz allgemein **Konnossemente** ausgeschlossen werden, soweit die Schuldverhältnisse aus dem Konnossement (bill of lading; lettre de transport) aus dessen Handelbarkeit entstehen. Dazu gehört zB das Orderkonnossement.[226] Ob ebenso wie früher das gewöhnlich einen Berechtigten nennende Rektakonnossement nicht vom Ausschluss erfasst ist, ist str.[227] Der Seefrachtbrief (sea waybill) ist in der Regel nicht vom Anwendungsbereich ausgeschlossen.[228]

66 Eine **Schuldverschreibung auf den Inhaber** kann auch als elektronisches Wertpapier begeben werden. Hierfür kommt – soweit die Rom I-VO dafür noch Raum lässt – die Kollisionsnorm des § 22 eWpG zur Anwendung.[229]

67 **(2) Handelbarkeit.** Die Papiere sind nur insoweit ausgeschlossen, als die Verpflichtungen aus ihnen aus ihrer Handelbarkeit („negotiable character"; „caractère négociable") entstehen. Ob ein Dokument als handelbares Papier einzustufen ist oder nicht, wird nicht von der Rom I-VO geregelt. Die Rechtsordnungen der Mitgliedstaaten sind auch insoweit uneinheitlich. Bei der Normanwendung wird man zu unterscheiden haben. Für die Definition der Handelbarkeit selbst ist eine einheitliche Auslegung möglich; hierfür könnte der EuGH einen einheitlichen Begriff entwickeln.[230] Im Kern geht es um Umlauffähigkeit[231] bzw. ob die verbriefte Forderung mit der Übertragung des Papiers übergeht.[232] Nach dem EVÜ sollte über die Einordnung des einzelnen Papiers das am Gerichtsstand geltende Recht einschließlich des dort geltenden Kollisionsrechts entscheiden.[233] Nunmehr dürfte es allein auf die Rom I-VO ankommen.[234] Ob ein Inhaber- bzw. Orderpapier vorliegt, entscheidet nach deutschem IPR das Statut des in dem Dokument verbrieften Rechts (Wertpapierrechtsstatut;[235] → EGBGB Art. 43 Rn. 209).

68 **bb) Verpflichtungen aus der Handelbarkeit der Wertpapiere. (1) Ausgeschlossene Verpflichtungen.** Wertpapiere sind insoweit ausgeschlossen, als die Verpflichtungen aus ihnen aus der Handelbarkeit entstehen. Die Handelbarkeit bewirkt, dass das Recht beim Orderpapier durch Indossament, beim Inhaberpapier durch Besitzübergabe übertragen wird. Die sachenrechtlichen Fragen fallen aber von vornherein nicht in den Bereich der Rom I-VO[236] (→ EGBGB Art. 43 Rn. 200 ff.). Art. 1 Abs. 2 lit. d meint nur die obligatorischen Auswirkungen der **spezifisch wertpa-**

---

223 *Skauradszun* ZfPW 2022, 56 (68 f.).

224 *Mankowski* TranspR 1988, 410 f.; *v. Bar* FS W. Lorenz, 1991, 273 (285); Soergel/*v. Hoffmann* EGBGB Art. 37 Rn. 35.

225 *Mankowski* TranspR 2008, 417 ff.; *M. Müller,* Finanzinstrumente in der Rom I-VO, 2011, 136 ff.; Ferrari IntVertragsR/*Kieninger* Rn. 15; Rauscher/*v. Hein* Rn. 32; Staudinger/*Magnus,* 2021, Rn. 67.

226 *Mankowski* TranspR 2008, 417 f.; *Paschke* TranspR 2010, 268 (269); Reithmann/Martiny IntVertragsR/*Mankowski*-HdB Rn. 15.519, 15.255; ebenso schon *v. Bar* FS W. Lorenz, 1991, 273 (286).

227 Für einen Ausschluss *Paschke* TranspR 2010, 268 (272 f. – Gegen den Ausschluss *Mankowski* TranspR 2008, 417 f.; Rauscher/*v. Hein* Rn. 35; Staudinger/*Magnus,* 2021, Rn. 68; vgl. *Hartenstein* TranspR 2008, 143 (155); *Rugullis* TranspR 2008, 102 (104); Reithmann/Martiny IntVertragsR/*Mankowski* Rn. 15.165, 15.255. Für einen Ausschluss des Namenskonnossements *Ramming* RdTW 2013, 173 (183).

228 *Mankowski* TranspR 2008, 417 (428); Reithmann/Martiny IntVertragsR/*Mankowski* Rn. 15.200 ff.

229 *Skauradszun* ZfPW 2022, 56 (65).

230 Rauscher/*v. Hein* Rn. 32; so schon zum EVÜ *Schultsz* in North, Contract Conflicts, 1982, 185, 188; anders *Mankowski,* Seerechtliche Vertragsverhältnisse im Internationalen Privatrecht, 1995, 128 f.

231 *Mankowski* TranspR 2008, 417 (421 f.).

232 *v. Bar/Mankowski* IPR II § 1 Rn. 37 f.; Staudinger/*Magnus,* 2021, Rn. 65.

233 So wohl auch Bericht *Giuliano/Lagarde,* BT-Drs. 10/503, 43; Czernich/Heiss/*Nemeth* EVÜ Art. 1 Rn. 33; Soergel/*v. Hoffmann* EGBGB Art. 37 Rn. 35; krit. *Morse* Yb. Europ. L. 2 (1982), 107 (113).

234 *Mankowski* TranspR 2008, 417 (418 ff.); Staudinger/*Magnus,* 2021, Rn. 67.

235 Rauscher/*v. Hein* Rn. 32. – S. schon *v. Bar* FS W. Lorenz, 1991, 273 (285); *Kieninger* IPRax 1997, 449 (454); *Mankowski,* Seerechtliche Vertragsverhältnisse im Internationalen Privatrecht, 1995, 132 f.; *Mankowski* FS *Herber,* 1999, 170.

236 Ferrari IntVertragsR/*Ferrari* Art. 3 Rn. 4; vgl. *Mankowski* TranspR 1988, 417. Ferner Soergel/*v. Hoffmann* EGBGB Art. 37 Rn. 36.

pierrechtlichen Funktionen dieser Papiere. Darunter sind nach der Begründung des damaligen Art. 37 EGBGB „alle schuldrechtlichen Verpflichtungen aus dem Wertpapier zu verstehen, die im Interesse der Verkehrsfähigkeit besonders ausgestaltet sind, etwa die durch die Übertragung des Papiers zustande kommenden Verpflichtungen sowie der weitgehende Ausschluss von Einwendungen. In Abs. 2 werden die auf derartige rein wertpapierrechtliche Wirkungen zurückgehenden Verpflichtungen als solche umschrieben, die aus der Handelbarkeit der Wertpapiere entstehen".[237] Erfasst werden daher der Erwerb vom Nichtberechtigten, die Rechtsscheinshaftung und der Einwendungsausschluss.[238] Vorgeschlagen wird, unter Abs. 2 lit. d alle aus dem Papier resultierenden Primär- und Sekundäransprüche zu subsumieren.[239]

Der BGH hat beim **Orderkonnossement** zur Handelbarkeit auch jene schuldrechtlichen Verpflichtungen gezählt, die aus der Übertragungsfunktion des Indossaments folgen, wie die Verpflichtung des Verfrachters zur Herausgabe der Güter oder zur Leistung von Schadensersatz wegen Verlustes oder Beschädigung der Güter.[240] Er hat dann bezüglich Gerichtsstands- und Rechtswahlklausel ebenfalls einen Ausschluss angenommen. Während vereinzelt – gegen den Wortlaut – ein Ausschluss auch der frachtvertraglichen Ansprüche angenommen wird,[241] wird zum Teil eingewendet, dass die Bereichsausnahme enger zu verstehen sei. Beim Orderkonnossement seien nur die Wirkungen der Indossierung, dh Erwerb vom Nichtberechtigten und Einwendungsausschluss, ausgenommen.[242] Teils wird sogar noch enger angenommen, es gehe lediglich um die Frage, ob der Konnossementsinhaber bessere Rechte als ein früherer Inhaber habe.[243] Eine weitere Auffassung differenziert nach den einzelnen Ansprüchen. Ausgeschlossen sollen sein Primäransprüche auf Herausgabe oder Auslieferung, ferner Sekundäransprüche, dh Schadensersatzansprüche wegen Verletzung des Herausgabeanspruchs und aus spezifisch wertpapierrechtlicher Haftung.[244] – Zum Konnossement auch → Art. 5 Rn. 98 ff. 69

(2) Anwendbares Recht. Die von Art. 1 ausgeschlossenen Verpflichtungen unterliegen nicht den Art. 3 ff.[245] Soweit für die **Warenpapiere** (Ladeschein, Lagerschein und Konnossement) keine besonderen gesetzlichen Kollisionsnormen vorhanden sind, folgen sie weiterhin den von Rspr. und Lehre entwickelten Grundsätzen.[246] Dies schließt aber nicht aus, allgemeine Rechtsgedanken, welche in den Art. 1 ff. Ausdruck gefunden haben, anzuwenden.[247] So wurde zB Art. 31 EGBGB (nunmehr Art. 10 Rom I-VO) für Rechtswahl- und Gerichtsstandsklauseln im Orderkonnossement entsprechend herangezogen.[248] Eine Dritten gegenüber wirksame Rechtswahl kann aber nur dann angenommen werden, wenn sie aus dem Wertpapier ersichtlich ist.[249] 70

Nicht in handelbarer Urkunde verkörperte Ansprüche werden nach den allgemeinen Vorschriften der Art. 3 ff., insbesondere Art. 14, abgetreten.[250] Ist nämlich ein Anspruch übertragbar, das Dokument, aus dem er sich ergibt, jedoch nicht handelbar, so sind Verträge über dieses Dokument nicht ausgeschlossen. Nach dem Bericht *Giuliano/Lagarde*[251] sind Konnossemente und ähnliche, in Verbindung mit Beförderungsverträgen ausgestellte Dokumente, Schuldverschreibungen, Schuld- 71

---

237 Amtl. Begr., BT-Drs. 10/504, 84.

238 Soergel/*v. Hoffmann* EGBGB Art. 37 Rn. 36.

239 NK-BGB/*Leible* Rn. 58; Staudinger/*Magnus,* 2021, Rn. 69.

240 BGHZ 99, 207 (209) = NJW 1987, 1145 = IPRax 1988, 26 m. Aufsatz *Basedow* IPRax 1988, 15 = WuB VII A § 38 ZPO 1.87 m. abl. Anm. *Abraham; Ebenroth/Fischer/Sorek* ZVglRWiss 88 (1989), 124 (134 f.); *Mankowski* TranspR 1988, 410 (411 f.) unter Einschluss der Sekundäransprüche aus dem Konnossement. – Für eine weite Auslegung auch Czernich/Heiss/*Nemeth* EVÜ Art. 1 Rn. 34. Vgl. auch BGH NJW-RR 2007, 321.

241 So *Basedow* IPRax 1987, 333 (340); dagegen *Mankowski,* Seerechtliche Vertragsverhältnisse im Internationalen Privatrecht, 1995, 134 ff.

242 *Flessner,* Reform des Internationalen Privatrechts: Was bringt sie dem Seehandelsrecht?, 1987, 21; Erman/*Stürner* Rn. 8b.

243 *Schultsz* in North, Contract Conflicts, 1982, 185, 188 ff.; dagegen *Mankowski,* Seerechtliche Vertragsverhältnisse im Internationalen Privatrecht, 1995, 137 ff.

244 *Mankowski,* Seerechtliche Vertragsverhältnisse im Internationalen Privatrecht, 1995, 146 f.; Reithmann/Martiny IntVertragsR/*Mankowski* Rn. 15.171 ff.; vgl. auch *Hartenstein* TranspR 2008, 143 (155).

245 Vgl. Soergel/*v. Hoffmann* EGBGB Art. 37 Rn. 39.

246 *Paschke* TranspR 2010, 268 (273).

247 Staudinger/*Magnus,* 2021, Anh. I Art. 1 Rn. 34; ebenso schon *Mankowski* TranspR 1988, 410 (413); Soergel/*v. Hoffmann* EGBGB Art. 37 Rn. 39.

248 BGHZ 99, 207 (210) = NJW 1987, 1145 = IPRax 1988, 26 m. Aufsatz *Basedow* IPRax 1988, 15 = WuB VII A § 38 ZPO 1.87 mAnm *Abraham.*

249 Staudinger/*Magnus,* 2021, Anh. I Art. 1 Rn. 35.

250 Zu Art. 33 EGBGB aF *Ferid* IPR Rn. 6–61, 1.

251 Bericht *Giuliano/Lagarde,* BT-Drs. 10/503, 43.

scheine, Bürgschaften, Indemnitätsbriefe, Hinterlegungsscheine, Lagerscheine und Lagerempfangsscheine nur soweit ausgeschlossen, als sie als handelbare Papiere angesehen werden können. Außerdem käme es auch in diesem Fall nur dann zum Ausschluss, wenn sich die Schuldverhältnisse aus der Handelbarkeit der Papiere ergeben. Im Übrigen sind weder die Verträge, auf Grund derer diese Papiere ausgestellt werden,[252] noch Verträge über den Kauf oder Verkauf solcher Papiere ausgeschlossen.

72 **6. Schieds- und Gerichtsstandsvereinbarungen (Abs. 2 lit. e).** Gerichtsstands- und Schiedsklauseln (ausgeschlossen schon von Art. 1 Abs. 2 lit. d EVÜ) stehen zwar in engem Zusammenhang mit dem Vertragsstatut, gehören aber zum **Internationalen Verfahrensrecht.**[253] Insofern greifen vielfach besondere Vorschriften ein. Die Regelung des Abs. 2 lit. e[254] schließt aber nicht aus, die Art. 3 ff. für ihr Zustandekommen ergänzend heranzuziehen[255] (näher → Vor Art. 1 Rn. 57 ff.). Schadensersatzansprüche wegen der Verletzung von Gerichtsstands- und Schiedsvereinbarungen dürften ebenfalls ausgeschlossen sein.[256]

7. Gesellschaftsrecht, Vereinsrecht und Recht der juristischen Personen (Abs. 2 lit. f).

Schrifttum: → IntGesR vor Rn. 1; ferner *Hausmann,* Ausgleichsansprüche zwischen Ehegatten aus Anlass der Scheidung im internationalen Privatrecht, FS Jayme, Bd. I, 2004, 305; *Renner/Hesselbarth,* Unternehmensverträge und die Rom I-Verordnung, IPRax 2014, 117; *Reuter,* Grenzüberschreitende Gesellschaftervereinbarungen, RIW 2019, 21; *Rödter,* Das Gesellschaftskollisionsrecht im Spannungsverhältnis zur Rom I- und II-VO, 2014; *W.-H. Roth,* Internationalprivatrechtliche Aspekte der Personengesellschaften, ZGR 2014, 168; *Sonnenberger/Bauer,* Vorschlag des Deutschen Rates für Internationales Privatrecht für eine Regelung des Internationalen Gesellschaftsrechts auf europäischer/nationaler Ebene, RIW-Beil. 1/2006; *Spindler,* Crowdfunding und und Crowdinvesting, ZBB 2017, 129.

73 **a) Gesellschaftsrecht, Vereinsrecht und Recht der juristischen Personen.** Nach Art. 1 Abs. 2 lit. f[257] ist die Anwendung der VO auf das Gesellschaftsrecht, Vereinsrecht und das Recht der juristischen Personen weitgehend ausgeschlossen. Damit wird für juristische Personen und Vereinigungen ohne Rechtspersönlichkeit vor allem auf das internationale Gesellschaftsrecht, welches Gegenstand anderer Staatsverträge ist und eigenen Grundsätzen folgt (vgl. auch Art. 50 AEUV), verwiesen (→ IntGesR Rn. 1 ff.; zu den europarechtlichen Einflüssen → EGBGB Art. 3 Rn. 92 ff.). Gesellschaften müssen ein Mindestmaß an wahrnehmbarer organisatorischer Verfestigung aufweisen.[258] Allerdings ergeben sich Abgrenzungsprobleme zum Internationalen Vertragsrecht. Daher zählt die VO einzelne Tatbestände gesondert auf (→ Rn. 75 ff.). Diese sind im Interesse einer gleichmäßigen Anwendung der VO einheitlich auszulegen.[259] Der Ausschluss zielt auf die organisatorischen Aspekte der Gesellschaften, Vereine und juristischen Personen ab.[260]

74 Das **Konzernrecht** ist gesellschaftsrechtlich zu qualifizieren (→ IntGesR Rn. 660). Das gilt ebenfalls für Unternehmensverträge nach §§ 291 ff. AktG.[261] Auch der **Versicherungsverein auf Gegenseitigkeit** ist ausgeschlossen.[262] Das gleiche gilt für italienische Netzverträge (contratti di rete), wenn Rechtssubjektivität besteht.[263] **Treuhandverträge** gehören dagegen regelmäßig zum IVR[264] (→ IntGesR Rn. 268 ff.). Dies gilt auch für Treuhandverträge über die Verwaltung von Gesellschaftsanteilen.[265] Der Rom I-VO unterliegt auch ein Kreditkonsortium[266] (→ Art. 4 Rn. 223). **Nebenabreden der einzelnen Gesellschafter** werden von der hM schuldrechtlich eingeordnet (→ IntGesR Rn. 565), solange sie nicht in die Struktur der Gesellschaft eingreifen.[267] Nach aA soll dagegen das Gesellschaftsstatut lediglich über die Zulässigkeit der Abrede entscheiden;

---

[252] Soergel/*v. Hoffmann* EGBGB Art. 37 Rn. 39; anders für den Seefrachtvertrag *Basedow* IPRax 1987, 340.
[253] Näher *Lando/Nielsen* C.M.L. Rev. 45 (2008), 1687 (1692 f.).
[254] Krit. zum EVÜ *v. Hoffmann* IPRax 1984, 10 (12); vgl. auch *Basedow* JbPraxSch 1 (1987), 3 (4 f.).
[255] Ferrari IntVertragsR/*Kieninger* Rn. 18a; Staudinger/*Magnus,* 2021, Rn. 73.
[256] Näher Staudinger/*Magnus,* 2021, Rn. 75.
[257] Früher Art. 37 Nr. 2 EGBGB aF (Art. 1 Abs. 2 lit. e EVÜ). – Ähnlich Art. 1 Abs. 2 lit. d Rom II-VO.
[258] Näher *W.-H. Roth* ZGR 2014, 168 (176 ff.).
[259] *Renner/Hesselbarth* IPRax 2014, 117 (118 ff.); *Plender/Wilderspin,* The European private international law of obligations, 5. Aufl. 2020, Rn. 5.053.
[260] EuGH ECLI:EU:C:2019:827 Rn. 35 = RIW 2019, 729 = IPRax 2020, 246 m. Aufsatz *Rieländer* IPRax 2020, 224 – Verein für Konsumenteninformation.
[261] Grüneberg/*Thorn* Rn. 12; anders *Renner/Hesselbarth* IPRax 2014, 117 ff.
[262] *Fricke* VersR 2008, 443; Rauscher/*v. Hein* Rn. 43.
[263] *Gössl* RabelsZ 80 (2016), 579 (598 ff.).
[264] *Wilhelm* IPRax 2012, 392 (394).
[265] EuGH ECLI:EU:C:2019:827 Rn. 40 = RIW 2019, 729 = IPRax 2020, 246 m. Aufsatz *Rieländer* IPRax 2020, 224 – Verein für Konsumenteninformation; *Mansel/Thorn/Wagner* IPRax 2020, 97 (119 f.).
[266] *Renner* ZBB 2018, 278 (281 f.).
[267] Abl. zu dieser Abgrenzung *Reuter* RIW 2019, 21 (27 ff.).

im Übrigen soll sie aber dem Vertragsstatut unterstehen.[268] Eine vertragsrechtliche Einordnung gilt idR für **Blockchain-Netzwerke** ohne eigene Gesellschaftsgründung.[269] Das gleiche gilt für Mining-Pools bei der Schaffung von Kryptowerten.[270] Die Bereichsausnahme des Abs. 1 Nr. 2 erfasst **stille Gesellschaften** als nur interne Beteiligungen an einer Gesellschaft nicht.[271] Das gleiche gilt für Syndikatsverträge unter Gesellschaftern einer Kapitalgesellschaft.[272] Verträge über solche Gesellschaften unterliegen daher den Art. 3 ff.[273] Eine Rechtswahl ist möglich.[274] Für die objektive Anknüpfung kommt es auf die engste Verbindung iSd Art. 4 Abs. 4 an.[275] Das **Innenverhältnis einer Wohnungseigentümergemeinschaft** betrifft keine „organisatorischen Aspekte" und ist keine gesellschaftsrechtliche Frage.[276]

b) Ausgeschlossene Fragen. aa) Errichtung und Auflösung. Der Ausschluss betrifft alle **75** jene Rechtsakte, die für die Errichtung einer Gesellschaft, eines Vereins oder einer juristischen Person erforderlich sind. Ausgeschlossen sind alle **Gründungs- und Errichtungserfordernisse** wie Verträge, Verwaltungsakte und Registrierung.[277] Der Ausschluss gilt für die unter das Gesellschafts- oder Vereinsrecht fallenden Auflösungsgründe sowie alle jene Rechtsakte, welche die **Auflösung, Abwicklung oder Nichtigerklärung** betreffen.[278] Auch die **Fusion** von Gesellschaften ist gemeint.[279] Nach einer grenzüberschreitenden Verschmelzung durch Aufnahme auf die Auslegung, die Erfüllung der Verpflichtungen und die Arten des Erlöschens eines von der übertragenden Gesellschaft geschlossenen Anleihevertrags ist dasselbe Recht anzuwenden wie das vor der Verschmelzung auf diesen Vertrag anzuwendende Recht.[280] Für den Schutz der Gläubiger einer übertragenden Gesellschaft gelten weiterhin die Vorschriften des innerstaatlichen Rechts, dem diese Gesellschaft unterlag.[281]

bb) Rechts- und Handlungsfähigkeit. Ausgeschlossen sind Fragen der Rechts- und Hand- **76** lungsfähigkeit der Gesellschaft, des Vereins oder der juristischen Person. Dazu gehört die Bestimmung des für die Rechtsfähigkeit maßgeblichen Rechts.[282] Auch ob nur eine **Teilrechtsfähigkeit** eintritt oder der Umfang der Rechtsfähigkeit – wie durch die „ultra vires"-Lehre – eingeschränkt ist, ist keine vertragsrechtliche Frage.[283]

cc) Innere Verfassung. Nach Abs. 2 lit. f sind Fragen der inneren Verfassung der Gesellschaft, **77** des Vereins oder der juristischen Person ausgeschlossen. Dazu gehören insbesondere die Vorschriften über die Bestellung, Abberufung und die Rechtsstellung der Gesellschafts- und Vereinsorgane.[284] Auch die Rechte und Pflichten der einzelnen Gesellschafter und Vereinsmitglieder werden erfasst.[285] Das gleiche gilt für einen Anspruch aufgrund des Verbots auf Einlagenrückgewähr.[286]

dd) Haftung. Ausgeschlossen ist ferner die persönliche gesetzliche Haftung der Gesellschafter **78** und der Organe für die Schulden der Gesellschaft, des Vereins oder der juristischen Person. Erfasst

---

268 *Reuter* RIW 2019, 21 (29 f.).

269 *A.S. Zimmermann* IPRax 2018, 566 (570 ff.); *Drögemüller,* Blockchain-Netzwerke und Krypto-Token im Internationalen Privatrecht, 2023, 106 ff.

270 *Hanner,* Internationales Kryptowerterecht, 2022, 130 ff.

271 *Spindler* ZBB 2017, 129 (139).

272 *Nicolussi* JBl, 2022, 419 (423).

273 *W.-H. Roth* ZGR 2014, 168 (1799; Ferrari IntVertragsR/*Kieninger* Rn. 21; Rauscher/*v. Hein* Rn. 43; Staudinger/*Magnus,* 2021, Rn. 80. S. bereits BGH NJW 2004, 3706 = WM 2004, 2150; krit. Czernich/Heiss/*Nemeth* EVÜ Art. 1 Rn. 48; s. auch für Treuhandvertrag BGH WM 2004, 2441 = RIW 2005, 144.

274 BGH NJW 2004, 3706.

275 Dagegen für den gewöhnlichen Aufenthaltsort des stillen Gesellschafters nach Art. 4 Abs. 2 *Spindler* ZBB 2017, 129 (140).

276 EuGH ECLI:EU:C:2019:376 Rn. 33 = RIW 2019, 364 = IPRax 2020, 40 m. Aufsatz *Thomale* IPRax 2020, 18 – Kerr.

277 *Rödter,* Das Gesellschaftskollisionsrecht im Spannungsverhältnis zur Rom I- und II-VO, 2014, 91; Staudinger/*Magnus,* 2021, Rn. 83; Bericht zum EVÜ *Giuliano/Lagarde,* BT-Drs. 10/503, 43.

278 Bericht *Giuliano/Lagarde,* BT-Drs. 10/503, 44; Soergel/*v. Hoffmann* EGBGB Art. 37 Rn. 43.

279 EuGH ECLI:EU:C:2016:205 = EuZW 2016, 339 mAnm *Stiegler* – KA Finanz; Staudinger/*Magnus,* 2021, Rn. 83; Bericht *Giuliano/Lagarde,* BT-Drs. 10/503, 44.

280 EuGH ECLI:EU:C:2016:205 = EuZW 2016, 339 mAnm *Stiegler* – KA Finanz.

281 EuGH ECLI:EU:C:2016:205 = EuZW 2016, 339 mAnm *Stiegler* – KA Finanz.

282 Bericht zum EVÜ *Giuliano/Lagarde,* BT-Drs. 10/503, 44.

283 Soergel/*v. Hoffmann* EGBGB Art. 37 Rn. 44.

284 Czernich/Heiss/*Nemeth* EVÜ Art. 1 Rn. 46; Soergel/*v. Hoffmann* EGBGB Art. 37 Rn. 45.

285 Bericht *Giuliano/Lagarde,* BT-Drs. 10/503, 44; Soergel/*v. Hoffmann* EGBGB Art. 37 Rn. 45; anders für das englische Gesellschaftsrecht *Plender/Wilderspin,* The European private international law of obligations, 5. Aufl. 2020, Rn. 5-055.

286 Öst. OGH ZfRV 2022, 188.

wird dagegen die vertragliche Haftung der Rechnungsprüfer.[287] Auch die arbeitsrechtliche Stellung von Organmitgliedern ist keine Frage des Gesellschaftsrechts.[288]

79 **c) Anknüpfung der Gesellschaft. aa) Gründungsvorvertrag.** Nach dem Bericht *Giuliano/Lagarde*[289] zum EVÜ sind alle Rechtshandlungen oder Vorverträge, deren einziges Ziel die Begründung von Verpflichtungen zwischen den interessierten Parteien (den Gründern) im Hinblick auf die Errichtung einer Gesellschaft ist, schuldrechtlicher Natur. Auf solche Verträge zur Gründung einer Gesellschaft oder juristischen Person finden mithin die Art. 3 ff. Anwendung.[290] Zum Gründungsvorvertrag → IntGesR Rn. 493.

80 **bb) Gesellschaften ohne eigene Organisation.** Gesellschaften ohne eigene Organisation (insbesondere Gelegenheitsgesellschaften) hat man wegen ihrer schuldrechtlichen Natur schon früher dem IVR unterstellt.[291] Teilweise hält man die Anwendung der Art. 3 ff. schon dann für ungeeignet, wenn die Gesellschaft nach außen aufgetreten ist.[292] Nach anderen finden die Art. 3 ff. entweder direkte Anwendung[293] oder werden doch zumindest analog angewendet.[294] Rechtswahl ist möglich.[295] Die objektive Anknüpfung muss von Art. 4 Abs. 4 ausgehen.[296] Es gilt im Zweifel das Recht des Ortes, mit dem die Gesellschaft am engsten verbunden ist, um das gemeinsame Ziel zu erreichen. Dies führt im Allgemeinen zu dem Ort, an dem der **Gesellschaftszweck hauptsächlich verfolgt wird.**[297] Bei einer im Ausland geplanten Gesellschaft kann der Bezug der Gründer zu Deutschland so stark sein, dass inländisches Recht zur Anwendung kommt.[298] Bei Grundstücksgesellschaften kommt die lex rei sitae jedenfalls dann in Betracht, wenn im Belegenheitsland auch die Verwaltung erfolgt.[299] Zum Kreditkonsortium → Art. 4 Rn. 223; → IntGesR Rn. 254 ff.

81 **cc) Innengesellschaft.** Von einer Innengesellschaft spricht man dann, wenn die Beteiligten zwar einen gemeinsamen Zweck verfolgen bzw. verfolgt haben, aber nicht gemeinsam als Gesellschafter am Rechtsverkehr teilgenommen haben (→ BGB § 705 Rn. 213 ff.). Solche Rechtsverhältnisse finden sich auf ganz unterschiedlichen Rechtsgebieten, nicht nur im Schuldrecht, sondern auch im (Neben-)Ehegüterrecht, so dass es verfehlt wäre, eine lediglich an diese rechtliche Konstruktion anknüpfende generelle Regel aufzustellen.[300] Ausgangspunkt sollte sein, ob die vertraglichen Beziehungen nach Art. 1 als solche in den Anwendungsbereich der Rom I-VO fallen.[301] Ist das der Fall, so ist auch eine Abwicklung nach den Regeln über die Innengesellschaft nicht ausgeschlossen. Für die Innengesellschaft ist eine **Rechtswahl** (Art. 3) möglich.[302] Mangels Rechtswahl richtet sich das

---

287 *Ebke* ZVgl RWiss 109 (2010), 397 (406 ff.); Rauscher/*v. Hein* Rn. 45.

288 Für die Zuständigkeit EuGH ECLI:EU:C:2015:574 = RIW 2015, 813 mAnm *Mankowski* RIW 2015, 821 = EuZW 2015, 922 m. Aufsatz *Lüttringhaus* EuZW 2015, 904 = IPRax 2016, 151 m. Aufsatz *Kindler* IPRax 2016, 115 – Holterman Ferho.

289 Bericht *Giuliano/Lagarde* BT-Drs. 10/503, 44.

290 *W.-H. Roth* ZGR 2014, 168 (179); Ferrari IntVertragsR/*Kieninger* Rn. 21; Staudinger/*Magnus,* 2021, Rn. 87.

291 BGH WM 1967, 419 = IPRspr. 1966–67 Nr. 16; RG IPRspr. 1931 Nr. 11; Staudinger/*Großfeld,* 1998, IntGesR Rn. 548; ebenso Art. 150 Abs. 2 IPRG Schweiz; zur Abgrenzung *W. Meier,* Die einfache Gesellschaft im IPR, 1980, 93 ff.; *Vischer/Huber/Oser* IVR Rn. 685.

292 So *v. Bar/Mankowski* IPR II § 7 Rn. 147; zum alten Recht Czernich/Heiss/*Nemeth* EVÜ Art. 1 Rn. 48.

293 *W.-H. Roth* ZGR 2014, 168 (179 f.); Erman/*Stürner* Rn. 10a. – S. zum alten Recht *Ebenroth* JZ 1988, 24.

294 So Soergel/*v. Hoffmann* EGBGB Art. 37 Rn. 50. – Auf das Schuldvertragsrecht verweist Art. 2 Abs. 2 Vorschlag des Deutschen Rats für IPR zum IntGesR von 2006; *Sonnenberger/Bauer* RIW-Beil. 1/2006, 1 (8).

295 OLG Karlsruhe NZG 2001, 748 = IPRspr. 2001 Nr. 24; ebenso schon OLG Düsseldorf NJW-RR 1987, 483.

296 *W.-H. Roth* ZGR 2014, 168 (180). Für die engste Verbindung auch *Sonnenberger/Bauer* RIW-Beil. 1/2006, 1 (8).

297 *Swoboda* ZfRV 2019, 119 (120); Ferrari IntVertragsR/*Kieninger* Rn. 21. – Soergel/*v. Hoffmann* EGBGB Art. 37 Rn. 47 ff. stellt an erster Stelle auf den gemeinsamen gewöhnlichen Aufenthalt der Parteien ab; s. auch OLG Nürnberg IPRspr. 1978 Nr. 16 (Bankkonto in der Türkei). Für maßgeblich gehalten wird insbes. der gewöhnliche Aufenthalt des Gesellschafters, der die überragende Leistung erbringt (so *W. Meier,* Die einfache Gesellschaft im IPR, 1980, 109 ff.) bzw. in erster Linie die Geschäfte der Gesellschaft besorgt (*Vischer/Huber/Oser* IVR Rn. 686) oder der Handlungsort (*Terlau,* Das Internationale Privatrecht der Gesellschaft bürgerlichen Rechts, 1999, 287 ff.).

298 OLG Karlsruhe NZG 2001, 748 = IPRspr. 2001 Nr. 24.

299 Vgl. Grüneberg/*Thorn* Art. 4 Rn. 33; Soergel/*v. Hoffmann* EGBGB Art. 37 Rn. 49.

300 Näher *Hausmann* FS Jayme, Bd. I, 2004, 305 (318 ff.).

301 *Hausmann* FS Jayme, Bd. I, 2004, 305 (319). – Für eine generelle Einbeziehung BeckOK BGB/*Spickhoff* Rn. 31; Ferrari IntVertragsR/*Kieninger* Rn. 21; Staudinger/*Magnus,* 2021, Rn. 80. Vgl. auch *Schücking* WM 1996, 281 (285 ff.).

302 *Swoboda* ZfRV 2019, 119 (120); Soergel/*v. Hoffmann* EGBGB Art. 37 Rn. 48 f.

anzuwendende Recht nach der engsten Verbindung (Art. 4 Abs. 4).[303] Sie dürfte vor allem zu dem Recht des Ortes bestehen, an dem der gemeinsame Zweck hauptsächlich verfolgt wird.[304] Äußerstenfalls ist eine Aufspaltung des Vertrages vorzunehmen und auf die Verpflichtung jeder Partei das Recht ihres gewöhnlichen Aufenthalts anzuwenden.[305] Die Ausgleichszwecken dienende Ehegatteninnengesellschaft des deutschen Rechts ist früher akzessorisch an das Güterrechtsstatut angeknüpft worden.[306] Sie fällt nunmehr ohne weiteres in den Anwendungsbereich der EuGüVO[307] (→ EuGüVO Art. 27 Rn. 18).

8. Vertreter (Abs. 2 lit. g). Ausgeschlossen ist die Frage, ob ein Vertreter die Person, für deren Rechnung er zu handeln vorgibt, Dritten gegenüber verpflichten kann, oder ob ein Organ einer Gesellschaft, eines Vereins oder einer anderen juristischen Person diese Gesellschaft, diesen Verein oder diese juristische Person gegenüber Dritten verpflichten kann (Abs. 2 lit. g).[308] Die Vorschrift nimmt die Stellvertretung insoweit aus, als es um die Frage geht, ob und wieweit natürliche sowie juristische Personen Dritten gegenüber verpflichtet werden können. Trotz des missverständlichen Wortlauts ist, soweit es um juristische Personen geht, nicht nur die **organschaftliche,** sondern auch die **rechtsgeschäftliche Vertretung** ausgeschlossen.[309] Zu den ausgeschlossenen Fragen der Vertretungsmacht gehört auch die Bindung des Vertretenen durch Rechtsschein wie bei der Anscheins- und Duldungsvollmacht.[310] Auch die gesetzliche Vertretung, etwa von Minderjährigen oder Ehegatten, fällt in den Ausschlusstatbestand. Sie unterliegt den dafür maßgeblichen familienrechtlichen Kollisionsnormen.[311] 82

Die Stellvertretung ist nach der herkömmlichen deutschen Systematik ohnehin eine Frage der allgemeinen Rechtsgeschäftslehre und folgt anderen Grundsätzen als denen des Internationalen Vertragsrechts. Die gewillkürte Stellvertretung ist in Art. 8 EGBGB geregelt. Die Stellvertretung ist vom Grundgeschäft (Innenverhältnis) zwischen Vertretenem und Stellvertreter zu unterscheiden.[312] Gegenstand des Ausschlusses von der Rom I-VO ist allerdings nur der genannte Teilaspekt aus dem Verhältnis zwischen dem Vertretenen und dem Dritten. Die vertraglichen Beziehungen unter den Parteien (also insbesondere das Grundverhältnis zwischen Vertretenem und Stellvertreter) werden von dem Ausschluss nicht erfasst, weil sie gegenüber anderen vertraglichen Schuldverhältnissen keine wesentlichen Besonderheiten aufweisen.[313] Gleiches gilt für die vertragliche Beziehung, welche durch das vom Stellvertreter mit einem Dritten geschlossene Vertretergeschäft begründet wurde[314] sowie die Genehmigung des Geschäfts eines vollmachtlosen Vertreters.[315] 83

9. Gründung von „Trusts“ (Abs. 2 lit. h). Ausgeschlossen ist die Gründung von „Trusts“ sowie die dadurch geschaffenen Rechtsbeziehungen zwischen den Verfügenden, den Treuhändern und den Begünstigten (Abs. 2 lit. h; ähnlich Art. 1 Abs. 2 lit. e Rom II-VO). Wegen des Ausschlusses des trust (ebenso schon Art. 1 Abs. 2 lit. g EVÜ) gelten für die Gründung von trusts und die durch sie geschaffenen Rechtsbeziehungen die bisherigen Grundsätze weiter[316] (→ EGBGB Art. 43 Rn. 52 ff.). Zu der sich als Resultat der Qualifikation ergebenden Unterstellung eines trust unter die Kollisionsnormen des internationalen Schuld-, Stiftungs-, Familien- und Erbrechts → Einl. IPR Rn. 270. Allerdings wird für die Errichtung und Verwaltung eines living trust eine 84

303 OLG Frankfurt RIW 1998, 807 = IPRspr. 1998 Nr. 22; *Hausmann* FS Jayme, Bd. I, 2004, 319.

304 *Hausmann* FS Jayme, Bd. I, 2004, 305. – Ähnlich Soergel/*v. Hoffmann* EGBGB Art. 37 Rn. 49, der jedoch an erster Stelle den gemeinsamen gewöhnlichen Aufenthalt entscheiden lassen will.

305 OLG Frankfurt RIW 1998, 807 = IPRspr. 1998 Nr. 22.

306 BGH NZFam 2015, 783 mAnm *Mankowski* = FamRZ 2015, 1379 m. abl. Anm. *Christiandl* = IPRax 2016, 287 m. Aufsatz *Wedemann* 252.

307 *Andrae* IPRax 2018, 221 (223). – Über den Umweg der engsten Verbindung (Art. 4 Abs. 3) auch *Dörner* ZEV 2019, 307 (316).

308 Früher Art. 37 Nr. 3 EGBGB (Art. 2 Abs. 2 lit. f EVÜ).

309 Staudinger/*Magnus,* 2021, Rn. 90. – S. schon *Sandrock* RIW 1986, 841 (845 Fn. 31); Czernich/Heiss/*Nemeth* EVÜ Art. 1 Rn. 50; Soergel/*v. Hoffmann* EGBGB Art. 37 Rn. 51.

310 *Leible* IPRax 1998, 257 ff.; Soergel/*v. Hoffmann* EGBGB Art. 37 Rn. 53.

311 *Wagner* FamRZ 2022, 405 (407).

312 *v. Bar/Makowski* IPR II § 1 Rn. 1024; Reithmann/Martiny IntVertragsR/*Hausmann* Rn. 6.402; Soergel/*v. Hoffmann* EGBGB Art. 37 Rn. 51.

313 *Plender/Wilderspin,* The European private international law of obligations, 5. Aufl. 2020, Rn. 5–060; Ferrari IntVertragsR/*Kieninger* Rn. 23; Rauscher/*v. Hein* Rn. 49; Staudinger/*Magnus,* 2021, Rn. 89; Amtl. Begr., BT-Drs. 10/504, 84 f. zum EVÜ-Gesetz.

314 Reithmann/Martiny IntVertragsR/*Hausmann* Rn. 6.445; *Plender/Wilderspin,* The European private international law of obligations, 5. Aufl. 2020, Rn. 5–067.

315 OLG München ZVertriebsR 2024, 16.

316 *Jayme* IPRax 1986, 265 (266); näher Reithmann/Martiny IntVertragsR/*Martiny* Rn. 1.114.

analoge Anwendung der Rom I-VO angenommen[317] (näher → IntGesR Rn. 272). Umstritten ist, ob unter den Ausschlusstatbestand auch funktionsäquivalente Treuhandverhältnisse des kontinentaleuropäischen Zivilrechts fallen können.[318] Treuhandverträge sind jedoch grundsätzlich nicht ausgeschlossen.[319]

85 **10. Schuldverhältnisse aus Verhandlungen vor Vertragsabschluss (Abs. 2 lit. i).** Schuldverhältnisse aus Verhandlungen vor Vertragsabschluss werden von Art. 12 Rom II-VO erfasst und sind daher vom Anwendungsbereich der Rom I-VO ausgeschlossen. Der Begriff ist verordnungsautonom zu verstehen (→ Einl. IPR Rn. 130).[320] Er umfasst auch die Verletzung von Offenlegungspflichten (Informations-, Aufklärungs- und Beratungspflichten), → Art. 6 Rn. 62.[321] Erwägungsgrund 10 stellt klar, dass Schuldverhältnisse, die aus Verhandlungen vor Abschluss eines Vertrags entstehen, unter Art. 12 Rom II-VO fallen. Sie sind daher nach Abs. 2 lit. i vom Anwendungsbereich der Rom II-VO ausgenommen. Freilich gilt das nur, soweit die Rom II-VO tatsächlich sachlich anwendbar ist. In seltenen Fällen können daher nach wie vor Qualifikationsprobleme auftreten (→ Rn. 14).

86 Verstöße Privater gegen **Antidiskriminierungsvorschriften** können in recht unterschiedlichen Zusammenhängen und in verschiedener Weise erfolgen sowie eine Fülle unterschiedlicher Sanktionen nach sich ziehen (→ Art. 8 Rn. 12, → Art. 8 Rn. 19).[322] Bei der **vorvertraglichen Vertragsverweigerung** kommt eine Einordnung als culpa in contrahendo,[323] aber auch eine Unterstellung unter das Vertragsstatut[324] oder das Deliktstatut[325] (→ Art. 10 Rn. 154 ff.) in Betracht. Bei der Diskriminierung im Rahmen eines bestehenden Vertragsverhältnisses bietet sich eine Zuordnung zum Vertragsstatut an. Betroffen sind insbesondere Arbeitsverhältnisse[326] (→ Art. 8 Rn. 112) sowie Dienstleistungs-, Verbraucher- und Versicherungsverträge. Allerdings ist wegen des grundlegenden Charakters des Nichtdiskriminierungsgebots auch eine Einordnung als Eingriffsnorm nicht ausgeschlossen (→ Art. 8 Rn. 112, → Art. 8 Rn. 138, → Art. 9 Rn. 66, → Art. 10 Rn. 157).[327] Bezüglich ausländischen Sachrechts sind ordre public-Verstöße möglich.

87 **11. Versicherungsverträge (Abs. 2 lit. j).** Ausgeschlossen sind Versicherungsverträge aus von anderen Einrichtungen als den in Art. 2 Solvabilität II-RL (früher Art. 2 RL 2002/83/EG aF) genannten Unternehmen durchgeführten Geschäften, deren Zweck darin besteht, den unselbständig oder selbständig tätigen Arbeitskräften eines Unternehmens oder einer Unternehmensgruppe oder den Angehörigen eines Berufes oder einer Berufsgruppe im Todes- oder Erlebensfall oder bei Arbeitseinstellung oder bei Minderung der Erwerbstätigkeit oder bei arbeitsbedingter Krankheit oder Arbeitsunfällen Leistungen zu gewähren. Art. 7 ist auf diese Versicherungen folglich nicht anzuwenden. Der deutsche Gesetzgeber hat davon abgesehen, für diesen speziellen Fall, der auf schwedischen Wunsch in die VO aufgenommen wurde, eine eigene Regelung zu treffen.[328]

V. Beweis und Verfahren (Abs. 3)

88 Ausgeschlossen sind der Beweis und das Verfahren (Abs. 3).[329] Verfahrensfragen unterliegen ohnehin nicht dem Vertragsstatut, sondern der lex fori.[330] Der Ausschluss des Beweises erfolgt allerdings vorbehaltlich des Art. 18, der bestimmte Beweisfragen regelt. Somit gelten die Normen des Internationalen Vertragsrechts für den Beweis, soweit dies besonders angeordnet oder sonst geboten ist.

---

317 Näher *Leithold* FamRZ 2015, 709 (712).
318 Bejahend Rauscher/*v. Hein* Rn. 52 mwN.
319 *Wilhelm* IPRax 2012, 392 (393 f.); Rauscher/*v. Hein* Rn. 52.
320 Rauscher/*v. Hein* Rn. 56.
321 Rauscher/*v. Hein* Rn. 57.
322 *Kocher* FS Martiny, 2014, 411 ff.; *Lüttringhaus,* Grenzüberschreitender Diskriminierungsschutz, 2010, 11 ff.
323 Dazu *Kocher* FS Martiny, 2014, 411 (423 ff.).
324 *Kocher* FS Martiny, 2014, 411 (423 ff.).
325 So bei mangelndem Transaktionsbezug *Lüttringhaus,* Grenzüberschreitender Diskriminierungsschutz, 2010, 115.
326 Dazu *Lüttringhaus,* Grenzüberschreitender Diskriminierungsschutz, 2010, 154 ff.
327 *Kocher* FS Martiny, 2014, 411 (414 ff.); *J. Hoffmann/Bierlein* ZEuP 2020, 47 (63 ff.); *Lüttringhaus,* Grenzüberschreitender Diskriminierungsschutz, 2010, 191 ff.
328 Zum Anpassungsgesetz BT-Drs. 16/12104, 10; näher *Martiny* RIW 2009, 737 (748 ff.); *Perner* IPRax 2009, 218; Rauscher/*v. Hein* Rn. 59.
329 Ebenso schon Art. 1 Abs. 2 lit. h EVÜ; ähnlich Art. 1 Abs. 3 Rom II-VO.
330 Rauscher/*v. Hein* Rn. 64.

VI. „Mitgliedstaat" (Abs. 4)

Das Sekundärrecht der EU gilt grundsätzlich im gesamten Geltungsbereich des Unionsrechts (Art. 52 EUV iVm Art. 349, 355 AEUV).[331] Nicht alle EU-Staaten sind jedoch auch Mitgliedstaaten der Rom I-VO (→ EGBGB Art. 3 Rn. 57 ff.). Im Sinne der VO bezeichnet der Begriff „Mitgliedstaat" die Mitgliedstaaten, auf die diese Verordnung anwendbar ist. In Art. 3 Abs. 4 und Art. 7 bezeichnet der Begriff jedoch alle Mitgliedstaaten der EU (Abs. 4; → Art. 3 Rn. 93 f., 100 f.). Erwägungsgrund 44 weist darauf hin, dass sich **Irland** gemäß Art. 3 Protokoll über die Position des Vereinigten Königreichs und Irlands im Anhang zum EUV und im Anhang zum EGV an der Annahme und Anwendung der Rom I-VO beteiligt.[332] 89

Gemäß Art. 1 und 2 und unbeschadet des Art. 4 Protokoll über die Position des Vereinigten Königreichs und Irlands im Anhang zum EU-Vertrag und zum EG-Vertrag (nunmehr Protokoll Nr. 21 zum Vertrag von Lissabon) hat sich das **Vereinigte Königreich** nicht an der Annahme der Rom I-VO beteiligt, die für das Vereinigte Königreich nicht bindend oder anwendbar war (Erwägungsgrund 45). Das Vereinigte Königreich hatte jedoch von seiner Opt-in-Möglichkeit Gebrauch gemacht und war daher Mitgliedstaat iSd Rom I-VO.[333] Nach seinem Austritt aus der EU **(„Brexit")** endete die Anwendung der Rom I-VO durch das Vereinigte Königreich mit dem Ende der Übergangsphase zum 31.12.2020.[334] Nach dem Austritt findet die Rom I-VO aus britischer Sicht noch auf Verträge Anwendung, die vor dem Ablauf der Übergangszeit (31.12.2020; → EGBGB Art. 3 Rn. 57, 64) abgeschlossen wurden.[335] Inhaltlich gilt die Rom I-VO im Vereinigten Königreich freilich mit Änderungen als nationales „retained EU law" weiter.[336] 90

Gemäß den Art. 1 und 2 des Protokolls über die Position **Dänemarks** im Anhang zum EU-Vertrag und dem EG-Vertrag (nunmehr Protokoll Nr. 22 zum Vertrag von Lissabon) beteiligt sich Dänemark nicht an der Annahme der Rom I-VO, die für Dänemark nicht bindend oder anwendbar ist (Erwägungsgrund 46). Dänemark gehört daher nicht zu den Mitgliedstaaten (zum EVÜ → Art. 24 Rn. 4).[337] Aufgrund einer Ergänzung des Protokolls könnte Dänemark in der Zukunft noch beitreten.[338] In Art. 3 Abs. 4, der Vorschrift über Binnenmarktsachverhalte, bezeichnet der Begriff „Mitgliedstaat" dagegen alle Mitgliedstaaten (Abs. 4). Hier geht es um den Schutz durch unionsrechtliche Bestimmungen gegenüber der Vereinbarung drittstaatlichen Rechts. Da Dänemark aber die Richtlinien umgesetzt hat, bedarf es insoweit keines Schutzes.[339] 91

In der **versicherungsrechtlichen Regelung** des Art. 7 bezeichnet der Begriff „Mitgliedstaat" alle Mitgliedstaaten (Abs. 4 S. 2; → Art. 7 Rn. 18 f.). 92

Art. 2 Rom I-VO Universelle Anwendung

Das nach dieser Verordnung bezeichnete Recht ist auch dann anzuwenden, wenn es nicht das Recht eines Mitgliedstaats ist.

Schrifttum: allgemeines Schrifttum zum IVR → Vor Art. 1 Rom I-VO; *Dickinson,* Territory in the Rome I and Rome II Regulations, Lloyd's M.C.L.Q. 2013, 86.

I. Normzweck

Nach dem **Grundsatz der universellen Anwendung** ist das nach der Rom I-VO bezeichnete Recht auch dann anzuwenden, wenn es nicht das Recht eines Mitgliedstaats ist.[1] Eine Parallelvorschrift findet sich in Art. 3 Rom II-VO und in den anderen europäischen Verordnungen (Art. 4 1

331 Dazu *Dickinson* Lloyd's M.C.L.Q. 2013, 86 (88 ff.).

332 Vgl. *Basedow* EuZW 2009, H. 5 S. V (Editorial); Rauscher/*v. Hein* Rn. 67.

333 S. Entscheidung der Kommission vom 22.12.2008 über den Antrag des Vereinigten Königreichs auf Annahme der Verordnung (EG) Nr. 593/2008 über das auf vertragliche Schuldverhältnisse anzuwendende Recht (Rom I), ABl. EU 2009 L 10, 22.

334 Art. 126 BrexitAbk – Abkommen über den Austritt des Vereinigten Königreichs Großbritannien und Nordirland aus der Europäischen Union und der Europäischen Atomgemeinschaft vom 17.10.2019, ABl. EU 2019 C I 384, 1; dazu *Mansel/Thorn/Wagner* IPRax 2020, 97 (99 f.); *Terhechte* NJW 2020, 425 (426). – Zur Zukunft *Rüscher* EuZW 2018, 937; *Rühl* NJW 2020, 443; *Wagner* IPRax 2021, 2 (9).

335 Art. 66 lit. a BrexitAbk; dazu *Mankowski* EuZW 2020, Sonderausgabe Brexit, 3 (6).

336 The Law Applicable to Contractual Obligations and Non-Contractual Obligations (Amendment etc) (EU Exit) Regulations 2019, Statutory Instruments 2019 Nr. 834.

337 Vgl. *Basedow* EuZW 2009, V (Editorial).

338 Rauscher/*v. Hein* Rn. 73.

339 *Garcimartín Alférez* ELF 2008, I-61 (I-65).

1 BAG NZA 2023, 1267.

Rom III-VO, Art. 20 EuErbVO, Art. 20 EuGüVO). Eine solche Regelung vermeidet eine nach innergemeinschaftlichen und außergemeinschaftlichen Sachverhalten unterschiedliche Anknüpfung. Sie ist möglich, da auch eine Außenkompetenz der EU für Drittstaatensachverhalte besteht.[2] Vorläufer des Art. 2 ist Art. 2 EVÜ, der seinerseits nicht in das EGBGB inkorporiert werden musste, weil die Anwendung des Rechts von Nichtvertragsstaaten selbstverständlich war. Der Grundsatz der universellen Anwendung findet sich auch in den Haager Konventionen, die als loi uniforme regelmäßig auch auf das Recht von Nichtvertragsstaaten verweisen (→ EGBGB Art. 3 Rn. 175 ff.).

II. Räumlicher Anwendungsbereich

2 Die Rom I-VO selbst gilt nur für die in Art. 1 Abs. 4 bezeichneten Mitgliedstaaten. Bei Art. 2 geht es im Unterschied dazu um die Anwendung des jeweiligen Sachrechts, auf das nach den Art. 3 ff. verwiesen wird. Die gemeinschaftsweite, unmittelbare Geltung der Rom I-VO (Art. 288 Abs. 2 AEUV) findet ihre Grenzen in den Vorbehalten, die Irland und Dänemark gegenüber dem Titel IV des EG erklärt haben. Während **Irland** der Verordnung durch eine entsprechende Erklärung beigetreten ist (sog. „opting in"), bestand diese Möglichkeit für **Dänemark** nicht (→ EGBGB Art. 3 Rn. 58; → Art. 1 Rn. 89). Dänische Gerichte wenden weiterhin das für sie weiter geltende EVÜ (s. Art. 24 Abs. 1) bzw. ihr innerstaatliches Kollisionsrecht an.[3] Teilweise wird zwar angenommen, dass auch die Gerichte anderer Mitgliedstaaten gehalten sind, gegenüber Dänemark das EVÜ anzuwenden und sich nicht auf Art. 2 stützen dürfen. Nach zutreffender hM ist die Rom I-VO jedoch gegenüber Dänemark anwendbar (→ Art. 24 Rn. 4).

III. Drittstaatensachverhalte

3 Die Rom I-VO ist ebenso wie schon das EVÜ als universal wirkende loi uniforme ausgestaltet. Die Verordnung kommt gegenüber Mitgliedstaaten und Nichtmitgliedstaaten, wie etwa der Türkei, in gleicher Weise zur Anwendung.[4] Die einheitliche Konzeption erspart die schwierige Abgrenzung von Binnenmarkt- und Drittstaatensachverhalten. Das den Anknüpfungsregeln zugrundeliegende Prinzip der engsten Verbindung gilt unabhängig von den (veränderlichen) Grenzen des Binnenmarktes. Auch das nationale Internationale Vertragsrecht der Mitgliedstaaten differenziert im Allgemeinen nicht danach, auf das Recht welchen Staates verwiesen wird. Für Staaten mit territorialer Rechtsspaltung gilt die Regelung des Art. 22 Abs. 1. Diese kommt unabhängig davon zur Anwendung, ob es sich um einen Mitgliedstaat handelt oder nicht[5] (→ Art. 22 Rn. 5). Bezüglich des zu beurteilenden Sachverhalts bestehen grundsätzlich keine territorialen oder geografischen Beschränkungen bezüglich seiner Belegenheit.[6]

4 Gegenüber unzuträglichem drittstaatlichem Recht gewährt die Rom I-VO in vielfältiger Weise Schutz. Dies gilt zunächst einmal bei fehlendem Auslandsbezug (Art. 3 Abs. 3, 4), ferner für mehrere Schutzbestimmungen und Rechtswahlbeschränkungen (Art. 5 ff.) sowie die Anwendung eigener Eingriffsnormen (Art. 9 Abs. 2). Untragbare Ergebnisse lassen sich im Einzelfall mit Hilfe des ordre public korrigieren (→ Art. 21).

Kapitel II. Einheitliche Kollisionsnormen

Art. 3 Rom I-VO Freie Rechtswahl

(1) [1]Der Vertrag unterliegt dem von den Parteien gewählten Recht. [2]Die Rechtswahl muss ausdrücklich erfolgen oder sich eindeutig aus den Bestimmungen des Vertrags oder aus den Umständen des Falles ergeben. [3]Die Parteien können die Rechtswahl für ihren ganzen Vertrag oder nur für einen Teil desselben treffen.

(2) [1]Die Parteien können jederzeit vereinbaren, dass der Vertrag nach einem anderen Recht zu beurteilen ist als dem, das zuvor entweder aufgrund einer früheren Rechtswahl

---

[2] IdS auch → Einl. IPR Rn. 36; *Dickinson* Lloyd's M.C.L.Q. 2013, 86 (94 ff.). – S. bereits *Basedow* C. M. L. Rev. 2000, 701 ff.; *Basedow* in Baur/Mansel, Systemwechsel im europäischen Kollisionsrecht, 2002, 38 ff.; *Ehle,* Wege zu einer Kohärenz der Rechtsquellen im Europäischen Kollisionsrecht der Verbraucherverträge, 2002, 109 ff., 226 f.; *A. Weber,* Die Vergemeinschaftung des internationalen Privatrechts, 2004, 131 ff.; anders noch *Remien* C. M. L. Rev. 2001, 75 ff.

[3] Staudinger/*Magnus,* 2021, Rn. 3.

[4] BAG RIW 2016, 543; *Bonomi* YbPIL 10 (2008), 165 (166 f.); Staudinger/*Magnus,* 2021, Rn. 1.

[5] Staudinger/*Magnus,* 2021, Rn. 4.

[6] Dazu *Dickinson* Lloyd's M.C.L.Q. 2013, 86 (94 ff.).

nach diesem Artikel oder aufgrund anderer Vorschriften dieser Verordnung für ihn maßgebend war. [2]Die Formgültigkeit des Vertrags im Sinne des Artikels 11 und Rechte Dritter werden durch eine nach Vertragsschluss erfolgende Änderung der Bestimmung des anzuwendenden Rechts nicht berührt.

(3) Sind alle anderen Elemente des Sachverhalts zum Zeitpunkt der Rechtswahl in einem anderen als demjenigen Staat belegen, dessen Recht gewählt wurde, so berührt die Rechtswahl der Parteien nicht die Anwendung derjenigen Bestimmungen des Rechts dieses anderen Staates, von denen nicht durch Vereinbarung abgewichen werden kann.

(4) Sind alle anderen Elemente des Sachverhalts zum Zeitpunkt der Rechtswahl in einem oder mehreren Mitgliedstaaten belegen, so berührt die Wahl des Rechts eines Drittstaats durch die Parteien nicht die Anwendung der Bestimmungen des Gemeinschaftsrechts – gegebenenfalls in der von dem Mitgliedstaat des angerufenen Gerichts umgesetzten Form –, von denen nicht durch Vereinbarung abgewichen werden kann.

(5) Auf das Zustandekommen und die Wirksamkeit der Einigung der Parteien über das anzuwendende Recht finden die Artikel 10, 11 und 13 Anwendung.

Schrifttum: allgemeines Schrifttum zum IVR → Vor Art. 1; *Basedow,* Theorie der Rechtswahl oder Parteiautonomie als Grundlage des internationalen Privatrechts, RabelsZ 75 (2011), 32; *Bauer,* Grenzen nachträglicher Rechtswahl durch Rechte Dritter im internationalen Privatrecht, 1992; *Böhle,* Die Abwahl zwingenden Rechts vor staatlichen Gerichten in Inlandsfällen, ZEuP 2019, 72; *Coester-Waltjen,* Einige Überlegungen zur konkludenten Rechtswahl im europäischen Vertragsrecht, FS Sonnenberger, 2004, 343; *Dickinson,* Territory in the Rome I and Rome II Regulations, Lloyd's M.C.L.Q. 2013, 86; *Dutta,* Kollidierende Rechtswahlklauseln in allgemeinen Geschäftsbedingungen, ZVglRWiss 104 (2005), 461; *Diedrich,* Rechtswahlfreiheit und Vertragsstatut, RIW 2009, 378; *Gebauer,* Relativität und Drittwirkung von Verträgen im Europäischen Kollisionsrecht am Beispiel der Vertragskette, FS Martiny, 2014, 325; *v. Hein,* Grenzen der Rechtswahl bei derivativen Geschäften zwischen inländischen Vertragsparteien (Art. 3 Abs. 3 Rom I-VO), FS Hopt 2020, 1405; *Heiss/Downes,* Non-optional Elements in an Optional European Contract Law, Eur. Rev. Priv. L. 13 (2005), 693; *Jayme,* Betrachtungen zur „dépeçage" im Internationalen Privatrecht, FS Kegel, 1987, 253; *Jayme,* Inhaltskontrolle von Rechtswahlklauseln in Allgemeinen Geschäftsbedingungen, FS W. Lorenz, 1991, 435; *Joubert,* Le choix tacite dans les jurisprudences nationales: vers une interprétation uniforme du Règlement Rome I?, in Corneloup/Joubert, Le règlement communautaire „Rome I" et le choix de loi dans les contrats internationaux, Paris 2011, 229; *Junker,* Die freie Rechtswahl und ihre Grenzen, IPRax 1993, 1; *Kadner Graziano,* Solving the Riddle of Conflicting Choice of Law Clauses in Battle of Forms Situations: The Hague Solution, YbPIL 14 (2012), 71; *Kindt,* Transnationale Verträge im nationalen Recht, 2023; *Kroll-Ludwigs,* Die Rolle der Parteiautonomie im europäischen Kollisionsrecht, 2013; *Leible,* Außenhandel und Rechtssicherheit, ZVglRWiss 97 (1998), 286; *Leible,* Parteiautonomie im IPR – Allgemeines Anknüpfungsprinzip oder Verlegenheitslösung?, FS Jayme, Bd. I, 2004, 485; *E. Lorenz,* Die Rechtswahlfreiheit im internationalen Schuldvertragsrecht, RIW 1987, 569; *E. Lorenz,* Die Auslegung schlüssiger und ausdrücklicher Rechtswahlerklärungen im internationalen Schuldvertragsrecht, RIW 1992, 697; *Lüderitz,* Wechsel der Anknüpfung in bestehendem Schuldvertrag, FS Keller, Zürich 1989, 459; *Mankowski,* Besondere Arten der Rechtswahl in Verträgen, FS Martiny, 2014, 449; *Mankowski,* Rechtswahlklauseln in Luftbeförderungs-AGB auf dem Prüfstand, RRa 2014, 118; *Mankowski,* Rechtswahlklauseln in Verbraucherverträgen – keine einfache Sache, FS W.H. Roth, 2015, 361; *Mansel,* Parteiautonomie, Rechtsgeschäftslehre der Rechtswahl und Allgemeinen Teil des europäischen Kollisionsrechts, in Leible/Unberath, Brauchen wir eine Rom 0-Verordnung?, 2013, 241; *Mansel,* Kollisions- und zuständigkeitsrechtlicher Gleichlauf der vertraglichen und deliktischen Haftung, ZVglRWiss 86 (1987), 1; *Mäsch,* Rechtswahlfreiheit und Verbraucherschutz, 1993; *Merkt,* Investitionsschutz durch Stabilisierungsklauseln, 1990; *Meyer-Sparenberg,* Rechtswahlvereinbarungen in Allgemeinen Geschäftsbedingungen, RIW 1989, 347; *Möll,* Kollidierende Rechtswahlklauseln in Allgemeinen Geschäftsbedingungen im internationalen Vertragsrecht, 2012; *Möllenhoff,* Nachträgliche Rechtswahl und Rechte Dritter, 1993; *Nourissat,* Le dépeçage, in Corneloup/Joubert, Le règlement communautaire „Rome I" et le choix de loi dans les contrats internationaux, Paris 2011, 205; *Nygh,* Autonomy in International Contracts, Oxford 1999; *Picht/Kopp,* Aktuelle Praxisfragen der Rechtswahl nach den Rom I-/Rom II-Verordnungen, IPRax 2024, 16; *Rieländer,* Die Inhalts- und Transparenzkontrolle von Rechtswahlklauseln im EU-Kollisionsrecht, RIW 2017, 28; *Rieländer,* Rechtswahl, in Leuschner, AGB-Recht im unternehmerischen Rechtsverkehr, 2021, 1123; *Rösler,* Mehr Freiheit wagen im Kollisionsrecht, in Dutta/Heinze (Hrsg.), Mehr Freiheit wagen, 2018, 277; *W.-H. Roth,* Rechtswahlklauseln in Verbraucherverträgen – eine schwierige Sache?, IPRax 2013, 515; *Rühl,* Rechtswahlfreiheit im europäischen Kollisionsrecht, FS Kropholler, 2008, 187; *Rühl,* Der Schutz des „Schwächeren" im europäischen Kollisionsrecht, FS v. Hoffmann, 2011, 364; *Sandrock,* „Versteinerungsklauseln" in Rechtswahlvereinbarungen für internationale Handelsverträge, FS Riesenfeld, 1983, 211 = *Sandrock,* Internationales Wirtschaftsrecht in Theorie und Praxis, 1995, 29; *Schack,* Rechtswahl im Prozeß?, NJW 1984, 2736; *C. A. Schneider,* Die Kollision Allgemeiner Geschäftsbedingungen im internationalen geschäftsmännischen Verkehr, 2012; *C. Schulze,* Die Kodifikation des Vertragsstatuts im internationalen Privatrecht, Basel 1980; *Schurig,* Zwingendes Recht, „Eingriffsnormen" und neues IPR, RabelsZ 54 (1990), 217; *Siehr,* Die Parteiautonomie im Internationalen Privatrecht, FS Keller, Zürich 1989,

485; *Spickhoff,* Die Rechtswahl und ihre Grenzen unter der Rom I-VO, in Kieninger/Remien, Europäische Kollisionsrechtsvereinheitlichung, 2012, 117; *Stankewitsch,* Entscheidungsnormen im IPR als Wirksamkeitsvoraussetzungen der Rechtswahl, 2003; *Steinle,* Konkludente Rechtswahl und objektive Anknüpfung nach altem und neuem deutschen Internationalen Vertragsrecht, ZVglRWiss 93 (1994), 300; *Stoll,* Das Statut der Rechtswahlvereinbarung – eine irreführende Konstruktion, FS Heini, Zürich 1995, 429; *Veltins,* Umfang und Grenzen von Rechtswahlklauseln, JbPraxSch 3 (1989), 126; *S. Wandt,* Rechtswahlregelungen im Europäischen Kollisionsrecht, 2014; *Windmöller,* Die Vertragsspaltung im Internationalen Privatrecht des EGBGB und des EGVVG, 2000.

Schrifttum zu Grünbuch und Verordnungsentwurf: s. 7. Aufl. 2018.

Übersicht

I. Normzweck

1 Vorläufer des Art. 3 war Art. 3 EVÜ, der seinerseits als Art. 27 EGBGB inkorporiert worden war. Art. 3 enthält den **Grundsatz der Parteiautonomie** (→ Einl. IPR Rn. 35 ff.). Die Vorschrift gestattet in erster Linie die freie Rechtswahl. Sie folgt damit nicht nur dem früheren deutschen

Kollisionsrecht, sondern setzt eine Entwicklung fort, die sich auch in anderen Rechtsordnungen beobachten lässt[1] und die in anderen europäischen Verordnungen (→ insbesondere Art. 14 Rom II-VO) sowie in zahlreichen internationalen Konventionen Ausdruck gefunden hat.[2] Art. 3 regelt ferner das Zustandekommen und die Gültigkeit der Rechtswahlvereinbarung, setzt ihr bei bloßem Inlands- und Binnenmarktbezug aber auch Grenzen.

Abs. 1[3] erlaubt die **freie Rechtswahl** durch die Parteien. Ihnen bleibt es überlassen, welchem Recht Verträge, die zu mehreren Rechtsordnungen Verbindungen aufweisen, unterstellt werden sollen. Erfolgt die Vereinbarung nicht ausdrücklich, so muss sie sich mit hinreichender Sicherheit aus dem Vertrag oder aus anderen Umständen ergeben. Kommt der Parteiwille nicht deutlich genug zum Ausdruck, so erfolgt eine objektive Anknüpfung nach den Kriterien des Art. 4. **2**

Abs. 2, der Art. 3 Abs. 2 EVÜ entspricht,[4] verankert den Grundsatz der freien Rechtswahl auch in **zeitlicher Hinsicht.** Die Parteien sind nicht gezwungen, sogleich das anwendbare Recht zu vereinbaren. Sie dürfen es zunächst bei einer objektiven Anknüpfung belassen. Haben sie eine Rechtswahl getroffen, so dürfen sie sie später ändern. Schranken hiergegen werden nicht errichtet; lediglich die Formgültigkeit des Vertrages und die Rechte Dritter werden durch die spätere Rechtswahl nicht berührt. **3**

Zweck des Abs. 3 ist es, die Parteien in Fällen, in denen der Sachverhalt keine ausreichende Auslandsbeziehung aufweist, an den **zwingenden Bestimmungen des Inlandes** festzuhalten (näher → Rn. 85 ff.). Eine künstliche „Internationalisierung" des Vertrages scheitert.[5] Geschützt wird also ein vereinbarungsfester Normenbestand des kraft Gesetzes maßgeblichen Staates. Im Übrigen bleibt die Freiheit der Rechtswahl unangetastet. Eine Parallelvorschrift findet sich in Art. 14 Abs. 2 Rom II-VO. Abs. 3 stellt einen Kompromiss dar zwischen der strengeren Auffassung, die in solchen Fällen eine Rechtswahl verbieten, und der liberaleren, die unbegrenzte Rechtswahlfreiheit gewähren will.[6] Der Stellenwert der Regelung ist schwer zu bestimmen, da der Art. 1 Abs. 1 ohnehin verlangt, dass (irgend-)eine Verbindung zum Ausland besteht. Die Vorschrift beruht wohl auf der schon in Art. 13 Abs. 2 Benelux-IPR zum Ausdruck gekommenen Vorstellung, ein eindeutig lokalisierter Vertrag dürfe nicht den für ihn geltenden zwingenden Normen entzogen werden.[7] Zwingende transportrechtliche Regeln, Verbraucher-, Versicherungs- und Arbeitnehmerschutznormen können aber ebenso wie inländische Eingriffsnormen schon über Art. 5–8 Rom I-VO und Art. 46b EGBGB durchgesetzt werden. Auch der ordre public (Art. 21) kann bei starkem Inlandsbezug schützen. Somit bleibt im Wesentlichen nur die Befürchtung, ein reiner Inlandssachverhalt könnte dem inländischen Recht entzogen werden. Daher dürfen die durch diese Bestimmung aufgerichteten Schranken nicht zu eng gezogen werden.[8] Abs. 4 sichert mit einer eigenen Bestimmung bei reinen Binnenmarktsachverhalten die Einhaltung unionsrechtlicher Standards gegen die Vereinbarung drittstaatlichen Rechts ab (näher → Rn. 96 ff.).[9] Eine Parallelvorschrift findet sich in Art. 14 Abs. 3 Rom II-VO. **4**

Abs. 5 unterstellt die **Wirksamkeit und das Zustandekommen der Rechtswahl** dem gleichen Recht, das für den Hauptvertrag gilt.[10] Dies ist die Konsequenz der Anerkennung der Parteiau- **5**

---

1 Früher auch § 12 RAnwG DDR. – Zu Art. 116 IPRG Schweiz s. *Schwander* FS Keller, 1989, 473 ff.; wN bei *Steinschulte* in Sandrock IntVertragsgestaltung-HdB Bd. I, 1980, Rn. A 263 ff.; *C. Schulze,* Die Kodifikation des Vertragsstatuts im IPR, 1980, 121 ff.; *Vischer/Huber/Oser* IVR Rn. 17 ff. Rechtsvergleichend auch *Basedow* RabelsZ 75 (2011), 32 (33 ff.); *Basedow* Rec. des Cours 360 (2013), 9 (165 ff.); *Sandrock* in Yelpaala/Rubino-Sammartano/Campbell, Drafting and Enforcing Contracts in Civil and Common Law Jurisdictions, 1986 ff.; *Symeonides* in Beaumont/Holliday, A guide to global private international law, 2022, 191 ff. Zu Beschränkungen Nachw. bei *Piltz* ZVertriebsR 2017, 138 (139).

2 Zum Schutz der Parteiautonomie durch das Unionsrecht *Lüttringhaus* IPRax 2014, 146 (149 f.) (zu Art. 16 GRCh); *Maultzsch* in v. Hein/Rühl, Kohärenz im Internationalen Privat- und Verfahrensrecht der Europäischen Union, 2016, 153 ff.; *Kroll-Ludwigs,* Die Rolle der Parteiautonomie im europäischen Kollisionsrecht, 2013, 241 ff., 263 ff.; Rauscher/*v. Hein* Rn. 2, 55 mwN.

3 Früher Art. 3 Abs. 1 EVÜ, der seinerseits auf Art. 2 Abs. 1 EVÜ-Entwurf 1972 zurückging; dazu *Lando* RabelsZ 38 (1974), 6 (11 f.); *v. Hoffmann* EurPILO S. 1 ff.

4 Zu Art. 3 EVÜ-Entwurf 1972 näher *Lando* RabelsZ 38 (1974), 6 (25 f.); *v. Hoffmann* EurPILO S. 6.

5 *Morse* Yb. Eur. L. 2 (1982), 107 (124) – Zur Kritik *Böhle* ZEuP 2019, 72 (81 ff.): „anachronistisch".

6 Bericht *Giuliano/Lagarde,* BT-Drs. 10/503, 50.

7 Ausf. *Kleinschmidt,* Zur Anwendbarkeit zwingenden Rechts im internationalen Vertragsrecht unter besonderer Berücksichtigung von Absatzmittlungsverträgen, 1985, 210 ff. unter Auswertung der Materialien zum EVÜ. – Eine ähnliche Bestimmung enthielt Art. 7 Abs. 1 lit. g der 2. DirVersRichtlinie von 1988 (→ Art. 37 Rn. 163).

8 Krit. auch *E. Lorenz* RIW 1987, 569 (574 f.).

9 Kritik am anders gefassten Abs. 5 des Entwurfs bei *Junker* RIW 2006, 401 (404 f.); *Leible* in Ferrari/Leible, Ein neues Internationales Vertragsrecht für Europa, 2007, 41 (51 ff.).

10 Früher Art. 3 Abs. 4 EVÜ = Art. 27 Abs. 4 EGBGB, ursprünglich Art. 2 Abs. 2 EVÜ-Entwurf 1972 – Vgl. *Lando* RabelsZ 38 (1974), 6 (22 ff.).

tonomie und der engen Verbindung von Haupt- und Verweisungsvertrag. Die Rechtswahl erfolgt im Allgemeinen in einer Klausel des Hauptvertrages; es soll verhindert werden, dass beide nach unterschiedlichen Regeln beurteilt werden. Damit ist unmissverständlich klargestellt, dass die Rechtswahl ein selbständiger Vertrag ist[11] (näher → Rn. 101 ff.).

6 Die allgemeine Vorschrift des Art. 3 wird durch eine Reihe von Vorschriften ergänzt, die nur für einzelne Vertragstypen gelten. Die Regeln für diese Verträge (Art. 5: Beförderungsverträge, Art. 6 Rom I-VO, Art. 46b EGBGB: Verbraucherverträge; Art. 7 Rom I-VO: Versicherungsverträge, Art. 8: Arbeitsvertrag) haben bezüglich der Freiheit der Rechtswahl den Charakter von leges speciales; sie gehen den allgemeinen Regeln vor. Letztere gelten daher nur dann, wenn keine Sonderregelung vorhanden ist. Die Rechtswahl für gesetzliche Schuldverhältnisse regeln Art. 14 Rom II-VO und Art. 42 EGBGB. Die Verpflichtungen aus dem **Lieferkettensorgfaltspflichtengesetz** (→ Vor Art. 1 Rn. 12) können unterschiedliche Vertragstypen betreffen. Sie kommen grds. über das Vertragsstatut zur Anwendung (→ Art. 1 Rn. 7), bezüglich der Verpflichtung zur Beendigung der Geschäftsbeziehung über Art. 9 (→ Art. 9 Rn. 51).

7 Bei der **Reform** des EVÜ blieb der Grundsatz der Parteiautonomie als solcher unangefochten.[12] Im Rahmen der Reformdebatte stellte sich aber die Frage, ob den Parteien auch eine Vereinbarung von nichtstaatlichen Normen erlaubt werden sollte[13] (→ Rn. 29 ff.). Es bestand keine Einigkeit, ob die Rechtswahlmöglichkeit auf die Vereinbarung von Vertragsrechtsprinzipien erstreckt werden sollte (→ Rn. 33 ff.).[14] Bezüglich der „hinreichenden Sicherheit", mit der eine stillschweigende Rechtswahl getroffen werden muss (→ Rn. 47), hatten sich Divergenzen in der nationalen Anwendungspraxis ergeben.[15] Daher war eine Präzisierung der Voraussetzungen notwendig.[16] Notwendig war auch, die Beschränkung der Rechtswahl in Art. 3 Abs. 3 neu zu fassen.[17] Der Vorschlag, den Binnenbezug auf die ganze Union zu erstrecken, hat sich durchgesetzt (→ Rn. 97).[18]

II. Prinzip der Parteiautonomie (Abs. 1)

8 **1. Rechtswahlfreiheit. a) Grundsatz.** Schuldrechtliche Verträge unterliegen in erster Linie dem von den Parteien ausdrücklich oder stillschweigend gewählten Recht.[19] Entsprechend der Vertragsfreiheit (Privatautonomie) im internen Schuldrecht steht es den Parteien grundsätzlich frei zu vereinbaren, welcher Rechtsordnung sie ihre vertraglichen Beziehungen unterstellen wollen **(Grundsatz der Parteiautonomie)** (→ Einl. IPR Rn. 35).[20] Grundlage dieses Prinzips ist eine Kollisionsnorm der lex fori, die eine Rechtswahl bei Abschluss des Vertrages oder später erlaubt.[21] Ein „primäres" Schuldvertragsstatut, das ein „an sich" geltendes Recht bestimmen würde, gibt es nicht.[22] Auch die Kollisionsnormen der gewählten Rechtsordnung sind nicht zu befragen.[23] Der Parteiwille ist nicht nur deshalb der kollisionsrechtlich in erster Linie maßgebliche Bezugspunkt, weil der Vertrag nach dem Willen der Parteien besteht, sondern auch aus praktischen Erwägungen

[11] PWW/*Brödermann/Wegen* Rn. 28; krit. zum EVÜ *Stoll* FS Heini, 1995, 429 ff.

[12] Zur Entstehungsgeschichte des Art. 3 s. BeckOGK/*Wendland,* 1.9.2022, Rn. 10 ff.

[13] Dazu Grünbuch Nr. 3.2.3. in Leible, Grünbuch, 2004, 281 ff.; BeckOGK/*Wendland,* 1.9.2022, Rn. 15 ff. – Dafür *Roth* FS Jayme, Bd. I, 2004, 757 ff.; Max-Planck-Institut RabelsZ 71 (2007), 230 f. (244 f.); *Lando/Nielsen* CML Rev. 45 (2008), 1687 (1694 ff.); dagegen etwa *Magnus/Mankowski* ZVglRWiss 103 (2004), 131 (149 ff.); *Mankowski* in Leible, 2004, 63 (86 ff.); Deutscher Rat für IPR, Beschluss vom 9./10.9.2003; vgl. auch Max-Planck-Institut RabelsZ 68 (2004), 30 ff.

[14] S. Grünbuch Nr. 3.2.3; dafür *Leible* FS Jayme, Bd. I, 2004, 485 (491 f.); abl. *Mankowski* in Leible, 2004, 63 (86 ff.).

[15] Dazu *Wilderspin* in Lando/Magnus/Nowak-Stief, Angleichung des materiellen und des internationalen Privatrechts in der EU, 2003, 112 f.

[16] Grünbuch Nr. 3.2.4 in *Leible,* Grünbuch, 2004, 282 ff. – S. *Magnus/Mankowski* ZVglRWiss 103 (2004), 131 (155 ff.); *Mankowski* in Leible, 2004, 63 ff.; *Coester-Waltjen* FS Sonnenberger, 2004, 343 (345 ff.); Max-Planck-Institut RabelsZ 68 (2004), 34 ff.

[17] Dazu Grünbuch Nr. 3.1.2 in Leible, Grünbuch, 2004, 276 ff. – S. *Pfeiffer* in Leible, Grünbuch, 2004, 25 ff.; Max-Planck-Institut RabelsZ 68 (2004), 16 ff.

[18] S. Grünbuch Nr. 3.1.2; dazu *Pfeiffer* in Leible, Grünbuch, 2004, 25 f.; *Stoll* FS Jayme, Bd. I, 2004, 910; BeckOGK/*Wendland,* 1.9.2022, Rn. 14.

[19] AllgM; BGHZ 52, 239 (241) = NJW 1969, 1760; BGHZ 53, 189 (191) = NJW 1970, 999; NJW 1971, 320; 1976, 1581; BGHZ 73, 391 (393) = NJW 1979, 1733; *Haudek,* Die Bedeutung des Parteiwillens im IPR, 1931, 12 ff.; *Gamillscheg* AcP 157 (1958/59), 303 ff.; *Simitis* JuS 1966, 209 f.; *Junker* IPRax 1993, 1 ff.

[20] *Mansel* in Leible/Unberath, Brauchen wir eine Rom 0-Verordnung?, 2013, 261 ff.; vgl. *Diedrich* RIW 2009, 378 (379 ff.); *Kenfack* Clunet 136 (2009), 16 ff.; *v. Bar/Mankowski* IPR II § 1 Rn. 60.

[21] Calliess/Renner/*Calliess* Rn. 7; vgl. *Stoll* FS Heini, 1995, 429 (437).

[22] *Jayme* FS W. Lorenz, 1991, 435 (438 f.); vgl. aber *Stoll* FS Heini, 1995, 429 (434 f.).

[23] Anders (obiter) KG MDR 1998, 760 = VuR 1999, 138 mAnm *Mankowski.*

und wegen der Bedürfnisse von internationalem Handel und Verkehr.[24] Daher betont Erwägungsgrund 11, dass die freie Rechtswahl der Parteien einer der Ecksteine des Systems der Kollisionsnormen im Bereich der vertraglichen Schuldverhältnisse sein sollte.[25] Anknüpfungsregeln sollen einerseits den Eigenheiten des Einzelfalles Rechnung tragen, andererseits aber eine voraussehbare Antwort auf die Frage der Rechtsanwendung geben, dh Rechtssicherheit gewährleisten.[26] Die subjektive Rechtswahl der Parteien entspricht beiden Zielen. So sind differenzierte Lösungen etwa für Vertragsinhalt, Leistungsstörungen, Gewährleistung und Haftung möglich; starre Regeln allein könnten hingegen die wechselnde Gestalt der vertraglichen Beziehungen nicht oder nur unvollkommen widerspiegeln.[27] Schließlich ist es angesichts der prinzipiellen Gleichwertigkeit des Schuldrechts der meisten Länder und der Tatsache, dass der größte Teil des Schuldrechts nach wie vor dispositiver Natur ist, in der Regel unbedenklich, dass ein anderes Recht an die Stelle des objektiv anwendbaren tritt. Wegen ihrer zentralen Bedeutung ist es für die Rechtswahl von größter Bedeutung, dass diese dem Vertragsgegenstand und -zweck entspricht und in der richtigen Formulierung und Form erfolgt[28] (→ Vor Art. 1 Rn. 13).

b) Grenzen. Die Parteiautonomie erlaubt den Parteien zwar grundsätzlich, sich über eine gesamte Rechtsordnung – einschließlich ihrer zwingenden Vorschriften – hinwegzusetzen, besteht aber nicht schrankenlos. Sie findet ihre **von der lex fori gesetzten Grenzen** insbesondere dort, wo ihre Ausübung nur der wirtschaftlichen Übermacht einer Partei dienen oder gegen wichtige staatliche Belange verstoßen würde.[29] Schranken setzt der Parteiautonomie vor allem die Sonderanknüpfung von Eingriffsnormen, welche den Sachverhalt ohne Rücksicht auf das Vertragsstatut regeln (Art. 9).[30] Mit inländischen Rechtsvorstellungen völlig unvereinbares ausländisches Recht scheitert am ordre public (→ Rn. 112). 9

Ein absolutes **Rechtswahlverbot zum Schutz des Schwächeren** enthalten die Art. 3 ff. nicht. Doch sind die Rechtswahlmöglichkeiten für Personenbeförderungs- und für Versicherungsverträge eingeschränkt (Art. 5 Abs. 2, Art. 7 Abs. 3).[31] Auch die Beschränkungen zu Gunsten des Arbeitnehmers und des Verbrauchers (Art. 6 Abs. 2, Art. 8 Abs. 1) gelten nicht unbedingt. Sie entsprechen zwar der Tendenz zur Materialisierung des IPR.[32] Sie dienen aber lediglich dazu, bestimmte inhaltliche Mindesterfordernisse durchzusetzen[33] und überlagern die Rechtswahl nur.[34] Man spricht daher insoweit von einer „Inhaltskontrolle" im Gegensatz zu einer – nicht vorgesehenen – „Abschlusskontrolle".[35] Art. 46b EGBGB enthält im Anschluss an die Umsetzung bestimmter Richtlinien eine Rechtswahlbeschränkung bei der Wahl des Rechts von Nicht-EU-Staaten. 10

Die Art. 3 ff. erwähnen keine Einschränkung der Rechtswahl wegen **Gesetzesumgehung bzw. Rechtsmissbrauch** (fraus legis).[36] Die Gesetzesumgehung ist gleichwohl eine ungeschriebene 11

---

[24] *Kroll-Ludwigs,* Die Rolle der Parteiautonomie im europäischen Kollisionsrecht, 2013, 48 ff.; näher *Schmeding* RabelsZ 41 (1977), 299 (304 ff.); *Lüderitz* in Lüderitz/Schröder, Internationales Privatrecht und Rechtsvergleichung im Ausgang des 20. Jahrhunderts, 1977, 31 (48 ff.); *Leible* FS Jayme, Bd. I, 2004, 485 (489 ff.).

[25] S. auch EuGH ECLI:EU:C:2016:774 = NZA 2016, 1389 = EuZW 2016, 940 mAnm *Duden* = RIW 2016, 811 mAnm *Mankowski* = IPRax 2018, 207 m. Aufsatz *W.H. Roth* IPRax 2018, 177 – Nikiforidis.

[26] Näher *Vischer* Rec. des Cours 142 (1974-II), 1 (9 ff., 37 ff.); *Kropholler* RabelsZ 42 (1978), 634 (644 f.).

[27] *v. Hoffmann* RabelsZ 38 (1974), 396 (397); *C. Schulze,* Die Kodifikation des Vertragsstatuts im IPR, 1980, 22 ff. – Zu den Gründen der Parteien für ihre Rechtswahl *Vogenauer* Eur. Rev. Priv. L. 21 (2013), 13 ff.

[28] Näher *Mankowski* RIW 2003, 2 ff.; *Vidmar* ZfRV 2015, 219 ff.; *Herlitz,* Kriterien für die Rechtswahl in internationalen Wirtschaftsverträgen, 2022, 21 ff. – Zu Rechtswahlklauseln näher *Vorpeil* IWB 2020, 438; *Kindler* in Czernich/Geimer, Handbuch der Streitbeilegungsklauseln im Internationalen Vertragsrecht, 2017, 3; *Walter* in Ostendorf/Kluth Int. Wirtschaftsverträge § 13.

[29] BeckOGK/*Wendland,* 1.9.2022, Rn. 27 ff. Gegen ein fakultatives Kollisionsrecht *Mansel* in Leible/Unberath, Brauchen wir eine Rom 0-Verordnung?, 2013, 248 f. mwN. – Zur Problematik von Rechtswahlklauseln mit Entwicklungsländern *Vickers* Ga. J. Int. & Comp. L. 11 (1982), 617 ff.

[30] Dazu EuGH ECLI:EU:C:2016:774 = NZA 2016, 1389 = EuZW 2016, 940 mAnm *Duden* = RIW 2016, 811 mAnm *Mankowski* = IPRax 2018, 207 m. Aufsatz *W.H. Roth* IPRax 2018, 177 – Nikiforidis.

[31] Zur beschränkten Rechtswahl *Rühl* FS v. Hoffmann, 2011, 364 (369 f.); *Kroll-Ludwigs,* Die Rolle der Parteiautonomie im europäischen Kollisionsrecht, 2013, 83 ff.

[32] Näher *Schwemmer,* Anknüpfungsprinzipien im europäischen Kollisionsrecht, 2018, 206 ff.

[33] *Kroll-Ludwigs,* Die Rolle der Parteiautonomie im europäischen Kollisionsrecht, 2013, 78 ff.; vgl. *Junker* IPRax 1993, 1 (3 ff.); *Kren* ZVglRWiss 88 (1989), 48 (54 ff.); *Nygh,* Autonomy in International Contracts, 1999, 139 ff. mwN.

[34] *Rühl* FS v. Hoffmann, 2011, 364 (369 ff.).

[35] *E. Lorenz* FS Kegel, 1987, 303 (316, 322) – Eine zusätzliche Inhaltskontrolle verlangt *Pfütze* ZEuS 2011, 35 ff. Für eine autonome Inhaltskontrolle plädiert *Schmitz,* Die Wirksamkeit von Rechtswahl und Gerichtsstandsvereinbarung, 2023, 94 ff.

[36] Dazu *Kroll-Ludwigs,* Die Rolle der Parteiautonomie im europäischen Kollisionsrecht, 2013, 522.

Schranke der Rechtswahl.[37] Trotz der Nichterwähnung ist davon auszugehen, dass dieser Gesichtspunkt nicht völlig ausgeschlossen ist. Doch kann wegen der Gestattung der freien Rechtswahl und der vorhandenen Mittel, ihr auf andere Weise Grenzen zu setzen (besondere Rechtswahlbeschränkungen, besondere Anknüpfung bei Schutzbedürfnis, ordre public, Sonderanknüpfung), eine Gesetzesumgehung nur in extremen Fällen angenommen werden[38] (→ Einl. IPR Rn. 303 ff.). Die bloße Absicht der Parteien, zwingende Vorschriften auszuschalten, genügt keinesfalls.[39] Dort wo der Sachverhalt eindeutig lokalisiert ist, schieben bereits Abs. 3 und 4 der kollisionsrechtlichen Verweisung einen Riegel vor.[40]

12 Es geht daher nicht an, bereits die Vereinbarung eines Rechts, das hinter dem gemeinsamen Minimalstandard der Rechtsordnungen am jeweiligen Aufenthalts- bzw. Niederlassungsort der Parteien zurückbleibt, als Umgehung einzustufen.[41] Dies würde zum einen die Vereinbarung eines neutralen Rechts (→ Rn. 23) empfindlich einschränken, zum anderen der Systematik der VO widersprechen, die den Parteien grundsätzlich gerade nicht die Wahl bestimmter „sachlich gebotener" Rechtsordnungen vorschreibt. Bei einer beabsichtigten Umgehung zwingenden Rechts durch Teilrechtswahl sollte kein strengerer Maßstab angelegt werden.[42]

13 Die **Rechtswahl kann auch in AGB erfolgen** (→ Rn. 43).[43] Die Rom I-VO sichert, dass ein Schutz vor AGB durch das vereinbarte Sachrecht gewährleistet ist. Ferner besteht bei der objektiven Anknüpfung nach Art. 5–8 ein kollisionsrechtlicher Schutz der schwächeren Partei. Eine Rechtswahl ist nur beschränkt möglich (Art. 5, 7) oder wird einer Günstigkeitskontrolle unterworfen (Art. 6, 8). Eine eigenständige Kontrolle der Rechtswahl selbst in Bezug auf ihre „derogierende" und „prorogierende" kollisionsrechtliche Wirkung ist jedoch nicht gesondert vorgesehen.[44] Eine eigene Kollisionsnorm für die **Transparenz von Rechtswahlklauseln** enthält die Rom I-VO nicht.[45] Hiergegen hat sich von jeher Widerstand geregt, der auf eine präventive Kontrolle der Rechtswahl selbst gerichtet ist. Man könnte versucht sein, die Vereinbarung ausländischen Rechts in AGB stets einer vorgeschalteten **Kontrolle nach den nationalen Vorschriften über AGB** zu unterwerfen (zur entsprechenden Problematik bei Art. 25 Brüssel Ia-VO → Vor Art. 1 Rn. 62). Die Rspr. hat die Vereinbarung ausländischen Rechts verschiedentlich an den Bestimmungen über AGB (dem früheren AGBG), also an Vorschriften der lex fori gemessen. Auf diese Weise sollten das Überraschungsverbot (§ 305c Abs. 1 BGB),[46] die Unklarheitenregel des § 305 Abs. 2 BGB[47] und die Inhaltskontrolle nach § 307 BGB[48] durchgesetzt werden. Ein solches „Draufsatteln" der Normen für AGB auf die Art. 3 ff. ist aber jedenfalls für die Inhaltskontrolle nicht zulässig.[49] Seit der Streichung des § 10 Nr. 8 AGBG und der Geltung der VO liefern allein die Art. 3 ff. den Maßstab für die Grenzen der Rechtswahl.[50] Sachnormen der lex fori

---

[37] *Sonnenberger* IPRax 2011, 330 f.; anders *Kysel* WM 2018, 2266 (2270).

[38] *Coester-Waltjen* FS W. Lorenz, 1991, 297 ff.; *Stoll* FS Heini, 1995, 429 (442 ff.); BeckOK BGB/*Spickhoff* Rn. 37; Staudinger/*Magnus*, 2021, Rn. 34.

[39] Vgl. *Lando* Rec. des Cours 189 (1984-VI), 225 (293); *Lando* CML Rev. 34 (1987), 159 (182 f.).

[40] BeckOGK/*Wendland*, 1.9.2022, Rn. 45; vgl. *v. Bar/Mankowski* IPR I § 7 Rn. 70.

[41] So aber zum EVÜ *Kindler*, Der Ausgleichsanspruch des Handelsvertreters im deutsch-italienischen Warenverkehr, 1987, 142 ff. für Handelsvertreter.

[42] Enger wohl Rauscher/*v. Hein* Rn. 79 ff.

[43] Eine andersartige Gerichtsstandsklausel kann eine explizite Rechtswahl nicht beseitigen; anders aber OLG Nürnberg VersR 2009, 1385.

[44] *Solomon* ZVglRWiss 115 (2016), 586 (591 ff.).

[45] Für die Einordnung als Formfrage AG Bremen RRa 2014, 95 = IPRspr. 2013 Nr. 67 betr. Luftbeförderung; *Kaufhold* EuZW 2016, 247 (250); näher zu Verbraucherverträgen *Mankowski* FS W.H. Roth, 2015, 361 (368 ff.); zu Versicherungsverträgen *Pfeiffer* FS E. Lorenz, 2014, 843 (855 ff.).

[46] So etwa OLG Düsseldorf NJW-RR 1994, 1132 = RIW 1994, 420 m. abl. Anm. *Mankowski* = WiB 1994, 650 mAnm *Lenz* mAnm *Steiner* EWiR 1994, 255 = WuB I G 5–4.94 mAnm *Rauscher* betr. Börsentermingeschäft; RIW 1996, 681 = IPRax 1997, 118 m. Aufsatz *Thorn* IPRax 1997, 98 mAnm *Mankowski* EWiR 1996, 577; LG Hamburg IPRax 2015, 348 m. Aufsatz *Pfeiffer* IPRax 2015, 320 = IPRspr. 2014 Nr. 50. Abl. dazu *Stoll* FS Heini, 1995, 429 (440 Fn. 34). Vgl. auch OLG Düsseldorf RIW 1995, 769 = IPRax 1997, 115 m. Aufsatz *Thorn* IPRax 1997, 98 mAnm *Geimer* EWiR 1996, 939; LG Bremen IPRspr. 2006 Nr. 17 = VuR 2007, 114 Ls. mAnm *Reim*. – Die Überraschung verneint BGH RIW 2005, 463 = WM 2005, 423.

[47] So wohl *Schütze* DZWiR 1992, 89 (92).

[48] OLG Frankfurt IPRspr. 1989 Nr. 41 = RIW 1989, 646 = IPRax 1990, 236 m. Aufsatz *Lüderitz* IPRax 1990, 216; ebenso für das Transparenzgebot des § 9 AGBG (jetzt § 307 BGB) LG Stuttgart IPRspr. 1990 Nr. 36 = NJW-RR 1990, 1394 betr. Kauf auf Freizeitveranstaltung auf Gran Canaria.

[49] *Grundmann* IPRax 1992, 1; *Mankowski* RIW 1994, 421 (422); *Mankowski* RIW 1996, 1001 (1002); *Mankowski* RabelsZ 63 (1999), 203 (210); *Mankowski* RRa 2014, 118 (121); *Stoll* FS Heini, 1995, 429 (439 f.); *Pfeiffer* NJW 1997, 1211; *Mäsch*, Rechtswahlfreiheit und Verbraucherschutz, 1993, 117 f.

[50] *W.-H. Roth* IPRax 2013, 515 (521); Rauscher/*v. Hein* Rn. 43. – So bereits zu Art. 27 ff. EGBGB *Jayme* FS W. Lorenz, 1991, 435 (438 f.); *Meyer-Sparenberg* RIW 1989, 347 ff.; *Grundmann* IPRax 1992, 1 f.; *Stoll* FS

haben darüber nicht zu befinden. Die §§ 305a ff. BGB greifen erst dann ein, wenn deutsches materielles Recht auf Grund subjektiver oder objektiver Anknüpfung nach den allgemeinen Regeln oder als Schutzbestimmung (Art. 3 Abs. 3, Art. 5–8) auf Verweisungs- und Hauptvertrag anwendbar ist[51] (→ Art. 10 Rn. 123 ff.). Bei Maßgeblichkeit ausländischen Rechts gelten dessen Regeln.[52] Auch insoweit wäre es bedenklich, mit Hilfe des materiellen Rechts, auf das man verwiesen wird, die Anknüpfung zu korrigieren.[53] Nicht die erst noch zu ermittelnde lex causae entscheidet über die Zulässigkeit der Rechtswahl, sondern das die Vereinbarung erlaubende Kollisionsrecht des Forums.[54] Dafür spricht auch, dass ja der Günstigkeitsvergleich in Art. 6 und Art. 8 eine wirksame Rechtswahl voraussetzt. Soweit man eine Rechtswahl an den **Transparenzanforderungen** für AGB (§ 305c Abs. 2 BGB) hat scheitern lassen,[55] ist die Zulässigkeit einer solchen Kontrolle bezweifelt worden und die Wahl einer Rechtsordnung als solche zudem nicht als intransparent angesehen worden.[56]

Der EuGH hat allerdings eine **Missbrauchskontrolle gegen die Rechtswahl in AGB** zugelassen und dabei einen unionsrechtlichen Maßstab, die Klausel-RL von 1993, herangezogen[57] (zur Missbrauchskontrolle von Rechtswahl-AGB im Rahmen der Verbraucherverbandsklage → Art. 6 Rn. 62). Es widerspricht dem Transparenzgebot des Art. 5 Klausel-RL, wenn nicht deutlich wird, dass durch die Wahl des ausländischen Rechts der Schutz durch die gesetzlich vorgegebenen Bestimmungen (insbesondere des Unionsrechts) verloren geht.[58] Der methodische Weg zu diesem Ergebnis ist allerdings nicht ganz einfach. Gibt man der Klausel-RL auch kollisionsrechtliche Bedeutung für die Rechtswahl, so kann dafür Art. 23 für das vorrangige Verhältnis zu anderem Unionsrecht fruchtbar gemacht werden.[59] Wird eine mitgliedstaatliche Rechtsordnung gewählt, so entscheidet nach einer anderen Begründung zwar dieses nationale Recht über die Vereinbarung. Doch kommt es dabei auf die richtlinienkonforme Umsetzung der Klausel-RL bzw. Auslegung des nationalen Rechts an.[60] Beschreitet man diesen Weg namentlich für bestimmte Verträge mit schwächeren Parteien weiter (Art. 5 [Personenbeförderungsverträge → Art. 5 Rn. 60], Art. 6 [Verbraucherverträge → Art. 6 Rn. 62], Art. 7 [Versicherungsverträge] und Art. 8 [Arbeitsverträge]), so könnte man eine unionsrechtliche, autonome Lösung, die nach einzelnen Fallgruppen differenziert, entwickeln. Dabei wird dann ein Abweichen von der ursprünglichen, restriktiveren Schutz-Konzeption der Rom I-VO (auch eine Entwertung des in einer Reihe von Fällen zulässigen [nachträglichen] Günstigkeitsvergleichs)[61] in Kauf genommen. Andere, früher vorgeschlagene Lösungswege setzen auf unterschiedlichen Ebenen an. Teilweise ist eine Überprüfung der Rechtswahlklausel nicht nach dem gewählten, sondern dem abgewählten Recht (insbesondere gemäß Art. 6 Abs. 2) favorisiert worden.[62] Andere stützen sich auf die Sonderanknüpfung nach Art. 10 Abs. 2.[63] Auf diesem Weg kann die fehlende 14

Heini, 1995, 429 (439 f.); *Mankowski* in Leible, Grünbuch, 2004, 63 (104); Wolf/Lindacher/Pfeiffer/*Hau* IntGV Rn. 22; *Bitterich,* Die Neuregelung des Internationalen Verbrauchervertragsrechts in Art. 29a EGBGB, 2003, 344 ff.

51 Vgl. *Wolf* ZHR 153 (1989), 300 (301 f.); *Meyer-Sparenberg* RIW 1989, 347; anders LG Stuttgart NJW-RR 1990, 1394 = IPRspr. 1990 Nr. 36; *Reich* ZHR 153 (1989), 571 (589 f.) – S. auch OLG Frankfurt RIW 1989, 646 = NJW-RR 1989, 1018 mAnm *Huff* EWiR 1989, 995; LG Rottweil IPRax 1989, 45 m. Aufsatz *Lüderitz* IPRax 1989, 25; OLG Düsseldorf RIW 1995, 769 = IPRax 1997, 115 m. Aufsatz *Thorn* IPRax 1997, 9 mAnm *Geimer* EWiR 1996, 939.

52 OLG Bremen WM 2021, 1940 = NZG 2021, 1366; LG Kleve RdTW 2015, 275.

53 So aber LG Limburg NJW-RR 1988, 119: nach span. Recht war Rechtswahl – angeblich – unbillig; KG VuR 1999, 138; dazu auch *Stoll* FS Heini, 1995, 429 (439 f.); *Mäsch,* Rechtswahlfreiheit und Verbraucherschutz, 1993, 115 ff.

54 *Mankowski* in Leible, Grünbuch, 2004, 63 (104 f.); dagegen für eine allgemeine Missbrauchskontrolle nach dem Maßstab der lex causae *Heiss* RabelsZ 65 (2001), 634 ff.

55 BGH RIW 2013, 309 = IPRax 2013, 557 m. Aufsatz *W.-H. Roth* IPRax 2013, 515 für Arzneimittelkaufvertrag: „alle Ansprüche" intransparent; AG Bremen RRa 2014, 95 = IPRspr. 2013 Nr. 67 für Luftbeförderung.

56 *Mankowski* RRa 2014, 118 (121 ff.); *Mankowski* FS W.H. Roth, 2015, 361 (368 ff.); vgl. auch *Solomon* ZVglRWiss 115 (2016), 586 (594 f.).

57 EuGH ECLI:EU:C:2016:612 = NJW 2016, 2727 = IPRax 2017, 483 m. Aufsatz *Roth* IPRax 2017, 449 = RIW 2016, 681 mAnm *Breckheimer* – Amazon, ohne Erwähnung von Art. 23; ECLI:EU:C:2023:672 Rn. 72 = NJW 2024, 569 mAnm *Rieländer* – Club La Costa.

58 S. EuGH ECLI:EU:C:2019:827 Rn. 58 = IPRax 2020, 246 m. Aufsatz *Rieländer* IPRax 2020, 224 = RIW 2019, 729 = WuB 2020, 107 mAnm *Reuter* und m. Aufsatz *Mock* ZEuP 2020, 672 – Verein für Konsumenteninformation.

59 *Rühl* C. M. L. Rev. 55 (2018) 201 (216 ff.).

60 So auch *Picht/Kopp* IPRax 2024, 16 (25 f.).

61 Dazu *Solomon* ZVglRWiss 115 (2016), 586 (594).

62 LG Hamburg IPRax 2015, 348 m. Aufsatz *Pfeiffer* IPRax 2015, 320 = IPRspr. 2014 Nr. 50.

63 So *W.-H. Roth* IPRax 2013, 515 (520 ff.); Staudinger/*Hausmann,* 2021, Art. 10 Rn. 30, 88 ff., 103: Anwendung auf Einbeziehungs-, nicht aber Inhaltskontrolle; vgl. dazu auch *Solomon* ZVglRWiss 115 (2016), 586 (591 ff.).

Zustimmung geltend gemacht werden. Die Rspr. hat oft auch das Sachrecht der lex fori herangezogen.[64]

15 **2. Verweisungsvertrag. a) Kollisionsrechtliche Verweisung.** Die Rechtswahl ist vertraglicher Natur.[65] Sie erfolgt durch einen ausdrücklichen oder stillschweigenden Verweisungsvertrag, der regelmäßig eine kollisionsrechtliche Verweisung enthält.[66] Sie bedeutet, dass die Parteien ein ausländisches Recht als Ganzes, dh unter Einschluss seiner zwingenden Normen vereinbaren. Dabei wird grundsätzlich in Kauf genommen, dass die dispositiven und zwingenden Normen des objektiv auf einen Sachverhalt anwendbaren Rechts durch diejenigen einer anderen Rechtsordnung ersetzt werden. Die Unterscheidung zwischen kollisionsrechtlicher und materiellrechtlicher Verweisung liegt auch den Art. 3 ff. zu Grunde.[67] Sie ergibt sich aus einem Umkehrschluss aus Art. 3 Abs. 3, Art. 6 Abs. 1 und Art. 8 Abs. 1, galt aber auch schon nach altem Recht.[68] Eine Rechtswahl kann auch dann wirksam sein, wenn sie zu einer Rechtsordnung führt, nach welcher der Hauptvertrag der Parteien nichtig ist (→ Rn. 106 ff.). Die Zulässigkeit der Rechtswahl wird bei Erkennbarkeit auch für einseitige Rechtsgeschäfte bejaht.[69]

16 Im Gegensatz zur kollisionsrechtlichen Verweisung bedeutet eine **materiellrechtliche Verweisung** lediglich, dass die Parteien im Rahmen der vom internen Recht eines Staates gewährten Vertragsfreiheit eine fremde Rechtsordnung für anwendbar erklären und sie damit zum Vertragsinhalt machen. Die Vertragsausgestaltung durch Bezugnahme auf eine andere Rechtsordnung bleibt aber innerhalb der Schranken der zwingenden Normen des objektiv anzuwendenden oder von den Parteien gewählten anwendbaren Rechts.[70] Die fremde Rechtsordnung ist daher nicht als ganze anwendbar. Solche Verweisungen auf ein bestimmtes materielles Recht – etwa als Teilverweisung im Rahmen einer kollisionsrechtlichen Verweisung[71] – sind selten.[72] – Zur Gesamtverweisung auch auf ausländisches Kollisionsrecht → Art. 20 Rn. 5 f.

17 Manchmal wird zur Abstützung der Folgen einer Rechtswahl vereinbart, dass auch gesetzliche Ansprüche der Parteien nur dann erhoben werden dürfen, wenn sie sich aus dem Vertrag selbst ergeben. Ob einer solchen Klausel, welche das **Gesetzesrecht der lex causae** ausschalten soll, überhaupt Wirkungen zukommen, entscheidet das gewählte Recht.[73] Der Effekt einer solchen Klausel ist folglich zweifelhaft.

18 Eine Rechtswahlklausel unterstellt das Vertragsverhältnis einer bestimmten Rechtsordnung. Bezüglich der Reichweite und der Art der Verweisung besteht freilich ein erheblicher Spielraum für die Parteien.[74] So kann die Rechtswahlklausel die Bestimmung des anwendbaren Rechts einer der Parteien überlassen **(optionale oder alternative Rechtswahl).**[75] Ein Verweisungsvertrag kann auch unter einer aufschiebenden oder auflösenden **Bedingung** geschlossen werden.[76] Das ergibt sich bereits aus der Zulässigkeit einer nachträglichen Rechtswahl.[77] Die Parteien brauchen das anwendbare Recht nicht notwendig selbst zu bestimmen; dies kann auch ein Dritter – sogar durch Los – tun.[78]

19 Ferner ist es möglich, die Festlegung des anzuwendenden Rechts einer der Vertragsparteien bis zum Entstehen eines Streits zu überlassen. Eine solche **„floating choice of law clause"** wird in der Regel mit einer Gerichtsstands- oder Schiedsvereinbarung verbunden.[79] Beispielsweise kann

---

64 S. BGH RIW 2013, 309 = IPRax 2013, 557 m. Aufsatz *W.-H. Roth* IPRax 2013, 515 für § 307 BGB.

65 *Basedow* RabelsZ 75 (2011), 32 (52 ff.); *Kroll-Ludwigs,* Die Rolle der Parteiautonomie im europäischen Kollisionsrecht, 2013, 148 ff.

66 BeckOGK/*Wendland,* 1.9.2022, Rn. 49 mwN.

67 *W.-H. Roth* IPRax 2013, 515 (518 ff.); BeckOGK/*Wendland,* 1.9.2022, Rn. 20.

68 Vgl. *Kropholler* RabelsZ 42 (1978), 634 (648); *Kegel/Schurig* IPR § 18 I 1c; vgl. auch *Wengler* § 19b.

69 *Hanner,* Internationales Kryptowerterecht, 2022, 130 f., 136 f. für Mining.

70 *Lando/Nielsen* CML Rev. 45 (2008), 1687 (1694 ff.) – Ebenso schon *Simitis* JuS 1966, 209 (210 f.); *Mankowski* RIW 2003, 2 (12); *Kegel/Schurig* IPR § 18 I 1c; *Kropholler* IPR § 40 I.

71 ZB RG JW 1936, 2058 mAnm *Mügel* = RabelsZ 10 (1936), 385 (Anleihe); LG Hamburg VersR 1969, 442 betr. Konnossement.

72 Nachweise bei *J. Hartmann,* Das Vertragsstatut in der deutschen Rechtsprechung seit 1945, 1972, 9, 28.

73 Zu solchen „handcuffs"-Klauseln *Sandrock* in Yelpaala/Rubino-Sammartano/Campbell, Drafting and Enforcing Contracts in Civil and Common Law Jurisdictions, Deventer 1986, 159 f.; *Sandrock* Int. Lawyer 31 (1997), 1105 ff.

74 Näher *Briggs* Lloyd's M. C. L. Q. 2003, 389 ff.; *Mankowski* FS Martiny, 2014, 449 (450 ff.).

75 Ferrari IntVertragsR/*Ferrari* Rn. 6; Staudinger/*Magnus,* 2021, Rn. 54.

76 *Meyer-Sparenberg* RIW 1989, 347 (349); *Siehr* FS Keller, 1989, 485 (500); *Kropholler* IPR § 52 II 3c; Ferrari IntVertragsR/*Ferrari* Rn. 6.

77 Soergel/*v. Hoffmann* EGBGB Art. 27 Rn. 21.

78 *Kegel/Schurig* IPR § 18 I 1c; Soergel/*v. Hoffmann* EGBGB Art. 27 Rn. 7; vgl. für ein Schiedsverfahren BGHZ 21, 365 (369) = NJW 1956, 1838.

79 S. *Rösler* in Dutta/Heinze, Mehr Freiheit wagen, 2018, 277 (281 f.).

vereinbart werden, es solle jeweils das materielle Recht des angerufenen Gerichts gelten[80] oder präziser, englisches Recht solle zur Anwendung kommen bei Anrufen des Schiedsgerichts durch den deutschen Käufer, hingegen deutsches Recht bei Verfahrenseinleitung durch den englischen Verkäufer.[81] Solche Klauseln sollen verhindern, dass eine Seite bevorzugt wird; sie sind wirksam und unbedenklich.[82] Die Frage des anwendbaren Rechts bleibt hier nicht offen,[83] die Wirkungen der Rechtswahl sind nur aufschiebend bedingt herausgeschoben.[84] Das Vertragsstatut ist bis zur Ausübung der Rechtswahl nach den Grundsätzen über die objektive Anknüpfung (Art. 4) zu bestimmen.[85] Für die Zeit danach gelten die Regeln für die nachträgliche Rechtswahl (→ Rn. 77 ff.), auch für den Schutz Dritter.[86] Die Lage ist nicht anders, als wenn zunächst keine und später nur eine nachträgliche Rechtswahl getroffen worden wäre.

Die Parteien können sich auch darauf beschränken, eine oder mehrere Rechtsordnungen auszuschließen. Auch eine solche **negative Rechtswahl** ist zulässig.[87] Es kommt dann zu einer objektiven Anknüpfung nach Art. 4, wobei der Ausschluss der jeweiligen Rechtsordnung oder Rechtsordnungen zu beachten ist.[88] Dann gilt das Recht der „zweit engsten" Verbindung.[89] 20

b) Auslandsberührung. Der deutsche Wortlaut des Art. 1, der eine „Verbindung" zum Recht verschiedener Staaten verlangt, ist zu weit geraten (→ Art. 1 Rn. 30). Als „Auslandsberührung" für die Art. 3 ff. reicht vielmehr im Allgemeinen die **Wahl eines ausländischen Rechts** aus.[90] Offenbar geht auch die VO davon aus. Ihr Art. 3 Abs. 3, der in solchen Fällen die zwingenden Normen der Rechtsordnung, zu der die einzige Beziehung besteht, durchsetzen will (→ Rn. 85 ff.), setzt nämlich eine gültige Rechtswahl voraus.[91] Ferner lässt sich dieser Vorschrift im Umkehrschluss eine großzügige Haltung gegenüber der Auslandsberührung entnehmen.[92] 21

Die Frage hat keine große praktische Bedeutung, denn bislang wurde zwar eine Auslandsberührung verlangt, aber kein strenger Maßstab angelegt. Die Auslandsberührung wird durch räumliche (gewöhnlicher Aufenthalt, Niederlassung der Parteien, Abschlussort) und persönliche Kriterien (Staatsangehörigkeit) vermittelt, die auch im Gegenstand des Geschäfts (grenzüberschreitende Leistungen, Belegenheit des Vermögens,[93] Anlehnung an einen anderen Vertrag) oder anderen Bezügen des internationalen Geschäftsverkehrs liegen können.[94] Teilweise wird jedoch restriktiver argumentiert. Die Staatsangehörigkeit soll als Auslandsberührung nur dann ausreichen, wenn sie auch der anderen Partei bekannt war und den Vertrag objektiv beeinflusst hat.[95] Verschiedentlich ist in den sog. Gran-Canaria-Fällen eine Auslandsberührung verneint worden, weil hier zwar der den Vertrag schließende deutsche Tourist auf Gran Canaria geworben wurde, die Leistung aber erst später im Inland zu erbringen war.[96] 22

---

80 *Kropholler* IPR § 52 II 3c; vgl. *Horn* JBl. 1987, 409 (411) (Konsortialkredit).

81 OLG München IPRspr. 1975 Nr. 26.

82 *Mankowski* in Leible, Grünbuch, 2004, 63 (105 f.); Rauscher/*v. Hein* Rn. 72; ebenso schon *Kötters,* Parteiautonomie und Anknüpfungsmaximen, 1989, 166 f.; *Rasmussen-Bonne,* Alternative Rechts- und Forumswahlklauseln, 1999, 121 ff.; *Bo Jaspers,* Nachträgliche Rechtswahl im internationalen Schuldvertragsrecht, 2002, 136 ff.; vgl. aber zur früheren abl. engl. Rspr. *Danilowicz* Int. Lawyer 20 (1986), 1005 ff.; *Beck* Lloyd's M. C. L. Q. 1987, 523 ff.; *Pierce* Mod. L. Rev. 50 (1987), 176 ff.; *Nygh,* Autonomy in International Contracts, 1999, 98 ff.

83 Anders *Wengler* ZfRV 23 (1982), 25.

84 *Mankowski* FS Martiny, 2014, 449 (452 ff.).

85 *Rösler* in Dutta/Heinze, Mehr Freiheit wagen, 2018, 277 (285); dagegen wollen die Wirksamkeit von vor der Rechtswahl erfolgten Rechtshandlungen nach einer der alternativ gewählten Rechtsordnungen genügen lassen *Vischer/Huber/Oser* IVR Rn. 145.

86 *Rösler* in Dutta/Heinze, Mehr Freiheit wagen, 2018, 277 (285).

87 Rauscher/*v. Hein* Rn. 71; ebenso *Vischer/Huber/Oser* IVR Rn. 147.

88 *Vischer/Huber/Oser* IVR Rn. 147.

89 BeckOK BGB/*Spickhoff* Rn. 17; BeckOGK/*Wendland,* 1.9.2022, Rn. 109.

90 BeckOGK/*Wendland,* 1.9.2022, Rn. 63; Grüneberg/*Thorn* Rn. 4. Vgl. Dt. EVÜ-Denkschrift, BT-Drs. 10/503, 22; *Morse* Yb. Eur. L. 2 (1982), 107 (111 f.); *Meyer-Sparenberg* RIW 1989, 347; anders *W. Lorenz* IPRax 1987, 269 (271); *Kindler* RIW 1987, 661.

91 Vgl. *Gaudemet-Tallon* Rev. trim. dr. europ. 17 (1981), 215 (232 ff.).

92 *Sandrock* RIW 1986, 841 (847); *Lando* CML Rev. 24 (1987), 159 (163 f.); vgl. auch *E. Lorenz* RIW 1987, 569 (570 ff.).

93 BGHZ 135, 124 (130) = NJW 1997, 1697 = IPRax 1998, 285 m. Aufsatz *Ebke* IPRax 1998, 263; LG Düsseldorf VuR 1994, 265 mAnm *Tonner* = RIW 1995, 415 m. Aufsatz *Mankowski* RIW 1995, 364 und *Beise* RIW 1995, 632 betr. Timesharing-Vertrag.

94 Dazu näher Urteils-Anm. *Trinkner* BB 1967, 1290 ff.; *de Nova* FS Ferid, 1978, 30 ff.; *Delaume* Int. Comp. L. Q. 28 (1979), 258 ff.; *Steinschulte* in Sandrock IntVertragsgestaltung-HdB Bd. I, 1980, Rn. A 113.

95 Gegen Ausreichen der Staatsangehörigkeit, *Hillig* in Messerschmidt/Voit, Privates Baurecht, 4. Aufl. 2022, Rn. P 16; ebenso Staudinger/*Magnus,* 2021, Rn. 140.

96 OLG Frankfurt IPRax 1990, 236 m. Aufsatz *Lüderitz* IPRax 1990, 216 = NJW-RR 1989, 1018 mAnm *Huff* EWiR 1989, 995.

Ist aber in einem solchen Fall eine Willenserklärung im Ausland abgegeben worden, so kann man nicht mehr von einem reinen Inlandssachverhalt iSd Abs. 3 sprechen (→ Art. 6 Rn. 54).

23 **c) Wahl „neutralen" Rechts.** Die Parteien können die ihnen am geeignetsten erscheinende Rechtsordnung wählen, die **grundsätzlich keine objektive Beziehung zum Vertragsverhältnis** aufzuweisen braucht.[97] Daher ist auch die Wahl eines neutralen Rechts möglich, zu dem zwar keine örtlichen oder persönlichen Bezüge bestehen, dessen Inhalt (weil es zB besonders entwickelt ist) den Parteien aber inhaltlich zusagt oder auf das sie aus anderen Gründen (zB Prestigewahrung) ausweichen.[98] So darf etwa ein deutsches mit einem türkischen Unternehmen schweizerisches Recht vereinbaren.[99] Abgesehen von den Einschränkungen des Art. 46b EGBGB kann etwa auch in einem Timesharing-Vertrag für ein in Spanien belegenes Objekt das Recht der Isle of Man vereinbart werden.[100] Für diese Auslegung sprechen einmal die Beschränkung der Rechtswahl auf internationale Sachverhalte (Art. 1 Abs. 1), zum anderen die Schranken des Art. 3 Abs. 3, 4, die ebenfalls Missbräuche verhindern wollen. Hinsichtlich der Beziehung des konkret gewählten Rechts zum Vertrag macht das Gesetz in Abs. 1 aber gerade keine Einschränkungen. Ein „anerkennenswertes Interesse" wenigstens einer der Parteien am gewählten Recht wird nicht verlangt.[101] Rechtswahlbeschränkungen bestehen allerdings für Beförderungsverträge (Art. 5) und Versicherungsverträge (Art. 7).

24 **d) Rechtsänderung nach Vertragsschluss. aa) Einschluss intertemporalen Rechts.** Vereinbart ist das gewählte Recht in seinem jeweiligen Bestand. Rechtsänderungen nach Vertragsschluss sind im Rahmen der intertemporalen Vorschriften des nach den Art. 3 ff. bestimmten Vertragsstatuts beachtlich.[102] Soweit es das Vertragsstatut gestattet, können die Parteien allerdings einen bestimmten früheren Rechtszustand festschreiben. Sie dürfen einzelne (in- oder ausländische) Rechtsnormen in den Vertrag „inkorporieren" oder „rezipieren".[103] Im Übrigen ist nur die Wahl einer lebenden Rechtsordnung, nicht eines toten (zB antiken) Rechts mit kollisionsrechtlicher Wirkung zulässig.[104]

25 Umgekehrt können Veränderungen eintreten, welche der ursprünglichen Vereinbarung einen gänzlich anderen Sinn geben. Dann ist eine Störung der Geschäftsgrundlage im Hinblick auf das gewählte Recht denkbar.[105] Sie kommt insbesondere dann in Betracht, wenn das gewählte Recht infolge eines revolutionären Umsturzes seinen Inhalt grundlegend ändert, so dass es nicht mehr gerechtfertigt erscheint, die Parteien daran festzuhalten.

26 **bb) Stabilisierungsklauseln.** Dem Schutz vor Rechtsänderungen dienen verschiedene **Arten von Klauseln,** wobei die Terminologie uneinheitlich ist.[106] Stabilisierungsklauseln finden sich in Verträgen mit staatlichen Partnern.[107] Danach dürfen vertraglich eingeräumte Rechtspositionen

---

97 *Garcimartín Alférez* ELF 2008 I-61 (I-66); *Kessedjian* in Basedow/Baum/Nishitani, Japanese and European Private International Law in Comparative Perspective, 2008, 105 (112 ff.); *Rühl* FS Kropholler, 2008, 187 (192 f.); ebenso *Sandrock* RIW 1994, 385; *Mankowski* in Leible, Grünbuch, 2004, 63 (86); *v. Bar/Mankowski* IPR I § 7 Rn. 79; Grüneberg/*Thorn* Rn. 4. – Zum Vergleich mit der restriktiven US-amerikanischen Haltung *Solomon* Tul. L. Rev. 82 (2008), 1709 (1723 ff.).

98 *Lagarde* Rev. crit. dr. int. pr. 80 (1991), 287 (301); *E. Lorenz* RIW 1987, 569 f.; *Mankowski* RIW 2003, 2 (4 f.); Ferrari IntVertragsR/*Ferrari* Rn. 14; Soergel/*v. Hoffmann* EGBGB Art. 27 Rn. 7; näher Reithmann/Martiny IntVertragsR/*Martiny* Rn. 2.35; anders für Handelsvertreterverträge offenbar *Kindler,* Der Ausgleichsanspruch des Handelsvertreters im deutsch-italienischen Warenverkehr, 1987, 142 ff.; *Kindler* RIW 1987, 661 f.

99 OLG München IPRax 1986, 178 Ls. mAnm *Jayme* = IPRspr. 1985 Nr. 35.

100 Reithmann/Martiny IntVertragsR/*Mankowski* Rn. 32.30 f.; vgl. dazu auch LG Düsseldorf RIW 1995, 415 = IPRspr. 1994 Nr. 33.

101 *Kropholler* IPR § 40 IV 3a; Soergel/*v. Hoffmann* EGBGB Art. 27 Rn. 8.

102 *Rühl* FS Kropholler, 2008, 187 (194); Grüneberg/*Thorn* Art. 12 Rn. 3; ebenso schon *Lagarde* Rev. crit. dr. int. pr. 80 (1991), 287 (300); s. auch RG JW 1928, 1447 = IPRspr. 1926–27 Nr. 42; JW 1936, 2058 = RabelsZ 10 (1936), 385 betr. Joint Resolution; *Lochner,* Darlehen und Anleihe im Internationalen Privatrecht, 1954, 93 ff.; *Böse,* Der Einfluß des zwingenden Rechts auf internationale Anleihen, 1963, 29 ff.

103 Vgl. *Böckstiegel* FS Beitzke, 1979, 443 (450 f.).

104 Soergel/*v. Hoffmann* EGBGB Art. 27 Rn. 18.

105 *Lüderitz* FS Keller, 1989, 459 (469 f.); *v. Bar/Mankowski* IPR II § 1 Rn. 203 betr. clausula rebus sic stantibus; Soergel/*v. Hoffmann* EGBGB Art. 27 Rn. 10. – Mit Treu und Glauben argumentiert *Kropholler* IPR § 52 II 3d.

106 S. umfassend *Merkt,* Investitionsschutz durch Stabilisierungsklauseln, 1990, 39 ff., der seinerseits Stabilisierungsklausel – ebenso wie *Fiedler,* Stabilisierungsklauseln und materielle Verweisung im Internationalen Vertragsrecht, 2001, 55 ff. – als Oberbegriff verwendet; Reithmann/Martiny IntVertragsR/*Martiny* Rn. 2.66 ff.; Soergel/*v. Hoffmann* EGBGB Art. 27 Rn. 23. Vgl. *Ali* Am. Rev. Int. Arb. 32 (2021) 119 (135 ff.); *Younesi* Rev. dr. aff. int. 2021, 659 (662 ff.).

107 Schrifttum: *N. David* Clunet 113 (1986), 79; *Fiedler,* Stabilisierungsklauseln und materielle Verweisung im Internationalen Vertragsrecht, 2001; *T. B. Hansen* Va. J. Int. L. 28 (1988), 1015; *Gehne/Brillo,* Stabilization

nicht einseitig verändert werden; spätere Rechtsänderungen berühren den Vertrag bzw. die Konzession nicht.[108] Bei Zuwiderhandeln entstehen Schadensersatzansprüche wegen Vertragsbruchs. Die Wirksamkeit solcher dem Investitionsschutz dienenden Klauseln unterliegt der lex causae.[109] Manche wollen ihnen kollisionsrechtliche Bedeutung zubilligen,[110] jedenfalls für Verträge von Privaten mit Staaten.[111] Soweit sie auf andere Rechtsquellen (zB Völkerrecht) verweisen, kommt es darauf an, wieweit eine solche Verweisung für zulässig gehalten wird (→ Rn. 29 ff.). Internationale Schiedsgerichte haben solche Klauseln in der Regel anerkannt.[112]

cc) Versteinerungsklauseln. Nach Versteinerungsklauseln soll das vereinbarte Recht mit demjenigen Inhalt gelten, welchen es zu einem bestimmten Zeitpunkt hat; spätere Änderungen werden ausgeschlossen.[113] Solche „zeitliche Arretierung" ist als **materiellrechtliche Verweisung** unbedenklich. Beispielsweise kann man einen Kaufvertrag dem nationalen Recht unterstellen, so wie es vor Inkrafttreten des Einheitskaufrechts galt. Voraussetzung ist allerdings, dass das Vertragsstatut eine solche Vereinbarung honoriert.[114] Nach einer Resolution des Institut de droit international soll bei einem Versteinerungswillen der Parteien das abgeänderte oder aufgehobene Recht grundsätzlich als Vertragsbestimmung weiter gelten, es sei denn, dass die Abänderung oder Aufhebung durch zwingende Normen erfolgt wäre.[115] Problematisch ist, ob die „Versteinerung" auch als **kollisionsrechtliche Verweisung** gestattet ist.[116] Das Kollisionsrecht würde dann aber eine Lösung ermöglichen, welche in keiner der berührten Rechtsordnungen so zulässig wäre. Eine kollisionsrechtliche Verweisung dürfte nicht möglich sein,[117] weil die Parteiautonomie nicht dazu berechtigt, Teile der gewählten Rechtsordnung auszuschalten. Dementsprechend wird eine Stabilisierungsklausel nicht als Rechtswahl iSd Art. 3 angesehen; das auf Grund objektiver Anknüpfung bestimmte Recht entscheidet über ihre Wirkung.[118] Von anderen wird die Stabilisierungsklausel dagegen als intertemporale Rechtswahl (sog. statische kollisionsrechtliche Verweisung) verstanden.[119] Das intertemporale, nicht das internationale Privatrecht der gewählten lex causae soll über die Zulässigkeit der Verweisung entscheiden. Teilweise wird einer Versteinerungsklausel jedenfalls in einem Vertrag einer Privatpartei mit einem Staat kollisionsrechtliche Bedeutung beigemessen.[120] 27

dd) Rechtsänderung durch Souveränitätswechsel. Bei Eintritt einer Rechtsänderung durch Souveränitätswechsel hat man früher das anwendbare Recht auf Grund des hypothetischen 28

Clauses in International Investment Law, 2017; *Mengel* RIW 1983, 739; *Merkt,* Investitionsschutz durch Stabilisierungsklauseln, 1990, passim; *W. Peter,* Arbitration and Renegotiation of International Investment Agreements, Dordrecht 1986; *Sandrock* FS Riesenfeld, 1983, 211; *Sandrock* Int. Lawyer 31 (1997), 1105; *Tafotie* Rev. dr. int. dr. comp. 91 (2014), 429; *Titi* Clunet 141 (2014), 541; *Weil* Mélanges Rousseau, 1974, 301; *Younesi* Rev. dr. aff. int. 2021, 659.

108 Dazu *Sandrock* FS Riesenfeld, 1983, 211 (217 f.); *Happ* SchiedsVZ 2008, 19 (20).

109 *Lagarde* Rev. crit. dr. int. pr. 80 (1991), 287 (303); *v. Bar/Mankowski* IPR II § 1 Rn. 202; Magnus/Mankowski/*Mankowski* Rn. 81 ff.; dagegen sieht in der Klausel eine Wahl des Völkerrechts *Velten,* Die Anwendung des Völkerrechts auf State Contracts in der internationalen Schiedsgerichtsbarkeit, 1987, 57 f.

110 So *Leible* ZVglRWiss 97 (1998), 286 (306); NK-BGB/*Leible* Rn. 28; dagegen Ferrari IntVertragsR/*Ferrari* Rn. 17.

111 BeckOGK/*Wendland,* 1.9.2022, Rn. 116; Rauscher/*v. Hein* Rn. 69.

112 Nachweise bei Reithmann/Martiny IntVertragsR/*Martiny* Rn. 2.64 f. sowie bei *Ali* Am. Rev. Int. Arb. 32 (2021) 119 (156 ff.).

113 Näher *Fiedler,* Stabilisierungsklauseln und materielle Verweisung im Internationalen Vertragsrecht, 2001, 59 ff. – Zur „freezing clause" auch *Ali* Am. Rev. Int. Arb. 32 (2021) 119 (135 f.).

114 *Lagarde* Rev. crit. dr. int. pr. 80 (1991), 287 (303); *v. Bar/Mankowski* IPR II § 1 Rn. 201; Erman/*Stürner* Rn. 10; BeckOK BGB/*Spickhoff* Rn. 10.

115 Art. 8 Baseler Resolution des Institut de Droit international von 1991, IPRax 1991, 429 m. Bericht *Jayme* = RabelsZ 56 (1992), 560 mit Bericht *Rigaux* 547 = Ann. Inst. Dr. int. 64 II (1992), 382; krit. Bericht *Schwind* ZfRV 33 (1992), 101 (106). – S. dazu auch *Fiedler,* Stabilisierungsklauseln und materielle Verweisung im Internationalen Vertragsrecht, 2001, 120 ff.

116 So *Sandrock* FS Riesenfeld, 1983, 211 (220 ff.); NK-BGB/*Leible* Rn. 26. Offenbar auch Grüneberg/*Thorn* Art. 12 Rn. 3; abl. *Mankowski* FS Martiny, 2014, 449 (462); *Fiedler,* Stabilisierungsklauseln und materielle Verweisung im Internationalen Vertragsrecht, 2001, 151, 221 f.; *v. Bar/Mankowski* IPR II § 1 Rn. 201; BeckOGK/*Wendland,* 1.9.2022, Rn. 114; Ferrari IntVertragsR/*Ferrari* Rn. 17.

117 BeckOGK/*Wendland,* 1.9.2022, Rn. 114. Vgl. *Rigaux* Cah. dr. europ. 24 (1988), 319 ff.; anders *Sandrock* FS Riesenfeld, 1983, 211 (220 ff.). Für Verträge des Handels- und Geschäftsverkehrs wird eine kollisionsrechtlich wirksame Vereinbarung angenommen, soweit keine zwingenden Normen entgegenstehen; so *Vischer* FS Keller, 1989, 550; *Vischer* BasJurM 1989, 200.

118 *Lagarde* Rev. crit. dr. int. pr. 80 (1991), 287 (303); *Dicey/Morris* II Rn. 32–082; Soergel/*v. Hoffmann* EGBGB Art. 27 Rn. 23.

119 *Merkt,* Investitionsschutz durch Stabilisierungsklauseln, 1990, 186 ff.

120 Rauscher/*v. Hein* Rn. 69.

Parteiwillens neu bestimmt.[121] Folgt man dieser Linie, so ist nach heutigem Recht die **engste Verbindung des Vertragsverhältnisses** zu bestimmen. Nach der vom RG anlässlich der Gebietsverluste nach dem ersten Weltkrieg entwickelten Auffassung soll das neue Recht nur bei einer entsprechenden Unterwerfungsvereinbarung oder einem Wohnsitz beider Vertragsparteien im Geltungsbereich der neu eingeführten Rechtsvorschriften gelten.[122] Gerät hingegen nur eine der Parteien, insbesondere der Gläubiger, infolge der Gebietsabspaltung unter die Herrschaft des fremden Rechts, so ändert sich das Vertragsstatut nicht.[123]

e) Wahl außerstaatlichen Rechts.

Schrifttum: *Bamodu,* The Rome I Regulation and the relevance of non-State law, in Stone/Farah, Research Handbook on EU private international law, Cheltenham 2015, 221; *Booysen,* Völkerrecht als Vertragsstatut internationaler privatrechtlicher Verträge, RabelsZ 59 (1995), 245; *Catranis,* Probleme der Nationalisierung ausländischer Unternehmen vor internationalen Schiedsgerichten, RIW 1982, 19; *Herber,* „Lex mercatoria" und „Principles" – gefährliche Irrlichter im internationalen Kaufrecht, IHR 2003, 1; *v. Hoffmann,* Grundsätzliches zur Anwendung der „lex mercatoria" durch internationale Schiedsgerichte, FS Kegel, 1987, 215; *Kappus,* „Lex mercatoria" als Geschäftsstatut vor staatlichen Gerichten im deutschen internationalen Schuldrecht, IPRax 1993, 137; *Leible/Wilke,* Funktionale Überlegungen zur kollisionsrechtlichen Wahl nichtstaatlicher Regelwerke, FS Kronke, 2020, 297; *Michaels,* Was ist nichtstaatliches Recht?, in Calliess, Transnationales Recht, 2014, 39; *Schlesinger/Gündisch,* Allgemeine Rechtsgrundsätze als Sachnormen im Schiedsgerichtsverfahren, RabelsZ 28 (1964), 4; *Spickhoff,* Internationales Handelsrecht vor Schiedsgerichten und staatlichen Gerichten, RabelsZ 56 (1992), 116; *J. Stoll,* Rechtsnatur und Bestandsschutz von Vereinbarungen zwischen Staaten und ausländischen privaten Investoren, RIW 1981, 808; *Toth,* Lex mercatoria in theory and practice, Oxford 2014; *Triebel/Petzold,* Grenzen der lex mercatoria in der internationalen Schiedsgerichtsbarkeit, RIW 1988, 245; *Velten,* Die Anwendung des Völkerrechts auf State Contracts in der internationalen Schiedsgerichtsbarkeit, 1987; *Verdross,* Gibt es Verträge, die weder dem innerstaatlichen Recht noch dem Völkerrecht unterliegen?, ZfRV 6 (1965), 129; *Wegen/Asbrand,* Nichtstaatliches Recht als Gegenstand einer Rechtswahlklausel?, RIW 2016, 557; *Zweigert,* Verträge zwischen staatlichen und nichtstaatlichen Partnern, BerGesVR 5 (1964), 194.

29 **aa) Vermeiden nationalen Rechts. (1) Privatpersonen.** Wieweit internationale Verträge außerstaatlichem Recht unterstellt werden können, ist außerordentlich umstritten (→ Rn. 7).[124] Nach hM erstreckt sich die Rechtswahlfreiheit in Übereinstimmung mit der bisherigen deutschen Auffassung nur auf staatlich gesetztes bzw. anerkanntes Recht.[125] Dafür spricht nicht nur die oftmals schwer greifbare Tragweite einer Verweisung auf andere Regelwerke und die mittelbare Überantwortung der Rechtssetzung an Private, sondern auch der Wortlaut der Rom I-VO. Beispielsweise erwähnt Art. 2, dass „das Recht eines Nichtmitgliedstaates" Anwendung finden kann. Auch die Formulierungen in Art. 5–8 deuten darauf hin, dass das „Recht von Staaten" gemeint ist. Zwar wollte der Rom I-VO-E 2005, in Einklang mit immer noch aktuellen Forderungen, auch die Wahl nichtstaatlichen Rechts in Form anerkannter Regeln zulassen.[126] Diese Änderung ist aber nicht in die Endfassung aufgenommen worden.[127] Eine Festlegung, was als „Staat" anzusehen ist, enthält die Rom I-VO nicht.[128] Im Einzelnen unterscheidet man – trotz fließender Übergänge – nicht nur

---

[121] Soergel/*Kegel,* 11. Aufl. 1984, EGBGB Vor Art. 7 Rn. 385 mwN.

[122] RGZ 123, 130 (134) = IPRspr. 1929 Nr. 167; RGZ 131, 41 (48 f.) = IPRspr. 1931 Nr. 4; OLG Marienwerder JW 1937, 1972 mAnm *Breithaupt.* – Zum Ganzen näher *Wohlgemuth,* Veränderungen im Bestand des Geltungsgebietes des Vertragsstatuts, 1979, 345 ff.

[123] BGHZ 17, 74 (77) = NJW 1955, 868 (Sudetenland).

[124] Bejahend etwa *Kappus* IPRax 1993, 137; *Boele-Woelki* Unif. L.Rev. 1996, 664 ff.; *Wichard* RabelsZ 60 (1996), 269 (282 ff.); *Grundmann,* Europäisches Schuldvertragsrecht, 1999, 73 ff., 166; abl. *W. Lorenz* IPRax 1987, 269 (272); *Michaels* RabelsZ 62 (1998), 580 (597); *Mankowski* RIW 2003, 2 (11 ff.); *Kassis,* Théorie générale des usages du commerce, 1984, 376 ff.; Czernich/Heiss/*Heiss* EVÜ Art. 3 Rn. 44; bejahend im Hinblick auf die Unionsgrundrechte *Hellgardt* RabelsZ 82 (2018), 654 (696 ff.).

[125] *Diedrich* RIW 2009, 378 (384); *Kroll-Ludwigs,* Die Rolle der Parteiautonomie im europäischen Kollisionsrecht, 2013, 55 ff. – S. bereits *Lagarde* Rev. crit. dr. int. pr. 80 (1991), 287 (300); *Michaels* RabelsZ 62 (1998), 580 (624 ff.); *v. Bar/Mankowski* IPR II § 1 Rn. 183; *Kropholler* IPR § 52 II 3; BeckOK BGB/*Spickhoff* Rn. 7; BeckOGK/*Wendland,* 1.9.2022, Rn. 65; anders *Leible* FS Jayme, Bd. I, 2004, 485 (491), wonach „staatlich" nur funktional, dh als „Ordnung mit Gerechtigkeitsgewähr" zu verstehen ist. – De lege ferenda für eine Rechtswahlmöglichkeit *W.H. Roth* FS Jayme, Bd. I, 2004, 757 ff.; *Leible/Wilke* FS Kronke, 2020, 297 (301 ff.).

[126] S. dazu *Leible* in Ferrari/Leible, Ein neues Internationales Vertragsrecht für Europa, 2007, 41 (44); *Schinkels* GPR 2007, 106 (107 f.); abl. etwa *Hartenstein* TranspR 2008, 143 (150 f.). – Zum Begriff des nichtstaatliches Rechts s. *Michaels* in Calliess, Transnationales Recht, 2014, 39 ff.

[127] Dazu krit. *Kessedjian* in Basedow/Baum/Nishitani, Japanese and European Private International Law in Comparative Perspective, 2008, 105 (114 ff.); *Lando/Nielsen* CML Rev. 45 (2008), 1687 (1697 f.); s. auch *Bamodu* in Stone/Farah, Research Handbook on EU private international law, 2015, 221 ff.

[128] Näher *Dickinson* Lloyd's M.C.L.Q. 2013, 86 (99 ff.).

nach der Art der Vereinbarung, sondern auch nach den jeweils beteiligten Parteien. Für Verträge unter Privatpersonen stellt sich insbesondere die Frage nach der Unterwerfung unter die lex mercatoria (→ Rn. 37) und nach der Möglichkeit rechtsordnungsloser Verträge (→ Rn. 41). Auch **nichtstaatliches religiöses Recht** kann nicht als Vertragsstatut gewählt werden.[129] In England hat man einer unbestimmten Bezugnahme auf die **Sharia,** die Vorrang vor dem englischen Recht haben sollte, den Charakter einer eigenständigen Rechtswahl versagt.[130] Die Anwendung von zwei Rechtsordnungen wurde nicht akzeptiert, Vertragsstatut war lediglich das englische Recht.[131] Abgelehnt wurde auch, dass eine Schiedsvereinbarung, die eine Beth Din-Schiedsgerichtsbarkeit vorsah, der **Halacha** (jüdischem Recht) unterstellt werden konnte. Das EVÜ gestatte lediglich die Wahl des Rechts eines Landes.[132] Soweit das religiöse Recht eine hinreichende inhaltliche Festlegung erfahren hat, wird eine materiell-rechtliche Vereinbarung grundsätzlich zugelassen.[133] Auch eine direkte kollisionsrechtliche Vereinbarung der Regeln eines internationalen Sportverbandes ist nicht möglich.[134]

(2) Staat und Privatpersonen. Praktisch wird die Wahl außerstaatlichen Rechts vor allem für Verträge zwischen staatlichen und privaten Parteien (zB über Vorhaben zur Rohstofferschließung), für welche der Staat häufig sein Recht durchzusetzen versucht. Da der staatliche Partner aber als Gesetzgeber die nationale Rechtsordnung seinen Interessen anpassen kann, wird versucht, solchen Verträgen erhöhten Bestandsschutz zu sichern und sie den Fesseln des nationalen IPR, des nationalen Sachrechts oder überhaupt einer Rechtsordnung zu entziehen.[135] Hierfür bestehen unterschiedliche Ansätze, welche vor allem in der internationalen Schiedsgerichtspraxis Widerhall gefunden haben[136] (→ Rn. 33 ff.). 30

(3) Internationale Organisationen und Privatpersonen. Eine weitere Problemgruppe bilden die Verträge internationaler Organisationen mit Privatpersonen. Hierfür bestehen teilweise völkerrechtlich vereinbarte Regeln.[137] Die Organisationen schaffen sich häufig auch selbst Regeln, welche sie dann ihren Verträgen zu Grunde legen. Dabei handelt es sich aber nur um eine materiellrechtliche Verweisung. In anderen Fällen wird ein nationales Sachrecht vereinbart oder angewendet. Dann bestehen keine Besonderheiten. – Zu Arbeitsverhältnissen mit internationalen Organisationen → Art. 8 Rn. 28 ff. 31

bb) Einheitsrecht. Im IVR besteht auf einigen Rechtsgebieten, namentlich im Transportrecht und im Kaufrecht internationales Einheitsrecht, das auf Staatsverträgen beruht (zum CISG → CISG Art. 1 Rn. 1 ff.; zur CMR → Art. 5 Rn. 44 ff.). Die entsprechenden Konventionen regeln ihren sachlichen, räumlichen und persönlichen Anwendungsbereich selbst. Ihre Geltung kann in Fällen, in denen sie an sich nicht anwendbar sind, auch von den Parteien vereinbart werden (opt-in). Inhaltliche Bedenken können dagegen im Allgemeinen nicht erhoben werden, sofern die Parteien das Einheitsrecht als geeignete Lösung für ihre vertraglichen Beziehungen ansehen. Fraglich ist jedoch, ob es sich bei dieser Vereinbarung lediglich um eine **materiellrechtliche Verweisung** handelt, welche im Rahmen eines nach den Art. 3 ff. ermittelten Vertragsstatuts erfolgt.[138] Die Parteien sind dann an die zwingenden Vorschriften der jeweiligen lex causae – die regelmäßig ohnehin ermittelt werden muss – gebunden. Umgekehrt können sie dann, wenn die Konvention 32

---

[129] *Pillet/Boskovic* in Corneloup/Joubert, Le règlement communautaire „Rome I", 2011, 173 (196 f.); BeckOGK/*Wendland,* 1.9.2022, Rn. 98; Rauscher/*v. Hein* Rn. 60.

[130] Shamil Bank of Bahrain v. Beximco Pharmaceuticals Ltd. (2004) 1 W. L. R. 1784 (CA): „Subject to the principles of the Glorious Sharia'a, this agreement shall be governed by and construed in accordance with the laws of England."; s. auch *Bälz* IPRax 2005, 44 ff.; *Mankowski* RIW 2005, 481 (491).

[131] Dagegen für eine zulässige Kombination einer kollisionsrechtlichen Wahl englischen und einer materiellrechtlichen Wahl islamischen Rechts, *Wegen/Asbrand* RIW 2016, 557 (563 f.).

[132] Halpern v. Halpern (2007) All ER 478 (CA) = ZEuP 2008, 618 mAnm *Heidemann.*

[133] BeckOGK/*Wendland,* 1.9.2022, Rn. 101 ff. für kanonisches Recht.

[134] BeckOGK/*Wendland,* 1.9.2022, Rn. 75.5 ff. – Vgl. auch BGE 132 III 285 = IPRax 2007, 230 m. Aufsatz *Kondring* IPRax 2007, 241 (FIFA).

[135] Beispiele dafür bei *Böckstiegel* AWD 1973, 117 (118); vgl. auch *Wälde* RabelsZ 42 (1978), 28 (83 f.).

[136] Dazu *Catranis* RIW 1982, 19 (22 ff.); *Walter* FS Baur, 1981, 691 (705 ff.); *Younesi* Rev. dr. aff. int. 2021, 659 (665 ff.); *Velten,* Die Anwendung des Völkerrechts auf State Contracts in der internationalen Schiedsgerichtsbarkeit, 1987, 59 ff.; Reithmann/Martiny IntVertragsR/*Martiny* Rn. 2.47 ff. mwN; s. auch die mehrere Möglichkeiten zulassenden Art. 2, 3 der Resolution des Institut de Droit international, Ann. Inst. Dr. int. 58 II (1979), 192. Text auch bei Soergel/*v. Hoffmann* EGBGB Art. 27 Rn. 31.

[137] Für die ergänzende Anwendung von Völkerrecht Soergel/*v. Hoffmann* EGBGB Art. 27 Rn. 29.

[138] So *Wegen/Asbrand* RIW 2016, 557 (559); BeckOGK/*Wendland,* 1.9.2022, Rn. 105; Ferrari IntVertragsR/*Ferrari* Rn. 19; NK-BGB/*Leible* Rn. 37; Rauscher/*v. Hein* Rn. 63; ebenso *Mankowski* in Leible, Grünbuch, 2004, 63 (87 ff.).

an sich zwingende Regeln enthält, davon abweichen.[139] Andere wollen hingegen eine Rechtswahl der Parteien zulassen, welche sie direkt zu dem vereinbarten Einheitsrecht führt.[140] Nach dem jetzigen Stand dürfte angesichts der restriktiven Haltung der Rom I-VO gegenüber nichtstaatlichem Recht von einer bloß materiellrechtlichen Verweisung auszugehen sein. Anders ist es nur nach Art. 3 Haager Principles on Choice of Law 2015 (→ Vor Art. 1 Rn. 6).[141]

cc) Allgemeine Rechtsgrundsätze und Grundregeln.

Schrifttum: *Bonell,* Model Clauses for the Use of the Unidroit Principles of International Commercial Contracts, Unif. L. Rev. 18 (2013), 473; *Wichard,* Die Anwendung der UNIDROIT-Prinzipien für internationale Handelsverträge durch Schiedsgerichte und staatliche Gerichte, RabelsZ 60 (1996), 269.

33 Die Parteien verweisen häufig auf allgemeine Rechtsgrundsätze (general principles of law).[142] Wird nationales Recht gewählt und – wie zB in Erdölkonzessionsverträgen – zusätzlich auf allgemeine Rechtsgrundsätze Bezug genommen, so ist das unbedenklich. Eine solche (materiellrechtliche) Verweisung auf die allgemeinen Prinzipien kann sich nur im Rahmen dieses Rechts entfalten. Zwar äußert sich der Text der VO nicht ausdrücklich dazu. Ihr Erwägungsgrund 13 betont aber, dass die Rom I-VO die Parteien nicht daran hindert, in ihrem Vertrag auf ein nichtstaatliches Regelwerk oder ein internationales Übereinkommen Bezug zu nehmen. Diese Bezugnahme ist **materiellrechtlich zu verstehen.**[143] Vor der Reform wurde zum Teil eine kollisionsrechtliche Verweisung auf allgemeine Rechtsgrundsätze für zulässig gehalten, welche die Anwendung der nationalen Rechtsordnungen ausschaltet.[144] Auch eine Anwendung allgemeiner Rechtsgrundsätze kraft objektiver Anknüpfung findet sich in der internationalen Schiedsgerichtspraxis.[145] Obwohl diese Rechtsgrundsätze keinen hohen Konkretisierungsgrad aufweisen, handle es sich doch um eine Rechtsordnung, wenn auch keine nationale. Für Privatpersonen werden allerdings Einschränkungen verlangt.[146] Verträge unter Privaten können einem neutralen Recht unterstellt werden und sind nicht dem Risiko ausgesetzt, dass eine Partei staatliche Zwangsmittel einsetzt.[147]

34 In neuerer Zeit sind mehrfach von internationalen Organisationen, aber auch von Privatpersonen Grundsätze des Vertragsrechts entworfen worden, welche nicht als staatliches Recht in Kraft gesetzt wurden. Die **UNIDROIT-Grundregeln für internationale Handelsverträge** (Principles of International Commercial Contracts – PICC) stellen eine von UNIDROIT geförderte Zusammenfassung von Grundregeln für internationale Verträge dar.[148] Eine neue Fassung datiert von 2016.[149] Dort werden neben allgemeinen Bestimmungen, Abschluss, Gültigkeit, Auslegung, Inhalt, Erfüllung und Nichterfüllung geregelt. Hinzugekommen sind Vertretung, Aufrechnung, Abtretung, Übertragung von Rechten und Pflichten, Verjährungsfristen sowie die Schuldner- und Gläubigermehrheit. Nach ihrer Präambel sind diese Grundregeln anzuwenden, wenn die Vertragsparteien sich ihnen unterworfen haben. Ferner ist eine Anwendung vorgesehen, wenn die Parteien vereinbart haben, dass ihr Vertrag allgemeinen Rechtsgrundsätzen, der lex mercatoria oder dergleichen unterliegt. Die Grundregeln können nicht nur in Verträgen zwischen Privaten und dem Staat, sondern auch in Verträgen unter Privatpersonen vereinbart werden,[150] was teilweise empfohlen wird.[151] Sie

[139] BGH RIW 2013, 632 = RdTW 2013, 277 betr. Multimodaltransport und CMR.

[140] OLG Jena IPRspr. 1999 Nr. 25 = TranspR-IHR 2000, 25 mAnm *Herber* betr. CISG; *Struycken* Rec. des Cours 232 (1992-I), 256 (366).

[141] *Boele-Woelki* Rec. des cours 379 (2015), 35 ff.

[142] Zum Begriff *Kötz* RabelsZ 34 (1970), 663 (671 f.); *Kropholler,* Einheitsrecht, 1975, 151 ff., jeweils mwN.

[143] *Garcimartín Alférez* ELF 2008, I-61 (I-67); *Lando/Nielsen* CML Rev. 45 (2008), 1687 (1697 f.); *Rühl* FS Kropholler, 2008, 187 (189 f.); *Kindt,* Transnationale Verträge im nationalen Recht, 2023, 203 f.; Calliess/Renner/*Calliess* Rn. 21 f., 33; NK-BGB/*Leible* Rn. 34; krit. zu dieser Lösung *Bonomi* YbPIL 10 (2008), 165 (170 f.); *Vonken* NIPR 2014, 339 ff.; anders *McGuire* SchiedsVZ 2011, 257 (265 ff.).

[144] *Leible* FS Jayme, Bd. I, 2004, 485 (490 f.); Soergel/*v. Hoffmann* EGBGB Art. 27 Rn. 28 für Verträge Private-Staat; vgl. *Schlesinger/Gündisch* RabelsZ 28 (1964), 4 (29 ff.) – Gegen eine solche Verweisung *Mankowski* in Leible, Grünbuch, 2004, 63 (102 f.); *Sonnenberger* FS Kropholler, 2008, 227 (234 ff.).

[145] S. IntHK-Schiedsspruch Nr. 5030/1992, Clunet 120 (1993), 1004 mAnm *Derains.*

[146] Näher *Zweigert* BerGesRV 5 (1964), 194 (199 ff.).

[147] Näher *Roth,* Internationales Versicherungsrecht, 1986, 548 ff.

[148] Text IPRax 1997, 205 (deutsch, englisch); ZEuP 1997, 890 (deutsch); *Schlechtriem/Schwenzer* Anh. V (englisch). – S. UNIDROIT, Principles of International Commercial Contracts, 4. Aufl. 2016.

[149] Deutsche Übersetzung (2010) ZEuP 2013, 165 ff. Im Internet mehrsprachig zugänglich unter http://www.unidroit.org/english/principles/contracts/main.htm; dazu *Brödermann* RIW 2004, 721 ff.; *Vogenauer* ZEuP 2013, 7 ff.; *Brödermann,* UNIDROIT Principles of international commercial contracts : an article-by-article commentary, 2. Aufl. 2023; *Vogenauer,* Commentary on the UNIDROIT principles of international commercial contracts, 2. Aufl. Oxford 2015.

[150] *Bonell* ZfRV 37 (1996), 152 (156 f.); *Bonell* Rev. dr. unif. 23 (2018) 15 ff. – Musterklauseln (engl./franz.) in Unif. L. Rev. 18 (2013), 630 ff.; dazu *Bonell* Unif. L.Rev. 18 (2013), 473 ff.; *Berger* FS Wegen, 2015, 377 ff.

[151] Dazu *Brödermann* IWRZ 2018, 246 ff.; *Brödermann* Unif. L. Rev. 26 (2021), 453 (465 f.).

werden teilweise – wenn auch eher selten – in der internationalen Schiedsgerichtsbarkeit als anwendbares Recht herangezogen.[152] Fraglich ist jedoch, ob die Grundregeln der Wahl einer staatlichen Rechtsordnung gleichgestellt werden können[153] oder ob es sich bei ihrer Vereinbarung nur um eine materiellrechtliche Verweisung handelt.[154] Die Antwort hängt davon ab, ob man den Grundregeln Rechtssatzqualität zubilligt und ob Art. 3 den Parteien auch erlaubt, eine nichtstaatliche Rechtsordnung zu vereinbaren. Das ist nach hM nicht der Fall. Da es sich bei den Prinzipien lediglich um ein privates Regelwerk handelt, ist letzteres jedenfalls für die staatliche Gerichtsbarkeit anzunehmen. Die Parteien bleiben weiterhin den zwingenden Vorschriften des nach objektiven Maßstäben zu bestimmenden Vertragsstatuts unterworfen[155] (→ Einl. IPR Rn. 341).

Auch **Grundregeln des Europäischen Vertragsrechts** wurden entworfen.[156] Nach ihrem 35
Art. I:101 Abs. 1 PECL werden sie angewendet, wenn die Parteien sich darauf geeinigt haben, sie in ihren Vertrag aufzunehmen oder dass ihr Vertrag den Grundregeln unterliegen soll. Ferner können die Grundregeln nach Art. I:101 Abs. 2 PECL angewendet werden, wenn die Parteien vereinbart haben, dass ihr Vertrag „allgemeinen Rechtsgrundsätzen", der „lex mercatoria" oder ähnlichen Regeln unterliegen soll (lit. a). Gleiches gilt, wenn die Parteien keine Rechtsordnung oder keine Rechtsregeln für ihren Vertrag gewählt haben (lit. b). Die Grundregeln werfen kollisionsrechtlich die gleichen Fragen auf wie die UNIDROIT-Grundregeln. Auch ihre Vereinbarung ist nach geltendem Recht keine kollisionsrechtliche Rechtswahl.[157]

Der Rom I-VO-E 2005 hatte noch das Verhältnis zu einer künftigen unionsrechtlichen Regelung 36
(sei es in Form eines **Gemeinsamen Referenzrahmens** [Common Frame of Reference], sei es in Form eines weiterentwickelten **optionalen Instruments**) angesprochen[158] (→ Vor Art. 1 Rn. 4). Der endgültige Text schweigt dazu. Erwägungsgrund 14 beschränkt sich auf die Feststellung, dass dann, wenn die Union in einem geeigneten Rechtsakt Regeln des materiellen Vertragsrechts, einschließlich vertragsrechtlicher Standardbestimmungen, festlegen sollte, in einem solchen Rechtsakt vorgesehen werden sollte, dass die Parteien entscheiden können, diese Regeln anzuwenden (→ Art. 23 Rn. 3). – Zum gescheiterten Gemeinsamen Europäischen Kaufrecht (GEKR) → Art. 4 Rn. 26.

dd) Lex mercatoria. Eine weitere Möglichkeit, nationales Recht nicht anzuwenden, eröffnet 37
die Auffassung, die Parteien könnten die Geltung eines **transnationalen Handelsgewohnheitsrechts**[159] vereinbaren, soweit es als objektives Recht nicht ohnehin schon gilt. Entsprechend wird zum Teil eine **Verweisung auf die „lex mercatoria"**, also internationale Handelsbräuche und vorherrschende Praktiken des internationalen Handels verfochten. Insbesondere eine Reihe von IntHK-Schiedssprüchen stützt sich hierauf.[160] Der staatliche Richter kann hiermit befasst werden bei der Beurteilung einer Rechtswahl, der Wirksamkeit einer Schiedsklausel sowie bei der Anerken-

---

[152] ZB IHK-Schiedsspruch Nr. 10422/2001, Clunet 130 (2003), 1142 mAnm *E. J;* vgl. *Berger* Am. J. Comp. L. 46 (1998), 129 ff.; *Bonell* FS Max-Planck-Institut, 2001, 771 ff.; *Mistelis* Rev.dr.unif. 2003, 631 ff.; *Brödermann* RIW 2004, 721 (722); *Grigera Naón* FS Kronke, 2020, 121 ff.

[153] So *McGuire* SchiedsVZ 2011, 257 (265 ff.); ebenso schon *Wichard* RabelsZ 60 (1996), 269 (282 ff.); *Leible* ZVglRWiss 97 (1998), 286 (313 ff.); *Vischer/Huber/Oser* IVR Rn. 120 ff.; ebenso jedenfalls für die Schiedsgerichtsbarkeit *Bonell* ZfRV 37 (1996), 152 (156 f.); *Boele-Woelki* IPRax 1997, 161 (166 ff.).

[154] *Diedrich* RIW 2009, 378 (384); *v. Hein/Vuattoux-Bock* ZEuS 2023, 482 (490); Calliess/Renner/*Calliess* Rn. 22; Ferrari IntVertragsR/*Ferrari* Rn. 19; PWW/*Brödermann/Wegen* Rn. 4; Rauscher/*v. Hein* Rn. 51, 56; ebenso zum EVÜ *Drobnig* in Institute of International Business Law and Practice, 1995, 223 (225); *Bonell* in Weyers, Europäisches Vertragsrecht, 1997, 9 (18); *Michaels* RabelsZ 62 (1998), 580 (610); *Frick* RIW 2001, 417; *Herber* IHR 2003, 1 (8); *Mankowski* in Leible, Grünbuch, 2004, 63 (92 ff.); *Kropholler* IPR § 52 II 3e.

[155] Zu Art. 1.4 Unidroit- Grundregeln *Fauvarque-Cosson* Mélanges Mayer, 2015, 195 (199 f.).

[156] Text: Lando/Beale (Hrsg.), Principles of European Contract Law I, II, The Hague 2000; v. Bar/Zimmermann (Hrsg.), Grundregeln des Europäischen Vertragsrechts – Teile I und II, 2002 (deutsche Übersetzung auch ZEuP 2000, 675 ff.), Principles III (deutsche Übersetzung ZEuP 2003, 895 ff.).

[157] NK-BGB/*Leible* Rn. 34; PWW/*Brödermann/Wegen* Rn. 4; ebenso zum EVÜ; *Blase,* Die Grundregeln des Europäischen Vertragsrechts als Recht grenzüberschreitender Verträge, 2001, 233 f.; *Kropholler* IPR § 52 II 3; anders unter dem EVÜ *Leible* FS Jayme, Bd. I, 2004, 485 (491).

[158] S. *Heiss/Downes* Eur. Rev. Priv. L. 13 (2005), 693 ff.; *Martiny* ZEuP 2007, 212 ff.

[159] Zum Begriff *Bucher* in Schwind, Aktuelle Fragen zum Europarecht aus der Sicht in- und ausländischer Gelehrter, 1986, 11 ff.; *Siehr* in Holl/Klinke, Internationales Privatrecht – Internationales Wirtschaftsrecht, 1985, 103, 108 ff.

[160] S. etwa die IntHK-Schiedssprüche Nr. 2291/1975, Clunet 103 (1976), 989 mAnm *Derains;* Nr. 3540/1980, Clunet 108 (1981), 914 mAnm *Derains* = Yb. Com. Arb. 7 (1982), 124, Nr. 10422/2001, Clunet 130 (2003), 1142 mAnm *E. J;* Kaspeers *Böckstiegel* FS Beitzke, 1979, 443 (456 ff.); wN bei *W. Lorenz* FS Neumayer, 1985, 407 (410 ff.); *Nueber* in Binder/Eichel, Internationale Dimensionen des Wirtschaftsrechts, 2013, 261, 271 ff.; *Toth,* Lex mercatoria in theory and practice, 2014, 210 ff.

nung und Vollstreckbarerklärung von Schiedssprüchen. Die rechtliche Behandlung ist schwierig, weil die Rechtsnatur der lex mercatoria, deren (höchst zweifelhafter) Inhalt ganz verschiedenen Quellen (Staatsverträge, Standardbedingungen, nationale Rechtsordnungen) entnommen wird,[161] ebenso unklar ist wie ihr Geltungsgrund, die Reichweite ihrer Rechtsprinzipien und ihr Verhältnis zum staatlichen Recht. Bereits die Existenz eines transnationalen, aus internationalen allgemeinen Rechtsgrundsätzen abgeleiteten Rechts, das teilweise wieder auf Völkerrecht gestützt wird, wird zum Teil bestritten.[162] Auch die lex mercatoria findet wegen der Herkunft ihrer Regeln und ihres unklaren Inhalts oft keine Anerkennung als Rechtsordnung.[163] Aber selbst wenn man großzügiger wäre, ist dort, wo **staatliches Kollisionsrecht anzuwenden** ist, eine Hinnahme der lex mercatoria kaum vorstellbar. Der Richter hat sich an das Kollisionsrecht der lex fori zu halten.[164] Teilweise wird für bestimmte „transnationale Finanzverträge" eine responsive kollisionsrechtliche Lösung vorgeschlagen. Danach stehen bei einer Rechtswahl international vereinheitlichte und vereinbarte Formulare im Mittpunkt. Es kommt zu einem Nebeneinander mit dem nationalen Recht, dem nur noch eine Lückenfüllungsfunktion zugeschrieben wird.[165]

38 Im Wesentlichen lassen sich für das Verhältnis der lex mercatoria zum staatlichen Kollisionsrecht drei Ansätze unterscheiden, obwohl eine genauere Einordnung häufig unterbleibt. Die **Vorrangtheorie,** nach der die lex mercatoria auf internationale Sachverhalte direkt angewendet werden soll,[166] ist abzulehnen. Eine solche direkte Sachnormanwendung („voie directe") billigt der lex mercatoria einen ungezügelten Geltungsanspruch zu und berücksichtigt nicht die Bindung von Richter und Parteien an das Kollisionsrecht. Teilw. wird jedenfalls grundsätzlich eine Vereinbarung der lex mercatoria für möglich gehalten; eine solche Abrede wird also der Wahl ausländischen Rechts als Vertragsstatut **gleichgestellt.**[167] Die lex mercatoria wäre dann „Recht" iSd Art. 3 ff.[168] Problematisch wären freilich auch hier die Qualifikation als Rechtsordnung sowie die Ermittelbarkeit des Inhalts, der Umfang und die Grenzen. Zu beantworten wäre ferner, ob auch eine stillschweigende Vereinbarung möglich sein soll.[169] Eine objektive Anknüpfung auf diesem Wege ist jedenfalls nicht zulässig,[170] weil dies ebenfalls einen faktischen Vorrang der lex mercatoria vor dem nationalen Recht bedeuten würde.[171] Nach der wohl überwiegenden Auffassung der Gegner jeglicher Gleichstellung meint Art. 3 nur das staatliche Recht.[172] Eine Wahl der lex mercatoria als Vertragsstatut würde ins Leere gehen.[173] Sie kann lediglich im Rahmen eines – in Anwendung nationalen Rechts bestimmten – Vertragsstatuts **subsidiäre Bedeutung** entfalten. Die Vereinbarung hat hingegen als Rechtswahl keinen Bestand, sondern nur materiellrechtliche Bedeutung.[174] Verfahrensrechtlich wird zum Teil vertreten, den Schiedsrichter insoweit einem „amiable compositeur" gleichzustellen.[175]

[161] Zum Streitstand *Tóth,* Lex mercatoria in theory and practice, 2014, 6 ff. – Vgl. *Lando* Int. Comp. L. Q. 34 (1985), 748 ff.; *Cuniberti* Col. J. Transnat. L. 52 (2014) 369 ff.; *Nygh,* Autonomy in International Contracts, 1999, 172 ff. – Eine Liste von Grundsätzen und Regeln der lex mercatoria stellt auf *Berger,* Der Aufrechnungsvertrag, 1996, 217 ff.; krit. dazu *Herber* IHR 2003, 1 (5 f.).

[162] Zum Inhalt Berger RIW 2002, 256 ff. – Krit. zB *Sornarajah* J. W. T. L. 15 (1981), 200 ff.; *Stoll* RIW 1981, 808 (809 f.); *Blaurock* ZEuP 1993, 247 (259 ff.). – Zur Vorstellung eines transnationalen Verbrauchervertragsrechts s. *Calliess* RabelsZ 68 (2004), 244 ff.

[163] So *Spickhoff* RabelsZ 56 (1992), 116 (125 ff.); *Mankowski* RIW 2003, 2 (13); *Mankowski* in Leible, Grünbuch, 2004, 63 (100 f.); *v. Bar/Mankowski* IPR I § 2 Rn. 75 ff.; dagegen für die Einordnung als Rechtsordnung *Goldman* Etudes en l'honneur de Lalive, 1993, 247 ff.; *Blaurock* ZEuP 1993, 247 (262 ff.); *Stein,* Lex mercatoria – Realität und Theorie, 1995, 240 ff. – Als Teil des Völkerrechts ordnet sie ein *Booysen* RabelsZ 59 (1995), 245 (252 f.).

[164] *Spickhoff* RabelsZ 56 (1992), 116 (133 f.); *Blaurock* ZEuP 1993, 247 (264); *Mankowski* in Leible, Grünbuch, 2004, 63 (100 f.); *v. Bar/Mankowski* IPR I § 2 Rn. 77.

[165] *Kindt,* Transnationale Verträge im nationalen Recht, 2023, 203 f.

[166] Vgl. *Goldman,* Lex mercatoria, 1983, 116 f.; krit. vor allem *Lagarde,* Etudes Goldman, 1982, 125 (143 ff.).

[167] Vgl. *Coing* in Klein/Vischer, Colloque de Bâle sur la Loi régissant les Obligations Contractuelles, 1983, 49 ff.; *Berger,* Der Aufrechnungsvertrag, 1996, 108. – Jedenfalls für die Wahl öffentlich zugänglicher (einsehbarer) Teile der lex mercatoria *Leible* FS Jayme, Bd. I, 2004, 485 (491).

[168] So *Kappus* IPRax 1993, 137 (139 ff.).

[169] Bejahend *Kappus* IPRax 1993, 137 (141 f.); vgl. dazu auch *Bucher* in Schwind, Aktuelle Fragen zum Europarecht aus der Sicht in- und ausländischer Gelehrter, 1986, 52 ff.

[170] Anders *Kappus* IPRax 1993, 137 (141 ff.) – Ähnlich für „besondere Umstände" wie Verträge mit staatlichen Partnern *Weise,* Lex mercatoria, 1990, 140 ff.

[171] *Triebel/Petzold* RIW 1988, 245 (248 f.).

[172] *Lagarde* Rev. crit. dr. int. pr. 80 (1991), 287 (300); *v. Bar/Mankowski* IPR II § 1 Rn. 183; Soergel/*v. Hoffmann* EGBGB Art. 27 Rn. 12.

[173] *Veltins* JbPraxSchG 3 (1989), 126; *v. Bar/Mankowski* IPR I § 2 Rn. 86; Ferrari IntVertragsR/*Ferrari* Rn. 20; Soergel/*v. Hoffmann* EGBGB Art. 27 Rn. 12, 16.

[174] *Diedrich* RIW 2009, 378 (384); *Lando/Nielsen* CML Rev. 45 (2008), 1687 (1697 f.) (wenn auch de lege ferenda anders); NK-BGB/*Leible* Rn. 31; Rauscher/*v. Hein* Rn. 59; Staudinger/*Magnus,* 2021, Rn. 59;

Die **Rechtswahl in der internationalen Schiedsgerichtsbarkeit** wirft zunächst die Frage nach dem anwendbaren Kollisionsrecht auf (→ Einl. IPR Rn. 320; → Vor Art. 1 Rn. 101 ff.). Dabei ist in Rechnung zu stellen, dass sowohl Staatsverträge als auch nationale Rechte nicht nur Schiedsklauseln hinnehmen, sondern vielfach auch Billigkeitsentscheidungen zulassen. Dementsprechend ist erst recht eine Entscheidung nach Grundsätzen der lex mercatoria möglich.[176] Allerdings dürfte eine **ausdrückliche oder stillschweigende Verweisung** auf diese Grundsätze zu verlangen sein. Erfolgt eine ausdrückliche Verweisung auf ein nationales Recht, so darf diese Parteivereinbarung keinesfalls zu Gunsten der lex mercatoria beiseitegeschoben werden.[177] Zur Rechtswahl in der internationalen Schiedsgerichtsbarkeit s. § 1051 ZPO (→ Vor Art. 1 Rn. 104 f.). 39

Die **Anerkennung ausländischer Schiedssprüche** kann hier nur gestreift werden. Hierfür wird auf das UN-Übereinkommen über die Anerkennung und Vollstreckung ausländischer Schiedssprüche (UNÜ) vom 10.6.1958 verwiesen (§ 1061 Abs. 1 S. 1 ZPO).[178] Die Vorschriften in anderen Staatsverträgen bleiben unberührt (§ 1061 Abs. 1 S. 2 ZPO). Für diejenigen, welche eine Verweisung auf die lex mercatoria überhaupt für wirkungslos halten, liegt eine Nichtanerkennung von Schiedssprüchen nahe, die sich auf die lex mercatoria stützen.[179] Zweifel an diesem Rigorismus weckt die heutige Rechtswahlmöglichkeit in § 1051 ZPO, ferner, dass auf Billigkeitsgesichtspunkte gestützte Entscheidungen anerkannt werden. Da aber die lex mercatoria zumindest nicht schlechter behandelt werden sollte als Entscheidungen nach Billigkeit, ist eine Anerkennung nicht von vornherein ausgeschlossen.[180] Dies gilt jedenfalls, wenn die Parteien die Geltung dieser Grundsätze ausdrücklich oder stillschweigend vereinbart haben.[181] 40

ee) Rechtsordnungslose Verträge. Der Abschluss eines „rechtsordnungslosen Vertrages"[182] (contrat sans loi) würde eine freie, nicht an ein objektives Recht gebundene Parteivereinbarung voraussetzen. Verträge außerhalb jeder Rechtsordnung gibt es jedoch nicht, auch soweit sie auf international übliche Handelsklauseln Bezug nehmen.[183] Das Gleiche gilt, wenn der Vertrag allein auf die Vertragsbedingungen eines internationalen Verbandes gestützt werden soll.[184] Eine Abwahl aller Rechtsordnungen ist nicht möglich.[185] Die Rechtswahl kann nur in der Weise erfolgen, dass sie sich auf eine Rechtsordnung bezieht, welche etwaige Vertragslücken ergänzt und deren zwingende Vorschriften gelten (hM).[186] Entsprechendes gilt für die Auffassung, der auf der Maxime „pacta sunt servanda" beruhende Vertrag schaffe unter bestimmten Voraussetzungen eine eigenständige „lex contractus".[187] 41

ff) Verweisung auf Völkerrecht. Verträge des Staates mit ausländischen Privatpersonen unterliegen bei privatrechtlichem Vertragsgegenstand grundsätzlich dem Internationalen Vertragsrecht.[188] 42

---

ebenso schon *Rigaux* Cah. dr. europ. 1988, 306 (318 f.); *Lagarde* Rev. crit. dr. int. pr. 80 (1991), 287 (300 f.); *Veltins* JbPraxSchG 3 (1989), 126; *Mankowski* in Leible, Grünbuch, 2004, 63 (100 ff.).

175 *Triebel/Petzold* RIW 1988, 245 (248 f.).

176 *v. Hoffmann* FS Kegel, 1987, 215 (227 f.); Soergel/*v. Hoffmann* EGBGB Art. 27 Rn. 17.

177 *v. Hoffmann* FS Kegel, 1987, 215 (230).

178 Näher *Schroeder/Oppermann* ZVglRWiss 99 (2000), 410 ff.

179 Vgl. *v. Bar/Mankowski* IPR I § 2 Rn. 84 f.

180 Vgl. OGH RIW 1983, 868 mAnm *Seidl-Hohenveldern* = IPRax 1984, 97 m. Aufsatz *v. Hoffmann* IPRax 1984, 106 = Yb. Com. Arb. 9 (1984), 159 mAnm *Melis* sowie den Fall „Compania Valenciana", franz. Cass. civ. Rev. arb. 1992, 457 mAnm *Lagarde* = Rev. crit. dr. ip. 81 (1992), 113 mAnm *Oppetit* = Clunet 119 (1992), 177 mAnm *Goldman;* Cour d'appel Paris Rev. crit. dr. int. pr. 79 (1990), 305 m. abl. Anm. *Oppetit* = Clunet 117 (1990), 431 m. zust. Anm. *Goldman;* dazu *Spickhoff* RabelsZ 56 (1992), 116 (128 f.); *Berger* IPRax 1993, 281 ff.; ausf. *Sonnenberger* FS Schlosser, 2005, 921 ff.

181 Vgl. *v. Hoffmann* FS Kegel, 1987, 215 (233); s. auch *Gottwald* FS Nagel, 1987, 54 (64 f.); *Triebel/Petzold* RIW 1988, 245 (249 f.).

182 Dazu *Kroll-Ludwigs,* Die Rolle der Parteiautonomie im europäischen Kollisionsrecht, 2013, 158 ff.; vgl. *Kipp* BerGesVR 5 (1964), 133 (154 ff.).

183 *Bonell* RabelsZ 42 (1978), 485 (494 ff.); *Rigaux* Cah. dr. europ. 24 (1988), 306 (316); *Stoll* RIW 1981, 808 (809); *Kropholler,* Einheitsrecht, 1975, 124 ff.; *Steinschulte* in Sandrock IntVertragsgestaltung-HdB Bd. I, 1980, Rn. A 202.

184 Anders Cour d'app. Montpellier Clunet 131 (2004), 888 m. abl. Anm. *Poillot-Peruzzetto.*

185 *Lagarde* Rev. crit. dr. int. pr. 80 (1991), 287 (301); *Spickhoff* RabelsZ 56 (1992), 116 (126); *Merkt,* Investitionsschutz durch Stabilisierungsklauseln, 1990, 125 ff.; Soergel/*v. Hoffmann* EGBGB Art. 27 Rn. 19; anders *E. Lorenz* RIW 1987, 569 (573).

186 *Zweigert* BerGesVR 5 (1964), 194 (209); *Mann* Rev. belge dr. int. 11 (1975), 562 (566); *Reimann,* Zur Lehre vom „rechtsordnungslosen" Vertrag, 1970, 42 ff.; *Roth,* Internationales Versicherungsrecht, 1986, 548 ff.; *Kropholler* IPR § 52 II 3e.

187 So aber *Verdross* ZfRV 6 (1965), 129 (131).

188 Vgl. Staudinger/*Magnus,* 2021, Art. 1 Rn. 25.

Insbesondere Investitionsverträge sowie Verträge über Rohstoffvorhaben zwischen Staaten und Privatunternehmen werden aber teilweise dem Völkerrecht unterstellt. Erreicht werden soll, dass solche „quasi-völkerrechtlichen“,[189] „beschränkt völkerrechtlichen“[190] oder „völkerrechtlichen Verträge besonderer Art“[191] vom staatlichen Partner nicht einseitig geändert werden können.[192] Die Gesetzesänderung bzw. die Nichtberücksichtigung des Vertrages wäre – wenn man konsequent wäre – eine Völkerrechtsverletzung.[193] Angestrebt wird freilich nur Schadensersatz oder Wiederherstellung. Diese Theorien haben zwar in einigen internationalen Schiedsgerichtsurteilen Zustimmung, jedoch auch Widerspruch gefunden.[194] Sie stehen vor der Schwierigkeit, befriedigend erklären zu müssen, ob und in welchem Umfang Private als Völkerrechtssubjekt auftreten können[195] und wie es zu der angestrebten Maßgeblichkeit von Völkerrechtsnormen kommen soll.[196] Nur vereinzelt wird angenommen, das Völkerrecht stehe Privatpersonen als Rechtsordnung zur Verfügung. Die Wirkung einer Verweisung auf Völkerrecht bzw. internationales öffentliches Recht ist daher zweifelhaft.[197] Soweit eine Verweisung auf Völkerrechtssätze kollisionsrechtlich keinen Bestand hat, kann sie aber als materiellrechtliche Verweisung Beachtung finden.[198]

43 **3. Ausdrückliche Rechtswahl (Abs. 1 S. 2). a) Verweisungsvertrag.** Die klarste Form der vertraglichen Rechtswahl ist die ausdrückliche Rechtswahl. Hier wird – im Gegensatz zur stillschweigenden Vereinbarung – expressis verbis erklärt, welche Rechtsordnung auf einen Vertrag anwendbar sein soll. Eine solche Rechtswahl braucht nicht durch Individualabrede zu erfolgen. Es ist zulässig, das anwendbare Recht in Formularen oder **AGB** zu bestimmen[199] (→ Rn. 13; → Art. 10 Rn. 159 ff.). Möglich ist auch, in einem Vertrag auf die Regelung des anwendbaren Rechts in einem anderen Vertrag zu verweisen,[200] zB mit einer Inkorporationsklausel in einem Subunternehmervertrag auf den Hauptvertrag Bezug zu nehmen.[201] Soweit die Rechtswahl formularmäßig erfolgt, ist zu bedenken, dass es sich um keine bloße Formalität handelt. Die Rechtswahl hat weitreichende Folgen für das Zustandekommen und den Inhalt sowie die Auslegung des Vertrages. Es ist daher davor zu **warnen, ein bestimmtes Recht nur deshalb zu wählen, weil Formulare für diese Rechtsordnung vorliegen** oder ein Rechtsberater aus Bequemlichkeit bzw. um der Routine willen dazu drängt. International agierende, US-amerikanisch dominierte Anwaltsgesellschaften versuchen ihre europäische Mandanten des Öfteren zu Verträgen auf der Grundlage US-amerikanischen Rechts mit zahlreichen, aus europäischer Sicht schwer verständlichen Klauseln zu bewegen. Auch dann ist Vorsicht geboten. Wird etwa das Recht eines US-Einzelstaates gewählt, das nicht weiter bekannt ist und zu dem keine sonstige Verbindungen bestehen, so kann dies im Konfliktfall bedeuten, dass der Inhalt der jeweiligen Rechtsordnung mühsam ermittelt werden muss. Zudem kann dieser Inhalt Überraschungen bieten.

44 Eine Rechtswahlklausel ist dann **eindeutig,** wenn sie das anwendbare Recht unmissverständlich bezeichnet, zB bestimmt „Für diesen Vertrag gilt deutsches Recht“. Enthält die Klausel noch einen

---

[189] *Verdross* ZfRV 6 (1965), 129 ff. – S. den Überblick über die verschiedenen Auffassungen bei *Seidl-Hohenveldern* Rev. belge dr. int. 11 (1975), 567 ff.

[190] Dazu *Böckstiegel,* Der Staat als Vertragspartner ausländischer Privatunternehmen, 1971, 295 ff., 303 ff.

[191] *Fischer* FS Verdross, 1980, 379 (397).

[192] *Mann* Rev. belge dr. int. 11 (1975), 562 (564 f.). – Von „Internationalisierungsklauseln“ spricht *Fiedler,* Stabilisierungsklauseln und materielle Verweisung im Internationalen Vertragsrecht, 2001, 70 f. S. auch *Younesi* Rev. dr. aff. int. 2021, 659 (668 ff.).

[193] Da Völkerrecht nur ex contractu, nicht aber ex lege zur Anwendung komme, verneint eine Völkerrechtsverletzung *Velten,* Die Anwendung des Völkerrechts auf State Contracts in der internationalen Schiedsgerichtsbarkeit, 1987, 96 f.

[194] *Simitis* JuS 1966, 209 (213); *Sornarajah* J. W. T. L. 15 (1981), 202 ff.

[195] Abl. *Stoll* RIW 1981, 808 (810). – Bejahend *Kipp* BerGesVR 5 (1964), 133 (150 f.); *Verdross* ZfRV 6 (1965), 129 (130).

[196] Abl. *Catranis* RIW 1982, 19 (22 ff.).

[197] Für die Zulässigkeit zB *Booysen* RabelsZ 59 (1995), 245 (252 ff.); *Mann* Rev. belge dr. int. 11 (1975), 562 (564 f.): aber nicht für Privatpersonen untereinander; dagegen *Schlesinger/Gündisch* RabelsZ 28 (1964), 4 (25); *Simitis* JuS 1966, 209 (213).

[198] BeckOGK/*Wendland,* 1.9.2022, Rn. 107; Ferrari IntVertragsR/*Ferrari* Rn. 22; Rauscher/*v. Hein* Rn. 64; ebenso bereits *Böckstiegel* FS Beitzke, 1979, 443 (455).

[199] BGH NJW 2022, 2928 Rn. 28, 33; OLG Hamm TranspR 2011, 181 mAnm *Pünder* = IPRspr. 2011 Nr. 47; OLG Brandenburg NJW-RR 2012, 535; OLG Düsseldorf RdTW 2018, 473 Rn. 28 betr. ADSp; OLG Köln NZV 2021, 196 mAnm *Staudinger* betr. Flugbeförderung; OLG Karlsruhe RdTW 2021, 309; OLG Frankfurt ZVertriebsR 2022, 59; *W.-H. Roth* IPRax 2013, 515 (518 ff.); NK-BGB/*Leible* Rn. 45; Rauscher/*v. Hein* Rn. 6.

[200] Soergel/*v. Hoffmann* EGBGB Art. 27 Rn. 46.

[201] *Mankowski* FS Martiny, 2014, 449 (466 ff.); s. *Vetter* NJW 1987, 2124 (2125 f.); *Vetter* ZVglRWiss 87 (1988), 248 (252).

präzisierenden Zusatz, so hebt dieser die grundsätzliche Rechtswahl nicht auf. So kann etwa aus einer Vereinbarung, es seien das deutsche Recht und „insbesondere die Vorschriften der §§ 123 ff. BGB" anzuwenden, entnommen werden, dass Zustandekommen und Wirksamkeit des Vertrages insgesamt nach deutschem Recht beurteilt werden sollen.[202] Der Vereinbarung des deutschen HGB kann eine generelle Wahl deutschen Rechts entnommen werden.[203] Rechtswahlklauseln sind jedoch des Öfteren unklar oder widersprüchlich abgefasst und bedürfen dann der Auslegung.[204] Das gilt auch dann, wenn nur „europäisches Recht" gewählt worden ist.[205]

b) Auslegung des Verweisungsvertrages. Auf die Auslegung des Verweisungsvertrages selbst ist nicht das von Art. 12 bezeichnete Recht (lex causae) anzuwenden, da es ja gerade um dessen Geltung geht. Eine Lösung besteht darin, die lex fori heranzuziehen, soweit es sich um die Frage handelt, auf welches Recht überhaupt verwiesen wird, weil in diesem Fall das Vertragsstatut noch nicht feststeht.[206] Vorzugswürdig ist allerdings – soweit möglich – die Entwicklung einheitlicher Auslegungsmaßstäbe, die auf Parteiwille und Üblichkeit Rücksicht nehmen, aus der Rom I-VO heraus.[207] Im Übrigen gilt für die Auslegung des Verweisungsvertrages der Grundsatz, dass die vertraglichen Beziehungen der Parteien möglichst allein einer Rechtsordnung zu unterwerfen sind. Eine Teilverweisung (→ Rn. 66 ff.) ist nur ausnahmsweise anzunehmen. Zur Annahme einer Gesamtverweisung → Art. 20 Rn. 5 f. Zum Mehrrechtsstaat → Art. 22 Rn. 3 ff. 45

III. Stillschweigende Rechtswahl (Abs. 1 S. 2)

1. Grundsatz. Die Parteien brauchen ihre Rechtswahl nicht ausdrücklich zu treffen, sondern können sie auch stillschweigend vornehmen (Abs. 1 S. 2).[208] Das europäische Kollisionsrecht bestimmt also, dass eine **stillschweigende Rechtswahl** zulässig ist, und legt fest, welche Anforderungen daran zu stellen sind. Zwar schließt der Wortlaut des Art. 3 seinen Abs. 5 insoweit nicht ausdrücklich aus. Gleichwohl muss Abs. 1 S. 2 den Maßstab vorgeben.[209] Bei der Prüfung, ob die Voraussetzungen einer stillschweigenden Rechtswahl vorliegen, ist nicht auf ein nationales Sachrecht – auch nicht auf das gewählte Recht – zurückzugreifen.[210] Zur Sicherung einer einheitlichen Auslegung der VO sollte man auch nicht auf die Auslegungsvorschriften des Sachrechts der lex fori zurückgreifen.[211] Ob ein entsprechendes konkludentes Verhalten vorliegt, ist unter Berücksichtigung aller Umstände des Einzelfalles festzustellen.[212] Zu untersuchen und abzuwägen sind insbesondere der Inhalt des Vertrages, die Umstände seines Abschlusses und das Parteiverhalten. Wenngleich die Rom I-VO darauf verzichtet, einzelne Faktoren zu nennen und es auch keinen abschließenden Katalog von Indizien gibt, werden einige als typische Hinweise angesehen (näher → Rn. 49 ff.). In der Rspr. wird freilich des Öfteren auch auf Umstände Bezug genommen, die nur wenig aussagekräftig sind, wie der gewöhnliche Aufenthalt (Wohnsitz) der Parteien,[213] der Abschlussort,[214] die Staatsangehörigkeit[215] und die Währung.[216] Häufung und Gewicht der 46

---

202 OLG Düsseldorf NJW-RR 2003, 1610.

203 BGH NJW 2022, 2928 Rn. 32.

204 Vgl. *Mankowski* RIW 2003, 2 ff.; *Brödermann* RIW 2004, 721 ff.; *Wenner* FS Werner, 2005, 39 ff.

205 *Dickinson* Lloyd's M.C.L.Q. 2013, 86 (131).

206 Soergel/*v. Hoffmann* EGBGB Art. 27 Rn. 34. – Unentschieden OLG Koblenz RIW 1993, 934.

207 *Leible* in Ferrari/Leible, Ein neues Internationales Vertragsrecht für Europa, 2007, 41 (42 f.). – Allein für verordnungsautonome Auslegung Rauscher/*v. Hein* Rn. 9; Staudinger/*Magnus,* 2021, Rn. 66.

208 Rechtsvergleichend dazu *Bouwers,* Tacit choice of law in international commercial contracts, 2021, 55 ff.

209 Rauscher/*v. Hein* Rn. 11.

210 OLG Hamburg TranspR 2002, 120 = IPRspr. 2001 Nr. 45; *E. Lorenz* RIW 1992, 697 (698 ff.); *Mankowski* in Leible, Grünbuch, 2004, 63 (64) – Unrichtig LG Düsseldorf GRUR-RS 2018, 37922 Rn. 47.

211 *Mankowski* in Leible, Grünbuch, 2004, 63 (64 f.); anders BGH NJW-RR 2000, 1002 = IPRax 2002, 37 m. insoweit zust. Aufsatz *Hohloch/Kjelland* IPRax 2002, 3: Auslegung einer Rechtswahlvereinbarung zu Gunsten französischen Rechts nach §§ 133, 157 BGB. – Zur Erklärung des Abs. 1 S. 2 als Entscheidungsnorm näher *Stankewitsch,* Entscheidungsnormen im IPR als Wirksamkeitsvoraussetzungen der Rechtswahl, 2003, 13 ff.

212 BGH RIW 1997, 426 = IPRspr. 1997 Nr. 27; RIW 1999, 537 = IPRax 2001, 333 m. Aufsatz *Pulkowski* IPRax 2001, 306; NJW 2001, 1936; WM 2004, 2066 = IPRax 2005, 342 m. Aufsatz *Unberath* IPRax 2005, 308; *Coester-Waltjen* FS Sonnenberger, 2004, 343 (346); Rauscher/*v. Hein* Rn. 18. – S. bereits BGHZ 53, 189 (193) = NJW 1970, 999.

213 ZB OLG Nürnberg NJW-RR 1997, 1484 = IPRspr. 1996 Nr. 31; OLG Köln IPRspr. 2000 Nr. 26; BAG RIW 2016, 543: nur unterstützend.

214 Etwa BGH NJW-RR 2005, 581; OLG Nürnberg NJW-RR 1997, 1484; OLG Köln IPRspr. 2000 Nr. 26; krit. *Solomon* ZVglRWiss 115 (2016), 586 (589).

215 So zB BGH NJW-RR 2005, 581; OLG Nürnberg NJW-RR 1997, 1484; OLG Köln IPRspr. 2000 Nr. 26; OLG München IPRspr. 2010 Nr. 35.

216 S. etwa OLG Nürnberg NJW-RR 1997, 1484; OLG Frankfurt TranspR 2000, 260 = IPRspr. 1999 Nr. 34; OLG Köln IPRspr. 2000 Nr. 26; BAG RIW 2016, 543.

einzelnen Indizien geben den Ausschlag, so zB beim Vertragsabschluss in deutscher Sprache zwischen in Deutschland ansässigen Inländern.[217] Weisen sie allerdings auf unterschiedliche Rechtsordnungen hin, so können sie sich gegenseitig aufheben; eine stillschweigende Rechtswahl kann ihnen dann nicht mehr entnommen werden.[218] Die Ermittlung des realen Parteiwillens erfolgt grundsätzlich für den Zeitpunkt der Einigung über die Rechtswahlfrage;[219] sie ist eine Tatsachenfrage.[220] Das Revisionsgericht kann nur prüfen, ob eine stillschweigende Rechtswahl rechtsfehlerhaft angenommen wurde.[221] Ist dagegen eine solche Auslegung möglich, so ist sie bindend.[222]

47 **2. Abgrenzung.** Die Abgrenzung zwischen stillschweigender Rechtswahl und objektiver Anknüpfung erfolgt danach, ob ein **tatsächlicher (realer) Rechtswahlwille der Parteien feststellbar** ist.[223] Fehlt er, so kommt eine stillschweigende Rechtswahl nicht in Betracht; es wird objektiv angeknüpft.[224] Objektive Anknüpfung und stillschweigender Parteiwille schließen einander aus;[225] sie betreffen unterschiedliche Stufen der Anknüpfung. Auf der Ebene der stillschweigenden Rechtswahl geht es daher (noch) nicht um die Anknüpfungen des Art. 4[226] und auch nicht um die Ausweichklausel des Abs. 3.[227] Eine Rechtswahl setzt voraus, dass man aus den Bestimmungen des Vertrages oder den Umständen des Falles (einschließlich des Parteiverhaltens) auf einen tatsächlichen Parteiwillen schließen kann.[228] Anzahl, Gewicht und Aussagekraft der einzelnen Indizien sind zu berücksichtigen. Teilweise hat man angenommen, dass die Parteien nicht das Bewusstsein zu haben brauchen, dass darin eine Rechtswahl liegt.[229] Andere verlangen hingegen ein **Erklärungsbewusstsein**[230] bzw. einen kollisionsrechtlichen Gestaltungswillen.[231] Da es hier aber nicht um eine ausdrückliche Rechtswahl geht, ist allerdings fraglich, wie weit ein Erklärungsbewusstsein gehen muss.

48 Es muss auch festgelegt werden, mit welcher Deutlichkeit eine stillschweigende Rechtswahl vorzuliegen hat. Früher wurde nicht verlangt, eine stillschweigende Rechtswahl müsse „unzweifelhaft" (so Art. 2 Abs. 2 HKaufÜ 1955) oder „mit Sicherheit" vorliegen. Angesichts der Auslegungsdivergenzen in den einzelnen EVÜ-Vertragsstaaten[232] verlangt die VO nunmehr, dass sich die Vereinbarung **eindeutig** ergibt („clearly demonstrated"; „résulte de façon certaine").[233] Sie muss erkennbar sein. Bei der Annahme einer stillschweigenden Rechtswahl ist Zurückhaltung geboten.[234] Das geltende Recht verbietet die Erforschung eines hypothetischen oder vermuteten Parteiwillens.[235] Auch vage Anhaltspunkte genügen nicht; schon bislang musste die Rechtswahl mit Bestimmtheit aus

---

[217] *Clausnitzer/Woopen* BB 2008, 1798 (1799).

[218] BGH NJW-RR 2005, 206; Bericht zum EVÜ *Giuliano/Lagarde,* BT-Drs. 10/503, 49; Soergel/*v. Hoffmann* EGBGB Art. 27 Rn. 51; Staudinger/*Magnus,* 2021, Rn. 100.

[219] *Joubert* in Corneloup/Joubert, Le règlement communautaire „Rome I", 2011, 229 (248 ff.); *Steinschulte* in Sandrock IntVertragsgestaltung-HdB Bd. I, 1980, Rn. A 54; Soergel/*v. Hoffmann* EGBGB Art. 27 Rn. 43.

[220] *Coester-Waltjen* FS Sonnenberger, 2004, 343 (350 f.). – S. bereits *J. Hartmann,* Das Vertragsstatut in der deutschen Rechtsprechung seit 1945, 1972, 81 ff., 240 mwN.

[221] Vgl. BAG RIW 2016, 543.

[222] BGH NJW-RR 1997, 686; 2000, 1002 = IPRax 2002, 37 m. Aufsatz *Hohloch/Kjelland* IPRax 2002, 30 = JZ 2000, 1115 mAnm *Sandrock;* WM 2004, 2066.

[223] *Steinle* ZVglRWiss 93 (1994), 300 (309); Grüneberg/*Thorn* Rn. 6; Soergel/*v. Hoffmann* EGBGB Art. 27 Rn. 41.

[224] KG NJW 1957, 347 = RabelsZ 23 (1958), 280 mAnm *Stoll.*

[225] Ferrari IntVertragsR/*Ferrari* Rn. 27. – So bereits für den hypothetischen Parteiwillen *Gamillscheg* AcP 157 (1958/59), 303 (324); *Kegel* GS R. Schmidt, 1966, 215 (217).

[226] Es ist daher schief zu sagen, die stillschweigende Rechtswahl „widerlege" die Annahme einer objektiven Anknüpfung, so aber OLG Köln IPRspr. 2000 Nr. 26.

[227] Dies verkennt etwa OLG Celle IPRspr. 1999 Nr. 31.

[228] Zu Art. 27 EGBGB OLG Karlsruhe IPRspr. 2006 Nr. 8 = TranspR 2007, 203; *Spellenberg* IPRax 1990, 295 (296); vgl. bereits BGH WM 1965, 216; OLG Hamburg IPRspr. 1954–55 Nr. 34b; BAGE 7, 357 (359) = NJW 1959, 1702.

[229] Soergel/*v. Hoffmann* EGBGB Art. 27 Rn. 43; anders offenbar *Coester-Waltjen* FS Sonnenberger, 2004, 343 (351).

[230] Erman/*Stürner* Rn. 13.

[231] Rauscher/*v. Hein* Rn. 12.

[232] S. *Wilderspin* in Lando/Magnus/Nowak-Stief, Angleichung des materiellen und des internationalen Privatrechts in der EU, 2003, 112 f.; *Nygh,* Autonomy in International Contracts, 1999, 113 ff.

[233] *Kessedjian* in Basedow/Baum/Nishitani, Japanese and European Private International Law in Comparative Perspective, 2008, 105 (109 ff.); *Lando/Nielsen* CML Rev. 45 (2008), 1687 (1698); *S. Wandt,* Rechtswahlregelungen im Europäischen Kollisionsrecht, 2014, 123.

[234] *Solomon* ZVglRWiss 115 (2016), 586 (588); *Schlachter* ZVglRWiss 115 (2016), 610 (613).

[235] BGH NJW-RR 2005, 206 = RIW 2004, 857 m. Aufsatz *Freitag* RIW 2005, 25 = IPRax 2005, 342 m. Aufsatz *Unberath* IPRax 2005, 308; *Steinle* ZVglRWiss 1994, 308 f.; *Joubert* in Corneloup/Joubert, Le règlement communautaire „Rome I", 2011, 233 ff.; Erman/*Stürner* Rn. 11.

konkreten Umständen folgen.[236] Gingen die Parteien unzweifelhaft von der Geltung einer bestimmten Rechtsordnung aus, ohne dass sie aber eine stillschweigende Rechtswahl getroffen hatten, so scheidet eine Anknüpfung nach Art. 3 aus. Eine Zwischenstufe in Form einer Anknüpfung an die **Rechtsordnung, welche die Parteien als maßgeblich angenommen haben,**[237] ist nicht vorgesehen; grundsätzlich ist dann nach Art. 4 ff. anzuknüpfen. Ein Schutz der Parteierwartungen ist aber über Art. 4 Abs. 3 möglich, soweit nicht eine – unzulässige – Anknüpfung an einen bloß hypothetischen Parteiwillen vorgenommen wird[238] (→ Art. 4 Rn. 360).

3. Hinweise auf die stillschweigende Rechtswahl. a) Gerichtsstandsklausel. Besondere Bedeutung für die Annahme einer stillschweigenden Rechtswahl besitzt eine Gerichtsstandsvereinbarung. Ihr wird in der Regel eine **Vereinbarung des Rechts am Sitz des vereinbarten Gerichts** entnommen (qui eligit iudicem, eligit ius).[239] Die Parteien gehen im Allgemeinen davon aus, das als zuständig vereinbarte Gericht werde am besten sein eigenes Recht anwenden, oder rechnen doch damit. Erwägungsgrund 12 betont daher, dass eine Parteivereinbarung, wonach ausschließlich ein Gericht oder mehrere Gerichte eines Mitgliedstaats für Streitigkeiten aus einem Vertrag zuständig sein sollen, bei der Feststellung, ob eine Rechtswahl eindeutig getroffen wurde, einer der zu berücksichtigenden Faktoren sein sollte.[240] An die Vereinbarung der Zuständigkeit eines mitgliedstaatlichen Gerichts die Vermutung einer Rechtswahl zu knüpfen,[241] wäre zu starr.[242] Eine entsprechende Regel wird insbesondere von der englischen Rspr. befolgt.[243] Nach einer Mindermeinung reicht eine Gerichtsstandsklausel allein nicht aus.[244] Teilweise werden zusätzliche Indizien verlangt.[245] Da es sich um die Ermittlung des Parteiwillens handelt, lassen sich freilich kaum schematische Regeln aufstellen; eine Gerichtsstandsklausel ist stets nicht mehr ein Hinweis auf den stillschweigenden Parteiwillen. Sprechen andere Bestimmungen des Vertrages oder die Gesamtheit der Umstände dagegen, so kann die Gerichtsstandsvereinbarung durchaus einmal außer Betracht bleiben.[246] Man hat einer Gerichtsstandsvereinbarung insbesondere dann keine Bedeutung zugemessen, wenn sie erst nach Vertragsschluss erfolgte.[247] 49

Grundsätzlich wird vorausgesetzt, dass die Gerichtsstandsvereinbarung **wirksam zu Stande gekommen** ist.[248] Auf der anderen Seite braucht bei Unwirksamkeit – etwa wegen Formmangels – 50

[236] *Lagarde* Rev. crit. dr. int. pr. 80 (1991), 287 (303 f.); vgl. *Gaudement-Tallon* Rev. trim. dr. europ. 17 (1981), 215 (243); *Pocar* in Schwind, Aktuelle Fragen zum Europarecht aus der Sicht in- und ausländischer Gelehrter, 1986, 91.

[237] So der frühere § 35 Abs. 1 IPRG Österreich; dazu *Ofner* ZfRV 36 (1995), 149 ff.

[238] *Aubin* FS Seidl-Hohenveldern, 1988, 1 (12); vgl. auch BeckOGK/*Wendland,* 1.9.2022, Rn. 139.

[239] BGH NJW-RR 1990, 183; NJW 1991, 1420; IPRax 1998, 108 m. Aufsatz *Ahrens* IPRax 1998, 93 = NJW 1996, 2569; WM 2015, 2058; OLG Hamburg TranspR 1993, 111; OLG Frankfurt RIW 1998, 477 = DZWiR 1997, 423 mAnm *Berger;* OLG Celle NJW-RR 1992, 1126 = IPRspr. 1991 Nr. 27; IPRspr. 1999 Nr. 31; OLG Zweibrücken IHR 2002, 67 = IPRspr. 2002 Nr. 27; BAG RIW 2014, 691 = IPRax 2015, 342 m. Aufsatz *Mankowski* IPRax 2015, 309; *R. Wagner* IPRax 2008, 377 (379); *Steinle* ZVglRWiss 93 (1994), 300 (310 f.); *Mankowski* in Leible, Grünbuch, 2004, 63 (65 f.); BeckOGK/*Wendland,* 1.9.2022, Rn. 141; Erman/*Stürner* Rn. 14; Grüneberg/*Thorn* Rn. 7; ebenso *Plender/Wilderspin,* The European private international law of obligations, 5. Aufl. 2020, Rn. 6-038 ff.; vgl. auch Bericht *Giuliano/Lagarde,* BT-Drs. 10/503, 49; wN bei Reithmann/Martiny IntVertragsR/*Martiny* Rn. 2.86.

[240] Dies gilt auch bezüglich drittstaatlicher Gerichte, BAG RIW 2014, 691 betr. Algerien; Rauscher/*v. Hein* Rn. 25. Rechtsvergleichend zur Bedeutung der Klausel *Okoli* Uniform Law Review 28 (2023), 197 ff.

[241] Krit. zum Rom I-VO-E 2005 *Heiss* JBl. 2006, 758; *Leible* in Ferrari/Leible, Ein neues Internationales Vertragsrecht für Europa, 2007, 41 (44); *Hartenstein* TranspR 2008, 143 (155). – Positiv zum Vorschlag *Lando/Nielsen* CML Rev. 45 (2008), 1687 (1698 f.).

[242] Näher *Garcimartín Alférez* ELF 2008, I-61 (I-67); *Kessedjian* in Basedow/Baum/Nishitani, Japanese and European Private International Law in Comparative Perspective, 2008, 105 (111 f.); Rauscher/*v. Hein* Rn. 21.

[243] Dazu *Hill* Int.Comp. L. Q. 53 (2004), 325 (327 ff.); *Wilderspin* in Lando/Magnus/Nowak-Stief, Angleichung des materiellen und des internationalen Privatrechts in der EU, 2003, 112 f.; vgl. auch Calliess/Renner/*Calliess* Rn. 40.

[244] *Scherer* in Corneloup/Joubert, Le règlement communautaire „Rome I“, 2011, 253 (280 ff.); Ferrari IntVertragsR/*Ferrari* Rn. 29; ebenso bereits *E. Lorenz* RIW 1992, 697 (702).

[245] Rauscher/*v. Hein* Rn. 24; ebenso schon Trib. arr. Luxemburg Riv. dir. int. priv. proc. 1991, 1092; *Lagarde* Rev. crit. dr. int. pr. 80 (1991), 287 (303); *Marmisse* in Meeusen/Pertegás/Straetmans, Enforcement of International contracts in the European Union, 2004, 256 ff.; dagegen Erman/*Stürner* Rn. 14, aber Vorsicht; Soergel/*v. Hoffmann* EGBGB Art. 27 Rn. 47.

[246] KG IPRspr. 1994 Nr. 21b = VuR 1995, 35 betr. Gerichtsstand Hamburg, AGB dänischen Ferienhausanbieters; Calliess/Renner/*Calliess* Rn. 42; s. auch Bericht *Giuliano/Lagarde,* BT-Drs. 10/503, 49.

[247] S. etwa BAGE 7, 362 = IPRspr. 1958/59 Nr. 51; OLG Düsseldorf IPRspr. 1970 Nr. 15 = WM 1971, 168 (170).

[248] *Mankowski* RabelsZ 63 (1999), 203 (213); BeckOK BGB/*Spickhoff* Rn. 21. – S. aber OLG Celle IPRspr. 1999 Nr. 31 betr. nichtige Vereinbarung unter Nicht-Kaufleuten.

die beabsichtigte Vereinbarung nicht völlig außer Betracht bleiben, solange ihr noch etwas für den Willen der Parteien bezüglich der Rechtsanwendung entnommen werden kann.[249] Andere wollen die unwirksame Prorogation lediglich als Faktor für die engste Verbindung nach Art. 4 Abs. 3, 4 berücksichtigen.[250]

51 Es genügt nicht, dass der **Gerichtsstand nur einseitig,** bspw. auf einer Rechnung bestimmt wurde.[251] Eine Gerichtsstandsvereinbarung ist auch dann kein Indiz für das anzuwendende Recht, wenn die Parteien sie lediglich im Hinblick auf die Klärung dieser Frage getroffen haben.[252] Eine Indizwirkung fehlt regelmäßig, wenn lediglich eine **nicht-ausschließliche Gerichtsstandsvereinbarung** getroffen wurde.[253] Dies gilt insbesondere dann, wenn eine Partei wahlweise an einem von mehreren Gerichtsständen klagen darf;[254] ferner, wenn nur bestimmt ist, dass das Gericht am Sitz des jeweiligen Beklagten anzurufen ist.[255] Ebenso ist es, wenn der Kläger in Deutschland Klage erhebt, obwohl er nach einer (nicht ausschließlichen) Gerichtsstandsvereinbarung auch im Ausland hätte klagen können.[256] In solchen Fällen kann aus der Vereinbarung vor Verfahrenseinleitung kein Schluss auf das Forum und erst recht nicht auf einen entsprechenden Rechtswahlwillen der Parteien gezogen werden.

52 **b) Schiedsklausel.** Die Unterwerfung unter ein Schiedsgericht eines bestimmten Landes lässt auf die **stillschweigende Vereinbarung des materiellen Rechts am Sitz des Schiedsgerichts** schließen (qui eligit arbitrum, eligit ius).[257] Diese Regel wird insbesondere von der englischen Rspr. befolgt.[258] Mit der Vereinbarung des Schiedsgerichtsortes ist häufig auch gewollt, dass der Streit nach dem Recht dieses Landes entschieden wird. Das gilt jedenfalls dann, wenn das Schiedsgericht nach seiner Satzung, Verfahrensordnung oder seiner ständigen Übung (mangels anders lautender Vereinbarung) das Recht seines Sitzes anwendet.[259] Insbesondere ist als stillschweigende Vereinbarung deutschen Rechts zu werten, wenn ein Schiedsgericht bei einer deutschen Handelskammer in Deutschland vereinbart wird.[260] Das gilt auch für Arbeitsverträge.[261] Entsprechend zu beurteilen ist die Vereinbarung des Schiedsgerichts der Hamburger Freundschaftlichen Arbitrage,[262] des Vereins der Getreidehändler der Hamburger Börse,[263] des Warenvereins der Hamburger Börse[264] oder des (früheren) Deutschen Seeschiedsgerichts.[265] Umgekehrt rechtfertigt etwa die Vereinbarung eines polnischen Schiedsgerichts die Anwendung polnischen Rechts.[266]

53 Grundsätzlich wird eine Wirksamkeit der Schiedsgerichtsvereinbarung vorausgesetzt.[267] Entscheidend ist insbesondere die Art der Schiedsgerichtsvereinbarung. Sie muss auf die Anwendung des Sachrechts des Sitzortes hindeuten. Keinen Hinweis auf das anzuwendende Recht gibt dagegen

---

[249] BAG RIW 2014, 691 = IPRax 2015, 342 m. Aufsatz *Mankowski* IPRax 2015, 309; LAG Frankfurt a.M. IPRspr. 2012 Nr. 68; BeckOGK/*Wendland,* 1.9.2022, Rn. 145; anders wohl *Schlachter* ZVglRWiss 115 (2016), 610 (616), da dann kein Gleichklang von Zuständigkeit und lex causae erreicht werden kann.

[250] Rauscher/*v. Hein* Rn. 27.

[251] BeckOGK/*Wendland,* 1.9.2022, Rn. 148; Staudinger/*Magnus,* 2021, Rn. 77.

[252] OLG Düsseldorf WM 1971, 168 (170); vgl. auch *Lando* Rec. des Cours 189 (1984-VI), 225 (312).

[253] *Lando/Nielsen* CML Rev. 45 (2008), 1687 (1699 f.); *Mankowski* in Leible, Grünbuch, 2004, 63 (67 f.); PWW/*Brödermann/Wegen* Rn. 9; ebenso BeckOK BGB/*Spickhoff* Rn. 21.

[254] BGH IPRspr. 1958–59 Nr. 53; LG Freiburg IPRspr. 1966–67 Nr. 34a.

[255] OLG Koblenz RIW 1993, 934.

[256] Erman/*Stürner* Rn. 14; anders BGH NJW-RR 1986, 456 = IPRax 1986, 292 m. abl. Aufsatz *Schack* IPRax 1986, 272.

[257] BGH ZUM 1998, 61 = IPRspr. 1996 Nr. 121; WM 2004, 2066 obiter; OLG Hamburg VersR 1982, 1096 = IPRspr. 1982 Nr. 38; OLG Düsseldorf TranspR 1992, 415; OLG Hamm NJW-RR 1993, 1445 = IPRspr. 1993 Nr. 30; *Steinle* ZVglRWiss 93 (1994), 300 (310 f.); *Steinschulte* in Sandrock IntVertragsgestaltung-HdB Bd. I, 1980, Rn. A 71 ff.; *v. Bar/Mankowski* IPR II § 1 Rn. 131; BeckOGK/*Wendland,* 1.9.2022, Rn. 150; anders *Lüthge,* Die kollisionsrechtliche Funktion der Schiedsgerichtsvereinbarung, 1975, 158 ff.

[258] S. nur Egon Oldendorff v. Liberia Corporation (1995) 2 Lloyd's L. Rep. 64; (1996) 1 Lloyds L. Rep. 380; näher *Hartley* FS Jayme, Bd. I, 2004, 297 f. Vgl. auch *Plender/Wilderspin,* The European private international law of obligations, 5. Aufl. 2020, Rn. 6.36 f.

[259] *Mankowski* in Leible, Grünbuch, 2004, 63 (69 f.); Soergel/*v. Hoffmann* EGBGB Art. 27 Rn. 48.

[260] BGH DB 1964, 1297; BAG NJW 1975, 408; Schiedsgericht Handelskammer Hamburg NJW 1996, 3229 = MDR 1996, 781.

[261] BAG AP IPR-ArbR Nr. 7 mAnm *Abraham* = IPRspr. 1962–63 Nr. 51; NJW 1975, 408 = AP ZPO § 38 Nr. 7 Int. Zuständigkeit mAnm *E. Lorenz; Gamillscheg,* Internationales Arbeitsrecht, 1959, 102.

[262] Schiedsgericht Hamburger Freundschaftliche Arbitrage RIW 1999, 394 = IPRspr. 1998 Nr. 214.

[263] OLG Hamburg AWD 1958, 249.

[264] BGH AWD 1970, 31; OLG Hamburg RIW 1979, 482.

[265] Deutsches Seeschiedsgericht VersR 1977, 447.

[266] OLG Hamm NJW-RR 1993, 1445 = IPRspr. 1993 Nr. 30.

[267] *Mankowski* in Leible, Grünbuch, 2004, 63 (69); Rauscher/*v. Hein* Rn. 29; Staudinger/*Magnus,* 2021, Rn. 81: keine Indizwirkung, wenn Willensmangel.

die Vereinbarung eines **Schiedsgerichts des Schiedsgerichtshofs der IntHK** in Paris.[268] Damit stehen personelle Zusammensetzung und Verfahrensort noch nicht fest. Nach Art. 21 Abs. 1 IntHK-SchiedsO von 2012 wendet der Schiedsrichter mangels Rechtswahl zudem nicht nur die Kollisionsregeln an, die er im konkreten Fall für geeignet hält. Er darf auch direkt das Sachrecht anwenden, das er für angemessen hält (→ Vor Art. 1 Rn. 103). Das Schiedsgericht orientiert sich häufig an den Kollisionsnormen der berührten Rechtsordnungen und an der internationalen Staatsvertragspraxis, kann aber auch Einheitsrecht staatlichen und nichtstaatlichen Ursprungs anwenden. Auch der Vereinbarung eines Schiedsgerichts einer deutsch-ausländischen Handelskammer wird man häufig keine Rechtswahl entnehmen können.[269] Überhaupt ist zu beachten, dass ein Schiedsgerichtsort im internationalen Handel aus Gründen der Erreichbarkeit oder der Bequemlichkeit gewählt worden sein kann und nicht, weil die Parteien eine Präferenz für das Recht des Forums hegten.[270] Kein Hinweis liegt auch dann vor, wenn das schiedsgerichtliche Verfahren jeweils am Sitz der beklagten Partei stattfinden soll.[271] Auch bei einem Ad-hoc-Schiedsgericht, bei dem Schiedsort und Schiedsrichter noch nicht feststehen, kann er fehlen.[272]

c) Prozessverhalten. Gehen die Parteien während eines Rechtsstreits übereinstimmend von der Anwendung einer bestimmten Rechtsordnung aus (insbesondere durch Anführen ihrer Vorschriften), so liegt darin **in der Regel eine stillschweigende Rechtswahl,**[273] die von einem bloßen accord procédural zu unterscheiden ist. Für Arbeitsverträge ist es nicht anders.[274] Grundsätzlich ist eine stillschweigende Vereinbarung der Parteien erforderlich. Die Rspr. hat häufig genügen lassen, dass übereinstimmend und rügelos die Anwendung eines bestimmten Rechts in der Vorinstanz hingenommen wurde.[275] Es ist jedoch zu beachten, dass es hier nicht eigentlich um eine Präklusion durch Hinnahme der Rechtsanwendung, sondern um eine Willenseinigung der Parteien geht.[276] Diese muss sich „eindeutig" ergeben. Einer Klageerhebung am Gerichtsstand des Beklagten kann man noch nicht entnehmen, der Kläger sei mit der Anwendung des Rechts des Forums und der Nichtanwendung ausländischen Rechts einverstanden.[277] Die Einigkeit der Parteien kann auf eine ursprüngliche Rechtswahl[278] oder eine nachträgliche Vereinbarung[279] hindeuten. Soweit eine nachträgliche Parteivereinbarung oder ihre Änderung vorliegt, macht dies keinen Unterschied, da auch eine nachträgliche Rechtswahl zulässig ist (→ Rn. 79). Auf die Verpflichtungen am Verfahren nicht beteiligter Dritter erstreckt sich die Rechtswahl in der Regel nicht[280] (→ Rn. 82). 54

[268] OLG Stuttgart AWD 1960, 246; BeckOGK/*Wendland,* 1.9.2022, Rn. 158; Staudinger/*Magnus,* 2021, Rn. 81; vgl. *Böckstiegel* FS Beitzke, 1979, 443 (446 ff.).

[269] OLG Hamm NJW 1990, 1012 betr. deutsch-französische Handelskammer.

[270] Vgl. *Mezger* AWD 1964, 201 (204). – Zusätzliche Umstände verlangt Ferrari IntVertragsR/*Ferrari* Rn. 30.

[271] Staudinger/*Magnus,* 2021, Rn. 81.

[272] Näher *Mankowski* in Leible, Grünbuch, 2004, 63 (70); Staudinger/*Magnus,* 2021, Rn. 81.

[273] BGHZ 103, 84 (86) = NJW 1988, 1592; BGH NJW 1992, 1380; IPRax 1994, 452 m. Aufsatz *Straub* IPRax 1994, 432; BGHZ 130, 371 = IPRspr. 1995 Nr. 31; RIW 1996, 602; BGHZ 140, 167 = NJW 1999, 950 = IPRspr. 1998 Nr. 48 = VersR 1999, 347 mAnm *Wandt;* NJW-RR 2004, 1482; OLG Bremen TranspR 1986, 153 = IPRspr. 1985 Nr. 46; OLG Celle RIW 1990, 320; OLG Düsseldorf WM 1992, 1937 = IPRspr. 1992 Nr. 41 Ls.; TranspR 1992, 218 = IPRspr. 1992 Nr. 65; NJW-RR 1994, 1524 = IPRax 1995, 402 Bericht *Kronke;* NJW 1994, 506; TranspR 1999, 109; 1996, 152; OLG Frankfurt NJW 2018, 3591 Rn. 20 mAnm *Tonner* = RIW 2019, 231 m. Aufsatz *Mankowski* RIW 2019, 180 betr. Nichtbeförderung; OLG Koblenz RIW 1989, 61 = IPRax 1989, 175 mAnm *v. Hoffmann;* OLG Köln OLGZ 1993, 193 = IPRspr. 1991 Nr. 48; NJW-RR 1995, 245 = IPRspr. 1994 Nr. 37; OLG Hamm NJW-RR 1996, 179; RIW 1999, 787 = IPRspr. 1998 Nr. 158; OLG Karlsruhe NJW-RR 2002, 1206; OLG Köln IHR 2002, 21; VersR 2002, 1374 = IPRspr. 2002 Nr. 32 betr. Handelsvertreter; OLG München IPRspr. 1991 Nr. 45; IPRspr. 1997 Nr. 51; OLG Saarbrücken RIW 1996, 605; WM 1998, 833 = IPRspr. 1997 Nr. 53 betr. Wechselverbindlichkeit; OLG Rostock IHR 2003, 17 = IPRspr. 2002 Nr. 29 betr. CISG; OLG Zweibrücken IHR 2002, 67 = IPRspr. 2002 Nr. 27; OLG Stuttgart WM 2007, 447 betr. Kapitalanlage; *E. Lorenz* RIW 1992, 697 (703); *Steinschulte* in Sandrock IntVertragsgestaltung-HdB Bd. I, 1980, Rn. A 88; BeckOK BGB/*Spickhoff* Rn. 26.

[274] BAGE 147, 342 = RIW 2014, 534; BAG RIW 2016, 543.

[275] BGH NJW 1991, 1021 (1023 f.); OLG Bremen VersR 1978, 509; OLG Hamburg VersR 1978, 713; TranspR 1987, 69 = IPRspr. 1986 Nr. 44; OLG Karlsruhe IPRspr. 1979 Nr. 28b; OLG Celle IPRspr. 1999 Nr. 31.

[276] OLG Hamm SchiedsVZ 2014, 38; *Mankowski* in Leible, Grünbuch, 2004, 63 (73 f.).

[277] *Mankowski* in Leible, Grünbuch, 2004, 63 (74); Rauscher/*v. Hein* Rn. 36 f.; anders OLG Frankfurt TranspR 2000, 260.

[278] BGHZ 53, 189 (193) = NJW 1970, 999; BGH NJW 1971, 323.

[279] OLG Koblenz RIW 1987, 629 = IPRax 1987, 381 Ls. mAnm *Henrich;* OLG Frankfurt RIW 1991, 865 = IPRspr. 1991 Nr. 30; IPRax 1992, 314 m. Aufsatz *Bungert* IPRax 1992, 296 = IPRspr. 1992 Nr. 31; OLG Saarbrücken RIW 1996, 604; OLG Braunschweig IPRspr. 2002 Nr. 28b; LG Berlin RIW 1996, 960.

[280] BAG RIW 2016, 543 betr. Vertrag zugunsten Dritter.

55 Sind die Parteien **anwaltlich vertreten,** so wird eine etwaige Erklärung über das anwendbare Recht nicht von ihnen persönlich abgegeben. Dies ist auch nicht notwendig, da Vertretung bei der Rechtswahl möglich ist. Grundsätzlich können den Parteien die Prozesshandlungen und Erklärungen ihrer Prozessvertreter zugerechnet werden. Sie sind regelmäßig nach dem die Prozessvertretung regelnden Recht des Forums[281] von der Prozessvollmacht gedeckt.[282]

56 Dem Prozessverhalten muss ein deutlicher Hinweis auf eine stillschweigende Rechtswahl entnommen werden können. Ein solches Prozessverhalten ist insbesondere dann aussagekräftig, wenn ein entsprechender Hinweis des Gerichts erfolgt ist.[283] Da sich die Parteien häufig nicht einig sind, sondern sich nur aus Unkenntnis auf eine Rechtsordnung berufen, ist bedeutsam, welche Anforderungen an ein übereinstimmendes Prozessverhalten zu stellen sind. Notwendig ist stets, dass es **Ausdruck des gemeinsamen Willens** der Parteien ist;[284] die stillschweigende Rechtswahl ist rechtsgeschäftlicher Natur.[285] Man hat daher einen „beiderseitigen Gestaltungswillen" für eine nachträgliche Änderung der Rechtswahl verlangt.[286] Die Ansicht der Parteien, ein bestimmtes Recht sei kraft Gesetzes oder wegen anderer Umstände (zB irrtümliches Zitat einer deutschen Vorschrift) maßgeblich, reicht dafür nicht aus.[287] Es ist daher bedenklich, eine konkludente Rechtswahl bereits einer vorgerichtlichen Korrespondenz zu entnehmen, die auf der Grundlage einer bestimmten Rechtsordnung erfolgt.[288] Ist die Rechtsanwendung streitig geworden, so kann man das Prozessverhalten nur bei einer wirklichen Einigung berücksichtigen.[289] Eine solche Einigung bindet die Parteien allerdings auch für die Zukunft, so dass keine von ihnen mehr einseitig zu einer anderen Rechtsordnung übergehen kann.[290] Teilweise wird das Prozessverhalten nicht als rechtsgeschäftliche Rechtswahl, sondern lediglich als Präklusion von Rechtsausführungen gewertet.[291] Dagegen spricht aber, dass die Parteien nicht an ihren Ausführungen zur Anwendung einzelner nationaler Bestimmungen festgehalten werden sollen, sondern daran, dass sie sich auf den Boden einer bestimmten Rechtsordnung gestellt haben.

57 Nach deutscher Auffassung steht die **Anwendung des deutschen Kollisionsrechts** selbst nicht zur Disposition der Parteien. Ebenso ist bei der Rom I-VO zu verfahren. Das Gericht hat die VO vielmehr von Amts wegen anzuwenden[292] (→ Einl. IPR Rn. 318). Dementsprechend sind die Art. 3 ff. auch dann zu beachten, wenn sich keine der Parteien darauf beruft. Eine prozessuale Vereinbarung, aufgrund derer die Anwendung des IPR ausgeschlossen ist, ist nicht möglich. Der deutsche Richter hat auch hier das anwendbare Recht von Amts wegen zu ermitteln (näher → Einl. IPR Rn. 318); er darf nicht mangels Parteirüge einfach deutsches materielles Recht anwenden.[293] Die Haltung der Parteien ist als Tatfrage ggf. nach § 139 ZPO **aufzuklären;** daraus ergibt sich eine entsprechende richterliche Hinweis- und Nachfragepflicht.[294] Ausländisches Recht ist nach § 293 ZPO anzuwenden (näher → Einl. IPR Rn. 321). Auf keinen Fall darf sich das Gericht über eine ausdrückliche Rechtswahl hinwegsetzen, weil hilfsweise auch auf der Basis deutschen Rechts argumentiert wurde.[295]

---

281 Vgl. Reithmann/Martiny IntVertragsR/*Hausmann* Rn. 6.439.

282 Dazu *Schack* NJW 1984, 2736 (2739); *Mansel* ZVglRWiss 86 (1987), 13; Staudinger/*Magnus,* 2021, Rn. 86; s. auch *Herkner,* Die Grenzen der Rechtswahl im internationalen Deliktsrecht, 2003, 136 f.

283 OLG Köln IHR 2001, 21 = IPRspr. 2001 Nr. 28 betr. Anwendung deutschen Rechts; OLG Düsseldorf OLGR 2003, 252; *Mankowski* in Leible, Grünbuch, 2004, 63 (75 f.).

284 BGH NJW 2009, 1205. Vgl. auch zum LugÜ BGHZ 190, 28 = NJW 2011, 2809 = IPRax 2013, 168 Aufsatz *Arnold* IPRax 2013, 141; BeckOGK/*Wendland,* 1.9.2022, Rn. 134, 179 ff.; Staudinger/*Magnus,* 2021, Rn. 82.

285 OLG München RIW 1996, 329; näher *Schack* NJW 1984, 2736 ff.

286 BGH NJW-RR 2000, 1002 = IPRax 2002, 37 m. Aufsatz *Hohloch/Kjelland* IPRax 2002, 30 = JZ 2000, 115 mAnm *Sandrock* mAnm *Mankowski* EWiR 2000, 967.

287 BGH NJW 1959, 1873; OLG Düsseldorf NJW 1974, 417; OLG Köln NJW 1987, 1151; OLG München RIW 1996, 329; LG Hamburg RIW 1977, 787; *Thode* ZfBR 1989, 43 (45 f.); weitergehend OLG Saarbrücken OLGZ 1966, 142 (145) = IPRspr. 1964–65 Nr. 48.

288 *Solomon* ZVglRWiss 115 (2016), 586 (589 f.); anders OLG Stuttgart RdTW 2015, 143.

289 BGH NJW 2009, 1205; vgl. BGH WM 1969, 772; LG Freiburg IPRspr. 1966–67 Nr. 34 A (S. 113 f.).

290 OLG Saarbrücken OLGZ 1966, 142 = IPRspr. 1964–65 Nr. 48; OLG Hamburg VersR 1978, 918; OLG Frankfurt RIW 1991, 865 = IPRspr. 1991 Nr. 30; krit. dazu *Flessner* RabelsZ 34 (1970), 568.

291 *Schack* NJW 1984, 2736 (2739); Soergel/*v. Hoffmann* EGBGB Art. 27 Rn. 52; ebenso für das Rechtsmittelverfahren bei Hinnahme der vorinstanzlichen Entscheidung Staudinger/*Magnus,* 2021, Rn. 85.

292 *Mankowski* in Leible, Grünbuch, 2004, 63 (71 ff.).

293 Bedenklich daher BGH NJW 1984, 2762.

294 *Mansel* ZVglRWiss 86 (1987), 1 (11 ff.); *W. Lorenz* IPRax 1987, 269 (273); *Steinle* ZVglRWiss 93 (1994), 300 (313). – Für eine Verschärfung der richterlichen Frage- und Hinweispflicht *Picht/Kopp* IPRax 2024, 16 (21 f.).

295 So aber BGH NJW-RR 1986, 456 = IPRax 1986, 292 m. abl. Aufsatz *Schack* IPRax 1986, 272.

d) Bezugnahme auf ein Recht. Eine Vereinbarung, der Vertrag solle nach einer bestimmten Rechtsordnung ausgelegt werden, mag zwar in seltenen Fällen lediglich bedeuten, dass sich die Auslegung nach diesem Recht richten, im Übrigen aber eine objektive Anknüpfung erfolgen soll.[296] Regelmäßig enthält sie jedoch eine stillschweigende Wahl dieser Rechtsordnung, weil es den Parteien offenbar auf sie ankommt.[297] Allerdings ist eine sog. **„construction clause"** in England so verstanden worden, dass sie nicht auf die Ermittlung des tatsächlichen Parteiwillens abzielt („interpretation"), sondern darüber hinaus Ausmaß und Inhalt der vertraglichen Pflichten allgemein dem in ihr genannten Recht unterwerfen will.[298] Auch in den USA wird sie in der Regel sonstigen Rechtswahlklauseln gleichgestellt,[299] so dass man der Klausel in deutsch-amerikanischen Fällen gleichfalls eine ausdrückliche Rechtswahl entnommen hat.[300] Freilich kommt es für die Auslegung von „construction", dh den Sinn und die Reichweite der Vereinbarung, auf die jeweiligen Umstände an. Dass der Ausdruck nicht völlig eindeutig ist, zeigen die jedenfalls gelegentlich auftauchenden Zweifel in der US-amerikanischen Rspr. 58

Auch dann, wenn die Parteien nur auf einzelne **Vorschriften eines bestimmten Rechts** Bezug nehmen, kann dies eine stillschweigende Rechtswahl bedeuten.[301] Dies wurde etwa für eine Vertragsbestimmung angenommen, es handle es um einen „Vergleich iSd Art. 2044 ff. Code civil".[302] Eine Klausel, wonach ein Vertrag nach den in Spanien geltenden Gesetzen auch ohne notarielle Beurkundung für beide Seiten rechtsverbindlich und unwiderruflich sein soll, kann sich auch auf den gesamten Grundstückskaufvertrag beziehen.[303] Eine nur gelegentliche Erwähnung einer Bestimmung genügt aber nicht.[304] Eine stillschweigende Wahl deutschen Rechts kann auch in der Vereinbarung deutscher **Tarifverträge** liegen.[305] Von Bedeutung ist ferner die Bezugnahme auf ein bestimmtes Urlaubsrecht.[306] Entsprechendes gilt, wenn auf einzelne kündigungsschutzrechtliche Vorschriften oder Tarifvertragsbestimmungen verwiesen wird.[307] 59

Setzen sich die herangezogenen Normen allerdings ohnehin **zwingend** durch, so beeinflusst ihre Erwähnung grundsätzlich nicht die Bestimmung des Vertragsstatuts.[308] So gilt zB das Recht des Importlandes für einen Warenkauf nicht schon deshalb, weil die Parteien mit dessen Einfuhrbestimmungen rechnen mussten und auch gerechnet haben[309] (→ Rn. 76). Auch in der Bezugnahme auf zwingende Preisvorschriften braucht keine Rechtswahl zu liegen.[310] Bei sozialrechtlichen Vorschriften ist zu bedenken, dass diese regelmäßig auf Grund Internationalen Sozialrechts zwingend zur Anwendung kommen. In der Bezugnahme auf solche Bestimmungen, welche ohnehin anwendbar sind, liegt daher kein Indiz auf einen entsprechenden Parteiwillen.[311] 60

---

296 Vgl. *Jayme* FS Kegel, 1987, 253 (263 f.).
297 OLG München IPRax 1984, 319 m. zust. Aufsatz *Jayme* IPRax 1984, 303; anders Ferrari IntVertragsR/*Ferrari* Rn. 33.
298 Näher *W. Lorenz* IPRax 1989, 24 f.
299 Zur Unterscheidung von „validity", „construction" und „interpretation" *Weintraub,* Commentary on the Conflict of Laws, New York, 5. Aufl. 2006, 475 f.
300 OLG München IPRax 1989, 42 m. zust. Anm. *W. Lorenz* IPRax 1989, 22; *J. Schröder* IPRax 1985, 131 f. – Eine bloß stillschweigende Rechtswahl hält für möglich, *E. Lorenz* RIW 1992, 697 (703).
301 BGH NJW-RR 1996, 1034 betr. Bezugnahme auf WEG; WM 1997, 560 = RIW 1997, 426; NJW 2013, 308 betr. Reisevertrag; OLG Köln RIW 1993, 415 = IPRspr. 1993 Nr. 29; IPRspr. 2001 Nr. 32 betr. StBerG; OLG Düsseldorf NJW-RR 1994, 506 betr. Warenkauf; OLGR 2003, 252 betr. Handelsvertreter; LG Duisburg TranspR 1991, 74 = IPRspr. 1990 Nr. 57; Soergel/*v. Hoffmann* EGBGB Art. 27 Rn. 45. – Zusätzliche Umstände verlangt Ferrari IntVertragsR/*Ferrari* Rn. 33.
302 BGH NJW-RR 2000, 1002 = IPRax 2002, 37 m. Aufsatz *Hohloch/Kjelland* IPRax 2002, 30 = JZ 2000, 1115 mAnm *Sandrock;* s. auch OLG Saarbrücken BeckRS 2015, 12044.
303 BGH NJW-RR 1990, 248.
304 OLG Oldenburg BeckRS 2012, 5289 für slowakisches HGB.
305 BAG NJW 1996, 741 = AR-Blattei Auslandsarbeit 320 Nr. 15 mAnm *Mankowski;* BAGE 100, 130 = NZA 2002, 734 = SAE 2002, 258 mAnm *Junker* = IPRax 2003, 258 m. insoweit zust. Aufsatz *Franzen* IPRax 2003, 239 = AP Art. 30 nF Nr. 10 mAnm *Schlachter* = AR-Blattei ES 920 Nr. 8 mAnm *Mankowski* betr. US-amerikanisches Recht für Flugbegleiter; BAG NJW 2013, 2461 = NZA 2013, 1102; *Junker* RIW 2001, 94 (96 f.); *Junker* RIW 2006, 401 (404); *Schlachter* NZA 2000, 58 f.
306 BAG NZA 2003, 339 = IPRspr. 2002 Nr. 151.
307 BAG NJW 1996, 741 = AR-Blattei ES 340 Nr. 15 mAnm *Mankowski;* ArbG Düsseldorf IPRax 1990, 328 (330); vgl. auch LAG Mainz IPRspr. 2012 Nr. 64 betr. US-amerikanisches Arbeitsrecht.
308 BAGE 7, 357 = AP IPR-ArbR Nr. 3 mAnm *Gamillscheg* = NJW 1959, 1702; vgl. auch BAG NJW 1985, 2910 = AP IPR-ArbR Nr. 23 mAnm *Beitzke* mAnm *Birk* EWiR 1985, 659.
309 *J. Hartmann,* Das Vertragsstatut in der deutschen Rechtsprechung seit 1945, 1972, 213 ff.; *Kreuzer,* Das IPR des Warenkaufs in der deutschen Rechtsprechung, 1964, 265 ff.; *Weitnauer,* Der Vertragsschwerpunkt, 1981, 159 f.; anders noch BGH JZ 1961, 261 m. abl. Anm. *Henrich.*
310 *Wenner,* Baurecht, 1993, 257 (269).
311 *Mankowski* in Leible, Grünbuch, 2004, 63 (77) mwN.

61 Die **Verwendung juristisch-technischer Klauseln** deutet ebenfalls auf das Recht hin, auf das sie zugeschnitten sind. Dies gilt insbesondere dann, wenn bestimmte Rechtsbegriffe oder für ein Recht typische Klauseln verwendet werden.[312] Können sie jedoch ebenso gut ein analoger sprachlicher Ausdruck für auch dem deutschen Recht geläufige Rechtsinstitute sein, so kommt ihnen keine Bedeutung zu.[313] Die Abgrenzung, wann das eine oder das andere angenommen werden kann, ist nicht immer leicht.[314] Auch hier kommt es darauf an, ob der Hinweis genügend deutlich ist. Eine stillschweigende Wahl deutschen Rechts wurde etwa für einen Bauvertrag angenommen, in dem auf Deutsche baurechtliche Regelungen und DIN-Normen Bezug genommen wurde.[315] Ein Hinweis besteht auch, wenn der Vertrag auf der Grundlage von (häufig branchenspezifischen) **AGB,**[316] **Lieferbedingungen oder anderen Formularen** geschlossen wurde. Hier deutet der Gebrauch des Formulars auf das Recht hin, im Hinblick auf welches das Formular entworfen wurde.[317] Das wird häufig das Recht desjenigen Verbandes oder das Recht am Niederlassungsort des Unternehmers sein, der die Formulare aufgestellt hat.[318] Diese Regel gilt jedoch nicht für Formulare internationaler Organisationen.[319] Ebenso ist es bei international gebräuchlichen Formularen, zB englischsprachigen Formularen im Seeverkehr. Hier wird lediglich die übliche internationale Seesprache verwendet; über das anwendbare Recht sagt das Formular nichts aus.[320] Gleiches gilt, wenn einer ausländischem Recht entsprechenden Klausel in einem Versicherungsvertrag nur eine isolierte Bedeutung zukommt.[321]

62 Von Bedeutung kann auch die Bezugnahme auf **Standards wie die deutschen DIN-Normen** sein.[322] Hier ist allerdings zu beachten, dass es sich um technische Standards handeln kann, welche ohnehin als Erfüllungsmodalitäten iSd Art. 12 Abs. 2 einzuhalten sind. Dann ist die Bezugnahme auf sie nur ein schwaches Indiz für eine stillschweigende Rechtswahl.[323]

63 Die **Verwendung einer bestimmten Sprache** wird des Öfteren für eine stillschweigende Rechtswahl angeführt.[324] Sie kann jedoch nur zusammen mit anderen Umständen auf ein bestimmtes Recht hindeuten.[325] Die **Beurkundung vor einem Notar** eines bestimmten Landes enthält einen

---

[312] KG NJW-RR 2009, 195 betr. Teppichkauf in der Türkei; OLG Koblenz RIW 1993, 934: Alleinvertriebsvertrag dem Recht des französischen Unternehmers unterstellt; LG Frankfurt a.M. NJW 1963, 450; BAG AR-Blattei Auslandsarbeit 320 Nr. 15 mAnm *Mankowski* betr. gesetzliche Kündigungsfrist; LAG Mainz IPRspr. 2012 Nr. 64 zum US-amerikanischen Arbeitsrecht; *W. Lorenz* IPRax 1987, 269 (272); IPG 1984 Nr. 9 (Freiburg). – Offenbar grds. nur für eine materiellrechtliche Verweisung im Rahmen des objektiv zu bestimmenden Vertragsstatuts *Steinle* ZVglRWiss 93 (1994), 300 (311 f.).

[313] BGHZ 19, 110 (112) = NJW 1956, 377; OLG Düsseldorf NJW-RR 1995, 1396 = IPRspr. 1994 Nr. 35 A betr. Türkei; IPG 1984 Nr. 20 (Köln).

[314] Vgl. *Wilderspin* in Lando/Magnus/Nowak-Stief, Angleichung des materiellen und des internationalen Privatrechts in der EU, 2003, 111 (113 f.).

[315] BGH NJW-RR 1999, 813 = RIW 1999, 537 = IPRax 2001, 333 m. Aufsatz *Pulkowski* IPRax 2001, 306 betr. deutsche VOB; OLG Hamm IPRspr. 2004 Nr. 18 (VOB); krit. *Wenner* FS Thode, 2005, 661 (664): „Einsicht in das Unabänderliche"; abl. *Hillig* in Messerschmidt/Voit, Privates Baurecht, 4. Aufl. 2022, Rn. P 17: lediglich technischer Vertragsinhalt.

[316] Bruck/Möller/*Dörner,* 2013, Art. 3 Rn. 2, 9 zu Versicherungsbedingungen; s. schon BGH JZ 1976, 407 mAnm *Mummenhoff* = RIW 1976, 447; OLG Köln VersR 1979, 535; OLG München RIW 1983, 957 zu ADSp; OLG Schleswig NJW-RR 1988, 283 zu ADSp; OLG Hamburg IPRspr. 1989 Nr. 193 = RIW 1991, 61 zu ADSp; LG München I TranspR 1999, 300 = IPRspr. 1998 Nr. 50 zu öst. Spediteurbedingungen; *Steinschulte* in Sandrock IntVertragsgestaltung-HdB Bd. I Rn. A 84.

[317] BGHZ 134, 127 = NJW 1997, 397 (399) = IPRax 1999, 367 m. Aufsatz *Dörner/Staudinger* IPRax 1999, 338 betr. deutsches Bürgschaftsrecht; BGH NJW 2013, 308 betr. Reisevertrag; OLG Hamm RIW 1994, 877; vgl. auch *Hill* Int. Comp. L. Q. 53 (2004), 325 (330 f.).

[318] RGZ 95, 164 (165) = JW 1919, 499 mAnm *Klein,* unter Bezugnahme auf den Erfüllungsort; OLG Hamburg RIW 1986, 462; OLG Köln NJW 1987, 1151; *v. Hoffmann* AWD 1970, 247 (248); einschr. Wolf/Lindacher/Pfeiffer/*Hau* IntGV Rn. 16.

[319] So für die FIDIC-Bedingungen *Hillig* in Messerschmidt/Voit, Privates Baurecht, 4. Aufl. 2022, Rn. P 17.

[320] OLG Hamburg MDR 1954, 442; 1955, 109 = IPRspr. 1954–55 Nr. 34b; *v. Hoffmann* AWD 1970, 247 (249); anders RGZ 122, 316 (318) = IPRspr. 1929 Nr. 61.

[321] OLG Hamburg TranspR 2002, 120 = IPRspr. 2001 Nr. 45: deutsches Recht trotz US-amerikanischer Versicherungsbedingungen und englischer „to-follow"-Klausel.

[322] *Pulkowski* IPRax 2001, 306 (309); anders *Hillig* in Messerschmidt/Voit, Privates Baurecht, 4. Aufl. 2022, Rn. P 17.

[323] *Mankowski* in Leible, Grünbuch, 2004, 63 (77 f.); BeckOGK/*Wendland,* 1.9.2022, Rn. 162.

[324] So etwa BGH NJW 1998, 1321 = IPRax 1999, 45 m. Aufsatz *Stoll* IPRax 1999, 29 betr. span. Sprache vor deutschem Notar; WM 2004, 2066 obiter; NJW-RR 2005, 581 betr. deutsche Sprache; WM 2015, 2058 betr. Niederländisch; KG NJW-RR 2009, 195 betr. deutsche Sprache; OLG Nürnberg NJW-RR 1997, 1484 = IPRspr. 1996 Nr. 31; OLG Köln IPRspr. 2001 Nr. 32. – Nicht genügend in OLG Koblenz NJW-RR 2001, 490 = VuR 2001, 257 mAnm *Mankowski;* KG IPRspr. 2003 Nr. 43 = WM 2003, 2093.

[325] BAG RIW 2016, 543: Deutsch irrelevant, betr. Schweiz.

Hinweis auf die Geltung des Rechts dieses Landes.[326] Dieser Faktor ist jedoch nur in Verbindung mit anderen aussagekräftig.

e) Gemeinsamer Erfüllungsort. Wird ein für beide Parteien gemeinsamer Erfüllungsort vereinbart, so kann darin eine stillschweigende Vereinbarung des Rechts dieses Ortes liegen.[327] Das ist auch dann anzunehmen, wenn der vereinbarte Erfüllungsort mit dem Ort, an dem tatsächlich geleistet werden soll, nichts zu tun hat. Allerdings ist die Bedeutung dieser Regel nicht mehr so groß wie früher, als die hilfsweise Anknüpfung an den Erfüllungsort noch eine überragende Stellung einnahm. Heute kommt der Erfüllungsortvereinbarung vor allem eine Rolle für die Begründung einer Zuständigkeit am Erfüllungsort zu (vgl. Art. 7 Nr. 1 Brüssel Ia-VO [= Art. 5 Nr. 1 LugÜ]). Einer prozessual formunwirksamen abstrakten Erfüllungsortvereinbarung (zu Art. 25 Brüssel Ia-VO [= Art. 23 LugÜ] → Vor Art. 1 Rn. 52) wird teilweise jegliche Indizwirkung für den Rechtswahlwillen abgesprochen.[328] – Zur objektiven Anknüpfung → Art. 4 Rn. 351. 64

f) Vertragspraxis der Parteien. Insbesondere dann, wenn eine **Kette von Verträgen** geschlossen wurde, kann daraus, dass ein früherer Vertrag einem bestimmten Recht unterstellt wurde, gefolgert werden, auch die später geschlossenen Verträge sollten dem gleichen Recht unterliegen.[329] Vorausgesetzt wird jedoch, dass die tatsächlichen Umstände keine Änderung des Willens der Parteien erkennen lassen. Einer besonders sorgfältigen Prüfung bedarf es, wenn auch das Recht für den ersten Vertrag lediglich stillschweigend gewählt wurde.[330] Denkbar ist auch, dass der Einzelvertrag im Rahmen einer größeren **Gesamttransaktion** der Parteien geschlossen wurde, für die ein bestimmtes Recht gilt. Hier kann der Wille der Parteien dahin gehen, nur diese Rechtsordnung zur Anwendung zu bringen.[331] Dies ist auch nicht ausgeschlossen, wenn die Parteien des jeweiligen Vertragsverhältnisses nicht identisch sind.[332] Doch kommt es auch insoweit auf den Einzelfall an. Grundsätzlich hat jeder Vertrag sein eigenes Statut;[333] auch bei der objektiven Anknüpfung werden nicht alle Verträge einer einzigen Rechtsordnung unterstellt (→ Art. 4 Rn. 317 ff.). 65

IV. Teilweise Rechtswahl (Abs. 1 S. 3)

1. Zulässigkeit. a) Kollisions- und materiellrechtliche Verweisung. Wendet man auf einen Vertrag verschiedene Rechtsordnungen an, so birgt das die Gefahr von Widersprüchen oder Lücken in sich; die Zersplitterung führt zu Rechtsunsicherheit. Auf der anderen Seite kann es den Parteiinteressen und wirtschaftlichen Bedürfnissen entsprechen, unterschiedliche Rechtsordnungen anzuwenden. Einer Umgehung zwingender Vorschriften wirkt ihre besondere Anknüpfung entgegen. Deshalb erlaubt Abs. 1 S. 3 den Parteien ausdrücklich, ihre Rechtswahl nur für einen Teil ihres Vertrages zu treffen (sog. dépeçage). Die Vereinbarung braucht nicht ausdrücklich, sondern kann auch stillschweigend erfolgen.[334] Ein besonderer Grund für die Teilverweisung braucht nicht ersichtlich zu sein.[335] 66

Eine **kollisionsrechtliche Teilverweisung** iwS bedeutet, dass die Parteien eine Rechtswahl (nur) für einzelne Teile ihrer gegenseitigen Rechtsbeziehungen, zB für einen Vertrag, treffen. Abs. 1 S. 3 erlaubt aber auch eine Teilverweisung ieS; eine solche Vereinbarung bezieht sich auf einzelne Vertragsteile oder **bestimmte Fragen eines Vertragsverhältnisses.**[336] Derartige Verweisungen 67

---

326 BGH WM 2004, 2066 obiter; *Stoll* IPRax 1999, 29 (30). – Irrelevant, da nur dinglichen Aspekt des Vertrages betr. in OLG Köln IPRspr. 2000 Nr. 26.

327 OLG Köln RIW 1994, 970; BeckOGK/*Wendland,* 1.9.2022, Rn. 172: schwaches Indiz; Grüneberg/*Thorn* Rn. 7; Czernich/Heiss/*Heiss* EVÜ Art. 3 Rn. 10. – Zum alten Recht RGZ 58, 366 (367); 81, 273 (275); RG WarnR 1928 Nr. 104 = IPRspr. 1928 Nr. 30; *Kreuzer,* Das IPR des Warenkaufs in der deutschen Rechtsprechung, 1964, 203 ff. Vgl. auch BGH NJW 1985, 560.

328 *Mankowski* in Leible, Grünbuch, 2004, 63 (78 f.).

329 *Lagarde* Rev. crit. dr. int. pr. 80 (1991), 287 (304); *v. Bar/Mankowski* IPR II § 1 Rn. 152; *Kropholler* IPR § 52 II 1; Ferrari IntVertragsR/*Ferrari* Rn. 32; BeckOGK/*Wendland,* 1.9.2022, Rn. 170; Bericht *Giuliano/Lagarde,* BT-Drs. 10/503, 49.

330 BGH NJW 1997, 1150 = IPRspr. 1996 Nr. 38; NJW 2001, 1936 = IPRspr. 2000 Nr. 133: Architektenvertrag folgte konkludenter Rechtswahl im Bauvertrag; iErg zust. *Corneloup* in Corneloup/Joubert, Le règlement communautaire „Rome I", 2011, 285 (305 f.).

331 OLG Hamburg IPRspr. 1998 Nr. 34 = TranspR-IHR 1999, 37; LG Karlsruhe NJW-RR 1999, 1284. – Für verbundene Verträge s. Rauscher/*v. Hein* Rn. 31.

332 *Kaspers,* Die gemischten und verbundenen Verträge im internationalen Privatrecht, 2015, 138 f.; Rauscher/*v. Hein* Rn. 31.

333 *Mankowski* in Leible, Grünbuch, 2004, 63 (79 ff.).

334 Bericht *Giuliano/Lagarde,* BT-Drs. 10/503, 49; *Ekelmans* Mélanges Vander Elst, Bd. I, 1986, 243 (248).

335 *Mankowski* FS Martiny, 2014, 449 (458 ff.); Soergel/*v. Hoffmann* EGBGB Art. 27 Rn. 56.

336 Soergel/*v. Hoffmann* EGBGB Art. 27 Rn. 53.

werden nicht anders behandelt, als wären sie für den ganzen Vertrag erfolgt, sie schließen also andere Rechtsordnungen aus.

68 Von einer **materiellrechtlichen Teilverweisung** spricht man dagegen, wenn zwar nur eine Rechtsordnung das Vertragsstatut stellt, in einer Einzelfrage aber auf ein anderes Recht Bezug genommen wird. Die zur Beantwortung der Teilfrage berufene Rechtsordnung kann sich daher nur insoweit entfalten, als das primär gewählte Vertragsstatut dies zulässt. Abs. 1 S. 3 gestattet nicht nur die materiellrechtliche, sondern auch die kollisionsrechtliche Teilverweisung.[337]

69 **b) Abspaltbarkeit.** Die Parteien können einzelne Vertragsgegenstände (zB unterschiedliche Käufe) verschiedenen Rechtsordnungen unterwerfen. Hier können die vertragsrechtlichen Vorschriften mehrerer Rechtsordnungen regelmäßig ohne Probleme nebeneinander angewendet werden.[338] Sie dürfen auch Zustandekommen und Erfüllung unterschiedlichen Rechten unterstellen.[339] Grenzen werden jedoch für die Fälle diskutiert, in denen gleichzeitig einzelne Sachnormen verschiedener Rechtsordnungen auf die Verpflichtung der Parteien Anwendung finden sollen[340] (→ Rn. 75). Eine besondere Beschränkung der Teilrechtswahl enthält das Gesetz nicht, gleichwohl wird eine gewisse Selbständigkeit der Teilfrage vorausgesetzt.[341] Eine Teilverweisung setzt voraus, dass die Teilfrage abspaltbar ist.[342] Eine Selbständigkeit der Rechtsfragen ist in der Regel für die in Art. 12 genannten Komplexe gegeben.[343] Auch die Entgeltvereinbarung in einem Kreditvertrag ist abspaltbar.[344] Die einzelnen Teile dürfen nur dann verschiedenen Rechtsordnungen unterworfen werden, wenn sie sich in der Weise – notfalls durch Anpassung – miteinander verbinden lassen, dass **keine widersprüchlichen Ergebnisse** eintreten.[345] In der Tat können sich unauflösliche Widersprüche etwa dann ergeben, wenn die Befugnis der Parteien zur Auflösung eines gegenseitigen Vertrages zwei verschiedenen Rechtsordnungen unterworfen wird.[346] Freilich muss das nicht immer der Fall sein.[347] Die Parteien sind, solange keine Widersprüche auftreten, auch nicht grundsätzlich daran gehindert, für die Erfüllung der Vertragspflichten der jeweiligen Parteien unterschiedliche Rechte zu vereinbaren.[348]

70 Es ist zwar wünschenswert, dass sich die einzelnen Teile sachgerecht miteinander verbinden lassen; das Gesetz nennt ein solches Kriterium aber nicht ausdrücklich. Auch über den Maßstab besteht keine Einigkeit. Teilweise sieht man wohl schon den Widerspruch als solchen als Hindernis an.[349] Zum Teil wird wesentlich enger angenommen, die Teilverweisung sei lediglich im Hinblick auf den Konsens der Parteien und das Synallagma ausgeschlossen.[350] Es ist freilich zweifelhaft, ob sich die Inkohärenz in einer einfachen Formel einfangen lässt. Man wird daher die Rechtswahl nur bei **absoluter Unvereinbarkeit** und unüberwindlichen Schwierigkeiten scheitern lassen.[351] Bei Widersprüchen ist zunächst zu prüfen, ob sie sich nicht durch eine Auslegung der jeweiligen Rechtswahl und sodann durch die Auslegung der vereinbarten materiellen Rechte ausräumen lassen.[352] Übertriebener Schutz vor den eigenen Vereinbarungen und Bevormundung der Parteien sind zu vermeiden.

71 **c) Auslegung der Parteivereinbarung.** Insbesondere dann, wenn die Parteien das anwendbare Recht nur für einen Teil des Vertrages bestimmt haben, ist ihre Vereinbarung auszulegen. Als Maßstab

---

[337] *Windmöller,* Die Vertragsspaltung im Internationalen Privatrecht des EGBGB und des EGVVG, 2000, 65; Grüneberg/*Thorn* Rn. 10; Soergel/*v. Hoffmann* EGBGB Art. 27 Rn. 53.

[338] Dies bezeichnet als „objektbezogene" Spaltung *Windmöller,* Die Vertragsspaltung im Internationalen Privatrecht des EGBGB und des EGVVG, 2000, 20 ff.

[339] *Kondring* IPRax 2006, 425 (427 f.); NK-BGB/*Leible* Rn. 40; Staudinger/*Magnus,* 2021, Rn. 104.

[340] Von „sachnormbezogener" Spaltung spricht *Windmöller,* Die Vertragsspaltung im Internationalen Privatrecht des EGBGB und des EGVVG, 2000, 20 ff.

[341] *Roth* FS Jayme, Bd. I, 2004, 757 (762); *Mankowski* FS Martiny, 2014, 449 (459).

[342] *Mankowski* FS Martiny, 2014, 449 (459); Rauscher/*v. Hein* Rn. 75. – Dieses Erfordernis lehnt ganz ab *Windmöller,* Die Vertragsspaltung im Internationalen Privatrecht des EGBGB und des EGVVG, 2000, 80 f., 117 f.

[343] Vgl. *Jayme* FS Kegel, 1987, 253 (263).

[344] Näher *Kysel* WM 2018, 2266 (2267 ff.).

[345] Vgl. Bericht *Giuliano/Lagarde,* BT-Drs. 10/503, 49; *Windmöller,* Die Vertragsspaltung im Internationalen Privatrecht des EGBGB und des EGVVG, 2000, 83 ff.; Soergel/*v. Hoffmann* EGBGB Art. 27 Rn. 57.

[346] *Nourissat* in Corneloup/Joubert, Le règlement communautaire „Rome I", 2011, 205 (214); Erman/*Stürner* Rn. 21; Soergel/*v. Hoffmann* EGBGB Art. 27 Rn. 59 ff.

[347] Näher *Ekelmans* Mélanges Vander Elst, Bd. I, 1986, 243 (250).

[348] *W. Lorenz* IPRax 1987, 269 (272); BeckOK BGB/*Spickhoff* Rn. 28; Staudinger/*Magnus,* 2021, Rn. 108; anders *Jayme* FS Kegel, 1987, 253 (263); *Rigaux* Cah. dr. europ. 24 (1988), 306 (317); Grüneberg/*Thorn* Rn. 10 für funktionales Synallagma.

[349] *Lagarde* Rev. crit. dr. int. pr. 80 (1991), 287 (302); *Kropholler* IPR § 52 II 3b.

[350] Soergel/*v. Hoffmann* EGBGB Art. 27 Rn. 59 ff.

[351] Enger Rauscher/*v. Hein* Rn. 75.

[352] BeckOGK/*Wendland,* 1.9.2022, Rn. 198.

dafür bietet sich das Kollisionsrecht der lex fori an.[353] In der Regel wollen die Parteien ihre vertraglichen Rechte und Pflichten **ein und derselben Rechtsordnung** unterstellen.[354] Haben die Vertragsparteien bestimmte Fragen verschiedenen Rechtsordnungen unterstellt, so ist stets zu prüfen, ob nicht nur eine kollisionsrechtliche Rechtswahl eines einheitlichen Vertragsstatuts und eine damit verbundene materiellrechtliche Teilverweisung vorliegt.[355] Ändern die Parteien ihre Rechtswahl für die Ansprüche einer Partei, so ist es eine Frage der Auslegung, ob davon auch die Gegenansprüche des anderen Teils erfasst werden.[356] – Zu verbundenen Verträgen → Art. 4 Rn. 317 ff.

2. Ausmaß der Teilverweisung. a) Rechtswahl für einen Teil. Wird die Rechtswahl nur für einen Teil des Vertrages getroffen, so ist das Vertragsstatut des Teils, für den keine Rechtswahl vorliegt, grundsätzlich auf Grund objektiver Anknüpfung (Art. 4) zu bestimmen. Haben sich die Parteien nämlich über das anwendbare Recht nur in einer Frage geeinigt, so darf man ihnen nicht die Möglichkeit nehmen, es für den Rest bei einer objektiven Anknüpfung zu belassen.[357] Gleichwohl wird man häufig aus der teilweisen Rechtswahl auf das für den Rest geltende Recht schließen dürfen, wenn es genügend weitere Anhaltspunkte für einen dahingehenden stillschweigenden Parteiwillen gibt.[358] Dann gilt das gewählte Recht für den ganzen Vertrag. Hinzu kommt, dass im Interesse einheitlicher Vertragsabwicklung und -beurteilung die Aufspaltung eher die Ausnahme bilden sollte. 72

b) Verschiedene Rechtsordnungen. Obwohl der Verordnungstext dies nicht ausdrücklich erlaubt, ist es auch zulässig, verschiedene Rechtsordnungen für unterschiedliche Teile desselben Vertrages zu vereinbaren.[359] Frühere Bedenken gegen ein „rechtliches Potpourri“[360] hat sich die VO nicht zu eigen gemacht. Die Parteien können daher selbst entscheiden, ob sie es zB für sinnvoll halten, einen komplexen Langzeitvertrag unterschiedlichen Rechtsordnungen zu unterwerfen.[361] 73

3. Beispiele. Teilverweisungen kommen vor allem für individuell ausgehandelte Verträge in Betracht; sie können verschiedene Fragen betreffen, zB Klauseln über Preis, Währung oder Haftungsfolgen. Insbesondere kann für Zustandekommen und **Erfüllung** bzw. die einzelnen Wirkungen unterschiedliches Recht vereinbart werden.[362] Beispielsweise können eine Erfüllungsortvereinbarung sowie die Art und Weise der Erfüllung einem anderen Recht unterstellt werden als der übrige Vertrag.[363] Auch die **Kündigung** eines Arbeitsverhältnisses kann einem anderen Recht unterworfen werden.[364] Für **vertragliche Schadensersatzansprüche** kann nachträglich noch ein anderes Recht vereinbart werden als dasjenige, welches für die Wirksamkeit des Vertrages gilt.[365] Auch eine **„Indexklausel“** bezüglich des Preises kann einer anderen Rechtsordnung unterstellt werden als der übrige Vertragsinhalt (zum Währungsrecht → Anh. I Art. 9 Rn. 42).[366] 74

Umstritten ist, ob sich die Parteien auf die Vereinbarung eines bestimmten Formstatuts beschränken können.[367] Bejahendenfalls könnten sie auch bei der Vereinbarung einer bestimmten Rechtsord- 75

[353] *Windmöller,* Die Vertragsspaltung im Internationalen Privatrecht des EGBGB und des EGVVG, 2000, 76 f.; Soergel/*v. Hoffmann* EGBGB Art. 27 Rn. 299.

[354] BGH JZ 1961, 261 mAnm *Henrich;* DB 1969, 653; RGZ 68, 203 (206 f.) für den mutmaßlichen Parteiwillen; *Kropholler* IPR § 52 II 3b; BeckOK BGB/*Spickhoff* Rn. 27 für tatsächliche Vermutung gegen Teilverweisung.

[355] Rauscher/*v. Hein* Rn. 86; vgl. *W. Lorenz* IPRax 1987, 269 (272 f.). – Gegen die Vermutung einer bloß materiell-rechtlichen Verweisung *Schwander* FS Keller, 1989, 473 (479 f.).

[356] S. ISS Machinery Services Ltd. v. Aeolian Shipping SA (2001) Lloyd's Rep. 641 (CA); dazu *Plender* in Lando/Magnus/Nowak-Stief, Angleichung des materiellen und des internationalen Privatrechts in der EU, 2003, 25 (30 f.).

[357] Vgl. Bericht *Giuliano/Lagarde,* BT-Drs. 10/503, 49; *W. Lorenz* IPRax 1987, 269 (272 f.); *Lagarde* Rev. crit. dr. int. pr. 80 (1991), 287 (302).

[358] Rauscher/*v. Hein* Rn. 85; vgl. *Gamillscheg* ZfA 14 (1983), 307 (328); enger *Ekelmans* Mélanges Vander Elst, Bd. I, 1986, 243 (248).

[359] *v. Hoffmann* IPRax 1989, 261 (262); Grüneberg/*Thorn* Rn. 10; Rauscher/*v. Hein* Rn. 78.

[360] *Raape,* IPR, 5. Aufl. 1961, 472. – Befürwortend hingegen *Nygh,* Autonomy in International Contracts, 1999, 122 ff.

[361] Vgl. *Jayme* in Nicklisch, Der komplexe Langzeitvertrag, 1987, 311 (312 ff.).

[362] BeckOK BGB/*Spickhoff* Rn. 28; Rauscher/*v. Hein* Rn. 76; Soergel/*v. Hoffmann* EGBGB Art. 27 Rn. 61.

[363] Obiter BGH IPRax 1981, 93 m. Aufsatz *Spellenberg* IPRax 1981, 75.

[364] BAG NZA 1998, 813 = IPRax 1999, 174 m. Aufsatz *Krebber* IPRax 1999, 164 = AR-Blattei ES 920 Nr. 5 mAnm *Mankowski:* Kündigungsschutz nach deutschem Recht vereinbart.

[365] OLG Frankfurt IPRspr. 1992 Nr. 31 = IPRax 1992, 314 m. Aufsatz *Bungert* IPRax 1992, 296 betr. Grundstückskauf.

[366] Bericht *Giuliano/Lagarde,* BT-Drs. 10/503, 49; *Kropholler* IPR § 52 II 3b; Soergel/*v. Hoffmann* EGBGB Art. 27 Rn. 60.

[367] Bejahend OLG Hamm NJW-RR 1996, 1145 = IPRspr. 1995 Nr. 36 betr. span. Recht für Grundstückskauf; abl. Reithmann/Martiny IntVertragsR/*Stelmaszyk* IntVertragsR Rn. 5.230; Reithmann/Martiny IntVertragsR/*Limmer* Rn. 21.6.

nung die geltenden **Formvorschriften** von ihrer Anwendung ausschließen[368] (zum Abdingen von Geschäftsrechts- und Ortsformrecht näher → Art. 11 Rn. 79 f.). Allerdings wird bei der stillschweigenden Wahl deutschen Rechts für den Hauptvertrag ein stillschweigender Ausschluss der Ortsform (Art. 11 Abs. 1 S. 2) höchst selten gewollt sein.[369] Daher scheitert die Formwirksamkeit bei milderem Ortsrecht nicht. Selten ist auch, dass das formelle Zustandekommen eines Vertrages stillschweigend ausländischem, seine Wirksamkeit hingegen deutschem Recht unterstellt wird.[370] **Gerichtsstands- und Rechtswahlvereinbarung** dürfen ohnehin verschiedenen Rechtsordnungen unterstellt werden, da es sich um zwei selbständige Verträge mit unterschiedlichen Gegenständen handelt.[371] Ebenso können Haupt- und **Schiedsvertrag** unterschiedlichen Rechten unterworfen werden.[372]

76 Eine Vereinbarung, wonach die iSd Art. 9 **zwingenden Vorschriften** (Eingriffsnormen) einer auf das Rechtsverhältnis anzuwendenden Rechtsordnung vorbehalten bleiben sollen, bedeutet regelmäßig keine Vereinbarung des Rechts, dem diese Rechtsnormen angehören, da diese nach anderen Grundsätzen angewendet werden (→ Art. 9 Rn. 46).[373] So kommt eine Verweisung auf ausländisches Recht auch dann zum Tragen, wenn es einschränkend heißt, „soweit nicht deutsches Recht zwingend vorgeschrieben ist".[374] Überhaupt kann die Teilverweisung nicht dazu genutzt werden, um sich nach anderen Gesichtspunkten anwendbaren zwingenden Normen zu entziehen[375] (→ Rn. 66 ff.).

V. Zeitpunkt der Rechtswahl (Abs. 2 S. 1)

77 **1. Wandelbarkeit des Vertragsstatuts. a) Zulässigkeit.** Das Vertragsstatut ist wandelbar. Die Rechtswahl der Parteien darf sowohl im Augenblick des Vertragsabschlusses als auch zu jedem späteren Zeitpunkt erfolgen und kann jederzeit geändert werden (Abs. 2 S. 1). Die **Zulässigkeit der nachträglichen Rechtswahl** folgt aus den Kollisionsnormen der lex fori.[376] Dabei handelt es sich um eine kollisionsrechtliche und nicht bloß materiellrechtliche Verweisung.[377] Sie braucht weder vom Kollisionsrecht des ursprünglich vereinbarten, noch von dem der später vereinbarten Rechtsordnung akzeptiert zu werden.[378] Die nachträgliche Rechtswahl kann in gleicher Weise wie eine ursprüngliche Rechtswahl getroffen werden.[379] Sie unterliegt den gleichen Grundsätzen wie eine ursprüngliche Rechtswahl. Die nachträgliche Rechtswahl kann ausdrücklich, darf aber auch, wenn sie „eindeutig" ist, stillschweigend erfolgen (vgl. Abs. 1 S. 2), zB in einem Gerichtsverfahren.[380] Liegt sie erst einmal vor, so kann sich keine der Parteien davon wieder einseitig lösen. Dies gilt etwa für die nächste Gerichtsinstanz.[381] Um im Prozess beachtlich zu sein, muss die Rechtswahl wie andere Tatsachen nach den Verfahrensvorschriften der lex fori eingeführt werden. Es geht aber zu weit, die Grenzen einer nachträglichen Parteivereinbarung allgemein dem nationalen Verfahrensrecht entnehmen zu wollen; die Rechtswahl bleibt eine Frage des IVR, dh des materiellen Rechts.[382]

78 **b) Arten der Rechtswahl.** Die nachträgliche Rechtswahl ist in unterschiedlicher Weise möglich. Sie kann das früher vereinbarte Recht ändern, also eine vereinbarte Rechtsordnung durch eine andere ersetzen.[383] Gestattet ist aber auch, dass das Vertragsstatut zuvor lediglich auf Grund objektiver

---

368 Offengelassen in BGHZ 52, 239 (243) = NJW 1969, 1760.

369 S. aber BGHZ 57, 337 (338) = NJW 1972, 385 m. krit. Anm. *Jayme* NJW 1972, 1618.

370 LG Aurich AWD 1974, 282.

371 Rauscher/*v. Hein* Rn. 76. – S. bereits OLG Hamburg MDR 1973, 1025.

372 BGHZ 40, 320 (323) = NJW 1964, 591.

373 Vgl. BAG NJW 1985, 2910 = AP IPR-ArbR Nr. 23 mAnm *Beitzke* mAnm *Birk* EWiR 1985, 659; zum Teil anders *Vetter* ZVglRWiss 87 (1988), 248 (267 ff.).

374 BGH IPRspr. 1980 Nr. 3; vgl. auch OLG München IPRspr. 1981 Nr. 13 = IPRax 1983, 120 m. Aufsatz *Jayme* IPRax 1983, 105; LG München I IPRax 1983, 244 Ls. mAnm *Jayme*.

375 Vgl. *Stoll* FS Kegel, 1987, 623 (647 f.); Soergel/*v. Hoffmann* EGBGB Art. 27 Rn. 56 ff.

376 Vgl. Bericht *Giuliano/Lagarde*, ABl. EG 1980 C 272, 17 f.

377 *W. Lorenz* IPRax 1987, 269 (273); anders *Pfister* AWD 1973, 440 (443 f.).

378 Rauscher/*v. Hein* Rn. 90; Staudinger/*Magnus*, 2021, Rn. 119.

379 BGH NJW 1991, 1293; OLG Hamm RIW 1993, 940 = MDR 1994, 377; *Lagarde* Rev. crit. dr. int. pr. 80 (1991), 287 (302).

380 BeckOGK/*Wendland*, 1.9.2022, Rn. 208; Rauscher/*v. Hein* Rn. 92. – S. zu Art. 27 EGBGB aF BGH JZ 2000, 115 mAnm *Sandrock* = IPRax 2002, 37 m. Aufsatz *Hohloch/Kjelland* IPRax 2002, 30; OLG Düsseldorf IPRspr. 1992 Nr. 35 Ls. = WM 1992, 1898; OLG Hamm IPRspr. 1993 Nr. 34 = RIW 1993, 940; OLG Hamm SchiedsVZ 2014, 38; OLG Stuttgart WM 2007, 447.

381 Im Ergebnis ebenso OLG Düsseldorf TranspR 1986, 347 = RIW 1987, 793, aber unter Berufung auf § 528 Abs. 2 ZPO (verspätetes Vorbringen).

382 S. aber Bericht *Giuliano/Lagarde*, BT-Drs. 10/503, 50; vgl. auch *Rigaux* Cah. dr. europ. 24 (1988), 306 (314 ff.).

383 BGH NJW 1991, 1293; OLG Hamm RIW 1993, 940.

Anknüpfung und erst nachträglich durch eine Rechtswahl der Parteien bestimmt wird.[384] Auch dann kann ein Statutenwechsel eintreten. Wird nach einem bereits geschlossenen Vertrag der Parteien später noch ein anderer Vertrag mit Rechtswahlklausel abgeschlossen, so ist es eine Frage der Auslegung, ob sich die Klausel auch auf das frühere Rechtsverhältnis erstreckt. Das kann nicht ohne weiteres angenommen werden.[385]

Die Rechtswahl kann mit Wirkung **ex tunc oder ex nunc** erfolgen.[386] Eine die bisherigen Beziehungen ebenfalls erfassende Rechtswahl ex tunc ist auch insoweit möglich, als es um das Zustandekommen des Vertrages selbst geht.[387] Häufig ist aber unklar, ab welchem Zeitpunkt die Rechtswahl gelten soll. Auslegungsmaxime ist, dass die nachträgliche Rechtswahl **auf den Zeitpunkt des Vertragsschlusses zurückwirkt,** sofern die Parteien nichts anderes vereinbaren.[388] Andernfalls wäre ein Statutenwechsel erst ab Erklärung die Regel (vgl. hingegen die Schutzvorschrift des Abs. 2 S. 2). Zudem ist bei der oft erst im Prozess erfolgenden Rechtswahl in der Regel gerade eine Regelung der Probleme einer früheren Rechtsbeziehung beabsichtigt. Die ex tunc-Wirkung der Vereinbarung braucht daher aus den Parteierklärungen nicht besonders hervorzugehen.[389] **79**

Ist der Vertrag unter dem zuerst gewählten Recht ungültig, dagegen nach dem später vereinbarten gültig, so besteht bis zur später erfolgten wirksamen Rechtswahl kein rechtsgültiger Vertrag. Erfolgt die nachträgliche Rechtswahl aber ex tunc, so ist der Vertrag als **von Anfang an gültig** zu behandeln.[390] Wird ein Vertrag nach dem später gewählten Recht ungültig, so beeinträchtigt dies zwar die Wirksamkeit der Rechtswahl selbst nicht. Mit der nachträglichen Rechtswahl wird jedoch der Hauptvertrag hinfällig.[391] Andere wollen auch diese Frage dem Parteiwillen überlassen.[392] Eine subsidiäre Rechtswahl in einer „hierarchischen" Rechtswahlklausel, kommt dann zum Zuge, wenn die erste Rechtswahl fehlschlägt.[393] **80**

2. Formgültigkeit. Die Formgültigkeit des Vertrages (Art. 11) wird durch eine Änderung des anzuwendenden Rechts nicht berührt (Abs. 2 S. 2). Insoweit wird der Rechtszustand nach dem alten Statut respektiert. Dies wird dann bedeutsam, wenn die neue lex causae die Form des Hauptvertrages anders als das frühere Recht beurteilt. Stellt sie strengere Anforderungen, so wird der Vertrag nicht nachträglich formnichtig.[394] Bei ursprünglicher Formnichtigkeit kann eine Heilung durch Statutenwechsel eintreten, sofern sich die nachträgliche Rechtswahl auch auf die Form bezieht und rückwirkend sein soll (im Ergebnis wie hier → Einl. IPR Rn. 78). Es kommt zu rückwirkender Wirksamkeit, wenn die neue lex causae geringere Anforderungen stellt.[395] **81**

3. Rechte Dritter. a) Beeinträchtigung. Auf Grund des Vertrages können Dritte Rechtspositionen (rights of third parties; droits des tiers) erworben haben. Solche Rechtspositionen (beispielsweise Ansprüche aus einem echten Vertrag zu Gunsten Dritter) sollen durch eine spätere Änderung **82**

---

384 Soergel/*v. Hoffmann* EGBGB Art. 27 Rn. 67.

385 Näher *Hill* Int. Comp. L. Q. 53 (2004), 325 (332 f.).

386 BeckOK BGB/*Spickhoff* Rn. 30; Rauscher/*v. Hein* Rn. 95. – Rückwirkung bejahten zB BGH NJW 1991, 1292 betr. Kaufvertrag; OLG Frankfurt RIW 1991, 865 = IPRspr. 1991 Nr. 30; OLG München IPRspr. 1993 Nr. 48 = TranspR 1993, 433 betr. Seefrachtvertrag; s. auch OLG Saarbrücken IPRspr. 1964/65 Nr. 48; *Kegel/Schurig* IPR § 18 I 1c.

387 OLG Koblenz RIW 1982, 354 = IPRax 1982, 20.

388 BGH WM 1997, 1713 = IPRax 1998, 479 m. Aufsatz *Spickhoff* IPRax 1998, 462: interlokal; *Reinhart* IPRax 1995, 365 ff.; *Thorn* IPRax 2002, 349 (361); BeckOK BGB/*Spickhoff* Rn. 30; BeckOGK/*Wendland*, 1.9.2022, Rn. 214; Ferrari IntVertragsR/*Ferrari* Rn. 45; Rauscher/*v. Hein* Rn. 95; ebenso schon BAG NJW 1965, 319; OLG Bremen VersR 1978, 277; anders OLG Frankfurt IPRax 1992, 317; LG Essen RIW 2001, 943 = IPRax 2002, 396 m. Aufsatz *Krapfl* IPRax 2002, 380.

389 *Lagarde* Rev. crit. dr. int. pr. 80 (1991), 287 (304); *Lüderitz* FS Keller, 1989, 459 (462); *Siehr* FS Keller, 1989, 485 (496); *Kropholler* IPR § 52 II 4; Erman/*Stürner* Rn. 23; Soergel/*v. Hoffmann* EGBGB Art. 27 Rn. 73; ebenso ausdrücklich Art. 116 Abs. 3 S. 2 IPRG Schweiz; anders OLG Frankfurt IPRax 1992, 314 = IPRspr. 1992 Nr. 314; OLG München RIW 1996, 329 obiter; *W. Lorenz* IPRax 1987, 269 (273); *Möllenhoff*, Nachträgliche Rechtswahl und Rechte Dritter, 1993, 21 ff.

390 LG Heidelberg IPRax 2005, 42 Ls. m. zust. Anm. *Jayme;* Soergel/*v. Hoffmann* EGBGB Art. 27 Rn. 74. Vgl. auch *Plender* in Lando/Magnus/Nowak-Stief, Angleichung des materiellen und des internationalen Privatrechts in der EU, 2003, 25 (32).

391 *Morse* Yb. Eur. L. 2 (1982), 107 (121); *Plender* in Lando/Magnus/Nowak-Stief, Angleichung des materiellen und des internationalen Privatrechts in der EU, 2003, 25 (32); anders *C. Schulze,* Die Kodifikation des Vertragsstatuts im IPR, 1980, 58 f.

392 LG Essen RIW 2001, 943 = IPRax 2002, 396 m. Aufsatz *Krapfl* IPRax 2002, 380.

393 Näher *Mankowski* FS Martiny, 2014, 449 (460 ff.).

394 *Foyer* Clunet 118 (1991), 601 (607); *Kropholler* IPR § 52 II 4; Erman/*Stürner* Rn. 24; Staudinger/*Magnus,* 2021, Rn. 126; vgl. OLG Frankfurt IPRax 1992, 314 m. Aufsatz *Bungert* IPRax 1992, 296.

395 *v. Bar/Mankowski* IPR II § 1 Rn. 178; *Kropholler* IPR § 52 II 4; Soergel/*v. Hoffmann* EGBGB Art. 27 Rn. 76.

der Rechtswahl nicht beeinträchtigt werden (Abs. 2 S. 2).[396] Wie sich das **Beeinträchtigungs- bzw. Verschlechterungsverbot** dieser Drittschutzklausel auswirkt, sagt das Gesetz nicht. Für die Beurteilung ist zunächst die **Rechtsstellung** des Dritten nach der früher geltenden mit derjenigen nach der später vereinbarten Rechtsordnung zu **vergleichen;**[397] ggf. hat die spätere Rechtswahl nur Wirkungen inter partes. Genießt der Dritte auf Grund der nachträglich vereinbarten Rechtsordnung eine schlechtere Rechtsstellung als nach dem früher vereinbarten Recht, so bleibt für sein Verhältnis zu den Vertragsparteien das frühere Vertragsstatut maßgeblich. Die Wirkungen der späteren Rechtswahl werden kollisionsrechtlich auf die Parteien des Hauptvertrages beschränkt.[398] Die Rechtsposition des Dritten soll sich nicht ohne seine Mitwirkung verschlechtern. Der Vergleich der Rechtspositionen dürfte in ähnlicher Weise wie nach dem Günstigkeitsprinzip der Art. 6 und 8 vorzunehmen sein. Zwar ist unbestritten, dass die Rechtsposition des Dritten unter Rückgriff auf das jeweilige Sachrecht zu bestimmen ist, doch ist noch weitgehend ungeklärt, wie sich kollisions- und sachrechtlicher Schutz im Einzelnen zueinander verhalten.

83 Welche **Rechtspositionen Dritter** geschützt sind, bestimmt die VO nicht näher. In Betracht kommen vor allem solche, welche sich direkt aus einem sie begünstigenden Hauptvertrag ergeben (beispielsweise aus einem echten Vertrag zu Gunsten Dritter).[399] Ferner werden solche erfasst, welche zwar auf einem eigenständigen Rechtsverhältnis beruhen, jedoch von dem auf den Hauptvertrag anwendbaren Recht beeinflusst werden (zB Bürge und Pfändungsgläubiger).[400] – Auch dann, wenn eine **Forderungsabtretung** erfolgt ist, können Rechte Dritter berührt werden. Klagt nämlich der Zessionar eine Kaufpreisforderung ein, welche ihm zur gerichtlichen Geltendmachung abgetreten worden ist, so gestattet man ihm noch im Prozess mit dem Käufer zu vereinbaren, welcher Rechtsordnung der mit dem Zedenten geschlossene Kaufvertrag unterliegen soll.[401] Der Zessionar nimmt also als Rechtsnachfolger eine nachträgliche Rechtswahl vor und beeinflusst damit das ursprüngliche Rechtsverhältnis. Dies darf aber die Rechtsstellung des Verkäufers nicht nachträglich schmälern.[402]

84 **b) Verbesserung.** Nicht geregelt ist der Fall, dass die nachträgliche Vereinbarung die Rechtsstellung des Dritten verbessert. Hier bedarf der Dritte keines Schutzes, so dass die Freiheit der Vereinbarung der Parteien nicht eingeschränkt ist.[403]

VI. Zwingendes Inlandsrecht (Abs. 3)

85 **1. Grundsatz.** Art. 3 Abs. 3 enthält eine Beschränkung der Rechtswahl, soweit – von der Rechtswahlklausel abgesehen – keine Auslandsbeziehungen bestehen (→ EGBGB Art. 3 Rn. 9 ff.). Ist der Sachverhalt zum Zeitpunkt der Rechtswahl nur mit einem Staat verbunden, dh eindeutig lokalisiert, so ist zwar eine Rechtswahl nicht ausgeschlossen (→ Rn. 21). In solchen **Binnensachverhalten** kann jedoch die Vereinbarung der Rechtsordnung eines anderen Staates die zwingenden Bestimmungen dieses Staates nicht berühren. Dies soll Gesetzesumgehungen verhindern.[404] Das Recht des Staates, zu dem der Vertrag allein Beziehungen aufweist, bildet sozusagen das „Einbettungsstatut".[405] Der deutsche Text des Art. 3 Abs. 3 spricht davon, dass „alle anderen Teile des Sachverhalts im Zeitpunkt der Rechtswahl in ein und demselben Staat belegen" sind. Auch eine **Gerichtsstandsvereinbarung,** die auf einen anderen Staat hinweist, ändert nichts an einer fehlenden Auslandsberührung.[406] Entsprechendes gilt für eine **Schiedsklausel.**[407]

---

396 *Kroll-Ludwigs,* Die Rolle der Parteiautonomie im europäischen Kollisionsrecht, 2013, 493; vgl. Bericht *Giuliano/Lagarde,* ABl. EG 1980 C 282, 17 f.; s. auch Art. 116 Abs. 3 S. 2 IPRG Schweiz.

397 Soergel/*v. Hoffmann* EGBGB Art. 27 Rn. 83.

398 *Bauer,* Grenzen nachträglicher Rechtswahl durch Rechte Dritter im internationalen Privatrecht, 1992, 159; *Möllenhoff,* Nachträgliche Rechtswahl und Rechte Dritter, 1993, 134; *Kropholler* IPR § 52 II 4.

399 Rauscher/*v. Hein* Rn. 97; Soergel/*v. Hoffmann* EGBGB Art. 27 Rn. 80. – Für unentziehbare Rechtspositionen *Bauer,* Grenzen nachträglicher Rechtswahl durch Rechte Dritter im internationalen Privatrecht, 1992, 65 f., 110.

400 Die Beispiele des Bürgen und des Pfändungsgläubigers nennt *Lagarde* Rev. crit. dr. int. pr. 80 (1991), 287 (304 f.); s. auch *Bauer,* Grenzen nachträglicher Rechtswahl durch Rechte Dritter im internationalen Privatrecht, 1992, 67 f.; dagegen weisen den Schutz des Bürgen allein dem Sachrecht zu *S. Lorenz* RabelsZ 59 (1995), 320 (324) (Rezension); *Kegel/Schurig* IPR § 18 I 1c; Soergel/*v. Hoffmann* EGBGB Art. 27 Rn. 84.

401 OLG Frankfurt IPRspr. 1984 Nr. 26 = RIW 1984, 919.

402 Vgl. auch *Möllenhoff,* Nachträgliche Rechtswahl und Rechte Dritter, 1993, 82 ff.

403 Soergel/*v. Hoffmann* EGBGB Art. 27 Rn. 79.

404 *v. Hein* FS Hopt, 2020, 1405 (1407). Zum wirtschaftspolitischen Sinn *Ostendorf* JPIL 2021, 421 (433).

405 BGH NJW-RR 2024, 140; BeckOK BGB/*Spickhoff* Rn. 33; Erman/*Stürner* Rn. 25, 26; Staudinger/*Magnus,* 2021, Rn. 131, 145.

406 OLG Hamburg RIW 1990, 1020; Grüneberg/*Thorn* Rn. 5.

407 Soergel/*v. Hoffmann* EGBGB Art. 27 Rn. 86.

Auf eine Auslandsbeziehung stellt auch Art. 1 Abs. 1 ab. Wird diese Vorschrift dahingehend interpretiert, dass das IPR begrifflich eine Verbindung zum Recht eines ausländischen Staates voraussetzt, so ergäbe sich eine Einschränkung der Art. 3 ff. Würde man diese Vorschrift den Art. 3 ff. vorschalten, so wären sie bei mangelnder Auslandsbeziehung von vornherein nicht anwendbar.[408] Tatsächlich kommt Art. 1 Abs. 1 diese umfassende Rolle aber nicht zu (→ Rn. 4).[409] Als **Auslandsbeziehung** iSd Art. 1 Abs. 1 für vertragsrechtliche Sachverhalte dürfte **bereits die Rechtswahl** genügen.[410] 86

2. Zwingende Bestimmungen. a) Begriff. Nach der Legaldefinition des Abs. 3 handelt es sich um Vorschriften, von denen nach dem Recht des maßgeblichen Staates **nicht durch Vereinbarung abgewichen werden kann.** Gemeint sind also nichtdispositive Bestimmungen des normsetzenden Staates, an welche die Parteien gebunden sind. Zwar sind solche „vertragsfesten" Bestimmungen in der Regel in Gesetzesform gekleidet, müssen es aber nicht sein. Es gäbe keinen Sinn, Gewohnheitsrecht oder Richterrecht aus Common-Law-Ländern auszuschließen oder eine bestimmte Art der Kodifizierung zu verlangen. Art. 3 Abs. 3 nennt dementsprechend in der englischen Fassung nur „provisions of the law". Ob sich die nicht dispositiven Regeln aus einem Gesetz selbst oder der Rspr. ergeben, ist mithin unerheblich.[411] Die Norm ist ebenso zu verstehen wie im Erlassstaat.[412] Der zwingende Charakter ist ggf. durch Auslegung zu ermitteln (→ Art. 9 Rn. 8 f.). 87

Es ist gleichgültig, ob die zwingende Bestimmung dem Privatrecht oder dem **öffentlichen Recht** zugerechnet wird, vorausgesetzt, sie entfaltet Wirkungen auf Schuldverträge.[413] Während Art. 6 und 8 nur bestimmte Schutzvorschriften meinen, gilt Art. 3 Abs. 3 für zwingende Vorschriften jeglicher Art.[414] Zwar wird auf diesem Wege zwingendes nationales Recht durchgesetzt, die Definition des Begriffs der „zwingenden Bestimmung" unterliegt aber gleichwohl dem Gebot einheitlicher Auslegung.[415] Zu den deutschen zwingenden Normen gehören zB die Bestimmungen über AGB in §§ 305 ff. BGB[416] und die Vorschriften über Haustürgeschäfte in § 312b BGB.[417] 88

b) Ausländische Bestimmungen. Der allseitig gefasste Abs. 3 bezieht sich nicht nur auf deutsche zwingende Bestimmungen. Vielmehr gilt die Vorschrift gleichermaßen für **in- und ausländische Normen.**[418] Wird zB in einem Vertrag, der lediglich Bezüge zu Frankreich aufweist, schweizerisches Recht vereinbart, so muss der deutsche Richter ggf. das zwingende französische Recht durchsetzen. Voraussetzung ist allerdings, dass die ausländischen Bestimmungen im Erlassstaat nicht abbedungen werden können.[419] Der Zweck des Abs. 3 verlangt lediglich die Durchsetzung der Vorschriften, die unbedingt zur Geltung kommen sollen. 89

3. Fehlende Auslandsberührung. Der deutsche Wortlaut stellt im Einklang mit dem französischen darauf ab, dass **„alle Teile des Sachverhalts in ein und demselben Staat belegen"** („localisé") sind.[420] Aus den anderen Fassungen geht aber hervor, dass es eher auf die Verbindung („connection") ankommen soll. Gemeint sind insbesondere Fälle, in denen außer der Rechtswahlklausel keine Beziehung zum Ausland ersichtlich ist. Das EVÜ hatte noch ausdrücklich angespro- 90

---

408 So *Kindler* RIW 1987, 660 (661).

409 Vgl. auch Soergel/*v. Hoffmann* EGBGB Art. 27 Rn. 85.

410 BGH NJW-RR 2024, 140.

411 *Droste,* Der Begriff der „zwingenden Bestimmung" in den Art. 27 ff. EGBGB, 1991, 139; vgl. Bericht *Giuliano/Lagarde,* BT-Drs. 10/503, 59 für Art. 7 Abs. 1 EVÜ.

412 *Droste,* Der Begriff der „zwingenden Bestimmung" in den Art. 27 ff. EGBGB, 1991, 139 ff.

413 Zum EVÜ *Droste,* Der Begriff der „zwingenden Bestimmung" in den Art. 27 ff. EGBGB, 1991, 140. Vgl. auch *Lehmann,* Zwingendes Recht dritter Staaten im internationalen Vertragsrecht, 1986, 218 f.

414 Vgl. *Philip,* EF – IP. – Lovvalget i Kontraktforhold, 1982, 39.

415 *Junker* IPRax 1989, 69 (74); Soergel/*v. Hoffmann* EGBGB Art. 27 Rn. 85; vgl. auch *Philip,* EF – IP. – Lovvalget i Kontraktforhold, 1982, 86; anders *Weber* IPRax 1988, 82.

416 OLG Frankfurt NJW-RR 1989, 1018 = IPRax 1990, 236 m. Aufsatz *Lüderitz* IPRax 1990, 216 mAnm *Huff* EWiR 1989, 995; *Wolf* ZHR 153 (1989), 300 (302 f.); *Kysel* WM 2018, 2266 (2267); Wolf/Lindacher/Pfeiffer/*Hau* IntGV Rn. 33; Staudinger/*Magnus,* 2021, Rn. 146.

417 OLG Hamm IPRax 1990, 242 m. Aufsatz *Jayme* IPRax 1990, 220; LG Hamburg NJW-RR 1990, 495 = IPRax 1990, 239 m. Aufsatz *Lüderitz* IPRax 1990, 216.

418 Reithmann/Martiny IntVertragsR/*Zwickel* Rn. 5.26; Erman/*Stürner* Rn. 25; Staudinger/*Magnus,* 2021, Rn. 147; Soergel/*v. Hoffmann* EGBGB Art. 27 Rn. 85.

419 Vgl. dazu auch *Morse* Yb. Eur. L. 2 (1982), 107 (123 f.); *Droste,* Der Begriff der „zwingenden Bestimmung" in den Art. 27 ff. EGBGB, 1991, 140 f.

420 Diesen Wortlaut hält für inhaltlich zutr. *Droste,* Der Begriff der „zwingenden Bestimmung" in den Art. 27 ff. EGBGB, 1991, 97.

chen, dass lediglich eine Gerichtsstandsvereinbarung getroffen wurde. Erwägungsgrund 15 der VO stellt klar, dass die Regel des Abs. 3 unabhängig davon angewandt werden sollte, ob die Rechtswahl zusammen mit einer Gerichtsstandsvereinbarung getroffen wurde oder nicht. Obwohl keine inhaltliche Änderung gegenüber Art. 3 Abs. 3 EVÜ beabsichtigt war, sollte der Wortlaut der Rom I-VO so weit wie möglich an Art. 14 Abs. 2 und 3 Rom II-VO angeglichen werden.

91 Welche Umstände für relevant gehalten werden, sagt die Rom I-VO allerdings nicht. **Nicht jede Beziehung** genügt; die Umstände müssen gerade für das konkrete Geschäft von kollisionsrechtlicher Bedeutung und einigem Gewicht sein.[421] Entscheidend ist der Einzelfall.[422] Tatsachen, die einen Auslandsbezug begründen können, sind in der Regel solche, die auch für die objektive Anknüpfung nach Art. 4 bedeutsam sind.[423] Dazu gehört zB der **gewöhnliche Aufenthalt**[424] oder die Niederlassung[425] einer Partei im Ausland. Gleiches gilt für die Grundstücksbelegenheit.[426] Der ausländische **Erfüllungsort** ist ebenfalls ein relevanter Umstand.[427] Ein **Abschlussort,** der auch sonst kollisionsrechtliche Relevanz hat, im Bereich des gewählten Rechts ist ebenfalls ausreichend.[428] Dies soll jedoch dann nicht genügen, wenn der Leistungsaustausch selbst nur Inlandsbezüge aufweist.[429] Das bloße Führen von Verhandlungen soll nicht ausreichen.[430] Ein reiner Inlandsfall wird nicht dadurch ausgeschlossen, dass der Vertrag per Internet geschlossen wird.[431] Teilweise wird angenommen, dass die **Staatsangehörigkeit** bei der Beurteilung fehlender Auslandsberührung keine Berücksichtigung verdient.[432] Zwar ist sie im Schuldvertragsrecht kein Anknüpfungspunkt mehr. Da sie aber nach geltendem Recht nicht völlig irrelevant ist (vgl. nur Art. 7 und Art. 13), sollte sie nicht ganz außer Betracht bleiben. Die ausländische Staatsangehörigkeit kann daher unter Umständen eine ausreichende Verbindung herstellen.[433] Dies wird jedenfalls dann angenommen, wenn der Ausländer im Inland Leistungen erbringt, welche üblicherweise nur auf einem ausländischen Markt erhältlich sind.[434] Im internationalen Handel muss ferner genügen, wenn das abgeschlossene Geschäft seinerseits mit einem internationalen Vertrag eng zusammenhängt **(„Vertragskette").**[435] Das Gleiche gilt, wenn Einzelverträge einen internationalen Rahmenvertrag ausfüllen.[436] Es muss jedoch einen

[421] *Ostendorf* IPRax 2018, 630 (632); *v. Bar/Mankowski* IPR II § 1 Rn. 205 (objektive Elemente); NK-BGB/*Leible* Rn. 80; näher *Mäsch,* Rechtswahlfreiheit und Verbraucherschutz, 1993, 97 ff. Vgl. auch *Nygh,* Autonomy in International Contracts, 1999, 46 ff.

[422] BGH NJW-RR 2024, 140.

[423] BGH NJW-RR 2024, 140; *v. Bar/Mankowski* IPR II § 1 Rn. 206; NK-BGB/*Leible* Rn. 80.

[424] *Mäsch,* Rechtswahlfreiheit und Verbraucherschutz, 1993, 100 f.; BeckOK BGB/*Spickhoff* Rn. 34; Rauscher/*v. Hein* Rn. 108.

[425] Vgl. BGHZ 123, 380 (384) = NJW 1994, 262 = IPRax 1994, 449 m. Aufsatz *W. Lorenz* IPRax 1994, 429 = JZ 1994, 363 mAnm *Fischer* = RIW 1994, 154 m. Aufsatz *W.-H. Roth* RIW 1994, 275 = JR 1995, 14 mAnm *Dörner;* BGH NJW 1997, 1697 = JZ 1997, 612 m. Aufsatz *Michaels/Kamann* RIW 2005, 463 = WM 2005, 423. – Zur „Briefkastenfirma" LG Hamburg RIW 1990, 1020 = IPRspr. 1990 Nr. 37.

[426] Reithmann/Martiny IntVertragsR/*Limmer* Rn. 21.40.

[427] Ebenso *Böhle* ZEuP 2019, 72 (79 f.); BeckOK BGB/*Spickhoff* Rn. 34.

[428] BGHZ 135, 124 (130) = NJW 1997, 1697 = IPRax 1998, 285 m. Aufsatz *Ebke* IPRax 1998, 263: Abschlussort und Wohnanlage in Spanien, Sitz der Parteien Isle of Man und Deutschland, mAnm *Mankowski* EWiR 1997, 547; OLG Celle RIW 1991, 421; LG Stade IPRspr. 1989 Nr. 39; LG Koblenz IPRspr. 1989, 43; LG Hildesheim IPRax 1993, 174; *Taupitz* BB 1990, 648; NK-BGB/*Leible* Rn. 80; BeckOK BGB/*Spickhoff* Rn. 34; BeckOGK/*Wendland,* 1.9.2022, Rn. 235; Rauscher/*v. Hein* Rn. 111; Staudinger/*Magnus* Rn. 139; anders OLG Frankfurt NJW-RR 1989, 1019; LG Hamburg IPRax 1990, 240; NJW-RR 1990, 696; *Mäsch,* Rechtswahlfreiheit und Verbraucherschutz, 1993, 103 ff. für Verbraucherverträge.

[429] Soergel/*v. Hoffmann* EGBGB Art. 27 Rn. 88.

[430] *Droste,* Der Begriff der „zwingenden Bestimmung" in den Art. 27 ff. EGBGB, 1991, 98 f.

[431] Staudinger/*Magnus,* 2021, Art. 4 Rn. 599.

[432] BGH NJW-RR 2024, 140; *Wiedemann* in Staake/v. Bressensdorf, Rechtshandbuch Wohngemeinschaften, 2019, § 26 Rn. 15; Staudinger/*Magnus,* 2021, Rn. 140: bei reinem Inlandsgeschäft; ebenso für eine Gerichtsstandsvereinbarung, BGH NJW-RR 2005, 929: israelische Staatsangehörigkeit beider Parteien bei gewöhnlichem Aufenthalt in Deutschland.

[433] So etwa *Schurig* RabelsZ 54 (1990), 217 (223); *Magnus* IHR 2018, 49 (54); NK-BGB/*Leible* Rn. 80: zusätzliche Umstände; BeckOK BGB/*Spickhoff* Rn. 34: bei zusätzlichem gewöhnlichen Aufenthalt oder gemeinsamer ausländischer Staatsangehörigkeit; Ferrari IntVertragsR/*Ferrari* Rn. 54: allein aber nicht genügend; Rauscher/*v. Hein* Rn. 109; vgl. *E. Lorenz* RIW 1987, 569 (575): subjektive Kenntnis entscheidend; Calliess/Renner/*Calliess* Rn. 54: gemeinsame Staatsangehörigkeit; abl. für Verbraucherverträge *Mäsch,* Rechtswahlfreiheit und Verbraucherschutz, 1993, 101 ff.

[434] Soergel/*v. Hoffmann* EGBGB Art. 27 Rn. 95.

[435] *Maultzsch* RabelsZ 75 (2011), 60 (72 f.); *v. Hein* FS Hopt, 2020, 1405 (1413 f.); *Thorn/Thon,* FS Kronke, 2020, 569 (573 f.); *Rieländer* in Leuschner, AGB-Recht im unternehmerischen Rechtsverkehr, 2021, Rn. 21; einschr. für Verbraucherverträge auch *Mäsch,* Rechtswahlfreiheit und Verbraucherschutz, 1993, 107 ff.

[436] *Teichmann/Oltmanns* ZVertriebsR 2020, 184 (187 f.).

aktuellen Bezug geben.[437] Ausreichen kann die Verknüpfung eines inländischen Kreditvertrages mit „Back-to-back"-Swaps mit ausländischen Banken.[438] Dass Vermieter einer im Inland belegenen Wohnung ein ausländischer Staat ist bzw. ein ausländischer gewöhnlicher Aufenthalt anzunehmen ist, genügt nicht.[439] Rein **subjektive,** nur auf einer Parteivereinbarung beruhende Bezüge reichen nicht aus.[440] Das gilt etwa für die Vertragssprache.[441] Ein bloßes **Interesse an der Anwendung eines ausländischen Rechts** – weil dieses zB besonders gut entwickelt ist – genügt daher nicht.[442] Das gleiche gilt für die bloße Verwendung eines internationalen englischsprachigen Formulars.[443] Bei einem Internetauftritt kommt es auf die realen Verhältnisse an.[444]

4. Rechtswahlbeschränkung. Abs. 3 bestimmt, dass von den zwingenden Bestimmungen „nicht abgewichen werden kann". Das zwingende Recht setzt sich mithin gegen die Parteivereinbarung durch, wobei gleichgültig ist, ob nur eine teilweise Rechtswahl oder eine pauschale Verweisung auf eine andere Rechtsordnung getroffen wurde.[445] Die Vertragsparteien können ihre Vertragsfreiheit lediglich im Rahmen einer vorgegebenen Rechtsordnung ausüben; sie bleiben an das zwingende Recht des Staates, zu dem das Rechtsverhältnis allein Beziehungen aufweist, gebunden. Die eingeschränkte Wirkung einer solchen Verweisung auf das fremde Recht führt dazu, ihr insofern nicht mehr die Bedeutung einer kollisionsrechtlichen,[446] sondern lediglich einer **materiellrechtlichen Verweisung** zuzubilligen.[447] Die Parteien bleiben an das von ihnen abgewählte Recht gebunden. Soweit keine zwingenden Bestimmungen entgegenstehen, handelt es sich jedoch um eine gewöhnliche, kollisionsrechtliche Rechtswahl.[448] 92

5. Verhältnis zu anderen Bestimmungen. a) Verhältnis zu Art. 5–8 Rom I-VO, Art. 46b EGBGB. Abs. 3 grenzt den Anwendungsbereich der Art. 3 ff. ab. Folglich geht die Bestimmung des Abs. 3 den Art. 5–8 regelmäßig vor. Bei fehlendem Auslandsbezug kommt eine Anwendung der Art. 5–8 erst gar nicht in Betracht.[449] Da lediglich eine Verbindung zu einem einzigen Staat besteht, kann kein Schutz nach einem anderen Recht beansprucht werden. Gleiches gilt für Art. 46b EGBGB. 93

b) Verhältnis zu Art. 9. Art. 3 Abs. 3 umfasst nicht nur Eingriffsnormen iSd Art. 9, sondern vor allem sog. **einfache zwingende Bestimmungen.** Dabei handelt es sich um Vorschriften, die lediglich im nationalen Recht unabdingbar, aber international abdingbar sind. Solche Normen folgen an sich dem Wirkungsstatut (→ Art. 9 Rn. 7). Da aber Abs. 3 wegen des fehlenden Auslandsbezuges keine vollwirksame Rechtswahl zulässt, besteht hier ausnahmsweise eine Bindung an diese Normen. Ist andererseits eine Bestimmung Eingriffsnorm iSd Art. 9, so ist sie auch intern zwingend iSd Art. 3 Abs. 3. Sie könnte daher über Art. 9 auch dann durchgesetzt werden, wenn die anderen Erfordernisse des Abs. 3 fehlen.[450] Mithin hat Art. 3 Abs. 3 für inländische zwingende Normen nur dann praktische 94

---

[437] Er soll bei einer erst später eintretenden Syndizierung fehlen, so *Wenzel,* Rechtsfragen internationaler Konsortialkreditverträge, 2006, 406 ff.

[438] Dexia Crediop SpA v. Comune di Prato (2017) EWCA Civ 428 m. insoweit zust. Aufsatz *Ostendorf* IPRax 2018, 630.

[439] BGH NJW-RR 2024, 140.

[440] BGH NJW-RR 2024, 140.

[441] BGH NJW-RR 2024, 140.

[442] *Ostendorf* IPRax 2018, 630 (632); *Ostendorf* JPIL 2021, 421 (429 ff.); *Philip,* EF – IP. – Lovvalget i Kontraktforhold, 1982, 37; BeckOK BGB/*Spickhoff* Rn. 34.

[443] *v. Hein* FS Hopt, 2020, 1405 (1411 f.). Anders Dexia Crediop SpA v Comune di Prato (2017) EWCA Civ 428 m. insoweit abl. Aufsatz *Ostendorf* IPRax 2018, 630 betr. Finanztransaktionen unter italienischen Parteien; zust. *Böhle* ZEuP 2019, 72 (78, 90); *Kindt,* Transnationale Verträge im nationalen Recht, 2023, 226 ff.; abl. *Mansel* FS Grunewald, 2021, 731 (736); s. auch *Martiny* ZEuP 2018, 218 (226).

[444] S. *Magnus* in Graf/Paschke/Stober, Das Wirtschaftsrecht vor den Herausforderungen des E-Commerce, 2002, 25.

[445] Zur abgespaltenen Entgeltvereinbarung beim Darlehen, *Kysel* WM 2018, 2266 (2267 ff.).

[446] So aber *E. Lorenz* RIW 1987, 569; *E. Lorenz* FS Kegel, 1987, 303 (313); *Birk* RdA 1989, 201 (204); *Ebenroth/Fischer/Sorek* ZVglRWiss 88 (1989), 124 (126); krit. zu einer kollisionsrechtlichen Lösung *Maultzsch* RabelsZ 75 (2011), 60 (67 ff.) – Für eine „beschränkt kollisionsrechtliche Verweisung" *Fiedler,* Stabilisierungsklauseln und materielle Verweisung im Internationalen Vertragsrecht, 2001, 202.

[447] *Bogdan* NIPR 2009, 407 (409); *v. Bar/Mankowski* IPR II § 1 Rn. 207; Staudinger/*Magnus,* 2021, Rn. 131; Rauscher/*v. Hein* Rn. 100. – S. bereits *Gamillscheg* ZfA 14 (1983), 307 (327); *Sandrock* RIW 1986, 841 (846); *W. Lorenz* IPRax 1987, 269 (271); *Stoll* FS Kegel, 1987, 623 (630); *Mäsch,* Rechtswahlfreiheit und Verbraucherschutz, 1993, 94.

[448] Vgl. *Philip* in North, Contract Conflicts, 1982, 95.

[449] *E. Lorenz* RIW 1987, 569 (574).

[450] Vgl. dazu auch Reithmann/Martiny IntVertragsR/*Zwickel* Rn. 5.26 f.

Bedeutung, wenn der Auslandsbezug fehlt und die Bestimmungen nicht international zwingend sind. Bei Inlandsbindung kann im Übrigen häufig dahingestellt bleiben, ob das zwingende Recht über den vorrangig anzuwendenden[451] Abs. 3 oder Art. 9 durchgesetzt wird.[452]

95 Denkbar ist ein Konflikt eines über Abs. 3 zur Anwendung kommenden **ausländischen Rechts** mit zwingendem inländischem Recht. Grundsätzlich beanspruchen dann die inländischen Eingriffsnormen über Art. 9 Vorrang.[453] Abs. 3 schaltet für eindeutig lokalisierte Verträge lediglich die Rechtswahl aus, erfüllt aber keine weitergehenden Funktionen. Im Konfliktfall muss das zur Anwendung kommende Recht genauso weichen wie sonst auch. Allerdings wird bei Lokalisierung des Schuldverhältnisses im Ausland das inländische Eingriffsrecht nur selten Anwendung beanspruchen.

VII. Zwingendes Unionsrecht (Abs. 4)

96 **1. Binnenmarktsachverhalt.** Die Drittstaatenklausel des Abs. 4 ist nach dem Vorbild des Abs. 3 geschaffen worden. Sie korrigiert eine Rechtswahl, die an sich nach Abs. 1 und 2 wirksam ist.[454] Sind alle anderen Elemente des Sachverhalts zum Zeitpunkt der Rechtswahl in einem oder mehreren Mitgliedstaaten belegen, so berührt die Wahl des Rechts eines Drittstaats durch die Parteien nicht die Anwendung der Bestimmungen des Unionsrechts – ggf. in der von dem Mitgliedstaat des angerufenen Gerichts umgesetzten Form –, von denen nicht durch Vereinbarung abgewichen werden kann. Es kommt also zu einem „law mix" aus gewähltem und zwingendem Recht.[455] Die Vorschrift greift nur dann ein, wenn das Recht eines Drittstaats vereinbart wird, also eines Nichtmitgliedstaats der Rom I-VO (→ Art. 1 Rn. 89).[456] Da es insoweit um die Durchsetzung von Unionsrecht geht, sind hier allerdings auch EU-Staaten, die Nichtmitgliedstaaten der Rom I-VO sind, gemeint (Art. 1 Abs. 4). Ein Schutz vor der Vereinbarung dänischen Rechts ist nicht notwendig.[457] Zu klären ist, welchen Stellenwert die sog. **Ingmar-Rspr.** des EuGH hat, wonach umgesetztes Richtlinienrecht unter Umständen auch in Fällen mit Auslandberührung gegen eine Rechtswahl durchgesetzt werden kann. Zwar wird weitgehend von einem – sogar vorrangigen – Weiterbestehen ausgegangen;[458] andere haben dagegen Zweifel angemeldet[459] (→ EGBGB Art. 3 Rn. 84 ff.; → Art. 9 Rn. 28). In der Agro-Entscheidung hat der EuGH jedenfalls an der früheren Rspr. festgehalten.[460]

97 **2. Belegenheit des Sachverhalts.** Es kommt darauf an, dass alle anderen Elemente des Sachverhalts zum Zeitpunkt der Rechtswahl in einem einzigen oder in mehreren Mitgliedstaaten belegen sind.[461] Die Belegenheit ist in gleicher Weise wie für Abs. 3 zu bestimmen (→ Rn. 90). In Betracht kommt nicht nur der Erfüllungsort, sondern auch der Abschlussort.[462] Es genügt, dass die Elemente des Sachverhalts zum Zeitpunkt der Rechtswahl in mehreren Mitgliedstaaten belegen sind. Die Mitgliedstaaten der EU werden daher ähnlich wie ein einziger Staat behandelt.[463]

98 **3. Bestimmungen des Unionsrechts.** Gemeint sind Bestimmungen des Unionsrechts (provisions of Community law; dispositions du droit communautaire), von denen nicht durch Vereinbarung abgewichen werden kann. Es geht also um nichtdispositive Vorschriften.[464] Nicht gemeint sind hier allerdings Vorschriften des Primärrechts, die sich, wie die Grundfreiheiten, ohnehin zwingend durchsetzen.[465] Ebenso wenig bezieht sich die Vorschrift des Art. 3 Abs. 4 auf spezielle Normen des europäischen Kollisionsrechts (Richtlinienkollisionsrecht), welche nach Art. 23 Vorrang genießen.[466] – Nicht erfasst sind die Bestimmungen europäischen Ursprungs gegen Geheimnisverletzungen.[467]

---

451 So zum EVÜ *Droste,* Der Begriff der „zwingenden Bestimmung" in den Art. 27 ff. EGBGB, 1991, 218.

452 Rauscher/*v. Hein* Rn. 125; vgl. *E. Lorenz* RIW 1987, 569 (580).

453 BeckOGK/*Wendland,* 1.9.2022, Art. 3 Rn. 253; Rauscher/*v. Hein* Rn. 125; Staudinger/*Magnus,* 2021, Rn. 148. – Vgl. auch *E. Lorenz* RIW 1987, 569 (579 f.); Grüneberg/*Thorn* Art. 9 Rn. 6.

454 Erman/*Stürner* Rn. 27.

455 *Rühl* FS Kropholler, 2008, 187 (204).

456 Die Anwendung auch für nicht-mitgliedstaatliche EWR-Staaten ist str.; dazu *S. Wandt,* Rechtswahlregelungen im Europäischen Kollisionsrecht, 2014, 195 f.

457 *Garcimartín Alférez* ELF 2008, I-61 (I-65); *Deinert* IntArbR § 2 Rn. 8; Staudinger/*Magnus,* 2021, Rn. 155.

458 *Garcimartín Alférez* ELF 2008, I-61 (I-65); *Freitag* IPRax 2009, 109 (112); *Emde* RIW 2016, 104 (106).

459 S. *Sonnenberger* FS Kropholler, 2008, 227 (232 f.).

460 EuGH ECLI:EU:C:2017:129 Rn. 32 = ZVertriebsR 2017, 182 mAnm *Rohrßen* – Agro Foreign Trade & Agency.

461 Ob bei Belegenheit in nur einem EU-Mitgliedstaat die Inlandssachverhaltsklausel Vorrang hat (so *S. Wandt,* Rechtswahlregelungen im Europäischen Kollisionsrecht, 2014, 197 ff.), ist str.

462 *Lagarde/Tenenbaum* Rev.crit. d. i.p. 97 (2008), 727 (738).

463 *Mankowski* IHR 2008, 133 (135); Staudinger/*Magnus,* 2021, Rn. 154.

464 *Mankowski* IHR 2008, 133 (135 f.); Staudinger/*Magnus,* 2021, Rn. 160.

465 *d'Avout* D. 2008, 2165 (2167). – Zurückhaltender Staudinger/*Magnus,* 2021, Rn. 162.

466 *d'Avout* D. 2008, 2165 (2167); Erman/*Stürner* Rn. 23; Staudinger/*Magnus,* 2021, Rn. 165.

467 *Vollmöller* IPRax 2021, 417 (423 f.).

4. Umsetzung im Forumstaat. Die Rechtsfolge nach Abs. 4 ist eindeutig: Es kommt zu einer Anwendung der Bestimmungen des Unionsrechts – ggf. in der von dem Mitgliedstaat des angerufenen Gerichts umgesetzten Form. Gemeint sind die Regelungen von Richtlinien,[468] zB die Handelsvertreter-RL in einem innereuropäischen Fall.[469] Es kommt daher auf das Umsetzungsrecht der jeweiligen lex fori an;[470] eine überschießende Umsetzung bleibt allerdings unberücksichtigt.[471] Es braucht sich nicht um den Staat zu handeln, mit dem der Sachverhalt verbunden ist.[472] 99

5. Verhältnis zu anderen Vorschriften. Abs. 4 bezieht sich auf alle Arten von Verträgen, nicht etwa nur auf Verbraucherverträge iSd Art. 6, Versicherungsverträge (Art. 7) oder Arbeitsverträge iSd Art. 8.[473] Im Unterschied zu den kollisionsrechtlichen Regeln der Richtlinien, welche bei der Wahl eines drittstaatlichen Rechts im Allgemeinen auf einen engen Zusammenhang mit dem Gebiet der Union abstellen, ist Abs. 4 die engere Vorschrift. Sie kommt lediglich dann zur Anwendung, wenn es überhaupt keinen Auslandsbezug gibt. Die Normen des Richtlinienrechts sind daher unberührt geblieben.[474] Die Vorschrift weist insofern Anklänge an die Ingmar-Entscheidung auf, als sie Unionsrecht gegen eine Wahl drittstaatlichen Rechts durchsetzt.[475] Allerdings hat der EuGH in der Ingmar-Entscheidung das Unionsrecht in der Art einer Eingriffsnorm sogar durchgesetzt, obwohl im gegebenen Handelsvertreterfall ein Zusammenhang mit dem gewählten kalifornischen Recht bestand (→ EGBGB Art. 3 Rn. 84 ff.). Art. 3 Abs. 4 kommt nicht als Rechtsgrundlage in Betracht.[476] 100

VIII. Zustandekommen und Wirksamkeit der Rechtswahl (Abs. 5)

1. Grundsatz. Der auf der Ebene des Sachrechts angesiedelte Hauptvertrag und der kollisionsrechtliche Verweisungsvertrag sind voneinander unabhängige Verträge.[477] Gleichwohl unterstehen das Zustandekommen und die Wirksamkeit der Rechtswahl grundsätzlich dem von den Parteien **gewählten Recht.** Das für die Rechtswahlvereinbarung geltende Recht wird sozusagen im Vorgriff bestimmt.[478] Abs. 5 verweist insofern auf die für den Hauptvertrag geltenden Bestimmungen und stellt somit einen Gleichklang der rechtlichen Beurteilung her.[479] Die Zulässigkeit der Rechtswahl selbst unterliegt jedoch nicht dem gewählten Recht, sondern der lex fori (→ Rn. 8). Diese Rechtsordnung kann zu Korrekturen des gewählten Rechts führen (Art. 6, 8). Allerdings ist für die Prüfung der Wirksamkeit der Rechtswahl zunächst einmal die Korrektur durch Art. 6 und 8 außer Acht zu lassen; andernfalls könnte das Günstigkeitsprinzip dieser Vorschriften möglicherweise nie zum Tragen kommen.[480] Das Kollisionsrecht der lex fori entscheidet auch darüber, welche Hinweise für eine stillschweigende Rechtswahl erforderlich sind[481] (→ Rn. 49 ff.). Teilweise wird angenommen, dass, da eine stillschweigende Rechtswahl zunächst einmal Eindeutigkeit verlangt, die Einigung nach dem vertragsautonom auszulegenden Art. 3 zu beurteilen sei.[482] 101

2. Einigung und materielle Wirksamkeit (Art. 10). a) Zustandekommen. Das Zustandekommen des Vertrages oder seiner Bestimmungen unterwirft Art. 10 Abs. 1 dem Recht, das anzuwenden wäre, wenn der Vertrag oder die Bestimmung wirksam wäre. Dieser **Vorgriff auf das** 102

---

468 *d'Avout* D. 2008, 2165 (2167); Staudinger/*Magnus,* 2021, Rn. 161. – Zum Entwurf *Knöfel* RdA 2006, 279 f. – Zur Betriebsübergangs-RL s. *Pfeiffer* FS v. Hoyningen-Huene, 2014, 351 (358 ff.).

469 *Clausnitzer/Woopen* BB 2008, 1798 (1799); Erman/*Stürner* Rn. 28.

470 *Garcimartín Alférez* ELF 2008, I-61 (I-65); *Mankowski* IHR 2008, 133 (135); BeckOGK/*Wendland,* 1.9.2022, Rn. 267; Staudinger/*Magnus,* 2021, Rn. 163; krit. *Leible/Lehnmann* RIW 2008, 534.

471 *Pfeiffer* EuZW 2008, 625; BeckOGK/*Wendland,* 1.9.2022, Rn. 267.

472 *Garcimartín Alférez* ELF 2008, I-61 (I-65); *Mankowski* IHR 2008, 133 (135).

473 *Mankowski* IHR 2008, 133 (135); Erman/*Stürner* Rn. 27. Vgl. auch *Knöfel* RdA 2006, 279 f.

474 *Bonomi* YbPIL 10 (2008), 165 (172 f.); *Mankowski* IHR 2008, 133 (135 f.); PWW/*Brödermann/Wegen* Rn. 26.

475 Näher *Martiny* ZEuP 2015, 838 (858).

476 Rauscher/*v. Hein* Rn. 130; anders *Schilling* ZEuP 2014, 843 (855 ff.).

477 Rauscher/*v. Hein* Rn. 39.

478 *Mankowski* IHR 2008, 133 (134); BeckOK BGB/*Spickhoff* Rn. 13; Ferrari IntVertragsR/*Ferrari* Rn. 8. – Für Art. 27 EGBGB aF BGHZ 123, 380 (383) = NJW 1994, 262 = IPRax 1994, 449 m. Aufsatz *W. Lorenz* IPRax 1994, 429 = JZ 1994, 363 mAnm *Fischer* = RIW 1994, 154 m. Aufsatz *W.-H. Roth* RIW 1994, 275 = JR 1995, 14 mAnm *Dörner;* KG MDR 1998, 760 = VuR 1999, 138 mAnm *Mankowski;* vgl. auch Soergel/*v. Hoffmann* EGBGB Art. 27 Rn. 100: „akzessorische Anknüpfung".

479 OLG Hamm RdTW 2016, 219; krit. dazu und gegen ein eigenes Statut der Rechtswahlvereinbarung *Stoll* FS Heini, 1995, 429 (440 ff.).

480 Vgl. auch *Solomon* ZVglRWiss 115 (2016), 586 (593 ff.); anders *W.-H. Roth* IPRax 2013, 515 (520 ff.) für die Einbeziehung einer AGB-Rechtswahlklausel.

481 *Meyer-Sparenberg* RIW 1989, 347.

482 Zu Art. 27 EGBGB aF *Coester-Waltjen* FS Sonnenberger, 2004, 343 (348 ff.).

gewählte Recht gilt auf Grund der ausdrücklichen Verweisung in Abs. 5 auch für die Rechtswahl. Diese Rechtsordnung kommt zum Zuge, weil wenigstens der Anschein ihrer Geltung erweckt wurde.[483] Da Ausgangspunkt mithin eine Tatsache ist, geht der Einwand eines circulus vitiosus („bootstrap-rule") fehl.[484]

103 Zwar bestimmt die lex fori, wieweit eine Rechtswahl der Parteien überhaupt zulässig ist.[485] Das Zustandekommen des Verweisungsvertrages kann jedoch nicht einfach dem Recht des Forums unterworfen werden, weil ein solches im Zeitpunkt des Vertragsschlusses noch nicht feststeht und zudem vielfach eine ungeeignete Anknüpfung wäre.[486] Ferner könnten dann, wenn man Haupt- und Verweisungsvertrag verschiedenen Regeln unterstellt, zusammengehörige Vorgänge auseinander gerissen werden, indem das Zustandekommen des einen bejaht, das des anderen hingegen verneint würde. Man darf auch nicht – sozusagen zweistufig – zunächst einmal das Vertragsstatut nach objektiven Gesichtspunkten bestimmen und dann die so gefundene Rechtsordnung in einem zweiten Schritt über die Rechtswahl befinden lassen.[487] Dies führt nämlich keineswegs zu mehr Sicherheit. Vielmehr lässt man über die Vereinbarung ein Recht entscheiden, das nicht dazu berufen ist.

104 Besondere Probleme werfen **kollidierende Rechtswahlklauseln** auf, wenn sie zu unterschiedlichen Rechtsordnungen führen (→ Art. 10 Rn. 179 ff.). Hat jede der Vertragsparteien ihr Recht für anwendbar erklärt, so widersprechen sich die Klauseln. Mangels einer speziellen Regelung ist die Lösung solcher Fälle umstritten.[488] Nach einer Auffassung findet eine Einzelbetrachtung der jeweiligen Klauseln nach den von ihr bezeichneten Rechtsordnungen statt. Es setzt sich diejenige durch, nach der eine Rechtswahl zustande gekommen ist.[489] Dies würde freilich diejenige Rechtsordnung bevorzugen, welche der sog. Theorie des letzten Wortes folgt. Andere wollen daher eine Gesamtbetrachtung vornehmen.[490] Nach dem Ansatz der hM kommt es vor allem wegen mangelnder Rechtssicherheit zu keiner Rechtswahl;[491] das anwendbare Recht ist dann nach objektiven Kriterien zu bestimmen.[492] Eine weitere Auffassung will es dabei nicht bewenden lassen und nach dem objektiv bestimmten Recht (in der Regel Art. 4) prüfen, ob nach dieser Rechtsordnung nicht doch eine Verweisung zustande gekommen ist.[493] Hierfür kann man sich sowohl auf das Prinzip der engsten Verbindung als auch das Vertrauen der Parteien in ihre Rechtswahl berufen. Gilt danach die Restgültigkeitstheorie und ist keine der Rechtswahlklauseln wirksam ein bezogen worden, so bleibt es bei der objektiven Anknüpfung.

105 Ebenfalls für die Rechtswahl gilt Art. 10 Abs. 2.[494] Danach kann sich eine Partei für die Behauptung, sie habe dem Vertrag nicht zugestimmt, auf das Recht ihres gewöhnlichen Aufenthalts berufen.

[483] OLG Celle ZIP 2001, 1724 = IPRspr. 2001 Nr. 31: „unterstellte Wirksamkeit"; *W.-H. Roth* IPRax 2013, 515 (520 ff.); Rauscher/*v. Hein* Rn. 40; vgl. *Stankewitsch,* Entscheidungsnormen im IPR als Wirksamkeitsvoraussetzungen der Rechtswahl, 2003, 483 ff.; dagegen verlangen, dass über die Rechtswahl ein Konsens zumindest in der äußeren Form zustande gekommen ist, *Vischer/Huber/Oser* IVR Rn. 157.

[484] Vgl. BeckOK BGB/*Spickhoff* Rn. 13; Soergel/*v. Hoffmann* EGBGB Art. 27 Rn. 100 f.; krit. aber *Stoll* FS Heini, 1995, 429 (434, 436).

[485] BeckOGK/*Wendland,* 1.9.2022, Rn. 278; Staudinger/*Magnus,* 2021, Rn. 168.

[486] Anders wohl *Stoll* FS Heini, 1995, 429 (440 ff.), der das Kollisionsrecht der lex fori über den Konsens entscheiden lassen will.

[487] So aber BGHZ 99, 207 (210) = NJW 1987, 1145 = IPRax 1988, 26 m. Aufsatz *Basedow* IPRax 1988, 15 mAnm *Geimer* EWiR 1987, 405 = WuB VII. A § 38 ZPO 1.87 mAnm *Abraham;* OLG Hamburg TranspR 1986, 109 = VersR 1986, 1022 (Vorinstanz); näher *Mann* NJW 1984, 2740.

[488] In erster Linie auf die Übereinstimmung der Lösungen stellt ab Art. 6 Hague Principles on the Choice of Law in International Contracts 2015; dazu *Kadner Graziano* YbPIL 14 (2012), 71 ff.

[489] S. *Meyer-Sparenberg* RIW 1989, 347 (348); *Tiedeman* IPRax 1991, 424 (426).

[490] *C. A. Schneider,* Die Kollision Allgemeiner Geschäftsbedingungen im internationalen geschäftsmännischen Verkehr, 2012, 326 ff.

[491] *Bomsdorf/Finkelmeier* RIW 2021, 350 (359); *Rieländer* in Leuschner, AGB-Recht im unternehmerischen Rechtsverkehr, 2021, Rn. 47; BeckOGK/*Wendland,* 1.9.2022, Rn. 293; *Schmitz,* Die Wirksamkeit von Rechtswahl und Gerichtsstandsvereinbarung, 2023, 261 f.; *C. A. Schneider,* Die Kollision Allgemeiner Geschäftsbedingungen im internationalen geschäftsmännischen Verkehr, 2012, 326 ff. für die direkte Kollision.

[492] Dazu *Bomsdorf/Finkelmeier* RIW 2021, 350 (359); *Kost,* Konsensprobleme im internationalen Schuldvertragsrecht, 1995, 60; NK-BGB/*Leible* Rn. 74; Staudinger/*Magnus,* 2021, Rn. 174. – So wohl auch Rauscher/*v. Hein* Rn. 43.

[493] *Dutta* ZvglRW 104 (2005), 461 (471 ff.); *Möll,* Kollidierende Rechtswahlklauseln in Allgemeinen Geschäftsbedingungen im internationalen Vertragsrecht, 2012, 232.

[494] BGH RIW 2005, 463 = WM 2005, 423; OLG Hamm RdTW 2016, 219; LG Düsseldorf RIW 1995, 415 m. Aufsatz *Mankowski* RIW 1995, 364 = VuR 1994, 265 mAnm *Tonner; W.-H. Roth* IPRax 2013, 515 (519 f.); *Solomon* ZVglRWiss 115 (2016), 586 (595 f.); *Stankewitsch,* Entscheidungsnormen im IPR als Wirksamkeitsvoraussetzungen der Rechtswahl, 2003, 470 ff.; *Kropholler* IPR § 52 II 2; anders OLG Düsseldorf NJW-RR 1994, 1132 = RIW 1994, 420 m. abl. Anm. *Mankowski.*

Neben dem Vertragsstatut ist daher insbesondere für die Bewertung des **Schweigens einer Partei das Recht des gewöhnlichen Aufenthalts** heranzuziehen.[495] Praktische Bedeutung gewinnt dies für Rechtswahlklauseln in AGB und Auftragsbestätigungen (→ Art. 10 Rn. 201 ff.). Nach aA entscheidet allein das Kollisionsrecht der lex fori, ob eine wenigstens konkludente Zustimmung zur Rechtswahl vorliegt.[496]

b) Materielle Wirksamkeit. Die materielle Wirksamkeit der Rechtswahlvereinbarung unterliegt nach Art. 10 Abs. 1 ebenfalls dem gewählten Recht[497] (s. aber → Rn. 14 für eine Missbrauchskontrolle). Diese Rechtsordnung bestimmt etwa, ob Willensmängel geltend gemacht werden können (→ Art. 10 Rn. 35). Wie zu verfahren ist, wenn die Parteien ein Recht wählen, nach dem der von ihnen geschlossene **Hauptvertrag ungültig** ist („nullité sur choix"), ist str. Teilweise wird angenommen, dann sei auch die Rechtswahl ungültig.[498] Tatsächlich ist die Rechtswahl aber wegen ihrer Eigenständigkeit nicht durch die sachrechtliche Wirksamkeit des Hauptvertrages bedingt (severability).[499] Die Unwirksamkeit kann unterschiedliche Gründe haben. Die Regelung ihrer Folgen bleibt dem gewählten Sachrecht überlassen. Zur Form → Rn. 107. Zur vorvertraglichen Informationspflicht über das anwendbare Recht → Art. 6 Rn. 62. **106**

3. Form (Art. 11). a) Grundsatz. Eine besondere Form ist für die Rechtswahl nicht vorgeschrieben[500] (vgl. Abs. 1 S. 2). Die Rechtswahlklausel kann sich in einem **Formularvertrag** oder einem Individualvertrag befinden. Eine Rechtswahl kann auch durch Erklärungen im **elektronischen Geschäftsverkehr** erfolgen,[501] wobei – ähnlich wie bei einer Gerichtsstandsvereinbarung – ein Anklicken genügen kann.[502] Da Verweisungs- und Hauptvertrag eigenständige Verträge sind, ist auch die Formfrage selbständig zu beurteilen.[503] Seit langem ist anerkannt, dass die Vereinbarung des anwendbaren Rechts **nicht der Form des abgeschlossenen Hauptvertrages** bedarf.[504] Auch die stillschweigende Rechtswahl unterliegt keiner Form.[505] Eine stillschweigende Rechtswahl kann daher auch für schuldrechtliche Grundstücksgeschäfte, welche nach dem jeweiligen Sachrecht formgebunden sind, formlos getroffen werden und die Rechtslage grundlegend verändern.[506] **107**

Die **Unabhängigkeit von Formwirksamkeit des Hauptvertrages und Wirksamkeit der Rechtswahl** hat noch weitere Konsequenzen. Insbesondere kann der Parteiwille zur Maßgeblichkeit einer Rechtsordnung führen, nach der der Hauptvertrag formnichtig ist (→ Rn. 109).[507] In diesen Fällen liegt trotz wirksamer Rechtswahl ein nichtiger Hauptvertrag vor. Gleichwohl kann eine stillschweigende Vereinbarung dieser Rechtsordnung anzunehmen **108**

---

[495] OLG Frankfurt RIW 1989, 646 = NJW-RR 1989, 1018 mAnm *Huff* EWiR 1989, 995 spaltet den Vertragsabschluss durch inländischen Konsumenten zu Unrecht generell nach Abs. 2 ab.

[496] *Stoll* FS Heini, 1995, 429 (439).

[497] BGH NJW 2022, 2928 Rn. 28.

[498] So Art. 3 Abs. 3 Resolution des Institut de Droit International, Basel 1991; vgl. *Jayme* IPRax 1991, 430.

[499] OLG Nürnberg NJW-RR 1997, 1484 = IPRspr. 1996 Nr. 31 (stillschweigende Rechtswahl); Calliess/Renner/*Calliess* Rn. 24; Staudinger/*Hausmann* Art. 10 Rn. 37; ebenso *Vischer/Huber/Oser* IVR Rn. 152 f. So ausdrücklich auch Art. 7 Haager Principles on the Choice of Law in International Contracts 2015.

[500] OLG Frankfurt IPRax 2019, 241 m. zust. Aufsatz *Mankowski* IPRax 2019, 208; *Rühl* FS Kropholler, 2008, 187 (198); Ferrari IntVertragsR/*Ferrari* Rn. 11; Rauscher/*v. Hein* Rn. 6, 44. – Gegen die Einstufung dieses Ergebnisses als Sachnorm, *S. Wandt,* Rechtswahlregelungen im Europäischen Kollisionsrecht, 2014, 142 f.; anders Staudinger/*Magnus,* 2021, Rn. 180 (Sachvorschrift).

[501] OLG Frankfurt IPRax 2019, 241 m. Aufsatz *Mankowski* IPRax 2019, 208; *Magnus* in Graf/Paschke/Stober, Das Wirtschaftsrecht vor den Herausforderungen des E-Commerce, 2002, 25; *Pfeiffer* in Gounalakis, Rechtshandbuch Electronic Business, 2003, § 12 Rn. 43, 47.

[502] *Kaufhold* EuZW 2016, 247 (248).

[503] BGH IPRax 1998, 479 m. Aufsatz *Spickhoff* IPRax 1998, 462 = WM 1997, 1713 (interlokal); Staudinger/*Magnus,* 2021, Rn. 179.

[504] BGHZ 53, 189 (191) = NJW 1970, 999; BGHZ 57, 337 (338 f.) = NJW 1972, 385 mAnm *Jayme* NJW 1972, 1618; BGHZ 73, 391 (394) = NJW 1979, 1773; OLG München NJW-RR 1989, 663 = IPRax 1990, 320 m. Aufsatz *Spellenberg* IPRax 1990, 295; BeckOK BGB/*Spickhoff* Rn. 15; *Siehr* FS Keller, 1989, 485 (494 f.); Ferrari IntVertragsR/*Ferrari* Rn. 11.

[505] *Mankowski* in Leible, Grünbuch, 2004, 63 (103).

[506] Zu den Hinweisen Reithmann/Martiny IntVertragsR/*Limmer* Rn. 21.7 f.

[507] BGHZ 52, 239 (241) = NJW 1969, 1760; BGHZ 53, 189 (191 f.) = NJW 1972, 385; BGHZ 73, 391 (394) = NJW 1979, 1773; OLG München NJW-RR 1989, 663 = IPRax 1990, 320 m. Aufsatz *Spellenberg* IPRax 1990, 295; OLG Nürnberg NJW-RR 1997, 1484 = IPRspr. 1996 Nr. 31; *Gamillscheg* AcP 157 (1958/59), 303 (307 f.); Urteils-Anm. *Samtleben* NJW 1970, 378; *Marsch,* Der Favor Negotii im deutschen IPR, 1976, 57; *Kropholler* IPR § 52 II 2.

sein. Sie ist bei Kenntnis der Parteien von der Nichtigkeit jedenfalls dann nicht ausgeschlossen, wenn die Parteien auf die Einhaltung ihrer gegenseitigen Verpflichtungen vertraut haben.[508] Zu anderen Ergebnissen kommt freilich, wer auch hier der im geltenden Recht nicht verankerten lex validitatis-Regel folgen will, wonach diejenige Rechtsordnung gelten soll, welche den Parteiwillen honoriert.[509] – Im Übrigen verweist Abs. 5 auf Art. 11. Danach gelten grundsätzlich die Formerfordernisse der lex causae, der lex loci actus oder des gewöhnlichen Aufenthaltsortes (Art. 11 Abs. 1, 2). Dementsprechend sind die Erfordernisse dieser Rechtsordnungen für die Rechtswahl zu beachten.[510]

109 **b) Verbraucherverträge.** Für Verträge, die in den Anwendungsbereich von Art. 6 fallen, findet sich in Art. 11 Abs. 4 eine besondere Regelung bezüglich der Form. Danach ist das Recht des Staates maßgebend, in dem der Verbraucher seinen gewöhnlichen Aufenthalt hat (Abs. 4 S. 2). Die Abs. 1, 2 und 3 des Art. 11 gelten nicht (Abs. 4 S. 1). Die Art. 3 ff. Rom I-VO ihrerseits schreiben keine besondere Form für die Rechtswahl vor.

110 **4. Schutz des anderen Vertragsteils (Art. 13).** Art. 13 macht von der Maßgeblichkeit des Personalstatuts für Rechts-, Geschäfts- und Handlungsfähigkeit (Art. 7 Abs. 1 EGBGB) eine Ausnahme. Im Interesse des Verkehrsschutzes gelten grundsätzlich die Vorschriften des Abschlussortes, sofern die andere Partei den wahren Sachverhalt nicht kannte oder kennen musste. Diese Regelung gilt nunmehr auch für die Rechtswahlvereinbarung.

IX. Probleme des Allgemeinen Teils

111 **1. Rück- und Weiterverweisung.** Für die Bestimmung des anwendbaren Rechts durch ausdrückliche oder stillschweigende Rechtswahl werden Rück- und Weiterverweisung durch Art. 20 ausdrücklich ausgeschlossen. Früher wurde angenommen, dass dies einer Gesamtverweisung durch die Parteien jedoch nicht entgegen steht; → Art. 20 Rn. 5 ff.

112 **2. Ordre public.** Bei der ausdrücklichen und stillschweigenden Rechtswahl kommen Verstöße gegen den deutschen ordre public (Art. 21) dann in Betracht, wenn das Ergebnis der Anwendung ausländischen Rechts wesentliche Grundsätze der deutschen Rechtsordnung verletzen würde. Zwingende inländische Vorschriften können über Art. 9 durchgesetzt werden. Die Rechtswahl selbst ist jedoch nicht an Art. 21 zu messen.[511] Überdies wird bei einem ordre public-Verstoß lediglich die Anwendung der anstößigen ausländischen Norm ausgeschlossen und nicht etwa eine objektive Anknüpfung des Vertrages vorgenommen.[512]

Art. 4 Rom I-VO Mangels Rechtswahl anzuwendendes Recht

(1) Soweit die Parteien keine Rechtswahl gemäß Artikel 3 getroffen haben, bestimmt sich das auf den Vertrag anzuwendende Recht unbeschadet der Artikel 5 bis 8 wie folgt:

a) Kaufverträge über bewegliche Sachen unterliegen dem Recht des Staates, in dem der Verkäufer seinen gewöhnlichen Aufenthalt hat.

b) Dienstleistungsverträge unterliegen dem Recht des Staates, in dem der Dienstleister seinen gewöhnlichen Aufenthalt hat.

c) Verträge, die ein dingliches Recht an unbeweglichen Sachen sowie die Miete oder Pacht unbeweglicher Sachen zum Gegenstand haben, unterliegen dem Recht des Staates, in dem die unbewegliche Sache belegen ist.

d) Ungeachtet des Buchstabens c unterliegt die Miete oder Pacht unbeweglicher Sachen für höchstens sechs aufeinander folgende Monate zum vorübergehenden privaten Gebrauch dem Recht des Staates, in dem der Vermieter oder Verpächter seinen gewöhnlichen Aufenthalt hat, sofern der Mieter oder Pächter eine natürliche Person ist und seinen gewöhnlichen Aufenthalt in demselben Staat hat.

e) Franchiseverträge unterliegen dem Recht des Staates, in dem der Franchisenehmer seinen gewöhnlichen Aufenthalt hat.

---

[508] Soergel/*v. Hoffmann* EGBGB Art. 27 Rn. 105; ebenso schon BGHZ 53, 189 (191) = NJW 1970, 999; BGHZ 73, 391 (394) = NJW 1979, 1773.

[509] S. *Abend,* Die lex validitatis im internationalen Vertragsrecht, 1994, 297 ff.

[510] Vgl. OLG Celle ZIP 2001, 1724 = IPRspr. 2001 Nr. 31 mAnm *Eckert* EWiR 2001, 1051 betr. Isle of Man; *Meyer-Sparenberg* RIW 1989, 347 (349 f.); *Stoll* FS Heini, 1995, 429 (438).

[511] BGHZ 135, 124 (139 f.) = NJW 1997, 1697; anders LG Berlin NJW-RR 1995, 754 = IPRspr. 1994 Nr. 42.

[512] Anders aber LG Bamberg NJW-RR 1990, 694 = IPRspr. 1990 Nr. 27.

f) Vertriebsverträge unterliegen dem Recht des Staates, in dem der Vertriebshändler seinen gewöhnlichen Aufenthalt hat.

g) Verträge über den Kauf beweglicher Sachen durch Versteigerung unterliegen dem Recht des Staates, in dem die Versteigerung abgehalten wird, sofern der Ort der Versteigerung bestimmt werden kann.

h) Verträge, die innerhalb eines multilateralen Systems geschlossen werden, das die Interessen einer Vielzahl Dritter am Kauf und Verkauf von Finanzinstrumenten im Sinne von Artikel 4 Absatz 1 Nummer 17 der Richtlinie 2004/39/EG nach nicht diskretionären Regeln und nach Maßgabe eines einzigen Rechts zusammenführt oder das Zusammenführen fördert, unterliegen diesem Recht.

(2) Fällt der Vertrag nicht unter Absatz 1 oder sind die Bestandteile des Vertrags durch mehr als einen der Buchstabe n a bis h des Absatzes 1 abgedeckt, so unterliegt der Vertrag dem Recht des Staates, in dem die Partei, welche die für den Vertrag charakteristische Leistung zu erbringen hat, ihren gewöhnlichen Aufenthalt hat.

(3) Ergibt sich aus der Gesamtheit der Umstände, dass der Vertrag eine offensichtlich engere Verbindung zu einem anderen als dem nach Absatz 1 oder 2 bestimmten Staat aufweist, so ist das Recht dieses anderen Staates anzuwenden.

(4) Kann das anzuwendende Recht nicht nach Absatz 1 oder 2 bestimmt werden, so unterliegt der Vertrag dem Recht des Staates, zu dem er die engste Verbindung aufweist.

Schrifttum (allgemein): s. auch Vor Art. 1; *Azzi,* La loi applicable à défaut de choix selon les articles 4 et 5 du règlement Rome I, D. 2008, 2169; *Corneloup,* Choix de loi et contrats liés, in Corneloup/Joubert, Le règlement communautaire „Rome I" et le choix de loi dans les contrats internationaux, Paris 2011, 285; *Hanner,* Internationales Kryptowerterecht, 2022; *Kaspers,* Die gemischten und verbundenen Verträge im internationalen Privatrecht, 2015; *Lehmann,* Internationales Privat- und Zivilprozessrecht, in Omlor/Link (Hrsg.), Kryptowährungen und Token, 2. Aufl. 2023, 181; *Magnus,* Article 4 Rome I Regulation: The Applicable Law in the Absence of Choice, in Ferrari/Leible, Rome I Regulation, 2009, 27; *Mankowski,* Dépeçage unter der Rom I-VO, FS Spellenberg, 2010, 261; *Mankowski,* The principle of characteristic performance revisited yet again, Liber Amicorum Siehr, Zürich 2010, 433; *Martiny,* Die objektive Anknüpfung atypischer und gemischter Schuldverträge, FS v. Hoffmann, 2011, 283; *Martiny,* Zur Einordnung und Anknüpfung der Ansprüche und der Haftung Dritter im Internationalen Schuldrecht, FS Magnus, 2014, 483; *Nourissat,* Le dépeçage, in Corneloup/Joubert, Le règlement communautaire „Rome I" et le choix de loi dans les contrats internationaux, Paris 2011, 205; *Okoli,* The Significance of the Doctrine of Accessory Allocation As a Connecting Factor Under Article 4 of the Rome I Regulation, JPIL 9 (2013), 449; *Remien,* Engste Verbindung und Ausweichklauseln, in Leible/Unberath, Brauchen wir eine Rom 0-Verordnung?, 2013, 223; *Wendelstein,* Der Handel von Kryptowährungen aus der Perspektive des europäischen Internationalen Privatrechts, RabelsZ 86 (2022), 644.

Schrifttum zu Grünbuch und Verordnungsentwurf: s. 7. Aufl. 2018.

Übersicht

A. Normzweck

1 Bei Fehlen einer ausdrücklichen oder stillschweigenden Rechtswahl kann die anzuwendende Rechtsordnung nicht durch die Ermittlung eines subjektiven Parteiwillens, sondern nur auf Grund objektiver Umstände – also im Wege einer objektiven Anknüpfung – ermittelt werden. Grundgedanke des Art. 4, der an die Stelle von Art. 4 EVÜ (Art. 28 EGBGB aF) getreten ist, ist es, Verträge derjenigen Rechtsordnung zu unterstellen, mit der sie am **engsten verbunden** sind.[1]

2 Die Ermittlung der engsten Verbindung, die nach Art. 4 Abs. 1 EVÜ den Ausgangspunkt bildete und sodann durch drei Vermutungen (Abs. 2–4) sowie eine Ausweichklausel (Abs. 5) konkretisiert wurde, machte zuweilen Schwierigkeiten. Wegen der unterschiedlichen Auslegungs- und Kombinationsmöglichkeiten war das Ergebnis häufig nicht voraussehbar. In der **Reformdebatte** wurde insbesondere das Verhältnis von Abs. 1, 2 und Abs. 5 erörtert. Dabei wurde eine Verstärkung der Anknüpfung an die charakteristische Leistung diskutiert und die Frage gestellt, ob die Ausweichklausel zu Gunsten der charakteristischen Leistung zurück gedrängt oder ganz beseitigt werden sollte.[2] Ferner stand die Einführung einer in Abs. 1 lit. d erfolgten besonderen Regel für kurzfristige Mietverträge über Ferienunterkünfte zur Debatte.[3] Im Ergebnis setzte sich eine umfangreiche Aufzählung einzelner Verträge in Abs. 1 durch, welche die Anknüpfung nach der charakteristischen Leistung auf den zweiten Rang verdrängte (Abs. 2).[4] Auf diese Weise soll mehr Berechenbarkeit und Rechtssicherheit erreicht werden (Erwägungsgrund 16).[5] Die Aufnahme einer Sonderregel für Verträge über geistiges Eigentum scheiterte jedoch (→ Rn. 7). Die **Ausweichklausel,** welche für alle Fälle objektiver Anknüpfung Abweichungen ermöglicht, war zwar zunächst in Art. 4 Rom I-VO-E 2005 gestrichen worden,[6] wurde aber letztlich erhalten (Abs. 3). Die Generalklausel der **engsten Verbindung** rangiert erst an letzter Stelle (Abs. 4). Trotz aller Bemühungen um Klarheit ist im Ergebnis ein höchst komplexes Gebilde entstanden.

3 Die allgemeine Regel des Art. 4 erfasst zwar grundsätzlich alle Schuldverträge. Sie wird jedoch durch eine **Reihe von Vorschriften ergänzt, die nur für einzelne Vertragstypen gelten.** Die Regeln für diese Vertragstypen (insbesondere Art. 5: Beförderungsvertrag, Art. 6: Verbrauchervertrag; Art. 7: Versicherungsvertrag; Art. 8: Arbeitsvertrag) haben den Charakter von leges speciales; sie gehen den allgemeinen Regeln vor. Die Anknüpfungen des Art. 4 kommen mithin nur dann

[1] Rauscher/*Thorn* Rn. 14. – Ähnlich geht vom „engsten Zusammenhang" aus Art. 117 Abs. 1 IPRG Schweiz – Näher *Siehr* in Reichelt, Europäisches Gemeinschaftsrecht und IPR, 2007, 69 ff. Rechtsvergleichend *Symeonides* in Beaumont/Holliday, A guide to global private international law, 2022, 191, 203 ff.; Rauscher/*Thorn* Rn. 6 ff.

[2] Grünbuch Nr. 3.2.5 in Leible, Grünbuch, 2004, 284 ff.; dazu *Magnus/Mankowski* ZVglRWiss 103 (2004), 131 (158 ff.); *Martiny* in Leible, Grünbuch, 2004, 109 (110 ff.); *Marmisse* in Meeusen/Pertegás/Straetmans, Enforcement of International contracts in the European Union, 2004, 262 ff.; Max-Planck-Institut RabelsZ 68 (2004), 39 ff.

[3] Grünbuch Nr. 3.2.6 in Leible, Grünbuch, 2004, 286 f. – S. *Martiny* in Leible, Grünbuch, 2004, 109 (121 ff.); Max-Planck-Institut Law RabelsZ 68 (2004), 45 ff.; abl. etwa *Magnus/Mankowski* ZVglRWiss 103 (2004), 131 (162 f.); *Wilderspin* in Fuchs/Muir Watt/Pataut, Les conflits de lois et le système juridique communautaire, 2004, 173, 182.

[4] Dazu krit. Max-Planck-Institut RabelsZ 71 (2007), 258 ff.

[5] *Garcimartín Alférez* EurLegForum 2008, I-61 (I-68 f.).

[6] Krit. dazu *Ferrari* in Ferrari/Leible, Ein neues Internationales Vertragsrecht für Europa, 2007, 57 (72 ff.); *Mankowski* IPRax 2006, 101 (105 f.); Max-Planck-Institut RabelsZ 71 (2007), 257 ff.

zum Tragen, wenn keine Sonderregelung besteht. Zudem bestehen für viele Vertragsverhältnisse besondere Staatsverträge, die Vorrang haben.

B. Objektive Anknüpfung

I. System des Art. 4

Art. 4 will das richtige Vorgehen bei der Bestimmung des Vertragsstatuts klarstellen. Zwar sollte die komplizierte Struktur des bisherigen Art. 4 EVÜ vereinfacht werden. Inhaltlich sollte sich aber nichts daran ändern, dass das Recht zur Anwendung kommt, mit welchem der Sachverhalt am engsten verbunden ist. Nach Erwägungsgrund 16 sollen die Kollisionsnormen ein hohes Maß an Berechenbarkeit aufweisen, um zum allgemeinen Ziel dieser Verordnung, nämlich zur Rechtssicherheit im europäischen Rechtsraum, beizutragen. Dennoch sollen die Gerichte über ein gewisses Ermessen verfügen, um das Recht bestimmen zu können, das zu dem Sachverhalt die engste Verbindung aufweist. Nach dem Prüfprogramm des Art. 4 ist zuerst danach zu unterscheiden, ob einer der spezifizierten Vertragstypen des Abs. 1 vorliegt (→ Rn. 17 ff.). Ist das nicht der Fall, so ist in zweiter Linie Abs. 2 (charakteristische Leistung) zu prüfen (→ Rn. 176 ff.). Das dabei erzielte Ergebnis kann sodann durch die Ausweichklausel der engeren Verbindung des Abs. 3 korrigiert werden (→ Rn. 310). Lässt sich auch auf diesem Wege kein Ergebnis erzielen, so greift an letzter Stelle die engste Verbindung des Abs. 4 ein (→ Rn. 329 ff.). 4

II. Begriff des Vertrages

Auch für Art. 4 Abs. 1 ist zunächst zu beantworten, ob es sich um eine vertragliche Verbindlichkeit handelt. Der Begriff des Vertrages ist verordnungsautonom zu bestimmen. Insofern bestehen beträchtliche Abgrenzungsschwierigkeiten zu Schuldverhältnissen aufgrund gesetzlicher Verpflichtung, die weitgehend der Rom II-Verordnung unterliegen. Abzugrenzen ist auch gegenüber nur einseitigen Verpflichtungen. Die Auseinandersetzung darum wird beispielsweise für die Gewinnzusage (§ 661a BGB) geführt (→ Rn. 307 ff.). Als Vertrag wird die Bindung wenigstens einer Partei angesehen (→ Art. 1 Rn. 8). 5

III. Typische, atypische und gemischte Verträge

1. Spezifizierte Verträge des Art. 4 Abs. 1. Unter Art. 4 fallen typische, atypische und gemischte Verträge. Art. 4 Abs. 1 stellt die Anknüpfung für acht im Einzelnen aufgezählte, „spezifizierte" („specified", „catégories définies") Vertragsverhältnisse ausdrücklich klar. Nach dem Vertragsgegenstand unterschieden und gesondert genannt werden der Warenkauf (Abs. 1 lit. a), Dienstleistungen (Abs. 1 lit. b), Miete und Pacht unbeweglicher Sachen (Abs. 1 lit. c, d), Franchiseverträge (Art. 1 lit. e), Vertriebsverträge (Abs. 1 lit. f), der Kauf auf Versteigerungen (Abs. 1 lit. g) sowie Verträge über Finanzinstrumente (Abs. 1 lit. h). Dabei handelt es sich vielfach – aber nicht nur – um Konkretisierungen bzw. Festlegungen der charakteristischen Leistung.[7] Der Lageort unbeweglichen Vermögens und der Schutz des Schwächeren spielen ebenfalls eine Rolle. Da sich die Benennung einzelner Verträge nur teilweise mit den Vertragstypen des Sachrechts deckt, sind die sachrechtlichen Einteilungen vielfach andere und für das Kollisionsrecht nur von begrenzter Bedeutung. 6

Eine Rechtfertigung für die **Aufnahme eines Vertragstyps in den Katalog des Abs. 1** ist sicherlich seine Wichtigkeit. Gleichwohl sind der Zuschnitt der einzelnen Kategorien und ihr Umfang nicht frei von Willkür. Als Beispiele seien nur die gescheiterte Sonderregelung für Verträge über geistiges Eigentum und gewerbliche Schutzrechte (Abs. 1 lit. f Rom I-VO-Entwurf)[8] sowie die von vornherein nicht gesondert aufgenommene Kategorie der Sicherungsverträge[9] genannt. Andere Vertragsarten als die in Abs. 1 lit. a–h sowie Art. 5–8 aufgeführten werden in der Rom I-VO nicht besonders normiert. Eine einheitliche Bezeichnung für die nicht gesondert erfassten Verträge hat sich noch nicht herausgebildet. Im IVR werden die von den Anknüpfungsregeln 7

---

[7] *Bonomi* YbPIL 10 (2008), 165 (174); *Wagner* IPRax 2008, 377 (382); Ferrari IntVertragsR/*Ferrari* Rn. 11.

[8] Näher *de Miguel Asensio* YbPIL 10 (2008), 199 ff.; *Torremans* JPIL 4 (2008), 397 (402 ff.); *Wagner* IPRax 2008, 377 (384 f.); *Mankowski* in Leible/Ohly, Intellectual property and private international law, 2009, 31 ff.; Max-Planck-Institut RabelsZ 71 (2007), 263 ff.; *Nishitani* in Ferrari/Leible, Rome I Regulation, 2009, 55 ff.; Reithmann/Martiny IntVertragsR/*Obergfell* Rn. 34.37 f.; *McParland,* The Rome I Regulation on the Law Applicable to Contractual Obligations, 2015, Rn. 10.410 ff.

[9] In der entsprechenden schweizerischen Aufzählung Art. 117 Abs. 3 lit. e IPRG.

nicht besonders erfassten Verträge zum Teil als Innominatverträge angesehen.[10] Man zögert, von „atypischen Verträgen" zu sprechen,[11] da die Liste des Abs. 1 doch recht kurz und unsystematisch ist. Ähnliches gilt für den Ausdruck „Innominatvertrag", was zudem an das Sachrecht denken lässt.[12] Unmissverständlich dürfte der Ausdruck „nicht spezifizierte" Verträge sein. Eine europäische Ordnung der Arten der Verträge für kollisionsrechtliche Zwecke wird sich nicht vermeiden lassen. Andererseits ist ein starker Bezug zu den einzelnen Sachrechten offensichtlich.

8 Ferner ist zu bestimmen, ob vom **Vorliegen nur eines einzigen Vertrages** ausgegangen werden kann oder ob mehrere vertragliche Verpflichtungen bestehen.[13] Zwar richtet sich, ob ein Vertrag zustande gekommen ist, nach dem Vertragsstatut und damit letztlich nach dem anwendbaren Sachrecht (Art. 10 Rom I-VO). Gleichwohl sollten die Voraussetzungen dafür, ob nur ein einziger Vertrag gegeben ist oder ob mehrere anzunehmen sind, einheitlich bestimmt werden. Die Tatsache, dass mehrere Verpflichtungen in einer Urkunde enthalten sind, reicht noch nicht aus, von einem einzigen Vertrag auszugehen. Sind die einzelnen Verpflichtungen aber miteinander verknüpft und aufeinander bezogen, so spricht das für nur einen einzigen Vertrag. Im Einzelnen können hier schwierige Abgrenzungsfragen entstehen.[14] Der Zusammenhang zweier Verträge kann nach Abs. 3 berücksichtigt werden (→ Rn. 317 ff.).

9 Das EVÜ erlaubte bei komplexen Vertragsverhältnissen eine **ausnahmsweise Abspaltung (dépeçage)** einzelner Bestandteile (Art. 4 Abs. 1 S. 2 EVÜ). Als Beispiel waren aus mehreren Verpflichtungen und Ansprüchen zusammengesetzte Vertragsverhältnisse genannt worden.[15] Allerdings blieb die Tragweite dieser Ausnahme unklar.[16] Eine Abspaltung ist zwar eine denkbare Lösung für gemischte Verträge; sie führt aber zur Anwendung mehrerer Rechtsordnungen, damit zu Reibungen und zu potenziellen Widersprüchen.[17] Sie ist nach der Rom I-VO auch für gemischte Verträge nicht vorgesehen und nicht zulässig[18] (→ Rn. 313, → Rn. 340). Die im Sachrecht verbreitete Kombinationsmethode, die zur Anwendung unterschiedlicher Regeln führt,[19] ist im internationalen Vertragsrecht, wo sie sogar die Anwendung unterschiedlicher Rechtsordnungen zur Folge haben kann, von zweifelhaftem Wert. Die angestrebte einheitliche Anknüpfung mit möglichst einheitlicher Rechtsanwendung lässt vielmehr eine weitgehende Verwendung der Absorptionsmethode als plausibel erscheinen.

10 **2. Gemischte Verträge. a) Arten der gemischten Verträge.** Kollisionsrechtlich sind gemischte Verträge – ähnlich wie im Sachrecht[20] – solche, bei denen zwar nur ein **einheitlicher Vertrag** vorliegt, sich aber mindestens eine der Parteien zu mehreren verschiedenartigen (gleichwertigen) Hauptleistungen bzw. (mindestens) einer Nebenleistung verpflichtet oder die Leistung und die Gegenleistung verschiedenen Vertragsarten angehören oder aber mehrere Vertragstypen miteinander verschmolzen werden.[21] Des Öfteren ist zweifelhaft, ob man für atypische und gemischte Vertragsverhältnisse noch eine charakteristische Leistung ermitteln kann oder auf die engere oder engste Verbindung ausweichen muss. Daher war man bislang bei der Anknüpfung in der Begründung durchaus flexibel. Das gleiche Ergebnis wurde oft von den einen noch mit der charakteristischen Leistung begründet, während andere mit der engeren Verbindung argumentierten (etwa für Urheberrechtsverträge; → Rn. 255). Auch die Übergänge zu den zusammenhängenden Verträgen sind fließend (→ Rn. 317 ff.). Die Rom I-VO zwingt wegen der Aufzählung in Abs. 1 und der besonderen Regel

---

[10] So *Siehr* IPR 207 ff.; *Vischer/Huber/Oser* IVR Rn. 670.

[11] Gegen die Verwendung dieser Kategorie für die Rom I-VO *Kaspers,* Die gemischten und verbundenen Verträge im internationalen Privatrecht, 2015, 30.

[12] Vgl. für die Schweiz *Kren Kostkiewicz* Liber Amicorum Siehr, 2010, 361 ff.

[13] Vgl. auch *Lando/Nielsen* C.M.L. Rev. 45 (2008), 1687 (1703 f.).

[14] Vgl. zu Verträgen über geistiges Eigentum *Torremans* JPIL 4 (2008), 397 (406 ff.); *Fawcett/Torremans,* Intellectual property and private international law, 2. Aufl. 2011, Rn. 14.55 ff.

[15] Bericht *Giuliano/Lagarde* über das Übereinkommen über das auf vertragliche Schuldverhältnisse anzuwendende Recht, ABl. EG 1980 C 282, 1 (23).

[16] S. nur EuGH Slg. 2009, I-9687 = IPRax 2010, 236 m. Aufsatz *Rammeloo* IPRax 2010, 215 = Rev. crit. dr. int. pr. 99 (2010), 199 mAnm *Lagarde* = TranspR 2009, 491 mAnm *Mankowski* = IHR 2010, 128 m. Aufsatz *Mankowski* IHR 2010, 89 = Riv. dir. int. priv. proc. 46 (2010), 514 m. Aufsatz *Re* Riv. dir. int. priv. proc. 46 (2010), 407 = GPR 2011, 48 mAnm *Martiny* – Intercontainer Interfrigo/Balkenende Oosthuizen.

[17] Eine ausnahmsweise Entflechtung bewerten positiv *Vischer/Huber/Oser* IVR Rn. 257.

[18] *Leible/Lehmann* RIW 2008, 528 (536); *Strikwerda* NIPR 2009, 411 (415); *Nourissat* in Corneloup/Joubert, Le règlement communautaire „Rome I", 2011, 205 (208 ff.); *Kaspers,* Die gemischten und verbundenen Verträge im internationalen Privatrecht, 2015, 46 ff.; Staudinger/*Magnus,* 2021, Rn. 96; anders *Mankowski* IHR 2010, 89 (90 ff.); *Mankowski* FS Spellenberg, 2010, 261 (267 ff.); anders auch zum Teil für Derivate *Wilhelmi* RIW 2016, 253 (258 ff.).

[19] S. *Martiny* FS v. Hoffmann, 2011, 283 (285 ff.).

[20] S. *Martiny* FS v. Hoffmann, 2011, 283 (292 ff.).

[21] Dazu *v. Bar/Mankowski* IPR II § 1 Rn. 329; Soergel/*v. Hoffmann* EGBGB Art. 28 Rn. 35 ff.

bei Mehrfacherfassung (Abs. 2 Alt. 2) zu einer genaueren Einordnung. Bei der gesetzestechnischen Einordnung gemischter Verträge lassen sich im Wesentlichen **drei unterschiedliche Konstellationen** unterscheiden:[22] (1) Es handelt sich um einen spezifizierten Vertragstyp iSd Abs. 1. Hinzu kommt noch ein nicht-spezifizierter Vertragsbestandteil (→ Rn. 12). (2) Es handelt sich um mehrere Bestandteile, die unterschiedlichen spezifizierten Vertragstypen zuzuordnen sind (→ Rn. 193 ff.). (3) Schließlich kann es um die Beurteilung von Bestandteilen nicht in Art. 4 Abs. 1 genannter Vertragstypen bzw. Verträge gehen (→ Rn. 184 ff.).

Der Fall, dass ein **Vertragsbestandteil** vom Vertragskatalog des Abs. 1 erfasst wird, der andere 11
hingegen nicht, ist nicht besonders gesetzlich geregelt. Auch hier dürfte auf das Schwergewicht des Vertrages abzustellen sein (→ Rn. 198). Liegt es auf dem spezifizierten Vertragsbestandteil, so kommt es zu einer Anknüpfung daran.[23] Scheitert diese Anknüpfung, so ist grundsätzlich die charakteristische Leistung nach Abs. 2 zu ermitteln. Ist auch das nicht möglich, so ist die engste Verbindung nach anderen Kriterien festzustellen (Abs. 4). Ob insoweit eine – wie auch immer geartete – unionsrechtliche Systematik der gemischten Verträge eine Rolle spielen wird, ist noch ungewiss. In Anlehnung an sachrechtliche Einteilungsversuche (→ BGB § 311 Rn. 24 ff.) lassen sich die Verträge jedenfalls in mehreren Gruppen zusammenfassen.

b) Vertrag mit andersartiger (atypische oder vertragstypische) Nebenleistung. Ein Bei- 12
spiel für einen Vertrag mit andersartiger (atypischer oder vertragstypischer) Nebenleistung ist etwa, dass zusätzlich zu einem Verkauf einer beweglichen Sache noch erhebliche Dienstleistungen erbracht werden. Gehört die von einer Partei zu erbringende Hauptleistung einem in Abs. 1 genannten Vertragstyp an, hat sie daneben aber noch eine andersartige Nebenleistung zu erbringen, so darf die **unselbständige Nebenleistung nicht entscheiden.** Maßgeblich ist (insoweit mit dem Absorptionsprinzip übereinstimmend) allein das Statut der bedeutenderen Hauptleistung;[24] eine Subsumtion unter Art. 4 Abs. 1 ist nicht ausgeschlossen (→ Rn. 19). Die Übergänge zu anderen gemischten Verträgen sind fließend.[25]

c) (Typen-)Kombinationsvertrag. Beim (Typen-)Kombinationsvertrag schuldet eine Partei 13
mehreren Vertragstypen entsprechende und im Wesentlichen gleichwertige Hauptleistungen. Hier wird die vom Schuldner zu erbringende Leistung zumeist auch die charakteristische sein, also auf nur eine Rechtsordnung hinweisen.[26] Man wird aber regelmäßig nicht mehr nach Abs. 1 anknüpfen können, da es sich um eigene Bestandteile des Vertrages handelt und Art. 4 Abs. 2 Alt. 2 anzuwenden haben (→ Rn. 193 ff.). Weist der Vertrag zu mehreren Rechtsordnungen Bezüge auf, so ist eine Abweichung von Abs. 1 möglich. Es ist die **engste Beziehung** für das gesamte Vertragsverhältnis individualisierend zu ermitteln.[27] Überwiegt freilich eine der Leistungen deutlich, so bleibt eine Anknüpfung nach Abs. 2 möglich.[28] Als mehreren Typen entsprechender Vertrag, der dem Recht des Gastwirts unterliegt, wird etwa der Beherbergungsvertrag angesehen,[29] der allerdings als Dienstleistung (Abs. 1 lit. b) einzustufen sein dürfte.

d) Austauschvertrag mit anderstypischer Gegenleistung. Tauschen die Parteien Leistun- 14
gen aus, welche verschiedenen typischen Verträgen zuzurechnen sind (sog. Austauschverträge mit anderstypischer Gegenleistung), so greift Abs. 1 ein, wenn eine Leistung einem spezifizierten Vertrag entspricht. Steht die andere außerhalb des Katalogs, so kommt die Ermittlung der **charakteristischen Leistung** in Betracht.[30] Bei einem Kauf dürfte es auch bei der Inzahlungnahme eines Gebrauchtwagens beim Kraftfahrzeugkauf bleiben.[31] Häufig wird aber ein Fall einer Mehrfacherfassung nach Abs. 2 Alt. 2 vorliegen (→ Rn. 193 ff.). Überwiegt keine der Vertragsleistungen, so ist individualisierend die engste Verbindung für das gesamte Vertragsverhältnis zu bestimmen (Abs. 4).[32]

---

[22] Ebenso *Kaspers,* Die gemischten und verbundenen Verträge im internationalen Privatrecht, 2015, 33.
[23] *Beyer* GRUR 2021, 1008 (1010 f.); *Kaspers,* Die gemischten und verbundenen Verträge im internationalen Privatrecht, 2015, 36; Staudinger/*Magnus,* 2021, Rn. 104.
[24] *Beyer* GRUR 2021, 1008 (1010); *Kaspers,* Die gemischten und verbundenen Verträge im internationalen Privatrecht, 2015, 36.
[25] Vgl. *Stimmel* GRUR Int 2010, 783 (785).
[26] *Kaspers,* Die gemischten und verbundenen Verträge im internationalen Privatrecht, 2015, 36; *v. Bar/Mankowski* II § 1 Rn. 331; Soergel/*v. Hoffmann* EGBGB Art. 28 Rn. 39.
[27] S. schon *Kreuzer* FS v. Caemmerer, 1978, 705 (732).
[28] Vgl. jurisPK-BGB/*Ringe* Rn. 80; Soergel/*v. Hoffmann* EGBGB Art. 28 Rn. 41.
[29] jurisPK-BGB/*Ringe* Rn. 80: „typengemischt"; ebenso nach Art. 28 EGBGB LG Hamburg IPRspr. 1991 Nr. 33.
[30] *Kaspers,* Die gemischten und verbundenen Verträge im internationalen Privatrecht, 2015, 36.
[31] Soergel/*v. Hoffmann* EGBGB Art. 28 Rn. 149.
[32] *Kaspers,* Die gemischten und verbundenen Verträge im internationalen Privatrecht, 2015, 36 f.

Entsprechendes gilt, wenn beide Leistungen dem gleichen Vertragstyp angehören; eine Vertragsspaltung scheidet aus.[33]

15 **e) Typenverschmelzungsvertrag.** Für den Typenverschmelzungsvertrag (→ Rn. 188) ist zu prüfen, ob eine der Parteien die für das Vertragsverhältnis nach Art. 4 Abs. 1 maßgebende Leistung und die andere nur eine farblose Geldleistung erbringt.[34] Das wird bei Dienstleistungen häufig der Fall sein; das Recht des Dienstleistungserbringers gilt. Greift Abs. 1 nicht ein, so ist die charakteristische Leistung nach Abs. 2 zu ermitteln. Lässt sie sich nicht feststellen, so ist die engste Verbindung des Vertragsverhältnisses nach anderen Kriterien zu suchen (Abs. 4).[35]

IV. Zusammenhängende Verträge

16 Handelt es sich nicht um einen einzigen, sondern um mehrere **unterschiedliche Verträge,** so ist mangels Rechtswahl zunächst für jeden von ihnen das Vertragsstatut nach Abs. 1 und/oder Abs. 2 zu bestimmen.[36] Gleichwohl kann zwischen ihnen ein enger Zusammenhang bestehen, der als engere Verbindung nach Art. 4 Abs. 3 berücksichtigt werden kann[37] (→ Rn. 317 ff.); eine akzessorische Anknüpfung ist möglich.[38] Entsprechendes wurde schon bislang für das EVÜ für eine Fülle von Vertragsgestaltungen angenommen.[39] Man unterscheidet Verträge zur Vorbereitung, zur Sicherung, Rahmenverträge usw. Im Einzelnen können hier zahlreiche Abgrenzungsprobleme entstehen. Bei einer vertraglichen Beziehung, im Rahmen derer eine Partei den **Vertrieb** übernimmt und zugleich Waren bei der anderen Partei (Unternehmer) kauft, ist zwar nicht völlig ausgeschlossen, dass nur ein einziger Vertrag vorliegt.[40] Im Allgemeinen ist aber von einem den Vertrieb regelnden **Rahmenvertrag** (Abs. 1 lit. f) und einem davon zu unterscheidenden Einzellieferungs- bzw. Warenkaufvertrag (Abs. 1 lit. a), also zwei unterschiedlichen Verträgen, auszugehen.[41] Man kann dann den Einzelvertrag unter Umständen akzessorisch an den Rahmenvertrag anknüpfen.[42] In bestimmten Fällen kann auch Einheitsrecht eingreifen, hinter dem die Rom I-VO zurücktreten muss. Das ist etwa für die dem CISG unterliegenden Einzelkaufverträge im Rahmen eines Franchise- oder Vertriebsvertrages der Fall.[43]

C. Spezifizierte Verträge (Abs. 1)

I. Allgemeines

17 **1. Enumeration.** Soweit die Parteien keine Rechtswahl gemäß Art. 3 getroffen haben, bestimmt sich das auf den Vertrag anzuwendende Recht unbeschadet der Art. 5–8 nach Art. 4. In erster Linie kommt es auf die Liste in Abs. 1 an, die acht „spezifizierte Verträge“ in einer **„Aufzählungslösung“** nennt.[44] Im Entwurf von 2005 war auch eine Anknüpfung für Verträge über geistiges Eigentum vorgesehen, die aber auf Grund der dagegen gerichteten Kritik wieder gestrichen wurde (→ Rn. 7). Die ursprünglich vorgesehene Regelung für Beförderungsverträge ist entfallen, da dafür in Art. 5 eine eigene Vorschrift geschaffen wurde.[45]

18 **2. Eingrenzung der Vertragstypen.** Die einzelne Verpflichtung muss einem bestimmten spezifizierten Vertragstyp zugeordnet werden. Die Einordnung unter den jeweiligen Vertragstyp

---

33 Anders noch LG Dortmund IPRax 1989, 51 mAnm *Jayme* (gegenseitige Vertriebsrechte).

34 NK-BGB/*Leible* Rn. 64.

35 *Kaspers,* Die gemischten und verbundenen Verträge im internationalen Privatrecht, 2015, 37.

36 Von verbundenen Verträgen spricht *Kaspers,* Die gemischten und verbundenen Verträge im internationalen Privatrecht, 2015, 73 ff.

37 *Kessedjian* in Basedow/Baum/Nishitani, Japanese and European Private International Law in Comparative Perspective, 2008, 105 (122).

38 *Corneloup* in Corneloup/Joubert, Le règlement communautaire „Rome I“, 2011, 285 (293 ff.); *Kessedjian* in Basedow/Baum/Nishitani, Japanese and European Private International Law in Comparative Perspective, 2008, 105 (122).

39 *Geisler,* Die engste Verbindung im Internationalen Privatrecht, 2001, 260 ff., 285.

40 S. das Beispiel von *Ancel* in Cashin Ritaine/Bonomi, 2008, 77 (92).

41 *Lando/Nielsen* C.M.L. Rev. 45 (2008), 1687 (1703 f.); *Magnus* IHR 2018, 49 (55).

42 S. für Franchiseverträge Reithmann/Martiny IntVertragsR/*Dutta* Rn. 20.37.

43 *Corneloup* in Corneloup/Joubert, Le règlement communautaire „Rome I“, 2011, 285 (298 f.); Reithmann/Martiny IntVertragsR/*Dutta* Rn. 20.38.

44 Vgl. *Lando/Nielsen* C.M.L. Rev. 45 (2008), 1687 (1700 ff.); *Wagner* IPRax 2008, 377 (382).

45 Näher *Wagner* TranspR 2008, 221.

entscheidet. Für die Anwendung des Abs. 1 ist die richtige Zuordnung und damit die Qualifikation von größter Bedeutung.[46] Eine überlappende Anwendung der einzelnen Tatbestände ist ebenso wie das unnötige Aufreißen von Lücken zu vermeiden. Die Auslegung der Bestimmungen hat **verordnungsautonom** zu erfolgen (→ Vor Art. 1 Rn. 25 ff.). Was jeweils „Kauf", „Dienstleistung" usw ist, ist zu definieren. Die Begriffe sind – soweit möglich – in Einklang mit der Brüssel Ia-VO auszulegen.[47] Hierbei entstehen allerdings **Qualifikationsprobleme.**[48] Die Reichweite der einzelnen Anknüpfung ist jeweils durch einheitliche Auslegung zu ermitteln. Vor allem eine **weite Auslegung** des Begriffs des Dienstleistungsvertrages führt dazu, dass davon viele sachrechtliche Vertragsarten erfasst werden und zwar auch solche, denen im jeweiligen nationalen Schuldrecht kein eigener Vertragstyp entspricht.[49] Lässt sich eine Vertragsart unter mehrere Vertragsarten des Abs. 1 subsumieren, so **kommt es auf die speziellere an.**[50] Dies gilt etwa für den gesondert genannten Franchisevertrag, der eine besondere Form des Vertriebs ist,[51] aber auch eine Art von Dienstleistung darstellt.[52] Entsprechendes gilt für den Versteigerungskauf, der dem Recht des Versteigerungsorts unterliegt (lit. d) und nicht dem des Aufenthaltsortes des Verkäufers (lit. a).[53] Soweit mithilfe des Spezialitätsgrundsatzes Überlappungen vermieden werden können, besteht kein Anlass, auf Art. 4 Abs. 2 auszuweichen.[54]

3. Subsumtion unter den spezifizierten Vertragstyp. Die in Art. 4 Abs. 1 genannten Vertragsverhältnisse sind grundsätzlich entgeltliche gegenseitige Verträge von unterschiedlichem Komplexitätsgrad. Je nach der Art des Vertrages bestehen **mehrere einzelne Verpflichtungen,** Haupt- und Nebenpflichten. Einzelne **unwesentliche Elemente** in Verträgen, insbesondere **Nebenpflichten der Parteien,** welche die Hauptpflichten ergänzen, ändern die Zuordnung zu einem der spezifizierten Verträge nicht.[55] Auf diese Weise werden Überschneidungen vermieden. Treten zu den in Abs. 1 genannten Elementen eines Vertragsverhältnisses andere, beim jeweiligen Vertragstyp nicht genannte oder umfasste Elemente hinzu, so bleibt es so lange bei der Anknüpfung des Vertragstyps, wie das konkrete Vertragsverhältnis insgesamt noch abgedeckt ist. Dies wird man zB dann annehmen, wenn zu einem Kauf eine Dienstleistung in Form der Anlieferung[56] oder einer Einweisung in die Benutzung[57] hinzutritt. Gleiches gilt etwa für das Zuschneiden der verkauften Ware für den Kunden.[58] Es bleibt bei der Anknüpfung als Kauf (Abs. 1 lit. a). Bei der Einordnung als Grundstückskauf und der Anwendung des Rechts des Belegenheitsorts (Abs. 1 lit. c) muss es auch dann bleiben, wenn der Verkäufer in geringem Umfang Dienstleistungen übernimmt (zB Aufräumarbeiten durchführt).[59] Verträge können auch dann als Franchise- oder Vertriebsverträge eingeordnet werden (Abs. 1 lit. e, f), wenn sie Regelungen über die Nutzung geistigen Eigentums enthalten.[60] Vertragsbestandteil eines Dienstleistungsvertrages kann eine Lizenzgewährung durch den Dienstleistenden sein (zB bezüglich Software). Auch hier ändert die Lizenzgewährung nichts an der Maßgeblichkeit des Rechts des Dienstleistenden (Abs. 1 lit. b).[61] Nicht immer wird sich eine eindeutige Abgrenzung vornehmen lassen. **Kriterien für eine unwesentliche Nebenpflicht** sind vor allem die Hilfsfunktion der zusätzlichen Leistung, ihr Umfang, ihr geringeres wirtschaftliches Gewicht sowie ihr geringerer Wert.[62] 19

---

46 *Wagner* IPRax 2008, 377 (382); krit. zur Enumeration *Martiny* in Leible, Grünbuch, 2004, 109 (115 f.).
47 Erwägungsgrund 7 zur Rom I-VO.
48 *Leible/Lehmann* RIW 2008, 528 (534 f.); *Wagner* IPRax 2008, 377 (382); vgl. zur Qualifikation *Dutta* IPRax 2009, 293 ff.
49 Vgl. auch *Azzi* D. 2008, 2169 (2172).
50 *Magnus* IPRax 2010, 27 (34); BeckOGK/*Köhler,* 1.12.2023, Rn. 147.1; Staudinger/*Magnus,* 2021, Rn. 17, 30, 100.
51 Grüneberg/*Thorn* Rn. 4.
52 *Magnus* in Ferrari/Leible, Ein neues Internationales Vertragsrecht für Europa, 2007, 27 (34); Staudinger/*Magnus,* 2021, Rn. 30, 100.
53 Staudinger/*Magnus,* 2021, Rn. 30, 100.
54 *Kenfack* Clunet 136 (2009), 26; *Magnus* in Ferrari/Leible, Ein neues Internationales Vertragsrecht für Europa, 2007, 27 (34). – Diese eingrenzende Auslegung wird teilweise auch mit einer teleologischen Reduktion begründet, so jurisPK-BGB/*Ringe* Rn. 48 f.
55 Rauscher/*Thorn* Rn. 22; vgl. zum EVÜ *Ancel* in Cashin Ritaine/Bonomi, 2008, 77 (Nr. 164).
56 Vgl. *v. Hoffmann/Thorn* IPR § 10 Rn. 48.
57 So jurisPK-BGB/*Ringe* Rn. 50.
58 Zu Art. 7 Brüssel Ia-VO (früher Art. 5 Brüssel I-VO) EuGH NJW 2010, 1059 mAnm *Piltz* = EuZW 2010, 301 mAnm *Leible* – Car Trim; BGH NJW 2008, 3001 (Vorlagebeschluss) – Airbagteile.
59 Staudinger/*Magnus,* 2021, Rn. 31. – Für Schwerpunktbetrachtung Grüneberg/*Thorn* Rn. 4.
60 *de Miguel Asensio* YbPIL 10 (2008), 199 (207); *Fawcett/Torremans,* Intellectual property and private international law, 2. Aufl. 2011, Rn. 14.57.
61 *Stimmel* GRUR Int 2010, 783 (785).
62 Vgl. auch Grüneberg/*Thorn* Rn. 4; Staudinger/*Magnus,* 2021, Rn. 31, 112.

20 **4. Nicht erfasste Verträge, charakteristischer Leistung und engste Verbindung.** Lässt sich das Vertragsverhältnis nicht unter den in Abs. 1 genannten Fällen – den spezifizierten Verträgen – einordnen, so scheidet eine Anwendung des Abs. 1 aus[63] und es kommt zur Anwendung von Abs. 2 Alt. 1.[64] Danach ist – mit der Korrekturmöglichkeit der engeren Verbindung (Abs. 3) – die **charakteristische Leistung** zu ermitteln. Dies gilt etwa – in Übereinstimmung mit der Auslegung von Art. 7 Nr. 1 lit. b Brüssel Ia-VO[65] – für den Lizenzvertrag[66] sowie für viele Urheberrechtsverträge.[67] Im Gesetzesaufbau des Art. 4 wird die Anknüpfung nach der **engsten Verbindung** erst an letzter Stelle genannt. Sie ist aber in allen Fällen von Bedeutung, in denen die charakteristische Leistung nicht nach Abs. 2 bestimmt werden kann. Das gilt nicht nur für den klassischen Fall des Tauschs,[68] auch bei Lizenzverträgen wird dies häufiger der Fall sein.[69] Mit steigender Komplexität und einer größeren Anzahl von Leistungen sinkt die Wahrscheinlichkeit, dass die Bestimmung einer charakteristischen Leistung gelingt.

21 **5. Maßgeblicher Zeitpunkt.** Der maßgebliche Zeitpunkt wird in Abs. 1 nicht genannt. Insoweit greift der auch hier zur Anwendung kommende und auf den **Zeitpunkt des Vertragsschlusses** abstellende Art. 19 ein.

II. Kaufverträge über bewegliche Sachen (Abs. 1 lit. a)

Schrifttum: *Czerwenka,* Rechtsanwendungsprobleme im internationalen Kaufrecht, 1988; *Dutta,* Der europäische Letztverkäuferregress bei grenzüberschreitenden Absatzketten im Binnenmarkt, ZHR 171 (2007), 79; *Hanisch,* Internationalprivatrechtliche Fragen im Kunsthandel, FS Müller-Freienfels, 1986, 193; *Merschformann,* Die objektive Bestimmung des Vertragsstatuts beim internationalen Warenkauf, 1991; *Wind,* Der Lieferanten- und Herstellerregress im deutsch-italienischen Rechtsverkehr, 2006.

Schrifttum zum einheitlichen europäischen Kaufrecht: s. 7. Aufl. 2018.

22 **1. Rechtsvereinheitlichung. a) Einheitliches UN-Kaufrecht.** In erster Linie findet das **CISG** Anwendung, das für Deutschland am 1.1.1991 in Kraft getreten ist[70] (zur Kommentierung Bd. 4 → CISG Art. 1 Rn. 1 ff.). Die Bestimmungen des Übereinkommens brauchen nicht noch in nationale Ausführungsgesetze übernommen zu werden; sie sind **„self-executing“.** Sie sind daher vom nationalen Richter unmittelbar anzuwenden.[71]

23 Das UN-Kaufrecht hat **Vorrang** vor dem nationalen Kollisionsrecht (→ CISG Vor Art. 1 Rn. 4). Es verdrängt daher die Art. 1 ff. (→ Art. 25 Rn. 4).[72] Allerdings ist das nationale Kollisionsrecht dann berufen, wenn es um die Anwendung im Verhältnis zu Nichtvertragsstaaten geht. Ferner kommt es außerhalb des sachlichen Anwendungsbereichs des Einheitsrechts zum Zuge. Gleiches gilt für inhaltliche Lücken des UN-Kaufrechts (→ CISG Art. 7 Rn. 40).

24 Art. 1 CISG regelt den Anwendungsbereich des Einheitskaufrechts. Vorausgesetzt wird stets, dass es sich um einen Warenkauf von Parteien handelt, die ihre Niederlassung in verschiedenen Staaten haben. Dabei kann das Übereinkommen auf zwei Wegen zur Anwendung kommen, einmal unter Vertragsstaaten auf einem **autonom bestimmten** (Art. 1 Abs. 1 lit. a CISG), aber auch auf einem **kollisionsrechtlichen Weg,** dh über das IPR der lex fori (Art. 1 Abs. 1 lit. b CISG). Im ersten Fall sind die Art. 3 ff. für die Anwendung des Übereinkommens bedeutungslos,[73] im zweiten dagegen gerade Voraussetzung der Anwendung („Vorschaltlösung“, → CISG Art. 1 Rn. 44 ff.).

25 Das Übereinkommen gilt für internationale Warenkaufverträge (Art. 1 CISG). Allerdings werden nicht alle Kaufverträge erfasst. Nach Art. 2 CISG sind **bestimmte Arten des Kaufs ausgeschlossen** (näher → CISG Art. 2 Rn. 1 ff.). Dabei handelt sich vor allem um den Kauf von Ware für den persönlichen Gebrauch oder den Gebrauch in der Familie oder im Haushalt, es sei denn,

---

63 *Wagner* IPRax 2008, 377 (382).

64 Grüneberg/*Thorn* Rn. 4.

65 EuGH Slg. 2009, I-3327 = NJW 2009, 1865 = IPRax 2009, 509 m. Aufsatz *Brinckmann* IPRax 2009, 487 – Falco; *Nishitani* in Ferrari/Leible, Rome I Regulation, 2009, 51 (62 ff.).

66 *Stimmel* GRUR Int 2010, 783 ff.; Reithmann/Martiny IntVertragsR/*Hiestand* Rn. 29.30 ff.; Grüneberg/*Thorn* Rn. 28. – Noch zum alten Recht BGH RIW 2010, 65 = GRUR Int 2010, 334.

67 Reithmann/Martiny IntVertragsR/*Obergfell* Rn. 34.29 ff.

68 *Wagner* IPRax 2008, 377 (386); s. auch *Geisler,* Die engste Verbindung im Internationalen Privatrecht, 2001, 187 ff.

69 S. *Torremans* JPIL 4 (2008), 397 (407); *Nishitani* in Ferrari/Leible, Rome I Regulation, 2009, 51 (69 f.); *Stimmel* GRUR Int 2010, 783 (787 f.).

70 Bek. vom 23.10.1990, BGBl. 1990 II 1477.

71 Schlechtriem/Schwenzer/Schroeter/*Ferrari,* 7. Aufl. 2019, CISG Vor Art. 1–4 Rn. 5.

72 OLG Köln IHR 2018, 71 (74).

73 Insoweit unrichtig daher OLG Köln IHR 2018, 71 (74).

dass der Verkäufer vor oder bei Vertragsabschluss weder wusste noch wissen musste, dass die Ware für einen solchen Gebrauch gekauft wurde (**Konsumentenkauf** nach Art. 2 lit. a CISG). Das Einheitskaufrecht gilt ferner nicht für **Versteigerungen** (Art. 2 lit. b CISG). Ebenso sind ausgeschlossen Käufe auf Grund von **Zwangsvollstreckungs- oder anderen gerichtlichen Maßnahmen** (Art. 2 lit. c CISG), von **Wertpapieren oder Zahlungsmitteln** (Art. 2 lit. d CISG). Ferner gilt es nicht für den Kauf von **Seeschiffen, Binnenschiffen, Luftkissenfahrzeugen oder Luftfahrzeugen** (Art. 2 lit. e CISG). Ausgeschlossen ist schließlich der Kauf von **elektrischer Energie** (Art. 2 lit. f CISG). **Werklieferungs-, Werk- und Dienstverträge** sind unter bestimmten Voraussetzungen gleichgestellt (Art. 3 CISG).

b) Einheitliches Europäisches Kaufrecht. Wieder zurückgezogen wurde ein Vorschlag der Europäischen Kommission für eine Verordnung über ein Gemeinsames Europäisches Kaufrecht von 2011.[74] Der VO-Vorschlag enthielt neben der eigentlichen Regelung der VO in 16 Artikeln in Anh. I das **„Gemeinsame Europäische Kaufrecht"** (GEKR) mit 186 Artikeln. Danach ist das GEKR auf grenzübergreifende Verträge anwendbar, gilt aber nur, wenn sich beide Vertragsparteien ausdrücklich darauf verständigen. Das GEKR ist anwendbar, wenn eine der Vertragsparteien ihren Sitz in einem EU-Mitgliedstaat hat. Unternehmen können auf dieselben Vertragsbedingungen zurückgreifen, wenn sie Geschäfte mit anderen Unternehmen aus der EU oder außerhalb der EU machen; damit erhielt das GEKR eine internationale Dimension.[75] Der VO-Vorschlag ging aber davon aus, dass die Vereinbarung des GEKR **nicht kollisionsrechtlicher Natur** sollte und erst im Rahmen des nach der Rom I-VO gewählten oder objektiv bestimmten nationalen Rechts zur Anwendung kommen sollte (sog. **Vorschaltlösung**).[76] Es sollte sich nur um eine Wahl unter zwei Kaufrechtsregelungen innerhalb der gleichen Rechtsordnung handeln (→ EGBGB Art. 3 Rn. 40 f.).[77] Inhaltlich stießen viele Lösungen auf Kritik, so etwa die unübersichtliche und inkonsistente Aufteilung in zwei Texte, die nicht geglückte Verbindung mit dem IVR sowie der Anwendungsbereich der geplanten Regelung. Umstritten war ferner die Ermächtigungsgrundlage des Art. 114 AEUV (Rechtsangleichung) sowie die Vereinbarkeit mit dem Verhältnismäßigkeitsgrundsatz (Art. 5 AEUV; → Vor Art. 1 Rn. 4; → Art. 23 Rn. 3). 26

c) Digitaler Binnenmarkt. Zur Stärkung des digitalen Binnenmarktes sind die inzwischen umgesetzte sachrechtlichen Warenkauf-RL (RL (EU) 2019/771) sowie die Digitale-Inhalte-RL (RL (EU) 2019/770) erlassen worden.[78] Hiervon wird auch der Verbraucherkauf erfasst. 27

d) Verbrauchsgüterkauf. Im Rahmen der EU ist durch die Verbrauchsgüterkauf-RL und später umfassender für den Warenkauf eine Rechtsangleichung für **Verbrauchsgüterkauf und -garantien** erfolgt (vgl. §§ 474 ff. BGB).[79] Der dem Verbraucher zugebilligte Schutz ist ihm unabhängig von dem jeweils auf den Vertrag anwendbaren Recht zu gewähren, sofern der Vertrag trotz Rechtswahl einen engen Zusammenhang mit dem Gebiet der Mitgliedstaaten aufweist (s. Art. 46b Abs. 1 EGBGB; bis 1.2.2022: Art. 46b Abs. 3 Nr. 2 EGBGB). 28

e) Haager Kollisionsrechtsübereinkommen. Das **HKaufÜ 1955**[80] gilt für Dänemark, Finnland, Frankreich, Italien, Niger, Norwegen, Schweden und die Schweiz.[81] Danach findet mangels Rechtswahl grundsätzlich das Recht der Niederlassung des Verkäufers Anwendung (Art. 3 Abs. 1 HKaufÜ). Nimmt der Verkäufer die Bestellung im Käuferland durch einen Repräsentanten entgegen, so gilt das Recht dieses Landes (Art. 3 Abs. 2 HKaufÜ). Die Bundesrepublik Deutschland ist dem Übereinkommen nicht beigetreten. Zu beachten ist, dass Art. 25 Abs. 1 Rom I-VO den Mitgliedstaaten die weitere Anwendung des HKaufÜ gestattet (→ Art. 25 Rn. 3). Die Beachtlichkeit einer 29

---

74 Vorschlag einer Verordnung des EU-Parlaments und des Rates über ein Gemeinsames Europäisches Kaufrecht KOM(2011) 635 endg. Text IHR 2012, 4; dazu Reithmann/Martiny IntVertragsR/*Stürner*, 8. Aufl. 2015, Rn. 6.187 f.

75 *Hellwege* IHR 2012, 180 ff.

76 Dazu *Fornasier* RabelsZ 76 (2012), 401 ff.

77 Dazu *Staudenmeyer* NJW 2011, 3495; dazu krit. *Basedow* FS v. Hoffmann, 2011, 56; *Flessner* ZEuP 2012, 726; *Leible* in Remien/Herrler/Limmer, Gemeinsames Europäisches Kaufrecht für die EU?, 2012, 23; *Rühl* MJ 19 (2012), 159.

78 Dazu *Bach* NJW 2019, 1705 ff.

79 Dazu *Amtenbrink/Schneider* VuR 1996, 367; *Hondius* ZEuP 1997, 130; *Junker* DZWiR 1997, 271; *Kircher* ZRP 1997, 290; *Micklitz* EuZW 1997, 229; *Schlechtriem* JZ 1997, 441; *S. Wolf* RIW 1997, 899.

80 Haager Übereinkommen betreffend das auf internationale Kaufverträge über bewegliche Sachen anzuwendende Recht vom 15.6.1955; dt. Übersetzung bei *Jayme/Hausmann* Nr. 76; Reithmann/Martiny IntVertragsR/*Martiny* Rn. 25.88. – Zum Verhältnis zur Rom I-VO *Dostal* ZVertriebsR 2019, 207 ff.

81 Näher *Czerwenka,* Rechtsanwendungsprobleme im internationalen Kaufrecht, 1988, 58 ff.; *Kegel/Schurig* IPR § 18 I 3a, aa; Reithmann/Martiny IntVertragsR/*Martiny* Rn. 25.88.

Rückverweisung durch das HKaufÜ ist freilich stets ausgeschlossen (Art. 20). Damit ist das Übereinkommen für deutsche Gerichte **ohne Bedeutung.**

30 Das spätere Haager Übereinkommen über das auf internationale Warenkaufverträge anwendbare Recht vom 22.12.1986 **(HKaufÜ 1986)**[82] soll die ältere Konvention ablösen. Danach gilt ebenfalls Verkäuferrecht (Art. 8 Abs. 1 HKaufÜ 1986), sofern nicht Vertragsverhandlungen und -abschluss im Käuferland erfolgten oder dort geliefert werden soll (Art. 8 Abs. 2 HKaufÜ 1986).[83] Das Übereinkommen wurde jedoch lediglich von Argentinien und Moldau ratifiziert; es ist (noch) nicht in Kraft getreten.

31 **f) Einheitliche Formulare und Handelsklauseln.** Im Außenhandel ist die Vertragsgestaltung von besonderer Wichtigkeit.[84] Vielfach werden internationale Formulare und Handelsklauseln verwendet, insbesondere die detaillierten Lieferklauseln der **Incoterms,** welche in der Fassung von 2010 gelten.[85] Es handelt sich hierbei um internationale Regeln zur Auslegung der im internationalen Handel gebräuchlichen Lieferklauseln. Ferner werden Lieferbedingungen benutzt, welche die ECE (U.N. Economic Commission for Europe) entworfen hat und die in einer West- und in einer Ostfassung bestehen.[86] Es handelt sich hierbei nicht um Rechtsregeln, die das Kaufrechtsstatut bilden können.

32 **2. Fahrniskauf nach Abs. 1 lit. a. a) Vertragsstatut.** Bei Fehlen einer Rechtswahl ist nach Abs. 1 lit. a grundsätzlich das Recht am **Ort des gewöhnlichen Aufenthalts des Verkäufers** anzuwenden.[87] Charakteristische Leistung des Kaufvertrages ist in der Regel die des Verkäufers (→ Rn. 212). Folglich unterliegt ein Kaufvertrag mit einem in Deutschland ansässigen Verkäufer grundsätzlich deutschem Recht.[88] Dagegen gilt für den Kauf von einem ausländischen Verkäufer dessen Recht.[89] Der Begriff **„Verkauf beweglicher Sachen"** (sale of goods; contrat de vente de biens) ist autonom zu definieren.[90] Nach Erwägungsgrund 17 soll er so ausgelegt werden wie nach Art. 5 Nr. 1 Brüssel I-VO (heute Art. 7 Nr. 1 Brüssel Ia-VO). Im Kern geht es um einen Austausch von Waren gegen Geld. Fraglich ist, wie weit eine Anlehnung an das CISG erfolgen kann.[91] „Sache" wird hier als körperlicher Gegenstand verstanden,[92] so dass der Kauf eines Kryptowerts, etwa einer virtuellen Währungseinheit (zB Bitcoin), nicht hierunter fällt[93] (vgl. → Rn. 304). Elektronische

---

[82] Franz. und engl. Text: RabelsZ 51 (1987), 196; Rev. dr. unif. 1986 I 406. Franz. Text: Rev. crit. dr. int. pr. 74 (1985), 773.

[83] *Lando* RabelsZ 51 (1987), 60; *Lando* RabelsZ 57 (1993), 155; *Czerwenka,* Rechtsanwendungsprobleme im internationalen Kaufrecht, 1988, 68 ff.; *Kegel/Schurig* IPR § 18 I 3a, bb mwN.

[84] Näher *Ostendorf,* International sales terms, 4. Aufl. 2022; *Pinnells,* Internationale Kaufverträge optimal gestalten, 3. Aufl. 2009; *Quittnat,* Das Recht der Außenhandelskaufverträge,1988.

[85] Dazu *v. Bernstorff,* Incoterms 2020 by the International Chamber of Commerce (ICC), 2020; *Oertel* RIW 2019, 701 ff.; *Piltz* IHR 2019, 177 ff.; *Pokrant* RdTW 2020, 201 ff. – Zur Fassung von 2020 *Hopt* Anh. 6; *Schlechtriem/Schwenzer* Anh. IV.

[86] Dt. Text bei *Zweigert/Kropholler,* Quellen des internationalen Einheitsrechts, Bd. I, 1971, 787 ff.; dazu *Bartels/Motomura* RabelsZ 43 (1979), 649; *W. Lorenz* AcP 159 (1960/61), 193 (221 ff.) zum Vertragsabschluss; wN bei Reithmann/Martiny IntVertragsR/*Martiny* Rn. 3.40.

[87] *v. Bar/Mankowski* IPR II § 1 Rn. 236; Grüneberg/*Thorn* Rn. 6.

[88] So zB BGH NJW 1997, 2322; OLG Karlsruhe IPRspr. 1992 Nr. 199 = NJW-RR 1993, 567; DZWiR 1994, 70 mAnm *Chillagona-Busl;* OLG Köln RIW 1993, 143 mAnm *Diedrich* RIW 1993, 758 = IPRax 1994, 210 m. Aufsatz *Piltz* IPRax 1994, 191; OLG Naumburg WM 1994, 906 = DZWiR 1994, 123 mAnm *Fischer;* OLG Düsseldorf RIW 1996, 958 = WiB 1997, 149 mAnm *Kiel* mAnm *Schlechtriem* EWiR 1996, 843; OLG Schleswig IHR 2003, 20 = IPRspr. 2002 Nr. 33; OLG Karlsruhe IHR 2004, 62; LG München I NJW 1996, 401 = IPRax 1996, 266 m. Aufsatz *Trunk* IPRax 1996, 249.

[89] S. etwa BGHZ 201, 252 (259) = NJW 2014, 3156 Rn. 18 = JZ 2015, 46 mAnm *Mankowski* = LMK 2014, 361173 mAnm *Magnus* (Italien); OLG Koblenz IPRspr. 1990 Nr. 228 = IPRax 1991, 241 m. Aufsatz *Hanisch* IPRax 1991, 215 (Italien); OLG Frankfurt IPRspr. 1991 Nr. 38 = NJW 1991, 3102 mAnm *Herber* EWiR 1991, 1199 (Frankreich); OLG Köln RIW 1992, 1021 = IPRax 1994, 213 m. Aufsatz *Piltz* IPRax 1994, 191 (Niederlande); NJW-RR 1997, 182 (Belgien); RIW 2003, 300 (Italien); OLG Karlsruhe IPRspr. 1992 Nr. 50 = NJW-RR 1993, 1316 (Frankreich); RIW 2003, 544 = IPRspr. 2002 Nr. 39 (Schweiz); OLG Düsseldorf DB 1994, 2492 (Frankreich); NJW-RR 1995, 1396 = IPRspr. 1994 Nr. 35 A (Türkei); IPRspr. 1997 Nr. 145 (Italien); MDR 2000, 575 = IPRspr. 1999 Nr. 35 (Türkei); OLG München NJW-RR 1994, 1075 = EuZW 1995, 31 (schwed. Zinssatz); OLG Hamm NJW-RR 1996, 1271 = RIW 1997, 153 (Italien); IPRspr. 2001 Nr. 33 mAnm *Mankowski* EWiR 2002, 275 (Niederlande).

[90] Ferrari IntVertragsR/*Ferrari* Rn. 17.

[91] Dafür Ferrari IntVertragsR/*Ferrari* Rn. 17.

[92] *Gössl,* Internetspezifisches Kollisionsrecht?, 2014, 109; Rauscher/*Thorn* Rn. 23; Rauscher/*Leible* Brüssel I-VO Art. 5 Rn. 47.

[93] *Rühl* in Braegelmann/Kaulartz, Rechtshandbuch Smart Contracts, 2019, 147 (160); *Lehmann* in Omlor/Link Kryptowährungen und Token, 2. Aufl. 2023, Kap. 5 Rn. 210; Rauscher/*Thorn* Rn. 23; näher *Martiny*

Wertpapiere gelten zwar als Sachen iSd BGB (§ 2 Abs. 3 eWpG). Diese nationale, sachrechtliche Regelung führt jedoch nicht zur Anwendbarkeit des Art. 4 Abs. 1 lit. a Rom I-VO. Der Kauf eines körperlichen Datenträgers, der als Träger digitaler Inhalte dient (vgl. § 650 Abs. 3 BGB) dürfte hingegen erfasst werden.[94] Abs. 1 lit. a erfasst auch den Kauf von Flugzeugen[95] sowie den Schiffskauf.[96] Allerdings kann die engere Verbindung auch zu einem anderen Recht führen (zB Registerort, Flagge).[97] Ob die Kaufsache weiterveräußert werden soll, ist unerheblich.[98] Das Recht des Verkäuferlandes ist dann nicht maßgeblich, wenn eine engere Verbindung zu einer anderen Rechtsordnung besteht (Abs. 3). Auch dann ist keine Vertragsspaltung erlaubt. – Zum Eigentumsübergang → EGBGB Art. 43 Rn. 83 ff.

Abzahlungskäufe von Verbrauchern unterliegen dem Schutz von Art. 6 Rom I-VO und Art. 46b Abs. 3 Nr. 3 nF EGBGB. Sie gewähren für Verbraucherverträge den Schutz des Rechtes des gewöhnlichen Aufenthalts des Verbrauchers.[99] Greift Art. 6 nicht ein, so gilt Käuferrecht nicht schon deshalb, weil der Verkäufer die Bestellung im Käuferland durch einen Repräsentanten entgegengenommen hat.[100] – Zum Eigentumsvorbehalt → EGBGB Art. 43 Rn. 89. 33

Käufe auf **Messen,** die dort nicht auch erfüllt werden, unterliegen nicht ohne weiteres dem Recht des Messeortes (→ Rn. 350), sondern grundsätzlich dem Verkäuferrecht.[101] Insbesondere Vertragsabschlüsse auf einer Fachmesse weisen nicht unbedingt einen Bezug zum Abschlussort auf. Dagegen wird der **Bar- oder Handkauf** (Platzkauf; Kauf über den Ladentisch) dadurch gekennzeichnet, dass er an Ort und Stelle abgewickelt wird. Es gilt in der Regel das mit der Verkäuferniederlassung übereinstimmende Recht des Abschlussortes (Abs. 3).[102] Als Gesichtspunkt wird auch der Geschäftsabschluss mithilfe eines Kryptogeldautomaten angeführt.[103] – Zum Erbschaftskauf → EuErbVO Art. 23 Rn. 32. 34

Ein **Werklieferungsvertrag,** bei dem der Unternehmer selbst die zur Herstellung oder Erzeugung notwendigen Rohstoffe beschafft, ist kollisionsrechtlich dem Fahrniskauf gleichzustellen, so dass das Recht des Unternehmers gilt.[104] Vertreten wurde aber auch, Werklieferungsverträge mit einem Zulieferer dem Recht des Hauptvertrages, zB einem Werkvertrag zu unterstellen[105] (→ Rn. 61 ff.). 35

b) Mängelansprüche. Das Vertragsstatut gilt einheitlich für die Käufer- und Verkäuferpflichten. Ihm unterliegen – wie sonst auch (→ Art. 12 Rn. 62 ff.) – Leistungs- und Preisgefahr.[106] Dieser Rechtsordnung unterstehen auch Gewährleistungs- und Schadensersatzansprüche des Käufers.[107] Die **Untersuchung der Ware** (insbesondere ihre Formalien) folgt dem Recht des Untersuchungsortes.[108] Hier reicht das Einhalten der am Untersuchungsort geltenden Üblichkeiten aus. Die **Rechtzeitigkeit der Mängelrüge** unterliegt hingegen wegen des engen Bezuges zu den Vertragspflichten dem Vertragsstatut.[109] Nach aA soll auch hier wegen der Verbindung zur Untersuchung das Recht 36

IPRax 2018, 553 (561); *Kerkemeyer* ZHR 184 (2020), 793 (817). Anders wohl *A. Walter* NJW 2019, 3609 (3610).

94 *Boosfeld* GPR 2022, 70 (75); Rauscher/*Thorn* Rn. 22a.

95 *v. Bar/Mankowski* IPR II § 1 Rn. 242.

96 Ferrari IntVertragsR/*Ferrari* Rn. 21. Vgl. Staudinger/*Magnus,* 2021, Rn. 38.

97 Ferrari IntVertragsR/*Ferrari* Rn. 21; Staudinger/*Magnus,* 2021, Rn. 38.

98 Ebenso Soergel/*v. Hoffmann* EGBGB Art. 28 Rn. 141; anders OLG Köln OLGZ 1975, 454 = RIW 1976, 373.

99 Statt auf den Verkäufer stellt auf den dahinter stehenden Lieferanten nach Abs. 5 ab, LG Würzburg NJW-RR 1988, 1324.

100 *W. Lorenz* IPRax 1987, 269 (274); *Kindler* RIW 1988, 776 (779 f.) – Anders Art. 3 Abs. 2 HKaufÜ 1955.

101 LG Aachen IPRspr. 1990 Nr. 31 = RIW 1990, 491; *Merschformann,* Die objektive Bestimmung des Vertragsstatuts beim internationalen Warenkauf, 1991, 213; *Rees,* Die eindeutige Verknüpfung von Verträgen und ihre Auswirkung auf die Parteiautonomie, 1978, 47 f.; Rauscher/*Thorn* Rn. 30.

102 Ferrari IntVertragsR/*Ferrari* Rn. 21; Rauscher/*Thorn* Rn. 30; *Merschformann,* Die objektive Bestimmung des Vertragsstatuts beim internationalen Warenkauf, 1991, 221; *Kreytenberg,* Die individuelle Schwerpunktbestimmung internationaler Schuldverträge nach der Ausweichklausel des Art. 4 Abs. 5 S. 2 EVÜ, 2006, 184 f.

103 *Wendelstein* RabelsZ 86 (2022), 644 (666 ff.).

104 OLG Frankfurt NJW 1992, 633 mAnm *Schlechtriem* EWiR 1991, 1081; OLG Düsseldorf RIW 1993, 845; OLG Köln NJW-RR 1995, 245; Reithmann/Martiny IntVertragsR/*Thode* Rn. 38.4; BeckOK BGB/*Spickhoff* Rn. 34; Rauscher/*Thorn* Rn. 23. Vgl. Art. 1 Abs. 3 HKaufÜ 1955; Art. 3 Abs. 1 CISG.

105 IntHK Schiedsspruch Clunet 106 (1979), 997 m. zust. Anm. *Derains.*

106 *Sailer,* Gefahrübergang, Eigentumsübergang, Verfolgungs- und Zurückbehaltungsrecht beim Kauf beweglicher Sachen im IPR, 1966, 8 ff.; näher Reithmann/Martiny IntVertragsR/*Martiny* Rn. 25.125 ff.

107 BGHZ 61, 221 (225 f.) = NJW 1973, 2151; OLG Hamm IPRspr. 1985 Nr. 143.

108 *Kreuzer,* Das IPR des Warenkaufs in der deutschen Rechtsprechung, 1964, 114 f.; *Kropholler* IPR § 52 I 3b.

109 Ebenso BGE 101 II 83, 84 = SchwJbIntR 32 (1976), 341 mAnm *Vischer* = Clunet 103 (1976), 714 mAnm *Lalive;* ZürcherKomm/*Keller/Girsberger* IPRG Art. 125 Rn. 27.

des Untersuchungsortes gelten.[110] Der Streit, ob es auf den tatsächlichen Untersuchungsort oder auf den „Soll-Untersuchungsort" ankommt,[111] dürfte von Art. 12 Abs. 2 zu Gunsten des ersteren entschieden worden sein. – Zur Produkthaftung s. Art. 5 Rom II-VO bzw. → EGBGB Art. 40 Rn. 3.

III. Dienstleistungsverträge (Abs. 1 lit. b)

1. Allgemeines zum Dienstleistungsvertrag.

Schrifttum: *Berlioz,* La notion de fourniture de services au sens de l'article 5–1b) du règlement „Bruxelles I", Clunet 135 (2008), 675; *Ebke,* Das Internationale Privatrecht der Haftung des gesetzlichen Abschlussprüfers nach der Rom I-VO und der Rom II-VO, ZVglRWiss 109 (2010), 397; *Kampf,* EU-Dienstleistungsrichtlinie und Kollisionsrecht, IPRax 2008, 101; *Mankowski,* Verbraucherkreditverträge mit Auslandsbezug, RIW 2006, 321.

37 **a) Begriff der Dienstleistung.** Nach Art. 4 Abs. 1 lit. b unterliegen Dienstleistungsverträge dem Recht des Staates, in dem der Dienstleister seinen gewöhnlichen Aufenthalt hat. Dies führt zum Recht seines gewöhnlichen Aufenthalts iSd Art. 19 (→ Art. 19 Rn. 3). Im Ergebnis entspricht dies regelmäßig einer Anknüpfung an die charakteristische Leistung nach dem bisherigen Art. 4 Abs. 2 EVÜ (früher Art. 28 Abs. 2 EGBGB aF).[112] Die neue, besondere Anknüpfungsregel entspringt dem Streben nach mehr Rechtssicherheit, das in der Aufzählung der spezifizierten Verträge in Abs. 1 zum Ausdruck kommt. Ihr Preis ist allerdings die Notwendigkeit der Qualifikation der einzelnen Leistungen und eine gewisse Rigidität der Anknüpfung.[113] Flexibilität ermöglicht allerdings weiterhin die Ausweichklausel des Abs. 3. Ergibt sich nämlich aus der Gesamtheit der Umstände, dass der Vertrag eine offensichtlich engere Verbindung zu einem anderen als dem nach Abs. 1 bestimmten Staat aufweist, so ist das Recht dieses anderen Staates anzuwenden (→ Rn. 310 ff.). Werden die Kriterien mehrerer spezifizierter Verträge erfüllt, darf zudem auf die charakteristische Leistung ausgewichen werden (Abs. 2).

38 Weder der **Begriff des Dienstleistungsvertrages** (contract for the provision of services; contrat de prestation de services), noch der der Dienstleistung (provision of services; prestation de services), welche ein Dienstleister (service provider; prestataire de services) erbringt, wird näher definiert. Die Begriffe bedürfen daher der Auslegung. Sie sind autonom[114] und weit auszulegen.[115] Der Dienstleistungsbegriff wird auch in anderen Rechtsvorschriften verwendet. Bei einer systematischen Auslegung ist allerdings zu beachten, dass der Begriff der Dienstleistung jeweils in unterschiedlichen Zusammenhängen steht und nur als eine unter mehreren Kategorien auftaucht. Dementsprechend werden andere Verträge und Leistungen gesondert genannt; die Dienstleistung ist teilweise nur Auffangtatbestand oder Ergänzung. Folglich ergibt sich jeweils eine weitere oder engere Definition der Dienstleistung.[116]

39 Der Zusammenhang mit dem Primärrecht und dem sonstigen Sekundärrecht ist zu beachten. Der Dienstleistungsbegriff wird in erster Linie von Art. 57 Abs. 1 AEUV verwendet.[117] Dort findet sich im Zusammenhang mit der **Dienstleistungsfreiheit** ein sehr weiter Begriff der Dienstleistung, der auch hier herangezogen werden könnte.[118] Danach sind Dienstleistungen Leistungen, die in der Regel gegen Entgelt erbracht werden, soweit sie nicht den Vorschriften über den freien Waren- und Kapitalverkehr und über die Freizügigkeit der Personen unterliegen. Es handelt sich also um einen Auffangtatbestand für die anderen Grundfreiheiten. Nach dem dafür geltenden Herkunftslandprinzip muss der Empfangsstaat die Dienstleistung akzeptieren. Auch der

---

110 So Art. 4 HKaufÜ 1955; *Kreuzer,* Das IPR des Warenkaufs in der deutschen Rechtsprechung, 1964, 116.

111 Für letzteres *Kreuzer,* Das IPR des Warenkaufs in der deutschen Rechtsprechung, 1964, 118 f.

112 Dazu näher *Säcker* FS Raue, 2006, 633 (639 ff.).

113 *Bonomi* YbPIL 10 (2008), 165 (174). Vgl. Max-Planck-Institut RabelsZ 71 (2007), 261.

114 Ferrari IntVertragsR/*Ferrari* Rn. 27. – Für Art. 29 EGBGB BGHZ 123, 380 (384) = IPRspr. 1993 Nr. 37 = NJW 1994, 262. – Für Art. 5 Brüssel I-VO EuGH ECLI:EU:C:2009:257 = NJW 2009, 1865 – Falco; ECLI:EU:C:2013:860 = EuZW 2014, 181 m. zust. Anm. *Lenzing* – Corman-Collins; BGH NJW 2006, 1806; *Berlioz* Clunet 135 (2008), 675 (677 ff.); *Kropholler/v. Hein* Brüssel I-VO Art. 5 Rn. 42; Rauscher/*Leible* Brüssel I-VO Art. 5 Rn. 49.

115 Rauscher/*Thorn* Rn. 35. – Zu Art. 5 Nr. 1 Brüssel I-VO BGH NJW 2012, 1817 = RIW 2012, 566. Für Art. 29 EGBGB BGHZ 123, 380 (385) = IPRspr. 1993 Nr. 37 = NJW 1994, 262; BGHZ 135, 124 (130 f.) = IPRspr. 1997 Nr. 34 = IPRax 1998, 285 m. Aufsatz *Ebke* IPRax 1998, 263 = NJW 1997, 1697; BGHZ 165, 248 (253) = IPRspr. 2005 Nr. 13b = RIW 2006, 389 m. Aufsatz *Mankowski* RIW 2006, 321.

116 OGH ZfRV 2008, 27; vgl. Rauscher/*Leible* Brüssel I-VO Art. 5 Rn. 50.

117 S. auch *Kropholler/v. Hein* Brüssel I-VO Art. 5 Rn. 43; Rauscher/*Leible* Brüssel I-VO Art. 5 Rn. 49.

118 *Mankowski* JZ 2009, 958 (960).

Herkunftsstaat darf grundsätzlich keine Beschränkungen aussprechen,[119] selbst wenn sie unterschiedslos für alle Dienstleistenden gelten.[120] Die Anknüpfung nach Abs. 1 lit. b ist mit der Dienstleistungsfreiheit vereinbar.

Von der Dienstleistungsfreiheit werden **entgeltliche, grenzüberschreitende und vorübergehend erbrachte Tätigkeiten** (activities; activités) erfasst. Bei der aktiven Dienstleistungsfreiheit überschreitet der Dienstleistungserbringer die Grenze.[121] Bei der passiven Dienstleistungsfreiheit überquert der Dienstleistungsempfänger die Grenze.[122] Ein Unternehmen kann sich gegenüber dem Staat, in dem es seinen Sitz hat, auf den freien Dienstleistungsverkehr berufen, sofern Leistungen an Leistungsempfänger erbracht werden, die in einem anderen Mitgliedstaat ansässig sind.[123] Nach Art. 57 Abs. 2 AEUV gelten als Dienstleistungen insbesondere gewerbliche Tätigkeiten (lit. a), kaufmännische Tätigkeiten (lit. b), handwerkliche Tätigkeiten (lit. c) sowie freiberufliche Tätigkeiten (lit. d). Im Unterschied zum Internationalen Vertragsrecht und Zivilprozessrecht wird im Primärrecht die Kapitalverkehrsfreiheit gesondert genannt und fällt daher dort nicht unter den Dienstleistungsbegriff.[124] Dem EuGH ging dieser Dienstleistungsbegriff allerdings zu weit.[125] 40

Der Dienstleistungsbegriff wird auch in der **Dienstleistungs-RL** verwendet. Die Richtlinie hat Präzisierungen, aber auch viele Ausnahmen gebracht. Nach Art. 4 Nr. 1 Dienstleistungs-RL bezeichnet der Ausdruck „Dienstleistung" jede von Art. 57 AEUV erfasste selbständige Tätigkeit, die in der Regel gegen Entgelt erbracht wird. Unter die Richtlinie fallen unter anderem Dienstleistungen wie Unternehmensberatung, Werbung, Personalagenturen, Rechts- und Steuerberatung, Dienstleistungen des Immobilienwesens, wie die Tätigkeit der Immobilienmakler, Dienstleistungen des Baugewerbes einschließlich der Dienstleistungen von Architekten, Veranstaltung von Messen, Vermietung von Kraftfahrzeugen und Dienste von Reisebüros (Art. 2 Dienstleistungs-RL). Darüber hinaus werden Verbraucherdienstleistungen erfasst, beispielsweise im Bereich des Fremdenverkehrs und im Freizeitbereich. Die Liste deckt sich teilweise mit dem Anwendungsbereich des Art. 4 Abs. 1 lit. b Dienstleistungs-RL, kann aber nicht ohne weiteres herangezogen werden.[126] 41

In den **Anwendungsbereich der Richtlinie** fallen Dienstleistungen, die von einem in einem Mitgliedstaat niedergelassenen Dienstleistungserbringer angeboten werden (Art. 2 Abs. 1 Dienstleistungs-RL). Der Ausnahmekatalog des Abs. 2 nennt verschiedene Tätigkeiten, auf welche die Richtlinie keine Anwendung findet. Dazu gehören Dienstleistungen von allgemeinem Interesse, dh solche, die im Interesse der Allgemeinheit erbracht werden. Darunter fallen unter anderem das öffentliche Gesundheitswesen, die Bereiche Post, Elektrizität, Gas- und Wasserversorgung, Verkehrsdienstleistungen. Nach Art. 3 Abs. 2 Dienstleistungs-RL betrifft sie nicht die Regeln des internationalen Privatrechts, insbesondere die Regeln des auf vertragliche und außervertragliche Schuldverhältnisse anzuwendenden Rechts, einschließlich der Bestimmungen, die sicherstellen, dass die Verbraucher durch die im Verbraucherrecht ihres Mitgliedstaats niedergelegten Verbraucherschutzregeln geschützt sind (vgl. auch Art. 17 Nr. 15 Dienstleistungs-RL). Sie trifft folglich keine unmittelbare kollisionsrechtliche Aussage[127] (→ Art. 23 Rn. 23). Nicht zum Tragen kommt daher Art. 23, der das Verhältnis zu anderen Unionsrechtsakten regelt. Danach berührt die Rom I-VO mit Ausnahme des Art. 7 nicht die Anwendung von Vorschriften des Unionsrechts, die in besonderen Bereichen Kollisionsnormen für vertragliche Schuldverhältnisse enthalten. 42

Die Dienstleistung taucht auch im Internationalen Zivilprozessrecht bei der Definition der **Zuständigkeit am Erfüllungsort** in Art. 7 Brüssel Ia-VO auf (→ Vor Art. 1 Rn. 44). Der Erfüllungsort für die Erbringung von Dienstleistungen wird – ähnlich wie für Kaufverträge – in Art. 7 Nr. 1 lit. b zweiter Spiegelstrich Brüssel Ia-VO präzisiert. Danach ist der Erfüllungsort der Verpflichtung für die Erbringung von Dienstleistungen der Ort in einem Mitgliedstaat, an dem sie nach dem Vertrag erbracht worden sind oder hätten erbracht werden müssen. Nach Erwägungsgrund 17 soll die „Erbringung von Dienstleistungen" in derselben Weise ausgelegt werden wie bei der Anwendung der Brüssel I-VO, sofern Dienstleistungen unter jene Verordnung fallen.[128] Eine unterschiedliche 43

---

[119] EuGH Slg. 1995, I-1141 – Alpine Investments (Verbot telefonischer Kundenwerbung für Finanzdienstleistungen).

[120] EuGH Slg. 2004, I-1613 = EuZW 2004, 497 – Bacardi France.

[121] ZB wenn ein Rechtsanwalt aus einem Mitgliedstaat Mandanten in einem andern Mitgliedstaat vertritt; s. EuGH Slg. 1994, I-3453 – Peralta; näher Kronke/Melis/Kuhn IntWirtschaftsR-HdB/*Benicke* S. 139 ff.

[122] EuGH Slg. 1984, 377 – Luisi/Carbone.

[123] EuGH Slg. 1994, I-1783 – Corsica Ferries; Slg. 1994, I-5145 – Kommission/Frankreich.

[124] Näher *Mankowski* RIW 2006, 321 (322).

[125] EuGH ECLI:EU:C:2009:257 = NJW 2009, 1865 – Falco.

[126] So auch für Art. 5 Brüssel I-VO *Berlioz* Clunet 135 (2008), 675 (685 f.).

[127] Näher *Kampf* IPRax 2008, 101 (102 f.).

[128] Vgl. bereits zu Art. 29 EGBGB *Mankowski* RIW 2006, 321 (323 f.).

Auslegung im materiellrechtlichen und im prozessualen Zusammenhang ist zu vermeiden. Die „Erbringung einer Dienstleistung" war auch Gegenstand der Zuständigkeit für Verbraucherverträge in Art. 13 Abs. 1 Nr. 3 EuGVÜ/LugÜ, die so nicht in die Brüssel I-VO übernommen wurde. Die hierzu ergangene Rspr. kann ebenfalls herangezogen werden.[129] Hierbei ist freilich Vorsicht angebracht, da sich Systematik und Zweck der Zuständigkeitsvorschriften und des Internationalen Vertragsrechts nur teilweise decken. Zudem ist die nationale Rspr. zum Begriff der Dienstleistung in vielen Fällen uneinheitlich.[130]

44 Die „Erbringung von Dienstleistungen an eine Person" spielte im Internationalen Vertragsrecht früher für **Verbraucherverträge** in Art. 5 Abs. 1, 4 lit. b EVÜ (zuvor Art. 29 Abs. 1, 4 Nr. 2 EGBGB aF) eine Rolle. Dort war sie abzugrenzen von anderen ausdrücklich genannten Tätigkeiten bzw. Verbrauchergeschäften (Lieferung beweglicher Sachen, Finanzierungsverträge). Die Rspr. hat insoweit angenommen, der Begriff der Dienstleistung deute auf eine gewerbliche oder berufliche Tätigkeit hin.[131] Für Verbraucherverträge enthält heute auch Art. 6 Abs. 4 lit. a eine Sonderregelung, durch die bestimmte Verträge über Dienstleistungen von den Regeln für Verbraucherverträge ausgenommen werden. Hier geht es um die Erbringung von dem Verbraucher geschuldeten Dienstleistungen, die ausschließlich in einem anderen als dem Staat seines gewöhnlichen Aufenthalts erbracht werden (→ Art. 6 Rn. 25 ff.).

45 Eine systematische Auslegung ergibt, dass der Begriff des Dienstleistungsvertrages im Zusammenhang mit anderen **auf eine Tätigkeit gerichteten Verträgen** steht. Da Dienstleistungsverträge ausdrücklich genannt werden, kann sich der allgemeinere Begriff der Dienstleistung nicht auf die anderen in Art. 4 Abs. 1 aufgezählten, spezielleren Geschäfte und Vertragstypen erstrecken.[132] Gesondert genannt in Art. 4 werden der Warenkauf (Abs. 1 lit. a), Miete und Pacht unbeweglicher Sachen (Abs. 1 lit. c, d), Franchiseverträge (Abs. 1 lit. e), Vertriebsverträge (Abs. 1 lit. f), der Kauf auf Versteigerungen (Abs. 1 lit. g) sowie Verträge über in multilateralen System (Abs. 1 lit. h). Diese gesondert aufgeführten Verträge sind speziell geregelt und nicht gemeint. Wesentliches Element der Dienstleistung dürfte damit eine **tätigkeitsbezogene Leistung,** dh eine Tätigkeit sein.[133] Für die internationale Zuständigkeit hat der EuGH formuliert, der Begriff Dienstleistungen bedeute zumindest, dass „die Partei, die sie erbringt, eine **bestimmte Tätigkeit gegen Entgelt durchführt**".[134] Auch digitale Dienstleistungen werden erfasst.[135] Für die Entgeltlichkeit lässt man auch die Gewährung geldwerter Vorteile genügen.[136] Man wird den Begriff der Tätigkeit nicht so weit ausdehnen können, dass er jegliche Leistung oder jegliches Tun erfasst. Dies würde den Begriff völlig ausufern lassen. Vereinzelt wurde vertreten, da es auf den auf ein Verhalten des Schuldners gerichteten Zweck des Vertrages ankomme, könne sogar ein auf Unterlassen gerichteter Vertrag als Dienstleistung einzustufen sein.[137] Die Dienstleistung wird zwar regelmäßig entgeltlich erbracht.[138] Auf eine **unentgeltliche Tätigkeit** gerichtete Verträge sind jedoch von Abs. 1 lit. b nicht ausgeschlossen.[139] Die VO macht keine entsprechende Einschränkung.

46 Es kann sich um **zweiseitige oder nur einseitig verpflichtende Verträge** handeln.[140] Bei der Auslegung des Dienstleistungsbegriffs muss letztlich der teleologische Aspekt im Vordergrund stehen. Die Anknüpfung ist als Konkretisierung der Maßgeblichkeit der engsten Verbindung zu verstehen. Es kommt daher darauf an, ob die Anknüpfung an das Recht des Dienstleisters angemessen ist und ihm bei einer Bewertung der kollisionsrechtlichen Interessenlage ein Übergewicht zukommt.

[129] Vgl. BGH NJW 2012, 1817 = RIW 2012, 566. – Für Art. 29 EGBGB BGHZ 123, 380 (384 f.) = IPRspr. 1993 Nr. 37 = NJW 1994, 262.

[130] Näher *Berlioz* Clunet 135 (2008), 675 ff.

[131] Für Art. 29 EGBGB BGHZ 123, 380 (385); 135, 124 (130 f.) = IPRspr. 1997 Nr. 34 = IPRax 1998, 285 m. Aufsatz *Ebke* IPRax 1998, 263 = NJW 1997, 1697; *Mankowski* RIW 1995, 364 (367).

[132] Ferrari IntVertragsR/*Ferrari* Rn. 31.

[133] Bruck/Möller/*Dörner,* 2013, Art. 4 Rn. 5. – Für Art. 29 EGBGB BGHZ 123, 380 (385). Für Art. 5 Nr. 1 Brüssel I-VO EuGH ECLI:EU:C:2013:860 = EuZW 2014, 181 m. zust. Anm. *Lenzing* – Corman-Collins; BGH NJW 2008, 3001 (Vorlagebeschluss); OLG Koblenz NJW-RR 2009, 502 (Handelsvertreter).

[134] EuGH Slg. 2009, I-3327 = NJW 2009, 1865 – Falco; ECLI:EU:C:2013:860 = EuZW 2014, 181 – Corman-Collins; ECLI:EU:C:2017:472 = RIW 2017, 504 – Kareda.

[135] *Boosfeld* GPR 2022, 70 (75).

[136] EuGH ECLI:EU:C:2013:860 = EuZW 2014, 181 – Corman-Collins; Grüneberg/*Thorn* Rn. 8.

[137] Dagegen EuGH ECLI:EU:C:2013:860 = EuZW 2014, 181 m. zust. Anm. *Lenzing* – Corman-Collins; Ferrari IntVertragsR/*Ferrari* Rn. 29.

[138] Für Art. 5 Nr. 1 Brüssel I-VO EuGH Slg. 2009, I-3327 = NJW 2009, 1865 – Falco. Für Art. 29 EGBGB BGHZ 123, 380 (385); vgl. *Kropholler/v. Hein* Brüssel I-VO Art. 5 Rn. 43.

[139] Ferrari IntVertragsR/*Ferrari* Rn. 27, 29; Staudinger/*Magnus* Rn. 40. – Anders OLG München FamRZ 2022, 40 (41) m. abl. Aufsatz *Mankowski* FamRZ 2022, 12 (14) für Art. 7 Nr. 1 lit. b Brüssel Ia-VO; *Berlioz* Clunet 135 (2008), 675 (714 ff.) für Art. 5 Brüssel I-VO.

[140] So für Art. 5 Brüssel I-VO *Berlioz* Clunet 135 (2008), 675 (716).

Die Dienstleistung braucht nicht der alleinige Gegenstand des Vertrages zu sein. **Gemischte Verträge** hat man unter den Begriff der Dienstleistung fallen lassen, wenn die Dienstleistung im Vordergrund stand (→ Rn. 15).[141] Dagegen hat man dann, wenn das Dienstleistungselement nur von untergeordneter Bedeutung war, einen Dienstleistungsvertrag verneint.[142] Nunmehr stellt Art. 4 Abs. 2 allerdings klar, dass dann, wenn die Bestandteile des Vertrags durch mehr als einen der Vertragstypen der lit. a–h des Abs. 1 abgedeckt sind, das Vertragsstatut nach der charakteristischen Leistung zu bestimmen ist. Die Suche nach der Hauptleistung kann insofern zu Schwierigkeiten führen, als dies möglicherweise nicht ohne Rückgriff auf die ja erst noch zu bestimmende lex causae gelingt.[143] Das ändert jedoch nichts an der Notwendigkeit einer autonomen Auslegung. 47

Bei einer Verneinung der Anknüpfung als Dienstleistungsvertrag ist die Anwendung der Regel über die Anknüpfung nach der **charakteristischen Leistung** zu prüfen. Fällt nämlich der Vertrag nicht unter Abs. 1, so unterliegt er dem Recht des Staates, in dem die Partei, welche die für den Vertrag charakteristische Leistung zu erbringen hat, ihren gewöhnlichen Aufenthalt hat (Art. 4 Abs. 2). Im Ergebnis wird sich häufig kein Unterschied ergeben. Gelingt auch die Anknüpfung nach der charakteristischen Leistung nicht, so unterliegt der Vertrag dem Recht des Staates, zu dem er die engste Verbindung aufweist (Art. 4 Abs. 4; → Rn. 329 ff.). 48

Die Abgrenzung von bloßer **Leistung** nach Art. 4 Abs. 2 und **Dienstleistung** (Tätigkeit) nach Abs. 1 lit. b ist häufig schwierig und zweifelhaft (→ Rn. 45). Dies gilt vor allem für neuere Gestaltungen von Geschäfts- und Kundenbeziehungen mit Internetbezug. Der besseren Übersichtlichkeit wegen sind Internetverträge unten im Zusammenhang mit Abs. 2 aufgeführt (→ Rn. 280 ff.). 49

b) Einzelne Dienstleistungsverträge. Ein abschließender Katalog von Geschäften, die als Dienstleistungsverträge zu qualifizieren sind, lässt sich angesichts der Vielgestaltigkeit der möglichen Tätigkeiten kaum aufstellen.[144] Man kann aber **mehrere Gruppen** unterscheiden. **Dienstverträge** werden regelmäßig erfasst, so etwa Unterrichtsverträge.[145] Die für die Abgrenzung von Werk- und Dienstverträgen nach deutschem Schuldrecht entwickelten Unterscheidungen dürften hier keine Rolle spielen (→ Rn. 37 ff.). Die Tätigkeit der freien Berufe enthält ein Element der Dienstleistung. Hierzu zählen die Leistungen von Architekten,[146] aber auch die eines Rechtsanwalts[147] (zum Rechtsanwaltsvertrag → Rn. 75 ff.). Die Erbringung von **Werkleistungen** bildet eine weitere Fallgruppe. Dementsprechend werden erfasst Werkverträge (Herstellung neuer Sachen und Reparatur)[148] und Werklieferungsverträge[149] (zum Bauvertrag → Rn. 64 ff.). Erfasst wird auch der Vertrag zwischen dem Abschlussprüfer und der geprüften Gesellschaft.[150] Verträge, in denen Waren, Kredit oder Kapitalanlagen vermittelt werden, gehören ebenfalls hierher.[151] Das Gleiche gilt für die Versicherungsvermittlung.[152] Grundsätzlich werden Vermittlungsverträge erfasst.[153] Hierher zählen Kommissionsverträge[154] sowie Verträge mit Maklern. Auch die Ehevermittlung ist hier zu nennen. In **Verträgen über Reiseleistungen** findet sich regelmäßig ein Element von Dienstleistungen. Dazu gehören auch Reiseveranstalterverträge.[155] Hotelunterbringungsverträge (Beherbergungsverträge), die über eine bloße Raummiete hinausgehen, werden gleichfalls als Dienstleistungsvertrag eingestuft.[156] Hier ist jedoch zu beachten, dass Art. 6 für Pauschalreisen in Betracht kommt. Der Vertrag mit einem Gastwirt wird regelmäßig Dienstleistungen umfassen. 50

---

141 S. auch *Kropholler/v. Hein* Brüssel I-VO Art. 5 Rn. 44; Rauscher/*Leible* Brüssel I-VO Art. 5 Rn. 50.

142 BGHZ 135, 124 (131) für Timesharing; BGHZ 165, 248 (253 f.) für Kreditvertrag; BGH NJW 2008, 3001 für Verkauf herzustellender Ware (Vorlagebeschluss).

143 S. für Art. 5 Brüssel I-VO *Berlioz* Clunet 135 (2008), 675 (699 ff.).

144 Dienstleistungsverträge (service contracts) regeln auch Art. IV.C–1:101 ff. DCFR; näher *Unberath* ZEuP 2008, 745 (756 ff.).

145 Vgl. Rauscher/*Leible* Brüssel I-VO Art. 5 Rn. 50.

146 S. auch *Kropholler/v. Hein* Brüssel I-VO Art. 5 Rn. 44.

147 Für Art. 29 EGBGB OLG Frankfurt IPRspr. 2000 Nr. 175 = NJW-RR 2000, 1367; vgl. *Kropholler/v. Hein* Brüssel I-VO Art. 5 Rn. 44; Rauscher/*Leible* Brüssel I-VO Art. 5 Rn. 50.

148 S. auch *Kropholler/v. Hein* Brüssel I-VO Art. 5 Rn. 44; Rauscher/*Leible* Brüssel I-VO Art. 5 Rn. 50.

149 Vgl. *Kropholler/v. Hein* Brüssel I-VO Art. 5 Rn. 44; Rauscher/*Leible* Brüssel I-VO Art. 5 Rn. 50.

150 *Ebke* ZVglRWiss 109 (2010), 397 (407 ff.).

151 S. auch *Kropholler/v. Hein* Brüssel I-VO Art. 5 Rn. 44.

152 *Rüsing,* Grenzüberschreitende Versicherungsvermittlung im Binnenmarkt, 2020, 318.

153 Vgl. *Kropholler/v. Hein* Brüssel I-VO Art. 5 Rn. 44; Rauscher/*Leible* Brüssel I-VO Art. 5 Rn. 50.

154 *Magnus* IHR 2018, 49 (58); s. auch Rauscher/*Leible* Brüssel I-VO Art. 5 Rn. 50.

155 Vgl. Rauscher/*Leible* Brüssel I-VO Art. 5 Rn. 50.

156 S. auch *Kropholler/v. Hein* Brüssel I-VO Art. 5 Rn. 44.

51 Verträge über **Finanzdienstleistungen** gehören grundsätzlich hierher.[157] Bei Kreditverträgen kann man zweifeln, ob die bloße Hingabe von Kapital als Dienstleistung anzusehen ist.[158] Daher ist umstritten, ob das Darlehen als Dienstleistung angesehen werden kann. Dies wird mangels besonderer Tätigkeit abgelehnt,[159] teilweise aber auch angenommen[160] (zum Darlehen → Rn. 219 ff.). Insbesondere bei einem Bankgeschäft (→ Rn. 91 ff.) ist eine Einstufung als Dienstleistung problematisch. Die Beratungstätigkeit stellt ebenso wie die Vermögensverwaltung eine Dienstleistung dar.[161] Verträge im Rahmen multilateraler Systeme sind jedoch gesondert aufgeführt und speziell geregelt (Abs. 1 lit. h). Sie sind daher in Abs. 1 lit. b nicht gemeint (→ Rn. 161 ff.). Die Brokertätigkeit bei Börsentermingeschäften fällt als solche ebenfalls unter den Begriff der Dienstleistung.[162]

52 **Geschäftsbesorgungen** im weitesten Sinne werden vom Dienstleistungsbegriff erfasst.[163] Darunter fällt etwa die Erbensuche.[164] Das Gleiche gilt für einen Vertrag mit einem Internet-Provider[165] (→ Rn. 288) oder einem Online-Auktionshaus.[166] Auch die Verwaltungstreuhand kann hierunter fallen.[167] Da Unentgeltlichkeit nicht entgegensteht (→ Rn. 45), fällt auch der **Auftrag** hierunter.[168] **Vertriebsverträge** betreffen regelmäßig Dienstleistungen. Franchiseverträge und Vertriebsverträge sind zwar – entgegen der früheren französischen Rspr.[169] – Dienstleistungsverträge, unterliegen jedoch besonderen Regeln (Abs. 1 lit. e, f, Erwägungsgrund 17; → Rn. 146 ff.). **Transportverträge** betreffen Dienstleistungen. Sie werden aber nicht von Art. 4 Abs. 1 erfasst, da sie gesondert geregelt sind (Art. 5). **Individualarbeitsverträge** werden nicht von Art. 4 Abs. 1 erfasst, da sie von der besonderen Vorschrift des Art. 8 abgedeckt werden. **Verbraucherverträge** können Dienstleistungen betreffen. Sie fallen aber nicht unter Art. 4 Abs. 1, da für sie eine besondere Regelung besteht, (→ Art. 6 Rn. 25 ff.). **Versicherungsverträge** betreffen regelmäßig Dienstleistungen (Beratung, Verwaltung, Abwicklung von Versicherungsfällen).[170] Sie werden aber in der Regel nicht von Art. 4 Abs. 1 erfasst, da auch sie gesondert geregelt sind (Art. 7). Die Zahlungsverpflichtung eines **Miteigentümers einer Wohnungseigentümergemeinschaft** für seinen Jahresbeitrag ist als Dienstleistungsvertrag eingeordnet worden.[171] Bei einer Bewertungsleistung im Rahmen eines **Ratingvertrages** entscheidet, soweit keine Einstufung als Dienstleistungsvertrag möglich ist (Abs. 1 lit. b), die charakteristische Leistung (Abs. 2).[172] Es kommt auf die Hauptverwaltung der Ratingagentur an, hilfsweise auf den Sitz der Zweigniederlassung.[173] Vgl. auch → IntFinanzMarktR Rn. 523 ff.

53 Bei der bloßen **Übernahme eines Risikos** wie bei der Bürgschaft und Garantie (→ Rn. 232 ff.) kann man zweifeln, ob hier noch ein Element einer Tätigkeit anzunehmen ist, dh Dienste erbracht werden oder nur der Gesichtspunkt der charakteristischen Leistung entscheiden sollte.

54 Die bloße **Überlassung zum Gebrauch** wird man nicht mehr als Dienstleistung einstufen können, allerdings gewährt der Schuldner etwas. Ob die **Nutzung einer mautpflichtigen Straße**

---

157 *Mankowski* RIW 2006, 321 (322 f.); *Einsele* WM 2009, 289 (291). Vgl. Rauscher/*Leible* Brüssel I-VO Art. 5 Rn. 50.

158 Bejahend für Art. 5 Brüssel I-VO *Berlioz* Clunet 135 (2008), 675 (709).

159 BGH NJW 2015, 555 = LMK 2014, 364497 mAnm *Looschelders* = WuB 2015, 47 mAnm *Dörner*, zu Art. 29 EGBGB; Rauscher/*Thorn* Rn. 46. – Für Art. 29 EGBGB (Art. 5 EVÜ) BGHZ 165, 248 (253 f.) = IPRspr. 2005 Nr. 13b = RIW 2006, 389 m. abl. Aufsatz *Mankowski* RIW 2006, 321.

160 EuGH ECLI:EU:C:2017:472 = RIW 2017, 504 – Kareda zu Art. 7 Nr. 1 Brüssel Ia-VO; BGH RIW 2012, 566 = NJW 2012, 1817; *Einsele* WM 2009, 289 (291); s. auch Rauscher/*Leible* Brüssel I-VO Art. 5 Rn. 50.

161 Vgl. *Kropholler/v. Hein* Brüssel I-VO Art. 5 Rn. 44.

162 Für Art. 29 EGBGB OLG Düsseldorf IPRspr. 1994 Nr. 23 = RIW 1994, 420 mAnm *Mankowski;* IPRspr. 1995 Nr. 145 = RIW 1995, 769.

163 PWW/*Brödermann/Wegen* Rn. 27. – Für Art. 29 EGBGB BGHZ 123, 380 (385); *W. Lorenz* IPRax 1994, 429 (430).

164 *Looschelders* IPRax 2014, 406 ff.; *Dornis* ZfPW 2015, 376 ff.; *Späth,* Die gewerbliche Erbensuche im grenzüberschreitenden Rechtsverkehr, 2008, 193.

165 Dazu *Magnus* in Graf/Paschke/Stober, 2002, S. 19 (30 f.) mwN.

166 *Mankowski* in Spindler/Wiebe, Internet-Auktionen, 2. Aufl. 2005, Rn. 78.

167 *C. Wilhelm* IPRax 2012, 392 (396).

168 Ferrari IntVertragsR/*Ferrari* Rn. 27; ebenso für Art. 5 Brüssel I-VO *Berlioz* Clunet 135 (2008), 675 (714 ff.).

169 In Frankreich wurde argumentiert, der Rahmenvertrag sichere beim Alleinvertrieb in erster Linie den Vertrieb des Unternehmers; s. *Berlioz* Clunet 135 (2008), 675 (710 ff.); *Ancel* Rev. crit. dr. int. pr. 97 (2008), 561 ff.

170 *Miquel Sala,* Internationales Versicherungsvertragsrecht nach der Rom I-VO, 2017, 233: Bruck/Möller/*Dörner,* 2013, Art. 4 Rn. 5. – S. *Mankowski* RIW 2006, 321 (322 f.).

171 EuGH ECLI:EU:C:2019:376 Rn. 39–41 = RIW 2019, 364 = IPRax 2020, 40 m. Aufsatz *Thomale* IPRax 2020, 18 – Ker; aA *Scraback* GPR 2020, 13 (15 f.); *Mansel/Thorn/Wagner* IPRax 2020, 97 (120).

172 *v. Bar/Mankowski* IPR II § 1 Rn. 251; Staudinger/*Magnus,* 2021, Rn. 360a.

173 Näher *Dutta* IPRax 2014, 33 ff.; *Schroeter,* Ratings, 2014, 783 ff.

noch als Dienstleistung angesehen werden kann oder ob nur eine Anknüpfung nach Abs. 2 in Betracht kommt, ist zweifelhaft.[174] Ein **Lizenzvertrag,** mit dem der Inhaber eines Immaterialgüterrechts seinem Vertragspartner das Recht zu einer entgeltlichen Nutzung einräumt, ist kein Vertrag über die Erbringung von Dienstleistungen.[175] **Miete und Pacht** unbeweglicher Sachen werden ausdrücklich gesondert genannt (Abs. 1 lit. c, d), sind also nicht gemeint (→ Rn. 120 ff.). Bei der Miete beweglicher Sachen kommt man allerdings zu einem anderen Ergebnis, wenn man die Beeinflussung des Verhaltens einer Person, dh des Vermieters, genügen lässt.[176] Der **Leasinggeber** erbringt außer der Gebrauchsüberlassung noch eine Finanzierungsleistung. Dies spricht für eine Einstufung des Leasingvertrages als Dienstleistung (→ Rn. 57 ff.). **Timesharing-Verträge** mit Verbrauchern werden von Art. 6 ausdrücklich erfasst, sind hier dementsprechend nicht gemeint. Timesharing-Verträge, die sich auf die periodisch wiederkehrende Gebrauchsüberlassung von Immobilien beschränken, gehören nicht zu den Dienstleistungen.[177] Im Übrigen ist Art. 46b Abs. 4 EGBGB zu beachten.

Die bloße **Veräußerung eines Gegenstandes** wird nicht erfasst. Austauschverträge wie Ware gegen Geld (Kauf) oder Sache gegen Sache (Tausch) wird man nicht zu Dienstleistungsverträgen rechnen können. Der Warenkauf (Abs. 1 lit. a) sowie der Kauf auf Versteigerungen (Abs. 1 lit. g) werden ohnehin eigenständig genannt, sind hier also keinesfalls erfasst. Zum Grundstückskauf → Rn. 123 f. Ein auf die **Übertragung eines Rechts** gerichteter Vertrag dürfte ebenfalls nicht unter den Begriff des Dienstleistungsvertrages fallen.[178] Die unentgeltliche **Schenkung** ist nicht als Dienstleistung anzusehen. 55

2. Leasing.

Schrifttum: *Dageförde,* Internationales Finanzierungsleasing – Deutsches Kollisionsrecht und Konvention von Ottawa, 1992; *Lando,* Contracts, I. E. C. L. Vol. III ch. 24 (1976), sec. 258–261.

a) Rechtsvereinheitlichung. Einheitliches Recht besteht in Form des **Übereinkommens von Ottawa vom 28.5.1988 über das internationale Finanzierungsleasing**[179] (→ BGB Anh. § 515 Rn. 1 ff.). Das Übereinkommen, welches – abgesehen von Fragen der dinglichen Rechte des Leasinggebers (vgl. Art. 7 Übk.) – nur vereinheitlichtes Sachrecht enthält, ist zwar in Kraft getreten,[180] gilt aber nicht für Deutschland. Auf Verbraucherverträge findet es keine Anwendung (Art. 1 Abs. 4 Übk.). Die Konvention kommt auch aus deutscher Sicht zur Anwendung, wenn das inländische Kollisionsrecht auf das Recht eines Vertragsstaats verweist und aus dessen Sicht das Übk. anzuwenden ist (vgl. Art. 3 Übk.).[181] 56

b) Vertragsstatut. Zu Schrifttum zum Vertragsstatut vor → Rn. 1. Der einfache Leasingvertrag **(operating leasing)** über Mobilien untersteht mangels Rechtswahl dem Recht des Leasinggebers, da dieser die vertragstypische Leistung der Gebrauchsüberlassung erbringt.[182] Sachenrechtliche Fragen unterliegen der lex rei sitae (→ EGBGB Art. 43 Rn. 70). Auch das Schiffsleasing (Hire Purchase Agreement) unterliegt dem Recht des Vercharterer-Verkäufers.[183] Für das Immobilienleasing kommt es auf die Belegenheit des Grundstücks an (Abs. 1 lit. c).[184] 57

Bei grenzüberschreitendem **Finanzierungsleasing** wird regelmäßig eine Leasinggesellschaft (Bank) eingeschaltet, die die Finanzierung eines Warengeschäfts übernimmt. Rechtswahl ist mög- 58

---

174 Offengelassen in BGH NJW 2022, 3644 Rn. 19 m. Aufsatz *Goebel/Wiepen* NJW 2022, 3611; BGH RIW 2023, 159 = EuZW 2023, 240 Rn. 14. – Krit. *Küpper* WiRO 2021, 138.

175 Grüneberg/*Thorn* Rn. 8; ebenso für Art. 5 Nr. 1 Brüssel I-VO EuGH Slg. 2009, I-3327 = NJW 2009, 1865 – Falco; OGH ZfRV 2008, 27 (Vorlageentscheidung); dazu auch *de Miguel Asensio* YbPIL 10 (2008), 199 (207 ff.).

176 So für Art. 5 Brüssel I-VO *Berlioz* Clunet 135 (2008), 675 (691 f.).

177 Für Art. 29 EGBGB BGHZ 135, 124 = IPRspr. 1997 Nr. 34 = IPRax 1998, 285 m. Aufsatz *Ebke* IPRax 1998, 263 = RIW 1997, 875 m. Aufsatz *Mankowski* RIW 1998, 287; *Mäsch* EuZW 1995, 8 (13).

178 So für Art. 5 Brüssel I-VO *Berlioz* Clunet 135 (2008), 675 (696 ff.).

179 Dt. Übersetzung bei Reithmann/Martiny IntVertragsR/*Dostal* Rn. 28.33; *Dageförde,* Internationales Finanzierungsleasing, 1992, 162. Engl. und franz. Text: RabelsZ 51 (1987), 736 sowie Rev. dr. unif. 1988 I 134.

180 Das Übk. gilt für Frankreich (1.5.1995), Italien (1.5.1995), Lettland (1.3.1998), Nigeria (1.3.1995), Panama (1.10.1997), Russische Föderation (1.1.1999), Ukraine (1.7.2007), Ungarn (1.12.1996), Usbekistan (1.2.2001) und Weißrussland (1.3.1999); vgl. *Dageförde* RIW 1995, 265 ff.

181 Staudinger/*Magnus,* 2021, Rn. 263.

182 Reithmann/Martiny IntVertragsR/*Dostal* Rn. 28.124; PWW/*Brödermann/Wegen* Anh. Art. 4 Rn. 41; s. auch *Dageförde,* Internationales Finanzierungsleasing, 1992, 42; *v. Bar/Mankowski* IPR II § 1 Rn. 312.

183 *Mankowski,* Seerechtliche Vertragsverhältnisse im Internationalen Privatrecht, 1995, 440.

184 *Ebenroth* in Kramer, Neue Vertragsformen der Wirtschaft, 1985, 97 (105); *Dageförde,* Internationales Finanzierungsleasing, 1992, 42 f.; Soergel/*v. Hoffmann* EGBGB Art. 28 Rn. 178.

lich.[185] Grundsätzlich untersteht dann der Schuldvertrag zwischen Verkäufer und Leasinggeber, der die Ware zunächst kauft, den jeweiligen Regeln über den Warenkauf[186] (→ Rn. 22 ff.), während die Beziehungen zwischen Leasingnehmer und Leasinggeber dem Recht am gewöhnlichen Aufenthaltsort des Leasinggebers unterliegen.[187] Insoweit wird zum Teil nicht Abs. 1 lit. b, sondern – wegen Überwiegens von Gebrauchsüberlassung und Finanzierung – Abs. 2 angewendet.[188] Nach hM kommt es zu keiner einheitlichen oder auch nur akzessorischen Anknüpfung der unterschiedlichen Vertragsbeziehungen (→ BGB Anh. § 515 Rn. 231 f.). Für mögliche Direktansprüche des Leasingnehmers gegen den Lieferanten wird eine Kombination beider Statute vertreten.[189] Der Leasingvertrag des privaten Endverbrauchers sollte jedenfalls unter den Bedingungen des Art. 6 dem Recht seines gewöhnlichen Aufenthaltsortes unterstehen.[190]

59 **3. Auftrag, Geschäftsbesorgung.** Der (nach deutschem Recht unentgeltliche) Auftrag (vgl. §§ 662 ff. BGB) wird durch die Leistung des Beauftragten charakterisiert und wird in der Regel von Abs. 1 lit. b erfasst (→ Rn. 52). Im Übrigen unterliegt er nach Abs. 2 grundsätzlich dem Recht seines gewöhnlichen Aufenthalts- bzw. Niederlassungsorts.[191] Er ist aber häufig mit anderen Geschäften verbunden und folgt gemäß Abs. 3 bei engerer Verknüpfung ihrem Statut (→ Rn. 310).

60 Einzelne Werk- oder Dienstleistungen gehören zu einer (entgeltlichen) **Geschäftsbesorgung** (vgl. § 675 BGB); diese bildet die charakteristische Leistung.[192] Dies gilt etwa für einen Vertrag, in dem die Vermarktung von Gemüse übernommen wird.[193] Die Erbensuche unterliegt dem Recht am gewöhnlichen Aufenthaltsort des Erbensuchers.[194] Regelmäßig greift Abs. 1 lit. b ein.[195] Die Anknüpfung von **Treuhandverträgen** hat entsprechend ihrem Inhalt zu erfolgen. Sie können vielfach als Dienstleistungsverträge angesehen werden.[196] Dies führt zum gewöhnlichen Aufenthalt des Treuhänders, auf den auch sonst abzustellen ist.[197] Die Gründung von Trusts ist gemäß Art. 1 Abs. 2 lit. h vom Anwendungsbereich der Verordnung ausgeschlossen.

4. Werkvertrag, Bauvertrag, Anlagenvertrag.

Schrifttum: *Hillig,* Grenzüberschreitende Bau- und Planerverträge in Messerschmidt/Voit, Privates Baurecht, 4. Aufl. 2022, P, 571; *Hök,* Handbuch des internationalen und ausländischen Baurechts, 2. Aufl. 2012; *Jayme,* Subunternehmervertrag und Europäisches Gerichtsstands- und Vollstreckungsübereinkommen (EuGVÜ), FS Pleyer, 1986, 371; *W. Lorenz,* Verträge über im Ausland zu erbringende Bauleistungen, IPRax 1995, 329; *Pulkowski,* Internationale Zuständigkeit und anwendbares Recht bei Streitigkeiten aus grenzüberschreitenden Bauverträgen, IPRax 2001, 306; *Sprenger,* Internationale Expertenhaftung, 2008; *Thode,* Die Bedeutung des neuen internationalen Schuldvertragsrechts für grenzüberschreitende Bauverträge, ZfBR 1989, 43; *Thode/Wenner,* Internationales Architekten- und Bauvertragsrecht, 1998; *E. Vetter,* Akzessorische Anknüpfung von Subunternehmerverträgen bei internationalen Bau- und Industrieanlagen-Projekten?, NJW 1987, 2124.

61 **a) Werkvertrag.** Für Werkverträge (vgl. §§ 631 ff. BGB) ist eine ausdrückliche,[198] aber auch eine stillschweigende Rechtswahl möglich. Sie unterliegen bei Fehlen einer Rechtswahl nach Abs. 1 lit. b dem Recht am **Niederlassungsort bzw. gewöhnlichen Aufenthaltsort des Werkunternehmers,** da dieser die charakteristische Dienstleistung erbringt.[199] Dies gilt insbesondere für Kfz-

[185] Reithmann/Martiny IntVertragsR/*Dostal* Rn. 28.114.

[186] Rauscher/*Thorn* Rn. 94.

[187] *Lando* Contracts, I. E. C. L. Vol. III ch. 24 (1976), sec. 260; Erman/*Stürner* Rn. 38; Staudinger/*Magnus,* 2021, Rn. 265.

[188] Rauscher/*Thorn* Rn. 94.

[189] Näher Reithmann/Martiny IntVertragsR/*Dostal* Rn. 28.139, 28.155.

[190] Reithmann/Martiny IntVertragsR/*Dostal* Rn. 28.168; Soergel/*v. Hoffmann* EGBGB Art. 28 Rn. 177.

[191] Rauscher/*Thorn* Rn. 36; Staudinger/*Magnus,* 2021, Rn. 378. S. schon BGH WM 2004, 2441 = RIW 2005, 144 (Tätigkeit im Rahmen von Treuhandverhältnis); OLG Hamm RIW 1994, 513 = IPRax 1996, 33 m. Aufsatz *Otto* IPRax 1996, 22; NJW-RR 1997, 1007 = IPRspr. 1997 Nr. 28 (Platzierung von Fußballwetten); Soergel/*v. Hoffmann* EGBGB Art. 28 Rn. 226; ebenso schon OLG Düsseldorf NJW 1974, 417; OLG Hamburg MDR 1976, 402 = IPRspr. 1974 Nr. 11 A; KG IPRspr. 1979 Nr. 13 A.

[192] Rauscher/*Thorn* Rn. 36; Staudinger/*Magnus,* 2021, Rn. 378; OLG Hamm RIW 1994, 513 = IPRax 1996, 33 m. Aufsatz *Otto* IPRax 1996, 22; OLG Frankfurt RRa 1998, 78 = IPRspr. 1997 Nr. 45 (Hotelverwaltung und -repräsentanz).

[193] BGH NJW-RR 2003, 1582; OLG Düsseldorf IHR 2003, 121 = IPRspr. 2002 Nr. 142.

[194] *Späth,* Die gewerbliche Erbensuche im grenzüberschreitenden Rechtsverkehr, 2008, 193.

[195] Grüneberg/*Thorn* Rn. 8; Staudinger/*Magnus,* 2021, Rn. 376.

[196] *Wilhelm* IPRax 2012, 392 ff.; Ferrari IntVertragsR/*Ferrari* Rn. 168; Staudinger/*Magnus,* 2021, Rn. 396.

[197] Ferrari IntVertragsR/*Ferrari* Rn. 168; PWW/*Brödermann/Wegen* Anh. Art. 4 Rn. 60a; Staudinger/*Magnus,* 2021, Rn. 396.

[198] BGHZ 154, 110 (114) = NJW 2003, 2020 mAnm *Wenner* EWiR 2003, 4 (Architekt).

[199] Rauscher/*Thorn* Rn. 36; OLG Schleswig NJW-RR 1993, 314 = IPRax 1993, 95 m. Aufsatz *Vollkommer* IPRax 1993, 79; OLG Nürnberg CR 1993, 553 mAnm *Bartsch* = IPRspr. 1993 Nr. 31; LG Berlin IPRax

Reparaturen,[200] Schiffsreparaturen,[201] Verträge mit Architekten (vgl. § 650p BGB)[202] und Bauarbeiten,[203] aber auch für Verträge mit Gutachtern[204] oder eine Klassifizierung.[205] Ebenso zu behandeln sind Schleppverträge[206] und Bergungsverträge[207] (aber → Art. 5 Rn. 102). Ein Vertrag sui generis, einem anderen zur Flucht zu verhelfen (Fluchthilfevertrag), untersteht in der Regel dem Recht des gewöhnlichen Aufenthaltsortes des Fluchthelfers.[208] Dass die Architektenleistung für ein Bauvorhaben in einem anderen Land erbracht wird, begründet als solches noch keine Abweichung von der Vermutung des Abs. 2. Geschäfte, die der Werkunternehmer mit Dritten schließt, unterliegen ihrem eigenen Recht, so zB eine Vereinbarung, dass er die Kosten für Sicherungsmaßnahmen des Dritten übernimmt.[209] Zu beachten ist, dass die Werkleistung (zB eine handwerkliche Leistung) eine Dienstleistung iSd Art. 6 bilden kann, so dass dann die besonderen Regeln für Verbraucherverträge eingreifen.[210]

Die **Honorarordnung für Architekten- und Ingenieurleistungen (HOAI)** ist früher als öffentlich-rechtliches Preisrecht eingeordnet und im Wege einer Sonderanknüpfung als inländisches international zwingendes Recht durchgesetzt worden.[211] Bezüglich der Mindest- und Höchstvergütungssätze ist die Unvereinbarkeit mit dem Unionsrecht festgestellt worden[212] (→ BGB § 632 Rn. 25). Die Neufassung der HOAI von 2021[213] enthält jetzt kein zwingendes Preisrecht mehr, sondern nur noch unverbindliche Honorarempfehlungen.[214] Die Regelungen der HOAI kommen daher nicht mehr als Eingriffsnormen in Frage.[215] 62

Bei Werkverträgen schließt der Werkunternehmer häufig einen **Subunternehmervertrag** mit einem anderen Unternehmer ab. Ein solcher Subunternehmervertrag kann durch Rechtswahl dem für den Vertrag mit dem Hauptunternehmer geltenden Recht unterstellt werden.[216] Mangels Rechtswahl unterliegt er dem Recht am Aufenthaltsort des Subunternehmers. Auch dafür kann wohl Abs. 1 lit. c herangezogen werden.[217] Wegen des Zusammenhanges mit dem Hauptvertrag und im Interesse einer einheitlichen Anknüpfung wurde eine – auf Abs. 3 stützbare – **akzessorische Anknüpfung** an das für den Hauptvertrag geltende Recht vorgeschlagen.[218] Tatsächlich handelt 63

1996, 416 m. Aufsatz *Rüßmann* IPRax 1996, 402; *Jayme* FS Pleyer, 1986, 371 (376); Reithmann/Martiny IntVertragsR/*Thode* Rn. 38.5; *v. Bar/Mankowski* IPR II § 1 Rn. 251.

200 LG Düsseldorf MDR 1960, 839; LG Hamburg IPRspr. 1974 Nr. 189; IPG 1975 Nr. 3 (Heidelberg).

201 OLG Schleswig IPRspr. 1989 Nr. 48; OLG Karlsruhe NZV 1995, 70 = IPRspr. 1994 Nr. 46; OLG Stuttgart NJW-RR 2001, 858; LG Bremen IPRspr. 1960–61 Nr. 43; näher *Mankowski,* Seerechtliche Vertragsverhältnisse im Internationalen Privatrecht, 1995, 427 ff.; vgl. auch OLG Köln VersR 1979, 535; *Flessner,* Reform des IPR – Was bringt sie dem Seehandelsrecht?, 1987, 17.

202 *Hillig* in Messerschmidt/Voit, 2022, Rn. P 27; Reithmann/Martiny IntVertragsR/*Thode* Rn. 38.5; s. auch LG Kaiserslautern NJW 1988, 652 = IPRax 1987, 368 m. Aufsatz *Mezger* IPRax 1987, 346.

203 BGH NJW 1999, 2442 = IPRax 2001, 331 m. Aufsatz *Pulkowski* IPRax 2001, 306; IPG 1971 Nr. 6 (Freiburg). – Der Anspruch auf Bewilligung einer Sicherungshypothek ist schuldrechtlicher Natur und folgt dem Vertragsstatut, OLG Köln RIW 1985, 570 = IPRax 1985, 161 m. Aufsatz *Schröder* IPRax 1985, 145.

204 *Sprenger,* Internationale Expertenhaftung, 2008, 200 ff.

205 OLG Düsseldorf NZKart 2023, 225 zur Klassifizierung bei Para-Olympics.

206 *Mankowski,* Seerechtliche Vertragsverhältnisse, 1995, 443.

207 Ferrari IntVertragsR/*Ferrari* Rn. 175; s. schon *Mankowski,* Seerechtliche Vertragsverhältnisse im Internationalen Privatrecht, 1995, 445.

208 Ferrari IntVertragsR/*Ferrari* Rn. 175; vgl. OGH ZfRV 22 (1981), 214 mAnm *Schwind* = IPRax 1981, 216 m. Aufsatz *Wengler* IPRax 1981, 220; AG Lahnstein IPRax 1988, 39 Ls. m. Bericht *Jayme.*

209 Vgl. aber OLG Saarbrücken RIW 1980, 797.

210 Staudinger/*Magnus,* 2021, Rn. 346.

211 BGHZ 154, 110 (115 f.) = NJW 2003, 2020 = IPRax 2003, 449 m. abl. Aufsatz *Kilian/Müller* IPRax 2003, 436; *Wenner* RIW 1998, 173 (176 f.); *Wenner* FS Thode, 2005, 661 (668 f.); vgl. auch Staudinger/*Magnus,* 2021, Rn. 360.

212 EuGH ECLI:EU:C:2019:562 = NJW 2019, 2529 = EuZW 2019, 660 mAnm *Schäfer* = JZ 2019, 886 mAnm *Ehlers* = EuZW 2019, 657 mAnm *Scholl* – Kommission/Deutschland; LG München I NJW-RR 2023, 1002.

213 Erste Verordnung zur Änderung der Honorarordnung für Architekten und Ingenieure vom 2.12.2020, BGBl. 2020 I 2636 mit Änderungen.

214 BR-Drs. 539/20, 1.

215 Reithmann/Martiny IntVertragsR/*Zwickel* Rn. 5.86; BeckOGK/*Maultzsch,* 1.3.2024, Art. 9 Rn. 255.

216 Näher *Vetter* NJW 1987, 2124 (2125).

217 Ferrari IntVertragsR/*Ferrari* Rn. 175 mwN.

218 *Jayme* FS Pleyer, 1986, 371 (377); ähnlich für BOT-Projekte *Jayme* in Nicklisch, Rechtsfragen privatfinanzierter Projekte – Nationale und internationale BOT-Projekte, 1994, 71 f.; vgl. dazu auch *v. der Seipen,* Akzessorische Anknüpfung und engste Verbindung im Kollisionsrecht der komplexen Vertragsverhältnisse, 1989, 272, 319. Abl. *Geisler,* Die engste Verbindung im Internationalen Privatrecht, 2001, 230 f.; Soergel/*v. Hoffmann* EGBGB Art. 28 Rn. 116, 207.

es sich um zwar aufeinander abgestimmte, gleichwohl jedoch unabhängige Verträge, für die die Interessenlage verschieden ist. Daher dürfte in der Regel der Leistung des Subunternehmers größeres Gewicht zukommen als dem – für ihn oft gar nicht überschaubaren – Zusammenhang mit dem Gesamtprojekt.[219] Ein **Direktanspruch** des Subunternehmers gegen den Besteller, wie er von manchen Rechtsordnungen gewährt wird,[220] wird teilweise als nichtvertraglich angesehen und nicht der Rom I-VO unterstellt.[221] Für die Anknüpfung kommt nach einigen das Subunternehmervertragsstatut in Betracht.[222] Andere stellen allein auf das Statut des Haupt-/Generalunternehmervertrages ab.[223] Eine ebenfalls vertretene Kumulationslösung gewährt den Anspruch dagegen nur dann, wenn sowohl das Statut des Subunternehmervertrages, als auch das für den Hauptvertrag maßgebliche Recht einen solchen Anspruch kennt.[224] Die französische Rspr. hat den Direktanspruch gegen den Bauherrn nach dem Gesetz vom 31.12.1975 für Bauvorhaben in Frankreich als international zwingende Vorschrift durchgesetzt[225] (→ Art. 9 Rn. 15).

64 **b) Bauvertrag. aa) Einheitsrecht.** Das Baurecht ist zwar nicht vereinheitlicht worden. Häufig finden aber **Formularbedingungen** Anwendung, in erster Linie die vom Baugewerbe aufgestellten Internationalen Vertragsbedingungen für Ingenieurarbeiten. Sie wurden von der International Federation of Consulting Engineers (FIDIC) ausgearbeitet. Es bestehen mehrere FIDIC-Bedingungen (sog. **FIDIC-Conditions**), welche 1999 neu gefasst wurden.[226] Im Einzelnen handelt es sich um „Conditions of Contract for Construction for Building and Engineering Works Designed by the Employer: The Construction Contract" („Red Book"), „Conditions of Contract for Plant and Design-Build for Electrical and Mechanical Plant and for Building and Engineering Works Designed by the Contractor: The Plant and Design/Build Contract" („Yellow Book"), „Conditions of Contract for EPC/Turnkey Projects: The EPC/Turnkey Contract" („Silver Book"; 2. Aufl. 2022) sowie um „Short Form of Contract – The Short Form" („Green Book"; 2. Aufl. 2021[227]).[228] Die Bedingungen sind in englischer Sprache ausgearbeitet worden und beruhen vielfach auf Rechtsvorstellungen des Common Law. Sie werfen zahlreiche Auslegungsfragen auf.[229]

65 **bb) Anknüpfung.** Die als Dienstleistungsverträge einzustufenden Bauverträge (vgl. § 650a BGB) unterliegen grundsätzlich den gleichen Regeln wie Werkverträge.[230] Dies gilt auch für die Baubetreuung.[231] In den FIDIC-Bedingungen ist eine von den Parteien vorzunehmende

[219] *Hillig* in Messerschmidt/Voit, 2022, Rn. P 24; Reithmann/Martiny IntVertragsR/*Thode* Rn. 38.8; Erman/*Stürner* Rn. 15; Ferrari IntVertragsR/*Ferrari* Rn. 175; s. auch *Vetter* NJW 1987, 2124 (2126 ff.); *Vetter* ZVglRWiss 87 (1988), 248 (254 ff.). – Vgl. auch *v. Bar/Mankowski* IPR II § 1 Rn. 359.

[220] Nachweise bei *Hök,* Handbuch des internationalen und ausländischen Baurechts, 2. Aufl. 2012, § 14 Rn. 2 ff.; Reithmann/Martiny IntVertragsR/*Thode* Rn. 38.9.

[221] *Freitag* IPRax 2016, 418 (424 f.); Reithmann/Martiny IntVertragsR/*Zwickel* Rn. 5.18; BeckOGK/*Maultzsch,* 1.3.2024, Art. 9 Rn. 13.1: Eingriffsnorm nach Art. 16 Rom II-VO; näher *Martiny* FS Magnus, 2014, 481 (494 f.).

[222] So *Piroddi* YbPIL 7 (2005) 322, wenn die lex fori den Anspruch kennt.

[223] *Pulkowski,* Subunternehmer und internationales Privatrecht, 2004, 229 ff., 321 f.

[224] *Jayme* FS Pleyer, 1986, 371 (378); Reithmann/Martiny IntVertragsR/*Thode* Rn. 38.9; *Thode/Wenner,* Internationales Architekten- und Bauvertragsrecht, 1998, Rn. 177 f.

[225] Cass. ch. mixte Clunet 135 (2008), 1073 mAnm *Perreau-Saussine* = D. 2008, 5 mAnm *Boyault/Lemaire* D. 2008, 753; wN bei *Kondring* RIW 2009, 118 ff.; *Hauser* IPRax 2015, 182 ff.

[226] *Atzpodien/Müller* RIW 2006, 331; *Hök* Int. Comp. L. R. 2006, 405; Reithmann/Martiny IntVertragsR/*Thode* Rn. 14.2.

[227] S. *de Cazalet* Rev. dr. aff. int. 2023, 123 ff.

[228] Dazu *Bunni,* The FIDIC Form of Contract, 3. Aufl. Oxford 2005; *Demblin/Mörth,* FIDIC Bau- und Anlagenbauverträge, Allgemeine Vertragsbedingungen für Bauverträge, 2013; *Goedel* RIW 1982, 81; *Goedel* in Böckstiegel, Vertragsgestaltung und Streitbeilegung in der Bauindustrie und im Anlagenbau, Bd. II, 1995, 33; *Hök* ZfBR 2014, 627; International Federation of Consulting Engineers, The FIDIC contracts guide, Lausanne 2000; *Jaeger/Hök,* FIDIC – a guide for practitioners, 2010; *Mallmann* RIW 2000, 532; *Mallmann,* Bau- und Anlagenbauverträge nach den FIDIC-Standardbedingungen, 2002; *Meopham,* FIDIC Conditions of Contract, London 1986; *Sawyer/Gillot,* The FIDIC Digest, London 1990; *Seppala* Int. Construction L. Rev. 12 (1995), 5; *Wallace,* The International Civil Engineering Contract, London 1974, Suppl. 1980; *Wiegand* RIW 1981, 738 ff.; *Wiegand* RIW 2000, 197.

[229] Dazu *Triebel/Balthasar* NJW 2004, 2189 ff.; *Hök,* Handbuch des internationalen und ausländischen Baurechts, 2. Aufl. 2012, § 18 Rn. 1 ff. – Deutsche Übersetzungen sind vom Verband beratender Ingenieure (VBI) herausgegeben worden.

[230] *Martiny* BauR 2008, 241 ff.; *Markowsky,* Der Bauvertrag im internationalen Rechtsverkehr, 1997, 40 ff.; Reithmann/Martiny IntVertragsR/*Thode* Rn. 39.1 ff.

[231] OLG Köln NJW-RR 2021, 1109 = IPRax 2022, 542 m. zust. Aufs. *Hemler* IPRax 2022, 485; Staudinger/*Magnus,* 2021, Rn. 382.

eigenständige Rechtswahl vorgesehen. Auch eine stillschweigende Rechtswahl ist möglich.[232] Die Vereinbarung der VOB spricht für die stillschweigende Wahl deutschen Rechts.[233] Bei Verträgen über die Erstellung von Werken auf Grundstücken (zB Errichtung von Industrieanlagen oder Gebäudeausbesserung) stehen die Werkvertragsvorschriften der lex rei sitae mangels Parteivereinbarung zurück, da auch hier die engste Verbindung durch die Dienstleistung iSd Abs. 1 lit. b erbracht wird.[234] Abs. 1 lit. c über dingliche Rechte kommt nicht zum Zuge, da es lediglich um schuldrechtliche Fragen im Zusammenhang mit der Werkleistung geht[235] (→ Rn. 122). Auch eine Korrektur nach Abs. 3 erfolgt regelmäßig nicht.[236] Die in einem anderen Staat liegende Baustelle ist für sich genommen kein Umstand, der eine engere Verbindung begründet.[237] Denkbar ist lediglich, dass sich die maßgebliche Niederlassung am Ort des Bauvorhabens befindet (→ Art. 19 Rn. 13 ff.). Nach aA ist hingegen dem Recht des Landes, an dem das Werk ausgeführt wird, der Vorrang zu geben, weil hierzu eine engere Beziehung iSd Abs. 3 bestehe.[238] Für Garantievorschriften über die Standfestigkeit (vgl. Art. 1792, 1792-1, 1792-4 C.C. Frankreich) ist an eine eingriffsrechtliche Sonderanknüpfung zu denken.[239] Auch im Übrigen ist die Beachtung zwingenden Grundstücksrechts über eine Sonderanknüpfung gesichert (→ Art. 9 Rn. 102, → Art. 9 Rn. 136 ff.). Zum Bauträgervertrag → Rn. 126 f.

Der Anspruch des Bauunternehmers auf Einräumung einer **Sicherungshypothek** (vgl. §§ 650e, 650f BGB) betrifft eine vertragsrechtliche Frage. Maßgeblich ist daher das Vertragsstatut.[240] – Der **Schiffbauvertrag** unterliegt in der Regel dem Recht am gewöhnlichen Aufenthaltsort der ausführenden Bauwerft.[241] 66

c) Anlagenvertrag. Beim Anlagenvertrag (turnkey contract) verpflichtet sich der Auftragnehmer dazu, eine (Industrie-)Anlage zu entwerfen, zu errichten und schließlich in Betrieb zu nehmen. Überwiegt das kaufrechtliche Element, so gilt das CISG (→ CISG Art. 3 Rn. 1 ff.). Eigene Kollisionsregeln für diesen Vertragstyp, für den in der Praxis stets eine Rechtswahl getroffen wird, wurden noch nicht entwickelt.[242] Für die objektive Anknüpfung gelten die allgemeinen 67

232 KG IPRspr. 1999 Nr. 114 = IPRax 2000, 405 m. Aufsatz *Hau* IPRax 2000, 354.

233 BGH NJW-RR 1999, 813 = RIW 1999, 537 = IPRax 2001, 336 m. Aufsatz *Pulkowski* IPRax 2001, 306 mAnm *Wenner* EWiR 1999, 353; *Nicklisch* IPRax 1987, 287 f.; *Thode* ZfBR 1989, 45; *Hillig* in Messerschmidt/Voit, 2022, Rn. P 17; anders, da nicht staatliches Recht, BeckOGK/*Köhler,* 1.12.2023, Rn. 384. – § 18 Nr. 1 VOB/B wird von der Rspr. nur als Regelung der örtlichen, nicht der internationalen Zuständigkeit angesehen, BGHZ 94, 156 (158) = NJW 1985, 2090 = IPRax 1987, 305 m. zust. Aufsatz *Nicklisch* IPRax 1987, 286; BGH NJW-RR 1999, 813 = IPRax 2001, 336 m. Aufsatz *Pulkowski* IPRax 2001, 306.

234 OLG München NJW-RR 2011, 1169; Reithmann/Martiny IntVertragsR/*Thode* Rn. 38.6; PWW/*Brödermann/Wegen* Anh. Art. 4 Rn. 10. – Für Art. 28 Abs. 2 EGBGB BGH NJW 1999, 2442 = RIW 1999, 456 = IPRax 2001, 331 m. Aufsatz *Pulkowski* IPRax 2001, 306 mAnm *Wenner* EWiR 1999, 505; *Wiegand* in Böckstiegel, Vertragsgestaltung und Streiterledigung in der Bauindustrie und im Anlagenbau, 1984, 73 ff.; *Thode* ZfBR 1989, 47; *Kartzke* ZfBR 1994, 1; *W. Lorenz* IPRax 1995, 329 (331); *Vischer/Huber/Oser* IVR Rn. 520; *Kropholler* IPR § 52 III 2c.

235 Rauscher/*Thorn* Rn. 41; Staudinger/*Magnus,* 2021, Rn. 350; anders dagegen bei Eigentumsverschaffungspflicht *Hök* Handbuch, 2012, § 4 Rn. 49.

236 Rauscher/*Thorn* Rn. 43; ebenso zu Art. 28 Abs. 5 EGBGB *W. Lorenz* IPRax 1995, 329 (331); *Geisler,* Die engste Verbindung im Internationalen Privatrecht, 2001, 227 f.

237 OLG Köln NJW-RR 2021, 1109 = IPRax 2022, 542 m. zust. Aufs. *Hemler* IPRax 2022, 485; Reithmann/Martiny IntVertragsR/*Thode* Rn. 14.4; ebenso BGH NJW 1999, 2442 = RIW 1999, 456 = IPRax 2001, 331 m. Aufsatz *Pulkowski* IPRax 2001, 306 mAnm *Wenner* EWiR 1999, 505; *Thode/Wenner,* Internationales Architekten- und Bauvertragsrecht, 1998, Rn. 280 ff.

238 *Hök* ZfBR 2008, 741 (748).

239 Zu Art. 7 EVÜ *Wenner* BauR 1993, 257 (265 ff.).

240 *Hillig* in Messerschmidt/Voit, 2022, Rn. P 26, 47; Reithmann/Martiny IntVertragsR/*Thode* Rn. 14.12; Staudinger/*Magnus,* 2021, Rn. 352.

241 Näher zu Art. 28 EGBGB *Mankowski,* Seerechtliche Vertragsverhältnisse im Internationalen Privatrecht, 1995, 422 ff.

242 Vgl. *Dünnweber,* Vertrag zur Errichtung einer schlüsselfertigen Industrieanlage im internationalen Wirtschaftsverkehr, 1984, 144 f.; *Joussen,* Der Industrieanlagen-Vertrag, 2. Aufl. 1996; *Heller,* Rechtswahl und Schiedsklauseln im internationalen Industrieanlagenbaus, in Aicher/Korinek, Rechtsfragen des nationalen und internationalen Industrieanlagenbau, 1991, 177; *Lessiak,* Muster- und Modellverträge für den internationalen Industrieanlagenbau, in Aicher/Korinek, Rechtsfragen des nationalen und internationalen Industrieanlagenbau, 1991, 121; *Steves,* Der Industrieanlagenvertrag, 2007; *Wallace* Int. Constr. L. Rev. 8 (1991), 233. – Schrifttum zu int. Bergbauvorhaben: *Fischer* ZBergR 117 (1976), 78; *Kirchner* ua, Rohstofferschließungsvorhaben in Entwicklungsländern, Teil 1, 1977; *Kirchner/Schanze,* Internationales Vertragsrecht im Bergbau, in Pollak/Riedel, Wirtschaftsrecht im Entwicklungsprozess der Dritten Welt, 1986, 191; *W. Peter,* Arbitration and Renegotiation of International Investment Agreements, 1986; *Schanze* ua, Rohstofferschließungsvorhaben in Entwicklungsländern, Teil 2, 1981. Zu Schiedsklauseln *Glossner/Bartels* RIW 1982, 555.

Regeln, mithin auch Abs. 1 lit. b[243] oder – vor allem bei stärkerem kaufrechtlichem Element – Abs. 2.[244] Früher schwankte man zwischen dem Recht am Sitz des Auftraggebers[245] bzw. des Errichtungsortes[246] einerseits und dem Recht der Niederlassung des beauftragten Unternehmers[247] andererseits. Für Letzteres spricht zwar die charakteristische Leistung (Abs. 2), für die ersten beiden Anknüpfungen aber die Übereinstimmung mit dem Recht am Lageort der Anlage. Ebenso wie bei Bauverträgen führt auch hier der von der Niederlassung abweichende Ort der Ausführung der Arbeiten noch nicht zu einer Abweichung von der Anknüpfung nach Abs. 2.[248]

68 **5. Consultingvertrag.** Im Consultingvertrag[249] bzw. beim Consulting-Engineering verpflichtet sich ein außenstehender, unabhängiger Dritter (Consultant) zur Beratung bei der Lösung bestimmter technischer und unternehmerischer Fragestellungen. Man unterscheidet die Unternehmensberatung (Management Consulting) und projektbezogenes Consulting Engineering.[250] Charakteristisch ist die einem Dienst- oder Werkvertrag nahe stehende Beratungsleistung des Consultant. Dies spricht für eine Anknüpfung nach Art. 1 lit. b.[251] Je nach der Vertragsgestaltung wird die Leistung entweder durch die Zentrale des Consulting-Unternehmens oder lediglich durch eine Niederlassung am Projektort erbracht. Dementsprechend kann eine Anknüpfung entweder zum **Sitz der Zentrale oder zu einer Niederlassung am Projektort** führen.[252] Im Allgemeinen ist einheitlich an den Sitz der Hauptverwaltung anzuknüpfen, es sei denn, die Gesamtleistung wird überwiegend von der Niederlassung am Projektort erbracht.[253] Eine engere Verbindung nach Abs. 3 wird höchst selten gegeben sein.[254]

69 **6. Managementvertrag.** Beim Managementvertrag übernimmt ein unabhängiger Dritter (Manager; Managementgeber) die Kontrolle und eigene Verantwortlichkeit für ein fremdes Unternehmen. Die andere Partei (Managementnehmer), die in der Regel das Unternehmen nach Vertragsablauf selbst führen will, zahlt dafür lediglich ein Entgelt. Charakteristisch für diesen Vertrag ist dementsprechend die Geschäftsführungs- und Ausbildungsleistung des Managers, die man als Geschäftsbesorgung oder als Vertragsleistung sui generis einordnen kann. Dies spricht an sich für die Anwendung des Rechts des Managers. Soweit dieser über eine Niederlassung im Lande des Unternehmens verfügt, kann darauf abgestellt werden (Abs. 1 lit. b).[255] Selbst wenn der Manager über eine eigene Niederlassung in einem anderen Land als dem des Unternehmens verfügt, so konzentriert sich doch die Vertragsaktivität im **Unternehmensland;** folglich besteht eine engere Verbindung zu diesem Staat (Abs. 3). Daher findet grundsätzlich das Recht des Managementnehmers Anwendung.[256] Dagegen bleibt es beim Schiffsmanagementvertrag regelmäßig beim Recht der Niederlassung der Managementgesellschaft.[257]

---

243 OLG München NJW-RR 2011, 1169; Reithmann/Martiny IntVertragsR/*Thode* Rn. 8.1; *v. Bar/Makowski* IPR II § 1 Rn. 251; BeckOK BGB/*Spickhoff* Rn. 12.

244 Rauscher/*Thorn* Rn. 8, 44; Staudinger/*Magnus,* 2021, Rn. 356.

245 So früher § 12 Abs. 1 lit. c RAnwG DDR; ebenso *Joussen,* Der Industrieanlagen-Vertrag, 2. Aufl. 1996, 403.

246 Ausnahmsweise Erman/*Stürner* Rn. 15; abl. *Hillig* in Messerschmidt/Voit, 2022, Rn. P 23.

247 OLG Hamm OLGRspr. 1993, 161; Soergel/*v. Hoffmann* EGBGB Art. 28 Rn. 217; dazu krit. *Hök* Handbuch des internationalen und ausländischen Baurechts, 2. Aufl. 2012, § 12 Rn. 7 ff.

248 Für eine großzügigere Anwendung der Ausweichklausel s. *Geisler,* Die engste Verbindung im Internationalen Privatrecht, 2001, 229.

249 *J. Hoffmann,* Internationales Consulting-Engineering, 1988; *Quay,* Der Consulting-Vertrag im Internationalen Privatrecht, 2000; *A. Schlüter,* Management und Consulting-Verträge, 1987.

250 *Quay,* Der Consulting-Vertrag im Internationalen Privatrecht, 2000, 19 ff.

251 PWW/*Brödermann/Wegen* Anh. Art. 4 Rn. 14.

252 BeckOK BGB/*Spickhoff* Rn. 31. – Zu Art. 28 EGBGB *A. Schlüter,* Management und Consulting-Verträge, 1987, 208, 211.

253 *Quay,* Der Consulting-Vertrag im Internationalen Privatrecht, 2000, 138, 159 f.; Soergel/*v. Hoffmann* EGBGB Art. 28 Rn. 42, 233 f.

254 *Geisler,* Die engste Verbindung im Internationalen Privatrecht, 2001, 226; näher *Quay,* Der Consulting-Vertrag im Internationalen Privatrecht, 2000, 138, 159 f.

255 PWW/*Brödermann/Wegen* Anh. Art. 4 Rn. 47; Rauscher/*Thorn* Rn. 36. Vgl. auch *Mankowski,* Seerechtliche Vertragsverhältnisse im Internationalen Privatrecht, 1995, 451 f.

256 Rauscher/*Thorn* Rn. 36; Staudinger/*Magnus,* 2021, Rn. 389; ebenso schon *Weimar/Grote* RIW 1998, 273; *Geisler,* Die engste Verbindung im Internationalen Privatrecht, 2001, 225 f.; vgl. *A. Schlüter,* Management und Consulting-Verträge, 1987, 207 f., 211; *Zeiger,* Der Management-Vertrag als internationales Kooperationsinstrument, 1984, 91 f.

257 *Mankowski,* Seerechtliche Vertragsverhältnisse im Internationalen Privatrecht, 1995, 452; PWW/*Brödermann/Wegen* Anh. Art. 4 Rn. 13.

7. Beherbergungsvertrag. Kennzeichnend für den Beherbergungsvertrag sind die mit der Unterbringung zusammenhängenden Leistungen. Er unterliegt daher im Zweifel dem Recht am gewöhnlichen Aufenthaltsort des Gastwirts oder Hoteliers, also in der Regel des Unterkunftsortes.[258] Eine Anknüpfung an die Belegenheit (über Abs. 1 lit. c bzw. Abs. 3) kommt regelmäßig nicht in Betracht, zumal in Bezug auf die kurzfristige Überlassung von Immobilien die besondere Vorschrift des Abs. 1 lit. d besteht (→ Rn. 143). Bei Pauschalreisen kann Art. 6 zum Zuge kommen; im Übrigen schließt Art. 6 Abs. 4 lit. a den besonderen Verbraucherschutz aus. 70

8. Reisevertrag. a) Rechtsvereinheitlichung. Eine Rechtsangleichung ist auf Grund der **Pauschalreise-RL** erfolgt[259] (→ BGB § 651a Rn. 20 ff.; → EGBGB Art. 46c Rn. 1 ff.). Diese Richtlinie ist in das deutsche Recht umgesetzt worden (§§ 651a ff. BGB). Das Brüsseler Internationale Übereinkommen über den Reisevertrag (CCV) vom 23.4.1970 ist zwar in Kraft getreten; Deutschland hat es aber nicht ratifiziert.[260] 71

b) Anknüpfung. Verträge Reisender mit Reiseveranstaltern und Reisebüros unterliegen in erster Linie dem gewählten Recht,[261] mangels Rechtswahl dem **Recht ihres gewöhnlichen Aufenthaltsorts,** weil von hier aus ihre charakteristische Leistung erbracht wird.[262] Für **Pauschalreisen,** die mehrere Leistungen umfassen (Beförderung, Unterbringung, Verpflegung), gilt nichts anderes.[263] Hier werden im Allgemeinen zwar unterschiedliche Leistungen (Beförderung, Unterbringung, Dienstleistung) erbracht, sie sind aber gebündelt und einheitlich zu beurteilen. Im Übrigen ist Art. 6 Abs. 4 lit. b zu beachten, der zur Anwendung Internationalen Verbraucherschutzrechts führt (→ Art. 6 Rn. 31). 72

Die deutschen Reisevertragsnormen (§§ 651a–651y BGB) sind keine Eingriffsnormen iSd Art. 9.[264] Zu beachten ist, dass sich der Reiseveranstalter nach deutschem Recht gegenüber Reisenden auf **Haftungsbeschränkungen** berufen kann, die sich für die jeweilige Reiseleistung aus internationalen Übereinkommen ergeben (§ 651p Abs. 2 BGB).[265] – Für die Personenbeförderung gilt Art. 5 Abs. 2. 73

9. Dienstvertrag. a) Grundsatz. Eine objektive Anknüpfung des Dienstvertrages (vgl. §§ 611 ff. BGB) führt in der Regel zum Recht des Dienstleistenden, weil dieser die charakteristische Leistung erbringt. Für Verträge mit Vertretern freier Berufe und Gewerbetreibenden ist nach Abs. 1 lit. b grundsätzlich das Recht ihres gewöhnlichen Aufenthalts maßgeblich.[266] Dort werden die Dienste angeboten und erbracht, dort erfolgt ggf. eine Zulassung und eine staatliche Aufsicht. Der Vertrag mit dem Kunden bzw. Klienten untersteht, soweit nicht Art. 6 eingreift, dem gleichen Recht, dem auch die Berufsausübung unterliegt. In anderen Fällen kann auch – über Abs. 3 – das Recht des Tätigkeitsortes zur Anwendung kommen (→ Rn. 69). – Für Arbeitsverträge gilt Art. 8. 74

b) Rechts- und Steuerberatung. aa) Rechtsangleichung. Zwar ist das Recht der Rechtsberatung bislang nicht vereinheitlicht worden. Doch ist der Einfluss des europäischen Primär- und Sekundärrechts ganz erheblich, so dass die nationalen berufsrechtlichen Vorschriften davon immer mehr überlagert werden. Die Vorschriften über den **freien Dienstleistungsverkehr** und die Niederlassungsfreiheit (Art. 49, 56 AEUV) gelten auch für Anwälte.[267] Bei nicht nur vorübergehender, dauerhafter Ausübung der Tätigkeit im Ausland kommt die Grundfreiheit der Niederlassungsfreiheit (Art. 49 ff. AEUV) in Betracht, die etwa auch für Rechtsanwälte gilt.[268] Sie wird durch eine eigene 75

---

258 OLG Düsseldorf ZMR 2010, 27; Grüneberg/*Thorn* Rn. 10. – Zu Art. 28 EGBGB LG Hamburg IPRspr. 1991 Nr. 33; AG Bernkastel-Kues IPRspr. 1993 Nr. 28 = IPRax 1994, 141; s. auch BGH VersR 1964, 191 = IPRspr. 1962–63 Nr. 33; BGHZ 71, 175 (176) = NJW 1978, 1426. Vgl. ferner OGH ZfRV 1994, 161.

259 Dazu *Tonner* EuZW 2016, 95.

260 Text: RabelsZ 32 (1968), 741. Vertragsstaaten sind ua Italien (4.10.1979) und San Marino (16.7.2009); dazu *Meyer-Kubis* ZVglRWiss 92 (1993), 179; *Rebmann* DB 1971, 1949; *Riese* RabelsZ 32 (1968), 651; *Schollmeyer* IPRax 2004, 78; *Tonner,* Reiserecht in Europa, 1992.

261 OLG Düsseldorf NJW-RR 1991, 55 = IPRspr. 1990 Nr. 28.

262 Rauscher/*Thorn* Rn. 36; Staudinger/*Magnus,* 2021, Rn. 364.

263 Soergel/*v. Hoffmann* EGBGB Art. 28 Rn. 40, 220; Staudinger/*Magnus,* 2021, Rn. 365.

264 Vgl. Staudinger/*Magnus,* 2021, Rn. 366. – Zu Art. 34 EGBGB *v. Hoffmann* IPRax 1989, 261 (268); anders *Fetsch,* Eingriffsnormen und EG-Vertrag, 2002, 286 ff.

265 Näher zum Luftverkehr *Schollmeyer* IPRax 2004, 78 (81 f.).

266 Grüneberg/*Thorn* Rn. 9; Staudinger/*Magnus,* 2021, Rn. 298; vgl. OLG Frankfurt RIW 2004, 864 (Beratung); *Lando,* Contracts, I. E. C. L. Vol. III ch. 26 (1976), sec. 281–284.

267 Näher *Rabe* RabelsZ 55 (1991), 291 ff.; *Deckert* DZWiR 1997, 142 (143 ff.).

268 Dazu etwa *Kolonovits,* Berufsrecht der Rechtsanwälte in ausgewählten EU-Beitrittsländern im Lichte des Gemeinschaftsrechts, in Kolonovits, Anwaltsrecht in EU-Beitrittsländern, Wien 2003, 1, 35 ff.

Niederlassungsrichtlinie konkretisiert (sog. Rechtsanwalts-RL).[269] Die vorübergehende Ausübung einer Rechtsanwaltstätigkeit ist auch Staatsangehörigen der anderen EU-Mitgliedsländer gestattet, die dort zur Rechtsanwaltstätigkeit berechtigt sind.[270] Diese Personen haben bei der Vertretung ihres Mandanten im Bereich der Rechtspflege sowie vor Behörden die Stellung eines Rechtsanwalts iSd deutschen Rechts.[271] Eine Reihe der früheren Betätigungsbeschränkungen widersprach dem Grundsatz des freien Dienstleistungsverkehrs.[272] Das Verbot der mehrfachen Niederlassung kann wegen Art. 49 AEUV nicht gegenüber in anderen Mitgliedstaaten bereits zugelassenen Anwälten geltend gemacht werden (vgl. §§ 29a, 206 BRAO).[273] – Zum RDG → Art. 9 Rn. 104.

76 **bb) Anknüpfung.** Es gelten die Art. 3 ff. Dient die anwaltliche Leistung nicht der beruflichen oder gewerblichen Sphäre des Mandanten, kann auch Art. 6 eingreifen[274] (→ Art. 6 Rn. 14). Mangels Rechtswahl wird der Anwaltsvertrag nach Abs. 1 lit. b angeknüpft, was regelmäßig zum Recht des **Kanzlei- oder Praxisortes** führt.[275] Dies gilt auch für Patentanwälte[276] und nichtanwaltliche Rechtsberater.[277] Liegt dieser Ort im Ausland, so ist in der Regel ohne Bedeutung, ob der Anwalt eine Tätigkeit gegenüber deutschen Behörden oder Gerichten entfalten soll und ob ihn dabei bei deutschen Gerichten zugelassene Anwälte als Unterbevollmächtigte vertreten. Ist der ausländische Anwalt jedoch im Inland als Rechtsbeistand zugelassen und unterhält er eine deutsche Zweigstelle, in der zB Wiedergutmachungsangelegenheiten bearbeitet werden, so gilt deutsches Recht[278] (→ Art. 6 Rn. 28).

77 Die Erstellung von **Third Party Legal Opinions** für den Mandanten erfolgt regelmäßig im Rahmen eines Anwaltsvertrages und folgt seiner Anknüpfung.[279]

78 Werden **mehrere Niederlassungen** eingeschaltet, so ist die jeweilige Gestaltung des Vertragsverhältnisses entscheidend. Verfügt die Anwaltssozietät über Niederlassungen in mehreren Ländern, so kommt es nach Art. 19 Abs. 2 auf diejenige an, welche die anwaltlichen Leistungen erbringt.[280] Werden Leistungen mehrerer Niederlassungen erbracht, die sich voneinander abgrenzen lassen, so kann nach der jeweils tätig werdenden Niederlassung angeknüpft werden.[281] Sind die Leistungen untrennbar miteinander verbunden, so ist auf den Schwerpunkt der Leistungen abzustellen; er wird in der Regel dort liegen, wo die Hauptleistungen erfolgen.[282] Lässt sich keine charakteristische Leistung bestimmen, so ist das anwendbare Recht nach Abs. 4 zu ermitteln.[283]

79 Ausländische Rechte lassen zum Teil die Vereinbarung eines **Erfolgshonorars** bzw. die Vereinbarung eines Streitanteilshonorars (quota litis) zu, die inländischen Anwälten nur beschränkt gestattet ist (§ 49b BRAO, § 4a RVG). Eine nachträglich vereinbarte quota litis als Mindesthonorar war nach § 49b Abs. 2 BRAO aF, § 134 BGB nichtig.[284] Dieses Verbot gilt für alle im Inland zugelassenen Rechtsanwälte, soweit sie als deutsche Anwälte und im Zusammenhang mit der inländischen Rechts-

---

[269] RL 98/5/EG des Europäischen Parlaments und des Rates vom 16.2.1998 zur Erleichterung der ständigen Ausübung des Rechtsanwaltsberufs in einem anderen Mitgliedstaat als dem, in dem die Qualifikation erworben wurde, ABl. EG 1998 L 77, 36.

[270] RL 77/249/EWG des Rates zur Erleichterung der tatsächlichen Ausübung des freien Dienstleistungsverkehrs der Rechtsanwälte vom 22.3.1977, ABl. EG 1977 L 78, 17; dazu *L. Schneider* Anwaltsrecht im EG-Raum, 1979; *Deckert* DZWiR 1997, 142 (145 f.

[271] Gesetz über die Tätigkeit europäischer Rechtsanwälte in Deutschland (EuRAG) vom 9.3.2000, BGBl. 2000 I 182. – Zuletzt geändert durch Art. 24 Gesetz v. 5.10.2021, BGBl. 2021 I 4607.

[272] EuGH Slg. 1988, 1123 = NJW 1988, 887 = IPRax 1989, 33 m. Aufsatz *Commichau* IPRax 1989, 12 = JZ 1988, 506 mAnm *Bleckmann* – Kommission/Bundesrepublik Deutschland, betr. Ausgestaltung des Einvernehmenserfordernisses, Anwesenheitspflicht des dt. Rechtsanwalts, Territorialität der Prozessvertretung.

[273] EuGH Slg. 1984, 2971 = NJW 1985, 1275 – Klopp; Slg. 1995, I-4165 = NJW 1996, 579 = WiB 1996, 186 mAnm *Nerlich* – Gebhard; dazu *Borggreve* RIW 1984, 988 ff.

[274] Reithmann/Martiny IntVertragsR/*Knöfel* Rn. 10.6 ff.

[275] Reithmann/Martiny IntVertragsR/*Knöfel* Rn. 10.18; Rauscher/*Thorn* Rn. 39.

[276] Rauscher/*Thorn* Rn. 39. – S. bereits BGH NJW 1981, 1176; 1982, 2733 = IPRax 1983, 67 m. Aufsatz *Stoll* IPRax 1983, 52; OLG Frankfurt RIW 1977, 432.

[277] Staudinger/*Magnus,* 2021, Rn. 301.

[278] Vgl. BGH MDR 1969, 568.

[279] Reithmann/Martiny IntVertragsR/*Knöfel* Rn. 10.33 ff.; näher *Gruson/Hutter/Kutschera,* Legal Opinions in International Transactions, London, Den Haag, 4. Aufl. 2003.

[280] Reithmann/Martiny IntVertragsR/*Knöfel,* Grundfragen der internationalen Berufsausübung von Rechtsanwälten, 2005, 280 ff.; *Knöfel* Rn. 6.691; Staudinger/*Magnus,* 2021, Rn. 302.

[281] *Kilian* AnwBl 2003, 452 (453); *Eisenberg,* Das Internationale Privatrecht der Anwaltshaftung, 1998, 57; Reithmann/Martiny IntVertragsR/*Knöfel* Rn. 6.691; Staudinger/*Magnus,* 2021, Rn. 303 (aber regelmäßig Recht der Hauptniederlassung); vgl. KG MDR 2000, 669 = IPRspr. 1999 Nr. 177.

[282] Reithmann/Martiny IntVertragsR/*Knöfel* Rn. 6.693.

[283] Reithmann/Martiny IntVertragsR/*Knöfel* Rn. 6.695.

[284] BGH NJW 2003, 3486 = IPRax 2005, 150 m. Aufsatz *Spickhoff* IPRax 2005, 125, m. Aufsatz *Staudinger* IPRax 2005, 129.

pflege tätig werden.[285] Nicht entscheidend ist der Tätigkeitsort.[286] Im Ausland zugelassene Anwälte werden von der deutschen Vorschrift hingegen nicht erfasst. Zum Teil wird diese Vergütungsregel als einfache Norm des Vertragsrechts gewertet, welche dem Vertragsstatut folgt.[287] Die Beschränkung dürfte aber wegen ihrer überindividuellen Bedeutung als international zwingende eingriffsrechtliche Vorschrift einzuordnen sein.[288] Die Norm regelt die Anwaltstätigkeit und berührt die Strukturen des deutschen Justizwesens. Die Vergütungsregelung soll nicht nur den Mandanten schützen, sondern auch die Unabhängigkeit der Anwälte stärken und deren Ansehen bewahren. Zum Teil ist die Frage, ob das deutsche anwaltliche Berufsrecht international zwingende Wirkung besitzt, auch offengelassen worden.[289] Nach der Liberalisierung des deutschen Rechts (vgl. § 49b BRAO, § 4a RVG) wird die Eigenschaft als Eingriffsnorm teilweise verneint.[290] Auch das **Gebührenunterbietungsverbot** des § 49b Abs. 1 BRAO enthält eine Eingriffsnorm.[291] Ebenfalls international zwingend ist das (inzwischen abgemilderte) Verbot von Erfolgshonoraren für **Steuerberater** (vgl. § 9a StBerG).[292]

Nach der Rspr. verstößt eine entsprechende Vereinbarung gegen den deutschen **ordre public** 80
(Art. 21), wenn ein einem inländischen Anwalt vergleichbarer Rechtsberater Entschädigungsansprüche in Deutschland vertritt.[293] Streitanteilsvereinbarungen mit ausländischen Anwälten sind dagegen grundsätzlich wirksam.[294] Übermäßig hohe Honorare werden jedoch gekürzt, wenn ein grobes Missverhältnis zwischen anwaltlicher Leistung und Entgelt besteht. So waren von den verlangten 35% Erfolgshonorar nur 20% aus einer in den ersten zehn Jahren zu zahlenden Unterhaltsrente mit der öffentlichen Ordnung vereinbar.[295] Im Übrigen kommt es darauf an, wie sehr die Stellung des Anwalts der eines deutschen Rechtsanwalts entspricht, wie stark die Inlandsbeziehung ist und wie sich die Vereinbarung im Einzelfall auswirkt.[296]

c) Arztvertrag. Für einen Behandlungsvertrag mit einem Arzt (vgl. 630a BGB)[297] ist mangels 81
Rechtswahl das Recht der **Arztniederlassung** maßgeblich.[298] Gleiches gilt für Verträge mit Apothekern, soweit eine Tätigkeit erbracht wird.[299] Dies gilt auch für Verträge im Wege der sog. Telemedizin.[300] Zu beachten ist, dass es sich um einen Verbrauchervertrag iSd Art. 6 handeln kann. Der Charakter der GOÄ als Eingriffsnorm wird weitgehend verneint.[301]

---

285 Reithmann/Martiny IntVertragsR/*Zwickel* Rn. 5.64; Reithmann/Martiny IntVertragsR/*Knöfel* Rn. 10.42.

286 KG NJW-RR 2012, 830 = IPRspr. 2012 Nr. 1; *Mankowski* RIW 2004, 487 f.

287 *Bendref* AnwBl 1998, 309 ff.

288 Reithmann/Martiny IntVertragsR/*Zwickel* Rn. 5.66; Reithmann/Martiny IntVertragsR/*Knöfel* Rn. 10.42; BeckOK BGB/*Spickhoff* Art. 9 Rn. 20 (aber differenzierend); BeckOGK/*Maultzsch,* 1.3.2024, Art. 9 Rn. 252; ebenso zu Art. 34 EGBGB OLG Frankfurt NJW-RR 2000, 1369 = IPRax 2002, 399 m. zust. Aufsatz *Krapfl* IPRax 2002, 380; *Kilian* AnwBl 2003, 452 (455); *Martiny* FS Heldrich, 2005, 907 (920 ff.); *Staudinger* IPRax 2005, 129 (132 ff.); *Pera,* Anwaltshonorare in Deutschland und USA, 1995, 58 ff.; anders *Bendref* AnwBl 1998, 309 ff.

289 BGH NJW 2003, 3486 = AnwBl 2003, 721. – S. dagegen BGHZ 118, 312 (332).

290 So Ferrari IntVertragsR/*Staudinger* Art. 9 Rn. 28; Staudinger/*Magnus,* 2021, Rn. 308.

291 BeckOGK/*Maultzsch,* 1.3.2024, Art. 9 Rn. 252; Rauscher/Thorn Rn. 39; Reithmann/Martiny IntVertragsR/*Zwickel* Rn. 5.83; aA wohl Staudinger/*Magnus,* 2021, Rn. 161.

292 Reithmann/Martiny IntVertragsR/*Zwickel* Rn. 5.66.

293 Zum alten Recht BGHZ 51, 290 (292 ff.) = DB 1969, 615 betr. franz. Conseil juridique, der früher deutscher Anwalt war.

294 BGHZ 22, 162 (163 ff.) = NJW 1957, 184 (185) betr. US-amerikanischen Anwalt; OLG Zweibrücken RzW 1978, 171 = IPRspr. 1977 Nr. 174; OLG Hamm IPRspr. 2000 Nr. 102 betr. kuwaitischen Wirtschaftsprüfer; *Kilian* AnwBl 2003, 455 f.; Reithmann/Martiny IntVertragsR/*Knöfel* Rn. 10.43.

295 BGHZ 44, 183 (188 ff.) = NJW 1966, 296 mAnm *Cohn* NJW 1966, 722; vgl. auch Reithmann/Martiny IntVertragsR/*Knöfel* Rn. 10.47.

296 Näher *Steinschulte* in Sandrock IntVertragsgestaltung-HdB Bd. I Rn. A 174–178. Ein US-Urteil über 40% Erfolgshonorar wurde anerkannt, s. BGHZ 118, 312 = NJW 1992, 3096 m. Aufsatz *Koch* NJW 1992, 3073 = IPRax 1993, 310 m. Aufsatz *Koch/Zekoll* IPRax 1993, 288.

297 Dazu *v. Domarus,* Internationales Arzthaftungsrecht nach Inkrafttreten der Rom I- und Rom II-Verordnung, 2013; *G. Fischer* MedizinR 2014, 712; *Hübner/Linden* VersR 1998, 793; *Könning/Feil,* Das internationale Arzthaftungsrecht, 1992; *Mansel,* Kollisionsrechtliche Bemerkungen zum Arzthaftungsprozess, in Institut für ausländisches und internationales Privatrecht Heidelberg, Einheit in der Vielfalt, 1985, 33; *Nordmeier* Gesundheitsrecht 2013, 513; *Schwenzfeier,* Die kollisionsrechtliche Anknüpfung des Behandlungsverhältnisses im Rahmen einer kosmetischen Operation, 2011; *Wendelstein,* Kollisionsrechtliche Probleme der Telemedizin, 2012.

298 Rauscher/*Thorn* Rn. 36; Staudinger/*Magnus,* 2021, Rn. 309.

299 Staudinger/*Magnus,* 2021, Rn. 309.

300 *Wendelstein,* Kollisionsrechtliche Probleme der Telemedizin, 2012, 245 ff.; *Pfeiffer* in Gounalakis, Rechtshandbuch Electronic Business, 2003, § 12 Rn. 120 f.

301 So *Bairlein,* Internationales Vertragsrecht für Freie Berufe, 2009, 206 ff.; *Wendelstein,* Kollisionsrechtliche Probleme der Telemedizin, 2012, 297; BeckOK BGB/*Spickhoff* Art. 9 Rn. 23.

82 **d) Unterrichtsverträge.** Beim Unterrichtsvertrag ist die Leistung des Unterrichtenden charakteristisch. Entsprechendes gilt für das Abhalten von Kursen und Lehrgängen.[302] Dies galt bereits nach altem Recht.[303] Allerdings kann nunmehr Art. 6 eingreifen und zur Korrektur der Anknüpfung führen. – Dies gilt auch für **Fernunterrichtsverträge.**[304] Die besondere Kollisionsnorm des § 11 FernUSG ist schon 1999 beseitigt worden, so dass nur noch die Art. 3 ff. gelten.[305]

83 **10. Maklervertrag.** Für den Zivil- und Handelsmakler (vgl. §§ 652 ff. BGB, §§ 93 ff. HGB) ist Rechtswahl möglich.[306] Im Übrigen gilt nach Abs. 1 lit. b kraft objektiver Anknüpfung grundsätzlich das Recht des Ortes, an dem sich sein **gewöhnlicher Aufenthalt** befindet.[307] Hier übt er in der Regel die für das Vertragsverhältnis typische Tätigkeit aus. Dies gilt auch für den Grundstücksmakler,[308] den Versicherungsmakler[309] und den Schiffsagenten.[310] Beim Börsenmakler besteht Unsicherheit, wie weit man auf die Niederlassung[311] oder wegen der besonderen Verhältnisse an der Börse auf das Recht am Börsenort abstellen muss.[312] Die ältere Rspr. hat zum Teil die Umstände des Einzelfalles abgewogen und daher selbst bei einer ausländischen Niederlassung des Maklers deutsches Recht angewendet.[313] Ausschlaggebend kann gemäß Abs. 3 auch eine engere Verbindung sein. Dies kann die gemeinsame Staatsangehörigkeit bzw. (eher aussagekräftig) der gemeinsame gewöhnliche Aufenthalt der Parteien sein.[314] Im Zusammenhang mit Seefrachtverträgen wurden Maklerverträge des Öfteren dem Recht des vermittelten Vertrages unterworfen, insbesondere wenn dieser die Maklerprovision regelte.[315] Dies ist jedoch bedenklich, da ein ausreichender Zusammenhang der unterschiedlichen Geschäfte (zumal bei Beteiligung unterschiedlicher Parteien) regelmäßig fehlen dürfte.[316]

84 Möglich ist, dass der (Haupt-)Makler einen **Untermakler** beauftragt. Für den Vertrag zwischen Haupt- und Untermakler ist die Leistung des Untermaklers die charakteristische, so dass es auf dessen Niederlassung ankommt.[317] Für eine akzessorische Anknüpfung an das Recht des Hauptmaklervertrages besteht kein Anlass.[318]

85 Auf das **Statut des vermittelten Vertrages** kommt es nur für die Frage an, ob der Makler einen wirksamen Vertrag vermittelt hat.[319] Dies ist für die Erfüllung seiner eigenen Vertragspflichten von Bedeutung.[320] Das Vertragsstatut des Maklervertrags bestimmt insbesondere, ob Provisionsansprüche[321] oder Schadensersatzansprüche[322] entstanden sind. Die Wirksamkeit des vermittelten Vertrages unterliegt seinem eigenen Statut.

86 Das Verbot der Auslands-Arbeitsvermittlung (Ermächtigung in § 292 SGB III) kommt als **Eingriffsnorm** iSd Art. 9 in Betracht.[323] Die Frage nach der Beachtlichkeit inländischen zwingenden Rechts stellt sich auch für die MaBV (→ Rn. 127).

---

[302] Soergel/*v. Hoffmann* EGBGB Art. 28 Rn. 203; ebenso zu Art. 4 Abs. 2 EVÜ Østre Landsret UfR 1988, 626 Ø; *Philip* UfR 1988, 428.

[303] AG Heidelberg IPRax 1987, 25 m. Aufsatz *Boll* IPRax 1987, 11.

[304] Staudinger/*Magnus,* 2021, Rn. 313.

[305] Näher Reithmann/Martiny IntVertragsR/*Zwickel* Rn. 5.108.

[306] Zur Vertragsgestaltung *Ostendorf* in Ostendorf/Kluth Int. Wirtschaftsverträge § 18. – Vgl. BGH NJW-RR 1991, 1073; OLG München VersR 2001, 459 = IPRspr. 2000 Nr. 22.

[307] OGH ZfRV 2011, 170; LG Frankfurt a.M. RIW 1994, 778; *Klingmann,* Maklerverträge im Internationalen Privatrecht, 1999, 35; *Kropholler* IPR § 52 III 3d; Rauscher/*Thorn* Rn. 36; ebenso *Plender* in Lando/Magnus/Nowak-Stief, Angleichung des materiellen und des internationalen Privatrechts in der EU, 2003, 25 (39 f.).

[308] OLG München IWRZ 2020, 143 Rn. 50 = IPRax 2022, 369 m. Aufsatz *Heiderhoff/Yalcin* IPRax 2022, 339; Staudinger/*Magnus,* 2021, Rn. 317; Czernich/Heiss/*Czernich* EVÜ Art. 4 Rn. 128.

[309] *Looschelders* in Lüer/Schwepcke, Rückversicherungsrecht, 2013, § 9 Rn. 136 f.

[310] *Mankowski,* Seerechtliche Vertragsverhältnisse im Internationalen Privatrecht, 1995, 454.

[311] Staudinger/*Magnus,* 2021, Rn. 317. – So für Freiverkehrsmakler Soergel/*v. Hoffmann* EGBGB Art. 28 Rn. 246.

[312] *Vischer/Huber/Oser* IVR Rn. 452.

[313] BGH NJW 1977, 1586 = RIW 1977, 294 mAnm *Langen* RIW 1978, 121.

[314] OLG Frankfurt AWD 1973, 558.

[315] BGH Hansa 1956, 1711 = IPRspr. 1956–57 Nr. 55; LG Hamburg IPRspr. 1973 Nr. 9.

[316] *Wenzel,* Rechtsfragen internationaler Konsortialkreditverträge, 2006, 405; Soergel/*v. Hoffmann* EGBGB Art. 28 Rn. 248.

[317] Staudinger/*Magnus,* 2021, Rn. 317.

[318] Anders OLG Düsseldorf RIW 1997, 780.

[319] Bruck/Möller/*Dörner,* 2013, Anh. Art. 1 Rn. 2; ebenso schon Soergel/*v. Hoffmann* EGBGB Art. 28 Rn. 248.

[320] BGH IPRspr. 1991 Nr. 31 Ls. = NJW-RR 1991, 1073; LG Oldenburg RIW 1985, 576; Staudinger/*Magnus,* 2021, Rn. 318.

[321] LG Essen RIW 1983, 619. – Zur Höhe OGH ÖJZ 1987, 534 (Nr. 145) = IPRax 1988, 240 m. Aufsatz *Reichelt* IPRax 1988, 251.

[322] LG Oldenburg RIW 1985, 576.

[323] Vgl. auch Staudinger/*Magnus,* 2021, Rn. 321.

11. Kommissionsvertrag. Rechtswahl ist möglich, auch stillschweigend.[324] Bei objektiver Anknüpfung unterliegt der Kommissionsvertrag (vgl. §§ 383 ff. HGB)[325] in der Regel dem Recht des **gewöhnlichen Aufenthaltsorts des Kommissionärs,** weil seine Tätigkeit (Abschluss für fremde Rechnung im eigenen Namen) die vertragstypische Dienstleistung bildet.[326] Das Statut der Ausführungsgeschäfte ist sowohl für die Einkaufs- als auch für die Verkaufskommission selbständig nach dem Art. 3 ff. zu bestimmen.[327] 87

12. Verwahrung, Hinterlegung, Lagergeschäft. a) Verwahrung. Eine ausdrückliche oder stillschweigende Rechtswahl für die Verwahrung (vgl. §§ 688 ff. BGB) ist möglich. Fehlt es daran, so unterliegt die Verwahrung nach Abs. 1 lit. b dem Recht am gewöhnlichen Aufenthalts- bzw. Niederlassungsort des Verwahrers.[328] Gleiches gilt für besondere Gestaltungen wie den Archivierungsvertrag.[329] – Zur Wertpapierverwahrung → Rn. 113 f.; → EGBGB Art. 43 Rn. 213 ff. 88

b) Hinterlegung. Beim Hinterlegungsvertrag (vgl. §§ 372 ff. BGB) ist mangels Rechtswahl das Recht der Hinterlegungsstelle, welche die charakteristische Leistung erbringt, maßgeblich.[330] Zur Hinterlegungswirkung → Art. 12 Rn. 102. 89

c) Lagervertrag. Für den internationalen Lagervertrag (vgl. §§ 467 ff. HGB) ist eine Rechtsvereinheitlichung erfolgt. Das UNIDROIT-Übereinkommen betrifft die Verwahrung von Gütern vor, während oder nach einer internationalen Beförderung.[331] Nach unvereinheitlichtem Recht ist Rechtswahl möglich.[332] Fehlt es daran, so untersteht das Lagergeschäft dem Recht am Niederlassungsort des Lagerhalters, da dieser die charakteristische Leistung erbringt.[333] 90

13. Bankgeschäfte.

Schrifttum: *Basedow,* Bail-in und internationales Vertragsrecht, Anamnēstikos tomos Leonida Georgakopulu pa ta 85 Chronia apo tē gennēzē tu I, Athen 2016, 21; *Einsele,* Bank- und Kapitalmarktrecht, 4. Aufl. 2018; *Hoffmann,* Kollisionsrechtliche Aspekte des Überweisungsgesetzes, ZBB 2000, 391; *Jayme,* Kollisionsrecht und Bankgeschäfte mit Auslandsberührung, 1977; *Kegel,* Die Bankgeschäfte im deutschen IPR, GS R. Schmidt, 1966, 215; *Knaul,* Auswirkungen des europäischen Binnenmarktes der Banken auf das internationale Bankvertragsrecht unter besonderer Berücksichtigung des Verbraucherschutzes, 1995; *Schücking,* Das Internationale Privatrecht der Banken-Konsortien, WM 1996, 281; *Wilhelmi,* Derivate und Internationales Privatrecht, RIW 2016, 253.

a) Rechtsvereinheitlichung. Überlegungen, innerhalb der EU nicht nur das Aufsichtsrecht, sondern auch die kollisionsrechtlichen Regeln für Bankgeschäfte anzugleichen, sind noch nicht verwirklicht worden.[334] Durch die **Zahlungsdienste-RL** (RL (EU) 2015/2366) wurde das Recht des Zahlungsverkehrs angeglichen. Nach Art. 2 Abs. 1 S. 1 Zahlungsdienste-RL kommt die Richtlinie für Zahlungsdienste, die innerhalb der Union geleistet werden, zur Anwendung. Mit Ausnahme des Art. 73 Zahlungsdienste-RL (Wertstellungsdatum und Verfügbarkeit von Geldbeträgen) gelten die Titel III (Transparenz der Vertragsbedingungen und Informationspflichten für Zahlungsdienste) sowie Titel IV (Rechte und Pflichten bei der Erbringung von Zahlungsdiensten) jedoch nur, wenn sowohl der Zahlungsdienstleister des Zahlers als auch der des Zahlungsempfängers in der Union 91

---

324 Vgl. OLG Köln IHR 2001, 21 = IPRspr. 2001 Nr. 28.

325 Zur Anknüpfung *Stoll* RabelsZ 24 (1959), 601; *Ebenroth* RIW 1984, 165.

326 BGH NJW-RR 2003, 1582; *Magnus* IHR 2018, 49; *Mankowski* in Spindler/Wiebe, Internet-Auktionen und Elektronische Marktplätze, 2. Aufl. 2005, Rn. 91; *Einsele,* Wertpapierrecht als Schuldrecht, 1995, 393 f.; *v. Bar/Mankowski* IPR II § 1 Rn. 312; Erman/*Stürner* Rn. 20; Rauscher/*Thorn* Rn. 36. – Vgl. auch BGH NJW 1996, 1819 = WiB 1996, 874 mAnm *Kaum.*

327 *Einsele,* Wertpapierrecht als Schuldrecht, 1995, 393; Soergel/*v. Hoffmann* EGBGB Art. 28 Rn. 250.

328 OLG Saarbrücken NZFam 2019, 400 (Hochzeitsschmuck); NK-BGB/*Leible* Rn. 127; Rauscher/*Thorn* Rn. 36; ebenso nach altem Recht LG Aachen RIW 1998, 304 = IPRspr. 1998 Nr. 38 betr. Anlage von Termingeld.

329 KG ZUM 1986, 550 = IPRspr. 1985 Nr. 30 Ls.

330 Rauscher/*Thorn* Rn. 36; Soergel/*v. Hoffmann* EGBGB Art. 28 Rn. 223.

331 S. die noch nicht (2024) in Kraft getretene „Convention on the Liability of Operators of Transport Terminals in International Trade" vom 19.4.1991; Text Rev. dr. unif. 1991 II 114 (engl., franz.) = TranspR 1991, 461; dazu *Herber/Harten* TranspR 1991, 401; *Harten,* Das internationale Übereinkommen über die Haftung der Terminal-Operator im internationalen Handelsverkehr, 1993; *Larsen/Zawitowski/Falvey* J. M. L. C. 25 (1994), 339; *Sekolec* Dir. mar. 1992, 1051. Entwurf, TranspR 1989, 296 (engl.); dazu *Helm,* Der UNIDROIT-Entwurf für ein Übereinkommen über den internationalen Lagervertrag, 1981; *Richter-Hannes* TranspR 1982, 141; *Koller* TranspR 1990, 89.

332 Zur Vertragsgestaltung im Vertrieb MVHdB WirtschaftsR III/*v. Westphalen* S. 113 ff.

333 OLG Hamburg AWD 1971, 188; Rauscher/*Thorn* Rn. 36; Soergel/*v. Hoffmann* EGBGB Art. 28 Rn. 225.

334 Dazu *Jayme/Kohler* IPRax 1996, 377 (388); Ellenberger/Bunte BankR-HdB/*Welter/Brian* § 7 Rn. 1 ff. Ferner *Rossini* Eur. Rev. Priv. L. 1995, 571 ff.

ansässig sind oder – falls nur ein einziger Zahlungsdienstleister an dem Zahlungsvorgang beteiligt ist – dieser in der Union ansässig ist (Abs. 1 S. 2). Ferner gelten die Titel III und IV für Zahlungsdienste, die in Euro oder in der Währung eines Mitgliedstaats außerhalb der Eurozone erbracht werden (Abs. 2). Die **Überweisungs-VO** (VO (EG) 924/2009) will sicherstellen, dass für grenzüberschreitende Zahlungen in der EU die gleichen Entgelte erhoben werden wie für Zahlungen in der gleichen Währung innerhalb eines Mitgliedstaats. Weitergehend wird ein **Einheitlicher Euro-Zahlungsverkehrsraum** (Single Euro Payment Area; SEPA) Zahlungsraums für Transaktionen in Euro geschaffen.[335] Im Übrigen wurde bislang vor allem das **Bankenaufsichtsrecht angeglichen** (SEPA-VO = VO (EU) 260/2012). Die dort vorgesehene gegenseitige Anerkennung hat jedoch nach hM keine kollisionsrechtlichen Auswirkungen.[336] Die Finanzdienstleistungs-Fernabsatz-RL ist in Art. 46b Abs. 3 Nr. 3 EGBGB umgesetzt worden. Im Übrigen beschränkt sich die Vereinheitlichung im Wesentlichen auf einzelne Staatsverträge und auf Formularrecht für einzelne Bankgeschäfte. Soweit es sich um die von den Banken verwendeten, international üblichen Formulare und Bedingungen handelt, werden diese regelmäßig vereinbart. Somit kommt es darauf an, ob die jeweiligen Bedingungen einer AGB-Kontrolle unterliegen oder im Einzelfall als Handelsbrauch angesehen werden können.[337]

92 **b) Vertragsstatut.** Auch für Bankgeschäfte, dh die typischen Dienstleistungen und Geschäfte der Kreditunternehmen, ist eine Rechtswahl möglich (Art. 3).[338] Die AGB-Banken bzw. die AGB-Sparkassen sehen in Nr. 6 Abs. 1 AGB-Banken bzw. Nr. 6 Abs. 1 AGB-Sparkassen die Geltung deutschen Rechts vor.[339] (Zur Vereinbarung von AGB → Art. 10 Rn. 163 ff.). Bei Fehlen einer Rechtswahl gilt im Verkehr mit dem Kunden im Zweifel das Recht am Ort der Haupt- oder Zweigniederlassung der Bank, weil ihre berufstypische Leistung das Vertragsverhältnis prägt[340] (Abs. 1 lit. b). Den Verkehr zwischen mehreren Banken beherrscht ebenfalls das Recht der Partei, die die charakteristische Leistung erbringt.[341] Somit gilt in der Regel das **Recht der beauftragten Bank.**[342] Nur eine Mindermeinung wollte früher nach der einzelnen Geschäftsart differenzieren und insbesondere beim Einlagengeschäft (Darlehen) nicht das Recht der Bank, sondern das des Kunden anwenden.[343] Bei Verbrauchergeschäften kann Art. 46b Abs. 3 Nr. 1, 3, 4 EGBGB zur Anwendung kommen, da Bankgeschäfte als Finanzierungsgeschäfte bzw. Dienstleistungen im Sinne dieser Bestimmung eingestuft werden können.[344] – Als Eingriffsnormen iSd Art. 9 kommen die Vorschriften des KWG in Betracht[345] (→ IntFinanzMarktR Rn. 678 f.).

93 **c) Einzelne Vertragsverhältnisse. aa) Einlagen-, Überweisungs- und Diskontgeschäft.** Zu den Bankgeschäften gehört die Annahme fremder Gelder als Einlagen. Das **Bankguthaben** unterliegt dem Recht der Bank, bei der es besteht.[346] Dies gilt insbesondere für seine Begründung, Führung und Auflösung von Konten und die Abtretung von Guthaben.

---

[335] VO (EU) 260/2012 des Europäischen Parlaments und des Rates vom 14.3.2012 zur Festlegung der technischen Vorschriften und der Geschäftsanforderungen für Überweisungen und Lastschriften in Euro und zur Änderung der VO (EG) 924/2009, ABl. EU 2012 L 94, 22.

[336] *Roth* RabelsZ 55 (1991), 623 (669 f.); *Deckert* JA 1997, 79 f. mwN; anders *Wolf* WM 1990, 1941 (1949).

[337] Näher *Wälzholz* WM 1994, 1457 ff.; Derleder/Knops/Bamberger BankR-HdB/*Freitag* § 75 Rn. 13 f.

[338] *Einsele* WM 2009, 289 (290).

[339] Dazu Ellenberger/Bunte BankR-HdB/*Welter/Brian* § 5 Rn. 5 ff.; näher zu Nr. 26 Abs. 1 aF, wonach deutsches Recht als am Erfüllungsort geltendes Recht anzuwenden war, BGH NJW 1981, 1101; WM 1987, 530 = IPRax 1987, 372 m. Aufsatz *Schlechtriem* IPRax 1987, 356 mAnm *Pleyer* EWiR 1987, 425; OLG Hamburg VersR 1983, 350; RIW 1978, 615; BGH NJW 1997, 397 (399) = RIW 1997, 149; *Ungnade* WM 1973, 1130 ff.; *Göbel* ZBB 1999, 395 betr. Sparkassen-AGB; *Canaris,* Bankvertragsrecht, 2005, Rn. 2720 f.; *Schmidt-Dencker,* Die Korrespondenzbank im Außenhandel, 1982, 19 ff. – Für den Girovertrag LG Köln RIW 1980, 215.

[340] *Einsele* WM 2009, 289 (291 ff.); Rauscher/*Thorn* Rn. 36, 46; ebenso bereits BGH WM 2004, 1177 mAnm *Kröll* EWiR 2005, 1; LG Aachen RIW 1999, 304 = IPRspr. 1998 Nr. 38; Bericht *Giuliano/Lagarde* BT-Drs. 10/503, 52 f.; *Kaiser* EuZW 1991, 83 (84); *Knaul,* Auswirkungen des europäischen Binnenmarktes der Banken auf das internationale Bankvertragsrecht unter besonderer Berücksichtigung des Verbraucherschutzes, 1995, 255; Derleder/Knops/Bamberger BankR-HdB/*Freitag* § 75 Rn. 6.

[341] OLG Hamburg VersR 1983, 350; *Kegel* GS R. Schmidt, 1966, 215 (225); Ellenberger/Bunte BankR-HdB/*Welter/Brian* § 7 Rn. 47; *Schütze* WM 1982, 228; *Canaris,* Bankvertragsrecht, 2005, Rn. 2503.

[342] BGHZ 108, 353 (362) = NJW 1990, 242 = IPRax 1991, 338 m. Aufsatz *Kronke/Berger* IPRax 1991, 316; *Welter* in Lando/Magnus/Nowak-Stief, Angleichung des materiellen und des internationalen Privatrechts in der EU, 2003, 87 ff.; Erman/*Stürner* Rn. 21.

[343] Soergel/*v. Hoffmann* EGBGB Art. 28 Rn. 316.

[344] *Heiss* IPRax 2003, 100 (101); *Kropholler* IPR § 52 III 3g; Soergel/*v. Hoffmann* EGBGB Art. 28 Rn. 317.

[345] *Lehmann/Hoffmann* WM 2013, 1389 (1393).

[346] *Einsele* WM 2009, 289 (291); Rauscher/*Thorn* Rn. 46. – S. schon BGH WM 1957, 1574; 1968, 1170 (1172) für Sparvertrag; WM 1983, 411 = IPRax 1984, 330 Ls. mAnm *Firsching;* OLG Düsseldorf RIW

Zu den typischen Bankdienstleistungen gehört auch das Überweisungs-(bzw. Giro-)geschäft (vgl. dazu §§ 675f ff. BGB).[347] Auf die **Banküberweisung** findet folglich das Recht der beauftragten Bank Anwendung.[348] Es gilt auch dann, wenn es um das Verhältnis zu einer anderen Bank geht.[349] Einheitsrecht besteht in der Form der Überweisungs-VO sowie eines UNCITRAL-Modellgesetzes für den internationalen Überweisungsverkehr.[350] **94**

Verschiedentlich haftet für **Ersatzansprüche des Überweisenden** statt der überweisenden Bank eine von ihm benannte zwischengeschaltete Bank kraft Gesetzes (vgl. § 675z S. 4 BGB). Damit steht dem Überweisenden lediglich ein solcher Direktanspruch zu. Für eine solche Haftungsüberleitung wird man nicht auf den Vertrag zwischen den Banken abstellen können, da dieser nur ihr Innenverhältnis betrifft, und auch keine akzessorische Anknüpfung vornehmen. Vielmehr ist an eine außervertragliche Haftung am Ort des Schädigungserfolgs (Art. 4 Rom II-VO)[351] oder aber an das Recht am Niederlassungsort der zwischengeschalteten Bank zu denken.[352] Zwar wurden die inländischen Vorschriften über den Direktanspruch teilweise als international zwingende Norm angesehen.[353] Da es jedoch an einem Gemeinwohlinteresse dieser verbraucherschützenden Bestimmungen fehlt, scheidet eine Durchsetzung als Eingriffsnorm aus. **95**

Für das **Diskontgeschäft,** dh den Ankauf von Wechseln und Schecks, ist ebenfalls das Recht der Bank maßgeblich.[354] Die Bank erbringt die das Geschäft charakterisierende Dienstleistung.[355] **96**

bb) Dokumenten-Akkreditiv.

Schrifttum: *v. Bar,* Kollisionsrechtliche Aspekte der Vereinbarung und Inanspruchnahme von Dokumentenakkreditiven, ZHR 152 (1988), 38; *Nielsen,* Abtretung von Teilansprüchen aus Akkreditiven an mehrere Kreditgeber des Begünstigten, IPRax 1982, 91; *Schefold,* Zum IPR des Dokumenten-Akkreditivs, IPRax 1990, 20; *Schütze,* Internationales Privatrecht, in Schütze/Vorpeil, Das Dokumentenakkreditiv im Internationalen Handelsverkehr, 7. Aufl. 2016, 264; *Steindorff,* Das Akkreditiv im IPR der Schuldverträge, FS v. Caemmerer, 1978, 761; *Thorn,* Ausländisches Akkreditiv und inländische Zahlstelle, IPRax 1996, 257; *Wendelstein,* Der Handel von Kryptowährungen aus der Perspektive des europäischen Internationalen Privatrechts, RabelsZ 86 (2022), 644.

(1) Einheitliche Bedingungen. Beim Dokumenten-Akkreditiv weist der Akkreditiv-Auftraggeber (Käufer) seine Bank („Käuferbank") an, für den Verkäufer (Begünstigten) ein Akkreditiv zu eröffnen. Die eröffnende Bank bedient sich meist einer ausländischen Korrespondenzbank („Verkäuferbank"), die entweder als bloße Zahlstelle bzw. weiterleitende Avisbank auftritt oder sich durch Bestätigung des Akkreditivs dem Verkäufer gegenüber unmittelbar verpflichtet. Der Verkäufer erhält gegen die Vorlage bestimmter Dokumente den Kaufpreis. Auf das anwendbare Recht kommt es bei rein praktischer Betrachtung in der Regel nicht an, da im Allgemeinen die **97**

1996, 155 = IPRspr. 1994 Nr. 17; LG Aachen RIW 1999, 304 = IPRspr. 1998 Nr. 38; *Kegel* GS R. Schmidt, 1966, 236; *Fuchs* ZVglRWiss 95 (1996), 283 (296 ff.) für Euro-Devisen-Anlage; *Hoffmann* ZBB 2000, 391 (396); *Schnelle,* Die objektive Anknüpfung von Darlehensverträgen im deutschen und amerikanischen IPR, 1992, 191 ff. – Zweifelnd für die Festgeldanlage, da sie Darlehenscharakter besitze, *Knaul,* Auswirkungen des europäischen Binnenmarktes der Banken auf das internationale Bankvertragsrecht unter besonderer Berücksichtigung des Verbraucherschutzes, 1995, 257 f.

[347] S. *Hoffmann* ZBB 2000, 391 (395); dazu *Ette,* Das Kollisionsrecht grenzüberschreitender Überweisungen, 2013; s. auch Ellenberger/Bunte BankR-HdB/*Welter/Brian* § 5 Rn. 203.

[348] BGH WM 1987, 530; *Pleyer/Wallach* RIW 1988, 172 (173 f.); *v. der Seipen* in Hadding/Schneider, Rechtsprobleme der Auslandsüberweisung, 1992, 84; *Knaul,* Auswirkungen des europäischen Binnenmarktes der Banken auf das internationale Bankvertragsrecht unter besonderer Berücksichtigung des Verbraucherschutzes, 1995, 260 f.; Rauscher/*Thorn* Rn. 48a.

[349] BGHZ 25, 127 (132 f.) = WM 1957, 1047; OLG Köln RIW 1993, 1023; *Kegel* GS R. Schmidt, 1966, 215 (237 f.); Soergel/*v. Hoffmann* EGBGB Art. 28 Rn. 339; vgl. auch *Schneider* WM 1989, 286.

[350] Dazu *Hoffmann* WM 2002, 1517 ff. – Text des UNCITRAL Modellgesetzes Rev. dr. unif. 1992 II 30; I. L. M. 32 (1993), 588, mit Übersetzung WM 1993, 664; näher *Bischoff* SZIER 1993, 285; *Genner* ZEuP 1995, 60; *Hadding/Schneider* WM 1993, 629; *Schinnerer* ZfRV 34 (1993), 239; *Schneider* WM 1993, 629.

[351] BeckOGK/*Köhler,* 1.3.2024, Rn. 471: Sitz der pflichtverletzenden Bank; akzessorische Anknüpfung nach Art. 4 Abs. 3 Rom II-VO: *Freitag* IPRax 2016, 418 (423 f.); unentschieden Reithmann/Martiny IntVertragsR/*Zwickel* Rn. 5.68.

[352] Für letzteres *Hoffmann* ZBB 2000, 391 (397 f.).

[353] *Einsele* JZ 2000, 9 (15).

[354] *Einsele* WM 2009, 289 (291); ebenso schon OLG Frankfurt WM 1984, 20 = IPRax 1985, 34 m. Aufsatz *v. Hoffmann/Pauli* IPRax 1985, 13; einschr. Czernich/Heiss/*Czernich* EVÜ Art. 4 Rn. 68 ff.: Recht der Bank nur für Ankauf unter Vorbehalt des Eingangs; vgl. zum Scheckinkasso OLG Hamburg WM 1990, 538.

[355] Dagegen dann für das Recht des Einreichers (Verkäuferrecht), wenn das Kaufvertragselement überwiegt, Soergel/*v. Hoffmann* EGBGB Art. 28 Rn. 324.

„Einheitlichen Richtlinien und Gebräuche für Dokumenten-Akkreditive (Revision 2007) (ERA 600)"[356] zu Grunde liegen, welche die dabei auftretenden Rechtsfragen detailliert regeln. Sie sind von der IntHK aufgestellt und – soweit nicht Teile schon als Handelsbrauch eingestuft werden können – als AGB anzusehen.[357] Die deutschen Bank-AGB nehmen auf sie Bezug (Nr. 1 Abs. 1). Auch für einen Kaufvertrag gelten sie nicht per se, sondern müssen vertraglich einbezogen werden.[358] – Eine ausführliche Erläuterung findet sich in MüKoHGB Bd. 5, Das Dokumentenakkreditiv im Internationalen Handel.

98 **(2) Anwendbares Recht.** Für die Bestimmung des anwendbaren Rechts sind die einzelnen Verpflichtungen der Parteien zu unterscheiden.[359] Das Verhältnis zwischen dem **Auftraggeber des Akkreditivs und der eröffnenden Bank** (Deckungsverhältnis) unterliegt dem Recht der Bank.[360] Ist außer der eröffnenden Bank (Akkreditiv- bzw. Käuferbank) keine weitere Bank (Zweitbank) eingeschaltet, so gilt, da sie eine Dienstleistung iSd Abs. 1 lit. b erbringt, auf Grund objektiver Anknüpfung für ihr Verhältnis zum **Verkäufer (Begünstigtem)** das Recht ihres gewöhnlichen Aufenthaltsortes.[361]

99 Wird eine **Korrespondenzbank,** die bestätigt, beteiligt, so richten sich nach einer vielfach vertretenen Auffassung im Interesse einer einheitlichen Anknüpfung nunmehr auch die Ansprüche des Begünstigten gegenüber beiden Banken nach dem Recht am Niederlassungsort der Korrespondenzbank.[362] Zum Teil wird das Recht am Ort der Zahlstelle jedenfalls für die Abwicklung des Akkreditivs herangezogen.[363] Sind mehrere Zahlstellen vorgesehen, so gibt diejenige den Ausschlag, die im Lande des Begünstigten liegt.[364] Im Ergebnis erhält der Verkäufer damit eine Sicherung nach seinem heimischen Recht. Nach wohl vorzuziehender aA ändert sich durch die bloße Einschaltung einer Zahlstelle nichts. Es bleibt im Verhältnis des Begünstigten zur Käuferbank bei der Maßgeblichkeit ihres Rechts, während seine Ansprüche gegenüber einer bestätigenden Korrespondenzbank deren Sitzrecht unterliegen.[365] Auch bei einer Bestätigung soll sich nach aA für die Beziehung des Begünstigten zur eröffnenden Bank nichts ändern.[366]

---

[356] Uniform Customs and Practice for Documentary Credits, UCP 600, 2007 Revision (ICC Publication No. 600); s. auch „Uniform Customs and Practices for Documentary Credits", IntHK-Publikation Nr. 500. Text in MüKoHGB, Bd. 5, ZahlungsV Anl. zu G, ferner bei *Schütze/Vorpeil,* Das Dokumentenakkreditiv im Internationalen Handelsverkehr, 7. Aufl. 2016, Anh. I sowie bei *Hopt* Anh. 11. – IHK-Standardformulare bei *Schütze/Vorpeil,* 2016, Anh. III; näher dazu *Holzwarth* IHR 2007, 136 ff.; *Nielsen* TranspR 2008, 269 ff.

[357] Dagegen insgesamt als Handelsbrauch *Zahn/Ehrlich/Haas,* Zahlung und Zahlungssicherung im Außenhandel, 8. Aufl. 2010, Rn. 1/22 mwN.

[358] *Stötter* RIW 1981, 86. Vgl. auch *v. Bar* ZHR 152 (1988), 38 (44 ff.). – Zu Auslegung und Inhaltskontrolle *Wolf* ZHR 153 (1989), 300 ff.

[359] Zur englischen Rspr. s. *Hartley* FS Jayme, Bd. I, 2004, 297 (299 f.); *Chuah* Europ. J. Comm. Contract L. 2021, 82 (84 ff.).

[360] *Freitag* in Derleder/Knops/Bamberger BankR-BdB § 62 Rn. 57; Soergel/*v. Hoffmann* EGBGB Art. 28 Rn. 350.

[361] *Schütze* in Schütze/Vorpeil, Das Dokumentenakkreditiv im Internationalen Handelsverkehr, 7. Aufl. 2016, Rn. 673 (gestützt auf Art. 4 Abs. 2); Staudinger/*Magnus,* 2021, Rn. 483; ebenso schon OLG Frankfurt RIW 1992, 315 = WuB I H.2. – Nr. 1.92 m. zust. Anm. *Nielsen; Kegel* GS R. Schmidt, 1966, 215 (240); *v. Bar* ZHR 152 (1988), 38 (53); *Schefold* IPRax 1990, 20 (21); *v. Westphalen,* Rechtsprobleme der Exportfinanzierung, 3. Aufl. 1987, 298, 300 f.; *Zahn/Ehrlich/Haas,* Zahlung und Zahlungssicherung im Außenhandel, 8. Aufl. 2010, Rn. 1/41, ebenso, wenn Korrespondenzbank nur Avisbank. – Unter Bezugnahme auf den Erfüllungsort BGH WM 1955, 765 mAnm *v. Caemmerer* JZ 1959, 362, wenn Korrespondenzbank nur Avisbank ist.

[362] OLG Frankfurt RIW 1988, 133 = WM 1988, 254 m. abl. Anm. *Schütze* EWiR 1988, 81; *Steindorff* FS v. Caemmerer, 1978, 761 (766 ff.); vgl. OLG Karlsruhe IPRax 1982, 102 m. krit. Aufsatz *Nielsen* IPRax 1982, 91 (ohne Begr. dt. Recht der bestätigenden Bank angewandt); LG Frankfurt a.M. NJW 1976, 1044 = AG 1976, 47 mAnm *Mertens* betr. stillschweigende Wahl des Rechtes des Zahlungsortes; ferner *W. Lorenz* FS Zweigert, 1981, 199 (223). Vgl. ferner *Blaurock* FS Stoll, 2001, 463 (470 f.). Zu den Schwierigkeiten nach der Rom I-VO *Chuah* Europ. J. Comm. Contract L. 2021, 82 (87 f.).

[363] *Nielsen* IPRax 1982, 91 (93).

[364] *Jayme,* Kollisionsrecht und Bankgeschäfte mit Auslandsberührung, 1977, 34 ff.; Staudinger/*Magnus,* 2021, Rn. 487.

[365] *Schefold* IPRax 1990, 20 (21 ff.); *Schütze* in Schütze/Vorpeil, Das Dokumentenakkreditiv im Internationalen Handelsverkehr, 7. Aufl. 2016, Rn. 680; *Zahn/Ehrlich/Haas,* Zahlung und Zahlungssicherung im Außenhandel, 8. Aufl. 2010, Rn. 1/42; *v. Westphalen,* Rechtsprobleme der Exportfinanzierung, 3. Aufl. 1987, 299, 301; Rauscher/*Thorn* Rn. 52; Staudinger/*Magnus,* 2021, Rn. 489.

[366] *Nielsen* IPRax 1982, 91 (93); *Schefold* IPRax 1990, 20 (24); Soergel/*v. Hoffmann* EGBGB Art. 28 Rn. 347.

Bestätigt die **Zweitbank** das Akkreditiv, so gibt sie ein selbständiges abstraktes Schuldversprechen ab (vgl. § 780 BGB). Darin liegt die charakteristische Leistung. Das **Verhältnis zum Begünstigten** unterliegt folglich dem Recht am Sitz der Zweitbank.[367] 100

Für das **Vertragsverhältnis zwischen Akkreditivbank und eingeschalteter Zweitbank** gilt für ihre Verpflichtungen das Recht der beauftragten Zweitbank, da diese die charakteristische Bankdienstleistung (zB als bestätigende Bank) iSd Abs. 1 lit. b erbringt.[368] 101

Das **Vertragsverhältnis** (Valutaverhältnis) **zwischen Käufer** (Akkreditivauftraggeber) **und Verkäufer** (Begünstigtem) ist vom Akkreditiv unabhängig und unterliegt seinem eigenen Statut.[369] Das Vertragsstatut bestimmt zB, ob wesentliche Vertragsverletzungen des Exporteurs vorliegen und ob der Käufer die Unterlassung einer Inanspruchnahme des Dokumentenakkreditivs verlangen kann.[370] 102

cc) Factoring. (1) Rechtsvereinheitlichung. Factoring ist der Ankauf und Einzug von kurzfristigen Forderungen aus Warenlieferungen und Leistungen durch ein Factoringunternehmen. Übernimmt der Factor auch das Risiko der Zahlungsunfähigkeit des Schuldners (Delkredere), so spricht man von „echtem" Factoring, sonst nur von unechtem Factoring.[371] – Eine Vereinheitlichung bezweckt das **FactÜ.**[372] Es ist am 1.5.1995 in Kraft getreten. Für Deutschland gilt es seit dem 1.12.1998 im Verhältnis zu Belgien (1.10.2010), Frankreich, Italien, Lettland, Nigeria, Russland (1.3.2015), Ukraine (1.7.2007) und Ungarn.[373] 103

Das Übereinkommen regelt **Factoringverträge und Forderungsabtretungen.** „Factoringvertrag" ist ein Vertrag, der zwischen einer Partei (Lieferant) und einer anderen Partei (Factor) geschlossen wird und auf Grund dessen Abtretungen unter bestimmten Voraussetzungen stattfinden sollen. Vorausgesetzt wird insbesondere, dass der Lieferant an den Factor Forderungen abtreten kann oder muss, die aus Warenkaufverträgen zwischen dem Lieferanten und seinen Kunden (Schuldner) entstehen. Ausgenommen sind Verbrauchergeschäfte, nämlich Kaufverträge über Waren, die in erster Linie für den persönlichen Gebrauch, oder den Gebrauch in der Familie oder im Haushalt gekauft werden (Art. 1 Abs. 2 lit. a). Außerdem muss der Factor nach Art. 1 Abs. 2 lit. b mindestens zwei der folgenden Aufgaben zu erfüllen haben: die Finanzierung für den Lieferanten, insbesondere Darlehensgewährung und Vorauszahlung; die Buchhaltung bezüglich der Forderungen; die Einziehung von Forderungen oder den Schutz vor Nichtzahlung oder verspäteter Zahlung des Schuldners. Ferner wird verlangt, dass den Schuldnern die Abtretung der Forderungen anzuzeigen ist (Art. 1 Abs. 2 lit. c). „Waren" und „Warenkauf" sind Dienstleistungen und der Erbringung von Dienstleistungen gleich gestellt (Art. 1 Abs. 3). Die Anforderungen an eine schriftliche Anzeige werden vom Übereinkommen näher umschrieben (Art. 1 Abs. 4). 104

Räumlich-persönlich ist das Übereinkommen dann anzuwenden, wenn die auf Grund eines Factoringvertrags abgetretenen Forderungen aus einem Warenkaufvertrag zwischen einem Lieferanten und einem Schuldner entstehen, die ihre Niederlassung in verschiedenen Staaten haben. Ferner wird vorausgesetzt, dass diese Staaten und der Staat, in dem der Factor seine Niederlassung hat, Vertragsstaaten sind (Art. 2 Abs. 1 lit. a). Gleichgestellt ist der Fall, dass sowohl der Warenkaufvertrag als auch der Factoringvertrag dem Recht eines Vertragsstaats unterliegen (Art. 2 Abs. 1 lit. b). Hat eine Partei mehr als eine Niederlassung, so ist die Niederlassung maßgebend, die unter Berücksichtigung der den Parteien bekannten oder von ihnen in Betracht gezogenen Umstände die engste Beziehung zu dem betreffenden Vertrag und zu seiner Erfüllung hat (Art. 2 Abs. 2). Sind die Anwendungsvoraussetzungen nicht erfüllt, so ist ein „Opting-in" möglich.[374] 105

Die Anwendung des Übereinkommens kann **ausgeschlossen werden.** Dies ist möglich durch die Parteien des Factoringvertrags selbst (Art. 3 Abs. 1 lit. a). Zulässig ist auch ein Ausschluss durch die Parteien des Warenkaufvertrags in Bezug auf Forderungen, die in oder nach dem Zeitpunkt 106

---

367 *v. Bar* ZHR 152 (1988), 38 (53); *Schefold* IPRax 1990, 20 (21 ff.); *Schefold* IPRax 1996, 347 ff.; *Zahn/Ehrlich/Haas,* Zahlung und Zahlungssicherung im Außenhandel, 8. Aufl. 2010, Rn. 1/43; Rauscher/*Thorn* Rn. 51; Soergel/*v. Hoffmann* EGBGB Art. 28 Rn. 348; Staudinger/*Magnus,* 2021, Rn. 485.

368 OLG Frankfurt NJW-RR 1988, 681; *Schütze* in Schütze/Vorpeil, Das Dokumentenakkreditiv im Internationalen Handelsverkehr, 7. Aufl. 2016, Rn. 688; *v. Westphalen,* Rechtsprobleme der Exportfinanzierung, 3. Aufl. 1987, 298 ff.; Rauscher/*Thorn* Rn. 51; Staudinger/*Magnus,* 2021, Rn. 490.

369 *Schütze* RIW 1988, 343 f.; Soergel/*v. Hoffmann* EGBGB Art. 28 Rn. 351; Staudinger/*Magnus,* 2021, Rn. 491.

370 *v. Bar* ZHR 152 (1988), 38 (55); *Basedow* ZEuP 1997, 615 (616 f.).

371 S. Soergel/*v. Hoffmann* EGBGB Art. 28 Rn. 325.

372 UNIDROIT-Übereinkommen von Ottawa über das Internationale Factoring vom 28.5.1988, BGBl. 1998 II 172. Ausf. Kommentierung in MüKoHGB, Bd. 6, FactÜ. Text bei *Jayme/Hausmann* Nr. 78. Engl. und franz. Text: Rev. dr. unif. 1988 I 162. Engl.: RabelsZ 53 (1989), 729. – S. dazu *Ferrari* RIW 1996, 181; *Rebmann* RabelsZ 53 (1989), 599, *Basedow* ZEuP 1997, 615 ff.; Staudinger/*Hausmann,* 2021, Anh. II Art. 14.

373 Bek. vom 31.8.1998, BGBl. 1998 II 2375; Bek. vom 27.9.2010, BGBl. 2010 II 1275.

374 Näher Ferrari IntVertragsR/*Mankowski* FactÜ Art. 3 Rn. 23 ff.; MüKoHGB/*Ferrari* FactÜ Art. 3 Rn. 22 ff.

entstehen, in dem der Ausschluss dem Factor schriftlich angezeigt worden ist (Art. 3 Abs. 1 lit. b). Der Ausschluss ist auch stillschweigend möglich.[375] Wird die Anwendung des Übereinkommens ausgeschlossen, so darf sich der Ausschluss nur auf das Übereinkommen als Ganzes beziehen (Art. 3 Abs. 2). Ein teilweiser Ausschluss ist nicht möglich.[376]

107 Bei der **Auslegung des Übereinkommens** sind sein Zweck und Ziel, sein internationaler Charakter und die Notwendigkeit zu berücksichtigen, seine einheitliche Anwendung und die Wahrung des guten Glaubens im internationalen Handel zu fördern (Art. 4 Abs. 1). Fragen, die im Übereinkommen geregelte Gegenstände betreffen, in ihm aber nicht ausdrücklich entschieden werden, sind nach den allgemeinen Grundsätzen, die dem Staatsvertrag zu Grunde liegen, zu entscheiden (interne Lücke; Art. 4 Abs. 2 Alt. 1).[377] Mangels solcher Grundsätze ist nach dem Recht zu entscheiden, das nach den Regeln des internationalen Privatrechts anzuwenden ist (externe Lücke, Art. 4 Abs. 2 Alt. 2). Insoweit kommt es zu einem Rückgriff auf das nationale IPR.[378]

108 Wird eine Forderung von einem Lieferanten auf Grund eines unter das Übereinkommen fallenden Factoringvertrags **an einen Factor abgetreten,** so gelten grundsätzlich die Art. 5–10 für jede nachfolgende Abtretung durch den Factor oder einen nachfolgenden Zessionar (Art. 11 Abs. 1 lit. a). Doch sind die Art. 8–10 so anzuwenden, als wäre der nachfolgende Zessionar der Factor (Art. 11 Abs. 1 lit. b). Eine an den Schuldner gerichtete Anzeige der nachfolgenden Abtretung stellt auch eine Anzeige der Abtretung an den Factor dar (Art. 11 Abs. 2). Das Übereinkommen findet keine Anwendung auf eine nachfolgende Abtretung, die nach dem Factoringvertrag untersagt ist (Art. 12).

109 **(2) Vertragsstatut.** Mangels auch hier zulässiger ausdrücklicher oder stillschweigender Rechtswahl findet eine objektive Anknüpfung statt. Die Vereinbarung zwischen Factor und Factoring-Kunden (Anschlusskunden) unterliegt wegen der den Vertrag charakterisierenden Dienstleistung (Dienstleistung, Finanzierung und Kreditierung, unter Umständen Delkredere) nach Abs. 1 lit. b grundsätzlich dem **Recht am gewöhnlichen Aufenthaltsort des Factors.**[379] Schaltet ein Exportfactor noch einen Importfactor im Lande des Warenabnehmers ein, so erbringt die charakteristische Leistung (Forderungseintreibung; Haftungszusage) der Importfactor; in seinem Verhältnis zum Exportfactor gilt daher die Rechtsordnung seines Niederlassungsortes.[380] Zwar wird zum Teil vertreten, das echte Factoring mit Übernahme des Delkredererisikos unterliege dem Recht des Kunden, da dieser Verkäufer einer Forderung sei (Art. 4 Abs. 2).[381] Dagegen spricht aber, dass auch hier die Dienstleistungselemente des Factors nicht völlig verdrängt werden.[382]

110 Der **Übergang der Forderung** gegen den Schuldner richtet sich nach den allgemeinen Regeln über die Abtretung (Art. 14),[383] auch wenn nach dem Forderungsstatut eine vertragliche Subrogation erfolgt.[384] Die Rechtsstellung des Schuldners darf sich durch die Abtretung nicht verschlechtern; eine Rechtswahl zu seinen Lasten zwischen Factor und Gläubiger ist ohne seine Zustimmung nicht möglich.[385] Für das Factoringgeschäft ist die Drittwirkung einer Abtretung sowie eine drohende Mehrfachabtretung von erheblicher Bedeutung.[386] Die Schaffung von kollisionsrechtlicher Sicherheit ist ein wesentlicher Grund für die geplante Drittwirkungs-VO (→ Art. 14 Rn. 51 ff.).

111 **dd) Forfaitierung.** Bei der Forfaitierung (Ankauf von später fällig werdenden Exportforderungen)[387] erwirbt der Käufer (Forfaiteur) in der Regel nicht einfache Warenforderungen, sondern

---

[375] *Häusler,* Das UNIDROIT Übereinkommen über internationals Factoring (1988) unter besonderer Berücksichtigung seiner Anwendbarkeit, 1998, 320; MüKoHGB/*Ferrari* FactÜ Art. 3 Rn. 12.

[376] *Zaccaria* IPRax 1995, 279 (280); MüKoHGB/*Ferrari* FactÜ Art. 3 Rn. 2.

[377] Dazu MüKoHGB/*Ferrari* FactÜ Art. 4 Rn. 31 ff.

[378] Ferrari IntVertragsR/*Mankowski* FactÜ Art. 4 Rn. 18 ff.; MüKoHGB/*Ferrari* FactÜ Art. 4 Rn. 42.

[379] Ferrari IntVertragsR/*Kieninger* Art. 14 Rn. 6; *Basedow* ZEuP 1997, 615 (619); *Diehl/Leistner,* Internationales Factoring, 1992, 83 ff.; Staudinger/*Hausmann,* 2021, Anh. II Art. 14 Rn. 5; s. auch App. Grenoble Clunet 123 (1996), 948 mAnm *Witz* = Rev. crit. dr. int. pr. 85 (1996), 666 mAnm *Pardoël.* Nur bei schwerpunktmäßiger Dienstleistung, BeckOGK/*Köhler,* 1.12.2023, Rn. 489.

[380] *Basedow* ZEuP 1997, 615 (620); Staudinger/*Hausmann,* 2021, Anh. II Art. 14 Rn. 6.

[381] BeckOGK/*Köhler,* 1.12.2023, Rn. 489; Rauscher/*Thorn* Rn. 47, 86 für Abs. 2; s. auch Czernich/Heiss/*Czernich* EVÜ Art. 4 Rn. 74; Soergel/*v. Hoffmann* EGBGB Art. 28 Rn. 326 ff.

[382] *v. Bar/Mankowski* IPR II § 1 Rn. 311; Ferrari IntVertragsR/*Ferrari* Rn. 128; Staudinger/*Magnus,* 2021, Rn. 460.

[383] OLG Stuttgart NJW 2019, 2708 Rn. 58; *Basedow* ZEuP 1997, 615 (620 f.); Staudinger/*Magnus,* 2021, Rn. 462.

[384] *Sonnenberger* IPRax 1987, 221 (222 f.).

[385] Vgl. OLG Köln NJW 1987, 1151 = IPRax 1987, 239 m. Aufsatz *Sonnenberger* IPRax 1987, 221; LG Kiel RIW 1985, 409 = IPRax 1985, 35 m. Aufsatz *Böhner* IPRax 1985, 15.

[386] Dazu *M. F. Müller* EuZW 2018, 522 (523 f.).

[387] S. dazu *Hakenberg* RIW 1998, 906 ff.; Derleder/Knops/Bamberger BankR-HdB/*Freitag* § 75 Rn. 94 ff.; *Nielsen* BuB 1979, Rn. 5/218 ff. mwN.

Solawechsel (promissory notes) des ausländischen Abnehmers des Verkäufers (Forfaitist).[388] Für den Forfaitierungsvertrag zwischen Forfaitist und Forfaiteur (insbesondere das Einstehen für Bonität oder Verität der forfaitierten Forderung) ist Rechtswahl möglich.[389] Die objektive Anknüpfung ist zweifelhaft. Nach vielfach vertretener Auffassung führt sie nach Abs. 1 lit. b zum Recht am Aufenthaltsort des Forfaiteurs, der die das Vertragsverhältnis charakterisierende Dienstleistung erbringt.[390] Nach aA ist jedoch die Leistung des Forfaitisten entscheidend und ist nach Art. 4 Abs. 2 auf seinen gewöhnlichen Aufhaltort abzustellen.[391] Die Zession der forfaitierten Forderung richtet sich nach den allgemeinen Regeln (Art. 14). Nach aA ist das „echte" Forfaitieringsgeschäft mit Übernahme des Delkredererisikos ein Rechtskauf seitens der Bank nach Art. 4 Abs. 2.[392]

ee) Inkassogeschäft. Beim Inkassogeschäft erteilt der Auftraggeber einer Bank („Einreicherbank") einen Inkassoauftrag. Die Inkassobank oder eine vorlegende Bank legt dem Verpflichteten (in der Regel Importeur) Handelspapiere über das Exportgeschäft vor und zieht den Betrag ein.[393] Das Verhältnis der Inkassobank zu ihrem Kunden richtet sich nach dem Recht ihrer Niederlassung. Unter zwei Banken gilt das Recht der beauftragten Bank (Inkassobank bzw. vorlegende Bank).[394] Nach Nr. 1 Abs. 1 AGB-Banken gelten die „Einheitlichen Richtlinien für Inkassi" von Handelspapieren (ERI-Revision 1995) in der geltenden Neufassung.[395] Beim Dokumenteninkasso werden die den Aufträgen zu Grunde liegenden Kaufpreisforderungen aus den Exportgeschäften mit der Einreichung der Dokumente an die Einreicherbank abgetreten. Die Wirksamkeit der Abtretung richtet sich dabei nach den Regeln über die Forderungsabtretung (Art. 14).[396] 112

ff) Depotvertrag.

Schrifttum: *Reuschle,* Grenzüberschreitender Effektengiroverkehr, RabelsZ 68 (2004), 687; *Schwarz,* Globaler Effektenhandel, 2016.

(1) Haager Übereinkommen für intermediär-verwahrte Wertpapiere. Für den Depotvertrag ist von Bedeutung das am 1.4.2017 (allerdings nicht für die EU-Staaten [2020]) in Kraft getretene Haager Übereinkommen über die auf bestimmte Rechte in Bezug auf intermediär-verwahrte Wertpapiere anzuwendende Rechtsordnung vom 5.7.2006.[397] Das Übk. gilt für von einem Intermediär verwahrte Wertpapiere (Art. 1 Übk.). Das Übereinkommen bezieht sich jedoch lediglich auf die dinglichen Wirkungen der Verbuchung der jeweiligen Rechte (→ EGBGB Art. 43 Rn. 229 ff.). Die rein vertraglichen Beziehungen zwischen dem Depotinhaber und dem Intermediär (Art. 2 Abs. 3 lit. a Übk.) sind ausgenommen.[398] Gleiches gilt für die schuldrechtliche Beziehung zwischen dem Verfügenden und dem Verfügungsempfänger (Art. 2 Abs. 3 lit. b Übk.). 113

(2) Anknüpfung. Für den Depotvertrag über die Verwahrung von Wertpapieren im Ausland sind ausdrückliche und stillschweigende Rechtswahl zulässig.[399] Fehlt es daran, so untersteht er dem Recht am Sitz der Bank.[400] Dieses Recht kann jedoch für sachenrechtliche Vorgänge das Recht des Verwahrungsortes und andere Sonderregeln nicht verdrängen.[401] Das auf Verfügungen über 114

[388] Näher *Gerth* ZKredW 1979, 576 ff.; *Kissner* Die Bank 1981, 56 ff.; *Bernard,* Rechtsfragen des Forfaitierungsgeschäfts, 1991.

[389] Reithmann/Martiny IntVertragsR/*Freitag* Rn. 13.68.

[390] Rauscher/*Thorn* Rn. 86 für Abs. 2; Staudinger/*Magnus,* 2021, Rn. 464.

[391] *Hakenberg* FS Gramlich, 2021, 125 (133); Reithmann/Martiny IntVertragsR/*Freitag* Rn. 13.70; BeckOGK/*Köhler,* 1.12.2023, Rn. 493.

[392] BeckOGK/*Köhler,* 1.12.2023, Rn. 493.

[393] Näher *Nielsen* BuB 1979, Rn. 5/440 ff. – Zum Scheckinkasso BGH IPRax 1997, 45 m. Aufsatz *Grundmann* IPRax 1997, 34.

[394] Derleder/Knops/Bamberger BankR-HdB/*Freitag* in § 75 Rn. 63; *Zahn/Ehrlich/Haas,* Zahlung und Zahlungssicherung im Außenhandel, 8. Aufl. 2010, Rn. 1/48; Soergel/*v. Hoffmann* EGBGB Art. 28 Rn. 355.

[395] „Uniform Rules for Collection"; Text WM 1996, 229 sowie MüKoHGB, Bd. 5; Anl. zu H ZahlungsV. – Dt.-engl. Fassung von 1995 bei *Zahn/Ehrlich/Haas,* Zahlung und Zahlungssicherung im Außenhandel, 8. Aufl. 2010, 537 ff.

[396] Vgl. BGHZ 95, 149 (152) = NJW 1985, 2649.

[397] Convention on the Law Applicable to Certain Rights in Respect of Securities held with an Intermediary. – Deutsche Übersetzung IPRax 2003, 550; RabelsZ 68 (2004), 757. – Das UNIDROIT-Übereinkommen zu intermediär verwahrten Wertpapieren von 2009 ist nicht ratifiziert worden; näher zum Entwurf *Paech* WM 2005, 1101 ff.; *Einsele* WM 2005, 1109 ff.

[398] *Einsele* EuZW 2018, 402 (403); (2350); *Reuschle* RabelsZ 68 (2004), 687 (728).

[399] *Schwarz,* Globaler Effektenhandel, 2016, 751 f.

[400] *Schwarz,* Globaler Effektenhandel, 2016, 753; Rauscher/*Thorn* Rn. 48.

[401] Reithmann/Martiny IntVertragsR/*Freitag* Rn. 13.67; näher *Drobnig* FS Zweigert, 1981, 73 (89 f.). Vgl. auch *Kümpel* WM 1985, 1381 ff.

Wertpapiere anwendbare Recht wird von § 17a DepotG, der auf das Recht des aufsichtsführenden Staates verweist, gesondert geregelt[402] (→ EGBGB Art. 43 Rn. 247 ff.).

115 **gg) Swap-Geschäfte.** Swap-Geschäfte treten in unterschiedlichen Formen auf, bei denen nur teilweise eine charakteristische Leistung ermittelt werden kann.[403] Da für **Zins- und Währungsswaps** der gegenseitige Austausch von Geldzahlungen bzw. Gutschriften für einen festgelegten Zeitraum charakteristisch ist, geht die Vermutung des Abs. 2 (wie auch sonst häufig beim Tausch; → Rn. 361) bei Geschäften unter Banken ins Leere.[404] Die engste Verbindung ist nach anderen Kriterien – insbesondere dem Schwerpunkt der finanziellen Transaktion – zu bestimmen.[405]

116 **hh) Investmentgeschäft.** Beim Investmentgeschäft gilt für das Schuldverhältnis zwischen Kapitalanleger und Kapitalanlagegesellschaft mangels Rechtswahl das Recht am Niederlassungsort der Gesellschaft[406] (näher → IntFinanzMarktR Rn. 462 ff.). Soweit die Gesellschaft bezüglich der Anlage ihrerseits einen Depotvertrag mit einer Depotbank geschlossen hat, unterliegt dieser dem Recht der Bank, da diese die charakteristische Dienstleistung erbringt.[407]

117 **ii) Crowdfunding.** Bei Crowdfunding-Dienstleistungen **(Schwarmfinanzierung)** geht es ua um die Vermittlung von Krediten sowie die Platzierung übertragbarer Wertpapiere bei einer Plattform. Vgl. auch → IntFinanzMarktR Rn. 553.[408] Die Materie ist teilweise unionsrechtlich vereinheitlicht worden.[409] Art. 19–25 VO (EU) 2020/1503 regeln Informations- und Prospektpflichten sowie vorvertragliche Pflichten der Schwarmfinanzierungsdienstleister gegenüber den Anlegern.[410] Der Plattformbetreiber schließt im Allgemeinen einen **Nutzungs-/Plattformvertrag** mit den Nutzern. Hierbei handelt es sich um eine Dienstleistung, so dass die objektive Anknüpfung mangels Rechtswahl nach Art. 4 Abs. 1 lit. b zum Recht am Aufenthaltsort des Crowdfunding-Dienstleisters bzw. Plattformbetreibers führt.[411] Ferner werden **Finanzierungsverträge** zwischen den Kapitalgebern (der „crowd") und den Kapitalnehmern (Projektträgern) geschlossen. Diese Verträge können einen unterschiedlichen Inhalt haben. Stellt man darauf ab, so gelangt man bei der objektiven Anknüpfung nach Art. 4 Abs. 1 oder Abs. 2 je nach Vertragstyp zu unterschiedlichen Anknüpfungen, ob es sich etwa um einen Kauf (→ Rn. 22 ff.), eine Schenkung (→ Rn. 216) oder ein Darlehen (→ Rn. 219 ff.) handelt.[412] Insoweit wird allerdings eine einheitliche, auf den gewöhnlichen Aufenthaltsort des Plattformbetreibers abstellende Lösung vorgeschlagen[413] (zur stillen Gesellschaft → Art. 1 Rn. 74).

118 **jj) Andere Geschäfte.** Ein Auskunftsvertrag mit einer Bank unterliegt dem Recht der Auskunft erteilenden Bank.[414] – An weiteren Bankgeschäften seien genannt Bürgschaft (→ Rn. 232), Garantie (→ Rn. 237), Darlehen (→ Rn. 219) und Anleihe (→ Rn. 225).

119 **14. Lotterie- und Ausspielvertrag.** Mangels Rechtswahl unterliegen Lotterie- und Ausspielgeschäfte, welche regelmäßig auf Sonderregeln beruhende durchsetzbare Ansprüche begründen,

---

402 Dazu *Reuschle* RabelsZ 68 (2004), 687 (719 ff.); *Einsele* EuZW 2018, 402 (405 ff.); näher zur Umsetzung von Art. 9 Finalitäts-RL *Einsele* WM 2001, 2415 ff.; *Schefold* IPRax 2000, 468 ff.; *Schefold* FS Jayme, Bd. I, 2004, 805 ff.; *Horn* FS Hadding, 2004, 893 (896 ff.); *Reuschle* RabelsZ 68 (2004), 715 ff.

403 Näher *Wilhelmi* RIW 2016, 253 (257 f.).

404 *Wilhelmi* RIW 2016, 253 (257 aber Abs. 2 bei Verpflichtung zur Zahlung nach variablem Zinssatz); s. auch *Ebenroth* FS Keller, 1989, 391 (420); *Weber* FG Schluep, 1988, 301 (314).

405 *Ebenroth* FS Keller, 1989, 391 (420 f.); *Geisler,* Die engste Verbindung im Internationalen Privatrecht, 2001, 193 f.; Rauscher/*Thorn* Rn. 161. – Für eine Vertragsspaltung nach dem Recht des jeweiligen Schuldners und die Anwendung des Rechts am Sitz der jeweils verpflichteten Bank, *Kleiner* SchweizAG 1988, 71; *Knaul,* Auswirkungen des europäischen Binnenmarktes der Banken auf das internationale Bankvertragsrecht unter besonderer Berücksichtigung des Verbraucherschutzes, 1995, 261.

406 *Freitag* ZHR 2020, 139 (147); näher Assmann/Schütze/Buck-Heeb KapitalanlageR-HdB/*Schütze/Vorpeil* § 7 Rn. 62.

407 Assmann/Schütze/Buck-Heeb KapitalanlageR-HdB/*Schütze/Vorpeil* § 7 Rn. 62.

408 *Freitag* in Möslein/Omlor, FinTech-Handbuch, 2021, § 14 Rn. 7. – Vgl. zum Sachrecht *Spindler* ZBB 2017, 129 (134 f.).

409 S. Art. 2 Abs. 1 VO (EU) 2020/1503 vom 7.10.2020 über Europäische Schwarmfinanzierungsdienstleister für Unternehmen und zur Änderung der Verordnung (EU) 2017/1129 und der Richtlinie (EU) 2019/1937 (ABl. EU 2020 L 347, 1); dazu Schwarmfinanzierung-Begleitgesetz (SF-BG), BGBl. 2021 I 1568.

410 Dazu *Freitag* in Möslein/Omlor, FinTech-Handbuch, 2021, § 14 Rn. 24 ff.

411 *Freitag* in Möslein/Omlor, FinTech-Handbuch, 2021, § 14 Rn. 14; Rauscher/*Thorn* Rn. 22.

412 *Freitag* in Möslein/Omlor, FinTech-Handbuch, 2021, § 14 Rn. 18.

413 *Freitag* in Möslein/Omlor, FinTech-Handbuch, 2021, § 14 Rn. 20 ff.

414 *Dörner* WM 1977, 962 f.; *Mansel* Liber amicorum Portale, 2019, 56 (65); Staudinger/*Magnus,* 2021, Rn. 508.

dem Recht am **Niederlassungsort des Lotterie- oder Ausspielunternehmens.**[415] Bei einer weiten Auslegung des Dienstleistungsbegriffs dürfte noch eine Anwendung von Abs. 1 lit. b in Betracht kommen.

IV. Verträge über dingliche Rechte an unbeweglichen Sachen, Mietverträge oder Pachtverträge unbeweglicher Sachen (Abs. 1 lit. c)

Schrifttum: *Lurger,* Rechtswahlklauseln in Mietverträgen im österreichischen und deutschen IPR, IPRax 2001, 52; *Trenk-Hinterberger,* Grundprobleme des internationalen Mietrechts, ZMR 1973, 1; *Trenk-Hinterberger,* Internationales Wohnungsmietrecht, 1977; Stabentheiner (Hrsg.), Mietrecht in Europa, Wien 1996.

1. Anknüpfung von Grundstücksverträgen. Während die lex rei sitae für die Anknüpfung von Schuldverträgen über Mobilien grundsätzlich unerheblich ist, spielt sie für Verträge über dingliche und obligatorische **Rechte an Grundstücken** eine bedeutende Rolle. Zwar ist auch hier eine Rechtswahl möglich. Mangels Rechtswahl weisen Verträge über Grundstücke und Grundstücksrechte in der Regel jedoch die engste Verbindung zum Recht des Belegenheitsortes auf (Abs. 1 lit. c). Diese objektsbezogene Anknüpfung gilt auch für das Verpflichtungsgeschäft.[416] Grund dafür ist neben der Unverrückbarkeit des Grundstücks vor allem, dass die Leistung im Belegenheitsland (in der Regel unter Beachtung seiner Form-, Register- und Bodenverkehrsvorschriften) erbracht wird und damit das gleiche Recht wie für – zum Teil schwer abgrenzbare – sachenrechtliche Vorgänge gilt. Dies gilt nicht nur für die Übertragung des Eigentums an Grundstücken. Auch soweit es um bestimmte Nutzungen des Grundstücks geht, besteht eine Anknüpfung zu Gunsten des Belegenheitslandes[417] (→ Rn. 128 ff.). Abs. 1 lit. c erfasst lediglich die **schuldrechtlichen (verpflichtenden) Wirkungen** des Vertrages. Ob dieser nach dem anzuwendenden Sachrecht – nach dem Konsensprinzip – auch dingliche (sachenrechtliche bzw. verfügende) Wirkungen hat, ist unerheblich.[418] Die Anknüpfung nach Art. 1 lit. c erfasst auch über das **Internet** geschlossene Verträge (etwa über Ferienhäuser).[419] Diese Anknüpfung kann freilich stets durch eine engere Verbindung zu einer anderen Rechtsordnung modifiziert werden (Abs. 3;[420] → Rn. 310 ff.). Dass sich der Hauptwohnsitz des Mieters nicht im Belegenheitsstaat befindet, reicht dafür aber noch nicht aus.[421] 120

Die Anwendung der lex rei sitae bezieht sich nur auf Verträge, welche Verpflichtungen über ein **dingliches Recht an einem Grundstück oder Miete bzw. Pacht** zum Gegenstand haben.[422] Dazu gehört auch die Grundstücksschenkung.[423] Dem Grundstück sind Verträge über Wohnungen und einzelne Räume gleichgestellt. Ähnlich wie in Art. 24 Nr. 1 Brüssel Ia-VO (= Art. 22 Nr. 1 LugÜ) muss eine autonome Auslegung Ausgangspunkt dafür sein, was als Grundstück und dingliches Recht zählt.[424] Trotz der Unterschiede der nationalen Schuld- und Sachenrechte ist eine möglichst gleichmäßige Anwendung der VO anzustreben. Es wird angenommen, in zweiter Linie auf das Recht des Lageortes abzustellen (zB für die Einordnung von Bestandteilen und Zubehör).[425] Im Interesse einer einheitlichen Auslegung der Verordnung und des Zwecks der Vorschrift ist es jedoch überzeugender, ebenso wie für Verbraucherverträge,[426] vollständig von einer unionsautonomen und einheitlichen Auslegung auszugehen.[427] Dingliche Rechte, dh solche, die gegen jedermann gelten,[428] sind insbesondere beim Grundstückskauf betroffen (→ Rn. 123, → Rn. 125). Sie bestimmen 121

[415] Soergel/*v. Hoffmann* EGBGB Art. 28 Rn. 528 f.; vgl. auch *Stein* RIW 1993, 838; *Sura,* Die grenzüberschreitende Veranstaltung von Glücksspielen im Europäischen Binnenmarkt, 1995.

[416] OLG Frankfurt NJW-RR 1993, 182 = IPRspr. 1992 Nr. 40 betr. Grundstückskauf; Reithmann/Martiny IntVertragsR/*Limmer* Rn. 21.9; Rauscher/*Thorn* Rn. 59.

[417] Reithmann/Martiny IntVertragsR/*Limmer* Rn. 21.20. – Zu Art. 28 EGBGB OLG Düsseldorf NJW-RR 1998, 1159.

[418] Ferrari IntVertragsR/*Ferrari* Rn. 36.

[419] *Pfeiffer* in Gounalakis, Rechtshandbuch Electronic Business, 2003, § 12 Rn. 39.

[420] Vgl. Reithmann/Martiny IntVertragsR/*Mankowski* Rn. 22.9. – Zu Art. 28 EGBGB *Geisler,* Die engste Verbindung im Internationalen Privatrecht, 2001, 264 ff.

[421] OLG Düsseldorf NJW-RR 1998, 1159 = IPRspr. 1997 Nr. 35.

[422] Vgl. *W. Lorenz* IPRax 1995, 329 (331).

[423] OLG Brandenburg BeckRS 2016, 11238 = IPRspr. 2016 Nr. 245.

[424] BeckOK BGB/*Spickhoff* Rn. 35; vgl. EuGH Slg. 1990, I-27 = IPRax 1990, 45 m. Aufsatz *Schlosser* IPRax 1990, 29 – Dresdner Bank.

[425] *v. Bar/Mankowski* IPR II § 1 Rn. 258; Rauscher/*Thorn* Rn. 60 (Qualifikationsverweisung); anders Soergel/*v. Hoffmann* EGBGB Art. 28 Rn. 73. Für Unabhängigkeit von der lex rei sitae, BeckOGK/*Köhler,* 1.12.2023, Rn. 68.

[426] So für Art. 6 Abs. 4 lit. c EuGH ECLI:EU:C:2022:86 Rn. 21 = NJW 2022, 1157 = EuZW 2022, 267 m. zust. Anm. *Wiedemann* = IPRax 2022, 639 m. Aufsatz *Deuring* IPRax 2022, 599 – ShareWood Switzerland.

[427] BeckOGK/*Köhler,* 1.12.2023, Rn. 92.

[428] Ferrari IntVertragsR/*Ferrari* Rn. 37; jurisPK-BGB/*Ringe* Rn. 27.

zum einen den Umfang oder den Bestand einer unbeweglichen Sache oder das Eigentum, den Besitz oder das Bestehen anderer dinglicher Rechte an ihr zu und sichern zum anderen den Inhabern dieser Rechte den Schutz der mit ihrer Rechtsstellung verbundenen Vorrechte. Darunter fällt auch ein dingliches Vorkaufsrecht.[429] Die Begründung dinglicher Rechte wie Erbbaurecht und Grunddienstbarkeit gehört ebenfalls hierher.[430] Der noch vom EVÜ verwendete Begriff der Nutzung ist auf Miete und Pacht eingeengt worden (→ Rn. 128 ff.).

122 Nicht gemeint sind in Abs. 1 lit. c jedenfalls Verträge, welche Bau- oder sonstige Werkleistungen auf einem Grundstück betreffen[431] (→ Rn. 65). Auch ein Vertrag, in dem die Verpflichtung zur Bebauung eines Grundstücks übernommen wird, untersteht nicht der Regel des Abs. 1 lit. c, sondern derjenigen des Abs. 1 lit. b oder Abs. 2.[432] Besteht (wie beim Werkvertrag zu Gunsten des Werkunternehmers) eine vertragliche Verpflichtung zur Bestellung eines **dinglichen Sicherungsrechts,** so ist dies eine Frage des anwendbaren Vertragsrechts. Der Anspruch ist lediglich eine Folge des ursprünglichen Vertragsverhältnisses. Es handelt sich daher nicht um einen Vertrag über ein dingliches Recht iSd Abs. 1 lit. c.[433]

123 **2. Einzelne Grundstücksverträge. a) Verträge über dingliche Rechte. aa) Grundstückskauf.** Auch für Grundstückskäufe und den Verkauf von Wohnungseigentum gilt die Parteiautonomie.[434] Für im Inland zwischen deutschen Parteien geschlossene Kaufverträge über ausländische Grundstücke und Ferienwohnungen hat die Rspr. häufig eine stillschweigende Vereinbarung deutschen Rechts angenommen.[435] Das Gleiche gilt für Vorverträge[436] und Vergleiche.[437] Eine konkludente Rechtswahl muss sich mit hinreichender Sicherheit ergeben. Mangels Rechtswahl gilt in der Regel das Recht des **Belegenheitslandes,** weil der Vertrag ein dingliches Recht an einem Grundstück zum Gegenstand hat und zu ihm die engste Beziehung besteht[438] (→ Rn. 120). Dies gilt auch für den Kauf eines Dauerwohnrechts[439] sowie einen Vertrag über die „Einbringung" des Gebäudeeigentums und eines unentgeltlichen Nutzungsrechts.[440] Werden in einem einheitlichen Vertrag Grundstücke in mehreren Ländern verkauft, so ist der Vertrag nach Möglichkeit nicht aufzuspalten, sondern es ist die engste Verbindung nach Abs. 4 zu ermitteln.[441] Ein Einzelgrundstück kann gegenüber einem größeren Grundbesitz in einem anderen Land weniger gewichtig sein und daher zurücktreten.

124 Für den obligatorischen Vertrag genügt die Einhaltung der **Form des Vertragsstatuts oder der Ortsform** (Art. 11 Abs. 1). Ein deutsches Grundstück kann daher (außer in einem reinen Inlandsfall des Art. 3 Abs. 3) auch im Ausland unter Einhaltung der dortigen Formvorschriften verkauft werden.[442] Ist Vertragsstatut deutsches Recht, so kommt auch bei einem ausländischen Grundstück bzw. einer Wohnung (§ 4 Abs. 3 WEG) die Formvorschrift des § 311b Abs. 1 S. 1

---

429 EuGH ECLI:EU:C:2014:212 = NJW 2014, 1871 – Weber.

430 *v. Bar/Mankowski* IPR II § 1 Rn. 259; Soergel/*v. Hoffmann* EGBGB Art. 28 Rn. 152.

431 *W. Lorenz* IPRax 1995, 329 (331); Soergel/*v. Hoffmann* EGBGB Art. 28 Rn. 75.

432 Vgl. BGH NJW 1999, 2442 = IPRax 2001, 331 m. Aufsatz *Pulkowski* IPRax 2001, 306 mAnm *Wenner* EWiR 1999, 505; OLG Hamm NJW-RR 1996, 1144.

433 Reithmann/Martiny IntVertragsR/*Thode* Rn. 14.12. – Zu Art. 28 EGBGB *Thode/Wenner,* Internationales Architekten- und Bauvertragsrecht, Rn. 411; Soergel/*v. Hoffmann* EGBGB Art. 28 Rn. 76. Vgl. OLG Köln IPRax 1985, 161 m. Aufsatz *Schröder* IPRax 1985, 145 zu Art. 16 Nr. 1 GVÜ.

434 OLG Köln RIW 1993, 415 = IPRspr. 1993 Nr. 29; Reithmann/Martiny IntVertragsR/*Limmer* Rn. 21.14.

435 BGHZ 52, 239 (241) = NJW 1969, 1760; BGHZ 73, 391 = NJW 1979, 1773; OLG Köln OLGZ 1977, 201 = IPRspr. 1976 Nr. 10; OLG Nürnberg NJW-RR 1997, 1484. – Entsprechend für in Spanien geschlossenen Vertrag IPG 1978 Nr. 20 (Hamburg); krit. *Löber* NJW 1980, 496 (497); *Meyer* ZVglRWiss 83 (1984), 72 (78).

436 BGHZ 53, 189 (191 f.) = NJW 1970, 999; *Geiben,* Der Vorvertrag im internationalen Privatrecht – unter besonderer Berücksichtigung des Immobilienerwerbs im portugiesischen und brasilianischen Recht, 2007, 358 f.

437 OLG München NJW-RR 1989, 663 = IPRax 1990, 320 m. Aufsatz *Spellenberg* IPRax 1990, 295.

438 OLG Hamburg IPRspr. 1989 Nr. 38; OLG Frankfurt NJW-RR 1993, 182; LG Bonn IPRspr. 2002 Nr. 40 = IPRax 2003, 65 m. Bericht *Jayme;* Reithmann/Martiny IntVertragsR/*Limmer* Rn. 21.9. – S. bereits OLG Hamm IPRspr. 1985 Nr. 28; OLG Celle RIW 1988, 137; LG Hamburg IPRspr. 1973 Nr. 4; RIW 1977, 787 – Vgl. auch OLG Brandenburg RIW 1997, 424.

439 Vgl. BGH NJW-RR 1996, 1034.

440 KG 1996 Nr. 25 = IPRax 1998, 280 m. Aufsatz *Leible* IPRax 1998, 257.

441 Reithmann/Martiny IntVertragsR/*Limmer* Rn. 21.13; Rauscher/*Thorn* Rn. 63; dagegen grds. für objektbezogene Vertragsspaltung *Windmöller,* Die Vertragsspaltung im Internationalen Privatrecht des EGBGB und des EGVVG, 2000, 119 ff.

442 RGZ 121, 154 = IPRspr. 1928 Nr. 24; Soergel/*v. Hoffmann* EGBGB Art. 28 Rn. 153. Vgl. auch OLG Köln RIW 1993, 415 = IPRspr. 1993 Nr. 29.

BGB zur Anwendung (→ Art. 11 Rn. 42 ff.; → EGBGB Art. 11 Rn. 76 ff.).[443] In Betracht kommt allerdings auch die Heilung von Formmängeln nach § 311b Abs. 1 S. 2 BGB. Ist das Eigentum nach der ausländischen lex rei sitae übergegangen, so wird der Kaufvertrag in entsprechender Anwendung von § 311b Abs. 1 S. 2 BGB gültig.[444]

bb) Dingliches Recht. Der Begriff des dinglichen Rechts (right in rem) ist autonom auszulegen (→ Rn. 121).[445] Der **Eigentumsübergang** an einem Grundstück unterliegt nach internationalem Sachenrecht stets der lex rei sitae,[446] auch wenn er aus dem Kaufvertrag resultiert (näher → EGBGB Art. 43 Rn. 83 ff.). Das gilt auch dann, wenn das Vertragsstatut nicht zwischen Verpflichtungs- und Verfügungsgeschäft trennt.[447] Die Mitgliedschaft in einer Wohnungseigentümergemeinschaft ist kein Vertrag über dingliche Rechte.[448] 125

cc) Bauträgervertrag. Auch beim Bauträgervertrag (vgl. § 650u BGB) ist Rechtswahl möglich. Der Bauträgervertrag richtet sich regelmäßig nicht nur auf die Erbringung von Bauleistungen (was für eine Anknüpfung nach Art. 4 Abs. 1 lit. b[449] oder Abs. 2 sprechen würde), sondern auch auf die Verschaffung des Eigentums am zu bebauenden Grundstück. Früher wurde eine objektive Anknüpfung an das Recht des Belegenheitsortes vorgenommen,[450] woran festgehalten wurde.[451] Teilweise wird aber auf den gewöhnlichen Aufenthalt des Bauträgers abgestellt.[452] Dafür spricht die allgemeine Anknüpfungsregel für gemischte Verträge (Mehrfacherfassung nach Art. 4 Abs. 2 Alt. 2, → Rn. 194, 201).[453] – Zum Bauvertrag → Rn. 65. 126

Die **Pflicht zur Sicherstellung des Erwerbers** nach der auf § 34c GewO beruhenden und teilweise auch für den grenzüberschreitenden Verkehr geltenden **MaBV** (vgl. § 19 MaBV) ist früher für einen deutschen Bauträger nach deutschem Recht beurteilt worden, obwohl die Parteien für einen Vertrag über die Errichtung einer Eigentumswohnung in Spanien spanisches Recht vereinbart hatten.[454] Vielfach wird eine Sonderanknüpfung befürwortet.[455] Besser wäre es allerdings, auf das Vertragsstatut zurückzugreifen (→ Art. 9 Rn. 95 f.; allgemein → Einl. IPR Rn. 309 ff.). Es handelt sich – vom gewerberechtlichen Bezug einmal abgesehen – lediglich um eine verbraucherschützende Norm, die auch anderen Rechtsordnungen bekannt ist.[456] Überdies wird angenommen, die MaBV gelte nur für Bauträger mit inländischer gewerblicher Niederlassung und solche Bauvorhaben, deren Schwerpunkt im Inland liegt.[457] 127

b) Grundstücksmiete und -pacht. Die Miete oder Pacht (tenancy; bail) eines Grundstücks hat ein Recht zur Grundstücksnutzung zum Gegenstand. Bei Fehlen ausdrücklicher oder stillschwei- 128

[443] BGHZ 52, 239 (241) = NJW 1969, 1760 m. abl. Anm. *Wengler* NJW 1969, 2237 und m. zust. Anm. *Samtleben* NJW 1970, 378; BGHZ 53, 189 (194 f.) = NJW 1970, 999; BGHZ 73, 391 (395 ff.) = NJW 1979, 1773 = LM BGB § 313 Nr. 83; OLG München OLGZ 1974, 19 = IPRspr. 1973 Nr. 3; NJW-RR 1989, 663 = IPRax 1990, 320 m. Aufsatz *Spellenberg* IPRax 1990, 295; OLG Nürnberg NJW-RR 1997, 1484; Soergel/*v. Hoffmann* EGBGB Art. 28 Rn. 153.

[444] OLG München NJW-RR 1989, 663 = IPRax 1990, 320 m. Aufsatz *Spellenberg* IPRax 1990, 295; Reithmann/Martiny IntVertragsR/*Limmer* Rn. 21.51; Soergel/*v. Hoffmann* EGBGB Art. 28 Rn. 153. – Zum Eigentumsübergang durch Escritura nach span. Recht BGHZ 73, 391 (396 ff.) = NJW 1979, 1773; OLG Düsseldorf NJW 1981, 529; OLG Frankfurt RIW 1995, 1033 mAnm *Mankowski*.

[445] Rauscher/*Thorn* Rn. 63.

[446] BGHZ 73, 391 (395) = NJW 1979, 1773; *Frank* BWNotZ 1978, 98; Reithmann/Martiny IntVertragsR/*Limmer* Rn. 21.28.

[447] Rauscher/*Thorn* Rn. 62.

[448] EuGH ECLI:EU:C:2019:376 Rn. 37, 38 = RIW 2019, 364 = IPRax 2020, 40 m. Aufsatz *Thomale* IPRax 2020, 18 – Kerr.

[449] Dafür BeckOGK/*Köhler,* 1.12.2023, Rn. 385.

[450] Zu Art. 28 Abs. 3 EGBGB *Hök,* Handbuch des internationalen und ausländischen Baurechts, 2005, § 9 Rn. 7.

[451] PWW/*Brödermann/Wegen* Anh. Art. 4 Rn. 10; Staudinger/*Magnus,* 2021, Rn. 384.

[452] *Hillig* in Messerschmidt/Voit, Privates Baurecht, 4. Aufl. 2022, Rn. P 21.

[453] *Hillig* in Messerschmidt/Voit, 2022, Rn. P 22.

[454] OLG Hamm NJW 1977, 1594 mAnm *Dörner* NJW 1977, 2032 = RIW 1977, 781 mAnm *Ahrens* = MittBayNot 1977, 182 mAnm *Lichtenberger.* Zust. *Kohte* EuZW 1990, 150 (154).

[455] *Hillig* in Messerschmidt/Voit, Privates Baurecht, 4. Aufl. 2022, Rn. P 66; Reithmann/Martiny IntVertragsR/*Zwickel* Rn. 5.74; Staudinger/*Magnus,* 2021, Rn. 386 (inländisches Bauvorhaben oder inländischer Auftraggeber); Reithmann/Martiny IntVertragsR/*Limmer* Rn. 21.19 für inländische Bauvorhaben. – Für eine Sonderanknüpfung iSv Art. 34 EGBGB an die gewerbliche Niederlassung des Bauträgers *Reithmann* ZfBR 1988, 163 f.

[456] Zum span. Recht OLG München NJOZ 2006, 2705 = IPRspr. 2006 Nr. 9 Ls.

[457] *Hillig* in Messerschmidt/Voit, Privates Baurecht, 4. Aufl. 2022, Rn. P 67; näher *Martiny* FS Heldrich, 2005, 907 (922 f.).

gender Rechtswahl – die auch hier möglich ist[458] – gilt daher gemäß Abs. 1 lit. c im Zweifel das **Recht der belegenen Sache.**[459] Das Vertragsverhältnis weist die engste Beziehung mit dem Belegenheitsort auf. Gleiches gilt für die Miete von Wohnungen. Für Abwohnvereinbarungen ist das ebenfalls anzunehmen.[460]

129 Überhaupt kann nach Abs. 3 im Einzelfall eine andere Beziehung den Ausschlag geben, etwa der **gemeinsame gewöhnliche Aufenthalt** bzw. die gemeinsame Staatsangehörigkeit.[461] Dass eine der Parteien ihre Niederlassung in einem anderen Staat hat, reicht jedoch nicht aus.[462] Auch bei der gewerblichen Vermittlung von Ferienwohnungen und -häusern wird von der Anknüpfung nach Abs. 1 lit. c abgewichen und an die Hauptniederlassung der vermittelnden Gesellschaft angeknüpft.[463] Bei wesentlichen, über die Gebrauchsüberlassung und Nutzung hinausgehenden Zusatzleistungen des gewerblichen Vermieters kommt auch eine Einordnung als Verbrauchervertrag nach Art. 6 in Betracht.[464] – Zu lit. d → Rn. 143.

130 Das Mietvertragsstatut regelt die Rechte und Pflichten der Parteien sowie grundsätzlich auch die Beendigung des Vertrages (Art. 12). Es entscheidet auch über den Anspruch des geschiedenen Ehegatten gegen den ehemaligen Ehegatten auf Mitwirkung bei der Kündigung der gemeinsamen Ehewohnung.[465]

131 Insbesondere für die Wohnungsmiete gilt vielfach zwingendes Recht des Belegenheitsstaates. **Mietrechtliche Sondergesetze** (zB staatliche Festsetzung der Miethöhe) und zwingende Normen des Wohnungsmietrechts (etwa Kündigungsschutz) beanspruchen in der Regel ausschließliche Anwendung und sind – wie die deutschen Normen über die Mieterhöhung (vgl. §§ 557 ff. BGB) – nur auf die Verhältnisse des normsetzenden Staates zugeschnitten.[466] Der Charakter solcher Normen des Belegenheitslandes verlangt ihre Beachtung, gleich ob es sich um in- oder ausländische Normen handelt.[467] Allerdings wird teilweise argumentiert, es handle sich um internationalprivatrechtliche Vorschriften, welche lediglich dem individuellen Interessenausgleich zwischen Mieter und Vermieter dienten und daher nicht als international zwingende Vorschriften angesehen werden könnten.[468] Nach hM werden inländische Normen des sog. sozialen Mietrechts wegen ihrer besonderen ordnungs- und sozialpolitischen Funktion dagegen zutreffend als Eingriffsnorm durchgesetzt.[469] Jedoch wird auch hier teilweise im Sinne des Günstigkeitsprinzips argumentiert. Ist das gewählte ausländische Recht für die schwächere Vertragspartei günstiger, so soll das zwingende inländische Recht nicht durchgesetzt werden.[470]

132 Ob Miete und Pacht **quasi-dingliche Wirkungen** (insbesondere Vermieterpfandrecht und „Kauf bricht nicht Miete") zukommen, kann nicht das Vertragsstatut allein bestimmen. Ob und in welchem Umfang die Miete quasi-dingliche Rechte zur Entstehung bringt, entscheidet vielmehr die lex rei sitae.[471] Gewährt die lex rei sitae im Gegensatz zum Vertragsstatut solche Rechte, so setzt

---

458 Reithmann/Martiny IntVertragsR/*Mankowski* Rn. 22.2; vgl. AG Rostock RRa 1997, 163 = IPRspr. 1997 Nr. 30.

459 Reithmann/Martiny IntVertragsR/*Mankowski* Rn. 22.8; ebenso schon LG Hamburg IPRspr. 1991 Nr. 40; *Heldrich* FS Kegel, 1987, 175 (185); *W. Lorenz* IPRax 1990, 292 (294).

460 Soergel/*v. Hoffmann* EGBGB Art. 28 Rn. 152; vgl. BGH JZ 1955, 702.

461 S. bereits *Trenk-Hinterberger* ZMR 1973, 4; *Geisler,* Die engste Verbindung im Internationalen Privatrecht, 2001, 268 ff.

462 Vgl. OLG Düsseldorf NJW-RR 1998, 1159 = IPRspr. 1997 Nr. 37.

463 Zu Art. 28 EGBGB *Kropholler* IPR § 52 III 4. Vgl. auch BGHZ 109, 29 = NJW 1990, 317 = BB 1990, 658 mAnm *Lindacher* = IPRax 1990, 318 m. Aufsatz *W. Lorenz* IPRax 1990, 292; BGHZ 119, 152 (157 f.) = NJW 1992, 3158 = IPRax 1993, 244 m. Aufsatz *Lindacher* IPRax 1993, 228; KG VuR 1995, 35; OLG Düsseldorf TranspR 1998, 214 = IPRspr. 1997 Nr. 29; näher Reithmann/Martiny IntVertragsR/*Mankowski* Rn. 22.35 ff.

464 Reithmann/Martiny IntVertragsR/*Mankowski* Rn. 22.35 ff.

465 Gegen Maßgeblichkeit des Ehewirkungsstatuts OLG Hamburg NJW-RR 2001, 1012.

466 Vgl. *Neumayer* BerGesVR 2 (1958), 35 (48 ff.). – Einschr. für Normen ohne wohnungspolitische Interessen, *Droste,* Der Begriff der „zwingenden Bestimmung" in den Art. 27 ff. EGBGB, 1991, 162 f.

467 *Trenk-Hinterberger,* Internationales Wohnungsmietrecht, 1977, 143 f.; Grüneberg/*Thorn* Art. 9 Rn. 8; vgl. *Kropholler* RabelsZ 42 (1978), 634 (652); *v. Hoffmann* IPRax 1989, 261 (266).

468 So *Zeppenfeld,* Die allseitige Anknüpfung von Eingriffsnormen im Internationalen Wirtschaftsrecht, 2001, 32; ebenso Reithmann/Martiny IntVertragsR/*Mankowski* Rn. 22.29; BeckOGK/*Köhler,* 1.12.2023, Rn. 279; BeckOGK/*Maultzsch,* 1.3.2024, Art. 9 Rn. 260.

469 Reithmann/Martiny IntVertragsR/*Zwickel* Rn. 5.92; Rauscher/*Thorn* Art. 9 Rn. 64; Staudinger/*Magnus,* 2021, Rn. 255.

470 *Lurger* IPRax 2001, 52 (55 f.); Reithmann/Martiny IntVertragsR/*Zwickel* Rn. 5.62; abl. *Wiedemann* in Staake/v. Bressensdorf, Rechtshandbuch Wohngemeinschaften, 2019, § 26 Rn. 27.

471 *Wiedemann* in Staake/v. Bressensdorf, Rechtshandbuch Wohngemeinschaften, 2019, § 26 Rn. 24; Reithmann/Martiny IntVertragsR/*Mankowski* Rn. 22.45; vgl. auch LG Hamburg IPRspr. 1991 Nr. 40.

sie sich durch. Ebenso ist es, wenn das Belegenheitsrecht sie verneint.[472] Über das Vertragsstatut hinausgehende dingliche Wirkungen von Miete und Pacht richten sich allein nach dem Belegenheitsrecht (→ EGBGB Art. 43 Rn. 63).

Nach Art. 24 Nr. 1 S. 1 Brüssel Ia-VO (= Art. 22 Nr. 1 S. 1 LugÜ) sind für Klagen, die dingliche Rechte an unbeweglichen Sachen sowie die Miete oder Pacht von unbeweglichen Sachen zum Gegenstand haben, die Gerichte des Vertragsstaates **ausschließlich zuständig, in dem die Sache belegen ist.** Doch kann nach Art. 24 Nr. 1 S. 2 Brüssel Ia-VO (= Art. 22 Nr. 1 S. 2 LugÜ) auch im Lande des Beklagten Klage erhoben werden, wenn die Miete oder Pacht kürzer als ein halbes Jahr erfolgt, beide Parteien natürliche Personen sind und im gleichen Vertragsstaat wohnen. Dem entspricht jetzt Abs. 1 lit. d (→ Rn. 143). 133

c) Timesharing.

Schrifttum: *Franzen,* Neue Regeln für das IPR des Timesharing, FS v. Hoffmann, 2011, 115; *Friesen,* Auswirkungen der Richtlinie 2008/122/EG auf das internationale Timesharingrecht in der EU, 2017; *Leible/Leitner,* Das Kollisionsrecht des Timesharing nach der Richtlinie 2008/122/EG 37, IPRax 2013, 37.

aa) Rechtsangleichung. Timesharing-Verträge räumen ein Teilzeitnutzungs- bzw. ein Ferienwohnrecht an einer Immobilie ein (vgl. die §§ 481 ff. BGB, welche das Teilzeit-Wohnrechtegesetz abgelöst haben).[473] Gleichgestellt ist eine Reihe weiterer Vertragsarten. Innerhalb der EU ist eine Rechtsangleichung durch die Timesharing-RL (RL 2008/122/EG, früher RL 94/47/EG) erfolgt. Nach der Timesharing-RL soll den Erwerbern unabhängig von dem jeweils anwendbaren Recht der durch die Richtlinie gewährte Schutz (insbesondere das Widerrufsrecht des Erwerbers) nicht vorenthalten werden, wenn die Immobilie in einem EU-Staat oder EWR-Staat belegen ist oder Vertriebstätigkeit in diesen Staaten erfolgt ist oder auf sie ausgerichtet wurde (Art. 12 Timesharing-RL). In Deutschland wurde die kollisionsrechtliche Regelung der Richtlinie in dem dem Verbraucherschutz dienenden Art. 46b Abs. 4 EGBGB umgesetzt (→ EGBGB Art. 46b Rn. 85 ff., → BGB Vor § 481 Rn. 25 ff.). 134

bb) Anknüpfung von Teilzeitnutzungsverträgen. Verträge, die Teilzeiteigentum bzw. ein Ferienwohnrecht verschaffen sollen, treten im In- und Ausland in verschiedenen Formen auf, so dass bislang jedenfalls keine Einheitsanknüpfung möglich erscheint.[474] Das auf den Erwerbsvertrag und die Rechtsverhältnisse der Beteiligten anwendbare Recht ist nach den allgemeinen Grundsätzen zu ermitteln und richtet sich nach der jeweiligen Vertragsgestaltung. Verwendet werden vor allem schuldrechtliche, gelegentlich auch dingliche Timesharingmodelle. Ferner sind vereins- oder gesellschaftsrechtliche Timesharinggestaltungen verbreitet. Da für die Anknüpfung unterschiedliche Regeln gelten, ist eine **Qualifikation des jeweiligen Rechtsverhältnisses** notwendig. Dabei ist nicht auf die Bezeichnung und die äußere Form, sondern auf den tatsächlichen Inhalt des jeweiligen Vertragsverhältnisses abzustellen.[475] 135

Für **schuldrechtliche Timesharinggestaltungen** (dauerhafter Mietvertrag, obligatorisches Nutzungsrecht) gelten die Art. 3 ff. Bei fehlender Rechtswahl ist nach dem Nutzungsobjekt zu unterscheiden. Auf den **Erwerb dinglicher oder obligatorischer Rechte** an einer Ferienwohnung gerichtete Verträge unterliegen in erster Linie dem gewählten Recht (Art. 3).[476] Bei der Vereinbarung eines drittstaatlichen Rechts kann allerdings die Rechtswahlbeschränkung des Art. 46b EGBGB zum Zuge kommen. Mangels Rechtswahl ist in der Regel die am Ort der Immobilie geltende Rechtsordnung maßgeblich.[477] Es liegt zwar nahe, sich dafür auf Art. 4 Abs. 1 lit. c Rom 136

---

[472] Vgl. *Trenk-Hinterberger,* Internationales Wohnungsmietrecht, 1977, 157 ff.

[473] Zum TzWrG s. RegE, BR-Drs. 887/95, BT-Drs. 13/4185.

[474] *Lurger* ZfRV 32 (1992), 348 (351 f.); *Gralka,* Time-Sharing bei Ferienhäusern und Ferienwohnungen, 1986, 130 ff.; *Böhmer,* Das deutsche Internationale Privatrecht des Timesharing, 1993, 9 ff. – Zu den einzelnen Gestaltungen *Tönnes* RIW 1996, 124 ff.; *Friesen,* Auswirkungen der Richtlinie 2008/122/EG auf das internationale Timesharingrecht in der EU, 2017, 39 ff.

[475] Näher Reithmann/Martiny IntVertragsR/*Mankowski* Rn. 32.6 ff.

[476] BGHZ 135, 124 (130) = IPRspr. 1997 Nr. 34 = IPRax 1998, 285 m. Aufsatz *Ebke* IPRax 1998, 263; BGH NJW-RR 2008, 1381; OLG Celle ZIP 2001, 1724; LG Düsseldorf RIW 1995, 415 m. Aufsatz *Mankowski* RIW 1995, 364; *Franzen* FS v. Hoffmann, 2011, 115 (121); Reithmann/Martiny IntVertragsR/*Mankowski* Rn. 32.30.

[477] LG Detmold NJW 1994, 3301 = IPRax 1995, 249 m. Aufsatz *Jayme* IPRax 1995, 234; *Kelp,* Time-Sharing-Verträge, 2005, 228; BeckOK BGB/*Spickhoff* Rn. 38; Soergel/*v. Hoffmann* EGBGB Art. 28 Rn. 167; vgl. *Gralka,* Time-Sharing bei Ferienhäusern und Ferienwohnungen, 1986, 132 ff.; *Böhmer,* Das deutsche Internationale Privatrecht des timesharing, 1993, 260 f. – Unrichtig OLG Frankfurt RIW 1995, 1033 m. krit. Anmm *Mankowski.*

I-VO zu stützen.[478] Allerdings ist für Art. 24 Nr. 1 Brüssel Ia-VO die „Miete unbeweglicher Sachen" so eng interpretiert worden, dass ein schuldrechtlicher, nicht auf eine bestimmte Immobilie bezogener Teilzeitnutzungsvertrag nicht darunter fällt.[479] Zum Recht des Belegenheitsortes kann man dann nur über die engere Verbindung des Abs. 3 gelangen. Ist das Nutzungsrecht nicht auf eine bestimmte Immobilie bezogen (sog. flexibles Timesharing), so kommt eine Anknüpfung an den gewöhnlichen Aufenthalt des Leistungserbringers in Betracht (Abs. 2).[480]

137 Schuldrechtliche **Teilnutzungsverträge über Mobilien** unterliegen dem Recht am gewöhnlichen Aufenthaltsort des Anbieters, da dieser die charakteristische Leistung erbringt (Abs. 2).[481] In Ausnahmefällen kommt eine Anknüpfung wegen einer engeren Verbindung in Betracht (Abs. 3).[482]

138 Soll eine **Mitgliedschaft in einer Timesharing-Gesellschaft** erworben werden, so ist zwischen mitgliedschaftsrechtlichen und vertragsrechtlichen Geschäften zu unterscheiden. Der Erwerb der entsprechenden Rechtsstellung richtet sich nach dem Gesellschaftsstatut.[483] Für einen diesem Ziel dienenden obligatorischen Vertrag ist das Vertragsstatut nach den allgemeinen Regeln zu ermitteln. Ein Aktien- oder Anteilskauf unterliegt den Regeln über den Kauf solcher Rechtspositionen[484] (→ Rn. 212 ff.). Dies führt zu Abs. 2.[485] Häufig wird das gleiche Recht wie am Verwaltungssitz der Timesharing-Gesellschaft gelten.[486] Bei einem Vereinsbeitritt gelten die Regeln über Vereine.

139 Werden dem Erwerber des Teilzeitnutzungsrechts auch **dingliche Rechte** (Miteigentum mit Benutzungsregelung, beschränkt dingliche Rechte) übertragen, so gilt insoweit internationales Sachenrecht; es kommen die Regeln der lex rei sitae zur Anwendung[487] (→ EGBGB Art. 43 Rn. 69). Ausschließlich obligatorische Nutzungsrechte unterliegen hingegen allein dem Vertragsstatut. Hierfür kann die Anknüpfung nach Abs. 1 lit. c erfolgen.[488]

140 Nach den allgemeinen Regeln über die Bestimmung des Vertragsstatuts unterliegen im Ausland geschlossene Verträge deutscher Erwerber kraft Rechtswahl nach Art. 3 regelmäßig ausländischem Recht. Dies ist in der Vergangenheit häufig durch die **Anwendung zwingenden inländischen Rechts** korrigiert worden.[489] Dabei wurden unterschiedliche Begründungen verwendet. Teilweise wurde der Timesharing-Vertrag – damals nach Art. 5 EVÜ (Art. 29 EGBGB aF) regelmäßig nicht haltbar – als Verbrauchervertrag angesehen,[490] vielfach wurde – nicht überzeugend – das HaustürWG (nunmehr § 312b BGB) gegen das Vertragsstatut durchgesetzt, sei als Recht am Aufenthaltsort des Kunden,[491] sei es als international zwingende Norm.[492] Nach hM bleibt es jedoch bei den

---

[478] *Franzen* FS v. Hoffmann, 2011, 115 (116 f.); Reithmann/Martiny IntVertragsR/*Mankowski* Rn. 32.33 f.; BeckOK BGB/*Spickhoff* Rn. 38; Rauscher/*Thorn* Rn. 68.

[479] EuGH Slg. 2005, I-8667 = IPRax 2006, 159 m. Aufsatz *Hüßtege* IPRax 2006, 124 – Klein/Rhodos; BGH NJW-RR 2008, 1381 = NZM 2008, 658 m. Aufsatz *Leible/Müller* NZM 2009, 18.

[480] *Franzen* FS v. Hoffmann, 2011, 115 (117).

[481] *Leible/Leitner* IPRax 2013, 37 (42); Staudinger/*Magnus*, 2021, Rn. 276.

[482] *Leible/Leitner* IPRax 2013, 37 (42); Staudinger/*Magnus*, 2021, Rn. 276.

[483] *Kelp*, Time-Sharing-Verträge, 2005, 232 ff.; BeckOK BGB/*Spickhoff* Rn. 38; vgl. *Kohlepp* RIW 1986, 180; *Böhmer*, Das deutsche Internationale Privatrecht des timesharing, 1993, 262.

[484] Reithmann/Martiny IntVertragsR/*Mankowski* Rn. 32.45. Zu Art. 28 EGBGB *Geisler*, Die engste Verbindung im Internationalen Privatrecht, 2001, 274.

[485] *Franzen* FS v. Hoffmann, 2011, 115 (116); Rauscher/*Thorn* Rn. 68.

[486] Soergel/*v. Hoffmann* EGBGB Art. 28 Rn. 168.

[487] OLG Frankfurt RIW 1995, 1033 mAnm *Mankowski* = IPRspr. 1994 Nr. 67; *Kelp*, Time-Sharing-Verträge, 2005, 231 ff.; *Gralka*, Time-Sharing bei Ferienhäusern und Ferienwohnungen, 1986, 137; Staudinger/*Magnus*, 2021, Rn. 47, 277.

[488] Reithmann/Martiny IntVertragsR/*Limmer* Rn. 21.3; Reithmann/Martiny IntVertragsR/*Mankowski* Rn. 32.34.

[489] Dagegen für Wirksamkeit der Rechtswahl BGHZ 135, 124 (137) = IPRax 1998, 285 m. Aufsatz *Ebke* IPRax 1998, 263 = JZ 1997, 612 m. Aufsatz *Michaels/Kamann* JZ 1997, 601 = NJW 1997, 1697; *Mankowski* RIW 1995, 364 ff.

[490] Dagegen zu Art. 29 EGBGB aF BGHZ 135, 124 (137) = NJW 1997, 1697 mAnm *Mankowski* EWiR 1997, 547.

[491] Zu Art. 31 Abs. 2 EGBGB aF LG Gießen NJW 1995, 406 mAnm *Beise* NJW 1995, 1724 = IPRax 1995, 395 m. Aufsatz *Mäsch* IPRax 1995, 371; LG Düsseldorf RIW 1995, 415; LG Koblenz NJW-RR 1995, 1335; LG Dortmund VuR 1996, 208 m. abl. Aufsatz *Mankowski* VuR 1996, 392 zu § 138 BGB; LG Rottweil NJW-RR 1996, 1401; LG Stuttgart RIW 1996, 424 m. abl. Aufsatz *Mankowski* RIW 1996, 382; abl. BGHZ 135, 124 (137) = IPRax 1998, 285 m. Aufsatz *Ebke* IPRax 1998, 263 = JZ 1997, 612 m. Aufsatz *Michaels/Kamann* JZ 1997, 601 = NJW 1997, 1697 mAnm *Mankowski* EWiR 1997, 547; *Jayme/Kohler* IPRax 1996, 377 (381).

[492] Zu Art. 34 EGBGB aF OLG Celle RIW 1996, 963 = DZWiR 1996, 299 m. Aufsatz *Mankowski* DZWiR 1996, 273; LG Detmold NJW 1994, 3301 = IPRax 1995, 249 (§ 138 BGB); LG Berlin NJW-RR 1995, 754; LG Weiden NJW-RR 1996, 438; zust. *Jayme/Kohler* IPRax 1995, 343 (353); *Jayme/Kohler* IPRax 1996, 377 (381). Abl. BGHZ 135, 124 (135) = NJW 1997, 1697 mAnm *Mankowski* EWiR 1997, 547.

Bestimmungen des Vertragsstatuts. Allerdings wirkt sich nunmehr der erweiterte Anwendungsbereich des Art. 6 Rom I-VO aus.

cc) Andere Verträge. Anlässlich der Reform des Timesharingrechts infolge der Timesharing-RL von 2009 sind weitere Vertragsgestaltungen kodifiziert worden, welche weitgehend unter die verbraucherrechtliche Schutzvorschrift des Art. 46b EGBGB fallen (→ EGBGB Art. 46b Rn. 85 ff.), jedoch auch nach den allgemeinen Regeln der Art. 3 ff. anzuknüpfen sind. Bei einem **Vertrag über ein langfristiges Urlaubsprodukt** erwirbt der Kunde gegen Entgelt in erster Linie das Recht auf Preisnachlässe oder sonstige Vergünstigungen in Bezug auf eine Unterkunft (vgl. § 481a BGB). Bei Rechtswahl gilt die nach Art. 3 gewählte Rechtsordnung.[493] Mangels Rechtswahl erfolgt eine Anknüpfung nach Abs. 2[494] oder als Dienstleistungsvertrag iSd Art. 4 Abs. 1 lit. b.[495] Dies führt zum Recht am gewöhnlichen Aufenthalt des Anbieters. Mit einem **„Wiederverkaufsvertrag“** wird Unterstützung gewährt, ein Teilzeitnutzungsrecht oder ein langfristiges Urlaubsprodukt zu veräußern oder zu erwerben (Vermittlungsvertrag nach § 481b Abs. 1 BGB). Erfolgt eine Rechtswahl, so gilt das nach Art. 3 gewählte Recht.[496] Mangels Rechtswahl kommt es zu einer Anknüpfung als Dienstleistungsvertrag iSd Art. 4 Abs. 1 lit. b.[497] Dies führt zum Recht am gewöhnlichen Aufenthalt des gewerblichen Leistungserbringers. Bein **Tauschsystemvertrag** wird Zugang zu Übernachtungsmöglichkeiten oder anderen Leistungen gewährt (vgl. § 481b Abs. 2 BGB). Bei Rechtswahl ist das nach Art. 3 gewählte Recht anzuwenden.[498] Mangels Rechtswahl handelt sich um einen Dienstleistungsvertrag iSd Art. 4 Abs. 1 lit. b.[499] Dies führt zum Recht am Ort der Organisation des Tauschsystems. 141

d) Grundstücksverwaltung. Bei der Haus- und Grundstücksverwaltung geht es um Dienstleistungen und nicht um Grundstücksrechte.[500] Für eine Abweichung von Abs. 1 lit. b bleibt nur der Weg über Abs. 3.[501] Die Anwendung auf die Verwaltungstreuhand ist zweifelhaft.[502] 142

V. Miete oder Pacht unbeweglicher Sachen zum vorübergehenden privaten Gebrauch (Abs. 1 lit. d)

Nach Abs. 1 lit. d unterliegt die Miete oder Pacht unbeweglicher Sachen für höchstens sechs aufeinander folgende Monate zum vorübergehenden privaten Gebrauch dem Recht des Staates, in dem der Vermieter oder Verpächter seinen **gewöhnlichen Aufenthalt** hat. Vorausgesetzt wird allerdings, dass der Mieter oder Pächter eine natürliche Person ist und seinen gewöhnlichen Aufenthalt in demselben Staat hat. Gewerbliche Mietverträge werden nicht erfasst.[503] Diese Ausnahme[504] von Abs. 1 lit. c zielt vor allem auf die nur **kurzzeitige Miete von Ferienwohnungen und -häusern** ab. Hier wirken sich die örtlichen Schutzgesetze regelmäßig nicht aus und die Beziehung zum Lageort ist flüchtig.[505] Dies entspricht der Zuständigkeitsvorschrift in Art. 24 Nr. 1 S. 2 Brüssel Ia-VO (= Art. 22 Nr. 1 S. 2 LugÜ). Auch hier ist die Anwendung der Ausweichklausel (Abs. 3) nicht ausgeschlossen.[506] 143

VI. Franchiseverträge (Abs. 1 lit. e)

Schrifttum: *Bairlein,* Rechtswahl bei Masterfranchiseverträgen und mehrstufigen internationalen Liefer- oder Vertriebsverträgen, IHR 2014, 1; *Garcia Gutierrez,* Franchise Contracts and the Rome I Regulation on the Law

493 *Leible/Leitner* IPRax 2013, 37 (42).
494 *Franzen* FS v. Hoffmann, 2011, 115 (117).
495 *Leible/Leitner* IPRax 2013, 37 (42).
496 *Leible/Leitner* IPRax 2013, 37 (42).
497 *Franzen* FS v. Hoffmann, 2011, 115 (117); *Leible/Leitner* IPRax 2013, 37 (42).
498 *Leible/Leitner* IPRax 2013, 37 (42).
499 *Franzen* FS v. Hoffmann, 2011, 115 (118); *Leible/Leitner* IPRax 2013, 37 (42). Vgl. Staudinger/*Magnus,* 2021, Rn. 275.
500 Abl. auch BeckOK BGB/*Spickhoff* Rn. 36; Erman/*Stürner* Rn. 24; Staudinger/*Magnus,* 2021, Rn. 51. Anders *v. Bar/Mankowski* IPR II § 1 Rn. 263.
501 So zu Art. 28 Abs. 5 EGBGB; Soergel/*v. Hoffmann* EGBGB Art. 28 Rn. 240.
502 Dazu *C. Wilhelm* IPRax 2012, 392 (396).
503 Rauscher/*Thorn* Rn. 72.
504 Nur als „Auswahlentscheidung“ angesehen von Reithmann/Martiny IntVertragsR/*Mankowski* Rn. 22.20.
505 *Staudinger* NZM 2011, 257 ff. – Vgl. *Martiny* in Leible, Grünbuch, 2004, 109 (121 ff.); *Kreytenberg,* Die individuelle Schwerpunktbestimmung internationaler Schuldverträge nach der Ausweichklausel des Art. 4 Abs. 5 S. 2 EVÜ, 2006, 131 ff.
506 *Garcimartín Alférez* EurLegForum 2008, I-61 (I-68); Reithmann/Martiny IntVertragsR/*Mankowski* Rn. 22.20.

Applicable to International Contracts, YbPIL 10 (2008), 233; *Winkler v. Mohrenfels,* Franchise- und Vertriebsverträge im internationalen Privatrecht, ZVertriebsR 2014, 281.

144 **1. Rechtsangleichung.** Ein UNIDROIT-Modellgesetz ist ausgearbeitet worden.[507] Ferner besteht ein UNIDROIT-Führer über Franchiseverträge.[508] Grenzüberschreitende Verträge unterliegen in kartellrechtlicher Hinsicht Art. 101 AEUV; doch besteht eine besondere Verordnung über vertikale Beschränkungen, welche die frühere Gruppenfreistellungsverordnung abgelöst hat.[509]

145 **2. Anknüpfung.** Der zu den Absatzverträgen gehörende Franchisevertrag (contrat de franchise) gestattet dem Franchisenehmer die Nutzung von Know-how und Rechten des Franchisegebers (zB Marken- und Firmennamen) beim selbständigen Vertrieb einer Ware oder bei der Anwendung eines bestimmten Verfahrens (Dienstleistungen).[510] Der Franchisegeber seinerseits unterstützt den Franchisenehmer bei der Führung seines Betriebes. Der Begriff des Franchisevertrages ist autonom zu bestimmen.[511] Ausdrückliche und stillschweigende Rechtswahl sind möglich.[512] Da die Ausgestaltung variiert und auch dem Franchisegeber umfangreiche Pflichten obliegen können, war die objektive Anknüpfung umstritten. Abs. 1 lit. e stellt nunmehr eindeutig auf den **gewöhnlichen Aufenthalt des Franchisenehmers** ab.[513] Fraglich ist, unter welchen Umständen eine engere Verbindung nach Abs. 3 angenommen werden kann.[514] Nicht mehr haltbar ist es, – insbesondere beim Dienstleistungsfranchising – primär auf die Entwicklung eines einheitlichen Konzepts sowie die Einbindung in ein Vertriebssystem und damit auf die **Niederlassung des Franchisegebers** abzustellen.[515] Für diese Auffassung steht im Mittelpunkt, dass der Franchisegeber sein Betriebskonzept einer Vielzahl von Franchisenehmern zur Verfügung stellt. An der für andere Absatzmittler kennzeichnenden Selbständigkeit fehle es daher. Liegt das Schwergewicht des Vertrages in der Einräumung von Immaterialgüterrechten, so wird von manchen auch – wenig überzeugend – angenommen, dass er der Rechtsordnung des Landes untersteht, für welches das Immaterialgüterrecht eingeräumt wurde (Schutzland).[516] Schutzgesetze zugunsten der Franchisenehmer dürften häufig nicht bestehen,[517] regelmäßig jedenfalls nicht als Eingriffsnorm iSd Art. 9 einzustufen sein.[518]

VII. Handelsvertreter- und Vertriebsverträge (Abs. 1 lit. b, f)

Schrifttum: *M.-E. Ancel,* Les contrats de distribution et la nouvelle donne du règlement Rome I, Rev. crit. dr. int. pr. 97 (2008), 561; *Emde,* Internationale vertriebsrechtliche Schiedsverfahren, RIW 2016, 104; *Magnus,* Grenzüberschreitende Vertriebsverträge, IHR 2018, 49; *Winkler v. Mohrenfels,* Franchise- und Vertriebsverträge im internationalen Privatrecht, ZVertriebsR 2014, 281.

146 **1. Anknüpfung der Vertriebsverträge.** Der Vertriebsvertrag (distribution contract; contrat de distribution) unterliegt dem Recht des Staates, in dem der Vertriebshändler seinen gewöhnlichen Aufenthalt hat (Abs. 1 lit. f). Würde man diese Bestimmung sehr weit auslegen, so würde hierunter außer dem Vertragshändler (Eigenhändler) auch der Handelsvertreter fallen.[519] Allerdings spricht die auf eine eigenständige Vertriebsleistung hinweisende und einheitlich auszulegende Bezeichnung „Vertriebshändler" (distributor; distributeur) unter Berücksichtigung der EuGH-Rspr. eher dafür,

---

507 Model Franchise Disclosure Law, 2002; näher *Binder* Rev. dr. unif. 2000, 707 ff.

508 S. The UNIDROIT Guide to International Master Franchise Arrangements, Rom, 2. Aufl. 2007.

509 VO (EG) Nr. 2790/1999 der Kommission vom 22.12.1999 über die Anwendung von Artikel 81 Abs. 3 des Vertrags auf Gruppen von vertikalen Vereinbarungen und aufeinander abgestimmten Verhaltensweisen, ABl. EG 1999 L 336, 21. – Zur früheren Rechtslage LG Düsseldorf WuW 2003, 71 = IPRspr. 2002 Nr. 31.

510 *Lakkis* in Martinek/Semler/Flohr, Handbuch des Vertriebsrechts, 4. Aufl. 2016, 1465 ff.; *Winkler v. Mohrenfels* ZVertriebsR 2014, 281 ff.

511 BeckOGK/*Köhler,* 1.12.2023, Rn. 111: Wirtschaftliche Verwertung fremden Geschäftsmodells entscheidend.

512 OLG Frankfurt ZvertriebsR 2022, 59; *Bairlein* IHR 2014, 1 ff.; Reithmann/Martiny IntVertragsR/*Dutta* Rn. 20.9. – S. schon LG Düsseldorf WuW 2003, 71 = IPRspr. 2002 Nr. 31.

513 *Garcia Gutiérrez* YbPIL 10 (2008), 233 (238 ff.); Reithmann/Martiny IntVertragsR/*Dutta* Rn. 20.12; Rauscher/*Thorn* Rn. 58; krit. zu der Anknüpfung Ferrari IntVertragsR/*Ferrari* Rn. 45 mwN.

514 Dazu *Winkler v. Mohrenfels* ZVertriebsR 2014, 281 (286); Reithmann/Martiny IntVertragsR/*Dutta* Rn. 20.30; abl. *Valdini,* Der Schutz der schwächeren Vertragspartei im internationalen Vertriebsrecht, 2013, 389 f.

515 S. insoweit noch *Vischer* FG Schluep, 1988, 515 (531; *Vischer* Liber Amicorum Droz, 1996, 499 (513); *Hiestand* RIW 1993, 173 (178); *Bräutigam* WiB 1997, 899; *v. Bar* IPR II, 2003, Rn. 499.

516 OGH GRURInt. 1988, 72 = IPRax 1989, 242 m. Aufsatz *Schlemmer* IPRax 1989, 252. Abl. auch Reithmann/Martiny IntVertragsR/*Dutta* Rn. 20.30.

517 So zu § 89b HGB *Magnus* IHR 2018, 49 (58).

518 *Garcia Gutiérrez* YbPIL 10 (2008), 233 (240 f.); *Bairlein* IHR 2014, 1 (5); BeckOGK/*Köhler,* 1.12.2023, Rn. 108.

519 Erman/*Stürner* Rn. 28a; Rauscher/*Thorn* Rn. 55.

dass Abs. 1 lit. f lediglich den Eigenhändler, der aufgrund eines Rahmenvertrages selbst Waren absetzt, meint.[520] Für den Handelsvertreter bleibt es daher bei der allgemeinen Anknüpfung für Dienstleistungsverträge nach Abs. 1 lit. b (näher → Rn. 150 ff.).

Das Haager **Übereinkommen über das auf Verträge von Vertretern und die Stellvertretung anwendbare Recht** vom 14.3.1978 erklärt mangels Rechtswahl (dazu Art. 5 Übk.) das Recht am Niederlassungsort des Vertreters für sein Verhältnis zum Unternehmer für maßgeblich (Art. 6 Übk.).[521] Das nach Art. 25 Abs. 1 Übk. der Rom I-VO vorgehende Übereinkommen gilt bislang für Argentinien, Frankreich, die Niederlande und Portugal (2013). Es ist für Deutschland wegen des von der VO ausgeschlossenen Renvoi (Art. 20 Übk.) ohne Bedeutung. 147

2. Handelsvertretervertrag.

Schrifttum: *Kindler,* Zur Anknüpfung von Handelsvertreter- und Vertragshändlerverträgen im neuen bundesdeutschen IPR, RIW 1987, 660; *Kindler,* Der Ausgleichsanspruch des Handelsvertreters im deutsch-italienischen Warenverkehr, 1987; *W.H. Roth,* Handelsvertretervertrag und Rom I-Verordnung, FS Spellenberg, 2010, 309; *Semler,* Deutscher Handelsvertreterausgleich und internationale Schiedsverfahren, FS Wegen, 2015, 743; *Semler,* Der Ausgleichsanspruch des deutschen Handelsvertreters in internationalen Handelsvertreterverhältnissen, ZVertriebsR 2016, 139.

a) Rechtsangleichung. In der EU und im Europäischen Wirtschaftsraum ist das materielle Handelsvertreterrecht angeglichen worden,[522] so dass die Frage der Rechtsanwendung viel von ihrer ursprünglichen Bedeutung verloren hat. Das nationale Recht darf zwar (vgl. Art. 13 Abs. 2 Handelsvertreter-RL) die Schriftform für den Vertrag verlangen, aber keine weiteren Wirksamkeitserfordernisse wie eine Eintragung des Vertreters, aufstellen. Damit darf die Gültigkeit eines Handelsvertretervertrages nicht von der Eintragung in ein Handelsvertreterregister abhängig gemacht werden.[523] Auf der anderen Seite darf eine Eintragung, welche keine Wirksamkeitsvoraussetzung ist, weiterhin verlangt werden.[524] Kartellrechtlich ist eine Verordnung zu Art. 101 AEUV zu beachten.[525] 148

b) Anknüpfung. Kennzeichnend für den Handelsvertreter (vgl. §§ 84 ff. HGB) ist die selbständige Vermittlung von Verträgen.[526] **Rechtswahl ist zulässig.**[527] Mit dem Auslandsvertreter eines deutschen Unternehmens kann die Geltung deutschen Rechts vereinbart werden.[528] Auch ein „neutrales" Recht darf gewählt werden;[529] stillschweigende Rechtswahl ist möglich.[530] 149

Eine Rechtswahlbeschränkung besteht jedoch für in der Union tätige Handelsvertreter, wenn das **vereinbarte ausländische Recht keinen Ausgleichsanspruch des Vertreters kennt.** Der EuGH hat den in der Handelsvertreter-RL zwingend festgeschriebenen Ausgleichsanspruch (vgl. Art. 17, 18 Handelsvertreter-RL, § 89b HGB) wegen des Schutzes des Handelsvertreters, der Wettbewerbsgleichheit in der Union und wegen des „starken Gemeinschaftsbezuges" in der **Ingmar-Entscheidung** auch gegen ein ausländisches Vertragsstatut durchgesetzt.[531] Damit wurde dem ange- 150

[520] *Winkler v. Mohrenfels* ZVertriebsR 2014, 281; Ferrari IntVertragsR/*Ferrari* Rn. 48; NK-BGB/*Leible* Rn. 47; Staudinger/*Magnus,* 2021, Rn. 71; näher *Magnus* IHR 2018, 49 (50 f.); Reithmann/Martiny IntVertragsR/*Fabig* Rn. 6.1416. – Auch *Ancel* Rev. crit. dr. int. pr. 97 (2008), 561 (562 ff.); *Ancel* YbPIL 10 (2008), 221 ff. zieht eine Anwendung des Abs. 1 lit. f nur für den Vertragshändler in Betracht.

[521] Text: RabelsZ 43 (1979), 176 (engl. und franz.); dazu *Müller-Freienfels* RabelsZ 43 (1979), 80; *Basedow* RabelsZ 45 (1981), 196.

[522] Länderübersicht bei Reithmann/Martiny IntVertragsR/*Fabig* Rn. 23.10. Zur Angleichung des materiellen Handelsvertreterrechts durch die Handelsvertreter-RL näher *Ankele* DB 1987, 569; *Ankele* DB 1989, 2211; *Eckert* NZA 1990, 384; *Fock,* Die europäische Handelsvertreter-Richtlinie, 2001; *Kindler* JbItalR 4 (1991), 25; *Kindler* RIW 1990, 358; Saenger/Schulze (Hrsg.), Der Ausgleichsanspruch des Handelsvertreters, 2000; *Westphal* EWS 1996, 43.

[523] EuGH Slg. 1998, I-2191 = EuZW 1998, 409 – Bellone/Yokohama. – S. *Lange* JZ 1998, 1113 f.; Reithmann/Martiny IntVertragsR/*Fabig* Rn. 23.41.

[524] EuGH Slg. 2003, I-2371 = EWS 2003, 187 – Caprini.

[525] Seit 1.6.2022 gilt die VO (EU) 2022/720 vom 10.5.2022 über die Anwendung des Art. 101 Abs. 3 des Vertrags über die Arbeitsweise der Europäischen Union auf Gruppen von vertikalen Vereinbarungen und abgestimmten Verhaltensweisen (ABl. EU 2022 L 134, 4). – Zur vorhergehenden Gruppenfreistellungs-VO (EU) 330/2010, Reithmann/Martiny IntVertragsR/*Fabig* Rn. 23.107 ff.

[526] Staudinger/*Magnus,* 2021, Rn. 325.

[527] BGH NJW 1998, 1861; OLG Frankfurt NJW-RR 1995, 351.

[528] OLG Schleswig RIW 1989, 308; Staudinger/*Magnus,* 2021, Rn. 327 f.

[529] Soergel/*v. Hoffmann* Rn. 258. – Einschr. *Kindler,* Der Ausgleichsanspruch des Handelsvertreters im deutsch-italienischen Warenverkehr, 1987, 142 ff.

[530] ZB OLG Köln VersR 2002, 1374 = IPRspr. 2002 Nr. 32.

[531] EuGH Slg. 2000, I-9305 = NJW 2001, 2007 = EuZW 2001, 51 m. zust. Anm. *Reich* = IPRax 2001, 225 m. zust. Aufsatz *Jayme* IPRax 2001, 191 = RIW 2001, 133 m. krit. Aufsatz *Freitag/Leible* RIW 2001, 287 – Ingmar GB; dazu auch *Michaels/Kamann* EWS 2001, 301 ff.; *Nemeth/Rudisch* ZfRV 42 (2001), 179 ff.;

glichenen englischen Recht international zwingende Wirkung gegenüber der Wahl kalifornischen Rechts zugebilligt[532] (→ EGBGB Art. 3 Rn. 84 f.). Im Fall **Unamar** konnte das bzgl. des Ausgleichsanspruchs weitergehende belgische Handelsvertreterrecht gegen das richtlinienkonforme bulgarische Recht ins Feld geführt werden[533] (→ EGBGB Art. 3 Rn. 89 ff.). Teilweise wird eine eigene versteckte Kollisionsnorm angenommen[534] (→ Art. 9 Rn. 28). Auch § 89b HGB (Ausgleichsanspruch) wurde als international zwingende Vorschrift angesehen; er wird vielfach als Eingriffsnorm eingestuft.[535] Der Zweck der Vorschrift dürfe auch nicht dadurch vereitelt werden, dass über die Rechtswahl hinaus der ausschließliche Gerichtsstand eines Drittstaates gewählt werde, dessen Recht dem Handelsvertreterausgleich entsprechende Ansprüche nicht kennt. Die damit einhergehende Derogation deutscher Gerichte sei unwirksam.[536] Eine ähnliche Problematik besteht in der Schiedsgerichtsbarkeit.[537] Ob, wie häufig angenommen wird, zwingendes, auf Grund Unionsrecht angeglichenes Recht direkt anzuwenden ist,[538] (→ EGBGB Art. 3 Rn. 84 ff.) ist Gegenstand der Diskussion (→ Art. 9 Rn. 14, 28 f.). Unter bestimmten Umständen kann ein Mitgliedstaat **über den Mindeststandard der Richtlinie hinausgehen,** diese Regelung als zwingende Norm einstufen und auch gegen das Recht eines anderen Mitgliedstaates durchsetzen (→ Art. 9 Rn. 29).[539] Auf der anderen Seite hat der EuGH die Handelsvertreter-RL in der **Agro-Entscheidung** wegen fehlenden Unionsbezuges nicht auf einen in der Türkei tätigen Handelsvertreter erstreckt.[540]

151 Bei Fehlen einer realen Rechtswahl führt eine objektive Anknüpfung nach Abs. 1 lit. b zur Maßgeblichkeit der Leistung des Handelsvertreters.[541] Abs. 1 lit. f ist nicht einschlägig[542] (→ Rn. 146). Anzuwenden ist in der Regel das Recht am **gewöhnlichen Aufenthaltsort des Handelsvertreters** (zum Handelsreisenden → Art. 8 Rn. 64); das Recht des Unternehmers muss zurückstehen.[543] Daher unterliegen Verträge ausländischer Unternehmen mit Handelsvertretern, welche eine deutsche Niederlassung besitzen, grundsätzlich deutschem Recht.[544] Umgekehrt gilt

---

Schwarz ZVglRWiss 101 (2002), 45 ff.; *Sonnenberger* IPRax 2003, 104 (109 ff.); *Schwartze* FS Kilian, 2004, 783 ff.; *Kühne* FS Heldrich, 2005, 815 (821 ff.); *Hagemeister,* Der Handelsvertreter im englischen Recht und seine Ansprüche bei Beendigung des Vertriebsvertrages, 2004, 292 ff.; Reithmann/Martiny IntVertragsR/*Fabig* Rn. 6.1502 ff.

532 Für zwingende Geltung unter Hinweis auf den verfassungsrechtlich abgesicherten Schutz des schwächeren Vertragsteils, *Reich* NJW 1994, 2128 (2130 f.). Zwingende Geltung für das französische Recht forderte *Ferry* Clunet 120 (1993), 299 (303 f.).

533 EuGH ECLI:EU:C:2013:663 Rn. 52 = EuZW 2013, 956 = IPRax 2014, 174 m. Aufsatz *Lüttringhaus* IPRax 2014, 146 = ZVertriebsR 2014, 55 = Clunet 141 (2014), 625 mAnm *Jacquet* – Unamar; dazu *Martiny* ZEuP 2015, 838 (857 ff.).

534 *W.-H. Roth* FS Spellenberg, 2010, 309 (319 ff.).

535 *Thume* IHR 2009, 141 (147 f.); *W.-H. Roth* FS Spellenberg, 2010, 309 (326 ff.); *Emde* RIW 2016, 104 (107); *Semler* ZVertriebsR 2016, 139 ff.; Reithmann/Martiny IntVertragsR/*Fabig* Rn. 23.169; Reithmann/Martiny IntVertragsR/*Zwickel* Rn. 5.93; NK-BGB/*Doehner* Rom I Art. 9 Rn. 13 f.; Grüneberg/*Thorn* Rn. 19; Staudinger/*Magnus,* 2021, Rn. 336; anders *Rüsing,* Grenzüberschreitende Versicherungsvermittlung im Binnenmarkt, 2020, 344 ff.

536 BGH ZVertriebsR 2013, 35 = IHR 2013, 35 für Virginia; OLG München IPRax 2007, 322 m. krit. Aufsatz *Rühl* IPRax 2007, 294 = IHR 2006, 166 m. Aufsatz *Thume* IHR 2006, 169 für Kalifornien; OLG Stuttgart IHR 2012, 163 für Virginia; ebenso iErg *Mankowski* in Hopt/Tzouganatos, Europäisierung des Handels- und Wirtschaftsrecht, 2006, 149 f.

537 OLG München IPRax 2007, 322 m. krit. Aufsatz *Rühl* IPRax 2007, 294 = IHR 2006, 166 m. Aufsatz *Thume* IHR 2006, 169 für Kalifornien; näher *Semler* FS Wegen, 2015, 743 ff.; *Semler* ZVertriebsR 2016, 139 ff.; *Emde* RIW 2016, 104 (107 ff.). – Unwirksamkeit der Schiedsklausel nimmt an OGH IHR 2017, 123 mAnm *Eckardt* = ecolex 2017, 520 m. zust. Anm. *Mankowski.*

538 Vgl. dazu auch *Borges,* Verträge im elektronischen Geschäftsverkehr, 2003, 855 ff.

539 EuGH ECLI:EU:C:2013:663 = EuZW 2013, 956 = IPRax 2014, 174 m. Aufsatz *Lüttringhaus* IPRax 2014, 146 – Unamar.

540 EuGH ECLI:EU:C:2017:129 Rn. 52 = ZVertriebsR 2017, 182 mAnm *Rohrßen* – Agro Foreign Trade & Agency; dazu *Walter* RIW 2019, 570 ff.

541 BeckOGK/*Köhler,* 1.12.2023, Rn. 439; Ferrari IntVertragsR/*Ferrari* Rn. 49; PWW/*Brödermann/Wegen* Anh. Art. 4 Rn. 32; Staudinger/*Magnus,* 2021, Rn. 71.

542 *Magnus* IHR 2018, 49 (50 f.); NK-BGB/*Leible* Rn. 47; anders wegen der Absatzmittlerfunktion Erman/*Stürner* Rn. 28a; Grüneberg/*Thorn* Rn. 19.

543 Reithmann/Martiny IntVertragsR/*Fabig* Rn. 23.134 – Zum EVÜ Bericht *Giuliano/Lagarde,* BT-Drs. 10/503, 53; OLG Düsseldorf RIW 1995, 53 = IPRspr. 1994 Nr. 26; *Geisler,* Die engste Verbindung im Internationalen Privatrecht, 2001, 241 ff.

544 BGH NJW 1993, 2753 = IPRax 1994, 115 mAnm *Geimer* IPRax 1994, 82 = RIW 1993, 846 = ZZP 107 (1994), 211 mAnm *Leipold* mAnm *Otte* EWiR 1993, 877; OLG Koblenz IPRspr. 1992 Nr. 72 = IPRax 1994, 46 m. Aufsatz *Schurig* IPRax 1994, 27; OLG Düsseldorf IPRspr. 1997 Nr. 145; vgl. auch BGH NJW-RR 1993, 741.

bei ausländischer Niederlassung des Vertreters ausländisches Recht.[545] Dies ist jedenfalls für den Fall stRspr, dass der Handelsvertreter nur im Bereich einer Rechtsordnung tätig wird.[546]

Liegen **Tätigkeitsgebiet und gewöhnlicher Aufenthaltsort in zwei verschiedenen Staaten,** so wird zum Teil zwar die Geltung des Rechts des Tätigkeitsgebiets vorgeschlagen, weil die Bearbeitung des jeweiligen Markts ausschlaggebend sei.[547] Aber auch hier dürfte allein die Niederlassung maßgeblich sein, da die vertragstypische Leistung von ihr aus erbracht wird.[548] Korrekturen sind nur über Abs. 3 denkbar[549] (→ Rn. 310 ff.). 152

Gilt deutsches Recht, so können sonst zwingende **Schutzvorschriften** des deutschen Handelsvertreterrechts **abbedungen** werden, wenn der Vertreter seine Vertriebstätigkeit nicht innerhalb des Gebietes der EU oder des EWR auszuüben hat (§ 92c Abs. 1 HGB).[550] Dafür spricht die Agro-Entscheidung des EuGH für das belgisch-türkische Verhältnis.[551] Einer solchen Vereinbarung steht auch nicht entgegen, dass am ausländischen Tätigkeitsort des Handelsvertreters ausländische Schutzvorschriften gelten.[552] Die Bestimmung des § 92c Abs. 1 HGB ist eine bloße Sachnorm des deutschen Rechts, dessen Geltung sie voraussetzt, und keine Kollisionsnorm.[553] Vielfach wird argumentiert, dass sie auch keine Sonderanknüpfung nach Art. 9 rechtfertigt.[554] Nicht zuletzt wegen der Ingmar-Rspr. des EuGH wird aber auch eine international zwingende Norm angenommen.[555] Der deutsche ordre public greift nicht ein, wenn das auf Grund objektiver Anknüpfung zur Anwendung kommende Recht am ausländischen Tätigkeitsort des Handelsvertreters keinen Ausgleichsanspruch kennt.[556] 153

Die **Vereinbarung „deutschen Rechts"** bedeutet für den Auslandsvertreter das durch § 92c HGB geschaffene Sonderrecht.[557] Nachdem der außereuropäische vergütungsfreie Wettbewerbsverbote zulassende § 75b S. 1 HGB für deutsche Handlungsgehilfen für verfassungswidrig erklärt wurde,[558] ist zum Teil allerdings auch die Verfassungsmäßigkeit dieser Bestimmung bestritten worden[559] bzw. die Ausschlussvereinbarung einer Inhaltskontrolle nach § 307 BGB unterworfen worden.[560] – Zur ausländischen Registrierung → Art. 9 Rn. 106. 154

3. Vertragshändlervertrag.

Schrifttum: *Kindler,* L'arrêt Optelec – Deutsch-französisches zur objektiven Anknüpfung des Vertragshändlervertrags, FS Sonnenberger, 2004, 433; *Kindler,* Der lange Arm des deutschen Vertriebsrechts, NJW 2016, 1855; *Peschke,* Der Vertragshändlerausgleich in internationalen Verträgen, ZVertriebsR 2016, 144.

a) Rechtsangleichung. Einheitliches Privatrecht, auch europäisches Richtlinienrecht, besteht bislang nicht.[561] Das CISG greift regelmäßig nicht ein (→ CISG Art. 1 Rn. 11). Kartellrechtlich 155

545 S. auch BGHZ 127, 368 (371) = NJW 1995, 318 betr. Anwendung von DDR-Recht.

546 BGHZ 53, 332 (337) = NJW 1970, 1002; BGH NJW 1981, 1899 = IPRax 1981, 217 Ls. m. zust. Anm. *v. Hoffmann;* NJW 1988, 1466 = RIW 1988, 397; OLG Hamburg MDR 1973, 140 betr. Reedereiagent; OLG Düsseldorf NJW 1974, 2185; OLG Hamm RIW 1979, 205; 1984, 316; ebenso *Landfermann* AWD 1971, 116 (119); *Sandberger/Teubner* RIW 1975, 256 ff.; *Ebenroth* RIW 1984, 164 (167); *Kindler* RIW 1987, 660 (663).

547 *Birk* ZVglRWiss 79 (1980), 268 (282); *Weitnauer,* Der Vertragsschwerpunkt, 1981, 181 f.

548 OLG Koblenz RIW 1996, 151 mAnm *Otte* EWiR 1996, 305; *Kindler,* Der Ausgleichsanspruch des Handelsvertreters im deutsch-italienischen Warenverkehr, 1987, 164 ff.; *Kindler* RIW 1987, 660 (664); *Kränzlin* ZVglRWiss 83 (1984), 257 (277 f.) betr. USA; *Gunst,* Die charakteristische Leistung, 1994, 184 ff.; *Geisler,* Die engste Verbindung im Internationalen Privatrecht, 2001, 243.

549 Näher zu Art. 28 EGBGB *Geisler,* Die engste Verbindung im Internationalen Privatrecht, 2001, 241 ff.

550 Gesetz vom 23.10.1989, BGBl. 1989 I 1910.

551 S. EuGH ECLI:EU:C:2017:129 = ZVertriebsR 2017, 182 m. zust. Anm. *Rohrßen* – Agro Foreign Trade & Agency; ebenso für Vereinbarkeit mit der Richtlinie *Fröhlich* RIW 2021, 652 (653 f.).

552 OLG München NJW-RR 2003, 471 = RIW 2002, 319 m. Aufsatz *Eberl* RIW 2002, 305 = RIW 2002, 1385 m. Aufsatz *Mankowski* RIW 2002, 1532 mAnm *Emde* EWiR 2002, 485 = IPRspr. 2002 Nr. 30; *Fröhlich* RIW 2021, 652 (654 f.). Vgl. Reithmann/Martiny IntVertragsR/*Fabig* Rn. 23.33.

553 *Thume* IHR 2009, 141 (147); *Mankowski* MDR 2002, 1352 (1353 ff.); Reithmann/Martiny IntVertragsR/*Fabig* Rn. 23.32; Staudinger/*Magnus,* 2021, Rn. 330.

554 Zu Art. 34 EGBGB *Wegen* WiB 1994, 255 (256); Soergel/*v. Hoffmann* EGBGB Art. 28 Rn. 65.

555 NK-BGB/*Doehner* Rom I Art. 9 Rn. 13 f.

556 LG Frankfurt a.M. IPRax 1981, 134 m. insoweit zust. Aufsatz *Martiny* IPRax 1981, 119 f.

557 OLG Karlsruhe WuW 1981, 70 = IPRspr. 1980 Nr. 24; *Emde* MDR 2002, 190 (193); Reithmann/Martiny IntVertragsR/*Fabig* Rn. 23.32; krit. dazu *Wengler* ZHR 146 (1982), 30 (35 ff.). – Zum Verstoß des § 92c Abs. 1 aF HGB gegen Art. 49, 12 AEUV (früher Art. 59, 6 EGV) OLG München RIW 1996, 155 = IPRax 1997, 44 m. Aufsatz *Fuchs* IPRax 1997, 32.

558 BAG NJW 1981, 1174.

559 So *Wengler* ZHR 146 (1982), 30 (43 ff.).

560 *Hepting/Detzer* RIW 1989, 337 (340 ff.); dagegen aber OLG München IPRspr. 2002 Nr. 30 = RIW 2002, 319 m. Aufsatz *Eberl* RIW 2002, 305.

561 *Mankowski* RIW 2016, 457 f.

unterliegen grenzüberschreitende Alleinvertriebsverträge Art. 101 AEUV und der entsprechenden kartellrechtlichen VO.[562]

156 **b) Anknüpfung.** Der Eigenhändler (Vertriebs- oder Vertragshändler) vertreibt in der Regel auf Grund eines Rahmenvertrages in eigenem Namen und auf eigene Rechnung Waren des Unternehmers. Ist er nicht nur in das Vertriebssystem des Unternehmers eingegliedert, sondern wird er in einem bestimmten Gebiet allein beliefert, so spricht man von einem Alleinvertriebsvertrag. In solchen Vertriebsverträgen tritt das kaufrechtliche Element zurück. Rechtswahl ist ohne Beschränkung möglich.[563] Sie kann auch stillschweigend erfolgen.[564] Im Einzelfall kann die Vereinbarung eines bestimmten Rechts in den Einzelverträgen auf eine konkludente Wahl dieses Rechts für den Rahmenvertrag hindeuten.[565]

157 Mangels Rechtswahl unterliegt der **Rahmenvertrag** nach Abs. 1 lit. f dem Recht des gewöhnlichen Aufenthalts des Händlers, weil dieser die charakteristische Leistung (Absatz, Marktbearbeitung, Lagerhaltung, Kundendienst) erbringt.[566] Vor allem die frühere französische Rspr. hatte nach dem EVÜ eine einheitliche Anknüpfung von Rahmenvertrag und Einzellieferungsvertrag vorgenommen. Dabei hat sie auf die Einzellieferung und die Verpflichtung des Unternehmers (Herstellers) abgestellt. Folglich hat sie das Recht am Niederlassungsort des Unternehmers herangezogen; dieser erbringe die das Vertragsverhältnis charakterisierende Leistung.[567] Dies überzeugt nicht. Zwar gehören die Einzellieferungen zum Gesamtbild des Vertriebsvertrages. Das Vertragsverhältnis wird jedoch durch die Vertriebstätigkeit des Händlers geprägt.[568] Gilt deutsches Recht, so kann nach der Rspr. der **Ausgleichsanspruch** des Vertragshändlers nur dann **abbedungen** werden, wenn der Händler seine Tätigkeit nicht innerhalb des Gebietes der EU oder des EWR ausübt (§ 92c Abs. 1 HGB analog).[569] Die Sicherung eines Ausgleichsanspruchs wird zunehmend – in ähnlicher Weise wie beim Handelsvertreter – als Eingriffsnorm eingeordnet.[570] Hierfür wird vor allem die analoge Anwendung des Handelsvertreterschutzrechts auf Vertriebshändler angeführt.[571] Dies wird auch für den Fall bejaht, wenn das Vertragsgebiet sich sowohl innerhalb als auch außerhalb der EU befindet.[572]

158 In den Einzelverträgen kann, wie für andere Kaufverträge auch, das anwendbare Recht vereinbart werden. Die Rechtswahl in einem Rahmenvertrag kann ein Indiz für das für den Einzelvertrag stillschweigend gewählte Recht sein.[573] Bei Fehlen einer Rechtswahl erfolgt eine objektive Anknüpfung. Zwar wurde vertreten, der **Einzellieferungsvertrag** zwischen Lieferant und Händler (also die eigentliche Käufer-Verkäuferbeziehung) unterliege wegen seiner engen Verbindung mit dem Eigenhändlervertrag in der Regel ebenfalls dem Recht dieses Vertrages[574] (→ Rn. 325). Diese

---

[562] VO (EG) Nr. 2790/1999 der Kommission vom 22.12.1999 über die Anwendung von Artikel 81 Abs. 3 des Vertrags auf Gruppen von vertikalen Vereinbarungen und aufeinander abgestimmten Verhaltensweisen, ABl. EG 1999 L 336, 21; dazu *Bechtold* EWS 2001, 49 ff.

[563] OLG Frankfurt GRUR Int 1992, 461 = IPRspr. 1991 Nr. 159 mAnm *Rahlmeyer* EWiR 1992, 887; *Kocher* RIW 2003, 512 (518); *Mankowski* RIW 2016, 457 (458); Reithmann/Martiny IntVertragsR/*Fabig* Rn. 37.143.

[564] *Winkler v. Mohrenfels* ZVertriebsR 2014, 281 (283).

[565] *Magnus* IHR 2018, 49 (53); näher Reithmann/Martiny IntVertragsR/*Fabig* Rn. 37.145.

[566] Reithmann/Martiny IntVertragsR/*Fabig* Rn. 37.150; Rauscher/*Thorn* Rn. 53; Staudinger/*Magnus*, 2021, Rn. 78.

[567] Cass. com. Rev. crit. dr. int. pr. 91 (2002), 86 m. zust. Anm. *Lagarde* = Clunet 128 (2001), 1121 mAnm *Huet* (Arrêt Optelec); Cass. com. Rev. crit. dr. int. pr. 93 (2004), 102 mAnm *Lagarde* = Clunet 131 (2004), 1189 mAnm *Ancel* (Arrêt Ammann-Yanmar); näher dazu *Kindler* FS Sonnenberger, 2004, 433 ff.; *Kessedjian* in Basedow/Baum/Nishitani, Japanese and European Private International Law in Comparative Perspective, 2008, 105 (123 ff.); *Ancel* Rev. dr. int. pr. 97 (2008), 561 ff. Zur englischen Rspr. *Plender* in Lando/Magnus/Nowak-Stief, Angleichung des materiellen und des internationalen Privatrechts in der EU, 2003, 25 (37 f.); *Hill* Int. Comp. L. Q. 53 (2004), 325 (335 f.).

[568] *Kindler* FS Sonnenberger, 2004, 433 (440 f.); *Mankowski* RIW 2004, 488 f.; *Hill* Int. Comp. L. Q. 53 (2004), 325 (336); *Ancel*, La prestation caractéristique, 2002, Nr. 186, 247; Reithmann/Martiny IntVertragsR/*Fabig* Rn. 37.154.

[569] BGH NJW 2016, 1885 m. abl. Aufsatz *Kindler* NJW 2016, 1855 = RIW 2016, 454 mAnm *Mankowski* = ZVertriebsR 2016, 120 m. abl. Anm. *Teichmann* ZVertriebsR 2016, 195; Reithmann/Martiny IntVertragsR/*Fabig* Rn. 37.109.

[570] So *Peschke* ZVertriebsR 2016, 144 (151 f.); *Magnus* IHR 2018, 49 (56 f.); anders *Bairlein* IHR 2014, 1 (5); *Kindler* NJW 2016, 1855; *Mankowski* RIW 2016, 457 (458).

[571] In diesem Sinne *Fabig* IHR 2019, 1 ff.

[572] *Magnus* IHR 2018, 49 (57).

[573] OLG Hamburg TranspR-IHR 1999, 37 = IPRspr. 1998 Nr. 34; LG Karlsruhe NJW-RR 1999, 1284 = IPRspr. 1998 Nr. 35; Reithmann/Martiny IntVertragsR/*Fabig* Rn. 37.146.

[574] *Merschformann*, Die objektive Bestimmung des Vertragsstatuts beim internationalen Warenkauf, 1991, 232; Grüneberg/*Thorn* Rn. 19; näher *Martiny* AWD 1972, 165 (169); *Sturm* FS Wahl, 1973, 207 (225);

Auffassung hat sich jedoch nicht durchsetzen können; es ist selbständig anzuknüpfen. Zwar baut der Einzelliefervertrag auf dem Vertriebshändler- bzw. einem gesonderten Rahmenvertrag auf. Nur dann, wenn der Rahmenvertrag bereits den Inhalt des Einzellieferungsvertrages vorgibt, kann ein genügend enger Zusammenhang zwischen beiden bestehen.[575] In den anderen Fällen ist jedoch die Interessen- und Risikolage in den beiden Verträgen unterschiedlich.[576] Ferner ist eine getrennte Abwicklung möglich. Ohnehin gilt dann Verkäuferrecht, wenn der Rahmenvertrag eine große Nähe zu den bereits die Einzelheiten regelnden Kaufverträgen aufweist.[577] Schließlich gilt für solche Kaufverträge das Wiener Einheitskaufrecht,[578] soweit es nicht gemäß Art. 6 CISG durch ausdrückliche oder stillschweigende Vereinbarung ausgeschlossen wurde[579] (→ CISG Art. 6 Rn. 3 ff.).

VIII. Verkauf beweglicher Sachen durch Versteigerung (Abs. 1 lit. g)

Beim Versteigerungskauf gibt es unterschiedliche Vertragsgestaltungen. Vertragspartner des Erstehers (Bieters) kann sowohl der Auktionator als auch dessen Auftraggeber sein. Kommt der Vertrag zwischen dem Ersteher (Bieter) und dem im Auktionshaus nicht präsenten Auftraggeber des Auktionators zustande, so könnten wegen der Unsicherheit bezüglich des Auftraggebers unbefriedigende Ergebnisse eintreten. Die Kollisionsnorm für den Verkauf beweglicher Sachen (Art. 4 Abs. 1 lit. a) würde zum Recht am gewöhnlichen Aufenthaltsort des Auftraggebers (also des Verkäufers) führen. Der Ersteher weiß jedoch regelmäßig nicht, wo der Auftraggeber seinen gewöhnlichen Aufenthaltsort hat. Um die Anwendung eines nicht vorhersehbaren Rechts zu vermeiden, stellt die VO für den Verkauf durch Versteigerung (contract for the sale of goods by auction; contrat de vente de biens aux enchères) stattdessen auf das Recht des Staates ab, **in dem die Versteigerung abgehalten wird.** Das gilt auch dann, wenn Gebote telefonisch oder durch E-Mail erfolgen.[580] Art. 4 Abs. 4 lit. g ist **lex specialis** im Verhältnis zur Kollisionsnorm für den Kauf beweglicher Sachen (Art. 4 Abs. 1 lit. a).[581] Vorrangig anwendbar gegenüber beiden Vorschriften sind grundsätzlich aber wiederum die Regeln über Verbraucherverträge in Art. 6.[582] Eine **Versteigerung im Rahmen der Zwangsvollstreckung** ist keine Zivil- und Handelssache iSd Rom I-VO und wird von ihr nicht erfasst.[583] Es gilt das Recht am Ort der Zwangsvollstreckung.[584] 159

Ist der Ort der Versteigerung – wie bei bestimmten Versteigerungen **im Internet – nicht lokalisierbar,** so ist Art. 4 Abs. 1 lit. g nicht anwendbar. Insoweit könnte man an das Recht dessen denken, der die Versteigerung organisiert.[585] Nach anderen bleibt es beim eher feststellbaren Recht am gewöhnlichen Aufenthaltsort des Auftraggebers (als des Verkäufers) nach Abs. 1 lit. a.[586] 160

IX. Verträge über Finanzinstrumente innerhalb eines multilateralen Systems (Abs. 1 lit. h)

Schrifttum: *M. Müller,* Finanzinstrumente in der Rom I-VO, 2011; *Schwarz,* Globaler Effektenhandel, 2016.

1. Multilaterale Systeme. a) Allgemeines. Eine besondere objektive Anknüpfung besteht für Verträge, die **innerhalb eines multilateralen Systems** (multilateral system; organisme de placement collectif) zum Kauf und Verkauf von Finanzinstrumenten (financial instruments; instruments 161

anders BGHZ 57, 72 (76 f.) = NJW 1972, 391 mAnm *Geimer/Schmidt-Salzer* = JR 1972, 153 mAnm *Giesen.*

575 *Merschformann,* Die objektive Bestimmung des Vertragsstatuts beim internationalen Warenkauf, 1991, 233; Rauscher/*Thorn* Rn. 54.

576 OLG Düsseldorf RIW 1996, 958 = NJW-RR 1997, 822 = DZWiR 1997, 77 m. Aufsatz *Aden* DZWiR 1997, 81 = WiB 1997, 149 mAnm *Kiel* mAnm *Schlechtriem* EWiR 1996, 843; OLG Jena NJW 2009, 689; *Schurig* IPRax 1993, 30; Staudinger/*Magnus,* 2021, Rn. 72.

577 IPG 1984 Nr. 18 (Köln) S. 156 f.

578 OLG Koblenz RIW 1993, 934 = IPRspr. 1993 Nr. 35; OLG Düsseldorf RIW 1996, 958 = NJW-RR 1997, 822 = DZWiR 1997, 77 m. Aufsatz *Aden* DZWiR 1997, 81 = WiB 1997, 149 mAnm *Kiel* mAnm *Schlechtriem* EWiR 1996, 843; Reithmann/Martiny IntVertragsR/*Fabig* Rn. 37.147. – Noch zum EKG BGHZ 74, 136 (139 f.) = NJW 1979, 1782; BGH NJW 1981, 1156; OLG Hamm NJW 1983, 523.

579 Näher zum Ausschluss von Einheitsrecht *Rehbinder* IPRax 1982, 7 f.; *Magnus* IPRax 1993, 390 (391). Vgl. auch Reithmann/Martiny IntVertragsR/*Fabig* Rn. 37.148.

580 *Garcimartín Alférez* EurLegForum 2008, I-61 (I-68).

581 *Wagner* IPRax 2008, 377 (384); Ferrari IntVertragsR/*Ferrari* Rn. 52; Rauscher/*Thorn* Rn. 31.

582 *Wagner* IPRax 2008, 377 (384); Calliess/Renner/*Gebauer* Rn. 30.

583 Rauscher/*Thorn* Rn. 33.

584 Rauscher/*Thorn* Rn. 33.

585 Vgl. *Cavalier* Rev. Lamy dr. aff. 2008 Nr. 29 S. 65.

586 OLG Brandenburg IHR 2017, 19; *Wagner* IPRax 2008, 377 (384); Calliess/Renner/*Gebauer* Rn. 31; Rauscher/*Thorn* Rn. 32; s. auch Schweiz. BG IHR 2017, 72.

financiers; → Rn. 168) geschlossen werden[587] (→ IntFinanzMarktR Rn. 664). Nach Erwägungsgrund 18 werden unter dem Oberbegriff des multilateralen Systems solche Systeme verstanden, in denen Handel betrieben wird, wie die geregelten Märkte und multilateralen Handelssysteme iSd (inzwischen aufgehobenen) Art. 4 RL 2004/39/EG (jetzt Art. 4 RL 2014/65/EU; → IntFinanzMarktR Rn. 320) und zwar ungeachtet dessen, ob sie sich auf eine zentrale Gegenpartei stützen oder nicht. Das sind die klassischen „Parkettbörsen", aber auch elektronische Handelssysteme.[588] Die Regelung bezieht sich auch auf drittstaatliche Systeme, die funktional äquivalent sind.[589]

162 Die RL 2004/39/EG (MiFID I) ist durch die Finanzinstrumente-RL 2014/65/EU (MiFID II) ersetzt worden.[590] Nach Art. 4 Abs. 1 Nr. 21 MiFID II ist ein **geregelter Markt** ein von einem Marktbetreiber betriebenes und/oder verwaltetes multilaterales System, das die Interessen einer Vielzahl Dritter am Kauf und Verkauf von Finanzinstrumenten innerhalb des Systems und nach seinen nichtdiskretionären Regeln in einer Weise zusammenführt oder das Zusammenführen fördert, welches zu einem Vertrag in Bezug auf Finanzinstrumente führt, die gemäß den Regeln und/oder den Systemen des Marktes zum Handel zugelassen wurden, sowie eine Zulassung erhalten hat und ordnungsgemäß sowie gemäß den Bestimmungen des Titels III der Richtlinie funktioniert. Solche geregelten Märkte werden ebenfalls als multilaterales System angesehen.[591] „Nichtdiskretionär" bedeutet, dass die Regeln der Wertpapierfirma, die ein multilaterales Handelssystem betreibt, keinerlei Ermessensspielraum im Hinblick auf die möglichen Wechselwirkungen zwischen Interessen einräumen (Erwägungsgrund 6 MiFID II). Eine ermessensabhängige, einzelfallbezogene Lenkung ist ausgeschlossen.[592]

163 Ein **multilaterales Handelssystem** (multilateral trading facility; MTF) ist ein von einer Wertpapierfirma oder einem Marktbetreiber betriebenes multilaterales System, das die Interessen einer Vielzahl Dritter am Kauf und Verkauf von Finanzinstrumenten innerhalb des Systems und nach nichtdiskretionären Regeln in einer Weise zusammenführt, die zu einem Vertrag gemäß den Bestimmungen des Titels II der Richtlinie führt (Art. 4 Abs. 1 Nr. 22 MiFID II). Nach Erwägungsgrund 28 muss sichergestellt werden, dass **Rechte und Verpflichtungen, die ein Finanzinstrument begründen,** nicht der allgemeinen Regel für Verbraucherverträge unterliegen, da dies dazu führen könnte, dass für jedes der ausgegebenen Instrumente ein anderes Recht anzuwenden wäre, wodurch ihr Wesen verändert würde und ihr fungibler Handel und ihr fungibles Angebot verhindert würden. Entsprechend sollte auf das Vertragsverhältnis zwischen dem Emittenten bzw. dem Anbieter und dem Verbraucher bei Ausgabe oder Angebot solcher Instrumente nicht notwendigerweise die Anwendung des Rechts des Staates des gewöhnlichen Aufenthalts des Verbrauchers zwingend vorgeschrieben sein, da iSd der Anlegergleichbehandlung die Einheitlichkeit der Bedingungen einer Ausgabe oder eines Angebots sichergestellt werden muss.[593] Gleiches sollte bei den **multilateralen Systemen,** die von Art. 4 Abs. 1 lit. h Rom I-VO erfasst werden, gelten, in Bezug auf die gewährleistet sein sollte, dass das Recht des Staates des gewöhnlichen Aufenthalts des Verbrauchers nicht die Regeln berührt, die auf innerhalb solcher Systeme oder mit dem Betreiber solcher Systeme geschlossene Verträge anzuwenden sind.

164 Erwägungsgrund 29 Rom I-VO erläutert, was darunter zu verstehen ist, wenn von **Rechten und Verpflichtungen,** durch die die Bedingungen für die Ausgabe, das öffentliche Angebot oder das öffentliche Übernahmeangebot bezüglich übertragbarer Wertpapiere festgelegt werden, oder die Zeichnung oder der Rückkauf von Anteilen an Organismen für gemeinsame Anlagen in Wertpapieren die Rede ist. Darunter sollten auch die Bedingungen für die Zuteilung von Wertpapieren oder Anteilen, für die Rechte im Falle einer Überzeichnung, für Ziehungsrechte und ähnliche Fälle im Zusammenhang mit dem Angebot sowie die in den Art. 10, 11, 12 und 13 geregelten Fälle fallen, so dass sichergestellt ist, dass alle relevanten Vertragsaspekte eines Angebots, durch das sich der Emittent bzw. Anbieter gegenüber dem Verbraucher verpflichtet, einem einzigen Recht unterliegen.

165 Nach Erwägungsgrund 31 Rom I-VO bleibt die **Abwicklung** einer förmlichen Vereinbarung, die als ein **System** iSv Art. 2 lit. a Finalitäts-RL (RL 98/26/EG) ausgestaltet ist, von der Rom I-VO unberührt. Solche Abrechnungen (settlement finality) in Zahlungs- sowie Wertpapierliefer- und

[587] Näher zur Entstehung *M. Müller,* Finanzinstrumente in der Rom I-VO, 2011, 222 ff.; *McParland,* The Rome I Regulation on the Law Applicable to Contractual Obligations, 2015, Rn. 10.272 ff.

[588] *Wagner* IPRax 2008, 377 (384); *Einsele* WM 2009, 289 (291 f.); Rauscher/*Thorn* Rn. 74.

[589] *Garcimartín Alférez* EuFL 2008, I-61 (I-68 f.); *Garcimartín Alférez* YbPIL 10 (2008), 245 (248).

[590] Art. 94 RL 2014/65/EU vom 15.5.2014 über Märkte für Finanzinstrumente sowie zur Änderung der Richtlinien 2002/92/EG und 2011/61/EU, ABl. EU 2014 L 173, 349.

[591] Reithmann/Martiny IntVertragsR/*Mankowski* Rn. 19.66.

[592] *M. Müller,* Finanzinstrumente in der Rom I-VO, 2011, 228; Reithmann/Martiny IntVertragsR/*Mankowski* Rn. 19.65.

[593] *Steinrötter* in Maume/Maute, Rechtshandbuch Kryptowerte, 2020, § 3 Rn. 79.

-abrechnungssystemen **(payment and security settlement systems)** sind in Art. 2 Finalitäts-RL definiert.

Bloße **Wertpapierabwicklungs- bzw. -abrechnungssysteme** (securities settlement systems, SSS) sind somit nicht erfasst.[594] Diese Vereinbarungen unterliegen daher nicht Abs. 1 lit. h. Nach Art. 2 lit. a Abrechnungs-RL, die freilich der Umsetzung in das jeweilige nationale Recht bedarf, ist **Rechtswahl** durch die Teilnehmer möglich. Mangels einer nach Art. 3 wirksamen Rechtswahl wird das anzuwendende Recht nach dem **Grundsatz der charakteristischen Leistung** bestimmt (Art. 4 Abs. 2).[595] – Auch das **Crowdfunding** (Schwarmfinanzierung; → Rn. 117) stellt kein System iSd Abs. 1 lit. h dar.[596] 166

b) Verträge innerhalb eines multilateralen Systems. aa) Multilaterales System beim Kauf und Verkauf von Finanzinstrumenten. Es muss sich um ein multilateralens System handeln, das die Interessen einer Vielzahl Dritter (multiple third-party buying and selling interests) am Kauf und Verkauf von Finanzinstrumenten nach nichtdiskretionären Regeln (non-discretionary rules) und nach Maßgabe eines einzigen Rechts zusammenführt oder das Zusammenführen fördert. Der Vertrag muss im Rahmen eines solchen Systems geschlossen werden. Das „innerhalb" (within) wird so verstanden, dass nur Innengeschäfte, nicht aber Außengeschäfte mit Kunden erfasst werden.[597] „Vertrag" ist in einem weiten Sinn zu verstehen und umfasst auch Sicherungsgeschäfte.[598] Ein nur bilaterales System genügt nicht.[599] Nicht erfasst wird auch der Handel mit Kryptowerten und Token.[600] 167

bb) Finanzinstrumente. Die Begriffe „Finanzinstrumente" und „übertragbare Wertpapiere" bezeichnen diejenigen Instrumente, die in Art. 4 MiFiD genannt sind (Erwägungsgrund 30).[601] Art. 4 Abs. 1 RL 2004/39/EG enthält Begriffsbestimmungen. Nr. 17 definiert als Finanzinstrument die in Anh. I Abschnitt C genannten Instrumente. Diese Aufzählung findet sich nunmehr in Anh. I MiFID II. 168

c) Maßgeblichkeit des Rechts des multilateralen Systems. Rechtswahl für den einzelnen Vertrag ist zulässig.[602] Mangels Rechtswahl unterliegen Verträge, die innerhalb eines multilateralen Systems des Kaufs und Verkaufs von Finanzinstrumenten geschlossen werden, dem für das jeweilige multilaterale System geltenden Recht (Abs. 1 lit. h).[603] Die Rom I-VO sagt nicht direkt, welches Recht dies im Einzelfall ist. Man wird wohl nach der Art des Systems zu differenzieren haben[604] (→ Rn. 161). Soweit es sich um einen geregelten Markt handelt, wird man auf das Recht des regulierenden Staates (Regulierungsstatut) abstellen.[605] Entsprechendes gilt für multilaterale Handelssysteme.[606] Geschäfte im Rahmen einer bestimmten Börse unterliegen dem Recht des Börsenplatzes.[607] – Die Anwendung der Regeln für Verbraucherverträge ist ausgeschlossen (Art. 6 Abs. 4 lit. e;[608] → Art. 6 Rn. 40). 169

d) Finanzdienstleistungen. Die Vorschrift des Abs. 1 lit. h erfasst nicht Verträge, bei denen der Kunde lediglich eine Bank mit einem Wertpapierkauf beauftragt.[609] Insoweit bleibt es vielmehr bei den allgemeinen Regeln. Insbesondere kann Art. 6 eingreifen (→ Art. 6 Rn. 38 f.). 170

2. Einzelne Börsen- und Finanztermingeschäfte. a) Grundsatz. Börseninnengeschäfte werden an Börsen von dort zugelassenen Maklern (Broker) geschlossen und betreffen den Handel 171

[594] *Garcimartín Alférez* YbPIL 10 (2008), 245 (250); Reithmann/Martiny IntVertragsR/*Mankowski* Rn. 19.70; NK-BGB/*Leible* Rn. 58.
[595] *Garcimartín Alférez* YbPIL 10 (2008), 245 (250).
[596] *Freitag* in Möslein/Omlor, FinTech-Handbuch, 2021, § 14 Rn. 23.
[597] Rauscher/*Thorn* Rn. 74. – Überlegungen zu Kryptobörsen bei *Kerkemeyer* ZHR 184 (2020), 793 (818 ff.).
[598] *Garcimartín Alférez* YbPIL 10 (2008), 245 (249 f.).
[599] *M. Müller,* Finanzinstrumente in der Rom I-VO, 2011, 229; NK-BGB/*Leible* Rn. 56.
[600] *Lehmann* in Omlor/Link Kryptowährungen und Token, 2. Aufl. 2023, Kap. 5 Rn. 203; abl. für Kryptowährungs-Netzwerke *Drögemüller,* Blockchain-Netzwerke und Krypto-Token im Internationalen Privatrecht, 2023, 136 ff. Für grundsätzliche Möglichkeit *Hanner,* Internationales Kryptowerterecht, 2022, 239 ff.
[601] Vgl. *Wagner* IPRax 2008, 377 (384); Reithmann/Martiny IntVertragsR/*Mankowski* Rn. 19.2.
[602] *Wagner* IPRax 2008, 377 (384); Reithmann/Martiny IntVertragsR/*Mankowski* Rn. 19.73.
[603] Vgl. *Garcimartín Alférez* EuFL 2008, I-61 (I-69).
[604] Reithmann/Martiny IntVertragsR/*Mankowski* Rn. 19.76 ff.
[605] *Garcimartín Alférez* YbPIL 10 (2008), 245 (249); *Wagner* IPRax 2008, 377 (385); Reithmann/Martiny IntVertragsR/*Mankowski* Rn. 19.77; Ferrari IntVertragsR/*Ferrari* Rn. 57.
[606] *Garcimartín Alférez* YbPIL 10 (2008), 245 (249); *Schwarz,* Globaler Effektenhandel, 2016, 764.
[607] *Einsele* WM 2009, 289 (292); Reithmann/Martiny IntVertragsR/*Mankowski* Rn. 19.78.
[608] *Wagner* IPRax 2008, 377 (385).
[609] *Wagner* IPRax 2008, 377 (384).

mit bestimmten, im jeweiligen Börsenstatut bezeichneten Wertpapieren oder Waren.[610] Mangels Rechtswahl[611] unterliegen sie – soweit Abs. 1 lit. h nicht eingreift – grundsätzlich dem Recht des Börsenortes, weil dort die charakteristische Leistung erbracht wird (Abs. 2) und zu ihm die engste Beziehung besteht (Abs. 3).[612] Dies gilt auch für Börsenkäufe (→ Rn. 350 ff.). Zu den **Börsenaußengeschäften,** welche außerhalb der Börse geschlossen werden, gehören die Geschäfte zwischen dem Broker und dem Kunden. Sie unterliegen den für den jeweiligen Vertragstyp geltenden Regeln, zB für Kommissionsverträge (→ Rn. 87; → IntFinMarktR Rn. 323 ff.). Danach gilt im Allgemeinen das Recht des gewöhnlichen Aufenthaltsorts des Leistenden (Abs. 2), sofern keine anderweitige engere Beziehung besteht.[613] Allerdings können die Regeln für Verbraucherverträge (Art. 6) eingreifen (→ Art. 6 Rn. 15).

172 **b) Börsen- und Finanztermingeschäfte. aa) Vertragsstatut.** Handelt es sich um ein Börseninnengeschäft, so ist auch hier das **Recht des Börsenortes** vorzuziehen.[614] Geht es um Aufträge zur Durchführung von Termingeschäften, welche sich an ausländische Broker oder Finanzinstitute richten, so ist eine Rechtswahl nach Art. 3 zulässig. Die Rspr. hat früher zum Teil die Berechtigung der Rechtswahl bezweifelt (näher → Art. 3 Rn. 13).[615] Die Wahl eines ausländischen Rechts in Verträgen mit Auslandsberührung ist aber grundsätzlich weder überraschend noch missbräuchlich. Mangels Rechtswahl kommt es zur Anknüpfung an das Recht des gewöhnlichen Aufenthalts dessen, welcher die Finanzdienstleistung erbringt (Abs. 1 lit. b bzw. Abs. 2). – Wenn ihre Voraussetzungen erfüllt sind, kann aber die Verbraucherschutzvorschrift des Art. 6 zum Zuge kommen (→ Art. 6 Rn. 20).[616]

173 **bb) Finanztermingeschäfte.** Die Vorschrift im Wertpapierhandelsgesetz (WpHG) bezieht sich allgemein auf Finanztermingeschäfte.[617] Entscheidend ist nicht die Termingeschäftsfähigkeit des Kunden, sondern die **Einhaltung von Informationspflichten.** Die allgemeinen Verhaltensregeln des deutschen Rechts für Finanzdienstleistungen werden über § 1 Abs. 2 WpHG auch auf bestimmte **ausländische Unternehmen** erstreckt (idF des Gesetzes vom 23.6.2017, BGBl. 2017 I 1693; → IntFinanzMarktR Rn. 123 ff.). Das folgt dem Herkunftslandprinzip, wobei zwischen EU-Staaten und Drittstaaten unterschieden wird. Unter bestimmten Voraussetzungen können einzelne Emittenten Deutschland als Herkunftsstaat wählen (§ 4 WpHG).

174 Mangels Rechtswahl unterliegt ein mit einem Finanzdienstunternehmen geschlossener Vertrag dem Recht am **gewöhnlichen Aufenthaltsort des Unternehmens.** Soweit nicht Art. 4 Abs. 1 lit. b (Dienstleistung) oder lit. h (multilaterales System) einschlägig ist, erbringt es die charakteristische Leistung (Abs. 2).[618] S. aber → Art. 6 Rn. 36 ff. Die allgemeinen Verhaltensregeln, dh Aufklärungs- und Beratungspflichten in Abschnitt 11 (§§ 63 ff. WpHG) gelten aber auch für Unternehmen mit Sitz im Ausland, welche Wertpapierdienstleistungen oder Wertpapiernebendienstleistungen anbieten (§ 1 Abs. 2 S. 1 WpHG). Die Vorschriften über Positionslimits (§§ 54 ff. WpHG) gelten auch für bestimmte, im Ausland außerhalb eines Handelsplatzes gehandelte Warenderivate (§ 1 Abs. 2 S. 2 WpHG). Bei der Geschäftsleitung kommt es auf den effektiven Verwaltungssitz an.[619] Die Verpflichtung greift nicht ein, wenn die Wertpapierdienstleistung oder -nebendienstleistung einschließlich der damit im

---

610 *Schwarz,* Globaler Effektenhandel, 2016, 759. – Vgl. Reithmann/Martiny IntVertragsR/*Mankowski* Rn. 19.91.

611 Eine auf das Recht des Börsenortes gerichtete stillschweigende Rechtswahl nimmt grds. an Soergel/*v. Hoffmann* EGBGB Art. 28 Rn. 366.

612 Vgl. *Samtleben* in Hopt/Rudolph/Baum, Börsenreform, 1997, 469 (509); *Starp,* Die Börsentermingeschäfte an Auslandsbörsen, 1985, 66, 215; *Kiel,* Internationales Kapitalanlegerschutzrecht, 1994, 198 f., 236 f., 297.

613 Vgl. *Starp,* Die Börsentermingeschäfte an Auslandsbörsen, 1985, 67 f., 215.

614 *Samtleben* in Hopt/Rudolph/Baum, Börsenreform, 1997, 469 (509 f.).

615 S. insbes. OLG Düsseldorf NJW-RR 1994, 1132 = RIW 1994, 420 m. abl. Anm. *Mankowski* = WiB 1994, 650 mAnm *Lenz* mAnm *Steiner* EWiR 1994, 255 = WuB I G 5–4.94 m. abl. Anm. *Rauscher;* RIW 1996, 681 = IPRax 1997, 118 m. Aufsatz *Thorn* IPRax 1997, 98 mAnm *Mankowski* EWiR 1996, 577. Vgl. auch OLG Düsseldorf RIW 1995, 769 = IPRax 1997, 115 m. Aufsatz *Thorn* IPRax 1997, 9 mAnm *Geimer* EWiR 1996, 939. Abl. dazu *Stoll* FS Heini, 1995, 429 (440 N. 34); *Samtleben* in Hopt/Rudolph/Baum, Börsenreform, 1997, 469 (510).

616 OLG Düsseldorf RIW 1995, 769 = IPRax 1997, 115 m. Aufsatz *Thorn* IPRax 1997, 98 mAnm *Geimer* EWiR 1996, 939; *de Lousanoff* FS Nirk, 1992, 607 (628 f.); *Samtleben* in Hopt/Rudolph/Baum, Börsenreform, 1997, 469 (509, 511, 513 f.); *Kiel,* Internationales Kapitalanlegerschutzrecht, 1994, 239 ff.

617 S. Assmann/Schneider/Mülbert (Hrsg.), Wertpapierhandelsrecht, 8. Aufl. 2023; Fuchs/*Zimmermann* (Hrsg.), WpHG, 3. Aufl. 2024; s. auch *Kiel,* Internationales Kapitalanlegerschutzrecht, 1994.

618 Vgl. Reithmann/Martiny IntVertragsR/*Zwickel* Rn. 5.69 ff. zum WpHG.

619 Reithmann/Martiny IntVertragsR/*Mankowski* Rn. 19.114.

Zusammenhang stehenden Nebenleistungen ausschließlich im Ausland angeboten wird[620] (zu Wertpapierdienstleistungen näher → IntFinanzMarktR Rn. 448 ff.). Man wird wegen der überindividuellen Zielrichtung und der behördlichen Aufsicht an eine **Sonderanknüpfung der Informationsverpflichtung**[621] denken oder eine vorrangige Umsetzung von Richtlinienrecht.[622] Nach aA handelt es sich nur um eine privatschützende Norm, welche die Anwendung deutschen Sachrechts voraussetzt und nicht als einseitige Kollisionsnorm anzusehen ist.[623]

Die besondere einseitige Kollisionsnorm für Finanztermingeschäfte in § 37d WpHG aF ist beseitigt worden. Heute gelten insoweit die allgemeinen Regeln für Informationspflichten. Mangels Rechtswahl unterliegt ein mit einem Finanzdienstunternehmen geschlossener Vertrag dem Recht am **gewöhnlichen Aufenthaltsort des Unternehmens.**[624] Aber → Art. 6 Rn. 36 f. 175

D. Anknüpfung nach der charakteristischen Leistung (Abs. 2)

I. Grundsatz der charakteristischen Leistung

1. Nicht von Abs. 1 erfasste Verträge (Abs. 2 Alt. 1). Art. 4 Abs. 1 zählt nur eine begrenzte Anzahl von Vertragsverhältnissen auf. Fällt der Vertrag nicht unter die spezifizierten Verträge des Abs. 1, so ist auch hier zunächst zu bestimmen, ob es sich nur um einen einzigen Vertrag handelt oder ob von mehreren Verträgen auszugehen ist. Ist nur ein Vertrag anzunehmen, so ist zu entscheiden, was ihn charakterisiert. In beiden Konstellationen ist allein Abs. 2 Alt. 1 anzuwenden; die charakteristische Leistung ist zu ermitteln. Einige im Sachrecht als typische Verträge erfasste Vertragsverhältnisse gehören hierher, da sie nicht unter Abs. 1 fallen (zB Bürgschaft, Darlehen, Kauf eines Rechts, Mobiliarmiete, Schenkung). Das gleiche gilt für nicht gesondert geregelte Verträge wie den Lizenzvertrag[625] (→ Rn. 273) sowie atypische Gestaltungen.[626] Insoweit deckt sich die Rom I-VO weitgehend mit dem EVÜ. Danach war ebenfalls nach der charakteristischen Leistung zu fragen (Art. 4 Abs. 2 EVÜ). Die Lösungen des Übereinkommens können, da insofern nur die Bedeutung der engeren Verbindung (Art. 4 Abs. 5 EVÜ) reduziert wurde und die engste Verbindung nicht mehr auch als Grundregel (Art. 4 Abs. 1 EVÜ), sondern nur noch als letzte Anknüpfungsstufe auftaucht, weiterhin herangezogen werden. 176

2. Ermittlung der charakteristischen Leistung. a) Begriff der charakteristischen Leistung. Nach Abs. 2 weist ein Vertrag die engsten Verbindungen mit dem Staat auf, in dem die Partei, welche die charakteristische Leistung zu erbringen hat, im Zeitpunkt des Vertragsabschlusses ihren gewöhnlichen Aufenthalt hat. Der Grundsatz der charakteristischen Leistung soll also das zugrundeliegende Prinzip der engsten Verbindung konkretisieren und objektivieren.[627] Die charakteristische Leistung gilt für alle Verträge, welche in den Anwendungsbereich der Art. 3 ff. fallen (dh nicht von Art. 1 ausgeschlossen sind) und für die nicht die besonderen Anknüpfungen nach Abs. 1 gelten. Auch insoweit ist eine einheitliche Auslegung anzustreben.[628] Dabei kommt den spezifizierten Verträgen und dem Grundsatz der charakteristischen Leistung überragende Bedeutung zu, so dass sie insbesondere nicht durch die vorschnelle Annahme einer noch engeren Verbindung nach Abs. 3 beiseite geschoben werden dürfen (→ Rn. 310 ff.). 177

Der Begriff der charakteristischen Leistung wird nicht definiert. Der Bericht *Giuliano/Lagarde*[629] lässt aber keinen Zweifel daran, dass damit das Konzept der Vertragstypenlehre gemeint ist, wie es seit längerem von Lehre und Rspr. zahlreicher Länder entwickelt wurde. Danach ist auf einen Vertrag **das Recht der Partei anzuwenden, welche die charakteristische Leistung erbringt.** Grundgedanke ist, dass nicht äußere Umstände wie Abschluss- oder Erfüllungsort die Rechtsanwendung bestimmen sollen, sondern die Eigenart des jeweiligen Rechtsverhältnisses den Ausschlag gibt.[630] Maßgeblich ist, 178

[620] Zur harmonisierenden Auslegung nach altem Recht *Samtleben* ZBB 2003, 69 (75); Reithmann/Martiny IntVertragsR/*Mankowski*, 8. Aufl. 2015, Rn. 6.1755 f.

[621] Fuchs/*Zimmermann* WpHG § 1 Rn. 8.

[622] Vgl. Reithmann/Martiny IntVertragsR/*Mankowski* Rn. 19.108.

[623] Reithmann/Martiny IntVertragsR/*Zwickel* Rn. 5.69. – Zu Art. 34 EGBGB aF *Samtleben* in Hopt/Rudolph/Baum, Börsenreform, 1997, 512.

[624] Vgl. Reithmann/Martiny IntVertragsR/*Mankowski* Rn. 19.32 zum Devisenterminkontrakt.

[625] Reithmann/Martiny IntVertragsR/*Hiestand* Rn. 29.25 ff.; jurisPK-BGB/*Ringe* Rn. 85.

[626] Staudinger/*Magnus*, 2021, Rn. 98.

[627] Anders Ferrari IntVertragsR/*Ferrari* Rn. 59. – Zum EVÜ Bericht *Giuliano/Lagarde* BT-Drs. 10/503, 53.

[628] Soergel/*v. Hoffmann* EGBGB Art. 28 Rn. 25.

[629] Bericht *Giuliano/Lagarde* BT-Drs. 10/503, 52 ff.

[630] Bericht *Giuliano/Lagarde* BT-Drs. 10/503, 52. – Nachweise zur Kritik dieser Lehre bei *Kaufmann/Kohler* SchwJbIntR 45 (1989), 216 ff.; *Mankowski* Liber Amicorum Siehr, 2010, 433 (441 ff.).

welche Verpflichtungen für einen Vertrag typisch sind. Das Charakteristikum des Vertragsverhältnisses führt zu bestimmten vertragstypischen Anknüpfungen (→ Rn. 180). Dies bietet gegenüber einer individualisierenden Anknüpfung den Vorteil größerer Einfachheit, Klarheit und Voraussehbarkeit der Ergebnisse. Während die Differenzierung nach der Eigenheit der Verträge der Einzelfallgerechtigkeit dient, nützt das Aufstellen fester Kollisionsregeln der Rechtssicherheit. Die charakteristische Leistung wird häufig berufsmäßig erbracht; der Leistende ist in der Regel stärker betroffen.[631] Sie führt daher zu der Rechtsordnung, mit der das Vertragsverhältnis wirtschaftlich und sozial am engsten verbunden ist (aber → Rn. 191 zum Verbraucher). Da im Ergebnis die Geschäfte und Leistungen eines gewerblichen Unternehmers nach dem Recht seiner Niederlassung beurteilt werden, wird erreicht, dass – mangels Rechtswahl – alle mit Kunden geschlossenen Verträge grundsätzlich einer einzigen Rechtsordnung unterliegen. Die Lehre von der charakteristischen Leistung, die insbesondere von *A. F. Schnitzer* im Anschluss an bereits bestehende Tendenzen einer vertragstypischen Anknüpfung entwickelt wurde,[632] hat sich auch in anderen Kodifikationen durchgesetzt.[633]

179 **Charakteristisch** ist für einen Vertrag diejenige Leistung, die ihn von anderen Verträgen unterscheidet.[634] Diese Leistung wird in der Regel entgeltlich erbracht; häufig ist sie berufstypisch. Die Geldleistung ist hingegen unspezifisch und wenig aussagekräftig, nämlich nur das Entgelt für bestimmte, sehr verschiedenartige Leistungen. Stehen sich eine **Geld- und eine Natural-(Nichtgeld-)Leistung gegenüber,** so wird das Vertragsverhältnis in der Regel durch die Leistung der Partei charakterisiert, welche die Naturalleistung zu erbringen hat.[635] Nicht ausschlaggebend ist dagegen, welche Leistung rechtlich stärker normiert ist oder leichter zu Rechtsstreitigkeiten Anlass geben kann.[636] Zwar trifft dies auf die charakteristische Leistung teilweise zu. Die Regelungsintensität in einem der zur Auswahl stehenden Sachrechte kann aber die kollisionsrechtliche Frage nicht entscheiden. Ferner wäre dieses Argument bei gleicher Regelungsintensität nur eine Bestätigung des Satzes, dass jede Partei in der Regel an der Anwendung ihres eigenen Rechts interessiert ist.[637] – Die Abgrenzung nach der Geldleistung genügt aber nicht immer. Es können nur Geldleistungen (entgeltliches Darlehen) oder nur Sachleistungen (Tausch) ausgetauscht werden. Ferner können die gegenseitigen Leistungspflichten sehr komplex sein oder es können Geld- und Nichtgeldleistungen nebeneinander erbracht werden. Hier ist dann der Inhalt der Verpflichtungen in Bezug auf berufliche Typizität, Risikotragung und größeres wirtschaftliches Gewicht näher zu untersuchen. Wird Geld gegen Geld hingegeben, so tritt also die Leistung, die nur das Entgelt für eine andere spezifische Leistung bildet, zurück.[638] – Bei **Optionsgeschäften** ist der Käufer zum Erwerb berechtigt, aber nicht verpflichtet. Hier ist es möglich, selbst wenn die Verkäuferleistung nicht als die charakteristische iSd Abs. 2 angesehen werden kann, eine akzessorische Anknüpfung nach Abs. 4 vorzunehmen.[639] Bei **unentgeltlichen Verträgen** erbringt in der Regel nur eine Seite eine (Haupt-)Leistung, zB bei der Gebrauchsleihe. Aus **einseitig verpflichtenden Verträgen** ist grundsätzlich nur der Schuldner zu einer charakteristischen Leistung verpflichtet.[640] Die Leistung kann auch in einem Unterlassen bestehen.[641]

180 **b) Vertragstypische Anknüpfung.** Die Anknüpfung an das **Charakteristikum des Vertragstyps** ermöglicht es, bestimmte Regeln für einzelne Vertragstypen im Voraus aufzustellen.[642] Verträge der gleichen Funktion und mit der gleichen Interessenlage teilen das Gleiche kollisionsrecht-

---

631 Vgl. *Kropholler* RIW 1981, 359 (361); krit. *Flessner,* Reform des IPR – Was bringt sie dem Seehandelsrecht?, 1987, 16.

632 Näher *Schnitzer* IPR Bd. I 52 ff., IPR Bd. II 639; *Schnitzer* RabelsZ 33 (1969), 17 (20 ff.); *Schnitzer* RabelsZ 38 (1974), 317 (324 ff.).

633 ZB Art. 117 IPRG Schweiz. – Rechtsvergleichend *Kaufmann/Kohler* SchwJbIntR 45 (1989), 203 ff.

634 *Lagarde* Rev. crit. dr. int. pr. 80 (1991), 287 (307 f.); *Kegel/Schurig* IPR § 18 I 1d; Soergel/*v. Hoffmann* EGBGB Art. 28 Rn. 23; vgl. *Steinschulte* in Sandrock IntVertragsgestaltung-HdB Bd. I Rn. A 232.

635 *Siehr* in Reichelt, Europäisches Gemeinschaftsrecht und IPR, 2007, 71 ff.; Staudinger/*Magnus,* 2021, Rn. 118; vgl. *Schnitzer* IPR II 643; *Schnitzer* RabelsZ 33 (1969), 17 (21); *C. Schulze,* Die Kodifikation des Vertragsstatuts im IPR, 1980, 105 f.

636 S. die Ablehnung in BGH DB 1958, 162; NJW 1960, 1720; BGHZ 57, 72 (76) = NJW 1972, 391; OLG Hamburg RIW 1979, 482 (484).

637 *Weitnauer,* Der Vertragsschwerpunkt, 1981, 164 f.; anders *Kreuzer,* Das IPR des Warenkaufs in der deutschen Rechtsprechung, 1964, 97 f.

638 Staudinger/*Magnus,* 2021, Rn. 113, 118; vgl. *C. Schulze,* Die Kodifikation des Vertragsstatuts im IPR, 1980, 106 f.

639 Dazu *Wilhelmi* RIW 2016, 253 (256 f.).

640 BAG NZA 2017, 78 betr. Schuldbeitritt; Staudinger/*Magnus,* 2021, Rn. 117.

641 KG IPRspr. 2014 Nr. 180.

642 Vgl. *Vischer* Rec. des Cours 142 (1974-II), 1 (31 ff.); *Kropholler* RabelsZ 42 (1978), 634 (637 f.); *Mankowski* Liber Amicorum Siehr, 2010, 433 (436 ff.); *Vischer/Huber/Oser* IVR Rn. 229 f.

liche Schicksal; ihre Besonderheiten prägen die Kollisionsregel. Die kollisionsrechtlichen Kategorien sind dabei so weit zu fassen, dass sie auch für inhaltlich abweichende ausländische Gestaltungen passen. Gegebenenfalls lassen sich innerhalb des einzelnen Vertragstyps (zB beim Kauf) wieder Untertypen unterscheiden und neue Differenzierungen treffen.[643] Das neue Recht kennt – ebenso wie viele ausländische Gesetze[644] – eine Aufzählung einzelner Vertragstypen.

Die **Einordnung des Vertragstyps** unterliegt für diesen kollisionsrechtlichen Zweck (näher → Einl. IPR Rn. 121) den Kollisionsregeln der lex fori.[645] Auch insoweit ist eine einheitliche europäische Auslegung zu entwickeln.[646] In **Veräußerungsverträgen** bildet die Veräußerung die charakteristische Leistung. Dazu gehört insbesondere die Sachleistung beim Fahrniskauf (Abs. 1 lit. a). Entsprechendes gilt für bestimmte Verträge über gewerbliche Schutzrechte und den Know-how-Vertrag. Bei Verträgen auf **Gebrauchsüberlassung** ist die Leistung der den Gebrauch überlassenden Partei vertragstypisch, zB bei Mobiliarmiete, Leihe, Leasingvertrag. Dies gilt auch für die Nutzung einer mautpflichtigen Straße.[647] Charakteristisch für auf Erbringen von **Dienstleistungen oder Tätigkeiten** gerichtete Verträge ist die Leistung des zum Tätigwerden Verpflichteten. Dieser Gesichtspunkt gilt etwa für Makler-, Kommissions-, Handelsvertreter- und Eigenhändlervertrag, Geschäftsbesorgung und Werkvertrag. Insoweit sind nunmehr allerdings die spezielleren Regeln des Abs. 1 lit. b, lit. f zu beachten. Verträge auf **Verwahrung, Sicherung oder die Übernahme eines Risikos** sind gekennzeichnet durch die Leistung des Verwahrers, Sicherers oder der Partei, die das Risiko trägt. Hierzu gehören außer Verwahrung, Hinterlegung und Lagergeschäft auch Bürgschaft und Garantie. Die Leistung des Treuhänders bei der Verwaltungstreuhand kann hier ebenfalls eingeordnet werden,[648] während es bei der Sicherungstreuhand eher auf den Sicherungsgeber ankommt.[649] 181

Die Lehre von der charakteristischen Leistung darf **nicht schematisch angewendet** werden. Zwar ist eine ihrer Begründungen, jedes Rechtsverhältnis erfülle eine bestimmte gesellschaftliche Funktion, so dass das Recht dessen gelte, der diese Funktion ausübe (funktionelle Anknüpfung),[650] nicht grundsätzlich falsch.[651] Die Annahme, dies sei stets das Recht des Leistenden, insbesondere des Verkäufers, nicht aber das des Kunden, kann aber nicht befriedigen, wenn das Kriterium des Leistens andere Gesichtspunkte (zB Art der Gegenleistung, Schutz) völlig verdrängen würde. Daher bedarf es dann, wenn es – wie bei Verbraucherverträgen – inopportun ist, die gewerbliche Leistung generell zu bevorzugen, einer anderen Anknüpfung[652] (→ Rn. 191 f.). Anderes gilt auch dann, wenn die sog. Ausweichklausel (→ Rn. 311 ff.) zum Zuge kommt bzw. der Vertrag in einem engeren Zusammenhang mit einem anderen Vertragsverhältnis steht[653] (→ Rn. 317 ff.). Des Öfteren wird auch mit der **Marktbezogenheit** der Leistung argumentiert. Regelmäßig soll diejenige Partei das Risiko der Anwendung des ihr fremden Rechts (die „Rechtsermittlungskosten") tragen, welche sich auf einen für sie fremden Markt begibt.[654] So verdienstvoll eine solche Betrachtung in Zweifelsfällen auch ist, so kann sie doch mit dem mehrdeutigen Marktbegriff dem geltenden Recht kein schlüssiges Konzept entgegensetzen.[655] 182

Die charakteristische Leistung wird zwar im Allgemeinen für einen Vertragstyp bestimmt. Aber auch und gerade dann, wenn der einzelne Vertragstyp nicht in Abs. 1 aufgeführt ist, kann Abs. 2 eingreifen.[656] Dass es sich um einen atypischen oder gemischten Vertrag handelt, schließt als solches die Bestimmung einer charakteristischen Leistung nicht aus.[657] Auch bei einem Innominatvertrag 183

643 *Vischer* Liber Amicorum Droz, 1996, 499 (506 ff.); Soergel/*v. Hoffmann* EGBGB Art. 28 Rn. 25.

644 ZB Art. 20 IPRG Jug. v. 1982; Art. 1211 Abs. 3, 4 ZGB Russland; Art. 117 Abs. 2 IPRG Schweiz; vgl. auch *Martiny* in Leible, Grünbuch, 2004, 109 (115 f.).

645 BGE 88 II 471; 100 II 200, 206; Urteils-Anm. *Gamillscheg* JZ 1958, 747; *Schwander* FG Schluep, 1988, 501 (504); *Uebersax,* Der Schutz der schwächeren Partei im internationalen Vertragsrecht, Basel 1976, 229.

646 Staudinger/*Magnus,* 2021, Rn. 111.

647 LG Nürnberg-Fürth DAR 2020, 266 m. Aufsatz *Staudinger* DAR 2020, 276 = IPRspr. 2019 Nr. 41.

648 *C. Wilhelm* IPRax 2012, 392 (396 f.).

649 *C. Wilhelm* IPRax 2012, 392 (398).

650 *Schnitzer* FG Schönenberger, 1968, 387 (396 ff.). Vgl. auch *Vischer* Liber Amicorum Droz, 1996, 499 (503 f.).

651 *Mankowski* Liber Amicorum Siehr, 2010, 433 (440 f.). – Krit. *Kreuzer,* Das IPR des Warenkaufs in der deutschen Rechtsprechung, 1964, 95 f.; *Weitnauer,* Der Vertragsschwerpunkt, 1981, 194 ff.; Soergel/*v. Hoffmann* EGBGB Art. 28 Rn. 31.

652 Für eine sachrechtliche Korrektur bei grob unbilligen Vertragsklauseln *Vischer* Liber Amicorum Droz, 1996, 511 f.

653 Näher *Mankowski* Liber Amicorum Siehr, 2010, 433 (442 ff.); *Geisler,* Die engste Verbindung im Internationalen Privatrecht, 2001, 208 ff.

654 *Gunst,* Die charakteristische Leistung, 1994, 165 ff. mwN.

655 Näher *Martiny* FS Drobnig, 1998, 389 ff.

656 *Mankowski* FS Spellenberg, 2010, 261 (269).

657 Ebenso für Innominatverträge nach schweizerischem Recht *Kren Kostkiewicz* Liber Amicorum Siehr, 2010, 361 (364, 376).

kann es sich um einen Typ im Rahmen der Lehre von der charakteristischen Leistung handeln. Im Übrigen ist lediglich Voraussetzung, dass sich noch eine charakteristische Leistung ermitteln lässt. Das ist insbesondere dann der Fall, wenn der komplexen Leistung der einen Partei lediglich eine Geldleistung der anderen gegenüber steht.[658]

184 **c) Gemischte Verträge im Rahmen von Abs. 2 Alt. 1. aa) Einordnung des Vertrages.** Auch gemischte Verträge können nach der charakteristischen Leistung angeknüpft werden. Allerdings ist zu unterscheiden. Für **nicht von Abs. 1 erfasste Verträge** ist grundsätzlich nur die charakteristische Leistung nach Abs. 2 zu ermitteln.[659] Ist das nicht möglich, so ist die engste Verbindung nach anderen Kriterien festzustellen (Abs. 4; → Rn. 329 ff.). Ferner kann auf eine engere Verbindung nach Abs. 3 abzustellen sein. Auch für die Anknüpfung außerhalb des Abs. 1 stehender Verträge ist ihre Einteilung in mehrere Gruppen nützlich. Für von Abs. 1 **mehrfach erfasste Verträge** besteht eine besondere Regelung in Abs. 2 Alt. 2 (→ Rn. 193 ff.).

185 **bb) Vertrag mit andersartiger Nebenleistung.** Gehört bei einem Vertrag mit andersartiger Nebenleistung (→ Rn. 12) die von einer Partei zu erbringende Hauptleistung einem nicht von Abs. 1 erfasste Vertragstyp an, hat sie daneben aber noch eine andersartige (atypische oder vertragstypische) Nebenleistung zu erbringen, so gilt allein das **Statut der bedeutenderen Hauptleistung.**[660] Beispielsweise kann die Übertragung von Know-how untergeordneter Teil eines Patentlizenzvertrages sein.[661] Anzuknüpfen ist nach Abs. 2–4.

186 **cc) (Typen-)Kombinationsvertrag.** Schuldet bei einem (Typen-)Kombinationsvertrag (→ Rn. 13) eine Partei mehreren Vertragstypen entsprechende und im Wesentlichen gleichwertige Hauptleistungen, so wird die vom Schuldner zu erbringende Leistung auch **die charakteristische** sein, also auf nur eine Rechtsordnung verweisen.[662] Vor allem dann, wenn eine der Leistungen deutlich überwiegt, so bleibt eine **Anknüpfung nach Abs. 2 möglich.**[663] Selbst bei Bezügen zu mehreren Rechtsordnungen ist gleichwohl die engste Beziehung für das gesamte Vertragsverhältnis zu ermitteln.[664]

187 **dd) Austauschvertrag mit anderstypischer Gegenleistung.** Die Parteien können Leistungen austauschen, welche verschiedenen typischen Verträgen entsprechen (sog. Austauschverträge mit anderstypischer Gegenleistung; → Rn. 14). So kann ein Lizenznehmer etwa, statt Geld zu zahlen, in Lizenz hergestellte Waren liefern. Auch wenn sich letzteres unter Abs. 1 lit. a subsumieren lässt, dürfte das Vertragsverhältnis insgesamt außerhalb des Anwendungsbereichs des Abs. 1 stehen. Dann ist die Vertragsleistung maßgeblich, die (wie hier die Patentlizenz) überwiegt (Abs. 2).[665] Die andere hat eher Entgeltcharakter und könnte auch durch eine Geldleistung ersetzt werden. Lässt sich nicht feststellen, dass eine Vertragsleistung überwiegt, so ist individualisierend die **engste Verbindung** für das gesamte Vertragsverhältnis zu bestimmen (Abs. 4).[666] Auch dann, wenn beide Leistungen dem gleichen Vertragstyp angehören, kommt es zu keiner Vertragsspaltung.[667] Ein Beispiel dafür ist, dass die Parteien gegenseitig Vertriebspflichten für ihre Produkte übernehmen.[668] Genannt sei auch der Lizenztausch, bei dem als Gegenleistung für die Einräumung einer Lizenz eine andere Lizenz überlassen wird.[669]

188 **ee) Typenverschmelzungsvertrag.** Beim Typenverschmelzungsvertrag (→ Rn. 15) ist zu prüfen, ob gleichwohl eine der Parteien die das Vertragsverhältnis charakterisierende Leistung und die andere nur eine farblose Geldleistung erbringt.[670] Lässt sich das nicht feststellen, so ist die

---

[658] *Ancel* in Cashin Ritaine/Bonomi, Le nouveau règlement européen „Rome I" relatif à la loi applicable aux obligations contractuelles, 2008, 77 (92).

[659] Staudinger/*Magnus,* 2021, Rn. 98.

[660] *Kaspers,* Die gemischten und verbundenen Verträge im internationalen Privatrecht, 2015, 34 ff.; Staudinger/*Magnus,* 2021, Rn. 98. – S. *Ancel* in Cashin Ritaine/Bonomi, Le nouveau règlement européen „Rome I" relatif à la loi applicable aux obligations contractuelles, 2008, Nr. 165.

[661] S. schon *Kreuzer* FS v. Caemmerer, 1978, 705 (730 f.).

[662] Vgl. Soergel/*v. Hoffmann* EGBGB Art. 28 Rn. 39.

[663] S. für das alte Recht Soergel/*v. Hoffmann* EGBGB Art. 28 Rn. 41.

[664] Vgl. *Kreuzer* FS v. Caemmerer, 1978, 705 (732).

[665] In diesem Sinne Schweiz. BGE 94 II 355 = AWD 1970, 130 (Zusammenfassung); Soergel/*v. Hoffmann* EGBGB Art. 28 Rn. 48, 505.

[666] Ebenso für das alte Recht Soergel/*v. Hoffmann* EGBGB Art. 28 Rn. 49.

[667] Anders noch LG Dortmund IPRax 1989, 51 mAnm *Jayme:* gegenseitige Vertriebsrechte.

[668] *Geisler,* Die engste Verbindung im Internationalen Privatrecht, 2001, 191 f.

[669] *Geisler,* Die engste Verbindung im Internationalen Privatrecht, 2001, 192 f.

[670] *v. Bar/Mankowski* IPR II § 1 Rn. 330; Soergel/*v. Hoffmann* EGBGB Art. 28 Rn. 45; ebenso für die Schweiz *Schwander* FG Schluep, 1988, 501 (507).

engste Verbindung des Vertragsverhältnisses nach anderen Kriterien zu suchen. Bei der **gemischten Schenkung beweglicher Sachen** kommt es darauf an, ob die Unentgeltlichkeit überwiegt. Dann ist die Leistung des Schenkenden die charakteristische.[671] Überwiegt hingegen das Element des Kaufs, dann finden die dafür geltenden Regeln Anwendung (vgl. Abs. 1 lit. a).[672] Freilich deuten das Recht des Schenkers und des Recht des Verkäufers regelmäßig in die gleiche Richtung. Für die Schenkung von Grundstücken und dinglichen Rechten daran ist hingegen die lex rei sitae maßgeblich (Abs. 1 lit. c), sofern kein anderes Recht vereinbart wurde.[673] Dies gilt auch für die gemischte Schenkung, wenn das Schenkungselement überwiegt.[674]

3. Lokalisierung der charakteristischen Leistung (Art. 19). Die charakteristische Leistung bezeichnet zwar diejenige Vertragsverpflichtung, auf welche es kollisionsrechtlich ankommt. Sie lokalisiert sie jedoch noch nicht eindeutig.[675] Wesentlicher Berührungspunkt zur Rechtsordnung dessen, der diese Leistung erbringt, sind aber Aufenthalt und Niederlassung. Sie sind geeignete Kriterien, weil von ihnen aus regelmäßig die Leistung erbracht bzw. die geschäftliche Aktivität entfaltet wird. Für sie sprechen auch eine gewisse Stabilität und eine leichte Feststellbarkeit. Andere – irrelevante – Verbindungen werden ausgeschaltet.[676] Maßgeblich ist der gewöhnliche Aufenthalt iSd Art. 19. **189**

4. Bedeutung der Anknüpfung. Der Grundsatz der charakteristischen Leistung fungiert lediglich als Ausgangspunkt (→ Rn. 4). Folglich kann von dieser Regel abgewichen werden, wenn ihre Voraussetzungen nicht vorliegen. Für die Bestimmung der charakteristischen Leistung nach Abs. 2 sind Umstände, die im Übrigen eine engste Verbindung nach Abs. 4 begründen können, nicht heranzuziehen. Doch kann hinsichtlich eines konkreten Falles bestritten werden, dass die charakteristische Leistung eine effektive Anknüpfung bildet. Dafür können auch andere Kriterien angeführt werden.[677] Die Regel der engsten Verbindung gilt also auch hier nur so lange, als entgegenstehende Umstände nicht das Übergewicht erlangen und auf eine noch engere Verbindung nach Abs. 3 hinweisen. – Zur nicht ermittelbaren charakteristischen Leistung → Rn. 208 ff. **190**

5. Schutz der schwächeren Partei. Die charakteristische Leistung begünstigt nicht notwendig den wirtschaftlich Stärkeren, wohl aber denjenigen, der die charakteristische Leistung berufsmäßig erbringt (→ Rn. 177 ff.). Auf der anderen Seite benachteiligt sie die Partei, die nur die Geldleistung zahlt, also in der Regel den Kunden.[678] Während dies im internationalen Handel im Allgemeinen unbedenklich ist, scheint es für **Konsumenten** bei grenzüberschreitenden Verbraucherverträgen schwer erträglich: sie haben stets nur zu zahlen und werden fremdem Recht unterworfen. Eine gewisse Berücksichtigung des Rechts des Reisenden erfolgt bei der Anknüpfung der Beförderungsverträge (Art. 5). Eine Korrektur tritt vor allem im Verbraucherrecht ein. Art. 6 stellt auf das Recht des gewöhnlichen Aufenthalts des Verbrauchers ab, wenn der Vertrag infolge einer im Verbraucherland auf den Vertragsabschluss gerichteten Tätigkeit des Unternehmers zustande gekommen ist. Hier wird wegen des sozialen Schutzbedürfnisses von der Regelanknüpfung abgewichen, weil der Verbraucher nicht selbst die Initiative zu einem Geschäft im Ausland ergriffen hat und auf die Maßgeblichkeit seiner eigenen Rechtsordnung vertrauen durfte. **191**

Auch für die gesondert geregelten **Versicherungsverträge** kommt es zu Modifikationen (Art. 7). Für **Arbeitnehmer** enthält die VO ebenfalls eine besondere Bestimmung. Bei Rechtswahl ist bezüglich der Schutzvorschriften das Recht des gewöhnlichen Arbeitsortes anzuwenden, wenn dieses das günstigere ist (→ Art. 8 Rn. 44 ff.). Abgesehen von möglichen Analogien zu diesen Bestimmungen kann der Schutz des Schwächeren auch im Rahmen des Kriteriums der engsten bzw. der engeren Verbindung berücksichtigt werden.[679] **192**

---

671 *Looschelders* IPR EGBGB Art. 28 Rn. 31; vgl. *v. Bar/Mankowski* IPR II § 1 Rn. 331.

672 *Looschelders* IPR EGBGB Art. 28 Rn. 31.

673 Zu Art. 28 EGBGB OLG Stuttgart IPRax 2008, 436 m. Aufsatz *Koch* IPRax 2008, 417; Soergel/*v. Hoffmann* EGBGB Art. 28 Rn. 161.

674 *v. Bar/Mankowski* IPR II § 1 Rn. 331; Soergel/*v. Hoffmann* EGBGB Art. 28 Rn. 160, 161.

675 *Solomon* Tul. L. Rev. 82 (2008), 1709 (1714 ff.); Soergel/*v. Hoffmann* EGBGB Art. 28 Rn. 57.

676 Vgl. *Lipstein* Nw. J. Int. L. & Bus. 3 (1981), 402 (404).

677 Vgl. *Pocar* in Schwind, Aktuelle Fragen zum Europarecht aus der Sicht in- und ausländischer Gelehrter, 1986, 89 (94).

678 S. *v. Hoffmann* RabelsZ 38 (1974), 396 (399); *Kropholler* RabelsZ 42 (1978), 634 (639 ff.); *Pocar* Rec. des Cours 188 (1984-V), 339 (390 ff.); *Kreuzer,* Das IPR des Warenkaufs in der deutschen Rechtsprechung, 1964, 96 f.; *Gunst,* Die charakteristische Leistung, 1994104 ff.

679 Vgl. *Schwander* FS Moser, 1987, 79 (80 ff.); *Kleinschmidt,* Zur Anwendbarkeit zwingenden Rechts im internationalen Vertragsrecht unter besonderer Berücksichtigung von Absatzmittlungsverträgen, 1985, 235 ff.; krit. zu der These, dass die Leistung des Abzahlungskäufers die charakteristische sei, *Fischer* ZVglRWiss 88 (1989), 14 ff. mwN.

193 **6. Mehrfach erfasste spezifizierte Verträge (Abs. 2 Alt. 2). a) Arten der Verträge.** Werden die Bestandteile eines Vertrages durch **mehrere** zum Katalog der **spezifizierten Leistungen** gehörende Elemente, dh mehr als einen der Buchstaben a – h des Abs. 1, abgedeckt, so droht bei gleichzeitiger Anwendung unterschiedlicher, sich teilweise widersprechender Regeln, eine Überlappung. Die Regeln für spezifische Verträge kommen in Fällen, in **denen Bestandteile des Vertrages** („elements of the contract", „éléments du contrat") von mehreren spezifischen Kollisionsnormen erfasst werden, nicht zur Anwendung (Abs. 2 Alt. 2).[680] Dies ist insbesondere bei gemischten Verträgen der Fall (→ Rn. 201 ff.). Insofern kommt es nicht auf das Ergebnis der Anknüpfung nach Abs. 1 an, sondern es genügt bereits eine Mehrfacherfassung des Vertrages. Die bloße Tatsache, dass ein Vertrag innerhalb des Abs. 1 einmal unter eine allgemeinere Kategorie und des Weiteren unter eine noch speziellere der gleichen Vorschrift – beispielsweise Dienstleistung und Vertrieb – fällt, ist sicherlich nicht gemeint.[681] Hier ist lediglich auf die **speziellere** abzustellen und nur diese, also etwa für den Vertrieb, heranzuziehen (→ Rn. 18).

194 Gemäß Abs. 2 Alt. 2 ist die **charakteristische Leistung** zu ermitteln. Nach Erwägungsgrund 19 soll dann, wenn ein Vertrag aus einem Bündel von Rechten und Verpflichtungen besteht, die mehr als einer der spezifizierten Vertragsarten zugeordnet werden können, die charakteristische Leistung des Vertrags nach ihrem Schwerpunkt bestimmt werden.[682] Dies wird etwa für einen Vertrag über die Herstellung und Lieferung patentierter Ware angenommen.[683] Abs. 2 Alt. 2 der VO stellt also nicht sogleich auf die engste Verbindung des Abs. 4 ab.[684]

195 **b) Vertrag und Bestandteile.** Nach Abs. 2 Alt. 2 muss *ein* Vertrag vorliegen. Insofern gelten die gleichen Maßstäbe wie bei einer einfachen Anwendung des Abs. 1 (→ Rn. 8). Es kommt allerdings auf die „Bestandteile des Vertrags" an. Der Zusammenhang der Bestimmung lässt erkennen, dass es um die Teile des Vertrages geht, welche die für die Anknüpfung des Vertrages relevanten Leistungsverpflichtungen iSd Abs. 1 betreffen. Dabei wird es sich regelmäßig um Hauptpflichten der Parteien handeln. Ähnlich wie für Abs. 1 können beliebige Nebenpflichten nicht genügen. Andernfalls würde nahezu jede Nebenpflicht den Vertrag der alleinigen Anknüpfung nach Abs. 1 entziehen (→ Rn. 19).

196 Handelt es sich um *mehrere* Verträge im Rechtssinne, dann greift – falls Abs. 1 angewendet werden kann – Abs. 2 Alt. 2 nicht ein. Der Zusammenhang dieser mehreren Verträge kann aber über Abs. 3 als engere Verbindung berücksichtigt werden (→ Rn. 317 ff.).

197 **c) Maßgeblicher Beurteilungsgegenstand.** Bei der Überwindung einer an den einzelnen Bestandteilen orientierten Beurteilung kommt es darauf an, was an ihre Stelle treten soll. Eine isolierte Anknüpfung der einzelnen Leistungen mit Vertragsspaltung ist nicht zulässig (→ Rn. 9). Denkbar wäre – etwa für einen Kaufvertrag, der auch Dienstleistungselemente enthält – sich einfach für die am **aussagekräftigsten gehaltene Anknüpfung** des Abs. 1, also entweder die Kauf- oder Dienstleistung, zu entscheiden. Dann käme es nur auf eine der Anknüpfungen an. Man wird aber annehmen müssen, dass zwar so für untergeordnete Nebenpflichten verfahren werden darf (→ Rn. 19), sich Abs. 1 im Übrigen aber **kein solcher vorgeschalteter Schwergewichtstest** entnehmen lässt.[685] Als stattdessen maßgebliches Kriterium drängt sich die **engste Verbindung** auf.[686] Dies ist freilich nicht die Lösung des Abs. 2 Alt. 2, der auf die charakteristische Leistung abstellt.

198 Nach Erwägungsgrund 19 kann dann, wenn ein Vertrag aus einem Bündel von Rechten und Verpflichtungen („a bundle of rights and obligations", „un faisceaux de droits et obligations") besteht, die mehr als einer der spezifizierten Vertragsarten zugeordnet werden können, die charakteristische Leistung des Vertrags nach ihrem **Schwerpunkt** („having regard to its centre of gravity", „par rapport à son centre de gravité") bestimmt werden. Dementsprechend dürfte auf den **dominierenden Teil** des Vertragsverhältnisses abzustellen sein; der weniger wichtige Teil bleibt außer Betracht.[687] Als

---

680 *Wagner* IPRax 2008, 377 (382).

681 *Azzi* D. 2008, 2169 (2172); jurisPK-BGB/*Ringe* Rn. 49; Staudinger/*Magnus,* 2021, Rn. 17, 30, 100.

682 S. *Lando/Nielsen* C.M.L. Rev. 45 (2008), 1687 (1703).

683 *de Miguel Asensio* YbPIL 10 (2008), 199 (209).

684 *Beyer* GRUR 2021, 1008 (1010); krit. *Kessedjian* in Basedow/Baum/Nishitani, Japanese and European Private International Law in Comparative Perspective, 2008, 105 (122).

685 Möglicherweise anders *Tang* MLR 71 (2008), 785 (794); *Tang* JPIL 4 (2008), 35 (54); weitergehend – auch für untergeordnete Hauptpflichten – BeckOGK/*Köhler,* 1.12.2023, Rn. 49, 50.

686 IdS für das schweiz. Recht *Kren Kostkiewicz* Liber Amicorum Siehr, 2010, 361 (373); ebenso Art. 1211 Abs. 5 ZGB III Russland.

687 So *Magnus* in Ferrari/Leible, Ein neues Internationales Vertragsrecht für Europa, 2007, 45; anders wohl *Villani* in Boschiero, La nuova disciplina comunitaria della legge applicabile ai contratti (Roma I), 2009, 149 (170 f.). – Zweifelnd *Kenfack* Clunet 136 (2009), 26.

Maßstab bieten sich der Umfang der Leistungen und ihr wirtschaftlicher Wert an.[688] Folgt man diesem Ansatz, so wird sich im Ergebnis oft eines der in Abs. 1 spezifizierten Vertragsverhältnisse durchsetzen. Auch hier kann aber wohl mangels charakteristischer Leistung noch Abs. 4 in Betracht kommen (→ Rn. 331).

d) Vom Vertragstyp zur charakteristischen Leistung. Zwar werden viele, keineswegs aber alle Verträge des Abs. 1 nach der charakteristischen Leistung angeknüpft. Abs. 1 lit. c (Grundstücksgeschäfte), lit. g (Versteigerungskauf) und lit. h (multilaterale Systeme) stellen auf andere Anknüpfungspunkte ab (Belegenheit, Versteigerungsort, Recht des multilateralen Systems).[689] Daher ist nicht ganz einleuchtend, dass dann, wenn für einen Vertragstyp eine Anknüpfung nach der charakteristischen Leistung im Grundsatz als ungeeignet angesehen wird, dies anders sein soll, nur weil ein weiteres Element hinzutritt. Dies zeigt das folgende Beispiel: Ein Grundstücksverkäufer verpflichtet sich zugleich, auf dem Grundstück vor Übergabe noch bestimmte, nicht ganz unerhebliche Arbeiten vorzunehmen.[690] Dann führt die Anknüpfung des Grundstücksgeschäfts zum Lageort des Grundstücks (Abs. 1 lit. c), während für die Dienstleistungen der gewöhnliche Aufenthalt des Dienstleistenden (Verkäufers) maßgeblich ist (Abs. 1 lit. b). Liegt der gewöhnliche Aufenthalt des Verkäufers im gleichen Staat wie das Grundstück, so führt die Anknüpfung zu der gleichen Rechtsordnung. Befinden sich aber beide in unterschiedlichen Staaten, so fallen die Anknüpfungsergebnisse auseinander. Angesichts des typischen wirtschaftlichen Gewichts von Grundstückskauf und Grundstücksarbeiten wäre es eigenartig, wenn es nicht auf den Belegenheitsstaat ankommen sollte. Wendet man das Kriterium der charakteristischen Leistung an, so gelangt man jedoch zum Recht des Verkäufers. – Der Verordnungsgeber wollte zwar auf einen dritten, allgemeineren Anknüpfungspunkt ausweichen. Das allgemeinere Element ist allerdings die **engste Verbindung**[691] (→ Rn. 2, → Rn. 197). Man könnte daher annehmen, dass in den Fällen des Abs. 1, denen nicht das Konzept der charakteristischen Leistung zugrunde liegt, die Regel des Abs. 2 Alt. 2 erst gar nicht herangezogen wird. Eine solche teleologische Reduktion der Vorschrift wäre freilich sehr weitgehend. Im Regelfall dürfte wohl eine Schwerpunktbetrachtung (→ Rn. 198) ausreichen, um ein sachgerechtes Ergebnis zu erzielen. Im Beispiel der Grundstücksarbeiten wird man daher allein auf die Grundstücksbelegenheit abstellen können.[692] 199

e) Anknüpfung nach der engsten Verbindung. Auch für Abs. 2 Alt. 2 steht bei Scheitern der Anknüpfung nach der charakteristischen Leistung noch die engste Verbindung nach Abs. 4 zur Verfügung.[693] Entsprechendes gilt für die engere Verbindung nach Abs. 3. 200

f) Anknüpfung mehrfach erfasster gemischter Verträge. aa) Einordnung gemischter Verträge. Gemischte Verträge im sachrechtlichen Sinne können unter Abs. 2 Alt. 1 (Nichterfassung → Rn. 184 ff.) oder unter die einschränkend auszulegende Alt. 2 (Mehrfacherfassung; → Rn. 193 ff.) fallen. Die Einordnung unter eine der Alternativen ist insoweit nicht von Belang, als für beide die gleiche Rechtsfolge, nämlich eine Anknüpfung nach der charakteristischen Leistung, angeordnet wird. Für beide müssen aber sachgerechte Lösungen gefunden werden. Dies setzt eine genauere Analyse voraus. Die Verordnung unterscheidet auch für Abs. 2 Alt. 2 nicht zwischen den Arten der gemischten Verträge (→ Rn. 10 ff.). Zum Bauträgervertrag Rn. 126. 201

bb) Vertrag mit andersartiger Nebenleistung. Ein Beispiel für einen unter Abs. 1 fallenden Vertrag mit andersartiger Nebenleistung sind erhebliche Dienstleistungen zusätzlich zu einem Verkauf einer beweglichen Sache (→ Rn. 12). Verweisen beide auf den gleichen Schuldner, so kommt es auf dessen Leistung an. Wenn hier noch eine Subsumtion des Vertrages unter eine einzige der Alternativen des Abs. 1 möglich ist, so kommt Abs. 2 Alt. 2 gar nicht erst zum Zuge[694] (→ Rn. 19). Andernfalls ist eine **Schwerpunktbetrachtung erforderlich.** 202

cc) (Typen-)Kombinationsvertrag. Beim (Typen-)Kombinationsvertrag, bei dem eine Partei mehrere den Vertragstypen des Abs. 1 entsprechende und im Wesentlichen gleichwertige Hauptleistungen schuldet (→ Rn. 13), dürfte regelmäßig der auf die charakteristische Leistung abstellende Abs. 2 203

688 So *Magnus* in Ferrari/Leible, Ein neues Internationales Vertragsrecht für Europa, 2007, 27 (47).
689 *Bonomi* YbPIL 10 (2008), 165 (174).
690 Nach *Lando/Nielsen* C.M.L. Rev. 45 (2008), 1687 (1703); dazu auch Staudinger/*Magnus,* 2021, Rn. 31, 101.
691 S. auch *Magnus* in Ferrari/Leible, Ein neues Internationales Vertragsrecht für Europa, 2007, 27 (46). – Für einen „proper law" oder „center of gravity approach" *Kessedjian* in Basedow/Baum/Nishitani, Japanese and European Private International Law in Comparative Perspective, 2008, 105 (122).
692 *Magnus* IPRax 2010, 27 (34).
693 *Strikwerda* NIPR 2009, 411 (415).
694 *Kaspers,* Die gemischten und verbundenen Verträge im internationalen Privatrecht, 2015, 35.

Alt. 2 heranzuziehen sein. Die Lösung ist unproblematisch, wenn die einzelnen charakteristischen Leistungen auf den gewöhnlichen Aufenthalt des Schuldners verweisen.[695] Das ist etwa für den Kauf einer beweglichen Sache mit Montageverpflichtung (Dienstleistung) der Fall (Abs. 1 lit. a, b).[696] Bei unterschiedlicher Anknüpfung bedarf es hingegen einer genaueren Untersuchung. Verkauft etwa der Unternehmer im Rahmen eines einzigen, nicht abtrennbaren Vertriebsvertrages auch Fremdwaren an seinen Händler, so unterliegt der Vertrieb dem Recht des Händlers (Abs. 1 lit. f), während es für den Kauf auf das Recht des Unternehmers (Verkäufers) ankommt (Abs. 1 lit. a).[697] Auch hier dürfte freilich für die Anknüpfung eine **Schwerpunktbetrachtung** vorgenommen werden.[698] Die charakteristische Lösung ist dann regelmäßig die des Händlers, nur selten die des Unternehmers.

204 **dd) Verträge mit anderstypischer Gegenleistung.** Bei Verträgen mit anderstypischer Gegenleistung, bei denen die Parteien Leistungen austauschen, welche verschiedenen typischen Verträgen entsprechen (→ Rn. 14), ist die **Vertragsleistung maßgeblich, die überwiegt** (Abs. 2).[699] Die andere hat eher Entgeltcharakter und könnte auch durch eine Geldleistung ersetzt werden. Ein Beispiel ist ein Warenkauf, dessen Gegenleistung in der Erbringung von Diensten besteht. Dies führt für den Kauf zum Recht des Verkäufers (lit. a), für die Dienstleistung hingegen zum Recht des Käufers (lit. b).[700] Hier ist nach Abs. 2 Alt. 2 nach der **charakteristischen Leistung** zu fragen. Für die Anknüpfung muss eine Schwerpunktbetrachtung erfolgen.[701]

205 **ee) Typenverschmelzungsvertrag.** Sind die Bestandteile eines Typenverschmelzungsvertrages (→ Rn. 15) unter mehrere Anknüpfungsfälle des Abs. 1 zu subsumieren, so ist nicht ausgeschlossen, dass Abs. 2 Alt. 2 zum Zuge kommt. Dann ist bei der Anknüpfung eine **Schwerpunktbildung** vorzunehmen.[702] Die charakteristische Leistung sowie ggf. die engste Verbindung sind zu bestimmen. Freilich wird häufig die weite Kategorie der Dienstleistung (Abs. 1 lit. b) zur Anwendung kommen (→ Rn. 37 ff.).

206 **7. Zeitpunkt.** Das auf Grund objektiver Anknüpfung geltende Recht wird nach Art. 19 Abs. 3 für den Zeitpunkt des Vertragsabschlusses ermittelt.[703] Somit beeinflussen spätere, für eine objektive Anknüpfung relevante Veränderungen (insbesondere die Verlegung des Schuldnersitzes) das Vertragsstatut nicht. Ein Statutenwechsel scheidet aus; das **Vertragsstatut ist grundsätzlich unwandelbar.**[704] Die objektive Anknüpfung darf nicht stets durch einen drohenden Statutenwechsel gefährdet werden.[705] Schon früher wurde entschieden, dass eine Sitzverlegung das Statut eines Verlagsvertrages nicht ändert, wenn Vertragsbeziehungen jahrzehntelang auf der Grundlage des Rechts des Niederlassungsortes abgewickelt wurden.[706]

207 Allerdings hat man zum Teil bei **langfristigen Verträgen Veränderungen für möglich gehalten.** Zum einen können die Parteien den Vertragsinhalt so ändern, dass von einer anderen Niederlassung aus zu leisten ist oder dass nunmehr die Verpflichtungen der anderen Partei charakteristisch sind. Dann stellt sich die Frage nach einer Neubestimmung des Vertragsstatuts auf der Grundlage dieser Vertragsänderungen. Ferner kann die Verlegung der Niederlassung zu einer anderen Lokalisierung des Vertrages führen. Hier wurde – jedenfalls bei Sitzverlegung durch beide Parteien – zum Teil eine Widerlegung der Anknüpfung nach Abs. 2 in Betracht gezogen.[707] Freilich dürfte auch

---

695 *Kaspers,* Die gemischten und verbundenen Verträge im internationalen Privatrecht, 2015, 37 f.; NK-BGB/*Leible* Rn. 64.

696 *Leible/Lehmann* RIW 2008, 528 (536); *Tang* JPIL 4 (2008), 35 (54); jurisPK-BGB/*Ringe* Rn. 56; vgl. auch *v. Hoffmann/Thorn* IPR § 10 Rn. 49.

697 Beispiel von *Ancel* in Cashin Ritaine/Bonomi, 2008, 77 (92).

698 NK-BGB/*Leible* Rn. 64; näher *Kaspers,* Die gemischten und verbundenen Verträge im internationalen Privatrecht, 2015, 38 ff. – Mit dem Schutz des Händlers argumentiert *Magnus* IPRax 2010, 27 (34); Staudinger/*Magnus,* 2021, Rn. 32.

699 S. auch OGH ZfRV 34 (1993), 213 Ls. = ZfRV 35 (1994), 32 mAnm *Hoyer; v. Hoffmann/Thorn* IPR § 10 Rn. 49: Darlehen überwiegt Bierbezugsverpflichtung.

700 *Plender/Wilderspin,* The European private international law of obligations, 5. Aufl. 2020, Rn. 7-034.

701 jurisPK-BGB/*Ringe* Rn. 56.

702 jurisPK-BGB/*Ringe* Rn. 56; NK-BGB/*Leible* Rn. 64.

703 *Ferrari* in Ferrari/Leible, Ein neues Internationales Vertragsrecht für Europa, 2007, 58, 64; PWW/*Brödermann/Wegen* Rn. 19.

704 Ferrari IntVertragsR/*Ferrari* Rn. 67; vgl. OLG Hamm IPRax 1996, 33 m. Aufsatz *Otto* IPRax 1996, 22 = RIW 1994, 513; *Mansel* ZVglRWiss 86 (1987), 1 (8 f.); *Merschformann,* Die objektive Bestimmung des Vertragsstatuts beim internationalen Warenkauf, 1991, 141; *Kropholler* IPR § 52 III 2c.

705 Vgl. Bericht *Giuliano/Lagarde,* BT-Drs. 10/503, 53.

706 BGH GRURInt. 1980, 230 = IPRspr. 1979 Nr. 175. Vgl. auch KG IPRspr. 1956–57 Nr. 178 = RabelsZ 23 (1958), 200.

707 Zu Art. 28 EGBGB aF *Lüderitz* FS Keller, 1989, 459 (468 f.).

dann, wenn die engste Verbindung nicht mehr durch die ursprüngliche Lokalisierung geschaffen wird, keine nachträgliche Korrektur möglich sein[708] (→ Rn. 328, → Rn. 341).

8. Nichtbestimmbarkeit der charakteristischen Leistung (Abs. 4). Lässt sich die charakteristische Leistung **nicht bestimmen,** so kann keine Anknüpfung nach Abs. 2 stattfinden. Es gilt die Generalklausel des Abs. 4; maßgeblich ist das Recht, zu dem der Vertrag die engste Verbindung aufweist.[709] Dabei sind alle Umstände des Einzelfalles in Betracht zu ziehen. Zu beachten sind die gleichen Kriterien wie auch sonst bei der Ermittlung der engsten Verbindung (→ Rn. 329 ff.). **208**

Die charakteristische Leistung ist nicht ermittelbar, wenn eine Untersuchung des konkreten Vertragsinhalts nicht erkennen lässt, welcher Leistung wegen ihres charakteristischen Inhalts der Vorrang gegeben werden kann. Ein solches Ergebnis ist möglich bei gewissen Vertragstypen wie dem Tausch; hier tauschen die Parteien **gleichartige Leistungen** aus (→ Rn. 361).[710] Zur Nichtermittelbarkeit kommt es vor allem bei atypischen, individuell gestalteten Verträgen, die keinem gesetzlich vorgesehenen Vertragstyp entsprechen (aber → Rn. 188). Daher spricht man auch von einer individualisierenden Schwerpunktbestimmung.[711] **209**

Schließen die Parteien einen **Vertrag sui generis,** so ist die kollisionsrechtliche Bedeutung der einzelnen Verpflichtungen zu ermitteln. Möglicherweise lässt sich auch hier für den Einzelfall feststellen, welches die charakteristische (insbesondere die nicht in Geld bestehende) Leistung ist.[712] Dann ist nach Abs. 2 zu verfahren. Lässt sich eine solche Leistung jedoch nicht ermitteln, so kommt es auf die engste Verbindung iSd Abs. 4 an. **210**

Wird die charakteristische Leistung von **zwei oder mehr Vertragsparteien** erbracht, so kann dies zu unterschiedlichen Rechtsordnungen führen. Treten zB zwei Personen als Verkäufer oder Werkunternehmer auf, die ihre Niederlassung in verschiedenen Staaten haben, so kann keine einheitliche charakteristische Leistung ermittelt werden. Doch ist eine gespaltene Anknüpfung des Vertrages nach Möglichkeit zu vermeiden.[713] Die Rom I-VO sieht sie nicht vor. Vielmehr ist die engste Verbindung nach Abs. 4 zu suchen.[714] **211**

II. Kaufverträge

1. Allgemeines. Kaufverträge (vgl. §§ 433 ff. BGB) fallen nur teilweise unter die Anknüpfung nach Abs. 2. Für den Fahrniskauf besteht Einheitsrecht in Form des CISG. Ferner ist die besondere Anknüpfung für den Warenkauf nach Art. 1 lit. a CISG vorrangig (→ Rn. 32). Für den Grundstückskauf kommt Abs. 1 lit. c in Betracht. Im Übrigen greift aber die Anknüpfung nach Abs. 2, da der Verkäufer regelmäßig die charakteristische Leistung erbringt (→ Rn. 179 ff.), so für die Lieferung von Energie.[715] **212**

2. Rechtskauf. Der Verkauf von Rechten und Forderungen fällt nicht unter Abs. 1 lit. a.[716] Nach dem Grundsatz der charakteristischen Leistung ist maßgeblich das Recht am gewöhnlichen Aufenthalt des Verkäufers (Abs. 2).[717] Dies gilt für den Forderungskauf,[718] aber auch für den Verkauf von Energie, ferner von Wertpapieren[719] und Derivaten[720] sowie von virtuellen Gegenständen[721] und Kryptowerten.[722] Wird eine hypothekarisch gesicherte Forderung verkauft, deren wirtschaftlicher Wert im Wesentlichen nur noch in ihrer grundpfandrechtlichen Absicherung und zu erwarteter Zwangsversteigerung besteht, so kommt eine abweichende Anknüpfung in Anwendung der Aus- **213**

---

708 Ferrari IntVertragsR/*Ferrari* Rn. 67.
709 Vgl. Bericht *Giuliano/Lagarde* BT-Drs. 10/504, 54.
710 Soergel/*v. Hoffmann* EGBGB Art. 28 Rn. 50.
711 *v. Hoffmann/Thorn* IPR § 10 Rn. 64.
712 Für Innominatverträge ebenso *Schwander* FG Schluep, 1988, 501 (507).
713 Vgl. Staudinger/*Magnus,* 2021, Rn. 145. – Eine Vertragsspaltung bevorzugt nach altem Recht *Quay,* Der Consulting-Vertrag im Internationalen Privatrecht, 2000, 70 ff.
714 Ferrari IntVertragsR/*Ferrari* Rn. 68. – S. schon *Dörner* Anm. zu BGH JR 1987, 201.
715 *Kühne* FS Ahrens, 2016, 623 (628). – Zur Gaslieferung *Leible* German Yb. Int. L. (2009), 328 ff.
716 Calliess/Renner/*Gebauer* Rn. 47; anders Ferrari IntVertragsR/*Kieninger* Art. 14 Rn. 6.
717 OLG München BeckRS 2015, 17628; Reithmann/Martiny IntVertragsR/*Göthel* Rn. 33.9; Rauscher/*Thorn* Rn. 25, 86. – Zu Art. 28 EGBGB BGH NJW-RR 2005, 206 = RIW 2004, 857 m. Aufsatz *Freitag* RIW 2005, 25 = IPRax 2005, 342 m. Aufsatz *Unberath* IPRax 2005, 308; LG Bonn RIW 1999, 879.
718 Staudinger/*Hausmann,* 2021, Art. 14 Rn. 53.
719 Reithmann/Martiny IntVertragsR/*Mankowski* Rn. 19.35. Vgl. BGH NJW 1987, 1141 = JR 1987, 198 mAnm *Dörner* = IPRax 1988, 27 m. Aufsatz *Kreuzer* IPRax 1988, 16 (Aktienkauf).
720 Näher *Wilhelmi* RIW 2016, 253 (256 ff.).
721 *Gössl,* Internetspezifisches Kollisionsrecht, 2014, 109 ff.
722 *Wendelstein* RabelsZ 86 (2022), 644 (675 ff.); *Lehmann* in Omlor/Link Kryptowährungen und Token, 2. Aufl. 2023, Kap. 5 Rn. 211.

weichklausel (Abs. 3) in Betracht.[723] Auf diese Weise kann ein Einklang mit dem Sachenrechtsstatut erzielt werden. Die grundpfandrechtliche Sicherung dürfte aber nicht dafür ausreichen, bezüglich des Kaufs von einem Geschäft über ein Recht an einem Grundstück (Abs. 1 lit. c) zu sprechen.[724]

3. Unternehmenskauf.

Schrifttum: *Göthel,* Grenzüberschreitende Unternehmenskaufverträge durch Anteilserwerb, ZIP 2011, 505; *Land,* Rechtsfragen des internationalen Unternehmenskaufs, BB 2013, 2697.

214 Beim Unternehmenskauf werden regelmäßig unterschiedliche Güter zusammen verkauft.[725] Teilweise will man den jeweiligen Vertrag nach dem Schwergewicht der Leistung einheitlich anknüpfen.[726] Vielfach unterscheidet man jedoch einzelne Vertragsarten nach dem Gegenstand des Vertrages. Entweder wird der Rechtsträger (oder ein Anteil daran) oder es werden Wirtschaftsgüter des Unternehmens gekauft. Dementsprechend ist nach dem Vertragsgegenstand zu unterscheiden.[727] Handelt es sich um einen **Anteilskauf (share deal),** bei dem Gesellschaftsanteile des Rechtsträgers gekauft werden, so greift das CISG nicht ein, da es sich um keine „Ware" iSd Übereinkommens handelt (vgl. auch Art. 2 lit. d CISG).[728] Das Vertragsstatut ist daher nach den Art. 3 ff. zu bestimmen.[729] Dies gilt auch dann, wenn Urkunden, welche gesellschaftsrechtliche Mitwirkungsrechte verbriefen, verkauft werden. Insoweit handelt es sich nicht um eine von Art. 1 Abs. 2 lit. d ausgeschlossene wertpapierrechtliche Frage.[730] Rechtswahl ist möglich.[731] Die charakteristische Leistung iSd Art. 4 Abs. 2 erbringt der Verkäufer der Beteiligung.[732] Andere wollen unter Berufung auf Art. 4 Abs. 3 einheitlich auf den Hauptsitz des verkauften Unternehmens abstellen.[733] Zu beachten ist, dass sich die eigentlich gesellschaftsrechtlichen Fragen bezüglich der Anteile und Mitgliedschaftsrechte nicht nach dem Kaufvertrags-, sondern nach dem Gesellschaftsstatut richten.[734]

215 Handelt es sich um den **Kauf einzelner Wirtschaftsgüter (asset deal),** so können je nach Vertragsgegenstand unterschiedliche Regeln gelten. Für einen Warenkauf kann – jedenfalls dann, wenn er das überwiegende Element darstellt – Einheitskaufrecht eingreifen,[735] im Übrigen gilt nach Abs. 1 lit. a bzw. Abs. 2 Verkäuferrecht.[736] Das Gleiche wird man dann annehmen, wenn eine Mehrzahl von Immobilien, Mobilien und Rechten verkauft wird. Hier ist eine einheitliche Anknüpfung an die Verkäuferniederlassung vorzunehmen.[737] Für einen Grundstückskauf kommt die Vorschrift des Abs. 1 lit. c zur Anwendung.[738] Dies gilt regelmäßig auch für bewegliche Sachen, die sich auf dem Grundstück befinden.[739] Im Übrigen ist eine einheitliche Anknüpfung des gesamten Vertrages über Abs. 3 möglich.

III. Schenkung

216 Für die Schenkung beweglicher Sachen (vgl. §§ 516 ff. BGB) ist die Zuwendung des Schenkenden kennzeichnend.[740] Sie unterliegt nach Abs. 2 dem Recht am **gewöhnlichen Aufenthaltsort des Schenkenden,** da seine Leistung dieses unentgeltliche Geschäft charakterisiert.[741] Für die

---

723 BGH NJW-RR 2005, 206 = RIW 2004, 857 m. Aufsatz *Freitag* RIW 2005, 25 = IPRax 2005, 342 m. Aufsatz *Umberath* IPRax 2005, 308 mAnm *Mankowski* EWiR 2005, 71.
724 So aber *Freitag* RIW 2005, 25 ff.
725 *Land* BB 2013, 2697 ff.
726 Rauscher/*Thorn* Rn. 89.
727 So etwa Calliess/Renner/*Gebauer* Rn. 48 ff.
728 Reithmann/Martiny IntVertragsR/*Göthel* Rn. 33.51; PWW/*Brödermann/Wegen* Rn. 10.
729 *Göthel* ZIP 2011, 505 ff.
730 Reithmann/Martiny IntVertragsR/*Göthel* Rn. 33.6.
731 Reithmann/Martiny IntVertragsR/*Göthel* Rn. 33.8.
732 Reithmann/Martiny IntVertragsR/*Göthel* Rn. 33.9; NK-BGB/*Leible* Rn. 22. – S. schon *Picot/Land* DB 1998, 1601 (1602); Soergel/*v. Hoffmann* EGBGB Art. 28 Rn. 157. S. bereits für einen Aktienkauf BGH NJW 1987, 1141 = JR 1987, 198 mAnm *Dörner* = IPRax 1988, 27 m. Aufsatz *Kreuzer* IPRax 1988, 16.
733 OLG München BeckRS 2022, 7531 Rn. 40; Grüneberg/*Thorn* Rn. 23.
734 Näher Reithmann/Martiny IntVertragsR/*Göthel* Rn. 33.20 ff.
735 Reithmann/Martiny IntVertragsR/*Göthel* Rn. 33.51.
736 Reithmann/Martiny IntVertragsR/*Göthel* Rn. 33.35; vgl. Staudinger/*Magnus,* 2021, Rn. 230.
737 PWW/*Brödermann/Wegen* Rn. 10; vgl. Soergel/*v. Hoffmann* EGBGB Art. 28 Rn. 156. Vgl. auch für die Praxisübernahme OLG Hamm NJW-RR 1995, 187.
738 NK-BGB/*Leible* Rn. 23.
739 Soergel/*v. Hoffmann* EGBGB Art. 28 Rn. 155.
740 Zur Qualifikation näher *Abel,* Die Qualifikation der Schenkung, 1997.
741 OLG Düsseldorf IPRax 1984, 270 m. abl. Aufsatz *Fudickar* IPRax 1984, 253; OLG Köln NJW-RR 1994, 1026 betr. Brautgeld; OLG Frankfurt GRUR 1998, 142; FamRZ 2013, 1490 = IPRax 2014, 443 m. Aufsatz *Nordmeier* IPRax 2014, 411; *Gunst,* Die charakteristische Leistung, 1994, 174; *v. Bar/Mankowski* IPR II § 1 Rn. 311; Rauscher/*Thorn* Rn. 79; Staudinger/*Magnus,* 2021, Rn. 246.

Schenkung von Grundstücken und dinglichen Rechten daran ist hingegen die lex rei sitae maßgeblich (Abs. 1 lit. c), sofern kein anderes Recht vereinbart wurde.[742] Dies gilt auch für die gemischte Schenkung, wenn das Schenkungselement überwiegt.[743] Als Schenkung kann regelmäßig auch die Beziehung zwischen dem Errichter eines inter vivos trust dem Begünstigten angesehen werden.[744] Dem Schenkungsstatut unterliegt nicht nur die Verpflichtung des Schenkers, sondern auch die Aufhebung der Schenkung, das Recht zum Widerruf wegen Undanks und ein etwaiger Rückforderungsanspruch. Vom schuldrechtlichen Schenkungsvertrag und dem Schenkungsversprechen ist das Vollzugsgeschäft, insbesondere die Übereignung, zu trennen, die eigenen Regeln unterliegt.[745] Zur gemischten Schenkung → Rn. 15, → Rn. 188. Zu Schenkungsverboten unter Ehegatten → EGBGB Art. 15 aF Rn. 53 sowie → EuGüVO Art. 27 Rn. 17; zur Schenkung von Todes wegen → EuErbVO Art. 1 Rn. 37; → EuErbVO Art. 3 Rn. 10.

IV. Miete beweglicher Sachen

Für die Miete beweglicher Sachen (vgl. §§ 535 ff. BGB)[746] gilt bei Fehlen einer Rechtswahl 217
grundsätzlich das Recht am **gewöhnlichen Aufenthaltsort des Vermieters,** da dieser die vertragstypische Leistung iSd Abs. 2 erbringt.[747] Abweichungen können sich über Abs. 3 ergeben (Benutzungs- oder Überlassungsort). – Zur Grundstücksmiete → Rn. 128 ff.

V. Leihe

Die Leihe kennzeichnet die unentgeltliche Gebrauchsüberlassung durch den Verleiher (vgl. 218
§§ 598 BGB). Die Leihe beweglicher Sachen untersteht daher nach Abs. 2 dem Recht am gewöhnlichen Aufenthalts- bzw. **Niederlassungsort des Verleihers.**[748] Für die Grundstücks- und Wohnungsleihe gilt grundsätzlich die lex rei sitae.[749] Dies wird trotz der Unentgeltlichkeit entweder auf eine direkte[750] oder analoge Anwendung von lit. c oder von Abs. 3 gestützt.

VI. Darlehen

Schrifttum: *Bothe/Brink,* Public Debt Restructuring, the Case for International Economic Co-operation, German Yb. Int. L. 29 (1986), 86; *Goltz,* Vertragsgestaltung bei Roll-Over-Eurokrediten, 1980; *Hartwig-Jacob,* Die Vertragsbeziehungen und die Rechte der Anleger bei internationalen Anleiheemissionen, 2001; *Hinsch/Horn,* Das Vertragsrecht der internationalen Konsortialkredite und Projektfinanzierungen, 1985; *Horn,* Aktuelle Rechtsfragen internationaler Konsortialkredite, JBl. 1987, 409; *Lochner,* Darlehen und Anleihe im Internationalen Privatrecht, 1954; *Rosenau,* Das Eurodollar-Darlehen und sein anwendbares Recht, RIW 1992, 879; *Schnelle,* Die objektive Anknüpfung von Darlehensverträgen im deutschen und amerikanischen IPR, 1992; *Schücking,* Das Internationale Privatrecht der Banken-Konsortien, WM 1996, 281; *Wenzel,* Rechtsfragen internationaler Konsortialkreditverträge, 2006.

1. Rechtsvereinheitlichung. Vereinheitlichtes Recht für den Darlehensvertrag (vgl. §§ 488 ff. 219
BGB) gilt lediglich in Teilbereichen. Die Angleichung des Konsumentenkreditrechts ist in Deutschland in den §§ 491 ff. BGB erfolgt. Die RL 2008/48/EG vom 23.4.2008 hat die Materie neu geregelt (Verbraucherkredit-RL 2008).[751] Eine weitere Richtlinie hat den Fernabsatz von Finanzdienstleistungen an Verbraucher angeglichen (Finanzdienstleistungs-Fernabsatz-RL, s. Art. 46b Abs. 3 Nr. 3 nF EGBGB).

2. Vertragsstatut. Das Schuldstatut des Darlehens wird in erster Linie durch die Rechtswahl 220
der Vertragsparteien bestimmt (Art. 3).[752] Die Vereinbarung kann auch stillschweigend erfolgen.[753]

---

742 Ferrari IntVertragsR/*Ferrari* Rn. 157; Grüneberg/*Thorn* Rn. 24. – Zu Art. 28 EGBGB aF OLG Stuttgart IPRax 2008, 436 m. Aufsatz *Koch* IPRax 2008, 417; anders *Weitnauer,* Der Vertragsschwerpunkt, 1981, 185 Fn. 798.

743 Rauscher/*Thorn* Rn. 90; Soergel/*v. Hoffmann* EGBGB Art. 28 Rn. 160, 161.

744 Näher *Leithold* FamRZ 2015, 709 (713).

745 Zur Heilung nach § 518 Abs. 2 BGB s. LG Hamburg RIW 1977, 722.

746 *Lurger* IPRax 2001, 52; *Trenk-Hinterberger* ZMR 1973, 1.

747 OGH ZfRV 2011, 31; *v. Bar/Mankowski* IPR II § 1 Rn. 312; Grüneberg/*Thorn* Rn. 25. – Zu Art. 28 EGBGB OLG Düsseldorf IPRspr. 2004 Nr. 118 = MDR 2005, 165; Soergel/*v. Hoffmann* EGBGB Art. 28 Rn. 162.

748 Rauscher/*Thorn* Rn. 79, 97; Staudinger/*Magnus,* 2021, Rn. 261; vgl. IPG 1977 Nr. 3 (Hamburg) S. 26.

749 Rauscher/*Thorn* Rn. 97.

750 BeckOGK/*Köhler,* 1.12.2023, Rn. 91.

751 Umgesetzt durch Gesetz vom 29.7.2009 (BGBl. 2009 I 2355); vgl. BT-Drs. 16/11643.

752 Staudinger/*Magnus,* 2021, Rn. 281. – Früher zu Art. 28 EGBGB aF BGH RIW 1997, 426 = IPRspr. 1997 Nr. 27; NJW-RR 2005, 581; OLG Stuttgart BeckRS 2019, 33587; vgl. OLG Düsseldorf IPRspr. 1992 Nr. 35 Ls. = WM 1992, 1898 betr. nachträgliche Rechtswahl.

753 BGH WM 1997, 560 = RIW 1997, 426 betr. Vorvertrag; OLG München RIW 1996, 329; vgl. *Rosenau* RIW 1992, 879 (881).

Sie wird nicht dadurch ausgeschlossen, dass der Kredit durch eine Hypothek nach ausländischem Recht gesichert ist.[754] Mangels Rechtswahl wird das Statut des Darlehens durch die entgeltliche oder unentgeltliche Leistung des Darlehensgebers gekennzeichnet.[755] Die Hingabe der Darlehenssumme bzw. die Gebrauchsüberlassung, nicht die Nutzung durch den Darlehensnehmer ist entscheidend.[756] Darlehensverträge unterliegen – wenn man Abs. 1 lit. b ablehnt[757] (→ Rn. 51) – nach Abs. 2 dem **Recht am gewöhnlichen Aufenthaltsort des Darlehensgebers.**[758] Auf geschäftsmäßig von einer Bank gewährte Darlehen ist in der Regel das Recht am Banksitz anzuwenden[759] (→ BGB Vor § 488 Rn. 95 ff.).

221 Die **Verbraucherkredit-RL** schützt vor der Wahl drittstaatlichen Rechts (→ Art. 46b EGBGB). Dagegen regelte die alte Richtlinie ihren internationalen Anwendungsbereich nicht und enthielt auch keine Rechtswahlbeschränkung. Wegen ihrer privatschützenden Natur wurden Verbraucherkreditvorschriften als Teil des gewöhnlichen Schuldvertragsrechts angesehen.[760] Gleichwohl wurde zum Teil argumentiert, sie seien wegen ihres marktordnenden Charakters oder allgemein wegen des zwingenden Schutzes des Verbrauchers als international zwingende Normen des Vertragsanbahnungsmarkts durchzusetzen (Art. 7 EVÜ bzw. Art. 34 EGBGB).[761] Dies wird etwa für das Kündigungsrecht des Verbrauchers nach § 489 Abs. 1 Nr. 2 BGB angenommen (→ BGB Vor § 488 Rn. 100). Das auch für gewöhnliche Kreditverträge gewährte Kündigungsrecht gemäß § 489 Abs. 1 Nr. 1, 3 BGB (fester Zinssatz) sowie nach § 489 Abs. 2 BGB (veränderlicher Zinssatz) dient privatschützenden Zwecken und ist nicht als international zwingendes Recht anzusehen.[762] Art. 22 Verbraucherkredit-RL enthält eine Schutzvorschrift bezüglich der Vereinbarung drittstaatlichen Rechts und hat zu einer entsprechenden Ergänzung des jetzigen Art. 46b EGBGB geführt.

222 Eine **hypothekarische Sicherung** eines Darlehens lässt die persönliche Forderung nach der älteren Rspr. in den Hintergrund treten und sie der dinglichen Haftung folgen, welche durch die Belegenheit des sichernden Grundstücks gekennzeichnet ist. Schwerpunkt des typischen **Realkredits** ist daher in der Regel die Rechtsordnung des Ortes des belasteten Grundstücks.[763] Mit Abs. 2 steht dies nicht in Einklang.[764] Insoweit kann man aber im Einzelfall eine engere Verbindung nach Abs. 3 annehmen.[765] Nach aA ist auch das dinglich gesicherte Darlehen an den Sitz des Darlehensge-

---

754 Staudinger/*Magnus,* 2021, Rn. 281.

755 OLG Celle IPRax 1999, 456 m. Aufsatz *Gebauer* IPRax 1999, 432 = IPRspr. 1998 Nr. 160; OGH ZfRV 2014, 38 = IPRax 2015, 541; *Hausmann* FS Geimer, 2002, 289 (300); *Geisler,* Die engste Verbindung im Internationalen Privatrecht, 2001, 231; Rauscher/*Thorn* Rn. 99. – Art. 117 Abs. 3 lit. b IPRG Schweiz kennt eine eigene, hier einschlägige Kategorie der Gebrauchsüberlassungsverträge, ZürcherKomm/*Kren Kostkiewicz* IPRG Art. 117 Rn. 84.

756 Erman/*Stürner* Rn. 39; Grüneberg/*Thorn* Rn. 26; Staudinger/*Magnus,* 2021, Rn. 282; anders *Weitnauer,* Der Vertragsschwerpunkt, 1981, 184 f.

757 Für Dienstleistung aber EuGH ECLI:EU:C:2017:472 = RIW 2017, 504 – Kareda, zu Art. 7 Nr. 1 Brüssel Ia-VO.

758 PWW/*Brödermann/Wegen* Anh. Art. 4 Rn. 18; Staudinger/*Magnus* Rn. 282. – Zu Art. 28 Abs. 2 EGBGB aF OLG Düsseldorf NJW-RR 1995, 755 = IPRax 1996, 199 m. Aufsatz *Baetge* IPRax 1996, 185 betr. Darlehen; NJW-RR 1998, 1145 = IPRspr. 1997 Nr. 159; RIW 2001, 63; OLG Hamm RIW 1999, 540 = IPRspr. 1998 Nr. 157; OLG München RIW 1996, 329.

759 OLG München RIW 1996, 329; *Rosenau* RIW 1992, 879 (882); *Klotz* RIW 1997, 197 (199); *Schnelle,* Die objektive Anknüpfung von Darlehensverträgen im deutschen und amerikanischen IPR, 1992, 203 f.; *Kegel* GS R. Schmidt, 1966, 215 (238 f.); Grüneberg/*Thorn* Rn. 26. – Zum Devisenrecht vgl. Reithmann/Martiny IntVertragsR/*Thode* Rn. 5.156.

760 BGHZ 165, 248 (257-259) = NJW 2006, 762 m. Aufsatz *Weller* NJW 2006, 1247 = IPRax 2006, 272 m. Aufsatz *Pfeiffer* IPRax 2006, 238 = JR 2006, 511 mAnm *Looschelders* = JZ 2006, 676 mAnm *Tamm* = RIW 2006, 389 m. Aufsatz *Mankowski* RIW 2006, 321 = WM 2006, 373 m. Aufsatz *Hoffmann/Primaczenko* WM 2006, 189; *Felke* RIW 2001, 30 ff.; *Kropholler* IPR § 52 IX 3a.

761 *Baller,* Der Anwendungsbereich des Verbraucherkreditgesetzes in persönlicher und internationaler Hinsicht, 2001, 195 ff.; *Fetsch,* Eingriffsnormen und EG-Vertrag, 2002, 289 ff.; ebenfalls für die zwingende Durchsetzung des eigenen Konsumentenkreditrechts franz. Cass. civ. Rev. crit. dr. int. pr. 89 (2000), 29 mAnm *Lagarde* = Clunet 2000, 328 mAnm *Racine;* wN bei *Martiny* ZEuP 2001, 308 (321).

762 *Mülbert/Bruinier* WM 2005, 105 (113 f.).

763 OLG Karlsruhe NJW-RR 1989, 367 = IPRspr. 1987 Nr. 24 A; ebenso zum alten Recht BGHZ 17, 89 (94) = NJW 1955, 827 = JZ 1955, 584 mAnm *Beitzke* (interlokal); BGH WM 1964, 15; KG NJW 1957, 347 = RabelsZ 23 (1958), 280 mAnm *Stoll;* OLG Frankfurt WM 1963, 872; anders *Weitnauer,* Der Vertragsschwerpunkt, 1981, 185. Zweifelnd auch *Lochner,* Darlehen und Anleihe im Internationalen Privatrecht, 1954, 71 ff. Nicht genügend im Einzelfall für OLG Düsseldorf WM 1990, 1959 = IPRspr. 1990 Nr. 35.

764 *Schäfer,* Grenzüberschreitende Kreditsicherung an Grundstücken, 1993, 101; Rauscher/*Thorn* Rn. 100.

765 Staudinger/*Magnus,* 2021, Rn. 284. – Zu Art. 28 Abs. 5 EGBGB aF *Unberath* IPRax 2005, 308 (309); ebenso, aber genereller *Schnelle,* Die objektive Anknüpfung von Darlehensverträgen im deutschen und

bers anzuknüpfen.[766] – Die Wirkungen einer Unterwerfung des Schuldners unter die sofortige Zwangsvollstreckung unterliegen der lex fori.[767] Dagegen richtet sich eine Haftungsübernahmeerklärung nach dem Vertragsstatut, unter Umständen des Darlehensvertrages.[768]

Beim **Konsortialkredit** gewähren international zusammengesetzte Bankenkonsortien Kredite in einer international akzeptierten Währung.[769] Der Zinssatz ist wegen der Refinanzierung durch sog. Roll over am Geldmarkt in der Regel variabel. Rechtswahl ist zulässig und üblich.[770] Bei Fehlen einer Rechtswahl wird ein einheitlicher Darlehensvertrag nicht nach den Anteilen der einzelnen Kreditgeber aufgespalten; stattdessen knüpft man an die Niederlassung des Konsortialführers an.[771] Fehlt es für das Verhältnis der Konsorten untereinander an einer Rechtswahl, so erstreckt sich die Rechtswahl für den Konsortialkredit in der Regel auch auf das Konsortialverhältnis.[772] Dafür spricht die enge Beziehung dieses Verhältnisses zum Kreditvertrag (→ Rn. 317 ff.); an den Sitz des Konsortialagenten (administrierende Bank; agent bank) dürfte das Konsortialverhältnis nicht anzuknüpfen sein.[773] 223

Eine Schuldenkrise eines staatlichen Schuldners wird im Allgemeinen durch Umschuldungsverhandlungen zu bewältigen versucht.[774] Außer einer **Umschuldung** ieS, dh der Änderung der Fälligkeitsdaten und des Zinssatzes für Altschulden, wird häufig auch eine Refinanzierung, dh der Abschluss neuer Verträge und die Vergabe weiterer Kredite, angestrebt. Rechtstechnisch werden dabei (in der Regel unter Einschaltung des IWF;[775] → Anh. II Art. 9 Rn. 9 ff.) Verträge zwischen Gläubigern und Schuldnern geschlossen. Die Gläubiger versuchen, ihre Interessen in einzelnen multilateralen Gremien zu koordinieren, so die Privatbanken zB in „Steering Committees", die öffentlichen Geldgeber (darunter Deutschland) im informellen „Pariser Club".[776] 224

VII. Anleihe

Schrifttum: *Baars/Böckel,* Argentinische Auslandsanleihen vor deutschen und argentinischen Gerichten, ZBB 2004, 445; *Hartwig-Jacob,* Die Vertragsbeziehungen und die Rechte der Anleger bei internationalen Anleiheemissionen, 2001; *Hopt,* Emission, Prospekthaftung und Anleihetreuhand im internationalen Recht, FS W. Lorenz, 1991, 413; *Kindler,* Russische Staatsanleihen vor deutschen Gerichten, BKR 2022, 407; *Lochner,* Darlehen und Anleihe im Internationalen Privatrecht, 1954; *Renner/Kindt/Seidel,* Aktuelle Rechtsfragen russischer Unternehmens- und Staatsanleihen, WM 2022, 1409, 1461; *Sandrock,* Ersatzansprüche geschädigter deutscher Inhaber von griechischen Staatsanleihen, RIW 2012, 429; *Sandrock,* Drei Ergänzungen zu möglichen Ersatzansprüchen geschädigter deutscher privater Inhaber von griechischen Staatsanleihen, RIW 2013, 12; *Sandrock,* Nationaler und internationaler Schutz von privaten Inhabern von Staatsanleihen gegenüber Schuldenschnitten, WM 2013, 393; *Sandrock,* Griechenland und Zypern in der Finanzkrise: die Rechtsstellung ihrer privaten Finanzinvestoren,

---

amerikanischen IPR, 1992, 185; ebenso, falls Belegenheitsort und gewöhnlicher Aufenthaltsort des Darlehensnehmers zusammentreffen, *Geisler,* Die engste Verbindung im Internationalen Privatrecht, 2001, 234 f.

766 *v. Bar/Mankowski* IPR II § 1 Rn. 313; Rauscher/*Thorn* Rn. 100; ebenso *Unberath* IPRax 2005, 308 (309); *Kreytenberg,* Die individuelle Schwerpunktbestimmung internationaler Schuldverträge nach der Ausweichklausel des Art. 4 Abs. 5 S. 2 EVÜ, 2006, 197 f.

767 Soergel/*v. Hoffmann* EGBGB Art. 28 Rn. 185.

768 BGH RIW 1981, 194 = DNotZ 1981, 738 = IPRax 1982, 116 Ls. m. krit. Anm. *v. Hoffmann.*

769 *Wenzel,* Rechtsfragen internationaler Konsortialkreditverträge, 2006, 49 ff. Vgl. *Hinsch* in *Hinsch/Horn,* Das Vertragsrecht der internationalen Konsortialkredite und Projektfinanzierungen, 1985, 7 ff.; *Horn* JBl. 1987, 409 (410 ff.).

770 *Horn* JBl. 1987, 409 (411); *Renner* ZBB 2018, 278 (281 f.); *Schnelle,* Die objektive Anknüpfung von Darlehensverträgen im deutschen und amerikanischen IPR, 1992, 203 f.; *Wenzel,* Rechtsfragen internationaler Konsortialkreditverträge, 2006, 412.

771 Staudinger/*Magnus,* 2021, Rn. 285. – S. schon *Schücking* WM 1996, 281 (283); *Goltz,* Vertragsgestaltung bei Roll-Over-Eurokrediten, 1980, 42 f.; *Schnelle,* Die objektive Anknüpfung von Darlehensverträgen im deutschen und amerikanischen IPR, 1992, 206 f.; *Hartwig-Jacob,* Die Vertragsbeziehungen und die Rechte der Anleger bei internationalen Anleiheemissionen, 2001, 115; *Wenzel,* Rechtsfragen internationaler Konsortialkreditverträge, 2006, 413.

772 *Hinsch* in Hinsch/Horn, Das Vertragsrecht der internationalen Konsortialkredite und Projektfinanzierungen, 1985, 175; *Horn* JBl. 1987, 409 (411 f.); *Wenzel,* Rechtsfragen internationaler Konsortialkreditverträge, 2006, 418 f.

773 Für eine vertragsrechtliche Qualifikation auch des Außenkonsortiums *Schücking* WM 1996, 281 (287 ff.); anders *König,* Die internationalprivatrechtliche Anknüpfung von Syndicated Loan Agreements, 1984, 27 ff., 51 ff., 82.

774 Vgl. *Horn* FS Werner, 2005, 357; *Horn* WM 1984, 713 ff.; *Šarčević* ZKredW 1985, 53 ff.

775 Nachweise bei *Bothe/Brink* German Yb. Int. L. 27 (1986), 86 (103 f.).

776 Dazu *J. Kühn,* Die Rolle der Regierungen – Der Pariser Club, in U. Barschel et al., Die internationale Verschuldungskrise, 1987, 151 ff.; *Bothe/Brink* German Yb. Int. L. 27 (1986), 86 (102 ff.); *Schanz,* Auslandsverschuldung und die Rolle von IWF, BIZ und Pariser Club, 1988, 221 ff.; *Hahn* in Schwarze, Kredit und Währung im Lichte des internationalen Rechts, 1987, 23 ff.; *Pfeiffer* ZVglRWiss 102 (2003), 141 (144 ff.); *Kirchner/Ehmke* ZVglRWiss 112 (2013), 438.

RIW 2014, 16; *Sandrock,* Argentiniens Zahlungsunfähigkeit im Juli 2014 und die Rechtsstellung seiner privaten Anleihegläubiger, RIW 2014, 703; *Sandrock,* Schuldenschnitte fremder Staaten vor deutschen Gerichten, RIW 2016, 549; *Sester,* Argentinische Staatsanleihen, NJW 2006, 2891.

225 Bei einer Anleihe (bond) werden gegen Kapitalüberlassung Teilschuldverschreibungen ausgegeben, welche den Anleiheschuldner verpflichten.[777] Im Allgemeinen bestehen mehrere Rechtsverhältnisse nebeneinander, nämlich (1) ein Vertragsverhältnis zwischen dem Emittenten (Anleiheschuldner) und seiner Emissionsbank bzw. einem Konsortium, ferner (2) die Beziehung zwischen der Emissionsbank und dem Anleger (Anleihegläubiger) sowie (3) das Verhältnis zwischen dem Emittenten und dem Anleger.[778] Ferner kann noch ein Konsortialvertrag zwischen mehreren Emissionsbanken vorliegen. Er ist ebenfalls anzuknüpfen. Auch Staatsanleihen werden den Regeln des internationalen Vertragsrechts unterworfen.[779] Wegen des Ausschlusses von Wertpapieren aus dem Anwendungsbereich der Rom I-VO (Bereichsausnahme nach Art. 1 Abs. 2 lit. d; → Art. 1 Rn. 41 ff.) wird teilweise eine Nichtanwendbarkeit der VO auch auf die schuldrechtlichen Anleihebeziehungen angenommen, soweit Wertpapiere ausgegeben wurden.[780] Doch wird eine analoge Anwendung der Rom I-VO für angebracht gehalten.[781] Die Anwendung der einzelnen Bestimmungen des Art. 4 auf die unterschiedlichen Beziehungen und Rechtsfragen macht besondere Schwierigkeiten. Soweit keine Dienstleistung iSd Abs. 1 lit. b angenommen werden kann, kommt eine Anknüpfung nach der charakteristischen Leistung (Abs. 2) in Betracht, welche freilich durch die Ausweichklausel des Abs. 3 korrigiert werden kann. Im Übrigen bleibt es beim Grundsatz der engsten Verbindung (Abs. 4).

226 Der **Emissionsvertrag** zwischen Emittent (Anleiheschuldner) und Emissionsbank unterliegt mangels Rechtswahl dem Recht am Niederlassungsort der Bank, da diese die charakteristische Leistung erbringt (Abs. 1 lit. b oder Abs. 2).[782] Diese Rechtsordnung bestimmt über die kommissionsweise Platzierung der Anleihe oder eine Festübernahme der Emission. Kommt ein Vertragsverhältnis zwischen **Emissionsbank und Anleger** zustande, so unterliegt dieses mangels Rechtswahl grundsätzlich dem Recht am gewöhnlichen Aufenthaltsort der Bank (Abs. 2).[783] Danach richtet sich die Einordnung als Obligationskauf und auch eine vertragliche Schadensersatzhaftung. Eingriffsnormen können über Art. 9 ins Feld geführt werden, freilich nicht unbedingt erfolgreich.[784]

227 Die **Rechtsbeziehungen innerhalb eines Emissionskonsortiums** können oft als gesellschaftsrechtlich qualifiziert werden. Mangels Rechtswahl kommt es zur Anwendung des Rechts am Niederlassungsort des die Gesellschaft verwaltenden Konsortialführers.[785]

228 Im Verhältnis zwischen **Anleiheschuldner und -gläubiger** (Anleger) wird das anwendbare Recht häufig ausdrücklich vereinbart (vgl. Art. 3).[786] Auch eine stillschweigende Rechtswahl ist möglich.[787] Dabei dürfte eine Rechtswahl genügen, welche zwar nicht in der Teilschuldverschreibung selbst, wohl aber in dem Vertrag zwischen Anleiheschuldner und einem für die Gläubiger bestellten Treuhänder (in der Regel einer Bank) enthalten ist, auf den Bezug genommen wird.[788]

---

[777] Vgl. *Hartwig-Jacob,* Die Vertragsbeziehungen und die Rechte der Anleger bei internationalen Anleiheemissionen, 2001, 20 ff.

[778] *Kindler* BKR 2022, 407 (408 f.).

[779] *Sandrock* RIW 2012, 429 (439); *Sandrock* RIW 2016, 549 (551 ff.); Reithmann/Martiny IntVertragsR/*Freitag* Rn. 6.656 ff. – S. zur Gerichtsbarkeit BVerfGE 117, 141 = IPRax 2007, 438 m. Aufsatz *v. Hein* IPRax 2007, 399 = NJW 2007, 2605 m. Aufsatz *Kleinlein* NJW 2007, 2591 (Argentinien); BVerfG RIW 2019, 586 mAnm *Gillen* EWiR 2019, 545 betr. Argentinien; BVerfG WM 2020, 1111 betr. Griechenland; BGH NJW 2015, 2328 m. Aufsatz *M.J. Müller* RIW 2015, 717 betr. Argentinien; BGH NJW 2016, 1659 mAnm *M. J. Müller* betr. Griechenland; OLG Oldenburg RIW 2016, 459 mAnm *M.J. Müller* betr. Griechenland) – Zu völkerrechtlich begründeten Entschädigungsansprüchen *Sandrock* RIW 2014, 16 (19 ff.).

[780] *Thole* FS Schütze, 2014, 601 (606). – Gegen eine Statutenspaltung Reithmann/Martiny IntVertragsR/*Freitag* Rn. 9.5.

[781] Staudinger/*Magnus,* 2021, Rn. 289. – Zur Abgrenzung von wertpapierrechtlichen Fragen Reithmann/Martiny IntVertragsR/*Freitag* Rn. 9.11.

[782] Staudinger/*Magnus,* 2021, Rn. 295.

[783] Zu Art. 28 EGBGB aF *Hopt* FS W. Lorenz, 1991, 413 (415).

[784] S. zum Nichtbestehen völkerrechtlichen Leistungsverweigerungsrechts gegenüber Holdout-Gläubigern BGH NJW 2015, 2328 = JZ 2015, 1002 m. Aufsatz *Weller/Grotz* JZ 2015, 989 = RIW 2015, 294 m. Aufsatz *M.J. Müller* RIW 2015, 717 betr. Argentinienanleihe.

[785] *Hopt* FS W. Lorenz, 1991, 413 (416). – Nach aA finden die Regeln des Internationalen Gesellschaftsrechts Anwendung (→ IntGesR Rn. 1 ff.).

[786] Vgl. EuGH ECLI:EU:C:2016:205 = EuZW 2016, 339 mAnm *Stiegler* – KA Finanz.

[787] *Hartwig-Jacob,* Die Vertragsbeziehungen und die Rechte der Anleger bei internationalen Anleiheemissionen, 2001, 253 ff. – S. bereits RG IPRspr. 1935–44 Nr. 65 = JW 1935, 189.

[788] RG IPRspr. 1935–44 Nr. 454 = JW 1936, 2058 mAnm *Mügel* = RabelsZ 10 (1936), 385 mAnm *Duden;* Staudinger/*Magnus,* 2021, Rn. 290. – Zur Funktion des Treuhänders bei DM-Auslandsanleihen näher *Than* FS Coing, Bd. II, 1982, 521 (525 ff.).

Mangels einer Rechtswahl ist das Schuldstatut bei Fehlschlagen einer Anknüpfung nach Abs. 1 oder Abs. 2[789] nach der engsten Verbindung (Abs. 4)[790] zu bestimmen. Dabei sind alle Umstände, insbesondere auch der Börsenprospekt, zu beachten.[791] Nach der älteren Rspr. gibt in der Regel der **Sitz des Schuldners** den entscheidenden Hinweis.[792] Mangels anderer Hinweise ist wohl auch nach Art. 4 das Recht des Schuldnersitzes Schuldstatut der Anleihe.[793] Auf diese Weise wird eine einheitliche Anknüpfung der Anleihe erreicht, wenn sie in verschiedenen Ländern platziert wird.

Ist die Anleihe oder eine Tranche von ihr ausschließlich für den Kapitalmarkt eines bestimmten fremden Landes bestimmt und in ihren Bedingungen den Erfordernissen dieses ausländischen Kapitalmarktes angepasst, so besteht hierzu die engste Beziehung. Dementsprechend kommt es nach Abs. 3 auf den **Ausgabeort** an.[794] Das Recht dieses Landes ist Schuldstatut.[795] Welche Orte als Zahlstellen vereinbart sind, spielt dagegen keine Rolle.[796] 229

Vielfach wird die Anleihe **hypothekarisch gesichert.** Der Ort der belasteten Grundstücke gibt jedoch keinen entscheidenden Hinweis auf das Schuldstatut, da Kreditgrundlage nicht in erster Linie der belastete Grundbesitz, sondern die Rentabilität des schuldnerischen Vermögens ist.[797] – Zu Währungsklauseln → Anh. I Art. 9 Rn. 19 ff. 230

Schuldenkrisen unter Beteiligung ausländischer staatliche Schuldner führen des Öfteren zu komplexen Auseinandersetzungen und Schwierigkeiten der Forderungsdurchsetzungen. Dies haben in der jüngeren Vergangenheit Auseinandersetzungen um griechische[798] sowie argentinische[799] Anleihen gezeigt. Der staatliche Schuldner beruft sich teilweise auf das Völkerrecht, um seine Nichtleistung zu rechtfertigen.[800] Ferner werden ausländische Gläubiger zum (teilweisen) Verzicht im Rahmen eines Schuldenschnitts gedrängt.[801] Auch russische Sondervorschriften wollen die Anspruchsdurchsetzung erschweren.[802] Gläubigern, die ihre Ansprüche gleichwohl durchsetzen wollen, wird häufig die fehlende Gerichtsbarkeit ausländischer Gerichte entgegengehalten. – Zum Devisenrecht → Anh. II Art. 9 Rn. 27. 231

VIII. Bürgschaft

Schrifttum: *Letzgus,* Die Bürgschaft, RabelsZ 3 (1929), 837; *Wandt,* Zum Rückgriff im Internationalen Privatrecht, ZVglRWiss 86 (1987), 272.

Die Bürgschaft ist eine persönliche Kreditsicherheit (vgl. §§ 765 ff. BGB). Auch die Prozessbürgschaft ist materiellrechtlich einzuordnen.[803] Rechtswahl ist zulässig. Das Bürgschaftsstatut wird in erster Linie vom Parteiwillen bestimmt.[804] Fehlt eine Rechtswahl, so folgt die Bürgschaft trotz 232

[789] Dafür Ferrari IntVertragsR/*Ferrari* Rn. 104; BeckOGK/*Köhler,* 1.12.2023, Rn. 329.

[790] *Kindler* BKR 2022, 407 (422); Rauscher/*Thorn* Rn. 103.

[791] Vgl. Assmann/Schütze/Buck-Heeb KapitalanlageR-HdB/*Schütze/Vorpeil* § 7 Rn. 49; s. auch RG IPRspr. 1935–44 Nr. 102 Ls. = WarnR 1935 Nr. 1; IPRspr. 1935–44 Nr. 65 = JW 1935, 189; RGZ 146, 1 (3) = IPRspr. 1935–44 Nr. 103 Ls.

[792] BGHZ 164, 361 (365) = IPRax 2007, 43 m. Aufsatz *Freitag* IPRax 2007, 24.

[793] BeckOK BGB/*Spickhoff* Rn. 57; Rauscher/*Thorn* Rn. 103; Staudinger/*Magnus,* 2021, Rn. 291, aber engere Verbindung zum Emissionsort nach Abs. 3. – S. aus der älteren Rspr. RGZ 118, 370 = IPRspr. 1926–27 Nr. 121; RGZ 126, 196 (200) = IPRspr. 1930 Nr. 34; RGZ 146, 1 = IPRspr. 1935–44 Nr. 103 Ls.; RGZ 152, 166 = IPRspr. 1935–44 Nr. 470 Ls. Bedenken, wenn nur eine Finanzierungsgesellschaft vorgeschoben wird, bei Soergel/*v. Hoffmann* EGBGB Art. 28 Rn. 190.

[794] Rauscher/*Thorn* Rn. 103 (gestützt auf Abs. 4); Ellenberger/Bunte BankR-HdB/*Welter/Brian* § 5 Rn. 202. Vgl. auch *Böse,* Der Einfluß des zwingenden Rechts auf internationale Anleihen, 1963, 59 f.; Soergel/*v. Hoffmann* EGBGB Art. 28 Rn. 191; anders BeckOK BGB/*Spickhoff* Rn. 57, der eine Differenzierung nach Emissionen in einem einzigen und in mehreren Staaten ablehnt.

[795] *Schnitzer* IPR II S. 708.

[796] Vgl. auch *W.-H. Roth,* Internationales Versicherungsvertragsrecht, 1985, 379 f.

[797] *Lochner,* Darlehen und Anleihe im IPR, 1954, 75; Soergel/*v. Hoffmann* EGBGB Art. 28 Rn. 191.

[798] *Sandrock* RIW 2012, 429; *Sandrock* RIW 2013, 12 ff.

[799] Dazu Stadler IPRax 2008, 405 ff.; *Sandrock* RIW 2014, 703 ff.; *Tietje,* Die Argentinien-Krise aus rechtlicher Sicht, 2005.

[800] Dazu *Pfeiffer* ZVglRWiss 102 (2003), 141 ff.; *Sandrock* RIW 2014, 703 ff.; *Weller,* Die Grenze der Vertragstreue von (Krisen-)Staaten: zur Einrede des Staatsnotstands gegenüber privaten Anleihegläubigern, 2013; *Weller/Grotz* JZ 2015, 989 ff.

[801] S. *Sandrock* WM 2013, 393; *Sandrock* RIW 2014, 16.

[802] Dazu *Kindler* BKR 2022, 407 (413 ff.); *Renner/Kindt/Seidel* WM 2022, 1409 ff.

[803] Grüneberg/*Thomas* Rn. 27; Staudinger/*Magnus,* 2021, Rn. 415; anders *Fuchs* RIW 1996, 280 (288): lex fori.

[804] BGHZ 134, 127 (135) = NJW 1997, 397 = IPRax 1999, 367 m. Aufsatz *Dörner/Staudinger* IPRax 1999, 338; OLG Düsseldorf NJW 1990, 640 = RIW 1989, 743. S. bereits BGH NJW 1970, 1002; 1977, 1011.

sachrechtlicher Akzessorietät grundsätzlich ihrem eigenen Recht, nicht notwendig dem der Hauptschuld.[805] Wenn man die Bürgschaft nicht als Dienstleistungsvertrag iSd Abs. 1 litb einordnet (→ Rn. 53),[806] führt die objektive Anknüpfung nach Abs. 2 zum Recht des **gewöhnlichen Aufenthalts des Bürgen,** weil dieser die das Vertragsverhältnis kennzeichnende Leistung (Haftungsrisiko) zu erbringen hat.[807] Folglich gilt für einen Bürgen mit gewöhnlichem Aufenthalt in Deutschland regelmäßig deutsches Recht.[808] Doch kann die Bürgschaft so sehr mit anderen Geschäften (etwa im Zusammenhang mit einer Gesellschaft) verbunden sein, dass wegen der engeren Verbindung (Abs. 3) das Recht am Niederlassungsort zurücktreten muss.[809] Dagegen ändern eher zufällige sonstige Umstände nichts an der Regelanknüpfung.[810] Im Ausland wurde freilich häufiger eine engere Verbindung angenommen, die zum Recht der gesicherten Forderung führen soll.[811]

233 Das Bürgschaftsstatut bestimmt vor allem die **Art der Haftung des Bürgen,** ob ihm die Einrede der Vorausklage zusteht,[812] und regelt die Akzessorietät der Haftung, insbesondere welche Wirkung die Tilgung der Hauptschuld auf die Bürgschaftsschuld hat.[813] Inhaltliche Beschränkungen der Bürgschaftsübernahme durch einkommens- und vermögenslose Familienangehörige betreffen das Verhältnis der Vertragsparteien zueinander und die Gültigkeit des Vertrages; sie unterliegen daher dem Vertragsstatut.[814] Die verfassungsrechtliche Begründung solcher Beschränkungen macht sie noch nicht zu Eingriffsnormen iSd Art. 9 Abs. 1.[815] Zum Devisenrecht → Anh. II Art. 9 Rn. 27.

234 Was der Bürge im Einzelnen zu leisten hat, bestimmt das Recht, dem die Hauptschuld untersteht.[816] Da das Statut des Innenverhältnisses zwischen Bürge und Hauptschuldner selbständig zu ermitteln ist, kann es vom Bürgschaftsstatut abweichen.[817] Soweit es auf das **Bestehen und den Umfang der Hauptschuld** ankommt, handelt es sich um eine selbständig anzuknüpfende und nach dem Recht der Hauptschuld zu beantwortende Vorfrage.[818] Andere Verteidigungsmöglichkeiten des Bürgen unterliegen hingegen dem Bürgschaftsstatut. Dies gilt etwa, wenn ein Bürge für die Verbindlichkeiten seines im Ausland gelegenen Unternehmens herangezogen wird, wenn die im Inland ansässige Bürgschaftsgläubigerin von demjenigen ausländischen Staat beherrscht wird, welcher zuvor sämtliche Anteile des Bürgen an dem hauptschuldnerischen Unternehmen entschädigungslos enteignet hat[819] (→ EGBGB Anh. Art. 46 Rn. 48).

---

805 *Geisler,* Die engste Verbindung im Internationalen Privatrecht, 2001, 235 f.; Rauscher/*Thorn* Rn. 104; Staudinger/*Magnus,* 2021, Rn. 414; ebenso schon *Letzgus* RabelsZ 3 (1929), 837 (839).

806 Art. 117 Abs. 3 lit. e IPRG Schweiz kennt eine eigene, hier einschlägige Kategorie der Sicherungsverträge, ZürcherKomm/*Kren Kostkiewicz* IPRG Art. 117 Rn. 136 ff.

807 *v. Bar/Mankowski* IPR II § 1 Rn. 313; Rauscher/*Thorn* Rn. 104. – So schon der Bericht *Giuliano/Lagarde,* BT-Drs. 10/503, 53; ebenso BGHZ 121, 224 (228) = NJW 1993, 1126 mAnm *Cordes* NJW 1993, 2427 = ZEuP 1994, 493 mAnm *Bülow* = WuB I F 1a Nr. 8.93 mAnm *Thode;* OLG Saarbrücken WM 1998, 2465 = WuB I D 4. – Nr. 1.99 mAnm *Thode* = IPRspr. 1997 Nr. 53; *Severain,* Die Bürgschaft im deutschen internationalen Privatrecht, 1990, 30 ff.; Soergel/*v. Hoffmann* EGBGB Art. 28 Rn. 285.

808 OLG Frankfurt RIW 1995, 1033 mAnm *Mankowski* betr. Bankbürgschaft; LG Hamburg IPRspr. 1992 Nr. 45 = RIW 1993, 144.

809 OLG Oldenburg IPRspr. 1975 Nr. 15; dazu näher *Geisler,* Die engste Verbindung im Internationalen Privatrecht, 2001, 236 ff.; *Kreytenberg,* Die individuelle Schwerpunktbestimmung internationaler Schuldverträge nach der Ausweichklausel des Art. 4 Abs. 5 S. 2 EVÜ, 2006, 149 ff.

810 S. LG Hamburg IPRspr. 1992 Nr. 46 = RIW 1993, 144: dänische Sprache und dänischer Abschlussort irrelevant. – Bedenklich daher Cour d'appel Versailles Rev. crit. dr. int. pr. 80 (1991), 745 mAnm *Lagarde:* Anwendung it. Rechts auf die Bürgschaft des in Frankreich wohnenden Bürgen; dazu mwN *Martiny* ZEuP 1993, 298 (300 f.); *Plender* in Lando/Magnus/Nowak-Stief, Angleichung des materiellen und des internationalen Privatrechts in der EU, 2003, 25 (42 f.). Zur Tendenz zum Recht der gesicherten Forderung vgl. auch Cass. civ. Rev. crit. dr. int. pr. 83 (1994), 341 mAnm *Muir Watt.*

811 Dazu *Martiny* ZEuP 1999, 246 (256 f.); *Blaurock* FS Stoll, 2001, 463 (465 ff.).

812 *Severain,* Die Bürgschaft im deutschen internationalen Privatrecht, 1990, 59 ff.; Soergel/*v. Hoffmann* EGBGB Art. 28 Rn. 287; ebenso schon RGZ 9, 188; 10, 282; 34, 15; 54, 311 (316).

813 Staudinger/*Magnus,* 2021, Rn. 417; vgl. Soergel/*v. Hoffmann* EGBGB Art. 28 Rn. 287.

814 Näher *Martiny* ZEuP 1995, 67 (86 f.).

815 *Kühne* Liber amicorum Kegel, 2000, 65 (77); Staudinger/*Magnus,* 2021, Rn. 420 f. anders für Art. 34 EGBGB *Reich* NJW 1994, 2128 ff.

816 RGZ 137, 1 (11).

817 *Severain,* Die Bürgschaft im deutschen internationalen Privatrecht, 1990, 87 ff.; Soergel/*v. Hoffmann* EGBGB Art. 28 Rn. 287; vgl. AG Bremen IPRspr. 1950–51 Nr. 17; *Letzgus* RabelsZ 3 (1929), 837 (853).

818 *Severain,* Die Bürgschaft im deutschen internationalen Privatrecht, 1990, 42 ff.; Soergel/*v. Hoffmann* EGBGB Art. 28 Rn. 287.

819 Hingegen argumentiert allein mit der Abwehr der Enteignungswirkung und dem deutschen ordre public BGHZ 104, 240 (243 ff.) = NJW 1988, 2173 = IPRax 1989, 235 m. Aufsatz *Behrens* IPRax 1989, 217 m. abl. Anm. *Sonnenberger* EWiR 1988, 675 = JuS 1988, 990 Ls. m. krit. Bericht *Hohloch.*

Das Bürgschaftsstatut ist auch dafür maßgeblich, welche **Folgen eine Inanspruchnahme des Bürgen** hat. Dies gilt insbesondere für die Frage des Regresses, die unter Art. 15 fällt (→ Art. 15 Rn. 3 ff.). Der Regress stellt den Ausgleich für die Verpflichtung des Bürgen dar und ist daher auch kollisionsrechtlich entsprechend anzuknüpfen. Ein gesetzlicher Forderungsübergang vom Gläubiger auf den Bürgen kann nur dann eintreten, wenn ihn das Bürgschaftsstatut vorsieht.[820] Früher wurde zum Teil zusätzlich verlangt, dass ihn auch das Statut der Hauptschuld[821] oder das Wohnsitzrecht des Schuldners[822] zulassen. Die Rom I-VO macht eine solche Einschränkung jedoch nicht.[823] Auch die Frage, ob der Bürge die Leistung verweigern kann, wenn ihm der Gläubiger nicht seine Ansprüche gegen den Hauptschuldner abtritt (beneficium cedendarum actionum), entscheidet analog Art. 15 das Bürgschaftsstatut.[824] 235

Die **Form** unterliegt Art. 11; die Einhaltung der lex loci actus genügt.[825] Das in einigen Rechtsordnungen bestehende Erfordernis der **Zustimmung eines Ehegatten** zur Bürgschaftserklärung des anderen untersteht als eherechtliche Verpflichtungsbeschränkung nicht dem Bürgschafts-, sondern dem Ehewirkungs- oder Güterrechtsstatut[826] (→ EGBGB Art. 11 Rn. 31; → EGBGB Art. 14 Rn. 77 f.). 236

IX. Garantie

Schrifttum: *G. Bögl,* Internationale Garantieverträge, Diss. Regensburg 1993; *Dohm,* Bankgarantien im internationalen Handel, Bern 1985; *Enonchong,* The Law Applicable to Demand Guarantees and Counter-Guarantees, L.M.C.L.Q. 2015, 194; *Goerke,* Kollisionsrechtliche Probleme internationaler Garantien, 1982; *Heldrich,* Kollisionsrechtliche Aspekte des Mißbrauchs von Bankgarantien, FS Kegel, 1987, 175; *Mülbert,* Mißbrauch von Bankgarantien und einstweiliger Rechtsschutz, 1985; *Schefold,* Die rechtsmißbräuchliche Inanspruchnahme von Bankgarantien und das Kollisionsrecht, IPRax 1995, 118; *Schütze,* Bankgarantien, unter besonderer Berücksichtigung der einheitlichen Richtlinien für auf „erstes Anfordern" zahlbare Garantien der Internationalen Handelskammer, 1994; Graf v. Westphalen (Hrsg.), Die Bankgarantie im internationalen Handelsverkehr, 5. Aufl. 2023.

1. Rechtsvereinheitlichung. Das **UNCITRAL-Übereinkommen über unabhängige Garantien und Stand-by Letters of Credit** von 1995 gilt für internationale Verbindlichkeiten, wenn sich die Niederlassung des Garanten (Ausstellers) in einem Vertragsstaat befindet oder wenn das Recht eines Vertragsstaates nach den Regeln des IPR anzuwenden ist (Art. 2).[827] Das Übereinkommen regelt die Rechte und Pflichten für Garantien und Stand-by-Letters (undertakings). Auch gegenüber Nichtvertragsstaaten ist Rechtswahl (Art. 21) zu beachten (Art. 1 Abs. 3). Hilfsweise kommt es auf die Rechtsordnung am Niederlassungsort des Garanten an (Art. 22). 237

Die von der IntHK aufgestellten **„Einheitlichen Richtlinien für Vertragsgarantien"** von 1978, deren Geltung die Parteien vereinbaren können, die jedoch die Bestimmung des maßgeblichen Vertragsstatuts nicht erübrigen, enthalten einheitliche materielle Regeln.[828] Sie erklären im Übrigen das Recht am Geschäftsniederlassungsort des Garanten für maßgeblich (Art. 10). Bei Niederlassungen in mehreren Staaten ist diejenige maßgeblich, die den Geschäftsfall bearbeitet. Ferner bestehen 238

---

820 Soergel/*v. Hoffmann* EGBGB Art. 28 Rn. 288.

821 *Reuter,* Schuldübernahme und Bürgschaft im IPR, 1939, 32 f.; *Lewald* IPR, 276.

822 Vgl. Soergel/*Kegel,* 11. Aufl. 1984, EGBGB Vor Art. 7 Rn. 429, 448.

823 Bericht *Giuliano/Lagarde,* BT-Drs. 10/503, 67; *Wandt* ZVglRWiss 86 (1987), 272 (284 ff.); Soergel/*v. Hoffmann* EGBGB Art. 28 Rn. 288.

824 Zum alten Recht *Wandt* ZVglRWiss 86 (1987), 272 (311); iErg ebenso RGZ 54, 311 (315 f.).

825 BGHZ 121, 224 (235) = NJW 1993, 1126 mAnm *Cordes* NJW 1993, 2427 = ZEuP 1994, 493 mAnm *Bülow* = WuB I F 1a Nr. 8.93 mAnm *Thode;* Soergel/*v. Hoffmann* EGBGB Art. 28 Rn. 289. S. bereits RGZ 61, 343; 62, 379.

826 *Hanisch* IPRax 1987, 47 (50); Reithmann/Martiny IntVertragsR/*Hausmann* Rn. 6.792; Grüneberg/*Thorn* Rn. 27; Soergel/*v. Hoffmann* EGBGB Art. 28 Rn. 289; anders BGH NJW 1977, 1011 m. abl. Anm. *Jochem* = JZ 1977, 438 m. abl. Anm. *Kühne* (Niederlande); OLG Köln RIW 1998, 198 = IPRspr. 1997 Nr. 36 (niederl. Schuldbeitritt).

827 Vertragsstaaten: Ecuador (1.1.2000), El Salvador (1.1.2000), Gabun (15.12.2004), Kuwait (1.1.2000), Liberia (16.9.2005), Panama (1.1.2000), Tunesien (1.1.2000) und Weißrussland (1.2.2003); dazu *Bergsten* Int. Lawyer 27 (1993), 859; *Buch,* UN-Konvention über unabhängige Garantien und Stand-by Letters of Credit, 2000; *Gutzwiller* ZSR 2005, 273 ff.; *Heidbüchel,* Das UNCITRAL-Übereinkommen über unabhängige Garantien und Standby letters of credit, 1999; *Horn* RIW 1997, 717; Horn (Hrsg.), German banking law and practice in international perspective, 1999, 189; *Lienesch,* Internationale Bankgarantien und die UN-Konvention über unabhängige Garantien und Stand-by Letters of Credit, 1999; *de Ly* Int. Lawyer 33 (1999), 831; näher zu den Entwürfen *Bögl,* Internationale Garantieverträge, 1993, 111 ff.

828 *Pietsch* in Pfaff/Pietsch, Zwei Beiträge zum Auslandsgeschäft der Kreditinstitute, 1983, 39; *Roesle,* Die internationale Vereinheitlichung des Rechts der Bankgarantien, Zürich 1983; *Stumpf* RIW 1979, 1; *Trost,* Bankgarantien im Außenhandel, 1982; *Trost* RIW 1981, 659.

„Einheitliche Richtlinien für Garantien auf erstes Anfordern" von 1992.[829] Danach gilt mangels abweichender Rechtswahl für Garantie und Rückgarantie das Recht der Geschäftsniederlassung des Garanten (Art. 27).

239 **2. Anwendbares Recht. a) Grundsatz.** Für die Anknüpfung der Garantie, bei der unabhängig von der Hauptschuld für einen Erfolg eingestanden wird, ist in erster Linie der Parteiwille maßgeblich.[830] Verträge mit deutschen Banken unterliegen wegen Nr. 6 Abs. 1 AGB-Banken regelmäßig dem deutschen Recht.[831] Wenn man die Garantie nicht als Dienstleistungsvertrag iSd Abs. 1 lit. b einordnet (→ Rn. 53),[832] führt die objektive Anknüpfung nach Abs. 2 zum **Recht des gewöhnlichen Aufenthalts des Garanten.**[833] Die Bankgarantie unterliegt im Zweifel sowohl gegenüber dem Auftraggeber (Deckungsverhältnis) als auch dem Begünstigten (Garantie- bzw. Zuwendungsverhältnis) dem Recht der Bank.[834] Nur unter besonderen Umständen kommt das Recht am Aufenthaltsort des Begünstigten in Betracht.[835] – Für den **Stand-by Letter of Credit** gilt mangels Rechtswahl das Recht am gewöhnlichen Aufenthalt des Ausstellers.[836]

240 Das Garantiestatut entscheidet über den Eintritt des Garantiefalls, den Umfang und die Auslegung der Garantie. Ob gegen den Zahlungsanspruch aus der Garantie der **Einwand des Rechtsmissbrauchs** erhoben werden kann, richtet sich nach dem für das Garantieverhältnis geltenden Recht.[837] Streitigkeiten zwischen beauftragter Bank und Auftraggeber (Unterlassungs- bzw. Ersatzansprüche) richten sich nach dem für das Deckungsverhältnis geltenden Recht.[838] Soweit für die Missbrauchsfrage das Verhältnis zwischen Auftraggeber und Begünstigtem (Valutaverhältnis) beurteilt werden muss, wird das darauf anzuwendende Recht selbständig nach den allgemeinen Regeln (Art. 3 ff.) ermittelt.[839]

241 **b) Garantie auf erstes Anfordern.** Hier braucht der Garantiefall nicht nachgewiesen zu werden; die Zahlungspflicht wird durch die Anforderung des Begünstigten ausgelöst. Einwendungen aus der garantierten Verbindlichkeit (Valutaverhältnis) sind ausgeschlossen. War die Inanspruchnahme der Garantie rechtsmissbräuchlich, so kommen Schadensersatzansprüche gegen den Garantiebegünstigten in Betracht. Sie sind zum Teil deliktisch eingeordnet und dementsprechend dem Deliktsstatut unterstellt worden.[840] Die internationale Zuständigkeit richtet sich dann nach Handlungs- und Erfolgsort (Art. 7 Nr. 2 Brüssel Ia-VO [= Art. 5 Nr. 3 LugÜ]). Das Vorgehen des Auftraggebers gegen den Begünstigten wegen einer ihren vertraglichen Beziehungen widersprechenden Inanspruchnahme wird zum Teil dem Tatortrecht unterstellt.[841] Im Hinblick auf die Sonderbeziehung zur Garantie liegt es jedoch nahe, **akzessorisch** an das Recht anzuknüpfen, welches auf die Garantie

[829] „Uniform Rules for Demand Guarantees"; ICC-Publikation Nr. 458. – Englischer Text auch bei *Bögl,* Internationale Garantieverträge, 1993, 198 ff.; dazu *Berger* DZWiR 1993, 1; *Hasse* WM 1993, 1985; *v. Westphalen* DB 1992, 2017; *v. Westphalen* RIW 1992, 961; *Schütze,* Bankgarantien, 1994.

[830] OLG Frankfurt RIW 1998, 477 = IPRspr. 1997 Nr. 33 betr. Standby Letter of Credit; *Enonchong* L.M.C.L.Q. 2015, 194 ff.

[831] OLG Köln RIW 1992, 145 = WM 1991, 1751 mAnm *Schwericke/Regel* = WuB I K 3. Nr. 1.92 mAnm *Schütze* betr. Auftrag für indirekte Garantie im Irak; OLG Saarbrücken ZIP 2001, 1318 = IPRspr. 2001 Nr. 30 betr. unwiderrufliche Garantie; *Heldrich* FS Kegel, 1987, 175 (191); *Schefold* IPRax 1995, 118 (119); näher *Bögl,* Internationale Garantieverträge, 1993, 30 f.; *Mülbert,* Mißbrauch von Bankgarantien und einstweiliger Rechtsschutz, 1985, 24 ff. Zur stillschweigenden Rechtswahl s. bereits BGH IPRax 1981, 13 betr. Garantieversprechen für Produkteigenschaft; LG Frankfurt a.M. NJW 1963, 450; LG München AWD 1971, 196.

[832] Dafür *v. Westphalen* in v. Westphalen, Bankgarantie, 5. Aufl. 2023, Kap. G Rn. 14. Art. 117 Abs. 3 lit. e IPRG Schweiz kennt eine eigene, hier einschlägige Kategorie der Sicherungsverträge, ZürcherKomm/*Kren Kostkiewicz* IPRG Art. 117 Rn. 136 ff.

[833] Rauscher/*Thorn* Rn. 112; Staudinger/*Magnus,* 2021, Rn. 426. – Zu Art. 28 EGBGB aF BGH NJW 1996, 54 = RIW 1995, 1027 mAnm *Geimer* EWiR 1995, 1187; *Heldrich* FS Kegel, 1987, 175 (184 f.); *Kropholler* IPR § 52 III 3 f.

[834] Rauscher/*Thorn* Rn. 112; iErg ebenso OLG Hamburg RIW 1978, 615; OLG Stuttgart RIW 1980, 729; OLG Frankfurt RIW 1985, 407; *Kegel* GS R. Schmidt, 1966, 215 ff.; *Pleyer* WM-Beil. 2/1973, 15; *Goerke,* Kollisionsrechtliche Probleme internationaler Garantien, 1982, 92.

[835] S. BGH NJW 1996, 2569 zum alten Recht.

[836] Assmann/Schütze/Buck-Heeb KapitalanlageR-HdB/*Schütze/Vorpeil* § 7 Rn. 104.

[837] *Schefold* IPRax 1995, 118 (119); *Heldrich* FS Kegel, 1987, 175 (186, 194); Soergel/*v. Hoffmann* EGBGB Art. 28 Rn. 299.

[838] *Heldrich* FS Kegel, 1987, 175 (190).

[839] *Heldrich* FS Kegel, 1987, 175 (191). – Bei Eilbedürftigkeit weicht auf die lex fori aus, OGH ÖRdW 1988, 320.

[840] OLG München WM 1985, 189 = IPRspr. 1984 Nr. 5.

[841] OGH ÖJZ 1994, 276 (Nr. 57) = IPRax 1995, 116 m. Aufsatz *Schefold* IPRax 1995, 118.

Anwendung findet.[842] Über vertragliche Schadensersatzansprüche befindet das Garantiestatut. Soweit die Regelung des Art. 7 Nr. 1 lit. b Brüssel Ia-VO (= Art. 5 Nr. 1 lit. b LugÜ) nicht eingreift, legt das Garantiestatut auch den Erfüllungsort (Art. 7 Nr. 1 lit. c Brüssel Ia-VO [= Art. 5 Nr. 1 lit. c LugÜ]) fest. Auf diese Weise wird das Recht der inländischen Garantiebank angewendet, wenn der Garantiebegünstigte die rechtsmissbräuchliche Inanspruchnahme im Inland zu unterlassen hatte.[843]

c) Bestätigte Garantie. Mit der Bestätigung der Garantie durch eine Zweitbank übernimmt diese eine rechtlich selbständige Verpflichtung gegenüber dem Begünstigten. Das Verhältnis zwischen den Banken unterliegt dem **Recht der Zweitbank.**[844] Diese Rechtsordnung beherrscht auch das Verhältnis zum Begünstigten.[845] Hinsichtlich der weiterbestehenden Verpflichtung der Erstbank gegenüber dem Begünstigten wird auch vertreten, diese sei an die Bestätigung angelehnt und richte sich nach dem Recht am Niederlassungsort der Zweitbank.[846] 242

d) Indirekte Garantie und Rückgarantie. aa) Indirekte Garantie. Bei der indirekten Garantie tritt nicht die Erstbank des Auftraggebers gegenüber dem Begünstigten auf; vielmehr gibt eine von der Erstbank beauftragte Zweitbank die Garantieerklärung ab. Daher sind mehrere Rechtsverhältnisse zu unterscheiden.[847] (1) Das **Deckungsverhältnis** zwischen Auftraggeber und (regelmäßig inländischer) Erstbank unterliegt in der Regel dem **Recht der Bank.**[848] Diese Rechtsordnung ist daher auch für Unterlassungsansprüche des Auftraggebers gegenüber seiner Bank maßgeblich.[849] (2) Das **Valutaverhältnis** zwischen Auftraggeber (in der Regel inländischer Exporteur) und Letztbegünstigtem (im Allgemeinen ausländischer Importeur) folgt auch hier den allgemeinen Regeln der Art. 3 ff.[850] 243

Für das Verhältnis der zusätzlich eingeschalteten **Zweitbank gegenüber dem Letztbegünstigten** gilt mangels Rechtswahl das Recht ihres Niederlassungsorts.[851] Dieser Rechtsordnung unterliegt die dem Begünstigten gegebene direkte Garantie; sie entscheidet daher darüber, ob der Garantiefall eingetreten bzw. eine Inanspruchnahme der Zweitbank durch den Begünstigten rechtswidrig ist.[852] Demgegenüber hat die Rspr. diese (in der Regel ausländische) Rechtsordnung des Öfteren mit Hilfe des ordre public des Forums ausgeschaltet, ohne die Voraussetzungen dafür überhaupt zu prüfen.[853] 244

Zwischen **Erst- und Zweitbank** besteht ein Geschäftsbesorgungsvertrag, auf Grund dessen letztere die Direktgarantie abgibt. Dieser Vertrag untersteht mangels Rechtswahl nach den Regeln über Bankgeschäfte (→ Rn. 91 ff.) dem Recht der Niederlassung der Zweitbank, da diese mit ihrer Geschäftsbesorgung die charakteristische Leistung – nämlich die Übernahme der einfachen Garantie gegenüber dem Begünstigten – erbringt.[854] 245

bb) Rückgarantie. Die Rück- bzw. Gegengarantie zwischen Erst- und Zweitbank stellt eine selbständige, zusätzliche Verpflichtung dar.[855] Die Erstbank garantiert der Zweitbank die Erstattung der Garantiezahlung. Diese Garantie richtet sich nach dem **Recht der Erstbank,** da diese sie abgibt und damit die charakteristische Leistung erbringt.[856] Diese Rechtsordnung bestimmt auch, ob der 246

842 *Schefold* IPRax 1995, 118 (121); Rauscher/*Thorn* Rn. 113.
843 BGH NJW 1985, 561 = IPRax 1986, 102 m. Aufsatz *Geimer* IPRax 1986, 80 = WuB VII B 1 Art. 5 EuGVÜ 1.84 mAnm *Welter.*
844 Soergel/*v. Hoffmann* EGBGB Art. 28 Rn. 302; vgl. *Dohm,* Bankgarantien im internationalen Handel, 1985, Rn. 315.
845 Rauscher/*Thorn* Rn. 114; ebenso *Geisler,* Die engste Verbindung im Internationalen Privatrecht, 2001, 238 f.
846 So *Goerke,* Kollisionsrechtliche Probleme internationaler Garantien, 1982, 97 ff.; dagegen Rauscher/*Thorn* Rn. 114; Soergel/*v. Hoffmann* EGBGB Art. 28 Rn. 301.
847 Näher Derleder/Knops/Bamberger BankR-HdB/*Freitag* § 75 Rn. 70.
848 *Bark* ZIP 1982, 405 (414); Soergel/*v. Hoffmann* EGBGB Art. 28 Rn. 305.
849 *Heldrich* FS Kegel, 1987, 175 (190 f.).
850 *Heldrich* FS Kegel, 1987, 175 (189); Soergel/*v. Hoffmann* EGBGB Art. 28 Rn. 305.
851 *Bark* ZIP 1982, 404 (417); *Heldrich* FS Kegel, 1987, 175 (190); *Mülbert,* Mißbrauch von Bankgarantien und einstweiliger Rechtsschutz, 1985, 28; *v. Westphalen* in v. Westphalen, Bankgarantie, 5. Aufl. 2023, Kap. G Rn. 35.
852 *Nielsen* ZHR 147 (1983), 145 (155); Soergel/*v. Hoffmann* EGBGB Art. 28 Rn. 304.
853 LG Frankfurt a.M. NJW 1981, 56 mAnm *Hein* = IPRax 1981, 165 m. Aufsatz *Horn* IPRax 1981, 149; LG Dortmund WM 1981, 280 = IPRspr. 1980 Nr. 5; krit. *v. Westphalen* WM 1981, 294 (302 ff.). Vgl. auch OGH JBl. 1987, 115 = IPRax 1988, 33 m. Aufsatz *Moschner* IPRax 1988, 40.
854 *Bark* ZIP 1982, 404 (408 f.); *Heldrich* FS Kegel, 1987, 175 (189 f.); *Goerke,* Kollisionsrechtliche Probleme internationaler Garantien, 1982, 101 f.; *Mülbert,* Mißbrauch von Bankgarantien und einstweiliger Rechtsschutz, 1985, 30; Rauscher/*Thorn* Rn. 115.
855 Diff. dagegen *Pietsch* in Pfaff/Pietsch, Zwei Beiträge zum Auslandsgeschäft der Kreditinstitute, 1983, 82 f.
856 OLG Köln IPRspr. 1991 Nr. 36 = RIW 1992, 145 = WM 1991, 1751 mAnm *Schwericke/Regel* = WuB I K 3. Nr. 1.92 mAnm *Schütze;* Derleder/Knops/Bamberger BankR-HdB/*Freitag* § 62 Rn. 95; Rauscher/

Einwand des Rechtsmissbrauchs erhoben werden darf.[857] Allerdings bleibt es für die Beurteilung der direkten Garantie und des Valutaverhältnisses beim Statut der jeweiligen Verbindlichkeiten.[858]

X. Patronatserklärung

Schrifttum: *Reuter,* Die kollisionsrechtliche Anknüpfung von Patronatserklärungen, RIW 2018, 339; *C. U. Wolf,* Das Statut der harten Patronatserklärung, IPRax 2000, 477.

247 In einer Patronatserklärung (comfort letter) verspricht die Muttergesellschaft, die Kreditwürdigkeit einer Tochtergesellschaft zu stärken. In einer „harten" Patronatserklärung wird erklärt, die Tochtergesellschaft werde in der Lage sein, ihren finanziellen Verpflichtungen nachzukommen. Mangels Rechtswahl, die auch hier stillschweigend möglich ist,[859] unterliegt die Patronatserklärung, die man wohl nicht mehr als Dienstleistung iSd Abs. 1 lit. b ansehen kann (→ Rn. 53), nach Abs. 2 grundsätzlich dem **Recht der sie abgebenden Muttergesellschaft,** da diese die charakteristische Leistung (insbesondere eine ausreichende finanzielle Ausstattung des Tochterunternehmens) erbringt.[860] Entsprechendes gilt für die Zusagen von juristischen Personen des öffentlichen Rechts.[861] – Zu einem Arbeitsverhältnis → Art. 8 Rn. 26.

XI. Abstraktes Schuldversprechen, Schuldanerkenntnis

248 Auch für das Schuldversprechen bzw. Schuldanerkenntnis (vgl. §§ 780 ff. BGB) ist eine Rechtswahl zulässig.[862] Das bloß kausale Schuldversprechen bezieht sich auf die Verpflichtung aus einem bestimmten Geschäft und wird daher regelmäßig akzessorisch angeknüpft (Abs. 3). Es folgt insbesondere dem Forderungsstatut.[863] Dagegen begründet das abstrakte (konstitutive) Schuldversprechen eine selbständige Verpflichtung. Diese richtet sich – mangels engerer Verbindung (Abs. 3)[864] – nach dem Recht am gewöhnlichen Aufenthaltsort des Schuldners (Abs. 2).[865] – Zum Wechsel → Art. 1 Rn. 41 ff.

XII. Leibrente

249 Da Charakteristikum der Leibrente die wiederkehrende Rentenzahlung des Schuldners ist (vgl. §§ 759 ff. BGB), führt eine objektive Anknüpfung grundsätzlich zum Recht seines gewöhnlichen Aufenthaltsorts bzw. seiner Niederlassung.[866]

XIII. Anweisung

250 Bei der Anweisung handelt es sich um ein Mehrpersonenverhältnis (vgl. §§ 783 ff. BGB). Hier weist der Anweisende einen anderen (den Angewiesenen) an, für Rechnung des Anweisenden an einen Dritten (den Anweisungsempfänger) zu leisten. Für jede dieser Beziehungen ist das anwendbare Recht zu bestimmen. Das Deckungsverhältnis zwischen Anweisendem und Angewiesenem unter-

---

Thorn Rn. 116; ebenso schon BGH NJW 1985, 561 = IPRax 1986, 102 m. Aufsatz *Geimer* IPRax 1986, 80 = WuB VII B 1 Art. 5 EuGVÜ 1.84 mAnm *Welter;* LG Frankfurt a.M. IPRax 1981, 165 m. Aufsatz *Horn* IPRax 1981, 149; *Bark* ZIP 1982, 404 (410); *Goerke,* Kollisionsrechtliche Probleme internationaler Garantien, 1982, 101 f.; *v. Westphalen* in v. Westphalen, Bankgarantie, 5. Aufl. 2023, Kap. G Rn. 33. – Für eine akzessorische Anknüpfung der Rückgarantie *v. der Seipen,* Akzessorische Anknüpfung und engste Verbindung im Kollisionsrecht der komplexen Vertragsverhältnisse, 1989, 298 ff.

857 Ebenso Soergel/*v. Hoffmann* EGBGB Art. 28 Rn. 307.

858 *Heldrich* FS Kegel, 1987, 175 (191 f.).

859 OLG Brandenburg IPRax 2022, 175 (175) m. krit. Aufsatz *Pika* IPRax 2022, 159 (163); LG Berlin IPRspr. 2000 Nr. 116 = IPRax 2000, 526 m. Aufsatz *Haß* IPRax 2000, 494 = WM 2000, 1060; *Reuter* RIW 2018, 339 (344).

860 LG Berlin IPRax 2000, 526 m. Aufsatz *Haß* IPRax 2000, 494; *Wolf* IPRax 2000, 477 (482); *Reuter* RIW 2018, 339 (344 f.); PWW/*Brödermann/Wegen* Art. 4 Anh. Rn. 51; Rauscher/*Thorn* Rn. 117.

861 OLG Frankfurt IPRspr. 1979 Nr. 10b; Soergel/*v. Hoffmann* EGBGB Art. 28 Rn. 309.

862 Soergel/*v. Hoffmann* EGBGB Art. 28 Rn. 314.

863 OLG Düsseldorf VersR 2003, 1324; OLG München NJOZ 2018, 1390 = IPRspr. 2018 Nr. 54; LG Hamburg NJW-RR 1995, 183 = IPRspr. 1994 Nr. 142; BeckOK BGB/*Spickhoff* Rn. 75; Grüneberg/*Thorn* Rn. 119.

864 OLG München IPRspr. 2012 Nr. 32 Ls. zur Umdeutung formnichtigen Wechsels; *Solomon* ZVglRWiss 115 (2016), 586 (599 f.).

865 *Wenzel,* Rechtsfragen internationaler Konsortialkreditverträge, 2006, 430; Rauscher/*Thorn* Rn. 119; Soergel/*v. Hoffmann* EGBGB Art. 28 Rn. 314. Vgl. bereits OLG Frankfurt RIW 1987, 217 = IPRax 1988, 99 m. Aufsatz *Schwenzer* IPRax 1988, 86 = IPRspr. 1986 Nr. 42.

866 RG IPRspr. 1929 Nr. 30; Soergel/*v. Hoffmann* EGBGB Art. 28 Rn. 523.

liegt ebenso wie das Zuwendungsverhältnis zwischen Angewiesenem und Anweisungsempfänger mangels Rechtswahl dem **Recht des gewöhnlichen Aufenthalts des Angewiesenen,** da dieser die charakteristische Leistung erbringt.[867] Hingegen richtet sich das Valutaverhältnis zwischen Anweisendem und Drittem nach dem Schuldstatut, das die im Übrigen zwischen ihnen bestehenden Verpflichtungen (zB aus einem Kaufvertrag) beherrscht.[868] Entsprechendes gilt für den Kreditauftrag, der eine Sonderform der Anweisung ist. – Zum Wechsel → Art. 1 Rn. 41 ff.

XIV. Verträge über Immaterialgüterrechte

Schrifttum: *Beier,* Die internationalprivatrechtliche Beurteilung von Verträgen über gewerbliche Schutzrechte, in Holl-Klinke, Internationales Privatrecht – Internationales Wirtschaftsrecht, 1985, 287; European Max Planck Group on Conflict of Laws in Intellectual Property (Hrsg.), Conflict of Laws in Intellectual Property, Oxford 2013; *v. Hoffmann,* Verträge über gewerbliche Schutzrechte im IPR, RabelsZ 40 (1976), 208; *Katzenberger,* Urheberrechtsverträge im Internationalen Privatrecht und Konventionsrecht, FG Schricker, 1995, 225; *Kleine,* Urheberrechtsverträge im Internationalen Privatrecht, 1986; *Mackensen,* Der Verlagsvertrag im IPR, 1965; *Mäger,* Der Schutz des Urhebers im internationalen Vertragsrecht, 1995; *de Miguel Asensio,* Applicable Law in the Absence of Choice to Contracts Relating to Intellectual or Industrial Property Rights, YbPIL 10 (2008), 199; *Schack,* Urheber- und Urhebervertragsrecht, 10. Aufl. 2021; *Schricker,* Verlagsrecht, 3. Aufl. 2001; *Ulmer,* Die Immaterialgüterrechte im IPR, 1975.

1. Rechtsvereinheitlichung. Das Immaterialgüterrecht ist in erheblichem Umfang durch Unionsrecht[869] und Staatsverträge[870] vereinheitlicht, so dass sich kollisionsrechtliche Fragen häufig nicht stellen[871] (näher → Rom II-VO Art. 8 Rn. 1 ff.). Auf wissenschaftlicher Ebene wurden einheitliche kollisionsrechtliche Grundregeln für das IPR des geistigen Eigentums aufgestellt,[872] die auch Regeln für Verträge enthalten (Art. 3:501 ff. CLIP). **251**

2. Anknüpfung. Beherrschender Grundsatz des Immaterialgüterrechts ist die Maßgeblichkeit des Rechts des Schutzlandes, dh des Staates, für den das Immaterialgüterrecht übertragen oder eingeräumt wird. Entstehung, Inhalt, Wirkung und Erlöschen dieser Rechte richten sich nach der Rechtsordnung, in deren Rahmen sie geschützt sind[873] (vgl. Art. 8 Abs. 1 Rom II-VO). Begründet wird dies mit der „Territorialität der Schutzrechte".[874] Verfügungsgeschäfte wie die Übertragung und Einräumung von Rechten unterliegen daher der so bestimmten Rechtsordnung[875] (str.). Hiervon zu trennen ist das für **schuldrechtliche Verpflichtungen** maßgebliche Recht, das zudem weitgehend unvereinheitlicht ist. Das anzuwendende Recht ist daher nach den Regeln des Internationalen Vertragsrechts zu bestimmen.[876] Da es bei der Reform des EVÜ nicht gelungen war, eine einheitliche Anknüpfungsregel zu finden (→ Rn. 17), ist es nunmehr notwendig, sie – soweit möglich – einem der spezifizierten Verträge nach Abs. 1 zuzuordnen, im Übrigen aber nach der charakteristischen Leistung (Abs. 2) sowie der Ausweichklausel (Abs. 3) und notfalls nach der engsten Verbindung (Abs. 4) zu beurteilen.[877] **252**

Die Anknüpfung von Verträgen, welche die Übertragung von Immaterialgüterrechten sowie die Einräumung von Benutzungsrechten und Verwertungspflichten betreffen, ist umstritten. Eine Möglichkeit besteht darin, sie ebenso wie andere Austauschverträge anzuknüpfen und ein mögliches Auseinanderklaffen von Schutzlandrecht und Vertragsstatut in Kauf zu nehmen. Unterwirft man sie **253**

---

[867] Soergel/*v. Hoffmann* EGBGB Art. 28 Rn. 524; Staudinger/*Magnus,* 2021, Rn. 442.

[868] Soergel/*v. Hoffmann* EGBGB Art. 28 Rn. 524; Staudinger/*Magnus,* 2021, Rn. 443.

[869] S. zum Urheberrecht Reithmann/Martiny IntVertragsR/*Obergfell* Rn. 34.5 ff.; *Schack,* Urheber- und Urhebervertragsrecht, 10. Aufl. 2021, § 7.

[870] Zum Urheberrecht näher Reithmann/Martiny IntVertragsR/*Obergfell* Rn. 34.1 ff.; *Schack,* Urheber- und Urhebervertragsrecht, 10. Aufl. 2021, § 27.

[871] S. *Tilmann* ZEuP 2004, 672.

[872] Deutsche Übersetzung GRUR Int 2012, 899 ff.; dazu *Kur* GRUR Int 2012, 857 (864 f.); *Metzger* in Basedow/Kono/Metzger, Intellectual Property in the Global Arena, 2010, 157 ff.

[873] BGHZ 136, 380 (385 ff.) = NJW 1998, 1395 = GRUR Int 1998, 427 = IPRspr. 1997 Nr. 125 – Spielbankaffaire; BGHZ 141, 267 = NJW 2000, 2202 = GRUR Int 1999, 984 f. = IPRspr. 1999 Nr. 100 – Laras Tochter; GRUR 2003, 328 = IPRax 2003, 452 m. Aufsatz *v. Welser* IPRax 2003, 440 – Sender Felsberg; *Lichtenstein* NJW 1964, 1349; *Beier* GRUR Int 1981, 299 (305 f.); Reithmann/Martiny IntVertragsR/*Hiestand* Rn. 29.34. – Zur lex loci protectionis näher → Rom II-VO Art. 8 Rn. 10 ff.

[874] *Ulmer* in Holl/Klinke, Internationales Privatrecht – Internationales Wirtschaftsrecht, 1985, 258 ff.; Reithmann/Martiny IntVertragsR/*Obergfell* Rn. 34.27 ff.; dagegen für das Universalitätsprinzip im Urheberrecht *Schack,* Zur Anknüpfung des Urheberrechts im IPR, 1979, 23 ff.

[875] Reithmann/Martiny IntVertragsR/*Obergfell* Rn. 34.48 ff.; *Schricker* Einl. VerlG Rn. 38.

[876] BGH GRUR Ausl. 1965, 504 = AWD 1965, 455; RGZ 118, 282; Rauscher/*Thorn* Rn. 120 ff.; Soergel/*v. Hoffmann* EGBGB Art. 28 Rn. 493 ff.; Staudinger/*Magnus,* 2021, Rn. 533.

[877] Zu den Zuordnungsschwierigkeiten ausf. *Torremans* JPIL 4 (2008), 397 (403 ff.).

allein der Regel des Abs. 2, so führt die **charakteristische Leistung** in der Regel zur Rechtsordnung des Staates, in dem derjenige, der Rechte entgeltlich überträgt oder die Benutzung an ihnen einräumt, seine Niederlassung bzw. seinen gewöhnlichen Aufenthalt hat.[878] Will man dieses Ergebnis vermeiden, so kann man dann, wenn der anderen Partei eine besondere Stellung eingeräumt wird (insbesondere Ausübungs- bzw. Verwertungspflicht) und mithin der Gesichtspunkt der Verwertung in den Vordergrund tritt, annehmen, dass hierdurch eine **Schwerpunktverlagerung** eintritt. Man kann dann auf diese Leistung abstellen und darin das Charakteristikum sehen.[879] Eine weitere Korrekturmöglichkeit eröffnet bei ausschließlichen Nutzungsrechten und Verwertungspflichten die Ausweichklausel des Abs. 3;[880] auch die Maßgeblichkeit des Schutzlandes lässt sich als engere Verbindung ansehen.[881] Andere haben angenommen, dass dann, wenn sich die Übertragung der Nutzungsrechte und Verwertungspflichten gegenüber stehen, keine charakteristische Leistung bestimmt werden kann.[882] Die Entscheidung zwischen den beiden Grundansätzen fällt deswegen schwer, weil der Erste zwar eine Gleichbehandlung aller schuldrechtlichen Verpflichtungen fördert, aber zu schwierigen Abgrenzungen zwischen unterschiedlich angeknüpften Verpflichtungen und Verfügungsgeschäften zwingt. Der zweite sichert zwar einen einheitlichen Drittschutz, führt aber gleichfalls an die Grenzlinie des Schutzlandrechts. Letzteres darf nicht dazu führen, dass die von den Art. 3 ff. erfassten vertragsrechtlichen Bindungen der Parteien von immaterialgüterrechtlichen Erwägungen dominiert werden. Es ist außerdem noch zwischen solchen Verträgen, welche Urheberrechte betreffen und solchen, welche gewerbliche Schutzrechte zum Gegenstand haben, zu unterscheiden.

3. Urheberrechtsverträge.

Schrifttum: *A. M. Braun,* Die internationale Coproduktion von Filmen im Internationalen Privatrecht, 1996; *Hausmann,* Möglichkeiten und Grenzen der Rechtswahl in internationalen Urheberrechtsverträgen, FS W. Schwarz, 1988, 47; *Hilty/Peukert,* Das deutsche Urhebervertragsrecht im internationalen Kontext, GRUR Int 2002, 643; *Kleine,* Urheberrechtsverträge im Internationalen Privatrecht, 1986; *Koch,* Die Qualifikation des Verlagsvertrages im internationalen Vertragsrecht, 2021; *Obergfell,* Filmverträge im deutschen materiellen und internationalen Privatrecht, 2001; *Obergfell,* Deutscher Urheberschutz auf internationalem Kollisionskurs, K & R 2003, 118; *Obergfell,* Urheberrecht im kollisionsrechtlichen Focus, FS Martiny, 2014, 475; *Schack,* International zwingende Normen im Urhebervertragsrecht, FS Heldrich, 2005, 997; *v. Welser,* Neue Eingriffsnormen im internationalen Urhebervertragsrecht, IPRax 2002, 364.

254 **a) Übertragung des Urheberrechts.** Urheberrechtsverträge enthalten häufig nicht nur schuldrechtliche Verpflichtungen, sondern auch **Verfügungen über Rechte.** Dementsprechend wendet die sog. Einheitstheorie auf urhebervertragsrechtliche Verfügungen grundsätzlich das Vertragsstatut an.[883] Dies erlaubt insbesondere eine einheitliche Vertragsauslegung bei einer für mehrere Länder erfolgten oder zu beurteilenden Übertragung.[884] Allerdings sollen bestimmte Fragen (zB die Zulässigkeit der Übertragung des Urheberrechts oder einzelner Nutzungsrechte) auch nach dieser Auffassung dem Recht des Schutzlandes unterstehen.[885] Nach aA ist auch hier zwischen Verfügungs- und Verpflichtungsgeschäft zu trennen (sog. Spaltungstheorie). Verträge, die Urheberrechte übertragen, unterliegen danach dem Recht des Schutzlandes.[886] Vertreten wird auch, als Urheberrechtsstatut

---

[878] So *Jayme/Kohler* IPRax 2002, 461 (470) für Lizenzvertrag; Reithmann/Martiny IntVertragsR/*Hiestand* Rn. 29.25 ff. für Lizenzvertrag; Czernich/Heiss/*Czernich* EVÜ Art. 4 Rn. 122; Rauscher/*Thorn* Rn. 122 f.; Soergel/*v. Hoffmann* EGBGB Art. 28 Rn. 494 ff.; ebenso Art. 122 Abs. 1 IPRG Schweiz; Art. 119 Abs. 1 IPRG-Entwurf hatte hingegen noch das Schutzland für maßgeblich erklärt.

[879] *Schack,* Urheber- und Urhebervertragsrecht, 10. Aufl. 2021, Rn. 1401. Vgl. *v. Hoffmann* RabelsZ 40 (1976), 208 (214); *Hausmann* FS Schwarz, 1988, 47 (56) Fn. 40; *Ulmer,* Die Immaterialgüterrechte im IPR, 1975, 54 f. (Nr. 76); *Schricker/Katzenberger* UrhG Vor §§ 120 ff. Rn. 100.

[880] Zu Art. 28 Abs. 5 EGBGB aF *Hausmann* FS Schwarz, 1988, 47 (57); *Kleine,* Urheberrechtsverträge im Internationalen Privatrecht, 1986, 66 ff., 80 ff.; abl. *Geisler,* Die engste Verbindung im Internationalen Privatrecht, 2001, 252 ff.

[881] Abl. dazu Soergel/*v. Hoffmann* EGBGB Art. 28 Rn. 499.

[882] Zu Art. 28 EGBGB aF *Jayme/Kohler* IPRax 2002, 461 (470); *Kaye,* The New Private International Law, 1993, 182.

[883] OLG München GRUR 1953, 302 = IPRspr. 1952–53 Nr. 268; *Katzenberger* FG Schricker, 1995, 225 (248 ff.); krit. dazu *Hausmann* FS Schwarz, 1988, 47 (64 f.).

[884] Anm. *Ulmer* zu OLG München Schulze OLGZ Nr. 8, 15 f.; OLG Hamburg UFITA 26 (1958), 344 = IPRspr. 1958–59 Nr. 152.

[885] *Ulmer,* Die Immaterialgüterrechte im IPR, 1975, 48 ff. (Nr. 66 ff.); *Schricker/Katzenberger* UrhG Vor §§ 120 ff. Rn. 91 ff. mwN.

[886] Näher *Obergfell* FS Martiny, 2014, 475 (485 f.); Reithmann/Martiny IntVertragsR/*Obergfell* Rn. 34.44 betr. territoriale Spaltungstheorie. – Nach *Walter* in Reimer, Vertragsfreiheit im Urheberrecht, 1977, 147 ff. soll die Unübertragbarkeit aber dem Vertragsstatut folgen.

solle überhaupt das Recht des Ursprungslandes gelten.[887] Der Maßgeblichkeit des Schutzlandes dürfte zu folgen sein. Sie schließt jedoch nicht aus, bei der Vertragsauslegung zu berücksichtigen, dass der Urheberrechtsvertrag (auch) unter einer anderen Rechtsordnung geschlossen wurde.[888] Dies gilt insbesondere für solche Verträge, welche zwischen ausländischem Urheber und (ausländischem) erstmaligem Nutzungsberechtigten geschlossen werden.[889] Auf diese Weise lässt sich – auf der Ebene des materiellen Rechts – eine einheitliche Auslegung erreichen, ohne dass für das Inland an das ausländische Vertragsstatut angeknüpft werden müsste.

Für schuldrechtliche **Verpflichtungen zur Übertragung von Urheberrechten** gilt 255
Rechtswahlfreiheit (Art. 3).[890] Die objektive Anknüpfung würde nach der charakteristischen Leistung (Abs. 2) an sich auf das Recht am gewöhnlichen Aufenthaltsort des Urhebers hinweisen.[891] Doch wird dort, wo dem Erwerber ein ausschließliches Recht übertragen oder er zur Verwertung verpflichtet wird, sein Recht angewendet,[892] weil seine Leistung (Sorge für Herstellung, Vertrieb, Wiedergabe) das Vertragsverhältnis eher prägt. Dafür stützt man sich auf Abs. 2 (charakteristische Leistung)[893] oder Abs. 3 (Ausweichklausel).[894] Teils wird auch ohne jegliche Differenzierung einheitlich an den Sitz des Verwerters angeknüpft.[895] Die §§ 120 ff. UrhG enthalten lediglich fremdenrechtliche Vorschriften, welche die Anwendung inländischen Sachrechts auf Ausländer regeln.[896]

b) Zwingende Vorschriften. aa) Urheberrechtliche Vorschriften. Auch für Urheber- 256
rechtsverträge können zwingende Vorschriften von Bedeutung sein. Die Bestimmungen des UrhG über den Urhebervertrag sind aber grundsätzlich nicht international zwingend.[897] Dies galt auch für noch unbekannte Nutzungsarten nach dem aufgehobenen § 31 Abs. 4 UrhG (nunmehr § 31a UrhG).[898] Es gilt ebenfalls für die Bestimmung der Nutzungsarten nach dem Vertragszweck (§ 31 Abs. 5 UrhG).[899] Es handelt sich insoweit lediglich um privatschützende Vorschriften.

**bb) Vergütung und angemessene Beteiligung. (1) Angemessene Vergütung (§ 32 257
UrhG).** Nach deutschem Recht hat der Urheber für die Einräumung von Nutzungsrechten und die Erlaubnis zur Werknutzung Anspruch auf die vertraglich vereinbarte Vergütung. Ist die Vergütungshöhe nicht bestimmt, gilt eine **angemessene Vergütung** als vereinbart. Soweit die vereinbarte Vergütung nicht angemessen ist, kann der Urheber von seinem Vertragspartner die **Einwilligung in die Vertragsänderung** für eine entsprechende Vergütung verlangen (§ 32 Abs. 1 UrhG). Angemessen ist eine nach einer gemeinsamen Vergütungsregel (§ 36 UrhG) ermittelte Vergütung. Auf

---

887 *Schack,* Zur Anknüpfung des Urheberrechts im IPR, 1979, 70 ff.

888 Vgl. dazu OLG München GRUR Ausl. 1960, 75 = IPRspr. 1958–59 Nr. 153; OLG Frankfurt Schulze OLGZ Nr. 183, 12; s. ferner OLG München UFITA 48 (1966), 287 betr. schweiz. Vertragsstatut.

889 Vgl. dazu LG Stuttgart Schulze LGZ Nr. 88, 6 f.

890 *Pütz,* Parteiautonomie im internationalen Urhebervertragsrecht, 2005; dagegen früher für eine Analogie zu Art. 30 EGBGB aF (gewöhnlicher Aufenthalt des Urhebers) und Art. 34 EGBGB aF *Mäger,* Der Schutz des Urhebers im internationalen Vertragsrecht, 1995, 255 ff., 284, 303.

891 LG Mannheim GRURPrax 2010, 319 Ls. mAnm *Haberl* = IPRspr. 2009 Nr. 144; Rauscher/*Thorn* Rn. 126. – Zu Art. 28 EGBGB aF *Mäger,* Der Schutz des Urhebers im internationalen Vertragsrecht, 1995, 224 (303); Soergel/*v. Hoffmann* EGBGB Art. 28 Rn. 495 ff.

892 So bereits *Ulmer,* Die Immaterialgüterrechte im IPR, 1975, 54 ff. (Nr. 75 ff.) mit Vorbehalten für das Schutzland. Vgl. auch *Strömholm* in Holl/Klinke, Internationales Privatrecht – Internationales Wirtschaftsrecht, 1985, 277. – Dem Ausübungsland gibt Vorrang für Verträge, die sich nur auf ein einziges Land beziehen, *Mackensen,* Der Verlagsvertrag im IPR, 1965, 77 ff.

893 Rauscher/*Thorn* Rn. 126. – Auf Art. 28 Abs. 2 EGBGB aF für Ausübungspflichten *Hausmann* FS Schwarz, 1988, 47 (56).

894 BGH NJW 2015, 1690 = GRUR Int 2015, 375 mAnm *Katzenberger* – Hi Hotel II, betr. franz. Recht für Fotos in Frankreich. Auf Art. 28 Abs. 5 EGBGB aF für die Ausschließlichkeit *Hausmann* FS Schwarz, 1988, 47 (57). Generell *Kleine,* Urheberrechtsverträge im Internationalen Privatrecht, 1986, 77 ff.

895 *Walter* in Reimer, Vertragsfreiheit im Urheberrecht, 1977, 146.

896 Reithmann/Martiny IntVertragsR/*Obergfell* Rn. 34.20; *Schricker/Katzenberger* UrhG Vor §§ 120 ff. Rn. 2 ff., 125, je mwN.

897 *Hilty/Peukert* GRUR Int 2002, 643 (650 f.); *v. Welser* IPRax 2002, 364 (365); *Obergfell* K & R 2003, 118 (125); *Schack,* Urheber- und Urhebervertragsrecht, 10. Aufl. 2021, Rn. 1405.

898 *Schack,* Urheber- und Urhebervertragsrecht, 10. Aufl. 2021, Rn. 1405; anders HK-UrhR/*Kotthoff* UrhG § 31 Rn. 24; *Schricker* Einl. VerlG Rn. 47; *Schricker/Katzenberger* UrhG Vor §§ 120 ff. Rn. 166.

899 BGH NJW 2015, 1690 = GRUR Int 2015, 375 mAnm *Katzenberger* – Hi Hotel II; *Schack,* Urheber- und Urhebervertragsrecht, 10. Aufl. 2021, Rn. 1405; Rauscher/*Thorn* Art. 9 Rn. 68; anders OLG München ZUM 2011, 574; HK-UrhR/*Kotthoff* UrhG § 31 Rn. 24; *Schricker* Einl. VerlG Rn. 47; *Schricker/Katzenberger* UrhG Vor §§ 120 ff. Rn. 166.

eine Vereinbarung, die davon zum Nachteil des Urhebers abweicht, kann der Vertragspartner sich nicht berufen (§ 32 Abs. 3 UrhG).

258 **(2) Weitere Beteiligung des Urhebers (§ 32a UrhG).** Ferner besteht eine Sonderregelung für eine weitere Beteiligung des Urhebers (§ 32a UrhG). Steht bei der Einräumung eines Nutzungsrechts die vereinbarte Gegenleistung in einem auffälligen Missverhältnis zu den Erträgen und Vorteilen aus der Nutzung des Werkes, so kann es zu einer Vertragsänderung kommen. Der andere Teil hat auf Verlangen in eine Änderung des Vertrages einzuwilligen, durch die eine den Umständen nach weitere angemessene Beteiligung gewährt wird. Hat der andere das Nutzungsrecht übertragen oder weitere Nutzungsrechte eingeräumt und ergibt sich das Missverhältnis aus den Erträgnissen oder Vorteilen eines Dritten, so haftet dieser dem Urheber unmittelbar nach Maßgabe des § 32a Abs. 1 UrhG unter Berücksichtigung der vertraglichen Beziehungen in der Lizenzkette (§ 32a Abs. 2 UrhG). Zwar wird vertreten, der Anspruch gegen den Dritten unterliege dem Schutzlandprinzip.[900] Da aber lediglich die vertragliche Verpflichtung auf den Dritten erstreckt wird, dürfte es auf das Recht des Vertrages zwischen Urheber und Erstverwerter ankommen.[901]

259 **(3) Zwingende Anwendung (§ 32b UrhG).** Die Bestimmung des § 32b UrhG setzt die Regelung der angemessenen Vergütung (→ Rn. 257) und der weiteren Beteiligung (→ Rn. 258) zwingend durch (→ Rom II-VO Art. 8 Rn. 272). Dabei sind zwei Fälle zu unterscheiden. Nr. 1 greift auch und gerade bei der Vereinbarung ausländischen Rechts ein. Vorausgesetzt wird jedoch, dass auf den Nutzungsvertrag nach objektiver Anknüpfung deutsches Recht anzuwenden wäre. Es kommt nicht darauf an, wo die Nutzungshandlungen vorgenommen werden. Würde auf Grund objektiver Anknüpfung deutsches Recht zur Anwendung kommen, so erfasst dieses auch Nutzungshandlungen im Ausland.[902] Nach Nr. 2 genügt allerdings auch, dass maßgebliche Nutzungshandlungen in Deutschland stattfinden. Dies wird zum Teil für den Fall ausgeschlossen, dass die Nutzungshandlung in Deutschland lediglich ein „Reflex" eines mehrere Länder umfassenden Nutzungsvertrages ist.[903] Die Einordnung der Norm ist zweifelhaft.[904] Vertreten wird zum Teil, dass es sich um eine Eingriffsnorm bzw. um international zwingendes Recht handelt.[905] Zwar ist die Vorschrift, in erster Linie privatschützender Natur. Angesichts der Tatsache, dass aber – anders als etwa bei Arbeitnehmern – sich aus den Art. 3 ff. keine gesonderte Anknüpfung ergeben würde, hat der Gesetzgeber ausdrücklich eine zwingende Durchsetzung angeordnet. Teilweise wurde angenommen, die Regelung des § 32b UrhG sei bezüglich der Materien der §§ 32, 32a UrhG allseitig auszudehnen, so dass auch zwingendes ausländisches Recht zur Anwendung kommen könne.[906] Für eine solche allseitige Anwendung bietet das Gesetz jedoch keinen Anhaltspunkt.[907]

260 **c) Verlagsvertrag.** Für den Verlagsvertrag ist Rechtswahl möglich.[908] Fehlt sie, so gilt im Zweifel das Recht am **gewöhnlichen Aufenthaltsort des Verlages,** weil der Verleger die charakteristische Leistung, nämlich die Vervielfältigung und den Vertrieb des Werks, erbringt (Abs. 2).[909] Dies gilt auch für verlagsrechtliche Lizenzverträge, in denen dem Lizenznehmer ein ausschließli-

---

900 *Obergfell* K&R 2003, 118 (124); Reithmann/Martiny IntVertragsR/*Obergfell* Rn. 34.124.

901 *Hilty/Peukert* GRUR 2002, 643 (647); HK-UrhR/*Kotthoff* UrhG § 32b Rn. 4. – Für Eingriffsnorm *Koch,* Die Qualifikation des Verlagsvertrages im internationalen Vertragsrecht, 2021, 195, 240 f.

902 *Obergfell* K & R 2003, 118 (125); Reithmann/Martiny IntVertragsR/*Zwickel* Rn. 5.113; HK-UrhR/*Kotthoff* UrhG § 32b Rn. 8.

903 *Obergfell* K & R 2003, 118 (125). Vgl. auch Staudinger/*Magnus,* 2021, Rn. 544 f.

904 Vgl. *v. Welser* IPRax 2002, 364 ff.

905 *Jayme/Kohler* IPRax 2002, 461 (470); Reithmann/Martiny IntVertragsR/*Zwickel* Rn. 5.113; *Koch,* Die Qualifikation des Verlagsvertrages im internationalen Vertragsrecht, 2021, 192: *Schack,* Urheber- und Urhebervertragsrecht, 10. Aufl. 2021, Rn. 1405; HK-UrhR/*Kotthoff* UrhG § 32b Rn. 7; Rauscher/*Thorn* Art. 9 Rn. 68; anders *Pütz* IPRax 2005, 13 ff.; *Obergfell* FS Martiny, 2014, 475 (486 f.).

906 *Thorn* IPRax 2002, 359.

907 *Obergfell* K & R 2003, 125 f.

908 OLG München ZUM 2007, 751.

909 *de Miguel Asensio* YbPIL 10 (2008), 199 (214); *Obergfell* FS Martiny, 2014, 475 (484); *Wagner* IPRax 2008, 377 (385); *Koch,* Die Qualifikation des Verlagsvertrages im internationalen Vertragsrecht, 2021, 170, 240; *Schack,* Urheber- und Urhebervertragsrecht, 10. Aufl. 2021, Rn. 1400; Rauscher/*Thorn* Rn. 127. – Zu Art. 28 Abs. 2 EGBGB BGHZ 147, 178 (182) = GRUR Int 2002, 170 = IPRspr. 2001 Nr. 5 – Lepo Sumera; OLG Hamburg GRUR Int 1998, 431 – Feliksas Bajoras; OLG Hamburg GRUR Int 1999, 76 = IPRspr. 1998 Nr. 124 – Lepo Sumera; *Hausmann* FS Schwarz, 1988, 47 (54 f.); *Kleine,* Urheberrechtsverträge im Internationalen Privatrecht, 1986, 66 ff.

ches Recht eingeräumt wird, obwohl der Verleger hier an sich nur Lizenznehmer ist.[910] Wird Jahrzehnte nach Verlagsvertragsabschluss und Zusammenarbeit mit dem Verleger auf der Grundlage deutschen Rechts der Verlagssitz ins Ausland verlegt, so ändert dies das Vertragsstatut nicht.[911]

Der **Herausgebervertrag** kann in unterschiedlicher Form geschlossen werden.[912] Handelt es sich um einen selbständigen Vertrag, welcher zum eigentlichen Verlagsvertrag hinzutritt, so gilt auch hier das Recht am Niederlassungsort des Verlegers.[913] Ist der Verleger lediglich Kommissionär, so zieht man die Regeln über den Kommissionsvertrag heran (→ Rn. 87); gelangt insofern allerdings auch zum Recht am Niederlassungsort des Verlegers.[914] 261

In einem **Bestellvertrag** wird ein Vertrag über ein zu lieferndes Werk geschlossen. Charakteristisch ist hier die Nutzungsrechtsverwertung durch den Besteller, so dass es zur Anwendung des Rechts an seinem gewöhnlichen Aufenthaltsort kommt.[915] Auf das Recht des Verfassers ist nur dann abzustellen, wenn eine Ausübungsverpflichtung des Bestellers fehlt.[916] 262

d) Filmverträge. aa) Filmproduktionsverträge. Für den **Verfilmungsvertrag** ist eine Rechtswahl auch stillschweigend möglich.[917] Die objektive Anknüpfung ist umstritten. Teilweise wird generell an das Recht des Filmproduzenten angeknüpft.[918] Grundsätzlich wird der Sende- oder Verfilmungsvertrag aber dem Recht am Sitz des Urhebers unterworfen, weil dieser das Verfilmungsrecht einräumt.[919] Nur bei der Übernahme von Ausübungs- oder Verwertungspflichten wird auf das Recht am gewöhnlichen Aufenthaltsort des Verwerters abgestellt.[920] 263

Auch für den **Drehbuch- und Filmmusikvertrag** ist eine Rechtswahl gestattet. Die objektive Anknüpfung des Drehbuch- und Filmmusikvertrags würde an sich wegen der Tätigkeit des Verfassers bzw. Komponisten die Anwendung seines Rechts rechtfertigen.[921] Doch nimmt man eine engere Verbindung an (Abs. 3), welche zum **Recht des Filmproduzenten** führt.[922] 264

Eine Rechtswahl ist auch für den **Regievertrag** stillschweigend möglich. Fehlt sie, so könnte man wegen der Tätigkeit des Regisseurs zur Anwendung seines Rechts gelangen.[923] Doch nimmt man auch hier eine engere Verbindung an (Abs. 3), welche zum **Recht des Filmproduzenten** führt.[924] Soweit es sich um einen Arbeitsvertrag handelt, greift Art. 8 ein. 265

Für den **Koproduktions- und Auftragsproduktionsvertrag** ist ebenfalls eine Rechtswahl erlaubt. Fehlt sie, so stellt man für die **Koproduktion** auf das Recht am Sitz des federführenden Koproduzenten ab.[925] Bei der **Auftragsproduktion** kommt es auf das Recht des auftragnehmenden Produzenten an.[926] 266

bb) Filmverwertungsverträge. Eine Rechtswahl ist auch stillschweigend möglich. Auf Filmverleih- bzw. Filmauswertungsverträgen ist mangels Rechtswahl in erster Linie das Recht der Partei anzuwenden, die eine urheberrechtliche Rechtsposition überträgt (Abs. 2),[927] es sei denn, die andere 267

---

910 BGH GRUR 1960, 447 mAnm *Pfennig.* Mit Vorbehalten für das Verbreitungsland *Mackensen,* Der Verlagsvertrag im IPR, 1965, 128 ff.; dagegen für den Rechtsinhaber Soergel/*v. Hoffmann* EGBGB Art. 28 Rn. 512.

911 Reithmann/Martiny IntVertragsR/*Obergfell* Rn. 34.66; ebenso bereits BGH GRURInt. 1980, 230 = IPRspr. 1979 Nr. 175.

912 Näher Reithmann/Martiny IntVertragsR/*Obergfell* Rn. 34.63.

913 Reithmann/Martiny IntVertragsR/*Obergfell* Rn. 34.68.

914 Reithmann/Martiny IntVertragsR/*Obergfell* Rn. 34.68.

915 Reithmann/Martiny IntVertragsR/*Obergfell* Rn. 34.73.

916 Reithmann/Martiny IntVertragsR/*Obergfell* Rn. 34.73; *Schricker* Einl. VerlG Rn. 45.

917 S. OLG München ZUM 1999, 653 = IPRspr. 1999 Nr. 99 – M – Eine Stadt sucht einen Mörder.

918 BeckOGK/*Köhler,* 1.12.2023, Rn. 357; Staudinger/*Magnus,* 2021, Rn. 561.

919 Reithmann/Martiny IntVertragsR/*Obergfell* Rn. 34.85 ff. – Zu Art. 28 EGBGB *Hausmann* FS Schwarz, 1988, 47 (55); vgl. auch OLG München Schulze OLGZ Nr. 8, 7 – Papaveri e Papere; OLG Frankfurt Schulze OLGZ Nr. 183, 12 – Das Millionenspiel.

920 Reithmann/Martiny IntVertragsR/*Obergfell* Rn. 34.87. – Zu Art. 28 EGBGB aF *Hausmann* FS Schwarz, 1988, 47 (56); Schricker/*Katzenberger* UrhG Vor §§ 120 ff. Rn. 158.

921 So Staudinger/*Magnus,* 2021, Rn. 562.

922 Reithmann/Martiny IntVertragsR/*Obergfell* Rn. 34.89.

923 Vgl. Staudinger/*Magnus,* 2021, Rn. 561.

924 Reithmann/Martiny IntVertragsR/*Obergfell* Rn. 34.90.

925 *Möllering,* Die internationale Coproduktion [Koproduktion] von Filmen, 1970, 72 ff.; *Obergfell,* Filmverträge im deutschen materiellen und internationalen Privatrecht, 2001, 315 ff.; Reithmann/Martiny IntVertragsR/*Obergfell* Rn. 34.92.

926 *Braun,* Die internationale Coproduktion von Filmen im Internationalen Privatrecht, 1996, 83; *Obergfell,* Filmverträge im deutschen materiellen und internationalen Privatrecht, 2001, 315; Reithmann/Martiny IntVertragsR/*Obergfell* Rn. 34.93.

927 Ferrari IntVertragsR/*Ferrari* Rn. 129; Staudinger/*Magnus,* 2021, Rn. 563. – Zu Art. 28 EGBGB OLG München RIW 2001, 864 = IPRspr. 2001 Nr. 25.

Partei hat eine besondere Rechtsstellung (ausschließliche Rechte, Auswertungspflicht). Dann wird nach Abs. 2 (charakteristische Leistung)[928] oder – nach anderen – über Abs. 3 (Ausweichklausel) auf das Recht ihrer Niederlassung abgestellt.[929]

268 Auch für den **Filmvorführungsvertrag** ist eine Rechtswahl gestattet. Die objektive Anknüpfung des Filmvorführungsvertrags wird nicht so sehr durch die Einräumung des Nutzungsrechts, sondern die **Vertragspflichten des Kinobetreibers** geprägt. Daher ist das Recht an seinem Sitz maßgeblich.[930]

269 **Sonstige Filmverwertungsverträge** sind ebenfalls einer Rechtswahl, auch einer stillschweigenden, zugänglich. Solche Verträge sind je nach ihrer Eigenart anzuknüpfen. Der **Fernsehlizenzvertrag** unterliegt bei objektiver Anknüpfung wegen der beabsichtigen Ausstrahlung dem Recht am Sitz der Rundfunkanstalt bzw. des Senders.[931] Der **Videolizenzvertrag** wird dem Recht am Sitz des Videogrammherstellers unterstellt.[932]

270 **e) Sonstige Urheberrechtsverträge.** Eine Rechtswahl kann für sonstige Urheberrechtsverträge stillschweigend erfolgen. Die objektive Anknüpfung ist umstritten. Abs. 2 führt zur Rechtsordnung am Sitz des Rechtsinhabers, soweit die andere Partei für die Rechtsübertragung bzw. die Einräumung abgeleiteter Nutzungsrechte lediglich ein Entgelt zahlt.[933] Dagegen gilt das Recht am Sitz des Verwerters, wenn dieser selbständige Ausübungs- oder Verwertungspflichten übernommen hat.[934] Am Ergebnis wird sich regelmäßig nichts ändern, wenn man stattdessen nach Abs. 3 auf das Schutzland abstellt, weil der Verwerter im Allgemeinen in diesem Land geschäftlich tätig ist.

271 **Wahrnehmungsverträge** zwischen Urhebern und Bühnenverlagen bzw. Verwertungsgesellschaften werden von der individuellen bzw. kollektiven Wahrnehmung der Rechte geprägt. Es gilt die Rechtsordnung am Niederlassungsort des wahrnehmenden Unternehmens.[935] Entsprechendes gilt für den Vertrag zwischen Verwertungsgesellschaft und Werknutzer.[936]

272 **4. Übertragung gewerblicher Schutzrechte.** Verträge, welche Schutzrechte (insbesondere Patente oder Warenzeichen) übertragen, richten sich nach dem **Recht des Schutzlandes.**[937] Insoweit kann man von einem „schutzrechtlichen Bereich des Vertragsverhältnisses" sprechen.[938] – Zur Arbeitnehmererfindung → Art. 8 Rn. 118 f.

5. Lizenzverträge.

Schrifttum: *Beier,* Das auf internationale Markenlizenzverträge anwendbare Recht, GRUR Int 1981, 299; *Beyer,* Patentlizenzverträge und die Rom I-Verordnung, GRUR 2021, 1008; *Stimmel,* Die Beurteilung von Lizenzverträgen unter der Rom-I-Verordnung, GRUR Int 2010, 783.

273 In Lizenzverträgen wird die zeitweilige Benutzung eines gewerblichen Schutzrechts (insbesondere als Patentlizenz) oder eines Urheberrechts (urheberrechtlicher Lizenzverlag) gestattet. In einem Lizenzvertrag kann das anwendbare Recht für die schuldrechtlichen Verpflichtungen vereinbart werden.[939] Die objektive Anknüpfung nach Abs. 2 bei Fehlen einer Rechtswahl ist kontrovers.[940] Nur eine Mindermeinung will generell auf das Recht des Niederlassungsortes des Lizenznehmers abstellen.[941] Die Besonderheiten der Immaterialgüterrechte und die erstrebenswerte Gleichbehandlung von Verpflichtung und Verfügung verbieten, allein die Lizenzvergabe durch den Lizenzgeber

[928] Reithmann/Martiny IntVertragsR/*Obergfell* Rn. 34.96.

[929] Zu Art. 28 EGBGB aF *Hausmann* FS Schwarz, 1988, 47 (56); *Kleine,* Urheberrechtsverträge im Internationalen Privatrecht, 1986, 80 f.; *Schricker/Katzenberger* UrhG Vor §§ 120 ff. Rn. 100.

[930] Reithmann/Martiny IntVertragsR/*Obergfell* Rn. 34.99. – Zu Art. 28 EGBGB *Hausmann* FS Schwarz, 1988, 47 (57 f.); *Obergfell,* Filmverträge im deutschen materiellen und internationalen Privatrecht, 2001, 317.

[931] Reithmann/Martiny IntVertragsR/*Obergfell* Rn. 34.100; Staudinger/*Magnus,* 2021, Rn. 560.

[932] Reithmann/Martiny IntVertragsR/*Obergfell* Rn. 34.101.

[933] *Katzenberger* FS Schricker, 2005, 225 (253); Soergel/*v. Hoffmann* EGBGB Art. 28 Rn. 509.

[934] Zu Art. 28 EGBGB aF *Hausmann* FS Schwarz, 1988, 47 (55 ff.). – Mit Art. 28 Abs. 5 EGBGB aF argumentiert *Kleine,* Urheberrechtsverträge im Internationalen Privatrecht, 1986, 77 ff.

[935] *Kleine,* Urheberrechtsverträge im Internationalen Privatrecht, 1986, 88; Reithmann/Martiny IntVertragsR/*Obergfell* Rn. 34.101; Staudinger/*Magnus,* 2021, Rn. 564.

[936] Reithmann/Martiny IntVertragsR/*Obergfell* Rn. 34.101.

[937] BGH GRUR Ausl. 1965, 504 = IPRspr. 1964–65 Nr. 180; *Beier* GRUR Int 1981, 299 (306).

[938] *Beier* in Holl/Klinke, Internationales Privatrecht – Internationales Wirtschaftsrecht, 1985, 287 (291, 298 ff.).

[939] OLG Karlsruhe GRUR Int 1987, 788; *Beier* GRUR Int 1981, 299 (300 ff.); *Beyer* GRUR 2021, 1008 (1019); *Ulmer,* Die Immaterialgüterrechte im IPR, 1975, 100; Reithmann/Martiny IntVertragsR/*Hiestand* Rn. 29.24.

[940] Eine Einordnung als Dienstleistungsvertrag lehnt für Art. 5 Nr. 1 Brüssel I-VO ab, EuGH Slg. 2009, I-3327 = NJW 2009, 1865 – Falco; s. auch *de Miguel Asensio* YbPIL 10 (2008), 199 (207 ff.).

[941] *Windisch/Bauer* GRUR Int 2010, 641 (644); PWW/*Brödermann/Wegen* Anh. Art. 4 Rn. 44. – Zu Art. 28 EGBGB *Fallenböck* ZfRV 1999, 102.

in den Vordergrund zu stellen; vielmehr stellt ggf. die beabsichtigte Verwertung im Schutz- und Ausübungsland die engere Verbindung her. Daher entscheidet das **Recht am gewöhnlichen Aufenthaltsort des Lizenzgebers** jedenfalls dann, wenn eine nichtausschließliche Lizenz vergeben wird und der Lizenznehmer im Wesentlichen nur eine Lizenzgebühr zahlt (Abs. 2).[942] Zur Begründung wird die charakteristische Leistung des Rechtsinhabers angeführt. Sie kann auch darauf verweisen, dass die immaterialgüterrechtliche Beurteilung zwar die Grundlage der Rechtsposition der Parteien darstellt, dass davon aber die schuldrechtlichen Verpflichtungen zu unterscheiden sind. Bei der Kreuzlizenz wird man auf die engste Verbindung (Abs. 4) ausweichen.[943]

Umstritten ist auch die Rechtsanwendung bei globaler, einheitlich gesteuerter **Lizenzvergabe in mehrere Schutzländer.** Auch hierfür gelangt die stets nach Abs. 2 auf den Lizenzgeber abstellende Auffassung regelmäßig zum Recht seines **gewöhnlichen Aufenthaltsorts.**[944] Die vom Schutzland ausgehende Meinung macht hier eine Ausnahme; sie will eine Vertragsspaltung vermeiden und stellt daher ebenfalls auf das **Recht am gewöhnlichen Aufenthaltsort des Lizenzgebers** ab.[945] 274

Die Maßgeblichkeit des Rechts des Lizenznehmers wird vielfach für den Fall einer **Ausübungs- bzw. Verwertungspflicht des Lizenznehmers** angenommen, wenn dieser für die Verwertung der Erfindung durch Herstellung, Gebrauch oder Vertrieb zu sorgen hat.[946] Für andere ändert sich nichts an der Anknüpfung an das Recht des Lizenzgebers, da es sich um eine bloße Hilfsfunktion handle.[947] 275

Die Anknüpfung **ausschließlicher Lizenzen** ist ebenfalls umstritten. Hier wird teilweise gleichfalls auf das Schutzland abgestellt. Auch insoweit wird zum Teil allerdings ebenfalls an der Maßgeblichkeit des Rechts des Lizenzgebers festgehalten; die weitergehende Verpflichtung des anderen Teils ändere nichts.[948] Andere nehmen dagegen zutreffend an, dass bei der Vergabe ausschließlicher Lizenzen die Leistung des Lizenznehmers maßgeblich; sie ist die charakteristische und überwiegende.[949] 276

Auch bei der Anknüpfung von Lizenzverträgen sind **engere Beziehungen nach Abs. 3** zu berücksichtigen. Insoweit besteht die Bereitschaft, dann, wenn sich die Lizenz auf nur ein Schutzland bezieht und mehr oder weniger enge Verbindungen der Parteien zu diesem Land bestehen, eine Anknüpfung an das Schutzland vorzunehmen.[950] 277

Wenngleich im Internationalen Immaterialgüterrecht das Schutzlandprinzip herrschend ist und insbesondere das Bestehen und die Übertragbarkeit der Rechtsposition erfasst (→ Rom II-VO Art. 8 Rn. 206; → Rom II-VO Art. 8 Rn. 227 ff.),[951] so gilt doch für die eigentlichen **schuldrechtlichen Verpflichtungen der Parteien das Vertragsstatut.** Kartellrechtlich gilt eine Gruppenfreistellungsverordnung (Technologietransfer-VO).[952] 278

---

942 *de Miguel Asensio* YbPIL 10 (2008), 199 (210 ff.); *Wagner* IPRax 2008, 377 (385); Reithmann/Martiny IntVertragsR/*Hiestand* Rn. 29.30; Reithmann/Martiny IntVertragsR/*Obergfell* Rn. 34.72 für den verlagsrechtlichen Lizenzvertrag; *Bartenbach/Bartenbach,* Patentlizenz- und Know-how-Vertrag, 7. Aufl. 2013, Rn. 2376; *Schack,* Urheber- und Urhebervertragsrecht, 10. Aufl. 2021, Rn. 1401; BeckOK BGB/*Spickhoff* Rn. 71; NK-BGB/*Leible* Rn. 167; Rauscher/*Thorn* Rn. 124; ebenso Art. 122 Abs. 1 IPRG Schweiz.

943 *Nishitani* in Ferrari/Leible, Rome I Regulation, 2009, 51, 70. Vgl. auch *Solomon* ZVglRWiss 115 (2016), 586 (599).

944 Reithmann/Martiny IntVertragsR/*Hiestand* Rn. 29.32. Unentschieden zu Art. 28 EGBGB BGHZ 129, 236 (251) = WM 1995, 1155 = IPRspr. 1995 Nr. 26.

945 Zum alten Recht *Beier* GRUR Int 1981, 299 (307); *Beier* in Holl/Klinke, Internationales Privatrecht – Internationales Wirtschaftsrecht1985, 287 (302 f.) betr. Markenlizenzverträge.

946 *Beyer* GRUR 2021, 1008 (1012 f.); *Schack,* Urheber- und Urhebervertragsrecht, 10. Aufl. 2021, Rn. 1401; Rauscher/*Thorn* Rn. 124: wenn Hauptpflicht, gestützt auf Abs. 3. – S. bereits *Ulmer,* Die Immaterialgüterrechte im IPR, 1975, 103 (Nr. 147); *v. Hoffmann* RabelsZ 40 (1976), 208 (214); Reithmann/Martiny IntVertragsR/*Obergfell* Rn. 34.69 für den verlagsrechtlichen Lizenzvertrag; *Schricker* Einl. VerlG Rn. 44; Soergel/*v. Hoffmann* EGBGB Art. 28 Rn. 502: soweit Hauptpflicht.

947 *Hiestand,* Die Anknüpfung internationaler Lizenzverträge, 1993, 186 ff.; Reithmann/Martiny IntVertragsR/*Hiestand* Rn. 29.30; NK-BGB/*Leible* Rn. 167.

948 *Beyer* GRUR 2021, 1008 (1013); NK-BGB/*Leible* Rn. 167; BeckOK BGB/*Spickhoff* Rn. 71.

949 *Ulmer,* Die Immaterialgüterrechte im IPR, 1975, 104 (Nr. 147); *Schack,* Urheber- und Urhebervertragsrecht, 10. Aufl. 2021, Rn. 1401: bei Ausübungspflicht; Reithmann/Martiny IntVertragsR/*Obergfell* Rn. 34.69 für den verlagsrechtlichen Lizenzvertrag; *Schricker* Einl. VerlG Rn. 44: bei Ausübungslast; ebenso mit Einschränkungen *Geisler,* Die engste Verbindung im Internationalen Privatrecht, 2001, 256; aA *v. Hoffmann* RabelsZ 40 (1976), 208 (215); Soergel/*v. Hoffmann* EGBGB Art. 28 Rn. 503.

950 Näher *de Miguel Asensio* YbPIL 10 (2008), 199 (215 ff.); *Beyer* GRUR 2021, 1008 (1013 f.).

951 *Obergfell* FS Martiny, 2014, 475 (485 f.); näher Reithmann/Martiny IntVertragsR/*Hiestand* Rn. 29.34 ff.

952 VO (EU) 316/2014 vom 21.3.2014 (ABl. 2014 L 93, 17); zur vorhergehenden VO (EG) 772/2004; *Lubitz* EuZW 2004, 652 ff.; *Lubitz* RIW 1996, 269 ff.

XV. Know-how-Vertrag

279 Know-how-Verträge verschaffen gegen Entgelt technisches, kaufmännisches oder betriebswirtschaftliches Wissen, das nicht als absolutes Immaterialgüterrecht geschützt ist.[953] Daher gilt das Territorialitätsprinzip des gewerblichen Rechtsschutzes für solche Verträge nicht.[954] Haben die Parteien das anwendbare Recht nicht ausdrücklich oder stillschweigend bestimmt, so gilt grundsätzlich das Recht am **gewöhnlichen Aufenthaltsort des Know-how-Gebers,** der die vertragstypische Leistung erbringt.[955] Abweichungen können sich insbesondere für gemischte Verträge ergeben, in denen der Know-how-Nehmer weitere Pflichten übernimmt und sich der wirtschaftliche Schwerpunkt auf sie verlagert[956] (→ Rn. 185). Nach aA soll jedenfalls dann, wenn dem Know-how-Nehmer ein ausschließliches Recht eingeräumt wird, die Rechtsordnung seines Niederlassungsortes zur Anwendung kommen.[957] Gleiches wird vertreten, wenn er zur ausschließlichen und obligatorischen Nutzung des Know-how verpflichtet ist.[958] Kartellrechtlich unterliegen grenzüberschreitende Verträge Art. 101 AEUV; doch gilt eine Gruppenfreistellungsverordnung.[959]

XVI. Internetverträge

Schrifttum: *Borges,* Verträge im elektronischen Geschäftsverkehr, 2003; *Gläser,* Anwendbares Recht auf Plattformverträge, MMR 2015, 699; *Gössl,* Internetspezifisches Kollisionsrecht?, 2014; *Mankowski,* Das Internet im Internationalen Vertrags- und Deliktsrecht, RabelsZ 63 (1999), 203; *Nordmeier,* Cloud Computing und Internationales Privatrecht, MMR 2010, 151; *Spindler,* Kapitalmarktgeschäfte im Binnenmarkt, IPRax 2001, 400.

280 **1. Besonderheit der Internetverträge.** Mit Internetverträgen werden zum einen Verträge gemeint, welche **mit dem Medium Internet** geschlossen werden. Sachrechtliches Einheitsrecht ist durch eine UNCITRAL-Konvention über die elektronische Kommunikation von 2005,[960] die aber Deutschland nicht bindet, geschaffen worden.[961] Eine gesonderte kollisionsrechtliche Regelung für die Anknüpfung solcher Verträge gibt es nicht. Es ist aber jeweils zu prüfen, ob die für den Abschluss und den Inhalt des jeweiligen Vertragsverhältnisses geltenden Grundsätze wegen des Vertragsabschlusses im Internet modifiziert werden müssen.[962] Zum anderen geht es um solche Vertragsverhältnisse, welche bestimmte **Leistungen zum Gegenstand haben, die sich auf die Nutzung des Internet beziehen** oder die im Rahmen der Internetnutzung erbracht werden (digitale Inhalte, digitale Dienstleistungen;[963] → Rn. 27, → Art. 1 Rn. 9). Insofern sind die Art. 3 ff. auf diese speziellen Vertragsverhältnisse anzuwenden (→ Rn. 288 ff.). Häufig handelt es sich um Dienstleistungen iSd Abs. 1 lit. b (→ Rn. 45). Ferner ist die Reichweite besonderer sach- und kollisionsrechtlicher Vorschriften, welche für den **Fernabsatz** geschaffen worden sind und vor allem für Verbraucherverträge gelten (vgl. §§ 312c ff. BGB), zu bestimmen (zur Geoblocking-VO → Art. 6 Rn. 50). Insoweit geht es um den Einfluss zwingender Vorschriften (→ Rn. 286). Inzwischen hat sich eine ganze Reihe unterschiedlicher Vertragsverhältnisse entwickelt, für die teilweise vereinheitlichtes Recht besteht (→ Rn. 298) und deren Anknüpfung jeweils gesondert zu prüfen ist. – Zum Crowdfunding → Rn. 117.

281 **2. Anknüpfung im Allgemeinen. a) Rechtswahl.** Für Internetverträge ist grundsätzlich eine Rechtswahl nach der allgemeinen Vorschrift des Art. 3 möglich.[964] Die Rechtswahlerklärung kann auch auf elektronischem Wege erfolgen.[965] Soweit es sich um die Einbeziehung von AGB handelt,

[953] Zur Vertragsgestaltung s. *Grün* in Ostendorf/Kluth Int. Wirtschaftsverträge § 5; *Mels/Blask* in Ostendorf/Kluth Int. Wirtschaftsverträge § 21; MVH IV/*Chrocziel,* 8. Aufl. 2018, 1225 ff.

[954] *Kreuzer* FS v. Caemmerer, 1978, 705 (707).

[955] NK-BGB/*Leible* Rn. 168; Rauscher/*Thorn* Rn. 130.

[956] BeckOK BGB/*Spickhoff* Rn. 67.

[957] *Stumpf,* Der Know-how-Vertrag, 3. Aufl. 1994, 156; *Rauscher/Thorn* Rn. 130; vgl. dazu Soergel/*v. Hoffmann* EGBGB Art. 28 Rn. 518.

[958] IPG 1978 Nr. 6 (München) S. 58 ff.

[959] VO (EG) Nr. 772/2004 der Kommission zur Anwendung von Art. 85 Abs. 3 auf Gruppen von Technologietransfer-Vereinbarungen vom 27.4.2004, ABl. EU 2004 L 123, 11.

[960] UN-Übereinkommen über den elektronischen Vertragsschluss bei internationalen Verträgen vom 23.11.2005.

[961] Näher Staudinger/*Magnus,* 2021, Rn. 590.

[962] Reithmann/Martiny IntVertragsR/*Obergfell* Rn. 34.111 ff.; Staudinger/*Magnus,* 2021, Rn. 588.

[963] *Mankowski* RabelsZ 63 (1999), 203 (208 ff.); *Pfeiffer* in Gounalakis, Rechtshandbuch Electronic Business, 2003, § 12 Rn. 2; Staudinger/*Magnus,* 2021, Rn. 589.

[964] OLG Stuttgart NJW-RR 2019, 35; *Mankowski* RabelsZ 63 (1999), 203 (209 ff.); *Pfeiffer* in Gounalakis, Rechtshandbuch Electronic Business, 2003, § 12 Rn. 43; Staudinger/*Magnus,* 2021, Rn. 595.

[965] *Pfeiffer* in Gounalakis, Rechtshandbuch Electronic Business, 2003, § 12 Rn. 47; Staudinger/*Magnus,* 2021, Rn. 596.

gelten die sich aus Art. 10 ergebenden Regeln, ggf. kann sich der Kunde unter den Voraussetzungen des Art. 10 Abs. 2 auf das Recht seines gewöhnlichen Aufenthaltsortes berufen[966] (→ Art. 10 Rn. 203 ff.).

Soweit es um im Internet angebotene Leistungen geht, ist für diese Verträge im Allgemeinen eine Rechtswahl zugelassen. Im Einzelfall können sich aber für Verbraucherverträge Beschränkungen aus Art. 6 ergeben (→ Rn. 284). Ferner können die Rechtswahlbeschränkungen des Art. 46b EGBGB eingreifen. Auch kann das Herkunftslandprinzip des § 3 DDG zu Modifikationen führen (→ Rn. 287 ff.; → Anh. III Art. 9 Rn. 1 ff.). 282

b) Objektive Anknüpfung. Grundsätzlich finden auf Internetverträge die allgemeinen Anknüpfungsregeln des Art. 4 Anwendung.[967] Danach ist in erster Linie auf die spezifizierte Vertragsanknüpfung des Abs. 1, in zweiter Linie auf die charakteristische Leistung (Abs. 2) und hilfsweise auf die engste Verbindung des Schuldverhältnisses abzustellen (Abs. 4). Dies wirft eine Reihe von Fragen auf. Zum einen geht es darum, ob allein die Tatsache, dass eine Leistung über das Internet angeboten wird, zu einem Abweichen von der sonst gebotenen Anknüpfung an den **tatsächlichen gewöhnlichen Aufenthalt** des Schuldners führt. Das ist grundsätzlich zu verneinen[968] (→ Art. 19 Rn. 8). Auch eine **engere Verbindung** iSd Abs. 3 kann nicht ohne weiteres angenommen werden (→ Rn. 316). Andere wollen hingegen dem Zuschnitt einer auf einen bestimmten Markt abzielenden Webseite einen größeren Stellenwert einräumen.[969] Zu ermitteln ist ferner, ob das Angebot der Leistung im Internet das Vertragsverhältnis so prägt, dass eine abweichende Anknüpfung geboten ist. Diese Frage stellt sich etwa für die Internetauktion (→ Rn. 297). Schließlich kommt es darauf an, Anknüpfungen für spezifische im Internet angebotene Leistungen zu entwickeln (→ Rn. 288 ff.). 283

c) Verbraucherverträge. aa) Vertragsstatut iSd Art. 6. Grundsätzlich finden auf Internetverträge auch die allgemeinen Regeln für Verbraucherverträge Anwendung.[970] Dies gilt insbesondere für die Bestimmung des Statuts des Verbrauchervertrages nach Art. 6, welche teilweise auf Internetgeschäfte zugeschnitten ist. Hier geht es im Wesentlichen darum, ob und wieweit Veränderungen bezüglich des situativen Anwendungsbereichs der Vorschrift, insbesondere im Hinblick auf Angebot, Werbung, Entgegennahme der Bestellung und Leistung („Ausrichten") eintreten.[971] Hierauf wird jeweils im Zusammenhang eingegangen (→ Art. 6 Rn. 41 ff.). 284

bb) Rechtswahlbeschränkungen nach Art. 46b EGBGB. Bedeutung für Internetverträge haben die Rechtswahlbeschränkungen des Art. 46b EGBGB.[972] In dieser Vorschrift sind Richtlinien für Fernabsatzgeschäfte umgesetzt worden, welche auch kollisionsrechtliche Auswirkungen haben. Die Fernabsatz-RL (RL 97/7/EG) enthielt in Art. 12 Abs. 2 Fernabsatz-RL eine die Rechtswahl einschränkende, kollisionsrechtliche Vorgabe. Die Richtlinie wurde freilich durch die Verbraucherrechte-RL zum 14.6.2014 aufgehoben; Art. 46 Abs. 3 Nr. 2 EGBGB aF ist dementsprechend gestrichen worden. Auch Art. 12 Abs. 2 **Finanzdienstleistungs-Fernabsatz-RL** enthält eine kollisionsrechtliche Regelung, die bei den Rechtswahlbeschränkungen für Verbraucherverträge in Art. 46b Abs. 3 Nr. 3 EGBGB eingefügt worden ist (s. dazu Art. 46b EGBGB). Auch im Übrigen ist zu beantworten, wie der von Art. 46b EGBGB vorausgesetzte enge Zusammenhang beim Internetgeschäft verwirklicht wird.[973] 285

d) Zwingende Vorschriften und Eingriffsnormen. Grundsätzlich finden auf Internetverträge auch die allgemeinen Regeln für zwingende Vorschriften Anwendung. Dies gilt insbesondere für die Rechtswahlbeschränkung im Inlandsfall (Art. 3 Abs. 3) und für Binnenmarktsachverhalte (Art. 3 Abs. 4; → Art. 3 Rn. 85 ff.; → Art. 3 Rn. 96 ff.). Ein Sachverhalt, bei dem beide Parteien ihren gewöhnlichen Aufenthalt im Inland haben und der sonst keinen Auslandsbezug aufweist, wird 286

---

966 *Pfeiffer* in Gounalakis, Rechtshandbuch Electronic Business, 2003, § 12 Rn. 62 ff.; PWW/*Brödermann/Wegen* Anh. Art. 4 Rn. 35; Staudinger/*Magnus,* 2021, Rn. 596 ff.

967 Reithmann/Martiny IntVertragsR/*Obergfell* Rn. 34.116; Staudinger/*Magnus,* 2021, Rn. 600.

968 *Mankowski* RabelsZ 63 (1999), 203 (227); Reithmann/Martiny IntVertragsR/*Obergfell* Rn. 34.116; NK-BGB/*Leible* Rn. 111.

969 S. *Borges,* Verträge im elektronischen Geschäftsverkehr, 2003, 839 f., der den Ort der Leitung des Internet-Auftritts für maßgeblich hält; vgl. auch *Ganssauge,* Internationale Zuständigkeit und anwendbares Recht bei Verbraucherverträgen im Internet, 2004, 184 f.

970 Staudinger/*Magnus,* 2021, Rn. 601 ff. – Zu Art. 29 EGBGB aF *Loacker,* Der Verbrauchervertrag im IPR, 2006, 141 ff.

971 Zu Art. 29 EGBGB *Pfeiffer* in Gounalakis, Rechtshandbuch Electronic Business, 2003, § 12 Rn. 67 ff.

972 Zu Art. 29a EGBGB *Pfeiffer* in Gounalakis, Rechtshandbuch Electronic Business, 2003, § 12 Rn. 86 ff.

973 Vgl. Staudinger/*Magnus,* 2021, Rn. 605.

allein durch Vertragsschluss im Internet noch nicht zu einem internationalen Vertrag.[974] Ferner können die Bestimmungen über den Verbraucherschutz eingreifen (Art. 6 Rom I-VO, Art. 46b EGBGB). Auch eine Anwendung der allgemeinen Vorschrift des Art. 9 über Eingriffsnormen auf Internetverträge ist möglich.[975]

287 **e) E-Commerce und Herkunftslandprinzip.** Auf Internetgeschäfte haben auch die Regeln des § 3 DDG Einfluss. Hier geht es insbesondere um die Reichweite des Herkunftslandprinzips. In Deutschland niedergelassene Diensteanbieter und ihre digitalen Dienste unterliegen nämlich den Anforderungen des deutschen Rechts auch dann, wenn die Dienste in einem anderen Staat innerhalb des Geltungsbereichs der E-Commerce-RL geschäftsmäßig angeboten oder erbracht werden (§ 3 Abs. 1 DDG). Im Übrigen wird nach § 3 Abs. 2 DDG der freie Dienstleistungsverkehr von digitalen Diensten, die in Deutschland von Diensteanbietern geschäftsmäßig angeboten oder erbracht werden, die in einem anderen Staat innerhalb des Geltungsbereichs der E-Commerce-RL niedergelassen sind, nicht eingeschränkt (näher → Anh. III Art. 9 Rn. 1 ff.).

288 **3. Einzelne Vertragsverhältnisse. a) Providerverträge.** Providerverträge liefern dem Kunden den Zugang zu elektronischen Diensten im Internet. Der Kunde findet auf diese Weise Zugang zum Internet, zu Datenbanken und ggf. weiteren Diensten. Rechtswahl ist möglich. Die private Nutzung stellt in der Regel einen Verbrauchervertrag iSd Art. 6 dar (→ Art. 6 Rn. 13 ff.). Auf Grund objektiver Anknüpfung kommt es regelmäßig zur Maßgeblichkeit des Rechts am **gewöhnlichen Aufenthaltsort des Internetproviders,** der die charakteristische Leistung erbringt.[976] Regelmäßig ist aber auch eine Dienstleistung nach Abs. 1 lit. b anzunehmen[977] (→ Rn. 52). Auf den Standort des Servers kommt es grundsätzlich nicht an.

289 **b) Internetdienste.** Im Internet werden digitale Produkte (vgl. § 327 BGB) sowie die unterschiedlichsten Dienstleistungen angeboten, zB über Beratung, Vermittlung, Datensammlung und -weitergabe, Gestaltung von Internetauftritten. Solche Verträge unterliegen den allgemeinen Anknüpfungsregeln der Art. 3 ff. (→ Rn. 37 ff.). Mangels Rechtswahl ist für sie grundsätzlich die charakteristische Leistung desjenigen maßgeblich, welcher die Dienstleistung erbringt (Abs. 1 lit. b).[978] Es kann sich allerdings auch um einen Verbrauchervertrag iSd Art. 6 handeln.[979] Gegebenenfalls sind die Besonderheiten durch das DDG zu beachten (→ Anh. III Art. 9). Der öffentlich-rechtliche Datenschutz wird nicht von einer Rechtswahl umfasst.[980]

290 Bei Verträgen über die **Registrierung einer Intranet-Domain** ist dies die charakteristische Leistung. Daher entscheidet bei solchen Verträgen das Recht am Sitz der Registrierungsstelle.[981] Wird ein Vertrag über die Nutzung oder Übertragung einer Internet-Domain geschlossen, so ist das Recht am Sitz des Übertragenden maßgeblich.[982]

291 Beim **Cloud-Computing** bietet häufig ein ausländischer Cloud-Anbieter dem inländischen Cloud-Nutzer die Speicherung einer bestimmten Datenmenge in einer „Cloud“ („Datenwolke“) an. Hierfür ist eine Rechtswahl zulässig und auch üblich.[983] Für den Vertrag zwischen dem inländischen Cloud-Nutzer und seinem inländischen Endkunden ist zweifelhaft, ob eine die Wahl ausländischen Rechts rechtfertigende Auslandsbeziehung nach Art. 3 Abs. 3 gegeben ist (→ Art. 3 Rn. 90 ff.). Ein enger Zusammenhang beider Verträge spricht aber für eine ausreichende Verbindung.[984] Fehlt eine Rechtswahl für den Vertrag mit dem Cloud-Anbieter bzw. den Vertrag zwischen Cloud-Nutzer und Endkunden, so erfolgt eine Anknüpfung nach Art. 4 Abs. 1 lit. b an den gewöhnlichen Aufenthalt des Cloud-Anbieters bzw. Cloud-Nutzers.[985] Bei Verträgen

---

[974] *Mankowski* RabelsZ 63 (1999), 203 (208); *Pfeiffer* in Gounalakis, Rechtshandbuch Electronic Business, 2003, § 12 Rn. 61; Staudinger/*Magnus,* 2021, Rn. 599.

[975] Staudinger/*Magnus,* 2021, Rn. 606. – Zu Art. 34 EGBGB aF *Pfeiffer* in Gounalakis, Rechtshandbuch Electronic Business, 2003, § 12 Rn. 128 ff.

[976] *Nordmeier* MMR 2010, 151 (152); PWW/*Brödermann/Wegen* Anh. Art. 4 Rn. 35; Staudinger/*Magnus,* 2021, Rn. 608.

[977] NK-BGB/*Leible* Rn. 112; Staudinger/*Magnus,* 2021, Rn. 608.

[978] *Gössl,* Internetspezifisches Kollisionsrecht?, 2014, 109 ff.; Staudinger/*Magnus,* 2021, Rn. 617. – Zum Datenbankvertrag Reithmann/Martiny IntVertragsR/*Obergfell* Rn. 34.109.

[979] *Spindler* ZBB 2017, 129 (142); Staudinger/*Magnus,* 2021, Rn. 621a.

[980] *Gläser* MMR 2015, 699 (703); anders KG K&R 2014, 280.

[981] NK-BGB/*Leible* Rn. 113; Staudinger/*Magnus,* 2021, Rn. 620.

[982] BeckOGK/*Köhler,* 1.12.2023, Rn. 59.

[983] *Ehlen/Blum* CR 2022, 10.

[984] *Ehlen/Blum* CR 2022, 10 (11).

[985] *Boehm* ZEuP 2016, 369; *Boosfeld* GPR 2022, 70 (75); Staudinger/*Magnus,* 2021, Rn. 621a.

mit Verbrauchern kommt Art. 6 in Betracht. Allerdings greift Art. 6 Abs. 1 lit. a nicht ein, da die Leistung des Cloud-Anbieters nicht ausschließlich im Land des Verbrauchers erbracht wird.[986]

Online-Plattformen treten in verschiedenen Formen auf und dienen unterschiedlichen Zwe- 292
cken (vgl. § 312k BGB). Im Allgemeinen wird ein Nutzungsvertrag mit dem Plattformbetreiber geschlossen, wobei ggf. noch eine Bank eingeschaltet wird. Die einzelnen Kunden schließen entweder ihrerseits einen Nutzungsvertrag mit dem Betreiber ab oder aber treten in direkten Kontakt mit einem oder mehreren anderen Nutzern.[987] Eine eigene unionsrechtliche Regelung besteht für Online-Plattformen (Online-Vermittlungsdienste – P2B-VO).[988] Die Fairness und Transparenz sichernde VO erfasst Online-Vermittlungsdienste und Online-Suchmaschinen. Sie enthält ua Vorschriften über Allgemeine Geschäftsbedingungen (Art. 3 P2B-VO), die Einschränkung, Aussetzung und Beendigung (Art. 4 P2B-VO) sowie besondere Vertragsbestimmungen (Art. 8 P2B-VO). Die Verordnung gilt für Online-Vermittlungsdienste und Online-Suchmaschinen, unabhängig vom Niederlassungsort oder Anbietersitz dieser Dienste und unabhängig vom ansonsten anzuwendenden Recht, die gewerblichen Nutzern und Nutzern mit Unternehmenswebsite bereitgestellt bzw. zur Bereitstellung angeboten werden, die ihre Niederlassung oder ihren Wohnsitz in der EU haben und die über diese Online-Vermittlungsdienste oder Online-Suchmaschinen Waren oder Dienstleistungen in der EU befindlichen Verbrauchern anbieten (Art. 1 Abs. 2 P2B-VO). Diese Bestimmungen werden zwingend durchgesetzt. Im Übrigen ist Rechtswahl zulässig.[989]

Für den **Nutzungsvertrag mit einem Plattformanbieter** findet mangels Rechtswahl eine 293
Anknüpfung nach den Regeln über Dienstleistungen statt (Art. 4 Abs. 1 lit. b Rom I-VO),[990] die dann zum maßgeblichen Sachrecht führt. Bei unentgeltlichen Angeboten wird Art. 4 Abs. 2 Rom I-VO angewendet.[991] Dies gilt auch für sog. Kryptobörsen, die Token gegen Token anbieten[992] sowie für Tokenwechselstellen, die Token gegen Fiat-Währung anbieten.[993] Allerdings kann für Verbraucherverträge Art. 6 Rom I-VO eingreifen.[994]

Für unmittelbar **unter Nutzern einer Plattform geschlossene Verträge** greifen die allgemei- 294
nen Vorschriften der Art. 3 ff. Rom I-VO ein. Bei der objektiven Anknüpfung nach Art. 4 Rom I-VO kommt es auf den jeweiligen Vertragsgegenstand an. Insofern kann es sich auch um Verbraucherverträge nach Art. 6 Rom I-VO handeln.[995]

Spiel- und Wettverträge im Internet **(Internetwetten)** unterliegen mangels Rechtswahl dem 295
Recht des realen Sitzes des Veranstalters.[996] Dies lässt sich auf Art. 4 Abs. 2 stützen (→ Rn. 363). Handelt es sich um einen Verbrauchervertrag, so kann Art. 6 eingreifen.

Zwingende Anwendung findet die **Portabilitäts-VO**[997] (vgl. → Rom II-VO Art. 8 296
Rn. 131). Vertragsbestimmungen, auch solche, die im Verhältnis zwischen Anbietern von Online-Inhaltediensten und Inhabern von Urheberrechten oder verwandten Schutzrechten oder Inhabern sonstiger Rechte an Inhalten von Online-Inhaltediensten sowie solche, die zwischen diesen Anbietern und ihren Abonnenten gelten, sind nicht durchsetzbar, wenn sie gegen die VO verstoßen (Art. 7 Abs. 1 Hs. 1 Portabilitäts-VO). Dies gilt auch für Vertragsbestimmungen, die die **grenzüberschreitende Portabilität von Online-Inhaltediensten** verbieten oder die Portabilität auf einen bestimmten Zeitraum beschränken (Art. 7 Abs. 1 Hs. 2 Portabilitäts-VO). Die VO findet ungeachtet des Rechts Anwendung, das für Verträge zwischen Anbietern von Online-Inhaltediensten und Inhabern von Urheberrechten oder verwandten Schutzrechten sowie Inhabern sonstiger für den Zugriff auf Inhalte im Rahmen von Online-Inhaltediensten und deren Nutzung relevanter Rechte oder für Verträge zwischen solchen Anbietern und ihren Abonnenten gilt (Art. 7 Abs. 2 Portabilitäts-VO).

---

[986] *Nordmeier* MMR 2010, 151 (153); *Ehlen/Blum* CR 2022, 10 (11); Staudinger/*Magnus,* 2021, Rn. 621a.
[987] *Wendelstein* GPR 2021, 220 (221).
[988] VO (EU) 2019/1150 zur Förderung von Fairness und Transparenz für gewerbliche Nutzer von Online-Vermittlungsdiensten vom 20.6.2019, ABl. EU 2019 L 186, 57; s. *Wais* EuZW 2019, 221; *v. Westphalen* BB 2020, 579.
[989] OLG Stuttgart NJW-RR 2019, 35.
[990] *Gläser* MMR 2015, 699 (703); *Boosfeld* GPR 2022, 70 (75); *Bizer,* Persönlichkeitsrechtsverletzung in sozialen Medien, 2022, 86 ff.
[991] *Steinrötter* in Maume/Maute, Rechtshandbuch Kryptowerte, 2020, § 3 Rn. 71.
[992] *Steinrötter* in Maume/Maute, Rechtshandbuch Kryptowerte, 2020, § 3 Rn. 62. – Unentschieden *Kerkemeyer* ZHR 184 (2020), 793 (816 f.).
[993] *Steinrötter* in Maume/Maute, Rechtshandbuch Kryptowerte, 2020, § 3 Rn. 62.
[994] *Wendelstein* GPR 2021, 220 (222 ff.).
[995] *Wendelstein* GPR 2021, 220 (223 ff.).
[996] Staudinger/*Magnus,* 2021, Rn. 621.
[997] VO (EU) 2017/1128 zur Gewährleistung der grenzüberschreitenden Portabilität von Online-Inhaltediensten im Binnenmarkt vom 14.6.2017, ABl. EU 2017 L 168, 1; s. auch Erwägungsgrund 25.

297 **c) Internetauktionen.** Der Begriff wird in unterschiedlicher Weise verwendet. Häufig handelt es sich lediglich um ein Angebot im Internet. Es fehlt aber an einer eigentlichen Versteigerung mit einem Zuschlag. Vielmehr erfolgt ein bloßer Verkauf gegen Höchstgebot oder auch nur ein Verkauf auf einer Plattform. Der Anbieter kann bloßer Verkäufer oder auch nur Kommissionär sein. Die Anknüpfung erfolgt nach der tatsächlichen Natur des Geschäfts. Handelt es sich um einen Fahrniskauf, so bleibt es bei einer Anknüpfung nach Abs. 1 lit. a und der Maßgeblichkeit es Verkäuferrechts.[998] Bei einem Verbrauchervertrag erfolgt eine Anknüpfung nach Art. 6. Handelt es sich um eine eigentliche Versteigerung, so stellt sich die Frage nach der richtigen Anknüpfung gem. Abs. 1 lit. g (→ Rn. 160). Erfolgt tatsächlich eine Versteigerung mit einem Zuschlag, so ändert die Kommunikation im Internet nichts an der Anwendung des Abs. 1 lit. g.

XVII. Verträge über Digitalgüter und Kryptowerte

Schrifttum: *Hanner,* Internationales Kryptowerterecht, 2022; *Kerkemeyer,* Blockchain-Transaktionen im Internationalen Recht, ZHR 184 (2020), 793; *Lehmann,* Internationales Privat- und Zivilprozessrecht, in Omlor/Link (Hrsg.), Kryptowährungen und Token, 2. Aufl. 2023, 181; *Steinrötter,* Internationale Zuständigkeit und anwendbares Recht bei der Transaktion von Kryptotoken auf dem Primär- und Sekundärmarkt, in Maume/Maute Rechtshandbuch Kryptowerte, 2020, 65; *Wendelstein,* Der Handel von Kryptowährungen aus der Perspektive des europäischen Internationalen Privatrechts, RabelsZ 86 (2022), 644.

298 **1. Vertragliche Einordnung.** Grundsätzlich erfasst die Rom I-VO auch Verträge über **Digitalgüter** und **Kryptowerte** (→ Art. 1 Rn. 9). Für die Bestimmung des anwendbaren Rechts ist häufig eine (in den Einzelheiten umstrittene) Abgrenzung zu immaterialgüterrechtlichen, aber auch zu wertpapierrechtlichen und sachenrechtlichen Fragen vorzunehmen.[999] Man kann Verträge über Digitalgüter und Kryptowerte in zwei Gruppen einteilen (zum Begriff des Kryptowerts auch Art. 3 Abs. 1 Nr. 5 MiCAR). Primärmarktabreden sind Vereinbarungen zur Schaffung von Digitalgütern und virtuellen Kryptowerten. Dagegen sind Verträge auf dem Sekundärmarkt solche, die diese Werte zum Gegenstand haben und einen derivativen Erwerb von Titeln ermöglichen.[1000] Außer der Anwendung der allgemeinen Vorschriften der Art. 3 und 4 Rom I-VO ist jeweils zu prüfen, ob die verbraucherrechtliche Bestimmung des Art. 6 Rom I-VO eingreift.[1001] Keine kollisionsrechtliche Regelung enthält die MiCAR (VO (EU) 2023/1114).

299 **2. Verträge über Token. a) Arten.** Man unterscheidet im Allgemeinen mehrere Arten von Token, die Werte oder Gegenstände repräsentieren (→ EGBGB Art. 43 Rn. 309 ff.). Die Einteilung ist allerdings nicht gesetzlich vorgegeben und nicht immer einheitlich.[1002] Umstritten ist bereits, ob die Innehabung von Token in der Blockchain nur eine rein tatsächliche Position betrifft[1003] oder ob ein eigenständiges Token-Sachstatut gebildet werden kann.[1004] Bei einer Einordnung als bloßes Faktum folgt die Beurteilung rechtlicher Konsequenzen für die Token selbst im Rahmen des Vertragsverhältnisses, in dem die Vereinbarung erfolgt, also dem jeweiligen Statut.[1005]

300 **b) Currency Token.** Currency Token haben eine Wertaufbewahrungs- und Bezahlfunktion. Hierzu gehören die Guthaben von virtuellen Währungen wie Bitcoins.[1006] Eine Einordnung als Wertpapier scheidet aus.[1007] In Betracht kommt eine vertragsrechtliche Einordnung.[1008] Dabei kann Art. 6 Rom I-VO anwendbar sein.[1009] Im Übrigen kommt mangels Rechtswahl Art. 4 Abs. 1 in

[998] Staudinger/*Magnus,* 2021, Rn. 611. – Vgl. auch Grüneberg/*Thorn* Rn. 20.

[999] *Steinrötter* in Maume/Maute, Rechtshandbuch Kryptowerte, 2020, § 3 Rn. 11 ff.

[1000] *Kerkemeyer* ZHR 184 (2020), 793 (823 f.); *Steinrötter* in Maume/Maute, Rechtshandbuch Kryptowerte, 2020, § 3 Rn. 52.

[1001] *Boosfeld* GPR 2022, 70 ff.; *Steinrötter* in Maume/Maute, Rechtshandbuch Kryptowerte, 2020, § 3 Rn. 38 ff.

[1002] S. etwa *Kleinert/Mayer* EuZW 2019, 857 ff.; *Steinrötter* in Maume/Maute, Rechtshandbuch Kryptowerte, 2020, § 3 Rn. 78; *Lehmann* in Omlor/Link Kryptowährungen und Token, 2. Aufl. 2023, Kap. 5 Rn. 29 ff.

[1003] So etwa *Zimmermann* IPRax 2018, 566 ff.; *Lehmann* Minn. J.L. Sci. & Tech. 21 (2019), 93 (132 ff.); *Freitag* in Möslein/Omlor, FinTech-Handbuch, 2021, § 14 Rn. 32.

[1004] Dazu *Wendehorst* IPRax 2020, 490 (485); *Schwemmer* IPRax 2022, 331 (337 f.).

[1005] So *Freitag* in Möslein/Omlor, FinTech-Handbuch, 2021, § 14 Rn. 35 f.

[1006] Dazu *Martiny* IPRax 2018, 553 (554 f.).

[1007] *Steinrötter* in Maume/Maute, Rechtshandbuch Kryptowerte, 2020, § 3 Rn. 78. Zu currency token näher *Wendelstein* RabelsZ 86 (2022), 644 (647 ff.).

[1008] *Steinrötter* in Maume/Maute, Rechtshandbuch Kryptowerte, 2020, § 3 Rn. 16.

[1009] Zweifelnd *Steinrötter* in Maume/Maute, Rechtshandbuch Kryptowerte, 2020, § 3 Rn. 46.

Betracht.[1010] Bei der Abwicklung über einen Kryptogeldautomaten wird auch der Ort der Abwicklung über Art. 4 Abs. 3 für maßgeblich gehalten.[1011]

c) Utility Token. Als eine Art digitaler Gutschein gewähren Utility Token dem Inhaber den Zugang zu bestimmten Produkten oder Dienstleistungen. Teilweise kann eine Einordnung als Wertpapier in Betracht kommen.[1012] Zum Begriff auch Art. 3 Abs. 1 Nr. 9 MiCAR. Auf die Emission ist Art. 4 Abs. 1 anwendbar.[1013] Die Abtretung der Forderung fällt unter Art. 14.[1014] **301**

d) Security Token und Investment Token. Security Token bzw. Investment Token geben den Anlegern Rechte am Gewinn, schuldrechtliche Ansprüche auf Verzinsung (Dividendenrechte) und zum Teil auch Teilhaberechte (mitgliedschaftliche Rechte). Hier erfolgt vielfach eine Einordnung als Wertpapier.[1015] **302**

3. Virtuelle Währungen. a) Schuldrechtliche Vereinbarungen. Für virtuelle Währungen, bei denen alternative digitale Zahlungsmittel (insbesondere Currency Token; → Rn. 300) ausgegeben werden, gelten im Allgemeinen nicht die Regeln des internationalen Währungsrechts (→ Anh. I Art. 9 Rn. 10). Es können aber aufsichtsrechtliche Regeln eingreifen. Im Übrigen kommen aber schuldrechtliche Vereinbarungen in Betracht, auf die Art. 3, 4 und 6 angewendet werden können.[1016] **303**

b) Initial Coin Offering (ICO). Beim Initial Coin Offering (ICO) geht es um die Emission von Kryptotoken zur unternehmerischen Kapitaleinwerbung. Die Investoren erhalten als Gegenleistung für das Investment Digital Token.[1017] Sie gewähren Rechte auf Leistungen des finanzierten Unternehmens oder Anteile an diesem, Da Rechtswahl zulässig ist, kann der Emittent das anwendbare Recht wählen.[1018] Die Begründung für die objektive Anknüpfung an den gewöhnlichen Aufenthalt des Emittenten ist zweifelhaft. Insoweit kommt Art. 4 Abs. 2,[1019] aber auch Abs. 3 oder Abs. 4 in Betracht. **304**

4. Miningverträge und Mining Pools. Miningverträge, die der Generierung neuer Token dienen, werden bei der Schaffung von Kryptowährungen geschlossen.[1020] Sie werden als vertragliches Schuldverhältnis iSd Rom I-VO angesehen.[1021] Das Mining („Schürfen") fällt unter Art. 4 Abs. 2 Rom I-VO; es kommt auf den Initiator der Blockchain bzw. den Emittenten der Token an.[1022] Zur Ressourcenbündelung werden auch sog. Mining Pools gebildet. Auch hier erfolgt eine vertragsrechtliche Qualifikation. Plädiert wird für die Maßgeblichkeit der engsten Verbindung iSd Art. 4 Abs. 4 Rom I-VO.[1023] Wird beim Managed Pool ein Pool Operator tätig, so ist an das Recht seines gewöhnlichen Aufenthalts zu denken.[1024] **305**

XVIII. Auslobung und Gewinnzusage

1. Auslobung. Bei der Auslobung (vgl. §§ 657 ff. BGB) wird öffentlich eine Belohnung für das Erbringen einer Leistung versprochen. Eine Sonderform der Auslobung ist das Preisausschreiben. Die Verpflichtung entsteht durch eine einseitige verpflichtende Erklärung, die von Art. 4 erfasst **306**

[1010] *Steinrötter* in Maume/Maute, Rechtshandbuch Kryptowerte, 2020, § 3 Rn. 47.
[1011] *Wendelstein* RabelsZ 86 (2022), 644 (666).
[1012] *Steinrötter* in Maume/Maute, Rechtshandbuch Kryptowerte, 2020, § 3 Rn. 25, 78.
[1013] *Steinrötter* in Maume/Maute, Rechtshandbuch Kryptowerte, 2020, § 3 Rn. 44.
[1014] *Steinrötter* in Maume/Maute, Rechtshandbuch Kryptowerte, 2020, § 3 Rn. 26.
[1015] *Steinrötter* in Maume/Maute, Rechtshandbuch Kryptowerte, 2020, § 3 Rn. 21, 78.
[1016] *Kerkemeyer* ZHR 184 (2020), 793 (814 ff.).
[1017] *Hanner,* Internationales Kryptowerterecht, 2022, 162 ff.
[1018] *Hanner,* Internationales Kryptowerterecht, 2022, 187; *Steinrötter* in Maume/Maute, Rechtshandbuch Kryptowerte, 2020, § 3 Rn. 40.
[1019] *Kerkemeyer* ZHR 184 (2020), 793 (824); *Steinrötter* in Maume/Maute, Rechtshandbuch Kryptowerte, 2020, § 3 Rn. 44; *Drögemüller,* Blockchain-Netzwerke und Krypto-Token im Internationalen Privatrecht, 2023, 211 f.; *Hanner,* Internationales Kryptowerterecht, 2022, 190 ff.
[1020] Zum problematischen Rechtsbindungswillen *Kerkemeyer* ZHR 184 (2020), 793 (814 f.).
[1021] *Lehmann* in Omlor/Link Kryptowährungen und Token, 2. Aufl. 2023, Kap. 5 Rn. 199.
[1022] *Steinrötter* in Maume/Maute, Rechtshandbuch Kryptowerte, 2020, § 3 Rn. 131. – Für die Maßgeblichkeit der engsten Verbindung *Drögemüller,* Blockchain-Netzwerke und Krypto-Token im Internationalen Privatrecht, 2023, 138 f.
[1023] *Drögemüller,* Blockchain-Netzwerke und Krypto-Token im Internationalen Privatrecht, 2023, 138 f.; *Steinrötter* in Maume/Maute, Rechtshandbuch Kryptowerte, 2020, § 3 Rn. 135. Vgl. *Hanner,* Internationales Kryptowerterecht, 2022, 151 für dienstvertragliche Qualifikation.
[1024] *Hanner,* Internationales Kryptowerterecht, 2022, 303; *Steinrötter* in Maume/Maute, Rechtshandbuch Kryptowerte, 2020, § 3 Rn. 136.

wird.[1025] Maßgeblich ist das Recht am gewöhnlichen Aufenthaltsort des Auslobenden, da nur dieser sich zu einer Leistung verpflichtet.[1026] Eine engere Verbindung kann jedoch zum Veröffentlichungsort bestehen.[1027]

2. Gewinnzusage.

Schrifttum: *Dörner,* Haftung für Gewinnzusagen, FS Kollhosser, Bd. II, 2004, 75; *Felke/Jordans,* Internationalrechtliche Fragen von Gewinnzusagen, IPRax 2004, 409; *Fetsch,* Grenzüberschreitende Gewinnzusagen im europäischen Binnenmarkt, RIW 2002, 936; *Häcker,* Europäisch-zivilverfahrensrechtliche und international-privatrechtliche Probleme grenzüberschreitender Gewinnzusagen, ZVglRWiss 103 (2004), 464; *Leible,* Gewinnbestätigung aus Luxemburg, IPRax 2003, 28; *S. Lorenz,* Gewinnmitteilungen aus dem Ausland, NJW 2000, 3305; *S. Lorenz,* Internationale Zuständigkeit deutscher Gerichte und Anwendbarkeit von § 661a BGB bei Gewinnmitteilungen aus dem Ausland, IPRax 2002, 192; *S. Lorenz/Unberath,* Gewinnmitteilungen und kein Ende?, IPRax 2005, 219; *Martiny,* Einseitige Rechtsgeschäfte und Gewinnzusagen im Internationalen Privat- und Prozessrecht, FS Pazdan, Krakau 2005, 189.

307 **a) Einordnung.** Ob es sich bei der Gewinnzusage (vgl. § 661a BGB, § 5j KonsSchG Österreich) um ein vertragliches Rechtsverhältnis iSv Art. 3 ff. handelt, ist verordnungsautonom zu bestimmen[1028] (→ Art. 1 Rn. 23). Da der Verbraucher in Verbindung mit der Gewinnmitteilung in der Regel entweder eine Warenbestellung abgegeben hat oder zumindest dazu veranlasst werden soll, steht die Norm in einem engen Zusammenhang mit einer Vertragsanbahnung. In Betracht kommt zunächst einmal eine schuldvertragliche Qualifikation, der freilich der mangelnde Vertragsabschluss entgegengehalten werden kann.[1029] Ferner bestehen starke Parallelen zur culpa in contrahendo.[1030] Vorgeschlagen wird auch die Heranziehung nationaler Regeln für einseitige Rechtsgeschäfte.[1031] Außerdem ist an eine Anknüpfung von Vertrauens- und Rechtsscheinstatbeständen nach deutschem IPR zu denken.[1032] Schließlich wurde eine deliktsrechtliche[1033] bzw. wettbewerbsrechtliche[1034] Qualifikation vorgeschlagen (→ Rom II-VO Art. 1 Rn. 32 f.). Für die internationalprivatrechtliche Einordnung sollte man sich jedoch von einem engen Vertragsbegriff lösen und die **vertragsrechtlichen Regeln anwenden.**[1035] Im Kontext einer Vertragsanbahnung entsteht eine Verpflichtung des Versprechenden, welche einen Anspruch des anderen Teils begründet. Hierfür ist eine Anknüpfung nach vertragsrechtlichen Grundsätzen möglich und sinnvoll. Die Annahme einer vertraglichen Streitigkeit und die Bejahung des Gerichtsstands des Erfüllungsorts (Art. 7 Nr. 1 Brüssel Ia-VO) durch den EuGH stützt diese Sicht.[1036] Der EuGH nimmt dann eine vertragliche Verpflichtung an, wenn der Unternehmer ein verbindliches Angebot macht, das hinsichtlich seines Gegenstands und seines Umfangs so klar und präzise ist, dass eine Vertragsbeziehung entstehen kann. Der Unternehmer muss sich rechtlich gebunden haben, dem Verbraucher den Preis auszuzahlen.[1037] Korrigiert wird die Anknüpfung jedoch dadurch, dass die Haftung für eine Gewinnzusage häufig als Eingriffsnorm angeknüpft wird (→ Art. 9 Rn. 101).

308 **b) Anknüpfung nach Vertragsrecht. aa) Rechtswahl.** Die Anwendung des deutschen Rechts und damit des § 661a BGB ist bejaht worden, wenn beide Parteien übereinstimmend von

[1025] Staudinger/*Magnus,* 2021, Rn. 16.

[1026] *v. Bar/Mankowski* IPR II § 1 Rn. 314; Ferrari IntVertragsR/*Ferrari* Rn. 112; PWW/*Brödermann/Wegen* Art. 4 Anh. Rn. 8.

[1027] Vgl. zu Art. 58 IPRG 1995 Italien *Pocar* IPRax 1997, 145 (158).

[1028] *Felke/Jordans* IPRax 2004, 409 (410).

[1029] Abl. daher *S. Lorenz* NJW 2000, 3305 (3307); *Rauscher/Schülke* ELF 2000/01, 334 (336 f.); *Fetsch* RIW 2002, 936 (937).

[1030] LG Braunschweig IPRspr. 2002 Nr. 133a = IPRax 2002, 213 m. abl. Aufsatz *S. Lorenz* IPRax 2002, 192. Abl. auch *S. Lorenz* NJW 2000, 3307 f.

[1031] Damit argumentiert BGHZ 165, 172 (180) = NJW 2006, 230 m. zust. Aufsatz *S. Lorenz* NJW 2006, 472 = IPRax 2006, 602 m. Aufsatz *Jordans* IPRax 2006, 582; dazu abl. *S. Lorenz* NJW 2000, 3305 (3308).

[1032] So LG Potsdam VersR 2003, 378; ursprünglich auch *S. Lorenz* NJW 2000, 3305 (3308).

[1033] LG Freiburg i. Br. RIW 2002, 961 Ls. = IPRspr. 2002 Nr. 137; *Leible* IPRax 2003, 28 (33); *Felke/Jordans* IPRax 2004, 409 (411 f.); *Schwartze* FS Koziol, 2010, 407 (416 ff.); abl. *Lorenz* NJW 2000, 3305 (3308).

[1034] Dafür *Rauscher/Schülke* ELF 2000/01, 334 (337); *Fetsch* RIW 2002, 936 (938).

[1035] *Martiny* FS Pazdan, 2005, 189 (202 f.); Staudinger/*Magnus,* 2021, Rn. 16; iErg ebenso *S. Lorenz* IPRax 2002, 192 (195); *Häcker* ZVglRWiss 103 (2004), 464 (496); *S. Lorenz/Unberath* IPRax 2005, 219 (223): analoge Anwendung der Art. 27 ff. EGBGB; s. auch OLG Nürnberg NJW 2002, 3637 = IPRax 2003, 54 m. Aufsatz *Leible* IPRax 2003, 28; OLG Brandenburg IPRspr. 2002 Nr. 138; OLG Braunschweig NJW 2006, 161.

[1036] EuGH Slg. 2005, I-481 = IPRax 2005, 239 m. Aufsatz *S. Lorenz/Unberath* IPRax 2005, 219 = NJW 2005, 811 m. Aufsatz *Leible* NJW 2005, 796 – Engler/Janus Versand betr. Gewinnzusage auf Vorlage des OLG Innsbruck; vgl. dazu *Piekenbrock/Schulze* IPRax 2003, 328 (329 f.).

[1037] EuGH Slg. 2009, I-3961 = EuZW 2009, 489 – Ilsinger/Dreschers.

der Anwendbarkeit deutschen Rechtes ausgingen.[1038] Es handelt sich dann um einen Fall von Rechtswahl iSd Art. 3, die auch hier zulässig ist.[1039] Bei der mit einer Bestellung verbundenen Gewinnzusage besteht ein enger Zusammenhang mit einem geschlossenen oder angebahnten Vertrag. Die Gewinnzusage nimmt an einer etwaigen Rechtswahl für das geschlossene Geschäft teil[1040] (aber → Art. 6 Rn. 21). Bei der isolierten Gewinnzusage ist – bei einer vertraglichen Einordnung – die Möglichkeit einer einseitigen Rechtswahl im Grundsatz zu bejahen.[1041]

bb) Objektive Anknüpfung. Mangels Rechtswahl kommt eine Anknüpfung der Gewinnzusage nach Abs. 2 in Betracht. Die engste Verbindung wird auch für einseitige Verpflichtungen nach dem Grundsatz der charakteristischen Leistung ermittelt. Charakteristisch ist hier die Leistung des Versprechenden.[1042] Problematisch ist freilich, ob man eine Korrektur dieses Ergebnisses durch eine noch engere Verbindung mit dem Empfangsland annehmen kann (Abs. 3). Die bloße Tatsache, dass eine Erklärung auf das Inland gerichtet ist, dürfte zwar nicht genügen. Dem Empfänger wird regelmäßig mitgeteilt, er werde im Inland bedacht. Dies allein ist jedoch ein zweifelhafter Gesichtspunkt.[1043] **309**

E. Engere Verbindung (Abs. 3)

I. Allgemeines

Die Anknüpfungen nach Abs. 1 und 2 gelten dann nicht, wenn sich aus der Gesamtheit der Umstände ergibt, dass der Vertrag eine offensichtlich engere Verbindung mit einem anderen Staat aufweist (Abs. 3). Diese Vorschrift korrigiert also diese Anknüpfungen Eine entsprechende Regelung findet sich in Art. 5 (Beförderungsverträge), Art. 7 (Versicherungsverträge) und Art. 8 (Arbeitsverträge), nicht hingegen in Art. 6 (Verbraucherverträge). Eine generelle „Ausnahmeklausel" wie Art. 15 IPRG Schweiz, der allgemein auf den „engeren Zusammenhang" abstellt, kennt die VO allerdings nicht.[1044] Abs. 3 darf **nicht zu weit ausgelegt** werden, weil dies die Reichweite der Anknüpfungen nach Abs. 1 und 2 zu sehr einschränken würde.[1045] Wird die Vorschrift dagegen zu eng angewendet, kann dies wegen der starren Anknüpfungen zu unzuträglichen Ergebnissen führen. Daher besteht eine Reihe von Zweifelsfragen sowohl was das Eingreifen der Vorschrift als auch was das weitere Vorgehen betrifft. Da der Europäische Gerichtshof lange Zeit keine Auslegungszuständigkeit besaß, haben sich gewisse nationale Besonderheiten herausgebildet.[1046] **310**

II. Ausweichklausel

1. Funktion. Die Anknüpfungen nach Abs. 1 und 2 können nicht für alle in Betracht kommenden Vertragsgestaltungen zum richtigen Ergebnis führen. Angesichts der Fülle der möglichen vertraglichen Gestaltungen und tatsächlichen Umstände sowie der Bedingungen, in die sich solche Vereinbarungen im Einzelfall einfügen, kann eine **anderweitige, bedeutsamere Verknüpfung** bestehen. **311**

[1038] S. etwa OLG Dresden IPRax 2002, 421; OLG Rostock NJOZ 2004, 2121 = IPRspr. 2004 Nr. 105, Qualifikation offengelassen.

[1039] *Dörner* FS Kollhosser, Bd. II, 2004, 86; *Felke/Jordans* IPRax 2004, 409 (410).

[1040] *Leible* IPRax 2003, 33.

[1041] So auch OLG Nürnberg NJW 2002, 3637 = IPRax 2003, 54 m. Aufsatz *Leible* IPRax 2003, 28; *Häcker* ZVglRWiss 103 (2004), 464 (496); abl. BGHZ 165, 172 (180) = NJW 2006, 230 m. zust. Aufsatz *S. Lorenz* NJW 2006, 472 = IPRax 2006, 602 m. Aufsatz *Jordans* IPRax 2006, 582; *S. Lorenz* NJW 2000, 3305 (3307).

[1042] *Dörner* FS Kollhosser Bd. II, 2004, 86; *Felke/Jordans* IPRax 2004, 409 (410); *Häcker* ZVglRWiss 103 (2004), 464 (495); *S. Lorenz/Unberath* IPRax 2005, 219 (223); *Martiny* FS Pazdan, 2005, 189 (204); PWW/*Brödermann/Wegen* Anh. Art. 4 Rn. 29; vgl. auch *S. Lorenz* IPRax 2002, 192 (196).

[1043] Vgl. *Häcker* ZVglRWiss 103 (2004), 495 f.

[1044] *Remien* in Leible/Unberath, Brauchen wir eine Rom 0-Verordnung?, 2013, 223 (231 ff.). Vgl. *Kreytenberg,* Die individuelle Schwerpunktbestimmung internationaler Schuldverträge nach der Ausweichklausel des Art. 4 Abs. 5 S. 2 EVÜ, 2006, 21 ff. – Da Art. 117 IPRG Schweiz ohnehin auf den engsten Zusammenhang abstellt, wird zum Teil angenommen, Art. 15 IPRG sei insoweit ausgeschlossen; so *Schwander* FS Moser, 1987, 79 (94 f.); *Schwander* FG Schluep, 1988, 501 (505 f.); ebenso für die von Art. 117 IPRG erfassten Verträge, Zürcher Komm/*Kren Kostkiewicz* IPRG Art. 117 Rn. 65.

[1045] Rauscher/*Thorn* Rn. 135.

[1046] Übersicht zur deutschen Rspr. bei *S. Schreiber,* Ausweichklauseln im deutschen, österreichischen und schweizerischen Internationalen Privatrecht, 2001, 165 ff.; *Geisler,* Die engste Verbindung im Internationalen Privatrecht, 2001, 186 ff. – Zur spärlichen mitgliedstaatlichen Rspr. *Guinchard,* in Guinchard, Rome I and Rome II in practice, 2020, 625 (656 ff.). Zur englischen Rspr. *Mankowski* ZEuP 2002, 804 (811 ff.); *Mankowski* IPRax 2003, 464 ff.; *Hartley* FS Jayme, Bd. I, 2004, 297 ff.; *Hill* Int. Comp. L. Q. 53 (2004), 325 (339 ff.).

Von den Anknüpfungen darf daher dann abgewichen werden, wenn sie ihren Zweck, auf die Rechtsordnung hinzuweisen, zu der die engste Verbindung besteht, im konkreten Einzelfall nicht mehr erfüllen.[1047]

312 Vor allem im Hinblick auf die charakteristische Leistung ist seit langem anerkannt, dass ein Vertrag mit einer anderen Rechtsordnung enger verbunden sein kann als mit derjenigen, auf die diese Regel hinweist.[1048] Diese im Allgemeinen Ausweichklausel (escape clause; clause d'échappement)[1049] genannte Ausnahme (→ Einl. IPR Rn. 31 ff.) findet heute im Schuldvertragsrecht ihre Stütze in Art. 4 Abs. 3. Sie ermöglicht vor allem dann dem Einzelfall gerecht werdende Lösungen, wenn keine Interessen feststellbar sind, die zu typischen Anknüpfungen drängen.[1050] Freilich ist nicht ausgeschlossen, auch für die Ausnahmen Fallgruppen zu entwickeln und für sie wieder typische Anknüpfungsregeln zu entwerfen.[1051] Dafür besteht schon angesichts der begrenzten Reichweite der Anknüpfungen nach Art. 4 ein Bedürfnis.

313 Es besteht ein **Rangverhältnis** zwischen Art. 4 Abs. 3 und den Anknüpfungen nach Abs. 1 und 2.[1052] Entsprechend ihrer Funktion setzt die Ausweichklausel – nachdem sich eine Anknüpfung nach den zunächst zu prüfenden Anknüpfungen als unzuträglich erwiesen hat – die **Grundregel der engsten Verbindung** wieder durch (→ Rn. 2). Eine Abtrennung einzelner Vertragsteile **(Vertragsspaltung)** ist auch hier nicht zulässig[1053] (→ Rn. 9).

314 **2. Relevante Umstände.** Ursprünglich nicht signifikante Umstände gewinnen wegen ihrer Häufung und der für das konkrete Rechtsverhältnis besonderen Bedeutung ein derartiges Gewicht, dass sie sich am Ende gegen die Regelanknüpfungen durchsetzen.[1054] Maßgeblich sind nicht nur auf den Leistungsaustausch selbst bezogene Kriterien.[1055] Vielmehr kommt es auf die **Gesamtheit der Umstände** an,[1056] dh die konkreten Indizien für das einzelne Rechtsverhältnis. Dabei kann auf die gleichen Kriterien zurückgegriffen werden, die auch für die engste Verbindung nach Abs. 4 Verwendung finden, zB gemeinsamer gewöhnlicher Aufenthalt oder Staatsangehörigkeit der Parteien.[1057] Als Faustregel kann gelten, dass die bloße Verbindung (auch) zu einem anderen Land als demjenigen, auf das die Regelanknüpfung hinweist, noch nicht ausreicht. Die Umstände müssen besonderer Natur und gewichtiger sein, während zu der Rechtsordnung, auf welche die Anknüpfung hinweist, nur flüchtigere, den wirtschaftlichen Gegebenheiten nicht entsprechende, Verbindungen bestehen. Es ist allerdings nicht erforderlich, dass – abgesehen von der Niederlassung der die charakteristische Leistung erbringenden Partei – alle objektiven Verbindungen auf eine andere Rechtsordnung hinweisen.[1058] Die engere Verbindung muss jedoch **„offensichtlich"** sein, dh ein ganz besonderes Gewicht haben.[1059] Dass die Erfüllung in einem anderen Land als dem Staat des gewöhnlichen Aufenthalts des Leistenden stattfindet, kann allein noch kein Abweichen von der Regelanknüpfung für einen spezifizierten Vertrag oder nach der charakteristischen Leistung rechtfertigen.[1060]

315 Welche **Umstände im Einzelnen** zählen, ist gesetzlich nicht geregelt. Die Antwort darauf hängt davon ab, welche Funktion Abs. 3 zugeschrieben wird. Möglich wäre es, die Vorschrift derart zu verselbständigen, dass die engere Verbindung des Abs. 3 sich deutlich von der engsten Verbindung

---

1047 *Mankowski* IHR 2008, 133 (137 f.); *Schwemmer,* Anknüpfungsprinzipien im europäischen Kollisionsrecht, 2018, 193 ff. – Vgl. Bericht *Giuliano/Lagarde,* BT-Drs. 10/503, 54 f.

1048 *Vischer/Huber/Oser* IVR Rn. 258 ff.; Calliess/Renner/*Gebauer* Rn. 65 ff.

1049 *Merschformann,* Die objektive Bestimmung des Vertragsstatuts beim internationalen Warenkauf, 1991, 178 ff.; *Kropholler* IPR § 52 III; Soergel/*v. Hoffmann* EGBGB Art. 28 Rn. 96.

1050 *Solomon* Tul. L. Rev. 82 (2008), 1709 (1720).

1051 Vgl. *Kreuzer* FS Zajtay, 1982, 295 (324 f.); *Blaurock* FS Stoll, 2001, 463 (477 f.); *Merschformann,* Die objektive Bestimmung des Vertragsstatuts beim internationalen Warenkauf, 1991, 208 ff.; *Philip* (Schrifttum Vor Art. 1) 47; dagegen nur für eine einzelfallbezogene Abwägung *Mankowski* ZEuP 2002, 804 (813 ff.); *Mankowski* IPRax 2003, 464 (469 ff.).

1052 *Bonomi* YbPIL 10 (2008), 165 (175 f.); PWW/*Brödermann/Wegen* Rn. 4.

1053 *Okoli* JPIL 9 (2013), 449 (530 f.); Staudinger/*Magnus,* 2021, Rn. 129.

1054 Vgl. auch *v. Bar/Mankowski* IPR I § 7 Rn. 92 ff.

1055 So aber Rauscher/*Thorn* Rn. 136.

1056 BGH NJW-RR 2011, 130; Dicey/Morris/Collins/*Collins* II Rn. 32-080; Staudinger/*Magnus,* 2021, Rn. 131.

1057 Zum EVÜ *Ferid* IPR Rn. 6–38; anders Grüneberg/*Thorn* Rn. 29.

1058 *v. der Seipen,* Akzessorische Anknüpfung und engste Verbindung im Kollisionsrecht der komplexen Vertragsverhältnisse, 1989, 145 f.; *v. Bar/Mankowski* IPR II § 1 Rn. 340; Soergel/*v. Hoffmann* EGBGB Art. 28 Rn. 101; anders *Schultsz* in North, Contract Conflicts, 1982, 185, 187.

1059 *Mankowski* IHR 2008, 133 (137); *Pfeiffer* EuZW 2008, 622 (626); *Arzandeh* L.M.C.L.Q. 2015, 525 (536 ff.); PWW/*Brödermann/Wegen* Rn. 21.

1060 Zum EVÜ *Siehr* in Reichelt, Europäisches Gemeinschaftsrecht und IPR, 2007, 76.

des Abs. 4 unterscheidet.[1061] Dafür spricht, dass bei Eingreifen der Regelanknüpfungen nur noch ein auf Grund signifikanter Umstände ermitteltes Statut korrigiert werden kann, während die Situation bei Abs. 4 offen ist. Die Anwendung unterschiedlicher Methoden in einer ähnlichen Frage könnte freilich zu Ungereimtheiten führen. Gleichwohl dürfen nach einer Auffassung für die engere Verbindung nur Kriterien herangezogen werden, welche auf den „objektiven Leistungsaustausch" iSd Abs. 2 bezogen sind; „subjektive", auf die Parteien bezogene Kriterien sollen dagegen ausgeschlossen sein.[1062] Dies verengt aber den Kreis der zu berücksichtigenden Umstände. Ferner spricht hiergegen die drohende Uneinheitlichkeit der Ergebnisse. Man kann daher auf die gleichen Kriterien zurückgreifen, welche auch für die engste Verbindung nach Abs. 4 Verwendung finden (→ Rn. 329 ff.). Sie müssen allerdings von solchem Gewicht sein, dass sie sich gegen die grundsätzliche Anknüpfung durchsetzen können.[1063] Es ist freilich ebenfalls umstritten, was zu den Kriterien des Abs. 3 gehört. Zu nennen ist zB der gemeinsame gewöhnliche Aufenthalt oder die Staatsangehörigkeit der Parteien.[1064] Nach aA scheiden diese aus, da es sich um subjektive Kriterien handle.[1065] Der Ort des Vertragsschlusses ist oft flüchtiger Natur und kann keine engere Verbindung begründen.[1066] Dies gilt regelmäßig auch für die Mitwirkung amtlicher Stellen.[1067]

Das Kriterium der engeren Verbindung ist auch auf **elektronisch geschlossene Verträge** anzuwenden (→ Rn. 283). Die Art des Vertragsschlusses bzw. die Vertriebsform kann allein aber noch keine abweichende Anknüpfung rechtfertigen. Vertreibt etwa ein ausländischer Anbieter über eine inländische Internetadresse Waren oder Dienstleistungen in deutscher Sprache und mit Preisangaben in Inlandswährung gezielt auf dem deutschen Markt, so genügt das allein nicht für eine engere Verbindung iSd Abs. 3.[1068] Auch hier bleibt es bei der Grundanknüpfung und den ggf. eingreifenden Sondervorschriften der Art. 6 Rom I-VO sowie Art. 46b EGBGB. **316**

III. Zusammenhängende und gemischte Verträge

1. Akzessorische Anknüpfung. Die Rom I-VO kennt keine eigene Bestimmung über die akzessorische Anknüpfung von Verträgen. Daher wird Abs. 3 insbesondere in solchen Fällen herangezogen (Erwägungsgrund 20).[1069] Erwägungsgrund 21 hebt allerdings bei der Ermittlung des Vertragsstatuts nach Abs. 4 (engste Verbindung) ebenfalls hervor, dass unter anderem berücksichtigt werden sollte, ob der betreffende Vertrag in einer sehr engen Verbindung zu einem oder mehreren anderen Verträgen steht. Die Geschäftsbeziehungen unter den Parteien unterstehen nicht stets der gleichen Rechtsordnung. So kann zB inländisches Recht gelten, wenn eine inländische Bank tätig wird, während sie in einem anderen Fall nur Auftraggeber ist und folglich mit der Anwendung ausländischen Rechts rechnen muss. Auch unter Spediteuren kann es zum Rollentausch kommen.[1070] Für die aufeinander folgenden Verträge gilt unterschiedliches Recht, weil die charakteristische Leistung von verschiedenen Parteien erbracht wird. Auch ein bloß äußerliches Zusammentreffen mehrerer Verträge führt noch nicht zu einer einheitlichen Anknüpfung (→ Rn. 321). **317**

Ein Abweichen von der für die einzelne Vertragsart maßgeblichen Regelanknüpfung und eine **akzessorische Anknüpfung** kann aber in Betracht kommen, wenn Verträge so miteinander verbunden werden, dass sie untereinander in einem inhaltlichen Zusammenhang stehen und ein größeres Ganzes bilden.[1071] Bereits bei Zweipersonenverhältnissen kann die Anknüpfung an die charakteristische Leistung, die grundsätzlich nur den Einzelvertrag im Auge hat, zur Anwendung verschiedener Rechte führen. Sind aber, wie in modernen Vertragsverhältnissen und Finanzierungsformen (Anla- **318**

1061 Vgl. zum EVÜ Soergel/*v. Hoffmann* EGBGB Art. 28 Rn. 20, 127.

1062 *Wendelstein* RabelsZ 86 (2022), 644 (678 ff.); Rauscher/*Thorn* Rn. 136. – Zu Art. 28 EGBGB *Kreytenberg,* Die individuelle Schwerpunktbestimmung internationaler Schuldverträge nach der Ausweichklausel des Art. 4 Abs. 5 S. 2 EVÜ, 2006, 108 ff.; anders etwa *Geisler,* Die engste Verbindung im Internationalen Privatrecht, 2001, 286 f.; BeckOK BGB/*Spickhoff* Rn. 79; Erman/*Stürner* Rn. 44.

1063 Zu Art. 28 EGBGB aF BGH NJW-RR 2011, 130.

1064 Erman/*Stürner* Rn. 44; Staudinger/*Magnus,* 2021, Rn. 131.

1065 Rauscher/*Thorn* Rn. 143; ebenso schon Soergel/*v. Hoffmann* EGBGB Art. 28 Rn. 98.

1066 BGH NJW-RR 2011, 130; Rauscher/*Thorn* Rn. 140.

1067 Rauscher/*Thorn* Rn. 141.

1068 S. aber zu Art. 28 EGBGB aF *Pfeiffer* NJW 1997, 1207 (1214); *Mehrings* CR 1998, 317. – Für das Recht des Staates, auf den die Website „zugeschnitten" ist, *Borges,* Verträge im elektronischen Geschäftsverkehr, 2003, 876 f.

1069 *Corneloup* in Corneloup/Joubert, Le règlement communautaire „Rome I", 2011, 285 ff.

1070 OLG Frankfurt RIW 1987, 217 = IPRax 1988, 99 m. Aufsatz *Schwenzer* IPRax 1988, 86.

1071 Calliess/Renner/*Gebauer* Rn. 72; vgl. *v. der Seipen,* Akzessorische Anknüpfung und engste Verbindung im Kollisionsrecht der komplexen Vertragsverhältnisse, 1989, 141 ff.; *Kegel/Schurig* IPR § 18 I 1d. – Zum engeren Zusammenhang zwischen Kauf und Transportleistung OLG Oldenburg IHR 2013, 63 mAnm *Magnus.*

genbau, Leasing, Factoring, Garantie), drei oder noch mehr Parteien durch mehrere Einzelverträge zu einem einheitlichen wirtschaftlichen Zweck verbunden, so führt die unterschiedliche Anknüpfung fast zwangsläufig zu Spannungen und Anpassungsproblemen.[1072] Auch hier ist daher zu prüfen, ob alle Rechtsbeziehungen derselben Rechtsordnung unterworfen werden können.

319 Der Akzessorietät sind jedoch enge Grenzen gesetzt. Die **Einheitlichkeit der Anknüpfung** kann nur dann verwirklicht werden, wenn sich alle Verpflichtungen unter dem Dach eines Vertragsstatuts gruppieren lassen. Bei Selbständigkeit geht die Anknüpfung der Einzelverpflichtung vor. Dazu kommt es regelmäßig, weil die Akzessorietät ihrerseits wieder zur Schwerpunktsuche und zu neuen Verbindungen führt.[1073] Ferner kann auch im Zweipersonenverhältnis gegen die Einheitlichkeit der Anknüpfung die Sachgerechtigkeit der Einzelanknüpfung stehen;[1074] zum Rahmenvertrag → Rn. 325.

320 Ferner setzt Akzessorietät in der Regel voraus, dass an den fraglichen Vertragsverhältnissen die gleichen Parteien beteiligt sind.[1075] Ein Vertragsverhältnis mit einem Dritten kann zu seinen Lasten regelmäßig nicht dem Recht des Hauptvertrages unterworfen werden, welches die Beziehungen zwischen den Parteien des fremden Hauptverhältnisses beherrscht. Dies spricht gegen eine akzessorische Anknüpfung des Subunternehmervertrages (→ Rn. 63), von Sicherungsverträgen mit Dritten (→ Rn. 324) und der Ausführungsgeschäfte von Vertriebsverträgen (→ Rn. 325).

321 **2. Vertragsverbindung.** Sind die Verträge bloß äußerlich miteinander verbunden, so wird das Vertragsstatut grundsätzlich **für jeden Vertrag gesondert** bestimmt. Dies gilt insbesondere für Verträge, die lediglich gleichzeitig in einer Urkunde geschlossen werden (contrats simultanés).[1076] Ist kein Parteiwille feststellbar, die Verträge einer einzigen Rechtsordnung zu unterwerfen, so ist nämlich ihr äußeres Zusammentreffen – zB in einem Gegengeschäft – allein kein Grund, sie iprechtlich einheitlich zu behandeln.

322 **3. Zusammengesetzte Verträge.** Mehrere zwar rechtlich selbständige, von den Parteien aber dergestalt miteinander verknüpfte Verträge, dass sie ein einheitliches Ganzes bilden, weisen auf einen einheitlichen Zweck hin. Eine Aufspaltung nach den einzelnen Leistungen ist möglichst zu vermeiden. Meist wird eine qualitative Bewertung der einzelnen Vertragsverhältnisse es ermöglichen, den **engsten Zusammenhang der gesamten Vertragsbeziehung** zu einer Rechtsordnung zu finden.[1077]

323 **4. Angelehnte Verträge.** Mangels Rechtswahl unterstehen Verträge, die lediglich untergeordnete Hilfsfunktionen erfüllen und zur Vorbereitung, notwendigen Ergänzung, Erfüllung oder Abänderung des Hauptvertrages dienen (angelehnte Verträge), in der Regel dem **Recht des Hauptvertrages.**[1078] Dies gilt insbesondere für den Auftrag und die Geschäftsbesorgung. Eine Ruhegehaltsvereinbarung wird regelmäßig dem Statut des Arbeitsvertrages folgen.[1079] Eine Option in einem Verlagsvertrag untersteht seinem Recht.[1080] Auch der **Vergleich** lässt sich als angelehnter Vertrag begreifen (→ Art. 12 Rn. 163).[1081] Selbständig zu beurteilen sind jedoch die **Ausführungsgeschäfte** des Kommissionärs,[1082] die vermittelten Verträge des Handelsvertreters[1083] und die des Maklers[1084] (aber → Rn. 83 ff.). Sie sind nicht akzessorisch an das Statut des jeweiligen Vertriebsverhältnisses anzuknüpfen. Auch ein von einem **Reiseveranstalter** vermittelter Mietvertrag über ein Ferienhaus oder eine Ferienwohnung ist nicht unbedingt akzessorisch nach dem Statut des Reisevertrages anzuknüpfen. Vielmehr kommt es bei den unterschiedlichen Leistungen der Vertragspartner zu einer selbständigen Anknüpfung.[1085]

1072 *Corneloup* in Corneloup/Joubert, Le règlement communautaire „Rome I“, 2011, 285 (307 ff.); vgl. *Jayme* Heidelberger Jb. 29 (1985), 15 (25 ff.); *Jayme,* BOT-Projekte, in Nicklisch, Rechtsfragen privatfinanzierter Projekte, 1994, 312 ff.; *Vetter* NJW 1987, 2124 ff.; *Vetter* ZVglRWiss 87 (1988), 248 (253 ff.).

1073 *Mankowski* IPRax 2003, 464 (471).

1074 Von einem Grundsatz materieller Harmonie spricht Soergel/*v. Hoffmann* EGBGB Art. 28 Rn. 117.

1075 Parteiidentität verlangt Soergel/*v. Hoffmann* EGBGB Art. 28 Rn. 116.

1076 *Steinle* ZVglRWiss 93 (1994), 300 (319); Soergel/*v. Hoffmann* EGBGB Art. 28 Rn. 36.

1077 Vgl. *Kreuzer* FS v. Caemmerer, 1978, 705 (733); *Kreytenberg,* Die individuelle Schwerpunktbestimmung internationaler Schuldverträge nach der Ausweichklausel des Art. 4 Abs. 5 S. 2 EVÜ, 2006, 188 ff.

1078 *Gamillscheg* AcP 157 (1958/59), 303 (334); *Vischer/Huber/Oser* IVR Rn. 271.

1079 BAG DB 1968, 713.

1080 BGHZ 19, 110 (113) = NJW 1956, 377.

1081 *Roden,* Zum Internationalen Privatrecht des Vergleichs, 1994, 93 ff.; Soergel/*v. Hoffmann* EGBGB Art. 28 Rn. 53, 121; s. auch *Mankowski* EWS 1994, 379 ff.

1082 *Stoll* RabelsZ 24 (1959), 601 (617 f.); Soergel/*v. Hoffmann* EGBGB Art. 28 Rn. 116.

1083 Vgl. *Beitzke* DB 1961, 528 (529); Soergel/*v. Hoffmann* EGBGB Art. 28 Rn. 116.

1084 Soergel/*v. Hoffmann* EGBGB Art. 28 Rn. 116.

1085 Reithmann/Martiny IntVertragsR/*Mankowski* Rn. 22.29.

5. Sicherungsverträge. Sicherungsverträge, welche die Erfüllung von Verbindlichkeiten aus einem anderen Vertrag sichern und einen engen Zusammenhang mit dem gesicherten Geschäft aufweisen, sind in der Regel **demselben Recht zu unterstellen.**[1086] Dies gilt etwa, wenn durch Nebenabrede die Verpflichtung zur Beibringung einer Bankgarantie übernommen wird[1087] oder ein (kausales) Schuldanerkenntnis erfolgt (→ Rn. 248). Sind jedoch Dritte beteiligt, wie bei Bürgschaft und Garantie, so bestimmt das Statut der Hauptverpflichtung mangels Personenidentität regelmäßig nicht mehr das Statut des von ihnen geschlossenen Sicherungsvertrages (→ Rn. 232).[1088] Dies gilt auch für den Schuldbeitritt.[1089] Ob die Rückversicherung dem Recht der Erstversicherung folgt, ist str. (→ Art. 7 Rn. 22). 324

6. Ausfüllung von Rahmenverträgen. Besteht für die Beziehungen der Parteien eine grundsätzliche Regelung in einem Rahmenvertrag, erfolgt die Abwicklung des Vertragsverhältnisses aber durch Einzelverträge, so gilt im Interesse einer einheitlichen Anknüpfung das **Statut des Rahmenvertrages** grundsätzlich auch für später abgeschlossene Einzelverträge.[1090] Wegen der anderen Risiko- und Interessenlage hat sich jedoch nicht die Auffassung durchsetzen können, wonach Einzellieferungen an Vertragshändler in der Regel dem Recht des Rahmenvertrages unterliegen sollen[1091] (näher → Rn. 158). 325

7. Vorbereitung des Hauptvertrages. Bei einem Vertrag zur Vorbereitung eines späteren Vertragsverhältnisses kommt es darauf an, ob zu ihm ein enger Bezug besteht oder der zunächst geschlossene Vertrag isoliert werden kann. Letzteres kann bei einem auf künftige Zusammenarbeit gerichteten „Vorfeldvertrag" der Fall sein.[1092] So wurde auch für den **Vorvertrag** hinsichtlich eines – nicht zustande gekommenen – Grundstückskaufs auf das Statut des geplanten Grundstücksgeschäfts nicht Bezug genommen.[1093] Grundsätzlich dürfte aber ein **Vorvertrag** genauso anzuknüpfen sein wie der beabsichtigte Hauptvertrag, es sei denn, dass er wesentliche Abweichungen vom geplanten Geschäft aufweist oder in engem Zusammenhang mit anderen Verträgen steht.[1094] Eine akzessorische Anknüpfung kommt auch für einen Beratungsvertrag vor Abschluss eines Kapitalanlagevertrages in Betracht.[1095] – Zur Vertragsaufhebung → Art. 12 Rn. 104. 326

8. Gemischte Verträge. Bei gemischten Verträgen können die Regeln über spezifizierte Verträge (Abs. 1) zu unterschiedlichen Ergebnissen führen, so dass es nach Abs. 2 Alt. 2 auf die charakteristische Leistung ankommt (→ Rn. 10, → Rn. 193 ff.). Auch im Übrigen ist grundsätzlich die charakteristische Leistung nach Abs. 2 zu ermitteln. Ist das nicht möglich, so ist die engste Verbindung nach anderen Kriterien festzustellen (→ Rn. 329 ff.). Ferner kann eine engere Verbindung nach Abs. 3 zu berücksichtigen sein. Dies gilt für typische (Austausch-)Verträge mit andersartiger Nebenleistung (→ Rn. 14). Ebenso ist es beim (Typen-)Kombinationsvertrag (→ Rn. 13) sowie beim Typenverschmelzungsvertrag (→ Rn. 15). 327

IV. Zeitpunkt

Die VO nennt – ebenso wie in Abs. 1, 2 und 4 (→ Rn. 21, → Rn. 206, → Rn. 341) – für die engere Verbindung nach Abs. 3 keinen Zeitpunkt. Da es hier ebenfalls um die engste Verbindung geht, könnte man daran denken, dass nachträgliche Veränderungen berücksichtigungsfähig 328

[1086] Rauscher/*Thorn* Rn. 151; ebenso Soergel/*v. Hoffmann* EGBGB Art. 28 Rn. 120. Selbstständig knüpft an OLG Saarbrücken IPRspr 2013 Nr. 75.

[1087] *Finger* AWD 1969, 486 (489).

[1088] *Siehr* in Reichelt, Europäisches Gemeinschaftsrecht und IPR, 2007, 75; *Geisler,* Die engste Verbindung im Internationalen Privatrecht, 2001, 285; Soergel/*v. Hoffmann* EGBGB Art. 28 Rn. 120.

[1089] BGH NJW-RR 2011, 130.

[1090] Rauscher/*Thorn* Rn. 151.

[1091] OLG Düsseldorf RIW 1996, 958 = WiB 1997, 149 mAnm *Kiel* und mAnm *Schlechtriem* EWiR 1996, 843; *Schurig* IPRax 1994, 27 (29 f.); Soergel/*v. Hoffmann* EGBGB Art. 28 Rn. 118.

[1092] PWW/*Brödermann/Wegen* Anh. Art. 4 Rn. 68.

[1093] BGH WM 1967, 1042 = IPRspr. 1966–67 Nr. 28. – Zurückhaltender *Geiben,* Der Vorvertrag im internationalen Privatrecht – unter besonderer Berücksichtigung des Immobilienerwerbs im portugiesischen und brasilianischen Recht, 2007, 375 ff. – Selbständig beurteilt für die Zuständigkeit nach Art. 7 Brüssel Ia-VO EuGH ECLI:EU:C:2023:675 = RIW 2023, 742 = IPRax 2024, 319 m. abl. Aufs. *Uhlmann* IPRax 2024, 280 – EXTÉRIA/Spravíme.

[1094] OLG Hamm IPRspr. 1993 Nr. 20; OLG Frankfurt IPRspr. 2001 Nr. 23 betr. Grundstückskauf; Ferrari IntVertragsR/*Ferrari* Rn. 76; Soergel/*v. Hoffmann* EGBGB Art. 28 Rn. 121. Vgl. auch Reithmann/Martiny IntVertragsR/*Göthel* Rn. 33.85. Zurückhaltend *Geisler,* Die engste Verbindung im Internationalen Privatrecht, 2001, 261.

[1095] *Mansel* Liber amicorum Portale, 2019, 56 (65 ff.).

sind.[1096] Gegenüber den gewöhnlichen Anknüpfungen (zB der charakteristischen Leistung) kommen nachträgliche Veränderungen vor allem dann in Betracht, wenn sich die für die Regelanknüpfung maßgeblichen Umstände ändern.[1097] Dabei sind mehrere Konstellationen vorstellbar; auch eine Neubestimmung des Vertragsstatuts könnte in Betracht kommen. Da die Ausweichklausel den Grundsatz der engsten Verbindung durchsetzen soll, dürften aber ebenso wie nach Abs. 1, 2 und 4 (→ Rn. 21, → Rn. 206 f., → Rn. 341) nachträgliche Veränderungen auch hier nicht mehr berücksichtigungsfähig sein.[1098] Damit ist grundsätzlich auch hier der in Art. 19 genannte Zeitpunkt des Vertragsschlusses maßgeblich.

F. Anknüpfung nach der engsten Verbindung (Abs. 4)

I. Grundsatz der engsten Verbindung

329 **1. Engste Verbindung. a) Begriff.** Mangels einer nach Art. 3 ausdrücklich oder stillschweigend getroffenen bzw. angesichts einer unwirksamen Rechtswahl der Parteien und mangels einer Anknüpfung nach Abs. 1 oder 2 unterliegt der Vertrag nach der **Generalklausel des Abs. 4** dem Recht des Staates, mit dem er die engsten Verbindungen aufweist. Die Formel der „engsten Verbindung" enthält kein eigentliches Bewertungskriterium, welche Kontakte ausschlaggebend sein sollen. Sie bedarf daher der Konkretisierung und Ausfüllung.[1099]

330 Der **Begriff der engsten Verbindung** wird nicht näher erläutert und bleibt vage.[1100] Der Text macht lediglich deutlich, dass es auf die Verbindung ankommt, die der Vertrag aufweist. Ferner lässt die VO erkennen, dass ein Vertrag möglicherweise Verbindungen zu mehreren Rechtsordnungen aufweisen kann. Dies zeigt, dass es eine Reihe von Umständen gibt, die für verschiedene Vertragsteile unterschiedliches Gewicht haben können. Somit müssen die entscheidenden Kriterien für diese Verbindung gesucht, abgewogen und bewertet werden. Die engste Verbindung führt dann zu dem Recht des Landes, in dem der Vertrag bei Würdigung aller Umstände des Einzelfalles seinen „Schwerpunkt" hat. Dabei geht es letztlich nicht um den Zusammenhang mit einem Gebiet oder Raum, sondern um die stärkste Beziehung zu einer Rechtsordnung.[1101]

331 **b) Verhältnis zu den anderen Anknüpfungen.** Der Begriff der „Verbindung" erfüllt eine doppelte Funktion. Er taucht einmal als „engste Verbindung" (Abs. 4) und ferner als „engere Verbindung" (Abs. 3) auf. Angesichts der deutlichen Trennung der beiden Fälle lässt sich die unter dem EVÜ entwickelte Unterscheidung eines „primären" und eines „sekundären Bereichs" allerdings nicht mehr aufrechterhalten.[1102] Gleichwohl kann man annehmen, dass die engste Verbindung weiterhin das Grundprinzip ist, nach dem Schuldverträge angeknüpft werden.[1103] Die Generalklausel des Abs. 4 erfasst solche Verträge, für welche die Art. 3 ff. keine besondere gesetzliche Regelung enthalten. Hier greift keine der Anknüpfungen der Abs. 1 und 2 ein. Diese Rechtsverhältnisse, zB der Tausch, unterliegen von vornherein der Prüfung nach Abs. 4. Die Vorschrift hat insofern die Funktion eines Auffangtatbestandes.[1104] Das ist vor allem dann der Fall, wenn kein von Abs. 1 oder 2 erfasster Leistungsaustausch vorliegt (Erwägungsgrund 21). Die engste Verbindung kommt auch für **gemischte Verträge** (→ Rn. 10 f.) in Betracht.

332 Fällt ein Vertrag dagegen unter eine der Anknüpfungen der Abs. 1 und 2, so wird er nur dann (korrigierend) nach Abs. 3 beurteilt, wenn noch engere Beziehungen zu einer anderen Rechtsordnung bestehen. Abs. 3 wirkt als weitere Stufe der Anknüpfung und als Ausweichklausel bzw. Korrektiv (→ Rn. 310 ff.).[1105] Über die engere Verbindung kann also bei bestimmten

[1096] So zu Art. 28 EGBGB aF *Merschformann,* Die objektive Bestimmung des Vertragsstatuts beim internationalen Warenkauf, 1991, 141. – *Lagarde* Rev. crit. dr. int. pr. 80 (1991), 287 (310 f.), geht zwar grds. analog Art. 4 Abs. 2 EVÜ vom Abschlusszeitpunkt aus, hält aber Veränderungen etwa von Lieferungs- oder Zahlungsort für relevant.

[1097] Zu Art. 28 EGBGB aF *Geisler,* Die engste Verbindung im Internationalen Privatrecht, 2001, 244 ff., 285 f. (bei Sitzverlegung und anschließender Vertragsabwicklung mit neuer Niederlassung); *Schnelle,* Die objektive Anknüpfung von Darlehensverträgen im deutschen und amerikanischen IPR, 1992, 137 f.

[1098] Calliess/Renner/*Gebauer* Rn. 74; Rauscher/*Thorn* Rn. 138.

[1099] Staudinger/*Magnus,* 2021, Rn. 141.

[1100] Krit. zu Art. 4 EVÜ *Juenger* RabelsZ 46 (1982), 57 (72 ff.); *Horlacher* Cornell Int. L. J. 27 (1994), 173 (184 ff.); *Kegel/Schurig* IPR § 6 I 4b: „Leerformel".

[1101] Vgl. *Schnitzer* Rec. des Cours 123 (1968 I), 541 (562); *Schwander* FS Moser, 1987, 79 f.

[1102] Vgl. auch Soergel/*v. Hoffmann* EGBGB Art. 28 Rn. 20.

[1103] Staudinger/*Magnus,* 2021, Rn. 140.

[1104] Erman/*Stürner* Rn. 46; Staudinger/*Magnus,* 2021, Rn. 142.

[1105] Einschr. Soergel/*v. Hoffmann* EGBGB Art. 28 Rn. 21.

Gestaltungen oder auch nur im Einzelfall von der Regelanknüpfung abgewichen werden. Die Ausweichklausel des Abs. 3 kommt aber nur dann zum Zuge, wenn das Gesetz nicht selbst – wie für Beförderungsverträge (Art. 5), Verbraucherverträge (Art. 6), Versicherungsverträge (Art. 7) und Arbeitsverträge (Art. 8) – das anwendbare Recht näher bestimmt.

c) Ermittlung der engsten Verbindung. Die **Prüfung** der engsten Verbindung **muss stets zu einem Ergebnis führen,** da es nach der Rom I-VO weder Verträge ohne Vertragsstatut, noch solche ohne eine derartige Verbindung gibt. Eine weitere subsidiäre Stufe der Anknüpfung, auf die zurückgegriffen werden könnte, ist nicht vorhanden.[1106] Dass der Erfüllungsort als Einzelumstand bei der Ermittlung des Vertragsstatuts herangezogen werden kann (→ Rn. 351), berechtigt nicht dazu, ihn als selbständigen Anknüpfungspunkt zu verwenden. Auch eine Aufspaltung des Vertrages nach dem jeweiligen Erfüllungsort der gegenseitigen Vertragspflichten ist nicht zulässig.[1107] **333**

Es ist eine Frage der Gesetzesauslegung, welche Umstände für die engste Verbindung in Betracht kommen. Aus den Anknüpfungen der Abs. 1 und 2 geht hervor, dass kraft Gesetzes **wesentliche Umstände** für die engste Verbindung vor allem der gewöhnliche Aufenthalt der die charakteristische Leistung erbringenden Partei sowie die Grundstücksbelegenheit sind. Nach Abs. 4 kann es ungeachtet der genannten Anknüpfungen noch andere, ihnen widersprechende Hinweise geben, deren Gesamtheit dann entscheidet. In Betracht kommen vor allem Eigenheiten des Vertrages und die Verhältnisse der Parteien. Es muss sich um Hinweise von einigem Gewicht handeln (→ Rn. 345 ff.). Sie brauchen ferner – im Unterschied zu Art. 3 – keinen Bezug zum rechtsgeschäftlichen Willen der Parteien aufzuweisen, da es ja um eine objektive Anknüpfung geht. Ein einzelner Hinweis wird häufig nicht ausreichen. Dementsprechend ist anzunehmen, dass es auch für Abs. 4 auf die Gesamtheit der Beziehungen zu einer Rechtsordnung ankommt. **334**

Bei der objektiven Anknüpfung sind **auch die Interessen der Parteien in Betracht zu ziehen.**[1108] Die **Interessenabwägung** bezieht sich auf die kollisionsrechtlichen Interessen, dh die Frage nach dem anwendbaren Recht.[1109] Jede Partei ist in der Regel an der Anwendung der Rechtsordnung interessiert, mit der sie am engsten verbunden ist. Für den Privatmann kommt das Recht seines gewöhnlichen Aufenthalts, für den Geschäftsmann das Recht seines Geschäftssitzes, für die teilrechtsfähige Handelsgesellschaft und für die juristische Person kommt das Recht des Sitzes ihrer Hauptverwaltung in Betracht. Angewendet wird die Rechtsordnung, „die dem Gegenstand der Vereinbarung interessengemäß am nächsten steht".[1110] Der Inhalt der zur Auswahl stehenden Sachnormen ist hingegen nicht zu berücksichtigen.[1111] **335**

Die Parteiinteressen werden **im Einzelfall** ermittelt und gegeneinander abgewogen. Dabei ist auf die **Eigenart des zu entscheidenden Sachverhalts** Rücksicht zu nehmen, insbesondere welche Vertragsleistung im Vordergrund steht und damit den Vertragstyp prägt.[1112] Bei der Anwendung des Art. 4 Abs. 3 besteht ein gewisser Beurteilungsspielraum.[1113] **336**

2. Bedeutung der Anknüpfungen. Das Gesetz enthält keine Aufzählung, aus welchen Kriterien die engste Verbindung abgelesen werden kann. Zunächst ist für den jeweiligen Vertragstyp die von den Anknüpfungen genannte Konstellation zu prüfen, ehe ggf. im Einzelfall die engste Verbindung auf andere Weise ermittelt wird.[1114] Zwischen den einzelnen Anknüpfungen und der Generalklausel der engsten Verbindung besteht ein **Rangverhältnis.**[1115] Für die Prüfung der Anknüpfungsregel kommt es allein auf die in ihr aufgeführten Umstände an. **337**

[1106] Erman/*Stürner* Rn. 46.

[1107] Staudinger/*Magnus,* 2021, Rn. 144. – S. schon *v. der Seipen,* Akzessorische Anknüpfung und engste Verbindung im Kollisionsrecht der komplexen Vertragsverhältnisse, 1989, 133; anders LG Dortmund IPRax 1989, 51 mAnm *Jayme; Kegel/Schurig* IPR § 18 I 1e.

[1108] So bereits zu Art. 28 EGBGB *Ferid* IPR Rn. 6–52.

[1109] Zur Interessenabwägung näher *J. Hartmann,* Das Vertragsstatut in der deutschen Rechtsprechung seit 1945, 1972, 220 ff.

[1110] BGH VersR 1976, 832 (834).

[1111] Zum alten deutschen Recht *Henrich* JZ 1961, 262 (Urteils-Anm.); *Kreuzer,* Das IPR des Warenkaufs in der deutschen Rechtsprechung, 1964, 75, 267; *J. Hartmann,* Das Vertragsstatut in der deutschen Rechtsprechung seit 1945, 1972, 226; *Weitnauer,* Der Vertragsschwerpunkt, 1981, 161; anders *Marsch,* Der Favor Negotii im deutschen IPR, 1976, 80 ff.

[1112] Vgl. BGHZ 19, 110 (112) = NJW 1956, 377; *Gamillscheg* AcP 157 (1958/59), 303 (340). – Zur „Eigenart des Falles" näher *J. Hartmann,* Das Vertragsstatut in der deutschen Rechtsprechung seit 1945, 1972, 203 ff.

[1113] BGH BeckRS 2023, 10277.

[1114] Vgl. *J. Schröder,* Internationales Vertragsrecht, 1984, 73; *Kropholler* IPR § 52 III; Soergel/*v. Hoffmann* EGBGB Art. 28 Rn. 15.

[1115] Staudinger/*Magnus,* 2021, Rn. 143; krit. zum alten Recht etwa *Juenger* RabelsZ 46 (1982), 78; *Morse* Yb. Eur. L. 2 (1982), 107 (129).

338 Für die Anwendung der einzelnen Anknüpfungen und Kollisionsnormen auf den jeweiligen Vertrag ist zu untersuchen, welchem Vertragstyp die jeweilige Vereinbarung zuzuordnen ist. Diese **Qualifikation** erfolgt grundsätzlich aus der Sicht der lex fori.[1116] Allerdings ist wegen der unionsvertraglichen Herkunft der Norm eine autonome Qualifikation erforderlich (→ Einl. IPR Rn. 133). Ferner sind die Rechtsbegriffe in der VO so weit zu fassen, dass auch stark abweichende ausländische Regelungen darunter fallen (näher → EGBGB Art. 3 Rn. 121 ff.).

339 **3. Anzuwendendes Recht.** Der Wortlaut des Abs. 4 verweist auf das **Recht eines Staates.** Dementsprechend darf die objektive Anknüpfung nicht zu einem nichtstaatlichen Recht (etwa der sog. lex mercatoria) führen.[1117] Dies wird jedenfalls für die staatlichen Gerichte vertreten,[1118] während ein solches Vorgehen einem Schiedsgericht gestattet sei (→ Vor Art. 1 Rn. 111).[1119] Inhaltlich spricht für diese Auffassung, dass sich die Rechtsanwendung nach Art. 4 auf keinen Parteiwillen stützen kann. Eine objektive Anwendung von nichtstaatlichem Recht würde nicht in Einklang mit Abs. 4 stehen.

340 **4. Abtrennbarkeit eines Teils des Vertrages.** Früher ließ Art. 4 Abs. 1 S. 2 EVÜ (Art. 28 Abs. 1 S. 2 EGBGB aF) eine Abtrennung eines Teils des Vertrages zu. Die Rom I-VO sieht eine solche Abtrennung nicht mehr vor. Daher ist eine **Abspaltung einzelner Teile nicht mehr zulässig** (→ Rn. 9, → Rn. 313).[1120] Eine Vertragsspaltung könnte den inneren Einklang des Vertrages, insbesondere das Gleichgewicht der vertraglichen Verpflichtungen ändern und eine reibungslose Abwicklung gefährden. Dies gilt auch bei einer Anknüpfung nach der engsten Verbindung.[1121]

341 **5. Zeitpunkt.** Art. 4 nennt nicht den maßgeblichen Zeitpunkt (→ Rn. 21, → Rn. 206 f., → Rn. 328). Es besteht nur die allgemeine Vorschrift des Art. 19 Abs. 3, die auch hier verbindlich ist.[1122] Für die engste Verbindung fehlt eine eigene Festlegung. Nach dem Bericht von *Giuliano/Lagarde* zum EVÜ können für die Ermittlung der engsten Verbindung auch nach Vertragsschluss eintretende Umstände berücksichtigt werden.[1123] Gleichwohl wird man im Allgemeinen einen Statutenwechsel ausschließen können.[1124] Andernfalls wäre die objektive Anknüpfung stets gefährdet. Gegen den Statutenwechsel werden die Bindung an den Vertrag und der Ausschluss von Manipulationen angeführt.[1125] Daher wird ein Statutenwechsel ganz ausgeschlossen.[1126] Entsteht im Rahmen von Dauerschuldverhältnissen ein Bedürfnis für eine Änderung des anwendbaren Rechts, so bieten im Wesentlichen nur Neuabschluss bzw. nachträgliche Rechtswahl einen Ausweg.

342 **6. Revisibilität.** Die objektive Anknüpfung, dh die richtige Auslegung und Anwendung der Art. 4–8 ist eine Rechtsfrage. Sie erfolgt von Amts wegen (→ Einl. IPR Rn. 318 ff.) und unterliegt der Nachprüfung des Revisionsgerichts.[1127] Insbesondere die Konkretisierung der jeweiligen Generalklauseln ist eine Rechts-, nicht eine Tatfrage. Der revisionsgerichtlichen Überprüfung unterliegt auch, ob die Vorinstanz alle Umstände berücksichtigt hat, welche für die Bestimmung des vertraglichen Schwerpunktes von Belang sein können. Das Revisionsgericht kann daher zB beanstanden, wenn der Gesichtspunkt der charakteristischen Leistung und wesentliche Umstände (tatsächliche Umstände, soweit sie von den Parteien vorgetragen und ggf. bewiesen worden sind), dafür außer Acht gelassen wurden.[1128] Entsprechendes gilt für die Ermittlung einer engeren Verbindung nach Abs. 3.[1129]

[1116] *Sandrock* RIW 1986, 850 f.; *Gamillscheg* ZfA 14 (1983), 303 (364 f.) betr. Arbeitnehmer; *Kindler* RIW 1987, 661 betr. Handelsvertreter. Vgl. auch BGE 88 II 471 betr. Alleinvertretungsvertrag.

[1117] Zu Art. 28 EGBGB *Basedow* JbPraxSch. 1 (1989), 10; *Kappus* IPRax 1993, 139 f.; *Wichard* RabelsZ 60 (1996), 269 (282, 294).

[1118] *Wichard* RabelsZ 60 (1996), 269 (294) für die UNIDROIT Grundregeln; BeckOK BGB/*Spickhoff* Rn. 5.

[1119] *Wichard* RabelsZ 60 (1996), 269 (291 ff.) für die UNIDROIT Grundregeln.

[1120] *Leible/Lehmann* RIW 2008, 528 (536); PWW/*Brödermann/Wegen* Rn. 6; Rauscher/*Thorn* Rn. 21.

[1121] Grüneberg/*Thorn* Rn. 30; Staudinger/*Magnus,* 2021, Rn. 169.

[1122] Calliess/Renner/*Gebauer* Rn. 77; Staudinger/*Magnus,* 2021, Rn. 168.

[1123] Bericht *Giuliano/Lagarde,* BT-Drs. 10/503, 52; ebenso *Lüderitz* FS Keller, 1989, 459 (462 ff.); *Merschformann,* Die objektive Bestimmung des Vertragsstatuts beim internationalen Warenkauf, 1991, 84 ff.; *Kropholler* IPR § 52 III 2c.

[1124] *Plender* in Lando/Magnus/Nowak-Stief, Angleichung des materiellen und des internationalen Privatrechts in der EU, 2003, 25 (35).

[1125] Ferrari IntVertragsR/*Ferrari* Rn. 100.

[1126] BeckOK BGB/*Spickhoff* Rn. 87; Ferrari IntVertragsR/*Ferrari* Rn. 100; Staudinger/*Magnus,* 2021, Rn. 24, 168.

[1127] BGH WM 2004, 2066; *Kreuzer* IPRax 1988, 16 f.

[1128] BGH NJW 1987, 1141 = JR 1987, 198 mAnm *Dörner* = IPRax 1988, 27 m. Aufsatz *Kreuzer* IPRax 1988, 16.

[1129] Ferrari IntVertragsR/*Ferrari* Rn. 77. – Zu Art. 28 EGBGB aF BGH WM 2004, 2066.

II. Hinweise auf die engste Verbindung

1. Allgemeines. Auf die engste Verbindung kommt es dann an, wenn keine der spezifizierten Vertragsanknüpfungen nach Abs. 1 eingreift und auch keine charakteristische Leistung nach Abs. 2 ermittelt werden kann (Abs. 4). Bei der objektiven Anknüpfung zur Ermittlung dieser Verbindung bedient man sich – ähnlich wie bei der stillschweigenden Rechtswahl (→ Art. 3 Rn. 49 ff.) – bestimmter typischer äußerer Umstände (Indizien), die auf eine bestimmte Rechtsordnung hinweisen.[1130] Einen festen Katalog von Einzelumständen gibt es nicht. Verwendet werden vielfach die gleichen Faktoren, welche auch für die stillschweigende Rechtswahl von Bedeutung sind.[1131] **343**

Deuten alle Hinweise auf eine Rechtsordnung, so spricht das für deren Anwendung. Sich widersprechende Hinweise sind **gegeneinander abzuwägen.**[1132] Dabei ist zu berücksichtigen, dass sie unterschiedliches Gewicht haben.[1133] Einige (zB die gemeinsame Staatsangehörigkeit und gemeinsamer gewöhnlicher Aufenthalt) haben eine starke, andere (wie Vertragssprache und -währung) nur eine schwache Aussagekraft. Ferner hängt die Bedeutung des einzelnen Hinweises von der Eigenart des Vertragsverhältnisses (→ Rn. 178 ff.), also insbesondere vom Vertragstyp ab.[1134] **344**

2. Einzelne Hinweise. a) Gerichtsstandsklausel. Gerichtsstandsklauseln wurden früher auch für die objektive Anknüpfung herangezogen.[1135] Sie geben jedoch für die Ermittlung der engsten Verbindung wenig her und sind bereits im Rahmen der stillschweigenden Rechtswahl zu berücksichtigen (→ Art. 3 Rn. 49 ff.).[1136] **345**

b) Schiedsklausel. Früher wurde die objektive Anknüpfung verschiedentlich auf Schiedsklauseln gestützt.[1137] Sie sind aber nur für die stillschweigende Rechtswahl von Bedeutung (→ Art. 3 Rn. 52 ff.).[1138] **346**

c) Bezugnahme auf ein Recht. Die Bezugnahme auf Institutionen oder Rechtsfiguren einer bestimmten Rechtsordnung in Einzelverträgen, Formularen und AGB wird zwar gelegentlich für die objektive Anknüpfung angeführt,[1139] sie taugt aber eher als Kriterium für eine stillschweigende Rechtswahl[1140] (→ Art. 3 Rn. 58 ff.). **347**

d) Vertragssprache. Die Sprache allein, in der Vertragsverhandlungen geführt wurden und ein Vertrag geschlossen worden ist, sagt über den Inhalt und den Umfang der Vertragspflichten nichts aus.[1141] Sie gibt nur einen schwachen Hinweis auf die Rechtsordnung, in deren Geltungsbereich sie Verkehrssprache ist[1142] (aber → Art. 3 Rn. 63). Doch zieht die Rspr. die Verwendung einer bestimmten Sprache immer wieder unterstützend heran.[1143] Dies gilt auch für den stillschweigenden Parteiwillen.[1144] **348**

e) Prozessverhalten. Die objektive Anknüpfung darf nicht auf das Prozessverhalten der Parteien gestützt werden. Dieses nachträgliche Verhalten kann für eine objektive Anknüpfung des **349**

1130 Ausf. Behandlung aller dieser Indizien bei Reithmann/Martiny IntVertragsR/*Martiny* Rn. 2.241 ff.

1131 Staudinger/*Magnus,* 2021, Rn. 148.

1132 Calliess/Renner/*Gebauer* Rn. 78. – S. bereits *J. Hartmann,* Das Vertragsstatut in der deutschen Rechtsprechung seit 1945, 1972, 182 ff.; *Steinschulte* in Sandrock IntVertragsgestaltung-HdB Bd. I, 1980, Rn. A 225; vgl. auch *Gamillscheg* AcP 157 (1958/59), 303 (332 ff.).

1133 Näher dazu *J. Hartmann,* Das Vertragsstatut in der deutschen Rechtsprechung seit 1945, 1972, 165 ff., 184.

1134 Soergel/*v. Hoffmann* EGBGB Art. 28 Rn. 110 f.

1135 Vgl. BGH NJW 1961, 25; OLG München TranspR 1991, 61 = IPRspr. 1990 Nr. 51 betr. Straßengütertransport; LG Hamburg AWD 1973, 557; wN bei *J. Hartmann,* Das Vertragsstatut in der deutschen Rechtsprechung seit 1945, 1972, 113 f.; *Steinschulte* in Sandrock IntVertragsgestaltung-HdB Bd. I, 1980, Rn. A 212.

1136 Staudinger/*Magnus,* 2021, Rn. 163; Soergel/*v. Hoffmann* EGBGB Art. 28 Rn. 109.

1137 OLG Düsseldorf AWD 1961, 126 = IPRspr. 1960–61 Nr. 219; OLG Hamburg RIW 1979, 482; *Lüthge,* Die kollisionsrechtliche Funktion der Schiedsgerichtsvereinbarung, 1975, 158 ff.

1138 BeckOGK/Köhler, 1.12.2023, Rn. 214; Staudinger/*Magnus,* 2021, Rn. 163.

1139 Vgl. *J. Hartmann,* Das Vertragsstatut in der deutschen Rechtsprechung seit 1945, 1972, 135; *Steinschulte* in Sandrock IntVertragsgestaltung-HdB Bd. I, 1980, Rn. A 216 ff.; *Vischer/Huber/Oser* IVR Rn. 200.

1140 Staudinger/*Magnus,* 2021, Rn. 164.

1141 LG Hamburg RIW 1993, 144 = IPRspr. 1992 Nr. 45; RIW 1999, 391 = IPRspr. 1999 Nr. 30; LG Baden-Baden IPRspr. 1997 Nr. 31. – Für Beachtlichkeit nach Art. 28 Abs. 1 EGBGB aF Soergel/*v. Hoffmann* EGBGB Art. 28 Rn. 127, und Unbeachtlichkeit nach Abs. 5, Soergel/*v. Hoffmann* EGBGB Art. 28 Rn. 106.

1142 OLG Hamburg IPRspr. 1989 Nr. 38 für Grundstückskauf; Ferrari IntVertragsR/*Ferrari* Rn. 74.

1143 BGH RIW 1977, 294; NJW 1996, 2569 zum alten Recht; OLG Frankfurt RIW 1979, 205; OLG Hamm NJW-RR 1995, 187; BAG DB 1975, 1896 = RIW 1975, 521; LG Würzburg NJW-RR 1988, 1324; wN bei *Geisler,* Die engste Verbindung im Internationalen Privatrecht, 2001, 284.

1144 OLG Nürnberg NJW-RR 1997, 1484; *Steinschulte* in Sandrock IntVertragsgestaltung-HdB Bd. I, 1980, Rn. A 80.

Vertragsverhältnisses nach Abs. 3 oder 4 nichts hergeben.[1145] Es ist, wenn es auf einen realen Parteiwillen hindeutet, bereits bei der (nachträglichen) stillschweigenden Rechtswahl heranzuziehen (→ Art. 3 Rn. 54 ff.), ansonsten aber unberücksichtigt zu lassen. Es stellt weder eine enge Beziehung des Vertrages zu einer Rechtsordnung her, noch sagt es etwas über die Interessenlage aus.[1146]

350 **f) Abschlussort.** Der Abschlussort eines Vertrages ist nur von geringer Bedeutung, weil der Ort des Vertragsschlusses und der Vertragsverhandlungen flüchtig, leicht beeinflussbar und häufig rein zufällig ist.[1147] Der Hinweis auf das Recht des Marktes oder Messeortes verliert gleichfalls an Bedeutung.[1148] Anderes gilt jedoch, wenn der Vertrag an einer Börse geschlossen wurde (→ Rn. 172 ff.) und für Käufe auf Versteigerungen (→ Rn. 159 f.). Die Rspr. berücksichtigt Abschluss- und Verhandlungsort oft nur am Rande.[1149] Während nun einige Entscheidungen den Abschlussort überhaupt nicht berücksichtigen wollen,[1150] nehmen zahlreiche andere Entscheidungen – im Zusammenhang mit anderen Umständen – auf den Ort der Vertragsverhandlungen und des Vertragsabschlusses Bezug. Im Allgemeinen beseitigt ein ausländischer Abschlussort die Maßgeblichkeit des Rechts der charakteristischen Leistung nicht.[1151]

351 **g) Erfüllungsort.** Bei gegenseitigen Verträgen hat jede der Parteien eine Leistung zu erbringen, für die sich ein Erfüllungsort (§ 269 BGB) ermitteln lässt. Da dies jedoch die Gefahr der Vertragsspaltung mit sich bringt, bildet der Erfüllungsort keinen selbständigen Anknüpfungspunkt.[1152] Auch dann, wenn die Anknüpfungen nach Abs. 1 und 2 nicht eingreifen, ist nicht an den Erfüllungsort der einzelnen Verpflichtung anzuknüpfen, sondern die engste Verbindung für den ganzen Vertrag zu ermitteln (→ Rn. 333). Allerdings fällt unter die für eine engste Verbindung sprechenden Umstände des Falles auch der Erfüllungsort.[1153] Er kann sich insbesondere dann auswirken, wenn der Erfüllungsort der Verpflichtungen beider Parteien auf eine bestimmte Rechtsordnung verweist. Seine Rolle kann jedoch nur klein sein.[1154] Dieser rechtliche Begriff lässt sich nur unter Bezugnahme auf eine Rechtsordnung (die lex fori) ausfüllen und präjudiziert damit die Rechtsanwendungsfrage. Zum anderen lässt Art. 4 erkennen, dass anderen Faktoren – wie dem gewöhnlichen Aufenthaltsort der Parteien – im Allgemeinen größeres Gewicht zukommt als dem Erfüllungsort. Allerdings spielt für die Prüfung der engeren Verbindung eine erhebliche Rolle, ob die Vertragsabwicklung ganz überwiegend in einem anderen Staat erfolgt.[1155] – Zur Erfüllungsortvereinbarung → Art. 3 Rn. 64.

352 **h) Mitwirkung Dritter.** Kommt der Vertrag unter **Mitwirkung einer amtlichen Stelle** zustande, welche die Vertragsform oder den -inhalt beeinflusst, so liegt darin ein Hinweis auf das Recht, auf dem die amtliche Eigenschaft dieser Stelle beruht.[1156] Dies gilt insbesondere für Verträge,

---

1145 Staudinger/*Magnus,* 2021, Rn. 162. – Zu Art. 28 EGBGB aF *Thode* ZfBR 1989, 45 (47); krit. auch *Schack* NJW 1984, 2736 (2737); *Weitnauer,* Der Vertragsschwerpunkt, 1981, 154 f.

1146 Vgl. OLG Düsseldorf WM 1992, 1898 = IPRspr. 1992 Nr. 35 Ls.; *Piltz* IPRax 1994, 191 (193).

1147 Ferrari IntVertragsR/*Ferrari* Rn. 74; Rauscher/*Thorn* Rn. 155; Staudinger/*Magnus,* 2021, Rn. 157. – S. schon RGZ 61, 343 (345); BGH NJW 1976, 1581; LG Frankfurt a.M. IPRax 1981, 134; LG Hamburg RIW 1993, 144 = IPRspr. 1992 Nr. 45. Vgl. Soergel/*v. Hoffmann* EGBGB Art. 28 Rn. 10, 127 (beachtlich für Abs. 1) und 103 (unbeachtlich für Abs. 5); dagegen sogar für stillschweigenden Parteiwillen OLG München RIW 1997, 507.

1148 LG Aachen RIW 1990, 491 = IPRspr. 1990 Nr. 31; s. auch BGH NJW 1961, 25; OLG Hamburg AWD 1973, 557; *Schnitzer* FG Schönenberger, 1968, 387 (399 f.).

1149 Vgl. BGH DB 1969, 1053; BAG RIW 1975, 521; OLG Frankfurt NJW 1970, 1010; RIW 1979, 204; OLG Hamburg TranspR 1987, 285; OLG Düsseldorf WM 1989, 45; OLG München NJW-RR 1989, 663 = IPRax 1990, 320 m. Aufsatz *Spellenberg* IPRax 1990, 295; LG Hagen RIW 1981, 628.

1150 ZB BGH IPRspr. 1976 Nr. 2 = NJW 1976, 1581 betr. Luftbeförderung; OLG Düsseldorf IPRspr. 1960/61 Nr. 152 = AWD 1961, 295 betr. Lizenzvertrag; OLG Frankfurt RIW 1995, 1033 mAnm *Mankowski* betr. Timesharing-Vertrag.

1151 S. BGHZ 128, 41 (48 f.) = IPRax 1996, 342 m. Aufsatz *Fischer* IPRax 1996, 332 = WM 1995, 124 = WuB IV B. Art. 34 EGBGB 1.95 *(Mankowski)* betr. Beratervertrag: westdeutsches Recht trotz Vertragsschluss in DDR angewendet; *Geisler,* Die engste Verbindung im Internationalen Privatrecht, 2001, 284.

1152 *Sandrock* RIW 1986, 841 (851); *W. Lorenz* IPRax 1987, 269 (274); *Schröder* IPRax 1987, 90 (91); *v. Westphalen,* Rechtsprobleme der Exportfinanzierung, 3. Aufl. 1987, 42 f.; unrichtig LG Dortmund IPRax 1989, 51 mAnm *Jayme;* ungenau etwa auch OLG Düsseldorf IHR 2003, 121 (124).

1153 Rauscher/*Thorn* Rn. 155. – Bei Annahme der Leistung als vertragsmäßig stellen auf den tatsächlichen Erfüllungsort ab, NK-BGB/*Leible* Rn. 85; Staudinger/*Magnus,* 2021, Rn. 155.

1154 Staudinger/*Magnus,* 2021, Rn. 154.

1155 Näher *Geisler,* Die engste Verbindung im Internationalen Privatrecht, 2001, 280 ff.; *Kreytenberg,* Die individuelle Schwerpunktbestimmung internationaler Schuldverträge nach der Ausweichklausel des Art. 4 Abs. 5 S. 2 EVÜ, 2006, 164 ff.

1156 Für ausländischen Notar LG Hamburg RIW 1977, 747; IPG 1976 Nr. 10 (München); für ausländischen Rechtsanwalt OLG Köln AWD 1965, 94.

die vor einem Richter vorgenommen[1157] oder von einem Notar beurkundet werden.[1158] Ob die Einschaltung eines **Maklers** etwas für das Recht des vermittelten Vertrages bedeutet, ist zweifelhaft.[1159] Die Tätigkeit eines Maklers sagt an sich noch nichts über den Inhalt des Hauptvertrages und die daraus entstehenden Verpflichtungen aus.

i) Staatsangehörigkeit, gewöhnlicher Aufenthalt. Die **gemeinsame Staatsangehörigkeit** der Parteien wurde unter dem EVÜ verschiedentlich als Anzeichen für eine engere Verbindung genannt.[1160] Teils wird dieses Kriterium ganz verworfen.[1161] Dafür spricht die Abkehr von diesem Kriterium im gesamten Internationalen Schuldrecht (vgl. für gesetzliche Schuldverhältnisse Art. 4 Rom II-VO) und seine Beschränkung auf Angelegenheiten, bei denen die Heimatverbundenheit der Beteiligten eine Rolle spielt (→ EGBGB Art. 5 Rn. 32 ff.). Teilweise wird aber weiterhin darauf abgestellt.[1162] Die Staatsangehörigkeit spielt vor allem für die Geschäfte von Privatleuten untereinander eine Rolle, wie etwa bei Auftrag,[1163] Darlehen,[1164] Grundstückskauf,[1165] Miete ausländischer Ferienwohnungen oder dort, wo eine gewisse persönliche Verbundenheit bzw. ein personales Element wie beim Arbeitsvertrag oder Handelsvertretervertrag[1166] vorliegt. Im übrigen Geschäftsverkehr hat die gemeinsame Staatsangehörigkeit jedoch geringere Bedeutung und kann zur Ermittlung der engsten Verbindung allenfalls unterstützend berücksichtigt werden. Überhaupt müssen sich Umstände von einigem Gewicht gegen sie durchsetzen.[1167] Dies gilt insbesondere dann, wenn die ausländischen Parteien (zB ausländische Arbeitnehmer) ihren gewöhnlichen Aufenthalt seit Jahren in Deutschland haben.[1168] Die Geltung des Heimatrechts selbst bei einem Auslandswohnsitz einer Partei anzunehmen, ist heute überholt.[1169] 353

Angehörigen der in Deutschland stationierten **ausländischen Streitkräfte** werden häufig Dienstleistungen oder Waren angeboten, die auf deren besondere Verhältnisse zugeschnitten sind. Insbesondere beim Tätigwerden ausländischer Unternehmen aus dem Heimatstaat kann eine engere Verbindung zur Rechtsordnung dieses Landes bestehen.[1170] – Bedeutsam ist der **gemeinsame gewöhnliche Aufenthalt** der Parteien; er kann gegenüber den Regelanknüpfungen der Abs. 1 und Abs. 2 eine engere Verbindung iSd Abs. 3 begründen.[1171] Gelegentlich wird er bzw. die gemeinsame Staatsangehörigkeit auch für die stillschweigende Rechtswahl herangezogen.[1172] 354

[1157] So für den Vergleich *Roden,* Zum Internationalen Privatrecht des Vergleichs, 1994, 95.

[1158] RG WarnR 1917 Nr. 151; OLG Köln RIW 1993, 415 = IPRspr. 1993 Nr. 29; OLG Frankfurt NJW-RR 1993, 182 = IPRspr. 1992 Nr. 40; LG Amberg IPRax 1982, 29 Ls. mAnm *Jayme; J. Schröder,* Internationales Vertragsrecht, 1984, 44 f.; *Geisler,* Die engste Verbindung im Internationalen Privatrecht, 2001, 285; Reithmann/Martiny IntVertragsR/*Limmer* Rn. 21.11; aA *Hegmanns* MittRhNotK 1987, 1 (2 f.); einschr. auch Soergel/*v. Hoffmann* EGBGB Art. 28 Rn. 152.

[1159] Vgl. OLG Hamburg RIW 1979, 482 mAnm *Mezger;* OLG Köln IPRspr. 2000 Nr. 26; Reithmann/Martiny IntVertragsR/*Martiny* Rn. 2.272.

[1160] Zu Art. 28 EGBGB aF *Geisler,* Die engste Verbindung im Internationalen Privatrecht, 2001, 232 betr. Darlehen, 283 f.; *Kegel/Schurig* IPR § 18 I 1d.

[1161] Abl. auch als „subjektives" Kriterium, Soergel/*v. Hoffmann* EGBGB Art. 28 Rn. 104, 151 betr. Grundstücksverträge. Nicht berücksichtigt von KG IPRspr. 2003 Nr. 43 = WM 2003, 2093 betr. Darlehen; OLG Stuttgart IPRax 2008, 436 betr. Grundstücksschenkung.

[1162] Ferrari IntVertragsR/*Ferrari* Rn. 74; Rauscher/*Thorn* Rn. 155.

[1163] IPG 1967–68 Nr. 9 (Hamburg).

[1164] IPG 1971 Nr. 3 (Hamburg).

[1165] Nicht ausschlaggebend in OLG Frankfurt NJW-RR 1993, 182.

[1166] *Birk* ZVglRWiss 79 (1980), 268 (280): stillschweigende Vereinbarung; dagegen nur bei Entsendung relevant nach *Kindler* RIW 1987, 663.

[1167] Vgl. OLG Hamm NJW-RR 1995, 187 = WiB 1995, 266 Bericht *v. der Seipen* betr. Praxisübernahme unter Niederländern.

[1168] OLG Düsseldorf FamRZ 1983, 1229 = IPRax 1984, 270 m. abl. Aufsatz *Fudickar* IPRax 1984, 253 betr. Schenkung; OLG Düsseldorf NJW-RR 1995, 755 = IPRax 1996, 199 m. Aufsatz *Baetge* IPRax 1996, 185 betr. Darlehen; LG Hamburg: IPRspr. 1972 Nr. 15 betr. Wohnungsübernahme; IPRspr. 1973 Nr. 16 betr. Gaststättenkauf; IPRspr. 1975 Nr. 14 betr. Darlehen; *Bendref* MDR 1980, 639 f.

[1169] So aber noch RG JW 1936, 2532 = IPRspr. 1935–44 Nr. 70.

[1170] Vgl. LG Frankfurt a.M. IPRspr. 1964–65 Nr. 39 betr. Handelsvertreter; LG Zweibrücken RIW 1983, 454 betr. Kreditkauf; IPG 1980–81 Nr. 10 (Freiburg) betr. Kfz-Versicherung. – Zur Durchsetzbarkeit von Forderungen gegen Mitglieder der Stationierungsstreitkräfte *Kraatz* NJW 1987, 1126 ff.

[1171] Zu Art. 28 EGBGB aF OLG Köln IPRspr. 2000 Nr. 26; Bericht *Giuliano/Lagarde,* BT-Drs. 10/503, 53; *Mankowski* IPRax 2003, 471; *Kreytenberg,* Die individuelle Schwerpunktbestimmung internationaler Schuldverträge nach der Ausweichklausel des Art. 4 Abs. 5 S. 2 EVÜ, 2006, 169 ff.; Soergel/*v. Hoffmann* EGBGB Art. 28 Rn. 104.

[1172] OLG Düsseldorf NJW-RR 1991, 55 = IPRspr. 1990 Nr. 28 betr. Reisevertrag; Grüneberg/*Thorn* Art. 3 Rn. 7: nur ausnahmsweise; abl. Soergel/*v. Hoffmann* EGBGB Art. 28 Rn. 151.

355 **j) Beteiligung der öffentlichen Hand.** Früher nahm man vielfach an, dass Verträge mit dem Staat und anderen öffentlichen Institutionen (insbesondere Anstalten und Körperschaften) auf die Rechtsordnung hin deuteten, von der der Verband seine Rechtsfähigkeit ableitet. Dieser Hinweis war aber bei rein privatrechtlichen Geschäften nicht zwingend und in jedem Fall gegen andere Umstände des Vertragsverhältnisses abzuwägen.[1173] Während teilweise eine strikte Gleichbehandlung von staatlichem und privatem Auftreten im Wirtschaftsverkehr gefordert wird,[1174] unterliegen solche Verträge nach aA grundsätzlich dem Recht des Staates, weil dieser sich dort, wo er den Inhalt beeinflussen kann, nur schwer einer ausländischen Rechtsordnung unterwirft.[1175] Heute beginnt sich die Auffassung durchzusetzen, dass die Beteiligung des Staates bzw. eines Staatsunternehmens keine engere Verbindung iSd Abs. 3 bedeutet.[1176] Die frühere Rspr., die wohl eher der Auffassung, wonach die engste Verbindung zum Recht des staatlichen Partners besteht, zuneigte, entschied im Übrigen von Fall zu Fall.[1177]

356 **k) Währung.** Die vertraglich vereinbarte Währung lässt nur unter besonderen Umständen Rückschlüsse auf das anzuwendende Recht zu, weil die Währung aus anderen Gründen gewählt wird als die für den Vertrag maßgebliche Rechtsordnung.[1178] Sie enthält daher nur einen sehr schwachen Hinweis auf das Recht dieser Währung.[1179] Schon früher nahm man an, es bedeutete nichts, wenn eine Provision in deutscher Währung auf ein deutsches Bankkonto gezahlt wird.[1180] Doch wird die Vertragswährung häufig auch (unterstützend) mitberücksichtigt.[1181] Bedenklich ist es jedenfalls, aus der nachträglichen Vereinbarung der Währung einer der Vertragsparteien sogar auf eine stillschweigende Rechtswahl zu schließen.[1182]

357 **l) Lageort des Vertragsgegenstandes, Flagge.** Der auf die lex rei sitae hinweisende Lageort des Vertragsgegenstandes wird für die Anknüpfung nach Abs. 1 lit. c berücksichtigt (→ Rn. 120). Der Belegenheitsort kann auch eine engere Verbindung iSd Abs. 3 begründen.[1183] Allerdings kommt es auf die jeweilige Vertragsart und -gestaltung an (zum Werkvertrag → Rn. 61 f.). Für Verträge, welche Mobilien betreffen, ist die Belegenheit des Vertragsgegenstandes regelmäßig nicht von Bedeutung.[1184]

358 Das **Recht der Flagge** bzw. der Registerort gibt bei Verträgen über die Veräußerung oder Belastung von Schiffen einen Hinweis,[1185] nicht jedoch für Charter- und Frachtverträge. Für Luftbeförderungs- und Luftcharterverträge ist das Flaggenrecht ebenfalls kein geeigneter Hinweis.[1186] Doch ist es im Seearbeitsrecht von Bedeutung (→ Art. 8 Rn. 95 f.).

1173 *Gamillscheg* RabelsZ 27 (1962/63), 591 (Rezension); *Borchers,* Verträge von Staaten mit ausländischen Privatpersonen, 1966, 35 ff.; vgl. auch *Böckstiegel,* Der Staat als Vertragspartner ausländischer Privatunternehmen, 1971, 107 f.

1174 *v. Hoffmann* BerGesVR 25 (1984), 35 (57 f.); *Merschformann,* Die objektive Bestimmung des Vertragsstatuts beim internationalen Warenkauf, 1991, 235 f.; Ferrari IntVertragsR/*Ferrari* Rn. 95.

1175 *Rigaux* Cah. dr. europ. 24 (1988), 306 (314); *Kegel/Schurig* IPR § 18 I 1d; *Kegel* GS R. Schmidt, 1966, 215 (220 f.); aA *Lochner,* Darlehen und Anleihe im IPR, 1954, 68 f.; *Zweigert* BerGesVR 5 (1964), 194 (202 f.); *J. Hartmann,* Das Vertragsstatut in der deutschen Rechtsprechung seit 1945, 1972, 209 f. Unentschieden Grüneberg/*Thorn* Rn. 30.

1176 S. bereits KG IPRspr. 1996 Nr. 25 = IPRax 1998, 280 m. Aufsatz *Leible* IPRax 1998, 257 betr. russisches Grundstück in Berlin; *Geisler,* Die engste Verbindung im Internationalen Privatrecht, 2001, 285.

1177 KG IPRspr. 1954–55 Nr. 28 betr. Mietvertrag; OLG Hamburg WM 1969, 709 (711) betr. Schiedsvertrag; OLG Koblenz OLGZ 1975, 379 = IPRspr. 1974 Nr. 1a betr. Maklervertrag; OLG Frankfurt IPRspr. 1979 Nr. 10b betr. Patronatserklärung. – Zu Beschaffungsverträgen im Rahmen der NATO s. *Beitzke* FS Kegel, 1987, 33 (36 ff.).

1178 *Grothe,* Fremdwährungsverbindlichkeiten, 1999, 95 f.

1179 OLG Hamburg IPRspr. 1989 Nr. 38; LG Baden IPRspr. 1997 Nr. 31; LG Hamburg IPRspr. 1999 Nr. 30; Ferrari IntVertragsR/*Ferrari* Rn. 74.

1180 BGH NJW 1981, 1899; entspr. für die ausländische Währung OLG Hamm NJW 1990, 652 = RIW 1990, 1012 = IPRspr. 1989 Nr. 181; OLG Koblenz RIW 1996, 151 mAnm *Otte* EWiR 1996, 305.

1181 ZB OLG Hamburg TranspR 1987, 285; LG Hagen RIW 1981, 628 = IPRspr. 1979 Nr. 16; wN bei *J. Hartmann,* Das Vertragsstatut in der deutschen Rechtsprechung seit 1945, 1972, 44 ff., 131 ff. und *Steinschulte* in Sandrock IntVertragsgestaltung-HdB Bd. I, 1980, Rn. A 90, 222.

1182 S. aber OLG Köln NJW-RR 1995, 245 = IPRspr. 1994 Nr. 37.

1183 Soergel/*v. Hoffmann* EGBGB Art. 28 Rn. 105.

1184 Vgl. Staudinger/*Magnus* Rn. 153.

1185 Staudinger/*Magnus* Rn. 160; vgl. auch *Flessner,* Reform des IPR – Was bringt sie dem Seehandelsrecht?, 1987, 17 f. Nur sehr eingeschränkt *Mankowski,* Seerechtliche Vertragsverhältnisse im Internationalen Privatrecht, 1995, 433 ff.

1186 *Scheuch,* Luftbeförderungs- und Charterverträge unter besonderer Berücksichtigung des IPR, 1979, 46 f.

m) Favor negotii. Teilweise will man den favor negotii berücksichtigen. Diejenige Rechtsordnung, nach der das Rechtsgeschäft Bestand hat (lex validitatis), wird angewendet.[1187] Früher hat die Rspr. etwa die Konformität mit ausländischem Außenwirtschaftsrecht[1188] oder mit inländischen Einfuhrbestimmungen[1189] für die Anknüpfung von Kaufverträgen herangezogen. Dies ist bedenklich, weil zum einen das anzuwendende Recht grundsätzlich unabhängig davon bestimmt werden sollte, ob der geschlossene Vertrag nach ihm gültig ist und zum anderen die Anknüpfung von Eingriffsnormen eigenen Grundsätzen folgt.[1190] **359**

n) Hypothetischer Parteiwille. Nach heutiger Auffassung ist der hypothetische Parteiwille kein Anknüpfungspunkt mehr.[1191] Insbesondere hängt die Maßgeblichkeit der charakteristischen Leistung nicht davon ab, ob sie dem mutmaßlichen Parteiwillen entspricht. Der subjektive, mutmaßliche Wille der Parteien begründet auch keine engere Verbindung iSd Abs. 3.[1192] Allerdings darf bei der Bestimmung der engsten bzw. engeren Verbindung auch die Interessenlage der Parteien in Betracht gezogen werden. **360**

III. Tausch und Kompensationsgeschäft

1. Tausch. Einheitsrecht besteht in Form einer Richtlinie.[1193] Beim Tausch (vgl. § 480 BGB) stehen sich zwei gleichartige Leistungen gegenüber, so dass die Leistung einer Partei nicht von vornherein überwiegt.[1194] Gleichwohl ist der Vertrag nicht in Einzelverpflichtungen aufzuspalten.[1195] Bildet nämlich eine Leistung die Hauptleistung und die andere nur das Entgelt, so gilt das Recht dessen, der die Hauptleistung erbringt.[1196] Es ist die engste Verbindung nach den allgemeinen Kriterien des Abs. 4 (→ Rn. 329 ff.) zu suchen (zu Swap-Geschäften → Rn. 115).[1197] Auch der Handel mit einem Kryptowert bzw. Token gegen Token gehört in diesen Zusammenhang.[1198] Beim **Grundstückstausch** heben sich bei unterschiedlichem Belegenheitsort die Hinweise auf die jeweilige lex rei sitae (vgl. Abs. 1 lit. c) gegenseitig auf.[1199] Doch ist auch hier nach Möglichkeit einheitlich anzuknüpfen (Abs. 4).[1200] Ferner kann man berücksichtigen, wo der Tausch beurkundet wurde und das Recht dieses Ortes anwenden.[1201] **361**

[1187] S. *Gamillscheg* AcP 157 (1958/59), 303 (329 f.); *Marsch,* Der Favor Negotii im deutschen IPR, 1976, 77 f., 80 ff.; *Abend,* Die lex validitatis im internationalen Vertragsrecht, 1994, 314 ff.: im Rahmen der General- und der Ausweichklausel. – Grenzfall zur stillschweigenden Vereinbarung LG Hamburg TranspR 1985, 296: Verlängerung von Ausschlussfrist.

[1188] BGH WM 1977, 793 (794).

[1189] BGH NJW 1961, 25 = JZ 1961, 261 m. krit. Anm. *Henrich.*

[1190] Erman/*Stürner* Rn. 46; Grüneberg/*Thorn* Rn. 30; Staudinger/*Magnus,* 2021, Rn. 166. – S. schon *Schnelle,* Die objektive Anknüpfung von Darlehensverträgen im deutschen und amerikanischen IPR, 1992, 106 f.; *Kreytenberg,* Die individuelle Schwerpunktbestimmung internationaler Schuldverträge nach der Ausweichklausel des Art. 4 Abs. 5 S. 2 EVÜ, 2006, 98 ff.

[1191] *Pocar* in Schwind, Aktuelle Fragen zum Europarecht aus der Sicht in- und ausländischer Gelehrter, 1986, 93; *Lando* Rec. des Cours 189 (1984-VI), 225 (307); *Steinle* ZVglRWiss 93 (1994), 300 (315, 320). Übersehen von OLG Frankfurt RIW 1995, 1033 m. krit. Anm. *Mankowski.* Terminologisch unrichtig auch OLG Köln RIW 1993, 143 = IPRax 1994, 210 m. krit. Aufsatz *Piltz* IPRax 1994, 191.

[1192] Ebenso schon *Kreytenberg,* Die individuelle Schwerpunktbestimmung internationaler Schuldverträge nach der Ausweichklausel des Art. 4 Abs. 5 S. 2 EVÜ, 2006, 177 ff.; anders zum alten Recht wohl *Gamillscheg* ZfA 14 (1983), 307 (330 ff.).

[1193] Bis zum 23.2.2011 umzusetzen war die RL 2008/122/EG vom 14.1.2009 über den Schutz der Verbraucher im Hinblick auf bestimmte Aspekte von Teilzeitnutzungsverträgen, Verträgen über langfristige Urlaubsprodukte sowie Wiederverkaufs- und Tauschverträgen, ABl. EU 2009 L 33, 10. Vgl. § 481b Abs. 2 BGB.

[1194] Soergel/*v. Hoffmann* EGBGB Art. 28 Rn. 50, 158. Vgl. *Lando* C. M. L. Rev. 24 (1987), 159 (204); s. auch *Jayme* IPRax 1984, 53; *Niggemann* RIW 1987, 169.

[1195] Soergel/*v. Hoffmann* EGBGB Art. 28 Rn. 158. – S. aber LG Berlin IPRspr. 1929 Nr. 27 betr. Grundstückstausch.

[1196] *C. Schulze,* Die Kodifikation des Vertragsstatuts im IPR, 1980, 108; *Ferid* IPR Rn. 6–47, 2; krit., da regelmäßig nicht möglich, Soergel/*v. Hoffmann* EGBGB Art. 28 Rn. 51, 149, 158.

[1197] *Bonomi* YbPIL 10 (2008), 165 (175); Staudinger/*Magnus,* 2021, Rn. 243; ebenso schon *Geisler,* Die engste Verbindung im Internationalen Privatrecht, 2001, 188 f.; Soergel/*v. Hoffmann* EGBGB Art. 28 Rn. 158. – Beim Lizenztausch stellt den Abschlussort zur Diskussion *Geisler,* Die engste Verbindung im Internationalen Privatrecht, 2001, 192 f.

[1198] *Wendelstein* RabelsZ 86 (2022), 644 (669, 675); *Lehmann* in Omlor/Link Kryptowährungen und Token, 2. Aufl. 2023, Kap. 5 Rn. 215; *Hanner,* Internationales Kryptowerterecht, 2022, 245, 248.

[1199] *Geisler,* Die engste Verbindung im Internationalen Privatrecht, 2001, 189; BeckOK BGB/*Spickhoff* Rn. 83.

[1200] Reithmann/Martiny IntVertragsR/*Limmer* Rn. 6.; Soergel/*v. Hoffmann* EGBGB Art. 28 Rn. 52.

[1201] Ferrari IntVertragsR/*Ferrari* Rn. 37; vgl. Staudinger/*Magnus,* 2021, Rn. 244; Soergel/*v. Hoffmann* EGBGB Art. 28 Rn. 159; vgl. LG Amberg IPRax 1982, 29 Ls. mAnm *Jayme* betr. Grundstückstausch.

362 **2. Kompensationsgeschäft.** Beim Kompensationsgeschäft in Form eines Gegenkaufs weisen Export- und Importvertrag an sich auf unterschiedliche Rechtsordnungen, nämlich das jeweilige Verkäuferrecht hin. Bildet jedoch der Importvertrag nur ein Nebengeschäft (im Hinblick auf Devisenbeschaffung, Sicherungsgeschäft), so kann man dem Recht des Exportvertrages (Rahmenvertrages) das Übergewicht einräumen.[1202]

IV. Spiel und Wette

363 Mangels Rechtswahl unterliegen das private Spiel und die Wette[1203] (vgl. § 763 BGB) dem Recht am **Ort ihrer Durchführung bzw. ihres Abschlusses,** da hier in der Regel die charakteristische Tätigkeit erfolgt und beide Parteien grundsätzlich das gleiche Risiko auf sich nehmen.[1204] Der mit einem Spielcasino geschlossene Spielvertrag unterliegt dem Recht am gewöhnlichen Aufenthaltsort dieses Unternehmens.[1205] Diese Rechtsordnung entscheidet zB über den Anspruch auf Gewinnauszahlung.[1206] Entsprechendes gilt für das Angebot von Online-Spielen,[1207] soweit nicht Art. 6 Rom I-VO für Verbraucherverträge eingreift.[1208] Dass Spiel und Wette nach deutschem Recht grundsätzlich nur eine Naturalobligation begründen (§ 762 BGB), ist über den ordre public (Art. 6 EGBGB) berücksichtigt worden.[1209] Wegen der Verhinderung von Prozessen aus Wett- und Spielschulden wird auch eine international zwingende Bestimmung angenommen.[1210] Dies dürfte wegen der in erster Linie privatschützenden Funktion der Bestimmung jedoch abzulehnen sein. Der Wahl ausländischen Rechts kann aber ein Verbot von Internet-Glückspiel entgegenstehen.[1211]

V. Gesellschaftsvertrag

364 Zum Internationalen Gesellschaftsrecht → IntGesR Rn. 1 ff.; zu den Regeln des Internationalen Vertragsrechts → Art. 1 Rn. 73 ff.

VI. Kooperationsvertrag

Göthel, Vertragsgestaltung bei internationalen Joint Ventures, BB 2014, 1475; – Lit. zum ausländischen Recht bei Reithmann/Martiny IntVertragsR/*Göthel* Rn. 24.1.

365 In einem **Kooperationsvertrag** wollen die beteiligten Unternehmen ihre gemeinsamen wirtschaftlichen Ziele oder ihre gemeinsamen Interessen fördern. Unter den vielfältigen Gestaltungen können zwei Grundformen unterschieden werden. In der einen erfolgt eine lediglich schuldrechtlich **vereinbarte Kooperation** ohne die Gründung eines Gemeinschaftsunternehmens. In der zweiten wird auch ein **Gemeinschaftsunternehmen (joint venture)** gegründet; der Gründung geht regelmäßig ein sog. Grundlagenvertrag voraus.[1212] Teilweise wird noch danach unterschieden, ob nur ein als Personengesellschaft geschlossenes „contractual joint venture" vorliegt[1213] oder ein auf eine Projektgesellschaft abzielendes „equity joint venture".[1214] Italienische **Netzverträge** (contratti di rete) werden nach der engsten Verbindung angeknüpft. Welcher Gesichtspunkt (gewöhnlicher Aufenthalt, Marktbezug, Ort des Vertragsabschlusses oder Eintragung) ausschlaggebend ist, hängt von der jeweiligen Gestaltung ab.[1215]

1202 Vgl. *Fülbier,* Das Vertrags- und Wirtschaftsrecht des Gegenkaufs im internationalen Wirtschaftsverkehr, 1992, 32 ff.; *Geisler,* Die engste Verbindung im Internationalen Privatrecht, 2001, 190 f.; dagegen hält nur eine individuelle Schwerpunktbetrachtung für möglich, Soergel/*v. Hoffmann* EGBGB Art. 28 Rn. 56.

1203 *Martiny* FS W. Lorenz, 2001, 375; *Roquette/Nordemann-Schiffel* ZVglRWiss 99 (2000), 44.

1204 *Martiny* FS W. Lorenz, 2001, 375 (383); BeckOK BGB/*Spickhoff* Rn. 76; Rauscher/*Thorn* Rn. 162; vgl. auch *Vischer/Huber/Oser* IVR Rn. 617.

1205 Zu Art. 28 EGBGB aF *Geisler,* Die engste Verbindung im Internationalen Privatrecht, 2001, 198. Für den Ort des Spiels unter Berufung auf die Risikoverteilung *Gunst,* Die charakteristische Leistung, 1994, 197; auf Abs. 1 Soergel/*v. Hoffmann* EGBGB Art. 28 Rn. 526.

1206 Vgl. BGH NJW 1988, 647 = IPRax 1988, 228 m. Aufsatz *Gottwald* IPRax 1988, 210 = RIW 1987, 794.

1207 *Boosfeld* GPR 2022, 70 (75).

1208 LG Paderborn BeckRS 2021, 20723.

1209 Dazu IPG 1984 Nr. 21 (Hamburg); krit. dazu Soergel/*v. Hoffmann* EGBGB Art. 28 Rn. 527.

1210 Zu Art. 34 EGBGB aF *Droste,* Der Begriff der „zwingenden Bestimmung" in den Art. 27 ff. EGBGB, 1991, 174.

1211 LG Köln BeckRS 2021, 32804 Rn. 38.

1212 Reithmann/Martiny IntVertragsR/*Göthel* Rn. 24.1 ff.; Soergel/*v. Hoffmann* EGBGB Art. 28 Rn. 279. – Zur Vertragsgestaltung bei internationalen Joint Ventures s. *Göthel* BB 2014, 1475 ff.

1213 S. *Göthel,* Joint Ventures im Internationalen Privatrecht, 1999, 45 f.

1214 Reithmann/Martiny IntVertragsR/*Göthel* Rn. 24.26.

1215 *Gössl* RabelsZ 80 (2016), 579 (603 ff.).

Für den **Kooperationsvertrag ohne Gemeinschaftsunternehmen** ist Rechtswahl zulässig.[1216] Eine objektive Anknüpfung an die charakteristische Leistung ist wegen der Vielgestaltigkeit der Einzelverpflichtungen im Allgemeinen nicht möglich.[1217] Stattdessen ist darauf abzustellen, zu welcher Rechtsordnung insgesamt die **engste Beziehung** besteht (Abs. 4).[1218] Grenzüberschreitende Kooperationsverträge können deutschem und EU-Kartellrecht unterliegen.[1219] 366

Soweit eine **Gesellschaft mit eigener Organisation** gegründet wird, gelten die Regeln des internationalen Gesellschaftsrechts.[1220] Der vom Gesellschaftsvertrag selbst zu unterscheidende **Grundlagenvertrag** für ein Gemeinschaftsunternehmen (joint venture) zielt zwar auf die Errichtung bzw. den Erwerb eines Gemeinschaftsunternehmens ab. Da es hier aber zunächst einmal um die gegenseitigen Verpflichtungen geht, untersteht er nicht notwendig dem davon zu unterscheidenden Gesellschaftsstatut des Unternehmens. Es gelten die Regeln des Internationalen Vertragsrechts und folglich die Art. 3 ff.[1221] Rechtswahl ist zulässig;[1222] häufig werden auch **Zusatzverträge** geschlossen.[1223] Eine objektive Anknüpfung hat – ebenso wie beim Gesellschaftsvertrag – die **engste Verbindung** (Abs. 4) zu ermitteln.[1224] Kriterien sind dabei neben dem Sitz der Vertragsparteien, Tätigkeitsort, Zweck und Sitz bzw. Gründungsrecht des Gemeinschaftsunternehmens.[1225] – Zur Gesellschaft → Art. 1 Rn. 73 ff. 367

G. Probleme des Allgemeinen Teils

I. Rück- und Weiterverweisung

Auch für die objektive Anknüpfung sind Rück- und Weiterverweisung durch Art. 20 ausdrücklich ausgeschlossen. 368

II. Ordre public

Die Anwendung des deutschen ordre public (Art. 21) erfolgt selten. Korrekturen wurden beim Anwaltsvertrag vorgenommen (→ Rn. 79 f.). Manchmal wird der ordre public zu Unrecht dafür verwendet, um – ohne Prüfung des Inhalts – zur Anwendung kommendes ausländisches Recht beiseiteschieben zu können, so etwa bezüglich des Missbrauchseinwandes gegenüber Garantieverpflichtungen (→ Rn. 241). Schutzvorschriften kommen ggf. schon über Art. 6, 7 und 8 zur Anwendung. Zwingende inländische Vorschriften eingriffsrechtlichen Charakters können zudem über Art. 9 Abs. 1, 2 durchgesetzt werden.[1226] 369

H. Internationale Zuständigkeit

Die Art. 4 unterliegenden Vertragsverhältnisse sind in der Regel **Zivil- und Handelssachen,** die unter die allgemeinen Zuständigkeitsvorschriften fallen. Das gilt sowohl für Brüssel Ia-VO und LugÜ (→ Vor Art. 1 Rn. 35 ff.) als auch für die nationalen Zuständigkeitsregeln (→ Vor Art. 1 Rn. 43). Die internationale Zuständigkeit für vertragliche Ansprüche folgt grundsätzlich dem **Wohnsitz des Beklagten** (Art. 4 Brüssel Ia-VO [= Art. 2 LugÜ], §§ 13, 17 ZPO). Es kann auch 370

[1216] Reithmann/Martiny IntVertragsR/*Göthel* Rn. 24.6; Soergel/*v. Hoffmann* EGBGB Art. 28 Rn. 280; s. auch *Detzer* RIW 1979, 802.

[1217] *Lando* C.M.L. Rev. 24 (1987), 159 (204); Soergel/*v. Hoffmann* EGBGB Art. 28 Rn. 283.

[1218] Reithmann/Martiny IntVertragsR/*Göthel* Rn. 6.2628; Rauscher/*Thorn* Rn. 165.

[1219] Näher Reithmann/Martiny IntVertragsR/*Göthel* Rn. 24.37 ff.

[1220] Reithmann/Martiny IntVertragsR/*Göthel* Rn. 24.17 ff.

[1221] Reithmann/Martiny IntVertragsR/*Göthel* Rn. 24.14 für Vorgründungsabsprachen; Soergel/*v. Hoffmann* EGBGB Art. 28 Rn. 280; vgl. auch *Zweigert/v. Hoffmann* FS Luther, 1976, 203 (207).

[1222] Reithmann/Martiny IntVertragsR/*Göthel* Rn. 24.26; Soergel/*v. Hoffmann* EGBGB Art. 28 Rn. 282; ebenso etwa *Baptista/Durand-Barthez,* Les associations d'entreprises (Joint Ventures) dans le commerce international, Paris 1986, 88 f.; *Herzfeld,* Joint Ventures, 3. Aufl. 1996, 33 f.; anders *Ebenroth* JZ 1987, 265 (266).

[1223] Vgl. für einen Kaufvertrag OLG Karlsruhe NZG 2001, 748 = IPRspr. 2001 Nr. 24.

[1224] Reithmann/Martiny IntVertragsR/*Göthel* Rn. 24.37. – Zu Art. 28 EGBGB aF *Geisler,* Die engste Verbindung im Internationalen Privatrecht, 2001, 196 f.

[1225] Reithmann/Martiny IntVertragsR/*Göthel* Rn. 24.38 ff.

[1226] Reithmann/Martiny IntVertragsR/*Göthel* Rn. 24.58 ff.

ein Gerichtsstand am Ort der Zweigniederlassung gegeben sein, wenn die Streitigkeit im Zusammenhang mit ihrem Betrieb steht (Art. 7 Nr. 5 Brüssel Ia-VO [= Art. 5 Nr. 5 LugÜ], § 21 ZPO; → Vor Art. 1 Rn. 54). Für vertragliche Ansprüche steht ferner der **Wahlgerichtsstand des Erfüllungsorts** zur Verfügung (Art. 7 Nr. 1 Brüssel Ia-VO [= Art. 5 Nr. 1 LugÜ], § 29 ZPO; → Vor Art. 1 Rn. 44). Eine ausschließliche Zuständigkeit kommt für **Grundstücksverträge über Immobilien** in Betracht. Insofern besteht ein ausschließlicher dinglicher Gerichtsstand am Lageort (Art. 24 Nr. 1 Brüssel Ia-VO [= Art. 22 Nr. 1 LugÜ], § 24 ZPO).

Art. 5 Rom I-VO Beförderungsverträge

(1) [1]Soweit die Parteien in Bezug auf einen Vertrag über die Beförderung von Gütern keine Rechtswahl nach Artikel 3 getroffen haben, ist das Recht des Staates anzuwenden, in dem der Beförderer seinen gewöhnlichen Aufenthalt hat, sofern sich in diesem Staat auch der Übernahmeort oder der Ablieferungsort oder der gewöhnliche Aufenthalt des Absenders befindet. [2]Sind diese Voraussetzungen nicht erfüllt, so ist das Recht des Staates des von den Parteien vereinbarten Ablieferungsorts anzuwenden.

(2) [1] [1]Soweit die Parteien in Bezug auf einen Vertrag über die Beförderung von Personen keine Rechtswahl nach Unterabsatz 2 getroffen haben, ist das anzuwendende Recht das Recht des Staates, in dem die zu befördernde Person ihren gewöhnlichen Aufenthalt hat, sofern sich in diesem Staat auch der Abgangsort oder der Bestimmungsort befindet. [2]Sind diese Voraussetzungen nicht erfüllt, so ist das Recht des Staates anzuwenden, in dem der Beförderer seinen gewöhnlichen Aufenthalt hat.
[2] Als auf einen Vertrag über die Beförderung von Personen anzuwendendes Recht können die Parteien im Einklang mit Artikel 3 nur das Recht des Staates wählen,
a) in dem die zu befördernde Person ihren gewöhnlichen Aufenthalt hat oder
b) in dem der Beförderer seinen gewöhnlichen Aufenthalt hat oder
c) in dem der Beförderer seine Hauptverwaltung hat oder
d) in dem sich der Abgangsort befindet oder
e) in dem sich der Bestimmungsort befindet.

(3) Ergibt sich aus der Gesamtheit der Umstände, dass der Vertrag im Falle fehlender Rechtswahl eine offensichtlich engere Verbindung zu einem anderen als dem nach Absatz 1 oder 2 bestimmten Staat aufweist, so ist das Recht dieses anderen Staates anzuwenden.

Schrifttum: allgemeines Schrifttum zum IVR → Vor Art. 1; *Basedow,* Internationale Transporte und AGB-Gesetz, Symposium der Deutschen Gesellschaft für Transportrecht, 1987, 239; *Fremuth/Thume,* Kommentar zum Transportrecht, 2000; *Hartenstein,* Rom I-Entwurf und Rom II-Verordnung, TranspR 2008, 143; *Hasche,* Das IPR der Passagierbeförderung, TranspR 2010, 282; *Herber,* Die Neuregelung des deutschen Transportrechts, NJW 1998, 3297; *Koller,* Transportrecht, 11. Aufl. 2023; *Mankowski,* Entwicklungen im Internationalen Privat- und Prozeßrecht für Transportverträge in Abkommen und speziellen EG-Verordnungen, TranspR 2008, 177; *Mankowski,* Neues aus Europa zum Internationalen Privatrecht für Transportverträge: Art. 5 Rom I-VO, TranspR 2008, 339; *Mankowski,* Konnossemente und die Rom I-VO, TranspR 2008, 417; *Mankowski,* Die Haftung des ausführenden Frachtführers und des Unterfrachtführers gegenüber dem Empfänger sowie die Haftung des Empfängers im IPR, TranspR 2016, 131; *Mankowski,* Rechtswahlklauseln in den AGB von Fluggesellschaften, IPRax 2019, 208; *Mandl,* Das IPR der Eisenbahn-Personenbeförderung, Jb. vergleichende Staats- und Rechtswissenschaften 2018/2019, 237; *Martiny,* Rechtswahl im Transportrecht, in Czernich/Geimer, Handbuch der Streitbeilegungsklauseln im Internationalen Vertragsrecht, 2017, 171; *Maurer,* Einheitsrecht im internationalen Warentransport, RabelsZ 81 (2017), 117; *Nielsen,* The Rome I Regulation and Contracts of Carriage, in Ferrari/Leible, Rome I Regulation, 2009, 99; *Ramming,* Die neue Rom I-VO und die Rechtsverhältnisse der Schifffahrt, HmbSchRZ 2009, 21; *Schilling,* Das Internationale Privatrecht der Transportverträge, 2016; *Staudinger,* Das Transportrechtsreformgesetz und seine Bedeutung für das Internationale Privatrecht, IPRax 2001, 183; *Wagner,* Neue kollisionsrechtliche Vorschriften für Beförderungsverträge in der Rom I-Verordnung, TranspR 2008, 221.

Übersicht

A. Normzweck

1 Im Transportrecht ist in großem Umfang Einheitsrecht geschaffen worden, das vorrangig zu beachten ist.[1] Im Rahmen der am 1.7.1998 in Kraft getretenen Transportrechtsreform (vgl. §§ 407 ff. HGB) sind eine Reihe von Vorschriften geändert bzw. eingefügt worden, die auch Bedeutung für das Internationale Privatrecht haben.[2] Auch die Reform des Seehandelsrechts vom 20.4.2013 berührte das IPR.[3] Nach wie vor ist die gesetzliche Regelung unübersichtlich. Zum einen greift häufig auf Grund Staatsvertrags oder Unionsrechts vereinheitlichtes Recht nebst Ausführungsbestimmungen ein. Zum anderen ist regelmäßig danach zu unterscheiden, ob es sich um einen Personen- oder einen Gütertransport handelt. Schließlich kommt es auch darauf an, welches Beförderungsmittel jeweils benutzt werden soll (näher → Rn. 39 ff.). Art. 5 ist nach Verhandlungen von Rat und Parlament im Anschluss an den Dumitrescu-Bericht formuliert worden.[4] Die jetzige Fassung unterscheidet zwischen Güter- und Personentransport. Für den **Gütertransport** ist unbeschränkte Rechtswahl möglich. Zwar wurde vor der Reform vielfach verlangt, die Voraussetzungskumulation für die objektive Anknüpfung zu streichen,[5] sie ist jedoch bestehen geblieben.[6] Bezüglich des **Personentransports** findet sich keine speziell auf Verbraucher abstellende Lösung; die Regeln für Verbraucherverträge sind ausgeschlossen (Art. 6 Abs. 4 lit. b). Stattdessen enthält Abs. 2 eine nicht besonders enge Rechtswahlbeschränkung.[7] Es kann unter fünf Möglichkeiten, darunter dem Recht des Beförderers, gewählt werden. Die Rechtswahlbeschränkung wirkt sich daher kaum aus.[8] Die objektive Anknüpfung von Personenbeförderungsverträgen führt zum Recht des Aufenthaltsstaates des Reisenden, wenn sich dort auch der Abgangsort oder der Bestimmungsort befindet. Im Übrigen enthält Abs. 3 eine Ausweichklausel, wonach bei fehlender Rechtswahl auf eine engere Verbindung abgestellt werden kann (→ Rn. 38).

B. Beförderungsverträge

2 Die Verträge des Art. 5 beziehen sich auf die **Beförderung** (transport) von Gütern und von Personen. Der Begriff des Beförderungsvertrages ist verordnungsautonom zu bestimmen.[9] Hierbei geht es um die auf eine Ortsveränderung von Personen oder Sachen abzielende Leistung des Beförderers (carrier; transporteur) mithilfe eines Beförderungsmittels.[10] Verlangt wird eine ver-

[1] Dazu *Schilling,* Das Internationale Privatrecht der Transportverträge, 2016, 13 ff.; BeckOGK/*Wiese,* 1.11.2022, Rn. 5 ff.

[2] Gesetz zur Neuregelung des Fracht-, Speditions- und Lagerrechts vom 25.6.1998, BGBl. 1998 I 1588 (1605); dazu *Herber* NJW 1998, 3297 ff.; *Staudinger* IPRax 2001, 183 ff.

[3] Gesetz zur Reform des Seehandelsrechts vom 20.4.2013, BGBl. 2013 I 831. Begr. RegE, BT-Drs. 17/10309, Text auch in TranspR 2012, 189 ff.

[4] Näher *Lagarde/Tenenbaum* Rev. crit. dr. int. pr. 97 (2008), 727 (760 ff.); *Mankowski* TranspR 2008, 329 f.; *McParland,* The Rome I Regulation on the Law Applicable to Contractual Obligations, 2015, Rn. 11.23 ff.

[5] S. *Mankowski* TranspR 2008, 339 (345 f.); krit. de lege ferenda *Magnus/Mankowski* ZVglRWiss 103 (2004), 131 (162 f.); *Martiny* in Leible, Grünbuch, 2004, 109 (116 f.).

[6] Krit. *Mankowski* IHR 2008, 133 (140).

[7] Krit. zu der Wahl unterschiedlicher Ansätze *Boskovic* D. 2008, 2175 ff.

[8] Näher *Mankowski* TranspR 2008, 133 (140); *Nielsen* in Ferrari/Leible, Rome I Regulation, 2009, 107.

[9] Staudinger/*Magnus,* 2021, Rn. 20.

[10] Staudinger/*Magnus,* 2021, Rn. 20; vgl. auch EuGH Slg. 2009, I-9687 = EuZW 2009, 822 = IPRax 2010, 236 m. Aufsatz *Rammeloo* IPRax 2010, 215 = TranspR 2009, 491 mAnm *Mankowski* = IHR 2010, 128 m.

tragliche Beziehung.[11] Nicht vorausgesetzt wird, dass der Beförderer den Transport selbst durchführt (→ Rn. 17). Beförderer ist grundsätzlich der vertragliche Beförderer, nicht der ausführende Beförderer[12] (→ Rn. 17). Anders als etwa in Art. 1 CMR wird nicht ausdrücklich bestimmt, dass die Beförderung entgeltlich erfolgen muss.[13] Daraus kann man auf eine Anwendbarkeit des Art. 5 auch auf **unentgeltliche Verträge** schließen.[14] Art. 5 unterscheidet nach dem Gegenstand des Transports, nämlich nach Güter- und Personentransport. Dagegen differenziert die Vorschrift nicht nach den einzelnen Beförderungsarten. Sie findet daher auf unterschiedliche Beförderungsmittel Anwendung.[15] Eigene Bestimmungen über **Charterverträge** enthält die VO nicht. Soweit die Güterbeförderung den Hauptzweck bildet, sind sie als Beförderungsverträge anzusehen[16] (→ Rn. 10).

Art. 5 setzt voraus, dass es sich um ein **vertragliches Schuldverhältnis** iSd Art. 1 Abs. 1 handelt (→ Art. 1 Rn. 8). Ferner darf kein **Ausschlusstatbestand für handelbare Wertpapiere** eingreifen (Art. 1 Abs. 2 lit. d; → Art. 1 Rn. 65 ff.). Soweit es um Ansprüche Dritter geht, ist häufig umstritten, ob es sich um vertragliche, vertragsähnliche oder deliktische Ansprüche handelt.[17] 3

Grundsätzlich ist sowohl für den Gütertransport, als auch für den Personentransport eine **Rechtswahl** – wenngleich in unterschiedlichem Umfang – zulässig. Während die Rechtswahl für den Gütertransport grundsätzlich frei ist, ist sie für den Personentransport beschränkt (→ Rn. 27). Für Zustandekommen und Wirksamkeit der Rechtswahl gilt die allgemeine Regel des Art. 3.[18] Die objektive Anknüpfung ist unterschiedlich geregelt. Die Verordnung stellt aber sowohl für den Güter- als auch für den Personentransport in der Regelanknüpfung nicht lediglich auf einen Anknüpfungspunkt ab, sondern sieht eine kumulative Anknüpfung vor, die nicht ohne weiteres zum gewöhnlichen Aufenthalt des Beförderers führt.[19] Sowohl für den Güter-, als auch für den Personentransport sind subsidiäre Anknüpfungen (Abs. 1 S. 2 sowie Abs. 2 UAbs. 1 S. 2) sowie eine Ausweichklausel (Abs. 3) vorgesehen. Eine Vertragsspaltung bei objektiver Anknüpfung ist nicht gestattet.[20] 4

Soweit – wie das im Transportrecht häufig der Fall ist – **materielles Einheitsrecht** gilt (→ Einl. IPR Rn. 341), geht dieses vor.[21] Dies betrifft zum Einen das wachsende **europäische Sekundärrecht,**[22] das sich auf die Gesetzgebungszuständigkeit für Verkehrspolitik stützt (Art. 91 ff. AEUV) und Vorrang beansprucht (vgl. Art. 23).[23] Aber auch auf **staatsvertraglichen Vereinbarungen berührendes Einheitsrecht geht** im Rahmen seines Geltungsbereichs dem Art. 5 vor[24] (s. Art. 25 sowie Art. 3 Nr. 2 EGBGB). Im Anwendungsbereich solcher Konventionen braucht grundsätzlich kein Vertragsstatut ermittelt zu werden. Im Allgemeinen enthalten derartige Übereinkommen jedoch hinsichtlich vieler schuldrechtlicher Fragen Lücken. Lassen diese sich nicht durch Auslegung schließen und ist auch nicht die Anwendung einer bestimmten Rechtsordnung für das jeweilige Problem vorgeschrieben, so ist das Vertragsstatut nach Kollisionsrecht zu ermitteln. Keinesfalls darf einfach die lex fori angewendet werden.[25] 5

Aufsatz *Mankowski* IHR 2010, 89 – Intercontainer Interfrigo; ECLI:EU:C:2014:2320 Rn. 35 = IPRax 2015, 559 m. Aufsatz *Schilling* IPRax 2015, 522 = TranspR 2015, 37 – Haeger & Schmidt; *Martiny* GPR 2011, 48 ff.

[11] Ferrari IntVertragsR/*Staudinger* Rn. 18.

[12] Reithmann/Martiny IntVertragsR/*Mankowski* Rn. 15.10; *McParland,* The Rome I Regulation on the Law Applicable to Contractual Obligations, 2015, Rn. 11.65.

[13] Vgl. Ferrari IntVertragsR/*Ferrari* CMR Art. 1 Rn. 7.

[14] Ferrari IntVertragsR/*Staudinger* Rn. 20, 42; BeckOGK/*Wiese,* 1.11.2022, Rn. 9; Staudinger/*Magnus,* 2021, Rn. 22; anders (unter Hinweis auf Art. 4 Abs. 1 lit. b) *Schilling,* Das Internationale Privatrecht der Transportverträge, 2016, 199 ff.

[15] *Schilling,* Das Internationale Privatrecht der Transportverträge, 2016, 131 f.; Rauscher/*Thorn* Rn. 16; Staudinger/*Magnus,* 2021, Rn. 20.

[16] *v. Bar/Mankowski* IPR II § 1 Rn. 694 ff.; Staudinger/*Magnus,* 2021, Rn. 21, 36.

[17] Dazu *Martiny* FS Magnus, 2014, 483 (495 ff.).

[18] *Wagner* TranspR 2008, 221 (222); Ferrari IntVertragsR/*Staudinger* Rn. 16.

[19] Rauscher/*Thorn* Rn. 13, 17.

[20] Rauscher/*Thorn* Rn. 18; Staudinger/*Magnus,* 2021, Rn. 32.

[21] Zur Vereinheitlichung *Maurer* RabelsZ 81 (2017), 117 (127 ff.).

[22] S. zu aktuellen Entwicklungen nur *Karsten/Schuster-Wolf* VuR 2012, 463 ff.; *Karsten/Schuster-Wolf* VuR 2013, 6 ff.

[23] BGH RRa 2018, 122; *Wagner* TranspR 2008, 106; *Schilling* EuZW 2011, 776 (777); Rauscher/*Thorn* Rn. 9; Staudinger/*Magnus,* 2021, Rn. 18.

[24] *Mankowski* IHR 2008, 133 (140); *Wagner* TranspR 2008, 221 (224); *Wagner* IPRax 2008, 222. – S. bereits zum EVÜ Bericht *Giuliano/Lagarde,* BT-Drs. 10/503, 54.

[25] *Basedow,* Der Transportvertrag, 1987, 78 ff.; *Basedow* Symposium der Deutschen Gesellschaft für Transportrecht, 1987, 242 f., 251.

C. Beförderung von Gütern (Abs. 1)

I. Allgemeines

6 **1. Vertrag über die Beförderung von Gütern. a) Grundsatz.** Abs. 1 enthält eine Sonderregelung für Güterbeförderungsverträge (contracts for the carriage of goods; contrats de transport de marchandises). Die Rechtswahl nach Art. 3 ist frei.[26] Auf die objektive Anknüpfung nach Abs. 1 (der Art. 4 Abs. 4 EVÜ teilweise entspricht) kommt es aber nur dann an, wenn kein Einheitsrecht eingreift und keine Rechtswahl getroffen wurde. Die Regelung des Abs. 1 konkretisiert die engste Verbindung.[27] Grundsätzlich maßgeblich ist danach das Recht am Ort des **gewöhnlichen Aufenthalts des Beförderers.** Verlangt wird jedoch zusätzlich, dass sich in diesem Staat auch der **Übernahmeort oder der Ablieferungsort oder der gewöhnliche Aufenthaltsort des Absenders** befindet (→ Rn. 19 ff.). Die Tätigkeit des Beförderers kann beim internationalen Transport nicht nur in einem Staat lokalisiert werden. Eine alleinige Anknüpfung an den Sitz des Beförderers, der die charakteristische Leistung erbringt, wird als nicht sachgerecht angesehen, da sie allein keine engste Verbindung zu diesem Land begründet. Vielmehr muss unterstützend eines der anderen Erfordernisse vorliegen.[28]

7 Sind die Voraussetzungen des Abs. 1 gegeben, so kann von der Anknüpfung gleichwohl nach Abs. 3 abgewichen werden, wenn sich aus der Gesamtheit der Umstände ergibt, dass der Vertrag **engere Verbindungen** mit einem anderen Staat aufweist[29] (→ Rn. 38). Hierfür kann auch eine sonstige Niederlassung des Beförderers eine Rolle spielen.[30]

8 **b) Güterbeförderung.** Der Begriff des Güterbeförderungsvertrages ist verordnungsautonom zu bestimmen.[31] In Abs. 1 wird vorausgesetzt, dass es sich um Verträge über den Transport, dh die Versendung von Gütern (Sachen, Waren) von einem Ort an einen anderen handelt. Es ist **gleichgültig, welche Beförderungsart und welches Beförderungsmittel** gewählt werden. Abs. 1 gilt sowohl für den See-, als auch für den Luft- und Landtransport.[32] Auf den multimodalen Transport findet die Vorschrift ebenfalls Anwendung[33] (→ Rn. 145 ff.).

9 Kein Güterbeförderungsvertrag liegt vor, wenn der Vertrag nicht mehr dem Transport selbst dient. Dies ist möglich bei Verträgen, die lediglich **Geschäftsbesorgungen** zum Gegenstand haben (zum Spediteur → Rn. 40 ff.) oder über das **Transportmittel selbst** geschlossen werden[34] (zu Charterverträgen → Rn. 10 f.). – Die **Beförderung von Reisegepäck** zusammen mit dem Reisenden ist nicht als selbständiger Transport nach Abs. 1 zu behandeln, sondern (ähnlich wie im Einheitsrecht) als Nebenleistung zur Personenbeförderung. Sie ist wegen des engen Zusammenhanges ebenso wie die Personenbeförderung zu beurteilen[35] (→ Rn. 25). – Im Frachtrecht kommt es mehrfach zu einer Erstreckung von frachtrechtlichen Verpflichtungen auf Dritte (→ Art. 1 Rn. 24). Die **Haftung des ausführenden Frachtführers gegenüber dem Empfänger** gemäß § 437 Abs. 1 HGB wird als gesetzlicher Schuldbeitritt außervertraglich qualifiziert.[36] Allerdings wird sie akzessorisch an das Statut des Hauptvertrages angeknüpft (Art. 4 Abs. 3 Rom II-VO, → Rom II-VO Art. 4 Rn. 72 ff.). Das Statut des Hauptvertrages wird als Vorfrage ermittelt.[37] Ob die richterrechtlich entwickelte **Haftung des Unterfrachtführers gegenüber dem Empfänger** vertraglich (bei Herleitung aus einem Vertrag zugunsten Dritter) oder außervertraglich (als Vertrag mit Schutzwirkung für Dritte) anzuknüpfen ist, ist str. (→ Art. 1 Rn. 24).[38] Die **Haftung des Empfängers für die Fracht und andere Aufwendungen** (zB § 421 Abs. 2 BGB iVm § 418 Abs. 2 S. 2 HGB) legt ihm eine Verpflichtung auf. Diese Erstreckung der Verpflichtung auf einen Dritten wird zum Teil noch vertraglich eingeordnet.[39] Teilweise wird sie aber auch als gesetzlicher Schuldbeitritt qualifiziert und

---

[26] Ferrari IntVertragsR/*Staudinger* Rn. 25.
[27] Dies ist nicht nur eine Vermutung, so aber OLG Naumburg TranspR 2013, 235 = RdTW 2013, 357.
[28] Ferrari IntVertragsR/*Staudinger* Rn. 26. – S. bereits Bericht *Giuliano/Lagarde,* BT-Drs. 10/503, 54.
[29] S. bereits OLG Celle TranspR 2003, 253 = IPRspr. 2002 Nr. 55 A; Bericht *Giuliano/Lagarde,* BT-Drs. 10/503, 54; *Geisler,* Die engste Verbindung im Internationalen Privatrecht, 2001, 276 ff.
[30] Zum alten Recht *Basedow* Symposium der Deutschen Gesellschaft für Transportrecht, 1987, 254.
[31] Reithmann/Martiny IntVertragsR/*Mankowski* Rn. 15.1; Rauscher/*Thorn* Rn. 23.
[32] Ferrari IntVertragsR/*Staudinger* Rn. 20.
[33] Vgl. Soergel/*v. Hoffmann* EGBGB Art. 28 Rn. 84.
[34] Vgl. BeckOGK/*Wiese,* 1.11.2022, Rn. 10.
[35] *Kretschmer,* Das Internationale Privatrecht der zivilen Luftfahrt, 2003, 72; Reithmann/Martiny IntVertragsR/*Mankowski* Rn. 15.5; Rauscher/*Thorn* Rn. 30; Staudinger/*Magnus,* 2021, Rn. 35.
[36] *Mankowski* TranspR 2016, 131 ff.
[37] *Mankowski* TranspR 2016, 131 (136 f.).
[38] Unentschieden *Mankowski* TranspR 2016, 131 (137 f.).
[39] *Martiny* FS Magnus, 2014, 483 (498).

außervertraglich angeknüpft.[40] Letzteres wird zB für die Haftung des ausführenden Frachtführers gemäß § 437 HGB angenommen.[41]

c) Charterverträge. Charakteristisch für Charterverträge ist das Zurverfügungstellen eines Transportmittels, welches von der eigentlichen Beförderung zu unterscheiden ist.[42] Während Art. 4 Abs. 4 S. 3 EVÜ den Güterbeförderungsverträgen Charterverträge für eine einzige Reise gleichstellte,[43] enthält die Rom I-VO keine derartige Bestimmung. Erwägungsgrund 22 erläutert jedoch, dass in Bezug auf die Auslegung von „Güterbeförderungsverträgen" keine inhaltliche Abweichung beabsichtigt war. Folglich sollen als Güterbeförderungsverträge auch Charterverträge für eine einzige Reise und andere Verträge gelten, die in der Hauptsache der Güterbeförderung dienen. Dementsprechend kommt Art. 5 zur Anwendung.[44] Für die Zwecke der VO soll der Begriff „Absender" eine Person bezeichnen, die mit dem Beförderer einen Beförderungsvertrag abschließt, und der Begriff „Beförderer" die Vertragspartei, die sich zur Beförderung der Güter verpflichtet, unabhängig davon, ob sie die Beförderung selbst durchführt. Die Gleichstellung in Art. 4 EVÜ bezog sich nicht auf Charterverträge jeglicher Art; lief ein Reisechartervertrag über mehrere Beförderungen bzw. Reisen, so galt Art. 4 Abs. 4 EVÜ nicht.[45] Es ist fraglich, ob diese Einschränkung nach der Rom I-VO entfallen ist (→ Rn. 126). Teilweise wird auf die konkreten Einzelumstände abgestellt. Art. 5 soll Verträge erfassen, bei denen die Güterbeförderung als solche im Vordergrund steht.[46] 10

Ferner muss Gegenstand des Vertrages die **Ermöglichung der Güterbeförderung selbst** sein.[47] Mithin scheiden solche Verträge aus, bei denen in Wirklichkeit nur das Transportmittel gemietet wird[48] (zur bare-boat-Charter → Rn. 131; zur bare-hull-Charter → Rn. 86). Auch für die zu den Raumfrachtverträgen gehörende **Zeitcharter** wird die Anwendung des Art. 5 verneint;[49] → Rn. 128. Entsprechendes gilt im Seefrachtrecht für die **Mietcharter mit Employmentklausel.**[50] Für den für einen bestimmten Zeitraum geschlossenen **Mengenvertrag** (volume contract), bei dem Massengüter über einen längeren Zeitraum in größeren Mengen transportiert werden, war streitig, ob die Anwendung des Art. 4 Abs. 4 EVÜ ausgeschlossen war.[51] Nach vorzugswürdiger Auffassung überwiegt hingegen die Transportfunktion[52] (→ Rn. 127). 11

d) Andere Verträge. Andere Verträge, die in der **Hauptsache der Güterbeförderung dienen,** wurden in Art. 4 Abs. 4 S. 2 EVÜ den Güterbeförderungsverträgen gleichgestellt. Dazu zählen **Umzugsverträge** mit weitergehenden Verpflichtungen des Umzugsunternehmens.[53] Davon ist auch für Art. 5 auszugehen.[54] Die Beschränkungen für Verbraucherverträge sind stets ausgeschlossen (Art. 6 Abs. 4 lit. b).[55] 12

2. Anknüpfung. Für den Güterbeförderungsvertrag regelt Abs. 1 die subjektive und die objektive Anknüpfung. Für letztere kommt eine Ausweichklausel in Abs. 3 hinzu (→ Rn. 38). 13

II. Rechtswahl nach Art. 3

Eine ausdrückliche oder stillschweigende Rechtswahl ist für Güterbeförderungsverträge nach Art. 3 ff. möglich.[56] Eine besondere Beschränkung bezüglich der wählbaren Rechte besteht nicht.[57] 14

---

40 *Mankowski* TranspR 2016, 131 (138).
41 *Czerwenka* TranspR 2012, 408 (410 f.).
42 *Müller* FG Schluep, 1988, 215 (228 f.).
43 Ob dies auch für andere Charterverträge gilt, war Gegenstand eines Vorabentscheidungsverfahrens; s. Hoge Raad NIPR 2008 Nr. 93 = EuLF 2008 II 41; dazu *Mansel/Thorn/Wagner* IPRax 2009, 1 (21).
44 Vgl. *Wagner* TranspR 2008, 221 (223).
45 *Rabe* HGB Vor § 556 Rn. 110.
46 Ferrari IntVertragsR/*Staudinger* Rn. 22.
47 Bericht *Giuliano/Lagarde* zum EVÜ, BT-Drs. 10/503, 54.
48 Vgl. Soergel/*v. Hoffmann* EGBGB Art. 28 Rn. 87.
49 So Reithmann/Martiny IntVertragsR/*Mankowski* Rn. 15.239 ff.
50 Reithmann/Martiny IntVertragsR/*Mankowski* Rn. 15.242.
51 Soergel/*v. Hoffmann* EGBGB Art. 28 Rn. 88.
52 Reithmann/Martiny IntVertragsR/*Mankowski* Rn. 15.245; Staudinger/*Magnus,* 2021, Rn. 102.
53 Zu Art. 28 EGBGB *Fischer* TranspR 1996, 416. Vgl. auch LG Bonn TranspR 1991, 25 = IPRspr. 1990 Nr. 54.
54 Rauscher/*Thorn* Rn. 29.
55 *Mankowski* TranspR 2008, 339 (341).
56 OLG Köln RdTW 2015, 136; OLG Düsseldorf RdTW 2018, 473 Rn. 28 (ADSp); *Mankowski* TranspR 2008, 339 (341).
57 *Wagner* TranspR 2008, 221 (223).

III. Objektive Anknüpfung (Abs. 1 S. 1)

15 **1. Grundsatz.** Mangels Rechtswahl kommt es zu einer objektiven Anknüpfung. Maßgeblich ist in erster Linie der gewöhnliche Aufenthalt des Beförderers. Nach der ausdrücklichen Anordnung der VO ist der gewöhnliche Aufenthalt im **Zeitpunkt des Vertragsschlusses** maßgeblich (Art. 19). Sinn der Vorschrift ist es, einen Statutenwechsel wegen einer Verlegung der Hauptverwaltung oder Hauptniederlassung möglichst auszuschließen[58] (→ Rn. 18). Hilfsweise kommt es auf den Ablieferungsort an. Eine engere Verbindung kann jedoch zu einem anderen Recht führen.

16 **2. Recht des Beförderers. a) Beförderer.** Nach Abs. 1 S. 1 ist das Recht des Staates anzuwenden, in dem der Beförderer seinen gewöhnlichen Aufenthalt hat, sofern sich in diesem Staat auch der Übernahmeort oder der Ablieferungsort oder der gewöhnliche Aufenthalt des Absenders befindet. Sind diese Voraussetzungen nicht erfüllt, so ist das Recht des Staates des von den Parteien vereinbarten Ablieferungsorts anzuwenden (→ Rn. 24). Nach Erwägungsgrund 22 soll der Begriff „Beförderer" die Vertragspartei bezeichnen, die sich zur Beförderung der Güter verpflichtet, unabhängig davon, ob sie die Beförderung selbst durchführt.

17 **Beförderer** (carrier, transporteur) ist derjenige, der sich zum Transport der Güter für einen anderen verpflichtet.[59] Der Beförderer ist regelmäßig der Verfrachter.[60] Befördert die Vertragspartei nicht selbst, sondern überlässt sie dies einem Dritten, so schadet das nicht. Beförderer ist auch, wer die Beförderung von anderen vornehmen lässt, zB Unterfrachtführer als Erfüllungsgehilfen einsetzt.[61] Nach Erwägungsgrund 22 ist die Vertragspartei auch dann „Beförderer", wenn sie die Beförderung nicht selbst durchführt. Die Beförderung braucht nicht gewerblich zu erfolgen.[62]

18 **b) Gewöhnlicher Aufenthalt.** Es ist das Recht des Staates anzuwenden, in dem der Beförderer seinen gewöhnlichen Aufenthalt hat. Gewöhnlicher Aufenthalt von Gesellschaften und juristischen Personen ist der **Ort ihrer Hauptverwaltung** (Art. 19 Abs. 1 UAbs. 1). Der gewöhnliche Aufenthalt einer natürlichen Person, die im Rahmen ihrer beruflichen Tätigkeit handelt, ist der **Ort ihrer Hauptniederlassung** (Art. 19 Abs. 1 UAbs. 2). Für Verträge im Rahmen des Betriebs einer Zweigniederlassung kommt es auf den Ort an, an dem sich die Zweigniederlassung befindet (Art. 19 Abs. 2); gemeint ist die vertragsbetreuende Niederlassung des Beförderers.

19 **3. Weitere Voraussetzungen. a) Grundsatz.** Für die Anwendung des Rechts des Staates, in dem der Beförderer seinen gewöhnlichen Aufenthalt hat, werden weitere Voraussetzungen genannt. Diese Rechtsordnung kommt nur dann zum Zuge, sofern sich in diesem Staat auch – also **kumulativ**[63] – der Übernahmeort oder der Ablieferungsort oder der gewöhnliche Aufenthalt des Absenders befindet (Abs. 1 S. 1). Damit soll erreicht werden, dass die Beziehung des Sachverhalts zum anwendbaren Recht nicht nur zufällig, sondern substantiell ist.[64] Auch diese Orte sind verordnungsautonom, dh einheitlich zu bestimmen. Der maßgebliche Zeitpunkt für die Bestimmung von Übernahme- und Ablieferungsort wird nicht genannt. Man wird grundsätzlich von der Festlegung zum Zeitpunkt des Vertragsschlusses auszugehen haben.[65]

20 **b) Übernahmeort.** Das Recht des Staates, in dem der Beförderer seinen gewöhnlichen Aufenthalt hat, ist anzuwenden, sofern sich in diesem Staat auch der Übernahmeort befindet. Der Übernahmeort (place of receipt; lieu de chargement) wird nicht näher definiert. Im Vordergrund dürfte die **Annahme der Güter zur Beförderung** stehen.[66] Es wird vorgeschlagen, diesen Ort als Ausgangsort zu verstehen.[67] Es wird auch nicht bestimmt, ob der vertragliche oder der tatsächliche Übernahmeort gemeint ist.[68] Nach bisherigem Recht stellte man auf den vertraglichen Übernahmeort ab.[69] Dies wird auch für das neue Recht angenommen.[70]

---

58 *Wagner* TranspR 2008, 221 (223); BeckOGK/*Wiese,* 1.11.2022, Rn. 18. – S. bereits Bericht *Giuliano/Lagarde,* BT-Drs. 10/503, 54.

59 Reithmann/Martiny IntVertragsR/*Mankowski* Rn. 15.10; *McParland,* The Rome I Regulation on the Law Applicable to Contractual Obligations, 2015, Rn. 11.64.

60 Reithmann/Martiny IntVertragsR/*Mankowski* Rn. 15.10.

61 Reithmann/Martiny IntVertragsR/*Mankowski* Rn. 15.10; Ferrari IntVertragsR/*Staudinger* Rn. 20, 28. – Zum EVÜ Bericht *Giuliano/Lagarde,* BT-Drs. 10/503, 54; Soergel/*v. Hoffmann* EGBGB Art. 28 Rn. 91.

62 Staudinger/*Magnus,* 2021, Rn. 22.

63 Rauscher/*Thorn* Rn. 32.

64 So *Wagner* TranspR 2008, 221 (223).

65 *Lagarde/Tenenbaum* Rev. crit. dr. int. pr. 97 (2008), 727 (762); Reithmann/Martiny IntVertragsR/*Mankowski* Rn. 15.9; BeckOGK/*Wiese,* 1.11.2022, Rn. 20.

66 Ferrari IntVertragsR/*Staudinger* Rn. 31.

67 *Mankowski* TranspR 2008, 339 (346); Reithmann/Martiny IntVertragsR/*Mankowski* Rn. 15.20.

68 Eher für Letzteres *Lagarde/Tenenbaum* Rev. crit. dr. int. pr. 97 (2008), 727 (762).

69 Nachweise bei *Mankowski* TranspR 2008, 339 (346).

70 Reithmann/Martiny IntVertragsR/*Mankowski* Rn. 15.21.

c) Vereinbarter Ablieferungsort. Auf den Staat, in dem der Beförderer seinen gewöhnlichen Aufenthalt hat, ist abzustellen, sofern sich in diesem Staat auch der Ablieferungsort befindet. Der Ablieferungsort (place of delivery; lieu de livraison) wird nicht näher definiert, so dass sich zahlreiche Zweifelsfragen ergeben. Unklar ist, wieweit „abliefern" auch bedeutet, dass die Ware zur Verfügung gestellt wird.[71] Der Ort selbst wirft ebenfalls Zweifel auf. Es wird vorgeschlagen, ihn als Bestimmungsort zu verstehen.[72] Ein Beförderungsabschnitt genügt nicht.[73] Für den Ablieferungsort dürfte es nicht auf den gesetzlichen, sondern auf den **vertraglich festgelegten Ort für die Ablieferung des Frachtguts** ankommen.[74] Einvernehmliche Änderungen sind aber möglich.[75] Eine einseitige Änderung des Ablieferungsorts hat daher keinen Einfluss.[76] Sind in einem Vertrag mehrere Abladeorte in verschiedenen Staaten vereinbart, so ist fraglich, ob man einem von ihnen (insbesondere wirtschaftlich) ein besonderes Gewicht zubilligen kann[77] oder das Erfordernis nicht erfüllt ist.[78] Sind verschiedene optionale Ablieferungsorte vorgesehen, so wird man auf den zuletzt gewählten abstellen können.[79] 21

d) Gewöhnlicher Aufenthalt des Absenders. Es ist das Recht des Staates anzuwenden, in dem der Beförderer seinen gewöhnlichen Aufenthalt hat, sofern sich in diesem Staat auch der gewöhnliche Aufenthalt des Absenders befindet. Gewöhnlicher Aufenthalt von Gesellschaften und juristischen Personen ist der Ort ihrer Hauptverwaltung (Art. 19 Abs. 1 UAbs. 1). Der gewöhnliche Aufenthalt einer natürlichen Person, die im Rahmen ihrer beruflichen Tätigkeit handelt, ist der Ort ihrer Hauptniederlassung (Art. 19 Abs. 1 UAbs. 2). Für Verträge im Rahmen des Betriebs einer Zweigniederlassung kommt es auf den Ort an, an dem sich die Zweigniederlassung befindet (Art. 19 Abs. 2). 22

Nach Erwägungsgrund 22 bezeichnet der Begriff **„Absender"** eine Person, die mit dem Beförderer einen Beförderungsvertrag abschließt. Absender (consignor; expéditeur) ist also die andere Partei des Beförderungsvertrages.[80] Der Absender ist regelmäßig der Befrachter.[81] Der **Ablader** beim Seefrachtvertrag, welcher die Güter dem Verfrachter zur Beförderung übergibt (zB ein Seehafenspediteur), ist jedoch nur dann Absender, wenn er als Befrachter handelt.[82] Man wird wohl verlangen müssen, dass er den Beförderungsvertrag im eigenen Namen schließt.[83] Früher wurde als Absender auch angesehen, wer dem Beförderer lediglich faktisch die Güter zuliefert.[84] Dafür spricht zwar die Übereinstimmung mit der tatsächlichen Vertragsabwicklung, dagegen aber die Komplizierung und Gefährdung der Statutbestimmung durch das Abstellen auf Umstände außerhalb des eigentlichen Vertragsverhältnisses.[85] 23

IV. Hilfsweise Geltung des Rechts des Ablieferungsorts (Abs. 1 S. 2)

Nach Abs. 1 S. 1 ist in erster Linie das Recht des Staates anzuwenden, in dem der Beförderer seinen gewöhnlichen Aufenthalt hat. Sind aber die dafür genannten zusätzlichen Voraussetzungen (→ Rn. 19) nicht erfüllt, so kommt es für den Gütertransport auf einen anderen Anknüpfungspunkt an.[86] Es ist das Recht des Staates des von den Parteien **vereinbarten Ablieferungsorts** (place of delivery; lieu de livraison) anzuwenden (Abs. 1 S. 2). Auch dieser Ort ist einheitlich zu bestimmen. Dabei kommt es auf die jeweilige Transportart und die Vereinbarung der Parteien an. Eine Begriffsbe- 24

---

[71] So wohl Ferrari IntVertragsR/*Staudinger* Rn. 31: „Übergabe in die Obhut"; vgl. *Lagarde/Tenenbaum* Rev. crit. dr. int. pr. 97 (2008), 727 (761 f.).

[72] *Mankowski* TranspR 2008, 339 (346); Reithmann/Martiny IntVertragsR/*Mankowski* Rn. 15.20.

[73] Ferrari IntVertragsR/*Staudinger* Rn. 31.

[74] *Mankowski* TranspR 2008, 339 (346 f.); BeckOK BGB/*Spickhoff* Rn. 4; Staudinger/*Magnus,* 2021, Rn. 42.

[75] Ferrari IntVertragsR/*Staudinger* Rn. 32; Rauscher/*Thorn* Rn. 36.

[76] Im Ergebnis auch Ferrari IntVertragsR/*Staudinger* Rn. 33. – Eher für den tatsächlichen Ort *Lagarde/Tenenbaum* Rev. crit. dr. int. pr. 97 (2008), 727 (762).

[77] Dafür BeckOGK/*Wiese,* 1.11.2022, Rn. 29: Schwerpunkt; Ferrari IntVertragsR/*Staudinger* Rn. 34; Staudinger/*Magnus,* 2021, Rn. 43.

[78] Rauscher/*Thorn* Rn. 37; unentschieden Calliess/Renner/*Mauer* Rn. 65.

[79] Ferrari IntVertragsR/*Staudinger* Rn. 36.

[80] *McParland,* The Rome I Regulation on the Law Applicable to Contractual Obligations, 2015, Rn. 11.73 ff.

[81] Reithmann/Martiny IntVertragsR/*Mankowski* Rn. 15.13.

[82] Reithmann/Martiny IntVertragsR/*Mankowski* Rn. 15.16; Staudinger/*Magnus,* 2021, Rn. 24.

[83] Reithmann/Martiny IntVertragsR/*Mankowski* Rn. 15.16; Rauscher/*Thorn* Rn. 34; Staudinger/*Magnus,* 2021, Rn. 24.

[84] Soergel/*v. Hoffmann* EGBGB Art. 28 Rn. 94, 436. Vgl. auch Bericht *Giuliano/Lagarde,* BT-Drs. 10/503, 54.

[85] Näher *McParland,* The Rome I Regulation on the Law Applicable to Contractual Obligations, 2015, Rn. 11.73 ff.

[86] OLG Brandenburg RdTW 2019, 256.

stimmung nach den Regeln der lex causae, dh des in der Sache anwendbaren Rechts, dürfte sich verbieten, da es gerade um die Ermittlung der maßgeblichen Rechtsordnung geht. Sind die Incoterms vereinbart, so kommt es auf den Ablieferungsort nach der jeweiligen Klausel an.[87] Ob dann, wenn sich ein vertraglicher Ablieferungsort (insbesondere mangels Vereinbarung) **nicht bestimmen lässt,** hilfsweise auf Art. 4 Abs. 2,[88] den tatsächlichen Ablieferungsort,[89] die Ausweichklausel des Abs. 3 (engere Verbindung)[90] oder Abs. 4 (engste Verbindung)[91] zurückgegriffen werden kann, ist str.

D. Beförderung von Personen (Abs. 2)

I. Allgemeines

25 **1. Vertrag über die Beförderung von Personen.** Vertragsgegenstand der Personenbeförderung (contract for the carriage of passengers; contrat de transport de passagers) ist die Beförderung einer oder mehrerer Personen. Dazu gehört auch die als Nebenleistung einzuordnende **Beförderung von Reisegepäck**[92] (→ Rn. 9). Erfasst wird auch die Fährschiffnutzung.[93] Keine Transportdienstleistung ist die reine Reisevermittlung (vgl. § 651v BGB).[94] Der Reisende kann begünstigter Dritter eines von einer anderen Partei geschlossenen Beförderungsvertrages sein. Entsprechende Rahmenverträge werden etwa von Arbeitgebern geschlossen. Auch auf derartige Verträge findet Art. 5 Anwendung.[95] Für die Anwendung von Einheitsrecht ist auch bei der Personenbeförderung **nach dem Beförderungsmittel zu unterscheiden** (→ Rn. 54 f.).[96] Nach der Rom I-VO ist die Personenbeförderung der verbraucherschutzrechtlichen Regelung des Art. 6 grundsätzlich entzogen (Art. 6 Abs. 4 lit. b, → Art. 6 Rn. 23). Daher spielt keine Rolle, ob der Reisende seine Reise zu beruflichen oder zu privaten Zwecken unternimmt.[97] Reine Personenbeförderungsverträge unterfallen folglich nicht dem Internationalen Verbraucherrecht.[98] Vielmehr herrscht für sie Rechtswahlfreiheit in den Grenzen des Art. 5 Abs. 2 UAbs. 2. **Pauschalreiseverträge,** die auf eine Beförderung und Unterbringung für einen Pauschalpreis abzielen (vgl. § 651a BGB), dürften, da die Beförderungsleistung nicht im Vordergrund steht, nicht als Beförderungsverträge anzusehen sein.[99] Allerdings sind sie wiederum in den Internationalen Verbraucherschutz einbezogen (Art. 6 Abs. 4 lit. b; → Art. 6 Rn. 31).

26 **2. Anknüpfung.** Die Parteien können in Bezug auf einen Vertrag über die Beförderung von Personen eine Rechtswahl nach Abs. 2 UAbs. 2 treffen. Andernfalls ist nach UAbs. 1 das anzuwendende Recht das Recht des Staates, in dem die zu befördernde Person ihren gewöhnlichen Aufenthalt hat, sofern sich in diesem Staat auch der Abgangsort oder der Bestimmungsort befindet. Hilfsweise ist das Recht des Staates anzuwenden, in dem der Beförderer seinen gewöhnlichen Aufenthalt hat. Nach altem Recht führte die objektive Anknüpfung regelmäßig zum Recht der Niederlassung des Beförderers (Abs. 2 S. 2).[100]

---

[87] Dazu näher Ferrari IntVertragsR/*Staudinger* Rn. 38.

[88] Bejahend *Nielsen* in Ferrari/Leible, Rome I Regulation, 2009, 107; Ferrari IntVertragsR/*Staudinger* Rn. 39 f.; BeckOK BGB/*Spickhoff* Rn. 6.

[89] *Schilling,* Das Internationale Privatrecht der Transportverträge, 2016, 220; Staudinger/*Magnus,* 2021, Rn. 46.

[90] *Schilling,* Das Internationale Privatrecht der Transportverträge, 2016, 220: hilfsweise; Calliess/Renner/Mauer Rn. 65; Erman/*Stürner* Rn. 9; Grüneberg/*Thorn* Rn. 7.

[91] *Ramming* HmbSchRZ 2009, 21 (25): Art. 4 Abs. 4 analog; NK-BGB/*Leible* Rn. 24: kann gewöhnlicher Aufenthaltsort des Beförderers sein.

[92] Reithmann/Martiny IntVertragsR/*Mankowski* Rn. 15.40; Rauscher/*Thorn* Rn. 73.

[93] PWW/*Remien/Segger-Piening* Rn. 6.

[94] Rauscher/*Thorn* Rn. 73; Staudinger/*Magnus,* 2021, Rn. 50.

[95] *Mankowski* TranspR 2009, 341 (348); *Schilling,* Das Internationale Privatrecht der Transportverträge, 2016, 271 ff.; *Rauscher/Thorn* Rn. 73.

[96] Näher zu den einzelnen Beförderungsverträgen Reithmann/Martiny IntVertragsR/*Mankowski* Rn. 15.100 ff.

[97] *Wagner* TranspR 2008, 221 (223); Ferrari IntVertragsR/*Staudinger* Rn. 19.

[98] Krit. dazu Reithmann/Martiny IntVertragsR/*Mankowski* Rn. 6.1904.

[99] *Schilling,* Das Internationale Privatrecht der Transportverträge, 2016, 317; Staudinger/*Magnus,* 2021, Rn. 21; vgl. auch *Plender/Wilderspin,* The European private international law of obligations, 5. Aufl. 2020, Rn. 8-034: es sei denn, das Schwergewicht liegt auf der Beförderung.

[100] OLG Frankfurt IPRspr. 1996 Nr. 137 = IPRax 1998, 35 m. Aufsatz *Pfeiffer* IPRax 1998, 17; TranspR 2003, 200; AG Frankfurt a.M. IPRspr. 1995 Nr. 52 = NJW-RR 1996, 1335; AG Düsseldorf TranspR 2000, 263; *Basedow* IPRax 1987, 341.

II. Rechtswahl nach Art. 5 Abs. 2 UAbs. 2

1. Beschränkte Rechtswahl. Als auf den Personenbeförderungsvertrag anzuwendendes Recht können die Parteien nach Art. 3 nur das Recht des Staates eines der in Abs. 2 UAbs. 2 genannten fünf Orte wählen, nämlich gewöhnlicher Aufenthalt des Reisenden oder des Beförderers, Hauptverwaltung des Beförderers, Abgangsort oder Bestimmungsort. Auch eine konkludente Rechtswahl ist möglich.[101] Es handelt sich – ähnlich wie bei Art. 7 – um den Fall einer (jedenfalls theoretisch) beschränkten Rechtswahl, da die zu befördernde Person strukturell die schwächere Partei ist.[102] Früher wurde angenommen, dass eine darüber hinausgehende **Inhaltskontrolle** bezüglich der Rechtswahl weder auf die lex fori, noch auf die Regeln des gewählten Rechts gestützt werden könne.[103] Eine formularmäßige Vereinbarung des anwendbaren Rechs bei einem Personenbeförderungsvertrag sei auch dann wirksam, wenn der Verbraucher nicht auf die beschränkten Wahlmöglichkeiten nach Art. 5 Abs. 2 Rom-I VO hingewiesen worden ist.[104] Die Rechtswahlschranken müssten nicht in die Rechtswahlklauseln aufgenommen werden.[105] Der Ansatz des Art. 5 unterscheidet sich von der auf einem Günstigkeitsvergleich aufbauenden Regelung des Verbrauchervertrages nach Art. 6.[106] Bei einer Anwendung des die Rechtswahl beschränkenden Amazon-Ansatzes (→ Rn. 60 [Lufttransport], → Art. 6 Rn. 60 ff.) stellt sich dagegen die Frage, in welcher Weise die Rechtswahlklausel zu formulieren ist.[107] 27

2. Einzelne Wahlmöglichkeiten. a) Gewöhnlicher Aufenthalt der zu befördernden Person (Abs. 2 UAbs. 2 lit. a). Für den Vertrag über die Beförderung von Personen können die Parteien nach Art. 3 das Recht des Staates wählen, in dem die zu befördernde Person ihren gewöhnlichen Aufenthalt iSd Art. 19 hat. Dabei kommt es auf die Vertragspartei an, auch wenn aufgrund des Beförderungsvertrags eine oder mehrere andere Personen befördert werden.[108] Andernfalls würde man nicht nur auf eine Nicht-Vertragspartei abstellen, sondern auch auf praktische Durchführungsschwierigkeiten stoßen. 28

b) Gewöhnlicher Aufenthalt des Beförderers (Abs. 2 UAbs. 2 lit. b). Als auf den Vertrag über die Beförderung von Personen anzuwendendes Recht können die Parteien auch das Recht des Staates wählen, in dem der Beförderer seinen gewöhnlichen Aufenthalt hat. Der Beförderer kann daher sein eigenes Recht wählen.[109] Für die Bestimmung des gewöhnlichen Aufenthalts bleibt es bei der Grundregel des Art. 19.[110] Dies gilt auch bei einer Buchung per Internet.[111] Der gewöhnliche Aufenthalt einer natürlichen Person, die im Rahmen ihrer beruflichen Tätigkeit handelt, ist der Ort ihrer Hauptniederlassung (principal place of business; Art. 19 Abs. 1 UAbs. 2). Für Verträge im Rahmen des Betriebs einer Zweigniederlassung (branch) kommt es auf den Ort an, an dem sich die Zweigniederlassung befindet (Art. 19 Abs. 2). 29

c) Hauptverwaltung des Beförderers (Abs. 2 UAbs. 2 lit. c). Für den Vertrag über die Beförderung von Personen können die Parteien das Recht des Staates wählen, in dem der Beförderer seine Hauptverwaltung hat. Gewöhnlicher Aufenthalt von Gesellschaften und juristischen Personen ist der Ort ihrer Hauptverwaltung (place of central administration; Art. 19 Abs. 1 UAbs. 1). 30

d) Abgangsort (Abs. 2 UAbs. 2 lit. d). Als anwendbares Recht können die Parteien auch das Recht des Staates wählen, in dem sich der Abgangsort befindet (place of departure; lieu de départ). Dabei kommt es auf den Beginn der Reise an.[112] Entscheidend ist der vertraglich festgelegte Ort; allerdings ist eine nachträgliche Vertragsänderung möglich.[113] Nicht entscheidend ist der erstma- 31

---

101 AG Frankfurt a.M. RRa 2014, 148.

102 Dazu *Mankowski* TranspR 2008, 341 (349); *Rühl* FS v. Hoffmann, 2011, 364 (369 f.); Ferrari IntVertragsR/*Staudinger* Rn. 48.

103 *Mankowski* RRa 2014, 118 (121); Reithmann/Martiny IntVertragsR/*Mankowski* Rn. 15.62 f. Wohl auch Ferrari IntVertragsR/*Staudinger* Rn. 48a f. – Unwirksamkeit der intransparenten Wahl irischen Rechts nimmt aber an LG Frankfurt a.M. BeckRS 2020, 15394.

104 OLG Frankfurt IPRax 2019, 241 m. zust. Aufsatz *Mankowski* IPRax 2019, 208; *Mandl* Jb. vergleichende Staats- und Rechtswissenschaften 2018/2019, 237 (281 ff.).

105 OLG Frankfurt IPRax 2019, 241 m. zust. Aufsatz *Mankowski* IPRax 2019, 208.

106 Näher dazu *Mankowski* IPRax 2019, 208 (209); unentschieden PWW/*Remien*/*Segger-Piening* Rn. 4 mwN.

107 Dazu AG Nürnberg NZV 2019, 103 mAnm *Janßen* = JM 2019, 134 m. Aufsatz *Staudinger* (Das Vorlageverfahren zum EuGH hat sich erledigt); *Tiede*/*Bergel*/*Krannich* VuR 2020, 215 ff.; *Picht*/*Kopp* IPRax 2024, 16 (27).

108 Ferrari IntVertragsR/*Staudinger* Rn. 50 f.

109 *Mankowski* TranspR 2008, 341 (350).

110 Dazu *Mankowski* TranspR 2008, 341 (349 f.).

111 Vgl. LG Frankfurt a.M. TranspR 2015, 404 mAnm *Vyvers.*

112 BGH NJW 2013, 378 = NZV 2013, 185 betr. Abflugsort der ersten Teilstrecke; NK-BGB/*Leible* Rn. 38.

113 BeckOGK/*Wiese,* 1.11.2022, Rn. 44, 47; Ferrari IntVertragsR/*Staudinger* Rn. 54.

lige Einsatz des Transportmittels.[114] Bei gleichzeitiger Buchung von Hin- und Rückflug wird für eine getrennte Beurteilung plädiert.[115]

32 **e) Bestimmungsort (Abs. 2 UAbs. 2 lit. e).** Für den Personenbeförderungsvertrag können die Parteien schließlich das Recht des Staates wählen, in dem sich der Bestimmungsort befindet (place of destination; lieu de destination). Auch hier kommt es auf den vertraglichen, nicht auf tatsächlichen Bestimmungsort an.[116]

III. Objektive Anknüpfung (Abs. 2 UAbs. 1)

33 **1. Grundsatz.** Haben die Parteien für den Personenbeförderungsvertrag keine Rechtswahl nach UAbs. 2 getroffen, so ist das anzuwendende Recht die Rechtsordnung des Staates, in dem die zu befördernde Person ihren gewöhnlichen Aufenthalt hat. Insofern hat sich das Rechtsanwendungsinteresse des Reisenden durchgesetzt.[117] Darin liegt eine Abkehr vom Grundsatz der charakteristischen Leistung.[118] Allerdings bleibt das Interesse des Beförderers nicht unberücksichtigt. Das Recht am gewöhnlichen Aufenthaltsort des Reisenden setzt sich nämlich nur dann durch, wenn sich in diesem Staat auch der **Abgangsort oder der Bestimmungsort** befindet.[119] Für **Abgangs- und Bestimmungsort** kommt es auf die vertragliche Festlegung an (→ Rn. 35 f.). Gleichwohl könnte man daran denken, eine tatsächliche Abweichung sei relevant, wenn kann auf diese Weise Übereinstimmung mit dem Umweltrecht des Reisenden bzw. dem Recht an seinem gewöhnlichen Aufenthaltsort eintritt.[120] Solche tatsächlichen Umstände sollten aber nicht zu Änderungen bezüglich des geschlossenen Vertrages führen. Die Frage, ob bei einem Zusteigen in das Beförderungsmittel insoweit auf die ganze Fahrt des Beförderungsmittels abzustellen oder lediglich die konkrete Reise des Reisenden **(Streckenabschnitt)** maßgeblich ist, wurde nicht klargestellt.[121] Aus der Sicht des Reisenden ist freilich wenig aussagekräftig, wo das Beförderungsmittel ursprünglich herkommt und wohin es am Ende gelenkt wird.[122]

34 **2. Gewöhnlicher Aufenthalt der zu befördernden Person (Abs. 2 UAbs. 1).** Die zu **befördernde Person** (passenger; passager) ist der Reisende. Diese Person wird regelmäßig durch den Beförderungsvertrag bestimmt. Allerdings ist nicht klar, wie weit dies auch dann gilt, wenn der Reisende (zB ein Familienmitglied) nicht selbst Vertragspartei ist.[123] Darauf deutet allerdings der Wortlaut hin, der andernfalls von der Vertragspartei hätte sprechen können. Wird der Beförderungsvertrag von einem Unternehmen oder Arbeitgeber für einen Geschäftsreisenden oder Arbeitnehmer abgeschlossen, so ist im Interesse von Rechtsklarheit und Voraussehbarkeit auf den (förmlichen) Vertragspartner, nicht auf den tatsächlich Reisenden abzustellen.[124] Es kommt auf den **gewöhnlichen Aufenthaltsort** des zu Befördernden, dh der Vertragspartei, an.[125] Teilweise will man auf den gewöhnlichen Aufenthalt des Beförderers ausweichen.[126] Die Bestimmung des gewöhnlichen Aufenthalts von Privatpersonen wird in Art. 19 nicht näher angesprochen. Man wird wohl von den allgemeinen Grundsätzen der Aufenthaltsbestimmung auszugehen haben (→ Einl. IPR Rn. 58 ff.). Der gewöhnliche Aufenthalt einer natürlichen Person, die im Rahmen ihrer beruflichen Tätigkeit handelt, ist auch hier der Ort ihrer Hauptniederlassung (Art. 19 Abs. 1 UAbs. 2).

35 **3. Weitere Voraussetzungen (Abs. 2 UAbs. 1). a) Abgangsort (Abs. 2 UAbs. 1 S. 1).** Im Staat des gewöhnlichen Aufenthalts muss sich auch der Abgangsort (place of departure; lieu de

---

114 BeckOGK/*Wiese,* 1.11.2022, Rn. 42.

115 Ferrari IntVertragsR/*Staudinger* Rn. 55.

116 *Mankowski* TranspR 2008, 341 (346 f.); BeckOK BGB/*Spickhoff* Rn. 16; Ferrari IntVertragsR/*Staudinger* Rn. 55.

117 *Wagner* TranspR 2008, 221 (223).

118 *Mankowski* TranspR 2008, 341 (347 f.).

119 Im Ergebnis ebenso bereits nach Art. 28 Abs. 5 EGBGB AG Lübeck NJW-RR 2008, 70.

120 Dazu Ferrari IntVertragsR/*Staudinger* Rn. 57.

121 *Clausnitzer/Woopen* BB 2008, 1798 (1800).

122 Ferrari IntVertragsR/*Staudinger* Rn. 57.

123 Dazu *Mankowski* TranspR 2008, 341 (348). Auf den Reisenden stellt ab AG Dortmund RRa 2022, 235 (238).

124 *Mandl* Jb. vergleichende Staats- und Rechtswissenschaften 2018/2019, 237 (246 ff.); Reithmann/Martiny IntVertragsR/*Mankowski* Rn. 15.45 ff.; Ferrari IntVertragsR/*Staudinger* Rn. 50 f., 58; Staudinger/*Magnus,* 2021, Rn. 25; anders wohl BeckOK BGB/*Spickhoff* Rn. 17. Für den vertraglich benannten Reisenden BeckOGK/*Wiese,* 1.11.2022, Rn. 49.

125 Ferrari IntVertragsR/*Staudinger* Rn. 58.

126 Calliess/Renner/*Mauer* Rn. 73.

départ) für den Reisenden befinden. Auch hier ist der vertragliche Abgangsort gemeint.[127] Auf einen davon abweichenden tatsächlichen Abgangsort dürfte es nicht ankommen. Auch ein Zwischenhalt bleibt außer Betracht.[128] Bei fehlender vertraglicher Festlegung kann aber auf den tatsächlichen Ort abgestellt werden.[129]

b) Bestimmungsort (Abs. 2 UAbs. 1 S. 1). Im Staat des gewöhnlichen Aufenthalts des Reisenden muss sich auch der Bestimmungsort (place of destination) der Reise befinden. Auch hier ist der vertragliche Bestimmungsort gemeint.[130] Auf die Reise des Beförderungsmittels dürfte es nicht ankommen; entscheidend ist der Reisende selbst.[131] 36

4. Recht des Beförderers (Abs. 2 UAbs. 1 S. 2). Sind die kumulativen zusätzlichen Voraussetzungen nicht erfüllt, so ist das Recht des Beförderers anzuwenden. Bei dieser subsidiären Anknüpfung bricht sich der Grundsatz der charakteristischen Leistung Bahn.[132] Beförderer ist der vertragliche, nicht der tatsächlich ausführende Beförderer.[133] Es kommt auf den **gewöhnlichen Aufenthalt des Beförderers** an. Gewöhnlicher Aufenthalt von Gesellschaften und juristischen Personen ist auch hier der Ort ihrer Hauptverwaltung (Art. 19 Abs. 1 UAbs. 1). Der gewöhnliche Aufenthalt einer natürlichen Person, die im Rahmen ihrer beruflichen Tätigkeit handelt, ist der Ort ihrer Hauptniederlassung (Art. 19 Abs. 1 UAbs. 2). Für Verträge im Rahmen des Betriebs einer Zweigniederlassung kommt es auf den Ort an, an dem sich die Zweigniederlassung befindet (Art. 19 Abs. 2). Eine Klarstellung für das Tätigwerden mehrerer Beförderer fehlt.[134] 37

E. Ausweichklausel (Abs. 3)

Die objektive Anknüpfung nach Abs. 1 und 2 steht unter dem Vorbehalt einer Ausweichklausel (Abs. 3).[135] Diese bezieht sich sowohl auf die Güterbeförderung,[136] als auch die Personenbeförderung.[137] Sie betrifft jedoch nicht die Fälle einer Rechtswahl.[138] Ergibt sich aus der Gesamtheit der Umstände, dass der Vertrag im Falle fehlender Rechtswahl eine **offensichtlich engere Verbindung** zu einem anderen als dem nach Abs. 1 oder 2 bestimmten Staat aufweist, so ist das Recht dieses anderen Staates anzuwenden (Abs. 3). Dies entspricht der engeren Verbindung iSd Art. 4 Abs. 3. Die Ausweichklausel kommt für die Güterbeförderung zur Anwendung und kann zum gewöhnlichen Aufenthalt des Beförderers führen.[139] Sie gilt auch für die Personenbeförderung.[140] Allein auf den Bestimmungsort kann eine engere Verbindung zu einer anderen Rechtsordnung nicht gestützt werden.[141] Es kommt auf die **Gesamtheit der Umstände** an.[142] Es kommen grundsätzlich die gleichen Umstände wie bei Art. 4 Abs. 3 in Betracht (→ Art. 4 Rn. 314 ff.). Ein einheitliches „Unfallstatut" für Passagiergemeinschaften bei Massenverkehrsun- 38

[127] *Mankowski* TranspR 2008, 341 (346 f., 348); *Mandl* Jb. vergleichende Staats- und Rechtswissenschaften 2018/2019, 237 (260 ff.); BeckOGK/*Wiese,* 1.11.2022, Rn. 53.
[128] PWW/*Remien/Segger-Piening* Rn. 4.
[129] BeckOGK/*Wiese,* 1.11.2022, Rn. 56.
[130] *Mankowski* TranspR 2008, 341 (346 f., 348); *Mandl* Jb. vergleichende Staats- und Rechtswissenschaften 2018/2019, 237 (260 ff.); BeckOGK/*Wiese,* 1.11.2022, Rn. 53.
[131] *Mankowski* TranspR 2008, 341 (348); BeckOK BGB/*Spickhoff* Rn. 17; PWW/*Remien/Segger-Piening* Rn. 4. – S. aber *Clausnitzer/Woopen* BB 2008, 1798 (1800).
[132] Dazu *Mankowski* TranspR 2008, 341 (348 f.); *Schilling,* Das Internationale Privatrecht der Transportverträge, 2016, 289 ff.
[133] Reithmann/Martiny IntVertragsR/*Mankowski* Rn. 15.53; Ferrari IntVertragsR/*Staudinger* Rn. 52.
[134] BeckOK BGB/*Spickhoff* Rn. 19; näher zu den Möglichkeiten Ferrari IntVertragsR/*Staudinger* Rn. 61; krit. dazu *Lagarde/Tenenbaum* Rev. crit. dr. int. pr. 97 (2008), 727 (764).
[135] *Wagner* TranspR 2008, 221 (223); *Mandl* Jb. vergleichende Staats- und Rechtswissenschaften 2018/2019, 237 (272 f.); *Schilling,* Das Internationale Privatrecht der Transportverträge, 2016, 207 ff. – Zum früheren Art. 4 Abs. 5 EVÜ s. EuGH Slg. 2009, I-9687 = EuZW 2009, 822 = IPRax 2010, 236 m. Aufsatz *Rammeloo* IPRax 2010, 215 = TranspR 2009, 491 mAnm *Mankowski* = IHR 2010, 128 m. Aufsatz *Mankowski* IHR 2010, 89 – Intercontainer Interfrigo; *Martiny* GPR 2011, 48 ff.
[136] Dazu *Schilling,* Das Internationale Privatrecht der Transportverträge, 2016, 207 ff.
[137] Näher *Schilling,* Das Internationale Privatrecht der Transportverträge, 2016, 295 ff.
[138] PWW/*Remien/Segger-Piening* Rn. 8 mwN.
[139] Grüneberg/*Thorn* Rn. 7.
[140] Grüneberg/*Thorn* Rn. 10.
[141] Näher Reithmann/Martiny IntVertragsR/*Mankowski* Rn. 15.66 ff.; vgl. AG Frankfurt a.M. NJW-RR 1996, 1335.
[142] Ferrari IntVertragsR/*Staudinger* Rn. 63.

fällen lässt sich nicht begründen.[143] Um eine einschränkende Handhabung zu sichern, wird ausdrücklich verlangt, dass die engere Verbindung „offensichtlich" sein muss.[144] Bei einem Beförderungsvertrag zwischen Frachtführer und Absender mit gewöhnlichem Aufenthalt in zwei Staaten über Container, welche nacheinander in verschiedenen Häfen entladen werden, kann eine engere Verbindung angenommen werden. Sie führt zum gewöhnlichen Aufenthalt des Beförderers.[145]

F. Zwingende Vorschriften

39 Auch im Transportrecht sind die allgemeinen **Grenzen der Rechtswahl** nach Art. 3 Abs. 3 sowie Art. 3 Abs. 4 zu beachten. Im Übrigen können **Eingriffsnormen** nach Art. 9 in Betracht kommen (→ Art. 9 Rn. 91). Der deutsche Gesetzgeber hat für **Kabotageverträge** angeordnet, dass bestimmte Vorschriften über Speditionsverträge auch bei der Vereinbarung von Auslandsrecht durchzusetzen sind (§ 466 Abs. 5 HGB; → Rn. 43). Zwingende Normen bestehen auch für Frachtverträge (§ 449 Abs. 4 HGB; → Rn. 49). Schließlich erfasst eine besondere Norm Umzugsverträge (§ 451h Abs. 3 HGB; → Rn. 50). Diese transportrechtlichen Vorschriften werden überwiegend als international zwingende Normen bzw. Eingriffsnormen iSd Art. 9 Abs. 2 eingeordnet (→ Art. 9 Rn. 170).[146] Andere wollen sie nicht auf diesem Wege, sondern lediglich als „überlagernde Anknüpfung" verstehen, die kraft des Vorranges umgesetzten Unionsrechts (Art. 23) anzuwenden sind.[147]

G. Einzelne Transportarten

I. Speditionsvertrag

40 **1. Einheitsrecht.** Für die mit Spediteuren geschlossenen Verträge (vgl. §§ 453 ff. HGB) ist jeweils zu prüfen, wie weit für sie vereinheitlichtes Recht gilt. Zwar können Transportrechtsnormen einschlägig sein, eine generelle Vereinheitlichung des Speditionsrechts besteht aber nicht. Nach der Rspr. können Speditionsverträge über die Verweisung in §§ 458–460 HGB, die den Spediteur unter bestimmten Bedingungen (Selbsteintritt, Fixkosten- oder Sammelladungsspedition) dem **Frachtführer gleichstellen,** auch der CMR (→ Rn. 44) unterliegen.[148] Zwar ist es methodisch nicht richtig, internationalem Einheitsrecht nationales Recht gleichsam vorzuschalten. Gleichwohl ist es auch bei autonomer staatsvertraglicher Auslegung zulässig, den Begriff des „carrier" bzw. „transporteur" so weit zu fassen, dass entsprechende Fallgestaltungen von der CMR erfasst werden.[149] Dies wird inzwischen auch für den Fixkostenspediteur angenommen.[150] Entsprechendes gilt für das WA 1955 (→ Rn. 65); bei Selbsteintritt oder Fixkostenspedition hat der Spediteur die Rechte und Pflichten eines Luftfrachtführers iSd Art. 1 WA 1955.[151] Gleiches gilt nach dem MÜ.[152]

---

143 *Rieländer* RabelsZ 81 (2017), 344 (375 ff.).

144 Dazu *Mankowski* TranspR 2008, 339 (351); Reithmann/Martiny IntVertragsR/*Mankowski* Rn. 15.66.

145 *Nielsen* in Ferrari/Leible, Rome I Regulation, 2009, 106 f.; Grüneberg/*Thorn* Rn. 7; vgl. BGH NJW 2009, 3371.

146 Reithmann/Martiny IntVertragsR/*Zwickel* Rn. 5.111; Staudinger/*Magnus,* 2021, Rn. 66; s. auch OLG Köln TranspR 2006, 263; *Staudinger* IPRax 2001, 183 (184).

147 Reithmann/Martiny IntVertragsR/*Mankowski* Rn. 15.117 ff. – Für Vorrang auch Rauscher/*Thorn* Art. 9 Rn. 56.

148 BGHZ 65, 340 (342) = NJW 1976, 1029; BGHZ 83, 96 (99 f.) = NJW 1982, 1946 = IPRax 1982, 240 mAnm *Helm* IPRax 1982, 225; BGH NJW 1982, 1944; RIW 1996, 602; TranspR 2007, 314 (317); TranspR 2010, 277 (279); *Thume* TranspR 1992, 355 (356); Fremuth/Thume/*Thume,* Kommentar zum Transportrecht, 2000, CMR Art. 1 Rn. 4.

149 OLG München TranspR 1997, 33 = NJW-RR 1997, 229; TranspR 1998, 353; OLG Hamm TranspR 2000, 29; OLG Karlsruhe TranspR 2002, 344 = NJW-RR 2002, 1722 = IPRax 2003, 533 m. Aufsatz *Schinkels* IPRax 2003, 517; Reithmann/Martiny IntVertragsR/*Mankowski* Rn. 31.28; näher *Koller* VersR 1987, 1058 ff.; *Koller* VersR 1988, 556 ff.; anders *Lengtat* VersR 1985, 210 (212).

150 BGH RIW 2008, 720 = IPRax 2008, 541 m. Aufsatz *Jayme/Nordmeier* IPRax 2008, 503.

151 BGHZ 96, 136 (139 f.) = NJW 1986, 1434 = ZLW 35 (1986), 259 mAnm *R. Kuhn;* OLG Frankfurt RIW 1989, 226; OLG Köln TranspR 2001, 464; 2003, 116; Reithmann/Martiny IntVertragsR/*Mankowski* Rn. 31.30; Giemulla/*Schmid* WA 1955 Art. 1 Rn. 39.

152 Reithmann/Martiny IntVertragsR/*Mankowski* Rn. 31.30.

2. Anknüpfung. a) Allgemeines. Die VO stellt die Einordnung des Speditionsvertrages nicht ausdrücklich klar. Allerdings heißt es in Erwägungsgrund 22, dass auch als Beförderer anzusehen ist, wer die Beförderung nicht selbst durchführt. Ein Speditionsvertrag ist aber nach dem EuGH (noch unter dem EUV) nur dann als Transportvertrag anzusehen, wenn dessen **Hauptgegenstand die eigentliche Beförderung** des betreffenden Gutes ist.[153] Ein Beförderungsvertrag kann angenommen werden, wenn der Spediteur als „funktioneller Frachtführer"[154] anzusehen ist. Allerdings stellt der EuGH nicht nur darauf, sondern auch auf die Gesamtheit der Verpflichtungen ab.[155] Entscheidend ist der wirtschaftliche Zweck des Vertrages, ob der Spediteur die Beförderung insgesamt organisiert. Ein Beförderungsvertrag liegt vor, wenn der Spediteur selbst die Pflichten eines Frachtführers übernimmt und entsprechende Leistungen erbringt (Selbsteintritt; §§ 458 ff. HGB).[156] Liegt kein Transportvertrag vor, so kommt eine Einstufung als Dienstleistung iSd Art. 4 Abs. 1 lit. b mit der Maßgeblichkeit der Niederlassung des Spediteurs in Betracht.[157] Ferner kann dann auch die Verbraucherschutzvorschrift des Art. 6 eingreifen.[158] Bei der Einstufung als Beförderungsvertrag ist diese Vorschrift hingegen ausgeschlossen (Art. 6 Abs. 4 lit. b). 41

Nach deutschem Recht übernimmt es der Spediteur, eine Güterversendung zu besorgen (vgl. § 453 Abs. 1 HGB). Rechtswahl nach den allgemeinen Vorschriften ist möglich; sie kann auch stillschweigend erfolgen.[159] Da die Leistung des Spediteurs den Vertrag charakterisiert, unterliegt er bei Fehlen einer Rechtswahl grundsätzlich dem Recht am gewöhnlichen Aufenthalts- bzw. Niederlassungsort des Spediteurs.[160] Dies gilt auch, wenn der Auftraggeber seinerseits (Haupt-)Spediteur ist.[161] – Der vom Spediteur geschlossene Transportvertrag ist selbständig anzuknüpfen und kann einem anderen Recht als der Speditionsvertrag unterliegen[162] (→ Rn. 44 ff.). Die Allgemeinen Deutschen Spediteurbedingungen (ADSp 2017) sehen die Anwendung deutschen Rechts vor (Nr. 30.1);[163] sie sind aber keine Rechtsnormen. Ihre Geltung unterliegt den Regeln über die Einbeziehung von AGB.[164] 42

b) Verbraucherverträge. Ein Speditionsvertrag kann ein Verbrauchervertrag iSd Art. 6 sein.[165] Im Übrigen findet sich eine besondere Regelung für ausländischem Recht unterliegende Verbraucherverträge in § 466 HGB.[166] Abs. 5 betrifft von den §§ 461 ff. HGB abweichende Vereinbarungen, die beschränkt werden. Die Regeln des § 466 Abs. 1–4 HGB sind nämlich auch bei Geltung ausländischen Rechts dann anzuwenden, wenn – wie beim Kabotagegeschäft – nach dem Vertrag der Ort der Übernahme und der Ort der Ablieferung des Guts im Inland liegen (vgl. die ähnlich gefassten § 449 Abs. 4 HGB, § 451h Abs. 3 HGB). Vorausgesetzt wird ferner, dass der Versender Verbraucher ist. Die Vorschrift wird als Eingriffsnorm[167] bzw. als „überlagernde Anknüpfung"[168] eingestuft (→ Rn. 39). 43

II. Straßentransport

Schrifttum: *F. Fischer,* Internationale Umzugstransporte auf der Straße, TranspR 1996, 407; *F. Fischer,* Ergänzung der CMR durch unvereinheitlichtes Recht nach der Transportrechtsreform, TranspR 1999, 261; *Helm,* Probleme

[153] EuGH ECLI:EU:C:2014:2320 = IPRax 2015, 559 m. Aufsatz *Schilling* IPRax 2015, 522 = TranspR 2015, 37 – Haeger & Schmidt; ebenso BGH RdTW 2017, 127; NJW 2023, 978; OLG Düsseldorf TranspR 2019, 133 (Speditionsvertrag zu festen Kosten); Staudinger/*Magnus,* 2021, Rn. 23.

[154] So *Mankowski* TranspR 2015, 17 (19 ff.).

[155] EuGH TranspR 2015, 37 Rn. 28 – Haeger & Schmidt; krit. *Mansel/Thorn/Wagner* IPRax 2015, 1 (29 f.); PWW/*Remien/Segger-Piening* Rn. 3.

[156] Reithmann/Martiny IntVertragsR/*Mankowski* Rn. 31.17 f.; Staudinger/*Magnus,* 2021, Rn. 23.

[157] Dafür *Schilling,* Das Internationale Privatrecht der Transportverträge, 2016, 150 ff.; Reithmann/Martiny IntVertragsR/*Mankowski* Rn. 31.21; *Plender/Wilderspin,* The European private international law of obligations, 5. Aufl. 2020, Rn. 7-039; NK-BGB/*Leible* Rn. 14.

[158] Reithmann/Martiny IntVertragsR/*Mankowski* Rn. 31.23 ff. Wohl auch Ferrari IntVertragsR/*Staudinger* Rn. 76.

[159] LG München I TranspR 1999, 300 = IPRspr. 1998 Nr. 50. Zur stillschweigenden Rechtswahl durch Gerichtsstandsklausel und Erfüllungsortvereinbarung BGH NJW 1985, 560 = RIW 1985, 148; LG München Eur. Transp. L. 16 (1981), 691.

[160] Reithmann/Martiny IntVertragsR/*Mankowski* Rn. 31.21; ebenso schon zum alten Recht OLG Köln TranspR 2003, 116.

[161] Vgl. OLG Hamburg TranspR 1996, 40.

[162] Soergel/*v. Hoffmann* EGBGB Art. 28 Rn. 254.

[163] Reithmann/Martiny IntVertragsR/*Mankowski* Rn. 31.3; Text im MüKoHGB Bd. 7, ADSp.

[164] OLG Düsseldorf RdTW 2018, 473 Rn. 29 ff.; zum alten Recht *Heil/Bayer* TranspR 1987, 1 (3 f.).

[165] Näher Reithmann/Martiny IntVertragsR/*Mankowski* Rn. 31.23 ff.

[166] Neu gefasst durch Gesetz zur Reform des Seehandelsrechts vom 20.4.2013 (BGBl. 2013 I 831).

[167] Staudinger/*Magnus,* 2021, Rn. 66, 206; MüKoHGB/*Bydlinski/Valder* HGB § 466 Rn. 14.

[168] Reithmann/Martiny IntVertragsR/*Mankowski* Rn. 31.26.

der CMR: Geltungsbereich – ergänzendes Recht, Frachtbrief – Weisungsbefugnis – aufeinanderfolgende Frachtführer, VersR 1988, 548; *Herber/Piper,* CMR – Internationales Straßentransportrecht, 1996.

44 **1. Güterbeförderung. a) Vereinheitlichtes Recht.** Das **Übereinkommen über den Beförderungsvertrag im internationalen Straßengüterverkehr (CMR)** vom 19.5.1956[169] regelt als materielles Einheitsprivatrecht für internationale Sachverhalte die Beförderungsbedingungen im grenzüberschreitenden Kraftfahrzeugtransport.[170] Die CMR gilt für alle EU-Staaten. Sie erfasst Verträge über den entgeltlichen Straßengüterverkehr, wenn Übernahme- und Ablieferungsort des beförderten Guts in verschiedenen Staaten liegen,[171] von denen wenigstens einer ein Vertragsstaat ist. Praktisch regelt damit die CMR in Bezug auf Deutschland den gesamten ein- und ausgehenden Straßengüterverkehr.[172] Eine Beförderung per Lkw in einen Vertragsstaat genügt aber nicht, wenn der weitere Transport nach Deutschland nicht auf der Straße erfolgt.[173] Entscheidend ist nach hM die vereinbarte, nicht die tatsächliche Art der Beförderung; die vertragswidrige Verwendung eines anderen Beförderungsmittels schließt die Anwendung der CMR also nicht aus.[174] Auf Wohnsitz und Staatsangehörigkeit der Parteien kommt es nicht an (Art. 1 Abs. 1 S. 2 CMR).[175] Ausgeschlossen ist die Anwendung des Übereinkommens für Umzugsgut (Art. 1 Abs. 4 lit. c CMR).[176]

45 Die Rechtsanwendungsvorschrift des Art. 1 CMR **geht dem europäischen und nationalen Kollisionsrecht vor** (→ EGBGB Art. 3 Rn. 182 ff.). Das Übereinkommen gilt als **zwingendes** (Art. 41) **Einheitsrecht** für die Beziehungen zwischen Absender und Frachtführer, ohne dass zuvor das Vertragsstatut bestimmt werden müsste.[177] Soweit die CMR eine abschließende Regelung trifft, kommt daneben nicht noch nationales Recht nach den nationalen Kollisionsregeln zur Anwendung.[178] Auch den ADSp. gehen zwingende Vorschriften der CMR vor.[179] Gilt die CMR lediglich aufgrund einer Parteivereinbarung, so können die Parteien von ihr in den Grenzen des ohne sie anzuwendenden nationalen Rechts abweichende Regelungen treffen.[180]

46 Die CMR ist jedoch keine umfassende Kodifikation des Transportrechts.[181] Das Übereinkommen verweist verschiedentlich in Einzelfragen auf **einzelne nationale Rechtsordnungen.**[182] Dies ist der Fall zB für die Unterschrift auf dem Frachtbrief (Art. 5 CMR), den Notverkauf (Art. 16 Abs. 5 CMR), die Verfügung über wiedergefundenes Gut (Art. 20 Abs. 4 CMR), Vorsatz und Verschulden (Art. 29, 31 Abs. 1 CMR)[183] sowie bezüglich der Hemmung und Unterbrechung der

[169] Gesetz vom 16.8.1961, BGBl. 1961 II 1119. In Kraft für die BRepD am 5.2.1962 (Bek. vom 28.12.1961), BGBl. 1962 II 12. Vertragsstaaten: FNB und MüKoHGB/*Jesser-Huß* CMR Art. 42 Rn. 1. – Geändert vom Genfer Prot. vom 5.7.1978 (BGBl. 1980 II 733), durch das Goldfrankenumrechnungsgesetz vom 9.6.1980 (BGBl. 1980 II 721), für die BRepD in Kraft gesetzt am 28.12.1980 (Bek. vom 13.11.1980) BGBl. 1980 II 1443.

[170] Zur Vereinheitlichung *Maurer* RabelsZ 81 (2017), 117 (132 ff.).

[171] OLG Düsseldorf TranspR 1992, 218 = IPRspr. 1992 Nr. 65; OLG München RIW 1997, 604. – Zur nachträglichen Änderung OLG Hamburg TranspR 1994, 444.

[172] Reithmann/Martiny IntVertragsR/*Mankowski* Rn. 15.100 ff.; Ferrari IntVertragsR/*Ferrari* CMR Art. 1 Rn. 26.

[173] OLG Hamburg VersR 1987, 504 = RIW 1988, 56.

[174] BGH VersR 1990, 331; BGHZ 123, 303 (306) = RIW 1994, 64; *Helm* VersR 1988, 548; *Krings/Brand* IPRax 1994, 272 (273); *Herber/Piper,* Internationales Straßentransportrecht, 1996, CMR Art. 1 Rn. 17; *Koller,* Transportrecht, 11. Aufl. 2023, CMR Art. 1 Rn. 5; anders *Lenz* StraßengütertransportR CMR Art. 1 Rn. 66.

[175] Reithmann/Martiny IntVertragsR/*Mankowski* Rn. 15.102.

[176] LG Bonn TranspR 1991, 25 = IPRspr. 1990 Nr. 54; Reithmann/Martiny IntVertragsR/*Mankowski* Rn. 15.108; näher *Fischer* TranspR 1996, 407 ff.; *Fischer* TranspR 1999, 261 (277 f.).

[177] OLG Düsseldorf AWD 1973, 401 mAnm *Kropholler* = IPRspr. 1972 Nr. 30; TranspR 1991, 91; OLG München RIW 1997, 507 = IPRspr. 1997 Nr. 55; *v. Caemmerer* FS Hallstein, 1966, 64 (77); Reithmann/Martiny IntVertragsR/*Mankowski* Rn. 15.109; vgl. auch BGHZ 75, 92 (93) = NJW 1979, 2472: Vorrang vor nationalem materiellem Recht; OLG Frankfurt RIW 1984, 395. – Zum Streit in Italien, ob die CMR auch ohne Parteivereinbarung gilt, Trib. Mailand TranspR 1984, 133 mAnm *Pesce.* Eine Vereinbarung verlangt Cass. Dir. Comm. Int. 1987, 613 mAnm *Silingardi.*

[178] So BGH NJW-RR 1990, 1508 = TranspR 1990, 418 zu Art. 41 CMR; BGHZ 115, 299 (306) = NJW 1992, 621; OLG Saarbrücken RIW 1995, 605 zu Art. 32 CMR; OLG Frankfurt TranspR 1997, 427 = IPRspr. 1996 Nr. 46; OLG Braunschweig RdTW 2016, 59 = TranspR 2016, 67 zu Art. 13 Abs. 2 CMR; OGH TranspR 2013, 344.

[179] OLG Köln RIW 1981, 628; OLG Frankfurt NJW 1981, 1911.

[180] BGH RIW 2013, 632 = RdTW 2013, 277 zum Multimodaltransport.

[181] Vgl. OLG Stuttgart TranspR 2017, 309; *Koller* TranspR 1989, 260; Fremuth/Thume/*Fremuth,* Kommentar zum Transportrecht, 2000, CMR Vor Art. 1 Rn. 9 ff.

[182] S. MüKoHGB/*Jesser-Huß* CMR Einl. Rn. 38; Rauscher/*Thorn* Rn. 42.

[183] Nach Ermittlung des Vertragsstatuts OLG Hamm TranspR 2014, 290. – Vgl. *Helm* IPRax 1985, 10; *Pöttinger* VersR 1986, 518; Reithmann/Martiny IntVertragsR/*Mankowski* Rn. 15.112.

Verjährung (Recht des angerufenen Gerichts; Art. 32 Abs. 3 CMR sowie Art. 39 Abs. 4 CMR).[184] Es ist jeweils zu prüfen, ob es sich dabei um Sachnormverweisungen handelt.[185]

Hingegen richten sich einzelne nicht von der CMR geregelte Fragen, wie etwa die Anspruchsberechtigung des Absenders bei Beschädigung des Gutes durch den Frachtführer, **nach dem auf Grund nationalen IPRs anwendbaren Recht.**[186] Dies gilt ebenfalls für die Frage, wer zur beförderungssicheren Verladung des Transportguts verpflichtet ist,[187] die Fälligkeit der Frachtvergütung,[188] den Verlust von Transportgut[189] sowie Erstattungsansprüche des in Anspruch genommenen Hauptfrachtführers.[190] Dem Vertragsstatut unterliegt auch ein Schuldanerkenntnis,[191] ebenso wie die Wirkung der Verjährung.[192] Ansprüche wegen Pflichtverletzung kommen in Betracht, soweit nicht Sondervorschriften die vertragliche Haftung des Beförderers abschließend regeln.[193] So etwa bei Überschreitung der Ladefrist[194] sowie den Verzugsfolgen für Entschädigungszahlungen des Frachtführers.[195] Entsprechendes gilt für die Drittschadensliquidation.[196] Bei qualifiziertem Verschulden (Art. 29 Abs. 1 CMR) kann Schadensersatz nach nationalem Recht ohne die Beschränkungen des Art. 23 CMR verlangt werden.[197] Auch der Erfüllungsort für Schadensersatzansprüche richtet sich nach unvereinheitlichtem Recht.[198] Ebenso ist es bei der Abtretung.[199] Entsprechend werden die Zahlungsmittel, welche außer Geld für eine Nachnahme nach Art. 21 CMR in Betracht kommen, bestimmt.[200] Daher kann das neben der CMR zur Anwendung kommende materielle Recht von den Parteien vereinbart werden.[201] – Für **Gefahrguttransporte** gelten besondere Konventionen, insbesondere das bislang nicht in Kraft getretene Übereinkommen vom 10.10.1989 über die Haftung beim Transport gefährlicher Güter.[202] Zur außervertraglichen Haftung näher → Rom II-VO Art. 4 Rn. 109 ff. 47

b) Vertragsstatut. aa) Allgemeines. Greift die CMR nicht ein, so gilt die kollisionsrechtliche Regelung des Art. 5 Abs. 1 Rom I-VO. Danach ist eine Rechtswahl möglich.[203] Fehlt sie, so gilt grundsätzlich das Recht am **gewöhnlichen Aufenthaltsort des Beförderers.**[204] Das Recht des 48

---

184 Dazu LG Deggendorf TranspR 1983, 46 = IPRax 1983, 125 m. Aufsatz *Frank* IPRax 1983, 108.

185 Dafür grds. Reithmann/Martiny IntVertragsR/*Mankowski* Rn. 15.112; Rauscher/*Thorn* Rn. 42; dagegen nimmt grds. Gesamtverweisungen an MüKoHGB/*Jesser-Huß* CMR Einl. Rn. 40.

186 BGH NJW 1974, 412 = IPRspr. 1973 Nr. 26; VersR 1974, 796 = IPRspr. 1974 Nr. 31; OLG Düsseldorf RIW 1995, 597; *Lieser,* Ergänzung der CMR durch unvereinheitlichtes deutsches Recht, 1991, 59 ff., 116 ff., 175 ff.; *Fischer* TranspR 1999, 261 (262); Reithmann/Martiny IntVertragsR/*Mankowski* Rn. 15.115; Rauscher/*Thorn* Rn. 42. – Gleiches gilt für die Nachnahmeerhebung nach Art. 21 CMR, BGHZ 83, 96 (101) = IPRax 1982, 240 m. Aufsatz *Helm* IPRax 1982, 225 = NJW 1982, 1946. Zum Umfang des Schadens (Art. 29 CMR) s. BGH NJW-RR 2005, 908 = TranspR 2005, 253.

187 OLG Karlsruhe RIW 2003, 544 = IPRspr. 2002 Nr. 39.

188 OLG München TranspR 2016, 69.

189 OLG Nürnberg RdTW 2021, 313.

190 OLG Köln RdTW 2015, 136.

191 OLG München RIW 1997, 507 = IPRspr. 1997 Nr. 55.

192 LG München I VersR 1989, 215; *Fischer* TranspR 1999, 261 (276).

193 BGHZ 123, 200 (207) = NJW 1993, 2808 mAnm *Koller* EWiR 1993, 977; OLG Düsseldorf: VersR 1982, 1202 = RIW 1984, 234; TranspR 1989, 10; 1992, 218 = IPRspr. 1992 Nr. 65; NJW-RR 1995, 96 = TranspR 1994, 391 mAnm *Thume;* OLG Hamm TranspR 1983, 151; OLG München TranspR 1991, 61 = IPRspr. 1990 Nr. 51; OLG Bremen VersR 1996, 868 = IPRspr. 1995 Nr. 49; OGH TranspR 1988, 13; *Thume* TranspR 1993, 366; *Thume* TranspR 1995, 1 ff.; *Fischer* TranspR 1999, 261 (277); Reithmann/Martiny IntVertragsR/*Mankowski* Rn. 15.113. Entspr. für cic OLG München NJW-RR 1991, 230 = IPRspr. 1990 Nr. 52.

194 OLG Naumburg TranspR 2013, 235 = RdTW 2013, 357.

195 OLG Karlsruhe TranspR 2017, 217 mAnm *Thume.*

196 OLG Hamm TranspR 1994, 62 = IPRspr. 1993 Nr. 47.

197 BGHZ 187, 141 (152) = NJW 2011, 296 Rn. 38; OLG Bamberg TranspR 2015, 155.

198 OLG Hamm TranspR 1986, 431 = RIW 1987, 470.

199 BGH RIW 1988, 649 = TranspR 1988, 338; OLG Koblenz TranspR 1991, 93 = RIW 1990, 931 = IPRspr. 1989 Nr. 64; OLG München NJW-RR 1998, 549 = TranspR 1998, 466; OLG Düsseldorf TranspR 2004, 1479; *Fischer* TranspR 1999, 261 (276).

200 BGH RIW 1996, 602.

201 BGH RIW 1996, 602; OLG Frankfurt TranspR 1983, 155 = RIW 1984, 67; *Helm* VersR 1988, 549; *Fischer* TranspR 1999, 261 (262).

202 Rev. dr. unif. 1989 I 280 (engl., franz.), TranspR 1990, 83 (engl.). – S. *Herber* TranspR 1990, 51; *Herber* Europ. TranspR 1991, 161; *Mutz* IZ 1990, 32; *Renger* VersR 1992, 778; *Schrötter* NJW 1982, 1186.

203 Reithmann/Martiny IntVertragsR/*Mankowski* Rn. 15.123. – Zu Art. 27 EGBGB OLG Düsseldorf TranspR 1992, 218 = IPRspr. 1992 Nr. 65; IPRax 1995, 402 Bericht *Kronke* = IPRspr. 1993 Nr. 46 Ls.

204 MüKoHGB/*Jesser-Huß* CMR Einl. Rn. 44. – Zum alten Recht BGH NJW 1974, 412; VersR 1974, 796; RIW 1988, 649 = TranspR 1988, 338; OLG Düsseldorf VersR 1977, 1047; OLG Hamburg TranspR 1984,

Bestimmungslandes tritt demgegenüber zurück.[205] Allerdings greift Abs. 1 S. 1 nur dann ein, wenn sich im Staate des Beförderers auch der Übernahme- oder Ablieferungsort oder der gewöhnliche Aufenthalt des Absenders befindet[206] (→ Rn. 19 ff.). In Ausnahmefällen kann auch die engere Verbindung nach Abs. 3 zum Zuge kommen.[207] Dem Vertragsstatut unterliegen die gegenseitigen Verpflichtungen der Parteien; ein gültiger Vertrag ist auch Voraussetzung des Pfandrechts des Frachtführers (§ 441 HGB).[208]

49 **bb) Verbraucherfrachtvertrag.** Unter den allgemeinen Bestimmungen über das Frachtgeschäft findet sich für Verbraucherfrachtverträge die Vorschrift des § 449 HGB.[209] Die Vorschrift des Abs. 4 setzt (ähnlich wie § 451h Abs. 3 HGB) bestimmte Normen des deutschen Transportrechts gegen ein ausländisches Vertragsstatut durch, wenn – wie beim Kabotagetransport – der Ort der Übernahme und der Ort der Ablieferung des Gutes im Inland liegen. Weitere Voraussetzung ist, dass der Absender ein Verbraucher ist. Dabei geht es vor allem um Haftungsvorschriften. Es besteht Übereinstimmung, dass diese Vorschrift auch durchzusetzen ist, wenn das Vertragsstatut kraft Rechtswahl oder objektiver Anknüpfung ausländisches Recht ist. Allerdings besteht keine Einigkeit über die Begründung. Während teilweise vorgebracht wird, es handle sich um eine kraft Vorrangs umgesetzten Unionsrechts „überlagernde Anknüpfung" (→ Rn. 39),[210] nehmen andere eine Eingriffsnorm bzw. eine international zwingende Vorschrift an[211] (→ Einl. IPR Rn. 307). Wegen der Herstellung gleicher Wettbewerbsbedingungen für in- und ausländische Transportunternehmen ist § 449 Abs. 4 HGB als international zwingende Bestimmung einzuordnen.[212]

50 **cc) Umzugsvertrag.** Für die Beförderung von Umzugsgut (vgl. §§ 451 ff. HGB) gelten die allgemeinen Vorschriften der Art. 3 ff.[213] Für Verträge mit Verbrauchern ist jedoch § 451h HGB zu beachten. Die Vorschrift des Abs. 3 setzt (ähnlich wie § 449h Abs. 3 HGB) deutsche zwingende Normen über den Transport von Umzugsgut gegen das ausländische Vertragsstatut durch, wenn der Ort der Übernahme und der Ablieferung des Gutes im Inland liegen. Nach früherem Recht fand keine eingriffsrechtliche Sonderanknüpfung statt[214] (→ Art. 9 Rn. 90 ff.). Zwar bestand Übereinstimmung darüber, dass Abs. 3 auch gegen das Vertragsstatut durchzusetzen ist, allerdings nicht in der Begründung. Während teilweise argumentiert wird, es handle sich um eine kraft Vorrangs umgesetzten Unionsrechts „überlagernde Anknüpfung" (→ Rn. 39),[215] nehmen andere eine Eingriffsnorm bzw. eine international zwingende Vorschrift an.[216] Bezüglich der objektiven Anknüpfung war nach altem Recht zweifelhaft, ob Art. 28 Abs. 4 EGBGB aF direkt[217] oder nur analog[218] anwendbar war.

51 **c) Kabotagetransport.** Bei der Kabotage handelt es sich um eine innerstaatliche Beförderung durch einen Unternehmer, welcher in einem anderen Staat niedergelassen ist. Für Kabotagetransporte, dh für die Güterbeförderung durch nicht auf dem innerstaatlichen Markt ansässige Verkehrsunternehmen, besteht eine besondere Regelung. Insoweit hat die Kabotage-VO (VO (EG) 1072/2009)

---

190 = RIW 1985, 151; OLG Hamm TranspR 1986, 431 = RIW 1987, 470; OLG Koblenz TranspR 1991, 93 = RIW 1990, 931 = IPRspr. 1989 Nr. 64; OLG München RIW 1997, 507.

205 LG Hamburg RIW 1978, 549; anders OLG Düsseldorf VersR 1975, 232; TranspR 1989, 10: stillschweigende Vereinbarung dt. Rechts für dt. Abladeort; LG Flensburg SchlHA 1963, 54 = IPRspr. 1962–63 Nr. 45.

206 BGH ZVertriebsR 2015, 386 = VersR 2016, 1075. – Zum alten Recht OLG Dresden TranspR 1999, 62 = IPRax 2000, 121 m. Aufsatz *Haubold* IPRax 2000, 91; Soergel/*v. Hoffmann* EGBGB Art. 28 Rn. 381; näher Reithmann/Martiny IntVertragsR/*Mankowski* Rn. 15.13 ff.

207 Reithmann/Martiny IntVertragsR/*Mankowski* Rn. 15.66 ff.

208 OLG Düsseldorf VersR 1977, 1047 zu § 440 HGB aF. Vgl. auch OLG Hamm TranspR 1985, 100 = IPRspr. 1984 Nr. 42 Ls.

209 Neu gefasst durch Gesetz zur Reform des Seehandelsrechts vom 20.4.2013 (BGBl. 2013 I 831).

210 Reithmann/Martiny IntVertragsR/*Mankowski* Rn. 15.117 ff.

211 Reithmann/Martiny IntVertragsR/*Zwickel* Rn. 5.111; vgl. OLG Köln TranspR 2005, 263.

212 MüKoHGB/*C. Schmidt* HGB § 449 Rn. 57. Als Anwendungsfall des früheren Art. 34 EGBGB *Herber* NJW 1998, 3297 (3303); Fremuth/Thume/*Fremuth,* Kommentar zum Transportrecht, 2000, HGB § 449 Rn. 46, 48; näher *Staudinger* IPRax 2001, 183 (184).

213 Zum alten Recht *Fischer* TranspR 1996, 415 ff.; vgl. auch *Fischer* TranspR 1999, 261 (277 f.).

214 Nach Art. 34 EGBGB *Fischer* TranspR 1996, 407 (417). Vgl. BGH TranspR 1994, 279 = IPRax 1995, 248 m. insoweit zust. Aufsatz *Mankowski* IPRax 1995, 230; anders *Herber/Piper,* Internationales Straßentransportrecht, 1996, CMR Vor Art. 1 Rn. 22. Offengelassen in LG Bonn TranspR 1991, 25 = IPRspr. 1990 Nr. 54.

215 *Schilling,* Das Internationale Privatrecht der Transportverträge, 2016, 333 f.; Reithmann/Martiny IntVertragsR/*Mankowski* Rn. 15.122.

216 Reithmann/Martiny IntVertragsR/*Zwickel* Rn. 5.111.

217 OLG Düsseldorf TranspR 1995, 350 = IPRspr. 1995 Nr. 46.

218 *Fischer* TranspR 1996, 415 (416).

für den Straßengüterverkehr einheitliches Recht, insbesondere bezüglich der Zulassung, geschaffen.[219] Zu beachten ist jedoch auch Art. 9 VO (EG) 1072/2009.

Die unionsrechtliche Regelung in der Kabotage-VO unterwirft die Kabotage den Rechts- und Verwaltungsvorschriften des Aufnahmemitgliedstaates in Bezug auf die für den Beförderungsvertrag geltenden Bedingungen.[220] Bestehen in dem Staat, in dem Kabotagetransport betrieben wird, zwingende Rechtsvorschriften für transportrechtliche Beziehungen, so gilt diese Regelung. Hierbei handelt es sich zwar um eine allseitige Sonderanknüpfung zwingenden Wirtschaftsrechts.[221] Sie wird aber nur als besondere Regelung für das zwingend anwendbare Transportrecht verstanden.[222] Bislang stellt man grundsätzlich auf das Recht des Kabotagelandes ab, da dieses sowohl das Absender- als auch das Empfängerland ist.[223] Zu prüfen ist, ob in Abhängigkeit vom Transportmittel oder Transportweg zwingendes Recht zur Anwendung kommt oder ob Vertragsfreiheit herrscht. Die in Ausfüllung dieser Bestimmung erlassenen Vorschriften werden zum Teil als international zwingende Normen eingeordnet.[224] Teilweise wird zwar zugestanden, dass der deutsche Gesetzgeber bestimmte Vorschriften über Speditionsverträge (§ 466 Abs. 5 HGB), Frachtverträge (§ 449 Abs. 4 HGB) und Umzugsverträge (§ 451h Abs. 3 HGB) als international zwingend ausgestaltet hat. Mit ihnen soll insbesondere eine Benachteiligung inländischer Unternehmen durch ausländische Unternehmen bei im Inland durchzuführenden Verträgen vermieden werden. Diese Vorschriften seien jedoch in Ausnutzung des von der Kabotage-VO eingeräumten Spielraums erlassen worden. Ihnen komme daher nach Art. 23 Vorrang vor den Bestimmungen des europäischen Kollisionsrecht zu. Diese transportrechtlichen Bestimmungen werden dementsprechend nicht als international zwingende Normen,[225] sondern lediglich als „überlagernde Anknüpfung" verstanden, die kraft des Vorranges umgesetzten Unionsrechts anzuwenden sind.[226] Es wird angenommen, dass nationale Normen infolge von Kabotageverordnungen direkt über Art. 23 zur Anwendung kommen.[227] 52

d) Nationales Transportrecht. Das für den Transport mit Kraftfahrzeugen geltende **Güterkraftverkehrsgesetz (GüKG)** wurde bis zum 1.7.1998 ergänzt durch die Kraftverkehrsordnung (KVO) mit detaillierten Beförderungsbedingungen für den Güterverkehr. GüKG und KVO enthielten zwingendes Recht, das zwar von der CMR überdeckt wurde, aber subsidiär innerhalb ihres Geltungsbereichs zur Anwendung kam.[228] Die damit zusammenhängenden Streitfragen haben sich erledigt, da die frühere Tarifbindung im gewerblichen Straßengüterverkehr Deutschlands beseitigt wurde.[229] 53

2. Personenbeförderung. Die **VO (EU) 181/2011** gilt für die **Fahrgastrechte im Kraftfahrtomnibusverkehr.**[230] Sie betrifft ua die Fahrgastrechte bei Tod oder Körperverletzung oder bei Verlust oder Beschädigung von Gepäck infolge von Unfällen, ferner die Fahrgastrechte bei Annullierung und Verspätung. Die VO (EU) 181/2011 gilt für Fahrgäste von Linienverkehrsdiensten für nicht näher bestimmte Gruppen von Fahrgästen, bei denen der Abfahrts- oder der Ankunftsort des Fahrgastes in einem Mitgliedstaat liegt und bei denen die planmäßige Wegstrecke 250 km oder mehr beträgt (Art. 2 Abs. 1 VO (EU) 181/2011). Zudem gelten einige Bestimmungen der VO (EU) 181/2011 für Passagiere von Gelegenheitsverkehrsdiensten, wenn der ursprüngliche Abfahrtsort oder 54

---

[219] Vgl. dazu *Basedow/Held* EuZW 1990, 305; *Ramming* RdTW 2019, 51 (52); Reithmann/Martiny IntVertragsR/*Mankowski* Rn. 15.116.

[220] Art. 6 Abs. 1 lit. a VO (EWG) Nr. 3118/93; näher *Helm* HGB § 425 Rn. 62; Soergel/*v. Hoffmann* EGBGB Art. 28 Rn. 388.

[221] Reithmann/Martiny IntVertragsR/*Mankowski* Rn. 15.116; MüKoHGB/*Jesser-Huß* Einl. CMR Rn. 49 ff.

[222] Vgl. *Basedow* TranspR 1994, 89; *Gröhe,* Kabotage im Güterkraftverkehr in Italien, 1996, 37; Reithmann/Martiny IntVertragsR/*Mankowski* Rn. 15.116.

[223] *Basedow* ZHR 156 (1992), 413 (434); *Gröhe,* Kabotage im Güterkraftverkehr in Italien, 1996, 33; MüKoHGB/*Jesser-Huß* Einl. CMR Rn. 50 (Aufnahmemitgliedstaat).

[224] MüKoHGB/*C. Schmidt* HGB § 449 Rn. 57; Staudinger/*Magnus,* 2021, Rn. 66.

[225] So zu Art. 34 EGBGB aF Begr. RegE, BT-Drs. 13/8445, 116.

[226] *Schilling,* Das Internationale Privatrecht der Transportverträge, 2016, 333 ff.; Reithmann/Martiny IntVertragsR/*Mankowski* Rn. 15.117.

[227] Rauscher/*Thorn* Art. 9 Rn. 56; Rauscher/*Thorn,* Art. 23 Rn. 9; Reithmann/Martiny IntVertragsR/*Mankowski* Rn. 15.117.

[228] BGH NJW 1983, 1266 = IPRax 1983, 298 Ls. mAnm *v. Hoffmann.*

[229] Tarifaufhebungsgesetz vom 15.8.1993, BGBl. 1993 I 1489.

[230] VO (EU) 181/2011 vom 16.2.2011 über die Fahrgastrechte im Kraftomnibusverkehr und zur Änderung der VO (EG) Nr. 2006/2004, ABl. EU 2011 L 55, 1; dazu Gesetz zur Durchführung der VO (EU) Nr. 181/2011 vom 16.2.2011 über die Fahrgastrechte im Kraftomnibusverkehr und zur Änderung der VO (EG) Nr. 2006/2004 (EU-FahrgRBusGEG) vom 23.7.2013, BGBl. 2013 I 2547.

der endgültige Ankunftsort des Fahrgastes in einem Mitgliedstaat liegt (Art. 2 Abs. 3 VO (EU) 181/2011).

55 Für Deutschland noch nicht in Kraft getreten ist das **Übereinkommen über den Vertrag über die internationale Beförderung von Personen und Gepäck auf der Straße (CVR)** vom 1.3.1973, das materielles Einheitsrecht schafft.[231] Mangels Rechtswahl, die auch hier möglich ist, wird das Vertragsstatut durch den gewöhnlichen Aufenthalt des Reisenden oder den des Transportunternehmens bestimmt (→ Rn. 33). Die Genehmigungserfordernisse des PBefG sind auch im grenzüberschreitenden Verkehr zu beachten (§§ 52, 53 PBefG).[232] Der Pauschalreisevertrag wird von Art. 6 Abs. 4 lit. b CVR erfasst. – Zur außervertraglichen Haftung → Rom II-VO Art. 4 Rn. 117.

III. Luftbeförderung

Schrifttum: *Giemulla/Schmid,* Frankfurter Kommentar zum Luftverkehrsrecht, Bd. I–III, Loseblattausgabe 1986 ff.; *Koller,* Die Anwendbarkeit des § 437 HGB bei internationalen Lufttransporten, TranspR 2000, 355; *Kretschmer,* Das Internationale Privatrecht der zivilen Luftfahrt, 2003; *Mankowski,* Rechtswahlklauseln in Luftbeförderungs-AGB auf dem Prüfstand, RRa 2014, 118; *Ruhwedel,* Der Luftbeförderungsvertrag, 3. Aufl. 1998; *Ruhwedel,* Das auf den Luftbeförderungsvertrag anwendbare Recht, TranspR 1983, 141; *R. Schmid,* Das Zusammenspiel von internationalen und europäischen Vorschriften zur Haftung für Passagier- und Gepäckschäden im internationalen Luftverkehr, RRa 2004, 198; *Schollmeyer,* Die Harmonisierung des Haftungsrechts im Luftverkehr zwischen Warschau, Montreal und Brüssel, IPRax 2004, 78.

56 **1. Vereinheitlichtes Recht. a) Übersicht.** Da die Luftfahrt ihrem Wesen nach international ist, besteht auf diesem Gebiet in erheblichem Maße einheitliches Sachrecht.[233] Tritt bei einer internationalen Luftbeförderung ein Schaden ein, so gelten nach § 44 LuftVG in erster Linie die einschlägigen unionsrechtlichen Regeln und internationalen Übereinkommens, die weitgehend direkte Anwendung finden und in großem Umfang materielles Einheitsprivatrecht geschaffen haben. § 44 LuftVG ist ebenso wie der frühere § 51 LuftVG eine bloße Voraussetzungsverweisung, erübrigt also nicht, die Anwendungsvoraussetzungen der genannten Konventionen zu überprüfen.[234] Innerhalb der EU sind mehrere Verordnungen zu beachten.[235] Dabei handelt es sich insbesondere um die **Luftfahrtunfallhaftungs-VO.**[236] Außerdem kann die seit 17.2.2005 geltende **Fluggastrechte-VO** zur Anwendung kommen.[237] Im Übrigen gelten mehrere Übereinkommen:

- Das **Warschauer Abkommen zur Vereinheitlichung von Regeln über die Beförderung im internationalen Luftverkehr (WA 1955)**[238] vom 12.10.1929 betrifft die internationale Beförderung von Personen, Reisegepäck und Gütern. Zu seiner Ausführung erging das deutsche Durchführungsgesetz vom 15.12.1933.[239]
- Das für Deutschland und die überwiegende Mehrheit der Vertragsstaaten geltende **Haager Protokoll zur Änderung des WA 1955** vom 28.9.1955 hat das ursprüngliche Abkommen inhaltlich modifiziert.[240] Für die Anwendung ist erforderlich, dass es sowohl im Abflugs- als auch im Bestimmungsstaat ratifiziert wurde.[241]

---

[231] „Convention relative au contrat de transport international de voyageurs et de bagages par route." Abgedruckt (engl., franz.): Rev. dr. unif. 1974 II 68; s. auch das diesbezügliche Genfer Prot. vom 5.7.1978 (Rev. dr. unif. 1978 I 212).

[232] Vgl. OLG Hamm RIW 1981, 559.

[233] Zur Vereinheitlichung *Maurer* RabelsZ 81 (2017), 117 (137 ff.).

[234] *Kretschmer,* Das Internationale Privatrecht der zivilen Luftfahrt, 2003, 85; *Ruhwedel,* Der Luftbeförderungsvertrag, 3. Aufl. 1998, 22. – Überblick bei *Böckstiegel* JbIntR 17 (1974), 307 (311 ff.).

[235] Die EG hat am 29.4.2004 im Verhältnis zum MÜ erklärt, dass sie die Zuständigkeit für diese Fragen ausübt, Bek. vom 16.9.2004, BGBl. 2004 II 1371 (1373).

[236] VO (EG) 2027/97 über die Haftung von Luftfahrtunternehmen bei Unfällen vom 9.10.1997, ABl. EG 1997 L 285, 1; dazu *Ruhwedel* TranspR 1998, 13; *Schmidt* RRa 2004, 198 (200 f.); *Mankowski* TranspR 2008, 177 (180 f.). Zum Entwurf *Jayme/Kohler* IPRax 1996, 383; *Ruhwedel* TranspR 1997, 1 (3).

[237] VO (EG) 261/2004 vom 11.2.2004 über eine gemeinsame Regelung für Ausgleichs- und Unterstützungsleistungen für Fluggäste im Fall der Nichtbeförderung und bei Annullierung oder großer Verspätung von Flügen und zur Aufhebung der VO (EWG) Nr. 295/91, ABl. EU 2004 L 46, 1; dazu Bek. C(2016) 3502 der Kommission v. 10.6.2016: Leitlinien für die Auslegung der VO (EG) 261/2004 über eine gemeinsame Regelung für Ausgleichs- und Unterstützungsleistungen für Fluggäste im Fall der Nichtbeförderung und bei Annullierung oder großer Verspätung von Flügen und der VO (EG) 2027/97 über die Haftung von Luftfahrtunternehmen bei Unfällen idF der VO (EG) 889/2002.

[238] RGBl. 1933 II 1039. – Verbindlich ist allein die franz. Fassung. – Bek. der Neufassung durch das Haager Prot. vom 28.9.1955, BGBl. 1958 II 312. In Kraft für die BRepD am 1.8.1963 (Bek. vom 14.8.1964), BGBl. 1964 II 1295.

[239] RGBl. 1933 I 1079.

[240] BGBl. 1958 II 291. – Verbindlich ist allein die franz. Fassung.

[241] Soergel/*v. Hoffmann* EGBGB Art. 28 Rn. 398.

– Das „**Zusatzabkommen von Guadalajara** zur Vereinheitlichung von Regeln über die von einem anderen als dem vertraglichen Luftfrachtführer ausgeführte Beförderung" vom 18.9.1961 (ZAGWAbk) vereinheitlicht vor allem die Bestimmung des Luftfrachtführers im Bereich des WA 1955.[242] Sein Inhalt ist in das MÜ übernommen worden.
– Das **Protokoll von Guatemala** vom 8.3.1971 ändert und ergänzt die Haftungsregelung des WA 1955 gleichfalls.[243] Es ist für Deutschland noch nicht (2013) in Kraft getreten.
– Die vier **Protokolle von Montreal** vom 25.9.1975 sind für Deutschland ebenfalls noch nicht (2013) in Kraft.[244]

Die Bestrebungen zur Reform des WA 1955 führten zum **MÜ.**[245] Zu seiner Ausführung erging das deutsche Gesetz zu dem Übereinkommen vom 28.5.1999 zur Vereinheitlichung bestimmter Vorschriften über die Beförderung im internationalen Luftverkehr vom 6.4.2004 (BGBl. 2004 II S. 458). Das MÜ ist am 4.11.2003 in Kraft getreten, für Deutschland gilt es als Bestandteil der Unionsrechtsordnung[246] seit dem 28.6.2004.[247] Im Verhältnis unter seinen Vertragsstaaten hat es das WA 1955 abgelöst.[248] Solange sie das MÜ noch nicht ratifiziert haben, kommt unter den Vertragsstaaten des WA 1955 dieses Übereinkommen weiterhin zur Anwendung.[249] **57**

b) Luftfahrtunfallhaftungs-VO. Die europäische Luftfahrtunfallhaftungs-VO (→ Rn. 56 mN) enthält selbst keine Haftungsnormen. Sie erstreckt vielmehr die Anwendung des MÜ auf Inlandsflüge, die von einem **Luftfahrtunternehmen der Union** ausgeführt werden.[250] Dies ist ein Unternehmen, dessen Haupttätigkeit der Luftverkehr ist und das über eine Betriebserlaubnis nach der VO (EG) 1008/2008 verfügt. Die jeweilige Beförderung braucht nicht zwischen zwei Vertragsstaaten durchgeführt zu werden. Ungeklärt ist die Haftung des Luftfahrtunternehmens bei Beförderungen zwischen einem Mitgliedstaat und einem Drittstaat oder zwischen Drittstaaten, wenn im Verhältnis dieser Staaten zueinander noch das WA 1955 gilt. Insofern wird noch ein Eingreifen des WA 1955 angenommen.[251] **58**

c) Fluggastrechte-VO.

Schrifttum: *Blankenburg,* Störungen bei segmentierten Luftbeförderungen im Rahmen der Verordnung (EG) Nr. 261/2004 unter Betrachtung der neuesten Rechtsprechung des EuGH und BGH, RRa 2013, 61; *Schmid,* Fluggastrechte-Verordnung, 2. Aufl. 2021.

aa) Inhalt. Zur Anwendung kommt auch die Fluggastrechte-VO über **Ausgleichs- und Unterstützungsleistungen** (→ Rn. 56; Art. 3 Abs. 1 Fluggastrechte-VO).[252] Für die Haftung eines Luftfahrtunternehmens der Union für Fluggäste und deren Gepäck gelten alle einschlägigen Bestimmungen des MÜ.[253] Die Fluggastrechte-VO regelt im Einzelnen die Leistungen bei Nichtbeförderung (Art. 4 Fluggastrechte-VO), Annullierung (Art. 5 Fluggastrechte-VO) und Verspätung (Art. 6 Fluggastrechte-VO). Ansprüche auf Ausgleichszahlungen nach Art. 7 Fluggastrechte-VO richten sich gegen das ausführende Luftfahrtunternehmen.[254] Soweit die Fluggastrechte-VO eingreift, kommt es auf das Vertragsstatut nicht mehr an[255] (→ Art. 23 Rn. 10; → EGBGB Art. 3 Rn. 45). Ansprüche aus der Fluggastrechte-VO sind als gesetzliche Ansprüche auf vertraglicher **59**

---

[242] Gesetz vom 27.8.1963, BGBl. 1963 II 1159; in Kraft für die BRepD am 31.5.1964 (Bek. vom 18.9.1964) BGBl. 1964 II 1317. – Vertragsstaaten: FNB und MüKoHGB/*Müller-Rostin* MÜ Art. 55 Rn. 8.
[243] Deutscher Text ZLW 20 (1971), 176; dazu *Wessels* ZLW 20 (1971), 346; *Schmidt-Räntsch* ZLW 21 (1972), 3; *Mankiewicz,* The Liability Regime of the International Air Carrier, 1981, 12 ff.
[244] Text ZLW 25 (1976), 48 = *Giemulla/Schmid,* Frankfurter Kommentar zum Luftverkehrsrecht, Bd. III Anh. II-3 bis II-6 WA 1955; dazu *Matte* Eur. Transp. L. 11 (1976), 822 (826 ff.); *Ehlers,* Montrealer Protokolle Nr. 3 und 4 – Warschauer Haftungssystem und neuere Rechtsentwicklung, 1985; *Müller-Rostin* TranspR 1999, 81 ff.
[245] Montrealer Übereinkommen zur Vereinheitlichung bestimmter Vorschriften für die Beförderung im internationalen Luftverkehr (Convention for the Unification of Certain Rules for International Carriage by Air) vom 28.5.1999, BGBl. 2004 II 458. Text auch TranspR 1999, 315; ZLW 1999, 326.
[246] EuGH ECLI:EU:C:2016:88 = NJW 2016, 1433 – Air Baltic.
[247] Bek. vom 16.9.2004, BGBl. 2004 II 1371. Dort auch andere Vertragsstaaten.
[248] OLG Düsseldorf TranspR 2016, 247.
[249] Näher dazu Reithmann/Martiny IntVertragsR/*Mankowski* Rn. 15.143.
[250] Näher *Schollmeyer* IPRax 2004, 78 ff.
[251] Vgl. *Schollmeyer* IPRax 2004, 78 (79).
[252] Näher dazu *Staudinger/Schmidt-Bendun* NJW 2004, 1897 ff.; *Staudinger/Schmidt-Bendun* VersR 2004, 971 ff.
[253] Zur Auslegung EuGH NJW 2013, 845 = EuZW 2013, 356 – Espada Sánchez; *Baldus* GPR 2013, 220 ff.
[254] BGH NJW 2008, 2119.
[255] BGH NJW 2011, 2056 (2058); LG Frankfurt a.M. NJW-RR 1998, 1589 = IPRspr. 1998 Nr. 49 zur VO (EWG) 295/91; *Mankowski* RRa 2014, 118 (123).

Grundlage[256] und nicht etwa als außervertragliche Ansprüche[257] einzuordnen. Ungeregelt gebliebene Fragen sind jedoch nach dem gemäß Art. 3 ff. Fluggastrechte-VO anwendbaren Sachrecht zu entscheiden,[258] so etwa Schadensersatz wegen Nichterfüllung[259] und Verjährung.[260] Die Fluggastrechte-VO setzt sich auch gegen eine Vereinbarung drittstaatlichen Rechts durch.[261] Der **Begriff des Fluges** ist verordnungsautonom zu bestimmen. Besteht eine Flugreise aus mehreren Flügen, die jeweils von einer Fluggesellschaft unter einer bestimmten Flugnummer für eine bestimmte Route angeboten werden (segmentierte Flugreise), ist die Anwendbarkeit der Fluggastrechte-VO für jeden Flug gesondert zu prüfen.[262] Dies gilt auch bei Durchführung durch dieselbe Fluggesellschaft und gemeinsame Buchung als Anschlussverbindung.[263]

60 Die Fluggastrechte-VO verbietet als solche keine Rechtswahl. Allerdings nimmt die Rspr. an, dass Klauseln, die lediglich die Geltung von „Übereinkommen" und „einschlägigen ausländischen Gesetzen" nennen, aber die Maßgeblichkeit der sie überlagernden VO verschweigen, für die Rechte des Flugpassagiers intransparent und missbräuchlich sind. Hierfür wird entsprechend dem Amazon-Ansatz des EuGH[264] (→ Art. 6 Rn. 62) auf die in das mitgliedstaatliche Recht richtlinienkonform umgesetzten Art. 3 und 5 Klausel-RL Bezug genommen (→ Rn. 27).[265] Teilweise wird auch die Wirksamkeit der Rechtswahlklausel über Art. 10 Abs. 2 Rom I-VO nach § 305c BGB überprüft.[266] Eine zum Recht des Beförderers führende Klausel muss daher die Fluggastrechte-VO erwähnen.[267] Tut sie das nicht, so ist die Rechtswahl unwirksam.[268] Das Beförderungsvertragsstatut ist dann kraft objektiver Anknüpfung nach Art. 5 Abs. 2 UAbs. 1 Rom I-VO zu ermitteln.

61 **bb) Anwendungsbereich. (1) Abflüge aus der Union.** Für die Anwendbarkeit der Fluggastrechte-VO sind mehrere Gestaltungen zu unterscheiden. Fluggäste, die auf Flughäfen im Gebiet eines Mitgliedstaats, das den Bestimmungen des Vertrags unterliegt, einen Flug antreten, genießen den Schutz der VO (Art. 3 Abs. 1 lit. a Fluggastrechte-VO).[269] Insofern wird nicht vorausgesetzt, dass das ausführende Luftfahrtunternehmen ein Luftfahrtunternehmen der Union (iSd Art. 2 Fluggastrechte-VO) ist.[270]

62 **(2) Flüge in die Union durch EU-Carrier.** Die Fluggastrechte-VO gilt für Fluggäste, die von einem Flughafen in einem Drittstaat einen Flug zu einem Flughafen im Gebiet eines Mitgliedstaats, das den Bestimmungen des Vertrags unterliegt, antreten, es sei denn, sie haben in diesem Drittstaat Gegen- oder Ausgleichs- und Unterstützungsleistungen erhalten (Art. 3 Abs. 1 lit. b Fluggastrechte-VO).[271] Insofern kommt es auf die Herkunft des Carriers an.[272]

63 **(3) Flüge in die Union durch Nicht-EU-Carrier.** Die Fluggastrechte-VO ist nicht anwendbar, wenn ein Nicht-EU-Carrier einen Flug allein von einem Drittstaat in einen Mitgliedstaat durchführt.[273]

64 **(4) Rundflüge durch Nicht-EU-Carrier.** Die Anwendbarkeit der Fluggastrechte-VO auf Flüge durch Nicht-EU-Carrier, welche aus der EU abgehen, dann in einen Drittstaat führen und

---

256 BGH TranspR 2020, 31; *Staudinger* JM 2016, 448 ff.

257 So aber AG Nürnberg RRa 2019, 123.

258 Ferrari IntVertragsR/*Staudinger* Rn. 69.

259 BGH NJW 2013, 378 = NZV 2013, 185.

260 BGH NJW 2010, 1526.

261 AG Bremen RRa 2019, 34; *Jayme/Kohler* IPRax 2002, 461 (464); *Mankowski* IPRax 2019, 208 (211 f.). – Für Einordnung als Eingriffsnorm iSd Art. 34 EGBGB aF *Schollmeyer* IPRax 2004, 78 (82); vgl. auch *Jayme/Kohler* IPRax 1999, 401 (411).

262 Näher *Blankenburg* RRa 2013, 61 ff.

263 BGH NJW 2009, 2743; 2013, 682 = RRa 2013, 19 mAnm *Schmid,* betr. brasilianischenAnschlussflug.

264 Anders noch OLG Frankfurt TranspR 2019, 358 = IPRax 2019, 241 m. Aufsatz *Mankowski* IPRax 2019, 208.

265 LG Frankfurt a.M. BeckRS 2023, 2187; AG Köln BeckRS 2020,10816; *Picht/Kopp* IPRax 2024, 16 (24 ff.).

266 AG Dortmund RRa 2022, 235 (239).

267 Reithmann/Martiny IntVertragsR/*Mankowski* Rn. 15.63.

268 OLG Köln NZV 2021, 196 mAnm *Staudinger* = VuR 2021, 263 mAnm *Tonner* = TranspR 2022, 45 betr. irisches Recht, Ryanair; AG Bühl NZV 2020, 47 m. zust. Anm. *Staudinger* betr. irisches Recht, Ryanair; AG Dortmund RRa 2022, 235 betr. irisches Recht, Ryanair; Reithmann/Martiny IntVertragsR/*Mankowski* Rn. 15.63.

269 S. *Mankowski* TranspR 2008, 177 (181 f.).

270 OLG Frankfurt NJW 2007, 2339; *Schmid* NJW 2007, 261 f.; Reithmann/Martiny IntVertragsR/*Mankowski* Rn. 15.304.

271 Dazu *Mankowski* TranspR 2008, 177 (182).

272 Näher Reithmann/Martiny IntVertragsR/*Mankowski* Rn. 15.304.

273 *Schmid* RRa 2006, 1; *Mankowski* TranspR 2008, 177 (182).

von diesem aus wieder in die EU zurückführen, ist umstritten. Während die Anwendbarkeit zum Teil bejaht wurde,[274] hat sie der EuGH verneint.[275] Die Fluggastrechte-VO ist nicht auf den Fall einer Hin- und Rückreise anwendbar, bei der die Fluggäste, die ursprünglich auf einem Flughafen im Gebiet eines Mitgliedstaats, das den Bestimmungen des EU-Rechts unterliegt, einen Flug angetreten haben, zu diesem Flughafen mit einem Flug ab einem Flughafen in einem Drittstaat zurückreisen. Der Umstand, dass Hin- und Rückflug gemeinsam gebucht werden, wirkt sich auf die Auslegung dieser Bestimmung nicht aus.

d) Warschauer Abkommen und Zusatzabkommen.

Schrifttum: *Giemulla/Schmid,* Frankfurter Kommentar zum Luftverkehrsrecht, Warschauer Abkommen, Loseblattausgabe; *Mankiewicz,* The Liability Regime of the International Air Carrier, Antwerpen, Boston, London 1981.

aa) Warschauer Abkommen. Das WA 1955 (→ Rn. 56) regelt die Haftung für die entgeltliche internationale Beförderung von Personen, Reisegepäck oder Gütern durch Luftfahrzeuge (Art. 1 Abs. 1). Erforderlich ist der Abschluss eines entgeltlichen Beförderungsvertrages.[276] Eine **internationale Beförderung** liegt vor, wenn nach der Vereinbarung der Parteien Abflugs- und Bestimmungsort im Gebiet verschiedener Vertragsstaaten liegen oder eine Zwischenlandung in einem anderen Land (auch Nichtvertragsstaat) geplant ist (Art. 1 Abs. 2 WA 1955).[277] Bei der sog. Sukzessivbeförderung durch mehrere aufeinander folgende Luftfrachtführer genügt, wenn die Beförderung entweder in einem einzigen Vertrag oder zwar in mehreren Verträgen, aber als einheitliche Leistung vereinbart wird (Art. 1 Abs. 3 WA 1955). Erforderlich ist, dass sowohl der Abgangs- als auch der Bestimmungsort in einem Vertragsstaat liegen. Liegt der Bestimmungsort in einem Nichtvertragsstaat, so ist das Übereinkommen nicht anwendbar.[278] Gleiches gilt bei einem Abgangsort in einem Nichtvertragsstaat.[279] Der typische Urlauberflug mit Abgangs- und Bestimmungsort Deutschland gilt jedoch als **einheitlicher Rundflug;** die Zwischenlandung in einem Nichtvertragsstaat ist unschädlich.[280] – Zur deliktischen Einordnung der Beförderung blinder Passagiere → Rom II-VO Art. 4 Rn. 137. 65

Nach dem WA 1955 **haftet der Luftfrachtführer.** Dazu gehört auch der Pauschalreiseveranstalter.[281] Das WA 1955 sieht eine Verschuldenshaftung mit umgekehrter Beweislast (Art. 20, 21 WA 1955) vor. Die Haftung des Luftfrachtführers ist unabdingbar, soweit das WA 1955 zwingend ist, tritt jedoch nur bis zu einer Höchstgrenze ein[282] (Art. 22 ff. WA 1955). Wieweit die Schadensersatzhaftung dann, wenn es sich um keinen Unfall iSd Abkommens gehandelt hat, der Haftungsbeschränkung des Art. 17 WA 1955 iVm Art. 27 WA 1955 unterliegt, ist str.[283] Die zwingenden Vorschriften des WA 1955 (insbesondere über die Haftung und die Beförderungsscheine) können vor Schadenseintritt nicht durch Rechtswahl ausgeschaltet werden (Art. 32 WA 1955). Soweit aber eine Rechtswahl zulässig ist, kann eine Rechtsordnung eines anderen Abkommensstaates gewählt werden als nur die eines Gerichtsstandes nach dem WA 1955 (vgl. Art. 28 WA 1955).[284] 66

Das WA 1955 verdrängt, soweit es einschlägig ist, die nationalen Vorschriften des allgemeinen Frachtrechts, so etwa Art. 29 WA 1955 für die Verjährung.[285] Das Übereinkommen bildet aber keine abschließende Kodifikation. Es enthält für verschiedene Fragen keine eigene Regelung, son- 67

[274] OLG Frankfurt NJW 2007, 2339 (Vorlageentscheidung); *Mankowski* TranspR 2008, 182 f. mwN; anders dagegen AG Berlin-Mitte NJW-RR 2006, 920 = RRa 2006, 89 m. abl. Anm. *Schmid;* AG Frankfurt a.M. NJW-RR 2007, 770.

[275] EuGH NJW 2008, 2697 = EuZW 2008, 569 mAnm *Tonner* = RRa 2008, 242 mAnm *Wukoschitz* – Emirates Airlines/Schenkel; krit. dazu Reithmann/Martiny IntVertragsR/*Mankowski* Rn. 15.307 f.

[276] BGHZ 76, 32 (33) = NJW 1980, 587 = LM LuftVG Nr. 18 mAnm *Weber; Schmidt-Räntsch* in v. Caemmerer, Deutsche handels- und wirtschaftsrechtliche Landesberichte zum IX. Internationalen Kongreß für Rechtsvergleichung (Sektion III), 1974114; *Mankiewicz,* The Liability Regime of the International Air Carrier, 1981, 36 f. – Zur Ersatzbeförderung auf dem Landweg OLG Frankfurt VersR 1982, 697.

[277] OLG Frankfurt RIW 1994, 68; OLG Düsseldorf RIW 1995, 420 = TranspR 1995, 30.

[278] OLG Köln VersR 1982, 985 = ZLW 31 (1982), 401; LG Mönchengladbach TranspR 1988, 283.

[279] BGH TranspR 1987, 187.

[280] Reithmann/Martiny IntVertragsR/*Mankowski* Rn. 35.146; Soergel/*v. Hoffmann* EGBGB Art. 28 Rn. 397.

[281] BGHZ 80, 280 (281) = NJW 1981, 1664; *Schollmeyer* IPRax 2004, 78 (79).

[282] Dazu und zur Haftungsfreigrenze im USA-Verkehr *Müller-Rostin* VersR 1979, 594 (597 f.).

[283] Unentschieden OLG Frankfurt NJW 2003, 905 = NZV 2003, 133 mAnm *Müller-Rostin.* Bejahend *Mühlbauer* VersR 2001, 1480 ff.

[284] *Guldimann,* Internationales Lufttransportrecht, Zürich 1965, WA 1955 Art. 32 Rn. 6; *Scheuch,* Luftbeförderung und Chartervertrag unter besonderer Berücksichtigung des IPR, 1979, 35 f.; anders *Sand* ZLW 18 (1969), 205 (208) mwN.

[285] BGH RIW 2005, 625; vgl. LG Frankfurt a.M. TranspR 2001, 35 mAnm *Otte; Schmid/Müller-Rostin* ZLW 53 (2004), 395 (411 f.) – Ebenso für Art. 26 WA 1955 OLG Hamburg ZLW 63 (2014), 165 mAnm *Müller-Rostin* gegen BGH NJW-RR 2009, 1335 = TranspR 2009, 262 zu § 452b HGB.

dern verweist insofern auf ein nationales Sachrecht, insbesondere die lex fori (zB in Art. 21 WA 1955 für das Mitverschulden, Art. 25 WA 1955 der ursprünglichen Fassung für die Fahrlässigkeit).[286] **Außerhalb des Anwendungsbereichs des WA 1955,** das viele Lücken enthält (zB Form und Zustandekommen des Luftbeförderungsvertrages; Haftung für Nichtbeförderung wegen Überbuchung,[287] Minderung wegen mangelhafter Beförderung,[288] Beweislast für Schadensverursachung),[289] gilt das vom IVR des Forums (also den Art. 3 ff. WA 1955) bestimmte Vertragsstatut.[290] Ebenso ist für Ansprüche auf Verzugszinsen zu verfahren.[291] Eine analoge Anwendung des WA 1955 ist nicht möglich.

68 **bb) Zusatzabkommen von Guadalajara.** Das ZAGWAbk (→ Rn. 56) geht über die Vertragshaftung nach dem WA 1955 hinaus und erstreckt im Ergebnis die Regelung des WA 1955 auf den Charterverkehr. Es unterwirft den vertraglichen und den ausführenden Luftfrachtführer den Regeln des WA 1955 (Art. II ZAGWAbk).[292] Beide haften gesamtschuldnerisch (Art. III ZAGWAbk). Vor allem beim Chartervertrag wird der Fluggast von einem anderen als dem vertraglichen Luftfrachtführer befördert. Das Erfordernis der „internationalen Beförderung" nach Art. 1 Abs. 2 WA 1955 gilt auch für das ZAGWAbk; der Bestimmungsort muss Vertragsstaat sein.[293]

69 **e) Montrealer Übereinkommen von 1999. aa) Internationale Beförderung.** Das MÜ (→ Rn. 57) hat das internationale Lufttransportrecht reformiert und regelt die Beförderung im internationalen Luftverkehr. Als „internationale Beförderung" iSd MÜ ist jede Beförderung anzusehen, bei der nach den Vereinbarungen der Parteien **der Abgangsort und der Bestimmungsort in den Hoheitsgebieten von zwei Vertragsstaaten liegen** (Art. 1 Abs. 2 S. 1 MÜ). Dabei ist unerheblich, ob eine Unterbrechung der Beförderung oder ein Fahrzeugwechsel stattfindet oder nicht. Liegen diese Orte zwar im Hoheitsgebiet nur eines Vertragsstaats, ist aber eine Zwischenlandung in dem Hoheitsgebiet eines anderen Staates vorgesehen, so genügt das, selbst wenn dieser Staat kein Vertragsstaat ist. Das MÜ kommt daher auch dann zur Anwendung, wenn es sich um einen Hin- und Rückflug aus Deutschland in einen Nichtvertragsstaat handelt.[294] – Die Beförderung zwischen zwei Orten innerhalb des Hoheitsgebiets nur eines Vertragsstaats ohne eine Zwischenlandung im Hoheitsgebiet eines anderen Staates gilt nicht als internationale Beförderung (Art. 1 Abs. 2 S. 2 MÜ). Das MÜ kann nicht durch Rechtswahl abbedungen werden (Art. 49 MÜ).[295]

70 Eine Beförderung durch **mehrere aufeinander folgende Luftfrachtführer** ist, gleichviel ob der Beförderungsvertrag in der Form eines einzigen Vertrags oder einer Reihe von Verträgen geschlossen worden ist, eine einzige Beförderung, sofern sie von den Parteien als einheitliche Leistung vereinbart worden ist (Art. 1 Abs. 3 Hs. 1 MÜ). Eine solche Beförderung verliert ihre Eigenschaft als internationale Beförderung nicht dadurch, dass ein Vertrag oder eine Reihe von Verträgen ausschließlich im Hoheitsgebiet desselben Staates zu erfüllen ist (Art. 1 Abs. 3 Hs. 2 MÜ). Das MÜ gilt auch für Beförderungen nach Art. 39 ff. MÜ vorbehaltlich der darin enthaltenen Bedingungen (Art. 1 Abs. 4 MÜ).

71 **bb) Sachlicher Anwendungsbereich.** Das MÜ gilt für jede internationale Beförderung von Personen, Reisegepäck oder Gütern, die durch Luftfahrzeuge gegen Entgelt erfolgt (Art. 1 Abs. 1 S. 1 MÜ). Es erfasst auch unentgeltliche Beförderungen durch Luftfahrzeuge, wenn sie von einem

[286] Näher *Ruhwedel,* Der Luftbeförderungsvertrag, 3. Aufl. 1998, 27 f.; *Mutschler,* Die Haftung für Unfälle im internationalen Luftverkehr, 2002, 193 ff.; *Giemulla/Schmid* WA 1955 Einl. Rn. 21.

[287] OLG Frankfurt TranspR 1984, 297 = IPRspr. 1984 Nr. 41; *Giemulla/Brautlacht* TranspR 1988, 360 f. – Zu Art. 11 WA 1955 *Basedow* in Symposium der Deutschen Gesellschaft für Transportrecht, 1987, 248 ff.

[288] LG Frankfurt a.M. NJW-RR 1993, 1270; AG Frankfurt a.M. TranspR 1996, 347.

[289] OLG Köln VersR 2002, 1126.

[290] Zu Art. 27 EGBGB aF BGH NJW-RR 2004, 1482 zum Schadensumfang; NJW-RR 2009, 103 zur Schadenshöhe; OLG Düsseldorf VersR 1978, 964; OLG Köln VersR 2002, 1126; LG München I ZLR 26 (1977), 155 = IPRspr. 1977 Nr. 31a; *Ruhwedel,* Der Luftbeförderungsvertrag, 3. Aufl. 1998, 28; *Ruhwedel,* TranspR 1983, 141 (142); Reithmann/Martiny IntVertragsR/*Mankowski* Rn. 15.147; dagegen für die Sachnormen der lex fori LG Hamburg ZLR 4 (1955), 226 m. abl. Anm. *Meyer* = IPRspr. 1954–1955 Nr. 33.

[291] *Mann/Kurth* RIW 1988, 251 (253).

[292] Schrifttum: *Riese* ZLW 11 (1962), 1; *Schmidt* TranspR 1994, 420; *Schmidt-Räntsch* FS Riese, 1964, 479; *H. Walther,* Der ausführende Luftfrachtführer und seine Haftung nach dem Zusatzabkommen, 1968.

[293] OLG Hamburg ZLW 37 (1988), 362: keine Anwendung gegenüber USA; LG Offenburg TranspR 1986, 151 mAnm *Moeser* = IPRspr. 1986 Nr. 40; LG Berlin NJW-RR 1990, 1018; LG Bonn ZLW 2000, 124; *Zapp* TranspR 2000, 239 (240); *Koller* TranspR 2000, 355 (357).

[294] LG Frankfurt a.M. ZLW 57 (2008) 140. Vgl. Reithmann/Martiny IntVertragsR/*Mankowski* Rn. 15.138.

[295] MüKoHGB/*Müller-Rostin* Einl. MÜ Rn. 66.

Luftfahrtunternehmen ausgeführt werden (Art. 1 Abs. 1 S. 2 MÜ). Das MÜ gilt aber nicht für das Verhältnis zwischen Luftfrachtführer und Reiseveranstalter.[296]

cc) Zeitlicher Anwendungsbereich. Die Vorschriften des MÜ sind nur anzuwenden, wenn der Luftbeförderungsvertrag nach dem Zeitpunkt geschlossen wurde, zu dem das MÜ für Deutschland in Kraft getreten ist (§ 6 MontÜG). 72

dd) Verhältnis zu anderen Staatsverträgen. Das Verhältnis zu anderen mit dem Warschauer Abkommen zusammenhängenden Übereinkünften regelt Art. 55 MÜ. Das MÜ geht allen Vorschriften vor, die für die Beförderung im internationalen Luftverkehr gelten zwischen den Vertragsstaaten des MÜ auf Grund dessen, dass diese Staaten gemeinsam Vertragsparteien des WA 1955 sind (Art. 55 Nr. 1 lit. a MÜ). Das MÜ ist an sich gegenüber den europäischen Luftbeförderungsverordnungen vorrangig; der EuGH hat die Regelungen jedoch für inhaltlich vereinbar erklärt.[297] 73

ee) Inhalt des Übereinkommens. (1) Beförderungsdokumente. Bei der Beförderung von Reisenden ist ein Einzel- oder Sammelbeförderungsschein maßgeblich (Passagierticket, Fluggepäckschein, Art. 3 MÜ). Bei der Beförderung von Gütern werden ein Luftfrachtbrief (airway bill, lettre de transport aérien) und eine Empfangsbestätigung für Güter (cargo receipt, récépissé de marchandises) ausgestellt (Art. 4 ff. MÜ). Nach Art. 9 MÜ haben fehlende Angaben keine Auswirkung auf die Haftung. Der Absender (consignor, expéditeur) und der Empfänger (consignee, destinataire) können ihre Rechte geltend machen (Art. 15 MÜ). Zu unterscheiden sind Rechtsverhältnisse mit Dritten (third parties, tierce parties), Art. 15 MÜ 74

(2) Haftung des Luftfrachtführers. Das MÜ kennt unterschiedliche Haftungsgründe, nämlich die Haftung für Personenschäden und für Güterschäden.[298] Nationales Recht kann nur dort zum Zuge kommen, wo nicht zu füllende Lücken bestehen.[299] Zu den **Personenschäden** gehört eine gesundheitliche Schädigung von Passagieren und die Beschädigung des Reisegepäcks, Art. 17 MÜ Hierfür verweist § 1 Abs. 1, 2 MontÜG ergänzend auf das LuftVG. Für **Schäden an Gütern** (Art. 18 MÜ) verweist § 2 MontÜG für die Art des Schadensersatzes auf § 429 HGB. **Verspätungsschäden** können im Fall der Verspätung verlangt werden (Art. 19 MÜ). Das gilt auch für den Arbeitgeber, der den Beförderungsvertrag geschlossen hatte.[300] Bezüglich Fluganullierung und Nichtbeförderung bleibt es beim nationalen Recht.[301] 75

Das MÜ enthält unterschiedliche Haftungsregeln je nach **Höhe des geltend gemachten Schadens.** Bis 100.000 SZR handelt es sich beim Schadensersatz für Tod oder Körperverletzung eines Reisenden um eine Gefährdungshaftung (Art. 21 Abs. 1 MÜ). Bei Personenschäden ab 100.000 SZR (Sonderziehungsrechte) kommt es zu einer Verschuldenshaftung mit Beweislastumkehr (Art. 21 Abs. 2 MÜ). Der Schadensersatz wird in SZR bemessen, die in die Landeswährung umzurechnen sind (Art. 23 MÜ). Für die Umrechnung des SZR in Euro verweist § 3 MontÜG für Güter auf § 431 Abs. 4 HGB,[302] für andere Schäden auf § 49b LuftVG. Die Konvention sieht Haftungshöchstbeträge bei Schadensersatzansprüchen für Gepäck, Güter und Verspätungen vor (Art. 22 MÜ; → Rom II-VO Art. 4 Rn. 135 f.). Eine **Haftungsbefreiung** durch Mitverschulden ist nur begrenzt möglich (Art. 20 MÜ). Des Luftfahrtunternehmen kann aber nach den anwendbaren nationalen Rechtsvorschriften und vorbehaltlich der Grundsätze der Äquivalenz und der Effektivität nachweisen, dass eine unrechtmäßige Handlung oder Unterlassung des Fluggasts, sei es auch nur fahrlässig, den entstandenen Schaden verursacht oder dazu beigetragen hat.[303] Bezüglich Vereinbarungen ist die einseitig zwingende Wirkung der Haftungsvereinbarungen zu beachten (Art. 25, 26 MÜ). 76

Aufeinanderfolgende Beförderung (successive carriage, transports successifs) ist eine solche, die nacheinander durch mehrere Luftfrachtführer durchgeführt wird (Art. 36 Abs. 1 MÜ). **Gemischte Beförderung** (combined carriage, transport intermodal) ist eine solche, die nur zum Teil mit Luftfahrzeugen, zum Teil mit anderen Verkehrsmitteln durchgeführt wird (Art. 38 Abs. 1 MÜ). 77

---

296 OLG Frankfurt NJW-RR 2012, 374; *Führich/Staudinger,* Reiserecht, 8. Aufl. 2019, § 37 Rn. 3.

297 EuGH Slg. 2006, I-403 = NJW 2006, 351 m. Aufsatz *Tonner* NJW 2006, 1854 = EuZW 2006, 112 mAnm *Reich* – The Queen/Department of Transport.

298 Vgl. *Cheng* Int. Comp. L. Q. 53 (2004), 833 (848 ff.); *Schmid* RRa 2004, 194 (198 ff.).

299 OLG Düsseldorf TranspR 2019, 133 (135); vgl. BGH TranspR 2011, 80 m. Aufsatz *Vyvers* TranspR 2012, 22.

300 EuGH ECLI:EU:C:2016:88 = NJW 2016, 1433 – Air Baltic.

301 *Schmid* RRa 2004, 194 (202); Reithmann/Martiny IntVertragsR/*Mankowski* Rn. 15.150.

302 Tag der Übernahme; OLG Hamburg TranspR 2016, 411.

303 EuGH ECLI:EU:C:2022:424 Rn. 34 = EuZW 2022, 584 = NZV 2023, 88 – JR ./. Austrian Airlines.

78 **(3) Beförderung durch einen anderen als den Luftfrachtführer.** Die Beförderung durch einen anderen als den vertraglichen Luftfrachtführer, ist in Art. 39–48 MÜ geregelt. Dabei sind vertraglicher Luftfrachtführer (contracting carrier, transporteur contractuel; zB Reiseveranstalter) und ausführender Luftfrachtführer (actual carrier, transporteur de fait; zB Fluglinie) zu unterscheiden, Art. 39 MÜ Es besteht eine Versicherungspflicht (Art. 50 MÜ, § 4 MontÜG). Das MÜ regelt nur das Außenverhältnis der Luftfrachtführer zu den Reisenden. Ihr Innenverhältnis richtet sich nach dem anwendbaren Recht.[304]

79 **ff) Internationale Zuständigkeit.** Die internationale Zuständigkeit ist in Art. 33 MÜ geregelt.[305] Ergibt sich danach eine Zuständigkeit deutscher Gerichte, so ist § 1 Abs. 3 MontÜG iVm § 56 Abs. 3 S. 2 LuftVG zu beachten.

80 **f) IATA-Beförderungsbedingungen.** Die IATA (International Air Transportation Association) ist eine private Organisation, der alle bedeutenden Luftverkehrsgesellschaften angehören.[306] Die IATA-Beförderungsbedingungen (General Conditions of Carriage [Recommended practice 1724]) umfassen die „Allgemeinen Beförderungsbedingungen für Fluggäste und Gepäck" (ABB-Flugpassage)[307] und die Vertrags- und Beförderungsbedingungen für Frachtgut.[308] Ihre Verwendung erübrigt die Bestimmung des maßgeblichen Vertragsstatuts nicht. Die im Flugschein enthaltenen Vertragsbedingungen (Conditions of Contract) sind nur eine Zusammenfassung einiger Bestimmungen der Beförderungsbedingungen.[309] Die Luftverkehrsgesellschaften legen die IATA-Beförderungsbedingungen ihren Beförderungsverträgen oder ihren AGB zu Grunde. Ihrer Rechtsnatur nach sind sie AGB, kein internationaler Handelsbrauch.[310] Sie unterliegen der Inhaltskontrolle nach §§ 305 ff. BGB.[311] Die IATA-Bedingungen ergänzen die im WA 1955 geregelten Fragen (Tarifgestaltung, Flugpreis, Platzbuchung, Routenänderung, Gepäcksgrenzen etc). Da sie keinen Hinweis auf das ergänzend anwendbare nationale Recht enthalten,[312] spricht ihre Verwendung nicht für ein bestimmtes Vertragsstatut.[313]

81 Im Fluggastverkehr mit den Vereinigten Staaten gelten im Rahmen des maßgeblichen Vertragsstatuts **„Besondere Beförderungsbedingungen für den USA-Verkehr"**,[314] die auf einer Vereinbarung der Luftverkehrsgesellschaften von Montreal vom 4.5.1966 beruhen.[315] Sie sehen höhere Haftungsgrenzen vor und wurden gemäß § 21 Abs. 1 S. 2 LuftVG genehmigt. Eine Haftung über das WA 1955 hinaus bewirkt auch das „IATA-Intercarrier Agreement on Passenger Liability" (1995).[316]

82 **2. Vertragsstatut. a) Luftbeförderungsvertrag.** Ist weder europäisches noch staatsvertragliches Einheitsrecht anwendbar oder wird das Rechtsproblem von der entsprechenden Regelung nicht erfasst, so ist das Vertragsstatut nach dem IPR der lex fori, dh nach den Art. 3 ff., zu bestimmen.[317]

---

[304] OLG Frankfurt NJW-RR 2012, 374.

[305] Näher *L. Schneider,* Haftung und Haftungsbeschränkungen bei Personenschäden im internationalen Lufttransport, 1999, 278 ff. Zum Verhältnis zur Brüssel Ia-VO ECLI:EU:C:2019:927 = EuZW 2020, 74 – Guaitoli; *Rieländer* EuZW 2020, 59 ff.

[306] Näher *Specht,* Die IATA, 1973. – Zur ICAO s. *Böckstiegel* JbIntR 17 (1974), 307 (308 ff.).

[307] Recommended Practice 1724 idF von 2000.

[308] Conditions of Carriage for Cargo – Recommended Practice 1601. – Text bei *Giemulla/Schmid,* Frankfurter Kommentar zum Luftverkehrsrecht, Anh. II 1a; dazu auch Reithmann/Martiny IntVertragsR/*Mankowski* Rn. 15.151.

[309] *Böckstiegel* NJW 1974, 1017 (1023).

[310] OLG Köln VersR 1982, 985 = ZLW 31 (1982), 401; *Böckstiegel* NJW 1974, 1017 (1019). Vgl. *Sand* ZLW 18 (1969), 205 (211 f.).

[311] So zur Anwendung des AGBG auf die ABB-Flugpassage BGHZ 86, 284 (288) = NJW 1983, 1322 mAnm *Bunte* = LM AGBG § 11 Ziff. 8 Nr. 1 mAnm *Walchshöfer* = IPRax 1984, 316 m. Aufsatz *Lindacher* IPRax 1984, 301; *Eisenbarth,* Die Vereinbarkeit der IATA-Beförderungsbedingungen mit dem AGB-Gesetz unter Berücksichtigung des Warschauer Abkommens, des Luftverkehrsgesetzes und des Reisevertragsgesetzes, 1986, 184; krit. *Stoll* FS Kegel, 1987, 623 (639).

[312] *Scheuch,* Luftbeförderung und Chartervertrag unter besonderer Berücksichtigung des IPR, 1979, 37; *Böckstiegel* NJW 1974, 1017 (1019).

[313] BGH NJW 1976, 1581 = ZLW 25 (1976), 354; LG Hamburg RIW 1977, 652.

[314] Beförderungsbedingungen der Deutschen Lufthansa bei *Giemulla/Schmid* Anh. III-2 WA 1955.

[315] „Montreal Interim Agreement". – Dt. Übersetzung ZLW 17 (1968), 82 = *Giemulla/Schmid* Anh. I-11 WA 1955 = *Zweigert/Kropholler,* Quellen des internationalen Einheitsrechts, Bd. II, 1972, Nr. G 272; näher dazu *Diederiks/Verschoor* ZLW 19 (1970), 25; *Schweickardt* FS A. Meyer, 1975, 227 ff.; *Mankiewicz,* The Liability Regime of the International Air Carrier, 1981, 10 ff. Vgl. auch *Böckstiegel* JbIntR 17 (1974), 307 (314 ff.).

[316] Näher *Ruhwedel* TranspR 1997, 1 ff.

[317] OLG Frankfurt IPRax 2019, 241 m. insoweit zust. Aufsatz *Mankowski* IPRax 2019, 208; Ferrari IntVertragsR/*Staudinger* Rn. 69.

Die Parteien können das Lufttransportstatut ausdrücklich oder stillschweigend vereinbaren.[318] Das gilt auch für Ausgleichsansprüche zwischen gesamtschuldnerisch haftenden Luftfrachtführern.[319] – Wird deutsches Recht vereinbart, so gelten LuftVG, WA 1955 und MÜ. Eine Rechtswahl ist jedoch nur insoweit möglich, als zwingende Normen (insbesondere Art. 32 WA 1955) nicht entgegenstehen.[320] Bei der Wahl englischen Rechts ist relevant, dass eine Klausel, die für den Fall der Stornierung eines Flugbeförderungsvertrages vorsieht, dass Steuern und Gebühren, selbst wenn sie auf der Anzahl der beförderten Fluggäste basieren, nicht erstattet werden, nach englischen und walisischen Recht nicht unwirksam ist.[321]

Bei fehlender Rechtswahl ist für den **Güterbeförderungstransport** die Regelung des Abs. 1 S. 1 zu beachten (→ Rn. 16 ff.). Danach gilt das **Recht am Aufenthaltsort des Beförderers** (Luftfrachtführers) nur dann, wenn sich im gleichen Staat auch der Übernahme- oder Ablieferungsort oder der gewöhnliche Aufenthaltsort des Absenders befindet. Abweichendes kann sich nach Abs. 3 ergeben.[322] Sind die Voraussetzungen des Abs. 1 S. 1 nicht erfüllt, so ist das Recht des vereinbarten Ablieferungsortes anzuwenden (Abs. 1 S. 2). 83

Für die **Personenbeförderung** gilt die allgemeine Regelung des Abs. 2. Grundsätzlich ist mangels Rechtswahl nach Abs. 2 S. 1 das Recht des **gewöhnlichen Aufenthalts des Beförderten** maßgeblich. Vorausgesetzt wird allerdings, dass sich in diesem Staat auch der Abgangs- oder der Bestimmungsort befindet.[323] Nur dann, wenn diese Kombination nicht vorliegt, gelangt man zu dem Recht des Staates, in dem der Beförderer seinen gewöhnlichen Aufenthalt hat.[324] Maßgeblich ist auch hier die vertraglich vereinbarte Leistung, selbst wenn die tatsächlich erbrachte davon abweicht.[325] Nicht als Niederlassung sind bloße Geschäftsstellen anzusehen, welche lediglich Flugscheine verkaufen.[326] Auch auf selbständige Einrichtungen Dritter wie Reisebüros kommt es nicht an.[327] Die Rspr. hat früher häufig auf das Recht des **Bestimmungsortes,** dh des Ortes der vertraglich vereinbarten letzten Landung, abgestellt.[328] Beim Rundflug (zB einer Ägypten-Reise) gelangte man auf diese Weise zum Recht des (deutschen) Abflugortes.[329] Nach der Rom I-VO dürfte es sich erübrigen, sich dafür auf Abs. 3 zu stützen. Früher wurde hingegen die Ausweichklausel herangezogen.[330] 84

b) Luftcharterverträge. aa) Allgemeines. Der Chartervertrag begründet eine Verpflichtung des Flugzeugeigentümers bzw. -halters, ein Flugzeug (bei der eigentlichen Charter mit Besatzung) gegen Entgelt für einen bestimmten Zweck oder eine bestimmte Zeit zur Verfügung zu stellen. Zu unterscheiden sind insbesondere bare-hull-charter (→ Rn. 86), Mietcharter (→ Rn. 87) und Transportcharter (→ Rn. 88). In allen Fällen ist kollisionsrechtlich zwischen dem Vertrag von Charterer und Vercharterer und der transportrechtlichen Beziehung zu den Befrachtern bzw. Passagieren zu differenzieren.[331] 85

bb) Flugzeugmiete. Bei der **bare-hull-charter** (Flugzeugmiete) wird lediglich das Flugzeug ohne Besatzung überlassen. Auf diesen Vertrag finden – anders als unter Umständen im Verhältnis des Flugzeugmieters zu seinen Passagieren – weder MÜ, WA 1955, ZAGWAbk noch IATA-Beförderungsbedingungen Anwendung.[332] Art. 5 greift nicht ein, da es sich nicht um eine Güterbeförderung 86

318 OLG Köln GRUR-RR 2016, 156; Reithmann/Martiny IntVertragsR/*Mankowski* Rn. 15.6 für Gütertransport. – Zu Art. 27 EGBGB aF BGH NJW-RR 2009, 103; OLG Frankfurt RIW 1982, 913 = TranspR 1982, 158; LG Frankfurt a.M. TranspR 1991 Nr. 145 = IPRspr. 1990 Nr. 55.

319 OLG Frankfurt TranspR 1981, 99.

320 Näher *Sand* ZLW 18 (1969), 205 (207 ff.); *Frings* ZLW 26 (1977), 8 (9).

321 OLG Frankfurt IPRax 2019, 241 m. zust. Aufsatz *Mankowski* IPRax 2019, 208.

322 Reithmann/Martiny IntVertragsR/*Mankowski* Rn. 15.66.

323 LG Frankfurt a.M. BeckRS 2019, 11946.

324 Reithmann/Martiny IntVertragsR/*Mankowski* Rn. 15.57.

325 Vgl. Soergel/*v. Hoffmann* EGBGB Art. 28 Rn. 408.

326 Soergel/*v. Hoffmann* EGBGB Art. 28 Rn. 408. Vgl. *Scheuch,* Luftbeförderung und Chartervertrag unter besonderer Berücksichtigung des IPR, 1979, 49 f.

327 Soergel/*v. Hoffmann* EGBGB Art. 28 Rn. 408. Vgl. *Scheuch,* Luftbeförderung und Chartervertrag unter besonderer Berücksichtigung des IPR, 1979, 50.

328 Ebenso *Giemulla/Schmid* WA 1955 Einl. Rn. 22.

329 OLG Frankfurt TranspR 1984, 21 = ZLW 33 (1984), 177; TranspR 1984, 297; LG Frankfurt a.M. TranspR 1991 Nr. 145 = IPRspr. 1990 Nr. 55.

330 So zu Art. 28 Abs. 5 EGBGB aF AG Frankfurt a.M. TranspR 1977, 107; *Ruhwedel,* Der Luftbeförderungsvertrag, 3. Aufl. 1998, 30; Soergel/*v. Hoffmann* EGBGB Art. 28 Rn. 408.

331 Vgl. *Kretschmer,* Das Internationale Privatrecht der zivilen Luftfahrt, 2003, 78 ff.; Reithmann/Martiny IntVertragsR/*Mankowski* Rn. 15.152.

332 *Scheuch,* Luftbeförderung und Chartervertrag unter besonderer Berücksichtigung des IPR, 1979, 18 f.; Reithmann/Martiny IntVertragsR/*Mankowski* Rn. 15.154.

handelt. Es gilt der Grundsatz der charakteristischen Leistung (Art. 4 Abs. 2).[333] Das Recht am Registerort des Flugzeuges[334] scheidet bei fehlender Rechtswahl als objektive Anknüpfung aus, weil die Registereintragung im Wesentlichen nur völker-, verwaltungs- und sachenrechtliche Bedeutung hat. Maßgeblich ist das Recht am **gewöhnlichen Aufenthaltsort des Vermieters.**[335]

87 **cc) Mietcharter.** Die Mietcharter verpflichtet den Vercharterer nicht nur zur Überlassung des Flugzeugs, sondern auch zur Verschaffung der Dienste der Besatzung.[336] Der Charterer kann dann selbst als Beförderer auftreten; von ihm geschlossene Beförderungsverträge unterliegen mangels Rechtswahl Art. 5 Abs. 1 bzw. Art. 4 Abs. 2. Zwischen Vercharterer und Charterer gelten weder WA 1955, MÜ noch IATA-Beförderungsbedingungen.[337] Da der Vercharterer selbst keine Transportleistung schuldet, greift Art. 4 Abs. 2 ein.[338] Mangels Rechtswahl gilt das Recht am **gewöhnlichen Aufenthaltsort des Vercharterers,** weil seine Leistung das Schuldverhältnis prägt.[339]

88 **dd) Transportcharter.** Bei der Transportcharter stellt der Vercharterer ein Luftfahrzeug (bzw. einen Teil davon) mitsamt Besatzung und verpflichtet sich zugleich zu einer Beförderungsleistung. Für das Verhältnis von Luftfrachtführer, der den Lufttransport selbst ausführt, und Charterer, dem er den Frachtraum zur Verfügung stellt, gilt kein Staatsvertrag;[340] Rechtswahl ist zulässig. Eine objektive Anknüpfung führt – soweit nicht bei Verträgen für eine Reise Art. 5 eingreift – zum **Recht des gewöhnlichen Aufenthalts des Vercharterers.**[341] Nach aA ist stets ein Beförderungsvertrag iSd Art. 5 anzunehmen.[342] Die Beziehungen von Charterer und Vercharterer zu den Passagieren regelt das ZAGWAbk (→ Rn. 56, 68).[343] Tritt der Vercharterer dem Fluggast gegenüber als Luftfrachtführer auf, so gilt für den Luftbeförderungsvertrag im Übrigen das Recht seines Niederlassungsortes.[344]

89 **3. Luftverkehrsgesetz.** Die Haftungsbestimmungen des LuftVG (§§ 44–51 LuftVG) gelten zwingend für innerdeutsche Flüge, die nicht Teil eines internationalen, also grenzüberschreitenden Fluges sind.[345] Sie sind dem MÜ weitgehend angepasst worden.

IV. Eisenbahntransport

Schrifttum: *Kunz,* Kollisionslage im europäischen und internationalen Eisenbahnrecht, TranspR 2012, 309.

90 **1. Vereinheitlichtes Recht. a) Übersicht.** Bezüglich des grenzüberschreitenden Eisenbahn-Personenverkehrs ist eine **europäische Vereinheitlichung** erfolgt (→ Rn. 95).[346] Der **internationale Eisenbahnverkehr** wird von dem zwischen den meisten europäischen Staaten geltenden **„Übereinkommen über den internationalen Eisenbahnverkehr" (COTIF)**[347] geregelt. Es hat die bisherigen Staatsverträge durch ein einziges Grund-Übereinkommen ersetzt (Art. 24 § 2

[333] Staudinger/*Magnus,* 2021, Rn. 186.

[334] Dafür Art. 3 Abs. 2 Resolution de l'Institut de Droit International, Ann. Inst. Dr. int. 50-II (1963), 366, 374. – Zu dinglichen Rechten nach dem Registerortsrecht vgl. → EGBGB Art. 45 Rn. 6 ff.

[335] Reithmann/Martiny IntVertragsR/*Mankowski* Rn. 15.154; Staudinger/*Magnus,* 2021, Rn. 186.

[336] Vgl. *Mankiewicz,* The Liability Regime of the International Air Carrier, 1981, 38.

[337] *Scheuch,* Luftbeförderung und Chartervertrag unter besonderer Berücksichtigung des IPR, 1979, 22; Reithmann/Martiny IntVertragsR/*Mankowski* Rn. 15.153.

[338] Reithmann/Martiny IntVertragsR/*Mankowski* Rn. 15.153. – Zu Art. 28 EGBGB aF *Kretschmer,* Das Internationale Privatrecht der zivilen Luftfahrt, 2003, 72; Soergel/*v. Hoffmann* EGBGB Art. 28 Rn. 411.

[339] Reithmann/Martiny IntVertragsR/*Mankowski* Rn. 15.153. – Zu Art. 28 EGBGB aF *Scheuch,* Luftbeförderung und Chartervertrag unter besonderer Berücksichtigung des IPR, 1979, 61.

[340] Reithmann/Martiny IntVertragsR/*Mankowski* Rn. 15.152.

[341] Reithmann/Martiny IntVertragsR/*Mankowski* Rn. 15.152. – Zu Art. 28 EGBGB aF OLG Frankfurt IPRspr. 1996 Nr. 137 = IPRax 1998, 35 m. Aufsatz *Pfeiffer* 17; *Scheuch,* Luftbeförderung und Chartervertrag unter besonderer Berücksichtigung des IPR, 1979, 62 ff.

[342] Staudinger/*Magnus,* 2021, Rn. 184.

[343] *Riese* ZLW 11 (1962), 13; *Kretschmer,* Das Internationale Privatrecht der zivilen Luftfahrt, 2003, 80 ff.; Reithmann/Martiny IntVertragsR/*Mankowski* Rn. 15.152; näher *Scheuch,* Luftbeförderung und Chartervertrag unter besonderer Berücksichtigung des IPR, 1979, 28 ff.

[344] *Scheuch,* Luftbeförderung und Chartervertrag unter besonderer Berücksichtigung des IPR, 1979, 65.

[345] Vgl. Reithmann/Martiny IntVertragsR/*Mankowski* Rn. 15.136.

[346] Zur Vereinheitlichung *Maurer* RabelsZ 81 (2017), 117 (127 ff.).

[347] „Convention relative aux Transports Internationaux Ferroviaires", BGBl. 1985 II 132. S. dazu Gesetz zum Protokoll vom 3.6.1999, BGBl. 2002 II 2140. Neue Fassung BGBl. 2002 II 2149 (geändert BGBl. 2017 II 820). Protokoll BGBl. 2002 II 2142 (Zu Änderungen 2. VO vom 11.6.2015, BGBl. 2015 II 830; 3. VO vom 16.4.2016, BGBl. 2016 II 378). – Seit 1.7.2011 ist die EU selbst Vertragspartei, Mitt. ABl. EU 2011 L 183, 1; dazu *Kunz* TranspR 2012, 309 (311 ff.).

COTIF). Veränderungen sind durch das am 1.7.2006 für Deutschland in Kraft getretene Protokoll von Vilnius von 1999 erfolgt[348] (→ Rom II-VO Art. 4 Rn. 147 f.).

Die COTIF 1999 wird nach Art. 6 § 1 durch zwei Anhänge ergänzt, nämlich „Einheitliche Rechtsvorschriften für den Vertrag über die internationale Eisenbahnbeförderung von Personen und Gepäck" (ER-CIV)[349] sowie „Einheitliche Rechtsvorschriften für den Vertrag über die internationale Eisenbahnbeförderung von Gütern" (ER-CIM).[350] CIV und CIM sind als Anhänge A und B zur COTIF neu gefasst worden. Ferner gilt noch ein Anhang C, nämlich die „Ordnung für die internationale Eisenbahnbeförderung gefährlicher Güter (RID)".[351] 91

b) ER-CIV. Der Anwendungsbereich der das Vertragsrecht des Eisenbahnpersonen- und -gepäckverkehrs (einschließlich PKW) vereinheitlichenden ER-CIV wird grundsätzlich ebenso bestimmt wie für die ER-CIM.[352] Die COTIF verweist für Lücken auf die Anwendung des Landesrechts, das die nationalen Kollisionsnormen umschließt (Art. 8 § 2 COTIF 1999).[353] Zur Haftung näher → Rom II-VO Art. 4 Rn. 148 f. 92

c) ER-CIM. Die ER-CIM **vereinheitlichen das Vertrags- und Haftungsrecht des internationalen Eisenbahnfrachtverkehrs** (zur Haftung näher → Rom II-VO Art. 4 Rn. 147 f.). Sie gelten ohne Vorschaltung des IVR. Es kommt darauf an, dass der Ort der Güterübernahme und der zur Ablieferung vorgesehene Ort in zwei verschiedenen Mitgliedstaaten liegen.[354] Liegt nur einer der Orte in einem Mitgliedstaat, so kann die Anwendung der ER-CIM 1999 von den Parteien erklärt werden.[355] Die ER-CIM 1999 finden auch Anwendung, wenn sich an den grenzüberschreitenden Schienentransport eine transportergänzende Beförderung auf der Straße oder einem Binnengewässer anschließt und ein einziger Vertrag vorliegt (Art. 1 § 3 ER-CIM 1999). Sind die Anwendungsvoraussetzungen der ER-CIM nicht gegeben, so kommen die allgemeinen Kollisionsregeln zur Anwendung.[356] Die ER-CIM enthalten materielles Einheitsprivatrecht über Form, Bedingungen, Ausführung und Abänderung des Frachtvertrages sowie die Haftung der Eisenbahnen (→ Rom II-VO Art. 4 Rn. 148 f.). Innerhalb ihres Anwendungsbereichs finden die vereinheitlichten Bestimmungen zwingend Anwendung (Art. 3 § 1 COTIF, Art. 5 ER-CIM 1999).[357] 93

Einige der CIM-Vorschriften enthalten Sachnormvorschriften und verweisen auf ein bestimmtes internes Landesrecht.[358] Soweit die CIM-Vorschriften keine Regelung treffen, finden die für Frachtverträge geltenden Landesgesetze Anwendung (so jetzt allgemein Art. 8 § 2 COTIF 1999). Dies gilt etwa für Ansprüche wegen Pflichtverletzung.[359] Diese Verweisung auf das Recht des Staates, in dem der Berechtigte Ansprüche geltend macht, ist eine Gesamtverweisung, umfasst also auch das Kollisionsrecht des Forums[360] (Art. 10 § 2 ER-CIM). 94

d) Eisenbahnfahrgastrechte-VO. Als europäische Regelung gilt die neu gefasste Eisenbahnfahrgastrechte-VO ab 7.6.2023.[361] Sie gilt unionsweit (dh bei einer Beförderung im Gebiet eines oder mehrerer Mitgliedstaaten) für alle Eisenbahnfahrten und -dienstleistungen, die von einem oder mehreren nach der früheren RL 95/18/EG genehmigten Eisenbahnunternehmen erbracht werden (Art. 2 Abs. 1 Eisenbahnfahrgäste-VO). Erfasst wird nicht nur der grenzüberschreitende, sondern auch der inländische Eisenbahnverkehr.[362] Für die Haftung wird auf COTIF und CIV verwiesen, 95

[348] Bek. vom 2.8.2006, BGBl. 2006 II 827; dazu *Mankowski* TranspR 2008, 177 f. – Zum Verhältnis zur Rom I-VO *Mandl* Jb. vergleichende Staats- und Rechtswissenschaften 2018/2019, 237 (241 ff.).

[349] „Règles uniformes concernant le transport international ferroviaire des voyageurs et de bagages (CIV)", BGBl. 2002 II 2190.

[350] „Règles uniformes concernant le transport international ferroviaire des marchandises (CIM)", BGBl. 2002 II 2221.

[351] BGBl. 2002 II 2256; vgl. *Schrötter* NJW 1982, 1186 (1188); *Kafka* IZ 1987, 4.

[352] Näher *Kunz* TranspR 2012, 309 (313 f.); Reithmann/Martiny IntVertragsR/*Mankowski* Rn. 15.315.

[353] Soergel/*v. Hoffmann* EGBGB Art. 28 Rn. 426.

[354] Zu Art. 1 § 1 ER/CIM 1999 s. Reithmann/Martiny IntVertragsR/*Mankowski* Rn. 15.126.

[355] Zu Art. 1 § 2 ER/CIM 1999 s. *Freise* TranspR 1999, 417 (421); *Mutz* GS Helm, 2001, 243 (252); Reithmann/Martiny IntVertragsR/*Mankowski* Rn. 15.128.

[356] Reithmann/Martiny IntVertragsR/*Mankowski* Rn. 15.133.

[357] MüKoHGB/*Freise* CIM Art. 1 Rn. 1; Soergel/*v. Hoffmann* EGBGB Art. 28 Rn. 423.

[358] ZB Art. 48 § 5 CIM 1999 (Hemmung und Unterbrechung der Verjährung); näher Reithmann/Martiny IntVertragsR/*Mankowski* Rn. 15.132.

[359] BGH NJW-RR 1992, 853 = TranspR 1992, 273 = IPRspr. 1991 Nr. 61.

[360] Reithmann/Martiny IntVertragsR/*Mankowski* Rn. 15.133; MüKoHGB/*Freise* CIM Art. 5 Rn. 11. – Als Verweisung auf die Sachnormen des Forums zu verstehen ist wohl BGH Eur. Transp. L. 17 (1982), 72 = IZ 1982, 117.

[361] Art. 41 VO (EU) 2021/782; näher *Feldbaum* RRa 2021, 266 ff.

[362] Art. 2 Abs. 1 VO; näher dazu Reithmann/Martiny IntVertragsR/*Mankowski* Rn. 15.318.

die in Anh. I Eisenbahnfahrgastrechte-VO übernommen wurden. Die Eisenbahnfahrgastrechte-VO garantiert nur einen Mindeststandard.[363]

96 **2. Vertragsstatut, nationales Recht.** Da das Übk. über den Eisenbahnverkehr materielles Einheitsrecht für internationale Sachverhalte enthält, geht es innerhalb seines Anwendungsbereichs den Regeln des nationalen Rechts vor (→ EGBGB Art. 3 Rn. 175).[364] Außerhalb des Anwendungsbereichs gelten die **allgemeinen Regeln des IVR,** soweit nicht zwingendes nationales Recht eingreift. Rechtswahl ist zulässig.[365] Für die grenzüberschreitende Beförderung gilt grundsätzlich das Recht der abschließenden Bahn, nicht das des Bestimmungsortes. Nach allgemeinem IVR ist die Anknüpfung nach Art. 5 zu beachten.[366] Danach gilt deutsches Recht für die **Güterbeförderung** dann, wenn sich in Deutschland nicht nur der gewöhnliche Aufenthaltsort des Beförderers, sondern unter anderem auch der Ablieferungsort befindet.[367] Greift die Anknüpfung nach Abs. 1 S. 1 nicht ein, so gilt die Regel des Abs. 1 S. 2 (→ Rn. 24). Für die **Personenbeförderung** gilt Abs. 2. Maßgeblich ist daher unter den dort genannten Voraussetzungen das Recht der den Reisenden aufnehmenden Eisenbahn.[368]

97 Im deutschen nationalen Recht gelten die §§ 407 ff. HGB über den Frachtvertrag. Die kollisionsrechtliche Rechtsanwendung bleibt den allgemeinen Regeln des IPR überlassen.[369]

V. Seetransport

Schrifttum: *Czerwenka,* Das Gesetz zur Reform des Seehandelsrechts, 2013; *Furrer,* Das neue Seehandelsrecht im Kontext internationaler und privater Rechtsvereinheitlichung, RdTW 2014, 85; *Hartenstein,* Rom I-Entwurf und Rom II-Verordnung, TranspR 2008, 143; *Herber,* Artikel 6 EGHGB – Eine Erwiderung, TranspR 2013, 368; *Ramming,* Die neue Rom I-VO und die Rechtsverhältnisse der Schifffahrt, HmbSchRZ 2009, 21; *Ramming,* Der neue Art. 6 EGHGB, RdTW 2013, 173.

Schrifttum vor der Rom I-VO: s. 7. Aufl. 2018.

98 **1. Vereinheitlichtes Recht. a) Übersicht.** Beim Seefrachtvertrag verpflichtet sich der Verfrachter gegenüber dem Befrachter zu einer entgeltlichen Beförderung von Gütern über See. Man unterscheidet gewöhnlich Stückgutverträge (→ Rn. 119 ff.) und Raumfracht- bzw. Charterverträge (→ Rn. 124 ff.). Eigene Regeln bestehen ferner für die Passagierschifffahrt (→ Rn. 133 f.). Das Seefrachtrecht ist in beträchtlichem Umfang vereinheitlicht;[370] das Einheitsrecht ist allerdings auf ganz verschiedene Weise in das deutsche Recht übernommen worden.[371] Das **Internationale Übereinkommen zur Vereinheitlichung von Regeln über Konnossemente (Haager Regeln)** vom 25.8.1924 gleicht das Recht des internationalen Seefrachtvertrages international an.[372] Deutschland übernahm die Haager Regeln (HR) in das HGB durch das SeefrachtG und grenzte den räumlichen Anwendungsbereich in dem – inzwischen aufgehobenen[373] – Art. 2 der DVOzSFrG dazu näher ab.[374] Der Anwendungsbereich der immer noch für Deutschland verbindlichen HR wird nunmehr von Art. 6 EGHGB bestimmt.[375]

99 Die Haager Regeln sind durch **Änderungsprotokolle** in verschiedenen Punkten geändert und ergänzt worden, so durch das Brüsseler Protokoll zur Änderung des am 25.8.1924 in Brüssel unterzeichneten internationalen Übereinkommens zur Vereinheitlichung von Regeln über Konnos-

---

363 *Staudinger* NJW 2008, 2752 (2758).
364 *Mutz* IZ 1975, 145 (146); MüKoHGB/*Freise* Einl. COTIF Rn. 37.
365 *Wagner* TranspR 2008, 221 (232 f.). – Zum alten Recht BGH NJW-RR 1992, 853 = TranspR 1992, 273 = IPRspr. 1991 Nr. 61; OLG Düsseldorf TranspR 1997, 198 = VersR 1997, 602.
366 Ferrari IntVertragsR/*Staudinger* Rn. 67; vgl. zu Art. 28 EGBGB aF OLG Braunschweig TranspR 1996, 385.
367 Vgl. zu Art. 28 EGBGB aF OLG Braunschweig TranspR 1996, 385.
368 Vgl. zu Art. 28 EGBGB aF Soergel/*v. Hoffmann* EGBGB Art. 28 Rn. 428.
369 Vgl. auch MüKoHGB/*Thume* HGB § 407 Rn. 124.
370 Zur Vereinheitlichung *Maurer* RabelsZ 81 (2017), 117 (141 ff.).
371 Dazu *Basedow* IPRax 1987, 333 (335) mwN.
372 Text: *Rabe* HGB Anh. I § 663b (engl., franz.); *Schaps/Abraham* HGB § 663b Anh. III B sowie *Zweigert/Kropholler,* Quellen des internationalen Einheitsrechts, Bd. II, 1972, Nr. 211. – In Kraft für das Deutsche Reich am 1.1.1940 (Bek. vom 22.12.1939) RGBl. 1939 II 1049. Im Verhältnis zu den früheren Feindstaaten wieder in Kraft seit dem 1.11.1953 (BGBl. 1953 II 116; 1954 II 466). – Vertragsstaaten: FNB sowie *Czerwenka,* Das Gesetz zur Reform des Seehandelsrechts, 2013, 369 f. Auch Nichtvertragsstaaten haben die HR übernommen; dazu *Schaps/Abraham* HGB § 663b Anh. III Rn. 9.
373 Durch Art. 9 Abs. 2 2. SeeRÄndG vom 25.7.1986, BGBl. 1986 I 1120.
374 SeefrachtG vom 10.8.1937 (RGBl. 1937 I 891); in Kraft getreten am 1.1.1940 (RGBl. 1939 I 2501). DVO zum SeefrachtG vom 5.12.1939 (RGBl. 1939 I 2501).
375 *Ramming* RdTW 2013, 173 (173 f.).

semente vom 23.2.1968 (sog. **Visby-Regeln**).[376] Die Visby-Regeln (VR) sind am 23.6.1977 in Kraft getreten, so dass man hinsichtlich der ergänzten HR auch von den „Hague-Visby-Rules" spricht. Die VR ändern die Haftungsbestimmungen und den Anwendungsbereich der HR.[377] Von Deutschland sind sie bislang (2024) nicht ratifiziert worden,[378] so dass Art. 3 Nr. 2 EGBGB nicht eingreift.[379] Doch ist **ihr Inhalt** durch das 2. SeeRÄndG **in das deutsche Recht,** nämlich in das HGB, **übernommen** worden.[380] Die Reform des Seehandelsrechts von 2013 hat daran grundsätzlich nichts geändert. Bei der Auslegung dieser Bestimmungen ist allerdings zu beachten, dass die Originalsprache des Staatsvertrages nicht deutsch ist. Obwohl auf Grund der Inkorporationstechnik des Gesetzgebers eine unverbindliche deutsche Übersetzung des Übereinkommens Gesetzeskraft erlangt hat, ist gleichwohl eine einheitliche Auslegung unter den Vertragsstaaten anzustreben.[381] Für die Anwendung der Vorschriften war der auf Art. 10 VR beruhende Art. 6 EGHGB aF von zentraler Bedeutung. Art. 6 EGHGB nF stellt hingegen nicht mehr auf die Anwendung der VR ab (→ Rn. 113).

Das **Übereinkommen über die Beförderung von Gütern auf See (Hamburger Regeln)** vom 31.3.1978 sieht eine umfassende Neuregelung des Seefrachtrechts vor und soll die HR und die VR ablösen.[382] Die Vertragsstaaten des neuen Übereinkommens müssen die alten Abkommen innerhalb einer bestimmten Frist kündigen (Art. 31). Die Hamburger Regeln vereinheitlichen das Recht der Konnossemente und gehen als materielles Einheitsprivatrecht dem autonomen Kollisionsrecht vor (zur Haftung → Rom II-VO Art. 4 Rn. 178). Sie finden – mit Einschränkungen im Hinblick auf Charterverträge – Anwendung auf alle Verträge über die Beförderung von Gütern über See zwischen zwei verschiedenen Staaten (Art. 2 Hamburger Regeln). Sie sind am 1.12.1992 in Kraft getreten, jedoch nicht für Deutschland (2024). Auf die Hamburger Regeln kommt es aus deutscher Sicht nur an, soweit auf das Recht eines Mitgliedstaates verwiesen wird.[383] **100**

Das **UN-Übereinkommen über Seebeförderungsverträge** vom 11.12.2008 **(Rotterdam Regeln)** ist noch nicht in Kraft getreten.[384] – Das Athener **Übereinkommen über die Beförderung von Reisenden und ihrem Gepäck auf See** vom 13.12.1974 ist zum Teil in die §§ 527 ff. HGB in das deutsche Recht übernommen worden (→ Rn. 133). – Das Londoner **Übereinkommen über die Beschränkung der Haftung für Seeforderungen** vom 19.11.1976 wird über § 486 Abs. 1 HGB für anwendbar erklärt. **101**

Der **Bergevertrag** ist kein Beförderungsvertrag iSd Art. 5, da ihn die Beförderungsleistung nicht prägt.[385] Eine Sonderregelung besteht für Bergeverträge in Art. 8 EGHGB (→ Rom II-VO Art. 11 Rn. 25). Im Zusammenhang mit dem Gesetz zur Reform des Seehandelsrechts vom 20.4.2013 (BGBl. 2013 I 831) ist Art. 8 Abs. 1 EGHGB neu gefasst worden.[386] Der Bergevertrag ist nunmehr in §§ 574 ff. HGB geregelt. Zuvor waren die Vorschriften anlässlich der Ratifikation des Internationalen Übereinkommens von 1989 über die Bergung[387] in §§ 740 ff. HGB aF aufgenommen worden.[388] In Art. 8 Abs. 1 EGHGB wird unter anderem für die Pflichten des Bergers (§ 574 HGB) und den Bergelohnanspruch (§ 576 HGB) die Anwendung deutschen Rechts ohne **102**

---

376 Text: *Rabe* HGB § 663b Anh. II (engl., franz.); sowie Anh. III (deutsche Fassung der Haager-Visby-Regeln); *Schaps/Abraham* HGB § 663b Anh. III C. Vertragsstaaten: *Czerwenka,* Das Gesetz zur Reform des Seehandelsrechts, 2013, 369 f.

377 Zum Inhalt Reithmann/Martiny IntVertragsR/*Mankowski* Rn. 15.206 ff.; *Schaps/Abraham* HGB § 663b Anh. III A Rn. 15 ff.

378 Liste der Vertragsstaaten: BGBl. 1996 I 791; Reithmann/Martiny IntVertragsR/*Mankowski* Rn. 15.209.

379 *Mankowski* TranspR 2008, 417 (425 f.); s. auch *Flessner,* Reform des IPR – Was bringt sie dem Seehandelsrecht?, 1987, 25.

380 Gesetz vom 25.7.1986, BGBl. 1986 I 1120.

381 Näher *Furrer* RdTW 2014, 85 (89 ff.). – Vgl. *Rabe,* Das zweite Seerechtsänderungsgesetz, 1987, 17 f.

382 Text: Eur. Transp. L. 1979, 533–559 (dt.); Rev. dr. unif. 1978 I 134 (engl. und franz.); *Rabe* HGB § 663b Anh. IV (engl.) sowie in Das Übereinkommen der Vereinten Nationen über die Beförderung von Gütern auf See von 1978 (Schriften des Deutschen Vereins für internationales Seerecht; Reihe B: Dokumente u. *Materialien, Heft 12, 1978)* S. 33 ff. – Zum Inhalt *Herber* TranspR 1992, 381 ff., Basedow ZEuP 1993, 100 ff.; Reithmann/Martiny IntVertragsR/*Mankowski* Rn. 15.189 ff.

383 Näher Reithmann/Martiny IntVertragsR/*Mankowski* Rn. 15.190.

384 *Furrer* RdTW 2014, 85 (89 ff.); Calliess/Renner/*Mauer* Rn. 28; Staudinger/*Magnus,* 2021, Rn. 90.

385 *Bahnsen* TranspR 2010, 317 ff.; Staudinger/*Magnus,* 2021, Rn. 122.

386 Dazu *Czerwenka,* Das Gesetz zur Reform des Seehandelsrechts, 2013, 375 ff.

387 BGBl. 2001 II 510. – Für Deutschland am 8.10.2002 in Kraft getreten, Bek. vom 25.4.2002, BGBl. 2002 II 1202.

388 Gesetz zur Neuregelung des Bergungsrechts in der See- und Binnenschifffahrt (Drittes Seerechtsänderungsgesetz) vom 16.5.2001, BGBl. 2001 I 898.

Rücksicht auf das nach den Regeln des IPR anwendbare Recht angeordnet (Abs. 1 S. 1). Für die Aufteilung des Bergelohns oder der Sondervergütung zwischen dem Berger und seinen Bediensteten ist Rechtswahl möglich (Abs. 1 S. 3 Hs. 1). Rechtswahl wird daher zugelassen.[389] Bei Maßgeblichkeit ausländischen Rechts kommen jedoch § 575 Abs. 1 HGB (Verhütung oder Begrenzung von Umweltschäden) und § 584 Abs. 2 HGB (Inhaltskontrolle des Bergungsvertrags) zwingend zur Geltung (Abs. 1 S. 3 Hs. 2).[390] Im Übrigen gilt das Recht der Flagge bzw. das für die vertraglichen Beziehungen ohnehin geltende Recht (Abs. 1 S. 2). Zinsansprüche des Bergers richten sich nach deutschem Recht (Abs. 2). Bergungsmaßnahmen von Behörden unterliegen dem Recht des Ortes der Behörde (Abs. 3).

103 **b) Haager und Visby-Regeln. aa) Anwendung von Einheitsrecht.** Die HR (→ Rn. 98) haben keine vollständige Vereinheitlichung, sondern nur eine Rechtsangleichung bewirkt, da die Vertragsstaaten sie nicht in gleicher Weise, sondern nur mit Modifikationen in ihr nationales Recht übernommen haben.[391] Auch der jeweilige Anwendungsbereich ist verschieden. Die Bedeutung der HR besteht in der in §§ 513 ff. HGB übernommenen Haftung des Verfrachters aus dem Konnossement. Nach deutschem Recht ist zu unterscheiden zwischen Staaten, die lediglich die Haager Regeln übernommen haben **(HR-Vertragsstaaten),** ferner solchen, welche auch die Visby-Regeln (→ Rn. 99) übernommen haben **(VR-Vertragsstaaten),** und Nichtvertragsstaaten. Grundsätzlich soll im Verhältnis zu den HR-Staaten die Regelung der ursprünglichen HR weitergelten, während die VR gegenüber den VR-Staaten angewendet werden sollen. Für letzteres enthielt die maßgebliche Regelung dafür die komplizierte Vorschrift des Art. 6 EGHGB aF, welcher im Wesentlichen Art. 10 VR entsprach.[392] Die Neufassung des **Art. 6 EGHGB** hat freilich auf eine besondere Regelung für das Verhältnis zu den VR verzichtet und insofern eine „Rückanpassung" vorgenommen (→ Rn. 113).[393]

104 Im Zusammenhang mit der Reform des Seehandelsrechts vom 20.4.2013 ist Art. 6 EGHGB neu gefasst worden.[394] Die Bestimmung will sicherstellen, dass Deutschland seine **völkerrechtliche Verpflichtung zur Anwendung der HR** einhält.[395] Die deutschen Vorschriften über den Seefrachtvertrag kommen für internationale Sachverhalte grundsätzlich nur dann zur Anwendung, wenn nach den Vorschriften des IPR, also insbesondere Art. 5 sowie des nationalen Kollisionsrechts, deutsches Recht anzuwenden ist. Ferner weichen die sachrechtlichen §§ 501, 504 und 525 HGB von den HR ab. Art. 6 Abs. 1 EGHGB soll daher Konformität mit den HR sicherstellen, wo das geboten ist. Die Regelung dient der **Umsetzung von Art. 10 HR,** wonach die HR für jedes Konnossement gelten, das in einem ihrer Vertragsstaaten ausgestellt wird.[396] Dabei berücksichtigt sie, dass die HR nicht unmittelbar zur Anwendung gelangen, sondern in das HGB eingearbeitet sind. Dementsprechend verweist Abs. 1 S. 1 in seinem Einleitungssatz auf die den HR entsprechenden Vorschriften des HGB. Das sind die §§ 480, 483, 485 HGB und § 488 HGB, ferner die §§ 513–525 HGB iVm §§ 498, 499, 501, 504, 505, 507, 510 HGB und § 512 HGB sowie § 605 Nr. 1 HGB iVm § 607 Abs. 1 und 2 HGB und § 609 Abs. 1 HGB.[397]

105 **bb) Ausstellung in einem HR-Vertragsstaat.** In Übereinstimmung mit Art. 10 HR bestimmt Art. 6 Abs. 1 EGHGB, dass die den HR entsprechenden Vorschriften im HGB ohne Rücksicht auf das nach IPR anzuwendende Recht anzuwenden sind, wenn ein Konnossement **in einem Vertragsstaat der HR ausgestellt** ist. Dies entspricht Art. 10 Abs. 1 S. 1 lit. a nF HR.[398] Dabei kommt es auf den tatsächlichen Ausstellungsort an.[399] Nicht erforderlich ist, dass

---

389 Die Rechtswahlmöglichkeit verneint für den Anwendungsbereich des Einheitsrechts *Bahnsen* TranspR 2010, 320.

390 *Czerwenka,* Das Gesetz zur Reform des Seehandelsrechts, 2013, 376: Eingriffsnorm.

391 *Götz,* Das Seefrachtrecht der Haager Regeln nach anglo-amerikanischem Recht, 1960; *Hoffmeyer,* Die Gerichtswahlklausel im Konnossement, 1962; *Necker,* Der räumliche Geltungsbereich der Haager Regeln, 1962; *Okuda,* Zur Anwendungsnorm der Haager, Visby und Hamburg Regeln, 1983; *Stödter* Liber Amicorum Bagge, Stockholm 1956, 220.

392 Näher *Mankowski,* Seerechtliche Vertragsverhältnisse im Internationalen Privatrecht, 1995, 300 ff., 321 ff.

393 *Ramming* RdTW 2013, 173 ff.

394 Gesetz zur Reform des Seehandelsrechts vom 20.4.2013, BGBl. 2013 I 831.

395 Begr. RegE, BT-Drs. 17/10309, 137; *Czerwenka,* Das Gesetz zur Reform des Seehandelsrechts, 2013, 385 f. – Zweifel zur Völkerrechtskonformität bei *Paschke* RdTW 2013, 457 ff.; *Mankowski* TranspR 2014, 268 (272 ff.).

396 *Czerwenka,* Das Gesetz zur Reform des Seehandelsrechts, 2013, 385 f.

397 Näher dazu *Ramming* RdTW 2013, 173 (177 ff.).

398 *Ramming* RdTW 2013, 173 (176).

399 Reithmann/Martiny IntVertragsR/*Mankowski* Rn. 15.219; Staudinger/*Magnus* Rn. 111.

der Frachtvertrag deutschem Recht unterliegt.[400] Da nicht alle der in Art. 6 Abs. 1 S. 1 EGHGB aufgeführten Vorschriften mit den HR übereinstimmen, bestimmt Art. 6 EGHGB zusätzlich, dass diese Vorschriften nur mit bestimmten Maßgaben zur Anwendung gelangen. Hierdurch sollen Widersprüche mit den HR vermieden werden.[401]

Art. 6 Abs. 1 S. 1 Nr. 1 EGHGB betrifft Abweichungen von § 501 HGB (Haftung für andere). **106**
Die Vorschrift dient der Umsetzung von Art. 4 § 2 lit. a und b HR, der den Verfrachter von seiner **Haftung für nautisches Verschulden** des Schiffers sowie Personen oder für Brandschäden, befreit, es sei denn, dass ihm eigenes Verschulden vorzuwerfen ist. Die Formulierung orientiert sich an dem bisherigen § 607 Abs. 2 HGB.[402]

Art. 6 Abs. 1 S. 1 Nr. 2 EGHGB enthält Abweichungen von § 504 HGB **(Haftungshöchstbetrag bei Güterschäden).** **107**
Die Bestimmung setzt Art. 4 § 5 HR um, wonach der Unternehmer für Verlust oder Beschädigung der Güter nur bis zu einem Betrag von 100 Pfund Sterling für das Stück oder die Einheit haftet. In Übereinstimmung mit dem bisherigen Art. 6 Abs. 2 EGHGB geht die Neuregelung davon aus, dass diesem Betrag der in § 504 Abs. 1 HGB genannte Betrag von 666,67 Rechnungseinheiten entspricht. Insoweit wurde von einer Sonderregelung abgesehen.[403] Anderes gilt für den nach § 504 Abs. 1 HGB alternativ anzusetzenden Betrag von zwei Rechnungseinheiten je Kilogramm des Rohgewichts der verlorenen oder beschädigten Güter. Da die HR einen solchen Haftungshöchstbetrag nicht vorsehen, bestimmt Art. 6 Abs. 1 Nr. 2 EGHGB, dass dieser bei der Berechnung des Haftungshöchstbetrages nicht anzusetzen ist.

Ferner geht es um den Umfang der Vertragsfreiheit. Art. 6 Abs. 1 S. 1 Nr. 3 EGHGB bezieht **108**
sich auf § 525 HGB **(abweichende Bestimmung im Konnossement).** Die Vorschrift dient der Umsetzung von Art. 3 § 8 HR, Art. 4 § 5 HR und Art. 5 S. 1 HR, wonach die Haftung des Verfrachters für Verlust oder Beschädigung von Gütern grundsätzlich weder ausgeschlossen noch weitergehend, als gesetzlich vorgesehen, beschränkt werden kann. Da die HR keine Beschränkung der Verfrachterhaftung durch Individualvereinbarung gestatten, ist eine Anwendung des § 512 Abs. 1 HGB bei Anwendung der HR auszuschließen.[404] Dementsprechend bestimmt Art. 6 Abs. 1 Nr. 3 EGHGB, dass die gesetzlichen Verpflichtungen des Verfrachters durch Rechtsgeschäft nicht im Voraus ausgeschlossen oder weitergehend als nach dem Gesetz beschränkt werden können.

Art. 6 Abs. 1 S. 1 Nr. 4 EGHGB bezieht sich auf § 609 HGB **(Vereinbarungen über die Verjährung).** **109**
Hierbei geht es um die Verjährung von Schadensersatzansprüchen wegen Güterschäden; sie darf nicht erleichtert werden.[405]

Nach Art. 6 Abs. 1 S. 1 EGHGB sind die darin genannten Vorschriften **ohne Rücksicht auf das nach IPR anzuwendende Recht** anzuwenden. **110**
Damit soll zum Ausdruck gebracht werden, dass die HR materielles Einheitsrecht enthalten, das **ohne Vorschaltung des Internationalen Privatrechts als lex fori** anzuwenden ist.[406] Nicht ausgeschlossen werden soll jedoch die Möglichkeit, eine **Rechtswahl zu treffen.** Aus diesem Grunde stellt Art. 6 Abs. 1 S. 2 EGHGB klar, dass das Recht „der Parteien", eine Rechtswahl zu treffen, „unberührt" bleibt.[407]

Art. 6 Abs. 1 EGHGB will dem allgemeinen völkerrechtlichen Grundsatz der Gegenseitigkeit **111**
entsprechen.[408] Dementsprechend begründet er eine Pflicht zur Anwendung der HR nur dann, wenn auch Interessen anderer Vertragsstaaten berührt sind. Diese Voraussetzung ist erfüllt, wenn der im Konnossement bestimmte **Lade- oder Löschhafen in einem anderen HR-Vertragsstaat** liegt. Unbeachtlich ist dagegen, welche Staatszugehörigkeit das Schiff hat oder welche Staatsangehörigkeit der Verfrachter oder die Ladungsbeteiligten haben.[409] Darauf kommt es für die Anwendung der HR, wie sich aus der klarstellenden Regelung in Art. 10 S. 1 VR ergibt, nicht an. Liegen die im Konnossement bestimmten Häfen nicht in einem anderen Vertragsstaat

---

400 *Klingsporn* NJW 1987, 3042 (3043); *Ebenroth/Fischer/Sorek* ZVglRWiss 88 (1989), 124 (132). – S. aber *Götz* NJW 1987, 1671 (1673).
401 Begr. RegE, BT-Drs. 17/10309, 137.
402 *Ramming* RdTW 2013, 173 (179); *Czerwenka,* Das Gesetz zur Reform des Seehandelsrechts, 2013, 367; Begr. RegE, BT-Drs. 17/10309 S. 137.
403 *Ramming* RdTW 2013, 173 (179); *Czerwenka,* Das Gesetz zur Reform des Seehandelsrechts, 2013, 367; Begr. RegE, BT-Drs. 17/10309, 137.
404 *Ramming* RdTW 2013, 173 (179 f.); Begr. RegE, BT-Drs. 17/10309, 137.
405 Dazu *Ramming* RdTW 2013, 173 (180).
406 Begr. RegE, BT-Drs. 17/10309, 137.
407 *Czerwenka,* Das Gesetz zur Reform des Seehandelsrechts, 2013, 368; dazu krit. *Ramming* RdTW 2013, 173 (182 f.); Reithmann/Martiny IntVertragsR/*Mankowski* Rn. 15.223 ff. – Bloß deklaratorisch *Herber* TranspR 2013, 368 (369).
408 Begr. RegE, BT-Drs. 17/10309, 137.
409 Begr. RegE, BT-Drs. 17/10309, 137.

der HR, so ist Deutschland frei bei der Ausgestaltung des anzuwendenden Sachrechts. Die nach Art. 6 Abs. 1 S. 1 EGHGB anwendbare Sonderregelungen bleiben in diesem Fall unberücksichtigt.[410] Die **Ausstellung in Deutschland** ist in Abs. 2 geregelt.[411]

112 **cc) Vertragsstaat eines HR-Änderungsprotokolls.** Art. 6 Abs. 3 EGHGB regelt den Fall, dass ein Konnossement in einem Staat ausgestellt wurde, der Vertragsstaat sowohl der HR als auch eines Änderungsprotokolls zu den HR ist (→ Rn. 99). Nach Art. 6 Abs. 3 EGHGB ist ein solcher Staat **nicht als HR Vertragsstaat – anzusehen.** Dies stimmt mit dem bisherigen Art. 6 Abs. 2 S. 1 EGHGB überein. Zu diesen Ländern zählen, wie sich aus den Bekanntmachungen zu den HR und zu den Visby-Regeln ergibt, zahlreiche Staaten.[412] Ein solcher Staat wendet auch selbst nicht mehr die HR, sondern die VR an.[413] Daher ist ein Land wie Frankreich, das sowohl die HR als auch ein Änderungsprotokoll zu den HR ratifiziert hat, den Staaten gleichgestellt, die **ausschließlich Vertragsstaat der Visby-Regeln oder des Änderungsprotokolls zu den Visby-Regeln** sind.[414] Auch wenn Art. 6 Abs. 3 EGHGB daran anknüpft, ob ein Staat an ein HR-Änderungsprotokoll völkerrechtlich gebunden ist, wird anders als nach Art. 6 Abs. 3 EGHGB aF davon abgesehen, im BGBl. bekannt zu geben, welche Staaten Vertragsstaaten eines solchen Änderungsprotokolls sind. Belgien als Verwahrer der derzeit geltenden Änderungsprotokolle, nämlich der Visby-Regeln sowie des Protokolls vom 21.12.1979, gibt die Liste der Vertragsparteien in leicht zugänglicher Weise bekannt.[415]

113 Die Neuregelung in Art. 6 Abs. 1 EGHGB verzichtet darauf, eine zusätzliche Regelung nach dem Vorbild des bisherigen Art. 6 Abs. 1 EGHGB für den Fall zu treffen, dass eine **Berührung zu einem Vertragsstaat der Visby-Regeln** besteht. Dem Gesetzgeber erschien es zweifelhaft, ohne eine völkerrechtliche Bindung an die Visby-Regeln nach dem Vorbild von Art. 10 VR noch kollisionsrechtliche Sonderregelungen zu normieren, die von den allgemeinen kollisionsrechtlichen Regelungen abweichen.[416] Wird ein Konnossement in einem solchen Staat ausgestellt, so bestimmt sich **nach den Vorschriften des IPR,** welches materielle Recht zur Anwendung gelangt. Ist das Recht eines Vertragsstaats der VR anzuwenden, so findet insoweit keine besondere Anknüpfung statt. Damit bleibt eine Anwendung der seefrachtrechtlichen Vorschriften des HGB – einschließlich der Sonderregelung in Art. 6 Abs. 1 EGHGB – außer Betracht.[417]

114 **dd) Anknüpfung.** Das Verhältnis des Art. 6 EGHGB zu den Art. 3 ff. Rom I-VO hängt zunächst einmal davon ab, wieweit die **Bereichsausnahme des Art. 1 Abs. 2 lit. d** eingreift (→ Art. 1 Rn. 41 ff.). Tut sie das, so ist eine unmittelbare Anwendung der Art. 3 ff. ausgeschlossen; auch die Vorschrift über Eingriffsnormen (Art. 9 Rom I-VO) kommt nicht in Betracht.[418] Als deutsche kollisionsrechtliche Regelung ist dann allein Art. 6 EGHGB vorhanden. Da Seefrachtverträge aber grundsätzlich unter die Art. 3 ff. Rom I-VO fallen und die Bereichsausnahme nur für bestimmte Fragen gilt, kommt es zur Anwendung der allgemeinen Regeln des Internationalen Vertragsrechts.[419] Daher ist insbesondere das Verhältnis zu Art. 9 zu bestimmen. Ob die Hague-Visby-Regeln bzw. ihre nationale Ausprägung in § 525 HGB gegen ein ausländisches Vertragsstatut durchgesetzt werden können und welche Funktion Art. 6 EGHGB hat, ist str.

115 (1) Nach einer Auffassung kommt es zu einer kollisionsrechtlichen Vorschaltlösung; es regiert die nach Art. 3, 5 Rom I-VO bestimmte **lex causae:** Die Vorschrift des § 525 HGB (früher § 662 HGB) ist eine Sachnorm. Sie enthält nur intern zwingendes Recht; die HR besitzen keinen eigenen Anwendungswillen. Auch Art. 6 EGHGB folgt daher dem Vertragsstatut, ist allenfalls als ordre public-Klausel tauglich.[420] Gegen diese großzügige Auffassung spricht freilich die beabsichtigte zwingende Durchsetzung der Übk.-Regelung, die nicht vom Parteiwillen abhängen kann. (2) Nach aA ist von **Art. 9 Rom I-VO** auszugehen: unterliegt der Seefrachtvertrag nach den Art. 3, 5 ausländischem Recht, so bestimmt der als (einseitige) Kollisionsnorm aufzufassende Art. 6 EGHGB, ob

---

410 Begr. RegE, BT-Drs. 17/10309, 137.

411 Näher *Ramming* RdTW 2013, 173 (176); *Czerwenka,* Das Gesetz zur Reform des Seehandelsrechts, 2013, 368; Reithmann/Martiny IntVertragsR/*Mankowski* Rn. 15.221 ff.

412 Nachw. bei BeckOGK/*Henssler,* 15.7.2023, HGB § 481 Rn. 35.

413 Näher zu Art. L 5422-13 Code des transports, Begr. RegE, BT-Drs. 17/10309, 138.

414 *Ramming* RdTW 2013, 173 (176); Begr. RegE, BT-Drs. 17/10309, 138.

415 Begr. RegE, BT-Drs. 17/10309, 138. Vgl. auch *Czerwenka,* Das Gesetz zur Reform des Seehandelsrechts, 2013, 369 f.

416 Begr. RegE, BT-Drs. 17/10309, 137.

417 Begr. RegE, BT-Drs. 17/10309, 138.

418 *Hartenstein* TranspR 2008, 143 (159 f.); *Mankowski* TranspR 2008, 417 (423 f.).

419 *Herber* TranspR 2013, 368 (369 f.).

420 Vgl. *Götz* NJW 1987, 1671 (1673 f.); *Flessner,* Reform des IPR – Was bringt sie dem Seehandelsrecht?, 1987, 25 f. – Gegen die Durchsetzung der HR über den ordre public nach altem Recht IPG 1983 Nr. 95 (Hamburg) S. 147 f.

und inwieweit § 525 HGB sowie die darin genannten frachtrechtlichen Vorschriften durchgesetzt werden. Es handelt sich hierbei um Vorschriften, die ohne Rücksicht auf das Vertragsstatut zwingende Anwendung verlangen.[421] (3) Nach einer dritten Auffassung (bislang wohl hM) soll ähnlich der Vorschrift des § 525 HGB über den als **einseitige Kollisionsnorm**[422] bzw. spezielle ordre public-Klausel[423] angesehenen Art. 6 EGHGB (bislang in Übereinstimmung mit Art. 10 HR nF) durchgesetzt werden.[424] Art. 6 EGHGB selbst ist keine Sachnorm, sondern regelt allein das anwendbare Recht. Man kann annehmen, dass er keine eingriffsrechtliche Rechtsanwendungsregel ist,[425] sondern eine einseitige Kollisionsnorm zwecks Sicherstellung der Verwirklichung einer völkerrechtlich übernommenen Verpflichtung. Im Hinblick auf die Durchsetzung der HR kann man sich auf die Vorrangklausel des Art. 25 Abs. 1 Rom I-VO stützen.[426] Soweit die Bereichsausnahme in Art. 1 Abs. 2 lit. d weit gefasst wird und damit die Rom I-VO gar nicht zur Anwendung kommt, kommt auch Art. 9 regelmäßig nicht zum Zuge.[427]

Die zwingende Haftungsregelung in § 525 HGB hat auch **verfahrensmäßige Auswirkungen.** **116**
Nach der Rspr. sind Gerichtsstandsvereinbarungen unwirksam, welche zu einer den deutschen zwingenden Normen widersprechenden Haftungsbeschränkung führen würden.[428]

Art. 6 EGHGB ist nur als einseitige Kollisionsnorm ausgestaltet.[429] Die Durchsetzung **ausländi-** **117**
schen zwingenden Konnossementsrechts könnte über Art. 9 Abs. 3 erfolgen. Wegen der spezifischen Funktion des Art. 6 EGHGB ist es ausgeschlossen, die Bestimmung zu einer allseitigen Kollisionsnorm zu erweitern.[430] Es gelten damit die allgemeinen Grundsätze über die Beachtung ausländischer zwingender Bestimmungen (→ Art. 9 Rn. 120 ff.).[431]

Eine **Paramount-Klausel** sichert im Konnossement (gelegentlich auch im Chartervertrag), dass **118**
die HR bzw. VR wenigstens als Parteivereinbarung zur Anwendung kommen. Sie bestimmt, dass die HR entweder direkt oder in der Form anzuwenden sind, wie sie in einem bestimmten Land (Verschiffungs- oder Bestimmungsland) gelten, auch wenn im Übrigen ein anderes Recht vereinbart wurde.[432] Eine solche Klausel bedeutet eine (konkludente) Teilverweisung (Art. 3 Abs. 1 S. 3), wenn sie auf die Rechtsordnung eines bestimmten Landes verweist,[433] sonst – wenn lediglich die Haager Regeln direkt zur Anwendung kommen sollen – nur eine materiellrechtliche Verweisung.[434] Sie wurde schon bislang von der deutschen Rspr. beachtet.[435] Wird daneben eine Rechtswahl getroffen, so geht sie jedenfalls

---

421 Reithmann/Martiny IntVertragsR/*Zwickel* Rn. 5.112: Sonderkollisionsnorm. – Zu Art. 34 EGBGB aF *Klingsporn* NJW 1987, 3043; *Droste,* Der Begriff der „zwingenden Bestimmung" in den Art. 27 ff. EGBGB, 1991, 148 f.; anders *Mankowski* TranspR 2008, 417 (426 f.); *Paschke* TranspR 2010, 268 (270 f.).

422 Reithmann/Martiny IntVertragsR/*Mankowski* Rn. 15.215: überlagernde besondere Anknüpfung.

423 *Ramming* RdTW 2013, 173 (184); *Czerwenka,* Das Gesetz zur Reform des Seehandelsrechts, 2013, 367: einseitige Kollisionsnorm. – So bisher *Mankowski,* Seerechtliche Vertragsverhältnisse im Internationalen Privatrecht, 1995, 317; *Mankowski* TranspR 1996, 10 (13); *Ramming* TranspR 1998, 381 (391); *Rabe* HGB § 662 Rn. 11.

424 Näher *Mankowski,* Seerechtliche Vertragsverhältnisse im Internationalen Privatrecht, 1995, 127, 301 ff.; *Mankowski,* TranspR 1988, 410 (414 ff.); *Ebenroth/Sorek* RIW 1989, 165 ff.; Soergel/*v. Hoffmann* EGBGB Art. 28 Rn. 450.

425 *Schilling,* Das Internationale Privatrecht der Transportverträge, 2016, 336; BeckOGK/*Maultzsch,* 1.3.2024, Art. 9 Rn. 264. – Für Eingriffsnorm aber *Herber* TranspR 2013, 368 (369).

426 *Mankowski* IHR 2008, 417 (427 f.).

427 *Czerwenka,* Das Gesetz zur Reform des Seehandelsrechts, 2013, 367; Reithmann/Martiny IntVertragsR/*Mankowski* Rn. 15.215. – Zu Art. 34 EGBGB *Ebenroth/Fischer/Sorek* ZVglRWiss 88 (1989), 124 (133 ff.); *Basedow,* Rechtswahl und Gerichtsstandsvereinbarungen nach neuem Recht, 1987, 11 f.

428 Noch zu § 662 aF HGB und näher BGH NJW 1971, 985 mAnm *Geimer* = AWD 1971, 537; NJW 1983, 2772 = IPRax 1985, 27 m. Aufsatz *Trappe* IPRax 1985, 8 = TranspR 1984, 23; OLG Hamburg VersR 1970, 763 = IPRspr. 1970 Nr. 113; VersR 1973, 1023 = AWD 1974, 50; *Mann* NJW 1984, 2741 (abl.); *Rabe* TranspR 1985, 83; *Gottwald* FS Firsching, 1985, 89 (101 ff.); *Mankowski* TranspR 1988, 410 (419 f.) zust.

429 *Mankowski* TranspR 2008, 417 (427 f.).

430 *Basedow* IPRax 1987, 333 (338). – Vgl. auch *Mankowski* TranspR 1988, 410 (414).

431 Vgl. Soergel/*v. Hoffmann* EGBGB Art. 28 Rn. 456.

432 S. *Mankowski,* Seerechtliche Vertragsverhältnisse im Internationalen Privatrecht, 1995, 199 ff.; *Schilling,* Das Internationale Privatrecht der Transportverträge, 2016, 181 f.; vgl. auch Klauseltexte bei *Becker/Dabelstein,* Klauseln des Seefrachtgeschäftes, 3. Aufl. 1987, 187 ff.

433 *Flessner,* Reform des IPR – Was bringt sie dem Seehandelsrecht?, 1987, 13; *Mankowski,* Seerechtliche Vertragsverhältnisse im Internationalen Privatrecht, 1995, 218 ff.; *Rabe* HGB Vor § 556.

434 OLG Hamburg VersR 1982, 1096 = IPRspr. 1982 Nr. 38; *Sonnenberger* FS Firsching, 1985, 295 (299); *Mankowski,* Seerechtliche Vertragsverhältnisse im Internationalen Privatrecht, 1995, 231; *Schilling,* Das Internationale Privatrecht der Transportverträge, 2016, 182.

435 BGH NJW 1971, 325; OLG Hamburg VersR 1977, 567; 1982, 1096; LG Bremen VersR 1982, 237 mAnm *Borgwardt;* AG Bremerhaven TranspR 1996, 31 m. Aufsatz *Mankowski* TranspR 1996, 10. – WN bei Reithmann/Martiny IntVertragsR/*Mankowski* Rn. 15.187.

für nicht in den HR geregelte Fragen vor.[436] Verweist eine Gerichtsstandsklausel auf die Gerichte eines Landes, welche die HR nicht berücksichtigen würden, so genießt die Paramount-Klausel Vorrang.[437] Im Verfahren kann durch übereinstimmendes Prozessverhalten in Abweichung von der Paramount-Klausel deutsches Recht vereinbart werden.[438]

119 **2. Stückgutvertrag. a) Anwendbares Recht.** Beim Stückgutvertrag verpflichtet sich der Verfrachter zur Beförderung bestimmter Güter (vgl. § 481 HGB). Das anwendbare Recht kann durch **Rechtswahl** bestimmt werden.[439] Sie findet sich häufig im Konnossement.[440] Eine stillschweigende Rechtswahl kann sich aus einer Gerichtsstands- oder Schiedsklausel ergeben[441] (→ Art. 3 Rn. 49 ff.). Ob bei der Vereinbarung ausländischen Rechts, das ein Abbedingen der Mindesthaftung des § 525 HGB nF bewirken würde, der deutsche ordre public entgegensteht, war früher str.[442] Nach geltendem Recht kommt es darauf an, ob man deutsches Recht bereits über Art. 6 EGHGB bzw. als Eingriffsnorm durchsetzt (→ Rn. 108).

120 Bei Fehlen einer Rechtswahl hat die ältere Rspr. den Schwerpunkt des Schuldverhältnisses ermittelt. Ursprünglich wurde der Frachtvertrag demselben Recht unterstellt wie die Empfängerrechte aus dem Konnossement, dh dem Recht des Bestimmungshafens.[443] Sie können jedoch die Verfrachter-Befrachter-Beziehung nicht bestimmen. Für sie ist vielmehr, da es sich um einen Güterbeförderungsvertrag handelt, Abs. 1 heranzuziehen[444] (→ Rn. 15). Maßgeblich ist das **Recht am gewöhnlichen Aufenthaltsort des Beförderers.** Beförderer ist, wer sich als Verfrachter verpflichtet, die Güter im eigenen Namen zu befördern[445] (→ Rn. 2). Die Hauptniederlassung bzw. -verwaltung (gewöhnlicher Aufenthalt) ist am primären Zentrum der unternehmerischen Aktivität gegeben.[446] Es muss jedoch noch eines der weiteren Kriterien des Abs. 1 S. 1 kumulativ gegeben sein. Der Befrachter ist als Absender anzusehen.[447] Der Ablader ist es nur dann, wenn er im eigenen Namen gegenüber dem Verfrachter auftritt.[448] Der Verladeort (Ladehafen) befindet sich dort, wo die Güter in die Obhut und die Verantwortlichkeit des Verfrachters übergehen sollen.[449] Ferner kommt es auf den vertraglich vorgesehenen Entladeort (Bestimmungshafen) an.[450] Vorausgesetzt wird außerdem, dass sich im Staat des Beförderers der gewöhnliche Aufenthalt des Absenders (Befrachters) befindet.[451] Sind die kumulativen Voraussetzungen des Abs. 1 S. 1 nicht erfüllt, so greift die subsidiäre Anknüpfungsregel des Abs. 1 S. 2 ein.[452] Hierbei kommt dem **vereinbarten Ablieferungsort** besondere Bedeutung zu.

121 **b) Empfängerrechte.** Das im Verhältnis Verfrachter-Empfänger geltende Recht kann noch nachträglich im Prozess gewählt werden.[453] Maßgeblich für das Rechtsverhältnis zwischen Verfrachter und Empfänger ist nach deutschem Recht das vom Verfrachter ausgestellte Konnossement (§§ 513 ff. HGB). Es handelt sich zwar um vertragliche Ansprüche, aber doch im Zusammenhang mit Wertpapieren. Insoweit ist die Bereichsausnahme nach Art. 1 Abs. 2 lit. d zu beachten (→ Art. 1 Rn. 41 ff.). Für die **Rechtswahl in einem Konnossement** gelten die allgemeinen Regeln (vgl. Art. 3 ff.); Rechtswahl ist möglich.[454] Wirksamkeit und Zustandekommen unterliegen grundsätzlich

---

436 OLG Hamburg VersR 1978, 713.

437 OLG Hamburg VersR 1973, 1023. – Kein Vorrang wurde jedoch angenommen, wenn die Klausel auf die deutsche Niederlassung verwies, OLG Hamburg TranspR 1990, 109 = IPRspr. 1989 Nr. 66; krit. dazu *Mankowski,* Seerechtliche Vertragsverhältnisse im Internationalen Privatrecht, 1995, 202 ff.

438 OLG Bremen Hansa 1961, 551 = IPRspr. 1960–61 Nr. 46; OLG Hamburg IPRspr. 1964–65 Nr. 67.

439 Vgl. BGH TranspR 2007, 36 (37); Soergel/*v. Hoffmann* EGBGB Art. 28 Rn. 432.

440 Reithmann/Martiny IntVertragsR/*Mankowski* Rn. 15.204.

441 OLG Hamburg VersR 1975, 826; RIW 1982, 205; Soergel/*v. Hoffmann* EGBGB Art. 28 Rn. 435. – Zum auf die Gültigkeit der Schiedsklausel anwendbaren Recht und zur Inkorporationsklausel OLG Hamburg VersR 1982, 894 mAnm *Riehmer* VersR 1983, 31.

442 Verneinend OLG Hamburg Hansa 1980, 460 = IPRspr. 1978 Nr. 36 A. Vgl. auch OLG Hamburg VersR 1975, 826.

443 Vgl. RGZ 141, 315 = IPRspr. 1933 Nr. 26; *Reithmann* AWD 1959, 245 (248). Entsprechend zu Art. 28 EGBGB *Ebenroth/Fischer/Sorek* ZVglRWiss 88 (1989), 124 (130).

444 Reithmann/Martiny IntVertragsR/*Mankowski* Rn. 15.8; Staudinger/*Magnus,* 2021, Rn. 96.

445 Reithmann/Martiny IntVertragsR/*Mankowski* Rn. 15.10.

446 *Mankowski* TranspR 2008, 423; vgl. Reithmann/Martiny IntVertragsR/*Mankowski* Rn. 15.11.

447 Reithmann/Martiny IntVertragsR/*Mankowski* Rn. 15.13.

448 Reithmann/Martiny IntVertragsR/*Mankowski* Rn. 15.16.

449 Reithmann/Martiny IntVertragsR/*Mankowski* Rn. 15.22; *Rabe* HGB Vor § 556 Rn. 112.

450 Reithmann/Martiny IntVertragsR/*Mankowski* Rn. 15.25; Staudinger/*Magnus,* 2021, Rn. 97.

451 Reithmann/Martiny IntVertragsR/*Mankowski* Rn. 15.19.

452 Reithmann/Martiny IntVertragsR/*Mankowski* Rn. 15.35; Staudinger/*Magnus,* 2021, Rn. 98.

453 BGH VersR 1978, 177; OLG Hamburg VersR 1978, 713.

454 *Mankowski* TranspR 2008, 417 (423); Staudinger/*Magnus,* 2021, Rn. 96. S. bereits BGH NJW 2007, 2036; OLG Hamburg TranspR 1990, 109; 2001, 87 mAnm *Herber* = IPRspr. 2000 Nr. 34.

dem tatsächlich gewählten Recht.[455] Entsprechendes gilt für damit verbundene Gerichtsstandsvereinbarungen.[456] Man darf nicht, wie das zum Teil früher in der Rspr. geschehen ist, die gewählte Rechtsordnung außer Acht lassen und zunächst einmal auf das Recht des Bestimmungshafens ausweichen.[457] Wird wirksam deutsches Recht vereinbart, so kommt es auch zur Anwendung von § 519 HGB.[458]

Die Anknüpfung mangels Rechtswahl ist umstritten. Bei direkter Anwendung des Art. 5 gilt für die **Empfängerrechte aus dem Konnossement** in erster Linie die Anknüpfung nach Abs. 1 S. 1.[459] Danach steht allerdings das Recht des gewöhnlichen Aufenthaltsorts des Verfrachters im Vordergrund, wenn im Verfrachterland auch Ablade- oder Entladehafen oder gewöhnlicher Aufenthalt des Befrachters liegen.[460] Ist das nicht der Fall, so kommt Abs. 1 S. 2 zum Zuge. Im Übrigen ist die **engste Verbindung** nach Abs. 3 zu bestimmen, wonach auch auf das **Recht des Bestimmungshafens** abgestellt werden kann.[461] In Betracht gezogen wurde ferner eine Abspaltung des Rechtsverhältnisses zwischen Verfrachter und Empfänger. Danach könnten die Empfängerrechte wegen der engeren Beziehung dem **Recht des Bestimmungshafens** (Entladeort) unterstellt werden.[462] **122**

Für den Fall, dass die Bereichsausnahme des Art. 1 Abs. 2 lit. d eingreift, wird ohnehin dieses Recht für maßgeblich gehalten.[463] Dies entspricht der bisherigen stRspr. Nach ihr gilt ebenfalls das Recht des Bestimmungshafens.[464] Diese Anknüpfung ist gerechtfertigt, weil sich die Verpflichtungen dem Empfänger gegenüber erst dort konkretisieren.[465] Es kommt auf den vereinbarten, nicht auf den tatsächlichen Bestimmungshafen an.[466] Wird der Bestimmungshafen während der Reise geändert, so unterliegt die Gültigkeit der Änderung dem Recht des ursprünglich vereinbarten Hafens.[467] Sind wahlweise mehrere Bestimmungshäfen vorgesehen, so richten sich die Empfängerrechte nach dem Recht des endgültig gewählten.[468] **123**

3. Raumfrachtverträge. Beim Raumfracht- (bzw. Charter-)vertrag erstreckt sich die Beförderungspflicht des Verfrachters auf das Schiff als Ganzes oder einzelne bestimmt bezeichnete Räume (vgl. § 527 HGB zum Reisefrachtvertrag).[469] Rechtswahl ist möglich.[470] Verwendet wird regelmäßig ein Formular, die sog. Charterpartie. Die Vereinbarung eines bestimmten Schiedsgerichts kann eine stillschweigende Rechtswahl des am Schiedsgerichtssitz geltenden Rechts bedeuten.[471] Doch gibt die Vereinbarung eines Schiedsgerichts nur für Fragen der großen Haverei noch keinen Hinweis auf das **124**

---

455 *Ebenroth/Fischer/Sorek* ZVglRWiss 88 (1989), 124 (127 f.); *Flessner,* Reform des IPR – Was bringt sie dem Seehandelsrecht?, 1987, 13 ff.; ebenso noch zum alten Recht BGHZ 99, 207 (208 f.) = NJW 1987, 1145 = IPRax 1988, 26 m. Aufsatz *Basedow* IPRax 1988, 15 mAnm *Geimer* EWiR 1987, 405 = WuB VII A. § 38 ZPO 1.87 mAnm *Abraham; Mann* NJW 1984, 2740.

456 OLG Hamburg TranspR 1986, 109 = IPRspr. 1986 Nr. 128a (Vorinstanz zu BGHZ 99, 207).

457 So aber BGH NJW 1983, 2772 = IPRax 1985, 27 m. abl. Aufsatz *Trappe* IPRax 1985, 8; OLG Hamburg VersR 1982, 1097 = IPRspr. 1983 Nr. 128a – „Bombay" (Vorinstanz); vgl. auch OLG Hamburg TranspR 1985, 90 = VersR 1985, 858; Hamburger Schiedsspruch TranspR 1988, 39.

458 Hamburger Schiedsspruch TranspR 1989, 33 = IPRspr. 1998 Nr. 48; *Mankowski* TranspR 2008, 417 (423).

459 IdS für Art. 28 EGBGB aF *Rugullis* TranspR 2008, 102 (106). Vgl. auch *Hartenstein* TranspR 2008, 160; dagegen *Mankowski* TranspR 2008, 417 (424 f.).

460 Vgl. bereits OLG Hamburg TranspR 1985, 90 = VersR 1985, 858.

461 Vgl. zum EGBGB *Flessner,* Reform des IPR – Was bringt sie dem Seehandelsrecht?, 1987, 22, 38 ff.

462 Dies stellt zur Diskussion *Flessner,* Reform des IPR – Was bringt sie dem Seehandelsrecht?, 1987, 23 f. zu Art. 28 Abs. 1 S. 2 EGBGB aF.

463 *Mankowski* TranspR 2008, 417 (423 f.).

464 BGHZ 6, 127 (134) = NJW 1952, 1134; BGH VersR 1956, 380; BGHZ 25, 250 (254) = NJW 1957, 1838 = MDR 1958, 28 mAnm *Sieg;* BGHZ 25, 300 (304) = VersR 1957, 746; RGZ 34, 72; 69, 23; 141, 315 = IPRspr. 1933 Nr. 26; OLG Hamburg Hansa 1965, 1788 = IPRspr. 1964–65 Nr. 65; VersR 1982, 1096 = IPRspr. 1982 Nr. 38; OLG Schleswig TranspR 1999, 69 = IPRspr. 1998 Nr. 51 Ls.; *Reithmann* AWD 1959, 245 (247); *Schaps/Abraham* HGB Vor § 556 Rn. 38. – Zur Rechtswahl durch Einbeziehung des Chartervertrages Hamburger Schiedsspruch TranspR 1988, 39.

465 Soergel/*v. Hoffmann* EGBGB Art. 28 Rn. 457.

466 *Ramming* HmbSchRZ 2009, 21 (31); Reithmann/Martiny IntVertragsR/*Mankowski* Rn. 15.193; Staudinger/*Magnus,* 2021, Rn. 121.

467 BGHZ 25, 250 (254) = NJW 1957, 1838; *Reithmann* AWD 1959, 245 (247); krit. Staudinger/*Firsching,* 10./11. Aufl. 1978, EGBGB Vor Art. 12 Rn. 349.

468 RGZ 9, 51; *Reithmann* AWD 1959, 247.

469 Reithmann/Martiny IntVertragsR/*Mankowski* Rn. 15.233.

470 Reithmann/Martiny IntVertragsR/*Mankowski* Rn. 15.230; Soergel/*v. Hoffmann* EGBGB Art. 28 Rn. 432, 437.

471 BGH VersR 1967, 156 = Hansa 1967, 796; OLG Hamburg VersR 1972, 854; Soergel/*v. Hoffmann* EGBGB Art. 28 Rn. 433; anders OLG Düsseldorf TranspR 1992, 415.

Schuldstatut. Die objektive Anknüpfung unterliegt grundsätzlich Abs. 1; der Vercharterer ist Beförderer iS dieser Bestimmung. Vorausgesetzt wird jedoch, dass der Beförderungszweck eine wesentliche Rolle spielt.[472] Nicht erfasst werden Zeitcharterverträge (→ Rn. 128), sowie Charterverträge, welche keine Güterbeförderung zum Gegenstand haben (zur bare-boat-Charter → Rn. 131). Jedenfalls kann wegen der Weltgeltung der englischen Sprache aus der Verwendung eines englischen Formulars noch nicht auf eine Vereinbarung englischen Rechts geschlossen werden.[473]

125 Die **Identity of Carrier (IoC)-** oder **Demise-Klausel** (→ Rn. 130) bestimmt, dass nicht der im Konnossement genannte Charterer, sondern der Reeder des Schiffs Verfrachter sein soll. Ob diese Klausel einer Einbeziehungs- und Inhaltskontrolle standhält, wird nach dem (nach der Klausel maßgeblichen) Recht am gewöhnlichen Aufenthaltsort des Reeders beurteilt.[474] Diese Konnossementsklausel verändert die Rechtsstellung der Chartervertragsparteien nicht. Beförderer iSd Art. 5 wird nicht der Reeder, sondern bleibt der Verfrachter.[475]

126 **4. Einzelne Charterverträge. a) Reisecharter.** Bei der Reisecharter (voyage charter; Reisefrachtvertrag) handelt es sich um einen Sonderfall der Raumfracht; hier bezieht sich der Beförderungsvertrag auf eine oder mehrere Reisen. Ist ersteres der Fall, so findet – wie Erwägungsgrund 22 ausdrücklich klarstellt – die Anknüpfung nach Abs. 1 Anwendung.[476] Die consecutive und multi voyage charter betrifft zwar keine einzelne Reise, wird aber ebenfalls als Beförderung iSd Abs. 1 angesehen.[477] Die slot oder space charter, bei der es um Stellplätze auf Containerschiffen geht, wird ebenso wie die Reisecharter behandelt.[478]

127 **b) Mengenvertrag.** Die Anknüpfung des Mengenvertrages (quantity contract, contract of affreightment), auf Grund dessen über einen längeren Zeitraum eine bestimmte Menge von Massengütern zu befördern ist, ist str.[479] (→ Rn. 11). Auch dieser Vertrag ist nach einigen wegen der Überlassung des Schiffes lediglich nach Art. 4 Abs. 2 anzuknüpfen.[480] Andere stellen zutreffend die Transportverpflichtung in den Vordergrund und gelangen zur Anwendung des Art. 5 Abs. 1.[481]

128 **c) Zeitcharter.** Bei der Zeitcharter (time charter) bezieht sich der Chartervertrag nicht auf eine oder mehrere Reisen, sondern auf einen bestimmten Zeitraum (vgl. § 557 HGB).[482] Überwiegt das Güterbeförderungselement, so wird er von einigen noch nach Art. 5 angeknüpft.[483] Nach wohl zutreffender aA zielt ein solcher Vertrag letztlich nicht mehr auf eine Beförderung, sondern das Zurverfügungstellen des Schiffs und eine Dienstleistung ab. Er ist daher **nach Art. 4 Abs. 2** anzuknüpfen.[484] Dies führt zum Recht des Vercharterers.

129 **d) Time Charter mit Employment Clause.** Auf Grund einer Employment-Klausel sind dem Charterer zusätzlich die Dienste der Besatzung zu verschaffen. Die Time Charter (Zeitcharter) mit Employment Clause ist nach **Art. 4 Abs. 2** anzuknüpfen.[485]

130 **e) Demise-Charter.** Bei der Demise-Charter wird das Schiff zum Gebrauch überlassen; ferner wird der Kapitän den Anordnungen des Charterers unterstellt.[486] Es handelt sich um die Überlassung des Schiffes und die Verschaffung von Diensten. Auch hier gilt nicht Art. 5, sondern Art. 4 Abs. 2.[487]

---

472 Staudinger/*Magnus,* 2021, Rn. 99.

473 BGH Hansa 1956, 1499 = VersR 1956, 380; OLG Hamburg VersR 1978, 1115 betr. sowjetrussische Zuständigkeit; *Schaps/Abraham* HGB § 557 Rn. 56, jeweils mwN; anders RGZ 122, 316 (318) = IPRspr. 1929 Nr. 61.

474 BGH NJW 2007, 2036; näher Reithmann/Martiny IntVertragsR/*Mankowski* Rn. 15.180.

475 Vgl. Soergel/*v. Hoffmann* EGBGB Art. 28 Rn. 436.

476 *Ramming* HmbZSchR 2009, 21 (27); Reithmann/Martiny IntVertragsR/*Mankowski* Rn. 15.235; Staudinger/*Magnus,* 2021, Rn. 103.

477 *Ramming* HmbZSchR 2009, 21 (33); Reithmann/Martiny IntVertragsR/*Mankowski* Rn. 15.236; Staudinger/*Magnus,* 2021, Rn. 103.

478 Reithmann/Martiny IntVertragsR/*Mankowski* Rn. 15.237; Staudinger/*Magnus,* 2021, Rn. 103.

479 Vgl. Reithmann/Martiny IntVertragsR/*Mankowski* Rn. 15.245.

480 Vgl. zu Art. 28 EGBGB Soergel/*v. Hoffmann* EGBGB Art. 28 Rn. 438.

481 Reithmann/Martiny IntVertragsR/*Mankowski* Rn. 15.245; *Plender/Wilderspin,* The European private international law of obligations, 5. Aufl. 2020, Rn. 8-013; Staudinger/*Magnus,* 2021, Rn. 102.

482 Vgl. Reithmann/Martiny IntVertragsR/*Mankowski* Rn. 15.239.

483 *Ramming* HmbSchRZ 2009, 21 (28); Rauscher/*Thorn* Rn. 23.

484 Reithmann/Martiny IntVertragsR/*Mankowski* Rn. 15.239 ff. (anders jedoch für kurzfristige Zeitcharter); Staudinger/*Magnus,* 2021, Rn. 100; anders Rauscher/*Thorn* Rn. 23.

485 Reithmann/Martiny IntVertragsR/*Mankowski* Rn. 15.242; Staudinger/*Magnus,* 2021, Rn. 101.

486 Reithmann/Martiny IntVertragsR/*Mankowski* Rn. 15.243.

487 Reithmann/Martiny IntVertragsR/*Mankowski* Rn. 15.243; *Plender/Wilderspin,* The European private international law of obligations, 5. Aufl. 2020, Rn. 8-013; Rauscher/*Thorn* Rn. 22, 25; Staudinger/*Magnus,* 2021, Rn. 105.

f) Bare-boat-charter. Überlässt der Vercharterer (Reeder des Schiffs) dem Charterer das Schiff ohne Besatzung zum Einsatz (bare-boat-charter), so handelt es sich nicht um einen Fracht-, sondern einen Schiffsmietvertrag (vgl. § 533 HGB).[488] Art. 5 ist nicht anwendbar, es gelten die allgemeinen Regeln (Art. 4 Abs. 2).[489] Mangels Rechtswahl werden das Recht am Niederlassungsort des Vermieters[490] und am Einsatzort des Schiffes herangezogen. **131**

g) Cross Charter (X C/P). Bei der Cross Charter (X C/P) tauschen die Mitglieder eines Containerkonsortiums Containerstellplätze aus. Hier geht es nicht mehr um den Transport;[491] dafür wird eine gesellschaftsrechtliche Einordnung vertreten, die zum Recht am Sitz des Konsortialführers führt.[492] **132**

5. Passagierschifffahrt.

Schrifttum: *Schilling,* Die Rechte des Passagiers im maritimen Schiffsverkehr, TranspR 2013, 401.

a) Rechtsvereinheitlichung. Als europäische Regelung gilt die **VO (EU) 1177/2010 über die Fahrgastrechte im See- und Binnenschiffsverkehr.**[493] Sie betrifft die Rechte bei Verspätung und Annullierung. Das **Athener Übereinkommen über die Beförderung von Reisenden und ihrem Gepäck auf See** vom 13.12.1974 vereinheitlicht das materielle Recht des Personen-Seebeförderungsvertrages und regelt insbesondere die Haftung des Beförderers (Reeders oder Reiseveranstalters).[494] Es ist am 28.4.1987 in Kraft getreten.[495] Das Athener Übk. ist durch ein Protokoll von 2002 geändert worden **(Athener Übereinkommen 2002),**[496] das von der EU ratifiziert worden ist.[497] Deutschland hat diesen Staatsvertrag nicht ratifiziert (→ Rom II-VO Art. 4 Rn. 180 f.). Er ist jedoch mit Modifikationen in §§ 536 ff. HGB in das deutsche Recht übernommen worden.[498] Da die Bestimmung über den Anwendungsbereich des Übereinkommens (Art. 2) nicht übernommen wurde und der Inhalt der Konvention im Übrigen als nationales Recht gilt, ist die Anwendungsfrage durch Vorschaltung des nationalen IPR zu lösen.[499] Seit 2013 ist vorrangig eine europäische **VO über die Unfallhaftung von Beförderern von Reisenden auf See** (sog. Athener VO) zu beachten, die das Athener Übk. übernommen hat (§ 536 Abs. 2 Nr. 1 HGB).[500] **133**

b) Vertragsstatut. Die Passagierschifffahrt unterliegt kollisionsrechtlich den Art. 3 ff. Mangels Rechtswahl kommt es auf Art. 5 Abs. 2 an.[501] Dies führt zum Recht des Staates, in dem der **Reisende seinen gewöhnlichen Aufenthaltsort hat.** Vorausgesetzt wird aber, dass sich in diesem Staat auch der Abgangsort oder der Bestimmungsort befindet. Sind diese Voraussetzungen nicht erfüllt, so ist das Recht des Staates anzuwenden, in dem der Beförderer seinen gewöhnlichen Aufenthalt hat (Abs. 2 S. 2). Abweichungen sind nach Abs. 3 möglich, wenn der Vertrag eine engere **134**

---

488 Vgl. Reithmann/Martiny IntVertragsR/*Mankowski* Rn. 15.244.

489 Reithmann/Martiny IntVertragsR/*Mankowski* Rn. 15.244; Rauscher/*Thorn* Rn. 22, 25; Staudinger/*Magnus,* 2021, Rn. 105.

490 *Ramming* HmbSchRZ 2009, 21. – Entspr. für das Recht am Niederlassungsort des Schiffseigners *Lando* C.M.L.Rev. 24 (1987), 198; *Philip,* EF – IP. – Lovvalget i Kontraktforhold, 1982, 45; krit. *Flessner,* Reform des IPR – Was bringt sie dem Seehandelsrecht?, 1987, 27.

491 Rauscher/*Thorn* Rn. 27.

492 Reithmann/Martiny IntVertragsR/*Mankowski* Rn. 15.238; Rauscher/*Thorn* Rn. 27; Staudinger/*Magnus,* 2021, Rn. 104.

493 VO (EU) 1177/2010 vom 24.11.2010 über die Fahrgastrechte im See- und Binnenschiffsverkehr und zur Änderung der VO (EG) Nr. 2006/2004, ABl. EU 2010 L 334, 1; dazu EU-Fahrgastrechte-Schifffahrt-Gesetz vom 5.12.2012 (BGBl. 2012 I 2454) sowie VO zur Durchsetzung von Fahrgastrechten der EU in der Schifffahrt vom 12.12.2012, BGBl. 2012 I 2571. S. *Schilling* TranspR 2013, 403 ff.; Reithmann/Martiny IntVertragsR/*Mankowski* Rn. 15.326 ff.

494 Konsolidierter Wortlaut des Übk. von 2002: ABl. EU 2008 C 74 E, 567. Alte Fassung: Rev. dr. unif. 1975 I 142. Zusatzprotokoll vom 19.11.1976; Text: Rev. dr. unif. 1977 I 178. Dt. Übersetzung GBl. DDR 1989 II 33; dazu *Kraft/Hagge* VersR 2002, 1353; *Herber* IZ 1976, 150; *Herber* IZ 1977, 2.

495 *Rabe,* Das zweite Seerechtsänderungsgesetz, 1987, 33 Fn. 48.

496 Dazu *Czerwenka* RRa 2003, 158 ff.; *Tonner* RRa 2013, 206 (208 ff.).

497 Vgl. *Lagoni* ZEuP 2007, 1079 ff.; *Røsæg* ZEuP 2008, 599 ff.; Reithmann/Martiny IntVertragsR/*Mankowski* Rn. 15.323.

498 S. auch § 664 HGB idF des Art. 1 Nr. 10 des 2. SeeRÄndG (BGBl. 1986 I 1120).

499 *Basedow* IPRax 1987, 333 (341); Soergel/*v. Hoffmann* EGBGB Art. 28 Rn. 460.

500 VO (EG) Nr. 392/2009 des Europäischen Parlaments und des Rates vom 23.4.2009 über die Unfallhaftung von Beförderern von Reisenden auf See, ABl. EU 2009 L 131, 24; dazu *Hasche* TranspR 2010, 282 (284); *Hoffmann/Tüngler/Kirchner* EuZW 2013, 332; *Schilling* TranspR 2013, 401 (402 f.).

501 Ferrari IntVertragsR/*Staudinger* Rn. 73.

Beziehung zu einem anderen Staat aufweist. Dabei wird man unter Umständen auch dem Recht der Flagge Bedeutung beimessen.[502]

135 Handelt es sich um einen bloßen Personentransport, so spielt es keine Rolle, ob ein **Verbrauchervertrag** geschlossen wurde. Art. 6 Abs. 4 lit. b schließt nämlich den besonderen Verbraucherschutz für Beförderungsverträge aus (→ Art. 6 Rn. 30). Anders ist es hingegen, wenn eine **Pauschalreise** – etwa eine Kreuzfahrt – gebucht wurde, welche auch andere Leistungen umfasst[503] (→ Art. 6 Rn. 31). Pauschalreisen unterliegen dem Schutz des Art. 6 (Art. 6 Abs. 4 lit. b). – Art. 14 Anlage zu § 664 HGB aF sah eine besondere gerichtliche Zuständigkeit am Abgangs- oder Bestimmungsort vor.[504]

VI. Binnenschifffahrt

136 **1. Vereinheitlichtes Recht. a) Kabotagetransport.** In der zunehmend vereinheitlichten Binnenschifffahrt geht es um die Beförderung von Gütern oder Personen auf Binnengewässern.[505] Das Recht der Kabotagetransporte ist in der Union angeglichen worden.[506] Art. 3 Abs. 1 lit. a Kabotage-VO hat Vorrang.[507]

137 **b) Güterbeförderungsvertrag in der Binnenschifffahrt.** Das Budapester **Übereinkommen über den Güterbeförderungsvertrag in der Binnenschifffahrt (CMNI)** vom 22.6.2001 ist seit 1.4.2005, für Deutschland seit dem 1.11.2007 in Kraft.[508] Es enthält Einheitsprivatrecht für die Rechte und Pflichten der Parteien.[509] Für eine Reihe einzelner Fragen enthält das Übk. spezielle Kollisionsnormen.[510] Für Restfragen, welche das Übk. nicht selbst regelt, enthält es eine eigene Auffangverweisungsnorm (Art. 29 CMNI).[511] Danach kommt es primär auf eine Rechtswahl, hilfsweise auf die engste Verbindung an, die je nach Konstellation zur Hauptniederlassung des Frachtführers, aber auch zum Recht des Register- oder Flaggenstaates führen kann.[512] Für die Voraussetzungen der Rechtswahl, die auch die CMNI ausschalten kann, kann Art. 3 Rom I-VO herangezogen werden.[513]

138 **c) Beförderung von Reisenden.** Als europäische Regelung gilt die VO über Fahrgastrechte (→ Rn. 133). Das (Genfer) **Übereinkommen über den internationalen Beförderungsvertrag für Reisende und Gepäck in der Binnenschifffahrt (CVN)**[514] vom 1.5.1976 ist für Deutschland noch nicht in Kraft getreten (→ Rom II-VO Art. 4 Rn. 182). Im nationalen Recht verweist § 77 BinSchG auf § 664 HGB, der inhaltlich auf dem Athener Übk. über die Beförderung von Reisenden und ihrem Gepäck auf See beruht.

139 **2. Vertragsstatut. a) Güterbeförderung.** Auch für Binnenschiffsfrachtverträge ist Rechtswahl möglich.[515] Für den Löschvorgang und den Liegegeldanspruch hat die Rspr. früher das Recht

---

502 Zu Abschlussort und Aufenthaltsort des Passagiers näher *Mankowski,* Seerechtliche Vertragsverhältnisse im Internationalen Privatrecht, 1995, 404 f.

503 *Hasche* TranspR 2010, 282 (283); ebenso *Basedow* IPRax 1987, 333 (341); *Flessner,* Reform des IPR – Was bringt sie dem Seehandelsrecht?, 1987, 11; *Mankowski,* Seerechtliche Vertragsverhältnisse im Internationalen Privatrecht, 1995, 405 ff.; Soergel/*v. Hoffmann* EGBGB Art. 28 Rn. 461.

504 Dazu *Basedow* IPRax 1987, 333 (341).

505 Zur Vereinheitlichung *Maurer* RabelsZ 81 (2017), 117 (135 ff.).

506 Dazu Reithmann/Martiny IntVertragsR/*Mankowski* Rn. 15.265.

507 Rauscher/*Thorn* Art. 23 Rn. 9.

508 „Convention relative au contrat de transport de marchandises en navigation interieure", BGBl. 2007 II 298. Deutscher Text auch TranspR 2001, 323. Vertragsstaaten: FNB – Näher *Czerwenka* TranspR 2001, 277 ff.; *Hartenstein* TranspR 2007, 385 ff.; *Mankowski* TranspR 2008, 177 (178 ff.); vgl. auch Reithmann/Martiny IntVertragsR/*Mankowski* Rn. 15.256 ff. Zum Protokoll von 2002 *Czerwenka* RRa 2003, 158 ff.

509 Vgl. OLG Düsseldorf RdTW 2014, 318 = TranspR 2014, 234.

510 Dazu Reithmann/Martiny IntVertragsR/*Mankowski* Rn. 15.259.

511 OLG Karlsruhe TranspR 2019, 391 Rn. 15; *Schilling* EuZW 2011, 776 (780); näher Reithmann/Martiny IntVertragsR/*Mankowski* Rn. 15.260 ff.

512 Näher dazu *Mankowski* TranspR 2008, 177 (178 f.).

513 BGH NJW 2022, 2928 Rn. 32; OLG Karlsruhe TranspR 2019, 391 Rn. 15.

514 „Convention relative au contrat de transport international de voyageurs et de bagages en navigation intérieure". – Text: Rev. dr. unif. 1976 I 88; dazu *Loewe* IZ 1976, 68.

515 OLG Karlsruhe RdTW 2021, 309; Reithmann/Martiny IntVertragsR/*Mankowski* Rn. 15.266. – S. bereits BGH VRS 1966, 252 = IPRspr. 1966–67 Nr. 44; OLG Karlsruhe TranspR 2002, 348; LG Duisburg TranspR 1991, 71 = IPRspr. 1990 Nr. 57; s. auch *Benke* JZ 1954, 226; *Goette,* Binnenschiffahrtsfrachtrecht, 1995.

des Bestimmungshafens herangezogen.[516] Hierfür lässt sich jetzt Art. 12 Abs. 2 anführen.[517] Fehlt es an der nach Abs. 1 möglichen Rechtswahl, so kommt es auf das **Recht am gewöhnlichen Aufenthaltsort des Beförderers** an. Dies gilt jedoch für die Güterbeförderung nach Abs. 1 nur dann, wenn in diesem Staat auch der Übernahme- oder der Ablieferungsort oder der gewöhnliche Aufenthaltsort des Absenders liegen.[518] Andernfalls kommt es auf den Ablieferungsort an.

b) Beförderung von Reisenden. Personenbeförderungsverträge werden nach Abs. 2 angeknüpft.[519] Beschränkte Rechtswahl ist möglich. Andernfalls gilt das Recht des Staates, in dem die zu befördernde Person ihren gewöhnlichen Aufenthalt hat, wenn sich dort auch der Abgangs- oder der Bestimmungsort befindet. Fehlt es daran, so entscheidet der gewöhnliche Aufenthalt des Beförderers (Abs. 2 S. 2). **140**

VII. Multimodaler Transport

Schrifttum: *Freise,* Das Zusammentreffen von deutschem Multimodalrecht mit internationalem Einheitsrecht bei der Güterbeförderung, TranspR 2014, 1; *Herber,* Probleme des Multimodaltransports mit Seestreckeneinschluß nach neuem deutschen Recht, TranspR 2001, 101; *Herber,* Nochmals: Mulitmodalvertrag, Güterumschlag und anwendbares Recht, TranspR 2005, 59; *Jayme/Nordmeier,* Multimodaler Transport – Zur Anknüpfung an den hypothetischen Teilstreckenvertrag im Internationalen Transportrecht, IPRax 2008, 503; *Otte,* Der grenzüberschreitende multimodale Transportvertrag, Liber Amicorum Kegel, 2002, 141; *Rogert,* Einheitsrecht und Kollisionsrecht im internationalen multimodalen Gütertransport, 2005.

1. Benutzung mehrerer Beförderungsmittel. Da das Transportrecht vielfach nach den einzelnen Beförderungsmitteln unterscheidet, sind grundsätzlich die jeweiligen Regeln anzuwenden, wenn über die einzelnen Teilstrecken selbständige Beförderungsverträge geschlossen werden (gebrochener bzw. segmentierter Verkehr).[520] Wird der Transport hingegen durch mindestens zwei verschiedene Transportmittel auf Grund eines einheitlichen Frachtvertrages von einem Gesamtbeförderer (Organisator, Combined Transport Operator bzw. Multimodal Transport Operator; MTO), der den Gesamttransport organisiert, übernommen, so spricht man von multimodalem (oder zum Teil auch von kombiniertem) Transport (vgl. § 452 HGB). Hier regelt ein einheitlicher Beförderungsvertrag den Gütertransport vom Übernahme- bis zum Bestimmungsort und bis zur Auslieferung an den Empfänger.[521] **141**

Beim **kombinierten Verkehr (Huckepackverkehr)** bleibt das Gut im gleichen Transportmittel (zB LKW), das jedoch auf einer Transportstrecke von einem Trägerfahrzeug (zB Eisenbahn, Schiff) transportiert wird. Es gilt das Recht des eingesetzten Transportmittels.[522] Folglich gilt beim sog. gemischten Verkehr nach Art. 2 CMR die CMR auch für denjenigen Teil der Beförderung, welcher nicht auf der Straße erfolgt.[523] Allerdings wird in bestimmtem Umfang auf zwingendes Haftungsrecht des anderen Transportmittels verwiesen (Art. 2 Abs. 1 S. 2 CMR). **142**

2. Rechtsvereinheitlichung. a) Multimodaler Transport-Konvention. Das Genfer UNCTAD **Übereinkommen über die internationale multimodale Güterbeförderung (MTC)** vom 24.5.1980 vereinheitlicht das Sachrecht des multimodalen Transports.[524] Das Übereinkommen gilt zwingend (Art. 3 MTC) für jeden Vertrag, der die Beförderung mit zwei oder mehr verschiedenen Beförderungsmitteln vorsieht, sofern es sich nicht um bloße Abhol- oder Zubringerdienste handelt (Art. 1 MTC Abschnitt 1) und Abgangs- und Bestimmungsort in einem Vertragsstaat liegen (Art. 2 MTC). Die Beförderungen müssen auf Grund eines einheitlichen Vertrages erfolgen. Das Übereinkommen enthält insbesondere Bestimmungen über Transportdokumente und die Beförndererhaftung. Es ist **noch nicht in Kraft** (Stand: 2024).[525] **143**

---

[516] BGHZ 9, 221 (223 f.) = NJW 1953, 1140. – Zur tariflichen Bindung im grenzüberschreitenden Verkehr, BGH VersR 1982, 289.

[517] Anders wohl Reithmann/Martiny IntVertragsR/*Mankowski* Rn. 15.268. – Zu Art. 32 EGBGB Soergel/*v. Hoffmann* EGBGB Art. 28 Rn. 466. – Für die Geltung auch gegen den Parteiwillen *Benke* JZ 1954, 226 f.

[518] Vgl. zu Art. 28 Abs. 2 EGBGB OLG Nürnberg NJW-RR 1995, 1437; OLG Köln TranspR 1999, 454.

[519] Vgl. Reithmann/Martiny IntVertragsR/*Mankowski* Rn. 15.330 ff.

[520] Reithmann/Martiny IntVertragsR/*Mankowski* Rn. 15.269; Soergel/*v. Hoffmann* EGBGB Art. 28 Rn. 469.

[521] Reithmann/Martiny IntVertragsR/*Mankowski* Rn. 15.271; Soergel/*v. Hoffmann* EGBGB Art. 28 Rn. 470.

[522] BeckOK BGB/*Spickhoff* Rn. 69; näher Reithmann/Martiny IntVertragsR/*Mankowski* Rn. 15.274.

[523] OLG München TranspR 2001, 399; Reithmann/Martiny IntVertragsR/*Mankowski* Rn. 15.274.

[524] „Convention on International Multimodal Transport of Goods". – Text: Rev. dr. unif. 1980 II 156 (engl. und franz.); TranspR 1981, 67 (vorläufige dt. Übersetzung); IZ 1982, 12 (dt. und franz.). Deutsche Übersetzung auch in MüKoHGB/*Bydlinski,* 2. Aufl. 2009, MMT Rn. 87.

[525] Als gescheitert sehen es an *Otte* Liber Amicorum Kegel, 2002, 141 (143 ff.); Reithmann/Martiny IntVertragsR/*Mankowski* Rn. 25.270.

144 **b) Einzelne Transportrechtskonventionen.** Die CMR kommt grundsätzlich – sofern sich aus dem anwendbaren nationalen Recht nicht etwas anderes ergibt – unmittelbar nur auf Verträge über unimodale grenzüberschreitende Straßentransporte zur Anwendung.[526] Entsprechendes wird für die CIM 1999 und die CMNI angenommen.[527] Multimodale Transporte können aber vom MÜ erfasst werden.[528]

145 **3. Vertragsstatut. a) Maßgebliche Regeln.** Für die Anknüpfung von multimodalen Beförderungsverträgen sind die Art. 3 ff., insbesondere Art. 5, maßgeblich.[529] Zwar erwecken die §§ 452 ff. HGB, welche für die Ermittlung der anwendbaren Vorschriften nach dem anwendbaren Recht fragen, den Anschein von Kollisionsnormen. Es handelt sich jedoch um sachrechtliche Normen, welche nur dann zur Anwendung kommen, wenn deutsches Recht Vertragsstatut ist.[530] Zum Teil bezeichnet man § 452a HGB als „verweisende Sachnorm", so dass zwar im Sachrecht, aber nach kollisionsrechtlichen Maßstäben vorzugehen ist.[531] Nach aA handelt es sich jedoch um eine gesonderte (und Art. 5 Abs. 1 Rom I-VO widersprechende) Anknüpfung der Haftungsfrage für die Teilstrecke (Teilfrage).[532]

146 **b) Anknüpfung. aa) Rechtswahl.** Eine ausdrückliche oder stillschweigende Rechtswahl nach Art. 3, 5 Abs. 1 ist möglich.[533] Die Rechtswahl kann für den ganzen multimodalen Vertrag erfolgen. Sie kann sich auch aus den AGB eines Frachtführer-Spediteurs ergeben.[534] Die Unzulässigkeit einer Rechtswahl lediglich für eine Teilstrecke wird auf die §§ 452 f. HGB gestützt. Eine Rechtswahlbeschränkung allein auf Grund nationalen Sachrechts ist jedoch nicht möglich.

147 **bb) Objektive Anknüpfung.** Da es sich um einen Frachtvertrag handelt, wird das Vertragsstatut mangels Rechtswahl nach Art. 5 Abs. 1 bestimmt.[535] Das Recht am gewöhnlichen Aufenthaltsort des MTO, welcher die Beförderungsleistung erbringt, kommt daher nur unter zusätzlichen Voraussetzungen zur Anwendung. Es gilt, sofern sich in diesem Staat auch der Übernahme- oder der Ablieferungsort oder der gewöhnliche Aufenthaltsort der anderen Partei, also des Absenders befindet.[536] Der Übernahmeort und der Ablieferungsort bestimmen sich nach dem Vertrag in seiner Gesamtheit und nicht nur für die einzelne Teilstrecke.[537] Die Ausweichklausel des Art. 5 Abs. 3 Rom I-VO kann zum Recht am gewöhnlichen Aufenthaltsort des Beförderers führen.[538]

148 **cc) Zwingendes Teilstreckenrecht.** Für die einzelne Teilstrecke kann zwingendes Recht einer anwendbaren (unimodalen) Transportrechtskonvention gelten. Solche einheitsrechtlichen Regeln haben nach den allgemeinen Vorschriften (Art. 3 Nr. 2 EGBGB, Art. 25 Abs. 1) Vorrang.[539] Vorausgesetzt wird freilich, dass das jeweilige Übereinkommen seinerseits überhaupt mul-

---

[526] BGH NJW 2008, 2782 m. zust. Aufsatz *Ramming* NJW 2008, 414; RIW 2008, 718; *Rogert,* Einheitsrecht und Kollisionsrecht im internationalen multimodalen Gütertransport, 2005, 105, 107.

[527] *Ramming* NJW 2008, 414.

[528] BGH TranspR 2012, 466 m. Aufsatz *Koller* TranspR 2013, 14 = RdTW 2013, 58 mAnm *Ramming.*

[529] OLG München TranspR 2014, 78 mAnm *Herber; Shariatmadari* TranspR 2010, 275 f.; Staudinger/*Magnus,* 2021, Rn. 194.

[530] *Freise* TranspR 2014, 1 ff.; Reithmann/Martiny IntVertragsR/*Mankowski* Rn. 15.276 ff.

[531] *Koller,* Transportrecht, 11. Aufl. 2023, HGB § 452a Rn. 8.

[532] *Jayme/Nordmeier* IPRax 2008, 503 (504 f.); vgl. auch Ferrari IntVertragsR/*Staudinger* Rn. 75.

[533] *Jayme/Nordmeier* IPRax 2008, 503 (506); Reithmann/Martiny IntVertragsR/*Mankowski* Rn. 15.278; Staudinger/*Magnus,* 2021, Rn. 194. – Entspr. zum EGBGB BGH NJW-RR 2006, 1694; TranspR 2013, 433; OLG Düsseldorf TranspR 2002, 33 = IPRspr. 2001 Nr. 47; OLG Dresden TranspR 2002, 246 = IPRspr. 2002 Nr. 50b; *Basedow* FG Herber, 2000, 15 (36); *Otte* Liber Amicorum Kegel, 2002, 141 (148).

[534] Reithmann/Martiny IntVertragsR/*Mankowski* Rn. 15.278.

[535] OLG München RdTW 2013, 28 mAnm *Ramming* = TranspR 2014, 78 mAnm *Herber;* OLG Düsseldorf TranspR 2019, 282; Reithmann/Martiny IntVertragsR/*Mankowski* Rn. 15.279. – Noch zu Art. 28 EGBGB BGHZ 164, 394 (396 f.) = NJW-RR 2006, 616; NJW-RR 2008, 549 = TranspR 2007, 472 mAnm *Herber;* NJW-RR 2008, 840 = IPRax 2008, 535 m. Aufsatz *Jayme/Nordmeier* IPRax 2008, 503; OLG Düsseldorf TranspR 2002, 33; OLG Hamburg TranspR 2008, 125 = IPRax 2008, 537 m. Aufsatz *Jayme/Nordmeier* IPRax 2008, 503; *Basedow* FG Herber, 2000, 15 (35); *Otte* Liber Amicorum Kegel, 2002, 141 (148 f.); *Herber* TranspR 2005, 59 (61 f.).

[536] Reithmann/Martiny IntVertragsR/*Mankowski* Rn. 15.279; Staudinger/*Magnus,* 2021, Rn. 195. – Zu Art. 28 EGBGB aF OLG Düsseldorf TranspR 2002, 33; OLG Hamburg TranspR 2002, 355; 2008, 213; 2008, 261; OLG Köln TranspR 2003, 116; OLG Celle TranspR 2003, 253.

[537] Reithmann/Martiny IntVertragsR/*Mankowski* Rn. 15.279.

[538] *Laimer* in Laimer/Perathoner, Mobilitäts- und Transportrecht in Europa, 2021, 45 (56 f.).

[539] Reithmann/Martiny IntVertragsR/*Mankowski* Rn. 15.281. – Zu Art. 28 EGBGB BGH NJW-RR 2006, 1694; OLG Düsseldorf TranspR 2002, 33; OLG Köln TranspR 2003, 116; *Ramming* TranspR 1999, 325 (327 ff.).

timodale Transporte erfasst. Dies ist im Einzelnen umstritten. Nach einer engen Auffassung ist dies nur bei CMR (vgl. Art. 2 CMR) und ER/CIM (→ Rn. 93) der Fall.[540] Nach einer weiten Auslegung gilt dies auch darüber hinaus, so zB für Art. 18 Abs. 3 WA 1955,[541] Art. 31 WA 1955.[542]

4. Anwendbare Vorschriften. a) Sachrechtliche Regelung. Nach deutschem (Sach-) Recht besteht eine einheitliche Haftungsordnung für den multimodalen (kombinierten) Transport bei Verwendung mehrerer Beförderungsmittel (TRG vom 25.6.1998, BGBl. 1998 I 1588). Allerdings differenziert die gesetzliche Regelung. Ist deutsches Recht anzuwenden, so ist nach § 452 HGB in ähnlicher Weise wie im Kollisionsrecht die Haftung zu bestimmen und ein sog. **hypothetisches Teilstreckenstatut** zu ermitteln. Wären nämlich bei einem multimodalen Beförderungsvertrag, wenn über jeden Teil der Beförderung mit jeweils einem Beförderungsmittel (Teilstrecke) zwischen den Vertragsparteien ein gesonderter Vertrag abgeschlossen worden wäre, mindestens zwei dieser Verträge verschiedenen Rechtsvorschriften unterworfen, so sind auf den Vertrag die §§ 407 ff. HGB anzuwenden, soweit die folgenden besonderen Vorschriften (§§ 452a ff. HGB) oder anzuwendende internationale Übereinkommen nichts anderes bestimmen (§ 452 S. 1 HGB). Dies gilt auch dann, wenn ein Teil der Beförderung zur See durchgeführt wird (§ 452 S. 2 HGB). Insoweit sind also die allgemeinen frachtrechtlichen Vorschriften heranzuziehen. Um festzustellen, ob der Transport auf der Teilstrecke „verschiedenen Rechtsvorschriften unterworfen" war, ist das hypothetische Vertragsstatut zu ermitteln.[543] Dabei ist von einem Teilstreckenvertrag zwischen den Parteien des Gesamtvertrages, nicht aber zwischen dem Auftragnehmer und einem Subunternehmer auszugehen.[544] **149**

b) Bekannter Schadensort. Steht fest, dass der Verlust, die Beschädigung oder das verzögernde Ereignis auf einer bestimmten Teilstrecke eingetreten ist (bekannter Schadensort), so unterliegt die Haftung des Frachtführers abweichend von den §§ 407 ff. HGB denjenigen Rechtsvorschriften, die auf einen Vertrag über eine Beförderung auf dieser Teilstrecke anzuwenden wären (§ 452a S. 1 HGB). Auch insoweit kommt es auf das für diese Teilstrecke maßgebliche Recht an, welches nach Internationalem Vertragsrecht zu ermitteln ist.[545] Danach ist eine Rechtswahl möglich. Die Vorschrift des § 452a HGB als reine Sachnorm anzusehen und auf die Teilstrecke ohne Einschaltung des Kollisionsrechts stets deutsches Recht anzuwenden,[546] dürfte nicht im Einklang mit der gesetzlichen Regelung stehen. Wurde für den multimodalen Vertrag eine einheitliche (reale) Rechtswahl getroffen, so stellt sich die Frage, ob diese sich auch auf eine Teilstrecke bezieht. Dies ist grundsätzlich zu bejahen.[547] Die real getroffene Rechtswahl hat daher auch für die Teilstrecke Bedeutung. Soweit es lediglich zu einer objektiven Anknüpfung kommt, ist wiederum Art. 5 Abs. 1 heranzuziehen.[548] Entscheidend sind Übernahme- und Ablieferungsort der jeweiligen Teilstrecke sowie der gewöhnliche Aufenthalt der Parteien.[549] Dabei geht es um das Verhältnis zwischen dem Kunden und dem (hypothetischen) Frachtführer, dem MTO.[550] **150**

c) Unbekannter Schadensort. Für den Fall, dass sich nicht aufklären lässt, auf welcher Teilstrecke der Schaden eintrat oder verursacht wurde, bedarf es einer zusätzlichen Regelung. Bei **151**

---

540 *Herber* TranspR 2001, 101 (102); *Herber* GS Helm, 2001, 101.

541 *Koller* TranspR 2001, 69.

542 Unentschieden Reithmann/Martiny IntVertragsR/*Mankowski* Rn. 15.281 ff.

543 *Rogert,* Einheitsrecht und Kollisionsrecht im internationalen multimodalen Gütertransport, 2005, 193; Reithmann/Martiny IntVertragsR/*Mankowski* Rn. 15.286 ff.

544 OLG Stuttgart VersR 2006, 289 = IPRspr. 2004 Nr. 41; OLG Hamburg TranspR 2008, 261; *Herber* TranspR 2001, 101 (102 f.).

545 Staudinger/*Magnus,* 2021, Rn. 196.

546 So *Hartenstein* TranspR 2005, 9 f.; *Ramming* TranspR 2007, 279 (293 f.); *Ramming* TranspR 2007, 410.

547 OLG Düsseldorf TranspR 2002, 33; OLG Hamburg TranspR 2004, 402 mAnm *Herber* und m. Aufsatz *Drews* TranspR 2004, 450 m. Aufsatz *Herber* TranspR 2005, 59: Letzterer wollte bezüglich der Teilstrecke stets Art. 28 EGBGB und nicht Art. 27 EGBGB aF zur Anwendung bringen; Reithmann/Martiny IntVertragsR/*Mankowski* Rn. 15.289. Unentschieden BGH NJW-RR 2008, 549; 2008, 840 = IPRax 2008, 535 m. Aufsatz *Jayme/Nordmeier* IPRax 2008, 503; näher *Koller,* Transportrecht, 11. Aufl. 2023, HGB § 452a Rn. 9.

548 Darin sehen einen Verstoß gegen Art. 5 *Jayme/Nordmeier* IPRax 2008, 503 (505 ff.).

549 Reithmann/Martiny IntVertragsR/*Mankowski* Rn. 15.898. – Zu Art. 28 Abs. 4 EGBGB aF BGH NJW-RR 2008, 549 = TranspR 2007, 472 mAnm *Herber;* OLG Hamburg TranspR 2008, 125 = IPRax 2008, 537 m. Aufsatz *Jayme/Nordmeier;* TranspR 2008, 261; *Herber* FS Piper, 1996, 877 (893); *Basedow* FG Herber, 2000, 15 (43 f.).

550 BGH NJW-RR 2008, 549 = TranspR 2007, 472; OLG Dresden TranspR 2002, 246 = IPRspr. 2002 Nr. 50b; OLG Hamburg TranspR 2008, 213; 2008, 261; *Drews* TranspR 2003, 12 (16); Reithmann/Martiny IntVertragsR/*Mankowski* Rn. 15.279.

unbekanntem Schadensort kommen nach deutschem Recht die allgemeinen Haftungsregeln der §§ 407 ff. HGB zur Anwendung[551] (vgl. § 452 S. 1 HGB, § 452a S. 1 HGB).

152 **5. Umzugsvertrag über eine Beförderung.** Bei der Beförderung mit verschiedenartigen Beförderungsmitteln (multimodaler Transport) greifen die §§ 452, 452c, 452d HGB ein. Die Vorschrift des § 452d Abs. 4 HGB setzt die Anwendung der zwingend geltenden Bestimmungen eines für Deutschland verbindlichen Übereinkommens durch. Die Vorschrift des § 452d HGB lässt in bestimmtem Umfang abweichende Vereinbarungen zu. Es soll jedoch ausgeschlossen werden, dass der Vorrang von internationalen Übereinkommen durch Parteivereinbarungen über Teilstrecken unterlaufen wird.[552] Daher sind Vereinbarungen, welche die Anwendung der für eine Teilstrecke zwingend geltenden Bestimmungen eines für Deutschland verbindlichen internationalen Übereinkommens ausschließen, unwirksam (§ 452d Abs. 3 HGB). Dies wird zum Teil als Eingriffsnorm eingestuft.[553]

H. Probleme des Allgemeinen Teils

I. Rück- und Weiterverweisung

153 Nicht nur bei Rechtswahl, auch für die objektive Anknüpfung sind Rück- und Weiterverweisung durch Art. 20 ausdrücklich ausgeschlossen.[554]

II. Ordre public

154 Die Anwendung des deutschen ordre public (Art. 21) erfolgt selten. Im Übrigen → EGBGB Art. 6 Rn. 1 ff. Zwingende inländische Vorschriften eingriffsrechtlichen Charakters können zudem über Art. 9 Abs. 1 durchgesetzt werden.[555]

I. Internationale Zuständigkeit

155 Die internationale Zuständigkeit in Transportsachen folgt grundsätzlich den allgemeinen Regeln (→ Vor Art. 1 Rn. 35).[556] Eine Gerichtsstandsvereinbarung ist zulässig, kann aber beim Personenflugverkehr an der AGB-Missbrauchskontrolle scheitern.[557] Zu beachten ist ferner, dass eine Reihe vorrangig anwendbarer Staatsverträge eigene Regeln für die internationale Zuständigkeit, insbesondere für Gerichtsstandsvereinbarungen enthält.[558] Dies gilt etwa für Art. 31 CMR (→ Rn. 44 ff.) sowie Art. 33 MÜ (→ Rn. 69 ff.). Bei Flugreisen besteht eine Erfüllungsortzuständigkeit (Art. 7 Nr. 1 lit. b Brüssel Ia-VO [= Art. 5 Nr. 1 lit. b LugÜ]) sowohl am Abflug- als auch am Ankunftsort[559] (→ Vor Art. 1 Rn. 51). Zweifelsfragen sind bei mehrgliedrigen Flügen aufgetreten.[560] Der Erfüllungsort steht auch dann zur Verfügung, wenn die Beförderung auf Teilstrecken von verschiedenen Luftfahrtunternehmen durchgeführt wird und die Klage auf Ausgleichszahlung auf eine Störung durch ein Luftfahrtunternehmen gestützt wird, das nicht Vertragspartner des betreffenden Fluggasts ist.[561]

551 OLG Stuttgart VersR 2006, 289 = IPRspr. 2004 Nr. 41; OLG Hamburg TranspR 2016, 411: Unklarheit bzgl. MÜ; Reithmann/Martiny IntVertragsR/*Mankowski* Rn. 15.279.

552 *Basedow* TranspR 1998, 58; *Rabe* TranspR 2000, 189; Reithmann/Martiny IntVertragsR/*Zwickel* Rn. 5.112.

553 Reithmann/Martiny IntVertragsR/*Zwickel* Rn. 5.112; Staudinger/*Magnus,* 2021, Rn. 67; anders *Schilling,* Das Internationale Privatrecht der Transportverträge, 2016, 334 ff.; BeckOGK/*Maultzsch,* 1.3.2024, Art. 9 Rn. 265: Folge staatsvertraglicher Regelung iSd Art. 25 Abs. 1.

554 *Wagner* TranspR 2008, 221 (224); Staudinger/*Magnus,* 2021, Rn. 29.

555 *Wagner* TranspR 2008, 221 (224); Reithmann/Martiny IntVertragsR/*Mankowski* Rn. 15.117.

556 *Wagner* TranspR 2009, 281 ff.

557 EuGH ECLI:EU:C:2020:933 = NZV 2021, 36 mAnm *Staudinger* = TranspR 2021, 179 mAnm *Mankowski* = VuR 2021, 261 mAnm *Tonner* – Ryanair DAC, nach Zession an ein Inkassounternehmen; dazu *Mankowski* RIW 2021, 397 ff.

558 *Martiny* in Czernich/Geimer, Handbuch der Streitbeilegungsklauseln im Internationalen Vertragsrecht, 2017, 288.

559 EuGH Slg. 2009, I-6073 = NJW 2009, 2801 = EuZW 2009, 569 – Rehder.

560 Dazu *Blankenburg* RRa 2013, 61 (64 f.).

561 EuGH ECLI:EU:C:2018:160 = NJW 2018, 2105 – flightright.

Art. 6 Rom I-VO Verbraucherverträge

(1) Unbeschadet der Artikel 5 und 7 unterliegt ein Vertrag, den eine natürliche Person zu einem Zweck, der nicht ihrer beruflichen oder gewerblichen Tätigkeit zugerechnet werden kann („Verbraucher"), mit einer anderen Person geschlossen hat, die in Ausübung ihrer beruflichen oder gewerblichen Tätigkeit handelt („Unternehmer"), dem Recht des Staates, in dem der Verbraucher seinen gewöhnlichen Aufenthalt hat, sofern der Unternehmer

a) seine berufliche oder gewerbliche Tätigkeit in dem Staat ausübt, in dem der Verbraucher seinen gewöhnlichen Aufenthalt hat, oder

b) eine solche Tätigkeit auf irgendeiner Weise auf diesen Staat oder auf mehrere Staaten, einschließlich dieses Staates, ausrichtet

und der Vertrag in den Bereich dieser Tätigkeit fällt.

(2) [1]Ungeachtet des Absatzes 1 können die Parteien das auf einen Vertrag, der die Anforderungen des Absatzes 1 erfüllt, anzuwendende Recht nach Artikel 3 wählen. [2]Die Rechtswahl darf jedoch nicht dazu führen, dass dem Verbraucher der Schutz entzogen wird, der ihm durch diejenigen Bestimmungen gewährt wird, von denen nach dem Recht, das nach Absatz 1 mangels einer Rechtswahl anzuwenden wäre, nicht durch Vereinbarung abgewichen werden darf.

(3) Sind die Anforderungen des Absatzes 1 Buchstabe a oder b nicht erfüllt, so gelten für die Bestimmung des auf einen Vertrag zwischen einem Verbraucher und einem Unternehmer anzuwendenden Rechts die Artikel 3 und 4.

(4) Die Absätze 1 und 2 gelten nicht für:

a) Verträge über die Erbringung von Dienstleistungen, wenn die dem Verbraucher geschuldeten Dienstleistungen ausschließlich in einem anderen als dem Staat erbracht werden müssen, in dem der Verbraucher seinen gewöhnlichen Aufenthalt hat;

b) Beförderungsverträge mit Ausnahme von Pauschalreiseverträgen im Sinne der Richtlinie 90/314/EWG des Rates vom 13. Juni 1990 über Pauschalreisen;[1]

c) Verträge, die ein dingliches Recht an unbeweglichen Sachen oder die Miete oder Pacht unbeweglicher Sachen zum Gegenstand haben, mit Ausnahme der Verträge über Teilzeitnutzungsrechte an Immobilien im Sinne der Richtlinie 94/47/EG;

d) Rechte und Pflichten im Zusammenhang mit einem Finanzinstrument sowie Rechte und Pflichten, durch die die Bedingungen für die Ausgabe oder das öffentliche Angebot und öffentliche Übernahmeangebote bezüglich übertragbarer Wertpapiere und die Zeichnung oder den Rückkauf von Anteilen an Organismen für gemeinsame Anlagen in Wertpapieren festgelegt werden, sofern es sich dabei nicht um die Erbringung von Finanzdienstleistungen handelt;

e) Verträge, die innerhalb der Art von Systemen geschlossen werden, auf die Artikel 4 Absatz 1 Buchstabe h Anwendung findet.

Schrifttum: allgemeines Schrifttum zum IVR → Vor Art. 1; *Arnold,* Rechtswahl und Verbraucherschutz im internationalen Vertragsrecht bei Auslandsreisen und „Kundenschleusung", IPRax 2016, 567; *Berger,* Zu europäischen Entwicklungen im Internationalen Privatrecht und im Verbraucherschutz, ZEuP 2009, 451; *Bisping,* Mandatorily Protected: The Consumer in the European Conflict of Laws, Eur. Rev. Priv. L. 2014, 513; *Boskovic,* La protection de la partie faible dans le règlement Rome I, D. 2008, 2175; *Böttger,* Verbraucherversicherungsverträge, VersR 2012, 156; *Campo Comba,* The new Geo-blocking Regulation, NIPR 2018, 512; *Dicke,* Kapitalmarktgeschäfte mit Verbrauchern unter der Rom I-VO, 2015; *Czernich,* Rechtswahlklauseln in Bankverträgen mit Verbrauchern, in Heindler/Verschraegen, Internationale Bankgeschäfte mit Verbrauchern, Wien 2017, 49; *Doralt/Nietner,* Verbrauchervertragsrecht und Rechtswahl, AcP 215 (2015), 855; *Franzen,* Neue Regeln für das IPR des Timesharing, FS v. Hoffmann, 2011, 115; *Friesen,* Auswirkungen der Richtlinie 2008/122/EG auf das internationale Timesharingrecht in der EU, 2017; *Heindler,* Internationale Zuständigkeit und anwendbares Recht bei Vertrieb von Finanzdienstleistungen im Fernabsatz, in Heindler/Verschraegen, Internationale Bankgeschäfte mit Verbrauchern, Wien 2017, 155; *J. Hoffmann,* Aufklärungs- und Informationspflichtverletzungen im Europäischen Verbraucher-Kollisionsrecht, FS Dauses, 2014, 153; *J. Hoffmann,* Verbraucherkollisionsrecht unter der Geoblocking-Verordnung, JZ 2018, 918; *Kaufhold,* Internationale Webshops – anwendbares Vertrags- und AGB-Recht im Verbraucherverkehr, EuZW 2016, 247; *Kieninger,* Grenzenloser Verbraucherschutz?, FS Magnus, 2014, 449; *Kluth,* Die Grenzen des kollisionsrechtlichen Verbraucherschutzes, 2009; *Leible/Müller,* Die Bedeutung von Websites für die internationale Zuständigkeit in Verbrauchersachen, NJW 2011, 495; *Mankowski,* Finanzverträge und das neue Internationale Verbrauchervertragsrecht des Art. 6 Rom I-VO, RIW 2009, 98; *Mankowski,* Rechtswahl-

[1] [Amtl. Anm.:] ABl. L 158 vom 23.6.1990, S. 59.

klauseln in Luftbeförderungs-AGB auf dem Prüfstand, RRa 2014, 118; *Mankowski,* Rechtswahlklauseln in Verbraucherverträgen – keine einfache Sache, FS W.H. Roth, 2015, 361; *Mankowski,* Rechtswahlklauseln in den AGB von Fluggesellschaften, IPRax 2019, 208; *Micklitz/Reich,* Das IPR der Verbraucherverbandsklage gegen missbräuchliche AGB, EWS 2015, 181; *Nemeth,* Kollisionsrechtlicher Verbraucherschutz, ZfRV 2012, 122; *Remien,* Tourism, Conflict of Laws and the Rome I Regulation, Liber Amicorum Siehr, Den Haag 2010, 497; *Rieländer,* Die Inhalts- und Transparenzkontrolle von Rechtswahlklauseln im EU-Kollisionsrecht, RIW 2017, 28; *W.-H. Roth,* Informationspflichten über das anwendbare Recht, FS Martiny, 2014, 543; *Rühl,* Der Schutz des „Schwächeren" im europäischen Kollisionsrecht, FS v. Hoffmann, 2011, 364; *Rühl,* Die rechtsaktübergreifende Auslegung im europäischen Internationalen Privatrecht: Art. 6 der Rom I-VO und die Rechtsprechung des EuGH zu Art. 15 Brüssel I-VO, GPR 2013, 122; *Staudinger,* Ferienhausmiete im Ausland, NZM 2011, 257.

Schrifttum zum Grünbuch und Entwurf: s. 7. Aufl. 2018.

Übersicht

I. Normzweck

1 Die Verbesserung des Verbraucherschutzes gehört zu den Tätigkeitsbereichen der EU (Art. 169 AEUV). Dementsprechend ist das Verbraucherrecht der Mitgliedstaaten weitgehend angeglichen worden. Dass Verbraucher grenzüberschreitende Geschäfte tätigen, gehört auch zur Entwicklung des Binnenmarktes. Auf der anderen Seite bedarf es des Schutzes vor den spezifischen Gefahren solcher Verträge. Daher ist eine Einschränkung der Grundfreiheiten des Unionsrechts, insbesondere der Warenverkehrs- und der Dienstleistungsfreiheit erlaubt (Art. 34 ff., 45 ff. AEUV).[2] Art. 6 enthält – ebenso wie der ähnlich aufgebaute Art. 8 (Arbeitsverträge) – in erster Linie eine **Rechtswahlbeschränkung zu Gunsten der schwächeren Partei** und bildet insofern eine Ausnahme zu Art. 3. Die Parteiautonomie ist nämlich fragwürdig, wenn inländische Verbraucher Leistungen von ausländischen Lieferfirmen oder Dienstleistungsbetrieben beziehen, die zwar auf dem Inlandsmarkt öffentlich werben, dem Kunden aber die Wahl ausländischen Rechts vorschreiben. Der Kunde kann sich darüber im Regelfall nur schwer Gewissheit verschaffen und hat als schwächere Partei keinen Einfluss auf die Vertragsgestaltung.[3] Hier besteht eine schutzwürdige Verbindung zum inländischen

[2] Dazu *v. Wilmowsky* ZEuP 1995, 735 (737 ff.); *Paefgen* ZEuP 2003, 266 (270 ff.); *Leible* in Leible, Grünbuch, 2004, 133 (146 f.).

[3] Näher *Basedow* Rec. des Cours 360 (2013), 9 (350 ff.). Das „strukturelle Ungleichgewicht" zwischen Verbraucher und Unternehmer betont *Staudenmayer* in Lando/Magnus/Nowak-Stief, Angleichung des materiel-

Recht, die den Auslandsbezug und das Unternehmensinteresse an der Vereinbarung seines Rechts zu Gunsten des Verbrauchers zurücktreten lässt. Hinzu kommt, dass der Verbraucherschutz in anderen Rechtsordnungen schwächer ausgestaltet sein kann als in der inländischen und dies den wirtschaftlich Überlegenen zu Manipulationen hinsichtlich des anwendbaren Rechts verleiten kann. Schließlich hat das interne Verbraucherschutzrecht ein **Spannungsverhältnis zur Parteiautonomie** entstehen lassen.

Zwar muss der Schutz des Verbrauchers als solcher weiterhin dem materiellen Recht überlassen bleiben; das Kollisionsrecht beschränkt sich darauf, das anzuwendende Recht zu bezeichnen. Bei Erfüllung dieser Aufgabe darf jedoch die Natur des zu regelnden Sachverhalts nicht außer Acht gelassen werden. Daher wäre es inkonsequent, die Vertragsfreiheit im materiellen Recht einzuschränken, dann aber den Parteien zu gestatten, diese Regeln zur Gänze abzuwählen und sich einer anderen Rechtsordnung zuzuwenden. Folglich ist eine den Zwecken der Sachnormen gerecht werdende Anknüpfung notwendig.[4] Vorläufer des Art. 6 war Art. 5 EVÜ, der seinerseits als Art. 29 EGBGB inkorporiert und später durch den auf Richtlinien beruhenden Art. 29a EGBGB (nunmehr Art. 46b EGBGB) ergänzt worden ist. 2

Bei der **Reform des EVÜ** stellte der internationale Verbraucherschutz einen zentralen Punkt dar.[5] Dabei war auch die inzwischen weitgehend erfolgte Regelung der Verbrauchergeschäfte im Binnenmarkt und die Sicherung des Schutzniveaus nach außen zu berücksichtigen.[6] Die Reform sollte vor allem das Entstehen des von der Vorschrift noch nicht berücksichtigten Richtlinienrechts bewältigen. Insbesondere war eine Harmonisierung mit seinen Rechtswahlbeschränkungen anzustreben. Dabei wurden verschiedene Reformvorschläge gemacht.[7] Das Grünbuch hatte recht unterschiedliche Reformmodelle – von einer grundsätzlichen Beibehaltung bis zu einer völligen Neugestaltung – zur Diskussion gestellt.[8] Da ein Rechtswahlverbot den Handel zu sehr behindert hätte, setzte sich letztlich die Zulässigkeit der Rechtswahl wieder durch;[9] die Parteien können das auf einen Vertrag anzuwendende Recht nach Art. 3 wählen (Abs. 2). 3

Die frühere enge Kasuistik des Art. 5 EVÜ findet sich in der Zuständigkeitsvorschrift des Art. 17 Brüssel Ia-VO (= Art. 15 LugÜ) so nicht mehr.[10] Eine Erweiterung des sachlichen Anwendungsbereichs wurde vorgeschlagen.[11] Angesichts der fortschreitenden Entwicklung des Binnenmarktes schien es auch nicht mehr sinnvoll zu sein, allein vom Leitbild eines schutzbedürftigen „passiven" Verbrauchers auszugehen.[12] Nach dem jetzigen situativen Anwendungsbereich genügt, dass der Unternehmer seine berufliche oder gewerbliche Tätigkeit in dem Staat ausübt, in dem der Verbraucher seinen gewöhnlichen Aufenthalt hat, oder seine Tätigkeit auf diesen Staat oder auf mehrere Staaten, ausrichtet. Der Vertrag muss in den Bereich dieser Tätigkeit fallen. 4

Eine Reihe von Ausnahmen besteht weiter, so für ausländische Dienstleistungen, Beförderungsverträge mit Ausnahme von Pauschalreiseverträgen,[13] Grundstücksgeschäfte sowie Miete und Pacht von Immobilien, bestimmte Verträge über Finanzinstrumente sowie Wertpapiere und Verträge innerhalb von multilateralen Systemen (Abs. 4). Art. 6 orientiert sich dabei hauptsächlich an dem Gedanken, der Verbraucher solle den Schutz der heimischen Rechtsordnung nicht verlieren. Die Parteiautonomie wird zu diesem Zweck durch eine allseitige Kollisionsnorm eingeschränkt. Den Maßstab 5

---

len und des internationalen Privatrechts in der EU, 2003, 57 (59 ff.); dagegen stellt vor allem auf die richtige Verteilung der Informationslasten und -risiken ab *Roth* FS Sonnenberger, 2004, 591 (606 ff.).

4 S. Bericht zum EVÜ *Giuliano/Lagarde*, BT-Drs. 10/503, 55 f.; *Hartley* in North, Contract Conflicts, 1982, 112 f.; *Pocar* Rec. des Cours 188 (1984-V), 339 (353 ff.); *Roth,* Internationales Versicherungsvertragsrecht, 1985, 151 ff.; *Roth* FS Sonnenberger, 2004, 591 (605 f.); *Mäsch,* Rechtswahlfreiheit und Verbraucherschutz, 1993, 22 ff.

5 S. *Roth* FS Sonnenberger, 2004, 591 ff.; *Basedow* FS Jayme, Bd. I, 2004, 3 ff.; *Looschelders* FS E. Lorenz, 2004, 441 ff.; Max Planck Institute for Foreign Private and Private International Law RabelsZ 68 (2004), 12 ff. (48 ff.); *Ganssauge,* Internationale Zuständigkeit und anwendbares Recht bei Verbraucherverträgen im Internet, 2004, 239 ff.; *Loacker,* Der Verbrauchervertrag im internationalen Privatrecht, 2006, 177 ff.; *McParland,* The Rome I Regulation on the Law Applicable to Contractual Obligations, 2015, Rn. 12.42 ff.

6 Näher *Paefgen* ZEuP 2003, 266 ff.; *Klauer,* Das Europäische Kollisionsrecht der Verbraucherverträge zwischen Römer EVÜ und EG-Richtlinien, 2002, 140 ff.; vgl. auch *Rott* EuZW 2005, 167 (169 f.).

7 S. nur *Sonnenberger* ZVglRWiss 100 (2001), 107 (130 ff.); *Stoll* FS Max-Planck-Institut, 2001, 463 ff.

8 Grünbuch Nr. 3.2.7 in Leible, Grünbuch, 2004, 33 ff.; dazu *Roth* FS Sonnenberger, 2004, 591 (599 ff.).

9 Näher *Clausnitzer/Woopen* BB 2008, 1798 (1801 f.); *Lando/Nielsen* C.M.L. Rev. 45 (2008), 1687 (1708 ff.).

10 Dazu *Leible* in Leible, Grünbuch, 2004, 139 ff.

11 *Basedow* FS Jayme, Bd. I, 2004, 3 (6 ff.).

12 Rauscher/*Heiderhoff* Rn. 3; dazu näher *Leible* in Leible, Grünbuch, 2004, 133 (142); *Heiss* FS Mayer, 2004, 33 (37 ff.); *Mochar/Seidl* ÖJZ 2003, 241 ff.; *Roth* FS Sonnenberger, 2004, 591 (600 ff.); *Doralt/Nietner* AcP 215 (2015), 855 (865 ff.).

13 Krit. zu dieser Bereichsausnahme Ferrari IntVertragsR/*Staudinger* Art. 5 Rn. 8.

liefert die (in- oder ausländische) Rechtsordnung, welche auf Grund objektiver Anknüpfung gelten würde. Sie setzt sich freilich nur durch, wenn sie den Verbraucher besser schützt. Insoweit gilt weiterhin das **Günstigkeitsprinzip** (→ Rn. 67 ff.). Die Rechtswahl darf nicht dazu führen, dass dem Verbraucher der Schutz entzogen wird, der ihm nach dem Recht, das mangels Rechtswahl anzuwenden wäre, gewährt werden würde (Abs. 2). Teilweise wird, ua wegen der fortgeschrittenen europäischen Rechtsangleichung, eine Streichung des Abs. 2 für Binnensachverhalt im E-Commerce (nicht aber für drittstaatliche Sachverhalte) vorgeschlagen.[14]

6 Auch bei fehlender Rechtswahl gilt eine Sonderregelung. Abweichend vom Grundsatz der charakteristischen Leistung des Art. 4, welcher den Anbieter begünstigen würde, wird an den **gewöhnlichen Aufenthalt des Verbrauchers** angeknüpft. Insoweit folgt die Vorschrift nicht dem Herkunftsland-, sondern dem Marktortprinzip.[15] Die ursprünglich vorgesehene Beschränkung auf Verbraucher mit gewöhnlichem Aufenthalt in einem Mitgliedstaat ist fallen gelassen worden.[16] Die Anwendung des heimischen Rechts macht der – insoweit ähnlich wie Art. 17 Brüssel Ia-VO (= Art. 15 LugÜ) formulierte – Art. 6 freilich von den persönlichen Eigenschaften der Vertragsparteien, vom Geschäftsgegenstand und der Art des Abschlusses abhängig. Vorausgesetzt wird, dass eine Vertragspartei Verbraucher ist (→ Rn. 13 ff.), es sich um eine bestimmte Art von Geschäft handelt (→ Rn. 20 ff.), das unter besonderen Bedingungen zu Stande gekommen ist (→ Rn. 41 ff.) und nicht unter eine der gesetzlichen Ausnahmen (→ Rn. 24 ff.) fällt. Nach wie vor kommt es zu einer Mischung von abstrakt formulierten Regeln und konkret zu bestimmenden Verhältnissen der Parteien einerseits sowie zu einem Ineinandergreifen von teils nach räumlichen, teils aber auch nach inhaltlichen Kriterien zu ermittelnden Rechtsregeln. Erhebliche nationale Auslegungsdivergenzen hatten sich bei der Abgrenzung der zwingenden Vorschriften des Art. 5 EVÜ und der international zwingenden Normen des Art. 7 Abs. 2 EVÜ (= Art. 34 EGBGB) ergeben.[17] Auch jetzt drohen bei der Anwendung des Art. 9 Disharmonien. Nach der Überprüfungsklausel des Art. 27 Abs. 1 sollte die Kommission bis spätestens 17.6.2013 einen Bericht, ggf. mit Reformvorschlägen vorlegen.[18]

7 Von der Geltung des umstrittenen Herkunftslandprinzips sind Verbraucherverträge nach § 3 Abs. 3 Nr. 2 DDG (Art. 3 Abs. 3 E-Commerce-RL) ausgenommen (→ Anh. III Art. 9 Rn. 43 ff.). Entsprechende kollisionsrechtliche Sondervorschriften für Verbraucherverträge wie Art. 6 kennen auch andere Rechtsordnungen.[19] – Zum Versicherungsrecht s. Art. 7.

8 Internationale Rechtsvereinheitlichung findet sich im Verbraucherrecht nur selten.[20] Doch ist das Verbraucherrecht im Rahmen der EU bereits durch eine Reihe von Richtlinien **angeglichen** worden, welche auch für grenzüberschreitende Verträge Bedeutung erlangt haben.[21] Einige Richtlinien beschränken sich auf eine Sachrechtsangleichung:

– Haustürgeschäfte-RL (aufgehoben zum 13.6.2014); sie war die Grundlage für § 312b BGB;
– grundsätzlich auch die neue Pauschalreise-RL 2015 (die vorhergehende Pauschalreise-RL 1990 wurde aufgehoben zum 1.7.2018); s. aber Art. 46c EGBGB.

9 Für allein sachrechtsangleichende Richtlinien ist umstritten, ob ihnen gleichwohl kollisionsrechtliche Bedeutung zukommt (→ EGBGB Art. 46b Rn. 84).

10 Andere Richtlinien enthalten auch eine in das nationale Recht umzusetzende **kollisionsrechtliche Regelung.** Danach ist im Allgemeinen der dem Verbraucher zugebilligte Schutz unabhängig von dem jeweils auf den Vertrag anwendbaren Recht zu gewähren, sofern der Vertrag einen engen Zusammenhang mit dem Gebiet der Mitgliedstaaten aufweist. Dieser enge Zusammenhang ist dann zu konkretisieren. Hierbei entstehen neue Diskrepanzen, da die einzelnen Mitgliedstaaten dafür unterschiedliche Ansätze und Kriterien wählen dürfen. Ferner ist das Verhältnis zu Art. 6 zu bestimmen. Wegen der zahlreichen Schwierigkeiten wird die zurückgehende Bedeutung der Vorschrift begrüßt.[22] Im Einzelnen handelt es sich noch um Art. 6 Abs. 2 Klausel-RL,[23] Art. 12 Abs. 2 Fernab-

---

14 *Doralt/Nietner* AcP 215 (2015), 855 ff.

15 Vgl. *Lurger* in Leible, Die Bedeutung des Internationalen Privatrechts im Zeitalter der neuen Medien, 2003, 48.

16 Dazu Staudinger/*Magnus,* 2021, Rn. 15.

17 Dazu *Wilderspin* in Lando/Magnus/Nowak-Stief, Angleichung des materiellen und des internationalen Privatrechts in der EU, 2003, 111 (122 ff.); krit. zur Ausdehnung des Verbraucherschutzes nach geltendem Recht *Bisping* Eur. Rev. Priv. L. 2014, 513 ff.; *Kieninger* FS Magnus, 2014, 449 ff.

18 Reformvorschläge bei *Clausnitzer/Woopen* BB 2008, 1798 (1802 f.).

19 So etwa Art. 120 IPRG Schweiz; vgl. *Fischer* ZVglRWiss 88 (1989), 14 (25 ff.); *Schwander* FS Moser, 1987, 79 (90 ff.).

20 Zur Vorstellung eines transnationalen Verbraucherrechts s. *Calliess* RabelsZ 68 (2004), 244 ff.

21 Dazu mwN *Roth* FS Sonnenberger, 2004, 591 (596 ff.); *Staudenmeyer* in Lando/Magnus/Nowak-Stief, Angleichung des materiellen und des internationalen Privatrechts in der EU, 2003, 57 ff.; *Czigler/Takács* Yb. PIL 14 (2012/2013), 539 (547 ff.); s. auch *Reich/Micklitz,* Europäisches Verbraucherrecht, 4. Aufl. 2003.

22 *Campo Comba* NIPR 2020, 374 (384 ff.).

23 Vgl. *Jayme/Kohler* IPRax 1995, 343 (345 f.).

satz-RL[24] (aufgehoben zum 13.6.2014), Art. 7 Abs. 2 Verbrauchsgüterkauf-RL, Art. 12 Abs. 2 Finanzdienstleistungs-Fernabsatz-RL, Art. 22 Verbraucherkredit-RL.[25]

Die Umsetzung der kollisionsrechtlichen Bestimmungen dieser Richtlinien ist in Art. 46b EGBGB erfolgt. An die Stelle der in Abs. 4 lit. c ausdrücklich genannten, bisherigen Timesharing-RL 1994 ist die neue Timesharing-RL getreten (Art. 12 Abs. 2 Timesharing-RL; → Rn. 32). 11

Die **Verbraucherrechte-RL** vom 25.10.2011 strebt eine Vollharmonisierung an. Sie hat den Inhalt vier bestehender EU-Richtlinien (Haustürgeschäfte-RL, Klausel-RL, Fernabsatz-RL und Verbrauchsgüterkauf-RL) vereinfacht und zusammengefasst.[26] Da hierin keine Kollisionsnorm mehr enthalten ist, wird auf diese Weise auch das Richtlinienkollisionsrecht reduziert. Die Richtlinie ist in Art. 46b EGBGB umgesetzt worden.[27] Eine Reduktion der kollisionsrechtlichen Fragen in der EU ist eine der Folgen der zunehmenden Tendenz zur Vollharmonisierung.[28] Entsprechendes gilt für die neue Warenkauf-RL (RL (EU) 2019/771). 12

II. Verbraucherverträge (Abs. 1, 4)

1. Persönlicher Anwendungsbereich. a) Verbrauchereigenschaft und Unternehmer. Entscheidend für die von Art. 6 vorausgesetzte Verbrauchereigenschaft ist der Zweck des einzelnen Geschäfts. Ebenso wie nach der Zuständigkeitsvorschrift des Art. 17 Brüssel Ia-VO (= Art. 15 LugÜ) darf der Vertragszweck **keiner beruflichen oder gewerblichen Tätigkeit** des Berechtigten zugerechnet werden.[29] Das Gesetz begnügt sich mit dieser negativen Abgrenzung, bestimmt aber nicht positiv, wer als Verbraucher zu gelten hat.[30] Nunmehr ist ausdrücklich klargestellt, dass lediglich eine natürliche Person („natural person") erfasst wird. Dafür spricht die Einheitlichkeit des Verbraucherbegriffs sowie die regelmäßig geringere Schutzbedürftigkeit einer juristischen Person. 13

Erfasst wird ein Vertrag mit einem **Unternehmer** („professional"), der in Ausübung seiner beruflichen oder gewerblichen Tätigkeit handelt („commercial or professional activities") (B2C). Nicht abgedeckt sind Verträge zwischen Verbrauchern (C2C).[31] Als „Unternehmer" ist auch eine natürliche oder juristische Person, die als Vermittler im Namen oder Auftrag eines Hauptunternehmers handelt, anzusehen.[32] Erbringt ausnahmsweise der Verbraucher die charakteristische Leistung gegenüber dem Unternehmer (C2B), so wird – weitem Wortlaut und Schutzzweck entsprechend – die Anwendbarkeit des Art. 6 zutreffend bejaht,[33] von anderen aber im Hinblick auf die (angeblich) fehlende Schutzbedürftigkeit verneint.[34] Der Begriff der beruflichen oder gewerblichen Tätigkeit umfasst nicht nur eine selbständige Tätigkeit, sondern auch eine abhängige Beschäftigung. Bei einer zwischen einem Arbeitnehmer und einem Dritten, der nicht der im Arbeitsvertrag genannte Arbeitgeber ist, geschlossenen Vereinbarung (Patronatserklärung), nach der diese Person gegenüber dem Arbeitnehmer unmittelbar für Ansprüche gegen den Arbeitgeber aus dem Arbeitsvertrag haftet, handelt es sich nicht um einen Vertrag, der ohne Bezug zu einer beruflichen oder gewerblichen Tätigkeit oder Zielsetzung und unabhängig von einer solchen geschlossen worden wäre.[35] 14

Die Entgegennahme der Leistung muss dem **privaten Lebensbereich des Verbrauchers** zugerechnet werden können. Erfasst wird ein Vertrag, den die Person zu einem Zweck, der nicht ihrer beruflichen oder gewerblichen Tätigkeit („outside his trade or profession") zugerechnet 15

---

24 Vgl. *Jayme/Kohler* IPRax 1994, 405 (407); *Jayme/Kohler* IPRax 1996, 377 f.; *Kronke* RIW 1996, 985 ff.; *Reich* EuZW 1997, 581 ff.

25 Art. 2 Nr. 1 Gesetz vom 29.7.2009 (BGBl. 2009 I 2355) hatte die Verbraucherkredit-RL als Nr. 6 in den damaligen Art. 29a Abs. 4 EGBGB aF eingefügt; vgl. BT-Drs. 16/11643.

26 Geändert durch Art. 4 RL (EU) 2019/2161 vom 27.11.2019, ABl. EU 2019 L 328, 7.

27 Art. 2 Nr. 1 Gesetz vom 20.9.2013 (BGBl. 2013 I 3642). Dabei wurde Art. 46b Abs. 3 Nr. 2 EGBGB (Fernabsatz) aufgehoben. Die bisherigen Nr. 3–5 wurden die Nr. 2–4.

28 Dazu krit. *Berger* ZEuP 2009, 451 ff.

29 BGH NJW 2012, 1817 = RIW 2012, 566 zu Art. 15 Brüssel I-VO; RIW 2017, 448 zu Art. 15 LugÜ. – Zur übergreifenden Auslegung *Lüttringhaus* RabelsZ 77 (2013), 31 (55 ff.).

30 Näher *Schürnbrand* GPR 2016, 19 ff.

31 Ferrari IntVertragsR/*Staudinger* Rn. 16; Rauscher/*Heiderhoff* Rn. 19.

32 EuGH ECLI:EU:C:2022:112 Rn. 36 = NJW 2022, 2457 – Tiketa, zur Fernabsatz-RL.

33 *Garcimartín Alférez* ELF 2008, I-61 (I-71); *Solomon* in Ferrari/Leible, Ein neues Internationales Vertragsrecht für Europa, 2007, 89 (94); *Sachse,* Der Verbrauchervertrag im internationalen Privat- und Prozessrecht, 2006, 176 ff.; BeckOGK/*Rühl,* 1.12.2023, Rn. 56; Ferrari IntVertragsR/*Staudinger* Rn. 17; BeckOK BGB/*Spickhoff* Rn. 20; PWW/*Remien/Segger-Piening* Rn. 9.

34 *Mankowski* IPRax 2006, 101 (106); *Kluth,* Die Grenzen des kollisionsrechtlichen Verbraucherschutzes, 2009, 266.

35 EuGH ECLI:EU:C:2022:807 Rn. 58 = EuZW 2022, 1061 mAnm *Wagner* = EWiR 2023, 58 mAnm *Forst* – ROI Land Investments.

werden kann, abschließt. Dazu gehört allerdings auch der Kauf von Arbeitskleidung oder -werkzeug durch einen Arbeitnehmer.[36] Als „gewerblich" ist jede selbständige geschäftliche Tätigkeit anzusehen. Es braucht kein Gewerbe iSd GewO ausgeübt zu werden. „Beruflich" sind vor allem Verträge, die ein Freiberufler im Rahmen seiner Tätigkeit schließt (zB der Rechtsanwalt oder Arzt).[37] Dazu gehört etwa der Kauf von Computern oder von Büroeinrichtungen. Kann der Vertrag einer nichtselbständigen beruflichen Tätigkeit zugeordnet werden, so handelt es sich jedoch um einen Verbrauchervertrag.[38] „Verbraucher" ist auch das Mitglied in einem von einem Handelsunternehmen eingerichteten System (Einkaufsgemeinschaft), das es u. a. erlaubt, dass am System teilnehmende Personen in den Genuss bestimmter finanzieller Vorteile kommen.[39] Zum Privatbereich gehört auch die **Anlage privaten Vermögens,** da hier ein Verbraucher Finanzdienstleistungen in Anspruch nimmt.[40] Dass die Anlage einen solchen Umfang annimmt, dass sie eine kaufmännische Organisation erforderlich macht, schließt noch kein Verbraucherhandeln aus.[41] Der Verbraucher darf jedoch nicht beruflich oder gewerblich tätig werden. Als Verbraucher wird auch noch angesehen, wer einen Vertrag zu den von einer Gesellschaft festgelegten AGB abschließt, um **online Poker zu spielen,** und seine Tätigkeit weder amtlich angemeldet noch Dritten als kostenpflichtige Dienstleistung angeboten hat. Die Eigenschaft als „Verbraucher" verliert der Pokerspieler selbst dann nicht, selbst wenn er täglich viele Stunden an einem Spiel teilnimmt und dabei erhebliche Gewinne erzielt.[42]

16 Die Leistung braucht nicht vollständig der Privatsphäre zuzuordnen sein. Bei **teilweiser Privatbezogenheit** des Geschäfts („gemischter" Vertrag bzw. „doppelter Zweck") entschied nach früherer hM der überwiegende Vertragszweck (sog. Schwerpunktansatz).[43] Wesentlich enger hat der EuGH für den als Ausnahme begriffenen Verbrauchergerichtsstand des Art. 13 Abs. 1 GVÜ (nunmehr Art. 17 Brüssel Ia-VO [= Art. 15 LugÜ]) entschieden. Grundsätzlich soll es sich bei einem Vertragsgegenstand, der für einen teils beruflich-gewerblichen, teils nicht der beruflichen oder gewerblichen Tätigkeit zuzurechnenden Zweck bestimmt ist, um keine Verbrauchersache handeln. Anders ist es nur, wenn der berufliche oder gewerbliche Zweck derart nebensächlich ist, dass er im Gesamtzusammenhang des betreffenden Geschäfts nur eine ganz untergeordnete Rolle spielt.[44] Die Tatsache, dass der nicht beruflich-gewerbliche Zweck überwiegt, soll ohne Bedeutung sein.[45] Ob dieser, den materiellrechtlichen Verbraucherschutz erheblich einschränkende Ansatz auch für das IVR zu befolgen ist, ist zweifelhaft. Teilweise wird wie bislang auf den überwiegenden Zweck des Geschäfts abgestellt[46] bzw. auch ein geringer beruflich-gewerblicher Zweck für unschädlich gehalten.[47] Andere schließen – ebenso wie der EuGH – die Sonderanknüpfung dann aus, wenn das Geschäft nicht lediglich in marginalem Umfang unternehmerischen Zwecken dient.[48]

17 Ob der **Zweck des Geschäfts** nach subjektiven Kriterien (insbesondere dem Parteiwillen) oder nach objektiven Gesichtspunkten (zB dem erkennbaren Verwendungszweck) zu bestimmen ist, lässt der Wortlaut des Art. 6 offen. Die einseitige, subjektive Absicht eines Kunden, einen privaten

---

36 Ferrari IntVertragsR/*Staudinger* Rn. 14; Staudinger/*Magnus,* 2021, Rn. 44. – Zu Art. 29 EGBGB aF *Junker* IPRax 1998, 65 (68); anders BeckOGK/*Rühl,* 1.12.2023, Rn. 78 f.

37 Zu Art. 29 EGBGB *E. Lorenz* RIW 1987, 569 (576); vgl. für Börsentermingeschäfte eines Arztes OLG Düsseldorf RIW 1995, 769.

38 Zu Art. 29 EGBGB *E. Lorenz* RIW 1987, 569 (576); vgl. auch *Lüderitz* FS Riesenfeld, 1983, 147 (154).

39 Zur Klausel-RL EuGH ECLI:EU:C:2023:455 – OZ/Lyoness Europe.

40 BGH RIW 2017, 448 zu Art. 15 LugÜ; Reithmann/Martiny IntVertragsR/*Mankowski* Rn. 19.4; Ferrari IntVertragsR/*Staudinger* Rn. 14.

41 Näher *Geimer* FS Martiny, 2014, 711 ff.

42 Zu Art. 15 Brüssel Ia-VO EuGH ECLI:EU:C:2020:1015 Rn. 50 = IPRax 2022, 499 m. Aufsatz *v. Bary* IPRax 2022, 456 = EWiR 2021, 221 mAnm *Mankowski* – Personal Exchange International; abl. *Berner* RabelsZ 87 (2023) 236 (257 ff.).

43 Bruck/Möller/*Dörner,* 2013, Art. 6 Rn. 13; ebenso schon Amtl. Begr., BT-Drs. 10/504, 79 zu Art. 29 EGBGB; Dt. EVÜ-Denkschrift, BT-Drs. 10/503, 26.

44 EuGH ECLI:EU:C:2023:185 Rn. 25, 27 = RIW 2023, 281 = EuZW 2023, 420 m. krit. Anm. *Mayrhofer* – Wurth Automotive.

45 EuGH Slg. 2005, I-439 = NJW 2005, 653 = EuZW 2005, 241 m. krit. Anm. *Reich* und mAnm *Mankowski* EWiR 2005, 305 – Gruber/BayWaG; s. auch EuGH ECLI:EU:C:2019:123 Rn. 91 = NJW 2019, 2994 – Milivojević.

46 PWW/*Remien/Segger-Piening* Rn. 5; Staudinger/*Magnus,* 2021, Rn. 47. S. auch *Chen* ERPL 31 (2023) 909 (921 ff.).

47 Grüneberg/*Thorn* Rn. 5.

48 *Loacker* JZ 2013, 234 (240); *Wilke* ZIP 2015, 2306 (2307); BeckOGK/*Rühl,* 1.12.2023, Rn. 75; Ferrari IntVertragsR/*Staudinger* Rn. 22; Rauscher/*Heiderhoff* Rn. 39.

oder beruflichen Zweck zu verfolgen, ist nicht nach außen hin erkennbar und kann daher nicht genügen. Der innere Wille des Leistungsempfängers allein ist mithin als Unterscheidungsmerkmal ungeeignet.[49] Bestimmen die Parteien gemeinsam den Zweck, so kommt es auf ihre Vereinbarung an. Ein Gewerbetreibender kann zB Waren für seinen privaten Bedarf erwerben, die er üblicherweise für seine Erwerbstätigkeit benötigt. War der private Verwendungszweck auch für den Geschäftspartner erkennbar, so handelt es sich um ein Verbrauchergeschäft. Fehlt eine solche Festlegung, so ist in erster Linie eine objektive Bestimmung vorzunehmen. Sodann ist aber auf die Erkennbarkeit aus der **Sicht des Leistenden** abzustellen. Entscheidend dafür sind die für den Schuldner objektiv erkennbaren Umstände des Geschäfts.[50] Für deren Relevanz ist insbesondere die Verkehrsanschauung maßgeblich. Außer dem Verkehrsinteresse sind aber auch die Parteiinteressen zu berücksichtigen. Im Zweifel ist das Geschäft als Verbrauchervertrag anzusehen.[51] Der Bericht *Giuliano/Lagarde*[52] scheint die subjektive Komponente in den Vordergrund zu stellen. Er stützt sich in erster Linie auf die Kenntnis, das Kennenmüssen und den guten Glauben des anderen Vertragsteils. Unverschuldetes Nichtwissen von der objektiven Eignung als Verbrauchergeschäft soll zum Ausschluss des Art. 6 führen; schuldhaftes Nichtwissen würde die Anwendbarkeit begründen. Im Zusammenhang mit der internationalen Zuständigkeit wurde entschieden, es handle sich um keine Verbrauchersache, wenn der Kunde sich so verhalten habe, dass sein Vertragspartner zu Recht den Eindruck gewinnen konnte, er handle zu beruflich-gewerblichen Zwecken.[53] Dies wird auch für das IVR angenommen.[54] Für die internationale Zuständigkeit wurde entschieden, dass eine enge Verbindung des Vertragsverhältnisses zu einem früherem Verbrauchervertrag genügen kann.[55]

18 Auch Forderungen aus Verbrauchergeschäften können abgetreten werden. Nach einer solchen **Abtretung an einen Dritten** stellt sich die Frage, ob die Schutzvorschriften für Verbraucher weiterhin Anwendung finden können.[56] Dies hat der EuGH für die internationale Zuständigkeit (heute Art. 17 Brüssel Ia-VO [= Art. 15 LugÜ]) wegen der weggefallenen Schutzbedürftigkeit verneint.[57] Im IVR kommt es für die Bestimmung des Vertragsstatuts grundsätzlich auf den Zeitpunkt des Vertragsschlusses an. Ist das Vertragsstatut durch objektive Anknüpfung nach Art. 6 Abs. 1 bestimmt worden, so ist dies auch nach einer Abtretung der maßgebliche Gesichtspunkt. Es gibt keinen Grund, die Anknüpfung nachträglich zu verändern.[58] Fraglich ist jedoch, wie zu verfahren ist, wenn ein anderes Recht als das des Wohnsitzlandes des Verbrauchers vereinbart worden war und nunmehr ein Günstigkeitsvergleich zu Gunsten des Verbrauchers nach Art. 6 Abs. 2 stattfinden soll. Dieser dient dem Schutz des Verbrauchers und scheint nicht mehr notwendig zu sein, wenn der Vertragspartner des Unternehmers kein Verbraucher ist.[59] Das Vertragsstatut als solches wird nicht geändert. Allerdings spricht auch hier die Rechtssicherheit für das Vertrauen in eine auch im Ergebnis unveränderte Festlegung des Vertragsstatuts.[60]

19 **b) Verwendung der Leistung.** Nach dem Wortlaut des Art. 6 wird ein **Ungleichgewicht der Vertragsparteien** vorausgesetzt (sog. zweiseitig funktionaler Verbraucherbegriff); die Anwendung unter Privatpersonen ist ausgeschlossen.[61] Dafür spricht nicht nur die geringere Schutzbedürftigkeit des Kunden, sondern vor allem die Geltung dieses Ansatzes im gesamten Europäischen

---

49 Zu Art. 29 EGBGB aF *E. Lorenz* RIW 1987, 569 (576); Soergel/*v. Hoffmann* EGBGB Art. 29 Rn. 14; vgl. auch Dt. EVÜ-Denkschrift, BT-Drs. 10/503, 26.

50 Grüneberg/*Thorn* Rn. 5; Soergel/*v. Hoffmann* EGBGB Art. 29 Rn. 4.

51 Vgl. Rauscher/*Heiderhoff* Rn. 40. – Zur Beweislast näher *Mankowski* IPRax 2009, 474 ff.

52 Bericht *Giuliano/Lagarde,* BT-Drs. 10/503, 55; ähnlich Amtl. Begr., BT-Drs. 10/504, 79.

53 EuGH Slg. 2005, I-439 = NJW 2005, 653 = EuZW 2005, 241 m. krit. Anm. *Reich* und mAnm *Mankowski* EWiR 2005, 305 – Gruber/BayWaG; ECLI:EU:C:2023:185 Rn. 32, 35 = RIW 2023, 281 = EuZW 2023, 420 m. krit. Anm. *Mayrhofer* – Wurth Automotive.

54 *Garcimartín Alférez* ELF 2008, I-61 (I-71); Ferrari IntVertragsR/*Staudinger* Rn. 22; PWW/*Remien/Segger-Piening* Rn. 8.

55 EuGH ECLI:EU:C:2015:844 = NJW 2016, 697 mAnm *Mankowski* = EuZW 2016, 266 mAnm *R. Wagner* – Hobohm/Kampik.

56 Bejahend für Abtretung durch den Unternehmer BGH RIW 2017, 448 zu Art. 15 LugÜ 2007.

57 Zu Art. 13 EuGVÜ EuGH Slg. 1993, I-139 Rn. 13 = NJW 1993, 1251 – Shearson Lehmann Hutton/TVB.

58 *Wendland* ZVglRWiss 118 (2019), 422 (438 ff.); Ferrari IntVertragsR/*Staudinger* Rn. 15; Staudinger/*Magnus,* 2021, Rn. 49.

59 *Wilderspin* in Lando/Magnus/Nowak-Stief, Angleichung des materiellen und des internationalen Privatrechts in der EU, 2003, 111 (141).

60 Ferrari IntVertragsR/*Staudinger* Rn. 15.

61 BeckOK BGB/*Spickhoff* Rn. 8. – So schon zu Art. 29 EGBGB aF *E. Lorenz* RIW 1987, 569 (576); *W. Lorenz* IPRax 1994, 429; *Leible* in Leible, Grünbuch, 2004, 133 (138); *Looschelders* FS E. Lorenz, 2004, 441 (444 f.); *Basedow* FS Jayme, Bd. I, 2004, 3 (11); Czernich/Heiss/*Heiss* EVÜ Art. 5 Rn. 11 ff.

Verbraucherrecht. Es ist daher nicht sinnvoll, im internationalen Vertragsrecht einem anderen Konzept zu folgen.

20 **2. Sachlicher Anwendungsbereich. a) Erfasste Geschäfte.** Der sachliche Anwendungsbereich des Art. 6 Rom I-VO ist weit gefasst. Grundsätzlich werden alle Vertragstypen und Verbraucherverträge erfasst.[62] Dagegen galt die Vorschrift des Art. 5 EVÜ (Art. 29 EGBGB) nur für bestimmte Verbraucherverträge. Die dortige Aufzählung von Lieferung, Dienstleistung und Finanzierung war abschließend. Nach heutigem Recht kommt der Verbraucherschutz hingegen grundsätzlich **allen Verträgen** über den Kauf und die Lieferung von Waren und anderen Gütern sowie allen Dienstleistungen zugute.[63] Das gilt etwa für den Internetkauf einer Konzertkarte,[64] den Werkvertrag,[65] den Maklervertrag,[66] aber auch für die Miete beweglicher Sachen,[67] Teilnutzungsverträge und ihnen gleichgestellte Verträge (→ Rn. 32) sowie den Reisevertrag.[68] Auch der einfache Konsumentenkredit wird erfasst.[69] Das gleiche gilt für Verträge über digitale Produkte iSd § 327 BGB nF[70] sowie Online-Lotterien[71] und Online-Glücksspiel.[72] Auch Online-Plattformverträge (→ Art. 4 Rn. 292), etwa über Kryptowerte, können unter Art. 6 Rom I-VO fallen.[73] Die Geltung für Bürgschaftsverträge ist fraglich.[74] Erfasst wird auch die Verbraucherschlichtung nach dem VSBG (vgl. § 19 VSBG).[75]

21 Die **Gewinnzusage** (vgl. § 661a BGB; → Art. 4 Rn. 307 ff.) ist verschiedentlich als Verbrauchervertrag („consumer contract“, „contrat conclu par le consommateur“) gewertet worden,[76] was bei Vorliegen der sonstigen persönlichen und situativen Voraussetzungen des Art. 6 zum Recht am gewöhnlichen Aufenthaltsort des Verbrauchers führt.[77] Bei einer mit einer Warenbestellung verbundenen Gewinnzusage lässt sich die fehlende vertragliche Natur der Zusage ebenso wie bezüglich der internationalen Zuständigkeit mit dem Akzessorietätsargument überbrücken.[78] Der Einwand des fehlenden Vertragsschlusses kann hingegen bei einer isolierten Gewinnzusage erhoben werden; es besteht kein oder nur ein loser Zusammenhang mit einem bestimmten Vertrieb. Gleichwohl wird auch hier zum Teil eine generelle Anknüpfung als Verbrauchervertrag angenommen.[79] Halten lässt sich das freilich nur, wenn man die bloß einseitige Erklärung des Versprechenden und die Reaktion des Verbrauchers einem Vertrag gleichstellt[80] (→ Art. 9 Rn. 101). Der EuGH nimmt dann eine

---

[62] *Mankowski* IHR 2008, 133 (141).

[63] *Mankowski* IHR 2008, 133 (141); Ferrari IntVertragsR/*Staudinger* Rn. 25.

[64] AG Dortmund NJW-RR 2018, 1208.

[65] Ferrari IntVertragsR/*Staudinger* Rn. 25.

[66] Bruck/Möller/*Dörner*, 2013, Art. 1 Rn. 3.

[67] *Remien* Liber Amicorum Siehr, 2010, 497 (502 ff.); Erman/*Stürner* Rn. 30; PWW/*Remien/Segger-Piening* Rn. 29.

[68] BGH NJW 2019, 3374; OLG Dresden RRa 2019, 58 = IPRspr. 2018 Nr. 47 Ls.

[69] *Heinrich/Pendl* BKR 2020, 374 ff.; *Kieninger* FS Kropholler, 2008, 499 (501 f.); Ferrari IntVertragsR/*Staudinger* Rn. 25.

[70] *Boosfeld* GPR 2022, 70 (71).

[71] Öst. OGH ZfRV 2022, 187.

[72] OLG Dresden NJW-RR 2023, 344.

[73] *Wendelstein* RabelsZ 86 (2022), 644 (660 ff.); *Steinrötter* in Maume/Maute, Rechtshandbuch Kryptowerte, 2020, § 3 Rn. 70.

[74] Näher Ferrari IntVertragsR/*Staudinger* Rn. 31. – Bejahend für Bürgschaft bei erfasster Primärtätigkeit, *Czernich* in Heindler/Verschraegen, Internationale Bankgeschäfte mit Verbrauchern, 2017, 49 (64 f.).

[75] Näher *Gössl* RIW 2016, 473 ff.

[76] Rauscher/*Heiderhoff* Rn. 67 ff. Wohl auch PWW/*Remien/Segger-Piening* Rn. 11; abl. hingegen BGHZ 165, 172 (179) = NJW 2006 m. zust. Aufsatz *S. Lorenz* 472 = IPRax 2006, 602 m. Aufsatz *Jordans* IPRax 2006, 582 = JZ 2006, 519 mAnm *C. Schäfer* = IPRspr. 2005 Nr. 126.

[77] Enger offenbar *Dörner* FS Kollhosser, Bd. II, 2004, 75 (86).

[78] *Rühl* GPR 2013, 126. – S. zu Art. 13 GVÜ EuGH Slg. 2002, I-6367 = IPRax 2003, 50 m. Aufsatz *Leible* IPRax 2003, 28 = NJW 2002, 2697 m. Aufsatz *Feuchtmeyer* NJW 2002, 3598 f. = RIW 2002, 949 m. Aufsatz *Fetsch* RIW 2002, 936 = Clunet 130 (2003), 651 mAnm *Leclerc* = Rev. crit. dr. int. pr. 92 (2003), 484 mAnm *Rémy-Corlay* = ZEuP 2004, 762 mAnm *Staudinger* – Rudolf Gabriel; EuGH IPRax 2005, 239 m. Aufsatz *S. Lorenz/Unberath* IPRax 2005, 219 = NJW 2005, 811 m. Aufsatz *Leible* NJW 2005, 796 = JZ 2005, 782 m. Aufsatz *Mörsdorf-Schulte* JZ 2005, 770 – Engler/Janus Versand betr. Gewinnzusage; BGHZ 153, 82 (88 ff.) = NJW 2003, 426 m. Aufsatz *Leible* NJW 2003, 407 = IPRax 2003, 346 m. Aufsatz *Piekenbrock/Schulze* IPRax 2003, 328 = JZ 2003, 850 mAnm *Staudinger* = LMK 2003, 79 mAnm *Pfeiffer.*

[79] Ferrari IntVertragsR/*Staudinger* Rn. 29. – S. bereits OLG Nürnberg NJW 2002, 3637 = IPRax 2003, 54 m. Aufsatz *Leible* IPRax 2003, 28; *Dörner* FS Kollhosser, Bd. II, 2004, 75 (86).

[80] Abl. BGHZ 165, 172 (179) = NJW 2006, 230. Für eine analoge Anwendung des Art. 29 EGBGB aF *Leipold* FS Musielak, 2005, 317 (333 f.); dagegen für eine Gleichstellung mit Art. 13 EuGVÜ OGH ZfRV 2005, 33.

vertragliche Verpflichtung an, wenn der Unternehmer ein verbindliches Angebot macht, das hinsichtlich seines Gegenstands und seines Umfangs so klar und präzise ist, dass eine Vertragsbeziehung entstehen kann. Der Unternehmer muss sich rechtlich gebunden haben, dem Verbraucher den Preis auszuzahlen.[81] Mit dieser Einschränkung lässt sich die isolierte Gewinnzusage auch in Art. 6 einordnen.[82]

Bei der lauterkeitsrechtlichen Überprüfung von Vertragsklauseln im Rahmen der **Verbandsklage** findet eine zweistufige Vorgehensweise statt.[83] Nach der Bestimmung des Wettbewerbsstatuts (nach Art. 6 Rom II-VO) wird die Zulässigkeit der einzelnen Vertragsklausel – auch einer Rechtswahlklausel – überprüft. Dafür wollte man das Vertragsstatut nach internationalem Verbraucherrecht, einschließlich des Art. 6 Rom I-VO, bestimmen.[84] Es dominiert aber ein europäischer Maßstab; näher → Rom II-VO Art. 6 Rn. 214 ff.[85] – Zur Rechtswahl in AGB → Rn. 62; → Art. 3 Rn. 13. 22

b) Ausnahmen der Art. 5 und 7. Art. 6 zielt nicht auf alle Arten von Verträgen ab (Abs. 1 S. 1). Wegen der Besonderheit von Beförderungs- und Versicherungsverträgen wollen besondere Vorschriften ein angemessenes Schutzniveau für zu befördernde Personen und Versicherungsnehmer gewährleisten. Deshalb gilt Art. 6 grundsätzlich nicht im Zusammenhang mit diesen Verträgen (Erwägungsgrund 32). Die Regeln über Verbraucherverträge erfassen keine Beförderungsverträge.[86] Dies gilt – unabhängig vom Beförderungsmittel – sowohl für Güter-, als auch für Personenbeförderungsverträge.[87] Diese unterliegen vielfach Einheitsrecht; im Übrigen besteht eine Sonderregelung für Beförderungsverträge in Art. 5 (→ Art. 5 Rn. 1). Für Versicherungsverträge findet sich eine Sonderregelung in Art. 7. Art. 6 kommt nur zum Zuge, wenn diese Vorschrift nicht eingreift (→ Art. 7 Rn. 58).[88] Bei einer Reihe anderer Verträge wird die Verbindung zum ausländischen Recht höher bewertet als der Zusammenhang mit dem Recht am gewöhnlichen Aufenthaltsort des Verbrauchers. Solche Verträge unterliegen mithin den allgemeinen Vorschriften der Art. 3, 4. 23

c) Ausnahmen des Abs. 4. Fünf gewichtige Ausnahmen vom Verbraucherschutz des Art. 6 enthält Abs. 4. Er schließt (nur) bestimmte Arten von Verträgen vom besonderen Schutz für Verbraucherverträge wieder aus.[89] Ihre Anknüpfung unterliegt mithin den allgemeinen Vorschriften der Art. 4 und 5. 24

aa) Ausländische Dienstleistungen (Abs. 4 lit. a). Dienstleistungen werden zwar von Abs. 1 erfasst (→ Rn. 20). Die Regeln des Art. 6 gelten aber dann nicht, wenn die dem Verbraucher geschuldeten Dienstleistungen **ausschließlich** („exclusively") **in einem anderen als dem Staat** erbracht werden („are to be supplied"; „doivent être fournies"), **in dem der Verbraucher seinen gewöhnlichen Aufenthalt** hat. Das Erbringen von Dienstleistungen („contract for the supply of services"), von dem auch in Art. 4 Abs. 1 lit. b die Rede ist, ist weit zu verstehen.[90] Gemeint ist etwa die Beherbergung (zB Hotelunterkunft im Ausland).[91] Ebenso werden erfasst Unterrichtsverträge (zB Sprach-, Ski- oder Segelkurs),[92] medizinische Behandlung,[93] eine Gemäldeversteigerung,[94] aber auch örtliche Bank- und Brokerdienstleistungen[95] sowie Leistungen im Rahmen eines Treuhandver- 25

---

[81] EuGH Slg. 2009, I-3961 = EuZW 2009, 489 – Ilsinger/Dreschers.

[82] *Rühl* GPR 2013, 126 f. – Bei Fehlen eines Vertrages idS für cic BeckOGK/*Rühl,* 1.12.2023, Rn. 100.

[83] *Mankowski* FS W. H. Roth, 2015, 361 (362).

[84] BGH RIW 2013, 309 = IPRax 2013, 557 m. Aufsatz *W.-H. Roth* IPRax 2013, 515:betr. intransparente Rechtswahlklausel „alle Ansprüche".

[85] EuGH ECLI:EU:C:2016:612 = NJW 2016, 2727 = IPRax 2017, 483 m. Aufsatz *Roth* IPRax 2017, 449 = RIW 2016, 681 mAnm *Breckheimer* – Verein für Konsumenteninformation/Amazon; OLG Frankfurt IPRax 2019, 241 m. Aufsatz *Mankowski* IPRax 2019, 208 betr. Flugbeförderungsvertrag.

[86] Krit. dazu *Mankowski* IPRax 2006, 101 (105); *Solomon* in Ferrari/Leible, Ein neues Internationales Vertragsrecht für Europa, 2007, 89 (97 f.).

[87] Erman/*Stürner* Rn. 34; Staudinger/*Magnus,* 2021, Rn. 65, 77; krit. *Mankowski,* Seerechtliche Vertragsverhältnisse im Internationalen Privatrecht, 1995, 393 ff.

[88] *Miquel Sala,* Internationales Versicherungsvertragsrecht nach der Rom I-VO, 2017, 242 ff.

[89] Rauscher/*Heiderhoff* Rn. 71.

[90] BGH NJW 2012, 1817 = RIW 2012, 566 zu Art. 5 Nr. 1 Brüssel I-VO.

[91] Ferrari IntVertragsR/*Staudinger* Rn. 33, 34; Rauscher/*Heiderhoff* Rn. 44. – Zu Art. 29 EGBGB AG Bernkastel-Kues IPRspr. 1993 Nr. 74 = IPRax 1994, Bericht *Jayme* 141.

[92] Amtl. Begr. BT-Drs. 10/504, 80 zu Art. 29 EGBGB aF; Dt. EVÜ-Denkschrift, BT-Drs. 10/503, 27; *Kronke* RIW 1996, 985 (989); *Philip,* EF – IP. – Lovvalget i Kontraktforhold, 1982, 56 f.; Grüneberg/*Thorn* Rn. 4.

[93] PWW/*Remien/Segger-Piening* Rn. 26.

[94] LG Potsdam NJW-RR 2012, 956.

[95] BGH NJW 2012, 1817 = RIW 2012, 566 betr. Vergabe von Bankkredit; *Einsele* WM 2009, 289 (294); Ferrari IntVertragsR/*Staudinger* Rn. 33; Rauscher/*Heiderhoff* Rn. 45; ebenso schon Soergel/*v. Hoffmann* EGBGB Art. 29 Rn. 26. Vgl. auch *Reich* ZHR 153 (1989), 571 (593 f.); *Thorn* IPRax 1997, 98 (104).

hältnisses.[96] Eine Einordnung als Dienstleistung wird für den Handel mit Kryptowerten teilweise angenommen,[97] vielfach aber wegen der Erfolgsbezogenheit der Transaktion abgelehnt.[98]

26 Gemischte Verträge werden von der Ausnahme erfasst, wenn die Dienstleistung der wirtschaftliche Schwerpunkt des Vertrages ist.[99] Kollisionsrechtlicher Schutz wird auch dann nicht gewährt, wenn der Vertrag unter den **besonderen Umständen des Art. 6 Abs. 1** (zB Werbung im Aufenthaltsland des Verbrauchers) zustande gekommen ist.[100] Dahinter steht der Gedanke, dass sich hier der Verbraucher selbst auf einen fremden Markt begeben hat und keine Privilegierung gegenüber anderen Verbrauchern erwarten kann.[101]

27 Das „Erbringen" der Dienstleistung wird nicht näher definiert. Es erscheint allerdings ebenfalls in Art. 7 Nr. 1 lit. b Brüssel Ia-VO (= Art. 5 Nr. 1 lit. b LugÜ), wo es den Erfüllungsort der Dienstleistung konkretisiert. Für die **Abgrenzung zwischen In- und Ausland** geht der EuGH nicht von einem rechtlichen Erfüllungsort aus. Vielmehr prüft er, ob sich aus der Natur der Dienstleistungen ergibt, dass sie in ihrer Gesamtheit nur außerhalb des Staates, in dem der Verbraucher seinen gewöhnlichen Aufenthalt hat, erbracht werden können.[102] Dabei wird darauf abgestellt, ob sich der Ort der körperlichen Erbringung der Dienstleistung in einem anderen Staat als in dem befindet, in dem der Verbraucher in ihren Genuss kommt. Die Dienstleistungen werden nur dann **„ausschließlich"** außerhalb des Mitgliedstaats erbracht, in dem der Verbraucher seinen gewöhnlichen Aufenthalt hat, wenn er keine Möglichkeit hat, sie in seinem Aufenthaltsstaat in Anspruch zu nehmen, und sich zu diesem Zweck ins Ausland begeben muss.[103] Das ist bei der Erbringung von Leistungen im Rahmen eines Treuhandvertrages bei der Kapitalanlage nicht der Fall. Von einer ausschließlichen Lokalisierung im Ausland kann nur gesprochen werden, wenn dort sowohl der Ort der Leistungshandlung als auch des Leistungsempfangs liegt.[104] Im Ergebnis besteht Übereinstimmung, dass sich zB der deutsche Tourist gegenüber dem französischen Hotelier nicht auf deutsches Recht berufen kann. Andererseits kann – soweit Art. 6 insoweit noch einschlägig ist – der Versicherungsnehmer eines ausländischen Versicherers nicht darauf verwiesen werden, eine Entschädigungsleistung im Ausland entgegenzunehmen.[105] Wird die Leistung ausschließlich im **Internet** erbracht, so berührt sie auch das Aufenthaltsland des Verbrauchers, wenn er sie von dort aus dem Netz abruft.[106] Dies betrifft etwa die Lieferung von Unterrichtsmaterialien oder sonstigen Daten.

28 Die Ausnahme des Abs. 4 lit. a greift nicht ein, wenn Dienstleistungen vom Ausland aus in das Inland erbracht werden. Dies gilt etwa für **ausländische Broker,** welche inländische Kunden beraten,[107] sich inländischer Vertreter für ihre Finanzdienstleistungen bedienen[108] oder sonst Leistungen im Inland erbringen.[109] Auch **Versicherer** erbringen ihre Leistungen regelmäßig nicht nur im

---

96 EuGH ECLI:EU:C:2019:827 Rn. 42 f. = RIW 2019, 729 = IPRax 2020, 246 m. Aufsatz *Rieländer* IPRax 2020, 224 – Verein für Konsumenteninformation.

97 *Kerkemeyer* ZHR 184 (2020), 793 (819); *Hanner,* Internationales Kryptowerterecht, 2022, 244 für Krytobörse und -wechselstube.

98 *Wendelstein* RabelsZ 86 (2022), 644 (663); ebenso für Art. 7 Nr. 1 lit. b Brüssel Ia-VO *Lehmann* in Omlor/Link, Kryptowährungen und Token, 2. Aufl. 2023, Kap. 5 Rn. 82.

99 BeckOGK/*Rühl,* 1.12.2023, Rn. 121 mwN. Nicht für Tropenholzinvestment, LG Frankfurt a.M. BeckRS 2019, 22403 Rn. 48.

100 Bericht zum EVÜ *Giuliano/Lagarde,* BT-Drs. 10/503, 57; *E. Lorenz* FS Kegel, 1987, 303 (320).

101 *Remien* Liber Amicorum Siehr, 2010, 497 (508). Vgl. zu Art. 29 EGBGB aF *Knaul,* Auswirkungen des europäischen Binnenmarktes der Banken auf das internationale Bankvertragsrecht unter besonderer Berücksichtigung des Verbraucherschutzes, 1995, 273 f.

102 EuGH ECLI:EU:C:2019:827 Rn. 51 = RIW 2019, 729 = IPRax 2020, 246 m. Aufsatz *Rieländer* IPRax 2020, 224 – Verein für Konsumenteninformation; zust. *Mansel/Thorn/Wagner* IPRax 2020, 97 (120).

103 EuGH ECLI:EU:C:2019:827 Rn. 52 = RIW 2019, 729 = IPRax 2020, 246 m. Aufsatz *Rieländer* IPRax 2020, 224 – Verein für Konsumenteninformation; ebenso OGH ZfRV 2021, 130 mAnm *Ofner.*

104 *Wendelstein* GPR 2021, 220 (222 f.); Staudinger/*Magnus* Rn. 73, 75.

105 Zu Art. 29 EGBGB *Reichert-Facilides* IPRax 1990, 1 (8); *Basedow/Drasch* NJW 1991, 785 (789); Soergel/*v. Hoffmann* EGBGB Art. 29 Rn. 147.

106 Auf die Abrufbarkeit stellt ab *Heindler* in Heindler/Verschraegen, Internationale Bankgeschäfte mit Verbrauchern, 2017, 155 (180 f.). Eine telelogische Reduktion für Fälle digitaler Dienstleistungen schlägt vor *Boosfeld* GPR 2022, 70 (74). – Zu Art. 29 EGBGB aF *Mankowski* RabelsZ 63 (1999), 203 (254 f.); *Pfeiffer* in Gounalakis, Rechtshandbuch Electronic Business, 2003, § 12 Rn. 81; *Ganssauge,* Internationale Zuständigkeit und anwendbares Recht bei Verbraucherverträgen im Internet, 2004, 188 ff.

107 Zu Art. 29 EGBGB aF *Spindler* IPRax 2001, 400 (408); enger offenbar OLG München IPRspr. 2002 Nr. 36.

108 Reithmann/Martiny IntVertragsR/*Mankowski* Rn. 19.93.

109 *Spindler* IPRax 2001, 400 (408); Reithmann/Martiny IntVertragsR/*Mankowski* Rn. 19.93. – Zu Art. 29 EGBGB BGH RIW 2005, 463 = WM 2005, 423 betr. Warentermin- und Optionsgeschäfte; IPRax 2011, 449 m. Aufsatz *Samtleben* IPRax 2011, 469 = NJW-RR 2011, 548 betr. Gewinnübermittlung bei Kontoführungsvertrag; OLG Düsseldorf RIW 1994, 420 mAnm *Mankowski.*

Sitzstaat.[110] An einer Leistung im Ausland fehlt es auch dann, wenn die Parteien eines **Rechtsanwaltsvertrages** als Erfüllungsort einen in Deutschland belegenen Ort vereinbart haben und der Anwalt seine Leistungen überwiegend in Deutschland erbracht hat.[111] Entscheidendes Argument dürfte allerdings der tatsächliche Erbringungsort der Leistung sein. Eine Vereinbarung, welche den Erfüllungsort lediglich abstrakt verlegt, ist nicht dazu geeignet, dem Verbraucher den Schutz des Rechts seines Aufenthaltsstaates zu entziehen.[112]

Verträge mit ausländischen Ferienhausanbietern, welche ihre Leistungen ausschließlich im Ausland erbringen, fallen nicht unter den Schutz des Art. 6.[113] Wird jedoch die gewerbliche Leistung zu einem erheblichen Teil im Inland erbracht, so sind unterschiedliche Gestaltungen möglich. Zum Teil wird angenommen, die charakteristische Leistung – die Bereitstellung der Ferienwohnung – werde bereits im Inland erbracht. Ferner bestehe bei inländischer Niederlassung des Veranstalters und Inlandsaufenthalt des Kunden eine engere Verbindung iSd Art. 4 Abs. 3.[114] Teilweise sieht man darin Verbraucherverträge über die Erbringung von Dienstleistungen, welche nicht ausschließlich in einem anderen Staat als dem Verbraucherland erbracht würden und deshalb nicht unter die Ausnahmevorschrift des Abs. 4 fielen.[115] Welche dieser Begründungen zutrifft, wird von der Rspr. wiederum offengelassen.[116] 29

bb) Beförderungsverträge (Abs. 4 lit. b). Ebenso wie nach Art. 17 Abs. 3 Brüssel Ia-VO (= Art. 15 Abs. 3 LugÜ) erfassen die Regeln über Verbraucherverträge **keine Beförderungsverträge** („contracts of carriage"; „contrats de transport"). Dies gilt sowohl für Güter- als auch für Personenbeförderungsverträge, gleichgültig mit welchem Transportmittel.[117] Dazu gehören auch Verträge über die Beförderung von Umzugsgut.[118] Vielmehr bleibt es bei der besonderen Regelung in Art. 5.[119] Im Übrigen greifen verschiedene internationale Übereinkommen ein (→ Art. 5 Rn. 44 ff.). 30

Für den **Pauschalreisevertrag** („contract relating to package travel"; „voyage à forfait") wird eine Unterausnahme gemacht. Es muss sich um einen Vertrag im Sinne der Pauschalreise-RL handeln. Bei der Pauschalreise wird ein einheitliches Leistungspaket angeboten; es geht um die Verbindung mindestens zweier Dienstleistungen, zu denen die Beförderung sowie die Unterbringung oder andere touristische Dienstleistungen gehören können.[120] Auch internationalprivatrechtlich erfolgt keine Aufspaltung des Leistungsangebots.[121] Der Begriff des Reisevertrages ist weit zu fassen. Dazu gehören etwa Kreuzfahrten.[122] Dagegen ist die einmalige Übernachtung auf einem Fährschiff lediglich eine Nebenleistung zur Beförderung.[123] Nicht als Pauschalreise ist auch eine als Prämie dienende Incentive-Reise im Rahmen eines Arbeitsverhältnisses anzusehen.[124] Die Erklärung des Reiseveranstalters, nur zu vermitteln, ist jedenfalls bei Vorliegen der Voraussetzungen des § 651a Abs. 2 BGB unbeachtlich. Für den Pauschalreisevertrag besteht die Rechtswahlbeschränkung des Art. 6, der Vorrang vor Art. 5 hat.[125] Bei objektiver Anknüpfung kommt es auf den Reisenden an.[126] Grund für den besonderen Schutz für Pauschalreisen ist wohl, dass diese nicht individuell gestaltet werden. Für den Gewerbetreibenden ist daher erkennbar, dass seine Leistungen zB für eine deutsche Reisegruppe bestimmt sind. Solche Reisen werden zudem häufig wie Inlandsreisen angeboten; dem Kunden soll erspart werden, sich auf die Geltung von Auslandsrecht einzustellen. Voraussetzung für 31

---

[110] *Heinze* NIPR 2009, 445 (450); Bruck/Möller/*Dörner,* 2013, Rn. 16.
[111] BGH NJW 2003, 3486 = IPRspr. 2003 Nr. 200.
[112] *Mankowski* RIW 2004, 481 (487 f.).
[113] *Staudinger* NZM 2011, 257 (264); *Führich/Staudinger,* Reiserecht, 8. Aufl. 2019, § 4 Rn. 27; BeckOK BGB/*Spickhoff* Rn. 13. – Zu Art. 29 EGBGB aF AG Hamburg NJW-RR 2000, 352; *Kartzke* NJW 1994, 823 (825); *Mankowski* RIW 1995, 364 (367).
[114] Zu Art. 28 EGBGB aF BGHZ 109, 29 (36 f.) = BB 1990, 658 mAnm *Lindacher* = IPRax 1990, 318 m. Aufsatz *W. Lorenz* IPRax 1990, 292; LG Köln VuR 1992, 156 = IPRspr. 1992 Nr. 29; vgl. auch *Schreiber* Ausweichklauseln im deutschen, österreichischen und schweizerischen Internationalen Privatrecht, 2001, 176 f.
[115] Vgl. zu Art. 29 EGBGB aF *Lindacher* BB 1990, 661.
[116] So BGHZ 119, 152 (158) = IPRax 1993, 244 m. Aufsatz *Lindacher* IPRax 1993, 228 = NJW 1992, 3158.
[117] *Mankowski* RRa 2014, 118 (119); Staudinger/*Magnus,* 2021, Rn. 77.
[118] *Mankowski* IPRax 1995, 230 (233); *Fischer* TranspR 1996, 407 (417); BeckOK BGB/*Spickhoff* Rn. 11.
[119] *Wagner* TranspR 2008, 221 (223).
[120] Ferrari IntVertragsR/*Staudinger* Rn. 36; vgl. auch EuGH Slg. 2010, I-12527 = NJW 2011, 505 – Pammer.
[121] Reithmann/Martiny IntVertragsR/*Mankowski* Rn. 15.75; anders AG Pinneberg NZM 2000, 648.
[122] *Tonner* RRa 2013, 206 (211); Ferrari IntVertragsR/*Staudinger* Rn. 37; Staudinger/*Magnus,* 2021, Rn. 80; s. auch *Ebenroth/Fischer/Sorek* ZVglRWiss 88 (1989), 124 (136 f.).
[123] Reithmann/Martiny IntVertragsR/*Mankowski* Rn. 15.83 ff. mwN.
[124] Ferrari IntVertragsR/*Staudinger* Art. 5 Rn. 9, 38.
[125] Ferrari IntVertragsR/*Staudinger* Art. 5 Rn. 9.
[126] *Wagner* TranspR 2008, 221 (223).

das Eingreifen von Abs. 4 lit. b ist allerdings, dass die Pauschalreise die **Bedingungen des Abs. 1 lit. a oder lit. b erfüllt.**[127] Ob die Reise in dem Staat beginnt, in dem der Reisende seinen gewöhnlichen Aufenthalt hat, ist nicht entscheidend.[128] Für den Insolvenzschutz und Informationen hinsichtlich verbundener Reiseleistungen ist im Verhältnis zu Nicht-EU-Staaten und Nicht-EWR-Staaten Art. 46c EGBGB zu beachten.

32 **cc) Verträge über unbewegliche Sachen (Abs. 4 lit. c).** Nach Art. 6 Abs. 4 lit. c sind bestimmte Verträge über unbewegliche Sachen ausgenommen. Eine solche Ausnahme, bei der die allgemeinen Regeln für Verbraucherverträge nicht gelten, betrifft Verträge, die ein dingliches Recht an unbeweglichen Sachen („contract relating to a right in rem in immovable property"; „droit réel immobilier") zum Gegenstand haben. Insoweit greifen Art. 3 und Art. 4 Abs. 1 lit. c ein.[129] Eine parallele Zuständigkeitsvorschrift findet sich in Art. 24 Nr. 1 Brüssel Ia-VO (= Art. 22 Nr. 1 LugÜ). Sie gilt auch für die Wohnraummiete.[130] Der Begriff des Vertrags über unbewegliche Sachen ist verordnungsautonom und iSd des Kohärenzgebots (→ vor Art. 1 Rn. 28) auszulegen.[131]

33 Es genügt daher nicht, dass Kaufverträge über einzelne Bäume, die einen Pachtvertrag und einen Vertrag über die Erbringung von Dienstleistungen beinhalten, nach dem Recht des Belegenheitslandes als immobiliarsachenrechtliche Transaktionen angesehen werden.[132] Vielmehr handelt es sich nur um Früchte aus der Bewirtschaftung des Grundstücks. **Baumkaufverträge** im Rahmen sog. Waldinvestments, die sich auf Bäume beziehen, die auf einem Grundstück gepflanzt wurden, das ausschließlich mit dem Ziel gepachtet wird, Holz zum Zweck der Gewinnerzielung zu ernten, sind daher keine Verträge über unbewegliche Sachen iSd Abs. 4 lit. c.[133]

34 Eine Ausnahme gilt auch für die **Miete oder Pacht unbeweglicher Sachen** („tenancy of immovable property"; „bail d'un immeuble"). Dazu gehören auch Ferienmietverträge[134] (→ Rn. 29). Beim sog. Waldinvestment geht es aber nicht um die Nutzung des Grundstücks, sondern lediglich um den Ertrag aus der Ernte des Holzes von Bäumen. Dabei handelt es sich nicht um einen Pachtvertrag iSd Abs. 4 lit. c.[135]

35 Eine Ausnahme von der Ausnahme sind wiederum Verträge über **Teilzeitnutzungsrechte an Immobilien** im Sinne der Timesharing-RL (Erwägungsgrund 27). Im Wege der Auslegung ist dies auf die neue RL 2008/122/EG zu beziehen.[136] Für einen solchen Vertrag über Teilzeitnutzungsrechte („contract relating the right to use immovable properties on a timeshare basis") bleibt es bei Art. 6.[137]

36 **dd) Finanzinstrumente, öffentliche Angebote und Finanzdienstleistungen (Abs. 4 lit. d).** Nicht erfasst werden bestimmte Verträge über **Finanzinstrumente** („financial instruments"; „instruments financiers"; Art. 6 Abs. 4 lit. d). Die Rom I-VO will sicherstellen, dass Verträge über Rechte und Verpflichtungen, die ein Finanzinstrument begründen, nicht der allgemeinen Regel für Verbraucherverträge unterliegen (Erwägungsgrund 28; → IntFinanzMarktR Rn. 665). Dies könnte nämlich dazu führen, dass auf jedes der ausgegebenen Instrumente ein anderes Recht anzuwenden wäre, wodurch ihr Wesen verändert würde und ihr fungibler Handel sowie ihr fungibles Angebot

---

[127] Erman/*Stürner* Rn. 34. – Zu Art. 29 EGBGB LG Konstanz NJW-RR 1993, 638 = IPRax 1994, 448 m. zust. Aufsatz *Thorn* IPRax 1994, 426; vgl. Bericht *Giuliano/Lagarde,* BT-Drs. 10/503, 57.

[128] Dt. EVÜ-Denkschrift, BT-Drs. 10/503, 27.

[129] *Solomon* in Ferrari/Leible, Ein neues Internationales Vertragsrecht für Europa, 2007, 89 (98); *Wagner* IPRax 2008, 377 (383); Ferrari IntVertragsR/*Staudinger* Rn. 40; krit. für die Wohnungsmiete Reithmann/Martiny IntVertragsR/*Mankowski* Rn. 22.24.

[130] *Solomon* in Ferrari/Leible, Ein neues Internationales Vertragsrecht für Europa, 2007, 89 (99); Ferrari IntVertragsR/*Staudinger* Rn. 40; krit. dazu *Mankowski* IPRax 2006, 101 (105); *Mankowski* IHR 2008, 133 (143).

[131] EuGH ECLI:EU:C:2022:86 Rn. 21 = NJW 2022, 1157 = EuZW 2022, 267 mAnm *Wiedemann* = IPRax 2022, 639 m. Aufsatz *Deuring* IPRax 2022, 599 – ShareWood Switzerland.

[132] EuGH ECLI:EU:C:2022:86 Rn. 23 – ShareWood Switzerland.

[133] EuGH ECLI:EU:C:2022:86 Rn. 29 – ShareWood Switzerland m. krit. Aufs. *Zwettler/Tretthahn-Wolski* ZfRV 2022, 125 ff. – Anders noch LG Hannover IHR 2021, 160.

[134] *Remien* Liber Amicorum Siehr, 2010, 497 (505 ff.); *Staudinger* NZM 2011, 257 (264). Nicht für Tropenholzinvestment in Brasilien, LG Frankfurt a.M. IHR 2021, 167 Rn. 49 m. Aufsatz *Magnus* IHR 2021, 133.

[135] EuGH ECLI:EU:C:2022:86 Rn. 38 – ShareWood Switzerland.

[136] *Friesen,* Auswirkungen der Richtlinie 2008/122/EG auf das internationale Timesharingrecht in der EU, 2017, 128, 138.

[137] *Solomon* in Ferrari/Leible, Ein neues Internationales Vertragsrecht für Europa, 2007, 89 (98); *Wagner* IPRax 2008, 337 (383); *Franzen* FS v. Hoffmann, 2011, 115 (118); Calliess/Renner/*Calliess* Rn. 65. Vgl. auch EuGH ECLI:EU:C:2023:671 Rn. 66 ff. = EuZW 2023, 1106 Anm. *Wagner* – Diamond Resorts Europe = IPRax 2024, 315 m. Aufs. *Hemler* IPRax 2024, 276. – Anders und für Art. 9 Rom I-VO *Ungerer* GPR 2024, 10 (14).

verhindert würden. Entsprechend sollte auf das Vertragsverhältnis zwischen dem Emittenten bzw. dem Anbieter und dem Verbraucher bei Ausgabe oder Angebot solcher Instrumente nicht notwendigerweise die Anwendung des Rechts des Aufenthaltsstaates des Verbrauchers zwingend vorgeschrieben sein, da die Einheitlichkeit der Bedingungen einer Ausgabe oder eines Angebots sichergestellt werden muss.[138] – Zum Finanzinstrument → Art. 4 Rn. 168.

Erwägungsgrund 29 liefert eine Erläuterung für den weiteren Fall der **öffentlichen Angebote und Übernahmeangebote.**[139] Hier geht es um Rechte und Verpflichtungen, durch die die Bedingungen („terms and conditions") für die Ausgabe („issuance"), das öffentliche Angebot („offer to the public") oder das öffentliche Übernahmeangebot bezüglich **übertragbarer Wertpapiere** („public take-over bid of transferable securities") festgelegt werden, oder die Zeichnung oder den Rückkauf von Anteilen an Organismen für gemeinsame Anlagen in Wertpapieren (OGAW; „subscription and redemption of units in collective investment"). Dies bezieht sich im Wesentlichen auf Investmentfonds.[140] Mit den „Rechten und Verpflichtungen" („rights and obligations") sind die Ausgabe, öffentliche Angebote, Zeichnung oder auch der Rückkauf von Publikumsfondsanteilen gemeint.[141] Darunter sollen auch die Bedingungen für die Zuteilung von Wertpapieren oder Anteilen, für die Rechte im Falle einer Überzeichnung, für Ziehungsrechte und ähnliche Fälle im Zusammenhang mit dem Angebot sowie die von den Art. 10, 11, 12 und 13 RL 2004/39 EG (ersetzt durch RL 2014/65/EU) erfassten Angelegenheiten fallen. Damit soll sichergestellt sein, dass alle relevanten Vertragsaspekte eines Angebots, durch das sich der Emittent bzw. Anbieter gegenüber dem Verbraucher verpflichtet, einem einzigen Recht unterliegen. Auf den Verbraucher kommt es insoweit nicht an.[142] „Finanzinstrumente" und „übertragbare Wertpapiere" („transferable securities") bezeichnen hier diejenigen Instrumente, die in Art. 4 RL 2004/39/EG (nunmehr RL 2014/65/EU) genannt sind (Erwägungsgrund 30).[143] 37

Es besteht jedoch eine schwer abgrenzbare Rückausnahme für alle diejenigen Aspekte, die mit der **Erbringung von Finanzdienstleistungen** (financial services) im Zusammenhang stehen. Grundgedanke ist, dass die notwendigerweise einheitlich gestalteten kollektiven Aspekte der Ausnahme unterfallen, während die individuellen, verbraucherbezogenen Fragen der Rückausnahme zuzuordnen sind.[144] Es wird zwar bezweifelt, dass sich die Rückausnahme nicht nur auf die erste Alternative des lit. d, sondern auch auf die zweite bezieht.[145] Wortlaut und Sinn der Vorschrift dürften freilich gegen eine einschränkende Auslegung sprechen.[146] Die Erbringung von Finanzdienstleistungen unterliegt dem Art. 6 Abs. 1–3.[147] Dies bezieht sich auf die den Geschäften mit Finanzinstrumenten zugrunde liegenden oder sie begleitenden Verträge.[148] Hierzu gehören die Anlageberatung[149] oder Portfolioverwaltung,[150] Depotverwahrung,[151] Lombardkredite sowie der Verkauf von Fondsanteilen.[152] Auch der Erwerb von Anteilen virtueller Währungen bzw. Kryptowährungen (zB Bitcoins) bei Internetplattformen fällt unter den Verbraucherschutz des Art. 6.[153] 38

Finanzdienstleistungen wie Wertpapierdienstleistungen und Anlagetätigkeiten sowie Nebendienstleistungen nach Anh. I Abschnitt A und Abschnitt B der (aufgehobenen) RL 2004/39/EG (jetzt RL 2014/65/EU), die ein Unternehmer für einen Verbraucher erbringt, sowie Verträge über 39

138 *Mankowski* RIW 2009, 98 (102); BeckOGK/*Rühl,* 1.12.2023, Rn. 149.

139 Bei der Auslegung dieser Begriffe kann man sich an der Prospekt-RL und der Übernahme-RL orientieren; näher Reithmann/Martiny IntVertragsR/*Mankowski* Rn. 19.14.

140 *Dicke,* Kapitalmarktgeschäfte mit Verbrauchern unter der Rom I-VO, 2015, 227 ff.; BeckOGK/*Rühl,* 1.12.2023, Rn. 160.

141 *Clausnitzer/Woopen* BB 2008, 1798 (1802); *Mankowski* RIW 2009, 98 (102).

142 *Garcimartín Alférez* YbPIL 10 (2008), 245 (254).

143 *Garcimartín Alférez* YbPIL 10 (2008), 245 (252); BeckOGK/*Rühl,* 1.12.2023, Rn. 152; vgl. in Deutschland §§ 1, 2 WpHG.

144 *Garcimartín Alférez* YbPIL 10 (2008), 245 (254); *Mankowski* RIW 2009, 98 (105).

145 *Mankowski* RIW 2009, 98 (104 f.); Reithmann/Martiny IntVertragsR/*Mankowski* Rn. 19.19.

146 BeckOK BGB/*Spickhoff* Rn. 18; BeckOGK/*Rühl,* 1.12.2023, Rn. 169; vgl. auch *Garcimartín Alférez* YbPIL 10 (2008), 245 (254 f.).

147 *Garcimartín Alférez* YbPIL 10 (2008), 245 (254 f.); *Mankowski* IHR 2008, 133 (143).

148 *Clausnitzer/Woopen* BB 2008, 1798 (1802); *Einsele* WM 2009, 289 (294 f.).

149 *Clausnitzer/Woopen* BB 2008, 1798 (1802); *Garcimartín Alférez* YbPIL 10 (2008), 245 (254); Ferrari IntVertragsR/*Staudinger* Rn. 42.

150 *Clausnitzer/Woopen* BB 2008, 1798 (1802); *Garcimartín Alférez* YbPIL 10 (2008), 245 (254).

151 OGH RdW 2013, 334; *Mankowski* RIW 2009, 98 (116); *Schwarz,* Globaler Effektenhandel, 2016, S. 752.

152 *Mankowski* RIW 2009, 98 (116); *Czernich* in Heindler/Verschraegen, Internationale Bankgeschäfte mit Verbrauchern, 2017, 49 (68 f.).

153 *Bertoli* Riv. dir. int. priv. proc. 2018, 581 (602 ff.); *Martiny* IPRax 2018, 553 (562); *Wendelstein* RabelsZ 86 (2022), 644 (660 ff.); *Hanner,* Internationales Kryptowerterecht, 2022, 195 für Currency-Token.

den Verkauf von Anteilen an Organismen für gemeinsame Anlagen in Wertpapieren, selbst wenn sie nicht unter die RL 2009/65/EG fallen,[154] unterliegen Art. 6 (Erwägungsgrund 26).[155] Daher sollen, wenn die Bedingungen für die Ausgabe oder das öffentliche Angebot bezüglich übertragbarer Wertpapiere erwähnt werden, darunter nur solche Aspekte fallen, durch die sich der Emittent bzw. Anbieter gegenüber dem Verbraucher verpflichtet (Erwägungsgrund 26). Das gleiche gilt für die Zeichnung oder den Rückkauf von Anteilen an Organismen für gemeinsame Anlagen in Wertpapieren.

40 **ee) Verträge innerhalb von multilateralen Systemen (Abs. 4 lit. e).** Ausgeschlossen sind Verträge, die innerhalb von Systemen („type of system") geschlossen werden. Es handelt sich dabei um multilaterale Handelssysteme (multilateral systems)[156] auf die Art. 4 Abs. 1 lit. h Anwendung findet (Art. 6 Abs. 4 lit. e; → Art. 4 Rn. 161 ff.). Für sie soll gewährleistet sein, dass das Recht des Staates des gewöhnlichen Aufenthalts des Verbrauchers nicht die Regeln berührt, die auf innerhalb solcher Systeme oder auf mit dem Betreiber solcher Systeme geschlossene Verträge anzuwenden sind. Die Abwicklung einer förmlichen Vereinbarung, die als System iSv Art. 2 lit. a Finalitäts-RL (→ Art. 4 Rn. 165) ausgestaltet ist, soll daher von der Sondervorschrift des Art. 6 unberührt bleiben (Erwägungsgrund 31;[157] → IntFinanzMarktR Rn. 666). Nicht ausgenommen ist Crowdfunding (Schwarmfinanzierung; → Art. 4 Rn. 117).[158] Zum Teil wird jedoch eine analoge Anwendung des Ausschlussgrunds des Abs. 4 lit. e auf Kreditplattformen (→ Art. 4 Rn. 292) vorgeschlagen.[159]

41 **3. Umstände des Vertragsschlusses. a) Absatztätigkeit im Lande des Verbrauchers.** Verlangt wird eine Absatztätigkeit im Lande des Verbrauchers. Der kollisionsrechtliche Verbraucherschutz des Art. 6 setzt voraus, dass der Vertrag in den „situativen Anwendungsbereich"[160] der Vorschrift fällt. Ein Verbraucher, der im Ausland Waren einkauft oder Dienstleistungen, auch Finanzdienstleistungen, in Anspruch nimmt, kann im Allgemeinen nicht erwarten, dass ihn das Recht seines Heimatstaates auch dort schützt.[161] Der inländische Kunde, der sich auf den ausländischen Markt begibt, muss sich in der Regel mit dem jeweiligen Standard dieses Marktes zufrieden geben.[162] Nur bei einer bestimmten räumlichen Verknüpfung sind Verträge genügend eng mit dem Aufenthaltsland des Verbrauchers verbunden und rechtfertigen besonderen kollisionsrechtlichen Schutz. In den Fällen des Abs. 1 lit. a und lit. b wird eine **Absatztätigkeit im Verbraucherland** entfaltet.[163] Der Anbieter kommt sozusagen zum Verbraucher; der Vertragsabschluss erfolgt ganz oder teilweise in seinem Aufenthaltsstaat. Das Geschäft stellt aus der Sicht des Verbrauchers ein Inlandsgeschäft dar, für das er Schutz nach dem Recht dieses Landes erwarten darf.[164] Die auf dem Inlandsmarkt entfaltete Tätigkeit führt zur Maßgeblichkeit des dort regelmäßig geltenden Rechts. Vorausgesetzt wird eine bestimmte Situation nach lit. a (Ausüben einer Tätigkeit) oder lit. b (Ausrichten der Tätigkeit). Erwägungsgrund 25 verlangt ausdrücklich, dass der Vertragsschluss mit dem Verbraucher **auf die Tätigkeit des Unternehmers zurückzuführen ist** („the contract is concluded as a result of such activities").

42 **b) Ausübung beruflicher oder gewerblicher Tätigkeit (Abs. 1 lit. a).** Verlangt wird die Ausübung einer beruflichen oder gewerblichen Tätigkeit (Abs. 1 lit. a). Erforderlich ist, dass der Unternehmer seine berufliche oder gewerbliche Tätigkeit in dem Staat ausübt, in dem der **Verbraucher seinen gewöhnlichen Aufenthalt** hat (Art. 6 Abs. 1 lit. a). Der Verbraucher muss aber seine Erklärung nicht in seinem Aufenthaltsstaat abgegeben haben.[165] **„Ausüben"** („pursues his commercial or professional activities"; „exerce son activité professionnelle") meint eine Tätigkeit durchführen. Regelmäßig wird eine aktive Beteiligung am Wirtschaftsverkehr durch das Angebot und die Abwicklung von Leistungen genügen.[166] Insbesondere der Verkauf von Waren und der Abschluss von

---

154 Näher Reithmann/Martiny IntVertragsR/*Mankowski* Rn. 19.16.

155 BeckOGK/*Rühl,* 1.12.2023, Rn. 170.

156 Näher *Czernich* in Heindler/Verschraegen, Internationale Bankgeschäfte mit Verbrauchern, 2017, 49 (69 ff.). – Vgl. in Deutschland § 1 Abs. 1a Nr. 1b KWG.

157 *Garcimartín Alférez* YbPIL 10 (2008), 245 (255); vgl. *Mankowski* IHR 2008, 133 (144).

158 *Freitag* in Möslein/Omlor, FinTech-Handbuch, 2021, § 14 Rn. 15.

159 *Freitag/Wolf* WM 2021, 1009 (1012); dagegen *Wendelstein* GPR 2021, 220 (227).

160 Ferrari IntVertragsR/*Staudinger* Rn. 44. – So für Art. 29 EGBGB aF *Bülow* ZEuP 1993, 436.

161 Vgl. Amtl. Begr., BT-Drs. 10/504, 80 zu Art. 29 EGBGB aF; Dt. EVÜ-Denkschrift, BT-Drs. 10/503, 26.

162 Vgl. *Kroeger,* Der Schutz der „marktschwächeren" Partei im Internationalen Vertragsrecht, 1984, 177.

163 Ferrari IntVertragsR/*Staudinger* Rn. 46. – S. schon *Kroeger,* Der Schutz der „marktschwächeren" Partei im Internationalen Vertragsrecht, 1984, 174.

164 Amtl. Begr., BT-Drs. 10/504, 79; *Leible* JbJZivRWiss 1995, 245 (256).

165 *Mankowski* IHR 2008, 133 (142).

166 *Mankowski* IHR 2008, 133 (142); vgl. *Einsele* WM 2009, 289 (292 f.).

Dienstleistungsverträgen werden erfasst. Es genügt bspw. der Betrieb eines Kryptogeldautomaten.[167] Wenngleich es sich um eine Tätigkeit handeln muss, darf sich der Unternehmer dabei der Hilfe anderer Personen bedienen.[168] Bloße Produktion und Lagerhaltung genügen hingegen nicht.[169] Eine Tätigkeit wird auch ausgeübt, wenn das erstmalig oder einmalig geschieht.[170]

c) Ausrichtung einer Tätigkeit (Abs. 1 lit. b). Es kommt darauf an, dass der Unternehmer seine Tätigkeit auf irgendeine Weise auf den Staat des gewöhnlichen Aufenthalts des Verbrauchers oder auf mehrere Staaten, einschließlich dieses Staates, ausrichtet (directs such activities; dirige cette activité; Art. 6 Abs. 1 lit. b). Die Rom I-VO will eine inhaltliche Übereinstimmung mit der Brüssel Ia-VO erreichen. Daher wird zum einen als Voraussetzung für die Anwendung der Verbraucherschutznorm auf das Kriterium der ausgerichteten Tätigkeit abgestellt. Ferner wird die Notwendigkeit betont, dass dieses Kriterium in Art. 17 Abs. 1 lit. c Brüssel Ia-VO und Art. 6 Rom I-VO einheitlich ausgelegt wird (Erwägungsgrund 24).[171] 43

Es muss sich um eine **Tätigkeit** handeln. Dabei geht es ebenfalls um eine berufliche oder gewerbliche Aktivität („activities"). Dieser Begriff ist weit auszulegen. Der Unternehmer kann sich dabei der Hilfe anderer Personen oder einer Vertriebsfirma bedienen.[172] Ein Fall von Tätigkeit ist auch die Werbung.[173] Darunter fallen **absatzfördernde Handlungen** aller Art, zB Prospekte,[174] Zeitungsanzeigen, Telefonanrufe, Rundfunksendungen und Fernsehspots.[175] Erfasst werden somit auch Vertragsabschlüsse im Teleshopping.[176] Das Gleiche gilt für Influencer-Marketing.[177] Bei einem Bankkredit kann das Unterhalten eines Bankkontos im Land des Verbrauchers, um dem Kunden Auslandsüberweisungen zu ersparen, genügen.[178] 44

Verlangt wird weiter, dass der Unternehmer seine Tätigkeit auf den Staat **ausrichtet** („directs"). Wenngleich die Tätigkeit auf irgendeine Weise **ausgerichtet** sein kann, setzt dies doch eine willentliche Tätigkeit voraus. Der Unternehmer richtet dann seine Tätigkeit aus, wenn er zum Ausdruck bringt, dass er zum Abschluss von Verträgen mit Verbrauchern in dem jeweiligen Land bereit ist.[179] Dass der Verbraucher zufällig oder auf Grund eigener Recherchen auf den Unternehmer gestoßen ist, ohne dass dieser in irgendeiner Weise das Verbraucherland in Betracht gezogen hat, genügt nicht.[180] 45

Wie diese Tätigkeit ausgerichtet wird, ist ebenfalls weit zu verstehen. Es genügt, dass sie **„auf irgend eine Weise"** („by any means") erfolgt. Eine bestimmte Art von Tätigkeit wird nicht verlangt. Darunter fällt auch ein **Auftreten im Internet.**[181] Erwägungsgrund 24 weist auf eine gemeinsame Erklärung des Rates und der Kommission zu Art. 15 Brüssel I-VO (= Art. 17 Brüssel Ia-VO) hin. Darin heißt es, „dass es für die Anwendung von Artikel 15 Abs. 1 Buchstabe c nicht ausreicht, dass ein Unternehmen seine Tätigkeiten auf den Mitgliedstaat, in dem der Verbraucher seinen Wohnsitz hat, oder auf mehrere Staaten – einschließlich des betreffenden Mitgliedstaats –, ausrichtet, sondern dass im Rahmen dieser Tätigkeiten auch ein Vertrag geschlossen worden sein muss." Des Weiteren bestimmt diese restriktive Erklärung, „dass die Zugänglichkeit einer Website allein nicht ausreicht, um die Anwendbarkeit von Artikel 15 zu begründen; vielmehr ist erforderlich, dass diese Website auch den Vertragsabschluss im Fernabsatz anbietet und dass tatsächlich ein Vertragsabschluss im Fernabsatz erfolgt ist, mit welchem Mittel auch immer." Da es aber vielfältige Gestaltungsmöglichkeiten und die Möglichkeit der Weiterverweisung auf andere gibt, ist die Eingrenzung äußerst schwierig. 46

---

[167] *Wendelstein* RabelsZ 86 (2022), 644 (662 f.).

[168] Bejahend für Kreditmakler *Czernich* in Heindler/Verschraegen, Internationale Bankgeschäfte mit Verbrauchern, 2017, 49 (63).

[169] *Mankowski* IHR 2008, 133 (142); ebenso für bloße Lieferung *Arnold* IPRax 2016, 567 (570).

[170] *Arnold* IPRax 2016, 567 (571); Erman/*Stürner* Rn. 22; vgl. aber BGH NJW 2006, 1672 zu Art. 15 Brüssel I-VO.

[171] Zur übergreifenden Auslegung näher *Staudinger* AnwBl 2011, 327 ff.; *Lüttringhaus* RabelsZ 77 (2013), 31 (57 f.).

[172] Ferrari IntVertragsR/*Staudinger* Rn. 47.

[173] *Mankowski* IHR 2008, 133 (142); Ferrari IntVertragsR/*Staudinger* Rn. 47.

[174] Dazu OGH ZfRV 2021, 131.

[175] Rauscher/*Heiderhoff* Rn. 54; vgl. Erman/*Stürner* Rn. 23.

[176] *Wagner* WM 1995, 1129 (1135).

[177] *Wiedemann* in Rupp, IPR zwischen Tradition und Innovation, 2019, 163 (176 ff.).

[178] BGH NJW 2012, 455 = IPRax 2013, 164 m. Aufsatz *Thole* IPRax 2013, 136 zu Art. 15 Brüssel I-VO.

[179] EuGH Slg. 2010, I-12527 = NJW 2011, 505 = EuZW 2011, 98 mAnm *Clausnitzer* – Pammer; BGH NJW 2012, 455 = IPRax 2013, 164 m. Aufsatz *Thole* IPRax 2013, 136.

[180] OGH ÖJZ 2013, 694 für Art. 15 Brüssel I-VO; *Boosfeld* GPR 2022, 70 (72); Erman/*Stürner* Rn. 23; vgl. auch BGH NJW 2009, 298.

[181] BGH RIW 2017, 448 zu Art. 15 LugÜ 2007; *Mankowski* IHR 2008, 133 (142); *Clausnitzer/Woopen* BB 2008, 1798 (1801 f.); Rauscher/*Heiderhoff* Rn. 56.

Vielfach ist unter „aktiven" (grundsätzlich den Vertragsabschluss ermöglichenden) und „passiven" (eher bloß informierenden) Websites unterschieden worden. Andere halten diese Unterscheidung für nicht maßgeblich (→ Rn. 47). Der EuGH war an die gemeinsame Erklärung nicht gebunden.[182] Dass der Vertragsabschluss mit Mitteln des Fernabsatzes erfolgt, ist nicht erforderlich.[183]

47 Der **Vertragsabschluss über eine „aktive" bzw. interaktive Website** wird allgemein für ausreichend gehalten.[184] Welche Anforderungen an eine solche Webseite zu richten sind, wird nicht einheitlich beantwortet. Vielfach wird auch die Zugänglichkeit einer **passiven – nicht interaktiven – Website,** bei der der Verbraucher noch andere Kommunikationswege beschreiten muss, als ausreichend angesehen. Der EuGH hat freilich die Unterscheidung von „aktiven" und „passiven" Websites für **nicht aussagekräftig** gehalten.[185] Stattdessen kommt es darauf an, ob die unternehmerische Tätigkeit willentlich auf einen oder mehrere Staaten, darunter das Aufenthaltsland des Verbrauchers in abstrakter Weise abzielt **(Ausrichtungswille).**[186] Auf eine solche innere Absicht, derartige Geschäfte zu tätigen, weisen **objektive Kriterien** hin, wobei zwischen „offenkundigen Ausdrucksformen" des Willens und schwächeren Kriterien unterschieden wird. Genannt werden für diesen Indizienkatalog der **internationale Charakter der Tätigkeit,** die **Angabe von Anfahrtsbeschreibungen** von anderen Staaten aus zu dem Ort, an dem der Gewerbetreibende niedergelassen ist, die Verwendung einer anderen Sprache oder Währung als der in dem Mitgliedstaat der Niederlassung des Gewerbetreibenden üblicherweise verwendeten Sprache oder Währung mit der **Möglichkeit der Buchung** und Buchungsbestätigung in dieser anderen Sprache, die **Angabe von Telefonnummern mit internationaler Vorwahl,**[187] das Unterhalten eines bestimmten **Telefonanschlusses im Verbraucherland,**[188] die Tätigung von **Ausgaben für einen Internetreferenzierungsdienst,**[189] um in anderen Staaten wohnhaften Verbrauchern den Zugang zur Website des Gewerbetreibenden oder seines Vermittlers zu erleichtern. Ferner gehört hierher die **Verwendung eines anderen Domänennamens oberster Stufe** als desjenigen des Staats der Niederlassung des Gewerbetreibenden[190] und die **Erwähnung einer internationalen Kundschaft,** die sich aus in verschiedenen Staaten wohnhaften Kunden zusammensetzt.[191] Es ist Sache des nationalen Richters, zu prüfen, ob diese Anhaltspunkte vorliegen. Diese Fülle von Gesichtspunkten bedarf weiterer Gewichtung und Konkretisierung.

48 Der Gerichtshof hat auch einige **Umstände genannt, die nicht ausreichen.** So liegt in der bloßen **Zugänglichkeit einer Webseite** des Gewerbetreibenden oder seines Vermittlers in dem Mitgliedstaat, in dessen Hoheitsgebiet der Verbraucher seinen Wohnsitz hat, noch kein Ausrichten.[192] Das Gleiche gilt für die **Angabe einer elektronischen Adresse** oder anderer Adressdaten.[193] Allerdings kann eine solche Website die Bereitschaft zum Vertragsabschluss mit einem ausländischen Verbraucher und somit auch eine Ausrichtung auf dessen Aufenthaltsstaat zum Ausdruck bringen.[194] Andere wollen hingegen eine passive Webseite nicht genügen lassen.[195] Die bloße Angabe einer E-Mail-Adresse im Impressum oder unter „Kontakt", über die dann eine Bestellung erfolgen kann, soll nicht ausreichen.[196] Auch eine Kontaktadresse auf der Homepage eines Dritten soll nicht genügen.[197]

---

182 *Mankowski* IPRax 2012, 144 (147); *Nemeth* ZfRV 2012, 122 (125).

183 EuGH ECLI:EU:C:2012:542 = NJW 2012, 325 – Mühlleitner; BGH RIW 2013, 563 zu Art. 15 Abs. 1 lit. c Brüssel I-VO.

184 *Kaufhold* EuZW 2016, 247 f.; Ferrari IntVertragsR/*Staudinger* Rn. 52.

185 Zu Art. 15 Abs. 1 lit. c Brüssel I-VO EuGH Slg. 2010, I-12527 = NJW 2011, 505 – Pammer; zust. *Leible/Müller* NJW 2011, 495 (496); *Nemeth* ZfRV 2012, 122 (126); Staudinger/*Magnus,* 2021, Rn. 117.

186 Dazu *Nemeth* ZfRV 2012, 122 (126); krit. zum Willen und seiner Objektivierung, *Kieninger* FS Magnus, 2014, 449 (452 ff.).

187 Dazu *Mankowski* IPRax 2012, 144 (151).

188 EuGH ECLI:EU:C:2013:666 = NJW 2013, 3504 = EuZW 2013, 943 mAnm *Schultheiß* – Emrek.

189 S. *Mankowski* IPRax 2012, 144 (152); krit. *Nemeth* ZfRV 2012, 122 (127).

190 BGH RIW 2017, 448 zu Art. 15 LugÜ; dazu *Mankowski* IPRax 2012, 144 (152); krit. *Nemeth* ZfRV 2012, 122 (128).

191 S. *Mankowski* IPRax 2012, 144 (153).

192 EuGH Slg. 2010, I-12527 = NJW 2011, 505 – Pammer; Staudinger/*Magnus,* 2021, Rn. 115.

193 EuGH Slg. 2010, I-12527 = NJW 2011, 505 – Pammer.

194 Bruck/Möller/*Dörner,* 2013, Rn. 7; Ferrari IntVertragsR/*Staudinger* Rn. 55; vgl. auch *Leible/Müller* NJW 2011, 495 (497); *Mankowski* IPRax 2012, 144 (147).

195 BGH NJW 2009, 298 = EuZW 2009, 26 m. insoweit abl. Anm. *Leible/Müller;* großzügiger auch *Pfeiffer* EuZW 2008, 627; *Einsele* WM 2009, 289 (292); *Böttger* VersR 2012, 156 (158).

196 EuGH Slg. 2010, I-12527 = NJW 2011, 505 – Pammer; *Clausnitzer/Woopen* BB 2008, 1798 (1802); Ferrari IntVertragsR/*Staudinger* Rn. 53.

197 So zu Art. 15 Brüssel I-VO BGH NJW 2009, 298 = EuZW 2009, 26 mAnm *Leible/Müller* = IPRax 2009, 258 m. Aufsatz *Mankowski* IPRax 2009, 238.

Freilich kann das **Einschalten eines Vermittlers,** der dem Unternehmer regelmäßig Kunden zuführt, genügen.[198]

Erwägungsgrund 24 spricht im Anschluss an die gemeinsame Erklärung davon, dass die auf einer Website benutzte **Sprache oder die Währung** nicht von Bedeutung sind. Der EuGH stimmt zu, dass die Verwendung einer Sprache oder Währung, die in dem Mitgliedstaat der Niederlassung des Gewerbetreibenden die üblicherweise verwendete Sprache und/oder Währung sind, nicht genügend ist.[199] Der EuGH bezieht aber die Sprache, die eine unterschiedliche Bedeutung haben kann, im Übrigen in die Beurteilung mit ein.[200] Ähnliches gilt für die Währung.[201] Verlangt wird ein Ausrichten der unternehmerischen Tätigkeit **auf einen Staat.** Dabei geht es um den Staat, in dem der **Verbraucher seinen gewöhnlichen Aufenthalt hat.** Genügend ist aber auch ein **Ausrichten auf mehrere Staaten,** wenn es einschließlich des Staates erfolgt, in dem der Verbraucher seinen gewöhnlichen Aufenthalt hat.[202] 49

Für die Ausrichtung ist die auf Art. 114 AEUV gestützte sog. **Geoblocking-VO** (VO (EU) 2018/302) von Bedeutung.[203] Die Geoblocking-VO will zum reibungslosen Funktionieren des Binnenmarkts beitragen, indem ungerechtfertigtes Geoblocking und andere Formen der Diskriminierung, die direkt oder indirekt auf der Staatsangehörigkeit, dem Wohnsitz oder dem Ort der Niederlassung der Kunden beruhen, verhindert werden, unter anderem indem bestimmte Fälle präzisiert werden, in denen eine unterschiedliche Behandlung nicht gemäß Art. 20 Abs. 2 Dienstleistungs-RL gerechtfertigt werden kann (→ Rom II-VO Art. 6 Rn. 99). Die VO ist anwendbar auf den Erwerb von Waren sowie auf elektronisch erbrachte Dienstleistungen. Dabei geht es um den Zugang zu Online-Benutzeroberflächen iSd Art. 2 Nr. 16 (Art. 3 Geoblocking-VO) sowie den Zugang zu Waren oder Dienstleistungen (Art. 4 Geoblocking-VO). Ferner wird die Nichtdiskriminierung aus Gründen, die im Zusammenhang mit der Zahlung stehen, erfasst (Art. 5 Geoblocking-VO). Verboten wird nicht nur die Verweigerung des Vertragsabschlusses, sondern auch das Umleiten auf eine andere Webseite (Art. 3 Abs. 2 Geoblocking-VO). Dabei stellt sich die Frage nach dem Verhältnis von Geoblocking-VO zu Rom I-VO und Brüssel Ia-VO. 50

Die Geoblocking-VO stellt in erster Linie Verhaltensregeln für den Anbieter auf. Hält er sich an diese, schließt er bestimmte Kunden nicht aus und wendet auch keine anderen diskriminierenden Praktiken an, so folgt er den Vorgaben. Die Geoblocking-VO sichert im Gegenzug zu, dass daraus nicht geschlossen werden darf, dass er Tätigkeiten auf den Mitgliedstaat ausrichtet, in dem der Verbraucher seinen gewöhnlichen Aufenthalt oder Wohnsitz hat (Art. 1 Abs. 6 S. 1 Geoblocking-VO). Dies wird dahin konkretisiert, dass aus dem Nichtausschluss bestimmter Gebiete nicht der Schluss gezogen werden darf, dass der Anbieter **Tätigkeiten auf den Mitgliedstaat ausrichtet,** in dem der Verbraucher seinen gewöhnlichen Aufenthalt oder Wohnsitz hat (Art. 1 Abs. 6 S. 2 Geoblocking-VO). Auch aus der Nichtdiskriminierung bestimmter Zahlungssysteme darf nicht gefolgert werden, dass der Anbieter Tätigkeiten auf den Mitgliedstaat ausrichtet, in dem der Verbraucher seinen gewöhnlichen Aufenthalt oder Wohnsitz hat (Art. 1 Abs. 6 S. 3 Geoblocking-VO). 51

Die Geoblocking-VO gilt auch für **Anbieter mit einer Niederlassung außerhalb der EU.**[204] Auf sie können sich alle Kunden (die nicht Verbraucher sein müssen)[205] mit einer mitgliedstaatlichen Staatsangehörigkeit oder mit einem Wohnsitz in der EU berufen (Art. 2 Nr. 13 Geoblocking-VO).[206] Obwohl sich Art. 1 Abs. 6 Geoblocking-VO in einem anderen Rechtsinstrument befindet, ist die Vorschrift als Auslegung der Rom I-VO anzusehen.[207] Die Geoblocking-VO enthält eine detaillierte Regelung ihres Anwendungsbereichs sowie zahlreiche Ausnahmen. Zur Vermeidung von Rechtszersplitterung und Unübersichtlichkeit ist aber anzustreben, dass ihre Auslegungsregel ganz allgemein 52

---

198 EuGH Slg. 2010, I-12527 = NJW 2011, 505 – Pammer; *Kindler* in De Franceschi, 2016, 173 (177 f.); Ferrari IntVertragsR/*Staudinger* Rn. 58; Staudinger/*Magnus,* 2021, Rn. 114c.

199 EuGH Slg. 2010, I-12527 = NJW 2011, 505 – Pammer; zust. Ferrari IntVertragsR/*Staudinger* Rn. 59.

200 S. *Mankowski* IPRax 2012, 144 (149 f.); ebenso etwa OGH ZfRV 2022, 187 betr. Online-Lotterie; Ferrari IntVertragsR/*Staudinger* Rn. 53; Rauscher/*Heiderhoff* Rn. 57 f.

201 EuGH Slg. 2010, I-12527 = NJW 2011, 505 – Pammer; *Mankowski* IPRax 2012, 150; Ferrari IntVertragsR/*Staudinger* Rn. 53.

202 Staudinger/*Magnus,* 2021, Rn. 118; s. aber für einen Vertragsabschluss im Land des Unternehmers, *Garcimartín Alférez* Liber Amicorum Borrás, 2013, 445 (452 f.).

203 VO (EU) 2018/302 vom 28.2.2018 über Maßnahmen gegen ungerechtfertigtes Geoblocking und andere Formen der Diskriminierung aufgrund der Staatsangehörigkeit, des Wohnsitzes oder des Ortes der Niederlassung des Kunden innerhalb des Binnenmarkts (ABl. EU 2018 L 60 I, 1, ber. ABl. 2018 L 66, 1).

204 Erwägungsgrund 17; *Bernhard* NJW 2019, 472 (473); *J. Hoffmann/Bombe* EuZW 2020, 131 (134).

205 *Campo Comba* NIPR 2018, 512 (519 f.).

206 *Bernhard* NJW 2019, 472 (473); *Hoffmann* JZ 2018, 918 (920).

207 *Hoffmann* JZ 2018, 918 (922); *Kohler* ZEuP 2020, 253 (259 ff.).

herangezogen wird.[208] Die Geoblocking-VO beansprucht zwar keine Anwendung auf rein inländische Sachverhalte (Art. 1 Abs. 2 Geoblocking-VO). Sie geht aber davon aus, dass der Anbieter entsprechend dem Diskriminierungsverbot grundsätzlich mit jedem Kunden in einem anderen EU-Mitgliedstaat abschließen muss.[209]

53 Die Geoblocking-VO schließt es nicht aus, dass der Anbieter die **situativen Kriterien** des Art. 6 Rom I-VO vermeidet. Daran schließt sich aber die Frage an, welche Auswirkungen auf den bisherigen Ansatz der Rspr. und auf die von ihr bisher verwendeten Kriterien eingetreten sind.[210] Die VO trifft insoweit zwar eine negative Aussage, sagt aber nicht positiv, was nunmehr für ein Ausrichten in Betracht gezogen werden darf. Die von der Rspr bislang in den Vordergrund gestellte und bereits vor dem Vertragsschluss vorhandene Bereitschaft, Geschäfte mit Kunden aus anderen Mitgliedstaaten zu schließen, wird als nicht geeignetes Kriterium angesehen, da nunmehr eine solche Bereitschaft grundsätzlich erwartet wird.[211] Verlangt wird vielmehr eine spezifische Bezugnahme der Tätigkeit des Anbieters auf den konkreten Verbraucherstaat, die das Bemühen um Kunden gerade aus diesem Staat erkennen lässt.[212] Unproblematisches Beispiel dafür ist etwa eine grenzüberschreitende Anfahrtsbeschreibung.[213] Auch die Verwendung eines bestimmten Interreferenzierungsdienstes[214] sowie Kundenbewertungen aus bestimmten Gebieten[215] sind hier zu nennen. Die Verwendung einer Sprache, die nicht die Landessprache des Anbieterstaats ist, kann gleichfalls eine Rolle spielen.[216] Entsprechendes gilt für die Währung, wenn sie nicht die Landeswährung ist.[217] Bei grenzüberschreitenden Dienstleistungen kommt ferner das Tätigkeitsgebiet in Betracht.[218]

54 Die **Auslandsreise** (früher Art. 5 Abs. 2–3 EVÜ; Art. 29 Abs. 1 Nr. 3 EGBGB aF) wird nicht mehr gesondert genannt, aber gleichwohl von Art. 6 Rom I-VO erfasst.[219] Bei einer **vom Verkäufer** veranstalteten oder **veranlassten Reise** (zB als Busreise) kommt das Recht des Verbraucherlandes zum Zuge. Der Verkäufer muss also in irgendeiner Weise auf die Reise Einfluss genommen haben. Nicht erforderlich ist aber, dass er selbst für die Beförderung gesorgt hat; es genügt, wenn er zB die Reise durch eine Vereinbarung mit einem Beförderungsunternehmen organisiert hat.[220] Erfasst wird daher die typische „Kaffeefahrt", bei der den Teilnehmern die Gelegenheit geboten wird, bestimmte Produkte zu erwerben. Findet hingegen nur eine organisierte Reise ins Ausland statt, bei der es den Teilnehmern völlig frei steht, ob und wo sie am Zielort Waren erwerben wollen, so muss der Käufer mangels Rechtswahl mit der Anwendung des Rechts am Niederlassungsort des Verkäufers rechnen.[221] Aber auch dann, wenn eine längere Pauschalreise ins Ausland organisiert und der Kunde dort dem ausländischen Verkäufer zugeführt wird, greift die Vorschrift grundsätzlich nicht ein.[222] Die Verkaufsförderung muss wesentlicher Zweck der Reise sein; wirtschaftlicher Eigennutz des Veranstalters (Gewinnbeteiligung) am Absatz genügt nicht. Teilweise hat man jedoch das gezielte Zuführen von Touristen zu einem ausländischen Betrieb schon nach altem Recht für ausreichend gehalten.[223] Gleiches wird für Art. 6 angenommen.[224] Zwar sollte man nicht ein Ausrichten des

---

208 *Bernhard* NJW 2019, 472 (475 f.); *Herresthal* NJW 2020, 361 (386): *Hoffmann* JZ 2018, 918 (923).

209 *Hoffmann* JZ 2018, 918 (921); Staudinger/*Magnus,* 2021, Art. 4 Rn. 602a. – Die Kommission betont aber, dass die VO keine Verpflichtung zur grenzüberschreitenden Lieferung schafft, European Commission, Fragen & Antworten zur Geoblocking-Verordnung im Zusammenhang mit dem elektronischen Handel, 2018, 2.3.1, 2.3.9. und 4.1.

210 Eher abl. *Mansel/Thorn/Wagner* IPRax 2019, 85 (90); unentschieden *Campo Comba* NIPR 2018, 512 (523 f.). Für eine Neubestimmung *Monico* Riv. dir. int. priv. proc. 57 (2021), 308 (319 ff.).

211 *Hoffmann* JZ 2018, 918 (921 f., 926); *Boosfeld* GPR 2022, 70 (72).

212 *Hoffmann* JZ 2018, 918 (924, 926).

213 *Hoffmann* JZ 2018, 918 (925).

214 *Hoffmann* JZ 2018, 918 (924 f.).

215 *Hoffmann* JZ 2018, 918 (925).

216 *Hoffmann* JZ 2018, 918 (925).

217 *Hoffmann* JZ 2018, 918 (925).

218 *Hoffmann* JZ 2018, 918 (925 f.).

219 *Franzen* FS v. Hoffmann, 2011, 115 (120); Grüneberg/*Thorn* Rn. 7; Staudinger/*Magnus,* 2021, Rn. 108.

220 Staudinger/*Magnus,* 2021, Rn. 108. – Zum EVÜ Bericht *Giuliano/Lagarde* S. 56.

221 Erman/*Stürner* Rn. 25a. – Zu Art. 29 EGBGB aF LG Baden-Baden IPRspr. 1997 Nr. 31 betr. Teppichkauf in Türkei.

222 Zu Art. 29 EGBGB aF LG Düsseldorf IPRspr. 1990 Nr. 43 = NJW 1991, 2220 betr. Teppichkauf in der Türkei; LG Hamburg IPRspr. 1999 Nr. 30 = RIW 1999, 391 betr. Teppichkauf; anders LG Limburg/Lahn IPRspr. 1990 Nr. 33 = NJW 1990, 2206 betr. Widerruf nach Teppichkauf in der Türkei.

223 Zu Art. 29 EGBGB aF LG Tübingen NJW 2005, 1513 betr. Teppichkauf in der Türkei.

224 OLG Stuttgart IPRax 2016, 601 m. zust. Aufsatz *Arnold* IPRax 2016, 567 betr. organisiertes Zuführen von Touristen in türkisches Teppichgeschäft; LG Bonn BeckRS 2018, 44421 betr. Teppichkauf in der Türkei; AG Würzburg NJW-RR 2015, 1149 m. zust. Aufsatz *Friesen* VuR 2016, 174; *Althammer* JA 2008, 778 f.; krit. BeckOGK/*Rühl,* 1.12.2023, Rn. 192; Rauscher/*Heiderhoff* Rn. 61.

Geschäftsbetriebs auf deutsche Touristen mit einem Ausrichten auf Deutschland gleichsetzen. Andererseits kann beim Zusammenwirken mit dem Reiseveranstalter ggf. eine auf Deutschland ausgerichtete Verkaufsstrategie angenommen werden.[225]

Im Rahmen einer **ausländischen Vertragsanbahnung** schließen inländische Verbraucher bei Werbeveranstaltungen häufig Kaufverträge über einen bestimmten Konsumartikel ab, welcher sodann von einem inländischen Unternehmen im Inland zu liefern ist. Letzteres lässt sich auch den Kaufpreisanspruch vom ausländischen Verkäufer abtreten. In diesen Fällen wird zwar im Ausland gekauft, gleichwohl weist das Geschäft einen starken inländischen Bezug auf. Jedenfalls ein Teil solcher als Gran Canaria-Fälle bekannt gewordenen Gestaltungen fällt unter Art. 6.[226] Als Kriterien werden genannt, dass eine Anbindung des Unternehmens an den ausländischen Markt fehlt und die Absatzstrategie allein auf bestimmte Urlaubergruppen abzielt.[227] Andere lehnen eine Sonderanknüpfung angesichts des bloß personalen Bezuges und der schwierigen Eingrenzbarkeit ab.[228] 55

d) Vertrag im Bereich der Tätigkeit. Erforderlich ist, dass der Vertrag in den Bereich der vom Vertragspartner im Aufenthaltsstaat des Verbrauchers ausgeübten oder dahin ausgerichteten beruflichen oder gewerblichen Tätigkeit („scope of such activities") fällt (Art. 6 Abs. 1). Dies entspricht Art. 17 Abs. 1 lit. c Brüssel Ia-VO (= Art. 15 Abs. 1 lit. c LugÜ). Vielfach wurde – anders als nach altem Recht – ein **(kausaler) Zusammenhang** zwischen ausgerichteter Tätigkeit und konkretem Vertrag gefordert.[229] Dies wurde sowohl für lit. a als auch für lit. b angenommen. Dementsprechend könnte dann ein Verbraucher, welcher in einem anderen Land einen Vertrag abgeschlossen hat, nicht nachträglich geltend machen, dass auch Werbung auf den Staat seines Aufenthalts ausgerichtet war.[230] Angesichts der Fülle möglicher tatsächlicher Gestaltungen lässt sich jedoch kaum abstrakt beschreiben, welcher Art die Beziehung zwischen unternehmerischer Betätigung und Vertragsabschluss sein muss.[231] Der EuGH verlangt nunmehr für Art. 17 Brüssel Ia-VO keinen kausalen Zusammenhang zwischen Ausrichten (zB einer Internetseite) und dem Vertragsschluss (zB vor Ort).[232] Dem ist – nicht zuletzt im Interesse einer einheitlichen Auslegung – für Art. 6 zu folgen.[233] Für Art. 17 Brüssel Ia-VO wurde verlangt, dass der Vertragspartner bereits vor dem Vertragsschluss mit dem Verbraucher und unabhängig von diesem eine berufliche oder gewerbliche Tätigkeit im Wohnsitzstaat des Verbrauchers ausgeübt oder auf diesen Staat ausgerichtet hat.[234] 56

e) Fehlen der Voraussetzungen (Abs. 4). Sind die Anforderungen des Abs. 1 lit. a oder b nicht erfüllt, so gelten nach Abs. 3 für die Ermittlung des Vertragsstatuts die Art. 3 und 4 (→ Rn. 1, → Rn. 3). Es kommen also die allgemeinen Vorschriften zur Anwendung. 57

4. Form (Art. 11 Abs. 4). Für Verträge, die in den Anwendungsbereich von Art. 6 fallen, enthält Art. 11 Abs. 4 eine besondere Regelung bezüglich der Form. Danach ist das Recht des Staates maßgebend, in dem der Verbraucher seinen gewöhnlichen Aufenthalt hat (Art. 11 Abs. 4 S. 2).[235] Die Abs. 1, 2 und 3 des Art. 11 gelten nicht (Abs. 4 S. 1; → Art. 11 Rn. 68 ff.). 58

III. Anknüpfung an den gewöhnlichen Aufenthalt des Verbrauchers (Abs. 1)

Fehlt es an einer realen (ausdrücklichen oder stillschweigenden) Rechtswahl, so unterliegt der Verbrauchervertrag dem Recht des Staates, in dem der Verbraucher seinen gewöhnlichen 59

225 *Solomon* ZVglRWiss 115 (2016), 586 (600).

226 *Kluth,* Die Grenzen des kollisionsrechtlichen Verbraucherschutzes, 2009, 299 f.; Erman/*Stürner* Rn. 25c; PWW/*Remien/Segger-Piening* Rn. 19; vgl. *Solomon* in Ferrari/Leible, Ein neues Internationales Vertragsrecht für Europa, 2007, 89 (105 f.); Rauscher/*Heiderhoff* Rn. 60 betr. Lieferung im Inland. – Die Anwendung von Art. 9 halten für möglich *Lando/Nielsen* C.M.L. Rev. 45 (2008), 1687 (1723 f.).

227 *Althammer* JA 2008, 772 (778); vgl. auch *Mankowski* ZVglRWiss 105 (2006), 140 f.

228 Ferrari IntVertragsR/*Staudinger* Rn. 50; Grüneberg/*Thorn* Rn. 7.

229 *Mankowski* IHR 2008, 133 (142); *Lagarde/Tenenbaum* Rev. crit. dr. int. pr. 97 (2008), 727 (744 ff.); ebenso für Art. 15 Brüssel I-VO BGH EuZW 2009, 26 m. insoweit zust. Anm. *Leible/Müller.*

230 *Mankowski* IHR 2008, 133 (142).

231 Näher Ferrari IntVertragsR/*Staudinger* Rn. 63 ff.

232 EuGH ECLI:EU:C:2013:666 = NJW 2013, 3504 = EuZW 2013, 943 mAnm *Schultheiß* = NJW 2013, 3504 mAnm *Staudinger* = IPRax 2014, 63 m. Aufsatz *Rühl* IPRax 2014, 41 = JZ 2014, 247 mAnm *Klöpfer/Wendelstein* – Emrek.

233 AG Braunschweig IPRspr. 2014 Nr. 224 Ls. = BeckRS 2014, 01486; *Staudinger* jM 2014, 229 (234); *Solomon* ZVglRWiss 115 (2016), 586 (600 f.); Rauscher/*Heiderhoff* Rn. 63; Staudinger/*Magnus,* 2021, Rn. 120.

234 BGHZ 167, 83 = IPRspr. 2006 Nr. 114 = NJW 2006, 1672 = JR 2007, 457 mAnm *Looschelders* = VuR 2006, 322 m. Aufsatz *Mankowski* VuR 2006, 289.

235 Zum alten Recht BGH NJW-RR 2011, 1287.

Aufenthalt hat (Abs. 1). Das Recht des Aufenthaltsstaates gilt dann für die nach Art. 10, 11 dem Vertragsstatut unterfallenden Fragen des Zustandekommens und des Inhalts des Vertrages.[236] Diese Anknüpfung stellt eine Ausnahme vom Grundsatz der engsten Verbindung bzw. von der Anknüpfung an den Aufenthaltsort dessen dar, der die charakteristische Leistung nach Art. 4 erbringt, da es gekünstelt wäre, die Leistung des Verbrauchers als die charakteristische anzusehen.[237] Mit dieser **Abweichung vom Recht des Gewerbetreibenden** soll erreicht werden, dass der Schutz des Verbrauchers durch verbraucherrechtliche Normen zwar nicht größer, aber auch nicht kleiner wird als bei Inlandsgeschäften[238] (→ Rn. 60). Darauf kann sich auch der Unternehmer berufen.[239] Der gewöhnliche Aufenthalt kann sich auch außerhalb der EU befinden.[240] (Zur Bestimmung des gewöhnlichen Aufenthaltes des Verbrauchers → Art. 19 Rn. 11; Art. 5 EGBGB Rn. 124 ff.). Ein Ausweichen auf eine noch engere Verbindung wie Art. 4 Abs. 3, Art. 5 Abs. 3, Art. 7 Abs. 2 und Art. 8 Abs. 4 sieht Art. 6 nicht vor. Maßgeblich dafür ist wohl, dass die Vorschrift keinen eigentlichen Vertragstyp regelt, sondern eine Ausnahme von der gewöhnlichen Anknüpfung darstellt. Damit ist aber auch der Weg verbaut, auf ein anderes Recht auszuweichen, das größeren Schutz gewährt, wenn Vertragsstatut und Aufenthaltsrecht unzureichend und wenig signifikant sind.[241]

IV. Begrenzte Wirkung der Rechtswahl (Abs. 2)

60 **1. Grundsatz.** Auch für Verbraucherverträge besteht kein generelles Rechtswahlverbot. Vielmehr ist eine ausdrückliche oder stillschweigende **Rechtswahl nach Art. 3 grundsätzlich zulässig.**[242] Dies gilt für alle der Parteiautonomie zugänglichen Bereiche.[243] Die Rechtswahl nach Abs. 2 setzt allerdings voraus, dass die Voraussetzungen des Abs. 1 erfüllt sind.[244] Ist deutsches Recht Vertragsstatut, so kommt das deutsche Verbraucherschutzrecht, einschließlich der §§ 305 ff. BGB über die AGB oder der §§ 312b ff., 355 ff. BGB über das Widerrufsrecht, ohnehin zur Anwendung.[245] Auch in Verbrauchersachen bedarf es keiner besonderen objektiven Beziehung zur vereinbarten Rechtsordnung; die Wahl eines „neutralen" Rechts (→ Art. 3 Rn. 23) ist möglich.[246] Über die Wirksamkeit der Rechtswahl entscheidet – wie sonst auch – das von den Parteien gewählte Recht (Art. 3 Abs. 5 iVm Art. 10).[247] Ihre Zulässigkeit ergibt sich freilich aus dem Kollisionsrecht der lex fori und nicht aus dem des gewählten Rechts.[248] Es ist auch nicht zulässig, der Beachtlichkeit der Rechtswahl eine Prüfung nach den nationalen Normen über AGB vorzuschalten.[249] Überhaupt bleibt es – soweit sich aus Art. 6 keine Besonderheiten ergeben – bei den allgemeinen Regeln über die Rechtswahl.[250] Auch eine teilweise Rechtswahl ist daher

---

236 Zu Art. 29 EGBGB aF Soergel/*v. Hoffmann* EGBGB Art. 29 Rn. 39.

237 Dazu näher *Otto,* Allgemeine Geschäftsbedingungen und Internationales Privatrecht, 1984, 162 ff. mwN.

238 Amtl. Begr., BT-Drs. 10/504, 80 zu Art. 29 EGBGB aF; dt. EVÜ-Denkschrift, BT-Drs. 10/503, 27.

239 EuGH ECLI:EU:C:2023:672 Rn. 80 = NJW 2024, 569 mAnm *Rieländer* – Club La Costa.

240 Rauscher/*Heiderhoff* Rn. 4.

241 Krit. *Pocar* Rec. des Cours 188 (1984-V), 339 (393).

242 *W.-H. Roth* IPRax 2013, 515 (520 ff.); *Solomon* ZVglRWiss 115 (2016), 586 (591 ff.); Grüneberg/*Thorn* Rn. 8. – S. bereits *Lagarde* Rev. crit. dr. int. pr. 80 (1991), 287 (313 f.); *Leible* JbJZivRWiss 1995, 245 (255); *Stoll* FS Heini, 1995, 429 (439); krit. zu dieser Lösung *Maultzsch* RabelsZ 75 (2016), 60 (76 ff.); unrichtig AG Bremen NJW 2013, 705 betr. Luftbeförderung, obiter.

243 Zu Rechtswahlklauseln in Bankverträgen s. *Czernich* in Heindler/Verschraegen, Internationale Bankgeschäfte mit Verbrauchern, 2017, 49 ff.

244 EuGH ECLI:EU:C:2023:671 Rn. 72 = EuZW 2023, 1106 mAnm. *Wagner* = IPRax 2024, 315 m. Aufs. *Hemler* IPRax 2024, 276 – Diamond Resorts Europe.

245 BGH NJW 1986, 842 = JZ 1986, 506 zum AGBG; OLG München NJW-RR 1991, 122 = IPRspr. 1990 Nr. 38 zu § 1 HaustürWG.

246 Vgl. *Pocar* Rec. des Cours 188 (1984-V), 339 (376 ff.). – Dies wird für Timesharing-Verträge bezüglich in Spanien belegener Immobilien teilweise als anstößig empfunden, vgl. LG Gießen NJW 1995, 406 mAnm *Beise* 1724 = IPRax 1995, 395 m. Aufsatz *Mäsch* IPRax 1995, 371; LG Rottweil NJW-RR 1996, 1401.

247 *Solomon* ZVglRWiss 115 (2016), 586 (591).

248 *Mankowski* FS W.H. Roth, 2015, 361 (363 f.); insoweit offenbar anders BGHZ 123, 380 (383) = IPRspr. 1993 Nr. 37 = NJW 1994, 262 = IPRax 1994, 449 m. Aufsatz *W. Lorenz* IPRax 1994, 429 = JZ 1994, 363 m. krit. Anm. *Fischer* = RIW 1994, 154 m. Aufsatz *W.-H. Roth* RIW 1994, 275 = JR 1995, 14 m. krit. Anm. *Dörner.*

249 *Wilderspin* in Lando/Magnus/Nowak-Stief, Angleichung des materiellen und des internationalen Privatrechts in der EU, 2003, 120 f.; anders OLG Düsseldorf NJW-RR 1994, 1132 = RIW 1994, 420 m. abl. Anm. *Mankowski;* LG Bremen IPRspr. 2006 Nr. 17 = VuR 2007, 114 Ls. mAnm *Reim.*

250 BGH NJW 2013, 308: stillschweigende Rechtswahl. – Für eine weitergehende Missbrauchskontrolle der Rechtswahl OLG Stuttgart EWiR 2018, 707 mAnm *Frisch.*

zulässig.[251] Die Rechtswahlmöglichkeit wird jedoch vom Günstigkeitsprinzip überlagert[252] (→ Rn. 67). Allerdings darf von Abs. 2 nicht zugunsten eines für den Verbraucher angeblich günstigeren Rechts abgewichen werden.[253] Vor allem die österreichische Rspr. argumentiert, dass zwar vom gewählten ausländischen Recht auszugehen ist. Ist dieses aber das Recht eines Mitgliedstaats, so ist es richtlinienkonform auszulegen.[254] Nach der **Amazon-Rspr.** des EuGH führt das Fehlen eines Hinweises auf den Schutz durch die zwingenden Bestimmungen des Verbraucherrechts in der vom Unternehmer vorformulierten Regelung auch nach diesem Recht zur Einordnung der Klausel als missbräuchlich (→ Rn. 62). Das hat nach der EuGH-Rspr zur Folge, dass eine solche Klausel – als „unverbindlich" bzw. „nichtig" – nicht anzuwenden ist. Daran scheitert dann die Rechtswahl.[255]

Die Rspr. hat den Verbraucherschutz früher zuweilen dadurch auszudehnen versucht, dass das Zustandekommen bzw. die Wirksamkeit einer Rechtswahlklausel unter Berufung auf Art. 31 Abs. 2 EGBGB (nunmehr **Art. 10 Abs. 2 Rom I-VO**) verneint wurde.[256] Die gleiche Wirkung wird erzielt, indem unter Berufung auf das Recht am gewöhnlichen Aufenthaltsort des Kunden das ausländische Sachrecht nicht beachtet wird.[257] Stattdessen setzt man dann das Verbraucherrecht des Aufenthaltsstaates durch.[258] Auf diese Weise wird ein weit über die Kriterien des Art. 6 hinausgehender internationaler Verbraucherschutz geschaffen. Gegen ein solches Vorgehen spricht, dass das Aufenthaltsrecht nach der Systematik der VO nur gegen das Zustandekommen eines Vertrages ins Feld geführt werden soll, und auch dies nur bezüglich der Beurteilung des Verhaltens einer Partei.[259] Für eine inhaltliche Rechtswahlbeschränkung gibt Art. 10 Abs. 2 nichts her.[260] Insofern bleibt es vielmehr bei den Vorschriften der Art. 3 Abs. 3, 4, Art. 6 Rom I-VO sowie Art. 46b EGBGB. Diese Vorschriften eröffnen den jeweiligen Weg für die Durchsetzung des sachrechtlichen Verbraucherschutzes. **61**

Bei der **Missbrauchskontrolle von AGB** im Rahmen eines Unterlassungsverfahrens kommt die Anwendung von Art. 6 Abs. 1 Rom II-VO in Betracht (→ Rom II-VO Art. 6 Rn. 136 ff.). Eine insoweit erhobene **Unterlassungsklage** als solche wird als außervertragliches Schuldverhältnis aus unerlaubter Handlung iSv Art. 6 Rom II-VO eingeordnet.[261] Abgestellt wird auf das Land, in dem die Verbraucher, auf die das Unternehmen seine Geschäftstätigkeit ausrichtet und deren kollektive Interessen vom betreffenden Verbraucherschutzverein mittels der Klage geschützt werden sollen, ihren Wohnsitz haben. Hierbei stellt die Bestimmung des **anwendbaren Rechts für die Beurteilung der Klausel** allerdings eine gesonderte Frage dar, die möglichst einheitlich für Individual- und Verbandsklagen zu beantworten ist.[262] Für sie wird auf Art. 5 Rom I-VO[263] bzw. Art. 6 Rom I-VO[264] abgestellt. Eine AGB-Klausel, die nicht im Einzelnen ausgehandelt wurde **62**

---

[251] Vgl. Soergel/*v. Hoffmann* EGBGB Art. 29 Rn. 28.

[252] Dazu *Rühl* FS v. Hoffmann, 2011, 364 (368 f.). – Zur Unzulässigkeit einer Rechtswahlklausel für „alle" Ansprüche BGH RIW 2013, 309 = IPRax 2013, 557 m. Aufsatz *W.-H. Roth* IPRax 2013, 515 betr. Arzneimittelkaufvertrag.

[253] EuGH ECLI:EU:C:2023:671 Rn. 77 = EuZW 2023, 1106 mAnm *Wagner* = IPRax 2024, 315 m. Aufs. *Hemler* IPRax 2024, 276 – Diamond Resorts Europe.

[254] In diesem Sinne auch *Picht/Kopp* IPRax 2024, 16 (24 ff.).

[255] OGH JBl. 2018, 464 – Abschlussentscheidung zu Amazon; JBl. 2018, 791 betr. Darlehen; vgl. *Mankowski* IPRax 2019, 208 (210).

[256] Vgl. zu Art. 29 EGBGB aF OLG Frankfurt NJW-RR 1989, 1018; OLG Düsseldorf NJW-RR 1994, 1132 = RIW 1994, 420 m. abl. Anm. *Mankowski; Reich* VuR 1989, 158 (161) Fn. 13; *Reich* ZHR 153 (1989), 571 (590); *Reich* VuR 1992, 189 (191); *Klingsporn* WM 1994, 1093 (1095).

[257] So etwa LG Aachen NJW 1991, 2221; dazu *Mäsch,* Rechtswahlfreiheit und Verbraucherschutz, 1993, 118 ff.

[258] S. LG Koblenz RIW 1995, 946; LG Gießen NJW 1995, 406 mAnm *Beise* NJW 1995, 1724 = IPRax 1995, 395 m. Aufsatz *Mäsch* IPRax 1995, 371; LG Rottweil NJW-RR 1996, 1401; LG Stuttgart RIW 1996, 424.

[259] *Solomon* ZVglRWiss 115 (2016), 586 (595 f.).

[260] Rauscher/*Freitag* Art. 10 Rn. 29. – Zu Art. 29 EGBGB aF ebenso BGHZ 135, 124 (137 f.) = NJW 1997, 1697 = JZ 1997, 612 m. Aufsatz *Michaels/Kamann* JZ 1997, 601 = IPRax 1998, 285 m. Aufsatz *Ebke* IPRax 1998, 263 betr. Timesharing; *Taupitz* BB 1990, 643; *Leible* JbJZivRWiss 1995, 245 (253 f.); *Mäsch,* Rechtswahlfreiheit und Verbraucherschutz, 1993, 118 f.; *Mäsch* IPRax 1995, 371; *Mankowski* RIW 1996, 384; *Rauscher* EuZW 1996, 650 (652).

[261] EuGH ECLI:EU:C:2016:612 Rn. 60 = NJW 2016, 2727 = IPRax 2017, 483 m. Aufsatz *Roth* IPRax 2017, 449 = RIW 2016, 681 mAnm *Breckheimer* – Verein für Konsumenteninformation/Amazon; *Rieländer* RIW 2017, 28 (30); s. auch *Martiny* ZEuP 2018, 218 (229 ff.).

[262] EuGH ECLI:EU:C:2016:612 Rn. 60 = NJW 2016, 2727 = RIW 2016, 681 mAnm *Breckheimer* – Verein für Konsumenteninformation/Amazon. – Für die Entwicklung eines eigenen Verbandsklagestatuts *Micklitz/Reich* EWS 2015, 186 ff.

[263] Für die Luftbeförderung nach altem Recht BGHZ 182, 24 (34) = NJW 2009, 3371 Rn. 29 mAnm *Staudinger/Czaplinski*.

[264] *Kaufhold* EuZW 2016, 247 (250 ff.).

und nach der auf einen auf elektronischem Weg mit einem Verbraucher geschlossenen Vertrag das Recht des Mitgliedstaats anzuwenden ist, in dem der Gewerbetreibende seinen Sitz hat, kann missbräuchlich sein. Das ist der Fall, sofern sie den Verbraucher in die Irre führt, indem sie ihm den Eindruck vermittelt, auf den Vertrag sei nur das Recht dieses Mitgliedstaats anwendbar, ohne ihn darüber zu unterrichten, dass er nach Art. 6 Abs. 2 Rom I-VO auch den Schutz der zwingenden Bestimmungen der Rechtsordnung genießt, die ohne diese Klausel anzuwenden wäre;[265] dies hat das nationale Gericht im Licht aller relevanten Umstände zu prüfen. Eine engere Verbindung zum Sitzlandrecht des Unternehmers ist nicht anzunehmen.[266] Aus der **Amazon-Entscheidung** folgt jedenfalls die Verpflichtung zur Nennung der unterschiedlichen Alternativen.[267] Den Überprüfungsmaßstab bildet Art. 3 Abs. 1 Klausel-RL,[268] wobei teilweise die Vereinbarkeit der Amazon-Entscheidung mit der Klausel-RL bestritten wird.[269] Auf jeden Fall ist die Verbindung zwischen der Richtlinie und der Rom I-VO nicht geklärt.[270] Teilweise wird lediglich eine Transparenzkontrolle iSd Art. 5 Klausel-RL akzeptiert.[271] Früher wurde auch vertreten, es sei lediglich nach der Rom II-VO vorzugehen und keine Abspaltung der Frage der Klauselbewertung vorzunehmen.[272] – Art. 6 enthält keine Informationspflicht bezüglich des anwendbaren Rechts bzw. einer Rechtswahl.[273] Das Unionsrecht kennt allerdings in einigen Richtlinien eine **vorvertragliche Informationspflicht über das anwendbare Recht** (vgl. Art. 246 Abs. 2 Nr. 5 EGBGB),[274] verwendet aber kein in sich schlüssiges Konzept. Für die Einordnung solcher Verpflichtungen wird teilweise eine Einordnung als culpa in contrahendo (Art. 12 Abs. 2 lit. a Rom II-VO),[275] teilweise aber auch eine analoge Anwendung des Art. 6 Rom I-VO vorgeschlagen[276] (→ Rom II-VO Art. 12 Rn. 16).

63 **2. Verbraucherschutznormen.** Grundsätzlich finden die Verbraucherschutznormen des vereinbarten Rechts Anwendung. Dies gilt insbesondere bei der Vereinbarung deutschen Rechts.[277] Zwingendes Recht des Aufenthaltslandes des Verbrauchers darf durch Rechtswahl nicht ausgeschaltet werden. Die Rechtswahl darf nämlich nicht dazu führen, dass dem Verbraucher der von zwingenden Vorschriften oder von Richterrecht gewährte Schutz entzogen wird (Abs. 2). Die Rechtswahl an sich ist – anders als nach Art. 120 Abs. 2 IPRG Schweiz – gültig, im Übrigen bleibt es also bei den vereinbarten Bestimmungen.[278]

64 Es geht um Bestimmungen, von denen nicht durch Vereinbarung abgewichen werden darf („provisions that cannot be derogated from"; „dispositions auxquelles il ne peut être dérogé par accord"). Gemeint sind solche zwingenden – dh nicht durch Parteivereinbarung abdingbaren –

---

265 EuGH ECLI:EU:C:2016:612 Rn. 71 = NJW 2016, 2727 = RIW 2016, 681 mAnm *Breckheimer* – Verein für Konsumenteninformation/Amazon; ECLI:EU:C:2019:827 Rn. 58 = RIW 2019, 729 = IPRax 2020, 246 m. Aufsatz *Rieländer* IPRax 2020, 224 – Verein für Konsumenteninformation; ECLI: EU: C:2023:672 Rn. 74 = NJW 2024, 569 mAnm *Rieländer* – Club La Costa; ebenso für Online-Glückspiel LG Paderborn BeckRS 2021, 20723; unter direkter Heranziehung von §§ 305 ff. BGB gegen das maltesische Recht OLG Braunschweig MDR 2023, 618; OLG Karlsruhe BeckRS 2023, 6752. – Zur Kritik der EuGH-Rspr. *Schmitz,* Die Wirksamkeit von Rechtswahl und Gerichtsstandsvereinbarung, 2023, 246 ff.

266 EuGH ECLI:EU:C:2016:612 = NJW 2016, 2727 = RIW 2016, 681 mAnm *Breckheimer* – Verein für Konsumenteninformation/Amazon; ebenso OGH ZfRV 2021, 130 (zwei Entscheidungen).

267 Dazu *Mankowski* IPRax 2019, 208 (210).

268 EuGH ECLI:EU:C:2016:612 Rn. 71 = NJW 2016, 2727 = IPRax 2017, 483 m. Aufsatz *Roth* IPRax 2017, 449 = RIW 2016, 681 mAnm *Breckheimer* – Verein für Konsumenteninformation/Amazon, ohne Erwähnung von Art. 23; insoweit abl. *Rieländer* RIW 2017, 28 (32 ff.).

269 Nachweise bei *Mankowski* IPRax 2019, 208 (210).

270 Dazu, insbes. zu Art. 23, *Rühl* C. M. L. Rev. 55 (2018) 201 (216 ff.); s. auch *Martiny* ZEuP 2018, 218 (231).

271 *Rieländer* RIW 2017, 28 (33 ff.).

272 OGH RRa 2015, 260 = GRUR Int 2015, 722 (Vorlagebeschluss); idS auch der GA in EuGH C-191/15, ECLI:EU:C:2016:388 – Verein für Konsumenteninformation/Amazon.

273 *Mankowski* FS W.H. Roth, 2015, 361 (368 f.); *Rieländer* RIW 2017, 28 (35 ff.).

274 Näher *W.-H. Roth* FS Martiny, 2014, 543 (547 ff.).

275 *W.-H. Roth* FS Martiny, 2014, 543 (562 ff.).

276 *J. Hoffmann* FS Dauses, 2014, 153 (163 ff.).

277 OLG Celle OLGZ 1991, 485 = IPRspr. 1991 Nr. 32 Ls.; OLG München NJW-RR 1991, 122 = IPRspr. 1990 Nr. 38.

278 Vgl. *Lagarde* Rev. crit. dr. int. pr. 80 (1991), 287 (313 f.); *E. Lorenz* RIW 1987, 569 f.; *Hartley* in North, Contract Conflicts, 1982, 125; *Kegel/Schurig* IPR § 18 I 1 f.: Wirkung nur wie materiellrechtliche Verweisung; Dt. EVÜ-Denkschrift, BT-Drs. 10/503, 25 f.; anders OLG Düsseldorf RIW 1995, 769 = IPRax 1997, 115 m. Aufsatz *Thorn* IPRax 1997, 98 das die *Rechtswahl* selbst über §§ 3, 9 AGBG (nunmehr §§ 305c, 307 BGB) ausschalten will.

Verbraucherschutznormen, **die den schwächeren Vertragsteil schützen** wollen.[279] In diesem Zusammenhang kommt es nicht darauf an, ob die Bestimmung ausdrücklich nur auf „Verbraucher" abstellt oder ob sie auch für andere Vertragsparteien gelten soll; allgemeine Rechtsgeschäftslehre, allgemeines Vertragsrecht (zB § 276 Abs. 2 BGB) und besondere Verbraucherschutznormen lassen sich kaum trennen.[280] Beispielsweise kann ein auf § 138 BGB (Sittenwidrigkeit) gestützter Unwirksamkeitsgrund vorgebracht werden.[281] Auch richterrechtliche Regeln zum Schutz eines Vertragspartners gegenüber dem anderen gehören hierher. Erfasst sind damit auch die Grundsätze zu Aufklärungs-, Hinweis- und Warnpflichten gegenüber Kapitalanlegern.[282] Nicht umfasst werden jedoch solche Bestimmungen, die ganz allgemein wirtschafts-, sozialordnungs- oder außenpolitischen Zielen dienen (zB Ausfuhrvorschriften), selbst wenn sie sich im gegebenen Fall günstig für den Verbraucher auswirken.[283] Für diese Eingriffsnormen bleibt es bei den allgemeinen Regeln. Dabei ist freilich nach Möglichkeit anzustreben, dass drittstaatliche Eingriffsnormen nicht die Schutzvorschriften des Art. 6 beiseiteschieben.

Die Verbraucherschutznormen können **in- oder ausländischen Ursprungs** sein. Solche Vor- 65
schriften treten in **vielfältigen Formen** auf.[284] Bei ihrer Anwendung ist zu beachten, dass der nationale sachliche Anwendungsbereich des Konsumentenrechts nicht mit dem des Art. 6 abgestimmt ist. Folglich kann sich eine weitergehende nationale Sachnorm nur insoweit auswirken, als Art. 6 den Weg dazu öffnet.[285] Die Eignung der Norm ist in jedem Einzelfall zu untersuchen. Zwingende Verbraucherschutznormen des deutschen Rechts sind etwa die Bestimmungen über den **Reisevertrag** (§§ 651a ff. BGB),[286] das **Verbraucherdarlehen** (§§ 491 ff. BGB)[287] sowie die Normen über das Widerrufsrecht des Verbrauchers bei **Haustürgeschäften** (§ 312g BGB).[288] Auch die Sachnormen über den Schutz vor **missbräuchlichen AGB** (§§ 305 ff. BGB) kommen über Art. 6 zur Anwendung.[289] Die **Kündigungsmöglichkeit für Darlehen** (§ 489 BGB) wird ebenfalls von Art. 6 erfasst. Gleiches gilt für die Vorschriften über die **Darlehensvermittlung** (§§ 655a ff. BGB).[290]

Vorschriften **öffentlich-rechtlicher Natur** können ebenfalls Schutzvorschriften sein, da es für 66
die Qualifikation einer Sachnorm auf ihre Funktion, nicht auf ihre rechtssystematische Verortung ankommt (→ Einl. IPR Rn. 133 ff.).[291] Beispielsweise kann eine gewerberechtliche Bestimmung auf diesem Wege durchgesetzt werden. Dies galt zB für das frühere Verbot des Abschlusses von Darlehensverträgen im Reisegewerbe.[292] Wenn auch das Bestehen und die Auslegung der einzelnen

[279] BGH RIW 2005, 463 = WM 2005, 423; Ferrari IntVertragsR/*Staudinger* Rn. 72; vgl. *E. Lorenz* FS Kegel, 1987, 303 (315); *Pocar* in Schwind, Aktuelle Fragen zum Europarecht aus der Sicht in- und ausländischer Gelehrter, 1986, 97: Vorschriften des ordre public interne; *Kroeger,* Der Schutz der „marktschwächeren" Partei im Internationalen Vertragsrecht, 1984, 80; *Droste,* Der Begriff der „zwingenden Bestimmung" in den Art. 27 ff. EGBGB, 1991, 212 f. – S. ferner *Stoll* FS Kegel, 1987, 623 (629).

[280] Ebenso *Pfeiffer* in Gounalakis, Rechtshandbuch Electronic Business, 2003, § 12 Rn. 82; *Droste,* Der Begriff der „zwingenden Bestimmung" in den Art. 27 ff. EGBGB, 1991, 213; *Mäsch,* Rechtswahlfreiheit und Verbraucherschutz, 1993, 51 f.

[281] *Einsele* WM 2009, 289 (293); *Friesen* VuR 2016, 174 (180); Staudinger/*Magnus,* 2021, Rn. 140; ebenso *Staudinger* IPRax 2005, 129 (131 ff.); *Mäsch,* Rechtswahlfreiheit und Verbraucherschutz, 1993, 48.

[282] BGH RIW 2005, 463 = WM 2005, 423.

[283] *Stoll* FS Beitzke, 1979, 759 (775); *Droste,* Der Begriff der „zwingenden Bestimmung" in den Art. 27 ff. EGBGB, 1991, 213.

[284] *Kaufhold* EuZW 2016, 247 (250); näher *v. Hoffmann* IPRax 1989, 261 (266 ff.); *v. Hippel,* Verbraucherschutz, 3. Aufl. 1986, 25 ff.

[285] Vgl. zu Art. 29 EGBGB aF *Knaul,* Auswirkungen des europäischen Binnenmarktes der Banken auf das internationale Bankvertragsrecht unter besonderer Berücksichtigung des Verbraucherschutzes, 1995, 283 ff.

[286] AG Waldshut-Tiengen NJW-RR 1988, 953; *Kartzke* NJW 1994, 823 (825); Grüneberg/*Thorn* Rn. 9; Soergel/*v. Hoffmann* EGBGB Art. 29 Rn. 29.

[287] Ferrari IntVertragsR/*Staudinger* Rn. 74; Grüneberg/*Thorn* Rn. 9. – S. bereits *Bülow* EuZW 1993, 436; *Knaul,* Auswirkungen des europäischen Binnenmarktes der Banken auf das internationale Bankvertragsrecht unter besonderer Berücksichtigung des Verbraucherschutzes, 1995, 284 f.

[288] LG Frankfurt a.M. BeckRS 2019, 22403 Rn. 53; Ferrari IntVertragsR/*Staudinger* Rn. 74; Grüneberg/*Thorn* Rn. 9. – Zu Art. 29 EGBGB BGHZ 123, 380 (384 f.) = IPRspr. 1993 Nr. 37 = NJW 1994, 262 = IPRax 1994, 449 m. Aufsatz *W. Lorenz* IPRax 1994, 429 = JZ 1994, 363 mAnm *Fischer* = RIW 1994, 154 m. Aufsatz *W.-H. Roth* RIW 1994, 275 = JR 1995, 14 mAnm *Dörner;* LG Limburg NJW 1990, 2206; *Jayme* FS Nagel, 1987, 123 (127).

[289] LG Berlin NJW 2013, 2605 mAnm *Steinrötter; Einsele* WM 2009, 289 (293); ebenso schon *Wagner* WM 1995, 1129 (1136); *Mäsch,* Rechtswahlfreiheit und Verbraucherschutz, 1993, 52 ff.; Ulmer/Brandner/Hensen/*Schmidt,* 2016, BGB § 305 Anh. Rn. 2a; Wolf/Lindacher/Pfeiffer/*Hau* IntGV Rn. 30.

[290] Grüneberg/*Thorn* Rn. 9.

[291] *Ferid* IPR Rn. 6–29.

[292] *Kroeger,* Der Schutz der „marktschwächeren" Partei im Internationalen Vertragsrecht, 1984, 99; *Droste,* Der Begriff der „zwingenden Bestimmung" in den Art. 27 ff. EGBGB, 1991, 215.

Schutzvorschrift dem nationalen Recht überlassen bleibt, so entbindet das nicht von der Pflicht, den Begriff der „zwingenden Schutzbestimmungen" des Art. 6 Abs. 2 einheitlich auszulegen (→ Vor Art. 1 Rn. 25).

67 **3. Günstigkeitsprinzip.** Die Rechtswahl darf nicht dazu führen, dass dem Verbraucher der Schutz des zwingenden Rechts des Landes, in dem er seinen gewöhnlichen Aufenthalt hat, entzogen wird („depriving"; „priver"). Die Verbraucherschutzvorschriften des in- oder ausländischen Aufenthaltsstaates sind nicht nur zu „berücksichtigen", sondern kommen uneingeschränkt zur Anwendung.[293] Nach hM erfolgt aber keine starre Anknüpfung an den Aufenthaltsstaat; die Rechtswahl ist nicht unwirksam.[294] Vielmehr bestimmt das Recht im Aufenthaltsstaat des Verbrauchers nur das **Minimum an zu gewährendem Schutz.** Es darf kein für den Verbraucher ungünstigeres Ergebnis erzielt werden als nach seinem Aufenthaltsrecht. Im Einzelfall kann aber das von den Parteien vereinbarte Recht günstiger sein. Gewährt das so bestimmte Recht dem Verbraucher größeren Schutz, so gilt diese Rechtsordnung.[295] Eine solche materiellrechtlich orientierte „Inhaltskontrolle"[296] entspricht dem Gedanken des Verbraucherschutzes am ehesten, da kein Grund dafür ersichtlich ist, dem Verbraucher den Schutz des Vertragsstatuts zu entziehen.[297] Der Verbraucher bleibt allerdings mit der Ermittlung des ihm möglicherweise unbekannten Rechts belastet.[298] Die Ausdehnung der vorrangigen Missbrauchskontrolle bei der Rechtswahl durch die Rspr. (→ Rn. 62) hat die Bedeutung des Günstigkeitsprinzips reduziert.

68 Es gilt mithin der **Grundsatz des günstigeren Rechts.**[299] Der Inhalt der in Frage kommenden Rechtsordnungen ist miteinander zu vergleichen. Dabei stellen sich ähnliche Probleme wie nach Art. 8 (→ Art. 8 Rn. 44 ff.). Der Vergleich der beiden Rechtsordnungen konzentriert sich auf die konkret in Frage stehenden Rechtsprobleme. Auszugehen ist von dem jeweiligen **Begehren des Verbrauchers.**[300] Diejenige Rechtsordnung, welche ihm am ehesten entspricht, ist für ihn die günstigere. Will er beispielsweise ein Widerrufsrecht geltend machen, für dessen Ausübung das gewählte Recht nur eine Frist von einer, das Aufenthaltsrecht aber von zwei Wochen gewährt, so gilt die letztere.[301] Ein umfassender Gesamtvergleich zwischen den in Frage stehenden Rechtsordnungen ist nicht notwendig. Er wäre zum einen nur schwer zu bewerkstelligen und würde sich zum anderen zu sehr vom auf das konkrete Verbraucherinteresse gerichteten Ziel der Vorschrift entfernen. Schließlich wäre es wenig überzeugend, die im konkreten Fall für den Verbraucher ungünstigere Lösung zu bevorzugen, weil die ihr zu Grunde liegende Rechtsordnung in anderen – im gegebenen Fall aber nicht zur Debatte stehenden – Fragen vorteilhafter ist.[302] Allerdings darf der Verbraucher nicht einzelne Teile unterschiedlicher Rechtsordnungen derart kombinieren, dass Ergebnisse erzielt werden, welche nach keiner der einzelnen Rechtsordnungen allein eintreten könnten.[303] Die Rspr. hat in der Vergangenheit regelmäßig keinen näheren Vergleich vorgenommen.[304] Meist war aber unbestritten, dass das gewählte Recht keine entsprechende verbraucherschützende Norm enthielt.

---

293 Vgl. *Ulmer/Brandner/Hensen/Schmidt,* 2016, BGB Anh. § 305 Rn. 1.

294 *Pfeiffer* in Gounalakis, Rechtshandbuch Electronic Business, 2003, § 12 Rn. 83; Czernich/Heiss/*Heiss* EVÜ Art. 5 Rn. 59.

295 EuGH ECLI:EU:C:2023:672 = NJW 2024, 569 mAnm *Rieländer* – Club La Costa; *Gaudemet-Tallon* Rev. trim. dr. europ. 17 (1981), 215 (251); *Morse* Yb. Eur. L. 2 (1982), 107 (136); *Schurig* RabelsZ 54 (1990), 217 (225); *Mäsch,* Rechtswahlfreiheit und Verbraucherschutz, 1993, 32 ff.

296 Dazu *E. Lorenz* RIW 1987, 569 (570 ff.); zu den Gründen für das Günstigkeitsprinzip ausf. *Pocar* Rec. des Cours 188 (1984-V), 339 (404 ff.).

297 Von einer Anknüpfungshäufung mit materiell-rechtlichem Stichentscheid sprechen daher *Schurig,* Kollisionsnorm und Sachnorm, 1981, 206; *Mäsch,* Rechtswahlfreiheit und Verbraucherschutz, 1993, 28 ff., 173.

298 Daher ganz abl. *Leible* JbJZivRWiss 1995, 245 (258 f.). Vgl. auch *Mäsch,* Rechtswahlfreiheit und Verbraucherschutz, 1993, 72.

299 *Garcimartín Alférez* ELF 2008, I-61 (74); *Mankowski* IHR 2008, 133 (140); *Einsele* WM 2009, 289 (293); *Rühl* FS v. Hoffmann, 2011, 364 (368 ff.). – Grds. Kritik der alternativen Anknüpfung bei *Leible* in Leible, Grünbuch, 2004, 145 ff.; *Mäsch,* Rechtswahlfreiheit und Verbraucherschutz, 1993, 65 ff. Für die Abschaffung des Günstigkeitsprinzips bei Vereinbarung des Rechts eines Mitgliedstaats, *Riesenhuber* FS Martiny, 2014, 531.

300 *E. Lorenz* RIW 1987, 569 (576 f.); *E. Lorenz* FS Kegel, 1987, 303 (336 f.); *Schurig* RabelsZ 54 (1990), 217 (225); *W. Lorenz* IPRax 1994, 431; *Bülow* EuZW 1993, 435 ff.; *Knaul,* Auswirkungen des europäischen Binnenmarktes der Banken auf das internationale Bankvertragsrecht unter besonderer Berücksichtigung des Verbraucherschutzes, 1995, 282 f.; *Mäsch,* Rechtswahlfreiheit und Verbraucherschutz, 1993, 37; krit. *Philip* in North, Contract Conflicts, 1982, 99 f.

301 *Philip,* EF – IP. – Lovvalget i Kontraktforhold, 1982, 58.

302 Rauscher/*Heiderhoff* Rn. 100.

303 Vgl. *Mäsch,* Rechtswahlfreiheit und Verbraucherschutz, 1993, 37 ff.

304 Näher *Basedow* FS Jayme, Bd. I, 2004, 3 (15 ff.).

Folglich stand außer Frage, dass das Recht des Verbraucherlandes – regelmäßig die deutsche lex fori – das günstigere war.

69 Die bei Rechtswahl korrigierend zur Anwendung kommende Rechtsordnung ist das **Recht, das nach Abs. 1 mangels einer Rechtswahl anzuwenden wäre.** Es handelt sich also um die Rechtsordnung, die auf Grund objektiver Anknüpfung anwendbar wäre. Auch hier kommt es auf den gewöhnlichen Aufenthalt zum Zeitpunkt des Vertragsschlusses an.[305] Ein einfacher Aufenthalt genügt nicht. Das Günstigkeitsprinzip wirkt sich allseitig aus; es gilt also nicht nur gegenüber ausländischem Recht.[306] Wurde deutsches Recht vereinbart, so kann sich der Verbraucher auch auf ihm günstigere Bestimmungen eines ausländischen, objektiv bestimmten Verbrauchervertragsstatuts berufen.

V. Andere Umstände des Vertragsabschlusses (Abs. 3)

70 Abs. 3 enthält eine ausdrückliche Klarstellung für den Fall, dass die Anforderungen bezüglich des situativen Anwendungsbereichs nicht erfüllt sind. Abs. 1 lit. a (berufliche oder gewerbliche Tätigkeit im Verbraucherland) und lit. b (Ausrichten der Tätigkeit) werden ausdrücklich genannt. Art. 6 kommt dann nicht zur Anwendung. Vielmehr gelten für die Bestimmung des auf einen Vertrag zwischen einem Verbraucher und einem Unternehmer anzuwendenden Rechts die Art. 3 (Rechtswahl) und Art. 4 (objektive Anknüpfung).[307]

VI. Zwingende Vorschriften

71 **1. Überblick.** Die Rom I-VO sieht den Einfluss zwingender Vorschriften in mehreren Bestimmungen ausdrücklich vor, nämlich in Art. 3 Abs. 3 und 4, Art. 6 Abs. 2, Art. 9 Abs. 2 und 3. Ferner ist Art. 46b EGBGB zu beachten. Folglich ist zu bestimmen, wie diese verschiedenen Vorschriften sich zueinander verhalten, was im Einzelnen zu den jeweiligen Normgruppen gehört und wie sie gegeneinander abzugrenzen sind. Es besteht daher die Gefahr, dass diese Vorschriften unterschiedlich verwendet werden, wobei zum Teil zusätzlich noch Art. 10 Abs. 2 (zu Unrecht) herangezogen wird (→ Rn. 61).

72 **2. Einfluss auf das Vertragsstatut. a) Verhältnis zu Art. 3 Abs. 3.** Eine Beschränkung der Rechtswahl besteht bereits **bei fehlendem Auslandsbezug des Verbrauchervertrages** auf Grund von Art. 3 Abs. 3. Bei reinen Inlandssachverhalten bleibt der Verbrauchervertrag von vornherein den zwingenden Vorschriften des Landes, mit dem er allein verbunden ist, unterworfen (→ Art. 3 Rn. 85 ff.). Dies kann in- oder ausländisches Recht sein; es braucht sich nicht um Schutzbestimmungen zu handeln. Hier kann auch sonstiges zwingendes inländisches Recht zum Zuge kommen. An sich verschließt daher schon die Anwendung von Art. 3 Abs. 3 den Zugang zu Art. 6 und damit zu einem durch Rechtswahl bestimmten Vertragsstatut.[308] zum Teil wird aber für möglich gehalten, dass die Geltung günstigeren ausländischen Rechts über Art. 6 erhalten bleibt[309] und Art. 6 insoweit Vorrang zukommt.[310]

73 **b) Verhältnis zu Art. 3 Abs. 4.** Eine weitere Beschränkung ergibt sich durch die **Binnenmarktklausel** des Art. 3 Abs. 4.[311] Besteht lediglich zu einem anderen Mitgliedstaat eine Beziehung, so kann nicht von den europäischen Vorschriften abgewichen werden (→ Art. 3 Rn. 96 ff.). Der Drittstaatsbezug ist allerdings regelmäßig schon dann gegeben, wenn der Unternehmer seine Niederlassung in dem Drittstaat hat.[312] Teilweise wird vertreten, dass Art. 6 im Verhältnis zu Art. 3 Abs. 4 lex specialis ist.[313] Nach dieser Auffassung wird dann nicht – wie von der VO verlangt – die lex fori, sondern das Recht des objektiven Vertragsstatuts durchgesetzt.[314]

---

305 *E. Lorenz* FS Kegel, 1987, 303 (321, 336); krit. zum Aufenthaltserfordernis *Hartley* in North, Contract Conflicts, 1982, 130; *Kroeger,* Der Schutz der „marktschwächeren" Partei im Internationalen Vertragsrecht, 1984, 178.

306 Soergel/*v. Hoffmann* EGBGB Art. 29 Rn. 32.

307 EuGH ECLI:EU:C:2023:672 Rn. 83 = NJW 2024, 569 mAnm *Rieländer* – Club La Costa.

308 Grüneberg/*Thorn* Rn. 8; näher zu Art. 29 EGBGB aF *Mäsch,* Rechtswahlfreiheit und Verbraucherschutz, 1993, 95 ff.

309 So für das alte Recht *E. Lorenz* FS Kegel, 1987, 303 (337); Soergel/*v. Hoffmann* EGBGB Art. 29 Rn. 30.

310 Ferrari IntVertragsR/*Staudinger* Rn. 4.

311 *Garcimartín Alférez* ELF 2008, I-61 (I-65); Grüneberg/*Thorn* Rn. 8.

312 *Kieninger* FS Kropholler, 2008, 499 (504).

313 *Kieninger* FS Kropholler, 2008, 499 (513 ff.); Ferrari IntVertragsR/*Staudinger* Rn. 4.

314 Allerdings für die Binnenmarktklausel, wenn das einzelstaatliche Recht Verbraucherschutzrichtlinien nicht umgesetzt hat, Ferrari IntVertragsR/*Staudinger* Rn. 4.

74 **c) Günstigkeitsprinzip (Abs. 2).** Sodann tritt eine Korrektur der Rechtswahl nach dem Günstigkeitsprinzip des Abs. 2 ein. Dabei wird das auf Grund objektiver Anknüpfung maßgebliche Recht durchgesetzt, soweit es um Verbraucherschutzvorschriften im Sinne dieser Bestimmung geht. Dies kann in- oder ausländisches Recht sein (→ Rn. 63 ff.).

75 **d) Verhältnis zu Art. 46b EGBGB.** Die Vorschrift des Art. 46b EGBGB betrifft den Verbraucherschutz auf besonderen, von Richtlinien geregelten Gebieten. Dieses Richtlinienrecht besteht fort (→ Art. 23 Rn. 18). Die Vorschrift greift dann ein, wenn der Vertrag auf Grund einer Rechtswahl nicht dem Recht eines Mitgliedstaats der EU oder eines anderen Vertragsstaats des EWR unterliegen soll, aber einen engen Zusammenhang mit dem Gebiet dieser Staaten aufweist.

76 **e) Verhältnis zu Art. 9 Abs. 2. Inländische** („international") **zwingende Bestimmungen** können auch über eine Sonderanknüpfung nach Art. 9 Abs. 2 durchgesetzt werden. Diese Vorschriften müssen jedoch Eingriffsnormen iSd Art. 9 Abs. 1 sein. Sie brauchen zwar nicht – wie beim ordre public (Art. 21) – Grundwerte des deutschen Rechts zu berühren;[315] sie müssen sich auf der anderen Seite aber gegen das Vertragsstatut durchsetzen wollen. Ihr Verhältnis zu den Schutzbestimmungen des Art. 6 ist umstritten, wobei sowohl hinsichtlich des Anwendungsbereichs als auch bezüglich des Zusammenspiels im Einzelnen viele Nuancen vertreten werden. Als erstes stellt sich die Frage, ob Verbraucherrecht überhaupt international zwingende Normen enthalten kann. Teilweise wird Art. 9 auf das klassische marktregulierende Eingriffsrecht beschränkt; **Sonderprivatrecht wie das Verbraucherrecht** soll von vornherein **nicht erfasst** werden. Danach ist dann die Durchsetzung zwingenden Verbraucherschutzrechts allein Art. 6 vorbehalten. Eine **Sonderanknüpfung gemäß Art. 9** kommt daneben **nicht mehr in Betracht** (→ Art. 9 Rn. 95 ff.). Folglich kann es auch zwischen Art. 6 und Art. 9 zu keinen Überschneidungen kommen.[316] Nach aA ist hingegen gegenüber einem ausländischen Vertragsstatut **auch eine Sonderanknüpfung international zwingenden deutschen Verbraucherrechts** grundsätzlich zulässig (näher → Art. 9 Rn. 15 f., → Art. 9 Rn. 95 ff.; → BGB Vor § 488 Rn. 85 ff.). Das international zwingende Recht umfasst nicht nur wirtschaftslenkende Eingriffsnormen im engeren Sinne und ist daher nicht von vornherein ausgeschaltet. Solche Verbraucherschutzvorschriften setzen sich ggf. gegenüber den zwingenden Vorschriften des Vertragsstatuts durch.[317] Dieser Standpunkt wird vielfach auch im Ausland vertreten.[318]

77 Eine Sonderanknüpfung wurde vor der Rom I-VO in unzähligen Spielarten vertreten (→ 4. Aufl. 2006, EGBGB Art. 29 Rn. 67 ff.).[319] Auslöser dafür war zum einen die enge Fassung des Art. 5 EVÜ bzw. Art. 29 EGBGB, die zahlreiche Verbrauchertransaktionen nicht erfasste. Zum anderen bot das weite Konzept der international zwingenden Normen des Art. 7 Abs. 2 EVÜ bzw. Art. 34 EGBGB eine Eingriffsmöglichkeit. Nunmehr ist der Anwendungsbereich des Art. 6 wesentlich erweitert worden, während auf der anderen Seite die Sonderanknüpfung auf Eingriffsnormen iSd Art. 9 Abs. 1 beschränkt wurde. Daraus dürfte der **Schluss zu ziehen** sein, dass für die Sonderanknüpfung privatschützenden Verbraucherrechts das **Vertragsstatut ausreichenden Schutz bietet und für die Anknüpfung als Eingriffsnorm regelmäßig kein Raum mehr bleibt.**[320] Allerdings wird sich der endgültige Stellenwert der neuen Regelung erst bei der praktischen Anwendung des Art. 6 und einer Interpretation der Eingriffsnormen durch den EuGH zeigen.

78 **f) Beachtung drittstaatlichen Eingriffsrechts (Art. 9 Abs. 3).** Die Anwendung von Eingriffsnormen eines ausländischen Staates, welcher nicht das Vertragsstatut stellt und in dem auch

---

315 Vgl. *Weber* IPRax 1988, 82 (84).

316 So etwa für das EVÜ *Mankowski* RIW 2004, 481 (487 f.); *v. Bar/Mankowski* IPR I § 4 Rn. 91 ff.

317 Ferrari IntVertragsR/*Staudinger* Rn. 6, Art. 9 Rn. 18 ff.; Rauscher/*Heiderhoff* Rn. 29. – Zu Art. 34 EGBGB BGHZ 123, 380 (391) = NJW 1994, 262 = IPRax 1994, 449 m. Aufsatz *W. Lorenz* IPRax 1994, 429 zu § 1 HaustürWG; BGHZ 135, 124 (135) = NJW 1997, 1697 = IPRax 1998, 285 m. Aufsatz *Ebke* IPRax 1988, 263; BGHZ 165, 248 (256 f.) = NJW 2006, 762 m. Aufsatz *Weller* NJW 2006, 1247 = IPRax 2006, 272 m. Aufsatz *Pfeiffer* IPRax 2006, 238; OLG Celle RIW 1996, 963 = DZWiR 1996, 299 m. Aufsatz *Mankowski* DZWiR 1996, 273; *Jayme/Kohler* IPRax 1997, 385 (400); *Looschelders* FS E. Lorenz, 2004, 441 (452); *Knaul,* Auswirkungen des europäischen Binnenmarktes der Banken auf das internationale Bankvertragsrecht unter besonderer Berücksichtigung des Verbraucherschutzes, 1995, 276 f., 283.

318 S. etwa franz. Cass. civ. Rev. crit. dr. int. pr. 96 (2007), 85 mAnm *Cocteau-Senn* = Clunet 134 (2007), 537 mAnm *Sinay-Cytermann* = ZEuP 2008, 845 mAnm *Mankowski; Wilderspin* in Lando/Magnus/Nowak-Stief, Angleichung des materiellen und des internationalen Privatrechts in der EU, 2003, 111 (124 f.); wN bei *Martiny* ZEuP 2008, 79 (103 ff.).

319 S. auch *Ganssauge,* Internationale Zuständigkeit und anwendbares Recht bei Verbraucherverträgen im Internet, 2004, 234 ff.; *Loacker,* Der Verbrauchervertrag im internationalen Privatrecht, 2006, 163 f.

320 Vgl. *Mankowski* ZEuP 2008, 845 (855 ff.); *Einsele* WM 2009, 289 (295 ff.); *Campo Comba* NIPR 2020, 374 (380 ff.).

nicht der Aufenthaltsort des Verbrauchers liegt, richtet sich nunmehr nach Art. 9 Abs. 3. Es gelten die insoweit maßgeblichen Grundsätze.

3. Einzelne Vorschriften. Zu einzelnen Eingriffsnormen bzw. international zwingenden Vorschriften iSd Art. 9 → Art. 9 Rn. 95 ff. 79

VII. Probleme des Allgemeinen Teils

1. Rück- und Weiterverweisung. Rück- und Weiterverweisung sind – wie stets bei der Anknüpfung vertraglicher Schuldverhältnisse – nach Art. 19 ausgeschlossen.[321] Mithin gilt das vereinbarte oder auf Grund objektiver Anknüpfung bestimmte Recht. 80

2. Ordre public. Steht das anzuwendende ausländische Recht im Widerspruch zu Grundprinzipien des inländischen Rechts, so kommt bei einem untragbaren Ergebnis im Einzelfall und einer ausreichenden Inlandsbeziehung ein Verstoß gegen den deutschen ordre public (Art. 21) in Betracht.[322] Zwar kann bei Rechtswahl bereits durch den Günstigkeitsvergleich nach Abs. 1 eine Korrektur des Ergebnisses eintreten. Maßstab ist insofern jedoch nicht die lex fori, sondern das auf Grund objektiver Anknüpfung bestimmte Recht. Dessen Anwendung kann zu von der inländischen Rechtsordnung missbilligten Ergebnissen führen. Früher wurde des Öfteren vertreten, inländische Verbraucherschutzvorschriften seien vorzugsweise über den ordre public durchzusetzen.[323] Nach neuem Recht wird nur noch selten ein Bedürfnis dafür bestehen.[324] So kann etwa das Widerrufsrecht nach deutschem Verbraucherschutzrecht nicht pauschal über den deutschen ordre public durchgesetzt werden,[325] denn Art. 21 hat nur eine negative, keine positive ordre public-Funktion (→ EGBGB Art. 6 Rn. 2 f.). 81

VIII. Internationale Zuständigkeit

1. Verfahrensrechtliche Sonderregeln für Verbrauchersachen nach Brüssel Ia-VO und LugÜ. Bilden ein Vertrag oder Ansprüche aus einem Vertrag, den ein Verbraucher zu einem Zweck geschlossen hat, der nicht seiner beruflichen oder gewerblichen Tätigkeit zugerechnet werden kann, den Gegenstand des Verfahrens, so bestimmt sich die Zuständigkeit unbeschadet des Art. 6 und des Art. 7 Nr. 5 Brüssel Ia-VO (Art. 4, Art. 5 Nr. 5 LugÜ) nach den 17 ff. Brüssel Ia-VO (Art. 15 ff. LugÜ).[326] Eine enge wirtschaftliche Verbindung zu früherem Verbrauchervertrag kann genügen.[327] Dabei unterscheidet die Brüssel Ia-VO mehrere Fälle. Die besondere Zuständigkeit besteht, wenn es sich um den **Kauf beweglicher Sachen auf Teilzahlung** handelt (Art. 17 Abs. 1 lit. a Brüssel Ia-VO [= Art. 15 Abs. 1 lit. a LugÜ]). Der Verbrauchergerichtsstand ist ferner gegeben für ein in Raten zurückzuzahlendes Darlehen oder ein anderes **Kreditgeschäft,** das zur Finanzierung eines Kaufs derartiger Sachen bestimmt ist (Art. 17 Abs. 1 lit. b Brüssel Ia-VO [= Art. 15 Abs. 1 lit. b LugÜ]). Sehr weitgehend handelt es sich auch dann um eine Verbrauchersache, wenn der andere Vertragspartner in dem Mitgliedstaat, in dem der Verbraucher seinen Wohnsitz hat, eine berufliche oder gewerbliche **Tätigkeit ausübt** oder eine solche auf irgend"clickeinem Wege auf diesen Mitgliedstaat oder auf mehrere Staaten, einschließlich dieses Mitgliedstaats, **ausrichtet** und der Vertrag in den Bereich dieser Tätigkeit fällt (Art. 17 Abs. 1 lit. c Brüssel Ia-VO [= Art. 15 Abs. 1 lit. c LugÜ]). Der Vertrag muss nicht mit Mitteln des Fernabsatzes geschlossen werden.[328] Auch Timesharing-Verträge werden erfasst.[329] Die Gewinnzusage ist nicht ausgeschlossen (→ Rn. 21; → Vor Art. 1 Rn. 47). Erhält ein Verbraucher eine an ihn gerichtete Gewinnmitteilung, so nimmt der EuGH dann eine vertragliche Verpflichtung an, wenn der Unternehmer ein verbindliches Angebot 82

---

[321] Grüneberg/*Thorn* Rn. 3.

[322] Vgl. BGHZ 135, 124 (139 f.) = NJW 1997, 1697; LG Zweibrücken RIW 1983, 454 = IPRspr. 1983 Nr. 23; *Pocar* Rec. des Cours 188 (1984-V), 339 (395 ff.). – Kein ordre public-Verstoß bei fehlendem Widerrufsrecht: OLG Hamm NJW-RR 1989, 496 m. abl. Anm. *Huff* EWiR 1989, 383; OLG Düsseldorf NJW-RR 1995, 1396 = IPRspr. 1994 Nr. 35 A betr. Türkei.

[323] Vgl. RG JW 1932, 592 mAnm *Stulz* = IPRspr. 1931 Nr. 7 zum Abzahlungskauf.

[324] Vgl. *Leible* JbJZivRWiss 1995, 245 (265 f.); *Paefgen* ZEuP 2003, 266 (288 f.).

[325] OLG Düsseldorf NJW-RR 1995, 1396 = IPRspr. 1994 Nr. 35 A zum Teppichkauf während Kreuzfahrt; OLG Naumburg IPRspr. 1998 Nr. 30; LG Bielefeld NJW-RR 1999, 1282; ebenso Czernich/Heiss/*Heiss* EVÜ Art. 5 Rn. 48.

[326] Dazu *Gsell* ZZP 127 (2014), 431 ff.; *H. Koch* RRa 2013, 173; *Führich* RRa 2014, 106 für Ferienunterkünfte.

[327] EuGH ECLI:EU:C:2015:844 = NJW 2016, 697 mAnm *Mankowski* = EuZW 2016, 266 mAnm *R. Wagner* = IPRax 2016, 583 m. Aufsatz *Heinze/Steinrötter* IPRax 2016, 545 – Hobohm.

[328] EuGH ECLI:EU:C:2012:542 = NJW 2012, 3225 m. zust. Anm. *Staudinger/Steinrötter* – Mühlleitner; BGH RIW 2013, 563.

[329] Für nicht vereins- und gesellschaftsrechtliche Formen Rauscher/*Staudinger* Brüssel I-VO Art. 15 Rn. 8.

macht, das so klar und präzise ist, dass eine Vertragsbeziehung entstehen kann. Der Unternehmer muss sich rechtlich gebunden haben, dem Verbraucher den Preis auszuzahlen. Ist das nicht der Fall, so steht der Verbrauchergerichtsstand nur dann offen, wenn der Verbraucher tatsächlich eine Bestellung aufgegeben hat.[330] Eine Abtretung kann für den Zessionar keinen Gerichtsstand als Verbraucher begründen.[331]

83 Umstritten ist, wieweit eine Tätigkeit im Verbraucherland ausgeübt wird, wenn der Verbraucher den **Vertrag mithilfe des Internets** schließt (→ Rn. 47). Nach einer engen Auffassung ist die bloße Zugänglichkeit einer Webseite im Verbraucherland noch keine Ausübung der Tätigkeit des Anbieters.[332] Andere nehmen eine Ausrichtung auf den Verbraucherstaat schon dann an, wenn der Verbraucher, veranlasst durch Homepage-Werbung oder Angebot mit dem Unternehmer, tatsächlich einen Vertrag abschließen kann und dies auch tut.[333] Früher wurde des Öfteren angenommen, dass die Erreichbarkeit einer passiven Website nicht ausreicht,[334] während eine interaktive Website genügen soll.[335] Der EuGH versteht das Ausrichten aber weiter (→ Rn. 43 ff.) und verlangt auch keine Kausalität zwischen Ausrichten und Vertragsabschluss (→ Rn. 56).

84 Hat der Vertragspartner des Verbrauchers **keinen Wohnsitz in einem Mitgliedstaat,** besitzt er aber in einem Mitgliedstaat eine Zweigniederlassung, Agentur oder sonstige Niederlassung, so wird er für Streitigkeiten aus ihrem Betrieb so behandelt, wie wenn er seinen Wohnsitz im Hoheitsgebiet dieses Staates hätte (Art. 17 Abs. 2 Brüssel Ia-VO [= Art. 15 Abs. 2 LugÜ]). Die Art. 17 ff. Brüssel Ia-VO (= Art. 15 ff. LugÜ) sind nicht auf **Beförderungsverträge** mit Ausnahme von Reiseverträgen, die für einen Pauschalpreis kombinierte Beförderungs- und Unterbringungsleistungen vorsehen, anzuwenden (Art. 17 Abs. 3 Brüssel Ia-VO [= Art. 15 Abs. 3 LugÜ]).

85 Die Klage eines Verbrauchers gegen den anderen Vertragspartner kann entweder vor den Gerichten des Mitgliedstaats erhoben werden, in dessen Gebiet dieser Vertragspartner seinen Wohnsitz hat, oder vor dem Gericht des Ortes, an dem der **Verbraucher seinen Wohnsitz** hat (Art. 18 Abs. 1 Brüssel Ia- [=VO Art. 16 Abs. 1 LugÜ]). Die Klage des anderen Vertragspartners gegen den Verbraucher kann nur vor den Gerichten des Mitgliedstaats erhoben werden, in dessen Hoheitsgebiet der Verbraucher seinen Wohnsitz hat (Art. 18 Abs. 2 Brüssel Ia-VO [= Art. 16 Abs. 2 LugÜ]). Art. 18 Brüssel Ia-VO lässt das Recht unberührt, eine Widerklage vor dem Gericht zu erheben, bei dem die Klage selbst gemäß den Bestimmungen dieses Abschnitts anhängig ist (Art. 18 Abs. 3 Brüssel Ia-VO [= Art. 16 Abs. 3 LugÜ]).

86 Von den Vorschriften der Art. 17 ff. Brüssel Ia-VO (= Art. 15 ff. LugÜ) kann nach Art. 19 Brüssel Ia-VO (= Art. 17 LugÜ) durch **Gerichtsstandsvereinbarung** nur in bestimmten Fällen abgewichen werden.[336] Dies ist der Fall, wenn die Vereinbarung nach der Entstehung der Streitigkeit getroffen wird (Art. 19 Nr. 1 Brüssel Ia-VO [= Art. 17 Nr. 1 LugÜ]). Eine Vereinbarung ist auch dann zulässig, wenn sie dem Verbraucher die Befugnis einräumt, andere als die in Art. 17 ff. Brüssel Ia-VO angeführten Gerichte anzurufen (Art. 19 Nr. 2 Brüssel Ia-VO [= Art. 17 Nr. 2 LugÜ]). Gestattet ist sie auch dann, wenn sie zwischen einem Verbraucher und seinem Vertragspartner, die zum Zeitpunkt des Vertragsabschlusses ihren Wohnsitz oder gewöhnlichen Aufenthalt in demselben Mitgliedstaat haben, getroffen ist und die Zuständigkeit der Gerichte dieses Mitgliedstaats begründet, es sei denn, dass eine solche Vereinbarung nach dem Recht dieses Mitgliedstaats nicht zulässig ist (Art. 19 Nr. 3 Brüssel Ia-VO [= Art. 17 Nr. 3 LugÜ]). Der EuGH hat die Klausel-RL auf vorformulierte Gerichtsstandsklauseln in Verbraucherverträgen bezüglich der örtlichen Zuständigkeit angewendet.[337] Ob die Richtlinie auch die Vereinbarung der internationalen Zuständigkeit erfasst, ist umstritten.[338]

---

[330] EuGH Slg. 2009, I-3961 = EuZW 2009, 489 – Ilsinger/Dreschers; *Rühl* GPR 2013, 122 (126 ff.).

[331] EuGH ECLI:EU:C:2018:37 Rn. 49 = EuZW 2018, 197 – Schrems.

[332] So eine Erklärung des Rates und der Kommission IPRax 2001, 259 (261); vgl. *Jayme/Kohler* IPRax 2001, 501 (505); *Staudenmayer* in Lando/Magnus/Nowak-Stief, 2003, 57 (70 ff.).

[333] BGH RIW 2017, 448 zu Art. 15 LugÜ; näher *Lurger* in Leible, Die Bedeutung des Internationalen Privatrechts im Zeitalter der neuen Medien, 2003, 40 ff.

[334] BGH NJW 2009, 298 = EuZW 2009, 26 m. insoweit abl. Anm. *Leible/Müller;* Geimer/Schütze/*Geimer* Brüssel I-VO Art. 15 Rn. 38.

[335] *Leible* in Leible, Grünbuch, 2004, 143; Geimer/Schütze/*Geimer* Brüssel I-VO Art. 15 Rn. 36; *Kropholler/v. Hein* Brüssel I-VO Art. 15 Rn. 24.

[336] Näher *Gsell* FS Coester-Waltjen, 2015, 403 ff.; *Mankowski* in Heindler/Verschraegen, Internationale Bankgeschäfte mit Verbrauchern, Wien 2017, 1 ff.; Reithmann/Martiny IntVertragsR/*Hausmann* Rn. 7.121 ff. Zu Klauseln *Hausmann* in Czernich/Geimer, Handbuch der Streitbeilegungsklauseln im Internationalen Vertragsrecht, 2017, 267 ff.

[337] EuGH Slg. 2000, I-4941 = RIW 2000, 700 m. Aufsatz *Leible* RIW 2001, 422 = IPRax 2001, 128 m. Aufsatz *Hau* IPRax 2001, 96 – Océano Grupo Editorial. Vgl. dazu *Pfeiffer* ZEuP 2003, 141 ff.

[338] Bejahend *Staudinger* in Leible, Grünbuch, 2004, 38 ff.; Rauscher/*Staudinger* Brüssel I-VO Art. 17 Rn. 6; anders *Kropholler/v. Hein* Brüssel I-VO Art. 23 Rn. 20 mwN.

2. Deutsches Recht. Das nationale Recht kennt keine einheitliche Bestimmung für die internationale Zuständigkeit in Verbrauchersachen. Es enthält jedoch Sonderregeln für einzelne Bereiche. Sie sehen im Allgemeinen **für den Konsumenten einen Klägergerichtsstand** vor,[339] so für Haustürgeschäfte (§ 29c ZPO).[340] Ferner gelten neben der allgemeinen Vorschrift des § 38 ZPO (→ Vor Art. 1 Rn. 74 ff.) besondere Beschränkungen für **Gerichtsstandsvereinbarungen** (§ 29c Abs. 3 ZPO). 87

Art. 7 Rom I-VO Versicherungsverträge

(1) [1]Dieser Artikel gilt für Verträge nach Absatz 2, unabhängig davon, ob das gedeckte Risiko in einem Mitgliedstaat belegen ist, und für alle anderen Versicherungsverträge, durch die Risiken gedeckt werden, die im Gebiet der Mitgliedstaaten belegen sind. [2]Er gilt nicht für Rückversicherungsverträge.

(2) *[1]* **Versicherungsverträge, die Großrisiken im Sinne von Artikel 5 Buchstabe d der Ersten Richtlinie 73/239/EWG des Rates vom 24. Juli 1973 zur Koordinierung der Rechts- und Verwaltungsvorschriften betreffend die Aufnahme und Ausübung der Tätigkeit der Direktversicherung (mit Ausnahme der Lebensversicherung)[1] decken, unterliegen dem von den Parteien nach Artikel 3 der vorliegenden Verordnung gewählten Recht.**
[2] **[1]Soweit die Parteien keine Rechtswahl getroffen haben, unterliegt der Versicherungsvertrag dem Recht des Staats, in dem der Versicherer seinen gewöhnlichen Aufenthalt hat. [2]Ergibt sich aus der Gesamtheit der Umstände, dass der Vertrag eine offensichtlich engere Verbindung zu einem anderen Staat aufweist, ist das Recht dieses anderen Staates anzuwenden.**

(3) *[1]* **Für Versicherungsverträge, die nicht unter Absatz 2 fallen, dürfen die Parteien nur die folgenden Rechte im Einklang mit Artikel 3 wählen:**
a) das Recht eines jeden Mitgliedstaats, in dem zum Zeitpunkt des Vertragsschlusses das Risiko belegen ist;
b) das Recht des Staates, in dem der Versicherungsnehmer seinen gewöhnlichen Aufenthalt hat;
c) bei Lebensversicherungen das Recht des Mitgliedstaats, dessen Staatsangehörigkeit der Versicherungsnehmer besitzt;
d) für Versicherungsverträge, bei denen sich die gedeckten Risiken auf Schadensfälle beschränken, die in einem anderen Mitgliedstaat als dem Mitgliedstaat, in dem das Risiko belegen ist, eintreten können, das Recht jenes Mitgliedstaats;
e) wenn der Versicherungsnehmer eines Vertrags im Sinne dieses Absatzes eine gewerbliche oder industrielle Tätigkeit ausübt oder freiberuflich tätig ist und der Versicherungsvertrag zwei oder mehr Risiken abdeckt, die mit dieser Tätigkeit in Zusammenhang stehen und in unterschiedlichen Mitgliedstaaten belegen sind, das Recht eines betroffenen Mitgliedstaats oder das Recht des Staates des gewöhnlichen Aufenthalts des Versicherungsnehmers.
[2] **Räumen in den Fällen nach den Buchstaben a, b oder e die betreffenden Mitgliedstaaten eine größere Wahlfreiheit bezüglich des auf den Versicherungsvertrag anwendbaren Rechts ein, so können die Parteien hiervon Gebrauch machen.**
[3] **Soweit die Parteien keine Rechtswahl gemäß diesem Absatz getroffen haben unterliegt der Vertrag dem Recht des Mitgliedstaats, in dem zum Zeitpunkt des Vertragsschlusses das Risiko belegen ist.**

(4) Die folgenden zusätzlichen Regelungen gelten für Versicherungsverträge über Risiken, für die ein Mitgliedstaat eine Versicherungspflicht vorschreibt:
a) Der Versicherungsvertrag genügt der Versicherungspflicht nur, wenn er den von dem die Versicherungspflicht auferlegenden Mitgliedstaat vorgeschriebenen besonderen Bestimmungen für diese Versicherung entspricht. Widerspricht sich das Recht des Mitgliedstaats, in dem das Risiko belegen ist, und dasjenige des Mitgliedstaats, der die Versicherungspflicht vorschreibt, so hat das letztere Vorrang.

---

339 Näher *Geimer* IntZivilProzR Rn. 1190.
340 Zum früheren § 7 Abs. 1 HaustürWG s. *Jayme* FS Nagel, 1987, 123 (125 ff.); *Mankowski* VuR 1996, 392.
1 [Amtl. Anm.:] ABl. 1973 L 228, S. 3. Zuletzt geändert durch die RL 2005/68/EG des Europäischen Parlaments und des Rates (ABl. 2006 L 323, S. 1).

b) Ein Mitgliedstaat kann abweichend von den Absätzen 2 und 3 vorschreiben, dass auf den Versicherungsvertrag das Recht des Mitgliedstaats anzuwenden ist, der die Versicherungspflicht vorschreibt.

(5) Deckt der Vertrag in mehr als einem Mitgliedstaat belegene Risiken, so ist für die Zwecke von Absatz 3 Unterabsatz 3 und Absatz 4 der Vertrag als aus mehreren Verträgen bestehend anzusehen, von denen sich jeder auf jeweils nur einen Mitgliedstaat bezieht.

(6) Für die Zwecke dieses Artikels bestimmt sich der Staat, in dem das Risiko belegen ist, nach Artikel 2 Buchstabe d der Zweiten Richtlinie 88/357/EWG des Rates vom 22. Juni 1988 zur Koordinierung der Rechts- und Verwaltungsvorschriften für die Direktversicherung (mit Ausnahme der Lebensversicherung) und zur Erleichterung der tatsächlichen Ausübung des freien Dienstleistungsverkehrs,[2] und bei Lebensversicherungen ist der Staat, in dem das Risiko belegen ist, der Staat der Verpflichtung im Sinne von Artikel 1 Absatz 1 Buchstabe g der Richtlinie 2002/83/EG.

Schrifttum: allgemeines Schrifttum zum IVR → Vor Art. 1; *Armbrüster,* Das IPR der Versicherungsverträge in der Rom I-Verordnung, FS v. Hoffmann, 2011, 23; *Armbrüster,* Privatversicherungsrecht, 2. Aufl. 2019; *Basedow/Drasch,* Das neue Internationale Versicherungsvertragsrecht, NJW 1991, 785; *Fricke,* Das Internationale Privatrecht der Versicherungsverträge nach Inkrafttreten der Rom-I-Verordnung, VersR 2008, 443; *Fricke,* Das IPR der Versicherungsverträge außerhalb des Anwendungsbereichs des EGVVG, VersR 1994, 773; *Fricke,* Internationale Zuständigkeit und Anerkennungszuständigkeit in Versicherungssachen nach europäischem und deutschem Recht, VersR 1997, 399; *Gal,* Der internationale versicherungsvertragsrechtliche Forderungsübergang (in der Transportversicherung), TranspR 2022, 465; *Gruber,* Insurance Contracts, in Ferrari/Leible, Rome I Regulation, 2009, 109; *Heinze,* Insurance contracts under the Rome I Regulation, NIPR 2009, 445; *Heiss,* Versicherungsverträge in „Rom I", FS Kropholler, 2008, 459; *Heiss,* Transnationales Versicherungsrecht, FS v. Hoffmann, 2011, 803; *Imbusch,* Das IPR der Versicherungsverträge über innerhalb der EG belegene Risiken, VersR 1993, 1059; *Katschthaler/Leichsenring,* Neues internationales Versicherungsvertragsrecht nach der Rom-I-Verordnung, r+s 2010, 45; *Looschelders,* Internationales Privatrecht der Rückversicherung, in Lüer/Schwepcke, Rückversicherungsrecht, 2013, 411; *Mankowski,* Internationales Rückversicherungsvertragsrecht, VersR 2002, 1177; *Merkin,* The Rome I Regulation and Reinsurance, JPIL 5 (2009), 69; *Merrett,* Choice of Law in Insurance Contracts Under The Rome I Regulation, JPIL 5 (2009), 49; *Miquel Sala,* Internationales Versicherungsvertragsrecht nach der Rom I-VO, 2017; *Perner,* Das Internationale Versicherungsvertragsrecht nach Rom I, IPRax 2009, 218.

Schrifttum zum Grünbuch, zum Entwurf, Schrifttum vor der Reform von 1990: s. 7. Aufl. 2018.

Übersicht

2 [Amtl. Anm.:] ABl. L 172 vom 4.7.1988, S. 1. Zuletzt geändert durch die Richtlinie 2005/14/EG des Europäischen Parlaments und des Rates (ABl. EU L 149 vom 11.6.2005, S. 14).

A. Normzweck

Vorläufer des Art. 7 waren einzelne Richtlinien zum Versicherungsrecht, die in Deutschland in den Art. 7–12 EGVVG umgesetzt worden waren. Dabei handelte es sich um die zweite Richtlinie Schadensversicherung (RL 88/357/EWG aF)[3] und die zweite Richtlinie Lebensversicherung (RL 2002/83/EG aF), die kollisionsrechtliche Regelungen enthielten. Das bisherige europäische und auch das umgesetzte nationale Recht war ausgesprochen kompliziert und unterschied vor allem drei Situationen (→ 4. Aufl. 2006, EGBGB Art. 37 Rn. 55 ff.).[4] Soweit das versicherte Risiko außerhalb der Gemeinschaft lag oder es sich um Rückversicherungsverträge handelte, war das EVÜ (in Deutschland Art. 27 ff. EGBGB aF) anwendbar (Art. 1 Abs. 3 EVÜ; Art. 37 S. 1 Nr. 4 EGBGB aF). Handelte es sich um Risiken innerhalb der Gemeinschaft und im Europäischen Wirtschaftsraum, so fanden auf Richtlinien beruhende Kollisionsnormen (in Deutschland Art. 7 ff. EGVVG)[5] Anwendung. Ging es um einen Versicherer aus einem Drittstaat, fand das nationale Kollisionsrecht Anwendung. Vor die eigentliche kollisionsrechtliche Frage war daher noch ein sog. Meta-Kollisionsrecht vorgeschaltet.[6] Dieses ist nunmehr durch Aufhebung der entsprechenden Vorschriften entfallen.[7] Inhaltlich wird freilich weiterhin nach der Risikobelegenheit unterschieden und verschieden angeknüpft (Art. 7 Abs. 1 iVm 6).[8] 1

Der Kommissionsentwurf der Rom I-VO enthielt – obwohl es schon Vorschläge gab[9] – noch keine Regelung für Versicherungsverträge. Er wollte vielmehr in Art. 22 lit. a das bisherige Richtlinienrecht aufrechterhalten. Anh. I nannte ausdrücklich die 2. Schadensversicherungs-RL und die 2. Lebensversicherung-RL. Hiergegen erhob sich Kritik[10] und weitere Regelungsvorschläge wurden 2

[3] Näher zur Angleichung Kronke/Melis/Kuhn IntWirtschaftsR-HdB/*Looschelders* S. 169 ff.

[4] Zur Kritik *Basedow/Scherpe* FS Heldrich, 2005, 511 (512 ff.); *Merret* JPIL 5(2009), 49 ff. – Zu den Phasen der Entwicklung BeckOGK/*Lüttringhaus,* 1.12.2023, Rn. 13 ff.

[5] Dazu BGH WM 2016, 1288; näher Staudinger/*Armbrüster,* 2021, Anh. Art. 7 Rn. 1 ff.

[6] So *Basedow/Drasch* NJW 1991, 785 (792); Staudinger/*Armbrüster,* 2021, Anh. Art. 7 Rn. 16.

[7] *Fricke* VersR 2008, 443 (445); *Perner* IPRax 2009, 218 ff.

[8] Näher *Armbrüster* FS v. Hoffmann, 2011, 23 (24 ff.); *Heinze* NIPR 2009, 445 (447 ff.); Bruck/Möller/*Dörner,* 2013, Rn. 6; Staudinger/*Armbrüster,* 2021, Vor Art. 7 Rn. 13.

[9] S. nur *Basedow/Scherpe* FS Heldrich, 2005, 511 (518 ff.).

[10] Näher *Heiss* ZVersWiss. 96 (2007), 503 ff.; *Staudinger* in Ferrari/Leible, Ein neues Internationales Vertragsrecht für Europa, 2007, 225 ff.; vgl. auch *Garcimartín Alférez* EurLegForum 2008, I-61 (I-74).

gemacht.[11] Letztlich kam es zu einer Regelung in der Verordnung, die sich inhaltlich aber in den Bahnen der bestehenden Richtlinien bewegt.[12] Die Reform führte zu einer Vereinfachung der höchst komplizierten Rechtslage. Ferner wurde der Rechtswahl ein größerer Raum gegeben.[13] Allerdings hielt man an der rechtspolitisch fragwürdigen Unterscheidung je nach der Belegenheit des Risikos in der EU (bzw. im EWR) und außerhalb der EU fest. Auch die Unterscheidung zwischen Großrisiken und Rückversicherung auf der einen Seite und Massenrisiken auf der anderen Seite ist geblieben.[14]

3 Art. 7 enthält eine Regelung für grundsätzlich alle Versicherungsverträge. Art. 23 gibt ihr – anders als sonst – Vorrang vor dem bisherigen Richtlinienrecht[15] (→ Art. 23 Rn. 14). In Art. 7 Abs. 1 wird der Anwendungsbereich der Vorschrift geregelt. Dieser entsprach weitgehend Art. 37 S. 1 Nr. 4 EGBGB aF sowie Art. 7 Abs. 1 EGVVG. Abs. 2 lässt für Großrisiken die Rechtswahl zu und entspricht inhaltlich Art. 10 EGVVG. Als Pate hierfür hatte Art. 7 Abs. 1 lit. f 2. Schadensversicherungs-RL gestanden. Zum Schutz des Versicherungsnehmers gestattet Abs. 3 für Massenrisiken innerhalb der EU nur eine beschränkte Rechtswahl. Dies war bislang in Deutschland in Art. 9 EGVVG umgesetzt worden. Abs. 4 lässt den Mitgliedstaaten Spielraum für Erweiterungen bzw. Begrenzungen der Anknüpfung, die sie nutzen können. Der Inhalt für die Regelung der Pflichtversicherung entstammt Art. 8 2. Schadensversicherungs-RL. Abs. 5 betrifft allgemein die Mehrfachbelegenheit von Risiken. In Abs. 6 wird für die Bestimmung der Risikobelegenheit keine eigene Regelung getroffen, sondern auf die Zweite Richtlinie zur Direktversicherung verwiesen. Dass die jetzige Regelung des Art. 7 inhaltlich durchaus verbesserungswürdig ist, zeigt schon die ausdrückliche Erwähnung des Versicherungsrechts in der Überprüfungsklausel des Art. 27 Abs. 1 S. 2 lit. b[16] (→ Art. 27 Rn. 4).

4 Der deutsche Gesetzgeber hat infolge der Neuregelung das bisherige zweite Kapitel des EGVVG, die Art. 7–15 EGVVG ganz beseitigt.[17] Teilweise ist der Inhalt der früheren Vorschriften nunmehr von Art. 7 Rom I-VO abgedeckt. Eine eigene deutsche Kollisionsnorm für den **Pflichtversicherungsvertrag** (früher Art. 12 EGVVG) wurde als Art. 46c (nunmehr Art. 46d) in das EGBGB aufgenommen (→ EGBGB Art. 46d Rn. 1 ff.). Die mit dem Unionsrecht übereinstimmende Definition von **Großrisiken** (früher Art. 10 Abs. 1 S. 2 EGVVG) findet sich nunmehr in § 210 VVG (→ Rn. 23).

5 Die **Prozessstandschaft bei Versicherermehrheit** (früher Art. 14 EGVVG)[18] ist in § 216 VVG geregelt worden. Ist nämlich ein Versicherungsvertrag mit den bei Lloyd's vereinigten Einzelversicherern nicht über eine Niederlassung im Geltungsbereich dieses Gesetzes abgeschlossen worden und ist ein inländischer Gerichtsstand gegeben, so können Ansprüche daraus gegen den bevollmächtigten Unterzeichner des im Versicherungsschein an erster Stelle aufgeführten Syndikats oder einen von diesem benannten Versicherer geltend gemacht werden; ein darüber erzielter Titel wirkt für und gegen alle an dem Versicherungsvertrag beteiligten Versicherer. Diese mit dem Versicherungsaufsichtsrecht (§ 109 Abs. 2 VAG) abgestimmte Bestimmung geht auf Richtlinienrecht zurück.[19] Da es sich nicht um eine kollisionsrechtliche Regelung im eigentlichen Sinne handelt, ist der jetzige Standort angemessener. Es ist daher auf die Kommentierungen des VVG zu verweisen.

6 Die Vorschrift über die **Krankenversicherung** in Art. 13 EGVVG ist entfallen. Sie ging auf eine Ermächtigung zu einer substituierenden Krankenversicherung im Richtlinienrecht zurück.[20] Der Gesetzgeber hatte hieraus die Notwendigkeit einer Sonderanknüpfung deutschen Rechts ent-

---

11 S. *Roth* FS E. Lorenz, 2004, 631 ff.; Max-Planck-Institut RabelsZ 71 (2007), 277 ff.

12 *Perner* IPRax 2009, 218; *McParland,* The Rome I Regulation on the Law Applicable to Contractual Obligations, 2015, Rn. 13.61 ff.; krit. *Heiss* FS Kropholler, 2008, 459 ff.; s. auch *Fricke* VersR 2008, 443 f.; *Lagarde/Tenenbaum* Rev. crit. dr. int. pr. 97 (2008), 727 (764 ff.).

13 Dazu *Clausnitzer/Woopen* BB 2008, 1798 (1803 f.).

14 Krit. dazu *Heinze* NIPR 2009, 445 ff.; *Katschthaler/Leichsenring* r+s 2010, 45 ff.

15 *Heiss* FS Kropholler, 2008, 459 (460); *Perner* IPRax 2009, 218 (219).

16 *Fricke* VersR 2008, 443 f.; *Magnus* IPRax 2010, 27 (39 f.); Beckmann/Matusche-Beckmann VersR-HdB/*W.-H. Roth* § 4 Rn. 25. – Reformvorschläge bei *Heiss* FS Kropholler, 2008, 459 (479 f.); *Miquel Sala,* Internationales Versicherungsvertragsrecht nach der Rom I-VO, 2017, 423 ff.

17 Art. 2 Gesetz zur Anpassung der Vorschriften des IPT an die VO (EG) 593/2008 vom 25.6.2009, BGBl. 2009 I 1574; Begr. RegE, BT-Drs. 16/12104, 8 ff.

18 Pate stand die – hiervon zu unterscheidende – Mitversicherung iSd Art. 11 Abs. 1 Nr. 3 EuGVÜ (heute Art. 11 Abs. 1 lit. c Brüssel Ia-VO).

19 S. Art. 10 Abs. 1 lit. d S. 2, 3 RL 73/239/EWG aF idF von Art. 32 RL 92/49/EWG aF (Dritte RL Schadenversicherung). Keine Richtlinienumsetzung sieht darin *E. Lorenz* in Stoll, Stellungnahmen und Gutachten zum Europäischen Internationalen Zivilverfahrens- und Versicherungsrecht, 1991, 210 (240).

20 Art. 54 RL 2/49/EWG aF; → 4. Aufl. 2004, EGBGB Art. 37 Rn. 157.

nommen.[21] Nunmehr schreibt Art. 7 Abs. 4 iVm Art. 46d EGBGB für Pflichtversicherungsverträge eine Geltung des Rechts desjenigen Staates vor, der die Versicherungspflicht verlangt. Da die private Krankenversicherung nach deutschem Recht seit dem 1.1.2009 Pflichtversicherung ist, findet die Rom I-VO auch hier Anwendung. Folglich bedurfte es keiner Vorschrift mehr, die dem früheren Art. 13 EGVVG entspricht.[22]

B. Regelung des Versicherungsvertrages

I. Anwendungsbereich (Abs. 1)

1. Versicherungsvertrag. Zwar besteht kein umfassendes Europäisches Versicherungsrecht.[23] 7
Das Versicherungsvertragsrecht unterliegt aber den Ausstrahlungen des Unionsrechts[24] und ist teilweise angeglichen worden[25] – etwa im Haftpflichtrecht[26] und in der Lebensversicherung[27] –, so dass man von einem **Europäischen Versicherungsvertragsrecht** sprechen kann.[28] Ferner war es Gegenstand des Common Frame of Reference[29] und es wurden Grundregeln des europäischen Versicherungsvertragsrechts entworfen,[30] ein optionales Instrument[31] und ein transnationales Versicherungsrecht[32] werden diskutiert. Gleichwohl dominiert noch das nationale Versicherungsvertragsrecht. Art. 7 betrifft grundsätzlich alle Versicherungsverträge.[33] Für den sachlichen Anwendungsbereich der Rom I-VO ist ihr Art. 1 maßgeblich. Danach gilt die Verordnung für alle **vertragliche zivil- und handelsrechtliche Schuldverhältnisse,** die eine Verbindung zum Recht verschiedener Staaten aufweisen. Damit sind grundsätzlich alle Versicherungsverträge (insurance contracts; contrats d'assurance) erfasst. Der Begriff der Versicherung ist verordnungsautonom zu bestimmen.[34] Erforderlich ist, dass sich ein Partner gegenüber dem anderen gegen die Zahlung eines Entgelts (Prämie) zur Deckung eines bestimmten Risikos verpflichtet.[35] Kennzeichnend ist, dass durch den Abschluss vieler gleichartiger Verträge ein Risikokollektiv gebildet wird. Die Versicherungsvermittlung gehört nicht dazu.[36] Aus der gesetzlichen Regelung geht hervor, dass sie vor allem die Direktversicherung (Erstversicherung) erfasst. Diese steht im Gegensatz zur Rückversicherung und umfasst die verschiedenen Zweige der Unfall- und Schadensversicherung einschließlich der Transportgüter- und der allgemeinen Haftpflichtversicherung.[37] Ebenfalls genannt wird die Lebensversicherung, was iwS zu verstehen ist.[38] Eine eigene Regelung für die Gruppenversicherung fehlt.[39] Die Sozialversicherung und andere öffentlich-rechtlich geprägte Versicherungsverhältnisse sind auf Grund der allgemeinen Vorschrift des Art. 1 Abs. 1 S. 2 ausgeschlossen.[40]

Bei der **Versicherung für fremde Rechnung** ist das Rechtsverhältnis zwischen dem Versiche- 8
rungsnehmer und dem Versicherten vom Versicherungsvertrag zu trennen. Kollisionsrechtlich ist die Versicherung für fremde Rechnung gesondert und unabhängig vom Versicherungsvertragsstatut anzuknüpfen.[41] Davon zu unterscheiden ist aber die Rechtsbeziehung zwischen dem Versicherten

---

21 BT-Drs. 12/6959, 108; vgl. *Renger* VersR 1993, 678 (682); *Dörner,* 2013, EGVVG Art. 13 Rn. 1.
22 Begr. RegE, BT-Drs. 16/12104, 11.
23 *Looschelders/Michael* in Ruffert, Enzyklopädie Europarecht, Bd. 5, 2013, 671.
24 *Beckmann* ZEuP 1999, 809 ff.; *Woopen* EuZW 2007, 495 ff.
25 S. *Heiss* FS Barta, 2009, 315 ff.; vgl. Rauscher/*Wendt* Rn. 1. – Zur Auslegung *Herrmann* ZEuP 1999, 663 ff.
26 Dazu *Rudisch* ZVR 43 (1998), 219.
27 *Dickstein,* Die Merkmale der Lebensversicherung im europäischen Binnenmarkt, 1996.
28 Näher *Heiss* VersR 2005, 1; *Heiss* FS Barta, Wien 2009, 315; *Heiss,* Stand und Perspektiven der Harmonisierung des Versicherungsvertragsrechts in der EG, 2005.
29 S. *Armbrüster* ZEuP 2008, 775 ff.
30 Grundregeln des europäischen Versicherungsvertragsrechts, Text in *Schulze/Zimmermann* Nr. III-40.
31 S. *Miquel Sala,* Internationales Versicherungsvertragsrecht nach der Rom I-VO, 2017, 475; *Kettenbach,* Ein optionales Instrument für das europäische Versicherungsvertragsrecht?, 2022.
32 Dazu *Heiss* FS v. Hoffmann, 2011, 803 ff.
33 *Heiss* FS Kropholler, 2008, 459 (460).
34 *Miquel Sala,* Internationales Versicherungsvertragsrecht nach der Rom I-VO, 2017, 186; BeckOGK/*Lüttringhaus,* 1.12.2023, Rn. 17; Bruck/Möller/*Dörner,* 2013, Rn. 1.
35 Bruck/Möller/*Dörner,* 2013, Rn. 1.
36 *Rüsing,* Grenzüberschreitende Versicherungsvermittlung im Binnenmarkt, 2020, 160 ff.
37 S. Aufzählung in Anh. I zur Solvabilitäts-VO II vom 25.11.2009 (ABl. EU 2009 C 335, 1).
38 Bruck/Möller/*Dörner,* 2013, Rn. 46.
39 Näher *Heiss* FS Kropholler, 2008, 459 (475 f.).
40 *Fricke* VersR 2008, 443 (444); BeckOGK/*Lüttringhaus,* 1.12.2023, Rn. 24.
41 BeckOGK/*Lüttringhaus,* 1.12.2023, Rn. 87.

und dem Versicherer. Diese fällt mangels Sonderregelung in Art. 7 ebenfalls unter das Versicherungsvertragsstatut.[42] Bei der **Gruppenversicherung** zu Gunsten der Gruppenmitglieder hängt das auf den einzelnen Versicherten anwendbare Recht allein von dem für Versicherer und Versicherungsnehmer maßgeblichen Statut ab. Dagegen liegt aber zwischen Versicherungsnehmer und Versichertem kein Versicherungsvertrag vor, so dass Art. 7 Rom I-VO dieses Rechtsverhältnis nicht erfasst. Vielmehr gilt das Recht, das auf den zwischen Versicherungsnehmer und Versichertem bestehenden Vertrag oder auf das sonst zwischen ihnen bestehende Rechtsverhältnis anwendbar ist.[43] Die Abgrenzung zum **Quotenvorrecht** und seine materiellrechtliche und prozessuale Qualifikation sind fraglich.[44]

9 Die **Anknüpfung** ist je nach der Art des Versicherungsvertrages unterschiedlich geregelt. Sie hängt von der Art des Versicherungsverhältnisses (Großrisiko, Massenrisiko, Rückversicherung), ferner von der Risikobelegenheit ab. Die Möglichkeit einer Rechtswahl wird in unterschiedlichem Maße eingeräumt. Auch die objektive Anknüpfung folgt unterschiedlichen Ansätzen. Das macht die Regelung unübersichtlich und verwickelt.[45] Nach Abs. 1 S. 1 erfasst Art. 7 nur

– Direktversicherungsverträge über **Großrisiken** (Abs. 2). Dies hängt nicht davon ab, ob das versicherte Risiko in einem Mitgliedstaat oder einem Nichtmitgliedstaat belegen ist (→ Rn. 14 ff.),
– Direktversicherungsverträge über **„Massenrisiken"** (andere Risiken als Großrisiken; Abs. 3), wenn das versicherte Risiko in einem Mitgliedstaat belegen ist (→ Rn. 28).

10 Dagegen gelten die allgemeinen Vorschriften (Art. 3, 4 und 6) für die Anknüpfung

– aller **Rückversicherungsverträge,** unabhängig von der Risikobelegenheit (Abs. 1 S. 2; → Rn. 20 ff.),
– Direktversicherungsverträge über Massenrisiken für nicht in einem Mitgliedstaat belegene Risiken (→ Rn. 31).

11 Das Verständnis einer Reihe von Begriffen bestimmt sich nach Richtlinien, vor allem nach der **Solvabilität II-RL,**[46] die an die Stelle der in Art. 7 genannten Richtlinien getreten ist.[47]

12 Soweit eine **Rechtswahl** gestattet ist (→ Rn. 20, → Rn. 24, → Rn. 28), sind die allgemeinen Voraussetzungen des Art. 3 zu erfüllen.[48] Eine teilweise Rechtswahl ist zulässig.[49] Eine kollisionsrechtliche Rechtswahl ist nur für staatliches Recht gestattet.[50] Dies gilt auch für die Prinzipien des Europäischen Versicherungsrechts.[51] Art. 3 Abs. 3 und 4 sind zu beachten.[52] Für das Vorliegen der Gründe für eine beschränkte Rechtswahl kommt es auf den Zeitpunkt des Vertragsschlusses an, so dass spätere Veränderungen sich nicht auswirken.[53] Allerdings kann ihr Eintreten, da eine nachträgliche Rechtswahl zulässig ist (Art. 3 Abs. 2 S. 1), den Weg zu einer neuen Vereinbarung eröffnen.[54]

13 **2. Versicherungsvertrag des Art. 1 Abs. 2 lit. j.** Art. 7 gilt nicht für Versicherungsverträge des Art. 1 Abs. 2 lit. j. Hierbei geht es um Versicherungsverträge aus von anderen Einrichtungen als den in Art. 2 RL 2002/83/EG aF genannten Unternehmen durchgeführten Geschäften, deren Zweck darin besteht, den unselbstständig oder selbständig tätigen Arbeitskräften eines Unternehmens oder einer Unternehmensgruppe oder den Angehörigen eines Berufes oder einer Berufsgruppe **im Todes- oder Erlebensfall oder bei Arbeitseinstellung oder bei Minderung der Erwerbstätigkeit oder bei arbeitsbedingter Krankheit oder Arbeitsunfällen Leistungen** zu gewähren. Die Lebensversicherungs-RL ist allerdings inzwischen aufgehoben worden und durch die **Solvabilität II-RL** ersetzt worden (→ Art. 7 Rn. 11). Die Verweisung bezieht sich daher nunmehr auf Art. 9 Nr. 2 Solvabilität II-RL (→ Art. 7 Rn. 11) regelt den **Anwendungsbereich.** Er erstreckt sich auf die Aufnahme und Ausübung der selbständigen Tätigkeit der Direktversicherung durch Unternehmen, die in einem Mitgliedstaat niedergelassen sind oder sich dort niederzulassen wünschen. Ferner werden dort einzelne Geschäfte genannt. Art. 9 Solvabilität II-RL betrifft Ausnahmen. Es handelt

---

42 BeckOGK/*Lüttringhaus,* 1.12.2023, Rn. 87.
43 OGH ZfRV 2023, 93.
44 *Gal* TranspR 2022, 465 (476 f.).
45 Vgl. Bruck/Möller/*Dörner,* 2013, Rn. 4 f.
46 RL 2009/138/EG des Europäischen Parlaments und des Rates vom 25.11.2009 betreffend die Aufnahme und Ausübung der Versicherungs- und der Rückversicherungstätigkeit (Solvabilität II), ABl. EU 2009 L 335, 1; s. auch RL 2013/58/EU (Solvabilität I), ABl. EU 2013 L 341, 1.
47 Bruck/Möller/*Dörner,* 2013, Art. 1 Rn. 13; Bruck/Möller/*Dörner,* 2013, Rn. 8 ff., 27 ff., 45 f.
48 Bruck/Möller/*Dörner,* 2013, Rn. 52.
49 Bruck/Möller/*Dörner,* 2013, Rn. 53.
50 *Heiss* FS Kropholler, 2008, 459 (470 f.).
51 BeckOGK/*Lüttringhaus,* 1.12.2023, Rn. 39.
52 *Heiss* FS Kropholler, 2008, 459 (472 f., 478); BeckOGK/*Lüttringhaus,* 1.12.2023, Rn. 41 ff.
53 Bruck/Möller/*Dörner,* 2013, Rn. 54.
54 Bruck/Möller/*Dörner,* 2013, Rn. 54, 77.

sich um die **betriebliche Altersversorgung.**[55] Der Anwendungsausschluss in Art. 1 Abs. 2 lit. j Solvabilität II-RL beruht auf einem schwedischen Vorschlag, der zwar von den anderen Mitgliedstaaten nicht aktiv unterstützt wurde. Er wurde jedoch letzten Endes akzeptiert, um den Gesamtkompromiss zur Rom I-VO in erster Lesung nicht zu gefährden.[56] Da für diese Sachverhalte aus deutscher Sicht kein Regelungsbedürfnis bestand, wurde von einer deutschen Sonderregelung abgesehen.[57] Vorgeschlagen wird statt einer analogen Anwendung von Art. 7[58] (die ohnehin nicht die Intention des Ausschlusses durchkreuzen dürfte) eine akzessorische Anknüpfung an das Recht der betrieblichen Altersvorsorge.[59]

3. Risikobelegenheit (Abs. 1 S. 1). a) Großrisiken. Art. 7 gilt für Verträge nach Abs. 2 unabhängig davon, ob das gedeckte Risiko in einem Mitgliedstaat belegen ist. Die Anwendbarkeit des Art. 7 hängt daher – anders als für Massenrisiken – für Großrisiken nicht von der Belegenheit des Risikos ab.[60] Die Bestimmung der Risikobelegenheit richtet sich nach Abs. 6 (→ Rn. 49 ff.). 14

b) Risikobelegenheit bei Massenrisiken. aa) Anwendbarkeit des Art. 7. Handelt es sich um Massenrisiken iSd Abs. 3 (→ Rn. 28 ff.), so hängt die Anwendbarkeit des Art. 7 davon ab, wo das **Risiko** belegen ist. Ist es **im Gebiet eines Mitgliedstaats belegen,** so kommt Art. 7 zur Anwendung. Die Risikobelegenheit richtet sich nach Abs. 6 (→ Rn. 49 ff.). Art. 7 gilt für alle anderen Versicherungsverträge, durch die Risiken gedeckt werden, die im Gebiet der Mitgliedstaaten belegen sind. Er gilt nicht für Rückversicherungsverträge. Die Risikobelegenheit richtet sich nach Abs. 6. 15

bb) Belegenheit außerhalb eines Mitgliedstaats. Besteht keine Belegenheit in einem Mitgliedstaat, so greift Art. 7 nicht ein;[61] es ist freie Rechtswahl nach Art. 3 möglich.[62] Bei der objektiven Anknüpfung kommt Art. 4 zur Anwendung.[63] Es gilt aber auch, da Art. 7 ja nicht zum Zuge kommt, die Verbraucherschutznorm des Art. 6.[64] Zur Anknüpfung näher → Rn. 31. 16

c) Mehrfachbelegenheit. Von Mehrfachbelegenheit der Risiken spricht man dann, wenn Risiken gleichzeitig in der Gemeinschaft bzw. im EWR und außerhalb desselben belegen sind.[65] Beispielsweise kann eine einheitliche Versicherung für Hausbesitz in Italien und in der Schweiz geschlossen worden sein. Es kommt dann zu einer Spaltung eines einheitlich geschlossenen Vertrages.[66] Nur der auf das in der Gemeinschaft belegene Risiko bezogene Teil unterliegt Art. 7, im Übrigen gelten die allgemeinen Bestimmungen der Art. 3 ff.;[67] zu Abs. 5 → Rn. 47 f. 17

4. Mitgliedstaat. Es kommt darauf an, ob das Risiko in einem Mitgliedstaat belegen ist (→ Rn. 50 ff.). Nach Art. 1 Abs. 4 S. 1 bezeichnet der Ausdruck „Mitgliedstaat" die Mitgliedstaaten, auf die die Verordnung anwendbar ist. Mitgliedstaat ist hier aber, davon abweichend, jeder EU-Staat. Nach Art. 1 Abs. 4 S. 2 gehört auch **Dänemark** dazu.[68] Dänemark hat an der Harmonisierung des Versicherungsrechts durch Richtlinien teilgenommen.[69] Die Regelung über die Mitgliedstaaten entspricht bezüglich der EU-Staaten dem Art. 7 Abs. 1 EGVVG. 18

Eine Gleichstellung der Mitgliedstaaten mit den **EWR-Staaten** (Island, Liechtenstein, Norwegen) wie in Art. 7 Abs. 1 EGVVG fehlt allerdings in der Rom I-VO. Das Richtlinienrecht ist auf die EWR-Staaten erstreckt worden.[70] Das deutsche Recht konnte daher die Staaten gleichstellen. 19

---

55 *Fricke* VersR 2008, 443 (444); BeckOGK/*Lüttringhaus,* 1.2.2023, Rn. 31.
56 Begr. RegE, BT-Drs. 16/12104, 10.
57 Begr. RegE, BT-Drs. 16/12104, 10.
58 JurisPK-BGB/*Ringe* Art. 1 Rn. 49; Rauscher/*v. Hein* Art. 1 Rn. 62.
59 Bruck/Möller/*Dörner,* 2013, Art. 1 Rn. 14.
60 *Clausnitzer/Woopen* BB 2008, 1798 (1803); *Heiss* FS Kropholler, 2008, 459 (461); *Perner* IPRax 2009, 218 (219).
61 *Heiss* FS Kropholler, 2008, 459 (461); *Perner* IPRax 2009, 218 (219 f.).
62 *Clausnitzer/Woopen* BB 2008, 1798 (1803); *Garcimartín Alférez* EurLegForum 2008, I-61 (I-74); *Miquel Sala,* Internationales Versicherungsvertragsrecht nach der Rom I-VO, 2017, 220 ff.
63 *Miquel Sala,* Internationales Versicherungsvertragsrecht nach der Rom I-VO, 2017, 233 ff.; *Staudinger* in Ferrari/Leible, Ein neues Internationales Vertragsrecht für Europa, 2007, 225 (230); *Garcimartín Alférez* EurLegForum 2008, I-61 (I-74).
64 *Garcimartín Alférez* EurLegForum 2008, I-61 (I-74); s. die Formulierung von Art. 6 Abs. 1: „unbeschadet … Art. 7".
65 *Fricke* VersR 1994, 773 (775); Soergel/*v. Hoffmann* EGBGB Art. 37 Rn. 82.
66 Vgl. *Heiss* FS Kropholler, 2008, 459 (474).
67 *Heiss* FS Kropholler, 2008, 459 (461 f.); BeckOGK/*Lüttringhaus,* 1.12.2023, Rn. 80.
68 *Garcimartín Alférez* EurLegForum 2008, I-61 (I-74); *Perner* IPRax 2009, 218 (219).
69 Näher *Miquel Sala,* Internationales Versicherungsvertragsrecht nach der Rom I-VO, 2017, 206 ff.
70 Überblick bei Kronke/Melis/Kuhn IntWirtschaftsR-HdB/*Looschelders* S. 169 ff.

Da Art. 7 Rom I-VO aber den Richtlinien vorgeht, besteht heute eine inhaltliche **Divergenz.** Den EWR-Staaten gegenüber ist nicht Art. 7 anzuwenden, sondern die allgemeine Regelung der Rom I-VO.[71] Das Problem des EWR kann wohl nicht in der VO direkt, sondern nur mit einer Legislativmaßnahme des gemeinsamen Ausschusses für EU/EWR-Angelegenheiten gelöst werden. Notwendig ist eine Einbeziehung der EWR-Staaten in Art. 7 sowie eine Einbeziehung der dort belegenen Risiken in die Vorschrift. Teilweise wird allerdings vertreten, dass aus europarechtlichen Gründen auf Versicherungsverträge, welche in Island, Liechtenstein oder Norwegen belegene Risiken betreffen, bereits nach geltendem Recht Abs. 3 anzuwenden ist.[72]

20 **5. Rückversicherungsverträge (Abs. 1 S. 2). a) Geltung der allgemeinen Regeln.** Für die ausdrücklich genannten Rückversicherungsverträge (reinsurance contracts; contrats de réassurance), dh Verträge zwischen Erst- und Rückversicherer zur Deckung einer von dem Erstversicherer übernommenen Gefahr, gilt eine Besonderheit. Art. 7 ist auf Rücksicherungsverträge nicht anwendbar (Abs. 1 S. 2). Diese Regelung entspricht den früheren Art. 37 Nr. 4 EGBGB iVm Art. 7 Abs. 1 EGVVG.

21 **b) Anknüpfung.** Da bei Rückversicherungsverträgen ein besonderer Schutz des Versicherungsnehmers nicht notwendig ist, sind sie ebenso anzuknüpfen wie andere Schuldverträge auch.[73] Für sie gelten daher die allgemeinen vertragsrechtlichen Vorschriften der Art. 3 ff. Ausdrückliche und stillschweigende **Rechtswahl** sind zulässig (Art. 3).[74] Die Rechtswahl ist frei und unterliegt keinen Beschränkungen.[75]

22 Bei der **objektiven Anknüpfung** stellt sich zunächst die Frage der Qualifikation und der Einordnung in das System des Art. 4. Eine Einstufung des Rückversicherungsvertrages als Dienstleistungsvertrag nach Art. 4 Abs. 1 lit. b führt zum **gewöhnlichen Aufenthalt des Rückversicherers** (wohl hM).[76] Hilfsweise beruft man sich auf die charakteristische Leistung (Art. 4 Abs. 2)[77] bzw. die engste Verbindung (Art. 4 Abs. 4). Kontrovers diskutiert wird aber auch, ob eine **Korrektur der Anknüpfung über die Ausweichklausel** des Abs. 3 erfolgen kann und soll.[78] So will man vermeiden, dass die Anknüpfung an das Recht des Rückversicherers zu einem Nebeneinander mehrerer Rückversicherungsstatute führt.[79] Eine andere Lösung stellt generell den Erstversicherer in den Mittelpunkt und gelangt dann zu seinem gewöhnlichen Aufenthalt.[80] Es wird jedoch bestritten, dass die Schaffung der Gefahrengemeinschaft zur Anwendung der Ausweichklausel des Abs. 3 berechtigt.[81] Auch eine akzessorische Anknüpfung an das Recht der Erstversicherung soll nicht in Betracht kommen.[82] Bereits nach **früherem Recht** wurde vielfach vertreten, dass der Rückversicherungsver-

[71] Bruck/Möller/*Dörner,* 2013, Rn. 3; krit. zu der darin liegenden Diskriminierung *Heiss* FS Kropholler, 2008, 459 (462 f.).

[72] *Heiss* FS Kropholler, 2008, 459 (462 f., 478); BeckOGK/*Lüttringhaus,* 1.12.2023, Rn. 51; Staudinger/*Armbrüster,* 2021, Rn. 3.

[73] *Lagarde/Tenenbaum* Rev. crit. dr. int. pr. 97 (2008), 727 (767); *Looschelders* in Lüer/Schwepcke, Rückversicherungsrecht, 2013, § 9 Rn. 68 ff.; Reithmann/Martiny IntVertragsR/*Loacker/Grolimund* Rn. 36.25; vgl. Bericht *Giuliano/Lagarde,* BT-Drs. 10/503, 45.

[74] *Perner* IPRax 2009, 218 (220); *Miquel Sala,* Internationales Versicherungsvertragsrecht nach der Rom I-VO, 2017, 252 ff.; *Looschelders* in Lüer/Schwepcke, Rückversicherungsrecht, 2013, § 9 Rn. 78 ff., 83 ff.

[75] *Clausnitzer/Woopen* BB 2008, 1798 (1803); *Fricke* VersR 2008, 443 (445); *Looschelders* in Lüer/Schwepcke, Rückversicherungsrecht, 2013, § 9 Rn. 74 f.

[76] *Perner* IPRax 2009, 218 (220); *Merkin* JPIL 5 (2009), 69 (74); *Katschthaler/Leichsenring* r+s 2010, 45 (48); *Looschelders* in Lüer/Schwepcke, Rückversicherungsrecht, 2013, § 9 Rn. 99 ff., 125; *Miquel Sala,* Internationales Versicherungsvertragsrecht nach der Rom I-VO, 2017, 255; *Dicey/Morris/Collins(-Dickinson)* II Rn. 33 R-232, 33-240; *v. Bar/Mankowski* IPR II § 1 Rn. 770; BeckOGK/*Lüttringhaus,* 1.12.2023, Rn. 158; Bruck/Möller/*Dörner,* 2013, Art. 7 Rn. 6; MüKoVVG/*Looschelders* IntVersR Rn. 169; Rauscher/*Thorn* Art. 4 Rn. 132; *Staudinger* in Ferrari/Leible, Ein neues Internationales Vertragsrecht für Europa, 2007, 231.

[77] *Gruber* in Ferrari/Leible, Rome I Regulation, 2009, 114; Beckmann/Matusche-Beckmann VersR-HdB/*W.-H. Roth* § 4 Rn. 28.

[78] *Armbrüster,* Privatversicherungsrecht, 2. Aufl. 2019, Rn. 2293: Sitz des Erstversicherers; Beckmann/Matusche-Beckmann VersR-HdB/*W.-H. Roth* § 4 Rn. 28: nur im Einzelfall; Reithmann/Martiny IntVertragsR/*Loacker/Grolimund* Rn. 36.54. – In England besteht eine Tendenz zum „place of placement" der Rückversicherung(en); dazu *Merkin* JPIL 5 (2009), 74 f.

[79] *Looschelders* in Lüer/Schwepcke, Rückversicherungsrecht, 2013, § 9 Rn. 126.

[80] *Armbrüster* FS v. Hoffmann, 2011, 23; Reithmann/Martiny IntVertragsR/*Loacker/Grolimund* Rn. 6.2761; BeckOK BGB/*Spickhoff* Rn. 8; Rauscher/*Wendt* Rn. 7: Risikobelegenheit beim Erstversicherer; Staudinger/*Armbrüster,* 2021, Anh. Art. 7 Rn. 8a. – Unentschieden *Heiss* FS Kropholler, 2008, 459 (478 f.).

[81] *Looschelders* VersR 2012, 1 (8); Bruck/Möller/*Dörner,* 2013, Art. 4 Rn. 8 ff.; dagegen für Abs. 3 *Armbrüster* FS v. Hoffmann, 2011, 32.

[82] *Mankowski* VersR 2002, 1177 (1185); Bruck/Möller/*Dörner,* 2013, Art. 4 Rn. 11; anders *Heinze* NIPR 2009, 445 (452); *Merkin* JPIL 5 (2009), 69 (74 f.).

trag der Rechtsordnung am Niederlassungsort des Erstversicherers unterliegt.[83] Dafür spricht, dass der Erstversicherer die Gefahrengemeinschaft schafft, ferner häufig Rückversicherer aus mehreren Ländern beteiligt sind und so ein einheitliches Statut gewährleistet ist.[84] Außerdem ist der Erstversicherungsfall Voraussetzung für den Eintritt der Rückversicherung. Die charakteristische Leistung des Rückversicherers sollte demgegenüber zurückstehen. Andere knüpften bisher entweder an die Niederlassung des Rückversicherers,[85] den Betriebssitz des Rückversicherers[86] oder das Statut der Erstversicherung an.[87] Schon bislang wollte man teilweise auf die Risikobelegenheit abstellen und diese bei der Niederlassung des Erstversicherers sehen.[88]

II. Verträge iSd Abs. 2 (Großrisiken)

1. Grundsatz. Abs. 2 S. 1 betrifft Versicherungsverträge, die Großrisiken (large risks; grands risques) iSv Art. 5 lit. d RL 73/239/EWG (Erste Schadensversicherungsrichtlinie) vom 24.7.1973 abdecken.[89] Allerdings ist diese Richtlinie aufgehoben worden.[90] Nunmehr findet sich die maßgebliche Definition des Großrisikos, welche die frühere ersetzt hat, in Art. 13 Nr. 27 Solvabilität II-RL (→ Art. 7 Rn. 11).[91] Maßgebender Zeitpunkt für das Vorliegen eines Großrisikos ist der des Vertragsabschlusses.[92] Spätere Veränderungen sind unbeachtlich. Art. 7 gilt für Verträge nach Abs. 2, unabhängig davon, ob das abgedeckte Risiko in einem Mitgliedstaat belegen ist (Abs. 1 S. 1 Alt. 2). Es geht um Großrisiken, wie sie für Industrie- und Gewerbebetriebe bestehen. Das Großrisiko wird in Deutschland in § 210 VVG definiert, der drei Fallgruppen enthält. Der Katalog kann nicht durch Analogie erweitert werden.[93] Die Regelung bezieht sich auf **Transport- und Haftpflichtversicherungen** (Abs. 2 S. 1 Nr. 1), **Kredit- und Kautionsversicherungen** (Abs. 2 S. 1 Nr. 2) sowie **Sach-, Haftpflicht- und sonstige Schadensversicherungen** (Abs. 2 S. 1 Nr. 3).[94] Abs. 2 S. 2 enthält eine besondere Vorschrift für bestimmte Konzernunternehmen, welche einen Konzernabschluss aufzustellen haben. Gehört der Versicherungsnehmer zu einem Konzern, der nach den dort genannten Vorschriften oder nach dem Recht eines anderen EU-Mitgliedstaats einen Konzernabschluss aufzustellen hat, so sind für die Feststellung der Unternehmensgröße die **Zahlen des Konzernabschlusses** maßgebend. Vorausgesetzt wird allerdings, dass das Recht des anderen Mitgliedstaates mit den genannten gemeinschaftsrechtlichen Anforderungen an einen konsolidierten Abschluss übereinstimmt. 23

2. Rechtswahl. Versicherungsverträge, die Großrisiken abdecken, unterliegen in erster Linie dem von den Parteien nach Art. 3 gewählten Recht (Abs. 2 S. 1). Art. 3 erlaubt eine ausdrücklich und eine stillschweigende Rechtwahl. Für letzteres kann ein Verweis in den AVB auf die Bestimmungen des VVG genügen.[95] Auch eine partielle Rechtswahl ist möglich.[96] In Anbetracht der geringeren Schutzbedürftigkeit bestehen grundsätzlich keine Beschränkungen bezüglich des wählbaren Rechts, abgesehen etwa von Art. 3 Abs. 3 und 4.[97] Dies gilt auch, wenn der Versicherungsnehmer ein 24

---

[83] *E. Lorenz* FS Kegel, 1987, 303 (327 f.); *Reichert-Facilides* VersR 1993, 1177 (1181); *Fricke* VersR 1994, 779; *Armbrüster* ZVersWiss. 1995, 139 (147 f.): wegen Risikobelegenheit gemäß Art. 28 Abs. 1; Soergel/*v. Hoffmann* EGBGB Art. 37 Rn. 144: wegen Risikobelegenheit beim Erstversicherer. – So bereits *E. R. Prölss,* Zwischenstaatliches Rückversicherungsrecht, 1942, 42 ff.; *Gerathewohl,* Rückversicherung – Grundlagen und Praxis I, 1976, 554 ff.; *Roth,* Internationales Versicherungsvertragsrecht, 1985, 587 ff., 751.

[84] So wohl auch Rauscher/*Thorn* Art. 4 Rn. 133.

[85] *Perner* IPRax 2009, 218 (220); Rauscher/*Thorn* Art. 4 Rn. 132: nur als Ausgangspunkt; ebenso schon *Mankowski* VersR 2002, 1187; Czernich/Heiss/*Czernich* EVÜ Art. 4 Rn. 164.

[86] *Bruck,* Zwischenstaatliches Versicherungsrecht, 1924, 15; *Bruck* JW 1924, 1325; *Deutsch,* Versicherungsvertragsrecht, 2. Aufl. 1988, Rn. 47.

[87] *Lando,* Contracts, I. E. C. L. Vol. III ch. 24, 1976, sec. 276.

[88] *Fricke* VersR 2008, 443 (446); abl. *Miquel Sala,* Internationales Versicherungsvertragsrecht nach der Rom I-VO, 2017, 261 f.

[89] Krit. zu dieser für den Rechtsanwender unübersichtlichen Regelungsweise *Heiss* FS Kropholler, 2008, 459 (463 f.). Diese Regelung entspricht inhaltlich dem früheren Art. 10 EGVVG aF.

[90] Bruck/Möller/*Dörner,* 2013, Art. 7 Rn. 8.

[91] S. *Miquel Sala,* Internationales Versicherungsvertragsrecht nach der Rom I-VO, 2017, 270.

[92] *Fricke* VersR 2008, 443 (446); Beckmann/Matusche-Beckmann VersR-HdB/*W.-H. Roth* § 4 Rn. 31; Bruck/Möller/*Dörner,* 2013, Art. 7 Rn. 15.

[93] Staudinger/*Armbrüster,* 2021, Rn. 4b.

[94] Die Vorschrift gilt hingegen nicht für die gewöhnliche Kfz-Haftpflichtversicherung; unrichtig insofern KG VersR 2019, 748 (749).

[95] Staudinger/*Armbrüster,* 2021, Rn. 7.

[96] Bruck/Möller/*Dörner,* 2013, Art. 7 Rn. 21.

[97] *Fricke* VersR 2008, 443 (447); *Heiss* FS Kropholler, 2008, 459 (464); Beckmann/Matusche-Beckmann VersR-HdB/*W.-H. Roth* § 4 Rn. 32.

Verbraucher ist (→ Rn. 58) Die Vereinbarung ist veränderbar und nachträglich möglich.[98] Diese Rechtswahlmöglichkeit fand sich bereits Art. 10 Abs. 1 S. 1 EGVVG.

25 **3. Objektive Anknüpfung. a) Gewöhnlicher Aufenthalt des Versicherers.** Haben die Parteien keine Rechtswahl getroffen, ist für den Versicherungsvertrag über Großrisiken das Recht des Staats maßgebend, in dem der Versicherer (insurer; assureur) seinen gewöhnlichen Aufenthalt hat (Abs. 2 S. 2). Die Risikobelegenheit ist nicht entscheidend.[99] Das neue Recht bestimmt eindeutig, dass es auf den Versicherer ankommt. Gewöhnlicher Aufenthalt ist nach Art. 19 Abs. 1 S. 1 der Ort des gewöhnlichen Aufenthalts von Gesellschaften, Vereinen und juristischen Personen der Ort ihrer Hauptverwaltung. Dies führt zu dem Ort, an dem unternehmerische Grundsatzentscheidungen getroffen werden, in der Regel dem Sitz des Vorstandes.[100] Wird der Vertrag im Rahmen des Betriebs einer **Zweigniederlassung,** einer Agentur oder einer **sonstigen Niederlassung** geschlossen oder ist für die Erfüllung gemäß dem Vertrag eine solche Niederlassung verantwortlich, entspricht der Ort des gewöhnlichen Aufenthalts dem Ort, an dem sich die Zweigniederlassung, Agentur oder sonstige Niederlassung befindet (Art. 19 Abs. 2). Das gilt auch hier.[101] Für die Bestimmung des gewöhnlichen Aufenthalts ist der Zeitpunkt des Vertragsschlusses maßgeblich (Art. 19 Abs. 3). Dementsprechend wirkt sich die spätere Übertragung der Betreuung an eine bestimmte Niederlassung nicht aus.[102]

26 **b) Ausweichklausel.** Ähnlich wie in Art. 4 Abs. 3 enthält Art. 7 für Versicherungsverträge eine Ausweichklausel. Ergibt sich aus der Gesamtheit der Umstände, dass der Vertrag über Großrisiken eine offensichtlich engere Verbindung zu einem anderen Staat aufweist, ist das Recht dieses anderen Staates anzuwenden (Abs. 2 S. 3). Hierfür werden genannt, dass sich sowohl der gewöhnliche Aufenthalt des Versicherungsnehmers als auch das Risiko in einem anderen Land befinden.[103] Auch hier ist keine Statutenspaltung bei teilweiser Verbindung zu einem anderen Staat zulässig.[104]

27 **4. Versicherungsverträge aufgrund einer Versicherungspflicht.** Eine besondere Regelung gilt auch bei Großrisiken für Versicherungsverträge aufgrund einer Versicherungspflicht (Abs. 4 lit. b iVm Art. 46d EGBGB). Auch insoweit gelten die besonderen Vorschriften für die Pflichtversicherung (→ Rn. 42 ff.). Daher kommt es auch für diese Versicherungsverträge auf das Recht des die Versicherungspflicht anordnenden Staates an.[105]

III. Andere Versicherungsverträge (Massenrisiken; Abs. 3)

28 **1. Grundsatz beschränkter Rechtswahl.** Versicherungsverträge, die keine Verträge nach Abs. 2 sind, bezeichnet man regelmäßig als Massenrisiken.[106] Der Gesetzgeber verwendet diesen Begriff nicht. Erwägungsgrund 32 spricht generell von Verträgen, die mehrere Risiken decken, die keine Großrisiken sind. Für diese Verträge bestehen Rechtswahlbeschränkungen.[107] Die Parteien dürfen grundsätzlich nur die im Abs. 3 aufgezählten Rechte nach Art. 3 wählen (Abs. 3 S. 1).[108] Diese Rechtsordnungen, zu denen eine persönliche oder sachliche Beziehung besteht, werden in Abs. 3 S. 1 lit. a–e im Einzelnen genannt.[109] Dabei kommt es auf den jeweiligen Vertragstyp und -inhalt an. Die einzelnen Erlaubnistatbestände stehen alternativ nebeneinander.[110] Erwägungsgrund 32 erläutert, dass wegen der Besonderheit der Versicherungsverträge besondere Vorschriften ein angemessenes Schutzniveau für Versicherungsnehmer gewährleisten sollten.[111] Der Sache nach han-

---

98 Beckmann/Matusche-Beckmann VersR-HdB/*W.-H. Roth* § 4 Rn. 35.

99 Beckmann/Matusche-Beckmann VersR-HdB/*W.-H. Roth* § 4 Rn. 44; Bruck/Möller/*Dörner,* 2013, Rn. 23.

100 Bruck/Möller/*Dörner,* 2013, Rn. 24.

101 Staudinger/*Armbrüster,* 2021, Rn. 8.

102 Bruck/Möller/*Dörner,* 2013, Rn. 24.

103 *Fricke* VersR 2008, 443 (447); Bruck/Möller/*Dörner,* 2013, Art. 7 Rn. 25; PWW/*Ehling* Rn. 5; anders *Miquel Sala,* Internationales Versicherungsvertragsrecht nach der Rom I-VO, 2017, 273 f.; zurückhaltend Beckmann/Matusche-Beckmann VersR-HdB/*W.-H. Roth* § 4 Rn. 45; MüKoVVG/*Looschelders* IntVersR Rn. 67; Staudinger/*Armbrüster,* 2021, Rn. 9a.

104 Staudinger/*Armbrüster,* 2021, Rn. 9b.

105 Bruck/Möller/*Dörner,* 2013, Rn. 17.

106 *Fricke* VersR 2008, 443 (447); *Lagarde/Tenenbaum* Rev. crit. dr. int. pr. 97 (2008), 727 (771 ff.); Staudinger/*Armbrüster,* 2021, Rn. 4.

107 Näher zur beschränkten Rechtswahl *Rühl* FS v. Hoffmann, 2011, 364 (369 f.); *Miquel Sala,* Internationales Versicherungsvertragsrecht nach der Rom I-VO, 2017, 278 ff.

108 *Heiss* FS Kropholler, 2008, 459 (463); *Perner* IPRax 2009, 218 (221).

109 Vgl. *Fricke* VersR 2008, 443 (448).

110 Bruck/Möller/*Dörner,* 2013, Rn. 51.

111 Staudinger/*Armbrüster,* 2021, Rn. 10. – Krit. zur Rechtswahlmöglichkeit und Beschränktheit des Katalogs *Heiss* FS Kropholler, 2008, 459 (468 ff., 471 f.).

delt es sich hier um Verbraucherschutzrecht. Daher wird in Fortführung der Amazon-Rspr. (Art. 6 → Rn. 56) gefordert, dass AGB die einzelnen Rechtswahlmöglichkeiten nennen mussten.[112] Eine weitere, vorrangig zu beachtende Begrenzung der Rechtswahl ergibt sich aus den Vorschriften über die Pflichtversicherung (Abs. 4 lit. b iVm Art. 46d EGBGB;[113] → Rn. 42 ff.).

2. Risikobelegenheit. a) Risikobelegenheit im Mitgliedstaat. Für Massenverträge kommt es auf die Risikobelegenheit an, die sich nach Abs. 6 richtet (→ Rn. 49 ff.). Art. 7 gilt für alle anderen Versicherungsverträge, durch die Risiken abgedeckt werden, die im Gebiet der Mitgliedstaaten belegen sind (Abs. 1 S. 1 Alt. 2). 29

Erwägungsgrund 33 spricht die **Mehrfachbelegenheit** an. Deckt ein Versicherungsvertrag, der kein Großrisiko deckt, mehr als ein Risiko, von denen mindestens eines in einem Mitgliedstaat und mindestens eines in einem dritten Staat belegen ist, so sollen die besonderen Regelungen der Rom I-Verordnung für Versicherungsverträge nur für die Risiken gelten, die in dem betreffenden Mitgliedstaat bzw. den betreffenden Mitgliedstaaten belegen sind. Es kommt zu einer Statutenspaltung.[114] 30

b) Belegenheit im Nichtmitgliedstaat. Nicht von Art. 7 erfasst werden Versicherungsverträge, durch die Risiken abgedeckt werden, die nicht im Gebiet der Mitgliedstaaten belegen sind (Abs. 1 S. 1 Alt. 2). Die Risikobelegenheit richtet sich nach Abs. 6. Die Rom I-VO sagt nicht ausdrücklich, welche Vorschriften für die Anknüpfung gelten sollen. Damit sind auf diese Verträge die Art. 3 ff. anzuwenden,[115] die freilich nicht besonders auf Versicherungsverträge zugeschnitten sind und keine Rechtswahlbeschränkung enthalten. Daher will man zum Teil für Massenrisikoverträge, bei denen das Risiko außerhalb der EU belegen ist, gleichwohl den Abs. 3 heranziehen.[116] Gegen ein Redaktionsversehen spricht freilich, dass die VO die Unterscheidung explizit trifft.[117] Diese Lösung entspricht dem bisherigen Rechtszustand (→ 4. Aufl. 2006, EGBGB Art. 37 Rn. 184 ff.). Unterstellt man den Versicherungsvertrag nicht dem Art. 7, sondern den Art. 3 ff., dann gilt für die objektive Anknüpfung Art. 4.[118] Der Versicherungsvertrag ist als Dienstleistung iSd Art. 4 Abs. 1 lit. b einzustufen, was zum gewöhnlichen Aufenthaltsort des Versicherers führt.[119] Zum gleichen Ergebnis gelangt man über Art. 4 Abs. 2.[120] Es kommt aber auch Art. 6 über **Verbraucherverträge** zur Anwendung.[121] Für die subjektive Anknüpfung gilt dann das Günstigkeitsprinzip des Art. 6.[122] Es kommt dann darauf an, ob der situative Anwendungsbereich des Art. 6 eröffnet ist.[123] Für die objektive Anknüpfung gilt die Regelung des Art. 6.[124] Somit kann auch auf diesem Wege das Recht am gewöhnlichen Aufenthaltsort des Versicherungsnehmers zur Anwendung kommen. Bei der Wahl eines drittstaatlichen Rechts können auch die Rechtswahlbeschränkungen der Verbraucherrechtsrichtlinien zum Tragen kommen (in Deutschland nunmehr Art. 46b EGBGB).[125] 31

3. Einzelne Fälle des Abs. 3 UAbs. 1. a) Risikobelegenheit (Abs. 3 UAbs. 1 lit. a). Gewählt werden kann nach das Recht des Mitgliedstaates, in dem zum Zeitpunkt des Vertragsschlusses das **Risiko belegen** ist (Abs. 3 S. 1 lit. a).[126] Die Risikobelegenheit richtet sich auch hier nach Abs. 6 (→ Rn. 49). Diese Rechtswahlmöglichkeit ist insofern unproblematisch – freilich auch funktionslos –,[127] als sie ohnehin der gesetzlichen Anknüpfung entspricht.[128] 32

---

112 *Mankowski* IPRax 2019, 208 (213).

113 Bruck/Möller/*Dörner,* 2013, Art. 7 Rn. 48.

114 Beckmann/Matusche-Beckmann VersR-HdB/*W.-H. Roth* § 4 Rn. 49, 104 ff.; PWW/*Ehling* Rn. 7. – Kritik bei *Merrett* JPIL 5 (2009), 54 f.

115 *Heiss* FS Kropholler, 2008, 459 (461, 477); *Perner* IPRax 2009, 218 (220); PWW/*Ehling* Rn. 12.

116 *Fricke* VersR 2008, 443 (448).

117 Ebenso *Perner* IPRax 2009, 218 (220); Beckmann/Matusche-Beckmann VersR-HdB/*W.-H. Roth* § 4 Rn. 80.

118 *Heiss* FS Kropholler, 2008, 459 (461, 477); *Perner* IPRax 2009, 218 (220).

119 *Staudinger* in Ferrari/Leible, Ein neues Internationales Vertragsrecht für Europa, 2007, 225 (230).

120 So PWW/*Ehling* Rn. 12.

121 *Fricke* VersR 2008, 443 (450); *Heiss* FS Kropholler, 2008, 459 (461, 477); *Merret* JPIL 5 (2009), 59; Bruck/Möller/*Dörner,* 2013, Rn. 4 f., 27 ff.

122 *Fricke* VersR 2008, 443 (451 f.); *Perner* IPRax 2009, 218 (220).

123 *Fricke* VersR 2008, 443 (451 f.).

124 *Fricke* VersR 2008, 443 (452); Beckmann/Matusche-Beckmann VersR-HdB/*W.-H. Roth* § 4 Rn. 84.

125 Dazu *Heiss* FS Kropholler, 2008, 459 (477 f.).

126 Dies entspricht dem früheren Art. 9 Abs. 1 Alt. 1 EGVVG aF.

127 Klarstellend *Miquel Sala,* Internationales Versicherungsvertragsrecht nach der Rom I-VO, 2017, 279 f.; Bruck/Möller/*Dörner,* 2013, Art. 7 Rn. 55.

128 *Fricke* VersR 2008, 443 (448); *Heiss* FS Kropholler, 2008, 459 (465); *Perner* IPRax 2009, 218 (221).

33 **b) Gewöhnlicher Aufenthalt des Versicherungsnehmers (Abs. 3 UAbs. 1 lit. b).** Nach Abs. 3 UAbs. 1 lit. b kann auch das Recht des Staates, in dem der Versicherungsnehmer (policy holder; preneur d'assurance) seinen **gewöhnlichen Aufenthalt** hat, gewählt werden[129] (vgl. den früheren Art. 9 Abs. 1 Alt. 2 EGVVG). Der gewöhnliche Aufenthalt wird nach Art. 19 bestimmt.[130] Der gewöhnliche Aufenthalt ist vielfach auch der Ort der Belegenheit des Risikos,[131] ist aber gerade dann Anknüpfungspunkt, wenn Risikobelegenheit und gewöhnlicher Aufenthalt auseinanderfallen.[132] Der gewöhnliche Aufenthalt kann sich auch in einem Nichtmitgliedstaat befinden.[133]

34 **c) Staatsangehörigkeit der Versicherungsnehmers (Abs. 3 UAbs. 1 lit. c).** Im Falle der **Lebensversicherung** (life assurance; contrat d'assurance vie) kann das Recht des Mitgliedstaates, dessen Staatsangehöriger der Versicherungsnehmer ist, gewählt werden (Abs. 3 UAbs. 1 lit. c). Der Begriff der Lebensversicherung ist autonom auszulegen.[134] In diesen Fällen besteht häufig noch eine Beziehung des Versicherungsnehmers zu seinem Heimatstaat.[135] Damit kann das Recht am gewöhnlichen Aufenthaltsort des Versicherungsnehmers nicht gegen das gewählte Recht ins Feld geführt werden.[136] Dies entspricht dem früheren Art. 32 Lebensversicherungs-RL und der bisherigen deutschen Regelung in Art. 9 Abs. 5 EGVVG. Beispielsweise kann in einem Vertrag mit einem in Berlin lebenden Niederländer auch das heimatliche niederländische Recht vereinbart werden.[137] Ob es sich um einen in- oder ausländischen Versicherer handelt, ist dabei irrelevant.[138] Es darf sich allerdings nur um die Staatsangehörigkeit eines Mitgliedstaates handeln.[139] Maßgeblich ist der Zeitpunkt der Rechtswahl.[140] Wegen der drohenden Rechtsunsicherheit ist zweifelhaft, ob man bei Mehrstaatern auf einer effektiven Staatsangehörigkeit bestehen sollte.[141] Im Interesse der Rechtssicherheit und des Schutzes der Erwartungen des Versicherungsnehmers reicht eine nicht-effektive Staatsangehörigkeit aus.[142]

35 **d) Auslandsschäden (Abs. 3 UAbs. 1 lit. d).** Gewählt werden kann nach Abs. 3 UAbs. 1 lit. d für Versicherungsverträge, bei denen sich die abgedeckten Risiken auf Schadensfälle beschränken, die (ausschließlich) in einem **anderen Mitgliedstaat** als dem Mitgliedstaat, in dem das Risiko belegen ist, eintreten können, das Recht jenes Mitgliedstaats. Hier wird ein geringeres kollisionsrechtliches Schutzbedürfnis angenommen.[143] Die Parteien können daher etwa für eine Haftpflichtversicherung das Recht des Staates wählen, in dem der Schaden möglicherweise eintreten wird.[144] Das gleiche gilt für die Reisekrankenversicherung am ausländischen Reiseort.[145] Die Risikobelegenheit richtet sich nach Abs. 6. Können die Schadensfälle lediglich in einem Nichtmitgliedstaat eintreten, so besteht die Rechtswahlmöglichkeit nicht.[146]

36 **e) Mehrere Risiken (Abs. 3 UAbs. 1 lit. e).** Bei gewerblicher oder freiberuflicher Tätigkeit eröffnet auch die mehrfache Risikobelegenheit eine Rechtswahlmöglichkeit nach Abs. 3. Übt nämlich der Versicherungsnehmer eine berufliche oder gewerbliche Tätigkeit aus oder ist er freiberuflich

---

129 Vgl. dazu *Fricke* VersR 2008, 443 (448).

130 Bruck/Möller/*Dörner,* 2013, Rn. 57.

131 Dazu *Heiss* FS Kropholler, 2008, 459 (466).

132 Bruck/Möller/*Dörner,* 2013, Rn. 56.

133 *Miquel Sala,* Internationales Versicherungsvertragsrecht nach der Rom I-VO, 2017, 296; Staudinger/*Armbrüster,* 2021, Rn. 12.

134 Staudinger/*Armbrüster,* 2021, Rn. 132.

135 *Fricke* VersR 2008, 443 (448); Bruck/Möller/*Dörner,* 2013, Rn. 58.

136 *Clausnitzer/Woopen* BB 2008, 1798 (1804); krit. zu dieser Ausnahme *Heiss* FS Kropholler, 2008, 459 (467 ff.).

137 Vgl. OLG Düsseldorf NJW-RR 2003, 1610 = IPRax 2005, 37 m. Aufsatz *Dörner* IPRax 2005, 26 betr. griechisches Recht.

138 Vgl. Reithmann/Martiny IntVertragsR/*Loacker/Grolimund* Rn. 36.50.

139 Staudinger/*Armbrüster,* 2021, Rn. 13a.

140 Bruck/Möller/*Dörner,* 2013, Rn. 58.

141 Für letzteres aber *Gruber* in Ferrari/Leible, Ein neues Internationales Vertragsrecht für Europa, 2007, 119 f.; Grüneberg/*Thorn* Rn. 7.

142 *Miquel Sala,* Internationales Versicherungsvertragsrecht nach der Rom I-VO, 2017, 288 f.; Bruck/Möller/*Dörner,* 2013, Rn. 60; BeckOGK/*Lüttringhaus,* 1.12.2023, Rn. 115; Rauscher/*Wendt* Rn. 18; Staudinger/*Armbrüster,* 2021, Rn. 13b.

143 *Fricke* VersR 2008, 443 (448); krit. *Heiss* FS Kropholler, 2008, 459 (467 ff.). – Diese Rechtswahlmöglichkeit entspricht Art. 178 Solvabilität II-RL (früher Art. 7 Abs. 1 lit. e RL 88/357/EWG aF) und in Deutschland dem früheren Art. 9 Abs. 3 EGVVG aF.

144 *Basedow/Drasch* NJW 1991, 785 (791); *Mankowski,* Seerechtliche Vertragsverhältnisse im Internationalen Privatrecht, 1995, 565 f.; Staudinger/*Armbrüster,* 2021, Rn. 14.

145 BeckOGK/*Lüttringhaus,* 1.12.2023, Rn. 119; Staudinger/*Armbrüster,* 2021, Rn. 14.

146 Bruck/Möller/*Dörner,* 2013, Rn. 64; krit. Rauscher/*Wendt* Rn. 20.

tätig und deckt der Versicherungsvertrag zwei oder mehr Risiken ab, die mit dieser Tätigkeit in Zusammenhang stehen und in unterschiedlichen Mitgliedstaaten belegen sind, so kann das **Recht eines betroffenen Mitgliedstaats** oder das Recht des Staates, in dem sich der **gewöhnliche Aufenthaltsort des Versicherungsnehmers** befindet, gewählt werden (Abs. 3 UAbs. 1 lit. e).[147] Die zweite Alternative des lit. e ist freilich nur eine Wiederholung der nach lit. b ohnehin bestehenden Rechtswahlmöglichkeit.[148] Es genügt jedoch auch der gewöhnliche Aufenthalt in einem Nichtmitgliedstaat.[149] Die Bestimmung der Tätigkeit erfolgt verordnungsautonom.[150] Dazu gehören auch handwerkliche Tätigkeiten.[151] Die Rechtswahlmöglichkeit gilt auch für die Lebensversicherung.[152] Für Verträge mit Verbrauchern besteht diese Rechtswahlmöglichkeit nicht.[153] Das versicherte Risiko muss daher mit einer der genannten Tätigkeiten im Zusammenhang stehen.[154]

4. Erweiterte Rechtswahlfreiheit (Abs. 3 UAbs. 2). a) Regelung durch nationales Kollisionsrecht. Grundsätzlich deckt Art. 7 alle Versicherungsverträge ab und bestimmt für diese das Maß an Rechtswahlfreiheit. Abs. 3 enthält die Anknüpfungsregeln für Versicherungsverträge, die keine Großrisiken abdecken. Insofern lässt Art. 7 Abs. 3 UAbs. 1 eine Rechtswahl zu. Es handelt sich jedoch nur um eine begrenzte Parteiautonomie; die wählbaren Rechte werden in lit. a–e genannt (→ Rn. 32 ff.). UAbs. 2 geht aber davon aus, dass in bestimmten Fällen das nationale internationale Versicherungsrecht eine **weitergehende** bzw. andere Regelung enthalten kann. Diese **Öffnungsklausel** erweitert die Rechtswahlfreiheit und führt insofern zu einer „Rechtswahl kraft Verweisung"[155] bzw. „Blockverweisung".[156] Bieten nämlich in den Fällen nach Abs. 3 UAbs. 1 lit. a **(Risikobelegenheit),** lit. b **(gewöhnlicher Aufenthalt des Versicherungsnehmers)** oder lit. e **(mehrere Risiken)** die genannten Mitgliedstaaten eine größere Wahlfreiheit bezüglich des auf den Versicherungsvertrag anwendbaren Rechts, so können die Parteien diese Freiheit nutzen (Abs. 3 UAbs. 2). Die einzelnen Möglichkeiten können nebeneinander, dh alternativ verwendet werden.[157] Es kommt darauf an, ob die Rechtsordnungen der jeweiligen Mitgliedstaaten eine größere Wahlfreiheit bezüglich des auf den Versicherungsvertrag anwendbaren Rechts bieten. Für diese Regelungsoptionen kommt es auf die nationalen Rechtsvorschriften an. Eine vollständige Gesamtverweisung auf das mitgliedstaatliche Recht liegt darin aber nicht.[158] Diese Bezugnahme der Verordnung auf das nationale Kollisionsrecht mutet kurios an,[159] entspricht aber der Richtlinie (Art. 178 Solvabilität II-RL; früher Art. 7 Abs. 1 lit. d RL 88/357/EWG aF; → EGBGB Art. 4 Rn. 126). Da die anderen Mitgliedstaaten die Rechtswahl zu respektieren haben, droht keine Rechtszersplitterung, wohl aber eine gewisse Unübersichtlichkeit. Die einem liberaleren internationalen Versicherungsrecht folgenden Mitgliedstaaten (wie etwa das Vereinigte Königreich) sind frei, eine **größere Rechtswahlfreiheit einzuräumen.**[160] Dies steht in der Tradition des bisherigen Richtlinienrechts, eine erweiterte Rechtswahlfreiheit zu gestatten.[161] Der deutsche Gesetzgeber hat von dieser Ermächtigungsnorm keinen Gebrauch gemacht.[162] Auf Nichtmitgliedstaaten erstreckt sich die Regelung in Abs. 3 nicht.[163] 37

b) Ausnahme des Art. 7 Abs. 3 UAbs. 1 lit. a (Risikobelegenheit). Zu befragen ist das Recht des Mitgliedstaates, in dem zum Zeitpunkt des Vertragsschlusses das Risiko belegen ist (Abs. 3 38

147 Dies entspricht dem früheren Art. 9 Abs. 2 EGVVG.
148 *Heiss* FS Kropholler, 2008, 459 (468).
149 Bruck/Möller/*Dörner,* 2013, Rn. 69; Staudinger/*Armbrüster,* 2021, Rn. 15.
150 Staudinger/*Armbrüster,* 2021, Rn. 15a; vgl. Rauscher/*Wendt* Rn. 21.
151 BeckOGK/*Lüttringhaus,* 1.12.2023, Rn. 123.1; Staudinger/*Armbrüster,* 2021, Rn. 15a.
152 Staudinger/*Armbrüster,* 2021, Rn. 15b.
153 *Perner* IPRax 2009, 218 (221); Staudinger/*Armbrüster,* 2021, Rn. 15c.
154 Bruck/Möller/*Dörner,* 2013, Rn. 67 mwN.
155 *Fricke* VersR 2008, 443 (448); *Perner* IPRax 2009, 218 (221); Bruck/Möller/*Dörner,* 2013, Rn. 71.
156 *Mankowski* IPRax 2019, 208 (213).
157 *Heiss* FS Kropholler, 2008, 459 (471); Bruck/Möller/*Dörner,* 2013, Rn. 73.
158 Bruck/Möller/*Dörner,* 2013, Rn. 76; vgl. aber *Heinze* NIPR 2009, 445 (449); Ferrari IntVertragsR/*Staudinger* Rn. 44.
159 So auch *Garcimartín Alférez* EurLegForum 2008, I-61 (I-75); *Mankowski* IPRax 2019, 208 (213); krit. *Heiss* FS Kropholler, 2008, 459 (471). Vgl. schon *Basedow/Scherpe* FS Heldrich, 2005, 513 f.
160 Überblick zum ausländischen Recht bei *Gruber* in Ferrari/Leible, Ein neues Internationales Vertragsrecht für Europa, 2007, 121 ff.
161 S. Art. 7 Abs. 1 lit. a S. 2 und lit. d 2. Direktversicherungs-RL; näher dazu *Mankowski* VersR 1993, 154 ff.
162 Bruck/Möller/*Dörner,* 2013, Rn. 75; Staudinger/*Armbrüster,* 2021, Rn. 16b. Gegen die Nutzung auch *Fricke* VersR 2008, 443 (448 f.); anders etwa England *Merret* JPIL 5 (2009), 59 f. Zu weiteren Staaten *Stehl,* Die Überwindung der Inkohärenz des internationalen Privatrechts der Bank- und Versicherungsverträge, 2008, 41 ff.; *Miquel Sala,* Internationales Versicherungsvertragsrecht nach der Rom I-VO, 2017, 304 ff.
163 Näher Bruck/Möller/*Dörner,* 2013, Rn. 74.

UAbs. 1 lit. a). Dementsprechend ist zunächst einmal zu ermitteln, wo das Risiko belegen ist. Auch hierfür ist Abs. 6 maßgeblich (→ Rn. 49 ff.).

39 **c) Ausnahme des Art. 7 Abs. 3 UAbs. 1 lit. b (gewöhnlicher Aufenthalt des Versicherungsnehmers).** Eine Erweiterung kann sich auch nach dem Recht des Staates ergeben, in dem der Versicherungsnehmer seinen gewöhnlichen Aufenthalt hat (Abs. 3 UAbs. 1 lit. b). Dieser ist auch hier nach Art. 19 zu bestimmen.

40 **d) Ausnahme des Art. 7 Abs. 3 UAbs. 1 lit. e (mehrere Risiken).** Hier geht es um den Fall, dass der Versicherungsnehmer mit einem Vertrag nach diesem Absatz eine berufliche oder gewerbliche Tätigkeit ausübt oder freiberuflich tätig ist und der Versicherungsvertrag zwei oder mehr Risiken abdeckt, die mit dieser Tätigkeit in Zusammenhang stehen und in unterschiedlichen Mitgliedstaaten belegen sind, das Recht eines betroffenen Mitgliedstaats oder das Recht des Staates, in dem sich der gewöhnliche Aufenthaltsort des Versicherungsnehmers befindet. Beispielsweise kann die ausländische Betriebsstätte eines deutschen Versicherungsnehmers mitversichert werden.[164]

41 **5. Objektive Anknüpfung (Abs. 3 UAbs. 3).** Haben die Parteien keine Rechtswahl gemäß Abs. 3 getroffen, ist für einen solchen Vertrag das Recht des Mitgliedstaats maßgebend, in dem das **Risiko belegen** ist (Abs. 3 UAbs. 3). Diese Regelung entspricht Art. 8 aF EGVVG. Die Risikobelegenheit richtet sich auch hier nach Abs. 6.[165] Maßgeblicher Zeitpunkt ist der Zeitpunkt des Vertragsschlusses (Abs. 3 UAbs. 3). Eine Ausweichklausel ist hier nicht vorhanden.[166]

IV. Pflichtversicherung (Abs. 4)

42 **1. Zusätzliche Regelungen.** Nach Abs. 4 gelten zusätzliche Regelungen für Versicherungsverträge, für die ein Mitgliedstaat eine Versicherungspflicht vorschreibt. Zum Teil wird eine analoge Anwendung auf die Belegenheit in einem Nichtmitgliedstaat befürwortet.[167] Ein entsprechender Schutz erfolgt vor allem im öffentlichen Interesse, das auch seinen kollisionsrechtlichen Ausdruck findet[168] Davon werden Verträge über Großrisiken (Abs. 2) und Massenrisiken (Abs. 3) erfasst.[169] Hier findet sich zunächst einmal eine Regelung für das Genügen der Versicherungspflicht in lit. a. Ferner heißt es in Art. 7 Abs. 4 lit. b, dass ein Mitgliedstaat abweichend von den Absätzen 2 und 3 anordnen kann, dass auf den Versicherungsvertrag das Recht des Mitgliedstaates anzuwenden ist, der die **Versicherungspflicht** (durch Gesetz im materiellen Sinne)[170] **vorschreibt.** Diese Regelung kann allseitige Kollisionsnormen enthalten.[171] Davon hat Deutschland Gebrauch gemacht. Die entsprechende Regelung für die Pflichtversicherung findet sich in Art. 46d EGBGB. Die Verweisung auf das Recht des Anordnungsstaates steht aber unter dem Vorbehalt, dass der betreffende Mitgliedstaat sein Recht auch selbst angewendet wissen will.[172] Fehlt es an einer entsprechenden Anordnung für die Pflichtversicherung, so bleibt es bei der Anknüpfung nach Abs. 2 und 3.[173]

43 **2. Genügen der Versicherungspflicht (Abs. 4 lit. a). a) Spezifische Bestimmungen (Abs. 4 lit. a S. 1).** Der Versicherungsvertrag genügt der Versicherungspflicht nur, wenn er den von dem Mitgliedstaat, der die Versicherungspflicht vorschreibt, vorgeschriebenen **spezifischen Bestimmungen für diese Versicherung entspricht** (Abs. 4 lit. a S. 1). Die formellen und inhaltlichen Anforderungen des Pflichtversicherungsstaates sind daher einzuhalten.[174] Stellt das jeweilige Recht geringere Anforderungen als das Recht des Versicherungsvertrags, so wird auf dessen engste Verbindung abgestellt.[175]

44 **b) Sich widersprechende Rechte (Abs. 4 lit. a S. 2).** Widerspricht das Recht des Mitgliedstaats, in dem das Risiko belegen ist, demjenigen des Mitgliedstaates, der die Versicherungspflicht

---

164 Vgl. Reithmann/Martiny IntVertragsR/*Loacker/Grolimund* Rn. 36.42.

165 *Fricke* VersR 2008, 443 (449); *Heiss* FS Kropholler, 2008, 459 (476); Bruck/Möller/*Dörner,* 2013, Rn. 77.

166 Bruck/Möller/*Dörner,* 2013, Rn. 77.

167 Staudinger/*Armbrüster,* 2021, Rn. 2.

168 Staudinger/*Armbrüster,* 2021, Rn. 18; krit. zu dieser Ausnahme *Lagarde/Tenenbaum* Rev. crit. dr. int. pr. 97 (2008), 727 (767 ff.).

169 *Garcimartín Alférez* EurLegForum 2008, I-61 (I-75); *Perner* IPRax 2009, 218 (221); Bruck/Möller/*Dörner,* 2013, Art. 7 Rn. 79.

170 Staudinger/*Armbrüster,* 2021, Rn. 20.

171 *Heiss* FS Kropholler, 2008, 459 (476 f.).

172 Bruck/Möller/*Dörner,* 2013, Rn. 80.

173 Bruck/Möller/*Dörner,* 2013, Rn. 81.

174 Näher *Miquel Sala,* Internationales Versicherungsvertragsrecht nach der Rom I-VO, 2017, 358.

175 Staudinger/*Armbrüster,* 2021, Rn. 26.

vorschreibt, so hat das letztere Vorrang (Abs. 4 lit. a S. 2). Für die Pflichtversicherung darf sich bei Widersprüchen hinsichtlich Versicherungspflicht und Intensität das die Versicherung vorschreibende Recht gegen die Rechtsordnung des Risikolandes durchsetzen.[176]

3. Abweichende Vorschrift (Abs. 4 lit. b). Ein Mitgliedstaat **kann** abweichend von Abs. 2 und 3 **vorschreiben,** dass auf den Versicherungsvertrag das Recht des Mitgliedstaates anzuwenden ist, der die Versicherungspflicht vorschreibt (Abs. 4 lit. b). Dabei wird bei Vorliegen bestimmter Voraussetzungen der Abschluss einer bestimmten Versicherung verlangt. Ferner kann der nationale Gesetzgeber vorschreiben, dass die Pflichtversicherung dem Recht desjenigen Staates unterliegt, welcher die Versicherungspflicht vorschreibt (so bereits Art. 8 Abs. 4 lit. c RL 88/357/EG). Dies ist in Art. 46d Abs. 1 EGBGB für ausländische Mitgliedstaaten und in Abs. 2 für das Inland geschehen. Sinn der Sonderregelung ist es, öffentlich-rechtlichen Versicherungspflichten, dem öffentlichen Interesse an effektivem Versicherungsschutz sowie den besonderen rechtlichen Verhältnissen des eine Pflichtversicherung vorschreibenden Staates zu entsprechen.[177] Die Frage, ob eine besondere Regelung für die Pflichtversicherung getroffen werden sollte, hat der deutsche Gesetzgeber in Art. 46d EGBGB positiv beantwortet. 45

Das Recht des Mitgliedstaates, der die Versicherungspflicht vorschreibt, ist das Recht des Staates, der eine entsprechende Regelung trifft (Abs. 4 lit. b). Die Pflichtversicherung unterliegt also einheitlich dem Recht des **Staates, der die Versicherungspflicht vorschreibt.**[178] Diese Regelung kommt jedoch dann nicht zur Anwendung, wenn die Versicherungspflicht lediglich in einem Dritt-, nicht aber in einem Mitgliedstaat besteht.[179] Das gilt jedenfalls dann, wenn auch das Risiko in dem Nichtmitgliedstaat belegen ist.[180] Auch bei Großrisiken, für deren Anknüpfung es nicht auf die Risikobelegenheit ankommt, kann die Versicherungspflicht von einem Nichtmitgliedstaat angeordnet werden. Insoweit wird aus Gründen der Rechtssicherheit und des Entscheidungseinklangs eine analoge Anwendung von Art. 7 Abs. 4 lit. b Rom I-VO und von Art. 46d Abs. 1 EGBGB vorgeschlagen.[181] Im Übrigen → EGBGB Art. 46d Rn. 1 ff. Teilweise wird auch erwogen, das ausländische Gebot über Art. 9 Rom I-VO zu berücksichtigen.[182] Zweifelhaft ist jedoch die Einordnung als Eingriffsnorm sowie die Reichweite des Art. 9 Abs. 3 Rom I-VO.[183] 46

V. In mehreren Mitgliedstaaten belegene Risiken (Abs. 5)

1. Mehrfachbelegenheit. Da es vielfach auf die Risikobelegenheit ankommt, bedarf es einer Regelung der Mehrfachbelegenheit. Deckt der Vertrag in mehr als einem Mitgliedstaat belegene Risiken ab, so wird für die Zwecke von Abs. 3 letzter Unterabsatz und Abs. 4 davon ausgegangen, dass der Vertrag mehreren Verträgen entspricht, von denen sich jeder auf jeweils einen Mitgliedstaat bezieht (Abs. 5). Erwägungsgrund 33 erläutert, dass dann, wenn ein Versicherungsvertrag, der kein Großrisiko betrifft, mehr als ein Risiko deckt, von denen mindestens eines in einem Mitgliedstaat und mindestens eines in einem dritten Staat belegen ist, die besonderen Regelungen der Rom I-VO für Versicherungsverträge nur für die Risiken gelten, die in dem betreffenden Mitgliedstaat bzw. den betreffenden Mitgliedstaaten belegen sind.[184] Diese Vorschrift bezieht sich auf Massenrisiken, aber auch auf die zusätzlichen Regelungen für die Rechtswahl und die Pflichtversicherung.[185] Der Mitgliedstaat der Risikobelegenheit richtet sich auch hier nach Abs. 6.[186] Abs. 5 bezieht sich nicht auf Großrisikoverträge.[187] 47

---

[176] *Perner* IPRax 2009, 218 (221); *Zwickel* NZV 2021, 31 (34); *Gal* TranspR 2022, 465 (472): Durchsetzung nur bezüglich der Pflicht zur Versicherung. – S. schon Art. 8 Abs. 3 RL 88/357/EWG aF; vgl. *Kramer,* Internationales Versicherungsvertragsrecht, 1995, 248.

[177] Soergel/*v. Hoffmann* EGBGB Art. 37 Rn. 126. Schon bislang nahm man an, dass der Zwang zum Abschluss einer Fluggastversicherung (§ 50 S. 1 LuftVG) nicht dem Statut des Beförderungsvertrages unterliegt, sondern aus der Lufthoheit der BRepD folgt, BGHZ 75, 183 (189 f.) = NJW 1980, 524.

[178] LG Göttingen NZV 2020, 201 mAnm *M. Müller; Fricke* VersR 2008, 443 (449); *Perner* IPRax 2009, 218 (221); Staudinger/*Armbrüster,* 2021, Rn. 27.

[179] *Perner* IPRax 2009, 218 (221); *Gal* TranspR 2022, 465 (471). – PWW/*Ehling* Rn. 15 f., jedoch für analoge Anwendung.

[180] Bruck/Möller/*Dörner,* 2013, EGBGB Art. 46c Rn. 7.

[181] Bruck/Möller/*Dörner,* 2013, Rn. 20; Staudinger/*Armbrüster,* 2021, Rn. 20.

[182] Krit. dazu und für bloße sachrechtliche bzw. faktische Berücksichtigung *Gal* TranspR 2022, 465 (471 ff.).

[183] Vgl. BeckOGK/*Lüttringhaus,* 1.12.2023, Rn. 144.

[184] Krit. dazu *Lagarde/Tenenbaum* Rev. crit. dr. int. pr. 97 (2008), 727 (770 f.).

[185] *Fricke* VersR 2008, 443 (449).

[186] BGH VersR 2020, 614 = IPRax 2021, 282 Rn. 21.

[187] BeckOGK/*Lüttringhaus,* 1.12.2023, Rn. 75; Staudinger/*Armbrüster,* 2021, Rn. 30; anders *Miquel Sala,* Internationales Versicherungsvertragsrecht nach der Rom I-VO, 2017, 355.

48 **2. Folgen.** Folge der Mehrfachbelegenheit ist, dass es zu einer Statutenspaltung kommt.[188] Ein an sich einheitlich geschlossener Vertrag wird ebenso behandelt wie mehrere Verträge über Einzelrisiken.[189] Nur für das in einem Mitgliedstaat belegene Risiko kommt Art. 7 zur Anwendung. Im Übrigen gelten die allgemeinen Anknüpfungsregeln der Rom I-VO.

VI. Risikobelegenheit (Abs. 6)

49 **1. Ermittlung der Risikobelegenheit.** Nicht nur für den räumlichen Anwendungsbereich, sondern auch für die Bestimmung des anwendbaren Rechts ist die Belegenheit des Risikos von Bedeutung; sie hat daher eine Doppelfunktion.[190] Dies gilt sowohl für die subjektive als auch für die objektive Anknüpfung.[191] Die Risikobelegenheit ist insbesondere relevant für Abs. 2 (Massenrisiko). Sie richtet sich nach Abs. 6. Diese Vorschrift trifft für zwei Fälle eine Regelung der Risikobelegenheit; sie ist für alle Absätze des Art. 7 heranzuziehen. Der Staat, in dem das Risiko belegen ist, wird nach Art. 13 Nr. 13 Solvabilität II-RL bestimmt, der an die Stelle von Art. 2 lit. d RL 88/357/EWG aF getreten ist.[192] Im Fall von Lebensversicherungen ist der Staat, in dem das Risiko belegen ist, der Staat der Verpflichtung iSv Art. 13 Nr. 14 Solvabilität II-RL.[193]

50 **2. Belegenheit für Versicherungsverträge. a) Belegenheit.** Unter der Belegenheit ist die örtliche Verbindung des jeweiligen Risikos zu verstehen. Die Belegenheit bewirkt folglich eine Verknüpfung mit einer Rechtsordnung. Dazu bedarf es jedoch einer Wertentscheidung; die Belegenheit ist nicht vorgegeben, sondern „ein Fachausdruck, der Verschiedenartiges zusammenfasst".[194] Maßgeblicher **Zeitpunkt** ist der Vertragsschluss; spätere Veränderungen sind bedeutungslos.[195] Zur Bestimmung des Mitgliedstaats, in dem das Risiko belegen ist, wird auf Art. 2 lit. d RL 88/357/EWG aF verwiesen, der durch Art. 13 Nr. 13 Solvabilität II-RL ersetzt worden ist. Die Richtlinie bleibt nicht beim Grundsatz der Risikobelegenheit stehen, sondern bestimmt in Art. 13 Nr. 13 Solvabilität II-RL zunächst in drei besonderen Fällen, ferner in einem Auffangtatbestand für die übrigen Fälle, wo das Risiko belegen ist. Das Recht des so bestimmten Belegenheitsortes ist sodann nach den Normen über die objektive Anknüpfung auf den Versicherungsvertrag anzuwenden. Zu beachten ist allerdings, dass die Regelung des Art. 7 Abs. 4 lit. a S. 2 über die Pflichtversicherung, wonach das sie anordnende Recht gilt, Vorrang vor der allgemeinen Regelung der Risikobelegenheit beansprucht.[196] In Deutschland war die Risikobelegenheit früher in Art. 7 Abs. 2 EGVVG detailliert geregelt. Auch nach der Rom I-VO kann die Belegenheit zu unterschiedlichen Rechtsordnungen führen.[197]

51 **b) Unbewegliche Sachen.** Bei der Versicherung von Gebäuden oder von Gebäuden und den darin befindlichen Sachen, sofern diese durch die gleiche Versicherungspolice gedeckt ist, ist der Mitgliedstaat, in dem die Gegenstände belegen sind, maßgeblich (Art. 13 Nr. 13 lit. a Solvabilität II-RL, ersetzt Art. 2 lit. d RL 88/357/EWG aF). Damit ist insbesondere die **Gebäudeversicherung** (Sach- und Haftpflichtversicherung) gemeint.[198] Hier kommt es – ebenso wie früher nach Art. 7 Abs. 2 Nr. 1 EGVVG – auf den **Mitgliedstaat** an, in dem diese **Gegenstände belegen** sind.[199] Der Begriff des Gebäudes ist verordnungsautonom zu verstehen.[200]

52 Werden durch den gleichen Vertrag **unbewegliche und bewegliche** Sachen betroffen, so ist eine Vertragsspaltung zu vermeiden. Vielmehr richtet sich auch das Versicherungsverhältnis bezüglich der beweglichen Sachen nach der Regel über die unbeweglichen Sachen.[201] Anderes gilt freilich

---

188 *Fricke* VersR 2008, 443 (449); *Perner* IPRax 2009, 218 (219).

189 *Heiss* FS Kropholler, 2008, 459 (474 f.); Staudinger/*Armbrüster,* 2021, Rn. 29.

190 Bruck/Möller/*Dörner,* 2013, Rn. 28; krit. zur Verwendung dieses Kriteriums *Lagarde/Tenenbaum* Rev. crit. dr. int. pr. 97 (2008), 727 (775 f.).

191 BeckOGK/*Lüttringhaus,* 1.12.2023, Rn. 47.

192 Bruck/Möller/*Dörner,* 2013, Rn. 27; Staudinger/*Armbrüster,* 2021, Rn. 31.

193 Ersetzt Art. 1 Abs. 1 lit. g RL 2002/83/EG des Europäischen Parlaments und des Rates vom 5.11.2002 über Lebensversicherungen (ABl. EU 2002 L 345, 1).

194 So *Kegel/Schurig* IPR § 18 I 1f cc.

195 *Fricke* VersR 2008, 443 (449); *Heiss* FS Kropholler, 2008, 459 (474); Bruck/Möller/*Dörner,* 2013, Rn. 26; Staudinger/*Armbrüster,* 2021, Vor Art. 7 Rn. 29.

196 Vgl. Reithmann/Martiny IntVertragsR/*Loacker/Grolimund* Rn. 36.56.

197 Dazu *Heiss* FS Kropholler, 2008, 459 (474).

198 *Fricke* VersR 1994, 773 (774 f.); Staudinger/*Armbrüster,* 2021, Vor Art. 7 Rn. 16.

199 *Miquel Sala,* Internationales Versicherungsvertragsrecht nach der Rom I-VO, 2017, 199 ff.

200 Bruck/Möller/*Dörner,* 2013, Rn. 29; BeckOGK/*Lüttringhaus,* 1.12.2023, Rn. 55; Ferrari IntVertragsR/*Staudinger* Rn. 61.

201 *Fricke* VersR 1994, 773 (774); *Miquel Sala,* Internationales Versicherungsvertragsrecht nach der Rom I-VO, 2017, 200; Bruck/Möller/*Dörner,* 2013, Rn. 29.

dann, wenn zwei unterschiedliche Vertragsverhältnisse bestehen. Dann besteht kein hinreichender Grund, ein einheitliches Statut zu bilden.[202] Folglich wird die Hausratsversicherung grundsätzlich nicht von der Belegenheitsregelung für Bauwerke erfasst.[203]

c) Fahrzeuge. Für die Versicherung von zugelassenen Fahrzeugen aller Art ist der Zulassungsmitgliedstaat maßgeblich (Art. 13 Nr. 13 lit. b Solvabilität II-RL, ersetzt Art. 2 lit. d RL 88/357/EWG).[204] Es geht um die Versicherung von Risiken mit Bezug auf Fahrzeuge aller Art, die in einem Mitgliedstaat in ein amtliches oder amtlich anerkanntes **Register** einzutragen sind und ein Unterscheidungskennzeichen erhalten. Für die Fahrzeugversicherung (etwa Kasko-, Haftpflicht-, Unfall- und Rechtsschutzversicherung)[205] kommt es also auf das Recht des Zulassungs- bzw. Immatrikulationsstaates an.[206] Auf diese Weise wird ein Statutenwechsel bei einem Wechsel des Lageorts des Fahrzeugs vermieden.[207] Das Unterscheidungskennzeichen war ein vom deutschen Gesetzgeber in das EGVVG eingeführtes Merkmal ohne Aussagekraft.[208] Unter die Anknüpfungsregelung fällt auch die Schiffskaskoversicherung;[209] das Risiko ist hier in dem Staat belegen, in welchem das Schiff registriert ist.[210] Soweit keine Registereintragung vorgeschrieben ist, greift die Auffangregel.[211] Allerdings geht die Sonderregelung für die Pflichtversicherung in Art. 7 Abs. 4 lit. b Rom I-VO iVm Art. 46b EGBGB vor.[212] 53

d) Reise- und Ferienrisiken. Bei einem höchstens viermonatigen Vertrag zur Versicherung von Reise- und Ferienrisiken ist, ungeachtet des betreffenden Zweigs der Mitgliedstaat, in dem der Versicherungsnehmer den **Vertrag geschlossen hat,** der Staat der Risikobelegenheit (Art. 13 Nr. 13 lit. c Solvabilität II-RL). Reise- und Ferienrisiken sind solche, welche typischerweise mit Reise und Urlaub verbunden sind. Dazu gehören unter anderem Reiserücktrittsversicherungen, Reisekrankenversicherungen, Gepäckversicherungen und Verkehrsserviceversicherungen.[213] Die Vorschrift erfasst allerdings nur Versicherungsverträge über eine Laufzeit von höchstens vier Monaten. Auf die Dauer der Reise kommt es nicht an.[214] – Während die Richtlinie von dem Staat spricht, „in dem der Versicherungsnehmer den Vertrag geschlossen hat", was auf Angebot und Annahme hindeutet,[215] war nach Art. 7 Abs. 2 Nr. 3 EGVVG der **Ort der zum Abschluss des Vertrages erforderlichen Rechtshandlungen** entscheidend. Hierunter verstand man die Abgabe der zum Vertragsschluss führenden Willenserklärung durch den Versicherungsnehmer.[216] Dies führt regelmäßig zum Aufenthaltsort des Versicherungsnehmers.[217] Die Maßgeblichkeit des Abschlussortes kann die Frage nach dem dafür maßgeblichen Recht aufwerfen und möglicherweise ungleichmäßige Ergebnisse provozieren.[218] Eine telelogische Beschränkung der Vorschrift auf Verträge unter Anwesenden[219] wird vom 54

---

202 *Fricke* VersR 1994, 773 (774); Soergel/*v. Hoffmann* EGBGB Art. 37 Rn. 78.

203 Staudinger/*Armbrüster,* 2021, Vor Art. 7 Rn. 18.

204 BGH VersR 2020, 614 Rn. 19 = IPRax 2021, 282; VersR 2021, 572 mAnm *Zwickel* = NVZ 2021, 310 mAnm *Staudinger* = EuZW 2021, 503 mAnm *Finkelmeier* = LMK 2021, 812030 mAnm *Pfeiffer;* OLG Karlsruhe VersR 2021, 1486; Bruck/Möller/*Dörner,* 2013, Rn. 31. – Umfasst ist wohl auch Art. 4 Nr. 4 RL 2005/14/EG (*Heinze* NIPR 2009, 448; Bruck/Möller/*Dörner,* 2013, Rn. 33 f. mwN). Dieser hat in die RL 88/357/EWG einen Art. 4a RL 88/357/EWG aF eingefügt, der auf den Bestimmungsstaat abstellt.

205 Bruck/Möller/*Dörner,* 2013, Rn. 32.

206 *Zwickel* NZV 2021, 31 (33); Reithmann/Martiny IntVertragsR/*Loacker/Grolimund* Rn. 36.31; BeckOGK/*Lüttringhaus,* 1.12.2023, Rn. 57; übersehen von KG VersR 2019, 748; OLG Schleswig SchlHA 2020, 229 Rn. 36.

207 *Fricke* VersR 1994, 773 (775); Soergel/*v. Hoffmann* EGBGB Art. 37 Rn. 79. – Auf die einfache Handhabbarkeit weist hin Staudinger/*Armbrüster,* 2021, Vor Art. 7 Rn. 19a.

208 Näher *Mankowski,* Seerechtliche Vertragsverhältnisse im Internationalen Privatrecht, 1995, 537.

209 *Mankowski,* Seerechtliche Vertragsverhältnisse im Internationalen Privatrecht, 1995, 535 ff.

210 *Basedow/Drasch* NJW 1991, 785 (787); *Mankowski,* Seerechtliche Vertragsverhältnisse im Internationalen Privatrecht, 1995, 538 f.

211 Bruck/Möller/*Dörner,* 2013, Rn. 32; Rauscher/*Wendt* Rn. 53. – Zu Art. 7 Abs. 2 Nr. 4 EGVVG Soergel/*v. Hoffmann* EGBGB Art. 37 Rn. 79.

212 BGH VersR 2021, 572 mAnm *Zwickel* = NVZ 2021, 310 mAnm *Staudinger* EuZW 2021, 503 mAnm *Finkelmeier* = LMK 2021, 812030 mAnm *Pfeiffer* Rn. 32.

213 *Uebel,* Die deutschen Kollisionsnormen für (Erst-)Versicherungsverträge mit Ausnahme der Lebensversicherung über in der Europäischen Wirtschaftsgemeinschaft belegene Risiken, 1994, 87; *Mankowski,* Seerechtliche Vertragsverhältnisse im Internationalen Privatrecht, 1995, 540; Bruck/Möller/*Dörner* Rn. 37.

214 Bruck/Möller/*Dörner,* 2013, Rn. 35.

215 BeckOGK/*Lüttringhaus,* 1.12.2023, Rn. 62.

216 *Basedow/Drasch* NJW 1991, 785 (787); *Imbusch* VersR 1993, 1059 (1061).

217 *Dörner,* 2013, EGVVG Art. 7 Rn. 19; BeckOGK/*Lüttringhaus,* 1.12.2023, Rn. 62.

218 Soergel/*v. Hoffmann* EGBGB Art. 37 Rn. 80.

219 So *Reichert-Facilides* IPRax 1990, 1 (7).

Richtlinienwortlaut und auch vom Zweck der Vorschrift nicht verlangt.[220] Bei einem Vertragsschluss durch einen Vertreter, wird auf den Ort abgestellt, an dem der Vertreter tätig geworden ist.[221]

55 **e) Andere Fälle.** In allen Fällen, die nicht ausdrücklich in den vorhergehenden Buchstabe n genannt sind (bzw. davon erfasst werden[222]), ist der Mitgliedstaat, in dem der **Versicherungsnehmer seinen gewöhnlichen Aufenthalt hat,** oder, wenn der Versicherungsnehmer eine **juristische Person** ist, der Mitgliedstaat, in dem sich die Niederlassung dieser juristischen Person befindet, auf die sich der Vertrag bezieht (Art. 13 Nr. 13 lit. d Solvabilität II-RL). Dies entspricht dem früheren **Auffangtatbestand** des Art. 7 Abs. 2 Nr. 4 EGVVG. Unter diese Regel fallen **Unfall-** und **Krankenversicherungen,**[223] **Gütertransportversicherungen**[224] und **Haftpflichtversicherungen.**[225] Auch Versicherungen im Hinblick auf Kredit, Kaution, **Rechtsschutz**[226] und Beistand sind erfasst.[227] Hier ist danach zu unterscheiden, ob der Versicherungsnehmer eine natürliche Person ist oder nicht. Im ersten Fall kommt es auf den gewöhnlichen Aufenthaltsort des Versicherungsnehmers, im zweiten auf die Niederlassung der betreffenden Einrichtung an. Entscheidend ist der **Zeitpunkt des Vertragsschlusses;** ein späterer Statutenwechsel soll vermieden werden.[228]

56 Für die Bestimmung des **gewöhnlichen Aufenthalts einer** natürliche Person können die Grundsätze des Art. 19 herangezogen werden (→ Art. 19 Rn. 7 ff.). Auf den Wohnsitz kommt es nicht an.[229] Auch hier ist bei nicht berufsbezogenen Versicherungen auf den Mittelpunkt der Lebensverhältnisse abzustellen.[230] Entsprechendes gilt für den Begriff der **Niederlassung** (→ Art. 19 Rn. 12 f.). Dies führt zur Hauptniederlassung.[231] Die Richtlinie nennt allein die juristische Person. Man nimmt aber an, dass sie – dem französischen Recht entsprechend – inhaltlich einen ebenso weiten Anwendungsbereich hat.[232] Art. 7 Abs. 2 Nr. 4 lit. b EGVVG hatte daher eine weitere Formulierung gewählt und auch Unternehmen, Betriebsstätten oder entsprechende Einrichtungen genannt.

57 **3. Belegenheit der Lebensversicherung.** Im Fall von Lebensversicherungen ist der Staat, in dem das Risiko belegen ist, der Staat der Verpflichtung iSv Art. 13 Nr. 14 Solvabilität II-RL (ersetzt Art. 1 Abs. 1 lit. g RL 2002/83/EG), so Abs. 6 Alt. 2. Dies ist wiederum der Staat, in dem der Versicherungsnehmer seinen gewöhnlichen Aufenthalt hat,[233] oder, wenn der Versicherungsnehmer eine juristische Person ist, der Mitgliedstaat, in dem sich die Niederlassung dieser juristischen Person befindet, auf die sich der Vertrag bezieht.[234]

VII. Verhältnis zu anderen Vorschriften

58 **1. Verbraucherschutz.** Erwägungsgrund 32 erläutert, dass wegen der Besonderheit der Versicherungsverträge besondere Vorschriften ein angemessenes Schutzniveau für Versicherungsnehmer gewährleisten sollten. Deshalb sollte Art. 6, der Versicherungsverträge in Abs. 1 ausdrücklich ausschließt, nicht im Zusammenhang mit diesen besonderen Verträgen gelten. Dies gilt auch

---

220 *Basedow/Drasch* NJW 1991, 785 (787); *Fricke* VersR 1994, 773 (775); Prölss/Martin/*Prölss/Armbrüster* EGVVG Art. 7 Rn. 5; Soergel/*v. Hoffmann* EGBGB Art. 37 Rn. 80; Staudinger/*Armbrüster,* 2021, Vor Art. 7 Rn. 21a.

221 Bruck/Möller/*Dörner,* 2013, Rn. 35; BeckOGK/*Lüttringhaus,* 1.12.2023, Rn. 62; Rauscher/*Wendt* Rn. 54.

222 Bruck/Möller/*Dörner,* 2013, Rn. 38.

223 Bruck/Möller/*Dörner,* 2013, Rn. 38.

224 Zu Art. 7 Abs. 2 Nr. 4 EGVVG *Mankowski,* Seerechtliche Vertragsverhältnisse im Internationalen Privatrecht, 1995, 540 f.

225 Bruck/Möller/*Dörner,* 2013, Rn. 38. – Zu Art. 7 Abs. 2 Nr. 4 EGVVG *Mankowski,* Seerechtliche Vertragsverhältnisse im Internationalen Privatrecht, 1995, 541 ff.; Soergel/*v. Hoffmann* EGBGB Art. 37 Rn. 81.

226 Zu Art. 7 Abs. 2 Nr. 4 EGVVG *Mankowski,* Seerechtliche Vertragsverhältnisse im Internationalen Privatrecht, 1995, 545, 569.

227 Zu Art. 7 Abs. 2 Nr. 4 EGVVG Soergel/*v. Hoffmann* EGBGB Art. 37 Rn. 81.

228 Zu Art. 7 Abs. 2 Nr. 4 EGVVG *Fricke* VersR 1994, 773 (776); Soergel/*v. Hoffmann* EGBGB Art. 37 Rn. 81.

229 Vgl. Reithmann/Martiny IntVertragsR/*Loacker/Grolimund* Rn. 36.30.

230 Bruck/Möller/*Dörner,* 2013, Rn. 39 f. mwN.

231 Bruck/Möller/*Dörner,* 2013, Rn. 41 f.

232 *Basedow/Drasch* NJW 1991, 785 (788); *Imbusch* VersR 1993, 1061; *Fricke* VersR 1994, 773 (775); Soergel/*v. Hoffmann* EGBGB Art. 37 Rn. 81.

233 Für die Hauptniederlassung bei Lebensversicherung für gewerbliche oder freiberufliche Tätigkeit BeckOGK/*Lüttringhaus,* 1.12.2023, Rn. 72.

234 Art. 1 Abs. 1 lit. g RL 2002/83/EG. Text auch bei Reithmann/Martiny IntVertragsR/*Loacker/Grolimund* Rn. 6.2739; näher BeckOGK/*Lüttringhaus,* 1.12.2023, Rn. 73.

dann, wenn ein Vertrag über ein Großrisiko von einem Verbraucher geschlossen wird.[235] Außerhalb des Anwendungsbereichs des Art. 7 kann Art. 6 jedoch herangezogen werden.[236]

2. Eingriffsnormen. Die Vorschrift des Art. 9 gilt auch für Versicherungsverträge.[237] Welche deutschen Vorschriften auf dem Gebiet des Versicherungsrechts im Einzelnen als Eingriffsnormen bzw. als international zwingendes Recht durchzusetzen sind, ist noch weitgehend ungeklärt.[238] In Betracht kommt zum einen das **deutsche Aufsichtsrecht auf Grund des VAG.**[239] Ferner enthält das **VVG** eine Reihe von absolut zwingenden und von relativ zwingenden Vorschriften, von denen zumindest nicht zum Nachteil des Versicherungsnehmers abgewichen werden darf.[240] Auch hier ist jedoch zu beachten, dass es sich lediglich um Eingriffsnormen iSd Art. 9 Abs. 1 handeln darf; der allein privatschützende Versichertenschutz richtet sich nur nach Art. 7, der ja eigene Rechtswahlbeschränkungen enthält.[241] Als Eingriffsnorm kommen, soweit sie nicht ohnehin nach Art. 46b EGBGB durchzusetzen sind, jedenfalls die Vorschriften über die Pflichtversicherung in Betracht.[242] Zu nennen sind ferner Versicherungsverbote im Rahmen von Embargomaßnahmen.[243] Auch **ausländische Eingriffsnormen** können über Art. 9 Abs. 3 zum Zuge kommen,[244] etwa bezüglich nicht zugelassener Versicherungsunternehmen.[245] Vertreten wird, dass Versicherungsverbote bezüglich punitive damages wegen Verstoßes gegen deutsche Wertvorstellungen nicht beachtet werden können.[246] 59

C. Probleme des Allgemeinen Teils

I. Rück- und Weiterverweisung

Rück- und Weiterverweisung sind ausgeschlossen. Dies ergibt sich aus Art. 20. Daran ändert auch Abs. 3 nichts. Allerdings hängt die Rechtswahlmöglichkeit nach Abs. 3 UAbs. 2 ausnahmsweise von ausländischem Kollisionsrecht ab, so dass ein renvoi-ähnlicher Effekt eintreten kann (→ EGBGB Art. 4 Rn. 126). 60

II. Ordre public

Für etwaige Verstöße gegen den deutschen ordre public gilt die allgemeine Vorschrift des Art. 21.[247] Ein Beispiel wäre das versicherungsrechtliche Bereicherungsverbot.[248] Die nationale Vorschrift des Art. 6 EGBGB kommt nicht zur Anwendung.[249] 61

---

235 *Merret* JPIL 5 (2009), 49 (58); Staudinger/Armbrüster, 2021, Rn. 5.

236 Reithmann/Martiny IntVertragsR/*Loacker/Grolimund* Rn. 36.48, 36.71; Bruck/Möller/*Dörner,* 2013, Art. 9 Rn. 6.

237 *Merret* JPIL 5 (2009), 49 (63 ff.); Reithmann/Martiny IntVertragsR/*Loacker/Grolimund* Rn. 36.73 ff.; Bruck/Möller/*Dörner,* 2013, Art. 9 Rn. 1 ff.; *Looschelders* in Lüer/Schwepcke, Rückversicherungsrecht, 2013, § 9 Rn. 138 ff.

238 Näher *Miquel Sala,* Internationales Versicherungsvertragsrecht nach der Rom I-VO, 2017, 367 ff.; BeckOGK/*Lüttringhaus,* 1.12.2023, Rn. 184 ff.

239 *Miquel Sala,* Internationales Versicherungsvertragsrecht nach der Rom I-VO, 2017, 367; Reithmann/Martiny IntVertragsR/*Loacker/Grolimund* Rn. 36.67.

240 Reithmann/Martiny IntVertragsR/*Loacker/Grolimund* Rn. 36.68.

241 Bruck/Möller/*Dörner,* 2013, Art. 9 Rn. 6. – Für die Anwendbarkeit von Art. 9 *Lagarde/Tenenbaum* Rev. crit. dr. int. pr. 97 (2008), 727 (773 ff.).

242 *Miquel Sala,* Internationales Versicherungsvertragsrecht nach der Rom I-VO, 2017, 399; *Staudinger* in Ferrari/Leible, Ein neues Internationales Vertragsrecht für Europa, 2007, 231 f.; *Heiss* FS Kropholler, 2008, 459 (478); BeckOGK/*Lüttringhaus,* 1.12.2023, Rn. 187.

243 LG Hamburg RIW 2015, 458 m. Aufsatz *Mankowski* RIW 2015, 405 = VersR 2015, 1024 mAnm *Looschelders* betr. US-Embargo gegen Iran; dazu auch *Wandt* VersR 2013, 257 ff.

244 LG Hamburg RIW 2015, 458 m. Aufsatz *Mankowski* RIW 2015, 405 = VersR 2015, 1024 mAnm *Looschelders; Koch* VersR 2009, 141 (145 f.) betr. ausländisches Aufsichtsrecht; Reithmann/Martiny IntVertragsR/*Loacker/Grolimund* Rn. 36.73; BeckOGK/*Lüttringhaus,* 1.12.2023, Rn. 188 ff.

245 Beckmann/Matusche-Beckmann VersR-HdB/*W.-H. Roth* § 4 Rn. 130.

246 *Spickhoff* FS E. Lorenz, 2014, 487 ff.; BeckOK BGB/*Spickhoff* Rn. 22.

247 Näher *Miquel Sala,* Internationales Versicherungsvertragsrecht nach der Rom I-VO, 2017, 406 ff.; Staudinger/*Armbrüster,* 2021, Rn. 33.

248 *Miquel Sala,* Internationales Versicherungsvertragsrecht nach der Rom I-VO, 2017, 415 ff.

249 Insoweit unrichtig KG VersR 2019,748 (749).

D. Internationale Zuständigkeit

I. Sonderregeln für Versicherungssachen nach Brüssel Ia-VO und LugÜ

62 Eine ausführliche Regelung der internationalen Zuständigkeit enthalten die Art. 10–16 Brüssel Ia-VO (Art. 8–14 LugÜ).[250] Grundsätzlich gilt die Zuständigkeitsordnung für die – verordnungsautonom zu bestimmenden[251] – Versicherungssachen nur, wenn der Beklagte seinen Wohnsitz in der EU hat (Art. 10 iVm Art. 6 Brüssel Ia-VO [= Art. 8 iVm Art. 4 LugÜ]). Davon macht jedoch Art. 11 Abs. 2 Brüssel Ia-VO (= Art. 9 Abs. 2 LugÜ) eine Ausnahme. Besitzt der Versicherer nämlich in einem Vertragsstaat eine Zweigniederlassung, Agentur oder sonstige Niederlassung, so wird er für Streitigkeiten aus ihrem Betrieb so behandelt, wie wenn er seinen Wohnsitz in diesem Staat hätte.

63 Grundsätzlich können **Klagen gegen einen Versicherer** nach Art. 11 Abs. 1 Brüssel Ia-VO (= Art. 9 Abs. 1 LugÜ) erhoben werden vor den Gerichten seines Wohnsitzstaats (lit. a), dem Gericht des Bezirks, in dem der Versicherungsnehmer seinen Wohnsitz hat (lit. b) oder bei der Mitversicherung vor dem Gericht eines Vertragsstaates, bei dem der federführende Versicherer verklagt wird (lit. c). Ferner können Klagen auch in dem Vertragsstaat erhoben werden, in dem sich eine Zweigniederlassung, Agentur oder sonstige Niederlassung befindet (Art. 11 Abs. 2 iVm Art. 7 Nr. 5 Brüssel Ia-VO [= Art. 8 iVm Art. 5 Nr. 5 LugÜ]).

64 Bei der **Haftpflichtversicherung** oder der Versicherung unbeweglicher Sachen kann der Versicherer zusätzlich zu den Gerichtsständen des Art. 11 Brüssel Ia-VO (= Art. 9 LugÜ) am Ort des schädigenden Ereignisses verklagt werden (Art. 12 S. 1 Brüssel Ia-VO [= Art. 10 S. 1 LugÜ]). Ferner kann der Versicherer durch Interventionsklage vor das Gericht geladen werden, bei dem die Klage des Geschädigten gegen den Versicherten anhängig ist, sofern dies – anders als nach deutschem Recht[252] – nach dem autonomen Recht zulässig ist. Für die **Direktklage des Geschädigten** gegen den Versicherer gelten die Zuständigkeitsvorschriften der Brüssel Ia-VO (Art. 13 Abs. 2 Brüssel Ia-VO [= Art. 11 Abs. 2 LugÜ]). Es besteht auch eine internationale Zuständigkeit für die Geltendmachung des Direktanspruchs gegen den Haftpflichtversicherer am Wohnsitz des Geschädigten.[253] Sieht das für die Direktklage maßgebliche Recht die Streitverkündung gegen den Versicherungsnehmer oder den Versicherten vor, so ist dasselbe Gericht auch für diese Personen zuständig (Art. 13 Abs. 3 Brüssel Ia-VO [= Art. 11 Abs. 3 LugÜ]). Der Zessionar kann sich nicht auf den Klägergerichtsstand des Art. 13 Abs. 2 iVm Art. 11 Abs. 1 lit. b Brüssel Ia-VO berufen.[254] – Im Übrigen kann der Versicherer nur vor den Gerichten des Vertragsstaates klagen, in dem der Beklagte seinen Wohnsitz hat, ohne Rücksicht darauf, ob dieser Versicherungsnehmer, Versicherter oder Begünstigter ist (Art. 14 Abs. 1 Brüssel Ia-VO [= Art. 12 Abs. 1 LugÜ]).[255]

65 **Gerichtsstandsvereinbarungen** nach Art. 25 Brüssel Ia-VO (Art. 23 LugÜ; → Vor Art. 1 Rn. 56 ff.) dürfen die gesetzliche Zuständigkeitsordnung nur in beschränktem Umfang abändern.[256] Von ihr darf nur abgewichen werden für Vereinbarungen nach Entstehen der Streitigkeit (Art. 15 Nr. 1 Brüssel Ia-VO [= Art. 13 Nr. 1 LugÜ]), zugunsten des Versicherungsnehmers (Nr. 2), zugunsten der Zuständigkeit der Gerichte des gemeinsamen Wohnsitz- oder Aufenthaltsstaates (Nr. 3), in Vereinbarungen mit Versicherungsnehmern aus Nichtvertragsstaaten (Nr. 4) sowie für See- und Luftfahrtversicherungen (Nr. 5). Vereinbarungen, die diesen Regeln widersprechen, sind unwirksam.[257]

II. Deutsches Recht

66 Nach deutschem Recht gelten in Versicherungssachen grundsätzlich die §§ 12 ff. ZPO (→ Vor Art. 1 Rn. 41). Allerdings ist die inländische Niederlassung ausländischer Versicherungen so weit verselbständigt, dass sich dort der allgemeine Gerichtsstand befindet (vgl. §§ 105 ff. VAG, § 21

---

250 Näher *Geimer* FS Heldrich, 2005, 627 ff.; Bruck/Möller/*Dörner,* 2013, IntVersProzR Rn. 1 ff.

251 *Fricke* VersR 1994, 773 (783); *Fricke* VersR 1997, 399 (401 f.); Rauscher/*Staudinger* Brüssel I-VO Art. 8 Rn. 10 ff.

252 *Kropholler/v. Hein* Brüssel I-VO Art. 11 Rn. 1.

253 EuGH Slg. 2007, I-11321 = NJW 2008, 819 – FBTO Schadeverzekeringen. Das gilt auch für das LugÜ, BGHZ 195, 166 (168) = NJW 2013, 472.

254 EuGH ECLI:EU:C:2021:871 Rn. 43 = IWRZ 2022, 84 – T.B. und D; *Mankowski* VersR 2022, 349.

255 Zum GVÜ *Fricke* VersR 1997, 399 (402).

256 BeckOGK/*Lüttringhaus,* 1.12.2023, Rn. 232 ff.; *Hausmann* in Czernich/Geimer, Handbuch der Streitbeilegungsklauseln im Internationalen Vertragsrecht, 2017, 267 ff.; näher zu Art. 13, 14 Brüssel Ia-VO bei Rauscher/*Staudinger* Brüssel I-VO Art. 13 Rn. 4 ff.

257 OLG Düsseldorf NJW-RR 2003, 1610.

ZPO).[258] Ferner besteht ein Gerichtsstand am Wohnsitz des Versicherungsnehmers, der auch die internationale Zuständigkeit begründen kann.[259]

Art. 8 Rom I-VO Individualarbeitsverträge

(1) [1]Individualarbeitsverträge unterliegen dem von den Parteien nach Artikel 3 gewählten Recht. [2]Die Rechtswahl der Parteien darf jedoch nicht dazu führen, dass dem Arbeitnehmer der Schutz entzogen wird, der ihm durch Bestimmungen gewährt wird, von denen nach dem Recht, das nach den Absätzen 2, 3 und 4 des vorliegenden Artikels mangels einer Rechtswahl anzuwenden wäre, nicht durch Vereinbarung abgewichen werden darf.

(2) [1]Soweit das auf den Arbeitsvertrag anzuwendende Recht nicht durch Rechtswahl bestimmt ist, unterliegt der Arbeitsvertrag dem Recht des Staates, in dem oder andernfalls von dem aus der Arbeitnehmer in Erfüllung des Vertrags gewöhnlich seine Arbeit verrichtet. [2]Der Staat, in dem die Arbeit gewöhnlich verrichtet wird, wechselt nicht, wenn der Arbeitnehmer seine Arbeit vorübergehend in einem anderen Staat verrichtet.

(3) Kann das anzuwendende Recht nicht nach Absatz 2 bestimmt werden, so unterliegt der Vertrag dem Recht des Staates, in dem sich die Niederlassung befindet, die den Arbeitnehmer eingestellt hat.

(4) Ergibt sich aus der Gesamtheit der Umstände, dass der Vertrag eine engere Verbindung zu einem anderen als dem in Absatz 2 oder 3 bezeichneten Staat aufweist, ist das Recht dieses anderen Staates anzuwenden.

Schrifttum: allgemeines Schrifttum zum IVR → Vor Art. 1; *Bayreuther,* Ist die Lohnwucherrechtsprechung international-privatrechtlich zwingend?, NZA 2010, 1157; *Deinert,* Internationales Arbeitsrecht, 2013; *Deinert,* Internationales Arbeitsvertragsrecht, JbArbR 50 (2013), 77; *Deinert,* Die international-privatrechtliche Behandlung öffentlich-rechtlichen Arbeitsrechts, in Deinert, Internationales Recht im Wandel, 2013, 95; *Deinert,* Eingriffsnormen, Entsenderecht und Grundfreiheiten, FS Martiny, 2014, 277; *Deinert,* Beschäftigung ausländischer Arbeitnehmer in Inlandsbetrieben, 2016; *Deinert,* Konzerninterne Entsendung ins Inland, ZESAR 15 (2016), 107; Franzen/Gallner/Oetker (Hrsg.), Kommentar zum europäischen Arbeitsrecht, 4. Aufl. 2022; *Hantel,* Der Schutz arbeitsrechtlicher Mindeststandards bei einem grenzüberschreitenden Arbeitnehmereinsatz innerhalb der EU, ZESAR 13 (2014), 261; *Junker,* Arbeitsverträge im Internationalen Privat- und Prozessrecht, FS Gottwald, 2014, 293; *Junker,* Klagen aus Aktienoptionsplänen, EuZA 2016, 261; *Kettenberger,* Grenzüberschreitende Arbeitnehmerentsendung im deutsch-französischen Konzern, RIW 2013, 702; *Knöfel,* The Sweet Escape – Zur Ausweichklausel im Europäischen Internationalen Arbeitsvertragsrecht, EuZA 2014, 375; *Knöfel,* Flugpersonal im Europäischen Arbeitsprozessrecht, GPR 2019, 43; *Kocher,* Diskriminierende Vertragsverweigerung als vorvertragliche Pflichtverletzung, FS Martiny, 2014, 411; *Krebber,* Qualifikationsrechtlicher Rechtsformzwang, FS v. Hoffmann, 2011, 218; *Lüttringhaus,* Die „engere Verbindung" im europäischen internationalen Arbeitsrecht, EuZW 2013, 821; *Lüttringhaus,* Die Haftung von Gesellschaftsorganen im internationalen Privat- und Prozessrecht, EuZW 2016, 904; *Mankowski/Knöfel,* On the Road again oder: Wo arbeitet ein Fernfahrer?, EuZA 2011, 521; *Mauer/Sadtler,* Die Vereinheitlichung des internationalen Arbeitsrechts durch die EG-Verordnung Rom I, RIW 2008, 544; *Ramming,* Die Anwendung der Mindestlohnregelungen auf ausländische Spediteure – ein Update, RdTW 2019, 51; Raspels/Elert (Hrsg.), Praxishandbuch Auslandseinsatz von Mitarbeitern, 2013; *Schlachter,* Die Rom I-VO in der deutschen Arbeitsgerichtsbarkeit, ZvglRWiss 115 (2016), 610; *Winkler v. Mohrenfels,* Kündigungsschutz und Kleinbetriebsklausel im internationalen Arbeitsrecht, FS Magnus, 2014, 549; *Winkler v. Mohrenfels/Block,* Abschluss des Arbeitsvertrages und anwendbares Recht, in Oetker/Preis, Europäisches Arbeits- und Sozialrecht – EAS, Loseblatt, 2019, 1.

Grünbuch und Verordnungsentwurf: s. 7. Aufl. 2017.

Übersicht

[258] S. BGH NJW 1979, 1785; *Fricke* VersR 1997, 399 (405).
[259] BGH WM 2016, 1288.

A. Allgemeines

I. Normzweck

1 Vorläufer des Art. 8 war Art. 6 EVÜ, der in Deutschland als Art. 30 EGBGB inkorporiert worden war.[1] Die Neufassung hat die Vorschrift zwar übersichtlicher gegliedert, aber nur wenige Veränderungen mit sich gebracht.[2] Art. 8 verfolgt einen doppelten Zweck. Die Vorschrift beschränkt zum einen in Abweichung von Art. 3 die Parteiautonomie, zum anderen legt sie – nach anderen Kriterien als Art. 4 – fest, in welcher Weise die objektive Anknüpfung des Arbeitsverhältnisses erfolgen soll. Im Aufbau ähnelt Art. 8 dem früheren Art. 5 EVÜ bzw. dem heutigen Art. 6 (Verbraucherverträge), der ebenfalls die schwächere Vertragspartei schützen will.

2 Die Rechtswahlfreiheit, die nach bisher hM das zwingende privatrechtliche Arbeitsrecht (zu öffentlich-rechtlichen Bestimmungen → Rn. 126) einer Rechtsordnung ausschaltet und zur

[1] Art. 6 EVÜ geht seinerseits zurück auf Art. 2 Abs. 3 und Art. 5 EVÜ-Entwurf 1972; dazu *Lando* RabelsZ 38 (1974), 20 f. (32); *v. Hoffmann* EurPILO S. 15 f.

[2] *Mankowski* IHR 2008, 133 (145); näher *McParland,* The Rome I Regulation on the Law Applicable to Contractual Obligations, 2015, Rn. 4.03 ff.

Anwendung eines anderen Rechts führt (→ Art. 3 Rn. 15 ff.), kann die Gründe in Anspruch nehmen, die für jede Rechtswahl gelten (→ Art. 3 Rn. 8). Ein Verbot der Vereinbarung ausländischen Rechts würde nämlich außer Acht lassen, dass auch dieses in der Regel Schutzbestimmungen für den Arbeitnehmer enthält; eine starre Anknüpfung an den Arbeitsort würde wechselnden Fallgestaltungen und sich ändernden Verhältnissen nicht gerecht (zB Statutenwechsel bei Übergang von Inlands- zu Auslandsarbeit). Auch der Arbeitnehmer kann an einer Rechtswahl interessiert sein. Auf der anderen Seite würde eine schrankenlose Rechtswahlfreiheit am faktischen Ungleichgewicht der Vertragsparteien vorbeigehen und ignorieren, dass die ganz überwiegend in vom Arbeitgeber aufgestellten Formularverträgen erfolgende Rechtswahl im internen Recht kaum ein materiellrechtliches Korrelat findet.[3]

Das tastet zwar die Parteiautonomie als solche nicht an; in sie wird nur in dem Maße eingegriffen, als dies zu Schutzzwecken erforderlich ist.[4] Eine von den Arbeitnehmerschutzvorschriften der lex loci laboris abweichende Rechtswahl gilt aber nur, wenn sie zu keiner Verschlechterung oder einem günstigeren Recht führt. Ein solches Prinzip hat den Vorteil, dass die Mindestanforderungen beider Rechtsordnungen gewahrt werden. Doch stehen dem Schwierigkeiten des Vergleiches und die Verwischung kollisions- und materiellrechtlicher Fragestellungen gegenüber.[5] 3

Die **Gestaltung vertraglicher Vereinbarungen** ist nicht einfach. Sie muss zum einen den kollsions- und sachrechtlichen Beschränkungen des In- und Auslands Rechnungen tragen. Dabei sind unterschiedliche Fallgestaltungen möglich.[6] Es kann sich um einen Auslandseinsatz oder eine Entsendung bzw. um eine von vornherein geplante Beschäftigung (ohne oder mit eigenständigem Vertrag) im Ausland handeln.[7] Oft liegt aber nur ein bloßer Auslandssachverhalt vor, bei dem an sich von der Geltung inländischen Rechts ausgegangen werden kann. Es ist aber nach Möglichkeit klarzustellen, ob das deutsche Recht den Sachverhalt auch erfasst bzw. wie es ihn regelt.[8] Insoweit können Anpassungen für die Auslandsarbeit vorzunehmen sein. Ferner kann es sich um die Tätigkeit innerhalb eines multinationen Unternehmens bzw. eines Konzerns handeln.[9] Auch die Beschäftigung ausländischer Arbeitnehmer in inländischen Betrieben wirft besondere Fragen auf.[10] Eine umfangreiche Lit. zur Vertragsgestaltung bietet hierfür Hilfen an. 4

Bei Fehlen einer Rechtswahl kommt es zu einer **objektiven Anknüpfung.** Hierfür gibt Abs. 2 – entsprechend der auch von anderen Rechtsordnungen gewählten Lösung[11] – dem Recht des gewöhnlichen Arbeitsorts, der **lex loci laboris** den Vorrang. Hilfsweise kommt das Recht des einstellenden Betriebes zur Anwendung (Abs. 3); auch dies ist in anderen Rechtsordnungen bei wechselndem Arbeitsort entsprechend geregelt.[12] Eine engere Verbindung mit einem anderen Staat kann diese Regelanknüpfung gemäß Abs. 4 korrigieren. 5

Art. 8 gilt grundsätzlich für alle Individualarbeitsverhältnisse. Allerdings sind in Bezug auf gewisse Arbeitsverhältnisse **zwingende Normen des AEntG** zu beachten (→ Rn. 173 ff. zu §§ 1 ff. AEntG), → Rn. 138 (zu § 2 AEntG). Die Sicherung von Mindestarbeitsbedingungen am Ort der Arbeitsleistung auch für den entsandten Arbeitnehmer geht auf die Arbeitnehmerentsende-RL (→ Rn. 8) zurück. Ferner wurde eine besondere Regelung für **Seearbeitsverhältnisse** in § 21 Abs. 4 FlRG geschaffen (→ Rn. 100). 6

Wenngleich die Abgrenzung der einzelnen Alternativen des Art. 8 und insbesondere die Bestimmung des gewöhnlichen Arbeitsorts häufig schwierig ist, ist die Grundanknüpfung des Arbeitsver- 7

---

3 Näher *Basedow* Rec. des Cours 360 (2013), 9 (376 ff.). Vgl. Bericht zum EVÜ *Giuliano/Lagarde* BT-Drs. 10/503, 57 f.; *Eichenhofer,* Internationales Sozialrecht und Internationales Privatrecht, 1987, 86 ff.; *Kronke,* Rechtstatsachen, kollisionsrechtliche Methodenentfaltung und Arbeitnehmerschutz im internationalen Arbeitsrecht, 1980, 54 ff., 61 ff. – Für grundsätzliche Unbedenklichkeit *Gamillscheg* RabelsZ 37 (1973), 284 (315).

4 *Junker* RIW 2006, 401 (403 ff.); vgl. bereits *Pocar* Rec. des Cours 188 (1984-V), 339 (374 ff.).

5 S. *Pocar* Rec. des Cours 188 (1984-V), 339 (404 ff.); *Kronke,* Rechtstatsachen, kollisionsrechtliche Methodenentfaltung und Arbeitnehmerschutz im internationalen Arbeitsrecht, 1980, 77 ff.

6 Dazu *Spieler* EuZA 5 (2012), 168 ff.; *Herfs-Röttgen* NZA 2017, 873 (875 ff.).

7 S. *Gotthardt* MDR 2001, 961 ff.; *Mastmann/Stark* BB 2005, 1849 ff.; *Seel* MDR 2011, 5 ff.; Herfs-Röttgen (Hrsg.), Praxishandbuch Auslandsbeschäftigung, 2019; *Mennen,* Mitarbeiterentsendung, 2. Aufl. 2020; *Niermann,* Grenzüberschreitende Mitarbeiterentsendung, 5. Aufl. 2018; Raspels/Elert (Hrsg.), Praxishandbuch Auslandseinsatz von Mitarbeitern, 2013.

8 S. etwa *Däubler* FS Birk, 2008, 27 ff.

9 Zum deutsch-französischen Konzern s. *Kettenberger* RIW 2013, 702 ff.

10 Dazu *Deinert,* Beschäftigung ausländischer Arbeitnehmer in Inlandsbetrieben, 2016.

11 So zB Art. 121 Abs. 1 IPRG Schweiz (dazu *Birk* FS Heini, 1995, 22 ff.); wN zum ausländischen Recht bei *Gamillscheg* Rec. des Cours 181 (1983-III), 309 ff. (321 ff.); *Morgenstern,* International Conflicts of Labour Law, 1984, 24 ff.

12 S. Art. 121 Abs. 2 IPRG Schweiz; wN bei *Morgenstern,* International Conflicts of Labour Law, 1984, 24 ff.

hältnisses weitgehend unbestritten. Bei der **Reform des EVÜ** sollte die „vorübergehende Entsendung“ eingegrenzt und vor allem die Integration der Arbeitnehmerentsende-RL bewältigt werden.[13] Dem entsprechen die Änderungen nur teilweise.[14] Allerdings ist der Arbeitsort, „von dem aus“ der Arbeitnehmer tätig wird, aufgewertet worden (Abs. 2 S. 1 Alt. 2). Von Bedeutung war auch die Abgrenzung von einfachem zwingendem und international zwingendem Arbeitsrecht, die freilich zu keiner besonderen Regelung geführt hat. Insgesamt besteht zwischen Art. 8 und der früheren Regelung im EVÜ Kontinuität.[15] Nicht zu übersehen ist eine zunehmende Überlagerung des internationalen Arbeitsrechts durch primäres und sekundäres Unionssachrecht.[16]

II. Rechtsvereinheitlichung

8 **1. Kollisionsrecht.** In der EU ist das Kollisionsrecht auch durch die – 2018 reformierte – **Arbeitnehmerentsende-RL** (RL 96/71/EG) vereinheitlicht worden. Danach hat der aufnehmende Staat dafür zu sorgen, dass dem Arbeitnehmer nicht die Arbeits- und Beschäftigungsbedingungen versagt werden, welche an dem Ort, an dem die Arbeitsleistung vorübergehend erbracht wird, für Tätigkeiten der gleichen Art gelten.[17] Dies gilt auch für Dienstleistungen im Straßenverkehrssektor.[18] Die gesetzlichen Mindestbedingungen des Ortes der Erbringung der Arbeitsleistung und solche in allgemeinverbindlichen Tarifverträgen – unter anderem bezüglich Arbeitszeit, Urlaub, Lohn und Leiharbeit – dürfen unabhängig vom Arbeitsvertragsstatut nicht versagt werden (Art. 3 Abs. 1 RL 96/71/EG). Die Annahme, sie seien zu zwingenden Bestimmungen iSd Art. 9 zu erklären, wird freilich dadurch in Frage gestellt, dass die Richtlinienbestimmungen der Rom I-VO vorgehen (→ Rn. 140; → Art. 23 Rom I-VO Rn. 21). Dies gilt für allgemeinverbindlich erklärte Tarifverträge des Baugewerbes und sonstige Rechtsvorschriften. Die Mitgliedstaaten dürfen in Ermangelung einer staatlichen Regelung auch das tarifliche Entgelt der untersten Lohngruppe mit internationaler Wirkung auf alle Arbeitnehmer erstrecken. Grundsätzlich greift die Regelung bereits ab dem ersten Tag der Entsendung. Bei tatsächlicher Entsendung von mehr als zwölf Monaten sind **zusätzliche Arbeits- und Beschäftigungsbedingungen** anzuwenden (Art. 3 Abs. 1a RL 96/71/EG). Für bestimmte Fälle können die Mitgliedstaaten jedoch eine Schwellenfrist von einem Monat vorsehen oder bei geringfügigem Umfang der Arbeiten von einer Erstreckung ganz absehen (Art. 3 Abs. 2, 3 Arbeitnehmerentsende-RL). Der EuGH hat sich für Art. 3 Abs. 1 (Arbeits- und Beschäftigungsbedingungen) sowie Art. 3 Abs. 1a (zusätzliche Arbeits- und Beschäftigungsbedingungen) der geänderten RL der Auffassung angeschlossen, dass es sich dabei um spezielle Kollisionsnormen handelt.[19] Damit ist eine direkte Heranziehung nach Art. 23 Rom I-VO geboten[20] (→ Art. 23 Rn. 21).

9 Montage- und Einbauarbeiten bis zu acht Tagen im Rahmen von Lieferungen bleiben allein den Entlohnungs- und Mindesturlaubsvorschriften des entsendenden Staates unterworfen (Art. 3 Abs. 2 Arbeitnehmerentsende-RL). Die Vorschriften des Arbeitsortes finden nicht in jedem Fall zwingende Anwendung; günstigere Bedingungen des nach dem Vertrag anwendbaren Rechts bleiben unberührt (Art. 3 Abs. 7 Arbeitnehmerentsende-RL). Die Arbeitnehmerentsende-RL ist in Deutschland im AEntG umgesetzt worden (→ Rn. 138 ff.). Auch die anderen Mitgliedstaaten sind der Arbeitnehmerentsende-RL gefolgt.[21]

---

13 Grünbuch Nr. 3.2.9 in Leible, Grünbuch, 2004, 295 ff.; dazu näher *Schlachter* in Leible, Grünbuch, 2004, 155 ff.; Max-Planck-Institut RabelsZ 68 (2004), 60 ff.; *Polak* in Meeusen/Pertegás/Straetmans, Enforcement of International contracts in the European Union, 2004, 323 ff.

14 Dazu *Junker* in Ferrari/Leible, Ein neues Internationales Vertragsrecht für Europa, 2007, 111 ff.; *Junker* RIW 2006, 401 ff.; *Knöfel* RdA 2006, 269 ff.; *Mauer/Sadtler* DB 2007, 1586 ff.

15 Ferrari IntVertragsR/*Staudinger* Rn. 2.

16 S. *Krebber* ZEuP 2001, 358 ff.; *v. Danwitz* EuZW 2002, 237 ff. Zum Zusammenhang mit dem EU-Sozialrecht *Eichenhofer* FS Marhold, 2020, 481 ff. – Reformvorschläge für Art. 8 bei *Nord* Rev. crit. dr. int. priv. 105 (2016), 309.

17 RL 96/71/EG über die Entsendung von Arbeitnehmern im Rahmen der Erbringung von Dienstleistungen vom 16.12.1996, ABl. EG 1997 L 18, 1; dazu Mitteilung der Kommission, Die Durchführung der RL 96/71/EG in den Mitgliedstaaten, KOM (2003) 458 endg. vom 25.7.2003; s. auch *Deinert* RdA 1996, 339 (350 f.); *Deinert* FS Martiny, 2014, 277 ff.; *Moreau* Clunet 123 (1996), 889 ff.; *Franzen* ZEuP 1997, 1055 ff.; *Däubler* EuZW 1997, 613 ff.

18 EuGH ECLI:EU:C:2021:548 Rn. 36 = NZA 2021, 1167 – Rapidsped.

19 EuGH ECLI:EU:C:2020:1001 Rn. 179 = EuZW 2021, 547 = BeckRS 2020, 33950 – Ungarn/Parlament und Rat; ECLI:EU:C:2020:1000 Rn. 133 = BeckRS 2020, 33946 – Polen/Parlament und Rat.

20 Ebenso schon *Deinert* FS Martiny, 2014, 277 (289); *Franzen* EuZArbR 12 (2019), 3 (22 f.); Rauscher/*v. Hein* Art. 8 Rn. 10; so auch Staudinger/*Magnus*, 2021, Rn. 24; anders Rauscher/*Thorn* Art. 23 Rn. 6c.

21 S. zu Frankreich Dekr. vom 29.5.2000, Rev. crit. dr. int. pr. 89 (2000), 519 mAnm *Pataut; Jayme* IPRax 2000, 562; *Jayme/Kohler* IPRax 2000, 456 (464); *Borgmann,* Die Entsendung von Arbeitnehmern in der Europäischen Gemeinschaft, 2001, 190 ff. Zu Österreich *Jayme/Kohler* IPRax 2000, 456 (464 f.); *Borgmann,* Die Entsendung von Arbeitnehmern in der Europäischen Gemeinschaft, 2001, 177 ff.

Die frühere Arbeitnehmerentsende-RL ist durch die RL (EU) 2018/957 **reformiert** worden.[22] Diese war bis zum 30.7.2020 umzusetzen.[23] Sie enthält ua neue Regelungen zur Lohngleichheit sowie zu tarifvertraglichen Regelungen. 10

2. Sachrecht.

Schrifttum zum Europäischen Recht: *Eichenhofer,* Arbeitsrecht, in Dauses/Ludwigs, Handbuch des EU-Wirtschaftsrechts, 2021, D. III Arbeitsrecht; Franzen/Gallner/Oetker (Hrsg.), Kommentar zum europäischen Arbeitsrecht, 4. Aufl. 2020; *Kocher,* Europäisches Arbeitsrecht, 2. Aufl. 2020; *Riesenhuber,* Europäisches Arbeitsrecht, 2. Aufl. 2021; *Schiek,* Europäisches Arbeitsrecht, 4. Aufl. 2022.

a) Internationale Vereinheitlichung. Die Rechtsvereinheitlichung durch die **Internationale Arbeitsorganisation** erfolgt im Wege der Umsetzung von Übereinkommen und Empfehlungen in nationales Recht.[24] Eine Vereinheitlichung ist auf dem Gebiet des **Seearbeitsrechts durch das Internationale Übereinkommen vom 23.2.2006** erfolgt (→ Rn. 87). Es gibt auch Bestrebungen, den Arbeitnehmerschutz völkerrechtlich zu stärken.[25] 11

b) Europäisches Recht. aa) Primärrecht. Auf dem Gebiet des **EU-Rechts** sind einschlägig das Verbot der Diskriminierung auf Grund der Staatsangehörigkeit nach Art. 18 AEUV, das allgemeine Diskriminierungsverbot des Art. 19 AEUV[26] und die Grundfreiheit der Freizügigkeit des Arbeitnehmers nach Art. 45 AEUV,[27] zunehmend auch die **Dienstleistungsfreiheit** (Art. 56 AEUV)[28] sowie die Regelung der Freizügigkeits-VO.[29] Im Übrigen enthält es nur wenige direkt anwendbare arbeitsrechtliche Normen (zB Art. 157 AEUV über die Lohngleichheit).[30] Eine Zuständigkeiten der Unionsorgane auf dem Gebiet des Arbeitsrechts begründen Art. 114, 115, 152 AEUV ggf. auch Art. 352 AEUV sowie nunmehr Art. 154 AEUV für den Arbeitsschutz. 12

Spannungen treten dann auf, wenn das **arbeitsrechtliche Schutzniveau im Staate des Arbeitsortes** ein anderes als im Herkunftsland des Arbeitnehmers ist und das international-privatrechtlich maßgebende Arbeitsrecht das dieses Herkunftslandes ist. Für einen Teil der Konflikte setzt das AEntG (→ Rn. 138 ff.) das inländische zwingende Tarifrecht und Mindestarbeitsbedingungen durch. Unionsweit folgt dem gleichen Prinzip die Arbeitnehmerentsende-RL (→ Rn. 8). Danach gelten unter bestimmten Voraussetzungen die zwingenden Vorschriften des Arbeitsortes (zB für Mindestlohn und Urlaub, Art. 3 Abs. 1 Arbeitnehmerentsende-RL). Dies ist eine Abweichung von der Grundregel der Rom I-VO, wonach eine Entsendung das Arbeitsvertragsstatut nicht ändert. 13

Nimmt man mit dem EuGH an, dass die **Freizügigkeit des Arbeitnehmers** (Art. 45 AEUV) kein bloßes Diskriminierungsverbot, sondern auch ein Beschränkungsverbot enthält,[31] so 14

[22] RL (EU) 2018/957 vom 28.6.2018 zur Änderung der Richtlinie 96/71/EG über die Entsendung von Arbeitnehmern im Rahmen der Erbringung von Dienstleistungen, ABl. EU 2018 L 173, 16. Zum Inhalt *Kellerbauer* EuZW 2018, 846 ff.; *Riesenhuber* NZA 2018, 1433 ff.; *Franzen* EuZArbR 12 (2019), 3 ff.; *Franzen* EuZA 2021, 3 ff.

[23] Gesetz zur Umsetzung der Richtlinie (EU) 2018/957 des Europäischen Parlaments und des Rates vom 28. Juni 2018 zur Änderung der Richtlinie 96/71/EG über die Entsendung von Arbeitnehmern im Rahmen der Erbringung von Dienstleistungen vom 10.7.2020, BGBl. 2020 I 1657.

[24] Näher MHdB ArbR/*Birk* § 17 Rn. 1 ff. zum Arbeitsvölkerrecht; *Böhmert,* Das Recht der ILO und sein Einfluss auf das deutsche Arbeitsrecht im Zeichen der europäischen Integration, 2002; *Fried,* Rechtsvereinheitlichung im Internationalen Arbeitsrecht, 1965; *O. Martinek* FS Schnorr, 1988, 131; *Krebber* JZ 2008, 53; *Morhard,* Die Rechtsnatur der Übereinkommen der Internationalen Arbeitsorganisation, 1988; Rubin (Hrsg.), Code of international labour law, 2 Bde., Cambridge 2005; *Schnorr,* Das Arbeitsrecht als Gegenstand internationaler Rechtssetzung, 1960; *Simitis* FS Kegel, 1987, 153 (159 ff.); *Valticos,* Droit international du travail, 2. Aufl. Paris 1983; *Wisskirchen* ZfS 2003, 691; *Wood* Int. Comp. L. Q. 40 (1991), 649; *Wollenschläger* FS Hahn, 1997, 573; *R. Zimmer* FS Lörcher, 2013, 29. – Zu Schutzgesichtspunkten im IPR *Liukkunen* RabelsZ 86 (2022) 876 ff.

[25] Dazu *Krause* RdA 2022, 303 (305 ff.).

[26] Hierzu sind mehrere Richtlinien erlassen worden, s. *Pfeiffer* FS Schwerdtner, 2003, 775 ff.; *Schiek* NZA 2004, 873 ff.

[27] Vgl. Reithmann/Martiny IntVertragsR/*Martiny* Rn. 11.2.

[28] Zum Mindestlohn *Mankowski* RdA 2017, 273 ff.; *Ramming* RdTW 2019, 51 (56 f.).

[29] VO (EU) 492/2011 vom 5.4.2011 über die Freizügigkeit der Arbeitnehmer innerhalb der Union (ABl. EU 2011 L 141, 1); ersetzte VO (EWG) 1612/68.

[30] Die Gleichberechtigungsvorschriften hält für zwingend iSd Art. 34 EGBGB aF *Droste,* Der Begriff der „zwingenden Bestimmung" in den Art. 27 ff. EGBGB, 1991, 182 f.; iErg auch *Pfeiffer* FS Schwerdtner, 2003, 775 (778 ff.).

[31] S. EuGH Slg. 1995, I-4921 – Bosman (Unzulässigkeit einer Entschädigung für Spielertransfer in Kollektivregelung von Sportverbänden). Vgl. dazu *Kohler* ZEuP 1996, 461 f.; Kronke/Melis/Kuhn IntWirtschaftsR-HdB/*Franzen*/*Gröner* Rn. N 6 mwN.

können sachrechtliche Beschränkungen europarechtswidrig sein. Folglich kann sich nicht europarechtskonformes nationales Arbeitsrecht nicht mehr durchsetzen. Dabei ist freilich zu beachten, dass sich Arbeitnehmer, die nur vorübergehend zur Erbringung einer Dienstleistung in einen anderen Mitgliedstaat entsandt werden, keinen dauerhaften Zugang zu diesem Arbeitsmarkt verlangen. Das Recht auf Freizügigkeit findet daher keine Anwendung.[32]

15 Arbeitet ein ausländischer Arbeitnehmer mit **dauerndem inländischem Arbeitsort im Inland,** so kann es zu Spannungen kommen, wenn deutsches Arbeitsrecht angewendet werden soll. Dann nämlich, wenn die Anwendung des deutschen Arbeitsrechts nicht mehr unionsrechtskonform ist, weil es die Freizügigkeit des Arbeitnehmers einschränkt, dürfen diese Arbeitsrechtsnormen nicht mehr angewendet werden. Hier wird unionsrechtswidriges deutsches Sachrecht korrigiert. Eine unmittelbare kollisionsrechtliche Relevanz hat diese Konstellation allerdings nicht. Grund des Zurücktretens des deutschen Arbeitsrechts ist der Verstoß des inländischen Sachrechts gegen das Unionsrecht.[33]

16 Denkbar ist ferner, dass ein **inländischer dauernder Arbeitsort** besteht, aber – was in Einzelfällen auf Grund der Ausweichklausel des Art. 8 Abs. 4 möglich ist – **ausländisches Arbeitsrecht** gilt. Beansprucht nun ein ausländisches Arbeitsrecht mit niedrigerem Schutzniveau als das inländische Anwendung, so stellt die Anwendung des ausländischen Rechts den Arbeitnehmer ungünstiger als bei einer Anwendung des inländischen Rechts seines Arbeitsortes. Folglich ist auch hier zu beantworten, ob darin eine Diskriminierung liegt. Dies wird verneint, weil ein unterschiedlich intensiver arbeitsrechtlicher Schutz in den nationalen Rechten hingenommen wird.[34] Auch hier besteht kein generelles Günstigkeitsprinzip, das eine künftige Rechtsangleichung ersetzen könnte.

17 Vor allem gibt es Fälle, in denen ein **ausländischer Arbeitnehmer** nur einen **vorübergehenden inländischen Arbeitsort** hat. Der Arbeitnehmer steht in einem Arbeitsverhältnis mit einem Arbeitgeber aus einem anderen Mitgliedstaat, wurde aber ins Inland entsandt. Garantiert nun das ausländische Arbeitsvertragsstatut ein niedrigeres Schutzniveau als das inländische, so führt das zu Spannungen mit dem inländischen Recht.

18 Praktische Bedeutung hat vor allem die **Dienstleistungsfreiheit** (Art. 56 AEUV).[35] Sie umfasst auch die Entsendung der im eigenen Unternehmen beschäftigten Arbeitnehmer in einen anderen Mitgliedstaat.[36] Das Unionsrecht begrenzt die Durchsetzung international zwingender Bestimmungen über den Mindestlohn[37] und die Leiharbeit.[38] Nationale Beschränkungen, welche die Tätigkeit des ausländischen Dienstleistenden unterbinden, behindern oder weniger attraktiv machen, müssen durch zwingende Gründe des Allgemeininteresses gerechtfertigt sein (zum AEntG → Rn. 138 ff.). Dazu gehört auch der Schutz des Arbeitnehmers; dieser muss jedoch – nicht diskriminierend – für alle Arbeitnehmer des Aufenthaltsstaates gelten. Das Interesse darf außerdem nicht schon durch gleichwertige Vorschriften des Heimatstaates geschützt werden.[39] Ferner ist eine ungleiche Behandlung in- und ausländischer Arbeitgeber unzulässig. So ist es eine nicht gerechtfertigte Beschränkung der Dienstleistungsfreiheit, wenn inländische, nicht aber ausländische Arbeitgeber durch den Abschluss von Firmentarifverträgen die ansonsten geltenden Mindestlohnbestimmungen unterschreiten können.[40]

19 **bb) Europäisches Arbeitsrecht.** Das Europäische Arbeitsrecht nimmt mehr und mehr Gestalt an (→ BGB § 611a Rn. 178 ff.). Eine Reihe von Richtlinien befasst sich allgemein mit der Harmo-

32 EuGH Slg. 2001, I-7831 = EuZW 2001, 759 mAnm *Bayreuther* = NZA 2001, 1377 – Finalarte; dazu krit. *Rieble/Lessner* ZfA 2002, 47; *Konzen* NZA 2002, 781 f.; s. auch *Deinert* IntArbR § 10 Rn. 91.

33 *Birk* RdA 1999, 13 (17).

34 *Birk* RdA 1999, 13 (17).

35 *Deinert* JbArbR 50 (2013), 77 (88).

36 Näher *Konzen* NZA 2002, 781 ff.; *Deinert* FS Martiny, 2014, 277 (278 ff.); Kronke/Melis/Kuhn IntWirtschaftsR-HdB/*Franzen/Gröner* Rn. N 9 ff.

37 EuGH Slg. 1999, I-8453 = AP EGV Art. 59 Nr. 1 = RIW 2000, 137 = ZEuP 2001, 359 mAnm *Krebber* = Rev. crit. dr. int. pr. 89 (2000), 710 mAnm *Fallon* – Arblade und Leloup; dazu *Mankowski* RdA 2017, 273 (277 ff.); s. auch *Jayme/Kohler* IPRax 2000, 455; *Konzen* NZA 2002, 781 (782 f.).

38 EuGH Slg. 2001, I-2189 = AP EWG RL Nr. 96/71 Nr. 2 = IPRax 2002, 210 m. Aufsatz *Franzen* IPRax 2002, 186 = Rev. crit. dr. int. pr. 90 (2001), 495 mAnm *Pataut* – Mazzoleni/Inter Surveillance Assistance.

39 EuGH Slg. 2001, I-2189 = AP EWG RL Nr. 96/71 Nr. 2 = IPRax 2002, 210 m. Aufsatz *Franzen* IPRax 2002, 186 = Rev. crit. dr. int. pr. 90 (2001), 495 mAnm *Pataut* – Mazzoleni/Inter Surveillance Assistance.

40 EuGH Slg. 2002, I-787 = AP EG Art. 49 Nr. 4 = EuZW 2002, 245 – Portugaia Construções, zu § 1 Abs. 3a S. 1 AEntG; dazu *v. Danwitz* EuZW 2002, 237 ff.

nisierung des Arbeitsrechts.[41] Auf Art. 114 AEUV beruhen Richtlinien über den technischen Arbeitsschutz.[42] Mit der „Arbeitsumwelt" befasst sich Art. 153 AEUV. Andere Richtlinien können nur auf die allgemeine Norm des Art. 122 AEUV gestützt werden. Dem Arbeitnehmerschutz dient die **Massenentlassungs-RL;**[43] eine weitere Richtlinie betrifft den **Betriebsübergang** (sog. Betriebsübergangs-RL).[44] Dem Schutz des Arbeitnehmers bei **Zahlungsunfähigkeit des Arbeitgebers** dient eine weitere Richtlinie, die sog. Zahlungsunfähigkeits-RL (Insolvenzgeld).[45] Für die betriebliche Altersversorgung gilt die sog. **EbAV-RL.**[46] Dem Grundsatz der Gleichbehandlung dient die **Leiharbeits-RL,**[47] die bezüglich der grenzüberschreitenden Leiharbeit durch die **Arbeitnehmerentsende-RL** ergänzt wird[48] (→ Rn. 8). Zur Durchsetzung des allgemeinen **Diskriminierungsverbots** des Art. 19 AEUV wurde eine Reihe von Richtlinien erlassen.[49] Über das Lohngleichheitsgebot des Art. 157 AEUV für **Männer und Frauen** (vgl. auch § 612 Abs. 3 BGB) hinaus verfolgt die EU das Ziel der Herstellung von Chancengleichheit der Geschlechter und hat eine Reihe entsprechender Richtlinien erlassen.[50]

Auch hier stellt sich die Frage, wieweit zwingenden nationalen Vorschriften zur Umsetzung sachrechtsangleichender Richtlinien **international zwingende Bedeutung** zukommt[51] (zum Betriebsübergang → Rn. 109; → Art. 9 Rn. 14, → Art. 9 Rn. 30 ff.). Teilweise wird angenommen, dass ein genereller Vorrang spezielleren unionsrechtlichen Sekundärrechts vor der kollisionsrechtlichen Lösung der Rom I-VO besteht.[52] Danach setzt sich jeweils das umgesetzte Recht durch, soweit die Frage in seinen Anwendungsbereich fällt. Zum Teil wird hierfür Art. 3 Abs. 4 analog herangezogen.[53] Problematisch ist auch, in welchem Umfang das Sekundärrecht Kollisionsnormen enthält, welche nach Art. 23 Vorrang genießen (→ Art. 23 Rn. 21). 20

Im Hinblick auf die Vorgaben des Unionsrechts wird teilweise eine über den kollisionsrechtlich Arbeitnehmerschutz des Art. 8 und die **verordnungsautonome Auslegung** hinausgehende Qualifikation vertreten. Danach besteht im Interesse des Arbeitnehmerschutzes ein „qualifikationsrechtlicher Rechtsformzwang". Bei der Anwendung der entsprechenden Begriffe soll es ausreichen, wenn die jeweilige Eigenschaft bzw. der Rechtsbegriff alternativ dem unionsrechtlichen Begriff, dem anzuwendenden Recht (lex causae), der lex fori oder dem Recht des gewöhnlichen Arbeitsorts entspricht.[54] 21

---

[41] Näher *Junker* RIW 2003, 698 ff.; *Krimphove,* Europäisches Arbeitsrecht, 2. Aufl. 2001, 189 ff.; MHdB ArbR/*Birk* § 19 Rn. 23 ff.

[42] Nachweise bei *Franzen* ZEuP 1995, 796 (816 ff.).

[43] RL 98/59/EG zur Angleichung der Rechtsvorschriften der Mitgliedstaaten über Massenentlassungen vom 20.7.1998, ABl. EG 1998 L 225, 16; vgl. MHdB ArbR/*Birk* § 19 Rn. 270 ff.

[44] RL 2001/23/EG des Rates vom 12.3.2001 zur Angleichung der Rechtsvorschriften der Mitgliedstaaten über die Wahrung von Ansprüchen der Arbeitnehmer beim Übergang von Unternehmen, Betrieben und Betriebsteilen, ABl. EG 2001 L 82, 16; dazu *Franzen* RdA 1999, 361; *Löw,* Die Betriebsveräußerung im europäischen Arbeitsrecht, 1992; vgl. *Franzen* ZEuP 1995, 796 (818 ff.); *Junker* NZA 1999, 2 (6 ff.); *Junker* RIW 2004, 409 (411 ff.).

[45] RL 2008/94/EG des Europäischen Parlaments und des Rates vom 22.10.2008 über den Schutz der Arbeitnehmer bei Zahlungsunfähigkeit des Arbeitgebers, ABl. 2008 L 283, 36; dazu MHdB ArbR/*Birk* § 19 Rn. 174 ff.

[46] RL (EU) 2016/2341 des Europäischen Parlaments und des Rates vom 14.12.2016 über die Tätigkeiten und die Beaufsichtigung von Einrichtungen der betrieblichen Altersversorgung (EbAV), ABl. 2016 L 354, 37.

[47] RL 2008/104/EG des Europäischen Parlaments und des Rates vom 19.11.2008 über Leiharbeit, ABl. EU 2008 L 327, 9; dazu *Boemke* RIW 2009, 177.

[48] Dazu *Riesenhuber* NZA 2018, 1433 (1434 ff.).

[49] Insbes. RL 2000/43/EG zur Anwendung des Gleichbehandlungsgrundsatzes ohne Unterschied der Rasse oder der ethnischen Herkunft vom 29.6.2000, ABl. EG 2000 L 180, 22.

[50] Vgl. RL 79/7/EWG vom 19.12.1978 zur schrittweisen Verwirklichung des Grundsatzes der Gleichbehandlung von Männern und Frauen im Bereich der sozialen Sicherheit (ABl. EG 1979 L 6, 24); RL vom 24.7.1986 zur Verwirklichung des Grundsatzes der Gleichbehandlung von Männern und Frauen bei den betrieblichen Systemen der sozialen Sicherheit, ABl. EG 1986 L 225, 40; RL 2006/54/EG des Europäischen Parlaments und des Rates vom 5.7.2006 zur Verwirklichung des Grundsatzes der Chancengleichheit und Gleichbehandlung von Männern und Frauen in Arbeits- und Beschäftigungsfragen, ABl. 2006 L 204, 23; näher dazu *Döse,* Frauenarbeit in Europa und Gemeinschaftsrecht, 2000; *Rating,* Mittelbare Diskriminierung nach europäischem Gemeinschaftsrecht, 1994; *Zuleeg,* Gleicher Zugang von *Mann* und Frau zum Arbeitsleben als europarechtliches Problem, 1985 sowie *Franzen* ZEuP 1995, 796 (807 ff.); *Pfeiffer* FS Schwerdtner, 2003, 775 ff.; *Junker* RIW 2004, 409 (413 ff.); MHdB ArbR/*Birk* § 19 Rn. 306 ff.

[51] Bejahend *Pfeiffer* FS Schwerdtner, 2003, 775 ff.

[52] EUArbR/*Krebber* Art. 3, 8 Rn. 29.

[53] EUArbR/*Krebber* Art. 3, 8 Rn. 27, 30.

[54] *Krebber* FS v. Hoffmann, 2011, 218 (225 ff.); EUArbR/*Krebber* Art. 1 Rn. 33.

Problematisch an dieser weitgespannten Alternativität ist vor allem ihre die einheitliche Rechtsanwendung in Frage stellende Unbegrenztheit.

B. Bestimmung und Umfang des Arbeitsvertragsstatuts

I. Individualarbeitsverträge

22 **1. Arbeitsvertrag.** Art. 8 gilt für Individualarbeitsverträge, ohne dass dieser Begriff näher eingegrenzt würde. Er ist **einheitlich auszulegen.**[55] Für eine auch nur hilfsweise Qualifikation nach der (nationalen) lex fori bleibt kein Raum.[56] Bei der Auslegung des europäischen Primär- und Sekundärrechts, dh des Art. 45 AEUV und der Freizügigkeits-VO (→ Rn. 12) – hat sich der EuGH des Öfteren mit dem **Arbeitnehmerbegriff** beschäftigt. Danach ist der Begriff des Arbeitnehmers nicht eng auszulegen. Arbeitnehmer ist jeder, der eine tatsächliche und echte Tätigkeit ausübt, wobei Tätigkeiten außer Betracht bleiben, die einen so geringen Umfang haben, dass sie sich als völlig untergeordnet und unwesentlich darstellen. Das wesentliche Merkmal des Arbeitsverhältnisses besteht nach der bisherigen Rspr. des EuGH darin, dass jemand während einer bestimmten Zeit für einen anderen nach dessen Weisung Leistungen erbringt, für die er als Gegenleistung eine Vergütung erhält.[57] Erweiternd wird vorgeschlagen, auf die persönliche Abhängigkeit abzustellen und keine Entgeltlichkeit zu verlangen.[58] Auf die Arbeitnehmereigenschaft kommt es auch für die internationale Zuständigkeit an (vgl. Art. 20 Brüssel Ia-VO [= Art. 18 LugÜ]).[59] Zwar ist die Verwendung eines sachrechtlich geprägten Arbeitnehmerbegriffs nicht unproblematisch.[60] Ungereimtheiten sind jedoch zu vermeiden.

23 Im Sinne des Abs. 1 sind Arbeitsverträge solche Vereinbarungen zwischen Arbeitgeber und Arbeitnehmer, welche eine **abhängige, weisungsgebundene und entgeltliche Tätigkeit** zum Gegenstand haben.[61] Dabei ist unerheblich, ob die Tätigkeit im verarbeitenden Gewerbe, im Dienstleistungsgewerbe oder in der Urproduktion stattfindet.[62] Es spielt auch keine Rolle, ob der Arbeitnehmer noch Auszubildender, Teilzeit- oder Vollzeitbeschäftigter ist.[63] Auch Arbeitsverhältnisse unter Ehegatten werden erfasst.[64] Obwohl die Überschrift nur Individualarbeitsverträge anspricht, werden auch Gruppenarbeitsverhältnisse (etwa Akkordkolonnen) erfasst.[65] Arbeitsverträge mit staatlichen Arbeitgebern sind nicht ausgeschlossen.[66] Das gilt auch für die Mitarbeiter diplomatischer Vertretungen, welche keine hoheitlichen Aufgaben wahrnehmen[67] (→ Rn. 66). Da ein Abgren-

---

55 Rauscher/*v. Hein* Rn. 19; Staudinger/*Magnus,* 2021, Rn. 20 f. – So bereits *Mankowski* RIW 2004, 167 (168 ff.); *Heilmann,* Das Arbeitsvertragsstatut, 1991, 40 ff.; *Junker,* Internationales Arbeitsrecht im Konzern, 1992, 171; *Taschner,* Arbeitsvertragsstatut und zwingende Bestimmungen nach dem Europäischen Schuldvertragsübereinkommen, 2003, 45 ff.

56 Anders hilfsweise BeckOK BGB/*Spickhoff* Rn. 8. – Für das in der Sache anwendbare Recht *Plender* in Lando/Magnus/Nowak-Stief, Angleichung des materiellen und des internationalen Privatrechts in der EU, 2003, 48. Für den sachrechtlichen Begriff der lex fori *Poker* IPRax 2006, 552 (557 f.); BeckOGK/*Knöfel,* 1.3.2024, Rn. 16. Für eine Erweiterung iS eines „qualifikationsrechtlichen Rechtsformzwangs" (→ Rn. 21), EUArbR/*Krebber* Art. 1 Rn. 33.

57 EuGH Slg. 1986, 2121 Rn. 16 und 17 = NJW 1987, 1138 Ls. – Lawrie/Blum; Slg. 1998, I-2691 Rn. 32 = EuZW 1998, 372 – Martínez Sala; Slg. 1999, I-3289 Rn. 13 = EWS 2000, 26 Ls. – Meeusen; Slg. 2004, I-2703 Rn. 26 = EuZW 2004, 507 – Collins; Slg. 2008, I-5939 = EuZW 2008, 529 = NZA 2008, 995 – Raccanelli/Max-Planck-Gesellschaft; ECLI:EU:C:2021:134 Rn. 25 = NZA 2021, 588 – Markt24; ECLI:EU:C:2015:574 Rn. 40 u. 41 = NZA 2016, 183 – Holterman Ferho; näher *Krebber* FS v. Hoffmann, 2011, 218 (222 ff.).

58 *Deinert* IntArbR § 4 Rn. 23 f.

59 S. EuGH ECLI:EU:C:2015:574 = RIW 2015, 813 mAnm *Mankowski* RIW 2015, 821 = EuZW 2015, 922 m. Aufsatz *Lüttringhaus* EuZW 2015, 904 = IPRax 2016, 151 m. Aufsatz *Kindler* IPRax 2016, 115 – Holterman Ferho; BAG NZA 2023, 1265 Rn. 33.

60 Näher BeckOGK/*Knöfel,* 1.3.2024, Rn. 14 f.

61 *Mankowski* BB 1997, 465 (469); Ferrari IntVertragsR/*Staudinger* Rn. 11; Grüneberg/*Thorn* Rn. 3; vgl. auch *Klima* RIW 1987, 797 betr. Handelsvertreter. Zur arbeitsrechtlichen Behandlung im Ausland tätiger Freiwilliger s. *Joussen* NZA 2003, 1173 ff.

62 Soergel/*v. Hoffmann* EGBGB Art. 30 Rn. 7.

63 BeckOK BGB/*Spickhoff* Rn. 9; Soergel/*v. Hoffmann* EGBGB Art. 30 Rn. 7.

64 *Andrae* IPRax 2018, 221 (223).

65 *Junker* RIW 2006, 401 (402); Ferrari IntVertragsR/*Staudinger* Rn. 11; Staudinger/*Magnus,* 2021, Rn. 34.

66 *Taschner,* Arbeitsvertragsstatut und zwingende Bestimmungen nach dem Europäischen Schuldvertragsübereinkommen, 2003, 164 ff., 176.

67 BAG RIW 2014, 691 = IPRax 2015, 342 m. Aufsatz *Mankowski* IPRax 2015, 309 = IPRspr. 2014 Nr. 70b.

zungsmerkmal die **Weisungsgebundenheit** darstellt, fallen Verträge über Dienstleistungen, die in wirtschaftlicher und sozialer Selbständigkeit und Unabhängigkeit erbracht werden, nicht unter Art. 8. Für sie bleibt es bei den allgemeinen Vorschriften der Art. 3, 4;[68] das Günstigkeitsprinzip des Abs. 1 S. 2 gilt nicht. In dieser Weise können auch Verträge mit freien Mitarbeitern im Ausland geschlossen werden[69] (zum Dienstvertrag → Art. 4 Rn. 74 ff.). Arbeitnehmer ist auch der abhängige Handelsreisende, selbst wenn er sich als Handelsvertreter bezeichnen sollte (→ Art. 4 Rn. 149).[70] Entsprechendes gilt für sog. **Scheinselbständige,** welche in Wirklichkeit abhängige Arbeit verrichten.[71] Eine sozialrechtliche Bescheinigung ihres Heimatlandes, welche sie als Selbständige ausweist, entfaltet insofern keine Bindungswirkung.[72]

Verträge von **Gesellschaftsgeschäftsführern** sind arbeitsrechtlich zu qualifizieren, soweit es um das Verhältnis zum Arbeitgeber und nicht um die Wirkungen als Organ einer Gesellschaft geht[73] (näher zur Abgrenzung → IntGesR Rn. 531). Schwierigkeiten bereitet in diesem Zusammenhang die Abgrenzung der Arbeitnehmereigenschaft anhand der Weisungsgebundenheit.[74] Insoweit wird auf das Gesellschaftsstatut Bezug genommen. Wenn nach diesem die Organperson von den Weisungen anderer Gesellschafter oder der Gesellschafterversammlung unabhängig ist, so fehlt die Arbeitnehmereigenschaft. Dementsprechend werden die Fremdgeschäftsführer deutscher GmbHs als Arbeitnehmer angesehen,[75] nicht weisungsgebundene AG-Vorstandsmitglieder hingegen nicht.[76] **24**

Wer iSd Art. 8 als **Arbeitgeber** anzusehen ist, ist **verordnungsautonom zu bestimmen.**[77] Der Arbeitnehmer wird in der Regel einen Vertrag mit dem Arbeitgeber schließen. In verschiedenen Konstellationen sind jedoch mehrere Personen, Gesellschaften oder Einrichtungen eingeschaltet. Entsprechend zum Arbeitnehmerbegriff ist vor allem darauf abzustellen, wer die **Weisungsbefugnis** hat (→ Rn. 51). Zweifel, auf wen abzustellen ist, können bei der Anknüpfung an den **Arbeitsort** entstehen (→ Rn. 52 ff.); zur Beschäftigung im Konzern → Rn. 71. Bei der hilfsweise zu beachtenden **einstellenden Niederlassung** ist ebenfalls zu entscheiden, wann eine solche vorliegt und wann auf sie abzustellen ist (→ Rn. 74 ff.). **25**

Vom Arbeitsvertrag **getrennte Rechtsgeschäfte mit Eigenwert,** unabhängig davon, ob sie zwischen den Arbeitsvertragsparteien oder zwischen dem Arbeitnehmer und einem Dritten abgeschlossen werden, werden nicht nach Art. 8 Rom I-VO, sondern selbständig nach jeweils vertragsspezifischen Kriterien oder den allgemeinen Regeln (Art. 3, 4 Rom I-VO) angeknüpft. Allerdings findet Art. 8 Rom I-VO noch Anwendung auf Verträge, die – wie eine Patronatsvereinbarung – zugunsten des Arbeitnehmers die (Mit-)Haftung eines Dritten begründen.[78] Dafür wird das Unterordnungsverhältnis und eine Gleichbehandlung mit Art. 21 Brüssel Ia-VO angeführt. Dabei können auf das Arbeitsverhältnis und die eigenständige Patronatsvereinbarung unterschiedliche Rechtsordnungen Anwendung finden.[79] Wie sich das von der Rspr. neu eingeführte Kriterium des „Unterordnungsverhältnisses" zum bisherigen Arbeitsvertragsbegriff verhalten soll, ist noch ungeklärt.[80] **26**

---

[68] Grüneberg/*Thorn* Rn. 3.

[69] *Herfs-Röttgen* NZA 2022, 533 (535).

[70] Staudinger/*Magnus,* 2021, Rn. 42; ebenso Soergel/*v. Hoffmann* EGBGB Art. 30 Rn. 8.

[71] *Mankowski* BB 1997, 465 (469 ff.); *Knöfel* IPRax 2006, 552 ff.; *Deinert* IntArbR § 4 Rn. 30. – Vgl. auch § 5 Abs. 1 S. 2 ArbGG.

[72] EuGH ECLI:EU:C:2020:379 = NZA 2020, 1237 = RIW 2020, 746 mAnm *Mankowski* – Bouygues travaux publics; *Mankowski* EuZA 2016, 107 (112 f.) zur Entsendebescheinigung A 1; *Winkler v. Mohrenfels/Block* in Oetker/Preis, Europäisches Arbeits- und Sozialrecht (EAS), 2010, Rn. 54 ff.

[73] OLG München IPRspr. 1999 Nr. 119 = IPRax 2000, 416 m. Aufsatz *Haubold* IPRax 2000, 375 = NZG 1999, 1170 mAnm *Hallweger; Pohl* NZA 1998, 735 ff.; Staudinger/*Magnus,* 2021, Rn. 38; anders *Knöfel* EuZA 2016, 348 ff.

[74] OLG Düsseldorf RIW 2004, 230 = LAGE EGBGB Art. 30 Nr. 7 mAnm *Mankowski.*

[75] *Lüttringhaus* EuZW 2016, 904 (906 f.); Grüneberg/*Thorn* Rn. 3; vgl. EuGH Slg. 2010, I-11405 = NJW 2011, 2343 – Danosa; EuGH ECLI:EU:C:2015:574 = RIW 2015, 813 mAnm *Mankowski* = EuZW 2015, 922 m. Aufsatz *Lüttringhaus* EuZW 2015, 904 = NZA 2016, 183 = IPRax 2016, 151 m. Aufsatz *Kindler* IPRax 2016, 115 – Holterman Ferho, zu Art. 20 Brüssel Ia-VO; EuGH ECLI:EU:C:2015:455 = NJW 2015, 2481 m. Aufsatz *Lunk* NZA 2015, 917 – Balkaya, betr. Massenentlassung.

[76] Dazu *Mankowski* RIW 2004, 481 (490); *Lüttringhaus* EuZW 2016, 904 (906 f.); vgl. LAG BW IPRspr. 2010 Nr. 77 = ZIP 2010, 1619 mAnm *Mankowski* EWiR 2010, 513: Zivilrechtsweg für Klage des Director der Komplementär-Ltd. einer KG.

[77] Vgl. *Deinert* IntArbR § 4 Rn. 14 ff.

[78] BAG NZA 2023, 1265 Rn. 32 = IPRax 2024, 220 m. Aufsatz *Junker* IPRax 2024, 196; anders noch BAG NZA 2021, 744 Rn. 81 = RIW 2021, 151.

[79] BAG NZA 2023, 1265 Rn. 40.

[80] Siehe EuGH ECLI:EU:C:2022:807 = NJW 2023, 29 = EuZW 2022, 1061 mAnm. *Wagner* – ROI Land Investments.

27 **2. Arbeitsverhältnis.** Die deutsche Fassung des Art. 6 EVÜ nannte ebenso wie Art. 30 EGBGB außer dem Arbeitsvertrag auch das Arbeitsverhältnis. Die Vorschrift galt mithin auch für nichtige, aber in Vollzug gesetzte Arbeitsverträge sowie für faktische Arbeitsverhältnisse.[81] Dies kann etwa für eine zur Umgehung ausländerrechtlicher Vorschriften gegründete sog. Arbeitnehmergesellschaft zwischen deutschen Unternehmern und Arbeitnehmern aus Nicht-EU-Staaten praktisch werden.[82] Hinsichtlich nichtiger Verträge ist eine solche Klarstellung aber überflüssig, da die Folgen solcher Vereinbarungen nach Art. 12 Abs. 1 lit. e ohnehin dem Vertragsstatut unterliegen. Das neue Recht verzichtet daher zutreffend auf eine besondere Erwähnung. Auch faktische[83] und fehlerhafte Arbeitsverträge werden erfasst.[84]

28 **3. Bedienstete internationaler Organisationen.** Die Bediensteten internationaler Organisationen nehmen insofern eine Sonderstellung ein, als ihre Arbeitsbedingungen teilweise staatsvertraglich geregelt sind, viele dieser Organisationen über eine eigene Regelung ihrer Arbeitsbedingungen („Staff Regulations", „Statut du Personnel" häufig irreführend mit „Personalstatut" übersetzt) verfügen und schließlich der Rechtsweg zu den nationalen Gerichten verschlossen sein kann.[85] Außerdem ist eine privatrechtliche Einordnung vielfach ausgeschlossen. In der Praxis werden mehrere Gruppen von Beschäftigten unterschieden.[86] Zu einer ersten Gruppe gehören die sog. **internationalen Bediensteten („Statutspersonal").** Für diese – meist Leitenden – gilt regelmäßig das Statut der Organisation. Ferner ist der Rechtsweg zu einem internationalen Gericht (zB dem Verwaltungsgerichtshof der Internationalen Arbeitsorganisation) oder einem Schiedsgericht eröffnet.[87] Lücken des Dienstrechts werden eher durch die Anwendung allgemeiner Rechtsgrundsätze als durch die Heranziehung einer nationalen Rechtsordnung gefüllt.[88] Die Gruppe der sog. **Hilfskräfte** unterliegt oft einer Kombination von Statutsrecht und nationalem Arbeitsrecht. Diesen Arbeitnehmern steht, je nach Organisation, der internationale oder der nationale Rechtsweg offen. Dagegen unterstehen die sog. **Orts- bzw. Lokalkräfte** (zB Schreibkräfte) regelmäßig nur dem nationalen Arbeitsrecht;[89] der nationale Rechtsweg steht in der Regel zur Verfügung.[90] Probleme bereiten oft sog. **unechte Bedienstete,** die sich – etwa als Leiharbeitnehmer – auf ein Arbeitsverhältnis mit der Organisation selbst berufen.[91]

29 Soweit das Arbeitsverhältnis durch einen von Deutschland ratifizierten **Staatsvertrag** geregelt ist, sind die Bestimmungen des entsprechenden Übereinkommens zu beachten. Danach wird zum Teil auf das interne Dienstrecht der Organisation abgestellt.[92] Teilweise wird auf ein nationales Arbeitsrecht verwiesen.[93] Beispielsweise gilt für bestimmte Bedienstete der Europäischen Weltraumorganisation (ESA) bzw. des früheren Europäischen Operationszentrums für Weltraumforschung (ESOC) das deutsche Recht.[94] Bei einem internationalen Bediensteten kann das Statut der Organisation eine in sich geschlossene öffentlich-rechtliche Regelung seines Dienstverhältnisses bilden.[95] Im Übrigen kann aber das Statut der Organisation nicht mit einer nach Art. 3 ff. anwendbaren staatlichen Rechtsordnung gleichgesetzt werden. Hiergegen sprechen schon Wortlaut und Systematik der Art. 3 ff.

30 Handelt es sich um eine **internationale Organisation, bezüglich derer Deutschland staatsvertraglich nicht gebunden** ist, so besteht kein Vorrang einer staatsvertraglichen Regelung.

---

81 *Knöfel* RdA 2006, 273 ff.; vgl. Bericht *Giuliano/Lagarde* BT-Drs. 10/503, 57 f.

82 Vgl. SächsOVG AR-Blattei ES 330 Nr. 39 mAnm *Mankowski.*

83 BeckOGK/*Knöfel,* 1.3.2024, Rn. 23; Staudinger/*Magnus,* 2021, Rn. 33.

84 Rauscher/*v. Hein* Rn. 19; ebenso schon *Junker* RIW 2006, 401 (402).

85 Vgl. *Amerasinghe,* The Law of the International Civil Service Bd. I, Oxford 1988, 201 ff.

86 S. mwN *Henrichs* RdA 1995, 158 (159).

87 Vgl. *Seidl-Hohenveldern/Loibl,* Das Recht der Internationalen Organisationen einschließlich der Supranationalen Gemeinschaften, 5. Aufl. 1992, Rn. 1046 f. – Zur Verfassungsmäßigkeit des Ausschlusses der deutschen Gerichtsbarkeit BVerfGE 59, 63 = AP Art. 19 GG Nr. 5 = DVBl 1982, 189 mAnm *Busch* DVBl 1982, 578 = DÖV 1982, 404 mAnm *Gramlich* – Eurocontrol.

88 Nachweise bei *Akehurst,* The Law Governing Employment in International Organizations, Cambridge 1967, 102 ff.; *Amerasinghe,* The Law of the International Civil Service, Bd. I, Oxford 1988, 175 ff.

89 Auch insoweit eher gegen die Anwendung nationalen Rechts, *Amerasinghe* The Law of the International Civil Service Bd. I, Oxford 1988, 177 f.

90 Einen generellen Immunitätsverzicht verneint auch insoweit *Seidl-Hohenveldern* IPRax 1995, 14 (15).

91 Dazu *Henrichs* RdA 1995, 158 (160 f.); *Seidl-Hohenveldern* IPRax 1995, 14 ff.

92 So Art. 6 Abs. 1 S. 2 Übereinkommen über das Europäische Operationszentrum für Weltraumforschung (ESOC-Übk.) vom 8.9.1967, BGBl. 1969 II 93.

93 Art. 6 Abs. 1 S. 2 ESOC-Übk. – Ob insoweit der Rechtsweg zu den deutschen Gerichten ausgeschlossen ist, ist umstritten. Für einen Ausschluss BAG IPRspr. 1993 Nr. 133 = IPRax 1995, 33 m. zust. Aufsatz *Seidl-Hohenveldern* IPRax 1995, 14. Abl. *Henrichs* RdA 1995, 158 ff.

94 Art. 6 Abs. 1 S. 2 ESOC-Übk; dazu *Henrichs* RdA 1995, 158 ff.

95 Vgl. *Seyersted* Rec. des Cours 122 (1967-III), 427, 443 ff.

Vielmehr ist, soweit es sich um privatrechtliche Beziehungen handelt, Ausgangspunkt die Regelung in Art. 3 ff. Demnach ist in erster Linie die Rechtswahl der Parteien maßgeblich; in zweiter Linie kommt es zu einer objektiven Anknüpfung nach Art. 8. Zwar wird vertreten, auch für Ortskräfte das Dienstrecht der jeweiligen Organisation einer nationalen Rechtsordnung gleichzustellen.[96] Auf diese Weise würde jedoch höchst unterschiedlichen Normen nichtstaatlichen Ursprungs eine ihnen nicht zukommende Bedeutung beigelegt. Daher ist auch in diesen Fällen ein nationales Arbeitsrecht zu ermitteln. Eine Bezugnahme der Parteien auf das Organisationsstatut ist lediglich als materiellrechtliche Verweisung im Rahmen des anwendbaren Rechts anzusehen. Bei einer objektiven Anknüpfung kann eine engere Verbindung zu einer anderen Rechtsordnung als zu der des gewöhnlichen Arbeitsortes bestehen.[97]

II. Rechtswahl (Abs. 1)

1. Zulässigkeit der Rechtswahl. Nach Abs. 1 S. 1 können die Arbeitsvertragsparteien in einem Vertrag mit Auslandsberührung das maßgebliche Recht selbst bestimmen; es besteht **Parteiautonomie.**[98] Auch für Arbeitsverträge bedarf es keiner besonderen objektiven Beziehung zur vereinbarten Rechtsordnung. Der Kreis der wählbaren Rechtsordnungen ist nicht beschränkt;[99] die Wahl eines „neutralen" Rechts (→ Art. 3 Rn. 23) ist daher möglich.[100] Das nationale Arbeitsrecht darf der Rechtswahl keine eigenen Beschränkungen setzen.[101] Soweit eine Korrektur notwendig ist, erfolgt sie über das Günstigkeitsprinzip, das die Rechtswahlmöglichkeit überlagert.[102] Bei der Vereinbarung deutschen oder ausländischen Rechts für sog. Ortskräfte deutscher Auslandsvertretungen dürfen Angehörige von EU-Staaten nicht schlechter gestellt werden als deutsche.[103] Das folgt aus Art. 45 Abs. 2 AEUV sowie Art. 7 Freizügigkeits-VO. 31

Früher wurde als Voraussetzung für die Vereinbarung ausländischen Rechts eine materielle **Auslandsberührung** verlangt;[104] in reinen Inlandsfällen sei die Vereinbarung ausländischen Rechts unzulässig. Heute gelten auch in Arbeitssachen die allgemeinen Vorschriften des Art. 3 Abs. 3 und 4 (→ Rn. 128 ff.). Danach kommen bei fehlendem Auslandsbezug die zwingenden inländischen und europäischen Vorschriften zur Anwendung (→ Art. 3 Rn. 90 ff., 96 ff.). Die Zugehörigkeit des Arbeitgebers zu einem ausländischen Konzern genügt noch nicht für ein internationales Arbeitsverhältnis.[105] 32

Die Vereinbarung eines bestimmten Rechts erfolgt häufig ausdrücklich.[106] Sie kann auch durch eine Verweisung auf einen Tarifvertrag oder eine Arbeitsordnung erfolgen, wenn darin eine Rechtswahlklausel enthalten ist[107] (zur Gestaltung → Rn. 4). Die Rechtswahl braucht nicht ausdrücklich zu erfolgen; eine **stillschweigende Vereinbarung** reicht aus.[108] Für sie gelten die allgemeinen Grundsätze.[109] Ein gewisser Schutz des Arbeitnehmers liegt darin, dass die Rechtswahl real erfolgen und sich mit ausreichender Sicherheit aus den Umständen ergeben muss (Art. 3 Abs. 1 S. 2).[110] Eine stillschweigende Rechtswahl liegt in der Regel in der Bezugnahme auf deutsche Rechtsvorschriften[111] (→ Art. 3 Rn. 58), der Vereinbarung deutschen Tarifrechts (→ Art. 3 Rn. 59), eines ortsge- 33

---

96 So für die Liga der Arabischen Staaten *Elwan/Ost* IPRax 1995, 1 (6 f.).

97 So auch *Elwan/Ost* IPRax 1995, 1 (7 f.).

98 EuGH ECLI:EU:C:2021:600 Rn. 36 = NZA 2021, 1357 = EuZA 2022, 64 mAnm *Franzen* – SC Gruber Logistics.

99 *Deinert* IntArbR § 9 Rn. 17; anders Art. 121 Abs. 3 IPRG Schweiz; vgl. *Kren* ZVglRWiss 88 (1989), 48 (58 f.).

100 Rauscher/*v. Hein* Rn. 21; Soergel/*v. Hoffmann* EGBGB Art. 30 Rn. 12; vgl. *Pocar* Rec. des Cours 188 (1984-V), 339 (376 ff.). – Eine „sachliche Beziehung" zum gewählten (deutschen) Recht prüfte noch BAG AP BUrlG § 13 Nr. 11 = IPRspr. 1985 Nr. 49.

101 EuGH ECLI:EU:C:2021:600 Rn. 36–39 = NZA 2021, 1357 = EuZA 2022, 64 mAnm *Franzen* – SC Gruber Logistics.

102 *Rühl* FS v. Hoffmann, 2011, 364 (368 ff.).

103 EuGH Slg. 1996, I-2253 = EuZW 1996, 634 – Boukhalfa/BRD; Vorentscheidung: BAG NZA 1994, 1135.

104 Dazu *Birk* NJW 1978, 1825; *Trinkner* AWD 1973, 33 f.

105 BeckOGK/*Knöfel*, 1.3.2024, Rn. 7.

106 Vgl. BAG NZA 1998, 995; NJW 2008, 2665; *Junker* RIW 2001, 94 (95 ff.).

107 *Schlachter* ZVglRWiss 115 (2016), 610 (613 ff.); *Franzen* IntArbR AR-Blattei 920 Rn. 116; *Deinert* IntArbR § 9 Rn. 23; Soergel/*v. Hoffmann* EGBGB Art. 30 Rn. 13; anders *Thüsing* NZA 2003, 1303 (1304 f.); *Ludewig*, Kollektives Arbeitsrecht auf Schiffen des Internationalen Seeschifffahrtsregisters, 2012, 155 ff.

108 BAG NZA 2017, 502; Rauscher/*v. Hein* Rn. 23.

109 *Junker* RIW 2006, 401 (403); *Deinert* IntArbR § 9 Rn. 26 ff.; Rauscher/*v. Hein* Rn. 23; krit. insoweit zum EVÜ *Morse* in North, Contract Conflicts, 1982, 143 (151 f.).

110 *Junker* RIW 2006, 401 (403); ebenso *Thüsing* NZA 2003, 1303 (1304).

111 LAG Köln IPRspr. 2019 Nr. 104.

bundenen Schiedsgerichts (→ Art. 3 Rn. 52) und in übereinstimmendem Prozessverhalten (→ Art. 3 Rn. 54 ff.). Eine nach der Brüssel Ia-VO unwirksame ausschließliche Gerichtsstandsvereinbarung gleichwohl für eine stillschweigende Vereinbarung heranzuziehen, wird für ungereimt gehalten.[112] Die Beschäftigung im öffentlichen Dienst als Indiz für die Wahl des beteiligten Staates zu werten,[113] überzeugt nicht. Dem staatlichen Partner stehen insoweit keine Befugnisse zu, die sich zudem in einem beiderseitigen Parteiwillen niederschlagen müssten.[114] Nicht aussagekräftig ist auch die Steuer- und Sozialversicherungspflichtigkeit.[115]

34 Die Rechtswahl kann auch noch **nachträglich** im Prozess erfolgen.[116] Den Parteien steht es nämlich frei, eine ursprüngliche Wahl des anwendbaren Rechts später wieder zu ändern (Art. 3 Abs. 2 S. 1).[117]

35 Eine **teilweise Rechtswahl** (Art. 3 Abs. 1 S. 3) für einzelne abtrennbare Komplexe ist zulässig.[118] Sie ist zwar wegen der darin liegenden Gefährdung des arbeitsrechtlichen Schutzes zum Teil in teleologischer Reduktion der Vorschrift abgelehnt worden.[119] Tatsächlich wird der maßgebliche Standard aber durch den Günstigkeitsvergleich nach Abs. 1 S. 2 gewährleistet.[120] Es kommt nicht auf die Art und den Umfang der Rechtswahl, sondern auf ihren Inhalt an. Folglich ist prinzipiell unerheblich, ob der Arbeitsvertrag auf nur eine oder mehrere Rechtsordnungen Bezug nimmt. Eine teilweise Rechtswahl ist daher etwa für die betriebliche Altersversorgung,[121] aber auch für ein nachvertragliches Wettbewerbsverbot möglich.[122] Auch für die Abwicklung nach Vertragsende und sogar – eher ungewöhnlich – für den Kündigungsschutz ist sie zulässig.[123]

36 Eine besondere Einschränkung bezüglich der **Form** ist – anders als für den Verbrauchervertrag nach Art. 11 Abs. 4[124] – nicht vorgesehen. Daher gelten sowohl für die Rechtswahl als auch für den Arbeitsvertrag selbst die allgemeinen Grundsätze (Art. 11 Abs. 1–3).[125] Lex causae und Ortsrecht stehen wahlweise zur Verfügung. Die Rechtswahl kann auch in einem Formularvertrag oder AGB erfolgen.[126] Zwar besteht nach deutschem Recht im Arbeitsrecht grundsätzlich Formfreiheit, doch ist als Schutzvorschrift das Gesetz über die Nachweispflicht (NachwG) zu beachten.[127]

37 Teilweise hat man gegenüber formularmäßigen Rechtswahlklauseln eine besondere **Einbeziehungskontrolle** analog § 305c Abs. 1 BGB verlangt. Das gewählte Recht dürfe nicht unvorhersehbar sein; es müsse eine enge Verbindung zwischen gewählter Rechtsordnung und Rechtsverhältnis bestehen.[128] Zwar muss auch in Arbeitssachen die Rechtswahl nach Art. 10 wirksam zustande gekommen sein und das Parteiverhalten ggf. iSd Art. 10 Abs. 2 gewürdigt werden. Überdies bestehen die Schranken des Art. 3 Abs. 3, 4. Im Übrigen wird aber eine besondere Verbindung zur gewählten Rechtsordnung gerade nicht verlangt; stattdessen gilt das Günstigkeitsprinzip.[129] Die Rechtswahl

---

112 *Knöfel* RdA 2006, 269 (272); *Schlachter* ZVglRWiss 115 (2016), 610 (616), da kein Gleichlauf erreicht wird; Rauscher/*v. Hein* Rn. 24.

113 BAG NJW 2013, 2461 = NZA 2013, 1102; RIW 2014, 691 = IPRax 2015, 342.

114 *Mankowski* IPRax 2001, 123 (125); *Schlachter* ZVglRWiss 115 (2016), 610 (616).

115 *Schlachter* ZVglRWiss 115 (2016), 610 (617) gegen BAG RIW 2014, 691 = IPRax 2015, 342; BeckOGK/*Wendland*, 1.9.2022, Art. 3 Rn. 174.

116 BAG IPRspr. 1986 Nr. 134 = NJW-RR 1988, 482 (483); *Hönsch* NZA 1988, 113 (115); *Junker*, Internationales Arbeitsrecht im Konzern, 1992, 197; MHdB ArbR/*Birk* § 20 Rn. 17; Grüneberg/*Thorn* Rn. 7; ebenso schon BAGE 16, 215 = NJW 1965, 319.

117 LAG Düsseldorf BeckRS 2022, 53954 Rn. 87; MHdB ArbR/*Birk* § 20 Rn. 56 f.

118 *Knöfel* RdA 2006, 269 (277); *Winkler v. Mohrenfels/Block* in Oetker/Preis, Europäisches Arbeits- und Sozialrecht (EAS), 2010, Rn. 91 f.; *Deinert* IntArbR § 9 Rn. 35; ebenso *Hönsch* NZA 1988, 113 (115); MHdB ArbR/*Birk* § 20 Rn. 14 f.; vgl. auch BAG NJW 1987, 211 = AP KSchG 1969 § 1 Nr. 33 m. krit. Anm. *Gamillscheg*.

119 So zum alten Recht *Gamillscheg* ZfA 14 (1983), 307 (328); *Gamillscheg* Rec. des Cours 181 (1983-III), 285 (307 f.); *Gamillscheg* FS Kissel, 1994, 239 (248); *Hickl* NZA 1987, Beil. 1 S. 12.

120 *Deinert* IntArbR § 9 Rn. 35; *Morse* in North, Contract Conflicts, 1982, 143 (152).

121 So zu Art. 27 EGBGB BAG NZA 2005, 297 = DB 2004, 2483; *Bohne*, Kollisions- und Sachnormen der betrieblichen Altersversorgung bei internationalen Personaleinsätzen, 2004, 79 f.

122 So zu Art. 27 EGBGB HessLAG IPRspr. 2000 Nr. 40 betr. Wettbewerbsverbot in Aktienoptionsplan.

123 So zu Art. 27 EGBGB BAGE 87, 144 (149) = NZA 1998, 813 = IPRax 1999, 174 m. Aufsatz *Krebber* IPRax 1999, 164; NZA 1998, 995 = IPRspr. 1998 Nr. 52; vgl. auch *Junker* RIW 2001, 94 (96); *Junker* FS 50 Jahre BAG, 2004, 1197 (1201).

124 Krit. dazu Rauscher/*v. Hein* Rn. 22.

125 *Deinert* IntArbR § 8 Rn. 5 ff.; Staudinger/*Magnus*, 2021, Rn. 65; ebenso schon *Junker* IPRax 1993, 1 (5).

126 EuGH ECLI:EU:C:2021:600 Rn. 40 = NZA 2021, 1357 = EuZA 2022, 64 mAnm *Franzen* – SC Gruber Logistics; Staudinger/*Magnus*, 2021, Rn. 67.

127 Staudinger/*Magnus*, 2021, Rn. 65.

128 *Mook* DB 1987, 2252 (2255).

129 *Deinert* IntArbR § 9 Rn. 19, 20.

findet ihre Grenze in zwingendem Recht der lex fori (Art. 9 Abs. 2) bzw. der Rechtsordnung, in welcher das Arbeitsverhältnis wurzelt (Art. 8 Abs. 1). Der Schutz des Arbeitnehmers erfolgt nach inhaltlichen Gesichtspunkten, nicht nach räumlichen Kriterien.[130] Schließlich wäre es methodisch falsch, der auf Grund des Unionsrechts zugelassenen Rechtswahl Bedingungen eines nationalen Kollisions- oder Sachrechts vorzuschalten (→ Art. 3 Rn. 13). Allerdings stellt sich die Frage, ob die Grundsätze der Amazon-Rspr. in Verbrauchersachen zur Transparenzkontrolle (→ Art. 6 Rn. 60, 62) auch hier heranzuziehen sind.[131]

2. Einschränkungen. a) Arbeitnehmerschutznormen. aa) Begrenzte Wirkung der Rechtswahl. Die Rechtswahl darf nach Abs. 1 S. 2 nicht zur Folge haben, dass dem Arbeitnehmer der Schutz entzogen wird, der ihm von den zwingenden Bestimmungen des Rechts gewährt wird, das nach Abs. 2, 3 oder 4 mangels Rechtswahl anwendbar wäre.[132] Die Rechtswahl wird also insofern nicht durch die lex fori begrenzt. Vielmehr soll verhindert werden, dass die **auf Grund objektiver Anknüpfung maßgeblichen zwingenden arbeitsrechtlichen Vorschriften** ausgeschaltet oder umgangen werden. Das auf Grund Rechtswahl gefundene Ergebnis wird also mit dem sich auf Grund objektiver Anknüpfung ergebenden Resultat verglichen. Zu beachten ist dabei, dass zur objektiven Anknüpfung nicht nur die Maßgeblichkeit des Arbeitsorts, sondern auch die Ausweichklausel (→ Rn. 80 ff.) gehört.[133] Somit kann trotz ausländischen Arbeitsorts weiterhin inländisches Recht maßgeblich sein.[134] Es kann auch eine Vereinbarung deutschen Rechts durch die objektive Anknüpfung bestätigt werden.[135] Damit ist der Maßstab der Rechtswahlbegrenzung keineswegs so starr, wie das zunächst scheint. 38

Erwägungsgrund 35 erläutert, dass den Arbeitnehmern nicht der Schutz entzogen werden sollte, der ihnen durch Bestimmungen gewährt wird, von denen nicht oder nur zu ihrem Vorteil durch Vereinbarung abgewichen werden darf. Ein bestimmter Bereich ist also der Rechtswahl nicht zugänglich. Die Rechtswahl hat insofern nur die Wirkungen einer **materiellrechtlichen Verweisung** (→ Rn. 129).[136] Im Übrigen gilt jedoch das vereinbarte Recht; die **Rechtswahl ist grundsätzlich wirksam.**[137] Sie unterliegt den allgemeinen Regeln des Art. 3. Arbeitsstatut ist das gewählte Recht.[138] Eine generelle Empfehlung an die Praxis, von einer Rechtswahl abzusehen, braucht daher nicht gegeben zu werden. 39

bb) Schutzvorschriften. Art. 8 legt nicht fest, welcher Art die durchzusetzenden zwingenden Vorschriften sein müssen. Grundvoraussetzung ist jedenfalls, dass nicht zu Lasten des Arbeitnehmers abgewichen werden darf, dh, dass sie **nicht dispositiv,** also für die Parteien nicht abdingbar sind (vgl. Art. 3 Abs. 3).[139] Ferner muss es sich um Schutzvorschriften handeln. Gemeint sind solche in- oder ausländische Normen des Individualarbeitsrechts, welche die **Rechtsstellung des schwächeren Vertragsteils** verbessern, dh den Arbeitnehmer gegenüber dem Arbeitgeber schützen wollen. Erfasst werden Bestimmungen des Sonderprivatrechts.[140] Die Anwendung allgemeiner vertragsrechtlicher Bestimmungen wird hierdurch nicht ausgeschlossen.[141] Das gleiche gilt für Gewohnheitsrecht und Richterrecht.[142] Die Schutzvorschriften sind allerdings im Einzelfall schwer abzugrenzen von 40

---

130 *Junker,* Internationales Arbeitsrecht im Konzern, 1992, 205 f.; MHdB ArbR/*Birk* § 20 Rn. 9; Staudinger/*Magnus,* 2021, Rn. 67.

131 Dazu Ferrari IntVertragsR/*Staudinger* Rn. 13a; *Baumert* NZA 2024, 817 ff.; Staudinger/*Magnus* Rn. 67.

132 *Schneider* NZA 2010, 1380 (1381). – Art. 8 Abs. 1 S. 2 entspricht Art. 6 Abs. 1 EVÜ bzw. Art. 30 Abs. 1 EGBGB.

133 Zu Art. 28 EGBGB aF BAGE 63, 17 = IPRax 1991, 407 m. Aufsatz *Magnus* IPRax 1991, 382 = SAE 1990, 317 mAnm *Junker* = IPRspr. 1989 Nr. 72.

134 *Hohloch* RIW 1987, 353 (354); *Hohloch* FS Heiermann, 1995, 148 ff.

135 ZB BAG NZA 2004, 680 mAnm *Mauer* EWiR 2004, 703: Wahl deutschen Rechts für Handelsreisenden belgischen Unternehmens.

136 *Kegel/Schurig* IPR § 18 I 1f, bb.

137 EuGH ECLI:EU:C:2021:600 Rn. 24 = NZA 2021, 1357 = EuZA 2022, 64 mAnm *Franzen* – SC Gruber Logistics; *Deinert* IntArbR § 9 Rn. 62; Bericht *Giuliano/Lagarde,* BT-Drs. 10/503, 57; *E. Lorenz* RIW 1987, 569 (570); *Junker* IPRax 1993, 1 (5); MHdB ArbR/*Birk* § 20 Rn. 5, 19.

138 *Gamillscheg* ZfA 14 (1983), 307 (335).

139 Vgl. *Pocar* in Schwind, Aktuelle Fragen zum Europarecht aus der Sicht in- und ausländischer Gelehrter, 1986, 97; *Morse* Yb. Eur. L. 2 (1982), 107 (139); *Junker* IPRax 1989, 69 (72); Soergel/*v. Hoffmann* EGBGB Art. 30 Rn. 17.

140 Soergel/*v. Hoffmann* EGBGB Art. 30 Rn. 18.

141 BAG NZA 2014, 1076 betr. Verjährung; *Hohloch* FS Heiermann, 1995, 143 (147); *Deinert* IntArbR § 9 Rn. 53; *Taschner,* Arbeitsvertragsstatut und zwingende Bestimmungen nach dem Europäischen Schuldvertragsübereinkommen, 2003, 251 unter Hinweis auf anderslautende ausländische Auslegungen; Rauscher/*v. Hein* Rn. 28; Staudinger/*Magnus,* 2021, Rn. 75.

142 *Mankowski* IPRax 2015, 309 (313); BeckOGK/*Knöfel,* 1.3.2024, Rn. 50.

denjenigen zwingenden Normen, welche ganz allgemein wirtschaftlichen, sozialen oder politischen Zwecken dienen und für die es bei den allgemeinen Regeln – ggf. auch bei einer Sonderanknüpfung nach Art. 9 – bleibt (→ Art. 9 Rn. 107).[143]

41 Im Allgemeinen gehören die Schutzvorschriften dem Arbeitsrecht an. Art. 8 unterscheidet aber nicht danach, ob sie **öffentlich-rechtlicher oder privatrechtlicher Natur** sind.[144] Es muss sich jedoch um Bestimmungen handeln, die Auswirkungen auf den Inhalt des Arbeitsverhältnisses haben, also nicht nur (öffentlich-rechtliche) Gebote an den Arbeitgeber richten. Als Charakteristikum für letztere werden insbesondere eine staatliche Strafandrohung und Verwaltungszwang genannt.[145]

42 Wegen der weiten Auslegung des Begriffes der „Schutzvorschriften" können zwingende Vorschriften auch in einem **Tarifvertrag** enthalten sein, an den eine Vertragspartei – vor allem auf Grund Allgemeinverbindlicherklärung – gebunden ist.[146]

43 Da sich zwingende Schutzvorschriften iSd Abs. 1 im gesamten Arbeitsrecht finden, kann das gewählte Recht praktisch in jeder einzelnen Frage durch günstigere Bestimmungen des nach Abs. 2 maßgeblichen Rechts korrigiert werden. In Betracht kommen insbesondere Normen über Kündigungsschutz (→ Rn. 121 ff.), Lohnzahlung (→ Rn. 113 f.), Urlaubsansprüche (→ Rn. 117) oder den Bestandschutz im Kündigungsfall.[147] Auch Vorschriften des gewöhnlichen Arbeitsorts über den gesetzlichen Mindestlohn fallen hierunter.[148] Obwohl die Ausgestaltung der einzelnen zwingenden Bestimmung dem nationalen Recht überlassen bleibt, unterliegt der Begriff der Bestimmung, von der nicht abgewichen werden darf, dem Gebot der einheitlichen Auslegung[149] (→ Vor Art. 1 Rn. 25).

44 **cc) Günstigkeitsvergleich.** Nach hM bildet das Recht des auf Grund objektiver Anknüpfung bestimmten Arbeitsvertragsstatuts ein Minimum an zu gewährendem Schutz. Auch das durch eine Gesamtabwägung nach Abs. 2 S. 2 ermittelte Recht gehört zu dieser objektiven Anknüpfung.[150] Es darf kein dem Arbeitnehmer ungünstigeres Ergebnis erzielt werden als nach dieser Rechtsordnung. Es gilt also das **Günstigkeitsprinzip.**[151] Der Inhalt der in Frage kommenden Rechtsordnungen ist miteinander zu vergleichen. Die dem Arbeitnehmer günstigere Regelung erhält Vorrang.[152]

45 Enthält das im Arbeitsvertrag vereinbarte Recht keine zwingenden Schutzvorschriften oder bleiben sie hinter dem nach Abs. 2, 3 oder 4 maßgeblichen Recht zurück, so findet insoweit das dem Arbeitnehmer günstigere zwingende Recht dieses Landes Anwendung.[153] Bietet hingegen das gewählte Recht dem Arbeitnehmer genauso viel oder größeren Schutz wie die nach Abs. 2, 3 oder 4 maßgebliche Rechtsordnung, so bleibt es beim vereinbarten Recht.[154] Es kommt zu keiner Korrektur. Das BAG hat sich den Günstigkeitsvergleich mit dem gewählten irischen Recht erspart, weil das objektiv maßgebliche deutsche Recht die von der Richtlinie 93/13/EWG für Verbraucherverträge vorgesehene Vertragskontrolle auf Arbeitsverträge erstreckte. Der Vergleich erübrige sich, wenn danach eine den Arbeitnehmer belastende Vertragsklausel unwirksam ist.[155] Art. 8 Abs. 1 S. 2 etabliere ein Schutzniveau, das von dem von den Parteien gewählten Recht nicht unterschritten werden kann. – Das Günstigkeitsprinzip gilt nicht nur gegenüber ausländischem Recht. Wurde

---

143 Vgl. zu Art. 34 EGBGB aF LAG Köln RIW 1992, 933.

144 BAG NZA 2016, 473 = RIW 2016, 375 mAnm *Mankowski,* zu SGB IX; ebenso Bericht *Giuliano/Lagarde* BT-Drs. 10/503, 57; Dt. Denkschrift, BT-Drs. 10/503, 28; *Kronke* DB 1984, 404 (405); *Hohloch* RIW 1987, 353 (357 f.); MHdB ArbR/*Birk* § 20 Rn. 76, 77.

145 Soergel/*v. Hoffmann* EGBGB Art. 30 Rn. 20 ff.; vgl. auch *Taschner,* Arbeitsvertragsstatut und zwingende Bestimmungen nach dem Europäischen Schuldvertragsübereinkommen, 2003, 252.

146 *Deinert* IntArbR § 9 Rn. 55; Rauscher/*v. Hein* Rn. 28; ebenso *Gamillscheg* ZfA 4 (1983), 307 (336); *Gamillscheg* Rec. des Cours 181 (1983-III), 285 (334); Soergel/*v. Hoffmann* EGBGB Art. 30 Rn. 24 für privatschützende Normen; ebenso Bericht *Giuliano/Lagarde,* BT-Drs. 10/503, 57.

147 LAG Köln 18.1.2022 – 4 Sa 312/21, nv zum türkischen Recht.

148 EuGH ECLI:EU:C:2021:600 Rn. 32 = RIW 2021, 598 = NZA 2021, 1357 – SC Gruber Logistics.

149 Vgl. *Gamillscheg* ZfA 4 (1983), 307 (342 ff.) – Anders aber *Weber* IPRax 1988, 82 (83).

150 Grüneberg/*Thorn* Rn. 7; Staudinger/*Magnus,* 2021, Rn. 82.

151 *Junker* RIW 2006, 401 (405); *Rühl* FS v. Hoffmann, 2011, 364 (368 ff.); ebenso schon *Kronke* DB 1984, 404 (405); *E. Lorenz* RIW 1987, 569 (577); *Junker* IPRax 1989, 69 (71 f.); MHdB ArbR/*Birk* § 20 Rn. 19; *Schröder,* Das Günstigkeitsprinzip im Internationalen Privatrecht, 1996, 39 ff., 59: „unechte bedingte Mehrfachanknüpfung"; krit. *Gamillscheg* ZfA 14 (1983), 307 (334 ff.); *Gamillscheg* Rec. des Cours 181 (1983-III), 285 (318 ff.).

152 BAG NZA 2018, 1024 m. Aufsatz *Mankowski* RdA 2018, 181 noch zu Art. 30 EGBGB aF. Vgl. Amtl. Begr., BT-Drs. 10/504, 81.

153 Bericht *Giuliano/Lagarde,* BT-Drs. 10/503, 57; Dt. EVÜ-Denkschrift, BT-Drs. 10/503, 27 f.

154 *Gamillscheg* ZfA 14 (1983), 307 (335); *Morse* Yb. Eur. L. 2 (1982), 107 (140); *Hickl* NZA 1987, Beil. 1 S. 13; Soergel/*v. Hoffmann* EGBGB Art. 30 Rn. 28 f.

155 BAG NZA 2024, 693 Rn. 35 m. krit. Aufsatz *Baumert* NZA 2024, 817.

deutsches Recht gewählt, so kann sich der Arbeitnehmer auch auf ihm günstigere Bestimmungen eines fremden, objektiven Arbeitsvertragsstatuts berufen.[156]

Die Abwägung erfolgt in einem **Vergleich der Ergebnisse,** zu denen die betreffenden Rechtsordnungen im Einzelfall führen.[157] Allerdings ist es schwierig, den Vergleichsgegenstand einzugrenzen und den anzulegenden Maßstab zu bestimmen. Es kann nicht Sinn des Gesetzes sein, dass pauschale Werturteile abgegeben werden (zB „das französische Kündigungsschutzrecht ist besser als das englische"). Ein **abstrakter Gesamtvergleich** (sog. Globalvergleich) scheidet daher aus.[158] Auch wäre dem Arbeitnehmer wenig damit gedient, wenn es beim gewählten Recht bliebe, weil dieses für ihn zwar grundsätzlich das günstigere wäre, allerdings in der zur Entscheidung stehenden Einzelfrage seinem Anliegen doch weniger entspräche. Der Vergleich sollte sich daher an der **anstehenden Sachfrage** orientieren (sog. **Sachgruppenvergleich**),[159] zB dem Einhalten einer Mindestkündigungsfrist als Kündigungsvoraussetzung. Nicht erfasst werden die Vorschriften über den Gläubigerverzug.[160] Ein Gesamtvergleich – etwa des Kündigungsschutzes insgesamt – sollte nicht ohne weiteres stattfinden.[161] Steht die Einzelfrage allerdings in unmittelbarem Zusammenhang mit weiteren Rechtsfragen, so sind auch diese mit einzubeziehen (sog. Gruppenvergleich).[162] Regelmäßig ist also ein bestimmter Normenkomplex, zB für die Mehrarbeitsvergütung, heranzuziehen.[163] Ähnliche Ergebnisse werden erzielt, wenn ein konkreterer Gesamtvergleich vorgenommen wird.[164] 46

Die VO sagt nicht, ob die Entscheidung über die Günstigkeit der Parteibestimmung überlassen ist oder von Amts wegen zu treffen ist.[165] Es handelt sich zwar um eine **Rechtsfrage.** Gleichwohl kann sie nicht allein vom Richter gelöst werden, weil ihm bestimmte Grundlagen geliefert werden müssen.[166] Eine objektive Abwägung ist nur im Hinblick auf vorgegebene Ziele möglich.[167] Günstiger ist daher diejenige Lösung, welche dem **Begehren des Arbeitnehmers** am meisten entgegenkommt und ihn besser schützt, zB den Bestand seines Arbeitsverhältnisses am besten sichert.[168] Maßgeblicher Zeitpunkt ist derjenige, für den das Arbeitsvertragsstatut bestimmt wird. Bedingen sich Vorzüge und Nachteile gegenseitig, so darf sich der Arbeitnehmer nicht nur auf die jeweiligen Einzelvorteile mehrerer Rechtsordnungen berufen, wenn deren Addition ein Ergebnis herbeiführen würde, das keiner der Rechtsordnungen bekannt ist. Eine Kumulation der Vorteile mehrerer Rechte – ein „Herauspicken der Rosinen" – ist mithin ausgeschlossen.[169] Die Abwägung führt also zu ähnlichen Problemen wie bei Verbraucherverträgen. 47

b) Andere Beschränkungen. Zwingende Vorschriften können auch über **Art. 3 Abs. 3** zum Zuge kommen. Es handelt sich dabei um die Vorschriften des Staates, mit dem das Rechtsverhältnis im Zeitpunkt der Rechtswahl ausschließlich verbunden ist. Auf die Günstigkeit kommt es hierbei an sich nicht an[170] (aber → Rn. 132). In diesen Fällen fehlt es an einer Auslandsberührung, so dass es beim zwingenden Inlandsrecht bleibt (→ Art. 3 Rn. 87 f.). Regelmäßig wird es sich um den Staat handeln, zu dem die objektive Anknüpfung über Art. 8 Abs. 2 ohnehin führen würde. Daher wird Art. 3 Abs. 3, der freilich Vorrang vor Art. 8 Abs. 1 hat, in diesem Zusammenhang kaum praktische Bedeutung erlangen (→ Rn. 128). 48

---

156 BAG NJW 2008, 2665.

157 *Deinert* IntArbR § 9 Rn. 59.

158 *Krebber,* Internationales Privatrecht des Kündigungsschutzes bei Arbeitsverhältnissen, 1997, 331 f.; BeckOK BGB/*Spickhoff* Rn. 18; Soergel/*v. Hoffmann* EGBGB Art. 30 Rn. 31. – S. aber *Kraushaar* BB 1989, 2121 (2122).

159 Ferrari IntVertragsR/*Staudinger* Rn. 13; Rauscher/*v. Hein* Rn. 30; krit. *Deinert* IntArbR § 9 Rn. 58.

160 BAG NZA 2023, 1265 Rn. 75.

161 *Taschner,* Arbeitsvertragsstatut und zwingende Bestimmungen nach dem Europäischen Schuldvertragsübereinkommen, 2003, 109 f.; anders *Hönsch* NZA 1988, 113 (116): „Teilbereiche" und „Regelungskomplexe" der Rechtsordnung; wohl auch *Gamillscheg* Anm. AP KSchG 1969 § 1 Nr. 33.

162 Vgl. *Kronke* DB 1984, 404 (405); *E. Schnitzler,* Das Günstigkeitsprinzip im internationalen Arbeitsrecht, 1974, 62 ff.

163 *Hohloch* RIW 1987, 353 (358); *Krebber,* Internationales Privatrecht des Kündigungsschutzes bei Arbeitsverhältnissen, 1997, 330 ff.; Staudinger/*Magnus,* 2021, Rn. 84.

164 Dazu Soergel/*v. Hoffmann* EGBGB Art. 30 Rn. 33.

165 Der lex fori überlassen nach *Garcimartín Alférez* ELF 2008, I-61 (I-75 f.); Rauscher/*v. Hein* Rn. 31: Amtsermittlung ausländischen Rechts.

166 Ob dies von Amts wegen geschieht, will der lex fori überlassen *Garcimartín Alférez* ELF 2008, I-61 (I-75 f.).

167 Grds. für einen objektiven Ansatz, *Deinert* IntArbR § 9 Rn. 66.

168 Vgl. *E. Lorenz* RIW 1987, 569 (577); *Droste,* Der Begriff der „zwingenden Bestimmung" in den Art. 27 ff. EGBGB, 1991, 209 f.; Soergel/*v. Hoffmann* EGBGB Art. 30 Rn. 33.

169 Vgl. *Morse* Yb. Eur. L. 2 (1982), 107 (140); *Schnitzler,* Das Günstigkeitsprinzip im internationalen Arbeitsrecht, 1974, 68 f.

170 Rauscher/*v. Hein* Rn. 12. – S. schon *E. Lorenz* RIW 1987, 569 (574).

49 Die Anwendung des Art. 8 braucht nicht immer zum gleichen Ergebnis zu führen wie **Art. 9 Abs. 2,** der **zwingenden Normen der lex fori** zur Geltung verhilft. Art. 8 Abs. 1 erfasst Bestimmungen, von denen (wie nach Art. 3 Abs. 3, 4) nicht durch vertragliche Vereinbarung abgewichen werden kann, während Art. 9 Eingriffsnormen meint, die sich außerdem auch gegen eine Rechtswahl durchsetzen (international-zwingendes Recht), ohne dass es grundsätzlich auf die Günstigkeit ankäme (→ Rn. 135). Ferner bezieht sich Art. 9 Abs. 2 nur auf die Normen des Gerichtsorts, während Art. 8 Abs. 1 die Schutzvorschriften des nach objektiven Maßstäben bestimmten Arbeitsvertragsstatuts durchsetzen will. Gleichwohl sind Fälle denkbar, in denen Bestimmungen die Kriterien beider Vorschriften erfüllen, dh sowohl internrechtlich vereinbarungsfest als auch rechtswahlfest sind. Schutzvorschriften des Individualarbeitsrechts werden regelmäßig über Art. 8 durchgesetzt, so dass es keines Rückgriffs auf Art. 9 Abs. 2 bedarf.[171]

50 Kommt es zu einem Konflikt zwischen den von Art. 8 für maßgeblich erklärten ausländischen und von **Art. 9 Abs. 2** berufenen **zwingenden inländischen Normen,** so beanspruchen letztere wegen ihrer international-zwingenden Natur in der Regel den Vorrang.[172] Allerdings wird dann, wenn die **ausländische Norm die günstigere** und nicht erkennbar ist, warum sie zu Gunsten eines inhaltlich zurückbleibenden inländischen Rechts ausgeschaltet werden sollte, das günstigere Recht vorgehen.[173]

III. Objektive Anknüpfung (Abs. 2, 3, 4)

51 **1. Grundsatz.** Art. 8 Abs. 2 und 3 sehen eine von Art. 4 abweichende Bestimmung des Vertragsstatuts vor. Fehlt eine wirksame Rechtswahl, so unterliegt der Arbeitsvertrag in erster Linie dem Recht des Ortes, an dem gearbeitet wird (des gewöhnlichen Arbeitsorts; Abs. 2 S. 1 Fall 1) oder – hilfsweise – von dem aus gearbeitet wird (sog. base rule; Abs. 2 S. 1 Fall 2); erst in zweiter Linie wird an die einstellende Niederlassung angeknüpft (Abs. 3; → Rn. 74). Die Regelanknüpfungen können nicht gleichzeitig vorliegen; Abs. 2 und Abs. 3 schließen einander aus.[174] Von beiden Anknüpfungen kann jedoch gemäß Abs. 4 dann abgewichen werden, wenn im Einzelfall eine engere Verbindung zu einer anderen Rechtsordnung besteht (→ Rn. 80 ff.). Diese Anknüpfung ist auch für das Günstigkeitsprinzip von Bedeutung (→ Rn. 38 ff.).

52 **2. Gewöhnlicher Arbeitsort (Abs. 2). a) Verrichtung der Arbeit. aa) Tätigkeit am Arbeitsort (Abs. 2 S. 1 Fall 1).** Der Arbeitsvertrag unterliegt dem Recht des Staates, in dem der Arbeitnehmer in Erfüllung des Vertrages gewöhnlich seine Arbeit verrichtet, selbst wenn er vorübergehend in einen anderen Staat entsandt ist (Abs. 2).[175] Diese Anknüpfung an die lex loci laboris führt regelmäßig zu dem Ort, wo die Arbeit **gewöhnlich verrichtet** wird, besonders, wenn der Arbeitnehmer in einen Betrieb eingegliedert ist.[176] Auf den gewöhnlichen Arbeitsort stellt auch die Zuständigkeitsvorschrift des Art. 21 Nr. 2 lit. a Brüssel Ia-VO (= Art. 19 Nr. 2 lit. a LugÜ) ab (→ Rn. 188 ff.). Wegen der Parallelität der Begriffe ist daher auch – soweit möglich – ihre Auslegung durch den EuGH zu beachten.[177]

53 Der Arbeitsort wird grundsätzlich bestimmt durch den **gewöhnlichen Einsatz- oder Tätigkeitsort,** weil hierzu die engste Beziehung besteht bzw. hier der Schwerpunkt des Arbeitsverhältnisses liegt.[178] Bei der Eingliederung in einen **Betrieb** ist das in der Regel der Betriebsort.[179] Dies gilt auch

---

171 Krit. zu Art. 30 EGBGB *Droste,* Der Begriff der „zwingenden Bestimmung" in den Art. 27 ff. EGBGB, 1991, 218 zur Amtl. Begr., BT-Drs. 10/504, 83.

172 *E. Lorenz* RIW 1987, 569 (580); Grüneberg/*Thorn* Art. 9 Rn. 9.

173 *Deinert* FS Martiny, 2014, 277 (295 f.); BeckOK BGB/*Spickhoff* Rn. 15; Ferrari IntVertragsR/*Staudinger* Rn. 5; Staudinger/*Magnus,* 2021, Rn. 208 f.; vgl. *E. Lorenz* RIW 1987, 569 (580); *Taschner,* Arbeitsvertragsstatut und zwingende Bestimmungen nach dem Europäischen Schuldvertragsübereinkommen, 2003, 267 f.

174 *Deinert* IntArbR § 9 Rn. 126; BeckOGK/*Knöfel,* 1.3.2024, Rn. 58; Staudinger/*Magnus,* 2021, Rn. 96. – So entschieden für Art. 30 EGBGB aF: BAG NZA 2004, 680 mAnm *Mauer* EWiR 2004, 703; *Mankowski* IPRax 1996, 405 (406); *Junker,* Internationales Arbeitsrecht im Konzern, 1992, 186; *Junker* FS 50 Jahre BAG, 2004, 1197 (1203); *Junker* FS Heldrich, 2005, 719 (720 ff.).

175 Art. 8 Abs. 2 S. 1 entspricht Art. 6 Abs. 2 lit. a EVÜ bzw. Art. 30 Abs. 2 Nr. 1 EGBGB.

176 So zu Art. 30 EGBGB BAG NJW 1985, 2910 mAnm *Birk* EWiR 1985, 659 = AP IPR-ArbR Nr. 23 mAnm *Beitzke; Birk* RdA 1984, 131.

177 *Junker* FS 50 Jahre BAG, 2004, 1197 (1202 f.); *Junker* FS Heldrich, 2005, 719 (722 ff.); krit. *Taschner,* Arbeitsvertragsstatut und zwingende Bestimmungen nach dem Europäischen Schuldvertragsübereinkommen, 2003, 56 ff.

178 So zu Art. 30 EGBGB BAGE 100, 130 (136) = NZA 2002, 734; BAG NZA 2003, 1424 = RdA 2004, 175 mAnm *Schlachter;* vgl. auch BAG NJW 2008, 2665.

179 *Deinert* IntArbR § 9 Rn. 86; näher *Birk* RabelsZ 46 (1982), 384 (392); dagegen betont die tatsächliche Arbeitserbringung *Behr* IPRax 1989, 319 (322).

für Grenzgänger.[180] Mangels solcher Eingliederung bestimmt das zeitliche und inhaltliche Schwergewicht der Tätigkeit den maßgeblichen Ort.[181] Entscheidend sind die tatsächlichen Verhältnisse.[182] Der Arbeitsort ist nicht auf eine bestimmte politische Gemeinde beschränkt, sondern umfasst bei einem Einsatz an wechselnden Orten innerhalb eines Landes das gesamte Staatsgebiet.[183] Eine gelegentliche oder kurzfristige Tätigkeit in einem anderen Staat ändert daran nichts.[184] Auch wenn ein beträchtlicher Teil der Tätigkeit in einem Büro in einem anderen Land erbracht wird, kann der gleiche Arbeitsort angenommen werden.[185] Vor tatsächlicher Arbeitsaufnahme kommt es auf den geplanten Arbeitsort an.[186] Auf den Ort für die Erbringung der Arbeitsleistung kommt es auch dann an, wenn diese Arbeit aus einem dem Arbeitgeber zuzurechnenden Grund nicht verrichtet worden ist.[187]

Der EuGH hat den Arbeitsort zunächst in verfahrensrechtlichem Zusammenhang als den Ort bezeichnet, an dem der Arbeitnehmer die vereinbarte **Tätigkeit tatsächlich ausübt**[188] bzw. als den Ort, den der Arbeitnehmer (einverständlich) zum tatsächlichen Mittelpunkt seiner Berufstätigkeit gemacht hat.[189] Ist er in **mehreren Staaten** tätig, so ist derjenige maßgeblich, von dem aus er seine Tätigkeit für den Arbeitgeber organisiert und wohin er von Auslandsreisen zurückkehrt.[190] Es kommt auf den Staat an, in dem der Arbeitnehmer in Erfüllung des Vertrags gewöhnlich seine Arbeit verrichtet, dh in dem oder von dem aus er unter Berücksichtigung sämtlicher Gesichtspunkte, die diese Tätigkeit kennzeichnen, seine Verpflichtungen gegenüber seinem Arbeitgeber im Wesentlichen erfüllt.[191] **54**

Bei **Heimarbeit** kommt es auf den Ort der tatsächlichen Arbeitsleistung an.[192] Entsprechendes gilt für **Telearbeit,** die mithilfe elektronischer Kommunikation für die sich in einem anderen Staat befindliche Betriebsstätte des Arbeitgebers erfolgt. Hier könnte man zwar an das Recht der Arbeitsorganisation denken,[193] überwiegend stellt man jedoch auf den Standort des Computers ab, an dem gearbeitet wird bzw. auf den Ort der Dateneingabe.[194] **55**

Für Arbeitnehmer, die in einer **Zweigstelle** beschäftigt sind, kann entweder die Zweig- oder die Hauptstelle den Schwerpunkt des Arbeitsverhältnisses bilden. Früher wurde danach gefragt, wo für den Arbeitnehmer das „Zentrum seiner arbeitsrechtlichen Beziehungen" ist.[195] Nach Abs. 2 ist zu fragen, wo sich der gewöhnliche Arbeitsort befindet. Erst wenn ein solcher nicht festgestellt ist, kann man – wie nach dem Wortlaut des Abs. 3 – danach fragen, welche Stelle den Arbeitnehmer „eingestellt" hat. Eine Abweichung von der Anknüpfung nach den Regelvermutungen kann allerdings bei einer engeren Verbindung an den Hauptbetrieb gegeben sein.[196] **56**

Befindet sich der Arbeitsort auf See auf **staatsfreiem Gebiet,** aber innerhalb des **Festlandsockels** eines Staates (zB auf einer Bohrinsel), so ist er diesem Staat zuzuordnen[197] (→ Rn. 94). **57**

---

180 *Weth/Kerwer* RdA 1998, 233 (236); BeckOK BGB/*Spickhoff* Rn. 21.

181 *Junker* FS 50 Jahre BAG, 2004, 1197 (1202); *Junker* FS Heldrich, 2005, 719 (733 f.); BeckOK BGB/*Spickhoff* Rn. 21.

182 *Deinert* IntArbR § 9 Rn. 85.

183 BAGE 71, 297 (311) = IPRax 1994, 123 m. Aufsatz *Mankowski* IPRax 1994, 88; BAGE 100, 130 = NZA 2002, 734; BAG BB 2004, 1337 = NZA 2003, 1424; *Junker* FS Heldrich, 2005, 719 (724).

184 *Deinert* RdA 1996, 339 (341); *Junker,* Internationales Arbeitsrecht im Konzern, 1992, 182 ff.; Soergel/*v. Hoffmann* EGBGB Art. 30 Rn. 36.

185 Zu Art. 30 EGBGB LAG Hannover IPRspr. 1999 Nr. 45.

186 EuGH ECLI:EU:C:2021:134 Rn. 41 = NZA 2021, 588 – Markt24; *Behr* IPRax 1989, 319 (322).

187 EuGH ECLI:EU:C:2021:134 Rn. 41 = NJW 2021, 1152 – Markt24.

188 EuGH Slg. 1993, I-4075 = IPRax 1997, 110 m. Aufsatz *Holl* IPRax 1997, 88 – Mulox/Geels.

189 EuGH Slg. 1997, I-57 = NZA 1997, 225 = IPRax 1999, 365 m. Aufsatz *Mankowski* IPRax 1999, 332 – Rutten/Cross Medical; Slg. 2002, I-2013 = IPRax 2003, 45 m. Aufsatz *Mankowski* IPRax 2003, 21 = ZZPInt. 7 (2002), 220 mAnm *Junker* – Weber/Universal Ogden Services; BAG NZA 2011, 1309 betr. Binnenschiffer.

190 EuGH Slg. 1997, I-57 = NZA 1997, 225 = IPRax 1999, 365 m. Aufsatz *Mankowski* IPRax 1999, 332 – Rutten/Cross Medical.

191 EuGH Slg. 2011 I-1595 = NZA 2011, 625 = IPRax 2011, 582 m. Aufsatz *Lüttringhaus* IPRax 2011, 582 = NJW 2011, 1578 215 – Koelzsch. – Zu Workation *Mauthner/Brobeil* MDR 2023, 1553 ff.

192 BeckOK BGB/*Spickhoff* Rn. 21; Staudinger/*Magnus,* 2021, Rn. 104.

193 So *Springer,* Virtuelle Wanderarbeit – Das Internationale Arbeits- und Sozialversicherungsrecht der grenzüberschreitenden Telearbeit, 2002, 164 ff. – De lege ferenda auch *Schlachter* in Leible, Grünbuch, 2004, 162 ff.

194 *Mankowski* DB 1999, 1854 (1856); *Taschner,* Arbeitsvertragsstatut und zwingende Bestimmungen nach dem Europäischen Schuldvertragsübereinkommen, 2003, 158 ff.; Grüneberg/*Thorn* Rn. 10; Rauscher/*v. Hein* Rn. 41.

195 *Beitzke* AP 1952 Nr. 130. – Ähnlich Soergel/*v. Hoffmann* EGBGB Art. 30 Rn. 36: tatsächliche Arbeitsleistung.

196 Vgl. zu Art. 30 EGBGB aF ArbG Flensburg IPRspr. 2000 Nr. 39.

197 EuGH Slg. 2002, I-2013 (2044) = NJW 2002, 1635 – Weber/Universal Ogden Services; zust. *Junker* ZZPInt. 7 (2002), 231; *Junker* FS Heldrich, 2005, 719 (727 ff.); *Mankowski* IPRax 2003, 21 (26 f.).

58 **bb) Staat, von dem aus die Arbeit verrichtet wird (Abs. 2 S. 1 Fall 2).** Im Rahmen der internationalen Zuständigkeit ist der Begriff des Arbeitsorts weit ausgelegt worden (→ Rn. 188). Abs. 2 S. 1 Fall 2 erkennt nunmehr an, dass es genügt, dass der Arbeitnehmer seine Arbeit **vom gewöhnlichen Arbeitsort aus verrichtet** („the law of the country … from which the employee habitually carries out his work in performance of the contract"; „la loi du pays … à partir duquel le travailleur, en exécution du contrat, accomplit habituellement son travail"). Diese **„base rule"** dürfte zu einer vermehrten Anknüpfung an den nunmehr erweiterten Arbeitsort führen.[198] Die einstellende Niederlassung wird dabei zurückgedrängt.

59 Wann noch von einem Arbeitsort, von dem aus Tätigkeit ausgeübt wird, ausgegangen werden kann, ist noch ungeklärt. Grundsätzlich ist das **Bestehen einer „Operationsbasis"** eingeschlossen.[199] Dies ist vor allem für Arbeitsverhältnisse im Transportsektor, in dem Arbeitsleistungen (insbesondere als Fahrer) in mehreren Staaten erbracht werden, von Bedeutung.[200] Es ist aber zweifelhaft, ob eine eher weite[201] oder eine engere Auslegung[202] zu wählen ist. Dies hat Folgen dafür, welche Tätigkeiten bzw. Arbeitnehmergruppen erfasst werden.

60 Von Abs. 2 S. 1 Fall 2 kann etwa der **Außendienstmitarbeiter** erfasst werden.[203] Zunehmend wird Arbeitnehmern – vor allem im Zusammenhang mit dem Vertrieb – die Freiheit gelassen, wie sie sich ihre **Arbeit im Einzelnen einteilen.** Am Sitz des Arbeitgebers verrichten sie nur einen kleinen Teil ihrer Aktivitäten. Ihre eigentliche Tätigkeit besteht in der Betreuung eines bestimmten Marktes (regelmäßig bestimmte Länder). Die Organisation dieser Arbeit geschieht in erheblichem Umfang oder nahezu vollständig durch den Arbeitnehmer selbst von seinem Wohnsitz aus. Bereits vor der Reform des Art. 8 wurde darum gestritten, ob es noch einen gewöhnlichen Arbeitsort am Sitz des Arbeitgebers gibt (Abs. 2) oder ob der gewöhnliche Arbeitsort beim Arbeitnehmer liegt. Insbesondere dann, wenn der Arbeitnehmer jeweils von seinem eigenen Wohnsitz zu seiner Tätigkeit an anderen Orten aufbricht, neigte die deutsche Rspr. früher dazu, keinen gewöhnlichen Arbeitsort beim Arbeitgeber anzunehmen.[204] Des Öfteren kann man aber auch am Wohnort des Arbeitnehmers den gewöhnlichen Arbeitsort sehen.[205] Kann kein gewöhnlicher Arbeitsort angenommen werden, so kommt als dann eingreifende Regelanknüpfung die einstellende Niederlassung in Betracht (Abs. 3). Die deutsche Rspr. hat hierauf mehrfach abgestellt.[206] Sie ist jedoch in bestimmten Fällen auch hiervon abgewichen und hat die engere Verbindung gesucht (Abs. 4). Hierbei gelangte sie dann zum Recht am Wohnsitz des Arbeitnehmers[207] (→ Rn. 82). Maßgeblich für die Entscheidung ist die Gesamtheit der Umstände (→ Rn. 80 ff.). Im Fall Koelzsch hat der EuGH – noch unter dem EVÜ – für den Fernfahrer verschiedene Kriterien genannt.[208] Unter Berücksichtigung des Wesens der Arbeit im internationalen Transportsektor ist sämtlichen Gesichtspunkten Rechnung tragen, die die Tätigkeit kennzeichnen. Es ist insbesondere zu ermitteln, in welchem Staat sich der Ort befindet, von dem aus der Arbeitnehmer seine Transportfahrten durchführt, Anweisungen zu diesen Fahrten erhält, seine Arbeit organisiert und an dem sich die Arbeitsmittel befinden. Zu prüfen ist auch, an welche Orte die Waren hauptsächlich transportiert werden, wo sie entladen werden und wohin der Arbeitnehmer nach seinen Fahrten zurückkehrt.

61 Es kommt **vorrangig auf den Arbeitsort** an, **an dem** der Arbeitnehmer arbeitet (Abs. 2 S. 1 Fall 1). Auf den Ort, „von dem aus" der Arbeitnehmer tätig wird (Abs. 2 S. 1 Fall 2), ist erst in zweiter Linie abzustellen („andernfalls").[209] Dies hat der EuGH freilich bei einem noch nach dem

---

198 *Junker* RIW 2006, 401 (406); *Mauer/Sadtler* RIW 2008, 544 (546). – Diese Regel wird auch bei der Auslegung von Art. 30 Abs. 1 EGBGB aF herangezogen, BAG BeckRS 2020, 16354 Rn. 25 ff.

199 *Knöfel* RdA 2006,269 (274); *Garcimartín Alférez* ELF 2008, I-61 (I-76).

200 *Schlachter* ZVglRWiss 115 (2016), 610 (620); BeckOGK/*Knöfel,* 1.3.2024, Rn. 60.

201 Dafür spricht wohl EuGH Slg. 2011, I-1595 = NZA 2011, 625 = IPRax 2011, 582 m. Aufsatz *Lüttringhaus* IPRax 2011, 582 = NJW 2011, 1578 215 – Koelzsch.

202 *Wurmnest* in Basedow/Magnus/Wolfrum, The Hamburg Lectures on Maritime Affairs 2009 & 2010, 2012, 132.

203 *Wurmnest* EuZA 2009, 481 (491 f.); Ferrari IntVertragsR/*Staudinger* Rn. 19; s. auch OGH IPRax 2010, 71 m. zust. Anm. *Temming* IPRax 2010, 59 ff.

204 Vgl. zu Art. 30 EGBGB aF BAG NZA 2004, 680 mAnm *Mauer* EWiR 2004, 703 (Handelsreisender).

205 Staudinger/*Magnus,* 2021, Rn. 100. – So auch für die internationale Zuständigkeit EuGH Slg. 1997, I-57 = NZA 1997, 225 = IPRax 1999, 365 m. Aufsatz *Mankowski* IPRax 1999, 332 – Rutten/Cross Medical.

206 LAG Brem IPRspr. 1996 Nr. 51 = RIW 1996, 1038; LAG Hannover IPRspr. 1999 Nr. 45 = AR-Blattei ES 920 Nr. 6 mAnm *Mankowski;* dazu krit. *Junker* RIW 2001, 99 (101); *Taschner,* Arbeitsvertragsstatut und zwingende Bestimmungen nach dem Europäischen Schuldvertragsübereinkommen, 2003, 64 ff., 113 f., 117 f.

207 So BAG NZA 2004, 680 mAnm *Mauer* EWiR 2004, 703.

208 EuGH Slg. 2011, I-1595 = NZA 2011, 625 = IPRax 2011, 582 m. Aufsatz *Lüttringhaus* IPRax 2011, 582 = NJW 2011, 1578 215 – Koelzsch.

209 *Mankowski/Knöfel* EuZA 2011, 521 (528); *Gräf* ZfA 43 (2012), 557 f.

EVÜ entschiedenen Searbeitsverhältnis nicht beachtet.[210] zum Teil wird auch von Alternativität gesprochen.[211]

cc) Einzelne Arbeitnehmergruppen. Für ortsgebundenes Bodenpersonal gilt in der Regel das Recht der Zweigstelle, für die es tätig ist.[212] Dagegen lässt sich beim **Flugpersonal** ein gewöhnlicher Arbeitsort, auf den es auch hier in erster Linie ankommt (Abs. 2), häufig nicht feststellen. Nach früherer deutscher Rspr. begründete die bloße Zuordnung zu einer bestimmten Niederlassung und die Eingliederung in die betreffende Organisationsstruktur noch keinen gewöhnlichen Arbeitsort.[213] Dies galt auch für Flugbegleiter.[214] Daher hat man für das fliegende Personal im Ergebnis auf das Recht des Heimatlandes der Fluggesellschaft (dh deren Niederlassung) abgestellt, vor allem wenn ein Pilot dem gleichen Staat angehört wie die Gesellschaft.[215] Ob das Registrierungsland des Flugzeuges, das zum Teil – wenn auch nur als schwacher Anknüpfungspunkt für das Arbeitsverhältnis – genannt wird,[216] eine Rolle spielt, hat die Rspr. verneint.[217] Das Flugzeug wird nicht als eine Art mobiler Arbeitsort, sondern lediglich als „Arbeitsgerät" angesehen. Das Recht des Registerlandes dürfte sich kaum als engere Verbindung iSd Abs. 4 durchsetzen. Vielmehr kommt hilfsweise das Recht der einstellenden Niederlassung (Abs. 3) zum Zuge,[218] soweit man bei einem Dauereinsatz nicht lieber auf das Recht des Ortes abstellt, von dem aus der Pilot oder Flugbegleiter gewöhnlich eingesetzt wird.[219] Ein solches Ergebnis lässt sich nunmehr auf die Erweiterung der Arbeitsortanknüpfung (→ Rn. 58) stützen,[220] wonach auch eine **„base of operations"** genügt.[221] Allerdings wird argumentiert, die erweiterte Arbeitsortanknüpfung verlange, dass an dem diesbezüglichen Ort neben der An- und Abreise sowohl der Arbeitnehmer Tätigkeiten verrichtet als auch die Organisation von Seiten des Arbeitgebers stattfindet und hierdurch in der Gesamtschau eine enge Verbindung zu diesem Staat begründet wird.[222] Ähnlich heißt es, die Stützpunktanknüpfung gelte lediglich für Flugbegleiter, welche auch ergänzende Bodentätigkeit (zB Einchecken) ausüben.[223] Für Piloten, welche am Boden keine weiteren arbeitsvertraglichen Pflichten erfüllen, soll Abs. 1 S. 1 Fall 2 hingegen nicht eingreifen.[224] 62

Nunmehr dürfte sich eine Klarstellung durchsetzen, die der EuGH im Rahmen der internationalen Zuständigkeit nach der Brüssel Ia-VO getroffen hat.[225] Danach bleibt es für Flugbegleiter 63

[210] EuGH Slg. 2011 I 13275 = NZA 2012, 227 = EuZW 2012, 61 m. Aufsatz *Lüttringhaus/Schmidt-Westphal* EuZW 2012, 139 = IPRax 2014, 159 m. Aufsatz *Knöfel* IPRax 2014, 130 – Voogsgeerd.

[211] *Deinert* IntArbR § 9 Rn. 89.

[212] Vgl. zu Art. 30 EGBGB aF BAG NZA 1997, 334 = IPRspr. 1996 Nr. 194; *Junker* FS 50 Jahre BAG, 2004, 1197 (1208).

[213] Zu Art. 30 EGBGB aF BAGE 100, 130 = NZA 2002, 734 = SAE 2002, 253 mAnm *Junker* = IPRax 2003, 258 m. Aufsatz *Franzen* IPRax 2003, 239 = AP Nr. 10 mAnm *Schlachter:* Flugbegleiter auf Interkontinentalflügen bei US-Fluggesellschaft mit Base Frankfurt a.M. hatte keinen deutschen Arbeitsort.

[214] BAGE 100, 130 = NZA 2002, 734 = SAE 2002, 253 mAnm *Junker* = IPRax 2003, 258 m. Aufsatz *Franzen* IPRax 2003, 239 = AP Nr. 10 mAnm *Schlachter:* Flugbegleiter auf Interkontinentalflügen bei US-Fluggesellschaft mit Base Frankfurt a.M. hatte keinen deutschen Arbeitsort.

[215] BAGE 71, 297 = IPRax 1994, 123 m. insoweit zust. Aufsatz *Mankowski* IPRax 1994, 88 = SAE 1994, 28 m. insoweit abl. Anm. *Junker* = AR-Blattei ES 920 Nr. 3 m. zust. Anm. *Franzen* mAnm *Martiny* EWiR 1993, 673: US-amerikanische Flugzeugpiloten im Berlin-Flugverkehr, deren Arbeitsverhältnis dem Recht von New York unterstand.

[216] *Junker,* Internationales Arbeitsrecht im Konzern, 1992, 188, 195; *Junker* FS 50 Jahre BAG, 2004, 1197 (1209 f.); *Mankowski* in Ferrari/Leible, Ein neues Internationales Vertragsrecht für Europa, 2007, 178. – *Junker* FS Heldrich, 2005, 719 (731 f.); *Junker,* RIW 2006, 401 (407 f.) sieht das Registerland als Arbeitsort an; s. auch LAG Bln RIW 1975, 303; *Birk* RabelsZ 46 (1982), 384 (393). – Zum Registerortsrecht näher Art. 45 EGBGB.

[217] BAG NJW 2020, 2659 Ls. = RIW 2020, 702 mAnm *Mankowski* m. Aufsatz *Benecke* RdA 2020, 366 = EuZA 2021, 468 Ls. mAnm *Junker* Rn. 34.

[218] Zum EVÜ *Lagarde* Rev. crit. dr. int. pr. 80 (1991), 287 (319); *Thüsing* NZA 2003, 1303 (1305 f.); *Geisler,* Die engste Verbindung im Internationalen Privatrecht, 2001, 295 f.; *Taschner,* Arbeitsvertragsstatut und zwingende Bestimmungen nach dem Europäischen Schuldvertragsübereinkommen, 2003, 156 f.

[219] Vgl. *Gamillscheg* ZfA 14 (1983), 307 (334); *Däubler* RIW 1987, 249 (251).

[220] *Mauer/Sadtler* RIW 2008, 544 (546); *Pfeiffer* EuZW 2008, 627.

[221] *Garcimartín Alférez* ELF 2008, I-61 (I-76); ebenso für Art. 19 Brüssel I-VO BAG RIW 2013, 565 = NZA 2013, 925.

[222] *Bayreuther* NZA 2010, 262 (265); *Wurmnest* EuZA 2009, 481 (496 f.); vgl. auch Ferrari IntVertragsR/*Staudinger* Rn. 20.

[223] *Knöfel* RdA 2006, 269 (274).

[224] *Knöfel* RdA 2006, 269 (274); *Wurmnest* in Basedow/Magnus/Wolfrum, The Hamburg Lectures on Maritime Affairs 2009 & 2010, 2012, 132.

[225] EuGH ECLI:EU:C:2017:688 = EuZW 2017, 943 mAnm *Ulrici* = NZA 2017, 1477 mAnm *Mankowski* EWiR 2017, 739 – Nogueira und Osacar; zust. *Knöfel* GPR 2019, 43 ff.; BAG NJW 2020, 2659 = RIW

beim gewöhnlichen Arbeitsort. Dieser Ort kann zwar nicht mit dem luftfahrt- und sozialrechtlichen Begriff der **„Heimatbasis" („home base", „base d'affectation"),** an der Flugeinsätze beginnen und beendet werden, des Unionsrechts iSv Anh. III VO (EWG) 3922/91[226] gleichgesetzt werden. Der Begriff „Heimatbasis" ist jedoch ein wichtiges Indiz für die Bestimmung des „Ortes, an dem der Arbeitnehmer gewöhnlich seine Arbeit verrichtet".[227]

64 Der abhängige **Handelsreisende** ist anders als der Handelsvertreter (→ Art. 4 Rn. 149 f.) kein selbständiger Kaufmann. Seine Tätigkeit fällt – soweit er als Arbeitnehmer angesehen werden kann – unter Art. 8.[228] Mangels Rechtswahl gilt das Recht des gewöhnlichen Arbeitsortes, bei vorübergehender Auslandstätigkeit das Recht am Niederlassungsort des Betriebes, für den er arbeitet.[229] Bei ständiger Auslandstätigkeit hat die Rspr. auch anerkannt, dass der Handelsreisende keinen gewöhnlichen Arbeitsort am Sitz seines Arbeitgebers hat.[230] Dann kommt es an sich auf die einstellende Niederlassung an. In Fällen, in denen der Arbeitnehmer seine Vertriebstätigkeit von seinem Wohnsitz aus organisiert, hat die Rspr. jedoch auch das Recht seines Wohnsitzes wegen der engeren Verbindung angewendet. Dies ist etwa für einen deutschen Handelsreisenden eines belgischen Unternehmens angenommen worden, der Kunden in Drittstaaten betreute.[231]

65 An **Baustellen** unterstehen Stammarbeiter dem Recht des Stammbetriebes, während neu angeworbene lokale **„Ortskräfte"** dem Recht am Baustellenort unterliegen.[232] So gilt für den in Deutschland auf einer Baustelle eingesetzten Arbeitnehmer grundsätzlich deutsches Recht.[233]

66 Häufig sind auch die Arbeitsverhältnisse von für **Auslandsvertretungen** (Konsulate und Botschaften) eingestellte Ortskräfte zu beurteilen. Grundsätzlich gilt für die in Deutschland Beschäftigten ausländischer Vertretungen deutsches Recht.[234] Ausländisches Ortsrecht kann auch für die Ortskräfte (dh auch ausländische Arbeitnehmer) deutscher diplomatischer oder konsularischer Vertretungen gelten.[235] Entsprechendes gilt zB für ausländische Arbeitnehmer, die in ausländischen Studios deutscher Fernsehanstalten tätig sind.[236] Umgekehrt ist für in Deutschland eingestelltes und hier tätiges Büropersonal ausländischer Botschaften deutsches Arbeitsrecht maßgeblich.[237]

67 **b) Vorübergehende Entsendung.** Wird ein Arbeitnehmer vorübergehend, dh insbesondere gelegentlich oder kurzfristig, im Ausland tätig, so gilt weiterhin das **Recht seines gewöhnlichen Arbeitsortes;** die Ausnahme der Entsendung ändert daran nichts (Abs. 2 S. 2).[238] Das gilt auch für die Anwendbarkeit eines Entgelttarifvertrages.[239] Den vorübergehenden Charakter schließt man aus Rückkehrwillen des Arbeitnehmers und Rücknahmewillen des Arbeitgebers.[240] Man wird dafür nicht auf eine objektive Analyse des tatsächlichen Verlaufs der Arbeitsbeziehung, sondern eine subjek-

2020, 702 mAnm *Mankowski* m. Aufsatz *Benecke* RdA 2020, 366 = EuZA 2021, 468 Ls., mAnm *Junker* Rn. 53.

226 Anh. III VO (EWG) 3922/91 vom 16.12.1991 zur Harmonisierung der technischen Vorschriften und der Verwaltungsverfahren in der Zivilluftfahrt in der durch die VO (EG) Nr. 1899/2006 vom 12.12.2006 geänderten Fassung; dazu näher *Knöfel* GPR 2019, 43 (46 f.).

227 EuGH ECLI:EU:C:2017:688 Rn. 69 – Nogueira und Osacar; BAG NZA 2024, 693 Rn. 20 (Pilot).

228 Vgl. *Klima* RIW 1987, 797 f.

229 Staudinger/*Firsching*, 12. Aufl. 1978, EGBGB Vor Art. 12 Rn. 547; vgl. auch BAG RIW 1987, 464 = IPRspr. 1986 Nr. 134; anders Soergel/*v. Hoffmann* EGBGB Art. 28 Rn. 259.

230 BAG NZA 2004, 680 mAnm *Mauer* EWiR 2004, 703.

231 BAG NZA 2004, 680 mAnm *Mauer* EWiR 2004, 703.

232 Soergel/*v. Hoffmann* EGBGB Art. 30 Rn. 34.

233 So zu Art. 30 EGBGB BAG BB 2004, 1337 = RdA 2004, 175 mAnm *Schlachter.*

234 BAGE 87, 144 = IPRspr. 1997 Nr. 58 = NZA 1998, 813 = IPRax 1999, 174 m. Aufsatz *Krebber* IPRax 1999, 164 betr. Aufzugsmonteur in US-Botschaft; BAGE 113, 327 = NZA 2005, 1117 = IPRspr. 2005 Nr. 90b betr. Haustechniker in US-Botschaft; BAG RIW 2014, 691 = IPRax 2015, 342 m. Aufsatz *Mankowski* IPRax 2015, 309 betr. algerische Botschaft; *Junker* FS 50 Jahre BAG, 2004, 1197 (1206 f.); *Martiny* IPRax 2013, 536 (543).

235 BAGE 13, 121 = AP IPR-ArbR Nr. 6 mAnm *Gamillscheg* = NJW 1962, 1885; LAG Düsseldorf AP IPR-ArbR Nr. 1 mAnm *Beitzke* = IPRspr. 1956–57 Nr. 510 betr. deutsches Konsulat in den Niederlanden; *Taschner,* Arbeitsvertragsstatut und zwingende Bestimmungen nach dem Europäischen Schuldvertragsübereinkommen, 2003, 178 ff.

236 LAG RhPf AuR 1982, 352 Ls. = IPRspr. 1981 Nr. 44.

237 IPG 1980–81 Nr. 46 (Köln); vgl. auch *Gamillscheg* Rec. des Cours 181 (1983-III), 285 (324). – Zur Beschäftigung ziviler Arbeitnehmer bei NATO-Truppen und deren zivilem Gefolge s. *Beitzke* FS Kegel, 1987, 33 (38 ff.) mwN.

238 Art. 8 Abs. 2 S. 2 entspricht Art. 6 Abs. 2 lit. a EVÜ bzw. Art. 30 Abs. 2 Nr. 1 EGBGB; vgl. zu Art. 30 EGBGB aF BAGE 71, 297 (312) = NZA 1993, 743 für Berlinflugverkehr.

239 LAG Hamburg BeckRS 2022, 10303 Rn. 109.

240 *Mankowski* IHR 2008, 133 (145); Ferrari IntVertragsR/*Staudinger* Rn. 22.

tive ex ante Sicht abzustellen haben.[241] Der Arbeitnehmer kann auch dann noch dem inländischen Betrieb zugeordnet sein, wenn er im Ausland zwar in eine feste betriebliche Organisation eingegliedert, seine Tätigkeit aber zeitlich beschränkt ist. S. 2 wird auch dann angewendet, wenn die Tätigkeit mit einem Auslandseinsatz beginnt und anschließend in einem weiteren Staat fortgeführt wird.[242] – Zur Sonderanknüpfung nach der Arbeitnehmerentsende-RL, die den Ansatz des Abs. 2 S. 2 durchbricht,[243] → Rn. 8; zum AEntG → Rn. 138.

Eine **zeitliche Höchstgrenze** nennt die Verordnung nicht.[244] Nach Erwägungsgrund 36 soll die Erbringung der Arbeitsleistung in einem anderen Staat als vorübergehend gelten, wenn von dem Arbeitnehmer erwartet wird, dass er nach seinem Arbeitseinsatz im Ausland seine Arbeit im Herkunftsstaat wieder aufnimmt.[245] Der Abschluss eines neuen Arbeitsvertrags mit dem ursprünglichen Arbeitgeber oder einem Arbeitgeber, der zur selben Unternehmensgruppe gehört wie der ursprüngliche Arbeitsgeber, soll nicht ausschließen, dass der Arbeitnehmer als seine Arbeit vorübergehend in einem anderen Staat verrichtend gilt. Verschiedentlich ist eine Höchstgrenze im Schrifttum gesetzt worden.[246] Zum Teil wurden in Anlehnung an sozialrechtliche Maßstäbe zwölf bzw. 24 Monaten angenommen.[247] Für andere wiederum ist „vorübergehend" nur der Gegensatz zu endgültig.[248] Hier ist dann wieder fraglich, ob für die Endgültigkeit allein auf subjektive oder auch auf objektive Umstände abgestellt werden soll.[249] Eine zeitliche Grenze kann jedenfalls angesichts der Vielfalt der möglichen Gestaltungen nicht generell festgesetzt werden.[250] Es kommt auf die Umstände des Einzelfalls an. 68

Umstritten ist, ob dann, wenn ein Arbeitsverhältnis mit einer vorübergehenden Entsendung beginnt, gleichwohl an einen **Arbeitsort im Herkunftsstaat** angeknüpft werden kann.[251] Vielfach wird eine vorherige inländische Beschäftigung und beabsichtigte Weiterbeschäftigung verlangt.[252] Eine vorübergehende Entsendung wird verneint, wenn der Arbeitnehmer nur für einen **einmaligen befristeten Auslandseinsatz** eingestellt wird, ohne zuvor im inländischen Betrieb tätig gewesen zu sein.[253] Bei der auslandsbezogenen Einstellung für ein Auslandsprojekt kann aber eine engere Verbindung zum Anwerbeland bestehen.[254] 69

Ausstrahlung und Entsendung sind – wie bereits der Wortlaut der sozialrechtlichen Vorschriften zeigt – verwandte Begriffe. Historisch gesehen stellt die Ausstrahlung mehr auf die Betriebszugehörigkeit, die Entsendung mehr auf den Tätigkeitsort ab.[255] Abs. 2 S. 2, der nur von der Entsendung des Arbeitnehmers spricht, meint Sachverhalte, die früher überwiegend mit der Ausstrahlung erfasst wurden. Bei den sog. **„entsandten Kräften"** (zB Geschäftsstellenleiter) braucht dies nicht der Fall zu sein. Der gewöhnliche Arbeitsort dieses Personenkreises kann im Ausland liegen; es bestehen aber besondere, das Vertragsverhältnis kennzeichnende Beziehungen zum Inland. Deshalb dürfte es sich hier um einen Fall der „engeren Verbindung" iSd Abs. 4 handeln.[256] 70

[241] *Lagarde* Rev. crit. dr. int. pr. 95 (2006), 343; *Garcimartín Alférez* ELF 2008, I-61 (I-76); krit. *Knöfel* RdA 2006, 275; *Mankowski* IPRax 2006, 101 (107).

[242] *Garcimartín Alférez* ELF 2008, I-61 (I-76); *Wurmnest* EuZA 2009, 481 (493); Ferrari IntVertragsR/*Staudinger* Rn. 23.

[243] EUArbR/*Krebber* Art. 9 Rn. 16.

[244] *Mankowski* IHR 2008, 133 (145); *Deinert* IntArbR § 9 Rn. 105.

[245] Krit. dazu *Mauer/Sadtler* RIW 2008, 544 (546).

[246] Vgl. *Gamillscheg* ZfA 14 (1983), 307 (333): Dreijahresfrist; *Heilmann,* Das Arbeitsvertragsstatut, 1991, 144: Zweijahresfrist; BeckOK BGB/*Spickhoff* Rn. 23: drei Jahre. – Ein Jahr setzten an LAG Bln BB 1977, 1302; ArbG Berlin BB 1974, 788. Vgl. auch *Franzen* IntArbR AR-Blattei 920 Rn. 62.

[247] Für eine Orientierung an den entsprechenden sozialrechtlichen Fristen des heutigen Art. 12 VO (EG) 883/2004; *v. Hoffmann/Thorn* IPR § 10 Rn. 81: regelmäßig zwölf, in Ausnahmefällen 24 Monate; Soergel/*v. Hoffmann* EGBGB Art. 30 Rn. 39.

[248] *Junker,* Arbeitnehmereinsatz, 2007, Rn. 35, 55; NK-BGB/*Doehner* Rn. 29; EUArbR/*Krebber* Art. 3, Rn. 38.

[249] Vgl. MHdB ArbR/*Birk* § 20 Rn. 39: Dauerhaftigkeit auch entgegen subjektiven Vorstellungen möglich.

[250] *E. Lorenz* RdA 1989, 220 (233); *Hickl* NZA 1997, 513 (514); MHdB ArbR/*Birk* § 20 Rn. 39; *Taschner,* Arbeitsvertragsstatut und zwingende Bestimmungen nach dem Europäischen Schuldvertragsübereinkommen, 2003, 119: aber Vermutung der Endgültigkeit ab einem Jahr. – S. BAG DB 1978, 1840 = AP IPR-ArbR Nr. 16 mAnm *Simitis; Steinmeyer* DB 1980, 1541 (1542); vgl. auch *Birk* FS Molitor, 1988, 19 (30 ff.); *Schmidt-Hermesdorf* RIW 1988, 938 (940).

[251] Bejahend *Knöfel* RdA 2006, 269 (275); *Mankowski* IPRax 2006, 101 (107); *Magnus* IPRax 2010, 27 (40); *Deinert* IntArbR § 9 Rn. 110.

[252] Ferrari IntVertragsR/*Staudinger* Rn. 22. – Zu Art. 30 EGBGB aF *Franzen* IntArbR AR-Blattei 920 Rn. 58 f.; *Junker,* Internationales Arbeitsrecht im Konzern, 1992, 182 f.; Soergel/*v. Hoffmann* EGBGB Art. 30 Rn. 39.

[253] BAG AP IPR-ArbR Nr. 17 m. zust. Anm. *Beitzke* = ArbuR 1981, 252 mAnm *Corts* = IPRax 1983, 232 m. Aufsatz *Richardi* IPRax 1983, 217.

[254] *Deinert* RdA 1996, 339 (341).

[255] Vgl. *Schwerdtner* ZfA 18 (1987), 163 (185 ff.).

[256] Vgl. auch *Gamillscheg* ZfA 14 (1983), 307 (340 ff.); *Däubler* RIW 1987, 249 (252); *Hohloch* RIW 1987, 353 (356).

71 Im Rahmen multinationaler Konzerne sind verschiedene Vertragsgestaltungen möglich. Häufig werden Arbeitnehmer auf der Grundlage eines **doppelten Arbeitsverhältnisses** entsandt. Ihr Arbeitsverhältnis mit der Muttergesellschaft (sog. Rumpf- oder Basisarbeitsvertrag) bleibt bestehen.[257] Für dieses Rumpfarbeitsverhältnis ist grundsätzlich Rechtswahl gestattet.[258] Zusätzlich wird mit dem (Tochter-)Unternehmen in einem anderen Staat ein weiterer, ergänzender Arbeitsvertrag (sog. Lokalarbeitsvertrag) abgeschlossen.[259] Gewöhnlich bestehen sich ergänzende Verträge. Inhaltlich bezieht sich das zweite, aktuelle Arbeitsverhältnis in der Regel mehr auf Lohn- und Urlaubsfragen, während dem Rumpfarbeitsverhältnis etwa Betriebsrentenansprüche überlassen bleiben. Schwierigkeiten bereitet die Abgrenzung der Arbeitsverhältnisse, ihr gegenseitiges Verhältnis sowie die jeweilige Anknüpfung. Eine Klarstellung in der VO war ursprünglich geplant, ist dann aber unterblieben.[260] Erwägungsgrund 36 trifft eine Aussage für das Rumpfarbeitsverhältnis. Danach soll der Abschluss eines neuen Arbeitsvertrags mit dem ursprünglichen Arbeitgeber oder einem Arbeitgeber, der zur selben Unternehmensgruppe gehört wie der ursprüngliche Arbeitsgeber, nicht ausschließen, dass der Arbeitnehmer als seine Arbeit vorübergehend in einem anderen Staat verrichtend gilt. Ist die Entsendung des Arbeitnehmers nur **vorübergehend,** so ändert sich auch hier der gewöhnliche Arbeitsort nicht. Dies führt auch für das zweite Arbeitsverhältnis zur Anwendung des Rechtes des bisherigen gewöhnlichen Arbeitsortes.[261] Dies wird häufig das Recht am Sitz der Muttergesellschaft sein. Diese Rechtsordnung gilt dann – mangels anderslautender Rechtswahl – auch weiterhin für das Rumpfarbeitsverhältnis.

72 Kommt es bei doppeltem Arbeitsverhältnis zu einer **dauerhaften Entsendung,** so wird für das Rumpfarbeitsverhältnis teilweise ein Statutenwechsel angenommen.[262] Für andere bleibt es für das Rumpfarbeitsverhältnis in der Regel weiterhin bei der Maßgeblichkeit des Rechts am Sitz der Muttergesellschaft.[263] Dies lässt sich auf Abs. 3 (einstellende Niederlassung bei Arbeit in mehreren Staaten),[264] sonst auf Abs. 4 (engere Verbindung) stützen. Der spätere Arbeitsvertrag mit der Tochtergesellschaft unterliegt regelmäßig dem Recht des jeweiligen Arbeitsortes (Abs. 2).[265] Man könnte außerdem an eine akzessorische Anknüpfung des zweiten Arbeitsverhältnisses denken. Vorzuziehen ist jedoch eine selbständige Anknüpfung.[266]

73 **c) Leiharbeitnehmer.** Bei der **gewerbsmäßigen (unechten) Leiharbeit (Arbeitnehmerüberlassung)** wird der Arbeitnehmer einem Dritten zur Arbeitsleistung überlassen. Mangels Rechtswahl gilt dann für den Überlassungsvertrag zwischen Verleiher und Entleiher das Recht am Niederlassungsort des Verleihers.[267] Der Arbeitsvertrag zwischen Verleiher und dem Leiharbeitnehmer unterliegt nach Abs. 2 dem Recht des gewöhnlichen Arbeitsortes[268] und in Ermangelung eines solchen dem der einstellenden Niederlassung des Verleihers.[269] Doch können zwin-

---

257 *Junker,* Internationales Arbeitsrecht im Konzern, 1992, 207 ff.; *Junker* ZIAS 9 (1995), 564 (577 ff.); *Schlachter* in Leible Grünbuch, 2004, 158 ff.

258 BAGE 90, 353 = SAE 1999, 267 mAnm *Kraft* = DB 1999, 806 m. Aufsatz *Lingemann/Steinau-Steinrück* DB 1999, 2161 = IPRax 2000, 540 m. Aufsatz *Franzen* IPRax 2000, 506.

259 Näher *Hergenröder* ZfA 1999, 1 ff.; *Gil Wolf,* Arbeitnehmereinsatz im Ausland, 2010.

260 Dazu *Mankowski* IHR 2008, 133 (145 f.); *Mauer/Sadtler* RIW 2008, 544 (546 f.) – Zum Entwurf *Knöfel* RdA 2006, 275 f.; *Mankowski* IPRax 2006, 101 (107 f.); *Mauer/Sadtler* DB 2007, 1586 (1587 f.).

261 *Deinert* IntArbR § 9 Rn. 115. – S. bereits *Franzen* IPRax 2000, 506 (507 f.); *Schlachter* in Leible, Grünbuch, 2004, 161; *Junker,* Internationales Arbeitsrecht im Konzern, 1992, 219 ff.; *Junker,* ZIAS 9 (1995), 564 (577 ff.) spricht bei mehreren Arbeitgebern von „qualifizierter Entsendung"; *Taschner,* Arbeitsvertragsstatut und zwingende Bestimmungen nach dem Europäischen Schuldvertragsübereinkommen, 2003, 118; anders *Thüsing* NZA 2003, 1303 (1306 f.).

262 *Mankowski* RIW 2004, 133 (136 ff.).

263 *Junker* RIW 2006, 401 (407); Soergel/*v. Hoffmann* EGBGB Art. 30 Rn. 52. Grundsätzlich keine Veränderung nach *Deinert* IntArbR § 9 Rn. 115; Ferrari IntVertragsR/*Staudinger* Rn. 24; anders App. Paris Rev. crit. dr. int. pr. 86 (1997), 55 m. insoweit krit. Anm. *Moreau* = Clunet 124 (1997), 429 mAnm *Saintourens.*

264 *Franzen* IPRax 2000, 507.

265 *Deinert* IntArbR § 9 Rn. 115; Soergel/*v. Hoffmann* EGBGB Art. 30 Rn. 52; ebenso App. Paris Rev. crit. dr. int. pr. 86 (1997), 55 mAnm *Moreau;* vgl. auch *Däubler* RIW 1987, 249 (251).

266 *Junker,* Internationales Arbeitsrecht im Konzern, 1992, 219 ff.; *Junker* ZIAS 9 (1995), 564 (577 ff.); *Deinert* IntArbR § 9 Rn. 116; diff. *Mankowski* RIW 2004, 140 ff.

267 OLG Naumburg NJ 2019, 522; *Winkler v. Mohrenfels/Block* in Oetker/Preis, Europäisches Arbeits- und Sozialrecht (EAS), 2010, Rn. 120 betr. Dienstleistungsvertrag; Staudinger/*Magnus* Rn. 171.

268 *Bayreuther* DB 2011, 706 (708 f.); *Franzen* EuZA 2011, 451 (456).

269 *Winkler v. Mohrenfels/Block* in Oetker/Preis, Europäisches Arbeits- und Sozialrecht (EAS), 2010, Rn. 121. – Für den Betriebssitz *Schnorr* ZfA 6 (1975), 143 (157). – Allgemein für das Recht des Einsatzortes *Birk* RabelsZ 46 (1982), 384 (396); MHdB ArbR/*Birk* § 20 Rn. 138. – Zur Sonderanknüpfung des Arbeitnehmerüberlassungsgesetzes s. *Franzen* IntArbR AR-Blattei 920 Rn. 99 f.; HessLAG ZIP 1994, 1626 m. Aufsatz

gende Vorschriften (insbesondere Arbeitsschutz) am Arbeitsort anwendbar sein.[270] Zu § 2 Abs. 1 Nr. 4 AEntG → Rn. 146. **Echte Leiharbeit,** bei der ein Arbeitnehmer nur zeitweilig ausgeliehen wird, richtet sich weiterhin nach dem für den Arbeitsvertrag maßgeblichen Arbeitsvertragsstatut.[271]

74 **3. Einstellende Niederlassung (Abs. 3). a) Maßgeblichkeit der Niederlassung.** Kann das anwendbare Recht nicht nach Abs. 2 bestimmt werden, so kommt das Recht der Niederlassung zur Anwendung, die den Arbeitnehmer eingestellt hat (Abs. 3).[272] Auf die Niederlassung stellt auch die Zuständigkeitsvorschrift des Art. 21 Nr. 2 lit. b Brüssel Ia-VO (= Art. 19 Nr. 2 lit. b LugÜ) ab (→ Rn. 188). Die Vorschrift des Abs. 3 kommt auch dann zum Zuge, wenn in keinem Staat ein gewöhnlicher Arbeitsort besteht.[273] Der Stellenwert der Anknüpfung an die Niederlassung ist gering, da die Anknüpfung an den Arbeitsort vorrangig ist[274] und der Arbeitsort weit verstanden wird.[275] Die Bedeutung des Anknüpfungspunkts der einstellenden Niederlassung ist in der Vergangenheit auch dadurch relativiert worden, dass ihn die Rspr. häufig durch die Anwendung der Ausweichklausel des Abs. 4 korrigiert hat.[276]

75 Die „Niederlassung" (place of business; établissement) iSd Abs. 3 umfasst den **Betrieb.**[277] Doch ist der Begriff weiter auszulegen; er umfasst auch andere organisatorische Einheiten.[278] Die Niederlassung braucht keine eigene Rechtspersönlichkeit zu besitzen.[279] Es genügt jede dauerhafte, nicht nur vorübergehende Struktur[280] (→ Art. 19 Rn. 10 ff.). Niederlassung kann eine Tochtergesellschaft oder Zweigstelle, sowie eine andere „Einheit" wie ein Büro eines Unternehmens sein. Da aber eine gewisse Dauerhaftigkeit erforderlich ist, reicht es nicht aus, wenn lediglich ein Beauftragter eines ausländischen Arbeitgebers in regelmäßigen Abständen erscheint, um Arbeitnehmer für einen Auslandseinsatz einzustellen.

76 Ausreichen soll nach dem EuGH auch die **Niederlassung eines anderen Unternehmens** als desjenigen, das als Arbeitgeber auftritt. Dass diese Niederlassung kein Weisungsrecht gegenüber dem Arbeitnehmer besitzt, steht nicht entgegen. Es genügt, dass im Namen und auf Rechnung des Arbeitgebers gehandelt wird.[281]

77 Die Tätigkeit eines **Beauftragten oder einer Agentur** begründet noch keine Niederlassung in diesem Land; es ist jedoch zu prüfen, ob zu ihm die engere Verbindung gemäß Abs. 4 besteht.[282]

78 Abs. 3 deutet auf den Abschluss eines Arbeitsvertrages hin. Nach der Rspr. des EuGH bezieht sich die **„Einstellung"** allein auf den formalen Vertragsabschluss.[283] Die Art und Weise der tatsächlichen Beschäftigung ist nicht entscheidend. Es kommt lediglich auf den **Vertragsabschluss** an (sog. vertragschließende Niederlassung);[284] es ist unerheblich, ob der Arbeitnehmer jemals in der einstel-

---

Trunk ZIP 1994, 1586 = IPRspr. 1994 Nr. 63 = AR-Blattei Int. ArbR ES 920 Nr. 4 mAnm *Mankowski;* ArbG Wesel ArbuR 1995, 475 (Einsatzort); *Junker,* Internationales Arbeitsrecht im Konzern, 1992, 225 ff.

270 Staudinger/*Magnus* Rn. 170.

271 *Birk* RabelsZ 46 (1982), 384 (396); *Schmidt-Hermesdorf* RIW 1988, 938 (940 f.); Staudinger/*Magnus* Rn. 169.

272 Art. 8 Abs. 3 entspricht Art. 6 Abs. 2 lit. b EVÜ bzw. Art. 30 Abs. 2 Nr. 2 EGBGB.

273 BAG NJW 2020, 2659 Ls. = RIW 2020, 702 mAnm *Mankowski* m. Aufsatz *Benecke* RdA 2020, 366 = EuZA 2021, 468 Ls. mAnm *Junker* Rn. 25.

274 Ebenso *Deinert* IntArbR § 9 Rn. 90; EUArbR/*Krebber* Art. 3, 8 Rn. 33. – Noch zum EVÜ EuGH Slg. 2011, I-1595 = NZA 2011, 625 = IPRax 2011, 582 m. zust. Aufsatz *Lüttringhaus* IPRax 2011, 582 – Koelzsch; Slg. 2011 I 13275 Rn. 32 = NZA 2012, 227 = EuZW 2012, 61 m. Aufsatz *Lüttringhaus/Schmidt-Westphal* EuZW 2012, 139 – Voogsgeerd; ECLI:EU:C:2013:551 = NJW 2014, 1363 = NZA 2013, 1163 = RIW 2013, 870 mAnm *Krebber* – Schlecker.

275 Näher *Schlachter* ZVglRWiss 115 (2016), 610 (619 ff.).

276 *Thüsing* BB 2003, 898 (900).

277 So schon *Gamillscheg* ZfA 14 (1983), 307 (334).

278 *Franzen* IntArbR AR-Blattei 920 Rn. 70; *Junker,* Internationales Arbeitsrecht im Konzern, 1992, 184 f.; *Deinert* IntArbR § 9 Rn. 123.

279 Rauscher/*v. Hein* Rn. 61: Betriebsteil genügt.

280 EuGH Slg. 2011 I 13275 = NZA 2012, 227 = EuZW 2012, 61 m. Aufsatz *Lüttringhaus/Schmidt-Westphal* EuZW 2012, 139 – Voogsgeerd.

281 EuGH Slg. 2011 I 13275 = NZA 2012, 227 = EuZW 2012, 61 m. Aufsatz *Lüttringhaus/Schmidt-Westphal* EuZW 2012, 139 – Voogsgeerd.

282 Vgl. *Morse* in North, Contract Conflicts, 1982, 160 f.

283 EuGH Slg. 2011 I 13275 = NZA 2012, 227 = EuZW 2012, 61 m. Aufsatz *Lüttringhaus/Schmidt-Westphal* EuZW 2012, 139 – Voogsgeerd.

284 PWW/*Lingemann* Rn. 13; Rauscher/*v. Hein* Rn. 62: „Unterschriftstheorie". – Dafür auch HessLAG IPRspr. 2008 Nr. 47; *Benecke* IPRax 2001, 449 (450); *Gragert/Drenckhahn* NZA 2003, 305 (307); *Heilmann,* Das Arbeitsvertragsstatut, 1991, 59; *Geisler,* Die engste Verbindung im Internationalen Privatrecht, 2001, 293 f.; *Taschner,* Arbeitsvertragsstatut und zwingende Bestimmungen nach dem Europäischen Schuldvertragsübereinkommen, 2003, 122 f.; ErfK/*Schlachter* Art. 3 ff. Rn. 16.

lenden bzw. für die Niederlassung gearbeitet hat. Wird der Arbeitnehmer später von der Niederlassung eines anderen Landes aus eingesetzt, so steht dies nicht entgegen. Zwar wird empfohlen, die „Einstellung" nicht nur als Vertragsschluss, sondern als organisatorische **Eingliederung bzw. Aufnahme in den Betrieb** zu verstehen („Eingliederungstheorie").[285] Die Auffassung, eher auf die „Einsatzniederlassung" als auf die bloße „Einstellungsniederlassung" abzustellen,[286] hat sich aber bisher nicht durchsetzen können. Ob die weite Auslegung des Arbeitsortbegriffs – einschließlich der base rule – einen Missbrauch der Anknüpfung an den bloßen Abschlussort verhindern wird, muss sich erst noch erweisen. Eine **spätere Verlegung** der einstellenden Niederlassung führt zu keiner Änderung des Arbeitsvertragsstatuts.[287]

79 **b) Arbeit in mehreren Staaten.** Ein Arbeitnehmer verrichtet seine Arbeit gewöhnlich nicht in ein und demselben Staat, wenn er **in verschiedenen Ländern eingesetzt** wird.[288] Bei ständig in verschiedenen Ländern tätigen Monteuren etwa kann man entweder gar nicht von einem gewöhnlichen Arbeitsort sprechen oder müsste annehmen, dass dieser laufend wechselt. Aus diesem Grunde weicht man auf ihren Heimatbetrieb aus. Abs. 3 wird zum Teil auch dann herangezogen, wenn sich der gewöhnliche Arbeitsort in staatsfreiem Gebiet befindet und daher keinem Staat zugeordnet werden kann[289] (aber → Rn. 57, → Rn. 90 ff.). Zum Teil wird die Vorschrift auch schon dann herangezogen, wenn der Arbeitnehmer hauptsächlich an seinem Heimatwohnsitz, im Übrigen aber für seinen im Ausland niedergelassenen Arbeitgeber tätig wird.[290]

80 **4. Engere Verbindung (Abs. 4).** Ergibt sich aus der Gesamtheit der Umstände, dass der Arbeitsvertrag oder das Arbeitsverhältnis engere Verbindungen zu einem anderen Staat aufweist, so erfolgt die Anknüpfung ausnahmsweise nicht nach den Regelanknüpfungen des Abs. 2 oder 3. Vielmehr wird das Recht dieses anderen Staates angewendet.[291] Die regelmäßige Anknüpfung an Arbeitsort und Niederlassung ist also nicht starr und unabänderlich. Die spezielle Ausweichklausel des Art. 8 Abs. 4 entspricht insoweit Art. 4 Abs. 3 (→ Art. 4 Rn. 310 ff.), der ein Abweichen von der Anknüpfung an die charakteristische Leistung erlaubt.[292] Daher ist die engere Verbindung auch für den Arbeitsvertrag grundsätzlich nach den gleichen Regeln zu ermitteln wie bei der allgemeinen objektiven Anknüpfung nach Art. 4 Abs. 3.[293] Allerdings fehlt in Art. 8 das „offensichtlich", so dass wohl mehr Flexibilität besteht.[294] Abs. 4 bildet keinen selbständigen Anknüpfungspunkt wie die Regelanknüpfungen der Abs. 2 und 3;[295] vielmehr ist die Vorschrift als Korrekturmöglichkeit und Ausnahmeklausel anzusehen.[296]

81 Entscheidend ist nicht mehr, ob die Regelanknüpfungen die engste Verbindung zwischen Arbeitsvertrag und Rechtsordnung bilden, sondern ob der Arbeitsvertrag eine engere Verbindung zu diesem anderen Land aufweist. Das ist auch dann möglich, wenn ein Arbeitnehmer die Arbeit in Erfüllung

---

285 *Deinert* IntArbR § 9 Rn. 122 ff.; *Deinert* JbArbR 50 (2013), 77 (84 f.); ebenso bereits *Junker* FS 50 Jahre BAG, 2004, 1197 (1204). – Unentschieden BAGE 100, 130 (137) = NZA 2002, 734 = SAE 2002, 253 mAnm *Junker* = IPRax 2003, 258 m. Aufsatz *Franzen* IPRax 2003, 239 für Flugbegleiterin.

286 So → 5. Aufl. 2010, Rn. 66. Vgl. *Gamillscheg* ZfA 14 (1983), 307 (334); *Behr* IPRax 1989, 323. – Unentschieden BAGE 100, 130 (137) = NZA 2002, 734 = SAE 2002, 258 mAnm *Junker* = IPRax 2003, 258 m. Aufsatz *Franzen* IPRax 2003, 239.

287 ErfK/*Schlachter* Art. 3 ff. Rn. 16; vgl. Staudinger/*Magnus,* 2021, Rn. 176.

288 Soergel/*v. Hoffmann* EGBGB Art. 30 Rn. 42.

289 S. EVÜ-Bericht *Giuliano/Lagarde,* BT-Drs. 10/503, 58; *Mankowski* RabelsZ 53 (1989), 491; *Mankowski* IPRax 2003, 26 f.; *Taschner,* Arbeitsvertragsstatut und zwingende Bestimmungen nach dem Europäischen Schuldvertragsübereinkommen, 2003, 120 f.

290 So zu Art. 30 EGBGB aF LAG Hannover IPRspr. 1999 Nr. 45 = AR-Blattei ES 920 Nr. 6 mAnm *Mankowski.*

291 BAG NJW 2020, 2659 Ls. = RIW 2020,702 mAnm *Mankowski* m. Aufsatz *Benecke* RdA 2020, 366 = EuZA 2021, 468 Ls. mAnm *Junker* Rn. 25, 30. – Art. 8 Abs. 4 entspricht Art. 6 Abs. 2 Hs. 2 EVÜ bzw. Art. 30 Abs. 2 Hs. 2 EGBGB.

292 Vgl. Dt. EVÜ-Denkschrift, BT-Drs. 10/503, 28; *Kegel/Schurig* IPR § 18 I 1f dd.

293 Zu Art. 30 EGBGB aF *Taschner,* Arbeitsvertragsstatut und zwingende Bestimmungen nach dem Europäischen Schuldvertragsübereinkommen, 2003, 124 ff.

294 *Garcimartín Alférez* ELF 2008, I-61 (I-76); *Knöfel* EuZA 2014, 375 (381); *Deinert* IntArbR § 9 Rn. 128. – Zweifel bei Rauscher/*v. Hein* Rn. 66. Vgl. auch GA *Wahl* – C-64/12, ECLI:EU:C:2013:241 Rn. 58 – Schlecker; *Barnreiter* ZfRV 2014, 118 (121 f.).

295 *Knöfel* EuZA 2014, 375 (380 f.); BeckOK BGB/*Spickhoff* Rn. 28; Staudinger/*Magnus,* 2021, Rn. 96. – S. schon *Junker* FS Heldrich, 2005, 719 (720 f.); *Geisler,* Die engste Verbindung im Internationalen Privatrecht, 2001, 288 f.

296 So zu Art. 30 EGBGB BAG NZA 2004, 680 mAnm *Mauer* EWiR 2004, 703; *Junker* FS 50 Jahre BAG, 2004, 1197 (1204); *Junker* FS Heldrich, 2005, 719 (720 f.); *Taschner,* Arbeitsvertragsstatut und zwingende Bestimmungen nach dem Europäischen Schuldvertragsübereinkommen, 2003, 110 f., 124 ff.

des Arbeitsvertrags gewöhnlich, dauerhaft und ununterbrochen in ein- und demselben Staat verrichtet.[297] Die VO stellt auf die **Gesamtheit der Umstände** ab, lässt aber offen, worauf es im Einzelnen ankommt.[298] Der EuGH nennt – ohne die einzelnen Umstände zu gewichten – die Entrichtung von Steuern,[299] die Einbindung in Renten-, Gesundheits- und Erwerbsunfähigkeitsregeln (Sozialversicherung),[300] die betriebliche Altersversorgung,[301] ferner die Orientierung an einem Gehaltssystem des Arbeitgebers („Parameter").[302] Die deutsche Rspr. zieht auch Kriterien heran, welche bereits nach altem Recht für die Bestimmung des Vertragsstatuts von Bedeutung waren.[303]

Zu denken ist an **persönliche Kriterien** wie die gemeinsame **Staatsangehörigkeit.**[304] Gerade im Ausland finden sich Partner eines Arbeitsvertrags gelegentlich in einer solchen Verbundenheit zusammen.[305] Der Staatsangehörigkeit kommt jedoch keine ausschlaggebende Bedeutung zu.[306] Dies gilt insbesondere bei einem gemeinsamen gewöhnlichen Aufenthalt in Deutschland.[307] Die Staatsangehörigkeit des Arbeitnehmers allein reicht daher als Kriterium nicht aus.[308] Allerdings hat die Rspr. für den Arbeitsvertrag eines italienischen Arbeitnehmers, welcher für ein Bauvorhaben in Deutschland von der deutschen Zweigniederlassung einer italienischen Aktiengesellschaft eingestellt wurde, italienisches Recht für maßgeblich gehalten.[309] 82

Die Rspr. zieht noch andere, insbesondere **räumliche Kriterien** heran. Beachtung gefunden haben auch der Sitz des Arbeitgebers[310] und der Wohnsitz des Arbeitnehmers.[311] Ferner spielen eine Rolle **vertragsbezogene Kriterien.** Dazu gehören unter anderem die Vertragssprache,[312] die Vereinbarung typisch deutscher Vertragsklauseln,[313] die Unterwerfung des Vertragsverhältnisses unter das deutsche Sozialversicherungsrecht,[314] die Vereinbarung der Währung der Vergü- 83

[297] EuGH ECLI:EU:C:2013:551 = NJW 2014, 1363 = IPRax 2015, 556 m. Aufsatz *Fornasier* IPRax 2015, 517 = RIW 2013, 870 mAnm *Krebber* – Schlecker.

[298] Näher dazu BAG NZA 2024, 693 Rn. 23.

[299] EuGH ECLI:EU:C:2013:551 = NJW 2014, 1363 = RIW 2013, 870 mAnm *Krebber* – Schlecker; ebenso BAG NZA 2016, 473 = RIW 2016, 375 mAnm *Mankowski; Knöfel* EuZA 2014, 345 (384 f.). Abl. *Lüttringhaus* EuZW 2013, 821 (822 f.).

[300] EuGH ECLI:EU:C:2013:551 = NJW 2014, 1363 = RIW 2013, 870 mAnm *Krebber* – Schlecker; ebenso BAG NZA 2016, 473 = RIW 2016, 375 mAnm *Mankowski;* abl. *Lüttringhaus* EuZW 2013, 821 (823); *Plender/Wilderspin,* The European private international law of obligations, 5. Aufl. 2020, Rn. 11-061.

[301] EuGH ECLI:EU:C:2013:551 Rn. 41 = RIW 2013, 870 mAnm *Krebber* – Schlecker; abl. *Lüttringhaus* EuZW 2013, 821 (823 f.).

[302] EuGH ECLI:EU:C:2013:551 Rn. 41 = NJW 2014, 1363 = RIW 2013, 870 mAnm *Krebber* – Schlecker; krit. *Lüttringhaus* EuZW 2013, 824.

[303] S. BAG IPRspr. 1992 Nr. 69a = SAE 1994, 28 mAnm *Junker* = IPRax 1994, 123 m. Aufsatz *Mankowski* IPRax 1994, 88 = AR-Blattei ES 920 Nr. 3 mAnm *Franzen.*

[304] BAG NZA 2014, 1076 = IPRax 2015, 562 m. Aufsatz *J. Hoffmann* IPRax 2015, 528; NZA 2016, 473 = RIW 2016, 375; *Deinert* IntArbR § 9 Rn. 135; Ferrari IntVertragsR/*Staudinger* Rn. 27; Rauscher/*v. Hein* Rn. 65; ebenso zu Art. 30 EGBGB aF BAGE 87, 144 = NZA 1998, 813 = IPRax 1999, 174 m. Aufsatz *Krebber* IPRax 1999, 164 = SAE 1999, 1918 mAnm *Kraft;* BAGE 100, 130 (138) = NZA 2002, 734 = SAE 2002, 253 mAnm *Junker* = IPRax 2003, 258 m. Aufsatz *Franzen* IPRax 2003, 239 = AP Nr. 10 mAnm *Schlachter;* BB 2004, 1337; NZA 2005, 297 = DB 2004, 2483 betr. Betriebsrente; MHdB ArbR/*Birk* § 20 Rn. 53; *v. Bar/Mankowski* IPR II § 1 Rn. 649; abl. Soergel/*v. Hoffmann* EGBGB Art. 30 Rn. 50.

[305] ZB LAG Mainz IPRspr. 2012 Nr. 64: „Executive assistant" für US-amerikanische Kreditgenossenschaft.

[306] *Hohloch* FS Heiermann, 1995, 143 (151). Grundsätzliche Kritik an diesem Umstand bei *Thüsing* NZA 2003, 1305; *Taschner,* Arbeitsvertragsstatut und zwingende Bestimmungen nach dem Europäischen Schuldvertragsübereinkommen, 2003, 126 ff. – Gegen alleinige Maßgeblichkeit der Staatsangehörigkeit Staudinger/*Magnus,* 2021, Rn. 135. Geringe Bedeutung nach GA *Wahl* C-64/12, ECLI:EU:C:2013:241 Rn. 70 – Schlecker; ganz abl. *Lüttringhaus* EuZW 2013, 821 (822).

[307] Für den gewöhnlichen Aufenthalt *Taschner,* Arbeitsvertragsstatut und zwingende Bestimmungen nach dem Europäischen Schuldvertragsübereinkommen, 2003, 128 f.; vgl. ArbG Kaiserslautern IPRax 1988, 250 Ls. mAnm *Jayme.*

[308] So zu Art. 30 EGBGB BAG NZA 2004, 680 mAnm *Mauer* EWiR 2004, 703. – Unentschieden *Deinert* IntArbR § 9 Rn. 135.

[309] BAG RdA 2004, 175 mAnm *Schlachter* = BB 2004, 1337.

[310] So zu Art. 30 EGBGB aF BAG NZA 2003, 1424 = BB 2004, 1337. – S. für den Sitz des Versorgungsschuldners bei der Betriebsrente BAG DB 2004, 2483.

[311] Rauscher/*v. Hein* Rn. 65; ebenso zu Art. 30 EGBGB aF BAG NZA 2003, 1424; 2004, 680 mAnm *Mauer* EWiR 2004, 703; BeckOK BGB/*Spickhoff* Rn. 28.

[312] BAG NZA 2024, 693 Rn. 23 (nachrangig); *Deinert* IntArbR § 9 Rn. 136; ebenso zu Art. 30 EGBGB aF BAG BB 2004, 1337 = RdA 2004, 175 mAnm *Schlachter;* NZA 2004, 680 mAnm *Mauer* EWiR 2004, 703; anders wohl BAG NZA 2016, 473 = RIW 2016, 375.

[313] So zu Art. 30 EGBGB BAG NZA 2004, 680 mAnm *Mauer* EWiR 2004, 703.

[314] So zu Art. 30 EGBGB BAG NZA 2004, 680; krit. *Taschner,* Arbeitsvertragsstatut und zwingende Bestimmungen nach dem Europäischen Schuldvertragsübereinkommen, 2003, 125.

tung[315] sowie die Unterwerfung unter einen bestimmten Gerichtsstand.[316] Nicht von Bedeutung ist die ausdrückliche oder stillschweigende Rechtswahl als solche, da es gerade um das ohne Rechtswahl maßgebliche Recht geht.[317] Weniger Gewicht für die engere Verbindung haben Umstände wie der Abschlussort.[318]

84 Die Einzelumstände sind in jedem Fall nicht nur aufzuzählen, sondern müssen im Hinblick auf die Rechtsanwendung bewertet werden und das Gewicht der jeweiligen Regelanknüpfung deutlich übertreffen. Ein isolierter Einzelumstand, welcher in eine andere Richtung weist als die Regelanknüpfungen nach Abs. 2 und Abs. 3 genügt jedenfalls nicht.[319] Das von den Parteien **vermutlich gewählte Recht** bleibt auch hier – ebenso wie bei Art. 4 (→ Art. 4 Rn. 360) – als hypothetischer Parteiwille für die engere Verbindung außer Betracht.[320] Teilweise wird angenommen, dass auch Erwägungen wie das Interesse des Arbeitnehmers am Erhalt des Schutzes durch seine heimische Rechtsordnung sowie das Interesse des Arbeitgebers an gleichmäßiger Behandlung aller Beschäftigten eine Rolle spielen dürften.[321] Man dürfe auf die Ausweichklausel dann zurückgreifen, wenn das Recht der Niederlassung des Arbeitgebers für den Arbeitnehmer das günstigere ist[322] und die normale Anknüpfung „den Arbeitnehmer in die Wüste führen würde".[323] Die **Günstigkeit** ist jedoch kein gesetzliches Kriterium für die auf die engste Verbindung abzielende Ausweichklausel.[324] Die Argumentation mit der **Schutzintensität** wird wegen ihrer Nähe zu einer hypothetischen Rechtswahl mit Recht abgelehnt.[325] Überdies ist der richtige Weg für die Ausschaltung rückständigen ausländischen Arbeitsrechts der ordre public (Art. 21) und nicht eine Manipulation der Anknüpfung.[326]

85 Der Generalanwalt beim EuGH hat eine „offene kollisionsrechtliche Regel" angenommen, die nicht nur in Ausnahmefällen zur Anwendung kommt.[327] Doch kommt die Ausweichklausel nur nachrangig zum Zuge.[328] Das steht im Einklang mit dem Wortlaut des Art. 8. Dieser lässt erkennen, dass die „engere Verbindung" gegenüber der Regelanknüpfung die **Ausnahme** bilden soll.[329] Die Rechtsanwendung bleibt auch hier Aufgabe des Gerichts; die sich auf die engere Verbindung berufende Partei braucht lediglich die maßgeblichen Tatsachen zu beweisen.[330] Eine Abspaltung einzelner Vertragsteile (dépeçage) dürfte auch hier nicht zulässig sein[331] (→ Art. 4 Rn. 9, 313).

86 **5. Statutenwechsel.** Art. 8 legt sich nicht auf einen bestimmten Zeitpunkt fest. Man darf daher annehmen, dass – ebenso wie nach altem Recht – der Zeitraum der Tätigkeit zu beurteilen ist und mithin der Wechsel des Arbeitsortes iSd Abs. 2 zu einem Statutenwechsel führen kann.[332] Wird innerhalb eines multinationalen Unternehmens der rechtlich selbständige Arbeitgeber gewechselt, so unterliegt die Anrechnung von Beschäftigungszeiten dem für die jeweilige Frage maßgeblichen Statut.[333]

---

315 Rauscher/*v. Hein* Rn. 65; ebenso zu Art. 30 EGBGB aF BAG BB 2004, 1337; NZA 2004, 680; 2005, 297 = DB 2004, 2483.

316 Staudinger/*Magnus,* 2021, Rn. 137; ebenso zu Art. 30 EGBGB aF BAG NZA 2004, 680. Untergeordneter Gesichtspunkt nach BAG NZA 2016, 473 = RIW 2016, 375; anders *Deinert* IntArbR § 9 Rn. 140.

317 So zu Art. 30 EGBGB aF BAG NZA 2004, 680.

318 *Deinert* IntArbR § 9 Rn. 136; vgl. *Mankowski* IPRax 1996, 405 (408).

319 BAG NJW 2020, 2659 Ls. = RIW 2020,702 mAnm *Mankowski* m. Aufsatz *Benecke* RdA 2020, 366 = EuZA 2021, 468 Ls. mAnm *Junker* Rn. 43.

320 *Junker* FS 50 Jahre BAG, 2004, 1197 (1204); *Deinert* IntArbR § 9 Rn. 130; anders wohl *Gamillscheg* ZfA 14 (1983), 307 (330 ff., 340 f.).

321 Staudinger/*Magnus,* 2021, Rn. 138. – Vgl. *Morse* in North, Contract Conflicts, 1982, 161 f.; MHdB ArbR/*Birk* § 20 Rn. 53; *Taschner,* Arbeitsvertragsstatut und zwingende Bestimmungen nach dem Europäischen Schuldvertragsübereinkommen, 2003, 129.

322 Vgl. *Pocar* Rec. des Cours 188 (1984-V), 339 (388); krit. dazu *Behr* IPRax 1989, 319 (324).

323 *Gamillscheg* ZfA 14 (1983), 307 (340).

324 ECLI:EU:C:2013:551 = NJW 2014, 1363 = RIW 2013, 870 m. zust. Anm. *Krebber* – Schlecker; *Lüttringhaus* EuZW 2013, 824; *v. Bar/Mankowski* IPR II § 1 Rn. 646; Erman/*Stürner* Rn. 20; anders Staudinger/*Magnus* Rn. 38.

325 *Deinert* IntArbR § 9 Rn. 143; Soergel/*v. Hoffmann* EGBGB Art. 30 Rn. 49.

326 *Gamillscheg* ZfA 14 (1983), 307 (340).

327 GA *Wahl* C-64/12, Rn. 42 ff. – Schlecker.

328 ECLI:EU:C:2013:551 Rn. 39 = NJW 2014, 1363 = RIW 2013, 870 m. zust. Anm. *Krebber* – Schlecker.

329 *Lüttringhaus* EuZW 2013, 821. – Zu Art. 30 EGBGB aF *Behr* IPRax 1989, 319 (324); Soergel/*v. Hoffmann* EGBGB Art. 30 Rn. 46. – Weitergehend *Hönsch* NZA 1988, 113 (114): „gleichrangige Alternative"; *Hohloch* RIW 1987, 353 (356); *Magnus* IPRax 1991, 384.

330 *Hohloch* RIW 1987, 353 (356). – Zur Aufgabe der Tatsacheninstanz BAG NZA 2023, 1265 Rn. 39.

331 Anders *Deinert* IntArbR § 9 Rn. 133.

332 LAG Bad.-Württ. IPRspr. 2013 Nr. 69; *Mankowski* IPRax 2003, 21 (23 f.); *Thüsing* NZA 2003, 1303 (1307 f.); *Junker* FS Heldrich, 2005, 719 (735 f.); Ferrari IntVertragsR/*Staudinger* Rn. 19; Rauscher/*v. Hein* Rn. 46.

333 Näher *Birk* BerGesVR 18 (1978), 263 (313 ff.).

6. Seearbeitsrecht.

Schrifttum: *Basedow,* Billigflaggen, Zweitregister und Kollisionsrecht in der Deutschen Schiffahrtspolitik, BerGesVR 31 (1990), 75; *Bayreuther,* Arbeitsrechtliches IPR und Arbeitszeit auf Offshore-Windenergieanlagen in der ausschließlichen Wirtschaftszone nach Art. 55 ff. UN-Seerechtsübereinkommen, RIW 2011, 446; *Drobnig/Puttfarken,* Arbeitskampf auf Schiffen fremder Flagge, 1989; *Ebenroth/Fischer/Sorek,* Das Kollisionsrecht der Fracht-, Passage- und Arbeitsverträge im internationalen Seehandelsrecht, ZVglRWiss 88 (1989), 124; *Eßlinger,* Die Anknüpfung des Heuervertrags unter Berücksichtigung von Fragen des internationalen kollektiven Arbeitsrechts, 1991; *Gräf,* Das Internationale Seearbeitsrecht und seine Bedeutung für das zukünftige Seearbeitsgesetz, ZfA 43 (2012), 557; *Hauschka/Henssler,* Ein „Billigarbeitsrecht" für die deutsche Seeschiffahrt?, NZA 1988, 597; *Herber,* Ist das „Zweitregister" verfassungs- oder völkerrechtswidrig?, Hansa 1988, 645; *Kühl,* Das Gesetz zum deutschen „Internationalen Schiffahrtsregister", TranspR 1989, 89; *Leffler,* Das Heuerverhältnis auf ausgeflaggten deutschen Schiffen, 1978; *Ludewig,* Kollektives Arbeitsrecht auf Schiffen des Internationalen Seeschifffahrtsregisters, 2012; *Magnus,* Zweites Schiffsregister und Heuerstatut, IPRax 1990, 141; *Magnus,* Englisches Kündigungsrecht auf deutschem Schiff, IPRax 1991, 382; *Magnus,* Seearbeitsverhältnisse und die Rom I- und Rom II-Verordnungen, FS Posch, 2011, 443; *Mankowski,* Seerechtliche Vertragsverhältnisse im Internationalen Privatrecht, 1995; *Mankowski,* Arbeitsverträge von Seeleuten im deutschen Internationalen Privatrecht, RabelsZ 53 (1989), 487; *Mankowski,* Internationales Schiffahrtsregister, Anknüpfung von Heuerverträgen und Qualifikationsfragen im internationalen Arbeitsrecht, IPRax 1996, 405; *Noltin,* Die Änderungen des SeeArbG seit seinem Inkrafttreten, RdTW 2017, 1; *Puttfarken,* See-Arbeitsrecht – Neues im IPR, 1988; *Werbke,* Die neue Rechtslage nach der Einführung des Internationalen Seeschiffahrtsregisters, 1989; *Wurmnest,* The Law Applicable on the Continental Shelf and in the Exclusive Economic Zone, in Basedow/Kischel/Sieber, German National Reports to the 18th International Congress of Comparative Law, 2010, 371 = Ocean Yb. 25 (2011), 311; *Wurmnest,* Maritime Employment Contracts in the Conflict of Laws, in Basedow/Magnus/Wolfrum, The Hamburg Lectures on Maritime Affairs 2009 & 2010, 2012, 113.

a) Einheitliches Recht. Eine Vereinheitlichung auf dem Gebiet des **Seearbeitsrechts** ist durch das **SeearbeitsÜbk 2006**[334] erfolgt.[335] Es wurde auch von Deutschland ratifiziert und im **SeeArbG** umgesetzt.[336] Dieses gilt für Kauffahrteischiffe, welche die Bundesflagge führen (§ 1 Abs. 1 SeeArbG). **Abweichende Vereinbarungen** sind nicht schlechthin verboten. Von den Vorschriften des SeeArbG kann zu Ungunsten eines Besatzungsmitglieds aber nur abgewichen werden, wenn es gesetzlich bestimmt ist (§ 9 S. 1 SeeArbG). Die Mindestanforderungen der Arbeits- und Lebensbedingungen des Seearbeitsübereinkommens iSd Art. III, IV und VI Nr. 1 S. 1 SeearbeitsÜbk 2006 sind auch dann zu beachten, wenn eine abweichende Rechtswahl getroffen worden ist (§ 9 S. 2 SeeArbG).[337] Für Seeleute auf Schiffen unter ausländischer Flagge gelten nur die §§ 139–141 SeeArbG sowie für Schiffe unter ausländischer Flagge die §§ 137–138 SeeArbG (§ 1 Abs. 3 SeeArbG). – Auf europäischer Ebene besteht eine **Richtlinie über die Mindestanforderungen der Arbeit auf Handelsschiffen.**[338] Zum FlRG → Rn. 100 ff. 87

b) Anknüpfung nach Art. 8. aa) Allgemeine Anknüpfung. Eine eigene kollisionsrechtliche Regelung für Seearbeitsverhältnisse fehlt, wie auch schon im EVÜ.[339] Daher sind die allgemeinen Vorschriften der Art. 3 ff. anwendbar.[340] Nach § 1 Abs. 1 SeeArbG gilt dieses Gesetz, welches auch das Heuerverhältnis der Besatzungsmitglieder regelt (§§ 23 ff. SeeArbG), für Seeschiffe unter deutscher Flagge.[341] Während diese Bestimmung früher zum Teil als besondere einseitige Kollisionsnorm[342] bzw. international zwingende Bestimmung[343] aufgefasst wurde, sieht man sie heute zutref- 88

---

[334] Seearbeitsübereinkommen vom 23.2.2006 (BGBl. 2013 II 763). – Entscheidung des Rates vom 7.6.2007 zur Ermächtigung zur Ratifikation, ABl. EU 2007 L 161, 63; dazu RL 2013/54/EU vom 20.11.2013 über bestimmte Verantwortlichkeiten der Flaggenstaaten für die Einhaltung und Durchsetzung des Seearbeitsübereinkommens 2006, ABl. EU 2013 L 329, 1.

[335] Näher *Gräf* ZfA 43 (2012), 557 (559 ff.).

[336] Gesetz zur Umsetzung des Seearbeitsübereinkommens 2006 der Internationalen Arbeitsorganisation (SeeArbGEG) vom 20.4.2013, BGBl. 2013 I 868; Geltung ab 1.8.2013.

[337] Näher Begr. RegE, BT-Drs. 17/10959, 64.

[338] RL 2009/13/EG vom 16.2.2009 zur Durchführung der Vereinbarung zwischen dem Verband der Reeder in der Europäischen Gemeinschaft (ECSA) und der Europäischen Transportarbeiter-Föderation (ETF) über das Seearbeitsübereinkommen 2006 und zur Änderung der RL 1999/63/EG, ABl. EU 2009 L 124, 30; dazu *Gräf* ZfA 43 (2012), 557 (560 f.).

[339] Entsprechender Vorschlag bei Max-Planck-Institut RabelsZ 71 (2007), 294 ff.

[340] *Gräf* ZfA 43 (2012), 557 (567); ebenso schon Bericht *Giuliano/Lagarde,* BT-Drs. 10/503, 58.

[341] Zum Entwurf des SeeArbG *Gräf* ZfA 43 (2012), 557 (560 ff.).

[342] *Ebenroth/Fischer/Sorek* ZVglRWiss 88 (1989), 124 (142 f.); *Eßlinger,* Die Anknüpfung des Heuervertrags unter Berücksichtigung von Fragen des internationalen kollektiven Arbeitsrechts, 1991, 125.

[343] *Droste,* Der Begriff der „zwingenden Bestimmung" in den Art. 27 ff. EGBGB, 1991, 150; Soergel/*v. Hoffmann* EGBGB Art. 30 Rn. 57: aber nur für das zwingende öffentlich-rechtliche Seearbeitsrecht; anders BAGE 63, 17 = IPRax 1991, 407 m. Aufsatz *Magnus* IPRax 1991, 382 = SAE 1990, 317 mAnm *Junker* = IPRspr. 1989 Nr. 72; BAGE 80, 84 = IPRax 1996, 416 m. Aufsatz *Mankowski* IPRax 1996, 405 = SAE

fend als durch Art. 8 überholt an.[344] Aus § 1 SeeArbG darf daher nicht mehr die Geltung deutschen Rechts entnommen werden. Der Vorschrift kommt allerdings noch materiellrechtliche Bedeutung zu; bei Geltung deutschen Rechts kann sie angewendet werden.[345]

89 Nach Art. 8 Abs. 1 ist für das Seearbeitsverhältnis **Rechtswahl möglich.**[346] Allerdings bilden auch hier die Schutzbestimmungen des nach objektiven Gesichtspunkten bestimmten Arbeitsvertragsstatuts eine Grenze. Die **objektive Anknüpfung** macht Schwierigkeiten, da mehrere Stufen der Anknüpfung (Art. 8 Abs. 2–4) zur Auswahl stehen. Ferner ist unklar, in welchem Umfang der nunmehr erweitert zu verstehende Arbeitsort territorial bzw. iS eines Gewässers verstanden und/oder durch Flaggenanknüpfung ausgefüllt werden kann.

90 **bb) Arbeit mit Bezug zu einem Staatsgebiet.** Bei der Arbeit mit Bezug zu einem Staatsgebiet wird über die örtlichen Anknüpfungspunkte des Art. 8 (Arbeitsort, erweiterter Arbeitsort, einstellende Niederlassung) soweit wie möglich eine Anknüpfung zum jeweiligen Staat hergestellt. Bei der zunehmenden wirtschaftlichen Erschließung der Meere muss man die völker- und seerechtliche **Einteilung der Meereszonen** jedenfalls mit in Betracht ziehen.[347] Danach folgt auf die Binnengewässer das Küstenmeer (territorial see/water).[348] Es grenzt an die gewisse Kontrollbefugnisse gewährende Anschlusszone (contiguous zone),[349] die bereits zur ausschließlichen Wirtschaftszone (AWZ) gehört (exclusive economic zone).[350] Erst dann folgt die hohe See.[351] Besondere Rechte hat der Küstenstaat auf dem Festlandsockel (continental shelf).[352]

91 Die **Binnengewässer** sind Teil des jeweiligen Staates, so dass sich bei Arbeit nur in dieser Zone der **Arbeitsort dort** befindet.[353] Werden mehrere Binnengewässer nicht nur gelegentlich berührt, so ist fraglich, ob dann eine Flaggenanknüpfung vorzunehmen ist.[354]

92 Bei der **Arbeit in den Küstengewässern** (zB Lotse, Offshore-Anlage) ist nach der Arbeitsortanknüpfung das **Recht dieses Staates** anzuwenden.[355] Das gilt auch bei einer Tätigkeit in mehreren Hoheitsgewässern (zB bei Fährbetrieb), wenn eine genügend enge Beziehung zu einem Ort besteht.[356] Werden mehrere Küstengewässer ohne eine solche Basis berührt, so ist fraglich, ob eine Flaggenanknüpfung vorzunehmen ist.[357]

93 Bei der Arbeit in der **ausschließlichen Wirtschaftszone** eines Staates befindet sich der **Arbeitsort** dort.[358] Das deutsche Arbeitsschutzrecht bestimmt, wie weit es in der deutschen AWZ gilt.[359] Bei einer **Tätigkeit zwischen zwei Staaten** (zB Fährbetrieb zwischen zwei Staaten) ist es auch

---

1997, 31 mAnm *Magnus* = EzA Nr. 3 mAnm *Franzen,* für Bestimmungen über Heuer, Urlaubsvergütung und Verpflegungsgeld; *Magnus* IPRax 1990, 145. – Zur Bedeutung als Eingriffsnorm *Mankowski* RabelsZ 53 (1989), 487 (511 ff.).

344 *Magnus* FS Posch, 2011, 443 (445). – So bereits zu Art. 30 EGBGB BAGE 63, 17 (33 f.) = IPRax 1991, 407 m. Aufsatz *Magnus* IPRax 1991, 382 = SAE 1990, 317 mAnm *Junker* = IPRspr. 1989 Nr. 72; IPRax 1996, 416 m. Aufsatz *Mankowski* IPRax 1996, 405 = EzA Nr. 3 mAnm *Franzen; Mankowski,* Seerechtliche Vertragsverhältnisse im Internationalen Privatrecht, 1995, 505.

345 *Kühl* TranspR 1989, 89 (94 f.); *Drobnig/Puttfarken,* Arbeitskampf auf Schiffen fremder Flagge, 1989, 13 f.; *Puttfarken,* See-Arbeitsrecht – Neues im IPR, 1988, 5.

346 LAG MV BeckRS 2014, 67897; *Deinert* IntArbR § 9 Rn. 158; Staudinger/*Magnus,* 2021, Rn. 142. – S. bereits *Kühl* TranspR 1989, 89 (90); *Drobnig/Puttfarken,* Arbeitskampf auf Schiffen fremder Flagge, 1989, 13; *Werbke,* Die neue Rechtslage nach der Einführung des Internationalen Seeschiffahrtsregisters, 1989, 12 f.; *Eßlinger,* Die Anknüpfung des Heuervertrags unter Berücksichtigung von Fragen des internationalen kollektiven Arbeitsrechts, 1991, 53; *Mankowski,* Seerechtliche Vertragsverhältnisse im Internationalen Privatrecht, 1995, 503 ff.; *Taschner,* Arbeitsvertragsstatut und zwingende Bestimmungen nach dem Europäischen Schuldvertragsübereinkommen, 2003, 145.

347 Dazu *Winkler v. Mohrenfels* EuZA 2012, 368 (373); *Wurmnest* in Basedow/Kischel/Sieber, German National Reports to the 18th International Congress of Comparative Law, 2010, 371 (397 ff.).

348 Art. 2, 3 Seerechtsübereinkommen vom 10.12.1982 (deutscher Text BGBl. 1994 II 1799; ABl. EG 1998 L 179, 4).

349 Vgl. *Plender/Wilderspin,* The European private international law of obligations, 5. Aufl. 2020, Rn. 18–057.

350 Art. 55 Seerechtsübereinkommen von 1982; vgl. *Plender/Wilderspin,* The European private international law of obligations, 5. Aufl. 2020, Rn. 18–058 ff.

351 Art. 86 Seerechtsübereinkommen von 1982.

352 Art. 76 Seerechtsübereinkommen von 1982; vgl. *Plender/Wilderspin,* The European private international law of obligations, 5. Aufl. 2020, Rn. 18–060.

353 Grüneberg/*Thorn* Rn. 10; Staudinger/*Magnus,* 2021, Rn. 147.

354 Bejahend *Magnus* FS Posch, 2011, 443 (450).

355 *Deinert* IntArbR § 9 Rn. 165, 183; anders BAGE 132, 182 = RIW 2010, 232 – Fähre Deutschland/Finnland.

356 *Magnus* FS Posch, 2011, 443 (450); *Deinert* IntArbR § 9 Rn. 184 f.

357 Bejahend *Magnus* FS Posch, 2011, 443 (450).

358 *Magnus* FS Posch, 2011, 443 (449); *Winkler v. Mohrenfels* EuZA 2012, 376; *Block* EuZA 2013, 20 (23).

359 Verneinend für das ArbZG, *Bayreuther* RIW 2011, 446 ff.

möglich, auf den Staat abzustellen, von dem aus die Tätigkeit im Wesentlichen stattfindet.[360] Besteht keine solche Basis, so ist fraglich, ob bei Schiffen eine Flaggenanknüpfung vorzunehmen ist.[361]

Befindet sich der Arbeitsort auf See auf **staatsfreiem Gebiet,** aber innerhalb des **Festlandsockels** eines Staates (zB auf einer Bohrinsel), so ist er diesem Staat zuzuordnen.[362] Diese Argumentation könnte man auch auf die Arbeit auf Schiffen übertragen.[363] Fraglich ist aber auch hier, ob eine Flaggenanknüpfung vorzunehmen ist.[364] **94**

cc) Arbeit auf hoher See. Die **objektive Anknüpfung des Seearbeitsverhältnisses,** dh die Subsumtion unter Art. 8 ist umstritten. Zur Auswahl stehen die Anknüpfungspunkte des Abs. 2 (Arbeitsort sowie Arbeitsort „von dem aus") und der Abs. 3 (einstellende Niederlassung) sowie die Ausweichklausel des Abs. 4 und ihre jeweilige Konkretisierung. (1) Teilweise wird vertreten, Seearbeitsverhältnisse unterlägen grundsätzlich dem **Recht der Flagge,** das dem **Arbeitsort** entspreche (Abs. 2).[365] Hiervon werden dann bei fehlender Signifikanz der Flagge mehr oder weniger große Ausnahmen zugelassen (→ Rn. 97). (2) Für die Anknüpfung an Arbeitsort und Flagge ist auch von Bedeutung, dass der EuGH bereits für Brüssel I-VO und EVÜ mit dem **Arbeitsort, „von dem aus"** der Arbeitnehmer tätig wird, argumentiert hat.[366] Diese Erweiterung des Arbeitsortbegriffs ist nunmehr in Abs. 2 anerkannt. (3) Andere stellen dagegen auf das **Recht der einstellenden Niederlassung** (Abs. 3) ab.[367] In diese Richtung wies schon der Bericht von *Giuliano/Lagarde.* Dort heißt es, bei der Arbeit auf einer Bohrinsel auf hoher See sei das Recht des Unternehmens anwendbar, welches den Arbeitnehmer eingestellt hat.[368] (4) Eine weitere Auffassung geht schließlich (in Abweichung von der sonst akzeptierten Auslegung des Art. 8) davon aus, weder Abs. 2 noch Abs. 3 würden passen, so dass stets die **Ausweichklausel des Abs. 4** zur Anwendung komme.[369] Für deren Anwendung werden wiederum verschiedene Umstände herangezogen. Teilweise wird hierfür der Flagge zwar nicht alleinige, wohl aber eine herausragende Bedeutung beigemessen.[370] **95**

Die Anknüpfung an das **Recht der Flagge** basiert auf der Annahme einer **besonderen Beziehung** zwischen Schiff und Flaggenstaat, wie sie auch im internationalen öffentlichen Recht anerkannt ist. Dagegen ist die Frage, ob man das Schiff gleichsam als Gebietsteil des Flaggenstaates ansehen kann, nicht entscheidend. Auch der EuGH hat bei der internationalen Zuständigkeit für den Arbeitsort auf Bohrplattformen und -schiffen auf die Staatszugehörigkeit dieser Einrichtungen abgestellt.[371] Allerdings hat er später bei einem Seearbeitsverhältnis allein mit dem Arbeitsort, „von **96**

---

[360] Rauscher/*v. Hein* Rn. 49; Staudinger/*Magnus,* 2021, Rn. 148; vgl. anders BAGE 132, 182 = RIW 2010, 232 – Fähre Deutschland/Finnland (griechische Flagge maßgeblich).

[361] Bejahend *Magnus* FS Posch, 2011, 443 (450).

[362] *Block* EuZA 2013, 20 (23 ff.); *Deinert* IntArbR § 9 Rn. 168, 183; Staudinger/*Magnus,* 2021, Rn. 147; ebenso zum EuGVÜ EuGH Slg. 2002, I-2013 (2044) = NJW 2002, 1635 – Weber; zust. *Junker* FS Heldrich, 2005, 719 (727 ff.); *Mankowski* IPRax 2003, 21 (26 f.).

[363] Vgl. *Wurmnest* in Basedow/Kischel/Sieber, German National Reports to the 18th International Congress of Comparative Law, 2010, 371 (400).

[364] Vgl. Staudinger/*Magnus,* 2021, Rn. 149.

[365] *Magnus* FS Posch, 2011, 443 (450); *Gräf* ZfA 43 (2012), 557 (572 ff.); Rauscher/*v. Hein* Rn. 43; ebenso ArbG Hamburg IPRspr. 1988 Nr. 52a; *Gamillscheg* ZfA 14 (1983), 307 (342); *Däubler* RIW 1987, 249 (251 f.); *Däubler,* Das zweite Schiffsregister, 1988, 22 ff.; *Mankowski* RabelsZ 53 (1989), 495 ff.; *Mankowski* IPRax 2003, 26 ff.; *Basedow* BerGesVR 31 (1990), 75 (84); *Franzen* IntArbR AR-Blattei 920 Rn. 83; *Junker* FS Heldrich, 2005, 719 (729 ff.); *Junker* RIW 2006, 401 (407); *Taschner,* Arbeitsvertragsstatut und zwingende Bestimmungen nach dem Europäischen Schuldvertragsübereinkommen, 2003, 149 ff. – Unentschieden BAG NZA 2016, 473 = RIW 2016, 375 mAnm *Mankowski.*

[366] EuGH Slg. 2011, I-13275 = NZA 2012, 227 = EuZW 2012, 61 m. Aufsatz *Lüttringhaus/Schmidt-Westphal* EuZW 2012, 139 – Voogsgeerd; ebenso für Schiffe mit festen Fahrtrouten Ferrari IntVertragsR/*Staudinger* Rn. 21.

[367] *Deinert* IntArbR § 9 Rn. 164 ff.; BeckOK BGB/*Spickhoff* Rn. 26; Erman/*Stürner* Rn. 19; Ferrari IntVertragsR/*Staudinger* Rn. 21 (grundsätzlich); Grüneberg/*Thorn* Rn. 12; ebenso *Ebenroth/Fischer/Sorek* ZVglRWiss 88 (1989), 124 (140 ff.); *Kühl* TranspR 1989, 89 (94); *Eßlinger,* Die Anknüpfung des Heuervertrags unter Berücksichtigung von Fragen des internationalen kollektiven Arbeitsrechts, 1991, 56 ff.; *Geisler,* Die engste Verbindung im Internationalen Privatrecht, 2001, 301 f.

[368] Bericht *Giuliano/Lagarde,* BT-Drs. 10/503, 58; ebenso *Lagarde* Rev. crit. dr. int. pr. 80 (1991), 287 (319).

[369] *Ludewig,* Kollektives Arbeitsrecht auf Schiffen des Internationalen Seeschifffahrtsregisters, 2012, 97 f.; ebenso *Drobnig/Puttfarken,* Arbeitskampf auf Schiffen fremder Flagge, 1989, 15; *Puttfarken,* See-Arbeitsrecht, 1988, 10 f.; ähnlich *Werbke,* Die neue Rechtslage nach der Einführung des Internationalen Seeschiffahrtsregisters, 1989, 18; dagegen näher *Geisler,* Die engste Verbindung im Internationalen Privatrecht, 2001, 288 f.

[370] *Drobnig/Puttfarken,* Arbeitskampf auf Schiffen fremder Flagge, 1989, 15, 45, 48 f.; *Puttfarken,* See-Arbeitsrecht, 1988, 12. Vgl. auch *Drobnig* BerGesVR 31 (1990), 31 (62 ff.).

[371] EuGH Slg. 2002, I-2013 = NJW 2002, 1635 = IPRax 2003, 45 m. Aufsatz *Mankowski* IPRax 2003, 21 = ZZPInt. 7 (2002), 220 mAnm *Junker* – Weber/Universal Ogden Services.

dem aus" der Arbeitnehmer tätig wird, argumentiert.[372] Daher fühlt man sich zum Teil in der Auffassung bestätigt, dass nach der Rom I-VO keine Anknüpfung an die Flagge stattfindet.[373] Die Anhänger einer Anknüpfung an die Flagge stellen auf das Flaggenrecht auch dann ab, wenn eine inländische Reederei im Flaggenstaat über eine Tochtergesellschaft verfügt.[374]

97 Die Maßgeblichkeit einer **„billigen Flagge"** selbst dann, wenn keine anderen Verbindungen zum Flaggenstaat ersichtlich sind, stößt freilich auch auf Kritik.[375] Die Vereinbarung des Flaggenrechts wurde bei deutschen Besatzungsangehörigen teilweise als Gesetzesumgehung eingestuft.[376] Die objektive Anknüpfung tendierte hier zum Recht des Reedereisitzes.[377] Teilweise wird in Anwendung des Abs. 4 eine engere Verbindung des Arbeitsverhältnisses gesucht.[378] So wird bei einem deutschen Wohnsitz des Arbeitnehmers (Kapitän, Seemann) und einem deutschen Sitz der Reederei die Maßgeblichkeit deutschen Rechts angenommen.[379] Unter Berufung auf die Kontrolltheorie hat man auf das Recht am Sitz des ausflaggenden Seeschifffahrtsunternehmens abgestellt, wenn es weiterhin die tatsächliche Arbeitgeberfunktion ausübte und für die Gestaltung des Heuerverhältnisses verantwortlich war.[380] Entsprechend wurde ein Seearbeitsverhältnis mit einem Deutschen deutschem Recht unterworfen, weil Anteilseigner der ausländischen Schifffahrtsgesellschaft, die in Deutschland eine Niederlassung unterhielt, Deutsche waren.[381] Hier wiesen – von der Billigflagge abgesehen – alle wesentlichen Umstände nach Deutschland. Im Ergebnis nähert man sich daher in solchen Fällen einer Anknüpfung an die einstellende Niederlassung nach Abs. 3.

98 Hält man die Anknüpfung an die **einstellende Niederlassung** für maßgeblich, so ist die direkte Anwendung des Abs. 3 problematisch, weil das Konzept der „einstellenden Niederlassung" beim Anheuern von Seeleuten in der internationalen Seeschifffahrt mit zahlreichen Unsicherheiten belastet ist.[382] Der Begriff der einstellenden Niederlassung richtet sich nach den allgemeinen Kriterien. Teilweise möchte man entgegen der EuGH-Auslegung den bloßen Vertragsabschluss mit der einstellenden Niederlassung nicht genügen lassen.[383] Eine Crewing Agency soll Arbeitgeber sein können.[384] Dagegen soll eine bloß vorgeschobene Niederlassung, die nur beim Einstellungsvorgang tätig wird, nicht genügen[385] (→ Rn. 75 ff.). Je nach der gewählten (Grund-)anknüpfung spielt die **Ausweichklausel** (Abs. 3) sowohl für ihren Stellenwert als auch für die zu berücksichtigenden Umstände eine unterschiedliche Rolle. Als zu berücksichtigende Faktoren werden etwa der Heimathafen[386] oder eine regelmäßige Schiffsroute[387] genannt.

99 Wie weit die für die Arbeit auf Seeschiffen entwickelten Regeln auch für die Arbeit auf **Offshore-Anlagen** auf hoher See gelten, ist noch ungeklärt.[388]

100 **c) Internationales Seeschifffahrtsregister.** Die Eintragung von Seeschiffen unter deutscher Flagge in ein besonderes Register (sog. Internationales Seeschifffahrtsregister; § 12 FlRG)[389] soll die Schiffsbetriebs-, insbesondere die Personalkosten reduzieren und damit die Wettbewerbsfähigkeit

---

372 EuGH Slg. 2011, I-13275 = NZA 2012, 227 = EuZW 2012, 61 m. Aufsatz *Lüttringhaus/Schmidt-Westphal* EuZW 2012, 139 – Voogsgeerd.

373 *Deinert* IntArbR § 9 Rn. 176, 179; Grüneberg/*Thorn* Rn. 12; s. auch BAG NZA 2016, 473 = RIW 2016, 375.

374 *Drobnig/Puttfarken,* Arbeitskampf auf Schiffen fremder Flagge, 1989, 49 ff.

375 Dagegen hinzunehmen nach Soergel/*v. Hoffmann* EGBGB Art. 30 Rn. 58.

376 *Leffler,* Das Heuerverhältnis auf ausgeflaggten deutschen Schiffen, 1978, 99 ff.

377 Vgl. *Micus,* Das Arbeitsstatut deutscher Seeleute auf Schiffen unter fremder Flagge, 1976, 62 ff., 101 ff.

378 *Franzen* IntArbR AR-Blattei 920 Rn. 84; *Basedow* BerGesVR 31 (1990), 75 (84); *Mankowski* RabelsZ 53 (1989), 487 (510); *Junker* FS Heldrich, 2005, 719 (731); *Taschner,* Arbeitsvertragsstatut und zwingende Bestimmungen nach dem Europäischen Schuldvertragsübereinkommen, 2003, 151; Staudinger/*Magnus,* 2021, Rn. 150.

379 *Junker* FS 50 Jahre BAG, 2004, 1197 (1207 f.).

380 *Leffler,* Das Heuerverhältnis auf ausgeflaggten deutschen Schiffen, 1978, 146 ff.; *Leffler* RdA 1978, 100 f.

381 LAG BW RIW 1981, 272 m. zust. Anm. *R. W. Winkler.*

382 Vgl. *Kühl* TranspR 1989, 89 (94).

383 *Magnus* FS Posch, 2011, 443 (450); *Deinert* IntArbR § 9 Rn. 122.

384 *Deinert* IntArbR § 9 Rn. 186.

385 *Deinert* IntArbR § 9 Rn. 186.

386 *Deinert* IntArbR § 9 Rn. 172.

387 *Deinert* IntArbR § 9 Rn. 172.

388 Dazu *Block* EuZA 2013, 20 ff.

389 Gesetz zur Einführung eines zusätzlichen Registers für Seeschiffe unter der Bundesflagge im internationalen Verkehr (Internationales Seeschifffahrtsregister – ISR), BGBl. 1989 I 550. Begr. BT-Drs. 11/2161. Bek. der Neufassung des FlRG vom 26.10.1994, BGBl. 1994 I 3140. – Die Verfassungsmäßigkeit des Gesetzes bejahen *Herber* Hansa 1988, 645 (646 f.); *Kühl* TranspR 1989, 89 (91 f.); anders *Däubler,* Das zweite Schiffsregister, 1988, 33 ff.; *Geffken* NZA 1989, 88 ff.

deutscher Reeder verbessern. Für die Arbeitsverhältnisse von Besatzungsmitgliedern solcher Schiffe trifft § 21 Abs. 4 FlRG eine besondere Regelung.

Die Vorschrift des § 21 Abs. 4 S. 1 FlRG soll die Schaffung des deutschen „Zweitregisters" arbeitsrechtlich absichern. Die einseitig gefasste, negativ formulierte Vorschrift[390] beabsichtigt eine (nationale) Auslegung des Art. 8.[391] Anlässlich der Reform des IVR hat die Nennung des Art. 8 der VO die frühere Bezugnahme auf Art. 30 EGBGB aF ersetzt.[392] Die Vereinbarkeit der Vorschrift mit Europäischem Unionsrecht ist bejaht worden.[393] Die Regelung des FlRG bedeutet keine staatliche Beihilfe iSd Art. 107 Abs. 1 AEUV. Auch ein Verstoß gegen Art. 151 AEUV liegt nicht vor.[394] Die Verfassungsmäßigkeit wurde ebenfalls im Wesentlichen bejaht.[395] Die **Beschäftigung ausländischer Seeleute zu Heimatheuern** verstößt nicht gegen den allgemeinen Gleichheitssatz (Art. 3 GG). Die Berufsfreiheit deutscher Seeleute wird nicht dadurch verletzt, dass auf im Zweitregister eingetragenen Handelsschiffen der Abschluss arbeitsrechtlicher Vereinbarungen unter erleichterten Bedingungen zulässig ist. Die Anknüpfung an das Recht des gewöhnlichen Aufenthalts des Seemannes wird für sachgerecht gehalten. Als inhaltliche Schranke gegen ein den Schutz des Seemannes vernachlässigendes Auslandsrecht bleibt nur der ordre public (Art. 21).[396] Kritisch betrachtet wird allerdings, dass hinter einer arbeitsvertraglichen Anknüpfung Zwecke der Wettbewerbsförderung stehen. 101

Während bei Art. 9 Abs. 2 zwingendes Inlandsrecht auch gegen eine ausländische lex causae durchgesetzt werden soll, soll nach dem FlRG an sich zwingendes Inlandsrecht bei ausländischer lex causae nicht gelten. Eine andere Deregulierungsmöglichkeit wäre zwar die Abschwächung des inländischen materiellen Rechts gewesen. Ein solches Arbeitsrecht minderen Standards wurde jedoch nicht geschaffen;[397] stattdessen soll das Recht der Heimatländer der ausländischen Seeleute angewendet werden. Damit aber trotz Vereinbarung ausländischen Rechts nicht doch die Schutzbestimmungen des deutschen Rechts – gestützt auf die Führung der deutschen Flagge – angeführt werden können, versuchte der Gesetzgeber die (vermeintliche) **Dominanz der Flagge zu beseitigen** und durch Ergänzung des Art. 8 die objektive Anknüpfung so zu beeinflussen, dass inländisches zwingendes Recht gar nicht mehr berufen ist. Dies bezweckt die Formulierung des § 21 Abs. 4 S. 1 FlRG, wonach das Führen der Bundesflagge nicht schon zur Geltung deutschen Rechts führt. 102

Es war umstritten, ob die frühere kollisionsrechtliche Regelung, die auf Art. 30 EGBGB Bezug nahm, **gegen Art. 6 EVÜ** verstieß.[398] Die Vertragsstaaten durften neue Kollisionsnormen nur nach Konsultationen einführen (Art. 23 EVÜ). Auch eine bindende „Klarstellung" allein durch den deutschen Gesetzgeber war angesichts der vorgeschriebenen einheitlichen Auslegung des Übereinkommens (Art. 18 EVÜ) bedenklich.[399] Problematisch ist auch das **Verhältnis zur höherrangigen Rom I-VO.** Zwar postuliert die VO ihrerseits keinen ausdrücklichen Vorrang der Flagge. Auch bleibt die Anknüpfung nach Art. 8 Abs. 2 im Übrigen unberührt, so dass Auslegungen denkbar sind, welche dem Arbeitnehmer die Berufung auf andere Schutzbestimmungen als auf diejenigen seines Heimatlandes nicht abschneidet. Unabhängig von inhaltlichen Divergenzen ist das FlRG ein 103

[390] Als negativ einseitige Kollisionsnorm sieht sie an *Deinert* IntArbR § 9 Rn. 176, 179.

[391] Ursprünglich Art. 6 EVÜ bzw. Art. 30 EGBGB. Vgl. *Junker* FS Heldrich, 2005, 719 (721 f.); *Mankowski*, Seerechtliche Vertragsverhältnisse im Internationalen Privatrecht, 1995, 524 f. – Einen Verstoß gegen Art. 6 EVÜ verneint *Lagoni* JZ 1995, 499 (502 f.); anders *Geffken* NZA 1990, 88 (91 f.); *Jayme/Kohler* IPRax 1995, 343 (353); *Puttfarken* RIW 1995, 617 (626).

[392] Art. 2 Abs. 6 Gesetz zur Anpassung des IPR an die VO (EG) 593/2008 vom 25.6.2009, BGBl. 2009 I 1574; dazu *Martiny* RIW 2009, 737 (747).

[393] Auf Vorlage des ArbG Bremen EuZW 1991, 382 betr. Einstellung philippinischer Seeleute für im deutschen Internationalen Seeschifffahrtsregister eingetragenes Schiff.

[394] EuGH Slg. 1993, I-887 = EuZW 1993, 288 = IPRax 1994, 199 m. zust. Aufsatz *Magnus* IPRax 1994, 178 – Sloman Neptun SchifffahrtsAG/Seebetriebsrat Bodo Ziesemer.

[395] S. *Kühl* TranspR 1989, 89 (91 f.); *Eßlinger*, Die Anknüpfung des Heuervertrags unter Berücksichtigung von Fragen des internationalen kollektiven Arbeitsrechts, 1991, 88 ff.; *Heilmann*, Das Arbeitsvertragsstatut, 1991, 174 ff.; anders *Geffken* NZA 1989, 88 ff.; *Däubler*, Das zweite Schiffsregister, 1988, 43 ff.

[396] So zum alten Recht BVerfGE 92, 26 = NZA 1995, 272 = NJW 1995, 2339 m. Aufsatz *Höfft* NJW 1995, 2329 = JZ 1995, 507 m. Aufsatz *Lagoni* JZ 1995, 499 = IPRax 1996, 115 m. Aufsatz *Tomuschat* IPRax 1996, 83 = AR-Blattei Tarifvertrag XV Int. TarifvertragsR Nr. 1 mAnm *Franzen*.

[397] Vgl. *Werbke*, Die neue Rechtslage nach der Einführung des Internationalen Seeschiffahrtsregisters, 1989, 16.

[398] Bejahend *E. Lorenz* RdA 1989, 220 (225); *Geffken* NZA 1989, 88 (90 f.); *Mankowski*, Seerechtliche Vertragsverhältnisse im Internationalen Privatrecht, 1995, 524 f.; *Mankowski* IPRax 1996, 405 (406 f.); *Däubler*, Das zweite Schiffsregister, 1988, 21 ff.; Soergel/*v. Hoffmann* EGBGB Art. 30 Rn. 58. – Verneinend *Herber* Hansa 1988, 645 (647 f.); *Kühl* TranspR 1989, 89 (93 ff.).

[399] So auch *Jayme/Kohler* IPRax 1989, 337 (341 f.); *Jayme/Kohler* IPRax 1995, 343 (353).

nationaler Versuch, eine bestimmte Lösung in einem unionsrechtlich geregelten Bereich zu verhindern. Allerdings räumt die deutsche Vorschrift selbst einen Vorrang des Unionsrechts ein, will ihm also nicht widersprechen. Die „Interpretationsnorm" ist daher einstweilen trotz aller Bedenken für den deutschen Rechtsanwender verbindlich.[400] Andere sehen in ihr aber einen Verstoß gegen Unionsrecht,[401] halten sie nunmehr für unanwendbar[402] oder messen ihr lediglich deklaratorische Bedeutung bei.[403]

104 An der **Zulässigkeit einer Rechtswahl,** die das FlRG ja fördern will, ändert das Gesetz nichts.[404] Bezüglich der **objektiven Anknüpfung** reicht das Führen der Bundesflagge allein für die Anwendung deutschen Rechts nicht aus. Welche Auswirkungen dies hat, hängt davon ab, welche Anknüpfung des Seearbeitsvertrages man im Rahmen des Art. 8 wählt (→ Rn. 95 f.). Wer sich in erster Linie auf Abs. 2 bzw. die Flagge stützt, für den wird ein Anknüpfungspunkt beseitigt oder relativiert.[405] Dagegen läuft für diejenigen, welche ohnehin an die einstellende Niederlassung (Abs. 3) anknüpfen, die Regelung des FlRG leer.[406] Wer primär auf die engste Verbindung nach der Ausweichklausel (Art. 8 Abs. 4) abstellt,[407] kann auch auf Grund weiterer Kriterien zur Geltung deutschen Rechts gelangen.[408] Die Gesetzesbegründung betont vor allem die ausländische Staatsangehörigkeit und den – wohl in erster Linie aussagekräftigen – ausländischen gewöhnlichen Aufenthalt des Seemannes.[409] Dem hat sich die Rspr. angeschlossen, welche auf ähnliche Kriterien zurückgreifen will, die auch nach früherem Recht maßgeblich waren.[410] Die regelmäßige Route des Schiffs und sogar die Sprache sowie der ausländische Anwerbe- und Abschlussort des Vertrages sind herangezogen worden, um eine Abwahl des deutschen Rechts zu rechtfertigen.[411] Wegen der Nähe zur Flaggenanknüpfung wird vertreten, auch den deutschen Sitz der Reederei von der Abwägung der Umstände auszuschließen.[412]

105 Nach Art. 8 Abs. 1 steht auch bei Rechtswahl stets ein nach objektiven Gesichtspunkten bestimmtes Statut für die **günstigeren Schutzbestimmungen** im Hintergrund. Obwohl sich das FlRG dazu nicht äußert und die Begründung der Seearbeitsverhältnisse in einem „internationalen Wirtschaftsgebiet" ansiedelt,[413] existiert ein entsprechendes Statut auch hier und richtet sich nach den gleichen Grundsätzen wie das mangels Rechtswahl bestimmte Statut.[414]

106 Der **Vorbehalt zu Gunsten der Rechtsvorschriften der EU** soll Seeleute mit gewöhnlichem Aufenthalt in den anderen Ländern der EU mit deutschen Arbeitnehmern gleichstellen. Solche Seearbeitsverhältnisse werden von der Sonderregelung des FlRG nicht erfasst.[415] Für sie bleibt es bei Art. 8.[416]

IV. Umfang des Arbeitsvertragsstatuts

107 **1. Begründung des Arbeitsverhältnisses.** Die Begründung des Arbeitsverhältnisses unterliegt grundsätzlich dem Arbeitsvertragsstatut (vgl. Art. 10). Es entscheidet auch – vorbehaltlich des

---

400 *Winkler v. Mohrenfels/Block* in Oetker/Preis, Europäisches Arbeits- und Sozialrecht (EAS), 2010, Rn. 135; *Ludewig,* Kollektives Arbeitsrecht auf Schiffen des Internationalen Seeschifffahrtsregisters, 2012, 106 f.; Rauscher/*v. Hein* Rn. 44; Staudinger/*Magnus,* 2021, Rn. 155; ebenso zu Art. 6 EVÜ *Mankowski* IPRax 1996, 405 (407).

401 *Wurmnest* in Basedow/Magnus/Wolfrum, The Hamburg Lectures on Maritime Affairs 2009 & 2010, 2012, 113 (130 f.).

402 ErfK/*Schlachter* Art. 3 ff. Rn. 12; Grüneberg/*Thorn* Rn. 12; krit. *Deinert* RdA 2009, 147.

403 So wohl *Gräf* ZfA 43 (2012), 557 (604 f.).

404 *Magnus* IPRax 1990, 141 (143); *Mankowski,* Seerechtliche Vertragsverhältnisse im Internationalen Privatrecht, 1995, 517; Soergel/*v. Hoffmann* EGBGB Art. 30 Rn. 60.

405 Vgl. *Däubler,* Das zweite Schiffsregister, 1988, 11 f.; *Geffken* NZA 1989, 88 (90 f.).

406 *Hauschka/Henssler* NZA 1988, 597 (599); *Kühl* TranspR 1989, 89 (93 f.); *Deinert* IntArbR § 9 Rn. 179. – Inkonsequent *Ebenroth/Fischer/Sorek* ZVglRWiss 88 (1989), 124 (143 f.).

407 So BAGE 80, 84 = IPRax 1996, 416 m. Aufsatz *Mankowski* IPRax 1996, 405 = SAE 1997, 31 mAnm *Magnus* = EzA Art. 30 Nr. 3 mAnm *Franzen;* abl. etwa *Deinert* IntArbR § 9 Rn. 177 f.

408 Vgl. *Herber* Hansa 1988, 645 (647 f.); *Puttfarken,* See-Arbeitsrecht – Neues im IPR, 1988, 31 Fn. 49. – Obiter für einen ausschließlichen Einsatz in den deutschen Hoheitsgewässern BAGE 80, 84 = IPRax 1996, 416 m. Aufsatz *Mankowski* IPRax 1996, 405 = EzA Nr. 3 mAnm *Franzen.*

409 BT-Drs. 11/2161, 6; vgl. *Mankowski* IPRax 1996, 405 (408).

410 BAGE 80, 84 = IPRax 1996, 416 m. Aufsatz *Mankowski* IPRax 1996, 405 = EzA Nr. 3 mAnm *Franzen.*

411 BAGE 80, 84 = IPRax 1996, 416 m. Aufsatz *Mankowski* IPRax 1996, 405 = EzA Nr. 3 mAnm *Franzen.*

412 *Franzen* EzA Nr. 3 S. 15 f.; *Mankowski* IPRax 1996, 405 (408); *Junker* FS 50 Jahre BAG, 2004, 1197 (1205 f.).

413 BT-Drs. 11/2161, 7; krit. zum Konzept *Geffken* DuR 1989, 52 ff.

414 *Herber* Hansa 1988, 645 (647); *Däubler,* Das zweite Schiffsregister, 1988, 10.

415 Vgl. Begr. RegE, BT-Drs. 11/2161, 6.

416 *Mankowski* RabelsZ 53 (1989),487 (516); Soergel/*v. Hoffmann* EGBGB Art. 30 Rn. 60.

deutschen ordre public –, ob ein **befristetes Arbeitsverhältnis** eingegangen werden kann.[417] Befristungsbeschränkungen (zB § 14 TzBfG) setzen sich ggf. als Schutzvorschriften nach Abs. 1 gegen das gewählte Recht durch.[418]

Für die **Arbeitsvertragsgeschäftsfähigkeit** gilt Art. 7 EGBGB und die Verkehrsschutzvorschrift des Art. 13.[419] Für die **Form** fehlt eine besondere Regelung. Eine Reihe dem Arbeitnehmerschutz dienender Lösungen werden vertreten. Auffassungen, allein auf das Arbeitsvertragsstatut[420] oder auf das im Konfliktfall für den Arbeitnehmer günstigere Formstatut abzustellen, haben sich nicht durchgesetzt.[421] Nach hM gilt hingegen uneingeschränkt Art. 11.[422] – Zwingende Vorschriften über die Arbeitsvermittlung und die **Beschäftigungserlaubnis** werden über Art. 9 durchgesetzt.[423] Fehlt die Arbeitserlaubnis für Ausländer nach § 1 ArGV, so ist der Arbeitsvertrag nicht unwirksam.[424] 108

Bei einem **Betriebsübergang** tritt nach § 613a BGB der neue Betriebsinhaber kraft Gesetzes in ein bestehendes Arbeitsverhältnis ein.[425] Zwar wurde vorgeschlagen, statt der Anknüpfung an den Individualvertrag noch ein besonderes, einheitliches Regime für betriebsbezogene Fragen zu entwickeln und eine derartige Fortsetzungspflicht dem Recht des Betriebsortes zu unterwerfen[426] oder aber sie stets als international zwingende Norm des Forums, also als Eingriffsnorm, über Art. 9 Abs. 2 durchzusetzen.[427] Das Gleiche wird jedenfalls für den Übergang einer Einheit innerhalb der EU vertreten, wenn auf den Arbeitsvertrag ein drittstaatliches (also nicht angeglichenes) Recht anzuwenden ist.[428] Diese Auffassung stützt sich auch darauf, dass es sich um die Umsetzung einer für die Mitgliedstaaten der EU zwingenden Richtlinie (→ Rn. 19) handle (vgl. Art. 1 Abs. 2 RL 2001/23/EG).[429] Sie kann ferner auf Parallelen zur sog. Ingmar-Entscheidung des EuGH verweisen, in der angeglichenes zwingendes Handelsvertreterrecht auch ohne besondere kollisionsrechtliche Anordnung gegen die Vereinbarung ausländischen Rechts durchgesetzt wurde (→ Art. 9 Rn. 14, → Art. 9 Rn. 29). Dementsprechend käme dann das harmonisierte zwingende Recht bereits auf Grund seines Vorrangs zur Anwendung. Nach überwiegender Auffassung steht beim Betriebsübergang jedoch nicht der Bezug zum Betrieb und zum kollektiven Arbeitsrecht, sondern der individuelle Schutz des einzelnen Arbeitnehmers im Vordergrund. Daher ist diejenige Rechtsordnung maßgeblich, welche das Arbeitsverhältnis im Übrigen beherrscht[430] (zum Vertragsübergang → Art. 15 109

[417] BAG NJOZ 2018, 1744 Rn. 79 ff.; ebenso schon *Gamillscheg,* Internationales Arbeitsrecht, 1959, 1959, 232 f.

[418] Staudinger/*Magnus,* 2021, Rn. 217.

[419] Näher *Müller* RdA 1973, 137 (141); *Hönsch* NZA 1988, 113 (117 f.); *Gamillscheg,* Internationales Arbeitsrecht, 1959, 1959, 76 ff.

[420] MHdB ArbR/*Birk* § 20 Rn. 67.

[421] Staudinger/*Magnus,* 2021, Rn. 181, 183.

[422] *Winkler v. Mohrenfels/Block* in Oetker/Preis, Europäisches Arbeits- und Sozialrecht (EAS), 2010, Rn. 32. – Vgl. Grüneberg/*Thorn* Art. 11 Rn. 9.

[423] *Hönsch* NZA 1988, 113 (117); *Birk* RdA 1989, 132; MHdB ArbR/*Birk* § 19 Rn. 120; Soergel/*v. Hoffmann* EGBGB Art. 30 Rn. 23; näher *Bieback* ZAR 1995, 99; *Möll/Reichel* RdA 2001, 308; *Núñez-Müller* NZA 1990, 130; *Pietzcker* DB 1997, 1514.

[424] BAGE 29, 1 = AP AFG § 19 Nr. 2 = SAE 1978, 257 mAnm *Hoffmann;* BAG AP AFG § 19 Nr. 3; Nr. 4; NZA 1991, 341; *Taschner,* Arbeitsvertragsstatut und zwingende Bestimmungen nach dem Europäischen Schuldvertragsübereinkommen, 2003, 276; näher *Hanau* FS 25 Jahre BAG, 1979, 169 ff.; *Riesselmann,* Die Beschäftigung ausländischer Arbeitnehmer ohne Arbeitserlaubnis, 1995; *Marschner* NZA 1996, 186; *Hofherr,* Die illegale Beschäftigung ausländischer Arbeitnehmer und ihre arbeitsrechtlichen Folgen, 1999. – Zu Drittstaatsangehörigen *Sieveking* FS Däubler, 1999, 805 ff.

[425] S. dazu *Junker* NZA-Beil. 1/2012, 8; *Leuchten* ZESAR 11 (2012), 411; *Niksova* ecolex 2013, 53; *Pfeiffer* FS v. Hoyningen-Huene, 2014, 351; *Kania,* Grenzüberschreitende Betriebsübergänge aus europarechtlicher Sicht, 2012; *Felisiak,* Regulierungsbedarf grenzüberschreitender Betriebsübergänge, 2015; *Niksova,* Grenzüberschreitender Betriebsübergang, Wien 2014.

[426] *Birk* BerGesVR 18 (1978), 263 (292); *Bittner,* Europäisches und internationales Betriebsrentenrecht, 2000, 460 ff.; vgl. auch *Koch* RIW 1984, 594. – Für den räumlichen Schwerpunkt des Betriebes bzw. Betriebsteils unter Berücksichtigung des neuen Rechts bei grenzüberschreitendem Betriebsübergang *Junker,* Internationales Arbeitsrecht im Konzern, 1992, 236 ff. – Im Hinblick auf Art. 1 Abs. 2 RL 2001/23/EG fordert eine „allein an territoriale Kriterien geknüpfte Durchsetzung" *Wimmer* IPRax 1995, 207 (208 f.).

[427] *Kania,* Grenzüberschreitende Betriebsübergänge aus europarechtlicher Sicht, 2012, 181 ff. – So zu Art. 34 EGBGB *Jayme/Kohler* IPRax 1993, 369 f.; *Krebber,* Internationales Privatrecht des Kündigungsschutzes bei Arbeitsverhältnissen, 1997, 322 f.; dagegen *Kegel/Schurig* § 18 I 2.

[428] *Pfeiffer* FS v. Hoyningen-Huene, 2014, 351 (361) diff.; *Carsten Müller,* International zwingende Normen des deutschen Arbeitsrechts, 2006, 396 ff.; *Deinert* IntArbR § 13 Rn. 9.

[429] *Pfeiffer* FS Geimer, 2002, 821 (830 f.); *Reichold* FS Birk, 2008, 687 (697); *Krebber,* Internationales Privatrecht des Kündigungsschutzes bei Arbeitsverhältnissen, 1997, 320; GK-KSchG/*Pfeiffer* BGB § 613a Rn. 211.

[430] BAG NJW 2011, 3323; LAG BW ZIP 2010, 388 – Betriebsübergang im Ausland; *Winkler v. Mohrenfels/Block* in Oetker/Preis, Europäisches Arbeits- und Sozialrecht (EAS), 2010, Rn. 213 ff.; *Niksova* ecolex 2013,

Rn. 28). Bei § 613a BGB handelt es sich folglich um keine Eingriffsnorm iSd Art. 9.[431] Es bleibt bei der Maßgeblichkeit des Arbeitsvertragsstatuts. Doch kann sich der Arbeitnehmer nach Art. 8 auf die ihm günstigste Regelung berufen.

110 **2. Inhalt des Arbeitsverhältnisses.** Die arbeitsvertraglichen Rechte und Pflichten richten sich nach dem Arbeitsvertragsstatut (Art. 12 Abs. 1),[432] soweit es zu keinen Modifikationen nach dem Günstigkeitsprinzip (Abs. 1) oder zu einer Sonderanknüpfung von Eingriffsnormen als zwingende Vorschriften (Art. 9 Abs. 2) bzw. als zwingende Normen nach § 2 AEntG kommt.

111 **a) Arbeitnehmerpflichten.** Arbeitspflicht und Direktionsrecht ergeben sich aus dem Vertragsstatut.[433] Gleiches gilt nach hM für Nebenpflichten wie die Treuepflicht.[434] Bezüglich der eingeschränkten Verantwortlichkeit des Arbeitnehmers und der **Haftung für gefahrengeneigte Tätigkeit** geht das Arbeitsvertragsstatut dem Deliktstatut (für das ohnehin Akzessorietät gilt; Art. 4 Abs. 3 Rom II-VO) vor.[435]

112 **b) Arbeitgeberpflichten.** Soweit sich für den allgemeinen **Gleichbehandlungsgrundsatz** des deutschen Arbeitsrechts eine generelle Feststellung treffen lässt, dürfte er trotz seines kollektivrechtlichen Einschlags seiner Funktion nach zum Arbeitsvertragsstatut des Art. 8 zählen, aber nicht allgemein über Art. 9 durchzusetzen sein.[436] Der **Schutz vor Diskriminierung** nach dem AGG wird teilweise als vorrangiges EU-Recht direkt durchgesetzt[437] bzw. als Eingriffsnorm eingeordnet,[438] von anderen aber lediglich als privatschützendes Privatrecht angesehen.[439] Arbeitsrechtliche Diskriminierungsverbote gehören hingegen zu den international zwingenden Vorschriften iSd § 2 Abs. 1 Nr. 7 AEntG.[440]

113 Zu den Arbeitgeberpflichten, die dem Vertragsstatut unterliegen, gehört insbesondere die **Lohnzahlungspflicht.**[441] Dies gilt zB für die Frage, ob Provisionsansprüche entstanden sind.[442] Zwingende Vorschriften können über das Günstigkeitsprinzip des Abs. 1 durchgesetzt werden.[443] Mindestentgeltsätze einschließlich Überstundensätze gehören zudem zu den zwingenden Vorschriften iSd § 2 Abs. 1 Nr. 1 AEntG (→ Rn. 145).[444]

---

54 f.; *v. Bar/Mankowski* IPR II § 1 Rn. 667; Staudinger/*Magnus,* 2021, Rn. 218; ebenso schon *Däubler* DB 1988, 1850 f.; *Kronke* NILR 36 (1989), 9 f.; *Gamillscheg,* Internationales Arbeitsrecht, 1959, 237; *Kegel/Schurig* IPR § 18 I 1 f.; Soergel/*v. Hoffmann* EGBGB Art. 30 Rn. 22; näher *Franzen,* Der Betriebsinhaberwechsel nach § 613a BGB im internationalen Arbeitsrecht, 1994, 74 ff. mwN.

431 BAGE 71, 297 = IPRax 1994, 123 m. insoweit zust. Aufsatz *Mankowski* IPRax 1994, 88 = SAE 1994, 28 m. insoweit abl. Anm. *Junker* = AR-Blattei ES 920 Nr. 3 m. zust. Anm. *Franzen* mAnm *Martiny* EWiR 1993, 673; *Winkler v. Mohrenfels/Block* in Oetker/Preis, Europäisches Arbeits- und Sozialrecht (EAS), 2010, Rn. 214; LAG Köln RIW 1992, 933; *Franzen,* Der Betriebsinhaberwechsel nach § 613a BGB im internationalen Arbeitsrecht, 1994, 74 ff.; anders *Droste,* Der Begriff der „zwingenden Bestimmung" in den Art. 27 ff. EGBGB, 1991, 189 f.

432 *Gamillscheg* ZfA 14 (1983), 307 (358 f.).

433 *Deinert* IntArbR 12 Rn. 5.

434 *Birk* RabelsZ 46 (1982), 384 (396).

435 *Franzen* IntArbR AR-Blattei 920 Rn. 133; MHdB ArbR/*Birk* § 20 Rn. 144; *Taschner,* Arbeitsvertragsstatut und zwingende Bestimmungen nach dem Europäischen Schuldvertragsübereinkommen, 2003, 282; *Deinert* IntArbR § 12 Rn. 129. – S. schon *Schnorr v. Carolsfeld* RdA 1958, 201 (208); *Birk,* Schadensersatz und sonstige Restitutionsformen im IPR, 1969, 79; *Birk* RdA 1984, 129 (133); *Gamillscheg,* Internationales Arbeitsrecht, 1959, 238.

436 *Deinert* IntArbR § 12 Rn. 87; Grüneberg/*Thorn* Rn. 4; anders *Bittner* NZA 1993, 161 ff., die ihn nur unter Art. 27 Abs. 3 EGBGB aF und Art. 34 EGBGB aF, nicht aber unter Art. 30 EGBGB aF fallen lässt; EUArbR/*Krebber* Art. 9 Rn. 32: Recht des Betriebssitzes.

437 EUArbR/*Krebber* Art. 9 Rn. 21.

438 *Mansel* FS Canaris, Bd. I, 2007, 809 (828 ff.); *J. Hoffmann/Bierlein* ZEuP 2020, 47 (63 f.); *Lüttringhaus,* Grenzüberschreitender Diskriminierungsschutz, 2010, 216 ff.; ErfK/*Schlachter* Rn. 21; wohl auch BAG NZA 2016, 473.

439 *Schrader/Straube* NZA 2007, 184 ff.; *Junker* NZA Beil. 2/2008, 64; Rauscher/*v. Hein* Rn. 38. – Zur Vertragsverweigerung näher *Kocher* FS Martiny, 2014, 411 ff.

440 Dazu *Pfeiffer* FS Schwerdtner, 2003, 775 ff.; *Deinert* IntArbR § 10 Rn. 108.

441 *Deinert* IntArbR § 12 Rn. 29; ebenso *Werth/Kerwer* RdA 1998, 237; *Taschner,* Arbeitsvertragsstatut und zwingende Bestimmungen nach dem Europäischen Schuldvertragsübereinkommen, 2003, 277; ebenso schon *Gamillscheg,* Internationales Arbeitsrecht, 1959, 297 ff.

442 BAG NJW 1985, 2910 = AP IPR-ArbR Nr. 23 mAnm *Beitzke* mAnm *Birk* EWiR 1985, 659.

443 *Gamillscheg* ZfA 14 (1983), 307 (361); vgl. auch *Hohloch* RIW 1987, 353 (358).

444 Für die Durchsetzung der Grundsätze über Lohnwucher als international zwingende Normen *Taschner,* Arbeitsvertragsstatut und zwingende Bestimmungen nach dem Europäischen Schuldvertragsübereinkommen, 2003, 312 f.

Arbeitnehmern deutscher Tochtergesellschaften von US-amerikanischen Unternehmen wird des Öfteren die Teilnahme an ausländischen **Aktienoptionsplänen** angeboten. Rechtswahl ist auch hier zulässig. Wertet man die Aktienoption als Frage des Arbeitsentgelts, so kommt die Anwendung des Art. 8 in Betracht.[445] Ein Abschluss mit der ausländischen Muttergesellschaft spricht jedoch eher für eine eigenständige Beurteilung allein nach den allgemeinen Vorschriften der Art. 3 ff.[446] **114**

Der Anspruch auf **Lohnfortzahlung im Krankheitsfall,** der teilweise dem Arbeitsvertragsstatut unterstellt wird (vgl. Art. 12 Abs. 1 lit. c),[447] dürfte jedenfalls im Bereich des EFZG (vgl. §§ 3 ff. und 10 ff. EFZG) nach internationalem Sozialversicherungsrecht anzuknüpfen sein und besteht bei Inlandsbeschäftigung trotz ausländischem Arbeitsvertragsstatut.[448] Die inländische Regelung entlastet nämlich auch die gesetzliche Krankenversicherung. Dies kann heute auf Art. 9 gestützt werden.[449] Nach der Rspr. ist § 2 EFZG keine Eingriffsnorm.[450] – Dagegen ist § 3 EFZG dann als Eingriffsnorm anwendbar, wenn die betreffenden Arbeitsverhältnisse dem deutschen Sozialversicherungsrecht unterliegen.[451] Grundsätzlich genügt auch eine **ausländische Arbeitsunfähigkeitsbescheinigung** (vgl. zur Anzeige- und Nachweispflicht § 5 EFZG).[452] Nach EU-Sozialrecht besteht eine Bindung an die tatsächlichen und rechtlichen Feststellungen des ausländischen Trägers.[453] Ihre Grenzen sind allerdings dort erreicht, wo die Bescheinigung missbräuchlich erlangt worden ist.[454] Dann kann der Arbeitgeber Nachweise erbringen, dass der Arbeitnehmer missbräuchlich oder betrügerisch eine in Wirklichkeit nicht vorliegende Arbeitsunfähigkeit gemeldet hat. **115**

Für den Schutz des Arbeitnehmers bei Zahlungsunfähigkeit des Arbeitgebers bestehen Vorgaben durch europäisches Richtlinienrecht (→ Rn. 19). Nach deutschem Recht besteht ein sozialrechtlicher Anspruch auf Ausgleich des ausgefallenen Arbeitsentgelts (**Insolvenzgeld;** §§ 165 ff. SGB III). Das maßgebliche Recht wird nach internationalem Sozialrecht bestimmt;[455] die deutschen Bestimmungen werden als zwingende Bestimmung iSd Art. 9 Abs. 1 angesehen.[456] Verlangt wird eine inländische Beschäftigung (§ 165 Abs. 1 SGB III).[457] Bei Auslandstätigkeit kann aber eine Ausstrahlung vorliegen.[458] Nach der Richtlinie über den Arbeitnehmerschutz bei Zahlungsunfähigkeit des **116**

445 *Junker* EuZA 2016, 261 (281 f.). – Vgl. HessLAG IPRspr. 2000 Nr. 40 = LAGE BGB § 611 Mitarbeiterbeteiligung Nr. 2 mAnm *Mankowski.*

446 OLG Hamm NZG 2019, 232; *Driver-Polke/Melot de Beauregard* BB 2004, 2350 ff.

447 HessLAG IPRspr. 1999 Nr. 47 = IPRax 2001, 461 m. abl. Aufsatz *Benecke* IPRax 2001, 449. So für die EFZG-Vorschriften, die lediglich das Verhältnis von Arbeitgeber und Arbeitnehmer erfassen, *Franzen* IPRax 2003, 242; *Deinert* JbArbR 50 (2013), 77 (94 f.); vgl. auch *Hofmann* FS Zajtay, 1982, 233 (244 ff.); *Gamillscheg,* Internationales Arbeitsrecht, 1959, 1959, 312.

448 Als Schutzbestimmung iSd Art. 30 EGBGB aF ordnet ihn ein *Droste,* Der Begriff der „zwingenden Bestimmung" in den Art. 27 ff. EGBGB, 1991, 205; näher *Birk* DB 1973, 1551 ff.; MHdB ArbR/*Birk* § 20 Rn. 92, 148; *Eichenhofer,* Internationales Sozialrecht und Internationales Privatrecht, 1987, 94 ff. – Unentschieden *Taschner,* Arbeitsvertragsstatut und zwingende Bestimmungen nach dem Europäischen Schuldvertragsübereinkommen, 2003, 279 f.

449 *Deinert* JbArbR 50 (2013), 77 (96). So schon zu Art. 34 EGBGB BAGE 100, 130 (140 f.) = NZA 2002, 734 = SAE 2002, 253 mAnm *Junker* = IPRax 2003, 258 m. Aufsatz *Franzen* IPRax 2003, 239 = AP Nr. 10 mAnm *Schlachter,* zu § 3 EFZG; *Gamillscheg* ZfA 14 (1983), 307 (360); *Junker* RIW 2001, 103; *Junker* FS 50 Jahre BAG, 2004, 1197 (1213 f.); Soergel/*v. Hoffmann* EGBGB Art. 30 Rn. 23. – Eine „Abweichung aus strukturellen Gründen" nimmt an MHdB ArbR/*Birk* § 20 Rn. 92.

450 Zu Art. 34 EGBGB aF BAG RIW 2012, 638 = NZA 2012, 1152 m. zust. Anm. *Abele.*

451 So zu Art. 34 EGBGB aF BAG RIW 2012, 638 = NZA 2012, 1152. – Gegen die Einschränkung der Geltung deutschen Sozialrechts *Deinert* JbArbR 50 (2013), 77 (96).

452 BAGE 48, 115 = DB 1985, 2618 = AP LohnfortzG § 3 Nr. 4; BAG DB 1997, 1237 = NZA 1997, 652 (Türkei); *Marburger* BB 1988, 557 ff.

453 S. Art. 27 Abs. 8 DVO (EG) 987/2009; *Deinert* JbArbR 50 (2013), 77 (94). Ferner EuGH NJW 1988, 2171; BSG NJW 1988, 2199 = VersR 1988, 972 (Folgeentscheidung); Slg. 1992, I-3423 = NJW 1992, 2687 = DWiR 1992, 373 mAnm *Reuter* = DB 1992, 1577 m. Aufsatz *Berenz* DB 1992, 2442 – Paletta; Slg. 1996, I-2357 = NZA 1996, 635 – Paletta; s. auch *Özcan,* Erkrankung von Arbeitnehmern im Europäischen Ausland, 2000; *Subatzus* DB 2004, 1613.

454 EuGH Slg. 1996, I-2357 = NJW 1996, 1881 = NZA 1996, 635 = DZWiR 1996, 453 mAnm *Hergenröder* = EuZW 1996, 375 mAnm *Schlachter* mAnm *Blomeyer* EWiR 1996, 1147 – Brennet/Paletta. Auf Vorlage von BAG NZA 1994, 683 = EuZW 1994, 574; dazu BAG NZA 1997, 705 = DB 1997, 1235 (Folgeentscheidung); *Abele* NZA 1996, 631.

455 Näher *Ricken* EuZA 9 (2016), 470.

456 So für Art. 34 EGBGB aF *Taschner,* Arbeitsvertragsstatut und zwingende Bestimmungen nach dem Europäischen Schuldvertragsübereinkommen, 2003, 288 f.; Soergel/*v. Hoffmann* EGBGB Art. 30 Rn. 23; vgl. auch *Franzen* IntArbR AR-Blattei 920 Rn. 135; *Franzen* DZWiR 2000, 441; *Krause* ZIP 1998, 56.

457 Dazu BayLSG IPRax 1982, 191 m. Aufsatz *Kronke* IPRax 1982, 177; *Eichenhofer,* Internationales Sozialrecht und Internationales Privatrecht, 1987, 193 ff.

458 BSG ZIP 1984, 469 = IPRspr. 1983 Nr. 47.

Arbeitgebers sind für grenzüberschreitende Unternehmen die Einrichtungen desjenigen Mitgliedstaates zuständig, in dessen Hoheitsgebiet der Arbeitnehmer seine Arbeit gewöhnlich verrichtet oder verrichtet hat.[459]

117 Der **allgemeine Urlaubsanspruch** untersteht dem nach den allgemeinen Regeln ermittelten Arbeitsvertragsstatut[460] und gehört nicht zu den zwingenden Bestimmungen des Art. 9.[461] Allerdings werden zwingenden Normen des Arbeitsortes vielfach Konzessionen gemacht.[462] Der bezahlte Mindestjahresurlaub gehört zu den zwingenden Normen des § 2 Abs. 1 Nr. 2 AEntG[463] (→ Rn. 144). Ansprüche auf Zusatzurlaub, zB nach § 125 SGB IX, werden dem Statut dieser Schutzvorschrift unterstellt[464] (→ Rn. 148). Dies ist auch für den Elternurlaub (§§ 15 ff. BEEG) angenommen worden.[465]

118 **c) Arbeitnehmererfindung.** Macht ein Arbeitnehmer eine Erfindung, so unterliegen die damit zusammenhängenden arbeitsrechtlichen Fragen (ob eine Diensterfindung oder eine freie Erfindung vorliegt, dem Arbeitgeber die Erfindung zusteht und Entgeltansprüche des Arbeitnehmers entstehen) nach hM dem **Arbeitsvertragsstatut**[466] bzw. dem Recht des gewöhnlichen Arbeitsortes.[467] Die zwingenden Regeln über die Arbeitnehmererfindung sind Schutzvorschriften iSd Abs. 1.[468] Die im Vorfeld des gewerblichen Rechtsschutzes liegende Zuordnung einer Erfindung steht arbeitsrechtlichen Zusammenhängen näher als dem Recht des Schutzlandes.[469] Das Arbeitsvertragsstatut bestimmt auch, ob bei der Entstehung von Urheberrechten in und während eines Arbeitsverhältnisses der Arbeitgeber urheberrechtliche Befugnisse erhält.[470]

119 Eine besondere Regelung trifft Art. 60 Abs. 1 S. 2 EPÜ vom 5.10.1973 (→ Rom II-VO Art. 8 Rn. 212 ff.). Danach unterliegt das **Recht auf das europäische Patent** der Rechtsordnung des Staates, in dem der Arbeitnehmer überwiegend beschäftigt ist. Ist letzteres nicht festzustellen, so kommt es auf den Betrieb an, dem der Arbeitnehmer angehört. Versteht man die Verweisung auf das Recht des Beschäftigungsortes als Sachnormverweisung, so kommt es bei abweichender Rechtswahl zu einer Spaltung zwischen Arbeitsvertragsstatut und anwendbarem Arbeitnehmererfindungsrecht. Zur Harmonisierung wird vorgeschlagen, die Vorschrift als Gesamtnormverweisung auszulegen.[471] Demnach bestimmt das Kollisionsrecht des Beschäftigungsortes, welches nationale Recht auf das Arbeitsverhältnis anzuwenden ist (→ Rom II-VO Art. 8 Rn. 214). Diese Rechtsordnung wird sodann befragt, wem die Erfindung zusteht. Freilich würde auch bei dieser Auslegung die starre Anknüpfung an den Beschäftigungs- bzw. Betriebsort dominieren. – Zur Arbeitnehmer-Urheberschaft → Rom II-VO Art. 8 Rn. 217 ff.

120 **3. Bestand des Arbeitsverhältnisses. a) Ruhen des Arbeitsverhältnisses.** Eine Vereinbarung, wonach das Arbeitsverhältnis ruhen soll, folgt dem Arbeitsvertragsstatut.[472] Ruht es wegen **Wehrdienstes** gemäß § 1 Abs. 1 ArbPlSchG, so unterliegt dies nicht dem Arbeitsvertragsstatut, sondern folgt aus der zwingenden Anwendung des Gesetzes. Es gilt auch für den in seinem Heimatstaat Wehrdienst leistenden EU-Arbeitnehmer.[473] Obwohl türkische Arbeitnehmer weder unter

---

459 S. Art. Art. 9 RL 2008/94/EG; zum vorangegangenen Art. 8a Abs. 1 RL 80/987/EWG; *Jayme/Kohler* IPRax 2003, 485 (488).

460 BAGE 16, 215 = NJW 1965, 319; ArbG Frankfurt a.M. IPRspr. 1971 Nr. 32; *Müller* RdA 1973, 137 (143); *Gamillscheg* ZfA 14 (1983), 307 (360); *Birk* RdA 1984, 129 (134); *Schmidt-Hermesdorf* RIW 1988, 938 (941); *Magnus* IPRax 1990, 141 (145); *Franzen* IntArbR AR-Blattei 920 Rn. 133; MHdB ArbR/*Birk* § 20 Rn. 151.

461 So schon zu Art. 34 EGBGB aF BAGE 80, 84 = IPRax 1996, 416 m. Aufsatz *Mankowski* IPRax 1996, 405 = EzA Nr. 3 mAnm *Franzen,* zum Seearbeitsrecht; anders wegen des gesundheitsschützenden und des sozialpolitischen Zwecks *Deinert* RdA 1996, 339 (342 f.).

462 Näher *Gamillscheg,* Internationales Arbeitsrecht, 1959, 292 ff.

463 Daher generelle Einordnung des § 3 BUrlG als Eingriffsnorm von *Taschner,* Arbeitsvertragsstatut und zwingende Bestimmungen nach dem Europäischen Schuldvertragsübereinkommen, 2003, 278; ebenso bei unzureichendem Schutz durch ausländisches Recht *Wiedenfels* IPRax 2003, 317 ff.

464 Soergel/*v. Hoffmann* EGBGB Art. 30 Rn. 23.

465 HessLAG NZA-RR 2000, 401 = IPRspr. 1999 Nr. 47 = IPRax 2001, 461 m. Aufsatz *Benecke* IPRax 2001, 449 noch zu § 15 BErzGG; dazu *Junker* RIW 2001, 94 (103 f.). – Den erforderlichen Inlandsbezug betont BAG BeckRS 2020, 16354 Rn. 56.

466 BGH GRUR 2019, 271 (276); OLG Karlsruhe GRUR 2018, 1030 Rn. 145; *Deinert* IntArbR § 12 Rn. 9.

467 So *Ulmer,* Die Immaterialgüterrechte im IPR, 1975, 79 f.

468 *Deinert* IntArbR § 12 Rn. 9; Staudinger/*Magnus,* 2021, Rn. 79.

469 Anders wohl *Drobnig* RabelsZ 40 (1976), 195 (206 f.).

470 *Birk* FS Hubmann, 1985, 1 (5 f.); MHdB ArbR/*Birk* § 19 Rn. 161.

471 *Straus* GRUR Int 1984, 1 (4 ff.).

472 *Birk* RdA 1984, 129 (134); *Deinert* IntArbR § 12 Rn. 136.

473 EuGH Slg. 1969, 363 = RdA 1970, 58 = SAE 1970, 192 mAnm *Lorenz;* BAG RdA 1970, 94 – Südmilch-AG/Ugliola; vgl. dazu *Schimana* BB 1978, 1017; *Schimana* BB 1978, 1722; *Riegel* BB 1978, 1422.

das ArbPlSchG noch unter die EU-Vorschriften fallen, hat die Rspr. im Rahmen des deutschen Arbeitsvertragsrechts nach einer ähnlichen Lösung gesucht. Die Ableistung des türkischen Kurzwehrdienstes führt nach Treu und Glauben (bzw. nach aA auf Grund Leistungsverweigerungsrechts des Arbeitnehmers) zu einer bloßen Suspendierung der Arbeitspflicht, wenn ihr keine vorrangigen betrieblichen Interessen entgegenstehen.[474] Eine Kündigung ist nicht gerechtfertigt, wenn der Wehrdienst nicht länger als zwei Monate dauert.[475]

b) Kündigung. aa) Ordentliche Kündigung. Die **vertragliche Aufhebung des Arbeitsverhältnisses** fällt wegen des auch hier notwendigen Arbeitnehmerschutzes und des engen Zusammenhangs unter das Arbeitsvertragsstatut.[476] Eine eigenständige Rechtswahl für den Aufhebungsvertrag ist möglich.[477] Auch die Vertragsbeendigung durch **Kündigung** unterliegt grundsätzlich dem Vertragsstatut (Art. 12 Abs. 1 lit. d).[478] Doch handelt es sich beim Kündigungsschutz nach dem KSchG auch um zwingende Schutzvorschriften iSd Abs. 1. Folglich kann dem Arbeitnehmer der Schutz dieser Vorschriften durch Rechtswahl nicht entzogen werden, soweit sie nach Abs. 2, 3 und 4 – insbesondere als Vorschriften des Arbeitsortes – anzuwenden wären.[479] Beispielsweise gilt auch entgegen dem Vertragsstatut die längere Kündigungsfrist der abbedungenen Rechtsordnung[480] (→ Rn. 46). Ferner kann bei einem ausländischen Arbeitsvertragsstatut, welches im Einzelfall zu unerträglichen Ergebnissen führt, der deutsche ordre public (Art. 21) berührt sein.[481] Ein Ausschluss des Kündigungsschutzes zu Beginn der Beschäftigung ist jedoch nicht untragbar.[482] Auch ein unterschiedlicher Schutz der Arbeitnehmer nach Auslandsrecht ist nicht zu beanstanden.[483] Selbst das gänzliche oder fast vollständige Fehlen von Kündigungsschutz ist im Einzelfall hinzunehmen.[484] Über Art. 9 Abs. 2 sollte das allgemeine inländische Kündigungsschutzrecht des KSchG hingegen regelmäßig nicht durchgesetzt werden.[485] Die Verzahnung mit dem Prozessrecht und ein gewisses Allgemeininteresse ändern nichts daran, dass es in erster Linie um den Schutz des einzelnen Arbeitnehmers geht. Eine räumliche Beschränkung des deutschen Kündigungsschutzrechts dergestalt, dass der den Arbeitnehmer beschäftigende Betrieb im Inland liegen muss, besteht – entgegen der Rspr. – nicht (vgl. § 23 Abs. 1 KSchG).[486] 121

---

474 BAGE 41, 229 = DB 1983, 1602 = AP BGB § 123 Nr. 23 = SAE 1983, 265 mAnm *Misera;* BAGE 43, 263 = AP KSchG § 1 Nr. 7. – Eine Urlaubskürzung lehnt ab BAG NJW 1987, 602 = SAE 1987, 69 m. abl. Anm. *Eich*.

475 Vgl. BAG AP KSchG 1969 § 1 Personenbed. Künd. Nr. 9 = NZA 1989, 464 mAnm *Hanau* EWiR 1989, 1027 betr. jugoslawischen Wehrpflichtigen.

476 *Deinert* IntArbR § 13 Rn. 17; Staudinger/*Magnus,* 2021, Rn. 240. – Daran ändern auch behördliche oder betriebsverfassungsrechtliche Zustimmungserfordernisse grds. nichts, *Winkler v. Mohrenfels* FS Magnus, 2014, 549 (550 ff.). Für eine selbstständige Anknüpfung nach Art. 3, 4 *Knöfel* NZA 2006, 146; BeckOGK/*Knöfel,* 1.3.2024, Rn. 25.

477 *Deinert* IntArbR § 13 Rn. 18.

478 BAG NZA 2016, 473 = RIW 2016, 375 mAnm *Mankowski; Deinert* IntArbR § 13 Rn. 32; Staudinger/*Magnus,* 2021, Rn. 235; ebenso schon *Gamillscheg* ZfA 14 (1983), 307 (362 f.); *Däubler* RIW 1987, 254.

479 So schon zu Art. 30 EGBGB BAG NZA 1997, 202 = IPRspr. 1996 Nr. 50b; BAGE 87, 144 = NZA 1998, 813 = IPRax 1999, 174 m. Aufsatz *Krebber* IPRax 1999, 164 = IPRspr. 1997 Nr. 58; *Junker,* Internationales Arbeitsrecht im Konzern, 1992, 262; Soergel/*v. Hoffmann* EGBGB Art. 30 Rn. 22.

480 Vgl. Bericht *Giuliano/Lagarde,* BT-Drs. 10/503, 57.

481 Zu Art. 6 EGBGB BAGE 63, 17 (31 f.) = RIW 1990, 754 = IPRax 1991, 407 m. Aufsatz *Magnus* IPRax 1991, 382 = SAE 1990, 317 mAnm *Junker* betr. England. – Bei Fehlen eines Kündigungsschutzes nimmt einen ordre public-Verstoß dann an, wenn auch kein Äquivalent – etwa in Form einer Abfindungsregelung – vorhanden ist, MHdB ArbR/*Birk* § 20 Rn. 101.

482 BAGE 63, 17 (31 f.).

483 LAG München IPRspr. 1990 Nr. 62 = IPRax 1992, 97 m. Aufsatz *Däubler* IPRax 1992, 82 = JbItalR 5 (1992), 242.

484 HessLAG IPRspr. 1992 Nr. 71 betr. kalifornischen Verkaufsrepräsentanten; LAG Mainz IPRspr. 2012 Nr. 64 betr. Kündigung „at will" nach US-amerikanischem Arbeitsrecht.

485 MAH ArbR/*Melms/Felislak,* 2021, § 11 Rn. 100; *Winkler v. Mohrenfels/Block* in Oetker/Preis, Europäisches Arbeits- und Sozialrecht (EAS), 2010, Rn. 151, 219; *Deinert* IntArbR § 13 Rn. 32. – So zu Art. 34 EGBGB BAGE 63, 17 (31 f.) = NZA 1990, 141 = IPRax 1991, 407 m. Aufsatz *Magnus* IPRax 1991, 382 = SAE 1990, 317 mAnm *Junker* = IPRspr. 1989 Nr. 72; BAG RIW 2011, 167; RIW 2014, 691 = IPRax 2015, 342 m. Aufsatz *Mankowski* IPRax 2015, 309; *Franzen* IntArbR AR-Blattei 920 Rn. 136, 143; *Reiserer* NZA 1994, 673 (677 f.); *Junker* IPRax 1989, 69 (75); *Heilmann,* Das Arbeitsvertragsstatut, 1991, 122. – Zweifelnd *Däubler* RIW 1987, 249 (255); anders *Krebber,* Internationales Privatrecht des Kündigungsschutzes bei Arbeitsverhältnissen, 1997, 312 f.; EUArbR/*Krebber* Art. 9 Rn. 52. – Zur Einordnung des Genehmigungserfordernisses des niederl. Rechts s. *Sauveplanne* IPRax 1989, 119 ff.

486 *Straube* DB 2009, 1406 ff.; *Deinert* IntArbR § 13 Rn. 37; *Deinert* RIW 2008, 148 ff.; *Deinert* ArbuR 2008, 300 ff.; *Junker* RIW 2001, 94 (105); *Junker* FS Konzen, 2006, 367 ff.; *Gravenhorst* FA-ArbR 2005, 34 ff.;

122 **bb) Besonderer Kündigungsschutz.** Der **verstärkte Schutz für bestimmte Arbeitnehmer** gilt entsprechend der Schutznorm, zB der Kündigungsschutz für Schwerbehinderte gemäß § 86 SGB IX (→ Rn. 148), für Betriebsratsmitglieder (§ 15 KSchG, § 103 BetrVG) entsprechend dem BetrVG (→ Rn. 153), für Schwangere und Mütter (§ 9 MuSchG) entsprechend dem MuSchG (→ Rn. 147). Doch soll auch hier eine günstigere Regelung des Arbeitsvertragsstatuts vorgehen[487] (→ Rn. 127). Die Kündigung des Arbeitsverhältnisses eines schwerbehinderten Menschen soll nur dann der vorherigen Zustimmung des Integrationsamts gemäß § 85 SGB IX bedürfen, wenn eine der Varianten des § 2 Abs. 2 SGB IX vorliegt und für das Arbeitsverhältnis ein deutsches Vertragsstatut besteht.[488] Bei § 18 Abs. 1 BEEG handelt es sich jedenfalls dann nicht um eine Eingriffsnorm, wenn der die Elternzeit beanspruchende Arbeitnehmer seinen gewöhnlichen Arbeitsort nicht im Inland hat.[489]

123 **4. Wettbewerbsverbot.** Nachvertragliche Wettbewerbsverbote unterstellt die hM dem Arbeitsvertragsstatut;[490] doch können zeitlich unbeschränkte Wettbewerbsverbote gegen den deutschen ordre public (Art. 21) verstoßen.[491] Auch bei einem entschädigungslosen Wettbewerbsverbot kann ein Verstoß gegen den ordre public gegeben sein.[492] Teils wird eine gesonderte Rechtswahl nur für Wettbewerbsverbote nicht zugelassen.[493] Ferner unterliegt die Zulässigkeit von Wettbewerbsverboten dem Günstigkeitsprinzip nach Abs. 1.[494]

124 **5. Betriebliche Altersversorgung.** Für die betriebliche Altersvorsorge bestehen Vorgaben durch europäisches Richtlinienrecht (→ Rn. 19). Ansprüche aus der betrieblichen Altersversorgung werden vielfach dem Arbeitsvertragsstatut unterstellt.[495] Insbesondere bei der Versorgungszusage ist die Rspr. so verfahren.[496] Nach Abs. 2 kommt es für die objektive Anknüpfung auf den Arbeitsort des versorgungsberechtigten Arbeitnehmers bis zur Beendigung seines Arbeitsverhältnisses an.[497] Nach aA richtet sich die Anwendbarkeit einzelner Bestimmungen des BetrAVG wie Unverfallbarkeit (§ 1 BetrAVG), Anpassung und Inflationsausgleich (§ 16 BetrAVG) und Auszehrungsverbot (§ 5 BetrAVG) nach dem Schwerpunkt des Arbeitsverhältnisses.[498] Es soll sich um Eingriffsrecht handeln. Die Zuordnung des Arbeitnehmers zum inländischen Betrieb soll entscheiden. Ein Versorgungsanspruch unterliegt jedenfalls dann dem BetrAVG, wenn der Versorgungsschuldner einen inländischen Sitz hat und das Versorgungsverhältnis deutschem Recht unterliegt, auch wenn die Arbeitsleistung im Ausland erbracht wurde.[499] Auch die Sicherungen für den Insolvenzfall (§§ 7–15 BetrAVG) sind als Teil der Insolvenzabwicklung vom Arbeitsvertragsstatut unabhängig.[500]

Winkler v. Mohrenfels FS Magnus, 2014, 549 (558 ff.). – Anders BAGE 86, 374 = NJW 1998, 1661; BAG NZA 2004, 1381 = IPRspr. 2004 Nr. 49; NJW 2008, 2665.

487 *Hickl* NZA Beil. 1/1987, 16.

488 BAG NZA 2016, 473 = RIW 2016, 375 mAnm *Mankowski.*

489 BAG NJW 2020, 2659 Ls. = RIW 2020,702 mAnm *Mankowski* m. Aufsatz *Benecke* RdA 2020, 366 = EuZA 2021, 468 Ls. mAnm *Junker* Rn. 53 betr. indischen Flugbegleiter.

490 OLG Celle NZG 2001, 131 = IPRspr. 2000 Nr. 42.

491 Zu Art. 6 EGBGB vgl. *Gamillscheg,* Internationales Arbeitsrecht, 1959, 243 ff. – Für eine Anwendung des Art. 34 EGBGB aF bei einer Erstreckung auf das Inland, MHdB ArbR/*Birk* § 20 Rn. 210.

492 *Driver-Polke/Melot de Beauregard* BB 2004, 2350 ff.

493 *Birk* RabelsZ 46 (1982), 384 (403).

494 HessLAG IPRspr. 2000 Nr. 40; *Winkler v. Mohrenfels/Block* in Oetker/Preis, Europäisches Arbeits- und Sozialrecht (EAS), 2010, Rn. 151.

495 BAG NZA 2005, 297 = DB 2004, 2483 betr. US Pension Plan; *Fenge* DB 1976, 51; *Bittner,* Europäisches und internationales Betriebsrentenrecht, 2000, 261; *Taschner,* Arbeitsvertragsstatut und zwingende Bestimmungen nach dem Europäischen Schuldvertragsübereinkommen, 2003, 290; *Bohne,* Kollisions- und Sachnormen der betrieblichen Altersversorgung bei internationalen Personaleinsätzen, 2004, 54 ff.; *Deinert* IntArbR § 14 Rn. 6; vgl. dazu auch *Kronke,* Rechtstatsachen, kollisionsrechtliche Methodenentfaltung und Arbeitnehmerschutz im internationalen Arbeitsrecht, 1980, 134 ff.

496 BAGE 2, 18 = JZ 1955, 512 mAnm *Gamillscheg* = AP BGB § 242 Ruhegehalt Nr. 4; BAGE 7, 362 = NJW 1959, 1893 = AP IPR-ArbR Nr. 4 mAnm *Gamillscheg;* BAG DB 1968, 713 = AP IPR-ArbR Nr. 11 mAnm *Beitzke;* AP BGB § 242 Ruhegehalt Nr. 159; *Müller* RdA 1973, 137 (143).

497 *Deinert* IntArbR § 14 Rn. 7; ebenso zu Art. 30 EGBGB aF BAG DB 2004, 2483.

498 Vgl. *Birk* RabelsZ 46 (1982), 384 (403 f.); *Schmidt-Hermesdorf* RIW 1988, 942.

499 BAGE 49, 225 = AP BetrAVG § 7 Nr. 24 = BB 1986, 1506 Ls. mAnm *Weyer.*

500 LAG Köln IPRax 1984, 150 m. Aufsatz *Birk* IPRax 1984, 137; *Schwerdtner* ZfA 18 (1987), 163 (170 f.); näher *Junker* IPRax 1993, 1 (6); *Franzen* IntArbR AR-Blattei 920 Rn. 135. – Für die Einordnung als Eingriffsnorm *Deinert* IntArbR § 14 Rn. 12. Entspr. für Art. 34 EGBGB aF *Bittner,* Europäisches und internationales Betriebsrentenrecht, 2000, 306 ff., 345; *Bohne,* Kollisions- und Sachnormen der betrieblichen Altersversorgung bei internationalen Personaleinsätzen, 2004, 92; *C. Müller,* International zwingende Normen des deutschen Arbeitsrechts, 2006, 421. – Zur Beschäftigung bei einer ausländischen Tochtergesellschaft BAG VersR 1989, 537.

V. Zwingende Vorschriften

1. Überblick. Die Rom I-VO sieht den Einfluss zwingender Vorschriften in vier Bestimmungen ausdrücklich vor, nämlich in Art. 3 Abs. 3 und 4, Art. 8 Abs. 1 und Art. 9. Sie bestimmt aber weder genau, wie diese verschiedenen Eingriffsmöglichkeiten sich zueinander verhalten, noch, was im Einzelnen zu den jeweiligen Normgruppen gehört und wie diese gegeneinander abzugrenzen sind. Die jüngste Reform hat die Rechtslage nicht wesentlich verändert. 125

Es ist weiterhin zwischen privatrechtlichem und öffentlich-rechtlichem Arbeitsrecht zu unterscheiden. Zwingende **privatrechtliche Normen** (zB das allgemeine KSchG; → Rn. 121 f.) unterliegen nach der traditionellen Auffassung dem Arbeitsvertragsstatut, auch wenn es durch Rechtswahl bestimmt wurde.[501] Grenze ist nur der ordre public (Art. 21).[502] Für **öffentlich-rechtliche Arbeitsschutznormen** zur Wahrung gesamtgesellschaftlicher Belange bei der Organisation der Arbeitswelt (Arbeitszeit, Beschäftigungsverbote und Einstellungsgebote) gilt dagegen der sog. Territorialitätsgrundsatz (→ Art. 9 Rn. 38, → Art. 9 Rn. 107).[503] Grundsätzlich kommt es dafür darauf an, wo die Arbeit verrichtet wird. Auf den deutschen Arbeitsort sind die zwingenden deutschen öffentlich-rechtlichen Bestimmungen anwendbar.[504] Im Ausland gilt – sofern keine bloße Ausstrahlung vorliegt – ausländisches Recht, inländische Vorschriften kommen in der Regel nicht zur Anwendung.[505] Man wird davon ausgehen können, dass es auch heute einen Bereich des öffentlichen Arbeitsrechts gibt, dessen Geltung nicht von Art. 8, sondern durch das Internationale Verwaltungsrecht bestimmt wird.[506] Ob solche Vorschriften zum Zuge kommen, richtet sich regelmäßig nach dem Betriebssitz.[507] Das LKSG nennt zwar arbeitsrechtliche Rechtspositionen, erstreckt die Sorgfaltspflichten jedoch nicht auf das Ausland.[508] 126

2. Einfluss auf das Vertragsstatut. Früher korrigierte man bei **Auseinanderfallen von Arbeitsort und Arbeitsstatut** den sog. Territorialitätsgrundsatz durch eine Berücksichtigung des Arbeitsvertragsstatuts.[509] Danach gilt folgendes: der privatrechtliche Kern der öffentlich-rechtlichen Arbeitsschutznormen geht – vermittelt über die Fürsorgepflicht des Arbeitgebers – dem in- oder ausländischen Arbeitsortsrecht dann vor, wenn er den Arbeitnehmer besser schützt. So kommt dann, wenn der Arbeitnehmer in der BRepD unter einem ausländischen Vertragsstatut arbeitet, das ihm weiterreichenden Schutz bietet als das deutsche Recht, dieses zur Anwendung. Umgekehrt ist der privatrechtliche Kern entsprechender deutscher Normen bei deutschem Arbeitsvertragsstatut kraft Fürsorgepflicht auch am ausländischen Arbeitsort zu beachten.[510] Der „privatrechtliche Kern" dient nicht nur dazu, öffentliches und Privatrecht miteinander zu versöhnen, sondern auch dazu, öffentlichem Recht extraterritoriale Wirkungen zu verleihen.[511] Tendenzen, die ohnehin nicht durchhaltbare Einteilung in öffentlich-rechtliche und privatrechtliche Normen aufzugeben und in größerem Umfang zu einer objektiven Anknüpfung zwingenden ausländischen Arbeitsrechts überzugehen,[512] konnten sich bislang nicht durchsetzen. Nach den Art. 3 ff. ist nunmehr eine eigentliche Sonderanknüpfung nur in beschränktem Umfang notwendig. Stattdessen ist danach zu unterscheiden, um welche Art von zwingender Bestimmung es sich handelt. 127

a) Fehlender Auslandsbezug (Art. 3 Abs. 3). Nach der allgemeinen Vorschrift des Art. 3 Abs. 3 besteht eine Beschränkung der Rechtswahl bereits bei fehlendem Auslandsbezug. Hier bleibt 128

---

[501] S. schon BAGE 13, 121 = NJW 1962, 1885; BAG AWD 1967, 411 = AP IPR-ArbR Nr. 10 m. zust. Anm. *Gamillscheg* = SAE 1968, 33 m. zust. Anm. *Beitzke* = BB 1967, 1290 mAnm *Trinkner.*

[502] Dazu *Fikentscher* RdA 1969, 204 ff.; *Müller* RdA 1973, 137 (142).

[503] *Bayreuther* RIW 2011, 450; *Deinert* JbArbR 50 (2013), 77 (91 ff.). – S. bereits *Müller* RdA 1973, 137 (140 ff.). – Zur Einwirkung des Verfassungsrechts *Kronke,* Rechtstatsachen, kollisionsrechtliche Methodenentfaltung und Arbeitnehmerschutz im internationalen Arbeitsrecht, 1980, 196 ff.

[504] *Steinmeyer* DB 1980, 1543; näher *Birk* RabelsZ 46 (1982), 384 (410 f.).

[505] BAG NJW 1987, 2766 betr. SchwbG.

[506] *Deinert* in Deinert, Internationales Recht im Wandel, 2013, 95. – Vgl. *Kleinschmidt,* Zur Anwendbarkeit zwingenden Rechts im internationalen Vertragsrecht unter besonderer Berücksichtigung von Absatzmittlungsverträgen, 1985, 285 Fn. 18.

[507] *Kegel/Schurig* IPR § 18 If, bb; § 23 VII.

[508] Dazu *Krause* RdA 2022, 303 (327 ff.).

[509] Näher *Gamillscheg,* IntArbR, 1959, 198 ff.

[510] *Deinert* FS Martiny, 2014, 277 (295 f.) – Näher *Gamillscheg,* 1959, 201 ff.; *Gamillscheg* Rec. des Cours 181 (1983-III), 285 (330 f.); *Müller* RdA 1973, 137 (144). – Zur Arbeit in der ausschließlichen Wirtschaftszone *Bayreuther* RIW 2011, 446 (450 f.).

[511] Krit. dazu *Kronke,* Rechtstatsachen, kollisionsrechtliche Methodenentfaltung und Arbeitnehmerschutz im internationalen Arbeitsrecht, 1980, 93 ff.

[512] Vgl. *Kronke,* Rechtstatsachen, kollisionsrechtliche Methodenentfaltung und Arbeitnehmerschutz im internationalen Arbeitsrecht, 1980, 80 ff.

es von vornherein bei den zwingenden Vorschriften **des Landes, mit dem das Arbeitsverhältnis allein verbunden ist**[513] (→ Art. 3 Rn. 90 ff.). Dies kann in- oder ausländisches Recht sein; es braucht sich nicht um Schutzbestimmungen zu handeln. Die praktische Bedeutung der Vorschrift dürfte aber relativ gering sein, da das auf diese Weise angewendete Recht in der Regel das des Arbeitsortes sein wird.[514] Dessen zwingendes Arbeitnehmerschutzrecht wird bei Rechtswahl auch über Abs. 1 durchgesetzt[515] (→ Rn. 131).

129 Bei fehlendem Auslandsbezug ist die Rechtswahl zwar nicht ungültig; sie hat jedoch nur die Wirkung einer materiellrechtlichen Verweisung.[516] Der erforderliche Auslandsbezug[517] ist aber nicht nur bei einem ausländischen Arbeitsort vorhanden, sondern zB auch dann, wenn Arbeitgeber und -nehmer dem gleichen ausländischen Heimatstaat angehören.[518] In der Praxis sind Verträge, die für Inlandsarbeit ausländisches Recht vereinbaren, eher selten. Dies ist etwa für den leitenden Angestellten eines inländischen Unternehmens zulässig, das zu einem ausländischen Konzern gehört.[519] Mit ausländischen Arbeitnehmern wurden früher sehr häufig Musterarbeitsverträge unter Vereinbarung deutschen Rechts im Rahmen der bilateralen Anwerbevereinbarungen geschlossen.[520]

130 **b) Binnenmarktsachverhalt (Art. 3 Abs. 4).** Auch für Arbeitsverträge kommt Art. 3 Abs. 4 zum Tragen, wonach bei einem **innereuropäischen Sachverhalt** das Unionsrecht nicht beiseitegeschoben werden kann[521] (→ Art. 3 Rn. 96). Auf diese Weise kann das in umgesetzten Richtlinien enthaltene europäische Arbeitsrecht durchgesetzt werden (→ Art. 3 Rn. 99). Dies gilt etwa für das Antidiskriminierungsrecht[522] (→ Rn. 112).

131 **c) Arbeitnehmerschutzbestimmungen (Art. 8 Abs. 1).** Sodann tritt eine Korrektur der Rechtswahl nach dem **Günstigkeitsprinzip** des Abs. 1 ein. Dabei wird das auf Grund objektiver Anknüpfung maßgebliche Recht durchgesetzt, soweit es um zwingende Bestimmungen geht. Dies kann in- oder ausländisches Recht sein (→ Rn. 40 ff.). Eine entsprechende Bestimmung hinsichtlich der Beachtung zwingender Schutzvorschriften für die objektive Anknüpfung fehlt. Zwar wird in der Regel das Recht des Arbeitsortes anwendbar sein (→ Rn. 51 f.); dann entsteht kein Konflikt zum zwingenden öffentlichen Recht dieses Ortes. Wird das Arbeitsvertragsstatut jedoch auf Grund einer engeren Verbindung bestimmt, so kann durchaus für Inlandsarbeit ausländisches bzw. für Auslandsarbeit inländisches Recht gelten. Mithin sind Kollisionen dieses Rechts mit den Vorschriften des Arbeitsorts denkbar.

132 Das Verhältnis von Art. 3 Abs. 3 **(Inlandsfall)** und dem **Günstigkeitsprinzip** des Art. 8 ist umstritten. Teils wird vertreten, Art. 8 gehe als die speziellere Schutzvorschrift vor.[523] Nach aA ist Art. 3 Abs. 3 die weiterreichendere Norm.[524] Die Entscheidung hängt von der Interpretation des Art. 3 Abs. 3 ab. Blockiert diese Vorschrift, wofür ihr systematischer Standort und ihre Funktion sprechen, schon eine kollisionsrechtliche Rechtswahl, so tritt bereits eine Beschränkung der Rechtswahl ein. Damit bleibt kein Raum mehr für eine Korrektur durch den spezielleren internationalarbeitsrechtlichen Art. 8. Gibt man der Bestimmung hingegen geringere Bedeutung, so kann sich Art. 8 noch auswirken. Vertreten wird insbesondere, dass sich ein gewähltes Recht durchsetzt, wenn es günstiger ist als das zwingend berufene.[525]

---

513 *Deinert* IntArbR § 9 Rn. 40; vgl. zu Art. 27 Abs. 3 EGBGB aF BAGE 87, 144 = IPRax 1999, 174 (176).

514 Vgl. *Junker,* Internationales Arbeitsrecht im Konzern, 1992, 249 f.

515 Vgl. *Morse* Yb. Eur. L. 2 (1982), 107 (140); *Jackson* in North, Contract Conflicts, 1982, 67 f.; *Junker* IPRax 1989, 69 (72).

516 *Gamillscheg* ZfA 14 (1983), 307 (327); *Däubler* RIW 1987, 250; Soergel/*v. Hoffmann* EGBGB Art. 30 Rn. 14; vgl. auch *Philip* FS Mann, 1977, 257 (259); *Weber* IPRax 1988, 82 (84 f.). – Für „eingeschränkte kollisionsrechtliche Verweisung", *Winkler v. Mohrenfels/Block* in Oetker/Preis, Europäisches Arbeits- und Sozialrecht (EAS), 2010, Rn. 67.

517 Vgl. dazu *Hönsch* NZA 1988, 113 f. – Zur Arbeit im multinationalen Konzern s. *Däubler* RIW 1987, 250.

518 *Deinert* IntArbR § 9 Rn. 41. – S. bereits BAG AP BGB § 242 Ruhegehalt Nr. 159 obiter; *Müller* RdA 1973, 137 (144).

519 Soergel/*v. Hoffmann* EGBGB Art. 30 Rn. 14.

520 S. die Aufzählung bei Reithmann/Martiny IntVertragsR/*Martiny* Rn. 11.193 Fn. 2.

521 *Deinert* IntArbR § 9 Rn. 44. Für das günstigere Recht bei Berührung mehrerer Mitgliedstaaten, *Winkler v. Mohrenfels/Block* in Oetker/Preis, Europäisches Arbeits- und Sozialrecht (EAS), 2010, Rn. 83 f.

522 *Knöfel* RdA 2006, 269 (279 f.); Rauscher/*v. Hein* Rn. 26, 32.

523 Ferrari IntVertragsR/*Staudinger* Rn. 4. – Zu Art. 30 EGBGB aF *Schurig* RabelsZ 54 (1990), 217 (226); *Junker,* Internationales Arbeitsrecht im Konzern, 1992, 258.

524 Zu Art. 30 EGBGB aF *E. Lorenz* RdA 1987, 569 (574); *Heilmann,* Das Arbeitsvertragsstatut, 1991, 108.

525 ErfK/*Schlachter* Art. 3 ff. Rn. 5; NK-BGB/*Doehner* Rn. 17; Staudinger/*Magnus,* 2021, Rn. 54 f. mwN.

Auch für das Verhältnis zwischen Art. 8 Abs. 1 S. 2 und Art. 3 Abs. 4 **(Binnenmarktfall)** wird zum Teil ein Vorrang des Art. 3 Abs. 4 angenommen.[526] Dort soll sich der Arbeitnehmer gleichfalls auf das günstigere Recht berufen können.[527] 133

d) Erfüllungsmodalitäten (Art. 12 Abs. 2). Nach Art. 12 Abs. 2 wird in Bezug auf die „Art und Weise der Erfüllung" das Recht des Staates, in dem die Erfüllung erfolgt, berücksichtigt. Auf diese Weise kann eine Sonderanknüpfung der Erfüllungsmodalitäten vorgenommen werden (→ Art. 12 Rn. 164 ff.). Welche Rolle diese in erster Linie auf Kaufverträge zugeschnittene Vorschrift für Arbeitsverhältnisse spielt, ist noch ungeklärt.[528] Erreicht wird mit ihr eine Anpassung des auf den Individualarbeitsvertrag anwendbaren Rechts an die unbedingt zwingenden Vorschriften des Arbeitsortes.[529] Insofern werden ähnliche Ergebnisse erzielt wie über eine Sonderanknüpfung nach Art. 9 Abs. 2.[530] 134

e) Inländische zwingende Bestimmungen. aa) Eingriffsnormen (Art. 9 Abs. 1 und 2). „International" zwingende inländische Bestimmungen können als Eingriffsnormen über eine Sonderanknüpfung durchgesetzt werden[531] (→ Art. 9 Rn. 10 ff., → Art. 9 Rn. 112 ff.). Diese Vorschriften brauchen nicht – wie beim ordre public (Art. 21) – Grundwerte des deutschen Rechts berühren,[532] müssen sich auf der anderen Seite aber unbedingt gegen das Vertragsstatut durchsetzen wollen und auch im Übrigen den Anforderungen des Art. 9 Abs. 1 genügen. Auch für das Arbeitsrecht ist die Beachtung international zwingender Normen im Einzelnen kontrovers. 135

Umstritten ist zunächst einmal, ob Art. 9 Abs. 2 überhaupt angewendet werden kann. Nach einer Auffassung scheiden Überschneidungen zwischen Art. 8 und Art. 9 Abs. 2 aus, da die eigentlichen Arbeitnehmerschutzvorschriften nur unter Art. 8, nicht aber unter Art. 9 fallen könnten.[533] Gleichwohl sind Fälle denkbar, in denen inländische Bestimmungen die Kriterien beider Vorschriften erfüllen, dh sowohl internrechtlich vereinbarungsfest als auch rechtswahlfest sind.[534] Nach aA ist (auch) Gemeinwohlzwecken dienendes zwingendes Arbeitsrecht in größerem Umfang über Art. 9 anzuwenden.[535] Die hM nimmt daher an, dass Art. 9 auch im internationalen Arbeitsrecht zum Zuge kommen kann.[536] 136

Ferner ist umstritten, wann eine international zwingende Norm angenommen werden kann. Nach stRspr sind dies nur solche Bestimmungen, deren Zweck sich nicht im Ausgleich widerstreitender privater Interessen erschöpft.[537] Daran scheiterte etwa der **allgemeine Kündigungsschutz** (§§ 1–14 KSchG; → Rn. 121),[538] ebenso wie der Übergang von Arbeitsverhältnissen beim **Betriebsübergang** (§ 613a Abs. 1 S. 1 BGB; → Rn. 109)[539] und die Anwendung der Bestimmungen über Heuer und Urlaubsgeld (§§ 37 ff., 56 ff. SeeArbG).[540] Auch das vor Geltung des AEntG 137

---

526 Ferrari IntVertragsR/*Staudinger* Rn. 4.

527 *Wurmnest* EuZA 2009, 481 (490); Rauscher/*v. Hein* Rn. 34.

528 *Gamillscheg* ZfA 14 (1983), 307 (351 f.); *Thüsing* NZA 2003, 1303 (1309).

529 *Franzen* IntArbR AR-Blattei 920 Rn. 159; *Junker,* Internationales Arbeitsrecht im Konzern, 1992, 300.

530 In diesem Sinne MHdB ArbR/*Birk* § 20 Rn. 70.

531 *Junker* FS 50 Jahre BAG, 2004, 1197 (1212 ff.); MHdB ArbR/*Birk* § 20 Rn. 84 ff.; anders Soergel/*v. Hoffmann* EGBGB Art. 30 Rn. 14.

532 Vgl. *Weber* IPRax 1988, 82 (84).

533 Ferrari IntVertragsR/*Staudinger* Rn. 5. – Zu Art. 30 EGBGB aF *Mankowski* IPRax 1994, 88 (94 ff.).

534 *Mauer/Sadtler* RIW 2008, 544 (547 f.); BeckOK BGB/*Spickhoff* Rn. 15; Staudinger/*Magnus,* 2021, Rn. 74; ebenso zu Art. 30 EGBGB aF *Wimmer* IPRax 1995, 207 (210 f.); *Winkler v. Mohrenfels/Block* in Oetker/Preis, Europäisches Arbeits- und Sozialrecht (EAS), 2010, Rn. 98; *Taschner,* Arbeitsvertragsstatut und zwingende Bestimmungen nach dem Europäischen Schuldvertragsübereinkommen, 2003, 265 f.

535 So etwa *Krebber,* Internationales Privatrecht des Kündigungsschutzes bei Arbeitsverhältnissen, 1997, für das Kündigungsschutzrecht; dazu rechtsvergleichend *Taschner,* Arbeitsvertragsstatut und zwingende Bestimmungen nach dem Europäischen Schuldvertragsübereinkommen, 2003, 254 ff.

536 BAG NZA 2021, 1398 Rn. 24.

537 BAG RIW 2012, 638 = NZA 2012, 1152; s. bereits BAGE 80, 84 (92) = IPRspr. 1995 Nr. 75; BAGE 100, 130 (139) = NZA 2002, 734 = AP Art. 30 Nr. 10 mAnm *Schlachter* = SAE 2002, 258 mAnm *Junker* = IPRax 2003, 258 m. insoweit zust. Aufsatz *Franzen* IPRax 2003, 239; BB 2004, 1337 = RdA 2004, 175 mAnm *Schlachter* betr. tarifvertragliches Sozialkassenverfahren; BAG NZA 2021, 1398 Rn. 24; *Junker* FS 50 Jahre BAG, 2004, 1197 (1212 ff.); *Taschner,* Arbeitsvertragsstatut und zwingende Bestimmungen nach dem Europäischen Schuldvertragsübereinkommen, 2003, 258 f.

538 BAGE 63, 17 (31 f.) = IPRax 1991, 407 m. Aufsatz *Magnus* IPRax 1991, 382 = SAE 1990, 317 mAnm *Junker.*

539 BAGE 71, 297 (316 ff.) = IPRax 1994, 123 m. Aufsatz *Mankowski* IPRax 1994, 88 = SAE 1994, 28 mAnm *Junker.*

540 BAGE 80, 84 (92 f.) = NZA 1995, 119 = SAE 1997, 31 mAnm *Magnus* = IPRax 1996, 416 mAnm *Mankowski* IPRax 1996, 405.

in einem allgemeinverbindlich erklärten Tarifvertrag vorgesehene **Sozialkassenverfahren** wurde nicht gegen das fremde Arbeitsvertragsstatut durchgesetzt.[541] Der Interessenansatz führt allerdings nicht immer zu eindeutigen Ergebnissen und macht schwierige Abgrenzungen notwendig. Als Leitlinie dürfte gelten, dass Arbeitnehmerschutzvorschriften und Individualansprüche regelmäßig über Art. 8 durchgesetzt werden, so dass es insoweit keines Rückgriffs auf die überindividuellen Belangen[542] dienende Vorschrift des Art. 9 bedarf, bzw. die Anwendung dieser Vorschrift generell ausscheidet.[543] – Zum Konflikt zwischen günstigerem ausländischen Recht und Art. 9 → Rn. 50.

138 **bb) Zwingende Arbeitsbedingungen des § 2 AEntG.** Zwingende Arbeitsbedingungen sind im AEntG aufgelistet (→ Rn. 6). Dies geschah zur Umsetzung der Arbeitnehmerentsende-RL (→ Rn. 8).[544] Erwägungsgrund 34 erläutert, dass die Kollisionsnorm für Individualarbeitsverträge die Anwendung von Eingriffsnormen des Staates, in den der Arbeitnehmer im Einklang mit der Arbeitnehmerentsende-RL entsandt wird, unberührt lassen soll.

139 Das AEntG will zum einen **Mindestarbeitsbedingungen** für bestimmte Branchen festlegen (§§ 1, 3 AEntG); zu allgemeinverbindlichen Tarifverträgen → Rn. 173 ff. Branchenübergreifend werden auch im Übrigen Mindestarbeitsbedingungen, insbesondere bezüglich Entgelt und Urlaub, durchgesetzt (§§ 2, 2a AEntG). Das Gesetz verlangt eine inländische Beschäftigung des Arbeitnehmers.[545] Bestimmte **zusätzliche Arbeitsbedingungen** werden bei einer **Langzeitentsendung,** dh einer inländischen Beschäftigungsdauer von mehr als zwölf Monaten, durchgesetzt (§ 13b Abs. 1 AEntG). Eine Entsendung, dh ein vorübergehender Einsatz des Arbeitnehmers am Arbeitsort, wird nicht vorausgesetzt.[546] Das AEntG erfasst Arbeitsverhältnisse mit im Ausland ansässigen Arbeitgebern; es gilt auch für Unternehmen mit Sitz außerhalb der EU.[547]

140 Denkbar wäre die Vorschriften des AEntG stets unabhängig vom Arbeitsvertragsstatut anzuwenden. Man könnte sie als international zwingendes Recht iSd Art. 9 Abs. 1 ansehen.[548] Soweit es sich um die Umsetzung der Arbeitnehmerentsende-RL handelt, lässt allerdings Art. 23 dem harmonisierten innerstaatlichen Recht ohnehin den Vortritt[549] (→ Art. 23 Rn. 21). Dementsprechend setzt sich das richtlinienkonforme zwingende Recht auf jeden Fall durch. Der EuGH hat festgestellt, dass Art. 3 Abs. 1 Arbeitnehmerentsende-RL (Arbeits- und Beschäftigungsbedingungen) sowie Art. 3 Abs. 1a Arbeitnehmerentsende-RL (zusätzliche Arbeits- und Beschäftigungsbedingungen bei Langzeitentsendung) der geänderten RL spezielle Kollisionsnormen enthalten.[550] Dementsprechend ist auch § 2 Abs. 1 Nr. 4 AEntG (Art. 3 Abs. 1 lit. d Arbeitnehmerentsende-RL) eine spezielle Kollisionsnorm.[551] – Zu einzelnen AEntG-Vorschriften → Rn. 143 ff.

141 **f) Drittstaatliches Recht (Art. 9 Abs. 3).** Die Anwendung zwingender Normen eines ausländischen Staates, der nicht das Vertragsstatut stellt und in dem auch nicht der Arbeitsort liegt, unterliegt Art. 9 Abs. 3. Es gelten insoweit die allgemeinen Grundsätze über die **Beachtung drittstaatlichen Rechts**[552] (→ Art. 9 Rn. 34, → Art. 9 Rn. 120 ff., → Einl. IPR Rn. 321 ff.).

---

541 BAG NZA 2003, 1424 = RdA 2004, 175 mAnm *Schlachter.*

542 Als Anzeichen dafür wertet insbes. Strafbewehrtheit und Durchsetzung mit den Mitteln des Verwaltungszwanges, *v. Hoffmann/Thorn* IPR § 10 Rn. 78 zu Art. 34 EGBGB.

543 So für Art. 34 EGBGB *Birk* RdA 1989, 201 (207); *Hohloch* FS Heiermann, 1995, 143 (147); BR-Drs. 222/83, 83; offengelassen für Lohnwucher nach § 138 BGB, ArbG Wesel ArbuR 1995, 475 betr. portugiesischen Arbeitnehmer in Deutschland.

544 Dazu *Däubler* RIW 2000, 255 (257 ff.); *Jayme/Kohler* IPRax 2000, 456 (464); *Krebber* IPRax 2001, 22 ff.

545 Zum nur kurzfristigen Einsatz *Frey* RdTW 2014, 92 (94).

546 *Deinert* FS Martiny, 2014, 277 (294 f.); *v. Hoffmann/Thorn* IPR § 10 Rn. 81d.

547 *Thorn* IPRax 2002, 349 (360).

548 *Schlachter* ZVglRWiss 115 (2016), 610 (621 f.); *Winkler v. Mohrenfels/Block* in Oetker/Preis, Europäisches Arbeits- und Sozialrecht (EAS), 2010, Rn. 162; *Deinert* IntArbR § 10 Rn. 97; *Deinert* FS Martiny, 2014, 289 ff.; *Mankowski* RdA 2017, 273 (277); EUArbR/*Krebber* Art. 9 Rn. 17; Staudinger/*Magnus,* 2021, Rn. 200, 201; idS auch HessLAG AR-Blattei ES 370.3 Nr. 3 = IPRspr. 2000 Nr. 38 zu § 1 AEntG; HessLAG BeckRS 2014, 68629 betr. Mindestlohn; *Borgmann,* Die Entsendung von Arbeitnehmern in der Europäischen Gemeinschaft, 2001, 171; *Krebber* IPRax 2001, 22 (26 f.); *Pfeiffer* FS Schwerdtner, 2003, 775 (776); *Taschner,* Arbeitsvertragsstatut und zwingende Bestimmungen nach dem Europäischen Schuldvertragsübereinkommen, 2003, 259 ff.

549 *Pingel* RdA 2023, 180 (182); Rauscher/*v. Hein* Rn. 10.

550 EuGH ECLI:EU:C:2020:1001 Rn. 179 = EuZW 2021, 547 = BeckRS 2020, 33950 – Ungarn/Parlament und Rat; ECLI:EU:C:2020:1000 Rn. 133 = BeckRS 2020, 33946 – Polen/Parlament und Rat.

551 BAG NZA 2022, 1257 = RIW 2022, 776 = EWiR 2022, 724 *Wypych* Rn. 45.

552 *Mauer/Sadtler* RIW 2008, 544 (547); Staudinger/*Magnus,* 2021, Rn. 211 vgl. *Gamillscheg* ZfA 14 (1983), 307 (348 ff.); *Junker,* Internationales Arbeitsrecht im Konzern, 1992, 302 ff.; *Thüsing* NZA 2003, 1303 (1308 f.); *Taschner,* Arbeitsvertragsstatut und zwingende Bestimmungen nach dem Europäischen Schuldvertragsübereinkommen, 2003, 264 f.

Danach kommt es auf den Erfüllungsort an, der häufig mit dem Arbeitsort zusammenfallen wird.[553] Als Eingriffsnormen dürften nicht nur Verbote (zB bezüglich Beschäftigung, Arbeitszeit), sondern auch Mindestansprüche von Arbeitnehmern anzusehen sein.[554] Gehaltskürzungen aufgrund griechischen Rechts für in Deutschland tätige griechische Lehrer, deren Arbeitsvertrag deutschem Recht unterlag, wurden nach bisherigem Kollisionsrecht nicht anerkannt.[555] Soweit Art. 9 Abs. 3 nicht eingreift, ist jedoch eine materiellrechtliche Berücksichtigung zulässig[556] (→ Art. 9 Rn. 122). Allerdings ist zweifelhaft, ob statt einer Störung der Geschäftsgrundlage (§ 313 Abs. 1 BGB) eine individualarbeitsrechtlich angemessenere Änderungskündigung, die hier aber nicht erfolgt war, in Betracht kommt.[557]

g) Räumlich begrenzte Bestimmungen. Ausländische arbeitsrechtliche Vorschriften, vor allem solche des englischen Rechts, beanspruchen oft von vornherein **nur Geltung für im normsetzenden Staat geleistete Arbeit.**[558] Der englische Richter würde solche räumlich begrenzten Bestimmungen auch dann nicht anwenden, wenn im Übrigen englisches Arbeitsrecht gilt (zB bei der Vereinbarung englischen Rechts für Arbeit in der BRepD oder in einem anderen Land). Der deutsche Richter muss dem folgen und darf die ausländischen Vorschriften nicht über ihre ursprüngliche Reichweite hinaus anwenden.[559] Dafür spricht, dass ausländisches Recht so anzuwenden ist, wie es wirklich gilt (→ Einl. IPR Rn. 321), sowie der internationale Entscheidungseinklang; ferner würde man das ausländische Recht denaturieren, wenn es auf Sachverhalte angewendet würde, die es nicht erfassen will.[560] Dies gilt auch für die Durchsetzung des „an sich" geltenden Rechts im Rahmen des Günstigkeitsvergleichs. Entstehen auf diese Weise Lücken, die nicht durch die Anwendung deutscher oder anderer zwingender Normen geschlossen werden können, bleibt nur noch der ordre public (Art. 21). Nach aA ist die ausländische Beschränkung hingegen als unbeachtliche ausländische Kollisionsnorm anzusehen.[561] 142

3. Einzelne zwingende Vorschriften. Durchgesetzt werden gesetzliche Bestimmungen sowie Verwaltungsvorschriften. Vorschriften über die **Höchstarbeitszeiten und Mindestruhezeiten** sind international zwingend nach § 2 Abs. 1 Nr. 3 AEntG. Der EuGH hat dem zugrundeliegenden Art. 3 Abs. 1 lit. a Entsende-RL (Arbeits- und Beschäftigungsbedingungen) auch kollisionsrechtliche Bedeutung beigemessen[562] (→ Art. 23 Rn. 21). Die in Deutschland zwingend einzuhaltenden Höchstarbeitszeiten ergeben sich aus §§ 3, 7 Arbeitszeitgesetz.[563] Keine zwingende Wirkung hat aber § 8 TzBfG.[564] Diese Vorschrift dient vorrangig den Individualinteressen und nicht öffentlichen Gemeinwohlinteressen. Sie strebt einen Ausgleich des Interesses des Arbeitnehmers an einer Verringerung gegenüber dem Interesse des Arbeitgebers an einer Beibehaltung der längeren Arbeitszeit an. Die **Teilzeitarbeit** und die Entlastung des Arbeitsmarkts sind lediglich Reflexe des vorrangig individuellen Zwecken dienenden Anspruchs auf Teilzeitarbeit. 143

---

553 EuGH ECLI:EU:C:2016:774 Rn. 50 = NZA 2016, 1389 = EuZW 2016, 940 mAnm *Duden* = RIW 2016, 811 mAnm *Mankowski* = IPRax 2018, 207 m. Aufsatz *W.H. Roth* IPRax 2018, 177 – Nikiforidis; Ferrari IntVertragsR/*Staudinger* Rn. 17: faktischer Erfüllungsort; Rauscher/*v. Hein* Rn. 36.

554 *Deinert* IntArbR § 10 Rn. 166; *Deinert* FS Martiny, 2014, 289 (296 ff.).

555 LAG Nürnberg IPRspr. 2014 Nr. 155; LAG Hamm IPRspr. 2012 Nr. 64; dazu Vorlagebeschluss BAG NZA 2015, 542 m. Aufsatz *Thomale* EuZA 2016, 116 ff.; *Siehr* RdA 2014, 206 ff.

556 EuGH ECLI:EU:C:2016:774 Rn. 51 = NZA 2016, 1389 = EuZW 2016, 940 mAnm *Duden* = RIW 2016, 811 mAnm *Mankowski* = IPRax 2018, 207 m. Aufsatz *W.H.R oth* IPRax 2018, 177 – Nikiforidis; BAG RIW 2020, 157.

557 Für letzteres LAG Nürnberg IPRspr. 2014 Nr. 155; *Siehr* RdA 2014, 206 ff.; *Maultzsch* EuZA 10 (2017), 242 (252.); dazu BAG RIW 2017, 611 = IPRax 2018, 86 m. Aufsatz *Siehr* IPRax 2018, 44; *Lehmann/Ungerer* YbPIL 19 (2017/2018), 53 (80).

558 Dazu *Gamillscheg* RIW 1979, 225 ff.

559 *Droste,* Der Begriff der „zwingenden Bestimmung" in den Art. 27 ff. EGBGB, 1991, 128; MHdB ArbR/*Birk* § 20 Rn. 77.

560 S. auch *Morse* in North, Contract Conflicts, 1982, 166 f. – Im Interesse der Schutzgewährung und der Lückenvermeidung plädiert für weitgehende ergänzende Auslegung der jeweiligen Schutznorm *Pocar* Rec. des Cours 188 (1984-V), 339 (401).

561 *Deinert* JbArbR 50 (2013), 77 (93 f.); *Junker,* Internationales Arbeitsrecht im Konzern, 1992, 177 f.; *Taschner,* Arbeitsvertragsstatut und zwingende Bestimmungen nach dem Europäischen Schuldvertragsübereinkommen, 2003, 252 ff.; Franzen/Gallner/Oetker/*Krebber* Art. 8 Rn. 48. – Für eine entsprechende Anwendung von Art. 20 *Deinert* IntArbR § 6 Rn. 11.

562 EuGH ECLI:EU:C:2020:1001 Rn. 179 = EuZW 2021, 547 = BeckRS 2020, 33950 – Ungarn/Parlament und Rat; ECLI:EU:C:2020:1000 Rn. 133 = BeckRS 2020, 33946 – Polen/Parlament und Rat.

563 *Junker* FS 50 Jahre BAG, 2004, 1197 (1213).

564 BAGE 125, 24 = NZA 2008, 761 m. Aufsatz *Pietras* NZA 2008, 1051 = AP EGBGB nF Art. 27 Nr. 8 mAnm *Knöfel;* dazu *Junker* EuZA 2009, 88 ff.

144 Der Urlaub richtet sich grundsätzlich nach dem Arbeitsvertragsstatut (→ Rn. 117). Bestimmungen über den **bezahlten Mindestjahresurlaub** sind jedoch international zwingend nach § 2 Abs. 1 Nr. 2 AEntG.[565]

145 Der **Lohnanspruch** folgt grundsätzlich dem Arbeitsvertragsstatut (→ Rn. 113). Die deutsche Lohnwucherrechtsprechung (§ 138 BGB)[566] wird teilweise nicht als international zwingend iSd § 2 AEntG,[567] wohl aber als Eingriffsnorm iSd Art. 9 angesehen.[568] **Gesetzliche Mindestentgeltsätze** einschließlich der Überstundensätze sind aber international zwingend nach § 2 Abs. 1 Nr. 1 AEntG. Solche Vorschriften stellen Eingriffsnormen dar.[569] Die Abtretbarkeit wurde in einem Entsendungsfall dem Recht des Aufnahmelandes unterstellt.[570] Das **deutsche Mindestlohngesetz** ist eine inländische Eingriffsnorm iSd Art. 9 Abs. 2.[571] § 20 MiLoG wird daher ebenfalls gegen Arbeitgeber im Ausland und auch bei der Vereinbarung ausländischen Rechts durchgesetzt.[572] Die Anwendung des MiLoG muss jedoch mit dem EU-Primärrecht (Dienstleistungsfreiheit) vereinbar sein.[573] Problematisch ist dabei ua, welche Art von Inlandsbeziehung notwendig ist.[574] Die inländische Beschäftigung iSd des § 20 MiLoG genügt dafür.[575] Allerdings ist im Hinblick auf den Verkehrssektor ein Vertragsverletzungsverfahren gegen Deutschland eingeleitet worden;[576] ein Teil der behördlichen Kontrollen ist ausgesetzt worden.[577]

146 Bei der **Leiharbeit** (→ Rn. 73) ist zu beachten, dass die Bedingungen für die **Überlassung von Arbeitskräften,** insbesondere durch Leiharbeitsunternehmen zwingend nach § 2 Abs. 1 Nr. 4 AEntG sind[578] (→ zur Durchsetzung Rn. 71). Das gilt auch für die Lohnuntergrenze nach § 3a AÜG.[579] Die kollisionsrechtliche Behandlung der Leiharbeit ist umstritten.[580] Maßgebliche Normen sind die in § 2 Abs. 1 Nr. 4 AEntG (→ Rn. 6) umgesetzte Entsenderichtlinie der EU (→ Rn. 8), insbesondere Art. 3 RL und die deutschen Regeln des AÜG. Nach der neueren Rspr. kommt den die RL umsetzenden Regeln des AEntG kollisionsrechtliche Bedeutung zu. Dies wird auf die Spezialität nach Art. 23 Rom I-VO gestützt[581] (→ Art. 23 Rn. 21). Ein pauschales Heranziehen von Art. 9 Rom I-VO findet nicht mehr statt.[582] Es handelt sich bei § 2 Abs. 1 Nr. 4 AEntG nicht um eine Eingriffsnorm im Sinne von Art. 9 Abs. 1 Rom I-VO.[583] Ferner ist die Anwendung des AÜG bei der unerlaubten Arbeitnehmerüberlassung aus dem Ausland neu bewertet worden. Die Verletzung der Erlaubnispflicht des § 1 AÜG führt nicht zur Unwirksamkeit des Leiharbeitsvertrags nach § 9 Nr. 1 AÜG, wenn das Leiharbeitsverhältnis dem Recht eines anderen EU-Mitgliedstaats unterliegt.[584] § 2 Abs. 1 Nr. 4 AEntG ordnet nicht an, dass § 9 Nr. 1 AÜG gegenüber diesem Recht vorrangig gelten soll. Das Arbeitsverhältnis zwischen Verleiher und Leiharbeitnehmer ist nicht vom Anwendungsbereich des § 9 Nr. 1 AÜG erfasst. Dieser bestimmt sich einheitlich nach dem Statut des Arbeitsvertrags zwischen dem Leiharbeitnehmer und dem Verleiher.[585]

---

565 Für Art. 34 EGBGB aF verneint diese Eigenschaft *Junker* FS 50 Jahre BAG, 2004, 1197 (1213 f.).

566 S. BAG NZA 2009, 837.

567 *Bayreuther* NZA 2010, 1157 (1158); *Deinert* JbArbR 50 (2013), 77 (89).

568 *Bayreuther* NZA 2010, 1157 (1158); *Deinert* IntArbR § 10 Rn. 100; ErfK/*Franzen* AEntG § 2 Rn. 1.

569 *Deinert* IntArbR § 12 Rn. 30.

570 EuGH ECLI:EU:C:2013:811 = EuZW 2015, 308 mAnm *Bayreuther* = NZA 2015, 345 = ZEuP 2016, 708 m. krit. Anm. *Perner* – Sähköalojen ammattiliitto; dazu auch *Martiny* ZEuP 2015, 838 (851).

571 *Deinert,* Beschäftigung ausländischer Arbeitnehmer, 2016, 81; *Hohnstein* NJW 2015, 1844 (1846); *Pfeiffer* FS Coester-Waltjen, 2015, 611 (612); *Mankowski* RdA 2017, 273 (277); *Ramming* RdTW 2019, 51 (53); Staudinger/*Magnus,* 2021, Rn. 201a.

572 BAG NZA 2021, 1398 Rn. 23 f. betr. ausländische Pflegekraft in Privathaushalt.

573 Bejahend *Mankowski* RdA 2017, 273 (287 ff.); näher *Eichenhofer* ArbuR 2014, 450 ff.; *Junker* EuZA 2015, 399 f.; *Kainer* NZA 2016, 394 ff.; *Moll/Katerndahl* DB 2015, 555 ff.; *Sittard* NZA 2015, 78 ff.; *Deinert,* Beschäftigung ausländischer Arbeitnehmer, 2016, 16 ff.

574 Vgl. auch *Rebhahn* WiBl. 2016, 689 (694 ff.).

575 *Mankowski* RdA 2017, 273 (274 ff.).

576 Näher *Ramming* RdTW 2019, 51 (56 f.).

577 Dazu *Ramming* RdTW 2019, 51 (57).

578 *Deinert* IntArbR § 10 Rn. 105. – Zur grenzüberschreitenden Leiharbeit nach der Arbeitnehmerentsende-RL *Riesenhuber* NZA 2018, 1433 (1434 ff.).

579 *Franzen* EuZA 2011, 451 (472); *Wilde,* Arbeitnehmerüberlassung im Binnenmarkt, 2017, 134.

580 Dazu *Barkow v. Creytz* NZA 2022, 1314 ff.; *Brors* RIW 2022, 724; *Pingel* RdA 2023, 180 ff.

581 BAG NZA 2022, 1257 Rn. 45 = RIW 2022, 776 = EWiR 2022, 724 mAnm *Wypych.*

582 Anders noch BAGE 158, 266 Rn. 68 = RIW 2017, 826.

583 BAG NZA 2022, 1257 Rn. 61 ff. = RIW 2022, 776 = EWiR 2022, 724 mAnm *Wypych* und m. abl. Anm. Brors RIW 2022, 724.

584 BAG NZA 2022, 1333 Rn. 34 = EWiR 2022, 698 mAnm *Thüsing/Peiske;* dazu *Brors/Schüren* NZA 2022, 1310 ff.

585 BAG NZA 2022, 1257 Rn. 56 ff. = RIW 2022, 776 = EWiR 2022, 724 mAnm *Wypych; Pingel* RdA 2023, 180 (182).

Schutzmaßnahmen im Zusammenhang mit den Arbeits- und Beschäftigungsbedingungen von **Schwangeren und Wöchnerinnen, Kindern und Jugendlichen** finden zwingende Anwendung nach § 2 Nr. 6 AEntG. Eingriffsnorm ist daher das Beschäftigungsverbot des § 3 MuSchG.[586] Im Rahmen der Sonderanknüpfung nach Art. 9 hat das BAG für den **Mutterschutz** nicht nur eine individualschützende Funktion, sondern auch eine überindividuelle Bedeutung bejaht. Der Anspruch auf den Arbeitgeberzuschuss zum Mutterschaftsgeld nach dem Mutterschutzgesetz (§ 20 Abs. 1 MuSchG) besteht dementsprechend unabhängig vom Arbeitsvertragsstatut.[587] Das MuSchG entlastet insoweit die gesetzlichen Krankenkassen; es wird als zwingendes Recht dann angewendet, wenn der Arbeitsort in Deutschland liegt.[588] Wegen des engen Sachzusammenhanges werden nicht nur Beschäftigungsverbote und ähnliche Normen so angeknüpft, sondern auch Entgelts- und Kündigungsschutzvorschriften.[589] Weitergehende Rechte nach dem Arbeitsvertragsstatut bleiben erhalten.[590] Zum Kündigungsschutz auch → Rn. 122. **147**

Die Schutzvorschriften für Schwerbehinderte erfassen alle Arbeitnehmer, die in Deutschland wohnen, sich hier rechtmäßig aufhalten oder beschäftigt werden (§ 2 Abs. 2 SGB IX). Die Mindestkündigungsfrist des **Schwerbehinderten** (§ 169 SGB IX) wird zum Teil zum privatrechtlichen Kündigungsschutz gerechnet und dem Arbeitsvertragsstatut unterstellt.[591] Sie dürfte jedoch ebenso wie die Bestimmung über den Zusatzurlaub (§ 208 SGB IX) zwingend anzuwenden sein, wenn der Schwerpunkt des Arbeitsverhältnisses im Inland liegt.[592] Die Durchsetzung dieser dem Beschäftigungsschutz und der Versorgung dienenden Bestimmungen kann heute als Eingriffsnorm erfolgen.[593] Auf eine Rechtswahl der Parteien kommt es nicht an.[594] Allerdings wurde angenommen, dass die Kündigung des Arbeitsverhältnisses eines Schwerbehinderten nur dann der vorherigen Zustimmung des Integrationsamts gemäß § 168 SGB IX bedarf, wenn eine der Varianten des § 2 Abs. 2 SGB IX vorliegt und das Arbeitsverhältnis dem deutschen Vertragsstatut unterfällt.[595] Dass deutsches Recht Arbeitsvertragsstatut ist, wird vom Gesetz jedoch nicht verlangt.[596] Wird der Schwerbehinderte in einem ausländischen Betrieb beschäftigt, so ist eine behördliche Zustimmung nicht erforderlich. Diese Voraussetzung gilt nur für inländische Betriebe.[597] **148**

Die Vorschriften über den Kündigungsschutz bei **Massenentlassungen** (§§ 17 ff. KSchG) sind international zwingend.[598] **149**

Vorschriften über die **Sicherheit, den Gesundheitsschutz und die Hygiene** am Arbeitsplatz sind international zwingend nach § 2 Abs. 1 Nr. 5 AEntG. Höchstarbeitszeiten und Mindestruhezeiten werden von § 2 Nr. 3 AEntG erfasst. Schon bislang nahm man an, dass **Arbeitszeit- und Unfallverhütungsvorschriften** nach dem Recht des Tätigkeitsortes gelten.[599] Insbesondere die **150**

---

586 Zu Art. 34 EGBGB *Junker* FS 50 Jahre BAG, 2004, 1197 (1213); vgl. auch *Taschner,* Arbeitsvertragsstatut und zwingende Bestimmungen nach dem Europäischen Schuldvertragsübereinkommen, 2003, 286 f.

587 Rauscher/*v. Hein* Rn. 39. – Für eine Einordnung unter Art. 34 EGBGB aF BAGE 100, 130 (139 f.) = NZA 2002, 734 = AP Nr. 10 mAnm *Schlachter* = SAE 2002, 258 mAnm *Junker* = IPRax 2003, 258 m. insoweit zust. Aufsatz *Franzen* IPRax 2003, 239; *Benecke* IPRax 2001, 449 (453); *Junker* FS 50 Jahre BAG, 2004, 1197 (1214); *Deinert,* Beschäftigung ausländischer Arbeitnehmer, 2016, 40; anders HessLAG IPRspr. 1999 Nr. 47 = IPRax 2001, 461 m. abl. Aufsatz *Benecke* IPRax 2001, 449.

588 *Deinert* RdA 1996, 339 (343); *Gamillscheg,* Internationales Arbeitsrecht, 1959, 267.

589 BAGE 63, 17 = IPRax 1991, 407 m. Aufsatz *Magnus* IPRax 1991, 382 = SAE 1990, 317 mAnm *Junker* = NZA 1990, 841 betr. Kündigungsschutz; *Monjau* DB 1965, 71 (72); *Magnus* IPRax 1991, 382 (386); *Reiter* NZA 2004, 1247 (1253 f.); *Gamillscheg,* Internationales Arbeitsrecht, 1959, 267.

590 *Gamillscheg,* Internationales Arbeitsrecht, 1959, 267.

591 So früher BAG NJW 1987, 2766.

592 Vgl. *Junker* FS 50 Jahre BAG, 2004, 1197 (1213); *Taschner,* Arbeitsvertragsstatut und zwingende Bestimmungen nach dem Europäischen Schuldvertragsübereinkommen, 2003, 287 f. – S. schon BAGE 17, 1 = IPRspr. 1964–65 Nr. 69 betr. Kündigung; *Steinmeyer* DB 1980, 1544.

593 Rauscher/*v. Hein* Rn. 39; Staudinger/*Magnus,* 2021, Rn. 198; vgl. *Gamillscheg* ZfA 14 (1983), 307 (358); *Droste,* Der Begriff der „zwingenden Bestimmung" in den Art. 27 ff. EGBGB, 1991, 186 f.; *Junker,* Internationales Arbeitsrecht im Konzern, 1992, 260 f.; anders BAG NZA 2016, 473 = RIW 2016, 375 m. abl. Anm. *Mankowski;* anders auch nach altem Recht *Heilmann,* Das Arbeitsvertragsstatut, 1991, 128 ff.

594 Anders VG Schleswig SchlHA 1973, 55 = IPRspr. 1972 Nr. 34 betr. Kündigung.

595 BAG NZA 2016, 473 = RIW 2016, 375 m. abl. Anm. *Mankowski.*

596 *Mankowski* RIW 2016, 384 f.

597 BAGE 55, 236 = IPRspr. 1987 Nr. 36 = NJW 1987, 2766 = AP SchwbG § 12 Nr. 15 mAnm *Gamillscheg* = SAE 1989, 326 mAnm *Junker,* betr. Bauvorhaben in Saudi-Arabien; Zustimmung der Hauptfürsorgestelle nach § 15 SchwbG; Vorinstanz HessLAG BB 1986, 1357 = IPRspr. 1985 Nr. 52; BAG IPRspr. 1990 Nr. 63 = AP TVG § 4 Nr. 2 zur AZO; *Hickl* NZA Beil. 1/1987, 15.

598 Reithmann/Martiny IntVertragsR/*Zwickel* Rn. 5.99.

599 *Taschner,* Arbeitsvertragsstatut und zwingende Bestimmungen nach dem Europäischen Schuldvertragsübereinkommen, 2003, 281. – Für den Betriebsort *Müller* RdA 1973, 137 (143).

Feiertagsregelung richtet sich nach dem Arbeitsort.[600] Inländische Bestimmungen können über Art. 9 durchgesetzt werden.[601] Ihre Berücksichtigung wird auch auf Art. 12 Abs. 2 gestützt.[602] Dem Arbeitsvertragsstatut wird jedoch die Frage unterworfen, wie Überstundenausgleich und -abgeltung zu erfolgen haben.[603] Auch insoweit kann aber § 2 Abs. 1 Nr. 1 AEntG eingreifen. – Zum Antidiskriminierungsrecht → Rn. 112. Zum Arbeitsunfall → Rom II-VO Art. 4 Rn. 198 ff.

151 Das **Lieferkettensorgfaltspflichtengesetz** betrifft auch Arbeitsverhältnisse (§ 2 Abs. 2 Nr. 2 – 12 LkSG).[604] Ausländische Arbeitnehmer des Lieferanten stehen allerdings idR nicht in einem Vertragsverhältnis zum deutschen Unternehmer (Importeur).[605]

C. Kollektives Arbeitsrecht

I. Betriebsverfassung

Schrifttum: *Agel-Pahlke,* Der internationale Geltungsbereich des Betriebsverfassungsgesetzes, 1988; *Bayreuther,* Betriebsratswahl für das Luftfahrtpersonal von ausländische Fluggesellschaften, NZA 2010, 262; *Birk,* Auslandsbeziehungen und Betriebsverfassungsgesetz, FS Schnorr v. Carolsfeld, 1973, 61; *Lipperheide,* Die Arbeitnehmervertretungen und ihre Bedeutung bei einem deutschen Betrieb eines Unternehmens mit Sitz im Ausland, 1980; *E. Lorenz,* Die Grundsätze des deutschen internationalen Betriebsverfassungsrechts, FS W. Lorenz, 1991, 441; *Rehberg,* Die kollisionsrechtliche Behandlung „europäischer Betriebsvereinbarungen", NZA 2013, 73; *Schlüpers-Oehmen,* Betriebsverfassung bei Auslandstätigkeit, 1984; *Steinmeyer,* Zum Mitbestimmungsrecht des Betriebsrates bei der Regelung von Arbeitsbedingungen auf Montagebaustellen und in Betrieben im Ausland, DB 1980, 1541; *Wisskirchen/Goebel,* Arbeitsrechtliche Aspekte der Verlagerung von Arbeitsplätzen ins Ausland (Off-Shoring), DB 2004, 1937.

152 **1. Rechtsangleichung.** Eine Rechtsangleichung innerhalb der EU ist durch die **Europäischer Betriebsrat-RL** erreicht worden, die für unionsweit operierende größere Unternehmen und Unternehmensgruppen gilt.[606] Sie ist durch das **EBRG** umgesetzt worden.[607] Eine Auskunftspflicht der sich nicht in einem Mitgliedstaat befindlichen zentralen Unternehmensleitung gegenüber dem Gesamtbetriebsrat besteht auch dann, wenn für die Union lediglich eine fingierte zentrale Leitung angenommen wird.[608] Betriebsvereinbarungen von Betriebsräten unterschiedlicher Standort („europäische Betriebsvereinbarungen") sind nicht näher geregelt. Rechtswahl nach Art. 3 ist zulässig.[609] Eine objektive Anknüpfung nach Art. 4 macht Schwierigkeiten. Um eine einheitliche Rechtsanwendung zu sichern, wird vorgeschlagen, auf das Betriebsverfassungsrecht des Staats mit der größten Anzahl betroffener Arbeitnehmer abzustellen.[610]

153 **2. Anknüpfung an den Betriebssitz.** Ob ein Betriebsrat nach dem BetrVG zu bilden ist, ob für Betriebsratsmitglieder Kündigungsschutz besteht und zu welchen Akten die Mitwirkung des Betriebsrates erforderlich ist, bestimmt das Recht des Betriebssitzes. Die Rspr. stützt sich dafür auf das „Territorialitätsprinzip", dh darauf, dass das BetrVG seine räumliche Geltung allein auf das

600 *Däubler* ArbuR 1990, 1 (6); *Deinert* RdA 1996, 339 (342); *Droste,* Der Begriff der „zwingenden Bestimmung" in den Art. 27 ff. EGBGB, 1991, 210 f.

601 *Deinert* IntArbR § 12 Rn. 38. – Zu Art. 34 EGBGB *Deinert* RdA 1996, 339 (342); *Hohloch* FS Heiermann, 1995, 154; ebenfalls für Einordnung als Eingriffsnorm OGH JBl. 1990, 671 m. krit. Anm. *Thades* ZAS Beil. 1990, 17.

602 So zu Art. 32 Abs. 2 EGBGB *Däubler* RIW 1987, 249 (251); *E. Lorenz* RdA 1989, 220 (224); *Junker,* Internationales Arbeitsrecht im Konzern, 1992, 298 ff.; Soergel/*v. Hoffmann* EGBGB Art. 30 Rn. 40.

603 BAGE 141, 129 = NZA 2012, 1152; *Deinert* IntArbR § 12 Rn. 38; anders EUArbR/*Krebber* Art. 9 Rn. 43: Arbeitsort.

604 Näher *Krause* RdA 2022, 303 ff.

605 *Habersack/Ehrl* AcP 219 (2019) 155 (181).

606 RL 94/45/EG vom 22.9.1994, ABl. EG 1994 L 254, 64; neu gefasst durch RL 2009/38/EG vom 6.5.2009, ABl. EU 2009 L 122, 28; dazu *Franzen* BB 2004, 938; *B. Gaul* NJW 1995, 228; *Kolvenbach* NZA 2000, 518; *Mozet* ZEuP 1995, 552; *Rademacher,* Der Europäische Betriebsrat, 1996; *Sandmann,* Die Euro-Betriebsrats-RL 94/45/EG, 1996; *M. Schmidt* NZA 1997, 180; *Veit* JbJZivWiss 1992, 211.

607 Gesetz über Europäische Betriebsräte, BGBl. 1996 I 1548; dazu *Sandmann* WiB 1997, 393.

608 EuGH Slg. 2004, I-787 = NZA 2004, 160 mAnm *Giesen* RdA 2004, 307 = JZ 2004, 566 mAnm *Kort* – Kühne & Nagel; Abschlussentscheidung: BAG NZA 2005, 118.

609 *Rehberg* NZA 2013, 73 (76).

610 *Rehberg* NZA 2013, 73 (77).

Gebiet der BRepD erstreckt.[611] Zutreffender dürfte es sein, die engste Verbindung im Wege einer Schwerpunktanknüpfung zu ermitteln[612] bzw. dabei auf die Beziehung des Sachverhalts zum Inland und insbesondere auf den Sitz des Betriebes abzustellen.[613] Dagegen vermochte sich die frühere Auffassung, dass auf das Arbeitsvertragsstatut abzustellen sei,[614] wegen der notwendigen Einheitlichkeit der Betriebsverfassung nicht durchzusetzen. Die maßgeblichen Vorschriften haben eine über das Individualarbeitsverhältnis hinausgehende Bedeutung; es handelt sich um die Sozialordnung gestaltendes Privatrecht (str.).[615]

Der persönliche Anwendungsbereich des BetrVG, der wohl nur als sachrechtliche Frage anzusehen ist, ist jedoch weiter gesteckt.[616] Deutsches Betriebsverfassungsrecht kann auch für Auslandsbeziehungen gelten, nämlich bei der **Entsendung** von Arbeitnehmern ins Ausland bzw. – nach sozialrechtlicher Terminologie – „Ausstrahlung".[617] Die Arbeitsverhältnisse von Arbeitskräften, die zwar vorübergehend vom Betrieb entsandt wurden, ihm aber immer noch zuzuordnen sind, bleiben dort lokalisiert. Ihr betriebsverfassungsrechtlicher Status soll nicht darunter leiden, dass sie im Betriebsinteresse vorübergehend im Ausland tätig sind. Der Betriebsrat ist nicht nur bezüglich der Entsendung selbst zu befragen,[618] sondern besitzt auch weiterhin ein Mitwirkungsrecht bei Kündigungen.[619] Entsprechendes gilt, wenn sich zB eine Montagegruppe oder der ganze Betrieb (zB ein Zirkus) vorübergehend im Ausland befindet. Das BetrVG greift also, wenn die Arbeitnehmer weiterhin dem Inlandsbetrieb zuzuordnen sind.[620] Dies ist sogar bei einer Entsendung auf Dauer möglich.[621] Indizien für einen fortbestehenden Inlandsbezug sind ein Rückrufrecht des Arbeitgebers[622] sowie ein von ihm ausgeübtes Direktionsrecht.[623] Das BetrVG kann auch für den ausländischen Flugbetrieb eines deutschen Unternehmens gelten, so dass der Einsatz von Leiharbeitnehmern auf ausländischen Flugstrecken der Zustimmung der deutschen Personalvertretung unterliegt.[624] Zahlreiche Fragen im Rahmen des deutschen Sachrechts tauchen auf bei der **Verlagerung von Arbeitsplätzen ins Ausland.**[625] **154**

Auf der anderen Seite soll deutsches Betriebsverfassungsrecht insbesondere nicht für Arbeitnehmer gelten, die **ausschließlich für einen bestimmten Auslandseinsatz** eingestellt wurden und nicht im inländischen Betrieb tätig waren.[626] Entsprechend wurde für im Ausland eingestellte Ortskräfte in Auslandsvertretungen entschieden.[627] Der Ausstrahlungsbegriff der Rspr. führt also dazu, dass diejeni- **155**

---

611 BAG NJW 1978, 1124; IPRax 1983, 232 m. Aufsatz *Richardi* IPRax 1983, 217 = AP IPR-ArbR Nr. 17 mAnm *Beitzke;* NZA 1990, 658 = AP IPR-ArbR Nr. 27 mAnm *E. Lorenz,* für Reiseleiterin; BAGE 94, 144 = NZA 2000, 1119 = AP AÜG § 14 Nr. 8 für LKW-Fahrer; NZA 2001, 1033 = IPRspr. 2001 Nr. 48 = AP BetrVG 1972 § 101 Nr. 23 für TÜV Bayern; NJW 2018, 3403 = NZA 2018, 1396 Rn. 13; LAG Nds. IPRspr. 2019 Nr. 101; ebenso iErg *Lipperheide,* Die Arbeitnehmervertretungen und ihre Bedeutung bei einem deutschen Betrieb eines Unternehmens mit Sitz im Ausland, 1980, 73 ff.; *Steinmeyer* DB 1980, 1541 (1542).

612 *Deinert* FS Marhold, 2020, 457 (464 f.); *Deinert* IntArbR § 17 Rn. 19.

613 Dazu *Junker* SAE 1989, 330 f.; *Junker* FS 50 Jahre BAG, 2004, 1197 (1216); *Junker,* Internationales Arbeitsrecht im Konzern, 1992, § 12 II 4.

614 So *Fischer* RdA 2002, 160 ff.; *Gamillscheg,* Internationales Arbeitsrecht, 1959, 370. – Eine Rechtswahl durch die Betriebs- und die Tarifvertragsparteien hält für möglich *Agel-Pahlke,* Der internationale Geltungsbereich des Betriebsverfassungsgesetzes, 1988, 136 ff.

615 Vgl. E. *Lorenz* FS W. Lorenz, 1991, 441 (446 ff.); *Agel-Pahlke,* Der internationale Geltungsbereich des Betriebsverfassungsgesetzes, 1988, 44 ff.; *Schlüpers-Oehmen,* Betriebsverfassung bei Auslandstätigkeit, 1984, 25 ff.

616 Vgl. *Junker* FS 50 Jahre BAG, 2004, 1197 (1216).

617 *Deinert* DB 2016, 349 (350 f.). Krit. zum Begriff der Ausstrahlung *E. Lorenz* FS W. Lorenz, 1991, 441 (444 ff.).

618 LAG Köln DB 1985, 392.

619 BAG AP IPR-ArbR Nr. 27 mAnm *E. Lorenz* = NZA 1990, 658 = BB 1990, 707 betr. im Ausland eingesetzte Reiseleiterin; LAG Bln DB 1977, 1302 = IPRspr. 1977 Nr. 44.

620 Näher BAG DB 1978, 1840; LAG Nds. IPRspr. 2019 Nr. 101; *Birk* FS Schnorr v. Carolsfeld, 1973, 61 (77 ff.); ferner *E. Lorenz* FS W. Lorenz, 1991, 441 (448 ff.).

621 *Birk* FS Molitor, 1988, 19 (37).

622 BAG NZA 2001, 1003 = AP BetrVG 1972 § 101 Nr. 23 betr. TÜV Bayern.

623 BAG NZA 1990, 658 = AP IPR-ArbR Nr. 27 mAnm *E. Lorenz* betr. Reiseleiterin; *Herfs-Röttgen* NZA 2018, 150 (151).

624 BAG DB 1986, 331 = AP BetrVG 1972 § 117 Nr. 3 m. zust. Anm. *Beitzke.*

625 *Feudner* DB 2004, 982 ff.; *Weisskirchen/Goebel* DB 2004, 1937 ff.; *Deinert* DB 2016, 349 ff.

626 BAG AuR 1981, 124 mAnm *Corts* AuR 1981, 252 = AP IPR-ArbR Nr. 17 m. zust. Anm. *Beitzke* = IPRax 1983, 232 m. krit. Aufsatz *Richardi* IPRax 1983, 217 für Sportförderungsprojekt in Kolumbien; BAG NJW 1987, 2766; LAG Bln ZIP 1982, 212 = IPRspr. 1981 Nr. 5.

627 LAG Düsseldorf IPRspr. 1982 Nr. 39; LAG Nds. IPRspr. 2019 Nr. 101.

gen Arbeitnehmer betriebsverfassungsrechtlich schutzlos bleiben, die dem inländischen Betrieb nicht (mehr) zugeordnet werden können.[628] Als Abgrenzungskriterium wird auch vorgeschlagen, danach zu differenzieren, ob noch eine organisatorische Verbindung zum Inlandsbetrieb besteht.[629]

156 Die Rspr. trennt in der Regel zwischen der **organschaftlichen Tätigkeit der Betriebsverfassungsorgane** (zB Betriebsratsbildung, Betriebsversammlungen) und dem individuellen Schutzbereich bzw. den Beteiligungsrechten des Einzelnen.[630] Nur für letztere wird über den Ausstrahlungsbegriff erreicht, dass der einzelne Arbeitnehmer noch der deutschen Betriebsverfassung unterliegt. Soweit es um die Organe der Betriebsverfassung geht, wird deren Tätigkeit strikt territorial auf das Inland beschränkt, ohne dass dafür überzeugende Gründe angeführt werden könnten. So soll dem Betriebsrat die Kompetenz für Betriebsvereinbarungen fehlen, deren Anwendungsbereich sich nur auf ausländische Montagebaustellen und Betriebe erstreckt.[631] Das Mitbestimmungsrecht des Betriebsrats umfasst aber auch Lohnzulagen, welche vorübergehend ins Ausland entsandten Mitarbeitern gewährt werden.[632] Auch die Tätigkeit von inländischen Sachverständigen in einer ausländischen Tochtergesellschaft des Arbeitgebers war mitbestimmungspflichtig.[633] Zur Betriebsversammlung → Rn. 160.

157 Für die **Personalvertretung der Zivilbediensteten bei den Stationierungsstreitkräften** galt ursprünglich das BPersVG von 1955.[634] Nunmehr kommt auf Grund staatsvertraglicher Vereinbarung das BPersVG 1974 zur Anwendung.[635] Für die Zivilbeschäftigten bei den sowjetischen Streitkräften galt zwar deutsches Arbeitsrecht.[636] Das BetrVG wurde jedoch nicht angewendet.[637]

158 **3. Inländische Betriebe. a) Grundsatz.** Das BetrVG gilt für inländische betriebsratsfähige Betriebe, einschließlich solcher ausländischer Unternehmen, die in Deutschland liegen. Kommt es nur zu einer „Ausstrahlung" vom Ausland, so braucht kein Betriebsrat gebildet zu werden.[638] Gilt das BetrVG, so ist der Betriebsrat **auch vor der Kündigung eines ausländischen Betriebsangehörigen mit ausländischem Arbeitsvertragsstatut** zu hören (vgl. § 102 BetrVG). Unterbleibt die Anhörung, so ist die Kündigung unwirksam.[639] Die Durchsetzung inländischen Betriebsverfassungsrechts auch gegen ein ausländisches Arbeitsvertragsstatut lässt sich jetzt auf Art. 9 Abs. 2 stützen.[640]

159 **b) Einzelfragen.** Ein **Gesamtbetriebsrat** (§ 47 BetrVG) kann auch dann gebildet werden, wenn sich zwar die Unternehmensspitze im Inland, aber auch Betriebe im Ausland befinden.[641] Der Gesamtbetriebsrat braucht seine Tätigkeit nicht ausschließlich auf das Gebiet der BRepD zu beschränken. Nach ausländischem Recht gebildete Betriebsräte der ausländischen Betriebe können am inländischen Gesamtbetriebsrat mitwirken. Befindet sich die Unternehmensspitze im Ausland, so kann für die inländischen Betriebe ebenfalls ein Gesamtbetriebsrat gebildet werden.[642] Dies wird jedoch bestritten, weil es ihm an Durchsetzungsmöglichkeiten fehlen würde.[643] – Ein **Wirtschaftsausschuss** (§ 106 BetrVG) kann für die inländischen Betriebe oder Unternehmensteile ebenfalls

---

628 Vgl. BAGE 94, 144 = NZA 2000, 1119 (1121) = IPRspr. 2000 Nr. 37 = AP AÜG § 14 Nr. 8 (LKW-Fahrer); *Junker* FS 50 Jahre BAG, 2004, 1197 (1216).

629 *Birk* FS Molitor, 1988, 19 (33 ff.).

630 Näher *Schlüpers-Oehmen*, Betriebsverfassung bei Auslandstätigkeit, 1984, 87 ff.

631 LAG Düsseldorf DB 1979, 2233 = IPRspr. 1979 Nr. 35.

632 BAG DB 1990, 1090 = AP BetrVG 1972 § 87 Lohngestaltung Nr. 41.

633 BAG NZA 2001, 1033 = IPRspr. 2001 Nr. 48.

634 BAG AP ZA-Nato-Truppenstatut Art. 56 Nr. 4.

635 Gesetz zur Vereinbarung vom 18.5.1981, BGBl. 1982 II 530; näher *Beitzke* RdA 1981, 380; vgl. auch BAGE 35, 370 = AP ZA-NATO-Truppenstatut Nr. 5 mAnm *Beitzke;* BAGE 48, 81 = IPRspr. 1985 Nr. 128 = AP NATO-Truppenstatut Art. I Nr. 1 mAnm *Beitzke* für britische Streitkräfte; näher *Beitzke* FS Kegel, 1987, 33 (45 ff.).

636 Art. 21 Aufenthalts- und Abzugsvertrag vom 3.10.1990.

637 BAG NZA 1995, 909; LAG Bln NJ 1993, 94.

638 *Richardi* BetrVG, 17. Aufl. 2022, BetrVG Einl. Rn. 71.

639 BAG NJW 1978, 1124 = AP IPR-ArbR Nr. 13 m. zust. Anm. *Beitzke* = SAE 1978, 236 mAnm *Birk; Birk* FS Schnorr v. Carolsfeld, 1973, 61 (76); Soergel/*v. Hoffmann* EGBGB Art. 30 Rn. 23.

640 Rauscher/*Thorn* Art. 9 Rn. 59 f.: Kündigungsschutz für Betriebsverfassungsorgane, sonst nur Territorialität. – Noch zu Art. 34 EGBGB aF LAG Bln BB 1993, 141 = IPRspr. 1992 Nr. 70; *Gamillscheg* ZfA 14 (1983), 307 (344); *Hönsch* NZA 1988, 113 (118); vgl. auch *Däubler* RIW 1987, 249 (255). – Eine Sonderanknüpfung nach dem Schwerpunkt der Betriebsverfassung entwickelt *Agel-Pahlke,* Der internationale Geltungsbereich des Betriebsverfassungsgesetzes, 1988, 192 ff.

641 Zum Problem *Birk* RIW 1975, 444 (591 f.); *Däubler* RabelsZ 39 (1975), 444 (474); anders *Schlüpers-Oehmen,* Betriebsverfassung bei Auslandstätigkeit, 1984, 100.

642 *Birk* RIW 1975, 589 (591 f.); *Deinert* IntArbR § 17 Rn. 58.

643 *Lipperheide,* Die Arbeitnehmervertretungen und ihre Bedeutung bei einem deutschen Betrieb eines Unternehmens mit Sitz im Ausland, 1980, 90 ff.

eingerichtet werden.[644] Vielfach wird angenommen, in internationalen Unternehmensverbindungen könne auch ein **Konzernbetriebsrat** (§ 54 BetrVG) errichtet werden.[645] Er erfasse jedoch nur die inländischen Tochtergesellschaften.[646] Die Rspr. gestattet allerdings keinen Konzernbetriebsrat bei einer Konzernspitze im Ausland.[647]

4. Ausländische Betriebe. Das **BetrVG** erfasst ausländische Betriebe inländischer Unternehmen nicht,[648] zB eine Baustelle in Saudi-Arabien.[649] Dies gilt auch dann, wenn der Individualarbeitsvertrag deutschem Recht unterliegt.[650] Allerdings kann an den im Ausland gelegenen Betriebsstätten deutscher Unternehmen eine Betriebsvertretung im Rahmen des ausländischen Rechts gebildet werden. Die territoriale Anwendung des BetrVerfR hat die Rspr. teilweise über den **Ausstrahlungsbegriff** korrigiert (→ Rn. 154).[651] In Einzelfällen können im Ausland tätige Arbeitnehmer auch bei fehlender tatsächlicher Betriebsangehörigkeit weiterhin einem sie entsendenden inländischen Betrieb zuzurechnen sein.[652] So kann zB ein im Ausland tätiger Reiseleiter weiterhin dem Inlandsbetrieb angehören.[653] Ein Arbeitnehmer verliert daher den Schutz des BetrVG nicht, wenn er nur vorübergehend im Ausland arbeitet. Inländische Arbeitnehmer, die an einen im Ausland liegenden Betrieb verliehen worden sind, können gleichwohl an einer inländischen Betriebsratswahl teilnehmen.[654] Der Betriebsrat darf gegenüber im Ausland befindlichen inländischen Betriebsangehörigen seine Mitwirkungs- und Mitbestimmungsrechte ausüben,[655] für sie zB auch eine Teilbetriebsversammlung abhalten (str.).[656] Er besitzt ferner Regelungskompetenz für grenzüberschreitende Sachverhalte bzw. Auslandssachverhalte,[657] zB für den Abschluss einer Betriebsvereinbarung speziell für Auslandsmontagen (str.).[658] 160

II. Tarifrecht

Schrifttum: *Birk,* Internationales Tarifvertragsrecht, FS Beitzke, 1979, 831; *Deinert,* Internationales Arbeitsrecht und Tarifvertrag, FS Bepler, 2012, 75; *Friedrich,* Probleme der Tarifverträge mit Auslandsberührungen, RdA 1980, 109; *Hergenröder,* Internationales Tarifvertragsrecht, AR-Blattei SD 1550.15, Tarifvertrag XV, 1993; *Wimmer,* Die Gestaltung internationaler Arbeitsverhältnisse durch kollektive Normenverträge, 1992.

1. Allgemeine Grundsätze. a) Internationales Tarifvertragsrecht. Tarifverträge werden **privatrechtlich qualifiziert.** Folglich handelt es sich um **vertragliche Schuldverhältnisse** iSd Rom I-VO. Dies wird für den **schuldrechtlichen Teil** des Tarifvertrages[659] angenommen.[660] Aber 161

---

644 BAG NJW 1975, 1091 = AP BetrVG 1972 § 106 Nr. 1; Nr. 2; HessLAG BB 1974, 785; *Birk* FS Schnorr v. Carolsfeld, 1973, 61 (73); *Birk* RIW 1975, 589 (592); *Deinert* IntArbR § 17 Rn. 55; anders *Gaul* AWD 1974, 471 (479). Zweifelnd *Lipperheide,* Die Arbeitnehmervertretungen und ihre Bedeutung bei einem deutschen Betrieb eines Unternehmens mit Sitz im Ausland, 1980, 98 ff.

645 Näher *Birk* RIW 1975, 589 (592 f.); *Röder/Powietzka* DB 2004, 542 ff.; *Deinert* FS Marhold, 2020, 457 (465 ff.); einschr. *Lipperheide,* Die Arbeitnehmervertretungen und ihre Bedeutung bei einem deutschen Betrieb eines Unternehmens mit Sitz im Ausland, 1980, 94 ff.

646 Vgl. *Deinert* IntArbR § 17 Rn. 52.

647 BAG NZA 2018, 1562 = IPRspr. 2018 Nr. 105; *Schmidt* NZA 2020, 492 ff.; Rauscher/*v. Hein* Rn. 2.

648 BAGE 30, 266 = DB 1978, 1840 = AP IPR-ArbR Nr. 16 m. zust. Anm. *Beitzke* = SAE 1979, 221 mAnm *E. Lorenz;* BAG NJW 1979, 1791 betr. Seeschifffahrtsunternehmen; LAG Bln BB 1977, 1302; LAG Düsseldorf DB 1982, 962 betr. Ortskräfte; *Birk* RabelsZ 46 (1982), 384 (407); *Lipperheide,* Die Arbeitnehmervertretungen und ihre Bedeutung bei einem deutschen Betrieb eines Unternehmens mit Sitz im Ausland, 1980, 73 f.; *Steinmeyer* DB 1980, 1541 (1542).

649 BAG NJW 1987, 2766 = DB 1987, 1897; Vorinstanz HessLAG BB 1986, 1357 = IPRspr. 1985 Nr. 52.

650 *Müller* RdA 1973, 137 (143); *E. Lorenz* FS W. Lorenz, 1991, 441 (446 ff.); *Deinert* IntArbR § 17 Rn. 29.

651 BAG DB 1978, 1840 = AP IPR-ArbR Nr. 16; AP IPR-ArbR Nr. 17 mAnm *Beitzke* = AuR 1981, 252 mAnm *Corts* = IPRax 1983, 232 m. Aufsatz *Richardi* IPRax 1983, 217; *Steinmeyer* DB 1980, 1541; *Reiter* NZA 2004, 1247 (1250 ff.); *Grosjean* DB 2004, 2422 (2423 ff.).

652 Von „funktioneller Betriebsangehörigkeit" spricht *E. Lorenz* FS W. Lorenz, 1991, 441 (462).

653 BAG IPRspr. 1989 Nr. 74 = AP IPR-ArbR Nr. 27 mAnm *E. Lorenz* = SAE 1990, 248 mAnm *Reiff* = BB 1990, 707 m. Aufsatz *B. Gaul* BB 1990, 697.

654 BAGE 94, 144 = NZA 2000, 1119 = IPRspr. 2000 Nr. 37 zu § 14 AÜG; krit. zur Begr. *Thüsing* NZA 2003, 1310 f.; *Grosjean* DB 2004, 2424.

655 *Birk* FS Schnorr v. Carolsfeld, 1973, 61 (79).

656 LAG Hamm DB 1980, 1030; ArbG Herne DB 1980, 791; *Birk* FS Schnorr v. Carolsfeld, 1973, 61 (80); anders BAGE 39, 108 = NJW 1983, 413 = AP BetrVG 1972 § 42 Nr. 3 m. abl. Anm. *Beitzke:* keine Auslandsbetriebsversammlung, weil Betriebsrat dort nicht organschaftlich handeln dürfe.

657 *Birk* FS Schnorr v. Carolsfeld, 1973, 61 (75); *Birk* BerGesVR 18 (1979), 263 (350 f.); *Steinmeyer* DB 1980, 1541 ff.

658 Vgl. *Birk* RabelsZ 46 (1982), 384 (409); *Jaeger,* Der Auslandsbezug des Betriebsverfassungsgesetzes, 1983, 151 ff.; anders LAG Düsseldorf DB 1979, 2233.

659 Teilweise wird für diesen der Ausdruck Tarifvertragsstatut reserviert, so *Deinert* IntArbR § 15 Rn. 19 ff.

660 *Deinert* IntArbR § 15 Rn. 20.

auch der **normative Teil** (zum Teil als „Tarifnormenstatut" bezeichnet)[661] wird so eingestuft.[662] Allerdings gilt Art. 8 für beide nicht. Die Vorschrift regelt nur das auf Einzelarbeitsverträge anwendbare Recht; Tarifverträge erfasst die Bestimmung nicht.[663] Anwendung finden daher lediglich die allgemeinen Vorschriften, insbesondere die Art. 3, 4, 10 und Art. 12.[664] Allerdings werden in Lit. und Rspr. unterschiedliche Begriffe verwendet und Unterscheidungen getroffen oder auch nicht. – Ob das auf einen Tarifvertrag anwendbare Recht (Tarifvertragsstatut) **vereinbart** werden kann, ist umstritten.[665] Teilweise wird mangels gesetzlicher Zulassung eine Rechtswahlfreiheit der Tarifvertragsparteien ganz abgelehnt.[666] Nach aA kann das anwendbare Recht jedenfalls für den schuldrechtlichen Teil des Tarifvertrages vereinbart werden.[667] Nach einer im Vordringen befindlichen Auffassung ist eine **Rechtswahl** nach Art. 3 ff. allgemein,[668] also auch für den normativen Teil[669] **erlaubt.** In der Normunterworfenheit wird kein Hindernis gesehen, da sie sich auf rechtsgeschäftlich begründete Mitgliedschaft und vertragliche Vereinbarungen stützen kann. Auch eine stillschweigende Rechtswahl ist möglich.[670]

162 Fehlt eine Rechtswahl, so kann man eine **objektive Anknüpfung** an das Recht vornehmen, mit dem der Tarifvertrag die engste Verbindung aufweist (vgl. Art. 4 Abs. 4).[671] Da keine der anderen Anknüpfungen des Art. 4 passt, muss zur Ermittlung der engsten Verbindung eine Schwerpunktbetrachtung stattfinden.[672] Für den **schuldrechtlichen Teil des Tarifvertrages** wird teilweise eine Anknüpfung an den Sitz der Parteien vorgeschlagen.[673] Nach aA erfolgt eine akzessorische Anknüpfung an den normativen Teil (das „Tarifnormenstatut").[674] Für den **normativen Teil des Tarifvertrages** wird auf die Mehrheit der erfassten Arbeitsverhältnisse abgestellt.[675] Hilfsweisen soll es auf den Verwaltungssitz der Tarifvertragsparteien ankommen.[676] Für sie sollen zu berücksichtigen sein der Verwaltungssitz der Tarifparteien und der Ort der vom Tarifvertrag erfassten Arbeitsverhältnisse.[677] Im Übrigen, dh für den normativen Teil, gilt für ihn das Recht der engsten Verbindung, zB des erfassten Betriebes.

163 Die **Tariffähigkeit** richtet sich nach der Rechtsordnung, für die der Tarifvertrag geschlossen werden soll.[678] Das TVG gilt für Arbeitsverhältnisse mit Schwerpunkt in Deutschland.[679] Inländische Tarifvertragsparteien können aber auch Auslandssachverhalte bindend regeln.[680]

---

[661] *Deinert* IntArbR § 15 Rn. 22, 36 ff.

[662] *Deinert* IntArbR § 15 Rn. 18; Staudinger/*Magnus,* 2021, Rn. 251 ff.

[663] EUArbR/*Krebber* Art. 1 Rn. 34; Rauscher/*v. Hein* Rn. 6; ebenso schon Bericht *Giuliano/Lagarde,* BT-Drs. 10/503, 57; *Gamillscheg* ZfA 14 (1983), 307 (332 f.); *Lagarde* Rev. crit. dr. int. pr. 80 (1991), 287 (320); *Franzen* IntArbR AR-Blattei 920 Rn. 301; *Hergenröder* AR-Blattei Rn. 27; *Schlachter* NZA 2000, 64; *Junker,* Internationales Arbeitsrecht im Konzern, 1992, 417; *Junker,* RIW 2001, 94 (107 f.). – Für eine analoge Anwendung *Drobnig/Puttfarken,* Arbeitskampf auf Schiffen fremder Flagge, 1989, Nr. 47. – Zur Betriebsvereinbarung s. *Birk* FS Trinkner, 1995, 461 ff.

[664] Staudinger/*Magnus,* 2021, Rn. 251.

[665] Bejahend *Basedow* BerGesVR 31 (1990), 75 (93 ff.); *Deinert* FS Bepler, 2012, 75 (83 f.); *Wimmer,* Die Gestaltung internationaler Arbeitsverhältnisse durch kollektive Normenverträge, 1992, 51 ff.; ErfK/*Schlachter* Art. 3 ff. Rn. 32; Staudinger/*Magnus,* 2021, Rn. 252. – Obiter für eine Rechtswahl auch BAG IPRspr. 1991 Nr. 67 = ArbuR 1992, 125 mAnm *Zachert* = AP IPR-ArbR Nr. 29 mAnm *Arnold, Dütz-Rotter* = IPRax 1994, 44 m. Aufsatz *Junker* IPRax 1994, 21 = AR-Blattei ES 340 Nr. 14 mAnm *Hergenröder* – Goethe-Institut II.

[666] *Thüsing* NZA 2003, 1311; MHdB ArbR/*Birk* § 20 Rn. 9 bezüglich der Anwendbarkeit des TVG; vgl. *Löwisch/Rieble* TVG, 4. Aufl. 2017, Grundlagen Rn. 393.

[667] So wohl Rauscher/*v. Hein* Rn. 6. – Allg. für Rechtswahl Grüneberg/*Thorn* Rn. 5.

[668] BeckOK BGB/*Spickhoff* Rn. 12. Zu Art. 27 EGBGB bejahend *Basedow* BerGesVR 31 (1990), 75 (93 ff.); *Franzen* IntArbR AR-Blattei 920 Rn. 307 ff.; *Hergenröder* AR-Blattei SD 1550.15 Rn. 57; *Junker,* Internationales Arbeitsrecht im Konzern, 1992, 422. – Insoweit abl. *Wimmer* IPRax 1995, 207 (212).

[669] *Deinert* IntArbR § 15 Rn. 39; ErfK/*Schlachter* Art. 9 Rn. 32; Staudinger/*Magnus,* 2021, Rn. 252.

[670] ErfK/*Schlachter* Art. 3 ff. Rn. 32; vgl. auch BAGE 93, 328 = NZA 2001, 331.

[671] Grüneberg/*Thorn* Rn. 5.

[672] *v. Bar/Mankowski* IPR II § 1 Rn. 673; ErfK/*Schlachter* Art. 3 ff. Rn. 32; Staudinger/*Magnus,* 2021, Rn. 253; s. bereits BAGE 93, 328 = NZA 2001, 331 = IPRspr. 2000 Nr. 35 = AP TVG § 2 Nr. 54 mAnm *Thüsing* = EzA TVG § 4 Seeschifffahrt Nr. 1 mAnm *Franzen.*

[673] Vgl. ErfK/*Schlachter* Art. 3 ff. Rn. 32.

[674] *Deinert* IntArbR § 15 Rn. 25.

[675] ErfK/*Schlachter* Art. 3 ff. Rn. 32.

[676] ErfK/*Schlachter* Art. 3 ff. Rn. 32.

[677] Vgl. *Junker,* Internationales Arbeitsrecht im Konzern, 1992, 425; *Junker* IPRax 1994, 21. Für den Schwerpunkt der erfassten Arbeitsverhältnisse MHdB ArbR/*Birk* § 21 Rn. 24.

[678] Vgl. *Birk* FS Beitzke, 1979, 831 (839 ff.); *Hauschka/Henssler* NZA 1988, 600. – Für den Sitz der Gewerkschaft und den Betriebssitz *Gamillscheg,* Internationales Arbeitsrecht, 1959, 360; *Gamillscheg* Rec. des Cours 181 (1983-III), 285 (332 f.); *Müller* RdA 1973, 137 (143).

[679] *Birk* RabelsZ 46 (1982), 384 (404). – Zur Ausstrahlung *Müller* RdA 1973, 137 (146).

[680] Näher *Birk* FS Beitzke, 1979, 831 (853 ff.); *Friedrich* RdA 1980, 109 (111 ff.).

Die **Tarifgebundenheit** gemäß § 3 TVG unterliegt deutschem Recht, wenn der Regelungsschwerpunkt des Tarifvertrags in der BRepD liegt und grenzüberschreitende Sachverhalte bzw. Auslandssachverhalte nur mit geregelt werden.[681] **164**

Die **Tarifwirkung** der Rechtsnormen des Tarifvertrages auf den Individualarbeitsvertrag (vgl. § 4 TVG) richtet sich nach dem Tarifvertragsstatut, nicht nach dem Arbeitsvertragsstatut.[682] Für die Geltung deutscher Tarifverträge wird aber zum Teil zusätzlich verlangt, dass der Individualarbeitsvertrag deutschem Recht unterliegen müsse.[683] **165**

Eine **Allgemeinverbindlicherklärung** ergreift nur solche Arbeitsverhältnisse, die im Geltungsgebiet des Tarifvertrags ihren Schwerpunkt haben.[684] Ausländische allgemeinverbindliche Tarifverträge finden immer dann Anwendung, wenn der Schwerpunkt des Arbeitsverhältnisses im Ausland liegt.[685] Nach aA entscheidet allein das Tarifnormenstatut[686] oder kommt es auch auf das Arbeitsvertragsstatut an. Früher hat die Rspr. den Ausschluss eines im Inland allgemeinverbindlichen Tarifvertrags durch die Vereinbarung ausländischen Rechts zugelassen.[687] Dies befreit nach der Neuregelung des Internationalen Arbeitsrechts nicht von der Beachtung als Schutznorm iSd Abs. 1 S. 2 bzw. als Eingriffsnorm.[688] **166**

Die Wirkung als **international zwingende Norm** iSd Art. 9 Abs. 1 wird unterschiedlich beurteilt. Zum Teil wird angenommen, dass für allgemeinverbindlich erklärte Tarifvertragsnormen als zwingende Bestimmungen iSd Art. 9 durchgesetzt werden können.[689] Die Gegenauffassung argumentiert, dass mangels gesetzlicher Normen wie § 1 AEntG (→ Rn. 172) die Tarifvertragsparteien keine Regelungskompetenz besitzen, um in das auf den Vertrag anwendbare Recht eingreifen zu können.[690] Jedenfalls bilden allgemein verbindliche Tarifverträge nur in Ausnahmefällen Eingriffsnormen iSd Art. 9 Rom I-VO.[691] Die Rspr. hat das auf einem allgemeinverbindlich erklärten Tarifvertrag beruhende Sozialkassenverfahren im Baugewerbe auch deshalb nicht gegen ein ausländischem Recht unterliegendes Arbeitsvertragsstatut durchgesetzt, da es an einem öffentlichen Gemeinwohlinteresse fehlte.[692] Ebenso wurde bezüglich tarifvertraglicher Ausschlussfristen verfahren.[693] **167**

b) Auslandsbezug des Tarifvertrages. Außer dem Problem der Rechtsanwendung auf den Tarifvertrag selbst stellt sich die Frage, welche Arbeitsverträge bei Auslandsbezug den jeweiligen Tarifvertragsnormen unterliegen (zum Teil wird dies „internationales Tarifnormenrecht" genannt[694]). Dabei geht es hauptsächlich um Fälle, in denen Tarif- und Individualarbeitsvertrag unterschiedlichen Rechtsordnungen unterliegen oder in denen außerhalb des räumlichen Anwendungsbereichs eines Tarifvertrages gearbeitet wird. **168**

Vor Inkrafttreten des EVÜ hat die Rspr. für die Anwendung eines inländischen Tarifvertrages nicht auf den Arbeitsort, sondern auf das Arbeitsvertragsstatut abgestellt. Dementsprechend wurde der Ausschluss eines im Inland allgemeinverbindlichen Tarifvertrages durch die **Vereinbarung ausländischen Individualarbeitsrechts** auch bei inländischem Arbeitsort zugelassen.[695] Auch der für **169**

---

681 BAG IPRspr. 1991 Nr. 67 = ArbuR 1992, 125 mAnm *Zachert* = AP IPR-ArbR Nr. 29 mAnm *Arnold, Dütz-Rotter* = IPRax 1994, 44 m. Aufsatz *Junker* IPRax 1994, 21 = AR-Blattei ES 340 Nr. 14 mAnm *Hergenröder; Deinert* IntArbR § 15 Rn. 59: Tarifnormenstatut entscheidet; Staudinger/*Magnus,* 2021, Rn. 255. – S. *Birk* FS Beitzke, 1979, 831 (8609.

682 S. *Birk* FS Beitzke, 1979, 831 (860 f.); *Birk* RabelsZ 46 (1982), 384 (405); *Birk* RdA 1984, 134 (136); *Hauschka/Henssler* NZA 1988, 597 (599 f.).

683 *Müller* RdA 1973, 137 (143); *Friedrich* RdA 1980, 109 (115).

684 *Birk* FS Beitzke, 1979, 831 (861 f.). – Vom Tarifrecht der lex fori geht aus *v. Renthe* DB 1963, 415 f.

685 Vgl. *Birk* FS Beitzke, 1979, 831 (861). – Entspr. für Handelsvertreterverträge *Birk* ZVglRWiss 79 (1980), 285.

686 So *Deinert* IntArbR § 15 Rn. 60.

687 BAGE 29, 138 = NJW 1977, 2039 = SAE 1977, 302 mAnm *Beitzke* = AP TVG § 1 Tarifvertrag – Bau Nr. 30 m. zust. Anm. *E. Lorenz* zum Sozialtarifvertrag des Baugewerbes; aA *Birk* FS Beitzke, 1979, 831 (860).

688 *Deinert* IntArbR § 15 Rn. 60 f.

689 *Deinert* IntArbR § 61 Rn. 61. – Zu Art. 34 EGBGB *Hönsch* NZA 1988, 113 (117); *Deinert* RdA 1996, 339 (344 f.); *Wimmer,* Die Gestaltung internationaler Arbeitsverhältnisse durch kollektive Normenverträge, 1992, 208 f.; anders *Eichenhofer* ZIAS 10 (1996), 55 (70). Unentschieden *Hickl* NZA 1997, 513 (514).

690 BAG BB 2004, 1337 = RdA 2004, 175 mAnm *Schlachter; Junker,* Internationales Arbeitsrecht im Konzern, 1992, 431. Keine Bedenken äußert hingegen BAGE 103, 240 = BB 2003, 633 = SAE 2003, 190 mAnm *Franzen.* Vgl. dazu auch *Thüsing/Müller* BB 2004, 1333 ff.

691 BAG RIW 2020,702 mAnm *Mankowski* m. Aufsatz *Benecke* RdA 2020, 366 Rn. 59; Kronke/Melis/Kuhn IntWirtschaftsR-HdB/*Franzen/Gröner* Rn. N 178.

692 Für einen Altfall vor dem AEntG BAG RdA 2004, 175 mAnm *Schlachter* = BB 2004, 1337.

693 BAGE 103, 240 = BB 2003, 633 = SAE 2003, 190 mAnm *Franzen;* BAG NZA 2005, 627.

694 So *Junker,* Internationales Arbeitsrecht im Konzern, 1992, 413.

695 Anders *Birk* FS Beitzke, 1979, 831 (860); *Franzen* IntArbR AR-Blattei 920 Rn. 320 ff.

allgemeinverbindlich erklärte Tarifvertrag sei eine privatrechtliche Norm; lediglich der ordre public (Art. 21) bilde eine äußerste Grenze.[696] Nach Art. 8 setzen sich aber im Rahmen des Günstigkeitsvergleichs auch Tarifnormen des objektiven Arbeitsvertragsstatuts durch.[697] Einen Gleichlauf bzw. eine zwingende Kongruenz zwischen Arbeitsvertragsstatut und Tarifvertragsstatut gibt es nicht.[698]

170 Inländische Tarifverträge regeln häufig auch eine dauernde oder nur vorübergehende **Tätigkeit im Ausland.** Jedenfalls bei Geltung deutschen Rechts werden dann – mangels abweichender Vereinbarung – auch die entsprechenden Tarifverträge auf die **Auslandsarbeit** angewendet.[699] Nach dem Günstigkeitsprinzip des Art. 8 kann sich der Arbeitnehmer auch auf solche Tarifverträge stützen, die bei objektiver Anknüpfung seines Arbeitsverhältnisses gelten würden.

171 **2. Internationales Seeschifffahrtsregister.** Eine besondere Regelung im Zusammenhang mit dem Internationalen Seeschifffahrtsregister (→ Rn. 100) will Tarifabschlüsse mit den Gewerkschaften der Heimatländer ausländischer Seeleute zu den dort geltenden Bedingungen (sog. Heimatheuern) fördern.[700] Sie betrifft die Arbeitsverhältnisse von Besatzungsmitgliedern eines in dieses Register eingetragenen Kauffahrteischiffes, welche im Inland keinen Wohnsitz oder gewöhnlichen Aufenthalt haben. Für solche Arbeitsverhältnisse geschlossene Tarifverträge haben nur dann die im TVG genannten Wirkungen, wenn für sie die Anwendung des im Geltungsbereich des GG geltenden Tarifrechts sowie die Zuständigkeit deutscher Gerichte vereinbart worden ist (§ 21 Abs. 4 S. 2 FlRG). Das Gesetz geht also von Rechtswahlfreiheit aus; deutsches Tarifrecht muss ausdrücklich oder stillschweigend vereinbart worden sein.[701] Dieser Zwang zur ausdrücklichen Vereinbarung des deutschen Tarifvertragsrechts für Tarifverträge mit ausländischen Gewerkschaften (§ 21 Abs. 4 S. 3 FlRG) widerspricht jedoch der Koalitionsfreiheit (Art. 9 Abs. 3 GG).[702]

172 Nach Inkrafttreten der Regelung abgeschlossene Tarifverträge beziehen sich auf solche Arbeitsverhältnisse im Zweifel nur dann, wenn die Tarifverträge dies ausdrücklich vorsehen (§ 21 Abs. 4 S. 3 FlRG). Damit soll erreicht werden, dass diese Arbeitsverhältnisse nicht mehr ohne weiteres von den sonstigen einschlägigen Tarifverträgen der Seeschifffahrt erfasst werden.[703]

3. AEntG.

Schrifttum: *Borgmann,* Die Entsendung von Arbeitnehmern in der Europäischen Gemeinschaft, 2001; *Borgmann,* Kollisionsrechtliche Aspekte des Arbeitnehmer-Entsendegesetzes, IPRax 1996, 315; *Deinert,* Arbeitnehmerentsendung im Rahmen der Erbringung von Dienstleistungen innerhalb der Europäischen Union, RdA 1996, 339; *Hanau,* Das Arbeitnehmer-Entsendegesetz, NJW 1996, 1369; *Walser,* Internationale Erstreckung von Tarifnormen bei Entsendung, RdA 2021, 90.

173 **a) Nationale Regelung der Arbeitnehmerentsendung. aa) Zweck des Gesetzes.** Das **AEntG** will verhindern, dass in bestimmten Branchen die inländischen Arbeitsbedingungen durch billigere Auslandsangebote unterboten werden (→ Rn. 6). Daher erfasst es auch ausländischem Arbeitsrecht unterliegende Arbeitsverhältnisse mit ausländischen Arbeitgebern und will durch eine (international) zwingende Allgemeinverbindlichkeitserklärung von Tarifverträgen Mindestarbeitsbedingungen über Entgelt und Urlaub durchsetzen. In die gleiche Richtung geht die EU-RL über die Arbeitnehmerentsendung (→ Rn. 8), die ebenfalls im AEntG umgesetzt wurde (→ Rn. 138 f.). Praktische Bedeutung erlangt das Gesetz für Tarifverträge erst mit einer Allgemeinverbindlicherklärung der entsprechenden Tarifverträge.[704]

174 **bb) Überblick.** Für allgemeinverbindlich erklärte tarifvertragliche Regeln über Entgelt und Urlaub werden auf Arbeitsverhältnisse zwischen Arbeitgebern mit Sitz im Ausland und in Deutschland tätigen Arbeitnehmern zwingend angewendet (§ 3 AEntG). Für die Prüfung der Arbeitsbedin-

---

696 BAGE 29, 138 = IPRspr. 1977 Nr. 43 = NJW 1977, 2039 = AP TVG § 1 Tarifverträge-Bau Nr. 30 m. zust. Anm. *E. Lorenz* = SAE 1977, 302 mAnm *Beitzke:* deutsche Sozialtarife des Baugewerbes für nach Berlin entsandte jugoslawische Bauarbeiter jugoslawischer Betriebe nicht angewendet.

697 Staudinger/*Magnus,* 2021, Rn. 259; s. auch *Hergenröder* AR-Blattei Rn. 67; *Heilmann,* Das Arbeitsvertragsstatut, 1991, 95; *Wimmer,* Die Gestaltung internationaler Arbeitsverhältnisse durch kollektive Normenverträge, 1992, 36.

698 *Deinert* IntArbR § 15 Rn. 51; Staudinger/*Magnus,* 2021, Rn. 258.

699 Vgl. *Franzen* IntArbR AR-Blattei 920 Rn. 324 ff.; *Junker,* Internationales Arbeitsrecht im Konzern, 1992, 414. – Zur Kollision von in- und ausländischen Tarifverträgen s. *Reiter* NZA 2004, 1247 (1251 ff.).

700 Begr. RegE, BT-Drs. 11/2161, 6 f.

701 Näher *Ebenroth/Fischer/Sorek* ZVglRWiss 88 (1989), 124 (144 ff.); *Hauschka/Henssler* NZA 1988, 597 (599 ff.); *Däubler,* Das zweite Schiffsregister, 1988, 12 ff.; *Werbke,* Die neue Rechtslage nach der Einführung des Internationalen Seeschiffahrtsregisters, 1989, 19 ff.

702 BVerfGE 92, 26 = IPRax 1996, 115 m. Aufsatz *Tomuschat* IPRax 1996, 83.

703 Vgl. Begr. BT-Drs. 11/2161, 7.

704 *Deinert,* Beschäftigung ausländischer Arbeitnehmer, 2016, 42 ff.

gungen ist die Zollverwaltung zuständig (§ 16 AEntG). Ausländische Arbeitgeber haben vor Beginn jeder Werk- oder Dienstleistung eine schriftliche Anmeldung in deutscher Sprache bei der zuständigen Zollverwaltung vorzulegen (§ 18 AEntG).

cc) Vereinbarkeit mit dem Unionsrecht. Das AEntG muss mit dem Unionsrecht vereinbar sein. Früher wurde zT die Vereinbarkeit mit der Freizügigkeit des Arbeitnehmers (Art. 54 ff. AEUV) bezweifelt.[705] Andere haben jedoch eine Ungleichbehandlung in- und ausländischer Arbeitnehmer verneint.[706] Auch ein Verstoß gegen die Dienstleistungsfreiheit (Art. 66 ff. AEUV, → Rn. 18), welche Unternehmen in der EU die Entsendung von Arbeitnehmern zur Erbringung von Leistungen in den anderen Mitgliedstaaten erlaubt, wurde geltend gemacht.[707] Der aufnehmende Staat darf solche Dienstleistungen nicht behindern. Für die Vereinbarkeit wird vorgebracht, dass die Regelung im Allgemeininteresse erfolge und dieses durch weniger einschneidende Maßnahmen nicht verwirklicht werden könne.[708] Nach hM ist das **AEntG als solches unionsrechtskonform.**[709] Die Regelung über den **Mindestlohn** (§ 5 S. 1 Nr. 1 AEntG)[710] sowie über den **Urlaub** und die **Urlaubskassen** (§ 5 S. 1 Nr. 2, 3 AEntG) sind im Grundsatz gebilligt worden.[711] 175

b) Die Regelung des § 3 AEntG. aa) Zwingende Anwendung. Die Rechtsnormen eines für allgemeinverbindlich erklärten Tarifvertrages finden nach § 3 S. 1 AEntG, soweit nicht ohnehin deutsches Recht für das Arbeitsverhältnis maßgeblich ist, auch auf ein Arbeitsverhältnis zwischen einem Arbeitgeber mit Sitz im Ausland und seinem im räumlichen Geltungsbereich des Tarifvertrages beschäftigten Arbeitnehmer unter bestimmten Voraussetzungen zwingend Anwendung. Der arbeitsmarktpolitische Zweck und die zwingende Anwendung des Gesetzes bewirken, dass es sich um eine zwingende Norm iSd Art. 9 Abs. 2 handelt, welche sich auch gegen ein ausländisches Arbeitsvertragsstatut durchsetzt.[712] Der EuGH hat festgestellt, dass Art. 3 Abs. 1 Arbeitnehmerentsende-RL (Arbeits- und Beschäftigungsbedingungen) sowie Art. 3 Abs. 1a Arbeitnehmerentsende-RL (zusätzliche Arbeits- und Beschäftigungsbedingungen bei Langzeitentsendung) der geänderten RL spezielle Kollisionsnormen iSd Art. 23 enthalten.[713] Genau genommen wird die allgemein verbindliche Tarifvertragsnorm durchgesetzt.[714] Nicht erfasst werden Vorgänge vor dem Inkrafttreten des AEntG.[715] 176

bb) Räumlicher Anwendungsbereich. (1) Arbeitgeber mit Sitz im Ausland. Erfasst werden in erster Linie Arbeitsverhältnisse zwischen Arbeitgebern mit Sitz im Ausland und ihren im Inland beschäftigten Arbeitnehmern. Die gesetzliche Regelung wird jedoch auch auf unter den Geltungsbereich eines Tarifvertrages fallende Arbeitgeber mit Sitz im Inland erstreckt (§ 8 Abs. 1 AEntG). 177

(2) Inlandsbeschäftigung. Es muss sich um einen im räumlichen Geltungsbereich dieses Tarifvertrages beschäftigten Arbeitnehmer handeln. Vorausgesetzt wird daher, dass der Arbeitnehmer im Inland tätig werden soll. 178

cc) Erfasste Tarifverträge. (1) Einbezogene Branchen. Erfasst werden die nach § 4 AEntG einbezogenen Branchen, in erster Linie Tarifverträge des Bauhaupt- und Bauausbaugewerbes. Leiharbeitnehmer werden unter den Voraussetzungen des § 8 Abs. 3 AEntG erfasst. 179

(2) Allgemeinverbindlich erklärter Tarifvertrag. Nicht alle Tarifverträge werden erfasst, sondern nur für allgemeinverbindlich erklärte Tarifverträge des Baugewerbes iSd §§ 1 und 2 Bau- 180

---

705 *Gerken/Löwisch/Rieble* BB 1995, 2373; *Beisiegel/Mosbacher/Lepante* JZ 1996, 671; anders *Eichenhofer* ZIAS 10 (1996), 55 (61).

706 *Hanau* FS Everling, 1995, 415 (417); *Deinert* RdA 1996, 339 (350).

707 *Junker/Wichmann* NZA 1996, 505 ff. Zur Diskriminierung *Borgmann* IPRax 1996, 315 (318 f.).

708 *Deinert* RdA 1996, 339 (349 f.); *Hanau* NJW 1996, 1369 (1371 f.); *Hickl* NZA 1997, 513 (514 f.).

709 *Birk* RdA 1999, 13 (17); *Borgmann* IPRax 1996, 318 f.; *Borgmann,* Die Entsendung von Arbeitnehmern in der Europäischen Gemeinschaft, 2001, 236 ff.; *Däubler* RIW 2000, 255 (259); *Deinert* FS Martiny, 2014, 277 (283 ff.); *A. Stoll,* Eingriffsnormen im Internationalen Privatrecht, 2002, 84 ff.; ErfK/*Franzen* AEntG § 1 Rn. 6 f. mwN.

710 EuGH Slg. 2002, I-787 = EuZW 2002, 245 – Portugaia Construcoes Lda.

711 EuGH Slg. 2001, I-7831 = NZA 2001, 1377 = EuZW 2001, 759 – Finalarte; dazu *Wank/Börgmann* NZA 2001, 177 ff.; *v. Danwitz* EuZW 2002, 237 ff.

712 BAG BB 2004, 1337; IPRspr. 2006 Nr. 35 = AP AEntG § 1 Nr. 25; *Beisiegel/Mosbacher/Lepante* JZ 1996, 670; *Borgmann* IPRax 1996, 315 (318); *Deinert,* Beschäftigung ausländischer Arbeitnehmer, 2016, 44; *Hanau* NJW 1996, 1369 (1372); *Hickl* NZA 1997, 516; *Hantel* ZESAR 13 (2014), 261 (265); Staudinger/*Magnus,* 2021, Rn. 261.

713 EuGH ECLI:EU:C:2020:1001 Rn. 179 = EuZW 2021, 547 = BeckRS 2020, 33950 – Ungarn/Parlament und Rat; ECLI:EU:C:2020:1000 Rn. 133 = BeckRS 2020, 33946 – Polen/Parlament und Rat.

714 Näher *Deinert* FS Martiny, 2014, 277 (292).

715 BAG NZA 2003, 1424 = RdA 2004, 175 mAnm *Schlachter.*

betrV,[716] welche unabhängig vom Vertragsstatut gelten wollen. Hinzu kommen andere einbezogene Branchen. Weitere Voraussetzung des § 5 S. 1 Nr. 1 AEntG ist, dass der Tarifvertrag einen für alle in seinen Geltungsbereich fallenden Arbeitnehmer **einheitlichen Mindestlohn** festsetzt.

181 **dd) Gewährung der Arbeitsbedingungen.** Ein in- oder ausländischer Arbeitgeber der unter den Geltungsbereich eines für allgemeinverbindlich erklärten Tarifvertrages fällt, ist verpflichtet, seinem Arbeitnehmer mindestens die im Tarifvertrag vorgeschriebenen Arbeitsbedingungen zu gewähren.

182 **ee) Weitere Leistungen.** Die zwingende Wirkung nach § 3 S. 1 AEntG gilt unter den dort genannten Voraussetzungen auch für die Rechtsnormen eines für allgemeinverbindlich erklärten Tarifvertrages des Baugewerbes (iSd §§ 1 und 2 BaubetrV), welche die Dauer des Erholungsurlaubs, das Urlaubsentgelt oder ein zusätzliches Urlaubsgeld zum Gegenstand haben (§ 5 S. 1 Nr. 2 AEntG).

183 **ff) Gemeinsame Einrichtung, Urlaubskassen.** Wurde im Zusammenhang mit der Gewährung von Urlaubsansprüchen nach § 5 S. 1 Nr. 3 AEntG die Einziehung von Beiträgen und die Gewährung von Leistungen durch allgemeinverbindliche Tarifverträge einer gemeinsamen Einrichtung der Tarifvertragsparteien übertragen, so finden die Rechtsnormen solcher Tarifverträge auch auf einen ausländischen Arbeitgeber und seine im räumlichen Geltungsbereich des Tarifvertrages beschäftigten Arbeitnehmer zwingend Anwendung. Dieses Urlaubskassenverfahren ist grundsätzlich unionsrechtskonform (→ Rn. 175). Es ist auch auf Arbeitgeber mit Sitz im Ausland erstreckt worden.[717] Erforderlich ist, dass in den betreffenden Tarifverträgen oder auf sonstige Weise sichergestellt wird, dass der ausländische Arbeitgeber nicht gleichzeitig zu Beiträgen nach dieser Vorschrift und Beiträgen zu einer vergleichbaren Einrichtung im Staat seines Sitzes herangezogen wird. Der Arbeitgeber ist dazu verpflichtet, einer gemeinsamen Einrichtung der Tarifvertragsparteien die ihr nach § 5 S. 1 Nr. 3 AEntG zustehenden Beiträge zu leisten (§ 8 Abs. 1 AEntG).[718] Dies gilt auch für einen unter den Geltungsbereich eines Tarifvertrages fallenden Arbeitgeber mit Sitz im Inland.

184 **gg) Arbeitsbedingungen des § 2 Abs. 1 Nr. 3–8 AEntG.** Zu beachten ist auch § 5 S. 1 Nr. 5 AEntG (→ Rn. 138 f.). Danach finden die Arbeitsbedingungen nach § 2 Abs. 1 Nr. 3–8 AEntG betreffenden Rechtsnormen eines für allgemeinverbindlich erklärten Tarifvertrages nach § 3 AEntG unter den dort genannten Voraussetzungen auch auf ein Arbeitsverhältnis zwischen einem Arbeitgeber mit Sitz im Ausland und seinem im räumlichen Geltungsbereich dieses Tarifvertrages beschäftigten Arbeitnehmer zwingend Anwendung.

III. Arbeitskampf

185 Das internationale Arbeitskampfrecht wird im Zusammenhang des internationalen Deliktsrechts erörtert (→ Rom II-VO Art. 9 Rn. 1 ff.).

D. Probleme des Allgemeinen Teils

I. Rück- und Weiterverweisung

186 Rück- und Weiterverweisung sind nach Art. 20 stets ausgeschlossen.[719] Insoweit gelten die allgemeinen Grundsätze.

II. Ordre public

187 Die Anwendung von Art. 21 kommt auch im internationalen Arbeitsvertragsrecht in Betracht,[720] eine ausreichende Inlandsbeziehung und einen unerträglichen Widerspruch zu inländi-

716 Baubetriebe-Verordnung vom 28.10.1980 (BGBl. 1980 I 2033).

717 S. BAGE 101, 357 (359 ff.) = NZA 2003, 275 für Polen; DB 2003, 2287 für Rumänien; BAGE 102, 1 = DB 2003, 2290 für Slowakei; BAG AP Nr. 340 zu § 1 TVG Tarifverträge: Bau = NZA 2012, 760 Ls. für Litauen.

718 BAG NZA 2005, 114 = IPRspr. 2004 Nr. 50 Ls.; AP AEntG § 1 Nr. 21 = IPRspr 2005 Nr. 34; AP AEntG § 1 Nr. 20 = IPRspr. 2005 Nr. 35.

719 *Deinert* IntArbR § 6 Rn. 10; ebenso schon *Gamillscheg* ZfA 14 (1983), 307 (342); *Däubler* RIW 1987, 250.

720 *Deinert* IntArbR § 5 Rn. 1 ff.; dazu bereits *Gamillscheg* ZfA 14 (1983), 307 (314 ff.); *Hönsch* NZA 1988, 113 (115 f.).

schen Gerechtigkeitsvorstellungen vorausgesetzt.[721] Das Erfordernis einer grundlegenden Abweichung vom deutschen Recht macht das Eingreifen des inländischen ordre public in Arbeitssachen zur Ausnahme (→ Rn. 121 f.).[722] Es kann aber zB bei einer gegen Art. 3 Abs. 2 GG verstoßenden Diskriminierung in Betracht kommen.[723] Zwar kann bei Rechtswahl bereits durch den Günstigkeitsvergleich eine Korrektur des Ergebnisses erfolgen. Hierfür ist jedoch nicht die lex fori der Maßstab. Die objektive Anknüpfung kann daher zu einem Recht führen, dessen Anwendung zu einem von der inländischen Rechtsordnung missbilligten Ergebnis führt. Wegen des Günstigkeitsvergleichs nach Abs. 1 und der Durchsetzung inländischer Eingriffsnormen nach Art. 9 ist die Rolle des ordre public, dessen Funktion nur in der ausnahmsweisen Abwehr ausländischen Rechts wegen des aus deutscher Sicht inakzeptablen Ergebnisses besteht (→ Art. 21 Rn. 3 f.), allerdings begrenzt.[724]

E. Internationale Zuständigkeit

I. Europäische Zuständigkeitsordnung

Die Brüssel Ia-VO und das LugÜ enthalten eine eigene **Zuständigkeitsordnung für individuelle Arbeitsverträge** (Art. 20–23 Brüssel Ia-VO [= Art. 18–21 LugÜ]).[725] Arbeitgeber ohne Wohnsitz in der EU werden unter Umständen so behandelt, als hätten sie dort einen Wohnsitz (Art. 20 Abs. 2 Brüssel Ia-VO [= Art. 18 Abs. 2 LugÜ]).[726] Arbeitgeber, die ihren Wohnsitz in einem Mitgliedstaat haben, können vor den Gerichten ihres Wohnsitzstaates verklagt werden (Art. 21 Nr. 1 lit. a Brüssel Ia-VO [= Art. 19 Nr. 1 LugÜ]). In einem anderen Staat kann geklagt werden, wenn sich dort der **gewöhnliche Arbeitsort** befindet (Art. 21 Abs. 1 Nr. 2 lit. b, i Brüssel Ia-VO [= Art. 19 Nr. 2 lit. a LugÜ]). Entscheidend ist derjenige Ort, an dem oder von dem aus der Arbeitnehmer den wesentlichen Teil der Verpflichtungen gegenüber seinem Arbeitgeber tatsächlich erfüllt.[727] Bei einer Tätigkeit in mehreren Mitgliedstaaten kommt es auf den tatsächlichen Mittelpunkt der Tätigkeit an. Dies gilt auch, wenn der Arbeitnehmer ausschließlich in einem Staat abwechselnd an verschiedenen Orten arbeitet.[728] Ferner besteht eine hilfsweise Zuständigkeit am Ort der Niederlassung des Arbeitgebers (Art. 21 Abs. 1 Nr. 2 lit. b, ii Brüssel Ia-VO). Der Arbeitgeber kann nur im Wohnsitzstaat des Arbeitnehmers klagen (Art. 22 Abs. 1 Brüssel Ia-VO [= Art. 20 Abs. 1 LugÜ]). Gerichtsstandsvereinbarungen sind nur in beschränktem Umfang möglich (Art. 23 Brüssel Ia-VO [= Art. 21 LugÜ]).[729] 188

II. Deutsches Recht

Die internationale Zuständigkeit richtet sich in Arbeitssachen mangels besonderer Vorschriften nach den Bestimmungen über die örtliche Zuständigkeit (§§ 12 ff. ZPO). Letztere begründet grundsätzlich auch die internationale Zuständigkeit.[730] Diese kann auch auf den inländischen Erfüllungsort (§ 29 ZPO) gestützt werden.[731] Besitzt der Arbeitgeber keine selbständige Niederlassung (§ 21 189

[721] BAGE 63, 17 (30 f.) = IPRax 1991, 407 m. Aufsatz *Magnus* IPRax 1991, 382 = SAE 1990, 317 mAnm *Junker* = IPRspr. 1989 Nr. 72; IPRax 1996, 416 m. Aufsatz *Mankowski* IPRax 1996, 405 = EzA Nr. 3 mAnm *Franzen*.

[722] Vgl. *Mankowski* IHR 2008, 133 (146). – Zum alten Recht LAG Düsseldorf RIW 1987, 61; *Hönsch* NZA 1988, 113 (115 f.); vgl. auch BAG NJW 1985, 2910 = AP IPR-ArbR Nr. 23 mAnm *Beitzke* mAnm *Birk* EWiR 1985, 659.

[723] *Deinert* RdA 1996, 339 (343 f.); BeckOK BGB/*Spickhoff* Rn. 30; vgl. LAG Köln IPRspr. 1982 Nr. 40 (Verbot von Frauenarbeit in Saudi-Arabien).

[724] *Deinert* IntArbR § 5 Rn. 13 ff.; vgl. *Junker,* Internationales Arbeitsrecht im Konzern, 1992, 315 ff.

[725] Dazu *Behr* GS Blomeyer, 2004, 15 ff.; *Däubler* NZA 2003, 1297 ff.; *Leipold* GS Blomeyer, 2004, 143 ff.; *Mosconi* FS Sonnenberger, 2004, 549 ff.; *Junker* NZA 2005, 199 (200 ff.); *Junker* FS Schlosser, 2005, 299 ff.; *Junker* FS Gottwald, 2014, 293 ff.

[726] Dazu LAG Düsseldorf NZA 2008, 740.

[727] EuGH ECLI:EU:C:2021:134 Rn. 40 = NZA 2021, 588 – Markt24; näher *Junker* FS Gottwald, 2014, 293 (296 ff.); BAG NZA 2011, 1309 für Binnenschiffer.

[728] BAGE 101, 244 (246) = NJW 2002, 3196.

[729] BAG RIW 2013, 565 = NZA 2013, 925; näher *Junker* NZA 2005, 199 (200 ff.); *Hausmann* in Czernich/Geimer, Handbuch der Streitbeilegungsklauseln im Internationalen Vertragsrecht, 2017, 267 ff.; Reithmann/Martiny IntVertragsR/*Hausmann* Rn. 7.121.

[730] BAG AP IPR-ArbR Nr. 12 mAnm *Beitzke* = NJW 1975, 2160 Ls. = RIW 1975, 521; BAGE 63, 17 (22) = IPRax 1991, 407 m. Aufsatz *Magnus* IPRax 1991, 382 = SAE 1990, 317 mAnm *Junker* = IPRspr. 1989 Nr. 72; IPRax 1996, 416 m. Aufsatz *Mankowski* IPRax 1996, 405.

[731] BAG DB 2004, 2483.

ZPO)[732] im Inland, so genügt der Gerichtsstand des Vermögens (§ 23 ZPO).[733] Eine eigene Zuständigkeit für die Durchsetzung der ihm zustehenden Arbeitsbedingungen eröffnet dem Arbeitnehmer § 15 AEntG. Diese auf der Umsetzung der Arbeitnehmerentsende-RL beruhende Zuständigkeit wird durch die Brüssel Ia-VO nicht berührt (vgl. Art. 67 Brüssel Ia-VO).[734]

190 Für **Gerichtsstandsvereinbarungen** fehlt es – anders als nach europäischem Recht[735] – an einer besonderen Regelung; es gelten die allgemeinen Vorschriften (→ Vor Art. 1 Rn. 74 ff.). Gerichtsstandsabreden sind zulässig, wenn eine der Parteien keinen inländischen Gerichtsstand hat (§ 38 Abs. 2 ZPO). Dies gilt auch dann, wenn der Arbeitgeber seinen Gerichtsstand im Ausland hat.[736] Das Schriftformerfordernis ist einzuhalten.[737] Soweit für einen reinen Inlandsfall ein ausländischer Gerichtsstand vereinbart wird, wird vielfach Unwirksamkeit angenommen. Dies gilt vor allem bei einer geplanten Umgehung zwingender Normen. Die Rspr. hat verschiedentlich eine Derogation der deutschen internationalen Zuständigkeit für unwirksam erklärt, wenn dies eine Rechtsverweigerung zur Folge hätte; so zB weil die Rechtsverfolgung wegen bürgerkriegsähnlicher Unruhen nicht möglich war.[738] Unwirksamkeit wurde auch für möglich gehalten, wenn der Schutz des Arbeitnehmers verlangt, dass der Rechtsstreit im Inland geführt wird.[739]

Art. 9 Rom I-VO Eingriffsnormen

(1) Eine Eingriffsnorm ist eine zwingende Vorschrift, deren Einhaltung von einem Staat als so entscheidend für die Wahrung seines öffentlichen Interesses, insbesondere seiner politischen, sozialen oder wirtschaftlichen Organisation, angesehen wird, dass sie ungeachtet des nach Maßgabe dieser Verordnung auf den Vertrag anzuwendenden Rechts auf alle Sachverhalte anzuwenden ist, die in ihren Anwendungsbereich fallen.

(2) Diese Verordnung berührt nicht die Anwendung der Eingriffsnormen des Rechts des angerufenen Gerichts.

(3) [1]Den Eingriffsnormen des Staates, in dem die durch den Vertrag begründeten Verpflichtungen erfüllt werden sollen oder erfüllt worden sind, kann Wirkung verliehen werden, soweit diese Eingriffsnormen die Erfüllung des Vertrags unrechtmäßig werden lassen. [2]Bei der Entscheidung, ob diesen Eingriffsnormen Wirkung zu verleihen ist, werden Art und Zweck dieser Normen sowie die Folgen berücksichtigt, die sich aus ihrer Anwendung oder Nichtanwendung ergeben würden.

Schrifttum: allgemeines Schrifttum zum IVR → Vor Art. 1; *v. Allwörden,* US-Terrorlisten im deutschen Privatrecht, 2014; *d'Avout,* Le sort des règles impératives dans le règlement Rome I, D. 2008, 2165; *Bälz,* Ausländische Wirtschaftssanktionen als Leistungshindernis in internationalen Verträgen, NJW 2020, 878; *Bonomi,* Overriding Mandatory Provisions in the Rome I Regulation on the Law Applicable to Contracts, YbPIL 10 (2008), 285; *Deinert,* Internationales Arbeitsrecht, 2013; *Deinert,* Eingriffsnormen, Entsenderecht und Grundfreiheiten, FS Martiny, 2014, 277; *Freitag,* Die kollisionsrechtliche Behandlung ausländischer Eingriffsnormen nach Art. 9 Abs. 3 Rom I-VO, IPRax 2009, 109; *Freitag,* Art. 9 Rom I-VO, Art. 16 Rom II-VO als Superkollisionsnormen des Internationalen Schuldrechts?, IPRax 2016, 418; *Freitag,* Ausländische Eingriffsnormen vor deutschen Gerichten, NJW 2018, 430; *Günther,* Die Anwendbarkeit ausländischer Eingriffsnormen im Lichte der Rom I- und Rom II-Verordnungen, 2011; *Hauser,* Eingriffsnormen in der Rom I-Verordnung, 2012; *Hemler,* Die Methodik der „Eingriffsnorm" im modernen Kollisionsrecht, 2019; *Kalin,* Verhaltensnorm und Kollisionsrecht, 2014; *Kocher,* Diskriminierende Vertragsverweigerung als vorvertragliche Pflichtverletzung – Zum internationalen Privatrecht des Diskriminierungsschutzes, FS Martiny, 2014, 411; *Kohler,* Parteiautonomie, zwingendes Recht und loyale Zusammenarbeit in der EU, FS Kronke, 2020, 253; *A. Köhler,* Eingriffsnormen – Der „unfertige Teil" des europäischen

---

[732] Dazu näher *Bendref* RIW 1986, 186 f.; *Mankowski* AR-Blattei Rn. 401 ff.

[733] BAG NJW 1985, 2910 = AP IPR-ArbR Nr. 23 m. krit. Anm. *Beitzke* mAnm *Birk* EWiR 1985, 659.

[734] Vgl. *Mankowski* AR-Blattei Rn. 556 ff.

[735] Zur Kritik *Franzen* RIW 2000, 81 ff.; *Mankowski* AR-Blattei Rn. 393 ff.

[736] Stein/Jonas/*Bork* ZPO § 38 Rn. 75; anders LAG Düsseldorf NJW 1972, 2200 = AWD 1973, 31 mAnm *Trinkner.* – Zur „Zukunftsklausel" des § 38 Abs. 3 Nr. 2 ZPO LAG Düsseldorf DB 1984, 1686 = RIW 1984, 651.

[737] BAG NJW 1984, 1320 = IPRax 1985, 276 m. Aufsatz *E. Lorenz* IPRax 1985, 256 = AP ZPO § 38 Nr. 12 mAnm *Beitzke.*

[738] BAG NJW 1979, 1119 = JZ 1979, 647 mAnm *Geimer* = AuR 1979, 189 mAnm *Grunsky* = AP ZPO § 38 – Internationale Zuständigkeit – Nr. 8 mAnm *Mummenhoff;* HessLAG RIW 1982, 524 = IPRspr. 1981 Nr. 163.

[739] BAGE 22, 410 = NJW 1970, 2180 = AWD 1970, 577 mAnm *Trinkner* = AP ZPO § 38 – Internationale Zuständigkeit – Nr. 4 mAnm *E. Lorenz* = SAE 1971, 178 mAnm *Fikentscher,* obiter; Zuständigkeit schweizerischer Gerichte war wirksam vereinbart; abl. *Geimer* IntZivilProzR Rn. 1774 mwN.

IPR, 2013; *A. Köhler,* Die Berücksichtigung ausländischer Eingriffsnormen im Europäischen Internationalen Vertragsrecht, in Binder/Eichel, Internationale Dimensionen des Wirtschaftsrechts, 2013, 199; *Kroll-Ludwigs,* Die Rolle der Parteiautonomie im europäischen Kollisionsrecht, 2013; *Kronenberg,* Normen als tatsächliche Umstände, 2021; *Kühne,* Rechtswahl und Eingriffsnormen in der Rechtsprechung des EuGH, FS Wegen, 2015, 451; *Lehmann/Ungerer,* Applying or Taking Account of Foreign Overriding Mandatory Provisions, YbPIL 19 (2017/2018), 53; *Lüttringhaus,* Eingriffsnormen im internationalen Unionsprivat- und Prozessrecht, IPRax 2014, 146; *Martiny,* Beachtung ausländischer kulturgüterrechtlicher Normen im internationalen Schuldvertragsrecht, IPRax 2012, 559; *Maultzsch,* Rechtswahl und ius cogens im Internationalen Schuldvertragsrecht, RabelsZ 75 (2011), 60; *Maultzsch,* Griechische Spargesetze und Internationales Privatrecht der Rom I-Verordnung, EuZA 10 (2017), 242; *Maultzsch,* Forumsfremde Eingriffsnormen im Schuldvertragsrecht zwischen Macht- und Wertedenken, FS Kronke, 2020, 363; *Remien,* Variationen zum Thema Eingriffsnormen nach Art. 9 Rom I-VO und Art. 16 Rom II-VO unter Berücksichtigung neuerer Rechtsprechung zu Art. 7 Römer Übereinkommen, FS v. Hoffmann, 2011, 334; *W.-H. Roth,* Savigny, Eingriffsnormen und die Rom I-Verordnung, FS Kühne, 2009, 859; *W.-H. Roth,* Handelsvertretervertrag und Rom I-Verordnung, FS Spellenberg, 2010, 309; *W.-H. Roth,* Grundsatz der loyalen Zusammenarbeit in der Europäischen Union und das Internationale Privatrecht, FS Dauses, 2014, 315; *W.-H. Roth,* Eingriffsnormen im internationalen Versicherungsrecht nach Unamar, FS E. Lorenz, 2014, 421; *Schilling,* Eingriffsnormen im europäischen Richtlinienrecht, ZEuP 2014, 843; *Sonnenberger,* Eingriffsnormen, in Leible/Unberath, Brauchen wir eine Rom 0-Verordnung?, 2013, 429; *Sonnentag,* Forumsfremde Eingriffsnormen im Europäischen Internationalen Vertragsrecht, VersR 2024, 201; *Weller,* Die Grenze der Vertragstreue von (Krisen-)Staaten, 2013; *Weller/Lieberknecht/Habrich,* Virulente Leistungsstörungen, NJW 2020, 1017.

Schrifttum zu Grünbuch und Verordnungsentwurf: s. 7. Aufl. 2018.

Übersicht

A. Normzweck

1 Art. 9 handelt – ebenso wie Art. 3 Abs. 3 und 4 (Rechtswahlbeschränkung), Art. 6 Rom I-VO, Art. 46b EGBGB (Verbraucherverträge) und Art. 8 (Arbeitsverträge) – von den Auswirkungen zwingender Bestimmungen auf das Vertragsverhältnis, beschränkt sich allerdings auf die Wirkung von **Eingriffsnormen** (overriding mandatory provisions; lois de police). Diese im Schnittpunkt zwischen IPR und internationalem öffentlichen Recht liegende Frage (→ Einl. IPR Rn. 349 ff.)[1] betrifft die privatrechtlichen Folgen, insbesondere die **Auswirkungen öffentlich-rechtlicher Verbote auf internationale Schuldverhältnisse.** Als Ausnahmeregelung ist Art. 9 eng auszulegen.[2] Die Vorschrift ist Nachfolger von Art. 7 EVÜ.[3] In der Vergangenheit haben neben allgemeinen Auseinandersetzungen über die extraterritorialen Auswirkungen staatlicher Interventionen vor allem in- und ausländische Embargos, die aus unterschiedlichen politischen oder wirtschaftlichen Interessen den Außenhandel beeinträchtigten, die Gemüter bewegt.[4] Im Allgemeinen ist die Praxis freilich undramatischer. Den Vertragsparteien bleibt häufig gar keine andere Wahl als ausländisches zwingendes Recht zu beachten;[5] die Schiedsgerichtsbarkeit steht ihm aufgeschlossener gegenüber als gemeinhin angenommen.[6] Auch nach den UNIDROIT-Vertragsrechtsgrundregeln werden zwingende Normen beachtet, soweit dies in Einklang mit den Regeln des IPR steht.[7] Allerdings entstehen bei der Anwendung des Art. 9 vielfache Abgrenzungsfragen im Verhältnis zu anderen zwingenden Vorschriften. Bei der Anwendung von Art. 7 EVÜ machte das Verhältnis zum Sonderprivatrecht, insbesondere zum Verbraucherrecht, Schwierigkeiten (→ Art. 6 Rn. 76 ff.).

1 Näher *Basedow* Rec. des Cours 360 (2013), 9 (416 ff.); s. auch *Schulte,* Die Anknüpfung von Eingriffsnormen, insbesondere wirtschaftsrechtlicher Art, im internationalen Vertragsrecht, 1975, 25 ff.

2 EuGH ECLI:EU:C:2016:774 Rn. 44 = NZA 2016, 1389 = EuZW 2016, 940 mAnm *Duden* = RIW 2016, 811 mAnm *Mankowski* = IPRax 2018, 207 m. Aufsatz *W.H. Roth* IPRax 2018, 177 – Nikiforidis; ebenso zu Art. 16 Rom II-VO EuGH ECLI:EU:C:2019:84 Rn. 30 = EuZW 2019, 134 – da Silva Martins.

3 Zu Art. 8 Rom I-VO-E 2005 *Mankowski* IPRax 2006, 101 (109 f.); Max-Planck-Institut RabelsZ 71 (2007) 313 ff.; *Thorn* in Ferrari/Leible, Ein neues Internationales Vertragsrecht für Europa, 2007, 129 ff.; *Benzenberg,* Die Behandlung ausländischer Eingriffsnormen im Internationalen Privatrecht, 2008, 168 ff.; Reithmann/Martiny IntVertragsR/*Zwickel* Rn. 5.5 ff.; *McParland,* The Rome I Regulation on the Law Applicable to Contractual Obligations, 2015, Rn. 15.02 ff.

4 Vgl. die Aufzählungen bei *Petersmann* ZVglRWiss 80 (1981), 1 ff.; *Hein* Law & Pol. Int. Bus. 15 (1983), 401 f.; *Großfeld,* Internationales Unternehmensrecht, 1986, 160 ff.

5 S. nur *Kratz,* Ausländische Eingriffsnormen und internationales Privatrecht, 1986, 138 ff. – Zu Baubedingungen *Vetter* ZVglRWiss 87 (1988), 248 (261 ff.).

6 *Hausmann* FS v. Hoffmann, 2011, 971 (984 ff.); näher *Drobnig* FS Kegel, 1987, 95 (105 ff.); *Schiffer,* Normen ausländischen „öffentlichen" Rechts in internationalen Handelsschiedsverfahren, 1990, 39 ff., jeweils mwN.

7 Art. 1.4 UNIDROIT-Grundregeln 2010.

Gewöhnlich unterscheidet man bei der Beachtung zwingenden Rechts **drei Konstellationen:**[8] Zum Ersten kann es sich um zwingende Bestimmungen des gewählten oder objektiv auf den Vertrag anwendbaren Rechts, also des **Schuldstatuts** handeln. Beispielsweise gelten die zwingenden Normen des österreichischen Rechts für einen österreichischem Schuldrecht unterstehenden Vertrag. Ferner geht es um den Einfluss zwingender **Vorschriften der lex fori,** also der eigenen Rechtsordnung, gegenüber dem ausländischen Recht. Beispielsweise kann deutsches zwingendes Recht einem französischen Vertragsstatut entgegenstehen. Insofern besteht auch in einzelnen Staatsverträgen[9] und nationalen Rechtsordnungen die Tendenz, eigenes zwingendes Recht durchzusetzen.[10] Nunmehr herrscht zwar bezüglich dieser Regel unter den Mitgliedstaaten der Rom I-VO Rechtseinheit; diese erstreckt sich jedoch nicht ohne weiteres auch auf den Inhalt und Umfang entsprechender zwingender Normen. 2

Schließlich können **drittstaatliche Normen** Geltung beanspruchen, die weder dem Schuldstatut noch der lex fori angehören. Während bezüglich der ersten beiden Fallgruppen im Wesentlichen Einigkeit über das Ergebnis besteht, ist die dritte wegen der Durchbrechung der Einheitlichkeit des Vertragsstatuts sehr umstritten.[11] Immerhin gibt es auch über Art. 9 Abs. 3 hinaus in einzelnen Staatsverträgen[12] und nationalen Rechten[13] Bestrebungen, diesen Normen Wirkung zu verleihen. 3

Abs. 1 enthält eine **einengende Definition.** Im Anschluss an die sog. Arblade-Formel des EuGH[14] ist eine Eingriffsnorm eine zwingende Vorschrift, deren Einhaltung von einem Staat als so entscheidend für die Wahrung seines öffentlichen Interesses, insbesondere seiner politischen, sozialen oder wirtschaftlichen Organisation, angesehen wird, dass sie ungeachtet des nach Maßgabe dieser Verordnung auf den Vertrag anzuwendenden Rechts auf alle Sachverhalte anzuwenden ist, die in ihren Anwendungsbereich fallen. Diese Einengung soll die übermäßige Heranziehung und Durchsetzung zwingenden Rechts gegen das Vertragsstatut unterbinden. Dagegen hatte die fehlende Eingrenzung der international zwingenden Vorschriften der lex fori iSd Art. 7 Abs. 2 EVÜ zahlreiche Zweifelsfragen hervorgerufen.[15] Reformvorschläge zielten daher des Öfteren darauf ab, den Kreis der erfassten Vorschriften zu präzisieren.[16] Freilich kann erst die konkrete Anwendung der Norm zeigen, ob es zu einer Einschränkung kommt.[17] 4

Das **Eingriffsrecht der lex fori,** dh die **Durchsetzung eigener zwingender Normen,** wird in Abs. 2 angesprochen. Die Verordnung berührt nicht die Anwendung der Eingriffsnormen des Rechts des angerufenen Gerichts. Dies entspricht Art. 7 Abs. 2 EVÜ, der in Deutschland als Art. 34 EGBGB inkorporiert worden war. Diese Vorschrift, die nicht nur unter dem Einfluss der Sonderanknüpfungslehren, sondern vor allem der Lehre von den „unmittelbar anwendbaren Gesetzen" (lois d'application immédiate)[18] entstanden ist, führt zu dem Resultat, dass der Richter seinem eigenen zwingenden Recht unbedingt Folge zu leisten hat. Eine Parallelvorschrift enthält Art. 16 Rom II-VO. 5

Nach Abs. 3 kann den Eingriffsnormen des Staates, in dem die durch den Vertrag begründeten **Verpflichtungen erfüllt werden** sollen oder erfüllt worden sind, Wirkung verliehen werden. In Abkehr von Art. 7 Abs. 1 EVÜ kommt es nicht auf eine enge Verbindung an. Auch der gewöhnliche Aufenthalt der Parteien wird in der Endfassung nicht genannt. Befragt werden vielmehr die Eingriffsnormen des Erfüllungsorts, soweit diese die Erfüllung des Vertrags unrechtmäßig werden lassen. Bei 6

---

8 Staudinger/*Magnus,* 2021, Rn. 6 ff. Vgl. *Mann* FS Beitzke, 1979, 607; *Steinschulte* in Sandrock IntVertragsgestaltung-HdB Bd. I Rn. A 183; krit. zu dieser Unterscheidung *Radtke* ZVglRWiss 84 (1985), 325 (332 f.).

9 ZB Art. 17 Haager Kauf-IPR-Übk. vom 22.12.1986; Art. 16 Abs. 1 Haager Trust-Übk. vom 1.7.1985.

10 Rechtsvergleichend *Lipstein* FS Zajtay, 1982, 357 (361 ff.); *Nygh,* Autonomy in International Contracts, 1999, 199 ff.; vgl. Art. 18 IPRG Schweiz; dazu *Vischer* RabelsZ 53 (1989), 438 (445 ff.).

11 Zu forumsfremden Normen *Maultzsch* FS Kronke, 2020, 363 (364 ff.). – Rechtsvergleichend *Erne,* Vertragsgültigkeit und drittstaatliche Eingriffsnormen, 1985, 11 ff.; *Lehmann,* Zwingendes Recht dritter Staaten im internationalen Vertragsrecht, 1986, 76 ff.

12 ZB Art. 16 Haager Stellvertretungs-Übk. vom 14.3.1978; Art. 16 Abs. 2 Haager Trust-Übk. vom 1.7.1985. – In das Haager Kauf-IPR-Übk. von 1986 wurde keine solche Bestimmung aufgenommen, dazu *Lando* RabelsZ 51 (1987), 60 (76 ff.).

13 Art. 19 IPRG Schweiz; dazu *Schnyder* Wirtschaftskollisionsrecht, 1990, Rn. 180 ff., 304. Rechtsvergleichend *Erne,* Vertragsgültigkeit und drittstaatliche Eingriffsnormen, 1985, 11 ff.; Rauscher/*Thorn* Rn. 112 ff.

14 S. EuGH Slg. 1999, I-8453 = RIW 2000, 137 = ZEuP 2001, 359 mAnm *Krebber* – Arblade.

15 S. Grünbuch Nr. 3. 2. 8 (Frage 13) in Leible, Grünbuch, 2004, 293 ff.

16 Dazu *Junker* IPRax 2000, 65 ff.; *Freitag* in Leible, Grünbuch, 2004, 167 ff.; Max Planck Institute for Foreign Private and Private International Law RabelsZ 68 (2004), 53 ff.– Zu Reformvorschlägen der Gruppe für IPR von 2022, *Kohler* IPRax 2023, 323.

17 Skeptisch *Leible/Lehmann* RIW 2008, 528 (542); *Mankowski* IHR 2008, 133 (146 f.).

18 Näher dazu *Coester* ZVglRWiss 82 (1983), 1 (11 ff.); *Schurig* in Internationales Privatrecht – Internationales Wirtschaftsrecht, 1985, 59 ff. mwN. Vgl. auch *Junker* IPRax 1989, 69 (72 f.).

der Entscheidung, ob diesen Eingriffsnormen Wirkung zu verleihen ist, werden – ähnlich wie nach Art. 7 Abs. 1 EVÜ – Art und Zweck dieser Normen sowie die Folgen berücksichtigt, die sich aus ihrer Anwendung oder Nichtanwendung ergeben würden. Anders als bei Art. 7 Abs. 1 EVÜ ist hier kein Vorbehalt eines Mitgliedstaats möglich.[19] Die früher sehr umstrittene Vorschrift des Art. 7 Abs. 1 EVÜ über drittstaatliche zwingende Normen war als solche kaum Gegenstand von Reformüberlegungen.[20] Allerdings erfolgt die Berücksichtigung drittstaatlicher Eingriffsnormen nach nunmehr geltendem Recht – vor allem auf Betreiben des Vereinigten Königreichs[21] – nur in eingeschränkter Weise.[22] Im Anschluss an die englische Rspr. steht dabei der Erfüllungsort im Mittelpunkt[23] (→ Rn. 125). Art. 16 Rom II-VO spricht das Problem nicht an (→ Rom II-VO Art. 16 Rn. 32 ff.).

B. Grundlagen

I. Art der zwingenden Bestimmung

7 **1. Grad der Verbindlichkeit. a) Einfache zwingende Normen.** Zwingend sind – ebenso wie nach Art. 3 Abs. 3 – Vorschriften, die im normsetzenden Staat nicht dispositiv sind[24] (→ Art. 3 Rn. 92 ff.). Für Art. 9 ist jedoch weiter nach dem Grad der Verbindlichkeit der Vorschrift zu unterscheiden. Ist die Norm innerhalb der eigenen Rechtsordnung zwingend, kann aber **durch Parteivereinbarung die Rechtsordnung als ganze abgewählt werden,** so spricht man von „einfach(-en) zwingenden Normen",[25] „innerstaatlich" bzw. „intern zwingenden Normen"[26] oder „national zwingenden Normen".[27] Von diesen Bestimmungen kann zwar an sich nicht durch eine vertragliche Vereinbarung abgewichen werden, wohl aber darf in Fällen mit Auslandsberührung eine andere Rechtsordnung (einschließlich deren zwingenden Rechts) zur Anwendung kommen. Dabei handelt es sich vor allem um zwingende Vorschriften des Privatrechts, wie sie in wohl allen Rechtsordnungen vorkommen. Solche Normen folgen also auf Grund der kollisionsrechtlichen Verweisung (→ Art. 3 Rn. 15 ff.) dem **Wirkungsstatut**[28] (→ Rn. 35). Doch ist bei fehlendem Auslandsbezug die Schranke des Art. 3 Abs. 3 zu beachten. Entsprechendes gilt für die Binnenmarktklausel des Art. 3 Abs. 4.

8 **b) Eingriffsnormen.** Art. 9 meint solche zwingenden Bestimmungen, die sich ohne Rücksicht auf das Wirkungsstatut der von ihnen berührten zivilrechtlichen Rechtsverhältnisse, dh auch gegen eine Rechtswahl, durchsetzen. Die Vorschrift muss den Sachverhalt oder Sachverhaltsteil **unabhängig von dem nach den allgemeinen Regeln auf den Vertrag anzuwendenden Recht** zwingend regeln wollen. Allerdings besteht noch eine inhaltlich Einschränkung gegenüber den „international zwingenden Normen" des früheren Art. 7 Abs. 1 EVÜ (Art. 34 EGBGB; → Einl. IPR Rn. 309).[29] Einfache Unabdingbarkeit nach materiellem Recht reicht – anders als nach Art. 3 Abs. 3 – ohnehin nicht aus.[30] Dies steht vor allem der Durchsetzung von Sonderprivatrecht über Art. 9 entgegen (→ Rn. 15 f.).

---

19 Außer der BRepD hatten auch Irland, Lettland, Luxemburg, Portugal, Slowenien und das Vereinigte Königreich einen Vorbehalt nach Art. 22 Abs. 1 lit. a EVÜ eingelegt.

20 S. Grünbuch Nr. 3. 2. 11 in Leible, Grünbuch, 2004, 299 f.; dazu *Junker* IPRax 2000, 65 (72); *Mankowski* ZEuP 2003, 483 (487); Max-Planck-Institut RabelsZ 68 (2004), 69 ff.

21 Dazu *Bonomi* YbPIL 10 (2008), 285 (295 ff.); *Dickinson* JPIL 3 (2007), 53 (63 f.); *Garcimartín Alférez* ELF 2008, I-61 (I-77, 93); *Mankowski* IHR 2008, 133 (148); *Lando/Nielsen* C.M.L. Rev. 45 (2008), 1687 (1720 f.); *Freitag* IPRax 2009, 109 (110 f.).

22 Dazu EuGH ECLI:EU:C:2016:774 Rn. 43 = NZA 2016, 1389 = EuZW 2016, 940 mAnm *Duden* = RIW 2016, 811 mAnm *Mankowski* = IPRax 2018, 207 m. Aufsatz *W.H. Roth* IPRax 2018, 177 – Nikiforidis.

23 S. Ralli Brothers v. Compania Naviera Sota y Aznar (1920) 2 KB 287 (CA). – Zum engl. Recht näher *Lehmann/Ungerer* YbPIL 19 (2017/2018), 53 (62 f.); *Kuckein,* Die „Berücksichtigung" von Eingriffsnormen im deutschen und englischen Vertragsrecht, 2008, 155 ff. mwN.

24 Staudinger/*Magnus,* 2021, Rn. 52.

25 Reithmann/Martiny IntVertragsR/*Zwickel* Rn. 5.1; vgl. *Drobnig* FS Neumayer, 1985, 159 (167).

26 *Radtke* ZVglRWiss 84 (1985), 325 (329); *Kropholler* IPR § 3 II 1; Erman/*Stürner* Rn. 11. – Von „domestic mandatory rules" spricht *Jackson* in North, Contract Conflicts, 1982, 65 f.

27 BeckOGK/*Maultzsch,* 1.3.2024, Rn. 21. – Zu „international abdingbaren", im Gegensatz zu unabdingbaren Normen, s. bereits *Neumayer* BerGesVR 2 (1958), 35 (46 ff.).

28 Staudinger/*Magnus,* 2021, Art. 3 Rn. 31 f.; vgl. *Drobnig* FS Neumayer, 1985, 159 (167).

29 Vgl. BAGE 63, 17 = RIW 1990, 754 = IPRax 1991, 407 m. Aufsatz *Magnus* IPRax 1991, 382 = SAE 1990, 317 mAnm *Junker;* Reithmann/Martiny IntVertragsR/*Zwickel* Rn. 5.6.

30 Ferrari IntVertragsR/*Staudinger* Rn. 6; Grüneberg/*Thorn* Rn. 5. – S. bereits LAG Düsseldorf RIW 1992, 402; LAG Köln RIW 1992, 933 (935) = IPRspr. 1992 Nr. 69a; *Junker* IPRax 1989, 69 (73).

Die Eingriffsnorm erhebt einen internationalen Geltungsanspruch. Von einer international zwingenden Norm kann man dann ausgehen, wenn sie ihre Geltung für grenzüberschreitende Fälle unabhängig vom Vertragsstatut **ausdrücklich anordnet.** Steht die Norm hingegen unter dem Vorbehalt, dass die Rechtsordnung des rechtssetzenden Staates Vertragsstatut ist, so fehlt es daran im Allgemeinen. Bei fehlender ausdrücklicher Regelung ist nach dem Zweck des Gesetzes durch Auslegung zu ermitteln, ob auch Verträge mit Auslandsberührung gegen das Vertragsstatut erfasst werden sollen.[31] Zwar geht es hier um die Durchsetzung zwingenden nationalen Rechts, die Definition des Begriffs der „zwingenden Bestimmung" unterliegt aber gleichwohl dem Gebot **einheitlicher Auslegung.**[32] Auch eine individuelle Abwicklungsentscheidung im Rahmen der Bankenunion kann als Eingriffsnorm angesehen werden.[33] 9

2. Eingrenzung der Eingriffsnormen. a) Begriff der Eingriffsnormen. In Deutschland war es schon bislang üblich, international zwingende, auch gegen das Vertragsstatut angewendete Bestimmungen „Eingriffsnormen" zu nennen.[34] Diese Bezeichnung (overriding mandatory provisions; lois de police), die sich allgemein, auch außerhalb schuldrechtlicher Beziehungen eingebürgert hat, hat nunmehr auch Anerkennung in der VO gefunden (→ Einl. IPR Rn. 307 f.).[35] Die Anforderungen an die Qualifikation als Eingriffsnorm stellt das **Kollisionsrecht der lex fori** auf (→ Einl. IPR Rn. 309 ff.). Dieses bestimmt, wie solche Vorschriften definiert werden und welche Merkmale sie erfüllen müssen. Der Begriff der Eingriffsnormen ist daher ein **europäisches Konzept.**[36] Das Recht des Eingriffsstaates ist lediglich daraufhin zu untersuchen, ob es diesen Vorgaben entspricht.[37] Ob der Begriff des Eingriffsrechts dort bekannt und wie er im Einzelnen verstanden wird, ist ebenso irrelevant wie die Frage, ob der normsetzende Staat die Durchsetzung seines Rechts gegenüber der gewöhnlichen Kollisionsrechtsanwendung rechtsdogmatisch als Ausnahme versteht.[38] Ein Staat, der zB die Parteiautonomie grundsätzlich ablehnt und stets sein eigenes Recht zur Anwendung bringt, hat gar keinen Anlass, einzelne seiner Bestimmungen als Eingriffsnormen einzustufen. Gleichwohl sind auch dort aus kollisionsrechtlicher Sicht einfache zwingende Bestimmungen und Eingriffsnormen zu unterscheiden. Ebenso ist es, wenn die Problematik noch mithilfe der ordre public-Klausel zu bewältigen versucht wird. 10

Für die Eingrenzung der Eingriffsnormen sind **„Natur und Zweck"** (ausdrücklich genannt in Abs. 3) maßgeblich. Solche zwingende Normen, die Schuldverhältnisse verbieten bzw. Genehmigungsvorbehalten unterwerfen oder nachträglich in sie eingreifen, sind regelmäßig wirtschafts- oder sozialpolitischer Natur; sie bezwecken eine öffentliche Wirtschaftsbeeinflussung oder regulieren das Arbeitsleben eines bestimmten Wirtschaftsraums.[39] Dazu gehören insbesondere (häufig öffentlich-rechtliche) Verbots- und Gebotsgesetze, die auf private Rechtsverhältnisse einwirken oder der Vertragserfüllung dienende Handlungen unter Strafe stellen oder sonst wie die persönliche Freiheit einschränken.[40] Beispielsweise wird eine bestimmte Wertverschiebung aus wirtschaftspolitischen Gründen verboten, obwohl der Geschäftsinhalt nach allgemeinem Zivilrecht nicht missbilligt wird.[41] 11

---

31 Ferrari IntVertragsR/*Staudinger* Rn. 7; vgl. dazu bereits *Wengler* ZVglRWiss 54 (1941), 168 (176 ff.).

32 *Bonomi* YbPIL 10 (2008), 285 (289 ff.); *Mankowski* IHR 2008, 133 (146 f.); ebenso bereits *Junker* IPRax 1989, 75; *Taschner,* Arbeitsvertragsstatut und zwingende Bestimmungen nach dem Europäischen Schuldvertragsübereinkommen, 2003, 193 ff., 254 ff.

33 *Basedow* GS Georgakopulu, 2016, 21 (29 f.). – Vgl. auch *Lehmann* ICLQ 66 (2017) 107 (110 ff.).

34 Zum Begriff *Siehr* RabelsZ 52 (1988), 41 ff. Vgl. auch *Kreuzer,* Ausländisches Wirtschaftsrecht vor deutschen Gerichten, 1986, 10.

35 *Mankowski* ZEuP 2008, 845 (854); *Sonnenberger* FS Kropholler, 2008, 227 (241 f.). – Davon gingen zB nach Art. 34 EGBGB aus BAGE 63, 17 = RIW 1990, 754 = IPRax 1991, 407 m. Aufsatz *Magnus* IPRax 1991, 382 = SAE 1990, 317 mAnm *Junker;* IPRax 1996, 416 m. Aufsatz *Mankowski* IPRax 1996, 405 = IPRspr. 1995 Nr. 57 = SAE 1997, 31 mAnm *Magnus* für Seeleute; NZA 2002, 734 = IPRspr. 2001 Nr. 52 = AP Art. 30 Nr. 10 mAnm *Schlachter* = SAE 2002, 258 mAnm *Junker* = IPRax 2003, 258 m. Aufsatz *Franzen* IPRax 2003, 239 für Flugbegleiter; *E. Lorenz* RIW 1987, 569 (578 ff.); *Schurig* RabelsZ 54 (1990), 217 (228); *Berger* in Herrmann/Berger/Wackerbarth, 1997, 324; *Sonnenberger* IPRax 2003, 104 (105 f.); *Kropholler* IPR § 3 II 1. Die international zwingenden Vorschriften teilt ein in Eingriffsnormen und sonderprivatrechtliche Normen, Soergel/*v. Hoffmann* EGBGB Art. 34 Rn. 3 ff.

36 *Bonomi* YbPIL 10 (2008), 285 (289 f.); *Solomon* Tul. L. Rev. 82 (2008), 1709 (1736 f.); Ferrari IntVertragsR/*Staudinger* Rn. 10. – Zu Art. 7 EVÜ *Mankowski* ZEuP 2008, 845 (854).

37 *W.-H. Roth* FS Dauses, 2014, 315 (318 f.) – Zu Abgrenzungsschwierigkeiten s. PWW/*Remien* Rn. 2.

38 Für eine Qualifikation durch den Eingriffsstaat aber *E. Lorenz* RIW 1987, 569 (578).

39 S. *Neumayer* BerGesVR 2 (1958), 35 (37 ff.); *Kronke,* Rechtstatsachen, kollisionsrechtliche Methodenentfaltung und Arbeitnehmerschutz im internationalen Arbeitsrecht, 1980, 127 ff.

40 Vgl. *Wengler* JZ 1979, 175 (176).

41 Vgl. *Zweigert* RabelsZ 14 (1942), 283 (291).

12 **b) Eingrenzung der international zwingenden Normen.** Erwägungsgrund 37 betont, dass der Begriff „Eingriffsnormen" von den Bestimmungen, von denen nicht durch Vereinbarung abgewichen werden kann, unterschieden und enger ausgelegt werden sollte. Die **Abgrenzung** von den übrigen zwingenden Normen, die allein an das Schuldstatut angeknüpft werden oder allenfalls über das Günstigkeitsprinzip durchgesetzt werden, war aber jedenfalls in der Vergangenheit umstritten. Eine Unterscheidung danach, ob die Vorschrift **öffentlich-rechtlicher oder privatrechtlicher Natur** ist, ist nicht zu treffen,[42] weil die Grenzen fließend und häufig auch zufällig sind. Vor allem Aufsichtsrecht und Schutzvorschriften des Sonderprivatrechts sind des Öfteren austauschbare Instrumente. Wegen der Auswirkungen des öffentlichen Rechts auf private Rechtsverhältnisse wäre ein Ausschluss auch wenig zweckmäßig.[43] Im Übrigen sind Eingriffsnormen häufig mit dem öffentlichen Recht, etwa dem Sozialversicherungsrecht, verzahnt[44] (→ Art. 3 Rn. 87 ff.). Es wird allerdings auch vertreten, zum Kernbereich der Eingriffsnormen gehörten öffentlich-rechtliche Normen mit Privatrechtswirkung. Ausgeschlossen seien hingegen rein privatrechtlich strukturierte Vorschriften.[45]

13 Am Verbreitesten ist eine Abgrenzung der Eingriffsnormen nach ihrem Zweck. Dienen die Normen hauptsächlich **öffentlichen (staats- und wirtschaftspolitischen) Interessen**[46] **bzw.** Gemeininteressen,[47] so spricht das für ihre Einordnung als international zwingende Norm. Für den früheren Art. 34 EGBGB hat der BGH verlangt, dass die Norm nicht nur Individualbelangen dient, sondern zumindest auch öffentliche Gemeinwohlinteressen verfolgt.[48] Zwingendes Recht hingegen, das vor allem den Ausgleich widerstreitender Interessen der am Vertragsverhältnis beteiligten Personen bezweckt und ganz allgemein im Dienste des privaten Rechtsverkehrs steht (sog. Parteischutzvorschriften), wird nicht gesondert angeknüpft. Vielmehr sind solche Vorschriften, die das Vertragsgleichgewicht erhalten sollen, mit den übrigen vertragsrechtlichen Vorschriften eng verwoben; sie unterliegen in der Regel dem Vertragsstatut. Nunmehr liefert die Definition in Abs. 1 eine Vorgabe. Sie stellt zudem darauf ab, dass die Einhaltung dieser Vorschriften von einem Staat als **entscheidend** (crucial) für die Wahrung seines öffentlichen Interesses, insbesondere seiner politischen, sozialen oder wirtschaftlichen Organisation, angesehen wird. Daraus kann man allerdings nur entnehmen, dass die Normen von einer gewissen Wichtigkeit sein müssen.[49] Zwar wird der Gesetzgeber im Allgemeinen beanspruchen, zur Förderung des öffentlichen Wohles zu handeln; gemeint ist hier aber die Stoßrichtung des Gesetzes, das Dominieren bestimmter Interessen.[50] Vor allem wirtschaftspolitische Vorschriften sind daher häufig nicht nur intern, sondern auch international zwingend.[51] Im Schrifttum wird die Abgrenzung teilweise für nicht durchführbar und verfehlt gehalten.[52]

14 Die **Rspr. des EuGH,** der bislang nur in wenig Gelegenheit hatte, insoweit das EVÜ bzw. die Rom I-VO auszulegen,[53] trägt nur in begrenztem Maße zur Klärung bei.[54] Der Gerichtshof hat sich in

[42] Reithmann/Martiny IntVertragsR/*Zwickel* Rn. 5.20; Erman/*Stürner* Rn. 12; Ferrari IntVertragsR/*Staudinger* Rn. 8; Staudinger/*Magnus,* 2021, Rn. 50; ebenso schon BAGE 71, 297 = IPRax 1994, 123 m. Aufsatz *Mankowski* IPRax 1994, 88 = SAE 1994, 28 mAnm *Junker.*

[43] S. *Jackson* in North, Contract Conflicts, 1982, 59 (64).

[44] Näher *Junker* FS 50 Jahre BAG, 2004, 1197 (1214).

[45] BeckOGK/*Maultzsch,* 1.3.2024, Rn. 26.

[46] *Sonnenberger* FS Kropholler, 2008, 227 (242); BeckOK BGB/*Spickhoff* Rn. 11 f.; Staudinger/*Magnus,* 2021, Rn. 57 ff. – S. zu Art. 34 EGBGB aF etwa BAGE 63, 17 = IPRax 1991, 407 m. Aufsatz *Magnus* IPRax 1991, 382 = SAE 1990, 317 mAnm *Junker;* BAGE 71, 297 = IPRax 1994, 123 m. Aufsatz *Mankowski* IPRax 1994, 88 = SAE 1994, 28 mAnm *Junker* zum Kündigungsschutz; BAGE 80, 84 (92); BAG IPRax 1996, 416 m. Aufsatz *Mankowski* IPRax 1996, 405 = IPRspr. 1995 Nr. 57 = SAE 1997, 31 mAnm *Magnus* für Seeleute; BAGE 100, 130 = NZA 2002, 734 = IPRspr. 2001 Nr. 52 = AP Art. 30 Nr. 10 mAnm *Schlachter* SAE 2002, 258 mAnm *Junker* = IPRax 2003, 258 m. Aufsatz *Franzen* IPRax 2003, 239 für Flugbegleiter; *Kropholler* IPR § 52 VIII 1; näher *Neumayer* BerGesVR 2 (1958), 35 (45 ff.); *Neumayer* RabelsZ 25 (1960), 649 (653 f.); krit. *v. Hoffmann* RabelsZ 38 (1974), 396 (408); *Kronke,* Rechtstatsachen, kollisionsrechtliche Methodenentfaltung und Arbeitnehmerschutz im internationalen Arbeitsrecht, 1980, 128 f.

[47] Näher *Sonnenberger* IPRax 2003, 104 (107 ff.).

[48] BGHZ 165, 248 (257) = NJW 2006, 762 m. Aufsatz *Weller* NJW 2006, 1247 = IPRax 2006, 272 m. Aufsatz *Pfeiffer* IPRax 2006, 238.

[49] Vgl. *Renner* Rn. 13.

[50] Gegen eine solche Abgrenzung *Schurig* RabelsZ 54 (1990), 217 (227 f.); *Mäsch,* Rechtswahlfreiheit und Verbraucherschutz, 1993, 135 ff.

[51] Vgl. *E. Lorenz* RIW 1987, 569 (578); Reithmann/Martiny IntVertragsR/*Zwickel* Rn. 5.22.

[52] *Hemler* RIW 2022, 355 (356 f.); *Hemler,* Die Methodik der „Eingriffsnorm" im modernen Kollisionsrecht, 2019, 168 ff.

[53] S. zum Handelsvertreterrecht EuGH ECLI:EU:C:2013:663 = EuZW 2013, 956 = IPRax 2014, 174 m. Aufsatz *Lüttringhaus* IPRax 2014, 146 = ZVertriebsR 2014, 55 = Clunet 141 (2014), 625 mAnm *Jacquet* – Unamar.

[54] Krit. *Mankowski* IPRax 2006, 101 (109); *Mankowski* ZEuP 2008, 845 (854 ff.); *Mankowski* IHR 2008, 133 (146 f.).

unterschiedlichem Kontext mit international zwingendem Recht auseinandergesetzt. Eine Lohnkürzung aufgrund eines **griechischen Spargesetzes** fiel zwar inhaltlich unter Art. 9, konnte aber nicht nach Abs. 3 berücksichtigt werden[55] (→ Rn. 122). Im Zusammenhang mit der Durchsetzung international zwingender Bestimmungen über den **Mindestlohn** und dem daraus entstehenden Konflikt mit der Dienstleistungsfreiheit hat er jedenfalls früher eine eher restriktive Haltung eingenommen.[56] Unter „lois de police" („Polizei- und Sicherheitsgesetze") sind danach „nationale Vorschriften zu verstehen, deren Einhaltung als so entscheidend für die Wahrung der politischen, sozialen oder wirtschaftlichen Organisation des betreffenden Mitgliedstaats angesehen wird, dass ihre Beachtung für alle Personen, die sich im nationalen Hoheitsgebiet dieses Mitgliedstaats befinden, und für jedes dort lokalisierte Rechtsverhältnis vorgeschrieben ist." Auf der anderen Seite hat der Gerichtshof den in der Handelsvertreter-RL zwingend festgeschriebenen **Ausgleichsanspruch** wegen des Schutzes des Handelsvertreters, der Wettbewerbsgleichheit und des „starken Gemeinschaftsbezuges" auch gegen ein ausländisches Vertragsstatut durchgesetzt[57] (→ Rn. 28; → Art. 4 Rn. 150; → EGBGB Art. 3 Rn. 84 ff.). Eine Prüfung der Voraussetzungen international zwingenden Rechts nach den Kriterien der Arblade-Entscheidung erfolgte im **Ingmar-Fall** nicht (→ Rn. 28).[58] Dort wurde letztlich einfach zwingendes Recht gegen Nicht-EU-Recht international durchgesetzt. Unter bestimmten Umständen darf ein Mitgliedstaat über den Mindeststandard einer Richtlinie hinausgehen, diese Regelung als zwingende Norm einstufen und auch gegen das richtlinienkonforme und vertraglich vereinbarte Recht eines anderen Mitgliedstaates als zwingende Norm anwenden (→ Rn. 29). Entsprechend dem Kohärenz- bzw. Konkordanzgebot für eine möglichst weitgehend harmonisierte Auslegung funktional identischer Begriffe in der Rom I-VO und der Rom II-VO (→ Vor Art. 1 Rn. 25), will der EuGH auch die Begriffe der Eingriffsnormen in Art. 9 Rom I-VO und Art. 16 Rom II-VO gleich auslegen.[59]

Früher wurde zum Teil auch eine Sonderanknüpfung privatschützender Normen, die aus **sozialpolitischen Gründen** erlassen worden sind, befürwortet.[60] Dabei wird das **Sonderprivatrecht** 15 (Verbraucherschutz, Wohnungsmiete, Arbeitsrecht) den Eingriffsnormen im engeren Sinne zur Seite gestellt und als eigener Normenkomplex gesondert angeknüpft.[61] Um Sonderprivatrecht in diesem Sinne soll es sich dann handeln, wenn die Normen typische Ungleichgewichtslagen zwischen den Vertragsparteien ausgleichen sollen. Im Gegensatz zu den klassischen zwingenden Normen, welche bestimmte Vereinbarungen generell verbieten, greifen die Normen des Sonderprivatrechts nur bei fehlender Vertragsparität ein.[62] Zwar hielt man diesen Ansatz nach der Rom I-VO zum Teil für nicht mehr vertretbar.[63] Andere nehmen freilich auch jetzt keinen vollständigen Ausschluss solcher Schutzbestimmungen an.[64] Die Rspr. des EuGH deutet nicht darauf hin, dass er die „Wahrung öffentlicher Interessen", insbesondere der „politischen, sozialen oder wirtschaftlichen Organisation" restriktiv interpretiert und damit einer möglichen Überhöhung des Sonderprivatrechts nunmehr zu Eingriffsnormen entgegentritt.[65] Ein Beispiel für eine Einschränkung könnte die frühere französische

---

[55] EuGH ECLI:EU:C:2016:774 Rn. 50 = NZA 2016, 1389 = EuZW 2016, 940 mAnm *Duden* = RIW 2016, 811 mAnm *Mankowski* = IPRax 2018, 207 m. Aufsatz *W.H. Roth* IPRax 2018, 177 – Nikiforidis.

[56] Dazu *Mankowski* RdA 2017, 273 (277 ff.); s. EuGH Slg. 1999, I-8453 Rn. 30 = RIW 2000, 137 = ZEuP 2001, 359 mAnm *Krebber* = Rev. crit. dr. int. pr. 89 (2000), 710 mAnm *Fallon* – Arblade und Leloup; dazu auch *Jayme/Kohler* IPRax 2000, 454 (455); *Lagarde* in Schulze/Seif, Richterrecht und Rechtsfortbildung in der Europäischen Rechtsgemeinschaft, 2003, 89 ff.; *Sonnenberger* IPRax 2003, 104 ff.; *Schwartze* FS Kilian, 2004, 783 ff.

[57] EuGH Slg. 2000, I-9305 = EuZW 2001, 51 mAnm *Reich* = IPRax 2001, 225 m. Aufsatz *Jayme* IPRax 2001, 191 = RIW 2001, 133 m. Aufsatz *Freitag/Leible* RIW 2001, 287 – Ingmar GB; dazu auch *Schwarz* ZVglRWiss 101 (2002), 45 ff.; *Sonnenberger* IPRax 2003, 104 (109 ff.).

[58] Krit. *Kohler* FS Jayme, Bd. I, 2004, 445 (452 f.); *Kühne* FS Heldrich, 2005, 815 (821 ff.).

[59] EuGH ECLI:EU:C:2019:84 Rn. 28 = EuZW 2019, 134 = RIW 2019, 151 – da Silva Martins.

[60] S. auch *v. Hoffmann* RabelsZ 38 (1974), 396 (407 f.); vgl. dazu *Stoll* FS Kegel, 1987, 623 (628 ff.); *Kroeger,* Der Schutz der „marktschwächeren" Partei im Internationalen Vertragsrecht, 1984, 154 f.

[61] Soergel/*v. Hoffmann* EGBGB Art. 34 Rn. 4 ff., 54 ff.; s. auch für das Kündigungsschutzrecht *Krebber,* Internationales Privatrecht des Kündigungsschutzes bei Arbeitsverhältnissen, 1997, 295 ff.; anders hingegen *Taschner,* Arbeitsvertragsstatut und zwingende Bestimmungen nach dem Europäischen Schuldvertragsübereinkommen, 2003, 255 ff.

[62] Soergel/*v. Hoffmann* EGBGB Art. 34 Rn. 5.

[63] *Sonnenberger* in Leible/Unberath, Brauchen wir eine Rom 0-Verordnung?, 2013, 429 (434 f.) – Skeptisch *Mankowski* IHR 2008, 133 (147); *Freitag* IPRax 2009, 109 (112); *Wilderspin* in Cashin Ritaine/Bonomi, Le nouveau règlement européen „Rome I" relatif à la loi applicable aux obligations contractuelles, 2008, 22 f.; vgl. auch *Garcimartín Alférez* ELF 2008, I-61 (I-77); *Kroll-Ludwigs,* Die Rolle der Parteiautonomie im europäischen Kollisionsrecht, 2013, 538 ff.

[64] *Bonomi* YbPIL 10 (2008), 285 (291 ff.).

[65] S. EuGH ECLI:EU:C:2013:663 = EuZW 2013, 956 = IPRax 2014, 174 m. Aufsatz *Lüttringhaus* IPRax 2014, 146 – Unamar; krit. dazu *Kühne* FS Wegen, 2015, 451 (456 ff.).

Rspr. sein, welche den **Direktanspruch des Subunternehmers** bei Bauvorhaben in Frankreich als international zwingende Norm eingeordnet hatte[66] (→ Art. 4 Rn. 63). Art. 9 sollte jedenfalls nicht dafür verwendet werden, Lücken bzw. Überschneidungen zwischen der Rom I-VO und der Rom II-VO zu füllen, wenn die Voraussetzungen der Norm eigentlich nicht gegeben sind.[67]

16 Die Ansicht, das **Sonderprivatrecht insgesamt einer Sonderanknüpfung zu unterstellen,** gefährdet die Parteiautonomie, indem weite Teile des Privatrechts einbezogen werden.[68] Die Abgrenzung zu Normen, welche nicht sonderangeknüpft werden, ist schwierig, weil der moderne Gesetzgeber in vielerlei Zusammenhängen unterschiedliche Ausgangslagen berücksichtigt und auszugleichen versucht.[69] Ferner droht eine systematische Ungereimtheit, indem dann in Bereichen, welche von besonderen Anknüpfungen wie dem jetzigen Art. 6 gerade nicht erfasst werden sollten, das inländische Verbraucherrecht pauschal über Art. 9 durchgesetzt werden könnte.[70] Daher dürfte dem Anliegen (insbesondere des Verbraucherschutzes) anders Rechnung zu tragen sein (→ Rn. 24 ff., → Rn. 95 ff.).

17 Vertreten wurde auch, alle **grundrechtlich materialisierten Generalklauseln** als international zwingende Normen und als Beschränkungen der Rechtswahl anzusehen.[71] Auf diese Weise würden Generalklauseln wie §§ 138, 242 BGB und wohl auch § 307 BGB[72] zu grundrechtsspezifischen Eingriffsnormen, welche sich stets gegen ausländisches Vertragsrecht durchsetzen würden. Zwar ist auch im Internationalen Vertragsrecht im Rahmen der Anknüpfungen und bei der Anwendung ausländischen Sachrechts Grundrechtsschutz zu gewähren (näher → EGBGB Art. 6 Rn. 146 ff.). Grundrechtlich materialisiertes Zivilrecht unterliegt aber den gewöhnlichen Anknüpfungsregeln des internationalen Vertragsrechts.[73]

18 **c) Kriterien der Eingrenzung.** Die Abgrenzung der einfach zwingenden Normen von den international zwingenden Vorschriften erfolgt nach ihrem **Zweck** (→ Rn. 13). Da dieser aber nicht immer offen zu Tage liegt oder vielschichtig sein kann – viele Vorschriften verfolgen einen „Doppelzweck"[74] –, stellt sich die Frage, ob sich aus einzelnen Umständen eine zuverlässige Abgrenzung von Individualschutz und Gemeinschaftsinteressen ergibt.

19 Da für die Abgrenzung von zwingendem Recht und international zwingender Norm die Einordnung als **öffentlich-rechtlich oder privatrechtlich nicht entscheidend** ist (→ Rn. 12), sollte umgekehrt das Verständnis einer Norm als öffentlich-rechtlich nicht schon zur Annahme der international zwingenden Wirkung führen. Dementsprechend war die frühere Einstufung der Mindestvergütung nach der HOAI als international zwingende Vorschrift[75] zumindest zweifelhaft[76] (→ Art. 4 Rn. 62). In anderen Fällen, insbesondere im Arbeitsrecht, spricht für die international zwingende Wirkung die enge Verzahnung mit öffentlich-rechtlichen Normen, vor allem dem Sozialversicherungsrecht.[77] So besteht der Anspruch auf den Arbeitgeberzuschuss zum Mutterschaftsgeld nach § 14 Abs. 1 MuSchG dementsprechend unabhängig vom Arbeitsvertragsstatut.[78]

20 Als Eingrenzungskriterium wird des Öfteren die **Normdurchsetzung** verwendet; elementare Staatsinteressen werden häufig mit Zwang und auch mit Strafandrohungen durchgesetzt. So soll nach Einigen maßgeblicher Gesichtspunkt sein, ob der rechtsetzende Staat selbst **mit hoheitlichen Mitteln** für die Einhaltung der zwingenden Norm sorgt oder dies den privaten Parteien (ggf. unter

---

66 Cass. ch. mixte Clunet 135 (2008), 1073 mAnm *Perreau-Saussine;* zust. *Kondring* RIW 2009, 118 ff.; wN bei *Mansel/Thorn/Wagner* IPRax 2009, 1 (21); *Freitag* IPRax 2016, 418 (424 f.).

67 Näher *Freitag* IPRax 2016, 418 (418 ff.).

68 Vgl. auch BeckOK BGB/*Spickhoff* Rn. 13; Staudinger/*Magnus,* 2021, Rn. 21, 62 ff.

69 Näher *Kuipers/Migliorini* Eur. Rev. Priv. L. 2011, 187 ff.

70 S. zu Art. 34 EGBGB aF auch BGHZ 135, 124 (136) = NJW 1997, 1697 = JZ 1997, 612 m. Aufsatz *Michaels/Kamann* JZ 1997, 601 = IPRax 1998, 285 m. Aufsatz *Ebke* IPRax 1998, 263 für Timesharing-Vertrag; vgl. auch *Kuckein,* Die „Berücksichtigung" von Eingriffsnormen im deutschen und englischen Vertragsrecht, 2008, 45 ff.

71 Zu Art. 34 EGBGB aF *Reich* NJW 1994, 2128 (2129); *Reich* NJW 1995, 1857.

72 S. *v. Westphalen* NJW 1994, 2113 (2117).

73 *Leible* JbJZivRWiss 1995, 245 (263 f.); *Martiny* ZEuP 1995, 67 (86); BeckOK BGB/*Spickhoff* Rn. 13.

74 Vgl. *Sonnenberger* IPRax 2003, 104 (109).

75 BGHZ 154, 110 (115 f.) = NJW 2003, 2020 = IPRax 2003, 449 m. Aufsatz *Kilian/Müller* IPRax 2003, 436 mAnm *Wenner* EWiR 2003, 421.

76 Näher *Martiny* FS Heldrich, 2005, 907 (918 ff.); BeckOK BGB/*Spickhoff* Rn. 21.

77 *Junker* FS 50 Jahre BAG, 2004, 1197 (1214).

78 Für eine Einordnung unter Art. 34 EGBGB BAGE 100, 130 (139 f.) = NZA 2002, 734 = AP Nr. 10 mAnm *Schlachter* = SAE 2002, 258 mAnm *Junker* = IPRax 2003, 258 m. insoweit zust. Aufsatz *Franzen* IPRax 2003, 239; *Benecke* IPRax 2001, 449 (453); *Kegel/Schurig* IPR § 18 I 2; *Kropholler* IPR § 52 IX 3; anders HessLAG IPRspr. 1999 Nr. 47 = IPRax 2001, 461 m. abl. Aufsatz *Benecke* IPRax 2001, 449; *Junker* RIW 2001, 94 (103).

Beschreiten des Rechtsweges) überlässt.[79] Die Einhaltung von Vorschriften, welche Gemeinwohlbelangen dienen, steht regelmäßig nicht zur Disposition der Parteien, sondern kann in verwaltungsrechtlichen Verfahren bzw. mit hoheitlichem Zwang durchgesetzt werden.[80] So zeigt die Rspr. des BAG, dass dort, wo die Normen mit den Mitteln der behördlichen Aufsicht überwacht werden, am ehesten eine international zwingende Geltung angenommen werden kann.[81] Bleibt die Beachtung der Norm hingegen grundsätzlich der privaten Initiative überlassen, so scheitert auch die Durchsetzung als international zwingende Norm.[82]

Auch die **Strafbewehrung** wird als (zusätzliches) Unterscheidungsmerkmal angeführt. Zieht die Normverletzung lediglich privatrechtliche Folgen nach sich, so spricht das für den Ausgleich bloß privater Interessen. Die Strafbarkeit deutet hingegen darauf hin, dass das öffentliche Interesse vorherrscht.[83] Doch ist nicht jede unbedingt zwingende Norm auch strafbewehrt. Ferner kann die internrechtliche Verletzungssanktion auch komplexer sein, so dass dieses Indiz nicht entscheidend sein darf.[84] 21

3. Zwingende Schutzvorschriften. Das geltende Recht kennt eine besondere Kategorie von Schutzvorschriften beim Verbrauchervertrag (Art. 6 Abs. 1; → Art. 6 Rn. 63 ff.) und beim Arbeitsvertrag (Art. 8 Abs. 1; → Art. 8 Rn. 38 ff.).[85] Diese „Schutznormen" wollen dem besonderen Schutzbedürfnis des Verbrauchers und des Arbeitnehmers Rechnung tragen. Sie weisen anderen zwingenden Bestimmungen gegenüber eine Reihe von Besonderheiten auf. Sie werden nur **gegen eine abweichende Rechtswahl** durchgesetzt; bei objektiver Anknüpfung wird hingegen unterstellt, dass diese Vorschriften ohnehin zur Anwendung kommen. Ferner setzt ihre gegen den Parteiwillen erfolgende Anwendung voraus, dass sie zu günstigeren Ergebnissen führen würden als das gewählte Recht; andernfalls wird die Wirkung der Rechtswahl nicht beschränkt. Ob es sich um in- oder ausländische Vorschriften handelt, ist hier unerheblich.[86] 22

Ihre Abgrenzung zu den zwingenden Bestimmungen iSd Art. 7 EVÜ (Art. 34 EGBGB) war im Einzelnen schwierig und umstritten. Darauf wird beim jeweiligen Vertragstyp näher eingegangen. Der Hauptunterschied liegt darin, dass die Schutzvorschriften der Art. 6, 8 zwar ebenfalls – soweit günstiger – rechtswahlfest sind; sie finden im Übrigen aber über das Vertragsstatut Anwendung.[87] Dementsprechend ist grundsätzlich davon auszugehen, dass die Schutzvorschriften zwingendes Privatrecht sind, das nicht zu den Eingriffsvorschriften des Art. 9 gehört.[88] 23

Auf umgesetzten europäischen **Verbraucherschutzrichtlinien** beruht Art. 46b EGBGB. Die dort genannten Schutzvorschriften sind bei einem engen Zusammenhang des Vertragsverhältnisses mit dem Gebiet des Europäischen Wirtschaftsraums auch gegen die Wahl eines drittstaatlichen Rechts anzuwenden. Hierbei handelt es sich um eine eigenständige Durchsetzung zwingenden Rechts, die als bloße Rechtswahlbeschränkung anzusehen ist.[89] 24

4. Rückwirkende Normen. Des Öfteren wird danach unterschieden, ob die Bestimmungen bereits bei Vertragsschluss bestanden oder erst später erlassen wurden. Früher wurde zum Teil der Begriff der Eingriffsnormen nur für nachträglich eingreifende Bestimmungen verwendet.[90] Art. 9 differenziert freilich nicht danach, ob die eigenen zwingenden Vorschriften bereits bei Abschluss des Vertrages bestanden oder nicht.[91] Die Differenzierung zwischen ursprünglicher 25

---

79 So *Maultzsch* RabelsZ 75 (2011), 60 (90 ff.); BeckOGK/*Maultzsch*, 1.3.2024, Rn. 51 ff.; *Schulte*, Die Anknüpfung von Eingriffsnormen, insbesondere wirtschaftsrechtlicher Art, im internationalen Vertragsrecht, 1975, 119 ff., 123.

80 Näher *Junker* FS 50 Jahre BAG, 2004, 1197 (1213 f.); vgl. auch *Leible* ZVglRWiss 97 (1998), 286 (295 f.).

81 Rauscher/*v. Hein* Art. 8 Rn. 37.

82 Näher zum zwingenden Arbeitsrecht *Junker* FS 50 Jahre BAG, 2004, 1197 (1213 f.).

83 Rauscher/*v. Hein* Art. 8 Rn. 37.

84 Erman/*Stürner* Rn. 12; vgl. dazu *Kronke*, Rechtstatsachen, kollisionsrechtliche Methodenentfaltung und Arbeitnehmerschutz im internationalen Arbeitsrecht, 1980, 130 f.; *Braun*, Vertragliche Geldwertsicherung im grenzüberschreitenden Wirtschaftsverkehr, 1982, 146 ff.

85 Vgl. dazu *Junker* IPRax 1989, 69 (71 ff.); *Lando* C.M.L. Rev. 24 (1987), 159 (184 f., 212 f.); Reithmann/Martiny IntVertragsR/*Zwickel* Rn. 5.98 ff.; *v. Bar/Mankowski* IPR I § 4 Rn. 88.

86 Daher spricht von „allseitiger Sonderanknüpfung" *v. Hoffmann* IPRax 1989, 261 (262 f.); Soergel/*v. Hoffmann* EGBGB Art. 34 Rn. 10.

87 Vgl. auch *Sonnenberger* IPRax 2003, 104 (111); Reithmann/Martiny IntVertragsR/*Zwickel* Rn. 5.98 ff.

88 *Mankowski* ZEuP 2008, 845 (862 f.). Zurückhaltender *Freitag* IPRax 2009, 109 (112).

89 *Sonnenberger* IPRax 2003, 104 (108, 111).

90 Auf die Abwicklungsphase beschränkt den Begriff der Eingriffsnormen bzw. Eingriffsvorschriften *Wengler* RabelsZ 47 (1983), 215 (248 Fn. 46); dagegen wie hier *Radtke* ZVglRWiss 84 (1985), 325 (327 f.); *Kreuzer*, Ausländisches Wirtschaftsrecht vor deutschen Gerichten, 1986, 10.

91 Vgl. Reithmann/Martiny IntVertragsR/*Zwickel* Rn. 5.15 ff.

und späterer Verbotswidrigkeit dürfte hauptsächlich in unterschiedlichen materiellrechtlichen Folgen liegen.[92]

II. Herkunft der Bestimmungen

26 Bei der Beachtung zwingender Normen kommt es darauf an, welcher Rechtsordnung sie entstammen. Im Allgemeinen werden vertragsstatutsangehörige und -fremde Normen unterschieden; die Vorschriften des Gerichtsortes, dh solche der lex fori, nehmen eine Sonderstellung ein.[93]

27 **1. Normen der lex fori.** Abs. 2 hat es nur mit Eingriffsrecht der lex fori zu tun. Im Inlandsprozess werden somit lediglich **Bestimmungen des deutschen Rechts** erfasst.[94] Voraussetzung für die Durchsetzung auf diesem Wege ist, dass es sich um sog. Eingriffsnormen (→ Rn. 8 f.) handelt. Solche statutsfremden Bestimmungen werden auch gegen das Schuldstatut angewendet (näher → Rn. 112 ff.). Den innerstaatlichen Vorschriften stehen direkt anwendbare Bestimmungen des EU-Rechts – insbesondere des **AEUV und von EU-Verordnungen** – gleich. Sprechen diese – wie zB Art. 101 AEUV – Kartellverbote aus und ordnen sie die Nichtigkeit gleichwohl geschlossener Verträge an, so beanspruchen solche Normen unmittelbare Geltung. Dies ergibt sich allerdings nicht aus einer Einstufung als Eingriffsnorm, sondern bereits als Folge von EU-Rangkollisionsrecht und EU-rechtlichem Rechtsanwendungsrecht[95] (Art. 23; → EGBGB Art. 3 Rn. 46 ff.). Nationales Recht darf über Art. 9 Abs. 2 nicht durchgesetzt werden, wenn es in **Widerspruch zu den Grundfreiheiten des EU-Rechts** steht[96] (→ EGBGB Art. 3 Rn. 92).

28 Dabei stellt sich die Frage, wieweit zwingende **Sachnormen des sekundären Unionsrechts** selbst international zwingendes Recht schaffen, welches gegenüber dem Vertragsstatut Geltung beansprucht. **Verordnungen** können ihre Anwendung ausdrücklich anordnen, wie etwa Art. 7 EU-Portabilitäts-VO. Ggf. ist die Verordnung auszulegen, ob sie als Spezialregelung Vorrang beanspruchen kann.[97] Im Zusammenhang mit der **Handelsvertreter-RL** hatte der EuGH einen Vertrag zwischen einem Handelsvertreter mit Niederlassung in England und einem kalifornischen Unternehmen über den Vertrieb im Vereinigten Königreich und Irland zu beurteilen.[98] Trotz der Wahl kalifornischen Rechts hat der Gerichtshof in der **Ingmar-Entscheidung** den in der Handelsvertreter-RL zwingend festgeschriebenen Ausgleichsanspruch wegen des Schutzes des Handelsvertreters, der Wettbewerbsgleichheit und des „starken Gemeinschaftsbezuges" zugebilligt (→ Rn. 14; → Art. 4 Rn. 150, → EGBGB Art. 3 Rn. 84 ff.). Damit wurde den sachrechtlichen Bestimmungen der Richtlinie kollisionsrechtliche Bedeutung beigemessen. Diese Lösung ist teilweise auf Zustimmung gestoßen.[99] Es wird vielfach angenommen, dass eine weitere Kategorie international zwingender Normen unionsrechtlichen Ursprungs bestehen könne.[100] Ähnlich spricht man von „besonders angeknüpften Normen" zum Ausgleich privatrechtlicher Interessen.[101] Dass diese Rspr. auch unter der Rom I-VO fortgesetzt würde, war zunächst ungewiss,[102] ist aber im Lichte der Unamar-Ent-

---

92 Rspr.-Nachweise bei *Kreuzer,* Ausländisches Wirtschaftsrecht vor deutschen Gerichten, 1986, 20 f., 26 f.

93 Vgl. *Lehmann,* Zwingendes Recht dritter Staaten im internationalen Vertragsrecht, 1986, 22 ff.; krit. zu dieser Unterscheidung in der EU *Kohler* FS Kronke, 2020, 253 (259 f.). Für die Gleichbehandlung forumseigener und forumsfremder Eingriffsnormen de lege ferenda *Kohler* FS Schack, 2022, 676 (682 ff.).

94 *Junker* IPRax 1989, 69 (73); Soergel/*v. Hoffmann* EGBGB Art. 34 Rn. 1; vgl. Reithmann/Martiny IntVertragsR/*Zwickel* Rn. 5.59 ff.

95 *W.-H. Roth* FS Spellenberg, 2010, 309 (317 ff.); *Mankowski* RdA 2017, 273 (277); BeckOGK/*Maultzsch,* 1.3.2024, Rn. 203; Staudinger/*Magnus,* 2021, Rn. 35.

96 *Bonomi* YbPIL 10 (2008), 285 (290 f.); Reithmann/Martiny IntVertragsR/*Zwickel* Rn. 5.59 ff. Calliess/Renner/*Renner* Rn. 23 ff.; Rauscher/*Thorn* Rn. 35; Staudinger/*Magnus,* 2021, Rn. 35; ebenso schon *Lagarde* in Schulze/Seif, Richterrecht und Rechtsfortbildung in der Europäischen Rechtsgemeinschaft, 2003, 96; *Sonnenberger* IPRax 2003, 104 (113); *Martiny* FS Heldrich, 2005, 907 (909 ff.); Czernich/Heiss/*Heiss* EVÜ Art. 7 Rn. 5.

97 BeckOGK/*Maultzsch,* 1.3.2024, Rn. 205.

98 EuGH Slg. 2000, I-9305 = NJW 2001, 2007 = EuZW 2001, 51 mAnm *Reich* = IPRax 2001, 225 m. Aufsatz *Jayme* IPRax 2001, 191 = RIW 2001, 133 m. Aufsatz *Freitag/Leible* RIW 2001, 287 – Ingmar GB; krit. *Sonnenberger* IPRax 2003, 104 (106 ff.).

99 So etwa Grüneberg/*Thorn* Rn. 5, 19.

100 Reithmann/Martiny IntVertragsR/*Zwickel* Rn. 5.50: „marktabgrenzendes Unionskollisionsrecht"; BeckOGK/*Maultzsch,* 1.3.2024, Rn. 210: „implizite Sonderkollisionsregelung der Richtlinie"; wohl auch *Bonomi* YbPIL 10 (2008), 165 (172 f.); Calliess/Renner/*Renner* Rn. 26. – Unentschieden *Wilderspin* in Lando/Magnus/Nowak-Stief, Angleichung des materiellen und des internationalen Privatrechts in der EU, 2003, 125.

101 *v. Bar/Mankowski* IPR I § 4 Rn. 102 f.

102 *Kroll-Ludwigs,* Die Rolle der Parteiautonomie im europäischen Kollisionsrecht, 2013, 67 f. – Bejahend *W.-H. Roth* FS Spellenberg, 2010, 309 (317 ff.); *Emde* RIW 2016, 104 (106).

scheidung zu bejahen.[103] Auch andere Richtlinien, welche keine kollisionsrechtliche Bestimmung enthalten, sollen als zwingende Bestimmung durchgesetzt werden.[104] Soweit das Ergebnis der Ingmar-Entscheidung hingenommen wird, wird die Basis dafür zum Teil im Vorrang des Unionsrechts gesehen.[105] Teilweise wird eine Sonderanknüpfung für zulässig gehalten.[106] Andere wollen den Mindeststandard der jeweiligen Richtlinie gegen die Wahl eines Drittstaatenrechts durchsetzen, wenn der Vertrag einen engen Zusammenhang mit dem Gebiet eines Mitgliedstaates aufweist.[107] Für die Durchsetzung auf Richtlinien zurückgehender Regeln wurde in Deutschland häufig eine Analogie zum früheren Art. 29a EGBGB (nunmehr Art. 46b EGBGB) vorgeschlagen.[108] Die Ingmar-Entscheidung ist vielfach auch auf Kritik gestoßen (→ EGBGB Art. 3 Rn. 84).[109] Insbesondere kann den Umsetzungsgesetzen nicht stets international zwingende Bedeutung beigelegt werden.[110]

Unter bestimmten Umständen kann ein Mitgliedstaat **über den Mindeststandard einer** 29
Richtlinie hinausgehen, diese Regelung als zwingende Norm einstufen und auch gegen das die Richtlinie umsetzende und vertraglich vereinbarte Recht eines anderen Mitgliedstaates als zwingende Norm anwenden. Eine solche Schutzverstärkung bzw. -ausdehnung hat der EuGH im **Unamar-Fall** für den durch die Handelsvertreter-RL vorgeschriebenen Mindestschutz im Rahmen des Art. 7 Abs. 2 EVÜ angenommen[111] (→ EGBGB Art. 3 Rn. 89 ff.). Allerdings dürfen die Bestimmungen der lex fori nur dann durchgesetzt werden, wenn das angerufene Gericht substantiiert feststellt, dass der Gesetzgeber des Staates dieses Gerichts es im Rahmen der Umsetzung dieser Richtlinie für unerlässlich erachtet hat, dem Handelsvertreter in der betreffenden Rechtsordnung einen Schutz zu gewähren, der über den in der genannten Richtlinie vorgesehenen hinausgeht, und dabei die Natur und den Gegenstand dieser zwingenden Vorschriften berücksichtigt.[112]

Richtlinien der EU kommt als solchen nicht die Wirkung einer Eingriffsnorm iSd Art. 9 zu.[113] 30
Früher wurde der Wahl ausländischen Rechts unter Berufung auf die europäische Verbraucherschutzgesetzgebung mehrfach dadurch die Beachtung versagt, indem man eine **horizontale Wirkung der Richtlinie** annahm bzw. die in Deutschland umgesetzte Richtlinie als zwingende Norm durchsetzen wollte.[114] Ausländisches richtlinienwidriges Recht wurde auf diese Weise ausgeschaltet (→ EGBGB Art. 6 Rn. 178). Ist eine Richtlinie im Inland umgesetzt worden, so kann sie zwar – vorausgesetzt die übrigen Voraussetzungen sind erfüllt – als (inländische) zwingende Bestimmung angesehen werden. Eine unmittelbare horizontale Wirkung der nicht umgesetzten Richtlinie, dh die Geltung unter Privatpersonen, hat der EuGH jedoch nicht anerkannt[115] und widerspricht mithin den Grundsätzen über die Wirkung von Richtlinien[116] (näher → EGBGB Art. 3 Rn. 84). Damit scheidet eine Beachtung als zwingende Bestimmung aus. Eine besondere Vorschrift zur Durchsetzung umgesetzter Richtlinien des Verbraucherrechts stellt Art. 46b EGBGB dar (→ EGBGB Art. 46b Rn. 1 ff.). Gleiches gilt für Art. 46c EGBGB (→ EGBGB Art. 46c Rn. 1).

Teilweise hat man eine **mittelbare horizontale Wirkung der Richtlinie** angenommen und 31
eigenes richtlinienkonformes zwingendes Recht als international zwingendes Recht durchgesetzt,

---

103 *Kühne* FS Wegen, 2015, 451 (455 ff.); Calliess/Renner/*Renner* Rn. 20.

104 *Staudinger* NJW 2001, 1974 ff.; *Pfeiffer* FS Geimer, 2002, 821 (830 ff.). – Unentschieden *Schwartze* FS Kilian, 2004, 795 f.

105 *W.-H. Roth* FS Spellenberg, 2010, 309 (321): Art. 23; anders *v. Bar/Mankowski* IPR I § 4 Rn. 102 f.

106 Reithmann/Martiny IntVertragsR/*Zwickel* Rn. 5.50; PWW/*Remien* Rn. 18: Eingriffsnorm iSd Art. 9; vgl. *Staudinger* NJW 2001, 1974 ff.

107 *Nemeth/Rudisch* ZfRV 42 (2001), 179 (182 f.).

108 *Bitterich* VuR 2002, 155 ff.; *Paefgen* ZEuP 2003, 291 ff.; Reithmann/Martiny IntVertragsR/*Zwickel* Rn. 5.50; *v. Bar/Mankowski* IPR I § 4 Rn. 103.

109 S. nur *Sonnenberger* IPRax 2003, 104 (109 f.); *Sonnenberger* FS Kropholler, 2008, 227 (232 f.); *Kohler* FS Jayme, Bd. I, 2004, 445 (452 f.); *A. Köhler,* Eingriffsnormen – Der „unfertige Teil" des europäischen IPR, 2013, 154 ff.

110 Staudinger/*Magnus,* 2021, Rn. 42. – Gegen eine Einstufung des Ausgleichsanspruchs des Vertragshändlers als Eingriffsnorm *Gräfe/Giesa* ZVertriebsR 2014, 29 (33 f.).

111 EuGH ECLI:EU:C:2013:663 = EuZW 2013, 956 = IPRax 2014, 174 m. Aufsatz *Lüttringhaus* IPRax 2014, 146 = ZVertriebsR 2014, 55 = Clunet 141 (2014), 625 mAnm *Jacquet* – Unamar.

112 Dazu Reithmann/Martiny IntVertragsR/*Zwickel* Rn. 5.51. – Zweifelnd, ob dies eine Einschränkung bewirkt, *Kühne* FS Wegen, 2015, 451 (458 ff.).

113 Vgl. Staudinger/*Magnus,* 2021, Rn. 37, 42.

114 OLG Celle IPRax 1991, 334 m. Aufsatz *Mankowski* IPRax 1991, 305 = EuZW 1990, 550 m. Aufsatz *Herber* EuZW 1991, 401; LG Wiesbaden MDR 1991, 156; LG Hildesheim IPRax 1993, 173 m. Aufsatz *Langenfeld* IPRax 1993, 155; AG Bremerhaven NJW-RR 1990, 1083 = EuZW 1990, 294.

115 S. nur EuGH Slg. 1994, I-3325 = NJW 1994, 2473 = JZ 1995, 149 mAnm *Heß* – Faccini Dori; Slg. 1996, I-1281 = NJW 1996, 1401 – El Corte Inglès.

116 So etwa BGHZ 135, 124 (138 f.) = NJW 1997, 1697 = IPRax 1998, 285 m. Aufsatz *Ebke* IPRax 1998, 263; AG Wuppertal VuR 1993, 55 mAnm *J. Schröder* = IPRspr. 1992 Nr. 36.

wenn der das Sachstatut bestimmende Staat seiner Umsetzungspflicht nicht nachgekommen ist. Auf diese Weise wurde insbesondere ein richtlinienkonformer Widerruf von Haustürgeschäften erreicht[117] (→ Art. 6 Rn. 76). Die mit der Richtlinie bezweckte unionsweite Rechtsvereinheitlichung vermittle dem umgesetzten Recht einen unbedingten internationalen Geltungswillen. Dagegen könne der säumige Staat nicht erwarten, dass sein unionswidriges Recht mit den Mitteln des IPR durchgesetzt werde.[118] Auch eine solche Durchsetzung als zwingende Bestimmung ist jedoch abzulehnen.

32 Vertreten wurde, dass unter den EU-Mitgliedstaaten eine allgemeine Verpflichtung zur **Anwendung des international zwingenden Rechts anderer Mitgliedstaaten** bestehe.[119] Dies wird insbesondere auf das **Loyalitätsgebot** bzw. das Prinzip der Unionstreue (Art. 4 Abs. 3 EUV) gestützt.[120] Da das Eingriffsrecht der Mitgliedstaaten seinerseits unionsrechtskonform sein muss bzw. nur dann Beachtung findet, wenn dies gegeben ist, sollen unionsrechtswidrige Eingriffe ausgeschlossen sein. Das Bestehen einer solchen Verpflichtung ist für die Beachtung griechischer Spargesetze abgelehnt worden.[121] Die Zahl der beachtlichen Eingriffsnormen darf nicht unkontrolliert erhöht werden und die Voraussehbarkeit der für den Vertrag maßgeblichen Vorschriften beeinträchtigen. Gegen einen allein auf die Unionstreue gestützten Ansatz wurden schon zuvor vielfältige Einwände erhoben.[122] Eine undifferenzierte Verpflichtung würde nicht nur die bisherigen Koordinierungsbemühungen stören und auch im Widerspruch zum zurückhaltenderen Art. 9 stehen (aber → Rn. 120).[123] Man wird daher eine Pflicht zur Anwendung mitgliedstaatlichen Eingriffsrechts nur dann nur annehmen können, wenn sie positivrechtlich normiert ist.[124]

33 **2. Normen des Wirkungsstatuts.** Dem Wirkungsstatut – im Rahmen der Art. 3 ff. regelmäßig dem Vertragsstatut – gehören diejenigen Bestimmungen an, welche Bestandteil der Rechtsordnung sind, die das Vertragsstatut stellt. Es geht also um Vorschriften des in der Sache anwendbaren Rechts, der lex causae. Dass einfaches zwingendes Recht auf diesem Wege zur Anwendung kommt, ist unstreitig (→ Art. 12 Rn. 5). Zu entscheiden ist jedoch, ob statutszugehöriges Eingriffsrecht über die Verweisung auf die Rechtsordnung des Vertragsstatuts zur Anwendung kommt oder ob sich das Vertragsstatut nicht mehr darauf erstreckt, so dass das Eingriffsrecht auf andere Weise berufen sein muss (→ Rn. 37, → Rn. 42 f.).

34 **3. Drittstaatliche Normen.** Eingriffsnormen solcher Rechtsordnungen, die weder das Vertragsstatut stellen, noch der lex fori angehören, werden drittstaatliche Normen genannt.[125] Beispielsweise kann fraglich sein, ob ein deutsches Gericht auch zwingende US-amerikanische außenwirtschaftsrechtliche Verbote zu beachten hat, obwohl der Vertrag englischem Recht unterstellt wurde. Solche Fälle, in denen ein forumfremdes Recht das Vertragsstatut stellt, sind allerdings selten. Häufiger fallen Forumrecht und Vertragsstatut zusammen; für beides gilt deutsches Recht. Da hier lediglich

---

117 *Jayme* IPRax 1990, 220 (222); *Ebke* in v. Bar, Europäisches Gemeinschaftsrecht und IPR, 1990, 77 (101 f.); *Kohte* EuZW 1990, 156.

118 S. *Jayme* IPRax 1990, 220 (222); *Jayme,* Ein internationales Privatrecht für Europa, 1991, 31 f., 36; *Jayme* RabelsZ 55 (1991), 303 (325); *Jayme/Kohler* IPRax 1990, 353 (361); *Jayme/Kohler* IPRax 1992, 346 (347).

119 *Freitag* in Leible, Grünbuch, 2004, 184 ff.; *W.-H. Roth* FS Dauses, 2014, 315 (322 f.); *Fetsch,* Eingriffsnormen und EG-Vertrag, 2002, 319 ff.; dazu auch *Kroll-Ludwigs,* Die Rolle der Parteiautonomie im europäischen Kollisionsrecht, 2013, 547 f.

120 *Roth* in Kieninger/Remien, Europäische Kollisionsrechtsvereinheitlichung, 2012, 44 f.; *Kohler* FS Kronke, 2020, 253 (261 ff.). – Vgl. auch OGH JBl. 2013, 362 m. zust. Anm. *Nemeth* (italienisches Vergaberecht). – Eine entsprechende Verpflichtung will dem dem Binnenmarktziel verpflichteten Sekundärrecht (Rom I-VO und Rom II-VO) entnehmen, *A. Köhler,* Eingriffsnormen, 2013, 309 ff.

121 EuGH ECLI:EU:C:2016:774 Rn. 54 = NZA 2016, 1389 = EuZW 2016, 940 mAnm *Duden* = RIW 2016, 811 mAnm *Mankowski* = IPRax 2018, 207 m. Aufsatz *W.H.Roth* IPRax 2018, 177 – Nikiforidis. – Vorlage von BAGE 151, 75 = NZA 2015, 542 = ZfRV 2015, 170 mAnm *Schacherreiter;* zust. *Maultzsch* EuZA 10 (2017), 242 (253 f.); *Kronenberg,* Normen als tatsächliche Umstände, 2021, Rn. 85 ff.; *Lehmann/Ungerer* YbPIL 19 (2017/2018), 53 (66 ff.).

122 Dazu *Remien* FS v. Hoffmann, 2011, 334 (340 f.); *Sonnenberger* in Leible/Unberath, Brauchen wir eine Rom 0-Verordnung?, 2013, 429 (442); *Hauser,* Eingriffsnormen in der Rom I-Verordnung, 2012, 144 f.; *A. Köhler,* Eingriffsnormen – Der „unfertige Teil" des europäischen IPR, 2013, 294 ff. (aber für sekundärrechtliche Anwendungspflicht); *v. Bar/Mankowki* IPR I § 4 Rn. 117.

123 Für weitgehende Ermessensreduzierung im Rahmen des Art. 9 Rauscher/*Thorn* Rn. 104.

124 *Sonnenberger* IPRax 2003, 104 (114); *Sonnentag* VersR 2024, 201 (205); Reithmann/Martiny IntVertragsR/*Zwickel* Rn. 5.44; abl. auch BeckOGK/*Maultzsch,* 1.3.2024, Rn. 140.

125 Zum Problemstand *Heini* ZschweizR 100 I (1981), 65 ff.; *Erne,* Vertragsgültigkeit und drittstaatliche Eingriffsnormen, 1985, 79 ff. – Gegen die Unterscheidung ausländischer statutszugehöriger und drittstaatlicher Eingriffsnormen *Benzenberg,* Die Behandlung ausländischer Eingriffsnormen im Internationalen Privatrecht, 200834 ff.

das Eingriffsrecht ausländisches Recht ist, stehen nur zwei Rechtsordnungen in Konflikt (sog. unechter Drittstaatsfall).[126] Es dominiert dann die Frage nach der Übereinstimmung der Interessen von Forum- und Eingriffsstaat.[127]

III. Zwingende Bestimmungen und Vertragsstatut

1. Allgemeines. Zwingende privatrechtliche Normen innerhalb des Geltungsbereichs des Vertragsstatuts (Art. 12) sind im Allgemeinen nach dem Schuldstatut anzuwenden. Die Vereinbarung einer bestimmten Rechtsordnung schließt regelmäßig deren zwingende vertragsrechtliche Normen (zB Freizeichnungsverbote) mit ein. Die Parteien wählen daher zwar im Rahmen der Parteiautonomie das anwendbare Recht, dessen zwingende Normen können sie jedoch nicht abbedingen; das ius cogens kommt grundsätzlich zur Anwendung.[128] Andererseits können sich die Parteien mit ihrer Rechtswahl über das ius cogens der lex fori grundsätzlich hinwegsetzen, es sei denn, hier werden besondere Schranken gesetzt. Die grundsätzliche Anwendung zwingenden Schuldrechts nach dem Vertragsstatut ist gerechtfertigt, weil die Parteien hiervon ausgingen oder (bei objektiver Anknüpfung) ausgehen mussten. Zum einen handelt es sich hier um den Ausgleich privater Interessen, zum anderen sind die Folgen der Rechtswahl in der Regel tragbar, da die zur Auswahl stehenden Rechtsordnungen ihrerseits vielfach zwingende Normen enthalten, die im Wesentlichen gleich, zumindest aber ähnlich sind. Während hierüber im wesentlichen Einigkeit herrscht, bestehen bezüglich der Eingriffsnormen tiefgreifende Meinungsverschiedenheiten. **35**

2. Lösungsansätze. Hauptansätze für die Beachtung ausländischer zwingender Normen sind eine Anknüpfung an die lex causae bzw. das Schuldstatut und eine gesonderte Anknüpfung. Sonderanknüpfungslehren unterstellen im Allgemeinen einen bestimmten Kreis von Rechtsfragen (Normen) nicht dem Schuldstatut (der Parteiautonomie), sondern knüpfen sie gesondert an.[129] Freilich gibt es keine einheitliche Lehre von der Sonderanknüpfung, vielmehr nur verschiedene Auffassungen zu den Hauptstreitpunkten, was der eigentliche Grund der Sonderanknüpfung ist und welche Anknüpfungspunkte (räumliche, funktionale oder persönliche Kriterien) relevant sind.[130] Ferner ist einzugrenzen, welche Normen gesondert anzuknüpfen sind (näher → Rn. 61 ff.). Das Problem wird wesentlich entschärft, wenn man – wie nunmehr in Art. 5–8 – bereits das Schuldstatut unter Rücksichtnahme auf soziale Parteischutznormen bestimmt, dh die Rechtswahl beschränkt und auch objektiv entsprechend anknüpft.[131] **36**

Die **Schuldstatutstheorie** (auch privat- oder schuldrechtliche Theorie genannt) schließt in die vertragsrechtliche Verweisung alle einschlägigen ausländischen Vorschriften mit ein (sog. **Einheitsanknüpfung**).[132] Sie begreift ausländische Eingriffsnormen als Vertragsgültigkeitsproblem und beachtet sie dann, wenn sie dem Schuldstatut bzw. allgemein der **lex causae** angehören und nicht gegen den ordre public des Forumstaates verstoßen.[133] Es geht ihr grundsätzlich um die Behandlung ausländischen Zivilrechts, insbesondere § 134 BGB entsprechender Normen, die im Inland ebenso gut angewendet werden können wie im Ausland. Zwingende Normen einer anderen Rechtsordnung als des Schuldstatuts sind (außer denen der lex fori, die über den ordre public durchgesetzt werden) **37**

---

126 *Lehmann,* Zwingendes Recht dritter Staaten im internationalen Vertragsrecht, 1986, 12, 45.

127 Vgl. *Kreuzer* in Schlechtriem/Leser, Zum Deutschen und Internationalen Schuldrecht, 1983, 89 (100 f.).

128 *van Hecke* ZfRV 7 (1966), 23 (26 ff.); *Vischer* Rec. des Cours 142 (1974-II), 1 (22 f.); *Wengler* JZ 1979, 175 (176 f.).

129 Allg. zur Sonderanknüpfung *Serick* RabelsZ 18 (1953), 633 ff.

130 Überblick bei *Kreuzer,* Ausländisches Wirtschaftsrecht vor deutschen Gerichten, 1986, 59 ff.; *Kuckein,* Die „Berücksichtigung" von Eingriffsnormen im deutschen und englischen Vertragsrecht, 2008, 131 ff. – Rechtsvergleichend *Nygh,* Autonomy in International Contracts, 1999, 199 ff. – Zum Konzept einer „besonderen Anknüpfung" näher *Schurig* RabelsZ 54 (1990), 217 (236); *Kuckein,* Die „Berücksichtigung" von Eingriffsnormen im deutschen und englischen Vertragsrecht, 2008, 138 ff.

131 Näher *van Hecke* ZfRV 6 (1966), 23 (27 f.; *Kropholler* RabelsZ 42 (1978), 634 (655 ff.); krit. dazu *Schulte,* Die Anknüpfung von Eingriffsnormen, insbesondere wirtschaftsrechtlicher Art, im internationalen Vertragsrecht, 1975, 112 f.

132 So bezeichnet von *Kreuzer,* Ausländisches Wirtschaftsrecht vor deutschen Gerichten, 1986, 55 ff.; *Kreuzer* in Schlechtriem/Leser, Zum Deutschen und Internationalen Schuldrecht 1983, 95 ff.

133 Vertreten ua von *Kronenberg,* Normen als tatsächliche Umstände, 2021, Rn. 408 ff.; BeckOK BGB/*Spickhoff* Rn. 34 f.; idS bereits *Mann* Rec. 132 (1971-I), 157 ff.; *Mann* FS Wahl, 1973, 139 f. (147 ff.); *Vischer* FS Gerwig, 1960, 170 ff.; *Serick* RabelsZ 18 (1953), 646 ff.; *van Hecke* ZfRV 7 (1966), 23 (28 ff.); *Heini* ZschweizR 100 I (1981), 65 (77 ff.); *Heini* BerGesVR 22 (1982), 37 (43 ff.); *Busse* ZVglRWiss 95 (1996), 386 (390 ff.); *Heiz,* Das fremde öffentliche Recht im internationalen Kollisionsrecht, 1959, 132 ff.; dazu auch *Schulte,* Die Anknüpfung von Eingriffsnormen, insbesondere wirtschaftsrechtlicher Art, im internationalen Vertragsrecht, 1975, 73 ff.; *Kuckein,* Die „Berücksichtigung" von Eingriffsnormen im deutschen und englischen Vertragsrecht, 2008, 123 ff.

an sich unbeachtlich.[134] Der faktischen Geltung statutsfremder Normen (zB als Leistungshindernis) wird nur auf der Ebene des Sachrechts Rechnung getragen[135] (näher → Rn. 45 ff.). Dieser Lehre dürfte mit der ausdrücklich angeordneten Beachtung inländischer Eingriffsnormen nach Art. 9 jedenfalls insoweit eine eindeutige Absage erteilt worden sein.[136] Bezüglich der ausländischen Eingriffsnormen wird sich freilich erst zeigen, wieweit hier der lex causae doch Einfluss eingeräumt wird[137] (→ Rn. 120 ff.).

38 Eine Sonderanknüpfung will das **„Territorialitätsprinzip"** verwirklichen.[138] Insbesondere das öffentliche Kollisionsrecht folgt dem Grundsatz der Territorialität.[139] **Positive Wirkung** dieses Prinzips ist es, fremde Normen insoweit zu beachten, als sie im fremden Staat belegene Sachen und Rechte sowie Handlungen, die dort zu vollziehen sind, betreffen, zB nicht ordre public-widrige Verbotsnormen und Leistungshindernisse.[140] Welche privatrechtlichen Folgen ihre Beachtung (etwa Nichtigkeit bei Rechtswidrigkeit) nach sich zieht, beantwortet wieder das Schuldstatut. **Negative Wirkung** ist die Abwehr extraterritorialer Geltungsansprüche. Nur sie erkennt der BGH an, der sich auf den „Grundsatz der Nichtanwendung öffentlichen Rechts" stützt; es bleibt vielmehr bei der Geltung des Schuldstatuts.[141] Art. 9 Abs. 3 geht freilich mit der dort angeordneten Beachtung ausländischen Eingriffsrechts deutlich weiter, so dass ein allein von der Territorialität ausgehender Ansatz unzureichend wäre.

39 Die Regelung des Art. 9 lässt sich auch nicht auf die sog. **Machttheorie** zurückführen.[142] Diese erkennt Eingriffe ausländischer Staaten an, soweit der fremde Staat die Grenzen seiner Macht einhält, da ausländische politische und wirtschaftspolitische Vorschriften (in der Regel öffentlichem Recht zugehörig) fremden Machtinteressen dienen. Sie sind nur soweit beachtlich, als der ausländische Staat die Macht besitzt, sie durchzusetzen.[143] Das geschieht gegenüber denjenigen Rechts- und Schuldverhältnissen, die der Gesetzgebungs- und Zwangsgewalt des rechtsetzenden Staates unterliegen, insbesondere wenn der Schuldner im Eingriffsstaat Vermögen besitzt. – Entsprechendes gilt für die Lehre vom **positiven ordre public.** Danach sind bestimmte interne Normen unabhängig vom Vertragsstatut stets durchzusetzen, wenn das Inland berührt wird.[144] Nach geltendem Recht hat der ordre public nur eine negative Funktion; eigene zwingende Vorschriften sind grundsätzlich über Art. 9 und nicht über Art. 21 durchzusetzen[145] (→ Rn. 119). Zur Ablehnung der Lehre vom positiven ordre public auch → EGBGB Art. 6 Rn. 2 ff.

40 Nach anderen sind die Verbotsnormen des Staates zu beachten, die in einer **„genügend engen Verbindung"** (bzw. engen Beziehung) zum Schuldverhältnis stehen[146] (näher → Rn. 120 ff.). Auf

---

[134] Folgerichtig wäre eine Berücksichtigung drittstaatlicher Normen dann, wenn das Schuldstatut sie beachtet, vgl. *Wengler* IPRax 1981, 220 (221).

[135] *Mann* FS Beitzke, 1979, 607 (608 ff.); *Mann* SchwJbIntR 36 (1980), 93 (103 ff.); *Heini* ZschweizR 100 I (1981), 79 ff.; *Heini* BerGesVR 22 (1982), 37 (46 ff.).

[136] S. auch *Einsele* WM 2009, 289 (295 f.).

[137] Für Beachtlichkeit der Normen als Teil der lex causae *Lando/Nielsen* C.M.L. Rev. 45 (2008), 1687 (1719); *Deinert* IntArbR § 10 Rn. 31, 151.

[138] Für das Territorialitätsprinzip etwa *Bydlinski* JBl. 1959, 526; *Schulze,* Das öffentliche Recht im IPR, 1972, 206 ff. mit Modifikationen; dagegen *Mann* FS Wahl, 1973, 139 (145 ff.); vgl. dazu auch *Schulte,* Die Anknüpfung von Eingriffsnormen, insbesondere wirtschaftsrechtlicher Art, im internationalen Vertragsrecht, 1975, 66 ff.; *Kegel/Seidl-Hohenveldern* FS Ferid, 1978, 233 ff.; *Kuckein,* Die „Berücksichtigung" von Eingriffsnormen im deutschen und englischen Vertragsrecht, 2008, 98 ff.

[139] BGHZ 31, 367 (371 f.) = NJW 1960, 1101 = RabelsZ 25 (1960), 645 m. krit. Anm. *Neumayer* zum Devisenrecht; OLG Karlsruhe WM 1966, 1312 zum Fremdwährungsverbot. – Für den Territorialitätsgrundsatz bei Beachtung des öffentlichen Arbeitsrechts *Müller* RdA 1973, 137 (140 ff.).

[140] Urteils-Anm. *Bydlinski* ZfRV 2 (1961), 22 (27).

[141] BGHZ 31, 367 (370 ff.) = NJW 1960, 1101 zum Devisenrecht; BGH WM 1962, 601; IPRspr. 1964–65 Nr. 68 (S. 231); BGHZ 64, 183 (189) = NJW 1975, 1220 für Außenhandelsmonopol; *Schäfer* FS Sandrock, 1995, 37 (48 ff.); *Steinschulte* in Sandrock IntVertragsgestaltung-HdB Bd. I, 1980, Rn. A 184 ff.; dazu auch *Kuckein,* Die „Berücksichtigung" von Eingriffsnormen im deutschen und englischen Vertragsrecht, 2008, 100 ff.

[142] Anders *Freitag* IPRax 2009, 109 (116); *Maultzsch* FS Kronke, 2020, 363 (365 f.): nicht nur Elemente von „Machtdenken"; *Sonnentag* VersR 2024, 201 (202 ff.); vgl. Reithmann/Martiny IntVertragsR/*Zwickel* Rn. 5.126; Staudinger/*Magnus,* 2021, Rn. 95: „Anklänge an die Machttheorie".

[143] *Kegel/Schurig* IPR § 23 I, II; Soergel/*Kegel,* 11. Aufl. 1984, EGBGB Vor Art. 7 Rn. 396; vgl. auch *Schurig* RabelsZ 54 (1990), 217 (244).

[144] Näher *Wengler* JZ 1979, 175 (176 f.); *Schwander,* Lois d'application immédiate, Sonderanknüpfung, IPR-Sachnormen und andere Ausnahmen von der gewöhnlichen Anknüpfung im IPR, 1975, 41 ff., 154 ff.

[145] BeckOK BGB/*Spickhoff* Rn. 3.

[146] *Wengler* ZVglRWiss 54 (1941), 168 (181 f., 185 f.); *Zweigert* RabelsZ 14 (1942), 283 (290 ff.); *Berger* in Herrmann/Berger/Wackerbarth, 1997, 326 ff.; *Schiffer,* Normen ausländischen „öffentlichen" Rechts in internationalen Handelsschiedsverfahren, 1990, 176 ff.; dagegen etwa *Gamillscheg,* Internationales Arbeits-

entsprechende Kriterien stellen etwa ab Art. 7 Abs. 1 EVÜ (close connection; lien étroit),[147] Art. 16 HStellvertrÜ,[148] Art. 16 Abs. 2 HTrustÜ Grundgedanke ist, ausländisches zwingendes Recht im Interesse zwischenstaatlicher Rücksichtnahme und der internationalen Entscheidungsharmonie unabhängig vom Vertragsstatut ebenso anzuwenden wie inländisches.[149] Nach dem Konzept des Art. 9 sollen zwar die Eingriffsnormen gegenüber dem Vertragsstatut durchgesetzt werden. Allerdings werden in- und ausländische Vorschriften unterschiedlich behandelt. Während bezüglich der inländischen Normen keine weiteren Voraussetzungen mehr aufgestellt werden (→ Rn. 112 ff.), wird bezüglich der ausländischen Bestimmungen ein wesentlich restriktiverer Ansatz verfolgt (→ Rn. 120 ff.).

IV. International-privatrechtliche Berücksichtigung

41 **1. Eigene Normen.** Die eigenen zwingenden Bestimmungen sind die der lex fori (→ Rn. 27). Ihre Durchsetzung ist unproblematisch, wenn das Vertragsstatut deutsches Recht ist. Dann entsteht im Forumstaat kein Widerspruch zur Anwendung der Eingriffsnorm über Art. 9 Abs. 2.[150] Diese Normen werden aber auch gegen den Geltungsanspruch eines ausländischen Vertragsstatuts im Wege einer Sonderanknüpfung durchgesetzt (→ Rn. 112 ff.). Eine Unterscheidung danach, ob es sich um Normen eines EU-Mitgliedstaats handelt oder nicht, trifft Art. 9 nicht[151] (→ Rn. 32, → Rn. 120).

42 **2. Normen des Vertragsstatuts.** Einfache zwingende Bestimmungen werden über das Vertragsstatut angewendet. Auch die Rom I-VO enthält jedoch keine ausdrückliche Regelung, in welchem Umfang international zwingende Normen (Eingriffsnormen) der Rechtsordnung, welche das Vertragsstatut bildet (→ Rn. 8, → Rn. 36), berufen sind. Das Problem stellt sich grundsätzlich unabhängig davon, ob das Vertragsstatut durch Rechtswahl oder durch objektive Anknüpfung bestimmt wurde; in beiden Fällen können Eingriffsnormen Korrekturen verlangen. Allerdings bewirkt Art. 3 Abs. 3 bei eindeutiger Lokalisierung eine Entschärfung; die Rechtswahl hat dann nämlich von vornherein nur die Wirkung einer materiellrechtlichen Verweisung (→ Art. 3 Rn. 92). Die Parteibestimmung des Vertragsstatuts kann also zwingende Vorschriften nicht ausschalten.[152]

43 Die Schöpfer des EVÜ gingen offenbar davon aus, dass dem Vertragsstatut grundsätzlich auch die zwingenden Normen – einschließlich des Eingriffsrechts – zu entnehmen seien.[153] Dementsprechend wurde häufig ausdrücklich oder stillschweigend eine sog. **Kumulationslösung** (oder auch Kombinationstheorie)[154] vertreten.[155] Danach wird vertragsstatutsangehöriges Eingriffsrecht über das Schuldstatut sowie zusätzlich statutsfremdes Eingriffsrecht nicht nur materiellrechtlich im Rahmen des Vertragsstatuts, sondern auch direkt auf Grund Sonderanknüpfung angewendet. Einheits- und Sonderanknüpfung werden also kombiniert.[156] Auch nach **geltendem Recht** ist zu beantworten, ob Eingriffsnormen des Vertragsstatuts als Bestandteil dieses Statuts (lex causae) Beachtung

---

recht, 1959, 194 ff.; *Mann* FS Beitzke, 1979, 607 (612 ff.); *Steinschulte* in Sandrock IntVertragsgestaltungs-HdB Bd. I, 1980, Rn. A 194 ff.

147 Krit. dazu *Coing* WM 1981, 810 ff.; *W. Weitnauer,* Der Vertragsschwerpunkt, 1981, 202 ff.

148 Dazu *Müller-Freienfels* RabelsZ 43 (1979), 80 (97 f.).

149 Grds. für eine Sonderanknüpfung Rauscher/*Thorn* Rn. 92 ff.; näher *Wengler* ZVglRWiss 54 (1941), 168 (185 ff.); *Zweigert* RabelsZ 14 (1942), 283 (290 ff.); *Zweigert* 50 Jahre Institut für Internationales Recht, 1965, 124 (127 f.); *Neumayer* BerGesVR 2 (1958), 35 ff.; dazu auch *Schulte,* Die Anknüpfung von Eingriffsnormen, insbesondere wirtschaftsrechtlicher Art, im internationalen Vertragsrecht, 1975, 104 ff.

150 Staudinger/*Magnus,* 2021, Rn. 79.

151 PWW/*Remien* Rn. 32 mwN; krit. *Kohler* FS Kronke, 2020, 253 (261 ff.).

152 Zu diesem Zusammenhang *Vischer* in v. Graffenried, Beiträge zum schweizerischen Bankenrecht, 1987, 442.

153 Nachweise bei *Kreuzer,* Ausländisches Wirtschaftsrecht vor deutschen Gerichten, 1986, 69 ff.; vgl. auch *Radtke* ZVglRWiss 84 (1985), 325 (350 f.); *Leible* ZVglRWiss 97 (1998), 286 (299); *Kleinschmidt,* Zur Anwendbarkeit zwingenden Rechts im internationalen Vertragsrecht unter besonderer Berücksichtigung von Absatzmittlungsverträgen, 1985, 278 Fn. 36. – Keine Verankerung im EVÜ sieht *Benzenberg,* Die Behandlung ausländischer Eingriffsnormen im Internationalen Privatrecht, 2008, 114 ff.

154 Vgl. dazu *Kreuzer,* Ausländisches Wirtschaftsrecht vor deutschen Gerichten, 1986, 65 ff.

155 So zB *Lando* C.M.L. Rev. 24 (1987), 159 (213 f.). – Wohl auch *E. Lorenz* RIW 1987, 569 (583); wN bei *Radtke* ZVglRWiss 84 (1985), 325 (351 ff.); *Kreuzer* in Schlechtriem/Leser, Zum Deutschen und Internationalen Schuldrecht 1983, 103 ff.; *Kleinschmidt,* Zur Anwendbarkeit zwingenden Rechts im internationalen Vertragsrecht unter besonderer Berücksichtigung von Absatzmittlungsverträgen, 1985, 281 ff.; dagegen aber *Schurig* RabelsZ 54 (1990), 217 (244 ff.); *Zeppenfeld,* Die allseitige Anknüpfung von Eingriffsnormen im Internationalen Wirtschaftsrecht, 2001, 99 ff.

156 Vgl. zu diesem Ansatz *Lipstein* FS Zajtay, 1982, 364 (369, 377 f.).

finden. Das wird in Deutschland nur gelegentlich vertreten.[157] In abgeschwächter Weise wird argumentiert, sie seien zu berücksichtigen, wenn sie die allgemeinen Anforderungen an Eingriffsnormen erfüllten und weder die Grenzen des Eingriffsrechts nach Art. 9 noch die des ordre public überschritten.[158] Die **Regelung des Art. 9 spricht** allerdings gegen diesen Weg und **für eine Sonderanknüpfung** solcher Regeln. Öffentlich-rechtliche bzw. wirtschaftsrechtliche Eingriffsnormen sind daher grundsätzlich **kein Bestandteil des Vertragsstatuts.**[159] Ihre Reichweite bestimmt sich nach eigenständigen Grundsätzen; die drohende Kumulation wird also durch den Verzicht auf die Einheitsanknüpfung abgewendet. Art. 9 lehnt freilich ab, dass Eingriffsnormen der Rechtsordnung, welche das Vertragsstatut stellt, unter den gleichen Voraussetzungen Beachtung finden können wie drittstaatliche zwingende Normen.[160] Insofern wird vielmehr unterschieden.

44 **3. Drittstaatliche Normen.** Für die Anwendung drittstaatlicher Normen kommen weder das Vertragsstatut noch die lex fori in Betracht. **Art. 9 Abs. 3** eröffnet jedoch – im Anschluss an Art. 7 Abs. 1 EVÜ[161] – **die Möglichkeit,** auch **das zwingende Recht von Drittstaaten auf Grund einer Sonderanknüpfung des IPRs der lex fori** zu berücksichtigen. Auch diese Bestimmung ist allerdings nicht einfach zu handhaben, weil sie verschiedene Fragestellungen in sich zu vereinigen sucht. Zunächst wird „unilateralistisch" danach gefragt, ob die ausländische Bestimmung zum Kreis der Eingriffsnormen zu zählen ist (→ Rn. 120 ff.), ob sie Anwendung erheischt, sodann wird über den Erfüllungsort eine Art Lokalisierung versucht (→ Rn. 125). Das Resultat wird zusätzlich noch richterlichen Folgeabwägungen und Ermessensgesichtspunkten unterworfen (→ Rn. 128 ff.).

V. Materiellrechtliche Berücksichtigung

45 **1. Grundsatz.** Auch dann, wenn ausländische Eingriffsnormen nicht international-privatrechtlich beachtet, also nicht als solche angewendet werden, ist man häufig dazu bereit, ihre **Tatbestandswirkungen** (→ Einl. IPR Rn. 312) **im Rahmen des Schuldstatuts** auf der Ebene des materiellen (Sach-)Rechts zu berücksichtigen.[162] Es kommt daher zu einer gewissen Zweistufigkeit[163] (→ Rn. 122 f.) Bislang hatte sich die deutsche Rspr. vorwiegend mit Fällen zu beschäftigen, in denen deutsches Recht Vertragsstatut war.[164] Sie konnte daher entsprechende materiell-rechtliche Regeln im Rahmen der heimischen Rechtsordnung entwickeln. So ist vom Schuldner nicht ohne weiteres zu verlangen, Leistungsverbote seines Heimat- oder Aufenthaltslandes zu missachten, vielmehr ist seine Zwangslage zu berücksichtigen. Soweit notwendig, sind materiellrechtliche, auf internationale Sachverhalte zugeschnittene Sondernormen zu entwickeln.[165] Unter welchen Umständen ausländische Gesetze dergestalt berücksichtigt werden sollen, führt freilich auch auf materiellrechtlicher Ebene zur Frage nach einer genügend engen Beziehung.[166] Wenngleich die Vertreter einer

[157] So *W.-H. Roth* FS Kühne, 2009, 859 (873); *Deinert* IntArbR § 10 Rn. 151; offenbar auch *Lando/Nielsen* C.M.L. Rev. 45 (2008), 1687 (1716, 1719); aA Grüneberg/*Thorn* Rn. 15.

[158] Staudinger/*Magnus,* 2021, Rn. 137; aA BeckOGK/*Maultzsch,* 1.3.2024, Rn. 167; Grüneberg/*Thorn* Rn. 15.

[159] *Einsele* WM 2009, 289 (297); *Maultzsch* RabelsZ 75 (2011), 60 (94 ff.); *Kroll-Ludwigs,* Die Rolle der Parteiautonomie im europäischen Kollisionsrecht, 2013, 544 ff.; Grüneberg/*Thorn* Rn. 15. Wohl auch PWW/*Remien* Rn. 30; anders *Lando/Nielsen* C.M.L. Rev. 45 (2008), 1687 (1719); *W.-H. Roth* FS Spellenberg, 2010, 309 (324 ff.); *W.-H. Roth* in Kieninger/Remien, Europäische Kollisionsrechtsvereinheitlichung, 2012, 873; Ferrari IntVertragsR/*Staudinger* Rn. 44; vgl. wie hier *Schurig* RabelsZ 54 (1990), 217 (244 ff.); *Kleinschmidt,* Zur Anwendbarkeit zwingenden Rechts im internationalen Vertragsrecht unter besonderer Berücksichtigung von Absatzmittlungsverträgen, 1985, 284; *Kreuzer,* Ausländisches Wirtschaftsrecht vor deutschen Gerichten, 1986, 84 ff.; *Droste,* Der Begriff der „zwingenden Bestimmung" in den Art. 27 ff. EGBGB, 1991, 116 ff.

[160] Rauscher/*Thorn* Rn. 107; Staudinger/*Magnus,* 2021, Rn. 15; vgl. *Schurig* RabelsZ 54 (1990), 217 (244 ff., 248). Vgl. auch *Schnyder* Wirtschaftskollisionsrecht, 1990, Rn. 32 ff., 301 ff., 322 ff.

[161] Vgl. dazu *Coester* ZVglRWiss 82 (1983), 1 ff.; *Schurig* in Holl/Klinke, Internationales Privatrecht – Internationales Wirtschaftsrecht, 1985, 75 f.

[162] Dafür etwa *Mann* FS Beitzke, 1979, 607 (608); *Vischer* Rec. des Cours 142 (1974–II), 1 (21 ff.) diff.; *Leible* ZVglRWiss 97 (1998), 286 (301); *Steinschulte* in Sandrock IntVertragsgestaltung-HdB Bd. I Rn. A 188 ff. Vertreten wird auch, bei Sittenwidrigkeit solle sich das materielle Recht der lex fori stets durchsetzen, so *Heini* ZschweizR 100 I (1981), 65 (81); krit. Zur materiellrechtlichen Berücksichtigung schon *Wengler* ZVglRWiss 54 (1941), 168 (202 ff.). – Zur Rechtslage nach EVÜ OGH IPRax 2012, 553 m. Aufsatz *Martiny* IPRax 2012, 559.

[163] Zum Verhältnis zu Art. 9 *Lehmann/Ungerer* YbPIL 19 (2017/2018) 53 (70 ff.).

[164] Vgl. *Lehmann/Ungerer* YbPIL 19 (2017/2018) 53 (71 ff.); *Pfeiffer* ZVglRWiss 116 (2017), 438 (448 ff.). – Speziell zu völkerrechtswidrigen Sanktionen *Denga* RIW 2022, 93 ff.

[165] Vgl. *Heini* ZschweizR 100 I (1981), 65 (81). – Zur Lehre von der Tatsachenwirkung der Eingriffsnorm auch *Vischer* FS Gerwig, 1960, 167 (185 ff.); *Schulte,* Die Anknüpfung von Eingriffsnormen, insbesondere wirtschaftsrechtlicher Art, im internationalen Vertragsrecht, 1975, 32 ff.

[166] *Wengler* ZVglRWiss 54 (1941), 168 (203 f.); *Schulte,* Die Anknüpfung von Eingriffsnormen, insbesondere wirtschaftsrechtlicher Art, im internationalen Vertragsrecht, 1975, 37; vgl. auch *Piehl* RIW 1988, 841 ff.

Sonderanknüpfung einer direkten Durchsetzung drittstaatlichen zwingenden Rechts den Vorrang geben, ziehen auch sie vielfach dann, wenn seine Anwendung ausgeschlossen ist, noch auf sachrechtlicher Ebene eine materiellrechtliche Berücksichtigung als Tatsache in Betracht.[167] Dies gilt vor allem für Leistungsstörungen[168] (→ Rn. 51; zu ausländischen Normen → Rn. 122 f.).

Möglich ist auch eine **Vereinbarung der Parteien, wonach zwingendes ausländisches Recht** – zB Außenwirtschaftsrecht – für ihre vertraglichen Beziehungen **gelten soll.** Hiervon wird des Öfteren Gebrauch gemacht, um die Vorschriften (insbesondere Embargovorschriften) über den Erlassstaat hinaus auch auf andere Privatpersonen wie Abnehmer bestimmter Waren oder Technologien zu erstrecken.[169] Vom hier vertretenen Standpunkt aus hat eine solche Unterwerfungs- oder Erstreckungsklausel aber grundsätzlich keine kollisionsrechtliche Bedeutung.[170] Die Vertragsparteien bleiben an das einfache zwingende Recht des Vertragsstatuts gebunden; ob (weitere) international zwingende Vorschriften zur Anwendung kommen, richtet sich nach anderen Gesichtspunkten. Die Parteien können jedoch im Wege einer materiellrechtlichen Verweisung auf wirtschaftsrechtliche Gebote und Verbote eines anderen Landes Bezug nehmen und auch bestimmte Rechtsfolgen daran knüpfen.[171] Insofern handelt es sich lediglich um die Ausübung der materiellrechtlichen Privatautonomie. Allerdings kann in so großem Umfang auf das Recht eines bestimmten Ortes – zB des Errichtungsortes – verwiesen werden, dass eine nach den allgemeinen Grundsätzen beachtliche kollisionsrechtliche Teilverweisung (→ Art. 3 Rn. 66 ff.) vorliegt.[172] Unterwerfungsklauseln können dann auch keine materiellrechtliche Beachtung finden, wenn sie inländischem international zwingenden Recht widersprechen.[173] Das gilt insbesondere dann, wenn sie gegen Abwehrvorschriften der EU verstoßen (→ Rn. 71). 46

2. Gesetz- und Sittenwidrigkeit. Ist Schuldstatut deutsches Recht, so kann nach der bisherigen, zunehmend allerdings umstrittenen Rspr. bei Verstößen gegen ausländische Verbotsgesetze **§ 134 BGB keine Anwendung** finden, weil die Verbotsnorm im Inland nicht unmittelbar verbindlich ist.[174] Doch kann die eingegangene Verpflichtung wegen Verstoßes gegen die **guten Sitten nichtig** sein (§ 138 BGB;[175] → Einl. IPR Rn. 312 ff.). Sittenwidrigkeit wird im Allgemeinen dann 47

---

167 S. auch *Siehr* in Holl/Klinke, Internationales Privatrecht – Internationales Wirtschaftsrecht, 1985, 121 f.; *Berger* in Herrmann/Berger/Wackerbarth, Deutsches und Internationales Bank- und Wirtschaftsrecht im Wandel, 1997, 336 f.; *Kuckein,* Die „Berücksichtigung" von Eingriffsnormen im deutschen und englischen Vertragsrecht, 2008, 151 f.; *Neumann,* Internationale Handelsembargos und privatrechtliche Verträge, 2001, 221 ff.; *Kropholler* IPR § 52 X 2. – Umfassend zum Begriff der Berücksichtigung *Harms,* Neuauflage der Datumtheorie im Internationalen Privatrecht, 2019, 45 ff.

168 *Siehr* RabelsZ 52 (1988), 41 (97 f.); *Bälz* NJW 2020, 878 ff.; näher *Lehmann,* Zwingendes Recht dritter Staaten im internationalen Vertragsrecht, 1986, 203 f.; *Gränicher,* Die kollisionsrechtliche Anknüpfung ausländischer Devisenmaßnahmen, 1984, 64 ff., 120. Vgl. auch *Radtke* ZVglRWiss 84 (1985), 325 (340); *Zimmer* IPRax 1993, 67 ff.; *Benzenberg,* Die Behandlung ausländischer Eingriffsnormen im Internationalen Privatrecht, 2008, 160 ff.

169 Näher *Remien* RabelsZ 54 (1990), 431 (473 ff.); *Abicht,* Die Parteiautonomie im Schatten der Unterwerfungsklauseln, 1991, 5, 19 ff. – Zur „Submission clause" auch *Hentzen,* US-amerikanische Exportkontrollen, 1988, 150 ff.

170 Ebenso *Kreuzer* in Schlechtriem/Leser, Zum Deutschen und Internationalen Schuldrecht, 1983, 110 f.; *Schubert* RIW 1987, 729 (731); *Leible* ZVglRWiss 97 (1998), 286 (303); *Forwick,* Extraterritoriale US-amerikanische Exportkontrollen, 1993, 158 f.; Reithmann/Martiny IntVertragsR/*Zwickel* Rn. 5.150; anders *E. Lorenz* RIW 1987, 569 (571, 574); *Abicht,* Die Parteiautonomie im Schatten der Unterwerfungsklauseln, 1991, 60, 142 ff. – Zur völkerrechtlichen Zulässigkeit *Putler* in Mellinghoff/Trute, Die Leistungsfähigkeit des Rechts, 1988, 325 ff.; *Georgieff,* Kollisionen durch extraterritoriale staatliche Regelungen im internationalen Wirtschaftsrecht, 1989, 36 ff. mwN.

171 *Kreuzer* in Schlechtriem/Leser, Zum Deutschen und Internationalen Schuldrecht, 1983, 110 f.; *Schubert* RIW 1987, 729 (731).

172 Vgl. *Vetter* ZVglRWiss 87 (1988), 248 (261 ff.).

173 *Schubert* RIW 1987, 729 (731); Soergel/*v. Hoffmann* EGBGB Art. 34 Rn. 103.

174 BGHZ 59, 82 (85) = NJW 1972, 1575 mAnm *Mann* NJW 1972, 2179 für nigerianische Masken, Seetransportversicherung; BGHZ 69, 295 (296) = JZ 1978, 61 mAnm *Wengler* für Fluchthelfervertrag; RGZ 108, 241; OLG Düsseldorf WM 1977, 546; OLG Hamburg RIW 1994, 686 mAnm *Mankowski* = IPRspr. 1993 Nr. 32 für nigerianische Zoll- und Einfuhrbestimmungen; LG Hamburg RIW 2015, 458 m. Aufsatz *Mankowski* RIW 2015, 405 = VersR 2015, 1024 mAnm *Looschelders,* für US-Embargo gegen Iran; wN bei *Schulte,* Die Anknüpfung von Eingriffsnormen, insbesondere wirtschaftsrechtlicher Art, im internationalen Vertragsrecht, 1975, 77 f.; anders *Wengler* ZVglRWiss 54 (1941), 168 (205).

175 OLG Köln OLGZ 1993, 193 = IPRspr. 1991 Nr. 48 obiter; näher *Hönn* GS Geck, 1989, 321 (330 ff.); *Busse* ZVglRWiss 95 (1996), 386 (403 ff.); *Schulte,* Die Anknüpfung von Eingriffsnormen, insbesondere wirtschaftsrechtlicher Art, im internationalen Vertragsrecht, 1975, 37 ff.; *Schulze,* Das öffentliche Recht im IPR, 1972, 50 ff.; krit. *Schurig* RabelsZ 54 (1990), 217 (240 ff.); *Lehmann,* Zwingendes Recht dritter Staaten

angenommen, wenn es sich nicht nur um handelspolitische Vorschriften, sondern um grundlegende, allen Kulturstaaten gemeinsame Normen handelt.[176] Teilw. wird mehr die subjektive Seite betont. Sittenwidrigkeit soll insbesondere dann gegeben sein, wenn der Vertrag auf eine bewusste Verletzung ausländischen Rechts oder die Täuschung ausländischer Behörden gerichtet ist.[177]

48 Die Verpflichtungen des Unternehmers aus dem **Lieferkettensorgfaltspflichtengesetz** (LkSG; → Vor Art. 1 Rn. 12) kommen grds. über das Vertragsstatut zur Anwendung (→ Art. 1 Rn. 7), bezüglich der Verpflichtung zum Abbruch der Geschäftsbeziehung über Art. 9 (→ Art. 9 Rn. 52 ff.). Die Eigenschaft des LkSG als Eingriffsnorm wird vielfach generell verneint.[178]

49 **Sittenwidrigkeit** wurde beispielsweise schon vom RG für den Schmuggel mit Rauschgift bejaht.[179] Die Rspr. hat § 138 BGB auch angewendet auf die Verletzung eines Ausfuhrverbotes für Kulturgegenstände, ferner auf frühere US-amerikanische Embargobestimmungen gegenüber dem Osten (→ Rn. 74).[180] Entsprechend dürfte beim Verstoß gegen ausländische Vorschriften zu verfahren sein, die Provisionszahlungen für die Beeinflussung von öffentlichen Entscheidungsträgern verbieten.[181] Allerdings ist nunmehr auch nach deutschem Sachrecht die Bestechung ausländischer Amtsträger gesetzwidrig (→ Art. 10 Rn. 137).[182]

50 Während zweifelhaft ist, ob ausländische Vorschriften Schutzgesetze iSv § 823 Abs. 2 BGB sein können, ist unbestritten, dass die bewusste Verletzung fremder Embargobestimmungen **Schadensersatzansprüche nach § 826 BGB** auslösen kann, etwa bei anschließender Beschlagnahme einer Ladung.[183] Hier hat sich der Schädiger bewusst über die Vermögensinteressen unbeteiligter Dritter hinweggesetzt und ihnen durch sein zu missbilligendes Verhalten einen Vermögensschaden zugefügt. Die Sittenwidrigkeit liegt also nicht im Embargoverstoß als solchem, sondern in seiner Bedeutung für das Verhältnis von Gläubiger und Schuldner. **Nicht sittenwidrig** ist die Verletzung von Ausreise- und Passvorschriften eines Staates, der die Ausreisefreiheit seiner Bürger über Gebühr einschränkt, durch einen Fluchthilfevertrag.[184] Gleiches gilt grundsätzlich für ausländische Devisenvorschriften, die international-privatrechtlich unbeachtlich sind (näher → Anh. II Art. 9 Rn. 1 ff.).[185]

51 **3. Leistungshindernis.** Die ausländische Verbotsnorm kann ein der Vertragserfüllung tatsächlich entgegenstehendes Leistungshindernis bilden, das materiellrechtliche Berücksichtigung findet.[186]

---

im internationalen Vertragsrecht, 1986, 46 f., 198: „versteckte Kollisionsnorm"; *Wengler,* IPR, 1981, § 200 Anh., S. 598.

176 RGZ 108, 241 (243); 161, 296 (299) = IPRspr. 1935–44 Nr. 41. – Zum Einfluss fremder und allgemeiner internationaler Interessen *Bleckmann* ZaöRV 34 (1974), 112 (115 ff.) – Zur Beachtlichkeit von Verhaltenskodizes für transnationale Unternehmen s. *Hailbronner* FS Schlochauer, 1981, 352 ff.

177 *Mann* FS Wahl, 1973, 148 ff.; *Mann* FS Beitzke, 1979, 607 (608 f., 619). Vgl. auch *Heini* BerGesVR 22 (1982), 37 (49 ff.): „universaler ordre public".

178 So etwa Fleischer/Mankowski/*Mankowski* Einl. LkSG Rn. 513 ff. mit Hinweisen zur Entstehungsgeschichte.

179 RG JW 1927, 2288 mAnm *Hoeniger* = IPRspr. 1926–27 Nr. 15 für Kokain. Zu Schmuggelverträgen s. auch RGZ 96, 282; RG JW 1926, 2169 mAnm *Pappenheim* = IPRspr. 1926–27 Nr. 16 für Alkohol; JW 1927, 2287 = IPRspr. 1926–27 Nr. 17 für Alkohol. – Weitere Rspr. bei *Schulte,* Die Anknüpfung von Eingriffsnormen, insbesondere wirtschaftsrechtlicher Art, im internationalen Vertragsrecht, 1975, 43 ff.; *Lehmann,* Zwingendes Recht dritter Staaten im internationalen Vertragsrecht, 1986, 47 ff.; *Kronenberg,* Normen als tatsächliche Umstände, 2021, Rn. 249 ff.

180 Abgelehnt für Lakritzexport nach Iran LG Hamburg RIW 2015, 458 m. Aufsatz *Mankowski* RIW 2015, 405 = VersR 2015, 1024 mAnm *Looschelders.*

181 OLG Hamburg NJW 1992, 635 = RIW 1993, 327 betr. Nichtigkeit nach syrischem Recht; unter Heranziehung des ausländischen Verbots bei englischem Vertragsstatut Lemenda Trading Co. V. African M.-E. Petroleum Co., (1988) 1 All E. R. 513 (QBD); dazu näher *Kuckein,* Die „Berücksichtigung" von Eingriffsnormen im deutschen und englischen Vertragsrecht, 2008, 274 ff.; iErg ebenso, aber allein auf deutsches Vertragsstatut gestützt, BGHZ 94, 268 (271 ff.) = NJW 1985, 2405 = IPRax 1987, 110 m. Aufsatz *Fikentscher/Waibel* IPRax 1987, 86 = RIW 1985, 653 mAnm *Knapp* RIW 1986, 999 für iranische Brauerei.

182 Näher *Krause/Vogel* RIW 1999, 488 ff.; *Kalin,* Verhaltensnorm und Kollisionsrecht, 2014, 126 ff.

183 BGH NJW 1991, 634 = IPRax 1991, 345 m. Bericht *v. Hoffmann* = JZ 1991, 719 m. Aufsatz *Junker* JZ 1991, 699 = ZEuP 1995, 119 mAnm *Remien;* NJW 1993, 194 mAnm *v. Bar/Rogge* EWiR 1993, 33.

184 BGHZ 69, 295 (297 ff.) = JZ 1978, 61 mAnm *Wengler;* BGH NJW 1977, 2358; 1977, 2359; WM 1980, 549; *Mann* FS Beitzke, 1979, 607 (609); *Schulze* ROW 1978, 162 f.; ebenso OGH ZfRV 22 (1981) 214 mAnm *Schwind* = IPRax 1981, 216 m. Aufsatz *Wengler* IPRax 1981, 220. Vgl. auch *Lehmann,* Zwingendes Recht dritter Staaten im internationalen Vertragsrecht, 1986, 55 ff.

185 Weitergehend wohl *v. Hoffmann* IPRax 1981, 155 (156 f.) – allerdings nicht auf das Bretton-Woods-Abk. eingehend.

186 BGH NJW 2015, 2328 = JZ 2015, 1002 m. Aufsatz *Weller/Grot* JZ 2015, 989 = RIW 2015, 294 m. Aufsatz *M.J. Müller* RIW 2015, 717 für Argentinien-Anleihe; OLG Frankfurt ZBB 2011, 296 = IPRspr. 2011 Nr. 167 für US-amerikanische Iran-Sanktionen; näher dazu *Zweigert* RabelsZ 14 (1942), 283 (301 ff.); *Goltz,*

Bestand das Verbot schon bei Vertragsschluss und konnte es der ausländische Staat durchsetzen, so konnte der Vertrag nach altem Schuldrecht wegen tatsächlicher anfänglicher Unmöglichkeit nichtig sein.[187] Das geltende Schuldrecht kennt diesen Nichtigkeitsgrund nicht mehr. Heute kommen für Hindernisse der Vertragsdurchführung nur die **Regeln über die Pflichtverletzung** (§ 275 BGB) in Betracht.[188] Das ausländische Leistungsverbot findet als Leistungshindernis Berücksichtigung (→ Einl. IPR Rn. 293). Der Schuldner wird bei Nichtvertretenmüssen vom Erbringen der dauernd unmöglichen Leistung frei. Dies wurde insbesondere für Ausfuhrverbote bejaht.[189] Für Fluchthelferverträge wurde eine Nichteinklagbarkeit der Leistung des Fluchthelfers angenommen.[190] – Bei unvorhergesehenen Ereignissen kommt auch eine Anpassung des Vertrages nach den Regeln über die **Störung der Geschäftsgrundlage** (§ 313 BGB) in Frage (→ Einl. IPR Rn. 312).[191] Dies wurde für ein während der Laufzeit des Vertrages im Ausland (Iran) verhängtes Importverbot für Bier angenommen.[192] Heute werden **Leistungshindernisse aufgrund ausländischer Eingriffsnormen,** deren Beachtung an Art. 9 Abs. 3 scheitert, regelmäßig nur zu tatsächlicher Unmöglichkeit führen.[193] Auf der anderen Seite muss jemand, der eine unbedingte Pflicht zum Besorgen einer besonderen staatlichen Erlaubnis übernimmt, dafür einstehen und kann sich bei ihrem Ausbleiben nicht durch das Verbotensein des Vertrages entlasten.[194] Die arbeitsrechtliche Rspr., wonach das Ableisten des Kurzwehrdienstes in der Türkei durch einen türkischen Arbeitnehmer nach deutschem Recht zum Ruhen der Pflichten aus dem Arbeitsverhältnis führt,[195] gehört ebenfalls in diesen Zusammenhang. In Bezug auf argentinische Staatsanleihen wurde kein Leistungsverweigerungsrecht zugestanden.[196] Die **Nichtbeförderung eines israelischen Staatsangehörigen** durch eine arabische Fluggesellschaft gab mehrfach zu gerichtlichen Auseinandersetzungen Anlass (→ Einl. IPR Rn. 316). Der Beförderungsvertrag unterlag deutschem Recht; die Fluggesellschaft Kuwait Airways berief sich wegen eines Zwischenstopps in Kuwait auf ein dortiges Boykottgesetz.[197] Es wurde tatsächliche Unmöglichkeit nach deutschem Recht angenommen[198] (→ Rn. 149).

Bei einer Verletzung von Pflichten nach dem **Lieferkettensorgfaltspflichtengesetz** (LkSG; 52
→ Rn. 48) hat der Unternehmer Abhilfemaßnahmen zu ergreifen. Dazu gehört auch die Einwirkung auf Zulieferer (§ 7 Abs. 2 LkSG). Unter bestimmten Umständen wird vom Unternehmer der **Abbruch einer Geschäftsbeziehung** verlangt (§ 7 Abs. 3 LkSG).[199] Soweit es sich um Geschäftsbeziehungen vertraglicher Art handelt, ist auf sie die Rom I-VO anwendbar (zum Vertrag → Art. 1 Rn. 7). Das Gebot zum Abbruch der Geschäftsbeziehungen richtet sich unmittelbar nur gegen den Unternehmer, der das LkSG zu beachten hat.

Vertragsgestaltung bei Roll-Over-Eurokrediten, 1980, 99 ff.; *Kronenberg,* Normen als tatsächliche Umstände, 2021, Rn. 284 ff. – Für die Entwicklung von Sachnormen, welche Partei das Risiko des Entgegenstehens von Eingriffsnormen und die weiteren Folgen zu tragen hat, *Schulze,* Das öffentliche Recht im IPR, 1972, 216 ff.

187 So zu § 306 BGB aF BGHZ 128, 41 (53) = IPRax 1996, 342 m. Aufsatz *Fischer* IPRax 1996, 332 = WuB IV B. Art. 34 EGBGB 1.95 *(Mankowski),* betr. DDR; vgl. *v. Hoffmann* IPRax 1981, 155 (156 f.).

188 Dazu *Bälz* NZW 2020, 878 (880 f.); für Embargovorschriften *Lieberknecht* IPRax 2018, 573 (577).

189 RGZ 91, 260 (262) für Ablieferungsgebot; RGZ 93, 182 (184) für Feindhandelsverbot; dazu näher *Lindemeyer* RIW 1981, 10 (21 f.); *Remien* RabelsZ 54 (1990), 431 (469 ff.); *Zimmer* IPRax 1993, 67 ff.; *W. Lorenz* FS Jayme, Bd. I, 2004, 549 (552 ff.); *Metschkoll,* Eingriffe in Außenhandelsverträge, 1992, 353 ff.; vgl. auch RGZ 161, 296 = IPRspr. 1935–44 Nr. 41 für Stimmrechtsvertrag; *Steinschulte* in Sandrock IntVertragsgestaltung-HdB Bd. I, 1980, Rn. A 190.

190 KG NJW 1976, 197; 1976, 1211; OLG Nürnberg WM 1977, 1159; *Schulze* ROW 1978, 162 (163).

191 *Kronenberg,* Normen als tatsächliche Umstände, 2021, Rn. 337 ff.; dazu für Embargovorschriften *Lieberknecht* IPRax 2018, 573 (577 f.).

192 BGH NJW 1984, 1746 = IPRax 1986, 154 m. Aufsatz *Mülbert* IPRax 1986, 140 = RabelsZ 53 (1989), 146 mAnm *Baum;* dazu auch *Wieling* JuS 1986, 272; *Remien* RabelsZ 54 (1990), 431 (468 f.); *Schnyder* Wirtschaftskollisionsrecht, 1990, Rn. 306, 354; *Zeppenfeld,* Die allseitige Anknüpfung von Eingriffsnormen im Internationalen Wirtschaftsrecht, 2001, 34, 105 ff., 159 ff.

193 *Freitag* NJW 2018, 430 (433 ff.).

194 *Zweigert* RabelsZ 14 (1942), 283 (303 f.); *Khadjavi-Gontard/Hausmann* RIW 1980, 535 (538); *Heini* ZschweizR 100 I (1981), 70 f.

195 BAGE 43, 263 = DB 1984, 132.

196 BGH NJW 2015, 2328 = JZ 2015, 1002 m. Aufsatz *Weller/Grot* JZ 2015, 989 = RIW 2015, 294 m. Aufsatz *M.J. Müller* 717; *Sandrock* RIW 2016, 549 (552 f.).

197 Dazu *Mankowski* TranspR 2018, 104 ff.; *Thon* IPRax 2019, 301 (304 f.); *Weller/Lieberknecht* JZ 2019, 317 (324 f.).

198 OLG Frankfurt NJW 2018, 3591 Rn. 42, 45 m. zust. Anm. *Tonner* = RIW 2019, 231 m. Aufsatz *Mankowski* RIW 2019, 180 = IPRax 2019, 321 m. Aufsatz *Thon* IPRax 2019, 301; s. auch OLG München NJW-RR 2020, 1061 = IPRax 2023, 182 m. Aufsatz *Kronenberg* IPRax 2023, 155.

199 Dazu *Grabosch* in Grabosch, Das neue Lieferkettensorgfaltspflichtengesetz, 2021, Rn. 112.

53 Der **Abbruch einer Geschäftsbeziehung** kann vom Unternehmer auf die **Gründe des LkSG** gestützt werden. Macht der Lieferant geltend, dass in dem Abbruch der Geschäftsbeziehung eine Vertragsverletzung durch das deutsche Unternehmen liegt, so ist zwar für die Beurteilung der Vertragsverletzung grundsätzlich das Vertragsstatut maßgeblich (→ Art. 12 Rn. 70). Allerdings dürfte das LkSG davon ausgehen, dass der Abbruch der Geschäftsbeziehung rechtens ist, auch wenn es keinen eigenen gesetzlichen Beendigungsgrund formuliert. Die deutsche Vertragspartei wird sich daher darauf berufen können, dass sie zur Beendigung durch das LkSG gehalten ist. Wird etwa bei einem geltend gemachten Schadensersatzanspruch des ausländischen Lieferanten das Verhalten des deutschen Unternehmers entgegen den Maßstäben des Vertragsstatuts nach dem LkSG als gerechtfertigt angesehen, so kommt es zu einem Eingriff in das Vertragsverhältnis. Zu beantworten ist, ob insoweit eine Eingriffsnorm der lex fori iSd Art. 9 Abs. 2 Rom I-VO vorliegt (zu Eingriffsnormen nach Art. 16 Rom II-VO → Art. 16 Rom II-VO Rn. 14 ff.). Eine Bejahung setzt voraus, dass die allgemeinen Voraussetzungen für eine **Eingriffsnorm** (→ Rn. 18 ff.) gegeben sind. Es handelt sich nicht nur um den Schutz Privater, sondern um einen Eingriff aus Gründen des Allgemeinwohls in ein Vertragsverhältnis.[200] Er erfolgt unabhängig vom Statut des Vertrages. Das Vorliegen der Gründe für einen gebotenen Abbruch der Geschäftsbeziehung nach dem LkSG schließt darauf gestützte Ansprüche wegen Vertragsverletzung aus. Die Kriterien für eine **Eingriffsnorm** dürften erfüllt sein.

VI. Rechtsfolgenanordnung

54 **1. Grundsatz.** Die Frage nach den Rechtsfolgen einer Beachtung von Eingriffsrecht stellt sich deshalb, weil zwingende Verbotsnormen in der Regel vom dispositiven Recht abweichende Folgen vorsehen. Das materielle Recht enthält insoweit häufig mehrere Vorschriften, nämlich das eigentliche Verbot sowie sonstige Regeln über verbotene Geschäfte. Dazu gehört oft eine Blankettnorm, welche – wie zB § 134 BGB oder Art. 6, 1131 C.c. Frankreich – die Nichtigkeit des verbotswidrigen Geschäfts anordnet. In solchen Fällen ist des Öfteren ein Vertragsverhältnis rückabzuwickeln (zur Bereicherung → Art. 12 Rn. 141 ff.). Im Einzelnen können aber auch andere Folgen, etwa die schwebende Unwirksamkeit des Geschäfts, vorgesehen sein. Für die Einordnung dieser Frage sind die oben dargestellten Lösungsansätze für die Behandlung international zwingender Normen von Bedeutung. Bei zwingendem Recht der lex fori – und nach den Sonderanknüpfungslehren auch bei der Beachtung zwingender ausländischer Normen – ist zu differenzieren, wieweit die Konsequenzen dem Eingriffsrecht oder dem Vertragsstatut folgen.

55 Zu einer Anwendung zwingender Bestimmungen kommt es zweifelsfrei bezüglich der **Normen der lex fori.** Der Begriff der „Anwendung" **ausländischer** zwingender Bestimmungen ist hingegen mehrdeutig (→ Einl. IPR Rn. 312 ff.), da oft weder deutlich ist, auf welchem Wege die Vorschriften berufen werden, noch welche Folgen sie haben sollen. Von einer Anwendung im engeren Sinne kann man dann sprechen, wenn die Normen über die Kollisionsnormen des Internationalen Vertragsrechts berufen werden. Anwendung im weiteren Sinne bezeichnet dagegen die Berücksichtigung ausländischer Eingriffsnormen im Rahmen der jeweiligen lex causae.[201] Verschiedene Staatsverträge[202] ordnen ebenso wie Abs. 3 an, dass diesen Normen lediglich **„Wirkung verliehen"** wird (→ Rn. 128 ff.). Sinn dieser Formulierungen ist, dass der Richter nicht die Rechtsfolge der fremden Norm zu übernehmen braucht, sondern deren Zweck ggf. in anderer Weise Rechnung tragen kann.[203] Die jeweilige Reaktion wird einmal durch den Inhalt des ausländischen Rechts beeinflusst, das insbesondere die Vertragsgültigkeit oder den Vertragsinhalt beeinflussen kann. Entscheidend ist jedoch der Weg der Beachtung, den man einschlägt. Wird das ausländische Recht auf kollisionsrechtlichem Wege angewendet, so kann man auch die Sanktion (zB das Verbot eines bestimmten Vertrages) direkt in das Vertragsstatut übernehmen (nur dies ist Anwendung des ausländischen Eingriffsrechts im engeren Sinne); die auf diese Weise „integrierte" zwingende Norm wird den Vorschriften der lex causae gleichgestellt. Der Vertrag ist dann bei entsprechender ausländischer Anordnung nichtig.[204] – Eine sowohl von lex fori als auch lex causae unabhängige Lösung wählt das Bretton Woods Abk. (→ Anh. II Art. 9 Rn. 9 ff.). Zum Enteignungsrecht → EGBGB Anh. Art. 46 Rn. 1 ff.; zum Kartellrecht → Rom II-VO Art. 6 Rn. 221 ff.

---

200 Den Eingriffsnormcharakter des LkSG verneint generell *Spindler* ZHR 186 (2022), 67 (111 ff.).

201 Vgl. *Kreuzer,* Ausländisches Wirtschaftsrecht vor deutschen Gerichten, 1986, 53 f.

202 So Art. 7 Abs. 1 EVÜ; Art. 16 Haager StellvertrÜbk. Von 1978; Art. 16 Abs. 1 Haager Trust-Übk. Von 1985; vgl. *Mühl* FS Mühl, 1981, 452 f. (460 f.); *Radtke* ZVglRWiss 84 (1985), 325 (339 f.); Czernich/Heiss/*Heiss* EVÜ Art. 7 Rn. 39 ff.

203 *Coing* WM 1981, 810 (811); vgl. auch *Lehmann,* Zwingendes Recht dritter Staaten im internationalen Vertragsrecht, 1986, 229 f.

204 Vgl. *Schurig* RabelsZ 54 (1990), 217 (240).

Die genauere **Abgrenzung von Sanktion („primärer Rechtsfolge")**[205] **und Folgen** wurde bislang wenig untersucht.[206] Nur das Verbotsrecht kann bestimmen, welchen Inhalt das Verbot hat und wieweit es Wirkung beansprucht. Wegen der Stärke des Eingriffs ist also das Eingriffsrecht zu befragen. Dabei kommen hauptsächlich die Folge der Nichtigkeit und der schwebenden Unwirksamkeit in Betracht.[207] Erst auf einer weiteren Stufe geht es um das Schicksal eines schwebend unwirksamen oder die Rückabwicklung eines nichtigen Vertrages. Das zwingende Recht verdrängt das Vertragsstatut aber nur, soweit dies unbedingt notwendig ist 56

Grundsätzlich sollte das **Vertragsstatut bestimmen,** welche (mittelbaren) **privatrechtlichen Folgen im Einzelnen** eintreten.[208] Nach ihm richtet sich zB, ob eine nachträgliche behördliche Genehmigung das Geschäft rückwirkend wirksam macht.[209] Entsprechendes gilt für die dauernde Unmöglichkeit und die Folgen der Nichtigkeit (→ Art. 12 Rn. 153 ff.). Ist nur eine einzelne Vertragsbestimmung als nichtig zu betrachten, so regelt die Auswirkungen auf die Gültigkeit des ganzen Vertrages das Vertragsstatut.[210] Es befindet auch über die Folgen, wenn ein mehrere Staaten betreffender Vertrag nur für ein einzelnes Land unwirksam ist.[211] Kommt es zur Nichtigkeit des ganzen Vertrages, so ist nach Bereicherungsrecht abzuwickeln. Das die Nichtigkeit anordnende Recht, das sog. „Vernichtungsstatut", ist dafür nicht maßgeblich.[212] Die Ungeeignetheit des Rechts, dem die Verbotsnorm angehört, würde sich insbesondere dann zeigen, wenn die Eingriffsnormen mehrerer Rechtsordnungen zur Geltung kommen. 57

2. Eingriffsnormen der lex fori. Deutsche Leistungsverbote werden im Allgemeinen auch gegen ein fremdes Vertragsstatut durchgesetzt. Soweit sie vom Vertragsstatut abweichende Rechtsfolgen anordnen, treten diese ein.[213] Das deutsche Eingriffsrecht bestimmt zB, ob Nichtigkeit oder schwebende Unwirksamkeit eintritt.[214] Im Übrigen sollte die Abwicklung entsprechend der vertragsrechtlichen Grundregel wieder nach dem Vertragsstatut erfolgen.[215] 58

3. Drittstaatliches Eingriffsrecht. Da die Rspr. ausländische Leistungsverbote nach deutschem IVR im Allgemeinen nur **materiellrechtlich** berücksichtigt hat (→ Rn. 45 ff.), hat sie folglich in den bekannten Fällen (Borax,[216] Borsäure,[217] Nigerianische Masken[218]) die zivilrechtlichen Folgen dem Vertragsstatut entnommen. Dies war stets das deutsche Recht.[219] Diesem Ansatz entsprechend wird zum Teil vertreten, es sei nach den entsprechenden bzw. für den konkreten Fall zu entwickelnden Normen des Vertragsstatuts zu suchen.[220] 59

Fallmaterial, das sich zu dem **kollisionsrechtlichen** Lösungsweg äußert, gibt es kaum. Eine Ausnahme bildet lediglich das Bretton Woods Abk. (→ Anh. II Art. 9 Rn. 9 ff.). Auch hier wurden die zivilrechtlichen Folgen nach dem Vertragsstatut erörtert, so etwa die (nicht eintretende) Nichtigkeit[221] und die Wirksamkeit des Geschäfts bei nachträglicher Devisengenehmigung.[222] 60

---

205 So Czernich/Heiss/*Czernich* EVÜ Art. 7 Rn. 9, 44.

206 Vgl. *Lorenz* FS Jayme, Bd. I, 2004, 549 (556 ff.); *Kuckein,* Die „Berücksichtigung" von Eingriffsnormen im deutschen und englischen Vertragsrecht, 2008, 149 f.

207 Vgl. OLG Köln GRUR 1994, 646 = IPRspr. 1993 Nr. 3 für Georgien.

208 S. zum alten Recht *Zweigert* RabelsZ 14 (1942), 283 (300 f.); *Zweigert* 50 Jahre Institut für Internationales Recht, 1965, 124 (126); *Neumayer* BerGesVR 2 (1958), 35 (40); *Neumayer* RabelsZ 25 (1960), 649 (651 f.); *Kreuzer,* Ausländisches Wirtschaftsrecht vor deutschen Gerichten, 1986, 95; *Schnyder* Wirtschaftskollisionsrecht, 1990, Rn. 280; *Schnyder,* Internationale Versicherungsaufsicht, 1989, 87 f.; *Kropholler* IPR § 52 X 3; Czernich/Heiss/*Czernich* EVÜ Art. 7 Rn. 9, 44.

209 BGH NJW 1970, 1002 zum Devisenrecht.

210 *Van Hecke* FS Mann, 1977, 183 (190).

211 *Van Hecke* FS Mann, 1977, 183 (190).

212 *W. Lorenz* FS Zweigert, 1981, 199 (206 f.); *W. Lorenz* FS Jayme, Bd. I, 2004, 549 (556 ff.).

213 Für die lex fori auch *Lando/Nielsen* C.M.L. Rev. 45 (2008), 1687 (1716).

214 Vgl. zum Devisenrecht BGH RIW 1981, 194 = IPRspr. 1980 Nr. 25, dort nur unvollständig. RG JW 1924, 672 mAnm *Nußbaum* ging davon aus, dass Kaufvertragsstatut dänisches Recht war. Die Schadensersatzklage wegen Verweigerung der Einfuhrgenehmigung hätte daher nicht nach deutschem, sondern nach dänischem Recht beurteilt werden sollen.

215 Reithmann/Martiny IntVertragsR/*Zwickel* Rn. 5.62.

216 BGHZ 34, 169 (177) = NJW 1961, 822.

217 BGH NJW 1962, 1436.

218 BGHZ 59, 82 (85) = NJW 1972, 1575 mAnm *Mann* NJW 1972, 2179.

219 Ebenso für die diskriminierende Nichtbeförderung OLG Frankfurt NJW 2018, 3591 mAnm *Tonner* = RIW 2019, 231 m. Aufsatz *Mankowski* RIW 2019, 180.

220 *Kratz,* Ausländische Eingriffsnormen und internationales Privatrecht, 1986, 109 ff.; vgl. auch *Kuckein,* Die „Berücksichtigung" von Eingriffsnormen im deutschen und englischen Vertragsrecht, 2008, 149 ff.

221 BGHZ 55, 334 (339) = NJW 1971, 983 = IPRspr. 1971 Nr. 116.

222 BGH NJW 1970, 1002 = IPRspr. 1970 Nr. 100.

VII. Einzelne Bereiche zwingenden Rechts

61 **1. Einzelne Eingriffsnormen. a) Allgemeines.** Aus dem großen Kreis der Eingriffsnormen iSv → Rn. 10 ff. lassen sich einzelne Normenkomplexe eingrenzen, die für eine Sonderanknüpfung oder materiellrechtliche Berücksichtigung in Betracht kommen.[223] Des Öfteren ist allerdings umstritten, ob überhaupt eine Sonderanknüpfung vorzunehmen ist.

62 Die Corona- bzw. **COVID-19-Pandemie** von 2020 hat nahezu alle Lebensbereiche berührt und zu einer Unzahl staatlicher Beschränkungen und rechtlicher Regelungen geführt.[224] Diese, sowie ihre Folgen wirken sich häufig auf vertragliche Beziehungen aus, insbesondere als Leistungsstörungen (Unmöglichkeit, Wegfall der Geschäftsgrundlage, force majeure).[225] Dabei ist einzugrenzen, wieweit sie nach den Regeln des Vertragsrechts im Rahmen der gewöhnlichen Anknüpfungen nach Art. 3 ff. beurteilt werden können. Keine Einordnung als Eingriffsnorm ist für die vertragsrechtlichen Regelungen für Leistungsverweigerungsrechte und Kündigungsbeschränkungen aus Anlass der COVID-19-Pandemie in Art. 240 EGBGB anzunehmen.[226] Damit scheitert die Einordnung als inländische Eingriffsnorm nach Art. 9 Abs. 2.[227] Ausländische Vorschriften können zwar für sich die Eigenschaft als Eingriffsnorm beanspruchen.[228] Gleichwohl ist für die Einstufung nach Art. 9 ein europäischer einheitlicher Maßstab anzulegen.[229] Einer Erfüllung der Voraussetzungen des Art. 9 bedarf es auch für eine Einordnung als ausländische Eingriffsnorm iSd Art. 9 Abs. 3.[230] Einer Einordnung bedarf es auch im Einheitsrecht, insbesondere CISG.[231]

63 **Leistungsstörungen** werden grundsätzlich nach dem Vertragsstatut beurteilt (Art. 12 Abs. 1 lit. c; → Art. 12 Rn. 70 ff.); das gilt auch hier.[232] Inländische Eingriffsnormen sind im Inland stets anzuwenden (→ Rn. 41 ff.). Ausländische Eingriffsnorm werden nur unter bestimmten Voraussetzungen beachtet (→ Rn. 120 ff.). Insbesondere kommt es auf den Erfüllungsort an[233] (→ Rn. 125). Allerdings kann auch bei Maßgeblichkeit deutschen Rechts ein ausländisches Leistungshindernis, etwa ein Exportverbot, sachrechtliche Beachtung finden[234] (→ Rn. 51).

64 Hoheitliche Akte wie Exportverbote, sind als **Eingriffsnorm** einzustufen.[235] Sie setzen sich auch gegen ein fremdes Vertragsstatut durch. Das gleiche gilt für staatliche Leistungsverbote. Auf Moratorien, die als Eingriffsnormen einzuordnen sind, kann man sich auch gegen ein fremdes Vertragsstatut berufen. Die Tatsache allein, dass sich eine ausländische Norm als international zwingende Vorschrift bezeichnet (so in Bezug auf COVID-19 Art. 28 Dekretgesetz Nr. 9/2020 Italien), genügt allerdings nicht. Für öffentlich-rechtliche Entschädigungsansprüche besteht eine eigene Rechtsgrundlage (§ 56 IfSG).

65 Die **Datenschutzregeln** gehören zum Eingriffsrecht[236] (→ EGBGB Art. 43 Rn. 281 ff.). Die europäischen Datenschutzregeln der DS-GVO sind auch beim Abschluss von Verträgen einzuhalten. Für den internationalen Datentransfer können Standardvertragsklauseln für die Anforderungen aus Art. 28 DS-GVO verwendet werden.[237] Bei der DS-GVO geht es um die Haftung nach direkt anzuwendendem Unionsprivatrecht.[238] Art. 9 Rom I-VO ist dafür nicht einzuschalten.[239]

66 **b) Privatrechtliche Schutzvorschriften.** Zwar ist nicht grundsätzlich ausgeschlossen, dass auch **allgemeine zivilrechtliche Normen** von einer Sonderanknüpfung erfasst werden. Für eine

---

[223] Vgl. die Klassifizierung der Eingriffsnormen bei *Siehr* RabelsZ 52 (1988), 41 (47 ff.); krit. Zu solchen Typisierungsversuchen *Coester* ZVglRWiss 82 (1983), 1 (21 ff.). Vgl. auch *Knaul,* Auswirkungen des europäischen Binnenmarktes der Banken auf das internationale Bankvertragsrecht unter besonderer Berücksichtigung des Verbraucherschutzes, 1995, 302 ff.

[224] S. *Michaels,* www.conflictoflaws.net/corona.

[225] *Weller/Lieberknecht/Habrich* NJW 2020, 1017.

[226] Reithmann/Martiny IntVertragsR/*Zwickel* Rn. 5.76; BeckOGK/*Maultzsch,* 1.3.2024, Rn. 226.1; anders *Gössl* ZvglRW 120 (2021), 23 (25 ff.); Rauscher/*Thorn* Rn. 71.

[227] Vgl. *Weller/Lieberknecht/Habrich* NJW 2020, 1017.

[228] *Piovesani* IPRax 2021, 401 ff.

[229] Vgl. *Haftel* Yb. PIL 22 (2020/2021), 65 ff.

[230] Vgl. *Weller/Lieberknecht/Habrich* NJW 2020, 1017.

[231] Dazu *Janssen/Wahnschaffe* EuZW 2020, 410 ff.; *Marrella* Riv. dir. int. priv. proc. 57 (2021), 533 ff.

[232] *Emde* ZvertriebsR 2020, 138 (139); *Rothermel* IHR 2020, 89 (96).

[233] Vgl. *Weller/Lieberknecht/Habrich* NJW 2020, 1017 (1018).

[234] *Weller/Lieberknecht/Habrich* NJW 2020, 1017.

[235] *Emde* ZvertriebsR 2020, 138 (139); *Weller/Lieberknecht/Habrich* NJW 2020, 1017.

[236] Reithmann/Martiny IntVertragsR/*Zwickel* Rn. 5.77.

[237] Durchführungsbeschluss 2021/914 der Kommission, ABl. EU 2021 L 199, 31; dazu *Schulte/Prowald* K&R 2021, 554.

[238] *Lüttringhaus* ZvglRW 117 (2018), 50 (73 f.); *Thon* RabelsZ 84 (2020), 24 (39 ff.).

[239] Anders *Oster* ZEuP 2021, 275 (281).

Sonderanknüpfung genügt aber nicht, dass die Durchsetzung inländischen Rechts wünschenswert ist. Auf Grund der genannten Abgrenzungskriterien des Abs. 1 scheitert eine Einstufung privatschützender Bestimmungen als zwingende Norm regelmäßig (→ Rn. 10 ff.). Beim **Lieferkettensorgfaltspflichtengesetz** (LkSG) handelt es sich um **zwingendes Recht.** Bei Anwendbarkeit des Gesetzes (→ Art. 1 Rn. 7) gilt dies auch dann, wenn auf die jeweilige Geschäftsbeziehung ausländisches Recht anzuwenden ist. Zum Verbraucherrecht → Rn. 95 ff.

Des Öfteren wird die allgemeine Vorschrift über die **Sittenwidrigkeit (§ 138 BGB)** gegen ein ausländisches Vertragsstatut ins Feld geführt, um eine Unwirksamkeit des Vertrages zu erreichen.[240] Die untergerichtliche Rspr. ist insbesondere bei Timesharing-Verträgen so verfahren.[241] Hiergegen spricht jedoch, dass die Regel der Sittenwidrigkeit – soweit es um das Gleichgewicht der vertraglichen Verpflichtungen und anderes mehr geht – einen zivilrechtlichen Grundsatz ausdrückt, welcher allein das Verhältnis der Vertragsparteien untereinander betrifft.[242] Eine solche, auch anderen Rechtsordnungen bekannte privatrechtliche Missbrauchskontrolle unterliegt jedoch dem Vertragsstatut; Korrekturen des Sachrechts sind ggf. über den ordre public vorzunehmen.[243] Dementsprechend ist das Wucherverbot des deutschen Rechts nicht als Eingriffsnorm durchgesetzt worden.[244] Allenfalls dann, wenn die Sittenwidrigkeit des Verstoßes und die angeordnete Nichtigkeitsfolge im Staatsinteresse liegen, kann man von einer Eingriffsnorm sprechen.[245] Der Grundsatz von **Treu und Glauben (§ 242 BGB)** ist ebenfalls von fundamentaler Bedeutung, aber gleichfalls nicht als international zwingende Bestimmung durchzusetzen.[246] Nicht überzeugend ist es auch, die Herabsetzbarkeit der **Vertragsstrafe (§ 343 BGB)** statt im Einzelfall über den ordre public stets über Art. 9 zu verlangen.[247] Als Beispiel für eine zwingende ausländische Restriktion können zwingende Zinsverbote und -beschränkungen angeführt werden.[248] 67

2. Ein- und Ausfuhrbestimmungen.

Schrifttum: *Forwick,* Extraterritoriale US-amerikanische Exportkontrollen, 1993; *Hentzen,* US-Amerikanische Exportkontrollen, 1988; *J. Jansen/Wöhren,* Embargorecht – ein Dauerbrenner für die europäischen Gerichte auch nach der erfolgten Teilaufhebung des Iran-Embargos, EWS 2016, 1; *Lieberknecht,* Die Blocking-Verordnung, IPRax 2018, 573; *Mankowski,* Zwischen Politik und Recht: der Fall Kuwait Airways und die Israel-Boykottgesetzgebung arabischer und islamischer Staaten, TranspR 2018, 104; *Mankowski,* Politik und missliebige drittstaatliche Eingriffsnormen – der Fall Kuwait Airways, RIW 2019, 180; *Remien,* Außenwirtschaftsrecht in kollisionsrechtlicher Sicht, RabelsZ 54 (1990), 431; *Wandt,* Versicherungsverbote im Rahmen von Embargomaßnahmen, VersR 2013, 257.

a) Außenwirtschaftliche Regeln. Außenwirtschaftsbestimmungen regeln die Ein- und Ausfuhr von Waren, Dienstleistungen, Kapital und Zahlungsmitteln.[249] Sie dienen unterschiedlichen volkswirtschaftlichen, gesundheitspolitischen, außenpolitischen sowie militär-strategischen Zwecken. Neben die gewöhnlich bestehenden Beschränkungen tritt des Öfteren noch das **Embargo,** dh das Verbot eines Staates an die seiner Regelungshoheit unterworfenen Personen, bestimmte Handelsge- 68

---

[240] Offengelassen von LG Düsseldorf WuW 2003, 71 = IPRspr. 2002 Nr. 31 für Franchisevertrag.

[241] LG Detmold NJW 1994, 3301 = IPRax 1995, 249 m. Aufsatz *Jayme* IPRax 1995, 234; LG Berlin NJW-RR 1995, 154; LG Duisburg NJW-RR 1995, 883; LG Tübingen NJW-RR 1995, 1142; LG Dresden IPRspr. 1998 Nr. 146.

[242] S. *Mankowski* RIW 1996, 8; *Rauscher* EuZW 1996, 650 (652); *Mülbert/Bruinier* WM 2005, 109 ff.; Rauscher/*Thorn* Rn. 70; vgl. jedoch *Jayme/Kohler* IPRax 1995, 343 (353).

[243] BGHZ 135, 124 (139 f.) = NJW 1997, 1697 = IPRax 1998, 285 m. Aufsatz *Ebke* IPRax 1998, 263; *Mankowski* RIW 1996, 8 (11 f.); *Sonnenberger* IPRax 2003, 104 (110).

[244] LG Frankfurt a.M. IPRax 2022, 177 Rn. 59 m. abl. Aufsatz *Hess/Wille* IPRax 2022, 164 und m. Aufsatz *Hemler* RIW 2022, 355 mit Vorschlag einer auf die Marktbedingungen abstellenden allseitigen Sonderkollisionsnorm.

[245] Für Einordnung als Eingriffsnorm *Kalin,* Verhaltensnorm und Kollisionsrecht, 2014, 248. Für Art. 34 EGBGB *Droste,* Der Begriff der „zwingenden Bestimmung“ in den Art. 27 ff. EGBGB, 1991, 176 f. – Die Vorschrift des § 138 BGB wollte iVm Art. 34 EGBGB aF als Grundlage für die Beachtung fremden zwingenden Rechts benutzen, *Droste,* Der Begriff der „zwingenden Bestimmung“ in den Art. 27 ff. EGBGB, 1991, 200 f., 221 f.

[246] *Droste,* Der Begriff der „zwingenden Bestimmung“ in den Art. 27 ff. EGBGB, 1991, 165 f.; Rauscher/*Thorn* Rn. 70.

[247] Rauscher/*Thorn* Rn. 59. – So aber zu Art. 34 EGBGB aF *Knaul,* Auswirkungen des europäischen Binnenmarktes der Banken auf das internationale Bankvertragsrecht unter besonderer Berücksichtigung des Verbraucherschutzes, 1995, 321.

[248] Diff. zu islamischen Rechten *Bälz* IPRax 2012, 306 ff.; s. auch *Berger* in Herrmann/Berger/Wackerbarth, 1997, 322 ff.

[249] Vgl. *Remien* RabelsZ 54 (1990), 431 ff.; Kronke/Melis/Kuhn IntWirtschaftsR-HdB/*Benicke* Rn. B 1 ff.

schäfte mit Personen in einem anderen Staat abzuschließen.[250] Eine solche Beschränkung kann eine rein nationale Maßnahme darstellen. Sie kann ihre Rechtsgrundlage aber auch im EU-Recht finden oder weltweit im Rahmen der Vereinten Nationen verhängt werden.

69 **b) EU-Recht.** Außenwirtschaftliche Bestimmungen enthält heute vor allem das EU-Recht, so dass die nationalen Regelungen vielfach obsolet geworden sind (vgl. Art. 34 ff. AEUV, Art. 206 AEUV). Unter den EU-Mitgliedstaaten ist der Handel weitgehend liberalisiert worden. Gegenüber Drittländern spielen mengenmäßige Beschränkungen sowie Zollbestimmungen (einschließlich Antidumping- und Ausgleichszöllen) und Einfuhrgenehmigungen eine bedeutende Rolle. Die Ausfuhrkontrolle von **Rüstungsgütern** unterliegt weiterhin nationalen Beschränkungen. Dagegen besteht für den Export von sog. Dual-use-Gütern in Nicht-EU-Länder eine Genehmigungspflicht auf Grund von EU-Recht.[251] Die EU hat in der Vergangenheit zahlreiche Embargomaßnahmen getroffen und Sanktionen verhängt. Auch zurzeit gelten eine Reihe von Handelsembargos und Finanzsanktionen gegenüber bestimmten Staaten, Personen und Organisationen.[252] **Unionsrechtliche Embargobestimmungen und Sanktionen** finden direkte Anwendung. Mit der Umsetzung in Deutschland ist das Bundesamt für Wirtschaft und Ausfuhrkontrolle (BAFA) befasst.[253] Im Einzelfall können – hier nicht zu vertiefende – Abgrenzungsprobleme zwischen der Unionskompetenz für die gemeinsame Handelspolitik (Art. 207 AEUV) und der einzelstaatlichen Zuständigkeit in Sicherheitsfragen (Art. 347 AEUV) auftreten.[254]

70 Unionsrechtliche Embargobestimmungen und Sanktionen bestehen ua gegen **Russland** nach der Annektion der Krim von 2014,[255] ferner wegen des Angriffs auf die Ukraine von 2022.[256] Vertragsrechtliche Auswirkungen haben Handelsverbote, Dienstleistungs- und Finanzierungsverbote.[257] Soweit sie eingreifen, sind ihnen widersprechende Verträge nichtig (§ 134 BGB).[258]

71 Als Reaktion auf weitreichende US-amerikanische Beschränkungen im Hinblick auf Kuba, Iran[259] und Libyen[260] hat die **EU** eine **Abwehrregelung** erlassen.[261] Die Blocking-VO soll in der EU ansässige natürliche Personen und in der EU eingetragene juristische Personen vor den Folgen extraterritorialer Rechtsanwendung schützen. Betroffene Personen müssen die EU-Kommission hiervon unterrichten (Art. 2 Abs. 1 Blocking-VO). Sie dürfen sich ohne Ausnahmege-

---

[250] *Basedow* Rec. des Cours 360 (2013), 9 (316 ff.); *Nöll* TranspR 2011, 21 ff.; *J. Jansen/Wöhren* EWS 2016, 1 ff.; *Mehle* in Ostendorf/Kluth Int. Wirtschaftsverträge § 4 Rn. 6 ff.; Beaucillon (Hrsg.), Research handbook on unilateral and extraterritorial sanctions, 2021.

[251] VO (EU) 2021/821 vom 20.5.2021 über eine Unionsregelung für die Kontrolle der Ausfuhr, der Vermittlung, der technischen Unterstützung der Durchfuhr und der Verbringung betreffend Güter mit doppeltem Verwendungszweck (Neufassung), ABl. EU 2021 L 206, 1; näher *Reuter* NJW 1995, 2190 ff.; *Jestaedt/v. Behr* RIW 1995, 2190 ff.; *Mehle* in Ostendorf/Kluth Int. Wirtschaftsverträge § 4 Rn. 59 ff.

[252] Näher *v. Allwörden,* US-Terrorlisten im deutschen Privatrecht, 2014.

[253] Auf der Internetseite des Bundesamts findet sich eine Übersicht der Embargo-Länder. Vgl. OLG Frankfurt ZBB 2011, 296 = IPRspr. 2011 Nr. 167: Vorrang europäischer gegenüber US-amerikanischer Iran-Sanktion.

[254] Näher *Petersmann* ZVglRWiss 80 (1981), 1 (19 ff.); *Meng* ZaöRV 42 (1982), 780 ff.; *Hein* Law & Pol. Int. Bus. 15 (1983), 401 (407 ff.); *Vollbrecht,* Warenverkehrslenkung nach dem Außenwirtschaftsgesetz im Rahmen des Europäischen Gemeinschaftsrechts, 1988, 178 ff.

[255] S. VO (EU) 269/2014 vom 17.3.2014 über restriktive Maßnahmen angesichts von Handlungen, die die territoriale Unversehrtheit, Souveränität und Unabhängigkeit der Ukraine untergraben oder bedrohen, ABl. EU 2014 L 78/6; VO (EU) 833/2014 vom 31.7.2014 über restriktive Maßnahmen angesichts der Handlungen Russlands, die die Lage in der Ukraine destabilisieren, ABl. EU 2014 L 229, 1; dazu *Geurts/Schubert* RIW 2015, 32 ff.; *Schwendinger/Trennt* EuZW 2015, 93 ff.

[256] Insbes. VO (EU) 2022/428 des Rates vom 15.3.2022, ABl. EU 2022 L 871, 13; dazu *Friton/Wolf/Ackermann* RdTW 2022, 418; *Kleiner* Clunet 2022, 749; *Renner/Kindt/Seidel* WM 2022, 1409; *Schriefers* RdTW 2023, 51; *Schwendinger/Rehle* RdTW 2022, 382; *Wiedmann/Will* RIW 2022, 173, 274; *Wiedmann/Hoppen* RIW 2022, 345, 656 ff.; *Wiedmann/Hoppen,* RIW 2024, 401 ff.

[257] *Wiedmann/Will* RIW 2022, 173 (174 ff.).

[258] *Wiedmann/Will* RIW 2022, 173 (179).

[259] *Mankowski* RIW 2015, 405; *Hoff* WM 2019, 1336.

[260] Cuban Liberty and Democratic Solidarity (LIBERTAD) Act 1996, Int. Leg. Mat. 35 (1996), 357 (sog. Helms-Burton-Act); Iran and Libya Sanctions Act 1996, Int. Leg. Mat. 35 (1996), 1274. S. *Kress/Herbst* RIW 1997, 630 ff.; *van den Brink* NILR 44 (1997), 131; *Clagett* Am. J. Int. L. 90 (1996), 434; *Lowe* Int. Comp. L. Q. 46 (1997), 378; *Lowenfeld* Am. J. Int. L. 90 (1996), 419.

[261] VO (EG) 2271/96 des Rates vom 22.11.1996 zum Schutz vor Auswirkungen der extraterritorialen Anwendung von einem Drittland erlassener Rechtsakte sowie von darauf beruhenden oder sich daraus ergebenden Maßnahmen, ABl. EG 1996 L 309, 1; dazu Leitfaden der EU-Kommission, ABl. EU 2018 C 277-I, 4; vgl. *Basedow* Rec. des Cours 360 (2013), 9 (334 ff.); *Meng* EuZW 1997, 423 (425); *Schnyder* BerGesVR 37 (1998), 73 ff.; *Adler,* Die Anwendung und Durchsetzung US-amerikanischer Handelsbeschränkungen innerhalb der Europäischen Union, 2016.

nehmigung nicht an Verwaltungs- oder Gerichtsverfahren nach den genannten Gesetzen beteiligen oder entsprechende Anordnungen befolgen (Befolgungsverbot gemäß Art. 5 Blocking-VO)[262] (→ BGB § 275 Rn. 50). Eine durch die US-Sanktionen motivierte Vertragskündigung kann wegen Verstoßes gegen das Befolgungsverbot nichtig sein (§ 134 BGB).[263] Außerunionliche Verwaltungs- und Gerichtsentscheidungen werden nicht anerkannt (Art. 4 Blocking-VO). Die Betroffenen haben einen Anspruch auf Rückerstattung („clawback").[264] Ferner kann von denjenigen, welche einen Schaden verursacht haben, Schadensersatz verlangt werden (Art. 6 Blocking-VO). Die Blocking-VO ist im Hinblick auf US-Sekundärsanktionen gegen den Iran 2018 ergänzt und aktualisiert worden.[265]

c) Staatsverträge. Ein- und Ausfuhrbeschränkungen enthält nicht nur das nationale Recht; sie finden sich auch in einer Reihe multilateraler Staatsverträge. Für die völkerrechtliche Zulässigkeit ist in erster Linie das Übereinkommen über die Welthandelsorganisation (WTO) maßgeblich,[266] das durch das Allgemeine Zoll- und Handelsabkommen (GATT) ergänzt wird. Als Spezialkonvention ist vor allem das Washingtoner Artenschutzübereinkommen von 1973 zu nennen.[267] Es unterscheidet je nach der Schutzbedürftigkeit der Pflanzen und Tiere von der Ausrottung bedrohte Arten (Anh. I), potentiell gefährdete Arten (Anh. II) und solche, die besonderen Schutzmaßnahmen unterliegen (Anh. III). Die Anhänge sind am 1.1.1984 Gemeinschaftsrecht geworden, das die Durchsetzung näher regelt.[268] 72

d) Deutsches Recht. Das deutsche Außenwirtschaftsrecht ist vor allem im **AWG** vom 6.6.2013 (BGBl. 2013 I 1482)[269] und in der vielfach geänderten **AWV** vom 2.8.2013 (BGBl. 2013 I 2865)[270] geregelt. Hierauf können sowohl Einfuhr- als auch Ausfuhrbeschränkungen gestützt werden. Ohne Genehmigung geschlossene Verträge sind unwirksam, bis zur Entscheidung über die Genehmigung nur schwebend unwirksam (§ 15 Abs. 1 AWG). Da das AWG von der grundsätzlichen Freiheit des Außenwirtschaftsverkehrs ausgeht, sind Beschränkungen nur als Ausnahmen und unter besonderen Voraussetzungen vorgesehen.[271] Soweit aber Verbote eingreifen, die zu schwebender Unwirksamkeit oder Nichtigkeit wegen Verstoßes gegen ein gesetzliches Verbot führen (§ 134 BGB),[272] setzen sie sich **auch gegen ein fremdes Vertragsstatut** durch.[273] Die Abgabe einer Boykotterklärung, durch die sich ein Gebietsansässiger an einem Boykott gegen einen anderen Staat beteiligt, ist verboten (§ 7 AWV).[274] – Das LkSG (→ Vor Art. 1 Rn. 12) begründet kein Importverbot. 73

---

262 EuGH ECLI:EU:C:2021:1035, RIW 2022, 117 mAnm *Bälz* = EuZW 2022, 227 mAnm *Schwendinger/Rehle* – Bank Melli Iran; OLG Frankfurt MDR 2022, 226; Rauscher/*Thorn* Rn. 122.

263 OLG Hamburg RIW 2023, 235 mAnm *Lieberknecht* = IWRZ 2023, 87 mAnm *Bälz*.

264 Dazu *Lieberknecht* IPRax 2018, 573 (578 f.).

265 DelVO (EU) 2018/1100 der Kommission vom 6.6.2018, ABl. EU 2018 L 199 I, 1; dazu *Lieberknecht* IPRax 2018, 573 ff.; *Denton/Navias* Butterworths J. of International Banking and Financial Law 33 (2018), 505 ff.; *Karpenstein/Sangi* EuZW 2019, 309 ff.; *Bälz* NJW 2020, 878 (880 ff.); *Schwendinger/Rehle* RdTW 2022, 382 ff.

266 Übk. vom 15.4.1994 zur Errichtung der Welthandelsorganisation, BGBl. 1994 II 1441; Gesetz vom 30.8.1994, BGBl. 1994 II 1437; in Kraft für die BrepD am 1.1.1995, BGBl. 1995 II 456; näher dazu *Ipsen/Haltern* RIW 1994, 717; *Jansen* EuZW 1994, 162; *Stoll* ZaöRV 54 (1994), 241.

267 Übk. über den internationalen Handel mit gefährdeten Arten frei lebender Tiere und Pflanzen vom 3.3.1973, BGBl. 1975 II 773; in Kraft für die BRepD am 20.6.1976, BGBl. 1976 II 1237; näher *Bock/Rüster* DVBl 1981, 965; *Schmidt* NJW 1982, 473; *Sojka* MDR 1988, 632; *Vedder* RIW 1985, 18; *Wockenfoth* DB 1983, 1699. – Vertragsstaaten: FN B.

268 S. auch die nunmehr maßgebliche VO (EG) 338/97 über den Schutz von Exemplaren wildlebender Tier- und Pflanzenarten durch Überwachung des Handels (Artenschutz-VO) vom 9.12.1996, ABl. EG 1997 L 61, 1.

269 Dazu *Walter* RIW 2013, 205 ff.

270 Dazu *Walter* RIW 2013, 847 ff.

271 *Remien* RabelsZ 54 (1990), 431 (442); s. auch *Hein* Law & Pol. Int. Bus. 15 (1983), 401 (404 ff.).

272 Dazu BGH RIW 1981, 192 = IPRax 1982, 116 Ls. mAnm *v. Hoffmann* = IPRspr 1980 Nr. 25; *Bittner* RIW 1994, 459; *Oeter* IPRax 1996, 73 (76); *Harings/Loets* RdTW 2015, 321 ff.; *Metschkoll,* Eingriffe in Außenhandelsverträge, 1992, 77 ff.; *Neumann,* Internationale Handelsembargos und privatrechtliche Verträge, 2001, 222 ff.

273 *Basedow* German Yb. Int. L. 27 (1984), 109 ff.; *Remien* RabelsZ 54 (1990), 431 (463); *Kreuzer,* Ausländisches Wirtschaftsrecht vor deutschen Gerichten, 1986, 13 ff.; *Weller/Schulz* in v. Hein/Kieninger/Rühl, How European is European Private International Law?, 2019, 285 (297 f.); *Neumann,* Internationale Handelsembargos und privatrechtliche Verträge, 2001, 211 ff.; Reithmann/Martiny IntVertragsR/*Zwickel* Rn. 5.65; *Steinschulte* in Sandrock IntVertragsgestaltung-HdB Bd. I, 1980, Rn. A 169.

274 Dazu *Bälz* NJW 2020, 878 (882 f.).

74 Besondere Beschränkungen gelten für **Rüstungsgüter.** Dazu gehört eine europäische Regelung für Technologien und Güter mit doppeltem Verwendungszweck (Dual-Use-VO) (→ Rn. 69).[275] Deutsche Beschränkungen bestehen insbesondere nach dem KrWaffG idF vom 22.11.1990 (BGBl. 1990 I 2506) für Waffen sowie für strategisch wichtige Güter. Für in der Kriegswaffenliste erfasste Güter ist eine Genehmigung erforderlich.[276] Bis zum Jahr 1994 bestand eine besondere Exportkontrolle für strategisch wichtige Güter, die in einer Liste des Coordinating Committee on Multilateral Export Controls **(CoCom)** erfasst wurden.[277] An seine Stelle ist 1996 die Wassenaar Vereinbarung getreten.

75 Ferner bestehen **besondere Ein- und Ausfuhrbeschränkungen** für als gefährlich geltende Gegenstände und Anlagen. Dies gilt für die Ein- und Ausfuhr von Kernbrennstoffen (§§ 3 ff. AtG), den Betrieb gentechnischer Anlagen (§§ 8, 14 GenTG), die Einfuhr von Arzneimitteln aus Nicht-EU-Ländern (§§ 72 ff. AMG) sowie Betäubungsmittel (§ 3 BtMG; §§ 1 ff. BtMVV). Das Verbringen von Lebensmitteln aus Nicht-EU-Ländern in das Inland, welche nicht den deutschen Bestimmungen entsprechen, ist untersagt (§ 53 Abs. 1 LFGB).– Zum Kulturgut → Rn. 108.

76 **e) Ausländische Beschränkungen.** Eine Reihe von Staaten verfügt über eigene Gesetze (sog. blocking statutes) zur Abwehr von ausländischen Beschränkungen.[278] Auch das EU-Recht kennt solche Vorschriften (→ Rn. 71). Das nationale deutsche Recht enthält keine generelle Regelung. Doch ist die Abgabe einer sog. Boykott-Erklärung, dh die Erklärung eines Gebietsansässigen zur Beteiligung an einem fremden Boykott gegen einen anderen Staat, nach deutschem Außenwirtschaftsrecht verboten (§ 7 AWV), soweit sie nicht auf Maßnahmen der Vereinten Nationen oder der EU beruht.[279] Im Übrigen folgt die Beachtung ausländischer Beschränkungen den allgemeinen Grundsätzen für Eingriffsnormen[280] (zum Bretton Woods Abk. → Anh. II Art. 9 Rn. 9 ff.). Von der Rspr. wurden sie im Wege materiellrechtlicher Berücksichtigung (→ Rn. 45 ff.) dann über § 138 BGB durchgesetzt, wenn sie unmittelbar deutschen oder anderen anerkennenswerten Interessen dienten.[281] Dies wurde früher mehrfach bei der Umgehung US-amerikanischer Embargo-Bestimmungen für Exporte in den Osten angenommen.[282] – Insofern greift nunmehr Art. 9 Abs. 3 ein. Bei Scheitern einer kollisionsrechtlichen Beachtung ist allerdings eine Berücksichtigung im Rahmen einer Leistungsstörung nicht ausgeschlossen[283] (→ Rn. 51).

77 Auch ein nigerianisches **Ausfuhrverbot zum Schutze nationalen Kulturgutes** wurde beachtet.[284] Keine Berücksichtigung fand dagegen das damalige sowjetische staatliche Außenhandelsmonopol, das den Abschluss von Verlagsverträgen verbot.[285] Entsprechend erging es dem DDR-Außenhandelsmonopol für vor der Wiedervereinigung geschlossene Verträge.[286] Später ist jedoch

---

[275] VO (EU) 2021/821 vom 20.5.2021 (ABl. EU 2021 L 206, 1).

[276] Kriegswaffenliste idF vom 22.11.1990, BGBl. 1990 I 2506.

[277] Die Verbindlichkeit der Embargo-Liste beruht auf § 7 AWG; wN bei *Siehr* RabelsZ 52 (1988), 41 (66 f.); *Remien* RabelsZ 54 (1990), 431 (443); näher *Großfeld/Junker,* Das CoCom im Internationalen Wirtschaftsrecht, 1991; *Haslinger/Wieser/Zehetner,* Grenzüberschreitender Verkehr mit strategischen Gütern, EG – EWR – Österreich, Wien 1993; *Oeter* RabelsZ 55 (1991), 436. – Zur Wassenaar-Vereinbarung s. *Hölscher* J. W. T. L. 32 (1998), 45 ff.; *Wolffgang* FS Großfeld, 1999, 1329 ff.

[278] S. *Brinkhaus,* Das britische Abwehrgesetz von 1980, 1989, 41 ff.; *Forwick,* Extraterritoriale US-amerikanische Exportkontrollen, 1993, 99 ff.

[279] Früher § 4a AWV; dazu näher *Mankowski* RIW 2019, 180 f.; *Behr,* Deutsche Unternehmen und der Israel-Boykott, 1994, 208 ff.

[280] LG Hamburg RIW 2015, 458 m. Aufsatz *Mankowski* RIW 2015, 405 = VersR 2015, 1024 mAnm *Mankowski* IPRax 2016, 485 ff. (US-Embargo gegen Iran); *Lieberknecht* IPRax 2018, 573 (576); *Kreuzer* in Schlechtriem/Leser, Zum Deutschen und Internationalen Schuldrecht, 1983, 99; *v. Allwörden,* US-Terrorlisten im deutschen Privatrecht, 2014, 88. – Vgl. auch *Solomon* ZVglRWiss 115 (2016), 586 (605 f.).

[281] Verneint für nigerianische Zoll- und Einfuhrbestimmungen OLG Hamburg RIW 1994, 686 mAnm *Mankowski* = IPRspr. 1993 Nr. 32.

[282] BGHZ 34, 169 (175–178) = NJW 1961, 822 – Borax-Fall; BGH NJW 1962, 1436 = AWD 1962, 208 – Borsäure-Fall; krit. dazu *Lindemeyer* RIW 1981, 10 (22 f.); *Schulte,* Die Anknüpfung von Eingriffsnormen, insbesondere wirtschaftsrechtlicher Art, im internationalen Vertragsrecht, 1975, 40 ff.

[283] Näher *Mankowski* TranspR 2018, 104 ff.; *Mankowski* RIW 2019, 180 ff.

[284] BGHZ 59, 82 (86 f.) = NJW 1972, 1575 mAnm *Mann* NJW 1972, 2179. Vgl. *Hanisch* FS Müller-Freienfels, 1986, 193 (199 ff.).

[285] So unter Berufung auf den Territorialitätsgrundsatz BGHZ 64, 183 (188 ff.) = NJW 1975, 1220 = IPRspr. 1977 Nr. 125 = Rev. crit. dr. int. pr. 66 (1977), 72 mAnm *Mezger* – „August vierzehn", Solschenizyn-Fall.

[286] BGH IPRax 1995, 172 m. Aufsatz *Fischer* IPRax 1995, 161; BGHZ 128, 41 (52 f.) = WM 1995, 124 = IPRax 1996, 342 m. Aufsatz *Fischer* IPRax 1996, 332 = WuB IV B. Art. 34 EGBGB 1.95 m. *Mankowski;* OLG Naumburg WM 1994, 906 = DZWiR 1994, 123 mAnm *Fischer;* NJ 1994, 176 = IPRax 1995, 172 m. Aufsatz *Fischer* IPRax 1995, 161.

das sowjetrussische Außenhandelsmonopol unter Berufung auf einen bilateralen Staatsvertrag[287] beachtet worden.[288] Wegen seiner extraterritorialen Reichweite und der fehlenden Beziehung zu den Niederlanden blieb dem US-Embargo im Sensor-Fall die Beachtung in den Niederlanden versagt.[289] – Zum Kulturgüterschutz → Rn. 108 ff.; zur Unmöglichkeit → Rn. 51.

Der **Boykott** einzelner Staaten **der Arabischen Liga gegenüber Israel** erstreckt sich auch **78** auf Gesellschaften, welche Interessen, Niederlassungen oder Generalvertretungen in Israel haben.[290] Wie andere Staaten auch hat Deutschland eine Anti-Boykottvorschrift erlassen, welche Gebietsansässigen die Befolgung dieses Boykotts verbietet (→ Rn. 73). Wegen dieser inhaltlichen Übereinstimmung können auch ausländische Anti-Boykottvorschriften in Deutschland beachtet werden.[291]

3. Währungs- und Devisenvorschriften. Zur Beachtlichkeit ausländischer Währungsvor- **79** schriften → Anh. I Art. 9 Rn. 3 ff.; zum ausländischen Devisenrecht → Anh. II Art. 9 Rn. 2 ff.

4. Marktordnung und Wettbewerb. Vorschriften, welche die Marktordnung und den Wett- **80** bewerb regeln, sichern das Funktionieren des Wirtschaftssystems und wirken auch auf das Vertragsrecht ein.[292] In Betracht kommen vor allem Bewirtschaftungsmaßnahmen und **kartellrechtliche Bestimmungen** (zum internationalen Kartellrecht → Rom II-VO Art. 6 Rn. 221 ff.). Solche Bestimmungen verfolgen wirtschafts- und ordnungspolitische Zwecke und sind Eingriffsnormen iSd Art. 9.[293] Wettbewerbsbeschränkungen im Binnenmarkt werden in erster Linie von den Art. 101 ff. AEUV erfasst.[294] Hierzu gehört insbesondere das unionsrechtliche Kartellverbot (Art. 101 AEUV) sowie das Verbot des Missbrauchs einer marktbeherrschenden Stellung (Art. 102 AEUV).[295] Die Durchsetzung der eigenen Kartellvorschriften erfolgt bei Inlandsauswirkung (→ Rn. 141) über die gesonderte Kollisionsnorm des § 185 Abs. 2 GWB (früher § 130 Abs. 2 GWB).[296] Zwar könnte man sich fragen, ob diese Vorschrift außer Kraft gesetzt wurde. Man ging aber bereits während der Beratungen des Art. 7 Abs. 2 EVÜ davon aus, dass sie weiterhin zu beachten ist;[297] sie blieb unberührt.[298] Es handelt sich bei § 185 Abs. 2 GWB um eine Bestimmung, die mit dem Auswirkungsprinzip eine genauere Regelung darüber trifft, wann inländisches Kartellrecht zur Geltung kommt.[299] Ob es sich dabei um eine Sonderanknüpfung handelt, ist ebenso str. wie die Möglichkeit der Ausdehnung der Vorschrift zur allseitigen Kollisionsnorm[300] (zur weitgehenden Verdrängung durch Art. 6 Rom II-VO → Rom II-VO Art. 6 Rn. 242). Würde man letzteres annehmen, so wären ausländische Kartellnormen dann zu beachten, wenn sie eine Leistung des Schuldners verbieten und

---

287 Abkommen vom 25.4.1958 über Allgemeine Fragen des Handels und der Seeschifffahrt zwischen der Bundesrepublik Deutschland und der Union der Sozialistischen Sowjetrepubliken vom 25.4.1958, BGBl. 1959 II S. 222.

288 BGHZ 147, 178 (185) = NJW 2002, 596 = IPRspr. 2001 Nr. 5.

289 Pres. Arr.-Rb. Den Haag RabelsZ 47 (1983), 141 mAnm *Basedow* RabelsZ 47 (1983), 147 = Int. Leg. Mat. 22 (1983), 66 = Rev. crit. dr. int. pr. 72 (1983), 473 m. Aufsatz *Audit* Rev. Crit. Dr. int. Pr. 72 (1983), 401; dazu auch *de Boer/Kotting* IPRax 1984, 104 ff.; *Kuschka,* Amerikanische Exportkontrollen und deutsches Kollisionsrecht, 2003, 94 f.; *Zeppenfeld,* Die allseitige Anknüpfung von Eingriffsnormen im Internationalen Wirtschaftsrecht, 2001, 33 f., 104 f., 157 ff.

290 *Remien* RabelsZ 54 (1990), 431 (453); näher *Friedman* Harv. Int. L. J. 19 (1978), 443; *A. F. Lowenfeld,* Trade Controls for Political Ends, 1977; *Meyer-Laucke* in v. Boehmer, Deutsche Unternehmen in den arabischen Golfstaaten, 1990, 313; *Moitry* Clunet 118 (1991), 349 ff.

291 Soergel/*v. Hoffmann* EGBGB Art. 34 Rn. 101.

292 Näher Kronke/Melis/Kuhn IntWirtschaftsR-HdB/*Grolimund/Bachofner* S. 1855 ff.

293 *Lando/Nielsen* C.M.L. Rev. 45 (2008), 1687 (1723); Reithmann/Martiny IntVertragsR/*Zwickel* Rn. 5.121; Reithmann/Martiny IntVertragsR/*Fabig* Rn. 37.163 für Vertriebsverträge; Rauscher/*Thorn* Rn. 45; Staudinger/*Magnus,* 2021, Rn. 182. Für Art. 34 EGBGB aF OLG Düsseldorf ZfBR 2008, 820 zum Vergaberecht; Kronke/Melis/Kuhn IntWirtschaftsR-HdB/*Grolimund/Bachofner* Rn. M 168; – Nur für Vorschriften, welche den Kartellbehörden Eingriffsbefugnisse zugestehen, *Laufkötter,* Parteiautonomie im Internationalen Wettbewerbs- und Kartellrecht, 2001, 140 ff.

294 Die Vorschriften kommen unabhängig von der Rom I-VO zur Anwendung, *Fallon/Francq* in Basedow/Francq/Idot, International antitrust litigation, 2012, 63, 74 ff.

295 Zu letzterem OLG Düsseldorf NZKart 2023, 225 für Klassifizierung bei Para-Olympics.

296 LG Düsseldorf WuW 2003, 71 = IPRspr. 2002 Nr. 31 für Franchisevertrag; wN bei *Martiny* FS Drobnig, 1998, 389 (399 f.); *Martinek,* Das Internationale Kartellprivatrecht, 1987, 13 ff.

297 Näher *Kleinschmidt,* Zur Anwendbarkeit zwingenden Rechts im internationalen Vertragsrecht unter besonderer Berücksichtigung von Absatzmittlungsverträgen, 1985, 266 ff., 275 f.

298 Ebenso zum geltenden Recht OLG Düsseldorf NZKart 2023, 225 zur Klassifizierung bei Para-Olympics. – Vgl. zu Art. 34 EGBGB aF *E. Lorenz* RIW 1987, 569 (578, 582).

299 Vgl. BGHZ 74, 322 (324 f.) = NJW 1979, 2613 = IPRspr. 1979 Nr. 142b.

300 Dazu näher *Sonnenberger* IPRax 2003, 104 (115 f.) mwN.

sich die Leistung auf dem ausländischen Markt auswirkt.[301] Nach aA handelt es sich bei der Durchsetzung eigener Vorschriften über § 185 Abs. 2 GWB nur um einen Sonderfall des ordre public.[302] Letzteres dürfte nicht (mehr) haltbar sein.[303] Nunmehr handelt es sich bei ausländischen Vorschriften um einen Fall des Art. 9 Abs. 3.

81 Vorschriften über die **Vergabe öffentlicher Aufträge** sind Eingriffsnormen.[304] Inländische **Preisvorschriften,** die ein Entgelt zwingend vorschreiben, hat die Rspr. nach dem Territorialitätsprinzip angeknüpft, so früher zB den Tarifzwang nach dem GüKG im Straßengüterverkehr für den innerdeutschen Streckenanteil.[305] – Zur HOAI → Art. 4 Rn. 62.

5. Kapitalmarkt und Anlegerschutz.

Schrifttum: *Kronke,* Capital Markets and Conflict of Laws, Rec. des Cours 286 (2000), 245; *Pfeiffer,* Zum internationalen Anwendungsbereich des deutschen Kapitalmarktrechts, IPRax 2003, 233.

82 Das Internationale Kapitalmarktrecht wird gesondert kommentiert (→ IntFinanzMarktR Rn. 1 ff.). An dieser Stelle geht es lediglich um die Bezüge zum IVR. Zwingende Vorschriften, die den Anleger schützen wollen und den Kapitalmarkt regulieren, treten in vielerlei Formen auf.[306] Es handelt sich dabei insbesondere um Börsen- und Finanzmarktrecht, Vorschriften für Wertpapiertransaktionen, aber auch um die Prospekthaftung.[307] Neben vertraglichen Ansprüchen und solchen aus culpa in contrahendo[308] kommen auch nach räumlichen Gesichtspunkten anzuknüpfende deliktsrechtliche Ansprüche[309] in Betracht. Eine erhebliche Rolle spielen zwingende Informations-, Anzeige- und Genehmigungsvorschriften. Das Privatrecht wird in der Regel durch straf- und verwaltungsrechtliche Vorschriften ergänzt. Ob die Erlaubnis zum Bankgeschäft (§ 32 KWG) Eingriffsnorm ist, ist str. (→ IntFinanzMarktR Rn. 678).[310]

83 Eine pauschale Sonderanknüpfung ist nicht möglich. Vielmehr ist nach Rechtsgebiet, Schutzmechanismus und einzelnen Rechtsverhältnissen zu unterscheiden. Die Anknüpfungen müssen allerdings dem Marktbezug der jeweiligen Normen entsprechen. Im Hinblick auf die jeweiligen Schutzvorschriften besteht in der Regel zunächst einmal ein Bezug zur lex causae, als deren Bestandteil sie auftreten. Es kommt aber auch eine Sonderanknüpfung nach Art. 9 in Betracht.[311] Eine gesonderte kapitalmarktrechtliche Eingriffsnorm besteht nicht.[312] Bei Wertpapiergeschäften kann das Börsenstatut heranzuziehen sein.[313]

84 Nach der Börsenrechtsreform bestehen für **Finanztermingeschäfte** nur noch besondere Informationspflichten, die allerdings auch Unternehmen mit Sitz im Ausland treffen (§§ 63 ff. WpHG iVm § 1 Abs. 2 S. 1 WpHG; → Art. 4 Rn. 172 ff.; → IntFinanzMarktR Rn. 454 ff.).

85 **Insidergeschäfte** sind in erster Linie nach dem jeweiligen Vertragsstatut zu beurteilen.[314] Auf Grund der Insider-Vorschriften der EU findet jedoch eine Sonderanknüpfung bestimmter Schutzvorschriften statt.[315] Dies geschieht durch eine Ausdehnung des Verbots von Insidergeschäften für Wertpapiere, welche innerhalb der EU und des EWR zum Handel zugelassen sind. Das **Verbot der Insidergeschäfte** nach Art. 14 MAR gilt unabhängig von dem auf das Wertpapiergeschäft anwendbaren Recht. Wegen des damit verfolgten öffentlichen Zwecks, der durch eine Strafbeweh-

---

[301] So etwa *Zweigert* 50 Jahre Institut für Internationales Recht, 1965, 124 (133 ff.); *Vischer* Rec. 142 (1974-II), 1 (25 ff.); *Martinek,* Das Internationale Kartellprivatrecht, 1987, 94 ff. – Für die Bildung einer eigenständigen Sonderanknüpfung *Basedow* NJW 1989, 627 (633); *v. Bar* FS Ferid, 1988, 17 f. (27 ff.); ähnlich Immenga/Mestmäcker/*Rehbinder/v. Kolben* GWB § 185 Rn. 320.

[302] So noch zum früheren § 98 Abs. 2 GWB aF *Mann* FS Beitzke, 1979, 607 (614 f.).

[303] Ebenso Soergel/*v. Hoffmann* EGBGB Art. 34 Rn. 36.

[304] *Remien* BauR 2019, 893 (896) für Bauverträge; noch zum EVÜ OGH JBl. 2013, 362 m. zust. Anm. *Nemeth.*

[305] BayObLG DB 1966, 1604; OLG Köln IPRspr. 1966–67 Nr. 36; OLG Koblenz IPRspr. 1966–67 Nr. 38; OLG Düsseldorf IPRspr. 1966–67 Nr. 37.

[306] *Einsele* RabelsZ 81 (2017), 781 (794 ff.); *Kiel,* Internationales Kapitalanlegerschutzrecht, 1994, 194 f.; s. auch RL 97/9/EG zur Anlegerentschädigung vom 3.3.1997, ABl. EG 1997 L 84, 22.

[307] Zu letzterem *Kronke* Rec. des Cours 286 (2000), 245 (307 ff.); *Benicke* FS Jayme, Bd. I, 2004, 25 ff.; Reithmann/Martiny IntVertragsR/*Zwickel* Rn. 5.66; vgl. auch Art. 156 IPRG Schweiz.

[308] Dazu *Pfeiffer* IPRax 2003, 233 (237 f.).

[309] S. *Pfeiffer* IPRax 2003, 233 ff.

[310] Dazu mwN *Wendelstein* GPR 2021, 220 (228 ff.).

[311] *Einsele* RabelsZ 81 (2017), 781 (795). – Zu Art. 34 EGBGB aF *Göthel* IPRax 2001, 411 (416 ff.).

[312] Dazu *Einsele* IPRax 2012, 481 ff.

[313] *Großfeld,* Internationales Unternehmensrecht, 1986, 69.

[314] Vgl. zu Insidergeschäften *Kronke* Rec. des Cours 286 (2000), 245 (334 ff.); Kronke/Melis/Kuhn IntWirtschaftsR-HdB/*Oppitz* Rn. L 544 ff.

[315] Früher galten die durch Art. 37 MAR aufgehobenen Art. 2 ff. RL 2003/6/EG; näher *Roth* IPRax 1994, 165 (171 f.); *Sonnenberger* IPRax 2003, 104 (110 f.).

rung unterstrichen wird, handelt es sich um eine Eingriffsnorm.[316] Im Zusammenhang mit einer Unternehmensübernahme ist zweifelhaft, wieweit es lediglich zu einer Anknüpfung an den Marktort kommt und wieweit etwa bei der Anteilsübertragung auch Gesellschafts- und Vertragsstatut von Einfluss sind.[317]

Marktmanipulationen sind von Art. 12 MAR iVm Art. 15 MAR verboten. Auch dies ist wegen der marktregulierenden Funktion der Vorschrift eine Eingriffsnorm.[318] Das Verbot von Marktmanipulationen wird von § 25 WpHG für Waren, Emissionsberechtigungen und ausländische Zahlungsmittel erweitert. 86

Auch der **Vertrieb von ausländischen Wertpapieren** ist gesondert geregelt. Die Bestimmungen über den Vertrieb von Anteilen an ausländischen OGAW (Organismen für gemeinsame Anlagen in Wertpapieren) und alternativen Investmentfonds (AIF; §§ 293 ff. KAGB) sind Eingriffsnormen und daher auch bei ausländischem Vertragsstatut zu beachten[319] (→ IntFinanzMarktR Rn. 683). Ob das auch für das Widerrufsrecht nach § 305 KAGB gilt, ist str. (→ IntFinanzMarktR Rn. 683).[320] Das europäische **Verbot ungedeckter Leerverkäufe** (Art. 12 Abs. 1 VO (EU) 236/2012, Art. 13 Abs. 1 VO (EU) 236/2012)[321] ist ebenfalls eine Eingriffsnorm (→ IntFinanzMarktR Rn. 684).[322] 87

Zu solchen Bestimmungen gehören auch ausländische Vorschriften, die dem Anleger verbieten, seinen Wertpapiererwerb mit Fremdmitteln zu finanzieren[323] oder die Tochtergesellschaften auferlegen, Vermögenswerte (inklusive Gewinne) in den Niederlassungsstaat der Konzernmutter zu repatriieren.[324] Über ihre Anknüpfung, die nicht generell über das Schuldstatut,[325] sondern nach der wirtschaftlichen Beziehung zum Markt zu erfolgen hat, besteht noch Unklarheit.[326] 88

Auf der Grundlage von EU-Richtlinien[327] sind mit dem GwG vom 23.6.2017 (BGBl. 2017 I 1822) inländische Vorschriften gegen die **Geldwäsche** eingeführt worden. Diese beanspruchen auch dann Geltung, wenn Vertragsstatut ausländisches Recht ist[328] (→ IntGesR Rn. 504). 89

6. Transportrecht. Auch im Transportrecht sind in erster Linie die zwingenden **Vorschriften des europäischen Rechts** zu beachten. Dies gilt etwa für die Fluggastrechte-VO (→ Art. 5 Rn. 56 ff.). Diese genießt Vorrang, ohne dass man sie als international zwingende Norm einordnen muss.[329] Im Übrigen kommt es auf die regelmäßig eingreifenden Staatsverträge an. 90

Zwingendes Recht spielt im Transportrecht vor allem für **Haftungsfragen** (Haftungsausschluss, Höchstbeträge) eine bedeutende Rolle. Die Vorschriften über das Entgelt (Tarife) haben wegen der zunehmenden Liberalisierung des Transportrechts an Bedeutung verloren. Wegen des Charakters dieser Bestimmungen, die vielfach auch wirtschafts- und wettbewerbspolitische Ziele verfolgen, besteht die Tendenz, inländisches zwingendes Recht auch gegen das Vertragsstatut zur Geltung zu bringen. Die Durchsetzung ausl. zwingenden Rechts wird ebenfalls in Betracht gezogen. Bei Ausarbeitung des Art. 7 EVÜ spielten gerade zwingende Haftungsbestimmungen des Seefrachtrechts eine Rolle.[330] In den anderen EVÜ-Vertragsstaaten wurde erwogen, Art. 7 Abs. 2 EVÜ als Grund- 91

---

316 Staudinger/*Magnus,* 2021, Rn. 176; Rauscher/*Thorn* Rn. 65. – Zu Art. 34 EGBGB aF *Schuster,* Die internationale Anwendung des Börsenrechts, 1996, 484 ff.; anders *Nietsch,* Internationales Insiderrecht, 2004, 359 ff.; Reithmann/Martiny IntVertragsR/*Zwickel* Rn. 5.70.

317 Dazu Reithmann/Martiny IntVertragsR/*Göthel* Rn. 33.46 ff.

318 *Einsele* RabelsZ 81 (2017), 781 (795); Staudinger/*Magnus,* 2021, Rn. 176.

319 Staudinger/*Magnus,* 2021, Rn. 176.

320 Verneinend BeckOGK/*Maultzsch,* 1.3.2024, Rn. 239; Staudinger/*Magnus,* 2021, Rn. 174.

321 VO (EU) 236/2012 vom 14.3.2012 über Leerverkäufe und bestimmte Aspekte von Credit Default Swaps, ABl. EU 2012 L 86, 1.

322 Vgl. Rauscher/*Thorn* Rn. 65.

323 Für die Beachtung *Linder* ZHR 142 (1978), 342 (359 ff.).

324 Die Beachtlichkeit bejaht *Rehbinder* AWD 1969, 346 (350 ff.).

325 So aber OLG Düsseldorf WM 1977, 546. – Für Art. 34 EGBGB aF Soergel/*v. Hoffmann* EGBGB Art. 34 Rn. 71.

326 Vgl. *Großfeld,* Praxis des internationalen Privat- und Wirtschaftsrechts, 1975, 123 ff. – Zur unmittelbaren Auswirkung auf den Markt bzw. Börsenort *Jenckel,* Das Insiderproblem im Schnittpunkt von Gesellschafts- und Kapitalmarktrecht in materiell- und kollisionsrechtlicher Sicht, 1980, 159 ff. Zur Durchsetzung inländischen Rechts nach dem Auswirkungsprinzip *Köstlin,* Anlegerschutz und Auslandsbeziehungen, 1985, 187 ff.

327 RL (EU) 2015/849 vom 20.5.2015 zur Verhinderung der Nutzung des Finanzsystems zum Zwecke der Geldwäsche und der Terrorismusfinanzierung, ABl. 2015 L 141, 73.

328 Vgl. Soergel/*v. Hoffmann* EGBGB Art. 34 Rn. 94.

329 Für letzteres iSd Art. 34 EGBGB aF aber *Schollmeyer* IPRax 2004, 78 (82) N. 41.

330 Zum niederländischen „Alnati-Fall", in dem die Anwendung belgischen Haftungsrechts gegen das vereinbarte niederländische Recht erwogen wurde, s. H. R. N. J. 1967, 16 Nr. 3 = Rev. Crit. Dr. int. Pr. 56 (1967), 522 mAnm *Struycken;* dazu *Schultsz* RabelsZ 47 (1983), 267 (273 ff.); *Kreuzer,* Ausländisches Wirtschaftsrecht vor deutschen Gerichten, 1986, 66 f.; *Plender/Wilderspin,* The European private internatio-

lage für die Durchsetzung eigenen Rechts heranzuziehen.[331] Entsprechende Bestrebungen gab es in Deutschland für Art. 34 EGBGB, der mit den jeweiligen transportrechtlichen Vorschriften kombiniert wurde. Die Frage stellt sich nunmehr im Rahmen des Art. 9.

92 Der deutsche Gesetzgeber hat für **Kabotageverträge** angeordnet, dass bestimmte Vorschriften über Speditionsverträge auch bei der Vereinbarung von Auslandsrecht durchzusetzen sind (§ 466 Abs. 5 HGB; → Art. 5 Rn. 51). Zwingende Normen bestehen ebenfalls für Frachtverträge (§ 449 Abs. 4 HGB; → Art. 5 Rn. 49). Schließlich erfasst eine besondere Norm Umzugsverträge (§ 451h Abs. 3 HGB; → Art. 5 Rn. 50). Diese transportrechtlichen Vorschriften werden überwiegend als international zwingende Normen bzw. Eingriffsnormen eingeordnet.[332] Andere wollen sie nicht auf diesem Wege, sondern lediglich als „überlagernde Anknüpfung" verstehen, die kraft des Vorranges umgesetzten Unionsrechts anzuwenden sind (→ Art. 5 Rn. 50).[333]

93 Auch weitere Beschränkungen kommen in Betracht. So ist im **Seefrachtrecht** Art. 6 EGHGB zu beachten (→ Art. 5 Rn. 103 f.). Ferner besteht eine Sonderregelung für **multimodale Transportverträge** (→ Art. 5 Rn. 141). Auch im Transportrecht bedarf es stets einer Untersuchung im Einzelfall.[334]

94 **7. Urhebervertragsrecht.** International zwingende Normen können auch für Urheberrechtsverträge bestehen. Freilich sind nicht alle Regeln der §§ 31 ff. UrhG, welche zwingendes Recht zum Schutz des Urhebers erhalten, über Art. 9 durchzusetzen.[335] Die Stärkung der Rechte von Urhebern und ausübenden Künstlern ist Ziel des § 32b UrhG. Danach finden die §§ 32, 32a UrhG zwingende Anwendung, wenn auf den urheberrechtlichen Nutzungsvertrag mangels einer Rechtswahl deutsches Recht anzuwenden wäre oder der Vertrag maßgebliche Nutzungshandlungen im Inland zum Gegenstand hat. Auf diese Weise kommen die Vorschriften über eine angemessene Vergütung, über die Einräumung von Nutzungsrechten, die Vertragsanpassung bezüglich der Vergütung sowie über die weitere Beteiligung zur Anwendung. Es handelt sich hierbei um die Durchsetzung international zwingender Normen (→ Art. 4 Rn. 256 ff.).

95 **8. Verbraucherschutz. a) Einordnung des Verbraucherrechts.** Zwar nannte der Bericht *Giuliano/Lagarde* als Beispiel für international zwingende Normen den Verbraucherschutz. Gleichwohl war nicht zuletzt im Hinblick auf das Verhältnis zu Art. 5 EVÜ (dem damaligen Art. 29 EGBGB) umstritten, wieweit Normen zum Schutz des Verbrauchers als international zwingende Bestimmungen durchzusetzen sind[336] (näher → 4. Aufl. 2006, EGBGB Art. 34 Rn. 109 f.).

96 Normen zum Schutz des Verbrauchers sind trotz ihrer sozialpolitischen Absichten im Allgemeinen nicht gesondert anzuknüpfen. Soweit sie mit vertragsrechtlichen Mitteln dem Schutz von Parteiinteressen dienen und die Ausgewogenheit des Vertrages sichern sollen, ist das **Vertragsstatut die geeignete Anknüpfung.**[337] Verbraucherinteressen sind zwar einzubeziehen, doch sollte dies grundsätzlich nicht über eine Sonderanknüpfung geschehen.[338] Beispielsweise ist ein Haftungsfreizeichnungsverbot über das Vertragsstatut zu beachten.[339] Der Gesichtspunkt des Verbraucherschutzes muss schon in die Bestimmung des Vertragsstatuts mit einfließen, nämlich bei der realen Rechtswahl durch eine Beschränkung der Parteivereinbarung und bei der objektiven Anknüpfung durch die Wahl des geeigneten Anknüpfungspunktes, dh des Aufenthalts des Verbrauchers und marktbezogener Kriterien (→ Art. 6 Rn. 72 ff.). Das geltende Recht trägt dem jetzt in Art. 6 weitgehend Rechnung.[340] Nach Art. 9 dürfte es ausgeschlossen sein, privatschützendes Verbraucherrecht als Eingriffsnormen durchzusetzen.

---

nal law of obligations, 5. Aufl. 2020, Rn. 10–032, jeweils mwN. Vgl. auch Bericht *Giuliano/Lagarde,* BT-Drs. 10/503, 58.

331 Vgl. *Morse* Yb. Eur. L. 2 (1982), 107 (144); *Kleinschmidt,* Zur Anwendbarkeit zwingenden Rechts im internationalen Vertragsrecht unter besonderer Berücksichtigung von Absatzmittlungsverträgen, 1985, 270 f.; Bericht *Giuliano/Lagarde,* BT-Drs. 10/503, 60.

332 Reithmann/Martiny IntVertragsR/*Zwickel* Rn. 5.112; Staudinger/*Magnus,* 2021, Rn. 170, Art. 5 Rn. 66; s. auch OLG Köln TranspR 2006, 263; *Staudinger* IPRax 2001, 183 (184).

333 Reithmann/Martiny IntVertragsR/*Mankowski* Rn. 15.117 ff.; Rauscher/*Thorn* Rn. 66.

334 *Mankowski* IPRax 1995, 230 (232 f.); Soergel/*v. Hoffmann* EGBGB Art. 34 Rn. 75.

335 Reithmann/Martiny IntVertragsR/*Obergfell* Rn. 34.121 ff. – Zu Art. 9 *Schack* Urheber- und Urhebervertragsrecht, 10. Aufl. 2021, Rn. 1405; anders *Dreyer/Kotthoff/Meckel/Kotthoff,* 2013, UrhG § 31 Rn. 25; *Schricker* Einl. VerlG Rn. 47; *Schricker/Katzenberger* UrhG Vor § 120 Rn. 166.

336 Näher zum Meinungsstand *Mäsch,* Rechtswahlfreiheit und Verbraucherschutz, 1993, 126 ff.

337 *Steinrötter* in Maume/Maute, Rechtshandbuch Kryptowerte, 2020, § 3 Rn. 74. – Zu Art. 34 EGBGB *Kropholler* RabelsZ 42 (1978), 634 (659); *Stoll* FS Kegel, 1987, 623 (628 ff.); *Wolf* ZHR 153 (1989), 302 zu §§ 9–11 AGBG.

338 *Einsele* WM 2009, 289 (295 ff.); anders früher *v. Hoffmann* RabelsZ 38 (1974), 408 f. (428).

339 *Neumayer* BerGesVR 2 (1958), 35 (47).

340 *Einsele* WM 2009, 289 (295 ff.); Rauscher/*Thorn* Rn. 56. – Eine Sonderanknüpfung drittstaatlichen Rechts hielt nur für möglich, wenn sie dem Verbraucher günstiger ist, *Pocar* Rec. des Cours 188 (1984-V), 339 (403).

b) Beispiele. Die Zulässigkeit einer Sonderanknüpfung ist für mehrere Bestimmungen diskutiert worden. Die §§ 305 ff. BGB über die **Kontrolle von AGB** enthalten zwar zwingendes Recht. Doch beanspruchen die Normen nicht in jedem Fall unmittelbare Anwendung.[341] **97**

Ähnliches gilt für das Widerrufsrecht des Verbrauchers bei **Haustürgeschäften** (§ 312b BGB), welches dem Schutz des einzelnen Verbrauchers dient.[342] Zwar ist das Widerrufsrecht nach §§ 312b, 312g BGB in der Vergangenheit des Öfteren als international zwingende Norm durchgesetzt worden[343] und wird heute als Eingriffsnorm eingestuft.[344] Doch ist hier kein gesetzgeberischer Befehl zur unbedingten Anwendung der Norm vorhanden.[345] **98**

Auch das **Verbraucherkreditrecht** (vgl. §§ 491 ff. BGB) ist zum Teil als international zwingende Norm gewertet worden,[346] obwohl es allein dem Verbraucherschutz dient und ihm keine Anhaltspunkte für eine international zwingende Geltung zu entnehmen sind.[347] Allerdings ist Art. 46b Abs. 3 Nr. 4 EGBGB zu beachten, der auch die Verbraucherkredit-RL nennt. Das **Kündigungsrecht des Darlehensnehmers** nach § 490 Abs. 2 BGB (Festzinsdarlehen) wurde zum Teil ebenfalls als international zwingende Vorschrift angesehen.[348] Tatsächlich dürfte es aber lediglich als privatschützendes Verbraucherrecht anzusehen sein.[349] **99**

Die Vorschriften über **Pauschalreisen** (§§ 651a ff. BGB) gehören nicht zu den international zwingenden Normen.[350] Dies wird auch für die analoge Anwendung auf Ferienhausmietverträge angenommen.[351] Die Pauschalreise wird von der Verbraucherschutzregelung der Rom I-VO erfasst (→ Art. 6 Rn. 31). Zum Insolvenzschutz und zu Informationen hinsichtlich verbundener Reiseleistungen s. im Verhältnis zu Nicht-EU-Staaten und Nicht-EWR-Staaten Art. 46c EGBGB. Zur MaBV → Art. 4 Rn. 127. **100**

Denkbar ist, auf im Inland empfangene **Gewinnzusagen** (§ 661 BGB; → Art. 4 Rn. 249 ff.) stets zwingend inländisches Recht anzuwenden. Nach Art. 9 sind nämlich inländische international zwingende Normen unbedingt, dh auch gegen das Vertragsstatut durchzusetzen. Dies wird teilweise wegen des lauterkeitsrechtlichen Gehalts auch für die Vorschrift des § 661a BGB angenommen.[352] **101**

---

341 LG Kleve RdTW 2015, 275; Rauscher/*Thorn* Rn. 57; Soergel/*v. Hoffmann* EGBGB Art. 34 Rn. 56; vgl. *Meyer-Sparenberg* RIW 1989, 347 (350 f.); *Coester* ZVglRWiss 82 (1983), 1 (15 f.).

342 Rauscher/*Thorn* Rn. 57. – Zwingende Anwendung bejahen *Kothe* EuZW 1990, 153 ff.; *v. Hoffmann* IPRax 1989, 261 (268); *Bülow* EuZW 1993, 435 (437); *Jayme* IPRax 1995, 235 (236).

343 OLG Celle RIW 1996, 963 = DZWiR 1996, 299 m. Aufsatz *Mankowski* DZWiR 1996, 273; LG Detmold NJW 1994, 3301 = IPRax 1995, 249 zu § 138 BGB; LG Berlin NJW-RR 1995, 754; LG Weiden NJW-RR 1996, 438; LG Dresden IPRspr. 1998 Nr. 146 = NZM 1998, 825; ebenso *Looschelders* FS E. Lorenz, 2004, 441 (454); *Kothe* EuZW 1990, 153 ff.; *Jayme/Kohler* IPRax 1995, 343 (353); *Jayme/Kohler* IPRax 1996, 377 (381); anders LG Düsseldorf VuR 1994, 265 mAnm *Tonner* = RIW 1995, 415 m. Aufsatz *Mankowski* RIW 1995, 364 und *Beise* RIW 1995, 632.

344 HK-BGB/*Staudinger* Rn. 6.

345 Zwingende Anwendung verneinend BGHZ 123, 380 (390 f.) = NJW 1994, 262 = IPRax 1994, 449 m. Aufsatz *W. Lorenz* IPRax 1994, 429 = JZ 1994, 363 mAnm *Fischer* = JR 1995, 14 mAnm *Dörner,* zu § 1 HaustürWG (wegen Vorranges von Art. 29 EGBGB aF); BGHZ 135, 124 (135 f.) = NJW 1997, 1697 = Rev. crit. dr. int. pr. 87 (1998), 610 mAnm *Lagarde;* OLG Hamm NJW-RR 1989, 496 = IPRax 1990, 242 m. abl. Anm. *Huff* EWiR 1989, 383; OLG Düsseldorf NJW-RR 1995, 1396; LG Düsseldorf RIW 1995, 415 = VuR 1994, 262 mAnm *Tonner;* AG Lichtenfels IPRax 1990, 235 m. zust. Aufsatz *Lüderitz* IPRax 1990, 218; *Taupitz* BB 1990, 642 (649); *Beise* NJW 1995, 1725; *Mankowski* DZWiR 1996, 273 (279 f.); *Arnold* IPRax 2016, 567 (569); *Knaul,* Auswirkungen des europäischen Binnenmarktes der Banken auf das internationale Bankvertragsrecht unter besonderer Berücksichtigung des Verbraucherschutzes, 1995, 310; Staudinger/*Magnus,* 2021, Rn. 147. – Unentschieden BGHZ 135, 124 (135 f.) = NJW 1997, 1697 = JZ 1997, 612 m. Aufsatz *Michaels/Kamann* JZ 1997, 601 = IPRax 1998, 285 m. Aufsatz *Ebke* IPRax 1998, 263.

346 *v. Hoffmann* IPRax 1989, 261 (271); *Bülow* EuZW 1993, 435 (437); *Knaul,* Auswirkungen des europäischen Binnenmarktes der Banken auf das internationale Bankvertragsrecht unter besonderer Berücksichtigung des Verbraucherschutzes, 1995, 310; ebenso Cass. Civ. Rev. crit. dr. int. pr. 96 (2007), 85 mAnm *Cocteau-Senn* = Clunet 134 (2007), 537 mAnm *Sinay-Cytermann* = ZEuP 2008, 845 mAnm *Mankowski.*

347 BGHZ 165, 248 (257 f.) = NJW 2006, 762 m. Aufsatz *Weller* NJW 2006, 1247 = IPRax 2006, 272 m. Aufsatz *Pfeiffer* IPRax 2006, 238; Rauscher/*Thorn* Rn. 57.

348 *Knaul,* Auswirkungen des europäischen Binnenmarktes der Banken auf das internationale Bankvertragsrecht unter besonderer Berücksichtigung des Verbraucherschutzes, 1995, 286 f., 311 mwN; anders *Junker* IPRax 1993, 9; *Junker* IPRax 2000, 70 f.; *Roth/Schulze* RIW 1999, 924 (932); *Rudisch* RabelsZ 63 (1999), 70 (97); *Wagner* IPRax 2000, 249 (251 f.). Ganz abl. *Droste,* Der Begriff der „zwingenden Bestimmung" in den Art. 27 ff. EGBGB, 1991, 172 f.

349 Staudinger/*Magnus,* 2021, Rn. 158.

350 So auch Soergel/*v. Hoffmann* EGBGB Art. 34 Rn. 60.

351 *Staudinger* NZM 2011, 257 (264) zur Ferienhausmiete im Ausland.

352 Reithmann/Martiny IntVertragsR/*Zwickel* Rn. 5.90, 5.92; Erman/*Stürner* Rn. 20. – Zu Art. 34 EGBGB BGHZ 165, 172 (181 f.) = NJW 2006, 230 m. zust. Aufsatz *S. Lorenz* NJW 2006, 472 = IPRax 2006, 602

Der verbraucherschützende Charakter des § 661a BGB reicht allerdings nicht aus. Hier dürfte es sich um eine Vorschrift handeln, welche zwar auch das Wettbewerbs- und das Marktverhalten regelt, aber doch in erster Linie Individualansprüche gewährt.[353] Damit bleibt es – wenn man die vertragliche Natur bejaht – bei der Anknüpfung nach Art. 4, 6.[354]

102 **9. Boden- und Grundstücksverkehrsrecht.** Normen, die den Grundstücksverkehr regeln (Genehmigungserfordernisse), werden ebenso wie Vorschriften des zwingenden Mietsonderrechts im Allgemeinen nach der Belegenheit (→ Rn. 136) gesondert angeknüpft[355] (→ Art. 4 Rn. 123 ff.). Hier stehen öffentliche Belange auf dem Spiel (zB für das Mietsonderrecht). Inländische Bodenverkehrsvorschriften wollen nur den inländischen Grundstückverkehr regeln. Sie finden daher auf ausländische Grundstücke auch dann keine Anwendung, wenn Vertragsstatut inländisches Recht ist.[356]

103 **10. Erwerbs- und Berufstätigkeit. a) Inländische Vorschriften.** Zwingend geregelt sind häufig die Aufnahme einer Berufs- oder Gewerbetätigkeit (Zulassung) und das Entgelt (Honorar, Gebühren). Die Eingrenzung solcher Vorschriften macht jedoch Schwierigkeiten, da zum einen Normen dieser Art und grundsätzlich dem Vertragsstatut unterliegende verbraucherschützende Bestimmungen austauschbar sind und zum anderen manche Normen lediglich privatrechtliche Begünstigungen der Gewerbetreibenden bzw. Berufstätigen enthalten. Daher ist der Gemeinwohlbezug nicht immer gegeben.[357] Inländische Vorschriften, die international zwingend ausgestaltet sind, setzen sich in der Regel gegen das Vertragsstatut durch[358] (zur HOAI → Art. 4 Rn. 62). Allerdings wird im Allgemeinen eine inländische Tätigkeit vorausgesetzt.[359] Eine Reihe von zwingenden Vorschriften betrifft den **Arbeitsmarkt,** etwa Einschränkungen der Arbeitsvermittlung[360] oder eine nicht genehmigte Arbeitnehmerüberlassung (vgl. Art. 1 § 1 AÜG); → Art. 8 Rn. 146.

104 Andere Bestimmungen befassen sich mit der **Rechtsberatung** sowie der Tätigkeit von Steuerberatern und Wirtschaftsprüfern.[361] Inländische rechtsberatende Tätigkeit setzt grundsätzlich eine gesetzliche oder auf Grund Gesetzes erteilte Erlaubnis voraus (§ 1 Abs. 1 RDG, § 3 RDG). Hierbei handelt es sich um eine Eingriffsnorm.[362] Der Vorläufer des RDG, das RBerG, hat alle Verträge mit Rechtsberatern, die sich im Inland niederlassen oder hier eine Zweigstelle errichten, erfasst.[363] Entsprechendes gilt für Standes- und Gebührenrecht.[364] Nunmehr sind auch bestimmte vorübergehende Rechtsdienstleistungen erlaubt (§ 15 RDG).[365] Die Inkassoerlaubnis nach § 10 Abs. 1 S. 1 Nr. 1 und 3 RDG umfasst auch den Einzug von Forderungen, die ausländischem Sachrecht unterliegen.[366] Im Übrigen ist jeweils zu prüfen, wie weit die inländischen Vorschriften von unionsrechtlichen Regelungen des freien Dienstleistungsverkehrs überlagert werden[367] (→ Art. 4 Rn. 75).

---

m. Aufsatz *Jordans* IPRax 2006, 582; OLG Braunschweig OLGR 2003, 47 = IPRspr. 2002 Nr. 133b; *S. Lorenz* IPRax 2002, 192 (195 f.); *Felke/Jordans* IPRax 2004, 409 (411); *Häcker* ZVglRWiss 103 (2004), 464 (499); *S. Lorenz/Unberath* IPRax 2005, 219 (223).

353 *Sonnenberger* IPRax 2003, 104 (110); Reithmann/Martiny IntVertragsR/*Zwickel* Rn. 5.107; Grüneberg/*Thorn* Rn. 8; abl. wegen der seiner Ansicht nach deliktsrechtlichen Anknüpfung auch *Fetsch* RIW 2002, 936 (939); anders OLG Brandenburg IPRspr. 2002 Nr. 138; *S. Lorenz* IPRax 2002, 192 (196).

354 Grüneberg/*Thorn* Rn. 8; dagegen für deliktsrechtliche Qualifikation Ferrari IntVertragsR/*Staudinger* Rn. 34.

355 Reithmann/Martiny IntVertragsR/*Zwickel* Rn. 5.90, 5.92; Reithmann/Martiny IntVertragsR/*Limmer* Rn. 21.26; Erman/*Stürner* Rn. 20; Rauscher/*Thorn* Rn. 63; Staudinger/*Magnus,* 2021, Rn. 155; vgl. *E. Lorenz* RIW 1987, 569 (580); *Kreuzer,* Ausländisches Wirtschaftsrecht vor deutschen Gerichten, 1986, 49; anders *Zeppenfeld,* Die allseitige Anknüpfung von Eingriffsnormen im Internationalen Wirtschaftsrecht, 2001, 32.

356 Reithmann/Martiny IntVertragsR/*Limmer* Rn. 21.25 f.

357 Näher *Martiny* FS Heldrich, 2005, 907 ff. – Zur unionsrechtlichen Zulässigkeit *Fetsch* ZEuP 2005, 541 ff.

358 *Droste,* Der Begriff der „zwingenden Bestimmung" in den Art. 27 ff. EGBGB, 1991, 160; *Stadler,* Die Berufsfreiheit in der Europäischen Gemeinschaft, 1980; *Steindorff* NJW 1982, 1902.

359 Soergel/*v. Hoffmann* EGBGB Art. 34 Rn. 41; vgl. OGH ÖJZ 1987, 534 (EvBl. Nr. 145) = IPRax 1988, 240 m. Aufsatz *Reichelt* IPRax 1988, 251 zur öst. ImmobilienmaklerV.

360 Soergel/*v. Hoffmann* EGBGB Art. 34 Rn. 42.

361 *Armbrüster* RIW 2000, 583; *Budzikiewicz* IPRax 2001, 218; *Mankowski* AnwBl 2001, 73.

362 *Ahrens* FS Geimer, 2017, 1 (12); *Stadler* FS Schack, 2022, 499 (508 f.) für Inkassotätigkeit; Reithmann/Martiny IntVertragsR/*Zwickel* Rn. 5.80; Rauscher/*Thorn* Rn. 49; Staudinger/*Magnus,* 2021, Rn. 159; ebenso zum früheren RBerG OLG Hamm RIW 2000, 8; *Armbrüster* RIW 2000, 583 (585).

363 Vgl. BGH AWD 1969, 453 = IPRspr. 1968–69 Nr. 246.

364 KG RzW 1961, 237 = IPRspr. 1960–61 Nr. 211a; RzW 1961, 237 = IPRspr. 1960–61 Nr. 211b; LG Düsseldorf RzW 1964, 182 = IPRspr. 1962–63 Nr. 209.

365 Reithmann/Martiny IntVertragsR/*Knöfel* Rn. 10.59.

366 BGH NJW 2022, 3350 m. Aufsatz *Augenhofer* NJW 2022, 3323.

367 Reithmann/Martiny IntVertragsR/*Knöfel* Rn. 10.55.

Die **Abgrenzung zwischen in- und ausländischer Rechtsberatungstätigkeit** macht häufig Schwierigkeiten. Das Fehlen einer inländischen Niederlassung schließt jedenfalls die Anwendbarkeit des RDG noch nicht aus.[368] Im Vordergrund muss die Rechtsberatung stehen. Teilweise wird ausschließlich oder vorrangig auf den Handlungs- und Tätigkeitsort des Beraters abgestellt.[369] Von anderen wird als maßgeblich der deutsche Rechtsberatungsmarkt angesehen.[370] Dies führt insbesondere zur Niederlassung des Mandanten, so dass es auf die Beratung eines inländischen Mandanten ankommt.[371] Die vom Ausland her erfolgende inländische Rechtsberatung wird somit erfasst. Eine ausschließlich aus einem anderen Staat heraus erbrachte Rechtsdienstleistung wird nur dann erfasst, wenn ihr Gegenstand deutsches Recht ist (§ 1 Abs. 2 RDG).[372] Die Einschaltung eines ausländischen Inkassobüros durch einen deutschen Gläubiger zur Durchsetzung von Forderungen gegen inländische Schuldner wird dementsprechend als unerlaubte Tätigkeit angesehen.[373] Der Sitz des Schuldners, gegen den Ansprüche geltend gemacht werden, soll hingegen allein nicht entscheidend sein.[374] Eine Inkassotätigkeit aus dem Ausland im Interesse ausländischer Gläubiger wird wegen des auf das Inland beschränkten Schutzzwecks des Gesetzes teilweise für zulässig gehalten.[375] 105

b) Ausländische Vorschriften. Zwingendes Auslandsrecht über die Ausübung eines Gewerbes oder staatlich geregelten Berufs ist beachtlich, wenn die Berufstätigkeit (Hauptniederlassung, Tätigkeitsort) im Ausland erfolgt.[376] Dies gilt auch für ein staatliches Verbot, ohne Registereintragung die Tätigkeit eines Handelsvertreters auszuüben, einschließlich seiner ggf. vorgeschriebenen Nichtigkeitssanktion.[377] 106

11. Arbeitsrecht. Zwar wird das Arbeitsrecht zum Teil allein dem Art. 8 überantwortet, soweit der Sachverhalt von dieser Vorschrift erfasst wird.[378] Es ist aber nicht ausgeschlossen, arbeitsrechtliche Vorschriften ausnahmsweise über Art. 9 durchzusetzen.[379] Doch ist in erster Linie Art. 8 zu beachten (→ Rn. 22 ff.). Eine Sonderanknüpfung kommt für solche Vorschriften in Betracht, die wegen der verfolgten Gemeinwohlinteressen eine Sonderanknüpfung erfordern. Ausdrücklich als zwingende Vorschrift bezeichnet sich § 2 AEntG (→ Art. 8 Rn. 138 f.). Das Gleiche gilt für § 3 S. 1 AEntG (→ Art. 8 Rn. 172 ff.). Zur Durchsetzung in- und ausländischer arbeitsrechtlicher Vorschriften → Art. 8 Rn. 125 f. 107

12. Kulturgüterschutz.

Schrifttum: *Elmenhorst/Heimann,* Die Neuregelung des Kulturgutschutzrechts, NJW 2016, 3398; *Hanisch,* Internationalprivatrechtliche Fragen im Kunsthandel, FS Müller-Freienfels, 1986, 193.

a) Rechtsvereinheitlichung. Der Schutz von Kulturgütern (zB durch Veräußerungs-, Ein- und Ausfuhrverbote, aber auch durch Rückgabeansprüche) ist in nationalen Vorschriften sowie zunehmend in internationalen Staatsverträgen der UNESCO[380] (→ EGBGB Art. 43 Rn. 185) und 108

---

368 Reithmann/Martiny IntVertragsR/*Knöfel* Rn. 10.58.

369 LG München I IPRspr. 1964–65 Nr. 43; VG Schleswig NJW 1989, 1178; abl. dazu Reithmann/Martiny IntVertragsR/*Knöfel* Rn. 10.59.

370 OLG Hamm RIW 2000, 58 = IPRax 2001, 249 m. Aufsatz *Budzikiewicz* IPRax 2001, 218; OLG Köln NJW 2004, 2684; Reithmann/Martiny IntVertragsR/*Knöfel* Rn. 10.59.

371 Reithmann/Martiny IntVertragsR/*Knöfel* Rn. 10.59; Rauscher/*Thorn* Rn. 49.

372 Dazu näher *de Barros Fritz* IPRax 2020, 499 ff.; Reithmann/Martiny IntVertragsR/*Knöfel* Rn. 10.55 ff.

373 Reithmann/Martiny IntVertragsR/*Zwickel* Rn. 5.65.

374 *Budzikiewicz* IPRax 2001, 218 (224); anders OLG Oldenburg MDR 2001, 1309 m. abl. Anm. *Mankowski.*

375 *Armbrüster* RIW 2000, 583 (584 ff.); Reithmann/Martiny IntVertragsR/*Zwickel* Rn. 5.145.

376 *Vischer* Rec. des Cours 142 (1974-II), 1 (30); Reithmann/Martiny IntVertragsR/*Zwickel* Rn. 5.133; vgl. OLG Stuttgart IPRspr. 1960–61 Nr. 213: über ausländische lex causae; wN bei *Kreuzer,* Ausländisches Wirtschaftsrecht vor deutschen Gerichten, 1986, 49 f.

377 *Birk* ZVglRWiss 79 (1980), 268 (283) für Italien; *Elwan* ZVglRWiss 80 (1981), 89 (145 f.) für Ägypten; *Krüger* FS Kegel, 1987, 269 (281 ff.) für Arabien; Reithmann/Martiny IntVertragsR/*Fabig* Rn. 23.176; anders IPG 1977 Nr. 7 (Köln) S. 58 f. für Ägypten; *Noetzel* DB 1986, 209 (212) für Arabien; *Kindler,* Der Ausgleichsanspruch des Handelsvertreters im deutsch-italienischen Warenverkehr, 1987, 171 ff. für Italien; vgl. auch LG Essen RIW 1983, 619 für Irak.

378 So insbes. *Mankowski* IPRax 1994, 94 ff.: Individualschutz nur über Art. 30 EGBGB (aF); Grüneberg/*Thorn* Rn. 8.

379 BAG RIW 2012, 638 = NZA 2012, 1152; NJW 2020, 2659 noch zum EGBGB; Reithmann/Martiny IntVertragsR/*Zwickel* Rn. 5.98; *Deinert* IntArbR § 10 Rn. 19 ff.; Staudinger/*Magnus,* 2021, Rn. 25: „relativer Vorrang des Art. 9"; ebenso bereits *Taschner,* Arbeitsvertragsstatut und zwingende Bestimmungen nach dem Europäischen Schuldvertragsübereinkommen, 2003, 183 ff.

380 Insbes. das UNESCO-Übereinkommen vom 14.11.1970 über Maßnahmen zum Verbot und zur Verhütung der rechtswidrigen Einfuhr, Ausfuhr und Übereignung von Kulturgut (BGBl. 2007 II 626). Das Übk. Ist für die BRepD am 29.2.2008 in Kraft getreten, BGBl. 2008 II 235); dazu KGSG vom 31.7.2016 (BGBl. 2016 I 1914); zum KultGüRückG von 2007 *Halsdorfer* IPRax 2008, 395 ff.

von UNIDROIT[381] (→ EGBGB Art. 43 Rn. 185) geregelt. Eine unmittelbar anwendbare unionsrechtliche Regelung betrifft die Ausfuhr in Drittstaaten (Kulturgüter-VO).[382] Ferner besteht eine RL 2014/60/EU, welche sich hauptsächlich mit der Rückgabe von Kulturgütern und Entschädigungsfragen befasst (→ EGBGB Art. 43 Rn. 185).[383] Diese wurde in Deutschland in §§ 49 ff. KGSG umgesetzt (→ EGBGB Art. 43 Rn. 188 ff.).

109 **b) Unvereinheitlichtes Recht.** Inländische Vorschriften, welche dem Kulturgüterschutz dienen, können nach Art. 9 durchgesetzt werden.[384] Es geht um die Sicherung der kulturellen Identität und damit um Gemeinwohlinteressen. Eine Ausfuhrgenehmigung ist nach deutschem Recht erforderlich für nationales Kulturgüter, die vorübergehend (§ 22 KGSG) oder dauerhaft (§ 23 KGSG) ausgeführt werden.[385] Für die Beachtung ausländischer zwingender Vorschriften gelten die allgemeinen Grundsätze (näher → EGBGB Art. 43 Rn. 193 ff.).[386] Ohne die erforderliche Genehmigung abgeschlossene Verträge über die Ausfuhr von Kulturgütern sind grundsätzlich schwebend unwirksam und bei fehlender Genehmigungsfähigkeit nichtig.[387]

110 **Ausländische Normen** zum Kulturgüterschutz können auch im Inland Beachtung finden. Von der dt. Rspr. wurde im sog. Masken-Fall ein nigerianisches Ausfuhrverbot zum Schutze nationaler Kunstgegenstände im Rahmen eines deutschem Recht unterliegenden Seeversicherungsvertrages beachtet.[388] Im Wege materiellrechtlicher Berücksichtigung (→ Rn. 47) wurde Sittenwidrigkeit (§ 138 BGB) für den Kaufvertrag angenommen; dem Versicherungsvertrag fehlte daher das „versicherbare Interesse" iSv § 2 Abs. 1 S. 1 ADS. Heute besteht ein Einfuhrverbot für ausländisches Kulturgut gem. § 28 Nr. 1 KGSG, das als Eingriffsnorm anzusehen ist.[389]

111 **13. Versicherungsrecht.** Versicherungsverträge werden regelmäßig von der besonderen Vorschrift des Art. 7 erfasst. Danach ist eine Rechtswahl nur in beschränktem Umfang zulässig. Im Übrigen ist die Beachtung von in- und ausländischen Eingriffsnormen nicht ausgeschlossen.

C. Durchsetzung zwingender Bestimmungen

I. Eigene Eingriffsnormen (Abs. 2)

112 **1. Grundsatz.** Kein Richter kann sich über die dem Wohl des eigenen Staates dienenden zwingenden Gesetze unter Berufung auf die Parteiautonomie hinwegsetzen. Früher war streitig, ob die Anwendung dieser Normen auf dem Eingreifen des ordre public (Schuldstatutstheorie)[390] oder auf einer Sonderanknüpfung[391] beruhte. Die Rom I-VO hat sich eindeutig für eine **Sonderanknüpfung** entschieden (→ Einl. IPR Rn. 307 ff.).[392] Die **eigenen Normen setzen sich gegenüber**

---

381 UNIDROIT Übereinkommen über gestohlene oder rechtswidrig ausgeführte Kulturgüter (Convention on Stolen or Illegally Exported Cultural Objects) vom 24.6.1995, Rev. Crit. Dr. int. Pr. 86 (1997), 282 (franz.) = Rev. Dr. unif. 1996, I, 104 (engl., franz.) = Int. Leg. Mat. 1995, 1530 = ZVglRWiss 95 (1996), 203 ff. (engl. mit deutscher Übersetzung). Deutsche Übersetzung auch bei *Jayme/Hausmann* Nr. 111.

382 VO (EG) 116/2009 vom 18.12.2008 über die Ausfuhr von Kulturgütern, ABl. EU 2008 L 39, 1; dazu *Elmenhorst/Heimann* NJW 2016, 3398 (3400).

383 RL 2014/60/EU vom 15.5.2014 über die Rückgabe von unrechtmäßig aus dem Hoheitsgebiet eines Mitgliedstaats verbrachten Kulturgütern, ABl. EU 2014 L 159, 1; vgl. früher RL 93/7/EWG.

384 Reithmann/Martiny IntVertragsR/*Zwickel* Rn. 5.94; Reithmann/Martiny IntVertragsR/*Obergfell* Rn. 34.129 f. Zu Art. 34 EGBGB aF *Schmeinck,* Internationalprivatrechtliche Aspekte des Kulturgüterschutzes, 1994, 95 ff.

385 S. *Elmenhorst/Heimann* NJW 2016, 3398 (3401).

386 Dazu *Martiny* IPRax 2012, 559 ff.; vor der Rom I-VO *Hanisch* FS Müller-Freienfels, 1986, 193 (199 ff.); *Kreuzer,* Ausländisches Wirtschaftsrecht vor deutschen Gerichten, 1986, 24 ff.; *Schmeinck,* Internationalprivatrechtliche Aspekte des Kulturgüterschutzes, 1994, 102 ff.

387 *Kohls,* Kulturgüterschutz, 2001, 102 ff.

388 BGHZ 59, 82 (85–87) = NJW 1972, 1575 mAnm *Mann* NJW 1972, 2179; näher zu diesem Fall *Jaeger,* Internationaler Kulturgüterschutz, 1993, 91 f.; *Schmeinck,* Internationalprivatrechtliche Aspekte des Kulturgüterschutzes, 1994, 87 ff.; *Zeppenfeld,* Die allseitige Anknüpfung von Eingriffsnormen im Internationalen Wirtschaftsrecht, 2001, 39 f., 107 f., 160 f.; zum Einfluss des Völkerrechts auf § 138 BGB *Bleckmann* ZaöRV 34 (1974), 112 ff.

389 *Kronenberg,* Normen als tatsächliche Umstände, 2021, Rn. 429.

390 *Mann* FS Beitzke, 1979, 607 (611 f.).

391 *Wengler* ZVglRWiss 54 (1941), 168 (178); *Steinschulte* in Sandrock IntVertragsgestaltung-HdB Bd. I, 1980, Rn. A 142.

392 Vgl. Reithmann/Martiny IntVertragsR/*Zwickel* Rn. 5.12.

zwingenden Vorschriften des Vertragsstatuts durch;[393] sie kommen unmittelbar zur Anwendung. Dies gilt nicht nur für privatrechtliche, sondern auch für dem öffentlichen Recht zuzuordnende Vorschriften.[394] Dabei ist unerheblich, ob das Vertragsstatut kraft Rechtswahl (Art. 3) oder auf Grund objektiver Anknüpfung (Art. 4–8) bestimmt wurde.[395] Zu den Rechtsfolgen → Rn. 54 ff.

Die Anwendung der lex fori allein löst noch nicht die Frage, ob das ausländische Recht zur **113** **Rechtfertigung einer nach inländischem Recht an sich unzulässigen Handlung** herangezogen werden kann. Diese Normenkollision (→ Rn. 146 ff.) taucht vor allem bei ausländischen Wettbewerbsbeschränkungen mit Inlandsauswirkung auf.[396]

2. Voraussetzungen. Nach Art. 9 ist entscheidend, ob die inländische zwingende Bestimmung **114** den Sachverhalt ohne Rücksicht auf das Vertragsstatut regelt und als Eingriffsnorm anzusehen ist. Dies lässt sich nach allgM nur durch eine Untersuchung von **Sinn und Zweck der jeweiligen Norm** bzw. der mit ihr verfolgten Ordnungsinteressen klären.[397] Nach der heutigen Vorgabe bezüglich der Eingriffsnormen in Abs. 1 müsste sich bei einem Konflikt mit einer zu weit gehenden nationalen Norm das engere europäische Konzept durchsetzen.[398] Eigene nationale Normen dürfen über Mindestanforderungen einer EU-RL hinausgehen und zu international zwingenden Vorschriften erklärt werden.[399] Allerdings bedarf es dafür besonderer Gründe (→ Rn. 29).

Es kommt darauf an, ob die Vorschrift überhaupt sachlich und räumlich Geltung beansprucht, **115** also **Anwendungswillen** besitzt.[400] Andere sprechen hier von Anwendungsinteresse, Geltungswille oder -interesse.[401] Der Anwendungswille ist dann zu bejahen, wenn die Norm – wie zB § 2 AEntG – ihre Geltung für grenzüberschreitende Fälle ohne Rücksicht auf das ansonsten anzuwendende Recht **ausdrücklich anordnet.**[402] Steht sie hingegen unter dem Vorbehalt, dass sie nur dann angewendet werden soll, wenn die Rechtsordnung des normsetzenden Staates Vertragsstatut ist, so fehlt es daran im Allgemeinen; die Bestimmung ist dann nur intern, nicht international zwingend und wird behandelt wie andere Sachnormen auch. Geht der Anwendungswille nicht ausdrücklich aus der Norm hervor, so ist sie **auszulegen.**[403] Dabei ist zu ermitteln, ob sie eine versteckte einseitige Kollisionsnorm enthält bzw. über Art. 9 durchzusetzen ist (→ Rn. 10 ff.).

Art. 9 selbst ist nicht die maßgebliche Grundlage für die Durchsetzung des eigenen zwingenden **116** Rechts; die Vorschrift wird daher auch als **Öffnungsklausel** bezeichnet.[404] Sie präzisiert auch deshalb die Voraussetzungen nicht näher, weil die Schöpfer des Abs. 2 vom Konzept der „unmittelbar anwendbaren Gesetze" ausgingen.[405] Danach setzt sich die Sachnorm unmittelbar durch; eine vertiefte kollisionsrechtliche Analyse zur Anwendung der einzelnen Sachnorm ist nicht vorgesehen. Dieser Konzeption ist aber nur bedingt zu folgen. Insbesondere sollte Abs. 2 ein eigener kollisionsrechtlicher Gehalt beigemessen werden.[406] Sind im Zusammenhang mit einzelnen Sachnormen

---

393 Grüneberg/*Thorn* Rn. 6. – S. schon *Radtke* ZVglRWiss 84 (1985), 325 (330).

394 *Philip* in North, Contract Conflicts, 1982, 102; *Kothe* EuZW 1990, 153; *Kleinschmidt,* Zur Anwendbarkeit zwingenden Rechts im internationalen Vertragsrecht unter besonderer Berücksichtigung von Absatzmittlungsverträgen, 1985, 286; *Droste,* Der Begriff der „zwingenden Bestimmung" in den Art. 27 ff. EGBGB, 1991, 144 f.

395 Grüneberg/*Thorn* Rn. 6.

396 Näher Immenga/Mestmäcker/*Rehbinder/v. Kolben* GWB § 185 Rn. 129 ff. mwN.

397 Reithmann/Martiny IntVertragsR/*Zwickel* Rn. 5.22. – S. bereits BAGE 63, 17 = RIW 1990, 754 = IPRax 1991, 407 m. Aufsatz *Magnus* IPRax 1991, 382 = SAE 1990, 317 mAnm *Junker;* IPRax 1994, 123 m. Aufsatz *Mankowski* IPRax 1994, 88 = SAE 1994, 28 mAnm *Junker;* NZA 2002, 734 = AP Art. 30 Nr. 10 mAnm *Schlachter* = SAE 2002, 258 mAnm *Junker* = IPRax 2003, 258 m. Aufsatz *Franzen* IPRax 2003, 239; *v. Hoffmann* IPRax 1989, 261 (263 f.); *Junker* IPRax 1989, 69 (73).

398 Vgl. auch zum EVÜ *Mankowski* ZEuP 2008, 845 (854 ff.).

399 EuGH ECLI:EU:C:2013:663 = EuZW 2013, 956 – Unamar.

400 *Wengler* ZVglRWiss 54 (1941), 168 (181 ff.); *Zweigert* RabelsZ 14 (1942), 283 (288 ff.). – Den Anwendungswillen bezeichnet als „subjektive Voraussetzung" *Knaul,* Auswirkungen des europäischen Binnenmarktes der Banken auf das internationale Bankvertragsrecht unter besonderer Berücksichtigung des Verbraucherschutzes, 1995, 296.

401 Vgl. *Coester* ZVglRWiss 82 (1983), 1 (9).

402 *W.-H. Roth* FS Kühne, 2009, 859 (866); Staudinger/*Magnus,* 2021, Rn. 56.

403 *Hoffmann* IPRax 1989, 261 (264 ff.); *Leible* JbJZivRWiss 1995, 245 (262); *Knaul,* Auswirkungen des europäischen Binnenmarktes der Banken auf das internationale Bankvertragsrecht unter besonderer Berücksichtigung des Verbraucherschutzes, 1995, 297 ff.; Reithmann/Martiny IntVertragsR/*Zwickel* Rn. 5.15 ff. Vgl. auch *Morse* Yb. Eur. L. 2 (1982), 107 (144); *Lando* C.M.L. Rev. 24 (1987), 159 (206 f.).

404 *Sonnenberger* FS Kropholler, 2008, 227 (242); *W.-H. Roth* FS Dauses, 2014, 315 (328 ff.); vgl. auch Czernich/Heiss/*Heiss* EVÜ Art. 7 Rn. 4 f.

405 Zum EVÜ vgl. *Coester* ZVglRWiss 82 (1983), 1 (11 f.); *v. Hoffmann* IPRax 1989, 261 (263 ff.); *Mäsch,* Rechtswahlfreiheit und Verbraucherschutz, 1993, 134 ff.

406 BeckOGK/*Maultzsch,* 1.3.2024, Rn. 10.

spezielle Kollisionsnormen erlassen worden, so können sie daher mit Art. 9 kombiniert werden (→ Rn. 10 ff.). Fehlt eine derartige Regelung, so sind die Voraussetzungen nach allgemeinen Grundsätzen zu entwickeln.

117 Im Gegensatz zu Art. 9 Abs. 3 besteht bei der Durchsetzung eigenen zwingenden Rechts **kein richterliches Anwendungsermessen.**[407] Schwierigkeiten macht jedoch, wieweit sich die Frage nach dem Anwendungswillen überhaupt von einer Untersuchung der international zwingenden Natur der Vorschriften (→ Rn. 8 ff.) trennen lässt.[408] Nach Art. 7 EVÜ war umstritten, ob es zusätzlich zum Anwendungswillen noch des – im Wortlaut nicht erscheinenden – Elements der engen Verbindung bzw. eines objektiven **Inlandsbezugs** bedarf.[409] Auch nach Art. 9 wird das teilweise bezweifelt.[410] Letzteres dürfte aber zu bejahen sein; ohne eine genügende Beziehung des Sachverhalts zum Inland braucht die inländische Norm nicht durchgesetzt zu werden[411] (→ Rn. 132 ff.).

118 **3. Verhältnis zu anderen Vorschriften.** Verschiedene Regelungen des deutschen Rechts dienen dem gleichen oder ähnlichen Zwecken wie Art. 9. Man könnte daran denken, dass die Rom I-VO den Mitgliedstaaten nur erlaubt, Sachnormen unter bestimmten Voraussetzungen für direkt anwendbar zu erklären, aber keine eigentlich kollisionsrechtliche Regelung zu treffen.[412] Folglich könnte man annehmen, dass solche nationalen Sonderregeln von Art. 9 außer Kraft gesetzt wurden. Dies dürfte jedoch zu verneinen sein. Art. 9 beschränkt sich auf die grundsätzliche Aussage, dass eigene Eingriffsnormen durchgesetzt werden. Damit bleibt aber die Ausgestaltung weiterhin dem nationalen Recht überlassen. Präzisierungen stehen nicht im Widerspruch zu Art. 9 Abs. 2.

119 **4. Verhältnis zum ordre public.** Die VO bestimmt nicht ausdrücklich, welche Rolle der ordre public (Art. 21) bei der Durchsetzung eigenen zwingenden Rechts spielt. Es ist jedoch anzunehmen, dass Art. 9 eine spezielle Vorschrift hierfür bildet.[413] Soweit sie reicht, kommt der ergebnisorientierte Art. 21 nicht zum Zuge, zumal der Lehre vom „positiven ordre public" ohnehin nicht zu folgen ist (→ Rn. 39; → EGBGB Art. 6 Rn. 2). Der deutsche ordre public korrigiert daher das ausländischem Recht unterliegende Vertragsstatut nur dann, wenn es um inländische zwingende Bestimmungen geht, die nicht ohnehin schon nach Art. 9 durchgesetzt werden. Eingriffsnormen des Art. 9 schalten den gewöhnlichen Mechanismus der Verweisung von vornherein aus; sie werden auch gegen ein ausländisches Vertragsstatut durchgesetzt.[414] Sie haben auf der anderen Seite nicht automatisch ordre public-Charakter, brauchen also keine wesentlichen Grundsätze der deutschen Rechtsordnung iSd Art. 21 zu schützen.[415] Umgekehrt wird nicht jeder wesentliche, auf die Grundrechte gestützte Grundsatz des deutschen Vertragsrechts, welcher den schwächeren Vertragspartner schützt, sogleich von Art. 9 erfasst.[416] Wenig bedeutsam für den ordre public ist der Bereich, in dem keinerlei inländische zwingende Bestimmung besteht. Eine völlige Unvereinbarkeit mit wesentlichen Grundsätzen des deutschen Rechts wird man kaum konstatieren können, wenn diese Prinzipien dispositiv sind.

II. Ausländische Eingriffsnormen (Abs. 3)

120 **1. Allgemeines.** Den Eingriffsnormen (overriding mandatory provisions; lois de police) des Staates, in dem die durch den Vertrag begründeten Verpflichtungen erfüllt werden sollen oder erfüllt worden sind, kann Wirkung verliehen werden, soweit diese Eingriffsnormen die Erfüllung des

---

[407] *Philip* in North, Contract Conflicts, 1982, 101; *Kreuzer,* Ausländisches Wirtschaftsrecht vor deutschen Gerichten, 1986, 70.

[408] Vgl. *E. Lorenz* RIW 1987, 569 (578).

[409] Verneinend *Radtke* ZVglRWiss 84 (1985), 329 (331); *Hartley* Eur. L. Rev. 4 (1979), 236 (241): wegen des unterschiedlichen Wortlauts von Art. 7 Abs. 1 und Abs. 2 EVÜ; *Busse* ZVglRWiss 95 (1996), 386 (411 f.); *Mankowski* RIW 1998, 287; *Krebber,* Internationales Privatrecht des Kündigungsschutzes bei Arbeitsverhältnissen, 1997, 297 f.

[410] So BeckOGK/*Maultzsch,* 1.3.2024, Rn. 85.

[411] BAGE 141, 129 = NZA 2012, 1152 = IPRspr. 2012 Nr. 65 Rn. 18; *Bitterich* GPR 2006, 161 (165); *Kohler* FS Kronke, 2020, 253 (258); Reithmann/Martiny IntVertragsR/*Zwickel* Rn. 5.61; BeckOGK/*Maultzsch,* 1.3.2024, Rn. 85; Calliess/Renner/*Renner* Rn. 27; Staudinger/*Magnus,* 2021, Rn. 82. – Zu Art. 34 EGBGB aF BAGE 100, 130 (140 f.) = NZA 2002, 734 = IPRax 2003, 258 m. Aufsatz *Franzen* IPRax 2003, 239 = SAE 2002, 253 mAnm *Junker,* für Flugbegleiterin; *E. Lorenz* RIW 1987, 569 (578); *E. Lorenz* RIW 1989, 227; *Schurig* RabelsZ 54 (1990), 217 (234); *Junker* FS 50 Jahre BAG, 2004, 1197 (1214 f.); *Kropholler* IPR § 52 IX 1; Soergel/*v. Hoffmann* EGBGB Art. 34 Rn. 95: enge Beziehung.

[412] Vgl. zum EVÜ *Philip* in North, Contract Conflicts, 1982, 101 f.

[413] Vgl. *Junker* IPRax 1989, 69 (75); *Starp,* Die Börsentermingeschäfte an Auslandsbörsen, 1985, 217.

[414] *Weber* IPRax 1988, 82 (84); *Junker* IPRax 1989, 69 (75); Soergel/*v. Hoffmann* EGBGB Art. 34 Rn. 11.

[415] Vgl. *Weber* IPRax 1988, 82 (84); *Reichelt* ZfRV 29 (1988), 84.

[416] *Mankowski* RIW 1996, 8 (11 f.). – S. aber *Reich* NJW 1994, 2128 (2129 f.).

Vertrags unrechtmäßig werden lassen. Der Begriff der Eingriffsnormen ist hier derselbe wie in der Definition des Abs. 1. Es handelt sich um Normen, die ohne Rücksicht auf das Vertragsstatut angewendet werden wollen und welche die anderen Kriterien des Abs. 1 erfüllen (→ Rn. 10 ff.). Es kann sich hierbei um die Vorschriften eines Staates handeln, der nicht das Vertragsstatut stellt. Erfasst werden mithin auch drittstaatliche Normen, welche weder der lex fori noch der lex causae angehören.[417] Verlangt wird nicht notwendigerweise eine gesetzliche Vorschrift;[418] Fallrecht genügt.[419] Gegen Art. 9 Abs. 3 wird vereinzelt eingewandt, dass darin, dass nicht nach mitgliedstaatlichen und nichtmitgliedstaatlichen Eingriffsnormen differenziert wird, eine Diskriminierung gegenüber dem bevorzugten eigenen Eingriffsrecht und eine Verletzung des Primärrechts, nämlich des Grundsatzes der loyalen Zusammenarbeit liege (Art. 4 Abs. 3 EUV; → Rn. 32).[420]

Wegen der restriktiven Haltung der Rom I-VO stellt sich die Frage, ob Art. 9 Abs. 3 eine **kollisionsrechtliche Heranziehung** ausländischer Eingriffsnormen **auf anderem Wege ausschließt.** Aus dem Wortlaut der Vorschrift und aus den Erwägungsgründen lässt sich nicht beantworten, ob Eingriffsnormen anderer Staaten als die des Erfüllungsorts beachtet werden dürfen[421] (→ Einl. IPR Rn. 310). Man könnte argumentieren, dass bezüglich der Eingriffsnormen des Erfüllungsorts ein Eingriff möglich sein muss, dass eine weitergehende Sonderanknüpfung jedoch nicht ausgeschlossen ist. Da der erkennbare Zweck des Abs. 3 aber ist, Eingriffe möglichst zu beschränken, ist anzunehmen, dass ausländisches Eingriffsrecht das Vertragsstatut nur auf dem dort vorgesehenen Wege korrigieren kann. Der Vorschrift kommt insoweit „Sperrwirkung" zu.[422] Ausländische Eingriffsnormen dürfen nicht auf einem anderen Weg als nach Art. 9 Abs. 3 angewendet werden.[423] **121**

Ob dann, wenn eine Beachtung der ausländische Eingriffsnorm nach Art. 9 Abs. 3 ausscheidet, gleichwohl noch eine **materiellrechtliche Beachtung auf sachrechtlicher Ebene** (im Rahmen des Vertragsstatuts) grundsätzlich zulässig ist (→ Rn. 45), war umstritten und Gegenstand der Sache **Nikiforidis.**[424] Dort ging es um den Einfluss griechischen zwingenden Rechts auf das deutsche Arbeitsvertragsstatut. Wer Art. 9 Abs. 3 ganz oder eher als Möglichkeit einer kollisionsrechtlichen Sonderanknüpfung versteht, wird damit weniger Schwierigkeiten haben, da es sich um unterschiedliche Ebenen und Wertungen handelt. Für diejenigen, welche eine materiellrechtliche Berücksichtigung bereits im Rahmen des Art. 9 Abs. 3 mehr oder weniger ausgedehnt vornehmen wollen, ist hingegen die Gefahr von Wertungswidersprüchen bzw. sinnlosen Wiederholungen größer. Der EuGH hat bestätigt, dass weiterhin von der **Zulässigkeit einer materiellrechtlichen Berücksichtigung** ausgegangen werden kann.[425] Die Normen können sich als tatsächliche Umstände im Rahmen der lex causae auswirken (→ Einl. IPR Rn. 313 f.). Von anderen wird die materiellrechtliche Berücksichtigung allerdings abgelehnt.[426] Die ausländische Eingriffsnorm kann nach letzterer Auffassung lediglich im Rahmen der Wirkungsverleihung des Art. 9 Abs. 3 Beachtung finden, nicht aber (noch) materiellrechtlich berücksichtigt werden. Dafür werden die Abwehr störender ausländischer Eingriffsnormen, die Parteiautonomie und das angestrebte Festhalten der Parteien am Vertrag angeführt. **122**

---

417 Vgl. Czernich/Heiss/*Heiss* EVÜ Art. 7 Rn. 35.

418 Beispiele für ausländische zwingende Normen bei Rauscher/*Thorn* Rn. 112–119.

419 Ebenso Czernich/Heiss/*Heiss* EVÜ Art. 7 Rn. 34.

420 *W.-H. Roth* FS Dauses, 2014, 315 (331 ff.).

421 Bejahend *Rühl* FS Kropholler, 2008, 187 (206 f.). – Verneinend *Mankowski* IHR 2008, 133 (148).

422 *Einsele* WM 2009, 289 (296 f.); *Freitag* IPRax 2009, 109 (115); *W.-H. Roth* FS Dauses, 2014, 315 (329); Reithmann/Martiny IntVertragsR/*Zwickel* Rn. 5.36; *Deinert* IntArbR § 10 Rn. 161; anders *A. Köhler,* Eingriffsnormen, 2013, 264 ff.; *A. Köhler* in Binder/Eichel, Internationale Dimensionen des Wirtschaftsrechts, 2013, 218 ff.

423 EuGH ECLI:EU:C:2016:774 Rn. 50 = NZA 2016, 1389 = RIW 2016, 811 mAnm *Mankowski* = IPRax 2018, 207 m. Aufsatz *W.H.Roth* IPRax 2018, 177 – Nikiforidis; zust. *Maultzsch* FS Kronke, 2020, 363 (368).

424 EuGH ECLI:EU:C:2016:774 Rn. 51 f. = NZA 2016, 1389 = RIW 2016, 811 mAnm *Mankowski* = IPRax 2018, 207 m. Aufsatz *W.H.Roth* IPRax 2018, 177 – Nikiforidis. – Vorlage von BAGE 151, 75 = BAG NZA 2015, 542 = ZfRV 2015, 170 mAnm *Schacherreiter.* Abschlussentscheidung: BAG RIW 2020, 157.

425 EuGH ECLI:EU:C:2016:774 Rn. 51 = NZA 2016, 1389 – Nikiforidis; ebenso OLG Frankfurt NJW 2018, 3591 m. zust. Anm. *Tonner* = RIW 2019, 231 m. Aufsatz *Mankowski* RIW 2019, 180; *Einsele* WM 2009, 289 (296); *Roth* EWS 2011, 314 (326); *Sonnentag* VersR 2024, 201 (207); Reithmann/Martiny IntVertragsR/*Zwickel* Rn. 5.38; *Weller,* Die Grenze der Vertragstreue von (Krisen-)Staaten, 2013, 41 ff. für Staatsnotstand im Rahmen der Datumtheorie; *Kronenberg,* Normen als tatsächliche Umstände, 2021, Rn. 174 ff.; BeckOK BGB/*Spickhoff* Rn. 30; Bruck/Möller/*Dörner,* VVG, 2013, Art. 9 Rn. 10; Calliess/Renner/*Renner* Rn. 34.

426 *Maultzsch* RabelsZ 75 (2011), 60 (98 f.); *Hauser,* Eingriffsnormen in der Rom I-Verordnung, 2012, 114 ff., 129: absolute Sperrwirkung; *Deinert* IntArbR § 10 Rn. 161; Rauscher/*Thorn* Rn. 92 ff.: nur ausnahmsweise zulässig; wohl auch Ferrari IntVertragsR/*Staudinger* Rn. 43; krit. *Kohler* FS Kronke, 2020, 253 (260 f.). Grundsätzlich krit. auch *Maultzsch* FS Kronke, 2020, 363 (368 ff.); gegen die Berücksichtigung von Recht als Tatsache *Harms,* Neuauflage der Datumtheorie im IPR, 2019, 119 ff.

123 Angesichts der recht engen Voraussetzungen des Art. 9 Abs. 3 muss zumindest Unbehagen wecken, wenn eine ausländische Norm bei Nichterfüllen dieser Erfordernisse selbst dann, wenn die Erfüllung des Vertrages tatsächlich erschwert wird, gar nicht in Betracht gezogen würde.[427] Die **Beachtung ausländischen Eingriffsrechts** soll vor allem der Zwangslage des Schuldners, der der ausländischen Regelung ausgesetzt ist, Rechnung tragen.[428] Dies bezieht sich zum einen auf die Wirksamkeit des Vertrages (Sittenwidrigkeit), zum anderen auf die Leistungsstörungen. Dementsprechend findet sich eine entsprechende sachrechtliche Berücksichtigung auch in den UNDROIT-Grundregeln[429] sowie im DCFR.[430] Im Übrigen müsste der Verordnungsgeber, um eine europäische sachrechtliche Regel der Nichtbeachtung aufzustellen, dafür erst einmal die Zuständigkeit besitzen. Die Rom I-VO bezieht sich aber auf das Kollisionsrecht. Eine Sachrechtsvereinheitlichung ist weder beabsichtigt, noch ist die EU dafür generell zuständig.[431] Freilich ist nicht ausgeschlossen, dass eine sehr weite Auslegung der Prüfung der Voraussetzungen und der Folgen letztlich zu bestimmten unionsprivatrechtlichen Aussagen führt, welche das Sachrecht nicht ganz unberührt lassen.[432] Da lex causae auch ein drittstaatliches Recht eines Nichtmitgliedstaats sein kann, würde ein undifferenziertes Abweisen der Wirkungen der drittstaatlichen Norm auf das jeweilige Vertragsrecht auch eine Aussage für dieses Recht bedeuten. Die Rom I-VO kann aber wohl kaum globale Leitlinien vorgeben, wie sich die unterschiedlichsten Sachrechte in der hier zu lösenden Frage zu verhalten haben. Möglicherweise ist auch nach den einzelnen Sachnormen zu differenzieren. Art. 9 Abs. 3 will die Wirkung des fremden Eingriffsrechts möglichst beschränken. Ist aber das ausländische Eingriffsrecht ausgeschlossen, so kann man argumentieren, darf ihm nunmehr nicht auf dem **sachrechtlichen Weg** Wirkung auf den Bestand des Vertrages beigemessen werden. Dagegen könnte die Argumentation für **Leistungsstörungen,** die einem faktischen Zwang des Schuldners Rechnung tragen sollen (Unmöglichkeit, Verzug, Störung der Geschäftsgrundlage usw), eine großzügigere sein.[433] Für die **Sittenwidrigkeit** nach § 138 BGB wird teilweise argumentiert, auch sie könne bereits beim „Wirkung verleihen" iSd Art. 9 Abs. 3 einbezogen werden. Scheitert aber eine Beachtung über Abs. 3, so soll diese Bestimmung Sperrwirkung entfalten und eine materiellrechtliche Berücksichtigung ausschließen.[434] Andere wollen hingegen diesen Weg nicht grundsätzlich verschließen[435] (→ Einl. IPR Rn. 314).

124 **2. Anwendungswille.** Bislang wurde als weitere Voraussetzung für das Eingreifen ausländischer zwingender Normen vielfach verlangt, dass sie selbst überhaupt sachlich und räumlich **Geltung beanspruchen,** also Anwendungswillen (auch Geltungswille genannt) besitzen.[436] Er ist – ebenso wie für inländische Normen (→ Rn. 115 f.) – dann zu bejahen, wenn die Norm ihre **Geltung für grenzüberschreitende Fälle unabhängig vom Vertragsstatut ausdrücklich anordnet** oder sich dies durch Auslegung ergibt. Dies wird auch für Art. 7 Abs. 1 EVÜ angenommen.[437] Der

427 Vgl. auch Staudinger/*Magnus,* 2021, Rn. 124.

428 Das gilt auch für eine Gesellschaft im Besitz des Eingriffsstaats, OLG Frankfurt NJW 2018, 3591 Rn. 49 mAnm *Tonner* = RIW 2019, 231 m. Aufsatz *Mankowski* RIW 2019, 180; anders *Freitag* NJW 2018, 430 (433).

429 Vgl. Art. 3.3.1 (Contracts infringing mandatory rules) UNIDROIT Principles 2010; dazu *Remien* FS Knemeyer, 2012, 745 ff.

430 Vgl. Art. II.-7:302 (Contracts infringing mandatory rules) DCFR.

431 S. auch EuGH ECLI:EU:C:2016:774 = NZA 2016, 1389 = EuZW 2016, 940 mAnm *Duden* = RIW 2016, 811 mAnm *Mankowski* = IPRax 2018, 207 m. Aufsatz *W.H.Roth* IPRax 2018, 177 – Nikiforidis.

432 Zu den einzelnen tatsächlichen Auswirkungen *Reghizzi* Riv. dir. int. priv. proc. 57 (2021), 290 (301 ff.).

433 Vgl. OLG München NJW-RR 2020, 1061 = IPRax 2023, 182 m. Aufsatz *Kronenberg* IPRax 2023, 155 zur Nichtbeförderung von Israeli durch kuwaitische Airline: tatsächliches Leistungshindernis; *Freitag* IPRax 2009, 109 (115); *Günther,* Die Anwendbarkeit ausländischer Eingriffsnormen im Lichte der Rom I- und Rom II-Verordnungen, 2011, 175 ff.

434 CA Paris m. Aufsatz *Winkler/Lacombe* D. 2015, 1260 – US-Embargo; *Freitag* IPRax 2009, 109 (114 f.); gänzlich abl. *Maultzsch* RabelsZ 75 (2011), 60 (98 f.); eher abl. *Günther,* Die Anwendbarkeit ausländischer Eingriffsnormen im Lichte der Rom I- und Rom II-Verordnungen, 2011, 177 f.

435 *Einsele* WM 2009, 289 (296); *v. Allwörden,* US-Terrorlisten im deutschen Privatrecht, 2014, 130 ff.; *Kronenberg,* Normen als tatsächliche Umstände, 2021, 189 f.; PWW/*Remien* Rn. 45 f. – Wohl auch Grüneberg/*Thorn* Rn. 14.

436 BGHZ 128, 41 (52) = WM 1995, 124 = IPRax 1996, 342 m. Aufsatz *Fischer* IPRax 1996, 332 = WuB IV B. Art. 34 EGBGB 1.95 mAnm *Mankowski,* betr. DDR; *Wengler* ZVglRWiss 54 (1941), 168 (181 ff.); *Zweigert* RabelsZ 14 (1942), 283 (288 ff.); *Schurig* RabelsZ 54 (1990), 217 (236 ff.); *Kuckein,* Die „Berücksichtigung" von Eingriffsnormen im deutschen und englischen Vertragsrecht, 2008, 84 ff. – Zum Anwendungswillen näher *Coester* ZVglRWiss 82 (1983), 1 (8 ff.); *Schulze,* Das öffentliche Recht im IPR, 1972, 117 ff. – Für die Schuldstatutstheorie ist der Anwendungswille nur eine Auslegungsfrage des ausländischen materiellen Rechts, s. *Mann* FS Wahl, 1973, 139 (153 f.). – *Kreuzer,* Ausländisches Wirtschaftsrecht vor deutschen Gerichten, 1986, 90 f. verlangt „Anwendungswilligkeit".

437 Vgl. *Lando* C.M.L. Rev. 24 (1987), 159 (210 f.).

Anwendungswille der ausländischen Norm wird auch von Art. 9 nicht erwähnt. Der selbstbestimmte Anwendungsbereich der ausländischen Norm muss aber entscheiden, ob sie Geltung beansprucht.[438]

3. Erfüllungsort. Anders als Art. 7 Abs. 1 EVÜ, der ganz allgemein auf eine enge Verbindung abstellte, ist der auf den Erfüllungsort abstellende Art. 9 Abs. 3 wesentlich restriktiver gefasst.[439] Eine bloße enge Verbindung genügt nicht.[440] Es geht lediglich um Eingriffsnormen des Staates, in dem die durch den Vertrag begründeten Verpflichtungen erfüllt werden sollen oder erfüllt worden sind.[441] Der Begriff des Erfüllungsortes ist **verordnungsautonom auszulegen.**[442] Eine eigene Definition des Erfüllungsorts, wie sie sich in Art. 7 Nr. 1 Brüssel Ia-VO (= Art. 5 Nr. 1 LugÜ) findet, fehlt allerdings. Es dürfte unzweckmäßig sein, einfach den anderen Zwecken, nämlich der Zuständigkeitsbestimmung, dienenden Begriff des Art. 7 Nr. 1 Brüssel Ia-VO (= Art. 5 Nr. 1 LugÜ) heranzuziehen.[443] Art. 9 sagt nicht, ob der Erfüllungsort nach den Regeln des Vertragsstatuts gemeint ist.[444] Würde man hierauf abstellen, so wären die Art. 3 ff. iVm Art. 12 Abs. 1 lit. b maßgeblich, die bestimmen, wie der Erfüllungsort ermittelt wird. Würde man den Erfüllungsort nach dem Vertragsstatut bestimmen, so überließe man mithin teilweise auch der Parteiautonomie, wann Eingriffsrecht zum Zuge kommen kann. Dies macht dann Sinn, wenn man die Vertragserfüllung in den Vordergrund stellt und mögliche Eingriffe auf ein Minimum beschränken will. Ist man hingegen einer Sonderanknüpfung gegenüber aufgeschlossener, so liegt es nahe, den Erfüllungsort nach anderen Kriterien zu bestimmen. Man kann allerdings dem Eingriffsrecht nicht selbst überlassen, was es als Erfüllungsort ansieht. Damit würde einem interventionistischen Recht Tür und Tor geöffnet. Dies zwingt wohl dazu, einen **europäischen Begriff** zu entwickeln. 125

Die Rom I-VO nennt immerhin – ähnlich wie Art. 7 Nr. 1 lit. a Brüssel Ia-VO (= Art. 5 Nr. 1 lit. a LugÜ) – zwei **Kriterien für die Bestimmung des Erfüllungsorts.** Es kann einmal auf den Staat abgestellt werden, in dem die Verpflichtungen („obligations arising out of the contract"; „obligations découlant du contrat") erfüllt werden sollen („have to be performed"; „doivent être exécutées"). Ferner kann auch auf den Staat abgestellt werden, in dem die Verpflichtungen erfüllt worden sind („have been performed"; „ont été exécutées"). Das Verhältnis der beiden Alternativen zueinander wird nicht klargestellt. Eine Konkretisierung wäre in der Weise möglich, dass es auf den Ort ankommt, an dem eine faktische Leistungsbewegung stattgefunden hat oder vorgesehen ist.[445] Teilweise will man bei bereits erfolgter Erfüllung den **tatsächlichen Erfüllungsort** dem rechtlichen Erfüllungsort vorziehen.[446] Auf diese Weise kann man etwa bei einem Flug auch auf den Ort einer Zwischenlandung abstellen.[447] Es wird auch vorgeschlagen, umgekehrt vom Erfüllungsort des Vertragsstatuts auszugehen und dann zusätzlich (und alternativ) auf den faktischen Erfüllungsort abzustellen.[448] Bei einem gegenseitigen Vertrag mit mehreren Verpflichtungen wird man kaum vermeiden können, mehrere Erfüllungsorte anzunehmen.[449] Eine einheitliche Konzentration am Ort der charakteristischen Leistung wie in Art. 7 Nr. 1 Brüssel Ia-VO (= Art. 5 Nr. 1 LugÜ) dürfte ausscheiden.[450] 126

---

438 *Pfeiffer* EuZW 2008, 628; ebenso Czernich/Heiss/*Heiss* EVÜ Art. 7 Rn. 33.

439 Krit. dazu *Bonomi* YbPIL 10 (2008), 285 (295 ff.); *Lagarde/Tenenbaum* Rev. crit. dr. int. pr. 97 (2008), 727 (778 f.); *Mankowski* IHR 2008, 133 (148); *Solomon* TuL. L. Rev. 82 (2008), 1709 (1737 f.); *Sonnenberger* FS Kropholler, 2008, 227 (243); *Freitag* IPRax 2009, 109 (113 ff.).

440 *Althammer* JA 2008, 772 (776); *Mankowski* IHR 2008, 133 (148); *Leible/Lehmann* RIW 2008, 528 (542).

441 Krit. *Lehmann/Ungerer* YbPIL 19 (2017/2018), 53 (61 f.); Magnus/Mankowski/*Bonomi*, Rome I Regulation, 2017, Rn. 135 ff.

442 *Pfeiffer* EuZW 2008, 622 (628); *Sonnentag* VersR 2024, 201 (204); NK-BGB/*Doehner* Rn. 46; Reithmann/Martiny IntVertragsR/*Zwickel* Rn. 5.132 f.

443 *Bonomi* YbPIL 10 (2008), 285 (297 f.); Rauscher/*Thorn* Rn. 76; krit. auch Ferrari IntVertragsR/*Staudinger* Rn. 39; anders aber jurisPK-BGB/*Ringe* Rn. 25 ff.

444 So *Freitag* IPRax 2009, 109 (113 f.); BeckOGK/*Maultzsch,* 1.3.2024, Rn. 121; unentschieden *Lando/Nielsen* C.M.L. Rev. 45 (2008), 1687 (1722). – Zur entsprechenden Tendenz des englischen Rechts s. *Kuckein,* Die „Berücksichtigung" von Eingriffsnormen im deutschen und englischen Vertragsrecht, 2008, 244 ff.

445 *Mankowski* IHR 2008, 133 (148); *Sonnentag* VersR 2024, 201 (204). – Primär auf den Ort des Leistungserfolgs und nicht der Leistungshandlung will abstellen *Pfeiffer* EuZW 2008, 622 (628).

446 *Remien* FS v. Hoffmann, 2011, 334 (342 ff.); Reithmann/Martiny IntVertragsR/*Zwickel* Rn. 5.133; *Deinert* IntArbR, 2013, § 10 Rn. 165; BeckOGK/*Maultzsch,* 1.3.2024, Rn. 116; Calliess/Renner/*Renner* Rn. 29; Rauscher/*Thorn* Rn. 77.

447 OLG Frankfurt NJW 2018, 3591 mAnm *Tonner* = RIW 2019, 231 m. Aufsatz *Mankowski* RIW 2019, 180 = IPRax 2019, 321 m. Aufsatz *Thon* IPRax 2019, 301; *Freitag* NJW 2018, 430 (432).

448 BeckOK BGB/*Spickhoff* Rn. 29.

449 *Leible/Lehmann* RIW 2008, 528 (543); vgl. auch *Bonomi* YbPIL 10 (2008), 285 (298 f.); Rauscher/*Thorn* Rn. 77.

450 *Mankowski* IHR 2008, 133 (148); *Freitag* IPRax 2009, 109 (113 f.).

127 **4. Unrechtmäßigkeit der Erfüllung.** Es geht um Eingriffsnormen, welche die Erfüllung des Vertrags unrechtmäßig werden lassen („render the performance of the contract unlawful"; „rendent l'exécution du contrat illégale"). Offenbar werden nur Normen mit einer bestimmten Rechtsfolge erfasst. Es genügt dementsprechend nicht, dass das ausländische Recht die Verpflichtung in irgendeiner Weise missbilligt. Verlangt wird vielmehr ausdrücklich, dass sich aus der Eingriffsnorm die Rechtswidrigkeit ergibt. Damit dürfen insbesondere Fälle erfasst werden, in denen Nichtigkeit bzw. Unwirksamkeit eintritt[451] oder die Erfüllung ausdrücklich verboten ist **(Verbotsnormen).**[452] Nicht eindeutig ist allerdings, wie mit lediglich **vertragsmodifizierenden Eingriffsnormen** zu verfahren ist, welche sich nicht auf die Erfüllung beziehen, etwa andere Verhaltensanordnungen treffen, Schutzgebote enthalten oder sonstige Fragen regeln.[453] Auch Mindestansprüche könnte man hier erfassen.[454] Vielfach wird ein weiter Begriff der Unrechtmäßigkeit befürwortet.[455] Dass diese im Wege einer materiellrechtlichen Berücksichtigung Beachtung finden können, dürfte unproblematisch sein. Ob es auch die Intention des Verordnungsgebers gewesen ist, insoweit eine eigentlich kollisionsrechtliche Berücksichtigung auszuschließen, ist zweifelhaft.

128 **5. Wirkung verleihen.** Man kann den ausländischen Eingriffsnormen nach Abs. 3 Wirkung verleihen (give effect; être donné effet; → Rn. 55). Dies wurde auch von Art. 7 Abs. 1 S. 1 EVÜ, der als Öffnungsklausel angesehen wurde, angeordnet.[456] Das „Wirkung verleihen" bedeutet, dass die ausländische Norm heranzuziehen ist. Es ist aber weniger, als die Vorschrift direkt anzuwenden. Den ausländischen Eingriffsnormen muss zudem nicht stets Wirkung verliehen werden. Die Wirkungsverleihung ist nicht zwingend, sondern steht im (gebundenen) **Ermessen.**[457] Dies war auch nach Art. 7 Abs. 1 S. 1 EVÜ der Fall. Allerdings ist diese Voraussetzung nunmehr mit der dem englischen Recht entstammenden Erfüllungsortanknüpfung verbunden worden.[458] Teilweise wird sogar angenommen, die Ermessensausübung könne in den Mitgliedstaaten unterschiedlich ausfallen.[459]

129 Art. 9 Abs. 3 nennt zwei Gruppen von Kriterien für die Wirkungsverleihung. Bei der Entscheidung, ob den ausländischen Eingriffsnormen Wirkung zu verleihen ist, werden **Art und Zweck** (nature and purpose; leur nature et leur objet) dieser Normen berücksichtigt (Abs. 3 S. 2). Nach Art. 7 Abs. 1 S. 2 EVÜ waren Natur und Gegenstand der Normen zu berücksichtigen. Hierfür hat man darauf abgestellt, ob die Normen auf einem internationalen Konsens aufbauen wie bei einem **UN-Embargo.** Wenn die Vorschrift einer Pflicht zur Rechtsangleichung widerspricht, soll sie hingegen nicht berücksichtigt werden. Ausländisches Eingriffsrecht soll insbesondere dann unbedenklich sein, wenn das Inland entsprechende Bestimmungen kennt bzw. wenn Interessenidentität herrscht.[460] Dagegen spricht ein völkerrechtswidriger Eingriff des rechtssetzenden Staats für eine Nichtberücksichtigung.[461]

130 Bei der Entscheidung, ob ausländischen Eingriffsnormen Wirkung zu verleihen ist, werden auch die **Folgen berücksichtigt,** die sich aus ihrer Anwendung oder Nichtanwendung („consequences of their application or non-application"; „conséquences de leur application ou de leur non-application") ergeben würden (Abs. 3 S. 2). Dies hatte auch nach Art. 7 Abs. 1 S. 2 EVÜ zu erfolgen, freilich ohne dies zu präzisieren. Insoweit wird auf die Vereinbarkeit der Rechtsfolgen mit dem Vertragsstatut abgestellt.[462] Genannt werden auch allgemeine Gerechtigkeitserwägungen, die faktische Durchsetzbarkeit durch den Drittstaat sowie die Anerkennungsfähigkeit eines Urteils in den beteiligten Staaten.[463]

131 Welche **Folgen die Wirkungsverleihung** haben soll, ist nicht näher bestimmt. Insofern stehen die Rechtsfolgen von Vertragsstatut und Eingriffsnorm zur Auswahl. Zu Art. 7 EVÜ wurde gesagt, der Richter könne die ausländische Regelung mit dem Vertragsstatut in Einklang bringen. Auch hier wird nur die primäre Rechtsfolge, die Sanktion von der Eingriffsnorm vorgegeben.[464] Folgefra-

451 *Freitag* IPRax 2009, 109 (112).
452 Rauscher/*Thorn* Rn. 79; vgl. *Freitag* IPRax 2009, 109 (112).
453 *Sonnentag* VersR 2024, 201 (204 f.). – Näher *Bonomi* YbPIL 10 (2008), 285 (298 f.); *Lehmann/Ungerer* YbPIL 19 (2017/2018) 53 (62); Reithmann/Martiny IntVertragsR/*Zwickel* Rn. 5.130.
454 So *Deinert* IntArbR, 2013, § 10 Rn. 166.
455 So *Hauser,* Eingriffsnormen in der Rom I-Verordnung, 2012, 76 ff.; BeckOGK/*Maultzsch,* 1.3.2024, Rn. 128; PWW/*Remien* Rn. 37.
456 Vgl. OGH JBl. 2013, 362 mAnm *Nemeth;* Czernich/Heiss/*Heiss* EVÜ Art. 7 Rn. 30 ff.
457 *Garcimartín Alférez* ELF 2008, I-61 (I-77); *Pfeiffer* EuZW 2008, 622 (628); *Sonnentag* VersR 2024, 201 (206); Rauscher/*Thorn* Rn. 83.
458 Krit. Rauscher/*Thorn* Rn. 4, 60.
459 *Deinert* IntArbR, 2013, § 10 Rn. 175.
460 Czernich/Heiss/*Heiss* EVÜ Art. 7 Rn. 41; vgl. auch *Pfeiffer* EuZW 2008, 622 (628).
461 *Kindler* BKR 2022, 407 (414 f.); *Renner/Kindt/Seidel* WM 2022, 1409 (1419).
462 Czernich/Heiss/*Heiss* EVÜ Art. 7 Rn. 42.
463 *Coester* ZVglRWiss 82 (1983), 1 (25 f.).
464 Vgl. zum Problem *Lando/Nielsen* C.M.L. Rev. 45 (2008), 1687 (1716 f.).

gen, wie die Nichtigkeit und die Vertragsabwicklung, richten sich nach dem Vertragsstatut, sofern das ausländische Eingriffsrecht keine Abweichung erfordert.[465] Einschränkend wird angenommen, der Richter solle eine abweichende Sanktion heranziehen können, wenn sie dem Zweck der fremden Eingriffsnorm entspreche.[466]

III. Inlandsbezug und enge Verbindung

1. Tatsächliche Beziehung. Grundsatz jeder Sonderanknüpfung sollte sein, dass der Sachverhalt eine „enge Verbindung" mit dem normsetzenden Staat aufweist.[467] Dementsprechend wird für die Durchsetzung inländischen international zwingenden Rechts ein hinreichender **Inlandsbezug** gefordert (→ Rn. 117). Diese Beziehung ist nicht nur irgendeine, sondern eine tatsächlich vorhandene „enge Verbindung", welche durch objektive, vom Parteiwillen unabhängige Kriterien zu konkretisieren ist (generell → Einl. IPR Rn. 29 ff.).[468] Bei inländischen Vorschriften ist auf die konkrete Eingriffsnorm und ihre Tatbestandsmerkmale abzustellen.[469] Neben den Auswirkungen auf das Schutzgut der zwingenden Vorschriften (von Kartellbestimmungen der Markt, von Devisenvorschriften die Zahlungsbilanz etc) ist insbesondere zu berücksichtigen, welche Beziehungen die Leistung, zu welcher der Schuldner verpflichtet ist, zum normsetzenden Staat aufweist. 132

Zum Teil wird ein einheitliches Kriterium für alle Eingriffe vorgeschlagen; eine enge Verbindung liege nur dann vor, wenn im Rahmen der Vertragsdurchführung **Handlungen auf dem Gebiet des eingreifenden Staates** erfolgen sollen, die dort verboten sind.[470] Diese Betrachtungsweise kann zB bei der Verletzung von Ein- und Ausfuhrverboten zu treffenden Ergebnissen führen. Vor allem für schwer zu lokalisierende internationale Finanztransaktionen können aber Handlungsbegriff und Gebietshoheit untaugliche Konzepte sein (die Buchungen für Eurodollar-Guthaben in Europa können beispielsweise in New York erfolgen).[471] Wegen der Vielgestaltigkeit der vertraglichen Verpflichtungen einerseits und der zwingenden Normen andererseits kann nicht ein Kriterium allein maßgeblich sein. Vielmehr sind **für jede Fallgruppe die in Betracht kommenden räumlichen (örtlichen), funktionalen oder persönlichen Kriterien gesondert zu bestimmen.**[472] Da es nicht um die Bestimmung des Vertragsstatuts nach Art. 3 ff., sondern um die Geltung von Eingriffsnormen geht, sind die Kriterien hier teilweise andere. Insbesondere das Regelungsinteresse der lex fori kann für die Frage der Verbindung nicht unbeachtet bleiben; die abzuwägenden Interessen sind vor allem Allgemeininteressen.[473] Dementsprechend weit sind manche Kontakte (zB Markt- und Auswirkungsrelevanz) zu fassen. Welche Art von Verbindung ausreicht, bestimmt trotz der auf das Sachrecht bezogenen Anknüpfung stets die lex fori.[474] 133

2. Einzelne Kriterien. a) Erfüllungsort. Die Beachtung der Verbotsgesetze der Rechtsordnung, in deren Geltungsbereich der Vertrag erfüllt werden soll, wurde schon früher in Betracht 134

---

465 Czernich/Heiss/*Heiss* EVÜ Art. 7 Rn. 44. – Für die Eingriffsrechtsordnung *Maultzsch* EuZA 10 (2017), 242 (250).

466 Vgl. auch Czernich/Heiss/*Heiss* EVÜ Art. 7 Rn. 45.

467 Czernich/Heiss/*Heiss* EVÜ Art. 7 Rn. 36 ff. Vgl. dazu auch Bericht *Giuliano/Lagarde,* BT-Drs. 10/503, 59; *Drobnig,* EurPILO, 1975, 83 f. – Auf einen „engen Zusammenhang" stellt Art. 19 Abs. 1 IPRG Schweiz ab. Abl. zu einer solchen Generalklausel *Coester* ZVglRWiss 82 (1983), 1 (19 ff.).

468 *Schiffer,* Normen ausländischen „öffentlichen" Rechts in internationalen Handelsschiedsverfahren, 1990, 176 ff.; *Kropholler* IPR § 52 IX 1. Zur engen Beziehung schon *Wengler* ZVglRWiss 54 (1941), 168 (185 ff.); *Zweigert* RabelsZ 14 (1942), 283 (295); vgl. auch *Neumayer* BerGesVR 2 (1958), 35 (54): Verwirklichung in der vom Gesetzgeber geordneten Sozialsphäre; *Schulte,* Die Anknüpfung von Eingriffsnormen, insbesondere wirtschaftsrechtlicher Art, im internationalen Vertragsrecht, 1975, 123: vollständige oder teilweise Tatbestandsverwirklichung im Gebiet des eingreifenden Staates; *Knaul,* Auswirkungen des europäischen Binnenmarktes der Banken auf das internationale Bankvertragsrecht unter besonderer Berücksichtigung des Verbraucherschutzes, 1995, 294; *Mentzel,* Sonderanknüpfung von Eingriffsrecht im internationalen Vertragsrecht, 1993, 231 ff.: Bestimmung eines „eingriffszuständigen" Staates.

469 *Junker* FS 50 Jahre BAG, 2004, 1197 (1214 f.).

470 *Lehmann,* Zwingendes Recht dritter Staaten im internationalen Vertragsrecht, 1986, 223 f. – Nach der „tatsächlichen Auswirkung" sucht *Kratz,* Ausländische Eingriffsnormen und internationales Privatrecht, 1986, 111 ff.

471 Vgl. BeckOK BGB/*Spickhoff* Rn. 17.

472 Vgl. Staudinger/*Magnus,* 2021, Rn. 85 f.; ferner *Kuckein,* Die „Berücksichtigung" von Eingriffsnormen im deutschen und englischen Vertragsrecht, 2008, 145 ff.

473 Vgl. *Rehbinder* JZ 1973, 151 (157); *Joerges* RabelsZ 43 (1979), 38 f.

474 Vgl. *Wengler* ZVglRWiss 54 (1941), 168 (189 f.); *E. Lorenz* RIW 1987, 569 (582); dagegen für die Beachtung des selbstbestimmten Anwendungsbereichs des ausländischen Rechts *v. Hoffmann* RabelsZ 38 (1974), 396 (413 ff.).

gezogen und wird nunmehr in Abs. 3 ausdrücklich angeordnet (→ Rn. 125).[475] Soweit es um inländische Eingriffsnormen geht, sollte dieses Kriterium freilich vermieden werden. Grundgedanke ist, dass das am Erfüllungsort geltende Recht die Vertragserfüllung behindern kann und man insbesondere dem Schuldner nicht gut zumuten kann, sich darüber hinwegzusetzen (vgl. Art. 12 Abs. 2). Gleichwohl eignet sich der Erfüllungsort nicht als genereller Anknüpfungspunkt, vor allem wenn er vom Vertragsstatut bestimmt wird. Er beruht auf Gesichtspunkten (Parteiautonomie), die für die Beachtung zwingenden Rechts wenig beitragen können. Ferner ist er für überraschende Entwicklungen kaum geeignet. Doch spielt der tatsächliche Leistungsort, an dem bestimmte Handlungen zu vollziehen sind, eine erhebliche Rolle.

135 **b) Niederlassung und Aufenthalt.** Hat der Schuldner seinen tatsächlichen gewöhnlichen Aufenthalt (Wohnsitz oder gewerbliche Niederlassung) im normsetzenden Staat, so ist er der Hoheitsgewalt dieses Staates unterworfen und kann innerhalb dieses Staates seinen Geboten oder Verboten häufig nur gehorchen.[476] Bei Handelsgesellschaften und juristischen Personen gilt das Gleiche für den Ort der tatsächlichen Verwaltung. Folglich wird man insoweit eine enge Verbindung annehmen können.[477] Allerdings kommt es darauf an, in welchem Zusammenhang sich die Frage nach der Beziehung stellt. Die Rspr. lokalisiert Forderungen am Schuldnerwohnsitz (→ Rn. 137).

136 **c) Belegenheit.** Eine enge Verbindung kann bestehen, wenn Vermögen im rechtsetzenden Staat belegen ist und darüber verfügt werden soll.[478] Dieser Staat kann seine zwingenden Vorschriften gegen Grundstücke und bewegliche Sachen in der Regel durchsetzen. Unterhält andererseits ein Ausländer nach den Gesetzen seines Heimatlandes unzulässigerweise Vermögen in Deutschland, so sind Verträge über dieses Vermögen wirksam, weil ein ausreichender Bezug zum ausländischen Staat fehlt und er nicht in der Lage ist, diese Vorschriften durchzusetzen.[479] – Zur Belegenheit im Enteignungsrecht → EGBGB Anh. Art. 46 Rn. 38 ff.

137 Die **Belegenheit von Grundstücken und Wohnungen** ist maßgeblicher Gesichtspunkt für Vorschriften agrar- und siedlungspolitischen Inhalts, die zB Verfügungsbeschränkungen aussprechen oder Bodenverkehrsgenehmigungen verlangen.[480] Nicht nur die Zwangsbewirtschaftung von Wohnraum, sondern auch Mietsonderrecht sowie in- und ausländische zwingende Vorschriften über Mieter- und Pächterschutz sind nach der Belegenheit zu beachten[481] (→ Rn. 102). Grundstücke sind dort belegen, wo sie sich befinden. Grundpfandrechte sind nur am Grundstücksort durchsetzbar, sie unterliegen ebenfalls der lex rei sitae. Auch hypothekarisch gesicherte Forderungen, die echte Realkredite darstellen, unterstehen der lex rei sitae am Ort des sichernden Grundstücks. – Zum internationalen SachenR näher Art. 43 EGBGB. – **Forderungen** sind nach der bisherigen Rspr. grundsätzlich dort belegen, wo der Schuldner seinen gewöhnlichen Aufenthalt (Wohnsitz) oder seine Niederlassung hat,[482] weil hier der Vermögenswert am ehesten lokalisiert werden kann und der eingreifende Staat Zwangsbefugnisse regelmäßig nur gegenüber einem Schuldner besitzt, der sich in seinem Gebiet gewöhnlich aufhält. Beispielsweise braucht ein ausländisches Abtretungsverbot für eine Forderung gegen einen in der BRepD wohnenden Schuldner nicht berücksichtigt zu werden[483] (→ Anh. II Art. 9 Rn. 48).

---

475 Zur engl. Rspr., die auch bei ausländischem Vertragsstatut traditionell hierauf abstellt, *W. Lorenz,* Vertragsabschluss und Parteiwille im internationalen Obligationenrecht Englands, 1957, 154 ff.; *Böse,* Der Einfluß des zwingenden Rechts auf internationale Anleihen, 1963, 72 ff.; *Schulte,* Die Anknüpfung von Eingriffsnormen, insbesondere wirtschaftsrechtlicher Art, im internationalen Vertragsrecht, 1975, 91 ff.; *Mann* SchwJbIntR 36 (1980), 93 (104 f.); *Kuckein,* Die „Berücksichtigung" von Eingriffsnormen im deutschen und englischen Vertragsrecht, 2008, 228 ff.

476 Vgl. auch Bericht *Giuliano/Lagarde,* BT-Drs. 10/503, 59.

477 Soergel/*v. Hoffmann* EGBGB Art. 34 Rn. 95.

478 Soergel/*v. Hoffmann* EGBGB Art. 34 Rn. 95. – Gegen dieses Kriterium *Neumayer* RabelsZ 25 (1960), 607 (649, 655 f.); *Mann* FS Beitzke, 1979, 607 (154).

479 Vgl. *Nielsen* BuB 1979, Rn. 5/527.

480 Reithmann/Martiny IntVertragsR/*Zwickel* Rn. 5.90; Reithmann/Martiny IntVertragsR/*Limmer* Rn. 21.26 – Dagegen stellt für den Grundstückskauf auf den Abschlussort ab IPG 1980–81 Nr. 4 (München) zur schweiz. Lex Furgler; vgl. auch *Jackson* in North, Contract Conflicts, 1982, 67.

481 *Trenk-Hinterberger,* Internationales Wohnungsmietrecht, 1977, 140 ff.; *Kropholler* RabelsZ 42 (1978), 634 (652).

482 BGHZ 9, 34 (39) = NJW 1953, 542; BGH WM 1962, 601 = IPRspr. 1962–63 Nr. 163; BGH NJW 2002, 2389 für Enteignung. Vgl. auch *Horn* JBl. 1987, 409 (417 ff.); *M. J. Müller* RIW 2015, 717 (726).

483 BGHZ 31, 367 (372 f.) = NJW 1960, 1101 = RabelsZ 25 (1960), 645 m. insoweit abl. Anm. *Neumayer* (Vornahme der Abtretung durch Zedenten entscheidend); *Drobnig* NJW 1960, 1088 (1092); *Schulte,* Die Anknüpfung von Eingriffsnormen, insbesondere wirtschaftsrechtlicher Art, im internationalen Vertragsrecht, 1975, 64 f.; krit. auch *Drobnig* FS Neumayer, 1985, 159 (170 f.).

d) Erwerbstätigkeit. Der **Ort der Geschäfts- oder Gewerbeausübung** ist entscheidend für die Beachtung von Vorschriften über die Erwerbs- und Berufstätigkeit (→ Rn. 103 f.). Solche bestimmte Geschäfts- und Gewerbezweige betreffenden Vorschriften kommen in der Regel dann zum Zuge, wenn die **Tätigkeit in ihrem Geltungsbereich** erfolgt.[484] Beispielsweise unterliegen ausländische Zeitarbeitsunternehmen, die im Inland Zeitarbeit anbieten, inländischen Beschränkungen.[485] Der Ort der Gewerbeausübung ist auch maßgeblich für den gewerberechtlichen Kern solcher Bestimmungen, die wie die **MaBV** den Bauträger zur Sicherstellung des Erwerbers verpflichten.[486] Die deutschen Vorschriften gegen die **Geldwäsche** beziehen sich auch auf die ausländischen Zweigstellen inländischer Kreditinstitute (§ 2 Abs. 1 Nr. 1 GWG).[487] 138

e) Berufsausübung. Soweit es für Vorschriften über die Erwerbs- und Berufstätigkeit (→ Rn. 103 f.) auf den **Ort der Berufstätigkeit** ankommt,[488] bedarf es einer signifikanten Beziehung zur verbietenden Rechtsordnung. So ist etwa das vereinzelte Abhalten einer Besprechung im Inland noch nicht als Rechtsberatung anzusehen.[489] Umgekehrt kann eine gelegentliche Auslandstätigkeit des inländischen Angehörigen eines Berufsstandes ihn nicht den zwingenden inländischen Vorschriften entziehen. 139

f) Arbeitsort. Anknüpfungspunkt zwingender inländischer **Arbeitsschutzgesetze** (→ Art. 8 Rn. 125 ff.) ist, soweit sie nicht ohnehin schon über das Günstigkeitsprinzip durchgesetzt werden können, in der Regel der inländische **Arbeitsort**[490] (→ Art. 8 Rn. 52 f.). Es kommt also darauf an, wo die Arbeit geleistet wird. Je nach dem **Zweck der Schutznorm** ist ein gewöhnlicher Arbeitsort erforderlich (zum Schwerbehindertenschutz → Art. 8 Rn. 66) oder auch eine kurzfristige Inlandstätigkeit ausreichend (zB ist für Arbeitssicherheits- und Arbeitszeitvorschriften die Arbeitsstätte maßgeblich). Teilweise wird auch auf den Betriebs- oder Unternehmenssitz abgestellt.[491] 140

g) Auswirkung auf den Markt. Die Auswirkung auf den inländischen Markt ist maßgebliches Kriterium für die Anwendung deutschen Kartell- und Wettbewerbsrechts[492] (→ Rn. 80). Die Konkretisierung der Inlandsauswirkung erfolgt unter **Berücksichtigung des Schutzzwecks** des GWB und des Schutzbereichs der in Frage kommenden Sachnorm.[493] Es kommt darauf an, ob das von der jeweiligen Norm geschützte Rechtsgut beeinträchtigt wird. Im Inland wirkt sich zB die Einstellung von Lieferungen aus dem Ausland aus.[494] Auch ein Zusammenschluss von Unternehmen im Ausland kann sich auf den Inlandsmarkt auswirken,[495] wenngleich der extraterritorialen Anwendung Grenzen gezogen sind.[496] Das Auswirkungsprinzip ist auch für die Anwendung ausländischen Kartellrechts befürwortet worden[497] (→ Rom II-VO Art. 6 Rn. 278 ff.). Freilich führt ein ohne 141

484 Vgl. Reithmann/Martiny IntVertragsR/*Zwickel* Rn. 5.79.

485 *Schnorr* ZfA 6 (1975), 143 (145 f.) – Zur Arbeitsvermittlung BGH MDR 1973, 1010 = WM 1973, 1024.

486 Vgl. OLG Hamm NJW 1977, 1594 mAnm *Dörner* NJW 1977, 2032 = RIW 1977, 781 mAnm *Ahrens* = MittBayNot. 1977, 182 mAnm *Lichtenberger.* Vgl. auch *Reithmann* ZfBR 1988, 162 (163 f.); *Martiny* FS Heldrich, 2005, 907 (922 f.).

487 Vgl. bereits Soergel/*v. Hoffmann* EGBGB Art. 34 Rn. 94.

488 Vgl. Reithmann/Martiny IntVertragsR/*Zwickel* Rn. 5.79.

489 Reithmann/Martiny IntVertragsR/*Knöfel* Rn. 10.59. Vgl. auch *Brangsch* NJW 1981, 1177 ff.

490 Vgl. *Taschner,* Arbeitsvertragsstatut und zwingende Bestimmungen nach dem Europäischen Schuldvertragsübereinkommen, 2003, 321.

491 *Müller* RdA 1973, 137 (141).

492 Zum Auswirkungsprinzip *Bär,* Kartellrecht und internationales Privatrecht, 1965, 320 ff.; *Rehbinder,* Extraterritoriale Wirkungen des deutschen Kartellrechts, 1965, 107 ff.; *Hübner,* Die methodische Entwicklung des internationalen Wirtschaftsrechts, 1980, 8 ff.; *Habscheid* BerGesVR 11 (1971), 47 (71 ff.); *U. Huber,* IX. Internationales EG-Kartellrechts-Forum, 1982, 11 ff.; *Immenga* in Holl/Klinke, Internationales Privatrecht – Internationales Wirtschaftsrecht, 1985, 203 ff.; *Schnyder* Wirtschaftskollisionsrecht, 1990, Rn. 163 ff.

493 BGHSt 25, 208 (212 ff.) = AWD 1973, 552 mAnm *Ullrich* AWD 1974, 104 = IPRspr. 1973 Nr. 116 betr. Ölfeldrohre; IPRax 1982, 21 = IPRspr. 1981 Nr. 136; *Basedow* NJW 1989, 627 (628).

494 OLG Karlsruhe RIW 1981, 124.

495 BGHZ 74, 322 (326 f.) = NJW 1979, 2613 = WuW 1979, 765 mAnm *Klawitter;* KG WuW/E OLG 3051 = IPRspr. 1985 Nr. 124b; dazu *Authenrieth* RIW 1980, 820; *Bechthold* RIW 1990, 253; *Beck,* Die extraterritoriale Anwendung nationalen Wettbewerbsrechts unter besonderer Berücksichtigung länderübergreifender Fusionen, 1986; *Kevekordes,* Auslandszusammenschlüsse im internationalen und materiellen Kartellrecht, 1986; *Meessen,* Kollisionsrecht der Zusammenschlusskontrolle, 1984; *Georgieff,* Kollisionen durch extraterritoriale staatliche Regelungen im internationalen Wirtschaftsrecht, 1989, 45.

496 Nachweise bei *v. Bar* FS Ferid, 1988, 13 (22 ff.); *Basedow* NJW 1989, 629 f.

497 *Zweigert* 50 Jahre Institut für Internationales Recht, 124 (133 ff.); *Vischer* Rec. des Cours 142 (1974-II), 1 (26); abl. Immenga/Mestmäcker/*Rehbinder/v. Kolben* GWB § 185 Rn. 321.

Beschränkungen verwendetes Auswirkungsprinzip leicht zu sich widersprechenden Regelungen mehrerer Staaten; ferner lässt es sich nur schwer ohne Sachrechtsbezug ausfüllen.[498]

142 **h) Auswirkung auf die Zahlungsbilanz.** Die Auswirkung auf die Zahlungsbilanz eines bestimmten Landes ist nach dem Abk. von Bretton Woods (→ Anh. II Art. 9 Rn. 9 ff.) Voraussetzung für die Beachtung ausländischen Devisenrechts (näher → Anh. II Art. 9 Rn. 23 ff.). Dieses Kriterium wird auch für das nationale Recht vorgeschlagen.[499]

143 **i) Wertbewegung.** Das Kriterium der Wertbewegung wurde für das internationale Devisenrecht (→ Anh. II Art. 9 Rn. 1 ff.) vorgeschlagen. Nach der Lehre von der engen Verbindung (→ Rn. 40) sind Leistungsverbote dann zu beachten, wenn die den Leistungsvorgang vermittelnde Wertbewegung – beispielsweise eine Zession – sich ganz oder zum Teil im Verbotsland abspielt.[500] Unbeachtlich sind sie, wenn die verbotene Wertbewegung vollständig außerhalb des Verbotslandes stattfindet. Auch die Territorialitätstheorie (→ Rn. 38) stellt auf den Staat ab, in dessen Gebiet sich der zu leistende Vermögenswert befindet oder dessen Gebiet der Vermögenswert bei vertragsgemäßer Leistung notwendigerweise passiert.[501] Beim Ausfuhrverbot kommt es darauf an, ob die den Vertragsgegenstand bildende Ware vom rechtsetzenden Staat in das verbotene Land eingeführt werden soll.[502]

144 **j) Staatsangehörigkeit.** Die Staatsangehörigkeit steht für die Beziehung einer Person zu einer bestimmten Rechtsordnung (→ EGBGB Art. 5 Rn. 30; Personalitätsprinzip). Da es im IVR im Allgemeinen um Schuldrechtsverhältnisse geht, die nicht an Personen gebunden sind, ist dieses Kriterium insbesondere für wirtschaftliche Restriktionen wenig geeignet.[503] Doch kommt die Staatsangehörigkeit als Tatbestandsmerkmal in Betracht bei Verbotsgesetzen, die zB den eigenen oder fremden Staatsangehörigen ein bestimmtes Verhalten verbieten (→ Rn. 76 ff.). Gleiches gilt für Normen, die – wie im Arbeitsrecht – bestimmte Personengruppen schützen wollen. Beschränkungen für Deutsche bestehen etwa für den Umgang mit Rüstungsgütern und Waffen (§ 5 Abs. 5 AWG, § 21 KrWaffKontG).

145 **k) Vertragsstatut.** Man könnte daran denken, das Vertragsstatut zwar nicht als Anwendungsgrund ausländischer Eingriffsnormen anzusehen, hingegen die auf ein bestimmtes Recht weisende **Parteivereinbarung** als enge Verbindung zu werten.[504] Da aber der Parteiwille gerade ungeeignet ist, die Anwendung dieser Normen zu begründen, darf er auch hier keine Rolle spielen.[505] Dies schließt freilich nicht aus, dass die Parteien eine materiellrechtliche Verweisung auf entsprechende Normen treffen, dh sich im Rahmen des Vertragsstatuts zu ihrer Beachtung verpflichten (→ Rn. 46). Daneben gelten die nach objektiven Gesichtspunkten anzuwendenden Eingriffsnormen.

IV. Normenkollisionen

146 Trotz anzustrebender Präzisierung der engen Verbindung kann eine Sonderanknüpfung zu Normenkonflikten führen, indem nämlich die Eingriffsnormen mehrerer Rechtsordnungen Anwendung beanspruchen.[506] Dies ist im Allgemeinen problemlos, wenn sie alle die gleiche Rechtsfolge anordnen. Ist das inländische Forum desinteressiert, so kommt etwa die Anwendung einer dem Forumrecht ähnlichen ausländischen Regelung in Betracht. Dann aber, wenn sie verschiedene Rechtsfolgen anordnen (zB Gestattung oder Verbot), kommt es darauf an, welche von ihnen vorgeht.[507] Bezieht sich ein Vertrag auf mehrere Rechtsordnungen und erstreckt sich jeweils ein Komplex auf nur eine Rechtsordnung, so kommt eine territoriale Aufspaltung in Betracht.[508] Die jeweilige Rechtsordnung

---

[498] Vgl. *v. Bar* FS Ferid, 1988, 13 (28 ff.); *Martiny* FS Drobnig, 1998, 389 (392 ff.).

[499] *Neumayer* BerGesVR 2 (1958), 35 (54); *Gränicher,* Die kollisionsrechtliche Anknüpfung ausländischer Devisenmaßnahmen, 1984, 118 ff.

[500] Näher *Zweigert* RabelsZ 14 (1942), 283 ff.; *Zweigert* 50 Jahre Institut für Internationales Recht, 1965, 124 (127 f., 129 ff.).

[501] *Bydlinski* JBl. 1959, 526 (529).

[502] *Neumayer* BerGesVR 2 (1958), 35 (55).

[503] *Zweigert* RabelsZ 14 (1942), 283 (293); *Neumayer* BerGesVR 2 (1958), 35 (51); ebenso für das öffentlich/rechtliche Arbeitsrecht *Müller* RdA 1973, 137 (141).

[504] So *E. Lorenz* RIW 1987, 569 (583).

[505] Vgl. *Kreuzer* in Schlechtriem/Leser, Zum Deutschen und Internationalen Schuldrecht, 1983, 101 ff.; *Kreuzer,* Ausländisches Wirtschaftsrecht vor deutschen Gerichten, 1986, 64.

[506] Zu Konfliktsituationen auch *Wengler* ZVglRWiss 54 (1941), 168 (190 ff.); *Neumayer* BerGesVR 2 (1958), 35 (52 f.); *Zweigert* 50 Jahre Institut für Internationales Recht, 1965, 124 (134 f.); *Großfeld,* Praxis des internationalen Privat- und Wirtschaftsrechts, 1975, 116 ff. – Zur comitas-Lehre auch *Hübner,* Die methodische Entwicklung des internationalen Wirtschaftsrechts, 1980, 23 ff. mwN.

[507] Zu den Leitlinien der europäischen Gruppe für IPR von 2022 *Kohler* IPRax 2023, 323.

[508] S. auch Soergel/*v. Hoffmann* EGBGB Art. 34 Rn. 104.

setzt sich nur insoweit durch, als die Verbindung zu ihr reicht (zB wird der Vertrag für die Schweiz als wirksam, für Frankreich als unwirksam behandelt).

Diese Lösung verbietet sich jedoch, wenn es sich um einen einheitlichen, nicht aufteilbaren Vorgang handelt. Würde man die Verbotsnormen aller in Betracht kommenden Rechtsordnungen (kumulativ) beachten, so würde sich im Ergebnis die strengere durchsetzen. Umgekehrt könnte man aber auch die Rechtsordnung anwenden, die am wenigsten Verbote ausspricht.[509] Ist die **lex fori** eine der Rechtsordnungen, so bestünde eine einfache Lösung darin, ihr stets den Vorrang einzuräumen.[510] Gegen eine solche Lösung, wie sie auch für Art. 7 EVÜ vertreten wurde (und die dazu führt, Abs. 2 einen anderen Stellenwert als dem „weicheren" Abs. 3 einzuräumen),[511] spricht aber, dass auch eigenes zwingendes Recht nur unter Rücksichtnahme auf die Interessen fremder Staaten angewendet werden sollte.[512] Vorzuziehen ist daher eine **Abwägung des Regelungsinteresses,**[513] das je nach dem in Frage stehenden Normenkomplex zu bestimmen ist.[514] In Frage kommt etwa das Schutzinteresse, ein Bevorzugen des regelungsintensiveren Rechts oder des Günstigkeitsprinzips im Arbeitsrecht (→ Art. 8 Rn. 125 ff.). Gegen die Vertragsfreiheit beschränkende Verbotsnormen fremder Staaten setzt sich die lex fori in der Regel dann durch, wenn sie die **Vertragsfreiheit zur Verfolgung wirtschaftlicher Ziele als besonderes Ordnungsmittel einsetzt.** Nichtverbotensein als Ausprägung der allgemeinen Handlungsfreiheit genügt nicht, wohl dagegen eine spezielle Erlaubnis im Ordnungsinteresse.[515] Beispielsweise vermag gegen das von der lex fori zugelassene Exportkartell das Kartellverbot des fremden Auswirkungslandes nichts auszurichten.[516] Ebenso ist es, wenn sich EU-Recht speziell gegen die ausländische Eingriffsnorm richtet (→ Rn. 71) oder wenn nationales deutsches Außenwirtschaftsrecht die im Ausland verbotene Transaktion erlaubt.[517] **147**

Nach deutschen **Handelsvertreterrecht** können sonst zwingende Schutzvorschriften des deutschen Sachrechts **abbedungen** werden, wenn der Vertreter seine Tätigkeit nicht innerhalb des Gebietes der EU oder des EWR auszuüben hat (§ 92c Abs. 1 HGB; → Art. 4 Rn. 153). Einer solchen Vereinbarung steht nicht entgegen, dass am ausländischen Tätigkeitsort des Handelsvertreters ausländische Schutzvorschriften – etwa für einen zwingenden Ausgleichsanspruch – gelten.[518] Insofern setzt sich die Wertung des deutschen Rechts durch und kann auch nicht mit Hilfe einer AGB-Inhaltskontrolle überspielt werden. Das Gleiche wird für den Vertriebshändler angenommen.[519] **148**

V. Inhaltliche Überprüfung

Auch dann, wenn eine enge Verbindung zum Sachverhalt besteht, kann die ausländische Eingriffsnorm nicht unbesehen hingenommen werden.[520] Vielmehr bedarf es einer inhaltlichen Überprüfung, ob sie mit der Rechtsordnung des Forumstaates vereinbar ist.[521] Zu unterschiedlich sind die nationalen Auffassungen über die **Inhalte und die Angemessenheit zwingender Regelun-** **149**

---

509 Vgl. *Rehbinder* JZ 1973, 151 (157).

510 *Clausnitzer/Woopen* BB 2008, 1798 (1805); Erman/*Stürner* Rn. 28; Rauscher/*Thorn* Rn. 121. – So grds. für Kartellrechtsnormen *Vischer* Rec. 142 (1974-II), 1 (26 f.); idR Vorrang: BeckOGK/*Maultzsch*, 1.3.2024, Rn. 172. Vgl. auch *Lehmann,* Zwingendes Recht dritter Staaten im internationalen Vertragsrecht, 1986, 222. Vgl. OLG Frankfurt ZBB 2011, 296 = IPRspr. 2011 Nr. 167: Vorrang europäischer gegenüber US-amerikanischer Iran-Sanktion.

511 Erman/*Stürner* Rn. 28; Rauscher/*Thorn* Rn. 121.

512 *Steindorff* IX. Kongress Rvgl., 1974, 155 (168); *Kronke,* Rechtstatsachen, kollisionsrechtliche Methodenentfaltung und Arbeitnehmerschutz im internationalen Arbeitsrecht, 1980, 121; vgl. zur Abwägung für Exportkartelle *Joerges* RabelsZ 43 (1979), 55 ff.

513 Zur Kollision ausländischer Eingriffsnormen anders Rauscher/*Thorn* Rn. 121.

514 Ähnlich Staudinger/*Magnus,* 2021, Rn. 142: kein absoluter Vorrang. Für das Günstigkeitsprinzip bei Mindestnormen für Arbeitnehmer, *Deinert* IntArbR § 10 Rn. 180.

515 Vgl. *Rehbinder* JZ 1973, 151 (157); *Steindorff* IX. Kongress Rvgl. 1974, 155 (159 f.).

516 Vgl. auch Soergel/*v. Hoffmann* EGBGB Art. 34 Rn. 104.

517 Vgl. *Remien* RabelsZ 54 (1990), 431 (467 f.).

518 OLG München NJW-RR 2003, 471 = RIW 2002, 319 m. Aufsatz *Eberl* RIW 2002, 305 = RIW 2002, 1385 m. Aufsatz *Mankowski* RIW 2002, 1532 = IPRspr. 2002 Nr. 30; Reithmann/Martiny IntVertragsR/*Fabig* Rn. 23.33; dazu auch *Mankowski* MDR 2002, 1352; *Wanschkuhn/Meese* RIW 2002, 301.

519 Vgl. *Peschke* ZVertriebsR 2016, 144 f.; Reithmann/Martiny IntVertragsR/*Fabig* Rn. 37.109 ff.

520 Dazu *Rehbinder* AWD 1969, 346 (352 ff.); *E. Lorenz* RIW 1987, 569 (582 f.); Reithmann/Martiny IntVertragsR/*Zwickel* Rn. 5.137 ff., 5.154.

521 Vgl. bereits *Rehbinder* JZ 1973, 151 (156); *Berger* in Herrmann/Berger/Wackerbarth, Deutsches und Internationales Bank- und Wirtschaftsrecht im Wandel, 1997, 330. Von einer Prüfung der „Anwendungswürdigkeit" spricht *Bär,* Kartellrecht und internationales Privatrecht, 1965, 225, 316. Für eine Überprüfung des Geltungsanspruchs am Maßstab internationaler und inländischer Ordnungsvorstellungen Soergel/*v. Hoffmann* EGBGB Art. 34 Rn. 90.

gen. Nicht hingenommen wird etwa eine Diskriminierung eines israelischen Passagiers durch Nichtbeförderung[522] (→ Einl. IPR Rn. 316; → BGB § 275 Rn. 51). Eine offene Frage ist, ob diese inhaltliche Kontrolle einen Bestandteil der inländischen Kollisionsnorm selbst bildet, also nur inhaltlich unbedenkliches Recht überhaupt berufen wird,[523] oder ob die Grenze lediglich vom inländischen ordre public (Art. 21) gezogen wird.[524] Wird der zuerst genannte Weg eingeschlagen, so braucht die Vorbehaltsklausel gegen anstößiges Eingriffsrecht in der Regel nicht mehr ins Feld geführt zu werden.[525] Werden nämlich bereits bei der Beachtung des Eingriffsrechts die Interessen des inländischen Staates und die Folgen für die Parteien berücksichtigt, so überschneidet sich das in der Regel mit einer einzelfall- und ergebnisorientierten ordre public-Prüfung.[526]

150 Über die Reichweite der inhaltlichen Überprüfung besteht ebenfalls keine Einigkeit. Art. 9 Abs. 3 spricht für eine offene Abwägung, in die **Art und Zweck der Norm sowie die Folgen der Norm und ihrer Anwendung** bzw. Nichtanwendung einzubeziehen sind (→ Rn. 128 f.). Allerdings sagt die Vorschrift weder, welche Folgen (für die Parteien, zwischenstaatliche) zu berücksichtigen sind, noch wann sonst die ausländische Gesetzgebung mit Anerkennung rechnen darf.[527] Damit gewinnt die Interessenübereinstimmung („shared values") zwischen Forum und eingreifendem Staat überragende Bedeutung.[528] Im Wesentlichen wird es auf den materiellen Gehalt der Norm ankommen. Bedenken gegenüber der zwingenden Natur überhaupt und gegenüber einem übersteigerten Anwendungswillen werden schon nach anderen Kriterien berücksichtigt (→ Rn. 120 ff.).

151 Zwar kommt es auch darauf an, ob die **ausländischen politischen und wirtschaftlichen Ziele** mit den inländischen übereinstimmen,[529] die ausländischen Normen entsprechenden Bestimmungen der inländischen Rechtsordnung gleichkommen.[530] Insbesondere ausländisches Außenwirtschaftsrecht findet bei Interessenidentität mit dem Forum eher Beachtung.[531] Dementsprechend wird zum Teil eine Kompatibilität der Wertungen verlangt.[532] Doch wird keine Übereinstimmung des ausländischen mit dem inländischen Recht verlangt; es wird erst dann ausgeschlossen, wenn ein gewisser „Entrüstungsgrad" *(Zweigert)* erreicht ist. Die ausländischen Normen können umso leichter Anerkennung finden, je mehr ihre Regelung internationalen Standards entspricht und international typisch ist. Dazu gehören Regelungen im Rahmen anerkannter völkerrechtlicher Grundsätze. „International-typische Interessen" sprechen im Allgemeinen für eine Beachtung.[533] Dagegen können Normen, die das eigene Wirtschafts- und Gesellschaftssystem ernsthaft stören würden, nicht beachtet werden.[534] Vorschriften, die der Absicht andere Staaten

[522] OLG Frankfurt NJW 2018, 3591 m. zust. Anm. *Tonner* = RIW 2019, 231 m. Aufsatz *Mankowski* RIW 2019, 180 = IPRax 2019, 321 m. Aufsatz *Thon* IPRax 2019, 301; OLG München NJW-RR 2020, 1061 = IPRax 2023, 182 m. Aufsatz *Kronenberg* IPRax 2023, 155: tatsächliches Leistungshindernis; *Weller/Lieberknecht* JZ 2019, 317 ff.; krit. *Maultzsch* FS Kronke, 2020, 363 (371 ff.); *v. Hein* in Beck, Mögliche juristische und rechtspolitische Antworten auf BDS nach dem Urteil des Bundesverwaltungsgerichts gegen die Stadt München, 2023, 100 (126 ff.).

[523] So *Zweigert* 50 Jahre Institut für Internationales Recht, 1965, 124 (132 f.); *Berger* in Herrmann/Berger/Wackerbarth, Deutsches und Internationales Bank- und Wirtschaftsrecht im Wandel, 1997, 330.

[524] Vgl. *Wengler* ZVglRWiss 54 (1941), 168 (197 ff.); *Zweigert* RabelsZ 14 (1942), 283 (305); wN bei *Kreuzer* in Schlechtriem/Leser, Zum Deutschen und Internationalen Schuldrecht, 1983, 103. – Freilich bleibt die Frage, ob trotz ordre public-Widrigkeit dann nicht der Zwangslage eines Schuldners materiellrechtlich Rechnung getragen werden müsste, vgl. *Drobnig* FS Neumayer, 1985, 159 (169 f., 172).

[525] So *Lehmann,* Zwingendes Recht dritter Staaten im internationalen Vertragsrecht, 1986, 210 f., 217 f., 226.

[526] *Vischer* in v. Graffenried, Beiträge zum schweizerischen Bankenrecht, 1987, 448 f. Vgl. auch Soergel/*v. Hoffmann* EGBGB Art. 34 Rn. 92.

[527] Krit. zu Art. 7 EVÜ *Coing* WM 1981, 810 (811, 813); *Morse* Yb. Eur. L. 2 (1982), 107 (145 ff.); ebenso zum Entwurf *Mann* FS Beitzke, 1979, 607 (617). Vgl. auch *Drobnig,* EurPILO, 1975, 84.

[528] *Pfeiffer* EuZW 2008, 622 (628); Reithmann/Martiny IntVertragsR/*Zwickel* Rn. 5.137 ff. – Interessenidentität verlangt nach dem EVÜ *Kreuzer,* Ausländisches Wirtschaftsrecht vor deutschen Gerichten, 1986, 92 ff., „Wertegleichklang" *Hentzen* RIW 1988, 510 f. Ähnlich Erman/*Stürner* Rn. 27. – Zur internationalen Schiedsgerichtsbarkeit vgl. *Berger* in Herrmann/Berger/Wackerbarth, Deutsches und Internationales Bank- und Wirtschaftsrecht im Wandel, 1997, 330; *Schiffer,* Normen ausländischen „öffentlichen" Rechts in internationalen Handelsschiedsverfahren, 1990, 116 ff.

[529] Vgl. Soergel/*Kegel,* 11. Aufl. 1984, EGBGB Vor Art. 7 Rn. 396.

[530] *Bär,* Kartellrecht und internationales Privatrecht, 1965, 316 ff.; *Vischer* Rec. des Cours 142 (1974-II), 1 (24).

[531] *Remien* RabelsZ 54 (1990), 431 (466 ff.).

[532] So Reithmann/Martiny IntVertragsR/*Zwickel* Rn. 5.137: Konkordanz.

[533] Dazu *Zweigert* RabelsZ 14 (1942), 283 (290 ff.); *Zweigert* 50 Jahre Institut für Internationales Recht, 1965, 124 (129 ff.); *v. Hoffmann* RabelsZ 38 (1974), 396 (412 ff.); *Coester* ZVglRWiss 82 (1983), 1 (24 f.); vgl. auch *Drobnig,* EurPILO, 1975, 84 f.; krit. zu diesem Kriterium Bericht *Giuliano/Lagarde,* BT-Drs. 10/503, 59.

[534] Zu „sympathischen" oder „artfremden" Normen *Zweigert* 50 Jahre Institut für Internationales Recht, 1965, 124 (131 ff.).

zu diskriminieren oder zu schädigen dienen, braucht über den rechtsetzenden Staat hinaus nicht Folge geleistet zu werden.[535] Keine Anwendung finden auch Feindhandelsverbote, die sich gegen das eigene Land richten.[536]

D. Internationale Zuständigkeit

Die Regeln über die internationale Zuständigkeit enthalten besondere Vorschriften für schutzbedürftige Gruppen, insbesondere für Verbraucher (→ Art. 6 Rn. 82 ff.), Versicherungsnehmer (→ Art. 7 Rn. 62 ff.) und Arbeitnehmer (→ Art. 8 Rn. 188 ff.). Sie schränken auch die Freiheit zum Abschluss von Gerichtsstandsvereinbarungen ein.[537] Im Bereich der Eingriffsnormen hat die Rspr. sie mehrfach gegen die Wirksamkeit von Gerichtsstandsvereinbarungen (→ Vor Art. 1 Rn. 62) und Schiedsvereinbarungen (→ Vor Art. 1 Rn. 98) ins Feld geführt.[538] **152**

Anh. I Art. 9 Rom I-VO: Währungsrecht

Schrifttum: allgemeines Schrifttum zum IVR → Vor Art. 1; *Alberts,* Der Einfluss von Währungsschwankungen auf Zahlungsansprüche nach deutschem und englischem Recht, 1986; *Bertoli,* Virtual Currencies and Private International Law, Riv. dir. int. priv. proc. 2018, 581; *Böse,* Der Einfluß zwingenden Rechts auf internationale Anleihen, 1963; *W. Braun,* Vertragliche Geldwertsicherung im grenzüberschreitenden Wirtschaftsverkehr, 1982; *Carreau,* Money and Arbitration, in Giovanoli, International Monetary Law, Oxford 2000, 493; *Ebke,* Internationales Devisenrecht, 1991; *Ernst,* Die Bedeutung des Gesetzeszwecks im internationalen Währungs- und Devisenrecht, 1963; *Fögen,* Geld- und Währungsrecht, 1969; *Gold,* The Fund Agreement in the Courts, Washington D. C., Bd. I (1962), II (1982), III (1986); *Goltz,* Vertragsgestaltung bei Roll-Over-Eurokrediten, 1980; *Grothe,* Fremdwährungsverbindlichkeiten, 1999; *Hahn,* Das Währungsrecht der Euro-Devisen, 1973; *Hahn,* Geldwertsicherung und internationales Währungsrecht, Liber Amicorum Schnitzer, 1979, 197; *Hahn/Häde,* Währungsrecht, 2. Aufl. 2010; *van Hecke,* Currency, I. E. C. L. Vol. III ch. 36 (1972); *v. Hoffmann,* Deliktischer Schadensersatz im internationalen Währungsrecht, FS Firsching, 1985, 125; *Horn,* Das Recht der internationalen Anleihen, 1972; *Kindler,* Russische Staatsanleihen vor deutschen Gerichten, BKR 2022, 407; *Kleiner,* Internationales Devisen-Schuldrecht, Zürich 1985; *Klingsporn,* Die Umrechnung des Goldfrankens in haftungsrechtlichen Bestimmungen, WM 1978, 918; *Küng,* Zahlung und Zahlungsort im Internationalen Privatrecht, Freiburg/Schweiz 1970; *Magnus,* Währungsfragen im Einheitlichen Kaufrecht, RabelsZ 53 (1989), 116; *Maier-Reimer,* Fremdwährungsverbindlichkeiten, NJW 1985, 2049; *Mann,* Das Recht des Geldes, 1960; *Mann,* Zahlungsprobleme bei Fremdwährungsschulden, SchwJbIntR 36 (1980), 93; *Martiny,* Virtuelle Währungen, insbesondere Bitcoins, im Internationalen Privat- und Zivilverfahrensrecht, IPRax 2018, 553; *Natermann,* Der Eurodollarmarkt in rechtlicher Sicht, 1977; *Nussbaum,* Money in the Law, Brooklyn, 2. Aufl. 1950; *Proctor,* Mann and Proctor on the law of money, 8. Aufl. 2022; *Rabel,* Golddollar-Anleihen mit Vereinbarung des New Yorker Rechts, RabelsZ 10 (1936), 492; *Reinhuber,* Grundbegriffe und internationaler Anwendungsbereich von Währungsrecht, 1996; *Remien,* Die Währung von Schaden und Schadensersatz, RabelsZ 53 (1989), 245; *Robertz,* Wertsicherungs- und Preisanpassungsklauseln im Außenwirtschaftsverkehr, 1985; *G. H. Roth,* Auf- und Abwertung im IPR, BerGesVR 20 (1979), 87; *G. H. Roth,* Währungsprobleme im internationalen Seerecht, 1980; *D. Schulte,* Die Anknüpfung von Eingriffsnormen, insbesondere wirtschaftsrechtlicher Art, im internationalen Vertragsrecht, 1975; *H. Schwarz,* Geldwertberichtigung und internationale Verträge nach deutschem IPR und brasilianischem Recht, RIW 1977, 153; *Seetzen,* Zur innerstaatlichen und internationalen Zulässigkeit von Fremdwährungsschulden und -klauseln, AWD 1969, 253; *Vischer,* Probleme des Währungsrechts nach dem Entwurf des schweizerischen IPR-Gesetzes, in v. Graffenried, Beiträge zum schweizerischen Bankenrecht, Bern 1987, 425; *Vischer,* Geld- und Währungsrecht im nationalen und internationalen Kontext, Basel 2009; *R. H. Weber,* Fremdwährungsschulden in der Praxis, BasJurM 1983, 105; *Zehetner,* Geldwertklauseln im grenzüberschreitenden Wirtschaftsverkehr, 1976. – S. auch bei Art. 9 und Anh. II Art. 9.

Übersicht

[535] Vgl. *Neumayer* BerGesVR 2 (1958), 35 (55) Fn. 50.

[536] *Zweigert* 50 Jahre Institut für Internationales Recht, 1965, 124 (132); Soergel/*v. Hoffmann* EGBGB Art. 34 Rn. 92.

[537] Dazu *Hausmann* in Czernich/Geimer, Handbuch der Streitbeilegungsklauseln im Internationalen Vertragsrecht, 2017, 267 ff.

[538] Näher *Basedow* FS Magnus, 2014, 337 ff.

I. Begriff

1 Das **Internationale Währungsrecht bestimmt, welchen Staates Währungsrecht maßgeblich ist.**[1] Die weitgehend ungeschriebenen Kollisionsnormen des internationalen Währungsrechts regeln, welches materielle Währungsrecht anzuwenden ist.[2] Das Währungsrecht umfasst mehrere Normgruppen.[3] Seine Organisationsnormen legen die Kompetenzen zur Währungsbestimmung und die Währungseinheiten fest. Funktionsnormen regeln die Umsetzung des Währungssystems in der Praxis. Schutznormen dienen der Geldwert- und Währungsstabilität. Die Festlegung und Einteilung der einzelnen Währungseinheiten ist nur eine Frage des materiellen Rechts. Die Unterscheidung zwischen Sach- und Kollisionsrecht lässt sich nicht immer leicht treffen, da in grenzüberschreitenden Sachverhalten ein Gemisch verschiedener kollisions- und materiellrechtlicher Fragen, teils privat-, teils öffentlich-rechtlicher Art, auftritt. Die Sonderstellung des internationalen Währungsrechts rührt daher, dass jeder Staat zum Erlass geldrechtlicher Vorschriften für die eigene Währung berechtigt ist, hingegen nicht in fremde Währungen eingreifen darf.[4] Inhaltliche Änderungen der Währung haben aber im internationalen Verkehr auch extraterritoriale Auswirkungen, zumal Währungsfragen ein wesentlicher Gegenstand vertraglicher Vereinbarungen sind. Zweck des Währungsrechts ist es vor allem, die innere Kaufkraft des Geldes zu gewährleisten. Vom Währungsrecht zu unterscheiden ist das Devisenrecht (→ Anh. II Art. 9), wenngleich devisenrechtliche Bestimmungen die Währungsfrage beeinflussen. Welche Begriffe im internationalen Währungsrecht zu verwenden sind, ist im Einzelnen umstritten.[5]

1 Vgl. Soergel/*v. Hoffmann* EGBGB Art. 34 Rn. 105.

2 Zur schweizerischen Regelung in Art. 147 IPRG s. Zürcher Kommentar zum IPRG/*Vischer/Monnier,* 3. Aufl. 2018, IPRG Art. 147 Rn. 1 ff.; *Vischer* in v. Graffenried, Beiträge zum schweizerischen Bankenrecht, 1987, 425 ff.

3 Dazu *Reinhuber,* Grundbegriffe und internationaler Anwendungsbereich von Währungsrecht, 1996, 25 ff.; *Ritter,* Euro-Einführung und IPR unter besonderer Berücksichtigung nachehelicher Unterhaltsverträge, 2003, 16 ff.

4 Vgl. BGHSt 19, 357 = NJW 1964, 1629; *Hahn/Häde,* Währungsrecht, 2. Aufl. 2010, § 2 Rn. 17.

5 Dazu näher *Grothe,* Fremdwährungsverbindlichkeiten, 1999, 97 ff.

In der Nachkriegszeit war bedeutsam das Abkommen über deutsche Auslandsschulden **(Londoner Schuldenabkommen)** vom 27.2.1953.[6] Im Zusammenhang damit wurden auch die Raten für die Zahlungen auf die **Young-Anleihe von 1930** geregelt. Diese sollten bei einer bestimmten Wechselkursänderung auf der Grundlage „der Währung mit der geringsten Abwertung" erfolgen. Hinsichtlich der Auslegung dieser Klausel kam es zum Streit, der erst 1980 durch Schiedsgerichtsurteil entschieden wurde.[7] 2

II. Anknüpfung von Währungsfragen

1. Schuld- und Zahlungswährung. Die zuerst zu beantwortende währungsrechtliche Frage 3
ist, welche Rechtsordnung die Währung bestimmt, in der ein Anspruch entsteht (näher → Rn. 9 ff.). Sie legt in der Regel die **Schuldwährung** (Rechnungs- oder Nennwährung)[8] fest, also die Währung, in der geschuldet wird und in der die Leistungsverpflichtung beziffert ist.[9] Dies braucht nicht die Währung des Staates der lex causae zu sein,[10] sondern kann auch eine Fremdwährung (→ Rn. 19) sein. **Zahlungswährung** ist diejenige, in der leistungsbefreiend gezahlt werden kann.[11] Beide Währungen brauchen sich nicht zu decken. Da für die Zahlungswährung besondere Normen bestehen, kann sich der Schuldner unter Umständen durch die Zahlung einheimischen Geldes befreien (→ Rn. 25).

2. Währungsstatut. Unter dem Währungsstatut (lex pecuniae oder lex monetae) versteht man 4
die Gesamtheit der den Inhalt eines Schuldverhältnisses mitbestimmenden geld- und währungsrechtlichen Normen.[12] Das Währungsstatut setzt fest, was im Zeitpunkt der Zahlung gesetzliches Zahlungsmittel ist, welchen Wert es hat und mit wie viel Geldeinheiten eine Schuld zu tilgen ist.[13] Es handelt sich hier also um **institutionelle Währungsvorschriften, welche die Geldverfassung eines Landes regeln.**[14] Änderungen solcher währungsrechtlicher Normen gelten auch für außerhalb des rechtsetzenden Staates zu erfüllende Verpflichtungen.[15]

Das Währungsstatut wird nach hM vom **Recht des Landes bestimmt, in dessen Währung** 5
eine Schuld ausgedrückt ist.[16] Mit der Währungswahl bestimmen die Parteien direkt und zwingend auch das Währungsrecht.[17] Gleiches gilt, wenn die Währung gesetzlich bestimmt wird. Doch ist diese Verweisung nur **materiellrechtlicher,** nicht kollisionsrechtlicher Natur (hM).[18] Nach aA ist die Ermittlung des Währungsstatuts eine kollisionsrechtliche Frage, für die das Schuldstatut mit der von ihm bestimmten Währung lediglich ein Tatbestandsmerkmal liefert.[19] Dies dürfte in der Regel nicht zu Unterschieden führen. Bedeutsamer ist, dass die Parteien nur die Rechtsordnung als Währungsstatut vereinbaren dürfen, in deren Geltungsbereich die Währung Landeswährung ist. Da

[6] BGBl. 1953 II 331. In Kraft getreten am 16.9.1953 (Bek. 30.9.1953) BGBl. 1953 II 556. Vertragsstaaten: FNB. Ausführungsgesetz vom 24.8.1953, BGBl. 1953 I 1003; näher dazu *Henn* RabelsZ 20 (1955), 270 ff.; *Glasemann* Die Bank 1990, 347; Staudinger/*Firsching,* 10./11. Aufl. 1978, EGBGB Vor Art. 12 Rn. 389; Staudinger/*Weber* (11. Aufl. 1967) BGB Vor §§ 244, 245 Rn. 480 ff. mwN.

[7] S. dazu Behrens (Hrsg.), Die Wertsicherung der Young-Anleihe, 1984; *Follak* ZVglRWiss 82 (1983), 88; *Hablitzel* JZ 1981, 49; *Seidl-Hohenveldern* RIW 1980, 514.

[8] Je nach Verständnis braucht sich dies mit „money of account" nicht unbedingt zu decken; dazu *Grothe,* Fremdwährungsverbindlichkeiten, 1999, 7.

[9] *Grothe,* Fremdwährungsverbindlichkeiten, 1999, 6 unterscheidet von der Schuldwährung noch die Berechnungswährung, welche die Anzahl der Währungseinheiten festlegt.

[10] Vgl. BGH NJW 1970, 1002; *Grothe,* Fremdwährungsverbindlichkeiten, 1999, 98 f.

[11] *Mann,* Recht des Geldes, 1960, 153; *Grothe,* Fremdwährungsverbindlichkeiten, 1999, 6; Soergel/*v. Hoffmann* EGBGB Art. 34 Rn. 112; dazu, dass sich dies mit englischsprachigen Ausdruck „money of payment" nicht unbedingt zu decken braucht, *Grothe,* Fremdwährungsverbindlichkeiten, 1999, 7.

[12] Vgl. *Fögen,* Geld- und Währungsrecht, 1969, 114; *Grothe,* Fremdwährungsverbindlichkeiten, 1999, 99; *Ritter,* Euro-Einführung und IPR unter besonderer Berücksichtigung nachehelicher Unterhaltsverträge, 2003, 27; Staudinger/*Magnus,* 2021, Art. 12 Rn. 105.

[13] *Hahn/Häde,* Währungsrecht, 2. Aufl. 2010, § 2 Rn. 13; *Mann,* Recht des Geldes, 1960, 238; *Roth* BerGesVR 20 (1979), 87 (108); Soergel/*v. Hoffmann* Art. 34 Rn. 108.

[14] *Böse,* Der Einfluß des zwingenden Rechts auf internationale Anleihen, 1963, 87 f.

[15] *Nußbaum* IPR 349 ff.; *Horn,* Recht der Internationalen Anleihen, 1972, 263.

[16] RGZ 131, 41 (46) = IPRspr. 1931 Nr. 4; KG JW 1929, 446 = IPRspr. 1929 Nr. 10; *Hahn/Häde,* Währungsrecht, 2. Aufl. 2010, § 2 Rn. 16; *van Hecke,* I. E. C. L. Vol. III ch. 36 (1972) sec. 4; *Grothe,* Fremdwährungsverbindlichkeiten, 1999, 100 f.; Grüneberg/*Thorn* Art. 12 Rn. 6; Staudinger/*Magnus,* 2021, Art. 12 Rn. 114; Staudinger/*Omlor,* 2021, BGB § 244 Rn. 143.

[17] Englischsprachige Währungsklauseln bei *Vorpeil* IWB 2021, 746 (740 f.).

[18] *Stoll* RabelsZ 21 (1956), 575 (604 ff.); *Vischer* in v. Graffenried, Beiträge zum schweizerischen Bankenrecht, 1987, 428; *Horn,* Recht der Internationalen Anleihen, 1972, 263; *Hirschberg,* Das interzonale Währungs- und Devisenrecht der Unterhaltsverbindlichkeiten, 1968, 27; Soergel/*v. Hoffmann* EGBGB Art. 34 Rn. 107.

[19] *G. H. Roth* BerGesVR 20 (1979), 87 (97 Fn. 32).

jeder Staat lediglich die geldrechtlichen Verhältnisse seiner eigenen Währung regeln darf, kann als Währungsstatut nicht das Recht eines anderen Landes vereinbart werden.[20] Es empfiehlt sich, den Begriff des Währungsstatuts zur Vermeidung von Missverständnissen nur iSd lex pecuniae zu verwenden. Doch wird der Begriff vielfach abweichend gebraucht.[21]

6 Das Währungsstatut ist **wandelbar;** die Parteien können ihre Verpflichtungen nach Vertragsabschluss einer anderen Währung unterstellen.[22] Die Rspr. ersetzt das ursprüngliche Währungsstatut bei Währungseingriffen auch ohne Parteierklärung durch ein neues Währungsstatut. Ein solches Statut wurde insbesondere im Hinblick auf die frühere deutsche Währungsspaltung bestimmt, aber auch bei tiefgreifenden ausländischen Währungsänderungen (→ Rn. 51).

7 **3. Andere Anknüpfungen.** Währungsfragen treten in vielerlei Gestalt auf und können daher auch verschieden angeknüpft werden.[23] Ordnet man sie als „schuldrechtliches Währungsrecht" ein und geht allein vom **Schuldstatut** aus, so finden die Bestimmungen dieses Rechts auf alle dieser Rechtsordnung unterliegenden Verpflichtungen ungeachtet der Vertragswährung Anwendung. Ist Schuldstatut inländisches Recht, so bleiben nach der privatrechtlichen Theorie ausländische Währungsvorschriften ohne Einfluss, auch wenn die Schuld in der Währung des rechtsetzenden Landes ausgedrückt ist. So wird zB bei der Aufwertung entschieden (→ Rn. 48). Man kann aber auch die Währungsfrage gesondert anknüpfen, dies jedoch **ähnlich der Bestimmung des Schuldstatuts** tun. So wurde früher bei der Währungsspaltung verfahren.[24] Ordnet man die Währungsfrage dagegen währungsrechtlich ein, so kann man sie auch unabhängig sowohl von Schuldstatut als auch von Schuldwährung stellen und das **IPR des Forums** befragen, welche Reichweite der ausländischen Gesetzgebung zugestanden wird und wie im Einzelnen anzuknüpfen ist.[25] Dieser Ansatz (auch autonome kollisionsrechtliche oder „öffentlich-rechtliche" Theorie genannt) wird insbesondere für staatliche Währungseingriffe, die nicht dem Ausgleich zwischen den Parteien, sondern öffentlichen Interessen dienen, gewählt. Grundgedanke ist, dass die staatliche Währungshoheit nur gegenüber denjenigen Rechts- und Schuldverhältnissen durchgesetzt werden kann, die der Gesetzgebungs- und Zwangsgewalt des rechtsetzenden Staates unterliegen.

8 Für eine **Sonderanknüpfung** ist für Vertragsverhältnisse von Art. 9 Rom I-VO auszugehen. Danach werden inländische Eingriffsnormen nach Abs. 2 durchgesetzt. Für ausländische Normen wird lediglich auf den Erfüllungsort abgestellt (→ Art. 9 Rn. 120 ff.). In der Vergangenheit wurde eine Sonderanknüpfung insbesondere gestützt auf das Territorialitätsprinzip[26] (→ Art. 9 Rn. 38) oder die Machttheorie[27] (→ Art. 9 Rn. 39). Nach letzterer sind – ähnlich wie im Internationalen Enteignungsrecht – ausländische Eingriffsvorschriften in Geldschulden nur soweit anzuwenden, wie der ausländische Staat die Macht zur Rechtsdurchsetzung besitzt.[28] Das ist insbesondere für den Rechtsverkehr im eingreifenden Staat und für dort belegenes Schuldnervermögen der Fall. Das Währungsstatut für eine Hypothek an einem in der ehemaligen DDR belegenen Grundstück bestimmte sich auch dann nach dem dortigen Recht, wenn die gesicherte Darlehensforderung wegen des Schuldnersitzes in der BRepD von der enteignenden Maßnahme nicht erfasst wurde.[29] – Soweit nicht Art. 9 Abs. 3 Rom I-VO entgegensteht und eine Sonderanknüpfung notwendig ist, sollte sie weiterhin nach dem Kriterium der **engen Verbindung** (→ Art. 9 Rn. 40) **erfolgen.** Eine enge Verbindung besteht insbesondere dann, wenn sich das Vertragsverhältnis auf Wirtschafts- und Währungsordnung des normsetzenden Staates auswirkt **(Auswirkungsprinzip).** Dass die Schuld in seiner Währung bemessen ist, reicht regelmäßig nicht aus. Die Belegenheit von Vermögen oder der Wohnsitz der Parteien können hingegen in Betracht gezogen werden.

---

20 *Hahn,* Das Währungsrecht der Euro-Devisen, 1973, 39 f.; *Hahn/Häde,* Währungsrecht, 2. Aufl. 2010, § 2 Rn. 17.

21 ZB OLG Karlsruhe WM 1966, 1312; krit. zum Begriff schon *Stoll* RabelsZ 21 (1956), 575 (579, 605 ff.); *Böse,* Der Einfluß des zwingenden Rechts auf internationale Anleihen, 1963, 88.

22 Vgl. *Fögen,* Geld- und Währungsrecht, 1969, 117; Staudinger/*Firsching,* 10./11. Aufl. 1978, EGBGB Vor Art. 12 Rn. 403.

23 Vgl. *Braun,* Vertragliche Geldwertsicherung im grenzüberschreitenden Wirtschaftsverkehr, 1982, 121 ff.; IPG 1976 Nr. 21 (Hamburg) S. 264 f. – Rspr.-Nachweise bei *Kreuzer,* Ausländisches Wirtschaftsrecht vor deutschen Gerichten, 1986, 41 ff.

24 → 2. Aufl. 1990, Rn. 45 ff.

25 So zB für die Umstellungsgesetzgebung *Stoll* RabelsZ 21 (1956), 575 (590 ff.): objektiver Schwerpunkt des Schuldverhältnisses.

26 OLG Karlsruhe WM 1966, 1312 für Fremdwährungsverbot; *Seetzen* AWD 1969, 253 (257).

27 *Kegel/Schurig* IPR § 23 III 3; Soergel/*v. Hoffmann* EGBGB Art. 34 Rn. 897; näher zur Sonderanknüpfung *Grothe,* Fremdwährungsverbindlichkeiten, 1999, 113 ff.

28 Zum Nichteingreifen der russischen Beschränkungen in Form einer gesetzlichen Ersetzungsbefugnis, *Kindler* BKR 2022, 407 (414 ff.).

29 BGH WM 2006, 1237 zur Währungsumstellung 1948.

III. Bestimmung von Schuld- und Zahlungswährung

1. Schuldwährung. a) Allgemeines. Die **Schuldwährung** (→ Rn. 3) richtet sich kollisionsrechtlich **nach der lex causae** (hM), bei Verträgen also nach den Art. 3 ff.[30] Die Rechtsordnung, welche bestimmt, ob überhaupt und in welcher Höhe Geld geschuldet wird, legt grundsätzlich auch die Währung des Geldanspruchs fest.[31] Dieses Statut entscheidet etwa, wenn zweifelhaft ist, in welcher Währung die Schuld ausgedrückt ist (zB nur von Dollar oder Pfund die Rede ist).[32] Auf dieser zweiten Stufe handelt es sich nur um eine materiellrechtliche Frage, häufig um die Auslegung einer Parteivereinbarung (→ Rn. 5; vgl. auch Art. 12 Abs. 1 Nr. 1). Spezielle Auslegungsregeln können hierfür subsidiär die Währung des Zahlungsortes vorsehen (vgl. § 361 HGB).[33] Doch wird damit nicht etwa auf das Recht dieses Ortes verwiesen, maßgeblich bleiben die Vorschriften des Schuldstatuts. Zu beachten ist aber, dass die lex causae nicht stets auf die Währung dieser Rechtsordnung zu verweisen braucht; man kann zB auch nach deutschem Recht US-Dollar schulden.[34] Nach Einheitskaufrecht ist mangels Parteivereinbarung die Währung des Landes maßgeblich, in dem der Verkäufer seine Niederlassung hat (vgl. Art. 57 Abs. 1 lit. a CISG).[35] Andere wollen ähnlich auf den Zahlungsort (Art. 57 Abs. 1 lit. b, hilfsweise lit. a CISG) abstellen.[36] Teilweise wird aber eine Lücke des Einheitsrechts angenommen, die vom nationalen Recht auszufüllen ist.[37] 9

Zwar gibt es Überlegungen für eine unionsrechtliche Regelung **virtueller Währungen** bzw. **Kryptowährungen** (zB Bitcoins).[38] Insbesondere könnte ein digitaler Euro geschaffen werden, möglicherweise in einer Retail-Variante für jedermann.[39] Bislang besteht aber lediglich eine VO (EU) 2023/1114 über Märkte von Krypto-Werten (MiCAR; → Art. 1 Rn. 9; → IntFinanzMarktR Rn. 568). Die Beziehungen, wie sie bei entsprechenden Transaktionen entstehen, sind, solange die virtuellen Währungseinheiten nicht staatlich anerkannt bzw. verboten sind, nicht den Regeln des internationalen Währungsrechts unterworfen.[40] Insoweit kommen die Regeln des Internationalen Schuldvertragsrechts zur Anwendung (→ Art. 4 Rn. 298 ff.). Allerdings kann nationales Aufsichtsrecht bestimmte Transaktionen und Aktivitäten einschränken oder verbieten.[41] Hierbei handelt es sich dann um Eingriffsnormen iSd Art. 9 Rom I-VO.[42] Insofern kommen nicht nur eigene Normen, sondern auch drittstaatliche iSd Art. 9 Abs. 3 Rom I-VO in Betracht.[43] 10

b) Unterhaltsansprüche. Die Währung des Unterhaltsanspruchs richtet sich grundsätzlich nach der lex causae, dh dem Unterhaltsstatut. Die auf die **Unterhaltspflicht anzuwendende Rechtsordnung** bestimmt, in welcher Währung geschuldet wird.[44] Andere ermitteln die Währung 11

---

[30] BGH NJW 2022, 3644 Rn. 39 m. Aufsatz *Goebel/Wiepen* NJW 2022, 3611; BGH RIW 2023, 159 = EuZW 2023, 240 Rn. 35.

[31] BGHZ 17, 89 (93 f.) zum interzonalen Privatrecht; OLG Bamberg RIW 1989, 221 (224) = IPRax 1990, 105 m. Aufsatz *Prinzing* IPRax 1990, 83; *v. Hoffmann* FS Firsching, 1985, 125 (126); *Stoll* RabelsZ 21 (1956), 575 (604); *Remien* RabelsZ 53 (1989), 245 (248); *van Hecke* I. E. C. L. Vol. III ch. 36 (1972) sec. 1; *Hirschberg,* Das interzonale Währungs- und Devisenrecht der Unterhaltsverbindlichkeiten, 1968, 26; *Kleiner,* Internationales Devisen-Schuldrecht, 1985, Rn. 22.07; *Reinhuber,* Grundbegriffe und internationaler Anwendungsbereich von Währungsrecht, 1996, 72 f.; *Kegel/Schurig* IPR § 23 III 2a; *Rabel* Conflict Bd. III 18, 32 f.; Soergel/*v. Hoffmann* EGBGB Art. 34 Rn. 107, 109; Staudinger/*Magnus,* 2021, Art. 12 Rn. 109; Staudinger/*Omlor,* 2021, BGB § 244 Rn. 143; einschr. *Raape* IPR 532 f.

[32] *Rutz,* Die Schuldwährung der Ansprüche aus Immaterialgüterrechtsverletzungen, 1962, 20; *Mann,* Recht des Geldes, 1960, 188 ff.; *Maier-Reimer* NJW 1985, 2049 (2055); *Schwarz* RIW 1977, 153 (154); *G. H. Roth* BerGesVR 20 (1979), 87 (99 f.); *van Hecke* I. E. C. L. Vol. III ch. 36 (1972), sec. 2.

[33] Dazu BGH NJW-RR 1998, 680 = IPRspr. 1997 Nr. 129; *Grothe,* Fremdwährungsverbindlichkeiten, 1999, 244 ff.

[34] Vgl. BGH NJW 1987, 3181 = WM 1987, 1156; *Grothe,* Fremdwährungsverbindlichkeiten, 1999, 101; Staudinger/*Gamillscheg/Hirschberg,* Das interzonale Währungs- und Devisenrecht der Unterhaltsverbindlichkeiten, 10./11. Aufl. 1973, EGBGB Vor Art. 13 Rn. 405.

[35] Staudinger/*Magnus* (2018) CISG Art. 53 Rn. 22. – Vgl. KG RIW 1994, 683.

[36] MüKoHGB/*Benicke* Art. 54 CISG Rn. 7; Schlechtriem/Schwenzer/*Mohs* CISG Art. 53 Rn. 5.

[37] *Herber/Czerwenka* CISG Art. 53 Rn. 5.

[38] *Bertoli* Riv. dir. int. priv. proc. 2018, 581 (589 ff.); *Martiny* IPRax 2018, 553 (554).

[39] Dazu *Brauneck* WM 2022, 453 ff.

[40] Näher *Martiny* IPRax 2018, 553 (562 f.); *Dickinson* in Fox/Green, Cryptocurrencies in Public and Private Law, 2019, 93 (104 ff.); vgl. auch Staudinger/*Omlor,* 2021, BGB Vor §§ 244–248 Rn. A 194a.

[41] S. *Martiny* IPRax 2018, 553 (563 ff.); *Steinrötter* in Maume/Maute, Rechtshandbuch Kryptowerte, 2020, § 3 Rn. 40.

[42] *Bertoli* Riv. dir. int. priv. proc. 2018, 581 (599).

[43] *Bertoli* Riv. dir. int. priv. proc. 2018, 581 (600 f.); *Martiny* IPRax 2018, 553 (563 f.); *Dickinson* in Fox/Green, Cryptocurrencies in Public and Private Law, 2019, 93 (122 f.).

[44] *Fögen,* Geld- und Währungsrecht, 1969, 122; *Breuer* in Rahm, HdB des Familiengerichtsverfahrens, Loseblatt 1978 ff., Bd. VIII, Rn. 253; Staudinger/*Mankowski,* Haager Unterhaltsprotokoll, 2021, HUP Art. 11 Rn. 14;

selbständig, dh unabhängig vom Unterhaltsstatut nach deutschem Recht,[45] wenngleich unter Berücksichtigung devisenrechtlicher Beschränkungen[46] oder der wirtschaftlichen Verhältnisse am Aufenthaltsort des Gläubigers.[47] Ist deutsches Recht Unterhaltsstatut, so läuft der Streit im Wesentlichen nur darauf hinaus, ob die Währungsfrage kollisionsrechtlicher Natur ist. Bei einem ausländischen Unterhaltsstatut ist hingegen nach der ersten Auffassung stets das ausländische Recht daraufhin zu prüfen, welche Haltung es zur Währungsfrage einnimmt. Sich diesen scheinbaren Umweg ersparen zu wollen, dürfte wohl das Hauptmotiv für die selbständige Anknüpfung sein.[48] – Zum Haager Unterhaltsprotokoll → HUP Art. 11 Rn. 87 ff.

12 Nach deutschem Recht sind Unterhaltsschulden keine Geld**summenschulden,** sondern Geld**wertschulden,** die nicht von vornherein auf eine bestimmte Währung lauten.[49] Zweck der Unterhaltspflicht ist die Deckung des Lebensbedarfs des Berechtigten entspr. seiner Lebensstellung und den Gegebenheiten seines Aufenthaltsortes. Daher sind Unterhaltsansprüche in der Regel in der Währung des **gewöhnlichen Aufenthaltsortes des Unterhaltsberechtigten** zu erfüllen.[50] Da es sich hierbei aber nur um eine Zweckmäßigkeitserwägung handelt,[51] wird weitergehend angenommen, der Unterhaltsberechtigte habe ein Wahlrecht; er könne stets[52] oder jedenfalls bei Vorliegen sachlicher Gründe[53] den Unterhalt entweder in der Währung seines oder des Aufenthaltsortes des Schuldners verlangen. Das Verlangen nach Unterhaltszahlung in DM wurde zB bei galoppierender Inflation im Aufenthaltsstaat des Unterhaltsberechtigten für berechtigt gehalten.[54] Nach früher vertretener Auffassung sollte es dagegen auf den Erfüllungsort des Schuldners (§ 269 BGB) ankommen. – Zur Ersetzungsbefugnis → Rn. 25.

13 Ausländische Rechtsordnungen unterwerfen manchmal Unterhaltsansprüche gegen inländische Schuldner **devisenrechtlichen Beschränkungen,** indem sie einen Transfer in der Währung des Aufenthaltsorts des Unterhaltsgläubigers verbieten und Zahlung in der Währung des Aufenthaltsorts des Schuldners (dh bei inländischem Aufenthaltsort in Euro) verlangen.[55] Solche devisenrechtlichen Vorschriften sind bei der Währungsbestimmung zu berücksichtigen; sie bestimmen mittelbar die geschuldete Währung.[56] Dem Unterhaltsberechtigten darf kein illegales Handeln angesonnen werden. Vielmehr ist der Unterhalt entsprechend den vom Devisenrecht vorgezeichneten tatsächlichen Erfüllungsmöglichkeiten zu erbringen. Wenn dies der vorgeschriebene Übermittlungsweg ist, so ist der Unterhalt in der Währung des Unterhaltspflichtigen zu zahlen. Eine Befreiungsmöglichkeit in einer anderen Währung besteht nicht.[57] Ebenso wenig ist der Schwarzmarktkurs maßgeblich.[58] Auch

---

wohl auch OLG Schleswig SchlHA 1979, 125 = IPRspr. 1979 Nr. 138; AG Lübeck DAVorm. 1978, 691 = IPRspr. 1977 Nr. 140b.

45 KG FamRZ 1988, 296 = IPRspr. 1987 Nr. 73 betr. iran. Unterhaltsstatut; vgl. auch AG Aachen IPRspr. 2000 Nr. 67 betr. Zahlung von Morgengabe in Inlandswährung.

46 ZB für Abänderungsklagen AG München IPRspr. 1979 Nr. 102; DAVorm. 1980, 147 = IPRspr. 1979 Nr. 201. – Nachweise zur älteren interlokalen Rspr. bei *Hirschberg,* Das interzonale Währungs- und Devisenrecht der Unterhaltsverbindlichkeiten, 1968, 29.

47 ZB für Abänderungsklage wegen inflationärer Entwicklung LG Rottweil DAVorm. 1988, 195 = IPRspr. 1988 Nr. 74.

48 Vgl. etwa OLG Hamm DAVorm. 1984, 606 = IPRspr. 1983 Nr. 98 Ls.

49 *Grothe,* Fremdwährungsverbindlichkeiten, 1999, 78; Grüneberg/*Thorn* HUP Art. 11 Rn. 39.

50 LG Hannover DAVorm. 1974, 481 = IPRspr. 1974 Nr. 137; AG Lübeck DAVorm. 1978, 691 = IPRspr. 1977 Nr. 140b; *Stoll* RabelsZ 21 (1956), 575 (605) mwN; BeckOK BGB/*Grothe* BGB § 244 Rn. 27; Grüneberg/*Thorn* HUP Art. 11 Rn. 39.

51 Näher *Hirschberg,* Das interzonale Währungs- und Devisenrecht der Unterhaltsverbindlichkeiten, 1968 34 ff.

52 LG Berlin FamRZ 1970, 100; vgl. Staudinger/*Mankowski,* 2021, HUP Art. 11 Rn. 16.

53 BGH FamRZ 1990, 992 = NJW 1990, 2197 = ZZP 103 (1990), 471 mAnm *Geimer* = IPRspr. 1990 Nr. 210; NJW-RR 1993, 5 = IPRspr. 1992 Nr. 207; KG IPRspr. 1993 Nr. 76; LG Düsseldorf DAVorm. 1974, 629 = IPRspr. 1974 Nr. 139.

54 KG FamRZ 1994, 759 = IPRspr. 1994 Nr. 152 für Polen; LG Rottweil DAVorm. 1988, 195 = IPRspr. 1988 Nr. 74 für Jugoslawien; AG Kerpen FamRZ 1997, 436 = IPRspr. 1996 Nr. 186 für Polen.

55 Vgl. OLG Düsseldorf FamRZ 1986, 587 = IPRax 1986, 388 Ls. mAnm *Henrich;* FamRZ 1987, 195 m. krit. Anm. *Bytomski* FamRZ 1987, 511; OLG Frankfurt FamRZ 1987, 623; OLG Hamm FamRZ 1987, 1302; AG Dortmund DAVorm. 1988, 843.

56 BGH FamRZ 1987, 682 = NJW-RR 1987, 1474 für Polen; Staudinger/*Gamillscheg/Hirschberg,* Das interzonale Währungs- und Devisenrecht der Unterhaltsverbindlichkeiten, 1968, 10./11. Aufl. 1973, EGBGB Vor Art. 13 Rn. 409, 411; dagegen will den deutschen ordre public mobilisieren *Ebke,* Internationales Devisenrecht, 1991, 333 f.

57 So für die ehemalige Tschechoslowakei OLG Frankfurt IPRspr. 1986 Nr. 119; LG Aurich DAVorm. 1974, 527 = IPRspr. 1974 Nr. 103; LG Frankenthal DAVorm. 1977, 62 = IPRspr. 1976 Nr. 86; ebenso in Einräumung eines Wahlrechts LG Düsseldorf DAVorm. 1974, 629 = IPRspr. 1974 Nr. 139.

58 OLG Hamburg FamRZ 1986, 813.

auf die Zahlung des Unterhalts durch einen vom Gläubiger beauftragten Dritten braucht sich der Unterhaltsberechtigte nicht einzulassen.[59] Im Wege der Zwangsvollstreckung ist der Betrag einzuziehen, der notwendig ist, um die titulierte Summe, dh eine volle Befriedigung des Gläubigers, zu erreichen.[60]

c) Schadensersatzansprüche. Die Währung, in der vertragliche und deliktische Schadensersatzansprüche entstehen, **richtet sich nach dem Vertrags- bzw. dem Deliktsstatut**[61] (→ Rn. 9). Im deutschen Recht nimmt die hM an, dass Schadensersatzansprüche nicht von vornherein auf eine bestimmte Währung lauten, weil nicht ein bestimmter Währungsbetrag, sondern Wertersatz geschuldet wird.[62] Es handelt sich um Geldwertschulden, die den Ausgleich eines realen Wertverlustes bezwecken.[63] Der Geschädigte kann den Geldbetrag beanspruchen, der im Zeitpunkt der Zahlung bzw. der Urteilsfällung den Wertausgleich herstellt. Praktisch führt dies überwiegend zu Zahlungsurteilen in inländischer Währung und zur Währungsumrechnung im Urteilszeitpunkt.[64] Gegen diese (angebliche) währungsrechtliche Neutralität der Schadensersatzschuld regt sich zunehmend Widerstand. Die Kritiker wollen die Währung mehr am tatsächlich entstandenen Schaden orientieren, in größerem Umfang Urteile in Fremdwährung in Kauf nehmen und, falls eine Umrechnung in Inlandswährung notwendig ist, diese in Richtung auf den tatsächlichen Zahlungsvorgang hinausschieben. Die Einzelheiten sind jedoch umstritten. Zum Teil wird vertreten, Schadensersatzforderungen seien generell in der Währung zu berechnen, in der sich der Schaden „am treffendsten ausdrücken lässt".[65] Konkreter ist die Regel, wonach in der Währung geschuldet wird, **in welcher der Schaden entstanden** ist. Dies ist – grundsätzlich auch für den vertraglichen Schadensersatz – die Währung des jeweiligen Gläubigervermögens bzw. -teilvermögens.[66] Andere unterscheiden vertragliche und deliktische Schadensersatzforderungen. Letztere sollen grundsätzlich in der Währung des Gläubigers bzw. des Gläubigerwohnsitzes geschuldet sein[67] (→ BGB §§ 244, 245 Rn. 30, → BGB §§ 244, 245 Rn. 90). Für vertragliche Schadensersatzansprüche solle hingegen in der Regel die Vertragswährung[68] oder die Währung am Gerichtsort[69] gelten. **14**

Den Parteien steht nach deutschem Recht grundsätzlich frei, ob in in- oder ausländischer Währung geleistet wird. Auch dann, wenn ein Schaden in ausländischer Währung entstanden ist, kann der Geschädigte Schadensersatz in inländischer Währung verlangen, wenn der Schuldner keine Einwendungen erhebt.[70] Für die Schadensberechnung kann jedenfalls dann vom Kurs zurzeit der Letzten mündlichen Verhandlung ausgegangen werden, wenn die Parteien insoweit einig sind.[71] Im **15**

---

59 BGH NJW 1987, 1146 = FamRZ 1987, 370 = WuB VII A. § 328 ZPO mAnm *Welter,* für CSSR; OLG Nürnberg DAVorm. 1985, 345 = IPRax 1985, 353 Ls. mAnm *Henrich,* für CSSR; OLG Frankfurt IPRspr. 1986 Nr. 119 für CSSR; LG Regensburg DAVorm. 1989, 159.

60 AG Butzbach DAVorm. 1979, 707 = IPRspr. 1979 Nr. 140.

61 *Remien* RabelsZ 53 (1989), 245 (248); *Zmij* ZfRV 39 (1998), 21 (22); *Mann,* Recht des Geldes, 1960, 205 f.; Soergel/*v. Hoffmann* EGBGB Art. 34 Rn. 107. Vgl. auch *G. H. Roth* BerGesVR 20 (1979), 87 (100 f.).

62 BGHZ 14, 212 (217) = JZ 1955, 161 mAnm *Kegel* = NJW 1954, 1441 mAnm *Werner* NJW 1954, 1762; BB 1958, 281; VersR 1960, 990; *Hirschberg,* Das interzonale Währungs- und Devisenrecht der Unterhaltsverbindlichkeiten, 1968, 35 f.; vgl. auch RG HRR 1928 Nr. 610 = IPRspr. 1928 Nr. 65.

63 Näher *Rutz,* Die Schuldwährung der Ansprüche aus Immaterialgüterrechtsverletzungen, 1962, 16 ff.; *Grothe,* Fremdwährungsverbindlichkeiten, 1999, 78.

64 Krit. dazu *Maier-Reimer* NJW 1985, 2049 (2054 f.); anders etwa OLG Hamburg VersR 1979, 833 für Schiffszusammenstoß.

65 *Alberts,* Der Einfluss von Währungsschwankungen auf Zahlungsansprüche nach deutschem und englischem Recht, 1986, 48 ff.; *Alberts* NJW 1989, 609 (612 f.); diff. nach Art des Schadens *R. H. Weber* BasJurM 1983, 108 ff.

66 *Remien* RabelsZ 53 (1989), 245 (275 ff.); grds. für die Währung am Wohnsitz des Gläubiger, BeckOK BGB/*Grothe* BGB § 244 Rn. 27; Soergel/*v. Hoffmann* Art. 34 Rn. 111.

67 *v. Hoffmann* FS Firsching, 1985, 125 (132 ff.); Staudinger/*K. Schmidt,* 1997, BGB § 244 Rn. 28; für die Währung, in welcher der Vermögensverlust tatsächlich eingetreten ist, *Vischer* in v. Graffenried, Beiträge zum schweizerischen Bankenrecht, 1987, 427.

68 Vgl. Staudinger/*K. Schmidt,* 1997, BGB § 244 Rn. 17. Die Vertragswährung akzeptiert nur für Forderungen, die an die Stelle des Preisanspruchs treten, *Remien* RabelsZ 53 (1989), 245 (284 ff.). – Für ausnahmsweise Bemessung vertraglichen Schadensersatzes in anderer Währung als der Schuldwährung auch *Vischer* in v. Graffenried, Beiträge zum schweizerischen Bankenrecht, 1987, 426.

69 Staudinger/*Magnus,* 2021, Art. 12 Rn. 119.

70 BGH WM 1977, 478; *Remien* RabelsZ 53 (1989), 245 (275 f.); Staudinger/*Firsching,* 10./11. Aufl. 1978, EGBGB Vor Art. 12 Rn. 396.

71 OLG Köln NJW-RR 1988, 30. – Zur Einigung auf einen anderen Kurs LG Hamburg RIW 1980, 64 = IPRspr. 1978 Nr. 126 A; *Alberts,* Der Einfluss von Währungsschwankungen auf Zahlungsansprüche nach deutschem und englischem Recht, 1986, 39 f.

Übrigen dürfen zwischenzeitliche Wechselkursschwankungen aber weder zu einer Überkompensation, noch zu Deckungslücken führen.

16 **d) Bereicherungsansprüche.** Nach stRspr sind Bereicherungsansprüche nach deutschem Recht Geldsummenschulden,[72] so dass das Entwertungsrisiko insofern den Gläubiger trifft.[73] Die Parteien können auch hier die Fremdwährungs- in eine Heimwährungsschuld umwandeln und als Umrechnungszeitpunkt den der Klageerhebung wählen.[74]

17 **2. Zahlungswährung.** Gezahlt werden kann neben der Schuldwährung oft auch in einer besonderen Zahlungswährung (→ Rn. 3). Sie entsteht insbesondere durch die **Ersetzungsbefugnis** bei Fremdwährungsschulden (näher → Rn. 25). Zum Teil wird ein eigenes Zahlungsstatut angenommen. Das Recht des Staates, in dem die Zahlung zu erfolgen hat, bestimmt darüber, in welcher Währung zu zahlen ist.[75]

18 Das **Europäische Übereinkommen über den Ort der Zahlung von Geldschulden** vom 16.5.1972 sollte im Rahmen des Europarates materielles Einheitsrecht schaffen. Das Übereinkommen ist jedoch nicht in Kraft getreten.[76]

IV. Fremdwährungsschulden

19 **1. Begriff.** Fremdwährungsschulden (Valutaschulden) verpflichten zur Leistung von ausländischen Geldeinheiten in einer bestimmten Höhe. Sie kommen vor allem durch die Vereinbarung einer fremden Schuldwährung zustande. Man unterscheidet sie im Allgemeinen danach, ob der Schuldner auch berechtigt ist, in heimischer Währung zu zahlen (→ BGB §§ 244, 245 Rn. 89 ff.). Ist dies der Fall und darf die Schuld in inländischer (oder einer anderen ausländischen) Währung beglichen werden, so spricht man von **einfachen Fremdwährungsschulden** (unechten Valutaschulden).[77] **Effektive Fremdwährungsschulden** (echte Valutaschulden) sind demgegenüber solche, die nur durch effektive Zahlung in fremder Währung getilgt werden können.[78] Sie entstehen in der Regel auf Grund Vereinbarung in einer sog. Effektivklausel (→ BGB §§ 244, 245 Rn. 94). Diese von der Ersetzungsbefugnis des Schuldners ausgehende Einteilung besagt freilich wenig für währungsrechtliche Eingriffe. Nach einer anderen Abgrenzung sind echte Valutaschulden solche Geldschulden, die in fremder Währung bemessen sind. Ist hingegen die fremde Valuta nur Maßstab für die Berechnung einer in Inlandswährung zu zahlenden Schuld, so soll es sich um unechte Valutaschulden handeln.[79] Zweckmäßiger für letztere dürfte jedoch die Bezeichnung **„Valutawertschulden"** sein; die ausländische Referenzwährung dient hier im Allgemeinen zur Kurssicherung.[80] Man spricht daher zum Teil auch von „kursabhängigen Heimwährungsschulden".[81]

20 Das vom Europarat ausgearbeitete **Europäische Übereinkommen über Fremdwährungsverbindlichkeiten** vom 11.12.1967,[82] welches das materielle Recht vereinheitlichen sollte, ist nicht in Kraft gesetzt worden.

21 **2. Zulässigkeit. a) Deutsches Währungsrecht.** Nach § 3 S. 1 WährG galt ein **Fremdwährungsverbot mit Genehmigungsvorbehalt.** Diese Bestimmung ist mit der dritten Stufe der

---

72 BGHZ 35, 356 (358) = WM 1961, 1190; BGHZ 101, 296 (306 f.) = WM 1987, 1156 (1159 f.) – Für die Währung, in welcher gezahlt wurde, Soergel/*v. Hoffmann* EGBGB Art. 34 Rn. 111.

73 Für eine Orientierung an den Verhältnissen des Schuldners BeckOK BGB/*Grothe* BGB § 244 Rn. 27.

74 BGHZ 101, 296 (306 f.) = NJW 1987, 3181.

75 So Art. 147 Abs. 3 IPRG Schweiz. – Zu Art. 143 Abs. 3 des Entwurfs *Vischer* in v. Graffenried, Beiträge zum schweizerischen Bankenrecht, 1987, 425 (428 ff.).

76 European Treaty Series Nr. 75. Engl. Text auch WM 1972, 1274; näher *Klingsporn* WM 1972, 1262; *Küng,* Zahlung und Zahlungsort im Internationalen Privatrecht, Freiburg/Schweiz 1970; *Mezger* Clunet 94 (1967), 584 (585).

77 *Grothe,* Fremdwährungsverbindlichkeiten, 1999, 8 ff.

78 *Maier-Reimer* NJW 1985, 2049; *Bachmann,* Fremdwährungsschulden in der Zwangsvollstreckung, 1994, 8 ff.; *Grothe,* Fremdwährungsverbindlichkeiten, 1999, 8 ff.; Grüneberg/*Grüneberg* BGB §§ 244, 245 Rn. 22; Soergel/*v. Hoffmann* Art. 34 Rn. 119; Staudinger/*Omlor,* 2021, BGB § 244 Rn. 18. Vgl. auch BGH WM 1996, 2125. – Zur Effektiv-Klausel auch *Kleiner,* Internationales Devisen-Schuldrecht, 1985, Rn. 22.16 ff.

79 S. *Seetzen* AWD 1969, 253; *Fögen,* Geld- und Währungsrecht, 1969, 122 ff.; Staudinger/*Firsching,* 10./11. Aufl. 1978, EGBGB Vor Art. 12 Rn. 391.

80 *Schmidt* ZZP 98 (1985), 32 (35 f.); *Grothe,* Fremdwährungsverbindlichkeiten, 1999, 9 f.; Staudinger/*Omlor,* 2021, BGB § 244 Rn. 21.

81 *Alberts,* Der Einfluss von Währungsschwankungen auf Zahlungsansprüche nach deutschem und englischem Recht, 1986, 11 f.

82 European Treaty Series Nr. 60. Text auch Ann. Inst. Dr. Int. 1967–68 I S. 386 ff. (engl., franz.); *Küng,* Zahlung und Zahlungsort im Internationalen Privatrecht, Freiburg/Schweiz, 1970, S. 126 ff. (franz.). Dt. Übersetzung bei *Graupner* AWD 1968, 216 (221).

Europäischen Wirtschafts- und Währungsunion ersatzlos **aufgehoben** worden (1.1.1999).[83] Die Zuständigkeit für die Regelung der Unionswährung liegt nunmehr bei der EU. An die Stelle des § 3 S. 2 WährG ist § 1 PreisklG getreten (→ BGB §§ 244, 245 Rn. 68 ff.).

Nach § 1 Abs. 1 PreisklG darf der Betrag von Geldschulden nicht unmittelbar und selbsttätig durch den Preis oder Wert von anderen Gütern oder Leistungen bestimmt werden, die mit den vereinbarten Gütern oder Leistungen nicht vergleichbar sind. Hiervon bestehen Ausnahmen. Der Geld- und Kapitalverkehr, einschließlich der Finanzinstrumente iSv § 1 Abs. 11 KWG sowie die hierauf bezogenen Pensions- und Darlehensgeschäfte, sind vom **Indexierungsverbot** ausgenommen (§ 5 PreisklG). Ferner sind Verträge von gebietsansässigen Unternehmern mit Gebietsfremden vom Indexierungsverbot ganz ausgenommen (§ 6 PreisklG). 22

b) Anwendbares Recht. Wieweit die Zulässigkeit und Genehmigungsbedürftigkeit von Fremdwährungsschulden internationalem Währungsrecht und nicht dem Schuldstatut unterliegt, ist str. Nach hM setzen sich aus währungspolitischen Gründen die zwingenden **Vorschriften der lex fori** durch. Innerhalb der vom früheren § 3 S. 1 WährG selbst gezogenen Schranken war diese die Währungswahl betreffende Vorschrift ohne Rücksicht auf das Schuld- und ein sonstiges Währungsstatut anzuwenden;[84] sie war jedenfalls eine einseitige Kollisionsnorm.[85] Nach heutigem Recht ist aber mangels Fremdwährungsverbots auch kein international zwingendes Recht mehr durchzusetzen.[86] 23

Soweit Beschränkungen bezüglich der **Wertsicherung** bestehen, sind diese – ebenso wie nach altem Recht[87] – wegen des stabilitätspolitischen Ziels international zwingend. Daher ist die die Währungssicherung regelnde Vorschrift des § 1 Abs. 1 PreisklG von deutschen Gerichten nach Art. 9 ohne Rücksicht auf das Schuldstatut durchzusetzen.[88] Die zivilrechtlichen Folgen eines währungsrechtlichen Verstoßes richten sich allerdings wieder nach dem Vertragsstatut.[89] Nach aA richtet sich die Beschränkung nur nach dem Schuldstatut.[90] Im Übrigen → Rn. 31, → Rn. 41. 24

3. Ersetzungsbefugnis, Umrechnung. Nach deutschem Recht hat der Schuldner – ebenso wie zB nach Art. 84 Abs. 2 schweiz. OR – eine Ersetzungsbefugnis, wenn eine Schuld eigentlich in ausländischer Währung zu zahlen ist. Dagegen kann der Gläubiger den Schuldner nicht zur Zahlung in Inlandswährung zwingen;[91] nur der Schuldner kann sich hierauf berufen. Ist die in ausländischer Währung ausgedrückte Geldschuld im Inland zu zahlen, so kann nämlich die **Zahlung in inländischer Währung,** dh in Euro erfolgen, es sei denn, dass eine Zahlung in ausländischer Währung ausdrücklich vereinbart wurde (§ 244 Abs. 1 BGB). Entscheidend ist mithin der **Zahlungsort.**[92] Liegt er im Inland, so kann auch dann in inländischer Währung gezahlt werden, wenn eine ausländische Rechtsordnung Schuldstatut ist.[93] 25

Die Einordnung des § 244 BGB als Sach- oder als Kollisionsnorm ist umstritten. Nach einer immer mehr vordringenden Meinung gehört die Frage der Ersetzungsbefugnis in den **Geltungsbe-** 26

---

[83] Art. 9 § 1 Erstes EuroEG, BGBl. 1998 I 1242. Vgl. dazu *Dittrich* NJW 1998, 1269 (1272 f.).

[84] OLG Frankfurt RIW 1983, 954 = WM 1984, 20 = IPRax 1985, 34 m. zust. Aufsatz *v. Hoffmann/Pauli* IPRax 1985, 13; *Maier-Reimer* NJW 1985, 2049 (2055); *Hakenberg* IWB Gr. 6 S. 283; *G. H. Roth,* Währungsprobleme im internationalen Seerecht, 1980, 21; Soergel/*v. Hoffmann* EGBGB Art. 34 Rn. 121; anders offenbar *Hahn,* Währungsrecht, 1990, § 26 Rn. 18 f.

[85] *Bachmann,* Fremdwährungsschulden in der Zwangsvollstreckung, 1994, 15; vgl. auch *G. H. Roth* BerGesVR 20 (1979), 87 (164). – Für Einordnung als öffentlich-rechtliche Eingriffsnorm *Grothe,* Fremdwährungsverbindlichkeiten, 1999, 167 f.

[86] BeckOK BGB/*Grothe* BGB § 244 Rn. 17; Staudinger/*Magnus,* 2021, Art. 12 Rn. 112.

[87] So zum früheren § 3 S. 2 WährG *G. H. Roth* BerGesVR 20 (1979), 87 (116); *Robertz,* Wertsicherungs- und Preisanpassungsklauseln im Außenwirtschaftsverkehr, 1985, 163 ff.; *Grothe,* Fremdwährungsverbindlichkeiten, 1999, 167 ff., 174 ff., 270; Soergel/*v. Hoffmann* EGBGB Art. 34 Rn. 125.

[88] Reithmann/Martiny IntVertragsR/*Zwickel* Rn. 5.121; BeckOK BGB/*Grothe* § 244 Rn. 19; Staudinger/*Magnus,* 2021, Art. 12 Rn. 112; vgl. *Grothe* WM 2002, 22 (27 f.).

[89] *Bachmann,* Fremdwährungsschulden in der Zwangsvollstreckung, 1994, 15 f.

[90] *Hahn/Häde,* Währungsrecht, 2. Aufl. 2010, § 6 Rn. 61; s. auch *Schmidt-Räntsch* NJW 1998, 3166 (3168).

[91] BGH NJW 1980, 2017 = WM 1980, 793; WM 1993, 2011 = IPRax 1994, 366 m. Aufsatz *Grothe* IPRax 1994, 346 = WuB IV A § 244 BGB Nr. 1.94 mAnm *Teichmann;* OLG Koblenz RIW 1989, 387; LG Braunschweig NJW 1985, 1169 = WM 1985, 394 = IPRspr. 1985 Nr. 122. Vgl. auch AG Lahnstein IPRspr. 1987 Nr. 116 = IPRax 1988, 39 Ls. mAnm *Jayme.*

[92] Zur Problematik bei Eurodollarkrediten *Natermann,* Der Eurodollarmarkt in rechtlicher Sicht, 1977, 76 ff.; *Mann* SchwJbIntR 36 (1980), 93 (96 ff.).

[93] LG Stuttgart IPRspr. 1956–57 Nr. 29; *Ferid* IPR Rn. 6–98; ebenso für Unterhaltsansprüche AG München IPRspr. 1979 Nr. 102. – Zweifelnd OLG Frankfurt OLGZ 1967, 13 (17) = NJW 1967, 501 mAnm *Haug.* Vgl. auch *Hahn,* Währungsrecht der Euro-Devisen, 1973, 39; *Fürnrohr,* Das Devisenrecht im deutsch-italienischen Wirtschaftsverkehr, 1984, 284 ff.

reich des Vertragsstatuts (Art. 12 Abs. 1 lit. b); die Vorschrift ist danach lediglich eine inländische Sachnorm. Sie will daher nicht stets die eigene Währung begünstigen, sondern setzt voraus, dass deutsches Recht Schuldstatut ist.[94] Für die Einordnung als nur materiellrechtliches Schuldnerprivileg wird neben dem Vorrang der Rom I-VO vor allem die in der Bestimmung eingeräumte Dispositionsfreiheit angeführt. Auch die zunehmende Liberalisierung des Währungsrechts mit der Aufhebung des Fremdwährungsverbots in § 3 S. 1 WährG seit der Euro-Einführung spricht für diese Auffassung. Nach aA enthält die Vorschrift nicht nur eine Sachnorm, sondern zugleich, wegen ihres eigenständigen währungsrechtlichen Gehalts, eine (versteckte) **einseitige Kollisionsnorm** (→ Einl. IPR Rn. 94).[95] Danach soll die Bestimmung aus währungspolitischen Gründen und zur Erleichterung des Zahlungsverkehrs auch gegen ein ausländisches Vertragsstatut durchgesetzt werden. Entsprechend ist es, wenn der Vertrag vereinheitlichtem Recht unterliegt.[96]

27 Lehnt man die Durchsetzung als international zwingende Norm ab, so stellt sich die Frage, ob sie wenigstens als Erfüllungsmodalität iSd Art. 12 Abs. 2 nach dem Recht des Erfüllungsortes Beachtung finden kann[97] (→ BGB §§ 244, 245 Rn. 98). Auch dies wird teilweise abgelehnt.[98] Eine erzwungene ausländische gesetzliche Ersetzungsbefugnis kann allenfalls als Eingriffsnorm nach Art. 9 Abs. 3 Beachtung finden.[99]

28 Das **Einheitskaufrecht** kennt keine dem § 244 BGB entsprechende Ersetzungsbefugnis[100] (→ Bd. 4 CISG Art. 53 Rn. 20). – Besondere Vorschriften über die Ersetzungsbefugnis enthalten hingegen Art. 36 ScheckG und Art. 41 WG. Für Fremdwährungswechsel mit Zahlungsort im Ausland gilt Art. 41 WG nicht.[101]

29 **4. Euro-Devisen.** Auf dem europäischen Geld- und Kreditmarkt werden auch fremde Währungen gehandelt, die sich außerhalb des Währungsstaates befinden, vor allem Euro-Dollars (Offshore Dollars).[102] Dabei handelt es sich um Kontoguthaben in Dollar, die bei Abschlüssen am internationalen Finanzmarkt durch Umbuchung im US-amerikanischen Bankensystem unter Beteiligung mindestens einer europäischen Bank bewegt werden.[103] Der eigentliche Zahlungsvorgang erfolgt mit Hilfe des Clearing House Interbank Payments System (Chips) in New York; in Europa werden nur Bucheintragungen vorgenommen.[104] Kennzeichen der Euro-Devisen ist ihre besondere Verwendung. Sie sind **keine besondere, sondern die allgemein gültige nationale Währung,** die zum üblichen Kurs gehandelt wird. Da nur Buchgeld in der jeweiligen Währung gehandelt wird,[105] wird zum Teil nur eine Verschaffungsschuld angenommen[106] und der Geldschuldcharakter bezweifelt.[107]

---

[94] *Birk* AWD 1973, 425 (434); *Maier-Reimer* NJW 1985, 2049 (2050 f.); *Grothe,* Fremdwährungsverbindlichkeiten, 1999, 133 ff.; 148 f.; *Grothe* ZBB 2002, 1 (2 ff.); *K. P. Berger,* Der Aufrechnungsvertrag, 1996, 250 f.; *Reinhuber,* Grundbegriffe und internationaler Anwendungsbereich von Währungsrecht, 1996, 101 f.; *Jeremias,* Internationale Insolvenzaufrechnung, 2005, 74 f.; Reithmann/Martiny IntVertragsR/*Zwickel* Rn. 5.119; *v. Bar/Mankowski* IPR I Rn. § 4 Rn. 11 f.; BeckOK BGB/*Grothe* BGB § 244 Rn. 51; BeckOK BGB/*Spickhoff* Art. 12 Rn. 23; Grüneberg/*Thorn* Art. 12 Rn. 6; Staudinger/*Magnus,* 2021, Art. 12 Rn. 117; Staudinger/*Omlor,* 2021, BGB § 244 Rn. 9.

[95] *G. H. Roth* BerGesVR 20 (1979), 87 (119, 164); *Drobnig,* American-German Private International Law, 1972, 258; *Kegel/Schurig* IPR § 23 III 4; *Kropholler* IPR § 13 IV 2; *Wolff* IPR 156; Grüneberg/*Grüneberg* BGB §§ 244, 245 Rn. 19. Wohl auch *Alberts,* Der Einfluss von Währungsschwankungen auf Zahlungsansprüche nach deutschem und englischem Recht, 1986, 18. Dem entspricht für die Zahlungswährung mit Rücksicht auf den cours légal et forcé die Auffassung in Frankreich, vgl. *Sonnenberger/Rageade* RIW 2003, 32 (40) mwN in Fn. 98.

[96] LG Braunschweig NJW 1985, 1169 = WM 1985, 394 zum EKG; vgl. auch *Asam,* Instrumente des Inflationsausgleichs im italienischen und deutschen Privatrecht, 1984, 225 f.

[97] So etwa BeckOK BGB/*Spickhoff* Art. 12 Rn. 23; Staudinger/*Magnus,* 2021, Rn. 117 betr. lokale Erfüllungsmodalität nach Art. 12 Abs. 2.

[98] So BeckOK BGB/*Grothe* BGB § 244 Rn. 51.

[99] Zu Russland s. *Kindler* BKR 2022, 407 (414 ff.).

[100] Näher *Magnus* RabelsZ 53 (1989), 116 (134); Schlechtriem/Schwenzer/*Mohs* CISG Art. 53 Rn. 8. Vgl. auch OLG München NJW-RR 1988, 1019.

[101] BGH NJW 1980, 2017 = WM 1980, 793.

[102] Nachweise bei *Greenberg* Cal. L. Rev. 71 (1983), 1492 (1493 ff.); *Hawley* Int. Org. 38 (1984), 131 ff.; *Fuchs* ZVglRWiss 95 (1996), 283 ff.; *Kleiner,* Internationales Devisen-Schuldrecht, 1985, Rn. 22.25 ff.

[103] *Natermann,* Der Eurodollarmarkt in rechtlicher Sicht, 1977, 32 f.; Staudinger/*K. Schmidt,* 1997, BGB Vor § 244 Rn. F 42.

[104] Vgl. *Urech* SchweizAG 1982, 19 (23 ff.).

[105] Staudinger/*K. Schmidt* (1997) BGB Vor § 244 Rn. F 42.

[106] *Mann,* Legal Aspect of Money, 1992, 199 ff. unter Hinweis auf die entgegenstehende engl. Rspr.; *Mann* SchwJbIntR 36 (1980), 93 (99 f.): bloße Pflicht zur Verschaffung eines Dollar-Guthabens.

[107] Für Geldschuld *Nobel* FG Schluep, 1988, 285 (297); *Gross* Law & Policy Int. Bus. 22 (1991), 500; *Herring/Kübler* ZBB 1995, 123; *Fuchs* ZVglRWiss 95 (1996), 283 (300 f.); BeckOK BGB/*Grothe* BGB § 244 Rn. 11.

Verträge über Euro-Devisen lassen Fremdwährungsschulden entstehen. Auf Grund ausdrücklicher oder stillschweigender Effektivklausel handelt es sich um **echte Valutaschulden;** Schuld- und Zahlungswährung fallen zusammen.[108] Da im Eurogeldhandel verzinsliche Forderungen gehandelt werden, werden die Verträge zum Teil als Darlehen eingeordnet.[109] Mangels Rechtswahl ist dann für den Vertrag auf Zahlung von Euro-Devisen in der Regel das Recht des Ortes, an dem die schuldnerische Eurobank ihren Sitz hat, maßgeblich.[110] Sieht man hingegen das Charakteristikum in einer Geldanlage, so spricht das für die Annahme eines Depotvertrages. Dieser unterliegt dem Recht derjenigen Bank, bei welcher die Einlage getätigt wurde.[111] 30

V. Kurs- und Wertsicherungsklauseln

1. Allgemeines. Die Geldwertsicherungsklauseln des internationalen Geschäftsverkehrs sollen Veränderungen der Kaufkraft (das sog. Kaufkraft- oder Inflationsrisiko) auffangen und Verluste bei Änderungen der Wechselkurse (sog. Wechselkursrisiko) verhindern. Dementsprechend unterscheidet man Währungs- und Wertsicherungsklauseln.[112] Die Bestimmung des anwendbaren Rechts ist von Bedeutung, da einerseits weitgehend geldschuldrechtlicher Nominalismus herrscht[113] („Euro gleich Euro", „Mark gleich Mark", „le franc vaut le franc"), andererseits die vertragliche Geldwertsicherung zahlreichen gesetzlichen Beschränkungen unterliegt. Wie solche **Restriktionen der Währungswahl oder der Wertsicherung** anzuknüpfen sind, ist str. (→ Rn. 23 f.). Nach einer Auffassung gilt hierfür in erster Linie das Schuldstatut, weil es um die Höhe der Schuld geht; doch soll auch eine Sonderanknüpfung drittstaatlichen Rechts in Betracht kommen.[114] Andere stellen in erster Linie auf das Währungsstatut (→ Rn. 4) ab, also in der Regel das Recht der vereinbarten Währung.[115] Teils wird eine Sonderanknüpfung nach dem Territorialitätsprinzip (→ Rn. 8) vorgenommen und auf den Schuldnerwohnsitz oder die Lage des Schuldnervermögens abgestellt,[116] oder es werden kumulativ die Rechte des Erfüllungsortes und das Recht des Ortes, von dem aus die Leistung zu erbringen ist (in der Regel die Wohnsitzrechte von Gläubiger und Schuldner), beachtet.[117] Auch für Beschränkungen dieser Art dürfte nach dem Kriterium der engen Verbindung (→ Rn. 8; → Art. 9 Rn. 132 ff.) vorzugehen sein. Die Währung allein schafft sie noch nicht. Entscheidend ist die (vermutliche) wirtschaftliche Auswirkung der Klausel. 31

2. Kursklauseln. a) Währungsklauseln. aa) Einfache Währungsklauseln. Einfache Währungsklauseln legen die Schuld in einer einzigen Währung fest. Dabei kann die Währung des Heimatlandes des Gläubigers (Gläubigerwährungsklausel), des Schuldners (Schuldnerwährungsklausel), aber auch die eines Drittlandes (Drittwährungsklausel) vereinbart werden.[118] Es wird jeweils nur eine Währung geschuldet. Eine vollkommene Kurssicherung wird aber nur bei Vertragsabschluss in der eigenen Landeswährung erreicht.[119] – Zu Fremdwährungsverboten → Rn. 21 ff. 32

bb) Kombinierte Währungsklauseln. Kombinierte Währungsklauseln setzen die Schuld in mehreren Währungen (zB je zur Hälfte in Gläubiger- und Schuldnerwährung) anteilig oder prozentual fest.[120] Die kumulative Vereinbarung mehrerer Währungen bewirkt eine Risikominderung. 33

---

108 *Urech* SchweizAG 1982, 19 (23 f.); *R. H. Weber* BasJurM 1983, 105 (131); Soergel/*v. Hoffmann* EGBGB Art. 34 Rn. 119, 131.

109 *Urech* SchweizAG 1982, 19 (22); *Natermann,* Der Eurodollarmarkt in rechtlicher Sicht, 1977, 68 f.

110 *Mann* SchwJbIntR 36 (1980), 93 (100 f.); *Urech* SchweizAG 1982, 19 (24); *R. H. Weber* BasJurM 1983, 131; *Kleiner,* Internationales Devisen-Schuldrecht, 1985, Rn. 42.04, 52.01.

111 *Fuchs* ZVglRWiss 95 (1996), 283 (296 f.). Vgl. auch Soergel/*v. Hoffmann* EGBGB Art. 34 Rn. 132.

112 S. die Übersicht bei *Hahn* Liber Amicorum Schnitzer, 1979, 197 (200 ff.); *Braun,* Vertragliche Geldwertsicherung im grenzüberschreitenden Wirtschaftsverkehr, 1982, 60 ff.; *Horn,* Einfluss monetärer Risiken, 1976, 22 ff. – Zu Kurssicherungsklauseln *G. H. Roth* BerGesVR 20 (1979), 87 (113 ff.).

113 Vgl. *Horn,* Recht der Internationalen Anleihen, 1972, 261 f.

114 *G. H. Roth* BerGesVR 20 (1979), 87 (99); *Vischer* in v. Graffenried, Beiträge zum schweizerischen Bankenrecht, 1987, 436 (allerdings Selbstbeschränkung bei fehlender wirtschaftlicher Auswirkung auf Staat des Vertragsstatuts); vgl. auch *G. H. Roth,* Währungsprobleme im internationalen Seerecht, 1980, 12, 20 f.; *Lefort* Clunet 115 (1988), 369 (373 f.).

115 *v. Westphalen,* Rechtsprobleme der Exportfinanzierung, 3. Aufl. 1987, 133; unentschieden Soergel/*v. Hoffmann* EGBGB Art. 34 Rn. 121.

116 Beides erwähnt OLG Karlsruhe WM 1966, 1312.

117 *Seetzen* AWD 1969, 253 (257).

118 *Hahn* Liber Amicorum Schnitzer, 1979, 197 (201 ff.); *Zehetner,* Geldwertklauseln im grenzüberschreitenden Wirtschaftsverkehr, 1976, 11 ff.; Staudinger/*Firsching,* 10./11. Aufl. 1978, EGBGB Vor Art. 12 Rn. 398.

119 *Braun,* Vertragliche Geldwertsicherung im grenzüberschreitenden Wirtschaftsverkehr, 1982, 63.

120 *Hahn* Liber Amicorum Schnitzer, 1979, 197 (203 ff.); *Zehetner,* Geldwertklauseln im grenzüberschreitenden Wirtschaftsverkehr, 1976, 34 ff.; *Braun,* Vertragliche Geldwertsicherung im grenzüberschreitenden Wirtschaftsverkehr, 1982, 65 ff.

34 **cc) Alternative Währungsklauseln.** Alternative Währungsklauseln (options de change), auch Währungswahlabreden oder Währungsoptionsklauseln genannt, legen die Forderung auf fixe Beträge in zwei oder mehreren Währungen fest. Der **Gläubiger kann wählen, in welcher Währung zu leisten ist.**[121] Ihr Vorteil ist, dass der Gläubiger sich die günstigste (Schuld-)Währung aussuchen und damit den höchsten Betrag fordern kann. Über die Bedeutung solcher Klauseln entscheidet das Schuldstatut.[122] Allerdings hat die Rspr. früher zuweilen eine kollisionsrechtliche Teilverweisung angenommen. Sie hat Inhalt und Umfang der Zahlung (des „Zahlungsgeschäfts") bei Anleihen einem eigenen, vom Recht des gewählten Zahlungsorts bestimmten Statut unterstellt.[123]

35 **dd) Alternative Zahlstellenklauseln.** Alternative Zahlstellenklauseln (options de place) fixieren den Wert der Forderung in einer einzigen (Haupt-)Währung.[124] Da der Schuldner jedoch in einer oder mehreren Währungen an anderen Orten in anderen Ländern zahlen darf bzw. auf Verlangen des Gläubigers an dem für diesen günstigsten Zahlungsort in Inlandswährung zu zahlen hat, hängt die Schuldsumme vom Umrechnungskurs der primär vereinbarten Währung ab. Den Inhalt dieser Klausel, die das Schuldverhältnis im Übrigen unberührt lässt, bestimmt das Schuldstatut.[125]

36 **b) Rechnungseinheiten. aa) Begriff.** Rechnungseinheiten sind Wertmesser für die Höhe einer in einer bestimmten Schuldwährung (Euro oder ausländische Währung) zu tilgenden Geldschuld.[126] Sie repräsentieren eine bestimmte Menge Goldes oder die Summe bestimmter Anteile verschiedener Währungen; auf diese Weise besteht für die **Errechnung von Geldsummen ein gemeinsamer Nenner.**[127] Solche Rechnungseinheiten sind grundsätzlich keine Währung.[128] Zahlungsmittel können sie nur kraft besonderer Anordnung sein.

37 **bb) Echte Rechnungseinheiten. (1) Goldfranken.** Als echte Rechnungseinheiten dienten früher vor allem **Goldfranken.**[129] Die Haftungsübereinkommen verwendeten entweder Germinal-Franken (10/31 Gramm Gold von 900/1000 Feingehalt) oder Poincaré-Franken (65½ Milligramm Gold von 900/1000 Feingehalt).[130] An ihre Stelle und an die Stelle von Goldwertklauseln (→ Rn. 46) treten jedoch immer mehr andere künstliche Rechnungseinheiten.

38 **(2) Rechnungseinheiten der EU.** Im Rahmen des Europäischen Währungssystems (→ Rn. 52) wurde früher die **Ecu (European Currency Unit)** verwendet. Sie wurde in Euro umgewandelt (→ Rn. 54 f.).

39 **(3) Sonderziehungsrechte.** Die Mitgliedsländer des IWF (→ Anh. II Art. 9 Rn. 28) verfügen je nach Quote (wirtschaftlicher Stärke) über einen bestimmten Anteil von **internationalen Währungsreserveeinheiten, sog. Sonderziehungsrechten (SZR).** Sie sind unter gewissen Voraussetzungen verpflichtet, diese SZR anzunehmen und dafür konvertierbare Währungen zur Verfügung zu stellen.[131] Da früher das Verhältnis der SZR zu Feingold ausgedrückt war, konnte man Goldfran-

---

121 *Zehetner,* Geldwertklauseln im grenzüberschreitenden Wirtschaftsverkehr, 1976, 31 ff.; *Braun,* Vertragliche Geldwertsicherung im grenzüberschreitenden Wirtschaftsverkehr, 1982, 71 f.; *Goltz,* Vertragsgestaltung bei Roll-Over-Eurokrediten, 1980, 71 ff.; *van Hecke* I. E. C. L. Vol. III ch. 36 (1972), sec. 13; *Grothe,* Fremdwährungsverbindlichkeiten, 1999, 11.

122 *Kegel/Schurig* IPR § 23 III 2a.

123 RGZ 126, 196 (207 ff.) = JW 1930, 1855 mAnm *Reichel* JW 1930, 2209 und *Kössler* JW 1931, 148. Vgl. *Mann* SchwJbIntR 36 (1980), 93 (102 f.). In der „option de change et de place" erblickt eine kollisionsrechtliche Teilverweisung *Vischer* in v. Graffenried, Beiträge zum schweizerischen Bankenrecht, 1987, 437.

124 Staudinger/*Firsching,* 10./11. Aufl. 1978, Vor Art. 12 Rn. 401.

125 *Mann* SchwJbIntR 36 (1980), 93 (102 f.); vgl. auch Soergel/*v. Hoffmann* EGBGB Art. 34 Rn. 120.

126 Vgl. *Braun,* Vertragliche Geldwertsicherung im grenzüberschreitenden Wirtschaftsverkehr, 1982, 79 ff.; *Hahn/Häde,* Währungsrecht, 2. Aufl. 2010, § 4 Rn. 1 ff. – Zur Zunahme von Rechnungseinheiten als Folge flexibler Wechselkurse *Gold* Rev. belge dr. int. 16 (1981–82), 172 ff. Zum Gebrauch von Rechnungseinheiten in Anleihen *Horn,* Internationale Anleihen, 1972, 274 ff.

127 Vgl. *Bürger* FS Werner, 2005, 67; *Grothe,* Fremdwährungsverbindlichkeiten, 1999, 16 f.

128 *Mann,* Legal Aspect of Money, 1992, 23, 505; *Grothe,* Fremdwährungsverbindlichkeiten, 1999, 16; Soergel/*v. Hoffmann* EGBGB Art. 34 Rn. 127.

129 *Arcari,* Gold Clauses in International Conventions, Rom 1973; *Zehetner,* Geldwertklauseln im grenzüberschreitenden Wirtschaftsverkehr, 1976, 54 ff.

130 Der Germinal-Franc heißt so nach dem Gesetz vom 7. Germinal des Jahres XI (= 28.3.1803) und wurde bis 1914 verwendet; der Poincaré-Franc stammt aus der Zeit zwischen den Weltkriegen, näher *du Pontavice* Ann. dr. mar. aér. 6 (1982), 38 (40 f.).

131 *Grothe,* Fremdwährungsverbindlichkeiten, 1999, 19 f. – S. näher *Bargelame,* Die Sonderziehungsrechte im internationalen Währungssystem, 1981; *Gold,* SDRs, Currencies, and Gold – Seventh Survey of New Legal Developments, Washington D.C. 1987; *Gold* Geo. Wash. J. Int. L. & Econ. 16 (1982), 2; *Gold* Int. Leg. Mat. 23 (1983), 209; *Gold* ÖZöffR 34 (1983), 117; *Merren* Int. Lawyer 16 (1982), 503; *Walter,* Die Sonderzie-

ken auf dem Umweg über die SZR in Landeswährungen umrechnen.[132] Heute sind die SZR nicht mehr an den Goldwert gebunden, vielmehr wird ihr Gegenwert in Landeswährung vom IWF auf der Basis eines Korbes von fünf (darunter der Euro und seit 2016 der chinesische Renminbi) unterschiedlich gewichteten Währungen (sog. Standardkorbmethode) errechnet.[133]

Die SZR finden hauptsächlich als **Rechnungseinheit innerhalb des IWF** Verwendung.[134] 40
Sie werden unter den Notenbanken als internationales Buchgeld und als Zahlungsmittel benutzt.[135] Im Übrigen dienen die SZR lediglich als Einheit zur Berechnung von Geldschulden und als Wertmesser.[136] Dementsprechend wurden die Goldfrankenhöchstbeträge in einer Reihe von Übereinkommen durch SZR ersetzt, wobei drei Goldfranken einem SZR entsprechen.[137] Die Hamburger Regeln (→ Art. 5 Rn. 100) und das MÜ (→ Art. 5 Rn. 57, → Art. 5 Rn. 69 ff.) setzen die **Haftungshöchstbeträge** bereits in SZR fest. Die SZR werden auch in beschränktem Umfang im privaten Rechtsverkehr verwendet.[138] Üblicherweise stellt man dabei auf den gegenwärtigen (wechselnden) Wert der SZR ab.[139]

3. Wertsicherungsklauseln. a) Allgemeines. Wertsicherungsklauseln sollen Inflationsge- 41
winne oder -verluste ausschließen, also das **Gleichgewicht der vertraglichen Verpflichtungen sichern.** Über ihre **Auslegung** entscheidet das Schuldstatut (vgl. Art. 12 Abs. 1 lit. a).[140] Es befindet grundsätzlich auch über ihre privatrechtliche Wirksamkeit, da es sich um Vereinbarungen über Inhalt und Umfang des Schuldverhältnisses handelt.[141]

Fraglich ist aber, ob man für die ihre **währungsrechtliche Zulässigkeit** einschränkenden 42
Normen bei der Maßgeblichkeit des Schuldstatuts (ggf. korrigiert durch den ordre public)[142] stehen bleiben sollte oder ob nicht auch eine davon unabhängige Behandlung geboten ist, weil die maßgeblichen Vorschriften in der Regel auch währungsstützende Zwecke verfolgen. Vertreten wird eine Anknüpfung an das Währungsstatut[143] oder eine Sonderanknüpfung als Wirtschaftslenkungsrecht (zB an das Recht des Zahlungsortes).[144] Nach der (älteren) Machttheorie soll über das Verbot bzw. das Außerkraftsetzen von Wertsicherungsklauseln die Lage des Schuldnervermögens entscheiden.[145] Auch auf die Territorialität wird abgestellt (→ Rn. 8).[146] Das Währungsstatut dürfte nicht maßgeb-

hungsrechte, 1974; *Zehetner,* Geldwertklauseln im grenzüberschreitenden Wirtschaftsverkehr, 1976, 92 ff.; *Hahn/Häde,* Währungsrecht, 2. Aufl. 2010, § 28 Rn. 53 ff.

132 OLG Hamburg VersR 1974, 993; dazu *Klingsporn* WM 1978, 918 (919 Fn. 18) mwN.

133 *Proctor,* Mann and Proctor on the law of money, 8. Aufl. 2022, Rn. 33.05. Zur Berechnung seit 1981 *Lebedoff* Bus. L. Rev. 2 (1981), 313 ff.; vgl. auch *Hahn* Liber Amicorum Schnitzer, 1979, 197 (207 ff.). – Der Wert des SZR in Euro wird regelmäßig im BAnz. veröffentlicht.

134 *Gold* ÖZöffR 34 (1983), 151 ff.

135 *Hahn/Häde,* Währungsrecht, 2. Aufl. 2010, § 28 Rn. 55; Staudinger/*K. Schmidt,* 1997, BGB Vor § 244 Rn. F 32 f.

136 Staudinger/*K. Schmidt,* 1997, BGB Vor § 244 Rn. F 34.

137 Gesetz zu den Protokollen vom 19.11.1976 und vom 5.7.1978 über die Ersetzung des Goldfrankens durch das SZR des IWF sowie zur Umrechnung des Goldfrankens in haftungsrechtlichen Bestimmungen (Goldfrankenumrechnungsgesetz) vom 9.6.1980, BGBl. 1980 I 721; in Kraft seit dem 14.6.1980 (BGBl. 1980 II 721); dazu *Berlingiert* Lloyd's M. C. L. Q. 1991, 97; *Klingsporn* WM 1978, 918 (920); *de la Motte* Versicherungswirtschaft 1979, 548 ff.; *Herber* FS Werner, 2005, 291 ff.; *Larsen* J. Air L. & Com. 48 (1983), 665; *Martha* NILR 32 (1985), 48. Aufzählung aller Staatsverträge bei *Gold* Rev. belge dr. int. 16 (1981–82), 182 ff.; vgl. auch die Übersicht bei *Csoklich* ÖRdW 1986, 6 sowie *Hahn* ZKredW 1983, 54 f.

138 Näher *Wragg* Bus. L. Rev. 2 (1981), 315 ff.; *Gold* ÖZöffR 34 (1983), 157 ff.; *Bürger* FS Werner, 2005, 76 ff.

139 *Merren* Int. Lawyer 16 (1982), 503 (511 f.).

140 *Kegel/Schurig* IPR § 23 III 2a; Soergel/*v. Hoffmann* EGBGB Art. 34 Rn. 121.

141 Vgl. BGH WM 1960, 940; Staudinger/*Firsching,* 10./11. Aufl. 1978, EGBGB Vor Art. 12 Rn. 402.

142 So *Mann,* Recht des Geldes, 1960, 251; *van Hecke* I. E. C. L. Vol. III ch. 36 (1972), sec. 10; *Drobnig,* American-German Private International Law, 1972, 260; einschr. *G. H. Roth* BerGesVR 20 (1979), 87 (115). – Überblick über den Meinungsstreit bei *Horn,* Recht der Internationalen Anleihen, 1972, 269 ff.; *Braun,* Vertragliche Geldwertsicherung im grenzüberschreitenden Wirtschaftsverkehr, 1982, 121 ff. Rechtsvergleichend *Robertz,* Wertsicherungs- und Preisanpassungsklauseln im Außenwirtschaftsverkehr, 1985, 183 ff.; s. auch zum schuld- und währungsrechtlichen Doppelaspekt des Nominalismusprinzips und seiner Korrektur durch clauses monétaires aus franz. Sicht und seiner Abhängigkeit vom liberalen oder dirigistischen Ansatz aus franz. Sicht *Sonnenberger/Rageade* RIW 2003, 32 (37 ff.).

143 *Fögen,* Geld- und Währungsrecht, 1969, 150 Fn. 238; *v. Westphalen,* Rechtsprobleme der Exportfinanzierung, 3. Aufl. 1987, 133; abl. *Seetzen* AWD 1969, 253 (257); *Horn,* Recht der Internationalen Anleihen, 1972, 270 f.; *van Hecke* I. E. C. L. Vol. III ch. 36 (1972), sec. 10.

144 *Horn,* Einfluss monetärer Risiken, 1976, 30; Soergel/*v. Hoffmann* EGBGB Art. 34 Rn. 118; abl. *van Hecke*I. E. C. L. Vol. III ch. 36 (1972), sec. 10. Gegen die lex loci solutionis bei Goldklauselverboten *Böse,* Der Einfluß des zwingenden Rechts auf internationale Anleihen, 1963, 89 f.

145 *Kegel/Schurig* IPR § 23 III 3.

146 *Seetzen* AWD 1969, 253 (257).

lich sein, da die Normen zum einen nicht auf die gewählte Währung abzielen, ferner einen weitergehenden Gehalt besitzen und nicht einfach durch Währungswahl ausgeschaltet werden können. Umgekehrt unterwirft sich, wer in fremder Währung kontrahiert, nicht allen gesetzgeberischen Maßnahmen des Währungsstaates.[147] Auch hier ist nunmehr bei Eingriffen in vertragliche Schuldverhältnisse Art. 9 Abs. 3 Rom I-VO zu beachten. Im Übrigen dürfte es auf eine **enge Verbindung mit dem rechtsetzenden Staat** ankommen (→ Rn. 8). Dabei spielt die **Auswirkung der einzelnen Klausel auf die Wirtschafts- und Währungsordnung** dieses Landes eine wesentliche Rolle.[148] Zu den deutschen zwingenden Beschränkungen → Rn. 21 ff.

43 **b) Indexklauseln.** Solche Klauseln gleichen den Verlust der Kaufkraft der Rechnungswährung dadurch aus, dass sie eine dem Preisanstieg entsprechende Erhöhung des Forderungsbetrages vorsehen.[149] Sie nehmen beispielsweise auf eine bestimmte Gütermenge Bezug, die als Indikator der allgemeinen Kaufkraftentwicklung gilt.[150]

44 **c) Preisgleitklauseln.** Bei Preisgleitklauseln (sliding-clauses) handelt es sich um Anpassungsklauseln an gestiegene Kosten. Die Preisgleitklausel im engeren Sinne knüpft direkt an den künftigen Preis des Vertragsgegenstandes oder eines wesentlichen Kostenfaktors an.[151] Hingegen zielen sog. Kostenelementsklauseln präziser auf gestiegene Selbstkosten; die Forderung wird um den Betrag angehoben, um den sich die der Kalkulation zu Grunde liegenden Kostenelemente verändert haben.[152] Dadurch kann in längerfristigen Verträgen das Risiko der Kosten- und Preisentwicklung an den Abnehmer weitergegeben werden. Für ihre Auslegung gilt das Schuldstatut (vgl. Art. 12 Abs. 1 lit. a).[153]

45 **d) Quotenklauseln.** Quotenklauseln verteilen eine bei Vertragsabschluss noch unbestimmte Geldverbindlichkeit mit Hilfe eines Schlüssels auf mehrere Schuldner.[154] Sie dienen den Vertragsparteien etwa zur Projektfinanzierung oder zur Aufteilung von Projektfolgekosten, verfolgen rein private Zwecke und richten sich daher nach dem Vertragsstatut.

46 **e) Goldwertklauseln.** Solche Klauseln rechnen dem jeweiligen Geldbetrag eine bestimmte Mengeneinheit Gold (Gewichtsmenge Feingold) zu, meist die zurzeit des Vertragsabschlusses in Gold definierte Parität der Referenzwährung.[155] Nicht nur wegen vielfacher Goldklauselverbote, sondern vor allem wegen der Lösung der Währungen vom Gold und der Goldpreisentwicklung haben diese Klauseln ganz erheblich an Bedeutung verloren.[156] Von praktischer Bedeutung war vor allem die Nichtigkeit von Goldklauseln nach der US-amerikanischen **„Joint Resolution"** vom 5.6.1933.[157] Während die US-amerikanische Rspr. dieses Maßnahmegesetz überwiegend auch auf internationale Verträge anwandte,[158] unterwarf es die deutsche Rspr. dem Schuldstatut, verlangte

---

147 *Böse,* Der Einfluß des zwingenden Rechts auf internationale Anleihen, 1963, 87; vgl. auch *Braun,* Vertragliche Geldwertsicherung im grenzüberschreitenden Wirtschaftsverkehr, 1982, 132 ff.

148 Vgl. dazu *Braun,* Vertragliche Geldwertsicherung im grenzüberschreitenden Wirtschaftsverkehr, 1982, 154 ff.

149 *Zehetner,* Geldwertklauseln im grenzüberschreitenden Wirtschaftsverkehr, 1976, 100 ff.

150 Zur Euro-Indexierung im Gemeinschaftsrecht s. *Zehetner* in Giovanoli, International Monetary Law, 2000, 503, Rn. 27.01 ff.

151 *Braun,* Vertragliche Geldwertsicherung im grenzüberschreitenden Wirtschaftsverkehr, 1982, 95 f. – Zum bloßen Preisvorbehalt, dh zum Offenhalten des Preises *Braun,* Vertragliche Geldwertsicherung im grenzüberschreitenden Wirtschaftsverkehr, 1982, 90 ff.

152 *Hahn* Liber Amicorum Schnitzer, 1979, 197 (211); *Zehetner,* Geldwertklauseln im grenzüberschreitenden Wirtschaftsverkehr, 1976, 104; *Braun,* Vertragliche Geldwertsicherung im grenzüberschreitenden Wirtschaftsverkehr, 1982, 96 ff.; *Robertz,* Wertsicherungs- und Preisanpassungsklauseln im Außenwirtschaftsverkehr, 1985, 134 ff.

153 *v. Westphalen,* Rechtsprobleme der Exportfinanzierung, 3. Aufl. 1987, 127.

154 *Hahn* Liber Amicorum Schnitzer, 1979, 197 (211 f.); *Braun,* Vertragliche Geldwertsicherung im grenzüberschreitenden Wirtschaftsverkehr, 1982, 100; *Zehetner,* Geldwertklauseln im grenzüberschreitenden Wirtschaftsverkehr, 1976, 105 ff.

155 *Zehetner,* Geldwertklauseln im grenzüberschreitenden Wirtschaftsverkehr, 1976, 41 ff.; *Hahn/Häde,* Währungsrecht, 2. Aufl. 2010, § 4 Rn. 7; vgl. auch AG Lahnstein IPRspr. 1987 Nr. 116 = IPRax 1988, 39 Ls. mAnm *Jayme.*

156 Vgl. *Hahn* Liber Amicorum Schnitzer, 1979, 197 (207 ff.).

157 Text: RabelsZ 7 (1933), 489; wN bei *Schulte,* Die Anknüpfung von Eingriffsnormen, insbesondere wirtschaftsrechtlicher Art, im internationalen Vertragsrecht, 1975, 86 f.; *Grothe,* Fremdwährungsverbindlichkeiten, 1999, 187 ff.

158 Nachweise bei *Ernst,* Die Bedeutung des Gesetzeszwecks im internationalen Währungs- und Devisenrecht, 1963, 58 ff.

also, dass US-amerikanisches Recht Vertragsstatut war,[159] wobei der ordre public zum Zuge kommen konnte.[160] Nach aA ist bei Goldklauselverboten eine Sonderanknüpfung vorzunehmen.[161]

VI. Schuld- und Währungsstatut

1. Binnenwertänderung. a) Allgemeines. Starke inländische Geldwertverluste einer Wäh- 47
rung stören das **Gleichgewicht von Leistung und Gegenleistung** und begünstigen im Allgemeinen den Geldschuldner. Sie können durch staatlichen Währungseingriff (Abwertung) oder Kaufkraftschwund (Inflation) entstehen. Auf die Geldentwertung kann der Gesetzgeber mit einer besonderen Aufwertungsgesetzgebung reagieren oder richterliche Vertragshilfe zulassen.[162] Als Abhilfe für den benachteiligten Vertragsteil kommen Ausgleichsansprüche oder eine Erhöhung der in entwertetem Geld ausgedrückten Schuld über ihren Nennbetrag hinaus (Aufwertung) in Betracht. Häufig werden bei Inflationsverlusten aber keine Ausgleichsansprüche gewährt.[163] Im Übrigen können Kaufkraftverluste bei der Schadensberechnung im Rahmen des Vertragsstatuts eine Rolle spielen.[164]

b) Auf- und Abwertung. Die Folgen der durch Auf- und Abwertung eintretenden Schwan- 48
kungen unterliegen nach hM dem **Schuldstatut** (Schuldrechtstheorie).[165] Hier geht es um den Ausgleich der Folgen der Währungsänderung und einen Interessenausgleich unter den Parteien. Nach aA gilt die lex pecuniae (sog. Währungstheorie).[166] Teils wird auch eine alternative Anknüpfung der Ausgleichsregeln sowohl nach dem Schuld- als auch nach dem Währungsstatut befürwortet[167] oder bei einer Abwertung aus währungspolitischen Gründen eine Sonderanknüpfung vorgeschlagen[168] (zur Währungsumstellung → Rn. 49). – Ist deutsches Recht Schuldstatut, so ist nach hM folglich eine Aufwertung nach den deutschen Vorschriften auch dann vorzunehmen, wenn das Währungsstatut keine Aufwertung kennt.[169] Bei ausländischem Schuldstatut ist eine Aufwertung nach diesem Recht vorzunehmen; in welcher Währung die Schuld ausgedrückt ist, ist insoweit unerheblich.[170] Lehnt das ausländische Recht eine Aufwertung ab, so kommt der deutsche ordre public (Art. 21) nur ausnahmsweise zum Zuge.[171]

c) Währungsumstellung. Ersetzt der Währungsstaat seine Währung durch eine andere, so ist 49
für diese **Veränderung der Zahlungsmittel das Währungsstatut maßgeblich**[172] (→ Rn. 4).

---

[159] RGZ 146, 1; *Duden* RabelsZ 9 (1935), 615 ff.; *Rabel* RabelsZ 10 (1936), 492 ff.; *Mann,* Recht des Geldes, 1960, 251 ff.; *van Hecke* I. E. C. L. Vol. III ch. 36 (1972), sec. 10; s. auch *Ernst,* Die Bedeutung des Gesetzeszwecks im internationalen Währungs- und Devisenrecht, 1963, 65 ff.; *Mann* FS Wahl, 1973, 139 f. (153 f.), jeweils mwN. – Für eine Anknüpfung ebenso wie die lex causae *Böse,* Der Einfluß des zwingenden Rechts auf internationale Anleihen, 1963, 95 f.

[160] RG JW 1936, 2058 = RabelsZ 10 (1936), 385 (388 f.).

[161] Soergel/*Kegel,* 11. Aufl. 1984, Vor Art. 7 Rn. 897.

[162] Zum Inflationsausgleich nach it. Recht LAG München IPRspr. 1990 Nr. 62 = IPRax 1992, 97 m. Aufsatz *Däubler* IPRax 1992, 82 = JbItalR 5 (1992), 242; *Hausmann* JbItalR 4 (1991), 49 (60 ff.).

[163] Zur engl. Rechtsentwicklung *Wiegand* RIW 1981, 738 ff.

[164] Vgl. *Maier-Reimer* NJW 1985, 2049 (2051 f.) mwN.

[165] *Mann,* Recht des Geldes, 1960, 232 ff.; *Stoll* RabelsZ 21 (1956), 575 (587); *Schwarz* RIW 1977, 153 (154); *v. Westphalen,* Rechtsprobleme der Exportfinanzierung, 3. Aufl. 1987, 140; *Melchior,* Grundlagen, 1932, 295 ff.; *Ferid* IPR Rn. 6–104; *Kegel/Schurig* IPR § 23 III 2b, bb; Staudinger/*Firsching,* 10./11. Aufl. 1978, EGBGB Vor Art. 12 Rn. 411, 413.

[166] *Eckstein,* Geldschuld und Geldwert im materiellen und internationalen Privatrecht, 1932, 119 ff.; *Ernst,* Die Bedeutung des Gesetzeszwecks im internationalen Währungs- und Devisenrecht, 1963, 16 ff.; *Fögen,* Geld- und Währungsrecht, 1969, 116; *Nußbaum* IPR 252; ebenso RGZ 120, 277 (279) = IPRspr. 1928 Nr. 81.

[167] *G. H. Roth* BerGesVR 20 (1979), 87 (111 ff.) – Auch in der Schweiz ist zusätzlich zum Vertragsstatut die lex moneta herangezogen worden; näher *Vischer* in v. Graffenried, Beiträge zum schweizerischen Bankenrecht, 1987, 433 ff.

[168] *Kegel/Schurig* IPR § 23 III 2b, bb; Soergel/*v. Hoffmann* EGBGB Art. 34 Rn. 116 f.

[169] RGZ 120, 70 (75) = IPRspr. 1928 Nr. 81; RGZ 145, 51 (55 ff.) = IPRspr. 1934 Nr. 89; *v. Westphalen,* Rechtsprobleme der Exportfinanzierung, 3. Aufl. 1987, 140 f. – Offengelassen in KG JW 1928, 1462 = IPRspr. 1928 Nr. 88.

[170] RGZ 119, 259 = IPRspr. 1928 Nr. 11; RGZ 132, 193. Den Unterhaltsanspruch setzt bei inflationären Verhältnissen im Staate des Unterhaltsberechtigten in DM fest, LG Rottweil DAVorm. 1988, 195 = IPRspr. 1988 Nr. 74.

[171] Vgl. *Schulte,* Die Anknüpfung von Eingriffsnormen, insbesondere wirtschaftsrechtlicher Art, im internationalen Vertragsrecht, 1975, 85 f.; krit. *Ernst,* Die Bedeutung des Gesetzeszwecks im internationalen Währungs- und Devisenrecht, 1963, 18. Für das Währungsstatut als Ersatzrecht Soergel/*v. Hoffmann* Art. 34 Rn. 117.

[172] *Mann,* Recht des Geldes, 1960, 217 f.; *G. H. Roth* BerGesVR 20 (1979), 87 (108 f.); *Grothe,* Fremdwährungsverbindlichkeiten, 1999, 205 ff. – Auf den Parteiwillen stellt ab RGZ 136, 127 = IPRspr. 1932 Nr. 112. Vgl. auch *Maier-Reimer* NJW 1985, 2049 (2055).

Doch verändert die Umstellung einer Währung im Zuge einer „Währungsreform" in der Regel auch ihre Kaufkraft (zB im Verhältnis 10:1). Dann stellt sich die Frage nach dem **Umrechnungsstatut** (des „rekurrenten Anschlusses").[173] Die deutschen Bestimmungen über die Umstellung der Reichsmarkverbindlichkeiten in DM regelten ihren interlokalen und internationalen Anwendungsbereich nicht.[174] Da die wohl herrschende privatrechtliche (schuldrechtliche) Theorie dem UmstG schuldrechtliche Ausgleichsfunktion zuschrieb, hielt sie das Schuldstatut für maßgeblich; die die Parteibeziehungen neu regelnden Abwertungsvorschriften fanden nur dann Anwendung, wenn die Verpflichtung selbst (west-)deutschem Recht unterlag.[175] Für die öffentlich-rechtliche (währungsrechtliche) Theorie handelte es sich hingegen um einen eigenen Kollisionsnormen unterliegenden staatlichen Eingriff.[176] Das UmstG sollte insbesondere dann gelten, wenn die Verbindlichkeit aus dem im deutschen Währungsgebiet belegenen Vermögen zu begleichen war[177] bzw. der Schuldner dort seinen Wohnsitz besaß.[178] – Zu einer Währungsumstellung kann es auch bei der Einführung des Euro (→ Rn. 62).

50 **2. Außenwertänderung.** Außenwertänderungen einer Währung betreffen Veränderungen des internationalen Wertverhältnisses zu anderen Währungen.[179] Sie erfassen grundsätzlich alle Verbindlichkeiten, die auf sie lauten. Bei einem Steigen des Kurses der Schuldwährung **(Aufwertung)** gewinnt der Gläubiger, bei einem Sinken **(Abwertung)** gewinnt der Schuldner. Das wirtschaftliche Risiko der Paritätsänderung trifft diejenige Partei, für welche die Schuldwährung eine Fremdwährungsschuld ist.[180] Welche privatrechtlichen Wirkungen in- oder ausländische Wechselkursänderungen der Schuldwährung äußern, regelt das **Vertragsstatut.**[181] Es geht nämlich um Ausgleich oder Hinnahme des Wertverlustes, mithin die Höhe der Schuld, die ganz allgemein dem Schuldstatut unterliegt[182] (→ Art. 12 Rn. 45 ff.). Entsprechendes gilt für Klauseln, die einen Umrechnungszeitpunkt für den Währungskurs festlegen.[183] Das Recht des Staates, in dessen Währung die Schuld ausgedrückt ist, ist nicht maßgeblich.[184]

51 **3. Währungsänderung und -untergang.** Ersetzt eine neue Währung die alte Währung als Ganzes, so bedeutet dies in der Regel eine tiefgreifende Währungsänderung. Hat sich die währungsrechtliche Entwicklung im Währungsstaat so weit von ihrem Ausgangspunkt entfernt, dass eine Übertragung auf das alte Schuldverhältnis nicht mehr möglich scheint, so hat die Rspr. insbesondere dann, wenn die Parteien die Beziehungen zum Währungsstaat verloren haben, ein **besonderes Währungsstatut** bestimmt.[185] Es wurde in gleicher Weise wie das Schuldstatut, also in erster Linie nach dem realen oder hypothetischen Parteiwillen, neu ermittelt: Maßgeblich ist dann der Zeitpunkt des Währungseingriffs. Im Wege der objektiven Anknüpfung wird auf das Recht des Schuldner-

---

173 Gegen die Maßgeblichkeit des Währungsstatuts *G. H. Roth* BerGesVR 20 (1979), 87 (109 f.).

174 WN bei *Stoll* RabelsZ 21 (1956), 575 (576 f.); *Ernst,* Die Bedeutung des Gesetzeszwecks im internationalen Währungs- und Devisenrecht, 1963, 43 ff.; *Schulte,* Die Anknüpfung von Eingriffsnormen, insbesondere wirtschaftsrechtlicher Art, im internationalen Vertragsrecht, 1975, 88 f.

175 BGH NJW 1952, 540; BGHZ 7, 231 (234 f.) = JZ 1952, 720 mAnm *Beitzke;* BGHZ 17, 89 (93 f.) = JZ 1955, 584 mAnm *Beitzke;* BGH WM 1960, 940 = IPRspr. 1960–61 Nr. 159; Staudinger/*Firsching,* 10./11. Aufl. 1978, EGBGB Vor Art. 12 Rn. 414; s. auch KG NJW 1957, 347 = RabelsZ 23 (1958), 280 mAnm *Stoll;* BFH IPRspr. 1954–55 Nr. 21.

176 OLG Frankfurt WM 1963, 872; *Stoll* RabelsZ 21 (1956), 575 ff.; *Kegel/Schurig* IPR § 23 III 2b, bb. – Wohl auch *Ernst,* Die Bedeutung des Gesetzeszwecks im internationalen Währungs- und Devisenrecht, 1963, 46 ff.

177 *Neumayer* BerGesVR 2 (1958), 35 (55 f.) – Nach *Stoll* RabelsZ 21 (1956), 575 (592 ff.) ist der objektive Schwerpunkt des Schuldverhältnisses entscheidend.

178 Vgl. Urteils-Anm. *Kegel* JZ 1952, 657 (659); *Stoll* RabelsZ 23 (1958), 575 ff.

179 Zu völkerrechtlichen Fragen näher *Hahn* BerGesVR 20 (1979), 1 ff. – Zum Einfluss der DM-Aufwertung auf die Währungsklausel der Young-Anleihe *Seidl-Hohenveldern* RIW 1980, 514 ff.; *Hablitzel* JZ 1981, 49 ff.

180 Vgl. *G. H. Roth* BerGesVR 20 (1979), 87.

181 *Hahn,* Währungsrecht der Euro-Devisen, 1973, 40 Fn. 163; *Natermann,* Der Eurodollarmarkt in rechtlicher Sicht, 1977, 82 f.; *G. H. Roth* BerGesVR 20 (1979), 87 (108); *G. H. Roth,* Währungsprobleme im internationalen Seerecht, 1980, 13.

182 Eine mögliche Einbeziehung von Regeln des Währungsstatuts auf der Ebene des Sachrechts diskutiert *Grothe,* Fremdwährungsverbindlichkeiten, 1999, 199 ff.

183 Vgl. OLG Frankfurt RIW 1983, 954 = WM 1984, 20 = IPRax 1985, 34 m. Aufsatz *v. Hoffmann/Pauli* IPRax 1985, 13.

184 Den Unterhaltsanspruch setzt bei Kursverlust und inflationären Verhältnissen im Staat des Unterhaltsberechtigten in DM fest, LG Rottweil DAVorm. 1988, 195 = IPRspr. 1988 Nr. 74.

185 BGHZ 43, 162 (166 f.) = NJW 1965, 1127 = JZ 1965, 448 m. abl. Anm. *Mann* (Polen); LG Tübingen IPRspr. 1966–67 Nr. 22 (Israel); anders noch BGH WM 1960, 940; krit. auch *G. H. Roth* BerGesVR 20 (1979), 87 (101); *Grothe,* Fremdwährungsverbindlichkeiten, 1999, 222 ff.

wohnsitzes bzw. der gewerblichen Niederlassung abgestellt.[186] Nach aA handelt es sich bei der Umrechnungsfrage lediglich um eine im Rahmen des bisherigen Währungsstatuts zu lösende Frage.[187] Eine Fremdwährungsschuld verwandelt sich jedenfalls nicht schon dann in eine Verbindlichkeit in deutscher Währung, wenn die Gläubigerin auf Grund der ausländischen Feindgesetzgebung enteignet wird und in Deutschland als Spaltgesellschaft fortbesteht.[188]

VII. Europäisches Währungsrecht

1. Europäisches Währungssystem. Der EWG-Vertrag ging noch von der Grundvorstellung aus, die Währungspolitik der Mitgliedstaaten solle zwar koordiniert, aber als Teil der allgemeinen Wirtschaftspolitik in nationaler Verantwortung bleiben (vgl. Art. 104, 105 EGV).[189] Diese Vorstellung wurde überwunden und machte Bestrebungen zur Schaffung einer Währungsunion Platz. Der frühere Europäische Währungsverbund (sog. Währungsschlange) wurde durch das Europäische Währungssystem (EWS) abgelöst.[190] Dabei wurde eine neue Europäische Währungseinheit (European Currency Unit = Ecu) geschaffen, die als Grundlage für die währungspolitische Zusammenarbeit diente.[191] Ferner ermächtigte man den Europäischen Fonds für währungspolitische Zusammenarbeit (EFWZ),[192] Ecu auszugeben; sie waren der Gegenwert für die Einlagen der Zentralbanken der Mitgliedstaaten. Im EWS waren die Währungen der meisten EU-Länder in einem **System fester Wechselkurse** miteinander verbunden. Trotz des EWS blieben die Mitgliedstaaten weiterhin für die Währungspolitik zuständig; auch Wechselkursänderungen waren nicht ausgeschlossen. Daran änderte auch die Nennung einzelner Ziele in Art. 120 AEUV[193] über die Wirtschafts- und Währungsunion grundsätzlich nichts.[194] 52

Das heutige Europäische Währungsrecht beruht auf den Art. 127–133 AEUV („Die Währungspolitik") sowie einzelnen institutionelle Bestimmungen, etwa zur Zentralbank (Art. 142, 282, 283 AEUV; → BGB §§ 244, 245 Rn. 35 ff.).[195] Die teilnehmenden Mitgliedstaaten haben ihre geldpolitischen Kompetenzen an das Europäische System der Zentralbanken (ESZB) abgegeben.[196] Eine einheitliche Euro-Währung wurde eingeführt (→ Rn. 56); in ihr ist auch die frühere Ecu aufgegangen (→ Rn. 55). Durch den Vertrag von Nizza (2000) kam es zu weiteren, allerdings im Wesentlichen nur institutionellen, währungsrechtlichen Veränderungen.[197] Auf den Lissaboner Vertrag (2007) kann sich ein eigenes Kapitel über die Währungspolitik im AEUV stützen (Art. 127–133 AEUV). 53

2. Europäische Währungseinheit.

Schrifttum: *Gold,* A New Universal and a New Regional Monetary Asset – SDR and ECU, ÖZöffR 34 (1983), 117.

a) Grundlagen. Im Rahmen des Europäischen Währungssystems wurde seit dem Jahre 1979 die **Ecu (European Currency Unit)** verwendet.[198] Ecu wurden aus festen Beträgen verschiedener Währungen der Mitgliedsländer zusammengesetzt („Währungskorb"), die insbesondere nach der wirtschaftlichen Bedeutung der einzelnen Staaten festgelegt worden sind.[199] Der Gegenwert in Landeswährung entsprach der Summe der Gegenwerte der Beträge, aus denen sich diese Rechnungs- 54

[186] Im Ergebnis ebenfalls für den Schuldnersitz *Vischer* in v. Graffenried, Beiträge zum schweizerischen Bankenrecht, 1987, 427.
[187] Staudinger/*Firsching,* 10./11. Aufl. 1978, EGBGB Vor Art. 12 Rn. 403.
[188] BGH WM 1977, 730.
[189] *Everling* EuR 19 (1984), 361 = in Hahn, Das Geld im Recht, 1986, 1986, 39 (40 f.) mwN.
[190] VO (EWG) Nr. 3181/78 vom 18.12.1978 über das Europäische Währungssystem, ABl. EG 1978 L 379, 2. Vgl. *Hahn/Häde,* Währungsrecht, 2. Aufl. 2010, § 13 Rn. 10 ff.
[191] Staudinger/*Omlor,* 2021, BGB Vor §§ 244–248 Rn. A 204; näher *Grothe,* Fremdwährungsverbindlichkeiten, 1999, 20 ff.
[192] Dieser beruhte auf VO (EWG) Nr. 907/73 zur Errichtung eines Europäischen Fonds für währungspolitische Zusammenarbeit vom 3.4.1973, ABl. EG 1973 L 89, 2.
[193] Eingefügt durch Art. 20 Einheitliche Europäische Akte vom 28.2.1986 (ABl. EG 1987 L 169, 1, 29 = BGBl. 1987 II 1102). In Kraft seit 1.7.1987 (BGBl. 1987 II 451).
[194] *Bosco* Cahiers dr. europ. 23 (1987), 372 ff.; *Louis* C. M. L. Rev. 25 (1988), 21 ff.
[195] Texte in *Herrmann,* Europäisches Währungsrecht, 2013.
[196] *Kilb* JuS 1999, 10 ff.; *Häde* EWS 2001, 97 ff.
[197] Dazu *Häde* EuZW 2001, 97 ff.
[198] Näher *Siebelt/Häde* NJW 1992, 10 ff.; *Siebelt* JuS 1996, 6 ff. – Zu den früheren Rechnungseinheiten *Zehetner,* Geldwertklauseln im grenzüberschreitenden Wirtschaftsverkehr, 1976, 73 ff.; *Timmann,* Die Europäischen Rechnungseinheiten, 1979, 12 ff.
[199] S. VO (EG) Nr. 3320/94 vom 22.12.1994 zur Kodifizierung der geltenden Rechtsvorschriften der Gemeinschaft zur Definition der Ecu nach Inkrafttreten des Vertrages über die Europäische Union, ABl. EG 1994 L 350, 27. – Die VO wurde durch Art. 2 Abs. 2 VO (EG) 1103/97 vom 17.6.1997 aufgehoben.

einheit (zur früheren „Europäischen Rechnungseinheit" → Rn. 38) zusammensetzt.[200] Eine Ecu enthielt die Summe gewichteter Bruchteile von Währungen von zwölf Mitgliedstaaten.[201] Die bisherige Zusammensetzung ist im Maastricht-Vertrag mit dem Beginn der zweiten Stufe der Wirtschafts- und Währungsunion festgeschrieben worden (Art. 118 EGV).

55 **b) Ablösung der Europäischen Währungseinheit.** Mit dem Beginn der dritten Stufe der Wirtschafts- und Währungsunion (1.1.1999) wurde die Ecu nicht mehr als Währungskorb definiert. Dem sog. Prinzip der nominalen Kontinuität entsprechend wurde eine Ecu in ihrer Zusammensetzung als Korb zu einem Euro.[202] Jede Bezugnahme auf die Ecu iSv Art. 118 EGV und der VO (EG) 3320/94 in privatrechtlichem Zusammenhang ist daher durch eine Bezugnahme auf den Euro zum Kurs von 1 Euro für 1 Ecu ersetzt worden (Art. 2 Abs. 1 S. 1 VO (EG) 1103/97).[203] Ist nicht bestimmt, welche Ecu gemeint ist, so gilt das Gleiche.[204] Es gilt eine widerlegliche Vermutung, dass die Parteien mit der Ecu diejenige der EU-Vorschriften gemeint haben (Art. 2 Abs. 1 S. 2 VO (EG) 1103/97).[205] Es kam also zu einer Umstellung der Ecu zum Euro im Verhältnis 1:1 auf Grund europäischen Währungsrechts.[206]

3. Europawährung.

Schrifttum: *Fischer/Klanten,* Langfristige Bankverträge und die Euro-Währung, ZBB 1996, 1; *Häde,* Das Euro-Währungsrecht, in Hufeld/Ohler (Hrsg.), Enzyklopädie Europarecht, Bd. IX, Europäische Wirtschafts- und Währungsunion, 2022, 1085; *Klanten,* Europäische Kommission – Rechtsrahmen für die Verwendung des Euro, ZBB 1996, 258; *Michaelis,* Der Weg zur Währungsunion nach dem Vertrag von Maastricht, JA 1996, 987; *Sandrock,* Der Euro und sein Einfluss auf nationale und internationale privatrechtliche Verträge, RIW-Beil. 1/1997; *Schefold,* Die Europäischen Verordnungen über die Einführung des Euro, WM-Sonderbeil. 4/1996.

a) Einführung der Europawährung.

Schrifttum: *Horn,* Rechtliche und institutionelle Aspekte der europäischen Währungsunion im politischen und wirtschaftlichen Kontext, ZBB 1997, 314; *Kilb,* Rechtsgrundlagen des Euro, JuS 1999, 10; *Ritter,* Euro-Einführung und IPR unter besonderer Berücksichtigung nachehelicher Unterhaltsverträge, 2003; *Wahlig,* European Monetary Law: The Transition to the Euro and the Scope of Lex Monetae, in Giovanoli, International Monetary Law, Oxford 2000, 121.

56 Die Einführung einer einheitlichen europäischen Währung ist zum 1.1.1999 erfolgt. Sie war als dritte von drei Stufen der Wirtschafts- und Währungsunion nach dem Vertrag von Maastricht von 1992 vorgesehen (Art. 121 Abs. 4 EGV).[207] Dies fand in mehreren Stufen statt.[208] Eine erste Phase bildete die sog. Konvergenzstufe (1.7.1990 bis 31.12.1993).[209] Ihr folgte die zweite sog. Koordinierungsstufe (1.1.1994 bis 31.12.1998) gemäß Art. 116 EGV. In ihr wurden alle Beschränkungen des Kapitalverkehrs zwischen den Mitgliedstaaten sowie zwischen ihnen und Drittstaaten, ferner sämtliche Beschränkungen des Zahlungsverkehrs untersagt (Art. 56–60 EGV).[210] Die eigentliche Wirtschafts- und Währungsunion wurde mit dem Eintritt in die dritte (End-)Stufe (1.1.1999) erreicht (Art. 120, 123 EGV).[211] Dann folgte zwar noch eine Übergangsphase (Stufe IIIa bis 31.12.2001), während derer die nationalen Zahlungsmittel neben dem Euro erhalten bleiben. Die Stufe IIIb begann am 1.1.2002, zu dem Geldzeichen mit Euro als gesetzlichem Zahlungsmittel in Umlauf gesetzt wurden. Bereits mit Beginn der dritten Stufe wurden jedoch die nationalen Währungen durch die europäische Währung ersetzt.[212] Die DM war nur noch eine Denomination (Bezeichnung) für den Euro, berechnet nach dem offiziellen Umrechnungsfaktor. Rechtlich war dies bedeu-

---

[200] Der Tageswert wurde regelmäßig in ABl. EG C veröffentlicht. – Zur Berechnung s. Mitt. ABl. EG 1979 C 69, 4. Zum Unterschied von Ecu-Tageswert und Ecu-Leitkurs (Parität) *Münch* RIW 1982, 653 (655 f.).

[201] *Hafke,* Zur Verwendung von ECU nach nationalem Währungsrecht und dem Währungsrecht der Gemeinschaften, 1982, 6.

[202] S. Empfehlung der Kommission (94/284/EG) zur rechtlichen Behandlung des Ecu und von auf Ecu lautenden Verträgen im Hinblick auf die einheitliche europäische Währung vom 19.4.1994, ABl. EG 1994 L 121, 43 = EWS 1994, 192 = WM 1994, 1352. Vgl. *Fischer/Klanten* ZBB 1996, 1 (8 f.).

[203] Dazu *Wahlig* in Giovanoli, International Monetary Law, 2000, Rn. 6.38.

[204] Vgl. *Schefold* WM-Sonderbeil. 4/1996, 9 ff.

[205] Dazu *Wahlig* in Giovanoli, International Monetary Law, 2000, Rn. 6.39.

[206] *Wahlig* in Giovanoli, International Monetary Law, 2000, Rn. 6.39; vgl. *Schwung* EWS 1997, 118.

[207] Vertrag von Maastricht vom 7.2.1992 über die Europäische Union, BGBl. 1992 II 1253, 1947; näher *Häde* Das Euro-Währungsrecht, 2022, Rn. 23-13 ff.; *Hahn/Häde,* Währungsrecht, 2. Aufl. 2010, § 14 Rn. 14 ff.

[208] S. Mitt. über praktische Fragen bei der Einführung des Ecu als einheitliche Währung in der Europäischen Union, ABl. EG 1994 C 153, 3 = EWS 1994, 262; wN bei BeckOK BGB/*Grothe* BGB § 244 Rn. 3 ff.

[209] Vgl. *Michaelis* JA 1996, 987 (988); *Morgenthaler* JuS 1997, 673 (678).

[210] Vgl. *Michaelis* JA 1996, 987 (988 f.).

[211] Dazu *Becker/Neetz* EWS 1996, 369 ff.; *Michaelis* JA 1996, 987 (989 f.).

[212] *Klanten* ZBB 1996, 258 (259); *Schwung* EWS 1997, 114.

tungslos. Aus dem gleichen Grund hat es nur noch Informationswert, wenn in einigen Staaten der Eurozone, zB in Frankreich, auch heute noch Preisauszeichnungen, Rechnungen, Quittungen uä nach wie vor neben dem Eurobetrag Umrechnungsbeträge in der früheren Landeswährung aufführen.

b) Maßgebliche Vorschriften. Die Einführung der Europawährung findet sich vor allem im Titel VIII des AEUV (Art. 119–144 AEUV). Besondere Bestimmungen für die Euro-Mitgliedstaaten enthalten die Art. 136–138 AEUV. Mit Beginn der dritten Stufe wurde ein Europäisches System der Zentralbanken (ESZB) errichtet.[213] Danach nahm die Europäische Zentralbank (Art. 282–284 AEUV) ihre Tätigkeit auf und ersetzte das Europäische Währungsinstitut (Art. 111 EGV).[214] Die Einzelheiten des Überganges sind in zwei sekundärrechtlichen Verordnungen festgelegt (→ BGB §§ 244, 245 Rn. 37). Es handelt sich einmal um die VO (EG) 1103/97 über einige Bestimmungen der Einführung des Euro (Euro-I-VO).[215] Sie enthält Vorschriften über die Kontinuität von Verträgen sowie die Ersetzung von Bezugnahmen auf die Ecu. Ferner wurde die **VO (EG) 974/98 über die Einführung des Euro** erlassen (Euro-II-VO).[216] Diese enthält die währungsrechtlichen Bestimmungen für die teilnehmenden Mitgliedstaaten, welche den Euro einführen. In Deutschland erging insbesondere das Erste Euro-Einführungsgesetz (EuroEG;[217] → BGB §§ 244, 245 Rn. 41). 57

c) Europäische Währung. Die Europäische Währung führt den Namen „Euro“;[218] sie ist in hundert Unterteilungen mit der Bezeichnung „Cent“ unterteilt. Nach Errichtung des ESZB haben die voll teilnehmenden Mitgliedstaaten unwiderruflich feste Kurse für die Umrechnung der nationalen Währungen in die Europäische Währung beschlossen. Ferner wurden die Kurse der nationalen Währungen untereinander festgesetzt (Art. 111 EGV, s. nunmehr Art. 219 AEUV; → Rn. 60). Die Einführung eines digitalen Euro ist in Vorbereitung (VO-Vorschlag vom 28.6.2023, COM/2023/369 final).[219] 58

d) Rechtsnatur des Euro. Der Euro wurde mit Beginn der dritten Stufe eine eigenständige Währung (Art. 123 Abs. 4 S. 1 Abs. 4 S. 1 EGV). Die vom Europäischen Währungsrecht erfassten Währungen wurden durch den Euro ersetzt, der an die Stelle der nationalen Währungen getreten ist. Der Euro ist seither zugleich die nationale Währung. 59

e) Umrechnungskurse. Die Beträge in nationalen Währungen sind in Beträge in Euro umzurechnen. Dieser Umrechnungskurs ist bindend vorgegeben und unwiderruflich (Art. 123 Abs. 4 S. 1 EGV). Diese Festlegung der Umrechnungskurse ist beim Übergang zur dritten Stufe erfolgt.[220] 60

f) Ausscheiden aus der Europawährung. Ein Ausscheiden einzelner Staaten aus der Europawährung ist zwar mehrfach diskutiert worden,[221] aber bislang nicht erfolgt. Insoweit würden sich Kollisions- und Sachrechtsfragen auf nationaler und europäischer Ebene stellen.[222] Dies gilt für die Währungsumstellung, Vertragskontinuität und Vertragsgestaltung.[223] Bisher ist jedoch nicht absehbar, ob und in welcher Form ein Ausscheiden erfolgen könnte. Sollte es dazu kommen, wären unionsrechtliche sowie nationalstaatliche Regeln zu erwarten. Geregelt werden müsste insbesondere die 61

---

213 S. das Protokoll über die Satzung des Europäischen Systems der Zentralbanken und der Europäischen Zentralbank von 1992.

214 Näher *Michaelis* JA 1996, 991.

215 VO (EG) Nr. 1103/97 des Rates vom 17.6.1997 über bestimmte Vorschriften im Zusammenhang mit der Einführung des Euro, ABl. EG 1997 L 162, 1; dazu *Kilb* JuS 1999, 10 (11 f.); *Wahlig* in Giovanoli, International Monetary Law, 2000, Rn. 6.28 ff.; *Häde* FS Martiny, 2014, 891 ff.

216 VO (EG) 974/98 über die Einführung des Euro vom 3.5.1998, ABl. EG 1998 L 139, 1 = EuZW 1998, 402. – S. dazu *Häde* Das Euro-Währungsrecht, 2022, Rn. 23-40; *Wahlig* in Giovanoli, International Monetary Law, 2000, Rn. 6.18 ff.; Staudinger/*Omlor*, 2021, BGB Vor § 244–248 Rn. A 208.

217 Gesetz zur Einführung des Euro (Euro-Einführungsgesetz – EuroEG) vom 9.6.1998, BGBl. 1998 I 1242; dazu *Dittrich* NJW 1998, 1269 ff.; *Kilb* JuS 1999, 10 (12 f.). Die Bargeldeinführung regelt das Dritte Euro-Einführungsgesetz (Drittes EuroEG) vom 16.12.1999, BGBl. 1999 I 2402. Überblick über die anderen Einführungsgesetze bei *Schorkopf* NJW 2001, 3734 (3739 ff.).

218 S. *Fischer/Klanten* ZBB 1996, 1 (2 f.); *Morgenthaler* JuS 1997, 673 ff.; *Hahn/Häde*, Währungsrecht, 2. Aufl. 2010, § 14 Rn. 15 ff.

219 Zu kollisionsrechtlichen Fragen *Miernicki/Scharl* ZfRV 2023, 169 ff.

220 VO (EG) Nr. 2866/98 des Rates über die Umrechnungskurse zwischen dem Euro und den Währungen der Mitgliedstaaten, die den Euro einführen vom 31.12.1998, ABl. EG 1998 L 359, 1; dazu *Hahn/Häde*, Währungsrecht, 2. Aufl. 2010, § 14 Rn. 20 ff.

221 Näher *Hahn/Häde*, Währungsrecht, 2. Aufl. 2010, § 26 Rn. 1 ff. – Zu Griechenland *Proctor* Butterworths J. Int. Banking Fin. L. 2012, 24.

222 Dazu *W. Ernst* ZIP 2012, 56 ff.; *W. Ernst* EuZ 2012, 56 ff.

223 S. *Kindler* NJW 2012, 1617 ff.

Währungsumstellung vom Euro zur wiedereingeführten Landeswährung. Dabei müssten auch die Auswirkungen auf Verträge festgelegt werden.[224]

62 **4. Auswirkungen auf Schuldverhältnisse. a) Grundsatz der Vertragskontinuität. aa) Vertragskontinuität.** Bei der Einführung des Euro als Gemeinschaftswährung zum 1.1.1999 handelt es sich um einen Fall von Währungsumstellung (→ BGB §§ 244, 245 Rn. 52 ff.). Die eigentlich währungsrechtlichen Fragen unterliegen dem Währungsstatut im engeren Sinne, dh den maßgeblichen währungsrechtlichen Bestimmungen.[225] Danach gilt das Prinzip des Nominalismus; an die Stelle der ursprünglich gewählten Währung ist der Euro getreten.[226] Bezüglich der Auswirkung auf Verträge wurde eine besondere Regelung getroffen. Vor dem 1.1.1999 begründete Schuldverhältnisse wurden hinsichtlich der Geldschuld auf die neue Gemeinschaftswährung umgestellt. Vorbehaltlich anderer Vereinbarungen soll die Euro-Einführung weder eine Veränderung von Rechtsinstrumenten (insbesondere Verträge) noch eine Schuldbefreiung bewirken. Auch soll keine Vertragspartei das Recht haben, sich etwa auf einen Wegfall der Geschäftsgrundlage zu berufen (Art. 3 VO (EG) 1103/97). Erfasst werden alle Schuldverhältnisse, bei denen die Schuld in der Währung eines der Teilnehmerstaaten ausgedrückt ist.[227] Die Wirksamkeit dieser Bestimmung ist teilweise wegen fehlender gemeinschaftsrechtlicher Kompetenz bezweifelt worden (vgl. Art. 308 EGV; nunmehr Art. 352 AEUV).[228] Teilweise ist ihr auch lediglich „deklaratorische" Bedeutung beigemessen worden.[229]

63 Auf Grund europäischen Rechts gilt für die EU-Mitgliedstaaten jedenfalls zwingend der **Grundsatz der Vertragskontinuität**[230] (→ BGB §§ 244, 245 Rn. 54 f.). Da es sich insoweit um eine Folge des Maastricht-Vertrages handelt, gilt dies auch für Staaten, für die der Euro nicht eingeführt wurde.[231] Innerhalb der Europäischen Währungsunion soll die Ersetzung der nationalen Währungen durch den Euro für sich genommen keine vertragsrechtlichen Auswirkungen haben.[232] Da keine Einschränkung der Vertragsfreiheit beabsichtigt war, konnten die Parteien allerdings durch **Vereinbarung vom Grundsatz der Vertragskontinuität abweichen** (Art. 3 S. 2 VO (EG) 974/98).[233] Die Auslegung einer solchen Vereinbarung erfolgt nach dem Vertragsstatut.[234]

64 Die Einordnung des Art. 3 VO (EG) 1103/97 (Euro-I-VO) hat zu mehrfachen Zweifeln Anlass gegeben, insbesondere wieweit es sich hier um währungsrechtliche oder vielmehr nur vertragsrechtliche Fragen handelt.[235] Die Verankerung des Grundsatzes der Vertragskontinuität wird vielfach als Regel des Unionsprivatrechts verstanden, nicht aber als währungsrechtliche Norm.[236] Ferner wird der Vorschrift lediglich sachrechtliche, aber keine kollisionsrechtliche Bedeutung beigemessen.[237] Auch als international zwingende Eingriffsnorm wird sie nicht verstanden.[238] Damit kommt sie lediglich **im Rahmen des Schuldstatuts** zur Anwendung. Welche Auswirkungen eine Währungsänderung auf die Rechte und Pflichten der Parteien sowie das Gleichgewicht der Verpflichtungen im Rahmen des Vertragsverhältnisses hat, richtet sich grundsätzlich nach dem Vertragsstatut.[239]

---

224 Zur Absicherung von Währungs- und Inflationsrisiken in langfristigen Verträgen *Breckheimer/Zeidler* BB 2012, 2902.

225 *Vischer/Huber/Oser* IVR Rn. 967.

226 *Wisskirchen* DB 1998, 809 (810).

227 *Fischer/Klanten* ZBB 1996, 1 (7).

228 So *Sandrock* RIW-Beil. 1/1997, 11; Staudinger/*Schmidt,* 1997, BGB Vor § 244 Rn. F 81; anders jedoch *Horn* ZBB 1997, 314 (321).

229 Wegen der weiter bestehenden Regelungskompetenz der Mitgliedstaaten billigt der europäischen Bestimmung nur deklaratorische Bedeutung zu *Wisskirchen* DB 1998, 809 (810). – Für eine „konstitutive" Bedeutung *Ritter,* Euro-Einführung und IPR unter besonderer Berücksichtigung nachehelicher Unterhaltsverträge, 2003, 117.

230 Art. 3 S. 1 VO (EG) 1103/97; s. auch *Clausius* NJW 1998, 3148; BeckOK BGB/*Grothe* BGB § 244 Rn. 7.

231 *Wisskirchen* DB 1998, 809 (810).

232 Vgl. *Häde* in Heinemann/Schröder, Europäische Währungsunion und Kapitalmärkte, 1997, 46 (53 f.); *Entzian/Linden* VersR 1997, 1182 ff.

233 Dazu *Schmidt-Räntsch* ZIP 1998, 2042.

234 *Vischer/Huber/Oser* IVR Rn. 968.

235 Dazu *Horn* ZBB 1997, 314 ff.; *Wahlig* in Giovanoli, International Monetary Law, 2000, Rn. 6.6.36 f.

236 *Ritter,* Euro-Einführung und IPR unter besonderer Berücksichtigung nachehelicher Unterhaltsverträge, 2003, 82.

237 *Ritter,* Euro-Einführung und IPR unter besonderer Berücksichtigung nachehelicher Unterhaltsverträge, 2003, 150 f.; BeckOK BGB/*Grothe* BGB § 244 Rn. 7.

238 *Jayme/Kohler* IPRax 1999, 401 (404); *Ritter,* Euro-Einführung und IPR unter besonderer Berücksichtigung nachehelicher Unterhaltsverträge, 2003, 152 f.

239 *Wisskirchen* DB 1998, 809 (810); *Vischer/Huber/Oser* IVR Rn. 968; Staudinger/*Magnus,* 2021, Art. 12 Rn. 116.

Dementsprechend kann sich Art. 3 VO (EG) 1103/97 lediglich dann auswirken, wenn die Norm als Bestandteil des Vertragsstatuts zur Anwendung kommt. Für das Vertragsrecht gilt allerdings wiederum die unionsrechtliche Regelung.

bb) Geldforderungen im Übergangszeitraum. Schuldverhältnisse, die nach dem 31.12.1998 begründet wurden, beziehen sich hinsichtlich Geldforderungen bereits auf die zum 1.1.1999 eingeführte Gemeinschaftswährung. Soweit sie als Bezeichnung die bisherige nationale Währungseinheit (D-Mark) verwenden, stellte dies nur eine andere Bezeichnung der Währungseinheit „Euro" dar. Rechtshandlungen mussten jedoch grundsätzlich in der vereinbarten Währungseinheit erfolgen.[240] Mit dem Ende der dreijährigen Übergangszeit und dem Wegfall der nationalen Währungseinheit als zulässige Bezeichnung der Gemeinschaftswährung zum 1.1.2002 änderte sich im Schuldverhältnis allenfalls die Währungsbezeichnung, nicht jedoch die Währung selbst. 65

b) Drittstaatliches Vertragsstatut. Unterliegt das in der Währung eines Mitgliedstaates oder in ECU ausgedrückte Vertragsverhältnis der Rechtsordnung eines nicht dem Europäischen Währungssystem angehörenden Staates, so gilt nach den Erläuterungen der Kommission der Grundsatz der Vertragskontinuität gleichwohl.[241] Es handelt sich um **zwingende inländische währungsrechtliche Vorschriften,** welche auch dann eingreifen sollen, wenn ein Vertragsverhältnis ausländischem Schuldrecht unterliegt.[242] Zwar wurde die Kompetenz der Union zur Regelung privatrechtlicher Folgen bezweifelt. Die EG-Kommission hat diese Folge lediglich als Aufforderung an die Mitgliedstaaten interpretiert.[243] Allerdings besteht Unsicherheit, ob der Grundsatz der Vertragskontinuität als dem Schuldrecht der EU-Staaten gehörender Grundsatz oder als davon unabhängiges europäisches Recht durchgesetzt wird.[244] Nimmt man ersteres an, so ist der Grundsatz eine Sach- und keine Kollisionsnorm.[245] Wegen der währungspolitischen Bedeutung der Umstellung ist jedoch anzunehmen, dass die Frage nicht allein im Belieben des Schuldstatuts steht. Vielmehr handelt sich bei der Maßgeblichkeit der Vertragskontinuität um vorrangiges europäisches Recht, das sich auch gegen ausländisches Sachrecht durchsetzt.[246] 66

Ob ein Drittstaat seinerseits den europäischen Grundsatz der Vertragskontinuität respektiert und die Währungsänderung als Äquivalent ansieht, richtet sich nach seinem Recht.[247] Die Beachtung des Kontinuitätsgrundsatzes wurde zB für die Schweiz bejaht.[248] In den Vereinigten Staaten ergingen teilweise eigene gesetzliche Vorschriften zur Euro-Einführung, welche das Gleiche anordneten.[249] Sollte die vorgeschriebene Umrechnung in Euro im Nicht-EU-Ausland nicht anerkannt werden, so kann den Folgen für die inländische Partei materiellrechtlich nach den Regeln des Leistungsstörungsrechts Rechnung getragen werden.[250] 67

VIII. Verfahrensfragen

Schrifttum: *Bachmann,* Fremdwährungsschulden in der Zwangsvollstreckung, 1994; *K. Schmidt,* Fremdwährungsschuld und Fremdwährungsklage, ZZP 98 (1985), 32; *K. Schmidt,* Mahnverfahren für Fremdwährungsforderungen?, NJW 1989, 65.

1. Inlandsverfahren. In Deutschland kann sowohl für die einfache als auch für die effektive Fremdwährungsschuld **Klage auf Zahlung in fremder Währung** erhoben werden.[251] Ein inländi- 68

[240] Näher zu Art. 8 VO (EG) 974/98 *Wisskirchen* DB 1998, 809.

[241] BeckOK BGB/*Spickhoff* Art. 12 Rn. 24; Staudinger/*Magnus,* 2021, Art. 12 Rn. 121.

[242] *Schwung* EWS 1997, 114; *Sandrock* RIW-Beil. 1/1997, 5 ff.; BeckOK BGB/*Grothe* BGB § 244 Rn. 7; anders *Wisskirchen* DB 1998, 809 (811). – Für die Beachtung des Grundsatzes in der internationalen Schiedsgerichtsbarkeit *Carreau* in Giovanoli, International Monetary Law, 2000, Rn. 26.20.

[243] Grünbuch der Kommission zu den praktischen Fragen des Übergangs zur einheitlichen Währung vom 31.5.1995 Nr. 132.

[244] Für letzteres Staudinger/*Magnus,* 2021, Art. 12 Rn. 121.

[245] BeckOK BGB/*Grothe* BGB § 244 Rn. 7.

[246] BeckOK BGB/*Spickhoff* Art. 12 Rn. 24; Staudinger/*Magnus,* 2021, Art. 12 Rn. 121.

[247] S. dazu *Micheler* Rev. Centr. East Eur. L. 24 (1998), 245; *Ricci* Riv. Dir. Int. Priv. Proc. 36 (2000), 349; *Roquette* RIW 1998, 926; *Thévenoz* Rev. Dr. Aff. Int. 1997, 275; vgl. auch BeckOK BGB/*Grothe* BGB § 244 Rn. 7: „Appellfunktion".

[248] *Vischer/Huber/Oser* IVR Rn. 970; vgl. auch *Ritter,* Euro-Einführung und IPR unter besonderer Berücksichtigung nachehelicher Unterhaltsverträge, 2003, 55 f.

[249] Nachweise bei *Gruson* in Giovanoli, International Monetary Law, 2000, Rn. 23.19 sowie bei *Peterson/Ringlé* Gaz. Pal. 2002 Doctr. 350 ff.; vgl. auch *Ritter,* Euro-Einführung und IPR unter besonderer Berücksichtigung nachehelicher Unterhaltsverträge, 2003, 53 ff.

[250] Vgl. *Schefold* WM-Sonderbeil. 4/1996, 15; *Schwung* EWS 1997, 114.

[251] BAG NJW 1996, 741 = AR-Blattei Auslandsarbeit 320 Nr. 15 mAnm *Mankowski* = IPRspr. 1995 Nr. 59; *Maier-Reimer* NJW 1985, 2049 (2053); *K. Schmidt* ZZP 98 (1985), 32 (41 ff.); *Bachmann,* Fremdwährungs-

sches Urteil braucht nämlich nicht stets auf inländische Währung zu lauten; vielmehr kann die Entscheidung auch zur Zahlung in fremder Währung verpflichten.[252] Dies gilt auch für Unterhaltsurteile.[253] Fremdwährungsschulden sind als solche, also in fremder Währung, einzuklagen. Eine auf die falsche Währung gerichtete Zahlungsklage ist abzuweisen.[254] Ist der Klageantrag auf Zahlung in ausländischer Währung gerichtet, so darf das Gericht nicht zur Zahlung in inländischer Währung verurteilen.[255] Früher konnte bei noch fehlender Genehmigung nach dem inzwischen aufgehobenen § 3 WährG ein Genehmigungsvorbehalt in das deutsche Urteil aufgenommen werden (vgl. § 16 Abs. 1 AWG).[256] Die Vollstreckung erfolgte nach §§ 803 ff. ZPO; im Rahmen der Zwangsvollstreckung konnte umgerechnet werden.[257]

69 Im **Mahnverfahren** können grundsätzlich nur Ansprüche in Euro, dh in inländischer Währung geltend gemacht werden (§ 688 Abs. 1 ZPO); anderes gilt lediglich im Rahmen zwischenstaatlicher Verträge, nämlich der Anerkennungsabkommen mit Israel, Norwegen und Spanien, ferner in Unterhaltssachen sowie nach der Brüssel Ia-VO und des LugÜ. In diesen Fällen kann der Mahnbescheid auch auf eine bestimmte Geldsumme in ausländischer Währung lauten (§ 32 Abs. 1 S. 2 AVAG iVm § 688 Abs. 3 ZPO; § 75 Abs. 1 S. 2 AUG). Soweit der geltend gemachte Anspruch eine Fremdwährungsschuld darstellt und er lediglich für das Mahnverfahren in inländische Währung umgerechnet wurde, führt der Mahnbescheid gleichwohl zur Hemmung der gemäß § 204 Abs. 1 Nr. 3 BGB;[258] auch die Pflicht zur Zahlung von Prozesszinsen (§ 291 BGB) entsteht.[259]

70 **2. Ausländische Entscheidungen. a) Vollstreckung.** Lautet das ausländische Urteil auf Zahlung in ausländischer Währung, so ist für den Erlass des Vollstreckungsurteils (§§ 722 f. ZPO) bzw. der Vollstreckbarerklärung keine Umrechnung in Inlandswährung erforderlich.[260] Ein auf ausländische Währung lautender Titel kann nach §§ 803 ff. ZPO grundsätzlich als Geldforderung vollstreckt werden.[261]

71 Der Gläubiger kann auf Grund des Auslandsurteils keine Zahlung in Inlandswährung erzwingen; der Schuldner hat allerdings unter Umständen eine Ersetzungsbefugnis nach § 244 BGB (→ Rn. 25). Vor allem in Unterhaltssachen wird auch eine auf das ausländische Urteil gestützte Leistungsklage für zulässig gehalten. In diesem Zusammenhang lässt man zum Teil eine Verurteilung in Inlandswährung zu.[262]

---

schulden in der Zwangsvollstreckung, 1994, 25 ff.; *Grothe,* Fremdwährungsverbindlichkeiten, 1999, 679. – Zur Währung in der internationalen Schiedsgerichtsbarkeit *Carreau* in Giovanoli, International Monetary Law, 2000, Rn. 26.01 ff.

252 OLG Hamburg VersR 1979, 833 für Schiffszusammenstoß; *Alberts,* Der Einfluss von Währungsschwankungen auf Zahlungsansprüche nach deutschem und englischem Recht, 1986, 46 ff.; *Grothe,* Fremdwährungsverbindlichkeiten, 1999, 679.

253 OLG Hamm DAVorm. 1984, 606 = IPRspr. 1983 Nr. 98 Ls. für schweiz. Währung; FamRZ 1987, 1302 (1306 f.) = IPRax 1988, 115 Ls. für poln. Währung; AG Lübeck DAVorm. 1978, 691 = IPRspr. 1977 Nr. 140b.

254 BGH NJW 2022, 3644 Rn. 38 m. Aufsatz *Goebel/Wiepen* NJW 2022, 3611; BGH RIW 2023, 159 = EuZW 2023, 240 Rn. 34.

255 BGH WM 1993, 2011 = IPRax 1994, 366 m. Aufsatz *Grothe* IPRax 1994, 346 = WuB IV A § 244 BGB Nr. 1.94 mAnm *Teichmann.*

256 *Bachmann,* Fremdwährungsschulden in der Zwangsvollstreckung, 1994, 16; vgl. § 32 Abs. 1 AWG aF.

257 RGZ 106, 74 (77) für einfache Fremdwährungsschuld aus Vergleich; OLG Düsseldorf WM 1988, 558 mAnm *Kleiner* WM 1988, 1459 = IPRax 1989, 295 m. Aufsatz *Hanisch* IPRax 1989, 277 = NJW 1988, 2185 für echte Fremdwährungsschuld; *K. Schmidt* ZZP 98 (1985), 32 (40 ff.); *Alberts,* Der Einfluss von Währungsschwankungen auf Zahlungsansprüche nach deutschem und englischem Recht, 1986, 60 ff.; *Bachmann,* Fremdwährungsschulden in der Zwangsvollstreckung, 1994, 68 f. – Für die Gleichbehandlung von einfacher und effektiver Fremdwährungsschuld *Hanisch* ZIP 1988, 346 f.

258 Noch zur Unterbrechung der Verjährung nach § 209 BGB aF BGHZ 104, 268 (274 f.) = NJW 1988, 1964 = IPRax 1989, 293 m. zust. Aufsatz *Hanisch* IPRax 1989, 277 mAnm *v. Feldmann* EWiR 1988, 965; *K. Schmidt* NJW 1989, 65 (68); dazu *Grothe,* Fremdwährungsverbindlichkeiten, 1999, 683 ff.

259 *K. Schmidt* NJW 1989, 65 (68 f.).

260 OLG Frankfurt NJW-RR 1993, 958 = IPRspr. 1993 Nr. 173; LG Regensburg DAVorm. 1989, 159; *Bachmann,* Fremdwährungsschulden in der Zwangsvollstreckung, 1994, 35 ff., 50 ff.; *Geimer* IntZivilProzR 3161.

261 Näher *Maier-Reimer* NJW 1985, 2049 (2053); *Grothe,* Fremdwährungsverbindlichkeiten, 1999, 724 ff. – Zur Nichtanerkennung, wenn das Auslandsurteil bei einer ausländischen Währungsumstellung nicht angepasst wurde, AG Singen FamRZ 2002, 113 mAnm *Jessel-Holst* = IPRspr. 2000 Nr. 163. Zur Nichtanerkennung eines Urteils auf Mark der DDR OLG Hamm FamRZ 2004, 716 m. krit. Anm. *Grothe.*

262 Vgl. OLG Nürnberg DAVorm. 1979, 450 = IPRspr. 1978 Nr. 99; dagegen für eine grds. Bindung an die ausländische Währungsbestimmung KG NJW-RR 1994, 138 = IPRax 1994, 455 m. Aufsatz *Baumann* IPRax 1994, 435; *Bachmann,* Fremdwährungsschulden in der Zwangsvollstreckung, 1994, 38 ff.

Die **Indexierung** des Unterhaltsbetrages in einem ausländischen Unterhaltsurteil verstößt nicht gegen den deutschen ordre public (§ 109 Abs. 1 Nr. 4 FamFG).[263] Eine Ergänzung des Titels im Verfahren der Vollstreckbarerklärung ist möglich.[264] 72

Die Auswirkungen devisenrechtlicher Beschränkungen auf die **Währung des Unterhaltsanspruchs** (→ Rn. 11 ff.) sind auch bei der Anerkennung und Vollstreckung ausländischer Unterhaltsurteile zu beachten.[265] Es kann nicht beanstandet werden, dass das Erstgericht den deutschen Schuldner zur Leistung in ausländischer Währung verurteilt und dabei das ausländische Devisen- und Währungsrecht angewendet hat.[266] Hat das ausländische Gericht den in Deutschland ansässigen Unterhaltspflichtigen zur Zahlung in Euro verurteilt, so verstößt auch das als solches nicht gegen den ordre public iSd § 109 Abs. 1 Nr. 4 FamFG bzw. der einzelnen Haager Unterhaltsvollstreckungsübereinkommen.[267] Zum einen ist dem deutschen Recht eine Verurteilung in fremder Währung ebenfalls nicht fremd. Zum anderen kommt es darauf an, dass dem Unterhaltsberechtigten der Unterhalt tatsächlich zufließt; ist er devisenrechtlichen Beschränkungen unterworfen, so treffen sie den Schuldner gleichfalls. Der Schuldner kann den Unterhaltsberechtigten nicht zu unzulässigen Umgehungsgeschäften (zB Annahme der Unterhaltszahlung durch Dritte) zwingen.[268] Auch die Zwangsvollstreckung aus einem ausländischen Titel, der noch zu Unterhalt in Mark der DDR verurteilt, scheitert nicht, da eine Umrechnung in Euro möglich ist.[269] 73

Wird die ausländische Unterhaltsentscheidung in der BRepD abgeändert, so kann das deutsche Gericht sein **Abänderungsurteil** ebenfalls in der Währung des Ursprungslandes erlassen.[270] Dem Unterhaltsberechtigten wird ein Wahlrecht zwischen der Währung des Aufenthaltsortes des Berechtigten und des Verpflichteten eingeräumt.[271] 74

b) Umrechnung. Hat das ausländische Gericht zur Zahlung in ausländischer Währung verurteilt, aber gleichzeitig zum Ausdruck gebracht, dass die Summe einem bestimmten Gegenwert in Euro entspricht, so ist – mangels einer Klarstellung im ausländischen Urteil oder durch eine neue ausländische Entscheidung – der Umrechnungszeitpunkt für die Vollstreckung zu bestimmen. Über die Auslegung ausländischer Entscheidungen entscheidet das Recht des Erststaates.[272] Daher darf die Frage, welches Recht über die Umrechnung des Euro-Betrages in die ausländische Währung entscheidet, nicht einfach offengelassen oder nach deutschem Recht beantwortet werden.[273] Maßgeblich ist vielmehr auch hier das Recht des Erststaates.[274] Danach kann zB nicht der Kurswert zum Zeitpunkt der Rechtskraft der Entscheidung, sondern derjenige zum Zeitpunkt der effektiven Zahlung der zu beachtende sein.[275] 75

Anh. II Art. 9 Rom I-VO: Devisenrecht

Schrifttum: allgemeines Schrifttum zum IVR → Vor Art. 1; *Bachmann,* Fremdwährungsschulden in der Zwangsvollstreckung, 1994; *Berger,* Devisenrecht in der internationalen Wirtschaftsschiedsgerichtsbarkeit, ZVglRWiss 96

---

263 AG Mannheim DAVorm. 1984, 618.

264 BGH NJW 1986, 1440 = IPRax 1986, 294 m. Aufsatz *Dopffel* IPRax 1986, 277; s. auch BGHZ 122, 16 (19-21 f.) = NJW 1993, 1801 = IPRax 1994, 367 m. Aufsatz *W.-H. Roth* IPRax 1994, 350: Aufwertung.

265 Vgl. LG Düsseldorf IPRspr. 1989 Nr. 230 (tschech. Unterhaltsurteil).

266 BGH NJW 1987, 1146 = WuB VII A. § 328 ZPO mAnm *Welter* = FamRZ 1987, 370 für CSSR.

267 So für tschechoslowakische Unterhaltstitel in DM BGH FamRZ 1990, 992 = NJW 1990, 2197 = ZZP 103 (1990), 471 mAnm *Geimer* = IPRspr. 1990 Nr. 210; OLG Düsseldorf DAVorm. 1980, 762 = IPRspr. 1980 Nr. 4; DAVorm. 1987, 836 = IPRspr. 1986 Nr. 184; OLG München DAVorm. 1985, 164 = IPRspr. 1984 Nr. 181. Abl. *Ebke,* Internationales Devisenrecht, 1991, 320 ff.

268 LG Regensburg DAVorm. 1989, 159 = IPRspr. 1988 Nr. 196; AG Friedberg IPRspr. 1985 Nr. 123 = IPRax 1987, 39 Ls. mAnm *Henrich* IPRax 1987, 124 für CSSR.

269 Anders OLG Hamm FamRZ 2004, 716 m. abl. Anm. *Grothe.*

270 OLG Hamm FamRZ 1987, 1302 für Polen.

271 BGH FamRZ 1990, 992 (993) = IPRspr. 1990 Nr. 210; FamRZ 1992, 1060 (1063) = NJW-RR 1993, 5 = IPRspr. 1992 Nr. 207; KG NJW-RR 1994, 138 = IPRax 1994, 455 m. Aufsatz *Baumann* IPRax 1994, 435 für Türkei. Für eine Bindung an die ursprüngliche Währung, AG Hamburg-Altona FamRZ 1992, 82 mAnm *Gottwald,* für Polen.

272 *Mezger* IPRax 1986, 142; *Martiny* HdB IZVR Bd. III 1, 1984, Rn. 197, 376 mwN; vgl. auch *Bachmann,* Fremdwährungsschulden in der Zwangsvollstreckung, 1994, 50 Fn. 165.

273 So (in der gleichen Sache) BGH WM 1984, 1064 = IPRax 1985, 101 m. Aufsatz *Nagel* IPRax 1985, 83; WM 1985, 787 = IPRax 1986, 157 m. Aufsatz *Mezger* IPRax 1986, 142 = WuB VII B 1. Art. 26 EuGVÜ 1.85 mAnm *Welter.*

274 BGH NJW-RR 1987, 378 = IPRax 1987, 172 m. Aufsatz *Mezger* IPRax 1987, 146; OLG Karlsruhe RIW 1986, 467 = IPRax 1987, 171 m. Aufsatz *Mezger* IPRax 1987, 146.

275 Letzteres ist in Frankreich der Fall; OLG Karlsruhe RIW 1986, 467 = IPRax 1987, 171 m. zust. Aufsatz *Mezger* IPRax 1987, 146.

(1997), 316; *Böhlhoff/Baumanns,* How might German courts have decided the Allied case?, Int. Fin. L. Rev. 1984, Sept. S. 14; *U. Bosch,* Vertragliche Regelungen in internationalen Kreditverträgen als risikopolitisches Instrument, in Krümmel, Internationales Bankgeschäft, 1985, 117; *Bydlinski,* Die kollisionsrechtliche Behandlung devisenrechtlicher Leistungsbeschränkungen, JBl. 1959, 526; *Ebke,* Internationales Devisenrecht, 1991; *Ebke,* Das Internationale Devisenrecht im Spannungsfeld völkerrechtlicher Vorgaben, nationaler Interessen und parteiautonomer Gestaltungsfreiheit, ZVglRWiss 100 (2001), 365; *Ebke,* Staatsinsolvenz, private Gläubiger und Internationales Privatrecht, GS U. Hübner, 2012, 653; *Ernst,* Die Bedeutung des Gesetzeszweckes im internationalen Währungs- und Devisenrecht, 1963; *Fuchs,* Zur rechtlichen Behandlung der Eurodevisen, ZVglRWiss 95 (1996), 283; *Funk,* Der Internationale Währungsfonds, 2018; *Fürnrohr,* Das Devisenrecht im deutsch-italienischen Wirtschaftsverkehr, 1984; *Gränicher,* Die kollisionsrechtliche Anknüpfung ausländischer Devisenmaßnahmen, Basel 1984; *Grothe,* Fremdwährungsverbindlichkeiten, 1999; *Hafke,* Zur Freiheit des Zahlungs-, des Geld- und des Kapitalverkehrs in der Europäischen Gemeinschaft, WM 1985, 309; *Hahn,* Zahlungsmoratorium außerhalb des Verbotsstaates ist kein „Act of State", ZKredW 1985, 892 und ZKredW 1985, 934; *Hahn,* Der Finanzplatz Bundesrepublik und ausländische Zahlungsmoratorien, GS Küchenhoff, 1987, 209; *Hahn/Häde,* Währungsrecht, 2. Aufl. 2010; *van Hecke,* Currency, I. E. C. L. Vol. III ch. 36 (1972); *Hirschberg,* Das interzonale Währungs- und Devisenrecht der Unterhaltsverbindlichkeiten, 1968; *v. Hoffmann,* Aufrechnung und Zurückbehaltungsrecht bei Fremdwährungsforderungen, IPRax 1981, 155; *Horn,* Rechtsfragen internationaler Umschuldungen, WM 1984, 713; *Horn,* Aktuelle Rechtsfragen internationaler Konsortialkredite, JBl. 1987, 409; *Kägi,* Der Einfluss des Devisenrechts auf internationale schuldrechtliche Verträge, Diss. Winterthur 1961; *Kleiner,* Internationales Devisen-Schuldrecht, Zürich 1985; *Mallmann,* Devisenrecht und IPR, Diss. Bonn 1972; *Mann,* Eingriffsgesetze und IPR, FS Wahl, 1973, 139; *Mann,* Kreditverträge und das internationale Devisenrecht, JZ 1991, 614; *Marty,* Ausländische Devisenkontrollregulierungen gemäß Art. VIII Abschn. 2 lit. b IMF-Abkommen und die „unenforceability" der Verträge nach schweizerischem Recht, Zürich 2009; *M. J. Müller,* Staatsbankrott und private Gläubiger, 2015; *M. J. Müller,* Zum Verhältnis von Staaten und ihren privaten Anleihegläubigern, RIW 2015, 717; *Natermann,* Der Eurodollarmarkt in rechtlicher Sicht, 1977; *Neumann,* Internationale Handelsembargos und internationale Verträge, 2001; *Nielsen,* Auslandsgeschäft, BuB, Teil 5, 1979; *Nobel,* Devisenschuld – Realschuld oder Innominatschuld?, FG Schluep, Zürich 1988, 285; *Proctor,* Mann and Proctor on the law of money, 8. Aufl. 2022; *Reinhuber,* Grundbegriffe und internationaler Anwendungsbereich von Währungsrecht, 1996; *Rüßmann,* Auslandskredite, Transferverbote und Bürgschaftssicherung, WM 1983, 1126; *Sandrock,* Schuldenschnitte fremder Staaten vor deutschen Gerichten, RIW 2016, 549; *Schefold,* Moratorien ausländischer Staaten und ausländisches Devisenrecht, IPRax 2007, 313; *Sester,* Argentinische Staatsanleihen, NJW 2006, 2891; *Unteregge,* Ausländisches Devisenrecht und internationale Kreditverträge, 1991; *Vischer,* Probleme des Währungsrechts nach dem Entwurf des schweizerischen IPR-Gesetzes, in v. Graffenried, Beiträge zum schweizerischen Bankenrecht, Bern 1987, 425; *Vischer,* Geld- und Währungsrecht im nationalen und internationalen Kontext, Basel, 2009; *R. H. Weber,* Vertragserfüllung und fremdes Devisenrecht, IPRax 1985, 56; *Weitbrecht,* Zur privatrechtlichen Wirkung von währungsrechtlichen Eingriffen der Schuldnerstaaten, in Meessen, Internationale Verschuldung und wirtschaftliche Entwicklung aus rechtlicher Sicht, 1988, 32; *Weller,* Die Grenze der Vertragstreue von (Krisen-)Staaten, 2013; *Zweigert,* Nichterfüllung auf Grund ausländischer Leistungsverbote, RabelsZ 14 (1942), 283; *Zweigert,* IPR und öffentliches Recht, 50 Jahre Institut für Internationales Recht an der Universität Kiel, 1965, 124. – S. auch bei Art. 9 und Anh. I Art. 9.

Übersicht

I. Selbständige Anknüpfung

1 Devisen im engeren Sinne sind internationale Tausch- und Geldzahlungsmittel. Devisen im weiteren Sinne sind alle Werte, durch deren Inanspruchnahme Zahlungsmittel in ausländischer Währung beschafft werden können, neben Forderungen zB auch ausländische Grundstücke.[1] Devisenbestimmungen beschränken den internationalen Zahlungs- und Kapitalverkehr; sie bezwecken in der Regel den **Schutz von Währung und Wirtschaft des rechtsetzenden Staates** und wollen durch Verfügungsge- und verbote, Genehmigungserfordernisse und Kontingentierungen seine wirtschaftlichen Ziele fördern.[2] Das internationale Devisenrecht (IntDevR) bestimmt, welchen Staates

[1] *Kägi,* Der Einfluss des Devisenrechts auf internationale schuldrechtliche Verträge, 1961, 5. Vgl. auch *Kleiner,* Internationales Devisen-Schuldrecht, 1985, Rn. 22.04; Kronke/Melis/Kuhn IntWirtschaftsR-HdB/*Schefold* Rn. I 40 ff.

[2] Zum Begriff des Devisenrechts näher *Kägi,* Der Einfluss des Devisenrechts auf internationale schuldrechtliche Verträge, 1961, 10 f.; *Wienholt,* Die devisenrechtliche Genehmigung, 1964, 93 ff.

Devisenrecht auf Verfügungs- und Verpflichtungsgeschäfte im internationalen Waren- und Dienstleistungsverkehr anzuwenden ist und welche privatrechtlichen Folgen dies hat. Es bildet einen Teil des Außenwirtschaftsrechts und steht im Spannungsfeld öffentlicher Interessen des devisenbewirtschaftenden Staates, des Forumstaates, privater Interessen des internationalen Rechtsverkehrs und Interessen der internationalen Ordnung.[3] In Folge der Liberalisierung des Außenhandels hat das Devisenrecht seine frühere Bedeutung weitgehend verloren. In der Vergangenheit wurde es geprägt durch die Devisenknappheit der ehemaligen Staatshandelsländer mit ihrer rigorosen Devisenbewirtschaftung. Bedeutung erlangt das Devisenrecht auch bei Maßnahmen anlässlich der Überschuldung von Staaten.[4] Umschuldungsmaßnahmen und Zahlungsverbote berühren die Interessen vor allem der Gläubigerländer.[5] Schließlich wird das Devisenrecht immer wieder zur Durchsetzung außenpolitischer Ziele eingesetzt.[6] Innerhalb der EU spielt das Devisenrecht für den Zahlungs- und Kapitalverkehr seit der Entstehung des Binnenmarktes kaum mehr eine Rolle (→ Rn. 51).

Über die international-privatrechtliche Beachtlichkeit ausländischer Devisenvorschriften herrscht Streit.[7] Die **Schuldstatutstheorie** bzw. Einheitsanknüpfung (→ Art. 9 Rn. 37 f.), der insbesondere das RG folgte, will solche Bestimmungen dem Schuldstatut unterwerfen.[8] Grenze der Beachtung ausländischen Rechts nach der lex contractus ist der eigene ordre public.[9] Nicht dem Vertragsstatut angehörende ausländische Devisengesetze bleiben unberücksichtigt. – Ihr verwandt ist die Auffassung, fremdes Devisenrecht (dessen Reichweite aber selbständig bestimmt wird) solle nicht „als Recht“, sondern nur „als Tatsache“ bei der Anwendung von Sachnormen der lex causae berücksichtigt werden.[10] Teilweise wurde aber auch argumentiert, das auf Devisenkontrollen beruhende fehlende Leistungsvermögen eines ausländischen Schuldners sei nicht einmal einem Unvermögen gleichzustellen; an der Verpflichtung ändere sich nichts.[11] 2

Unter den Befürwortern einer Sonderanknüpfung besteht keine Einigkeit.[12] Nach dem **Territorialitätsprinzip** (→ Art. 9 Rn. 38) sind die devisenrechtlichen Verbote des Staates maßgeblich, in welchem sich der geschuldete bzw. zu leistende Wert befindet.[13] Für die heutige Rspr. sind Devisenvorschriften öffentliches Recht, das nicht über den rechtsetzenden Staat hinauswirken kann und außerhalb seiner Grenzen grundsätzlich unanwendbar ist.[14] Devisenbestimmungen können daher nur innerhalb der Landesgrenzen befindliches Vermögen und belegene Forderungen (→ Art. 9 Rn. 136 f.) erfassen. Bislang hat die Rspr. lediglich im Unterhaltsrecht ausländischen Devisenrestriktionen, die im Aufenthaltsstaat des Gläubigers bestehen, weitergehend Rechnung getragen.[15] Aber auch im internen Ver- 3

3 *Mallmann,* Devisenrecht und IPR, 1972, 3 ff., 71 ff.; vgl. *Berger* ZVglRWiss 96 (1997), 316 (321 ff.).

4 Nachweise bei *Hahn* GS Küchenhoff, 1987, 209 ff.; *Horn* FS W. Werner, 2005, 357 ff.; *Deppisch/Hubmann* ZKredW 39 (1986), 935 ff., 985 ff. Zu Lateinamerika s. *Fuchs,* Lateinamerikanische Devisenkontrollen in der internationalen Schuldenkrise und Art. VIII Abschnitt 2 (b) IWF-Abkommen, 1995, 51 ff.

5 Vgl. *Horn* WM 1984, 713 ff.; *Horn* JBl. 1987, 409 ff.

6 Aufzählung der verschiedenen Maßnahmen bei *Kleiner,* Internationales Devisen-Schuldrecht, 1985, Rn. 23.12 ff.

7 Vgl. den Überblick bei *Kern,* Der Internationale Währungsfonds und die Berücksichtigung ausländischen Devisenrechts, 1968, 91 ff.; *Mallmann,* Devisenrecht und IPR, 1972, 18 ff.; *Hirschberg,* Das interzonale Währungs- und Devisenrecht der Unterhaltsverbindlichkeiten, 1968, 43 ff.; *Fürnrohr,* Das Devisenrecht im deutsch-italienischen Wirtschaftsverkehr, 1984, 243 ff.; Staudinger/*Ebke,* 2021, Art. 9 Anh. Rn. 143. – Zum schweizerischen Recht, in dem die allgemeinen Vorschriften der Art. 18, 19 IPRG anzuwenden sind, s. *Vischer/Huber/Oser* IVR Rn. 989 ff. Vgl. auch OG Zürich BlZüRspr. 1984, 42 Nr. 14 mAnm *R. H. Weber* IPRax 1985, 56 ff.; *Vischer* in v. Graffenried, Beiträge zum schweizerischen Bankenrecht, 1987, 437 ff.

8 RGZ 108, 241; RG IPRspr. 1930 Nr. 14, 15; RGZ 126, 196 (205); OLG Schleswig IPRspr. 1954–55 Nr. 163; wN bei *Kreuzer,* Ausländisches Wirtschaftsrecht vor deutschen Gerichten, 1986, 41 f. Die „Rubelfälle“ der RG-Rspr. referiert *Lehmann,* Zwingendes Recht dritter Staaten im internationalen Vertragsrecht, 1986, 28–32. Wie das RG *Mann* FS Wahl, 1973, 139 (158 f.); *Mann* JZ 1981, 327 (329); *Kägi,* Der Einfluss des Devisenrechts auf internationale schuldrechtliche Verträge, 1961, 90 ff.; *Kleiner,* Internationales Devisen-Schuldrecht, 1985, Rn. 23.24 f., 23.28; vgl. *van Hecke* I. E. C. L. Vol. III ch. 36 (1972), sec. 16.

9 RG IPRspr. 1930 Nr. 15.

10 *Drobnig* NJW 1960, 1088 ff.

11 *Hahn* GS Küchenhoff, 1987, 209 (228 f.).

12 Vgl. *Mallmann,* Devisenrecht und IPR, 1972, 61 ff.; Staudinger/*Ebke,* 2021, Anh. Art. 9 Rn. 144 ff.

13 *Bydlinski* JBl. 1959, 526 (528); näher *Mallmann,* Devisenrecht und IPR, 1972, 18 ff. – Für Erfüllungsort und Ort, an dem die Leistung vertragsgemäß zu erbringen ist, *Seetzen* AWD 1969, 253 (255 f.).

14 BGHZ 31, 367 = NJW 1960, 1101 = RabelsZ 25 (1960), 645 mAnm *Neumayer* (interlokal); BGH WM 1962, 601 = IPRspr. 1962–63 Nr. 163 obiter; DB 1965, 512 = IzRspr. 1964–65 Nr. 68 (interlokal); WM 1977, 332 = IPRspr. 1976 Nr. 118 obiter; OLG Karlsruhe WM 1966, 1312 (1314). Zust. *Fögen,* Geld- und Währungsrecht, 1969, 166; vgl. auch *Natermann,* Der Eurodollarmarkt in rechtlicher Sicht, 1977, 89 ff.; *Kreuzer,* Ausländisches Wirtschaftsrecht vor deutschen Gerichten, 1986, 42 ff.

15 BGH NJW 1987, 1146 = WM 1987, 445; näher → Anh. I Art. 9 Rn. 10 ff.

tragsrecht ist bei deutschem Vertragsstatut eine materiellrechtliche Berücksichtigung der Folgen ausländischer Verbote (→ Art. 9 Rn. 57) als Leistungshindernis (§ 275 BGB) möglich.[16] Ähnlich will die **Machttheorie** fremde Vorschriften beachten, wenn sich der rechtsetzende Staat innerhalb seines Machtbereichs gehalten hat, insbesondere wegen der Vermögensbelegenheit Zugriff besitzt.[17]

4 Anhänger einer namentlich auf die **enge Verbindung** gestützten **Sonderanknüpfung** (→ Art. 9 Rn. 40) wollen die privatrechtlich relevanten Verbote ausländischer Devisengesetze unabhängig vom Schuldstatut dann anwenden, wenn eine genügende Beziehung zum normsetzenden Staat besteht.[18] Die schuldrechtlichen Folgen beachtlicher Leistungsverbote richten sich jedoch nach dem Schuldstatut (→ Art. 9 Rn. 54 ff.). Korrektiv gegenüber dem ausländischen Recht sind die Prüfung des Anwendungswillens (→ Art. 9 Rn. 124) und eine inhaltliche Überprüfung (→ Art. 9 Rn. 149 ff.). Ausländische Devisenvorschriften sind dann unanwendbar, wenn sie die Wirkung einer entschädigungslosen Enteignung haben oder als politisches Gesetz in einer durch die Erfordernisse der Devisenbewirtschaftung nicht geforderten Weise bestimmte Personengruppen diskriminieren.[19] Ähnlich wird verlangt, Maßnahmen, die nur ganz allgemein staats- und wirtschaftspolitische Zwecke verfolgen, müssten – ebenso wie konfiskatorische Eingriffe – territorial beschränkt bleiben.[20] Dagegen könnten Maßnahmen zum Schutze der Zahlungsbilanz in weiterem Umfang mit Anerkennung rechnen, wenn die Vertragserfüllung die Währungsressourcen des normsetzenden Staates berühre.[21] Diese Beziehung zur geschützten Währung ist nach ähnlichen Gesichtspunkten wie nach dem Bretton Woods Abkommen zu ermitteln.[22] Früher wurde hingegen mehr ein territorialer Gesichtspunkt betont, wenn darauf abgestellt wurde, ob die den Leistungsvorgang vermittelnde Wertbewegung (→ Art. 9 Rn. 143) eine unmittelbare Beziehung zum Gebiet des Eingriffsstaates aufweist.[23]

II. Inländische Devisenvorschriften

5 Das deutsche Devisenrecht ist vor allem im AWG (→ Art. 9 Rn. 73) und in der AWV (→ Art. 9 Rn. 73) geregelt.[24] Danach gilt der Grundsatz der **Freiheit des Außenwirtschaftsverkehrs** (§ 1 Abs. 1 AWG) grundsätzlich auch für das Devisenrecht. Allerdings bestehen in Einzelfällen Meldepflichten oder Verbote mit Erlaubnisvorbehalt sowie eine Reihe zurzeit nicht genutzter Ermächtigungen zu Beschränkungen.[25]

6 Inländische Devisenvorschriften kommen nach allgM auch dann zur Geltung, wenn ein Vertrag im Übrigen ausländischem Recht untersteht.[26] Gleiches gilt für gesetzliche Verpflichtungen wie Unterhaltsschulden. Allerdings kann man sich dafür nicht auf das Bretton Woods Abkommen stützen, da dieses Devisenbestimmungen der lex fori nicht erfasst.[27] Maßgeblich ist vielmehr das autonome internationale Devisenrecht. Heute bietet Art. 9 Abs. 2 eine gesetzliche Grundlage für die Durchsetzung eigenen zwingenden Devisenrechts auch gegen ein fremdes Vertragsstatut.[28] Davon ging man bereits bei der Ausarbeitung des Art. 7 Abs. 2 EVÜ aus.[29] Allerdings ist im Einzelfall zu prüfen, ob

---

16 Näher *v. Westphalen,* Rechtsprobleme der Exportfinanzierung, 3. Aufl. 1987, 149 f.; *v. Hoffmann* IPRax 1981, 155 (156 f.). – Für eine nur materiellrechtliche Berücksichtigung drittstaatlicher Devisenvorschriften *Mallmann,* Devisenrecht und IPR, 1972, 120 ff.; *Kägi,* Der Einfluss des Devisenrechts auf internationale schuldrechtliche Verträge, 1961, 171 ff.

17 *Kegel/Schurig* IPR § 23 III 3; krit. dazu *Mallmann,* Devisenrecht und IPR, 1972, 73 ff.

18 *Berger* ZVglRWiss 96 (1997), 316 (329 ff.); *Ebke,* Internationales Devisenrecht, 1991, 325, 330 ff.; *Grothe,* Fremdwährungsverbindlichkeiten, 1999, 339; Staudinger/*Ebke,* 2021, Art. 9 Anh. Rn. 148.

19 *Berger* ZVglRWiss 96 (1997), 316 (333); *Böse,* Der Einfluß des zwingenden Rechts auf internationale Anleihen, 1963, 133 ff.; *Mallmann,* Devisenrecht und IPR, 1972, 93 f.

20 *Vischer* in v. Graffenried, Beiträge zum schweizerischen Bankenrecht, 1987, 425 (443 f.).

21 *Vischer* in v. Graffenried, Beiträge zum schweizerischen Bankenrecht, 1987, 425 (446).

22 *Gränicher,* Die kollisionsrechtliche Anknüpfung ausländischer Devisenmaßnahmen, 1984, 119.

23 *Zweigert* RabelsZ 14 (1942), 283 (298 f.); *Zweigert* 50 Jahre Institut für Internationales Recht, 1965, 124 (127); *Böse,* Der Einfluß des zwingenden Rechts auf internationale Anleihen, 1963, 128 ff. – Zur Umrechnung in hindernisfreie Währungen näher *Roth* BerGesVR 20 (1979), 87 (121 f.).

24 Zur früheren devisenrechtlichen Genehmigung für DDR-Grundstücksschenkung BGH NJW-RR 2005, 599.

25 Vgl. Reithmann/Martiny IntVertragsR/*Zwickel* Rn. 5.116; *Follak* ZVglRWiss 83 (1984), 233 ff.

26 BGH RIW 1981, 195; *Böse,* Der Einfluß des zwingenden Rechts auf internationale Anleihen, 1963, 129; *Drobnig,* American-German Private International Law, New York 1972, 262; *Bydlinski* JBl. 1959, 526 (529); *v. Westphalen,* Rechtsprobleme der Exportfinanzierung, 3. Aufl. 1987, 144; Soergel/*v. Hoffmann* EGBGB Art. 34 Rn. 134. Vgl. auch die Nachweise bei *Kleiner,* Internationales Devisen-Schuldrecht, 1985, Rn. 23.17 ff.

27 *Gianviti* Rev. crit. dr. int. pr. 62 (1973), 471 (479); *Gold* IMF Staff Papers 28 (1981), 759; Erman/*Stürner* Rn. 10.

28 *Mankowski* FS Ebke, 2021, 631 (637); Reithmann/Martiny IntVertragsR/*Zwickel* Rn. 5.115. – Zu Art. 34 EGBGB BGHZ 127, 368 (374) = NJW 1995, 318.

29 Näher *Kleinschmidt,* Zur Anwendbarkeit zwingenden Rechts im internationalen Vertragsrecht unter besonderer Berücksichtigung von Absatzmittlungsverträgen, 1985, 266 ff.

das inländische Devisenrecht die grenzüberschreitende Transaktion erfassen will und welche Sanktion eintritt. Die privatrechtlichen Folgen einer Unwirksamkeit richten sich auch hier nach dem Schuldstatut (→ Art. 9 Rn. 54 ff.).

Welche **Rechtsfolgen ein Verstoß** gegen inländisches Devisenrecht nach deutschem Recht hat, hängt von der jeweiligen Devisenvorschrift ab. Handelt es sich lediglich um eine Ordnungsvorschrift, so bleibt die Wirksamkeit unberührt. Spricht die Bestimmung hingegen ein absolutes Verbot aus, so ist das Geschäft wegen Verstoßes gegen § 134 BGB nichtig. Bei einem Verbot mit Erlaubnisvorbehalt ist zu unterscheiden. Wird die Genehmigung später noch erteilt, so wird das Geschäft wirksam; bis dahin ist es schwebend unwirksam.[30] Auch bei späterem Wegfall der Genehmigungspflicht nach neuen gesetzlichen Vorschriften kann Wirksamkeit eintreten. Ist das Geschäft nicht genehmigungsfähig und auch nicht genehmigt worden, so ist es nichtig.[31] Entsprechendes gilt, wenn die Parteien eines genehmigungsbedürftigen Geschäfts eine Genehmigung wissentlich nicht herbeiführen; hier nimmt die Rspr. Sittenwidrigkeit (§ 138 BGB) an.[32] Als **Leistungshindernis** begründen inländische Devisenvorschriften (zB ein Verbot, in ausländischer Währung zu zahlen) in der Regel keine dauernde, nach § 275 BGB schuldbefreiende, sondern nur eine zeitweilige Unmöglichkeit.[33] 7

Bei **ausländischen Urteilen,** die eine nach deutschem Devisenrecht genehmigungspflichtige Leistung betreffen, ist zu prüfen, ob die erforderliche Genehmigung zur Leistung von der zuständigen Devisenstelle erteilt ist. Ist das nicht der Fall, so ist das Verfahren bis zur Entscheidung der Devisenstelle auszusetzen. Versagt die Devisenstelle die Genehmigung, so ist der Antrag auf Erlass eines Vollstreckungsurteils abzuweisen. 8

III. Ausländische Devisenvorschriften

1. Bretton Woods Abkommen.

Schrifttum: *Baars/Böckel,* Argentinische Auslandsanleihen vor deutschen und argentinischen Gerichten, ZBB 2004, 445; *Ebenroth/Müller,* Der Einfluß ausländischen Devisenrechts auf zivilrechtliche Leistungspflichten unter besonderer Berücksichtigung des IWF-Abkommens, RIW 1994, 269; *Ebenroth/Neiss,* Internationale Kreditverträge unter Anwendung von Artikel VIII Abschnitt 2 (b) IWF-Abkommen, RIW 1991, 617; *Ebenroth/Woggon,* Einlageforderungen gegen ausländische Gesellschafter und Art. VIII Abschnitt 2 (b) IWF-Abkommen, IPRax 1993, 151; *Ebenroth/Woggon,* Keine Berücksichtigung ausländischer Kapitalverkehrsbeschränkungen über Art. VIII Abschnitt 2 (b) IWF-Abkommen, IPRax 1994, 276; *Ebke,* Internationale Kreditverträge und das internationale Devisenrecht, JZ 1991, 335; *Ebke,* Der Internationale Währungsfonds und das internationale Devisenrecht, RIW 1991, 1; *Ebke,* Devisenrecht als Kapitalaufbringungssperre?, RIW 1993, 613; *Ebke,* Die Rechtsprechung zur „Unklagbarkeit" gemäß Art. VIII Abschnitt 2 (b) Satz 1 IWF-Übereinkommen im Zeichen des Wandels, WM 1993, 1169; *Ebke,* Kapitalverkehrskontrollen und das Internationale Privatrecht nach der Bulgarien-Entscheidung des Bundesgerichtshofs, WM 1994, 1357; *Ebke,* State debt crisis, private creditors, and the IMF articles of agreement, FS Wolfrum, Bd. II, 2012, 17; *Ebke,* Are Interpretations by the International Monetary Fund of Article VIII, Section 2(b) of the IMF Articles of Agreement Binding Upon the Courts of the IMF Member States?, ZVglRWiss 115 (2016), 299; *Ebke,* Article VIII, Section 2(b) of the IMF Articles of Agreement: A Viable Stay Mechanism for Sovereign Debt Restructuring in Times of COVID-19?, ZVglRWiss 121 (2022), 258; *Edwards,* Extraterritorial Application of the U. S. Iranian Assets Control Regulations, Am. J. Int. L. 75 (1981), 870; *Förger,* Probleme des Abkommens über den Internationalen Währungsfonds im Realkreditgeschäft, NJW 1971, 309; *Fuchs,* Lateinamerikanische Devisenkontrollen in der internationalen Schuldenkrise und Art. VIII Abschnitt 2 (b) IWF-Abkommen, 1995; *Fuchs,* Auf dem Weg zur engen Auslegung des Art. VIII Abschnitt 2 (b) S. 1 IWF-Abkommen, IPRax 1995, 82; *Gehrlein,* Ausschluss der Klagbarkeit einer Forderung kraft IWF-Übereinkommen, DB 1995, 129; *Gianviti,* Réflexions sur l'article VIII, sec. 2 (b) des Statuts du Fonds Monétaire International, Rev. crit. dr. int. pr. 62 (1973), 471 und Rev. crit. dr. int. pr. 62 (1973), 629; *Gold,* The Fund Agreement in the Courts (Washington D. C.), Bd. I 1962, Bd. II 1982, Bd. III 1986, Bd. IV 1989; *Gold,* Das Währungsabkommen von Bretton Woods vom 22.7.1944 in der Rechtsprechung, RabelsZ 19 (1954), 601; RabelsZ 22 (1957), 601; RabelsZ 27 (1962), 606; *Gold,* The Bretton Woods Agreement of July 22, 1944 in the Courts, RabelsZ 38 (1974), 684; *Gold,* „Exchange Contracts", Exchange Control, and the IMF Articles of Agreement, Int. Comp. L. Q. 33 (1984), 777; *Gold,* The Restatement of the Foreign Relations Law of the United States (Revised) and International Monetary Law, Int. Lawyer 22 (1988), 3; *Kern,* Der Internationale Währungsfonds und die Berücksichtigung ausländischen Devisenrechts, 1968; *J. Kohl,* Zur Anwendbarkeit von Art. VIII Abschnitt 2 (b) des Abkommens von Bretton Woods, IPRax 1986, 285; *Mann,* Das Recht des Geldes, 1960; *Mann,* Der internationale Währungsfonds und das IPR, JZ 1970, 709; JZ 1981, 327; *Mann,* Documentary Credits and Bretton Woods, L. Q. Rev. 98 (1982), 526; *Nussbaum,* Money in the Law, Brooklyn, 2. Aufl. 1950; *Pfeiffer,* Zahlungskrisen ausländischer Staaten im deutschen und internationalen Rechtsverkehr, ZVglRWiss 102 (2003), 141; *v. Preuschen,*

30 BGH NJW 1977, 2030 = WM 1977, 770 betr. Darlehen; RIW 1981, 194 = ZIP 1981, 158 betr. Darlehen.
31 *v. Westphalen,* Rechtsprobleme der Exportfinanzierung, 3. Aufl. 1987, 143 f. mwN.
32 BGH RIW 1981, 192.
33 RGZ 151, 35 (38) = IPRspr. 1935–44 Nr. 467 Ls.; RGZ 153, 384 (386 f.) = IPRspr. 1935–44 Nr. 472 Ls.

Anwendung fremder Devisenkontrollbestimmungen im Geltungsbereich des Abkommens von Bretton Woods, AWD 1969, 56; *Rauscher,* Internationales Bereicherungsrecht bei Unklagbarkeit gemäß Art. VIII Abs. 2 (b) IWF-Abkommen (Bretton Woods), FS W. Lorenz, 1991, 471; *K. Schmidt,* Devisenrecht, Kapitalaufbringung und Aufrechnungsverbot, ZGR 1994, 665; *G. B. Schwab,* The Unenforceability of International Contracts Violating Foreign Exchange Regulations, Va. J. Int. L. 25 (1985), 967; *Seuß,* Exterritoriale Geltung von Devisenkontrollen – Art. VIII 2b S. 1 des Übereinkommens über den Internationalen Währungsfonds, 1991; *Wegen/M.J. Müller,* Artikel VIII Abschnitt 2(b) des Übereinkommens über den Internationalen Währungsfonds im Exequatur- und Vollstreckungsverfahren, FS Ebke, 2021, 1047; *Graf v. Westphalen,* Preiskontrollen von Drittstaaten auf dem Territorium der Bundesrepublik Deutschland und ihre rechtliche Zulässigkeit, RIW 1980, 88; *Williams,* Foreign Exchange Control Regulation and the New York Court of Appeals, Cornell Int. L. J. 9 (1976), 239; *Zamora,* Recognition of Foreign Exchange Controls in International Creditors Rights Cases, Int. Lawyer 21 (1987), 1055.

9 **a) Grundsatz.** Die Beachtlichkeit ausländischen Devisenrechts folgt aus dem 1976 neugefassten[34] **Abkommen über den Internationalen Währungsfonds** (IWF-Übereinkommen) vom 1./22.7.1944 (sog. **Abkommen von Bretton Woods**).[35] Die etwa 185 Mitgliedstaaten des IWF haben sich zur Einhaltung vereinbarter Regeln, zur Zusammenarbeit in der internationalen Währungspolitik und im zwischenstaatlichen Zahlungsverkehr sowie zur Hilfe bei Zahlungsbilanzdefiziten verpflichtet.[36] Während sie einerseits ihre Wechselkurs- und Devisenkontrollpolitik unter die Aufsicht des IWF gestellt haben, respektieren sie andererseits untereinander ihre nationalen Devisenkontrollbestimmungen. Völkerrechtlich verbindlich ist allein die englische Fassung; der IWF hat bislang keine Übersetzung in eine fremde Sprache anerkannt.[37]

10 Zweck dieser in den Vertragsstaaten direkt anzuwendenden Vorschrift ist die Aufrechterhaltung geordneter Währungsbeziehungen und der Schutz der Währungen der Mitgliedsländer. Deshalb dürfen ihre Gerichte und Verwaltungsbehörden nicht bei der Durchsetzung solcher Verpflichtungen mitwirken, die sich unter Verstoß gegen die Devisenbestimmungen eines Mitgliedstaates auf dessen Zahlungsbilanz auswirken.[38] Das gilt auch dann, wenn Schuldstatut das inländische oder ein anderes Recht als das des Verbotslandes ist, weil die **Beachtung der Devisenvorschriften unabhängig vom privatrechtlichen Vertrags- bzw. Schuldstatut erfolgt.**[39] Gegenüber Devisenvorschriften eines Mitgliedslandes, die sich auf einen abkommenskonformen Schutz der Währung beschränken, darf der Vorbehalt des **ordre public nicht ins Feld geführt werden** (näher → EGBGB Art. 6 Rn. 187).[40] Der ordre public kann nur bei diskriminierenden und eindeutig völkerrechtswidrigen Bestimmungen eingreifen.[41]

11 Seiner Rechtsnatur nach ist Art. VIII Abschnitt 2 lit. b IWF-Übereinkommen **sowohl Kollisions-, als auch Sachnorm.**[42] Die Bestimmung hat insofern kollisionsrechtlichen Gehalt, als sie

---

34 S. IWF-Gesetz vom 9.1.1978, BGBl. 1978 II 13 mit Übereinkommen-Text und Übersetzung (15).

35 In Kraft seit dem 27.12.1945; für die BRepD am 14.8.1952 (Bek. vom 26.8.1952), BGBl. 1952 II 728; ZustimmungsG vom 28.7.1952, BGBl. 1952 II 637 (645).

36 Allg. dazu *Burdeau* Clunet 119 (1992), 71; *Gianviti* Int. Lawyer 34 (2000), 107; *Gold* Colum. J. Transnat. L. 20 (1981), 227; *Gold* Creighton Law Rev. 15 (1981–82), 499; *Gold* Int. Fin. L. Rev. 1983, Sept. S. 28; *Martha* Int. Comp. L. Q. 39 (1990), 801; *Petersmann* ZaöRV 34 (1974), 452; *Weber* FS Mann, 1977, 807 ff.; *Aschinger,* Das neue Währungssystem, 1978; *Funk,* Der Internationale Währungsfonds, 2018, 62 ff.; *W. P. Hoffmann,* Rechtsfragen der Währungsparität, 1969; *Kern,* Der Internationale Währungsfonds und die Berücksichtigung ausländischen Devisenrechts, 1968, 15 ff.; *Stratmann,* Der Internationale Währungsfonds, 1972; *Hahn/Häde,* Währungsrecht, 2. Aufl. 2010, § 28 Rn. 1 ff.

37 BGHZ 116, 77 (83) = NJW 1993, 1070 = IPRax 1992, 377 m. Aufsatz *Fuchs* IPRax 1992, 361 = WuB VII A § 38 ZPO 2.92 mAnm *Thode* = IPRspr. 1991 Nr. 181; BGH WM 1994, 54 = IPRspr. 1993 Nr. 127; WM 1994, 581 = NJW 1994, 1868 = IPRspr. 1994 Nr. 129 = IPRax 1995, 110 m. Aufsatz *Fuchs* IPRax 1995, 82 = LM IWF Nr. 9 mAnm *Geimer* mAnm *Ebenroth/Woggon* EWiR 1994, 471.

38 S. die verbindliche Auslegung des Direktoriums des IWF vom 10.6.1949. Text: IMF Annual Report 1949, 82 f. sowie bei *Kern,* Der Internationale Währungsfonds und die Berücksichtigung ausländischen Devisenrechts, 1968, 45 f.; *Gold* RabelsZ 19 (1954), 601 (621 f.).

39 BGH WM 1962, 601 = IPRspr. 1962–63 Nr. 163; OLG Bamberg IPRspr. 1978 Nr. 127; LG Hamburg IPRspr. 1966–67 Nr. 192; *v. Westphalen* RIW 1980, 88 (91); *Berger* ZVglRWiss 96 (1997), 316 (338); *Gold,* The Fund Agreement in the Courts, Bd. III, 1986, 259, 555; *Ebke,* Internationales Devisenrecht, 1991, 181; Reithmann/Martiny IntVertragsR/*Thode* Rn. 5.173; Staudinger/*Ebke,* 2021, Anh. Art. 9 Rn. 34; aA KG IPRspr. 1966–67 Nr. 190.

40 *Mann,* Das Recht des Geldes, 1960, 363; *Mann* JZ 1981, 327 (329); *Kohl* IPRax 1986, 285 (286); *van Hecke* I. E. C. L. Vol. III ch. 36 (1972), sec. 18; *Gold,* The Fund Agreement in the Courts, Bd. III, 1986, 556, *Geimer* IntZivilProzR Rn. 242; näher *Böse,* Der Einfluß des zwingenden Rechts auf internationale Anleihen, 1963, 119 ff.

41 Vgl. *Mann* JZ 1970, 709 (710).

42 Ebenso *Berger* ZVglRWiss 96 (1997), 316 (338); *Mankowski* FS Ebke, 2021, 631 (634); *Benzler,* Nettingvereinbarungen im außerbörslichen Derivatehandel, 1999, 91; *Ebke,* Internationales Devisenrecht, 1991, 179 f.;

auf das Devisenrecht des vom Devisenkontrakt berührten Landes verweist und dessen Beachtung vorschreibt.[43] Sie ist Sachnorm insoweit, als sie eine Folge des Verstoßes selbständig regelt, nämlich (unabhängig von der konkreten Sanktion des ausländischen Rechts und des Vertragsstatuts) die Unklagbarkeit von Anspüchen aus rechtswidrigen Verträgen anordnet.[44] Soweit sie Sachnorm ist, handelt es sich um unabhängig vom Vertragsstatut anzuwendendes materielles Einheitsprivatrecht,[45] das nach Möglichkeit einheitlich auszulegen ist.[46]

Zu beachten ist, dass Art. VIII Abschnitt 2 lit. b IWF-Übereinkommen **faktisch nur sehr begrenzt einheitliches Recht** geschaffen hat. Mangels einer einheitlichen Auslegungsinstanz und angesichts unterschiedlicher Interessen bestehen nämlich ganz erhebliche Interpretationsdivergenzen. Während insbesondere die deutsche Rspr. den Begriff des Devisenkontrakts weit ausgelegt (→ Rn. 14) und in einer Fülle von Verfahren ausländisches Devisenrecht berücksichtigt hat, läuft das Übereinkommen in den angelsächsischen Ländern schon wegen der einschränkenden Auslegung dieses Begriffs vielfach leer. Damit kommt es zu einer abgestuften Anwendung.[47] Während ausländisches Devisenrecht in Kontinentaleuropa weitgehend Beachtung findet, ist dies in England für gewöhnliche Transaktionen kaum der Fall. In den Vereinigten Staaten schließlich scheint es so gut wie keine Gerichtsentscheidungen zu geben, die Art. VIII Abschnitt 2 lit. b IWF-Übereinkommen tatsächlich angewendet hätten.[48] Dieses Ungleichgewicht ist auch deshalb misslich, weil die Durchsetzung fremden Devisenrechts die eigene Attraktivität als Finanzplatz – ein legitimes Interesse des Forums – mindern kann.[49] Die Auslegung durch den IWF selbst ist rechtlich nicht bindend, aber doch als gewichtige „persuasive authority“ anzusehen.[50] 12

Die Vorschrift des Art. VIII Abschnitt 2 lit. b IWF-Übereinkommen wird auch in der **Schiedsgerichtsbarkeit** angewendet.[51] 13

b) Devisenkontrakt. aa) Begriff. Wie der Devisenkontrakt (exchange contract), und damit der sachliche Anwendungsbereich des Abkommen einzugrenzen ist, ist umstritten.[52] Ein Wandel beginnt sich jedoch abzuzeichnen. Nach bislang überwiegender kontinentaleuropäischer Auffassung ist der Vertragsbegriff dem Schutzzweck des Abkommens entsprechend weit auszulegen.[53] Nach der bisherigen deutschen Rspr. fallen darunter **alle Vertragsverpflichtungen, welche die Zahlungsbilanz des Landes berühren, das die Devisenvorschriften erlassen hat.**[54] Eine leicht abweichende Definition verlangt, dass sie dazu geeignet sind, in irgendeiner Weise die 14

Staudinger/*Ebke,* 2021, Anh. Art. 9 Rn. 43; anders *Marty,* Ausländische Devisenkontrollregulierungen gemäß Art. VIII Abschn. 2 lit. b IMF-Abkommen und die „unenforceability“ der Verträge nach schweizerischem Recht, 2009, 30, 40; *Vischer/Huber/Oser* IVR Rn. 999: internationale Sachnorm.

43 *Kohl* IPRax 1986, 285 (286); *Ebke,* Internationales Devisenrecht, 1991, 179; Soergel/*v. Hoffmann* EGBGB Art. 34 Rn. 138. – Dies gesteht auch *Gold,* The Fund Agreement in the Courts, Bd. III, 1986, 568 ff., 577 f. zu, obwohl er die Bestimmung nicht für eine eigentliche IPR-Norm hält; anders auch *Mann,* Legal Aspect of Money, 1992, 366.

44 Vgl. *Bydlinski* JBl. 1959, 526 (528); *Kohl* IPRax 1986, 285 (286); *Fürnrohr,* Das Devisenrecht im deutsch-italienischen Wirtschaftsverkehr, 1984, 213; *Kern,* Der Internationale Währungsfonds und die Berücksichtigung ausländischen Devisenrechts, 1968, 83 f., 95.

45 Vgl. auch *Gianviti* Rev. crit. dr. int. pr. 62 (1973), 471 (480). – Teilweise anders *Mann* JZ 1981, 327.

46 *Ebke* ZVglRWiss 121 (2022), 258 (281 ff.); *Fürnrohr,* Das Devisenrecht im deutsch-italienischen Wirtschaftsverkehr, 1984, 213 f.; *Gold,* The Fund Agreement in the Courts, Bd. II, 1982, 423; *Gold,* The Fund Agreement in the Courts, Bd. III, 1986, 623 ff.; *Proctor,* Mann and Proctor on the law of money, 8. Aufl. 2022, Rn. 15.10 ff.; Staudinger/*Ebke,* 2021, Anh. Art. 9 Rn. 47.

47 Näher *Schwab* Va J. Int. L. 25 (1985), 967 (995 ff.); *Seuß,* Exterritoriale Geltung von Devisenkontrollen, 1991, 20 ff.

48 *Zamora* Int. Lawyer 21 (1987), 1055 (1063); *Ebke,* Internationales Devisenrecht, 1991, 206 ff.; vgl. auch *Gold* Int. Lawyer 22 (1988), 3 (15 ff.).

49 Dazu *Hahn* GS Küchenhoff, 1987, 209 (229); *Ebke,* Internationales Devisenrecht, 1991, 215 ff.

50 *Ebke* ZVglRWiss 115 (2016), 299 (350 ff.).

51 Näher *Berger* ZVglRWiss 96 (1997), 316 (324 ff.); *Wegen/M.J. Müller* FS Ebke, 2021, 1047 (1054 ff.) (zur Vollstreckung); Staudinger/*Ebke,* 2021, Anh. Art. 9 Rn. 49.

52 Dazu *Ebke* ZVglRWiss 115 (2016), 299 (304 ff.).

53 Zu den verschiedenen Definitionen s. *Gianviti* Rev. crit. dr. int. pr. 62 (1973), 629 (630); *Gränicher,* Die kollisionsrechtliche Anknüpfung ausländischer Devisenmaßnahmen, 1984, 96 ff.; *Seuß,* Exterritoriale Geltung von Devisenkontrollen, 1991, 33 ff.; *Fuchs,* Lateinamerikanische Devisenkontrollen in der internationalen Schuldenkrise und Art. VIII Abschnitt 2 (b) IWF-Abkommen, 1995, 150 ff.

54 BGH WM 1970, 551; 1977, 332. Vgl. auch *Gold* RabelsZ 38 (1974), 684 (689 f.); *Kern,* Der Internationale Währungsfonds und die Berücksichtigung ausländischen Devisenrechts, 1968, 60 ff.; *Ebke,* Internationales Devisenrecht, 1991, 229; *Unteregge,* Ausländisches Devisenrecht und internationale Kreditverträge, 1991, 34.

Devisen- bzw. Währungsbestände (exchange resources) eines Mitgliedstaates zu beeinträchtigen.[55] Erforderlich ist also nur, dass infolge der Vertragsbeziehungen der Parteien Zahlungen oder Transfers in fremder oder eigener Währung zu erfolgen haben oder erfolgen können. Nach einer engen Auslegung ist hingegen der „exchange contract" als „Austauschvertrag" zu begreifen. Erfasst werden nur gegenseitige Verträge sowie Vertragsverhältnisse, in denen Leistung und Gegenleistung in einer finalen oder kausalen Beziehung zueinander stehen.[56]

15 Vor allem in den anglo-amerikanischen Ländern wird seit langem eine **enge Auslegung** praktiziert. Danach sind Devisenkontrakte nur Verträge, die unmittelbar den Austausch der Währung eines Landes gegen die Währung eines anderen Landes zum Gegenstand haben oder hinter denen sich solche Währungstauschgeschäfte verbergen („monetary transactions in disguise").[57] Danach würde das Abkommen lediglich solche Verträge erfassen, deren **unmittelbarer Gegenstand Devisen** sind, nicht dagegen etwa die Veräußerung von Gold oder Wertpapieren.[58] Eine Mittelmeinung verlangt nur, dass wenigstens die Gegenleistung einer beliebigen Leistung in Devisen besteht (zB Verkauf von Waren gegen Geld).[59] Restriktiv ist auch die englische Rspr., die ein Börsentermingeschäft für gültig hielt, das den An- und Verkauf von Zink zwischen einem Engländer und einem italienischen Kunden betraf und gegen die damalige italienische Devisengesetzgebung verstieß.[60] Andererseits wurde ein Akkreditiv nicht durchgesetzt, soweit sein überhöhter Betrag dem Devisenschwindel diente.[61] In den Vereinigten Staaten vertritt man zum Teil gleichfalls, der Devisenkontrakt müsse die Währung und nicht nur „exchange resources" berühren. Das Akkreditiv wurde nicht zu den Devisenkontrakten gezählt.[62] Nunmehr wird zunehmend vertreten, auch in Deutschland sei eine restriktive Linie einzuschlagen.

16 Umstritten ist, ob **Verträge des Kapitalverkehrs,** insbesondere solche über schon im Ausland befindliches Vermögen, ebenfalls unter Art. VIII Abschnitt 2 lit. b IWF-Übereinkommen fallen,[63] obwohl die Vorschrift auf den ersten Blick lediglich Beschränkungen laufender Zahlungen zu betreffen scheint (→ Rn. 31). Die Befürworter einer Devisenkontrolle gehen davon aus, dass sich Kapitalverkehr- und Zahlungsverkehrsbeschränkungen lediglich in den Voraussetzungen der Einführung unterscheiden, hingegen seien sie in gleicher Weise zu beachten. Eine Abgrenzung zwischen beiden sei schwierig und zu vermeiden. Das gesetzessystematische Argument müsse hinter dem Abkommenszweck des gegenseitigen Schutzes der Devisenbestimmungen zurücktreten. Nach inzwischen wohl hM sind **Kapitalverkehrsvorschriften hingegen ausgeschlossen.**[64] Nicht erfasst werden

---

[55] OLG Schleswig JbIntR 5 (1955), 113; *Mann,* Recht des Geldes, 1960, 367 f., *Mann* JZ 1981, 327 (330); *Gold* RabelsZ 27 (1962), 606 (648); *Böse,* Der Einfluß des zwingenden Rechts auf internationale Anleihen, 1963, 109 ff. – Auf beide Kriterien stellt ab LG Hamburg IPRspr. 1978 Nr. 126.

[56] *Ebke,* Internationales Devisenrecht, 1991, 241; *Ebke* JZ 1991, 335 (340); *Ebke* RIW 1993, 613 (616 f.); Reithmann/Martiny IntVertragsR/*Thode* Rn. 5.171.

[57] Nachweise bei *Edwards* Am. J. Int. L. 75 (1981), 870 (885 ff.); *Zamora* Int. Lawyer 21 (1987), 1055 (1064 f.); *Fuchs,* Lateinamerikanische Devisenkontrollen in der internationalen Schuldenkrise und Art. VIII Abschnitt 2 (b) IWF-Abkommen, 1995, 152 ff.; *Ebke* GS U. Hübner, 2012, 653 (659 f.).

[58] Dazu insbes. *Nussbaum,* Money in the Law, 1950, 542 ff.; *Kägi,* Der Einfluss des Devisenrechts auf internationale schuldrechtliche Verträge, 1961, 96 ff., 109.

[59] *Bydlinski* JBl. 1959, 526 (532).

[60] Wilson, Smithett & Cope v. Terruzzi (1976) Q. B. 683 = [1976] 1 All E. R. 817 (C. A.) mAnm *Lipstein* Clunet 107 (1980), 143; krit. dazu *Mann* JZ 1981, 327 (330); *Gold* Int. Comp. L. Q. 33 (1984), 777 ff. Italien hat diese engl. Entscheidung verständlicherweise nicht anerkannt; s. Cass. Riv. dir. int. priv. proc. 18 (1982), 107.

[61] United City Merchants v. Royal Bank of Canada (1982) 2 All E. R. 720, 729 f. (H.L.) = RIW 1984, 327 (Bericht *Magnus*), Verdoppelung des Kaufpreises zur Umgehung peruanischer Devisenbestimmungen, m. abl. Anm. *Mann* L. Q. Rev. 98 (1982), 526 ff.; *Gold,* The Fund Agreement in the Courts, Bd. III, 1986, 56 ff., 468 ff.

[62] So Banco do Brasil v. Israel Commodity, 12 N. Y. 2d 371 (C.A. N.Y. 1963); Zeevi v. Grindlays Bank, 37 N. Y. 2d 220, 333 N. E. 2d 168, 371 N. Y. S. 2d 892 (C. A. N. Y. 1975); ebenso *Mann* JZ 1981, 327 (330 f.). – Bejahend dagegen *Williams* Cornell L. J. 9 (1976), 239 (243 ff.); dazu auch *Gold,* The Fund Agreement in the Courts, Bd. II, 1982, 219 ff.; *Gold* Int. Lawyer 22 (1988), 3 (20 ff.).

[63] *Ebke* ZVglRWiss 121 (2022), 258 (275 ff.). – Bejahend *Mann,* Legal Aspect of Money, 1992, 376; *Mann* JZ 1970, 709 (711); *Mann* JZ 1981, 327 (329); *Rüßmann* WM 1983, 1126 (1127); *Kohl* IPRax 1986, 285 (286 f.); *Gold,* The Fund Agreement in the Courts, Bd. III, 1986, 791; *Gränicher,* Die kollisionsrechtliche Anknüpfung ausländischer Devisenmaßnahmen, 1984, 92 f.; *Natermann,* Der Eurodollarmarkt in rechtlicher Sicht, 1977, 93; *Ebke,* Internationales Devisenrecht, 1991, 245; *Seuß,* Exterritoriale Geltung von Devisenkontrollen1991, 93; *Fuchs,* Lateinamerikanische Devisenkontrollen in der internationalen Schuldenkrise und Art. VIII Abschnitt 2 (b) IWF-Abkommen, 1995, 208. – Zweifelnd BGH WM 1977, 332; vgl. auch *Gianviti* Rev. crit. dr. int. pr. 62 (1973), 629 (643 f.).

[64] BGH WM 1994, 54 = NJW 1994, 390 = IPRspr. 1993 Nr. 127 = RIW 1994, 151 m. zust. Aufsatz *Ebenroth/Müller* RIW 1994, 269 = IPRax 1994, 298 m. Aufsatz *Ebenroth/Woggon* IPRax 1994, 276; WM

folglich Auslandsinvestitionen, welche den Charakter größerer langfristiger Kapitalanlagen haben. Dafür wird der Wortlaut (insbesondere die nur von „laufenden Zahlungen" sprechende Kapitelüberschrift)[65] sowie der systematische Zusammenhang von Art. VIII Abschnitt 2 lit. a und 2 lit. b IWF-Übereinkommen angeführt. Der Ausschluss des Kapitalverkehrs hat insbesondere für Kreditgeschäfte Konsequenzen. Nur **gewöhnliche kurzfristige Bank- und Kreditgeschäfte,** die Zahlung von Kreditzinsen und die Tilgung in „mäßiger" Höhe sind als laufende Zahlungen anzusehen (Art. XXX lit. d IWF-Übereinkommen). Was darüber hinausgeht, fällt in die Kategorie des Kapitalverkehrs.[66] Dies gilt etwa für die Einlagenleistung bei einer Gesellschaftsbeteiligung.

bb) Einzelne Verträge. Trotz der Uneinigkeit über den Kreis der erfassten Geschäfte zeichnen 17
sich in der bisherigen deutschen Rspr. bestimmte Gruppen ab.[67] Zur ersten gehört die **Leistung von Sachen (insbesondere Waren) oder das Erbringen von Dienstleistungen gegen Zahlung.** Das Abkommen ist damit praktisch auf den gesamten Waren- und Dienstleistungsverkehr anwendbar. Dazu gehört eine Vielzahl von Verträgen, so zB der Warenkauf,[68] der Grundstückskauf,[69] der Verkauf von Gesellschaftsanteilen,[70] der Lizenzvertrag,[71] die kaufpreissichernde Bürgschaft,[72] die Garantie, jedenfalls, wenn sie mit der genehmigungspflichtigen Hauptschuld eng verbunden ist,[73] der Handelsvertretervertrag.[74] Wird ein Schuldanerkenntnis abgegeben, so nimmt das dem zu Grunde liegenden Geschäft nicht den Charakter eines Devisenkontrakts.[75] Auch das Darlehen wurde von der Rspr. als Devisenkontrakt eingeordnet.[76] Nach der restriktiven Auslegung, welche den Kapitalverkehr aus dem Anwendungsbereich der Vorschrift ausschließt, können Kreditverträge jedoch ausgenommen sein (näher → Rn. 16). Bezüglich **argentinischer Staatsanleihen** (zu diesen → EGBGB Art. 6 Rn. 40) wurde angenommen, es handele sich um Kapitalverkehrsgeschäfte, da

---

1994, 581 = NJW 1994, 1868 = IPRspr. 1994 Nr. 129 = IPRax 1995, 110 m. krit. Aufsatz *Fuchs* IPRax 1995, 82 mAnm *Ebenroth/Woggon* EWiR 1994, 471 = LM IWF Nr. 9 mAnm *Geimer;* OLG Hamburg WM 1992, 1941 = IPRspr. 1992 Nr. 172b mAnm *Geimer* EWiR 1992, 1211 = RIW 1993, 68 m. Aufsatz *Ebke* RIW 1993, 613 = IPRax 1993, 170 m. Aufsatz *Ebenroth/Woggon* IPRax 1993, 151 = WuB VII B 2. Int. Abkommen Nr. 1.93 m. zust. Anm. *Reithmann;* LG Hamburg WM 1992, 1600 = IPRspr. 1992 Nr. 172a mAnm *Reithmann* EWiR 1992, 579 = WuB VIII B 2. Int. Abkommen Nr. 2.92 mAnm *Aden;* LG Frankfurt a.M. WM 2003, 783 (Argentinien-Anleihe); *Coing* WM 1972, 841; *Gehrlein* DB 1995, 129; *Pfeiffer* ZVglRWiss 102 (2003), 141 (178 f.); *Fürnrohr,* Das Devisenrecht im deutsch-italienischen Wirtschaftsverkehr, 1984, 218 f.; *Kern,* Der Internationale Währungsfonds und die Berücksichtigung ausländischen Devisenrechts, 1968, 78; *Nielsen* BuB 1979, Rn. 5/530; *Vischer* Geld- und Währungsrecht im nationalen und internationalen Kontext, Basel, 2009, Rn. 435; Staudinger/*Ebke,* 2021, Art. 9 Anh. Rn. 77; vgl. dazu auch *K. Schmidt* ZGR 1994, 665 ff.; Kronke/Melis/Kuhn IntWirtschaftsR-HdB/*Schefold* Rn. I 48; anders *M. J. Müller,* Staatsbankrott und private Gläubiger, 2015, 92; *M. J. Müller* RIW 2015, 717 (727); *Proctor,* Mann and Proctor on the law of money, 8. Aufl. 2022, Rn. 15.17-15.22.

65 Zum Begriff *Ebke,* Internationales Devisenrecht, 1991, 55 ff.; *Funk,* Der Internationale Währungsfonds, 2018, 523 ff.

66 BGH NJW-RR 1997, 686 = IPRspr. 1997 Nr. 27; vgl. *Fuchs* IPRax 1995, 82 (85); *Ebke* ZVglRWiss 100 (2001), 365 (377 f.); *Pfeiffer* ZVglRWiss 102 (2003), 141 (177 f.) für Emission von Anleihen; *Baars/Böckel* ZBB 2004, 445 (456) für Anleihen. Vgl. auch Reithmann/Martiny IntVertragsR/*Thode* Rn. 5.163. – Einen Darlehensvorvertrag schließt aus BGH WM 1997, 560 = RIW 1997, 426.

67 Näher dazu *Gold* RabelsZ 38 (1974), 684 (689).

68 LG Hamburg IPRspr. 1954–55 Nr. 164 S. 467.

69 *Berger* ZVglRWiss 96 (1997), 316 (342); *Böse,* Der Einfluß des zwingenden Rechts auf internationale Anleihen, 1963, 111; *Ebke,* Internationales Devisenrecht, 1991, 229 f.

70 *Gold* RabelsZ 27 (1962), 606 (649).

71 OLG Bamberg IPRspr. 1978 Nr. 127.

72 BGH NJW 1970, 1002; *Nielsen* BuB 1979, Rn. 5/529, 5/533. Vgl. auch OLG München RIW 1986, 998 = IPRax 1987, 307.

73 BGH WM 1964, 768 = IPRspr. 1964–65 Nr. 191; einschr. *Goerke,* Kollisionsrechtliche Probleme internationaler Garantien, 1982, 120 ff. Vgl. auch *v. Westphalen* in v. Westphalen, Bankgarantie, 5. Aufl. 2023, Kap. G Rn. 46.

74 BGH WM 1962, 601 = IPRspr. 1962–63 Nr. 163; KG IPRspr. 1966–67 Nr. 190.

75 S. aber BGH WM 1986, 600; OLG Hamm WM 1986, 599.

76 BGHZ 116, 77 (83) = NJW 1993, 1070 = IPRax 1992, 377 m. Aufsatz *Fuchs* IPRax 1992, 361 = WuB VII A § 38 ZPO 2.92 mAnm *Thode* = IPRspr. 1991 Nr. 181; OLG Schleswig JbIntR 5 (1955), 113 mAnm *Bülck* = IPRspr. 1954–55 Nr. 63; KG IPRspr. 1974 Nr. 138; OLG Düsseldorf RIW 1984, 397 = WM 1983, 1366 mAnm *Rutke;* OLG München WM 1989, 1282 = JZ 1991, 370 m. Aufsatz *Ebke* JZ 1991, 335 und *Mann* JZ 1991, 614 = WuB VII B 2. Int. Abkommen 89 mAnm *Thode;* LG Hamburg WM 1991, 1671 mAnm *Geimer* EWiR 1991, 485 (zu §§ 32a, 32b GmbHG aF); *Ebke* JZ 1991, 339 (341); *Ebke* RIW 1993, 613 (622); *Nielsen* BuB 1979, Rn. 5/529; *Kägi,* Der Einfluss des Devisenrechts auf internationale schuldrechtliche Verträge, 1961, 109; *Unteregge,* Ausländisches Devisenrecht und internationale Kreditverträge, 1991, 38. – Zur abw. US-amerikanischen Rspr. s. *Hahn* GS Küchenhoff, 1987, 209 (220 f.).

die Ausgabe von Staatsanleihen langfristige und für den Emittenten wirtschaftlich bedeutende Kreditverpflichtungen begründe. Ebenso wenig seien die daraus folgenden Zinsen dem IWF-Übereinkommen unterworfen.[77]

18 Das IWF-Übereinkommen gilt auch für Verträge, die **Wertpapiere** betreffen, so für die Begründung von Wechselverpflichtungen zur Kreditsicherung,[78] den Scheck[79] oder das Wechselakzept.[80] Sicherungsgeschäfte wie die Verpfändung und die Sicherungsübereignung können ebenfalls unter das Abkommen fallen.[81] Stellt ein Ausländer die Erträge aus seinem Wertpapierdepot einem Dritten zum Inkasso zur Verfügung, so greift es ebenfalls ein.[82] Eine Vereinbarung, Geld illegal außer Landes zu bringen und zu verwahren, ist gleichfalls ein Devisenkontrakt.[83] Ob ein **Dokumenten-Akkreditiv** (letter of credit), das zu Gunsten einer bestimmten Person gestellt wird, bei selbständiger Betrachtung oder wegen eines ihm zu Grunde liegenden Devisengeschäfts (zB eines Kaufvertrages) einen Devisenkontrakt bildet, ist zweifelhaft, aber wohl anzunehmen (→ Rn. 14).

19 Eine zweite Gruppe umfasst den **Austausch von Sachen oder Dienstleistungen,** insbesondere den Tausch.[84] In eine dritte gehört der **Austausch von Zahlungsmitteln** gegen Zahlungsmittel, die klassische Form des Devisengeschäfts.[85] Eine vierte Gruppe bildet nach der herkömmlichen Auffassung die **unentgeltliche Zuwendung,** insbesondere die Leistung von Diensten oder Sachen oder der Erwerb von Sachen ohne Gegenleistung; nach der engen Auslegung wird sie hingegen nicht erfasst.[86] In eine letzte Gruppe gehört schließlich die **Leistung und der Erwerb von Zahlungsmitteln ohne Gegenleistung** (zB durch Schenkung).[87]

20 **cc) Andere Ansprüche.** Da „Vertrag" im Abkommen untechnisch gemeint ist und nur irgendeine bindende Parteiabrede bedeutet, werden auch andere schuldrechtliche Ansprüche erfasst, die im Zusammenhang mit der Durchsetzung von Devisenkontrakten geltend gemacht werden und einer Erfüllung des verbotenen Geschäfts gleichkommen.[88] Insbesondere Ansprüche aus **unerlaubter Handlung** wegen Nichterfüllung des verbotenen Geschäfts sind nach der Rspr. wegen des Schutzzwecks der Devisenbestimmungen ebenfalls unklagbar.[89] Doch kann Schadensersatz verlangt werden, wenn die eine Vertragserfüllung verweigernde Partei der anderen vorgespiegelt hat, der Vertrag verstoße nicht gegen Devisenbestimmungen.[90]

21 Die deutsche Rspr. nimmt an, verbotswidrig Geleistetes könne nicht nach den Vorschriften über die **ungerechtfertigte Bereicherung** zurückverlangt werden, weil nicht rechtsgrundlos gelei-

---

[77] OLG Frankfurt NJW 2006, 2931 m. Aufsatz *Sester* NJW 2006, 2891 = IPRax 2007, 331 m. abl. Aufsatz *Schefold* IPRax 2007, 313, da nach Art. XXX lit. d Nr. 2 IWF-Übereinkommen Zinszahlungen zu den darunter fallenden laufenden Zahlungen zu zählen sind; LG Frankfurt a.M. WM 2008, 2062; dazu Staudinger/*Ebke,* 2021, Art. 9 Anh. Rn. 77 ff.

[78] BGH NJW 1970, 1507; WM 1994, 581 = NJW 1994, 1868 = IPRspr. 1994 Nr. 129 = IPRax 1995, 110 m. Aufsatz *Fuchs* IPRax 1995, 82 mAnm *Ebenroth/Woggon* EWiR 1994, 471 = LM IWF Nr. 9 mAnm *Geimer* = WuB VII B 2. Nr. 1.94 mAnm *Thode;* s. auch *Gold,* The Fund Agreement in the Courts, Bd. II, 1982, 139 ff.; vgl. auch Mansouri v. Singh (1986) 2 All E. R. 619 (C.A.): Verkauf iran. Flugscheine gegen engl. Scheck zum doppelten offiziellen Kurs.

[79] OLG Düsseldorf RIW 1989, 987.

[80] BGH WM 1994, 581 = NJW 1994, 1868 = IPRspr. 1994 Nr. 129 = IPRax 1995, 110 m. Aufsatz *Fuchs* IPRax 1995, 82 mAnm *Ebenroth/Woggon* EWiR 1994, 471 = LM IWF Nr. 9 mAnm *Geimer* = WuB VII B 2. Nr. 1.94 mAnm *Thode;* IPG 1984 Nr. 45 (Bonn).

[81] Näher *Ebke,* Internationales Devisenrecht, 1991, 306; *Nielsen* BuB 1979, Rn. 5/529.

[82] KG IPRspr. 1974 Nr. 138.

[83] LG Hamburg IPRspr. 1978 Nr. 126.

[84] *Ebke,* Internationales Devisenrecht, 1991, 242; Soergel/*v. Hoffmann* EGBGB Art. 34 Rn. 145; aA *Gold,* The Fund Agreement in the Courts, Bd. III, 1986, 753, 788.

[85] Vgl. OLG Düsseldorf ZIP 1989, 1387 betr. ägyptisches Pfund gegen DM-Scheck.

[86] *Ebke,* Internationales Devisenrecht, 1991, 241; *Ebke* RIW 1993, 613 (617); Reithmann/Martiny IntVertragsR/*Thode* Rn. 5.165.

[87] Abl. *Ebke,* Internationales Devisenrecht, 1991, 241; Staudinger/*Ebke,* 2021, Art. 9 Anh. Rn. 69.

[88] Nicht dagegen Unterhaltsansprüche, Staudinger/*Gamillscheg/Hirschberg,* 10./11. Aufl. 1973, EGBGB Vor Art. 13 Rn. 399.

[89] LG Hamburg IPRspr. 1978 Nr. 126; *Gianviti* Rev. crit. dr. int. pr. 62 (1973), 629 (632); *v. Westphalen,* Rechtsprobleme der Exportfinanzierung, 3. Aufl. 1987, 152; *Ebke,* Internationales Devisenrecht, 1991, 309 f.; Reithmann/Martiny IntVertragsR/*Thode* Rn. 5.169; *Geimer* IntZivilProzR Rn. 240; Staudinger/*Ebke,* 2021, Anh. Art. 9 Rn. 67; abl. *Mann* JZ 1981, 327 (328); *Fürnrohr,* Das Devisenrecht im deutsch-italienischen Wirtschaftsverkehr, 1984, 222, 273; *Fuchs,* Lateinamerikanische Devisenkontrollen in der internationalen Schuldenkrise und Art. VIII Abschnitt 2 (b) IWF-Abkommen, 1995, 186 f. Zu solchen Ansprüchen auch *v. Preuschen* AWD 1969, 56 (59). Vgl. ferner BGH RIW 1988, 649 = TranspR 1988, 338.

[90] *Gianviti* Rev. crit. dr. int. pr. 62 (1973), 629 (657); *Kern,* Der Internationale Währungsfonds und die Berücksichtigung ausländischen Devisenrechts, 1968, 97.

stet worden sei; es bestehe eine, wenn auch nicht einklagbare Verbindlichkeit.[91] Würde zB der Darlehensnehmer zur Rückzahlung der auf Grund eines verbotenen Geschäfts erhaltenen Summe verurteilt, so würde der Darlehensgeber im Wesentlichen das Gleiche wie bei einer Vertragserfüllung erreichen. Da somit ein Mitgliedstaat dem missbilligten Vertragsverhältnis zur Durchsetzung verhelfen würde und der Darlehensnehmer andernfalls faktisch zur Vertragseinhaltung gezwungen wäre, wird auch hierfür die Klagbarkeit verneint.[92] Nach aA verlangt der Abkommenszweck dagegen nur, dass verbotene Verträge nicht durchgesetzt werden, dagegen dürfe eine ungerechtfertigte Bereicherung (und damit häufig ein grob unbilliges Ergebnis) nicht bestehen bleiben.[93] Ein Rückabwicklungsausschluss fördert nicht die Währungsstabilität, sondern begünstigt lediglich den Bereicherten.

Nicht erfasst werden der lex rei sitae unterliegende **dingliche Rechtsgeschäfte** wie die Auflassung und die Bestellung von Grundpfandrechten, die nicht durchgesetzt zu werden brauchen, sondern unmittelbar wirken.[94] Auch ein Anspruch auf Eigentumsherausgabe betrifft keinen Devisenkontrakt.[95] 22

dd) Berührte Währung. Wann die Währung eines Mitgliedstaates berührt wird („which involve the currency"), sagt das Abkommen nicht. Dies dürfte der Fall sein, wenn sich der Vertrag positiv oder negativ auf die Zahlungsbilanz (und mithin die finanziellen Reserven) auswirkt. Nicht auf die im Vertrag gewählte Schuld- oder Zahlungswährung (lex monetae) kommt es an[96] (→ Anh. I Art. 9 Rn. 9 ff.), sondern auf die **wirtschaftliche Verknüpfung mit einem Währungsgebiet.**[97] Auch die Staatsangehörigkeit der Parteien ist nicht entscheidend. Grenzüberschreitende Auswirkungen hat der Devisenkontrakt insbesondere dann, wenn eine Forderung aus dem Verbotsland heraus befriedigt bzw. gegen einen ausländischen Schuldner geltend gemacht wird, nach dessen Devisenvorschriften der Vertrag genehmigungspflichtig war. Lässt der Vertrag hingegen die ausländische Währung unberührt, weil es sich um einen Zahlungsvorgang allein innerhalb des Auslandes[98] oder Deutschlands handelt, so greift das Abkommen nicht ein.[99] Wie man die wirtschaftliche Verknüpfung näher konkretisieren kann, ist zweifelhaft. Man könnte die Niederlassung bzw. den gewöhnlichen Aufenthalt einer Partei als maßgeblich ansehen.[100] Teilweise wird aber angenommen, es sei unerheblich, ob eine der Parteien des Devisenkontrakts im Erlassstaat ansässig ist.[101] Auf jeden Fall bedarf es bei fehlendem Aufenthalt einer anderen Verbindung. 23

Da sich verbotene Devisenkontrakte im Allgemeinen negativ auf die Währungsreserven auswirken, ist in der Regel nur von den **schädlichen Auswirkungen** die Rede. Daraus darf man aber 24

[91] BGH WM 1977, 332 = RIW 1977, 433; KG IPRspr. 1974 Nr. 138; OLG Bamberg IPRspr. 1978 Nr. 127; LG Hamburg IPRspr. 1978 Nr. 126; *Gold* RabelsZ 38 (1974), 684 (699); *Kern,* Der Internationale Währungsfonds und die Berücksichtigung ausländischen Devisenrechts, 1968, 96 f.; Reithmann/Martiny IntVertragsR/*Thode* Rn. 5.168.

[92] *Gianviti* Rev. crit. dr. int. pr. 62 (1973), 629 (658); *de Pardieu* Int. Bus. Lawyer 9 (1981), 97 (101 f.); *Fürnrohr,* Das Devisenrecht im deutsch-italienischen Wirtschaftsverkehr, 1984, 220 f., 273, mit Einschränkungen; *Geimer* IntZivilProzR Rn. 239.

[93] *Mann* JZ 1981, 327 (328); *Fuchs,* Lateinamerikanische Devisenkontrollen in der internationalen Schuldenkrise und Art. VIII Abschnitt 2 (b) IWF-Abkommen, 1995, 182 ff.; *Vischer/Huber/Oser* IVR Rn. 999; ebenso iErg *Gränicher,* Die kollisionsrechtliche Anknüpfung ausländischer Devisenmaßnahmen, 1984, 96 f., 115 f. Vgl. auch *Rauscher* FS W. Lorenz, 1991, 471 (475 ff.); *Seuß,* Exterritoriale Geltung von Devisenkontrollen, 1991, 147. – Unentschieden Staudinger/*Ebke,* 2021, Art. 9 Anh. Rn. 66.

[94] *Förger* NJW 1971, 309; *Ebenroth/Neiss* RIW 1991, 617 (619); *Nielsen* BuB 1979, Rn. 5/532; Reithmann/Martiny IntVertragsR/*Thode* Rn. 5.169; anders wohl *Mann* JZ 1970, 709 (712).

[95] LG Hamburg IPRspr. 1992 Nr. 171a.

[96] So aber KG IPRspr. 1966–67 Nr. 190; *Edwards* Am. J. Int. L. 75 (1981), 870 (889 ff.); *Nussbaum,* Money in the Law, 1992, 543; *Kägi,* Der Einfluss des Devisenrechts auf internationale schuldrechtliche Verträge, 1961, 109 f.

[97] *Bydlinski* JBl. 1959, 526 (527); *Mann* JZ 1970, 709 (712); *Böse,* Der Einfluß des zwingenden Rechts auf internationale Anleihen, 1963, 113 ff.; *Natermann,* Der Eurodollarmarkt in rechtlicher Sicht, 1977, 93 f.; *Proctor,* Mann and Proctor on the law of money, 8. Aufl. 2022, Nr. 15.28; Staudinger/*Ebke,* 2021, Art. 9 Anh. Rn. 71; vgl. auch App. Paris Rev. crit. dr. int. pr. 51 (1962), 67.

[98] BGH WM 1979, 486 = NJW 1980, 520.

[99] Vgl. *Kern,* Der Internationale Währungsfonds und die Berücksichtigung ausländischen Devisenrechts, 1968, 66 ff.; Soergel/*v. Hoffmann* EGBGB Art. 34 Rn. 146.

[100] *Gränicher,* Die kollisionsrechtliche Anknüpfung ausländischer Devisenmaßnahmen, 1984, 109; *Seuß,* Exterritoriale Geltung von Devisenkontrollen, 1991, 72; *Fuchs,* Lateinamerikanische Devisenkontrollen in der internationalen Schuldenkrise und Art. VIII Abschnitt 2 (b) IWF-Abkommen, 1995, 169 (oder vermögenswerter Vertragsgegenstand im Verbotsland); Soergel/*v. Hoffmann* EGBGB Art. 34 Rn. 146. – Zum Doppelwohnsitz OLG München WM 1989, 1282 = JZ 1991, 370 m. Aufsatz *Ebke* JZ 1991, 335 und *Mann* JZ 1991, 614 = WuB VII B 2. Int. Abkommen 89 mAnm *Thode.*

[101] Reithmann/Martiny IntVertragsR/*Thode* Rn. 5.173.

nicht den Schluss ziehen, nur solchen Rechtsgeschäften, die die Währungsreserven in Mitleidenschaft ziehen, fehle die Durchsetzbarkeit.[102] Tatsächlich kommt es nicht darauf an, ob sich der einzelne Devisenkontrakt vorteilhaft oder nachteilig auswirkt.[103] Zum einen stellt der Wortlaut des Übereinkommens nicht darauf ab; zum anderen kann auch ein Geldzufluss unerwünscht sein[104] und schließlich bestimmen über den (vermeintlichen) Nutzen die rechtsetzenden Staaten, nicht die Vertragsparteien und auch nicht der inländische Richter, welcher weder alle wirtschaftlichen Hintergründe des Auslandes noch die der jeweiligen Transaktion kennt.

25 Wann ein außerhalb eines Mitgliedslandes geschlossener Vertrag (zB eines Staatsangehörigen eines Mitgliedstaats über Guthaben in der Schweiz) dessen Währung berührt, lässt sich nicht generell beantworten. Als Kriterium dafür wurde angesehen, ob der Schuldner Beziehungen zu dem Mitgliedsland hat, insbesondere aus dort belegenem Vermögen in Anspruch genommen werden könnte oder nur mit seinem Auslandsvermögen haften soll.[105] Im Allgemeinen werden dann Verträge über das im Ausland belegene Vermögen von Angehörigen eines Verbotslandes dessen Zahlungsbilanz nicht mehr berühren; die Folgen des Eingriffs werden beschränkt.[106] Dementsprechend wird angenommen, auf die Zahlungsbilanz wirke sich nicht mehr aus, wenn eine Vertragspartei nur mit Vermögen außerhalb des Erlassstaates hafte.[107] Nach aA kommt es nicht darauf an, aus welchem Vermögen der Vertrag erfüllt werden soll. Entscheidend ist allein, ob der **Schuldner oder Gläubiger im Verbotsland ansässig ist.** Ist das der Fall, dann ist auch die Währung dieses Landes berührt.[108] Für letztere Auslegung sprechen jedenfalls Wortlaut und Handhabbarkeit der Bestimmung sowie die Relevanz des Zahlungsbilanzkriteriums, das ja darauf abstellt, ob grenzüberschreitende Forderungen verändert werden.

26 Wird im Ausland einem dort ansässigen Schuldner ein **Darlehen in Landeswährung** gewährt und spätere Rückzahlung (nach vom amtlichen Kurs abweichender Umrechnung) in der BRepD in Euro vereinbart, so berührt ein solches Geschäft nicht nur die inländische deutsche Währung, vielmehr wird auf diesem Wege die Darlehenssumme ins Inland transferiert.[109]

27 Schwierigkeiten bereitet die Behandlung einer **Bürgschaft** für eine Forderung aus einem nicht durchsetzbaren Vertrag. Sind alle Beteiligten im Verbotsland ansässig, so kann auch die Bürgschaft nicht durchgesetzt werden. Die Erfüllung einer Bürgschaft durch einen nicht im Verbotsland ansässigen Bürgen gegenüber einem dort ebenfalls nicht ansässigen Gläubiger berührt die Zahlungsbilanz des Verbotslandes aber nicht mehr.[110] Soweit der zahlende Bürge die Forderung erwirbt, hat sich gegenüber dem bisherigen Zustand für die Devisenbilanz nichts geändert. Für die prozessuale Einordnung der Unklagbarkeit ist die aus der Unklagbarkeit der Hauptforderung folgende Nichtdurchsetzbarkeit akzessorischer Sicherungsrechte schwer begründbar.[111] Allerdings kann sich aus dem kollisionsrechtlich maßgeblichen Vertragsstatut ergeben, dass die Bürgschaft für eine nicht einklagbare Hauptschuld wegen ihrer akzessorischen Natur gleichfalls nicht durchsetzbar ist (so zB Art. 501 Abs. 4 OR Schweiz).[112] Im deutschen Recht ist die Frage umstritten. Teils wird dem Bürgen das Transfer- bzw. Leistungsverbotsrisiko aufgebürdet,[113] teils hält man ihn für – jedenfalls zeitweilig – entlastet.[114] Für die materiellrechtliche Einordnung der Unklagbarkeit ergibt sich bereits aus Art. VIII Abschnitt 2 lit. b IWF-Übereinkommen, dass eine zur Sicherung einer unvollkommenen Verbindlichkeit begründete Forderung ebenfalls nicht durchgesetzt werden kann.[115]

---

102 So aber für Devisenkontrakt IPG 1984 Nr. 45 (Bonn) S. 470 – da dort der Devisenkontrakt erlaubt war, stellte sich die Frage eigentlich gar nicht.

103 So ausdrücklich *Gold,* The Fund Agreement in the Courts, Bd. III, 1986, 790; *Mann,* Legal Aspect of Money, 1992, 387; Reithmann/Martiny IntVertragsR/*Thode* Rn. 5.173; Staudinger/*Ebke,* 2021, Art. 9 Anh. Rn. 71.

104 Vgl. *Gold* Int. Lawyer 22 (1988), 3 (19).

105 BGH WM 1977, 332; dazu krit. *Gold,* The Fund Agreement in the Courts, Bd. II, 1982, 272 ff.

106 *Nielsen* BuB 1979, Rn. 5/530, 5/533.

107 Reithmann/Martiny IntVertragsR/*Thode* Rn. 5.174.

108 So insbes. *Gold,* The Fund Agreement in the Courts, Bd. II, 1982, 274, Bd. III, 1986, 789; *Gränicher,* Die kollisionsrechtliche Anknüpfung ausländischer Devisenmaßnahmen, 1984, 110; s. auch *Wegen/M.J. Müller* FS Ebke, 2021, 1047 (1051).

109 S. aber BGH WM 1986, 600 = IPRspr. 1986 Nr. 118a = WuB VII B. 2 Int. Abkommen 1.86 m. zust. Anm. *Hafke;* OLG Hamm WM 1986, 599 = IPRspr. 1986 Nr. 118b (Vorinstanz).

110 *Mann* JZ 1970, 709 (714); *Gold,* The Fund Agreement in the Courts, Bd. III, 1986, 460.

111 S. aber *Gehrlein* DB 1995, 129 (133).

112 Dazu *Vischer* in v. Graffenried, Beiträge zum schweizerischen Bankenrecht, 1987, 439 f.

113 *Kühn/Rotthege* NJW 1983, 1233.

114 OLG Düsseldorf RIW 1984, 397 = WM 1983, 1366 m. abl. Anm. *Rutke; Rauscher* FS W. Lorenz, 1991, 471 (488 ff.); *Großfeld,* Internationales Unternehmensrecht, 1986, 222; *Geimer* IntZivilProzR Rn. 244. Vgl. auch IPG 1983 Nr. 9 (Köln) S. 75.

115 *Ebke,* Internationales Devisenrecht, 1991, 288 ff., 305 ff.; Reithmann/Martiny IntVertragsR/*Thode* Rn. 5.194.

c) IWF-Mitglied. Mit den Mitgliedsländern iSd Art. VIII IWF-Übereinkommen („any member") sind alle Mitgliedstaaten mit Ausnahme des Gerichtsstaates gemeint.[116] Entscheidender Zeitpunkt für die Bestimmung der Mitgliedschaft ist der der Entscheidung über die Beachtlichkeit des fremden Devisenrechts, nicht etwa derjenige der fraglichen Transaktion, zB des Vertragsabschlusses.[117] Es kommt auf denjenigen Mitgliedstaat an, dessen Währung berührt wird.[118] 28

d) Devisenkontrollbestimmungen. aa) Devisenkontrolle. Das Abkommen definiert Devisenkontrollbestimmungen (exchange control regulations) nicht näher.[119] Nach seinem Zweck sollen Zahlungsbeschränkungen (im Gegensatz zu bloßen Handelsbeschränkungen) erfasst werden. Devisenkontrollbestimmungen, die in vielfacher Gestalt auftreten, sind demnach **Vorschriften, welche die Bewegung von Geld, Vermögen oder Dienstleistungen zum Schutze der Zahlungsbilanz eines Landes zwingend regeln.**[120] Ähnlich wird formuliert, es gehe um die allgemeine Verfügbarkeit oder konkrete Verwendung von Devisen.[121] Dazu gehören insbesondere solche Vorschriften, welche die Transaktionen wie die Leistung oder Entgegennahme von Zahlungen und den Transfer durch Verbot oder Genehmigungsbedürftigkeit beschränken.[122] Ferner gehören dazu Regelungen des Besitzes und der Übertragung von internationalen Zahlungsmitteln. 29

Der Schutz der Zahlungsbilanz ist nicht zu eng zu verstehen, da er wiederum im Interesse der wirtschaftlichen Reserven eines Landes erfolgt. Auch eine **Preisprüfung,** die einige Staaten aus devisenrechtlichen Gründen für die Erfüllung von Importverträgen verlangen, wird von Art. VIII Abschnitt 2 lit. b IWF-Übereinkommen gedeckt.[123] 30

Während die IWF-Mitglieder in der Einführung von **Beschränkungen des Kapitalverkehrs** grundsätzlich frei sind (Art. VI Abschnitt 3 IWF-Übereinkommen), dürfen die Beschränkungen des laufenden Zahlungsverkehrs nur mit Zustimmung des IWF eingeführt bzw. beibehalten werden (Art. VII Abschnitt 2 lit. a, XIV Abschnitt 2 IWF-Übereinkommen).[124] Unter laufenden Zahlungen sind nach Art. XXX lit. d IWF-Übereinkommen Transaktionen zu verstehen, die nicht der Übertragung von Kapital dienen, auf jeden Fall aber die dort beispielhaft genannten Geschäfte (Außenhandels- und Zinszahlungen, Darlehenstilgung, Unterhaltsleistung).[125] 31

Unter welchen Voraussetzungen ausländische **Zahlungsmoratorien** als Devisenkontrollmaßnahmen Anerkennung finden können, ist noch ungeklärt.[126] Die US-amerikanische Rspr. hat entsprechende Gesetze Costa Ricas nicht beachtet und dabei hauptsächlich die US-amerikanische „act of state doctrine" diskutiert. Das Bretton Woods Abkommen wurde entweder überhaupt nicht herangezogen[127] oder für unmaßgeblich erklärt.[128] Vom deutschen Standpunkt aus kann ein Morato- 32

---

[116] *Gold,* The Fund Agreement in the Courts, Bd. III, 1986, 790; *Fuchs,* Lateinamerikanische Devisenkontrollen in der internationalen Schuldenkrise und Art. VIII Abschnitt 2 (b) IWF-Abkommen, 1995, 171; Soergel/*v. Hoffmann* EGBGB Art. 34 Rn. 148.

[117] Soergel/*v. Hoffmann* EGBGB Art. 34 Rn. 148; anders *Mann,* Legal Aspect of Money, 1992, 387.

[118] *Mann,* Legal Aspect of Money, 1992, 387; Soergel/*v. Hoffmann* EGBGB Art. 34 Rn. 148.

[119] Dazu *Ebke* ZVglRWiss 115 (2016), 299 (307 ff.).

[120] *Mann,* Legal Aspect of Money, 1992, 388; Soergel/*v. Hoffmann* EGBGB Art. 34 Rn. 149. – Zu den verschiedenen Definitionen *Mann,* Recht des Geldes, 1960, 369; *Kern,* Der Internationale Währungsfonds und die Berücksichtigung ausländischen Devisenrechts, 1968, 75 ff.; *de Pardieu* Int. Bus. Lawyer 9 (1981), 97 (98). – Über Änderungen der nationalen Devisengesetzgebung informieren jährliche Länderberichte, s. International Monetary Fund, Annual Report on Exchange Restrictions (Vol. 1 ff., 1950 ff., Washington, D.C.).

[121] Reithmann/Martiny IntVertragsR/*Thode* Rn. 5.176 unter Bezugnahme auf eine Entscheidung des Exekutivdirektoriums des IWF.

[122] Näher *Gianviti* Rev. crit. dr. int. pr. 62 (1973), 629 (636 f.).

[123] *v. Westphalen* RIW 1980, 88 (90 f.); Reithmann/Martiny IntVertragsR/*Thode* Rn. 5.177; anders *Bennecke* RIW 1979, 809 (810).

[124] Vgl. *Gold* Int. Comp. L. Q. 33 (1984), 777 (778 f.); *Funk,* Der Internationale Währungsfonds, 2018, 103 f.

[125] Zur Abgrenzung *Gränicher,* Die kollisionsrechtliche Anknüpfung ausländischer Devisenmaßnahmen, 1984, 82 f.

[126] *Ebke* FS Wolfrum, Bd. II, 2012, 17 (27 ff.); *M. J. Müller,* Staatsbankrott und private Gläubiger, 2015, 93 ff.; *M. J. Müller* RIW 2015, 717 (727).

[127] Allied Bank International v. Banco Credito Agricola de Cartago, 757 F. 2d 516 (C.A. 2nd Cir. 1985) = RIW 1985, 815 (Zusammenfassung von *Golsong*); dazu *Hahn* ZKredW 1985, 892 ff.; *Hahn* GS Küchenhoff, 1987, 209 (210 ff.); *Seidl-Hohenveldern* FS Kegel, 1987, 605 (611 ff.); *Horn* JBl. 1987, 409 (418 f.); *Bosch* in Krümmel, Internationales Bankgeschäft, 1985, 117 (138 ff.); *Weitbrecht* in Meessen, Internationale Verschuldung und wirtschaftliche Entwicklung aus rechtlicher Sicht, 1988, 32 ff.; *Gold,* The Fund Agreement in the Courts, Bd. III, 1986, 417 ff.; *Fuchs,* Lateinamerikanische Devisenkontrollen in der internationalen Schuldenkrise und Art. VIII Abschnitt 2 (b) IWF-Abkommen, 1995, 93 ff.

[128] Libra v. Banco Nacional, 570 F. Supp. 870 (Southern District N.Y. 1983); dazu *Hahn* ZKredW 1985, 936 ff.; *Hahn* GS Küchenhoff, 1987, 209 (219 ff.); *Seidl-Hohenveldern* FS Kegel, 1987, 605 (608 ff.); *Gold,* The

rium – wenn es nicht als Enteignung einzustufen ist[129] – grundsätzlich zu den Devisenkontrollen gezählt werden. Wegen der weiten Auslegung des Begriffs des Devisenkontrakts (→ Rn. 13) werden grundsätzlich auch Regelungen in Zusammenhang mit Krediten erfasst. Dem Moratorium ist in der Regel Wirkung zuzubilligen, wenn man auch nachträgliche Eingriffe (→ Rn. 35) anerkennt.[130] Anlässlich der COVID-19- bzw. Corona-Pandemie ist auch die Einführung von Moratorien diskutiert worden.[131]

33 Der IWF toleriert auch Devisenkontrollen aus Gründen der **nationalen oder internationalen Sicherheit.**[132] Allerdings bestehen Zweifel, wenn die Beschränkungen hauptsächlich politischen Zwecken dienen. Ob von einem Mitgliedsland verhängte Maßnahmen (insbesondere Embargos) als Devisenkontrollmaßnahmen iSd Art. VIII Abschnitt 2 lit. b IWF-Übereinkommen gelten, ist str.[133] Es wird zum Teil bejaht, wenn solche Maßnahmen die Zustimmung des IWF im erleichterten Verfahren finden.[134] Teils wird es verneint, weil eine inhaltliche Billigung fehle.[135] Selbst wenn die Anwendbarkeit von Art. VIII Abschnitt 2 lit. b IWF-Übereinkommen bejaht wird, ist damit aber noch nicht gesagt, dass der Verbotsstaat zu seinen Maßnahmen völkerrechtlich überhaupt befugt ist.

34 Keine Devisenkontrollbestimmung ist eine außenwirtschaftsrechtliche Regelung, die eine **Einfuhrerlaubnis** verlangt und bei ihrem Fehlen die Zahlung verbietet.[136] Ebenfalls nicht erfasst werden sonstige Handelsbeschränkungen,[137] Zollvorschriften oder Bestimmungen über den Handel mit Feindstaaten.[138] Auch Enteignungsmaßnahmen gehören nicht hierher. Rein **währungsrechtliche Vorschriften** (zB über gesetzliche Zahlungsmittel) fallen ebenfalls nicht unter das Abkommen. Das gilt etwa für Bestimmungen, die Verbindlichkeiten nur in Landeswährung gestatten, also das Eingehen von Fremdwährungsschulden verbieten.[139]

35 **bb) Abkommenskonformität.** Nur solche ausländische Devisenvorschriften sind zu beachten, welche in Übereinstimmung mit dem Abkommen aufrechterhalten oder eingeführt wurden („consistently with this Agreement"). Die bindende Entscheidung darüber steht aber grundsätzlich dem IWF zu.[140] Der IWF stimmt nicht-zahlungsbilanzbegründeten Maßnahmen nur sehr restriktiv zu.[141] Bei aufrechterhaltenen Vorschriften wird vorausgesetzt, dass das Abkommen die Existenz und die Art der in Rede stehenden Vorschrift im Ganzen gestattet.[142] Neue Devisenbeschränkungen dürfen nur mit Genehmigung des IWF eingeführt werden. Sie sind dem IWF vom

---

Fund Agreement in the Courts, Bd. III, 1986, 435 ff.; *Fuchs,* Lateinamerikanische Devisenkontrollen in der internationalen Schuldenkrise und Art. VIII Abschnitt 2 (b) IWF-Abkommen, 1995, 93 ff.

129 Näher *Gold,* The Fund Agreement in the Courts, Bd. III, 1986, 438 ff. – Zur Anerkennung ausländischer Moratorien nach autonomem Recht näher Soergel/*v. Hoffmann* Art. 28 Rn. 192 ff.

130 *Pfeiffer* ZVglRWiss 102 (2003), 141 (179). Vgl. auch *Böhlhoff/Baumanns* Int. Fin. L. Rev. 1984, Sept. S. 14 (19). – Zweifelnd *Baars/Böckel* ZBB 2004, 456 f.

131 Dazu *Ebke* ZVglRWiss 121 (2022), 258 (270 ff.).

132 Nachweise bei *Gold,* The Fund Agreement in the Courts, Bd. II, 1982, 360 ff., Bd. III, 1986, 475 ff.; *Gränicher,* Die kollisionsrechtliche Anknüpfung ausländischer Devisenmaßnahmen, 1984, 88 f., 93; *Fuchs,* Lateinamerikanische Devisenkontrollen in der internationalen Schuldenkrise und Art. VIII Abschnitt 2 (b) IWF-Abkommen, 1995, 172 f.

133 Bejahend etwa *Ebke,* Internationales Devisenrecht, 1991, 255; *Seuß,* Exterritoriale Geltung von Devisenkontrollen, 1991, 82 ff. – Unentschieden *Fuchs,* Lateinamerikanische Devisenkontrollen in der internationalen Schuldenkrise und Art. VIII Abschnitt 2 (b) IWF-Abkommen, 1995, 173; Reithmann/Martiny IntVertragsR/*Thode* Rn. 5.178.

134 *Gianviti* Rev. crit. dr. int. pr. 69 (1980), 665 f.; *Edwards* Am. J. Int. L. 75 (1981), 870 (883 ff.); *Gold,* The Fund Agreement in the Courts, Bd. II, 1982, 423.

135 *Gränicher,* Die kollisionsrechtliche Anknüpfung ausländischer Devisenmaßnahmen, 1984, 94.

136 Vgl. Sharif v. Azad (1966) 3 All E. R. 785 (C.A.).

137 Näher *Kern,* Der Internationale Währungsfonds und die Berücksichtigung ausländischen Devisenrechts, 1968, 80 ff.

138 *Mann,* Recht des Geldes, 1960, 369.

139 OLG Karlsruhe WM 1966, 1312 = IPRspr. 1964–65 Nr. 194; *Mann* JZ 1970, 709 (713); Reithmann/Martiny IntVertragsR/*Thode* Rn. 5.177.

140 *Edwards* Am. J. Int. L. 75 (1981), 870 (894 ff.); *Gold* Int. Lawyer 22 (1988), 3 (22 ff.); *Ebke* ZVglRWiss 115 (2016), 299 (311 ff.); *Fürnrohr,* Das Devisenrecht im deutsch-italienischen Wirtschaftsverkehr, 1984, 226. – Der IWF erteilt Auskunft, ob die Bestimmungen „consistent" sind (zu beanstandeten Bestimmungen *Gold* Int. Comp. L. Q. 33 [1984], 784 Fn. 25). Die Adresse ist: International Monetary Fund, Legal Department, Washington D. C. 20431, USA.

141 Nachweise bei *Gränicher,* Die kollisionsrechtliche Anknüpfung ausländischer Devisenmaßnahmen, 1984, 88.

142 *Mann* JZ 1970, 709 (713); vgl. auch *Böse,* Der Einfluß des zwingenden Rechts auf internationale Anleihen, 1963, 115 f.

Mitgliedsland zu melden; der IWF **genehmigt** sie dann **ausdrücklich oder stillschweigend.**[143] Es ist jedoch anzunehmen, dass – mangels ausdrücklicher staatsvertraglicher oder gesetzlicher Anordnung – die Ansicht des IWF in einem Zivilprozess nicht bindend ist.[144] Daher kann die Abkommenskonformität im inländischen Verfahren nachgeprüft werden.[145] Die Gerichte sind folglich zwar nicht verpflichtet, wohl aber berechtigt, eine Stellungnahme des IWF einzuholen.[146]

Art. VIII Abschnitt 2 (b) IWF-Übereinkommen enthält keinen **ordre public-Vorbehalt.** 36
Gleichwohl ist anzunehmen, dass die Anwendung ausländischen Devisenrechts ausnahmsweise an der inländischen öffentlichen Ordnung (Art. 21 Rom I-VO, § 328 Abs. 1 Nr. 4 ZPO) scheitern kann.[147] Trotz Abkommenskonformität der Bestimmungen können sie nämlich im Einzelfall willkürlich angewendet worden sein oder sich diskriminierend bzw. enteignend auswirken.[148]

cc) Verstoß. Verträge stehen dann im Gegensatz zu Devisenkontrollbestimmungen, wenn sie 37
diese Vorschriften verletzen. Der Schutzumfang richtet sich nach den Gesetzen des Landes, dessen Zahlungsbilanz berührt wird. Zu prüfen ist also stets nach ausländischem Recht, ob es den Vorgang verbietet oder einem Genehmigungserfordernis unterwirft.[149] Unerheblich ist, ob die im Ausland für Verstöße vorgesehene Sanktion zivil-, verwaltungs- oder auch strafrechtlicher Art ist.[150] Denkbar ist auch, dass nicht die Wirksamkeit des gesamten Geschäfts in Frage steht, sondern dass es teilweise mit den ausländischen Beschränkungen in Einklang steht.[151]

e) „Unklagbarkeit". aa) Begriff. Ein Verstoß gegen die Devisenvorschriften zieht nach der 38
bisherigen Rspr. nicht nur „Nichtdurchsetzbarkeit", sondern eine prozessuale Unklagbarkeit (unenforceability) nach sich.[152] Dieser dem angelsächsischen Recht entstammende Begriff bedeutet, dass gerichtliche Sanktionen zur Durchsetzung der Verpflichtung verweigert werden, ohne dass sie aber nichtig wäre. Folglich kann keine Erfüllung des Vertrages verlangt werden; eine entsprechende Klage muss scheitern. Auch Schadensersatz wegen Nichterfüllung kann nicht verlangt werden; er würde dem Vertrag indirekt Wirksamkeit verleihen.[153]

Über die rechtliche Einordnung der Unklagbarkeit besteht Streit.[154] Nach bislang herr- 39
schender, insbesondere von der Rspr. vertretener Meinung handelt es sich um eine **prozessuale Frage.** Daher bleibt die **Wirksamkeit des Vertrages unberührt; nur die Klagbarkeit von Ansprüchen aus solchen Verträgen ist ausgeschlossen.**[155] Eine dennoch erhobene Klage ist unzulässig, da es an einer allgemeinen Prozessvoraussetzung fehlt. Diesen Mangel hat das Gericht auch dann **von Amts wegen zu berücksichtigen,** wenn ihn keine der Parteien geltend

---

143 Näher *de Pardieu* Int. Bus. Lawyer 9 (1981), 97 (99); *Edwards* Am. J. Int. L. 75 (1981), 870 (873 ff.). Vgl. OLG Frankfurt NJW 2006, 2931 m. Aufsatz *Sester* NJW 2006, 2891 = IPRax 2007, 331 m. abl. Aufsatz *Schefold* IPRax 2007, 313 für Argentinien.

144 Anders LG Hamburg IPRspr. 1978 Nr. 126. Vgl. dazu *Baars/Böckel* ZBB 2004, 445 (456 f.).

145 *Bydlinski* JBl. 1959, 526 (533). Vgl. auch BGH WM 1994, 581 = NJW 1994, 1868 = IPRspr. 1994 Nr. 129 = IPRax 1995, 110 m. Aufsatz *Fuchs* IPRax 1995, 82 = LM Nr. 9 zu IWF mAnm *Geimer* = WuB VII B 2. – Nr. 1.94 mAnm *Thode* mAnm *Ebenroth/Woggon* EWiR 1994, 471.

146 *Ebke,* Internationales Devisenrecht, 1991, 268; Reithmann/Martiny IntVertragsR/*Thode* Rn. 5.180.

147 Staudinger/*Ebke,* 2021, Anh. Art. 9 Rn. 38; anders *Gehrlein* DB 1995, 129.

148 Staudinger/*Ebke,* 2021, Anh. Art. 9 Rn. 38.

149 *van Hecke* I. E. C. L. Vol. III ch. 36 (1972), sec. 18; *Ebke,* Internationales Devisenrecht, 1991, 275 f.; *Seuß,* Exterritoriale Geltung von Devisenkontrollen, 1991, 112; Reithmann/Martiny IntVertragsR/*Thode* Rn. 5.181.

150 *Gold,* The Fund Agreement in the Courts, Bd. III, 1986, 791; *Ebke,* Internationales Devisenrecht, 1991, 275; Reithmann/Martiny IntVertragsR/*Thode* Rn. 5.181; Soergel/*v. Hoffmann* EGBGB Art. 34 Rn. 151; anders für die strafrechtliche Sanktion *Seuß,* Exterritoriale Geltung von Devisenkontrollen, 1991, 114.

151 BGHZ 116, 77 (84 f.) = NJW 1993, 1070 = IPRax 1992, 377 m. Aufsatz *Fuchs* IPRax 1992, 361 = WuB VII A § 38 ZPO 2.92 mAnm *Thode* = IPRspr. 1991 Nr. 181.

152 Zur Übersetzung vgl. *Gold,* The Fund Agreement in the Courts, Bd. III, 1986, 268 ff.

153 *de Pardieu* Int. Bus. Lawyer 9 (1981), 97 (100); *van Hecke* I. E. C. L. Vol. III ch. 36 (1972), sec. 18.

154 Dazu *Ebke* ZVglRWiss 115 (2016), 299 (306 f.).

155 BGHZ 55, 334 (337 f.); BGH NJW 1970, 1507 f.; 1980, 520 f.; 1991, 3095 = ZZP 104 (1991), 449 mAnm *H. Roth* = IPRspr. 1991 Nr. 170; NJW 1993, 668 = WM 1993, 99 = IPRspr. 1992 Nr. 174; OLG Düsseldorf RIW 1984, 397 = WM 1983, 1366 mAnm *Rutke;* OLG München WM 1989, 1282 = JZ 1991, 370 m. Aufsatz *Ebke* JZ 1991, 335 und *Mann* JZ 1991, 614 = WuB VII B 2. Int. Abkommen 89 mAnm *Thode;* OLG Hamburg IPRspr. 1992 Nr. 171b; OLG Köln IPRspr. 1992 Nr. 173 = RIW 1993, 938; *Böse,* Der Einfluß des zwingenden Rechts auf internationale Anleihen, 1963, 116 f.; *Kern,* Der Internationale Währungsfonds und die Berücksichtigung ausländischen Devisenrechts, 1968, 83 ff.; *Kägi,* Der Einfluss des Devisenrechts auf internationale schuldrechtliche Verträge, 1961, 110; *Bachmann,* Fremdwährungsschulden in der Zwangsvollstreckung, 1994, 189.

macht.[156] Art. VIII Abschnitt 2 lit. b IWF-Übereinkommen solle nämlich nicht dem Schutz privater Interessen, sondern dem gegenseitigen Respekt der Rechtsordnungen der IWF-Mitglieder dienen. Allerdings findet keine Amtsermittlung über den dem Gericht unterbreiteten Prozessstoff hinaus statt.[157] Dieser prozessualen Einordnung als Sachurteilsvoraussetzung, welche zu Lasten des Gläubigers geht und zu verfahrensrechtlichen Schwierigkeiten führt, wird zunehmend widersprochen. Auch in der höchstrichterlichen Rspr. deutet sich ein Wandel, nämlich ein Übergang zu einer **materiellrechtlichen Betrachtung,** an.[158] Nach einer früher vertretenen Auffassung soll bei Unklagbarkeit völlige Unwirksamkeit (Nichtigkeit) eintreten.[159] Dies würde freilich über das Ziel der Beachtung fremden Devisenrechts hinausschießen. Heute wird insbesondere vertreten, „unenforceable" sei materiellrechtlich als **unvollkommene Verbindlichkeit** und prozessual als vom Schuldner zu erhebende, also verzichtbare Einrede einzuordnen.[160] Diese Einordnung würde nicht nur zur Abweisung als unbegründet führen,[161] sondern könnte noch eine Reihe von Konsequenzen nach sich ziehen, welche im Ergebnis die Position des Gläubigers stärken (zum Zeitpunkt → Rn. 44; zu Sicherheiten → Rn. 27).

40 Vereinbarungen der Parteien können die Durchsetzbarkeit vertraglicher Ansprüche beeinflussen. Dann stellt sich jeweils die Frage, ob ihrer Geltendmachung die Unklagbarkeit des Anspruchs entgegensteht. Dies ist für die **Stundung** des Anspruchs verneint worden.[162]

41 Ob die fehlende Klagbarkeit der Forderung Einfluss auf ihre **Verjährung** hat, ist zweifelhaft. Teilweise wird angenommen, dass eine der lex causae unterliegende Hemmung der Verjährung (→ Art. 12 Rn. 117 ff.) eintreten könne.[163] Dafür ist § 203 BGB aF (nunmehr § 206 BGB) entsprechend herangezogen worden.[164] Nach der materiellrechtlichen Auffassung führt entgegenstehendes Devisenrecht zur Abweisung als derzeit unbegründet; eine Verjährungsunterbrechung nach § 209 Abs. 1 aF BGB (vgl. nunmehr Hemmung nach § 204 Abs. 1 Nr. 1 BGB) wurde angenommen.[165]

42 Da eine **Aufrechnung** die Wirkung einer bargeldlosen Zahlung haben kann, ist sie nach ausländischem Devisenrecht häufig verboten. Eine Aufrechnung mit einer Forderung aus einem ungenehmigten Geschäft ist dann auch im inländischen Verfahren unzulässig, da es keinen Unterschied machen kann, ob ein Anspruch selbständig eingeklagt oder lediglich zur Verrechnung gestellt wird.[166] Voraussetzung einer erfolgreichen Klage ist allerdings, dass die Klageforderung ihrerseits nicht mit dem gleichen devisenrechtlichen Mangel behaftet ist.

---

156 BGH NJW 1970, 1507 = IPRspr. 1970 Nr. 100; BGHZ 55, 334 (337 f.) = NJW 1971, 983; BGH: WM 1977, 332 = IPRspr. 1976 Nr. 118; NJW 1980, 520; KG IPRspr. 1974 Nr. 138; *Kohl* IPRax 1986, 285 (287); *Gehrlein* DB 1995, 129 (132 f.).

157 BGH NJW 1991, 3095 = ZZP 104 (1991), 449 mAnm *H. Roth* = IPRspr. 1991 Nr. 170; Reithmann/Martiny IntVertragsR/*Thode* Rn. 5.182.

158 Offengelassen in BGHZ 116, 77 = NJW 1993, 1070 = IPRax 1992, 377 m. Aufsatz *Fuchs* IPRax 1992, 361 = WuB VII A § 38 ZPO 2.92 mAnm *Thode* = IPRspr. 1991 Nr. 181; BGH WM 1994, 54 = IPRspr. 1993 Nr. 127; vgl. auch *Vischer/Huber/Oser* IVR Rn. 999.

159 *Mann* JZ 1970, 709 (714); *Mann* JZ 1981, 327 (328); dagegen etwa *Gehrlein* DB 1995, 129 (132); *van Hecke* I. E. C. L. Vol. III ch. 36 (1972), sec. 18.

160 Grdl. *Ebke,* Internationales Devisenrecht, 1991, 276 ff., 283 ff.; *Ebke* ZVglRWiss 100 (2001), 365 (382 ff.); Staudinger/*Ebke,* 2021, Anh. Art. 9 Rn. 136 ff.; ebenso *Mankowski* FS Ebke, 2021, 631 (634); *Wegen/M.J. Müller* FS Ebke, 2021, 1047 (1049); Reithmann/Martiny IntVertragsR/*Thode* Rn. 5.189, 5.191; *Siehr* IPR 333; krit. zur Einordnung als Einrede wegen der staatsvertraglichen Verpflichtung *Vischer/Huber/Oser* IVR Rn. 999; anders *Marty,* Ausländische Devisenkontrollregulierungen gemäß Art. VIII Abschn. 2 lit. b IMF-Abkommen und die „unenforceability" der Verträge nach schweizerischem Recht, 2009, 160 ff.

161 Zur Abweisung als „zur Zeit" unbegründet, *M. J. Müller,* Staatsbankrott und private Gläubiger, 2015, 114; Staudinger/*Ebke,* 2021, Anh. Art. 9 Rn. 138.

162 OLG Hamburg IPRspr. 1992 Nr. 171b.

163 Offengelassen von Soergel/*v. Hoffmann* EGBGB Art. 34 Rn. 154.

164 Noch zu § 203 BGB aF OLG München OLG-Rspr. 1993, 23 (vgl. auch *Fuchs,* Lateinamerikanische Devisenkontrollen in der internationalen Schuldenkrise und Art. VIII Abschnitt 2 (b) IWF-Abkommen, 1995, 204 f.); anders wohl BGH WM 1994, 581 = NJW 1994, 1868 = IPRspr. 1994 Nr. 129 = IPRax 1995, 110 m. Aufsatz *Fuchs* IPRax 1995, 82 mAnm *Ebenroth/Woggon* EWiR 1994, 471 = LM IWF Nr. 9 mAnm *Geimer* = WuB VII B 2. Nr. 1.94 mAnm *Thode.* Für § 202 BGB aF (vgl. nunmehr § 204 Abs. 1 BGB); *Gehrlein* DB 1995, 129 (134).

165 Näher (noch zu § 209 Abs. 1 BGB aF) *Ebke,* Internationales Devisenrecht, 1991, 284 f.; *Ebke* RIW 1991, 1 (6); *Ebke* WM 1993, 1169 (1171); Reithmann/Martiny IntVertragsR/*Thode* Rn. 5.188, 5.193.

166 LG Karlsruhe RIW 1986, 385 m. zust. Anm. *Löber* = IPRspr. 1984 Nr. 118 A; *Ebke,* Internationales Devisenrecht, 1991, 292 f.; *Ehlers-Munz,* Die Beachtung ausländischen Devisenrechts, 1991, 55; *Seuß,* Exterritoriale Geltung von Devisenkontrollen, 1991, 142 f.; Reithmann/Martiny IntVertragsR/*Thode* Rn. 5.167.

Ausländisches Devisenrecht ist auch zu beachten, soweit es um die **Vollstreckbarerklärung ausländischer Urteile** geht. Hat nämlich der Entscheidungsstaat eine drittstaatliche Devisenkontrollvorschrift zu eng ausgelegt oder missachtet, so genießt der Schutz der ausländischen Vorschrift vor dem Ausspruch des Urteilsstaates Vorrang. Die Anerkennung des Auslandsurteils kann daher unter Berufung auf den deutschen ordre public (§ 328 Abs. 1 Nr. 4 ZPO) abgelehnt werden.[167] 43

bb) Zeitpunkt. Maßgeblicher Zeitpunkt für die Nichtdurchsetzbarkeit ist vom Standpunkt der prozessualen Einordnung der Unklagbarkeit aus nicht der Vertragsschluss[168] oder die Klageerhebung,[169] sondern die **Sachlage am Schluss der letzten mündlichen Verhandlung.**[170] Lässt die Erfüllung des Klagebegehrens (die den Devisenbestand beeinflussen kann) in diesem Zeitpunkt die Zahlungsbilanz eines Mitgliedslandes unberührt, so steht der Klagbarkeit nichts im Wege, weil das Abkommen nicht eine Erstreckung der ausländischen Devisenkontrollbestimmungen auf das Inland, sondern nur den Schutz des Devisenbestandes des ausländischen Staates im Zeitpunkt der Beurteilung bezweckt. Dagegen ist nach der vordringenden materiellrechtlichen Einordnung grundsätzlich der **Zeitpunkt des Vertragsschlusses** maßgeblich.[171] 44

Beim **Entfallen von Beschränkungen** besteht über das Ergebnis Einigkeit. Auch bei prozessualer Einordnung kann ein ursprünglich unklagbarer Vertrag – im Interesse des internationalen Entscheidungseinklangs – **einklagbar werden.**[172] Wird daher aus einem Devisenkontrakt geklagt, der gegen ausländische Vorschriften verstieß, die zwischenzeitlich aufgehoben oder geändert wurden, so ist die Klage zulässig und der Vertrag vom deutschen Standpunkt aus gültig.[173] Dies gilt auch dann, wenn die Forderung inzwischen an einen anderen ausländischen Gläubiger zum Inkasso abgetreten wurde und die Zahlungsbilanz nicht mehr berührt wird.[174] Entsprechendes gilt für eine devisenrechtlich erhebliche Wohnsitzverlegung oder eine nachträgliche Genehmigung des Geschäfts. Wird der Devisenkontrakt im Ausland nachträglich genehmigt, so entscheidet das Vertragsstatut darüber, ob das Rechtsgeschäft nunmehr – wie nach deutschem Recht – voll wirksam ist.[175] Geschieht das nicht, so bleibt es bei der Nichtdurchsetzbarkeit. Beim Entfallen der Beschränkungen tritt auch nach der materiellrechtlichen Auffassung Klagbarkeit ein.[176] 45

Ob **nachträgliche Beschränkungen** die Klagbarkeit ausschließen, ist str. Vielfach wird vertreten, das Übereinkommen verlange lediglich die Beachtung von **Devisenbeschränkungen, die bereits bei Vertragsabschluss** bestanden.[177] Dies wird vor allem von den Vertretern der materiellrechtlichen Einordnung der Unklagbarkeit angenommen.[178] Dafür werden insbesondere Parteiinteressen ins Feld geführt; das Vertrauen in ein bereits bestehendes Vertragsverhältnis gehe der Rücksichtnahme auf die Belange des rechtsetzenden Staates vor. Dass die Devisenkontrollmaßnahmen mit Zustimmung des IWF eingeführt wurden, besage nichts, da es nicht Aufgabe des Fonds sei, Privatinteressen zu schützen. Schließlich wird die Eigentumsgarantie (Art. 14 GG) angeführt. Für die Gegenansicht, wonach **auch nach Vertragsabschluss erlassene Beschränkungen zu beachten** 46

---

167 *Ebenroth/Neiss* RIW 1991, 617 (625); *Ebke,* Internationales Devisenrecht, 1991, 184 f.; *Bachmann,* Fremdwährungsschulden in der Zwangsvollstreckung, 1994, 189 ff.

168 So im Grundsatz *Mann* JZ 1981, 327 (329), allerdings unter Berücksichtigung späterer Wirksamkeit.

169 So aber *Förger* NJW 1971, 309 (310).

170 BGH NJW 1980, 520; 1991, 3095 = ZZP 104 (1991), 449 mAnm *H. Roth* = IPRspr. 1991 Nr. 170; *Gehrlein* DB 1995, 129 (133 f.).

171 *Ebke,* Internationales Devisenrecht, 1991, 304 f.; Reithmann/Martiny IntVertragsR/*Thode* Rn. 5.190; Staudinger/*Ebke,* 2021, Anh. Art. 9 Rn. 139.

172 *Gold* RabelsZ 22 (1957), 614; *Bydlinski* JBl. 1959, 526 (532); *Ebenroth/Neiss* RIW 1991, 617; *Gehrlein* DB 1995, 129 (132 ff.); *Böse,* Der Einfluß des zwingenden Rechts auf internationale Anleihen, 1963, 118 f.; *Kern,* Der Internationale Währungsfonds und die Berücksichtigung ausländischen Devisenrechts, 1968, 71 ff.; *Unteregge,* Ausländisches Devisenrecht und internationale Kreditverträge, 1991, 54 ff.

173 BGHZ 55, 334 (337 f.) = NJW 1971, 983.

174 BGH NJW 1980, 520.

175 BGH NJW 1970, 1002 = AWD 1970, 274.

176 *Ebke,* Internationales Devisenrecht, 1991, 303 f.; *Ebke* WM 1993, 1169 (1173 ff.); Reithmann/Martiny IntVertragsR/*Thode* Rn. 5.190.

177 *Mann* JZ 1970, 709 f.; *Mann* JZ 1981, 327 (329); *Rüßmann* WM 1983, 1126 (1127 ff.); *Bosch* in Krümmel, Internationales Bankgeschäft, 1985, 117 (141); *Hahn,* Währungsrecht, 1990, § 26 Rn. 32; *Hahn* GS Küchenhoff, 1987, 209 (224 f.); *Horn* JBl. 1987, 409 (418 f.); *Kleiner,* Internationales Devisen-Schuldrecht, 1985, 154 f.; *Proctor,* Mann and Proctor on the law of money, 8. Aufl. 2022, Rn. 15.28(b); *Vischer,* Geld- und Währungsrecht im nationalen und internationalen Kontext, 2009, Rn. 437. – Unklar BGH WM 1977, 332 = IPRspr. 1977 Nr. 118.

178 *Ebke,* Internationales Devisenrecht, 1991, 233 ff., 302 f.; *Ebke* RIW 1991, 1 (5 ff.); *Ebke* WM 1993, 1169 (1176); Reithmann/Martiny IntVertragsR/*Thode* Rn. 5.190; *Siehr* IPR 333; Staudinger/*Ebke,* 2021, Anh. Art. 9 Rn. 139.

sind,[179] spricht zunächst einmal der Wortlaut der Vorschrift, die keine Einschränkung bezüglich des Zeitpunkts macht. Ferner entspricht es ihrem Zweck, das fragliche Rechtsgeschäft grundsätzlich genauso zu behandeln wie im rechtsetzenden Staat. Eine einschränkende Interpretation würde den Mechanismus des Übereinkommen weitgehend lahmlegen. Das normsetzende Land wird gerade deshalb Beschränkungen einführen, weil zB die Zahlungsbilanz auf Grund der früheren Verschuldung gefährdet ist, und wird nicht nur Neuabschlüsse erfassen wollen. Obwohl der IWF den Maßnahmen zugestimmt hat, würden bei einer restriktiven Interpretation die Kontrollmaßnahmen nicht greifen.[180] Diesen Aspekt lässt eine allein auf die Parteierwartungen abstellende Betrachtung außer Acht. Im Einzelfall kann allerdings auch hier der ordre public (Art. 21) eingreifen, etwa bei willkürlichen oder diskriminierenden Maßnahmen.[181]

47 Auch **nachträgliche Unklagbarkeit** ist möglich. Ein Beispiel dafür ist die Unvereinbarkeit von Devisenvorschriften mit dem Abkommen, weil die erforderliche Zustimmung des IWF erloschen ist.[182]

48 **2. Autonomes Recht.** Die Beachtung des Devisenrechts von Nichtmitgliedern des IWF unterliegt nicht dem Abkommen von Bretton Woods, sondern dem autonomen IntDevR.[183] Gleiches gilt für Verträge, die nicht unter das Abkommen fallen.[184] Folglich ist bei einer restriktiveren Interpretation des Bretton Woods Abkommen zu prüfen, ob die ausländischen Vorschriften etwa nach autonomem IntDevR zu beachten sind.[185] Es kommt dann darauf an, wieweit man zu einer Sonderanknüpfung ausländischen zwingenden Rechts bereit ist oder den Einfluss des ausländischen Rechts nur auf materiellrechtlichem Wege im Rahmen des Vertragsstatuts berücksichtigt[186] (→ Rn. 1 ff.). Devisenrecht ist im allgemeinen als Eingriffsnorm iSd Art. 9 Rom I-VO anzusehen.[187] Eigenes Recht kann nach Art. 9 Abs. 2 durchgesetzt werden.[188] Nunmehr >ist die Regelung des Art. 9 Abs. 3 Rom I-VO auch für fremdes Devisenrecht maßgeblich,[189] wobei es auf den Erfüllungsort ankommt[190] (→ Art. 9 Rn. 120 ff.). Da auch bei Nichtbeachtung des ausländischen Devisenrechts (nach allerdings umstrittener Auffassung)[191] eine schuldbefreiende Unmöglichkeit (§ 275 BGB) eintreten kann,[192] macht es im Ergebnis oft wenig Unterschied, ob man eine Sonderanknüpfung (→ Rn. 2 ff.) vornimmt oder nicht. Im einen Fall wird die Leistung rechtlich nicht geschuldet, im anderen ist sie tatsächlich unmöglich.[193] Bezüglich der argentinischen Staatsanleihen wurde sowohl eine kollisionsrechtliche Sonderanknüpfung als auch eine nur materiell-rechtliche Berücksichtigung der argentinischen Regelung bzgl. des Staatsnotstandes erörtert.[194] Eine beachtliche Zwangslage Argentiniens wurde jedoch abgelehnt.[195] Im Ergebnis wurde daher Argentinien ver-

---

179 *Gold,* The Fund Agreement in the Courts, Bd. III, 1986, 461 ff. (gegen *Rüßmann*); *Gold* RabelsZ 22 (1957), 601 (614); *Gehrlein* DB 1995, 129 (133 f.); *Pfeiffer* ZVglRWiss 102 (2003) 141 (180 f.); *Wegen/M.J. Müller* FS Ebke, 2021, 1047 (1050 f.); *Gränicher,* Die kollisionsrechtliche Anknüpfung ausländischer Devisenmaßnahmen, 1984, 114; PWW/*Remien* Art. 9 Rn. 48; vgl. auch *Förger* NJW 1971, 310.

180 Vgl. *Zamora* Int. Lawyer 21 (1987), 1055 (1065 f.); *Gehrlein* DB 1995, 129 (133 f.). – Zwischen zahlungsbilanzrechtlich indizierten und politischen Maßnahmen will differenzieren *Vischer/Huber/Oser* IVR Rn. 999.

181 *Pfeiffer* ZVglRWiss 102 (2003), 141 (181) mwN.

182 *Gold* RabelsZ 38 (1974), 684 (685 f.) erwähnt auch den Austritt aus dem IWF.

183 *Bydlinski* JBl. 1959, 526 (531); *Mann* JZ 1970, 709 (710); *Böse,* Der Einfluß des zwingenden Rechts auf internationale Anleihen, 1963, 125; *van Hecke* I. E. C. L. Vol. III ch. 36 (1972), sec. 18; *Bachmann,* Fremdwährungsschulden in der Zwangsvollstreckung, 1994, 192 f.; Reithmann/Martiny IntVertragsR/*Thode* Rn. 5.195; Staudinger/*Ebke,* 2021, Anh. Art. 9 Rn. 41, 143.

184 BGH WM 1977, 332 obiter; s. auch Kronke/Melis/Kuhn IntWirtschaftsR-HdB/*Schefold* Rn. I 65 ff.

185 *Ebke,* Internationales Devisenrecht, 1991, 312 ff.; *Unteregge,* Ausländisches Devisenrecht und internationale Kreditverträge, 1991, 59 ff.; Reithmann/Martiny IntVertragsR/*Thode* Rn. 5.195.

186 Für eine Sonderanknüpfung *Ebke* ZVglRWiss 100 (2001), 365 (393 f.). Zu letzterem *Kleiner,* Internationales Devisen-Schuldrecht, 1985, Rn. 23.28 ff., 23.36 ff.

187 *Vischer,* Geld- und Währungsrecht im nationalen und internationalen Kontext, 2009, Rn. 407, 415; Staudinger/*Ebke,* 2021, Anh. Art. 9 Rn. 153.

188 *Ebke* GS U. Hübner, 2012, 653 (669); Staudinger/*Ebke,* 2021, Anh. Art. 9 Rn. 155.

189 Reithmann/Martiny IntVertragsR/*Thode* Rn. 5.196; Staudinger/*Ebke,* 2021, Anh. Art. 9 Rn. 156.

190 Für ein Verständnis als Zahlungsort *Vischer,* Geld- und Währungsrecht im nationalen und internationalen Kontext, 2009, Rn. 415.

191 Näher *Martiny* IPRax 2012, 559 (566 f.) mwN.

192 BGH DB 1965, 512 = LM BGB § 275 Nr. 15 = IzRspr. 1964–65 Nr. 68.

193 Staudinger/*Gamillscheg/Hirschberg,* 10./11. Aufl. 1973, EGBGB Vor Art. 13 Rn. 401.

194 Für eine sachrechtliche Berücksichtigung als Leistungsstörung im Rahmen des deutschen Recht („Datum") nach § 275 Abs. 3 BGB, *Weller,* Die Grenze der Vertragstreue von (Krisen-)Staaten: zur Einrede des Staatsnotstands gegenüber privaten Anleihegläubigern, 2013, 51 ff.

195 Dazu auch BVerfGE 118, 124 = NJW 2007, 2610 mAnm *Lübbe-Wolff* = RIW 2007, 690 mAnm *Kleinlein* = IPRax 2008, 427 m. Aufsatz *Stadler* IPRax 2008, 405.

wehrt, sich für die Nichtrückzahlung gegenüber Privatgläubigern weiterhin auf Staatsnotstand zu berufen[196] bzw. gegenüber Holdout-Gläubigern die Leistung zu verweigern.[197] Mögliche Probleme werden auch im Hinblick auf Russland erörtert.[198]

Nach **UN-Einheitskaufrecht** hat der Käufer alle Maßnahmen zu ergreifen, welche zu einer erfolgreichen Zahlung führen (Art. 54 CISG). Dazu gehört auch die Einhaltung ausländischer Devisenvorschriften, soweit sie tatsächlichen Einfluss auf die Zahlung haben.[199] Stehen nachträglich erlassene Devisenvorschriften im Gläubigerland der Zahlung in der vereinbarten Währung entgegen, so wird dem Gläubiger gestattet, vom Schuldner (im Rahmen des devisenrechtlich Zulässigen) Zahlung in dessen Heimatwährung zu verlangen (vgl. Art. 79 Abs. 5 CISG iVm Art. 7 Abs. 1 CISG).[200] 49

Jedenfalls für **Unterhaltsansprüche** ist nach hM eine Sonderanknüpfung vorzunehmen (→ HUP Art. 11 Rn. 89).[201] Devisenrechtliche Beschränkungen am Aufenthaltsort des Berechtigten werden insbesondere bei der Bestimmung der Unterhaltswährung und der Erfüllungsmöglichkeiten beachtet (→ Anh. I Art. 9 Rn. 10 ff.).[202] Der Unterhalt soll dem Berechtigten möglichst unverkürzt und auf dem für ihn zulässigen Weg zufließen. Die Deckung des Unterhaltsbedarfs kann nicht deshalb unterbleiben, weil ein fremder Staat devisenrechtliche Eingriffe vorgenommen hat.[203] 50

IV. Europäisches Devisenrecht

Im Rahmen der Liberalisierung des Kapital- und Zahlungsverkehrs sind nunmehr alle Beschränkungen des Kapital- und des Zahlungsverkehrs zwischen den Mitgliedstaaten, aber auch zwischen den Mitgliedstaaten und dritten Ländern verboten (Art. 63 AEUV).[204] Solche Beschränkungen sind mithin unzulässig;[205] die Verbotsvorschrift ist unmittelbar anwendbar.[206] Nach Unionsrecht im rechtsetzenden Staat unwirksame Normen brauchen auch im Ausland nicht beachtet zu werden. 51

Art. 65 Abs. 1 lit. b AEUV erlaubt den Mitgliedstaaten, Maßnahmen zu ergreifen, die aus Gründen der öffentlichen Ordnung oder Sicherheit gerechtfertigt sind. Dies kann insbesondere bei einem drohenden Zusammenbruch des Bankensystems sowie einer Staatsinsolvenz zum Tragen kommen.[207] Ferner erlaubt Art. 66 AEUV die Verhängung unbedingt erforderlicher Schutzmaßnahmen für ein halbes Jahr, falls Kapitalbewegungen nach oder aus Nichtmitgliedstaaten unter außergewöhnlichen Umständen das Funktionieren der Wirtschafts- und Währungsunion schwerwiegend stören oder zu stören drohen. Dafür muss der Rat auf Vorschlag der Kommission und nach Anhörung der EZB zustimmen. Eine schwerwiegende Störung der Währungsunion allein dürfte allerdings nicht genügen. Art. 66 AEUV dürfte sich nur auf den Kapitalverkehr mit Drittländern beziehen. 52

Anh. III Art. 9 Rom I-VO: Digitale-Dienste-Gesetz

Schrifttum: *Ahrens,* Das Herkunftslandprinzip in der E-Commerce-Richtlinie, CR 2000, 835; *Bröhl/Bender/Röder-Messell,* Das neue E-Commerce-Recht, 2002; *Dethloff,* Europäisches Kollisionsrecht des unlauteren Wettbewerbs, JZ 2000, 179; *Fallon/Meeusen,* Le commerce électronique, la directive 2000/31/CE et le droit international privé, Rev. crit. dr. int. pr. 91 (2002), 435; *Fezer/Koos,* Das gemeinschaftsrechtliche Herkunftslandprinzip und die e-commerce-Richtlinie, IPRax 2000, 349; *Grundmann,* Das Internationale Privatrecht der E-Commerce-Richtline, RabelsZ 67 (2003), 246; *Hellner,* The Country of Origin Principle in the E-Commerce Direvtive –

[196] Vgl. OLG Frankfurt NJW 2006, 2931 m. Aufsatz *Sester* NJW 2006, 2891 = IPRax 2007, 331 m. abl. Aufsatz *Schefold* IPRax 2007, 313; LG Frankfurt a.M. WM 2008, 2062.

[197] BGH NJW 2015, 2328 m. Aufsatz *M.J. Müller* RIW 2015, 717.

[198] Dazu *Kindler* BKR 2022, 407 (413 ff.).

[199] *Magnus* RabelsZ 53 (1989), 116 (128); Schlechtriem/Schwenzer/*Hager/Maultzsch* CISG Art. 54 Rn. 5 ff.

[200] Schlechtriem/Schwenzer/*Hager* CISG Art. 54 Rn. 10; vgl. auch *Bachmann,* Fremdwährungsschulden in der Zwangsvollstreckung, 1994, 204 f.

[201] *Steenken,* Fremdwährungsschulden, 1992, 57 f.; *Bachmann,* Fremdwährungsschulden in der Zwangsvollstreckung, 1994, 193; *Hahn,* Währungsrecht, 1990, § 26 Rn. 25.

[202] BGH FamRZ 1987, 370 = NJW 1987, 1146 = WuB VII A. § 328 ZPO mAnm *Welter,* zur CSSR; zust. dazu *Hahn,* Währungsrecht, 1990, § 26 Rn. 26; abl. *Ebke,* Internationales Devisenrecht, 1991, 320 ff.

[203] Vgl. auch *Bachmann,* Fremdwährungsschulden in der Zwangsvollstreckung, 1994, 196, 207: Grundsatz möglichst vollständiger Gläubigerbefriedigung.

[204] Näher Staudinger/*Ebke,* 2021, Art. 9 Anh. Rn. 9 mwN. Zu früheren Kontrollen im Hinblick auf den Kapitalverkehr EuGH Slg. 1984, 377 = NJW 1984, 1288 – Luisi, Carbone; dazu *Hafke* WM 1985, 309 ff.; *Luzzatto* JbItalR 1 (1988), 45 ff.; *Ebke,* Internationales Devisenrecht, 1991, 102 ff. – Abschlussentscheidung Trib. Genua (1987) 3 C. M. L. Rep. 455.

[205] Soergel/*v. Hoffmann* EGBGB Art. 34 Rn. 159.

[206] S. *Weber* EuZW 1992, 561 (562); Soergel/*v. Hoffmann* EGBGB Art. 34 Rn. 159.

[207] *M. J. Müller,* Staatsbankrott und private Gläubiger, 2015, 389; Staudinger/*Ebke,* 2021, Anh. Art. 9 Rn. 23 mwN.

A Conflict with Conflict of Laws?, Eur. Rev. Priv. L. 12 (2004), 193; Hofmann/Raue (Hrsg.), Digital Services Act, 2023; *Landfermann,* Internet-Werbung und IPR, FS Max-Planck-Institut, 2001, 503; *Lurger,* Internationales Deliktsrecht und Internet, FS Max-Planck-Institut, 2001, 479; *Mankowski,* Das Herkunftslandprinzip als Internationales Privatrecht der e-commerce-Richtlinie, ZVglRWiss 100 (2001), 137; *Mankowski,* Herkunftslandprinzip und das deutsche Umsetzungsgesetz zur e-commerce-Richtlinie, IPRax 2002, 257; *Mankowski,* Das Herkunftsland des E-Commerce-Rechts als Internationales Privatrecht, EWS 2002, 401; *Nickels,* Der elektronische Geschäftsverkehr und das Herkunftslandprinzip, DB 2001, 1919; *Nickels,* Neues Bundesrecht für den E-Commerce, CR 2002, 302; *Ohly,* Herkunftslandprinzip und Kollisionsrecht, GRUR Int 2001, 899; *Pfeiffer,* Erneut: Marktanknüpfung und Herkunftslandsprinzip im E-Commerce, IPRax 2014, 360; *Sack,* Herkunftslandprinzip und internationale elektronische Werbung nach der Novellierung des Teledienstgesetzes (TDG), WRP 2002, 271; *Sack,* Der EuGH zu Art. 3 E-Commerce-Richtlinie: die Entscheidung „eDate Advertising", EWS 2011, 513; *Sonnenberger,* Das Internationale Privatrecht im dritten Jahrtausend, ZVglRWiss 100 (2001), 107; *Spindler,* Internet, Kapitalmarkt und Kollisionsrecht unter besonderer Berücksichtigung der E-Commerce-Richtlinie, ZHR 165 (2001), 324; *Spindler,* Das Gesetz zum elektronischen Geschäftsverkehr, NJW 2002, 921; *Spindler,* Das Herkunftslandprinzip im neuen Teledienstgesetz, RIW 2002, 183; *Spindler,* Herkunftslandprinzip und Kollisionsrecht, RabelsZ 66 (2002), 633; *Spindler,* E-Commerce-Richtlinie, in Gounalakis, Rechtshandbuch Electronic Business, 2003, 214; *Spindler/Fallenböck,* Das Herkunftslandprinzip der E-Commerce-Richtlinie und seine Umsetzung in Deutschland und Österreich, ZfRV 2002, 214; *Staudenmayer,* Aktuelle Probleme im Schnittbereich von Verbraucherschutz und Internationalem Privatrecht, in Lando/Magnus/Nowak-Stief, Angleichung des materiellen und des internationalen Privatrechts in der EU, 2003, 57.

Übersicht

A. Allgemeines

I. Normzweck

1 Das **Digitale-Dienste-Gesetz (DDG)** vom 6.5.2024 dient der nationalen Umsetzung der VO (EU) 2022/2065 (Digital Services Act – DSA) vom 14.9.2022 und erweitert diese europäische

Verordnung. Ferner dient es zur Durchführung der VO (EU) 2019/1150 (P2B-VO) vom 20.6.2019. Es handelt sich um einen Teilaspekt der Regelung des digitalen Binnenmarktes.[1] In diesem Zusammenhang hat das DDG auch die RL 2000/31/EG **(E-Commerce-RL)** erneut umgesetzt.[2] Das DDG ist – unter weitgehender Übernahme seines Inhalts – an die Stelle des früheren TMG vom 26.2.2007 getreten, das seinerseits das vorangegangene TDG zum 1.3.2007 abgelöst hatte (→ Rom II-VO Art. 6 Rn. 83). Die §§ 1–6 DDG entsprechen weitgehend den §§ 1–6 TMG.[3] Frühere Ausführungen zum TMG können daher in großem Umfang herangezogen werden.

Die E-Commerce-RL will die Prinzipien des Binnenmarktes iSd Art. 26 AEUV verwirklichen, 2 insbesondere die Dienstleistungsfreiheit (Art. 56 AEUV) durchsetzen.[4] Innerhalb des von der Richtlinie erfassten Bereichs sollen die Dienste der Informationsgesellschaft den innerstaatlichen Vorschriften des Mitgliedstaats, in dem der Dienstanbieter niedergelassen ist, unterliegen. Zusätzliche Restriktionen des Empfangsstaats werden somit ausgeschaltet. Der kollisionsrechtliche Gehalt der Richtlinie erschließt sich wegen ihrer Widersprüchlichkeit und Lückenhaftigkeit nicht ohne weiteres (→ EGBGB Art. 3 Rn. 80 ff.).

In Art. 3 E-Commerce-RL wird unter der Überschrift „Binnenmarkt" für die „Dienste der 3 Informationsgesellschaft" auf das **Recht am Niederlassungsort des Diensteanbieters** abgestellt. Dienste der Informationsgesellschaft sind alle Dienstleistungen, welche in der Regel gegen Entgelt im Fernabsatz mittels Geräten für die elektronische Verarbeitung (einschließlich digitaler Kompression) und Speicherung von Daten auf individuellen Abruf eines Empfängers erbracht werden (Erwägungsgrund 17 E-Commerce-RL).

Der Anhang zur Richtlinie nennt als **Ausnahmen** im Rahmen von Art. 3 E-Commerce-RL 4 ua die Freiheit der Rechtswahl für Vertragsparteien, vertragliche Schuldverhältnisse in Bezug auf Verbraucherverträge sowie die formale Gültigkeit von Verträgen, die Rechte an Immobilien begründen oder übertragen, sofern diese Verträge nach dem Recht des Mitgliedstaates, in dem sich die Immobilie befindet, zwingenden Formvorschriften unterliegen (→ Rn. 38 ff.).

Die auch von anderen Staaten (Empfangsstaaten) akzeptierte Maßgeblichkeit des Rechts des 5 Niederlassungsortes (Herkunftsmitgliedstaat) wird in Anlehnung an die Terminologie zur Warenverkehrs- und zur Dienstleistungsfreiheit des Unionsrechts im Allgemeinen als **Herkunftslandprinzip** (principle of origin; principe d'origine) bezeichnet (→ EGBGB Art. 3 Rn. 80 ff.).[5]

Nach Erwägungsgrund 23 E-Commerce-RL zielt die Richtlinie weder darauf ab, „zusätzliche 6 Regeln" im Bereich des IPR hinsichtlich des anwendbaren Rechts zu schaffen, noch befasst sie sich mit der Zuständigkeit der Gerichte. Trotz dieser **„IPR-Neutralität"**[6] besitzt die Regelung des Art. 3 Abs. 1 E-Commerce-RL gleichwohl einen gewissen kollisionsrechtlichen Gehalt. „Vorschriften des anwendbaren Rechts", die durch Regeln des IPR bestimmt sind, dürfen nämlich die Freiheit zur Erbringung von Diensten der Informationsgesellschaft iSd E-Commerce-RL nicht einschränken (so ausdrücklich Erwägungsgrund 23 Commerce-RL).[7] Maßgeblich ist der Sitz des Diensteanbieters, nicht das Bestimmungsland der Dienste. Damit wird zwar der Konflikt zwischen Herkunftsland- und Bestimmungslandprinzip zu Gunsten des Herkunftslandes entschieden,[8] doch bleibt die Tragweite der Regelung unklar. Dies gilt auch für die Ausnahmen zu Gunsten der Rechtswahlfreiheit und der Verbraucherverträge. Die Richtlinie will zwar für den von ihr betroffenen Bereich die in ihr getroffene Regelung durchsetzen, äußert sich aber nicht näher zu den Voraussetzungen, Grenzen und Konsequenzen. Die Auslegung der Norm muss daher zwei Aufgaben bewältigen. Zunächst einmal kommt es darauf an, welche Vorgaben die Richtlinie selbst enthält. Sodann ist die Umsetzung in deutsches Recht zu untersuchen und für sie eine europarechtskonforme Auslegung zu finden.

II. Rechtsangleichung

Hauptzweck der E-Commerce-RL ist die Angleichung des Rechts des elektronischen 7 Geschäftsverkehrs. Als „Querschnitts-Richtlinie"[9] betrifft sie unterschiedliche Rechtsgebiete, die

---

1 *Hofmann* in Hofmann/Raue, Digital Services Act, 2023, Einl. Rn. 3.

2 Näher *Marly* in Grabitz/Hilf/Nettesheim, 2016, A 4.

3 S. Begr. RegE, BT-Drs. 20/10031, 65 ff.

4 Vgl. *Spindler/Fallenbäck* ZfRV 2002, 214 (215); näher zum europäischen Telekommunikationsrecht *Netzle/Pohle* in Kronke/Melis/Kuhn, Handbuch des internationalen Wirtschaftsrechts, 2. Aufl. 2017, 307 ff.

5 Dazu näher *Ohly* GRUR Int 2001, 899 ff.; *Fallon/Meeusen* Rev. crit. dr. int. pr. 91 (2002), 435 (472 ff.); *Lurger* FS Max-Planck-Institut, 2001, 479 (482 ff.); *Spindler* RabelsZ 66 (2002), 633 (637 ff.); *Grundmann* RabelsZ 67 (2003), 246 (268 ff.).

6 So *Sack* WRP 2002, 271 (273). – Für Unbeachtlichkeit *Mankowski* IPRax 2002, 257 f.

7 Dazu näher *Staudenmayer* in Lando/Magnus/Nowak-Stief, Angleichung des materiellen und des internationalen Privatrechts in der EU, 2003, 57 (72 ff.).

8 *Mankowski* ZVglRWiss 100 (2001), 137 (138 ff.).

9 So *Grundmann* RabelsZ 67 (2003), 246 (249); *Gounalakis/Spindler* § 9 Rn. 1.

der elektronische Geschäftsverkehr berührt. Die Richtlinie geht vom Grundsatz der Zulassungsfreiheit aus (Art. 4 Abs. 1 S. 1 E-Commerce-RL) und statuiert allgemeine Informationspflichten (Art. 5, 6 E-Commerce-RL). Ferner enthält sie spezifische Informationspflichten und Vertragsabschlussregeln (Art. 9–11 E-Commerce-RL). Die Informationspflichten der Art. 5, 6 E-Commerce-RL haben Eingang in §§ 5, 6 DDG gefunden. Der Vorschrift des Art. 9 E-Commerce-RL über die Behandlung von Verträgen ist durch die Einführung der elektronischen Form in das BGB Rechnung getragen worden (vgl. §§ 126a, 127 Abs. 3 BGB).[10] Die Bestimmungen über vertragliche Nebenpflichten und ergänzende Transparenzpflichten beim Abschluss von Verträgen auf elektronischem Wege (Art. 10, 11 E-Commerce-RL) sind ua in § 312i BGB (Pflichten im elektronischen Geschäftsverkehr) sowie in Art. 246c EGBGB (Informationspflichten bei Verträgen im Geschäftsverkehr) iVm der entsprechenden Rechtsverordnung umgesetzt worden. Die allgemeinen Grundsätze der Verantwortlichkeit (früher Art. 15 E-Commerce-RL; § 7 TMG) sind, ebenso wie §§ 8–10 TMG, nicht in das DDG übernommen worden.[11] Für die Haftung der Anbieter von Vermittlungsdiensten gelten nunmehr Art. 4 DSA (Reine Durchleitung), Art. 5 DSA („Caching") sowie Art. 6 DSA (Hosting).[12]

B. Maßgebliches Recht

I. Anwendung der Vorschrift

8 **1. Räumlicher Anwendungsbereich.** Der räumliche Anwendungsbereich des DDG erstreckt sich auf **in Deutschland niedergelassene Diensteanbieter** (service provider; § 1 Abs. 1 S. 1, § 3 Abs. 1 DDG). Das Gesetz gilt aber auch für Online-Dienste, die in Deutschland **geschäftsmäßig angeboten** oder erbracht werden (§ 1 Abs. 1 S. 2 DDG). Das **Herkunftslandprinzip** (→ Rn. 18) bezieht sich auf Staaten innerhalb des Geltungsbereiches der E-Commerce-RL sowie der AVMD-RL (§ 3 Abs. 1, 2 DDG). Es ist daher nicht auf die Dienstleistungen von inländischen Unternehmen anwendbar, welche sich auf Märkte außerhalb der EU beziehen.[13] Auch Diensteanbieter außerhalb der EU werden nicht erfasst.[14] Das **europäische Sitzland** wird in § 2 DDG für mehrere Dienste näher bestimmt, wobei Sitzland synonym mit der Niederlassung iSd § 3 Abs. 1 zu verstehen ist.[15] Nach § 2 DDG bestimmt sich das **Sitzland des Diensteanbieters** innerhalb des **Geltungsbereiches der E-Commerce-RL,** insbesondere für den elektronischen Geschäftsverkehr, danach, wo dieser seine Geschäftstätigkeit tatsächlich ausübt. Dies ist der Ort, an dem sich der **Mittelpunkt der Tätigkeiten des Diensteanbieters** im Hinblick auf ein bestimmtes Telemedienangebot befindet. § 2 Abs. 2, 3 DDG präzisiert das Sitzland des Diensteanbieters für **audiovisuelle Mediendienste auf Abruf** (vgl. § 1 Abs. 4 Nr. 6 DDG). Insoweit wird die Regelung der RL 2010/13/EU (AVMD-RL) präzisiert und festgelegt, wann Deutschland Sitzland des Diensteanbieters ist. Eigene Bestimmungen beziehen sich auf **Videosharingplattform-Anbieter** iSd § 1 Abs. 4 Nr. 8 DDG (§ 2 Abs. 4–7 DDG).

9 **2. Sachlicher Anwendungsbereich. a) Diensteanbieter (§ 1 Abs. 1, 4 DDG).** Das DDG erfasst digitale Dienste. Der dem Unionsrecht nicht entsprechende und ungebräuchliche TMG-Begriff der „Telemedien" ist aufgegeben worden.[16] Das Gesetz gilt allgemein für Diensteanbieter iSd § 1 Abs. 4 DDG. Dies sind **elektronische Informations- und Kommunikationsdienste,** die für eine individuelle Nutzung von kombinierbaren Daten (Zeichen, Bilder, Töne) bestimmt sind und denen eine Übermittlung mittels Telekommunikation zu Grunde liegt. Erfasst werden vor allem die Individualkommunikation (Telebanking, Datenaustausch), Informations- und Kommunikationsangebote, Internetnutzung, Nutzung von Telespielen, ferner Angebote von Waren und Dienstleistungen in elektronischen Datenbanken mit interaktivem Zugriff und unmittelbarer Bestellmöglichkeit, aber auch Videosharingplattform-Dienste (vgl. § 1 Abs. 4 Nr. 8, 9 DDG).

10 Der sachliche Anwendungsbereich wird allerdings für das Herkunftslandprinzip in § 3 Abs. 4 TMG eingeschränkt. Danach sind insbesondere ausgenommen die **E-Mail-Werbung** (§ 3 Abs. 4

---

10 Begr. RegE, BT-Drs. 14/6098, 13; vgl. dazu *Nickels* CR 2002, 302 (308 f.); *Grundmann* RabelsZ 67 (2003), 246 (265).

11 S. Begr. RegE, BT-Drs. 20/10031, 69.

12 Hofmann/Raue/*Hofmann,* 2023, DSA Vor Art. 4 ff. Rn. 1 ff.

13 *Nickels* CR 2002, 302 (303 N. 14); *Spindler/Fallenböck* ZfRV 2002, 214 (216).

14 BeckOK BGB/*Spickhoff* Rom I-VO Art. 23 Rn. 9.

15 Vgl. BeckOK InfoMedienR/*Weller* TMG § 2a Rn. 2.

16 Begr. RegE, BT-Drs. 20/10031, 66 f.

Nr. 3 DDG) sowie **Gewinnspiele** (§ 3 Abs. 4 Nr. 4 DDG). Ferner werden nicht erfasst die Anforderungen an **Verteildienste** (§ 3 Abs. 4 Nr. 5 DDG). Sie fallen nicht unter das Herkunftslandprinzip.[17]

b) Koordinierter Bereich. Das Herkunftslandprinzip bezieht sich lediglich auf den „koordinierten Bereich" der E-Commerce-RL (Art. 3 Abs. 1, 2 E-Commerce-RL), dh bestimmte Rechtsvorschriften, welche online-Aktivitäten von Anbietern berühren.[18] (→ Rom II-VO Art. 6 Rn. 59). Betroffen sind die Anforderungen für die Aufnahme und die Ausübung der Tätigkeit, beispielsweise Anforderungen betreffend Qualifikation, Genehmigung oder Anmeldung (Art. 2 lit. h Ziff. ii UAbs. 1 E-Commerce-RL). Ferner gehört hierher die Ausübung der Tätigkeit eines Dienstes, beispielsweise Anforderungen betreffend das Verhalten des Diensteanbieters, Anforderungen bezüglich Qualität oder Inhalt des Dienstes, „einschließlich der auf Werbung und Verträge anwendbaren Anforderungen sowie Anforderungen betreffend die Verantwortlichkeit des Diensteanbieters" (Art. 2 lit. h Ziff. i UAbs. 2 E-Commerce-RL). Damit wird die Tätigkeit von Diensteanbietern in weitem Umfang,[19] insbesondere auch die online-Werbung eines Diensteanbieters erfasst.[20] Daraus lässt sich entnehmen, dass insbesondere der online-Verkauf von Waren erfasst werden soll. Ausgeschlossen sind allerdings **Anforderungen an die „Ware als solche"** sowie Dienste, die nicht auf elektronischem Wege erbracht werden (Art. 2 lit. h Ziff. ii E-Commerce-RL). Folglich wird etwa die Haftung für eine mangelhafte Ware nicht erfasst.[21] Entsprechendes gilt für eine real erbrachte Dienstleistung (zB Reiseleistung). Von der Richtlinie erfasst werden soll lediglich die Erbringung von Dienstleistungen durch elektronische Kommunikationsmittel (Erwägungsgrund Nr. 18, 21).[22] 11

c) Gegenstand der Norm. Die dem Art. 3 E-Commerce-RL nachgebildete Vorschrift des § 3 DDG ist nicht in der für eine Kollisionsnorm üblichen Weise abgefasst, wonach auf der Grundlage eines bestimmten Anknüpfungspunktes die Anwendung eines bestimmten Rechts für einen Anknüpfungsgegenstand angeordnet wird. Vielmehr wird (aufsichtsrechtlich) jeweils für die rechtlichen Anforderungen bestimmt, welche Dienstanbieter inländischen Anforderungen zu entsprechen haben bzw. davon ausgenommen sind. Diese rechtlichen Anforderungen sind unterschiedlicher Art und können verschiedene Rechtsgebiete betreffen. Gegenstand der Norm sind daher die **Tätigkeiten bestimmter Anbieter.** Allerdings beschäftigt sich das Herkunftslandprinzip des DDG nicht pauschal mit den digitale Diensten, sondern nur mit einzelnen gesetzlichen Anforderungen. Dementsprechend werden auch die Tätigkeiten nur teilweise erfasst, soweit es um einzelne Anforderungen geht. Das DDG nimmt bestimmte digitale Dienste und sodann einzelne Rechtsgebiete vom Herkunftslandprinzip aus (→ Rn. 38 ff.). Soweit keine solchen Ausnahmen vorliegen, greift wiederum das Prinzip ein. Der Versuch, bestimmte Rechtsgebiete einzugrenzen, für die das Herkunftslandprinzip nicht gilt, kann nur erfolgreich sein, wenn man von den gesetzlichen Anforderungen ausgeht. 12

d) Anforderungen. Nach § 3 Abs. 1 DDG sind die „Anforderungen" des **deutschen Rechts** maßgeblich. Der Begriff der Anforderung ist der Definition des koordinierten Bereichs in Art. 2 lit. h E-Commerce-RL entnommen. Dort sind die gesetzlichen Pflichten gemeint, welche Diensteanbieter in Bezug auf die Aufnahme und Ausübung ihrer Tätigkeit zu erfüllen haben.[23] Hierher gehören vor allem Verhaltens- und Haftungspflichten, etwa Hinweis- und Belehrungspflichten der Diensteanbieter.[24] 13

Das Recht des Herkunftslandes gilt für **alle Anforderungen an die Tätigkeit und Ausübung von Diensten.** Die Anforderungen des deutschen Rechts iSd § 3 Abs. 1 DDG sind allein solche des deutschen Sachrechts.[25] Eine darüber hinausgehende Bezugnahme auf das deutsche Kollisionsrecht liegt darin nicht (→ Rn. 60). Zu den nach dem Herkunftsland zu bestimmenden **Informationspflichten** gehören auch die Pflichten nach § 312i BGB (Art. 10, 11 E-Commerce-RL). Nicht erfasst werden auch hier die offline in der realen Welt erbrachten Lieferungen und Dienstleistungen (→ Rn. 11). 14

3. Persönlicher Anwendungsbereich. Das Herkunftslandprinzip gilt für in einem Mitgliedstaat niedergelassene Diensteanbieter. Diensteanbieter sind natürliche oder juristische Personen, wel- 15

---

17 *Nickels* CR 2002, 302 (304); *Spindler* RIW 2002, 183; *Mankowski* IPRax 2002, 257 (263).
18 Dazu *W.-H. Roth* IPRax 2013, 214 (224).
19 *Ohly* GRUR Int 2001, 899 (900).
20 *Ahrens* CR 2000, 835 (840).
21 BeckOK BGB/*Spickhoff* Rom I-VO Art. 23 Rn. 8.
22 *Spindler* RabelsZ 66 (2002), 633 (645 ff.).
23 *Nickels* CR 2002, 302 (303).
24 *Nickels* CR 2002, 302 (303 N. 15).
25 *Spindler* RabelsZ 66 (2002), 633 (656 ff.); *Bröhl/Bender/Röder-Messell,* Das neue E-Commerce-Recht, 2002, 29.

che eigene oder fremde digitale Dienste zur Nutzung bereithalten oder den Zugang zur Nutzung vermitteln (§ 1 Abs. 4 Nr. 5 DDG). Das Bestehen einer **Niederlassung** bezieht sich auf eine „Offline-Niederlassung". Verlangt wird ein geschäftsmäßiges Anbieten mittels einer festen Einrichtung (so noch § 2 S. 1 Nr. 2 TMG). Für die Niederlassung ist der Ort der wirtschaftlichen Tätigkeit, nicht der Serverstandort entscheidend (vgl. Art. 2 lit. c E-Commerce-RL).[26]

16 Das Herkunftslandprinzip gilt für **geschäftsmäßig erbrachte Abrufdienste.** Dagegen erfasst es keine Verteildienste (vgl. § 3 Abs. 4 Nr. 5 DDG). Geschäftsmäßige Handlung ist jegliche nachhaltige Tätigkeit auch ohne Gewinnerzielungsabsicht.[27] Nicht erfasst wird hingegen eine nur gelegentliche private Betätigung.[28]

17 **4. Folgen von Rechtsverletzungen.** Hat der Dienstleister den gesetzlichen Anforderungen nicht entsprochen, so hat er seine Dienste nicht rechtmäßig erbracht.[29] Die Rechtsfolgen betreffen insbesondere seine Haftung. Die Verantwortlichkeit für eigene zur Nutzung bereitgehaltene Informationen richtet sich, soweit kein Unionsrecht eingreift, nach den „allgemeinen Gesetzen" (so noch § 7 Abs. 1 TMG). Damit dürften in privatrechtlicher Hinsicht die **Vorschriften des Vertrags- und Deliktsrechts** (Wettbewerbsrechts) gemeint sein. In grenzüberschreitenden Fällen bedeutet dies an sich, dass darüber das Vertrags- oder Deliktsstatut entscheidet. Denkbar wäre es, insoweit lediglich die Verhaltenspflichten nach dem Herkunftslandprinzip zu bestimmen, im Übrigen, dh für die Folgen, aber das jeweilige Statut maßgeblich sein zu lassen. Dies würde freilich nicht nur zu schwierigen Abgrenzungen zwischen Voraussetzungen und Folgen führen, sondern auch die Wirkungsweise des Herkunftslandprinzips erheblich einschränken. Daher könnte man annehmen, es entspreche dem Herkunftslandprinzip, die Folgen der gleichen Rechtsordnung zu unterstellen, welche auch die Anforderungen stellt.[30] Mithin setzt sich auch insoweit das Herkunftslandprinzip im koordinierten Bereich durch.

II. Herkunftslandprinzip

18 **1. Begriff (§ 3 Abs. 1 DDG).** Der in der Überschrift von § 3 DDG gebrauchte Begriff des Herkunftslandes meint die Maßgeblichkeit des **Rechts des Niederlassungsortes des Diensteanbieters** (→ Rn. 3). Wirkt sich eine wirtschaftliche Aktivität auf das Gebiet mehrerer Staaten aus, so besteht die Gefahr, dass sie dort jeweils unterschiedlich beurteilt und damit der Wirtschaftsverkehr durch Anforderungen verschiedenster Art behindert wird. Das unionsrechtliche Herkunftslandprinzip erlaubt dagegen eine einheitliche Beurteilung. Danach soll jeder Mitgliedstaat dafür sorgen, dass die von seinem Gebiet ausgehende Aktivität den unionsrechtlichen Regeln entspricht; er übernimmt also die Aufsicht. Aus anderen Mitgliedstaaten stammende Aktivitäten dürfen nicht aus Gründen behindert werden, die in den durch Unionsrecht, insbesondere durch eine Richtlinie koordinierten Bereich fallen.

19 Das auch den Senderichtlinien[31] sowie der Kredit- und Versicherungsaufsicht[32] bekannte Herkunftslandprinzip dient der Integration und der Rechtsangleichung.[33] Es sichert die Einhaltung einheitlicher Standards und schließt zugleich weitergehende Eingriffe, insbesondere gegenüber ausländischen Regelungen aus (→ Rn. 8). Das Herkunftslandprinzip führt daher im Bereich der international zwingenden Normen bzw. der sog. Eingriffsnormen, welcher sonst weitgehend dem nationalen Gesetzgeber vorbehalten ist, zu einer gewissen Vereinheitlichung[34] (→ Rom II-VO Art. 6 Rn. 56, → Rom II-VO Art. 6 Rn. 59). Der DSA hat Art. 3 E-Commerce-RL unberührt gelassen.[35]

20 Die inhaltliche Reichweite des Herkunftslandprinzips richtet sich nach dem Grad der Rechtsangleichung. Innerhalb des durch die Richtlinie koordinierten Bereichs werden grundsätzlich alle in Betracht kommenden Rechtsfragen erfasst.[36] Das Herkunftslandprinzip gilt daher **nicht nur für zivilrechtliche,** sondern auch für öffentlich-rechtliche und strafrechtliche Fragen.

---

26 S. zu Erwägungsgrund 23 *Ohly* GRUR Int 2001, 899 (905); *Spindler* RabelsZ 66 (2002), 633 (648 f.); *Spindler/Fallenböck* ZfRV 2002, 214 (216); *Grundmann* RabelsZ 67 (2003), 246 (272).

27 Näher BeckOK BGB/*Spickhoff* Rom I-VO Art. 23 Rn. 10.

28 Näher *Spindler* RabelsZ 66 (2002), 633 (647); BeckOK BGB/*Spickhoff* Rom I-VO Art. 23 Rn. 10.

29 Vgl. *Bröhl/Bender/Röder-Messel,* Das neue E-Commerce-Recht, 2002, 29.

30 Vgl. *Nickels* CR 2002, 302 (306).

31 Vgl. *Ohly* GRUR Int 2001, 899 f.; *Mankowski* IPRax 2002, 257 (259); *Spindler* RabelsZ 66 (2002), 633 (639 f.).

32 Näher *Lurger* FS Max-Planck-Institut, 2001, 479 (484 f.).

33 *Liesching,* Das Herkunftslandprinzip der E-Commerce-Richtlinie und seine Auswirkung auf die aktuelle Mediengesetzgebung in Deutschland, 2020, 2 ff.

34 Vgl. *Sonnenberger* ZVglRWiss 100 (2001), 107 (127 f.).

35 *Hofmann* in Hofmann/Raue, Digital Services Act, 2023, Art. 2 Rn. 21.

36 *Spindler* ZUM 1999, 775 (781); *Spindler* RabelsZ 66 (2002), 633 (638 f.); vgl. auch *Hellner* Eur. Rev. Priv. L. 12 (2004), 193 (199 ff.).

Ein solcher tätigkeitsorientierter, querschnittsartiger Eingriff in einen von unterschiedlichen Vorschriften geregelten Bereich führt allerdings zu zahlreichen Spannungen nicht nur im Sachrecht, sondern auch im Kollisionsrecht. Das Herkunftslandprinzip greift nämlich in Rechtsfragen ein, die bislang nach anderen Gesichtspunkten wie etwa der engsten Beziehung des Vertragsverhältnisses oder dem Territorialprinzip koordiniert wurden. Daher ist die Reichweite des Prinzips zu bestimmen. Ferner entsteht die Frage, ob lediglich die Ergebnisse der bislang bestehenden Kollisionsregeln korrigiert werden oder ob und in welchem Umfang diese Regeln selbst verändert worden sind. 21

2. Wirkung des Herkunftslandprinzips. a) Kollisionsrechtliche Verdrängung des allgemeinen IPR. Das Verständnis des Herkunftslandprinzips und seine Konsequenzen sind umstritten (→ EGBGB Art. 3 Rn. 80 ff.). Vertreten werden ganz unterschiedliche Positionen,[37] die sich aber trotz aller Nuancen und Überschneidungen auf bestimmte Grundansätze zurückführen lassen. Sie unterscheiden sich zunächst einmal danach, ob und in welcher Weise dem Herkunftslandprinzip selbst kollisionsrechtliche Bedeutung beigemessen wird.[38] Ferner ist umstritten, ob und in welchem Umfang es die bisherige kollisionsrechtliche Anknüpfung verändert oder ob es sich lediglich auf Eingriffe in die allgemeinen Kollisionsnormen beschränkt. 22

b) Verhältnis zum Unions- und zum Kollisionsrecht (§ 1 Abs. 3 DDG). Klärungsbedürftig ist zunächst, ob das Herkunftslandprinzip nur einen unionsrechtlich sachrechtlichen oder auch einen kollisionsrechtlichen Gehalt hat. Teilweise wird angenommen, das dem Richtlinienrecht sowie der EuGH-Rspr. zu den Grundfreiheiten entstammende Herkunftslandprinzip habe lediglich europarechtliche Bedeutung.[39] Es führe daher nur zu einer **sachrechtlichen Korrektur** des nach anderen Regeln ermittelten, anwendbaren Rechts[40] (→ Rn. 30 ff.; → Rom II-VO Art. 6 Rn. 63 ff.). Die Frage, ob Art. 3 Abs. 2 E-Commerce-RL (früher in § 3 TMG umgesetzt) eine Kollisionsnorm darstellt, hatte der BGH für eine Persönlichkeitsrechtsverletzung im Internet dem EuGH vorgelegt.[41] Dieser hat sie in der Sache eDate Advertising entschieden.[42] Nach Ansicht des EuGH ist bei der Auslegung des Art. 3 E-Commerce-RL der Art. 1 Abs. 4 E-Commerce-RL zu berücksichtigen, wonach die Richtlinie keine zusätzlichen Regeln im Bereich des IPR hinsichtlich des anwendbaren Rechts schafft. Eine Auslegung des Art. 3 Abs. 1 E-Commerce-RL dahin, dass sie zu einer Anwendung des im Sitzmitgliedstaat geltenden Sachrechts führe, ziehe nicht ihre Einordnung als Regel im Bereich des IPR nach sich. Dieser Absatz verpflichte die Mitgliedstaaten in erster Linie dazu, dafür Sorge zu tragen, dass die Dienste der Informationsgesellschaft, die von einem in ihrem Hoheitsgebiet niedergelassenen Diensteanbieter erbracht würden, den in diesen Mitgliedstaaten geltenden innerstaatlichen Vorschriften entsprächen, die in den koordinierten Bereich fallen. Die Auferlegung einer solchen Verpflichtung weise **nicht die Merkmale einer (allseitigen) Kollisionsregel** auf, die dazu bestimmt wäre, einen spezifischen Konflikt zwischen mehreren zur Anwendung berufenen Rechtsordnungen zu lösen.[43] Stattdessen sah der Gerichtshof eine Parallele zur zwingenden Richtliniendurchsetzung wie im Ingmar-Fall[44] (→ EGBGB Art. 3 Rn. 84 ff.). Art. 3 Abs. 2 E-Commerce-RL untersage den Mitgliedstaaten, den freien Verkehr von Diensten der Informationsgesellschaft aus einem anderen Mitgliedstaat aus Gründen einzuschränken, die in den koordinierten Bereich fallen. Aus Art. 1 Abs. 4 E-Commerce-RL iVm Erwägungsgrund 23 E-Commerce-RL folge dagegen, dass es den Aufnahmemitgliedstaaten grundsätzlich freistehe, das anwendbare Sachrecht anhand ihres IPR zu bestimmen, soweit sich daraus keine Einschränkung der Freiheit zur Erbringung von Diensten 23

---

37 Zusammenstellung in BGH NJW 2010, 1232 = IPRax 2013, 252; *W.-H. Roth* IPRax 2013, 214 (224 ff.).

38 Bejahend *Hoeren* MMR 1999, 192 (195); *Spindler* ZUM 1999, 775 (785 f.); *Spindler* MMR-Beil. 2000 Nr. 7 S. 9; *Brenn* ÖJZ 2012, 497. – Verneinend *Sonnenberger* ZVglRWiss 100 (2001), 107 (126 f.); *Nickels* DB 2001, 1919 (1921 f.); *Pfeiffer* in Gounalakis, Rechtshandbuch Electronic Business, 2003, § 12 Rn. 14; *Wilderspin* in Baur/Mansel, Systemwechsel im europäischen Kollisionsrecht, 2002, 77 (85 f.); *Bröhl/Bender/Röder-Messell,* Das neue E-Commerce-Recht, 2002, 29; BeckOGK/*Köhler,* 1.12.2023, Rom I-VO Art. 4 Rn. 544.1; Staudinger/*Magnus,* 2021, Rom I-VO Art. 4 Rn. 594.

39 *Dethloff,* Europäisierung des Wettbewerbsrechts, 2001, 54: „sekundärrechtliche Normierung des primärrechtlichen Herkunftslandprinzips".

40 *Fezer/Koos* IPRax 2000, 349 (352); *Glöckner* ZVglRWiss 99 (2000), 278 (305 f.); *Ahrens* CR 2000, 835 (837 f.); *Ohly* GRUR Int 2001, 894 (902): im Grundsatz; *Pfeiffer* IPRax 2014, 360 (361 ff.).

41 BGH NJW 2010, 1232 = EuZW 2010, 313 mAnm *Sujecki* = IPRax 2013, 252 m. Aufsatz *W.-H. Roth* IPRax 2013, 214 (215).

42 EuGH Slg. 2011, I-10269 = NJW 2012, 137 m. Aufsatz *Brand* NJW 2012, 127 = IPRax 2013, 247 m. Aufsatz *W.-H. Roth* IPRax 2013, 214 = EuZW 2011, 962 m. Aufsatz *Heinze* EuZW 2011, 947 = JZ 2012, 199 m. Aufsatz *Hess* JZ 2012, 189 – eDateAdvertising; ebenso OLG München ZUM-RD 2019, 216 – Facebook; *Gössl,* Internetspezifisches Kollisionsrecht?, 2014, 105 ff.

43 Dazu *W.-H. Roth* IPRax 2013, 214 (227).

44 EuGH Slg. 2000, I-9305 = IPRax 2001, 225 – Ingmar GB.

des elektronischen Geschäftsverkehrs ergebe. In der Endentscheidung ist der BGH dem EuGH gefolgt und hat angenommen, dass die Bestimmung des seinerzeitigen § 3 TMG wie Art. 3 E-Commerce-RL auszulegen ist[45] (→ Rom II-VO Art. 6 Rn. 84 f.). Der frühere § 3 TMG war dementsprechend **keine Kollisionsnorm,** sondern lediglich ein sachrechtliches Beschränkungsverbot[46] (→ Rom II-VO Art. 6 Rn. 77), Dies ist auch für § 3 DDG anzunehmen.

24 Nach aA ist das Herkunftslandprinzip als **eigenständiger, zusätzlicher kollisionsrechtlicher Grundsatz** anzusehen, der zur Bestimmung des maßgeblichen Rechts führt.[47] Teilweise wird auch angenommen, es liege eine eigenartige Mischung aus Kollisionsrecht und Europarecht vor.[48] Vertreten wird ferner, es handle sich um eine „doppelte Anknüpfung", einmal nach allgemeinem Kollisionsrecht und sodann korrigierend nach dem Recht des Herkunftslandes.[49] Teilweise wird Art. 3 E-Commerce-RL auch als eigenständiges, einheitlich in der EU geltendes Binnenmarktkollisionsrecht angesehen. Dieses den Grundfreiheiten verpflichtete Recht regelt zwar auch den räumlichen Anwendungsbereich der nationalen Rechtsordnungen, ist aber im Hinblick auf das Funktionieren des Binnenmarktes sachrechtsorientiert.[50] Nicht zu übersehen ist schließlich, dass einige Mitgliedstaaten das Herkunftslandprinzip in ihren nationalen Umsetzungsvorschriften als Kollisionsnorm kodifiziert haben (→ EGBGB Art. 3 Rn. 82).

25 Auch wenn man annimmt, dass das Herkunftslandprinzip lediglich das sachrechtliche Ergebnis korrigiert und nur insoweit das Recht des Niederlassungsortes des Diensteanbieters befragt wird, so wird damit jedenfalls in diesem Umfang die Rechtsanwendung geregelt. So gesehen lässt sich ein kollisionsrechtlicher Gehalt nicht leugnen.[51] Ein solcher ist freilich im unionsrechtlichen Herkunftslandprinzip stets enthalten, ohne dass dieses eine Kollisionsnorm ist. Die Aussage des § 1 Abs. 3 DDG (Art. 1 Abs. 4 E-Commerce-RL), dass keine zusätzlichen IPR-Regeln geschaffen werden sollen, kann daher – wie vom EuGH bestätigt – nicht als unbeachtlich beiseitegeschoben werden.[52] Das Herkunftslandprinzip geht nicht von der kollisionsrechtlichen Prämisse aus, dass der Sachverhalt die engste Verbindung zum Herkunftsland aufweist. Gesichert werden soll lediglich, dass der Geschäftsverkehr im Binnenmarkt nicht ohne zwingenden Grund behindert wird. Es steht daher der Warenverkehrs- und Dienstleistungsfreiheit des Unionsrechts und ihrer Interpretation nahe.[53] Dementsprechend ist auch die Bezugnahme auf das Herkunftsland von begrenzter Reichweite.

26 **c) Einfluss auf die Anknüpfung.** Wie das Herkunftslandprinzip auf die Anknüpfung einwirkt, ist – obwohl die Diskussion abgeflaut ist – noch immer lebhaft umstritten (→ Einl. IPR Rn. 41; → EGBGB Art. 3 Rn. 80 ff.; → Rom II-VO Art. 6 Rn. 63 ff.).[54] Der Streit geht vor allem darum, ob es als eigenständiger kollisionsrechtlicher Ausgangspunkt dienen kann. Zwar spricht die Richtlinienaussage, dass das Herkunftslandprinzip nichts an den bestehenden Kollisionsnormen ändern will, noch nicht gegen seine eigene kollisionsrechtliche Natur. Nicht die Absichtserklärung, sondern der tatsächliche Gehalt einer Norm zählt. Entscheidend ist die Funktion des Herkunftslandprinzips. Einen grundlegenden Wechsel der kollisionsrechtlichen Perspektive würde allerdings die Auffassung verlangen, wonach nicht vom **Kollisionsrecht des Forumstaates,** sondern von dem des **Niederlassungsstaates des Diensteanbieters** auszugehen ist.[55] Die Verweisung in Art. 3 Abs. 1 E-Commerce-RL auf die „innerstaatlichen Vorschriften" soll sich nach dieser Auffassung auf das gesamte Recht des Niederlassungsstaates einschließlich seiner Kollisionsnormen erstrecken.[56] Die

---

45 Ebenso BT-Drs. 14/7345, 31; *Nickels* DB 2001, 1919 (1923); *Nickels* CR 2002, 302 (304).

46 BGH NJW 2012, 2197 = IPRax 2013, 252 m. Aufsatz *W.-H. Roth* IPRax 2013, 215; ebenso *Sack* EWS 2011, 513 ff.; NK-BGB/*Leible* Rom I-VO Art. 4 Rn. 9; Beck TMD/*Gitter,* 2013, TMG § 3 Rn. 23.

47 *Dethloff* JZ 2000, 181 zum E-Commerce-RL-E; *Thünken* IPRax 2001, 15 (19 f.); *Mankowski* ZVglRWiss 100 (2001), 137 (138 ff.); *Spindler* ZHR 165 (2001), 324 (334 ff.); *Leible* in Nordhausen, Neue Entwicklungen in der Dienstleistungs- und Warenverkehrsfreiheit, 2002, 80; *v. Bar/Mankowski* IPR II § 2 Rn. 581 ff.

48 *Spindler* NJW 2002, 921 (926); *Spindler* RabelsZ 66 (2002), 633 (649 ff.).

49 *Ohly* GRUR Int 2001, 894 (902).

50 *Grundmann* RabelsZ 67 (2003), 246 (288 f., 295).

51 *Ohly* GRUR Int 2001, 899 (902); *Grundmann* RabelsZ 67 (2003), 246 (262, 293 f.).

52 *Sack* EWS 2011, 513 (514); Staudinger/*Magnus,* 2021, Rom I-VO Art. 4 Rn. 594; anders *Mankowski* ZVglRWiss 100 (2001), 137 (138 f.); *Mankowski* IPRax 2002, 257 ff.; *v. Bar/Mankowski* IPR II § 2 Rn. 581 ff.

53 *Fezer/Koos* IPRax 2000, 349 (352); *Ohly* GRUR Int 2001, 894 (901 f.); *Grundmann* RabelsZ 67 (2003), 246 (262 f., 268 f.).

54 Dazu *Staudenmayer* in Lando/Magnus/Nowak-Stief, Angleichung des materiellen und des internationalen Privatrechts in der EU, 2003, 72 ff.; *Hellner* Eur. Rev. Priv. L. 12 (2004), 193 ff.; unentschieden *Nickels* CR 2002, 302 (303 f.).

55 *Spindler* ZUM 1999, 775 (785 f.).

56 *Hoeren* MMR 1999, 192 (195); offenbar auch *Lurger* FS Max-Planck-Institut, 2001, 479 (488 f.); abl. etwa *Mankowski* ZVglRWiss 100 (2001), 137 (152 f.); *Ahrens* CR 2000, 835 (837); *Fezer/Koos* IPRax 2000, 349 (353); *Landfermann* FS Max-Planck-Institut, 2001, 511; *Nickels* CR 2002, 302 (304); *Sonnenberger* ZVglRWiss

Aktivitäten eines ausländischen Diensteanbieters wären daher aus deutscher Sicht zunächst nach ausländischem Kollisionsrecht zu beurteilen, das dann bestimmen würde, welches Sachrecht zur Anwendung kommt.

Hiergegen bestehen größte Bedenken. Vor das von der Richtlinie angeordnete Herkunftslandprinzip würden zunächst die nationalen Kollisionsnormen geschaltet. Dies würde nur dann Sinn machen, wenn dieses nationale IPR etwas anderes als eine Anknüpfung an die Niederlassung anordnet. Zwar dürfte es dann, wenn eine Rechtsangleichung erfolgt ist, wenig wahrscheinlich sein, dass aus der Verweisung auf den Niederlassungsstaat eine Weiterverweisung auf das Recht eines (anderen) Marktortes wird.[57] Gleichwohl könnte der Vereinheitlichungszweck der Richtlinie konterkariert und die Rechtsanwendung erheblich erschwert werden. Die Richtlinie will nicht erreichen, dass sich die Mitgliedstaaten in der Rechtsanwendungsfrage jeweils mit den Augen des anderen betrachten, sondern dass sie nach einheitlichen Regeln verfahren. Hinzu kommt, dass dann, wenn man das Herkunftslandprinzip sachrechtlich begreift, gar keine kollisionsrechtliche Verweisung auf das Herkunftsland erfolgt.[58] **27**

Auch im Übrigen besteht über die Wirkungsweise des Herkunftslandprinzips keine Einigkeit. Die vertretenen Auffassungen unterscheiden sich im Wesentlichen danach, ob das Herkunftslandprinzip bereits im Ausgangspunkt als kollisionsrechtliches Prinzip Anwendung finden oder ob es erst in einem späteren Stadium der Rechtsanwendung zum Tragen kommen soll (→ Rom II-VO Art. 6 Rn. 68 ff.). **28**

Eine andere Auffassung vertritt eine mehr oder weniger ausgedehnte **Herkunftslandanknüpfung.** Danach gilt § 3 Abs. 1 DDG (Art. 3 Abs. 1 E-Commerce-RL) für die Bestimmung des Vertragsstatuts und der einschlägigen außervertraglichen Haftung, insbesondere wegen unzulässiger Werbung.[59] Folglich kommt es für den von der Richtlinie erfassten Bereich zu einer Änderung der allgemeinen Kollisionsnormen; maßgeblich ist das Recht des Herkunftsstaates.[60] Dabei soll es sich um eine Sachnormverweisung handeln.[61] Diese Auffassung gibt dem Herkunftslandprinzip eine mehr oder weniger große kollisionsrechtliche Bedeutung; es soll sich unabhängig von den im Übrigen geltenden Grundsätzen entfalten. Teilweise wird das Herkunftslandprinzip auch konsequent allseitig gefasst. Gegenüber dem Ausland ergibt sich danach aus § 3 Abs. 2 DDG (Art. 3 Abs. 2 E-Commerce-RL) kein bloßes Beschränkungsverbot, sondern ebenfalls die Maßgeblichkeit des Rechts des Herkunftslandes[62] (→ Rn. 22 ff.). Dieser Ansatz ignoriert freilich die unmissverständlich beschränkte Aussage des § 3 Abs. 2 DDG (→ Rn. 59). **29**

Die Einschränkung durch das Herkunftslandsrecht ist auch als **Kumulation der Rechtsanwendung** gedeutet worden.[63] Dann kommt es zur Anwendung von zwei Rechtsordnungen. Nach der **Überlagerungstheorie** bleibt es zunächst bei der Anknüpfung nach den auch sonst geltenden Kollisionsnormen. Doch kann es zu einer Beschränkung des anzuwendenden **Sachrechts,** nämlich zu einer Überlagerung durch die Anforderungen des Herkunftslandes,[64] bzw. durch sekundäres Unionsrecht kommen.[65] Danach wird die Bestimmung des auf Verträge und außervertragliche Schuldverhältnisse anwendbaren Rechts nicht berührt. Art. 3 Abs. 1 E-Commerce-RL unterbindet lediglich auf sachrechtlicher Ebene Beschränkungen der Dienste, die über die des Niederlassungsstaates hinausgehen. Das Herkunftslandprinzip ist also nur eine sachrechtliche Rechtsanwendungsschranke.[66] Dies wird zudem noch auf zwingende Vorschriften des Sachrechts beschränkt.[67] Gegen diesen Ansatz spricht, dass das Herkunftslandprinzip an das Ende der kollisionsrechtlichen Überle- **30**

---

100 (2001), 107 (126 f.); *Spindler* ZHR 165 (2001), 324 (337); *Spindler* in Gounalakis, Rechtshandbuch Electronic Business, 2003, § 9 Rn. 88; *Ohly* GRUR Int 2001, 894 (905); *Sack* WRP 2002, 271 (273 f.); *Grundmann* RabelsZ 67 (2003), 246 (272 f.); *Staudenmayer* in Lando/Magnus/Nowak-Stief, Angleichung des materiellen und des internationalen Privatrechts in der EU, 2003, 72 ff.

57 Vgl. *Spindler* ZUM 1999, 775 (785).

58 *Sack* WRP 2002, 271 (274).

59 Zu § 4 TDG *Mankowski* EWS 2002, 401 (402 ff.); *Mankowski* IPRax 2002, 257 ff. mwN.

60 Dagegen EuGH Slg. 2011, I-10269 Rn. 61 f. = IPRax 2013, 247 m. insoweit zust. Aufsatz *W.-H. Roth* IPRax 2013, 214 (215, 224 f.).

61 *Lurger/Vallant* MMR 2002, 203 (206).

62 Zum TDG *Mankowski* IPRax 2002, 257 (262 f.); dagegen etwa *Spindler* RabelsZ 66 (2002), 633 (659 f.).

63 So *Landfermann* FS Max-Planck-Institut, 2001, 503 (511 ff.).

64 *Nickels* DB 2001, 1919 (1921).

65 *Fezer/Koos* IPRax 2000, 349 (353); *Halfmeier* ZEuP 2001, 837 (863).

66 *Fezer/Koos* IPRax 2000, 349 (352); so wohl auch *Magnus* in Graf/Paschke/Stober, Das Wirtschaftsrecht vor den Herausforderungen des E-Commerce, 2002, 21 f.

67 *Staudenmayer* in Lando/Magnus/Nowak-Stief, Angleichung des materiellen und des internationalen Privatrechts in der EU, 2003, 57 (73 f.).

gungen gestellt wird und dieses Vorgehen umständlich wirkt. Dies ist freilich unvermeidlich, da das Herkunftslandprinzip nur eine begrenzte Korrekturfunktion ausübt.

31 Verschiedentlich ist auch eine **gemischte Einordnung** vertreten worden, welche sowohl kollisionsrechtliche als auch sachrechtliche Elemente anerkennt. Danach soll das Herkunftslandprinzip weitreichenden kollisionsrechtlichen Gehalt haben und zum Recht des Dienstleistungsanbieters führen. Dagegen soll das an den Empfangsstaat gerichtete Beschränkungsverbot des Art. 3 Abs. 2 E-Commerce-RL (§ 3 Abs. 2 DDG) keine Verweisung auf das Recht des Herkunftslandes enthalten, sondern eher sachrechtlich zu verstehen sein.[68] Das Recht des Empfangsstaates wird daher nicht von vornherein ausgeschlossen, darf aber das Sachrecht des Herkunftslandes nicht beschränken. Ähnlich wurde angenommen, Art. 3 Abs. 1 E-Commerce-RL sichere im koordinierten Bereich vor allem die Dienstleistungsfreiheit, habe aber auch – ähnlich wie eine international zwingende Norm – eine kollisionsrechtliche Wirkung. Dem Empfangsstaat hingegen werde – welches Recht auch immer er anwende – von Abs. 2 lediglich die Anwendung von die Dienstleistungsfreiheit einschränkendem Sachrecht untersagt, soweit keine der gesetzlichen Ausnahmen eingreift.[69]

32 Auch nach dem **eingriffsrechtlichen Ansatz** hat das Herkunftsland lediglich begrenzte Bedeutung. Diese Auffassung reduziert die Bedeutung der Richtlinie zum Teil auf die Behandlung von **Aufsichtsrecht** im Rahmen einer von anderen Normen geregelten Materie. Danach bleibt zwar das Statut der Verträge und der außervertraglichen Schuldverhältnisse unberührt. Anzuwenden ist jedoch das die Dienste des elektronischen Geschäftsverkehrs regelnde Eingriffsrecht des Staates, in dem der Dienstanbieter niedergelassen ist.[70] Auf diese Weise ist ausländisches Eingriffsrecht zu akzeptieren; damit können auch ausländische Vorschriften des koordinierten Bereichs die lex causae beeinflussen.[71] Dies vermag freilich nur im Ausgangspunkt zu überzeugen. Die Pflichten der Richtlinie gehen, wie die Umsetzung in § 312i BGB zeigt, über aufsichtsrechtliche Eingriffe hinaus und betreffen auch die vertraglichen Verpflichtungen des Unternehmers.

33 **Stellungnahme.** Erhebt man das Herkunftslandprinzip zum kollisionsrechtlichen Grundsatz, so schlägt es gleichsam eine Schneise in das Gebiet des internationalen und nationalen Kommunikationsrechts. Es verweist dann für den von ihm erfassten Bereich auf das Sachrecht am Niederlassungsort des Diensteanbieters. Die Maßgeblichkeit des Herkunftslandrechts würde zu einem tiefgreifenden und zugleich undifferenzierten Einschnitt in das kollisionsrechtliche System sowie zu einer mehr oder weniger ausgedehnten Teil- oder Sonderanknüpfung führen. Es wäre auch kein Raum mehr für die Anwendung von Regeln, welche den Belangen des Herkunftslandsrechts inhaltlich ohnehin schon entsprechen. Eine solche Anknüpfung würde zwar die Rechtsanwendung zunächst vereinfachen, indem das anwendbare Recht nicht mehr nach den allgemeinen Regeln des IPR ermittelt werden müsste. Auf der anderen Seite wäre – wenn man Abs. 2 ebenfalls im Sinne einer Verweisung auf das Herkunftsland interpretieren würde – bei ausländischen Diensteanbietern stets und ausschließlich das ausländische Recht maßgeblich und zu ermitteln.

34 Gegen eine solche weitreichende Wirkung spricht die Entstehungsgeschichte der mit „Binnenmarkt" überschriebenen Richtlinienvorschrift und ihre systematische Stellung. Während Art. 3 Abs. 1 E-Commerce-RL zwar auf das Herkunftsland verweist, sagt Abs. 2 lediglich, dass der Empfangsstaat die Dienstleistungsfreiheit nicht behindern darf. Der Richtliniengeber wollte damit erreichen, dass die Dienstleistungsfreiheit im koordinierten Bereich der Teledienste durchgesetzt wird. Er wollte zwar sicherstellen, dass die Dienstleistungsfreiheit nicht mithilfe von Kollisionsregeln und zwingenden Sachnormen überspielt wird, aber über diesen Bereich hinaus die Rechtsanwendungsfrage nicht regeln.[72] Tatsächlich kann das Herkunftslandprinzip allein keine differenzierende Anknüpfung vertrags- und deliktsrechtlicher Fragen liefern. Es ist bezeichnend, dass die Anhänger einer kollisionsrechtlichen Wirkung teilweise zugleich behaupten, das Internationale Vertragsrecht werde von ihm nicht erfasst (→ Rn. 45).

35 Das in § 3 Abs. 1 DDG verankerte Herkunftslandprinzip schafft daher – wie vom EuGH bereits für das frühere TMG bestätigt – **keine zusätzliche allgemeine Kollisionsnorm.**[73] Es hat nur

68 So *Spindler* RabelsZ 66 (2002), 633 (649 ff.).

69 *Fallon/Meeusen* Rev. crit. dr. int. pr. 91 (2002), 435 (480 ff.).

70 *Sonnenberger* ZVglRWiss 100 (2001), 107 (127 f.); dagegen EuGH Slg. 2011, I-10269 Rn. 58 = IPRax 2013, 247 m. insoweit zust. Aufsatz *W.-H. Roth* IPRax 2013, 215 – eDateAdvertising; *Mankowski* EWS 2002, 401 (403).

71 *Sonnenberger* ZVglRWiss 100 (2001), 107 (128).

72 *Staudenmayer* in Lando/Magnus/Nowak-Stief, Angleichung des materiellen und des internationalen Privatrechts in der EU, 2003, 57 (72 ff.).

73 Insofern ebenso OLG München ZUM-RD 2019, 216 betr. Facebook; *Sonnenberger* ZVglRWiss 100 (2001), 107 (126 f.); *Kropholler* IPR § 52 II 3 h; BeckOGK/*Köhler,* 1.12.2023, Rom I-VO Art. 4 Rn. 544.1; Staudinger/*Magnus,* 2021, Rom I-VO Art. 4 Rn. 594. – Ähnlich *Hellner* Eur. Rev. Priv. L 12 (2004), 206 ff. (international zwingende Norm).

insoweit kollisionsrechtlichen Gehalt, als es für die von ihm erfassten Fragen auf das Herkunftsland abstellt und die Anforderungen des danach anwendbaren Rechts genügen lässt. Damit werden zugleich den allgemeinen Kollisionsnormen Grenzen gesetzt. Die Norm steht einerseits der Anwendung international zwingenden Rechts nahe, verlangt aber lediglich eine eingeschränkte Anwendung der Vorschriften über digitale Dienste in dem umschriebenen Rahmen. Sie ist zudem inhaltsorientiert, indem auf die Freiheit des Dienstleistungsverkehrs Bezug genommen wird.

d) Günstigkeitsprinzip. Es ist möglich, dass die Rechtsordnung des Herkunftslandes für den Diensteanbieter weniger günstig ist als das nach den allgemeinen Kollisionsregeln zur Anwendung kommende Recht des Empfangsstaats. Daher liegt der Gedanke nicht fern, dem Diensteanbieter die Berufung auf das ihm günstigere Recht zu gestatten.[74] Gleichwohl hat sich das Günstigkeitsprinzip bislang nicht allgemein durchsetzen können[75] (→ Rom II-VO Art. 6 Rn. 75 ff.). In der Richtlinie selbst ist es nicht enthalten. **36**

Geht man von einer bloß sachrechtlichen Beschränkung aus, so ergibt sich freilich eine Lösung. Die grundsätzlich maßgebliche privatrechtliche Regelung ist diejenige, welche nach den allgemeinen Kollisionsregeln zur Anwendung kommt. Verlangt das Recht des Herkunftslandes keine günstigere Behandlung, so ist auch keine Korrektur notwendig und es kann bei dem bisherigen Ergebnis bleiben.[76] Somit werden keine besonderen Vorteile zugestanden oder Unsicherheiten geschaffen. Ferner entsteht keine Disharmonie im Verhältnis zur Rom II-VO.[77] Die Frage einer Korrektur durch das Günstigkeitsprinzip würde sich auch bei einer bloßen Anknüpfung an das Herkunftslandprinzip stellen. Insofern wird teilweise eine Überprüfung des Rechts des Herkunftslandes nach unionsrechtlichen Maßstäben gefordert.[78] Auch hier stellt sich also die Frage nach einer Korrektur. **37**

3. Ausnahmen. a) Grundsatz. Das DDG macht in § 3 Abs. 3, die E-Commerce-RL im Anhang, eine Reihe von Ausnahmen, deren Reichweite und Wirkungsweise zu klären ist. Dabei geht es insbesondere um die „Freiheit der Rechtswahl" und Verbraucherverträge. **38**

b) Freiheit der Rechtswahl (§ 3 Abs. 3 Nr. 1 DDG). Die „Freiheit der Rechtswahl" für die Vertragsparteien (§ 3 Abs. 3 Nr. 1 DDG) bezieht sich auf die Bestimmung des anwendbaren Rechts durch die Parteien im Rahmen vertraglicher Schuldverhältnisse, wie sie insbesondere durch Art. 3 Rom I-VO garantiert wird. Hieraus ist zu entnehmen, dass die insoweit einschlägigen Vorschriften der Art. 3 ff. Rom I-VO nicht berührt werden sollen (→ Rn. 45). Daher ist das maßgebliche Sachrecht auch im elektronischen Geschäftsverkehr nach den auch sonst geltenden kollisionsrechtlichen Vorschriften für Verträge zu ermitteln.[79] Zulässig ist insbesondere eine ausdrückliche oder stillschweigende **Rechtswahl** nach Art. 3 Rom I-VO.[80] **39**

Obwohl die **objektive Anknüpfung eines Vertrages** nicht auf einer Rechtswahl der Parteien beruht, könnte man auch sie mit der Ausnahme des § 3 Abs. 3 DDG erfassen. Für die Auffassung, welche das Vertragsrecht vollständig ausnehmen will, ist dies selbstverständlich (→ Rn. 45). Aber auch die bloß sachrechtliche Einordnung des Herkunftslandprinzips beseitigt die Anknüpfung nicht von vornherein. Die objektive Anknüpfung eines Schuldvertrages erfolgt daher weiterhin nach Art. 4 ff. Rom I-VO.[81] Inhaltliche Widersprüche zum Herkunftslandprinzip dürften dabei regelmäßig nicht auftreten. Die Maßgeblichkeit der charakteristischen Leistung (Art. 4 Abs. 1, 2 Rom I-VO) führt im Allgemeinen zum Recht des Diensteanbieters,[82] welches sich regelmäßig mit dem Herkunftsland decken wird. Angesichts des Wortlauts der Vorschriften ist allerdings die Maßgeblichkeit des Herkunftslandprinzips nicht ausgeschlossen.[83] Auch die Ausweichklausel des Art. 4 Abs. 3 **40**

---

74 Für einen Günstigkeitsvergleich *Sack* WRP 2002, 271 ff.

75 Gegen einen Günstigkeitsvergleich *Spindler* RabelsZ 66 (2002), 633 (656 ff.). – Offenbar auch *Grundmann* RabelsZ 67 (2003), 246 (273).

76 *Ohly* GRUR Int 2001, 899 (902).

77 *Sack* WRP 2002, 271 (273).

78 *Spindler* ZHR 165 (2001), 324 (339 f.).

79 Zu Art. 3 ff. (früher Art. 27 ff. EGBGB aF) *Ahrens* CR 2000, 835 (840); BeckOK BGB/*Spickhoff* Rom I-VO Art. 23 Rn. 11, auch für vertragsakzessorische Anknüpfung deliktsrechtlicher Ansprüche; NK-BGB/*Leible* Rom I-VO Art. 3 Rn. 9.

80 Zu Art. 27 EGBGB aF *Sonnenberger* ZVglRWiss 100 (2001), 107 (126 f.); *Fallon/Meeusen* Rev. crit. dr. int. pr. 91 (2002), 435 (484); *Spindler* in Gounalakis, Rechtshandbuch Electronic Business, 2003, § 9 Rn. 47.

81 Zu Art. 28 EGBGB aF (nunmehr Art. 4 Rom I-VO) *Sonnenberger* ZVglRWiss 100 (2001), 107 (126 f.); *Staudenmayer* in Lando/Magnus/Nowak-Stief, Angleichung des materiellen und des internationalen Privatrechts in der EU, 2003, 57 (73 f.); anders wohl auch *Spindler* RabelsZ 66 (2002), 633 (685).

82 *Mankowski* ZVglRWiss 100 (2001), 137 (155 f.); BeckOK BGB/*Spickhoff* Rom I-VO Art. 23 Rn. 12.

83 Ebenso *Fallon/Meeusen* Rev. crit. dr. int. priv. 91 (2002), 435 (484); BeckOK BGB/*Spickhoff* Rom I-VO Art. 23 Rn. 12.

Rom I-VO, welche zu einer anderen Anknüpfung führen kann, bleibt vom Herkunftslandprinzip nicht unberührt.[84]

41 **c) Verbraucherverträge (§ 3 Abs. 3 Nr. 2 DDG).** Die Vorschriften für vertragliche Schuldverhältnisse in Bezug auf Verbraucherverträge, welche im Rahmen von Telediensteverträgen geschlossen werden, werden nicht erfasst (§ 3 Abs. 3 Nr. 2 DDG). Damit findet auf sie das **Herkunftslandprinzip keine Anwendung.** Der Verbraucherschutz ist durch andere Richtlinien angeglichen worden (→ Art. 46b EGBGB). Zudem folgt der internationale Verbraucherschutz anderen kollisionsrechtlichen Gesichtspunkten, die häufig zum Aufenthaltsland des Verbrauchers und damit zum Bestimmungsland führen.[85] Dies gilt auch für Verbraucherrechte im Zusammenhang mit dem Vertragsabschluss.[86] Damit bleibt es insoweit bei der Maßgeblichkeit der allgemeinen kollisionsrechtlichen Vorschriften. Das anwendbare Recht ist insbesondere nach Art. 6 Rom I-VO, Art. 46b EGBGB zu bestimmen.[87] Zwar werden in Erwägungsgrund 55 Rom I-VO ausdrücklich Verbraucher, welche ihren gewöhnlichen Wohnsitz in einem Mitgliedstaat haben, genannt. Die Ausnahme beschränkt sich aber weder auf sie, noch auf die Fälle des Art. 6 Rom I-VO, sondern bezieht sich auf alle Verbraucherverträge.[88] Für das Eingreifen der Ausnahme wird zunächst vorausgesetzt, dass es sich um einen Vertrag mit einem **Verbraucher** handelt. Der Verbraucher wird in Art. 2 lit. e E-Commerce-RL definiert. Hier kann ebenso wie in Art. 6 Rom I-VO, Art. 46b EGBGB und Art. 17 Brüssel Ia-VO angenommen werden, dass grundsätzlich jegliche nicht der beruflichen oder gewerblichen Sphäre des Vertragspartners zuzurechnende Tätigkeit erfasst wird (→ Rom I-VO Art. 6 Rn. 13).

42 Fraglich ist ferner, was in diesem Zusammenhang unter **Verbraucherschutz** zu verstehen ist. Die E-Commerce-RL spricht nicht allgemein von Verträgen mit Verbrauchern, sondern lediglich von „Vorschriften für vertragliche Schuldverhältnisse in Bezug auf Verbraucherverträge". Man könnte dies auf solche Vorschriften begrenzen, welche nur auf Verbraucher Anwendung finden, wie etwa das Widerrufsrecht des Verbrauchers. Entscheidend ist aber der beabsichtigte Schutz des schwächeren Vertragsteils. Es wäre kaum möglich und auch nicht sinnvoll, danach zu unterscheiden, welche Vorschriften von allgemeiner zivilrechtlicher Bedeutung sind und welche nur einen spezifisch verbraucherrechtlichen Gehalt haben bzw. sich in besonderen Bestimmungen befinden. Daher dürften **alle vertraglichen Pflichten** der Parteien und alle diesbezüglichen Normen erfasst sein.[89]

43 Zwar könnte man annehmen, dass allgemeine schuldrechtliche Regeln wie etwa der Schutz des Vertragspartners bei **vorvertraglichen Verletzungen** (culpa in contrahendo) nicht von der Ausnahme erfasst werden, da es sich lediglich um gesetzliche bzw. rechtsgeschäftsähnliche Verpflichtungen handelt.[90] Bei einer weiten Auslegung wird hingegen auch die Vertragsanbahnungsphase erfasst. Eine Unterscheidung wäre hier nicht sinnvoll, da es auch insofern um Beziehungen mit Verbrauchern geht.[91]

44 **4. Ausgenommene Bereiche (§ 3 Abs. 4 DDG).** In § 3 Abs. 4 DDG werden einzelne Bereiche sowohl im Hinblick auf Abs. 1 als auch auf Abs. 2 ausgenommen. Damit wird für sie das Herkunftslandprinzip nicht nach diesen Vorschriften durchgesetzt. Bei diesen Bereichsausnahmen handelt es sich insbesondere um notarielle Tätigkeiten (Abs. 4 Nr. 1), die Vertretung von Mandanten (Nr. 2), nicht angeforderte elektronische Post (E-Mail-Werbung, Nr. 3), Gewinnspiele (Nr. 4), Verteildienste (Nr. 5), Urheberrecht und verwandte Schutzrechte (Nr. 6),[92] elektronisches Geld (Nr. 7),[93] kartellrechtliche Vereinbarungen (Nr. 8)[94] sowie versicherungsrechtliche Regelungen (Nr. 9).[95]

---

[84] BeckOK BGB/*Spickhoff* Rom I-VO Art. 23 Rn. 12; anders zu Art. 28 EGBGB aF (nunmehr Art. 4 Rom I-VO) *Mankowski* ZVglRWiss 100 (2001), 137 (156 f.).

[85] *Loacker,* Der Verbrauchervertrag im IPR, 2006, 159 f.; vgl. *Mankowski* ZVglRWiss 100 (2001), 137 (155).

[86] Erwägungsgründe 55, 56.

[87] OLG München ZUM-RD 2019, 216 – Facebook; BeckOK BGB/*Spickhoff* Rom I-VO Art. 23 Rn. 10; PWW/*Remien/Segger-Piening* Rom I-VO Art. 6 Rn. 20.

[88] Vgl. *Fallon/Meeusen* Rev. crit. dr. int. pr. 91 (2002), 435 (477 f.).

[89] *Spindler* RabelsZ 66 (2002), 633 (686 f.); *Spindler/Fallenböck* ZfRV 2002, 214 (218 f., 222); BeckOK BGB/*Spickhoff* Rom I-VO Art. 23 Rn. 10; *Spindler* in Gounalakis, Rechtshandbuch Electronic Business, 2003, § 9 Rn. 49 f. für „neutrale" Vorschriften.

[90] Vgl. dazu auch *Spindler* ZUM 1999, 775 (783).

[91] *Spindler* RabelsZ 66 (2002), 633 (687 f.); *Grundmann* RabelsZ 67 (2003), 246 (281); *Spindler* in Gounalakis, Rechtshandbuch Electronic Business, 2003, § 9 Rn. 49 f., 109; anders Begr. RegE, BT-Drs. 14/6098, 18.

[92] Dazu *Spindler* RabelsZ 66 (2002), 633 (670 ff.).

[93] S. *Spindler* RabelsZ 66 (2002), 633 (672).

[94] Vgl. *Spindler* RabelsZ 66 (2002), 633 (668 ff.).

[95] Dazu *Spindler* RabelsZ 66 (2002), 633 (672, 688 f.).

5. Einzelne kollisionsrechtliche Gebiete. a) Internationales Vertragsrecht. Das Internationale Vertragsrecht ist im Hinblick auf die „Freiheit der Rechtswahl" ausgenommen (→ Rn. 39 f.). Ausgeschlossen ist auch das Verbraucherrecht (→ Rn. 41 ff.). Ob das Herkunftslandprinzip im Übrigen Auswirkungen auf das Internationale Vertragsrecht hat, ist umstritten. Teilweise wird angenommen, das Vertragsrecht sei überhaupt wegen des „Respekts" vor der europäischen kollisionsrechtlichen Regelung ausgenommen.[96] Der dort und in den entsprechenden internationalverfahrensrechtlichen Vorschriften gewährte Ansatz sollte nicht gestört werden. Andere weisen dagegen darauf hin, dass die E-Commerce-RL nur einzelne Fragen aufzählt und erstrecken das Herkunftslandprinzip auch auf dieses Gebiet.[97] Dafür sprechen die vertragsbezogenen Informationspflichten sowie die Haftungsfolgen und die eigenständige Ausnahme für Verbraucherverträge. Allerdings erfolgt keine völlige Ersetzung des Internationalen Vertragsrechts. Zwar ist einzuräumen, dass das Internationale Vertragsrecht, in dessen Rahmen sich ja ein Großteil der elektronischen Kommunikation vollzieht, nicht als solches ausgenommen wurde. Zum koordinierten Bereich gehören auch die auf Verträge anwendbaren Anforderungen (Art. 2 lit. h Abs. 1 E-Commerce-RL). Doch dürfte das Herkunftslandprinzip nur dort zum Tragen kommen, wo es um Anforderungen im Rahmen des koordinierten Bereichs geht. Andernfalls müsste man annehmen, dass die vertragsrechtlichen Anknüpfungen weitgehend durch die Maßgeblichkeit des Rechts des Herkunftslandes ersetzt worden sind. Das ist jedoch nicht der Fall (→ Rn. 33). Auf der anderen Seite würde die Richtlinie jedenfalls teilweise leerlaufen, wenn das Vertragsrecht insgesamt sakrosankt wäre. Es bedarf daher einer Überprüfung im Einzelfall im Hinblick auf die Anforderungen im Rahmen des elektronischen Geschäftsverkehrs. Darüber hinaus findet kein Eingriff statt. **45**

Erfasst sind insbesondere die Pflichten des Anbieters im elektronischen Geschäftsverkehr iSd § 312i BGB. Eine generelle Bezugnahme auf alle Vorschriften, welche auch für Vertragsabschlüsse auf elektronischem Wege relevant sein können, ist hingegen nicht anzunehmen.[98] Andernfalls würde es zu weitreichenden Veränderungen kommen, die über die Bedürfnisse des elektronischen Geschäftsverkehrs hinausgehen. Die Anknüpfung der **Geschäftsfähigkeit** (Art. 7, 12 EGBGB) wird vom Herkunftslandprinzip nicht berührt.[99] Es ist nicht einzusehen, warum der Schutz des Geschäftsunfähigen bzw. des Minderjährigen im elektronischen Geschäftsverkehr anderen Grundsätzen als sonst unterstellt werden sollte. Es wäre auch kurios, wenn die deutschen Kunden eines ausländischen Diensteanbieters erst mit 19 Jahren volljährig würden bzw. die ausländischen Kunden eines deutschen Diensteanbieters schon mit 18 Jahren (vgl. § 21 aF ABGB). **46**

Die Anknüpfung der **Form** (Art. 11 Rom I-VO) ist als solche nicht betroffen.[100] Zwar findet sich sowohl in der E-Commerce-RL (Anh. zu Art. 3 E-Commerce-RL) als auch in § 3 Abs. 3 Nr. 3 DDG eine Bestimmung, welche zwingende Formvorschriften in Bezug auf Immobilien von der Geltung des Herkunftslandprinzips ausnimmt. Es ist jedoch anzunehmen, dass dies lediglich im Hinblick auf die elektronische Form geschieht. Eine schlichte Ersetzung der differenzierten Regelung der Formanknüpfung in Art. 11 Rom I-VO durch das Herkunftslandprinzip dürfte nicht beabsichtigt gewesen sein. **47**

b) Internationales Deliktsrecht. Eine Ausnahme für deliktische Ansprüche, deren Anknüpfung sich nach der Rom II-VO bzw. den Art. 40 ff. EGBGB richtet, macht weder die E-Commerce-RL noch das DDG. Solche deliktischen Ansprüche können im Zusammenhang mit Tätigkeiten der Diensteanbieter entstehen. Das Herkunftslandprinzip erfasst daher auch das Internationale Deliktsrecht (→ Rom II-VO Art. 27 Rn. 3, → Rom II-VO Art. 27 Rn. 12).[101] Dies gilt auch für deliktische Ansprüche von Verbrauchern.[102] Damit kommt es auch insoweit auf das Recht des Niederlas- **48**

---

96 Zum EVÜ *Mankowski* ZVglRWiss 100 (2001), 137 (153 ff.); *Mankowski* in Spindler/Wiebe, Internet-Auktionen und Elektronische Marktplätze, 2. Aufl. 2005, Rn. 124 f.; iErg ebenso *Mankowski* IPRax 2002, 257 (264, 266). Keine Auswirkungen sehen auch *Staudenmayer* in Lando/Magnus/Nowak-Stief, Angleichung des materiellen und des internationalen Privatrechts in der EU, 2003, 57 (73 f.); *Plender/Wilderspin,* The European private international law of obligations, 5. Aufl. 2020, Rn. 1–113; anders *Spindler* in Gounalakis, Rechtshandbuch Electronic Business, 2003, § 9 Rn. 108.

97 *Nickels* DB 2001, 1919 (1921); *Spindler* RabelsZ 66 (2002), 633 (684 f.); *Spindler/Fallenböck* ZfRV 2002, 214 (221 f.); *Fallon/Meeusen* Rev. crit. dr. int. pr. 91 (2002), 435 (484); *Grundmann* RabelsZ 67 (2003), 246 (270).

98 Anders *Spindler* RabelsZ 66 (2002), 633 (685) für Sittenwidrigkeit.

99 Gegenäußerung der BReg., BT-Drs. 14/6098, 36; *Nickels* DB 2001, 1919 (1921); anders *Spindler* IPRax 2001, 400 (402).

100 *Mankowski* IPRax 2002, 257 (266); anders *Spindler* RabelsZ 66 (2002), 633 (684 f.).

101 *Mankowski* ZVglRWiss 100 (2001), 137 (173 f.); *Spindler* NJW 2002, 926; *Spindler/Fallenböck* ZfRV 2002, 214 (222); *Spindler* in Gounalakis, Rechtshandbuch Electronic Business, 2003, § 9 Rn. 113.

102 *Spindler* IPRax 2001, 400 (403).

sungsortes des Anbieters an. Dieses muss entscheiden, ob Diensteanbieter im Hinblick auf ihre digitalen Dienste Schadensersatz zu leisten haben.[103] Bei Persönlichkeitsrechtsverletzungen bleibt es beim nationalen Kollisionsrecht.[104]

49 **c) Internationales Wettbewerbsrecht.** Im Wettbewerbsrecht, für das E-Commerce-RL und DDG ebenfalls keine Ausnahme machen, geht es vor allem um die Rechtmäßigkeit bestimmter Wettbewerbshandlungen, Ansprüche der Anbieter untereinander sowie um Unterlassungsverlangen gegenüber dem Anbieter. Solche Fragen werden nach der Rom II-VO bzw. den Art. 40 ff. EGBGB angeknüpft (→ Rom II-VO Art. 6 Rn. 2). Sachrechtlich unterliegen sie allerdings nicht nur nationalem Recht. Ihr Inhalt wird in erheblichem Umfang durch die Grundfreiheiten und das sekundäre Unionsrecht geprägt.

50 Im Internationalen Wettbewerbsrecht wird weitgehend die Anwendung des Rechts des Staates vertreten, in dem sich die schädigende Handlung auswirkt. Da das Recht des unlauteren Wettbewerbs Marktverhaltensrecht ist, kommt es zu einer **Marktortanknüpfung** (näher → Rom II-VO Art. 6 Rn. 3 f.). Diese Anknüpfung wird vor allem für den sog. Multistate-Wettbewerb vertreten.[105] Auf Online-Aktivitäten können mehrere Rechtsordnungen gleichzeitig anwendbar sein. Regelmäßig ist durch eine Handlung eine Vielzahl nationaler Teilmärkte des Online-Gesamtmarktes betroffen.

51 Nimmt man an, dass sich das Herkunftslandprinzip auch auf das Internationale Wettbewerbsrecht erstreckt,[106] so wirkt sich der Streit um die richtige Ankupplung aus (→ Rn. 26 ff.). Nach der kollisionsrechtlichen Erklärung modifiziert es das Marktortprinzip.[107] Entspricht eine Werbung den Vorschriften des ausländischen Niederlassungsortes, so genügt das für ihre Rechtmäßigkeit.[108] Dies gilt insbesondere für die Maßstäbe irreführender Werbung.[109] Das Herkunftslandprinzip bewirkt mithin, dass keine weiteren Beschränkungen auf das Wettbewerbsrecht anderer Mitgliedstaaten gestützt werden können. Nach der engeren Auslegung ergibt sich das allerdings nur aus einem sachrechtlichen Beschränkungsverbot (→ Rom II-VO Art. 6 Rn. 79).

52 **6. Vorrang des Unionsrechts.** Nach Art. 23 Rom I-VO besteht ein Vorrang des Unionsrechts. Dieser Vorrang beschränkt sich jedoch nur auf Kollisionsnormen für vertragliche Schuldverhältnisse auf besonderen Gebieten, welche in unionsrechtlichen Rechtsakten enthalten sind (→ Art. 23 Rn. 10).

53 Nimmt man die Richtlinie wörtlich, so enthält sie keine kollisionsrechtlichen Vorgaben (Art. 1 Abs. 4 E-Commerce-RL; → Rom II-VO Art. 6 Rn. 77). Damit kommt der Vorrang des Unionsrechts insoweit nicht zum Zuge.[110] Andere haben mit dem „Respekt" vor dem – inzwischen durch die Rom I-VO ersetzten – EVÜ argumentiert und kommen daher zu dem gleichen Ergebnis.[111] Von wieder anderen wurde eine grundsätzliche Erstreckung des Herkunftslandprinzips auch auf das Vertragsrecht angenommen (→ Rn. 45). Eine kollisionsrechtliche Interpretation des Herkunftslandprinzips würde sich aber in Widerspruch zu den anders gestalteten Regeln der Rom I-VO setzen.

54 Man könnte annehmen, dass die von Art. 3 Abs. 1 E-Commerce-RL für maßgeblich gehaltenen „innerstaatlichen Vorschriften" das gesamte Recht des Niederlassungsstaates einschließlich seiner internationalprivatrechtlichen Vorschriften meinen (→ Rn. 14). Entsprechend würden die „Anforderungen des deutschen Rechts" (§ 3 Abs. 1 DDG) auch das deutsche Kollisionsrecht umfassen. Dies würde jedoch dem Vereinheitlichungszweck der Richtlinie, den freien Verkehr der Informationsdienste zu sichern, widersprechen.[112] Es kommt daher nur auf das jeweilige **Sachrecht** an.

III. In Deutschland niedergelassene Diensteanbieter

55 **1. Maßgeblichkeit deutschen Rechts (§ 3 Abs. 1 DDG).** Für die Transaktionen in Deutschland niedergelassener Diensteanbieter ist zunächst das nach den Regeln des IPR maßgebliche

[103] *Nickels* DB 2001, 1919 (1920); *Spindler* RabelsZ 66 (2002), 633 (689 f.).
[104] BGH NJW 2012, 2197 = IPRax 2013, 252 m. Aufsatz *W.-H. Roth* IPRax 2013, 215; ebenso *Sack* EWS 2011, 513 ff.; *Brand* NJW 2012, 127 (130).
[105] *Dethloff* JZ 2000, 179 (181 ff.); *Sack* WRP 2002, 271 (272 f.).
[106] *Mankowski* ZVglRWiss 100 (2001), 137 (157 ff.); *Spindler* in Gounalakis, Rechtshandbuch Electronic Business, 2003, § 9 Rn. 119 ff.
[107] LG Siegen CR 2013, 676 = MMR 2013, 722 mAnm *Kleinemenke; Spindler* NJW 2002, 921 (926); *Spindler* RabelsZ 66 (2002), 633 (693 ff.); *Spindler* in Gounalakis, Rechtshandbuch Electronic Business, 2003, § 9 Rn. 119 ff.
[108] *Ahrens* CR 2000, 835 (840).
[109] *Ohly* GRUR Int 2001, 894 (904 f.).
[110] *Nickels* DB 2001, 1919 (1922).
[111] *Mankowski* ZVglRWiss 100 (2001), 137 (154); dagegen *Spindler* in Gounalakis, Rechtshandbuch Electronic Business, 2003, § 9 Rn. 108.
[112] *Nickels* DB 2001, 1919 (1922); *Nickels* CR 2002, 302 (304); *Spindler* RabelsZ 66 (2002), 633 (656 ff.); *Spindler/Fallenböck* ZfRV 2002, 214 (224 ff.).

Recht zu ermitteln. Im Übrigen sind jedoch die Anforderungen des deutschen DDG maßgeblich. Damit ist insoweit allein das deutsche Sachrecht maßgebend. Dies gilt auch dann, wenn die Anbieter ihre Dienste in anderen Mitgliedstaaten geschäftsmäßig anbieten oder erbringen (§ 3 Abs. 1 DDG). Die inländischen Anbieter sind daher nicht mehr den Anforderungen ausgesetzt, die sich aus anderen Rechtsordnungen ergeben. Vielmehr sind allein die Anforderungen des inländischen Herkunftslandes maßgeblich. Das gilt auch dann, wenn Ansprüche unter Berufung auf Auswirkungen im Ausland geltend gemacht werden.

2. Anforderungen des Herkunftslandes. Das kollisionsrechtlich berufene Sachrecht wird zunächst nach den allgemeinen Regeln ermittelt. Sodann wird es im Hinblick auf die Freiheit zur Erbringung von Informationsdiensten ggf. inhaltlich modifiziert. Entscheidend sind die Anforderungen des Herkunftslandes (→ Rn. 13). 56

3. Günstigkeitsvergleich. Ein genereller Vergleich der für den Diensteanbieter günstigeren Regeln (Günstigkeitsvergleich) hat nicht stattzufinden (→ Rn. 36). Inländische Anbieter brauchen sich im Anwendungsbereich des DDG nur noch auf die Anforderungen des deutschen Rechts einzustellen. Eine Verweisung auf das deutsche Kollisionsrecht liegt darin nicht (→ Rn. 54). 57

4. Ausnahmen und ausgenommene Bereiche. Unberührt von der Regel des § 3 Abs. 1 DDG bleibt die Freiheit der Rechtswahl (Abs. 3 Nr. 1; → Rn. 39 f.) sowie die Regelung der Verbraucherverträge (Abs. 3 Nr. 2; → Rn. 41 ff.). Ferner sind die in § 3 Abs. 4 DDG genannten Tätigkeitsbereiche ausgenommen (→ Rn. 44). 58

IV. In anderen Mitgliedstaaten niedergelassene Diensteanbieter

1. Sicherung des freien Dienstleistungsverkehrs (§ 3 Abs. 2 DDG). Ebenso wie Art. 3 E-Commerce-RL trennt § 3 DDG zwischen Fällen, in denen der Forumstaat selbst das Herkunftsland ist und solchen, in denen er der Empfangsstaat ist. Der freie Dienstleistungsverkehr von digitalen Diensten, welche in Deutschland von Diensteanbietern angeboten oder erbracht werden, die in einem anderen Mitgliedstaat niedergelassen sind, wird nicht eingeschränkt (§ 3 Abs. 2 DDG). Soweit sie in einem anderen Staat im Geltungsbereich der E-Commerce-RL niedergelassen sind (zur Niederlassung → Rn. 17), reicht es aus, dass sie die Anforderungen des dortigen Rechts erfüllen. Auf diese Weise wird erreicht, dass der Anbieter im koordinierten Bereich lediglich den Anforderungen des Herkunftslandes entsprechen muss. 59

Eine besondere Regelung, welches Recht grundsätzlich aus der Sicht des Empfangsstaates zur Anwendung kommt, fehlt. Es liegt nahe, insofern spiegelbildlich zu Abs. 1 auf das Recht am ausländischen Niederlassungsort des Diensteanbieters abzustellen.[113] Da aber Art. 3 Abs. 2 E-Commerce-RL dem Empfangsstaat nicht ausdrücklich verbietet, bei der Rechtsanwendung seine eigenen Kollisionsnormen heranzuziehen, wird zum Teil angenommen, es werde in Abs. 2 nicht unbedingt auf das Recht des ausländischen Herkunftslandes verwiesen.[114] Der Kern der Vorschrift besteht daher lediglich in einem Beschränkungsverbot. Für die Anhänger einer uneingeschränkten kollisionsrechtlichen Interpretation des Herkunftslandprinzips liegt dagegen ein unbedingter Verweis auf das ausländische Herkunftsland vor (→ Rn. 29).[115] Es soll sich jedoch um **keine Gesamtverweisung** auf ausländisches Kollisionsrecht handeln.[116] Andernfalls würde die beabsichtigte Rechtsvereinheitlichung und Vereinfachung der Rechtsanwendung unterlaufen (→ Rn. 26 f.). 60

2. Anforderungen des Herkunftsstaates. Die Vorschrift des § 3 Abs. 2 DDG bezieht sich auf die Anforderungen an in einem anderen Mitgliedstaat niedergelassene Diensteanbieter. Es genügt, wenn sie den ausländischen Anforderungen entsprechen. Es handelt sich dabei um Anforderungen der oben beschriebenen Art (→ Rn. 13). Der freie Dienstleistungsverkehr darf nicht eingeschränkt werden. Ob die Richtlinie im Herkunftsland ordnungsgemäß umgesetzt wurde, ist nicht nachzuprüfen.[117] 61

3. Ausnahmen und ausgenommene Bereiche. Die Bestimmungen des § 3 Abs. 1 und 2 DDG enthalten Ausnahmen für die in § 3 Abs. 3 DDG genannten Bereiche. Dies bezieht sich auf die Freiheit der Rechtswahl (Abs. 3 Nr. 1; → Rn. 39 f.), Verbraucherverträge (Abs. 3 Nr. 2; 62

---

113 So zu § 4 TDG *Nickels* CR 2002, 302 (303).

114 So noch zum TMG *Halfmeier* ZEuP 2001, 837 (864 f.); *Ohly* GRUR Int 2001, 899 (902); *Spindler* RabelsZ 66 (2002), 633 (659 f.); *Spindler* in Gounalakis, Rechtshandbuch Electronic Business, 2003, § 9 Rn. 98.

115 S. *Mankowski* ZVglRWiss 100 (2001), 137 (138 f.); *Mankowski* IPRax 2002, 257 (262 f.).

116 *Mankowski* ZVglRWiss 100 (2001), 137 (152 f.); *Mankowski* IPRax 2002, 257 (264); *Nickels* CR 2002, 302 (303).

117 *Spindler* RabelsZ 66 (2002), 633 (643 f.).

→ Rn. 41 ff.) sowie bestimmte Grundstücksgeschäfte (Abs. 3 Nr. 3). Ferner bestehen zugunsten bestimmter Schutzziele Einschränkungen des innerstaatlichen Rechts für Diensteanbieter, die in einem anderen Staat niedergelassen sind (§ 3 Abs. 5 DDG). Außerdem sind in § 3 Abs. 4 einzelne Tätigkeitsbereiche ausgenommen (→ Rn. 44). Diese Ausnahme gilt auch für ausländische Diensteanbieter; Abs. 2 kommt insoweit nicht zur Anwendung.

63 **4. Inländische Beschränkungen und Beeinträchtigungen (§ 3 Abs. 5–7 DDG).** In Umsetzung von Art. 3 Abs. 4 E-Commerce-RL stellt § 3 Abs. 5 DDG klar, dass Einschränkungen des innerstaatlichen Rechts zur Geltung kommen können. Danach kann das Anbieten und das Erbringen von digitalen Diensten, deren Anbieter in anderen Mitgliedstaaten niedergelassen sind, durch Maßnahmen auf Grund deutschen Rechts eingeschränkt werden.[118] Es handelt sich dabei um die öffentliche Sicherheit und Ordnung (Nr. 1 lit. a),[119] die öffentliche Gesundheit (Nr. 1 lit. b)[120] sowie Verbraucherinteressen (Nr. 1 lit. c). Es geht hier um im Einzelfall zwingende Abweichungen vom Herkunftslandprinzip.[121] Inländische Beeinträchtigungen des freien Empfangs und der Weiterverbreitung von audiovisuellen Mediendiensten sind ferner bei bestimmten Straftaten und Gefahren zulässig (§ 3 Abs. 6 DDG). Das gilt auch für Anordnungen nach dem DSA (§ 3 Abs. 7 DDG).

V. Anbieter aus Drittstaaten

64 Die E-Commerce-RL findet keine Anwendung auf Diensteanbieter, welche in einem Drittstaat niedergelassen sind (Erwägungsgrund 58 E-Commerce-RL).[122] Insoweit fehlt es an dem Mindestmaß an Harmonisierung des Teledienstrechts, welche das Herkunftslandprinzip voraussetzt.[123] Daher gilt das Herkunftslandprinzip für Anbieter aus Drittstaaten nicht.[124] Für die Abgrenzung kommt es auf die Niederlassung des Diensteanbieters an. Folglich gelten für die Bestimmung des Vertragsstatuts die Art. 3 ff. Rom I-VO und für die Bestimmung des Deliktsstatuts die Rom II-VO bzw. die Art. 40 ff. EGBGB.[125]

C. Internationale Zuständigkeit

65 Nach Art. 18 E-Commerce-RL haben die Mitgliedstaaten effektiven Rechtsschutz zu gewährleisten. § 1 Abs. 3 DDG (Art. 1 Abs. 4 E-Commerce-RL) stellt jedoch klar, dass sich das Gesetz nicht mit der Zuständigkeit der Gerichte befasst. Daher bleibt es bei der Anwendung der Zuständigkeitsvorschriften der Brüssel Ia-VO sowie derer des nationalen Rechts[126] (→ Rom I-VO Vor Art. 1 Rn. 34 ff.; → Rom II-VO Art. 6 Rn. 69 f.).

Art. 10 Rom I-VO Einigung und materielle Wirksamkeit

(1) Das Zustandekommen und die Wirksamkeit des Vertrags oder einer seiner Bestimmungen beurteilen sich nach dem Recht, das nach dieser Verordnung anzuwenden wäre, wenn der Vertrag oder die Bestimmung wirksam wäre.

(2) Ergibt sich jedoch aus den Umständen, dass es nicht gerechtfertigt wäre, die Wirkung des Verhaltens einer Partei nach dem in Absatz 1 bezeichneten Recht zu bestimmen, so kann sich diese Partei für die Behauptung, sie habe dem Vertrag nicht zugestimmt, auf das Recht des Staates ihres gewöhnlichen Aufenthalts berufen.

Schrifttum: Vgl. auch bei Art. 12. *Aden,* Battle of Forms, 2021; *Aubart,* Die Behandlung der dépeçage im europäischen Internationalen Privatrecht, 2013; *Basse,* Das Schweigen als rechtserhebliches Verhalten im Vertragsrecht. Eine rechtsvergleichende Untersuchung unter Berücksichtigung von England, Schottland und

---

118 Dazu *Grundmann* RabelsZ 67 (2003), 268 (292); *Sack* EWS 2011, 513 (514).

119 S. dazu *Mankowski* EWS 2002, 401 (404); *Spindler* RabelsZ 66 (2002), 633 (674 f.); *Grundmann* RabelsZ 67 (2003), 292.

120 Dazu *Ahrens* CR 2000, 835 (840 f.); *Spindler* RabelsZ 66 (2002), 633 (675).

121 Vgl. *Ohly* GRUR Int 2001, 894 (902).

122 S. auch *Fallenböck/Spindler* ZfRV 2002, 216.

123 *Spindler* ZUM 1999, 782 (786).

124 *Nickels* CR 2002, 302 (303 N. 14); *Spindler* NJW 2002, 921 (925 N. 64).

125 Vertragsstatut für Anbieterkennzeichnung LG Siegen CR 2013, 676 = MMR 2013, 722 m. abl. Anm. *Kleinemenke.*

126 *Fallon/Meeusen* Rev. crit. dr. int. pr. 91 (2002), 435 (471 f.); *Nickels* CR 2002, 302 (303).

Deutschland, 1986; *Baumert,* Abschlußkontrolle bei Rechtswahlvereinbarungen, RIW 1997, 805; *Behling,* Der Zugang elektronischer Willenserklärung in modernen Kommunikationssystemen, 2007; *Berner,* Implizite Qualifikationsvorgaben im europäischen Kollisionsrecht, RabelsZ 87 (2023), 236; *Bomsdorf/Finkelmeier,* Allgemeine Geschäftsbedingungen im internationalen Handel, RIW 2021, 350; *Borges,* Verträge im elektronischen Geschäftsverkehr, 2003; *Dutta,* Kollidierende Rechtswahlklauseln in allgemeinen Geschäftsbedingungen, ZVglRWiss 104 (2005), 461; *Ebenroth,* Das kaufmännische Bestätigungsschreiben im internationalen Handelsverkehr, ZVglRWiss 77 (1978), 161; *Esser,* Die letzte Glocke zum Geleit – kaufmännische Bestätigungsschreiben im internationalen Handel, ZfRV 1988, 167; *G. Fischer,* Verkehrsschutz im internationalen Vertragsrecht, 1990; *Freitag,* Die kollisionsrechtliche Behandlung ausländischer Eingriffsnormen nach Art. 9 Abs. 3 Rom I-VO, IPRax 2009, 109; *Freitag,* Sprachenzwang, Sprachrisiko und Formanforderungen im IPR, IPRax 1999, 142; *Heiss,* Inhaltskontrolle von Rechtswahlklauseln in AGB nach europäischem Internationalem Privatrecht, RabelsZ 65 (2001), 634; *Hennemann,* Zugang von Erklärungen im europäischen Vertragsrecht, ZEuP 2013, 565; *v. Hoffmann,* Vertragsannahme durch Schweigen im internationalen Schuldrecht, RabelsZ 36 (1972), 510; Jansen/Zimmermann (Hrsg.), Commentaries on European Contract Laws, 2018; *Jayme,* Inhaltskontrolle von Rechtswahlklauseln in Allgemeinen Geschäftsbedingungen, FS W. Lorenz, 1991, 435; *Kling,* Sprachrisiken im Privatrechtsverkehr, 2008; *Kost,* Konsensprobleme im internationalen Schuldvertragsrecht, 1995; *Kreße,* Einseitig verpflichtende Verträge und Naturalobligationen im englischen, französischen und deutschen Recht, RIW 2014, 96; *Kröll/Hennecke,* Kaufmännische Bestätigungsschreiben beim internationalen Warenkauf, RabelsZ 67 (2003), 448; *Leible/Lehmann,* Die Verordnung über das auf vertragliche Schuldverhältnisse anzuwendende Recht, RIW 2008, 528; *Leipold,* Der Zugang von Willenserklärungen im 21. Jahrhundert, FS Medicus, 2009, 251; *Linke,* Sonderanknüpfung der Willenserklärung?, ZVglRWiss 79 (1980), 1; *W. Lorenz,* Konsensprobleme bei international-schuldrechtlichen Distanzverträgen, AcP 159 (1960/1961), 193; *Maidl,* Ausländische AGB im deutschen Recht, 2000; *Mankowski,* Strukturfragen des internationalen Verbrauchervertragsrechts, RIW 1993, 453; *Mankowski,* Widerrufsrecht und Art. 31 Abs. 2 EGBGB, RIW 1996, 382; *Mankowski,* Verbraucherschutzrechtliche Widerrufsbelehrung und Sprachrisiko, VuR 2001, 359; *Mankowski,* Dépeçage unter der Rom I-VO, FS Spellenberg, 2010, 261; *Mäsch,* Rechtswahlfreiheit und Verbraucherschutz, 1993; *Mäsch,* Gran Canaria und kein Ende – Zur Sonderanknüpfung vorkonsensualer Elemente im internationalen Vertragsrecht nach Art. 31 Abs. 2 EGBGB, IPRax 1995, 371; *Meyer-Sparenberg,* Rechtswahlvereinbarungen in Allgemeinen Geschäftsbedingungen, RIW 1989, 347; *Moser,* Vertragsabschluss, Vertragsgültigkeit und Parteiwille im internationalen Obligationenrecht, 1948; *Reinhart,* Zum Sprachenproblem im grenzüberschreitenden Handelsverkehr, IPRax 1982, 226; *Reis,* Die Bedeutung des Schweigens im Privatrecht, 2022; *Rieländer,* Die Inhalts- und Transparenzkontrolle von Rechtswahlklauseln im EU-Kollisionsrecht, RIW 2017, 28; *Rothermel/Dahmen,* Schweigen ist Silber. Regelungen zum Schweigen unter Kaufleuten im Rechtsvergleich, RIW 2018, 179; *Rott,* Informationspflichten in Fernabsatzverträgen als Paradigma für die Sprachenproblematik im Vertragsrecht, ZVglRWiss 98 (1999), 382; *C. Rühl,* Rechtswahlfreiheit und Rechtswahlklauseln in Allgemeinen Geschäftsbedingungen, 1999; *Schäfer,* Vertragsschluß unter Einbeziehung von Allgemeinen Geschäftsbedingungen gegenüber Fremdmuttersprachlern, JZ 2003, 879; *Schlechtriem,* Das „Sprachrisiko" – ein neues Problem?, FS Weitnauer, 1980, 129; *J. Schmidt,* Der Vertragsschluss, 2013; *Schwarz,* Das „Sprachrisiko" im internationalen Geschäftsverkehr – ein deutsch-portugiesischer Fall, IPRax 1988, 278; *Schwenzer,* Einbeziehung von Spediteurbedingungen sowie Anknüpfung des Schweigens bei grenzüberschreitenden Verträgen, IPRax 1988, 86; *Sieg,* AGB im grenzüberschreitenden Geschäftsverkehr, RIW 1997, 811; *Spellenberg,* Fremdsprache und Rechtsgeschäft, FS Ferid, 1988, 463; *Spellenberg,* Besprechung von G. Fischer, Verkehrsschutz im internationalen Vertragsrecht, RabelsZ 60 (1996), 516; *Spellenberg,* Doppelter Gerichtsstand in fremdsprachigen AGB, IPRax 2007, 98; *Spellenberg,* Der Konsens in Art. 23 EuGVO – Der kassierte Kater, IPRax 2010, 464; *Spellenberg,* Folgen der Geschäftsunfähigkeit und Prozessaufrechnung, IPRax 2013, 466; *Stankewitsch,* Entscheidungsnormen im IPR als Wirksamkeitsvoraussetzungen der Rechtswahl, 2003; *Stoll,* Das Statut der Rechtswahlvereinbarung – eine irreführende Konstruktion, FS Heini, 1995, 429; *Taupitz,* Kaffeefahrten deutscher Urlauber auf Gran Canaria: Deutscher Verbraucherschutz im Urlaubsgepäck, BB 1990, 642; *Tiedemann,* Kollidierende AGB-Rechtswahlklauseln im österreichischen und deutschen IPR, IPRax 1991, 424; *Thiele,* Die Zustimmungen in der Lehre vom Rechtsgeschäft, 1966; *M.-P. Weller,* Stillschweigende Einbeziehung der AGB-Banken im internationalen Geschäftsverkehr?, IPRax 2005, 428; *M.-P. Weller,* GmbH-Anteilsabtretungen in Basel, ZGR 2014, 865.

Übersicht

A. Allgemeines

I. Entstehung

Die Art. 3–8 bestimmen das Vertragsstatut. Art. 10 definiert dann zusammen mit Art. 12 die Reichweite. Art. 10 und 12 lauten gleich wie Art. 8 und 10 EVÜ von 1980 und die darauf beruhenden früheren Art. 31 und 32 EGBGB aF. Sie bringen daher praktisch keine Änderung gegenüber dem bisherigen Recht. Art. 8 EVÜ entschied die vor 1980 bzw. 1986 sehr umstrittene Frage eines eigenen Statuts des Vertragsschlusses und insbesondere der Geltung des Vertragsstatuts schon für die zum Vertragsschluss führenden Handlungen (die vorkonsensualen Elemente) zugunsten der umfassenden Geltung des Vertragsstatuts und damit im Wesentlichen im Sinne der schon früheren hM im deutschen IPR.[1] Insbesondere der eingeschränkte Vorbehalt des eigenen Rechts der Vertragsschließenden, der sich in Abs. 2 findet, entspricht der früheren Rspr. des BGH.[2] Art. 31 und 32 EGBGB aF sind konsequenterweise zugunsten der Art. 10 und 12 Rom I-VO aufgehoben worden. Lehre und Rspr. dazu sind daher weiter verwendbar.[3] Die Grenze zwischen vertraglichen und außervertraglichen Schuldverhältnissen verläuft unter der Rom I-VO und der Rom II-VO allerdings namentlich im Bereich der culpa in contrahendo (Art. 12 Rom II-VO; Art. 1 Abs. 2 lit. i) und der Verträge mit Schutzwirkung für Dritte anders als unter dem alten EGBGB.[4] 1

II. Normzweck

1. Einheitliches Vertragsstatut. Abs. 1 bestimmt, dass für das **Zustandekommen und** die **Wirksamkeit** des Vertrages einheitlich das Recht des Staates gilt, das zur Anwendung käme, wenn man sich den Vertrag als nach diesem Recht wirksam denkt („hypothetisches Vertragsstatut").[5] Ob das Vertragsstatut aufgrund Rechtswahl oder objektiver Anknüpfung bestimmt worden ist, ist für dieses „bootstrap principle"[6] irrelevant.[7] Als „Qualifikationsnorm" umreißt Art. 10 Abs. 1 den Umfang dieses (hypothetischen) Vertragsstatuts.[8] Dazu tritt Art. 12, wonach die **Wirkungen des Vertrages** ebenfalls diesem Recht folgen. **Art. 10 und 12** sind **zusammen** zu lesen. Die Abgrenzung ihrer Anwendungsbereiche kann zweifelhaft sein, ist aber praktisch ohne Bedeutung, weil beide Male auf dasselbe Recht verwiesen wird.[9] Darin wird ein Prinzip des einheitlichen Vertragsstatuts verwirklicht, das für alle Rechtsgeschäfte trägt (→ EGBGB Vor Art. 8 Rn. 9 ff.). Die lex causae des Rechtsgeschäfts bestimmt über seine Wirksamkeitsvoraussetzungen, seine Wirkungen und deren Beendigung. Als Einheitsstatut herrscht das Vertragsstatut heute unstreitig, in *Kegels* plastischer Formulierung, über den Vertrag **grundsätzlich** „von der Wiege bis zum Grabe".[10] Ausnahmen sind die Form (Art. 11), die Geschäftsfähigkeit (Art. 1 Abs. 2 lit. a, s. aber Art. 13), die Stellvertretung (Art. 1 Abs. 2 lit. g) und weitgehend der Beweis (Art. 1 Abs. 3, s. aber Art. 18) sowie in Art. 10 selbst der Vorbehalt des Abs. 2 (→ Rn. 203 ff.). 2

Seine Rechtfertigung findet das Prinzip zum einen **im inneren sachlichen Zusammenhang** von Voraussetzungen und Wirkungen eines Rechtsgeschäfts,[11] die in den Sachrechten immer aufeinander bezogen sind. Darin liegt ein besonders wichtiges Prinzip des internationalen Schuldvertragsrechts.[12] Zum anderen entspricht es der **natürlichen Anschauung** des Rechtsverkehrs und der Parteien, denen eine Anwendung mehrerer Rechtsordnungen auf den einen Vertrag nur schwer zu vermitteln wäre. Sowohl bei der Vornahme des Rechtsgeschäfts als auch bei späteren Streitigkeiten mögen die Parteien zwar sehr wohl unterschiedliche Auffassungen über das maßgebende Recht haben, doch liegt ihnen, soweit man feststellen kann, in der Regel der Gedanke fern, das Rechtsgeschäft bzw. das Rechtsverhältnis könne teils dem einen, teils dem anderen Recht zuzuordnen sein. Ihre Vorstellung und vor allem ihr Interesse gehen vielmehr grundsätzlich dahin, dass das Rechtsver- 3

---

1 Zur Entstehung eingehend Staudinger/*Hausmann,* 2021, Rn. 1 ff.

2 Seit BGHZ 57, 72 (77) = NJW 1972, 391 mAnm *Schmidt-Salzer* und *Geimer.*

3 Rauscher/*Freitag* Rn. 4.

4 Zu ersterer *v. Hein* GPR 2007, 54; zu letzteren *Dutta* IPRax 2009, 293.

5 *Giuliano/Lagarde* BT-Drs. 10/503, 60.

6 ZB *v. Bar/Mankowski* IPR II § 1 Rn. 785; Rauscher/*Freitag* Rn. 2.

7 Ferrari IntVertragsR/*Ferrari* Rn. 1; Erman/*Stürner* Rn. 1.

8 *v. Bar/Mankowski* IPR II § 1 Rn. 778; BeckOGK/*Weller* Rn. 2; *Berner* RabelsZ 87 (2023), 236 (241).

9 BeckOGK/*Weller* Rn. 2 f.; Rauscher/*Freitag* Rn. 7.

10 *Kegel/Schurig* IPR § 17 V 1a (S. 611); vgl. weiter BGH NJW 1958, 750; BGHZ 43, 21 (24, 57, 72); BeckOK BGB/*Spickhoff* Rn. 2; Ferrari IntVertragsR/*Ferrari* Rn. 1 f.; Rauscher/*Freitag* Rn. 1.

11 *Kegel/Schurig* IPR § 17 V 1a (S. 611); Staudinger/*Hausmann,* 2021, Rn. 12; *M.-P. Weller* IPRax 2005, 428 f.; *Spellenberg,* Geschäftsstatut und Vollmacht, 1979, 148 ff.

12 *Vischer* SchwJbIntR 1955, 75 (87, 91); *Keller* SchwJZ 1972, 65 (66); *Spellenberg,* Geschäftsstatut und Vollmacht, 1979, 148 ff.; BGHZ 57, 337 f. = NJW 1972, 385.

hältnis im Ganzen dem einen oder anderen Recht unterfalle.[13] Von der Möglichkeit der Teilrechtswahl (Art. 3 Abs. 1 S. 3) wird in der Praxis offenbar kaum Gebrauch gemacht. Eine Spaltung zwischen Vornahmetatbestand und Wirkungen eines Rechtsgeschäfts wirkte artifiziell[14] und würde häufig intrikate Anpassungsprobleme verursachen (näher → Einl. IPR Rn. 106 ff.; → EGBGB Vor Art. 8 Rn. 15 ff.).[15] Die Übereinstimmung mit den Erwartungen der Parteien dürfte auch erklären, warum Art. 10 trotz der Bedeutung seiner Aussage für den internationalen Handel in der Praxis wenig Streitigkeiten hervorruft.[16]

4 **2. Keine kollisionsrechtliche Spaltung.** Mit Recht verwerfen die Art. 12 und Art. 10 Abs. 1 zum einen sowohl die Spaltung zwischen Abschluss- und Wirkungsstatut **(große Spaltung)**[17] als auch die getrennte Anknüpfung der beiderseitigen Rechte und Pflichten (vertikale oder **kleine Spaltung**) im Schuldvertrag.[18]

5 **a) Sachzusammenhang.** Dabei reflektieren die Parteivorstellungen und die „natürliche Anschauung" nichts anderes als den **inneren materiellen Zusammenhang** von **Voraussetzungen** und **Wirkungen** eines Rechtsgeschäfts, den alle Rechtsordnungen verlangen und herstellen und der durch gespaltene Anknüpfungen zerrissen würde. Die Wirkungen von Rechtsgeschäften und die Anforderungen an ihre gültige Vornahme sind in den einzelnen Rechtsordnungen zwar verschieden geregelt, aber jeweils aufeinander bezogen. Jede Rechtsordnung hat ihre Vorstellungen darüber, welche Voraussetzungen gerechter- und billigerweise verlangt werden müssen, damit bestimmte Rechtsfolgen eintreten. Bei Schuldverträgen denke man zB an die unterschiedlichen Irrtumsregelungen.[19]

6 Diese Entscheidung des Gesetzes würde missachtet, wenn bei gespaltener Anknüpfung Wirkungen nach einer Rechtsordnung mit dem Vornahmeakt nach einer anderen Rechtsordnung verbunden werden könnten. Es entstünden dadurch unter Umständen **Gesamtregelungen,** die in sich **unbillig** wären und jedenfalls mit keiner der berührten Rechtsordnungen für rein nationale Fälle übereinstimmten. Es sollen nicht die geringen Tatbestandsanforderungen der einen mit den weiter reichenden Folgen der anderen verbunden werden oder umgekehrt. Entnimmt man die Rechtsfolgen einer Rechtsordnung und die Voraussetzungen einer anderen, so sind erstere im Grunde nicht gerechtfertigt, wenn deren Voraussetzungen nicht erfüllt sind (→ EGBGB Vor Art. 8 Rn. 17 f.).[20]

7 *Vischer*[21] hält es zu Recht für eines der wichtigsten Prinzipien des internationalen Vertragsrechts, dass mit der Anknüpfung der innerliche **Sachzusammenhang** durch Anwendung eines Rechts auf das ganze Rechtsverhältnis gewahrt bleibe. *Keller* spricht von einer Parallelwertung von Sachrecht und Kollisionsrecht,[22] *Kegel* vom inneren Entscheidungseinklang als einem Ordnungsinteresse im IPR.[23] Dies sind Maximen und Wertungen, die für die Auslegung und eventuelle Entwicklung von Kollisionsnormen zwar nicht unmittelbar maßgebend sind, aber erhebliches Gewicht haben.

8 Besonders augenfällig wäre die **Unzuträglichkeit** bei der **vertikalen oder kleinen Spaltung,** wenn die jeweiligen Pflichten der Parteien eines gegenseitigen Vertrages verschieden angeknüpft werden und dadurch zB die eine Pflicht besteht, die andere aber nicht. Ebenso störend wirkt es

---

13 RG IPRspr. 1928 Nr. 1; 1933 Nr. 1b und Nr. 10; RGZ 68, 203; RG JW 1937, 1973; BGH DB 1969, 1053 = IPRspr. 1968/69 Nr. 31; BGHZ 57, 337 (338) = NJW 1972, 385; BGH WM 2005, 144 unter II 2c; OLG München IPRax 1983, 120; *Wahl* RabelsZ 3 (1929), 796; *Moser,* Vertragsschluss, Vertragsgültigkeit und Parteiwille im internationalen Obligationenrecht, 1948, 207 ff.; BeckOGK/*Weller* Rn. 3.

14 BGE 78 II 85; *Nussbaum,* Deutsches IPR, 1932, 218 Fn. 3, 269 ff.; BGHZ 57, 337 Rn. 21 = NJW 1972, 385.

15 Staudinger/*Hausmann,* 2021, Rn. 12; *Wahl* RabelsZ 3 (1929), 782 f.; *P. Mayer/Heuzé/Remy* DIP Nr. 785.

16 BeckOGK/*Weller* Rn. 4; Rauscher/*Freitag* Rn. 5; *Mankowski* IHR 2008, 133 (149): Vorschrift habe sich bewährt.

17 Die bis 1952 das schweiz. BG vornahm; dazu mit Rechtsvergleich *Moser,* Vertragsschluss, Vertragsgültigkeit und Parteiwille im internationalen Obligationenrecht, 1948, 8 ff.

18 Die ältere Rspr. in Deutschland hatte noch angenommen, ein Vertrag könne im Einzelfall keinen Schwerpunkt haben, sodass die Verbindlichkeiten jeder Partei gesondert an den jeweiligen Erfüllungsort anzuknüpfen seien, RGZ 81, 275; BGH NJW 1952, 541; WM 1955, 765 (dazu *v. Caemmerer* JZ 1959, 362 ff.); BGHZ 17, 89 (93 f.) obiter = NJW 1955, 827; BGHZ 19, 110 (112 f.) = NJW 1956, 377; BGH NJW 1960, 1720; 1961, 25 = WM 1960, 1360; BGHZ 57, 72 (77) = NJW 1972, 391; OLG Frankfurt NJW 1967, 503; OLG Köln AWD 1976, 373.

19 *Kramer,* Der Irrtum beim Vertragsschluss. Eine weltweit vergleichende Bestandsaufnahme, 1998; Jansen/Zimmermann/*Lohsse* PECL Art. 4:103 und PECL Art. 4:104.

20 Beispiele aus dem Schuldrecht → 4. Aufl. 2006, EGBGB Vor Art. 11 Rn. 15–18.

21 *Vischer* SchwJbIntR 1955, 75 (87, 91).

22 *Keller* SchwJZ 1972, 65 (66); *Spellenberg,* Geschäftsstatut und Vollmacht, 1979, 148 ff.

23 *Kegel/Schurig* IPR § 2 II 3b (S. 141 f.).

aber, wenn dadurch die beiderseitigen Pflichten ungewollt unterschiedlichen Umfang erhalten oder unterschiedlich schnell verjähren, ungleiche Einreden möglich werden oder auch die Erzwingbarkeit verschieden ausfällt.[24] Hiergegen verstieß die frühere verfehlte und nun durch Art. 10 Abs. 1 beseitigte Rspr. des BGH, der in letzter Linie an den jeweiligen Erfüllungsort der Verbindlichkeiten anknüpfen wollte.[25] Nach der Analyse von *Kreuzer*[26] hatte die Rspr. im Ergebnis die Spaltung wegen der damit verbundenen Disharmonien und Unzuträglichkeiten freilich praktisch aufgegeben, wenngleich sie den Grundsatz noch lange aufrechterhielt.[27]

b) Anpassung. Natürlich würde man solche Widersprüche in der Praxis nicht stehen lassen, sondern sie durch Anpassung, eventuell auch durch zweckmäßige Qualifikation zu vermeiden versuchen. Aber damit beseitigt man nur die Folgen einer unangebrachten gespaltenen Anknüpfung und stellt die innere Harmonie der Falllösung mühsam und eher bruchstückhaft wieder her. Es ist richtiger, das Problem gleich mit einer einheitlichen Anknüpfung zu vermeiden, denn jede Rechtsordnung erstrebt und verwirklicht in sich eine ausgeglichene Entscheidung. Zwar ist gesagt worden, dass gerade beim Schuldvertrag weniger die Ergebnisse als die technischen Wege zu ihnen von Rechtsordnung zu Rechtsordnung variierten.[28] Das mag global betrachtet zutreffen, im konkreten Fall entscheiden aber über Erfolg oder Klagabweisung auch kleine Unterschiede im Recht, die sich durchaus benennen lassen.[29] Jedenfalls sind akzeptable Lösungen mit Statutenspaltung und anschließender Anpassung erheblich schwerer zu finden, zumal es, wie der BGH bemerkt, im IPR darum geht, möglichst **klare und einfache Kollisionsregeln** zu bilden.[30] 9

3. Vorkonsensuale Phase. Dagegen wurde im Schrifttum früher vielfach vertreten, dass immerhin die vertragsschließenden Erklärungen nach dem jeweiligen Recht der Erklärenden zu beurteilen seien[31] oder kumulativ nach diesem und dem Vertragsstatut[32] oder dass zumindest das so genannte **vorkonsensuale Verhalten** bis zum Vertragsschluss aus dem Wirkungsstatut herausgenommen und an den Wohnsitz oder gewöhnlichen Aufenthalt der jeweiligen Partei angeknüpft werden müsse.[33] Dass diese Lehren wohl nur für Schuldverträge vertreten wurden, erklärt sich vermutlich daraus, dass hier anders als zB bei Testamenten die Anknüpfungspunkte nicht vorgegeben sind, sondern sich entweder aus einer Rechtswahl oder doch wesentlich aus dem vereinbarten Inhalt des Vertrages, zB der charakteristischen Leistung (Art. 4 Abs. 2), ergeben.[34] Dem entsprach, dass gegen die Einheitsanknüpfung der Rspr. der Einwand des logischen Zirkels erhoben wurde: man könne vertragliche Bindung nicht einem Recht entnehmen, das erst gelten würde, wenn der Verweisungs- oder der Hauptvertrag gültig geschlossen wären.[35] Die durch Art. 10 Abs. 1 und Art. 12 angeordnete **Vorwirkung des Vertragsstatuts** ist aber dadurch **zumutbar,** dass bereits bei der Aufnahme der Vertragsverhandlungen oder der Kontaktaufnahme gewöhnlich diejenigen Umstände, die zur Maßgeblichkeit eines fremden Rechts führen, erkennbar sind. 10

Jedoch kann diese Vorwirkung im **Einzelfall unbillige** Ergebnisse zur Folge haben, wenn eine Partei die Geltung fremden Rechts doch **nicht vorhersehen** konnte. Gemäß **Abs. 2** kann sie sich dann ausnahmsweise darauf berufen, dass ihr „eigenes" Recht sie nicht binden würde. Die Formulierung des Abs. 2 lässt dabei deutlich die dahinterstehenden Billigkeitserwägungen erken- 11

---

24 Dazu eingehend und über den Bereich von Schuldverträgen hinaus *Wengler* FS E. Hirsch, 1968, 211 ff.; *Wengler* RabelsZ 47 (1983), 219 ff.

25 ZB BGH BB 1955, 462 = WM 1955, 765; LM BGB § 480 Nr. 2; NJW 1958, 750; BGHZ 43, 21 = NJW 1965, 487; BGHZ 57, 72 = NJW 1972, 391 mAnm *Geimer.*

26 *Kreuzer,* Das IPR des Warenkaufs in der deutschen Rechtsprechung, 1964, 283 ff.

27 Das Schweizer BG hat diese Spaltung schon zu Zeiten verworfen, als es noch zwischen Abschluss- und Wirkungsstatut unterschied; BG SchwJbIntR 5 (1948), 115.

28 *Zweigert* RabelsZ 37 (1973), 446; *Zweigert/Kötz,* Einführung in die Rechtsvergleichung, 3. Aufl. 1996, 38 f.

29 S. die umfassende Untersuchung von *J. Schmidt,* Der Vertragsschluss, 2013.

30 BGHZ 57, 337 (338) = NJW 1972, 385; ebenso *Lewald* IPR S. 247.

31 *Frankenstein* IPR II S. 565 ff., 587 ff.

32 ZB *Zitelmann* IPR II S. 408 ff.

33 *Ferid,* Zum Abschluss von Auslandsverträgen, 1954, 14; dazu *v. Hoffmann* RabelsZ 36 (1972), 510 ff.; *Drobnig* FS F. A. Mann, 1977, 603 ff. mit eingehender Darstellung des Meinungsstandes; vgl. auch *G. Fischer,* Verkehrsschutz im internationalen Vertragsrecht, 1990, 325 f.

34 *Mankowski* RIW 1996, 382 (385); *Mäsch* IPRax 1995, 371 (372); *W. Lorenz* AcP 159 (1960/1961), 193 (209); eingehend *Chaillé de Néré,* Les difficultés d'exécution du contrat en droit international privé, 2003, Nr. 60 ff.

35 *Ferid,* Zum Abschluss von Auslandsverträgen, 1954, 14; *Moser,* Vertragsabschluss, Vertragsgültigkeit und Parteiwille im internationalen Obligationenrecht, 1948, 179 ff.; früher schon *L. v. Bar,* Theorie und Praxis des IPR, Bd. II, 2. Aufl. 1889, 4.

nen:[36] Es sollen Fälle erfasst werden, in denen das Ergebnis der Partei nicht zuzumuten wäre. Man hat dies treffend als **einzelfallweise Sonderanknüpfung** im Wege der **Mitberücksichtigung aus Billigkeitsgründen** bezeichnet (→ Rn. 203 ff.). Es handelt sich deshalb nicht um ein Nebenstatut.[37]

12 **4. Dépeçage.** Eine Tendenz vor allem im amerikanischen Kollisionsrecht will internationale Fälle in einzelne **Rechtsfragen aufspalten** und diese jeweils selbständig anknüpfen. Damit trage man der Internationalität des Falles angemessen Rechnung, und es wird nicht nur in Kauf genommen, sondern begrüßt, dass das Ergebnis keiner der beteiligten Rechtsordnungen, käme sie allein zur Anwendung, entspricht. Ein Sachverhalt mit Auslandsberührung sei deshalb (regelmäßig) wesentlich verschieden von rein inländischen, so dass die Sachgerechtigkeit eine andere Behandlung verlange.[38] Diese Lehre und Praxis beruhen auf dem ganz anderen Grundansatz des amerikanischen IPR, das vom Geltungswillen der Gesetze ausgeht (governmental interest) und nicht wie in Europa nach der engsten Beziehung des Rechtsverhältnisses und der Parteien fragt. Sie und die Argumente sind daher nicht auf Europa übertragbar (→ Einl. IPR Rn. 106 ff.)[39] und haben keinen Eingang in die Rom I-VO gefunden.[40]

13 **a) Objektive Dépeçage.** Das heißt aber nicht, dass eine **gesonderte Anknüpfung** von Teilen des Vertrages nicht auch auf der Grundlage des europäischen IPR vertreten werden könnte und vertreten wird,[41] und es finden sich in der Rom I-VO selbst sowohl gesetzliche Ausnahmen als auch Teilanknüpfungen kraft Rechtswahl, die man als Fälle von Dépeçage verstehen kann. **Teilfragen** idS sind Regelungen, die nicht als selbständiges Rechtsverhältnis angeknüpft werden können, also unselbständige Teile des Vertrages.[42] Art. 4 Abs. 1 S. 2 EVÜ, der dann als Art. 28 Abs. 1 S. 2 EGBGB aF in das EGBGB übernommen wurde, enthielt die Bestimmung, dass, wenn „sich ein Teil des Vertrages von dem Rest des Vertrages trennen" lässt und „dieser Teil eine engere Beziehung mit einem anderen Staat" aufweist, auf ihn „ausnahmsweise das Recht dieses anderen Staates angewendet werden" kann. Diese Regelung ist in Art. 4 Rom I-VO nicht mehr enthalten; ein Fall findet sich heute nur noch in Art. 7 Abs. 5. Daraus folgert die hM, dass die Möglichkeit der objektiven Teilanknüpfung (Dépeçage) **nicht mehr bestehe** (→ Art. 4 Rn. 9).[43] Sie war auch bis 2008 kaum benutzt worden.[44]

14 *Mankowski* vermisst allerdings einen Nachweis, dass der Verordnungsgeber bewusst jede Möglichkeit der richterlichen Vertragsspaltung ausgeschlossen habe, und findet für die objektive Vertragsspaltung eine Heimstatt in der **Ausweichklausel** des Art. 4 Abs. 3.[45] Die dort genannte „offensichtlich engere Verbindung *des* Vertrages zu einem anderen … Staat" könne auch nur für einen Vertragsteil bestehen. Ein Beispiel in der Rom I-VO selbst ist Art. 7 Abs. 5. In der Tat ist der bloßen Aufhebung einer konkret definierten Norm ohne weitere Einschränkung nicht zu entnehmen, dass eine generalklauselartige Ausweichklausel die betreffenden Fälle nicht erfassen könnte. *Mankowski* denkt vor allem an gemischte, komplexe Verträge, deren verbundene Teile auch selbständige Verträge sein könnten oder Verträge mit mehreren Parteien auf der einen oder anderen Seite mit jeweils eigenen Rechten oder Pflichten.[46] Man denke an die Lieferung einer Anlage und deren Montage eventuell durch andere Unternehmer. Es ist richtig, dass Art. 4 Abs. 1 S. 2 EVÜ in der Praxis kaum zu Gerichtsverfahren geführt hat,[47] aber gerade dem entspricht eine Ausweichklausel für seltene Fälle.

15 **b) Subjektive Dépeçage; Teilrechtswahl.** Anders als im Bereich der objektiven Anknüpfung erlaubt es Art. 3 Abs. 1 S. 3, eine Rechtswahl auf Teile des Vertrags zu beschränken (→ Art. 3 Rn. 66 ff.). Die auffallende Seltenheit ausdrücklicher Teilrechtswahl in der Rspr. und die ebenfalls raren konkludenten Vereinbarungen zeigen nicht nur, dass dergleichen den Vorstellungen der Par-

---

36 BT-Drs. 10/503, 29.

37 *Linke* ZVglRWiss 79 (1980), 1 (54); BeckOGK/*Weller* Rn. 13, 65.

38 *Jayme* FS Kegel, 1987, 253 ff.

39 Eingehend *Aubart,* Die Behandlung der dépeçage im europäischen IPR, 2013, 38 ff., 42 ff.

40 *Leible/Lehmann* RIW 2008, 528 (533); *Aubart,* Die Behandlung der dépeçage im europäischen IPR, 2013, 55.

41 *Jayme* FS Kegel, 1987, 253 ff.

42 *Aubart,* Die Behandlung der dépeçage im europäischen IPR, 2013, 9 und passim.

43 *Leible/Lehmann* RIW 2008, 528 (536); Staudinger/*Magnus,* 2021, Art. 4 Rn. 10.

44 Vgl. *Aubart,* Die Behandlung der dépeçage im europäischen IPR, 2013, 112.

45 *Mankowski* FS Spellenberg, 2010, 261 (272 ff.); *Mankowski* IHR 2010, 90 f.

46 *Mankowski* FS Spellenberg, 2010, 261 (270).

47 Zitieren kann man aber immerhin EuGH IPRax 2010, 236 – Intercontainer Interfrigo – m. Aufsatz *Rammeloo* IPRax 2010, 215.

teien gewöhnlich fern liegt,[48] sondern auch, dass eine Teilrechtswahl **selten sinnvoll** ist (→ Art. 3 Rn. 72 ff.). Im Einzelfall mögen juristisch gut beratene Parteien durch Aufspaltung ihres Vertrages auf mehrere Rechtsordnungen Sinnvolles erreichen. Das ist aber wegen der damit oft verbundenen Disharmonien oder schwierigen Überlegungen wohl selten zu empfehlen.[49]

Mit der Teilrechtswahl bestimmen die Parteien, welchen Teil des Vertrages sie einer anderen Rechtsordnung unterstellen wollen. Sie haben dabei allein die Grenze der **Abtrennbarkeit** zu beachten. Unter diesem Gesichtspunkt kommt eine Teilrechtwahl am ehesten in Betracht bei Verträgen mit mehreren Käufern oder Verkäufern, bei verschiedenen Leistungsgegenständen wie der Lieferung einer Anlage und ihrer Montage oder bei gemischten bzw. zusammengesetzten Verträgen.[50] Hier ist die Abtrennbarkeit relativ unproblematisch, wenngleich zu prüfen ist, ob die verschiedenen Verpflichtungen nicht doch derart in einem Abhängigkeitsverhältnis stehen, dass die eine nach dem Willen der Parteien nicht ohne die andere bestehen soll. 16

So könnte man eine Teilrechtswahl annehmen, wenn die Parteien für Angebot und Annahme verschiedene Rechtsordnungen wählen, vorausgesetzt das führt nicht dazu, dass der Konsens entfällt und der Vertrag nur einseitig wirksam ist.[51] Die Parteien können auch entgegen Art. 10 Abs. 1 Rom I-VO für den Abschluss ihres Vertrages ein anderes Recht als für seine Wirkungen vereinbaren und damit kraft Parteiautonomie eine **große Vertragsspaltung** herbeiführen.[52] Auch können sie die in Art. 12 genannten Fragen wie die Auslegung, Verjährung, die Folgen der Nichtigkeit oder der Nichterfüllung,[53] die Zahlungsmodalitäten[54] und die Erfüllungsmodalitäten iSd Art. 12 Abs. 2 gesondert anknüpfen. Sie müssen auch vereinbaren können, dass die gegenseitigen Verpflichtungen verschiedenen Rechtsordnungen unterstehen, wie früher der BGH generell an den jeweiligen Erfüllungsort angeknüpft hatte (kleine Vertragsspaltung). 17

Das Ausschlusskriterium der Abtrennbarkeit hat unter Umständen auch einen subjektiven Aspekt. Es muss den Parteien freistehen, auch recht unsinnige Vereinbarungen zu treffen, wenn sie dies ausdrücklich und bewusst tun. Sie könnten auch das vielfach als Grund der Untrennbarkeit herangezogene Synallagma von Leistung und Gegenleitung ausschließen. Untrennbarkeit ist am konkreten Fall festzustellen und besteht vor allem dann, wenn das konkrete Ergebnis widersprüchlich wäre, dass zB die gleiche Verpflichtung bestehe und nicht bestehe. Es ist erst bei der konkludenten Dépeçage ein entscheidender Gesichtspunkt, dass man den Parteien nicht unterstellt, sie wollten eine unausgewogene Vertragsgestaltung haben. Insgesamt ist mit der Annahme einer konkludenten Teilrechtswahl bzw. Dépeçage **sehr zurückhaltend** zu verfahren,[55] schon weil die Parteien die damit verbundene Komplizierung in der Regel nicht wollen und überhaupt diese Möglichkeit nicht in Betracht ziehen. 18

Der Unterschied zwischen Dépeçage und **Teilfrage** kann darin gesehen werden, dass erstere im konkreten Einzelfall einen Teil des Vertrages einem anderen Recht unterstellt, wenn hierzu besonders enge Beziehungen bestehen, während eine Teilfrage vom Gesetz gebildet wird und gesondert anzuknüpfen ist, ohne dass enge Beziehungen zu dem betreffenden Recht im Einzelfall festgestellt werden müssen. Die Form ist bereits als Teilfrage gesondert anzuknüpfen, von einer Dépeçage lässt sich insofern nur mit Blick auf eine Teilrechtswahl des Vertragsstatuts für die Form sprechen (→ Art. 11 Rn. 42; → Art. 11 Rn. 79).[56] 19

c) Gesetzliche Teilfragen. Zwei Teilfragen, die gesondert angeknüpft werden, kennt das IPR seit alters, die **Geschäftsfähigkeit** und die **Form** des Rechtsgeschäfts. Beide Regelungen verfolgen sehr spezifische Zwecke und sind daher nicht verallgemeinerungsfähig. Hinzu kommt seit 2017 Art. 8 EGBGB, dessen eigenständige Anknüpfung der **Vollmacht** freilich im Grundsatz der bisher hL entspricht. Es ist eine wesentliche Folge der Abspaltung, dass alle Teilfragen als Ausnahmen vom 20

[48] BGH DB 1969, 653; BGHZ 57, 337 (338) = NJW 1972, 385; BGH RIW 1981, 194; die Vereinbarung verschiedenen Rechts für Abschluss und Wirkungen eines Grundstückskaufvertrages in OLG Frankfurt IPRax 1992, 314 m. Aufsatz *Bungert* IPRax 1992, 296, erfolgte erst im Prozess wohl aus prozessualen Gründen.

[49] *Lagarde* Riv. dir. int. priv. proc. 1975, 652 (670 f.); *Neumayer* Rev. crit. dr. int. pr. 1957, 579 (602 f.); zu spitzfindig LG Aurich AWD 1974, 282.

[50] *Mankowski* FS Spellenberg, 2010, 261 (276 f.).

[51] *Aubart,* Die Behandlung der dépeçage im europäischen IPR, 2013, 82 f.

[52] OLG Frankfurt IPRax 1992, 314 (316 f.) mAnm *Bungert* IPRax 1992, 296; *Aubart,* Die Behandlung der dépeçage im europäischen IPR, 2013, 92 f.

[53] *Aubart,* Die Behandlung der dépeçage im europäischen IPR, 2013, 94 f.

[54] *Aubart,* Die Behandlung der dépeçage im europäischen IPR, 2013, 97 f.

[55] BeckOGK/*Weller* Rn. 11; Staudinger/*Hausmann,* 2021, Rn. 39a.

[56] Vgl. *Aubart,* Die Behandlung der dépeçage im europäischen IPR, 2013, 84 ff.

Grundsatz des einheitlichen Vertragsstatuts **Abgrenzungsfragen** zwischen ihrem Statut und dem Vertragsstatut aufwerfen (→ EGBGB Vor Art. 8 Rn. 33 ff.).

21 Die Sonderanknüpfung der **allgemeinen Geschäftsfähigkeit** ergibt sich aus der Bereichsausnahme des Art. 1 Abs. 2 lit. a, die es nationalem IPR überlässt, die Geschäftsfähigkeit mit Blick auf die Interessen der betroffenen Person allgemein zu regeln; in Deutschland ist Art. 7 Abs. 2 EGBGB maßgebend. Gemildert werden die Folgen der Abspaltung für den gutgläubigen Vertragspartner des nicht voll geschäftsfähigen Dritten unter Umständen durch den vorbehaltenen Art. 13. Die **Grenzziehung** zwischen Geschäftsfähigkeitsstatut und Vertragsstatut wirft Streitfragen auf. Ob Geschäftsfähigkeit verlangt wird, sagt das Wirkungsstatut; ob sie gegeben ist oder nicht, das Geschäftsfähigkeitsstatut (hM; näher – und krit. – → EGBGB Art. 7 Rn. 49 ff. mwN). Letzterem wird auch überwiegend entnommen, ob ein gesetzlicher oder sonstiger Vertreter genehmigen kann,[57] während die Mindermeinung darüber das Geschäftsstatut entscheiden lässt.[58] Wenn man mit der hM die Folgen der fehlenden Geschäftsfähigkeit einschließlich der Genehmigungsfähigkeit dem Fähigkeitsstatut unterstellt (→ EGBGB Art. 7 Rn. 61 ff. mwN), so ist damit dem Schutzinteresse des Minderjährigen Genüge getan. Wie die Zustimmung dann erfolgen muss, um das Geschäft wirksam zu machen, gehört besser zum Geschäftsstatut, zB wem sie zugehen muss, und bis wann, ob die andere Vertragspartei zur Erklärung auffordern darf, ob konkludentes Verhalten genügt etc.

22 Für die **Stellvertretung** war zunächst eine eigene Anknüpfungsregel in der Rom I-VO geplant,[59] diese ist aber nicht zustandegekommen. Deshalb überlässt Art. 1 Abs. 2 lit. g die Anknüpfung dem nationalen Kollisionsrecht. In Deutschland kodifiziert und präzisiert Art. 8 EGBGB die früher bereits bestehenden Grundsätze (→ EGBGB Art. 8 Rn. 7 ff.). Die Vorschrift nimmt eine gesonderte Anknüpfung vor, die darauf ausgerichtet ist, dass der Drittkontrahent und in zweiter Linie auch der Vertreter erkennen können, welches Recht die Vollmacht beherrscht. Es empfiehlt sich, die Reichweite des von Art. 8 EGBGB bestimmten Vollmachtsstatuts an derjenigen des Art. 1 Abs. 2 lit. g auszurichten; Vertragsstatut und Vollmachtsstatut sind komplementär (→ EGBGB Art. 8 Rn. 143). Werden somit dem Vollmachtsstatut Voraussetzungen und Wirkungen der gewillkürten Stellvertretung zugewiesen, bleiben dennoch problematische **Abgrenzungsfragen** (im Einzelnen → EGBGB Art. 8 Rn. 146 ff.).

23 Für die **Form des Vertrags** gilt in erster Linie das Vertragsstatut. Art. 11 Abs. 1–3 bestätigen so den Grundsatz der Statuteneinheit,[60] dies umso mehr als nur noch wenige andere Rechtsordnungen für die Form ausschließlich das Recht des Orts der Geschäftsvornahme anwenden.[61] Nach Art. 11 gilt die Ortsform nur alternativ neben der Geschäftsform für die meisten Rechtsgeschäfte (Ausnahmen in Art. 11 Abs. 4 und 5). Bei grenzüberschreitenden Distanzverträgen sieht Art. 11 Abs. 2 mit dem gewöhnlichen Aufenthalt der Vertragsparteien weitere alternative Anknüpfungsmomente vor. Das soll den Parteien die Vornahme eines formgültigen Geschäfts erleichtern (→ Art. 11 Rn. 5 f.). Die **Abgrenzung** zwischen Form und Inhalt entscheidet darüber, ob für eine konkrete Rechtsfrage diese alternative Anknüpfung zur Verfügung steht (zur Abgrenzung im Einzelnen → Art. 11 Rn. 29 ff.).

24 Diesen Fällen einer Teilfragenanknüpfung ist gemeinsam, dass es um **besondere Schutzinteressen** geht, denen mit dem Vertragsstatut nicht ausreichend gedient ist. Sie sind daher nicht verallgemeinerungsfähig, denn die Schutzzwecke haben deutlich verschiedene Zielrichtungen. Die Sonderanknüpfung von **Eingriffsnormen** nach Art. 9 schränkt ebenfalls das einheitliche Vertragsstatut ein.[62] Sie gehören einem ganz anderen Gebiet an und betreffen nicht die Frage, inwieweit die kollisionsrechtliche Gerechtigkeit zwischen den Parteien durch die alleinige Geltung der lex causae erreicht wird. Insbesondere dürfen die Parteien ihnen nicht durch Teilfragenanknüpfung entgehen wollen.

25 Sonderanknüpfungen bedingt auch der kollisionsrechtliche **Arbeitnehmer-** und **Verbraucherschutz.** Da Verträge mit Verbrauchern objektiv an deren gewöhnlichen Aufenthalt angeknüpft werden (Art. 6 Abs. 1), geht es darum, ihnen dessen verbraucherschützende Regelungen dann zu erhalten, wenn der Vertrag durch Rechtswahl einem anderen Recht unterstellt wurde, was zulässig ist (Art. 6 Abs. 2 S. 2). Entsprechendes gilt gemäß Art. 8 Abs. 1 S. 2 für Arbeitnehmer. Dem entspricht, dass die Form des Verbrauchervertrags zwingend und allein an deren gewöhnlichen Aufenthalt anzuknüpfen

---

57 Grüneberg/*Thorn* EGBGB Art. 7 Rn. 5.

58 Vgl. auch *Spellenberg* IPRax 2013, 466 (467 f.).

59 Dazu *Spellenberg* in Ferrari/Leible, Ein neues Internationales Vertragsrecht für Europa, 2007, 151 ff.

60 Zum autonomen Kollisionsrecht OLG Hamburg RIW 1979, 482 (484); *Wahl* RabelsZ 3 (1929), 786 f.

61 Zur geschichtlichen Entwicklung hin zur alternativen Ortsform vgl. *Schönwerth,* Die Form der Rechtsgeschäfte im IPR, 1996, 59 ff.; *Zellweger,* Die Form der schuldrechtlichen Verträge im internationalen Privatrecht, 1990, 3 ff.; Länderübersicht bei Staudinger/*Winkler v. Mohrenfels,* 2019, EGBGB Anh. Art. 11 Rn. 1 ff.

62 BeckOGK/*Weller* Rn. 12.

ist (Art. 11 Abs. 4). Man kann darin eine Sonder- bzw. Teilfragenanknüpfung sehen,[63] die bei einer grundsätzlich zulässigen Rechtswahl nach Art. 6 Abs. 2 zum Tragen kommt. Doch in der Regel fallen hier Vertragsstatut und Formstatut zusammen. Eine Parallelnorm für die Form des Individualarbeitsvertrags existiert nicht (→ Art. 11 Rn. 71).

III. Anwendungsbereich

1. Vorrangiges internationales Einheitsrecht. Das **CISG** enthält eine eingehende Regelung des **äußeren Tatbestands** des Vertragsschlusses (Art. 14–24) einschließlich einer Regelung für das Schweigen als Zustimmung und der Form iSd Art. 11. Streitig, aber hM ist, dass es auch die **Einbeziehung von AGB** und kaufmännische Bestätigungsschreiben erfasst (näher → CISG Art. 4 Rn. 33).[64] Soweit das CISG zur Anwendung kommt, ist eine kollisionsrechtliche Anknüpfung nicht erforderlich. Art. 10 und 12 Rom I-VO sind damit ausgeschlossen. Sie greifen hingegen für die Fragen ein, die das CISG nicht regelt und für die daher das maßgebende Recht kollisionsrechtlich zu bestimmen ist. Das CISG erfasst nicht die innere **Wirksamkeit** der abgegebenen Willenserklärungen bzw. des Vertrages (Art. 4 lit. a CISG). Zu den externen Lücken des CISG zählen insbesondere die Behandlung von Willensmängeln, (international zwingender) gesetzlicher Verbote und der Sittenwidrigkeit sowie die Inhaltskontrolle von AGB (→ CISG Art. 4 Rn. 33).[65] Verbraucherverträge sind generell ausgenommen (Art. 2 Abs. 1 lit. a CISG). In diesem Umfang ist das Vertragsstatut mit Art. 10 und Art. 12 zu bestimmen und maßgebend. 26

Einheitsrecht schuldvertraglicher Natur enthalten die Genfer Abkommen über einheitliche **Wechselgesetze** vom 7.6.1930 und das Genfer Abkommen über das einheitliche **Scheckgesetz** vom 19.3.1931. Beide enthalten auch Kollisionsnormen. Verpflichtungen aus Wechseln und Schecks fallen nicht in den Anwendungsbereich der Rom I-VO (Art. 1 Abs. 2 lit. e). 27

Einheitsrecht für spezielle Rechtsgebiete findet sich im **Transportrecht,** doch befassen die Übereinkommen sich mit Haftungsfragen und allenfalls ganz am Rande auch mit dem Vertragsschluss,[66] so dass es bei der Rom I-VO bleibt. 28

Einheitliche Regeln auf rechtsvergleichender Grundlage über den Abschluss und die Wirksamkeit von Verträgen enthalten die Principles of European Contract Law **(PECL),** die UNIDROIT Principles of International Commercial Contracts 2016 **(UNIDROIT PICC)** und der Draft Common Frame of Reference **(DCFR).**[67] Diese nicht-verbindlichen Regelwerke können jedoch nicht, auch nicht kraft Rechtswahl, als Vertragsstatut vor staatlichen Gerichten angewendet werden.[68] 29

2. Schuldverträge. a) Verpflichtung und Verfügung. Art. 10 spricht nur vom **Vertrag.** Entsprechend dem beschränkten Anwendungsbereich der Rom I-VO ist nur der **Schuldvertrag** gemeint. Nach stRspr des EuGH ist eine freiwillig eingegangene Verpflichtung entscheidend (→ Art. 1 Rn. 8). **Verfügungen** über Sachen und Rechte werden mit Ausnahme der Forderungsabtretung (Art. 14) nicht erfasst. Nach manchen nationalen Rechten übertragen aber Schuldverträge, insbesondere Kaufverträge, zugleich das Eigentum. In diesem Fall gilt die Rom I-VO nur für den schuldvertraglichen Aspekt als eine sachenrechtliche Vorfrage (→ EGBGB Art. 43 Rn. 86; → Art. 12 Rn. 68).[69] 30

b) Einseitige Rechtsgeschäfte. Anders als in Art. 11 Abs. 3 werden einseitige Rechtsgeschäfte nicht genannt, müssen aber sinnvollerweise auch in Art. 10 einbezogen werden.[70] Sie werden sich gewöhnlich „auf einen geschlossenen oder zu schließenden **Vertrag" beziehen** (Art. 11 Abs. 3) und unterliegen dann dessen Statut. Art. 10 gilt auch für **isolierte einseitige Rechtsgeschäfte,** wenn sie in den Anwendungsbereich der Rom I-VO fallen wie zB die Auslobung (→ BGB § 657 Rn. 4) oder der einseitige Verjährungsverzicht.[71] Auch der Gewinnzusage (vgl. § 661a BGB) ent- 31

[63] Staudinger/*Winkler v. Mohrenfels,* 2021, Art. 11 Rn. 133.

[64] Zu AGB BGHZ 149, 113 = NJW 2002, 370 mAnm *Schmidt-Kessel* NJW 2002, 3444; OLG Düsseldorf IHR 2005, 24; BeckOGK/*Weller* Rn. 30; *Magnus* ZEuP 2008, 318 (325 f.); Reithmann/Martiny IntVertragsR/*Martiny* Rn. 25.51 ff.; niederl. Hoge Raad Nederlandse Jurisprudentie 2006, 517; dazu *Schmidt-Kessel* ZEuP 2008, 605.

[65] Schlechtriem/Schwenzer/Schroeter/*Ferrari* CISG Art. 4 Rn. 15 ff., 32 ff.

[66] Übk. über den Beförderungsvertrag im internationalen Straßengüterverkehr vom 19.5.1956 (CMR); dazu Reithmann/Martiny IntVertragsR/*Mankowski* Rn. 15.113; allenfalls enthält Art. 5 CMR eine teilweise kollisionsrechtliche Regelung der Form des Vertrages. Art. 11 CIM enthält eine sehr beschränkte Regelung für den Abschluss des Vertrages durch Übernahme des Frachtgutes.

[67] Einzelheiten in Jansen/Zimmermann (Hrsg.), Commentaries on European Contract Laws, 2018.

[68] Näher Rauscher/*v. Hein* Art. 3 Rn. 49 ff. mwN.

[69] Staudinger/*Mansel,* 2015, EGBGB Art. 43 Rn. 793 ff.

[70] *Giuliano/Lagarde* BT-Drs. 10/503, 60; BeckOGK/*Weller* Rn. 18; Calliess/Renner/*Augenhofer* Rn. 4.

[71] Zu letzterem *Regkakos/Labonté* IWRZ 2022, 71 (74); BeckOGK/*Weller* Rn. 18.

springt nach verordnungsautonomer Qualifikation durch den EuGH eine freiwillig eingegangene Verpflichtung des Unternehmers, die zur Rom I-VO führt (→ Art. 4 Rn. 307 ff.).

32 c) **Zusammengesetzte und angelehnte Verträge.** „Vertrag" in Art. 10 Abs. 1 Rom I-VO meint unter Umständen auch zusammengesetzte und angelehnte Rechtsgeschäfte. Sie sind auch dann möglichst einheitlich anzuknüpfen, wenn die Parteien sie nicht ohnehin mittels Rechtswahl einem einheitlichen Statut unterstellt haben.[72] Es könnte sonst bei der Geltung verschiedener Rechte der eine Vertrag oder Vertragsteil wirksam und der andere unwirksam sein oder wenigstens könnten die Wirkungen des einen nicht so ausfallen wie es der andere voraussetzt. Eine Einzelbetrachtung muss der Feststellung der engsten Beziehung des **Vertragsganzen** weichen (→ Art. 4 Rn. 16). Das maßgebliche Merkmal ist in objektiver Hinsicht ein wirtschaftlicher und rechtlicher Zusammenhang[73] und in subjektiver Hinsicht der Wille der Parteien, die Verträge als Einheit zusammenzufassen. Dass auch letzterer nötig ist, zeigt sich daran, dass die Parteien trotz des objektiven Zusammenhangs die Einzelteile auch trennen können. Denn nichts hindert die Parteien natürlich an einer Rechtswahl für jeden Teil.

33 So wird sich für **gemischte Verträge** regelmäßig eine einheitliche Anknüpfung nach dem Schwerpunkt (vgl. Erwägungsgrund 19) finden lassen (→ Art. 4 Rn. 10 ff.).[74] **Mehrere Verträge** zwischen denselben Parteien haben jedoch im Ausgangspunkt grundsätzlich ihr je eigenes Statut, das zunächst zu ermitteln ist. Die Partei, die in dem einen Vertrag Käufer ist, kann in dem anderen Verkäufer sein, sodass Art. 4 Abs. 1 lit. a zu unterschiedlichen Rechten führt.[75] Auch mehrere Lieferverträge mit dem Vertragshändler im Rahmen desselben Vertragshändlervertrages sind grundsätzlich jeweils selbständig anzuknüpfen.[76] Eine einheitliche Anknüpfung kommt erst mit Hilfe einer Ausweichklausel wie Art. 4 Abs. 3 in Betracht, die aber eine offensichtlich engere Verbindung voraussetzt. Es wird dann akzessorisch an das Statut des führenden Vertrags angeknüpft (näher → Art. 4 Rn. 16). So nennt Erwägungsgrund 20 das Bestehen einer „sehr engen Verbindung" des betreffenden Vertrags „zu einem oder mehreren anderen Verträgen" ausdrücklich als einen Aspekt, der bei der Anwendung des Art. 4 Abs. 3 zu berücksichtigen ist. Hingegen wird eine akzessorische Anknüpfung trotz eines sachlichen Zusammenhangs in der Regel ausscheiden müssen, wenn an den Verträgen **unterschiedliche Parteien** mit eigenen kollisionsrechtlichen Interessen beteiligt sind, wie dies etwa bei der Bürgschaft für eine Vertragsschuld[77] oder hintereinandergeschalteten Speditionsverträgen als Vertragskette[78] der Fall ist.

34 Einfacher ist die Entscheidung bei **angelehnten Verträgen** oder **Hilfsgeschäften.** Sie können mangels Rechtswahl akzessorisch angeknüpft werden.[79] Typische Fälle sind Vertragsänderung, Vergleich, Erlass und Schuldanerkenntnis (→ Art. 12 Rn. 181 f.). Eine Option für die Publizierung weiterer Werke in einem Verlagsvertrag unterliegt daher dem Statut dieses Vertrages.[80] Auch den **Vorvertrag** kann man dem Statut des vorgesehenen Hauptvertrages unterwerfen (→ Rn. 158).[81] Ist der eine Teil als der führende einzuschätzen, so wird seine Anknüpfung zB an den Sitz des charakteristisch Leistenden für das Ganze tragen.[82] Das Vertragsstatut bestimmt wegen des Sachzusammenhangs auch darüber, ob ein **deklaratorisches Schuldversprechen** wirksam ist (→ Art. 4 Rn. 248).[83] Ob man dazu Art. 10

72 BeckOGK/*Weller* Rn. 19.

73 Auf diesen stellt ab Rauscher/*Thorn* Art. 4 Rn. 149 ff.

74 Näher *Kaspers,* Die gemischten und verbundenen Verträge im Internationalen Privatrecht, 2015; Staudinger/*Magnus,* 2021, Art. 4 Rn. 99 ff.

75 So für zwei Spediteure zB OLG Frankfurt RIW 1987, 217; Reithmann/Martiny IntVertragsR/*Martiny* Rn. 2.231.

76 Rauscher/*Thorn* Art. 4 Rn. 151 mwN; Staudinger/*Magnus,* 2021, Art. 4 Rn. 72; früher bereits BGHZ 57, 72 (76) = WM 1971, 1332; BGHZ 74, 136 (140) = NJW 1979, 2316; BGH NJW-RR 1992, 421; OLG Stuttgart IPRax 1999, 103 = RIW 1999, 782; OLG Koblenz IPRax 1994, 46 f.; OLG Düsseldorf NJW-RR 1997, 822; *Kindler* FS Sonnenberger, 2004, 433 (438 ff.); aA OLG München RIW 1996, 1035 m. abl. Anm. *Klima;* Cass. civ. Rev. crit. dr. int. pr. 2002, 86 n. *Lagarde.*

77 BGHZ 121, 224 (228) = NJW 1993, 1126, implizit; OLG Frankfurt RIW 1995, 1033 mAnm *Mankowski;* Rauscher/*Thorn* Art. 4 Rn. 104; → Art. 4 Rn. 232.

78 *Mansel/Thorn/Wagner* IPRax 2015, 1 (30) zu EuGH IPRax 2015, 559 Rn. 49 – Haeger & Schmidt/MMA IARD; *Schilling* IPRax 2015, 522 (527).

79 BAG DB 1968, 713 betr. Ruhegeldvereinbarung zu Arbeitsvertrag; BeckOGK/*Weller* Rn. 19; Rauscher/*Thorn* Art. 4 Rn. 151; zurückhaltender Staudinger/*Magnus,* 2021, Art. 4 Rn. 165.

80 BGHZ 19, 110 (113) unter Berufung auf den mutmaßlichen Parteiwillen; zust. Reithmann/Martiny IntVertragsR/*Martiny* Rn. 2.235; *Steinle* ZVglRWiss 93 (1994), 318 f.

81 So iErg BGH IPRax 2005, 342 m. Aufsatz *Unberath* IPRax 2005, 308; Reithmann/Martiny IntVertragsR/*Martiny* Rn. 2.239 f.; Rauscher/*Thorn* Art. 4 Rn. 151; BeckOGK/*Weller* Rn. 52.

82 Reithmann/Martiny IntVertragsR/*Martiny* Rn. 2.234; *Kreuzer* FS v. Caemmerer, 1978, 733.

83 OLG Düsseldorf VersR 2003, 1324; OLG Hamm RIW 1999, 785 f.; LG Hamburg NJW-RR 1995, 183; LG München IPRax 1982, 117 = IPRspr. 1981 Nr. 13 A; Reithmann/Martiny IntVertragsR/*Martiny* Rn. 3.245 ff.; Staudinger/*Magnus,* 2021, Art. 4 Rn. 433; krit. *Schulte* ZEuP 2021, 460.

Abs. 1 oder Art. 12 Abs. 1 lit. b (Erfüllung) heranzieht, ist praktisch ohne Auswirkung. Entscheidend ist die Vorstellung der Parteien von der Einheit des Geschäfts. **Abstrakten** Schuldversprechen fehlt dieser Zusammenhang, so dass ihr Statut mangels Rechtswahl durch den gewöhnlichen Aufenthalt des Versprechenden bestimmt wird (→ Art. 4 Rn. 248).[84]

3. Rechtswahlvereinbarung. Der Grundsatz der einheitlichen Anknüpfung von Vornahme und Wirkung gilt, was **Art. 3 Abs. 5** ausdrücklich klarstellt, auch für den Rechtswahlvertrag. Dieser ist zwar vom Hauptvertrag zu unterscheiden und **eigenständig zu beurteilen.** Jedoch sind – sowohl im Interesse der Parteien als auch der Rechtssicherheit – Hauptvertrag und Rechtswahlvereinbarung gleichermaßen dem anscheinend gewählten Recht zu unterstellen. Die Maßgeblichkeit des gewählten Rechts beruht darauf, dass die Parteien selbst das Recht bestimmen, das dann entscheidet, ob seine Voraussetzungen an seine wirksame Vereinbarung erfüllt sind. Der gegen dieses „bootstrap principle" erhobene Einwand des logischen Zirkels, das gewählte Recht müsse erst in Geltung gesetzt sein, bevor man daran einen Vertrag messen könne, trifft nicht, weil auch das – zunächst – anscheinend gewählte Recht sehr wohl darüber entscheiden darf, ob seine sachlichen Voraussetzungen für die Wirksamkeit des Rechtswahlvertrages tatsächlich erfüllt sind (→ Art. 3 Rn. 102).[85] Fehlt es danach an einer wirksamen Rechtswahl, ist der Hauptvertrag objektiv anzuknüpfen; der Hauptvertrag ist wegen der getrennten Beurteilung nicht etwa auch unwirksam.[86] 35

Im Wesentlichen verweist Art. 3 Abs. 5 für Zustandekommen und Wirksamkeit der „Einigung" der Parteien über das anwendbare Recht auf die Art. 10, 11 und Art. 13. Darüber hinaus sind jedoch bereits Art. 3 selbst **sachrechtliche Aussagen** über die Gültigkeit der Vereinbarung zu entnehmen. So bestimmt Art. 3 Abs. 1 S. 2, dass die Rechtswahl „ausdrücklich erfolgen" oder „sich eindeutig aus den Bestimmungen des Vertrages oder aus den Umständen des Falles ergeben" muss.[87] Zudem ist im Fall **kollidierender Rechtswahlklauseln** bereits der für eine Anwendung des Art. 3 Abs. 5 erforderliche Anschein einer Rechtswahl zu verneinen (zu kollidierenden AGB → Rn. 179 ff.).[88] Schließlich entscheidet auch die Rom I-VO selbst und nicht etwa ein nationales Vertragsstatut über die Zulässigkeit der Rechtswahl.[89] Eine über das ausdifferenzierte System der Rom I-VO hinausgehende Inhaltskontrolle von Rechtswahlvereinbarungen nach nationalem Recht findet nicht statt (→ Rn. 176; zur Transparenzkontrolle in Verbraucherverträgen → Rn. 184). 36

IV. Allgemeine Regeln

Art. 20 schließt die Befolgung einer **Rück- oder Weiterverweisung** für die Bestimmung des Vertragsstatuts ausdrücklich aus. Das gilt dann natürlich auch für die in Art. 10 und Art. 12 im Einzelnen genannten Fragen. 37

Den Vorbehalt des **ordre public** enthält Art. 21. Damit kann ein Ergebnis abgewehrt werden, das auf der Anwendung eines von der Rom I-VO berufenen ausländischen Rechts beruht. Im Schuldvertragsrecht greift der ordre public-Vorbehalt freilich selten durch, denn die Rom I-VO enthält bereits besondere Schutzvorschriften, die einen Rückgriff auf Art. 21 entbehrlich machen (insb. Art. 6 und Art. 8).[90] Die meisten Fälle, in denen der ordre public eingreift oder ein Eingreifen erwogen wird, betreffen Art. 12, dh die Wirkungen des Vertrages, nicht seinen Abschluss (→ Art. 12 Rn. 7). Art. 10 Abs. 2 und Art. 21 stehen nebeneinander (→ Rn. 255). 38

B. Einigung und Wirksamkeit (Abs. 1)

I. Unterscheidungen

Gemäß Abs. 1 richten sich Zustandekommen und Wirksamkeit des Vertrages einheitlich und umfassend nach dem Recht, dem dieser kraft Rechtswahl oder aufgrund objektiver Anknüpfung 39

---

[84] Rauscher/*Thorn* Art. 4 Rn. 119; Staudinger/*Magnus,* 2021, Art. 4 Rn. 433; aA OLG Oldenburg BeckRS 2018, 24378; OLG Frankfurt IPRax 1988, 99 mAnm *Schwenzer* IPRax 1988, 86, wo aber allenfalls ein deklaratorisches Anerkenntnis vorlag, zutr. *Schwenzer* IPRax 1988, 86 (88).

[85] *v. Hoffmann* RabelsZ 36 (1972), 510 (516 ff.); *v. Bar/Mankowski* IPR II § 1 Rn. 78 f.; Reithmann/Martiny IntVertragsR/*Martiny* Rn. 2.20 f.; Staudinger/*Hausmann,* 2021, Rn. 11; BeckOK BGB/*Spickhoff* Art. 3 Rn. 14; OLG Celle ZIP 2001, 1724.

[86] ZB BeckOGK/*Weller* Rn. 57.

[87] BeckOGK/*Weller* Rn. 58; Rauscher/*Freitag* Rn. 20.

[88] BeckOGK/*Weller* Rn. 59, 62; aA Rauscher/*Freitag* Rn. 26: keine „Hypostasierung einer verordnungsautonomen Sachnorm".

[89] Rauscher/*Freitag* Rn. 20; BeckOGK/*Weller* Rn. 60; *v. Bar/Mankowski* IPR II § 1 Rn. 90 ff.

[90] BeckOK BGB/*Spickhoff* Rn. 16; NK-BGB/*Leible* Rn. 5.

untersteht oder unterstehen würde, wenn er wirksam wäre (hypothetisches Vertragsstatut). Dasselbe gilt für einseitige Rechtsgeschäfte (→ Rn. 31). Abs. 1 erfasst mit dem Zustandekommen den **äußeren Vornahmetatbestand** des Vertragsschlusses, dh das zum Vertragsschluss und ggf. zur Abänderung oder Ergänzung nötige Verhalten der Parteien (II.). Alle übrigen Aspekte eines gültigen Vertragsschlusses als Voraussetzungen vertraglicher Bindung, die nicht zum Zustandekommen zählen, fasst Art. 10 Abs. 1 als Wirksamkeit, dh als rechtliche Wirkungen rechtsgeschäftlichen Handelns.[91] Damit ergreift die Norm ebenso den **inneren Vertragsschlusstatbestand** im Sinne einer „rechtsgeschäftlichen Wirksamkeit"[92] (III.) (→ Rn. 55). Die Unterscheidung zwischen äußerem und innerem Vertragsschlusstatbestand ist für Abs. 1 ohne praktische Konsequenzen.[93] „Das Zustandekommen und die Wirksamkeit" sind nicht verschieden anzuknüpfen (→ Rn. 2 ff.; → EGBGB Vor Art. 8 Rn. 9 f.). Dagegen ist die Abgrenzung **bei Abs. 2** nötig, weil die Sonderanknüpfung des Abs. 2 nur für Fragen des Zustandekommens, also des äußeren Tatbestands, eingreifen kann (→ Rn. 205; → Rn. 211 ff.).[94]

40 Zur „Wirksamkeit" des Vertrags zählt schließlich die vom äußeren und inneren Vornahmetatbestand zu unterscheidende materielle (inhaltliche) Wirksamkeit (IV.) (→ Rn. 123 ff.). Dazu gehören die **Grenzen der Privatautonomie** iwS (→ Rn. 131 ff.) wie Zustimmungserfordernisse, Gesetz- und Sittenwidrigkeit, allgemeine Zulässigkeit von Rechtsgeschäften und die Möglichkeiten der Umdeutung zur Erhaltung der Wirksamkeit. Die Zuordnung einer bestimmten Regelung zu einem der drei Komplexe erfolgt verordnungsautonom.[95] Sie kann bisweilen zweifelhaft sein, aber es ist einer der Vorzüge des einheitlichen Vertragsstatuts, unerwünschte Qualifikations- und Anpassungsschwierigkeiten zu vermeiden.[96] Auch für die Grenzen der Privatautonomie und andere Aspekte der Wirksamkeit des Vertragsinhalts gilt gemäß Abs. 1 das Vertragsstatut.[97] Die **Eingriffsnormen** des Art. 9 könnte man als Grenzen der „Wirksamkeit" fassen, doch werden sie wegen ihrer besonderen Funktion nicht von Art. 10 erfasst.

II. Äußerer Vornahmetatbestand (Zustandekommen)

41 **1. Konsens; Angebot und Annahme.** Zum äußeren Vornahmetatbestand bzw. **Vertragsschlussmechanismus** gehören, weitgehend unstreitig, insbesondere der Unterschied zwischen einer invitatio ad offerendum und einem **Angebot,**[98] der **notwendige Inhalt** des Angebots für dessen Annahmefähigkeit,[99] die Frist zu dessen Annahme (zB §§ 147 ff. BGB),[100] die **Widerruflichkeit** des Angebots vor Annahme (zB § 145 BGB)[101] sowie die Wirkung von **Erklärungen nach Vertragsschluss,**[102] soweit man hier nicht Art. 12 anwenden will. **Ob** der Vertrag durch **Stellvertreter** geschlossen werden kann oder höchstpersönlich ist, ist keine Formfrage, sondern gehört ebenfalls zum Vertragsstatut (→ EGBGB Art. 8 Rn. 166). Die rechtsgeschäftliche Vertretung selbst nimmt Art. 1 Abs. 2 lit. g demgegenüber von der Rom I-VO aus. Voraussetzungen und Wirkungen eines Vertreterhandelns für den Vertretenen werden dem nationalen IPR überlassen. Anzuwenden ist das von Art. 8 EGBGB berufene Vertretungsstatut, und zwar auch auf Fragen der Offenkundigkeit (→ EGBGB Art. 8 Rn. 160 ff.).[103]

42 Das Vertragsstatut bestimmt weiter, weitgehend unstreitig, über die **äußeren Voraussetzungen der Wirksamkeit** der Willenserklärungen wie **Abgabe-** und **Zugangserfordernis.**[104] Vor allem entscheidet das Vertragsstatut auch über den **Tatbestand des Zugangs** bzw. seine tatsächlichen

---

[91] BeckOK BGB/*Spickhoff* Rn. 3; Staudinger/*Hausmann,* 2021, Rn. 14; BeckOGK/*Weller* Rn. 35; Ferrari IntVertragsR/*Ferrari* Rn. 6; Erman/*Stürner* Rn. 6.

[92] *v. Bar/Mankowski* IPR II § 1 Rn. 793.

[93] BeckOGK/*Weller* Rn. 23; Staudinger/*Hausmann,* 2021, Rn. 13.

[94] BeckOK BGB/*Spickhoff* Rn. 3; Staudinger/*Hausmann,* 2021, Rn. 13, 45a; NK-BGB/*Leible* Rn. 9; aA jurisPK-BGB/*Limbach* Rn. 4: Zustandekommen weiter als „Zustimmung" iSd Abs. 2.

[95] Staudinger/*Hausmann,* 2021, Rn. 14; BeckOGK/*Weller* Rn. 24, 35; Calliess/Renner/*Augenhofer* Rn. 8.

[96] BeckOGK/*Weller* Rn. 3, 22.

[97] Grüneberg/*Thorn* Rn. 3.

[98] OLG Hamburg IPRax 1999, 168 (170); NK-BGB/*Leible* Rn. 11; BeckOGK/*Weller* Rn. 25. Zur Bedeutung einer Website in dieser Hinsicht *Mankowski* RabelsZ 63 (1999), 206.

[99] Staudinger/*Hausmann,* 2021, Rn. 15; Ferrari IntVertragsR/*Ferrari* Rn. 6.

[100] OLG Hamburg IPRax 1999, 168 (170) zur Annahmefrist nach schwedischem Recht; *v. Bar/Mankowski* IPR II § 1 Rn. 787.

[101] OLG Celle ZIP 2001, 1724; Ferrari IntVertragsR/*Ferrari* Rn. 6; *v. Bar/Mankowski* IPR II § 1 Rn. 787.

[102] Zum kaufmännischen Bestätigungsschreiben → Rn. 52 ff.

[103] Für Subsumtion der Offenkundigkeit unter Art. 10 jedoch → 8. Aufl. 2021, Rn. 48 *(Spellenberg);* OLG Köln IPRax 2022, 524 m. Aufsatz *Hemler* IPRax 2022, 485 (488 f.); BeckOGK/*Weller* Rn. 32.

[104] OLG Köln RIW 1996, 778; *Spellenberg* IPRax 2013, 545 ff. gegen BGH IPRax 2013, 579 = NJW-RR 2011, 1184; Staudinger/*Hausmann,* 2021, Rn. 17; Erman/*Stürner* Rn. 6.

Voraussetzungen.[105] Es geht insbesondere um die Frage, die sich auch für die sprachliche Verständigung stellt (→ Rn. 94 ff.), wann die Erklärung, in der üblichen Formulierung der deutschen Rspr., so in den Machtbereich des Empfängers gelangt ist, dass damit zu rechnen ist, dass er Kenntnis nimmt oder nehmen kann.[106] Während wohl unstreitig ist, dass das Geschäftsstatut für den Vertragsschluss sagt, ob und wem eine Willenserklärung zugehen muss, behandelt der BGH ohne nähere Begründung und entgegen seiner früheren Rspr. den Tatbestand des Zugangs als Formfrage und knüpft an den Absendeort an.[107] Auch die Anforderungen an den Zugang einer Erklärung sind jedoch dem Vertragsstatut zu entnehmen (→ Art. 11 Rn. 36).[108] Sie müssen nicht nur für die Wirksamkeit des Vertrags erfüllt sein, sondern entscheiden namentlich auch über den **Zeitpunkt des Vertragsschlusses.**[109]

Das Vertragsstatut stellt weiter die Regeln für die **Annahme** eines Angebots, ob eine **verspätete Annahme** oder eine mit Abänderungen den Vertrag dennoch zustande bringt,[110] zB wenn sie nicht zurückgewiesen wird (vorgehend Art. 19, 21 CISG) oder wenigstens als neues Angebot gilt, das angenommen werden muss. In diesen Zusammenhang gehört auch der Fall, dass nach anglo-amerikanischem Recht der Vertrag bereits durch die Absendung der Annahme zustande kommt **(mailbox-rule),**[111] und ob etwa, wie nach § 151 BGB, die Annahmeerklärung nicht des Zuganges bedarf.[112] Insbesondere richtet sich auch die **Einbeziehung von AGB** nach dem Vertragsstatut (→ Rn. 163 ff.). 43

„Zustandekommen" meint nicht nur den Vertragsschlussmechanismus von Angebot und Annahme. Diese Technik passt nicht richtig, wenn der Konsens unzweifelhaft darin zum Ausdruck kommt, dass zwei Parteien nach langen Verhandlungen ihre Unterschrift unter ein Vertragsdokument setzen (Punktuation),[113] und auch nicht bei Verträgen zwischen mehr als zwei Parteien. Auch dann entscheidet über den **Konsens** das Vertragsstatut.[114] 44

Zum Zustandekommen gehören nicht nur die Regeln über die Voraussetzungen des Konsenses, sondern auch über den **Dissens** und dessen Folgen.[115] Das Vertragsstatut bestimmt zunächst, ob eine tatsächliche Willensübereinstimmung vorliegen muss oder ob, wie meistens, die **Erklärungen** nur objektiv **übereinstimmen** müssen. Ob ein Konsens im letzteren Sinne vorlag, ist dann in erster Linie eine Frage der Auslegung, die ebenfalls dem Vertragsstatut folgt (Art. 12 Abs. 1 lit. a). Das Vertragsstatut entscheidet entsprechend über den Mindestinhalt der Einigung, die **essentialia negotii,**[116] zB ob wie in Frankreich der Preis bestimmt sein muss.[117] Zu den Konsensfragen gehört auch, ob der Empfänger einer Erklärung diese zurückweisen und damit die Wirksamkeit des Rechtsgeschäfts vereiteln kann (zB § 111 BGB). Das betrifft vor allem einseitige Erklärungen im Rahmen bestehender Rechtsverhältnisse wie die Kündigung. § 174 BGB sieht ein solches Zurückweisungsrecht vor, wenn der Vertreter keine schriftliche Vollmacht vorlegt. Aufgrund des systematisch und sachlich engen Zusammenhangs mit der Vertretungssituation ist die Norm am ehesten dem Vollmachtsstatut zuzuweisen (→ EGBGB Art. 8 Rn. 163).[118] Das Erfordernis einer **consideration** des anglo-amerikanischen Rechts[119] ist als Seriositätsindiz für den Rechtsbindungswillen eine Formfrage (→ Art. 11 Rn. 35; → EGBGB Art. 11 Rn. 154),[120] so dass das Ortsrecht alternativ zum Vertragsstatut gilt. 45

---

105 Staudinger/*Hausmann,* 2021, Rn. 17 ff.; rechtsvergleichend *Hennemann* ZEuP 2013, 565.

106 ZB OLG Hamm IPRax 1995, 175 f. zum italienischen Recht und fremdsprachlicher Erklärung.

107 BGH IPRax 2013, 579 m. abl. Anm. *Spellenberg* IPRax 2013, 545 ff.; anders noch ebenfalls ohne Begr. BGH NJW 2003, 3217.

108 Staudinger/*Hausmann,* 2021, Rn. 17.

109 BeckOGK/*Weller* Rn. 26; *v. Bar/Mankowski* IPR II § 1 Rn. 788.

110 OLG Hamburg IPRax 1999, 168 mAnm *Geimer* IPRax 1999, 152; vgl. LG Mainz AWD 1972, 298 zu einer Ablehnung mit Gegenangebot; Ferrari IntVertragsR/*Ferrari* Rn. 6.

111 Zum englischen Recht *Chen-Wishart* in Chitty on Contracts I, 33. Aufl. 2018, Rn. 2-047 ff.; *J. Schmidt,* Der Vertragsschluss, 2013, 626 ff.

112 Staudinger/*Hausmann,* 2021, Rn. 17.

113 Näher *Kleinschmidt* in Bien/Borghetti, Die Reform des französischen Vertragsrechts, 2018, 83 (97 ff.).

114 *v. Bar/Mankowski* IPR II § 1 Rn. 788; Calliess/Renner/*Augenhofer* Rn. 12.

115 *v. Bar/Mankowski* IPR II § 1 Rn. 787; Staudinger/*Hausmann,* 2021, Rn. 15; BeckOK BGB/*Spickhoff* Rn. 4; Grüneberg/*Thorn* Rn. 3.

116 Staudinger/*Hausmann,* 2021, Rn. 15; NK-BGB/*Leible* Rn. 11.

117 *Terré/Simler/Lequette/Chénédé,* Les obligations, 13. Aufl. 2022, Nr. 370 ff.

118 AA → 8. Aufl. 2021, Rn. 51 *(Spellenberg):* Vertragsstatut für das Erfordernis einer Vollmacht, Formstatut für deren Schriftlichkeit; BeckOK BGB/*Mäsch* EGBGB Art. 8 Rn. 27a.

119 Dazu rechtsvergleichend *Kötz,* Europäisches Vertragsrecht, 2. Aufl. 2015, 76 ff.; *Zweigert/Kötz,* Einführung in die Rechtsvergleichung, 3. Aufl. 1996, 384 ff.

120 *Kreße* RIW 2014, 96 (101 ff.); *Kessler* FS Rabel, Bd. I, 251 (273); *Raape* IPR S. 224; NK-BGB/*Leible* Rn. 12; Ferrari IntVertragsR/*Ferrari* Rn. 9; für USA *Kropholler* IPR § 41 III 3a; aA (Art. 10) für England *v. Bar*

46 Ob und welche besonderen Regelungen für **elektronisch übermittelte Erklärungen** bestehen, entscheidet ebenfalls das Vertragsstatut.[121] Einheitsrechtliche Regelungen zum elektronischen Vertragsschluss, die das UN-Kaufrecht flankieren sollen, versucht das UN-Übereinkommen zur Verwendung elektronischer Kommunikationsmittel bei internationalen Verträgen von 2005 zu finden.[122] Es ist am 1.3.2013 in Kraft getreten und gilt in 18 Vertragsstaaten, jedoch nicht in Deutschland oder in einem anderen EU-Mitgliedstaat, sodass es für die hiesige Rechtsanwendung bei Art. 10 bleibt.[123]

47 **2. Formanforderungen.** Zum äußeren Vornahmetatbestand gehören weiter beim Hauptvertrag wie bei der Rechtswahl die Formanforderungen. Diese werden freilich nicht von Art. 10 Abs. 1, sondern als gesetzliche Teilfrage von Art. 11 Abs. 1–3 dem Vertragsstatut unterstellt. Von Bedeutung ist die Qualifikation als Formregelung deshalb, weil Art. 11 Abs. 1–3 neben dem Vertragsstatut alternative Formstatute zur Verfügung stellt, die für andere Fragen des Zustandekommens und der Wirksamkeit nicht herangezogen werden können. Formregelungen sind Anforderungen an die äußere Manifestation des Willens, die für ihre Wirksamkeit erforderlich sind wie zB die Schriftform, jedoch ist eine trennscharfe allgemeine **Definition der „Form" nicht möglich** und kann eher durch Abgrenzung gegenüber verwandten Erscheinungen gewonnen werden (näher → Art. 11 Rn. 29 ff.; → EGBGB Art. 11 Rn. 138 ff.). Formfreiheit ist die generelle Form, die der Gesetzgeber durch spezielle Formanforderungen einschränken kann. Die Relevanz der Abgrenzung zeigt sich etwa bei § 766 S. 1 BGB. Sieht man in dem darin normierten Erfordernis der „Erteilung" einer Bürgschaftserklärung, die eine Entäußerung der Originalurkunde verlangt, anders als in der dort ebenfalls geforderten Schriftlichkeit keinen Formzweck verfolgt, sondern eine besondere Regelung des Zugangs, so zählt dieses Erfordernis nicht zur Form.[124] Diese Qualifikation führt zu Art. 10 Abs. 1, so dass allein das (hypothetische) Vertragsstatut maßgeblich ist und nicht alternativ ein milderes Recht am Aufenthaltsort des Erklärungsempfängers (Art. 11 Abs. 2).

48 **3. Vertragsschluss durch Schweigen. a) Angebotsannahme.** Schweigen gilt in der Regel nicht als Zustimmung zu einem Angebot. Es gibt aber Ausnahmen. Wie das Schweigen auf ein Angebot zu behandeln ist und ob eine Ausnahme besteht, ist eine Frage des Zustandekommens.[125] Darüber entscheidet also das **Vertragsstatut (Abs. 1),** soweit nicht der insbesondere dafür eingeführte Abs. 2 eingreift (→ Rn. 215 f.). Zu unterscheiden ist zwischen **normiertem Schweigen,** das seine rechtsgeschäftliche Wirkung unabhängig vom Willen des Schweigenden entfaltet, und **konkludentem Schweigen,** bei dem aus dem Schweigen und den Umständen ein rechtsgeschäftlicher Wille erschlossen wird.

49 Normiertes Schweigen findet sich in verschiedenen Zusammenhängen.[126] Nach § 516 Abs. 2 BGB gilt Schweigen als Annahme, weil das **Angebot der Schenkung** dem Beschenkten lediglich **günstig** ist, so dass von seiner Zustimmung ausgegangen wird. In einer weiteren Gruppe von Fällen normierten Schweigens besteht eine Ablehnungsobliegenheit, weil bereits bestimmte **vertragsanbahnende Kontakte** vorliegen.[127] Zu nennen sind zunächst Regelungen, wonach eine verspätete Annahme oder eine Annahme mit – kleineren – Abänderungen als neuer Antrag gilt, der aber abgelehnt werden muss (zB sec. 2-207 UCC), oder Bestimmungen, nach denen eine **Offerte nach Vorverhandlungen** abgelehnt werden muss. Das Schweigen in den § 594 BGB und § 625 BGB fällt in den **Rahmen bestehender Rechtsbeziehungen:** An sich wären die Verträge durch Zeitablauf beendet, gelten aber als verlängert, wenn sie unwidersprochen faktisch fortgesetzt werden. Beim Kauf auf Probe (§ 455 S. 2 BGB) wird zwar der Vertrag erst durch das Schweigen geschlossen, aber es bestehen doch bereits weit gediehene vertragsanbahnende Beziehungen. Das maßgebende

---

IPR II, 1. Aufl. 1991, Rn. 536; Calliess/Renner/*Augenhofer* Rn. 14 mwN; generell BeckOK BGB/*Spickhoff* Rn. 4; Soergel/*Kegel* EGBGB Art. 11 Rn. 29; Erman/*Stürner* Rn. 6; *Mankowski* RIW 1996, 382 (383); Staudinger/*Hausmann,* 2021, Rn. 20 mwN; offengelassen in BGH WM 1968, 1170 f.

121 Calliess/Renner/*Augenhofer* Rn. 13; Staudinger/*Hausmann,* 2021, Rn. 19; BeckOGK/*Weller* Rn. 29; Erman/*Stürner* Rn. 6; ausführlich *Borges,* Verträge im elektronischen Geschäftsverkehr, 2003, 835 ff.; PWW/*Brödermann/Wegen* Rn. 3: Anwendung auf Vertragsschlüsse durch Chatbots.

122 Monographisch *Hettenbach,* Das Übereinkommen der Vereinten Nationen über die Verwendung elektronischer Mitteilungen bei internationalen Verträgen, 2008.

123 BeckOGK/*Weller* Rn. 29; Staudinger/*Hausmann,* 2021, Rn. 19.

124 So *Spellenberg* IPRax 2013, 545 (550 f.) gegen BGHZ 121, 224 (235) = NJW 1993, 1126; zust. BeckOGK/*Weller* Rn. 33.

125 *Giuliano/Lagarde* BT-Drs. 10/503, 60; BeckOGK/*Weller* Rn. 25; Staudinger/*Hausmann,* 2021, Rn. 21; Ferrari IntVertragsR/*Ferrari* Rn. 7; *v. Bar/Mankowski* IPR II § 1 Rn. 791.

126 Zusammenstellung zum dt. Recht mit Vergleich zum ital. Recht bei *Reis,* Die Bedeutung des Schweigens im Privatrecht, 2022, 151 ff. mwN.

127 Unklar bleibt der Ansatzpunkt in BGH IPRax 1983, 67, wo es auf das Schweigen aber letztlich nicht ankam.

Vertragsstatut steht schon fest. Keine Vertragsbeziehungen, aber Geschäftsbeziehungen werden bei **§ 362 Abs. 1 HGB** vorausgesetzt, wonach bestimmte Kaufleute eine Offerte ablehnen müssen, andernfalls gilt ihr Schweigen als Annahme. Genau genommen wirkt in den Fällen normierten Schweigens nicht das Schweigen, sondern die **Unterlassung** einer ablehnenden **Erklärung.** Deshalb ist das Vertragsstatut der Offerte maßgebend. Es gilt im Ergebnis dasselbe, wie oben zu den einseitigen Rechtsgeschäften ausgeführt (→ Rn. 31). Ist diese Regelung der anderen Partei nicht zumutbar, so hilft ihr die Berufung auf ihr eigenes Recht nach Abs. 2.

Auch **konkludentes (beredtes) Schweigen** (silence circonstancié, silenzio circostanziato) auf eine Offerte kann unter bestimmten Umständen als Annahme wirken (zB Art. 1120 C.c. Frankreich: „des usages, des relations d'affaires ou de circonstances particulières"; Art. 5.20 Abs. 3 C.c. Belgien: „des usages ou des circonstances concrètes").[128] Wie das Schweigen den Umständen nach zu verstehen ist, ist eine Frage der **Auslegung,** die gemäß Art. 12 Abs. 1 lit. a ebenfalls nach dem Vertragsstatut vorzunehmen ist.[129] Die Wirkung als Annahme fällt unter Art. 10.[130] Die Anknüpfung an das Vertragsstatut ist für beide Arten des Schweigens, das konkludente wie das normierte, dieselbe.[131] Der Unterschied besteht darin, ob das Schweigen auszulegen ist. Auch gegen die Wirkung konkludenten Schweigens kann sich die Partei – wie beim normierten Schweigen – mit Abs. 2 wehren, jedoch hilft ihr – anders als beim normierten Schweigen – bereits vorhergehend die Auslegung, wenn sie ersichtlich nicht zustimmen wollte (→ Rn. 224 ff.).[132] 50

b) Genehmigungen; Zustimmungen. Nach § 177 Abs. 2 BGB und § 108 Abs. 2 BGB bewirkt Schweigen auf eine **Aufforderung zur Genehmigung** die endgültige Verweigerung.[133] Anders liegt es dagegen bei § 75h HGB und § 91a HGB. Hier bewirkt ein Schweigen des Prinzipals, der von einem ohne Abschlussvollmacht vorgenommenen Geschäft des Handlungsgehilfen oder des Handelsvertreters mit einem Dritten erfährt, die Gültigkeit des Vertrages. Soweit derartige Genehmigungen in den Anwendungsbereich der Rom I-VO fallen, gilt hierfür Art. 10 Abs. 1, wobei das Vertragsstatut dasjenige Recht ist, welches **das genehmigte Geschäft** beherrscht. Dass dieses Geschäft genau genommen erst mit der Genehmigung wirksam wird, ändert nichts, denn Art. 10 Abs. 1 erfasst gerade auch die vorkonsensuale Phase bzw. den ganzen Abschlusstatbestand. Die Genehmigung des Handelns eines falsus procurator liegt jedoch außerhalb der Rom I-VO, sodass insoweit das nach Art. 8 EGBGB zu bestimmende Vollmachtsstatut maßgeblich ist (→ EGBGB Art. 8 Rn. 157 f.). 51

c) Kaufmännisches Bestätigungsschreiben. Nach hM soll das Schweigen auf ein kaufmännisches Bestätigungsschreiben im **deutschen Recht** unter bestimmten Voraussetzungen[134] die Wirkung der Zustimmung ohne Rücksicht auf den Willen des Schweigenden haben (normiertes Schweigen). Es sei nicht als Willenserklärung durch Schweigen auf seine Konkludenz hin auszulegen (→ BGB § 147 Rn. 13 ff.).[135] Das gelte nicht nur unter Kaufleuten im engeren Sinne, sondern unter allen, die wie Kaufleute am Geschäftsverkehr teilnehmen.[136] Weicht das Bestätigungsschreiben vom tatsächlich mündlich Vereinbarten ab, so wirkt es konstitutiv und **ändert** den Vertrag, wenn der Empfänger nicht unverzüglich widerspricht. War der Vertrag noch nicht geschlossen, so wird sogar die Auffassung vertreten, dass das Schweigen ihn **zustande bringe.** Vieles ist hierbei umstritten. Die Abgrenzungen zur kaufmännischen Auftragsbestätigung als einer vertragsschließenden Erklärung[137] sind im Einzelnen fließend (→ BGB Vor § 116 Rn. 9; → BGB § 147 Rn. 16). Kauf- 52

---

128 Zu Frankreich *Terré/Simler/Lequette/Chénédé,* Droit civil. Les obligations, 13. Aufl. 2022, Nr. 188; zu Belgien *Wéry,* Droit des obligations, Bd. 1, 3. Aufl. 2021, Nr. 139.

129 OLG Köln NJW-RR 1997, 779 Rn. 8–10: widerspruchslose Annahme der Rechnung und teilweise Bezahlung; OLG Hamburg IPRax 1999, 168 mAnm *Geimer* IPRax 1999, 152; KG RIW 2006, 865: Schweigen auf abgeändertes Angebot.

130 *Giuliano/Lagarde* BT-Drs. 10/503, 60; BeckOGK/*Weller* Rn. 28; NK-BGB/*Leible* Rn. 15.

131 Reithmann/Martiny IntVertragsR/*Martiny* Rn. 3.10.

132 BeckOGK/*Weller* Rn. 70.

133 Rechtsvergleichung dazu bei *Basse,* Das Schweigen als rechtserhebliches Verhalten im Vertragsrecht, 1986, 87 ff.

134 Zu den vielen Streitpunkten vgl. *K. Schmidt* HandelsR, 6. Aufl. 2014, § 19 III; MüKoHGB/*K. Schmidt* HGB § 346 Rn. 142 ff.; zusammenfassend *J. Schmidt,* Der Vertragsschluss, 2013, 513 ff. mwN.

135 BGHZ 11, 1 (5) = NJW 1954, 105; BGHZ 188, 128 Rn. 24 = NJW 2011, 1965; *K. Schmidt* FS Honsell, 2002, 99 ff.; *Diederichsen* JuS 1966, 130 (147).

136 *K. Schmidt* HandelsR, 6. Aufl. 2014, § 19 III.

137 BGHZ 11, 1 (5); BGHZ 18, 212 = WM 1955, 1492; BGH JZ 1977, 602; BGHZ 61, 282 (285); Schweigen auf eine Rechnung hat nicht dieselbe Wirkung wie bei einem kaufmännischen Bestätigungsschreiben, wohl aber die Zahlung, OLG Köln RIW 1996, 779; zur Abgrenzung Grüneberg/*Ellenberger* § 147 Rn. 12.

männische Bestätigungsschreiben und AGB sind die wichtigsten Fälle, in denen ein Schweigen konstitutiv wirken kann.

53 Im **ausländischen Recht** können, wenn das Institut des Bestätigungsschreibens überhaupt bekannt ist, andere Regelungen gelten,[138] und zwar sowohl bezüglich des personellen Anwendungsbereiches als auch der Bewertung des unterlassenen Widerspruchs als konkludente statt als normierte Erklärung. Vor allem wird verschiedentlich eine nachträgliche **Änderung, gar eine konstitutive Begründung** des Vertrages aufgrund des Bestätigungsschreibens abgelehnt oder anders als im deutschen Recht dem Schweigenden wenigstens der Beweis erlaubt, dass das Schreiben nicht korrekt war.[139]

54 Tatbestand und Wirkungen eines Schweigens auf kaufmännische **Bestätigungsschreiben** unterliegen dem **Vertragsstatut.**[140] Dieses gilt auch für die Frage, ob es nur unter Kaufleuten verwendet werden darf. Im Grundsatz handelt es sich um eine Erklärung **nach dem Abschluss** des Vertrages, für den darum das maßgebende Recht bereits feststeht. Den Parteien ist daher grundsätzlich zuzumuten, die Bestimmungen dieses Rechts auch insoweit zu beachten.[141] Das Vertragsstatut entscheidet insbesondere darüber, ob das Schweigen auf das Bestätigungsschreiben als eine **normierte** oder als eine **konkludente** Willenserklärung gilt.[142] Im ersten Fall hilft der überraschten Partei allenfalls Abs. 2 (→ Rn. 257 ff.),[143] im letzteren ist das Verhalten richtig auszulegen (→ Rn. 224). Bei Geltung deutschen Rechts ist zuvor sicherlich erforderlich, dass das kaufmännische Bestätigungsschreiben zugeht, was unter Umständen an der **sprachlichen Unverständlichkeit** scheitern kann (→ Rn. 87 ff.). Besondere Bedeutung hat die Rechtswahl in AGB (→ Rn. 178).

---

138 ZB wird im niederländischen Recht die vertragsmodifizierende Wirkung anerkannt, vgl. OLG Koblenz RIW 1982, 354; LG Bonn RIW 1999, 879 (883); IPG 2002 Nr. 1 (Köln). Das schweizerische Recht anerkennt im kaufmännischen Verkehr sowohl deklaratorische als auch konstitutive Bestätigungsschreiben, auch zur Begründung eines Vertrags, sofern der Absender redlich und Abweichungen vom Verhandlungsergebnis unwesentlich sind, Schweigen darauf ist nach Art. 6 OR als Annahme zu verstehen, BGE 114 II 250; *Rothermel/Dahmen* RIW 2018, 179 (186); *Kröll/Hennecke* RabelsZ 67 (2003), 448 (478). In Frankreich gilt in bestimmten Fällen das Schweigen auf ein Bestätigungsschreiben (lettre de confirmation) im Handelsverkehr aufgrund Handelsbrauchs als Annahme, *Terré/Simler/Lequette/Chénédé,* Droit civil. Les obligations, 13. Aufl. 2022, Nr. 188 (große Nähe zur Lösung des deutschen Rechts hervorhebend); *Ghestin/Loiseau/Serinet,* La formation du contrat, 4. Aufl. 2013, Bd. I, Nr. 929; *J. Schmidt,* Der Vertragsschluss, 2013, 520 ff. mwN. In Luxemburg wird ein Handelsbrauch angenommen, nach dem ein Kaufmann gegen ein Bestätigungsschreiben protestieren muss, das das Verhandlungsergebnis unzutreffend wiedergibt, wenn er nicht daran gebunden sein will, *Ancel,* Contrats et obligations conventionnelles en droit luxembourgeois, 2015, Nr. 152. Entgegen OLG Köln NJW 1988, 2182 und OLG Karlsruhe RIW 1994, 1046 misst auch das italienische Recht dem Bestätigungsschreiben im Handelsverkehr (lettera di conferma) Wirkungen zu, die nach wohl überwiegender Ansicht im materiellen Recht als Zustimmung zum Vertrag durch beredtes Schweigen, jedenfalls aber im Beweisrecht liegen, näher *Reis,* Die Bedeutung des Schweigens im Privatrecht, 2022, 69 ff., 190 ff. mwN. Dem englischen Recht sind letters of confirmation zwar geläufig, jedoch gelten diese im Fall der Abweichung von einer bereits getroffenen Vereinbarung als annahmebedürftiges Änderungsangebot und ein genereller Handelsbrauch, nach dem Schweigen auf dieses Angebot Zustimmung bedeutet, existiert nicht, *J. Schmidt,* Der Vertragsschluss, 2013, 532 ff. mwN; *Chen-Wishart* in Chitty on Contracts, 33. Aufl. 2018, Bd. I, Rn. 2-071; OLG Hamburg NJW 1980, 1232. Nach österreichischem Recht kann das Schweigen eines Unternehmers auf ein ihm zugegangenes Bestätigungsschreiben den Vertrag nicht abändern, grundlegend OGH JBl. 1975, 89 mAnm *F. Bydlinski;* ferner zB OGH JBl. 1977, 593; Schwimann/Kodek/*Riedler,* ABGB Praxiskommentar, 5. Aufl. 2021, ABGB § 863 Rn. 22. Weitere rvgl. Hinweise bei *Ebenroth* ZVglRWiss 77 (1978), 161 ff.; *Esser* ZfRV 1988, 167 ff.; *Kröll/Hennecke* RabelsZ 67 (2003), 448 (477 ff.); *Rothermel/Dahmen* RIW 2018, 179 (183 ff.); Jansen/Zimmermann/*Christandl* PECL Art. 2:210 Rn. 1 ff.; ferner Art. 2.1.12 PICC 2016, Art. 2:210 PECL und Art. II.-4:210 DCFR.

139 So im österreichischen Recht (Schwimann/Kodek/*Riedler,* ABGB Praxiskommentar, 5. Aufl. 2021, ABGB § 863 Rn. 6) und möglicherweise im italienischen Recht (*Reis,* Die Bedeutung des Schweigens im Privatrecht, 2022, 76 ff.).

140 Wohl unstr., vgl. BGHZ 57, 72 (77) = WM 1971, 1332 betr. Küchenmöbel; BGHZ 123, 380 = NJW 1994, 262; BGHZ 135, 124 = NJW 1997, 1697; OLG Hamburg NJW 1980, 1232; OLG Köln NJW-RR 1988, 2182 implizit; OLG Hamburg SchiedsVZ 2003, 284; OLG Schleswig IPRspr. 1989 Nr. 48; OLG Koblenz IPRax 1982, 20; LG Bonn RIW 1999, 879; LG Hamburg RIW 1997, 873; Staudinger/*Hausmann,* 2021, Rn. 106; BeckOGK/*Weller* Rn. 27, 89; *v. Bar/Mankowski* IPR II § 1 Rn. 790.

141 BeckOGK/*Weller* Rn. 89; Ferrari IntVertragsR/*Ferrari* Rn. 38; Staudinger/*Hausmann,* 2021, Rn. 106.

142 Staudinger/*Hausmann,* 2021, Rn. 106; BeckOGK/*Weller* Rn. 89.

143 Reithmann/Martiny IntVertragsR/*Martiny* Rn. 3.20 f.; BeckOGK/*Weller* Rn. 28, 89; Staudinger/*Hausmann,* 2021, Rn. 107 f.; BGHZ 135, 124 (130) = NJW 1997, 1697 (1700) obiter; OLG Koblenz IPRax 1982, 20; OLG Karlsruhe DZWiR 1994, 70 mAnm *Chillagano-Busl;* OLG Köln NJW-RR 1997, 183; OLG Schleswig IPRspr. 1989 Nr. 48, gegenüber dänischem Vertragsstatut; OLG Hamburg SchiedsVZ 2003, 284; LG Bonn RIW 1999, 873; *Lagarde* Rev. crit. dr. int. pr. 80 (1991), 287 (327).

III. Innerer Vornahmetatbestand (rechtsgeschäftliche Wirksamkeit)

1. Wille und Erklärung. Dem inneren Vertragsschlusstatbestand kann man Regelungen zuordnen, die sich mit der Bedeutung des Willens der Parteien für den Vertrag befassen. Hierzu zählen Regelungen, nach denen der Vertrag wirksam ist, obwohl keine echte Willensübereinstimmung vorliegt. Vor allem geht es um das Verhältnis des tatsächlichen **inneren Willens** zu erwecktem Vertrauen beim Adressaten, und gerade hier finden sich rechtsvergleichend erhebliche Unterschiede.[144] So kann bei deutschem Vertragsstatut ein Vertrag trotz eines Irrtums zustande kommen und die betreffende Partei auf die Anfechtung ihrer Erklärung verwiesen sein, während aus französischer Sicht der Vertrag unter Umständen überhaupt unwirksam ist.[145] Ebenso gilt das Vertragsstatut auch dafür, ob überhaupt ein Wille erforderlich und beachtlich ist, also für die Folgen von **Scheingeschäft,**[146] **Scherzerklärung**[147] und **Mentalreservation.**[148] 55

Die Geltung des Vertragsstatuts auch für den inneren Vornahmetatbestand rechtfertigt sich nicht nur aus dem Gebot der materiellen Harmonie.[149] Entscheidend ist, dass der Wille oder seine Erklärung der **Kern des Rechtsgeschäfts** sind, weshalb die Anforderungen daran gerade nicht aus dem Geltungsbereich des Geschäftsstatuts herausgenommen werden dürfen. 56

Wenn der innere Vornahmetatbestand von der Wirksamkeit unterschieden wird,[150] sollte das nicht zu der Schlussfolgerung verleiten, er betreffe auch noch das „Zustandekommen" des Vertrags iSv Art. 10. Vielmehr rechnet er zur Wirksamkeit iSd Vorschrift, was sich daran ablesen lässt, dass der auf Aspekte des Zustandekommens der Einigung beschränkte Abs. 2 dafür nicht gilt (→ Rn. 39).[151] Deutlich wird das, wenn man den inneren Vornahmetatbestand als „rechtsgeschäftliche Wirksamkeit" (im Gegensatz zur „materiellen Wirksamkeit") bezeichnet.[152] Überdies können die Übergänge zwischen innerem Vornahmetatbestand und inhaltlicher Wirksamkeit fließend sein. Es ist ein erheblicher Vorteil der einheitlichen Anknüpfung, dass sie diese Differenzierung regelmäßig unnötig macht.[153] So ist die Einordnung der Unwirksamkeit wegen des **Fehlens oder Wegfalls der Geschäftsgrundlage,** die in der Welt durchaus verschieden beachtet werden,[154] letztlich nicht entscheidend. Die gemeinsame Fehleinschätzung der Sachlage **bei Vertragsschluss** ließe sich eher zum inneren Vornahmetatbestand, der **spätere Wegfall** zB der Austauschgerechtigkeit (objektive Geschäftsgrundlage) eher zur Wirksamkeit ziehen (→ Rn. 125). Jedenfalls gilt für beides das Vertragsstatut.[155] Allgemein zur Unwirksamkeit oder Nichtigkeit → Rn. 123 ff. 57

In einem weiteren Sinne könnte auch die **Geschäftsfähigkeit** zum inneren Vornahmetatbestand gezählt werden. Aufgrund der Bereichsausnahme des Art. 1 Abs. 2 lit. a bedarf es jedoch der Abgrenzung zwischen dem Vertragsstatut (Art. 10) und dem Geschäftsfähigkeitsstatut, das nach nationalem IPR (in Deutschland Art. 7 Abs. 2 EGBGB) zu ermitteln ist (näher → Rn. 21). Umstritten ist, ob punktuelle Störungen der Geistestätigkeit wie etwa nach § 105 Abs. 2 doch zum inneren Vornahmetatbestand und damit zum Vertragsstatut gehören (→ EGBGB Art. 7 Rn. 46 ff.). Dafür 58

---

144 Vgl. *Kötz,* Europäisches Vertragsrecht, 2. Aufl. 2015, 217 ff.; *E. A. Kramer,* Der Irrtum beim Vertragsschluss: Eine weltweit rechtsvergleichende Bestandsaufnahme, 1998; R. Zimmermann (Hrsg.), Störungen der Willensbildung bei Vertragsschluss, 2007.

145 Bei sog. erreurs obstacles: zB Cass. civ. 21.5.2008, No. 07-10722 JurisData No. 2008-044125; Cass. civ. 1.2.1995, Bull. civ. III No. 36 = RTD civ. 1995, 879 obs. *Mestre,* unterschiedliche Vorstellungen der Parteien über den Umfang der dem Verkäufer gehörenden Grundstücksteile; Pau 6.6.2005 JurisData No. 2005-277180; vgl. zum deutschen Recht bei ähnlicher Sachlage BGH BB 1983, 927; verschiedene Vorstellungen über die Natur des Vertrages: *J. H. und L. Mazeaud/Chabas,* Leçons de droit civil Bd. II/1, Les Obligations. Théorie générale, 9. Aufl. 1998, No. 161; dazu auch jurisPK-BGB/*Limbach* Rn. 7.

146 OLG Frankfurt AWD 1972, 629; Soergel/*v. Hoffmann* EGBGB Art. 31 Rn. 19; Reithmann/Martiny IntVertragsR/*Martiny* Rn. 3.85; Staudinger/*Hausmann,* 2021, Rn. 24a; BeckOGK/*Weller* Rn. 44. – Das gilt insbes. auch für die Wirksamkeit des verdeckten Geschäfts.

147 BeckOGK/*Weller* Rn. 44.

148 Erman/*Stürner* Rn. 7; Staudinger/*Hausmann,* 2021, Rn. 24; Ferrari IntVertragsR/*Ferrari* Rn. 12; BeckOGK/*Weller* Rn. 44; Soergel/*v. Hoffmann* EGBGB Art. 31 Rn. 24.

149 Darauf beruft sich Soergel/*v. Hoffmann* EGBGB Art. 31 Rn. 1.

150 ZB *v. Bar* IPR II, 1. Aufl. 1991, Rn. 536; s. auch → 8. Aufl. 2021, Rn. 66 *(Spellenberg).*

151 *Giuliano/Lagarde* BT-Drs. 10/503, 60.

152 *v. Bar/Mankowski* IPR II § 1 Rn. 793 f.

153 So auch Soergel/*v. Hoffmann* EGBGB Art. 31 Rn. 1; Staudinger/*Hausmann,* 2021, Rn. 6; BeckOGK/*Weller* Rn. 3.

154 Jansen/Zimmermann/*Rüfner* PECL Art. 6:106 Rn. 1 ff.; *Kötz,* Europäisches Vertragsrecht, 2. Aufl. 2015, 407 ff.; speziell zu Frankreich *Terré/Simler/Lequette/Chénédé,* Droit des obligations, 13. Aufl. 2022, Nr. 625.

155 BGH NJW 1984, 1746 = IPRax 1986, 154 mAnm *Mülbert* IPRax 1986, 140; LG Bonn RIW 1999, 879; Reithmann/Martiny IntVertragsR/*Martiny* Rn. 3.143; BeckOGK/*Weller* Rn. 47.

wird geltend gemacht, dass es sich der Sache nach um einen Mangel des Willens handele.[156] Mit der hM sollte hier jedoch nicht zwischen den verschiedenen Gründen des Fehlens der Geschäftsfähigkeit unterschieden werden. Ob und in welchem Maße ein Geschäft die Geschäftsfähigkeit verlangt, ist dem Geschäftsstatut zu entnehmen, ob sie gegeben ist, dem Fähigkeitsstatut. Zum Schutz des Vertragspartners eines Geschäftsunfähigen s. Art. 13.

59 **2. Willensmängel.** Die ganz hL[157] und namentlich die einmütige Rspr.[158] wenden insbesondere auf Willensmängel das Vertragsstatut an, also für Fälle des einseitigen **Irrtums,**[159] der **Täuschung,**[160] und der **Drohung**[161] einschließlich der durch Dritte verursachten Willensmängel.[162] Auch ob gemeinsame **Falschbezeichnungen** nicht schaden,[163] gehört hierher.

60 Die **Folgen der Willensmängel** werden von verschiedenen Rechtsordnungen durchaus unterschiedlich geregelt. Es kommen Unwirksamkeit des Vertrags ipso iure[164] oder eine Anfechtung durch private Erklärung oder durch Gestaltungsklage[165] in Betracht. Das Vertragsstatut bestimmt, wie, bis wann und gegenüber wem der Willensmangel geltend zu machen ist.[166] Verlangt das Vertragsstatut ein Gestaltungsurteil, kann dieses auch ein deutscher Richter nach ausländischem Recht erlassen.[167] Ebenfalls vom Vertragsstatut umfasst ist die Frage, ob und in welchem Umfang ein Vertrauensschaden zu ersetzen ist.[168] Gegenüber ungenügender Anfechtungsmöglichkeit eines fremden Rechts bei Willensmängeln kann unter Umständen Art. 21 (ordre public) helfen.[169] Art. 10 Abs. 2 greift hingegen nicht ein (→ Rn. 219).

61 Da selbst Nichtigkeit oder Unwirksamkeit keineswegs immer bedeuten, dass der Vertrag überhaupt keine Rechtsfolgen hat,[170] von bloßer Anfechtbarkeit ganz zu schweigen, ergibt sich, dass man gegen die Anwendung der lex causae nicht generell einwenden kann, dass der Vertrag gerade unwirksam sei.[171] Zu Recht sagt vielmehr Art. 12 Abs. 1 lit. e im Gegenteil, dass das Recht, das die **Voraussetzungen der Gültigkeit** des Vertrags bestimmt, grundsätzlich auch festlegt, welche **Folgen die Nichterfüllung dieser Voraussetzungen,** also der Willensmangel hat (Art. 12 Abs. 1 lit. e; → Art. 12 Rn. 153).[172] Man vermeidet damit Abgrenzungsprobleme zum Dissens, den eine Rechtsordnung in Fällen für gegeben halten kann, in denen eine andere nur Anfechtung erlaubt,[173] und Regelungskonflikte, die entstehen können, wenn das Sachmangelrecht einer anderen Rechtsordnung als der Eigenschaftsirrtum untersteht. Das Vertragsstatut gilt auch für die „rectification" eines

---

156 → 8. Aufl. 2021, Rn. 69 *(Spellenberg);* BeckOGK/*Weller* Rn. 31; *Kegel/Schurig* IPR § 17 V 1a (S. 614).

157 Reithmann/Martiny IntVertragsR/*Martiny* Rn. 3.85; NK-BGB/*Leible* Rn. 17; BeckOGK/*Weller* Rn. 44; Staudinger/*Hausmann,* 2021, Rn. 24 ff.; Ferrari IntVertragsR/*Ferrari* Rn. 11; Erman/*Stürner* Rn. 7; Soergel/*v. Hoffmann* EGBGB Art. 31 Rn. 13, 19; aA mit Einschränkungen zugunsten des gewöhnlichen Aufenthalts der Partei *Kegel/Schurig* IPR § 17 V 1a (S. 614 ff.); Grüneberg/*Thorn* Rn. 5.

158 ZB BGH NJW 1997, 1697 (1700); OLG Hamburg IPRspr. 1998 Nr. 34; OLG Frankfurt IPRspr. 1964/65 Nr. 10; OLG Oldenburg IPRspr. 1975 Nr. 15.

159 OLG Frankfurt IPRspr. 1964/65 Nr. 10; OLG Düsseldorf RIW 1995, 1396.

160 OLG Oldenburg IPRspr. 1975 Nr. 15; OLG Hamburg IPRspr. 1998 Nr. 34; AG Wuppertal VuR 1992 Nr. 36 mAnm *J. Schröder.*

161 OLG Düsseldorf NJW-RR 1995, 1396; OLG Frankfurt AWD 1972, 629; OLG Hamburg IPRspr. 1998 Nr. 34; LG Bonn RIW 1999, 873.

162 Rechtsvergleichend dazu *Martens,* Durch Dritte verursachte Willensmängel, 2007.

163 Rechtsvergleichend zur falsa demonstratio und dem möglicherweise abweichenden Ansatz des englischen Vertragsrechts Jansen/Zimmermann/*Lohsse* PECL Art. 4:104 Rn. 3. Man könnte auch Art. 12 Abs. 1 lit. a (Auslegung) anwenden.

164 Zu den sog. „erreurs obstacles", die in Frankreich Nichtigkeit nach sich ziehen, vgl. → Rn. 55.

165 So in Frankreich bei den „erreurs vices du consentement", Art. 1144 C.c. Frankreich; *Terré/Simler/Lequette/Chénédé,* Droit civil. Les obligations, 13. Aufl. 2022, Nr. 295.

166 BeckOGK/*Weller* Rn. 45; BeckOK BGB/*Spickhoff* Rn. 5; Staudinger/*Hausmann,* 2021, Rn. 25; Ferrari IntVertragsR/*Ferrari* Rn. 11.

167 OLG Frankfurt NJW-RR 1993, 182; Reithmann/Martiny IntVertragsR/*Martiny* Rn. 3.95; BeckOGK/*Weller* Rn. 45 zu Italien; Soergel/*v. Hoffmann* EGBGB Art. 31 Rn. 19.

168 Staudinger/*Hausmann,* 2021, Rn. 25; BeckOGK/*Weller* Rn. 45.

169 Reithmann/Martiny IntVertragsR/*Martiny* Rn. 3.96; Erman/*Stürner* Rn. 3; Ferrari IntVertragsR/*Ferrari* Rn. 11.

170 Vgl. *Pawlowski,* Rechtsgeschäftliche Folgen nichtiger Willenserklärungen, 1966, 13 ff.; *de La Pradelle,* Les conflits de lois en matière de nullités, 1967, 93 ff., 118 ff.

171 So aber *R. Neuner* RabelsZ 2 (1928), 108 (116).

172 OLG Frankfurt IPRspr. 1964/65 Nr. 35; OLG Oldenburg IPRspr. 1975 Nr. 15; Reithmann/Martiny IntVertragsR/*Martiny* Rn. 3.99, 4.20; Staudinger/*Hausmann,* 2021, Rn. 25.

173 Zur erreur obstacle des franz. Rechts, der sich funktional als Fall des versteckten Dissenses beschreiben lässt, jurisPK-BGB/*Limbach* Rn. 7; BeckOGK/*Weller* Rn. 44; zum „fundamental mistake" des englischen Rechts Calliess/Renner/*Augenhofer* Rn. 12: als Frage des Zustandekommens.

schriftlichen Vertrages im englischen Recht, den die Parteien versehentlich falsch formuliert haben.[174]

3. Exkurs: Sprachunkenntnis und deutsches Recht. In der Regel wird beim Vertragsschluss in einer bestimmten Sprache kommuniziert. Dem ist die Gefahr sprachlicher Missverständnisse inhärent.[175] Dabei ist zunächst zu fragen, ob eine bestimmte Sprache gebraucht werden muss, und dann, wie mit sprachlichen Missverständnissen zu verfahren ist. Beide Fragen beantwortet nicht das Kollisionsrecht, sondern das **Sachrecht.** 62

Auf deutsches Sachrecht ist im Rahmen dieser Kommentierung des IPR an sich nicht einzugehen. Es erscheint aber zweckmäßig, im Anschluss an die Darstellung des Kollisionsrechts im Zusammenhang Hinweise zu geben, da sich Sprachprobleme vor allem, wenngleich keineswegs nur, bei **Geschäften mit Auslandsbezug** ergeben. Und wenn deutsches Recht anzuwenden ist, so veranlasst dieser Auslandsbezug doch einige sachrechtliche Modifikationen namentlich bei der Auslegung.[176] Ausländisches Sachrecht wird im Folgenden nicht behandelt. Es ist lediglich festzuhalten, dass nicht von einer Gleichartigkeit der Lösungen im deutschen und ausländischen Recht ausgegangen werden kann.[177] Ist letzteres durch das IPR zur Anwendung berufen, gelten also dessen Regeln für Sprachfragen. **Zwei Aspekte** stehen im Vordergrund, je nachdem, ob der Sprachunkundige eine Erklärung abgibt oder empfängt: Zum einen ist die Erklärung eines Sprachunkundigen unter Beachtung seiner Unkenntnis auszulegen; stimmt die Erklärung dann nicht mit seinem Willen überein, führt das zur Frage nach einer Anfechtung. Zum anderen kann die Sprachunkenntnis den Zugang einer Erklärung beim sprachunkundigen Empfänger verhindern. Einen Schwerpunkt der Sprachenproblematik bilden, mit gewissen Besonderheiten, **AGB,** und zwar einerseits hinsichtlich der Einbeziehungserklärung und andererseits hinsichtlich der Pflicht, die AGB dem Kunden zugänglich zu machen (→ Rn. 192 ff.). 63

a) Sprachzwang. Grundsätzlich können die Parteien beim Vertragsschluss in jeder Sprache kommunizieren, wie sie sich auch nonverbal durch schlüssiges Verhalten wie Vorzeigen der Ware verständigen können. Natürlich könnte ein Gesetz auch den Gebrauch einer bestimmten Sprache vorschreiben oder verbieten mit der Folge einer Unwirksamkeit des Vertrages (Sprachzwang). Das deutsche Sachrecht erlaubt in der Regel den Gebrauch jeder Sprache für Rechtsgeschäfte.[178] Das gilt grundsätzlich auch für Verbraucherverträge und die für sie vorgeschriebenen Informationspflichten (→ Rn. 128 f.). In § 483 BGB findet sich jedoch eine auf die RL 94/47/EG (jetzt RL 2008/122/EG) zum Timesharing zurückgehende Verpflichtung, Verträge mit den vorvertraglichen Informationen in der Sprache des Staates des Wohnsitzes des Erwerbers – oder, falls der Erwerber kein Angehöriger dieses Staates ist, nach seiner Wahl in der Sprache des Staates, dem er angehört – abzufassen. Eine Verletzung dieses Sprachzwangs macht den Vertrag **unwirksam** (→ BGB § 483 Rn. 4).[179] Es ist eine zwingende Regelung, die die Information des Erwerbers sichern soll, damit er auf sicherer Grundlage entscheidet und beim Vertrag sich klar darüber wird, was er vereinbart (Erwägungsgrund Nr. 2 RL 1994/47). Vor allem Letzteres fällt in den Bereich des typischen Warnzweckes der Form.[180] Ein weiteres Beispiel ist Art. 248 § 2 EGBGB für Zahlungsdienste. 64

Sprachzwänge sind als besondere **Formregelungen** zu qualifizieren (→ Art. 11 Rn. 35).[181] Somit kommt grundsätzlich gemäß **Art. 11 Abs. 1–3** alternativ neben der Sprachregelung des Vertragsstatuts auch diejenige der Vornahmeorte und der gewöhnlichen Aufenthalte zum Zuge, was die Chancen der Vertragsgültigkeit erhöht. **Deutsches Recht** als Formstatut erlaubt bei letztwilligen wie lebzeitigen Rechtsgeschäften den Gebrauch **jeder** lebenden und toten **Sprache,** und grundsätzlich selbst dort, wo notarielle Form vorgeschrieben ist (vgl. § 16 BeurkG; nur vor Gerichten und Behörden ist Deutsch Amtssprache). Auch Sprachfreiheit ist in diesem Sinne eine Form.[182] Wenn 65

174 Dazu *Peel,* Treitel The Law of Contract, 14. Aufl. 2015, Rn. 8-060.

175 Vgl. schon *Spellenberg* FS Ferid, 1988, 463 ff.

176 So auch Staudinger/*Hausmann,* 2021, Rn. 117 ff.

177 Unzutr. OLG Köln RIW 1993, 414.

178 BGHZ 82, 200 (203) = NJW 1982, 297; BGHZ 21, 155 (158): selbst bei Wechseln; BayObLG Rpfleger 1988, 366 betr. Testament; *Kling,* Sprachrisiken im Privatrechtsverkehr, 2008, 142 ff., 305 ff.

179 BeckOGK/*Meier* BGB § 483 Rn. 16 f.

180 Ähnlich *Freitag* IPRax 1999, 142 (147).

181 *Freitag* IPRax 1999, 142 (146 ff.); BeckOGK/*Weller* Rn. 48; BeckOGK/*Meier* BGB § 483 Rn. 16; Staudinger/*Martinek,* 2004, BGB § 483 Rn. 10; *Mäsch* DNotZ 1997, 191; *Jayme* IPRax 1997, 235 f. – Die Vorläuferbestimmung in § 3 Abs. 1 S. 5 TzWrG aF verwies noch ausdrücklich auf § 125 BGB. Der Verweis findet sich zwar nicht mehr in § 483 BGB, doch wollte der Gesetzgeber damit nichts ändern, BT-Drs. 14/6040, 251.

182 So für Formfreiheit allg. → Art. 11 Rn. 33; *Häsemeyer,* Die gesetzliche Form der Rechtsgeschäfte, 1971, 22 f., 52 f., 204.

das Geschäftsstatut einen Sprachzwang enthält und das Recht am Ort der Geschäftsvornahme nicht (oder umgekehrt), dann setzt sich die Sprachfreiheit gemäß Art. 11 Abs. 1–3 durch. Art. 11 gilt jedoch nur für die Zulässigkeit der Sprache und nicht für die Folgen etwaiger sprachlich bedingter Missverständnisse, mögen sie nun zum Dissens führen oder den Zugang der Erklärung verhindern (→ Rn. 70 ff.).

66 Bei **Verbraucherverträgen,** zu denen auch das **Timesharing** mit seinem § 483 BGB gehört, gilt jedoch vorrangig **Art. 11 Abs. 4,** so dass **allein** die Sprachregelung am gewöhnlichen Aufenthalt des Verbrauchers gilt.[183] Damit ist wahrscheinlich, aber nicht garantiert, dass der Verbraucher die von dieser Regelung vorgeschriebene(n) Sprache(n) auch tatsächlich versteht. Es fragt sich, ob der Kunde dennoch seine Erklärung wegen eines Inhaltsirrtums anfechten kann. Zwar soll § 483 BGB den Verbraucher schützen, aber es ist nicht ersichtlich, dass auch zu seinen Lasten die allgemeinen Regeln weichen sollen, die seinen Willen schützen. Der Verbraucher muss nur beweisen, dass er nicht oder nicht richtig verstanden hat.

67 Es ist jedoch immer genau zu prüfen, ob die Verwendung einer anderen als der von der anwendbaren Sprachregelung vorgeschriebenen Sprache den Vertrag nichtig macht. Der in Frankreich durch Gesetz vom 4.8.1994 (Loi Toubon) vorgeschriebene Gebrauch des Französischen unter anderem für Werbung und Information der Verbraucher sah nicht die Nichtigkeit eines Vertrages wegen Gebrauchs einer Fremdsprache, sondern nur Ordnungsstrafen vor (Art. 2).[184] Ebenso wird ein Verstoß des Unternehmers gegen seine Verpflichtung aus Art. 1127-1 Abs. 3 Nr. 3 C.c. Frankreich, beim elektronischen Vertragsschluss in seinem Angebot anzugeben, in welcher Sprache einschließlich der französischen Sprache der Abschluss des Vertrags angeboten wird, nicht sanktioniert.[185] Zur Behandlung der Sprachanforderungen bezüglich der Informationspflichten bei Verbraucherverträgen → Rn. 127 ff.

68 **b) Sprachfreiheit.** Die Parteien sollten nach einer nicht mehr vertretenen Meinung, mangels einer der Rechtswahl vergleichbaren Vereinbarung, die Sprache des Landes der lex causae benutzen müssen mit der Folge, sich nicht auf deren Unkenntnis berufen zu können.[186] Das hat sich zu Recht nicht durchgesetzt.[187] Die Theorie vom Gleichlauf zwischen Vertragsstatut und Sprache des betreffenden Landes wird schon dadurch widerlegt, dass zahlreiche Rechtsordnungen – wie etwa die deutsche – in der Regel den Gebrauch fremder Sprachen zulassen. Selbst deutsche Unternehmen in Deutschland kontrahieren nicht selten in Englisch.[188] Erst recht tun das in Deutschland befindliche Parteien, die des Deutschen nicht mächtig sind. Ein Ausländer, der in Deutschland auftritt, ist daher trotz Anwendbarkeit deutschen Rechts als lex causae nicht schon deshalb verpflichtet, sich auf Deutsch zu erklären.[189] Solange nicht bestehende **rechtliche Beziehungen** anderes ergeben, darf sich jeder in einer **beliebigen Sprache** erklären.

69 Entsprechend der Freiheit, sich in jeder lebenden oder toten Sprache erklären zu dürfen, muss man auch eine **passive Sprachfreiheit** anerkennen, der zufolge niemand von Gesetzes wegen Erklärungen in einer anderen als seiner Muttersprache entgegennehmen muss. Unbenommen bleiben natürlich Vereinbarungen, die zum Gebrauch einer bestimmten Sprache verpflichten und vor allem auch einseitiges Verhalten, das wegen des Verbots des **venire contra factum proprium** die Berufung auf mangelnde Sprachkenntnisse ausschließt (→ Rn. 102 ff.).

70 **c) Sprachrisiko.** Das mit der Sprachfreiheit naturgemäß einhergehende sog. **Sprachrisiko,** dh die Regeln der Verteilung **sprachlich bedingter Verständigungsrisiken,** ist **kein** tauglicher Gegenstand **einer eigenen Anknüpfung,**[190] denn mangelndes sprachliches Verständnis kann einen

---

183 Eigenartig ist aber, dass § 483 BGB auf den Wohnsitz statt auf den gewöhnlichen Aufenthalt abstellt.

184 Dazu *Rott* ZVglRWiss 98 (1999), 382 (383 f.); *Ferid/Sonnenberger* Rn. 1 F 544 Fn. 138; für Teilzeit-Wohnrechteverträge hingegen Art. L224-76 C. consomm.

185 *Chantepie/Latina,* Le nouveau droit des obligations, 2. Aufl. 2018, Nr. 276.

186 *Jayme* FS Bärmann, 1975, 509; *K. Beckmann,* Das Sprachenstatut bei internationalen Geschäftsverträgen, 1980, 23, 58 ff.; unklar, aber vielleicht ähnlich OLG Karlsruhe NJW 1972, 2185.

187 *Spellenberg* FS Ferid, 1988, 463 (466); *Kling,* Sprachrisiken im Privatrechtsverkehr, 2008, 120 ff., 305 f.; *Freitag* IPRax 1999, 142 (143 f.); Reithmann/Martiny IntVertragsR/*Martiny* Rn. 3.24, 11.195 f.; Staudinger/*Hausmann,* 2021, Rn. 112 f.; *Kling,* Sprachrisiken im Privatrechtsverkehr, 2008, 305 f.; *Schäfer* JZ 2003, 879 (883).

188 Umfassend *Triebel/Vogenauer,* Englisch als Vertragssprache, 2018; zu den Gefahren vgl. *Triebel/Balthasar* NJW 2004, 2189 ff.; *Maier-Reimer* NJW 2010, 2545 ff.

189 So aber ArbG Celle ARSt 1971, 30; *Klingmüller* FS Sieg, 1976, 278; abl. zu Recht *Rott* ZVglRWiss 98 (1999), 382 (391); Staudinger/*Singer,* 2021, BGB § 119 Rn. 18; *Flessner* AcP 212 (2012), 971.

190 So aber *Petzold* JbItalR 2 (1989), 95 f.; ähnlich *Jancke,* Das Sprachrisiko des ausländischen Arbeitnehmers im Arbeitsrecht, 1988, 97 ff.; *Jayme* FS Bärmann, 1975, 514 ff.; Sandrock IntVertragsgestaltung-HdB/*Beckmann/Sandrock* Rn. B 183 ff.

Willensmangel bewirken oder den **Zugang** verhindern und bei der **Auslegung** bedeutsam sein. Dergleichen regelt das Sachrecht des Vertrages. Es ist kein Grund dafür ersichtlich, dass diese Fragen deshalb anders anzuknüpfen wären, wenn sie auf Sprachunkenntnis beruhen. Das Zustandekommen des Vertrages trotz Missverständnisses, sein Inhalt sowie die Folgen des Missverständnisses sind daher nicht nach einem eigenen Sprachstatut, sondern **nach dem Vertragsstatut** zu beurteilen.[191] Dabei kann Sprachunkenntnis auf der Seite des Erklärenden wie auf der des Erklärungsempfängers vorliegen. Sprachliche Missverständnisse derselben Art treten auch in rein nationalen Situationen auf.[192] Entsprechendes gilt bei Erklärungen nach dem Vertragsschluss (→ Rn. 114 ff.). Dieser sachrechtliche Ansatz hat sich mittlerweile durchgesetzt. Allein bei einem Sprachzwang handelt es sich um ein Formproblem, so dass die gesonderte Anknüpfung nach Art. 11 zum Zuge kommt (→ Art. 11 Rn. 35).[193]

Es wird allerdings darauf hingewiesen, dass sich die sprachunkundige Partei auf **Art. 10 Abs. 2** 71
berufen könne, wenn sie wegen ihrer Sprachunkenntnis die nach dem Vertragsstatut eingetretene Bindung nicht zumutbarerweise vorhersehen konnte.[194] Das ist zwar konsequent und richtig, wird aber nur sehr selten erfolgreich sein, denn abgesehen von den sehr engen sonstigen Voraussetzungen für Art. 10 Abs. 2 (→ Rn. 224 ff.) werden meist schon die Auslegung, die Anfechtung wegen Willensmängeln und die Zugangsregeln des Vertragsstatuts helfen.[195] Jedenfalls muss man differenzieren. Hinsichtlich des unverstandenen Inhalts der eigenen Erklärung scheidet Art. 10 Abs. 2 in der Regel aus, weil er nur die Partei schützt, die dem Vertrag überhaupt nicht zugestimmt hat; Fehlvorstellungen über den Inhalt des Vertrags werden nicht erfasst und sind gemäß Art. 10 Abs. 1 als Frage der Wirksamkeit einzuordnen.[196] Während die Irrtümer wegen eines Unverständnisses des Inhalts der eigenen Erklärung nur nach den **Anfechtungsregeln** des Vertragsstatuts geltend zu machen sind (→ Rn. 80), kann noch am ehesten geltend gemacht werden, dass das „Umweltrecht" des Sprachunkundigen den **Zugang** der unverständlichen Erklärung bei ihm verneint hätte (→ Rn. 87 ff.).[197]

d) Sprachunkenntnis des Erklärenden. Es ist durchaus denkbar, dass eine Partei ihre eigene 72
Erklärung sprachlich nicht richtig versteht, vor allem wenn ihr vom Adressaten der Erklärung eine Urkunde zur Unterschrift vorgelegt wird. Hier kommt es vor allem darauf an, ob der Adressat das **Missverständnis erkennen** muss.

aa) Auslegung. Hier ist zunächst auszulegen. Es gilt gewöhnlich das, was ein sorgfältiger und 73
verständiger Empfänger unter Beachtung aller ihm erkennbaren Begleitumstände als gewollt ansehen musste und durfte (§§ 133, 157 BGB).[198] Ein besonders wichtiger, bei der **Auslegung** von **Willenserklärungen** zu beachtender Umstand ist eine **erkennbar** mangelhafte Sprachkenntnis des Erklärenden.[199] Der Erklärende kann sich wie auch sonst darauf berufen, die Gegenseite habe erkennen können, dass sein wahrer Wille nicht dem gewöhnlichen Wortsinn der von ihm unterzeichneten Urkunde oder einer von ihm abgegebenen mündlichen Erklärung entspreche. Einfache Geschäfte verlangen weniger Fremdsprachenkenntnis als komplizierte. Keineswegs kann verlangt werden, dass,

[191] BGHZ 87, 112 = NJW 1983, 1489, implizit; BGH NJW 1995, 190; OLG Stuttgart IPRax 1988, 293 m. Aufsatz *Schwarz* IPRax 1988, 278; *Spellenberg* FS Ferid, 1988, 463 ff.; *Spellenberg* IPRax 2007, 98 (101 ff.); BeckOGK/*Weller* Rn. 90; Staudinger/*Hausmann,* 2021, Rn. 112; *Linke* ZVglRWiss 79 (1980), 1 (46 ff.); *Schlechtriem* FS Weitnauer, 1980, 129 (134 ff.); *Stoll* FS Beitzke, 1979, 767; Reithmann/Martiny IntVertragsR/*Martiny* Rn. 3.24 f.; *Mankowski* VuR 2001, 359 (360); *Rott* ZVglRWiss 98 (1999), 382 (392 f.); *v. Bar/Mankowski* IPR II § 1 Rn. 799; *Freitag* IPRax 1999, 142 ff.; *Schwenzer* IPRax 1988, 86 (87); *Kronke* NJW 1977, 992 f.; Ferrari IntVertragsR/*Ferrari* Rn. 39; etwas anders *Kling,* Sprachrisiken im Privatrechtsverkehr, 2008, 101 ff.

[192] Dazu *Mankowski* VuR 2001, 359 ff.; *Ladas,* Die Wirksamkeit der Willenserklärungen gegenüber Sprachunkundigen, 1993, Rn. 104 ff.

[193] *Freitag* IPRax 1999, 142 (145); *Kling,* Sprachrisiko im Privatrechtsverkehr, 2008, 305 ff., 309 ff.; Staudinger/*Hausmann,* 2021, Rn. 113; aA *Dreißigacker,* Sprachfreiheit im Verbrauchervertragsrecht, 2002, 62; *Reinhart* IPRax 1982, 226 ff.; *Reinhart* RIW/AWD 1977, 19; *Schütze* DB 1978, 2304.

[194] *G. Fischer,* Verkehrsschutz im internationalen Vertragsrecht, 1990, 342 f.; *Schurig* IPRax 1994, 32; eingehend Staudinger/*Hausmann,* 2021, Rn. 114 ff.; *v. Bar/Mankowski* IPR II § 1 Rn. 799; Grüneberg/*Thorn* Rn. 5; *Kling,* Sprachrisiko im Privatrechtsverkehr, 2008, 126 ff.; Ferrari IntVertragsR/*Ferrari* Rn. 39: äußerst selten.

[195] BeckOGK/*Weller* Rn. 90; Rauscher/*Freitag* Rn. 18.

[196] BAG AP BGB § 130 Nr. 26 Rn. 64 f. m. zust. Anm. *Mankowski* mwN; Reithmann/Martiny IntVertragsR/*Martiny* Rn. 3.25; *Schlechtriem* FS Weitnauer, 1980, 129 (134 ff.).

[197] S. das Bsp. bei Staudinger/*Hausmann,* 2021, Rn. 115.

[198] Grüneberg/*Ellenberger* BGB § 133 Rn. 9.

[199] ZB LAG BW DB 1971, 245: Ausgleichsquittung; Staudinger/*Singer,* 2021, BGB § 119 Rn. 18 ff., 21 f. mwN; der Rspr. zust. Staudinger/*Hausmann,* 2021, Rn. 117; BeckOGK/*Weller* Rn. 91; *Kling,* Sprachrisiken im Privatrechtsverkehr, 2008, 345 f.

wer im Inland Erklärungen abgibt, Deutsch beherrschen müsse[200] und das Verständigungsrisiko trage.

74 Ist erkennbar, **welche Vorstellung** der Unterzeichner einer Urkunde **tatsächlich** mit seiner schriftlichen oder seiner mündlichen, sprachlich missglückten Erklärung verbindet, gilt jene, auch wenn sie nicht mit dem Wortlaut übereinstimmt.[201] Das kann vor allem erkennbar sein, wenn mündliche Verhandlungen vorangegangen sind. Dass nach § 133 BGB nicht am Wortlaut zu haften ist, gilt gerade bei Sprachunkenntnis und vor allem natürlich, wenn der Adressat selbst vom Wortlaut abweichende Erläuterungen zum Inhalt der Urkunde gemacht hat. Wenn aber **nur** erkennbar wird, dass die abgegebene Erklärung so, wie sie lautet, **nicht gewollt** ist, ohne dass die wirkliche Vorstellung der Partei erkennbar ist, kann man die Erklärung für perplex oder nicht genügend konkret ansehen, so dass der Vertrag wegen **Dissenses** nicht zustande kommt (→ BGB § 155 Rn. 8 aE). Das ist vor allem denkbar, wenn der Sprachunkundige seine Erklärung selbst, aber undeutlich oder mehrdeutig formuliert hat. Hier darf der Adressat ihn nicht an einer ihm angenehmen Deutung festhalten wollen. Das ist erst recht der Fall, wenn der Adressat erkennen konnte, dass überhaupt keine rechtsgeschäftliche Erklärung gewollt war. So ist es, wenn zB ein ersichtlich sprachunkundiger Kunde die ihm in der Bank ohne nähere Erläuterung vorgelegte Urkunde unterschreibt, keine Bürgschaft, wenn deshalb für die Bank unklar bleibt, ob er überhaupt mit rechtsgeschäftlichem Erklärungsbewusstsein handelte.[202]

75 Wer sich eines **Vertreters** bedient, muss sich dessen Sprachkenntnis zurechnen lassen.[203] Es kommt nicht auf die eigene Sprachkenntnis an, sondern nur auf die des Vertreters. Gleichzustellen ist der Fall, dass die Partei ihre Erklärung von einem Gehilfen aufsetzen lässt. Wer Dolmetscher oder sonstige sprachkundige Hilfspersonen für seine Erklärungen einschaltet, erweckt den Eindruck, richtig zu verstehen bzw. sich richtig auszudrücken. Übersetzt der Dolmetscher des Sprachunkundigen falsch, kann der Erklärende seine Erklärung wegen Inhaltsirrtums anfechten,[204] sowohl wenn die Erklärung des Sprachunkundigen falsch übersetzt wird, als auch wenn diesem die Erklärung der Gegenpartei falsch übersetzt wird.

76 **bb) Ungelesene Urkunde.** Unterzeichnet der Sprachunkundige eine von einem anderen formulierte Urkunde und ist erkennbar, dass er sie nicht verstehen kann und nicht verstanden hat, will die hM den Erklärenden gleichwohl nach den Grundsätzen für **ungelesene Urkunden** am Text festhalten:[205] Wer eine Urkunde ungelesen unterzeichne und von ihrem Inhalt bewusst keine Kenntnis nehme, erkläre sich aus Sicht des Empfängers mit ihrem Inhalt einverstanden, so wie er eben ist, und wer ihn nicht kenne, irre auch nicht iSd § 119 BGB.[206] Das verkennt jedoch die Sachlage, denn es ist eher selten, dass eine Partei die ungelesene Urkunde schlechthin mit jedwedem Inhalt zum Gegenstand ihrer Erklärung machen wollte.[207] Dies darf ein Gegner auch nicht vermuten.

77 Vielmehr ergibt sich in der Regel aus den Umständen, dass der Unterzeichner doch Vorstellungen zumindest darüber hat, in welchem Rahmen sich der Urkundeninhalt in etwa bewegen wird.[208] Auch die Theorie, dass der Erklärende bewusst das Risiko übernehme, dass die Urkunde tatsächlich etwas ganz anderes als gedacht enthalte (→ BGB § 119 Rn. 54, → BGB § 119 Rn. 57 f.),[209] findet

200 So aber LAG Berlin BB 1973, 1030; richtig LAG BW DB 1971, 245; ArbG Heilbronn BB 1969, 535.

201 BGH NJW-RR 1996, 1458.

202 Irrig LG Köln WM 1986, 821.

203 Vgl. OLG Bremen WM 1973, 1229; Staudinger/*Hausmann,* 2021, Rn. 117.

204 BGH NJW 1995, 190.

205 BGH NJW 1995, 190; OLG Stuttgart BeckRS 2010, 21532 Rn. 34; VuR 1999, 276 Rn. 3; OLG Köln VersR 2000, 243 Rn. 28; OLG München WM 1988, 1408; vgl. auch OLG Karlsruhe VersR 1983, 169: deutscher Analphabet; tendenziell auch BeckOGK/*Weller* Rn. 93; Staudinger/*Hausmann,* 2021, Rn. 118a; mit Einschränkung *Martiny* ZEuP 1998, 227 (248 f.).

206 BGH NJW 1995, 190; NJW 2002, 956 f.; OLG Stuttgart BeckRS 2010, 21532 Nr. 34; BAG AP BGB § 130 Nr. 26 Rn. 48 f. m. krit. Anm. *Mankowski;* OLG Stuttgart VuR 1999, 276; OLG Köln VersR 2000, 243 Rn. 28; zB Ausgleichsquittung: ArbG Gelsenkirchen BB 1967, 999; ArbG Stuttgart BB 1965, 788; vorformulierter Vertragstext: LG Köln WM 1986, 821; Einverständnis mit AGB: OLG München NJW 1974, 2181; LG Memmingen NJW 1975, 451; LG Frankfurt a. M. WM 1977, 298; vgl. auch OLG Karlsruhe VersR 1983, 169: deutscher Analphabet; OLG München WM 1988, 1408; mit Einschränkung *Martiny* ZEuP 1998, 227 (248 f.).

207 So wie hier schon *Siegel* AcP 111 (1914), 1 (92): Risikoerklärung; weiter *Spellenberg* FS Ferid, 1988, 463 (471 f.); Staudinger/*Singer,* 2021, BGB § 119 Rn. 11; *Köhler* BGB AT § 7 Rn. 23; *Medicus/Petersen* BGB AT Rn. 755; LAG Hamm BB 1976, 553.

208 BGH NJW 1995, 190; Staudinger/*Singer,* 2021, BGB § 119 Rn. 11 f.; *Spellenberg* FS Ferid, 1988, 463 (472, 478); *Siegel* AcP 111 (1914), 1 (92); *Köhler* BGB AT § 7 Rn. 23.

209 So in der Sache RGZ 134, 25 (31); 62, 201 (205); BGH NJW 1951, 705; 1995, 190; Staudinger/*Singer,* 2021, BGB § 119 Rn. 11 f.

in der Realität eher keine Bestätigung. Beide Theorien könnten nur als normative gelten, doch findet sich für sie kein Anhalt in der Rechtsgeschäfts- oder Auslegungslehre. Entscheidend ist für die Auslegung, ob der Empfänger solche begrenzenden **Vorstellungen des Erklärenden** erkennen kann bzw. muss. Das ist in der Regel anzunehmen, zumal wenn er die Urkunde selbst formuliert hat. So kann die Erklärung nicht gelten, wenn wie in einer Entscheidung des BGH[210] eine Ausländerin ein Sparkonto eröffnen wollte und in einer Urkunde eine selbstschuldnerische Bürgschaft auch für alle zukünftigen Schulden ihres Vaters übernommen hat, obwohl vorher nicht über eine Bürgschaft gesprochen worden war (ablehnend auch → BGB § 119 Rn. 55). Hier ergibt schon die Auslegung, dass sie nicht bürgen wollte.

Diese Grundsätze der Auslegung gelten gleichermaßen bei vom Erklärenden abgegebenen, aber unverstandenen **Offerten** wie auch bei **Annahme** erkennbar sprachlich unverstandener Angebote. Im ersteren Fall darf der Empfänger das Angebot nicht mit einem Sinn verstehen, der erkennbar nicht dem Willen des Erklärenden entspricht, im letzteren Fall darf der Offerent nicht davon ausgehen, der Gegner habe das Angebot richtig verstanden und mit diesem Sinn angenommen. Jedoch kann die **Erwartung des Erklärungsempfängers** berechtigt sein, dass der Erklärende genug die deutsche bzw. die von ihm verwendete Sprache beherrsche. Bei schriftlichen Erklärungen wird nicht immer ein hinreichender Hinweis auf unzureichende Sprachkenntnis gegeben sein, so dass die Sprachunkenntnis nicht zu erkennen war.[211] Man denke an schriftliche Warenbestellungen im Versandhandel. Nur in diesem **beschränkten Umfang** trägt der Erklärende das Verständigungsrisiko, dass der Adressat seine tatsächlich fehlende Sprachkenntnis nicht erkennen kann. Die Erklärung war dann mit dem erklärten Inhalt wirksam, und der Erklärende kann wegen Inhaltsirrtums **anfechten.**[212] Eine solche Erwartung kann sich nur auf das Auftreten der Partei gründen und ist nur so lange berechtigt, als nicht die Umstände, wie insbesondere das Auftreten, daran Zweifel erwecken müssen. Es gibt **keine gesetzliche** Obliegenheit, eine andere Sprache als die eigene Muttersprache zu beherrschen (→ Rn. 63 f.). 78

Die in → Rn. 76 genannten Regeln der ungelesenen Urkunde passen jedoch nicht,[213] denn dafür müsste die Partei die ungelesene Urkunde schlechthin mit jedwedem Inhalt zum Gegenstand ihrer Erklärung machen wollen.[214] Vielmehr übernimmt sie **nur** ein **begrenztes Risiko,** dessen Grenzen sich nur aus der konkreten Situation und den Begleitumständen des Falles ableiten lassen (→ BGB § 119 Rn. 57).[215] Es ist zu unterscheiden: Ist erkennbar, dass die Erklärung sich nicht in diesem Rahmen der Vorstellungen des Sprachunkundigen hält, kommt wegen Dissenses kein Vertrag zustande. Ist das nicht erkennbar, dann kommt eine Anfechtung wegen Inhaltsirrtums in Frage. 79

cc) Anfechtung. Wenn die Rspr. in solchen Fällen zum Teil eine Anfechtung wegen Inhaltsirrtums oder gar arglistiger Täuschung zulassen will, weil das Erklärte vom Gewollten abweiche,[216] ist das richtig. Die Anfechtung bleibt aber nachgelagert zur (berichtigenden) Auslegung und kann erst eingreifen, wenn die Abweichung für die andere Partei nicht erkennbar war. Zweifel erweckt es freilich, wenn die Rspr. sagt, es liege kein Irrtum vor, wenn die Urkunde unterzeichnet werde, ohne von ihrem Inhalt Kenntnis zu nehmen.[217] Richtig wird nämlich vom BGH selbst bemerkt, dass angefochten werden könne, wenn die Partei **bestimmte, aber falsche** Vorstellungen von Gegenstand und Inhalt der Urkunde hatte (→ BGB § 119 Rn. 56 f.).[218] Eine Bestätigung dessen kann man in § 305c Abs. 1 BGB für die typischerweise ungelesenen AGB finden, wobei überraschende Klauseln nicht einmal angefochten werden müssen.[219] Dass die Unterschrift unter einer 80

---

210 BGH NJW 1995, 190.

211 Vgl. ArbG Neumünster BB 1979, 784; BGHZ 87, 112 (115) für AGB.

212 BeckOGK/*Weller* Rn. 93.

213 Staudinger/*Singer,* 2021, BGB § 119 Rn. 11 ff., 16.

214 BGH NJW 2002, 956; OLG München WM 1988, 1408; OLG Hamm NJW 2001, 1143; LG Flensburg MedR 1993, 200 f.; wie hier schon *Siegel* AcP 111 (1914), 1 (92): Risikoerklärung; weiter *Spellenberg* FS Ferid, 1988, 463 (471 f.); LAG Hamm BB 1976, 553.

215 So in der Sache RGZ 134, 25 (31); BGH NJW 1951, 705; 1995, 190; wohl auch RGZ 62, 201 (205); Staudinger/*Singer,* 2021, BGB § 119 Rn. 11 f.; vgl. BeckOGK/*Weller* Rn. 93.

216 ZB RGZ 88, 278 (283); BGH NJW 1995, 190 (191); 2002, 956; vgl. weiter *Spellenberg* FS Ferid, 1988, 463 (470 ff.); in BGH NJW 2002, 956 konnte die Bürgin die Urkunde zwar nicht lesen, müsste aber eine Vorstellung von ihrem Inhalt gehabt haben; in LG Köln WM 1986, 821 wären zumindest tatsächliche Feststellungen dazu nötig gewesen, die sprachunkundige Partei habe sich nur als Zeuge verstanden; war dies erkennbar, läge nicht einmal eine wirksame Bürgschaft vor.

217 BAG AP BGB § 130 Nr. 26; BGH NJW 2002, 956 (957); OLG Düsseldorf RNotZ 2013, 303 (304); AG Coburg NJW 1993, 938.

218 ZB RGZ 88, 278 (283); BGH NJW 1995, 190; 2002, 956.

219 AA BeckOK BGB/*Wendtland* BGB § 119 Rn. 24, 26.

ungelesenen Urkunde nicht angefochten werden könne, wie der BGH sagt, trifft so allgemein nicht zu.

81 Die Erklärung durch Unterzeichnung einer ungelesenen bzw. sprachlich unverstandenen Urkunde hat das BAG in einer neueren Entscheidung erörtert, die sich zwar im Rahmen der bisher hM hält, aber vor allem in der Begründung zu kritisieren ist. Der Empfänger einer solchen Erklärung dürfe „nach Treu und Glauben davon ausgehen, dass der Arbeitnehmer trotz seiner Sprachunkundigkeit eine Erklärung mit dem aus der Vertragsurkunde ersichtlichen Inhalt abgeben wollte."[220] Das ist zu weit formuliert und trifft allenfalls den Fall, dass der Arbeitnehmer keine Vorstellung vom Vertragsinhalt hat und sozusagen blind unterzeichnet.[221] Das ist aber in der Praxis äußerst selten und allenfalls denkbar, wenn der Unterzeichner nicht einmal annimmt, er schließe ein Rechtgeschäft; darum fehlte das Erklärungsbewusstsein. So lag der Fall aber nicht.

82 Hier hatte ein deutscher Arbeitgeber nach Verhandlungen in Portugal und in portugiesischer Sprache einen Portugiesen als Lastwagenfahrer eingestellt. Der – deutschem Recht unterliegende – Arbeitsvertrag war dann aber auf Deutsch, das der Arbeitnehmer nicht verstand, abgefasst. So wusste dieser durchaus, dass er einen Arbeitsvertrag abgeschlossen hatte, kannte aber nicht die Klausel, wonach Restlohnansprüche bei Beendigung des Arbeitsverhältnisses nach drei Monaten verfallen würden. Solche Klauseln seien in Deutschland üblich und nicht überraschend. Ob auch in Portugal, wo die Verhandlungen auf Portugiesisch geführt worden waren, bleibt unerörtert. Der Arbeitnehmer handele hier regelmäßig mit Rechtsfolgewillen und habe gewusst, dass er ein Arbeitsverhältnis begründe. Daran ändere eine etwaige unrichtige Vorstellung von einzelnen Vertragsbestimmungen nichts. Das entspricht der oben erwähnten Meinung, dass der Erklärende bei der Unterzeichnung der ungelesenen Urkunde nur in groben Umrissen wissen muss, was in der Urkunde steht.

83 Aus der Sicht des Arbeitgebers erkläre sich der Arbeitnehmer, auch wenn er die Urkunde nicht gelesen habe, mit dem Urkundeninhalt einverstanden. Für seine Annahmeerklärung genüge die Kenntnis des angebotenen Rechtsverhältnisses. Fehlende Detailkenntnisse etwa über die Ausschlussfristen beruhten allein auf der bewussten Entscheidung des Arbeitnehmers, sich vom Vertragsinhalt keine Kenntnis zu verschaffen, und seien daher seiner Risikosphäre zuzuordnen. Seinen Interessen würde zudem durch die Möglichkeit der **Anfechtung** gemäß §§ 119 ff. BGB Rechnung getragen. Das BAG ist dann zum Irrtum schon deshalb recht unklar, weil der Arbeitnehmer nicht angefochten hatte. Seine Ausführungen sind eigentlich obiter.[222] Die Anfechtung setze voraus, dass sich der Arbeitnehmer „eine bestimmte unrichtige Vorstellung gemacht habe". Das verneint das BAG etwas vorschnell. Der Sprachunkundige, der die Urkunde nicht lesen kann, kennt auch die einzelnen Bestimmungen nicht, wenn sie ihm nicht mündlich erläutert worden sind. Da der Arbeitsvertrag anscheinend in Portugal ohne Hinweis auf die Verfallsklausel verhandelt worden war, hatte der Arbeitnehmer, der nicht mit dem Verfall seiner Restansprüche rechnete, insoweit eine Fehlvorstellung von dem Vertragsinhalt. Die Irrtumsanfechtung wäre hier auch nicht deshalb ausgeschlossen, weil der Erklärende seinen Irrtum zB durch Nachfrage oder Einschaltung eines Übersetzers hätte vermeiden können. Im deutschen Recht kann der Irrtum auch selbstverschuldet sein.[223]

84 Das Argument, wer keine Vorstellungen hat, könne auch nicht irren, scheint logisch, ist aber unbefriedigend, weil der Fall der gänzlich fehlenden Vorstellungen vom Vertragsinhalt kaum vorkommt. Das beliebte Argument, wer eine Urkunde ungelesen unterzeichne, handele auf eigenes **Risiko,** kann auch nicht befriedigen, weil das Risiko nicht näher konkretisiert wird. Eine Abfassung in portugiesischer Sprache hätte nahegelegen, da die Einstellungsverhandlungen in Portugal auf Portugiesisch stattfanden. Dass der Arbeitgeber einen Sprachwechsel veranlasste, müsste sich bei der Verteilung des Sprachrisikos zugunsten des Arbeitnehmers niederschlagen.[224] Art. 10 Abs. 2 passt nicht, weil er nur den äußeren Vornahmetatbestand betrifft, nicht den inneren, und seine tatsächlichen Voraussetzungen ohnehin nicht gegeben wären (→ Rn. 234 ff.).[225] Am ehesten könnte § 242 BGB im konkreten Fall dem Arbeitgeber untersagen, sich auf die Vertragsklausel zu berufen.

85 Manche Urteile haben von ersichtlich sprachunkundigen Arbeitnehmern unterzeichnete **Ausgleichsquittungen,** die ihnen vom Arbeitgeber zur Unterschrift vorgelegt wurden, wegen **fehlenden Erklärungsbewusstseins** für unwirksam gehalten.[226] Die Arbeitnehmer hatten angenommen,

---

220 BAG BAGE 147, 342 = AP BGB § 130 Nr. 26 m. krit. Anm. *Mankowski;* zust. aber BeckOGK/*Weller* Rn. 93.

221 Staudinger/*Singer,* 2021, BGB § 119 Rn. 11 f. Das ist durchaus hM.

222 BAGE 147, 342 = AP BGB § 130 Nr. 26 Rn. 49, 50, 53.

223 Irrig daher OLG Köln FamRZ 2002, 457; zutr. BGH NJW 1995, 190.

224 *Mankowski* AP BGB § 130 Nr. 26.

225 Parallelen erkennen aber *v. Bar/Mankowski* IPR II § 1 Rn. 799.

226 ArbG Heilbronn BB 1969, 535, aber nicht eigentlich einschlägig, da der Arbeitnehmer nur die Regelung der Kündigungsfristen im Arbeitsvertrag nicht verstanden hatte; LAG BW DB 1971, 245; vielleicht auch HessLAG BB 1975, 562; LAG Hamm BB 1976, 553; LAG Berlin BB 1973, 1030; zust. → BGB § 119

nur den Empfang ihrer Papiere zu quittieren und nicht auf Restlohn und Urlaubsansprüche zu verzichten. Es fehlte ihnen also das Erklärungsbewusstsein. Nach neuerer Rspr. würde das Fehlen des Erklärungsbewusstseins zur Anfechtung führen (→ BGB § 119 Rn. 99 ff.).[227]

dd) Notarielle Beurkundung. Diese Regeln gelten grundsätzlich auch bei notarieller Beurkundung einer Erklärung. Stellt der Notar fest oder erklärt die Partei selbst, dass sie der deutschen Sprache nicht hinreichend mächtig ist, muss nach § 16 Abs. 2 S. 1, Abs. 3 S. 1 BeurkG ein Dolmetscher hinzugezogen werden. Andernfalls ist die Beurkundung **unwirksam,** vorausgesetzt die Sprachunfähigkeit ist in der Urkunde vermerkt worden. Ist das nicht geschehen, so kann die Partei immer noch wegen Erklärungsirrtums anfechten.[228] Vor allem ist aber zu erwarten, dass der Notar der sprachunkundigen Partei erläutert, was erklärt wird. 86

e) Sprachunkenntnis des Adressaten. aa) Zugang. Notwendigkeit und Tatbestand des Zugangs von Willenserklärungen ergeben sich aus dem **Vertragsstatut.** Beides ist insbesondere keine Formfrage,[229] sondern betrifft die Frage, ob und wie die andere Partei in das Zustandekommen eines Rechtsgeschäfts einzubeziehen ist, und nicht nur die äußere Gestaltung der Erklärung (→ Rn. 42; → EGBGB Art. 11 Rn. 160). Ist deutsches Recht Vertragsstatut, so kann Sprachunkenntnis des Adressaten einer Willenserklärung den **Zugang** und damit das Wirksamwerden **verhindern,** weil der Zugang die Möglichkeit der Kenntnisnahme verlangt,[230] für die zunächst der Erklärende zu sorgen hat. Es wird auch die Ansicht vertreten, dass sich das Problem des Zugangs mit Hilfe der Auslegung lösen lasse (→ BGB § 130 Rn. 32). Der Grundgedanke ist dabei, dass eine Willenserklärung nur so zugehen kann, wie sie zu verstehen ist. § 130 BGB regele nur das Transport- und Verlustrisiko. Im Ergebnis sei eine Erklärung nicht zugegangen, wenn von dem Empfänger die Kenntnis der Sprache nicht zu erwarten ist. Im Ergebnis scheint die Abweichung dieser Ansicht von der hM, die das Sprachproblem als ein Zugangsproblem behandelt, nicht groß. 87

Denn § 130 BGB ist zu entnehmen, dass mit der Entscheidung für die Empfangstheorie der Erklärende das **Zugangsrisiko** insoweit trägt, dass er für die Kenntnis oder wenigstens Kenntnisnahmemöglichkeit des Adressaten sorgen muss.[231] Das gilt auch für **sprachliche Hindernisse** der Kenntnisnahme.[232] Dass die Möglichkeit der Kenntnisnahme genügt, ist unstreitig, aber durchaus umstritten ist, **wann sie gegeben** ist. § 130 BGB schweigt dazu, und so gibt es verschiedene Theorien. 88

Bei **mündlichen Erklärungen** unter **Anwesenden** verlangt das deutsche Recht für den **Zugang,** weil die Erklärung nicht verkörpert ist, grundsätzlich tatsächliches **Vernehmen** und Verstehen. Taubheit und Sprachunkenntnis verhindern gleichermaßen den Zugang.[233] Nach der zutreffenden hM genügt es aber schon, dass der Erklärende nach allen ihm erkennbaren Umständen des Falles ohne Fahrlässigkeit annehmen durfte, der andere habe verstanden (→ BGB § 130 Rn. 28),[234] wenn dieser zB seine Sprachunkenntnis verbirgt bzw. fälschlich Sprachkenntnis zu erkennen gibt. Mit dieser Auffassung wird die mündliche Erklärung im Grundsatz gleich wie die schriftliche behandelt, und § 130 BGB lässt nicht erkennen, dass beide verschieden gewertet werden sollten. Es kommt also auf die tatsächliche oder zu erwartende Sprachkenntnis bzw. Verständnismöglichkeit des Empfängers an. Diese Erwartung verdient grundsätzlich Schutz wie bei 89

Rn. 56 f. mN; *Trinkner* BB 1967, 1000 f. Zu verklausulierten Texten gegenüber deutschen Arbeitnehmern ebenso BAG NJW 1982, 1479; BB 1986, 1950; ArbG Bochum BB 1980, 1323; LAG BW BB 1968, 547.

227 BGHZ 91, 324; weiter BGHZ 109, 171 (177); 149, 129 (136).

228 BayObLG NJW-RR 2000, 1175; OLG München FamRZ 2000, 376 bei Ehegüterverträgen; OLG Köln VersR 2000, 243 Rn. 25; Staudinger/*Hertel,* 2023, BeurkG Rn. 543; BeckOGK/*Weller* Rn. 94; unzutr. OGH wbl. 1999, 474: Beiziehung eines beeidigten Dolmetschers sei ein Formerfordernis.

229 Eingehend *Spellenberg* IPRax 2013, 545 ff. gegen BGH NJW-RR 2011, 1184 = IPRax 2013, 579.

230 BAG NJW 1985, 823; LAG Hamm NJW 1979, 2990; OLG Hamm IPRax 1996, 197; RIW 1997, 153; Staudinger/*Hausmann,* 2021, Rn. 118; *Flume* BGB AT II § 15 I 5 (S. 249 f.); *Schlechtriem* FS Weitnauer, 1980, 129 (136 ff.); aA Grüneberg/*Ellenberger* BGB § 130 Rn. 5.

231 Staudinger/*Singer/Benedict,* 2021, BGB § 130 Rn. 39 ff.; BGHZ 101, 49 = NJW 1987, 2235: Absender trägt die Beweislast für den Zugang.

232 *Flume* BGB AT II § 15 I 5 (S. 249 f.); *Thiele,* Die Zustimmungen in der Lehre vom Rechtsgeschäft, 1966, 108; *Bork* BGB AT Rn. 629; BeckOGK/*Gomille* BGB § 130 Rn. 90; OLG Hamm NJW-RR 1996, 1271; NK-BGB/*Faust* BGB § 130 Rn. 45 ff.; aA Staudinger/*Singer/Benedict,* 2021, BGB § 130 Rn. 72; Staudinger/*Singer,* 2021, BGB § 119 Rn. 18; Grüneberg/*Ellenberger* BGB § 130 Rn. 5.

233 *Enneccerus/Nipperdey* BGB AT § 158 II B 1; *Kling,* Sprachrisiken im Privatrechtsverkehr, 2008, 298 ff.

234 Abgeschwächte Vernehmungstheorie; *v. Tuhr* IPR § 61 III 2; *Köhler* BGB AT § 7 Rn. 19; *U. John* AcP 184 (1985), 385 ff.; *Schönenberger/Jäggi* ZGB OR Art. 10 Rn. 417; Grüneberg/*Ellenberger* BGB § 130 Rn. 14; abl. *Neuner* BGB AT § 33 Rn. 28 ff.; einschr. *Flume* BGB AT II § 14, 3f (S. 240 f.).

schriftlichen Erklärungen. Entscheidend ist daher, welche **Sprachkenntnis** man **erwarten** darf (→ Rn. 94 ff.). Bei nicht erkennbarer Unkenntnis dieser Sprache hat der Erklärende nach den erkennbaren Umständen alles getan, um erwarten zu dürfen, er sei verstanden worden. Dabei ist wie auch sonst bei Willenserklärungen auf eine verständige Partei in der Position des konkreten Erklärenden abzustellen.

90 Erklärungen unter **Abwesenden** müssen notgedrungen verkörpert sein und sind gewöhnlich schriftlich. Bei **schriftlichen Erklärungen** verlangte das RG zunächst, dass die verkörperte Willenserklärung so in den **Machtbereich des Empfängers** gelangt sei, dass er sich „unter normalen Verhältnissen die Kenntnis von dem Inhalte der Erklärung verschaffen kann und nach den Gepflogenheiten des Verkehrs von ihm zu erwarten ist, dass er die Kenntnis sich tatsächlich verschafft".[235] Die heute hM wandelt die Definition ein wenig ab, „dass bei Annahme gewöhnlicher Verhältnisse damit zu rechnen ist, er könne von ihr Kenntnis nehmen".[236] Und neuerdings formuliert der BGH aber wieder, dass der Zugang vollendet sei, wenn „die Kenntnisnahme durch den Empfänger möglich und nach der Verkehrsanschauung zu erwarten ist".[237] Die objektive Möglichkeit zur Kenntniserlangung sei im abstrakten Sinn zu verstehen und daher für den Zugang eine tatsächliche Kenntnisnahme des Klägers nicht erforderlich. Hierbei habe der Empfänger die Risiken seines räumlichen Machtbereiches zu tragen. Wenn es erst um den Abschluss einer Vereinbarung geht, sei aber niemand verpflichtet, sich empfangsbereit zu halten.[238]

91 Nach einer verbreiteten Ansicht sollen jedoch in der **Person des Empfängers** liegende Hindernisse der Kenntnisnahme nicht erheblich sein, so dass die Erklärung nur in seinen räumlich zu verstehenden Machtbereich gelangt sein muss. Dabei geht es vornehmlich um urlaubsbedingte Abwesenheit und den Zeitpunkt des Zugangs. Die Möglichkeit der Kenntnisnahme sei abstrakt zu verstehen, und der Empfänger habe die Obliegenheit, die nötigen Vorkehrungen zu treffen.[239] Abgesehen von den Zweifeln an dieser Auffassung, namentlich wenn die Abwesenheit dem Absender bekannt ist, kann eine solche Empfangsbereitschaft allenfalls aus bestehenden Rechtsbeziehungen wie etwa einem Arbeitsverhältnis folgen.

92 Doch folgern manche aus der Theorie von der abstrakten Möglichkeit der Kenntnisnahme, dass Sprachunkenntnis nicht geltend zu machen sei, um dann zu präzisieren, dass der Erklärende „grundsätzlich" mit der Kenntnis der Landes- oder ggf. der Verhandlungssprache rechnen dürfe. Doch wenn „konkrete Anhaltspunkte für mangelnde Sprachkenntnisse des Adressaten sprechen", sei das Vertrauen nicht mehr gerechtfertigt (→ BGB § 130 Rn. 32, teilweise abweichend).[240] § 130 BGB sagt dazu nichts, denn er behandelt vornehmlich das Transportrisiko und soll dem Erklärenden Rechtssicherheit geben, wenn er die Erklärung in den Machtbereich des Empfängers gebracht hat,[241] aber eine Erklärung kann sehr wohl unverständlich sein und im Machtbereich des Empfängers ankommen. Es ist dann gerade die Frage, ob das genügt, insbesondere ob es dem Empfänger **obliegt,** sich eine **Übersetzung zu besorgen.**

93 Die hM behandelt das Problem der vom Empfänger sprachlich nicht verstandenen Erklärung zu Recht als Zugangsproblem (→ Rn. 87). Es gilt dabei die **Sprachfreiheit der beiden Parteien** auszubalancieren: Der Erklärende darf jede lebende und tote Sprache verwenden (aktive Sprachfreiheit), der Adressat braucht keine Fremdsprache zu Kenntnis zu nehmen, die er nicht versteht (passive Sprachfreiheit). Es obliegt dem Erklärenden, eine Sprache zu verwenden, die der Adressat versteht, dh die Erklärung zugangsfähig zu machen, wobei es im Interesse der Verkehrssicherheit genügt, wenn nach den Umständen anzunehmen ist, dass der Adressat die Erklärung verstehen kann. Vereinbarungen über die Sprache gehen natürlich vor.

94 **bb) Sprachobliegenheiten; Meinungsstand.** Die „normalen Umstände" und „die Verkehrsanschauung", unter denen mit der Kenntnisnahme vom Inhalt zu rechnen sein muss, sind weiter konkretisierungsbedürftig. Sie sind jedenfalls normativ und nicht rein faktisch zu verstehen. Rein tatsächlich kann sich der Adressat einer fremdsprachigen Erklärung praktisch immer eine Übersetzung verschaffen. Es ist jedoch die Frage, wann er dies tun muss und sich nicht auf seine mangelnde Sprachkenntnis berufen kann. Bei der Frage nach der Sprache, die er verstehen

---

[235] RGZ 99, 20 (23); zuletzt RGZ 142, 402 (407).
[236] RGZ 144, 289 (291); 170, 285 (288); BGHZ 67, 271 (275) = NJW 1977, 194; BGHZ 137, 205 (207) = NJW 1998, 976; *Bork* BGB AT Rn. 619; Grüneberg/*Ellenberger* BGB § 130 Rn. 5.
[237] BGH NJW 2004, 1320.
[238] BGH NJW 1996, 1967 f.
[239] BGH NJW 2004, 1320 f.; BAG NJW 1985, 606; NZA 2004, 1330 f.; Staudinger/*Singer/Benedict,* 2021, BGB § 130 Rn. 69 ff., 72.
[240] Staudinger/*Singer,* 2021, BGB § 119 Rn. 18; Staudinger/*Singer/Benedict,* 2021, BGB § 130 Rn. 72.
[241] *Neuner* NJW 2000, 1822 (1825).

„muss", steht praktisch eine **Obliegenheit** der Kosten verursachenden Übersetzung im Vordergrund.

Grundsätzlich trifft diese Obliegenheit nicht den Empfänger, sondern den Erklärenden, der eine Rechtswirkung herbeiführen will.[242] Natürlich geht die Erklärung in der **Muttersprache des Adressaten** oder in einer von ihm ausreichend beherrschen Sprache zu.[243] Ist aber dem Erklärenden der Gebrauch einer bestimmten Sprache nicht vorgeschrieben, kann er vielmehr jede Sprache wählen, dann obliegt es auch dem Empfänger nicht, eine bestimmte, ihm fremde Sprache zur Kenntnis nehmen zu müssen.[244] Man mag von **passiver oder negativer Sprachfreiheit** sprechen und sie mit der Vertragsfreiheit des Empfängers einer Offerte begründen. Der Erklärende kann dem Adressaten vorbehaltlich individueller Vereinbarung keine Fremdsprache aufzwingen. Wer von Deutschland aus eine auf Deutsch abgefasste Erklärung ins Ausland schickt, darf selbst bei deutschem Vertragsstatut nicht erwarten, dass er verstanden wird. In der Lit. wird unausgesprochen, aber zu eng anscheinend vor allem die Erklärung im Inland behandelt. Nur der Gesetzgeber aber könnte den Gebrauch einer bestimmten Sprache vorschreiben. **95**

Es wird dennoch eine **Obliegenheit, Erklärungen in** einer nicht verstandenen **fremden Sprache** entgegenzunehmen, mit **verschiedenen Theorien** vertreten, die meist für den Zugang des **Hinweises** einer Partei entwickelt wurden, dass die eigenen **AGB** gelten sollen (zur Sprache der AGB selbst → Rn. 192 ff.).[245] Die Sprache, die der Adressat verstehen muss, ist in der Konsequenz auch die, die der Erklärende verwenden darf oder muss. Die Fragen stellen sich beim Vertragsschluss allgemein ebenso für die Offerte wie für die Annahme selbst. Diese Theorien postulieren alle eine vorgegebene Obliegenheit. **96**

Nach der **Theorie der Ortssprache** ist im Inland grundsätzlich die deutsche Sprache zu verwenden oder aus Gründen des Verkehrsschutzes wenigstens dann, wenn der Sprachunkundige in Deutschland auftrete und gar deutsches Recht Vertragsstatut sei.[246] Deshalb müsse bei Distanzverträgen der des Deutschen unkundige Adressat sich eine Übersetzung beschaffen. Doch am Verkehr nehmen Erklärender und Adressat gleichermaßen teil, und die Last der Sprachunkenntnis und somit der Übersetzung kann nicht ohne weiteres dem Empfänger auferlegt werden. Es gibt weder für Deutsche noch für Ausländer in Deutschland eine Obliegenheit, die deutsche Sprache zu beherrschen, und man muss durchaus mit ihrer Unkenntnis rechnen. Man kann allenfalls von einer tatsächlichen Vermutung sprechen, dass Deutsch könne, wer in Deutschland lebt, doch gilt diese Vermutung nur, bis Zweifel daran entstehen. **97**

Für die **Ortssprache** in Deutschland wird auch argumentiert, es würde den **Rationalisierungseffekt der AGB** vereiteln, wenn der Verwender sie in mehreren Sprachen verfügbar halten müsste.[247] Es ist natürlich zulässig, den Absatz mit AGB rationalisieren zu wollen, aber nicht auf Kosten des Kunden. Wenn die Kunden einer bestimmten Sprache zahlreich genug sind, lohnt sich die Übersetzung für den Verwender. **98**

Die **Theorie der Weltsprache,** die praktisch nur für das Englische vertreten wird, erwartet von Kaufleuten im internationalen Handel die Beherrschung zumindest des Englischen.[248] Zu bestimmen ist dann aber nicht nur, wann Kaufleute international tätig sind, sondern auch welche Sprache im konkreten Fall die Weltsprache ist. Das hängt von dem Geschäftsfeld und der Region **99**

---

[242] Insoweit richtig OLG Koblenz IPRax 1994, 46 (48); aA wohl Grüneberg/*Ellenberger* BGB § 130 Rn. 5; AG Köln NJW 1988, 1870.

[243] OLG Koblenz IPRax 2004, 46 (48) mAnm *Schurig* IPRax 2004, 27; OLG Köln IPRspr. 2005 Nr. 1; OLG Saarbrücken TranspR 2007, 66; OLG Frankfurt NJW-RR 2003, 69 obiter; OLG Düsseldorf AWD/RIW 1974, 103; BeckOGK/*Gomille* BGB § 130 Rn. 90; Staudinger/*Hausmann,* 2021, Rn. 118.

[244] *Schäfer* JZ 2003, 879 (883); näher *Spellenberg* FS Ferid, 1988, 463 (475 ff.); *Spellenberg* IPRax 2007, 98 (102 f.); Staudinger/*Hausmann,* 2021, Rn. 118; aA Staudinger/*Singer/Benedict,* 2021, BGB § 130 Rn. 72; Staudinger/*Singer,* 2021, BGB § 119 Rn. 18.

[245] Eingehend *Spellenberg* IPRax 2007, 98 (102 ff.).

[246] *Mankowski* VuR 2001, 359 (363); Staudinger/*Singer/Benedict,* 2021, BGB § 130 Rn. 72 und Staudinger/*Singer,* 2021, BGB § 119 Rn. 18 f. meinen, dass man im Inland grds. mit der Beherrschung der Landessprache rechnen dürfe.

[247] *Mankowski* VuR 2001, 359 (363).

[248] *Drobnig* FS Mann, 1977, 595: zB Englisch oder Französisch; Ulmer/Brandner/Hensen/*Schmidt* BGB Anh. § 305 Rn. 14 f. für Hinweis und AGB; Reithmann/Martiny IntVertragsR/*Martiny* Rn. 3.33 für Englisch, Französisch, Spanisch; Wolf/Lindacher/Pfeiffer/*Pfeiffer* BGB § 305 Rn. 71, 89: im betr. int. Geschäftsverkehr übliche Sprache; *Jayme* in Reichelt, Sprachen und Recht unter besondere Berücksichtigung des europäischen Gemeinschaftsrechts, 2006, 15 ff., 22; auch die Rspr. nennt gewöhnlich nur das Englische, OLG Düsseldorf IPRspr. 2005 Nr. 196 für Verhandlungs- oder Weltsprache; ebenso OLG Naumburg IPRspr. 2003 Nr. 136; OLG Koblenz IPRax 1994, 46 (48) m. krit. Aufsatz *Schurig* IPRax 1994, 27 (32); OLG Hamburg NJW 1980, 1233; vor allem OLG Karlsruhe RIW 1994, 1046 für Englisch ohne Rücksicht auf die Verhandlungssprache.

ab. Eine **gesetzliche Obliegenheit** zur Kenntnis der Weltsprache lässt sich dem BGB oder HGB nicht entnehmen, allenfalls wieder eine tatsächliche Vermutung von Englischkenntnissen.

100 Häufiger wird stattdessen bzw. in erster Linie verlangt, dass die vertragsschließenden Erklärungen in der **Verhandlungssprache** formuliert werden.[249] Es ist zwar zulässig, dass die Parteien **vereinbaren,** dass Erklärungen ganz unabhängig von den tatsächlichen Sprachkenntnissen und den Regeln des Vertragsstatuts immer und nur in einer bestimmten Sprache zugehen und gelten sollen (→ Rn. 117 ff.).[250] Aber die veröffentlichte Rspr. zeigt keinen Fall, in dem die Parteien tatsächlich **vorher und für den Vertragsschluss** eine solche Vereinbarung als rechtsgeschäftlich verbindliche geschlossen haben.[251] Die bloße Verwendung einer Sprache aus praktischen Gründen in den Verhandlungen kann **keine Rechtspflicht,** nicht einmal **Obliegenheiten** begründen, Erklärungen in dieser Sprache abgeben und vor allem entgegennehmen zu müssen. Dazu fehlt es an einem dahingehenden Rechtsfolgewillen der Parteien.[252] Die Äußerungen zur Verhandlungssprache sind zwar nicht immer eindeutig, scheinen aber dies in der Tat zu vertreten. Meist ging es um die Einführung von AGB oder um den Zugang kaufmännischer Bestätigungsschreiben, auf die nicht in der Verhandlungssprache hingewiesen wurde oder die nicht in der Verhandlungssprache abgefasst waren. Die Gerichte haben sie dann oft nicht berücksichtigt.[253] Mehr oder weniger deutlich war, dass die Empfänger die tatsächlich verwendete Sprache nicht verstanden.

101 Bisweilen wird auch die **„Verhandlungs- und Vertragssprache"** genannt, manchmal nur die letztere allein.[254] Das ist aber zweierlei, und nicht selten wird der Vertrag schließlich in einer anderen Sprache niedergelegt als in derjenigen, in der verhandelt wurde.[255] Jedenfalls für die den Vertrag schließenden Erklärungen kann die Sprache des noch nicht geschlossenen Vertrages kaum Maß geben. Eine Bindung an die Sprache des Vertrages könnte nur für Erklärungen nach seinem Abschluss in Frage kommen. Häufiger war die Frage, ob ein Hinweis auf die eigenen AGB in der Sprache des Vertrages zureichend oder geboten sei.

102 **cc) Stellungnahme.** Das Problem des **Zugangs** fremdsprachlicher Erklärungen ist überhaupt **nicht mit Hilfe einer Theorie der Sprachobliegenheit** zu lösen, sondern mithilfe der allgemeinen Zugangstheorie unter dem Gesichtspunkt der zurechenbarerweise **zu erwartenden Verständnismöglichkeit,**[256] wenn also die Kenntnisnahme „nach der Verkehrsanschauung zu erwarten ist" bzw. „bei Annahme gewöhnlicher Verhältnisse damit zu rechnen ist". Es gibt aber keine gesetzliche **Obliegenheit** oder gar Pflicht, **Fremdsprachen** zu können, selbst nicht bei Teilnahme an einem Handelsverkehr, der zB üblicherweise in Englisch abläuft. Wer dort ein Angebot in Deutsch oder Portugiesisch abgibt, muss keine Annahme in Englisch als wirksam hinnehmen, wenn er sie nicht versteht.

103 Selbst ein **Wohnsitz** oder gar nur Aufenthalt **in Deutschland** begründet keine Obliegenheit, Deutsch zu können. Bis zu einem gewissen Grad kann man Deutschkenntnisse tatsächlich **vermuten,** doch nur bis Anzeichen auftauchen, dass diese nicht bestehen.[257] Der konkret individuelle Sachverhalt geht tatsächlichen „Vermutungen" immer vor. Den relativ verlässlichsten Eindruck von

---

249 OLG Düsseldorf IPRspr. 2005 Nr. 196; OLG Naumburg IPRspr. 2003 Nr. 136; OLG Karlsruhe IPRspr. 2006 Nr. 111; OLG Hamm IPRspr. 2005 Nr. 127 = IPRax 2006, 291 (Ber. E. J.); OLG Köln IPRspr. 2005 Nr. 1; OLG Saarbrücken TranspR 2007, 66; OLG Frankfurt NJW-RR 2003, 69; OLG Bremen OLGR 2002, 131; Wolf/Lindacher/Pfeiffer/*Pfeiffer* BGB § 305 Rn. 71, 89; BeckOGK/*Gomille* BGB § 130 Rn. 90; BeckOGK/*Weller* Rn. 92; Staudinger/*Hausmann,* 2021, Rn. 118; abl. *Kling,* Sprachrisiken im Privatrechtsverkehr, 2008, 517 ff.

250 *Spellenberg* FS Ferid, 1988, 463 (482 ff.).

251 Man findet manchmal in AGB die Klausel, dass Erklärungen in einer bestimmten Sprache zu machen seien, doch gilt das naturgemäß nur für die Zeit nach Vertragsschluss; vgl. den Fall OLG Naumburg IPRspr. 2003 Nr. 136.

252 *Frick,* Sprachrisiko im Zeitalter des Ethnomarketing, 2009, 98 ff.

253 OLG Hamm IPRspr. 2005, Nr. 127; zust. *Jayme* IPRax 2006, 290 f.; OLG Frankfurt EWiR 1987, 631; OLG Düsseldorf IPRspr. 2004 Nr. 24 zum CISG; IPRspr. 1962/1963 Nr. 27; OLG Karlsruhe NJW 1972, 2185; OLG Hamburg NJW 1980, 1232; AG Kehl NJW-RR 1996, 565; Bestätigungsschreiben OLG Frankfurt NJW 1982, 1949.

254 ZB BGHZ 87, 112 (114 f.) = NJW 1983, 2197; OGH ZfRV 2004, 110; abl. *Kling,* Sprachrisiken im Privatrechtsverkehr, 2008, 119 ff.

255 ZB BAG AP BGB § 130 Nr. 26 mAnm *Mankowski;* OLG Stuttgart IPRax 1988, 293 m. Aufsatz *Schwarz* IPRax 1988, 278; OLG Hamburg NJW 1980, 1232; OLG Hamm NJW-RR 1995, 188; vielleicht auch, mit unklarer Sachverhaltsmitteilung, OLG Hamm IPRax 2007, 125 m. Aufsatz *Spellenberg* IPRax 2007, 98; *Maidl,* Ausländische AGB im deutschen Recht, 2000, 71: häufig.

256 *Spellenberg* IPRax 2007, 98 (103 f.).

257 Etwas enger Staudinger/*Singer,* 2021, BGB § 119 Rn. 18; Staudinger/*Singer/Benedict,* 2021, BGB § 130 Rn. 72.

den Fremdsprachenkenntnissen vermitteln mündliche Verhandlungen vor dem Vertragsschluss, selbst wenn auch sie unter Umständen täuschen können. Sie können ausreichende Kenntnisse ergeben oder auch nicht.[258] Briefliche Verhandlungen auch durch E-Mail sind weniger aussagekräftig, nicht weil dabei eine Hilfsperson mitgewirkt haben kann, denn deren Sprachkenntnis muss sich die Partei zurechnen lassen, sondern weil sie unter Umständen zu kurz sind, besonders bei Bestellungen des Kunden auf einem Formular oder einer Website des Anbieters.

Die Theorie der **Weltsprache** (→ Rn. 99) hat nur insoweit einen richtigen Kern, dass der, **104**
der an einem internationalen Handel teilnimmt, in dem diese Sprache üblich ist, damit leicht den Eindruck erweckt, diese Sprache im üblichen Umfang zu beherrschen.[259] Doch das ist nur eine tatsächliche Vermutung, welche die Partei sich nur bis zu dem Zeitpunkt entgegenhalten lassen muss, da sie den Eindruck vor allem in den Verhandlungen selbst zerstört. Wieviel Sprachkenntnis nötig ist, ist an dem fertigen Vertrag zu sehen. Freundliche Begrüßungen auf Deutsch oder Englisch sagen noch nichts, wohl aber können Erläuterungen in den Verhandlungen in einer anderen verstandenen Sprache die mangelnden Kenntnisse der Vertragssprache ausgleichen.[260]

Hat der Empfänger in früheren[261] oder den aktuellen Verhandlungen **selbst** den **Anschein** **105**
ausreichender Sprachkenntnisse erweckt und nicht inzwischen vor der streitigen Zustellung wieder beseitigt, so kann er sich nach Treu und Glauben auf tatsächlich fehlende Kenntnis **nicht berufen,** um damit zB den Zugang der Annahmeerklärung zu bestreiten.[262] Das wäre ein **venire contra factum proprium.** Der Unterschied zu den vorgenannten Theorien besteht darin, dass der Empfänger ggf. einen **Anschein** der ausreichenden Sprachkenntnis verursacht haben muss und wieder **beseitigen** kann.[263] Fremdsprachenkenntnisse sind nicht allgemein zu erwarten, und selbst wenn dies so wäre, so trüge diese tatsächliche Vermutung nur bis zur Erkenntnis ihrer Unrichtigkeit.

So wie der Erklärende eine ihm aus dem Kontakt und den Verhandlungen mit dem Empfänger **106**
erkennbar gewordene mangelnde Sprachkenntnis beachten muss, so darf er sich umgekehrt auch auf den ihm vom Gegner zu Unrecht vermittelten **Eindruck genügender Sprachkenntnis** verlassen.[264] Doch keinesfalls erklärt sich jemand, der mühsam in den Verhandlungen deutsch spricht, **rechtsgeschäftlich** bindend damit einverstanden, Erklärungen in Deutsch unabhängig von seinen Sprachkenntnissen entgegenzunehmen.[265] „Verhandlungen" können sehr verschieden verlaufen: wer erkennbar nur **bruchstückhaft versteht, was gesprochen** wird, und selbst nur mühsam radebrecht, bringt kein Einverständnis mit dem zum Ausdruck, was die sprachkundige Partei will und vorschlägt, wenn erkennbar ist, dass sie das nicht oder möglicherweise nicht verstanden hat.

Die aus solchen Kontakten abgeleiteten Sprachkenntnisse sind in Beziehung zu den **Anforde-** **107**
rungen zu setzen. Für den Einbeziehungshinweis auf die AGB ist weit weniger Sprachkenntnis nötig als für das Verständnis der AGB selbst. Weiter kommt es darauf an, wofür die Sprachkenntnisse erheblich sind: Zum einen ist das Angebot oder auch ein Hinweis auf die parteieigenen AGB ggf. dem sprachunkundigen Vertragspartner nicht zugegangen,[266] und zum anderen ist die Partei ggf. an ihre eigene Erklärung nicht gebunden, wenn erkennbar ist, dass sie möglicherweise das nicht wollte, was sie angeblich akzeptiert. Das wäre sonst ein Ausnutzen des erkannten Irrtums. Es ist daher zu pauschal, dass zB eine Widerrufsbelehrung immer in der Verhandlungssprache erfolgen dürfe.[267] Das genügt nicht, wenn die Verhandlungen eine dafür nicht ausreichende Sprachkenntnis zeigen.

Der Gebrauch einer **Sprache** in den **Verhandlungen** ist also nur in der Weise rechtlich **108**
bedeutsam, dass die Partei, die eine Fremdsprache gebraucht, zeigt, dass sie oder ihre Verhandlungsgehilfen Sprachkenntnis haben.[268] Solange die Gegenseite dies nicht durchschauen kann, muss sich die Partei an diesem **Eindruck** festhalten lassen, auch wenn sie mehr Sprachkenntnisse als tatsächlich vorhanden vorgetäuscht hatte. Es kommt dabei immer auf das konkrete Maß der so gezeigten

---

258 Vgl. BGHZ 87, 112 (114) = NJW 1983, 2197.
259 So im Wesentlichen auch Staudinger/*Hausmann,* 2021, Rn. 118, 121.
260 So könnte es in BGHZ 87, 112 der Fall gewesen sein.
261 Es kann dafür auch genügen, dass in früheren Verträgen die AGB in der betr. Sprache nie als unverständlich zurückgewiesen wurden, OLG Bremen OLGR 2002, 131.
262 So auch Staudinger/*Hausmann,* 2021, Rn. 120.
263 OLG Köln IPRspr. 2005 Nr. 1.
264 *Mankowski* EWiR 2015, 623; OLG München IPRax 1991, 46 (50) zum Recht von British Columbia: es sei mit Angestellten zu rechnen gewesen, die Deutsch konnten.
265 So zu AGB aber BGHZ 87, 112 (114) = NJW 1983, 2197: nur iErg vertretbar, weil angeblich den Beklagten die Klausel auch mündlich erläutert worden war, vorausgesetzt, dass das verständlich war.
266 Staudinger/*Hausmann,* 2021, Rn. 120.
267 So aber *Mankowski* VuR 2001, 539 ff.; zu AGB Wolf/Lindacher/Pfeiffer/*Pfeiffer* BGB § 305 Rn. 71; richtig – Zugang in der Verhandlungssprache – OLG Hamm IHR 2016, 30 Rn. 24; kein Zugang: OLG Hamm IPRspr. 2005 Nr. 127 f.
268 *Mankowski* EWiR 2015, 623 zu OLG Hamm IHR 2016, 30.

Sprachkenntnis an.[269] Es wäre als **venire contra factum proprium** unbeachtlich, wenn die Partei sich nun auf ihre mangelnden Sprachkenntnisse berufen will oder wenn sie vorher zu erkennen gibt, sie werde sich freiwillig eine Übersetzung beschaffen. Stellt man so nur auf die gezeigten – anscheinenden – Sprachkenntnisse ab, bedeutet das aber auch, dass Erklärungen selbst in einer bislang in den Verhandlungen nicht gebrauchten Sprache zugehen, wenn der Empfänger **tatsächlich** diese bisher nicht gebrauchte **Sprache versteht.**[270] Dagegen gibt es keine direkte gesetzliche Grundlage dafür, und auch § 241 Abs. 2 BGB trägt nicht soweit,[271] dass der bloße Gebrauch einer Sprache zum Zwecke der Kommunikation ohne Rechtsbindungswillen eine Obliegenheit begründe, wenn die mangelnde Sprachkenntnis ersichtlich ist.[272]

109 Daher ist dem **BGH nicht zuzustimmen,** der – in Bezug auf AGB zu einem Fertighauskauf – meinte, auch wenn die Besteller ersichtlich nur „geringe Deutschkenntnisse" hatten, sei ausschlaggebend, dass sie sich des Deutschen als Verhandlungs- und Vertragssprache bedienten und sich daher notfalls selbst die AGB hätten übersetzen lassen müssen.[273] Der bloße Gebrauch einer Sprache zur Verständigung **verpflichtet** zu nichts. Er beendet die passive Sprachfreiheit nicht, und für eine entsprechende Sprachvereinbarung fehlt der Rechtsbindungswille. Wenn im Hinblick auf den Zugang argumentiert wird, dass nur der Empfänger wisse, wie weit seine Sprachkenntnisse reichten,[274] so folgt daraus nur, dass er im Vorhinein erkennbar machen sollte, wenn er die Ortssprache nicht versteht, und sich im Übrigen nur an den gezeigten Sprachkenntnissen festhalten lassen muss.

110 Schriftliche Erklärungen wie zB Vertragsangebote nach Verhandlungen kann sich der Adressat praktisch immer **übersetzen** lassen, doch ist er zu dem damit verbundenen Aufwand grundsätzlich nicht verpflichtet. Das OLG Hamm hat in einer umsichtigen Entscheidung solche Zweifel angemeldet, hat aber auch darauf hingewiesen, dass in der konkreten Situation kostenfreie Wege gegeben gewesen wären, nämlich Rückfragen beim Absender oder die Bitte um eine neue, sprachlich verständliche Zusendung. Es komme zuvor darauf an, dass der Empfänger erkennen konnte, dass es sich um ein rechtlich erhebliches Schriftstück handelt. Dabei meint das OLG wohl, dass vom Empfänger in der Regel keine kostenträchtige Übersetzung erwartet werden könne.[275]

111 In **Handelskreisen** könnten Treu und Glauben oder eine **echte Verkehrssitte** eine Obliegenheit begründen, Erklärungen in Englisch oder je nach Sachlage in einer anderen gebräuchlichen Sprache entgegenzunehmen oder sich notfalls durch Übersetzung Kenntnis zu verschaffen.[276] Eine solche Verkehrssitte ist jedoch soweit ersichtlich nicht bekannt geworden. Bestimmte Sprachkenntnisse sind nur tatsächlich in bestimmten Handelskreisen üblich oder verbreitet. Daraus folgt aber keine **rechtliche** Obliegenheit, sie auch zu benutzen.[277] Entscheidend ist auch hier die unter den konkreten Umständen zu **erwartende Sprachkenntnis.**[278] Vorbehaltlich konkreter Hinweise auf fehlende Sprachkenntnisse kann man zwar damit rechnen, dass die in den betreffenden Handelskreisen ganz üblichen Kenntnisse bei einer Partei vorhanden sind, die diesen Kreisen angehört. Doch sobald Hinweise auf den konkreten Mangel der Sprachkenntnis vorliegen, muss man sich darauf einstellen. Unterlässt der Adressat diese Aufklärung, so könnte das allerdings auch seinerseits ein **venire contra factum proprium** begründen. Das ist der **Unterschied** zu den Theorien, die eine rechtliche Obliegenheit der Entgegennahme fremdsprachlicher Erklärungen vertreten. Keinesfalls besteht eine Obliegenheit der Fremdsprachenkenntnis bei **Verbrauchern** und anderen Privatleuten, auch nicht die des Englischen.[279]

---

[269] OLG München NJW 1974, 1659 f.; OLG Koblenz IPRax 1994, 46 (48) obiter; ebenso Staudinger/*Mäsch,* 2022, BGB § 305 Rn. 121, 155.

[270] OLG Düsseldorf AWD/RIW 1974, 103 = IPRspr. 1973 Nr. 136; *Kling,* Sprachrisiken im Privatrechtsverkehr, 2008, 518; aA *Drobnig* FS Mann, 1977, 595.

[271] So aber *Schäfer* JZ 2003, 879 (883).

[272] *Frick,* Sprachrisiko im Zeitalter des Ethnomarketing, 2009, 83 f., 98 ff.

[273] BGHZ 87, 112 (114 f.) = NJW 1983, 2197; ebenso zu AGB OLG Hamm IPRax 2007, 125 m. Aufsatz *Spellenberg* IPRax 2007, 98; wie hier OLG Stuttgart IPRax 1988, 293 m. Aufsatz *Schwarz* IPRax 1988, 278; OLG Hamburg NJW 1980, 1232; aA Staudinger/*Hausmann,* 2021, Rn. 121.

[274] *Schäfer* JZ 2003, 879 (883); *Mankowski* AP BGB § 130 Nr. 26.

[275] OLG Hamm IPRax 1996, 197 f. – Das Gericht wendet nur hilfsweise deutsche Grundsätze an, weil die eigentlich maßgebenden it. Regeln nicht zu ermitteln waren. Es ging konkret darum, ob eine Zessionsanzeige in der dem it. Recht entsprechenden Weise dem Drittschuldner „zur Kenntnis gebracht worden" seien.

[276] OLG Düsseldorf AWD 1974, 103; OLG Hamm IPRax 1996, 197; *Schütze* DWiR 1992, 90.

[277] So aber *Reinhart* RIW/AWD 1977, 19 f.; weiter *Drobnig* FS Mann, 1977, 607, der unter Kaufleuten regelmäßig den Gebrauch einer Weltsprache zulassen will; Reithmann/Martiny IntVertragsR/*Martiny* Rn. 3.33; Wolf/Lindacher/Pfeiffer/*Pfeiffer* BGB § 305 Rn. 71.

[278] OLG Hamm RIW 1997, 153 (155) = IPRax 1996, 197.

[279] *Mankowski* VuR 2001, 359 (363).

Zusammenfassend lässt sich sagen, dass Willenserklärungen zugehen, wenn sie entweder in der Muttersprache des Empfängers gehalten sind oder in einer Fremdsprache, deren ausreichende Beherrschung er zu erkennen gegeben hat. So entscheidet letztlich **keine** strenge **rechtliche Regel,** sondern mit welchen Vorkehrungen und Kenntnismöglichkeiten beim Adressaten **im konkreten Fall** vernünftigerweise gerechnet werden darf. Da das regelmäßig auf dem Verhalten des Empfängers beruht, kann er nach Vertragsschluss nicht mehr geltend machen, diese Kenntnis habe ihm gefehlt. Das wäre ein venire contra factum proprium. Ist die Erklärung, Angebot oder Annahme, in einer idS falschen Sprache gehalten, kommt der Vertrag nicht zustande. Insbesondere darf für den Zugang nicht darüber gestritten werden, ob einzelne Sätze oder Worte richtig verstanden wurden; das ist eine Frage für § 119 BGB. Der maßgebende **Zeitpunkt** für die Kenntnis oder mögliche Kenntnis von mangelnder Sprachkenntnis des Adressaten ist dann der der Absendung der Erklärung an ihn. Die **Beweislast** für den Zugang trägt auch in dieser Hinsicht die Partei, die die Erklärung zugesandt hat. Der Zugang scheitert jedenfalls, wenn der Empfänger die ihm fremde Sprache anscheinend gar **nicht versteht.** 112

dd) Zugang und Willensmängel. Der Zugang scheitert nicht, wenn der Empfänger die betreffende Sprache **„nur" mangelhaft** beherrscht und die Erklärung falsch versteht. Handelt es sich um ein Vertragsangebot, das der Empfänger ohne Änderung einfach annimmt, dann erlaubt der BGH ihm eine Anfechtung der Annahmeerklärung wegen Inhaltsirrtums, weil er etwas erklärt hat, was er nicht wollte.[280] Dass er den Anschein genügender Sprachkenntnisse erweckt hat, hindert die Anfechtung nicht. Anders als im Fall des an seiner Sprachunkenntnis gescheiterten Zugangs muss er jedoch der anderen Partei den Vertrauensschaden ersetzen (§ 122 BGB). Das ist angemessen, weil er den Anschein der Sprachkenntnis erweckt hat, wenn nicht bereits die Auslegung seiner Erklärung ergeben hat, dass er seine Erklärung nicht so gemeint hatte (→ Rn. 73 ff.). Auch wenn die Sprachunkenntnis des Empfängers einer Offerte den Zugang verhindert hätte, so kann er doch annehmen, anstatt sie einfach nicht zu beachten. Den fehlenden Zugang kann er dann nicht mehr rügen, aber noch immer anfechten. Einseitige vertragsbezogene Erklärungen wären hingegen wegen fehlenden Zugangs unwirksam. 113

f) Erklärungen nach Vertragsschluss. Sprachprobleme, die wie etwa im Fall der Mahnung oder Kündigung nach Vertragsschluss auftreten, sind ebenso wie Sprachprobleme beim Vertragsschluss nach den Regeln des **Vertragsstatuts** zu behandeln. Das Vertragsstatut herrscht bis zur Beendigung des Vertrages. Beispielsweise regelt für eine Kündigung eines Vertrages dessen Statut, ob für Wirksamkeit der Kündigung der Zugang und damit zugleich das Verstehen oder Vernehmen der Erklärung erforderlich ist und ob der Empfänger geltend machen kann, die verwendete Sprache nicht verstanden zu haben oder nicht verstehen zu müssen. 114

Ist deutsches Recht Vertragsstatut, so verpflichtet der Vertragsschluss die Parteien nicht ohne weiteres dazu, auch **zukünftige Erklärungen** stets in der Sprache abzugeben und anzunehmen, in der der Vertrag gehalten ist.[281] Die Sprachenfreiheit (→ Rn. 68 f.) gilt auch nach Abschluss eines Vertrages. Für eine solche Bindung an die Vertragssprache fehlt eine gesetzliche Grundlage. Es ist natürlich möglich, dass der konkrete Vertrag eine entsprechende Vereinbarung enthält. Möglich ist auch, dass Verträge eines bestimmten Typs eine Übersetzungsobliegenheit als Nebenpflicht enthalten. Zu denken wäre vielleicht an den Vertragshändlervertrag[282] oder an Arbeitsverträge, dabei dürfte aber eher eine Pflicht des Arbeitgebers, sich der Sprache des ausländischen Arbeitnehmers zu bedienen, anzunehmen sein als umgekehrt.[283] Die Vertragssprache kann ansonsten grundsätzlich nur soweit verwendet werden, als ihre Beherrschung zu erwarten ist (zu AGB → Rn. 193 f.).[284] Das war im Beispiel des oben genannten portugiesischen Arbeitnehmers nicht der Fall (→ Rn. 81 ff.). Auch das kaufmännische Bestätigungsschreiben ist eine Erklärung nach dem Vertragsschluss. Es muss daher in einer tatsächlich oder zumindest anscheinend verstandenen Sprache gehalten sein. 115

Die Tatsache, dass die Partei in einer fremden Sprache kontrahiert hat, kann zwar die **tatsächliche Erwartung** begründen, dass sie diese Sprache auch für zukünftige Erklärungen wie zB Kündi- 116

---

280 BGH NJW 1995, 190.

281 So aber BGHZ 87, 112 (114 f.) = NJW 1983, 2197; OGH ZfRV 2004, 110; abl. *Kling,* Sprachrisiken im Privatrechtsverkehr, 2008, 119 ff.; ArbG Gelsenkirchen BB 1967, 999 m. abl. Anm. *Trinkner.* Vgl. auch OLG Köln IHR 2015, 60.

282 Für eine solche Pflicht des deutschen Vertragshändlers gegenüber seinem niederländischen Lieferanten aufgrund der Natur des Vertrages *Schurig* IPRax 1994, 32 gegen OLG Koblenz IPRax 1994, 46.

283 In der Rspr. zu den Ausgleichsquittungen taucht wohl die Vorstellung einer Fürsorgepflicht des Arbeitgebers auf: HessLAG BB 1975, 562; LAG Berlin BB 1973, 1030; vgl. auch *Mankowski* AP BGB § 130 Nr. 26. Eher ging es hier aber darum, ob die ausländischen Arbeitnehmer einen Verzicht erklärt hatten. Das ist eine Auslegungsfrage (→ Rn. 72) und nicht leichthin zu bejahen.

284 OLG Stuttgart IPRax 1988, 293 f.

gungen genügend versteht, aber es kommt dafür auf die konkreten Umstände an. So ist die Erwartung zB unbegründet, wenn die Partei den Vertrag nach Verhandlungen in Englisch in einer anderen Sprache wegen **erkennbarer Sprachunkenntnis** ungelesen unterschrieben hat.[285] Ebenso wenig befreit die Tatsache des Vertragsschlusses in einer Fremdsprache die Gegenpartei davon, erkennbare Sprachunkenntnis bei der Auslegung späterer Erklärungen zu beachten (→ Rn. 73 ff.).

117 **g) Sprachvereinbarung.** Die Parteien können vereinbaren, welche Sprache verwendet werden und maßgeblich sein soll. Das ist dann eine **materiellrechtliche Vereinbarung,** die dem **Vertragsstatut** untersteht und bedeutet, dass ein Vertrag in einer anderen Sprache nicht wirksam sein soll. Zumindest kann die andere Partei sich darauf berufen, sie habe nicht verstanden, und der Beweis, sie habe doch verstehen können, ist schon im Interesse der Rechtssicherheit ausgeschlossen.[286] Das ist der Unterschied zu der bloß tatsächlichen Vermutung, die sich an den Gebrauch der Verhandlungssprache knüpft (→ Rn. 108, → Rn. 111).

118 Die Sprachvereinbarung ist auch konkludent möglich, doch wird zumeist das Bewusstsein bzw. der beiderseitige Wille fehlen, eine **rechtsverbindliche Vereinbarung** zu treffen, die durchaus weitreichende Folgen hat. Insbesondere fehlt dieser Wille bei Verbrauchern, die sich auf eine ihnen nicht geläufige Sprache einlassen.[287] Auch sonst darf darin, dass die Parteien eine bestimmte Sprache gebraucht haben, nicht die Erklärung und der Wille gefunden werden, damit eine rechtsverbindliche Vereinbarung schließen zu wollen. Gegebenenfalls läge darin eine **Vereinbarung über Zugangsvoraussetzungen,**[288] dass Erklärungen ohne Rücksicht auf tatsächliche Sprachkenntnisse in dieser Sprache, und regelmäßig auch nur in dieser Sprache zugehen, selbst wenn die falsche Sprache verstanden würde.

119 Man wählt eine Sprache zur Kommunikation. Sicher selten wird man derartige Vereinbarungen schon **bei Beginn der Verhandlungen** finden, auch wenn sie zulässig wären.[289] Die Vorstellung eines solchen Vertrages liegt juristisch weniger informierten Parteien wohl fern, und gut beratene Parteien, die den – größeren – Vertrag sorgfältig aushandeln, brauchen solche Vereinbarungen praktisch nicht. Sie verfügen über ausreichend Zeit, in den Verhandlungen bei sprachlich bedingtem Nichtverstehen nachzufragen, gerade wenn eine oder beide Parteien sich nicht ihrer Muttersprache bedienen.

120 Dagegen kommen Vereinbarungen im Vertrag selbst bzw. in den AGB vor, wonach **in Zukunft** Erklärungen nur in bestimmten Sprachen zu machen sind.[290] Dann gehen anderssprachige Erklärungen nicht nur nicht zu, selbst wenn sie verstanden werden, sondern sind unwirksam. Denn nicht nur der Adressat, sondern auch der Erklärende soll sich darauf einrichten können, dass seine Erklärung nicht wirksam wurde, die er vielleicht auch nur als Ankündigung oder Vorschlag gemeint hat.[291]

121 Die Parteien bleiben stets Herren ihrer Sprachvereinbarung. Sie können sie wieder **aufheben** und ändern. Das kann auch konkludent geschehen, doch ist bei der Annahme einer solchen Änderungsvereinbarung Zurückhaltung geboten. Die eine Partei muss dies wirklich gewollt, die andere wirklich akzeptiert haben. Wenn eine Erklärung gerade in einer ausgeschlossenen Sprache erfolgt ist, ist nicht sicher, dass die Gegenseite sie zur Kenntnis genommen hat. Voraussetzung ist weiter, dass beide Parteien sich erkennbar ihrer an sich entgegenstehenden Sprachvereinbarung bewusst zu sein scheinen.

122 Eine andere Art von Sprachvereinbarung kommt anscheinend häufiger vor, dass nämlich die Parteien eine von mehreren **Sprachfassungen** ihres Vertrages als allein verbindlich bezeichnen.

IV. Materielle Wirksamkeit des Vertrags

123 **1. Unwirksamkeit.** Die Verwirklichung des Vornahmetatbestands allein bewirkt noch nicht immer die – dauerhafte – Wirksamkeit des Vertrages. So entscheidet das Vertragsstatut darüber, ob **anfängliche Unmöglichkeit** oder auch das anfängliche Fehlen der **Geschäftsgrundlage** den Vertrag unwirksam machen.[292] (Nachträgliche Unmöglichkeit fällt eher unter Art. 12 Abs. 1 lit. c;

[285] OLG Stuttgart IPRax 1988, 293 f.: Verhandlungen in Englisch, Vertrag in Deutsch, das der Kunde nicht verstand; auch BAG AP BGB § 130 Nr. 26: Verhandlungen in Portugiesisch, Vertrag in Deutsch.

[286] Meist ging es um kaufmännische Bestätigungsschreiben oder AGB, die nicht in der Verhandlungssprache gehalten waren.

[287] AA iErg *Mankowski* VuR 2001, 359 (365).

[288] Dazu allg. BGHZ 130, 71 (75) = NJW 1995, 2217; RGZ 108, 91 (96); Staudinger/*Singer/Benedict,* 2021, § 130 Rn. 22.

[289] S. aber Staudinger/*Hausmann,* 2021, Rn. 116: „letter of intent" oder „memorandum of understanding".

[290] ZB OLG Naumburg IPRspr. 2003 Nr. 136.

[291] Näher schon *Spellenberg* FS Ferid, 1988, 463 (482 ff.).

[292] Staudinger/*Hausmann,* 2021, Rn. 30.

→ Art. 12 Rn. 84.) Insbesondere sind die Grenzen der Privatautonomie zu beachten. Während die „Wirksamkeit" bzw. Unwirksamkeit zu Art. 10 Abs. 1 gehört, werden die **„Folgen der Nichtigkeit"** von Art. 12 Abs. 1 lit. e erfasst. Im Ergebnis wird freilich beides dem (hypothetischen) Vertragsstatut unterstellt. Einreden wegen Nichterfüllung und sonstigen Vertragsverletzungen sind, auch wenn sie die Vertragswirksamkeit berühren, besser unter Art. 12 Abs. 1 lit. c zu subsumieren (→ Art. 12 Rn. 70 ff.).

Mängel bei der Vornahme führen nicht immer zur Nichtigkeit, sondern zB nur zu einer Anfechtbarkeit oder einer Genehmigungsbedürftigkeit als **abgeschwächte Wirksamkeit.** Zu Abs. 1 gehören neben der vollen Unwirksamkeit auch die **Teilnichtigkeit** und die Möglichkeit der **Aufhebung,** ebenso wie die **Umdeutung** zum Erhalt der Wirksamkeit eines Vertrages.[293] **Widerrufsrechte,** zB eines Auftraggebers, und **Kündigungsrechte,** zB des Beauftragten (§ 671 BGB), unterstehen wie Kündigungsrechte in Miet- oder Dienstverträgen unstreitig dem Vertragsstatut.[294] Willensmängel müssen nicht zur Anfechtung durch Erklärung oder Klage führen, sondern können auch zum Widerruf oder zu Vertragsauflösung berechtigen[295] oder gar den Vertrag ipso facto unwirksam machen. Auch eine nachträglich eintretende Unwirksamkeit oder Abschwächung fällt unter Abs. 1. Vor allem ist die Abgrenzung zwischen Eigenschaftsirrtum und **Sachmangelhaftung**[296] kollisionsrechtlich nicht wichtig, weil allemal das Vertragsstatut gilt, wenngleich letztere unter Art. 12 Abs. 1 lit. c fällt.[297] **124**

Das Vertragsstatut entscheidet, ob ein **Wegfall der Geschäftsgrundlage** anzunehmen ist, und wie er sich auswirkt.[298] Dem Vertragsstatut unterfällt so die Frage, ob eine grundlegende Umwälzung der Austauschgerechtigkeit zB durch Geldentwertung[299] oder auch ein Importverbot zum Wegfall der Geschäftsgrundlage für ein Exportgeschäft und damit zur Unwirksamkeit oder Aufhebung des Vertrages[300] oder seiner Anpassung führen kann. Man kann auch an Art. 12 Abs. 1 lit. c denken, doch macht das im Ergebnis keinen Unterschied (→ Art. 12 Rn. 79). Gleiches gilt für die Auslegung und Folgen sog. **Hardship-Klauseln** namentlich in lang laufenden Verträgen[301] sowie für **Neuverhandlungsklauseln.**[302] **125**

Auch für die Voraussetzungen einer **gesetzlichen Leistungsbefreiung** oder ähnlichem wegen „höherer Gewalt" oder Unzumutbarkeit gilt das Vertragsstatut, jedoch gemäß Art. 12 Abs. 1 lit. c (→ Art. 12 Rn. 79).[303] **126**

2. Verbraucherschutz; Widerrufsrecht. Das **verbraucherschützende Widerrufsrecht** ist mit dem BGH der Wirksamkeit des Vertrags und nicht dem Zustandekommen zuzuordnen.[304] Letzteres hatten teilweise Instanzgerichte in Deutschland angenommen, um über Art. 10 Abs. 2 dem Verbraucher ein Widerrufsrecht zugestehen zu können, das nach Vertragsstatut nicht bestand.[305] **127**

[293] OGH BeckRS 2023, 1963 Rn. 12; unklar BGH IPRax 1985, 221 (224) für Trust und Treuhand; wie hier Staudinger/*Hausmann,* 2021, Rn. 31a; Ferrari IntVertragsR/*Ferrari* Rn. 15; Erman/*Stürner* Rn. 7; Grüneberg/*Thorn* Rn. 3; BeckOK BGB/*Spickhoff* Rn. 5.

[294] BGHZ 135, 125 (128) = NJW 1997, 1967; *Baumert* RIW 1997, 805 (807 f.); *Mankowski* RIW 1996, 382 (386); auch Staudinger/*Hausmann,* 2021, Rn. 15.

[295] Willensmängel beim Arbeitsvertrag berechtigen zur Kündigung bzw. zur Anfechtung nur ex nunc, BAG NJW 1984, 446.

[296] Die Abgrenzung zwischen Irrtum und verstecktem Sachmangel kann anderswo anders als im deutschen Recht vorgenommen sein. Rechtsvergleich bei *Flesch,* Mängelhaftung und Beschaffenheitsirrtum, 1994; *Kötz,* Europäisches Vertragsrecht, 2. Aufl. 2015, 222 ff.

[297] BeckOGK/*Weller* Art. 12 Rn. 43.

[298] BGH IPRax 1986, 154 m. Aufsatz *Mülbert* IPRax 1986, 140; WM 1966, 1016 implizit; WM 1969, 1140 = AWD 1969, 415; JZ 1970, 727; NJW 1971, 983 = WM 1971, 411 implizit; LG Bonn IPRspr. 1999 Nr. 29 = RIW 1999, 879 betr. England; Reithmann/Martiny IntVertragsR/*Martiny* Rn. 3.143; Staudinger/*Hausmann,* 2021, Rn. 30; zur internationalen Vertragspraxis *Oppetit* Clunet 1974, 794 ff.; *Kegel* GS R. Schmidt, 1966, 215 (233); für Art. 12 Erman/*Stürner* Art. 12 Rn. 9.

[299] RGZ 120, 70; OLG München NJW-RR 1988, 1019; *Schwarz* RIW 1977, 154; *Stoll* RabelsZ 21 (1956), 587.

[300] BGH NJW 1984, 1746 = IPRax 1986, 154 m. Aufsatz *Mülbert* IPRax 1986, 140 = RabelsZ 53 (1989), 146 mAnm *Baum;* dazu auch *Wieling* JuS 1986, 272 ff.

[301] Zu ihnen *Vogenauer* IWRZ 2021, 3 ff.; *Braun,* Vertragliche Geldwertsicherung, 1982, 179; *Salje* NZG 1998, 161 ff.; Reithmann/Martiny IntVertragsR/*Martiny* Rn. 3.148.

[302] Dazu *K. P. Berger* RIW 2000, 1 ff.

[303] Reithmann/Martiny IntVertragsR/*Martiny* Rn. 3.149; Erman/*Stürner* Art. 12 Rn. 9.

[304] BGHZ 135, 124 (137) = NJW 1997, 1697; *Mankowski* RIW 1996, 382 ff.; Erman/*Stürner* Rn. 7; NK-BGB/*Leible* Rn. 18; BeckOGK/*Weller* Rn. 51; aA infolge der Nähe zu einem Willensmangel BeckOK BGB/*Spickhoff* Rn. 5; Soergel/*v. Hoffmann* EGBGB Art. 31 Rn. 19.

[305] LG Rottweil NJW-RR 1996, 1401; LG Stuttgart RIW 1996, 424 (425); *Reich* VuR 1989, 158 (161); *Reich* VuR 1992, 189 ff.; *Klingsporn* WM 1994, 1093 (1097).

Jedoch betrifft Art. 10 Abs. 2 nur Fragen des äußeren Vornahmetatbestands (→ Rn. 211 ff.). Der Widerruf hingegen zielt auf eine Beseitigung der Bindung an den Vertrag.[306] Er lässt sich daher nicht unter Abs. 2 subsumieren.[307] Die Folgen eines Widerrufs fallen unter Art. 12 Abs. 1 lit. e;[308] sie unterliegen damit auch dem Vertragsstatut. Dieses wird sich meist aus Art. 6 ergeben, wenn dessen sachliche und situative Voraussetzungen vorliegen. Sofern es sich um einen Verbrauchervertrag in diesem Sinne handelt, verhindert der Günstigkeitsvergleich des Art. 6 Abs. 2 S. 2, dass dem Verbraucher mittels Rechtswahl ein nach dem Recht seines gewöhnlichen Aufenthalts bestehendes Widerrufsrecht entzogen wird. Auch deshalb ist Versuchen, zu Art. 10 Abs. 2 zu gelangen, eine Absage zu erteilen.

128 Ein weiteres Instrument des Verbraucherschutzes sind **Informationspflichten,** die meist über Richtlinien Eingang in die nationalen Rechte gefunden haben. Ob sich eine Nichtbeachtung dieser Pflichten durch den Unternehmer auf die Wirksamkeit des Vertrages auswirkt, sagt ebenfalls das – idR nach Art. 6 bestimmte – **Vertragsstatut.**[309]

129 Zwar ließe sich auch an eine Qualifikation als Form denken, da europäische Richtlinien zum Schutz des Verbrauchers verlangen, dass die Information des Verbrauchers „klar und verständlich" (zB Art. 9 Abs. 1 Verbraucherkredit-RL; Art. 5 Abs. 1 Verbraucherrechte-RL und Art. 6 Abs. 1 Verbraucherrechte-RL) ist.[310] Dieses Gebot beschreibt zwar das Ziel, aber nicht, wie der Anbieter es erreicht.[311] Unklarheit und Unverständlichkeit kann auch auf dem Gebrauch einer Fremdsprache beruhen. Man darf annehmen, dass der Verwender der AGB die in → Rn. 190 ff. bestimmte Sprache benutzen darf. Von der Möglichkeit, eine Sprache bindend vorzuschreiben, hat der Gesetzgeber nur für Teilzeitwohnrechte in § 483 BGB und für Zahlungsdienste in Art. 248 § 2 EGBGB Gebrauch gemacht. Das sind dann Formvorschriften, für die die alternative Ortsform gilt, sofern diese Anknüpfung nicht durch den vorrangigen Art. 11 Abs. 4 ausgeschlossen ist (→ Rn. 65 f.). Soweit es jedoch nicht darum geht, dass ein Sprachzwang den Gebrauch einer bestimmten Sprache vorschreibt, sind Regelungen über Informationspflichten kollisionsrechtlich **nicht** als **Formvorschriften** zu qualifizieren,[312] denn es wird keine bestimmte Sprache vorgeschrieben, sondern nur die Verständlichkeit, wobei dem Anbieter die Wahl darüber, wie er sich dem Kunden verständlich macht, und auch die Wahl der **Informationsmittel** bleibt. Formvorschriften müssen demgegenüber eine bestimmte Äußerungsform vorschreiben. Maßgeblich ist das Vertragsstatut.

130 **3. Bedingung und Befristung.** Zur Wirksamkeit des Vertrags rechnen auch aufschiebende oder auflösende Bedingungen sowie Befristungen.[313] Das Vertragsstatut sagt, ob Bedingungen oder Befristungen für den Schuldvertrag bestehen und wie sie ggf. **zu vereinbaren** sind. Vor allem regelt es die **Wirkungen** des Bedingungseintritts, also die Fragen, ob dieser zurückwirkt und welche Auswirkung er auf inzwischen vorgenommene Rechtsgeschäfte hat. Den Unterschied zu Art. 12 Abs. 1 lit. d kann man darin sehen, dass es dort um das Erlöschen, hier um die von vornherein beschränkte Entstehung von Rechten geht, so dass Art. 10 Abs. 1 besser passt. Das Ergebnis ist freilich dasselbe. Die Wirksamkeit von Zwischenverfügungen ist demgegenüber nach dem für die Verfügung maßgeblichen Statut, meist also dem Sachenstatut, zu beurteilen.

131 **4. Grenzen der Privatautonomie. a) Allgemeines.** Alle Rechtsordnungen enthalten Bestimmungen darüber, welche Verträge überhaupt erlaubt sind, und begrenzen so die rechtsgeschäftliche Gestaltungsfreiheit. Man kann bei fließenden Grenzen funktional immanente Schranken der Privatautonomie und äußere Verbote unterscheiden. Erstere finden sich typischerweise im BGB selbst und definieren aus Gründen der privaten Gerechtigkeit die Grenzen, innerhalb derer das Gesetz die private Gestaltung anerkennt oder gelten lässt. Dies kann geschehen durch **zwingende Normen** wie zB § 276 Abs. 3 BGB, § 311b Abs. 2 BGB, § 311b Abs. 4 BGB, § 444 BGB, § 476

---

306 BeckOGK/*Weller* Rn. 51.

307 BGHZ 135, 124 (137) = NJW 1997, 1697; *Mankowski* RIW 1995, 364 (366); Reithmann/Martiny IntVertragsR/*Martiny* Rn. 3.91; Staudinger/*Hausmann,* 2021, Rn. 24a, 50 f.; NK-BGB/*Leible* Rn. 16, 18; BeckOGK/*Weller* Rn. 51.

308 LG Tübingen NJW 2005, 1513.

309 BeckOGK/*Weller* Rn. 51.

310 So *Dreißigacker,* Sprachenfreiheit im Verbrauchervertragsrecht, 2002, 62.

311 Dazu *Rott* ZVglRWiss 98 (1999), 382 ff.; *Kaltenborn,* Das Sprachenproblem bei Vertragsschlüssen mit ausländischen Verbrauchern, 1997, 149 ff.; *Mankowski* VuR 2001, 359 (359); eingehend *Kling,* Sprachrisiken im Privatrechtsverkehr, 2008, 50 ff.

312 *Freitag* IPRax 1999, 142 (145); *Kling,* Sprachrisiken im Privatrechtsverkehr, 2008, 309 ff.

313 BeckOGK/*Weller* Rn. 46; Staudinger/*Hausmann,* 2021, Rn. 15; Ferrari IntVertragsR/*Ferrari* Rn. 12; *Mankowski* RIW 1996, 382 (387); aA – Zustandekommen – BeckOK BGB/*Spickhoff* Rn. 4; Soergel/*v. Hoffmann* EGBGB Art. 31 Rn. 16.

BGB oder durch einen **Typenzwang,** wie er im deutschen Sachen-, Erb- und Familienrecht geläufig ist. Schließlich besteht die allgemeine Schranke der **Sittenwidrigkeit** (§ 138 BGB).[314]

Die Gesetzgeber greifen andererseits in die Freiheit der privatautonomen Gestaltung der Rechtsverhältnisse durch **Verbotsnormen** ein, deren Motive, Ziele und Methoden vielfältig sind, aber typischerweise nicht den Interessenausgleich zwischen den Parteien, sondern sozialpolitische oder wirtschaftspolitische Gestaltungen vornehmen oder strafrechtliche Zwecke verfolgen.[315] Für Zwecke des IPR werden dabei insbesondere Verbote herausgegriffen, die als international zwingende Normen iSd Art. 9 Abs. 1 (Eingriffsnormen) mit **besonderem Nachdruck öffentliche,** sozial- und wirtschaftsordnungspolitische **Zwecke** verfolgen.[316] **Nicht jede Verbotsnorm** im öffentlichen Interesse soll also unter Art. 9 fallen. Die Abgrenzung ist oft schwierig, weil häufig öffentliche und privatrechtliche Zwecke, aber mit unterschiedlicher Intensität, verfolgt werden (→ Art. 9 Rn. 12 ff.; → Art. 9 Rn. 18 ff.). Sie ist aber nötig, weil die international zwingenden Normen auch des Vertragsstatuts gesondert angeknüpft werden, wenn man sie nicht iSd Schuldstatutstheorie als Teil des Vertragsstatuts für mitberufen ansieht.[317] 132

Generell bedeutet Verbot oder Nichtigkeit keineswegs unbedingt Rechtsfolgenlosigkeit, vielmehr können **Rest- oder Teilwirkungen** bestehen bleiben,[318] wie Ansprüche aus culpa in contrahendo und auf Rückabwicklung der erfolgten Leistungen. In diesem Sinne nennt Art. 12 Abs. 1 lit. e die Folgen der Nichtigkeit.[319] Beruht die Nichtigkeit auf einem Verhalten vor dem Vertragsschluss, die zur Haftung aus culpa in contrahendo führt, gilt für diese zwar Art. 12 Rom II-VO, doch kommt gerade dann die vertragsakzessorische Anknüpfung zum Zuge (→ Rom II-VO Art. 12 Rn. 21 ff.). Es begegnet auch die umgekehrte Problematik in Form des **Kontrahierungszwanges** (→ Rn. 154 f.). 133

b) Immanente Grenzen der Privatautonomie. aa) Vertragsstatut. Über den **Grundsatz,** dass das **Vertragsstatut** nicht nur über die Voraussetzungen seiner wirksamen Vornahme, sondern zunächst über die **Zulässigkeit** eines Vertrags im Sinne der vorgenannten immanenten Grenzen der Privatautonomie bestimmt, herrscht Einigkeit.[320] Es geht auch nicht nur um ausdrückliche Verbote, sondern insbesondere auch um die Begrenzungen, die sich sonst aus dem Gesetz ergeben wie zB aus einem Typenzwang, den es auch im Schuldrecht geben kann.[321] Vorbehaltlich des ordre public (Art. 21) weichen deutsche Verbote also bei **ausländischem Vertragsstatut** und es gelten dessen Wirksamkeitsbeschränkungen. Es gibt jedoch Ausnahmen, wonach ein die Privatautonomie beschränkendes Verbot aus einem anderen Recht als dem Geschäftsstatut zu entnehmen ist (→ Rn. 160 f.). Auch Formvorschriften beschränken in gewisser Weise die Vertragsfreiheit (in Gestalt der Formfreiheit), werden aber gesondert angeknüpft (Art. 11).[322] 134

bb) Sittenwidrigkeit. Ob und inwieweit ein Vertrag wegen Sittenwidrigkeit nichtig oder unwirksam ist, beurteilt sich nach dem **Vertragsstatut.**[323] Die Maßstäbe der guten Sitten sind in der Welt verschieden. Maßgeblich ist der Maßstab derjenigen Rechtsordnung, der der Vertrag unterliegt, und nicht etwa stets deutsches Recht. Auch die Frage, ob eine Partei die Sittenwidrigkeit 135

---

314 Dazu instruktiv *Flume* BGB AT II § 1 (S. 1 ff.), § 18 (S. 363 ff.).

315 Staudinger/*Honsell,* 2018, BGB Einl. Rn. 113 ff.

316 Rauscher/*Thorn* Art. 9 Rn. 11 ff.

317 Eingehend Rauscher/*Thorn* Art. 9 Rn. 10 ff.; NK-BGB/*Leible* Rn. 20 ff.; gegen eine Unterscheidung im Rahmen des Art. 10 BeckOK BGB/*Spickhoff* Rn. 5.

318 Vgl. *Pawlowski,* Rechtsgeschäftliche Folgen nichtiger Willenserklärungen, 1966, 11 ff., 161 ff.

319 Rückabwicklungsregelungen fallen daher nicht unter Art. 10 Rom II-VO, sondern unter Art. 12 Abs. 1 lit. e.

320 ZB OLG Celle RIW 1990, 320; OLG Köln OLGZ 1993, 193; LG Karlsruhe NJW-RR 1999, 1284; Reithmann/Martiny IntVertragsR/*Zwickel* Rn. 5.1; Staudinger/*Hausmann,* 2021, Rn. 26, 30; BeckOGK/*Weller* Rn. 36; NK-BGB/*Leible* Rn. 20.

321 BGH IPRax 1985, 221 (223 f.): kein Trust an Forderungen im deutschen Recht; *v. Bar* IPR II, 1. Aufl. 1991, Rn. 536; Staudinger/*Hausmann,* 2021, Rn. 30.

322 Mit Recht stellt OLG Köln RIW 1993, 414 fest, dass § 313 BGB aF (§ 311b Abs. 1 BGB) nicht unter Art. 34 EGBGB aF (Art. 9 Rom I-VO) falle.

323 Unstr.; RGZ 46, 112 betr. wucherischen Gesellschaftsvertrag; RGZ 82, 308 betr. Knebelungsvertrag; BGHZ 44, 183 = NJW 1966, 296 betr. Erfolgshonorar, obiter, weil auch Verstoß gegen den ordre public; BGHZ 50, 63 = NJW 1968, 1571 betr. Erbvertrag; BGH RIW 2018, 605 betr. Gläubigerbenachteiligung InsO; IPRspr. 1980 Nr. 3; NJW 2003, 3486, dazu *Spickhoff* IPRax 2005, 125 und *Staudinger* IPRax 2005, 129 betr. Erfolgshonorar; BayObLGZ 1957, 376; OLG Köln AWD 1965, 94 = IPRspr. 1962/63 Nr. 26 betr. Schuldanerkenntnis; OLG Düsseldorf NJW 1963, 2227 betr. Erbvertrag; Grüneberg/*Thorn* Rn. 3; Staudinger/*Hausmann,* 2021, Rn. 28; Ferrari IntVertragsR/*Ferrari* Rn. 13; NK-BGB/*Leible* Rn. 19; BeckOGK/*Weller* Rn. 38; Staudinger/*Hausmann,* 2021, Rn. 28: jedoch Erfolgshonorar als Eingriffsnorm; *v. Bar/Mankowski* IPR II § 1 Rn. 794.

kennen muss, entscheidet das Vertragsstatut. Eine Parallele zu (einfachen) gesetzlichen Verboten, die manchmal Normierungen von Sittenwidrigkeiten sind und dem Vertragsstatut zuzuordnen sind, liegt nahe. Ein Beispiel ist § 138 Abs. 2 BGB. Für allgemeine Sittenwidrigkeit und spezielle Verbote gilt sinnvollerweise gleichermaßen das Vertragsstatut. In extremen Fällen kann auch Art. 21 (ordre public) eingreifen, wenn das ausländische Vertragsstatut zu lax ist.[324] Dem Vertragsstatut sind weiter Art und Inhalt der **Folgen** zu entnehmen, insbesondere die Nichtigkeit und ihr Umfang oder ggf. auch die Heilbarkeit des Vertrages, allerdings nach Art. 12 Abs. 1 lit. e.[325]

136 Ist **deutsches Recht** Vertragsstatut, so ist bei der Feststellung der Sittenwidrigkeit auch auf der **Ebene des Sachrechts** zu beachten, ob das fragliche Geschäft Berührungen zu anderen Ländern mit anderen Rechts- und Moralvorstellungen hat. Das hat unter Umständen Einfluss auf die **Bewertung** eines Verhaltens. Vor allem hat die Rspr. trotz Geltung deutschen Vertragsstatuts die Missachtung ausländischer Verbote unter Umständen als sittenwidrig iSd § 138 BGB angesehen.[326] Auch wenn konkret deutsche Interessen nicht berührt seien, so müsse doch „die Umgehung eines solchen Schutzgesetzes …, da sie dem nach heutiger Auffassung allgemein zu achtenden Interesse aller Völker … zuwider handelt, als verwerflich betrachtet werden".[327] Konkret wurde so zB entschieden für Rauschgiftschmuggel in Indien, Export nationalen Kulturgutes aus Nigeria, Bestechung ausländischer Beamter und ein US-Embargo für rüstungswichtige Materialien. Zur mittlerweile umstrittenen Zulässigkeit einer derartigen materiellrechtlichen Berücksichtigung ausländischer Eingriffsnormen → Rn. 146; → Einl. IPR Rn. 312 ff.

137 Bei Bestechung ausländischer Amtsträger oder Unternehmensangestellter durch deutsche Firmen, um einen Auftrag zu erlangen, haben die ältere Rspr. und Lehre ggf. durchaus Verständnis für das Argument gezeigt, dass dergleichen im fraglichen Lande zwar verboten, aber gang und gäbe war und nicht verfolgt wurde.[328] Bei **Bestechung ausländischer Amtsträger** hat sich die Rechtslage spätestens durch Art. 2 § 1 IntBestG mit **§ 334 StGB** (mit § 335a StGB) geändert: Die Strafnorm stellt ausdrücklich auch die Bestechung ausländischer Beamter unter Strafe.[329] Bei Zahlungen an private Angestellte im Ausland sieht § 299 StGB in etwas beschränkterem Umfang eine Strafbarkeit vor. Deshalb gilt, soweit diese Straftatbestände erfüllt sind, bei **deutschem Vertragsstatut** direkt § 134 BGB und nicht mehr § 138 (→ BGB § 138 Rn. 30).[330]

138 Der Grundsatz, dass bei der Bewertung als sittenwidrig auch unter deutschem Vertragsstatut die Tatsache zu beachten ist, dass der Vorgang in einer **anderen Umwelt** stattfand, ist aber in anderen Fällen grundsätzlich richtig,[331] denn das Sittenwidrigkeitsurteil ist anhand aller Umstände des Einzelfalles zu fällen. Es geht keinesfalls um die Anwendung oder auch nur Billigung ausländischer Unsitten, sondern um die anhand deutscher Wertungen im Rahmen des § 138 BGB zu entscheidende Frage, inwieweit eine **Anpassung** der Partei an ausländische Gegebenheiten zuzulassen ist. Bei Schmiergeldern hat hier ein Wertewandel stattgefunden, wie das im Rahmen von § 138 BGB nicht selten ist, so dass der Einwand der Üblichkeit bei Bestechungen im Ausland nicht mehr zulässig ist.[332]

139 Das Bedenken gegen eine Entschuldigung wegen ausländischer Unsitten im Rahmen von § 138 BGB ergibt sich daraus, dass grundsätzlich auch inländische Unsitten den Maßstab nicht abschwächen.[333] Eine unterschiedliche Wertung ist aber gerechtfertigt, wenn und soweit der Partei ein „moralischeres" Verhalten als dort akzeptiert wegen der Einbettung des an sich deutschen Vertrages in eine ausländische Umwelt **nicht zugemutet** werden kann. Ohne Not aber darf man sich den ausländischen „Sitten" nicht anpassen, die von uns an sich nicht gebilligt werden. Dabei spielt aber auch eine Rolle, ob eine oder beide Parteien ihren Lebensmittelpunkt im Ausland haben oder nicht.

---

324 BGHZ 135, 124 (139) = NJW 1997, 1697; Staudinger/*Hausmann,* 2021, Rn. 28.

325 BeckOGK/*Weller* Rn. 39.

326 BGHZ 59, 82 (85) = NJW 1972, 1575 betr. nigerianische Masken; BGHZ 94, 268 = NJW 1985, 2405 betr. Schmiergeld; RG JW 1927, 2288 betr. Rauschgiftschmuggel; BGHZ 34, 69 = NJW 1961, 313 betr. Borax; zusammenfassend *Busse* ZVglRWiss95 (1996), 386 (390 f.); krit. Staudinger/*Hausmann,* 2021, Rn. 26 f.

327 BGHZ 59, 82 (85) = NJW 1972, 1575.

328 BGH NJW 1968, 1572 = AWD 1968, 188 betr. Bierexport; BGH ZIP 1980, 1088; *Fikentscher/Waibl* IPRax 1987, 86; *Knapp* RIW 1986, 999; aA BGHZ 94, 268 = IPRax 1987, 110 f.

329 Im Gefolge des OECD-Übk. zur Bekämpfung der Bestechung ausländischer Amtsträger vom 17.12.1997.

330 Staudinger/*Hausmann,* 2021, Rn. 29a; *Raeschke-Kessler/Gottwald* FS Lüer, 2009, 39; OLG Düsseldorf BeckRS 2008, 8207; OLG Stuttgart IPRspr. 2010 Nr. 33 Rn. 29 ff.

331 Ferrari IntVertragsR/*Ferrari* Rn. 13; Reithmann/Martiny IntVertragsR/*Martiny* Rn. 3.98; Staudinger/*Hausmann,* 2021, Rn. 29; vgl. auch BGH ZIP 1980, 1088; OLG Hamburg IPRspr. 1979 Nr. 2A; OLG Hamburg NJW 1992, 635.

332 OLG Düsseldorf BeckRS 2008, 8207; auch Reithmann/Martiny IntVertragsR/*Martiny* Rn. 3.98.

333 BGHZ 10, 228 (232) = NJW 1953, 1665: nicht international.

Allgemein ist die Abweichung vom inländischen Maßstab umso weniger zu dulden, je anstößiger das Verhalten nach deutschen Maßstäben ist und je enger der Bezug zum Inland ist. Das liegt ähnlich wie bei Art. 21 bzw. Art. 6 EGBGB. § 334 StGB steht aber einer „Nachsicht" entgegen, selbst wenn Bestechung im Ausland zwar auch verboten, aber üblich ist und nicht verfolgt wird.

Dagegen gilt **§ 138 BGB nicht,** wenn der Vertrag **ausländischem Recht** untersteht. § 138 BGB ist namentlich keine Eingriffsnorm iSd Art. 9 und kann daher nicht bei ausländischem Vertragsstatut angewandt werden.[334] Unterliegt der Vertrag **ausländischem Recht,** sind bezüglich der Sittenwidrigkeit dessen Wertungen nachzuvollziehen.[335] In der Regel wird man auch mehr oder weniger präzise Kriterien und Parallelfälle in der dortigen Rspr. finden können, zB für Knebelungsverträge, Verstöße gegen die sexuelle Moral etc. Allenfalls wenn die lex causae dem Richter ein reines, nicht geleitetes Werturteil befiehlt, mag man ihn freistellen.[336] Aber solche Bestimmungen sind im Bereich der Sittenwidrigkeit wohl recht selten. Deutsche Wertmaßstäbe sind nicht etwa neben ausländischem Recht kumulativ hinzuzuziehen, um damit die Sittenwidrigkeit zu begründen, wie das RG einmal angenommen hat.[337] **140**

Richtig ist allerdings, dass ausländische „Unsitten" ggf. mit Art. 21 **(ordre public)** abzuwehren sind, sowohl wenn die dortigen Grenzen entschieden zu lasch wie wenn sie zu rigoros sind. Die „guten Sitten" werden zwar in Art. 21 (bzw. Art. 6 EGBGB) nicht mehr genannt, gehören aber unstreitig zum deutschen ordre public (→ EGBGB Art. 6 Rn. 142 f.).[338] Es ist jedoch keinesfalls Zweck und Aufgabe des Art. 21, alle deutschen Entscheidungen zu § 138 BGB bzw. all seine Konkretisierungen gegenüber einem weniger strengen ausländischen Recht durchzusetzen.[339] Auch hier verlangt Art. 21, dass das Ergebnis, welches mit dem ausländischen Recht zustande kommt, schlechthin nicht hinnehmbar ist bzw. gegen unverzichtbare Prinzipien und Gerechtigkeitsvorstellungen des deutschen Rechts verstößt (→ Art. 21 Rn. 6). **141**

c) Gesetzwidrigkeit. Von den **immanenten Schranken** der Privatautonomie (→ Rn. 134) sind Verbote in **anderen Gesetzen** außerhalb des BGB zu unterscheiden, die bestimmte Rechtsgeschäfte verbieten (→ BGB § 134 Rn. 9 ff.),[340] namentlich wegen der besonderen Art ihres Zustandekommens, ihres Zweckes oder auch ihres Inhalts. Enthalten diese Verbotsgesetze nicht selbst die Nichtigkeitssanktion, kann § 134 BGB sie unter Umständen anordnen (→ BGB § 134 Rn. 177 ff.). **142**

Soweit es sich nicht um eingriffsrechtliche Verbote iSd Art. 9 handelt, gelten die **Verbote des Geschäftsstatuts.**[341] So sind deutsche einfach-zwingende Verbotsnormen anzuwenden, wenn deutsches Recht das Geschäft beherrscht. § 134 BGB ist eine deutsche Norm, die anwendbar wird, wenn **deutsches Recht** Vertragsstatut ist. Sie kann die zivilrechtliche Unwirksamkeit eines nach deutschem Recht verbotswidrigen Rechtsgeschäfts anordnen,[342] wenn das Verbotsgesetz sich dazu nicht äußert (→ BGB § 134 Rn. 3). Es wäre zwar denkbar, bei Geltung deutschen Vertragsstatuts auch **ausländische Verbote,** die nicht international zwingend sind, in § 134 BGB einzubeziehen, doch mit Recht lehnt die hM eine derartige Substitution ab (→ BGB § 134 Rn. 40),[343] denn diese Verbote gelten unter deutschem Vertragsstatut nicht, weil sie nicht zum deutschen Recht gehören. Es ist aber möglich, bei Verletzung eines ausländischen Verbotsgesetzes § 138 BGB anzuwenden (→ Rn. 136). Ob umgekehrt deutsche einfache Verbote bei ausländischem Vertragsstatut wirken, hat dieses Recht zu entscheiden.[344] **143**

---

334 BGHZ 135, 124 (139 f.) = NJW 1997, 1697; LG Bielefeld NJW-RR 1999, 1282; *v. Hoffmann* IPRax 1989, 256 f.; *Mankowski* RIW 1996, 8 ff.; *Mankowski* RIW 1998, 287 ff.; Reithmann/Martiny IntVertragsR/*Martiny* Rn. 3.97; Staudinger/*Hausmann,* 2021, Rn. 28a; *Baumert* RIW 1997, 805 (810 f.); *Rauscher* EuZW 1996, 650; *Jayme* IPRax 1995, 236; *Staudinger* IPRax 2005, 133; NK-BGB/*Leible* Rn. 19; Ferrari IntVertragsR/*Ferrari* Rn. 13; BeckOGK/*Weller* Rn. 38; diff. Rauscher/*Thorn* Rn. 70.

335 BeckOGK/*Weller* Rn. 38; Staudinger/*Hausmann,* 2021, Rn. 29; BeckOK BGB/*Spickhoff* Rn. 5; Ferrari IntVertragsR/*Ferrari* Rn. 13.

336 *Will* RabelsZ 42 (1978), 211 (225); *Siehr* RabelsZ 34 (1970), 605 (620 f.); *Keller/Siehr,* Allgemeine Lehren des IPR, § 40 IV 2; aA *Ehrenzweig* Rec. 124 (1968-II), 308 ff.

337 RGZ 46, 114.

338 BGHZ 135, 124 (139) = NJW 1997, 1967.

339 BVerfG RIW 1995, 676 m. krit. Anm. *Puttfarken* RIW 1995, 617 ff.; *Kegel/Schurig* IPR § 16 III 2c (S. 529).

340 Vgl. die Zusammenstellung und Untersuchung bei Staudinger/*Sack/Seibl,* 2017, BGB § 134 Rn. 194–313 besonders zu der Frage, ob verstoßende Rechtsgeschäfte auch nichtig sind.

341 Unstr. OLG Celle RIW 1990, 320; OLG Köln OLGZ 1993, 193; LG Karlsruhe NJW-RR 1999, 1284; Staudinger/*Hausmann,* 2021, Rn. 26.

342 BeckOGK/*Weller* Rn. 37; Staudinger/*Hausmann,* 2021, Rn. 26.

343 BGHZ 59, 82 (85) = NJW 1972, 1575 mAnm *Mann* NJW 1972, 2179; BGHZ 69, 295 f. = JZ 1978, 61 mAnm *Wengler;* BGHZ 128, 41 (53) = IPRax 1996, 332; BayObLG FamRZ 1990, 1392; OLG Hamburg RIW 1994, 686 m. zust. Anm. *Mankowski;* Staudinger/*Sack/Seibl,* 2017, BGB § 134 Rn. 48; BeckOGK/*Weller* Rn. 37; Staudinger/*Hausmann,* 2021, Rn. 26; Ferrari IntVertragsR/*Ferrari* Rn. 14.

344 *v. Bar/Mankowski* IPR II § 1 Rn. 794.

144 Ist deutsches Recht nicht Vertragsstatut, gelten die einfach zwingenden deutschen Verbotsnormen nicht, selbst wenn deutsches Recht nur durch Rechtswahl ausgeschlossen wurde, vielmehr muss man bei **ausländischem Vertragsstatut** die dortigen, nicht iSd Art. 9 auch international zwingenden Verbotsnormen anwenden,[345] wobei es keinen Unterschied machen darf, ob sie in einem Zivilgesetzbuch oder in einem strafrechtlichen oder öffentlich-rechtlichen Gesetz stehen. Das ausländische Zivilrecht bestimmt insbesondere darüber, ob der Verstoß gegen das Verbot die zivilrechtliche Wirksamkeit des Rechtsgeschäfts beeinträchtigt oder nicht. Es kann sein, dass nur andere Sanktionen verhängt werden. Die Nichtigkeitsfolge muss nicht unbedingt im Verbotsgesetz selbst ausgesprochen sein. Dann ist in dem betreffenden ausländischen Recht zu suchen, ob es etwa eine § 134 BGB ähnelnde Norm gilt, die die zivilrechtliche Unwirksamkeit anordnet oder auf welcher sonstigen Grundlage sie dort sonst eintritt. Es bleibt für den deutschen Richter freilich immer zu prüfen, ob die ausländische Verbotsnorm den Fall trotz der Auslandsberührungen (aus deren Sicht) erfasst.

145 **d) International zwingende Verbote; Sittenwidrigkeit.** Die Fragen liegen anders bei international zwingenden Verboten, sog. Eingriffsnormen. Das sind nach der Definition des Art. 9 Abs. 1 Normen, die in besonderer Weise und Intensität öffentlichen Interessen dienen und daher ungeachtet des Vertragsstatuts angewandt werden wollen und damit ihren internationalen Anwendungsbereich selbst bestimmen. Es versteht sich daher zunächst, dass solche **deutschen Eingriffsnormen** vom deutschen Richter angewandt werden, auch wenn der Vertrag an sich ausländischem Recht untersteht, vorausgesetzt, sie sollen international gelten (Art. 9 Abs. 2; → Art. 9 Rn. 27 ff.; → Art. 9 Rn. 112 ff.). Für die sehr umstrittenen forumsfremden Eingriffsnormen enthält Art. 9 Abs. 3 hingegen eine sehr zurückhaltende Ermessensregelung zugunsten der Normen des Staates, in dem der Vertrag erfüllt werden soll oder wurde (→ Art. 9 Rn. 120 ff.). Im Übrigen hat die deutsche Rspr. den Weg der materiellrechtlichen Berücksichtigung über 138 BGB entwickelt, mit dem man zu sehr ähnlichen Ergebnissen gelangen kann (→ Rn. 146).

146 Seit dem Urteil des EuGH in der Rechtssache „Nikiforidis"[346] ist jedoch umstritten und nicht abschließend geklärt, ob dieser Weg weiterhin zur Verfügung steht (näher → Einl. IPR Rn. 312 ff.). Der EuGH hat einerseits formuliert, Art. 9 Abs. 3 verbiete es einem mitgliedstaatlichen Gericht, andere ausländische Eingriffsnormen als diejenigen des Erfüllungsorts weder „unmittelbar" noch „mittelbar" anwenden. In der **materiellrechtlichen Berücksichtigung** über § 138 BGB wird teilweise eine derartige unzulässige mittelbare Anwendung gesehen.[347] Andererseits hat der EuGH in anderen Formulierungen und auch im Urteilstenor allein die Anwendung dieser Normen „als Rechtsvorschriften" ausgeschlossen. Das legt den Schluss nahe, dass allein eine kollisionsrechtliche Sonderanknüpfung gesperrt ist, nicht aber der bisherige Weg über § 138 BGB.[348] Nach dieser Lesart führt die materiellrechtliche Berücksichtigung nicht zu einer Anwendung des ausländischen Verbotsgesetzes als Rechtsnorm, sondern nur zu deren Einbeziehung als Wertungsgesichtspunkt im Rahmen des Sittenwidrigkeitsurteils (→ Einl. IPR Rn. 314).

147 **5. Zustimmungen. Genehmigungen.** Die Wirksamkeit eines Vertrags kann von der Erteilung einer **Einwilligung oder Genehmigung** abhängen. Die **Einwilligungsbedürftigkeit** ist eine Beschränkung der Wirksamkeit, die daher **zu Art. 10** gehört. Dabei kann man sachrechtlich differenzieren: Ein Großteil der materiell-rechtlich erforderlichen Zustimmungen beruht darauf, dass der zustimmungsberechtigte Dritte durch das nicht von ihm selbst vorgenommene Rechtsgeschäft in seinen Rechten oder zumindest in seinen rechtlich geschützten Interessen betroffen wird. Beispiele sind die §§ 177 ff. BGB, § 185 BGB, aber auch die §§ 1365, 1369 BGB. Das Zustimmungsrecht privater Verwalter fremden Vermögens (Testamentsvollstrecker, Insolvenzverwalter) beruht auf ihrem eigenen Verwaltungsrecht. Die Zustimmung des gesetzlichen Vertreters zu Rechtsgeschäften Minderjähriger und dergleichen (§§ 107 ff. BGB) kann man als eigene Fallgruppe ansehen, weil dieses Zustimmungserfordernis im Interesse der Minderjährigen als Rechtsträger besteht.

148 Von der Genehmigungsbedürftigkeit ist die **Erteilung der Genehmigung** selbst zu unterscheiden. Sie stellt zwar äußerlich einen eigenen rechtsgeschäftlichen Akt dar, ist aber funktional in der Regel nur als **„Hilfsgeschäft"** und als Wirksamkeitsvoraussetzung zu sehen (→ BGB § 182 Rn. 1). Es ist grundsätzlich sinnvoll, dasselbe (einheitliche) **Vertragsstatut** nicht nur auf die Notwendigkeit,

---

[345] NK-BGB/*Leible* Rn. 20.

[346] EuGH NJW 2017, 141 Rn. 49 ff. = EuZW 2016, 940 m. zust. Anm. *Duden*.

[347] ZB Rauscher/*Thorn* Art. 9 Rn. 98 ff.; Grüneberg/*Thorn* Art. 9 Rn. 14; *v. Bar/Mankowski* IPR II § 1 Rn. 993 ff.; Staudinger/*Hausmann*, 2021, Rn. 26 ff.

[348] ZB *Siehr* IPRax 2018, 44 (45); *Junker* IPR § 15 Rn. 71; *Duden* EuZW 2016, 940 (943 f.); ebenso, allerdings krit., *Maultzsch* EuZA 2017, 241 (250 ff.).

sondern auch auf die Erteilung der Zustimmung anzuwenden (→ EGBGB Vor Art. 8 Rn. 29).[349] Das kann jedoch nicht ausnahmslos gelten. Zu bedenken ist vielmehr auch, worin der **Grund** und Zweck der **Genehmigungsbedürftigkeit** liegen.

Eine Abweichung von der einheitlichen Anknüpfung der Zustimmung besteht im Bereich der **Stellvertretung.** Zwar lässt sich die Vollmacht durchaus wie die Genehmigung der Verfügung eines Nichtberechtigten durch den Eigentümer, die nach der lex causae der betreffenden Verfügung beurteilt wird,[350] als Hilfsgeschäft sehen, das die Wirkungen des Vertretergeschäfts auf den Vollmachtgeber gemäß seinem Willen erstreckt.[351] In der Konsequenz dieser Sichtweise läge es, die Vollmacht dem Statut des Vertretergeschäfts zu unterstellen (dafür → 6. Aufl. 2015, EGBGB Vor Art. 11 Rn. 102 ff. *(Spellenberg)*). Jedoch hat sich der deutsche Gesetzgeber in Art. 8 EGBGB im Anschluss an die schon zuvor hM für ein gesondertes Vollmachtsstatut entschieden (→ EGBGB Art. 8 Rn. 13 f.). Dieses Statut ergreift auch, nach jedoch bestrittener Ansicht, die Genehmigung des Handelns eines falsus procurator (näher → EGBGB Art. 8 Rn. 157 f. mwN).[352] **149**

Bei der **beschränkten Geschäftsfähigkeit** sagt das Wirkungsstatut, ob Geschäftsfähigkeit erforderlich ist, das Geschäftsfähigkeitsstatut, ob sie gegeben ist oder nicht (hM; näher – und krit. – → EGBGB Art. 7 Rn. 49 ff.). Letzterem wird auch überwiegend entnommen, ob ein gesetzlicher oder sonstiger Vertreter genehmigen kann,[353] während die Mindermeinung[354] auch darüber das Geschäftsstatut entscheiden lässt (→ EGBGB Art. 7 Rn. 61 f. mwN). Das Zustimmungserfordernis kompensiert hier die fehlende Selbstbestimmungsfähigkeit und ist allein im Interesse des Minderjährigen auszuüben. Wenn man mit der hM die Folgen der fehlenden Geschäftsfähigkeit einschließlich der **Genehmigungsfähigkeit** dem Fähigkeitsstatut unterstellt, so ist damit dem besonderen **Schutzinteresse des Minderjährigen** aber Genüge getan. **Wie** die Zustimmung erfolgen muss, um wirksam zu sein, gehört besser zum Geschäftsstatut, zB wem sie zugehen muss und bis wann, ob der Dritte zur Erklärung auffordern darf, ob konkludentes Verhalten genügt etc. Für die Form der Zustimmung gilt Art. 11 (näher → Art. 11 Rn. 64; → EGBGB Art. 11 Rn. 28).[355] **150**

Ähnlich ist auch bei Verträgen iSd **§§ 1365, 1369 BGB** zu unterscheiden: bei Verkauf von Haushaltsgegenständen bzw. des ganzen Vermögens eines Ehegatten ist wegen Art. 27 lit. d EuGüVO das Ehegüterstatut daraufhin zu befragen, **ob** das Geschäft der Zustimmung des anderen Ehegatten bedarf oder ganz verboten ist.[356] Ebenso muss dieses weitere Recht herangezogen werden, um zu beurteilen, ob etwa eine **Bürgschaft** der Ehefrau der Zustimmung des Ehegatten bedarf (näher, auch zum autonomen Kollisionsrecht, → EGBGB Art. 14 Rn. 77 ff.).[357] Für die **Erteilung der Genehmigung** aber gilt das nach den dafür maßgebenden Regeln bestimmte **Statut des zu genehmigenden Geschäfts.**[358] Auf die Anknüpfung des Vertrages kommt es nämlich auch an, wenn die erforderliche Genehmigung gegeben wurde, um die Wirksamkeit und die Wirkungen des Vertrages im Übrigen zu beurteilen. **151**

Weiter fragt sich, welchem Recht die **Folgen des Verstoßes** gegen ein Zustimmungserfordernis wie Nichtigkeit, schwebende Wirksamkeit, Aufhebbarkeit und im Weiteren auch die Rückabwick- **152**

---

349 *Kegel/Schurig* IPR § 17 V 1a (S. 611); BGH NJW-RR 2000, 1583 zu § 185 BGB; zur Stellvertretung BGH WM 1965, 868 f.; BGHZ 128, 41 (48) = IPRax 1996, 342; OLG Düsseldorf IPRax 1996, 423 (426) mAnm *Kronke* IPRax 1996, 426; KG IPRax 1998, 280 (283); OLG Celle WM 1984, 494 (500).

350 So grds. BGH NJW-RR 2000, 1583; die ausnahmsweise Anknüpfung an den deutschen Ort der Erteilung der Genehmigung, trifft nicht zu, sondern allenfalls für die Form. Hier hatte sich das Übereignungsstatut zwischen Verfügung und Genehmigung geändert und für diese galt nun das niederl. Recht, denn die Übereignung war vor dem Statutenwechsel in Deutschland noch nicht vollendet.

351 Zum BGB grdl. *Thiele,* Die Zustimmungen in der Lehre vom Rechtsgeschäft, 1966.

352 Anders noch (Vertragsstatut) → 8. Aufl. 2021, Rn. 165 *(Spellenberg).*

353 Grüneberg/*Thorn* EGBGB Art. 7 Rn. 5; BeckOGK/*Weller* Rn. 40; Staudinger/*Henrich,* 2022, EGBGB Art. 21 Rn. 79, 104; näher *Spellenberg* IPRax 2013, 466 (467 f.).

354 OLG Düsseldorf IPRax 1996, 199.

355 Ebenso Staudinger/*Winkler v. Mohrenfels,* 2021, Art. 11 Rn. 49.

356 BeckOGK/*Weller* Rn. 41; so auch die hM zum autonomen Kollisionsrecht; → EGBGB Art. 15 aF Rn. 35; Palandt/*Thorn,* 78. Aufl. 2019, EGBGB Art. 15 Rn. 25; *Jayme* FS Henrich, 2000, 355; KG NJW 1973, 428; diff. Staudinger/*Mankowski,* 2011, EGBGB Art. 15 Rn. 260 ff.

357 Unzutreffend BGH NJW 1977, 1011 m. abl. Anm. *Jochem* = JZ 1977, 438 m. abl. Anm. *Kühne,* wo allein das Geschäftsstatut und nicht auch das gemeinsame niederländische Heimatrecht der Ehegatten für die Frage herangezogen wurde, ob die Zustimmung der Ehefrau zu einer Bürgschaftserklärung des Ehemannes erforderlich war; richtig demgegenüber RGZ 163, 367; BGH IPRspr. 1952/53 Nr. 298 obiter; BayObLGZ 1954, 225; OLG Hamm FamRZ 1966, 39; BayObLGZ 1976, 15 = FamRZ 1976, 222 obiter.

358 *Kegel/Schurig* IPR § 17 V 1a (S. 611); aA BeckOGK/*Weller* Rn. 42 (Anknüpfung an das Fähigkeitsstatut mit Blick auf die Schutzpflicht der Zustimmungspflicht interessengerechter).

lung zu entnehmen ist. Um den Zweck des Zustimmungserfordernisses zu verwirklichen, sollte auch die Frage, ob und inwieweit es ein Verstoß eine volle oder beschränkte Unwirksamkeit des Vertrages einschließlich einer Genehmigungs- oder Heilungsmöglichkeit nach sich zieht, grundsätzlich nach dem Recht beantwortet werden, das das Erfordernis aufstellt, bei fehlender Geschäftsfähigkeit also dem Geschäftsfähigkeitsstatut (→ Rn. 21; → EGBGB Art. 7 Rn. 61 ff. mwN).[359] Dies trägt nicht nur der engen Verzahnung von Wirksamkeitsvoraussetzungen und Rechtsfolgen Rechnung,[360] sondern entspricht auch Art. 12 Abs. 1 lit. e. Die **Rückabwicklung** infolge einer Unwirksamkeit des Vertrags richtet sich sodann jedoch nach dem Vertragsstatut (→ Art. 12 Rn. 156 ff.; aA → EGBGB Art. 7 Rn. 63 ff.).[361]

153 **6. Öffentlich-rechtliche Genehmigungen.** Darüber, ob Genehmigungserfordernisse aus öffentlichem Interesse, wie zB Grundstücksverkehrsgenehmigungen oder Devisengenehmigungen, zu beachten sind, entscheiden die speziellen Kollisionsnormen für öffentlich-rechtliche Verbotsnormen.[362] Das so gefundene Recht regelt auch die formalen Anforderungen an die Erteilung. Für **Fiskalformen** gilt entsprechend nicht Art. 11, sondern es entscheiden eigene spezielle Kollisionsnormen darüber, ob die Wirksamkeit eines Vertrags von der Anbringung von Stempelmarken, von der Verwendung von Stempelpapier, von einer sonstigen Steuerentrichtung (zB Grunderwerbsteuer) oder von der Benachrichtigung der Steuerbehörde abhängt.[363]

154 **7. Kontrahierungszwang. a) Gesetzlicher Kontrahierungszwang.** Ob ein gesetzlicher Kontrahierungszwang besteht, hat das RG nach dem Recht des Wohnsitzes, **Sitzes** oder gewöhnlichen Aufenthalts **der verpflichteten Partei,** also nicht nach dem Statut des erzwungenen – zukünftigen – Vertrags, beurteilt.[364] Das RG qualifizierte die Verweigerung des Vertragsschlusses in Übereinstimmung mit der vorherrschenden materiellrechtlichen Sichtweise als unerlaubte Handlung iSd § 826 BGB. Diese sei dort begangen, wo der Verpflichtete sein Geschäft betreibe.

155 Es ist angesichts der vielen unterschiedlichen Fälle eines gesetzlichen Abschlusszwangs[365] zu **bezweifeln,** dass immer **dieselbe Regel** angemessen ist. In erster Linie ist nach einer Kollisionsnorm in dem Spezialgesetz zu suchen, aus dem der Kontrahierungszwang folgt. Bei einer Vertragsverweigerung, die sich als kartellrechtlicher Verstoß gegen ein **Behinderungs- und Diskriminierungsverbot** darstellt,[366] muss wohl heute mit Art. 6 Abs. 3 Rom II-VO an den Marktort angeknüpft werden (→ Rom II-VO Art. 4 Rn. 103 f.).[367] Ein Unternehmen unterliegt danach unter Umständen dem deutschen Kontrahierungszwang, auch ohne hier seinen Sitz zu haben, wenn es auf diesem Markt Wettbewerb betreibt.[368] Die Marktanknüpfung passt nicht nur für Unternehmen im Wettbewerb miteinander, sondern auch für die Fälle, in denen ein Privater auf die Leistungen eines Monopolanbieters oder sonst nicht ersetzbaren Lieferanten angewiesen ist. Vielfach bestehen hier Spezialvorschriften.[369]

156 Außerhalb spezialgesetzlich geregelter Fälle kommt für einen gewissermaßen allgemeinen **zivilrechtlichen Kontrahierungszwang** entsprechend der Einordnung einer Vertragsverweigerung als unerlaubte Handlung[370] eine Anlehnung an Art. 4 Rom II-VO in Betracht. Dann ist der Erfolgsort des unterlassenen Vertragsschlusses zu bestimmen. Dieser könnte dort gesehen werden, wo der Vertragsinteressent sitzt. Erblickt man den Grund des Kontrahierungszwangs jedoch in einer Beschränkung der – negativen – Vertragsfreiheit (→ BGB Vor § 145 Rn. 12), wird man eher an den **gewöhnlichen Aufenthalt des Verpflichteten** denken.[371]

---

[359] BeckOGK/*Weller* Rn. 42; aA für Anwendung des Vertragsstatuts OLG Düsseldorf IPRax 1996, 199.
[360] BeckOGK/*Weller* Rn. 42.
[361] Weitergehend zum sog. Vernichtungsstatut aber *W. Lorenz* FS Jayme, 2004, 549 (551 f.); *G. Fischer* IPRax 2002, 1 (2 f.).
[362] Staudinger/*Winkler v. Mohrenfels,* 2021, Art. 11 Rn. 51.
[363] Soergel/*Kegel* EGBGB Art. 11 Rn. 33; BeckOK BGB/*Mäsch* Art. 11 Rn. 32; Staudinger/*Winkler v. Mohrenfels,* 2021, Art. 11 Rn. 53.
[364] RGZ 48, 114 (122); 57, 142 (145); Soergel/*v. Hoffmann* EGBGB Art. 34 Rn. 40; *Lewald* IPR 238 mwN; *Nussbaum,* Deutsches IPR, 1932, 297.
[365] Zusammenstellung bei Staudinger/*Bork,* 2020, BGB Vor § 145 Rn. 15 ff.
[366] So der Fall RGZ 48, 112.
[367] Ebenso BeckOGK/*Weller* Rn. 54; das entspricht § 185 Abs. 2 GWB und der Rspr. des BGH: BGHZ 74, 322 (325) = NJW 1979, 2613; BGHZ 40, 391 = NJW 1964, 969; BGH NJW 1971, 323; 1977, 2211; IPRspr. 1964/65 Nr. 182; BGHZ 113, 11 = IPRax 1992, 45 m. abl. Anm. *Sack* IPRax 1992, 24.
[368] BeckOGK/*Weller* Rn. 54; aA Soergel/*v. Hoffmann* EGBGB Art. 34 Rn. 40: wegen des öffentlich-rechtlichen Einschlags sei an den Geschäftssitz oder gewöhnlichen Aufenthalt des Verpflichteten anzuknüpfen.
[369] Staudinger/*Bork,* 2020, BGB Vor § 145 Rn. 17.
[370] Staudinger/*Bork,* 2020, BGB Vor § 145 Rn. 22.
[371] BeckOGK/*Weller* Rn. 54.

Zu bedenken ist auch, ob eine Vorschrift, die einen Kontrahierungszwang aufstellt, wegen ihrer besonderen Zielrichtung und Bedeutung als Eingriffsnorm zu qualifizieren ist und somit unter **Art. 9** fällt.[372] **157**

b) Rechtsgeschäftliche Abschlussverpflichtungen. Die aus Vorvertrag,[373] Optionsvertrag oder ähnlichen Geschäften rechtsgeschäftlich begründeten Abschlussverpflichtungen unterstehen ihrem **eigenen Statut,** nämlich dem Recht dieses Rechtsverhältnisses. Dieses gilt dann auch für Zustandekommen und Wirksamkeit dieser vertraglichen Verpflichtungen.[374] Der abzuschließende Hauptvertrag kann einem anderen Recht unterliegen, vor allem kraft Rechtswahl. Ansprüche wegen Nichterfüllung der Abschlussverpflichtung beurteilen sich nach dem Recht, dem diese unterlag. Bei der Ermittlung des Statuts für die Abschlussverpflichtung empfiehlt es sich jedoch wegen des engen sachlichen Zusammenhangs und mangels abweichender Vereinbarung, das Statut des geplanten Vertrags im Wege einer akzessorischen Anknüpfung schon auf den vorbereitenden Vertrag zu erstrecken (Art. 4 Abs. 3).[375] Dies gilt vor allem für den Vorvertrag. Der letter of intent[376] enthält typischerweise noch keine Abschlussverpflichtung, so dass nur Ansprüche aus culpa in contrahendo daraus entstehen. Diese sind nach Art. 12 Abs. 1 Rom II-VO akzessorisch an das (hypothetische) Statut des abzuschließenden Vertrags anzuknüpfen.[377] **158**

V. Vertragsstatut und AGB

1. Geltung des Vertragsstatuts. Die Gefahr von AGB wird sachlich vielfach darin gesehen, dass sie in der Regel einseitig vom Verwender ausgearbeitet und nicht verhandelt, oft vom Kunden nicht einmal gelesen werden (→ BGB Vor § 305 Rn. 4 ff.). So führen sie tendenziell zu einer unausgewogenen und bisweilen überraschenden Risikoverteilung zugunsten des Verwenders. Die nationalen Rechtsordnungen begegnen dem auf verschiedenen Wegen. Nur innerhalb der EU und beschränkt auf Verbraucherverträge sorgt die Klausel-RL von 1993 für eine Rechtsangleichung (→ BGB Vor § 305 Rn. 17 ff.). Bestand vor der Reform des EGBGB von 1986 noch eine lebhafte Diskussion um eine Sonderanknüpfung oder sonstige Sonderbehandlung von AGB in internationalen Verträgen,[378] hat Art. 10 wie schon zuvor Art. 8 Abs. 1 EVÜ (Art. 31 Abs. 1 EGBGB aF) dadurch zugunsten der **grundsätzlichen Geltung des Geschäftsstatuts** entschieden,[379] dass AGB nicht eigens erwähnt werden. Was überhaupt und ggf. unter welchen Voraussetzungen vertraglich vereinbart werden kann, gehört zum Kernbereich des Geschäftsstatuts. Dieses entscheidet allein insbesondere darüber, ob der Schutz der Gegenpartei des Verwenders durch **inhaltliche Kontrolle** der Klauseln auf Unangemessenheit oder durch eine Erschwerung ihrer **Einbeziehung** gewährt werden soll.[380] Während die Einbeziehung zum äußeren Abschlusstatbestand gehört, ist die Inhaltskontrolle eine Frage der Wirksamkeit iSd Art. 10 Abs. 1.[381] Zu Art. 10 Abs. 2 → Rn. 208 ff. **159**

Auch der namentlich von *Basedow* stammende Vorschlag, AGB-Recht generell dem Anwendungsbereich des IPR zu entziehen und ausschließlich nach Grundsätzen des **Wirtschaftskollisi-** **160**

[372] BeckOGK/*Weller* Rn. 54; aA *Kost,* Konsensprobleme im internationalen Schuldvertragsrecht, 1995, 93; Soergel/*v. Hoffmann* EGBGB Art. 31 Rn. 17.

[373] Wie zB der im franz. Liegenschaftsrecht wichtigen „promesse unilatérale de vente" (Art. 1124 C.c. Frankreich). Da der eigentliche Grundstückskaufvertrag das Eigentum überträgt, wird dieser Vorvertrag gewählt, wenn bereits eine Bindung eingegangen werden soll, aber noch weitere Informationen einzuholen sind, *Steberl,* Der gutgläubige Erwerb an Liegenschaften im deutschen und französischen Recht, 1994, 180 ff. Ob aus der promesse unilatérale ein Anspruch auf Abschluss des Hauptvertrages folgt, stellte einen Streitpunkt im Rahmen der franz. Vertragsrechtsreform dar, *Deshayes/Genicon/Laithier,* Réforme du droit des contrats, du régime générale des obligations et de la preuve des obligations, 2. Aufl. 2018, 179 ff.

[374] BeckOGK/*Weller* Rn. 52.

[375] Rauscher/*Thorn* Art. 4 Rn. 151; BeckOGK/*Weller* Rn. 52.

[376] *M. Lutter,* Der Letter of Intent, 1982, 19 ff.; *Kötz,* Europäisches Vertragsrecht, 2. Aufl. 2015, 51; *J. Schmidt,* Der Vertragsschluss, 2013, 241 ff.; Staudinger/*Bork,* 2020, BGB § 145 Rn. 14.

[377] Reithmann/Martiny IntVertragsR/*Martiny* Rn. 2.240 f.; BeckOGK/*Weller* Rn. 53; Rauscher/*Freitag* Rn. 10; *Unberath* IPRax 2005, 311; nur iErg BGH IPRax 2005, 342 (344 f.).

[378] Eingehende Darstellung bei *Linke* ZVglRWiss 79 (1980), 1 ff.; *Hepting* RIW/AWD 1975, 457 (462); *Drobnig* FS Mann, 1977, 604; *Kronke* NJW 1977, 992 f.; ähnlich für Rechtswahl in AGB *Stoll* FS Beitzke, 1979, 763 ff.

[379] ZB BGH IPRax 1987, 372 m. Aufsatz *Schlechtriem* IPRax 1987, 356; ebenso schon vor 1986 BGHZ 57, 72 = NJW 1972, 391 betr. Küchenmöbel; damals hM, zB *Linke* ZVglRWiss 79 (1980) 1, 35; *Kegel* IPR, 5. Aufl. 1986, § 13 (S. 381).

[380] Zu den Unterschieden und zur teilweisen funktionalen Äquivalenz beider Methoden *Kötz,* Europäisches Vertragsrecht, 2. Aufl. 2015, 195 ff.; *Owsia* Int. Comp. L. Q. 40 (1991), 784 ff.

[381] BeckOK BGB/*Spickhoff* Rn. 6; Ferrari IntVertragsR/*Ferrari* Rn. 34 f.; Erman/*Stürner* Rn. 8; Staudinger/*Hausmann,* 2021, Rn. 22; *Heiss* RabelsZ 65 (2001), 634 (636 ff.).

onsrechts anzuknüpfen,[382] hat sich nicht durchgesetzt. Eine Sonderanknüpfung von AGB-Vorschriften über Art. 9 widerspräche dem Regelungszweck dieser Norm, da Art. 9 jedenfalls nicht solche Vorschriften umfasst, die (wie das AGB-Recht) vorwiegend dem Interessenausgleich Privater dienen.[383] Ferner verdeutlicht die Integration des AGB-Rechts in das BGB im Zuge der Schuldrechtsreform, dass dieses Teil des Schuldvertragsrechts ist[384] und deshalb auch kollisionsrechtlich so behandelt werden sollte.

161 Umgekehrt können AGB bei einem ausländischen Vertragsstatut **Eingriffsnormen** iSd Art. 9 des deutschen Sachrechts nicht ausschalten. So hat der EuGH den Ausgleichsanspruch des Handelsvertreters iSd § 89b HGB für international zwingend angesehen.[385] Das OLG München hat darum eine Gerichtsstands- und Rechtswahlklausel zugunsten von Kalifornien für unwirksam erklärt, weil sie im Ergebnis den Ausgleichsanspruch vereiteln würden.[386] Dagegen entscheidet natürlich das Vertragsstatut darüber, ob und wieweit seine einfach zwingenden Vorschriften durch AGB abbedungen werden können.

162 Da die Einbeziehung von AGB in den Regelungsbereich des **UN-Kaufrechts** fällt, richtet sich diese nicht über Art. 10 nach dem mit Hilfe der Art. 3 ff. bestimmten Vertragsstatut, sondern nach dem materiellen Einheitsrecht, soweit dessen Anwendungsbereich eröffnet ist (→ CISG Art. 14 Rn. 27 ff.).[387] Für die funktional als Frage der Gültigkeit des Vertrages anzusehende Inhaltskontrolle, die wegen Art. 4 lit. a CISG nicht vom UN-Kaufrecht erfasst wird, bleibt es hingegen bei dem von der Rom I-VO berufenen Recht.[388] Insoweit gilt auch hier Art. 10 Abs. 1 (→ CISG Art. 4 Rn. 5). Bei der Prüfung der unangemessenen Benachteiligung im Rahmen der Inhaltskontrolle ist jedoch vom Sachmängelrecht des CISG, nicht des BGB, auszugehen, oder entsprechend von anderen Regelungen, die das CISG enthält.[389]

163 **2. Reichweite des Vertragsstatuts. a) Einbeziehungskontrolle.** Das Vertragsstatut bestimmt die Regeln für die Einbeziehung der AGB in den Vertrag,[390] dh zum einen, **wie** der Verwender sie **einführen** darf, ob eine **ausdrückliche Bezugnahme** nötig ist oder ob es schon genügt, dass die betreffenden Unternehmer stets nach AGB kontrahieren, und ob die **AGB zugänglich** gemacht werden müssen und wodurch (Aushang).[391] Hierher gehört insbesondere ein Verbot überraschender Klauseln (→ Rn. 170).[392]

164 Erst recht muss das Vertragsstatut entscheiden, ob und wie AGB noch **nach Vertragsschluss** Vertragsbestandteil werden können.[393] Das betrifft die Beifügung von AGB erst in einem nach Vertragsschluss übersandten **Bestätigungsschreiben**[394] oder eventuell einer Auftragsbestätigung und die Einführung von AGB im Laufe eines **Dauerschuldverhältnisses**[395] wie namentlich eines Vertragshändlerverhältnisses.[396] Dem Vertragsstatut ist ebenso zu entnehmen, ob bei der Vereinba-

---

[382] *Basedow* RabelsZ 52 (1988), 8 (28).

[383] *Freitag* IPRax 2009, 109 (112); Staudinger/*Magnus,* 2021, Art. 9 Rn. 151.

[384] *Gsell* JZ 2012, 809 (813); *Zimmermann* ERCL 2012, 367 (383 f.); *Pfeiffer* in Ernst/Zimmermann, Zivilrechtswissenschaft und Schuldrechtsreform, 2001, 481 (495 f.).

[385] EuGH IPRax 2001, 225 – Ingmar/Eaton Leonard, m. Aufsatz *Jayme* IPRax 2001, 190.

[386] OLG München IPRax 2007, 222 m. Aufsatz *Rühl* IPRax 2007, 204.

[387] ZB BGH NJW-RR 2021, 376 (379); NJW 2002, 1651 (zu kollidierenden AGB); BGHZ 149, 113 (116 f.) = NJW 2002, 370; OGH ZfRV 2004, 110.

[388] OLG Düsseldorf NJW-RR 2001, 1562; OLG Celle IHR 2001, 107; Schlechtriem/Schwenzer/Schroeter/*Schroeter* CISG Art. 14 Rn. 34; Staudinger/*Magnus,* 2018, CISG Art. 14 Rn. 42 mwN; BeckOGK/*Weller* Rn. 14.

[389] Ulmer/Brandner/Hensen/*Schmidt* BGB Anh. § 305 Rn. 12; Wolf/Lindacher/Pfeiffer/*Hau* IntGV Rn. 76.

[390] Unstr., OLG Hamburg IHR 2014, 12 (14); Erman/*Stürner* Rn. 8; BeckOK BGB/*Spickhoff* Rn. 6; Staudinger/*Hausmann,* 2021, Rn. 22, 80; NK-BGB/*Leible* Rn. 14; zuvor bereits BGHZ 123, 380 = NJW 1994, 262; Soergel/*v. Hoffmann* EGBGB Art. 31 Rn. 17.

[391] Staudinger/*Hausmann,* 2021, Rn. 80; Reithmann/Martiny IntVertragsR/*Martiny* Rn. 2.30; BeckOGK/*Weller* Rn. 30; OLG München IPRax 1991, 59, 63; im Grundsatz unstr.

[392] BeckOGK/*Weller* Rn. 30; *v. Bar/Mankowski* IPR II § 1 Rn. 789.

[393] *Drobnig* FS Mann, 1977, 606 mwN; BeckOGK/*Weller* Rn. 30.

[394] Grds. genügt das nicht zB in Österreich (Schwimann/Kodek/*Riedler,* ABGB Praxiskommentar, 5. Aufl. 2021, ABGB § 864a Rn. 15, 25 f.; OLG Karlsruhe NJW-RR 1993, 567) oder in Frankreich (Art. 1119 Abs. 1 C.c. Frankreich; *Terré/Simler/Lequette/Chénédé,* Droit civil. Les obligations, 13. Aufl. 2022, Nr. 184 mwN; Cass. com. 28.4.1998 RTD civ. 1999, 81 obs. *Mestre*); für Belgien jedoch OLG Hamm NJW 1983, 523 (524) und heute im unternehmerischen Geschäftsverkehr Art. 8.11 C.c. Belgien; dazu *Wéry,* Droit des obligations, Bd. 1, 3. Aufl. 2021, Nr. 199.

[395] *Hepting* RIW 1975, 457 (463).

[396] Vgl. BGHZ 57, 72 = NJW 1972, 391 mAnm *Geimer* und mAnm *Schmidt-Salzer;* OLG Koblenz IPRax 1994, 46 m. Aufsatz *Schurig* IPRax 1994, 27.

rung der AGB unterschiedliche Maßstäbe gelten je nachdem, ob die AGB zwischen Unternehmern, Privatleuten oder im Verkehr mit Konsumenten einbezogen werden sollen. Die Regeln gelten ebenso für den elektronischen Rechtsverkehr.[397]

Der Schutz des Kunden wird im Rahmen der Einbeziehungskontrolle oft durch Vorschriften über die sprachliche oder typographische deutliche **Gestaltung** des **Einbeziehungshinweises** verwirklicht. § 305 Abs. 2 BGB verlangt einen „ausdrücklichen Hinweis" oder einen „deutlich sichtbaren Aushang" allerdings nur bei Verbraucherverträgen. Solche Regelungen sind **keine Formvorschrift,**[398] denn hier geht es nicht um die „äußere Erscheinung der Einbeziehungserklärung",[399] sondern um die Verständlichkeit, die der Verwender auf eine Art und Weise verwirklichen kann, die er wählen darf.[400] **165**

Die AGB müssen vom Kunden **angenommen** werden, sonst werden sie nicht Vertragsbestandteil. Auch das regelt das **Vertragsstatut,**[401] ob zB eine ausdrückliche, eventuell gar schriftliche **Annahmeerklärung** der anderen Vertragspartei nötig ist,[402] oder ob auch eine konkludente Vereinbarung, insbesondere durch Schweigen, anzuerkennen ist. Der Annahmewille wird im BGB vielfach in der widerspruchslosen Annahme der Offerte gesehen, der die AGB oder wenigstens der Einbeziehungshinweis beigefügt sind.[403] Das kann anderswo anders sein, und es kann zB ein Einverständnis mit den AGB verlangt werden.[404] Wenn das Vertragsstatut das Schweigen des Kunden als **konkludente Zustimmung** zur Offerte einschließlich der mit ihr eingeführten AGB[405] einordnet, muss schon innerhalb des anwendbaren – zB deutschen – **Sachrechts** eine fehlende Vertrautheit des Kunden mit den Regeln und Üblichkeiten im Lande des deutschen Vertragsstatuts berücksichtigt werden. Das ist eine Frage der Auslegung des Schweigens als Erklärungsverhalten. Erst danach und gerade hier kommt **Art. 10 Abs. 2** in Betracht.[406] Dazu bei Geltung deutschen Rechts → Rn. 203; → Rn. 268 ff. **166**

Schließlich bestimmt das Vertragsstatut darüber, welche Klauseln Vertragsbestandteil werden, wenn beide Parteien AGB verwenden und diese einander widersprechen **(„battle of forms").**[407] Rechtsvergleichend herrscht in dieser Frage Uneinheitlichkeit; es sind vor allem die Restgültigkeitstheorie (knock out-rule), die Theorie des letzten Wortes (last shot-rule) sowie, deutlich seltener, die Theorie des ersten Wortes (first shot-rule) anzutreffen.[408] Zu kollidierenden Rechtswahlklauseln → Rn. 179 ff. **167**

b) Inhaltskontrolle. Die **Inhaltskontrolle** ist eine materiell den Vertragsinhalt bzw. die Wirksamkeit und also das Vertragsstatut betreffende Frage.[409] Somit entscheidet das Vertragsstatut darüber, ob AGB überhaupt zulässig sind, und vor allem darüber, welche Klauseln (un-)wirksam sind. Ob die Inhaltskontrolle anhand eines Klauselkatalogs oder einer Generalklausel oder nach beidem erfolgt, ist ebenso dem Vertragsstatut zu entnehmen. Schließlich regelt das Vertragsstatut die Folgen der **Unwirksamkeit** ganzer Klauselwerke oder einzelner Klauseln und insbesondere, ob der Vertrag insgesamt nichtig ist oder ohne die betreffenden Klauseln gilt. **168**

c) Abgrenzung von Einbeziehungs- und Inhaltskontrolle. Zwar fallen Einbeziehungs- und Inhaltskontrolle beide generell unter Abs. 1. Dennoch ist eine Abgrenzung in zweierlei Hinsicht erforderlich. Zum einen ist bei **Rechtswahlklauseln** (→ Rn. 176 ff.) zwar eine Einbeziehungskon- **169**

397 *Mankowski* RabelsZ 63 (1999), 203 (219); *Junker* RIW 1999, 809 (817); *Borges,* Verträge im elektronischen Geschäftsverkehr, 2003, 859 ff.

398 Staudinger/*Hausmann,* 2021, Rn. 81; Wolf/Lindacher/Pfeiffer/*Pfeiffer* BGB § 305 Rn. 62; Staudinger/*Mäsch,* 2022, BGB § 305 Rn. 117.

399 Zu dieser und ähnlichen Definitionen der „Form" *Spellenberg* IPRax 2013, 545 (547 f.).

400 Im Grds. ebenso Staudinger/*Mäsch,* 2022, BGB § 305 Rn. 121 zur Sprache des Hinweises.

401 Staudinger/*Hausmann,* 2021, Rn. 82 f.

402 So etwa im italienischen Recht (vgl. Art. 1341 C.c. Italien); weitere rechtsvergleichende Hinweise bei BeckOGK/*Weller* Rn. 87.5; Staudinger/*Hausmann,* 2021, Rn. 83. Für die Form der Annahme gilt aber Art. 11.

403 BGH IPRax 2005, 446 f.; implizit schon BGHZ 123, 380 (383) = NJW 1994, 262.

404 So zB in Art. 1119 Abs. 1 C.c. Frankreich oder Art. 5.23 Abs. 1 C.c. Belgien; s. *Terré/Simler/Lequette/Chénédé,* Droit civil. Les obligations, 13. Aufl. 2022, Nr. 184.

405 Zum Unterschied zu Regeln, bei denen Schweigen ohne Rücksicht auf einen Willen des Schweigenden Rechtswirkungen hat, → Rn. 48 ff.

406 Rauscher/*v. Hein* Art. 3 Rn. 42.

407 *v. Bar/Mankowski* IPR II § 1 Rn. 789; Calliess/Renner/*Augenhofer* Rn. 16; iErg ebenso → 8. Aufl. 2021, Rn. 186 *(Spellenberg),* allerdings als Frage der Inhalts-, nicht der Einbeziehungskontrolle.

408 Umfassend *Aden,* Battle of Forms, 2021, 55 ff.

409 *Jayme* NJW 1972, 1618 (1619); *Drobnig* FS Mann, 1977, 596; *Stoll* FS Beitzke, 1979, 772 f.; *Stoll* FS Kegel, 1987, 34; *Wolf* ZHR 153 (1989), 302; *Boll* IPRax 1987, 12; *v. Bar/Mankowski* IPR II § 1 Rn. 795.

trolle, nicht aber eine Inhaltskontrolle zugelassen.[410] Zum anderen ist die Unterscheidung kollisionsrechtlich nötig, weil **Abs. 2** nur für den äußeren Vornahmetatbestand hilft. Dies betrifft nur die Einbeziehungskontrolle. Wenn eine Klausel nach dem Vertragsstatut wirksam einbezogen ist und wenn der Kunde geltend machen kann, er habe wegen seines „Umweltrechts" nicht damit rechnen können, dass die Klausel durch sein Verhalten vereinbart würde, kann er, wenn die weiteren Voraussetzungen vorliegen, nach Abs. 2 vorgehen.[411] Ob die betreffende Klausel angemessen ist oder nicht, ist dagegen für Abs. 2 an sich unerheblich.[412]

170 Die Abgrenzung ist besonders bei **überraschenden Klauseln** schwierig (→ BGB § 305c Rn. 4). So wird nach § 305c BGB eine Klausel, deren Inhalt so stark vom Üblichen abweicht, dass die Gegenseite nicht mit ihrer Geltung zu rechnen braucht, mangels wirksamer Einbeziehung von vornherein nicht Bestandteil der Vereinbarung. In der deutschen Rspr. spielen freilich die Kennzeichnung einer Klausel als „überraschend" und deren inhaltliche Unangemessenheit häufig ineinander.[413] Jedoch verfolgen Überraschungs- und Inhaltskontrolle unterschiedliche Schutzzwecke. Überraschungskontrolle schützt den Kunden vor subjektiv ungewollter Bindung; er darf darauf vertrauen, dass die Klauseln im Rahmen des Erwartbaren bleiben (→ BGB § 305c Rn. 1). Angemessenheitskontrolle hingegen stellt objektiv die Ausgewogenheit der vertraglichen Rechte und Pflichten der Parteien sicher. Dies spricht dafür, die Frage danach, ob eine Klausel „überraschend" ist, der Einbeziehungskontrolle zuzuschlagen, selbst wenn deren Beantwortung den Klauselinhalt mitberücksichtigt.[414] Somit kann Abs. 2 es einer Partei erlauben, sich gegen das Vertragsstatut auf den Schutz des § 305c Abs. 1 BGB zu berufen.[415]

171 **d) Auslegung von AGB.** Das Vertragsstatut enthält ebenso die Regeln für die Auslegung von AGB,[416] die oft von den allgemeinen Auslegungsregeln abweichen. Das folgt aus Art. 12 Abs. 1 lit. a und ist daher dort zu erläutern (→ Art. 12 Rn. 40 ff.).

172 **e) Schutz durch Form.** Eine Möglichkeit des Schutzes vor AGB, die manche Rechtsordnungen – oft neben anderen Methoden – wählen,[417] ist das Aufstellen besonderer Formanforderungen für die Einführung oder die Annahme der AGB. Ob eine Regelung eine Formvorschrift ist, ist aber sorgfältig zu prüfen. Ein Beispiel ist Art. 1341 Abs. 2 C.c. Italien, wonach bestimmte lästige Klauseln durch gesonderte Unterschrift vom Kunden angenommen werden müssen.[418] Die Norm will damit sicherstellen, dass der Kunde, der nach Art. 1341 Abs. 1 C.c. Italien an AGB im Übrigen bereits gebunden ist, wenn er diese bei Einhaltung der üblichen Sorgfalt hätte kennen müssen, diesen Klauseln wirklich zugestimmt hat. Dieser Seriositätszweck ist typisch für Formvorschriften.[419] Da Art. 11 Abs. 1 und 2 nur für Verbraucher nicht gelten (Art. 11 Abs. 4) und ansonsten die alternative Anknüpfung der Form nicht von den Zwecken abhängt, die das Wirkungsstatut mit seinen Formvorschriften verfolgt, gilt die **alternative Ortsform** auch für diesen Aspekt der Einbeziehung von AGB. Hier kann es dann bei grenzüberschreitenden Distanzverträgen gemäß Art. 11 Abs. 2 auch dazu kommen, dass eine in Italien sitzende Partei, die mit einem in Deutschland sitzenden AGB-Verwender kontrahiert, den Schutz des italienischen Rechts verliert, weil die Einhaltung der deutschen Formregeln für beide Parteien ausreicht.[420] Wenn die italienische Partei dies nicht voraussehen konnte, hilft in seltenen Fällen Art. 10 Abs. 2 unter den in → Rn. 211 ff. und → Rn. 234 ff. genannten Voraussetzungen. Bei **Verbraucherverträgen** iSd Art. 6 Abs. 1 gilt gemäß Art. 11 Abs. 4 die alternative Formanknüpfung nicht; hier ist stets

---

410 BeckOGK/*Weller* Rn. 61; Ulmer/Brandner/Hensen/*Schmidt* BGB Anh. § 305 Rn. 2; anders wohl nur *Baumert* RIW 1997, 805 (808 f.).

411 BeckOGK/*Weller* Rn. 30, 84; Staudinger/*Hausmann,* 2021, Rn. 90 ff.; Reithmann/Martiny IntVertragsR/*Martiny* Rn. 3.78; *Thorn* IPRax 1997, 104; *Mankowski* RIW 1994, 422; *Pfeiffer* NJW 1997, 1211; *Ernst* JuS 1997, 777; iErg OLG Düsseldorf IPRax 1997, 115.

412 Staudinger/*Hausmann,* 2021, Rn. 94.

413 S. zB BGH NJW 2002, 3627; wN bei → BGB § 305c Rn. 4; rechtsvergleichend Jansen/Zimmermann/*Christandl* PECL Art. 2:104 Rn. 8.

414 Vielleicht BGH NJW-RR 2005, 1071; *v. Bar/Mankowski* IPR II § 1 Rn. 789; BeckOGK/*Weller* Rn. 30; NK-BGB/*Leible* Rn. 24; Staudinger/*Hausmann,* 2021, Rn. 103 mwN.

415 Staudinger/*Hausmann,* 2021, Rn. 103; BeckOK BGB/*Spickhoff* Rn. 14; BeckOGK/*Weller* Rn. 73; *Thorn* IPRax 1997, 98 (104); *Mankowski* RIW 1994, 422; *Pfeiffer* IPRax 2015, 320 (323); Reithmann/Martiny IntVertragsR/*Martiny* Rn. 3.78; aA Soergel/*v. Hoffmann* EGBGB Art. 31 Rn. 47.

416 *Wolf* ZHR 153 (1989), 300 ff.

417 Rechtsvergleichend *Zweigert/Kötz,* Einführung in die Rechtsvergleichung, 3. Aufl. 1996, 325 ff.

418 Dazu Jansen/Zimmermann/*Christandl* PECL Art. 2:104 Rn. 4.

419 AA zu Art. 1341 Abs. 2 C.c. Italien Staudinger/*Hausmann,* 2021, Rn. 81.

420 *Kost,* Konsensprobleme im internationalen Schuldvertragsrecht, 1995, 99; zum alten Recht LG Zweibrücken NJW 1974, 1060 (1061); aA Staudinger/*Hausmann,* 2021, Rn. 81.

die Form des Rechts am gewöhnlichen Aufenthalt des Verbrauchers einzuhalten, das aber auch nicht mit dem Vertragsstatut zusammenfallen muss.

3. Rechtswahl durch AGB. a) Allgemeines. Gegenstand der veröffentlichten Rspr. zu AGB sind meist vorformulierte Rechtswahl-, Gerichtsstands- oder Schiedsklauseln. Kollisionsrechtlich ist im Ansatz zwischen dem materiellrechtlichen **Hauptvertrag** und dem **Verweisungsvertrag** zu differenzieren. Die Rom I-VO regelt die Fragestellungen zwar separat in Art. 3 (Verweisungsvertrag) und Art. 10 (Hauptvertrag), jedoch erklärt Art. 3 Abs. 5 für den Verweisungsvertrag Art. 10 für anwendbar, so dass Zustandekommen und Wirksamkeit des Hauptvertrags und des Verweisungsvertrags derselben Rechtsordnung, nämlich dem gewählten Recht als hypothetischem Vertragsstatut, unterstehen.[421] Der Grund ist auch hier die Wahrung einer inneren Harmonie des gesamten Rechtsgeschäfts, zumal beide Verträge gewöhnlich uno actu geschlossen werden.[422] 173

Da Verweisungs- und Hauptvertrag jedoch zwei **rechtlich selbständige Verträge** sind, hängt die Wirksamkeit des einen nicht strikt von der des anderen ab.[423] Ist der Verweisungsvertrag nach dem anscheinend gewählten Recht unwirksam, zB weil die in AGB enthaltene Rechtswahlklausel danach nicht Vertragsbestandteil wurde, so ist der Hauptvertrag objektiv anzuknüpfen und kann danach durchaus gültig sein. Der Rechtswahlvertrag kann andererseits auch zur Maßgeblichkeit eines Rechts führen, nach dem der Hauptvertrag nichtig ist, selbst wenn die Rechtswahl nur eine Klausel des Hauptvertrages darstellt. Die Vereinbarung einer Rechtsordnung für den Hauptvertrag, dessen Formerfordernissen die Parteien bewusst oder aus Unkenntnis nicht entsprochen haben, macht den Verweisungsvertrag nicht ungültig.[424] Er bleibt zB für die Rückabwicklung erheblich, da nach Art. 12 Abs. 1 lit. e die Nichtigkeitsfolgen dem Vertragsstatut zu entnehmen sind. 174

Eine Rechtswahl kann – in der Praxis ganz üblich – durch AGB erfolgen.[425] Ihr Zustandekommen durch **Verweisungsvertrag in AGB** unterliegt wegen Art. 3 Abs. 5 dem in Aussicht genommenen Recht, dh dem **gewählten Vertragsstatut,**[426] soweit sich nicht bei Verbraucherverträgen Besonderheiten ergeben. Zur Rechtswahl in Verbraucherverträgen → Rn. 184. 175

b) Einbeziehungs- und Inhaltskontrolle. Hinsichtlich der Rechtswahlvereinbarung in AGB ist zwischen der Einbeziehungs- und Inhaltskontrolle zu unterscheiden. Über die „Zulässigkeit" der Rechtswahl im Sinne einer **Inhaltskontrolle** entscheiden die Art. 3 Abs. 1, Art. 5 Abs. 2, Art. 6 Abs. 2, Art. 7 Abs. 3, Art. 8 Abs. 1 **abschließend.** Art. 3 Abs. 1 besagt daher, dass vorbehaltlich der in anderen Vorschriften der Rom I-VO zu findenden Einschränkungen die Parteien eines internationalen Vertrages – auch in AGB – jede beliebige Rechtsordnung wählen können.[427] Eine **Inhaltskontrolle anhand nationalen Rechts** findet nach zutreffender Meinung, auch in Bezug auf den Inhalt des gewählten Rechts, **nicht statt,**[428] und zwar weder nach dem anscheinend gewählten Recht 176

---

421 OLG Karlsruhe BeckRS 2021, 8058 Rn. 28; Rauscher/*Freitag* Rn. 19; Grüneberg/*Thorn* Art. 3 Rn. 9.

422 BGHZ 123, 380 (383) = NJW 1994, 262; Rauscher/*v. Hein* Art. 3 Rn. 40 f.; *Bomsdorf/Finkelmeier* RIW 2021, 350 (357).

423 Vgl. BGH JZ 1963, 167 = IPRspr. 1962/63 Nr. 40; Rauscher/*v. Hein* Art. 3 Rn. 39; Staudinger/*Magnus,* 2021, Art. 3 Rn. 166; Staudinger/*Hausmann,* 2021, Rn. 37; Rauscher/*Freitag* Rn. 19; *Bomsdorf/Finkelmeier* RIW 2021, 350 (354 f.).

424 BGH IPRax 1990, 320 mAnm *Spellenberg* IPRax 1990, 295; OLG Frankfurt OLGR 2000, 112 zur Form; *Kegel/Schurig* IPR 18 I 1c, S. 657; *W. Lorenz* AcP 159 (1960/1961), 193 (216); *Meyer-Sparenberg* RIW 1989, 347 (349).

425 Ganz hM; Staudinger/*Magnus,* 2021, Art. 3 Rn. 176 ff.

426 Staudinger/*Magnus,* 2021, Art. 3 Rn. 176; Rauscher/*v. Hein* Art. 3 Rn. 42; so bereits vor der Rom I-VO BGH NJW-RR 2005, 1071 f.; BGHZ 123, 380 = IPRax 1994, 449 mAnm *W. Lorenz* IPRax 1994, 429 = JZ 1994, 363 mAnm *G. Fischer* = NJW 1994, 262 = RIW 1994, 154 m. krit. Anm. *W.-H. Roth* RIW 1994, 275; KG VuR 1991, 138; OLG München IPRax 1991, 46 mAnm *Geimer* IPRax 1991, 31; OLG Düsseldorf RIW 1993, 845; krit. *Stoll* FS Heini, 1995, 429 (438 ff.); ebenso hM im älteren Schrifttum, zB *Kreuzer,* Das IPR des Warenkaufs in der deutschen Rechtsprechung, 1964, 53; *Linke* ZVglRWiss 79 (1980), 1 ff.; *Ungnade* WM 1973, 1130 f.

427 Staudinger/*Magnus,* 2021, Art. 3 Rn. 176 mwN; schon der Gesetzgeber der IPR-Reform von 1986 hatte die nach dem früheren § 10 Nr. 8 AGBG aF vorgesehene Inhaltskontrolle von Rechtswahlklauseln bewusst ausgeschlossen, da sie in Widerspruch zu der von Art. 27 EGBGB aF geschützten Rechtswahlfreiheit stehe, BT-Drs. 10/504, 95.

428 BeckOGK/*Weller* Rn. 61; Staudinger/*Hausmann,* 2021, Rn. 98; NK-BGB/*Leible* Rn. 25 f.; Rauscher/*Freitag* Rn. 22; Rauscher/*v. Hein* Art. 3 Rn. 43; *v. Bar/Mankowski* IPR II § 1 Rn. 90 ff.; *Picht/Kopp* IPRax 2024, 16 (25 f.).; *W.-H. Roth* IPRax 2013, 515 (521); *Rieländer* RIW 1997, 28 (33); *Meyer-Sparenberg* RIW 1989, 347; *Jayme* FS W. Lorenz, 1991, 435 ff.; *Stoll* FS Heini, 1995, 429 (438 ff.); *Mankowski* RIW 1993, 453 (455 f.); *Mankowski* RIW 1996, 1001 (1002); *Baumert* RIW 1997, 805 (809); *Sieg* RIW 1997, 805 (816); *Mäsch,* Rechtswahlfreiheit und Verbraucherschutz, 1993, 84 f.; *C. Rühl,* Rechtswahlfreiheit und Rechtswahlklauseln in AGB, 1999, 198 ff.; aA OLG Frankfurt IPRax 1990, 236 m. krit. Aufsatz *Lüderitz* IPRax 1990,

noch nach dem nationalen Recht der lex fori. Art. 3 Abs. 5, der im Übrigen nur von der Wirksamkeit der „Einigung" spricht und in seinem Anknüpfungsgegenstand daher enger als Art. 10 zu verstehen ist, tritt insoweit zurück.[429] Andernfalls könnte das ausdifferenzierte System der Rom I-VO zur Zulässigkeit von Rechtswahlklauseln unterlaufen werden.[430] Das gilt auch bei elektronischem Vertragsschluss.[431]

177 Die **Einbeziehungskontrolle** ist hingegen zulässig und unterliegt als Frage des „Zustandekommens der Rechtswahlvereinbarung" iSd Art. 3 Abs. 5 mit Art. 10 unstreitig dem anscheinend gewählten Vertragsstatut (in Deutschland also den §§ 305 ff. BGB).[432] Hier ist sowohl die **Einführung** der AGB als auch ihre **Annahme** anhand des gewählten Rechts zu prüfen. Das OLG Düsseldorf hat so, allerdings zu einem Verbrauchervertrag und in casu zu Unrecht, eine Schieds- und Rechtswahlklausel als überraschend iSd § 305c BGB verworfen.[433] Es ist zwar an sich denkbar, dass ein kaufmännischer Kunde bei einem internationalen Geschäft mit einer solchen Klausel in den AGB nicht rechnen konnte, aber doch praktisch selten, wenn er sich auf ein solches Geschäft einlässt (→ Rn. 199 f.).[434] War die Klausel dagegen „nur" so in dem Klauselwerk versteckt, dass sie nicht zu erkennen war, dann ist vielleicht der bessere Weg der über Art. 3 Abs. 1 S. 2, weil die Rechtswahl sich dann nicht „eindeutig aus den Bestimmungen des Vertrags" ergibt.[435] Auf Art. 10 Abs. 2 käme es dann nicht mehr an, weil die Vereinbarung ohnehin schon gescheitert ist.[436] Unter Umständen, wenngleich selten, kann der Einwand des Abs. 2 erhoben werden, wenn die Rechtswahl nach dem gewählten Recht wirksam einbezogen ist, es aber nach dem Recht des Kunden nicht wäre, vorausgesetzt die Bindung daran ist dem Kunden nicht zumutbar (→ Rn. 268 ff.).[437]

178 Die Regeln über die Einbeziehung von AGB durch Schweigen betreffen auch das **nachkonsensuale Verhalten:** Wenn zB nach Abschluss des Vertrages, der seinen Schwerpunkt im Recht des Offerenten hat, der Annehmende erstmals seinem Bestätigungsschreiben oder seinen Rechnungen (auf deren Rückseite) AGB mit einer Rechtswahl zu Gunsten seines Rechts beifügt,[438] dann führt das ggf. zu einer Änderung des Vertragsstatuts, worüber grundsätzlich das neue Statut entscheidet. Es gilt dafür aber auch das Erfordernis der sicheren Erkennbarkeit des dahingehenden Willens der Parteien in Art. 3 Abs. 1 S. 2.[439] Dass der Adressat durch Schweigen zugestimmt haben soll, kann man leicht bezweifeln. Wenn das vorgeschlagene Recht einen Widerspruch des Empfängers erwartet, während dieser sich darauf verlässt,[440] dass Erklärungen nach Vertragsschluss auf Rechnungen und dergleichen den Vertragsinhalt nicht mehr ändern können, und daher die Rechnungen auch in dieser Hinsicht nicht mehr überprüft, so ist dieser Konflikt **über Abs. 2** zu lösen (→ BGB § 307 Rn. 307).[441] Es liegt der Vorschlag einer nachträglichen ändernden Rechtswahl vor. Hier hatte der Offerent sich zwar durch den internationalen Vertragsschluss zum Recht der Gegenpartei in Beziehung gesetzt, aber die Gegenpartei durfte ihn nicht in ein anderes Recht hineinziehen (→ Rn. 238; → Rn. 271).

179 **c) Kollidierende Rechtswahlklauseln.** Die kollisionsrechtliche Behandlung kollidierender Rechtswahlklauseln ist **umstritten.**[442] Derartige Fallkonstellationen, in denen die Parteien in ihren

---

216; OLG Köln RdTW 2019, 136 Rn. 16, obiter; OLG Frankfurt ZVertriebsR 2022, 59; *Heiss* RabelsZ 65 (2001), 634 ff.; *M. Wolf* ZHR 153 (1989), 300 (301 f.).

429 *v. Bar/Mankowski* IPR II § 1 Rn. 94.

430 Rauscher/*Freitag* Rn. 22; *v. Bar/Mankowski* IPR II § 1 Rn. 96 f.

431 *Junker* RIW 1999, 817; *Mankowski* RabelsZ 63 (1999), 210 f.; *Borges,* Verträge im elektronischen Geschäftsverkehr, 2003, 859 ff.; aA *Ernst* BB 1997, 1056.

432 BGHZ 123, 380 (383) = NJW 1994, 262; BGHZ 171, 141 (146) = NJW 2007, 2036; OLG Karlsruhe RdTW 2021, 309; OLG Köln RdTW 2019, 136 Rn. 16; OLG Düsseldorf RdTW 2018, 473 Rn. 28; OLG Zweibrücken MDR 2013, 510; Staudinger/*Hausmann,* 2021, Rn. 80a mwN; NK-BGB/*Leible* Rn. 14; Rauscher/*v. Hein* Art. 3 Rn. 42.

433 OLG Düsseldorf IPRax 1997, 115; 1997, 118 (zwei Entscheidungen) m. abl. Aufsatz *Thorn* IPRax 1997, 98 (104); OLG Düsseldorf RIW 1994, 420; anders iErg zB BGHZ 123, 380 (383) = NJW 1994, 262.

434 Vgl. BGH NJW-RR 2005, 1071; BGHZ 123, 380 (383) = NJW 1994, 262; OLG Karlsruhe RdTW 2021, 309; Rauscher/*v. Hein* Art. 3 Rn. 43; *Thorn* IPRax 1997, 98 (104); *Mankowski* RIW 1996, 1001 f.; zu Abs. 2 Staudinger/*Hausmann,* 2021, Rn. 90 f., 103a.

435 *Jayme* FS W. Lorenz, 1991, 435 (439); aA – Überraschungskontrolle – Staudinger/*Magnus,* 2021, Art. 3 Rn. 176; Staudinger/*Hausmann,* 2021, Rn. 103a; *W.-H. Roth* IPRax 2013, 515 (522).

436 Irrig daher OLG Düsseldorf RIW 1994, 420 m. abl. Anm. *Mankowski;* OLG Düsseldorf IPRax 1997, 115 m. krit. Aufsatz *Thorn* IPRax 1997, 98; vgl. Rauscher/*Freitag* Rn. 24.

437 Bsp. bei *Pfeiffer* IPRax 2015, 320 (323).

438 Abwandlung des Falls OLG Karlsruhe NJW-RR 1993, 567.

439 Dazu *W.-H. Roth* IPRax 2017, 449 (462 f.).

440 Wie dies wohl den meisten Rechtsordnungen entspricht; zur zunehmenden Zurückhaltung im deutschen Recht auch bei laufenden Geschäftsbeziehungen vgl. BGH NJW 1978, 2243; NJW-RR 1991, 570.

441 Staudinger/*Magnus,* 2021, Art. 3 Rn. 176; Rauscher/*Freitag* Rn. 24.

442 Ausführlich *Aden,* Battle of Forms, 2021, 285 ff.

jeweiligen AGB je unterschiedliches Recht wählen, dürften in der Praxis häufiger vorkommen, sind jedoch bislang in der veröffentlichten Rspr. kaum anzutreffen.[443] Unproblematisch ist der wohl eher seltene Fall, dass in beiden AGB dieselbe Rechtsordnung gewählt wird, und deshalb kein Widerspruch zwischen den Klauseln besteht. Hier kann die Einbeziehung nach dieser Rechtsordnung beurteilt werden.[444] Widersprechen sich die Rechtswahlklauseln jedoch, indem sie unterschiedliche Rechtsordnungen bezeichnen, werden verschiedene Lösungen vertreten.

In der Konsequenz der Art. 3 Abs. 1, Art. 10 Abs. 1 liegt es nach einer Ansicht, zunächst **für jede Rechtswahlklausel** nach dem in ihr benannten **Recht getrennt** festzustellen, ob die betreffende Klausel wirksam einbezogen wurde.[445] Das in den Klauseln jeweils bestimmte Sachrecht entscheide auch darüber, ob es trotz der entgegengesetzten Rechtswahl der Gegenseite wirksam vereinbart wurde. Zu keinem Konflikt kommt es zum einen, wenn beide Rechte die Wirksamkeit „ihrer" Rechtswahlklausel verneinen. Dann bleibt es schon deshalb bei der objektiven Anknüpfung.[446] Bejaht nur eine der Rechtsordnungen die Wirksamkeit, etwa weil beide Rechte der Theorie des letzten Wortes folgen, behauptet sich die danach wirksame Klausel. Gehen beide „gewählten" Rechte davon aus, ihre jeweilige Wahl sei trotz der gegenläufigen Klausel der Gegenseite wirksam, so sei der daraus resultierende Widerspruch dadurch aufzulösen, dass man die Rechtswahl mangels Übereinstimmung als gescheitert betrachtet.[447] 180

Diese Ansicht führt zu **unbefriedigenden Ergebnissen.** Geht etwa das in der Rechtswahlklausel des Offerenten benannte Sachrecht wie das deutsche (→ BGB § 305 Rn. 117 ff.)[448] davon aus, kollidierende AGB würden nicht Vertragsinhalt (Restgültigkeitstheorie), während das in den AGB des Akzeptanten gewählte Recht der „Theorie des letzten Wortes" folgt, so führt diese zur wirksamen Wahl des Rechts des Akzeptanten.[449] Gleiches gilt, wenn beide Rechtsordnungen der Theorie des letzten Wortes folgen. Diese Theorie hat jedoch nicht nur etwas Zufälliges, sondern bevorzugt unberechtigt die zuletzt erklärende Partei, die so sogar taktieren könnte.[450] Moderne Kodifikationen entscheiden sich gegen sie, soweit sie das Problem überhaupt mit einer eigenen Norm bedenken.[451] Folgt hingegen das in den AGB des Offerenten gewählte Recht, wie etwa Art. 6:225 Abs. 3 BW Niederlande, der „first shot-rule", während die in den AGB des Akzeptanten bezeichnete Rechtsordnung der Theorie des letzten Wortes anhängt, muss eine wirksame Rechtswahl verneint werden, obwohl beide Rechtsordnungen je für sich zur Wirksamkeit gelangen.[452] Dieser Widerspruch lässt sich nicht plausibel erklären.[453] Ihn als „Notlösung" zu bezeichnen, weil ein Vertrag nun einmal nicht zwei Rechten unterliegen könne, befriedigt nicht.[454] Trotz der vordergründigen Übereinstimmung mit Art. 3 Abs. 5, Art. 10 Abs. 1 ist die von dieser Ansicht vorgenommene Einzelbetrachtung deshalb abzulehnen.[455] 181

Einen Ausweg für den Fall, dass beide Klauseln jeweils nach der gewählten Rechtsordnung wirksam sind, sucht eine Ansicht, nach der grundsätzlich eine Einzelbetrachtung vorzunehmen sei, allerdings dann, wenn diese nicht zu einem widerspruchsfreien Ergebnis führe, die Wirksamkeit der Rechtswahl nicht nach den gewählten Rechten, sondern nach dem **objektiven Vertragsstatut** zu beurteilen sei.[456] Dies hat den Vorteil, dass nur eine einzige Rechtsordnung dazu berufen ist, die Kollision aufzulösen, und eine Wirksamkeit beider Klauseln daher ausgeschlossen ist. Jedoch erscheint 182

---

443 Eine Ausnahme bilden OGH IPRax 1991, 419 mAnm *Tiedemann* IPRax 1991, 424: objektive Anknüpfung; sowie LG Duisburg RIW 1996, 1182, wo die Problematik allerdings verkannt wird.

444 *Aden,* Battle of Forms, 2021, 289 f.; *v. Bar/Mankowski* IPR II § 1 Rn. 85.

445 *Meyer-Sparenberg* RIW 1989, 347 (348); *Tiedemann* IPRax 1991, 424 (425 f.); *Sieg* RIW 1997, 811 (817); *v. Bar/Mankowski* IPR II § 1 Rn. 85; s. auch → 8. Aufl. 2021, Rn. 204 *(Spellenberg)*.

446 Da Parteien grds. eine wirksame Rechtswahl anstreben, dürfte dieser Fall selten sein, *Aden,* Battle of Forms, 2021, 288 f.

447 *Aden,* Battle of Forms, 2021, 293; *Tiedemann* IPRax 1991, 424 (426).

448 BGHZ 61, 282 = WM 1973, 1269; BGH NJW-RR 2001, 484; vorbehaltlich einer konkludenten Annahme der zuletzt eingeführten AGB BGH BB 1995, 950; aA obiter OLG Köln IPRspr. 2006 Nr. 122.

449 So BGH LM BGB § 150 Nr. 3 und 6.

450 *Aden,* Battle of Forms, 2021, 321 ff.

451 Art. 1119 Abs. 2 C.c. Frankreich; Art. 5.23 Abs. 3 C.c. Belgien; *Aden,* Battle of Forms, 2021, 349 f.; s. aber zugunsten der „first shot-rule" Art. 6:225 Abs. 3 BW Niederlande; Überblick bei Jansen/Zimmermann/*Christandl* PECL Art. 2:209 Rn. 1 ff.

452 So auch BeckOGK/*Weller* Rn. 62.

453 *Bomsdorf/Finkelmeier* RIW 2021, 350 (358 f.); insoweit auch *Dutta* ZVglRWiss 104 (2005), 461 (470); s. aber → 8. Aufl. 2021, Rn. 204 *(Spellenberg)*.

454 So aber → 8. Aufl. 2021, Rn. 204 *(Spellenberg)*.

455 *Bomsdorf/Finkelmeier* RIW 2021, 350 (359); Rauscher/*v. Hein* Art. 3 Rn. 43; BeckOGK/*Weller* Rn. 62.

456 *Dutta* ZVglRWiss 104 (2005), 461 (476 f.); zust. → BGB § 307 Rn. 306; → Art. 3 Rn. 104; Rauscher/*Freitag* Rn. 26.

es merkwürdig, eine Rechtsordnung, die beide Parteien übereinstimmend nicht wollten, als „nächstengere Verbindung" (→ BGB § 307 Rn. 306) entscheiden zu lassen.[457] Zugleich läuft die Ansicht dem von Art. 3 Abs. 5 intendierten Gleichlauf von Rechtswahlstatut und Vertragsstatut zuwider.[458] Schließlich werden die Zufälligkeiten nicht beseitigt, denn die Lösung bevorzugt Parteien, deren gewöhnlicher Aufenthalt in einem Staat liegt, der der Theorie des letzten Wortes anhängt, und für das objektive Vertragsstatut maßgeblich ist.[459]

183 Vorzugswürdig ist es daher, im Fall kollidierender Rechtswahlklauseln mit der wohl **hM** ohne Rückgriff auf die gewählten Sachrechte ein **Scheitern der Rechtswahl** anzunehmen und den Vertrag objektiv anzuknüpfen.[460] Angesichts der einander widersprechenden Rechtswahlklauseln fehlt bereits der von Art. 3 geforderte Anschein einer Rechtswahl.[461] Es lässt sich nicht sagen, dieser Anschein liege vielmehr im Übermaß vor,[462] da die Parteien insoweit ersichtlich keinen Konsens erzielt haben. Hierzu muss man nicht unbedingt eine Sachnorm in Art. 3 hineinlesen;[463] vielmehr ist Anknüpfungsgegenstand des Art. 3 Abs. 1 von vornherein nur eine mögliche Einigung über die Bezeichnung des anwendbaren Rechts.[464] In der Sache erweist sich diese Lösung als praktikabler, da sie die Zufälligkeiten und Unzuträglichkeiten der anderen Ansichten vermeidet und so eher den Parteierwartungen entspricht.[465] Auf die Wirksamkeit des Hauptvertrags ist das Scheitern der Rechtswahl ohne Einfluss (→ Rn. 174).

184 **d) Rechtswahl in Verbraucherverträgen.** Auch in einem Verbrauchervertrag unterliegt die Rechtswahl in den AGB des Unternehmers zwar der Einbeziehungskontrolle (→ Rn. 177 f.), aber **keiner Inhaltskontrolle.**[466] Vielmehr gewährleistet das Günstigkeitsprinzip des Art. 6 Abs. 2 S. 2 den Schutz des Verbrauchers auf anderem Wege, indem es ihm das ihm günstigere zwingende Recht an seinem gewöhnlichen Aufenthalt erhält. Diesen Mechanismus hat der EuGH – mit durchaus zweifelhafter Begründung[467] – abgesichert, indem er die Rechtswahlklausel zwar keiner Inhaltskontrolle, wohl aber einer **Transparenzkontrolle** anhand der Klausel-RL (bzw. deren Umsetzung, in Deutschland also § 307 Abs. 1 S. 2 BGB) unterwirft. Danach ist eine Klausel irreführend und damit missbräuchlich, wenn sie dem Verbraucher den Eindruck vermittelt, es komme ausschließlich das gewählte Recht zur Anwendung, ohne ihn darüber zu informieren, dass die zwingenden Bestimmungen an seinem gewöhnlichen Aufenthalt gleichwohl anwendbar bleiben.[468] Die Folgen dieser Rspr. sind im Einzelnen noch ungeklärt. In der Praxis werden im Verkehr mit Verbrauchern verwendete Rechtswahlklauseln nun mit Blick auf Art. 6 Abs. 2 S. 2 umfangreicher, aber für den Laien nicht unbedingt verständlicher formuliert (zum Ganzen → BGB § 307 Rn. 312 ff.). Ob auch in **Personenbeförderungsverträgen** zusätzliche Transparenzanforderungen bestehen, wird von den deutschen Gerichten uneinheitlich beurteilt; eine Entscheidung des EuGH steht noch aus.[469]

185 **4. Ordre public.** Ausländischem nationalen Recht unterliegende AGB bzw. einzelne Klauseln können gegen den deutschen ordre public verstoßen und sind dann gemäß Art. 21 nicht zu beachten. Zwar wehrt Art. 21 allein das Ergebnis der Anwendung ausländischer Rechtsnormen ab und AGB

---

457 Zur Rechtfertigung mit dem Prinzip der engsten Verbindung *Dutta* ZVglRWiss 104 (2005), 461 (472 ff.).

458 *Bomsdorf/Finkelmeier* RIW 2021, 350 (359); Rauscher/*v. Hein* Art. 3 Rn. 43.

459 Ähnlich *Bomsdorf/Finkelmeier* RIW 2021, 350 (359).

460 Staudinger/*Magnus,* 2021, Art. 3 Rn. 174; *C. Rühl,* Rechtswahlfreiheit und Rechtswahlklauseln in AGB, 1999, 68 ff., 76 f.; Rauscher/*v. Hein* Art. 3 Rn. 43; *Stoll* FS Heini, 1995, 429 (436); BeckOGK/*Weller* Rn. 62; BeckOK BGB/*Spickhoff* Rn. 7; Staudinger/*Hausmann,* 2021, Rn. 36a; iErg ebenso, allerdings auf der Grundlage der knock out-rule des Art. II.-4:209(1) DCFR, Calliess/Renner/*Augenhofer* Rn. 28.

461 Staudinger/*Magnus,* 2021, Art. 3 Rn. 174; Rauscher/*v. Hein* Art. 3 Rn. 43; Staudinger/*Hausmann,* 2021, Rn. 36a; *Bomsdorf/Finkelmeier* RIW 2021, 350 (359).

462 So aber → 8. Aufl. 2021, Rn. 204 *(Spellenberg).*

463 So aber zB BeckOK BGB/*Spickhoff* Rn. 7; zum Problem *Dutta* ZVglRWiss 104 (2005), 461 (465 ff.).

464 Anders → 8. Aufl. 2021, Rn. 201 *(Spellenberg);* Rauscher/*Freitag* Rn. 26.

465 *Bomsdorf/Finkelmeier* RIW 2021, 350 (359); Staudinger/*Magnus,* 2021, Art. 3 Rn. 174; Rauscher/*v. Hein* Art. 3 Rn. 43; BeckOK BGB/*Spickhoff* Rn. 7.

466 Staudinger/*Hausmann,* 2021, Rn. 99a mwN; Rauscher/*Freitag* Rn. 28; Staudinger/*Magnus,* 2021, Art. 3 Rn. 178; anders aber *Heiss* RabelsZ 65 (2001), 634 (647 f.).

467 Zur Kritik etwa *Mankowski* NJW 2016, 2705; *Rieländer* RIW 2017, 28; Rauscher/*Freitag* Rn. 28.

468 EuGH NJW 2016, 2727 – VKI/Amazon EU Sàrl; dazu *W.-H. Roth* IPRax 2017, 449; *Rieländer* RIW 2017, 28; *P. Huber* FS Kronke, 2020, 215 ff.; bestätigt für nicht online abgeschlossene Verträge in EuGH IPRax 2020, 246 – VKI/TVP Treuhand- und Verwaltungsgesellschaft für Publikumsfonds mbH & Ci KG; dazu *Rieländer* IPRax 2020, 224 (230 f.); erneut bestätigt in EuGH NJW 2024, 569 – Club La Costa, mAnm *Rieländer* (gewählt war das Recht des gewöhnlichen Aufenthalts des Verbrauchers); früher bereits BGH IPRax 2013, 557 mAnm *W.-H. Roth* IPRax 2013, 515; s. auch den Überblick über die frühere deutsche Rspr. bei *W.-H. Roth* IPRax 2017, 449 (460 f.).

469 Näher Rauscher/*v. Hein* Art. 3 Rn. 43 mwN.

sind nicht als **Rechtsnormen** zu qualifizieren. Jedoch geht es bei ausländischem Vertragsstatut in Wahrheit um die Anwendung der darin enthaltenen gesetzlichen Regeln über die Wirkung und Anwendung von AGB und deren Ergebnis im konkreten Fall.

VI. Exkurs: AGB und deutsches Recht bei Auslandsbezug

Ist nach den Regeln der Rom I-VO auf einen internationalen Vertrag deutsches Recht anzuwenden, so bringt die Auslandsberührung bei AGB auch auf der **Ebene des deutschen Sachrechts Besonderheiten,** die bei §§ 305–310 BGB im Tatbestand deutscher Sachnormen zu beachten sein können.[470] Es handelt sich insbesondere um drei Situationen: (1) die im Ausland ansässige Partei weiß nicht, dass sie den AGB oder dem kaufmännischen Bestätigungsschreiben nach dem deutschen Recht hätte widersprechen müssen; (2) die ausländische sprachunkundige Partei versteht den Einbeziehungshinweise oder auch die AGB selbst nicht oder nicht richtig; (3) eine Klausel überrascht den ausländischen Kunden, wäre aber für einen deutschen nicht überraschend. 186

1. Einführung der AGB – Einbeziehungshinweis. AGB werden nur Vertragsbestandteil, wenn die Parteien dies ausdrücklich oder unter bestimmten Voraussetzungen wenigstens stillschweigend **vereinbaren.** Wenn auch nicht in jedem Falle die Aushändigung der AGB an den **unternehmerischen Vertragspartner** notwendig ist, so muss er doch regelmäßig darauf hingewiesen werden, dass sie gelten sollen. Andernfalls kommt der Vertrag ohne die AGB zustande; er ist nicht etwa ganz nichtig.[471] Es ist zwischen dem **Einbeziehungshinweis** und der **Übermittlung** der AGB zu unterscheiden. 187

Nur in Ausnahmefällen ist der **Hinweis entbehrlich,** weil die Verwendung vereinheitlichter AGB in der betreffenden Branche, vor allem dem Bank- und Transportwesen, so allgemein üblich ist, dass die **deutschen** Kaufleute auch ohne Hinweis wissen, dass ihre Partner immer nur zu diesen Bedingungen kontrahieren.[472] Diese Branchenkenntnis ist jedoch bei **ausländischen** Kunden nicht unbedingt gegeben. Zu Recht hat darum der BGH im Verhältnis zu **ausländischen Kaufleuten** die Einführung der AGB verneint, weil der ausländische Kunde nicht wie ein im Inland ansässiger stets die Branchenüblichkeit der **ADSp** oder **AGB-Banken** kennen musste. So kann von ausländischen Kunden inländischer Speditionen nicht pauschal die Kenntnis der ADSp verlangt werden.[473] 188

Eine stillschweigende Unterwerfung ausländischer Kaufleute kann daher **ohne ausdrücklichen Hinweis** auf die AGB nur unter besonderen Umständen angenommen werden (→ BGB § 307 Rn. 309):[474] wenn die ausländische Partei hier ansässig ist[475] oder eine Niederlassung besitzt[476] oder wenn sie aus früheren Geschäften mit deutschen Spediteuren[477] oder Banken[478] oder deshalb, weil 189

---

[470] Zu den Besonderheiten des Auslandsbezuges bei Anwendung deutschen AGB-Rechts vgl. auch *Maidl,* Ausländische AGB im deutschen Recht, 2000; → BGB § 305 Rn. 71.

[471] BGHZ 102, 293 (304) = NJW-RR 1988, 599; weiter BGHZ 117, 190 (194) = NJW 1992, 1232; BGH NJW 1985, 1838 f.; IPRax 1997, 416; OLG Koblenz IPRax 1994, 47 f. m. Aufsatz *Schurig* IPRax 1994, 27.

[472] BGH NJW 1986, 1434; *Drobnig* FS Mann, 1977, 592 ff.; bei den ADSp gilt das aber nicht für bestimmte Klauseln gemäß § 449 Abs. 2 S. 1 Nr. 1 HGB und § 466 Abs. 2 S. 1 Nr. 1 HGB, BGH ZIP 2003, 576 f.

[473] BGH NJW 1976, 2075 mAnm *Buchmüller* NJW 1977, 501; weiter BGH VersR 1981, 975 = IPRax 1982, 77 Ls. mAnm *v. Hoffmann;* OLG Dresden IPRax 2000, 121 (122 f.); OLG München VersR 1975, 129; OLG Hamburg VersR 1986, 808; OLG Schleswig NJW-RR 1988, 283 zu AdSp; BGH IPRax 2005, 446 obiter mAnm *M.-P. Weller* IPRax 2005, 428 (430) betr. Banken; zu pauschal Ulmer/Brandner/Hensen/*Schmidt* BGB Anh. § 305 Rn. 19, wonach in der EU ansässige Kunden deutscher Spediteure mit der Geltung der ADSp zu rechnen hätten; vorsichtig auch LG Köln TranspR 2003, 125; ausf. Nachweise bei Reithmann/Martiny IntVertragsR/*Martiny* Rn. 3.68 ff.; Reithmann/Martiny IntVertragsR/*Mankowski* Rn. 31.8 ff.

[474] Vgl. Reithmann/Martiny IntVertragsR/*Martiny* Rn. 3.68 ff.; Reithmann/Martiny IntVertragsR/*Mankowski* Rn. 31.8 ff.; Rauscher/*v. Hein* Art. 3 Rn. 42; Staudinger/*Hausmann,* 2021, Rn. 86 ff.; *Bomsdorf/Finkelmeier* RIW 2021, 350 (357).

[475] OLG Koblenz RIW 1989, 387.

[476] BGH NJW 1976, 2075; 1971, 1905; WM 1982, 55 = IPRax 1982, 77 Ls. mAnm *v. Hoffmann* zu ADSp; Reithmann/Martiny IntVertragsR/*Martiny* Rn. 3.69.

[477] BGH VersR 1971, 619; NJW 1973, 2154; OLG München NJW 1973, 1560; OLG Frankfurt RIW 1979, 278; OLG Schleswig NJW-RR 1988, 238; OLG Hamburg TranspR 1996, 40 = RIW 1997, 70; OLG Dresden IPRax 2000, 121 f. – in casu verneint; zust. Staudinger/*Hausmann,* 2021, Rn. 86 f.; abl. *G. Fischer,* Verkehrsschutz im internationalen Vertragsrecht, 1990, 339; vgl. auch Reithmann/Martiny IntVertragsR/*Martiny* Rn. 3.69 f.

[478] BGH NJW 1971, 2126 (2127); 1987, 1825 = IPRax 1987, 372 m. Aufsatz *Schlechtriem;* BGHZ 108, 353 (362) sub III 2 = NJW 1990, 242 = IPRax 1991, 338 mAnm *Kronke/Berger* IPRax 1991, 316; BGH IPRax 2005, 446 f. mit Aufsatz *M.-P. Weller* IPRax 2005, 428 (430).

sie im Grenzgebiet tätig ist,[479] wissen muss, dass der deutsche Partner nur nach seinen AGB kontrahieren will.[480] Erst recht genügt es, wenn der ausländische Partner die AGB in einer Mehrzahl von Geschäften mit demselben deutschen Verwender nicht beanstandet hat, selbst wenn im konkreten Fall der Hinweis nicht gegeben wurde.[481] Ist danach im Einzelfall eine Einbeziehung auch ohne ausdrücklichen Hinweis zu bejahen, bleibt für eine Korrektur über Abs. 2 mangels Unbilligkeit des Rechtsanwendungsergebnisses regelmäßig kein Raum.[482]

190 **2. Sprachprobleme. a) Einbeziehungshinweis.** Die vor allem für AGB vieldiskutierten Sprachprobleme sind nach den oben entwickelten Grundsätzen zu lösen (→ Rn. 102 ff.). Gegenüber ausländischen wie inländischen Vertragspartnern ist im Verkehr mit **Verbrauchern** in der Regel ein ausdrücklicher, aber nicht notwendig schriftlicher Hinweis nötig (§ 305 Abs. 2 Nr. 1 BGB). Das schließt insbesondere die **sprachliche Verständlichkeit** ein (→ BGB § 305 Rn. 71; → BGB § 307 Rn. 310).[483] Es gelten dieselben Grundsätze wie allgemein für den Zugang erläutert. Es genügen Hinweise in der **Muttersprache** des Kunden[484] und auch in einer vom Kunden **tatsächlich ausreichend verstandenen Fremdsprache.**[485] Darüber hinaus genügt der Hinweis in einer Sprache, die zu verstehen der Adressat **zurechenbar den Anschein** erweckt und bis dahin aufrechterhalten hat.[486] Der Anschein kann durch den Gebrauch einer Sprache in den Verhandlungen oder unter Umständen auch im Vertrag selbst erweckt werden.[487]

191 Unter **Unternehmern** erfolgt die Einbeziehung demgegenüber nach normalen Vertragsschlussregeln; § 305 Abs. 2 BGB gilt hier nicht (§ 310 Abs. 1 S. 1 BGB). Es genügt daher den Anforderungen – über das Vorstehende hinaus[488] – auch, wenn der Kunde in zahlreichen früheren Verträgen die Unverständlichkeit nie gerügt hat, jedenfalls wenn die AGB früher einmal ausdrücklich akzeptiert wurden.[489] Bei ausdrücklichen Hinweisen gelten auch unter Unternehmern grundsätzlich dieselben Grundsätze des Sprachgebrauchs, die in → Rn. 70 ff., → Rn. 102 ff. erörtert sind. Danach muss und darf der Hinweis außer in der Muttersprache des Kunden in einer Sprache sein, die er in ausreichendem Maße zu beherrschen den Anschein gegenüber dem Verwender erweckt hat.[490] Es ist eine unzulässige, wenngleich im Ergebnis meist unschädliche Pauschalierung, dass der Einbeziehungshinweis stets in der Verhandlungssprache gegeben werden müsse und dürfe.[491] Für den Einbeziehungshinweis sind aber **keine vertieften Sprachkenntnisse** nötig. Ist ein Angebot mit dem Hinweis auf die eigenen AGB der erste Kontakt der Parteien, dann handelt der Anbieter auf eigene Gefahr, dass die Sprache verstanden wird, wenn er sich nicht der Muttersprache des Adressaten bedient.

192 **b) Zugänglichkeit der AGB.** Dem **Verbraucher** müssen die **AGB** stets unaufgefordert zugänglich gemacht werden, dem Unternehmer nach Auffassung des BGH[492] grundsätzlich nur auf Anforderung (→ BGB § 305 Rn. 110). Doch wird man richtigerweise verlangen, dass die AGB auch dem **ausländischen Unternehmer** unaufgefordert überreicht werden, wenn ihr Inhalt nicht auch im Ausland allgemein oder der Partei konkret aus früheren Geschäften bekannt ist (→ BGB § 307 Rn. 309).

---

479 BGH NJW 1971, 2126 m. abl. Anm. *Schmidt-Salzer;* zust. *Pleyer/Ungnade* NJW 1972, 681; Staudinger/*Hausmann,* 2021, Rn. 88 mwN.

480 BGH WM 2004, 1177 f.; OLG Köln RIW 1994, 599.

481 BGH NJW-RR 2005, 1518 = IPRax 2006, 594 (596) m. abl. Anm. *Leible/Sommer* IPRax 2006, 568; IPRax 2005, 444 (445 f.) m. Aufsatz *Leible* IPRax 2005, 424.

482 *M.-P. Weller* IPRax 2005, 428 (430); → BGB § 307 Rn. 309.

483 So auch Staudinger/*Hausmann,* 2021, Rn. 123; *Schwarz* IPRax 1988, 278 (280).

484 Wie hier Staudinger/*Hausmann,* 2021, Rn. 123.

485 OLG Hamburg NJW 1980, 1232; OLG Koblenz IPRax 1994, 46 (48) m. Aufsatz *Schurig* IPRax 1994, 27; Staudinger/*Mäsch,* 2022, BGB § 305 Rn. 121; *Reinhart* IPRax 1982, 226 (228).

486 Staudinger/*Hausmann,* 2021, Rn. 123.

487 Vgl. auch zu AGB *Spellenberg* IPRax 2007, 98 (100 ff.).

488 Vgl. Staudinger/*Hausmann,* 2021, Rn. 120.

489 OLG Hamm IPRspr. 2005 Nr. 127 mAnm *Jayme* IPRax 2006, 291; OLG Hamm IHR 2016, 30; BGH IPRax 2006, 594 (596) = NJW-RR 2005, 1518; OLG Bremen OLGR 2002, 131; BGH IPRax 2006, 594 m. Aufsatz *Leible/Sommer* IPRax 2006, 568; weiter BGH IPRax 2005, 444 m. Aufsatz *Leible* IPRax 2005, 424.

490 OLG Saarbrücken TranspR 2007, 66; vgl. auch OGH ZfRV 2004, 110 zu Art. 8 CISG; irrig OLG Karlsruhe RIW 1994, 1046: Hinweis in der „Weltsprache" Englisch auf die deutschen AGB ohne Rücksicht auf die Verhandlungssprache bei einem deutsch-italienischen Vertrag; den Hinweis in einer Weltsprache lässt hingegen in der Regel ausreichen → BGB § 307 Rn. 310.

491 Zumindest iErg ebenso Wolf/Lindacher/Pfeiffer/*Hau* IntGV Rn. 38.

492 BGH NJW 1982, 1749 f.; BGHZ 102, 293 f. = NJW 1988, 1210; BGHZ 117, 190 (198) = NJW 1992, 1232; BGH NJW 2002, 370 (372); *H. Schmidt* NJW 2011, 3329 (3332).

Wenn es dann um die zugelassenen oder gebotenen Sprachen für die AGB selbst geht, so tauchen zwar dieselben Theorien wie für den Einbeziehungshinweis auf. Das heißt aber nicht, dass immer dieselbe Sprache für den Hinweis und die AGB selbst verlangt wird.[493] Die Sprachenfrage ist für den Hinweis und für die AGB selbst gesondert zu prüfen. Vorausgesetzt, der Einbeziehungshinweis war verständlich, dann kommt es nach hM in zwei Fällen nicht auf die Sprache der AGB an: zum einen, wenn die Partei sie dennoch **ausdrücklich akzeptiert,** zB durch Unterzeichnung und Rücksendung,[494] sofern nichts Ungewöhnliches oder Überraschendes darin steht, und zum anderen, weil nach Meinung des BGH der kaufmännische Kunde die in Bezug genommenen AGB anfordern muss,[495] wenn er sie nicht anfordert und damit auf Kenntnisnahme verzichtet.[496] Gerade im internationalen unternehmerischen Geschäftsverkehr ist aber wegen der Vielfalt der nationalen AGB zu verlangen, dass der Verwender seine AGB **unaufgefordert beifügt,** wenn sie dem Kunden nicht schon inhaltlich bekannt sind (→ BGB § 305 Rn. 110). **193**

Werden dem **Verbraucherkunden** die AGB auf Anforderung oder freiwillig übergeben, müssen sie verständlich sein;[497] er kann auf einer ihm **verständlichen Sprache** bestehen und muss nicht einmal eine von ihm nicht beherrschte Weltsprache akzeptieren (→ BGB § 307 Rn. 310, zum Teil aA),[498] geschweige denn jede sonstige Sprache. Das wäre, wie wenn der Verwender seine AGB nicht übersendet. Da der Verwender die AGB zugänglich machen muss, kann er nicht von einem Verbraucher verlangen, dass dieser sie übersetzt.[499] Kann oder will der Verwender die AGB nicht zugänglich machen, muss er vom Vertragsschluss absehen oder der Vertrag kommt ohne seine AGB zustande, da diese nicht wirksam einbezogen sind. „Verständlich" in diesem Sinne sind die Muttersprache des Kunden und die Sprache, deren hinreichende Kenntnis er vor allem in den Verhandlungen zu erkennen gegeben hat (→ Rn. 105 ff.). **194**

Teilweise wird jedoch dafür plädiert, Inlandsgeschäfte, dh Verkehrsgeschäfte, die in Deutschland mit Ausländern oder des Deutschen nicht Kundigen geschlossen werden, anders zu behandeln. Hier solle sich der Verkehr grundsätzlich darauf verlassen dürfen, dass der Kunde hinreichend Deutsch verstehe oder sich eines Übersetzers bediene, um den Inhalt der AGB zu verstehen.[500] Die Rspr. hat im Ergebnis verschiedentlich so entschieden bei Verträgen mit deutschen Banken.[501] Jedoch sollte man dem Abschlussort nicht so viel Bedeutung beimessen, denn abgesehen von Verträgen in einem deutschen Ladenlokal ist der Abschlussort nur schwer zu fixieren. Richtig ist, dass der Wohnort auch des Ausländers im Inland eine gewisse Vermutung begründet, dass er Deutsch kann, doch kann die Vermutung widerlegt werden, sobald zB in den Verhandlungen deutlich wird, dass die Kenntnisse nicht ausreichen. Andernfalls sind die AGB nicht einbezogen und werden **nicht Vertragsbestandteil** (→ BGB § 305 Rn. 71). Das können sie aber noch nachträglich werden, wenn der Kunde freiwillig sich doch eine Übersetzung beschafft oder sie auch als unverständliche dennoch **akzeptiert.** Für den Einbeziehungshinweis ist allemal die Muttersprache des Kunden erforderlich oder eine Fremdsprache, die er nach seinem Verhalten anscheinend ausreichend versteht (→ Rn. 190). **195**

§ 305 Abs. 2 BGB gilt nicht im **Verkehr mit Unternehmern** gemäß § 310 Abs. 1 S. 1 BGB. Die hM nimmt deshalb an, dass die in „falscher" Sprache übergebenen AGB dennoch Vertragsbestandteil werden, dh dass der kaufmännische Kunde sich eine Übersetzung beschaffen muss.[502] Nach *H. Schmidt* muss dagegen der Verwender jedenfalls übersetzen, wenn der Kunde eine Übersetzung verlangt,[503] nach einer anderen Meinung sogar immer, wenn die Übersendung der AGB verlangt wird (zum Teil aA → BGB § 307 Rn. 310). Jedenfalls braucht der Verwender dann keine Übersetzung zu liefern, wenn der Kunde sich mit den AGB in „falscher" Sprache ausdrücklich zB durch **196**

---

[493] OLG Hamm NJW-RR 1995, 188: Vertrag und Hinweis in Englisch, AGB in Deutsch; OLG Stuttgart IPRax 1988, 293; OLG Karlsruhe IPRspr. 2006 Nr. 111.

[494] ZB OLG München NJW 1974, 2191; OLG Hamm NJW-RR 1995, 188; OLG Hamm IPRax 2007, 125 m. Aufsatz *Spellenberg* IPRax 2007, 98 ff.; Wolf/Lindacher/Pfeiffer/*Hau* IntGV Rn. 38; Staudinger/*Hausmann,* 2021, Rn. 122.

[495] BGH DB 1979, 982 (983); NJW 1982, 1749 (1750); BGHZ 102, 293 (294) = NJW 1988, 1210.

[496] OLG Naumburg IPRspr. 2003 Nr. 136.

[497] Staudinger/*Hausmann,* 2021, Rn. 124: Muttersprache oder Verhandlungssprache; Erman/*Stürner* Rn. 10 f.; anders Staudinger/*Mäsch,* 2022, BGB § 305 Rn. 155; aA BeckOK BGB/*Spickhoff* Rn. 8.

[498] So wohl auch OLG Karlsruhe RIW 1994, 1046 (1047); *Maidl,* Ausländische AGB im deutschen Recht, 2000, 68; *Spellenberg* IPRax 2007, 98 (104); aA *Kling,* Sprachrisiken im Privatrechtsverkehr, 2008, 525.

[499] Wohl aA Reithmann/Martiny IntVertragsR/*Martiny* Rn. 3.30.

[500] Staudinger/*Hausmann,* 2021, Rn. 125; ähnlich *Schäfer* JZ 2003, 879 (883); Wolf/Lindacher/Pfeiffer/*Hau* IntGV Rn. 41.

[501] BGH NJW 1995, 190; OLG München RIW 1976, 446.

[502] OLG München NJW 1974, 2181; OLG Hamm IPRax 1991, 324 (325) m. krit. Anm. *Kohler* IPRax 1991, 299; OLG Karlsruhe RIW 1994, 1046; OLG Naumburg IPRspr. 2003 Nr. 136; Grüneberg/*Thorn* Rn. 3.

[503] Ulmer/Brandner/Hensen/*H. Schmidt* BGB Anh. 305 Rn. 16; OLG Naumburg IPRspr. 2003 Nr. 136.

Unterzeichnung einverstanden erklärt oder dieselben AGB in früheren Fällen wiederholt unwidersprochen gelassen und so den Eindruck vermittelt hat, er habe ihren Inhalt verstanden.[504]

197 Jedoch dürfen die Klauseln den Kunden jedenfalls nicht **unangemessen benachteiligen,** denn § 307 Abs. 1 und 2 BGB bleiben auch gegenüber Unternehmern anwendbar (§ 310 Abs. 1 S. 2 BGB). Ebenso bleibt § 305c BGB anwendbar, wonach die Klauseln nicht überraschend sein dürfen. Nimmt der Kunde das Vertragsangebot an, obwohl er die AGB nicht verstehen konnte, so kommt der Vertrag jedenfalls ohne die benachteiligenden oder überraschenden Klauseln zustande. Sie wären auch dann **nicht wirksam,** wenn sie verstanden wurden. Die Sprachenfrage stellt sich nur für die zulässigen Klauseln.

198 Entsprechend den in → Rn. 105 ff. erörterten Grundsätzen ist maßgeblich, ob und inwieweit der Kunde zurechenbar den **Eindruck** erweckt, die Sprache der AGB ausreichend zu verstehen, wobei auch eine Rolle spielt, wie **schwierig der Text** ist.[505] Rechtswahl- oder Gerichtsstandsklauseln sind in fremder Sprache leichter zu verstehen als detailliertere Haftungsregelungen.[506] Es kommt auf die Umstände des Falles an, und bei einem international tätigen Kaufmann wird leichter der Eindruck entstehen, dass er zB des Englischen mächtig sei. Er muss aber **durch sein Verhalten** entstehen; man kann nicht generell diese Sprachkenntnis unterstellen.[507]

199 **c) Überraschende Klauseln.** Klauseln in AGB dürfen im deutschen Recht unabhängig von der Art ihrer Vereinbarung und sowohl gegenüber Unternehmern[508] wie auch gegenüber Verbrauchern nicht überraschend sein (§ 305c Abs. 1 BGB). In Bezug auf inhaltlich überraschende Klauseln kommt es insoweit auf den Empfängerhorizont an, wobei nach Kundengruppen zu differenzieren ist (→ BGB § 305c Rn. 8). Es ist auf die Vorstellungen abzustellen, die ein Kunde mit durchschnittlicher Geschäftserfahrung dieser Gruppe typischerweise hat. **Ausländische Kunden** des Verwenders mögen berechtigterweise andere **typische Erwartungen** haben, aber ausländische Kunden bilden als solche in der Regel keine länderübergreifenden Kundengruppe in diesem Sinne.[509] Im Übrigen ist auf die Umstände des Falles und den Inhalt der betreffenden Klausel abzustellen.

200 Grundsätzlich können auch **Rechtswahl-** und **Schiedsklauseln** die andere Partei iSd § 305c BGB überraschen. Dabei sind zwei Gestaltungen zu unterscheiden: Zum einen kann die Wahl eines fremden Rechts überraschen, wenn der **Auslandsbezug** des Geschäfts für die Gegenseite **nicht erkennbar** war. Das wird nur **selten** vorkommen, da die Internationalität des Sachverhalts bekannt sein dürfte. Zum anderen kommt eine konkrete Überraschung oder Unangemessenheit iSd § 305c BGB oder des § 307 BGB in Betracht, wenn das gewählte Recht keinen Bezug zu den Rechtsordnungen aufweist, mit denen der Sachverhalt objektiv verbunden ist. Der BGH hat aber zu Recht die Überraschung verneint bei Wahl österreichischen Rechts und Gerichts bei einem größeren Kredit für einen Deutschen zur Finanzierung einer Immobilie in Österreich.[510] Vor allem im unternehmerischen Verkehr wird man eine derartige Überraschung kaum jemals annehmen können.[511] Und auch in Verbraucherverträgen mit einem ausländischen Verwender kann der Verbraucher von einer Rechtswahlklausel zugunsten der ausländischen Partei kaum überrascht sein.[512] Zur Transparenzkontrolle in Verbraucherverträgen → Rn. 184.

201 **3. Annahme der AGB.** Auf der Kundenseite wird auch bei grenzüberschreitenden Verträgen die widerspruchslose Annahme des Vertragsangebots gewöhnlich als konkludente Annahme einschließlich der zu dem Angebot gehörenden AGB ausgelegt, wenn sie hinreichend, insbesondere in der richtigen Sprache, eingeführt wurden. Das ist ein **konkludentes** Schweigen und daher **auszule-**

---

504 Staudinger/*Hausmann,* 2021, Rn. 122; OLG München IPRax 1991, 46 (50) mAnm *Geimer* IPRax 1991, 31.

505 Vgl. auch *Spellenberg* IPRax 2007, 98 (104) zu Art. 23 Brüssel I-VO; *Spellenberg* IPRax 2010, 464 (470 f.).

506 Vgl. auch den bei *Spellenberg* IPRax 2010, 464 (471) besprochenen Fall Cass. civ. 1ère 23.1.2008.

507 BGH NJW 1983, 2772 f.; WM 1986, 769 f.

508 BGHZ 109, 197 (201 ff.) = NJW 1990, 576; OLG Hamburg NJW-RR 1999, 1506.

509 AA vielleicht *Quittnat* DB 1999, 1530, der auf die Erfahrungen des konkreten Kunden abstellt.

510 BGHZ 123, 380 = NJW 1994, 262 = IPRax 1994, 449 mAnm *W. Lorenz* IPRax 1994, 429 = RIW 1994, 145 mAnm *W.-H. Roth* RIW 1994, 275.

511 Ebenso Staudinger/*Hausmann,* 2021, Rn. 103a.

512 Unzutr. OLG Düsseldorf RIW 1995, 769; 1996, 681 (krit. zu beiden *Mankowski* RIW 1996, 1001; *Aden* RIW 1997, 723) = IPRax 1997, 115 m. krit. Anm. *Thorn* IPRax 1997, 98. Der Überraschungseffekt einer Rechtswahlklausel iSd § 3 AGBG aF (jetzt § 305c Abs. 1 BGB) wurde irrig damit begründet, das gewählte englische Recht weiche zum Nachteil des deutschen Kunden vom deutschen Recht ab. Eine Überraschung lag darin aber nicht, da der Verwender der AGB seinen Sitz in England hatte und von dort aus auch die vertragscharakteristische Leistung iSd Art. 28 EGBGB aF erbringen sollte. Wenn dann der Inhalt des englischen Rechts überrascht haben mag, macht das jedenfalls nicht die Rechtswahl überraschend oder unangemessen.

gen. Wenn der ausländische kaufmännische Kunde die Branchenüblichkeit nicht zu kennen brauchte, war sein Schweigen nach den Umständen des Falles kein konkludentes Einverständnis (→ Rn. 216). So ist es aber auch, wenn der Verwender erkennen kann, dass der Kunde möglicherweise[513] deshalb schweigt, weil er von den bei ihm zu Hause geltenden, anderen Regeln ausgeht, vor allem wenn diese dahin gehen, dass AGB ausdrücklich **angenommen werden** müssen (s. etwa Art. 1341 Abs. 2 C.c. Italien). Notfalls kann dem Kunden Abs. 2 helfen, wenn der **Schweigende** mit einer Wertung seines Schweigens als Zustimmung nicht rechnen musste (aber → Rn. 189).

Werden die AGB erst **nach Vertragsschluss** eingeführt, zB auf der Rechnung, so ist grundsätzlich ihre ausdrückliche Annahme durch den Kunden erforderlich (→ BGB § 305 Rn. 88 f.). Wenn auf sie in einem kaufmännischen Bestätigungsschreiben hingewiesen wird, muss der Adressat nach deutschem Recht jedoch widersprechen, soweit damit nicht eine derartige Vertragsänderung verbunden ist, dass mit einem Einverständnis der Gegenseite nicht zu rechnen war (→ BGB § 305 Rn. 115 f.). Zu Art. 10 Abs. 2 in diesem Fall → Rn. 257 ff. **202**

C. Vorbehalt des eigenen Rechts (Abs. 2)

I. Normzweck

Ob bestimmte Verhaltensweisen rechtsgeschäftliche Bedeutung haben, wird in den einzelnen Rechtsordnungen nicht in allen Fällen einheitlich beurteilt. So kann insbesondere Schweigen – etwa auf ein kaufmännisches Bestätigungsschreiben – nach der einen Rechtsordnung Erklärungswert zukommen, während eine andere Rechtsordnung darin keinen rechtsgeschäftlich relevanten Gehalt erkennt.[514] Diese Unterschiede können dazu führen, dass eine Partei, die ihr Verhalten auf das Recht ihrer Umgebung eingestellt hat, von der Bindung an einen Vertrag nach einem für sie fremden Recht überrascht wird. Abs. 2 erlaubt es einer Partei, sich in Ansehung ihrer Zustimmung zum Vertrag auf das Recht an ihrem gewöhnlichen Aufenthalt, ihr „Umweltrecht", zu berufen, wenn sie danach nicht an den Vertrag gebunden wäre und sich im konkreten Fall aus den Umständen ergibt, dass es unbillig wäre, die Wirkung ihres Verhaltens nach dem Vertragsstatut (Abs. 1) zu bestimmen. Diese Regelung bedeutet keineswegs eine Rückkehr zu der früheren Sonderanknüpfung vorkonsensualer Elemente (→ Rn. 4),[515] sondern ist, wie der Verweis auf die Umstände des Einzelfalles ergibt, eine **kollisionsrechtliche Zumutbarkeitsregel,** mit welcher ein ausnahmsweise berechtigtes Vertrauen auf **Freiheit von Bindung** geschützt wird.[516] Sie beruht zum großen Teil auf der deutschen Rspr. und Lehre schon vor 1986.[517] Es besteht zwar eine begrenzte Parallele zu Art. 13, der ebenfalls Vertrauen auf ein „Umweltrecht" schützt, aber im Gegensatz zu Art. 10 Abs. 2 in den Bestand und nicht in das fehlende Zustandekommen des Geschäfts (→ Art. 13 Rn. 5 f.; → EGBGB Art. 12 Rn. 10 f.).[518] Wie Art. 10 Abs. 1 ist auch Abs. 2 eine allseitige Kollisionsnorm und schützt nicht etwa nur eine inländische Partei.[519] **203**

Das **Schutzbedürfnis** kann entstehen, weil das Vertragsstatut nach Abs. 1 bereits das Verhalten beim Vertragsschluss erfasst. Der Schutz vor überraschender Bindung nach diesem Vertragsstatut ist **berechtigt,** wenn von der Partei billigerweise nicht erwartet werden konnte, dass sie ihr Verhalten schon an den Regeln eines ihr fremden Rechts ausrichtete, weil es ihr im konkreten Fall ausnahmsweise nicht erkennbar war.[520] Zwar ist der **Billigkeitsmaßstab** demjenigen im Sachrecht ähnlich und enthält materiellrechtliche Vorstellungen, doch ändert das nichts daran, dass Abs. 2 eine **Kollisi-** **204**

---

513 Es genügt zur Zerstörung der Konkludenz, wenn die Verwender nicht mehr auf einen Zustimmungswillen schließen darf; er muss nicht etwa einen Ablehnungswillen erkennen können.

514 Dazu *Kötz,* Europäisches Vertragsrecht, 2. Aufl. 2015, 39 ff.; *J. Schmidt,* Der Vertragsschluss, 508 ff.; *Reis,* Die Bedeutung des Schweigens im Privatrecht, 2022 (zu Italien); *Rothermel/Dahmen* RIW 2018, 179 ff.

515 Dazu Staudinger/*Hausmann,* 2021, Rn. 2 ff.

516 *G. Fischer,* Verkehrsschutz im internationalen Vertragsrecht, 1990, 332 ff.; *Spellenberg* RabelsZ 60 (1996), 516 (519 f.); Staudinger/*Hausmann,* 2021, Rn. 21, 43; BeckOGK/*Weller* Rn. 65; Erman/*Stürner* Rn. 2, 12; Grüneberg/*Thorn* Rn. 4; Rauscher/*Freitag* Rn. 2; *v. Bar/Mankowski* IPR II § 1 Rn. 798.

517 Namentlich seit BGHZ 57, 72 = NJW 1972, 391 betr. Küchenmöbel; *Linke* ZVglRWiss 79 (1980), 1 (6); *Lando* RabelsZ 38 (1974), 46.

518 Dazu *Spellenberg* RabelsZ 60 (1996), 516 (519 f.).

519 Art. 2 Abs. 4 EVÜ-Entwurf 1972 hatte noch in zwei alternativen Formulierungen zur Diskussion gestellt, ob das Problem durch eine spezielle Sach- oder eine Kollisionsnorm geregelt werden sollte. Die Verfasser des EVÜ und ihnen folgend nun der Rom I-VO haben sich in Art. 10 Abs. 2 (Art. 8 Abs. 2 EVÜ) für die zweite Variante entschieden.

520 NK-BGB/*Leible* Rn. 28; BeckOGK/*Weller* Rn. 65.

onsnorm ist, die über die Geltung und den Anwendungsbereich eines Sachrechts entscheidet und die Grundregel des Abs. 1 ergänzt. Abs. 1 ist darum immer zuvor anzuwenden.

205 Abs. 2 erfasst nur den äußeren Vornahmetatbestand (→ Rn. 41 ff.) und somit nur einen Ausschnitt aus dem Bereich des Abs. 1. Dies will der Wortlaut von Abs. 2 zum Ausdruck bringen, indem er die Wirkung des Verhaltens der Partei als „Zustimmung zum Vertrag" bezeichnet, während Abs. 1 generell vom Zustandekommen des Vertrages und seiner Wirksamkeit spricht. Es geht nur um die **Bewertung** des Verhaltens der Partei **als Willenserklärung** durch das Wirkungsstatut, die der Partei nicht zugerechnet werden soll, die keine Bindung eingehen wollte.[521] Ursprünglich war vor allem an die Bedeutung des Schweigens gedacht, doch ist der Begriff des „Verhaltens" nicht darauf beschränkt (→ Rn. 256 ff.).[522] Es fehlt der Partei (in deutscher Terminologie) das **Erklärungsbewusstsein,** doch macht das allein nicht den Tatbestand des Abs. 2 aus, denn das Fehlen muss auf bestimmten Umständen beruhen.[523] Es handelt sich um einen klar definierten Tatbestand. Nur die Zumutbarkeit („dass es nicht gerechtfertigt wäre") hat ein Element der Wertung, das sich aber darauf beschränkt.

206 Abs. 2 hat ausschließlich eine **Veto-Funktion,**[524] so dass zuvor die Wirksamkeit des Vertrages nach dem Vertragsstatut festgestellt sein muss. Dabei kann das fehlende Bewusstsein rechtsgeschäftlich relevanten Handelns durchaus zuvor schon auf der Ebene dieses von Abs. 1 berufenen Sachrechts zu beachten sein und das Zustandekommen des Vertrages verhindern. Das ist zuerst zu prüfen (→ Rn. 224 ff.; zu Willensmängeln → Rn. 59 ff.).[525] Nur wenn danach der Vertrag wirksam ist, kommt es ggf. zu einer **Kumulation** der **beiden Statute,** indem die Partei eine Freiheit von Bindung geltend machen kann, sofern sie nach ihrem Umweltrecht nicht gebunden wäre. Wäre sie auch danach gebunden, so bleibt es bei den Rechtsfolgen nach dem Vertragsstatut, auch wenn die Partei nicht mit der Maßgeblichkeit des fremden Rechts rechnen musste. Ist hingegen der Vertrag nach dem von Abs. 1 berufenen Sachrecht unwirksam, kann die Vertragswirksamkeit nicht auf das „Umweltrecht" der Partei gegründet werden.[526] Abs. 2 schützt vor überraschender vertraglicher Bindung, vermag aber keine Bindung zu begründen.[527]

207 Die **praktische Bedeutung** der Regelung ist offenbar geringer als das theoretische Interesse daran.[528] Regelmäßig werden ihre Voraussetzungen als nicht erfüllt erachtet.[529] Zum früheren Recht und zu Art. 31 Abs. 2 EGBGB aF haben der BGH[530] und auch die OLG den Einwand überwiegend verworfen,[531] und wo sie ihn durchgreifen ließen, vermochte die Begründung nicht zu überzeugen.[532] Dies beruht zum einen darauf, dass oftmals entweder bereits das Vertragsstatut, das immer zuerst zu prüfen ist (→ Rn. 222 f.), die Bindung der Partei, die die rechtsgeschäftliche Relevanz ihres Verhaltens nicht erkennen konnte, verneint oder das Recht am gewöhnlichen Aufenthalt ebenfalls eine Bindung bejaht. Zum anderen wird bei erkennbarer Auslandsberührung die Anwen-

---

521 Erman/*Stürner* Rn. 13; BeckOGK/*Weller* Rn. 65; NK-BGB/*Leible* Rn. 28; *Kost,* Konsensprobleme im internationalen Schuldvertragsrecht, 1995, 125 ff.; BGHZ 135, 124 (136 ff.) = NJW 1997, 1697 (1700) = IPRax 1998, 285 mAnm *Ebke* IPRax 1998, 263.

522 *Giuliano/Lagarde* BT-Drs. 10/503, 60; NK-BGB/*Leible* Rn. 30; BeckOGK/*Weller* Rn. 65.

523 Vgl. auch *Freitag* IPRax 1999, 142 (145); NK-BGB/*Leible* Rn. 28; BeckOGK/*Weller* Rn. 65.

524 *v. Bar/Mankowski* IPR II § 1 Rn. 803; BeckOGK/*Weller* Rn. 65; Staudinger/*Hausmann,* 2021, Rn. 57; Ferrari IntVertragsR/*Ferrari* Rn. 22; jurisPK-BGB/*Limbach* Rn. 23.

525 Rauscher/*Freitag* Rn. 30; Staudinger/*Hausmann,* 2021, Rn. 57 ff.; OLG Düsseldorf RIW 1997, 780; OGH IPRax 1989, 391 m. Aufsatz *Maxl* IPRax 1989, 398 zu Österreich.

526 BeckOGK/*Weller* Rn. 65; Staudinger/*Hausmann,* 2021, Rn. 57.

527 *Giuliano/Lagarde* BT-Drs. 10/503, 60; BeckOGK/*Weller* Rn. 65; NK-BGB/*Leible* Rn. 31; Erman/*Stürner* Rn. 14; Staudinger/*Hausmann,* 2021, Rn. 57 mwN; *v. Bar/Mankowski* IPR II § 1 Rn. 803.

528 Erman/*Stürner* Rn. 13; BeckOGK/*Weller* Rn. 72; Rauscher/*Freitag* Rn. 5; *v. Bar/Mankowski* IPR II § 1 Rn. 780.

529 OLG Düsseldorf RdTW 2018, 473 (477); OLG Hamburg IHR 2014, 12 (15); LG Berlin RdTW 2022, 210; ohne Prüfung der Voraussetzungen des Art. 10 Abs. 2 in Bezug auf § 305c Abs. 1 BGB bejaht von LG Landshut BeckRS 2021, 35099 Rn. 19.

530 Es ist überhaupt nur diese eine Entscheidung BGHZ 135, 124 (136 ff.) = IPRax 1998, 235 mAnm *Ebke* IPRax 1998, 263 zu nennen, die den Einwand in einer Verbrauchersache ablehnte; aus der älteren Rspr. zB BGHZ 72 (77); BGH NJW 1976, 2075; BGHZ 49, 384 obiter; *Linke* ZVglRWiss 79 (1980), 1 ff.; *Kost,* Konsensprobleme im internationalen Schuldvertragsrecht, 1995, 126 ff., 214 ff.

531 OLG München IPRax 1991, 46; OLG Köln RIW 1994, 599; OLG Düsseldorf RIW 1997, 780 m. unzutr. Begr.; OLG Hamburg SchiedsVZ 2003, 284; KG RIW 2006, 865; OLG Frankfurt BeckRS 2006, 00442; OLG Hamm IHR 2016, 30 Rn. 34; früher OLG Koblenz IPRax 1982, 20.

532 OLG Schleswig IPRspr. 1989 Nr. 48; OLG Karlsruhe NJW-RR 1993, 567: zwar festgestellt, dass das Schweigen der Partei sie in Österreich nicht gebunden hätte, aber nicht geprüft, ob ihr das deutsche Recht nicht zumutbar war; OLG Düsseldorf NJW-RR 1994, 1132 mit der unzutr. Begr., dass Art. 31 Abs. 2 EGBGB aF durch Art. 29 Abs. 1 EGBGB aF „aufgefüllt" werde, dessen Voraussetzungen vorlägen.

dung des Vertragsstatuts zumutbar sein, weil die Partei mit dessen Regeln rechnen musste und daher nicht schutzwürdig ist (→ Rn. 234 ff.). Die Regelung ist jedoch praktisch auch nicht unwichtig. Vor allem aber bringt sie ein **Grundprinzip** des internationalen Vertragsrechts zum Ausdruck, dass eine Partei, die mit einer Bindung nicht rechnen konnte, durch die Geltung eines ihr fremden Rechts nicht an ihre Erklärung gebunden werden darf.

II. Anwendungsbereich

1. Sachlicher Anwendungsbereich. a) Schuldverträge und Rechtswahlvereinbarungen. Der sachliche Anwendungsbereich des Abs. 2 stimmt mit demjenigen des Abs. 1 (→ Rn. 30 ff.) überein. Er erfasst also **Schuldverträge,** aber auch eventuelle **Hilfsgeschäfte** wie namentlich Zustimmungen und vertragsbezogene **einseitige Erklärungen** wie zB Kündigungen. Zwar liegt im letzteren Fall das maßgebende Vertragsstatut schon fest und seine Maßgeblichkeit kann der erklärenden Partei kaum verborgen geblieben sein, doch gänzlich auszuschließen ist das nicht.[533] Auch können die Sachregelungen trotz der Erkennbarkeit der Geltung fremden Rechts für die Partei ausnahmsweise nicht erkennbar gewesen sein (→ Rn. 245). So bleibt theoretisch ein Raum für Abs. 2, und es besteht kein Anlass, einseitige Rechtsgeschäfte von vornherein aus diesem auszuklammern.[534] 208

Über Art. 3 Abs. 5 gilt Art. 10 auch für **Rechtswahlvereinbarungen.** Auch wenn eine Rechtswahl meist nicht isoliert, sondern uno actu mit dem Abschluss des Hauptvertrags, auf den sie sich bezieht, erfolgt, ist sie von dem Hauptvertrag unabhängig und selbständig nach dem gewählten Recht zu beurteilen (→ Rn. 35). Der Verweis in Art. 3 Abs. 5 bezieht sich nicht nur auf Art. 10 Abs. 1, sondern auch auf Art. 10 Abs. 2.[535] Das betrifft vor allem die Rechtswahl durch AGB (→ Rn. 173 ff.). Liegt eine auch unter dem Gesichtspunkt des Abs. 2 wirksame Rechtswahl vor, so beurteilt sich die Gültigkeit des Hauptvertrages nur noch nach dem gewählten Recht: Die an der Rechtswahl beteiligte Partei muss mit der Anwendung des gewählten Rechts rechnen. Theoretisch kann Abs. 2 auch auf die **nachträgliche Rechtswahl** (Art. 3 Abs. 2)[536] angewendet werden, insbesondere wenn das Vertragsstatut zuvor objektiv bestimmt war. 209

b) Analoge Anwendung außerhalb des Schuldvertragsrechts. Eine analoge Anwendung der Vorschrift auf Rechtsgeschäfte außerhalb des Schuldvertragsrechts, etwa im Sachenrecht, **scheidet aus,** nicht nur wegen des beschränkten Anwendungsbereichs der Rom I-VO, sondern auch weil die Bestimmung nur Gefahren für die Parteien abwehren soll, die **spezifisch für Schuldverträge** sind und daraus resultieren, dass sich das anwendbare Recht hier entscheidend aus den Erklärungen der Parteien ergibt.[537] In Betracht kommt aber eine begrenzte entsprechende Anwendung auf **Rechtswahlvereinbarungen** in anderen Bereichen des Kollisionsrechts.[538] Im Scheidungsrecht (Art. 6 Abs. 2 Rom III-VO) und im Güterrecht (Art. 24 Abs. 2 EuGüVO/EuPartVO) hat der europäische Gesetzgeber selbst vergleichbare Vorschriften geschaffen. Deren praktischer Anwendungsbereich dürfte freilich schmal sein (→ Rom III-VO Art. 6 Rn. 8; EuGüVO Art. 24 Rn. 7 f.). Dass im Bereich der außervertraglichen Schuldverhältnisse (Art. 14 Rom II-VO) und des Erbrechts (Art. 22 EuErbVO) parallele Bestimmungen fehlen, muss der Verallgemeinerung des Gedankens zunächst nicht entgegenstehen, da auch in diesen Bereichen anerkannt ist, dass sich die Gültigkeit der Rechtswahl nach dem gewählten Recht bemisst (→ Rom II-VO Art. 14 Rn. 32 f.; Art. 22 Abs. 3 EuErbVO). So wird verbreitet für eine analoge Anwendung des Art. 10 Abs. 2 auf die Rechtswahl nach der Rom II-VO plädiert.[539] Im Erbrecht begegnet eine Analogie hingegen Bedenken, da nicht einem (potentiellen) Erben gestattet werden kann, sich auf den Schutz nach dem Aufenthaltsrecht des Erblassers zu berufen (→ EuErbVO Art. 22 Rn. 21). Im Übrigen dürfte das konkrete Bedürfnis 210

[533] Zust. BeckOGK/*Weller* Rn. 67; aA Rauscher/*Freitag* Rn. 32.

[534] S. auch *Giuliano/Lagarde* BT-Drs. 10/503, 60.

[535] BeckOGK/*Weller* Rn. 66; Ferrari IntVertragsR/*Ferrari* Rn. 5, 17.

[536] Dazu Rauscher/*v. Hein* Art. 3 Rn. 89 ff.

[537] NK-BGB/*Leible* Rn. 39; jurisPK-BGB/*Limbach* Rn. 18; aA Staudinger/*Hausmann,* 2021, Rn. 44; Erman/*Stürner* Rn. 19; zur umstrittenen analogen Anwendung auf die Erklärungswirkung von Schweigen bei Annahme oder Ausschlagung einer Erbschaft (Art. 23 Abs. 2 lit. e EuErbVO) einerseits bejahend → EuErbVO Art. 23 Rn. 26, andererseits verneinend *J.P. Schmidt* ZEV 2014, 455 (459); *Reis,* Die Bedeutung des Schweigens im Privatrecht, 2022, 322 f.

[538] Staudinger/*Hausmann,* 2021, Rn. 44; BeckOGK/*Weller* Rn. 66.1; aA → 8. Aufl. 2021, Rn. 238 *(Spellenberg).*

[539] BeckOGK/*Rühl* Rom II-VO Art. 14 Rn. 117; *Mankowski* in Magnus/Mankowski ECPIL Rom II-VO Art. 14 Rn. 248 ff.; *S. Wandt,* Rechtswahlregelungen im Europäischen Kollisionsrecht, 2014, 181; *Vogeler,* Die freie Rechtswahl im Kollisionsrecht der außervertraglichen Schuldverhältnisse, 2013, 157 ff.; NK-BGB/*Leible* Rn. 39.

nach einer Analogie gering sein, insbesondere da sich die Rechtswahl „mit hinreichender Sicherheit aus den Umständen des Falles" (Art. 14 Abs. 1 UAbs. 2 Rom II-VO) oder „aus den Bestimmungen" der Verfügung von Todes wegen (Art. 22 Abs. 2 EuErbVO) ergeben muss (→ Rn. 177).[540]

211 **c) Beschränkung auf den äußeren Vornahmetatbestand. aa) Erklärungsverhalten.** Wortlaut, Entstehungsgeschichte und Motive belegen, dass der Vorbehalt nur gegen die vom Vertragsstatut angeordnete Bewertung eines Erklärungsverhaltens als rechtsgeschäftlich **bindend** eingeführt werden sollte und nicht etwa gegen die Wirkungen des Rechtsgeschäfts allgemein. Denn während Abs. 1 die wirksame Vornahme eines Rechtsgeschäfts („Zustandekommen und Wirksamkeit") insgesamt behandelt, spricht Abs. 2 bewusst viel enger nur davon, dass die Partei (gemäß ihrem eigenen Recht) dem Vertrag **„nicht zugestimmt"** habe. Es geht also nur um die Bewertung ihres Verhaltens als Zustimmung durch das Vertragsstatut im Gegensatz zum Recht an ihrem gewöhnlichen Aufenthalt.[541] In demselben Sinne formulierte der BGH schon früher,[542] man könne einer Partei nicht ohne weiteres ein Verhalten als Willenserklärung zurechnen, wenn sie nach ihrem Umweltrecht mit einer solchen Qualifizierung nicht zu rechnen brauchte. Dementsprechend stellten die Verfasser des EVÜ klar,[543] in Art. 8 Abs. 2 EVÜ – dem Vorläufer des Art. 10 Abs. 2 (→ Rn. 1) – handele es sich um eine Abweichung von Abs. 1, „die sich nur auf das **Zustandekommen** der **Einigung, nicht** aber auf deren **Wirksamkeit** bezieht", also um einen begrenzten Ausschnitt aus Abs. 1 (weiter → Rn. 39 ff.).[544]

212 Ursprünglich wollten die Verfasser des EVÜ die Sonderanknüpfung sogar allein für das **Schweigen** vorsehen.[545] Diese Einschränkung ließen sie im endgültigen Text des EVÜ dann aber fallen; vielmehr wurde bewusst eine Formulierung gewählt, die auch aktives Erklärungsverhalten einschließen kann.[546]

213 Die Vorschrift spricht nur von der Zustimmung zum Vertrag. Eng verstanden würde sie also nur **Offerte** und **Annahmeerklärung** erfassen, nicht dagegen andere den Inhalt des Vertrages mitbestimmende Erklärungen. In der Praxis ging es jedoch schon früher ganz **überwiegend** um die Frage der Einbeziehung **von AGB**[547] oder um die Wirkung eines kaufmännischen **Bestätigungsschreibens** mit oder ohne beigefügte AGB, also auch um **vertragsergänzendes** oder **nachkonsensuales**[548] **Erklärungsverhalten.** Für den deutschen Gesetzgeber stand außer Frage, dass vor allem die Grundsätze des kaufmännischen Bestätigungsschreibens angesprochen sind, als er das EVÜ in das EGBGB inkorporierte.[549] Ebenso fällt die Einbeziehung von AGB unter Art. 10 Abs. 2.[550]

214 **bb) Angebot und Annahme.** Für die Anwendung des Abs. 2 spielt es keine Rolle, ob der Offerent oder der Akzeptant sich darauf beruft, er habe dem Vertrag nicht zugestimmt.[551] Mit Blick

---

540 Insoweit auch → 8. Aufl. 2021, Rn. 238 *(Spellenberg);* Erman/*Stürner* Rn. 19; NK-BGB/*Leible* Rn. 39; BeckOGK/*Weller* Rn. 66.1; *S. Wandt,* Rechtswahlregelungen im Europäischen Kollisionsrecht, 2014, 182 f.

541 Staudinger/*Hausmann,* 2021, Rn. 45; Rauscher/*Freitag* Rn. 29; NK-BGB/*Leible* Rn. 28; BeckOGK/*Weller* Rn. 73; *v. Bar/Mankowski* IPR II § 1 Rn. 796 f.; früher bereits BGHZ 135, 124 (136 ff.) = IPRax 1997, 416 = NJW 1996, 1819; *Freitag* IPRax 1999, 142 (145); *Mankowski* RIW 1996, 382 (385); *Mäsch* IPRax 1995, 371 (372); *Taupitz* BB 1990, 642 (644); überholt ist eine frühere untergerichtliche Rspr. OLG Frankfurt NJW-RR 1989, 1018; LG Aachen NJW 1991, 2221; LG Gießen NJW 1995, 466 = IPRax 1995, 395; LG Stuttgart RIW 1996, 425; LG Koblenz NJW-RR 1995, 1335; LG Rottweil NJW-RR 1996, 1401; LG Dortmund VuR 1996, 208; LG Düsseldorf RIW 1995, 415.

542 BGHZ 57, 72 (77) = NJW 1972, 391 mAnm *Schmidt-Salzer* und *Geimer;* BGH NJW 1976, 2075; früher schon obiter BGHZ 49, 384 sub A I 1 = JZ 1968, 979; OLG Nürnberg RIW 1974, 405; OLG Frankfurt RIW 1976, 107; OLG Hamburg NJW 1980, 1232; OLG Koblenz RIW 1982, 354; OLG Frankfurt RIW 1983, 59.

543 *Giuliano/Lagarde* BT-Drs. 10/503, 60.

544 BGHZ 135, 124 (137 f.); BeckOK BGB/*Spickhoff* Rn. 14; NK-BGB/*Leible* Rn. 28; BeckOGK/*Weller* Rn. 73; Rauscher/*Freitag* Rn. 29; Staudinger/*Hausmann,* 2021, Rn. 45 ff.; Ferrari IntVertragsR/*Ferrari* Rn. 18.

545 Vorentwurf eines Übk. über das auf vertragliche und außervertragliche Schuldverhältnisse anwendbare Recht, 1972, abgedruckt in RabelsZ 38 (1974), 211; Soergel/*v. Hoffmann* EGBGB Art. 1 Rn. 31; *G. Fischer,* Verkehrsschutz im internationalen Vertragsrecht, 1990, 336 f.

546 *Giuliano/Lagarde* BT-Drs. 10/503, 60.

547 BGHZ 57, 27 = NJW 1972, 391 mAnm *Geimer* und *Schmidt-Salzer;* BGH WM 1973, 1238 (1240); NJW 1982, 2733 = IPRax 1983, 67 m. Aufsatz *Stoll* = IPRax 1983, 52; OLG Karlsruhe RIW 1994, 1046; *Kost,* Konsensprobleme im internationalen Schuldvertragsrecht, 1995, 97 ff., 180 ff.

548 Staudinger/*Hausmann,* 2021, Rn. 54, 107; BeckOGK/*Weller* Rn. 73; Erman/*Stürner* Rn. 16; Ferrari IntVertragsR/*Ferrari* Rn. 38; *Schwenzer* IPRax 1988, 86; *Kost,* Konsensprobleme im internationalen Schuldvertragsrecht, 1995, 97 ff., 180 ff.

549 BT-Drs. 10/504, 82.

550 BeckOGK/*Weller* Rn. 73; NK-BGB/*Leible* Rn. 30.

551 Ferrari IntVertragsR/*Ferrari* Rn. 16.

auf den Offerenten kommt etwa Erklärungsverhalten in Betracht, das dieser nach seinem Umweltrecht als bloße **invitatio ad offerendum** verstanden wissen wollte und das aus Sicht des Vertragsstatuts bereits eine annahmefähige Offerte darstellte.[552] Rechtsvergleichend wird die Grenze rechtsgeschäftlicher Bindung, etwa beim Versand von Waren- oder Preislisten durch einen Lieferanten, nicht überall gleich gezogen.[553]

Praktisch bedeutsamer ist die unterschiedliche Bewertung von Erklärungsverhalten bei Annahmehandlungen.[554] Vor allem ist an die Bewertung von Schweigen zu denken.[555] In den Bereich des Abs. 2 fallen zum einen Fälle des **normierten Schweigens** (→ BGB § 147 Rn. 10). Sie standen für die Verfasser des EVÜ im Vordergrund. Dass Offerten ausdrücklich oder wenigstens durch konkludentes Verhalten abgelehnt werden müssen, anderenfalls sie ohne Rücksicht auf den Willen der Partei als angenommen gelten bzw. die Annahme fingiert wird, ist im deutschen Recht wie in anderen Rechten selten, kommt aber unter besonderen Voraussetzungen vor.[556] Hier kann der Schweigende von einer rechtsgeschäftlichen Bindung durch das Vertragsstatut **überrascht** werden, wenn sein eigenes Recht ihn nicht zu einer (ausdrücklichen) Ablehnung verpflichtet. Beispiele sind § 362 Abs. 1 HGB, § 416 Abs. 1 S. 2 BGB, § 516 Abs. 2 S. 2 BGB, § 545 BGB, § 625 BGB und § 663 BGB oder Art. L112-2 Abs. 7 Code des assurances Frankreich, aber auch Bestimmungen, wonach eine Annahme eines Angebots unter Abänderung oder mit Verspätung ein neues Angebot ist, das als angenommen gilt, wenn es nicht abgelehnt wird. Praktisch wichtig ist das Schweigen auf **kaufmännische Bestätigungsschreiben,** das im deutschen Recht als normiertes Schweigen gilt (→ BGB § 147 Rn. 13 ff.; → Rn. 52 f.). Weiter → Rn. 257 ff. 215

Hingegen geht es bei dem häufigeren **konkludenten Schweigen** zunächst um den Erklärungswert eines Verhaltens, der durch **Auslegung** zu ermitteln ist, so dass eine überraschende Bindung der Partei oft schon auf der Ebene des nach Abs. 1 anzuwendenden Sachrechts vermieden wird (→ Rn. 224). Der wohl häufigste Fall hierzu ist die Annahme eines Angebots ohne Verwahrung gegen die beigegebenen **AGB.** Das wird im deutschen Recht (→ BGB § 305 Rn. 97) als konkludente Zustimmung verstanden. Deshalb ist zuerst der Erklärungsgehalt dieses Verhaltens bei einem ausländischen Kunden, der an diese Verwahrungsobliegenheit nicht gewöhnt ist, zu prüfen und mit der heute ganz hM zum deutschen Recht unter Umständen bereits durch Auslegung nach dem Vertragsstatut zu verneinen (→ Rn. 224 ff.). Hat man festgestellt, dass der Ausländer mit der deutschen Regel nicht hätte rechnen müssen, sind die AGB nicht angenommen, andernfalls sind sie es.[557] Sofern aber die Auslegung nach Vertragsstatut den Kunden nicht befreit, mag man in zweiter Linie auf Abs. 2 zurückgreifen. 216

cc) Formanforderungen. Ein fehlender Rechtsbindungswille kann auch darauf beruhen, dass der Erklärende von der Geltung strengerer Formvorschriften nach seinem Umweltrecht ausgeht (→ EGBGB Art. 11 Rn. 131).[558] Erklärt beispielsweise ein Deutscher privatschriftlich seine Bereitschaft, ein deutsches Grundstück zu verkaufen, und gilt für die Form italienisches Recht, weil der andere Teil in Italien sitzt (Art. 11 Abs. 2), so kann der Deutsche, der gewöhnlich von der Notwendigkeit notarieller Beurkundung und daher von einer Unverbindlichkeit seines Briefes ausgeht, von der Annahmefähigkeit seiner Erklärung nach italienischem Recht leicht **überrascht** werden. Jedoch kann Art. 10 Abs. 2 – unabhängig von der Vertrautheit des Verkäufers mit den milderen italienischen Formvorschriften – nichts an der Anwendung der italienischen Ortsform ändern, da er sich nur auf das Vertragsstatut nach Abs. 1 bezieht.[559] Allenfalls kann die fehlende Beurkundung darauf hindeuten, dass die Erklärung noch nicht als verbindliches Angebot gemeint war. Dies ist keine Formfrage. Die Anwendung von Abs. 2 setzt freilich auch hier voraus, dass nicht bereits das Vertragsstatut im Rahmen der Auslegung der Erklärung des Deutschen das Vorliegen einer Willenserklärung ablehnt. 217

---

[552] BGH NJW 2015, 2584 Rn. 27–44; BeckOGK/*Weller* Rn. 73; Staudinger/*Hausmann,* 2021, Rn. 48; *Kling,* Sprachprobleme im Privatrechtsverkehr, 2008, 113.

[553] *Kötz,* Europäisches Vertragsrecht, 2. Aufl. 2015, 27 ff.; *J. Schmidt,* Der Vertragsschluss, 2013, 173 ff.; Jansen/Zimmermann/*Christandl* PECL Art. 2:101 (1) Rn. 7 ff.

[554] OLG Köln RIW 1996, 778: Entgegennahme der Waren (und Zahlung des Kaufpreises); BeckOGK/*Weller* Rn. 73.

[555] BeckOGK/*Weller* Rn. 73; Staudinger/*Hausmann,* 2021, Rn. 46; NK-BGB/*Leible* Rn. 30.

[556] Rechtsvergleichung bei *J. Schmidt,* Der Vertragsschluss, 2013, 508 ff.; *Basse,* Das Schweigen als rechtserhebliches Verhalten im Vertragsrecht, 1986, 10 ff., 120 ff. zur Einbeziehung von AGB und einzelnen Vertragsklauseln; *Owsia* Int. Comp. L. Q. 40 (1991), 784 ff.; *Kötz,* Europäisches Vertragsrecht, 2. Aufl. 2015, 39 ff.; zu Frankreich *Terré/Simler/Lequette/Chénédé,* Droit civil. Les obligations, 13. Aufl. 2022, Nr. 188: Erklärungsgehalt des Schweigens selten normiert, sondern eher aus den Umständen zu erschließen, sog. silence circonstancié.

[557] AA – für Anwendung von Abs. 2 – Staudinger/*Hausmann,* 2021, Rn. 46.

[558] BeckOK BGB/*Mäsch* Art. 11 Rn. 47; BeckOGK/*Weller* Rn. 75.

[559] Staudinger/*Winkler v. Mohrenfels,* 2021, Art. 11 Rn. 86.

218 **d) Keine Anwendung auf Fragen der Vertragswirksamkeit. aa) Voraussetzungen der Wirksamkeit und Verbraucherschutz.** Fragen der Wirksamkeit des Vertrages wie **Widerrufs-, Kündigungs- und Rücktrittsrechte** fallen **nicht** unter Abs. 2. Dieser befasst sich ausschließlich damit, ob die Partei überhaupt eine bindende Erklärung abgegeben hat.[560] Ist dies auch unter Beachtung von Abs. 2 zu bejahen, dann folgen die Wirkungen allein aus dem Vertragsstatut gemäß Abs. 1. Zu Recht hat daher der BGH[561] bereits zu Art. 31 Abs. 2 EGBGB aF eine früher verbreitete Rspr. der Untergerichte zurückgewiesen, die namentlich das damalige Haustürwiderrufsrecht, also den deutschen Verbraucherschutz, mit Hilfe der Sonderanknüpfung durchsetzen wollte.[562] Zuständig für den kollisionsrechtlichen Verbraucherschutz ist vielmehr Art. 6. Auch sonstige Regelungen der **materiellen Vertragswirksamkeit** (→ Rn. 123 ff.) wie Zustimmungserfordernisse und insbesondere die Inhaltskontrolle von AGB sind nicht von Art. 10 Abs. 2 erfasst.[563] Sie sind dem Vertragsstatut zu entnehmen. Erst recht gilt dies für Fragen des Vertragsinhalts oder der **Vertragswirkungen,** die wie die Sachmängelgewährleistung oder die Verjährung nicht kraft Art. 10 Abs. 1, sondern kraft Art. 12 Abs. 1 dem Vertragsstatut unterliegen.

219 **bb) Innerer Vornahmetatbestand; Willensmängel.** Auch innerhalb des Vornahmetatbestands erfasst Abs. 2 nur **verhaltenssteuernde Regeln** des Vertragsstatuts (äußerer Vornahmetatbestand), deren Beachtung der Partei nicht zugemutet wird. Daher gehören **nicht** hierher die Regelungen der Folgen von **Willensmängeln** und allgemein des **inneren Vertragsabschlusstatbestandes.**[564] Diese betreffen nicht Verhaltenspflichten oder -obliegenheiten. Die Parteien lassen sich durch Bestimmungen über Willensmängel bei ihren Handlungen nicht leiten. Zur Unanwendbarkeit des Abs. 2 bei anfechtbaren Verträgen → Rn. 227 ff.

220 **cc) Übersetzungsobliegenheit.** Manche ziehen Abs. 2 auch heran, wenn die Partei sich eine **sprachlich unverständliche Erklärung,** namentlich AGB, nicht übersetzen lässt, obwohl ihr dies nach dem maßgeblichen Vertragsstatut oblag, sofern diese **Obliegenheit der Übersetzung** in ihrem Recht nicht bestünde und sie nicht mit deren Bestehen rechnen musste.[565] Hierfür besteht in der Regel kein Bedarf (näher → Rn. 71).

221 **2. Räumlicher Anwendungsbereich.** Abs. 2 schützt in räumlicher Hinsicht gleichermaßen ausländische wie inländische Parteien vor überraschenden Wertungen eines ihnen fremden Vertragsstatuts. Somit kann sich auch eine im Ausland ansässige Partei vor deutschen Gerichten auf ihr Aufenthaltsrecht berufen, um sich gegen ihre Bindung nach deutschem Vertragsstatut zur Wehr zu setzen.[566] **Wo** die betreffende Partei **handelt,** in ihrem Aufenthaltsstaat oder im Ausland, ist für die Anwendbarkeit des Art. 10 Abs. 2 ohne Belang; auch ist anders als bei Art. 13 keine gleichzeitige Anwesenheit der Parteien in demselben Staat erforderlich.[567] Freilich wird eine ins Ausland gereiste Partei in der Regel kaum noch geltend machen können, sie habe nicht mit der möglichen Maßgeblichkeit eines anderen Rechts als desjenigen an ihrem gewöhnlichen Aufenthalt rechnen können, denn die Auslandsberührung ist dann klar erkennbar (→ Rn. 241).

---

560 BeckOGK/*Weller* Rn. 76; Erman/*Stürner* Rn. 17; Staudinger/*Hausmann,* 2021, Rn. 50; NK-BGB/*Leible* Rn. 29; Grüneberg/*Thorn* Rn. 5. Früher bereits BGHZ 135, 137 f. = NJW 1997, 1697 = IPRax 1998, 285 m. Aufsatz *Ebke* IPRax 1998, 263; Soergel/*v. Hoffmann* EGBGB Art. 31 Rn. 30; *Taupitz* BB 1990, 642 (644); *Mankowski* RIW 1996, 382 (384 ff.); *Mäsch,* Rechtswahlfreiheit und Verbraucherschutz, 1993, 118 f.; *Mäsch* IPRax 1995, 371 f.; *Kost,* Konsensprobleme im internationalen Schuldvertragsrecht, 1995, 113; *Leible* in Armbrüster, Privatautonomie und Ungleichgewichtslagen, 1996, 253; *Lenz* WuB 1994, 651.

561 BGHZ 135, 124 (133 ff.) = IPRax 1998, 285 m. Aufsatz *Ebke* IPRax 1998, 263 = NJW 1997, 1697; früher schon LG Koblenz IPRspr. 1989 Nr. 43.

562 ZB OLG Stuttgart NJW-RR 1990, 1081 (1083); LG Gießen IPRax 1995, 395; LG Koblenz RIW 1995, 946; LG Rottweil NJW-RR 1996, 1401; LG Stuttgart RIW 1996, 424.

563 LG Düsseldorf BeckRS 2022, 5294 Rn. 29 zur Inhaltskontrolle von AGB; BeckOGK/*Weller* Rn. 76; Erman/*Stürner* Rn. 17; *v. Bar/Mankowski* IPR II § 1 Rn. 797; *Picht/Kopp* IPRax 2024, 16 (25).

564 Zur alleinigen Geltung des Vertragsstatuts NK-BGB/*Leible* Rn. 29; Staudinger/*Hausmann,* 2021, Rn. 52; BeckOGK/*Weller* Rn. 76; BeckOK BGB/*Spickhoff* Rn. 14; *v. Bar/Mankowski* IPR II § 1 Rn. 798; BGHZ 135, 124 (137) = NJW 1997, 1697 = IPRax 1998, 285 mAnm *Ebke* IPRax 1998, 263; OLG Köln IPRax 1995, 393 m. Aufsatz *Reinhart* IPRax 1995, 365; OLG Hamburg IPRspr. 1998 Nr. 34; OLG Braunschweig IPRspr. 1999 Nr. 130; *Giuliano/Lagarde* BT-Drs. 10/503, 60; *G. Fischer,* Verkehrsschutz im internationalen Vertragsrecht, 1990, 341 f.; *Mäsch* IPRax 1995, 371 (372); *Mankowski* RIW 1996, 382 (385); *Baumert* RIW 1997, 805 (807); *Freitag* IPRax 1999, 142 (144); aA für Willensmängel Grüneberg/*Thorn* Rn. 5; *Kegel/Schurig* IPR § 17 V 1a (S. 616).

565 Staudinger/*Hausmann,* 2021, Rn. 115.

566 Staudinger/*Hausmann,* 2021, Rn. 56; Erman/*Stürner* Rn. 13.

567 Staudinger/*Hausmann,* 2021, Rn. 56.

III. Voraussetzungen des Abs. 2

1. Bindung nach Maßgabe des Vertragsstatuts. a) Vorrang des Abs. 1. Der Vertrag muss nach Maßgabe des **primär** anwendbaren **Vertragsstatuts** (Abs. 1) wirksam zustande gekommen sein. Nur dann bedarf eine Partei des Schutzes nach Abs. 2, der auf ihre Freiheit von Bindung gerichtet ist. Deshalb ist vorrangig Abs. 1 anzuwenden und zu prüfen, ob die betreffende Partei nach Maßgabe des Vertragsstatuts an den Vertrag gebunden ist; erst danach kann man sich fragen, ob das Umweltrecht der Partei nach Art eines **Vetos** die Bindung ganz verneint (→ Rn. 206).[568] Die vorherige Prüfung der Vertragswirksamkeit anhand des Vertragsstatuts ist nicht nur logisch geboten, bevor man eine Einrede prüft (→ Rn. 232), sondern man kann die Unzumutbarkeit des Vertrages auch erst nach der Feststellung beurteilen, welches Verhalten zu einer Bindung geführt hat. 222

Ist bereits nach Vertragsstatut eine rechtsgeschäftliche Bindung der Partei zu verneinen, bleibt die Anwendung eines aus ihrer Sicht fremden Vertragsstatuts für sie ohne Bedeutung. Keinesfalls kann dann Abs. 2 dem **unwirksamen Vertrag** nach dem Aufenthaltsrecht der Partei zur Wirksamkeit verhelfen.[569] 223

b) Verhältnis zur Auslegung. Um zu ermitteln, ob eine Partei nach Vertragsstatut gebunden ist, ist ihr Verhalten nach diesem Statut auszulegen (Art. 12 Abs. 1 lit. a). Dies ist der zutreffende Kern einer im Gefolge von *Rabel*[570] vertretenen Ansicht,[571] wonach den Belangen der Partei, deren Recht nicht Vertragsstatut ist, schon allein durch die richtige Anwendung des Vertragsstatuts Genüge getan werden könne. Man müsse nämlich bei der Auslegung ihres (konkludenten) Verhaltens ggf. beachten, dass sie Ausländerin ist, sich deshalb in casu nicht nach ihr fremden Verhaltensregeln gerichtet habe und dass dies die Gegenpartei erkennen konnte und berücksichtigen musste. In der Tat kann die Auslegung in vielen Fällen das Problem des Schutzes der Partei vor überraschenden Wirkungen ihres Verhaltens befriedigend lösen.[572] Zu Recht ist der Verordnungsgeber der Ansicht, die sich allein auf die Auslegung verlässt, jedoch nicht gefolgt, denn die Auslegung hilft nicht in allen Fällen, insbesondere nicht bei **normiertem Schweigen** (→ Rn. 48, → Rn. 215 f.). 224

Legt man das Verhalten der Parteien nach den Regeln des Vertragsstatuts dahin aus, ob überhaupt die für den Vertragsschluss genügenden Willenserklärungen der Parteien vorliegen, kommt es im **deutschen Recht** auf den objektiven Erklärungswert des fraglichen Verhaltens an. Bei dessen Ermittlung ist es ebenso wie wohl in vielen **anderen Rechtsordnungen**[573] ein wichtiger tatsächlicher Umstand, wenn die Partei **erkennbar oder vermutlich** ihr Erklärungsverhalten an einem anderen, nämlich ihrem eigenen Recht und an den dortigen Gepflogenheiten ausgerichtet hat.[574] Bei der **Auslegung als wertender Verteilung von Verständigungsrisiken** dürfen Erklärungen zB eines New Yorkers nicht ohne weiteres wie die eines Deutschen verstanden werden.[575] Namentlich kann ein **Schweigen,** das in Deutschland als **konkludente Zustimmung** verstanden werden könnte, bei einem Ausländer, in dessen Land es keinen Erklärungsgehalt hat, nicht wie bei einem Deutschen verstanden werden, wenn die Gegenpartei die Ausrichtung des Schweigenden an diesen Üblichkeiten erkennen konnte (zum Hauptanwendungsfall der AGB → Rn. 201). Es ist aber denkbar, dass der Erklärungsempfänger nicht erkennen konnte, dass die andere Partei sich nicht binden wollte. Wenn es dann nach dem Vertragsstatut objektiv zu einem Konsens kommt, greift Abs. 2 ein. 225

Auslegung nach den Regeln des Vertragsstatuts (Art. 12 Abs. 1 lit. a) kann die Partei demgegenüber **nie** schützen, wenn das Vertragsstatut an ein Verhalten **gesetzliche Rechtsfolgen** knüpft und 226

568 Rauscher/*Freitag* Rn. 30; Staudinger/*Hausmann,* 2021, Rn. 57; BeckOGK/*Weller* Rn. 69. So hatte auch der BGH schon zum alten Recht entschieden, BGH NJW 1976, 2075 (dazu *Buchmüller* NJW 1977, 501; *Kronke* NJW 1977, 992); ähnlich BGH NJW 1973, 2154; BGHZ 57, 72 (77) = NJW 1972, 391 mAnm *Geimer* und *Schmidt-Salzer; Mankowski* RIW 1996, 382 (383).

569 *Giuliano/Lagarde* BT-Drs. 10/503, 60; BeckOGK/*Weller* Rn. 65; Staudinger/*Hausmann,* 2021, Rn. 57; NK-BGB/*Leible* Rn. 31; Grüneberg/*Thorn* Rn. 4; *Kost,* Konsensprobleme im internationalen Schuldvertragsrecht, 1995, 147 f.

570 *Rabel,* Conflict of Laws, Bd. II, 1960, 524 f.

571 *Linke* ZVglRWiss 79 (1980), 1 (36 ff.); *Schlechtriem* FS Weitnauer, 1980, 129 (135); *Stoll* IPRax 1983, 55; *Stoll* FS Beitzke, 1979, 763 ff.; *Kreuzer,* Das IPR des Warenkaufs in der deutschen Rechtsprechung, 1964, 110; mit Vorbehalt auch *v. Hoffmann* IPRax 1981, 218.

572 Staudinger/*Hausmann,* 2021, Rn. 59; BeckOGK/*Weller* Rn. 70; Rauscher/*Freitag* Rn. 30.

573 Vgl. auch BGH NJW 1986, 1681 (1683).

574 BGH NJW 1976, 2075; 1971, 1905; WM 1982, 55 = IPRax 1982, 77 Ls. mAnm *v. Hoffmann* betr. ADSp; Staudinger/*Hausmann,* 2021, Rn. 59, 85 f.; BeckOGK/*Weller* Rn. 70; vgl. auch *Wieser* AcP 184 (1984), 40.

575 Falsch daher zB LG und OLG München IPRspr. 1974 Nr. 10 zu einer italienischen Vollmacht; richtig dagegen RG DR 1943, 1006 = DNotZ 1944, 151 zu einer amerikanischen Vollmacht.

nicht auf den Willen der Partei abstellt.[576] Bei **normiertem Schweigen** geht es um Rechtsanwendung. Während die § 663 BGB oder § 362 HGB anscheinend in der Praxis keine Rolle spielen, kann als Musterbeispiel das „normierte Schweigen" auf ein **kaufmännisches Bestätigungsschreiben** gelten, das in Deutschland nach hM bindet (→ Rn. 52 ff.; → Rn. 215 f.). Wenn einer ausländischen Partei diese Regel nicht erkennbar war, hilft ihr allenfalls Abs. 2. Eine Auslegung ist hier nicht möglich. Derartige Fälle des normierten Schweigens hatte man bei Art. 8 Abs. 2 EVÜ vor allem im Auge.[577] Sofern ein ausländisches Vertragsstatut das Schweigen als „bloß" konkludentes Schweigen ansieht, ist vor der Anwendung des Art. 10 Abs. 2 hingegen zunächst die Auslegung heranzuziehen.

227 **c) Nach Vertragsstatut anfechtbarer Vertrag.** Es ist zwar richtig, dass bei einem von der Partei nicht als rechtsgeschäftlich relevant erkannten Verhalten, wie zB einem Schweigen auf eine unverlangte Offerte, typischerweise auch das **Erklärungsbewusstsein** fehlt. Dieses Fehlen wird in vielen Rechtsordnungen zur Anfechtung berechtigen. Jedoch decken sich die Tatbestände des Abs. 2 und des Anfechtungsrechts wegen fehlenden Erklärungsbewusstseins nicht: Das Erklärungsbewusstsein kann zum einen auch aus anderen Gründen als einer Unkenntnis fremden Rechts fehlen; es kann ein tatsächlicher Irrtum zugrunde liegen, wenn zB eine sprachunkundige Partei auf Aufforderung ein Schriftstück unterzeichnet, das eine rechtliche Verpflichtung enthält, aber glaubt, es handele sich nur um die Unterstützung eines politischen Aufrufs.[578] Zum anderen kann eine Anfechtung möglich sein, selbst wenn man von der Partei erwarten konnte, dass sie die rechtgeschäftliche Relevanz ihres Verhaltens vorhergesehen hätte,[579] sodass die Einrede des Abs. 2 wegen Unwirksamkeit des Vertrages nicht mehr zum Zuge kommt.

228 Wenn beide Rechtsbehelfe zur Verfügung stehen, geben manche der Partei ein **Wahlrecht,** denn Abs. 2 setze nicht voraus, dass der Vertrag unanfechtbar sei.[580] Ob der Vertrag von vornherein unwirksam sei wie unter Umständen im französischen Recht oder erst durch Anfechtung vernichtet werde wie im deutschen Recht, solle für Abs. 2 keinen Unterschied machen. Dem ist nicht zuzustimmen. Die **Anfechtung** bewegt sich innerhalb des vorrangig zu prüfenden Vertragsstatuts nach Abs. 1; daher hat sie **Vorrang** und muss zuerst geltend gemacht werden.[581] Solange nicht **endgültig** feststeht, dass eine Partei gebunden ist, stellt sich nicht die Frage, ob ihre Bindung unzumutbar ist.[582] In der Regel macht die Anfechtung eine Anwendung des Abs. 2 unnötig und unberechtigt. Die Wirkungen einer Anfechtung sind aber nicht dieselben wie diejenigen des Abs. 2.

229 In Betracht kommt eine Anwendung von Abs. 2 jedoch dann, wenn die zur Anfechtung berechtigte Partei sich nach Vertragsstatut allein gegen die Leistung von **Schadensersatz** (zB § 122 BGB) vom Vertrag lösen kann. Insoweit bewirkt der Vertrag dann doch eine rechtsgeschäftliche Verpflichtung. Falls das Aufenthaltsrecht der Partei eine Haftung auf Schadensersatz überhaupt verneint, kann ihr dagegen Abs. 2 helfen.[583] Sieht aber auch ihr eigenes Recht eine Ersatzpflicht vor, greift Abs. 2 nicht ein. Gleiches gilt, wenn das Vertragsstatut die Anfechtung verweigert und das Recht am gewöhnlichen Aufenthalt der Partei sie zwar erlaubt, aber zugleich eine Ersatzpflicht vorsieht. Denn Abs. 2 will die Partei nur vor überraschender Bindung durch den Vertrag überhaupt schützen, **nicht** aber den Umfang einer nach beiden Rechten gegebenen **Haftung** auf das gemeinsame Minimum **limitieren.**

230 Entsprechendes gilt in anderen Fällen, in denen die **Wirksamkeit** des Vertrags **beschränkt** ist, zB durch ein Rücktritts- oder Widerrufsrecht. Hier führt der Vorrang des Vertragsstatuts dazu, dass die Partei auf diese Möglichkeit verwiesen ist, sich vom Vertrag zu lösen.[584] Diese Wirksamkeitshindernisse liegen zudem bereits außerhalb des sachlichen Anwendungsbereichs des Abs. 2 (→ Rn. 218).

231 **2. Keine Bindung nach Maßgabe des Aufenthaltsrechts.** Des Weiteren setzt Abs. 2 voraus, dass der Vertrag nach dem Recht am gewöhnlichen Aufenthalt der Partei, die sich auf die Vorschrift beruft, **ganz unwirksam** wäre. Der gewöhnliche Aufenthalt ist nach denselben Regeln wie auch

576 *Kost,* Konsensprobleme im internationalen Schuldvertragsrecht, 1995, 151; Staudinger/*Hausmann,* 2021, Rn. 59; BeckOGK/*Weller* Rn. 70.

577 *Giuliano/Lagarde* BT-Drs. 10/503, 60.

578 Anderes Beispiel bei *Freitag* IPRax 1999, 142 (145).

579 Nach BGHZ 91, 324 (330) = NJW 1984, 2279 berechtigt fehlendes Erklärungsbewusstsein nur zur Anfechtung, wenn der Erklärende bei pflichtgemäßer Sorgfalt hätte erkennen und vermeiden können, dass sein Verhalten als Willenserklärung aufgefasst werden würde und durfte.

580 Staudinger/*Hausmann,* 2021, Rn. 58; BeckOGK/*Weller* Rn. 71 – etwas anders jedoch BeckOGK/*Weller* Rn. 76.

581 Wie hier Rauscher/*Freitag* Rn. 34; NK-BGB/*Leible* Rn. 29; Erman/*Stürner* Rn. 17.

582 Rauscher/*Freitag* Rn. 34.

583 Rauscher/*Freitag* Rn. 34; BeckOGK/*Weller* Rn. 76.

584 Staudinger/*Hausmann,* 2021, Rn. 51, aber anders zur Anfechtung Staudinger/*Hausmann,* 2021, Rn. 58.

sonst in der Rom I-VO zu ermitteln (→ Art. 19 Rn. 1 ff.).[585] Maßgeblicher Zeitpunkt ist derjenige des als Zustimmung gewerteten Verhaltens.[586] Die Vorschrift greift daher von vornherein nur dann ein, wenn **Aufenthaltsrecht** der Partei und **Vertragsstatut auseinanderfallen.**[587] Zudem muss der Unwirksamkeitsgrund im sachlichen Anwendungsbereich des Abs. 2 liegen, sich also auf den äußeren Vornahmetatbestand beziehen (→ Rn. 211 ff.). Nicht selten scheitert die Einrede daran, dass auch das Recht der Partei eine Bindung bejaht,[588] und sei es auch eine schwächere.

3. Berufung auf die fehlende Bindung. Art. 10 Abs. 2 verlangt, dass sich die Partei darauf „beruft". Zu der kumulativen Sonderanknüpfung kommt es also nicht von Amts wegen, sondern nur auf **Einrede** der Partei, der die Bindung nicht zuzumuten ist.[589] Es genügt, wenn sie die Bewertung ihres Verhaltens als Zustimmung zum Vertrag **bestreitet,** auch wenn sie sich dabei weder ausdrücklich noch konkludent auf Art. 10 Abs. 2 beruft.[590] 232

Indem die Partei es unterlässt, die Einrede zu erheben, kann sie noch nachträglich entscheiden, ob sie entgegen ihrem eigenen Recht bei dem Vertrag stehenbleiben will.[591] Entschließt sie sich, an dem Vertrag festzuhalten, kann die **Gegenseite** sich **nicht** ihrerseits gegen den Willen der begünstigten Partei auf die Unwirksamkeit des Geschäfts berufen, um sich davon zu lösen.[592] 233

4. Unzumutbarkeit einer Bindung. Der Umstand, dass die Partei nach ihrem Umweltrecht anders als nach dem Vertragsstatut nicht aufgrund ihres Verhaltens gebunden wäre, genügt für sich genommen noch nicht, um die Wirksamkeit des Vertrags auf Einrede dieser Partei hin zu verneinen. So kann Abs. 2 nicht bereits allein deshalb herangezogen werden, weil das eigene Recht der Partei ihr Schweigen anders bewertet als das Vertragsstatut. Vielmehr ist erforderlich, dass eine alleinige Anwendung des Vertragsstatuts **nach den Umständen** des individuellen Falles **„nicht gerechtfertigt"** wäre. Die Bindung an den Vertrag nach Vertragsstatut muss für die von der Bindung überraschte Partei mithin **unzumutbar** sein. Diese Wertung kann nicht schon allein aus der Unterschiedlichkeit der Sachrechte folgen.[593] Zwar verlangt Abs. 2 damit nach Art einer Generalklausel die Bewertung der Umstände des Falles, ob das Vertrauen der Partei auf ihr Recht schützenswert ist,[594] aber die Maßstäbe können **weiter präzisiert werden.** 234

Zumutbar ist die alleinige Anwendung des Vertragsstatuts, wenn sich die Partei (1.) **objektiv** freiwillig durch eigenes Handeln auf internationale Rechtsbezeichnungen eingelassen hat (→ Rn. 238 ff.), **und** wenn sie (2.) **subjektiv** mit der Geltung eines ausländischen Rechts rechnen musste (→ Rn. 240 ff.), **und** (3.) dessen **Regeln erkennen** konnte (→ Rn. 246 ff.).[595] Rspr. des EuGH zu der Frage, unter welchen Voraussetzungen eine Bindung unzumutbar ist, steht noch aus. Die Rspr. des BGH betonte vor allem den subjektiven Aspekt: Man könne einer Partei ein Verhalten nicht als Willenserklärung zurechnen, wenn sie mit einer solchen Qualifizierung durch das Vertragsstatut **nicht zu rechnen** brauchte.[596] In anderen Entscheidungen wurde eine Anwendung von Abs. 2 mit der Begründung abgelehnt, dass die Partei nicht auf die Geltung ihres eigenen Rechtes vertrauen durfte.[597] Auf die Erkennbarkeit der **Geltung** des fremden Rechts kommt es sicher an; sie ist allein aber noch nicht entscheidend.[598] 235

---

[585] Calliess/Renner/*Augenhofer* Rn. 34.

[586] *Queirolo* in Magnus/Mankowski ECPIL Rn. 19; ähnlich *S. Wandt,* Rechtswahlregelungen im Europäischen Kollisionsrecht, 2014, 182; anders *Reis,* Die Bedeutung des Schweigens im Privatrecht, 2022, 293: Zeitpunkt der behaupteten Einigung.

[587] BeckOK BGB/*Spickhoff* Rn. 10; Grüneberg/*Thorn* Rn. 4; jurisPK-BGB/*Limbach* Rn. 19, auch zu dem Fall, dass ohne eine gültige Rechtswahl das CISG Vertragsstatut wäre.

[588] KG WM 2006, 1218 = RIW 2006, 865; OLG München IPRax 1991, 46 (50); OLG Naumburg IPRspr. 2003 Nr. 136; OLG Hamburg SchiedsVZ 2003, 284; OLG Koblenz IPRax 1982, 20 m. Aufsatz *E. Rehbinder* IPRax 1982, 7; LG Berlin RdTW 2022, 210 Rn. 23; LG Bonn RIW 1999, 879.

[589] OLG München IPRax 1991, 46 (49 f.); OLG Düsseldorf RIW 1997, 780; Staudinger/*Hausmann,* 2021, Rn. 60; BeckOK BGB/*Spickhoff* Rn. 13; BeckOGK/*Weller* Rn. 77; Rauscher/*Freitag* Rn. 41.

[590] OLG Düsseldorf RIW 1997, 780; *Kost,* Konsensprobleme im internationalen Schuldvertragsrecht, 1995, 147 f.; Erman/*Stürner* Rn. 13; BeckOK BGB/*Spickhoff* Rn. 13; Staudinger/*Hausmann,* 2021, Rn. 60; NK-BGB/*Leible* Rn. 33.

[591] BeckOK BGB/*Spickhoff* Rn. 13.

[592] OLG Düsseldorf RIW 1997, 780; zust. Staudinger/*Hausmann,* 2021, Rn. 60; BeckOGK/*Weller* Rn. 77; NK-BGB/*Leible* Rn. 33; Calliess/Renner/*Augenhofer* Rn. 32.

[593] BeckOGK/*Weller* Rn. 80.

[594] *Mankowski* RIW 1996, 382 (385); *G. Fischer,* Verkehrsschutz im internationalen Vertragsrecht, 1990, 335 ff., 337.

[595] BeckOGK/*Weller* Rn. 78; grds. ebenso Staudinger/*Hausmann,* 2021, Rn. 61 ff.

[596] BGHZ 57, 77 = NJW 1972, 391; *Raape* IPR S. 494.

[597] BGH WM 1973, 1238 = NJW 1973, 2154; NJW 1976, 2075.

[598] Ebenso BeckOK BGB/*Spickhoff* Rn. 12.

236 Verbreitet wird von einer **„Interessenabwägung"** gesprochen, aus der dann die Unzumutbarkeit folge.[599] Damit kann aber nicht gemeint sein, dass im Einzelfall das Interesse der Partei, die sich auf ihr Umweltrecht beruft, gegen das Interesse des Vertragspartners, der auf die Wirksamkeit nach Vertragsstatut vertraut, oder des Rechtsverkehrs abgewogen wird.[600] Das könnte zur Folge haben, dass ausnahmsweise der Partei, die die ihr fremden Regeln nicht erkennen konnte, die Berufung auf ihr Umweltrecht dennoch versagt würde, und umgekehrt dies einer Partei erlaubt würde, die diese Regelungen hätte kennen können. Das entspricht nicht dem Sinn und Zweck der Regelung, die Partei vor rechtsgeschäftlicher Bindung nur unter der Voraussetzung zu bewahren, dass sie die Folge ihres Verhaltens nicht erkennen konnte. Vielmehr kann es nur darum gehen, ob die individuellen Umstände in der Partei, die ihre fehlende Zustimmung geltend macht, es rechtfertigen, den abstrakten Grundsatz des einheitlichen Vertragsstatuts (→ Rn. 2) zu durchbrechen und von der darauf beruhenden Vertragswirksamkeit abzusehen.[601] Die Unzumutbarkeit der Bindung an das Vertragsstatut ist allein aus der Sicht der Partei, die ihre Bindung bestreitet, zu bewerten; die Interessen der anderen Partei sind nicht einzubeziehen.[602] Dieses Grundprinzip der Rechtsgeschäftslehre verträgt keine Relativierung wegen der Interessen der anderen Partei am Bestand des Vertrages, so dass ggf. der Erklärende doch durch sein Handeln ohne Erklärungsbewusstsein gebunden würde. Die Interessen des Rechtsverkehrs werden mit den übrigen tatbestandlichen Voraussetzungen des Abs. 2 abgedeckt und gewichtet, so dass keine weitere zusammenfassende Abwägung angezeigt ist. Alles andere liefe auf eine nachträgliche Korrektur der Feststellungen zum Tatbestand des Abs. 2 hinaus. Eine ähnliche abschließende Interessensabwägung findet auch im deutschen Sachrecht bei fehlendem Erklärungsbewusstsein nicht statt (→ BGB § 119 Rn. 99 ff.). Deshalb spielt auch keine Rolle, wie eng die Bezüge zu der das Vertragsstatut bildenden Rechtsordnung sind.[603]

237 Die **Beweislast** für die Umstände, aus denen sich die Unzumutbarkeit ergibt, liegt bei der Partei, die sich auf ihre fehlende Bindung beruft.[604]

238 **a) Objektive Voraussetzungen.** In objektiver Hinsicht ist zu berücksichtigen, ob eine Partei sich freiwillig auf einen **Vertrag mit Auslandsberührung eingelassen** hat.[605] Ganz ohne Auslandsbeziehung käme schon Abs. 1 nicht zum Zuge, aber die Partei darf nicht von der Gegenseite einseitig in ein Recht hineingezogen werden. Erhält sie zB unaufgefordert eine Offerte mit einem Vorschlag eines Rechts, nach welchem die Offerte ausdrücklich abgelehnt werden müsste, so kann allein das Wissen die kundige Partei nicht zum Handeln verpflichten.[606] Diese **Voraussetzung fehlt** in der Regel zB in den Fällen der **§ 663 BGB, § 362 HGB,** wenn der Unternehmer sich nicht auch gegenüber dem Ausland öffentlich erboten hat.

239 Die Kenntnis einer fremden Regel allein schafft noch keine Pflicht oder Obliegenheit, sich danach zu richten. Wenn der Offerte dagegen Verhandlungen mit Blick auf einen erkennbar internationalen Vertrag vorangegangen sind, dann könnte die Partei allenfalls noch geltend machen, dass sie den Inhalt des fremden Rechts nicht erkennen konnte. Ein **zurechenbarer Kontakt** zum fremden Vertragsstatut kann schon dadurch gesetzt werden, dass die Partei eine Offerte aus dem Ausland erbittet[607] oder eine Bestellung ins Ausland schickt.[608] Im Einzelnen sind recht verschiedene Situationen vorstellbar und die Umstände des Einzelfalles zu bewerten.[609] Zutreffend formuliert der BGH aber,[610] dass nicht mehr ohne weiteres mit der Geltung seines eigenen Rechts rechnen dürfe, wer **internationale Vertragskontakte aufnimmt.** Die Partei hat sich in Beziehung zum fremden Recht gesetzt.[611]

---

599 Insb. Staudinger/*Hausmann,* 2021, Rn. 61; NK-BGB/*Leible* Rn. 34; Erman/*Stürner* Rn. 18; ferner BeckOK BGB/*Spickhoff* Rn. 12; BeckOGK/*Weller* Rn. 78.

600 So aber NK-BGB/*Leible* Rn. 34; etwas anders Staudinger/*Hausmann,* 2021, Rn. 61 und Erman/*Stürner* Rn. 18: Abwägung der Interessen der nach Vertragsstatut zustimmenden Partei mit den Interessen des Rechtsverkehrs.

601 Rauscher/*Freitag* Rn. 33: Die Norm sei daher restriktiv auszulegen.

602 IErg auch BeckOGK/*Weller* Rn. 78; wohl auch Ferrari IntVertragsR/*Ferrari* Rn. 23 ff.

603 AA Reithmann/Martiny IntVertragsR/*Martiny* Rn. 3.15.

604 LG Berlin RdTW 2022, 210 Rn. 23; Staudinger/*Hausmann,* 2021, Rn. 69a; BeckOGK/*Weller* Rn. 81; Calliess/Renner/*Augenhofer* Rn. 36; zu Art. 31 Abs. 2 EGBGB aF OLG Hamburg SchiedsVZ 2003, 284 (287).

605 BGH NJW 1976, 2075; 1973, 2154; OLG Köln RIW 1996, 778; OLG Hamburg SchiedsVZ 2003, 284 (287); Staudinger/*Hausmann,* 2021, Rn. 63; BeckOGK/*Weller* Rn. 78; *Linke* ZVglRWiss 79 (1980), 1 (35).

606 Staudinger/*Hausmann,* 2021, Rn. 63; BeckOK BGB/*Spickhoff* Rn. 12; Soergel/*v. Hoffmann* EGBGB Art. 31 Rn. 38; *Linke* ZVglRWiss 79 (1980), 1 (35); weiteres Bsp. bei *v. Bar/Mankowski* IPR II § 1 Rn. 801.

607 Ähnlich *W. Lorenz* AcP 159 (1960/1961), 193 ff.

608 NK-BGB/*Leible* Rn. 36; BeckOK BGB/*Spickhoff* Rn. 12.

609 *Mankowski* RIW 1996, 382 (383).

610 BGH WM 1973, 1258; NJW 1976, 2075.

611 Staudinger/*Hausmann,* 2021, Rn. 63; NK-BGB/*Leible* Rn. 36; Calliess/Renner/*Augenhofer* Rn. 35.

b) Subjektive Voraussetzungen. Es wäre jedoch mit dem Grundprinzip der Privatautonomie nicht vereinbar, einer Partei, auch wenn sie sich selbst in Beziehung zu dem fremden Recht des Vertrags gesetzt hat, ein Verhalten allein aufgrund der freiwilligen Herstellung eines Auslandsbezugs als rechtsgeschäftlich bindend zuzurechnen, wenn sie eine solche Wertung **subjektiv nicht vorhersehen** konnte.[612] Andernfalls bliebe für die von den Verfassern des Art. 8 Abs. 2 EVÜ ausdrücklich gewünschte Erstreckung der Vorschrift auf aktives Verhalten des Erklärenden (→ Rn. 212) kaum Raum.[613] Zu pauschal ist es daher auch, den Schutz des Art. 10 Abs. 2 mit Blick auf die Interessen des Rechtsverkehrs allein deshalb zu versagen, weil beide Parteien den Vertrag in dem Staat abschließen, dessen Recht Vertragsstatut wird.[614] Wenn die Partei geltend macht, sie habe mit der Wirksamkeit des Vertrags nicht gerechnet und nicht rechnen müssen, so können **drei verschiedene Gründe** für ihren Irrtum präzisiert werden. Nicht alle davon sind gleichermaßen erheblich. 240

aa) Verkennung der Auslandsbeziehung. Die Unkenntnis der Partei kann erstens darauf beruhen, dass sie schlicht die Auslandsbeziehung verkennt. Das kann ein **erheblicher Irrtum** sein.[615] Jedoch war jedenfalls früher schwer vorstellbar, dass eine Partei schon eine objektive Auslandsbeziehung des von ihr vorgenommenen Geschäfts nicht erkennen kann. Bei telefonischem oder vor allem elektronischem Vertragsschluss in der Sprache des gewöhnlichen Aufenthalts ist es hingegen durchaus denkbar,[616] dass sie den tatsächlichen ausländischen Sitz des Vertragspartners oder den Ort seiner Erklärungsabgabe und damit die Internationalität des Vertrages nicht erkennen konnte. Bei Internetgeschäften wird jedoch teilweise eine Unzumutbarkeit aufgrund deren „latenter Internationalität" grds. verneint, sofern das Angebot nicht ersichtlich auf Inländer beschränkt sei; auf die Kenntnis von der Ansässigkeit des Vertragspartners im Ausland komme es nicht an.[617] Nur wenn zwei Verbraucher miteinander über eine Plattform kontrahierten, käme ausnahmsweise Art. 10 Abs. 2 noch in Betracht.[618] Demgegenüber sollte auch hier eine Würdigung des Einzelfalls möglich bleiben, die etwa die Gestaltung des Internetangebots und zB dessen Sprache einbezieht.[619] 241

bb) Kollisionsrechtlicher Irrtum. Zweitens kann die Partei darüber irren, welches Recht Vertragsstatut ist. Dieser kollisionsrechtliche Irrtum ist **nicht erheblich.**[620] Mit der Kenntnis oder Erkennbarkeit der Auslandsbeziehung darf die Partei nicht mehr schlicht davon ausgehen, dass ihr eigenes Recht gilt.[621] Man kann weiter fragen, ob die Partei auch hätte erkennen müssen, nach **welchem fremden Recht** sie sich richten sollte, dh ob sie geltend machen kann, sie habe zwar die Internationalität erkannt oder erkennen können, aber nicht, dass deshalb ein ihr fremdes Recht gelte. Es läge also ein Irrtum über die **Kollisionsregel** vor, die in casu anzuwenden war. Beispielsweise könnte der Käufer auf einer Messe angenommen haben, es gelte das Recht des Messeortes, womit er den Art. 4 Abs. 1 lit. a verkennt. Der kollisionsrechtliche Irrtum kann dazu führen, dass die Partei sich am falschen ausländischen Recht ausrichtet oder, viel wahrscheinlicher, dass sie trotz Kenntnis der Internationalität des Rechtsgeschäfts meint, es gelte ihr eigenes Recht. Diese Annahme bzw. Einstellung der Partei kann grundsätzlich nicht entschuldigt werden. Wenn eine Partei die Internationalität kennt und sich die kollisionsrechtliche Frage stellt, trägt sie selbst das Risiko, diese falsch zu beantworten (vgl. auch → Art. 13 Rn. 62 f.). 242

Entschiede man anders und nähme man dann, wie es die Folge des Abs. 2 wäre, der anderen Vertragspartei den sonst gültigen Vertrag weg, so trüge diese Partei das **Risiko** der **falschen Kollisionsrechtserkenntnis** der irrenden Partei. Die irrende Partei muss jedenfalls das **eigene IPR** des Staates, in dem sie lebt, kennen oder sich zumindest darüber beraten lassen.[622] Für die 243

[612] BeckOK BGB/*Spickhoff* Rn. 12; Staudinger/*Hausmann,* 2021, Rn. 76.
[613] Staudinger/*Hausmann,* 2021, Rn. 76.
[614] So aber Staudinger/*Hausmann,* 2021, Rn. 71 mwN; NK-BGB/*Leible* Rn. 37.
[615] BeckOGK/*Weller* Rn. 79; Staudinger/*Hausmann,* 2021, Rn. 76.
[616] BeckOGK/*Weller* Rn. 79; Ferrari IntVertragsR/*Ferrari* Rn. 25; vgl. den Fall OLG Düsseldorf RIW 1995, 420, wo der Partei dann aber noch vor dem Vertragsschluss AGB übersandt wurden, aus denen sich die Auslandsberührung ergab. In LG Stuttgart IPRax 1991, 118 war nicht ersichtlich, dass ein englisches Unternehmen seinen Sitz außerhalb Deutschlands hatte.
[617] Rauscher/*Freitag* Rn. 37.
[618] Rauscher/*Freitag* Rn. 37; BeckOGK/*Weller* Rn. 79.
[619] Ähnlich Staudinger/*Hausmann,* 2021, Rn. 76; *Reis,* Die Bedeutung des Schweigens im Privatrecht, 2022, 306 f.
[620] BeckOGK/*Weller* Rn. 79; Ferrari IntVertragsR/*Ferrari* Rn. 27; aA Rauscher/*Freitag* Rn. 39; Staudinger/*Hausmann,* 2021, Rn. 66.
[621] BGH NJW 1973, 2154; 1976, 2075; OLG Köln RIW 1996, 778; OLG Hamburg SchiedsVZ 2003, 284 (287); BeckOGK/*Weller* Rn. 79.
[622] Ferrari IntVertragsR/*Ferrari* Rn. 27; aA Staudinger/*Hausmann,* 2021, Rn. 66; Rauscher/*Freitag* Rn. 39; *Reis,* Die Bedeutung des Schweigens im Privatrecht, 2022, 302 f.

Unkenntnis eines **fremden IPR** ist nicht anders zu entscheiden.[623] Dies kann ohnehin nur noch Parteien aus Drittstaaten betreffen. Manche wollen zwar, wenn auch teilweise mit „deutlich strengere[n] Sorgfaltsmaßstäbe[n]", gerade diese Parteien schützen, wenn sie nicht mir der Anwendung der Rom I-VO durch ein mitgliedstaatliches Gericht rechneten, sondern von ihrem eigenen IPR ausgingen.[624] Doch auch sie lassen sich mit dem internationalen Vertrag, der potentiell vor ein mitgliedstaatliches Gericht gelangt, auf ein Recht ein, das von ihrem Umweltrecht abweichen kann.

244 Das Problem des kollisionsrechtlichen Irrtums stellt sich im Wesentlichen bei Unternehmern. **Verbraucher** werden von Art. 6 Abs. 1 durch Anwendung ihres eigenen Rechts geschützt; gegen eine an sich zulässige Rechtswahl setzen sich nach Art. 6 Abs. 2 ihre einfach zwingenden Bestimmungen durch.

245 **cc) Verkennung des fremden Sachrechts.** Drittens kommt ein Irrtum über die Regeln des fremden Sachrechts hinsichtlich des äußeren Vertragsschlusstatbestands in Betracht. Dieser Irrtum kann **erheblich** sein.[625] Ihn hatten die Verfasser der Rom I-VO vornehmlich im Auge.[626] Praktisch geht es um die Frage nach den Ermittlungsobliegenheiten einer Partei, die sich auf einen internationalen Vertrag einlässt, für den sie die Maßgeblichkeit eines fremden Rechts erkennen musste. Zwar könnte die Partei, wenn ihr das fremde Recht zu ungewiss ist, überhaupt vom Vertragsschluss Abstand nehmen oder auf einer Wahl ihres eigenen Rechts bestehen. Doch daraus ist nicht zu folgern, dass ihre Unkenntnis der fremden Regeln des Vertragsschlusses nie zu entschuldigen sei.[627] Eine naheliegende Konstellation ist es, dass der ausländische Kunde eines deutschen Verkäufers zwar weiß oder wissen muss, dass deutsches Recht anwendbar ist, aber nicht erkennt, dass er sich danach gegen ein kaufmännisches Bestätigungsschreiben verwahren muss, wenn er dessen Inhalt nicht gelten lassen will. Man denke an einen Käufer aus Österreich, nach dessen Recht ein kaufmännisches Bestätigungsschreiben grundsätzlich einen bereits geschlossenen Vertrag nicht mehr ändert.[628] Dann greift bei fehlendem Verschulden Abs. 2 ein.[629] Selbst wenn der österreichische Käufer im Beispiel den Vertrag in Deutschland abgeschlossen hat,[630] kann man nicht schlechthin die Kenntnis der deutschen Regeln erwarten; es kommt praktisch auf die Ermittlungsobliegenheiten an. Diese sind nicht grenzenlos.

246 **c) Fahrlässigkeit.** Die Unkenntnis des fremden Rechts ist beachtlich, wenn sie **nicht** auf **Fahrlässigkeit** beruht.[631] Der **Fahrlässigkeitsmaßstab** ist autonom einheitlich zu definieren.[632] Eine Präzisierung dieses Maßstabs durch den EuGH steht noch aus. Bis dahin kann man sich an Art. 13 anlehnen, der ebenfalls im Falle entschuldbarer Unkenntnis fremden Rechts Schutz gewährt (→ Art. 13 Rn. 65 ff.). Zwar sind wegen der unterschiedlichen Zielrichtung Abweichungen von Art. 13 möglich, sie sollten aber auf das dadurch Gebotene beschränkt werden.[633]

247 Zumutbar ist die Befolgung der Regeln des grundsätzlich maßgebenden Vertragsstatuts, soweit sie **erkennbar** sind. Diese Voraussetzung fehlenden Verschuldens bringt Art. 13 klarer zum Ausdruck. Sie ergibt sich aber auch für Art. 10 Abs. 2 aus der Parallele zu Art. 13, aus der Entstehungsgeschichte[634] und namentlich aus dem **Grundprinzip der Rechtsgeschäftslehre,** dass ein Verhalten, welches beim anderen ein Vertrauen auf einen rechtsgeschäftlichen Willen erwecken durfte, dem Erklärenden nur dann zugerechnet werden darf, wenn er „bei Anwendung der im Verkehr erforderlichen Sorgfalt hätte erkennen und vermeiden können, dass seine Erklärung oder sein Verhalten … als Willenserklärung aufgefasst werden durfte".[635] Schon früher formulierte der BGH, dass es darauf ankomme, ob die Partei mit einer Qualifizierung ihres Verhaltens als rechtsgeschäftlich rechnen

[623] Ferrari IntVertragsR/*Ferrari* Rn. 27.

[624] Rauscher/*Freitag* Rn. 39; Staudinger/*Hausmann,* 2021, Rn. 66; offengelassen für drittstaatliche Parteien → 8. Aufl. 2021, Rn. 270 *(Spellenberg).*

[625] BeckOGK/*Weller* Rn. 79; Staudinger/*Hausmann,* 2021, Rn. 65; aA Ferrari IntVertragsR/*Ferrari* Rn. 29.

[626] Vgl. Rauscher/*Freitag* Rn. 40: „Kernbereich".

[627] BeckOK BGB/*Spickhoff* Rn. 12; Staudinger/*Hausmann,* 2021, Rn. 65.

[628] OGH JBl. 1975, 89; JBl. 1977, 593.

[629] Ähnliches Bsp. zu Frankreich bei *Mayer/Heuzé/Remy* DIP, 12. Aufl. 2019, Nr. 786.

[630] Staudinger/*Hausmann,* 2021, Rn. 65; *Drobnig* FS Mann, 1977, 605.

[631] Staudinger/*Hausmann,* 2021, Rn. 67; Ferrari IntVertragsR/*Ferrari* Rn. 24; *v. Bar* IPR II, 1. Aufl. 1991, Rn. 538; *Kost,* Konsensprobleme im internationalen Schuldvertragsrecht, 1995, 212 ff., 220; Soergel/*v. Hoffmann* EGBGB Art. 31 Rn. 30.

[632] Staudinger/*Hausmann,* 2021, Rn. 64, 67; BeckOGK/*Weller* Rn. 79.

[633] Im Wesentlichen so auch *G. Fischer,* Verkehrsschutz im internationalen Vertragsrecht, 1990, 314 ff.; Staudinger/*Hausmann,* 2021, Rn. 64.

[634] Vgl. die Analyse der früheren deutschen Rspr., die Pate stand, bei *Linke* ZVglRWiss 79 (1980), 1 (12 ff.).

[635] BGZH 91, 324 (330) = NJW 1984, 2279; vgl. weiter → BGB § 119 Rn. 99 ff.

muss, und dass sie bei internationalen Verträgen nicht ohne weiteres damit rechnen **darf,** es werde schon ihr eigenes Recht gelten.[636]

Nur selten wird man erwarten, dass eine Partei **ausländisches Recht** positiv **kennt,** selbst wenn es nicht auf genaue Vertrautheit mit gesetzlichen Bestimmungen ankommt, sondern mehr auf Kenntnis des dort üblichen Verhaltens bei Vertragsschluss. Immerhin wird man Rechtskenntnis erwarten bei **Kaufleuten,** die häufiger Geschäfte unter dem betreffenden Recht machen, vor allem aber bei Unternehmen mit Rechtsabteilungen (zur erwarteten Kenntnis von üblichen AGB → Rn. 188; → Rn. 201), aber nicht bei Verbrauchern, für deren Schutz freilich bereits Art. 6 sorgt. 248

Eher geht es um die Frage nach **Ermittlungsobliegenheiten** einer Partei, die weiß oder wissen muss, dass ihr Vertrag einem fremden Recht untersteht. Auch ohne Rechtswahlvorschlag ist dies regelmäßig bereits aus der Offerte zu ersehen oder zeichnet sich in den Verhandlungen ab.[637] Da eine Unkenntnis der Regeln des Kollisionsrechts nicht entschuldigt werden kann (→ Rn. 242 f.), entsteht eine Erkundigungsobliegenheit hinsichtlich des maßgebenden Sachrechts schon dann, wenn die internationale Beziehung erkennbar ist. So ist dem BGH darin zuzustimmen, dass nicht mehr unbedingt mit der Geltung seines eigenen vertrauten Rechts rechnen darf, wer sich in erkennbar internationale Vertragsbeziehungen begibt (→ Rn. 239).[638] 249

Dabei gehen die **Ermittlungsobliegenheiten** nicht über das hinaus, was fairerweise erwartet werden kann. Es gilt ein **objektiver Maßstab,**[639] bei dem ähnlich wie nach § 276 Abs. 2 BGB[640] von jedem die Aufmerksamkeit verlangt wird, die eine umsichtige und sorgfältige Partei in der gegebenen Situation walten lässt oder lassen sollte, bei dem aber auch **nach Verkehrskreisen** zu differenzieren ist. 250

Insbesondere ist von **Kaufleuten** bzw. **Unternehmern** eher zu verlangen, dass sie Rechtskenntnisse besitzen oder Rechtsrat einholen, als von weniger geschäftsgewandten Privatleuten.[641] Innerhalb dieser Gruppen lässt sich weiter danach unterscheiden, ob eine Person über größere Erfahrung im internationalen Verkehr verfügt oder nur selten Auslandsgeschäfte tätigt; von ersterer kann man mehr erwarten.[642] So scheidet Abs. 2 idR aus, wenn eine Partei bereits öfter Kontakte ins Ausland hatte oder Verträge nach demselben ausländischen Recht geschlossen hat. Ebenso ist zu beachten, ob sie die **Gepflogenheiten** des internationalen Handels aufgrund ihrer bisherigen Geschäftstätigkeit kennen musste.[643] Wer **individuell überdurchschnittliche** Kenntnisse hat, muss sie sich aber hier entgegenhalten lassen. 251

Der Verweis in Abs. 2 auf die **Umstände des Einzelfalls** bezieht sich vor allem auf die Art des betreffenden Vertrags und auf die Umstände, unter denen er zustande kommt. Relevante Aspekte sind danach **Umfang und Bedeutung** des Geschäfts und damit einhergehend die Üblichkeit rechtlicher Beratung.[644] Ebenso spielt eine Rolle, ob die Partei genügend Zeit hatte, sich zu informieren,[645] und ob ihr die Regeln des fremden Rechts zugänglich waren. Je bedeutender das Geschäft und je weniger eilig sein Abschluss sind, umso mehr Ermittlungen wird man erwarten können. Schließlich ist zu berücksichtigen, ob aus früheren Verträgen, die stets demselben Recht unterstanden oder gar einen Hinweis auf die Bedeutung von Schweigen enthielten, oder aus der bisherigen Geschäftsbeziehung zwischen den Parteien eine Vertrautheit mit dem fremden Recht erwartet werden kann.[646] 252

IV. Wirkungsweise des Abs. 2

1. Kumulative Sonderanknüpfung der Zustimmung zum Vertrag. Abs. 2 ist eine **allseitige Kollisionsnorm.** Sind ihre Voraussetzungen erfüllt, so beruft sie – beschränkt auf die Frage 253

636 BGHZ 57, 72 (77) = NJW 1972, 391 betr. Küchenmöbel; BGH NJW 1973, 2154; 1976, 2075.
637 *v. Hoffmann* RabelsZ 36 (1972), 510 (515).
638 BGH WM 1973, 1238; NJW 1976, 2075.
639 BeckOK BGB/*Spickhoff* Rn. 12.
640 Zum europäischen Vertragsrecht *Kötz,* Europäisches Vertragsrecht, 2. Aufl. 2015, 358 ff.
641 Rauscher/*Freitag* Rn. 35; Staudinger/*Hausmann,* 2021, Rn. 68; BeckOGK/*Weller* Rn. 79; NK-BGB/*Leible* Rn. 34.
642 OLG Düsseldorf RdTW 2018, 473 (477): „Branchenvertrautheit"; NK-BGB/*Leible* Rn. 35; Rauscher/*Freitag* Rn. 35; BeckOGK/*Weller* Rn. 79.
643 OLG Hamburg RIW 1997, 70; NK-BGB/*Leible* Rn. 35; Staudinger/*Hausmann,* 2021, Rn. 74; BeckOK BGB/*Spickhoff* Rn. 12; *Linke* ZVglRWiss 79 (1980), 1 (45); *G. Fischer,* Verkehrsschutz im internationalen Vertragsrecht, 1990, 338 f. Teilweise wird dies auch mit Hinweis auf Art. 9 CISG und Art. 25 Abs. 1 S. 3 lit. c Brüssel Ia-VO begründet, BeckOGK/*Weller* Rn. 80; Staudinger/*Hausmann,* 2021, Rn. 68.
644 Staudinger/*Hausmann,* 2021, Rn. 68.
645 Staudinger/*Hausmann,* 2021, Rn. 68; zu Art. 12 EGBGB BGH NJW 1998, 2452 = IPRax 1999, 104.
646 OLG Hamburg IHR 2014, 12 (15); *Giuliano/Lagarde* BT-Drs. 10/503, 60; BeckOK BGB/*Spickhoff* Rn. 12; NK-BGB/*Leible* Rn. 34 f.; Staudinger/*Hausmann,* 2021, Rn. 73; noch weitergehend Ferrari IntVertragsR/*Ferrari* Rn. 28: Wahl eines ausländischen Vertragsstatuts immer fahrlässig, selbst wenn im Einzelfall keine Kenntnis von dessen Regeln besteht.

der Zustimmung zum Vertrag – **kumulativ** das „Umweltrecht" der Partei an ihrem gewöhnlichen Aufenthalt, nicht wie Art. 13 das Recht des Vornahmeortes.[647] Das ist die in → Rn. 206 genannte Veto-Funktion und zu **unterscheiden** von der in → Rn. 224 ff. dargestellten sachrechtlichen Berücksichtigung des der Partei vertrauten Rechts bei der Auslegung ihres Erklärungsverhaltens innerhalb des Vertragsstatuts. Kumulativ ist die Anknüpfung deshalb, weil zunächst und vorrangig nach Abs. 1 anzuknüpfen ist (→ Rn. 222). Die Sonderanknüpfung erfasst nur die Zustimmung zum Vertrag; im Übrigen verbleibt es beim Vertragsstatut.[648]

254 Infolge der Anknüpfung nach Abs. 2 ist die erforderliche Zustimmung nicht erteilt und der Vertrag unwirksam.[649] Wurden bereits Leistungen im Hinblick auf den Vertrag erbracht, stellt sich die Frage nach dem Statut für die **Rückabwicklung.** Nach Art. 12 Abs. 1 lit. e wäre eigentlich das hypothetische Statut des unwirksamen Vertrags zuständig. Jedoch kommt davon abweichend das Aufenthaltsrecht auf die Rückabwicklung zur Anwendung, wenn es für die geschützte Partei günstiger ist.[650] Um die Partei effektiv vor überraschender rechtlicher Bindung zu schützen, kann es erforderlich sein, sie mit Hilfe ihres Umweltrechts so zu stellen, wie sie zuvor stand.[651]

255 **2. Verhältnis zum ordre public.** Abs. 2 ist kein Fall des ordre public.[652] Dagegen steht schon, dass Abs. 2 allseitig die Heranziehung deutschen wie ausländischen Rechts am gewöhnlichen Aufenthalt der Partei vorsieht. Vor allem aber geht es hier nicht um die Unvereinbarkeit des Ergebnisses der Anwendung des ausländischen Vertragsrechts mit grundlegenden Vorstellungen der lex fori, sondern um die Frage, ob die Beachtung jener Regeln von der Partei nach den Umständen des Falles billigerweise erwartet werden konnte, und zwar auch bei nicht stoßendem Inhalt. Die Vorschriften **stehen nebeneinander,** doch wird es auf Art. 21 nicht mehr ankommen, wenn der Partei schon Abs. 2 hilft.

V. Einzelne Fälle

256 Eine abschließende Aufzählung aller denkbaren Fälle, in denen nach dem Vertragsstatut eine Bindung entsteht, die nach dem Recht der handelnden Partei nicht einträte, ist nicht möglich. Abs. 2 zieht hier auch keine sachliche Grenze, sondern wäre im Prinzip in allen Situationen anwendbar. Die **wichtigsten Problemfälle** sollen hier noch einmal im Zusammenhang behandelt werden. Dabei ist zunächst an Fälle des Schweigens im Rechtsverkehr zu denken, das bereits für die Verfasser des EVÜ im Vordergrund stand (→ Rn. 212).[653]

257 **1. Schweigen auf kaufmännisches Bestätigungsschreiben.** Nach hM wirkt das Schweigen auf ein kaufmännisches Bestätigungsschweigen im **deutschen Recht** ohne Rücksicht auf den Willen des Schweigenden konstitutiv als Zustimmung (normiertes Schweigen; → Rn. 48 ff.). Im **ausländischen Recht** können, sofern das Institut des Bestätigungsschreibens dort bekannt ist, andere Regelungen gelten (näher → Rn. 53): nämlich bezüglich des persönlichen Anwendungsbereichs[654] oder der Bewertung des Schweigens als konkludente[655] statt als normierte Erklärung. Wenn das „Umweltrecht" des Schweigenden zB eine nachträgliche **Änderung, gar eine konstitutive Begründung** des Vertrages durch Schweigen ablehnt, so kann dem Schweigenden unter den Voraussetzungen des Abs. 2 die Regelung des deutschen Vertragsstatuts nicht zugemutet werden. Abs. 2 kann je nach Regelung im „Umweltrecht" der Partei bedeuten, dass das Bestätigungsschreiben unbeachtet bleibt oder dass der Beweis erlaubt wird, dass das Bestätigungsschreiben nicht korrekt war.[656]

258 Sofern hier bereits das **Vertragsstatut feststeht,** sei es dank einer Rechtswahl, sei es objektiv entsprechend dem Inhalt des Vertrages, ist dies auch für Art. 10 Abs. 2 von Bedeutung. In diesem Fall

647 AllgM; BeckOK BGB/*Spickhoff* Rn. 9; BeckOGK/*Weller* Rn. 82; Erman/*Stürner* Rn. 2: „Korrekturstatut".

648 NK-BGB/*Leible* Rn. 38.

649 NK-BGB/*Leible* Rn. 38.

650 BeckOGK/*Weller* Rn. 83; Staudinger/*Hausmann,* 2021, Rn. 55; NK-BGB/*Leible* Rn. 38.

651 BeckOGK/*Weller* Rn. 83.

652 BGHZ 135, 124 (139) = NJW 1997, 1697; BeckOGK/*Weller* Rn. 68; Erman/*Stürner* Rn. 3.

653 *Giuliano/Lagarde* BT-Drs. 10/503, 60.

654 Weitergehend soll das dänische Recht auch von Nichtkaufleuten einen Widerspruch gegen das Bestätigungsschreiben erwarten, OLG Schleswig IPRspr. 1989 Nr. 48.

655 So zB im schweizerischen Recht (Art. 6 OR; BGE 114 II 250) oder im franz. Recht (Art. 1120 C.c. Frankreich, wonach Schweigen nicht als Annahme gilt, falls sich nicht aus dem Gesetz, Handelsbräuchen, den Beziehungen zwischen den Parteien oder besonderen Umständen etwas anderes ergibt, dazu *Deshayes/Genicon/Laithier,* Réforme du droit des contrats, du régime général et de la preuve des obligations, 2. Aufl. 2018, 153 ff.; zur Entwicklung vor der Kodifizierung der Regel *J. Schmidt,* Der Vertragsschluss, 2013, 516 ff. mwN). Rechtsvergleichend zB *Kötz,* Europäisches Vertragsrecht, 2. Aufl. 2015, 39 ff.; *Rothermel/Dahmen* RIW 2018, 179 ff.; *Kröll/Hennecke* RabelsZ 67 (2003), 448 (478 ff.); *Ebenroth* ZVglRWiss 77 (1978), 161 ff.

656 Zu einem Bsp. aus dem englischen Recht Calliess/Renner/*Augenhofer* Rn. 31.

kann der Empfänger des Bestätigungsschreibens umso mehr an den Regeln des Vertragsstatuts festgehalten und ihm nur noch unter besonderen Umständen den Einwand erlaubt werden, er habe dessen Regeln über den Umgang mit einem Bestätigungsschreiben nicht kennen können und sich deshalb nach dem ihm vertrauten „Umweltrecht" gerichtet.[657] Über die Regeln des Vertragsstatuts muss der Empfänger sich ggf. informieren, weil er dessen Geltung mit veranlasst hat. Falls das Vertragsstatut kurze Fristen für einen Widerspruch gegen ein Bestätigungsschreiben vorsieht, kann die Partei aber unter Umständen geltend machen, sie hätte diese auch bei der gebotenen Anstrengung nicht rechtzeitig ermitteln können. Jedoch sind unter Kaufleuten im internationalen Handel eher weitgehende Ermittlungsobliegenheiten anzunehmen.[658] Außerdem gebietet wohl die Vorsicht, auch ohne Kenntnis der Regeln zu protestieren, denn mit andersartigen Regeln müssen Kaufleute oft rechnen.

Dagegen liegt die Anwendung von Abs. 2 näher, wenn ein Bestätigungsschreiben oder ihm **259** beigefügte AGB[659] **erstmals die Wahl** eines Rechts enthalten. War der Vertrag bis dahin kraft objektiver Anknüpfung oder gar Rechtswahl einem anderen Recht unterworfen, so braucht sich der ausländische Adressat dadurch grds. nicht in ein Recht hineinziehen zu lassen, das ihm nun wie das deutsche strengere Widerspruchspflichten auferlegt (→ BGB § 307 Rn. 307). Für eine wirksame Änderung ist mindestens zu verlangen, dass die Partei durch eigenes Handeln ihre Zustimmung zum Ausdruck bringt. Wird das betreffende Recht erstmals in dem Bestätigungsschreiben genannt, so genügt deshalb ein bloßes Schweigen darauf den Anforderungen nicht.[660] Geschützt wird jedoch nur das Vertrauen des Empfängers auf sein Umweltrecht, nicht auf das Vertragsstatut, von dessen Geltung er bislang ausging.[661]

Jedoch kann anders zu entscheiden sein, wenn bereits zuvor über die Wahl des im Bestätigungs- **260** schreiben genannten Rechts **verhandelt,** aber noch keine abschließende Einigung erzielt wurde. Würde das im Bestätigungsschreiben genannte Recht dem Schweigen des Empfängers bindende Wirkung beimessen, so käme der Rechtswahlvertrag nun durch das Schweigen zustande. Abs. 2 könnte grundsätzlich eingreifen. Freilich hat sich der Empfänger hier auf Verhandlungen über einen ihm bekannt internationalen Vertrag eingelassen und kann nicht mehr einfach von seinem eigenen Umweltrecht ausgehen. Er muss sich vielmehr soweit möglich erkundigen, welche Regeln in dem nun für den Vertrag vorgeschlagenen Recht gelten, und ggf. widersprechen.[662]

Konstitutive Bestätigungsschreiben sind international wie national eher der Ausnahmefall. **261** Eigentlich soll das Bestätigungsschreiben nur den **Beweis** dessen **sichern,** was tatsächlich vereinbart wurde. Es entfaltet seine Bedeutung vor allem, wenn im Nachhinein streitig ist, was denn tatsächlich vereinbart wurde. Auch Rechtsordnungen, die dem Bestätigungsschreiben keine vertragsbegründende Wirkung geben und für eine nachträgliche Vertragsänderung eine echte Zustimmung verlangen, knüpfen an ein unwidersprochen gebliebenes Bestätigungsschreiben immerhin manchmal die Wirkung einer **Beweislastumkehr,** so dass der Schweigende beweisen muss, aber auch darf, dass tatsächlich anderes vereinbart war.[663]

Beweislastverteilungen sind sachrechtlich zu qualifizieren und richten sich nach dem **Vertrags-** **262** **statut** (Art. 18 Abs. 1). Da es hier um die Beweislast für den **streitigen Abschluss** des Vertrages geht, ist in dieser Hinsicht Abs. 2 anwendbar, wenn der Partei diese Beweislastregeln des Vertragsstatuts über kaufmännische Bestätigungsschreiben konkret **nicht zugemutet werden** können. Hat das nicht

---

657 *Kost,* Konsensprobleme im internationalen Schuldvertragsrecht, 1995, 262 ff.; BeckOGK/*Weller* Rn. 89; Ferrari IntVertragsR/*Ferrari* Rn. 38; etwas großzügiger OLG Hamburg SchiedsVZ 2003, 284 (287), jedoch iErg verneint, da sich die Empfängerin freiwillig in internationale Rechtsbeziehungen begeben habe; OLG Karlsruhe RIW 1994, 1046 (1047); OLG Schleswig IPRspr. 1989 Nr. 48; Staudinger/*Hausmann,* 2021, Rn. 108; Rauscher/*Freitag* Rn. 40.

658 BeckOGK/*Weller* Rn. 89.

659 *Kost,* Konsensprobleme im internationalen Schuldvertragsrecht, 1995, 261; BGHZ 57, 72 = NJW 1972, 391; BGH WM 1970, 1050 = AWD 1970, 411; OLG Hamburg NJW 1980, 1232; OLG München WM 1977, 1361; OLG Koblenz RIW 1982, 354 = IPRax 1982, 20; OLG Frankfurt WM 1983, 129 = RIW 1983, 59; OLG Nürnberg AWD 1974, 405 mAnm *Linke;* LG Mainz AWD 1972, 298 mAnm *Ebsen/Jayme.*

660 Staudinger/*Hausmann,* 2021, Rn. 107 mN älterer Rspr.; BeckOGK/*Weller* Rn. 89; Ferrari IntVertragsR/*Ferrari* Rn. 38. Bei erheblichen Abweichungen des Bestätigungsschreibens wird auch im deutschen Recht vielfach eine konstitutive Wirkung zu Recht verneint (vgl. → BGB § 147 Rn. 22). Ob AGB überhaupt erstmals dem Bestätigungsschreiben beigefügt werden dürfen, entscheidet das Vertragsstatut. Im deutschen Recht wird dies von einer Mindermeinung generell verneint, *Bartsch* NJW 1980, 1731 f.

661 BeckOGK/*Weller* Rn. 89.

662 Ähnlich Staudinger/*Hausmann,* 2021, Rn. 108.

663 Für Österreich *Riedler* in Schwimann/Kodek, ABGB Praxiskommentar, 5. Aufl. 2021, ABGB § 863 Rn. 6; in Italien will eine Mindermeinung das Schweigen auf eine lettera di conferma auf beweisrechtliche Wirkungen beschränken, dazu *Reis,* Die Bedeutung des Schweigens im Privatrecht, 2022, 76 ff. Das entspricht der Rspr. in Deutschland für sehr erhebliche Abweichungen; näher → BGB § 147 Rn. 29.

beantwortete Bestätigungsschreiben nach dem Vertragsstatut konstitutive Wirkung, nach dem eigenen Recht des Schweigenden dagegen nur die Wirkung einer Beweislastumkehr, so darf dieser den Beweis über das tatsächlich Vereinbarte führen, muss es aber auch.[664] Wenn das Schweigen nach dem Vertragsstatut nur die Beweislast umkehrt, aber nach dem Umweltrecht des Schweigenden nicht einmal das, so muss die bestätigende Partei trotz ihres Bestätigungsschreibens den Vertrag beweisen.

263 **2. Schweigen innerhalb bestehender Rechtsbeziehungen.** In bestimmten Fällen gilt Schweigen kraft Gesetzes als Annahme eines Angebots (→ Rn. 49). Soweit zwischen den Parteien Rechtsbeziehungen bestehen, für die ein Vertragsstatut bereits feststeht oder jedenfalls absehbar ist, dürfte für Abs. 2 wenig Raum bleiben.[665] So fällt etwa das Schweigen in den § 594 BGB und § 625 BGB in den Rahmen bestehender Rechtsbeziehungen. An sich wären die Verträge durch Zeitablauf beendet, gelten aber als verlängert, wenn sie **unwidersprochen** faktisch **fortgesetzt** werden. Demgegenüber wird beim Kauf auf Probe (§ 455 S. 2 BGB) zwar der Vertrag erst durch das Schweigen geschlossen, aber es bestehen doch bereits weit gediehene vertragsanbahnende Beziehungen. In aller Regel wird man daher von der Partei ggf. erwarten, dass sie sich über ein ihr fremdes – feststehendes oder absehbares – Vertragsstatut informiert.[666]

264 Ähnlich liegt es bei den Genehmigungsfiktionen der **§ 75h HGB** und **§ 91a HGB** (→ Rn. 51). Fordert der Dritte, mit dem der Handelsvertreter oder Handlungsgehilfe ohne Abschlussvollmacht dennoch einen Vertrag geschlossen hat, den Prinzipal zur Genehmigung auf, so bewirkt dessen Schweigen die Gültigkeit des Vertrages. Immerhin aber hat der Vertretene hier den, wenngleich vollmachtlosen, Vertreter in seine Dienste zur Anbahnung von Verträgen genommen. Damit hat er sich in ausreichende Beziehung zu einem ihm fremden Recht gesetzt. Daher muss er, wenn er zur Genehmigung aufgefordert wird, in aller Regel mit der Geltung eines fremden Rechts rechnen und dieses soweit ihm möglich ermitteln.[667] Dagegen kann man nicht von bereits bestehenden Rechtsbeziehungen der Parteien sprechen, wenn es um die Genehmigung von Geschäften eines beschränkt Geschäftsfähigen geht. Nach **§ 108 Abs. 2 BGB** bewirkt Schweigen auf die Aufforderung hin eine endgültige Ablehnung. Aber da Abs. 2 die Partei nur vor ungewollter Bindung schützen, ihr nicht auch umgekehrt die Chance auf Erwerb von Rechten bewahren will (→ Rn. 206), kann dieser Fall nicht darunter subsumiert werden.[668] Die Genehmigung des Handelns eines falsus procurator **(§ 177 Abs. 2 BGB)** fällt unter das Vollmachtsstatut des Art. 8 EGBGB (→ EGBGB Art. 8 Rn. 157 f.).

265 **3. Vertragsschluss durch Erklärung.** Zwar zielt Abs. 2 in erster Linie auf das Schweigen im Rechtsverkehr. Er ist aber nicht darauf beschränkt.[669] Auch Erklärungen und anderes positives Tun können in einer anderen Rechtsordnung vertragsbegründende Wirkungen haben, mit denen die Partei nach ihrem „Umweltrecht" nicht rechnen musste. Ein Beispiel ist die Unterscheidung von **Offerte** und **invitatio ad offerendum.** Es ist denkbar, dass das zukünftige Vertragsstatut eine als invitatio ad offerendum gedachte Erklärung als annahmefähige Offerte betrachtet, die dann tatsächlich angenommen wird. Der Erklärende, der das nicht wollte, wird sich jedoch grundsätzlich nicht nach Abs. 2 auf seine fehlende Zustimmung berufen können, da er die Initiative ergriffen hat.[670] Gleiches gilt für die **Bindung an die Offerte.** Anders als im deutschen Recht (§ 145 BGB) ist das Angebot zB im englischen Recht bis zur Annahme grundsätzlich frei widerruflich.[671] Schickt ein Engländer eine Offerte nach Deutschland, so fände er sich, wenn voraussehbar deutsches Recht gilt, stärker gebunden, als dies sein Umweltrecht vorsieht. Jedoch dürfte Abs. 2 auch in diesem Fall meist ausscheiden, weil der Offerent die Regelung des deutschen Rechts hätte ermitteln können.

266 Wegen der Formanknüpfung des **Art. 11 Abs. 2** kann eine überraschende Bindung eintreten, wenn eine Partei sich unbeabsichtigt damit konfrontiert sieht, dass eine nach ihrem Umweltrecht formunwirksame Erklärung nach dem Recht am Ort der Erklärungsabgabe der anderen Partei formgültig ist (→ Rn. 217; → EGBGB Art. 11 Rn. 131).[672] Denkbar ist das, wenn eine in Deutschland ansässige Partei einer Partei in Italien ein deutsches Grundstück privatschriftlich anbietet und dabei angesichts des § 311b Abs. 1 S. 1 BGB davon ausgeht, dass noch eine notarielle Beurkundung

---

664 BeckOGK/*Weller* Rn. 89.

665 BeckOGK/*Weller* Rn. 87.

666 Ebenso BeckOGK/*Weller* Rn. 87.2 f.

667 Vgl. den Fall OLG Hamburg IPRspr. 1958/1959 Nr. 52 = DB 1959, 1396. Das Gericht hingegen ließ die Berufung auf iranisches Recht des Prinzipals gegen § 91a HGB zu; wie hier BeckOGK/*Weller* Rn. 87.1.

668 BeckOGK/*Weller* Rn. 87.4.

669 *Giuliano/Lagarde* BT-Drs. 10/503, 60.

670 BeckOGK/*Weller* Rn. 78; NK-BGB/*Leible* Rn. 11; *Raape* IPR 495; *W. Lorenz* AcP 159 (1960/1961), 193 (212 ff.); *Linke* ZVglRWiss 79 (1980), 1 (41 f.); s. aber Staudinger/*Hausmann,* 2021, Rn. 48, 75 f.: fehlende Geschäftsgewandtheit des Offerenten könne für Abs. 2 sprechen.

671 *Peel,* Treitel. The Law of Contract, 14. Aufl. 2015, Rn. 2-058.

672 Vgl. ebenso *v. Bar* IPR II, 1. Aufl. 1991, Rn. 602; BeckOGK/*Weller* Rn. 75.

nötig sei. Hier kommt ein Eingreifen des Abs. 2 eher in Betracht, weil die Form nach Art. 11 Abs. 2 nicht dem Vertragsstatut, sondern einem anderen Recht unterfällt, dessen Inhalt die nicht geschäftserfahrene Partei unter Umständen nicht leicht erkennen oder ermitteln kann.

Im Übrigen könnte Abs. 2 eine Rolle im **Grenzbereich** zwischen **bindender Erklärung** und unverbindlicher Absichtserklärung spielen. Rechtsvergleichend finden sich Unterschiede darüber, wie eine Absicht, sich nicht rechtlich binden zu wollen, zum Ausdruck kommen muss, wenn ansonsten der Anschein eines Vertrages vorläge. Als Beispiele kommen in Betracht: Verpflichtungen „auf Ehre"[673] oder „im Grundsatz";[674] Erklärungen in Memoranden „of understanding" oder „letters of intent",[675] die vor dem eigentlichen, dann aber unterbliebenen Vertrag erfolgen; oder Absichtserklärungen und Vereinbarungen, in denen die Parteien noch eine besondere schriftliche oder gar notarielle Niederlegung des Vertrages vorgesehen haben.[676] Wenn eine Partei ausgehend von ihrem eigenen Recht **nicht** mit einer Bindung **rechnete,** die dann aber eintritt, und wenn nicht, was zuerst zu prüfen ist (→ Rn. 224 ff.), mit Auslegung[677] oder Anfechtung nach dem Vertragsstatut ihr fehlender Bindungswille beachtet werden kann, dann kann ggf. Abs. 2 eingreifen. Die Geltung fremden Rechts wird zwar meist erkennbar sein, aber die einschlägigen Regeln des fremden Rechts können schwer zu ermitteln sein. 267

4. Einbeziehung von AGB. Schon vor 1986 hat die Rspr. den Vorbehalt des eigenen Rechts für das Schweigen als Willenserklärung anhand von AGB-Fällen entwickelt. Im Zusammenhang mit AGB geht es **meist** um **Rechtswahlklauseln** und **Gerichtsstandsvereinbarungen.** Die Frage ist, ob sich eine Partei auf ihr eigenes Recht berufen und geltend machen kann, dass danach die AGB nicht Vertragsbestandteil geworden wären (→ BGB § 307 Rn. 307). Die Gültigkeit des Vertrages an sich ist demgegenüber meist nicht streitig. Da bereits das EVÜ alle Vorschläge, die Einbeziehung von AGB in den Vertrag gesondert anzuknüpfen,[678] verworfen hat, entscheidet darüber **primär** das **Vertragsstatut** (→ Rn. 159). Erst im Wege der kumulativen Sonderanknüpfung kann ausnahmsweise gemäß Abs. 2 die Einbeziehung noch am Umweltrecht der Partei scheitern. Sowohl vor als auch nach der Anwendbarkeit der Rom I-VO ist der Einwand von deutschen Gerichten aber meist verworfen worden.[679] 268

Dass die Einbeziehung von AGB trotz der umfassenden Maßgeblichkeit des Vertragsstatuts noch **selbständiger Gegenstand** einer Prüfung anhand des Art. 10 Abs. 2 ist, ergibt sich nicht nur aus der Entstehungsgeschichte von Art. 8 Abs. 2 EVÜ,[680] sondern rechtfertigt sich daraus, dass in der Regel selbst die „benachteiligte" Partei nicht an der Unwirksamkeit des ganzen Vertrages interessiert ist, sondern nur an der Beseitigung der betreffenden Klausel.[681] 269

Es ist also **zuerst** zu prüfen, **ob der Vertrag** im Übrigen nach seinem Recht **wirksam** ist, und anschließend, **ob** danach die **AGB Vertragsbestandteil** geworden sind. Wenn die Wirksamkeit des Vertrages (einschließlich einer möglichen Kontrolle gemäß Abs. 2) bejaht worden ist, bleibt nur noch zu prüfen, ob der Partei auch die **speziellen Regeln** des Vertragsstatuts für die wirksame Vereinbarung von AGB nach den in → Rn. 234 ff. beschriebenen Maßstäben **zugemutet werden** 270

673 Nicht bindend nach Rose & Frank Co v. Compten & Bros. (1925) A. C. 445; H. L.

674 Eine Tendenz, sie als bindend zu behandeln, findet sich anscheinend in Frankreich *(Oppetit)* D. 1979 chr. 107; Cass. civ. 27.11.1985, RTD civ. 1986, 749 mAnm *Mestre.*

675 *M. Lutter,* Der Letter of Intent, 2. Aufl. 1983; *J. Schmidt,* Der Vertragsschluss, 2013, 241 ff.

676 Stärker für Bindung Cass. civ. 14.1.1987, D. 1988, 80 mAnm *J. Schmidt;* im Grundsatz dagegen § 154 Abs. 2 BGB, Art. 16 OR, § 884 ABGB, Art. 1352 C.c. Italien.

677 Unklar und unrichtig OLG Frankfurt NJW-RR 1989, 1018, das wegen Art. 31 Abs. 2 EGBGB aF die AGB nicht nach den Regeln des (spanischen) Vertragsstatuts, sondern nach deutschem Recht auslegen wollte; aufgehoben durch BGHZ 112, 204 = NJW 1991, 36.

678 Dazu BGH IPRax 1987, 372 mAnm *Schlechtriem* IPRax 1987, 356.

679 Zur Rom I-VO OLG Düsseldorf RdTW 2018, 473 (477); OLG Hamm IHR 2016, 30 Rn. 35 zust. *Mankowski* EWiR 2015, 623; früher BGHZ 57, 72 (77) = NJW 1972, 391 mAnm *Geimer* und *Schmidt-Salzer* betr. Küchenmöbel; BGH NJW 1976, 2075 mAnm *Buchmüller* NJW 1977, 501; NJW 1971, 2126 mAnm *Schmidt-Salzer* sowie *Pleyer/Ungnade* NJW 1972, 681; IPRax 1982, 77 = RIW/AWD 1982, 55; BGHZ 135, 124 = NJW 1997, 1697; s. weiter OLG Koblenz IPRax 1982, 20 = RIW/AWD 1982, 354; OLG Frankfurt RIW/AWD 1983, 59; WRP 1990, 180; OLG Hamm RIW/AWD 1983, 207; OLG Hamburg NJW 1980, 1232; OLG München IPRax 1991, 46; OLG Karlsruhe NJW-RR 1993, 567; OLG Düsseldorf NJW-RR 1994, 1132 = RIW 1994, 420 mAnm *Mankowski;* OLG Karlsruhe RIW 1994, 1046; OLG Hamm RIW 1994, 877; OLG Düsseldorf RIW 1995, 769 mAnm *Mankowski;* OLG Hamburg SchiedsVZ 2003, 284; KG RIW 2006, 865; OLG Frankfurt BeckRS 2014, 00442; Ausnahme: OLG Schleswig IPRspr. 1989 Nr. 48; OLG Köln RIW 1994, 599; OLG Frankfurt NJW-RR 1989, 1014; OLG Düsseldorf BeckRS 2016, 8463; IPRspr. 2001 Nr. 22b.

680 Eingehend *Kost,* Konsensprobleme im internationalen Schuldvertragsrecht, 1995, 126 ff.

681 Darauf weist *Kötz,* Europäisches Vertragsrecht, 2. Aufl. 2015, 191 f. hin.

konnten.[682] Letztlich ist das nur dann problematisch, wenn das Vertragsstatut es genügen lässt, dass die Partei sich nicht gegen die AGB verwahrt hat.[683] Ein maßgeblicher Gesichtspunkt dabei ist der Zeitpunkt, zu dem die AGB in die Vertragsverhandlungen eingeführt wurden.[684] Praktisch wird das Problem erheblich entschärft, weil viele Rechtsordnungen selbst bei Unternehmern die Einbeziehung von AGB an besondere Voraussetzungen wie zB die der Erkennbarkeit knüpfen und dabei bereits auf der sachrechtlichen Ebene berücksichtigen, dass ein Ausländer inländische Bräuche und Regeln weniger gut kennen kann (→ Rn. 189).[685]

271 Schutzwürdiger[686] erscheint der Adressat der AGB, wenn diese **erstmals** einer **Annahmeerklärung** des Käufers oder einer als solche zu qualifizierenden **Auftragsbestätigung** beigefügt werden und die **Wahl eines Rechts** enthalten, zu dem der Vertrag sonst nur schwächere Beziehungen hätte. Auch wenn, was keineswegs sicher ist, das gewählte Recht die späte Einführung der AGB genügen lässt (→ Rn. 180),[687] so ist hier zugunsten des Offerenten zu bedenken, dass er sich zwar freiwillig in internationale Beziehungen begeben, aber hier durch eigenes Tun in Beziehung zu diesem Recht gebracht hat. Er würde vielmehr durch die spät eingeführte Klausel in dieses hineingezogen und müsste sich gegen die AGB verwahren, während in den Fällen der einem Angebot beigefügten AGB der Kunde nicht nur schweigt, sondern den Vertrag durch sein Handeln annimmt. Von dem Offerenten, dem die AGB erst mit der den Vertrag perfizierenden Annahme präsentiert werden, kann man nur deutlich weniger Anstrengungen erwarten.[688] Entscheidend ist, ob sich das nun in den AGB vorgeschlagene Vertragsstatut bereits in den Verhandlungen abzeichnete oder ganz überraschend ist.

272 Dass die Rspr. zur Sonderanknüpfung des Schweigens gerade an AGB entwickelt wurde,[689] ist eigentlich unglücklich. Die Tatsache, dass die Anwendung der Sonderanknüpfung meist abgelehnt wurde,[690] bestätigt, dass der Vorbehalt hier selten angezeigt ist. Die Rspr. erkennt zwar häufiger die Möglichkeit einer kumulativen Sonderanknüpfung insbesondere des Schweigens gerade bei AGB an, verneint in den konkreten Fällen aber zumeist deren Voraussetzungen.[691] Wenn die Einbeziehung

---

682 Dazu auch Staudinger/*Hausmann,* 2021, Rn. 90 ff.

683 Zu den verschiedenen nationalen Lösungen Staudinger/*Hausmann,* 2021, Rn. 83 f. mwN; zum Schutz vor überraschenden Klauseln *Pfeiffer* IPRax 2015, 320 (323); *Thorn* IPRax 1997, 104.

684 Nach 1986 haben den Einwand zugelassen: OLG Schleswig IPRspr. 1989 Nr. 48: unklar, ob AGB; OLG Karlsruhe NJW-RR 1993, 567 (vgl. vorher BGHZ 57, 72 (77) = NJW 1972, 391); abgelehnt von OLG München IPRax 1991, 46 (48 f.), weil Bindung auch nach kanadischem Umweltrecht; OLG Düsseldorf RIW 1997, 780; OLG Hamburg SchiedsVZ 2003, 284; KG RIW 2006, 865; OLG Frankfurt BeckRS 2014, 00442; OLG Hamm IHR 2016, 30 Rn. 35; zust. *Mankowski* EWiR 2015, 623; OLG Düsseldorf RdTW 2018, 437 (477); Vertragsschluss ohne AGB OLG Köln NJW-RR 1997, 183, weil Bindung auch nach deutschem Umweltrecht.

685 Ob die AdSp (wenigstens) EU-weit bekannt sein müssen, wurde offengelassen von BGH NJW 1973, 2154; Geltung bejaht von BGH RIW 1982, 55 = IPRax 1982, 77 mAnm *v. Hoffmann,* weil der Schweizer Spediteur die Branchenüblichkeit tatsächlich kannte, ebenso OLG München NJW 1970, 1560; verneint für ausländischen Kaufmann, der nicht Spediteur ist, BGH NJW 1976, 2075; Kennenmüssen bejahen OLG München VersR 1975, 129 = IPRspr. 1974 Nr. 35; OLG Frankfurt RIW 1980, 666 = IPRspr. 1980 Nr. 46; OLG Hamburg VersR 1986, 808 mAnm *Lau;* IPRspr. 1968/69 Nr. 42; elsässische Bank muss Branchenüblichkeit deutscher AGB-Banken kennen, BGH WM 1987, 530; OLG Düsseldorf RdTW 2018, 473 (477); eingehend zu diesen Möglichkeiten Staudinger/*Hausmann,* 2021, Rn. 85 ff.

686 Dagegen will *G. Fischer,* Verkehrsschutz im internationalen Vertragsrecht, 1990, 337 vor- und nachkonsensuales Verhalten gleichbehandeln.

687 Für Österreich verneint von OLG Karlsruhe NJW-RR 1993, 567. Im deutschen Recht wäre dies eine Annahme mit Abänderungen, die als neues Angebot zu werten ist, das grundsätzlich nicht durch bloßes Schweigen angenommen werden kann, zB BGH JZ 1977, 602. Selbst bei Vertragsdurchführung ist nicht unbedingt auch von der Geltung der AGB auszugehen (→ BGB § 150 Rn. 12).

688 Im Ergebnis zutr. OLG Karlsruhe NJW-RR 1993, 567, nur hätte das Gericht die Zumutbarkeit der in casu deutschen Regeln der Annahme von AGB prüfen müssen; der Hinweis allein auf die abweichenden Regeln des österreichischen Umweltrechts der Partei genügt als Begründung nicht; ebenso zu einem Bestätigungsschreiben OLG Schleswig IPRspr. 1989 Nr. 48; wie hier BeckOGK/*Weller* Rn. 89; Staudinger/*Hausmann,* 2021, Rn. 91; *Bomsdorf/Finkelmeier* RIW 2021, 350 (357).

689 Nicht um AGB ging es in BGH IPRax 1983, 67 mAnm *Stoll* IPRax 1983, 52 = RIW 1982, 589; OLG Koblenz RIW 1982, 354 = IPRax 1982, 20 betr. kaufmännisches Bestätigungsschreiben; beide Male wurde eine Sonderanknüpfung verneint.

690 In BGHZ 57, 72 = NJW 1972, 391, der vielfach als Leitentscheidung zitierten Entscheidung, war schon deswegen die Frage der Sonderanknüpfung eigentlich nicht erheblich, weil das Recht des Schweigenden zugleich Geschäftsstatut war; BGH NJW 1973, 2154 = AWD 1973, 641; RIW 1982, 55 = IPRax 1982, 77; OLG München NJW 1973, 1560; WM 1977, 1361; OLG Hamm NJW 1983, 523 = RIW 1983, 1083; OLG Frankfurt WM 1983, 129 = RIW 1983, 59.

691 Vgl. die Analyse der älteren Rspr. bei *Linke* ZVglRWiss 79 (1980), 1 (7 ff.); *Kost,* Konsensprobleme im internationalen Schuldvertragsrecht, 1995, 130 ff.

der AGB scheiterte, dann schon meist daran, dass sie nicht in der vom **Vertragsstatut** geforderten Weise und namentlich nicht in der richtigen Sprache eingeführt oder zugänglich gemacht worden waren (→ Rn. 190 f.). Das Hindernis entstammte also nicht Abs. 2, sondern dem Vertragsstatut selbst.[692] Gleichwohl kann aus dem Befund, dass in der Regel schon das (deutsche oder ausländische) Vertragsstatut ausreichend schützt, nicht generell der Schluss gezogen werden, Abs. 2 sei bei AGB ganz überflüssig.[693]

Art. 11 Rom I-VO Form

(1) Ein Vertrag, der zwischen Personen geschlossen wird, die oder deren Vertreter sich zum Zeitpunkt des Vertragsschlusses in demselben Staat befinden, ist formgültig, wenn er die Formerfordernisse des auf ihn nach dieser Verordnung anzuwendenden materiellen Rechts oder die Formerfordernisse des Rechts des Staates, in dem er geschlossen wird, erfüllt.

(2) Ein Vertrag, der zwischen Personen geschlossen wird, die oder deren Vertreter sich zum Zeitpunkt des Vertragsschlusses in verschiedenen Staaten befinden, ist formgültig, wenn er die Formerfordernisse des auf ihn nach dieser Verordnung anzuwendenden materiellen Rechts oder die Formerfordernisse des Rechts eines der Staaten, in denen sich eine der Vertragsparteien oder ihr Vertreter zum Zeitpunkt des Vertragsschlusses befindet, oder die Formerfordernisse des Rechts des Staates, in dem eine der Vertragsparteien zu diesem Zeitpunkt ihren gewöhnlichen Aufenthalt hatte, erfüllt.

(3) Ein einseitiges Rechtsgeschäft, das sich auf einen geschlossenen oder zu schließenden Vertrag bezieht, ist formgültig, wenn es die Formerfordernisse des materiellen Rechts, das nach dieser Verordnung auf den Vertrag anzuwenden ist oder anzuwenden wäre, oder die Formerfordernisse des Rechts des Staates erfüllt, in dem dieses Rechtsgeschäft vorgenommen worden ist oder in dem die Person, die das Rechtsgeschäft vorgenommen hat, zu diesem Zeitpunkt ihren gewöhnlichen Aufenthalt hatte.

(4) [1]Die Absätze 1, 2 und 3 des vorliegenden Artikels gelten nicht für Verträge, die in den Anwendungsbereich von Artikel 6 fallen. [2]Für die Form dieser Verträge ist das Recht des Staates maßgebend, in dem der Verbraucher seinen gewöhnlichen Aufenthalt hat.

(5) Abweichend von den Absätzen 1 bis 4 unterliegen Verträge, die ein dingliches Recht an einer unbeweglichen Sache oder die Miete oder Pacht einer unbeweglichen Sache zum Gegenstand haben, den Formvorschriften des Staates, in dem die unbewegliche Sache belegen ist, sofern diese Vorschriften nach dem Recht dieses Staates
a) unabhängig davon gelten, in welchem Staat der Vertrag geschlossen wird oder welchem Recht dieser Vertrag unterliegt, und
b) von ihnen nicht durch Vereinbarung abgewichen werden darf.

Schrifttum: Vgl. auch bei Art. 11 EGBGB; *Aubart,* Die Behandlung der dépeçage im europäischen Internationalen Privatrecht, 2013; *Borges,* Verträge im elektronischen Geschäftsverkehr: Vertragsschluss, Beweis, Form, Lokalisierung, anwendbares Recht, 2003; *Freitag,* Sprachenzwang, Sprachrisiko und Formanforderungen im IPR, IPRax 1999, 142; *Furgler,* Die Anknüpfung der Vertragsform im IPR, 1985; *Heinze,* Bausteine eines Allgemeinen Teils des europäischen Internationalen Privatrechts, FS Kropholler, 2008, 105; *Heiss/Kaufmann-Mohi,* „Qualifikation" – Ein Regelungsgegenstand für eine Rom 0-VO?, in Leible/Unberath, Brauchen wir eine Rom 0-VO?, 2013, 181; Jansen/Zimmermann (Hrsg.), Commentaries on European Contract Laws, 2018; *Mankowski,* Änderungen bei der Auslandsbeurkundung von Anteilsübertragungen durch das MoMiG oder die Rom I-VO?, NZG 2010, 201; *Martiny,* Objektive Vertragsanknüpfung und Form, in Leible, Das Grünbuch zum Internationalen Vertragsrecht, 2004, 109; *Schönwerth,* Die Form der Rechtsgeschäfte im internationalen Privatrecht – Art. 11 EGBGB, 1996; *Spellenberg,* Stellvertretung und Vertragsauslegung im englischen Recht, FS E. A. Kramer, 2004, 311; *Spellenberg,* Handeln unter fremdem Namen in England und Deutschland, Liber Amicorum Schurig, 2012, 265; *Spellenberg,* Form und Zugang, IPRax 2013, 545; *Spellenberg,* „La forme" et ses finalités en droit international privé, Mélanges Laborde, 2015, 457; *Wedemann,* Sind Formvereinbarungen das Papier wert, auf dem sie stehen? –

[692] OLG Düsseldorf DB 1963, 929; OLG Karlsruhe NJW 1972, 2185; OLG Düsseldorf DB 1973, 2390; OLG München NJW 1974, 2181 = RIW/AWD 1975, 424; OLG Frankfurt RIW/AWD 1976, 532; OLG Hamburg NJW 1980, 1232; OLG Frankfurt IPRax 1982, 242 = ZIP 1981, 630 betr. CISG; OLG Stuttgart IPRax 1988, 293; OLG Naumburg IPRspr. 2003 Nr. 136; OLG München IPRax 1991, 46; LG Berlin NJW 1982, 343 f.

[693] AA *Stoll* FS Beitzke, 1979, 766; *Stoll* IPRax 1983, 52 (55); *Linke* ZVglRWiss 79 (1980), 1 (36 ff.).

Eine rechtsvergleichende Analyse, JZ 2022, 1041; *Zellweger,* Die Form der schuldrechtlichen Verträge im internationalen Privatrecht, 1990.

Übersicht

I. Allgemeines

1 **1. Entstehung.** Bis zur Rom I-VO war die Anknüpfung der Form von Schuldverträgen in Art. 11 EGBGB geregelt. Diese Vorschrift hat eine lange Geschichte und könnte die älteste heute noch angewandte bekannte Kollisionsnorm sein. Aus der Parömie „Locus regit actum", dh der Anknüpfung des Rechtsgeschäfts im Ganzen an den Vornahmeort, wurde wohl erst im 19. Jahrhundert das heutige „Locus regit formam actus", also die Abtrennung der Form als eigene Teilfragenanknüpfung.[1] Doch schon seit der deutsche Gesetzgeber im Jahre 1986 das EVÜ inkorporierte, beruhte der für Rechtsgeschäfte aller Art geltende Art. 11 EGBGB teilweise auf **Art. 9 EVÜ,** soweit er vertragliche Schuldverhältnisse betraf. Der Gesetzgeber wollte nicht zwei verschiedene Bestimmungen für die Form der Schuldverträge einerseits und anderer Rechtsgeschäfte andererseits. Möglich war dies, weil er nicht einfach das EVÜ durch Ratifizierung als deutsches Recht übernahm,[2] sondern Art. 9 EVÜ in den für alle Rechtsgeschäfte geltenden Art. 11 EGBGB inkorporierte. Das führte allerdings zu einem nicht leicht zu durchschauendem Verhältnis des staatsvertraglichen und des autonom nationalen Inhalts von Art. 11 EGBGB.[3] Mit der **Rom I-VO** war eine solche Lösung nicht mehr möglich. Der deutsche Gesetzgeber konnte Art. 11 EGBGB aber nicht aufgeben und wollte ihn auch nicht verändern,[4] so dass heute nun doch zwei verschiedene Formanknüpfungsregeln für **Schuldverträge** und andere Rechtsgeschäfte bestehen, wie dies schon bisher in den EU-Staaten der Fall war, die das EVÜ als solches ratifiziert haben.

2 Die Beschränkung des Art. 11 auf Schuldverträge ist ein Erbe des EVÜ, das durch die Rom I-VO ersetzt wurde. Beide erfassen nur **schuldrechtliche Rechtsgeschäfte** aller Art (Art. 1 Abs. 1 Rom I-VO) und **nicht Verfügungen.** Einzige Ausnahme ist Art. 14 Rom I-VO (Forderungsabtretung), der aber nicht als Grundlage einer analogen Anwendung von Art. 11 auf andere Verfügungen, insbesondere nicht die über Gesellschaftsanteile taugt.[5] So fällt einer der wichtigsten Streitpunkte zur Formanknüpfung, die Form gesellschaftsrechtlicher Akte und der Verfügung über GmbH-Anteile

1 Eingehend – und lesenswert – BeckOGK/*Gebauer* Rn. 8–18.3; *Zellweger,* Die Form der schuldrechtlichen Verträge im internationalen Privatrecht, 1990, 16 ff.

2 Die Ratifikation erfolgte mit der Maßgabe, dass das EVÜ nicht innerstaatlich geltendes Recht werde.

3 Staudinger/*Winkler v. Mohrenfels,* 2019, EGBGB Art. 11 Rn. 19; krit. auch *MPI* RabelsZ 47 (1983), 617 f.

4 Die einzige Änderung ist die Streichung des Abs. 4 in Art. 11 EGBGB aF zugunsten des inhaltlich weitgehend gleichen Art. 11 Abs. 5 Rom I-VO.

5 BeckOGK/*Gebauer* Rn. 37 ff.

nicht unter Art. 11 Rom I-VO und ist daher bei Art. 11 EGBGB zu behandeln (→ EGBGB Art. 11 Rn. 72 ff.; → EGBGB Art. 11 Rn. 172 ff.). Dagegen gilt Art. 11 unstreitig für die Verpflichtung zur Anteilsübertragung.

Schon Art. 9 EVÜ brachte eine europäische **Vereinheitlichung.** Zwar war der Grundsatz locus regit formam actus in Europa uraltes Erbe und sehr weit verbreitet,[6] doch bestanden durchaus Unterschiede im Detail, die mit dem **einheitlich autonom auszulegenden** EVÜ verschwinden sollten. Freilich war schon dem EVÜ keine Definition der „Form" gelungen (→ Rn. 29 f.). Nach Art. 36 EGBGB aF sollte auch der an sich nationale Art. 11 EGBGB auf diese einheitliche Auslegung Bedacht nehmen. Auch wenn Art. 36 EGBGB aF nicht mehr gilt, ist eine Beachtung europäischer Vorstellungen im Rahmen des Art. 11 EGBGB aber weiterhin geboten (→ EGBGB Art. 11 Rn. 11). 3

Während Art. 11 EGBGB abgesehen von sprachlichen Veränderungen dem Art. 9 EVÜ folgt, weicht Art. 11 Rom I-VO von seinem Vorläufer ab (→ Rn. 18 ff.). Der zentrale Unterschied liegt darin, dass Art. 11 Rom I-VO in Abs. 2 und 3 als **zusätzliche Anknüpfungsalternative** den gewöhnlichen Aufenthalt einer Partei zur Verfügung stellt. Dieses weitere Anknüpfungsmoment war bereits bei Ausarbeitung des EVÜ erwogen, jedoch als unnötig zur Sicherstellung des favor negotii verworfen worden.[7] Angesichts der Schwierigkeiten, den Ort zu bestimmen, an dem eine Partei ihre Erklärung (zB telefonisch oder per E-Mail) abgegeben hat, hatte bereits das Grünbuch der Kommission von 2003 bei Distanzverträgen die Anknüpfung an den gewöhnlichen Aufenthalt des Erklärenden wieder ins Spiel gebracht.[8] In der Diskussion wurde diesem Vorstoß teilweise Ablehnung zuteil, da die bestehenden Anknüpfungen ausreichten;[9] teilweise wurde hingegen für eine noch großzügigere Lösung plädiert, die diese Erweiterung unterschiedslos auf Platzgeschäfte wie auf Distanzgeschäfte erstreckt hätte.[10] Der Verordnungsvorschlag von 2005[11] griff in seinem Art. 10 diese Lösung auf. Im Gesetzgebungsverfahren strich das Parlament diese Erweiterung ohne Begründung und Art. 11 erhielt die später verabschiedete differenzierende Lösung, die den gewöhnlichen Aufenthalt nur bei Distanzverträgen (und einseitigen Rechtsgeschäften) vorsieht.[12] Näher → Rn. 54. 4

2. Normzweck. Die Teilfragenanknüpfung in Art. 11 bezweckt primär einen **favor negotii:** Der Vertrag soll nicht an Formmängeln scheitern, wenn er hinreichende Berührungen auch noch mit anderen Rechten hat (→ EGBGB Art. 11 Rn. 1 ff.).[13] Je mehr Rechtsordnungen alternativ gelten, umso größer ist die Wahrscheinlichkeit, dass das Rechtsgeschäft formgültig ist. Zwar erleichtert die Regelung der Partei zugleich, eine genügende Form im Sinne eines favor gerentis einzuhalten, wie zur ursprünglichen Fassung des Art. 11 EGBGB zu Recht argumentiert wurde,[14] doch erfasst das die Regelung nicht mehr voll, seit auch die Einhaltung der Form am Aufenthalt der anderen Partei genügt, die dem Erklärenden keineswegs besonders leicht zugänglich ist. Dadurch tritt der favor negotii in den Vordergrund, schließt aber den favor gerentis insoweit mit ein, als die Regelung der Partei auch den Gebrauch einer ihr besser zugänglichen Form erlaubt.[15] Das Prinzip des favor negotii ist bereits aus Art. 11 EGBGB und Art. 9 EVÜ geläufig. Die Erweiterung möglicher Anknüpfungsmomente um den gewöhnlichen Aufenthalt hat die Begünstigung in Art. 11 weiter verstärkt.[16] Nicht verkannt werden darf, dass die mit der Ausgliederung der Form aus dem Vertragsstatut intendierte Begünstigung die materiellen Formzwecke des Vertragsstatuts in den Hintergrund treten lässt, indem ein nach Vertragsstatut formunwirksames Geschäft nach einem der anderen Anknüpfungsmomente wirksam ist (→ EGBGB Art. 11 Rn. 3).[17] Damit jedenfalls der Schutz des 5

---

6 Vgl. *Furgler,* Die Anknüpfung der Vertragsform im IPR, 1985; *Zellweger,* Die Form der schuldrechtlichen Verträge im IPR, 1990; zur Entwicklung in Deutschland *Schönwerth,* Die Form der Rechtsgeschäfte im internationalen Privatrecht – Art. 11 EGBGB, 1996, 45 ff.; Staudinger/*Winkler v. Mohrenfels,* 2019, EGBGB Art. 11 Rn. 3 ff.; vgl. auch *v. Savigny* System VIII § 381 f. (S. 348 ff.).

7 *Giuliano/Lagarde* BT-Drs. 10/503, 62.

8 KOM(2002) 654, 46.

9 *Magnus/Mankowski* ZVglRWiss 103 (2004), 131 (182).

10 *MPI* RabelsZ 68 (2004), 1 (78 f.); *Martiny* in Leible, Das Grünbuch zum Internationalen Vertragsrecht, 2004, 131 f.; so auch die Stellungnahme der GEDIP.

11 KOM(2005) 650.

12 Zur Gesetzgebungsgeschichte Rauscher/*v. Hein* Rn. 2; *Verschraegen* in Magnus/Mankowski ECPIL Rn. 23 ff.

13 Ebenso eingehend Staudinger/*Winkler v. Mohrenfels,* 2021, Rn. 9 ff.; NK-BGB/*Bischoff* Rn. 5; Rauscher/*v. Hein* Rn. 1; allg. zur alternativen Anknüpfung der Form *Lando* FS Schmitthoff, 1973, 256; Erman/*Stürner* EGBGB Art. 11 Rn. 1.

14 *Kropholler* IPR § 41 III 1; *Nussbaum,* Deutsches IPR, 1932, 86 f.

15 BeckOGK/*Gebauer* Rn. 21; *v. Bar/Mankowski* IPR II § 1 Rn. 842.

16 Staudinger/*Winkler v. Mohrenfels,* 2021, Rn. 13.

17 Krit. daher Staudinger/*Winkler v. Mohrenfels,* 2021, Rn. 14; *v. Bar/Mankowski* IPR II § 1 Rn. 843; zum Spannungsverhältnis von Alternativanknüpfung und materiellen Formzwecken auch BeckOGK/*Gebauer* Rn. 68.

Verbrauchers nicht leerläuft, schließt Art. 11 Abs. 4 bei Verbraucherverträgen iSd Art. 6 eine alternative Anknüpfung der Form aus.

6 Wie bei Art. 11 EGBGB bzw. Art. 9 EVÜ ist der Vertrag formgültig, wenn eines der Formrechte eingehalten ist, und zwar unabhängig davon, ob die Parteien sich dessen bewusst waren (→ EGBGB Art. 11 Rn. 59). Desto eher kann es aber auch geschehen, dass eine Partei sich ihrer Bindung nicht bewusst wird. Dann kann der Vertrag an **fehlendem Erklärungsbewusstsein** nach den bei Art. 10 Abs. 2 erläuterten Regeln scheitern (→ Art. 10 Rn. 217; → Art. 10 Rn. 266).

7 **3. Geltung allgemeiner Regeln.** Der **ordre public** kann grundsätzlich auch gegen ausländische materielle Formregelungen eingreifen (Art. 21), doch dürfte das sehr selten geboten sein (→ EGBGB Art. 11 Rn. 17 f.).[18] Die alternativen Anknüpfungen zeigen, dass die nationalen Gesetze auf ihren Formregelungen grundsätzlich nicht bestehen bzw. bestehen dürfen. So hat die Rspr. – zu Art. 11 EGBGB – es ständig abgelehnt, in den **milderen Formanforderungen** des Ortsrechts einen Verstoß gegen den deutschen ordre public zB bei gesellschaftsrechtlichen Geschäften, Grundstücksverkäufen oder Eheschließungen zu sehen (→ EGBGB Art. 11 Rn. 22 f.). Und natürlich kann die Kollisionsregel mit ihrer Alternativanknüpfung nicht gegen den ordre public verstoßen, denn der wehrt nur ausländisches Sachrecht ab. Der ordre public ist auch bei Art. 11 Rom I-VO der nationale deutsche, wenngleich er vom Unionsrecht beeinflusst wird (→ Art. 21 Rn. 3). Die Sonderanknüpfung einer nationalen Formvorschrift als **Eingriffsnorm** nach Art. 9 – mit der Folge, dass die alternative Anknüpfung ausgeschaltet ist – wird zwar von Art. 11 nicht gesperrt, dürfte aber aufgrund des in der Regel individualschützenden Charakters von Formregelungen kaum einmal in Betracht kommen (näher → Rn. 71; → Rn. 78).[19]

8 Die zahlreichen Alternativanknüpfungen erlauben den Parteien, die ihnen bequemste oder billigste Form zu wählen. Dieses Vorgehen hat namentlich bei gesellschaftsrechtlichen Geschäften **zu Unrecht** gelegentlich den Einwand der **Gesetzesumgehung** provoziert (→ Rn. 45; → EGBGB Art. 11 Rn. 112 ff.).

9 Ein **Renvoi** ist durch den Verweis auf das „materielle Recht" und durch Art. 20 ausgeschlossen, und zwar auch dann, wenn erst die Rück- oder Weiterverweisung zur Formwirksamkeit führen würde.[20]

II. Anwendungsbereich

10 **1. Sachlich.** Der sachliche Anwendungsbereich von Art. 11 ergibt sich aus demjenigen der Rom I-VO (→ Art. 1 Rn. 5 ff.) und erstreckt sich also auf Rechtsgeschäfte, welche **vertragliche Schuldverhältnisse** begründen oder gestalten. Hierfür gilt **ausschließlich Art. 11 Rom I-VO,** und zwar auch im Verhältnis zu Drittstaaten. Das bedeutet unter anderem, dass für die zuvor von Art. 11 Abs. 4 EGBGB aF erfassten **obligatorischen Verträge** über Grundstücke nun nur Art. 11 Rom I-VO gilt; Art. 11 Abs. 4 EGBGB aF wurde daher zugunsten von Art. 11 Abs. 5 Rom I-VO gestrichen. Vernünftigerweise schließt Art. 11 Abs. 3 auch einseitige Rechtsgeschäfte mit ein, die sich auf einen gegenwärtigen oder zukünftigen schuldrechtlichen Vertrag beziehen.

11 Die **Bereichsausnahmen** des Art. 1 Abs. 2 Rom I-VO haben zur Folge, dass nicht alle vertraglichen Schuldverhältnisse (oder darauf bezogene einseitige Rechtsgeschäfte) hinsichtlich ihrer Form Art. 11 unterfallen. Ausgenommen sind insbesondere alle **familien- und erbrechtlichen** Rechtsgeschäfte, auch wenn sie Verpflichtungen begründen, wie zB Unterhaltsverträge (Art. 1 Abs. 2 lit. b und c) oder wie die im englischen Recht vorkommenden Versprechen, ein Testament zu errichten. Ebenso ausgenommen sind **gesellschaftsrechtliche** Rechtsgeschäfte (Art. 1 Abs. 2 lit. f); nicht davon betroffen sind jedoch schuldrechtliche Verträge, die wie der Unternehmenskauf lediglich Gesellschaftsanteile zum Gegenstand haben (näher → Art. 1 Rn. 73 ff.). Schließlich fällt auch die Form einer Bevollmächtigung nicht unter Art. 11, und zwar selbst dann nicht, wenn das Rechtsgeschäft, zu dessen Vornahme die Vollmacht erteilt wird, der Rom I-VO unterliegt (Art. 1 Abs. 2 lit. g; näher → EGBGB Art. 8 Rn. 180 ff.). Für die ausgenommenen Bereiche bestehen teilweise eigene Normen im europäischen oder staatsvertraglichen Kollisionsrecht; wo dies nicht der Fall ist, gelangt Art. 11 EGBGB zur Anwendung (näher → EGBGB Art. 11 Rn. 19 ff.).

12 Art. 11 EGBGB kann wegen des Vorrangs der Rom I-VO nur noch auf Rechtsgeschäfte angewendet werden, die nicht von dieser (oder einer anderen vorrangigen Kollisionsnorm) erfasst werden. Das sind in erster Linie die **Verfügungen über** unbewegliche und bewegliche **Sachen;** auch Art. 11 Abs. 5 Rom I-VO handelt nur von den schuldrechtlichen Geschäften über Grundstücke. Art. 11

[18] Beispiele, in denen der ordre public durchgreift, finden sich in der Rspr. heute nicht mehr; Nachweise bei Staudinger/*Winkler v. Mohrenfels,* 2019, EGBGB Art. 11 Rn. 62 ff.

[19] *v. Bar/Mankowski* IPR II § 1 Rn. 852 ff.

[20] Rauscher/*v. Hein* Rn. 12.

EGBGB gilt daher auch für die **Übertragung** von **Gesellschaftsanteilen**[21] und allgemein von Rechten (mit Ausnahme der Forderungszession → Rn. 2). Es ist durchaus denkbar, dass ein schuldrechtlicher Vertrag formwirksam ist, die Verfügung zB über die Kaufsache, für die nach Art. 11 Abs. 4 EGBGB nur die lex rei sitae berufen wird, jedoch nicht, oder auch umgekehrt. Die Konstituierung der Verfügung als ein eigenes Rechtsgeschäft ist sachrechtlich zwar keineswegs weltweit verbreitet, die Rom I-VO nimmt die Trennung aber für die Anknüpfung vor. Sie ergibt sich zwingend aus dem begrenzten Anwendungsbereich der Rom I-VO. Zur Behandlung von kausalen Systemen für Sachen und Rechte, bei denen der schuldrechtliche Vertrag translative Wirkung entfaltet, → EGBGB Art. 11 Rn. 151.

Nach Art. 3 Abs. 5 beherrscht Art. 11 auch die **Formanforderungen** für einen **Rechtswahlvertrag,** der zwar meist, aber nicht notwendig zusammen mit dem **Schuldvertrag** abgeschlossen wird. Die Formgültigkeit des Rechtswahlvertrages ist getrennt von derjenigen des Hauptvertrages zu beurteilen;[22] zweifelhaft ist aber, nach welchem Recht. Da Art. 3 (anders als zB Art. 7 Rom III-VO oder Art. 22 Abs. 2 EuErbVO) keine Form vorschreibt, wird dem Schweigen der Rom I-VO teilweise die Anordnung einer Formfreiheit der Rechtswahl entnommen.[23] Jedoch wäre der Verweis in Art. 3 Abs. 5 auf die Kollisionsnorm des Art. 11 bedeutungslos, wenn Art. 3 bereits die Sachentscheidung enthielte. Vorzuziehen ist daher die Anwendung des Art. 11, wobei das „anzuwendende materielle Recht" das benannte, anscheinend gewählte Recht ist.[24] Ein praktischer Unterschied zwischen beiden Ansichten dürfte nicht bestehen, weil die Mitgliedstaaten der EU in der Regel die Rechtswahl für Schuldverträge formfrei stellen (→ Art. 3 Rn. 108).[25] Für **Verbraucherverträge** wird Art. 11 Abs. 4 entnommen, dass der auch dafür zulässige Rechtswahlvertrag die Form des Rechts am gewöhnlichen Aufenthalt des Verbrauchers beobachten muss und dass keine alternativen Formanknüpfungen zugelassen werden.[26] 13

Einseitige Rechtsgeschäfte über Verpflichtungen aus außervertraglichen Schuldverhältnissen, insbesondere aus **unerlaubter Handlung,** fallen nicht unter Art. 11 Abs. 3 Rom I-VO, sondern unter Art. 21 Rom II-VO.[27] Die doppelte Begrenzung des Art. 21 Rom II-VO auf außervertragliche Schuldverhältnisse und einseitige Rechtshandlungen hat Rückwirkungen auf Art. 11 Rom I-VO, denn zweiseitige Rechtshandlungen und vertragliche Schuldverhältnisse fallen unter Art. 11. Es entstehen Fragen der Abgrenzung. Praktisch wichtig werden können diese Fragen, weil Art. 11 Abs. 3 mehr Anknüpfungsmomente als Art. 21 Rom II-VO zur Verfügung stellt.[28] So kommt es für die Form einer Mahnung (→ Rn. 61) darauf an, ob diese ein vertragliches oder ein außervertragliches Schuldverhältnis betrifft (→ Rom II-VO Art. 21 Rn. 6).[29] Sieht man den Erlass einer Forderung in europäisch-autonomer Qualifikation als einseitiges Rechtsgeschäft (→ Rn. 61), so richtet sich die maßgebliche Kollisionsnorm wiederum danach, ob eine vertragliche oder außervertragliche Forderung erlassen wird.[30] Die Form der Aufrechnung außervertraglicher Forderungen sollte hingegen, auch wenn sie durch einseitiges Rechtsgeschäft vorgenommen wird, stets Art. 11 Abs. 3 unterliegen, sofern man richtigerweise Art. 17 auf diese Forderungen erstreckt (→ Art. 17 Rn. 10; näher → Rom II-VO Art. 21 Rn. 6 mwN auch zur Gegenansicht).[31] 14

Prozesshandlungen fallen weder unter Art. 11 Rom I-VO (Art. 1 Abs. 3) noch unter Art. 11 EGBGB Vielmehr gilt das Prozessrecht der lex fori, selbst wenn eine Prozesshandlung wie die Prozessaufrechnung auch materiell-rechtliche Wirkungen entfaltet.[32] Zu amtsempfangsbedürftigen Erklärungen, die im Kontext vertraglicher Schuldverhältnisse selten sein dürften, → EGBGB Art. 11 Rn. 160. Es handelt sich nicht um eine Frage der Form, sondern des Inhalts. Gleiches gilt für Genehmigungserfordernisse (→ Art. 10 Rn. 42; → EGBGB Art. 11 Rn. 160). Die Form, in der eine **Genehmigung** Privater zu erteilen ist, folgt jedoch Art. 11 Abs. 3, wenn das zustimmungsbe- 15

[21] *Mankowski* NZG 2010, 201 (205); Rauscher/*v. Hein* Rn. 6; BeckOGK/*Gebauer* Rn. 34 ff., 40; noch zu Art. 11 EGBGB BGH RIW 2005, 144; *Fetsch* RNotZ 2007, 535.
[22] Rauscher/*v. Hein* Art. 3 Rn. 44, arg. Art. 3 Abs. 1 S. 2.
[23] So Staudinger/*Magnus,* 2021, Art. 3 Rn. 180; Calliess/Renner/*Loacker* Rn. 31.
[24] So BeckOGK/*Gebauer* Rn. 29; *Mansel* in Leible/Unberath, Brauchen wir eine Rom 0-VO?, 2013, 241 (284); Rauscher/*v. Hein* Art. 3 Rn. 45.
[25] Rauscher/*v. Hein* Art. 3 Rn. 45; BeckOGK/*Gebauer* Rn. 29.
[26] NK-BGB/*Leible* Art. 3 Rn. 76; Staudinger/*Magnus,* 2021, Art. 3 Rn. 181; BeckOGK/*Gebauer* Rn. 29.
[27] Rauscher/*v. Hein* Rn. 8 f.
[28] Krit. *v. Hein* ZEuP 2009, 6 (14).
[29] BeckOGK/*Gebauer* Rn. 49; Calliess/Renner/*Loacker* Rn. 68.
[30] Rauscher/*v. Hein* Rn. 8; BeckOGK/*Gebauer* Rn. 43; BeckOGK/*Gebauer* Rom II-VO Art. 21 Rn. 9.
[31] BeckOGK/*Gebauer* Rom II-VO Art. 21 Rn. 11; aA *v. Hein* ZEuP 2009, 6 (14).
[32] NK-BGB/*Bischoff* Rn. 4; BeckOGK/*Gebauer* Rn. 27; Rauscher/*v. Hein* Rn. 6; aA Staudinger/*Winkler v. Mohrenfels,* 2019, EGBGB Art. 11 Rn. 88: Art. 11 EGBGB gelte, soweit die Wirkungen materiell-rechtlicher Natur sind; *Verschraegen* in Magnus/Mankowski ECPIL Rn. 33 zum Prozessvergleich.

dürftige Geschäft unter die Rom I-VO fällt. Für behördliche oder gerichtliche Genehmigungen gilt die lex fori.

16 **2. Zeitlich.** Art. 11 Rom I-VO gilt für alle Verträge, die **ab dem 17.12.2009** geschlossen werden (Art. 28); für ältere Verträge gilt noch Art. 11 EGBGB. Eine Heilung früherer formnichtiger Verträge durch den nun anwendbaren Art. 11 Rom I-VO ist nicht vorgesehen. Ein einseitiges Rechtsgeschäft (Art. 11 Abs. 3), das ab dem 17.12.2009 vorgenommen wird, sich aber auf einen vor dem Stichtag geschlossenen Vertrag bezieht, sollte hinsichtlich der Form ebenfalls nach Art. 11 Rom I-VO beurteilt werden.[33]

17 **3. Verhältnis zu Art. 11 EGBGB. a) Vorrang der Rom I-VO.** Art. 11 EGBGB gelangt **nur** zur Anwendung, wenn Art. 11 Rom I-VO **nicht eingreift.** Die europäische Regelung genießt Vorrang vor dem autonomen Kollisionsrecht (Art. 288 Abs. 2 AEUV; Art. 3 Nr. 1 lit. b EGBGB), soweit sie reicht. Dennoch sind die Abweichungen von Art. 11 EGBGB von Interesse.[34]

18 **b) Inhaltliche Unterschiede.** Sowohl Art. 11 EGBGB als auch Art. 11 Rom I-VO gehen auf Art. 9 EVÜ zurück. Der deutsche Gesetzgeber hatte den Text allerdings bei seiner Inkorporierung in Art. 11 EGBGB im Jahre 1986 verändert. Die Textabweichungen sind jedoch zum Teil nur sprachlicher Natur, zum Teil ergeben sie sich aus den unterschiedlichen sachlichen Anwendungsbereichen von EGBGB und EVÜ. Inhaltlich hielt sich der deutsche Gesetzgeber **weithin an das EVÜ.** Dagegen enthält vor allem Art. 11 Abs. 2 Rom I-VO eine deutliche Abweichung von Art. 9 EVÜ, die der deutsche Gesetzgeber nicht übernommen hat. So stimmen Art. 11 Rom I-VO und Art. 11 EGBGB zwar weitgehend, aber nicht vollständig überein.

19 **Zu Art. 11 Abs. 1 Rom I-VO:** Dass in Abs. 1 (und Abs. 2) von „Vertrag“ statt wie in Art. 11 EGBGB von „Rechtsgeschäft“ die Rede ist, erklärt sich aus dem auf **vertragliche** Schuldverhältnisse beschränkten Anwendungsbereich. Einseitige Rechtsgeschäfte werden dann zwar von Abs. 3 erfasst, jedoch nur, soweit sie sich auf Schuldverträge beziehen, nicht auf andere Rechtsverhältnisse. Damit hängt zusammen, dass Art. 11 Abs. 1 wie Art. 11 Abs. 2 Rom I-VO vom Ort des Vertragsschlusses spricht statt wie Art. 11 Abs. 1 EGBGB vom Ort der Vornahme des Rechtsgeschäfts. Die Erwähnung der Vertreter in Abs. 1 (und Abs. 2) ist keine sachliche Abweichung, denn ihre Einbeziehung entspricht Abs. 3 in Art. 11 EGBGB (bzw. Art. 9 Abs. 3 EVÜ). Wenn in Art. 11 Abs. 1–3 Rom I-VO vom anzuwendenden **materiellen** Recht die Rede ist, ist dies eine weniger komplexe Formulierung als die Berufung der lex causae in Art. 11 EGBGB („das auf das seinen Gegenstand bildende Rechtsverhältnis anzuwenden ist“), die aufgrund der Beschränkung auf Verträge möglich ist und Art. 9 EVÜ entspricht. Zugleich ist damit klargestellt, dass ein **Renvoi ausgeschlossen** ist. Das folgt bereits aus Art. 20. Bei Art. 11 EGBGB ergibt sich der Ausschluss des Renvoi zwar nicht aus dem Wortlaut, wenn man nicht die dort genannten „Formerfordernisse“ als Sachvorschriften iSd Art. 4 Abs. 2 S. 1 EGBGB versteht, wohl aber nach bestrittener, aber vorzugwürdiger Ansicht aus dem Sinnvorbehalt des Art. 4 Abs. 1 S. 1 EGBGB (→ EGBGB Art. 11 Rn. 15). Dass im Übrigen in Abs. 1–3 nur auf das „nach dieser Verordnung anzuwendende … Recht“ verwiesen wird, ergibt sich ebenfalls aus dem Anwendungsbereich der Rom I-VO.

20 **Zu Art. 11 Abs. 2 Rom I-VO:** Neu und eine **echte Erweiterung** gegenüber dem EGBGB wie dem EVÜ ist dagegen die **weitere alternative** Anknüpfung an den **gewöhnlichen Aufenthalt** der Parteien neben der an die lex causae und den Vornahmeort, wenn die Parteien oder ihre Vertreter in verschiedenen Staaten handeln (zur Entstehung → Rn. 4; zur Kritik → Rn. 52 f.).

21 **Zu Art. 11 Abs. 3 Rom I-VO:** Ein Pendant findet sich in Art. 11 EGBGB nicht, weil dessen Abs. 1 ohnehin generell Verträge und einseitige Rechtsgeschäfte erfasst. In der Rom I-VO schien eine ausdrückliche Erweiterung auf diese vertragsbezogenen einseitigen Rechtsgeschäfte hilfreich, wenngleich deren akzessorische Anknüpfung sich auch aus allgemeinen Erwägungen ergeben hätte.

22 **Zu Art. 11 Abs. 4 Rom I-VO:** Die Regelung über die Form von Verbraucherverträgen war im EGBGB nur in Art. 29 Abs. 3 EGBGB aF ausgelagert worden.

23 **Zu Art. 11 Abs. 5 Rom I-VO:** Abs. 5 entspricht mit kleineren sprachlichen Abweichungen, die keine inhaltliche Bedeutung haben, Art. 11 Abs. 4 EGBGB bzw. Art. 9 Abs. 6 EVÜ, bis auf die Tatsache, dass er nur noch von Miete und Pacht spricht, statt wie jene genereller von einem Recht auf Nutzung des Grundstücks (→ Rn. 74 f.). Lit. a und b waren in Art. 11 Abs. 4 EGBGB aF als „zwingende Formvorschrift“ enthalten.

24 In der Rom I-VO findet sich keine Entsprechung zu Art. 11 Abs. 5 EGBGB, weil die Rom I-VO **Verfügungen** über Sachen nicht erfasst.

---

33 Erman/*Hohloch,* 15. Aufl. 2017, Rn. 2c.

34 Vgl. BeckOGK/*Gebauer* Rn. 52.

Zusammenfassend lässt sich feststellen, dass inhaltliche Abweichungen im Wesentlichen einerseits den sachlichen Anwendungsbereich betreffen und andererseits die Anknüpfung auch an den gewöhnlichen Aufenthalt einer Partei. Die anderen Unterschiede zu Art. 11 EGBGB sind weitgehend sprachlicher Natur. 25

c) Autonome Auslegung. Es ist zwar richtig, dass Art. 11 Rom I-VO europaweit **einheitlich auszulegen** ist, während Art. 11 EGBGB nach deutschen Maßstäben anzuwenden ist, aber zumindest derzeit, bis der EuGH allfällige Fragen geklärt haben wird, kann man vermuten, dass keine erheblichen Abweichungen bestehen. Wichtig ist jedoch, dass nur die Auslegung von Art. 11 Rom I-VO dem **EuGH vorzulegen** ist, während die Auslegung des EGBGB beim BGH endet. Schon angesichts der gemeinsamen Wurzel in Art. 9 EVÜ sollte sich jedoch die Auslegung des Art. 11 EGBGB an derjenigen der Rom I-VO orientieren. 26

Die autonome Auslegung von Art. 11 betrifft zum einen den Gegenstand der Anknüpfung, dh die **Qualifikation** einer Regelung als **Form** (→ Rn. 29) sowie einer Erklärung als **einseitiges Rechtsgeschäft,** das die Rom I-VO ausschließlich in Art. 11 (und mittelbar in Art. 18) besonders bedenkt (→ Rn. 61). Zum anderen ist das Anknüpfungsmoment, so insbesondere der einfache sowie der gewöhnliche Aufenthalt, in autonomer Auslegung zu bestimmen. Für letzteren enthält Art. 19 eine freilich unvollständige Definition. Eine **Definition** der Form gibt die Rom I-VO hingegen, wie auch zuvor das EVÜ, **nicht.** 27

d) Verweise auf Art. 11 EGBGB. Da Struktur, Funktion und Wortlaut von Art. 11 Rom I-VO und Art. 11 EGBGB über weite Strecken übereinstimmen und sich damit weitgehend die gleichen Fragen stellen, seien sie vorwiegend bei Art. 11 EGBGB kommentiert, der den **weiteren sachlichen** Anwendungsbereich hat (→ EGBGB Art. 11 Rn. 19 ff.), um Wiederholungen zu vermeiden. Hier **nicht angesprochene Fragen** sind daher bei → EGBGB Art. 11 Rn. 1 ff. zu behandeln. Auf Abweichungen ist im Folgenden hingewiesen. 28

III. Qualifikation als „Form"

Schwierigkeiten kann die Zuordnungen einer Frage zur Form oder zum Inhalt eines Rechtsgeschäfts bereiten. Die Teilfragenanknüpfung des Art. 11 erstreckt sich allein auf Formfragen. Aufgrund des Gebots autonomer Auslegung (→ Rn. 26) muss der Anknüpfungsgegenstand der **„Form" europäisch einheitlich** verstanden werden.[35] Gegenstand der Qualifikation sind nationale Bestimmungen, die dann unter den europäisch-einheitlichen Begriff der Form subsumiert werden müssen.[36] Die Qualifikation dient mithin der Abgrenzung von Form und Inhalt. Relevant wird diese Abgrenzung freilich nur dann, wenn sich die Form nicht nach dem Geschäftsstatut, sondern nach einem der anderen von Art. 11 zur Verfügung gestellten Anknüpfungsmomente richten soll.[37] 29

Der **Wortlaut** des Art. 11 spricht nur von „Form", setzt also deren Verständnis voraus. Mangels einer expliziten Definition der „Form" in der Rom I-VO, können sich Hinweise aus dem Vergleich mit den für Inhaltsfragen zuständigen Art. 10 und Art. 12 ergeben. Was von ihnen erfasst wird, sollte im Sinne einer Negativdefinition nicht „Form" iSd Art. 11 sein. Wenn Art. 12 die Reichweite des Vertragsstatuts angibt, betrifft das also nicht nur die Qualifikation der vom Vertragsstatut in Betracht gezogenen Sachnormen (→ Einl. IPR Rn. 137),[38] sondern auch das Verständnis der „Form" in Art. 11. Freilich kann man nicht durchweg von einer festen Bedeutung der in Art. 12 Abs. 1 genannten Fragen ausgehen. Es kann vielmehr auch darum gehen, sie mit Art. 11 abzustimmen; beide Regelungen wirken aufeinander ein. Zuweilen wird es einfacher sein, eine Regel positiv als Formvorschrift zu identifizieren, sodass sie dann nicht mehr zum Inhalt des Rechtsgeschäfts gehören kann.[39] 30

Maßgebend für die autonome Qualifikation sind grundsätzlich nicht die nationalen Vorstellungen der Rechtsordnung, der eine Regelung entstammt, sondern eine **funktional-teleologische** Auslegung (→ Einl. IPR Rn. 133 ff.). Dabei helfen rechtsvergleichende Erkenntnisse, doch entscheiden letztlich die Wertungen des Unionsrechts, die spezifische Ziele verfolgen können (→ Einl. IPR Rn. 134 f.).[40] Der Zweck des Art. 11 besteht allgemein darin, für eine einheitliche Anknüpfung der Form in Europa zu sorgen, und konkret darin, die Formgültigkeit schuldrechtlicher Rechtsge- 31

---

35 BeckOGK/*Gebauer* Rn. 55 ff.

36 ZB *Heinze* FS Kropholler, 2008, 105 (108 f.); *Heiss/Kaufmann-Mohi* in Leible/Unberath, Brauchen wir eine Rom 0-VO?, 2013, 181 (186 ff.); *v. Bar/Mankowski* IPR I § 7 Rn. 172.

37 BeckOGK/*Gebauer* Rn. 54; *v. Bar/Mankowski* IPR II § 1 Rn. 845.

38 *Heiss/Kaufmann-Mohi* in Leible/Unberath, Brauchen wir eine Rom 0-VO?, 2013, 181 (188).

39 Rauscher/*v. Hein* Rn. 10; *Kropholler* IPR § 41 III 2a: logischer Vorrang des Begriffs der Form.

40 *Heinze* FS Kropholler, 2008, 105 (108 ff.).

schäfte zu begünstigen (favor negotii; → Rn. 5). Freilich lässt sich aus diesen Zwecken wenig Greifbares für die Qualifikation einer einzelnen Regelung ableiten.

32 Ein **europäischer Formbegriff** hat sich **noch nicht herausgebildet.**[41] Die Rspr. lieferte noch kein nennenswertes Material für eine europäische Auslegung. Bereits die Kommission für das EVÜ hatte vom Versuch einer Definition Abstand genommen,[42] wenngleich *Lagarde* beruhigend berichtete, dass man im Allgemeinen schon wisse, was Form sei.[43] Immerhin enthielt der Bericht von *Giuliano/Lagarde* trotz der Definitionsschwierigkeiten eine Umschreibung, wonach „jedes äußere Verhalten, das dem Autor einer rechtlich erheblichen Willenserklärung vorgeschrieben wird und ohne das die Willenserklärung nicht voll wirksam ist, als eine Form im Sinne des Artikels 9 [EVÜ] anzusehen" ist.[44] Ähnlich formulierte die Kommission in ihrem Grünbuch, es handele sich „um alle Äußerlichkeiten, die bei Vornahme eines Rechtsakts von Gesetzes wegen zu beachten sind".[45] Letztlich verweist diese optimistische Sichtweise darauf, dass in allen nationalen europäischen Rechten ein größerer Fundus von als „Form" anerkannten Regelungen vorhanden ist. Das betrifft zwar die nationalen Kollisionsnormen, dennoch sollte man ihn für Art. 11 nutzen, solange sich noch kein davon abweichendes europäisches Begriffsverständnis gebildet hat. Damit kommt die **Rechtsvergleichung** ins Spiel: Besteht in Europa ein übereinstimmendes Verständnis der „Form" in den Kollisionsnormen, dann ist es grundsätzlich sinnvoll, es für Art. 11 zu übernehmen. Es ist aber immer im Auge zu behalten, dass der „europäische" Zweck der Rom I-VO eine Abweichung von einem Ergebnis der Rechtsvergleichung fordern kann. Mehr Material für eine europäisch-autonome Qualifikation als Form liefert die Lit.,[46] doch ist auch dort eine beträchtliche Übereinstimmung mit den zu Art. 11 EGBGB gefundenen Qualifikationen zu verzeichnen.[47] Zumal Art. 11 EGBGB ebenfalls in einem europäischen Sinne verstanden werden sollte (→ Rn. 26), kann für die Formqualifikation einstweilen auf die Ausführungen zu Art. 11 EGBGB Bezug genommen werden (→ EGBGB Art. 11 Rn. 138 ff.).[48]

33 Ausmachen lässt sich zunächst ein **Kernbestand** an **gesicherten Formvorschriften,** zu dem etwa „die Schriftform, die eigenhändige Unterschrift oder eine notarielle Beurkundung"[49] zählen. Ergänzen lassen sich weitere Äußerungsformen wie die notarielle Beglaubigung, Eigenhändigkeit, Siegelung oder die Verwendung elektronischer Signaturen, ebenso die Zuziehung von Amtspersonen (→ EGBGB Art. 11 Rn. 151).[50] Typische Formregelung ist jedoch auch das Fehlen eines Formgebots in diesem Sinne, wenn also eine Erklärung auch mündlich oder konkludent wirksam ist. Insoweit hat jedes Rechtsgeschäft eine Form.[51] Die Regelungen in diesem Kernbestand verbindet, dass sie – entsprechend der Vorstellung des *Giuliano/Lagarde*-Berichts (→ Rn. 32) – das äußere Verhalten des Erklärenden betreffen. In dieselbe Richtung gehen andere Umschreibungen, wonach es sich bei der Form um die Regelung der Art und Weise der Äußerung einer Willenserklärung handele,[52] um Normen und Regeln, die den äußeren Tatbestand des betreffenden Rechtsgeschäfts vorschreiben,[53] um das äußere Verhalten, durch welches sich der Geschäftswille manifestiert,[54] um die gesetzmäßige Erkennbarmachung des rechtsgeschäftlichen Willens.[55] Gemeinsam ist diesen Vorschlägen aus Deutschland wie Frankreich, dass Rechtsnormen oder -regeln als Formvorschriften qualifiziert werden, die die **äußere Erscheinung** der Willenserklärung vorschreiben im Unterschied zu ihrem Inhalt und zum Willen des Erklärenden.[56] Dem entsprechen Ansätze des europäischen Privatrechts,

---

41 Erman/*Stürner* Rn. 3; BeckOGK/*Gebauer* Rn. 55.
42 *Giuliano/Lagarde* BT-Drs. 10/503, 61.
43 Trav. Com. français DIP 1971–1973, 162.
44 *Giuliano/Lagarde* BT-Drs. 10/503, 61.
45 KOM(2002) 654, 46.
46 Staudinger/*Winkler v. Mohrenfels,* 2021, Rn. 17 f., 41 ff.; BeckOGK/*Gebauer* Rn. 53 ff.; Rauscher/*v. Hein* Rn. 10 f.
47 Vgl. die europäischen Ausführungen von BeckOGK/*Gebauer* Rn. 55–60 mit denen zu → EGBGB Art. 11 Rn. 138 ff.
48 Übereinstimmend Erman/*Stürner* Rn. 3; BeckOK BGB/*Mäsch* Rn. 25.
49 KOM(2002) 654, 46; Rauscher/*v. Hein* Rn. 10.
50 Staudinger/*Winkler v. Mohrenfels,* 2021, Rn. 43; NK-BGB/*Bischoff* Rn. 8; Calliess/Renner/*Loacker* Rn. 29.
51 Ebenso BeckOGK/*Gebauer* Rn. 55.
52 Erman/*Stürner* EGBGB Art. 11 Rn. 13; BeckOK BGB/*Mäsch* Rn. 25; weiter *Spellenberg* Mélanges Laborde, 2015, 457 (460 ff.).
53 Staudinger/*Winkler v. Mohrenfels,* 2021, Rn. 43; *Zellweger,* Die Form der schuldrechtlichen Verträge im IPR, 1990, 88.
54 *Cornu,* Vocabulaire juridique, 2011, V° Forme; weiter zu Frankreich *Spellenberg* Mélanges Laborde, 2015, 457 (461 f.).
55 *Nussbaum,* Deutsches IPR, 1932, 89.
56 Näher *Spellenberg* IPRax 2013, 545 (547 ff.).

als Form solche Regelungen anzusehen, die für den Vertragsschluss (oder die Vornahme eines anderen Rechtsgeschäfts) ein besonderes Verfahren[57] oder die Wahrung bestimmter äußerer Formen zur Gültigkeit eines Rechtsgeschäfts[58] vorschreiben.

Außerhalb des Kernbestandes führen diese Umschreibungen allerdings zu **Unsicherheitszonen,** in denen eine weitere Konturierung der „Form" wünschenswert wäre.[59] Ein prägnantes Beispiel außerhalb des Bereichs der vertraglichen Schuldverhältnisse ist das Erfordernis einer persönlichen Abgabe der Eheschließungserklärung, das der BGH zur Form zieht, während die französische Cour de cassation darin eine Inhaltsregelung erblickt (→ EGBGB Art. 11 Rn. 147).[60] Diese Divergenz verweist zugleich auf eine Schwierigkeit, die sich bei einer funktional-teleologischen Betrachtung einer Regelung ergibt. Zwar erfordert diese zur Qualifikation als Form eine Betrachtung der von einer Regel verfolgten Zwecke.[61] Der Rückgriff auf **Formzwecke** hilft nur auf den ersten Blick bei der Definition der Form weiter.[62] Während im Beispiel der Handschuhehe der BGH dem Erfordernis persönlicher Anwesenheit ähnliche Zwecke wie der Schriftform entnimmt, verfolgt es aus Sicht der Cour de cassation den materiellen Zweck, Scheinehen zu vermeiden. Generell können Formvorschriften mehrere Zwecke verfolgen, die sich möglicherweise nur zum Teil den klassischen, in sich schon vielfältigen Formzwecken zuordnen lassen.[63] So könnte sich der Verweis auf die Unterscheidung von Formzwecken bei Regelungen, die keine phänomenologische Äußerungsform vorschreiben, leicht als Zirkelschluss erweisen, denn es ist oft unklar, was ein Formzweck ist,[64] und es besteht die Gefahr, dass man ihn einer Regelung entnimmt, weil sie eine Formregelung sei, und umgekehrt eine Formregelung durch ihren angeblichen Formzweck bestimmt.[65] So steht insbesondere der von einer Norm intendierte materiellrechtliche Schwächerenschutz der Qualifikation dieser Norm als Formvorschrift nicht entgegen, wie im Übrigen Art. 11 Abs. 4 belegt.[66] 34

„Form" können somit auch Regelungen sein, die sich nicht als Äußerungsform im eigentlichen Sinne darstellen. Als Formregelung qualifiziert werden kann das Erfordernis einer **consideration** im anglo-amerikanischen Recht, weil es sich als Seriositätsindiz funktionsäquivalent zu einem Formgebot erweist (→ EGBGB Art. 11 Rn. 154).[67] Ebenso gehört die Notwendigkeit der **Zuziehung von Zeugen** zur Form,[68] sodass auch das Erfordernis eines urkundlichen Beweises unter Ausschluss von Zeugen Formfrage ist (vgl. zB Art. 1359 C.c. Frankreich; → EGBGB Art. 11 Rn. 41 f.; → EGBGB Art. 11 Rn. 145).[69] Für vertragliche Schuldverhältnisse hat Art. 18 Abs. 2 freilich die Qualifikationsfrage praktisch entbehrlich gemacht (→ Art. 18 Rn. 7 f.). Formfrage ist auch, ob wegen einer **Kaufmannseigenschaft** unterschiedliche Formanforderungen bestehen (zB § 350 HGB; → EGBGB Art. 11 Rn. 30).[70] Ebenso sind **Sprachzwänge,** dh die Notwendigkeit der Verwendung einer bestimmten Sprache, als Form zu qualifizieren (→ Rn. 77; → EGBGB Art. 11 Rn. 152); soweit ein derartiger Zwang auch den Schutz des Verbrauchers bezweckt, steht dies der Einordnung als Form nicht entgegen (→ Rn. 34), zumal Art. 11 Abs. 4 bereits den Verbraucherschutz verwirklicht.[71] Beispielsweise verlangt das reformierte französische Vertragsrecht in Art. 1127-1 Abs. 3 Nr. 3 C.c. Frankreich, dass beim elektronischen Vertragsschluss ein Antrag einen Abschluss des Vertrags mindestens in französischer Sprache anbietet.[72] 35

---

[57] Jansen/Zimmermann/*Christandl* PECL Art. 2:101(2) Rn. 1 mwN.

[58] *Kötz* in Basedow/Hopt/Zimmermann, Handwörterbuch des Europäischen Privatrechts, 2009, 616.

[59] Vgl. Jansen/Zimmermann/*Christandl* PECL Art. 2:101(2) Rn. 1.

[60] BGHZ 29, 137 = NJW 1959, 717; BGH NJW-RR 2022, 293; Cass. civ. 1re. 15.7.1999, Bull. civ. I, Nr. 244; Cass. civ. 1re. 28.3.2006, Bull. civ. I, Nr. 184.

[61] Für Maßgeblichkeit der typischen Formzwecke Grüneberg/*Thorn* Rn. 3; NK-BGB/*Bischoff* Rn. 8; Calliess/Renner/*Loacker* Rn. 29; *v. Bar/Mankowski* IPR II § 1 Rn. 846.

[62] Jansen/Zimmermann/*Christandl* PECL Art. 2:101(2) Rn. 1 Fn. 6.

[63] Ebenso BeckOGK/*Gebauer* Rn. 59.

[64] BeckOGK/*Gebauer* Rn. 59; Jansen/Zimmermann/*Christandl* PECL Art. 2:101(2) Rn. 11; *Mankowski* JZ 2010, 662; *Spellenberg* IPRax 2013, 545 (548 f.).

[65] *Spellenberg* IPRax 2013, 545 (549); s. auch *v. Bar/Mankowski* IPR II § 1 Rn. 847.

[66] Rauscher/*v. Hein* Rn. 11; diff. Calliess/Renner/*Loacker* Rn. 33 f.

[67] BeckOGK/*Gebauer* Rn. 60; *Kreße* RIW 2014, 96; zum US-amerikanischen Recht Rauscher/*v. Hein* Rn. 11; früher bereits *Kropholler* IPR § 41 III 3a; aA Calliess/Renner/*Loacker* Rn. 30; NK-BGB/*Bischoff* Rn. 8; BeckOK BGB/*Mäsch* Rn. 26.

[68] Vgl. LG München IPRax 1999, 182 mAnm *E.J.*

[69] BeckOGK/*Gebauer* Rn. 58, 61 f.; BeckOK BGB/*Mäsch* Rn. 25.

[70] Rauscher/*v. Hein* Rn. 11; *Kropholler* IPR § 41 III 3b.

[71] Rauscher/*v. Hein* Rn. 11; BeckOGK/*Gebauer* Rn. 60; Staudinger/*Winkler v. Mohrenfels,* 2021, Rn. 62; *v. Bar/Mankowski* IPR II § 1 Rn. 848; ausf. *Freitag* IPRax 1999, 142; aA Grüneberg/*Thorn* Rn. 3; diff. Erman/*Stürner* Rn. 4; Calliess/Renner/*Loacker* Rn. 37 f.

[72] Dazu BeckOGK/*Weller* Art. 10 Rn. 48.

36 Keine Frage der Form, sondern des Inhalts sind demgegenüber das Erfordernis des **Zugangs** der Erklärung und die Voraussetzungen des Zugangstatbestand.[73] Schon aufgrund von Art. 12 Abs. 1 lit. a fallen auch Auslegungsregeln nicht unter das Formstatut, einschließlich Regeln wie die angloamerikanische **parol evidence rule** (→ EGBGB Art. 11 Rn. 44).[74] Zur Abgrenzung von Form und **Verfahren** → EGBGB Art. 11 Rn. 32 ff.

IV. Formanknüpfungen

37 **1. Grundnorm für Platzgeschäfte (Abs. 1). a) Unterscheidung zwischen Platzgeschäft und Distanzgeschäft.** Die Bestimmung des Formstatuts für Verträge erfordert eine Unterscheidung zwischen Platzgeschäften und Distanzgeschäften. Für Platzgeschäfte sieht Art. 11 Abs. 1 eine **alternative Anknüpfung** der Formwirksamkeit an das Vertragsstatut (Geschäftsform) oder an das Recht des Abschlussortes (Ortsform) vor. Für Distanzgeschäfte (→ Rn. 52 ff.) stellt Abs. 2 weitere alternative Anknüpfungsmomente zur Verfügung, die über die von Abs. 1 ermöglichte alternative Geltung von Geschäftsform und Ortsform für Platzgeschäfte hinausgehen. Zur Unterscheidung zwischen Platzgeschäft und Distanzgeschäft kommt es nicht auf die Anwesenheit der Parteien (oder ihrer Vertreter, → Rn. 39) an demselben Ort an. Maßgeblich ist vielmehr, ob sie sich **in demselben Staat** (dann Platzgeschäft) oder in verschiedenen Staaten (dann Distanzgeschäft) befinden. Platzgeschäft meint also nicht nur den Vertragsschluss unter Anwesenden,[75] sondern umfasst etwa auch den Vertragsschluss aufgrund in Hamburg zur Post gegebenen Angebots, das vom Empfänger in München per E-Mail angenommen wird. Näher zur Bestimmung des Orts, an dem sich der Erklärende befindet → Rn. 44 ff. Bei **Mehrrechtsstaaten** ergibt Art. 22 Abs. 1, dass es darauf ankommt, ob die Parteien (bzw. ihre Vertreter) in demselben **Teilgebiet** handeln. Der Vertragsschluss zwischen Erklärenden, die sich in verschiedenen US-Bundesstaaten befinden, ist somit ein Distanzgeschäft.

38 Abs. 1 und Abs. 2 nennen als maßgeblichen **Zeitpunkt** für die Unterscheidung den **Abschluss** des Vertrages. Gemeint ist jedoch, dass die Erklärungen in demselben Staat oder in verschiedenen Staaten **abgegeben** werden, unabhängig davon, wohin sie gesandt werden und wo der Absender oder Empfänger sich dann bei Zugang befindet. Das Gesetz will die intrikate Frage vermeiden, wann ein grenzüberschreitender Vertrag abgeschlossen ist. Maßgebend ist der Zeitpunkt der Abgabe der jeweiligen Erklärungen.[76] Dieser Zeitpunkt ist für Angebot und Annahme unter Umständen verschieden. Der Aufenthalt zum Zeitpunkt des Wirksamwerdens des Vertrags, etwa nach behördlicher Genehmigung, ist hingegen irrelevant.[77]

39 Bedient sich eine Partei (oder bedienen sich beide Parteien) zum Abschluss des Vertrags eines **Vertreters,** so stellen Abs. 1 und Abs. 2 nicht darauf ab, wo sich die Partei selbst, sondern wo sich ihr Vertreter befindet. Der Aufenthalt des Vertretenen in demselben oder einem anderen Staat ist irrelevant.[78] Bei Einschaltung eines Boten als Hilfsperson bleibt hingegen maßgeblich, wo sich die Partei selbst befindet. Konsequenterweise entscheidet der Ort, an dem die Vertreter handeln, darüber, ob es sich um ein Platzgeschäft oder ein Distanzgeschäft handelt. Kontrahieren sie in demselben Staat, greift Abs. 1 ein, selbst wenn sich die vertretenen Parteien – und sei es nur vorübergehend – im maßgeblichen Zeitpunkt der Erklärungsabgabe nicht in diesem Staat aufhalten. Die Formulierung des Abs. 2 („Person … oder deren Vertreter") darf nicht so verstanden werden, dass bereits dann ein Distanzgeschäft vorliegt, wenn die Vertragsparteien sich in verschiedenen Staaten aufhalten, auch wenn ihre Vertreter in demselben Staat handeln.[79] Diese vom Bestreben, im Sinne des favor negotii möglichst die weitergehenden Anknüpfungsmöglichkeiten des Abs. 2 anzuwenden,[80] getragene Ansicht reduziert nicht nur über Gebühr den Anwendungsbereich des Abs. 1, sondern gerät auch in unauflösbare Widersprüche, wenn sich zwar die Vertretenen in demselben Staat (Platzgeschäft), ihre Vertreter aber in verschiedenen Staaten befinden (Distanzgeschäft).[81] Hinzu kommt, dass schon Art. 9 Abs. 3 EVÜ ausschließlich auf den Vertreter abstellte und die Rom I-VO trotz anderer Regelungstechnik daran in der Sache nichts ändern wollte (→ Rn. 4).[82] Zur Feststellung des Abgabeorts bei Vertragsschluss durch Vertreter noch → Rn. 47; → Rn. 57 ff.

---

73 Ebenso BeckOGK/*Gebauer* Rn. 65 f.; NK-BGB/*Bischoff* Rn. 8; gegen BGH IPRax 2013, 579 f. m. abl. Anm. *Spellenberg* IPRax 2013, 545 (550).

74 BeckOK BGB/*Mäsch* Rn. 26.

75 Rauscher/*v. Hein* Rn. 16; *Verschraegen* in Magnus/Mankowski ECPIL Rn. 59 ff.; *v. Bar/Mankowski* IPR II § 1 Rn. 862.

76 Calliess/Renner/*Loacker* Rn. 44 f.; Rauscher/*v. Hein* Rn. 16; *v. Bar/Mankowski* IPR II § 1 Rn. 861.

77 Staudinger/*Winkler v. Mohrenfels,* 2021, Rn. 67; Rauscher/*v. Hein* Rn. 16.

78 BeckOGK/*Gebauer* Rn. 123; Rauscher/*v. Hein* Rn. 20; jetzt auch PWW/*Mörsdorf* Rn. 10.

79 So aber Reithmann/Martiny IntVertragsR/*Reithmann/Stelmaszczyk* Rn. 5.247; HK-BGB/*Staudinger* Rn. 3.

80 So HK-BGB/*Staudinger* Rn. 3.

81 Rauscher/*v. Hein* Rn. 20.

82 Rauscher/*v. Hein* Rn. 20; *Verschraegen* in Magnus/Mankowski ECPIL Rn. 77.

b) Rechtsfolge der alternativen Anknüpfung. Ebenso wie bereits Art. 11 EGBGB (→ EGBGB Art. 11 Rn. 59 ff.) und Art. 9 EVÜ enthält Art. 11 Abs. 1 eine echte alternative Anknüpfung der Teilfrage der Formwirksamkeit an das Vertragsstatut (lex causae) oder das Ortsrecht (lex loci actus). Beide Rechtsordnungen sind gleichwertig.[83] Der Vertrag ist daher bereits formgültig, wenn er den Formanforderungen des einen oder des anderen Rechts genügt. Verlangt etwa das eine Recht die notarielle Beurkundung, während nach dem anderen Recht die Schriftform ausreicht, so genügt die Einhaltung der Schriftform nach den von diesem Recht dafür vorgesehenen Anforderungen. Die Folgen eines Formverstoßes beurteilen sich nach der jeweils verletzten Rechtsordnung. Ist nach beiden Rechtsordnungen die Formgültigkeit zu verneinen, so bewirkt der von Art. 11 bezweckte favor negotii die Anwendung des **milderen Rechts,** dh desjenigen Rechts, das die mildere Sanktion vorsieht.[84] Den für die alternative Anknüpfung erforderlichen Günstigkeitsvergleich nimmt der Richter von Amts wegen vor.[85] Es kann aber im Einzelfall genügen festzustellen, dass jedenfalls eine der Formen (etwa die Ortsform) eingehalten ist. Darauf, ob die Parteien die alternative Anknüpfung kannten und ob sie gezielt die Formanforderungen einer Rechtsordnung erfüllen wollten, kommt es nicht an.[86] **40**

Milder ist zB ein Recht, das eine **Heilungsmöglichkeit** eröffnet, gegenüber einem Recht, das endgültige Formnichtigkeit anordnet.[87] Möglichkeit und Voraussetzungen einer Heilung richten sich ebenfalls nach dem jeweils verletzten Recht.[88] Man darf nicht die Formmängel des einen Formstatuts mit den Heilungsregeln des anderen kombinieren. Der Heilungstatbestand selbst kann hingegen im Einzelfall nach einem anderen Recht erfüllt sein,[89] so etwa die Übereignung einer Sache (Art. 43 EGBGB) in Vollzug eines formnichtigen Schenkungsversprechens (§ 518 Abs. 2 BGB) oder eines Grundstücks aufgrund Grundstückskaufvertrags, dem die geforderte notarielle Beurkundung fehlt.[90] **41**

c) Vertragsstatut; lex causae. Dass das Vertragsstatut die Form des Vertrages beherrscht, ist eine Selbstverständlichkeit, weil die Form eine Wirksamkeitsvoraussetzung ist und Voraussetzungen und Wirkungen eines Rechtsgeschäfts grundsätzlich demselben Recht zu unterstellen sind. Der Begründung bedürfen die alternativen Anknüpfungen (→ EGBGB Art. 11 Rn. 4). Art. 11 Abs. 1–3 Rom I-VO stellen klar, dass das **Vertragsstatut „nach dieser Verordnung"** bestimmt sein muss. Diese Formulierung ist Folge davon, dass es nur um die Form der Rechtsgeschäfte im Sinne der Rom I-VO gehen kann (zum sachlichen Anwendungsbereich → Rn. 10 ff.). Vertragsstatut kann auch ein von den Parteien nach Art. 3 **gewähltes Recht** sein.[91] Das Vertragsstatut kann somit durchaus auf der Wahl eines anderen Rechts als dem des Ortes beruhen. Die Wahl des Vertragsstatuts ist auch dann zu beachten, wenn dessen Formvorschriften zur Nichtigkeit des Vertrags führen.[92] Allerdings ist mit dem BGH davon auszugehen, dass die Parteien das Vernünftige wollten, sodass unter mehreren in Betracht kommenden Auslegungen derjenigen der Vorzug zu geben ist, die die Nichtigkeitsfolge vermeidet.[93] Eine nachträgliche Rechtswahl kann (in der Regel rückwirkend)[94] zur Formgültigkeit des Vertrags führen, eine bestehende Formgültigkeit jedoch nicht beseitigen (Art. 3 Abs. 2).[95] Zulässig ist auch eine **Teilrechtswahl** (Art. 3 Abs. 1 S. 3), die zu einer abweichenden Anknüpfung nur der Form führt, selbst wenn das gewählte Recht mildere Formanforderungen stellt und somit zwingende Formvorschriften des Vertragsstatuts im Übrigen nicht eingreifen.[96] Die Form bildet, wie schon Art. 11 **42**

---

83 Rauscher/*v. Hein* Rn. 18: keine Subsidiarität der Ortsform; *v. Bar/Mankowski* IPR II § 1 Rn. 842; bereits zum EVÜ *Giuliano/Lagarde* BT-Drs. 10/503, 62: „keine Rangordnung".

84 Grüneberg/*Thorn* Rn. 7, 12; BeckOGK/*Gebauer* Rn. 121; *Verschraegen* in Magnus/Mankowski ECPIL Rn. 117 f.

85 BeckOK BGB/*Mäsch* Rn. 34.

86 Calliess/Renner/*Loacker* Rn. 40; zur Wahl des Formstatuts → Rn. 79 ff.

87 BeckOK BGB/*Mäsch* Rn. 35; BeckOGK/*Gebauer* Rn. 121.

88 Staudinger/*Winkler v. Mohrenfels,* 2021, Rn. 96 ff.; Rauscher/*v. Hein* Rn. 18.

89 Staudinger/*Winkler v. Mohrenfels,* 2021, Rn. 97.

90 Substitution der von § 311b Abs. 1 S. 2 BGB geforderten Grundbucheintragung BGHZ 73, 391 (394) = NJW 1969, 1773; dazu → EGBGB Art. 11 Rn. 67; Staudinger/*Winkler v. Mohrenfels,* 2021, Rn. 97.

91 Staudinger/*Winkler v. Mohrenfels,* 2021, Rn. 101; BeckOGK/*Gebauer* Rn. 116; Calliess/Renner/*Loacker* Rn. 48.

92 BGHZ 52, 239 = NJW 1969, 1970; BGHZ 53, 189 = NJW 1970, 999; BGHZ 73, 391 = NJW 1979, 1773; BGH DNotZ 2022, 49 Rn. 10; OLG München IPRax 1990, 320 m. Aufsatz *Spellenberg* IPRax 1990, 295; Rauscher/*v. Hein* Rn. 13; Grüneberg/*Thorn* Rn. 5; vgl. *Giuliano/Lagarde* BT-Drs. 10/503, 62.

93 BGH DNotZ 2022, 49 Rn. 10; *Spellenberg* IPRax 1990, 295 (297).

94 LG Heidelberg IPRax 2005, 42 mAnm *Jayme;* Rauscher/*v. Hein* Art. 3 Rn. 95; Staudinger/*Winkler v. Mohrenfels,* 2021, Rn. 107 (sofern die Parteien nichts anderes vereinbart haben); allg. *Reinhart* IPRax 1995, 365.

95 Staudinger/*Magnus,* 2021, Art. 3 Rn. 126.

96 OLG Hamm OLGR 1996, 74 = NJW-RR 1996, 1145; OLG Frankfurt IPRax 1992, 314 (obiter); Staudinger/*Magnus,* 2021, Art. 3 Rn. 109, 112; Rauscher/*v. Hein* Art. 3 Rn. 76; Grüneberg/*Thorn* Art. 3 Rn. 10;

belegt, einen von der Vertragswirksamkeit im Übrigen unterscheidbaren Anknüpfungsgegenstand.[97] Eine isolierte Wahl eines zusätzlichen Rechts nur für die Form außerhalb der alternativen Anknüpfungen der Formkollisionsnorm dürfte freilich selten vorkommen. Schon die Fülle der Alternativanknüpfungen macht eine derartige Gestaltung unwahrscheinlich, und die Auslegung dürfte selten dafür streiten. Die Rspr. hält sie gar für „einer natürlichen Betrachtungsweise widersprechend".[98] Verwehrt ist dieser Weg Parteien, die ihren Willen hinreichend deutlich zum Ausdruck bringen, jedoch nicht.

43 Das Vertragsstatut regelt, soweit es um die Form des Vertrages geht, ob überhaupt eine Form einzuhalten ist und wie deren Anforderungen zu erfüllen sind. Ob die Formanforderungen des Vertragsstatuts, namentlich das Erfordernis einer notariellen Beurkundung, **auch im Ausland** erfüllt werden können, bestimmt nicht die Rom I-VO. Die Frage richtet sich vielmehr nach dem anwendbaren materiellen Recht. Sie wird irrelevant, wenn die Anwendung eines der Ortsrechte zur Wirksamkeit des Vertrags führt. Es handelt sich um ein Problem der **Substitution,** dh der Ersetzung eines Tatbestandsmerkmals des anwendbaren Sachrechts durch eine ausländische Rechtserscheinung (→ Einl. IPR Rn. 247 ff.) Zugelassen wird eine Substitution unter der doppelten Voraussetzung, dass erstens nach Auslegung der Vorschrift der lex causae eine Substitution überhaupt statthaft ist und dass zweitens die ausländische Rechtserscheinung der von der lex causae geforderten inländischen Rechtserscheinung funktional gleichwertig ist (→ Einl. IPR Rn. 252 mwN). Im Zentrum der Diskussion stehen Verfügungen über Gesellschaftsanteile oder über Grundstücke, die jeweils nicht unter die Rom I-VO fallen. Für Einzelheiten sei daher auf die Erläuterungen zu Art. 11 EGBGB verwiesen (→ EGBGB Art. 11 Rn. 72 ff.), und zwar auch hinsichtlich der eigentlich der Rom I-VO unterfallenden zugrundeliegenden Verpflichtungsgeschäfte, die wegen des Sachzusammenhangs ebenfalls dort erläutert werden (→ EGBGB Art. 11 Rn. 78; → EGBGB Art. 11 Rn. 100).

44 **d) Ortsform; lex loci actus. aa) Ort der Abgabe der Erklärung.** Abs. 1 enthält für Platzgeschäfte die Regel, dass alternativ zum **Vertragsstatut** das Recht des Staates zur Anwendung gelangt, in dem die zum Vertragsschluss führenden Erklärungen **abgegeben** werden. Dies ist damit gemeint, wenn Abs. 1 (und ebenso Abs. 2) danach fragt, in welchem Staat sich eine Person oder ihr Vertreter zum Zeitpunkt des Vertragsschlusses „befinde[t]". Maßgeblich ist nicht der Moment der Vertragsperfektion, sondern der jeweiligen Erklärungsabgabe (→ Rn. 38). Für die Frage, wo sich der Erklärende befindet, kommt auf den schlichten physischen, möglicherweise ganz flüchtigen Aufenthalt (etwa auf der Durchreise) an.[99] Dieser Ort bestimmt sich objektiv; die irrige Vorstellung einer Partei davon, wo sich der andere Erklärende befindet, ist ohne Bedeutung.[100] Der von dem physischen Aufenthalt möglicherweise abweichende gewöhnliche Aufenthalt eines Erklärenden ist, wie die Entstehung der Vorschrift zeigt (→ Rn. 4), irrelevant.[101]

45 Ohne Bedeutung ist, warum die Parteien oder ihre Vertreter an dem jeweiligen Ort handeln. Sie **brauchen keine Rechtfertigung** für den Gebrauch des Ortsrechts.[102] Insbesondere darf ihnen die Berufung auf das mildere Ortsrecht nicht unter dem Gesichtspunkt des Missbrauchs oder der Gesetzesumgehung verwehrt werden (→ Rn. 8; → EGBGB Art. 11 Rn. 112 ff.). Sie machen in legitimer Weise von einer gesetzlich vorgesehenen Gestaltungsmöglichkeit Gebrauch.[103] Es ist durchaus möglich, dass die Parteien ihren Sitz oder gewöhnlichen Aufenthalt in einem identischen, anderen Land haben. So können auch zwei deutsche Unternehmer ihren Vertrag in der Schweiz in der Form des Schweizer Rechts schließen.

BeckOGK/*Gebauer* Rn. 116; aA Staudinger/*Winkler v. Mohrenfels,* 2021, Rn. 101; BeckOK BGB/*Mäsch* Rn. 14; Reithmann/Martiny IntVertragsR/*Reithmann/Stelmaszczyk* Rn. 5.230.

97 OLG Hamm OLGR 1996, 74 = NJW-RR 1996, 1145; *Aubart,* Die Behandlung der dépeçage im europäischen IPR, 2013, 89; *Mankowski* FS Spellenberg, 2010, 261 (264 f.); *v. Bar/Mankowski* IPR II § 1 Rn. 856; *Verschraegen* in Magnus/Mankowski ECPIL Rn. 53; aA Staudinger/*Winkler v. Mohrenfels,* 2021, Rn. 101 (Form kein unabhängiger Teil des Vertrags, sondern Geltungsbedingung für den gesamten Vertrag); Reithmann/Martiny IntVertragsR/*Reithmann/Stelmaszczyk* Rn. 5.230.

98 BGH NZG 2005, 41 (43); BGHZ 57, 337 (338) = NJW 1972, 385; zust. Grüneberg/*Thorn* Art. 3 Rn. 10; allg. *Mankowski* FS Spellenberg, 2010, 261 (265). Jedoch wird die Möglichkeit angedeutet, aber offengelassen in BGHZ 52, 239 = NJW 1969, 1760 und BGH NJW 1979, 1773 (insoweit nicht in BGHZ 73, 391) als Ausschluss der Formvorschriften des gewählten Vertragsstatuts. Deutlich in diese Richtung auch BGH NJW-RR 1990, 248 (249), wo iErg aber eine Wahl des (spanischen) Vertragsstatuts insgesamt für einen Grundstücksvertrag angenommen wurde.

99 BeckOGK/*Gebauer* Rn. 123; Rauscher/*v. Hein* Rn. 16.

100 BeckOGK/*Gebauer* Rn. 123; Rauscher/*v. Hein* Rn. 16; *v. Bar/Mankowski* IPR II § 1 Rn. 864.

101 Calliess/Renner/*Loacker* Rn. 42; Rauscher/*v. Hein* Rn. 16; BeckOGK/*Gebauer* Rn. 135; aA *Martiny* RIW 2009, 737 (741).

102 BeckOGK/*Gebauer* Rn. 134; *v. Bar/Mankowski* IPR II § 1 Rn. 858.

103 Erman/*Stürner* Rn. 14; BeckOK BGB/*Mäsch* Rn. 18; *v. Bar/Mankowski* IPR II § 1 Rn. 858.

Telefonische Erklärungen werden dort abgegeben, wo der Erklärende ins Telefon spricht, Erklärungen per **Brief** dort, wo sie zur Weiterbeförderung (etwa per Post) aufgegeben werden, nicht etwa dort, wo der Brief verfasst wurde. Generell entscheidet bei schriftlichen Erklärungen der Ort, an dem sich der Erklärende der Urkunde entäußert.[104] Entsprechend ist bei Erklärungen per Telefax der Handlungsort des Absendenden maßgeblich.[105] Bei Erklärungen per **E-Mail** kommt es entgegen einer Ansicht, die auf den Standort des Servers als „Poststelle" abstellt,[106] folgerichtig allein darauf an, wo der Erklärende sich bei Senden der E-Mail aufhält.[107] Dass dieser Absendeort zufällig und für den Empfänger nicht erkennbar ist, kann keine Abweichung begründen. Es ist keineswegs gesichert, dass die für den Empfänger aus der E-Mail-Adresse des Absenders erkennbare Top-Level-Domain mit dem Standort des Servers übereinstimmt, zumal die Top-Level-Domain vieler E-Mail-Adressen (.com) nicht einmal auf einen bestimmten Serverstandort verweist.[108] Vor allem aber spielt die Erkennbarkeit für den Erklärungsempfänger und dessen Vorstellung vom Aufenthaltsort des Erklärenden auch bei allen anderen Übertragungswegen keine Rolle;[109] man denke an die Erklärung per Mobiltelefon, die theoretisch überall gesprochen werden kann, auch wenn die im Display angezeigte Nummer des Anrufenden auf ein bestimmtes Land verweist. Art. 11 wählt bewusst einen objektiven Ansatz und nimmt Zufälligkeiten in Kauf (→ Rn. 4). Schließlich stieße diese Ansicht vollends an ihre Grenzen bei Erklärungen, die über einen **Messengerdienst** abgegeben werden, der keinen Serverstandort erkennen lässt. Auch hier entscheidet folglich allein, wo die Nachricht abgesandt wird. Zu Erklärungen in diplomatischen Vertretungen sowie auf Schiffen und in Flugzeugen → EGBGB Art. 11 Rn. 117 ff. 46

bb) Vertragsschluss mit Hilfspersonen. Während Art. 9 Abs. 3 EVÜ – und ihm folgend Art. 11 Abs. 3 EGBGB – noch den Vertragsschluss durch Vertreter mit einer eigenen ergänzenden Vorschrift bedacht hatte, integrieren Art. 11 Abs. 1 und Abs. 2 diese praktisch wichtige Situation in die Formkollisionsnorm. In der Sache soll damit indes keine Änderung verbunden sein (→ Rn. 4). Es bleibt im Falle des Handelns durch einen Vertreter – auf einer Seite oder auf beiden Seiten des Vertrags – dabei, dass für die Feststellung des Abgabeortes nicht der Aufenthalt des Vertretenen, sondern ausschließlich der **Aufenthalt des Vertreters** bei seiner Abgabe der Erklärung maßgeblich ist.[110] Von der Form des Vertretergeschäfts ist die Form der Bevollmächtigung zu unterscheiden; für sie gilt Art. 11 EGBGB (→ Art. 8 Rn. 180 ff.). Ohne Einfluss auf den Abgabeort der Erklärung ist es, wenn sie gegenüber einem Empfangsvertreter abgegeben wird.[111] 47

Vermutlich dachte der Gesetzgeber in erster Linie an ein offenes Handeln in fremdem Namen (zB § 164 BGB), doch gibt es Fälle eines Handelns im eigenen Namen mit Vertretungswirkung für den nicht genannten „Vertretenen". Paradebeispiel ist die **undisclosed agency** des englischen Rechts,[112] aber auch in Deutschland das verdeckte Geschäft für den, den es angeht (dessen Voraussetzungen freilich selten beim internationalen Vertragsschluss vorliegen dürften). Die Frage, wer dann Vertragspartei wird, der Handelnde oder der Prinzipal, ist jedoch für die Formanforderungen an die Vertragserklärungen ohne Bedeutung. Sie sind dieselben im einen wie im anderen Fall. 48

Wenn der **Vertretene** seinerseits eine konkurrierende Erklärung abgibt, so entscheidet das Vertragsstatut darüber, ob seine Erklärung oder diejenige des Vertreters den Vertrag zustande bringt. Dies ist keine Formfrage. Abhängig von dieser Entscheidung ist dann für die Form Art. 11 mit Blick auf den Vertretenen oder den Vertreter anzuwenden. 49

Kein Vertreter iSd Art. 11 ist der **Bote,** etwa die Post oder ein Kurierdienst. Maßgeblich bleibt die Person desjenigen, der die Erklärung dem Boten aufgibt. Problematisch ist die Feststellung des Abgabeorts eigentlich nur beim Überbringer einer mündlichen Erklärung; bei einem Schriftstück ist die Botenschaft regelmäßig klar. Bei mündlicher Botenschaft ist der Abgabeort dort, wo die Erklärung dem Boten zur Übermittlung aufgegeben wird. Zur Unterscheidung von Vertreter und Boten wird man auf das Auftreten und die Erklärung der Mittelsperson abstellen müssen. 50

cc) Formleere. Die Berufung des Ortsrechts kommt dann nicht zum Zuge, wenn eine **Ortsform fehlt,** weil dieses Recht das betreffende Geschäft **nicht kennt** und deshalb dafür keine Formregelung bereithält. „Formfreiheit", dh die Möglichkeit sich mündlich oder gar nur konkludent 51

---

[104] Staudinger/*Winkler v. Mohrenfels,* 2021, Rn. 71.
[105] Staudinger/*Winkler v. Mohrenfels,* 2021, Rn. 68.
[106] Staudinger/*Winkler v. Mohrenfels,* 2021, Rn. 69 f.
[107] BeckOK BGB/*Mäsch* Rn. 48; *Magnus/Mankowski* ZVglRWiss 103 (2004), 131 (181).
[108] BeckOK BGB/*Mäsch* Rn. 48.
[109] Zu Art. 11 EGBGB BeckOK/*Mäsch* Rn. 48.
[110] Staudinger/*Winkler v. Mohrenfels,* 2021, Rn. 73; Rauscher/*v. Hein* Rn. 16; PWW/*Mörsdorf* Rn. 10.
[111] Staudinger/*Winkler v. Mohrenfels,* 2021, Rn. 73.
[112] Zur Auslegung der Erklärungen des Vertreters *Spellenberg* FS Kramer, 2004, 311 ff.

zu erklären, ist eine Form (→ Rn. 33). Deshalb entscheidet, ob das Geschäft als Typ am Ort der Vornahme anerkannt ist. Ist dies nicht der Fall, geht die Ortsformanknüpfung ins Leere und es bleibt nur das Geschäftsstatut (oder bei Distanzverträgen ein anderes berufenes Ortsrecht, → Rn. 53). Man darf nicht etwa stattdessen Formfreiheit annehmen oder die strengste örtliche Form heranziehen.[113] Eine Spekulation ohne tragfähige Grundlage wäre es, danach zu fragen, welche Form jenes ausländische Recht vorsähe, wenn es das Geschäft kennen würde.[114] Die Identität der Rechtsinstitute ist dabei jedoch nicht zu verlangen. Es genügt eine Ähnlichkeit nach Funktion, rechtlichem Erfolg und inhaltlicher Ausgestaltung, wobei hinsichtlich des letzten Kriteriums großzügig verfahren werden sollte.[115] Fälle im Schuldvertragsrecht dürften selten sein (zu anderen Rechtsgebieten → EGBGB Art. 11 Rn. 133 ff.).

52 **2. Erweiterung für Distanzgeschäfte (Abs. 2). a) Fünf alternative Anknüpfungsmomente.** Abs. 2 behandelt gegenüber Abs. 1 das Distanzgeschäft, dh den grenzüberschreitenden Vertragsschluss unter Abwesenden zwischen zwei Staaten, von denen aus die Erklärungen abgegeben werden (→ Rn. 37). Die Vorschrift beruht zunächst auf der alternativen Geltung von Geschäftsform und Ortsform. Insoweit gilt das → Rn. 40 ff. zu Platzgeschäften Gesagte auch für Distanzgeschäfte. Abs. 2 geht aber über Abs. 1 hinaus und stellt nicht nur zwei, sondern insgesamt fünf Anknüpfungsmomente alternativ **für die Formwirksamkeit des gesamten Vertrags** zur Verfügung: (i) das Vertragsstatut; (ii) den Ort der Abgabe der einen zum Vertragsschluss führenden Erklärung; (iii) den Ort der Abgabe der anderen zum Vertragsschluss führenden Erklärung; (iv) den gewöhnlichen Aufenthalt der einen Vertragspartei; (v) den gewöhnlichen Aufenthalt der anderen Vertragspartei. Die Formulierung der Vorschrift führt dazu, dass teilweise sogar sieben Anknüpfungsmomente für möglich gehalten werden, nämlich zusätzlich bei Vertreterverträgen der gewöhnliche Aufenthalt des jeweiligen Vertreters.[116] Diese Interpretation ist jedoch abzulehnen (→ Rn. 58).

53 **b) Anknüpfung an den Abgabeort (nur) eines Erklärenden.** Wie schon nach Art. 9 Abs. 2 EVÜ, der sich nun in Art. 11 Abs. 2 wiederfindet, genügt bei grenzüberschreitendem Vertragsschluss das Recht **jedes der Orte,** an welchem eine der Parteien oder ihr Vertreter ihre bzw. seine Erklärung abgibt, **alternativ** für die Form des **ganzen Vertrags.** Zur Bestimmung des Abgabeorts → Rn. 44 ff. Die Anknüpfungen an die jeweiligen Abgabeorte gelten für die Form beider Erklärungen. Das Günstigkeitsprinzip bewirkt, dass eine am Ort der Abgabe formunwirksame Offerte nach dem Recht am Ort ihrer Annahme formwirksam wird bzw. dass ggf. die mildere Folge eines Formmangels gilt. Die Regel reagiert auf die Schwierigkeit, bei grenzüberschreitendem Vertragsschluss einen einheitlichen Vertragsschlussort zu identifizieren, an dessen Recht sich die Formwirksamkeit knüpfen ließe.[117] Mit der von Art. 11 Abs. 2 gewählten **Bilateralisierung der Ortsanknüpfung** der Form tritt deren ursprünglicher Zweck des leichteren Zugangs zur Form hinter den der Vermeidung von Formungültigkeit weiter zurück. In Kauf genommen werden damit Ergebnisse, die aus Sicht nationaler Formzwecke durchaus kritisch erscheinen mögen:[118] Wenn ein Deutscher einem anderen Deutschen sein deutsches Grundstück verkaufen will, so braucht nur einer von ihnen auf einen Kaffee nach Straßburg zu fahren und dort sein Angebot oder seine Annahme in den Briefkasten zu werfen, um ohne Beteiligung eines Notars einen formwirksamen Grundstückskauf zustande zu bringen. Abs. 5 greift nicht ein, denn § 311b Abs. 1 BGB ist anerkanntermaßen nicht international zwingend (→ Rn. 77). Die Formfreiheit gilt auch für die Erklärung der in Deutschland verbliebenen Partei. Zwar ist das Eigentum noch nicht übergegangen, denn nach § 925 BGB ist die Auflassung und Eintragung nach der deutschen lex rei sitae nötig, aber der Verkäufer ist dazu nun verpflichtet. Eine deutsche Anwaltskanzlei, die von Dänemark aus mandatiert wird, kann sich auf eine Vergütungsvereinbarung berufen, der die § 3a Abs. 1 S. 1 RVG vorgeschriebene Textform fehlt, weil das dänische Recht keine besondere Form verlangt.[119] Das Ortsrecht der einen Partei genügt ebenso, wenn nach dem Wirkungsstatut oder dem Ortsrecht die Erklärung nur einer Partei des Vertrages einer besonderen Form bedarf, wie zB die Bürgschaftserklärung des Bürgen nach § 766

---

113 BeckOGK/*Gebauer* Rn. 75; BeckOK BGB/*Mäsch* Rn. 52; Staudinger/*Winkler v. Mohrenfels,* 2021, Rn. 90; Rauscher/*v. Hein* Rn. 17; Calliess/Renner/*Loacker* Rn. 86.

114 Staudinger/*Winkler v. Mohrenfels,* 2021, Rn. 90; aA *Bernstein* ZHR 140 (1976), 421; teilweise *Zweigert* FS Rabel, Bd. I, 1954, 631 (637).

115 BGH NZG 2005, 41 (Treuhandvertrag über Anteil an polnischer GmbH); BeckOGK/*Gebauer* Rn. 76; BeckOK BGB/*Mäsch* Rn. 52; Rauscher/*v. Hein* Rn. 17; *Verschraegen* in Magnus/Mankowski ECPIL Rn. 72; *v. Bar/Mankowski* IPR II § 1 Rn. 883.

116 BeckOK BGB/*Mäsch* Rn. 59.

117 Staudinger/*Winkler v. Mohrenfels,* 2021, Rn. 108; Rauscher/*v. Hein* Rn. 19.

118 BeckOK BGB/*Mäsch* Rn. 54; in stärkerem Maße krit. auch → 8. Aufl. 2021, Rn. 48 *(Spellenberg).*

119 OLG Hamburg NJW-RR 2017, 1465 (1466).

BGB der Schriftform. Da die Bürgschaft jedoch ein Vertrag ist, kommt dem Bürgen auch die Formfreiheit zugute, die an dem Ort gilt, an dem der Gläubiger seine Annahme erklärt (→ EGBGB Art. 11 Rn. 160; → Art. 10 Rn. 47).[120] Die vor Art. 9 Abs. 2 EVÜ bestehende hM hatte nur die einzelne Erklärung an den Ort ihrer jeweiligen Abgabe angeknüpft (Spaltungstheorie). Dieser Ansatz entsprach eher dem ursprünglichen Sinn der Ortsformregel und schützte vor ungewollter Bindung.[121] Zu Recht hat das EVÜ die Spaltung jedoch mit der Begründung verworfen, dass viele Formvorschriften (doppelte Unterschrift, doppelte Ausfertigung) den Vertrag als Ganzes und nicht bloß die einzelne Erklärung erfassen wollen.[122] Im Sinne der Begünstigung der Formwirksamkeit lag es dann aber, nicht die Formvorschriften beider Abgabeorte kumulativ anzuwenden, sondern eine „liberale Lösung" vorzusehen und wahlweise das Recht des einen oder des anderen Erklärungsortes anzuwenden.[123] Bei Verbraucherverträgen schützt Art. 11 Abs. 4 Rom I-VO die schwächere Partei vor einem Leerlaufen der Formzwecke am Ort ihres gewöhnlichen Aufenthalts.

c) Anknüpfung an den gewöhnlichen Aufenthalt (nur) einer Vertragspartei. Neu gegenüber dem EVÜ ist, dass alternativ die Formregelungen an jedem der gewöhnlichen Aufenthalte der Parteien **für beide Erklärungen** ausreichen. Außer Betracht bleibt hingegen der gewöhnliche Aufenthalt eines Vertreters (→ Rn. 58). Die Anknüpfung an den gewöhnlichen Aufenthalt hat Art. 11 EGBGB nicht übernommen. Alternativ an den gewöhnlichen Aufenthalt anzuknüpfen, entfernt sich vom bisherigen Verständnis der Formanknüpfung, weil nun Parteien ihre heimischen Formregelungen „mit sich tragen", was zu einer Schwächung materieller Formzwecke führen kann.[124] Auch könne die Vielfalt der Formstatute „leicht verwirren".[125] Die Anknüpfung hat aber einen Sinn, weil sie stabiler ist als die Anknüpfung an den häufig schwer feststellbaren und bisweilen zufälligen Abgabeort der Erklärung, gerade wenn man an die elektronischen Kommunikationsmöglichkeiten denkt.[126] Der Verordnungsvorschlag verwies zudem auf die Zunahme internationaler Schuldverträge im (elektronischen) Fernabsatz, was ein anderer Grund ist.[127] 54

Der Fokus des Gesetzgebers auf den Fernabsatz mag auch erklären, weshalb Art. 11 die alternative Anknüpfung an den gewöhnlichen Aufenthalt **auf Distanzgeschäfte (Abs. 2) beschränkt.** Das Anliegen, eine stabilere Anknüpfung als diejenige an den flüchtigen Abgabeort zu schaffen, kann jedoch auch bei Erklärungsabgabe in demselben Staat bestehen. Handeln zwei Unternehmer mit Sitz in Deutschland miteinander auf einer Messe in Paris, so gilt nach Abs. 1 französisches Ortsrecht neben dem, zB deutschen, Vertragsstatut. Kontrahieren sie jedoch per E-Mail aus London und aus Brüssel, so greift Abs. 2 ein, der voraussetzt, dass die Parteien in verschiedenen Staaten ihre Erklärungen abgeben, jedoch nicht, dass sie auch ihren gewöhnlichen Aufenthalt in verschiedenen Staaten haben. In diesem Fall gelten neben dem deutschen Vertragsstatut noch englisches und belgisches Recht für die Form. Hat die eine Partei ihren gewöhnlichen Aufenthalt statt in Deutschland in Italien und die andere in Spanien, so kommen alternativ auch noch italienisches und spanisches Recht, insgesamt also potentiell fünf Formrechte zum Zuge. Man sieht nicht recht, warum die Anknüpfung an die gewöhnlichen Aufenthalte der Parteien von einem grenzüberschreitenden Vertragsschluss abhängt. Dass die Kommunikation über die Landesgrenze diese Konsequenz hat, leuchtet nicht unmittelbar ein,[128] ist aber in Abs. 2 eindeutig so geregelt. 55

Zur **Ermittlung des gewöhnlichen Aufenthalts** ist Art. 19 heranzuziehen; soweit dessen Begriffsbestimmung nicht weiterhilft (natürliche Person, die außerhalb ihrer beruflichen Tätigkeit handelt), kommen die allgemeinen Grundsätze zum Zuge (→ Art. 19 Rn. 12). Nicht erforderlich ist es, dass eine Partei den gewöhnlichen Aufenthalt der anderen Partei kennt oder überhaupt erkennen kann. Gleichwohl kommt es – wie bei der Anknüpfung an den Erklärungsort (→ Rn. 53) – zu einer **Bilateralisierung,** die eine Aufspaltung des Vertrags vermeidet und die Formwirksamkeit begünstigt. **Maßgeblicher Zeitpunkt** für die Bestimmung des gewöhnlichen Aufenthalts ist (trotz Art. 19 Abs. 3) 56

---

[120] BGHZ 121, 224 (235) = NJW 1993, 1126.

[121] Näher zu früheren Ansichten Staudinger/*Winkler v. Mohrenfels,* 2021, Rn. 108 ff. mwN.

[122] *Giuliano/Lagarde* BT-Drs. 10/503, 63.

[123] *Giuliano/Lagarde* BT-Drs. 10/503, 63; ebenfalls zust. Rauscher/*v. Hein* Rn. 21; Staudinger/*Winkler v. Mohrenfels,* 2021, Rn. 112.

[124] Dies betonte → 8. Aufl. 2021, Rn. 43 *(Spellenberg);* krit. auch *v. Bar/Mankowski* IPR II § 1 Rn. 867; zum Spannungsverhältnis von Alternativanknüpfung und materiellen Formzwecken → Rn. 5.

[125] NK-BGB/*Bischoff* Rn. 30; krit. auch *Verschraegen* in Magnus/Mankowski ECPIL Rn. 26.

[126] BeckOGK/*Gebauer* Rn. 139; Rauscher/*v. Hein* Rn. 21; in diesem Sinne auch das Grünbuch KOM(2002) 654, 46; *MPI* RabelsZ 68 (2004), 1 (78 f.); allgemeiner NK-BGB/*Bischoff* Rn. 30: allg. stärkere Bedeutung des gewöhnlichen Aufenthalts.

[127] KOM(2005) 650 endg., 9 zu Art. 10 damaliger Fassung; allgemeiner Erman/*Stürner* Rn. 15: „Verstärkung des ‚favor validitatis'".

[128] Krit. auch Rauscher/*v. Hein* Rn. 2 aE; NK-BGB/*Bischoff* Rn. 30.

die Abgabe der jeweiligen Erklärung. Verlegt eine Partei ihren gewöhnlichen Aufenthalt nach Abgabe ihrer mit einer großzügigen Überlegungszeit versehenen Offerte, so kann ihre bis dahin formgültige Offerte durch den Umzug nicht formunwirksam werden, aber auch nicht umgekehrt formwirksam. Wenn aber der Annehmende nach Erhalt der Offerte seinen gewöhnlichen Aufenthalt verlegt und bis dahin noch nicht angenommen hat, dann gilt sein neuer gewöhnlicher Aufenthalt nicht nur für die Form seiner Annahmeerklärung, sondern auch für die Form der Offerte, die nun dadurch formwirksam werden könnte. Da die beiden Anknüpfungen an den gewöhnlichen Aufenthalt und an den Ort der Abgabe der Erklärung des Annehmenden aber zusätzliche sind, wird eine nach den Verhältnissen des Offerenten wirksame Erklärung nicht unwirksam.

57 **d) Vertragsschluss mit Hilfspersonen.** Schaltet eine Partei einen Vertreter ein, so stellt Art. 11 Abs. 2 wie Abs. 1 für die Feststellung des Abgabeorts der betreffenden Erklärung allein auf den **Ort** ab, an dem sich der **Vertreter** befindet. Der Aufenthaltsort des Vertretenen ist irrelevant.[129] Insoweit kann auf das in → Rn. 47 ff. Gesagte verwiesen werden.

58 Auf die Anknüpfung an den **gewöhnlichen Aufenthalt** hat die Einschaltung eines Vertreters hingegen keine Auswirkungen. Maßgeblich bleibt nach dem insoweit eindeutigen Wortlaut des Art. 11 Abs. 2 der gewöhnliche Aufenthalt der „Vertragsparteien", also **der Vertretenen.** Der gewöhnliche Aufenthalt der Vertreter ist weder zusätzlich noch anstelle desjenigen der Vertragsparteien Anknüpfungsmoment.[130] Auch wenn Abs. 1 und 2 zunächst die Vertragsparteien („Personen") und „deren Vertreter" auf einer Stufe sehen, unterscheidet Abs. 2 im Weiteren doch klar zwischen „Vertragsparteien oder ihr Vertreter". Die ausdrückliche Nennung ausschließlich der „Vertragsparteien" in Abs. 2 aE schließt die Vertreter aus, denn diese werden nicht Partei des Vertrags.[131] Die Anknüpfung an den gewöhnlichen Aufenthalt einer Vertragspartei setzt demgegenüber nicht voraus, dass diese Partei persönlich, dh nicht durch einen Vertreter gehandelt hat.[132] Art. 11 fordert generell nicht die Erkennbarkeit der anknüpfungserheblichen Tatsachen und nimmt daher auch in Kauf, dass eine Partei von dem Recht des ihr unerkennbaren gewöhnlichen Aufenthalt des Prinzipals überrascht wird. Bei der Anknüpfung des Vertragsstatuts eines Vertretervertrags an den gewöhnlichen Aufenthalt des Vertretenen könnte sich der Vertragspartner grundsätzlich auch nicht auf dessen fehlende Erkennbarkeit berufen.

59 Auch beim Vertretergeschäft bleibt die alternative Anknüpfung an den gewöhnlichen Aufenthalt **auf Distanzgeschäfte (Abs. 2) beschränkt.** Jedoch erscheint hier noch weniger einsichtig (→ Rn. 55), dass bei einem Platzgeschäft der Vertreter der gewöhnliche Aufenthalt ihrer Auftraggeber, die ihn in verschiedenen auswärtigen Staaten haben mögen, nicht erheblich ist.

60 **3. Einseitige Rechtsgeschäfte (Abs. 3). a) Allgemeines.** Da Abs. 1 und Abs. 2 nur von Verträgen sprechen, bezieht Abs. 3 sinnvollerweise einseitige Rechtsgeschäfte mit ein, die sich auf einen geschlossenen oder zu schließenden Vertrag beziehen. Andere einseitige Rechtsgeschäfte würden ohnehin außerhalb des Anwendungsbereichs der Verordnung liegen, doch ist präzisierend festzuhalten, dass sich das einseitige Rechtsgeschäft auf ein vertragliches Schuldverhältnis beziehen muss, das in den Anwendungsbereich der Rom I-VO fällt.[133] Art. 11 EGBGB enthält keine parallele Bestimmung, da dieser generell „Rechtsgeschäfte" erfasst (→ EGBGB Art. 11 Rn. 71; → EGBGB Art. 11 Rn. 110; → EGBGB Art. 11 Rn. 132). Art. 11 Abs. 3 sieht **drei alternative Anknüpfungsmomente** vor (näher → Rn. 65 ff.): Mit dem Verweis auf das Vertragsstatut verlängert er erstens einen in manchen Sachrechten zu findenden materiellen **Formverbund,** der die Formanforderungen auf Hilfsgeschäfte erstreckt, in das Kollisionsrecht. Das Vertragsstatut ist in der Regel die lex causae auch der vertragsbezogenen einseitigen Erklärungen. Zweitens kann an den Ort der Erklärungsabgabe (nicht des Vertragsschlusses),[134] drittens an den gewöhnlichen Aufenthalt desjenigen, der das Rechtsgeschäft vorgenommen hat, angeknüpft werden. Der gewöhnliche Aufenthalt des Adressaten ist nicht erheblich, da dieser keine Erklärungen abgibt.[135] Die Vornahme des einseitigen Rechtsgeschäfts durch einen Vertreter wird in der Norm nicht eigens erwähnt (→ Rn. 66).

---

[129] Rauscher/*v. Hein* Rn. 21; Ferrari IntVertrR/*Schulze* Rn. 25; jurisPK-BGB/*Ringe* Rn. 31.

[130] Staudinger/*Winkler v. Mohrenfels,* 2021, Rn. 118; Rauscher/*v. Hein* Rn. 21; Calliess/Renner/*Loacker* Rn. 65; Ferrari IntVertrR/*Schulze* Rn. 22; NK-BGB/*Bischoff* Rn. 29; PWW/*Mörsdorf* Rn. 9; aA BeckOK BGB/*Mäsch* Rn. 59: „siebenfache Wahlmöglichkeit"; Reithmann/Martiny IntVertragsR/*Reithmann/Stelmaszczyk* Rn. 5.247.

[131] BeckOGK/*Gebauer* Rn. 138; Rauscher/*v. Hein* Rn. 21; Calliess/Renner/*Loacker* Rn. 65; *Verschraegen* in Magnus/Mankowski ECPIL Rn. 85.

[132] Rauscher/*v. Hein* Rn. 21; missverständlich Ferrari IntVertrR/*Schulze* Rn. 25.

[133] Staudinger/*Winkler v. Mohrenfels,* 2021, Rn. 123; Rauscher/*v. Hein* Rn. 9; *Giuliano/Lagarde* BT-Drs. 10/503, 61.

[134] NK-BGB/*Bischoff* Rn. 34.

[135] Ebenso Rauscher/*v. Hein* Rn. 25; NK-BGB/*Bischoff* Rn. 34.

b) Qualifikation. Ob ein Rechtsgeschäft als einseitig oder als Vertrag zu qualifizieren ist, muss – schon angesichts unterschiedlicher Grenzziehungen in den nationalen Rechtsordnungen – autonom einheitlich bestimmt werden. Die Frage ist auch keineswegs irrelevant, da Abs. 3 mit dem gewöhnlichen Aufenthalt des Erklärenden ein gegenüber Abs. 1 weitergehendes Anknüpfungsmoment enthält (zur Kritik → Rn. 65). Wird ein Rechtsgeschäft als Vertrag iSd Art. 11 qualifiziert, kann bei einem Platzgeschäft die Einhaltung der Formvorschriften am gewöhnlichen Aufenthalt einem Geschäft, das nach den anderen in Betracht kommenden Rechten formunwirksam ist, nicht zur Wirksamkeit verhelfen, bei Einordnung als einseitiges Rechtsgeschäft hingegen schon.[136] Von Abs. 3 erfasst werden zunächst **Kündigung** und **Rücktritt** vom Vertrag und **Anfechtung** wegen Willensmängeln, soweit sie durch private Erklärung erfolgen,[137] der **Widerruf**[138] und die **Mahnung,** selbst wenn sie nach materiellem Recht nur als geschäftsähnliche Handlung gilt.[139] Erfasst ist auch die außerprozessuale **Aufrechnung,** sofern sie eine Gestaltungserklärung erfordert (→ Art. 17 Rn. 4 ff.).[140] In all diesen Fällen verlangt das Rechtsgeschäft die Erklärung nur einer Partei. Allerdings stellt dieses Kriterium nur eine Richtschnur dar, deren Beantwortung nicht dem für das Rechtsgeschäft maßgebenden Sachrecht überlassen werden kann,[141] da hinsichtlich mancher Rechtsgeschäfte durchaus Divergenzen zwischen den nationalen Rechten bestehen. Dies gilt etwa für den **Erlass.** Auch wenn § 397 BGB den Verzicht auf einen schuldrechtlichen Anspruch als Vertrag sieht,[142] ist er – im Einklang mit dem Bericht von *Giuliano/Lagarde*[143] – autonom als einseitiges Rechtsgeschäft des Verzichtenden zu qualifizieren.[144] Ob der Verzicht auf eine Forderung nicht nur eine Verzichtserklärung des Gläubigers, sondern auch ein Einverständnis des Schuldners voraussetzt, beurteilen die nationalen Rechtsordnungen zwar nicht einheitlich, jedoch lässt sich in Europa eine Tendenz zu einem einseitigen Forderungsverzicht erkennen.[145] Eine einheitliche europäisch-autonome Qualifikation sollte diese Tendenz nachvollziehen.[146] Als Nebeneffekt begünstigt die Einordnung als einseitiges Rechtsgeschäft aufgrund der weitergehenden Anknüpfungsmöglichkeiten, jedenfalls im Vergleich zum Vertrag nach Abs. 1, im Einklang mit dem Normzweck des Art. 11 die Beseitigung formaler Hindernisse.[147] Die Qualifikation als einseitiges Rechtsgeschäft führt nicht etwa dazu, dass eine Formanknüpfung für die zB nach deutschem Sachrecht für den Erlass (Art. 12 Abs. 1 lit. d) materiell nötige Erklärung des Schuldners fehlt.[148] Art. 11 Abs. 3 gibt lediglich an, welches Recht auf die Formwirksamkeit des Erlasses anzuwenden ist; ob dieses Recht materielle Vorschriften für die Form einer Schuldnererklärung enthält, weil es Zweiseitigkeit verlangt, ist von der gewählten Kollisionsnorm unabhängig. Ist der Forderungsverzicht hingegen Element einer umfassenderen Abrede, etwa im Rahmen eines Vergleichs, so teilt er deren Natur als Vertrag. 61

Verbreitet und nicht nur im Bericht von *Giuliano/Lagarde* werden **Angebot und Annahme** als Beispiele für einseitige Rechtsgeschäfte iSd Art. 11 Abs. 3 genannt.[149] In der Tat handelt es sich um einseitige Erklärungen, die sich auf einen zukünftigen Vertrag beziehen. Jedoch sollten diese Erklärungen nicht als eigene Rechtsgeschäfte iSd Abs. 3 angesehen werden, sondern als Teil des noch zu schließenden zweiseitigen Rechtsgeschäfts Vertrag. Dass diese Sichtweise dem deutschen 62

---

136 Rauscher/*v. Hein* Rn. 8; BeckOGK/*Gebauer* Rn. 43.

137 *Giuliano/Lagarde* BT-Drs. 10/503, 61 zu Kündigung und Rücktritt; BeckOGK/*Gebauer* Rn. 44; Erman/*Stürner* Rn. 16.

138 HK-BGB/*Staudinger* Rn. 4.

139 BeckOGK/*Gebauer* Rn. 140; ebenso für die Nachfristsetzung *v. Bar/Mankowski* IPR II § 1 Rn. 871; allg. zur Anwendung auf rechtsgeschäftsähnliche Handlungen Staudinger/*Winkler v. Mohrenfels,* 2021, Rn. 122, 126 ff.; aA BeckOK BGB/*Mäsch* Rn. 21.

140 *v. Bar/Mankowski* IPR II § 1 Rn. 871.

141 So aber → 8. Aufl. 2021, Rn. 59 *(Spellenberg);* Ferrari IntVertrR/*Schulze* Rn. 26; wohl auch BeckOK BGB/*Spickhoff* Art. 12 Rn. 9; wie hier Rauscher/*v. Hein* Rn. 9; widersprüchlich NK-BGB/*Bischoff* Rn. 33.

142 So die hM, → BGB § 397 Rn. 1; Staudinger/*Rieble,* 2022, § 397 Rn. 1 ff.; krit. HKK/*Kleinschmidt* § 397 Rn. 46; *Kleinschmidt,* Der Verzicht im Schuldrecht, 2004, 312 ff.; *Zimmermann* FS Heldrich, 2005, 467.

143 *Giuliano/Lagarde* BT-Drs. 10/503, 61.

144 Rauscher/*v. Hein* Rn. 8; BeckOGK/*Gebauer* Rn. 43; Calliess/Renner/*Loacker* Rn. 67; aA → 8. Aufl. 2021, Rn. 59 *(Spellenberg).* Entsprechend für Art. 21 Rom II-VO BeckOGK/*Gebauer* Rom II-VO Art. 21 Rn. 9; BeckOK/*Spickhoff* Rom II-VO Art. 21 Rn. 2; aA → Rom II-VO Art. 21 Rn. 5.

145 Näher *Kleinschmidt* in Basedow/Hopt/Zimmermann, Handwörterbuch des Europäischen Privatrechts, 2009, 441 ff.; HKK/*Kleinschmidt* § 397 Rn. 4; *Vogenauer* in Vogenauer, Commentary on the UNIDROIT Principles of International Commercial Contracts (PICC), 2. Aufl. 2015, PICC Art. 5.1.9 Rn. 5; *Vogenauer* FS Hopt, 2010, 247.

146 Ebenso Rauscher/*v. Hein* Rn. 8.

147 So Rauscher/*v. Hein* Rn. 8; BeckOGK/*Gebauer* Rn. 43, 142.

148 So aber → 8. Aufl. 2021, Rn. 59 *(Spellenberg).*

149 *Giuliano/Lagarde* BT-Drs. 10/503, 61; Staudinger/*Winkler v. Mohrenfels,* 2021, Rn. 123; Rauscher/*v. Hein* Rn. 7; Erman/*Stürner* Rn. 16; BeckOGK/*Gebauer* Rn. 44.

Verständnis von der Rechtsnatur des Angebots entspricht (→ BGB § 145 Rn. 5),[150] kann zwar die autonome Qualifikation nicht determinieren. Jedoch würde eine Anwendung des Abs. 3 zu ungereimten Ergebnissen führen. Die Form eines Angebots würde sich bei isolierter Betrachtung nach den drei in Abs. 3 genannten Rechten richten, dem zukünftigen Vertragsstatut, dem Abgabeort oder dem gewöhnlichen Aufenthalt des Antragenden. Sobald aber die Offerte angenommen ist, gilt für beide zum Vertragsschluss führenden Erklärungen, also auch für das Angebot, weiterhin das Vertragsstatut und der Abgabeort, jedoch beim Platzgeschäft nicht mehr der gewöhnliche Aufenthalt des Antragenden, hingegen beim Distanzvertrag zusätzlich der Abgabeort der Annahme oder der gewöhnliche Aufenthalt des Annehmenden. Die Form einer grenzüberschreitenden Offerte kann also auch nach dem Recht am Ort des Adressaten zu beurteilen sein, der für das einseitige Rechtsgeschäft keine Bedeutung hat. Eine isolierte Beurteilung der Formwirksamkeit des Angebots ist unnötig, solange es vor seiner Annahme noch keine Verpflichtungswirkung entfaltet. Erst recht sinnlos wäre Abs. 3 für die Annahmeerklärung. Angebot und Annahme fallen somit **nicht unter Abs. 3,** sondern sie gehören zum Kern der Formanknüpfung des Vertrages iSd Abs. 1 und 2.[151] Erst recht nicht als einseitiges Rechtsgeschäft iSd Abs. 3 einzuordnen ist die **invitatio ad offerendum,** der es schon an einem Rechtsfolgewillen mangelt.[152]

63 Das einseitige Rechtsgeschäft muss sich auf einen Vertrag beziehen. **Nicht gemeint** sind daher „selbständige" einseitige Rechtsgeschäfte wie die **Auslobung** oder die **Gewinnzusage.** Sie sind wie einseitige Versprechen allgemein besser unter Abs. 1 oder Abs. 2, je nachdem, ob sie ihren Adressaten in demselben Staat erreichen, zu fassen, da der Vertragsbegriff der Rom I-VO nach freilich bestrittener Ansicht auch diese einseitigen Versprechen einschließt (→ Art. 1 Rn. 27 ff.).[153]

64 Einseitige Rechtsgeschäfte sind auch **Zustimmungen Dritter** zum Vertrag. Wenn Abs. 3 aE nicht von Partei, sondern von der „Person" spricht, mag man daraus folgern, dass der Gesetzgeber ebenfalls Erklärungen von Dritten erfassen wollte.[154] Jedenfalls ist es genauso sinnvoll wie bei einseitigen Rechtsgeschäften der Partei selbst (zu Zustimmungen → EGBGB Art. 11 Rn. 28). Typische Fälle einseitiger, auf einen Vertrag bezogener Rechtsgeschäfte sind die **Vollmachtserteilung**[155] und die **Genehmigung** der Handlung eines falsus procurator. Jedoch nimmt Art. 1 Abs. 2 lit. g alle mit der Bevollmächtigung zusammenhängenden Fragen und damit auch die Frage der Form der Vollmacht von der Rom I-VO aus und überlässt sie dem nationalen IPR, das in Art. 11 EGBGB eine Kollisionsnorm vorhält (näher → EGBGB Art. 8 Rn. 180 ff.).[156]

65 **c) Anknüpfung.** Art. 11 Abs. 3 Rom I-VO enthält für einseitige Rechtsgeschäfte **drei alternative Anknüpfungen:** das Statut des Vertrages, auf den die Erklärung gerichtet ist, den Ort der Abgabe der Erklärung und den gewöhnlichen Aufenthalt (→ Rn. 56) des „Erklärenden". Ort, an dem das Rechtsgeschäft vorgenommen wurde, ist wie bei Abs. 1 und Abs. 2 (→ Rn. 44) allein der Ort, an dem die Erklärung abgegeben wurde.[157] Wie auch sonst in Art. 11 ist der Ort des Zugangs, auch bei empfangsbedürftigen Erklärungen, nicht beachtlich.[158] Die Anknüpfung an den gewöhnlichen Aufenthalt war in Art. 9 Abs. 4 EVÜ noch nicht enthalten und wurde nicht in Art. 11 EGBGB übernommen.[159] Die mit Blick auf den favor negiotii zu begrüßende Ausdehnung der Anknüpfung an den gewöhnlichen Aufenthalt führt jedoch zu systematischen Ungereimtheiten. Abs. 3 erstreckt die Anknüpfung an den gewöhnlichen Aufenthalt unterschiedslos auf Inlandsgeschäfte, bei denen die Erklärung ihren Adressaten im Abgabestaat erreicht, und auf grenzüberschreitende einseitige Erklärungen, während Abs. 1 und Abs. 2 für Verträge zwischen Platzgeschäft und Distanzvertrag differenzieren. Wird die einseitige Erklärung im Land des Adressaten durch eine Person abgegeben,

---

150 Grüneberg/*Ellenberger* BGB § 145 Rn. 1; Staudinger/*Bork,* 2020, BGB § 145 Rn. 1.

151 Zust. Ferrari IntVertrR/*Schulze* Rn. 26; NK-BGB/*Bischoff* Rn. 33.

152 Rauscher/*v. Hein* Rn. 7: zudem fehle es an einem konkreten Vertrag, auf den sich die invitatio beziehen könne; Calliess/Renner/*Loacker* Rn. 67; aA jurisPK-BGB/*Ringe* Rn. 33.

153 Erman/*Stürner* Rn. 13, 16; Ferrari IntVertrR/*Schulze* Rn. 26; möglicherweise aA → 8. Aufl. 2021, Rn. 10 *(Spellenberg).*

154 BeckOGK/*Gebauer* Rn. 140; Erman/*Stürner* Rn. 16; NK-BGB/*Bischoff* Rn. 33.

155 Die Bevollmächtigung erfolgt allerdings in manchen Rechten durch Vertrag. Auch hier (→ Rn. 61) führt eine autonome Qualifikation zur Einordnung als einseitiges Rechtsgeschäft.

156 Rauscher/*v. Hein* Rn. 9; Staudinger/*Winkler v. Mohrenfels,* 2021, Rn. 123; Erman/*Stürner* Rn. 16; BeckOGK/*Gebauer* Rn. 141.

157 Rauscher/*v. Hein* Rn. 25; BeckOGK/*Gebauer* Rn. 143.

158 Ferrari IntVertrR/*Schulze* Rn. 26; Rauscher/*v. Hein* Rn. 25; Erman/*Stürner* Rn. 17; Grüneberg/*Thorn* Rn. 14; aA zu Art. 11 EGBGB *Kropholler* IPR § 41 III 5b: alternative Anknüpfung an Abgabeort und Zugangsort.

159 Sie wurde im Einklang mit der Position des Deutschen Rats für IPR als „unzweckmäßig" erachtet, *Martiny* RIW 2009, 737 (741).

die in einem anderen Staat lebt, dann käme auch das Recht ihres gewöhnlichen Aufenthalts in Betracht. Dieses Recht wäre nicht heranzuziehen, wenn es stattdessen um einen Vertragsschluss innerhalb eines Staates ginge, in dem die Partei nicht lebt.[160] Wenn man vermutet, dass der Gesetzgeber hier das Problem nicht gesehen hat, liegt es näher, die Anknüpfung an den gewöhnlichen Aufenthalt des Erklärenden auf den Fall der grenzüberschreitenden Erklärung zu begrenzen, auch wenn man die Unterschiede zwischen Abs. 1 und Abs. 2 grundsätzlich nicht für überzeugend hält (→ Rn. 55).[161]

Bedauerlich ist, dass Abs. 3, wiederum anders als Abs. 1 und Abs. 2, die Vornahme des einseitigen Rechtsgeschäfts durch einen **Vertreter** nicht ausdrücklich erwähnt. Natürlich können Vertreter zB für eine Kündigung eingeschaltet werden, und es muss dann eine Formanknüpfung gefunden werden. Das Schweigen des Art. 11 Abs. 3 hat zu divergierenden Interpretationen in der Lit. geführt. Nicht überzeugen kann es, dem Verordnungsgeber eine bewusste Entscheidung zu unterstellen, die Formanknüpfung einseitiger Vertretergeschäfte ungeregelt zu lassen.[162] Diese Annahme hätte zur Folge, dass die Vorschrift insgesamt unanwendbar und die Form der Vertretererklärung mangels ausdrücklicher Regelung allein an das Statut des Vertrags anzuknüpfen wäre, auf den sich das einseitige Rechtsgeschäft bezieht. Die Annahme einer bewussten Entscheidung findet keine Stütze in den Gesetzgebungsmaterialien.[163] Die als Beleg herangezogene Stelle aus dem Verordnungsvorschlag[164] beschreibt die Integration des früheren Art. 9 Abs. 3 EVÜ zum Vertragsschluss durch Vertreter in Abs. 1 und Abs. 2 und äußert sich nicht zu einseitigen Rechtsgeschäften durch Vertreter. Sie legt eher den Eindruck nahe, der Verordnungsgeber habe, wenn er das Problem angesichts der fehlenden ausdrücklichen Erwähnung der Vertreter in der Vorläufervorschrift des Art. 9 Abs. 4 EVÜ überhaupt gesehen hat, die Vornahme durch Vertreter in der Vorschrift über einseitige Rechtsgeschäfte für selbstverständlich mitgedacht gehalten. Eine bewusste Entscheidung gegen diese Möglichkeit ginge mit Blick auf die Bedeutung von Vertretergeschäften im internationalen Rechtsverkehr auch an der Lebenswirklichkeit vorbei.[165] **66**

Bis zu einer wünschenswerten Klarstellung durch den EuGH oder den Verordnungsgeber sollte aus systematischen und teleologischen Erwägungen die folgende Auslegung zugrunde gelegt werden. Art. 11 Abs. 3 ist so zu lesen, dass **Vornahmeort** der Ort ist, an dem der Vertreter seine Erklärung abgibt;[166] der tatsächliche Aufenthaltsort des Vertretenen spielt wie in Abs. 1 und Abs. 2 hierbei keine Rolle.[167] Umstritten ist, ob der Verweis auf den **gewöhnlichen Aufenthalt** der „Person, die das Rechtsgeschäft vorgenommen hat", den Vertreter oder den Vertretenen meint oder gar eine alternative Anknüpfung an beide gewöhnlichen Aufenthalte erlaubt.[168] Eine alternative Anknüpfung ist wie bei Abs. 2 (→ Rn. 58) abzulehnen; auch Abs. 3 bezieht sich nur auf eine einzige Person. Dafür, dass der gewöhnliche Aufenthalt des Vertreters maßgeblich sei,[169] werden die deutsche Repräsentationstheorie,[170] vor allem aber der Wortlaut geltend gemacht: Wenn der Ort, an dem das Rechtsgeschäft „vorgenommen" wurde, der Ort der Erklärungsabgabe sei, könne die mit demselben Begriff bezeichnete Person, die das Rechtsgeschäft „vorgenommen" habe, nur der Vertretene sein.[171] Jedoch ist diese Auslegung – nicht nur im Lichte anderer Sprachfassungen[172] – nicht zwingend. Das Rechtsgeschäft nimmt der Vertretene vor, indem er sich eines Vertreters bedient. Der Ort, an dem er das Rechtsgeschäft vornimmt, kann gleichwohl der Ort der Abgabe der Erklärung durch den Vertreter sein, da diese Erklärung dem Vertretenen zugerechnet wird. Maßgeblich sollte vielmehr der gewöhnliche Aufenthalt des Vertretenen sein.[173] Auf den Vertreter abzustellen, widerspräche **67**

---

160 Zur Entstehung der Regel *MPI* RabelsZ 68 (2004), 1 (78 f., 111).

161 Zust. NK-BGB/*Bischoff* Rn. 34.

162 So aber Ferrari IntVertrR/*Schulze* Rn. 27; gegen eine Einbeziehung von Vertretergeschäften auch jurisPK-BGB/*Ringe* Rn. 34.

163 So aber Ferrari IntVertrR/*Schulze* Rn. 27.

164 KOM(2005) 650, 9.

165 Rauscher/*v. Hein* Rn. 27: „lebensfern"; für eine Einbeziehung auch die hL, Calliess/Renner/*Loacker* Rn. 70: „no doubt"; Erman/*Stürner* Rn. 17; BeckOGK/*Gebauer* Rn. 144; Staudinger/*Winkler v. Mohrenfels,* 2021, Rn. 132; NK-BGB/*Bischoff* Rn. 33; *Verschraegen* in Magnus/Mankowski ECPIL Rn. 91.

166 Rauscher/*v. Hein* Rn. 27.

167 So aber HK-BGB/*Staudinger* Rn. 4; BeckOGK/*Gebauer* Rn. 144.

168 Für letzteres BeckOK BGB/*Mäsch* Rn. 59; *v. Bar/Mankowski* IPR II § 1 Rn. 873.

169 Dafür BeckOGK/*Gebauer* Rn. 144; Rauscher/*v. Hein* Rn. 27, jedoch krit. de lege ferenda; *Verschraegen* in Magnus/Mankowski ECPIL Rn. 91.

170 BeckOGK/*Gebauer* Rn. 144.

171 Rauscher/*v. Hein* Rn. 27; *Verschraegen* in Magnus/Mankowski ECPIL Rn. 91; insoweit zust. auch Staudinger/*Winkler v. Mohrenfels,* 2021, Rn. 132.

172 Staudinger/*Winkler v. Mohrenfels,* 2021, Rn. 132.

173 NK-BGB/*Bischoff* Rn. 33; Staudinger/*Winkler v. Mohrenfels,* 2021, Rn. 132; BeckOGK/*Gebauer* Rn. 144; Erman/*Stürner* Rn. 17.

zum einen dem Abs. 2, der ausdrücklich und sinnvollerweise auf den gewöhnlichen Aufenthalt der Vertretenen Bezug nimmt.[174] Zum anderen hat der gewöhnliche Aufenthalt desjenigen, den die Rechtsfolgen des einseitigen Rechtsgeschäfts treffen, größeres kollisionsrechtliches Gewicht. Wessen gewöhnlicher Aufenthalt leichter vorherzusehen ist, dürfte einzelfallabhängig und damit für die Auslegung kaum ein brauchbares Kriterium sein.[175] Dem Schweigen des Abs. 3 zu Vertretergeschäften ist also mit einer Auslegung zu begegnen, die neben dem Vertragsstatut auf den gewöhnlichen Aufenthalt des Vertretenen und den Ort der Abgabe der Erklärung durch den Vertreter abstellt.

68 **4. Verbraucherverträge (Abs. 4).** Die **Sonderanknüpfung** in Abs. 4 für die Form von Verbraucherverträgen bewirkt, dass sich die Formwirksamkeit eines Verbrauchervertrags nicht nach den Abs. 1–3, sondern **ausschließlich** nach dem Recht am gewöhnlichen Aufenthalt des Verbrauchers bemisst. Die Vorschrift beruht mit redaktionellen Anpassungen auf Art. 9 Abs. 5 EVÜ. Der inhaltsgleiche Art. 29 Abs. 3 EGBGB aF wurde mit Anwendungsbeginn der Rom I-VO aufgehoben. Die Abweichung von der großzügigen alternativen Anknüpfung der Abs. 1–3 wurde bereits im EVÜ mit dem sehr engen Zusammenhang gerechtfertigt, der im Verbraucherschutzrecht zwischen zwingenden Formvorschriften und inhaltlichem Schutz bestehe.[176] Die Regel sollte einen Rückgriff auf die allgemeine Vorschrift über Eingriffsnormen (Art. 7 EVÜ) entbehrlich machen, weil man fürchtete, der damit verbundene gerichtliche Beurteilungsspielraum würde nicht stets zur beabsichtigten Anwendung des Rechts des Verbraucherstaats führen.[177] Entsprechend bedarf es heute keiner Prüfung des noch engeren Art. 9. Ohnehin wäre fraglich, ob individualschützende Formbestimmungen als Eingriffsnormen iSd Art. 9 Abs. 1 anzusehen sind (→ Rn. 71).[178]

69 Welche Verträge von Abs. 4 erfasst werden, ist dem Begriff des **Verbrauchervertrags in Art. 6** zu entnehmen (→ Art. 6 Rn. 13 ff.), und zwar hinsichtlich seiner persönlichen, sachlichen (insbes. Art. 6 Abs. 4) und situativen Voraussetzungen.[179] Art. 11 Abs. 4 nennt **einseitige Rechtsgeschäfte** zwar nicht, doch gilt er auch für deren Form, soweit sie sich auf einen geschlossenen oder noch zu schließenden Verbrauchervertrag beziehen.[180]

70 Wird der Verbrauchervertrag objektiv nach Art. 6 Abs. 1 an den gewöhnlichen Aufenthalt des Verbrauchers angeknüpft, so führt die zwingende Sonderanknüpfung in Art. 11 Abs. 4 S. 2 zu einem Gleichlauf von Vertragsstatut und Formstatut. Eine alternative Anknüpfung an den Vornahmeort ist ausgeschlossen, selbst wenn das Ortsrecht strengere Formvorschriften bereithält.[181] Jedoch unterliegen Verbraucherverträge kollisionsrechtlich nicht notwendig dem Recht am gewöhnlichen Aufenthalt des Verbrauchers, denn Art. 6 Abs. 2 lässt grundsätzlich eine **Rechtswahl** zu, selbst durch AGB. Dennoch ist ein gewähltes anderes Vertragsstatut nicht für die Form des Verbrauchervertrages anzuwenden, sondern zwingend das Recht des Verbraucherstaates.[182] Anders als in Art. 6 Abs. 2 Rom I-VO für das Verbrauchervertragsstatut vorgesehen, findet für die Form **kein Günstigkeitsvergleich** statt. Das erscheint nicht aufeinander abgestimmt und mit Blick auf den Schutz des Verbrauchers bedenklich.[183] Es kann zudem eine Abgrenzung von Form und Inhalt, für den Art. 6 Abs. 2 gilt, erforderlich machen.[184] Eventuell kann auch Art. 46b EGBGB zu speziellen Formanknüpfungen führen, wenn die Voraussetzungen des Art. 6 nicht erfüllt sind.[185]

71 Art. 11 Abs. 4 bezieht sich ausdrücklich nur auf Verbraucherverträge. Dies wirft die Frage nach dem Schutz anderer von der Rom I-VO mit einem besonderen Schutzregime bedachter Parteien, insbesondere des **Arbeitnehmers,** auf. Die Verfasser des EVÜ hatten ausdrücklich davon abgesehen, für Individualarbeitsverträge eine vergleichbare Schutzbestimmung aufzunehmen.[186] Sie begründeten dies damit, dass ein Verweis allein auf die Formbestimmungen des Arbeitsvertragsstatuts zu Unsicherheiten führen könne, da dieses Statut angesichts der Möglichkeit einer Anknüpfung an eine

---

174 Staudinger/*Winkler v. Mohrenfels,* 2021, Rn. 132.

175 Gewöhnlicher Aufenthalt des Vertretenen eher bekannt: Rauscher/*v. Hein* Rn. 27; gewöhnlicher Aufenthalt des Vertreters eher vorhersehbar: BeckOGK/*Gebauer* Rn. 144.

176 *Giuliano/Lagarde* BT-Drs. 10/503, 64; Rauscher/*v. Hein* Rn. 28; BeckOGK/*Gebauer* Rn. 145; *Verschraegen* in Magnus/Mankowski ECPIL Rn. 92.

177 *Giuliano/Lagarde* BT-Drs. 10/503, 64.

178 Rauscher/*v. Hein* Rn. 28; *Verschraegen* in Magnus/Mankowski ECPIL Rn. 93.

179 *v. Bar/Mankowski* IPR II § 1 Rn. 875.

180 BeckOGK/*Gebauer* Rn. 147.

181 BeckOGK/*Gebauer* Rn. 24.

182 BeckOGK/*Gebauer* Rn. 147; Rauscher/*v. Hein* Rn. 30.

183 Sehr krit. Rauscher/*v. Hein* Rn. 30; BeckOK BGB/*Mäsch* Rn. 61; positiver hingegen BeckOGK/*Gebauer* Rn. 146.

184 Calliess/Renner/*Loacker* Rn. 74.

185 BeckOK BGB/*Mäsch* Rn. 10; allg. *Verschraegen* in Magnus/Mankowski ECPIL Rn. 97 ff.

186 *Giuliano/Lagarde* BT-Drs. 10/503, 64.

engere Verbindung bei Vertragsschluss noch nicht zweifelsfrei feststehe.[187] Da kein Anhaltspunkt dafür besteht, dass der Gesetzgeber der Rom I-VO eine abweichende Position beziehen wollte, handelt es sich also auch in der Rom I-VO um eine bewusst gelassene Lücke, die nicht durch eine Analogie zu Art. 11 Abs. 4 geschlossen werden kann.[188] So unterliegt die Form des Arbeitsvertrags den von Art. 11 Abs. 1 oder Abs. 2 berufenen Rechten;[189] die Form einer Kündigung des Arbeitsvertrags richtet sich nach den von Art. 11 Abs. 3 alternativ berufenen Rechtsordnungen.[190] Denkbar bleibt allenfalls die Anwendung einer Formvorschrift als Eingriffsnorm über den – nicht von Art. 11 Abs. 5 gesperrten (→ Rn. 78) – Art. 9, sofern dessen Voraussetzungen erfüllt sind.[191] Für das Erfordernis einer schriftlichen Kündigung (§ 623 BGB) wird eine Qualifikation als Eingriffsnorm verbreitet abgelehnt, da die Vorschrift überwiegend individualschützenden Charakter habe.[192]

5. Schuldrechtliche Grundstücksgeschäfte (Abs. 5). a) Anwendungsbereich. Grundsätzlich und **in der Regel** wird auch bei schuldrechtlichen Grundstücksverträgen die Form nach Art. 11 Abs. 1–3 Rom I-VO angeknüpft. Nur ausnahmsweise bewirkt die **Sonderanknüpfung** des Abs. 5, dass allein die international zwingenden Formvorschriften des Belegenheitsrechts gelten. Abs. 5 entstammt fast wörtlich Art. 9 Abs. 6 EVÜ und war so auch in Art. 11 Abs. 4 EGBGB aF übernommen worden. Mit Anwendungsbeginn der Rom I-VO war Art. 11 Abs. 4 EGBGB aF für danach geschlossene Verträge obsolet und wurde aufgehoben. Grund des Ausschlusses der Abs. 1 bis 4 ist es, dass weder das Vertragsstatut noch die Formstatute notwendig das Recht des Belegenheitsstaates sind, man jedoch deren Formregelungen kaum gegen **international zwingende** Regelungen am Belegenheitsort durchsetzen könnte.[193] Da jedoch Art. 4 Abs. 1 lit. c die in Abs. 5 genannten Verträge grundsätzlich der lex rei sitae unterstellt, ist die Bedeutung der Sonderanknüpfung begrenzt. Sie betrifft nur Fälle, in denen der Vertrag einem anderen Recht als dem der Belegenheit untersteht, weil die Parteien das Vertragsstatut gewählt haben, die Ausnahme des Art. 4 Abs. 1 lit. d für kurzfristige Miet- und Pachtverträge eingreift oder die objektive Anknüpfung nach Art. 4 Abs. 2 (gemischter Vertrag) oder Art. 4 Abs. 3 (offensichtlich engere Verbindung) erfolgt.[194] International zwingende Formvorschriften sind selten. Nur für sie gilt die Sonderregelung. 72

Dingliche Verfügungen fallen überhaupt nicht unter Art. 11. Gemeint sind vielmehr neben den genannten Nutzungsverträgen vor allem schuldrechtliche Verträge über dingliche Rechte wie der **Verkauf,** welche **Ansprüche auf Übertragung** oder **Einräumung dinglicher Rechte** oder auch auf Aufhebung begründen. Nach Auffassung des KG[195] (noch zu Art. 11 Abs. 4 EGBGB aF) erfasst Abs. 5 nur Verträge, die direkt einen Anspruch auf dingliche Rechtsänderung (oder ein Nutzungsrecht) begründen, also nicht einen bloßen **Vorvertrag,** der nur zum Abschluss zB eines Kaufvertrages verpflichtet. Ob es sich um eine **unbewegliche Sache** handelt, entscheidet die lex rei sitae.[196] Der Wortlaut der Ausnahmevorschrift des Abs. 5 schließt auch **einseitige Rechtsgeschäfte,** die sich auf einen schuldrechtlichen Grundstücksvertrag beziehen, ein.[197] 73

Inhaltlich ergibt sich eine Abweichung zum EVÜ insoweit, als nun als **Nutzungsverhältnisse** nur noch **Miete und Pacht** genannt werden und nicht mehr allgemein Rechte zur Nutzung eines Grundstücks. Diese Verengung steht im Einklang mit Art. 4 Abs. 1 lit. c. Es bleiben kaum andere Nutzungsverhältnisse, die nicht als Miete oder Pacht qualifiziert werden können, außer der – unentgeltlichen – Leihe. Denkbar wäre auch ein, anders als im deutschen Recht, schuldrechtlicher ausländischer Nießbrauch. Dass diese anderen Nutzungsverhältnisse nicht von Abs. 5 erfasst werden sollen, verwundert und sollte durch Auslegung oder Analogie zu beheben sein.[198] 74

---

187 *Giuliano/Lagarde* BT-Drs. 10/503, 64.

188 BeckOK BGB/*Mäsch* Rn. 61; Rauscher/*v. Hein* Rn. 37; aA *v. Bar/Mankowski* IPR II § 1 Rn. 876.

189 Für eine Anwendung nicht des milderen, sondern des dem Arbeitnehmer günstigeren Rechts Staudinger/*Magnus,* 2021, Art. 8 Rn. 182 f.; *Verschraegen* in Magnus/Mankowski ECPIL Rn. 127; dagegen Rauscher/*v. Hein* Rn. 37.

190 Rauscher/*v. Hein* Rn. 7; Staudinger/*Winkler v. Mohrenfels,* 2021, Rn. 124 (jedoch Verstoß gegen arbeitsrechtliche Fürsorgepflicht durch Wahl eines Vornahmeorts ohne plausiblen Grund).

191 *Giuliano/Lagarde* BT-Drs. 10/503, 64; Rauscher/*v. Hein* Rn. 36 f.; skeptisch mit Blick auf die frühere BGH-Rspr. BeckOK BGB/*Mäsch* Rn. 61 mwN; *Verschraegen* in Magnus/Mankowski ECPIL Rn. 122 ff.

192 LAG Frankfurt IPRspr 2010 Nr. 79; Rauscher/*v. Hein* Rn. 37 mwN; Staudinger/*Winkler v. Mohrenfels,* 2021, Rn. 124.

193 So auch Staudinger/*Winkler v. Mohrenfels,* 2021, Rn. 137; Erman/*Stürner* Rn. 19; Rauscher/*v. Hein* Rn. 31; *Verschraegen* in Magnus/Mankowski ECPIL Rn. 109.

194 Rauscher/*v. Hein* Rn. 32; NK-BGB/*Bischoff* Rn. 36.

195 KG KGR 2005, 847 Rn. 21 (zust. Staudinger/*Winkler v. Mohrenfels,* 2021, Rn. 140) zu Art. 11 Abs. 4 EGBGB aF bzgl. eines Grundstücks in Mexiko. Freilich gab es solche zwingenden Formvorschriften damals in Mexiko nicht.

196 Erman/*Stürner* Rn. 20.

197 Rauscher/*v. Hein* Rn. 33; aA → 8. Aufl. 2021, Rn. 69 *(Spellenberg).*

198 Staudinger/*Winkler v. Mohrenfels,* 2021, Rn. 140; Erman/*Stürner* Rn. 20.

75 Formerfordernisse für schuldrechtliche **Time-Sharing-Verträge** fallen wegen Art. 6 Abs. 4 lit. c unter Art. 11 Abs. 4 Rom I-VO, sofern auch die übrigen Voraussetzungen eines Verbrauchervertrags vorliegen (→ Rn. 69).[199] Es gilt dann allein das Formrecht am gewöhnlichen Aufenthalt des Verbrauchers. Dieser muss nicht mit der Belegenheit des Grundstücks zusammenfallen, so dass grundsätzlich der Vorrang international zwingender Formvorschriften des Belegenheitsstaates eingreifen könnte, da Abs. 5 ausdrücklich auch Abs. 4 vorgeht.[200] Vorrangig zu beachten ist jedoch Art. 46b Abs. 4 EGBGB.[201]

76 **b) International zwingende Formvorschriften.** Die Formvorschriften des Belegenheitsstaates sind unter der doppelten Voraussetzung des Art. 11 Abs. 5 nur dann allein anzuwenden, wenn sie erstens zwingenden Rechts sind und zweitens ohne Rücksicht auf den Ort des Vertragsschlusses und das Geschäftsstatut gelten sollen. „Zwingende Formvorschriften" meint somit **sachrechtlich und kollisionsrechtlich zwingend.** Ob eine Regelung des Belegenheitsstaates diese Voraussetzung erfüllt, sagt dessen Recht und ist durch Auslegung der betreffenden Vorschrift zu ermitteln.[202] Ein Beispiel ist Art. 119 Abs. 3 S. 2 des schweizerischen IPRG, der die Form eines Vertrags über ein in der Schweiz belegenes Grundstück zwingend Schweizer Recht unterstellt.[203]

77 Das **deutsche Sachrecht** enthält nur wenige derartige zwingende Formregelungen. Am ehesten wäre an Mieterschutzrecht und Pachtrecht zu denken. Genannt werden die § 550 BGB (Form eines für länger als ein Jahr befristeten Mietvertrags),[204] § 568 BGB (Schriftform der Kündigung von Wohnraum)[205] und § 575 BGB (schriftliche Mitteilung eines Befristungsgrundes)[206] sowie § 483 BGB (Timesharing), wobei sich dies aus Art. 46b Abs. 4 EGBGB ergibt.[207] Hingegen ist **§ 311b Abs. 1 BGB keine** international zwingende Norm.[208] Näher zur Veräußerung in Deutschland belegener Grundstücke → EGBGB Art. 11 Rn. 76 ff.

78 Eines Rückgriffs auf die **Eingriffsnormregelung des Art. 9** bedarf es zur Durchsetzung der Formvorschriften des Belegenheitsstaates dieser Normen nicht,[209] zumal deren Charakter als Eingriffsnorm iSd Art. 9 Abs. 1 fraglich sein kann. Insbesondere müssen die international zwingenden Normen des Abs. 5 wohl nicht wie bei Art. 9 sozial- oder wirtschaftspolitische Zwecke verfolgen.[210] Zudem verhilft Art. 11 Abs. 5 zwingenden Formvorschriften nur des Belegenheitsstaates zur Durchsetzung, während Art. 9 unter Umständen auch andere Rechtsordnungen berufen kann. Jedoch gewährt Art. 9 Abs. 3 einen Ermessensspielraum bei der Durchsetzung ausländischer Eingriffsnormen, während Art. 11 Abs. 5 keinen derartigen Spielraum vorsieht.[211] Zwar gleichen sich die Folgen großenteils, doch die Voraussetzungen und die Regelungszwecke sind verschieden. Deshalb schließt Art. 11 Abs. 5 Rom I-VO die Anwendung von Art. 9 Rom I-VO nicht aus.[212]

79 **6. Wahl oder Abwahl eines Formstatuts.** Eine Möglichkeit, ein Formstatut kraft Ausübung von Parteiautonomie zu wählen, geht aus der Formulierung des Art. 11 nicht hervor. Ohne Weiteres möglich ist es jedoch, dass die Parteien **mittelbar** auf das Formstatut bzw. auf die anknüpfungserheblichen Tatsachen Einfluss nehmen, indem sie sich zur Abgabe der Erklärung an einen bestimmten

---

[199] BeckOK BGB/*Mäsch* Rn. 10; NK-BGB/*Bischoff* Rn. 36.
[200] Rauscher/*v. Hein* Rn. 33.
[201] Rauscher/*v. Hein* Rn. 33; BeckOK BGB/*Mäsch* Rn. 64.
[202] Grüneberg/*Thorn* Rn. 16; Erman/*Stürner* Rn. 19; Calliess/Renner/*Loacker* Rn. 83; *v. Bar/Mankowski* IPR II § 1 Rn. 878.
[203] BeckOGK/*Gebauer* Rn. 149; *v. Bar/Mankowski* IPR II § 1 Rn. 878.
[204] Rauscher/*v. Hein* Rn. 35; Erman/*Stürner* Rn. 23; Reithmann/Martiny IntVertragsR/*Reithmann/Stelmaszczyk* Rn. 5.258; *v. Bar/Mankowski* IPR II § 1 Rn. 880; aA mit bedenkenswerten Gründen Staudinger/*Winkler v. Mohrenfels,* 2021, Rn. 145.
[205] Staudinger/*Winkler v. Mohrenfels,* 2021, Rn. 145; BeckOK BGB/*Mäsch* Rn. 64; Rauscher/*v. Hein* Rn. 35; vgl. BT-Drs. 10/504, 83; insgesamt krit. Reithmann/Martiny IntVertragsR/*Mankowski* Rn. 22.49.
[206] LG Berlin MDR 2023, 490.
[207] BeckOK BGB/*Mäsch* Rn. 64.
[208] OLGR Köln 1993, 106; Staudinger/*Winkler v. Mohrenfels,* 2021, Rn. 143; BeckOK BGB/*Mäsch* Rn. 64; BeckOGK/*Gebauer* Rn. 149; Rauscher/*v. Hein* Rn. 34; Erman/*Stürner* Rn. 23; krit. Reithmann/Martiny IntVertragsR/*Reithmann/Stelmaszczyk* Rn. 5.258; aA *Schäuble* BWNotZ 2018, 60, jedenfalls im Rahmen von Verbraucherverträgen.
[209] Rauscher/*v. Hein* Rn. 34: „lex specialis"; anders *Verschraegen* in Magnus/Mankowski ECPIL Rn. 110; Calliess/Renner/*Loacker* Rn. 81 f.
[210] Rauscher/*v. Hein* Rn. 36.
[211] Calliess/Renner/*Loacker* Rn. 82; Rauscher/*v. Hein* Rn. 34.
[212] Rauscher/*v. Hein* Rn. 36; Calliess/Renner/*Loacker* Rn. 16 ff.; aA BeckOGK/*Gebauer* Rn. 104: die alternative Anknüpfung zeige, dass Formregelungen unabhängig von der Zielsetzung keine Eingriffsnormen sein könnten; *Verschraegen* in Magnus/Mankowski ECPIL Rn. 120 für Verbraucher- und Grundstücksverträge; anders zum früheren Recht BGHZ 121, 224 (235) = NJW 1993, 1126.

Ort begeben oder eine bestimmte Rechtsordnung als Vertragsstatut wählen.[213] Zulässig ist auch eine Teilrechtswahl des Vertragsstatuts nur für die Teilfrage der Form (→ Rn. 42). Umstritten ist hingegen, ob die Parteien auch unmittelbar ein Formstatut wählen können, obwohl Art. 11 keine Parteiautonomie ausdrücklich zulässt. Zwei Fragen sind zu unterscheiden: Zum einen fragt sich, ob die Parteien nicht nur mittelbar über die Wahl des Vertragsstatuts, sondern auch unmittelbar ein (von Art. 11 nicht berufenes) Recht als Formstatut bestimmen können. Zum anderen stellt sich die Frage, ob sie nicht nur positiv ein bestimmtes Recht als Formstatut vereinbaren, sondern auch negativ bestimmte Rechte abwählen oder abbedingen können, insbesondere wenn zB das Ortsrecht mildere Formvorschriften als das Vertragsstatut enthält und die Parteien sich der strengeren Form unterwerfen wollen.

Eine **unmittelbare Wahl eines Formstatuts** wird im Rahmen des Art. 11 Abs. 1–3 verbreitet für zulässig erachtet.[214] Diese Ansicht stützt sich vor allem auf die Vorschrift über die Teilrechtswahl in Art. 3 Abs. 1 S. 3.[215] Das Ergebnis begegnet wenig Bedenken. Es besteht in der Regel kein Unterschied zu der hier vertretenen (→ Rn. 79) Teilrechtswahl eines Vertragsstatuts, die dann auf die Formanknüpfung durchschlägt. Jedoch erscheint der Weg der mittelbaren Rechtswahl konstruktiv vorzugswürdig.[216] Er muss nicht erklären, warum Parteiautonomie besteht, wo die Kollisionsnorm keine einräumt.[217] Zudem erlaubt dieser Weg ohne Weiteres eine Berücksichtigung der Grenzen der Rechtswahl (insbesondere Art. 3 Abs. 3)[218] und kann auch leichter Fälle einer Teilrechtswahl auffangen, die neben der Form noch weitere Aspekte des Vertragsstatuts einschließen soll. Zudem muss sie auch nicht erklären, warum das Schweigen des Art. 11 im Rahmen der Anknüpfung nach Abs. 1–3 als Zulassung von Parteiautonomie zu deuten und in Abs. 4 – im Ergebnis unstrittig[219] – eine Parteiautonomie ausgeschlossen sein soll. 80

Überwiegend wird den Parteien auch zugestanden, eine der Anknüpfungsalternativen und damit insbesondere ein Ortsrecht abzubedingen.[220] Diese Auffassung geht auf eine schon lange bestehende Rspr. des BGH zurück, die noch zum alten Art. 11 EGBGB angenommen hatte, dass in der Wahl eines Vertragsstatuts (für den gesamten Vertrag) auch eine **Abwahl des Ortsrechts** liegen könne.[221] Dies wurde etwa so entschieden für den in Italien abgeschlossenen privatschriftlichen Vorvertrag über den Kauf eines italienischen Grundstücks, den die Parteien – ein italienisches Unternehmen mit Zweigniederlassung in Deutschland und deutschen Kaufinteressenten – deutschem Recht unterstellt hatten.[222] So wird auch heute gesagt, der favor negotii der Formanknüpfung gewähre den Parteien eine Wohltat, die ihnen nicht aufgedrängt werde und auf die sie daher verzichten könnten.[223] Völlig zu Recht wird dabei jedoch angenommen, dass bei der Annahme einer derartigen Abwahl Zurückhaltung geboten sei. Die Parteien wollen in der Regel keinen formnichtigen Vertrag, und deshalb sei an die Annahme eines konkludenten Parteiwillens, nur die strengeren Formvorschriften des gewählten Vertragsstatuts gelten zu lassen, ein strenger Maßstab anzulegen.[224] Die schlichte Wahl 81

---

213 AllgM; BeckOK BGB/*Mäsch* Rn. 14; BeckOGK/*Gebauer* Rn. 116; Staudinger/*Winkler v. Mohrenfels,* 2021, Rn. 101.

214 → 8. Aufl. 2021, Rn. 77 *(Spellenberg);* Rauscher/*v. Hein* Rn. 12; BeckOGK/*Gebauer* Rn. 116; Ferrari IntVertrR/*Schulze* Rn. 6; *Aubart,* Die Behandlung der dépeçage im europäischen IPR, 2013, 86 ff. mwN; aA BeckOK BGB/*Mäsch* Rn. 14; Staudinger/*Winkler v. Mohrenfels,* 2021, Rn. 101; NK-BGB/*Bischoff* Rn. 25; Reithmann/Martiny IntVertragsR/*Reithmann/Stelmaszczyk* Rn. 5.230.

215 → 8. Aufl. 2021, Rn. 77 *(Spellenberg);* BeckOGK/*Gebauer* Rn. 116; jurisPK-BGB/*Ringe* Rn. 27.

216 IErg auch NK-BGB/*Bischoff* Rn. 25; wohl auch Soergel/*Kegel* EGBGB Art. 11 Rn. 2.

217 Deshalb eine Wahl des Formstatuts insgesamt abl. BeckOK BGB/*Mäsch* Rn. 14.

218 Für deren Berücksichtigung zu Recht BeckOGK/*Gebauer* Rn. 117 f., zugleich gegen das von Staudinger/*Winkler v. Mohrenfels,* 2021, Rn. 101 zur Ablehnung einer Rechtswahlmöglichkeit gebildete Beispiel.

219 NK-BGB/*Bischoff* Rn. 35; Rauscher/*v. Hein* Rn. 12; BeckOK BGB/*Mäsch* Rn. 14; BeckOGK/*Gebauer* Rn. 117.

220 BGHZ 57, 337 = NJW 1972, 385; LAG Magdeburg BeckRS 2014, 68043; Erman/*Stürner* Rn. 9; Rauscher/*v. Hein* Rn. 12; BeckOGK/*Gebauer* Rn. 118 f.; Staudinger/*Winkler v. Mohrenfels,* 2021, Rn. 103; Ferrari IntVertrR/*Schulze* Rn. 6; Grüneberg/*Thorn* Rn. 4; NK-BGB/*Bischoff* Rn. 25; Calliess/Renner/*Loacker* Rn. 49; *Aubart,* Die Behandlung der dépeçage im europäischen IPR, 2013, 85; Abbedingung der Formvorschriften des Geschäftsrechts offengelassen in BGHZ 52, 239 = NJW 1969, 1760; BGH NJW 1979, 1773 – insoweit nicht in BGHZ 73, 391.

221 BGHZ 57, 337 = NJW 1972, 385; dem folgend LAG Magdeburg BeckRS 2014, 68043.

222 BGHZ 57, 337 = NJW 1972, 385. Der Fall weckt den Eindruck, als sollten die Kaufinteressenten geschützt werden, was heute je nach Fallgestaltung Art. 11 Abs. 4 ermöglichen könnte, vgl. auch die Ausführungen zum Schwächerenschutz bei *Jayme* NJW 1972, 1618 (1619).

223 → 8. Aufl. 2021, Rn. 81 *(Spellenberg);* Rauscher/*v. Hein* Rn. 12; Staudinger/*Winkler v. Mohrenfels,* 2021, Rn. 103.

224 BGHZ 57, 337 (340) = NJW 1972, 385; Rauscher/*v. Hein* Rn. 12; Staudinger/*Winkler v. Mohrenfels,* 2021, Rn. 105; Calliess/Renner/*Loacker* Rn. 49.

eines formstrengeren Rechts als Vertragsstatut bringe für sich genommen keinen Verzicht auf die Rechtswohltat der alternativen Anknüpfung mit sich.[225] Dies gelte insbesondere dann, wenn die Parteien bewusst den Formanforderungen des gewählten Vertragsstatuts nicht genügen, die Ortsform jedoch einhalten.[226]

82 Diese Auffassung war schon unter Art. 11 EGBGB zweifelhaft und sollte jedenfalls im europäischen Kollisionsrecht nicht mehr zugrunde gelegt werden. Zur autonomen Auslegung von Art. 11 ist der EuGH berufen. Dass er sich bei der Orientierung am effet utile der Verordnung der älteren (nationalen) Sichtweise des BGH anschließen wird, ist nicht anzunehmen.[227] Vielmehr ist davon auszugehen, dass die Parteien **nicht kollisionsrechtlich** die Anwendung eines bestimmten Rechts **abbedingen** können.[228] Art. 11 eröffnet den Parteien unmittelbar keine Parteiautonomie. Warum dennoch einzelne seiner Anknüpfungsmomente – entgegen der allgemeinen Ablehnung eines fakultativen Kollisionsrechts (→ Einl. IPR Rn. 318 f.) – dispositiv sein sollen, erschließt sich nicht.[229] Die BGH-Rspr., die dies annahm, stammt aus einer Zeit, in der die Parteiautonomie im Schuldvertragsrecht insgesamt noch nicht kodifiziert war, sondern auf Richterrecht zurückging und deshalb in ihrer Konturierung auch eher in Richterhand lag.[230] Neben diesen dogmatischen Bedenken besteht auch in der Sache kein Bedürfnis für eine Abwahl des Ortsrechts. Zwar ist durchaus vorstellbar, dass Parteien ein Interesse daran haben, sich strengen Formvorgaben, etwa einer notariellen Beurkundung, zu unterwerfen, bevor eine rechtliche Bindung eintreten soll.[231] Wenn man aber annimmt, dass ein derartiges Interesse ohnehin nach außen eindeutig erkennbar hervortreten muss, ist davon auszugehen, dass sich die Parteien darüber verständigen. Wenn sie in diesem Fall meinen, noch nicht rechtlich gebunden zu sein, muss nach Vertragsstatut gefragt werden, ob sie mit dem erforderlichen Rechtsbindungswillen handelten (vgl. auch § 154 Abs. 2 BGB).[232] Parteien, die die Problematik erkannt haben, bleibt es unbenommen, mit den Instrumenten des materiellen Rechts eine Gebundenheit bis zur Einhaltung der gewünschten Form auszuschließen (oder mittelbar auf das Formstatut Einfluss zu nehmen).[233] Da diese vom Formstatut zur Verfügung gestellten Instrumente je eigene Voraussetzungen haben können, ist es auch nicht „reiner Formalismus", von den Parteien zu erwarten, dass sie sich innerhalb des Rahmens des anwendbaren Sachrechts bewegen.[234] Wo das anwendbare materielle Recht der Bindung an eine Formvereinbarung Grenzen zieht,[235] sollten diese nicht mit Mitteln des Kollisionsrechts überspielt werden.

83 Eine **materielle Formvereinbarung** (zB nach § 127 BGB oder Art. 16 OR)[236] ist von der (abzulehnenden) kollisionsrechtlichen Vereinbarung oder Abbedingung eines Formstatuts zu unterscheiden. Selbst wer eine Abbedingung einer der Anknüpfungsalternativen des Art. 11 für grundsätzlich möglich hält, sollte in der Vereinbarung eines Schriftformerfordernisses keinen derartigen Ausschluss sehen, denn die Parteien haben bei dieser häufigen Vertragsgestaltung das IPR

---

[225] LAG Magdeburg BeckRS 2014, 68043; BeckOGK/*Gebauer* Rn. 119 mit Hinweis auf Art. 3 Abs. 1 S. 2; Staudinger/*Winkler v. Mohrenfels,* 2021, Rn. 105; Ferrari IntVertrR/*Schulze* Rn. 6; jurisPK-BGB/*Ringe* Rn. 28; *Aubart,* Die Behandlung der dépeçage im europäischen IPR, 2013, 85 f.; aA NK-BGB/*Bischoff* Rn. 25: Rechtswahl schließt idR ein damit nicht übereinstimmendes Ortsrecht aus; Auslegungsmaßstäbe für den Einzelfall formuliert → 8. Aufl. 2021, Rn. 79 ff. *(Spellenberg).* Zum alten Recht bereits *Jayme* NJW 1972, 1618 (1619) krit. zu BGHZ 57, 337 = NJW 1972, 337, der dem eigenen Maßstab nicht gerecht werde; ebenfalls krit. zu der Entscheidung BeckOGK/*Gebauer* Rn. 119; Staudinger/*Winkler v. Mohrenfels,* 2021, Rn. 105.

[226] *Spellenberg* IPRax 1990, 295 (297); zust. Staudinger/*Winkler v. Mohrenfels,* 2021, Rn. 105.

[227] BeckOK BGB/*Mäsch* Rn. 14.

[228] BeckOK BGB/*Mäsch* Rn. 14; *Mansel* in Leible/Unberath, Brauchen wir eine Rom 0-Verordnung?, 2013, 241 (267); wohl auch *Verschraegen* in Magnus/Mankowski ECPIL Rn. 57; zum alten Recht bereits Soergel/*Kegel* EGBGB Art. 11 Rn. 2; *Jayme* NJW 1972, 1618 (1619); *Jayme* IPRax 2005, 42 (43).

[229] Deutlich BeckOK BGB/*Mäsch* Rn. 14; *Mansel* in Leible/Unberath, Brauchen wir eine Rom 0-Verordnung?, 2013, 241 (267); wenig überzeugend der Erst-recht-Schluss von der Parteiautonomie für das Vertragsstatut von Calliess/Renner/*Loacker* Rn. 50.

[230] Vgl. BGHZ 57, 337 (340) = NJW 1972, 385; BGHZ 52, 239 (241) = NJW 1969, 1760.

[231] S. das Argument bei → 8. Aufl. 2021, Rn. 80 *(Spellenberg);* Calliess/Renner/*Loacker* Rn. 49.

[232] Das schützt auch vor der Befürchtung von → 8. Aufl. 2021, Rn. 82 *(Spellenberg),* Parteien könnten von der Formgültigkeit überrascht werden.

[233] Soergel/*Kegel* EGBGB Art. 11 Rn. 2; als „Umweg" bezeichnet von *Aubart,* Die Behandlung der dépeçage im europäischen IPR, 2013, 85.

[234] So aber Staudinger/*Winkler v. Mohrenfels,* 2021, Rn. 103.

[235] Überblick bei *Wedemann* JZ 2022, 1041 (1042 ff.) mwN; Jansen/Zimmermann/*Christandl* PECL Art. 2:106 Rn. 4 ff.

[236] Rechtsvergleichend *Wedemann* JZ 2022, 1041; *Kötz* JZ 2018, 988; zum deutschen Recht → BGB § 125 Rn. 70 ff.; Staudinger/*Hertel,* 2023, BGB § 125 Rn. 120 ff.

normalerweise nicht im Auge. Die Vereinbarung selbst richtet sich nach dem anwendbaren Vertragsstatut.[237] Sodann bewegt sich eine materielle Formvereinbarung indes innerhalb des von Art. 11 gezogenen Rahmens.[238] Ob die Vereinbarung zulässig ist und welche (Bindungs-)Wirkung sie entfaltet, ist für jedes der von Art. 11 alternativ berufenen Formstatute gesondert festzustellen. Wegen der Alternativität in Art. 11 schlägt das Recht durch, das die konkrete Formvereinbarung erlaubt. Im Zweifel ist anzunehmen, dass die materielle Vereinbarung für alle Rechtsordnungen getroffen sein soll, aber eventuell nur in der einen wirksam wird. Die Folgen der Nichteinhaltung einer vereinbarten Form richten sich nach dem Recht, welches die Vereinbarung zulässt,[239] und, wenn die Formvereinbarung nach beiden Rechtsordnungen wirksam war, aber nicht befolgt wurde, nach der milderen. Auf diese Weise lässt sich auch begründen, weshalb ein milderes Ortsrecht nicht alternativ herangezogen werden kann, wenn nach Geschäftsrecht eine Erschwerung der Form vereinbart wurde.[240]

Art. 12 Rom I-VO Geltungsbereich des anzuwendenden Rechts

(1) Das nach dieser Verordnung auf einen Vertrag anzuwendende Recht ist insbesondere maßgebend für

a) seine Auslegung,
b) die Erfüllung der durch ihn begründeten Verpflichtungen,
c) die Folgen der vollständigen oder teilweisen Nichterfüllung dieser Verpflichtungen, in den Grenzen der dem angerufenen Gericht durch sein Prozessrecht eingeräumten Befugnisse, einschließlich der Schadensbemessung, soweit diese nach Rechtsnormen erfolgt,
d) die verschiedenen Arten des Erlöschens der Verpflichtungen sowie die Verjährung und die Rechtsverluste, die sich aus dem Ablauf einer Frist ergeben,
e) die Folgen der Nichtigkeit des Vertrages.

(2) In Bezug auf die Art und Weise der Erfüllung und die vom Gläubiger im Falle mangelhafter Erfüllung zu treffenden Maßnahmen ist das Recht des Staates, in dem die Erfüllung erfolgt, zu berücksichtigen.

Schrifttum: s. auch bei Art. 3, 4 und Art. 10.

Zu I. (Allgemeines): *K. P. Berger,* Neuverhandlungs-, Revisions- und Sprechklauseln im internationalen Wirtschaftsrecht, RIW 2000, 1; *Berner,* Implizite Qualifikationsvorgaben im europäischen Kollisionsrecht, RabelsZ 87 (2023), 236; Ferrari/Leible (Hrsg.), Rome I Regulation, 2009; Jansen/Zimmermann (Hrsg.), Commentaries on European Contract Laws, 2018; *W. Lorenz,* Der Bereicherungsausgleich im deutschen IPR und in rechtsvergleichender Sicht, FS Zweigert, 1981, 199; *van Venrooy,* Die Anknüpfung der Kaufmannseigenschaft im deutschen IPR, 1985.

Zu II. (Auslegung): *Batiffol,* L'interprétation des contrats en droit international privé et le Code civil français, FS Vischer, 1983, 85; *J. Gruber,* Auslegungsprobleme bei fremdsprachigen Verträgen unter deutschem Recht, DZWiR 1997, 353; *v. Hoffmann,* Zur Auslegung von Formularbedingungen des internationalen Handelsverkehrs, AWD 1970, 247; *Hohloch/Kjelland,* Abändernde stillschweigende Rechtswahl und Rechtswahlbewußtsein, IPRax 2002, 30; *Kahn,* L'interprétation des contrats internationaux, Clunet 108 (1981), 5; *Kötz,* Vertragsauslegung – eine rechtsvergleichende Skizze, FS Zeuner, 1994, 219; *E. Lorenz,* Die Auslegung schlüssiger und ausdrücklicher Rechtswahlerklärungen im internationalen Schuldvertragsrecht, RIW 1992, 697; *Lüderitz,* Auslegung von Rechtsgeschäften – vergleichende Untersuchungen anglo-amerikanischen und deutschen Rechts, 1966; *Magnus,* Fremdsprachige Verträge unter deutschem Vertragsstatut – Auslegungsregeln für internationale Verträge, FS Schwenzer, 2011, 1153; *Maier-Reimer,* Vertragssprache und Sprache des anwendbaren Rechts, NJW 2010, 2545; *Nordmeier,* Zur Auslegung von Versicherungsverträgen nach englischem Recht, VersR 2012, 143; *Ostendorf,* The exclusionary rule of English law and its proper characterisation in the conflict of laws – is it a rule of evidence or contract interpretation?, JPIL 11 (2015), 163; *W.-H. Roth,* Internationales Versicherungsvertragsrecht, 1985; *Sánchez Lorenzo,* L'interprétation du contrat: questions du droit comparé et de droit international privé, FS Spellenberg, 2010, 329; *Sandrock,* Zur ergänzenden Vertragsauslegung im

237 Rauscher/*v. Hein* Rn. 18; NK-BGB/*Bischoff* Rn. 25.

238 BeckOGK/*Gebauer* Rn. 120; *Verschraegen* in Magnus/Mankowski ECPIL Rn. 75; Staudinger/*Winkler v. Mohrenfels,* 2021, Rn. 42; missverständlich OLG Karlsruhe RIW 1993, 505 zur Abtretung einer Lebensversicherungsforderung nach Schweizer Recht in Deutschland: „auf dieses vertraglich ausbedungene Formerfordernis findet Art. 11 keine Anwendung"; NK-BGB/*Bischoff* Rn. 25: Zulässigkeit und Voraussetzungen nach Geschäftsstatut.

239 *Verschraegen* in Magnus/Mankowski ECPIL Rn. 75; Soergel/*Kegel* EGBGB Art. 11 Rn. 2.

240 So in OLG Karlsruhe RIW 1993, 505; Rauscher/*v. Hein* Rn. 18.

materiellen und internationalen Schuldvertragsrecht, 1966; *Sonnenberger,* Verkehrssitten im Schuldvertrag – eine rechtsvergleichende Untersuchung, 1970; *Spellenberg,* Fremdsprache und Rechtsgeschäft, FS Ferid, 1988, 463; *Spellenberg,* Stellvertretung und Vertragsauslegung im englischen Recht, FS Kramer, 2004, 311; *Spellenberg,* Der Beweis durch rechtsgeschäftliche Urkunden im deutschen und französischen Recht, Liber amicorum Wilfried Berg, 2011, 360; *Triebel/Balthasar,* Auslegung englischer Vertragstexte unter deutschem Vertragsstatut – Fallstricke des Art. 32 I Nr. 1 EGBGB, NJW 2004, 2189; *Triebel/Vogenauer,* Englisch als Vertragssprache, 2018; *Vogenauer,* Auslegung von Verträgen, in Basedow/Hopt/Zimmermann, Handwörterbuch des Europäischen Privatrechts, 2009, 134; *M. Wolf,* Auslegung und Inhaltskontrolle von AGB im internationalen kaufmännischen Verkehr, ZHR 153 (1989), 300.

Zu III. (Vertragsinhalt und Erfüllung): *Castendiek,* „Vertragliche" Ansprüche Dritter im internationalen Privatrecht, IPRax 2022, 449; *Dutta,* Das Statut der Haftung aus Vertrag mit Schutzwirkung für Dritte, IPRax 2009, 293; *Magnus,* Zurückbehaltungsrechte und IPR, RabelsZ 38 (1974), 440; *Maier-Reimer,* Fremdwährungsverbindlichkeiten, NJW 1985, 2049; *Mann/Kurth,* Haftungsgrenzen und Zinsansprüche in internationalen Übereinkommen, RIW 1988, 251; *Mankowski,* Versicherungsverträge zugunsten Dritter, Internationales Privatrecht und Art. 17 EuGVÜ, IPRax 1996, 427; *Martiny,* Zur Einordnung und Anknüpfung der Ansprüche und der Haftung Dritter im Internationalen Schuldrecht, FS Magnus, 2014, 483; *Schack,* Der Erfüllungsort im deutschen, ausländischen und internationalen Privat- und Zivilprozeßrecht, 1985.

Zu IV. (Nichterfüllung): *K. P. Berger,* Vertragsstrafen und Schadenspauschalierungen im Internationalen Wirtschaftsrecht, RIW 1999, 401; *Eichel,* Die Anwendbarkeit von § 287 ZPO im Geltungsbereich der Rom I- und der Rom II-VO, IPRax 2014, 156; *Gruber,* Die kollisionsrechtliche Anknüpfung der Verzugszinsen, MDR 1994, 759; *Grunsky,* Anwendbares Recht und gesetzlicher Zinssatz, FS Merz, 1992, 147; *Hess/Wille,* Russische Verzugszinsen vor dem deutschen Richter: Ist ein Zinssatz von 37,5% pro Jahresquartal akzeptabel?, IPRax 2022, 164; *Kindler,* Gesetzliche Zinsansprüche im Zivil- und Handelsrecht, 1996; *Königer,* Die Bestimmung der gesetzlichen Zinshöhe nach deutschem IPR, 1997; *Leible,* Die richterliche Herabsetzung von Vertragsstrafen im spanischen Recht, ZEuP 2000, 322; *Lein,* Die Verzögerung der Leistung im europäischen Vertragsrecht, 2015; *Magnus,* Prozesszinsen nach lex fori oder nach Sachstatut?, FS Martinek, 2020, 443; *Paulus,* Beweismaß und materielles Recht, FS Gerhardt, 2004, 747; *Remien,* Rechtsverwirklichung durch Zwangsgeld, 1992; *Schmitz,* Zinsrecht. Zum Recht der Zinsen in Deutschland und in der Europäischen Union, 1994.

Zu V. (Erlöschen der Verpflichtungen): *K. P. Berger,* Der Aufrechnungsvertrag, 1996; *Schwimann,* Zur internationalprivatrechtlichen Behandlung von Schuldgeschäft und Schulderlaß, ÖNotZ 1976, 114.

Zu VI. (Verjährung): *Budzikiewicz,* Verjährungsunterbrechung durch Auslandsklage, ZEuP 2010, 415; *Burr,* Fragen des kontinental-europäischen internationalen Verjährungsrechts, Diss. Bonn 1968; *Cuniberti,* Time Limitations Affecting Foreign Judgments, IPRax 2024, 1; *Frank,* Unterbrechung der Verjährung durch Auslandsklage, IPRax 1983, 108; *Geimer,* Nochmals: Zur Unterbrechung der Verjährung durch Klageerhebung im Ausland: Keine Gerichtspflichtigkeit des Schuldners all over the world, IPRax 1984, 83; *Hage-Chahine,* Les conflits dans l'espace et dans le temps en matière de prescription, 1977; *Heinze,* Anforderungen an eine Auslandsklage zur Hemmung der Verjährung nach § 204 Abs. 1 Nr. 1 BGB, FS Kronke, 2020, 161; *Kegel,* Die Grenzen von Qualifikation und Renvoi im internationalen Verjährungsrecht, 1962; *Leible,* Verjährung im Internationalen Vertragsrecht, Liber amicorum Berg, 2011, 234; *Linke,* Die Bedeutung ausländischer Verfahrensakte im deutschen Verjährungsrecht, FS Nagel, 1987, 209; *Looschelders,* Anpassung und Substitution bei der Verjährungsunterbrechung durch unzulässige Auslandsklage, IPRax 1998, 296; *Lüke,* Die Beteiligung Dritter im Zivilprozeß, 1993; *Mansel,* Prescription, in Basedow/Rühl/Ferrari/de Miguel Asensio, Encyclopedia of Private International Law, 2017, 1368; *McGuire,* Verfahrenskoordination und Verjährungsunterbrechung im Europäischen Prozessrecht, 2004; *K. Müller,* Zur kollisionsrechtlichen Anknüpfung der Verjährung, FS zum 150 jährigen Bestehen des OLG Zweibrücken, 1969, 183; *Müller-Freienfels,* Die Verjährung englischer Wechsel vor deutschen Gerichten, FS Zepos, Bd. II, 1973, 491; *Regkakos/Labonté,* Das Zusammenspiel zwischen Rücktrittserklärung und Verjährungsverzicht sowie dessen kollisionsrechtliche Einordnung, IWRZ 2022, 71; *Schlosser,* Ausschlussfristen, Verjährungsunterbrechung und Auslandsklage, FS Bosch, 1976, 859; *Spickhoff,* Verjährungsunterbrechung durch ausländische Beweissicherungsverfahren, IPRax 2001, 37; *Taupitz,* Verjährungsunterbrechung im Inland durch unfreiwillige Beteiligung an fremdem Rechtsstreit im Ausland, ZZP 102 (1989), 288; *Taupitz,* Unterbrechung der Verjährung durch Auslandsklage aus Sicht des österreichischen und deutschen Rechts, IPRax 1996, 140; *Will,* Verwirkung im IPR, RabelsZ 42 (1978), 211; *Wolf,* Verjährungshemmung auch durch Klage vor einem international unzuständigen Gericht?, IPRax 2007, 180; *R. Zimmermann,* Comparative Foundations of a European Law of Set-off and Prescription, 2002.

Zu VII. (Folgen der Nichtigkeit): *G. Fischer,* Neuregelung des Kollisionsrechts der ungerechtfertigten Bereicherung und der Geschäftsführung ohne Auftrag im IPR-Reformgesetz von 1999, IPRax 2002, 1; *W. Lorenz,* Rechtsfolgen ausländischer Eingriffsnormen – Zur Lehre vom „Vernichtungsstatut", FS Jayme, 2004, 549; *Sendmeyer,* Die Rückabwicklung nichtiger Verträge im Spannungsfeld zwischen Rom II-VO und Internationalem Vertragsrecht, IPRax 2010, 500.

Zu IX. (Art und Weise der Erfüllung): *Boosfeld,* Das anwendbare Recht auf Verträge über digitale Produkte nach den §§ 327 ff. BGB n.F., GPR 2022, 70; *Krings,* Erfüllungsmodalitäten im internationalen Schuldvertragsrecht, 1997.

Übersicht

I. Allgemeines

1. Entstehung. Art. 12 ist im Zusammenhang **mit Art. 10** zu lesen. Beide entstammen dem EVÜ (Art. 8 EVÜ und Art. 10 EVÜ). Dabei enthält Art. 10 die umfassende Anknüpfung des Vertragsschlusses und Art. 12 die ebenso umfassende Geltung des Vertragsstatuts für die Vertragswirkungen. Beide zusammen ergeben so, dass Voraussetzungen und Wirkungen des Schuldvertrages demselben Recht unterstellt werden. **Vertragsstatut iSd Art. 10 und Art. 12** ist das nach den Art. 3–8 bestimmte Recht. 1

Sie entsprechen den bisherigen **Art. 31 und 32 EGBGB aF,** wobei Art. 12 gegenüber Art. 32 EGBGB aF wieder verkürzt worden ist, indem die partielle Regelung von **Beweisfragen** (wie schon in Art. 14 EVÜ) wieder in einem eigenen Artikel behandelt wird (Art. 18).[1] Zudem regelt Art. 17 Rom I-VO die **Aufrechnung** nun selbständig, die zuvor als eine der Arten des Erlöschens in Art. 10 EVÜ bzw. Art. 32 Abs. 1 EGBGB aF eingeschlossen war (→ Art. 17 Rn. 2). Inhaltlich hat sich nichts geändert, denn die umfassende Geltung des einen Vertragsstatuts 2

[1] Zur Entstehungsgeschichte Staudinger/*Magnus,* 2021, Rn. 5 ff.

war schon bisher unbestritten und entspricht der ganz hM schon vor 1986.[2] Lit. und Rspr. zum EVÜ bzw. zu Art. 32 EGBGB aF können daher weiterverwendet werden.[3]

3 **2. Normzweck.** Art. 12 drückt zusammen mit Art. 10 das Prinzip der **einheitlichen Anknüpfung** von Voraussetzungen und Wirkungen eines Rechtsgeschäfts aus, welches nicht nur im Schuldvertragsrecht gilt (näher → Art. 10 Rn. 2 ff.; → EGBGB Vor Art. 8 Rn. 9 ff.). **Grundsätzlich** sollen **alle vertragsrechtlichen Folgen der Parteivereinbarung** dem Vertragsstatut als Wirkungsstatut unterstehen. Somit ist Art. 12 keine Kollisionsnorm, sondern eine **„Qualifikationsnorm"** (→ Einl. IPR Rn. 137).[4] Er umreißt die Reichweite des von den Kollisionsnormen der Rom I-VO berufenen Rechts.[5] Alle in Art. 12 genannten Fragen sind für das europäische Kollisionsrecht vertraglich zu qualifizieren und explizit dem Vertragsstatut zugewiesen.[6] Die Vorschrift nennt dazu die **wichtigsten Wirkungen** im Einzelnen: die Auslegung, die Erfüllung, Fragen der Leistungsstörungen, das Erlöschen der vertraglichen Verpflichtungen und die Folgen der Nichtigkeit. Diese Begriffe sind wie stets europäisch-autonom auszulegen.[7] Die Aufzählung ist freilich nur **beispielhaft** („insbesondere").[8] Eine erschöpfende Aufzählung der erfassten Einzelfragen ist im Gesetz nicht beabsichtigt und wäre letztlich auch nicht möglich. Es sollen möglichst alle Rechte und Pflichten der Parteien – auch soweit sie erst im weiteren Verlauf der vertraglichen Beziehungen relevant werden – dem Vertragsstatut unterstellt werden.[9] Das bringen besonders Abs. 1 lit. b bis e zum Ausdruck, wobei die interne **Abgrenzung** der dort genannten Wirkungen schwierig, aber auch unerheblich ist, da allemal das Vertragsstatut gilt.[10] Die in Art. 18 Abs. 1 genannten Vermutungen hätten auch in Art. 12 aufgenommen werden können, haben aber einen eigenen Platz gefunden, weil deren Anknüpfung seit alters her streitig war. Praktisch wichtig und schwierig ist dagegen die **Abgrenzung** des Anwendungsbereiches des Vertragsstatuts **nach außen** aus der Berührung mit anderen Rechtsverhältnissen. Dies erfordert die Abgrenzung des sachlichen Anwendungsbereichs der Rom I-VO zu anderen Materien wie dem Sachen-, Erb- und Verfahrensrecht.[11] Besondere Abgrenzungsfragen werfen die außervertraglichen Schuldverhältnisse aus Delikts- und Bereicherungsrecht auf. Es sind die Anwendungsbereiche der Rom I-VO und Rom II-VO voneinander abzugrenzen. Aus der Zuordnung zu den sachlichen Anwendungsbereichen der beiden Verordnungen ergeben sich somit ebenfalls Qualifikationsvorgaben.[12] Art. 10 Abs. 1 und Art. 12 Abs. 1 Rom II-VO sehen grundsätzlich eine vertragsakzessorische Anknüpfung vor, so dass im praktischen Ergebnis die Abgrenzung weniger Bedeutung hat.[13] Besonders zu erwähnen ist die Brüssel Ia-VO, da in beiden Verordnungen vorkommende Begriffe tunlichst gleich zu verstehen sind (Erwägungsgrund 7).[14] So hat der EuGH den europäisch-autonomen Begriff des „Vertrags" mit Blick auf Art. 7 Nr. 1 lit. a Brüssel Ia-VO definiert[15] (→ Art. 4 Rn. 5; → Art. 1 Rn. 8 ff.).

4 Als eine Ausnahme nennt **Abs. 2** die Art und Weise der Erfüllung. Für die sog. **Erfüllungsmodalitäten** ist die Rechtsordnung am Erfüllungsort zu berücksichtigen, um Konflikte zwischen der lex causae und einem davon abweichenden Recht des Erfüllungsortes zu vermeiden.[16] Das bedeutet jedoch nicht notwendig eine eigenständige Anknüpfung (→ Rn. 172 ff.). Für die **Aufrechnung** als eine Art des Erlöschens der Forderung gibt es zwar eine eigene Regel in Art. 17, die aber ebenfalls auf das Vertragsstatut, und zwar dasjenige der Hauptforderung verweist (→ Art. 17 Rn. 16 ff.), während Art. 18 Abs. 2 für den **Beweis** weitere Rechtsordnungen kumuliert.

---

2 Rauscher/*Freitag* Rn. 2; Staudinger/*Magnus,* 2021, Rn. 8; Erman/*Stürner* Rn. 1.

3 BeckOGK/*Weller* Rn. 4; Staudinger/*Magnus,* 2021, Rn. 4; Calliess/Renner/*Augenhofer* Rn. 10.

4 *Berner* RabelsZ 87 (2023), 236 (239 f.); *v. Bar/Mankowksi* IPR II § 1 Rn. 778; BeckOGK/*Weller* Rn. 2: „kollisionsrechtliche Hilfsnorm".

5 Grüneberg/*Thorn* Rn. 1; Staudinger/*Magnus,* 2021, Rn. 1; NK-BGB/*Leible* Rn. 2.

6 *v. Bar/Mankowski* IPR II § 1 Rn. 778; BeckOGK/*Weller* Rn. 2.

7 BGH NJW 2022, 3644 Rn. 20; BeckOGK/*Weller* Rn. 7; für ergänzende Orientierung der Begriffsbildung am DCFR PWW/*Brödermann/Wegen* Rn. 6 f.; Calliess/Renner/*Augenhofer* Rn. 3.

8 Erman/*Stürner* Rn. 3; BeckOGK/*Weller* Rn. 2; Grüneberg/*Thorn* Rn. 4; Staudinger/*Magnus,* 2021, Rn. 2.

9 BeckOGK/*Weller* Rn. 8.

10 *v. Bar/Mankowski* IPR II § 1 Rn. 784.

11 Rauscher/*Freitag* Rn. 3 ff.; Staudinger/*Magnus,* 2021, Rn. 13; BeckOK BGB/*Spickhoff* Rn. 3.

12 *Berner* RabelsZ 87 (2023), 236 (240 f.) mwN; BeckOGK/*Weller* Rn. 2.

13 Rauscher/*Freitag* Rn. 4, 9. Jedoch ist bei der cic zu beachten, dass Art. 12 Rom II-VO nicht die Verletzung von sog. Obhutspflichten betrifft, die der allgemeinen deliktischen Anknüpfung unterliegt (Erwägungsgrund 30 Rom II-VO).

14 BeckOGK/*Weller* Rn. 9.

15 Rauscher/*v. Hein* Art. 1 Rn. 7.

16 Vgl. *Giuliano/Lagarde* BT-Drs. 10/503, 65. Zu Art. 15 Abs. 2 EVÜ-Entwurf 1972 *Lando* RabelsZ 38 (1974), 46; *v. Hoffmann* EurPILO 26 f. Vgl. auch Art. 125 IPRG Schweiz.

Nur ausnahmsweise unterliegen einzelne Teile eines Vertrages anderem Recht, wenn nämlich die Parteien eine **Teilrechtswahl** nach Art. 3 Abs. 1 S. 3 vorgenommen haben.[17] Dagegen ist die **objektive Teilanknüpfung (Depéçage),** die Art. 28 Abs. 1 S. 2 EGBGB aF ermöglichte, in Art. 4 nicht mehr enthalten.[18] Sie spielte auch praktisch keine Rolle. Unberührt bleiben die Teilfragenanknüpfungen der **Geschäftsfähigkeit** (Art. 1 Abs. 2 lit. a; Art. 7 Abs. 2 EGBGB)[19] und der **Form** (Art. 11). Die Fragen der rechtsgeschäftlichen und der organschaftlichen **Stellvertretung** sind, nachdem Art. 7 Rom I-VO-E noch einen Regelungsvorschlag unterbreitet hatte,[20] gemäß Art. 1 Abs. 2 lit. g kein Gegenstand der Rom I-VO und damit nicht von dem von Art. 3 und 4 bestimmten Vertragsstatut umfasst. Die Fragen bleiben daher weiterhin den nationalen Kollisionsrechten überlassen (→ EGBGB Art. 8 Rn. 8 ff.). Zu beachten ist auch, dass es zu einer **Sonderanknüpfung** von Eingriffsnormen nach Art. 9 kommen kann; soweit sie reicht, geht sie dann den von Art. 12 berufenen Vorschriften vor.[21] Ebenfalls kann es zu einer Überlagerung eines von den Parteien gewählten Rechts aufgrund der Art. 3 Abs. 3 und 4, Art. 6 Abs. 2 S. 2, Art. 8 Abs. 1 S. 2 sowie Art. 46b EGBGB kommen. Auch die danach ermittelten Regeln gehen in dem von Art. 12 umrissenen Anwendungsbereich des Vertragsstatuts vor.[22] 5

Der schuldrechtliche **„Vertrag"** ist in Art. 12 ebenso zu verstehen wie in Art. 10 und der übrigen Rom I-VO. Das Vertragsstatut gilt daher ebenso für einseitig verpflichtende Verträge wie eine Bürgschaft oder – nach der Rom I-VO ebenfalls als vertraglich zu qualifizierende – einseitige Verpflichtungserklärungen wie eine Haftungsübernahme,[23] aber auch für **einseitige Rechtsgeschäfte** mit Bezug auf einen Vertrag wie eine Kündigung und andere vertragsbezogene Gestaltungserklärungen sowie für **rechtsgeschäftsähnliche Erklärungen** wie die Mahnung oder die Mängelanzeige.[24] 6

3. Allgemeine Regeln. Der **Renvoi** wird durch Art. 20 generell ausgeschlossen. Damit hat sich auch das frühere Problem der versteckten Rückverweisung kraft Qualifikationsdifferenz im Verjährungsrecht erledigt (→ Rn. 112). Der **ordre public** bleibt dagegen nach Art. 21 **vorbehalten.** Im Schuldvertragsrecht greift er freilich selten durch. Dem Verbraucher hilft vielfach schon das besondere Verbraucherkollisionsrecht (Art. 6). Auch andere Vorbehalte zugunsten einfach zwingenden Rechts (Art. 3 Abs. 3 und 4, Art. 8 Abs. 1) sowie Art. 10 Abs. 2 schmälern die Notwendigkeit, auf den ordre public-Vorbehalt zu rekurrieren.[25] **Ordre public und Eingriffsnormen** iSd Art. 9 stehen nebeneinander (Erwägungsgrund 37; → Art. 21 Rn. 7). Der ordre public betrifft vornehmlich Art. 12 und nicht den Abschluss des Vertrages.[26] Zu denken ist traditionell an zu lange oder zu kurze Verjährungsfristen (→ Rn. 116) oder an die Verweigerung von Sanktionen bei groben Eingriffen in die Willensfreiheit (→ Art. 10 Rn. 60), an zu hohe und nach dem ausländischen Vertragsstatut nicht reduzierbare Vertragsstrafen (→ Rn. 93), an zu hohen Strafschadensersatz oder auch an zu weit hinter dem tatsächlichen Schaden zurückbleibende Summen (→ Rn. 92). Das RG hat einmal die deutsche Regel, dass bei arglistigem Verschweigen eines Sachmangels die handelsrechtlichen Untersuchungs- und Rügeobliegenheiten nicht gelten (§ 377 Abs. 5 HGB), als Bestandteil des deutschen ordre public angesehen.[27] 7

II. Auslegung (Abs. 1 lit. a)

1. Auslegungsgegenstand. Art. 12 Abs. 1 lit. a weist dem Statut des Vertrags „seine Auslegung" zu. Damit ist nicht nur die Auslegung des **geschlossenen Vertrages** gemeint, sondern ebenso die der vertragsschließenden **Erklärungen.** Gegenstand der Auslegung ist nicht nur die **verbale Erklärung,** sondern ebenso das **konkludente Verhalten.** Häufig genug ist das Erklärungsverhalten eine Kombination von beidem. Die Auslegung von Angebot und Annahme, die gemeinsam den Konsens und Vertragsinhalt ergeben, anders als an das Vertragsstatut anzuknüpfen, wäre sinnwidrig. 8

---

17 Eine Teilrechtswahl dürfte idR nicht dem Willen der Parteien entsprechen, BeckOGK/*Weller* Rn. 7; Staudinger/*Magnus,* 2021, Rn. 22.

18 Sie war noch in Art. 4 Abs. 1 S. 2 Rom I-VO-E enthalten.

19 Und entsprechend der Rechtsfähigkeit von Gesellschaften.

20 Dazu iE *Spellenberg* in Ferrari/Leible, Ein neues Internationales Vertragsrecht für Europa, 2007, 151 ff.

21 Grüneberg/*Thorn* Rn. 1; Calliess/Renner/*Augenhofer* Rn. 8; zu Art. 9 vgl. → Art. 9 Rn. 1 ff.

22 Grüneberg/*Thorn* Rn. 1; Staudinger/*Magnus,* 2021, Rn. 15 f.; *v. Bar/Mankowski* IPR II § 1 Rn. 780.

23 BeckOGK/*Weller* Rn. 10; Staudinger/*Magnus,* 2021, Rn. 10; BGH RIW 1995, 102 betr. Haftungsübernahme; LG Berlin IPRax 2000, 526 betr. Patronatserklärung.

24 Staudinger/*Magnus,* 2021, Rn. 10, 26; Erman/*Stürner* Rn. 4; BeckOGK/*Weller* Rn. 10, 26; Ferrari IntVertragsR/*Ferrari* Rn. 8; BeckOK BGB/*Spickhoff* Rn. 4; Calliess/Renner/*Augenhofer* Rn. 4.

25 Erman/*Stürner* Rn. 2.

26 Überblick über Beispiele zB bei NK-BGB/*Leible* Art. 3 Rn. 13.

27 RGZ 46, 193 (196).

So ist gemäß Art. 12 Abs. 1 lit. a durch Auslegung auch zu ermitteln, ob überhaupt eine relevante Willenserklärung und insbesondere ein Konsens vorliegt.[28] Jedoch gibt es, wie die ergänzende Auslegung bei Lücken im Vertrag zeigt,[29] auch spezielle Auslegungsfragen nur für geschlossene Verträge. Die Auslegung von AGB ist ein Fall spezieller Auslegungsregeln (→ Rn. 40 ff.). Soweit ein **Teil des Vertrags** zB bei einer Teilrechtswahl ein eigenes Statut hat, gilt dieses auch für die Auslegung dieses Teils. Zur Einbeziehung **einseitiger Rechtsgeschäfte** und vertragsbezogener **Erklärungen** → Rn. 6.

9 Entsprechend dem für Zustandekommen und Wirksamkeit einer **Rechtswahlvereinbarung** in Art. 3 Abs. 5 verankerten „bootstrap principle" (→ Art. 10 Rn. 35) wäre daran zu denken, dass auch deren Auslegung von dem gewählten Recht beherrscht wird. Diese Erstreckung des Rechtswahlstatuts auf Fragen der Auslegung stößt jedoch aus zweierlei Gründen auf Schwierigkeiten. Zum einen ist in formaler Hinsicht zu beachten, dass sich der Verweis in Art. 3 Abs. 5 nur auf die Art. 10, 11 und 13, nicht aber auf den für die Auslegung maßgeblichen Art. 12 Abs. 1 bezieht. Zum anderen stößt das „bootstrap principle" an seine Grenzen, wenn zwar der Anschein einer Rechtswahlvereinbarung und damit ein tauglicher Anknüpfungsgegenstand besteht, aber gerade durch Auslegung zu klären ist, **welches Recht gewählt** wurde. Bevor die Auslegung dem anscheinend gewählten Recht unterstellt werden kann, muss feststehen, welches Recht das ist. Teilweise abgemildert werden die Schwierigkeiten, soweit Art. 3 Abs. 1 S. 2 einen verordnungsautonomen Standard dafür etabliert, ob die Rechtswahl sich „eindeutig aus den Bestimmungen des Vertrages oder aus den Umständen des Falles" ergibt (→ Art. 3 Rn. 46 ff.).[30]

10 Für alle anderen Auslegungsprobleme ist die Frage umstritten.[31] Jedenfalls soweit nicht ungewiss ist, welches Recht gewählt wurde, sondern vielmehr etwa die **Reichweite der Vereinbarung** durch Auslegung zu ermitteln ist, kommt theoretisch die Anwendung des **gewählten Rechts** in Betracht.[32] Dieser Weg erscheint attraktiv, weil er den Grundsatz des möglichst einheitlichen Geschäftsstatuts (→ Art. 10 Rn. 9 ff.) auf die Rechtswahlvereinbarung erstreckt[33] und für einen Gleichlauf zwischen Auslegung des Hauptvertrags und des Verweisungsvertrags sorgt.[34] Er muss sich aber nicht nur über den fehlenden Verweis des Art. 3 Abs. 5 auf Art. 12 hinwegsetzen, sondern auch die Friktion in Kauf nehmen, dass die besonders heikle Auslegungsfrage nach dem gewählten Recht einem anderen Recht als der lex causae unterstehen muss (→ Art. 3 Rn. 45).[35] Soweit mehr als eine Rechtsordnung als möglicherweise gewählt in Frage kommt, drohte andernfalls eine Normenhäufung.[36]

11 Vorgeschlagen wurde daher, jedenfalls auf die Frage nach dem gewählten Recht die **lex fori** anzuwenden.[37] Angesichts verbleibender Divergenzen zwischen den mitgliedstaatlichen Auslegungsregeln (→ Rn. 16) vermag dieser Ansatz jedoch nicht zu befriedigen, weil dann das Auslegungsergebnis davon abhängen könnte, vor den Gerichten welchen Staates der Streit ausgetragen wird.[38] Außerhalb eines Prozesses, etwa im Rahmen von Vergleichsverhandlungen, stünde noch keine lex fori fest.

12 Vorzugswürdig ist es daher, die Auslegung der Rechtswahlvereinbarung nach **verordnungsautonomen Maßstäben** vorzunehmen.[39] Zuzugeben ist zwar, dass derartige Maßstäbe – abseits des Art. 3 Abs. 1 S. 2 – noch nicht bestehen.[40] Jedoch lassen sie sich mit Hilfe des EuGH entwi-

[28] Ferrari IntVertragsR/*Ferrari* Rn. 5. Alle weiteren Wirksamkeitsvoraussetzungen fallen unter Art. 10.

[29] Rechtsvergleich bei *Kötz,* Europäisches Vertragsrecht, 2. Aufl. 2015, 146 ff.

[30] BeckOK BGB/*Spickhoff* Rn. 4; BeckOGK/*Weller* Rn. 28.

[31] Vom BGH offengelassen in BGH NJW-RR 2000, 1002 (1003) = IPRax 2002, 37 m. Aufsatz *Hohloch/Kjelland* IPRax 2002, 30.

[32] Dafür *v. Bar* IPR II, 1. Aufl. 1991, Rn. 539 Fn. 596; Erman/*Stürner* Rn. 4; Ferrari IntVertragsR/*Ferrari* Rn. 7; NK-BGB/*Leible* Rn. 12; Staudinger/*Magnus,* 2021, Rn. 28; Calliess/Renner/*Augenhofer* Rn. 6; → 8. Aufl. 2021, Rn. 9 *(Spellenberg).* OLG München IPRax 1989, 42 (44) hat nach kalifornischem Recht entschieden, ob die von den Parteien verwendeten Formulierungen, in denen sie das Recht von Kalifornien benennen, als Rechtswahl zu verstehen seien.

[33] Vgl. Ferrari IntVertragsR/*Ferrari* Art. 3 Rn. 25; Rauscher/*v. Hein* Art. 3 Rn. 9; BeckOGK/*Weller* Rn. 28.

[34] NK-BGB/*Leible* Rn. 12.

[35] Rauscher/*v. Hein* Art. 3 Rn. 9; aA offenbar für Anwendung der lex causae auch auf diese Frage *v. Bar* IPR II, 1. Aufl. 1991, Rn. 539 Fn. 596; Erman/*Stürner* Rn. 4.

[36] *E. Lorenz* RIW 1992, 697 (700); *Hohloch/Kjelland* IPRax 2002, 30 (31); Rauscher/*v. Hein* Art. 3 Rn. 9.

[37] → 8. Aufl. 2021, Rn. 9 *(Spellenberg); Hohloch/Kjelland* IPRax 2002, 30 (31); NK-BGB/*Leible* Rn. 12; Ferrari IntVertragsR/*Ferrari* Rn. 7; Reithmann/Martiny IntVertragsR/*Martiny* Rn. 3.103; früher bereits RG IPRspr. 1929 Nr. 35.

[38] Rauscher/*v. Hein* Art. 3 Rn. 9; *E. Lorenz* RIW 1992, 697 (699).

[39] Rauscher/*v. Hein* Art. 3 Rn. 9; BeckOGK/*Weller,* 2021, Rn. 28; *E. Lorenz* RIW 1992, 697 (700); grds. ebenso („soweit möglich") → Art. 3 Rn. 45; Staudinger/*Magnus,* 2021, Rn. 28; BeckOK BGB/*Spickhoff* Rn. 4.

[40] Krit. deshalb → 8. Aufl. 2021, Rn. 10 *(Spellenberg).*

ckeln,[41] zumal teilweise auch Vertreter einer Anwendung der lex fori sich dafür aussprechen, bei der Anwendung der nationalen Auslegungsregeln den europäischen Kontext zu berücksichtigen.[42] Diese verordnungsautonome Auslegung sollte dann aber aus Gründen der Einheitlichkeit nicht nur auf die Frage, welches Recht gewählt wurde, beschränkt bleiben, sondern auf die Auslegung von Rechtswahlvereinbarungen **insgesamt,** zB in Bezug auf deren Reichweite, erstreckt werden.[43] So lässt sich auch der fehlende Verweis des Art. 3 Abs. 5 auf Art. 12 kohärent erklären.[44]

Eine verordnungsautonome Auslegung könnte etwa bei einer Wahl „US-amerikanischen" Rechts ohne Angabe der gewollten Teilrechtsordnung[45] nach dem Rechtsgedanken des Art. 4 Abs. 4 zu einer Wahl derjenigen Teilrechtsordnung führen, zu der die engste Verbindung besteht.[46] Voraussetzung ist freilich, dass die Rechtswahl „eindeutig" iSd Art. 3 Abs. 1 S. 2 erfolgte und dass sich eine derartige engste Verbindung mit hinreichender Sicherheit feststellen lässt. Wenn nach verordnungsautonomer Auslegung **nicht festzustellen** ist, dass die Parteien dasselbe Recht wollten, ist die Rechtswahl gescheitert; es gibt dann kein „anscheinend" gewähltes Recht.[47] Die Situation ähnelt derjenigen bei einander widersprechenden Rechtswahlklauseln (→ Art. 10 Rn. 179 ff.), die freilich kein Auslegungsproblem aufwerfen, da jede Partei ihre Wahl eindeutig erklärt hat. 13

2. Anknüpfung. a) Vertragsstatut. Die Auslegung des Hauptvertrages untersteht seinem **Vertragsstatut.** Das war schon bisher die praktisch einhellige Auffassung,[48] und diese Regel ist nun in Art. 12 Abs. 1 lit. a für schuldrechtliche Verträge und darauf bezogene einseitige Rechtsgeschäfte (→ Rn. 6) klargestellt. Es ist die Aufgabe der lex causae, die Wirkungen des Rechtsgeschäfts zu bestimmen, und dazu gehört auch, ob und wie diese von den Parteien festgelegt und vereinbart werden können und wie der Inhalt der Vereinbarungen zu ermitteln ist. Jede Parteiautonomie ist weiter eingebettet in einen Kontext von gesetzlichen Regeln, und es ist kein Zufall, dass die Grenze zwischen Auslegung und dispositivem Recht, welches mangels Vereinbarung gelten soll, fließend sein kann.[49] Der Kontext der gesetzlichen Regelungen hat ggf. wesentlichen Einfluss auf die Bedeutung der Parteierklärungen und Abreden, weil die Erklärungen sich unter Umständen auf den rechtlichen Rahmen beziehen, und sei es um davon abzuweichen.[50] Soweit gemäß **Art. 10 Abs. 2** die Zustimmung zum Vertrag eigenständig anzuknüpfen ist, ist das Verhalten der betreffenden Partei auch nach den Regeln ihres Umweltrechts auszulegen, um zu bewerten, ob sie danach gebunden wäre.[51] 14

Art. 3 Abs. 1 S. 3 erlaubt den Parteien auch, kraft ihrer Parteiautonomie ein **eigenes Recht** für die **Auslegung** zu wählen (→ Art. 3 Rn. 58).[52] Zu denken ist an die im angelsächsischen Bereich häufigen „construction clauses", denen zufolge der Vertrag gemäß der in der Klausel bezeichneten Rechtsordnung ausgelegt („construed") werden soll. Diese Klauseln sind allerdings im **angelsächsischen Verständnis** in der Regel als Rechtswahl für den ganzen Vertrag gemeint und auszulegen,[53] denn es ist in der Tat schwer vorstellbar, dass die Parteien die eng mit dem zwingenden und dispositiven Recht verbundene Auslegung davon trennen wollen. Eine derartige Trennung wäre 15

[41] Rauscher/*v. Hein* Art. 3 Rn. 9; für Rücksichtnahme auf „Parteiwille und Üblichkeit" → Art. 3 Rn. 45.

[42] NK-BGB/*Leible* Rn. 12; Reithmann/Martiny IntVertragsR/*Martiny* Rn. 3.104; *Hohloch/Kjelland* IPRax 2002, 30 (31).

[43] Rauscher/*v. Hein* Art. 3 Rn. 9; BeckOGK/*Weller* Rn. 28; aA (lex causae) Staudinger/*Magnus,* 2021, Rn. 28; NK-BGB/*Leible* Rn. 12.

[44] BeckOK BGB/*Spickhoff* Art. 3 Rn. 20.

[45] ZB OLG Frankfurt NJW-RR 2000, 1367.

[46] Näher → 8. Aufl. 2021, Rn. 13 *(Spellenberg)* mwN; ebenso BeckOGK/*Weller* Rn. 28; s. auch Reithmann/Martiny IntVertragsR/*Martiny* Rn. 2.306 mwN.

[47] *v. Hoffmann* RabelsZ 36 (1972), 510 (521) für den Fall widersprechender Nennungen von gewählten Rechtsordnungen.

[48] StRspr, BGH NJW-RR 1990, 248 f.; beiläufig BGHZ 154, 110 = NJW 2003, 2020; OLG München RIW 1990, 585; 2001, 864; OLG Köln VersR 1975, 221; in der Lit. zB *Kegel/Schurig* IPR § 17 V 1a (S. 612); *Batiffol* FS Vischer, 1983, 85 ff.

[49] Zum Zusammenhang und zum Unterschied zwischen Auslegung und Anwendung dispositiven Rechts bei der Vertragsergänzung → BGB § 157 Rn. 26 ff.; → BGB § 157 Rn. 45 f.; Staudinger/*H. Roth,* 2020, BGB § 157 Rn. 23 ff.; *Neuner* BGB AT § 35 Rn. 56 f.; *Sandrock,* Zur ergänzenden Vertragsauslegung im materiellen und internationalen Schuldvertragsrecht, 1966, 13 ff., 91 ff., 262 ff.

[50] Für vorrangige Anwendung des dispositiven Rechts zutr. mN Staudinger/*H. Roth,* 2020, BGB § 157 Rn. 23.

[51] OLG München IPRax 1991, 46 (49 f.); NK-BGB/*Leible* Rn. 7; Ferrari IntVertragsR/*Ferrari* Rn. 8a.

[52] LG München IPRax 1984, 318; BeckOGK/*Weller* Rn. 27; Ferrari IntVertragsR/*Ferrari* Rn. 5; NK-BGB/*Leible* Rn. 9; Calliess/Renner/*Augenhofer* Rn. 19; *Magnus* FS Schwenzer, 2011, 1153 (1159).

[53] ZB OLG München IPRax 1989, 42 (44) betr. kalifornisches Recht; *Magnus* FS Schwenzer, 2011, 1153 (1160 f.).

auch sinnlos[54] und sollte nur theoretisch anzunehmen sein, wenn nicht – etwa durch gleichzeitige Vereinbarung eines vom gewählten Auslegungsstatut abweichenden Vertragsstatuts – deutliche Anhaltspunkte für einen dahingehenden Willen ersichtlich sind.[55] Die Situation ist nicht mit dem Fall zu verwechseln, dass ein deutschem Recht unterliegender **Vertrag in Englisch abgefasst** wird oder einzelne fremdsprachige Klauseln mit ihrer dortigen Bedeutung inkorporiert werden;[56] hier bleibt das Vertragsstatut für die Auslegung maßgebend.

16 **b) Rechtsfragen.** Die Auslegung von Verträgen und Willenserklärungen ist Sinnermittlung,[57] aber nicht nur eine Sache der Semantik oder der praktischen Vernunft[58] bzw. weltweit allgemein verbreiteter Kunstregeln.[59] Das Gesetz regelt den rechtlichen Rahmen, in dem die Auslegung stattfinden soll, und die dazu dienenden **Auslegungsvorschriften** sind durchaus **international verschieden.**[60]

17 Im Hinblick darauf entsteht auch die **internationalprivatrechtliche Anknüpfungsfrage,**[61] und es müssen ggf. ausländische Regeln befolgt werden.[62] Bei der Auslegung sind Rechts- und Tatfragen eng miteinander verzahnt, und in der Praxis steht wohl die Ermittlung des objektiven Erklärungswertes oder des wahren Willens der Partei als Tatfrage im Vordergrund (→ Rn. 30 ff.).[63] Rechtliche Regeln sind dem Vertragsstatut zu entnehmen und dementsprechend das **Auslegungsziel** und die **Auslegungsmittel und -methoden** sowie Bestimmungen, die „im Zweifel" Formulierungen einen bestimmten Sinn zuschreiben. Bei ausländischem Vertragsstatut hat der deutsche Richter die **ausländischen Auslegungsregeln von Amts wegen** zu ermitteln. Die Anwendung deutscher Regeln stattdessen wäre ein **Revisionsgrund.**[64] Ebenso muss angegeben werden, welches Recht hier angewandt wurde.[65] Aus dem deutschen Verfahrensrecht kann sich eine Pflicht des Gerichts ergeben, sich bei der Auslegung einer in einer Fremdsprache abgefassten Vertragsklausel **sachverständig beraten** zu lassen.[66]

18 **aa) Auslegungsziel.** Vom Vertragsstatut festzulegen und daher eine Rechtsfrage ist zunächst das Ziel der Auslegung, also die Festlegung der Aufgabe, die der Richter mittels Auslegung lösen soll. Hier bestehen grundsätzliche Unterschiede mit weitreichenden Konsequenzen.[67] Es geht schon darum, ob wie in England grundsätzlich der objektive Sinn eines Vertrages für die fachkundigen Verkehrskreise[68] oder der reale Wille der Vertragsparteien zu ermitteln sein soll,[69] und ob zB ggf. letzterer aus der Sicht des konkreten Empfängers unter Zugrundelegung aller ihm erkennbarer

---

54 *Maier-Reimer* NJW 2010, 2545 (2547); *J. Schröder* IPRax 1985, 131 f. mN; Vita Food Products Inc. v. Unus Shipping Co. (1939) A.C. 277, 298 (Privy Council); Re Helberg Wagg & Co. Ltd. (1956) Ch. 323, 341; auch *W. Lorenz* IPRax 1989, 22 (24 f.).

55 Ähnlich OLG München IPRax 1991, 42 (44) m. Aufsatz *Lorenz* IPRax 1991, 24; Staudinger/*Magnus,* 2021, Rn. 25; BeckOGK/*Weller* Rn. 27; zurückhaltender Ferrari IntVertragsR/*Ferrari* Rn. 5.

56 Näher *Triebel/Vogenauer,* Englisch als Vertragssprache, 2018, Rn. 523 ff.; *Magnus* FS Schwenzer, 2011, 1153 ff.

57 Zum Verhältnis von § 133 BGB und § 157 BGB → BGB § 133 Rn. 19 f.

58 So aber tendenziell Mot. zu § 133 BGB *Mugdan* Bd. I S. 437; *v. Savigny* System VIII § 374 (S. 264 ff.); anders aber zB Parkway Baking Co. v. Freihofer Baking Co. 255 F 2d 641, 645 (1958).

59 Ansatzweise so RGZ 102, 214 (215). Dass deutsche und spanische Vorschriften über Auslegung gleich seien, behaupten in casu etwas voreilig, LG Detmold NJW 1994, 3301 f.; LG Hamburg NJW-RR 1990, 695 = IPRax 1990, 239 (240); OLG Frankfurt NJW-RR 1989, 1018 = IPRax 1990, 236 (237).

60 BGH IPRspr. 1968/69 Nr. 3 = WM 1969, 1140; *Vogenauer* in Basedow/Hopt/Zimmermann, Handwörterbuch des Europäischen Privatrechts, 2009, 134; Jansen/Zimmermann/*Vogenauer* Kap. 5; *Sonnenberger,* Verkehrssitten im Schuldvertrag, 1970, 169; *Kötz* FS Zeuner, 1994, 219 (228 f.); *Lüderitz,* Die Auslegung von Rechtsgeschäften, 1966; einige Beispiele aus dem englischen Recht bei *Triebel/Vogenauer,* Englisch als Vertragssprache, 2018, Rn. 318 ff., Rn. 604 ff.; Reithmann/Martiny IntVertragsR/*Martiny* Rn. 3.109 ff.; *Spellenberg* FS Kramer, 2004, 311 ff.; *Spellenberg* Liber Amicorum Wilfried Berg, 2011, 360 (366 ff.); Staudinger/*Magnus,* 2021, Rn. 29.

61 *Lando* RabelsZ 38 (1974), 390 ff.; grdl. *Zitelmann* IPR II 212 ff.; *Batiffol* FS Vischer, 1983, 85 ff.

62 BGH NJW-RR 2000, 1002 = IPRax 2002, 37 (38); BGHZ 112, 205 (209) = NJW 1991, 36; BGH WM 1976, 811 f.; 1981, 189; NJW-RR 1990, 248 f.

63 *Lando* RabelsZ 38 (1974), 390 (393).

64 BGH NJW 1987, 591; Staudinger/*Magnus,* 2021, Rn. 32.

65 BGH NJW-RR 1990, 248; 2000, 1002 = IPRax 2002, 37 (38); Ferrari IntVertragsR/*Ferrari* Rn. 11; BeckOGK/*Weller* Rn. 33.

66 BGH NJW 1987, 591.

67 Dazu eingehend und instruktiv *Vogenauer* in Basedow/Hopt/Zimmermann, Handwörterbuch des Europäischen Privatrechts, 2009, 134 (135 f.); *Kötz,* Europäisches Vertragsrecht, 2. Aufl. 2015, 136 ff.; *Sánchez Lorenzo* FS Spellenberg, 2010, 329 ff.; *Zitelmann* IPR II 213 f.

68 *Sánchez Lorenzo* FS Spellenberg, 2010, 329 (333).

69 BeckOGK/*Weller* Rn. 21.

Umstände des Einzelfalls oder einheitlich ausgerichtet am normalen typischen Verständnis der beteiligten redlichen Verkehrskreise bestimmt wird.[70] Das hat Konsequenzen unter anderem dafür, ob die Verhandlungen der Parteien, die zum Vertrag führten, herangezogen werden dürfen, um ihren Willen zu ermitteln,[71] sowie hinsichtlich der Befugnis, den Vertrag ergänzend auszulegen.[72] Die Unterschiede sind in diesen Fragen geringer zwischen dem deutschen und dem französischen Recht, aber keineswegs zu vernachlässigen.[73]

Die lex causae entscheidet auch über eine **Beschränkung der Auslegung,** wie sie namentlich 19
für den Fall der **eindeutigen** (schriftlichen) Erklärung vertreten wird. Solche Verbote sind in Deutschland praktisch obsolet, weil die Feststellung der Eindeutigkeit selbst ein Ergebnis der Auslegung ist,[74] denn erst die gelungene Auslegung ergibt den eindeutigen Sinn. Ist dagegen nach ausländischem Recht auszulegen, das eine solche **acte-clair-doctrine** oder **plain-meaning-rule** enthält,[75] so wäre diese zu befolgen, soweit sie dort, wie zB in den USA, England oder in Frankreich,[76] wirklich gilt.[77]

Die Verbote im anglo-amerikanischen Recht, insbesondere den vorvertraglichen Briefwechsel 20
zur Auslegung einer Vertragsurkunde heranzuziehen[78] oder Beweis dafür anzubieten, dass etwas anderes als in der Urkunde niedergelegt vereinbart sei **(parol-evidence-Rule),**[79] sind keine Formregeln, sondern beschränken das Auslegungsziel oder den Auslegungsgegenstand; sie sind auch keine Beweisregel, denn auch eine bewiesene Vereinbarung außerhalb der Urkunde wird nicht anerkannt (→ EGBGB Art. 11 Rn. 44; → Art. 11 Rn. 36; → Art. 18 Rn. 30).[80] Vorausgesetzt wird aber, dass die Parteien den Text als vollständig und abschließend wollten (sog. entire agreement clause).[81] Es gilt also das Vertragsstatut.

Dergleichen kann auch vereinbart bzw. in AGB enthalten sein. Man prüfe aber in diesem Fall 21
sorgfältig, ob nicht nur gemeint ist, dass die in den vorvertraglichen Korrespondenzen und in den Verhandlungen eventuell **schon erreichten Abreden** über einzelne Punkte noch nicht rechtsverbindlich sein sollen, während die Korrespondenz als Auslegungshilfe für den endgültigen Vertrag durchaus verwertbar bleibt.[82]

---

[70] Letzteres nach deutschem Recht zB bei AGB, BGHZ 22, 109 (113); BGHZ 77, 116 (118) = NJW 1980, 1947; BGH NJW-RR 2004, 1347 f.; NJW 2005, 1153; dagegen ist für die Frage, ob die AGB einbezogen wurden, individuell auszulegen.

[71] In England grds. nicht, weil der Dritte sie nicht kennen kann; *Kötz* ZEuP 2013, 777; *Sánchez Lorenzo* FS Spellenberg, 2010, 329 (336 f.); vgl. auch *Spellenberg* FS Kramer, 2004, 311 (316 ff.); BeckOGK/*Weller* Rn. 21.

[72] Sehr restriktiv das englische Recht, vgl. Marks and Spencer v. BNP Paribas Securities Services Trust Company (Jersey) Ltd. (2015) UKSC 72; Baird v. Marks & Spencer (2002) 1 All ER (comm) 737; *Sánchez Lorenzo* FS Spellenberg, 2010, 329 (337 f.); jedoch zur dortigen *implication of terms* Jansen/Zimmermann/*Vogenauer* PECL Vor Art. 5:101 Rn. 16 ff.; *Kötz,* Europäisches Vertragsrecht, 2. Aufl. 2015, 146 ff.; *Zimmermann* AcP 193 (1993), 121 ff.

[73] Fortdauernde, unter Umständen entscheidende Unterschiede konstatiert auch Staudinger/*Magnus,* 2021, Rn. 29.

[74] So für Testamente BGHZ 86, 41 (46) = DNotZ 1984, 38; aA aus praktischen Gründen Grüneberg/*Ellenberger* BGB § 133 Rn. 6; *Lüderitz,* Die Auslegung von Rechtsgeschäften, 1966, 65 ff. zur amerikanischen plain-meaning-rule; *Merz* ZBernJV 111 (1975), 90 f. zum schweiz. Recht unter Berufung auf BGE 99 II 286. – In England ist die Regel zweifelhaft, *Berg* L.Q.R. 122 (2006), 354 ff. Zur Anknüpfung der amerikanischen Regel Nigel Rogers v. Markel Corp (2004) EWHC 1375 Nr. 27 ff. Die plain-meaning-Rule spielt aber vielleicht in den USA noch eine größere Rolle.

[75] In England mit Verve verteidigt von *Lord Hobhouse* in Shogun Finance Ltd. v. Hudson (2004) 1 All E.R. 215 (H.L.), dazu *Spellenberg* Liber amicorum Schurig, 2012, 265.

[76] Zum „acte clair et précis" bzw. dem Verbot der Denaturierung des Vertrages in Frankreich *Spellenberg,* Liber amicorum Wilfried Berg, 2011, 360 (361, 374 ff.); *Ferid/Sonnenberger* Rn. 1 F 115; zur Entwicklung in England *Triebel/Vogenauer,* Englisch als Vertragssprache, 2018, Rn. 321 ff.

[77] Staudinger/*Magnus,* 2021, Rn. 29; *Spellenberg,* Liber amicorum Wilfried Berg, 2011, 360 (374 ff.).

[78] Auch sog. Merger-clause; zu dieser Streitfrage in England vgl. aus letzter Zeit Investors Comp. Scheme v. West Bromwich B. S. (1998) 1 All E.R. 98, 114 f. (H.L.); Chartbrook Ltd. v. Persimmon Homes Ltd. [2008] UKHL 38; *Bingham* (2008) Edin. L.R. 374; krit. *Nicholls* 2005 (121) L.Q.R. 577 ff.; vgl. weiter auch *Spellenberg* FS Kramer, 2004, 311 ff.

[79] Sie wurde in England wohl nur noch recht eingeschränkt angewandt (*McKendrick* in Chitty on Contracts, 33. Aufl. 2018, Rn. 13-108 ff.), findet sich nun aber wiederbelebt in Shogun Finance Ltd. v. Hudson (2004) 1 All E.R. 215 (H.L.); Chartbrook Ltd. v. Persimmon Homes Ltd. [2009] UKHL 38; dazu *Kötz* ZEuP 2013, 777; *Magnus* FS Schwenzer, 2011, 1153 (1155 f.).

[80] AA *Ostendorf* JPIL 11 (2015), 163 ff. (beweisrechtliche Qualifikation).

[81] Dazu *Beale* IWRZ 2019, 28; *Meyer* RabelsZ 72 (2008), 562.

[82] Zu entire agreement clauses bei deutschem Vertragsstatut *Triebel/Vogenauer,* Englisch als Vertragssprache, 2018, Rn. 671 ff.

22 Von praktischer Bedeutung und vom Vertragsstatut zu entscheiden ist, ob bzw. wie ein Vertrag durch **dispositives Recht** oder **ergänzende Auslegung**[83] zu vervollständigen ist[84] oder ob der Vertrag unvollständig und möglicherweise unwirksam bleibt. Dispositives Recht und ergänzende Auslegung stehen einander nahe,[85] und über deren Verhältnis das Vertragsstatut. Das Problem tritt wohl häufiger bei lang laufenden internationalen Verträgen auf, und es entsteht die Frage, ob überhaupt eine Anpassung des Vertrages an veränderte Umstände, und wenn ja, ob durch Auslegung oder nach Rechtsregeln, erfolgen kann. Nicht selten wird dispositives Recht aber wohl durch Neuverhandlungsklauseln hintangehalten.[86]

23 **bb) Auslegungsmittel.** Das Vertragsstatut bestimmt, **worauf** sich die **Auslegung stützen darf** und vor allem worauf nicht, ob also eher am Wortlaut zu haften ist[87] oder alle Umstände des Einzelfalles zur Auslegung heranzuziehen sind.[88] Dies betrifft die erwähnte Auslegungsbeschränkung (→ Rn. 20), aber auch die Frage, aus wessen Sicht eine Erklärung auszulegen ist[89] bzw. wem bestimmte Umstände erkennbar sein müssen.[90] In der Regel wird auch der Zweck ein wichtiges Element der Auslegung sein, doch kann es Unterschiede geben, ob der Zweck ein gemeinsamer oder wenigstens für die andere Partei erkennbar sein muss. Zur zentralen Frage des Zeugenbeweises → Art. 18 Rn. 7.

24 Das Vertragsstatut sagt ebenso, wie zB § 157 BGB im deutschen Recht, ob und in welcher Weise auf **Verkehrssitten** Rücksicht zu nehmen ist.[91] Sie können als **Erklärungssitten** ein Auslegungshilfsmittel sein[92] und bezeichnen den Sinn, den bestimmte Worte oder Ausdrücke üblicherweise haben, solange kein konkreterer anderer Wille erkennbar ist. Erklärungssitten sind zu unterscheiden von echten Verkehrssitten, die mangels anderer Vereinbarung die Vertragspflichten oder -rechte bestimmen (→ Rn. 55).

25 Beide Arten von Verkehrssitten haben einen räumlich oder persönlich beschränkten **Geltungsbereich.** Bestimmte Klauseln werden zB regional verschieden verstanden,[93] andere sind nur in bestimmten Verkehrs- bzw. Handelskreisen sinnvoll verwendbar. Ihre Anwendung ist jedoch nicht mit Hilfe eigener Regeln des IPR zu bestimmen. Vielmehr entscheidet allein das Vertragsstatut zB darüber, ob beide Parteien demselben Verkehrskreis angehören müssen und ob es für die Auslegung auf den Ort der Erklärungsabgabe oder ihres Zugangs ankommt.[94]

26 Eine praktisch wichtige Rolle spielen nach Maßgabe des Vertragsstatuts die **Incoterms 2020** der Internationalen Handelskammer (International Chamber of Commerce, ICC) und in geringerem Maße die Trade Terms als Erklärungssitten.[95] Incoterms (zB „fob",[96] „cif"[97]) definieren, welche Regelungen die Parteien eines internationalen Handelskaufs zB zur Lieferung und Übernahme der Ware, zur Gefahrtragung und zur Kostenverteilung vereinbaren wollten.[98] Damit kann man sich zwar nicht von dem maßgebenden nationalen Vertragsstatut emanzipieren,[99] dessen Auslegungsregeln

---

[83] Zu dieser Frage insbes. *Sandrock,* Zur ergänzenden Vertragsauslegung im materiellen und internationalen Schuldvertragsrecht, 1966; Staudinger/*H. Roth,* 2020, BGB § 157 Rn. 11 ff.; *Sánchez Lorenzo* FS Spellenberg, 2010, 329 (334 ff.); *Zweigert/Kötz,* Einführung in die Rechtsvergleichung, 3. Aufl. 1996, 403 f.; *Kötz* FS Zeuner, 1994, 219 (233 ff.); *Kötz,* Europäisches Vertragsrecht, 2. Aufl. 2015, 146 ff.

[84] Ferrari IntVertragsR/*Ferrari* Rn. 8; BeckOGK/*Weller* Rn. 21; BeckOK BGB/*Spickhoff* Rn. 4.

[85] *Kötz,* Europäisches Vertragsrecht, 2. Aufl. 2015, 148 ff.

[86] Vgl. dazu *Kahn* Clunet 1981, 5 (19 ff.); *Oppetit* Clunet 1974, 794 ff.; *Horn/Fontaine/Maskow/Schmitthoff,* Die Anpassung langfristiger Verträge, 1984; *K. P. Berger* RIW 2000, 1 ff.

[87] So mit besonderem Nachdruck *Hobhouse* (L.J.) in Shogun Finance Ltd. v. Hudson (2004) 1 All E.R. 215 (H.L.); dazu *Spellenberg* Liber amicorum Schurig, 2012, 265 (268 f.).

[88] Staudinger/*Magnus,* 2021, Rn. 29.

[89] So hat das House of Lords in Homburg Houtimport B.V. v. Agrosin Private Ltd. and others (the Starsin) (2003) 1 Lloyd's Rep. 571, anscheinend nicht auf den objektiven Erklärungswert für die Vertragspartei, sondern für Dritte abgestellt; weiter *Nicholls* 2005 (121) L.Q.R. 57 ff.

[90] Dazu vgl. Grüneberg/*Ellenberger* BGB § 133 Rn. 9, 12.

[91] *v. Hoffmann* RIW/AWD 1970, 247 ff.; BeckOGK/*Weller* Rn. 21; BeckOK BGB/*Spickhoff* Rn. 4; NK-BGB/*Leible* Rn. 10; *Sonnenberger,* Verkehrssitten im Schuldvertrag, 1970, 197 ff.; Reithmann/Martiny IntVertragsR/*Martiny* Rn. 25.99 ff. zu den Trade Terms.

[92] *Sonnenberger,* Verkehrssitten im Schuldvertrag, 1970, 167 ff. und passim; zum franz. Recht *Batiffol* FS Vischer, 1983, 85 ff.

[93] Beispiel BGHZ 6, 127 (134) = NJW 1952, 1134; *Sonnenberger,* Verkehrssitten im Schuldvertrag, 1970, 199.

[94] Wenn deutsches Recht den Vertrag beherrscht, → BGB § 157 Rn. 24.

[95] Mit Texten Hopt/*Hopt* Anh. 6b; MüKoHGB/*Maultzsch* HGB § 346 Rn. 123 ff.

[96] Dazu RGZ 90, 1.

[97] Dazu BGHZ 60, 5 f. = NJW 1973, 189.

[98] Staudinger/*Magnus,* 2021, Rn. 31.

[99] *M. Wolf* ZHR 153 (1989), 300 (305).

weiter verbindlich bleiben. Es ist aber ausgehend von diesem Vertragsstatut das international übliche Verständnis – im Fall der Incoterms anhand der Erläuterungen der ICC – heranzuziehen.[100] Sofern die Parteien ein Kürzel der Incoterms verwenden, ohne sich zugleich auf diese zu beziehen, ist die jeweils aktuelle Fassung (zuletzt 2020) zugrunde zu legen.[101] Einen begrenzteren Geltungsbereich haben andere Klauseln wie zB „freibleibend" oder „Netto Kasse".[102] Auch über ihre Beachtung entscheidet das Vertragsstatut.

cc) Auslegungsregeln und -ergebnis. Neben Bestimmungen über Auslegungsziel und -mittel, die häufig zusammenfassend als Methode der Auslegung bezeichnet werden, begegnen vielfach **Auslegungsmaximen** wie zB diejenige, dass im Zweifel eng oder gegen eine Partei auszulegen ist (vgl. § 305c Abs. 2 BGB, Art. 1190 C.c. Frankreich). Der französische Code civil enthält eine größere Anzahl davon, die sich aber großenteils von selbst verstehen und auch anderswo üblich sind.[103] Unterschiedlich und erheblich sind dagegen Regeln, die ein bestimmtes **Auslegungsergebnis für den Zweifelsfall** festlegen, wenn die konkrete Auslegung kein genügend eindeutiges Ergebnis erbracht hat. Sie können allgemeinen Inhalts sein oder aber angeben, dass im Zweifel etwas Bestimmtes als gewollt gelte (vgl. zB § 139 BGB, § 271 Abs. 2 BGB, § 456 Abs. 2 BGB). Solche Regeln stehen dem dispositiven Recht zumindest nahe.[104] Welche Auslegungsregeln zum Tragen kommen, ist dem Vertragsstatut zu entnehmen und darf nicht offenbleiben (→ Rn. 17),[105] es sei denn, dass in den in Frage kommenden Rechten tatsächlich dieselben Auslegungsregeln gelten.[106] 27

Ob **bestimmte Formulierungen** von den Gerichten in einem bestimmten Sinn ohne Rücksicht auf selbst erkennbaren Parteivorstellungen verstanden werden oder umgekehrt zur Erzielung bestimmter Folgen bestimmte Formulierungen verlangt werden,[107] sagt das Vertragsstatut, und ebenso umgekehrt, ob der (gemeinsame) Wille sich gegen den Wortlaut und das normale Verständnis durchsetzt.[108] Das Vertragsstatut bestimmt auch, ob zB die **Kaufmannseigenschaft** der Partei zu berücksichtigen ist, wenn in diesen Kreisen ein besonderer Sprachgebrauch herrscht (§§ 346, 359, 360 HGB).[109] Die Kaufmannseigenschaft selbst unterliegt ebenfalls dem Vertragsstatut (→ Rn. 52). 28

Zur Auslegung iwS gehört die Rangordnung bei einander **widersprechenden Texten,** wie sie zB § 305b BGB zugunsten der Individualabrede aufstellt und wie sie das RG einmal für einen **Vorrang** des handschriftlichen vor dem gedruckten Text angenommen hat.[110] Auch das ist zunächst eine Frage der lex causae, aber häufig auch Gegenstand von Parteivereinbarungen bei komplizierten Vertragswerken, die leicht die Gefahr von Widersprüchen enthalten.[111] **Vereinbarungen** über den Vorrang von Texten oder verschiedenen sprachlichen Fassungen sind ihrerseits nur im Rahmen der lex causae wirksam, dürften aber allgemein zugelassen sein und finden sich etwa in AGB. 29

c) Durchführung; Tatsachenermittlung. Die praktische Schwierigkeit der Auslegung liegt wohl häufiger in der Feststellung des individuellen Sinnes einer konkreten Erklärung oder eines 30

---

[100] BGHZ 195, 243 Rn. 22 = NJW-RR 2013, 309: selbst wenn dies von den Parteien nicht ausdrücklich vereinbart wurde; Staudinger/*Magnus,* 2021, Rn. 31; BeckOGK/*Weller* Rn. 25; Ferrari IntVertragsR/*Ferrari* Rn. 10; NK-BGB/*Leible* Rn. 11; PWW/*Brödermann/Wegen* Rn. 9.

[101] MüKoHGB/*Maultzsch* HGB § 346 Rn. 127 mwN; Staudinger/*Magnus,* 2021, Rn. 31; BeckOGK/*Weller* Rn. 25; aA Ferrari IntVertragsR/*Ferrari* Rn. 10.

[102] Eine größere Zahl ist angegeben bei Grüneberg/*Ellenberger* BGB § 157 Rn. 18; dazu auch BeckOGK/*Weller* Rn. 21; NK-BGB/*Leible* Rn. 11.

[103] *Kötz,* Europäisches Vertragsrecht, 2. Aufl. 2015, 143 ff.; Überblick über die Ansätze der kontinentalen Kodifikationen bei *Vogenauer* in Basedow/Hopt/Zimmermann, Handwörterbuch des Europäischen Privatrechts, 2009, 134 (135).

[104] *Diederichsen* NJW 1965, 671; Grüneberg/*Ellenberger* BGB § 133 Rn. 22.

[105] BGH WM 1976, 811 f.; 1981, 189; NJW-RR 1990, 248 f.; Staudinger/*Magnus,* 2021, Rn. 29; BeckOGK/*Weller* Rn. 21.

[106] BGHZ 112, 205 (208 f.) = NJW 1991, 36, welcher nur deshalb, weil das OLG bindend die Übereinstimmung festgestellt hatte, die Anknüpfung offenlassen konnte; OLG Frankfurt BeckRS 2003, 8790 (Folgeentscheidung zu BGH NJW-RR 2000, 1002 = IPRax 2002, 37 zur Auslegung einer Rechtswahl) lässt offen, weil die französischen und deutschen Regeln – angeblich – in casu übereinstimmten.

[107] Ersteres berührt die in → Rn. 20 genannte Parol-Evidence-Rule. Zu letzterem instruktiv OLG München IPRax 1989, 42 mAnm *W. Lorenz* IPRax 1989, 22 ff.: eine deutsche und eine niederländische Partei hatten auf Englisch ein Gericht in Kalifornien vereinbart und Auslegungsfrage war, ob die Zuständigkeit ausschließlich sein sollte. Dies war nach kalifornischem Recht mit den gewählten Formulierungen nicht erklärt. Möglicherweise wäre die Entscheidung unter deutschen Auslegungsregeln anders zu treffen gewesen.

[108] BeckOGK/*Weller* Rn. 22.

[109] BeckOGK/*Weller* Rn. 26; BeckOK BGB/*Spickhoff* Rn. 4; NK-BGB/*Leible* Rn. 7.

[110] RG IPRspr. 1929 Nr. 35; interessant auch RG HRR 1928 Nr. 303 = IPRspr. 1928 Nr. 27 zu zweisprachiger Urkunde.

[111] *Kahn* Clunet 1981, 5 (16).

konkreten Vertrages. Sei es nun, dass die Ermittlung des wahren Willens des Erklärenden oder eines objektiven Erklärungswertes aufgegeben ist, beide Male handelt es sich dann nicht mehr um eigentliche Rechtsfragen, sondern um **Tatsachenermittlung, Semantik und Beweisprobleme**[112] im Rahmen der vorgenannten Rechtsregeln.

31 **Internationale Auslegungsregeln** im echten rechtlichen Sinne gibt es außerhalb von Konventionen wie dem CISG (Art. 8 f. CISG) **nicht.** Die allgemeinen Denkgesetze sind per definitionem nicht national gebunden.[113] Jedoch ist im internationalen Bereich vornehmlich zu beachten, in welchem **tatsächlichen Umfeld** die Erklärung abgegeben wurde bzw. auf welches Umfeld sie tatsächlich **bezogen** ist, wenn also die Partei ihre Erklärung auf eine bestimmte Rechtsordnung, Sprache und Umwelt bezogen hat, die nicht dem Vertragsstatut entsprechen müssen. Entscheidend ist der Parteiwille. Ist er an einem **ausländischen rechtlichen Umfeld** ausgerichtet, so bekommen die Erklärungen leicht einen anderen Sinn, als sie ihn im Land des Vertragsstatuts hätten. Das gilt insbesondere für konkludentes Verhalten.[114] Häufig ist auch, dass die Parteien in einer anderen Sprache rechtliche Vorstellungen des Vertragsstatuts ausdrücken wollen. Das ist zu beachten.[115] *Magnus* plädiert bei internationalen Verträgen auch außerhalb des CISG für ein möglichst internationales Begriffsverständnis, das sich an den als besonders geeignet anzusehenden Auslegungsregeln der Art. 8 und 9 CISG und der dazu ergangenen Rspr. orientiert.[116] Dem ist zuzugeben, dass zur Auslegung internationaler Handelsverträge nichtverbindliche Regelwerke wie die UNIDROIT Principles of International Commercial Contracts 2016,[117] die Principles of European Contract Law oder der Draft Common Frame of Reference beim Verständnis unklarer Formulierungen wertvolle Hilfestellung bieten können.[118] Jedoch bleibt auch der internationale Vertrag in sein Vertragsstatut eingebettet, das die Parteien meist vor Augen hatten. Dieses muss darüber entscheiden, auf welche Weise und in welchem Umfang dem internationalen Charakter des Vertrags Rechnung getragen werden kann.[119]

32 **3. Wortlaut und Sprachsinn.** Die Auslegung von Willenserklärungen und Verträgen zielt bei Maßgeblichkeit **deutschen Rechts** als Auslegungsstatut auf die Ermittlung des in dem Vertrag oder der Erklärung **zum Ausdruck gekommenen Willens** des individuellen Erklärenden, wobei der objektive Erklärungswert maßgeblich ist, den der Adressat vernünftigerweise aus den Worten der Erklärung entnehmen konnte und musste. Auch wenn sich der Sinn der Worte in der Regel erst zusammen mit der Situation und den Umständen erschließt (→ BGB § 133 Rn. 59),[120] so sind doch die Worte der primär entscheidende Teil der Erklärung,[121] gleichgültig, ob es sich um die Muttersprache des Erklärenden oder um eine Fremdsprache handelt[122] oder ob die Sprache in dem Land üblich ist.[123] Man darf im deutschen Recht zunächst einmal vom **Wortlaut** in der gebrauchten Sprache ausgehen, um dann ggf. die äußeren Umstände hinzuzunehmen, die Aufschluss über den Sinn bzw. Willen geben können und die die Partei beweisen muss, die sie geltend macht.[124] Äußerer

---

112 *Lando* RabelsZ 38 (1974), 390; *Zitelmann* IPR II 214.

113 Vgl. RGZ 102, 214 f. obiter.

114 BGH RIW 1992, 320; *W. Lorenz* AcP 159 (1960/1961), 193 (215); *Wahl* RabelsZ 3 (1929), 801; *Rabel* IPR II 525: „wise judges are careful not to submit foreign promises to domestic standards unless submission to them appears to be required by usage"; BGH NJW-RR 2000, 1002 f.

115 *Maier-Reimer* NJW 2010, 2545 (2547 ff.); Staudinger/*Magnus,* 2021, Rn. 30; BeckOGK/*Weller* Rn. 22; *Triebel/Vogenauer,* Englisch als Vertragssprache, Rn. 531 ff.

116 Staudinger/*Magnus,* 2021, Rn. 30 mit Aufzählung darunter zu fassender Auslegungsgrundsätze; *Magnus* FS Schwenzer, 2011, 1153 (1169 ff.); *Nordmeier* VersR 2012, 143 ff. plädiert generell für einen internationalen Sprachgebrauch im Versicherungsvertrag; vgl. LG Hamburg NJW-RR 1990, 695, das rechtsvergleichend von einer, nicht existierenden, kontinental-europäischen Auslegungstheorie spricht; vielleicht auch OLG Hamm VersR 1972, 1040 mAnm *Schmitt.*

117 Dazu *Michaels* in Vogenauer, Commentary on the UNIDROIT Principles of International Commercial Contracts (PICC), 2. Aufl. 2015, Preamble I Rn. 141.

118 Staudinger/*Magnus,* 2021, Rn. 30; BeckOGK/*Weller* Rn. 24.

119 BeckOGK/*Weller* Rn. 24.

120 BGH NJW-RR 2000, 1002 f. = IPRax 2002, 37.

121 Und wenn, selten, keine aussagekräftigen Umstände erkennbar sind, sind sie im normalen Wortsinn zu nehmen; vgl. BGHZ 20, 109 (112) = NJW 1956, 665; BGHZ 124, 39 (44 f.) = NJW 1994, 188; BGH NJW-RR 2003, 1053 f.; NJW-RR 2000, 1002 = IPRax 2002, 37 f.; Staudinger/*Singer,* 2021, BGB § 133 Rn. 45, 48; zur Vertragsauslegung *Kötz,* Europäisches Vertragsrecht, 2. Aufl. 2015, 132 ff.

122 So wohl RGZ 39, 67; 65, 357 f.; 122, 235; BGH WM 1968, 369; 1976, 511 = RIW/AWD 1976, 447; BGE 32 II 386.

123 Wohl ebenso BGH WM 1968, 369; 1976, 511 = RIW/AWD 1976, 447; BGE 32 II 386; *Batiffol* FS Vischer, 1983, 85 (90); weiter vgl. *Spellenberg* FS Ferid, 1988, 463 (468 f.); aA *del Marmol* Rev. Dr. int. Dr. comp. 1983, 48; in Grenzen auch RG DR 1943, 1066 = DNotZ 1944, 151.

124 BGH NJW-RR 2000, 1002 = IPRax 2002, 37 f. m. Aufsatz *Hohloch/Kjelland* IPRax 2002, 30; BGH NJW 1995, 1212 sub II 2; BGHZ 124, 39 (44 f.) = NJW 1994, 188; BGHZ 121, 13 (16) = NJW 1993, 721.

Umstand in diesem Sinne ist insbesondere eine erkennbare Einbettung der Erklärung in ein bestimmtes rechtliches Umfeld.

Eine Sprache wird vor allem aus **praktischen Gründen** gewählt, weil man sich in ihr allein oder am besten verständigen kann.[125] So bedeutet etwa der Gebrauch des Englischen noch nicht notwendig, dass die Parteien auch englisches Recht im Auge hätten, zumal Englisch in zahlreichen Jurisdiktionen gesprochen wird.[126] Die Sprache des Vertrages kann ein Indiz unter anderen für die Rechtswahl sein. Beim Englischen ist das wegen der weltweiten Verbreitung als lingua franca eher ein schwaches Indiz.[127] Selbst Verträge zwischen inländischen Unternehmen werden bisweilen in Englisch abgefasst. Das kann bedeuten, dass sie deutsches Recht in Englisch ausdrücken wollen, schafft aber auch die Gefahr von Missverständnissen.[128] In dem Maße, wie sich das Englische als internationale Verkehrssprache auch im Recht durchsetzt, kann es häufiger vorkommen, dass ein in Englisch verfasster Vertrag nicht englischem, sondern deutschem Recht unterliegt. 33

Es kann auch sein, dass die Parteien in ihrem deutschen Vertrag möglicherweise auch nur Vorstellungen des deutschen **Wirkungsstatuts in der Fremdsprache** Englisch ausdrücken wollen.[129] Wenn die Parteien eines Vertrages unter deutschem Recht zB ein Treuhandverhältnis vereinbaren wollen und es mangels anderer englischer Worte mit „trust" bezeichnen, so ist doch in der Regel eine Treuhand und nicht der andersartige Trust des common law gemeint. Es ist bei der Auslegung in jedem Einzelfall zu ermitteln, welche Vorstellungen die Parteien **erkennbar ausdrücken wollten** und nicht am üblichen, gar lexikalischen englischen Wortsinn zu haften (§ 157 BGB).[130] Es ist eine Folge der weiten Verbreitung des Englischen, dass man nicht mehr ohne weiteres vermuten darf, die Parteien hätten den englischen juristischen Wortsinn gemeint. 34

Es kommt schon seit langem vor, dass die Parteien einzelne Regeln des amerikanischen oder englischen Rechts in ihren Vertrag unter deutschem Recht inkorporieren wollen.[131] Fälle begegnen vor allem bei AGB und im Seerecht, wo trotz Anwendbarkeit deutschen Rechts nur einzelne Klauseln der in Englisch abgefassten Verträge iSd englischen Rechtspraxis gemeint waren.[132] Unternehmenskäufe bilden ein weiteres Beispiel.[133] Maßgebend sind bei **deutschem Vertragsstatut** die §§ 133, 157 BGB,[134] dh es entscheidet der dem anderen Teil erkennbare Parteiwille.[135] Dabei sind die sprachliche Herkunft und Bedeutung der Formulierung in der Rechtsordnung, der sie entstammt, zu berücksichtigen.[136] Ein pauschaler Grundsatz, wonach englischsprachige Begriffe „im Sinne 35

---

125 *W.-H. Roth,* Int. Versicherungsvertragsrecht, 1985, 626; *Triebel/Balthasar* NJW 2004, 2189 (2193); vgl. BGH BB 1955, 462 = IPRspr. 1954/55 Nr. 17; BGHZ 19, 110; OLG Hamburg IPRspr. 1958/59 Nr. 164; OLG Düsseldorf AWD 1961, 295 = IPRspr. 1960/61 Nr. 152; OLG München IPRspr. 1964/65 Nr. 43; OLG Bremen BeckRS 2011, 17390; aA wohl LG München I IPRax 1984, 318.

126 OLG Nürnberg BeckRS 2021, 7538 Rn. 94; BeckOGK/*Weller* Rn. 23; s. auch BGH NJW-RR 1992, 423 (424).

127 BGH NJW-RR 1992, 423 (424); *Triebel/Vogenauer,* Englisch als Vertragssprache, 2018, Rn. 518.

128 *Triebel/Balthasar* NJW 2004, 2189 (2193 ff.) mit Kritik an häufiger schematischer Anwendung englischer Rechtsbegriffe.

129 In BGH NJW 1996, 1819 = IPRax 1997, 416 war Verhandlungssprache zwischen Deutschen und Franzosen Englisch; in OLG Frankfurt RIW 1998, 477 ebenfalls Englisch Sprache des deutschem Recht unterstehenden Vertrags zwischen Polen und Deutschen und/oder Franzosen; weitere Beispiele zB bei *Maier-Reimer* NJW 2010, 2545 (2547 ff.); *Kahn* Clunet 1981, 5 (8); *Batiffol* FS Vischer, 1983, 85 (91); zum Fall einer Übersetzung ins Deutsche OLG Saarbrücken NJW 1967, 732; vielleicht auch RG LZ 1924, 741.

130 *Maier-Reimer* NJW 2010, 2545 (2547 ff.); *W.-H. Roth,* Internationales Versicherungsvertragsrecht, 1985; BeckOGK/*Weller* Rn. 22; Staudinger/*Magnus,* 2021, Rn. 30; *Triebel/Balthasar* NJW 2004, 2189 (2193 ff.); *Triebel/Vogenauer,* Englisch als Vertragssprache, 2018, Rn. 560 ff. mit ausführlichem Vorschlag einer „differenzierenden Betrachtungsweise"; BGH NJW 1987, 591. Zutr. Hinweise auch bei *Kling,* Sprachrisiken im Privatrechtsverkehr, 2008, 314 f. zu häufigen Übersetzungsfehlern bei angelsächsischen Rechtsbegriffen; zu „Best Efforts"-Klauseln *Hoenig/Sprado* NZG 2014, 688 (690).

131 So in RGZ 19, 33; 39, 65; 122, 233; BGH VersR 1968, 62 f.; NJW-RR 1992, 423 f.; OLG Hamburg GRUR Int. 1990, 388; VersR 1996, 229; OLG Frankfurt IPRspr. 2001 Nr. 23; OLG München IPRax 1989, 42 (43) m. Aufsatz *W. Lorenz* IPRax 1989, 22 betr. Gerichtsstandsvereinbarung; LG Hamburg MDR 1954, 422 f.; BGH NJW 1985, 550 verweist auf einen international etablierten Sinn bestimmter englischer Klauseln.

132 RGZ 39, 65 (67); 71, 9; 122, 233; LG Hamburg MDR 1954, 422.

133 *Hoenig/Sprado* NZG 2014, 688.

134 *Triebel/Balthasar* NJW 2004, 2189 (2193 ff.); *Triebel/Vogenauer,* Englisch als Vertragssprache, 2018, Rn. 540; BeckOGK/*Weller* Rn. 23; OLG Frankfurt NJW-RR 1995, 36 (38); OLG Nürnberg BeckRS 2021, 7538 Rn. 93.

135 Und nicht etwa ein objektiver Sinn für Dritte wie möglicherweise im englischen Recht, vgl. *Spellenberg* FS Kramer, 2004, 311 ff.; *Nicholls* 121 (2005) L.Q.R. 57 ff.

136 BeckOK BGB/*Spickhoff* Rn. 4; NK-BGB/*Leible* Rn. 11; BeckOGK/*Weller* Rn. 22; Staudinger/*Magnus,* 2021, Rn. 30; Erman/*Stürner* Rn. 4.

englischen Rechtsverständnisses auszulegen" sind,[137] ginge jedoch zu weit.[138] Man kann zwar annehmen, dass die anglo-amerikanischen Begriffe und Klauseln im Sinne dieser Rechtsordnungen gemeint sind,[139] wenn beide Parteien oder ihre Verhandlungsführer **diesem Rechtskreis** angehören.[140] Nicht nur kann das zu Brüchen im Gesamtvertrag führen, sondern bei Parteien, die mit diesem Recht nicht vertraut sind, ist die Gefahr eines Irrtums über das so Vereinbarte groß[141] und kann bei einseitigem Irrtum zur Anfechtung berechtigen. Bei einem gemeinsamen Missverständnis liegt eine falsa demonstratio vor und es gilt das übereinstimmend Gewollte:[142] Wenn eine oder gar beide Seiten aus einem anderen Recht stammen,[143] muss daher ermittelt werden, **welches Recht** die Parteien vor Augen hatten und was sie dann erkennbar in Englisch ausdrücken wollten.

36 Wenn von einem Vertrag **Fassungen in zwei** (oder mehr) **Sprachen** vorliegen, die einen unterschiedlichen Sinn ergeben,[144] so können die Parteien die allein **authentische bestimmen.**[145] Tun sie es nicht, so dass beide Fassungen gleich verbindlich sind, so ist zunächst zu ermitteln, was sie sachlich ausdrücken wollten. Eventuell hilft eine konkordierende Auslegung. Bleiben dennoch Widersprüche zwischen den Fassungen, so ist der Vertrag ganz oder teilweise unwirksam wegen **Dissenses.**[146]

37 Gibt eine Partei eine Erklärung in ihrer eigenen Sprache und in einer **Übersetzung** ab, so geht sie natürlich davon aus, dass beide inhaltlich übereinstimmen, auch wenn sie es tatsächlich nicht tun. Es kommt nun darauf an, ob der Empfänger annehmen durfte, die Übersetzung sei gerade dafür gemacht, dass er sich darauf verlassen dürfe und sich nicht um das Original zu kümmern brauche, oder ob die Übersetzung nur Verständnishilfe für das Original sein soll. Ersteres liegt nahe, wenn es sich um eine Übersetzung in die Sprache des Empfängers handelt.[147] Das dürfte häufig der Zweck der Übersetzung sein. Soll die Übersetzung das **Original** erkennbar **nicht ersetzen,** so kann der Empfänger, der die Originalsprache nicht versteht, die Abweichung der Übersetzung zwar nicht erkennen, kann sich aber auch nicht blind auf die Übersetzung verlassen. Versteht er aber die Sprache – und sieht er das Original –, dann kann er sich nicht auf die erkennbar falsche Übersetzung stützen. Und zweifeln muss er auch, wenn die Übersetzung offenbar von zweifelhafter Qualität ist, so dass nicht erkennbar wird oder zweifelhaft bleibt, was gemeint ist. Hier muss der Empfänger nachfragen und darf nicht einfach eine, ihm genehme, Deutung zugrunde legen.

38 **4. Handeln unter falschem Recht.** Von Handeln unter falschem Recht spricht man, wenn die Parteien mit ihren Erklärungen, gleich in welcher Sprache, Rechtsfolgen nach einem anderen als dem nach dem IPR maßgebenden Recht erzielen wollen (→ Einl. IPR Rn. 243 ff.) Das ist auch bei lebzeitigen Willenserklärungen **im Rahmen der lex causae** zu beachten,[148] ist aber kein Auslegungs-, sondern ein **Anpassungsproblem.**

39 Handeln unter falschem Recht tritt bei **lebzeitigen Rechtsgeschäften** wegen der Rechtswahlmöglichkeit eher selten auf, weil die Ausrichtung der Erklärenden an einem bestimmten Recht, die

---

[137] So aber BGH NJW-RR 1992, 423 (425); tendenziell auch Calliess/Renner/*Augenhofer* Rn. 16; NK-BGB/*Leible* Rn. 11; Ferrari IntVertragsR/*Ferrari* Rn. 9.

[138] Näher *Triebel/Vogenauer,* Englisch als Vertragssprache, 2018, Rn. 554 ff.; ebenso Staudinger/*Magnus,* 2021, Rn. 30; BeckOGK/*Weller* Rn. 22; *Magnus* FS Schwenzer, 2011, 1153 (1161 ff.); wohl auch PWW/*Brödermann/Wegen* Rn. 9.

[139] So schon RGZ 39, 65 (68); OLG Hamburg VersR 1996, 229 (230); *Hoenig/Sprado* NZG 2014, 688 (690).

[140] Dabei muss genauer noch zwischen englischem und US-amerikanischem Recht und Rechtsbegriffen unterschieden werden, *Triebel/Balthasar* NJW 2004, 2189 (2193 f.).

[141] *Hoenig/Sprado* NZG 2014, 688 (690) zu „best efforts" bei Unternehmenskäufen.

[142] BeckOGK/*Weller* Rn. 22.

[143] BGH NJW 1987, 591; *Triebel/Balthasar* NJW 2004, 2189 (2194); Fälle in BGH NJW 1996, 1819; NJW-RR 1992, 432 f.; NJW 1985, 550; VersR 1968, 62 f.; OLG Nürnberg BeckRS 2021, 7538; OLG Frankfurt RIW 1998, 477; IPRspr. 2001 Nr. 23; OLG Saarbrücken NJW 1967, 732; OLG München IPRax 1992, 42.

[144] Andernfalls ist die Sprachfrage unerheblich.

[145] Und sie tun es nach *Kahn* Clunet 1981, 5 ff. auch häufig, wobei darin der Hauptnutzen einer Sprachvereinbarung gesehen werde. Beispiele: BGH NJW 1996, 1819; NJW-RR 2000, 1002 = IPRax 2002, 37.

[146] OLG Hamburg IPRax 1981, 180 f. mAnm *BvH;* BGH NJW 1996, 1819 nahm, ohne ausreichende Begründung, einen konkludent vereinbarten Vorrang der Verhandlungssprache an; ArbG Wiesbaden BB 1980, 630 nahm, ohne nach der maßgebenden Fassung zu fragen, bei Divergenz der Texte (Ausgleichsquittung) Dissens an; BeckOGK/*Weller* Rn. 22.

[147] So hatte RG HRR 1928 Nr. 303 = IPRspr. 1928 Nr. 27 für eine Vollmacht entschieden.

[148] RG LZ 1924, 741; BGH NJW 1987, 2161 (2163) betr. islamische Morgengabe bei deutschem Recht; OLG Hamburg IPRspr. 1993 Nr. 29; BayObLGZ 2003, 68 betr. Testament; OLG Köln RIW 2004, 458 betr. Abtretungserklärung; LG München I IPRax 2001, 459 (461); BeckOGK/*Weller* Rn. 23; Erman/*Stürner* Rn. 4.

sich namentlich in der Bezugnahme auf dessen gesetzliche Regelungen oder spezielle[149] Rechtsinstitute manifestieren kann,[150] ein Indiz für eine **konkludente Rechtswahl** eben dieses Rechts ist (→ Art. 3 Rn. 58 f.). Die Parteien handeln dann unter dem richtigen Recht. Selbst bei gegebener Rechtswahl kann es aber vorkommen, dass eine oder beide Parteien ihre Erklärungen nach einem Recht ausrichten, das aus irgendwelchen Gründen doch nicht zugleich das Vertragsstatut ist.[151] Hier muss die **Ausrichtung** der Erklärung an einem bestimmten **Recht** der anderen Vertragspartei erkennbar gewesen sein. Richtet diese ihrerseits ihre vertragsschließende Erklärung an einem anderen Recht, namentlich erkennbar ihrem eigenen aus, ist ein versteckter Dissens denkbar, aber wohl in der Rspr. noch nicht aufgetreten.

5. Auslegung von AGB. Auch für die Auslegung von AGB gilt unstreitig das **Vertragsstatut** mit seinen teilweise **besonderen Auslegungsregeln** (→ BGB § 133 Rn. 25; → BGB § 305c Rn. 34 ff.).[152] Das gilt namentlich für die Regel, nach der AGB-Klauseln bei Unklarheiten gegen den Verwender auszulegen sind.[153] 40

AGB sind häufig in einer Sprache abgefasst, die weder dem Vertragsstatut entspricht, noch die Muttersprache beider Parteien ist. Entscheidender als der lexikalische Wortsinn ist auch bei AGB, auf welche Rechtsordnung sie bezogen sind. Von ihr erhalten sie ihren rechtlichen Sinn. Auch bei einer Auslegung von AGB nach **deutschem Recht** sind aber ggf. internationale Üblichkeiten und Ausdrucksweisen in Betracht zu ziehen, wenn die AGB auf das Ausland bezogen sind.[154] Der Unterschied ist, dass hier nicht auf den Erklärungswillen des Verwenders abzustellen ist, sondern auf ein objektives Verständnis der beteiligten Rechtskreise.[155] 41

Dabei ist grundsätzlich auch hier vom **normalen Wortsinn** auszugehen, doch sind AGB gewöhnlich auf dispositives Recht bezogen, so dass juristische Fachtermini im Sinn der juristischen Fachsprache zu verstehen sein könnten, wenn sie nicht zugleich der Alltagssprache angehören. Ist das der Fall, hat ihr Sinn in letzterer den Vorrang, denn die AGB richten sich nicht vornehmlich an Juristen.[156] Handelt es sich um AGB nur für begrenzte Handelskreise, ist der **branchenspezifische Wortsinn** maßgebend (→ BGB § 305c Rn. 36),[157] falls die Vertragsparteien, was zulässig wäre, nicht gemeinsam eine individuelle Bedeutung zu Grunde legen.[158] Die Verkehrskreise bzw. die Rechtsordnungen können sehr wohl einem Land zugehören, in dem keine der Vertragsparteien ansässig ist. Die Ausrichtung an einer Rechtsordnung hat grundsätzlich Vorrang.[159] Vorauszusetzen ist aber, dass dieser Bezug erkennbar ist. Andernfalls ist gegen den Verwender auszulegen. Die Unklarheitenregel könnte gerade dann erheblich werden, wenn und weil die AGB auf eine dem Kunden fremde Rechtsordnung ausgerichtet sind. 42

Man wird jedoch nur selten einen allgemeinen **Verkehrskreis für internationale Geschäfte** abgrenzen können. Sinnvoll ist es daher, grundsätzlich auf die **Verkehrskreise** im Land **des Kunden** abzustellen,[160] um anschließend das so gefundene Ergebnis auf die Regelungen des jeweils anwendbaren Vertragsstatuts zu beziehen. Es kann natürlich sein, dass eine Klausel nach diesem Recht 43

---

149 Wenn das Rechtsinstitut ebenso in einem anderen Recht vorkommt, ist es nicht signifikant: BGHZ 19, 110 (112).

150 ZB BGH DNotZ 1969, 300 f. = WM 1968, 1170; BayObLGZ 1957, 376; OLG Hamburg IPRspr. 1962/1963 Nr. 28; MDR 1972, 429 = IPRspr. 1972 Nr. 136; OLG Köln RIW 1984, 314; Rauscher/*v. Hein* Art. 3 Rn. 33; NK-BGB/*Leible* Art. 3 Rn. 56.

151 BGH NJW 1987, 591: bei einem deutsch-niederländischen Vertrag in englischer Sprache sei zu ermitteln, was die sich dieser Sprache bedienenden Parteien unter Berücksichtigung der im internationalen Rechts- und Wirtschaftsverkehr geltenden Gebräuche darunter verstehen; Vertragsstatut war deutsches oder niederländisches und wurde nicht mitgeteilt; OLG Köln RIW 2004, 458: deutsches Recht, englischer Sprachgebrauch.

152 OLG München IPRax 1991, 46 (48) = RIW 1990, 585; Reithmann/Martiny IntVertragsR/*Martiny* Rn. 3.80; BeckOGK/*Weller* Rn. 26.

153 Rechtsvergleichend *Kötz,* Europäisches Vertragsrecht, 2. Aufl. 2015, 145 f.; *Kötz* FS Zeuner, 1994, 219 (229 ff.); *Dreher* AcP 189 (1989), 342 ff.

154 Zur „internationalen“ Auslegung *Horn,* Das Recht der internationalen Anleihen, 1972, 500 ff.; *Wolf* ZHR 153 (1989), 305 ff. – Zu Vereinheitlichungsbestrebungen *Bonell* Int. Comp. L. Q. 27 (1978), 413 (427 ff.).

155 BGH RIW/AWD 1968, 228; Staudinger/*Mäsch,* 2022, BGB § 305c Rn. 119 ff.

156 BGHZ 18, 311 (317 f.) = NJW 1956, 21; BGHZ 180, 257 Rn. 34 = NJW 2009, 1077.

157 BGH NJW 1960, 1661.

158 BGH NJW 2002, 2102: nicht international.

159 OLG München IPRax 1989, 42 mAnm *W. Lorenz* IPRax 1989, 22: Wahl eines kalifornischen Gerichts in einem Vertrag zwischen einer deutschen und einer niederländischen Gesellschaft wurde zu Recht anhand der in den USA gebräuchlichen Klauseln und ihrem dortigen Sinn ausgelegt; vgl. auch *Steinle* ZVglRWiss 93 (1994), 311 f.

160 BGH NJW 2004, 2589.

unzulässig ist oder überflüssig, weil sie diesem Gesetz entspricht. Notfalls wird man anpassen können. Die in diesem Sinne auf das falsche Recht ausgerichteten AGB sind ein Fall des Handelns unter falschem Recht (→ Rn. 38 f.).

44 AGB werden oft mit starkem **Bezug zur Rechtsordnung** des Verwenders formuliert.[161] Sie sollen vielfach dispositives Gesetzesrecht modifizieren oder ausschließen, und sie müssen zudem die nationalen Klauselverbote und Einbeziehungsregeln beachten. Zwar ist eine solche Ausrichtung auf ein Recht oft an einer ausdrücklichen Bezugnahme auf gesetzlichen Bestimmungen gerade in den AGB gut erkennbar und damit ein starkes Indiz für eine konkludente Wahl dieses Rechts. Kommt die Vereinbarung dieser Rechtsordnung jedoch ausnahmsweise nicht zustande,[162] zB wegen einer vorgehenden individuellen Rechtswahlvereinbarung, entstehen unter Umständen Auslegungs- oder **Anpassungsprobleme,** wenn das Recht, auf das die AGB ausgerichtet sind, der Gegenpartei zB andere Gewährleistungsrechte zugesteht als das Vertragsstatut, und es ist fraglich, ob nun auch die entsprechenden Regelungen des tatsächlich anwendbaren Sachrechts abbedungen sein sollen oder ob die entsprechenden Klauseln bzw. gar die gesamten AGB ins Leere laufen, weil das darin modifizierte Recht in casu den Vertrag nicht beherrscht.

III. Vertragsinhalt und Erfüllung (Abs. 1 lit. b)

45 **1. Vertragliche Verpflichtungen.** Das Statut des Vertrages regelt „die Erfüllung der durch ihn begründeten Verpflichtungen". Das meint zum einen den Vorgang der Erfüllung selbst, zum anderen aber zunächst, welche Verpflichtungen „durch ihn begründet" werden, also **an wen, was, wann und wo** zu leisten ist, dh die Gesamtheit der (beiderseitigen) vertraglichen Pflichten.[163] Es kann sich gleichermaßen um **Haupt- wie um Nebenpflichten** handeln. Grundsätzlich gehören auch Obliegenheiten aus dem Vertrag hierher (→ Rn. 61). Aus den Hauptpflichten ergibt sich, welchem **Typ der Vertrag** zuzuordnen ist, was für die Anwendung dispositiven Rechts entscheidend sein kann.[164]

46 Zum Inhalt der **Hauptpflichten** der Parteien, die das Vertragsstatut bestimmt, gehört, ob der Schuldner Teilleistungen erbringen darf,[165] ob **ratenweise Leistung** vereinbart werden kann, welche **Verzinsungen** geschuldet werden oder versprochen werden können und ob sie ausdrücklich angegeben werden müssen. Das Vertragsstatut entscheidet weiter darüber, ob der Schuldner in Person leisten muss oder **durch Dritte**[166] leisten darf, und entsprechend auch darüber, ob er **an Dritte** leisten muss oder darf.[167] Ferner umfasst ist die Frage, in welcher **Reihenfolge Zahlungen** auf eine Forderung zu leisten bzw. zu verrechnen sind, namentlich auf Zins oder Hauptforderung (→ Rn. 67).[168]

47 Dem Vertragsstatut unterliegt ferner, welche **Währung** die Parteien für ihre Geldschuld vereinbaren dürfen und welche Währung mangels Vereinbarung den betragsmäßigen Umfang des Anspruchs bestimmt **(Schuldwährung).**[169] Die Vereinbarung einer Schuldwährung ist unter dem deutschen Vertragsstatut heute sehr weitgehend frei.[170] Im Zweifel hilft § 361 HGB. Von dieser Schuldwährung zu unterscheiden ist die Frage, in welcher Währung die Leistung erbracht werden darf (sog. **Zahlungs-**

---

161 Internationale AGB, die nicht an einer bestimmten Rechtsordnung oder an mehreren zugleich ausgerichtet werden, sind recht selten. Zu ihrer Auslegung *M. Wolf* ZHR 153 (1989), 305 ff.; *Raeschke-Kessler* FS Schlosser, 2005, 713 (720).

162 So (nach Ansicht der Gerichte) in OLG Köln IPRax 1994, 465 = RIW 1994, 599; OLG Koblenz IPRax 1994, 46 mAnm *Schurig* IPRax 1994, 28. Zu einander widersprechenden Rechtswahlklauseln in AGB → Art. 10 Rn. 179 ff.; zur Einbeziehung von AGB → Art. 10 Rn. 163 ff.

163 BeckOK BGB/*Spickhoff* Rn. 5; BeckOGK/*Weller* Rn. 34; Erman/*Stürner* Rn. 5; NK-BGB/*Leible* Rn. 14; *Giuliano/Lagarde* BT-Drs. 10/503, 64.

164 BGH AWD 1969, 415 betr. Werkvertrag; WM 1977, 793 (794) betr. Kauf oder Kommission; OLG Stuttgart AWD 1960, 246 betr. Werklieferungsvertrag; LG München WM 1957, 1378 betr. Werkvertrag oder Kauf; LG Karlsruhe RIW 1982, 668 betr. Handelsvertreter oder Vertragshändler nach franz. Recht; LG Aschaffenburg TranspR 1984, 82 mAnm *Trappe,* betr. Seehafenspediteur; BeckOK BGB/*Spickhoff* Rn. 5; Ferrari IntVertragsR/*Ferrari* Rn. 13; Erman/*Stürner* Rn. 6.

165 Ferrari IntVertragsR/*Ferrari* Rn. 13; Grüneberg/*Thorn* Rn. 5; Staudinger/*Magnus,* 2021, Rn. 38; BeckOGK/*Weller* Rn. 36; s. bereits *Giuliano/Lagarde* BT-Drs. 10/503, 65.

166 Staudinger/*Magnus,* 2021, Rn. 37; BeckOGK/*Weller* Rn. 36; Grüneberg/*Thorn* Rn. 5; *W. Lorenz* FS Zweigert, 1981, 199 (214).

167 Staudinger/*Magnus,* 2021, Rn. 37; BeckOGK/*Weller* Rn. 36; NK-BGB/*Leible* Rn. 15; zum Vertrag zugunsten Dritter → Rn. 54.

168 Staudinger/*Magnus,* 2021, Rn. 39; Ferrari IntVertragsR/*Ferrari* Rn. 13; BeckOGK/*Weller* Rn. 36.

169 BGH NJW 2022, 3644 Rn. 39; 1987, 1146 (1147); Staudinger/*Magnus,* 2021, Rn. 109 f.; BeckOK BGB/*Spickhoff* Rn. 22; Rauscher/*Freitag* Rn. 25; Ferrari IntVertragsR/*Ferrari* Rn. 35.

170 Staudinger/*Magnus,* 2021, Rn. 111 f. mwN.

währung; → Anh. I Art. 9 Rn. 3) und ob dies auch eine **andere Währung** als die Schuldwährung sein darf. Darüber entscheidet das Statut der zu tilgenden Forderung, also im Falle des Art. 12 ebenfalls das Vertragsstatut.[171] Ist deutsches Recht Vertragsstatut, gilt also **§ 244 BGB** als deutsche Sachnorm, die dem Schuldner im Inland eine Zahlung in Euro erlaubt, wenn die Parteien diese Ersetzung nicht ausgeschlossen haben.[172] Im letzteren Fall läge eine **echte Fremdwährungsschuld** vor (→ Anh. I Art. 9 Rn. 19; zur Aufrechnung → Art. 17 Rn. 29 ff.). Nach der früher hM war § 244 BGB als einseitige Kollisionsnorm – ähnlich einer Eingriffsnorm – immer und unabhängig vom Vertragsstatut anzuwenden, wenn die Schuld in Deutschland zu bezahlen war.[173] Dem ist nicht zuzustimmen, weil § 244 BGB nicht mehr dem Schutz deutscher Währungsinteressen dient und zudem dispositiv ist, was nicht zum Charakter als Eingriffsnorm passt.[174] Die Ersetzungsbefugnis setzt voraus, dass „im Inland" zu zahlen ist; darunter ist das Währungsgebiet des Euro zu verstehen (→ BGB §§ 244, 245 Rn. 92).[175] Sonderregelungen enthalten Art. 36 ScheckG und Art. 41 WG. Die schuldrechtliche Seite der Zahlung in **Kryptowährung** ist grds. von der Rom I-VO umfasst.[176]

Zum Vertragsinhalt gehört ebenso, ob der Gläubiger oder Schuldner ein Wahlrecht zwischen **48** verschiedenen anderen Leistungen als Geldzahlungen hat **(Wahlschuld).**[177]

Das Vertragsstatut besagt, ob allgemeine Grundsätze wie **Treu und Glauben** den Vertragsinhalt **49** bestimmen[178] und vor allem wie und mit welchem Inhalt.[179] **Echte Verkehrssitten** betreffen die **Leistungspflichten** und damit den Vertragsinhalt.[180] Auf sie nehmen zB § 346 HGB und § 359 HGB Bezug. Sie sind dem dispositiven Recht zumindest ähnlich, und über ihre Anwendung entscheidet ebenfalls das Vertragsstatut.[181] Wegen dieser Wirkung sind sie dem **Inhalt des Vertrages** zuzuordnen und nicht seiner Auslegung (→ Rn. 24).

Die Haftung für die Verletzung vertraglicher Pflichten fällt unter lit. c. Unter lit. b kann man **50** dagegen die praktisch wichtigen **Haftungsbeschränkungsvereinbarungen** sowohl hinsichtlich ihrer Zulässigkeit als auch ihrer Wirkungen zwischen den Parteien einordnen.[182] Die Trennung von wirksamer Vereinbarung einer Pflicht (Art. 10 Abs. 1),[183] ihrem Inhalt (lit. b) und ihrer Verletzung (lit. c) hat etwas Künstliches, ist aber praktisch ohne Bedeutung, da alle Vorschriften gleichermaßen auf das Vertragsstatut verweisen. Dasselbe gilt für **Vertragsstrafeversprechen.**[184] Meist finden sich Haftungsbeschränkungen in AGB, so dass auch auf → Art. 10 Rn. 159 ff. zu verweisen ist.

Der Vertrag kann auch leistungsbezogene wie nicht-leistungsbezogene **Nebenpflichten** ent- **51** halten. Ihre Abgrenzung von den Hauptpflichten ist manchmal unsicher, aber für das Kollisionsrecht ohne praktisches Interesse. Da das Vertragsstatut den Inhalt des Vertrages bestimmt, legt es neben den Haupt- auch die **Nebenpflichten**[185] zwischen den Parteien fest wie zB solche auf

[171] Implizit BGH NJW 2022, 3644 Rn. 38 ff.; Rauscher/*Freitag* Rn. 25 mwN; BeckOK BGB/*Spickhoff* Rn. 22; Grüneberg/*Thorn* Rn. 6; Ferrari IntVertragsR/*Ferrari* Rn. 35; insoweit auch Staudinger/*Magnus,* 2021, Rn. 117.

[172] Rauscher/*Freitag* Rn. 26 mwN; BeckOGK/*Weller* Rn. 41; Staudinger/*Omlor,* 2021, BGB § 244 Rn. 9, 142; Ferrari IntVertragsR/*Ferrari* Rn. 37; aA Staudinger/*Magnus,* 2021, Rn. 117: Erfüllungsmodalität iSd Abs. 2, sodass die Ersetzung auch bei ausländischem Schuldstatut zulässig sei; dem zust. BeckOK BGB/*Spickhoff* Rn. 23.

[173] OLG München IPRax 1988, 291; *Kegel/Schurig* IPR § 23 III 4 (S. 1120); Staudinger/*K. Schmidt,* 1997, BGB § 244 Rn. 77; Reithmann/Martiny IntVertragsR/*Martiny* Rn. 3.223.

[174] Näher Rauscher/*Freitag* Rn. 26 mwN; BeckOGK/*Freitag* BGB § 244 Rn. 108 ff. Unangewendet ließ § 244 BGB bei einer im Inland zu begleichenden Schuld, die auf ungarische Forint lautete und ungarischem Recht unterlag, BGH NJW 2022, 3644 Rn. 40.

[175] Rauscher/*Freitag* Rn. 27; BeckOGK/*Freitag* BGB § 244 Rn. 113 f.

[176] Näher *Martiny* IPRax 2018, 553 (560 f.); *Wendelstein* RabelsZ 86 (2022), 644 ff.; *Wendehorst* IPRax 2020, 490 ff.; BeckOGK/*Weller* Rn. 40.1.

[177] *Giuliano/Lagarde* BT-Drs. 10/503, 65; NK-BGB/*Leible* Rn. 15; Ferrari IntVertragsR/*Ferrari* Rn. 13.

[178] Staudinger/*Magnus,* 2021, Rn. 40; Grüneberg/*Thorn* Rn. 5; BeckOK BGB/*Spickhoff* Rn. 5; NK-BGB/*Leible* Rn. 14; *Stoll* FS Kegel, 1987, 628 f. (634).

[179] Rechtsvergleichend Whittaker/Zimmermann (Hrsg.), Good Faith in European Contract Law, 2000.

[180] *Sonnenberger,* Verkehrssitten im Schuldvertrag – eine rechtsvergleichende Untersuchung, 1970, 99 ff.; → BGB § 157 Rn. 207 f.

[181] ZB OLG Hamburg MDR 1975, 845; BeckOGK/*Weller* Rn. 34; Staudinger/*Magnus,* 2021, Rn. 40.

[182] Staudinger/*Magnus,* 2021, Rn. 38 (sowie Rn. 55: Gültigkeit der Haftungsbeschränkung unter Art. 10 Abs. 1); für Subsumtion unter lit. c Erman/*Stürner* Rn. 8; *v. Bar/Mankowski* IPR II § 1 Rn. 817. Jedoch ist für die Wirkungen der Errichtung eines Fonds zur Haftungsbeschränkung gegenüber Dritten ein eigenes, vom Vertragsstatut verschiedenes Haftungsfondsstatut zu ermitteln, BGHZ 233, 153 = NJW 2022, 2928 Rn. 38; BeckOGK/*Weller* Rn. 38; ohne diese Differenzierung BeckOK BGB/*Spickhoff* Rn. 5.

[183] Staudinger/*Magnus,* 2021, Rn. 55; aA Ferrari IntVertragsR/*Ferrari* Rn. 13.

[184] Staudinger/*Magnus,* 2021, Rn. 38; näher → Rn. 93 f.

[185] Erman/*Stürner* Rn. 6; Staudinger/*Magnus,* 2021, Rn. 33; Ferrari IntVertragsR/*Ferrari* Rn. 12; BeckOGK/*Weller* Rn. 34;. Soergel/*v. Hoffmann* EGBGB Art. 32 Rn. 24.

Auskunft,[186] **Rechnungslegung** und **Quittung,** die Pflicht zur **Vertraulichkeit,** zur Aushändigung von **Gebrauchsanweisungen** oder die Pflicht zur Einweisung in den Gebrauch der Kaufsache, sofern dies nicht sogar als weitere Hauptpflicht vereinbart oder anzusehen ist, sowie **Mitwirkungspflichten** des Gläubigers bei der Leistungserbringung.

52 Ob für bestimmte Personengruppen wie etwa Unternehmer und Verbraucher oder Kaufleute besondere Regeln – auch spezielle Auslegungsregeln (→ Rn. 27 f.) – anzuwenden sind, bestimmt das Vertragsstatut.[187] Sofern das Vertragsstatut auf die **Kaufmannseigenschaft** einer Partei abstellt, so wird teilweise vorgeschlagen, diese als Vorfrage zu behandeln[188] und gesondert an den Ort der gewerblichen Niederlassung des Betroffenen anzuknüpfen.[189] Falls dort kein Kaufmannsbegriff bekannt sei, könne als Äquivalent der Unternehmerbegriff herangezogen werden.[190] Vorzugswürdig ist es jedoch, auch insoweit das Vertragsstatut anzuwenden (→ EGBGB Art. 7 Rn. 77; → IntGesR Rn. 145 ff.).[191] Dass eine Person dann je nach Vertragsstatut mal als Kaufmann anzusehen ist und mal nicht, kann in Kauf genommen werden. Die Eigenschaft als „Kaufmann" ist in erster Linie Tatbestandselement der betreffenden Norm des anwendbaren Rechts. In den Sonderregeln für Kaufleute ist typischerweise mitgedacht, welche Personen von ihnen betroffen sein sollen; eine einheitliche Behandlung nach demselben Recht trägt diesem engen Zusammenhang Rechnung (→ IntGesR Rn. 151 ff.).[192] Sofern es um Regelungen des deutschen Vertragsstatuts geht, sind also die §§ 1 ff. HGB maßgeblich. Falls danach eine Eintragung erforderlich ist, ist nach der Substitutionsfähigkeit einer Eintragung im Ausland zu fragen.[193] Entsprechend beantwortet das Wirkungsstatut die Frage nach der Eigenschaft als **Unternehmer** oder **Verbraucher,** sofern es Sonderregeln für diese Personengruppen aufstellt.[194]

53 **2. Schuldner- und Gläubigermehrheit; Einbeziehung Dritter.** Das **Vertragsstatut** bestimmt grundsätzlich darüber, wer Gläubiger und wer Schuldner ist.[195] **Mehrheiten von Gläubigern** und **Schuldnern** aus einem Vertrag ergeben sich zudem aus den Vereinbarungen und ihrer Auslegung nach den Regeln des Vertragsstatuts.[196] Der **Gesamtschuldnerausgleich** unterliegt Art. 16.

54 Das Vertragsstatut entscheidet, ob der Vertrag auch **zugunsten Dritter** zulässig und ob der Dritte aus dem Vertrag berechtigt ist, selbst wenn er am Vertragsschluss nicht mitgewirkt hat.[197] Umgekehrt beantwortet es auch die Frage, ob eine Vertragspartei Rechte Dritter geltend machen kann[198] oder deren Schaden (Drittschadensliquidation). Die Haftung des Versprechenden gegenüber dem Dritten beruht beim Vertrag zugunsten Dritter unproblematisch auf einer freiwillig eingegangenen Verpflichtung.[199] **Nachträgliche Veränderungen** des Gläubigers durch Abtretung oder cessio legis sind nicht in Art. 12, sondern in Art. 14 und Art. 15 geregelt (→ Rn. 162).[200]

---

[186] BGH WM 1964, 83 für Bereicherungsanspruch; Ferrari IntVertragsR/*Ferrari* Rn. 12; Soergel/*v. Hoffmann* EGBGB Art. 32 Rn. 24.

[187] BeckOGK/*Weller* Rn. 39; NK-BGB/*Leible* Rn. 14; Staudinger/*Magnus,* 2021, Rn. 40.

[188] Staudinger/*Magnus,* 2021, Rn. 11.

[189] OLG Naumburg WM 1994, 906 für innerdeutschen Fall; OLG München IPRax 1989, 42; LG Essen IPRax 2002, 396 (398); LG Hamburg IPRspr. 1958/59 Nr. 22; Staudinger/*Magnus,* 2021, Rn. 40; BeckOK BGB/*Spickhoff* Rn. 5; Grüneberg/*Thorn* EGBGB Art. 7 Rn. 7; *Wolff* IPR § 29 II; *Ebenroth* JZ 1988, 18 (19).

[190] Staudinger/*Magnus,* 2021, Rn. 40.

[191] NK-BGB/*Leible* Rn. 14 mwN; BeckOGK/*Weller* Rn. 39.1; Staudinger/*Hausmann,* 2019, EGBGB Art. 7 Rn. 78; BeckOK BGB/*Mäsch* EGBGB Art. 7 Rn. 41; NK-BGB/*Makowsky/Schulze* EGBGB Art. 7 Rn. 23; *Kaligin* DB 1985, 1449 (1454); nach Art der Vorschriften diff. *Van Venrooy,* Die Anknüpfung der Kaufmannseigenschaft im deutschen IPR, 1985, 28 ff.

[192] BeckOK BGB/*Mäsch* EGBGB Art. 7 Rn. 41; NK-BGB/*Leible* Rn. 14; BeckOGK/*Weller* Rn. 39.1.

[193] BeckOK BGB/*Mäsch* EGBGB Art. 7 Rn. 43; Staudinger/*Hausmann,* 2019, EGBGB Art. 7 Rn. 78; BeckOGK/*Weller* Rn. 39.1.

[194] BeckOK BGB/*Mäsch* EGBGB Art. 7 Rn. 41; aA BeckOGK/*Weller* Rn. 39.1: verordnungsautonomer Begriff.

[195] Ferrari IntVertragsR/*Ferrari* Rn. 13; BeckOGK/*Weller* Rn. 36; Erman/*Stürner* Rn. 6; zum Offenkundigkeitsprinzip im Stellvertretungsrecht jedoch → EGBGB Art. 8 Rn. 160 ff.

[196] Erman/*Stürner* Rn. 6; Staudinger/*Magnus,* 2021, Rn. 37; BeckOK BGB/*Spickhoff* Rn. 5; NK-BGB/*Leible* Rn. 15; ebenso bereits *Stoll* FS Müller-Freienfels, 1986, 631 (643); *Mankowski* IPRax 1996, 427 (428 f.); *Giuliano/Lagarde* BT-Drs. 10/503, 65.

[197] BAG NJW 2016, 2285; OLG Düsseldorf GRUR-RS 2022, 2267 Rn. 95; Staudinger/*Magnus,* 2021, Rn. 37; BeckOK BGB/*Spickhoff* Rn. 5; BeckOGK/*Weller* Rn. 13; Erman/*Stürner* Rn. 5; Rauscher/*Freitag* Rn. 5; *Mankowski* IPRax 1996, 427 (428 f.); diff. *Castendiek* IPRax 2022, 449 (454 f.): nur Leistungsansprüche.

[198] OLG Frankfurt WM 1972, 1474; *Mankowski* IPRax 1996, 427 (429); PWW/*Brödermann/Wegen* Rn. 15.

[199] Rauscher/*Freitag* Rn. 5.

[200] *Flessner* IPRax 2009, 35 ff.

Ob Ansprüche eines vertragsfremden Dritten, der sich auf die Figur des **Vertrags mit Schutzwirkung zugunsten Dritter** beruft, unter das Vertragsstatut fallen oder außervertraglich zu einzuordnen sind, ist umstritten.[201] Diese Qualifikationsfrage kann nicht anhand einer nationalen Dogmatik, sondern nur europäisch-autonom beantwortet werden.[202] Der BGH hat sie zuletzt offengelassen.[203] Die Frage wird teilweise mit dem Argument bejaht, dass sich das Pflichtenprogramm des Schuldners auch gegenüber Dritten aus dem Vertrag ergebe und unter Rückgriff auf diesen zu bestimmen sei.[204] Die Schutzwirkung sei Vertragswirkung; dessen Reichweite werde auf bestimmte Dritte erstreckt.[205] Der Schuldner habe freiwillig Pflichten übernommen; ein Versprechen gerade auch dem Dritten gegenüber sei nicht zu verlangen.[206] Richtigerweise ist die Einbeziehung Dritter in den Schutzbereich des Vertrags jedoch nicht vertraglich, sondern **deliktisch zu qualifizieren.**[207] Selbst wenn man konzedieren wollte, dass die Einbeziehung des Dritten aufgrund der Erfordernisse der Leistungsnähe und des Einbeziehungsinteresses, die beide erkennbar sein müssten, von Freiwilligkeit getragen sei, kann das jedoch nur für Dritte gelten, die sich bereits bei Vertragsschluss im Schutzbereich des Vertrags befanden.[208] Eine Differenzierung danach, zu welchem Zeitpunkt der Dritte in den Schutzbereich eingetreten sei, würde die Qualifikation aber von unzuträglichen Zufälligkeiten abhängig machen. Deshalb sollte die Freiwilligkeit der Verpflichtung gegenüber dem Dritten eher ganz verneint werden.[209] Ausschlaggebend für die Qualifikation als Deliktsrecht ist jedoch die Funktion, die der Vertrag mit Schutzwirkung zugunsten Dritter wahrnimmt.[210] Die deutsche Rspr. hat dieses Instrument entwickelt, um damit Schwächen des Deliktsrechts zu kompensieren (→ BGB § 328 Rn. 167 ff.).[211] Anderen Rechtsordnungen gelingt es, den Haftungsfall ohne diese Figur adäquat mit Mitteln ihres Deliktsrechts zu lösen.[212] Wenn es aber funktional um ein deliktsrechtliches Problem geht, ist eine deliktsrechtliche Qualifikation vorzuziehen.[213] Sie vermeidet Anpassungsprobleme.[214] Es ist also ein Deliktsstatut nach der Rom II-VO zu ermitteln. Ob dabei Art. 4 Abs. 3 S. 2 Rom II-VO zu einer vertragsakzessorischen Anknüpfung führen kann, die von der Anknüpfung an den Erfolgsort weg zu einem Gleichlauf mit dem Vertragsstatut führt,[215] ist nicht sicher.[216] Immerhin besteht das maßgebliche vertragliche Rechtsverhältnis nicht zwischen den Parteien des Haftungsanspruchs.[217] Weitere Unterschiede zwischen einer vertraglichen und einer außervertraglichen Anknüpfung können sich im Falle einer Rechtswahl ergeben, die in Art. 14 Rom II-VO engeren Voraussetzungen als die freie Rechtswahl des Art. 3 unterworfen ist.[218] Sofern das auf diese Weise ermittelte Deliktsstatut den Vertrag mit Schutzwirkung zugunsten Dritter kennt, können sodann die dafür bestehenden Regeln angewendet werden, auch wenn die Dogmatik des Sachrechts – wie in Deutschland (→ BGB § 328 Rn. 170) – darin eine Vertragshaftung oder jedenfalls eine vertragsähnliche Haftung erblickt.[219] 55

---

201 Dazu insbes. *Castendiek* IPRax 2022, 449 (453 f.); *Dutta* IPRax 2009, 293 ff., jeweils mwN.

202 BeckOGK/*Weller* Rn. 14; *Castendiek* IPRax 2022, 449 (450).

203 BGHZ 225, 23 Rn. 19 = NJW 2020, 1514, da deutsches Recht sowohl Vertragsstatut als auch Deliktsstatut war.

204 → 8. Aufl. 2021, Rn. 64 *(Spellenberg)* (jedoch für außervertraglich → 8. Aufl. 2021, Rn. 60 *(Spellenberg)*); Staudinger/*Magnus*, 2021, Rn. 37; ebenfalls für vertragliche Qualifikation Ferrari IntVertragsR/*Ferrari* Rn. 13; jurisPK-BGB/*Geiben* Rn. 12; früher bereits OLG Hamburg VersR 1983, 350; OLG Köln ZIP 1993, 1538 (1539); Soergel/*v. Hoffmann* EGBGB Art. 32 Rn. 27.

205 Staudinger/*Magnus*, 2021, Rn. 37.

206 → 8. Aufl. 2021, Rn. 64 *(Spellenberg)*.

207 Dafür LG Saarbrücken RdTW 2019, 270 Rn. 41; → Art. 1 Rn. 23; → Einl. IPR Rn. 138; BeckOGK/*Weller* Rn. 14; BeckOK BGB/*Spickhoff* Rn. 5: außer bei bewusster und gewollter Einbeziehung des Dritten; Erman/*Stürner* Rom II-VO Art. 1 Rn. 4; Grüneberg/*Thorn* Rn. 5; *v. Bar/Mankowksi* IPR II § 1 Rn. 831; *Castendiek* IPRax 2022, 449 (453); *Freitag* IPRax 2016, 418 (421); *Dutta* IPRax 2009, 293 (294 ff.); *Martiny* FS Magnus, 2014, 483 (491 f.); ebenso in Österreich, wo der Vertrag mit Schutzwirkung zugunsten Dritter ebenfalls geläufig ist, OGH BeckRS 2021, 23866 Rn. 26; ZfRV 2017, 93 zur Rom I-VO; IPRax 2009, 354 noch zum früheren Kollisionsrecht.

208 BeckOGK/*Weller* Rn. 14.

209 Rauscher/*Freitag* Rn. 7; *Castendiek* IPRax 2022, 449 (453): Überdehnung des Vertragsbegriffs; *Dutta* IPRax 2009, 293 (295).

210 Ebenso BeckOGK/*Weller* Rn. 14.

211 *Kötz,* Europäisches Vertragsrecht, 2. Aufl. 2015, 478 ff.; *Wagner,* Deliktsrecht, 14. Aufl. 2021, § 6 Rn. 47 f.

212 *Ancel* RDC 2004, 471 ff.; *Borghetti* ZEuP 2010, 279 ff.; *Fountoulakis* FS Witz, 2018, 315 ff.

213 BeckOGK/*Weller* Rn. 14; *v. Bar/Mankowksi* IPR II § 1 Rn. 831; *Castendiek* IPRax 2022, 449 (453); *Dutta* IPRax 2009, 293 (297).

214 *Dutta* IPRax 2009, 293 (297).

215 Das nehmen an → 8. Aufl. 2021, Rn. 60 *(Spellenberg);* Rauscher/*Freitag* Rn. 6.

216 Krit. *Castendiek* IPRax 2022, 449 (454) mwN.

217 *Dutta* IPRax 2009, 293 (298).

218 BeckOGK/*Weller* Rn. 14; *Dutta* IPRax 2009, 293 (297).

219 *Dutta* IPRax 2009, 293 (298).

56 Bei der **Haftung Dritter** für vertragliche Forderungen ist zu unterscheiden. **Bürgschaften** (→ Art. 4 Rn. 232 ff.),[220] Patronatserklärungen (→ Art. 4 Rn. 247), und ähnliche **Garantien** (→ Art. 4 Rn. 237 ff.) haben ihr eigenes gewähltes oder objektiv bestimmtes Statut. Nicht etwa teilen sie nach Art. 12 Abs. 1 lit. b das Statut des Vertrags, auf den sich die Erklärung des Dritten bezieht. Es läge zwar an sich auch eine akzessorische Anknüpfung an die gesicherte Forderung nahe, doch gewichtiger ist der gewöhnliche Aufenthalt des – vertragsfremden – Garanten, der die charakteristische Leistung verspricht und eigene kollisionsrechtliche Interessen haben kann (→ Art. 4 Rn. 232 ff., → Art. 4 Rn. 239 ff.). Das **Ausgleichsverhältnis** zwischen den **Schuldnern** regeln dann die Art. 15 und 16.

57 In Fällen, in denen **keine derartige Erklärung** eines Dritten, für eine fremde Verpflichtung einstehen zu wollen, vorliegt, ist zweifelhaft, ob das Statut des zwischen dem Verpflichteten und dem Gläubiger geschlossenen Vertrags dazu berufen ist, über eine Haftung des Dritten zu befinden. Der BGH hat die Frage für die Haftung des Pkw-Halters für die – konkludent durch Befahren einer mautpflichtigen Straße begründete – vertragliche Verpflichtung des Fahrers dieses Pkw zur Entrichtung einer (im Fall: ungarischen) Straßenmaut bejaht: Das Vertragsstatut erstrecke sich nach Art. 12 Abs. 1 lit. b auch darauf, „ob Dritte in den Vertrag übernommen sind".[221] Der BGH sah die Aussage als acte clair an.[222] Freilich erscheint eine vertragliche Qualifikation dieser Ausdehnung des Schuldnerkreises zulasten eines Dritten, der selbst nicht freiwillig eine Verpflichtung eingegangen ist, bedenklich.[223]

58 **3. Einreden; Leistungsverweigerungsrechte.** Ob einer Forderung materiellrechtliche Einreden entgegenstehen, bestimmt grundsätzlich das **Vertragsstatut,** nicht nur wenn die Einrede im Vertrag wurzelt.[224] Zu denken ist an Verjährung, die aber in lit. d gesondert angesprochen wird, an die Einrede wegen eines venire contra factum proprium oder an die Einrede nicht erfüllten Vertrages.[225] Entsprechend regelt das Statut des Bürgschaftsvertrags, ob dem Bürgen die Einrede der Vorausklage zusteht (→ Art. 4 Rn. 233).

59 **Schuldrechtliche Zurückbehaltungsrechte,** die es dem Schuldner erlauben, seine Leistung bis zur Erfüllung eines eigenen Anspruchs zurückzubehalten, selbst wenn dieser nicht aus demselben Vertrag stammt (vgl. § 273 BGB), unterliegen wie bei der Aufrechnung (→ Art. 17 Rn. 16) dem Statut der Forderung, gegen die die Einrede erhoben wird.[226] Das betrifft insbesondere die Frage, ob der Gegenanspruch konnex sein muss. Gilt für beide Ansprüche das gleiche Recht, so entsteht kein Problem. Ob die Gegenforderung besteht, ergibt sonst deren gesondert festzustellendes Statut.[227] Angesichts seines Wortlauts wird man zögern, Art. 17 analog anzuwenden.[228] Man erreicht aber dasselbe Ergebnis mit Abs. 1 lit. b, weil es um die Pflicht zur Erfüllung der vertraglichen Leistung geht. Zu unterscheiden sind die Einrede des nicht erfüllten Vertrages (zB § 320 BGB; → Rn. 90) und die Unsicherheitseinrede (§ 321 BGB; → Rn. 80).

60 Der BGH hat wie bei der **Aufrechnung** die Geltendmachung eines schuldrechtlichen **Zurückbehaltungsrechts im Prozess** abgelehnt, wenn das Gericht für die Gegenforderung **nicht international zuständig** ist, weil es dann über sie urteilen müsste.[229] In der Tat ist beide Male die gleiche Frage, ob dieses Gericht über den Bestand der Gegenforderung entscheiden darf. Es ist daher auf die Ausführungen zur Aufrechnung in → Art. 17 Rn. 40 ff. zu verwiesen.

---

[220] Rauscher/*Thorn* Art. 4 Rn. 104 ff.

[221] BGH NJW 2022, 3644 Rn. 20; zust. *Goebel/Wiepen* NJW 2022, 3611; *Staudinger/Voth* EWiR 2023, 111; BeckOGK/*Weller* Rn. 36.1; BeckOK BGB/*Spickhoff* Rn. 5; ebenso bereits *Staudinger/Schametzki* DAR 2021, 191 (192).

[222] BGH NJW 2022, 3644 Rn. 21.

[223] Abl. daher *Finkelmeier* EuZW 2023, 95 (96); Grüneberg/*Thorn* Rn. 5; zust. jedoch BeckOGK/*Weller* Rn. 15, da auch beim Vertrag zulasten Dritter jedenfalls ein Vertrag zugrunde liege und für Korrekturen der Vorbehalt des ordre public zuständig sei.

[224] Reithmann/Martiny IntVertragsR/*Martiny* 3.168 ff.; BeckOGK/Weller Rn. 43.

[225] Staudinger/*Magnus,* 2021, Rn. 58 verweist hierfür auf lit. c; ebenso BeckOK BGB/*Spickhoff* Rn. 7; BeckOGK/*Weller* Rn. 43; Ferrari IntVertragsR/*Ferrari* Rn. 15.

[226] OLG München IPRax 2019, 314 Rn. 44 ff. m. krit. Anm. *Brand* IPRax 2019, 294; OLG Stuttgart ZfE 2008, 438; Reithmann/Martiny IntVertragsR/*Martiny* Rn. 3.170 f.; BeckOGK/*Weller* Rn. 46; Ferrari IntVertragsR/*Ferrari* Rn. 15; Rauscher/*Freitag* Rn. 29; *v. Bar/Mankowski* IPR II § 1 Rn. 833; *Kegel/Schurig* IPR § 18 VI (S. 755); aA – Recht der Gegenforderung – *Magnus* RabelsZ 38 (1974), 440 (447); Grüneberg/*Thorn* Rn. 5; noch aA *Eujen,* Die Aufrechnung im Verkehr zwischen Deutschland, Frankreich und England, 1975, 130: Sitz des Zurückbehaltenden.

[227] BeckOGK/*Weller* Rn. 43; *v. Bar/Mankowski* IPR II § 1 Rn. 833.

[228] Dafür aber BeckOK BGB/*Spickhoff* Art. 17 Rn. 4; BeckOGK/*Thole* Art. 17 Rn. 19.

[229] BGH NJW 1979, 2477 f., in casu wegen der Vereinbarung eines ausschließlichen Gerichtsstands im Ausland; ohne solche Vereinbarung BGH IPRax 1994, 115; OLG München IPRax 2019, 314 m. krit. Anm. *Brand* IPRax 2019, 294: implizit; OLG Stuttgart IPRspr. 2009 Nr. 18.

4. Obliegenheiten des Gläubigers. Dem Statut des Vertrages sind auch die Obliegenheiten des Gläubigers in Bezug auf die Erfüllung zu entnehmen, deren Nichtbeachtung für ihn zu Rechtsverlusten führen kann.[230] Dazu gehört die Frage, ob der Gläubiger zur Wahrung oder Durchsetzung seiner Rechte **mahnen** muss oder ob Verzug auch ohne diese eintritt, ob er eine **Nachfrist** setzen oder Schadensersatzansprüche **androhen** sowie ob er erst auf Erfüllung **klagen** muss.[231] Umfasst ist insbesondere auch, ob der Gläubiger binnen bestimmter Fristen Sachmängel oder Transportbeschädigungen dem Schuldner anzeigen (rügen) oder durch Dritte feststellen lassen muss und ob und bis wann er unter verschiedenen Ansprüchen wählen muss. Auch der **Annahmeverzug** gehört hierher.[232] Abs. 2 kann zu beachten sein (→ Rn. 165 ff.). 61

5. Erfüllung. a) Erfüllungsmodalitäten. Die Modalitäten der Erfüllung unterliegen nach Abs. 1 lit. b ebenfalls dem Vertragsstatut, wobei die Möglichkeit einer Korrektur nach Abs. 2 zu bedenken ist. Das Vertragsstatut bestimmt daher unstreitig **Leistungszeit**[233] und **Leistungsort.**[234] 62

Das Vertragsstatut entscheidet somit über die Fragen der **Fälligkeit**[235] oder der **Stundung**[236] einer Forderung sowie darüber, ob dem Schuldner, wie zB nach französischem Recht, eine richterliche Verlängerung der Frist gewährt werden kann (sog. „délai de grâce", Art. 1341-5 C.c. Frankreich).[237] Bei der Leistungszeit können **örtliche Gegebenheiten** gemäß Abs. 2 hinsichtlich der Geschäftsöffnungszeiten und der Feiertage zu beachten sein (→ Rn. 164 ff.).[238] Ob sich die Leistungszeit infolge arbeitsfreier Tage verlängert, ist jedoch Sache des Vertragsstatuts.[239] 63

Das Vertragsstatut kann zwischen Leistungsort und **Erfüllungsort** unterscheiden. Letzterer verteilt die **Leistungs-, Sach- und Preisgefahr,**[240] insbesondere die **Transportgefahr.**[241] Die Gefahrtragungsregeln sind dem Vertragsstatut zu entnehmen. Dieses entscheidet, ob es sich um eine **Hol-, Schick- oder Bringschuld** handelt und wie der **Erfüllungsort** ermittelt wird.[242] Nach Art. 12 wie nach deutschem Recht ist dieser Ort für jede Verpflichtung gesondert zu ermitteln. Daher können sich innerhalb eines Vertrages unterschiedliche Erfüllungsorte ergeben, auch für Nebenansprüche. 64

Vor allem der **Erfüllungsort einer Geldschuld** ist in den verschiedenen Rechten unterschiedlich definiert. So ist zB bei Anwendbarkeit deutschen Rechts als lex causae grundsätzlich die gewerbliche Niederlassung oder der Wohnsitz des Schuldners bei Vertragsschluss maßgeblich (§§ 269, 270 Abs. 4 BGB). Dementsprechend ist Erfüllungsort für den Provisionsanspruch des Handelsvertreters[243] oder den Honoraranspruch eines Architekten,[244] der Baupläne erstellt hat, der Wohnsitz des Prinzipals bzw. Auftraggebers. Auf ihn stellen auch das Recht Frankreichs, Belgiens und Luxemburgs grundsätzlich ab. Nach englischem, italienischem und niederländischem Recht kommt es hingegen 65

---

230 Staudinger/*Magnus,* 2021, Rn. 33; BeckOGK/*Weller* Rn. 36; NK-BGB/*Leible* Rn. 20.

231 NK-BGB/*Leible* Rn. 20 zu lit. c.

232 BeckOGK/*Weller* Rn. 36; iErg. ebenso, allerdings gestützt auf lit. c Staudinger/*Magnus,* 2021, Rn. 45; *v. Bar/Mankowski* IPR II § 1 Rn. 820.

233 Erman/*Stürner* Rn. 6; Staudinger/*Magnus,* 2021, Rn. 35; BeckOK BGB/*Spickhoff* Rn. 5; Ferrari IntVertragsR/*Ferrari* Rn. 13; Grüneberg/*Thorn* Rn. 5.

234 BGH IPRax 1981, 93 m. Aufsatz *Spellenberg* IPRax 1981, 75; Staudinger/*Magnus,* 2021, Rn. 35; BeckOGK/*Weller* Rn. 36; BeckOK BGB/*Spickhoff* Rn. 5; Ferrari IntVertragsR/*Ferrari* Rn. 13.

235 BGH AWD 1969, 329.

236 Staudinger/*Magnus,* 2021, Rn. 35; BeckOK BGB/*Spickhoff* Rn. 5; Erman/*Stürner* Rn. 6; OLG Bamberg RIW 1989, 221.

237 Staudinger/*Magnus,* 2021, Rn. 35; BeckOGK/*Weller* Rn. 36; näher zu den délais de grâce *Terré/Simler/Lequette/Chénédé,* Droit civil. Les obligations, 13. Aufl. 2022, Nr. 1363 ff.

238 BeckOK BGB/*Spickhoff* Rn. 17; NK-BGB/*Leible* Rn. 15; BeckOK BGB/*Spickhoff* Rn. 5; Grüneberg/*Thorn* Rn. 5. Dass die Möglichkeit, eine richterliche „délai de grâce" zu erlangen, ebenfalls unter Abs. 2 fällt, dürfte nicht anzunehmen sein, so aber *Lagarde* Rev. crit. dr. int. priv. 1991, 287 (333).

239 Staudinger/*Magnus,* 2021, Rn. 35; Ferrari IntVertragsR/*Ferrari* Rn. 12.

240 Staudinger/*Magnus,* 2021, Rn. 36; BeckOK BGB/*Spickhoff* Rn. 5; NK-BGB/*Leible* Rn. 15; Ferrari IntVertragsR/*Ferrari* Rn. 13; früher bereits OLG Bamberg RIW 1989, 221.

241 Erman/*Stürner* Rn. 6.

242 BGHZ 9, 34; BGH NJW 1981, 1905 = IPRax 1981, 93 mAnm *Spellenberg* IPRax 1981, 75; OLG Hamburg IPRspr. 1976 Nr. 125b; OLG Frankfurt RIW 1979, 204; OLG Stuttgart RIW 1982, 591; BeckOGK/*Weller* Rn. 36; Staudinger/*Magnus,* 2021, Rn. 36; BeckOK BGB/*Spickhoff* Rn. 5; *v. Bar/Mankowski* IPR II § 1 Rn. 814; rechtsvergleichend *Schack,* Der Erfüllungsort im deutschen, ausländischen und internationalen Privat- und Zivilprozessrecht, 1985, Rn. 236 ff.

243 BGH NJW 1988, 1466 = RIW 1988, 397 ebenso für Auskunfts- und Schadensersatzanspruch; OLG Hamm RIW 1984, 316 = IPRspr. 1982 Nr. 163 A; LG München II IPRax 1985, 45 Ls. m. krit. Anm. *Jayme* = IPRspr. 1984 Nr. 142.

244 LG Kaiserslautern IPRax 1987, 368 mAnm *Mezger* IPRax 1987, 346 = NJW 1988, 652.

auf den Gläubigersitz an.[245] Fällt der Vertrag unter das **CISG,** so ist nicht die Rom I-VO oder das BGB maßgeblich. Art. 57 Abs. 1 lit. a CISG entscheidet sich – als Auffangregel – für die Zahlungspflicht des Käufers für die Niederlassung des Verkäufers,[246] während für die Verkäuferpflicht gemäß Art. 31 CISG die Niederlassung des Verkäufers oder der Ort gilt, an dem sich die Ware bei Vertragsschluss befindet.

66 Der **Erfüllungsort** kann sich auch auf die **internationale Zuständigkeit** für die Geltendmachung vertraglicher Ansprüche auswirken. Jedoch ist der nach lex causae bestimmte Erfüllungsort nur noch im Rahmen von Art. 7 Nr. 1 lit. a Brüssel Ia-VO (bzw. Art. 5 Nr. 1 lit. a LugÜ) und § 29 Abs. 1 ZPO von Bedeutung. Für die praktisch wichtigen Fälle des Kaufvertrags über bewegliche Sachen und des Dienstleistungsvertrags (jeweils im europäisch-autonomen Sinne) bestimmt Art. 7 Nr. 1 lit. b Brüssel Ia-VO (bzw. Art. 5 Nr. 1 lit. b LugÜ) den Erfüllungsort autonom und losgelöst vom materiellen Recht, sofern dieser Ort in einem Mitgliedstaat (bzw. Vertragsstaat) liegt.

67 **b) Erfüllungswirkung.** Das Vertragsstatut legt weiter fest, ob eine Leistung Erfüllungswirkung hat und die Forderung zum Erlöschen bringt. Dies umfasst die Regeln über die Zulässigkeit und Wirkung einer **Teilleistung** und über die **Tilgungsreihenfolge.**[247] Ebenso bestimmt das Vertragsstatut, wann eine Leistung **als Erfüllung gilt,** also etwa ob sie als solche angenommen werden muss, ob dem Schuldner einer Ersetzungsbefugnis zusteht (zB hinsichtlich der Zahlungswährung, → Rn. 47) und ob es sich ggf. um eine Leistung nur **erfüllungshalber** handelt.[248] Indem das Vertragsstatut die Person von Gläubiger und Schuldner festlegt (→ Rn. 53), bestimmt es auch über Wirkung einer zulässigen (→ Rn. 46) **Leistung an Dritte** oder **durch Dritte.**[249] Dies gilt auch für Zahlungen Dritter im Insolvenzverfahren.[250] Zur Erfüllungswirkung gehört weiter die Frage, ob der Gläubiger **geschäftsfähig** sein muss und ob andernfalls gesetzliche Vertreter annahmeberechtigt sind oder genehmigen können.[251] Ob der Gläubiger die nötige Fähigkeit hat, bestimmt hingegen das von Art. 7 Abs. 2 EGBGB bezeichnete Recht; ggf. ist Art. 13 zu beachten.[252]

68 Die **dinglichen Wirkungen** des Vertrags liegen hingegen außerhalb des Vertragsstatuts. Ob etwa der Kaufvertrag bereits mit seinem Abschluss das Eigentum an der Kaufsache übergehen lässt (vgl. etwa Art. 1196 C.c. Frankreich; Art. 1583 C.c. Frankreich),[253] entscheidet nicht das Statut des Schuldvertrags, sondern die **lex rei sitae.**[254] Die Wirksamkeit des Vertragsschlusses ist dann Vorfrage.

69 Wenn die **Erfüllung eine Verfügung** oder ein anderes Rechtsgeschäft verlangt, so folgen deren Vornahme und Wirksamkeit ebenfalls ihrem eigenen Statut, das sich etwa bei der Übereignung aus den Art. 43 ff. EGBGB und bei der Abtretung aus Art. 14 ergibt.[255] Erfüllungssurrogate werden dagegen grds. von lit. d erfasst (→ Rn. 102 ff.). Ob eine Verfügung zur Erfüllung der Vertragspflicht führt und somit **Tilgungswirkung** hat, ist dem Vertragsstatut zu entnehmen.[256]

IV. Nichterfüllung (Abs. 1 lit. c)

70 **1. Vertragsverletzung.** Abs. 1 lit. c weist „die Folgen der vollständigen oder teilweisen Nichterfüllung" der nach lit. b ermittelten Verpflichtungen dem Vertragsstatut zu. Diese Formulierung ist zu eng. Die Regelung umfasst nicht nur die Folgen, sondern zunächst auch die **Voraussetzungen** für die eventuellen Rechtsbehelfe wegen Nichterfüllung, dh allgemein wann welche Leistungsstörung welche Folgen auslöst.[257]

---

[245] *Spellenberg* ZZP 91 (1978), 31 (59); *Schack* IZVR Rn. 321.

[246] Staudinger/*Magnus,* 2018, CISG Art. 57 Rn. 14 f.

[247] OLG Frankfurt IPRspr. 2012 Nr. 42 Rn. 38; BeckOGK/*Weller* Rn. 36.

[248] BeckOGK/*Weller* Rn. 36.

[249] Staudinger/*Magnus,* 2021, Rn. 37; BeckOGK/*Weller* Rn. 36, 36.2.

[250] EuGH NJW 2021, 1583 = NZI 2021, 502 mAnm *Finkelmeier* = IPRax 2022, 383 m. Aufsatz *Thole* IPRax 2022, 351 – Oeltrans Befrachtungsgesellschaft; Folgeentscheidung BGH NZI 2021, 990 mAnm *Thole;* BeckOK BGB/*Spickhoff* Rn. 5.

[251] BeckOGK/*Weller* Rn. 36; PWW/*Brödermann/Wegen* Rn. 19.

[252] Grüneberg/*Thorn* Rn. 5.

[253] *Terré/Simler/Lequette/Chénédé,* Droit civil. Les obligations, 13. Aufl. 2022, Nr. 349; *Malaurie/Aynès/Gautier,* Droit des contrats spéciaux, 12. Aufl. 2022, Nr. 221 f.

[254] NK-BGB/*Leible* Rn. 16; BeckOGK/*Weller* Rn. 35; Staudinger/*Magnus,* 2021, Rn. 41.

[255] Rauscher/*Freitag* Rn. 16; BeckOGK/*Weller* Rn. 35; Staudinger/*Magnus,* 2021, Rn. 41; Grüneberg/*Thorn* Rn. 5.

[256] Staudinger/*Magnus,* 2021, Rn. 41.

[257] Staudinger/*Magnus,* 2021, Rn. 44; Ferrari IntVertragsR/*Ferrari* Rn. 16; BeckOGK/*Weller* Rn. 43; Rauscher/*Freitag* Rn. 28; Erman/*Stürner* Rn. 8; Grüneberg/*Thorn* Rn. 7; BeckOK BGB/*Spickhoff* Rn. 6; NK-BGB/*Leible* Rn. 18; *v. Bar/Mankowski* IPR II § 1 Rn. 816; BGH NJW-RR 2006, 1694 (1695); OLG Köln RIW 1993, 414.

„Nichterfüllung dieser Verpflichtungen" ist bewusst weit gefasst. Ein einheitlicher **europäischer Tatbestand der Nichterfüllung** existiert im acquis communautaire noch nicht. Vielmehr folgt die europäische Gesetzgebung im Leistungsstörungsrecht bislang einem sektoriellen Ansatz, so insbesondere in der Warenkauf-RL, der Digitale-Inhalte-RL, der Pauschalreise-RL oder der Zahlungsverzugs-RL. Auch wenn diese Ansätze weiterer Koordinierung bedürfen, lassen sie doch den optimistischen Eindruck entstehen, mit einem einheitlichen Tatbestand kompatibel zu sein: Die Nichterfüllung einer vertraglichen Verpflichtung löst einen Rechtsbehelf aus.[258] Ebenso wählen die nichtverbindlichen Regelwerke zum europäischen Vertragsrecht wie die Principles of European Contract Law und der Draft Common Frame of Reference im Gefolge des UN-Kaufrechts eine zentrale Kategorie der Nichterfüllung (non-performance) als Ausgangspunkt.[259] Die weite Formulierung des Art. 12 Abs. 1 lit. c kann auch nationale Rechtsordnungen in sich aufnehmen, die (noch) nicht oder nur teilweise diesem einheitlichen Ansatz folgen und stattdessen – wie jedenfalls früher namentlich das deutsche Recht – zwischen verschiedenen Leistungsstörungstatbeständen (Unmöglichkeit, Verzug, mangelhafte Leistung, positive Forderungsverletzung) differenzieren. Ebenso spielt keine Rolle, ob das Vertragsstatut dem Konzept der Nichterfüllung folgt oder – wie das deutsche Recht – von der Pflichtverletzung ausgeht.[260] **Synonym** zur Nichterfüllung ist der im UN-Kaufrecht gebrauchte Begriff der **„Vertragsverletzung",**[261] der auch hier gleichbedeutend verwendet wird. 71

„Nichterfüllung" bezeichnet das vollständige **Ausbleiben** der nach dem Vertragsstatut geschuldeten Leistung – gleich, ob diese noch möglich oder unmöglich ist – und als teilweise Nichterfüllung **jede Abweichung** der erbrachten Leistung von der vertraglich geschuldeten. Das Vertragsstatut entscheidet daher nicht nur darüber, was geschuldet ist, sondern bestimmt sinnvollerweise auch, ob eine Abweichung vorliegt und ob diese einen Rechtsbehelf auslöst. So erfasst das Vertragsstatut die Voraussetzungen von Rechtsbehelfen wegen einer **vollständigen Nichtleistung,**[262] einer nur **teilweisen** und einer nicht vertragsgemäßen **Leistungserbringung.** Unabhängig davon, ob das Sachrecht die **Leistung mangelhafter Sachen** als teilweise Nichterfüllung qualifiziert, fällt sie doch stets unter lit. c.[263] Das Vertragsstatut entscheidet darüber, wann ein Mangel vorliegt und wie sich die Sachmängelhaftung zur Anfechtung wegen Eigenschaftsirrtums verhält. 72

Bei einer **Verzögerung der Leistung** ist dem Vertragsstatut zu entnehmen, wann die Verspätung erheblich ist und ob Rechtsbehelfe von einem besonderen Tatbestand des **Verzugs** abhängen.[264] Sofern Verzug erforderlich ist, regelt das Vertragsstatut, ob dieser eine Mahnung[265] und Verschulden voraussetzt. Ebenso entscheidet es über die Folgen einer Verzögerung (bzw. eines Verzuges) von Schadensersatz, **Zinsen** bis zur Vertragsaufhebung. 73

Ebenso wird die Verletzung von Nebenpflichten erfasst. Soweit es um **leistungsbezogene Nebenpflichten** geht, die das Äquivalenzinteresse bzw. die Leistungserwartung des Gläubigers betreffen,[266] dürfte die Zuordnung zum Vertragsstatut außer Streit stehen.[267] Ein bislang durch Judikate des EuGH[268] noch nicht abschließend gelöstes Qualifikationsproblem zwischen Vertrag 74

---

258 *Magnus* ZEuP 2007, 260 (263); *Riesenhuber,* Europäisches Vertragsrecht, 2. Aufl. 2006, Rn. 861; *Lein,* Die Verzögerung der Leistung im europäischen Vertragsrecht, 2015, 183 f.; Jansen/Zimmermann/*Kleinschmidt* PECL Vor Art. 8:101 Rn. 12.

259 Näher Jansen/Zimmermann/*Kleinschmidt* PECL Vor Art. 8:101 Rn. 7 ff. mwN, auch zu den Vorzügen dieser Herangehensweise.

260 Zu den Unterschieden *Faust* in Basedow/Hopt/Zimmermann, Handwörterbuch des Europäischen Privatrechts, 2009, 1106 (1106 f.); Jansen/Zimmermann/*Kleinschmidt* PECL Vor Art. 8:101 Rn. 14.

261 Jansen/Zimmermann/*Kleinschmidt* PECL Vor Art. 8:101 Rn. 14.

262 BGHZ 83, 197 = NJW 1982, 1458; BGH WM 1983, 841 = IPRax 1984, 91 m. Aufsatz *H. Roth* IPRax 1984, 76.

263 Implizit BGH NJW 1996, 3001; LG Köln DIW 1997, 956; Reithmann/Martiny IntVertragsR/*Martiny* Rn. 25.130; Staudinger/*Magnus,* 2021, Rn. 44; NK-BGB/*Leible* Rn. 19; Erman/*Stürner* Rn. 8.

264 Dazu rechtsvergleichend *Lein,* Die Verzögerung der Leistung im europäischen Vertragsrecht, 2015, 306 ff., 313 ff.

265 RGZ 96, 262 (264); 147, 377; OLG Frankfurt RIW 1994, 780; OLG Düsseldorf IPRspr. 2003 Nr. 25; Reithmann/Martiny IntVertragsR/*Martiny* Rn. 3.144; Ferrari IntVertragsR/*Ferrari* Rn. 16; Grüneberg/*Thorn* Rn. 7; Staudinger/*Magnus,* 2021, Rn. 45; NK-BGB/*Leible* Rn. 20; Erman/*Stürner* Rn. 8.

266 ZB BGHZ 123, 200 = NJW 1993, 2808: unrichtige Angaben des Frachtführers über den Standort des Transportfahrzeugs und über dessen voraussichtliche Ankunft am Bestimmungsort; OLG Düsseldorf RIW 1984, 234: Beschädigung des Fahrzeugs des Frachtführers infolge Beschaffenheit des Guts aufgrund Verschuldens des Absenders.

267 → 8. Aufl. 2021, Rn. 59, 82 *(Spellenberg);* BeckOGK/*Weller* Rn. 43; Staudinger/*Magnus,* 2021, Rn. 44; *v. Bar/Mankowski* IPR II § 1 Rn. 810.

268 Ungeklärt ist insbes. die Tragweite der zur Abgrenzung von Vertrag und Delikt im Rahmen der internationalen Zuständigkeit ergangenen Entscheidungen EuGH NJW 2021, 144 – Wikingerhof sowie EuGH NJW

und Delikt stellt sich jedoch, wenn die Verletzung einer Pflicht, insbesondere einer **Schutzpflicht,** das **Integritätsinteresse** des Gläubigers beeinträchtigt. Hierzu ist zu unterscheiden:[269] Eine Beeinträchtigung des Integritätsinteresses muss nicht auf der Verletzung einer Schutzpflicht beruhen, sondern sie kann sich auch aus der Schlechterfüllung einer Leistungspflicht – wie etwa der Pflicht zur mangelfreien Leistung (zB § 433 Abs. 1 S. 2 BGB) – ergeben. Im zweiten Fall trifft die verletzte Pflicht gerade den Schuldner, weil er sie freiwillig übernommen hat. Sowohl die Pflicht als auch die Folgen ihrer Verletzung sind vertraglich zu qualifizieren, und zwar unabhängig davon, ob das Äquivalenzinteresse oder das Integritätsinteresse des Gläubigers betroffen ist.[270]

75 Problematischer ist der erste Fall. Maßgeblich ist damit weniger der Umstand, dass das Integritätsinteresse verletzt wurde, als vielmehr der **Charakter der verletzten Pflicht** als Schutzpflicht.[271] Gerade für diesen Fall wird teilweise die Ansicht vertreten, dass die Haftung unabhängig davon, ob sie nach nationalem Recht vertraglichen (zB §§ 280, 241 Abs. 2 BGB) oder deliktischen (zB § 823 Abs. 1 BGB) Ursprungs ist, im europäischen Kollisionsrecht deliktisch zu qualifizieren ist.[272] Diese Ansicht verweist auf die Rechtslage bei der culpa in contrahendo, für die in der Rom II-VO eine Differenzierung zwischen Pflichten, die in unmittelbarem Zusammenhang mit den Vertragsverhandlungen stehen, und sonstigen Pflichten, die etwa als Schutz- und Obhutspflichten allgemein die Interessen des Verhandlungspartners vor Schäden bewahren sollen, angelegt ist; während für die erste Gruppe von Pflichten Art. 12 Abs. 1 Rom II-VO eine vertragsakzessorische Anknüpfung vorsieht, unterliegt die zweite Gruppe der deliktischen Grundregel (Erwägungsgrund 30 Rom II-VO). Diese Differenzierung belege, dass der Verordnungsgeber vorvertragliche Schutzpflichten als deliktsrechtlich ansehe.[273] Dann könne sich der Charakter dieser Pflichten aber nicht nur mit dem Zeitpunkt der Verletzung vor oder nach Vertragsschluss ändern.[274] Hinzu komme, dass vertragliche Schutzpflichten letztlich den deliktischen Verkehrspflichten entsprechen.[275] Die Entscheidung dafür, diese Verkehrspflichten als Vertragspflichten auszugestalten, habe mit dem Verhältnis von Vertrags- und Deliktshaftung in einer nationalen Rechtsordnung zu tun und könne nicht die verordnungsautonome Qualifikation leiten.[276] Funktional werde – wie auch beim deliktsrechtlich zu qualifizierenden Vertrag mit Schutzwirkung zugunsten Dritter (→ Rn. 55) – eine Schwäche des Deliktsrechts kompensiert.[277] Jedoch werde aufgrund von Art. 4 Abs. 3 S. 1 Rom II-VO im Ergebnis in aller Regel akzessorisch an den Vertrag angeknüpft, sodass doch das Recht des Vertrags zur Anwendung gelange.[278]

76 Demgegenüber ist jedoch anzunehmen, dass **auf die Verletzung vertraglicher Schutzpflichten** auch dann kraft Art. 12 Abs. 1 lit. c Rom II-VO das **Vertragsstatut** anzuwenden ist, wenn nicht die Leistungserwartung enttäuscht wurde, sondern das Integritätsinteresse betroffen ist.[279] Der Normtext differenziert nicht nach dem Charakter der verletzten Pflicht.[280] Der Verweis auf die culpa in contrahendo trägt nur bedingt, denn tatsächlich hat der Vertragsschluss erhebliche Auswirkungen auf die Qualifikation (Art. 1 Abs. 2 lit. i), da zu diesem Zeitpunkt Pflichten freiwillig über-

---

2014, 1648 – Brogsitter; dazu Staudinger/*Maultzsch,* 2023, Rom II-VO Art. 1 Rn. 24 mwN; → Rom II-VO Art. 1 Rn. 25; *Junker* FS Schack, 2022, 653 ff.; *Spickhoff* IPRax 2022, 476 ff.

269 Insbes. *Castendiek* IPRax 2022, 449 (452).

270 NK-BGB/*Leible* Rom II-VO Art. 4 Rn. 51; *Castendiek* IPRax 2022, 449 (452); *Spickhoff* IPRax 2022, 476 (480); *v. Bar/Mankowski* IPR II § 1 Rn. 14; weiter alle Autoren, die unterschiedslos auf jegliche Vertragspflichtverletzung das Vertragsstatut anwenden (→ Rn. 76); aA aber möglicherweise Autoren, die generell den Schutz des Integritätsinteresses dem Deliktsrecht zuweisen (→ Rn. 75).

271 *Castendiek* IPRax 2022, 449 (452); vgl. demgegenüber – Schutz des Integritätsinteresses generell deliktsrechtlich – *Wendelstein* GPR 2013, 70 ff. mwN; für das Verfahrensrecht *Rieländer* RIW 2021, 103 (109 f.) mwN; *Schack* IZVR Rn. 315: allgemeines Integritätsinteresse deliktsrechtlich.

272 → 8. Aufl. 2021, Rn. 59, 82 *(Spellenberg)* (etwas anders aber → 8. Aufl. 2021, Rn. 65 *(Spellenberg)*); BeckOGK/*Weller* Rn. 45; PWW/*Brödermann/Wegen* Rn. 34; *Castendiek* IPRax 2022, 449 (451 f.); *Dutta* IPRax 2009, 293 (296 f.).

273 *Dutta* IPRax 2009, 293 (296 f.); BeckOGK/*Weller* Rn. 45.

274 *v. Bar/Mankowski* IPR II § 1 Rn. 21; *Dutta* IPRax 2009, 293 (296 f.); *Castendiek* IPRax 2022, 449 (451); *Wagner* IPRax 2008, 1 (13).

275 *Wagner* IPRax 2008, 1 (13); *Wagner* JZ 2004, 319 (328).

276 *Castendiek* IPRax 2022, 449 (452).

277 *Castendiek* IPRax 2022, 449 (452); vgl. *Wagner* JZ 2004, 319 (328).

278 → 8. Aufl. 2021, Rn. 59, 82 *(Spellenberg);* BeckOGK/*Weller* Rn. 45.

279 So auch Staudinger/*Magnus,* 2021, Rn. 44; Jauernig/*Mansel* Rom II-VO Vor Art. 1 Rn. 41; ferner Autoren, die keine Differenzierung problematisieren, sondern auf jegliche Pflichtverletzung das Vertragsstatut anwenden: Ferrari IntVertragsR/*Ferrari* Rn. 12; NK-BGB/*Leible* Rn. 19; BeckOK BGB/*Spickhoff* Rn. 7; Grüneberg/*Thorn* Rn. 7; jurisPK-BGB/*Geiben* Rn. 12. Zu der sich dann stellenden Frage nach einer möglichen Anspruchskonkurrenz mit einem Deliktsanspruch vgl. einerseits BeckOGK/*Rühl* Rom II-VO Art. 4 Rn. 40 f. und andererseits BeckOK BGB/*Spickhoff* Rom II-VO Art. 4 Rn. 4, jeweils mwN.

280 Jauernig/*Mansel* Rom II-VO Vor Art. 1 Rn. 41.

nommen wurden und eine Sonderbeziehung begründet wurde.[281] Zu dem rechtsgeschäftlich übernommenen Vertragsinhalt gehören nicht nur die Leistungspflichten, sondern das gesamte Pflichtenprogramm einschließlich solcher Pflichten, die kraft Gesetzes (zB § 241 Abs. 2 BGB) die vertragliche Beziehung ergänzen.[282] Erfolgt die Pflichtverletzung nicht vor Vertragsschluss, sondern in Ausführung des Vertrags, können auch vertragliche Modifikationen der Haftung zum Tragen kommen; daher ist es angemessen, das Vertragsstatut insgesamt anzuwenden.[283] Vom Vertrag zugunsten Dritter unterscheidet sich die Situation dadurch, dass hier der Vertragspartner und nicht ein – möglicherweise später hinzugetretener – Dritter Ansprüche geltend macht. Schließlich vermeidet diese Ansicht mögliche Schwierigkeiten der akzessorischen Anknüpfung im Falle einer Rechtswahl, die doch zu einem Auseinanderlaufen von Vertrags- und Deliktsstatut führen können.[284] Ob für diese Ansicht auch spricht, dass der EuGH eine Klage ungeachtet der Zugehörigkeit der Anspruchsgrundlage zum Vertrags- oder Deliktsrecht bereits dann als vertraglich ansieht, wenn sie „auf den Bestimmungen eines Vertrags oder auf Rechtsvorschriften beruht, die aufgrund dieses Vertrags anwendbar sind",[285] bleibt ungewiss; weder ist sicher, ob sich diese Rspr. trotz Erwägungsgrund 7 auf das Kollisionsrecht übertragen lässt, noch ist geklärt, ob im Fall von Schutzpflichten wirklich „eine Auslegung des Vertrags … unerlässlich erscheint",[286] um die Haftungsfrage zu klären.[287]

Ob eine Vertragsverletzung nur bei **Verschulden** einen Rechtsbehelf nach sich zieht, weist lit. c dem Vertragsstatut zu,[288] ebenso die Frage, ob im Fall **höherer Gewalt** (force majeure) eine Haftungsbefreiung eintritt bzw. eine Vertragsverletzung ausscheidet.[289] Damit ist auch der **Verschuldensmaßstab** (Vorsatz, grobe oder einfache Fahrlässigkeit oder eigenübliche Sorgfalt) Teil des Vertragsstatuts.[290] Weiter gehören dazu konsequenterweise die Haftung für Verschulden anderer, namentlich von **Erfüllungsgehilfen,**[291] und die Voraussetzungen und Folgen von **Mitverschulden** des Gläubigers[292] oder seiner Gehilfen,[293] wenn man die Gehilfenhaftung nicht als Bestandteil der Vertragspflichten iSd lit. b verstehen will. Vertragliche **Haftungsausschlüsse** und **-beschränkungen** fasst man besser unter lit. b (→ Rn. 50). 77

Sofern eine Vertragsverletzung **Kausalität** erfordert, ist auch deren Beurteilung dem Vertragsstatut zugewiesen.[294] 78

Ein nachträglicher Wegfall der **Geschäftsgrundlage** betrifft nicht die Vertragsgültigkeit iSd Art. 10 (→ Art. 10 Rn. 125), sondern fällt unter lit. c.[295] Er kann zur Aufhebung des Vertrages oder auch zu seiner Anpassung führen.[296] 79

2. Folgen der Vertragsverletzung. Die **Sanktionen** einer Vertragsverletzung unterliegen dem Vertragsstatut. Rechtsvergleichend bestehen nach wie vor Unterschiede,[297] doch hat sich – 80

---

[281] Staudinger/*Magnus,* 2021, Rn. 44; Rauscher/*Freitag* Rn. 4, 28; vgl. auch → 8. Aufl. 2021, Rn. 64 *(Spellenberg);* sowie Ferrari IntVertragsR/*Ferrari* Rn. 12 einerseits und Rn. 34 andererseits.

[282] So zu lit. b, häufig ohne auf die vorliegende Problematik einzugehen, BeckOGK/*Weller* Rn. 34; Ferrari IntVertragsR/*Ferrari* Rn. 12; NK-BGB/*Leible* Rn. 14; jurisPK-BGB/*Geiben* Rn. 12.

[283] Jauernig/*Mansel* Rom II-VO Vor Art. 1 Rn. 41; Staudinger/*Magnus,* 2021, Rn. 44; aA – Haftungsregelung nach Deliktsstatut – BeckOGK/*Weller* Rn. 45; *Castendiek* IPRax 2022, 449 (452).

[284] Dazu *Berner* GPR 2022, 210 ff.

[285] EuGH NJW 2021, 144 – Wikingerhof.

[286] EuGH NJW 2021, 144 – Wikingerhof.

[287] Zur Diskussion NK-BGB/*Leible* Rom II-VO Art. 4 Rn. 52 f.: Reichweite des Art. 4 Rom II-VO erheblich eingeschränkt; BeckOGK/*Rühl* Rom II-VO Art. 4 Rn. 41: Nebenpflichten weiterhin nach Deliktsrecht; *Weller* LMK 2014, 359127; *Wendelstein* ZEuP 2015, 622 (627 ff.).

[288] BGH NJW-RR 2006, 1694 (1695); NK-BGB/*Leible* Rn. 20; BeckOGK/*Weller* Rn. 43; Staudinger/*Magnus,* 2021, Rn. 46; rechtsvergleichend Jansen/Zimmermann/*Kleinschmidt* PECL Vor Art. 8:101 Rn. 13.

[289] Staudinger/*Magnus,* 2021, Rn. 54; BeckOGK/*Weller* Rn. 43; Erman/*Stürner* Rn. 9; Ferrari IntVertragsR/*Ferrari* Rn. 15; *Rothermel* IHR 2020, 89 (96); zu vertraglichen Gestaltungsmöglichkeiten *Vogenauer* IWRZ 2021, 3 ff.

[290] BGH NJW-RR 2006, 1694 (1695); Grüneberg/*Thorn* Rn. 7; *v. Bar/Mankowski* IPR II § 1 Rn. 817.

[291] Implizit BGHZ 50, 32 = NJW 1968, 1569; Erman/*Stürner* Rn. 8; BeckOK BGB/*Spickhoff* Rn. 7; Staudinger/*Magnus,* 2021, Rn. 52.

[292] BeckOK BGB/*Spickhoff* Rn. 7; Reithmann/Martiny IntVertragsR/*Martiny* Rn. 3.145; OLG Köln RIW 1993, 415; 1996, 779; OLG Düsseldorf IPRspr. 1970 Nr. 15.

[293] Staudinger/*Magnus,* 2021, Rn. 48.

[294] Staudinger/*Magnus,* 2021, Rn. 47; NK-BGB/*Leible* Rn. 20; BeckOGK/*Weller* Rn. 43.

[295] BeckOK BGB/*Spickhoff* Rn. 7; Grüneberg/*Thorn* Rn. 7; BeckOGK/*Weller* Rn. 43; Staudinger/*Magnus,* 2021, Rn. 54; Erman/*Stürner* Rn. 8; für lit. d Calliess/Renner/*Augenhofer* Rn. 27.

[296] Erman/*Stürner* Rn. 9; jurisPK-BGB/*Geiben* Rn. 16.

[297] Vgl. *Zweigert/Kötz,* Einführung in die Rechtsvergleichung, 3. Aufl. 1996, 484 ff.; *Laithier,* Etudes comparatives des sanctions de l'inexécution du contrat, 2004; *Treitel,* Remedies for Breach of Contract, 1991.

auch in den transnationalen Regelwerken – ein Kanon von Rechtsbehelfen herausgebildet, der bei allen Unterschieden hilft, die Diskussion zu strukturieren: der Anspruch auf Erfüllung (einschließlich Nacherfüllung), die Einrede des nicht erfüllten Vertrags, Vertragsaufhebung (oder Minderung) sowie Schadensersatz (nebst Zinsen).[298] Auch ob eine erst **drohende Vertragsverletzung** schon Rechtsbehelfe der anderen Partei auslöst, sagt das Vertragsstatut.[299] Man kann hier die Unsicherheitseinrede nach § 321 BGB der an sich vorleistungspflichtigen Partei nennen,[300] ebenso die Vertragsaufhebung wegen antizipierten Vertragsbruchs.[301]

81 Das Vertragsstatut entscheidet über **Voraussetzungen und Inhalt** der Rechtsbehelfe sowie über die **Modalitäten** ihrer Ausübung. Nach ihm beurteilt sich zudem das **Verhältnis der Rechtsbehelfe** zueinander, insbesondere fallen darunter die Fragen, ob Vertragsaufhebung und Schadensersatz miteinander kombiniert werden können[302] und ob der Gläubiger an seine einmal getroffene Entscheidung für einen Rechtsbehelf gebunden ist.[303] Erfasst sind sowohl gesetzliche als auch vertraglich für den Fall von Leistungsstörungen vereinbarte Rechtsbehelfe, wie zB ein vertragliches Rücktrittsrecht.[304]

82 **a) (Nach-)Erfüllungsanspruch.** Ob der Vertragsgläubiger Erfüllung des Versprochenen **in natura** verlangen kann, unterliegt dem Vertragsstatut. Nach dem Verständnis des deutschen Rechts ist der primäre Anspruch auf Naturalerfüllung unmittelbare Folge des Vertrags, in den Worten *Rabels* „Rückgrat der Obligation";[305] er setzt nicht eine vorherige Verletzung des Vertrags voraus.[306] Das könnte nahelegen, den Naturalerfüllungsanspruch nicht zu den von lit. c erfassten Sanktionen, sondern zu lit. b zu ziehen.[307] An der Zuordnung zum Vertragsstatut ändert sich dadurch natürlich nichts. Das englische Recht sieht den Anspruch auf Naturalerfüllung (specific perfomance) demgegenüber als Rechtsbehelf (remedy) für die Verletzung der vertraglichen Pflicht zur Leistung. Das passt besser zu lit. c. Auch das europäische Vertragsrecht konzeptualisiert den Erfüllungsanspruch als Rechtsbehelf. In autonomer Auslegung des Art. 12 Abs. 1 spricht daher mehr dafür, den Anspruch auf Naturalerfüllung unabhängig von der nationalen Sichtweise unter lit. c zu subsumieren. Jedenfalls zu lit. c gehört der **Nacherfüllungsanspruch** als Folge einer Verletzung der ursprünglichen Leistungspflicht.[308]

83 Damit entscheidet das Vertragsstatut auch darüber, in welchen Fällen ein Naturalerfüllungsanspruch gewährt wird und in welchen Fällen der Gläubiger auf einen Schadensersatzanspruch verwiesen wird.[309] Dies betrifft insbesondere die Sichtweise des englischen Rechts: Danach stellt **specific performance** einen Ausnahmerechtsbehelf im präjudiziengeleiteten Ermessen des Gerichts dar, der nur dann gewährt wird, wenn dies dem Gericht angemessen (appropriate) erscheint, vor allem weil Schadensersatz zur Befriedigung des Gläubigerinteresses unzureichend (inadequate) ist.[310] Obwohl die ausgeurteilte Rechtsfolge maßgeblich vom richterlichen Ermessen abhängt, handelt es sich für das Kollisionsrecht doch nicht um eine verfahrensrechtliche Frage, die nach lex fori zu beurteilen wäre, sondern um eine Frage des materiellen Vertragsrechts und damit des Vertragsstatuts (zu den Grenzen des Verfahrensrechts → Rn. 98). Ebenso entscheidet das Vertragsstatut darüber, ob ein Erfüllungsanspruch an zusätzliche Voraussetzungen wie eine vorherige Inverzugsetzung **(mise en demeure)** geknüpft ist (so Art. 1221 C.c. Frankreich).

84 Einen allgemein anerkannten Ausschlussgrund für den Naturalerfüllungsanspruch bildet die **Unmöglichkeit.** Die Frage, ob eine anfängliche Unmöglichkeit den Vertrag (anders als nach § 311

298 Näher *Kötz,* Europäisches Vertragsrecht, 2. Aufl. 2015, 289 ff.; *Lando* in Hartkamp/Hesselink/Hondius/Mak/Du Perron, Towards a European Civil Code, 4. Aufl. 2011, 681 (682); Jansen/Zimmermann/*Kleinschmidt* PECL Vor Art. 8:101 Rn. 17 ff.

299 Staudinger/*Magnus,* 2021, Rn. 56; Ferrari IntVertragsR/*Ferrari* Rn. 15; *v. Bar/Mankowski* IPR II § 1 Rn. 816.

300 Unterliegt die Hauptforderung dem CISG, gilt Art. 71 CISG; OLG Köln IPRspr. 2008 Nr. 29.

301 Dazu *Weidt,* Antizipierter Vertragsbruch, 2008; Jansen/Zimmermann/*Kleinschmidt* PECL Art. 9:304 Rn. 1 ff.

302 Ferrari IntVertragsR/*Ferrari* Rn. 15; *v. Bar/Mankowski* IPR II § 1 Rn. 818.

303 Staudinger/*Magnus,* 2021, Rn. 50.

304 *v. Bar/Mankowski* IPR II § 1 Rn. 818; Calliess/Renner/*Augenhofer* Rn. 23; für Beschränkung auf gesetzliche Rücktrittsrechte und Subsumtion vertraglicher Rücktrittsrechte unter lit. d Grüneberg/*Thorn* Rn. 7 f.; BeckOK BGB/*Spickhoff* Rn. 7.

305 *Rabel,* Das Recht des Warenkaufs I, 1936, 375.

306 Zur Diskussion Jansen/Zimmermann/*Kleinschmidt* PECL Art. 9:102 (1) Rn. 20 f. mwN.

307 Dafür *v. Bar/Mankowski* IPR II § 1 Rn. 810.

308 Staudinger/*Magnus,* 2021, Rn. 44; *v. Bar/Mankowski* IPR II § 1 Rn. 818.

309 Staudinger/*Magnus,* 2021, Rn. 43, 56.

310 *Peel,* Treitel. The Law of Contract, 14. Aufl. 2015, Rn. 21-016 ff.; *Kötz,* Europäisches Vertragsrecht, 2. Aufl. 2015, 296 ff.; zu den verschiedenen Modellen Jansen/Zimmermann/*Kleinschmidt* PECL Art. 9:102 (1) Rn. 11 ff. mwN.

Abs. 1 BGB) unwirksam werden lässt, fällt allerdings ebenso wie das anfängliche Fehlen der Geschäftsgrundlage unter Art. 10 (→ Art. 10 Rn. 57). Im Übrigen weist Art. 12 Abs. 1 lit. c dem Vertragsstatut die Frage zu, unter welchen Voraussetzungen eine **Leistungsbefreiung** wegen Unmöglichkeit eintritt.[311] Ebenso gibt dieses Recht Maß für das Schicksal der Gegenleistungspflicht (automatischer Wegfall oder Rücktrittsrecht) und für einen möglichen Schadensersatzanspruch des Gläubigers.[312] Entsprechendes gilt für andere Fälle des Ausschlusses des Erfüllungsanspruchs, etwa infolge von **Unzumutbarkeit** der Leistungserbringung (§ 275 Abs. 2 BGB; Art. 1221 C.c. Frankreich). Das Vertragsstatut besagt dann auch, ob eine Unzumutbarkeit nur auf Einrede oder von Amts wegen beachtet wird. Während manche Rechtsordnungen bei bestimmten persönlichen Leistungen den Naturalerfüllungsanspruch bereits auf Ebene des materiellen Rechts versagen (etwa als „impossibilité morale"),[313] lösen andere den Konflikt zwischen Vertragstreue und Schuldnerfreiheit erst im Vollstreckungsrecht (zB §§ 887 f. ZPO).[314] Materiellrechtliche Begrenzungen sind Teil des Vertragsstatuts und als solche zu beachten.[315]

Schließlich kann auch **höhere Gewalt** (force majeure) zu einer Leistungsbefreiung führen. Unter welchen Voraussetzungen höhere Gewalt vorliegt, definiert das Vertragsstatut.[316] Dieses Recht legt ebenso die Folgen der force majeure fest (→ Rn. 77). Zur Anwendung bzw. Berücksichtigung ausländischen Eingriffsrechts und ausländischen öffentlichen Rechts sowie ausländischer Hoheitsakte → Art. 9 Rn. 120 ff. 85

b) Vertragsaufhebung (Rücktritt). Das Vertragsstatut legt fest, ob und unter welchen **Voraussetzungen** der Gläubiger die – im deutschen Recht als Rücktritt bezeichnete – Aufhebung des Vertrags begehren kann.[317] Dazu zählt die Frage, ob die Vertragsverletzung wesentlich sein muss (*fundamental breach, inexécution suffisamment grave,* vgl. Art. 1224 C.c. Frankreich) oder ob der Gläubiger dem Schuldner eine angemessene Nachfrist setzen muss (zB § 323 Abs. 1 BGB).[318] Unter das Vertragsstatut fallen gesetzliche wie vertraglich für den Fall von Leistungsstörungen vereinbarte Rücktrittsrechte (→ Rn. 81). Manchmal ist nach dem anwendbaren Vertragsrecht statt eines Rücktritts nur die **Kündigung** als Reaktion auf eine Vertragsverletzung möglich; auch diese fällt dann unter lit. c.[319] 86

Ebenfalls dem Vertragsstatut ist zu entnehmen, **wie** die Vertragsaufhebung **geltend zu machen** ist.[320] Während nach deutschem Recht die einseitige **Gestaltungserklärung** ausreicht (§ 349 BGB), kennen Rechtsordnungen der romanischen Rechtstradition nach wie vor die Vertragsaufhebung durch richterliches **Gestaltungsurteil,** wobei die neuere Rechtsentwicklung dahin geht, gerichtliche und außergerichtliche Vertragsaufhebung alternativ zur Verfügung zu stellen (vgl. Art. 1226, 1227 C.c. Frankreich).[321] Sofern das anwendbare Recht eine **gerichtliche Vertragsaufhebung** vorschreibt, kann auch ein deutsches Gericht diese durch Gestaltungsurteil aussprechen. Eine wesensfremde Tätigkeit wird dem deutschen Gericht damit nicht zugemutet. Notfalls muss das deutsche Verfahrensrecht etwas angepasst werden.[322] Einfacher dürfte es für das deutsche Gericht im Einzelfall aber sein zu prüfen, ob die (nicht unbedingt identischen) Voraussetzungen einer nach dem anwendbaren Recht alternativ zulässigen Vertragsaufhebung durch einseitige Gestaltungserklärung erfüllt sind. 87

Die **Folgen** der Vertragsaufhebung, also namentlich die **Rückgewähransprüche** (vgl. §§ 346 ff. BGB), fallen eher unter lit. e (→ Rn. 156 ff.).[323] Sie gehören damit aber ebenfalls zum Vertragsstatut. Ebenso wie bei einer Rückabwicklung wegen Unwirksamkeit des Vertrages ist nicht Art. 10 Rom II-VO anzuwenden, selbst wenn diese Ansprüche sachrechtlich als Bereicherungsansprüche einzuordnen sind. Mit der Anwendung des Vertragsstatuts vermeidet man auch die Schwie- 88

---

[311] Erman/*Stürner* Rn. 9; NK-BGB/*Leible* Rn. 20; BeckOGK/*Weller* Rn. 43.

[312] Staudinger/*Magnus,* 2021, Rn. 50.

[313] *Terré/Simler/Lequette/Chénédé,* Droit civil. Les obligations, 13. Aufl. 2022, Nr. 778.

[314] Jansen/Zimmermann/*Kleinschmidt* PECL Art. 9:102 (2) and (3) Rn. 28 ff.

[315] Weitergehend auch für die Beachtung eines vollstreckungsrechtlichen Ausschlusses des Naturalerfüllungszwangs (zB § 888 Abs. 2 ZPO) *Remien,* Rechtsverwirklichung durch Zwangsgeld, 1992, 297.

[316] Reithmann/Martiny IntVertragsR/*Martiny* Rn. 3.149; Staudinger/*Magnus,* 2021, Rn. 54; BeckOK BGB/*Spickhoff* Rn. 7.

[317] Grüneberg/*Thorn* Rn. 7; Staudinger/*Magnus,* 2021, Rn. 50; Ferrari IntVertragsR/*Ferrari* Rn. 15.

[318] Zu den Regelungsmodellen Jansen/Zimmermann/*Kleinschmidt* PECL Art. 9:301 Rn. 2 ff.; *Kötz,* Europäisches Vertragsrecht, 2. Aufl. 2015, 320 ff.

[319] Staudinger/*Magnus,* 2021, Rn. 50.

[320] Staudinger/*Magnus,* 2021, Rn. 50; BeckOGK/*Weller* Rn. 43; für lit. b Calliess/Renner/*Augenhofer* Rn. 22.

[321] Näher *Kleinschmidt* FS Kronke, 2020, 989 (995 ff.).

[322] OLG Celle RIW 1988, 137 betr. Spanien; LG Freiburg IPRspr. 1966/67 Nr. 34 A betr. Frankreich; LG Hamburg RIW 1975, 351; 1977, 787; Staudinger/*Magnus,* 2021, Rn. 50; NK-BGB/*Leible* Rn. 21; Erman/*Stürner* Rn. 9; Reithmann/Martiny IntVertragsR/*Martiny* Rn. 3.152.

[323] AA BeckOGK/*Weller* Rn. 59; jurisPK-BGB/*Geiben* Rn. 16.

rigkeiten einer Abgrenzung zwischen Bereicherungsansprüchen und einem Rückgewährschuldverhältnis.

89 **c) Minderung.** Insbesondere wenn eine Vertragsverletzung nicht hinreichend schwer wiegt, um eine Vertragsaufhebung zu rechtfertigen, oder wenn der Gläubiger ein Interesse daran hat, den Vertragsgegenstand trotz der Vertragsverletzung zu behalten, fragt sich, ob er seine Gegenleistungspflicht im Wege der Minderung proportional herabsetzen kann. **Ob** dieser Rechtsbehelf zur Verfügung steht, bestimmt das Vertragsstatut:[324] Während das französische Recht die Minderung als allgemeinen Rechtsbehelf anerkennt (réduction du prix, Art. 1223 C.c. Frankreich), kennt das deutsche Recht ihn nur bei bestimmten Vertragstypen (vgl. §§ 441, 536, 638, 651m BGB sowie § 327n BGB); das englische Recht verlässt sich nahezu vollständig auf den verschuldensunabhängigen Schadensersatzanspruch.[325] Sofern das anwendbare Sachrecht den Rechtsbehelf gewährt, legt es – wie bei der Vertragsaufhebung – dessen **Voraussetzungen** und die **Modalitäten der Ausübung** fest; ggf. tritt die Minderung auch wie bei § 536 Abs. 1 BGB ipso iure ein. Ebenfalls umfasst ist ein etwaiger Anspruch auf Rückgewähr eines über die geminderte Gegenleistung hinausgehenden bereits entrichteten Mehrbetrags.

90 **d) Einrede des nicht erfüllten Vertrags.** Manchmal berechtigt eine Vertragsverletzung die verletzte Partei zu einer Einrede. Musterbeispiel ist die **Einrede des nicht erfüllten Vertrages.** Ihre Voraussetzungen und Modalitäten fallen unter das Statut der verletzten Hauptforderung, gegen die sich der Schuldner mit der Einrede verteidigt (→ Rn. 59). Sofern Haupt- und Gegenforderung im Synallagma stehen, unterliegen sie ohnehin stets demselben Recht, nämlich dem Vertragsstatut.[326] Gleiches gilt für andere Einreden wegen Vertragsverletzung.[327]

91 **e) Schadensersatz.** Schadensersatzansprüche folgen im IPR der Verpflichtung, aus deren Verletzung die Schadensersatzpflicht erwächst.[328] Dem Vertragsstatut unterliegen somit die **Voraussetzungen** sowie **Art und Umfang** von Schadensersatzansprüchen,[329] namentlich ein Erfordernis der Pflichtverletzung, der Unmöglichkeit und des **Verschuldens** einschließlich des Verschuldens eines **Gehilfen,**[330] Voraussetzungen und Folgen eines **Mitverschuldens**[331] oder eines **Annahmeverzuges** für die Haftung des Schuldners[332] sowie die Anforderungen an die **Kausalität** für den Schaden.[333]

92 Hinsichtlich der Art und Höhe des Schadens legt das Vertragsstatut fest, ob **Haftungshöchstgrenzen** bestehen, ob der Schaden auf das **vorhersehbare** Maß beschränkt ist und ob und wieweit nur der **unmittelbare** oder auch der mittelbare oder nur ein **materieller** oder auch immaterieller Schaden ersatzfähig sind (vgl. §§ 253, 651n Abs. 2 BGB).[334] Vom Vertragsstatut weiter zu regeln ist, ob der Schuldner Schadensersatz im Wege der Naturalrestitution oder in Geld leisten muss. Gesetzlicher **Strafschadensersatz** (punitive damages), wie er vor allem im US-amerikanischen Deliktsrecht, manchmal aber auch im Vertragsrecht vorkommt, verstößt gegen den Grundsatz des deutschen Rechts, dass der Ersatz sich am tatsächlichen Schaden orientieren muss und keine Strafzwecke verfolgt. Er kann daher wegen Art. 21 nicht zugesprochen werden,[335] falls er nicht als **Schadenspauschalierung** vertretbar ist.

---

324 Staudinger/*Magnus,* 2021, 50; NK-BGB/*Leible* Rn. 21; Ferrari IntVertragsR/*Ferrari* Rn. 15; *v. Bar/Mankowski* IPR II § 1 Rn. 818.

325 Näher *Boosfeld* AcP 218 (2018), 944 (960 ff.) mwN.

326 Für die Einrede des nicht erfüllten Vertrags zB BeckOK BGB/*Spickhoff* Rn. 7; Erman/*Stürner* Rn. 8; Grüneberg/*Thorn* Rn. 7.

327 Ferrari IntVertragsR/*Ferrari* Rn. 15.

328 So bereits BGH NJW-RR 2005, 206 (208); OLG Hamburg IPRspr. 1976 Nr. 125b.

329 NK-BGB/*Leible* Rn. 21; Ferrari IntVertragsR/*Ferrari* Rn. 15; BGH VersR 1976, 832; JR 1977, 19 mAnm *Berg;* OLG Karlsruhe VersR 1975, 1042; LG Oldenburg RIW 1985, 576.

330 Grüneberg/*Thorn* Rn. 7; BeckOK BGB/*Spickhoff* Rn. 7. Teilweise wird die Haftung für Hilfspersonen lit. b zugewiesen, ohne dass sich daraus iErg ein Unterschied ergibt, so zB von NK-BGB/*Leible* Rn. 15; vgl. auch Staudinger/*Magnus,* 2021, Rn. 38.

331 BGH NJW-RR 2007, 1481; OLG Düsseldorf IPRspr. 2009 Nr. 12; einschließlich der Haftung für Gehilfenverschulden; Staudinger/*Magnus,* 2021, Rn. 48.

332 *v. Bar/Mankowski* IPR II § 1 Rn. 820.

333 Staudinger/*Magnus,* 2021, Rn. 47; Grüneberg/*Thorn* Rn. 7; NK-BGB/*Leible* Rn. 20.

334 Ferrari IntVertragsR/*Ferrari* Rn. 17; Staudinger/*Magnus,* 2021, Rn. 56; BeckOGK/*Weller* Rn. 44; Calliess/Renner/*Augenhofer* Rn. 26; *v. Bar/Mankowski* IPR II § 1 Rn. 822.

335 Vgl. BGHZ 118, 312 = NJW 1992, 3096 und BGHZ 141, 286 = NJW 1999, 3198 zur Urteilsanerkennung; Ferrari IntVertragsR/*Ferrari* Rn. 18; Staudinger/*Magnus,* 2021, Rn. 56; Rauscher/*Freitag* Rn. 30; NK-BGB/*Leible* Rn. 25; vgl. auch *F. Bydlinski* AcP 204 (2004), 309 (343 ff.). Auch bei „eklatanter Abweichung" nach unten, Erman/*Stürner* Rn. 10.

f) Vertragsstrafen; Schadenspauschalierung. Über die Zulässigkeit einer vereinbarten **Vertragsstrafe,** die eine vertragsmäßige Erfüllung sichern soll, entscheidet das Vertragsstatut, das die zu sichernde Verpflichtung beherrscht.[336] Dies gilt auch dann, wenn die Vertragsstrafe nachträglich vereinbart wird.[337] Ein Versprechen, bei Nichterfüllung einen bestimmten Geldbetrag zu leisten, kann auch eine **Schadenspauschalierung** sein. Da beides unter lit. c fällt,[338] kann der Unterschied für die Anknüpfung dahinstehen. Das Vertragsstatut sagt auch, ob der Richter die vereinbarte Summe **herabsetzen** kann; ggf. kann das auch der deutsche Richter nach ausländischem Recht vollziehen. Lässt die entsprechende Rechtsordnung eine Herabsetzung **übermäßiger Vertragsstrafen** nicht zu,[339] so lässt sich das Ergebnis über den deutschen ordre public korrigieren.[340] 93

Außerhalb des materiellen Vertragsrechts steht die **astreinte** des französischen Rechts und anderer Rechtsordnungen.[341] Mit diesem Zwangsgeld kann der Richter die Zahlung einer Summe für jeden Tag der Nichtleistung festsetzen. Diese Möglichkeit wurde zwar von den Gerichten aus dem Schadensersatzanspruch entwickelt, und sie diente zur Abstützung des materiellrechtlichen Naturalerfüllungsanspruchs.[342] Die astreinte hat sich jedoch von ihrem Ursprung emanzipiert und ist heute im Zwangsvollstreckungsgesetzbuch geregelt (Art. L131-1 ff. Code des procédures civiles d'exécution Frankreich). Sie ist als Vollstreckungsmaßnahme einzuordnen und unterliegt der lex fori.[343] Aufgrund dieser vollstreckungsrechtlichen Qualifikation kann ein deutsches Gericht sie also auch bei Anwendbarkeit französischen Vertragsrechts nicht anordnen. 94

g) Zinsen. Wie über sonstigen Schadensersatz bei Nichterfüllung entscheidet das **Vertragsstatut** auch darüber, ob und ab welchem Zeitpunkt Zinsen und eventuell auch Zinseszinsen geschuldet sind. Es kann sich um **Fälligkeitszinsen,** um **Verzugszinsen** oder um **Prozesszinsen** handeln. Es geht vor allem um einen pauschalierten Ausgleich für den Schaden des Gläubigers.[344] Jedoch ist zu beachten, dass sich die neuere Rspr. vermehrt für eine verfahrensrechtliche Qualifikation der Prozesszinsen nach § 291 BGB ausspricht, sodass der Anspruch unabhängig von dem Statut der zu verzinsenden Forderung ist.[345] 95

Für den **Zinssatz** wollen manche auf die im Vertrag für die Erfüllung vereinbarte **Währung** abstellen.[346] Dafür spreche der im Währungsstaat bestehende Zusammenhang zwischen dem üblichen 96

---

336 Implizit BGH NJW 2022, 3644 Rn. 34; OLG Köln RIW 1993, 415; OLG Hamm NJW 1990, 1012; Staudinger/*Magnus,* 2021, Rn. 53; BeckOK BGB/*Spickhoff* Rn. 7; NK-BGB/*Leible* Rn. 22; *Berger* RIW 1999, 401 (402); *v. Bar/Mankowski* IPR II § 1 Rn. 818.

337 OLG Koblenz IPRspr. 1976 Nr. 139; *Ferid* IPR Rn. 6–112; IPG 1976 Nr. 7 (Köln); anders LG Aachen IPRax 1985, 45 Ls. mAnm *Jayme.*

338 OLG Hamm NJW 1990, 1092; *Berger* RIW 1999, 401; Staudinger/*Magnus,* 2021, Rn. 53; *v. Bar/Mankowski* IPR II § 1 Rn. 822.

339 Rechtsvergleichend *Leible* ZEuP 2000, 322 ff.; *Schelhaas* ZEuP 2004, 386; *Ostendorf* ZEuP 2017, 165.

340 BGH NJW 2022, 3644 Rn. 35; OLG Hamburg OLGE 6 (1903), 231 = ZIR 14 (1904), 79; *Raape/Sturm* IPR I § 13 V 6b; Staudinger/*Magnus,* 2021, Rn. 53; NK-BGB/*Leible* Rn. 22; Erman/*Stürner* Rn. 11; *Berger* RIW 1997, 401 f.; zurückhaltend *Stoll* FS Kegel, 1987, 657 ff.; anders *Rau* RIW 1978, 23 (26).

341 Rechtsvergleich zB bei *Bruns* ZZP 118 (2005), 3 (8 ff.).

342 *Remien,* Rechtsverwirklichung durch Zwangsgeld, 1992, 33 ff.

343 Staudinger/*Magnus,* 2021, Rn. 53; BeckOGK/*Weller* Rn. 44; *Remien,* Rechtsverwirklichung durch Zwangsgeld, 1992, 306 ff.

344 OLG Frankfurt NJW-RR 1997, 810; RIW 1987, 217 = IPRax 1988, 99 betr. England; OLG Hamm FamRZ 1991, 1319; OLG Köln RIW 1996, 778 f.; OLG Stuttgart IPRax 2001, 152; OLG Rostock IPRax 2000, 230 f. betr. Dänemark; LG Dortmund RIW 2002, 69; LG Frankfurt IPRax 2022, 177 (181 f.) m. Aufsatz *Hess/Wille* IPRax 2022, 164; *Gruber* MDR 1994, 759; *Grothe* IPRax 2002, 119 (120 f.); Staudinger/*Magnus,* 2021, Rn. 57; Erman/*Stürner* Rn. 11; Reithmann/Martiny IntVertragsR/*Martiny* Rn. 3.154, 3.165; Grüneberg/*Thorn* Rn. 7; NK-BGB/*Leible* Rn. 23; BeckOGK/*Weller* Rn. 47.1; *Magnus* FS Martinek, 2020, 443 (456 f.).

345 Wohl gestützt auf die Sichtweise, dass Prozesszinsen nicht an den vertraglichen Leistungsaustausch, sondern an das Verhalten im Prozess anknüpfen, so zB BGH NJW-RR 2013, 825 Rn. 19; für Qualifikation als verfahrensrechtliche Regelung der lex fori OLG München IPRax 2020, 565 – erbrechtlicher Fall, m. zust. Anm. *Kindler* IPRax 2020, 536 (539 f.); OLG Köln BeckRS 2014, 23246 Rn. 25; OLG Frankfurt NJW-RR 2007, 1357 (1358); LG Frankfurt RIW 1994, 778 (780); offengelassen in BGH BeckRS 2017, 143192 Rn. 37. Demgegenüber ist daran festzuhalten, dass es sich um einen materiellrechtlichen Anspruch handelt und nur der Lauf der Zinsen durch die Rechtshängigkeit in Gang gesetzt wird, dafür OLG München BeckRS 2015, 11202 m. zust. Anm. *Mankowski* EWiR 2015, 703 f.; Reithmann/Martiny IntVertragsR/*Martiny* Rn. 3.154, 3.165; BeckOGK/*Weller* Rn. 47; Staudinger/*Magnus,* 2021, Rn. 57; Rauscher/*Freitag* Rn. 32; Grüneberg/*Thorn* Rn. 7; *v. Bar/Mankowski* IPR II § 1 Rn. 819 mwN; ausf. *Magnus* FS Martinek, 2020, 443 (456 ff.) mwN; aA *Wilske/Schweda* MDR 2006, 191 (193).

346 *Rauscher* IPR Rn. 1337; *Grunsky* FS Merz, 1992, 147 (152); *K. P. Berger* RabelsZ 61 (1997), 313 (326 ff.); zum WA OLG Frankfurt IPRspr. 1999 Nr. 34; zu Art. 83 EKG OLG Düsseldorf WM 1981, 1237.

Zinssatz und der Inflationsrate. Andernfalls könne der Gläubiger gegenüber der Anwendung der Zinsregelung des abweichenden Vertragsstatuts unberechtigte Vorteile erlangen:[347] Sei zB die Forderung in Euro zu begleichen, Vertragsstatut aber das Recht eines Staates, in dem sehr hohe Zinsen eine Abwertung der eigenen Währung ausgleichen sollen, die der Geldentwertung im Euroraum nicht gleiche, so profitiere der Gläubiger von den hohen Zinsen. Im umgekehrten Fall werde dagegen der Schuldner unberechtigt bevorzugt, der bei deutschem Vertragsstatut den in der Währung dieses Staates geschuldeten Betrag nur nach § 288 BGB zu verzinsen habe, obwohl dieser Satz weit unterhalb der im Währungsstaat geltenden Zinsen liege.

97 Das Beispiel überzeugt nicht, denn es bleibt dem Gläubiger unbenommen, im zweiten Fall nach der deutschen lex causae seinen tatsächlichen Verzugsschaden zu liquidieren (§ 288 Abs. 4 BGB).[348] Dieser umfasst auch Zinsen für in Anspruch genommene Kredite, die sich im Zweifel nach den Verhältnissen am Sitz des Gläubigers bemessen dürften.[349] Doch auch die „Bereicherung“ des Gläubigers im ersten Beispiel lässt sich rechtfertigen, denn in dem Vertrag nach ausländischem Recht hat der Gläubiger Zahlung in Euro unter Umständen gerade wegen der Geldwertstabilität vereinbart. Entscheidend ist, dass die lex causae allein darüber befinden soll, ob und wie neben dem Schadensausgleich auch ein Inflationsausgleich stattfindet. Hinzu kommt, dass die Vereinbarung einer vom Vertragsstatut abweichenden Währung häufig darauf beruht, dass den Parteien mehr an der freien Konvertierbarkeit und Verkehrsfähigkeit des Geldes liegt. Wenn der Staat, dessen Recht der Vertrag unterliegt, spezielle Zinssätze bei (aus seiner Sicht) Fremdwährungsschulden vorsieht, sind diese maßgebend.[350] Im Fall überhöhter Verzugszinsen kann der ordre public helfen.[351] Im Ergebnis ist an der **Maßgeblichkeit des Vertragsstatuts** auch für die Zinshöhe festzuhalten.[352]

98 **h) Grenzen des eigenen Verfahrensrechts.** Art. 12 Abs. 1 lit. c stellt die Anwendung des Vertragsstatuts auf **sämtliche Folgen der Nichterfüllung**[353] unter den Vorbehalt der „Grenzen der dem angerufenen Gericht durch sein Prozessrecht eingeräumten Befugnisse“. Der Vorbehalt bezweckt die Abgrenzung von Vertragsstatut und Prozessrecht der lex fori. Sein Anliegen ist infolge des Brexit weitgehend überholt. Die Formulierung zielte vor allem auf die Begrenzung des Naturalerfüllungsanspruchs **(specific performance)** im englischen Recht (→ Rn. 83).[354] Sie betraf daher die Rechtsanwendung durch englische Gerichte.[355] Für die Anwendung vor deutschen Gerichten hat der Vorbehalt – außerhalb der Schadensbemessung (→ Rn. 99) – keine Bedeutung, da das deutsche Verfahrensrecht im Übrigen keine Sonderregeln für die Beurteilung von Nichterfüllungsfolgen bereithält.[356]

99 Der Vorbehalt der verfahrensrechtlichen lex fori gegenüber dem Vertragsstatut betrifft ausdrücklich die **„Schadensbemessung“.** Diese soll nur insoweit dem Vertragsstatut unterstehen, als sie „nach Rechtsnormen erfolgt“. Im Übrigen sind wiederum die Grenzen des eigenen Verfahrensrechts zu beachten. In den Beratungen des EVÜ war die Reichweite der grundsätzlich anzuwendenden lex causae in Bezug auf die Schadensbemessung sehr umstritten. Der seinerzeit gefundene und von der Rom I-VO übernommene „Kompromiß“ soll zum Ausdruck bringen, dass Rechtsvorschriften über die Schadensbemessung[357] nur als Rechtsfragen dem Vertragsstatut unterstellt würden, während

---

347 *Grunsky* FS Merz, 1992, 147 (153 f.).

348 Reithmann/Martiny IntVertragsR/*Martiny* Rn. 3.162; aber mit etwas anderer Konsequenz *Gruber* MDR 1994, 759 (760).

349 LG Hamburg IPRax 1991, 400 (403) mAnm *Reinhart* IPRax 1991, 376; iErg LG Stuttgart IPRax 1990, 317 zu Art. 74 CISG. Daher überzeugt auch *Asam* RIW 1989, 942 (946), nicht, der auf den Sitz des Gläubigers abstellen will, denn dort werde der Gläubiger üblicherweise Kredit in Anspruch nehmen; wohl KG IPRax 1984, 327 = RIW 1985, 76.

350 Dazu näher *Grothe* IPRax 2002, 121; *Rauscher* IPR Rn. 1337.

351 BeckOK BGB/*Spickhoff* Rn. 8; *Königer,* Die Bestimmung der Zinshöhe im deutschen IPR, 1997, 77 ff.; *Rauscher* IPR Rn. 1337 bei Kombination von Euro und hohen Zinsen; für Berücksichtigung im Rahmen der Vorteilsausgleichung Rauscher/*Freitag* Rn. 32. Einen ordre public-Verstoß durch Zinsen in Höhe von 37,5% pro Quartal verneinte LG Frankfurt IPRax 2022, 177 m. abl. Aufsatz *Hess/Wille* IPRax 2022, 164.

352 So auch Staudinger/*Magnus,* 2021, Rn. 57; Erman/*Stürner* Rn. 11; Grüneberg/*Thorn* Rn. 7; NK-BGB/*Leible* Rn. 22; BeckOK BGB/*Spickhoff* Rn. 8; Rauscher/*Freitag* Rn. 32; Ferrari IntVertragsR/*Ferrari* Rn. 15; offengelassen in LG Frankfurt IPRax 2022, 177 (181 f.) m. Aufsatz *Hess/Wille* IPRax 2022, 164.

353 Staudinger/*Magnus,* 2021, Rn. 43; NK-BGB/*Leible* Rn. 17; insoweit ist der Verordnungstext gegenüber der unklar formulierten deutschen Sprachfassung des Art. 10 Abs. 1 lit. c EVÜ bzw. Art. 32 Abs. 1 Nr. 3 EGBGB aF eindeutig.

354 Staudinger/*Magnus,* 2021, Rn. 43; BeckOGK/*Weller* Rn. 48.1; BeckOK BGB/*Spickhoff* Rn. 6; *Flessner* FS Bucher, 2009, 145 (146); aA → 8. Aufl. 2021, Rn. 102 *(Spellenberg).*

355 Für Einzelheiten *Dicey/Morris/Collins,* The Conflict of Laws, Bd. II, 16. Aufl. 2022, Rn. 32–190.

356 Staudinger/*Magnus,* 2021, Rn. 43; *v. Bar/Mankowski* IPR II § 1 Rn. 821.

357 ZB wohl Haftungshöchstgrenzen; *Giuliano/Lagarde* BT-Drs. 10/503, 65.

„Sachfragen" stets vom angerufenen Gericht nach dessen Verfahrensregeln entschieden werden müssen.[358] Letzteres bezieht sich sehr wahrscheinlich darauf, dass Tatsachenfeststellungen zur Schadensbemessung in angloamerikanischen Prozessordnungen häufig durch die Jury erfolgen, während die juristische Bewertung dieser Tatsachen dem Gericht obliegt.[359] Man wird jedenfalls sagen können, dass der befasste Richter sein **Beweisverfahren** nicht wegen der Geltung fremden Rechts in der Sache soll ändern müssen. So muss das deutsche Gericht keine Jury einsetzen und ein ausländisches Gericht muss nicht darauf verzichten.

Haftungshöchstgrenzen, die Ersatzfähigkeit immaterieller Schäden oder die Entscheidung zwischen Naturalrestitution und Geldersatz sind jedenfalls Fragen, die das **Vertragsstatut regelt** (→ Rn. 92). Der Vorbehalt der prozessualen lex fori kann allenfalls die Tatsachenfeststellung betreffen.[360] Aus deutscher Sicht ist die Anwendbarkeit des **§ 287 ZPO** bei ausländischem Vertragsstatut problematisch. Danach kann der Richter auf eine weitere Beweisaufnahme verzichten, wenn sie gemessen am mutmaßlichen Gewinn an Gewissheit unverhältnismäßig erscheint; er darf dann die Schadenshöhe sowie die haftungsausfüllende Kausalität aufgrund der feststehenden Tatsachen schätzen, nicht aber die Schadenszufügung selbst.[361] Trotz der erkennbar materiellen Auswirkungen von Beweiswürdigungs- und Schadensbemessungsregeln,[362] die für eine Anwendung der lex causae sprechen,[363] sollte dem Richter besser nicht die Anwendung ausländischer Regeln über das Beweismaß abverlangt werden.[364] Daher bleibt die Möglichkeit der Schadensschätzung nach § 287 ZPO (→ Art. 18 Rn. 16) auch **gegenüber ausländischem Vertragsstatut vorbehalten.**[365] Im Rahmen der Schätzung kann auf die ausländische lex causae Rücksicht genommen werden.[366] **100**

V. Erlöschen der Verpflichtungen (Abs. 1 lit. d Alt. 1)

1. Erfüllung. Das Vertragsstatut gilt nach Abs. 1 lit. d Alt. 1 für die **verschiedenen Arten** des Erlöschens bzw. der Aufhebung der Verpflichtungen. Da für die **Erfüllung** durch Leistung und ihre **Tilgungswirkung,**[367] einschließlich der Leistung an Erfüllungs statt und der Leistung erfüllungshalber Abs. 1 lit. b einschlägig und lex specialis ist (→ Rn. 67),[368] müssen hier gemeint sein: (1) weitere Erfüllungssurrogate, insbesondere die Hinterlegung (→ Rn. 102),[369] und der Aufrechnungsvertrag (→ Rn. 105 f.); (2) Erlass (→ Rn. 103 f.) und Kündigung (→ Rn. 107); sowie (3) äußere Ereignisse wie das Erlöschen durch Tod einer Partei,[370] wobei aber ein Ausschluss der Leistungspflicht wegen **Unmöglichkeit** sowie Rechtsbehelfe infolge von Leistungsstörungen schon unter lit. c fallen. Die Abgrenzung zwischen lit. c und lit. d Alt. 1 ist besonders unklar, aber auch nicht erheblich; das Gesetz hätte diese Unterscheidung besser nicht getroffen. Die **Aufrechnung,** die zum Erlöschen von Haupt- und Gegenforderung führt, ist in **Art. 17** mit einer eigenen Regel bedacht. In der Alt. 2 betrifft lit. d die Auswirkungen des **Zeitablaufs.** **101**

2. Hinterlegung. Ob und mit welcher Wirkung der Schuldner schuldbefreiend hinterlegen kann, entscheidet das Vertragsstatut.[371] Das gilt auch für die Frage, ob die Ware selbst oder nach deren Verkauf der Erlös zu hinterlegen ist, sowie dafür, wann und wie die Ware zu verkaufen ist. **102**

---

358 *Giuliano/Lagarde* BT-Drs. 10/503, 65.

359 Ebenso Rauscher/*Freitag* Rn. 31.

360 Rauscher/*Freitag* Rn. 31; NK-BGB/*Leible* Rn. 24; *v. Bar/Mankowski* IPR II § 1 Rn. 822.

361 BGH NJW 2008, 1381; BGHZ 133, 110 = NJW 1996, 2501; BGH NJW-RR 1988, 410; dazu *Rosenberg/Schwab/Gottwald* ZivilProzR § 115 Rn. 9 ff. mwN.

362 *Gottwald,* Schadenszurechnung und Schadensschätzung, 1979, bes. 28 ff., 186 ff.

363 *Coester-Waltjen,* Internationales Beweisrecht, 1983, Rn. 362 ff.; *Buciek,* Beweislast und Anscheinsbeweis im internationalen Recht, 1984, 278 ff.; *Paulus* FS Gerhardt, 2004, 747 (760).

364 Näher *Schack* IZVR Rn. 829 ff.

365 Staudinger/*Magnus,* 2021, Rn. 56; Grüneberg/*Thorn* Rn. 7; Rauscher/*Freitag* Rn. 31; NK-BGB/*Leible* Rn. 24; Erman/*Stürner* Rn. 10; BeckOK BGB/*Spickhoff* Rn. 6; *Schack* IZVR Rn. 831; *v. Bar/Mankowski* IPR II § 1 Rn. 822; *Brinkmann* ZZP 129 (2016), 461 (482); ausf. *Bücken,* Internationales Beweisrecht im Europäischen internationalen Schuldrecht, 2016, 198 ff. mwN; LG Hamburg IPRax 1991, 400 (403); iErg übereinstimmend, allerdings gestützt auf Art. 1 Abs. 3 und Art. 18 *Eichel* IPRax 2014, 156 (157 f.); zweifelnd BeckOGK/*Weller* Rn. 48.1; diff. → 8. Aufl. 2021, Rn. 105 *(Spellenberg).*

366 *Schack* IZVR Rn. 831.

367 BGH NJW 1997, 2322.

368 Wie hier Rauscher/*Freitag* Rn. 15; Ferrari IntVertragsR/*Ferrari* Rn. 19; BeckOGK/*Weller* Rn. 49; aA (für lit. d) Staudinger/*Magnus,* 2021, Rn. 59; BeckOK BGB/*Spickhoff* Rn. 9; Erman/*Stürner* Rn. 12.

369 Für lit. b *v. Bar/Mankowski* IPR II § 1 Rn. 810.

370 Ferrari IntVertragsR/*Ferrari* Rn. 19; BeckOGK/*Weller* Rn. 49.

371 OLG Stettin JW 1926, 385 = IPRspr. 1926/27 Nr. 38; Ferrari IntVertragsR/*Ferrari* Rn. 19; Staudinger/*Magnus,* 2021, Rn. 62; Erman/*Stürner* Rn. 12; Reithmann/Martiny IntVertragsR/*Martiny* Rn. 3.233.

Das Recht des **Hinterlegungsorts** gilt dann für die **Modalitäten der Hinterlegung** und für die Zuständigkeit der Hinterlegungsstelle (Abs. 2).[372]

103 **3. Erlass, Verzicht, Aufhebung.** Wird eine Schuld erlassen bzw. auf eine vertragliche Forderung verzichtet, so ist das Statut der Forderung maßgeblich, die zum Erlöschen gebracht wird.[373] Der Forderungsverzicht ist nach europäisch-autonomen Maßstäben und im Einklang mit einer Tendenz der nationalen Rechte als **einseitiges Rechtsgeschäft** zu qualifizieren (→ Art. 11 Rn. 61). Dies schließt nicht aus, dass das von Art. 12 berufene Sachrecht den Erlass als Vertrag ansieht.[374] Nach diesem Recht beurteilt sich, ob der Erlass nach dem maßgeblichen Sachrecht durch einseitige Erklärung oder durch Vertrag erfolgt.[375]

104 Vom Erlass einer Forderung ist eine Aufhebung des ganzen Vertrags durch **Aufhebungsvertrag** zu unterscheiden. Alle diese Verträge können durch **Rechtswahl** einem eigenen Recht unterstellt werden, doch ist das wenig sinnvoll, und andernfalls gilt das ursprüngliche Statut.[376] Im Ergebnis ohne Auswirkung bleibt, ob man die Anwendung des ursprünglichen Statuts sogleich lit. d entnimmt oder diese Vorschrift nur für die Wirkung eines Rechtsgeschäfts, das auf die Forderung einwirkt, heranzieht und das Rechtsgeschäft eigenständig, dann aber in Ermangelung einer Rechtswahl akzessorisch an den Vertrag, auf den die Vereinbarung bezogen ist, anknüpft.[377] Der letztgenannte Weg scheint jedenfalls bei komplexeren Rechtsgeschäften plausibel. Zum Vergleich, der die Vertragsforderungen ganz oder teilweise zum Erlöschen bringen kann, → Rn. 163.

105 **4. Aufrechnung durch Vertrag.** Art. 17 betrifft nur die gesetzliche Aufrechnung, nicht den praktisch wichtigen **Aufrechnungsvertrag** (→ Art. 17 Rn. 13), namentlich nicht das **Kontokorrent.**[378] Nichts hindert die Parteien, eine Aufrechnung ihrer Forderungen vertraglich zu vereinbaren, wobei sie natürlich zB auf die Erfordernisse der Gleichartigkeit oder Fälligkeit oder ggf. auch der Konnexität der Forderungen verzichten können. Unstreitig können die Parteien das auf diesen Vertrag anwendbare **Recht wählen.**[379] Die Anknüpfung mangels Rechtswahlvereinbarung ist unproblematisch, wenn beide Forderungen demselben Vertragsverhältnis entstammen oder wenigstens **demselben Recht** unterstehen. Dann gilt dieses.[380]

106 Ist das nicht der Fall, kann Art. 17 auch nicht analog herangezogen werden, weil eine Hauptforderung nicht identifiziert werden kann.[381] Wenn der Aufrechnungsvertrag in den Rahmen eines umfassenderen Rechtsverhältnisses wie etwa eines Vertragshändlervertrages oder einer Finanzdienstleistung fällt, gibt das Statut dieses Rechtsverhältnisses auch Maß für die Anknüpfung der Aufrechnungsabrede.[382] Bei einem – seltenen – isolierten Aufrechnungsvertrag wird in der Regel auch die Anwendung von Art. 4 Abs. 2 auf den Aufrechnungsvertrag daran scheitern, dass eine charakteristische Leistung nicht identifiziert werden kann.[383] Man kann, da es nicht um Leistungsaustausch, sondern um Wertverrechnung geht, auch nicht die Sachleistung der Geldleistung vorziehen.[384] Es

---

[372] OLG München 12.4.2016 – 25 W 6/16, nv; Staudinger/*Magnus,* 2021, Rn. 62; BeckOGK/*Weller* Rn. 50.

[373] BGH NJW-RR 2002, 1359 (1361); KG IHR 2022, 59 (61); OLG Hamm RIW 1999, 621; OLG Karlsruhe NJW-RR 1989, 367 = IPRax 1991, 259 mAnm *Winkler v. Mohrenfels* IPRax 1991, 237; OLG Bamberg IPRax 1990, 105 (108); NK-BGB/*Leible* Rn. 29; Staudinger/*Magnus,* 2021, Rn. 57; BeckOGK/*Weller* Rn. 49. Für selbständige Anknüpfung bei Erlass der gesamten Schuld oder eines wesentlichen Teils davon, *Schwimann* ÖNotZ 1976, 114 (118).

[374] Anders → 8. Aufl. 2021, Rn. 108 *(Spellenberg).*

[375] Staudinger/*Magnus,* 2021, Rn. 74; BeckOK BGB/*Spickhoff* Rn. 9.

[376] BGH NJW-RR 2002, 1359 (1361) betr. Erlassvertrag; OLG Bamberg IPRax 1990, 105 (108); OLG Karlsruhe NJW-RR 1989, 367 (368); OLG Hamburg IPRax 1999, 168 (170); Reithmann/Martiny IntVertragsR/*Martiny* Rn. 3.234 f.; BeckOGK/*Weller* Rn. 49; Staudinger/*Magnus,* 2021, Rn. 74; aA OGH ÖJZ 1976, 518.

[377] Für letztgenannten Weg BeckOGK/*Weller* Rn. 49; Staudinger/*Magnus,* 2021, Rn. 74; NK-BGB/*Leible* Rn. 29; *v. Bar/Mankowski* IPR II § 1 Rn. 824.

[378] Rauscher/*Freitag* Rn. 34; BeckOGK/*Weller* Rn. 51 f.; Staudinger/*Magnus,* 2021, Art. 17 Rn. 51 ff.

[379] *K. P. Berger,* Der Aufrechnungsvertrag, 1996, 452 f.: auch wenn dieses Recht ein Aufrechnungsverbot enthält.

[380] *Hellner* in Ferrari/Leible, Rome I Regulation, 2009, 251 (263); Rauscher/*v. Hein* Art. 17 Rn. 14, jedoch für jede der Forderungen gestützt auf Art. 12 Abs. 1 lit. d, nicht auf Art. 4 Abs. 4 als Statut des Aufrechnungsvertrags.

[381] So auch *K. P. Berger,* Der Aufrechnungsvertrag, 1996, 457 f.; Rauscher/*Freitag* Rn. 34; aA BeckOK BGB/*Spickhoff* Art. 17 Rn. 10: Recht der Forderung, gegen die aufgerechnet wird.

[382] *K. P. Berger,* Der Aufrechnungsvertrag, 1996, 459 ff.; Staudinger/*Magnus,* 2021, Art. 17 Rn. 54; BeckOGK/*Thole* Art. 17 Rn. 22; *Leible/Lehmann* RIW 2008, 528 (542); *Lieder* RabelsZ 78 (2014), 809 (827); *Einsele* WM 2009, 299 f.; *Hellner* in Ferrari/Leible, Rome I Regulation, 2009, 251 (261 ff.).

[383] *v. Bar/Mankowski* IPR II § 1 Rn. 919; BeckOGK/*Weller* Rn. 52 will die Partei, die die Kontokorrentabrechnung erstellt, als charakteristisch leistend ansehen.

[384] Auch die Anwendung des Statuts der Forderung der Partei, die nicht die Initiative ergriffen hat – oder der Gegenpartei –, ist von Zufälligkeiten abhängig und kann nicht überzeugen.

ist wohl geboten, aber eine sehr undankbare Aufgabe, beim wirklich isolierten Aufrechnungsvertrag entsprechend Art. 4 Abs. 4 anhand aller Umstände des Falles die engste Beziehung zu ermitteln.[385] Lässt sich auf diese Weise kein befriedigendes Ergebnis erzielen, so bleibt in **letzter Linie** nur die, bei Art. 17 gerade entbehrliche, **kumulative Anwendung** der Statuten der beiden Forderungen, so dass der Aufrechnungsvertrag nach beiden Rechten wirksam sein muss.[386] Das entspricht jedenfalls der Gleichwertigkeit der beiden Forderungen – ein Argument, dem bei der einvernehmlichen Aufrechnung stärkeres Gewicht eingeräumt werden kann.

5. Kündigung; Rücktritt. Die **Kündigung** eines Vertragsverhältnisses, die nicht nur als Sanktion einer Vertragsverletzung möglich sein kann, unterliegt dem Vertragsstatut.[387] Es kann sich um gesetzlich erlaubte Kündigungen zB von Dauerschuldverhältnissen oder um vertraglich vorbehaltene handeln. Als Beschränkung der Wirksamkeit des Vertrages fallen diese Rechte unter Art. 10. Man kann aber ihre Ausübung auch unter Art. 12 Abs. 1 lit. d subsumieren. Auch ein vertraglich vereinbartes Rücktrittsrecht gehört hierher.[388] Ein aufgrund späterer Ereignisse entstehendes Rücktritts- oder Kündigungsrecht fällt zwar unter lit. d, als Sanktion von Vertragsverletzungen aber unter lit. c.[389] **107**

VI. Verjährung und Rechtsverlust durch Zeitablauf (Abs. 1 lit. d Alt. 2)

1. Reichweite. Art. 1 Abs. 1 lit. d Alt. 2 weist dem Vertragsstatut weiter „die Verjährung und die Rechtsverluste, die sich aus dem Ablauf einer Frist ergeben", zu. Die meisten Vermögensrechte können durch Zeitablauf erlöschen oder sich abschwächen. Die dogmatischen und technischen Formen, in denen die Rechtsordnungen dem Zeitablauf Wirkungen verleihen, sind allerdings verschieden wie natürlich die Länge der Fristen selbst und der Zeitpunkt ihres Beginns.[390] Kollisionsrechtlich ist es sachgerecht, den Einfluss des Zeitablaufs derjenigen **Rechtsordnung** zu entnehmen, **der das betroffene Recht** untersteht, wie diese auch das Erlöschen regelt.[391] **108**

Ob der Zeitablauf einen Untergang des Anspruchs bewirkt oder nur eine Einrede begründet, rechtfertigt keine verschiedene Anknüpfung.[392] Die weite Formulierung von lit. d soll andeuten, dass auch Rechtsverluste durch Zeitablauf erfasst werden, die nicht **Anspruchsverjährungen** sind. Ebenso gehören **Ausschlussfristen** und sonstige Fristen, die bei ihrem Ablauf entstandene Rechte entfallen lassen wie zB Rügefristen wegen Sachmängeln, hierher (→ Rn. 150). Entscheidend ist, dass der Zeitablauf eine wesentliche, nicht notwendig die alleinige Rolle spielt. Die **Befristung** von Ansprüchen untersteht zwar auch dem Vertragsstatut, gehört jedoch wie die auflösende oder aufschiebende Bedingung besser zu Art. 10 Abs. 1 als Frage der Wirksamkeit (→ Art. 10 Rn. 130). **109**

Dem Vertragsstatut unterliegen auch die **Verwirkung** und verwandte Rechtsinstitute (→ Rn. 151 f.). Eine kollisionsrechtliche Differenzierung zwischen Verjährung und Verwirkung ist nicht sinnvoll, obwohl bei letzterer der Zeitablauf nicht allein, sondern nur im Zusammenspiel mit einem Umstandsmoment maßgeblich ist. Dagegen gehören **Präklusionen im Prozess** wegen nachlässiger Prozessführung oder verspäteten Vorbringens im Laufe des Verfahrens wie die Folgen verspäteter Einlegung von Rechtsmitteln zur **lex fori** und nicht hierher.[393] **110**

Da die Verjährung nicht in den Regelungsbereich des **UN-Kaufrechts** fällt, richtet sich die Verjährung von Ansprüchen aus dem UN-Kaufrecht nach dem kollisionsrechtlich bestimmten Vertragsstatut. Die Bundesrepublik hat das UN-Übereinkommen über die **Verjährung beim internati-** **111**

---

385 Dafür die hM: *Leible/Lehmann* RIW 2008, 528 (542); Staudinger/*Magnus,* 2021, Art. 17 Rn. 54; Rauscher/*v. Hein* Art. 17 Rn. 15; BeckOGK/*Thole* Art. 17 Rn. 22; *Pfeiffer* EuZW 2008, 629; *Kannengießer,* Die Aufrechnung im internationalen Privat- und Verfahrensrecht, 1998, 136 f.; *Hellner* in Ferrari/Leible, Rome I Regulation, 2009, 251 (263); *Einsele* WM 2009, 299 f.; *Koutsoukou,* Die Aufrechnung im europäischen Kollisions- und Verfahrensrecht, 2018, 247 ff.

386 Rauscher/*Freitag* Rn. 34; zum früheren IPR *K. P. Berger,* Der Aufrechnungsvertrag, 1996, 469 ff.; aA Staudinger/*Magnus,* 2021, Art. 17 Rn. 54.

387 BGH NZG 2003, 922; NJW 1997, 1150; OLG München IPRax 1983, 120 Ls. mAnm *Jayme* IPRax 1983, 105 = IPRspr. 1980 Nr. 13; RIW 2006, 706; LG München I RzW 1965, 375 = IPRspr. 1964/65 Nr. 43; Staudinger/Magnus, 2021, Rn. 75; NK-BGB/*Leible* Rn. 28; *v. Bar/Mankowski* IPR II § 1 Rn. 824.

388 Staudinger/*Magnus,* 2021, Rn. 75; Grüneberg/*Thorn* Rn. 8.

389 Ebenso Staudinger/*Magnus,* 2021, Rn. 50; BeckOGK/*Weller* Rn. 49.

390 Rechtsvergleichung bei *R. Zimmermann* JZ 2000, 853 ff.; *R. Zimmermann,* Comparative Foundations of a European Law of Set-off and Prescription, 2002; Jansen/Zimmermann/*R. Zimmermann* Kap. 14; sowie die Beiträge in Hondius (Hrsg.), Extinctive Prescription, 1995, und in Remien (Hrsg.), Verjährungsrecht in Europa, 2011.

391 *Mansel* in Basedow/Rühl/Ferrari/de Miguel Asensio, Encyclopedia of Private International Law, 2017, 1368 (1370).

392 BeckOK BGB/*Spickhoff* Rn. 11.

393 NK-BGB/*Leible* Rn. 34; BeckOGK/*Weller* Rn. 57.

onalen Warenkauf vom 14.6.1974[394] nicht ratifiziert (s. noch Art. 3 CISG-VertragsG). Das Übereinkommen kann aber vor deutschen Gerichten zur Anwendung gelangen, wenn das IPR zum Recht eines Vertragsstaates des Übereinkommens führt und die Parteien die Anwendung des Übereinkommens nicht ausgeschlossen haben.[395]

112 **2. Materiell-rechtliche Qualifikation der Verjährung.** Art. 12 Abs. 1 lit. d macht deutlich, dass die Verjährung europäisch-autonom als Institut des **materiellen Rechts** zu qualifizieren ist.[396] Dies stimmt mit der Sichtweise kontinentaleuropäischer Rechtsordnungen überein.[397] Demgegenüber haben anglo-amerikanische Rechtsordnungen die Verjährung traditionell als „limitation of actions" verfahrensrechtlich qualifiziert. England hatte mit dem Foreign Limitation Periods Act 1984 für sein autonomes IPR indes bereits eine Kehrtwende vollzogen und die Verjährungsregeln der ausländischen lex causae für maßgeblich erklärt;[398] die US-amerikanischen Bundesstaaten scheinen jedoch an der verfahrensrechtlichen Qualifikation festzuhalten und somit auch bei ausländischem Vertragsstatut ihre eigenen Verjährungsregeln anzuwenden.[399] Verweist die Rom I-VO auf das Recht eines Staates, der dieser prozessualen Sichtweise folgt, so sind kraft der materiell-rechtlichen Qualifikation dessen Verjährungsregeln als solche des Vertragsstatuts anzuwenden.[400] **Keinesfalls** kommt es – schon angesichts von Art. 20 – zu einem früher teilweise angenommenen[401] versteckten **Renvoi kraft Qualifikationsdifferenz.**[402]

113 **3. Anknüpfung der Verjährung.** Abs. 1 lit. d bestätigt den Grundsatz der einheitlichen Anknüpfung von Entstehung und Beendigung der Ansprüche.[403] Das Vertrags- bzw. Forderungsstatut legt Beginn und Dauer der **Verjährungsfrist** einschließlich der **Einwirkungen auf deren Lauf** durch Hemmung, Ablaufhemmung oder Neubeginn (Unterbrechung) fest.[404] Ebenso umfasst ist die **Wirkung der Verjährung** auf die Forderung,[405] insbesondere ob sie zum Erlöschen der Forderung oder, wie nach deutschem Recht, zu einer Einrede führt.[406] Für die Frage, ob die **Aufrechnung** mit einer verjährten Forderung oder gegen sie noch gestattet ist, ist das anwendbare Recht jedoch nach Art. 17 zu bestimmen (→ Art. 17 Rn. 26). Schließlich fällt der **Verzicht** auf die Verjährung unter das Vertragsstatut.[407] Dem Vertragsschluss nachfolgende **Vereinbarungen über die Verjährung,** zB im Rahmen eines Vergleichs (→ Rn. 163), können ihr eigenes Statut haben, die Auswirkungen auf die Verjährung der betreffenden Forderung fallen jedoch jedenfalls unter lit. d.[408]

114 Führt eine nachträgliche Rechtwahl (Art. 3 Abs. 2 S. 1) zu einem rückwirkenden **Statutenwechsel,** kann dies Auswirkungen auf die Verjährung haben: Eine nach dem bisherigen Statut bereits eingetretene Verjährung entfällt dann wieder, wenn sie nach dem neuen Statut noch nicht eingetreten ist, und umgekehrt kann ein nach altem Statut noch nicht verjährter Anspruch nach

---

[394] Text bei Staudinger/*Magnus,* 2019, CISG Anh. II Rn. 31.

[395] Bsp. aus Österreich OGH IHR 2017, 147, infolge einer Verweisung auf polnisches Recht; Staudinger/*Magnus,* 2019, CISG Anh. II Rn. 13; *Schroeter,* UN-Kaufrecht, 7. Aufl. 2022, Rn. 245 ff.; *Magnus* ZEuP 1993, 79 (91).

[396] BeckOGK/*Weller* Rn. 53; Staudinger/*Magnus,* 2021, Rn. 71; NK-BGB/*Leible* Rn. 31; Rauscher/*Freitag* Rn. 12; Ferrari IntVertragsR/*Ferrari* Rn. 20.

[397] Rechtsvergleich bei Jansen/Zimmermann/*R. Zimmermann* PECL Art. 14:101 Rn. 1 ff. mwN; die materiellrechtliche Qualifikation war im deutschen IPR schon lange vorherrschend, RG JW 1911, 148; RGZ 145, 121 (128) (anders und irrig noch RGZ 7, 21; 24, 383); BGH NJW 1960, 1720; LG Bremen IPRspr. 1960/61 Nr. 50, S. 167; OLG Hamburg AWD 1974, 561; *Edler* RabelsZ 40 (1976), 43 ff.; *Müller-Freienfels* FS Zepos, Bd. II, 1973, 491 (493 ff.); *Leible* Liber amicorum Berg, 2011, 234 (237 f.); *Kegel,* Die Grenzen von Qualifikation und Renvoi im internationalen Verjährungsrecht, 1962, 32 ff.

[398] Näher *Dicey/Morris/Collins,* The Conflict of Laws, Bd. II, 16. Aufl. 2022, Rn. 32-196.

[399] *Hay* IPRax 1989, 197 ff.; *Mansel* in Basedow/Rühl/Ferrari/de Miguel Asensio, Encyclopedia of Private International Law, 2017, 1368 (1373).

[400] BeckOGK/*Weller* Rn. 53; Staudinger/*Magnus,* 2021, Rn. 71; NK-BGB/*Leible* Rn. 31; Erman/*Stürner* Rn. 13.

[401] Näher → 8. Aufl. 2021, Rn. 123 *(Spellenberg)* mwN.

[402] BeckOGK/*Weller* Rn. 53; Staudinger/*Magnus,* 2021, Rn. 71; NK-BGB/*Leible* Rn. 4.

[403] *Giuliano/Lagarde* BT-Drs. 10/503, 65.

[404] BeckOGK/*Weller* Rn. 53; Staudinger/*Magnus,* 2021, Rn. 63; Rauscher/*Freitag* Rn. 35; Ferrari IntVertragsR/*Ferrari* Rn. 21 f.; NK-BGB/*Leible* Rn. 32; *v. Bar/Mankowski* IPR II § 1 Rn. 827. ZB LG Darmstadt BeckRS 2015, 12544.

[405] *v. Bar/Mankowski* IPR II § 1 Rn. 827; *Mansel* in Basedow/Rühl/Ferrari/de Miguel Asensio, Encyclopedia of Private International Law, 2017, 1368 (1378).

[406] Rechtsvergleichend zu dieser starken bzw. schwachen Wirkung der Verjährung *R. Zimmermann,* Comparative Foundations of a European Law of Set-off and Prescription, 2002, 72 ff. mwN.

[407] BeckOGK/*Weller* Rn. 53; *Regkakos/Labonté* IWRZ 2022, 71 (73 f.).

[408] *Regkakos/Labonté* IWRZ 2022, 71 (74).

dem neuen Recht bereits verjährt sein.[409] Wollen die Parteien ausnahmsweise[410] ein neues Statut nur mit Wirkung ex nunc bestimmen, so bleibt es bei einer nach dem alten Statut eingetretenen Verjährung; andernfalls gilt die Frist des neuen Statuts.[411]

Eine **Teilrechtswahl** (Art. 3 Abs. 1 S. 3) nur für die Verjährung ist **zulässig.**[412] Als kollisions- **115**
rechtliche Verweisung kann sie bedeutsam sein, wenn die lex causae der von den Parteien gewünschten privatautonomen Gestaltung der Verjährungsregeln zwingende Grenzen setzt.

Der **ordre public** (Art. 21) kann der Anwendung des Verjährungsrechts der ausländischen lex **116**
causae vor deutschen Gerichten entgegenstehen (→ Rn. 7). So wird er gegenüber einer **Unverjährbarkeit** in einem fremden Recht herangezogen,[413] doch kann das nicht schlechthin gelten,[414] denn auch das deutsche Recht kennt unverjährbare Ansprüche, seit kurzem sogar innerhalb des Schuldrechts (§ 194 Abs. 2 BGB).[415] Es ist generell „nur" die Frage, ob die ausländische Frist im Ergebnis – einschließlich der Regeln über Beginn,[416] Hemmung und Neubeginn – allzu lang oder kurz ist.[417] Zu kurz ist die Verjährung erst dann, wenn eine effektive Rechtsverfolgung unmöglich ist.[418] Art. 21 kann eingreifen mit der Folge, dass die Frist auf das gerade noch mit deutschen Vorstellungen verträgliche Maß verkürzt oder verlängert wird.[419] Im Allgemeinen aber sind auch erheblich andere Fristen durchaus akzeptabel.[420] Es ist also **Zurückhaltung geboten.**[421]

4. Hemmung und Neubeginn der Verjährung. a) Anknüpfung. Das **Vertragsstatut** **117**
regelt auch, ob und wodurch eine laufende Verjährung **neu beginnt** oder **gehemmt** wird.[422] Einwirkungen auf den Verjährungslauf können auf private Handlungen wie Verhandlungen oder Anerkenntnisse, auf gerichtliche Akte wie Klageverfahren oder Vollstreckungsmaßnahmen oder auch auf eine objektive Lage wie den Stillstand der Rechtspflege zurückgehen. Bei privaten Akten ist es ohne Bedeutung, ob diese im Inland oder im Ausland stattfinden. Sind Hemmung oder Neubeginn eine materielle Folge prozessualer Akte, ist das hingegen zweifelhaft.

Das Vertragsstatut bestimmt zunächst, ob bzw. welche prozessualen oder privaten Akte über- **118**
haupt die Verjährung hemmen oder neu beginnen lassen können. Weiter bestimmt es dann, ob die konkrete **Vornahme im Ausland** auch diese Wirkung entfaltet.[423] Ist nicht deutsches Recht Forderungsstatut, so hat der deutsche Richter entsprechend zu prüfen, wie jenes **ausländische Recht** die Frage behandelt, und wenn dieses Recht methodisch eine Substitution vornimmt, was dort dafür vorausgesetzt wird, insbesondere ob dort bei einer Klage im Ausland die internationale Zuständigkeit des angerufenen Gerichts oder die Anerkennungsfähigkeit des beantragten Urteils im Land der lex causae verlangt wird.[424]

---

[409] LG Essen RIW 2001, 943 (944); OLG Zweibrücken IHR 2002, 67; Erman/*Stürner* Rn. 13.

[410] Rauscher/*v. Hein* Art. 3 Rn. 95.

[411] ZB LG Essen IPRax 2002, 396; PWW/*Brödermann*/*Wegen* Rn. 44.

[412] Rauscher/*v. Hein* Art. 3 Rn. 76; *Leible* Liber amicorum Berg, 2011, 234 (242).

[413] RGZ 106, 82 (84) diff. zwischen genereller Unverjährbarkeit und Unverjährbarkeit in Ausnahmefällen; RGZ 151, 193 (201) obiter; OLG Bremen BauR 2015, 34 = SchiedsVZ 2016, 43.

[414] NK-BGB/*Leible* Rn. 5; *Otte* IPRax 1993, 209 (212); *S. Lorenz* IPRax 1999, 429 (431).

[415] BeckOK BGB/*Spickhoff* Rn. 13; zu Recht krit. zu § 194 Abs. 2 Nr. 1 BGB *Piekenbrock* JZ 2022, 124 ff.

[416] OLG Hamm NJW 2019, 3527 Rn. 27 zu Art. 26 Rom II-VO.

[417] *S. Lorenz* IPRax 1999, 429 (431); BeckOGK/*Weller* Rn. 53; ein Eingreifen des Vorbehalts bei zu langer Frist hält Ferrari IntVertragsR/*Ferrari* Rn. 21 für ausgeschlossen.

[418] OLG Hamm NJW 2019, 3527 zu Art. 26 Rom II-VO; Ferrari IntVertragsR/*Ferrari* Rn. 21; BeckOK BGB/*Spickhoff* Rn. 13.

[419] LG Regensburg IPRspr. 1954 Nr. 120: zu kurze Frist des franz. Rechts; OLG München HRR 1938 Nr. 1020: zu lange Frist ungarischen Rechts, dogmatisch unklar; dazu *Will* RabelsZ 42 (1978), 211 (212); vgl. auch RGZ 151, 193 (201); LG Bremen IPRspr. 1952/53 Nr. 28; hier war nicht die Frist des finnischen Rechts zu kurz, sondern der ordre public griff ein, weil dieses Recht keine Hemmung der Verjährung während der Kriegs- und Nachkriegszeit vorsah. Präzisierend *S. Lorenz* IPRax 1999, 429 (431): Die Frage könne nur sein, ob ein ordre public-Verstoß darin liegt, dass eine Forderung noch nicht verjährt ist. Werde der Verstoß bejaht, könne die Antwort nur darin liegen, Verjährung anzunehmen.

[420] OLG Hamm NJW 2019, 3527 zu Art. 26 Rom II-VO; RG LZ 1913, 550 (552); LG Berlin IPRspr. 1930 Nr. 6; BGH IPRspr. 1956/57 Nr. 4; LG Saarbrücken IPRspr. 1960/61 Nr. 38; AG Traunstein IPRspr. 1973 Nr. 13.

[421] BeckOK BGB/*Spickhoff* Rn. 13; *Kegel*/*Schurig* IPR § 17 VI 1 (S. 637) gegen RGZ 106, 84.

[422] BeckOGK/*Weller* Rn. 53; Staudinger/*Magnus,* 2021, Rn. 63; Rauscher/*Freitag* Rn. 35; BeckOK BGB/*Spickhoff* Rn. 12; *v. Bar*/*Mankowski* IPR II § 1 Rn. 827; früher bereits BGH VersR 1958, 401 f.; NJW 1960, 1720; OLG Hamm RIW 1999, 621; OLG Celle NJW 1967, 783; OLG Brandenburg BauR 2001, 820; LAG BW IPRspr. 1954/55 Nr. 19; LG Stuttgart IPRspr. 1956/57 Nr. 133; *Otte* IPRax 1993, 209.

[423] Rauscher/*Freitag* Rn. 35.

[424] Staudinger/*Magnus,* 2021, Rn. 69; Staudinger/*Peters*/*Jacoby,* 2019, BGB § 204 Rn. 41; BeckOGK/*Meller-Hannich* BGB § 204 Rn. 89; Ferrari IntVertragsR/*Ferrari* Rn. 22; *Looschelders* IPRax 1998, 298 f.; BGHZ

119 **b) Hemmung und Neubeginn der Verjährung bei deutschem Vertragsstatut.** Das deutsche Recht als Vertragsstatut knüpft die **Hemmung** der Verjährung vorzugsweise an bestimmte objektive Situationen oder die Existenz bestimmter Rechtslagen an (§§ 204–211 BGB), während der **Neubeginn** teils durch private Rechtshandlung, teils durch gerichtliche Schritte (§ 212 BGB) erfolgt.

120 Dass ein gemäß § 212 Abs. 1 Nr. 1 BGB zum Neubeginn der Verjährung führendes **Anerkenntnis** durch Abschlags- oder Zinszahlung, Sicherheitsleistung oder auch durch Anerkenntniserklärung nach deutscher lex causae ebenso gut im Aus- wie im Inland vorgenommen werden kann, unterliegt keinem Zweifel.[425] Irrelevant ist auch, an welchem Ort die Parteien **Verhandlungen** führen, die nach § 203 BGB die Verjährung hemmen.

121 Gesichert ist auch, dass **gerichtliche Akte der Rechtsverfolgung,** namentlich Klageerhebungen **im Ausland,** die Verjährung einer deutschem Recht unterliegenden Forderung gemäß § 204 Abs. 1 BGB hemmen können oder auch als **im Ausland ergangene Urteile etc** eine neue Verjährung (§ 197 Abs. 1 Nr. 3 BGB) in Gang setzen können. In diesen Fällen ist der gerichtliche Akt im Ausland lediglich Bestandteil des **Tatbestandes der deutschen Norm;** es handelt sich also um ein **Substitutionsproblem** (→ Einl. IPR Rn. 259).[426] Ob die Klage etc. auch nach der **ausländischen lex fori** eine Verjährung hemmt oder unterbricht, ist dann nicht erheblich. Dieselbe Frage stellt sich auch für den Neubeginn der Verjährung durch Vollstreckungshandlungen im Ausland (→ Rn. 144). **Streitig** ist jedoch, welche konkreten Anforderungen für eine Gleichwertigkeit mit den in den §§ 204 und 212 BGB sowie § 197 Abs. 1 Nr. 3–5 BGB angesprochenen deutschen gerichtlichen Akten erfüllt sein müssen. Nur auf diese Voraussetzungen der Substitution, die aufgrund eines **verfahrensrechtlichen Auslandsbezugs** nötig sind, wenn **deutsches Recht** Verjährungsstatut ist, wird im Folgenden eingegangen.

122 **aa) Klageerhebung im Ausland.** Man kann nicht generell ausländischen Verfahrensakten die verjährungshemmende Wirkung absprechen; § 204 Abs. 1 Nr. 1 BGB ist **keine „geschlossene Sachnorm".**[427] Daher erfasst die Vorschrift grundsätzlich auch im Ausland erhobene Klagen (→ BGB § 204 Rn. 9).[428] „Ausland" heißt bei einer Forderung unter deutschem Recht jede Klage außerhalb Deutschlands unabhängig von Wohnsitz, Staatsangehörigkeit oder gewöhnlichem Aufenthalt der Parteien. Streitig sind die Voraussetzungen einer Hemmung. Nur eine solche kommt nach § 204 Abs. 1 Nr. 1 BGB in Frage, selbst wenn das ausländische Recht des Gerichts eine Unterbrechung vorsähe.[429]

123 Man kann die Meinungen hierzu im Wesentlichen in zwei Hauptgruppen einteilen.[430] Die schon vom RG vertretene, wohl **hM** sieht die Verjährungshemmung mehr oder weniger deutlich als **prozessuale Folge** einer Klageerhebung. Daher verlangt sie, dass das erstrebte stattgebende Urteil in Deutschland Rechtskraftwirkung hätte, also **anerkennungsfähig** wäre.[431] Das beurteilt sich dann nach § 328 ZPO bzw. den einschlägigen Bestimmungen des europäischen Zivilprozessrechts

---

126, 87 (95 f.): Stillstand der Rechtspflege, zur ehem. DDR; abl. Deutsch JZ 1994, 960; OLG Düsseldorf BeckRS 2010, 20000. Für Österreich OGH IPRax 1996, 135 m. Aufsatz *Taupitz* IPRax 1996, 140; großzügiger nun OGH IPRax 2009, 430 m. Aufsatz *Jud/Kogler* IPRax 2009, 439; OLG Brandenburg BauR 2001, 820 = IPRspr. 2000 Nr. 28; *Taupitz* JBl. 1996, 2 ff.

425 ZB OLG Hamm RIW 1999, 621.

426 BeckOK BGB/*Spickhoff* Rn. 12; BeckOGK/*Weller* Rn. 54.1; Staudinger/*Magnus,* 2021, Rn. 64; NK-BGB/*Leible* Rn. 33; *Linke/Hau* IZVR Rn. 2.18; *Leible* Liber amicorum Berg, 2011, 234 (243 f.); *Heinze* FS Kronke, 2020, 161 (162 ff.); *Budzikiewicz* ZEuP 2010, 415 (421); *Taupitz* ZZP 102 (1989), 288 (293 ff.); *Spickhoff* IPRax 2001, 37 (38); *Looschelders* IPRax 1998, 296 (300); *Frank* IPRax 1983, 108 ff.; *Linke* FS Nagel, 1987, 209; aA wohl *Schütze* DB 1977, 2129 f.

427 *Heinze* FS Kronke, 2020, 161 (164 f.) mwN; aA *Schütze* WM 1967, 246 ff.

428 OLG Frankfurt IHR 2016, 172 (174); *McGuire,* Verfahrenskoordination und Verjährungsunterbrechung im Europäischen Prozessrecht, 2004, 219 ff.; *Schack* IZVR Rn. 928 ff.; zum alten Verjährungsrecht genauso *Frank* IPRax 1983, 108 (110); *Looschelders* IPRax 1998, 296 (302); *Linke* FS Nagel, 1987, 209 (222 ff.).

429 Rechtsvergleichender Überblick über ausländische Rechtsordnungen bei *R. Zimmermann,* Comparative Foundations of a European Law of Set-off and Prescription, 2002, 117 ff; *Budzikiewicz* ZEuP 2010, 415 (419).

430 Zusammenstellung und Diskussion bei Staudinger/*Magnus,* 2021, Rn. 64 ff.; *Heinze* FS Kronke, 2020, 161 ff.; *Linke* FS Nagel, 1987, 209 (221 ff.).

431 Grüneberg/*Thorn* Rn. 8; Ferrari IntVertragsR/*Ferrari* Rn. 22; Rauscher/*Freitag* Rn. 35; BeckOK BGB/*Spickhoff* Rn. 12; *Nagel/Gottwald* IZPR Rn. 6.271, 12.151; „im Kern" auch Staudinger/*Magnus,* 2021, Rn. 67; zuvor schon RGZ 129, 385 (389); LG Deggendorf IPRax 1983, 125 mAnm *Frank* IPRax 1983, 108; wohl auch OLG Düsseldorf NJW 1978, 1752; *Nußbaum* JW 1931, 430; *Burr,* Fragen des kontinentaleuropäischen Verjährungsrechts, 1968, 86 ff. und 102 ff.; *Taupitz* IPRax 1996, 140 (144 f.); *Taupitz* ZZP 102 (1989), 288 (295 ff.); abhängig von dem „jeweils maßgeblichen Anerkennungsrecht", Erman/*Stürner* Rn. 13.

(Art. 36 ff. Brüssel Ia-VO) und, soweit Anerkennungs- und Vollstreckungsverträge (einschließlich des HAVÜ) anwendbar sind, nach diesen. Nur Anhänger der prozessualen Deutung könnten sogar die **Gegenseitigkeit** (§ 328 Abs. 1 Nr. 5 ZPO) verlangen,[432] verzichten auf diese problematische Regelung aber meistens.

Die **Gegenmeinung** sieht in der Hemmung der Verjährung durch Klageerhebung nicht eine prozessuale, sondern eine **materielle Folge des Handelns** des Gläubigers, der auf diese Weise deutlich macht, auf seiner Forderung zu bestehen, und versucht, sie gerichtlich durchzusetzen. Diese „Warnfunktion für den Schuldner",[433] konkret durch Individualisierung eines Anspruchs zwischen individualisierten Parteien, ist wesentliches Element der Rechtsverfolgungsakte des § 204 Abs. 1 Nr. 1 BGB und damit zugleich der erforderlichen Gleichwertigkeit einer Auslandsklage.[434] Auf die Anerkennungsfähigkeit des erstrebten Urteils und hierfür insbesondere die internationale Zuständigkeit des ausländischen Gerichts kommt es daher grundsätzlich nicht an (→ BGB § 204 Rn. 9),[435] während nach der prozessualen Ansicht das ausländische Gericht international zuständig sein muss, weil sonst die Anerkennung an § 328 Abs. 1 Nr. 1 ZPO scheitert (anders nach Art. 45 Abs. 3 S. 1 Brüssel Ia-VO). Auch die anderen Anerkennungshindernisse des § 328 Abs. 1 ZPO dürften danach an sich nicht stören. Doch auch Anhänger der materiellen Deutung machen gewisse Einschränkungen **in Anlehnung** an **§ 328 Abs. 1 ZPO.** Praktisch geht es also darum, ob **alle Voraussetzungen des § 328 ZPO** erfüllt sein müssen, oder ob auf einzelne verzichtet werden kann, was die Vertreter dieser Ansicht unterschiedlich beurteilen. Auch Vertreter der prozessualen Theorie wollen nicht alle Anerkennungshindernisse beachten.[436] Ohnehin sind einige schon rein faktisch nicht erheblich.[437] Von praktischem Gewicht sind die **Zustellung** der Klage und die internationale **Zuständigkeit.** 124

Während **manche** Vertreter der materiellrechtlichen Meinung allenfalls den ordre public-Vorbehalt bei Missbrauch oder inakzeptablen öffentlichen **Zustellungen** heranziehen,[438] verlangen **andere** die volle Erfüllung des **§ 328 Abs. 1 Nr. 2 ZPO** (ordnungsgemäße Zustellung) aus Gründen des Schuldnerschutzes.[439] Dass die laufende Verjährung zum Nachteil des Schuldners nicht gehemmt werden kann, ohne dass er davon benachrichtigt wird,[440] leuchtet ein. Die Zustellung der Klage ist damit ebenfalls wesentliches Merkmal der Gleichwertigkeit einer Auslandsklage.[441] Auch im Inlandsfall erfordert die in § 204 Abs. 1 Nr. 1 BGB angesprochene Klageerhebung nicht allein einen Rechtsverfolgungswillen des Gläubigers, sondern die Wahrung des rechtlichen Gehörs durch Zustellung an den Schuldner.[442] Auch ohne sich damit der prozessualen Auffassung anschließen zu müssen, scheint es klarer, eine **ordnungsgemäße Zustellung** iSd § 328 Abs. 1 Nr. 2 ZPO zu verlangen (→ BGB § 204 Rn. 9), wobei man aber in der EU in 125

432 Staudinger/*Peters/Jacoby,* 2019, BGB § 204 Rn. 41; aA *Schlosser* FS Bosch, 1976, 859 (866); *Geimer* IZPR Rn. 2831.

433 OLG Frankfurt IHR 2016, 172 (174); NK-BGB/*Mansel* BGB § 204 Rn. 1.

434 *Heinze* FS Kronke, 2020, 161 (165 ff.) mwN.

435 OLG Frankfurt IHR 2016, 172 (174); NK-BGB/*Leible* Rn. 33; BeckOGK/*Weller* Rn. 54.1; NK-BGB/*Mansel* BGB § 204 Rn. 28; BeckOGK/*Meller-Hannich* BGB § 204 Rn. 90; BeckOK BGB/*Henrich* BGB § 204 Rn. 20; *Schack* IZVR Rn. 930; *Budzikiewicz* ZEuP 2010, 415 (430); *Heinze* FS Kronke, 2020, 161 (164 ff.); *Linke/Hau* IZVR Rn. 2.18; *McGuire,* Verfahrenskoordination und Verjährungsunterbrechung im Europäischen Prozessrecht, 2004, 225 ff.; zuvor bereits *Neumeyer* JW 1926, 374; *Gessler,* § 328 ZPO – Ein Beitrag zur zwingenden Natur der Kollisionsnormen, 1933, 26 ff.; *Kallmann* SJZ 1945, 193 (210 ff.); *Schlosser* FS Bosch, 1976, 859 (864 ff.); *Looschelders* IPRax 1998, 296 (301); *Vischer/Huber/Oser,* Int. Vertragsrecht, 2000, Rn. 1152; *Linke* FS Nagel, 1987, 209 (222 f.); *Wolf* IPRax 2007, 180 (181 ff.); *Heß* NJW 2001, 18; für Österreich *Jud/Kogler* IPRax 2009, 440 (443 f.).

436 BeckOK BGB/*Spickhoff* Rn. 12: nur individualschützende Anerkennungsvoraussetzungen; Staudinger/*Magnus,* 2021, Rn. 67: das ausländische Gericht dürfe nicht nach seinem (also nicht nach deutschem in spiegelbildlicher Anwendung, wie man sonst verfährt) Recht offensichtlich unzuständig sein, die Klage müsse zugestellt worden sein und das Urteil dürfe nicht gegen den ordre public verstoßen.

437 § 328 Abs. 1 Nr. 3 ZPO spielt keine Rolle, weil ggf. schon die anderweitige Klage die Verjährung unterbrochen hat, und Nr. 4 (ordre public) ist kaum schon bei Klageerhebung denkbar.

438 *Linke* FS Nagel, 1987, 209 (223, 225) verlangt, dass der Schuldner von den Aktivitäten des Gläubigers Kenntnis nehmen konnte und verweist iÜ auf Art. 6 EGBGB.

439 So NK-BGB/*Leible* Rn. 33; BeckOGK/*Weller* Rn. 54.1; *Schack* IZVR Rn. 930 f.; *Frank* IPRax 1983, 108 (110); *Geimer* IPRax 1984, 83 (84); *P. Schlosser* FS Bosch, 1976, 859 (867 f.); *Looschelders* IPRax 1998, 296 (302); *Siehr* IPRax 1989, 94 (95).

440 *Linke* FS Nagel, 1987, 209 (221) lässt auch eine andere Benachrichtigung als durch Zustellung genügen.

441 *Heinze* FS Kronke, 2020, 161 (169); *McGuire,* Verfahrenskoordination und Verjährungsunterbrechung im Europäischen Prozessrecht, 2004, 226 f.

442 OLG Frankfurt IHR 2016, 172 (174); *Schack* IZVR Rn. 931.

Anlehnung an **Art. 45 Abs. 1 lit. b Brüssel Ia-VO** eine ausreichende und rechtzeitige Zustellung genügen lassen kann, ohne die Einhaltung aller Förmlichkeiten zu verlangen.[443]

126 So bleibt vor allem der Unterschied beim Erfordernis der **internationalen Zuständigkeit.** Selbst wenn man die Anerkennungsfähigkeit fordern wollte, ist zu beachten, dass innerhalb des europäischen Justizraums die Zuständigkeit nach Art. 45 Abs. 3 Brüssel Ia-VO ohnehin nur noch in begrenztem Umfang Anerkennungsvoraussetzung ist.[444] Doch auch im Übrigen sollte die internationale Zuständigkeit des angerufenen Gerichts nicht zur Voraussetzung einer Verjährungshemmung gemacht werden. Dazu ist in Erinnerung zu rufen, dass es sich um die Frage einer **Substitution** handelt (→ Rn. 121). Das deutsche Vertragsstatut gibt die Entscheidung über die Hemmung der Verjährung nicht an ein ausländisches Prozessrecht ab. Vielmehr ist die Frage, ob und inwieweit die tatbestandlichen Voraussetzungen der § 204 Abs. 1 Nr. 1 BGB, § 197 Abs. 1 Nr. 3–5 BGB durch die Rechtsverfolgung im Ausland erfüllt werden. Daher ist zuerst zu fragen, welche Regelung BGB und ZPO enthalten und auf welchen Wertungen diese beruhen. § 204 BGB bezweckt den Schutz des Gläubigers davor, dass sein Anspruch verjährt, während er ihn in einem Verfahren durchzusetzen versucht, dessen zeitlicher Verlauf nicht in seiner Hand liegt (→ BGB § 204 Rn. 2).[445] Die Hemmung der Verjährung ist keine Folge des beantragten Urteils, sondern der Klageerhebung.[446] Hier ergibt § 204 Abs. 1 Nr. 1 BGB, dass die Klage vor einem zuständigen wie **vor einem unzuständigen deutschen Gericht** gleichermaßen die Verjährung hemmt, vorausgesetzt sie wird zugestellt. Weitere Zulässigkeitserfordernisse bestehen nicht (→ BGB § 204 Rn. 25).[447] Die Hemmung tritt mit dem Zeitpunkt der Zustellung (ggf. rückwirkend nach § 167 ZPO)[448] ein und dauert zunächst bis zum Ende des Verfahrens.

127 Die **Verjährungshemmung** tritt auch durch die **Klage im Ausland** ein, die wie eine im Inland behandelt wird. Für den Eintritt der Hemmung ist die (internationale) Zuständigkeit des angerufenen Gerichts nicht erheblich.[449] Endgültig wird über die Verjährung erst mit dem ausländischen, anerkannten Urteil entschieden. Gegen diese Ansicht werden Schwierigkeiten und Unsicherheiten bei der Feststellung des Beginns und Endes eines ausländischen Verfahrens geltend gemacht.[450] Jedoch dürften sich Beginn und Ende durch Urkunden über Klagerhebung oder Zustellung relativ gut nachweisen lassen. Streitig wird die Verjährung erst, wenn sie in einem anderen Prozess geltend gemacht wird. Ist im In- oder Ausland nach deutschem Recht zu entscheiden, hat der Schuldner die regelmäßige Verjährung einzuwenden und zu **beweisen,** der Gläubiger aber die Hemmung und ihre tatsächlichen Grundlagen (→ BGB § 194 Rn. 24), dh er hat zB die Klageeinreichung oder das **Urteil vorzulegen.**

128 Den **Zeitpunkt,** zu dem die **Hemmung** beginnt, bestimmt § 204 Abs. 1 Nr. 1 BGB im Falle der Klage als den der **„Erhebung der Klage",** dh den der Rechtshängigkeit (§§ 253, 261 ZPO). Nach der ZPO ist das bei einer Inlandsklage der Zeitpunkt der Zustellung der Klageschrift an den Beklagten. Bei einer **Klage im Ausland** bestimmt das dortige Prozessrecht, wann die Rechtshängigkeit eintritt.[451] Das kann vor der Klagezustellung sein.

129 Der **Ausgang des Verfahrens** ist dann für die Verjährung dadurch von Bedeutung, dass bei einem rechtskräftigen **stattgebenden Sachurteil** nach **§ 197 Abs. 1 Nr. 3 BGB** die **Urteilsverjährung** eintritt (→ Rn. 148) und bei einem klageabweisenden Sachurteil sich die Verjährungsfrage mit der rechtskräftigen Verneinung der Forderung erledigt. Beides sind Folgen der Rechtskraft des Urteils, die von der Hemmung der Verjährung der ursprünglichen Forderung durch die Klage unbedingt zu unterscheiden sind (→ BGB § 204 Rn. 2).[452] Mit Blick auf die Hemmung näher zu betrachten ist der Fall, dass das Verfahren **ohne Sachurteil** endet, sei es mit einer Abweisung wegen

---

443 Ebenso NK-BGB/*Leible* Rn. 33; BeckOK BGB/*Henrich* BGB § 204 Rn. 20; BeckOGK/*Meller-Hannich* BGB § 204 Rn. 90; NK-BGB/*Mansel* BGB § 204 Rn. 28; *Schack* IZVR Rn. 931; *Wolf* IPRax 2007, 180 (183); *Looschelders* IPRax 1998, 302; *Schlosser* FS Bosch, 1976, 859 (868); *Frank* IPRax 1983, 108 (110).

444 Vgl. BeckOGK/*Meller-Hannich* BGB § 204 Rn. 90; Erman/*Stürner* Rn. 13.

445 BT-Drs. 14/6040, 112; NK-BGB/*Mansel* BGB § 204 Rn. 1; *R. Zimmermann,* Comparative Foundations of a European Law of Set-off and Prescription, 2002, 117 ff.

446 OLG Frankfurt IHR 2016, 172 (174); *Schack* IZVR Rn. 930.

447 Staudinger/*Peters/Jacoby,* 2019, BGB § 204 Rn. 24 ff.

448 § 167 ZPO ist ungeachtet seiner Stellung eine Vorschrift des materiellen Rechts, Staudinger/*Peters/Jacoby,* 2019, BGB § 204 Rn. 35.

449 OLG Frankfurt IHR 2016, 172 (174); NK-BGB/*Leible* Rn. 33; BeckOGK/*Weller* Rn. 54.1; BeckOK BGB/*Henrich* BGB § 204 Rn. 20; NK-BGB/*Mansel* BGB § 204 Rn. 28; BeckOGK/*Meller-Hannich* BGB § 204 Rn. 90; *Linke/Hau* IZVR Rn. 2.18; *Wolf* IPRax 2007, 180 (183); *Budzikiewicz* ZEuP 2010, 415 (432); *Schack* IZVR Rn. 930 f.

450 Staudinger/*Magnus,* 2021, Rn. 67.

451 Staudinger/*Magnus,* 2021, Rn. 69.

452 Staudinger/*Peters/Jacoby,* 2019, BGB § 204 Rn. 141 f.; *Geimer* IZPR Rn. 2833 ff.

Unzuständigkeit, sei es auf andere Weise. Gerade dann ist der Gläubiger auf die Hemmungswirkung angewiesen.[453] Diesen Fall behandelt **§ 204 Abs. 2 BGB** – zunächst wiederum bezogen auf ein inländisches Verfahren: Die mit der Klageerhebung eingetretene Hemmung dauert noch weitere sechs Monate nach dem Ende des Verfahrens an, damit der Gläubiger ohne drohende Verjährung neue Maßnahmen überlegen kann (→ BGB § 204 Rn. 2). Erhebt er innerhalb dieser Nachfrist eine neue Klage, so tritt damit eine weitere Hemmung ein. Unternimmt der Gläubiger hingegen innerhalb der Nachfrist nichts, fällt die Hemmungswirkung der ersten Klage nicht etwa nachträglich weg. Vielmehr läuft nach den sechs Monaten die ursprüngliche Frist weiter und endet entsprechend.

Dieses System lässt sich mit einer notwendigen Modifikation auch auf die **Auslandsklage anwenden** (→ BGB § 204 Rn. 9).[454] Es gibt keine Gründe, Verfahren im Ausland grundsätzlich anders als inländische zu behandeln, und das Gesetz enthält auch keine entgegenstehenden Anhaltspunkte. Die dagegen geäußerte Befürchtung ungerechtfertigter Vorteile für den Gläubiger bzw. Nachteile für den Schuldner im Hinblick auf die sechsmonatige Nachfrist bei einer Auslandsklage[455] erscheint unbegründet. Dass das Verjährungsende hinausgeschoben wird, ist genauso, wenn im Inland eine deutschem Recht unterliegende Forderung eingeklagt wird – unabhängig von der Zuständigkeit des angerufenen Gerichts. Gegen den Hinweis auf § 204 Abs. 2 BGB wird weiter eingewandt, dass der Gläubiger in einem internationalen Fall von den wenigen Ausnahmen ausschließlicher Zuständigkeit abgesehen stets am allgemeinen Gerichtsstand des Schuldners klagen könne und eine Klage in einem anderen Staat auf eigenes Risiko des Gläubigers erfolge.[456] Dies würde jedoch den Gläubiger dazu zwingen, auf ihm eingeräumte besondere Gerichtsstände zu verzichten, die ihm (etwa als Klägergerichtsstand) vorzugswürdig erscheinen.[457] Die im Vergleich zum deutschen Recht möglicherweise abweichenden Bestimmungen zu Verfahrensbeginn und -ende können dies nicht rechtfertigen. Endet das Auslandsverfahren mit einem stattgebenden oder abweisenden **Sachurteil,** dann erledigt sich die Frage der Verjährungshemmung entweder durch „Wegfall" der Forderung, oder die Urteilsverjährung tritt ein, vorausgesetzt dass das **Urteil anerkannt** wird (→ Rn. 148). Das Anerkennungserfordernis ist hier die notwendige Modifikation gegenüber einem reinen Inlandsfall bzw. -urteil. **130**

Wenn der Schuldner nun **Urteilsverjährung** geltend machen will, hat er die Voraussetzungen für die Urteilsanerkennung zu beweisen. **Innerhalb der EU** scheitert die Anerkennung wegen Art. 45 Abs. 3 Brüssel Ia-VO idR nicht mehr an einer **fehlenden Zuständigkeit** des ausländischen Gerichts. Sie scheitert dagegen an **unzureichender Zustellung** der Klage (Art. 45 Abs. 1 lit. b Brüssel Ia-VO), dem ordre public oder einem konkurrierenden inländischen Urteil. Bei **Urteilen aus Drittstaaten** dagegen muss das ausländische Gericht gemäß § 328 Abs. 1 Nr. 1 ZPO zuständig gewesen sein, damit die Anerkennung die Verjährungsfrage in dieser Weise erledigt. Da es sich bei der Urteilsverjährung um **Wirkungen** der **Rechtskraft des ausländischen Urteils** handelt, müssen die Anerkennungsvoraussetzungen vorliegen. Selbst auf die Gegenseitigkeit wird man nicht verzichten können (§ 328 Abs. 1 Nr. 5 ZPO), um den Widerspruch zwischen einer Urteilsverjährung und einem deshalb nicht vollstreckbaren Auslandsurteil zu vermeiden.[458] Doch in beiden Fällen hemmt zunächst die Klage bei einem unzuständigen ausländischen Gericht die Verjährung, bis sie abgewiesen wird. **131**

Wird die erste Klage im Ausland als **unzulässig abgewiesen,** zB wegen Unzuständigkeit, oder endet das Verfahren auf andere Weise ohne Sachurteil, so führt § 204 Abs. 2 BGB dazu, dass die Hemmung noch sechs Monate andauert. Während dieser Nachfrist kann der Gläubiger im Inland oder im Ausland eine **neue Klage** erheben oder andere Schritte zur Verjährungshemmung unternehmen; in diesem Fall bleibt die Verjährung gehemmt.[459] Andernfalls endet die Hemmung und die Verjährungsfrist läuft weiter. Anders als noch nach § 212 Abs. 2 BGB aF[460] ist der Gläubiger jedoch nicht gezwungen, innerhalb dieser sechs Monate eine neue Klage zu erheben, um sich den Vorteil der Hemmungswirkung der ersten Klage zu erhalten.[461] Er hat durch die erste unzulässige Klage **132**

---

[453] *Wolf* IPRax 2007, 180 (181).

[454] OLG Frankfurt IHR 2016, 172 (174); *Budzikiewicz* ZEuP 2010, 415 (432 f.); tendenziell auch *McGuire,* Verfahrenskoordination und Verjährungsunterbrechung im Europäischen Prozessrecht, 2004, 223 Fn. 59; unentschieden BeckOGK/*Weller* Rn. 54.1.

[455] Staudinger/*Magnus,* 2021, Rn. 68.

[456] Staudinger/*Magnus,* 2021, Rn. 68.

[457] Krit. auch *Heinze* FS Kronke, 2020, 161 (169 f.).

[458] *Schack* IZVR Rn. 932; aA *Geimer* IZPR Rn. 2828.

[459] *Schack* IZVR Rn. 930; *Budzikiewicz* ZEuP 2010, 415 (432 f.).

[460] Zu dieser „Nachbesserungsmöglichkeit" nach altem Recht im Fall der unzulässigen Klage im Ausland *Looschelders* IPRax 1998, 296 (298 ff.).

[461] IdS ist → 8. Aufl. 2021, Rn. 146 *(Spellenberg)* teilweise missverstanden worden; zutr. *Budzikiewicz* ZEuP 2010, 415 (432); *Wolf* IPRax 2007, 180 (181); für das Erfordernis einer Klage innerhalb von sechs Monaten auch unter § 204 Abs. 2 BGB aber offenbar *Nagel/Gottwald* IZPR Rn. 6.74, 6.271: „Fristwahrung bei neuer Klage innerhalb von sechs Monaten"; *Geimer* IZVR Rn. 2833.

die Verjährungsfrist hinausgeschoben, aber das ist im Inland genauso und kann, wenn man dagegen Bedenken hat, in beider Hinsicht nur rechtspolitisch kritisiert werden. Die Gefahr des Missbrauchs ist bei Auslandsklagen vielleicht etwas größer, wenn der Gläubiger einen Staat wählt, dessen Gerichte bekannt langsam sind, aber dem kann wie im Inland mit dem allgemeinen **Missbrauchsverbot** begegnet werden (→ BGB § 204 Rn. 74),[462] wenn dann die Verjährung geltend gemacht wird. Man muss – und kann – erst den Ausgang des ausländischen Verfahrens **abwarten** und braucht insbesondere **keine Anerkennungsprognose** für die Klage zu stellen,[463] denn bis zum Urteil läuft die Verjährungsfrist **auch in Deutschland** ohnehin nicht, und das weitere entscheidet sich erst danach.

133 Freilich muss sich der im Ausland siegreiche Kläger vergewissern, **ob** nun die **Urteilsverjährung** eingreift oder ob er innerhalb von sechs Monaten neu klagen muss. Das kann er insbesondere durch Einleitung der Zwangsvollstreckung nach Art. 39 ff. Brüssel Ia-VO oder nach einschlägigen Staatsverträgen oder andernfalls durch Klage nach § 722 ZPO feststellen. Die Klage nach § 722 ZPO hemmt die Verjährung erneut bis sechs Monate nach Beendigung dieses Verfahrens.

134 Bei der Bewertung der in § 204 Abs. 1 BGB aufgezählten **übrigen Varianten** einer Verjährungshemmung ist ebenso wie bei der Klageerhebung zu prüfen, ob die ausländische Verfahrenshandlung einer der in § 204 Abs. 1 BGB genannten **funktional entspricht** und deshalb substituiert werden kann (→ BGB § 204 Rn. 46).[464]

135 **bb) Mahnbescheid; Insolvenzanmeldung.** Gemäß § 204 Abs. 1 Nr. 3 BGB soll die **Zustellung des Mahnbescheids** ersichtlich wie die Klage behandelt werden. Allerdings muss das ausländische Verfahren einem deutschen Verfahren **funktional gleichen** (→ Rn. 134).[465] Bei einem Schweizer Zahlungsbefehl nach Art. 69, 70 Bundesgesetz über Schuldbeitreibung und Konkurs hat der BGH das bejaht (→ BGB § 204 Rn. 37).[466] Innerhalb des Europäischen Mahnverfahrens nach der EuMVVO ist die Gleichwertigkeit natürlich nicht zu prüfen.[467] Die Anerkennung der stattgebenden Titel ist weitestgehend gesichert und damit auch die 30jährige Verjährung des § 197 Abs. 1 Nr. 3 BGB. Werden die Anträge vom ausländischen Gericht aber abgelehnt – oder auf Beschwerde aufgehoben –, beginnt die Verjährung sechs Monate nach der Mitteilung der Zurückweisung an den Gläubiger weiterzulaufen. Auch bei der **Insolvenzanmeldung** (§ 204 Abs. 1 Nr. 10 BGB) im Ausland beginnt die Hemmung des Fristlaufs mit der Anmeldung, sofern Funktionsäquivalenz besteht.[468] Bei Ablehnung gilt wieder § 204 Abs. 2 BGB.

136 **cc) Prozessaufrechnung.** Der Prozessaufrechnung (§ 204 Abs. 1 Nr. 5 BGB) darf **nicht bereits** vom ausländischen Gericht **stattgegeben** worden sein (→ Art. 17 Rn. 36 ff.). Wird sie vom ausländischen Gericht nicht zugelassen, zB wegen Verspätung, so gilt aber auch § 204 Abs. 2 BGB (→ Rn. 132).[469]

137 **dd) Streitverkündung im Ausland.** Die Streitverkündung im Ausland hemmt die Verjährung des Anspruchs gegen den Streitverkündeten, wenn sie der deutschen entspricht (→ BGB § 204 Rn. 46).[470] Gemäß § 68 ZPO bewirkt die Streitverkündung im deutschen Prozess **keine rechtskräftige Klärung** des Verhältnisses von Streitverkünder und Streitverkündeten. Letzterer ist lediglich mit seinem Vorbringen zur betreffenden Forderung in einem Zweitprozess in gewissem Ausmaß präkludiert. Vergleichbare Regelungen enthält die französische demande en déclaration de jugement commun, ein Institut, das es in ähnlicher Form auch in Belgien, Griechenland, Polen, Schweden sowie in manchen Schweizer Kantonen sowie nach hM in Österreich[471] gibt. Ähnlich sind auch die englische „Third Party Notice" sowie der amerikanische „tender of defence and vouching in".[472]

---

462 Dazu NK-BGB/*Mansel* BGB § 204 Rn. 16.

463 So aber zB Grüneberg/*Thorn* Rn. 8; Ferrari IntVertragsR/*Ferrari* Rn. 22; Rauscher/*Freitag* Rn. 35; LG Duisburg IPRspr. 1985 Nr. 43.

464 Staudinger/*Magnus,* 2021, Rn. 70; BeckOK BGB/*Spickhoff* Rn. 12; Grüneberg/*Thorn* Rn. 8.

465 OLG Brandenburg BeckRS 2013, 3287; Erman/*Stürner* Rn. 13; Anerkennungsfähigkeit fordern *Nagel/Gottwald* IZPR Rn. 6.271.

466 BGH NJW-RR 2002, 937; *Walter* IPRax 2001, 547 (549); Staudinger/*Magnus,* 2021, Rn. 70; aA noch OLG München IPRax 2001, 579.

467 Näher *Kropholler/v. Hein* EurZivilProzR EuMVVO Art. 7 Rn. 30.

468 BeckOGK/*Meller-Hannich* BGB § 204 Rn. 346.

469 *Linke* FS Nagel, 1987, 209 (217).

470 RGZ 91, 390; RG JW 1926, 374 obiter; *Milleker* ZZP 84 (1971), 3 ff.; *Taupitz* ZZP 102 (1989), 295 ff.; BeckOK BGB/*Spickhoff* Rn. 12; NK-BGB/*Mansel* BGB § 204 Rn. 106.

471 Nachweise bei *Taupitz* ZZP 102 (1989), 298 ff.; vgl. auch *Spellenberg* ZZP 106 (1993), 283 (306 ff. für Frankreich, 318 ff. für England, 336 f.).

472 Zu den USA *Lüke,* Die Beteiligung Dritter im Zivilprozess, 1993, 64 ff., 76 f.

Ist nach ausländischem Prozessrecht der Streitverkündete im Folgeprozess nicht gebunden oder sollten die Feststellungen nur als widerlegliche Beweise gelten, fehlt die Äquivalenz. Erforderlich ist aus deutscher Sicht (§§ 68, 74 ZPO), dass der Dritte das Ergebnis nicht mehr bestreiten kann.

Die Hemmung der Verjährung verlangt eine **ausreichende Zustellung** der „Streitverkündung" schon nach § 204 Abs. 1 Nr. 6 BGB (→ Rn. 125 f.). Der Lauf der Verjährungsfrist wird dann gestoppt (§ 204 Abs. 1 Nr. 6 BGB). Die Bindung des Dritten wird aber erst im Folgeprozess geprüft und entschieden (→ BGB § 204 Rn. 46).[473] Das Urteil zur Hauptklage bedarf für die Streitverkündungswirkung **nicht** der Anerkennung (→ BGB § 204 Rn. 46).[474] Ob die Streitverkündungswirkung selbst eine Anerkennung verlangt, ist streitig.[475] Verlangt man sie, so ist weiter streitig, ob alle Hindernisse des § 328 Abs. 1 ZPO zu beachten sind oder nur einige[476] oder gar keine (→ BGB § 204 Rn. 46). **138**

Hinsichtlich der internationalen **Anerkennungszuständigkeit** ist ggf. zwischen der Hauptklage und der Streitverkündung zu unterscheiden. Verzichtet man für die Verjährungshemmung **durch Klagen** generell, wie hier (→ Rn. 122 ff.), auf die internationale Anerkennungszuständigkeit, dann ist sie **weder für die Hauptklage** noch bezüglich der **„Streitverkündung" erforderlich** (→ BGB § 204 Rn. 46).[477] Wurde die Streitverkündung nicht zugelassen oder ihre Wirkung nicht anerkannt, gilt **§ 204 Abs. 2 S. 1 BGB.** **139**

Jedoch muss **die Streitverkündung** auch nach der (deutschen) lex causae überhaupt **zulässig sein,** um die Verjährung zu hemmen. Das ist vor allem eine Frage der materiellrechtlichen Abhängigkeit der Ansprüche voneinander. Zweifelhaft ist, ob der Maßstab des § 72 Abs. 1 ZPO anzulegen ist oder der des ausländischen Prozessrechts, und vor allem, wann darüber für die Frage der Verjährungshemmung zu entscheiden ist: während des ausländischen Verfahrens oder erst danach. Da im deutschen Prozessrecht über die Voraussetzungen der Streitverkündung grundsätzlich erst im Folgeprozess entschieden wird (→ BGB § 204 Rn. 46),[478] sollte man darüber auch hier erst entscheiden, wenn die Verjährung gerichtlich geltend gemacht wird. **140**

ee) Vollstreckung im Inland. Vollstreckungshandlungen im Inland aufgrund ausländischer **rechtskräftiger Urteile** setzen deren Anerkennung gemäß Art. 36 ff. Brüssel Ia-VO bzw. § 328 ZPO oder staatsvertraglicher Regelungen voraus, so dass bereits die 30jährige Frist der Urteilsverjährung läuft. Diese wird durch eine eventuelle Vollstreckungsklage nach § 722 ZPO dann erneut gehemmt (§ 204 Abs. 1 Nr. 1 BGB). **141**

Aufgrund des weiten Entscheidungsbegriffs in Art. 2 lit. a Brüssel Ia-VO können allerdings auch **nicht rechtskräftige** ausländische Urteile nach Art. 39 Brüssel Ia-VO vollstreckt werden. Urteile aus EU-Staaten brauchen auch keine Vollstreckbarerklärung im Inland (Exequatur), sondern werden wie inländische Urteile vollstreckt. Dann gilt § 204 Abs. 1 Nr. 1 BGB bei einem Antrag des Gläubigers an die zuständige Vollstreckungsbehörde in Deutschland. **142**

Eine inländische **Vollstreckungsklage** (§ 722 ZPO), die für Urteile von Nichtmitgliedstaaten der Brüssel Ia-VO nötig ist, sofern kein Staatsvertrag vorrangige Regelungen trifft, soll die Verjährung eines dem deutschen Recht unterstehenden Anspruchs selbst dann hemmen, wenn sie wegen **fehlender Anerkennungsvoraussetzungen** inklusive fehlender Rechtskraft des ausländischen Urteils nach § 723 Abs. 2 S. 2 mit § 328 ZPO abzuweisen ist.[479] Solche ausländischen Urteile müssen aber rechtskräftig sein (§ 723 Abs. 2 ZPO), womit also zunächst die Urteilsverjährung beginnt, wenn **143**

---

[473] BGHZ 36, 212 (214) = NJW 1962, 387; BGHZ 65, 127 (130) = NJW 1976, 39; BeckOK BGB/*Spickhoff* Rn. 12; aA *v. Hoffmann/Hau* RIW 1997, 89 (92 f.), die aus Gründen der Prozessökonomie, der Sachnähe deutscher Gerichte sowie des internationalen Entscheidungseinklangs bei grenzüberschreitenden Sachverhalten bereits im Vorprozess die Zulässigkeit prüfen wollen.

[474] BeckOK BGB/*Henrich* BGB § 204 Rn. 37; NK-BGB/*Mansel* BGB § 204 Rn. 106; aA Staudinger/*Peters/Jacoby,* 2019, BGB § 204 Rn. 85; *Taupitz* ZZP 102 (1989), 288 ff.; MüKoZPO/*Gottwald* ZPO § 328 Rn. 182; diff. *Geimer* IZPR Rn. 2820.

[475] Verneinend → BGB § 204 Rn. 46; BeckOK BGB/*Spickhoff* Rn. 12; bejahend Staudinger/*Peters/Jacoby,* 2019, BGB § 204 Rn. 85; MüKoZPO/*Gottwald* ZPO § 328 Rn. 182.

[476] Für ersteres MüKoZPO/*Gottwald* ZPO § 328 Rn. 182; *Geimer* IZPR Rn. 2820, will nur die internationale Zuständigkeit und den ordre public beachten.

[477] BeckOGK/*Meller-Hannich* BGB § 204 Rn. 250; NK-BGB/*Mansel* BGB § 204 Rn. 106; *Schack* IZVR Rn. 1082; aA konsequent *Taupitz* ZZP 102 (1989), 288 (295); *Milleker* ZZP 80 (1967), 305 f.; etwas anders *Geimer,* Anerkennung ausländischer Entscheidungen in Deutschland, 1996, 154, der alternativ eine internationale Zuständigkeit im Verhältnis zum Hauptbeklagten oder, falls diese fehlt, im Verhältnis zum Dritten verlangt; Anerkennungsfähigkeit der Hauptsacheentscheidung verlangt BeckOK BGB/*Spickhoff* Rn. 12.

[478] BGHZ 36, 212 (214) = NJW 1962, 387; BGHZ 65, 127 (131) = NJW 1976, 39; MüKoZPO/*Schultes* ZPO § 72 Rn. 17.

[479] RG JW 1926, 374 f.; Staudinger/*Peters/Jacoby,* 2019, BGB § 204 Rn. 46.

das Urteil anerkannt ist. Dafür spricht, dass § 204 Abs. 1 Nr. 1 BGB Klagen auf Leistung und auf Vollstreckung gleichstellt.

144 **ff) Vollstreckung im Ausland.** Problematischer ist die Wirkung einer Vollstreckungshandlung im Ausland für einen Anspruch unter deutschem Recht, sei es aufgrund eines deutschen, sei es aufgrund eines ausländischen Urteils. Sofern der Schuldner davon gebührend in Kenntnis gesetzt wird, beginnt die Verjährung erneut (§ 212 Abs. 1 Nr. 2 BGB), und zwar ggf. die Urteilsverjährung, wenn das Urteil im Inland **anerkannt** wurde (→ Rn. 148). Wenn das ausländische Urteil dagegen **nicht anerkannt** ist, dann beginnt bei einem Anspruch deutschen Rechts wohl dennoch die Verjährung neu gemäß § 212 Abs. 1 Nr. 2 BGB. Der erneute Beginn der Verjährung gilt aber ggf. als nicht eingetreten nach § 212 Abs. 3 BGB.

145 **gg) Beweissicherungsverfahren im Ausland.** Ein Beweissicherungsverfahren im Ausland kann die Verjährung nach § 204 Abs. 1 Nr. 7 BGB hemmen, wenn es dem deutschen selbständigen Beweisverfahren nach den §§ 485 ff. ZPO im Wesentlichen gleicht (→ BGB § 204 Rn. 52).[480] Selbst wenn man sie sonst verlangte, ist hier eine Anerkennungszuständigkeit nicht vorausgesetzt, da es nicht um Verurteilung zur Leistung geht (→ BGB § 204 Rn. 52).[481] Dagegen ist wegen des rechtlichen Gehörs eine **Ladung des Schuldners** zum Verfahren wie bei Klagen erforderlich. Für die Gleichwertigkeit reicht es, dass der Antrag zu einer gerichtlichen Beweisaufnahme führt und nicht von vornherein unverwertbare Ergebnisse zeitigen wird.[482]

146 **hh) Schiedsverfahren.** Nach § 204 Abs. 1 Nr. 11 BGB hemmt auch der „Beginn des schiedsrichterlichen Verfahrens" die Verjährung. Auch ein ausländisches Schiedsverfahren hemmt die Verjährung eines Anspruchs, der deutschem Recht unterliegt. Bei einem ausländischen Forderungsstatut entscheidet dieses Recht darüber. Es ist also nicht zwischen einem Verfahren im In- oder Ausland zu unterscheiden (→ BGB § 204 Rn. 61).[483] Der Beginn des Verfahrens richtet sich nach dem jeweils anwendbaren Schiedsverfahrensrecht (→ BGB § 204 Rn. 61). Wiederum umstritten ist die Frage, ob der Schiedsspruch im Inland anerkennungsfähig sein muss.[484]

147 **ii) Weitere Fälle.** Ebenfalls eine Frage der Substitution ist die Hemmung der Verjährung nach **§ 204 Abs. 1 Nr. 4 BGB** durch Anrufung einer ausländischen außergerichtlichen Streitbeilegungsstelle.[485] Demgegenüber werfen Verhandlungen **(§ 203 BGB)** oder Stundung **(§ 205 BGB)** keine besonderen internationalen Fragen auf. Im Rahmen des **§ 206 BGB** (höhere Gewalt) kann auch ein Stillstand der Rechtspflege im Ausland die Verjährung hemmen (→ BGB § 206 Rn. 7). Die **§ 207 BGB** (familiäre Beziehungen) und **§ 210 BGB** (Geschäftsunfähigkeit) können auch in Vertragsverhältnissen relevant werden. Ob solche familiären Beziehungen bestehen, ist nach dem Recht zu beurteilen, das von den dafür maßgeblichen Kollisionsnormen wie zB Art. 13 EGBGB bestimmt wird. Die Geschäftsfähigkeit wird mit Art. 7 Abs. 2 EGBGB angeknüpft.

148 **5. Urteilsverjährung.** Die längere Verjährungsfrist der Urteilsverjährung in § 197 Abs. 1 Nr. 3 BGB lässt sich unter anderem damit begründen, dass nun der Zeitablauf den Sachverhalt nicht mehr verdunkeln kann, und mit der Rechtskraft neues Tatsachenvorbringen abgeschnitten ist. Ähnliche Regelungen – natürlich mit unterschiedlichen Fristen – sind verbreitet.[486] Bei einem ausländischen Urteil ist zu verlangen, dass seine **Rechtskraft anerkennungsfähig** ist.[487] Bei Urteilen aus Mitgliedstaaten der Brüssel Ia-VO geschieht die Anerkennung automatisch, kann aber in einem besonderen Verfahren nach Art. 45 Brüssel Ia-VO beseitigt werden. Eine selbständige Anerkennungsentschei-

---

[480] OLG München IPRax 2015, 93 (95) für eine franz. ordonnance de référé; OLG Brandenburg BeckRS 2013, 3287 zum belgischen Eilverfahren auf Bestellung eines Sachverständigen zu Beweiszwecken; Staudinger/*Peters/Jacoby,* 2019, BGB § 204 Rn. 86; *Spickhoff* IPRax 2001, 37 (39); BeckOGK/*Weller* Rn. 54.1; Soergel/*v. Hoffmann* EGBGB Art. 32 Rn. 44; OLG Köln IPRax 1984, 315 hält das Ergebnis des ausländischen Beweissicherungsverfahrens für unverwertbar, es ging aber nicht um Verjährung, sondern um Kostenerstattung; s. bereits RG LZ 1929, 1206 = SeuffA 83 Nr. 104 zum früheren Beweissicherungsverfahren nach § 477 Abs. 2 BGB aF; aA *Stürner* IPRax 1984, 299 ff.

[481] OLG München IPRax 2015, 93 (95); *Spickhoff* IPRax 2001, 37 (39 ff.) gegen LG Hamburg IPRax 2001, 45; RG LZ 1929, 605.

[482] *Spickhoff* IPRax 2001, 37 (40).

[483] *Schütze* RIW 2018, 481 ff.

[484] Verneinend BeckOGK/*Meller-Hannich* BGB § 204 Rn. 363; bejahend Staudinger/*Peters/Jacoby,* 2019, BGB § 204 Rn. 103.

[485] Näher *Gössl* MDR 2017, 251 ff.; BeckOGK/*Meller-Hannich* BGB § 204 Rn. 187 f.; BeckOK BGB/*Henrich* BGB § 204 Rn. 34.

[486] *R. Zimmermann,* Comparative Foundations of a European Law of Set-off and Prescription, 2002, 122 ff.

[487] *McGuire,* Verfahrenskoordination und Verjährungsunterbrechung im Europäischen Prozessrecht, 2004, 229 ff. mwN.

dung im Inland ist jedoch auch im Übrigen nicht zu fordern; die Anerkennungsfähigkeit genügt (→ BGB § 197 Rn. 16).[488]

Zweifelhaft ist, ob der materiellrechtliche, ursprüngliche **Anspruch** verjährt oder die im **Urteil** ausgesprochene Verpflichtung.[489] Dem entspricht die Frage, ob sich die Verjährung nun nach dem Schuldstatut oder nach dem Recht des Gerichts richtet. Während die französische Cour de cass. mit der ganz hL in Frankreich die ausländische lex fori des Urteilsgerichts anwendet,[490] betrachtet das deutsche IPR das ausländische Urteil als Tatsache im Rahmen der Verjährung des materiellen Anspruchs,[491] und muss dementsprechend die Frist des, ggf. auch ausländischen, Schuldstatuts anwenden. Es handelt sich um einen Fall der Substitution.[492] Auch im letzteren Fall ist hier die **Anerkennung** des ausländischen Urteils gemäß § 328 ZPO bzw. Art. 36 ff. Brüssel Ia-VO zu verlangen (→ BGB § 197 Rn. 16).[493] Fehlt die Anerkennung, dann wird die Verjährung nur nach § 204 Abs. 2 S. 1 BGB gehemmt, sofern die zugrundeliegende Klage zur Hemmung nach § 204 Abs. 1 Nr. 1 BGB führen konnte (→ Rn. 129 ff.).[494] **149**

6. Verfristung (Rechtsverlust durch Fristablauf). Neben der Verjährung weist Art. 12 Abs. 1 lit. d dem Vertragsstatut auch „die Rechtsverluste, die sich aus dem Ablauf einer Frist ergeben", zu. Es muss sich um eine **gesetzliche Frist** handeln, nicht um eine vertraglich vereinbarte. In Betracht kommen etwa gesetzliche Fristen für Mängelrügen,[495] für die Erklärung der Anfechtung wegen Willensmängeln (zB §§ 121, 124 BGB) oder für andere Gestaltungsrechte.[496] Ob die Zeit nach dem Kalender berechnet werden kann oder mit einem unbestimmten Rechtsbegriff („ohne schuldhaftes Zögern", „unverzüglich" oder „in angemessener Frist") festgelegt wird, sollte für die Anknüpfung an das Vertragsstatut keinen Unterschied machen. **Ausschlussfristen,** die zum Erlöschen eines Rechts führen und anders als Verjährungsfristen keine Hemmungs- oder Neubeginnstatbestände kennen, sind auch ausländischen Rechtsordnungen geläufig. Zu nennen sind insbesondere die **„délais préfix"** des französischen Rechts.[497] Sie fallen ebenfalls unter lit. d.[498] **150**

7. Verwirkung. Während sich im deutschen Recht die Verwirkung als Einwendung letztlich aus § 242 BGB und in Anlehnung an die unzulässige Rechtsausübung entwickelt hat, helfen andere Rechtsordnungen unter Umständen mehr mit einer Rechtsmissbrauchslehre, der Annahme eines stillschweigenden Verzichts oder auch mit einem prozessrechtlichen Verbot, den fraglichen Anspruch noch zu beweisen.[499] Die kollisionsrechtliche Anknüpfung sollte von dieser Dogmatik nicht abhängen, denn funktional sind die Regelungen ähnlich genug. Es entscheidet das **Vertragsstatut,** wie sich aus der breiten Fassung des Art. 12 Abs. 1 lit. d ergibt.[500] Es ist zwar richtig, dass eine Verwirkung nicht ausschließlich auf Zeitablauf beruht. Jedoch steht die Verwir- **151**

[488] NK-BGB/*Mansel* BGB § 197 Rn. 51; aA Staudinger/*Peters/Jacoby,* 2019, BGB § 197 Rn. 50.

[489] Zu Lösungsmöglichkeiten *Cuniberti* IPRax 2024, 1.

[490] Cass. civ. Rev. crit. dr. int. pr. 1992, 91 mAnm *Bourel* betr. deutschen Unterhaltstitel.

[491] *v. Bar/Mankowski* IPR I § 5 Rn. 116; vielleicht *Looschelders* IPRax 1998, 296 (301); aA wohl → BGB § 201 Rn. 3.

[492] *Cuniberti* IPRax 2024, 1 (4); *Linke/Hau* IZVR Rn. 2.18.

[493] So die hM, OLG Celle IPRspr. 1962/63 Nr. 207 obiter; *Schack* IZVR Rn. 932; *Linke/Hau* IZVR Rn. 2.18; *Looschelders* IPRax 1998, 296 (301); *P. Schlosser* FS Bosch, 1976, 859 (868); *K. Müller* ZZP 79 (1966), 199 (243 f.); *Burr,* Fragen des kontinentaleuropäischen internationalen Verjährungsrechts, 1968, 108; HdB IZVR/*Martiny* Bd. III/1 Kap. I Rn. 432; *Frank* IPRax 1983, 108 (111); aA *Geimer* IZPR Rn. 2828; Zöller/*Geimer* ZPO § 328 Rn. 63: es genüge die internationale Zuständigkeit des Gerichts; *Linke* FS Nagel, 1987, 209 (221 ff., 226).

[494] *McGuire,* Verfahrenskoordination und Verjährungsunterbrechung im Europäischen Prozessrecht, 2004, 233 f.

[495] RGZ 46, 193 (196); Erman/*Stürner* Rn. 15; NK-BGB/*Leible* Rn. 34.

[496] BeckOGK/*Weller* Rn. 56; NK-BGB/*Leible* Rn. 34; Erman/*Stürner* Rn. 15.

[497] *Terré/Simler/Lequette/Chénédé,* Droit civil. Les obligations, 13. Aufl. 2022, Nr. 1765; *Kleinschmidt* RIW 2008, 590 (598 f.); *Mansel* in Basedow/Rühl/Ferrari/de Miguel Asensio, Encyclopedia of Private International Law, 2017, 1368 (1374 f.); zu Italien und Spanien BeckOGK/*Weller* Rn. 56.

[498] Staudinger/*Magnus,* 2021, Rn. 73; NK-BGB/*Leible* Rn. 34; Erman/*Stürner* Rn. 14; *v. Bar/Mankowski* IPR II § 1 Rn. 826.

[499] Vgl. *Will* RabelsZ 42 (1978), 211 (213 ff.); *Ranieri,* Rinuncia tacita e Verwirkung, 1971; *Ferid/Sonnenberger* Rn. 1 C 192.

[500] Staudinger/*Magnus,* 2021, Rn. 73; Rauscher/*Freitag* Rn. 36; Reithmann/Martiny IntVertragsR/*Martiny* Rn. 3.241; *v. Bar/Mankowski* IPR II § 1 Rn. 828; früher bereits für Subsumtion unter das Wirkungsstatut BGH IPRspr. 1960/61 Nr. 29; GRUR 1966, 427 mAnm *v. Falck* GRUR 1966, 432: Berücksichtigung der Auslandsbeziehung des Tatbestands im Warenzeichenrecht; implizit BGH BB 1997, 1554; OLG Saarbrücken IPRspr. 1962/1963 Nr. 38 aE; OLG Frankfurt RIW 1982, 914; OLG Hamburg IPRax 1989, 247; OLG München OLGR 1996, 238; OLG Bremen FamRZ 1999, 1429 Ls. = NJW-RR 1999, 513; OLG Düsseldorf FamRZ 1997, 559 betr. Unterhalt; *Kegel/Schurig* IPR § 17 VI 3 (S. 638).

kung der Verjährung nahe und hat mit ihr meist gemeinsam, dass der Berechtigte sein Recht nicht ausgeübt hat. Auch das funktional verwandte englische Institut des **„estoppel"** fällt unter lit. d, soweit es wegen Zeitablaufs zum Verlust der Forderung oder zu einer Einrede führt.[501]

152 Wenn es freilich nach dem Vertragsstatut (wie zB im deutschen Recht) darauf ankommt, dass der Schuldner sich nach dem konkreten Verhalten des Gläubigers **darauf einstellen durfte,** dass dieser die Forderung nicht mehr geltend machen werde, so stellt sich die Frage, ob und inwieweit zu beachten ist, dass sich der Gläubiger an den Anforderungen eines anderen Rechts als denjenigen der für ihn fremden lex causae ausgerichtet hat. Das ist eine materiellrechtliche Frage, die nach den Maßstäben der **jeweiligen lex causae** zu beantworten ist.[502] Konnte der Schuldner erkennen, dass der Gläubiger sich an den weniger verwirkungsfreundlichen Regeln seines eigenen Rechtes ausgerichtet hat, so wird man bei Geltung deutschen Rechts eingehend zu prüfen haben, ob der Schuldner tatsächlich darauf vertrauen durfte, der Gläubiger werde sein Recht nicht mehr geltend machen.

VII. Folgen der Nichtigkeit (Abs. 1 lit. e)

153 **1. Unwirksamkeit.** Die lex causae regelt nicht nur die Voraussetzungen der Wirksamkeit eines Vertrags bzw. seiner Unwirksamkeit oder beschränkten Wirksamkeit (Art. 10). Nach Art. 12 Abs. 1 lit. e sind dem Vertragsstatut sinnvollerweise auch die **„Folgen der Nichtigkeit des Vertrages"** zugewiesen, wobei „Nichtigkeit" untechnisch Verträge erfasst, die ein nationales Recht als **unwirksam oder fehlerhaft** bezeichnen würde.[503] Somit korrespondiert lit. e mit der Unwirksamkeit des Vertrages iSd Art. 10 Abs. 1. Auf den Grund der Unwirksamkeit kommt es grundsätzlich nicht an und auch nicht darauf, ob sie von Anfang an bestand oder erst nachträglich eingetreten ist.[504] Immerhin muss äußerlich ein Vertrag vorgelegen haben.[505]

154 Die Unwirksamkeit des Vertrags kann im Falle einer eigenständigen Anknüpfung von **Teilfragen** aus Regeln eines **anderen Rechts als dem Vertragsstatut** folgen. Es ist dann jeweils zu klären, ob dieses andere Recht oder das Vertragsstatut über die Unwirksamkeitsfolge bestimmt.[506] Die Folgen fehlender Geschäftsfähigkeit unterstellt die hM dem Fähigkeitsstatut, nicht dem Vertragsstatut (→ EGBGB Art. 7 Rn. 61 ff. mwN; → Art. 10 Rn. 21). Über die Folgen eines Formverstoßes bestimmt das Recht, das die Formanforderungen aufgestellt hat (→ Art. 11 Rn. 40 f.). Die Folgen des Fehlens oder der Überschreitung einer Vertretungsmacht sind nach freilich bestrittener Ansicht dem Vollmachtsstatut zugewiesen (näher → EGBGB Art. 8 Rn. 155 ff.). Eine andere Frage ist es, ob das jeweilige Statut als **Vernichtungsstatut** dann auch die weiteren Konsequenzen aus der Unwirksamkeit ziehen und über die Regeln zur Rückabwicklung bereits ausgetauschter Leistungen befinden soll. Der Grundsatz des einheitlichen Vertragsstatuts (→ Art. 10 Rn. 2 ff.) spricht dafür, grundsätzlich das Vertragsstatut anzuwenden (→ Rn. 158).

155 Die Parteien können auf die Unwirksamkeit ihres Vertrags mit einer **Bestätigung** reagieren. Ob und wie diese möglich ist, bestimmt das Vertragsstatut.[507] Das deutsche Recht sieht in der Bestätigung eine – in gewisser Weise erleichterte – Neuvornahme (→ BGB § 141 Rn. 1). Die Parteien können für das neue Geschäft ein neues Statut vereinbaren, etwa um einen Unwirksamkeitsgrund des alten Statuts zu vermeiden. Wenn jedoch für einen dahingehenden Willen keine sicheren Anhaltspunkte vorliegen, sollte im Zweifel das Statut des alten Vertrags zugrunde gelegt werden, besonders wenn die Bestätigung sicherheitshalber nur gegen mögliche Mängel des ursprünglichen Vertrages vorgenommen wird.[508]

156 **2. Rückabwicklung.** Zu den möglichen Folgen der Nichtigkeit eines Vertrags gehört insbesondere die Rückwicklung bereits erbrachter Leistungen. Gemäß lit. e gilt auch dafür das **Vertragsstatut.**[509] Diese Verweisung gilt unabhängig davon, ob das Vertragsstatut die Rückab-

501 *v. Bar/Mankowski* IPR II § 1 Rn. 828; Staudinger/*Magnus,* 2021, Rn. 73; Ferrari IntVertragsR/*Ferrari* Rn. 24; *Kegel* FS Pleyer, 1986, 515 ff.; *Will* RabelsZ 42 (1978), 211 (213 f.).

502 Eingehend *Will* RabelsZ 42 (1978), 211 (219 ff.).

503 Staudinger/*Magnus,* 2021, Rn. 77; NK-BGB/*Leible* Rn. 36; *v. Bar/Mankowski* IPR II § 1 Rn. 829.

504 Staudinger/*Magnus,* 2021, Rn. 78; BeckOK BGB/*Spickhoff* Rn. 15; *v. Bar/Mankowski* IPR II § 1 Rn. 830.

505 Ebenso BeckOK BGB/*Spickhoff* Rn. 15; Ferrari IntVertragsR/*Ferrari* Rn. 25; Staudinger/*Magnus,* 2021, Rn. 77: Vertrag muss angestrebt worden sein; ebenso wenig kommt es praktisch darauf an, ob eine später eingetretene Unwirksamkeit unter Art. 10 oder Art. 12 Abs. 1 zu subsumieren ist.

506 BeckOK BGB/*Spickhoff* Rn. 16; Rauscher/*Freitag* Rn. 38.

507 BeckOGK/*Weller* Art. 10 Rn. 47.

508 Vgl. *Spellenberg* IPRax 2013, 466 (468).

509 BGH RIW 2018, 605 Rn. 27; OLG Dresden NJW-RR 2023, 344 (345); Staudinger/*Magnus,* 2021, Rn. 76.

wicklung mit Mitteln eines eigenen vertragsrechtlichen Rückabwicklungssystems oder außervertraglich mit Hilfe des Bereicherungsrechts organisiert.[510] Damit werden – ganz im Sinne des einheitlichen Geschäftsstatuts – Anpassungsprobleme vermieden, die sich ergeben könnten, wenn ein Vertragsrecht mit einem nicht darauf abgestimmten Rückabwicklungsregime kombiniert würde.[511] Erfasst sind damit **Rückgewähransprüche** wegen Wegfalls der Gegenleistungspflicht (§ 326 Abs. 4 BGB), infolge einer Minderung (zB § 441 Abs. 4 BGB) sowie das gesamte Rücktrittsfolgenrecht (§§ 346 ff. BGB).[512] Weiter erfasst sind **Haftungsansprüche,** die auf der Nichtigkeit – zB nach Anfechtung – beruhen (zB § 122 BGB).[513] Eine eventuelle Haftung einer Partei für die Verhinderung der Wirksamkeit des Vertrages unter dem Gesichtspunkt der **culpa in contrahendo** wird jedoch nach Art. 12 Abs. 1 Rom II-VO angeknüpft (→ Rom II-VO Art. 12 Rn. 14 ff.). Das Ergebnis ist wegen der vertragsakzessorischen Anknüpfung in Art. 12 Abs. 1 Rom II-VO praktisch dasselbe.[514]

Vor allem aber unterstellt lit. e die **Leistungskondiktion** infolge nichtigen Vertrags dem Vertragsstatut.[515] Art. 12 Abs. 1 lit. e ist insoweit lex specialis zu der Anknüpfung bereicherungsrechtlicher Ansprüche in Art. 10 Rom II-VO.[516] Zwar würde auch Art. 10 Abs. 1 Rom II-VO kraft akzessorischer Anknüpfung zum Vertragsstatut führen; anders als Art. 12 Abs. 1 lit. e enthält Art. 10 Abs. 4 Rom II-VO jedoch eine Ausweichklausel, die daher nicht zum Zuge kommen kann.[517] Lex specialis ist Art. 12 Abs. 1 lit. e auch gegenüber Art. 11 Rom II-VO, sofern Ansprüche aus **Geschäftsführung ohne Auftrag** als Ausgleichsmechanismus für rechtsgrundlos erbrachte Leistungen dienen.[518] **157**

Beruht die Vertragsnichtigkeit auf einem **anderen Recht** als dem des Vertrages, so ist zu prüfen, ob dieses auch auf die Rückabwicklung anzuwenden ist. Generell spricht der Grundsatz des einheitlichen Geschäftsstatuts dafür, die Unwirksamkeitsfolge aus dem dafür maßgeblichen Recht zu importieren, die weiteren Konsequenzen dann aber dem Vertragsstatut zu überlassen.[519] So unterstellt die hM die Rückabwicklung eines aufgrund fehlender Geschäftsfähigkeit unwirksamen Vertrags nicht dem Fähigkeitsstatut, sondern dem Vertragsstatut (näher und aA → EGBGB Art. 7 Rn. 63 ff.). Insbesondere im Fall der Nichtigkeit aufgrund einer **Eingriffsnorm** iSd Art. 9 wird die Ansicht vertreten, das das Recht, dem die Eingriffsnorm entstammt, auch über die Rückwicklung (oder deren Ausschluss) befinden solle (sog. Lehre vom Vernichtungsstatut).[520] Jedoch ist dem Zweck der Sonderanknüpfung bereits genüge getan, wenn man die Eingriffsnorm zunächst darauf befragt, ob sie auch die Nichtigkeitsfolgen regeln will.[521] Wenn dafür keine dringenden Hinweise vorliegen, kann man dem Vertragsstatut die Abwicklung überlassen. In der Regel können die Parteien in einer „illegality clause" regeln, wer die Folgen der Einwirkung hoheitlicher Maßnahmen iSd Art. 9 auf ihr Vertragsverhältnis zu tragen hat.[522] Das erscheint vor allem für nachträgliche Verbote wie Devisen- und Exportverbote sinnvoll. Freilich muss auch die Folgenregelung vor der Verbotsnorm Bestand haben. **158**

---

510 OLG Karlsruhe BeckRS 2023, 6752 Rn. 38; Grüneberg/*Thorn* Rn. 9; BeckOGK/*Weller* Rn. 58; Staudinger/*Magnus*, 2021, Rn. 76.

511 NK-BGB/*Leible* Rn. 35; BeckOGK/*Weller* Rn. 58.

512 NK-BGB/*Leible* Rn. 36; Erman/*Stürner* Rn. 16; aA – lit. c, soweit durch eine Leistungsstörung veranlasst – BeckOGK/*Weller* Rn. 59; iErg führen beide Ansichten zum Vertragsstatut.

513 Staudinger/*Magnus*, 2021, Rn. 78; BeckOK BGB/*Spickhoff* Rn. 15; NK-BGB/*Leible* Rn. 36; *Lagarde* Rev. crit. dr. int. pr. 1991, 287 (329).

514 Staudinger/*Magnus*, 2021, Rn. 99.

515 BGH RIW 2018, 605 Rn. 27; OLG Schleswig ZIP 2021, 2290 (2292); OLG Dresden NJW-RR 2023, 344 (345); OLG Karlsruhe BeckRS 2023, 6752 Rn. 38; OLG Braunschweig BeckRS 2023, 2622 Rn. 54; OGH BeckRS 2022, 23570 Rn. 16; Staudinger/*Magnus*, 2021, Rn. 76; BeckOGK/*Weller* Rn. 58; Grüneberg/*Thorn* Rn. 9; Erman/*Stürner* Rn. 9. Dies war schon früher praktisch unbestrittene Meinung, näher → 8. Aufl. 2021, Rn. 175 *(Spellenberg)*. Die vertragliche Qualifikation führt bei der internationalen Zuständigkeit zu Art. 7 Nr. 1 Brüssel Ia-VO, EuGH EuZW 2016, 419 mAnm *M. Müller* – Profit Investment SIM.

516 Rauscher/*Freitag* Rn. 9, 37; NK-BGB/*Leible* Rn. 35; BeckOGK/*Weller* Rn. 58; Staudinger/*Magnus*, 2021, Rn. 76; Erman/*Stürner* Rn. 16; ausf. *Sendmeyer* IPRax 2010, 500 (503).

517 Staudinger/*Magnus*, 2021, Rn. 76.

518 *Fritsch*, Das Kollisionsrecht der Geschäftsführung ohne Auftrag, 2022, 164 mwN; BeckOK BGB/*Spickhoff* Rn. 15; aA NK-BGB/*Leible* Rn. 36.

519 Staudinger/*Magnus*, 2021, Rn. 78; Grüneberg/*Thorn* Rn. 9; Erman/*Stürner* Rn. 16.

520 *W. Lorenz* FS Jayme, 2004, 549 (551 f.).

521 *G. Fischer* IPRax 2002, 1 (2 f.); Staudinger/*Magnus*, 2021, Rn. 78; OGH JBl. 1977, 36; vgl. Rauscher/*Freitag* Rn. 38.

522 *Hinsch/Horn*, Das Vertragsrecht der internationalen Konsortialkredite und Projektfinanzierungen, 1985, 109 ff.

159 Lit. e erfasst als „Folgen der Nichtigkeit" auch die **Wirkungen** einer **Umdeutung** des nichtigen Vertrags[523] sowie die Rechtsfolgen eines faktischen Arbeitsverhältnisses.[524]

VIII. Umgestaltung des Schuldverhältnisses

160 **1. Abänderung.** Die Abänderung des Vertragsverhältnisses durch die Parteien spricht die Rom I-VO nicht ausdrücklich an. Aus der umfassenden Anknüpfung gemäß Art. 12 ergibt sich jedoch, dass das **bisherige Vertragsstatut** weiter gilt.[525] Anderes kann natürlich durch nachträgliche Rechtswahl für den geänderten Vertrag vereinbart werden.

161 **2. Vertragsersetzung (Novation).** Ersetzt ein neuer Vertrag im Wege der Novation das alte Schuldverhältnis, so ist zu unterscheiden. Die Frage, ob das alte Schuldverhältnis aufgrund der Vereinbarung **untergegangen** ist, unterliegt dem bisherigen Vertragsstatut.[526] Für das an seine Stelle getretene **neue Vertragsverhältnis** gilt ein **eigenes Statut.** Es kann daher ein anderes Recht vereinbart werden. Bei Fehlen einer ausdrücklichen Rechtswahl kann das Statut der alten Verbindlichkeit kraft stillschweigender Rechtswahl weiter gelten. Gibt es gute Gründe gegen einen solchen Willen, aber nicht für eine positive Rechtswahl, so ist das Vertragsstatut der neuen Verbindlichkeit selbständig nach Art. 4 zu bestimmen.[527]

162 Jeweils eigenen Regeln folgen der **Parteiwechsel** auf Gläubigerseite (Art. 14) und auf Schuldnerseite (→ Art. 15 Rn. 23 ff.) sowie die rechtsgeschäftliche **Vertragsübernahme** (→ Art. 15 Rn. 28). Diese Institute fallen daher nicht unter Art. 12.[528]

163 **3. Vergleich.** Der Vergleich hat sein **eigenes Statut.** Eine **Rechtswahl** ist zulässig.[529] Sie kann auch konkludent erfolgen.[530] Ist keine engere Verbindung oder abändernde Rechtswahl ersichtlich, so gilt für den Vergleich grundsätzlich das **ursprüngliche Vertragsstatut** desjenigen Vertrags, auf den er einwirkt.[531] Die Auswirkungen auf eine vertragliche Forderung, die Gegenstand des Vergleichs ist, richten sich gemäß Art. 12 Abs. 1 lit. d nach deren Statut (→ Rn. 104). Für Prozessvergleiche gilt dasselbe in Bezug auf ihre materielle Wirksamkeit, jedoch ist auf die prozessualen Voraussetzungen und Folgen das Verfahrensrecht des Forums anzuwenden.[532]

IX. Art und Weise der Erfüllung (Abs. 2)

164 **1. Normzweck.** Nach Art. 12 Abs. 2 ist in Bezug auf die Art und Weise der Erfüllung und auf die vom Gläubiger im Falle mangelhafter Erfüllung zu treffenden Maßnahmen das Recht des Staates, in dem die Erfüllung erfolgt, **zu berücksichtigen.** Der Wortlaut des Abs. 2 stellt nicht auf den vereinbarten oder gesetzlichen, sondern auf den **tatsächlichen Erfüllungsort** ab.[533] Wo der Schuldner zu leisten hat, bestimmt an sich das Vertragsstatut. Der Gläubiger kann die Erfüllung allerdings auch anderswo annehmen. Dann gilt dieser Ort. Es kann aber sein, dass die örtlichen Verhältnisse oder Regelungen die Vornahme der vereinbarten Erfüllungshandlungen verhindern. Bevor nun deshalb eine Vertragsverletzung anzunehmen wäre, weil die Leistung nicht in der nach Vertragsstatut geschuldeten Weise erbracht werden kann, können und müssen die Parteien sich

---

523 Erman/*Stürner* Rn. 16; man kann ebensogut Art. 10 heranziehen, BeckOK BGB/*Spickhoff* Art. 10 Rn. 5; → Art. 10 Rn. 124.

524 NK-BGB/*Leible* Rn. 36; BeckOGK/*Weller* Rn. 59; Staudinger/*Magnus,* 2021, Rn. 78; *Däubler* RIW 1987, 249 f.

525 Staudinger/*Magnus,* 2021, Rn. 34; Reithmann/Martiny IntVertragsR/*Martiny* Rn. 3.242; OGH ÖJZ 1976, 518.

526 BeckOGK/*Weller* Rn. 49; Reithmann/Martiny IntVertragsR/*Martiny* Rn. 3.243.

527 Vgl. NK-BGB/*Leible* Rn. 29; *Hoyer* ZfRV 9 (1968), 291 f.; Reithmann/Martiny IntVertragsR/*Martiny* Rn. 3.244; in OLG Hamburg IPRax 1999, 168 lag eine Rechtswahl für den neuen Vertrag vor.

528 BeckOGK/*Weller* Rn. 15; zur Vertragsübernahme *Feiler,* Kollisionsrecht der Vertragsübernahme, 2019, 245 f.; *Selke* IPRax 2013, 205; s. aber OGH BeckRS 2022, 23570; Calliess/Renner/*Augenhofer* Rn. 27.

529 BGH NJW-RR 2000, 1002 = IPRax 2002, 37 m. zT krit. Anm. *Hohloch/Kjelland* IPRax 2002, 30 (32); OLG München NJW-RR 1989, 663 = IPRax 1990, 320 betr. Grundstücksgeschäft; OLG Schleswig IPRspr. 1989 Nr. 48; OLG Köln IPRspr. 2012 Nr. 272; Reithmann/Martiny IntVertragsR/*Martiny* Rn. 3.248.

530 So in BGH NJW-RR 2000, 1002 = IPRax 2002, 37 (38) mAnm *Hohloch/Kjelland* IPRax 2002, 30.

531 OLG Hamm IPRspr. 1985 Nr. 28; OLG Schleswig IPRspr. 1989 Nr. 48; Reithmann/Martiny IntVertragsR/*Martiny* Rn. 3.248; Staudinger/*Magnus,* 2021, Rn. 74; Erman/*Stürner* Rn. 16; *Roden,* Zum internationalen Privatrecht des Vergleichs, 1994, 93 ff.

532 BGH NJW 2005, 1373 (1374); OLG Köln IPRax 2015, 158 (162); OLG München IPRspr. 1974 Nr. 10b; IPG 1974 Nr. 39 (München) S. 404 ff.; NK-BGB/*Leible* Rn. 29.

533 Staudinger/*Magnus,* 2021, Rn. 82; Ferrari IntVertragsR/*Ferrari* Rn. 27; Rauscher/*Freitag* Rn. 22; NK-BGB/*Leible* Rn. 38; *v. Bar/Mankowski* IPR II § 1 Rn. 836; *Jayme* IPRax 1989, 51 (52).

anpassen. Die jeweiligen Handlungen sind also mit Rücksicht auf die Verhältnisse des Ortes auszuführen, an dem sie tatsächlich vorgenommen werden. Die Leistungserbringung soll nicht daran scheitern, dass sie am Ort nicht so durchgeführt werden kann, wie vereinbart und vom Vertragsstatut an sich vorgesehen.[534] Insoweit gilt dieses primär für die Art und Weise der Erfüllung (→ Rn. 62 ff.). Nur wenn die vom Vertragsstatut vorgesehene Art und Weise der Erfüllungshandlungen nach den örtlichen Regeln und Gegebenheiten nicht möglich ist, kann sie durch funktional äquivalente zulässige Handlungen ersetzt werden. Abs. 2 ersetzt nicht das Vertragsstatut durch ein spezielles Erfüllungsstatut als Nebenstatut (→ Rn. 173). In der **Praxis** spielt Abs. 2 kaum eine Rolle;[535] Rspr. zu Abs. 2 gibt es nur wenig, obwohl eine ähnliche Regelung alt ist.[536] In vielen Fällen wird ich die Frage nach einer Überlagerung durch das Ortsrecht nicht stellen, weil schon der Vertrag so auszulegen ist, dass der Schuldner in der ortsüblichen Weise zu verfahren habe,[537] oder weil das Vertragsstatut selbst bereits auf die örtlichen Gegebenheiten Rücksicht nimmt (→ Rn. 174). Schließlich bleibt es den Parteien unbenommen, sich bei auftretenden Erfüllungshindernissen ad hoc zu verständigen.

2. Erfüllungsmodalitäten. Die Vorschrift erläutert nicht näher, was unter **„Art und Weise der Erfüllung“** zu verstehen ist; die Verfasser der Vorgängernorm im EVÜ hatten bewusst von einer Definition abgesehen.[538] Der Begriff ist – wie in der Rom I-VO generell – nicht einfach nach der jeweiligen lex fori auszulegen.[539] Doch auch eine Auslegung anhand der nationalen lex causae würde dem Vereinheitlichungszweck zuwiderlaufen.[540] Vielmehr ist wie üblich **verordnungsautonom** vorzugehen.[541] Richtig an der Ansicht, die lex causae heranzuziehen, ist aber, dass allein das Vertragsstatut bestimmt, wer, was, wie viel, wann und wo zu leisten hat.[542] Die vertraglichen Verpflichtungen der Parteien in Bezug auf die Erfüllungsmodalitäten regelt das Vertragsstatut (→ Rn. 45 ff.). In einem zweiten Schritt lässt sich dann mit Abs. 2 überprüfen, ob am Ort so wie vereinbart geleistet werden kann. 165

Die von Abs. 2 erfassten Erfüllungsmodalitäten beziehen sich allein auf die **äußere Abwicklung der Erfüllung,** einschließlich der vom Gläubiger als Reaktion auf eine nicht genügende Erfüllung zu treffenden Maßnahmen, und nicht auf die Substanz der Vertragspflichten.[543] Mit der Substanz der Vertragspflichten ist etwa der Haftungsmaßstab gemeint.[544] Örtliche Regeln über Erfüllungsmodalitäten können nicht nur **Rechtsnormen,** sondern auch **Handelsbräuche** und **lokale Usancen** sein.[545] Es muss sich nicht um zwingende Normen handeln,[546] wobei im Fall dispositiven Rechts vor Anwendung des Abs. 2 stets an eine zulässige Abbedingung durch die Parteien im Rahmen des Vertragsstatuts zu denken ist. Bei **Verträgen über digitale Produkte** kann die Ermittlung solcher Regeln Schwierigkeiten aufwerfen, weil sich für die Leistung nur schwerlich ein Erfüllungsort lokalisieren lässt, insbesondere falls diese rein online erbracht wird. Jedoch dürften in diesem Bereich kaum Beschränkungen der äußeren Abwicklung der Leistung vorkommen, die die Anwendung eines anderen Rechts als des Vertragsstatuts erfordern.[547] Zur Konkretisierung lassen sich vor allem die folgenden Regeln aufführen, wobei die Aufzählung naturgemäß nicht abschließend ist:[548] 166

Zu nennen sind Regelungen über **Feiertags-** und **Öffnungszeiten** oder Höchstarbeitszeiten.[549] Diese Regeln fixieren die tatsächliche Erfüllung auf bestimmte Zeiten.[550] Der Schuldner muss 167

---

[534] BeckOGK/*Weller* Rn. 61; Rauscher/*Freitag* Rn. 18; NK-BGB/*Leible* Rn. 38.

[535] Rauscher/*Freitag* Rn. 19.

[536] Nachweise bei *Krings,* Erfüllungsmodalitäten im internationalen Schuldvertragsrecht, 1997, 97 ff.

[537] Rauscher/*Freitag* Rn. 19.

[538] *Giuliano/Lagarde* BT-Drs. 10/503, 65.

[539] So aber *Giuliano/Lagarde* BT-Drs. 10/503, 65.

[540] Dafür aber → 8. Aufl. 2021, Rn. 184 *(Spellenberg);* jurisPK-BGB/*Geiben* Rn. 26.

[541] Staudinger/*Magnus,* 2021, Rn. 80; Rauscher/*Freitag* Rn. 21; BeckOGK/*Weller* Rn. 60; Ferrari IntVertragsR/*Ferrari* Rn. 28; Calliess/Renner/*Augenhofer* Rn. 34; *v. Bar/Mankowski* IPR II § 1 Rn. 835.

[542] Insoweit übereinstimmend → 8. Aufl. 2021, Rn. 184 *(Spellenberg).*

[543] Staudinger/*Magnus,* 2021, Rn. 81; BeckOGK/*Weller* Rn. 62; Rauscher/*Freitag* Rn. 21; *v. Bar/Mankowksi* IPR II § 1 Rn. 835; ebenso zur Vorgängernorm des Art. 32 Abs. 2 EGBGB aF BGH NJW-RR 2008, 840 (842); 2006, 1694 (1695), in beiden Entscheidungen verneint.

[544] BGH NJW-RR 2008, 840 (842); 2006, 1694 (1695).

[545] Staudinger/*Magnus,* 2021, Rn. 83; *v. Bar/Mankowski* IPR II § 1 Rn. 836.

[546] Staudinger/*Magnus,* 2021, Rn. 83.

[547] *Boosfeld* GPR 2022, 70 (76); BeckOGK/*Weller* Rn. 61.1.

[548] ZB auch Staudinger/*Magnus,* 2021, Rn. 84 ff.; *Krings,* Erfüllungsmodalitäten im internationalen Schuldvertragsrecht, 1997, 25 ff.

[549] *Giuliano/Lagarde* BT-Drs. 10/503, 66; Grüneberg/*Thorn* Rn. 5; Staudinger/*Magnus,* 2021, Rn. 84; BeckOGK/*Weller* Rn. 61.1; BeckOK BGB/*Spickhoff* Rn. 17; Erman/*Stürner* Rn. 7; *v. Bar/Mankowski* IPR II § 1 Rn. 837; *Lagarde* Rev. crit. dr. int. pr. 1991, 287 (333); BGH NJW-RR 2008, 840 (842); 2006, 1694 (1695).

[550] BGH NJW-RR 2008, 840 (842); 2006, 1694 (1695).

sich bei der Erfüllung an diese Vorgaben halten. Örtliche Regeln können weiter die Verfügbarkeit der im Vertrag vorgesehen Transportmittel oder Hilfspersonen betreffen.[551] In Betracht kommen ferner lokale Sicherheitsbestimmungen.[552] Haben die Parteien vereinbart, dass der Gläubiger oder der Schuldner bestimmte Urkunden anlässlich der Lieferung ausstellen lassen muss[553] oder dass Dokumente im Wege der Privatzustellung durch einen Gerichtsvollzieher zugestellt werden müssen,[554] können örtliche Regeln der Ausstellung bzw. der Zustellung entgegenstehen.

168 **Preis-, Devisen und Bewirtschaftungsvorschriften** sowie **Verbote** wegen des Umweltschutzes, Artenschutzes oder Kulturgüterschutzes enthalten zwar auch Maßgaben für die Erfüllung, fallen aber in der Regel unter Art. 9. Sie sind daher primär nicht nach Abs. 2 zu berücksichtigen, sondern nach Maßgabe der **eingriffsrechtlichen Sonderanknüpfung** zu beurteilen.[555] Doch kann man aus Abs. 2 entnehmen, dass der Schuldner ggf. in einer funktional äquivalenten, am Ort erlaubten Weise leisten darf. Dass die örtlichen Zollvorschriften und öffentlich-rechtlichen Genehmigungserfordernisse zu beachten sind, ergibt sich bereits aus der selbständigen Anknüpfung des Zoll- und Außenwirtschaftsrechts.[556]

169 Das Vertragsstatut regelt, ob die Parteien die **Währung,** in der zu bezahlen ist (Zahlungswährung), frei vereinbaren dürfen. Auch eine **Ersetzungsbefugnis** wie die des § 244 BGB gehört dazu und gilt daher nur, wenn deutsches Recht Vertragsstatut ist (→ Rn. 47; → Anh. I Art. 9 Rn. 25 ff.). Sie ist keine bloße Erfüllungsmodalität, denn der Schuldner darf auch in der vereinbarten Währung zahlen. Wenn dagegen die Zahlung am vereinbarten Leistungsort **nicht** in dieser Währung zugelassen ist, so handelt es sich gewöhnlich um Eingriffsnormen iSd Art. 9 und nicht um Erfüllungsmodalitäten in diesem Sinne.[557] Wenn ein solches Verbot eingreift, kann man dem Schuldner wohl doch gemäß Abs. 2 gestatten, in der örtlichen Währung zu leisten,[558] wenn der Gläubiger die Zahlungswährung dann frei konvertieren kann, denn so erhält er doch das ihm Gebührende, sofern die Verbotsnorm nicht auch das verbietet.

170 Abs. 2 erstreckt sich auch auf die **Obliegenheiten des Gläubigers** bei der Annahme, wenn der Schuldner mangelhaft erfüllt. Das meint vor allem die Einzelheiten der **Prüfung der Ware,** die **Rügeobliegenheit**[559] und die **im Falle einer Zurückweisung** der Ware zu treffenden Maßnahmen, beispielsweise die Art der Aufbewahrung nicht angenommener Lieferungen oder deren Versteigerung.[560] Wenn die nach Vertragsstatut erforderliche Rüge nicht in der vorgeschriebenen Art und Weise oder zB wegen Feiertagen nicht in der vorgeschriebenen Frist möglich ist, hilft Abs. 2. So ist nach deutschem Recht unter Umständen erforderlich oder üblich, Transportschäden sofort durch spezielle Hafenkommissare konstatieren zu lassen. Das kann in einem ausländischen Hafen trotz Geltung deutschen Vertragsrechts nicht verlangt werden, wenn es dort solche Personen nicht gibt.

171 Nicht gemeint sind die **Mahnung** oder das Erheben von **Einreden** wie der Einrede des nicht erfüllten Vertrages; für sie bleibt es beim Vertragsstatut[561] (→ Rn. 61).

172 **3. Berücksichtigung des Ortsrechts.** Die Regelung des Erfüllungsortes tritt nach Abs. 2 nicht an die Stelle des Vertragsstatuts. Sie **ist** lediglich **zu „berücksichtigen".** Welche Pflichten diese Formulierung dem Rechtsanwender auferlegt, ist umstritten. Nach dem Bericht *Giuliano/Lagarde*[562] ist damit gemeint, dass das Gericht prüfen könne, ob dieses örtliche Recht für die Art und Weise der Vertragserfüllung maßgeblich sei, und dass es dieses Recht ganz oder teilweise anwenden könne. Diese Annahme eines freien Ermessens bleibt jedoch hinter dem Wortlaut der Verord-

---

551 JurisPK-BGB/*Geiben* Rn. 27: „Regelungen zum Be- und Entladen"; Calliess/Renner/*Augenhofer* Rn. 34.

552 So der Sache nach, aber ohne Erwähnung von Art. 12 Abs. 2, BGH NJW 2019, 3374 mAnm *Mäsch* JuS 2020, 176 (177).

553 ZB Zollpapiere, Genehmigungen, Bescheinigungen; ebenso Staudinger/*Magnus,* 2016, Rn. 87.

554 Rauscher/*Freitag* Rn. 19; zust. BeckOGK/*Weller* Rn. 61.1.

555 BT-Drs. 10/503, 28; BeckOGK/*Weller* Rn. 62; Staudinger/*Magnus,* 2021, Rn. 85; NK-BGB/*Leible* Rn. 40; Ferrari IntVertragsR/*Ferrari* Rn. 29; *Krings,* Erfüllungsmodalitäten im internationalen Schuldvertragsrecht, 1997, 139 f.; anders *v. Bar/Mankowski* IPR II § 1 Rn. 839; *Kegel/Schurig* IPR § 17 V 1a (S. 613).

556 Staudinger/*Magnus,* 2021, Rn. 87; *v. Bar/Mankowski* IPR II § 1 Rn. 839.

557 Vgl. NK-BGB/*Leible* Rn. 40.

558 Nur insoweit kann man die Zahlungswährung als Erfüllungsmodalität ansehen; weitergehend Staudinger/*Magnus,* 2021, Rn. 86, 117; Calliess/Renner/*Augenhofer* Rn. 34; wie hier BeckOK BGB/*Spickhoff* Rn. 23.

559 Grüneberg/*Thorn* Rn. 5; Staudinger/*Magnus,* 2021, Rn. 88; BeckOGK/*Weller* Rn. 61.1; NK-BGB/*Leible* Rn. 39; Ferrari IntVertragsR/*Ferrari* Rn. 28; Erman/*Stürner* Rn. 7.

560 RG JW 1903, 184: für die Art und Weise der Versteigerung, was ein öffentlicher Verkauf iSd HGB ist und wer ein geeigneter Makler oder Versteigerer ist; Grüneberg/*Thorn* Rn. 5; Staudinger/*Magnus,* 2021, Rn. 89; BeckOK BGB/*Spickhoff* Rn. 17; *v. Bar/Mankowski* IPR II § 1 Rn. 840.

561 Staudinger/*Magnus,* 2021, Rn. 90; Ferrari IntVertragsR/*Ferrari* Rn. 30; Reithmann/Martiny IntVertragsR/*Martiny* Rn. 3.219; *Gaudemet-Tallon* Rev. trim. dr. europ. 17 (1981), 267 f.

562 Bericht *Giuliano/Lagarde* BT-Drs. 10/503, 66.

nung zurück, wonach die örtliche Regelung zu berücksichtigen „ist". Nach dem Normtext ist die **Berücksichtigung** des Rechts des Erfüllungsortes **zwingend** vorgeschrieben.[563]

Eine Ansicht legt diese Pflicht nun so aus, dass jegliches Ermessen bei Anwendung des Abs. 2 abzulehnen sei.[564] Ein Ermessen trage eine Unsicherheit in den Erfüllungsvorgang, die aus Sicht der Parteien nicht hinnehmbar sei. Die Vorschrift richte sich in erster Linie an die Parteien, nicht an den Richter.[565] Sie müssten im Zeitpunkt der Vertragsdurchführen und nicht erst ex post wissen, an welchen Regeln sie sich auszurichten und welche Pflichten und Obliegenheiten sie zu erfüllen haben.[566] Folglich sei **zwingend** und überlagernd das **Recht am Erfüllungsort anzuwenden,** wenn die Anwendungsvoraussetzungen der Vorschrift vorliegen.[567] Das Vertragsstatut wird nach dieser Ansicht um ein echtes Nebenstatut ergänzt.[568] **173**

Jedoch verlangt Abs. 2 im Gegensatz zu anderen Vorschriften der Verordnung gerade keine „Anwendung" der Regeln des Erfüllungsorts, sondern allein deren „Berücksichtigung".[569] Die Berücksichtigung erlaubt es dem Rechtsanwender, auf die Umstände des Einzelfalls angemessen zu reagieren. Nur das „Ob" der Berücksichtigung ist zwingend vorgeschrieben, nicht aber wie sie erfolgen soll.[570] Hinsichtlich des **„Wie"** räumt die Vorschrift **Ermessen** ein.[571] Diese Ermessensausübung kann zu einer kollisionsrechtlichen Anwendung der örtlichen Regeln führen oder aber zu einer Anpassung des Vertragsstatuts im Hinblick auf die Vorschriften am Erfüllungsort.[572] Meist wird bereits das Vertragsstatut in der Lage sein, auf die Verhältnisse am Erfüllungsort, die die geforderte Leistungserbringung unmöglich machen, Rücksicht zu nehmen.[573] So kann etwa die Rügefrist des Vertragsstatuts bereits nach dessen Regeln um etwaige Feiertage am Erfüllungsort verlängert werden; ebenso können Generalklauseln im Lichte des Auslandssachverhalts angewendet werden.[574] Bleibt die Berücksichtigung ganz auf der Ebene der materiell-rechtlichen Mittel des Vertragsstatuts, kann das als Ausprägung der Datumtheorie erklärt werden.[575] Eine solche bloße Anpassung des Vertragsstatuts soweit nötig und möglich wäre aber versagt, wenn zwingend die örtlichen Regeln anzuwenden wären. Zudem könnte die zwingende Anwendung der Regeln am Erfüllungsort, die eine längere Rügefrist als das Vertragsstatut vorsehen, dazu führen, dass eine Rügefrist zum Nachteil des Verkäufers verlängert wird, selbst wenn die Anforderungen des Vertragsstatuts eingehalten werden können.[576] Umgekehrt dürfte es aber ermessensfehlerhaft sein, das Vertragsstatut nicht zu modifizieren, sofern am Erfüllungsort andere Regeln gelten.[577] **174**

Im **praktischen Ergebnis** kann das etwa bedeuten, dass an die Stelle des vereinbarten Tags, an dem die Erfüllung aber aufgrund einer Feiertagsregelung nicht möglich ist, der nächste mögliche Tag tritt. Anstelle der vorgesehenen, aber nicht verfügbaren Transportmittel oder Hilfspersonen sind die funktional ähnlichsten zu nehmen. Nicht erhältliche Urkunden sind durch die entsprechenden örtlichen zu ersetzen.[578] Statt der ausgeschlossenen Privatzustellung durch Gerichtsvollzieher kann ein eingeschriebener Brief mit Rückschein genügen.[579] Sofern diese Modifikationen **Kosten** verursachen, muss das Vertragsstatut und nicht das Ortsrecht bestimmen, welche Partei diese Kosten zu tragen hat.[580] **175**

---

563 Vgl. auch *Morse* Yb. Europ. L. 2 (1982), 153.
564 Staudinger/*Magnus,* 2021, Rn. 93 (diff. zur Rügeobliegenheit Staudinger/*Magnus,* 2021, Rn. 94 ff.); Grüneberg/*Thorn* Rn. 5; *v. Bar/Mankowski* IPR II § 1 Rn. 841; *Boosfeld* GPR 2022, 70 (76).
565 Staudinger/*Magnus,* 2021, Rn. 93.
566 Staudinger/*Magnus,* 2021, Rn. 93; *v. Bar/Mankowkski* IPR II § 1 Rn. 841.
567 Staudinger/*Magnus,* 2021, Rn. 93; *v. Bar/Mankowkski* IPR II § 1 Rn. 841; auch Jauernig/*Mansel* Vor Art. 1 Rn. 40, jedoch nachgelagert zur Ausschöpfung der Mittel des materiellen Vertragsstatuts mit Hilfe der Datumtheorie.
568 Grüneberg/*Thorn* Rn. 5.
569 NK-BGB/*Leible* Rn. 41; Ferrari IntVertragsR/*Ferrari* Rn. 31; BeckOK BGB/*Spickhoff* Rn. 18; Reithmann/Martiny IntVertragsR/*Martiny* Rn. 3.221; *Kegel/Schurig* IPR § 17 V 1a (S. 613).
570 BeckOGK/*Weller* Rn. 63; Rauscher/*Freitag* Rn. 19; NK-BGB/*Leible* Rn. 41.
571 BeckOGK/*Weller* Rn. 63; Rauscher/*Freitag* Rn. 19; BeckOK BGB/*Spickhoff* Rn. 18; Calliess/Renner/*Augenhofer* Rn. 35.
572 Rauscher/*Freitag* Rn. 19; NK-BGB/*Leible* Rn. 41; Erman/*Stürner* Rn. 7; PWW/*Brödermann*/*Wegen* Rn. 29; allein für Modifikation des Vertragsstatuts Ferrari IntVertragsR/*Ferrari* Rn. 31; BeckOK BGB/*Spickhoff* Rn. 18; jurisPK-BGB/*Geiben* Rn. 26.
573 Rauscher/*Freitag* Rn. 19.
574 Rauscher/*Freitag* Rn. 19.
575 BeckOGK/*Weller* Rn. 61; Jauernig/*Mansel* Vor Art. 1 Rn. 40.
576 Dafür Staudinger/*Magnus* Rn. 95.
577 So aber Ferrari IntVertragsR/*Ferrari* Rn. 31.
578 Vgl. NK-BGB/*Leible* Rn. 39.
579 Rauscher/*Freitag* Rn. 19; zust. BeckOGK/*Weller* Rn. 61.1.
580 BeckOGK/*Weller* Rn. 61.1.

176 Ohnehin können die Parteien all diese Fragen **durch Vereinbarung regeln.** Daher ist zuallererst der Vertrag einschließlich einer eventuellen Rechtswahl auszulegen. Haben die Parteien eine ausdrückliche Rechtswahl für ihren Vertrag getroffen, spricht viel dafür, dass sie einheitlich nur das gewählte Recht und nicht daneben noch ein Erfüllungsstatut wollten.[581] Es steht den Parteien jedoch frei, die Art und Weise der Erfüllung im Wege der Teilrechtswahl einer anderen Rechtsordnung als dem Vertragsstatut zu unterstellen.[582] Ob dann gegenüber diesem Recht die Modalitäten am Erfüllungsort zu berücksichtigen sind, ist wieder eine Frage des Abs. 2. Ein ausdrücklicher Ausschluss des Abs. 2 dürfte möglich sein.[583]

Art. 13 Rom I-VO Rechts-, Geschäfts- und Handlungsunfähigkeit

Bei einem zwischen Personen, die sich in demselben Staat befinden, geschlossenen Vertrag kann sich eine natürliche Person, die nach dem Recht dieses Staates rechts-, geschäfts- und handlungsfähig wäre, nur dann auf ihre sich nach dem Recht eines anderen Staates ergebende Rechts-, Geschäfts- und Handlungsunfähigkeit berufen, wenn die andere Vertragspartei bei Vertragsschluss diese Rechts-, Geschäfts- und Handlungsunfähigkeit kannte oder infolge von Fahrlässigkeit nicht kannte.

Schrifttum: *Bader,* Der Schutz des guten Glaubens in Fällen mit Auslandsberührung, MittRhNotK 1994, 161; *G. Fischer,* Rechtsscheinhaftung im Internationalen Privatrecht, IPRax 1989, 215; *G. Fischer,* Verkehrsschutz im internationalen Vertragsrecht, 1990; *W. Goldschmidt,* Für eine ausnahmslose Geltung des Geschäftsfähigkeitsstatuts, FS Kegel, 1987, 163; *Jobard-Bachellier,* L'apparence en droit international privé, 1984; *Kramme,* Mehr als ein Qualifikationsproblem: Zum Verhältnis von Verbrauchervertrags- und Geschäftsfähigkeitsstatut, RabelsZ 85 (2021), 775; *M. Lehmann,* Verkehrsschutz im internationalen Gesellschaftsrecht, FS G. Fischer, 2010, 237; *Lipp,* Verkehrsschutz und Geschäftsfähigkeit im IPR, RabelsZ 63 (1999), 107; *Lipp,* Geschäftsfähigkeit im europäischen IPR: Status oder Willensmangel, FS Kühne, 2010, 765; *Schotten,* Der Schutz des Rechtsverkehrs im Internationalen Privatrecht, DNotZ 1994, 670; *Spellenberg,* Bespr. von G. Fischer, Verkehrsschutz im internationalen Vertragsrecht, RabelsZ 60 (1996), 516; *Spellenberg,* Folgen der Geschäftsunfähigkeit und Prozessaufrechnung, IPRax 2013, 466.

Übersicht

[581] BeckOGK/*Weller* Rn. 64; Staudinger/*Magnus,* 2021, Rn. 98, meint sogar, dass sie wahrscheinlich Abs. 2 ausschließen wollten. Das scheint im Falle, dass dann die Erfüllung am Leistungsort unmöglich wird, zu weitgehend; aA NK-BGB/*Leible* Rn. 42: nur bei besonderen Anhaltspunkten.

[582] Vgl. BGH IPRax 1981, 93 obiter m. zust. Anm. *Spellenberg* IPRax 1981, 75 = RIW 1980, 725.

[583] BeckOK BGB/*Spickhoff* Rn. 18; *Ostendorf* IHR 2012, 177 (179).

I. Allgemeines

1. Entstehung. Art. 13 ist nahezu wörtlich und ohne inhaltliche Änderung Art. 11 **EVÜ** vom 19.6.1980 entnommen. Der deutsche Gesetzgeber hat im Jahre 1986 Art. 11 EVÜ mit einer leichten Änderung des Wortlauts als **Art. 12 EGBGB** anstelle des vorherigen Art. 7 Abs. 3 EGBGB aF unter die allgemeinen Vorschriften eingestellt und dabei klar gemacht, dass die Bestimmung nicht nur für schuldrechtliche Verträge, sondern auch für andere Verträge gelten sollte, jedoch mit Ausnahme der familien- und erbrechtlichen Rechtsgeschäfte und der Verfügungen über im Ausland belegene Grundstücke (Art. 12 S. 2 EGBGB). Art. 13 Rom I-VO gilt nun aber wie die ganze VO wieder nur und allein für schuldrechtliche Rechtsgeschäfte,[1] wobei deren **Gegenstand keine Rolle** spielt. Es kann sich zB um Grundstücks- oder Warenkäufe ebenso handeln wie um die Verpflichtung zur Abtretung von Gesellschaftsanteilen. 1

Die Anknüpfung der Rechts- und Geschäftsfähigkeit selbst klammert die Rom I-VO aus ihrem sachlichen Anwendungsbereich aus (Art. 1 Abs. 2 lit. a), so dass dafür weiter nationales Recht gilt. Art. 7 Abs. 1 EGBGB knüpft die **Rechtsfähigkeit** an die Staatsangehörigkeit der Person an. Seit dem 1.1.2023 knüpft Art. 7 Abs. 2 EGBGB die – für die Anwendung des Art. 13 bedeutsamere – **Geschäftsfähigkeit** hingegen an den gewöhnlichen Aufenthalt an; für zuvor abgeschlossene Vorgänge bleibt auch hierfür die Staatsangehörigkeit maßgebliches Anknüpfungsmoment. Gegen eine Unwirksamkeit des Vertrages wegen danach fehlender Rechts- oder Geschäftsfähigkeit schützt Art. 13 den gutgläubigen Vertragspartner, der unter Umständen von einer dem Recht des Abschlussortes entsprechenden Rechts- und Geschäftsfähigkeit seines Partners ausgehen darf. Der Schutz des Art. 13 ist grundsätzlich davon unabhängig, wie das nationale IPR das Fähigkeitsstatut bestimmt hat; die Norm würde also auch bei einer anderen Anknüpfung der Geschäftsfähigkeit schützen (→ Rn. 24 f.).[2] Der Wechsel vom Staatsangehörigkeits- zum Aufenthaltsprinzip in Art. 7 Abs. 2 EGBGB ändert daher nichts am Mechanismus des Art. 13. Er dürfte allerdings dazu führen, dass jedenfalls aus deutscher Sicht Art. 13 seltener eingreifen kann, soweit auch das Vertragsstatut nach dem gewöhnlichen Aufenthalt ermittelt wird.[3] 2

2. Verhältnis zu Art. 12 EGBGB. Art. 13 Rom I-VO und Art. 12 EGBGB stimmen in Zweck, Funktion und Wortlaut praktisch völlig überein. Das Verhältnis beider Vorschriften ergibt sich aus dem **Anwendungsvorrang** des Unionsrechts: Allgemein kann Art. 12 EGBGB nur eingreifen, soweit Art. 13 nicht anwendbar ist.[4] Die europäische Vorschrift hat einen engeren Anwendungsbereich, der wie die Rom I-VO auf schuldrechtliche Rechtsgeschäfte beschränkt ist. Da der deutsche Gesetzgeber bei Erlass des Art. 12 EGBGB über den Anwendungsbereich des Art. 11 EVÜ hinausgegangen ist, erfasst die deutsche Vorschrift alle Verträge mit Ausnahme derjenigen, die unter Art. 13 fallen und nicht von Art. 12 S. 2 EGBGB ausgenommen werden. Art. 12 EGBGB behält also eine (schmale) Restfunktion für **Verfügungen** über bewegliche Sachen und Rechte sowie über im Inland belegene Grundstücke.[5] Deshalb hat ihn der deutsche Gesetzgeber – anders als die Art. 27–37 EGBGB aF – nicht mit Anwendungsbeginn der Rom I-VO aufgehoben.[6] Verfügungen über in einem anderen Staat als dem des Vertragsschlusses belegene Grundstücke werden weder von Art. 12 EGBGB noch von Art. 13 Rom I-VO erfasst (zu Art. 12 EGBGB → EGBGB Art. 12 Rn. 49 f.); einen kollisionsrechtlichen Verkehrsschutz gibt es hier also nicht. **Schuldrechtliche Verträge,** selbst wenn sie zur Übereig- 3

1 Staudinger/*Hausmann,* 2021, Rn. 3.
2 Staudinger/*Hausmann,* 2021, Rn. 1.
3 Vgl. *Kramme* RabelsZ 85 (2021), 775 (810); Staudinger/*Hausmann,* 2021, Rn. 1.
4 BeckOGK/*Thomale* Rn. 2; *v. Bar/Mankowski* IPR II § 6 Rn. 37.
5 *v. Bar/Mankowski* IPR II § 6 Rn. 38: außerdem in Bereichsausnahmen der Rom I-VO: Stellvertretungs- und Wertpapierrecht sowie Gerichtsstands- und Schiedsvereinbarungen.
6 Rauscher/*Thorn* Rn. 5.

nung verpflichten, fallen unter Art. 13 Rom I-VO. Zur Behandlung der schuldrechtlichen Verträge, die zugleich rechtsübertragende Wirkung haben, → EGBGB Art. 12 Rn. 52 ff.

4 Ein zu vernachlässigender **Formulierungsunterschied** zwischen beiden Vorschriften liegt darin, dass Art. 13 (wie auch schon Art. 11 EVÜ) die Gutgläubigkeit daran misst, ob der Vertragspartner das Fehlen der Fähigkeit „infolge von Fahrlässigkeit nicht kannte", während Art. 12 S. 1 EGBGB fragt, ob er das Fehlen „kennen musste". Mit dieser geläufigen Formulierung nimmt der deutsche Gesetzgeber freilich Bezug auf die Legaldefinition des „Kennenmüssens" in § 122 Abs. 2 BGB: „infolge von Fahrlässigkeit nicht kannte". Es ginge zu weit, in dieser Bezugnahme auf eine nationale Begrifflichkeit mehr zu erblicken als ein Streben nach konsistenter Gesetzesformulierung. Insbesondere verbindet sich damit nicht die Absicht, anders als im autonom auszulegenden Art. 13 (→ Rn. 27) keinen europäischen, sondern einen nationalen Begriff der Fahrlässigkeit zu verwenden – zumal noch herauszuarbeiten wäre, inwiefern sich diese beiden Begriffe unterscheiden. Denn auch Art. 12 EGBGB war und ist aufgrund seines Ursprungs in Art. 11 EVÜ europäisch einheitlich auszulegen. Für vertragliche Schuldverhältnisse ergab sich das bereits aus Art. 36 EGBGB aF, für den weiteren Anwendungsbereich der Vorschrift konnte nichts anderes gelten (→ EGBGB Art. 12 Rn. 34 f.).

II. Normzweck

5 **1. Alternative Anknüpfung der Geschäftsfähigkeit.** Art. 13 bringt eine alternative Anknüpfung[7] der Geschäftsfähigkeit in favorem negotii bzw. besser gerentis, wobei der Ausschluss des Schutzes bei Fahrlässigkeit freilich manche veranlasst, an eine **Sachnorm im IPR** zu denken,[8] was jedoch seit der Allseitigkeit der Regelung weniger überzeugt. Gegenüber dem früheren Art. 7 Abs. 3 EGBGB aF sind die beiden wichtigen Änderungen,[9] dass nun der Schutz einerseits eingeschränkt wird, indem **Fahrlässigkeit** schadet, er aber andererseits auf **Vertragsschlüsse im Ausland** ausgedehnt wird. Geschützt wird das Vertrauen des Vertragspartners auf das Recht des jeweiligen Abschlussortes, das ihm, wenn er dort nicht auch lebt, keineswegs besonders vertraut sein muss. Möglicherweise hat man mehr oder weniger ausschließlich an die Situation gedacht, dass die geschäftsfähige Partei in dem Land lebt, in dem sie den Vertrag mit der auswärtigen geschäftsunfähigen Partei schließt,[10] vielleicht sogar nach inländischem Recht, und hat übersehen, dass mit der allseitigen Ausgestaltung der Regelung nun auch Vertragsschlüsse in Staaten erfasst werden, in denen weder die geschäftsfähige Partei noch die geschäftsunfähige wohnt.[11] So wird erreicht, „den Minderjährigenschutz … dem Händlerschutz zu opfern".[12]

6 Der **Schutz** des gutgläubigen Vertragspartners einer in ihren Fähigkeiten beschränkten Partei, die sich nicht auf die Unwirksamkeit ihres Vertrages wegen ihrer Geschäftsunfähigkeit berufen darf, fördert die Gültigkeit des Rechtsgeschäfts. Das beschreibt jedoch mehr die Wirkung als den Grund und die Rechtfertigung der Regelung. Es handelt sich eher um einen favor gerentis als einen favor negotii, weil es auf den guten Glauben der Partei (→ Rn. 60 ff.) ankommt.[13] Aber beides geht im Ergebnis Hand in Hand.[14]

7 **2. Begründungen.** Für diesen Schutz des Geschäftsfähigen wären gute **Gründe** nötig, die **kaum zu sehen** sind.[15] Zu Recht moniert auch *Lipp* zu Art. 12 EGBGB,[16] dass der **Grund** der Regelung noch weitgehend ungeklärt sei, was Unsicherheiten über ihre Reichweite nach sich ziehen muss. Die Regelung ist **rechtspolitisch zu kritisieren,** weil der Schutz **zulasten** des **nicht voll Geschäftsfähigen** geht, obwohl dieser in vielen Rechtsordnungen materiell als beson-

---

7 Vgl. *Giuliano/Lagarde* BT-Drs. 10/503, 66; *v. Bar* IPR II, 1. Aufl. 1991, Rn. 55; Staudinger/*Hausmann,* 2021, Rn. 7, 62; Calliess/Renner/*Loacker* Rn. 7; BeckOK BGB/*Mäsch* Rn. 35; → Rn. 73 ff.

8 *Jobard-Bachellier,* L'apparence en droit international privé, 1984, Nr. 236–242; s. auch *P. Mayer/Heuzé/Remy* DIP Nr. 547: Kombination von Sachnorm im IPR und international zwingender Norm.

9 Instruktiv zur Entwicklung im deutschsprachigen Raum *v. Bar* IPR II, 1. Aufl. 1991, Rn. 54 ff.; zur franz. Entwicklung *Jobard-Bachellier,* L'apparence en droit international privé, 1984, Nr. 120 ff., 220 ff.

10 In solchen Umständen hält *G. Fischer,* Verkehrsschutz im internationalen Vertragsrecht, 1990, 26 f., 357 den Schutz primär für gerechtfertigt, und so lag es im Arrêt Lizardi; dazu → Rn. 8.

11 Vgl. *v. Bar* IPR II, 1. Aufl. 1991, Rn. 57.

12 *v. Bar* IPR II, 1. Aufl. 1991, Rn. 57 aE; zust. BeckOK BGB/*Mäsch* Rn. 1.

13 NK-BGB/*Bischoff* EGBGB Art. 12 Rn. 3; *v. Bar* IPR II, 1. Aufl. 1991, Rn. 53; aA NK-BGB/*Leible* Rn. 2: Schutz des Rechtsverkehrs; ferner → Rn. 9; *Kegel/Schurig* IPR § 2 II (S. 135, 137) sprechen vom Verkehrsschutz, wenn potentiell Betroffene, von Parteischutz, wenn aktuell Betroffene zu schützen sind.

14 BeckOGK/*Thomale* Rn. 4.

15 *v. Bar* IPR II, 1. Aufl. 1991, Rn. 57: „im Innersten ungeklärt"; *Kropholler* IPR § 42 I 3; *W. Goldschmidt* FS Kegel, 1987, 163 (171 ff.); BeckOGK/*Thomale* Rn. 4, 6; *Kramme* RabelsZ 85 (2021), 775 (784).

16 *Lipp* RabelsZ 63 (1999), 107 (109); eingehend BeckOGK/*Thomale* Rn. 4 ff., der darum de lege ferenda für die Abschaffung plädiert.

ders schutzbedürftig gilt.[17] Im deutschen Sachrecht – nicht aber unbedingt in ausländischen Rechten[18] – wird der gute Glaube an die Geschäftsfähigkeit gerade nicht geschützt (→ BGB § 105 Rn. 2).[19]

Die Vorarbeiten zu Art. 11 EVÜ geben keinen Aufschluss. Der Bericht von *Giuliano/Lagarde* sagt lediglich, dass eine ähnliche Regelung in den meisten EG-Staaten bestünde.[20] Er nennt Art. 7 Abs. 3 EGBGB aF, aber vor allem den berühmten **Arrêt Lizardi** der französischen Cour de Cassation,[21] von dem es verbreitet heißt, er liege Art. 11 EVÜ zugrunde, der dessen Rechtsgedanken allseitig ausgebaut habe.[22] Ein 23-jähriger und damit zwar nach seinem als Fähigkeitsstatut berufenen Heimatrecht noch nicht, wohl aber nach französischem Sachrecht voll geschäftsfähiger Mexikaner kaufte bei einem französischen Juwelier in Paris Schmuck. Die Cour de cassation versagte es ihm, sich gegen die Zahlungsklage des Juweliers auf seine fehlende Geschäftsfähigkeit zu berufen. Die französische Partei müsse, unter den genannten Voraussetzungen, nicht die Rechte verschiedener Länder, insbesondere hinsichtlich ihrer Bestimmungen zur Minderjährigkeit, kennen. Es genüge für die Wirksamkeit des Vertrags, wenn sie nicht leichtsinnig oder unvorsichtig und mit gutem Glauben („sans légèreté, sans imprudence et avec bonne foi") gehandelt habe. Warum dies so sein soll, wird entsprechend dem apodiktischen Begründungsstil der Cour de cassation nicht erläutert. Dementsprechend werden in Frankreich verschiedene Rechtfertigungen vorgeschlagen.[23] Dass Art. 11 EVÜ von diesem Urteil und der französischen Lehre[24] geprägt ist, ist für das Verständnis der Vorschrift wichtig, für ihre europäisch-autonome Auslegung aber nicht bindend.[25] 8

In der Folge vorgebrachte Rechtfertigungsansätze sehen sich sämtlich gewichtigen Einwänden ausgesetzt.[26] Der verschiedentlich herangezogene[27] **„Verkehrsschutz"**, der der Vertragspartei leichtes und sicheres Gehen ermöglichen soll,[28] ist ein wenig aussagekräftiger Topos.[29] Zweifellos enthält die Rom I-VO keinen allgemeinen Grundsatz, dass eine Partei geltend machen könne, sie habe das vom IPR zur Anwendung berufene Recht oder seinen Inhalt nicht kennen können und deshalb auf das Ortsrecht vertraut.[30] Auch fehlt eine überzeugende Begründung dafür, warum gerade der Abschlussort erhöhten Verkehrsschutz bietet.[31] Es kann sich immer nur um Verkehrsschutz auf einzelnen Gebieten handeln, und es muss konkretisiert werden, wer wann wogegen und warum geschützt werden soll – und damit einhergehend auch, zu wessen Lasten.[32] 9

---

17 Daher lehnt *W. Goldschmidt* FS Kegel, 1987, 163 ff. eine solche Vertrauensschutzregelung grds. ab; sehr krit. auch *v. Bar* IPR II, 1. Aufl. 1991, Rn. 57; *Kropholler* IPR § 42 I 3; BeckOK BGB/*Mäsch* Rn. 1; Calliess/Renner/*Loacker* Rn. 2 ff.; anders Rauscher/*Thorn* Rn. 1: absoluter Schutz des Minderjährigen wie im deutschen Sachrecht rechtsvergleichend eher die Ausnahme.

18 *Heldrich/Steiner* Int. Enc. Comp. L., Bd. IV Kap. 2, 2004, Nr. 28 ff.; vgl. Rauscher/*Thorn* Rn. 1.

19 BeckOK BGB/*Mäsch* Rn. 1; *Kramme* RabelsZ 85 (2021), 775 (784).

20 *Giuliano/Lagarde* BT-Drs. 10/503, 66; Zusammenstellung vergleichbarer Regelungen bei Staudinger/*Hausmann,* 2021, Rn. 8.

21 Cass. req. 16.1.1861, D.P. 1861.1.193 = S. 1861.1.305 mAnm *Massé;* dazu eingehend *Jobard-Bachellier,* L'apparence en droit international privé, 1984, 114 ff. mwN.

22 *v. Bar* IPR II, 1. Aufl. 1991, Rn. 53; *v. Bar/Mankowski* IPR II § 6 Rn. 34; Rauscher/*Thorn* Rn. 6; Staudinger/*Hausmann,* 2021, Rn. 3a; Calliess/Renner/*Loacker* Rn. 3; diff. BeckOGK/*Thomale* Rn. 3 mwN; zu früheren Regelungen *Kramme* RabelsZ 85 (2021), 775 (783).

23 *Jobard-Bachellier,* L'apparence en droit international privé, 1984, 120 ff. nennt acht verschiedene Rechtfertigungen; weiter *Ancel/Lequette,* Grands arrêts de la jurisprudence française de droit international privé, 3. Aufl. 1998, 35 ff.; *Lipp* RabelsZ 63 (1999), 107 (115 ff.); BeckOGK/*Thomale* Rn. 3 (Verbot widersprüchlichen Verhaltens, da der Käufer im Beisein seiner gesetzlichen Vertreter handelte); Rauscher/*Thorn* Rn. 6 (Abschluss des Vertrags im Aufenthaltsstaat der geschützten Partei).

24 Vgl. *Batiffol/Lagarde* DIP II Nr. 491 mwN auch der älteren Rspr.; *Ancel/Lequette,* Grands arrêts de la jurisprudence française de droit international privé, 3. Aufl. 1998, 35 ff.

25 Eingehende Darstellungen verschiedener nationaler Regelungen auch bei *Lipp* RabelsZ 63 (1999), 107 (115 ff.); *Lipp* FS Kühne, 2010, 765 ff.

26 S. auch die letztlich erfolglosen Bemühungen von BeckOGK/*Thomale* Rn. 4 ff., dem Art. 13 einen konsistenten Sinn und Zweck zu entnehmen.

27 Staudinger/*Hausmann,* 2021, Rn. 6; Grüneberg/*Thorn* Rn. 1; NK-BGB/*Leible* Rn. 2; Calliess/Renner/*Loacker* Rn. 6: „protecting *bona fide* reliance"; *v. Bar/Mankowski* IPR II § 6 Rn. 33; *Kegel/Schurig* IPR § 17 I 2d (S. 561).

28 Vgl. *Kegel/Schurig* IPR § 2 II 2 (S. 137).

29 BeckOGK/*Thomale* Rn. 4; zutr. verweist *Kropholler* IPR § 21 II auf die Mehrdeutigkeit des Begriffs „Vertrauensschutz".

30 Insoweit auch Staudinger/*Hausmann,* 2021, Rn. 4 ff.

31 So aber Staudinger/*Hausmann,* 2021, Rn. 6: Abschlussort steht bei Vertragsschluss fest und ist daher für die Parteien vorhersehbar. Freilich stehen auch andere mögliche Anknüpfungsmomente (nicht zuletzt ein gewähltes Recht) fest.

32 BeckOGK/*Thomale* Rn. 4.

10 Da nach Art. 10 Abs. 2 eine Partei sich auf ihre Unkenntnis des Geschäftsstatuts nur in engen Ausnahmesituationen berufen kann, scheint Art. 13 damit zusammenzuhängen, dass das Wirksamkeitserfordernis der Geschäftsfähigkeit zwingend **einem anderen Recht** als dem Geschäftsstatut unterworfen wird.[33] Das Statut des Geschäfts, auf das man sich freiwillig einlässt, muss man kennen oder ermitteln, das Fähigkeitsstatut also deutlich weniger. Kaum zu begründen ist dann jedoch, dass die geschäftsfähige Partei gerade auf das Recht des **Abschlussortes** vertrauen darf. Weil dieser Ort heute anerkanntermaßen keine oder nur sehr geringe Signifikanz für die Bestimmung des Vertragsstatuts hat, fragt man sich vergeblich, warum dies im Hinblick auf die unerkannte Geschäftsunfähigkeit anders sein soll.[34]

11 Die Anwendung des Rechts am Ort des Vertragsschlusses und der ganze Art. 13 werden von *Lipp* damit gerechtfertigt, dass beide Parteien am **örtlichen Rechtsverkehr** teilnehmen, dessen Recht primär berufen sei, über den Zugang zu diesem Rechtsverkehr zu entscheiden.[35] Das überzeugt nicht, weil insbesondere der schuldrechtliche Vertrag sonst gerade nicht lokalisiert wird,[36] vielmehr einem anderen Recht unterliegen kann. Und es geht, allenfalls, um den Zugang zu diesem **Recht des Vertrages,** das aber nicht von den Umständen seines Abschlusses abhängt. Vor allem erklärt diese Theorie auch nicht, warum der Zugang zum örtlichen Recht vom guten Glauben der Partei abhängt.[37]

12 *G. Fischer* meint, **für die geschäftsfähige Partei** liege dann ein Inlandsgeschäft vor, wenn der Vertrag im Land ihres gewöhnlichen Aufenthalts geschlossen wird, und ihr Schutz sei wegen des besonderen Vertrauens auf dieses Recht vorzuziehen. Bei Verträgen in dritten Staaten liege die Rechtfertigung dagegen darin, dass das örtliche Recht leichter festzustellen sei.[38] Er sieht darum den einen Schutz rechtfertigenden Vertrauenstatbestand im Wesentlichen darin, dass beim Vertragsschluss unter Anwesenden der Abschlussort eine **zweite** gewichtige **Beziehung** des Vertrages zu diesem Recht begründe, die das Vertrauen des Vertragspartners des nicht (voll) Geschäftsfähigen auf die Gültigkeit des Vertrages rechtfertige.[39] Demgemäß seien in teleologischer Reduktion namentlich Vertragsschlüsse an einem nur verkehrstechnisch bedingten, zufälligen Abschlussort auszunehmen, jedoch nicht solche auf Messen und Börsen (→ Rn. 50 f.).[40]

13 Diese beiden Überlegungen überzeugen nicht, weil der Abschlussort für die Vertragsanknüpfung unwichtig ist und deshalb auch den, an sich richtig gesehenen, Interessenkonflikt der Parteien nicht entscheiden kann. Der Schuldvertrag ist ein „vaterlandsloser Geselle", der nicht anhand der Umstände seines Abschlusses angeknüpft wird. Die Parteien können jedes Recht wählen, und auch die Anknüpfung an den gewöhnlichen Aufenthalt des charakteristisch Leistenden ist keine räumlich begründete Anknüpfung des Vertrages, sondern bevorzugt die Rechtsanwendungsinteressen des Leistenden. Jedenfalls spielt der **Abschlussort** für das Vertragsstatut heute gerade **keine Rolle** mehr. Die – alternative – örtliche Anknüpfung der Form ist keine Parallele, denn sie bezweckt gerade nicht den Schutz entschuldbarer Unkenntnis, sondern soll formgültiges Verhalten ermöglichen.[41] Auch Art. 10 Abs. 2 bietet keine tragfähige Parallele. Zum einen geht es dort um Freiheit von Bindung, nicht um Vertrauen in Bindung, zum anderen und vor allem verweist Art. 10 Abs. 2 nicht auf den Abschlussort, sondern auf das Recht des Staates, in dem die Partei lebt.[42] Deshalb lässt sich Art. 13 Rom I-VO jedenfalls de lege lata auch nicht als kollisionsrechtlicher Rechtsscheinstatbestand aufrechterhalten, der einen zurechenbaren Rechtsschein der Anwendbarkeit des Ortsrechts nur dann begründet, wenn dieses zugleich das Recht am gewöhnlichen Aufenthalt der geschützten Partei ist.[43]

14 In der veröffentlichten Rspr. scheint Art. 13 Rom I-VO – wie auch Art. 12 EGBGB – bei natürlichen Personen **kaum eine praktische Rolle** zu spielen.[44] Für Minderjährige kann das mit

---

33 So *G. Fischer* IPRax 1989, 215 f.; *Giuliano/Lagarde* BT-Drs. 10/503, 66, die eine alternative Anknüpfung dann für entbehrlich halten, wenn ein nationales IPR die Geschäftsfähigkeit dem Geschäftsstatut unterstellt.

34 Vgl. BeckOGK/*Thomale* Rn. 4.

35 *Lipp* RabelsZ 63 (1999), 107 (130 ff.): Das Geschäftsfähigkeitsrecht habe sachlich notwendigerweise eine doppelte Funktion: den Status der Person und ihren Zugang zum Rechtsverkehr zu regeln. Zust. Staudinger/*Hausmann,* 2021, Rn. 5.

36 *Kegel/Schurig* IPR § 18 I 1a; nachdrücklich BeckOGK/*Thomale* Rn. 4.

37 BeckOGK/*Thomale* Rn. 4.

38 *G. Fischer,* Verkehrsschutz im internationalen Vertragsrecht, 1990, 26 f., 104 f.

39 *G. Fischer,* Verkehrsschutz im internationalen Vertragsrecht, 1990, 58 ff.; *G. Fischer* IPRax 1989, 215 f.

40 *G. Fischer,* Verkehrsschutz im internationalen Vertragsrecht, 1990, 64 f.

41 Vgl. Staudinger/*Hausmann,* 2021, Rn. 7; BeckOGK/*Thomale* Rn. 4, 6.

42 Staudinger/*Hausmann,* 2021, Rn. 7; BeckOK BGB/*Mäsch* Rn. 2; s. aber *Kramme* RabelsZ 85 (2021), 775 (785).

43 Dafür BeckOGK/*Thomale* Rn. 6 f., jedoch vorrangig für eine Abschaffung der Norm plädierend; gegen eine teleologische Reduktion auf diese Konstellation Rauscher/*Thorn* Rn. 2.

44 Calliess/Renner/*Loacker* Rn. 10; BeckOGK/*Thomale* Rn. 3; dieselbe Beobachtung machen in Frankreich *P. Mayer/Heuzé/Remy* DIP Nr. 547.

der weitgehenden Angleichung des Volljährigkeitsalters in Europa auf 18 Jahre erklärt werden.[45] Eher schon ist mit Rechtsunterschieden bei geschäftsunfähigen oder -beschränkten Volljährigen zu rechnen.[46] Doch auch sie haben die Rspr. nur ansatzweise beschäftigt.[47] Ein mögliche Erklärung wird darin gesehen, dass sich eine Vertragspartei bei Transaktionen mit größerem Volumen oder auf Kredit über die Geschäftsfähigkeit der anderen Partei versichern wird (oder müsste) und Streitigkeiten über geringfügige Geschäfte, in denen derlei Überlegungen ausbleiben, nicht die Gerichte erreichen.[48]

III. Anwendungsbereich

Der Wortlaut von Art. 13 bezieht sich auf die Rechts-, Geschäfts- und Handlungsunfähigkeit 15 einer natürlichen Person. Einen wirklichen **praktischen** Anwendungsbereich kann die Vorschrift freilich nur in Bezug auf die **Geschäftsfähigkeit** haben.[49] Die Norm lässt sich daher so beschreiben, dass sie den gutgläubigen Vertragspartner einer in ihren Fähigkeiten beschränkten Partei schützt, indem diese sich auf die Unwirksamkeit ihres Vertrages wegen ihrer Geschäftsunfähigkeit nicht berufen darf.

1. Vorgehende staatsvertragliche Regelungen. Wendet man Art. 13 auf den guten Glauben 16 in die Befugnisse gesetzlicher oder amtlich bestellter Vertreter von Geschäftsunfähigen an (→ Rn. 41 f.), so ist zu beachten, dass **Art. 19 KSÜ** und **Art. 17 ESÜ** vergleichbare Bestimmungen zum Schutz des Rechtsverkehrs enthalten. Für das Verhältnis dieser Bestimmungen zu Art. 13 kommt es wegen der Regelung in Art. 25 darauf an, ob die Übereinkommen zum Zeitpunkt der Annahme der Rom I-VO (17.6.2008) bereits in Kraft waren.[50] Dies ist in Deutschland für beide Übereinkommen nicht der Fall, so dass Art. 13 Rom I-VO Vorrang einzuräumen ist.[51] Außerhalb des Anwendungsbereichs der Rom I-VO genießen hingegen beide Übereinkommen wegen Art. 3 Nr. 2 EGBGB Vorrang vor Art. 12 EGBGB (→ EGBGB Art. 12 Rn. 24). Das Handeln der minderjährigen oder volljährigen in ihrer Geschäftsfähigkeit beschränkten Person selbst ist hiervon von vornherein nicht betroffen; für diese Situation enthalten weder KSÜ noch ErwSÜ eine Verkehrsschutzregelung.

Aufgrund von Art. 25 unberührt ist hingegen Art. 8 Abs. 3 **Deutsch-Iranisches Niederlas-** 17 **sungsabkommen** von 1929 mit seinem Schlussprotokoll als bestehender Vertrag eines Mitgliedstaats mit einem Drittstaat. Danach soll unter Parteien mit ausschließlich iranischer Staatsangehörigkeit nur iranisches Geschäftsfähigkeitsrecht gelten. Das schließt den Verkehrsschutz durch Art. 13 mit dessen Verweis auf das Recht des Abschlussortes bei eigenem Handeln des Geschäftsunfähigen aus. Eine Ausnahme macht Art. 8 Abs. 3 S. 2 Deutsch-Iranisches Niederlassungsabkommen nur, wenn der deutsche ordre public der Anwendung des iranischen Rechts entgegenstünde („gegenüber jedem anderen Staat"). Der Verkehrsschutz ist aber kein Bestandteil des ordre public.[52]

Wechsel und **Scheck** fallen nicht unter die Rom I-VO (Art. 1 Abs. 2 lit. d), aber auch Art. 12 18 EGBGB ist wegen der speziellen Verkehrsschutzbestimmungen in Art. 91 Abs. 2 WG und Art. 60 Abs. 2 ScheckG nicht anzuwenden (→ EGBGB Art. 12 Rn. 23).

2. Persönlicher Anwendungsbereich. a) Partei mit beschränkter Fähigkeit. Die alterna- 19 tive Anknüpfung ihrer Fähigkeiten gilt nach dem Wortlaut des Art. 13 nur für **natürliche Personen,** nicht für juristische. Der Begriff der natürlichen Person wirft kein Qualifikationsproblem auf. Zur Frage der analogen Anwendung im Gesellschaftsrecht → Rn. 44 f. Vorgeschlagen wurde eine analoge Anwendung zum Schutz des Vertrauens in die Rechts- und Geschäftsfähigkeit von Systemen

---

45 JurisPK-BGB/*Baetge* Rn. 5; Überblick bei Staudinger/*Hausmann,* 2019, EGBGB Anh. Art. 7. Das Volljährigkeitsalter des Mexikaners in Lizardi betrug damals noch 25 Jahre. Vgl. auch zu Iran OLG Köln FamRZ 1997, 1240.

46 *Lipp* RabelsZ 63 (1999), 107 (128 f.); Rechtsvergleich bei *Heldrich/Steiner* Int. Enc. Comp. L., Bd. IV Kap. 2, 2004, Nr. 30 ff.; *Hellwege* in Basedow/Hopt/Zimmermann, Handwörterbuch des Europäischen Privatrechts, 2009, 703 (706); *Poussou-Petit* Eur. Rev. Priv. L. 3 (1995), 383 ff.

47 In OGH IPRax 2013, 447 m. Aufsatz *Spellenberg* IPRax 2013, 466 handelte ein deutscher Geschäftsunfähiger in Österreich, doch waren die Verträge nach beiden Rechten gleichermaßen unwirksam.

48 *P. Mayer/Heuzé/Remy* DIP Nr. 547.

49 Rauscher/*Thorn* Rn. 10.

50 Rauscher/*v. Hein* Art. 25 Rn. 9; Calliess/Renner/*Loacker* Rn. 12.

51 BeckOGK/*Thomale* Rn. 8; Erman/*Stürner* Rn. 2; aA Rauscher/*Thorn* Rn. 10; Staudinger/*Hausmann,* 2021, Rn. 28 ff.: keine analoge Anwendung des Art. 13 im Anwendungsbereich der Übereinkommen; diff. nach Ort der Anordnung der fraglichen Maßnahme → 8. Aufl. 2021, Rn. 50 *(Spellenberg).*

52 Für Anwendung des Art. 13 aber jurisPK-BGB/*Baetge* Rn. 7; BeckOGK/*Thomale* Rn. 10: Art. 13 gelte idS gegenüber jedem fremden Staat.

künstlicher Intelligenz auf der Grundlage künftiger materieller Regelungen am Ort des Vertragsschlusses.[53]

20 **b) Geschützte Partei.** Eine vergleichbare Beschränkung auf natürliche Personen enthält Art. 13 auf Seiten der geschützten Partei nicht. Auch eine **juristische Person** kann sich unstr. gegenüber einer nach ihrem Fähigkeitsstatut (Art. 7 Abs. 2 EGBGB) geschäftsunfähigen natürlichen Person auf das Ortsrecht berufen.[54] Art. 13 beschränkt den Schutz auf die Partei, die mit dem beschränkt Fähigen kontrahiert. **Dritte** können sich trotz ihres guten Glaubens nicht auf Art. 13 berufen, sondern nur ggf. darauf, dass der Vertrag zwischen anderen Parteien infolge von Art. 13 wirksam ist, wenn ihre Rechtsposition davon abhängen sollte.[55]

21 **c) Keine teleologische Reduktion bei gleichem Fähigkeitsstatut.** Art. 13 ist zwar so formuliert, dass er auch Anwendung fände, wenn beide Parteien, die im Ausland kontrahieren, nach Art. 7 EGBGB dem gleichen Fähigkeitsstatut unterliegen. Eine noch zu Art. 7 Abs. 1 EGBGB aF entwickelte Ansicht plädiert jedoch für eine **teleologische Reduktion** des Art. 13 im Falle gleicher Staatsangehörigkeit beider Parteien.[56] Hätten die Landsleute ein rein nationales Geschäft vorgenommen, gäbe es keinen Vertrauensschutz, und es solle keinen Unterschied machen, wenn sie den Vertrag im Ausland abschließen.[57] Wie schon im Arrêt Lizardi, der Pate stand (→ Rn. 8), wird argumentiert, es komme eine Entschuldigung nur der Unkenntnis des für die vertrauende Partei fremden, damals also außerfranzösischen Rechts in Frage,[58] nicht die des eigenen. Nach dem Wechsel des Anknüpfungsmoments in Art. 7 Abs. 2 EGBGB lässt sich diese Ansicht bezogen auf die gemeinsame Staatsangehörigkeit nicht mehr aufrechterhalten, da bei Fehlen eines gemeinsamen gewöhnlichen Aufenthalts eine Vertragspartei nicht mit dem Recht der anderen Partei vertraut sein muss,[59] auch wenn beide demselben Staat angehören. Die Argumentation lässt sich jedoch auf den gemeinsamen gewöhnlichen Aufenthalt als nunmehr gemeinsames Fähigkeitsstatut übertragen und gewinnt dadurch vielleicht sogar an Überzeugungskraft, da der gewöhnliche Aufenthalt in höherem Maße einen Umweltbezug herstellen kann. Jedoch ist zur Entscheidung über eine teleologische Reduktion der EuGH berufen, dem die Frage zur Vorabentscheidung vorzulegen wäre. Dass der EuGH eine Einschränkung der Norm gegen ihren Wortlaut vornimmt, ist eher nicht zu erwarten, zumal auch heute bereits eine teleologische Reduktion verbreitet **abgelehnt** wird.[60] Wahrscheinlicher ist, dass die eigentlich objektive Situation übereinstimmender Fähigkeitsstatute **im Rahmen der Fahrlässigkeit** gelöst wird: Maßgeblich ist dann, ob von einer Partei – wie im Regelfall – erwartet werden kann, dass sie ihr eigenes Recht kennt.[61] Mit diesem Ansatz lässt sich zudem berücksichtigen, ob der geschützten Partei der gemeinsame gewöhnliche Aufenthalt bekannt war.[62]

22 **3. Sachlicher Anwendungsbereich. a) Schuldrechtliche Verträge und einseitige Rechtsgeschäfte.** Der sachliche Anwendungsbereich des Art. 13 entspricht demjenigen der Rom I-VO und umfasst alle **schuldrechtlichen Verträge** iSd europäischen Kollisionsrechts (→ Art. 1 Rn. 8 ff.) unabhängig von ihrem Gegenstand. Einzubeziehen sind auch **einseitige Rechtsgeschäfte,** soweit sie sich auf einen Vertrag beziehen.[63] Ein Anhaltspunkt dafür ist Art. 11 Abs. 3, der die Formanknüpfung auf einseitige Rechtsgeschäfte, die sich auf einen geschlossenen oder zu

---

[53] *Arnold* IPRax 2022, 13 (18 f.); BeckOK BGB/*Mäsch* Rn. 8; jurisPK-BGB/*Baetge* Rn. 19.

[54] BeckOK BGB/*Mäsch* Rn. 8; Rauscher/*Thorn* Rn. 12; Staudinger/*Hausmann,* 2021, Rn. 12; NK-BGB/*Leible* Rn. 11. Für die Frage der Fahrlässigkeit kommt es dann auf das handelnde Organ an.

[55] Ebenso BeckOK BGB/*Mäsch* Rn. 38: Klage gegen einen Bürgen; BeckOGK/*Thomale* Rn. 12.

[56] So insb. → 8. Aufl. 2021, Rn. 27 *(Spellenberg);* ferner *v. Bar* IPR II, 1. Aufl. 1991, Rn. 59; *Batiffol/Largarde* DIP II Nr. 491.

[57] *v. Bar* IPR II, 1. Aufl. 1991, Rn. 59: Landsleute haben keinen Anlass, sich auf das dortige Recht zu verlassen. Zum Irrtum über die anknüpfungserheblichen Tatsachen → Rn. 64.

[58] *Batiffol/Lagarde* DIP II Nr. 491.

[59] Anders BeckOK BGB/*Mäsch* Rn. 32: sowohl bei gemeinsamem gewöhnlichem Aufenthalt als auch bei gemeinsamer Staatsangehörigkeit sei Fahrlässigkeit der geschützten Partei anzunehmen, wenn sie um diesen Umstand weiß; dieser (früher bestehende) Bezug des gemeinsamen Heimatrechts zum Fähigkeitsstatut wird nicht deutlich bei BeckOGK/*Thomale* Rn. 30.

[60] Rauscher/*Thorn* Rn. 13: „Manipulation des Anwendungsbereichs"; Staudinger/*Hausmann,* 2021, Rn. 56; BeckOGK/*Thomale* Rn. 30; BeckOK BGB/*Mäsch* Rn. 9; Ferrari IntVertragsR/*Schulze* Rn. 8; Calliess/Renner/*Loacker* Rn. 32; *Lipp* RabelsZ 63 (1999), 107 (135); *G. Fischer,* Verkehrsschutz im internationalen Vertragsrecht, 1990, 59 f.

[61] Dafür Staudinger/*Hausmann,* 2021, Rn. 56; BeckOK BGB/*Mäsch* Rn. 32; Rauscher/*Thorn* Rn. 13; Calliess/Renner/*Loacker* Rn. 32; *G. Fischer,* Verkehrsschutz im internationalen Vertragsrecht, 1990, 59 f.

[62] BeckOK BGB/*Mäsch* Rn. 32.

[63] Staudinger/*Hausmann,* 2021, Rn. 22; Rauscher/*Thorn* Rn. 15; BeckOGK/*Thomale* Rn. 20; NK-BGB/*Leible* Rn. 6.

schließenden Vertrag beziehen, erstreckt. Es ist sinnvoll, einseitige Rechtsgeschäfte wie zB Kündigungen einzubeziehen, wenn sie gegenüber einem anderen vorzunehmen, also **empfangsbedürftig** sind, und **im Zusammenhang mit einem Schuldvertrag** stehen, also insoweit in den sachlichen Anwendungsbereich der VO fallen. Art. 13 schützt den Empfänger einer Erklärung des nicht (voll) Geschäftsfähigen, zB einer Kündigung, der sich auf die Erklärung einstellt, doch hilft die Vorschrift auch, wenn eine Erklärung an den nicht voll Geschäftsfähigen als Erklärungsempfänger abgegeben wird und deshalb nicht wirksam sein sollte (zB § 131 Abs. 1 BGB).[64]

b) Unentgeltliche Rechtsgeschäfte. Auch unentgeltliche Rechtsgeschäfte fallen in den sachlichen Anwendungsbereich der Rom I-VO. *G. Fischer* will jedoch (bezogen auf Art. 12 EGBGB) **Schenkungen** vom Schutz der Vorschrift ausnehmen, weil sie keine Verkehrsgeschäfte seien und kein schutzwürdiges Vertrauen der anderen Partei begründen könnten.[65] Daran ist richtig, dass im deutschen und auch in ausländischen Sachrechten der unentgeltliche Erwerber generell weniger geschützt wird als der entgeltliche.[66] Jedoch enthält die Rom I-VO keinen Anhaltspunkt für eine derartige Differenzierung und haben auch die Verfasser des EVÜ, aus dem Art. 13 stammt (→ Rn. 1), eine solche Einschränkung nicht diskutiert.[67] Letztlich scheint der Schutz des Vertrauens auf den Bestand auch von Schenkungen bzw. Schenkungsversprechen konsequenter,[68] weil der Empfänger zwar keine Gegenleistung erbringt, aber möglicherweise doch im Vertrauen darauf disponiert. Erst recht gilt dies für den **Auftrag** und andere unentgeltliche Verträge. 23

4. Fähigkeiten. a) Fähigkeitsstatut. Art. 13 schützt den gutgläubigen Vertragspartner gegen die Unkenntnis der fehlenden oder beschränkten Fähigkeit gemäß dem vom nationalen Kollisionsrecht (Art. 1 Abs. 2 lit. a) zu bestimmenden Fähigkeitsstatut. Zu der Frage, wie ein nationales IPR dieses Statut ermittelt, macht Art. 13 keine Vorgabe, sodass zunächst jedes andere Recht als dasjenige des Abschlussorts in Betracht kommt. Nur wenn das Fähigkeitsstatut mit dem Recht des Abschlussortes übereinstimmt, bedarf es einer Anwendung des Art. 13 nicht.[69] Teleologisch zu reduzieren ist Art. 13, wenn das nationale IPR die Geschäftsfähigkeit dem Vertragsstatut unterstellt. Diese Beschränkung ist im Bericht von *Giuliano/Lagarde* angedeutet, wonach eine Schutzbestimmung nach Art des Art. 13 in Staaten entbehrlich sei, die „die Geschäftsfähigkeit dem Recht des Ortes des Vertragsabschlusses oder dem Vertragsstatut unterstellen".[70] Zwar kann das Geschäftsstatut ebenso das „Recht eines anderen Staates" als des Abschlussortes sein. Wenn man jedoch das Geschäftsstatut grundsätzlich als bekannt voraussetzen muss, dann auch seine Regelung der Geschäftsfähigkeit. Art. 13 ist also auf den Fall einer **eigenständigen Anknüpfung** der Fähigkeit zu beschränken (→ Rn. 10).[71] Die Vorschrift meint nur die Situation der gesonderten Teilfragenanknüpfung. 24

Das **deutsche IPR** nimmt eine gesonderte Anknüpfung vor, die seit dem 1.1.2023 zwischen der Rechtsfähigkeit und der Geschäftsfähigkeit differenziert (für alle vor dem 1.1.2023 abgeschlossenen Vorgänge bleibt es bei der Staatsangehörigkeitsanknüpfung in Art. 7 Abs. 1 EGBGB aF). Während die Rechtsfähigkeit in Art. 7 Abs. 1 EGBGB weiterhin an die Staatsangehörigkeit angeknüpft wird, vollzieht Art. 7 Abs. 2 EGBGB für die Geschäftsfähigkeit den Wechsel zur Anknüpfung an den gewöhnlichen Aufenthalt. Ein Renvoi ist in beiden Fällen zu beachten (Art. 4 Abs. 1 S. 1 EGBGB). Da nach wie vor viele nationale Kollisionsrechte auch für die Geschäftsfähigkeit dem Staatsangehörigkeitsprinzip folgen, dürfte eine Rück- oder Weiterverweisung nicht selten sein. Beachtet werden muss auch ein Renvoi auf das Geschäftsstatut, wie ihn nach wohl überwiegender Auffassung das englische IPR ausspricht.[72] Obwohl dann das Fähigkeitsstatut mit dem Geschäftsstatut übereinstimmt (→ Rn. 24), sollte in diesem Fall Art. 13 nicht reduziert werden, nicht nur weil zunächst Art. 7 EGBGB anzuwenden war, sondern auch weil erst die Kollisionsregel eines fremden Rechts zum Geschäftsstatut führt und diese noch schwerer als die materiellen Geschäftsfähigkeitsregeln zu erkennen ist.[73] 25

---

64 Staudinger/*Hausmann,* 2021, Rn. 22; BeckOK BGB/*Mäsch* Rn. 11.

65 *G. Fischer,* Verkehrsschutz im internationalen Vertragsrecht, 1990, 42.

66 Rechtsvergleichend *Schmidt-Kessel* in Basedow/Hopt/Zimmermann, Handwörterbuch des Europäischen Privatrechts, 2009, 1538 ff.

67 *Giuliano/Lagarde* BT-Drs. 10/503, 66.

68 Ebenso BeckOK BGB/*Mäsch* Rn. 11; Rauscher/*Thorn* Rn. 14; BeckOGK/*Thomale* Rn. 18.

69 BeckOK BGB/*Mäsch* Rn. 6.

70 *Giuliano/Lagarde* BT-Drs. 10/503, 66.

71 Ebenso Rauscher/*Thorn* Rn. 25; aA Staudinger/*Hausmann,* 2021, Rn. 49; BeckOGK/*Thomale* Rn. 30; wenngleich mit Bedenken *G. Fischer,* Verkehrsschutz im internationalen Vertragsrecht, 1990, 68 ff.

72 Dazu *Dicey/Morris/Collins,* The Conflict of Laws II, 16. Aufl. 2022, Rn. 32-209 ff. mwN; *Lipp* FS Kühne, 2009, 765 ff.

73 Ebenso Rauscher/*Thorn* Rn. 25; für Beachtung der Rück- oder Weiterverweisung zum Geschäftsstatut auch BeckOK BGB/*Mäsch* Rn. 6.

26 **Besondere Geschäftsfähigkeiten** wie die Ehemündigkeit (→ EGBGB Art. 13 Rn. 39 ff.) oder die Testierfähigkeit (Art. 26 Abs. 1 lit. a EuErbVO) werden zumeist dem Geschäftsstatut unterstellt (→ EGBGB Art. 7 Rn. 69 ff.). Einen Vertrauensschutz gewährt Art. 13 hier schon deshalb nicht, weil diese Rechtsgeschäfte dadurch eine abweichende Qualifikation erfahren und nicht in den Anwendungsbereich der Rom I-VO fallen.[74]

27 Schon aufgrund der Bereichsausnahme des Art. 1 Abs. 2 lit. a sind die Begriffe der „Rechts-, Geschäfts- und Handlungsfähigkeit" **autonom auszulegen,** da der Anwendungsbereich der Rom I-VO europaweit einheitlich sein muss. Für Art. 13, der dieselben Begriffe verwendet, kann dann nichts anderes gelten.[75] Dafür streitet schon der in der Formulierung des Art. 1 Abs. 2 lit. a hergestellte Zusammenhang mit Art. 13.[76] Somit bestimmt die autonome Qualifikation der Fähigkeiten zugleich über die Reichweite des von Art. 13 gewährten Schutzes.[77] Freilich ist die Möglichkeit einer autonomen Auslegung insbesondere in Bezug auf die Geschäftsfähigkeit umstritten. Vorschläge in der Lit., die Geschäftsfähigkeit nach dem Begriffsverständnis am Abschlussort zu fassen, weil vor Fehlern nach dortigem Verständnis Schutz gewährt werde,[78] verfehlen jedoch den Gleichklang innerhalb der Verordnung ebenso wie ein Plädoyer dafür, in der Rechtsanwendung in Deutschland Art. 7 EGBGB einen (vermeintlich engeren) Begriff der Geschäftsfähigkeit zu entnehmen.[79] Verbindliche europäische Vorgaben oder Hilfestellungen zur Grenzziehung fehlen bislang.

28 Die Reichweite der **Anknüpfungsgegenstände im autonomen Kollisionsrecht** bestimmt hingegen der nationale Gesetzgeber. Was also als Geschäftsfähigkeit unter Art. 7 Abs. 2 EGBGB zu fassen ist, ergibt sich aus der Auslegung dieser Norm und muss nicht mit dem Begriff der „Geschäftsfähigkeit" in Art. 13 übereinstimmen. Jedoch dürfte einstweilen von einer Übertragbarkeit der Begriffe auszugehen sein, sofern beiden dieselben Wertungen zugrunde gelegt werden.[80] Die als mögliche Diskrepanz diskutierten besonderen Geschäftsfähigkeiten unterliegen zwar eigenen Kollisionsnormen,[81] betreffen aber nicht den Abschluss von Schuldverträgen. Die ebenfalls als mögliche Diskrepanz ins Spiel gebrachten ehebedingten Interzessions- oder Verpflichtungsverbote[82] können hingegen durchaus in Schuldverträgen zum Tragen kommen. Jedoch zeigen die Art. 27 lit. f, 28 EuGüVO, dass diese Regelungen nach europäischem Verständnis nicht zur Geschäftsfähigkeit zählen.[83] Wenn sie nicht unter Art. 7 Abs. 2 EGBGB gefasst werden, ergibt sich also auch insoweit keine Schwierigkeit. Damit harmoniert die vorrangige Anwendung der besonderen Schutzbestimmung des Art. 16 EGBGB aF in Altfällen, in denen die EuGüVO intertemporal nicht anwendbar ist (→ EGBGB Art. 12 Rn. 26 ff.).

29 Art. 13 schützt vor dem Fehlen der darin genannten Fähigkeiten. Wann einer Person eine dieser Fähigkeiten, insb. die Geschäftsfähigkeit, fehlt, bestimmt hingegen nicht das europäische Recht, sondern das Fähigkeitsstatut.[84] Ebenso wenig entscheidet europäisches Kollisionsrecht über die **Folgen** des Fehlens einer Fähigkeit für die Vertragswirksamkeit. Die Anknüpfung bleibt den autonomen Kollisionsregeln überlassen. Berufen ist aus deutscher Sicht, jedenfalls nach hM (näher → EGBGB Art. 7 Rn. 61 ff.), ebenfalls das Fähigkeitsstatut. Würde man die Folgen hingegen nach Vertragsstatut beurteilen, wäre kein Raum für Art. 13, da dieser voraussetzt, dass die Fähigkeit gerade nicht nach dem Vertragsstaut beurteilt wird (→ Rn. 24).

30 **b) Rechtsfähigkeit.** Die Rechtsfähigkeit ist die Fähigkeit, Träger von Rechten und Pflichten zu sein. Sie kann bei Verträge schließenden natürlichen Personen schon nach deren Heimatrecht (Art. 7 Abs. 1 EGBGB) kaum fehlen, denn rechtsvergleichende Unterschiede bestehen allenfalls am

---

74 Ähnlich *Kramme* RabelsZ 85 (2021), 775 (805 f.); so auch Rauscher/*Thorn* Rn. 25; insoweit auch Staudinger/*Hausmann,* 2021, Rn. 25.

75 *Kramme* RabelsZ 85 (2021), 775 (780 ff.); BeckOK BGB/*Mäsch* Rn. 18; Rauscher/*Thorn* Rn. 16.

76 *Kramme* RabelsZ 85 (2021), 775 (786).

77 *Kramme* RabelsZ 85 (2021), 775 (785).

78 Dafür BeckOGK/*Thomale* Rn. 14.

79 Dafür Staudinger/*Hausmann,* 2021, Rn. 15; für „Anlehnung" an Art. 7 EGBGB bei gleichzeitiger Berücksichtigung funktional äquivalenter Regelungen ausländischer Rechte → 8. Aufl. 2021, Rn. 33 f. *(Spellenberg).*

80 BeckOK BGB/*Mäsch* Rn. 18; → 8. Aufl. 2021, Rn. 33 *(Spellenberg);* zweifelnd, jedoch für eine aus dem europäischen Geschäftsfähigkeitsstatut folgende Neujustierung im nationalen Kollisionsrecht plädierend *Kramme* RabelsZ 85 (2021), 775 (810).

81 Staudinger/*Hausmann,* 2021, Rn. 25, zugestehend, dass Sondergeschäftsfähigkeiten innerhalb des Anwendungsbereichs der Rom I-VO „praktisch selten" seien.

82 BeckOGK/*Thomale* Rn. 14.

83 Rauscher/*Thorn* Rn. 17; *Kramme* RabelsZ 85 (2021), 775 (787 ff.); s. auch Staudinger/*Hausmann,* 2021, Rn. 33a.

84 Rauscher/*Thorn* Rn. 16.

Beginn und am Ende des Lebens.[85] Notfalls griffe der ordre public ein.[86] Die Rechtsfähigkeit natürlicher Personen kann für die Anwendung des Art. 13 praktisch vernachlässigt werden. Die Erwähnung der Rechtsfähigkeit wäre aber bedeutsam bei einer analogen Anwendung auf Gesellschaften (→ Rn. 44 f.).

c) Geschäftsfähigkeit. aa) Persönliche Einschränkungen. Die ohnehin geringe (→ Rn. 14) Bedeutung des Art. 13 liegt auf dem Gebiet der Geschäftsfähigkeit. Geschäftsfähigkeit lässt sich als die Fähigkeit einer Person beschreiben, durch Rechtsgeschäft Rechte und Pflichten einzugehen und auf diese Weise ihre Rechtsverhältnisse selbst zu gestalten (→ EGBGB Art. 7 Rn. 43).[87] Sie kann umfassend bestehen oder ganz fehlen, aber auch eine auf bestimmte Lebensbereiche begrenzte Teilgeschäftsfähigkeit (zB §§ 112, 113 BGB) sein. Art. 13 hilft nicht nur bei Geschäftsunfähigkeit, sondern auch bei **beschränkter Geschäftsfähigkeit** und bei einer **Entmündigung oder Betreuung,** sofern diese Maßnahmen in Deutschland anerkannt werden. Praktisch wichtig dürften Bestimmungen sein, die einen Minderjährigen, der ein **Geschäft betreibt** oder einen **Beruf ausübt,** dafür oder gar generell für geschäftsfähig erklären.[88] 31

Die Beschränkung der Geschäftsfähigkeit oder umgekehrt ihr Bestehen beruhen in der Regel auf **Eigenschaften der Person,** vor allem auf dem Alter.[89] Die Eigenschaft muss nicht dauerhaft sein. Mängel der Geschäftsfähigkeit aufgrund von Krankheit (vgl. § 104 Nr. 2 BGB) und wegen vorübergehender Störung der Geistestätigkeit (vgl. § 105 Abs. 2 BGB) gehören zum Geschäftsfähigkeitsstatut und können in Art. 13 einbezogen werden.[90] Anders wäre dies nur, wenn man entgegen der hM diese „natürliche Geschäftsunfähigkeit" aus dem Geschäftsfähigkeitsstatut ausklammern und dem Vertragsstatut unterstellen wollte (dafür → EGBGB Art. 7 Rn. 46 ff.).[91] Zunehmend relevant werden in diesem Zusammenhang Mängel der Geschäftsfähigkeit älterer Personen.[92] Es muss auch nicht unbedingt eine physische Eigenschaft sein. So gehören Regelungen, dass Heirat oder Emanzipation mündig mache (Art. 7 Abs. 2 S. 2 EGBGB), ebenfalls hierher.[93] 32

bb) Entmündigung; Betreuung. Eine Beschränkung der Geschäftsfähigkeit kann sich auch aus einer Entmündigung ergeben, die in einigen ausländischen Rechten noch als Rechtsinstitut existiert. Auch hierauf ist Art. 13 grundsätzlich anwendbar (→ Rn. 31).[94] Das ErwSÜ enthält für diesen Fall hingegen keine Regelung (→ Rn. 16). Voraussetzung einer Anwendung des Art. 13 im Inland ist jedoch, dass die im Ausland ausgesprochene Entmündigung in Deutschland **anzuerkennen** ist (→ EGBGB Art. 7 Rn. 98 f.).[95] Fehlt eine Anerkennungsfähigkeit im Inland, kann die Entmündigung hier ohnehin keine Wirkungen entfalten, gegen die der Schutz des Art. 13 in Anschlag zu bringen wäre.[96] 33

Liegen die Voraussetzungen, nach denen die ausländische Entmündigung im Inland beachtet werden kann, vor und handelte der Vertragspartner in gutem Glauben, so ist hinsichtlich des **Schutzumfangs** zu differenzieren. Nach dem Schutzzweck des Art. 13 ist es zum Schutz des gutgläubigen Vertragspartners nicht in jedem Fall erforderlich, den Entmündigten als voll geschäftsfähig anzusehen. Lässt auch das Recht des Abschlussorts eine Beschränkung der Geschäftsfähigkeit Volljähriger zu, so ist der Schutz des guten Glaubens vielmehr auf die nach diesem Recht zulässigen Rechtsfolgen zu beschränken, denn mit dieser Beschränkungsmöglichkeit muss der Rechtsverkehr rechnen.[97] Tatsächliche Unkenntnis von einer im Ausland angeordneten Entmündigung hilft nicht 34

---

[85] Einzelheiten bei *v. Bar,* Gemeineuropäisches Privatrecht der natürlichen Person, 2023, Rn. 190 ff.

[86] Ebenso BeckOK BGB/*Mäsch* Rn. 16.

[87] *Kramme* RabelsZ 85 (2021), 775 (798); Rauscher/*Thorn* Rn. 17; s. auch *v. Bar* IPR II, 1. Aufl. 1991, Rn. 35; *v. Bar,* Gemeineuropäisches Privatrecht der natürlichen Person, 2023, Rn. 256 ff.

[88] BeckOK BGB/*Mäsch* Rn. 19; vgl. *Kramme* RabelsZ 85 (2021), 775 (803).

[89] *Kramme* RabelsZ 85 (2021), 775 (798).

[90] Rauscher/*Thorn* Rn. 17; Staudinger/*Hausmann,* 2021, Rn. 14b, 67; Ferrari IntVertragsR/*Schulze* Rn. 8.

[91] So für den Fall des § 105 Abs. 2 BGB *Kegel/Schurig* IPR § 17 V a (S. 614); zust. → 8. Aufl. 2021, Rn. 38 *(Spellenberg).*

[92] Zu Art. 13 Rom I-VO vgl. OGH IPRax 2013, 447 m. Aufsatz *Spellenberg* IPRax 2013, 466.

[93] Rauscher/*Thorn* Rn. 17; Staudinger/*Hausmann,* 2021, Rn. 18; aA *Kramme* RabelsZ 85 (2021), 775 (807).

[94] BeckOGK/*Thomale* Rn. 15; BeckOK BGB/*Mäsch* Rn. 21; Rauscher/*Thorn* Rn. 17; Staudinger/*Hausmann,* 2021, Rn. 16.

[95] BeckOK BGB/*Mäsch* Rn. 21; Erman/*Stürner* Rn. 4; Grüneberg/*Thorn* Rn. 5; NK-BGB/*Leible* Rn. 14.

[96] BeckOK BGB/*Mäsch* Rn. 21; Staudinger/*Hausmann,* 2021, Rn. 70; *Lipp* RabelsZ 63 (1999), 107 (137), zugleich gegen die Forderung nach einer Anerkennungsfähigkeit im Staat des Abschlussorts; dafür etwa Soergel/*Kegel* EGBGB Art. 12 Rn. 13.

[97] BeckOK BGB/*Mäsch* Rn. 21; BeckOGK/*Thomale* Rn. 15; Staudinger/*Hausmann,* 2021, Rn. 17, 69; *Lipp* RabelsZ 63 (1999), 107 (137 f.).

(→ Rn. 64).[98] Bezogen auf eine Geschäftsvornahme in Deutschland bedeutet das, dass einer weitergehenden Entmündigung die Wirkungen einer Betreuung unter Einwilligungsvorbehalt (§ 1825 BGB) als größtmögliche Beschränkung des rechtsgeschäftlichen Handelns eines Volljährigen zukommen.[99] Sofern hingegen nach dem Recht des Abschlussorts die Voraussetzungen für eine Beschränkung des rechtsgeschäftlichen Handelns des Volljährigen nicht vorliegen, der Eingriff durch die Entmündigung im konkreten Fall also aus anderen Gründen erfolgte, muss der Rechtsverkehr auch nicht damit rechnen und die Entmündigung wird insgesamt nicht beachtet.[100]

35 Die vorstehenden Grundsätze lassen sich auf eine hier anzuerkennende **Betreuung,** die **im Ausland** angeordnet wurde, übertragen. Soweit deren Rechtswirkungen nicht über das hinausgehen, was das Recht am Abschlussort erlaubt (in Deutschland: § 1825 BGB), muss Art. 13 keinen Schutz gewähren.[101] Eine wirksam **im Inland angeordnete Betreuung** unter Einwilligungsvorbehalt ist bei Geschäftsabschluss im Inland unbedingt zu beachten, auch wenn sie vom Staat, in dem der Betreute seinen gewöhnlichen Aufenthalt hat (Art. 7 Abs. 2 EGBGB), nicht anerkannt wird.[102]

36 **cc) Ehebedingte Geschäftsbeschränkungen.** Nicht zur Geschäftsfähigkeit rechnen ehebedingte Geschäftsbeschränkungen wie Verpflichtungsbeschränkungen (vgl. §§ 1365, 1369 BGB) oder Interzessionsverbote, also Zustimmungserfordernisse zur Eingehung einer Bürgschaft.[103] Diese Beschränkungen fallen also **nicht unter** den Schutz des **Art. 13.** Dies ist jedoch nicht unumstritten, da andernorts eher eine Nähe zur Geschäftsfähigkeit hergestellt wird.[104] Auch in Deutschland wurde teilweise eine Anwendung des Art. 12 EGBGB vertreten.[105] Nach Inkrafttreten der Rom I-VO plädierten manche dafür, Art. 13 heranzuziehen, dann aber gestützt auf die „Handlungsfähigkeit" (→ Rn. 37; → EGBGB Art. 16 aF Rn. 9 mwN).[106] Jedoch stand schon früher im deutschen IPR der sachnähere, mit Anwendungsbeginn der EuGüVO aufgehobene Art. 16 Abs. 2 EGBGB aF zur Verfügung (→ EGBGB Art. 12 Rn. 32).[107] Freilich kann diese Qualifikation im nationalen Recht nicht die Reichweite des europäischen Begriffs der Geschäftsfähigkeit und damit des Art. 13 determinieren. Gegen eine Zuordnung ehebedingter Geschäftsbeschränkungen zur Geschäftsfähigkeit sprechen entscheidend zwei Argumente: Zum einen verfolgen diese Beschränkungen einen anderen Zweck als Regelungen der Geschäftsfähigkeit; sie beruhen nicht auf persönlichen Einschränkungen des Erklärenden, sondern sollen die materielle Grundlage der Ehe sichern.[108] Zum anderen zeigt der europäische Gesetzgeber mit den Art. 27 lit. f, 28 EuGüVO, dass ehebedingte Beschränkungen aus unionsrechtlicher Sicht zum Güterrecht, nicht zur Geschäftsfähigkeit zählen. Für Ehen, auf die die EuGüVO anwendbar ist, liefert Art. 28 EuGüVO einen Verkehrsschutz, neben dem Art. 13 keinen Raum hat.[109] Beide Argumente sprechen dafür, in Altfällen ebenfalls nicht Art. 13 anzuwenden, auch wenn dieser einen europaweit einheitlichen Schutzstandard bieten könnte,[110] sondern Art. 16 Abs. 2 EGBGB aF.[111]

37 **d) Handlungsfähigkeit. Keine eigene Funktion** innerhalb des Art. 13 hat der Begriff der Handlungsfähigkeit,[112] der im deutschen Recht allenfalls als Oberbegriff der Geschäfts- und Delikts-

98 Rauscher/*Thorn* Rn. 28; BeckOK BGB/*Mäsch* Rn. 33; *G. Fischer,* Verkehrsschutz im internationalen Vertragsrecht, 1990, 126 f.; aA BeckOGK/*Thomale* Rn. 33.

99 Grüneberg/*Thorn* Rn. 5; BeckOK BGB/*Mäsch* Rn. 21; Staudinger/*Hausmann,* 2021, Rn. 70; *Lipp* RabelsZ 63 (1999), 107 (137 f.).

100 BeckOK BGB/*Mäsch* Rn. 21; BeckOGK/*Thomale* Rn. 15; Staudinger/*Hausmann,* 2021, Rn. 17, 69; *Lipp* RabelsZ 63 (1999), 107 (137 f.); *G. Fischer,* Verkehrsschutz im internationalen Vertragsrecht, 1990, 128.

101 BeckOK BGB/*Mäsch* Rn. 21.

102 Staudinger/*Hausmann,* 2021, Rn. 68.

103 Zu letzteren *Fountoulakis,* Interzession naher Angehöriger, 2005; *S. Wagner,* Interzession naher Angehöriger, 2018.

104 ZB BG IPRax 1987, 34 mAnm *Hanisch* IPRax 1987, 47: Genehmigung einer Bürgschaft durch den Ehegatten nach Art. 494 OR Schweiz; *P. Mayer/Heuzé/Remy* DIP Nr. 547; Staudinger/*Hausmann,* 2021, Rn. 31; Rechtsvergleich bei *G. Fischer,* Verkehrsschutz im internationalen Vertragsrecht, 1990, 133 ff.

105 LG Aurich IPRax 1991, 341 m. abl. Anm. *Roth; Liessem* NJW 1989, 497 (500); *Lüderitz* IPR Rn. 348; *G. Fischer,* Verkehrsschutz im internationalen Vertragsrecht, 1990, 171 ff.; *Hanisch* IPRax 1987, 51.

106 Grüneberg/*Thorn* Rn. 6; näher Staudinger/*Hausmann,* 2021, Rn. 31.

107 BeckOK BGB/*Mäsch* Rn. 41; BeckOGK/*Thomale* Rn. 14; *v. Bar* IPR II, 1. Aufl. 1991, Rn. 26; für kumulative Anwendung von Art. 16 Abs. 2 EGBGB aF und Art. 13 → EGBGB Art. 16 aF Rn. 9.

108 *Kramme* RabelsZ 85 (2021), 775 (789); Staudinger/*Hausmann,* 2021, Rn. 32.

109 Rauscher/*Thorn* Rn. 17; BeckOK BGB/*Mäsch* Rn. 41; Staudinger/*Hausmann,* 2021, Rn. 33a.

110 → 8. Aufl. 2021, Rn. 37 *(Spellenberg);* für Analogie zu Art. 13 zum Schutz des ausländischen Rechtsverkehrs, soweit man eine Analogie zu Art. 16 Abs. 2 EGBGB aF ablehnt, Staudinger/*Hausmann,* 2021, Rn. 33.

111 BeckOK BGB/*Mäsch* Rn. 41; BeckOGK/*Thomale* Rn. 14; Staudinger/*Mankowski,* 2011, EGBGB Art. 16 Rn. 88.

112 BeckOK BGB/*Mäsch* Rn. 22; Staudinger/*Hausmann,* 2021, Rn. 19; Rauscher/*Thorn* Rn. 18; aA BeckOGK/*Thomale* Rn. 17; Erman/*Stürner* Rn. 3.

fähigkeit geläufig ist. Da die Deliktsfähigkeit außerhalb des Anwendungsbereichs liegt (→ Rn. 40), fügt er der Geschäftsfähigkeit nichts hinzu.[113] Anzunehmen ist, dass es sich um einen Übersetzungsfehler handelt, der sich aus Art. 11 EVÜ[114] in die Rom I-VO fortgeschleppt hat.[115] Der französische Text spricht einfach von „capacité" bzw. „incapacité".[116] Dieser Begriff wurde einst in der deutschen Fassung von Art. 6 (Brüsseler) EWG-Übereinkommen über die gegenseitige Anerkennung von Gesellschaften und juristischen Personen vom 29.2.1968 (BGBl. 1972 II 370, nicht in Kraft) mit „Rechts-, Geschäfts- und Handlungsfähigkeit" übersetzt; möglicherweise wurde dies hier einfach übernommen,[117] obwohl die Formulierung für die von Art. 13 angesprochenen natürlichen Personen nicht passt.

Gleichwohl existieren verschiedene Versuche, den Begriff der „Handlungsfähigkeit", da er nun einmal in Art. 13 enthalten ist, mit Inhalt zu füllen. Vorgeschlagen wird insbesondere, familienrechtliche und insb. eherechtliche Verpflichtungsbeschränkungen als Handlungsfähigkeit zu erfassen und auf diese Weise Art. 13 zum Schutz des Rechtsverkehrs vor unerkannten Beschränkungen anzuwenden.[118] Jedoch besteht mit Art. 28 EuGüVO eine eigene Norm, um diesen Schutz zu gewährleisten, und damit eine unionsrechtliche Qualifikationsentscheidung, die einen Rückgriff auf Art. 13 – auch für Altfälle – ausschließt (→ Rn. 36).[119] Soweit mit diesem Vorschlag die Grenzen gesetzlicher Vertretungsmacht gemeint sind, ist eine analoge Anwendung (→ Rn. 41 f.) methodenehrlicher als die Aufladung der Handlungsfähigkeit um ein ihr fremdes Konzept.[120] Nach einem anderen Vorschlag meint Handlungsfähigkeit die „Kausationsfähigkeit", dh die Fähigkeit, als Stellvertreter oder Bote fremdwirkend handeln zu können (vgl. § 165 BGB).[121] Diese Problematik lässt sich jedoch auch bewältigen, ohne auf die Handlungsfähigkeit zu rekurrieren (→ Rn. 53 ff.). Schließlich wird erwogen, eine ausländische Entmündigung mit dem Begriff zu erfassen.[122] Jedoch genügt hierfür die Erwähnung der Geschäftsfähigkeit (→ Rn. 33). Insgesamt empfiehlt es sich, die Handlungsfähigkeit als eigene Kategorie **unberücksichtigt** zu lassen und entweder beim Begriff der Geschäftsfähigkeit anzusetzen oder eine analoge Anwendung von Art. 13 zu erwägen. 38

e) Nicht erfasste Fähigkeiten. Partei-, Prozess- oder Prozesshandlungs- und **Postulationsfähigkeit** fallen grundsätzlich nicht unter Art. 13, in dem es nur um die Vornahme von materiellen Rechtsgeschäften geht. Es gehen die §§ 50, 55 ZPO vor.[123] Die **Parteifähigkeit** natürlicher Personen dürfte weltweit anerkannt sein. Sollte ausnahmsweise ein ausländisches Heimatrecht sie verneinen, verstieße dies gegen den deutschen ordre public (→ Rn. 30). Die aktive und passive Parteifähigkeit ausländischer Gesellschaften lässt sich auf § 50 ZPO stützen, wird aber teilweise auch unmittelbar aus dem Personalstatut der Gesellschaft hergeleitet (näher → IntGesR Rn. 536 f. mwN). Art. 13 und Art. 12 EGBGB, die den Schutz bei materiellen Rechtsgeschäften betreffen, finden keine Anwendung.[124] Für die **Prozessfähigkeit** bringt § 55 ZPO einen vergleichbaren, prozessrechtlichen Schutz der Gegenpartei, der den Art. 13 verdrängt.[125] § 55 ZPO ist auch bei ausländischen Gesellschaften anzuwenden (→ IntGesR Rn. 538 mN)[126] und verlangt keinen guten Glauben. 39

---

[113] BeckOK BGB/*Mäsch* Rn. 22.

[114] Dazu *v. Bar* IPR II, 1. Aufl. 1991, Rn. 27.

[115] Dagegen BeckOGK/*Thomale* Rn. 17.

[116] Der italienische von „incapacità", der englische von „incapacity". Dennoch vermuten *v. Bar/Mankowski* IPR II § 6 Rn. 35, dass Handlungsfähigkeit auf die italienische „capacità di agire" Bezug nehme.

[117] So *Kegel/Schurig* IPR § 17 I 2d (S. 562); *Ferid* IPR Rn. 5–38; auf dasselbe Übersetzungsproblem in Art. 1 Abs. 2 Nr. 1 EuGVÜ weist BeckOK BGB/*Mäsch* Rn. 22 hin.

[118] Grüneberg/*Thorn* Rn. 6; Erman/*Stürner* Rn. 3; NK-BGB/*Leible* Rn. 12; Ferrari IntVertragsR/*Schulze* Rn. 12 f.

[119] Rauscher/*Thorn* Rn. 18.

[120] BeckOK BGB/*Mäsch* Rn. 22; Rauscher/*Thorn* Rn. 18.

[121] BeckOGK/*Thomale* Rn. 17.

[122] Zu Art. 12 EGBGB *Kegel/Schurig* IPR § 17 I 2d (S. 562).

[123] Staudinger/*Hausmann,* 2021, Rn. 35 f.; Rauscher/*Thorn* Rn. 9; NK-BGB/*Leible* Rn. 5; *Schack* IZVR Rn. 651, 654.

[124] *v. Bar/Mankowski* IPR I § 5 Rn. 86 ff.; *Schack* IZVR Rn. 648 ff.; BeckOK BGB/*Mäsch* Rn. 17; aA → IntGesR Rn. 537; Staudinger/*Hausmann,* 2021, Rn. 35; Staudinger/*Großfeld,* 1998, IntGesR Rn. 293; mittelbar wirke sich Art. 13 im Rahmen der Ermittlung der Rechtsfähigkeit aus nach BeckOGK/*Thomale* Rn. 24. Teilweise wurde zum Schutz des deutschen Rechtsverkehrs hinsichtlich der passiven Parteifähigkeit nicht rechtsfähiger ausländischer Gesellschaften für eine analoge Anwendung der § 50 Abs. 2 ZPO, § 55 ZPO plädiert (→ 8. Aufl. 2021, Rn. 22 *(Spellenberg)* mwN; *Schack* IZVR Rn. 649). § 50 Abs. 2 ZPO wurde im Zuge der Reform des Personengesellschaftsrechts zum 1.1.2024 aufgehoben.

[125] *Schack* IZVR Rn. 654; BeckOGK/*Thomale* Rn. 24; Staudinger/*Hausmann,* 2021, Rn. 36.

[126] Staudinger/*Hausmann,* 2021, Rn. 36; nur in der Begr. aA *v. Bar/Mankowski* IPR I § 5 Rn. 92.

40 Die **Deliktsfähigkeit,** wegen Rechtsverletzungen außerhalb von Rechtsgeschäften durch eigene Handlungen haftbar werden zu können, unterliegt dem Deliktsstatut (→ Rom II-VO Art. 15 Rn. 15). Sie fällt nicht unter die Rom I-VO und Art. 13. Die Erwähnung der „Handlungsfähigkeit" in Art. 13 darf nicht zu dem Schluss verleiten, es sei über den Anwendungsbereich der Rom I-VO die Deliktsfähigkeit mitgemeint. Vielmehr handelt es sich bei dem Begriff wohl um ein Missverständnis (→ Rn. 37). Culpa in contrahendo wird zwar nach Art. 12 Abs. 1 Rom II-VO vertragsakzessorisch angeknüpft (→ Rom II-VO Art. 12 Rn. 21 ff.). Sie bleibt jedoch eine außervertragliche Haftung, die nicht pauschal auf die Rom I-VO verweist, sodass das Statut der Deliktsfähigkeit für Fähigkeitsregelungen maßgeblich bleibt und Art. 13 nicht anzuwenden ist.[127]

41 **5. Analoge Anwendung. a) Gesetzliche Vertretungsmacht.** Eine nicht (voll) geschäftsfähige Person hat zur Teilnahme am Rechtsverkehr gewöhnlich einen Vertreter. Auf die **Vertretungsmacht** dieses **gesetzlichen Vertreters** kann Art. 13 **analog angewendet** werden.[128] Scheitert der von ihm geschlossene Vertrag, weil seine Vertretungsmacht nicht ausreicht, kann Art. 13 dem Vertragspartner helfen.[129] So kann dem gutgläubigen geschäftsfähigen Partner eine nicht erkennbare **Beschränkung der Vertretungsbefugnisse** des gesetzlichen Vertreters nicht entgegengehalten werden, insbesondere auch nicht, dass dessen Handlungen behördlich hätten genehmigt sein müssen.[130] Nach dem Schutzzweck des Art. 13 ist anzunehmen, dass die Vorschrift auch gegen unerkennbare **Unwirksamkeit** einer immerhin vorliegenden amtlichen **Bestellung** zum Vormund etc. schützt, nicht aber wenn gar keine Bestellung vorliegt.

42 Jedoch enthalten sowohl **Art. 19 KSÜ** als auch **Art. 17 ESÜ** Regelungen zum Schutz des Rechtsverkehrs bzgl. der **Befugnisse des Vertreters.**[131] Gegenüber diesen Regelungen genießt Art. 13 **Vorrang** (→ Rn. 16). Außerhalb des Anwendungsbereichs der Rom I-VO wird jedoch Art. 12 EGBGB von ihnen verdrängt (→ EGBGB Art. 12 Rn. 24). Im Eherecht ist Art. 28 EuGüVO zu beachten.[132]

43 **b) Rechtsgeschäftliche Vertretungsmacht.** Bei der Vertretung aufgrund einer **Vollmacht** schützt Art. 13 **nicht** das Vertrauen auf den Bestand oder Umfang einer rechtsgeschäftlichen Vertretungsmacht.[133] Das gilt insbesondere für Duldungs- und Anscheinsvollmachten. Vielmehr ist allein das nach Art. 8 EGBGB ermittelte Vollmachtsstatut maßgeblich. Dessen Anknüpfungssystematik nimmt in differenzierter Weise auf Interessen des Verkehrsschutzes Rücksicht (→ EGBGB Art. 8 Rn. 71 ff.) und kann diese präziser erfassen, als dies mit Hilfe von Art. 13 möglich wäre.[134]

44 **c) Gesellschaftsrecht.** Im autonomen Kollisionsrecht ist das Gesellschaftsrecht nach hM der wichtigste Bereich analoger Anwendung von Art. 12 EGBGB (näher → EGBGB Art. 12 Rn. 37 ff.). Kontrahiert jemand mit dem Organ einer ausländischen juristischen Person, so besteht ein Interesse daran, vor unerkannten Beschränkungen der **Rechtsfähigkeit** und der **Vertretungsbefugnis von Organen** geschützt zu werden (→ IntGesR Rn. 514 f., → IntGesR Rn. 533). Das gilt für den Schutz eines Vertrauens auf die Rechtsfähigkeit auf die Vertretungsbefugnisse der Organe.

45 Für den europäischen Art. 13 ist die analoge Anwendung hingegen abzulehnen.[135] Für eine **Analogie** spricht zwar die ausdrückliche Nennung der Rechtsfähigkeit in Art. 13, die nur im Hinblick auf

---

[127] Rauscher/*Thorn* Rn. 9; aA → 8. Aufl. 2021, Rn. 23 *(Spellenberg)*.

[128] BeckOK BGB/*Mäsch* Rn. 39; Rauscher/*Thorn* Rn. 18, die früher erwogene Subsumtion unter „Handlungsfähigkeit" nunmehr abl.; Staudinger/*Hausmann,* 2021, Rn. 26; Ferrari IntVertragsR/*Schulze* Rn. 5; zu Art. 12 EGBGB *v. Bar* IPR II, 1. Aufl. 1991, Rn. 59; *Kropholler* IPR § 42 I 3d; für direkte Anwendung des Art. 13 mit Subsumtion unter „Handlungsfähigkeit" Grüneberg/*Thorn* Rn. 6; Erman/*Stürner* Rn. 3; zu Art. 12 EGBGB *Kegel/Schurig* IPR § 17 I 2d (S. 562); dezidiert gegen eine Erstreckung des Art. 13 BeckOGK/*Thomale* Rn. 23; jurisPK-BGB/*Baetge* Rn. 29 f.

[129] Der RegE zu Art. 12 EGBGB hatte eine entsprechende Anwendung der Verkehrsschutzregelung auf Mängel der Vertretungsmacht eines Elternteils, Vormunds oder Pflegers noch ausdrücklich vorgesehen, BT-Drs. 10/504, 50.

[130] Staudinger/*Hausmann,* 2021, Rn. 27.

[131] Zur umstrittenen Anwendbarkeit des ErwSÜ auf die gesetzliche Vertretung Erwachsener kraft Gesetzes *v. Hein* FS Kronke, 2020, 149 (151 ff.) mwN.

[132] Rauscher/*Thorn* Rn. 18.

[133] BeckOGK/*Thomale* Rn. 23; BeckOK BGB/*Mäsch* Rn. 40; Staudinger/*Hausmann,* 2021, Rn. 30 f. Dagegen wird die Regel in Frankreich auf die rechtsgeschäftliche Vertretungsmacht ausgedehnt, s. *Batiffol/Lagarde* DIP II Nr. 603 unter Berufung auf TGI Seine 12.6.1963, JCP 1964.285 mAnm *Ponsard* = Rev. crit. dr. int. pr. 1964, 689, wo es freilich um eine Art Schlüsselgewalt ging; allerdings ist dies vor dem Hintergrund einer Vollmachtsanknüpfung an das Grundverhältnis (Auftrag) zu sehen, die die Interessen des Drittkontrahenten gerade nicht berücksichtigt.

[134] BeckOK BGB/*Mäsch* Rn. 40; Staudinger/*Hausmann,* 2021, Rn. 30 f.

[135] Ebenfalls abl. Grüneberg/*Thorn* Rn. 2; BeckOGK/*Finkelmeier* EGBGB Art. 12 Rn. 21; Ferrari IntVertragsR/*Schulze* Rn. 7, 10; *v. Bar/Mankowski* IPR II § 6 Rn. 41; für eine entsprechende Anwendung des

juristische Personen Sinn hat. Andererseits nimmt Art. 1 Abs. 2 lit. f aber die „Rechts- und Handlungsfähigkeit" und die „innere Verfassung" von Gesellschaften und lit. g die Frage, ob ein Organ einer Gesellschaft „diese … gegenüber Dritten verpflichten kann", vom Anwendungsbereich der Rom I-VO aus. Daraus folgert *M. Lehmann,* dass Art. 13 auch nicht analog angewandt werden dürfe.[136] Der europäische Gesetzgeber wollte sich einer Regelung der gesellschaftsrechtlichen Fragen ganz enthalten. Vor allem enthalten Art. 1 Abs. 2 lit. f und lit. g anders als lit. a gerade keinen Vorbehalt zugunsten des Art. 13.[137] Das ist ein letztlich überzeugendes systematisches Argument. Wenn die analoge Anwendung von Art. 13 somit ausscheidet, lässt sich jedoch **Art. 12 EGBGB** in analoger Anwendung heranziehen, was praktisch zum gleichen Ergebnis führt (→ EGBGB Art. 12 Rn. 37 ff.).[138]

d) Ehebedingte Verpflichtungsbeschränkungen. Auf ehebedingte Verpflichtungsbeschränkungen und vergleichbare Regeln des materiellen Rechts ist Art. 13 nicht, auch **nicht analog** anzuwenden, näher → Rn. 36. **46**

IV. Voraussetzungen des Verkehrsschutzes

1. Beiderseitige Anwesenheit im Vertragsschlussstaat. a) Ort und maßgeblicher Zeitpunkt. Art. 13 verlangt die **Anwesenheit** beider Parteien im selben Staat **bei Vertragsschluss,** bei Mehrrechtsstaaten im selben Teilrechtsgebiet (Art. 22 Abs. 1; → Rn. 78). Gemeint ist die Abgabe der Erklärungen des nicht voll Geschäftsfähigen und der anderen Vertragspartei, nicht ihr Zugang, obwohl erst mit diesem die Erklärungen gewöhnlich wirksam werden (zum Handeln durch Vertreter → Rn. 53 ff.).[139] Schriftliche Erklärungen oder solche durch Boten (Post), Fax oder E-Mail müssen beide in demselben Staat **abgegeben** werden.[140] Eine analoge Anwendung von Art. 13 auf Erklärungen, die im Ausland abgegeben werden, weil sie im Inland zugehen, ist nicht möglich.[141] Telefonische Erklärungen gelten als am Ort des Erklärenden abgegeben, also ggf. im Ausland, auch wenn das Rechtsgeschäft sachrechtlich als unter Anwesenden geschlossen gilt.[142] Bei E-Mail oder anderen elektronischen Erklärungen kommt es auf den Standort des Geräts (Computer, Smartphone, etc.) an, in das die Erklärung eingegeben wird.[143] **47**

Es genügt nicht, wenn die Parteien vorher einmal zB bei Verhandlungen im selben Staat waren und dann später aus ihrem jeweiligen Heimatstaat die vertragsschließenden Erklärungen schicken. Es muss aber kein Vertrag unter Anwesenden sein. Der Vertrag darf nur nicht unter Abwesenden über die Grenzen hinweg geschlossen werden **(internationales Distanzgeschäft).** Schutz würde auch gewährt, wenn beide Parteien (noch) im Inland anwesend waren, als die Vertragserklärungen brieflich an die Adresse des anderen im Ausland abgeschickt wurden. Ist der Vertragspartner eine **juristische Person,** ist auf das handelnde Organ abzustellen.[144] **48**

Daraus ergibt sich auch der **Zeitpunkt,** zu dem die Parteien in demselben Staat anwesend sein müssen. Da zwischen Angebot und Annahme ein Zeitraum liegen kann, könnte zwar mit dem „Vertragsschluss" der Augenblick der Vertragsperfektion, zB nach deutschem Vertragsstatut durch den Zugang der Annahme, gemeint sein.[145] Diese Sichtweise erscheint jedoch zu formal. Wenn der nicht voll Geschäftsfähige zB sein Angebot bei Vertragsverhandlungen im Land der anderen Partei abgibt und ihm die Annahme nach einiger Zeit aus diesem Land zugeschickt wird, nachdem er es wieder verlassen hat, so haben doch beide Parteien, wenn auch zeitlich versetzt, ihre **Erklärungen** im selben Land **abgegeben.**[146] Der spätere Ortswechsel ist ohne Bedeutung.[147] Dagegen würde es nicht genü- **49**

Rechtsgedankens aber Staudinger/*Hausmann,* 2021, Rn. 10; NK-BGB/*Leible* Rn. 10; Calliess/Renner/*Loacker* Rn. 24: als nationale Kollisionsnorm; wohl auch Rauscher/*Thorn* Rn. 3, 11.

136 *Lehmann* FS G. Fischer, 2010, 237 (239 ff.).

137 *Lehmann* FS G. Fischer, 2010, 237 (240); Ferrari IntVertragsR/*Schulze* Rn. 7; *v. Bar/Mankowski* IPR II § 6 Rn. 41.

138 Insgesamt gegen eine Erweiterung des Schutzes über die ausdrücklich genannten natürlichen Personen hinaus, da es sich um eine „punktuelle Korrektur des Personalstatuts" handele, BeckOGK/*Thomale* Rn. 11, 22.

139 Rauscher/*Thorn* Rn. 20; BeckOK BGB/*Mäsch* Rn. 30; aA Soergel/*Kegel* EGBGB Art. 12 Rn. 4.

140 Speziell zur Einschaltung eines Boten BeckOK BGB/*Mäsch* Rn. 29; Staudinger/*Hausmann,* 2021, Rn. 40; *G. Fischer,* Verkehrsschutz im internationalen Vertragsrecht, 1990, 40; aA BeckOGK/*Thomale* Rn. 26: Gleichbehandlung von Bote und Vertreter.

141 So aber *Hanisch* IPRax 1987, 50.

142 BeckOK BGB/*Mäsch* Rn. 25; Staudinger/*Hausmann,* 2021, Rn. 39; Calliess/Renner/*Loacker* Rn. 18.

143 BeckOK BGB/*Mäsch* Rn. 25; Staudinger/*Hausmann,* 2021, Rn. 39; *Borges,* Verträge im elektronischen Geschäftsverkehr, 2003, 220.

144 *Queirolo* in Magnus/Mankowski ECPIL Rn. 9.

145 Rechtsvergleich bei *J. Schmidt,* Der Vertragsschluss, 2013, 600 ff.

146 BeckOK BGB/*Mäsch* Rn. 30; Rauscher/*Thorn* Rn. 20; Staudinger/*Hausmann,* 2021, Rn. 46; *Lipp* RabelsZ 63 (1999), 107 (134).

147 BeckOK BGB/*Mäsch* Rn. 30; Calliess/Renner/*Loacker* Rn. 19, 22; Rauscher/*Thorn* Rn. 20.

gen, wenn die geschäftsfähige Partei ihrerseits auch den Ort verlassen hat und die Annahme nun von einem anderen Land aus abschickt. Ort und Zeitpunkt der **Vertragsverhandlungen** sind als solche ohne Bedeutung.

50 **b) Keine zusätzlichen Anforderungen an die Anwesenheit.** Art. 13 verwendet dieselbe Formulierung wie Art. 11 Abs. 1 und 2. Nach dem Zweck der Norm genügt auch eine **kurzfristige Anwesenheit** zum Zwecke des Vertragsschlusses,[148] etwa wenn die Parteien sich auf einem Flughafen oder einer Messe treffen. Sieht man die Rechtfertigung des Verkehrsschutzes in einer Teilnahme am örtlichen Rechtsverkehr (dagegen jedoch → Rn. 11), so liegt eine Einschränkung nahe, wenn die Anwesenheit nur **zufällig** ist.[149] Die Rom I-VO deutet eine solche Einschränkung jedoch nicht an.[150] Das vermeidet nicht zuletzt schwierige Abgrenzungsstreitigkeiten. Eine Reduktion im Falle zufälliger Anwesenheit ist abzulehnen; eine kurzfristige oder zufällige Anwesenheit reicht aus.[151]

51 Rechtspolitisch mag es zudem bedenklich erscheinen, dass die Verordnung anders als in Art. 10 Abs. 2 keine Vertrautheit der geschützten Partei mit dem örtlichen Recht durch ihren **gewöhnlichen Aufenthalt im Inland** fordert.[152] Die Regel soll zwar eine aktuelle Vorstellung über die Regelung des Ortsrechts schützen und erhöht durch die zusätzliche Anknüpfung die Chancen für ein wirksames rechtsgeschäftliches Handeln im Sinne eines favor negotii. Aber nachdem es sich eher um den favor gerentis handelt (→ Rn. 6), wäre eine Einschränkung auf den gewöhnlichen Aufenthalt der geschützten Partei konsequent gewesen. Nach der klaren Entscheidung des Verordnungsgebers ist jedoch schon zur Vermeidung von Abgrenzungsschwierigkeiten von einer teleologischen Reduktion abzusehen.[153]

52 **c) Irrtum über den Aufenthaltsort.** Es kann vorkommen, namentlich beim Vertragsschluss per Telefon oder E-Mail, dass die zu schützende Partei den **Aufenthaltsort der anderen** verkennt. Grundsätzlich entscheidet die **tatsächliche Lage.** Die irrige Annahme einer Anwesenheit des Geschäftsunfähigen im Inland allein genügt unstreitig nicht.[154] Sind indes zwar beide Parteien tatsächlich in demselben Staat zugegen, glaubt die zu schützende Partei jedoch den Geschäftsunfähigen im Ausland, dann griffe Art. 13 nicht ein, sofern die Vorstellung zuträfe. Da es sich um einen Vertrauensschutz handelt, liegt es nahe, ihn der Partei zu versagen, wenn sie **fälschlich** von der Situation des Distanzgeschäfts ausgeht, in der ihr kein Schutz gewährt würde, wenn sie also nicht vertraut.[155] Es muss aber zuerst die tatsächliche Lage festgestellt werden.

53 **2. Handeln unter Einschaltung eines Vertreters.** Im Fall des Handelns unter Einschaltung eines Vertreters ist problematisch, welche Personen zu welchem Zeitpunkt in demselben Staat anwesend sein müssen, damit die Voraussetzung des Art. 13 einer beiderseitigen Anwesenheit erfüllt ist. Es ist zu **differenzieren,** und zwar zum einen danach, auf wessen Seite der Vertreter tätig wird, und zum anderen danach, ob der Vertretene oder sein Vertreter nicht voll geschäftsfähig ist. Zudem ist zu unterscheiden zwischen gewillkürter Stellvertretung (→ Rn. 54 ff.) und gesetzlicher Vertretung (→ Rn. 59).

54 **a) Vertretung der nicht voll geschäftsfähigen Partei durch einen geschäftsfähigen Vertreter.** Wird ein geschäftsfähiger Vertreter auf Seiten der nicht voll geschäftsfähigen Partei tätig, so wird es teilweise für ausreichend erachtet, wenn sich der Vertreter und der geschützte Drittkontrahent bei Abgabe ihrer Erklärungen in demselben Staat aufhalten. Selbst wenn der Vertretene sich in einem anderen Staat befinde, könne Art. 13 den Drittkontrahenten vor einem Mangel der Geschäftsfähigkeit des Vertretenen schützen. Diese Erweiterung des Schutzumfangs von Art. 13 wird teils auf eine Wiederbelebung der Geschäftsherrentheorie gestützt (s. aber → BGB § 164 Rn. 10 ff.);[156] teils wird sie mit einem Hinweis auf Art. 11 Abs. 2 und Abs. 3 gerechtfertigt;[157] teils wird gesagt, es reiche aus, dass

---

148 So *Lipp* RabelsZ 63 (1999), 107 (135); BeckOK BGB/*Mäsch* Rn. 24; Staudinger/*Hausmann,* 2021, Rn. 38; BeckOGK/*Thomale* Rn. 20; NK-BGB/*Leible* Rn. 8.

149 *G. Fischer,* Verkehrsschutz im internationalen Vertragsrecht, 1990, 63 ff. vermisst bei nur verkehrstechnisch bedingtem, zufälligem Abschlussort diese hinreichende Beziehung.

150 Auch der Bericht von *Giuliano/Lagarde* gibt keinen Hinweis auf eine Einschränkung, BT-Drs. 10/503, 66.

151 Rauscher/*Thorn* Rn. 19; BeckOGK/*Thomale* Rn. 28; BeckOK BGB/*Mäsch* Rn. 24; Staudinger/*Hausmann,* 2021, Rn. 38.

152 So auch BeckOK BGB/*Mäsch* Rn. 24; BeckOGK/*Thomale* Rn. 32.

153 Staudinger/*Hausmann,* 2021, Rn. 38; aA BeckOGK/*Thomale* Rn. 32.

154 Rauscher/*Thorn* Rn. 20; BeckOK BGB/*Mäsch* Rn. 31; Staudinger/*Hausmann,* 2021, Rn. 47; NK-BGB/*Leible* Rn. 7.

155 Rauscher/*Thorn* Rn. 20; BeckOGK/*Thomale* Rn. 31; aA Staudinger/*Hausmann,* 2021, Rn. 47; BeckOK BGB/*Mäsch* Rn. 31.

156 BeckOGK/*Thomale* Rn. 26.

157 Grüneberg/*Thorn* Rn. 3; *Liessem* NJW 1989, 497 (501); *Lipp* RabelsZ 63 (1999), 107 (136).

der im Ausland befindliche Vertretene mit Hilfe eines Vertreters am Rechtsverkehr des Abschlussstaates teilnehme.[158] Dem ist insoweit zuzustimmen, dass eine **beiderseitige Anwesenheit von Vertreter und geschützter Partei in demselben Staat** bei Abgabe ihrer Erklärungen jedenfalls erforderlich ist. Darüber hinaus – und abweichend von der Ansicht, die allein auf den Vertreter abstellt – kann der Aufenthaltsort des Vertretenen indes nicht außer Betracht gelassen werden.[159] Der Verweis auf Art. 11 Abs. 2 und Abs. 3 trägt nicht, weil die Formanknüpfung mit dem favor negotii ein anderes Schutzanliegen verfolgt und zudem anders als Art. 13 Anwesenheit in demselben Staat fordert.[160] Und der bloße Hinweis auf die Teilnahme des Vertretenen am Rechtsverkehr mit Hilfe eines Vertreters berücksichtigt nicht den Ursprung des Vertreterhandelns in der Bevollmächtigung. Es ist zu unterscheiden zwischen der Erteilung der Vollmacht und der Vornahme des Vertretergeschäfts.[161]

Ein Mangel der Geschäftsfähigkeit des Vertretenen berührt nicht die Wirksamkeit der Erklärung 55 des Vertreters. Das **Vertretergeschäft** ist daher von diesem Mangel unmittelbar nicht betroffen.[162] Die fehlende Geschäftsfähigkeit wirkt sich allenfalls mittelbar aus, indem dem Vertreter die erforderliche Vertretungsmacht fehlt.[163] Auch im Rahmen der Vollmachtserteilung ist die Geschäftsfähigkeit selbständig nach Art. 7 Abs. 2 EGBGB anzuknüpfen, während das nach Art. 8 EGBGB zu ermittelnde Vollmachtsstatut bestimmt, welche Anforderungen an die Geschäftsfähigkeit des Vollmachtgebers zu stellen sind (→ EGBGB Art. 8 Rn. 148). Fehlt es an einer wirksamen Bevollmächtigung, so vermittelt jedoch Art. 13 keinen Schutz des guten Glaubens an das Bestehen von Vertretungsmacht (→ Rn. 43).[164]

Relevant wird Art. 13 allenfalls mit Blick auf die **Bevollmächtigung** selbst, die auch als einseiti- 56 ges Rechtsgeschäft grundsätzlich in den Anwendungsbereich der Norm fällt (→ Rn. 22). Wird die Vollmacht als Außenvollmacht gegenüber dem Drittkontrahenten erteilt, so verlangt Art. 13 die Anwesenheit des Vollmachtgebers in dessen Staat bei Abgabe der Vollmachtserklärung.[165] Wenn der Vertretene die Vollmacht gegenüber dem Dritten brieflich oder telefonisch über die Grenze hinweg erteilt und diese wegen mangelnder Geschäftsfähigkeit unwirksam sein kann, dann besteht ebenso wenig wie bei persönlichem Vertragsschluss über die Grenze Anlass, den Dritten in der Erwartung zu schützen, dass für den Vertretenen das örtliche Fähigkeitsrecht gelte, wenn und weil dessen Vertreter allein zum Vertragsschluss dann ins Land kommt. Unschädlich ist es jedoch, wenn sich der Vollmachtgeber später bei Vornahme des Vertretergeschäfts nicht mehr in diesem Staat aufhält.[166] Für die Erteilung von Innenvollmacht gegenüber dem Vertreter gilt nichts anderes, auch wenn diese Erklärung der geschützten Partei nicht zugeht: Vertretener und Vertreter müssen sich in dem Staat aufhalten, in dem dann gegenüber dem Dritten von der Vollmacht Gebrauch gemacht wird.[167] Wurde die Vollmacht im Ausland erteilt, besteht wiederum kein Anlass, auf die Anwendung des örtlichen Fähigkeitsrechts zu vertrauen.[168]

b) Vertretung durch einen nicht voll geschäftsfähigen Vertreter. Davon zu unterscheiden 57 ist ein Mangel der Geschäftsfähigkeit in der Person des Vertreters. Dieser Mangel betrifft unmittelbar das Vertretergeschäft. Soweit es um die mangelnde Geschäftsfähigkeit des Vertreters geht, kommt es daher für die Anwendung des Art. 13 auf die **Anwesenheit des Vertreters** im Land des Dritten beim Vertragsschluss an; die Geschäftsfähigkeit und der Aufenthaltsort des Prinzipals sind insoweit nicht von Bedeutung.[169] Art. 13 hilft dann dem Dritten, der die mangelnde Geschäftsfähigkeit des Vertreters nicht kennen kann. Davon zu unterscheiden ist die Frage, welche Anforderungen an die Geschäftsfähigkeit des Vertreters zu stellen sind und ob die mangelnde Fähigkeit des Vertreters die Gültigkeit des Vertrages beeinträchtigt (vgl. § 165 BGB). Diese Frage beantwortet das Vollmachtsstatut (→ EGBGB Art. 8 Rn. 148). Art. 13 ist hierauf nicht anwendbar.[170]

---

[158] Staudinger/*Hausmann,* 2021, Rn. 41; NK-BGB/*Leible* Rn. 9.

[159] BeckOK BGB/*Mäsch* Rn. 26; Rauscher/*Thorn* Rn. 22; weitergehend jurisPK-BGB/*Baetge* Rn. 25: allein Aufenthalt des Vertretenen maßgeblich.

[160] Rauscher/*Thorn* Rn. 22; insoweit auch Staudinger/*Hausmann,* 2021, Rn. 41.

[161] Rauscher/*Thorn* Rn. 22; BeckOK BGB/*Mäsch* Rn. 26; *G. Fischer,* Verkehrsschutz im internationalen Vertragsrecht, 1990, 39 f.; insoweit auch Staudinger/*Hausmann,* 2021, Rn. 42 f.

[162] Staudinger/*Hausmann,* 2021, Rn. 42.

[163] BeckOK BGB/*Mäsch* Rn. 26; Staudinger/*Hausmann,* 2021, Rn. 42.

[164] Darauf weist auch hin Rauscher/*Thorn* Rn. 22.

[165] BeckOK BGB/*Mäsch* Rn. 26; *G. Fischer,* Verkehrsschutz im internationalen Vertragsrecht, 1990, 40.

[166] Wohl auch Rauscher/*Thorn* Rn. 22.

[167] *G. Fischer,* Verkehrsschutz im internationalen Vertragsrecht, 1990, 40; Rauscher/*Thorn* Rn. 22; insoweit auch Staudinger/*Hausmann,* 2021, Rn. 42; offenbar enger – Beschränkung auf Außenvollmacht – BeckOK BGB/*Mäsch* Rn. 26.

[168] Möglicherweise aA für die Vorlage einer im Ausland ausgestellten Vollmachtsurkunde im Abschlussstaat Staudinger/*Hausmann,* 2021, Rn. 42.

[169] Staudinger/*Hausmann,* 2021, Rn. 43; Rauscher/*Thorn* Rn. 22; BeckOK BGB/*Mäsch* Rn. 28.

[170] AA BeckOGK/*Thomale* Rn. 17: Kausationsfähigkeit von Art. 13 als „Handlungsfähigkeit" erfasst; Staudinger/*Hausmann,* 2021, Rn. 30a.

58 **c) Vertretung auf Seiten der geschützten Partei.** Handelt ein Vertreter auf der Seite der geschützten Partei, so kommt es auf die beiderseitige **Anwesenheit des Vertreters** und der nicht voll geschäftsfähigen Partei in demselben Staat an.[171] Die geschützte Partei muss sich nicht in diesem Staat befinden;[172] ihr Aufenthaltsort ist nicht erheblich. Eine andere Frage ist, wessen Kenntnis für die Bösgläubigkeit maßgeblich ist. Primär kommt es auf die Kenntnis des Vertreters an. Nach einem im deutschen Recht in § 166 Abs. 2 BGB verankerten Gedanken (→ BGB § 166 Rn. 121) sollte es jedoch dem Vertretenen nicht möglich sein, sich hinter dem guten Glauben seines Vertreters zu verstecken. Daher hilft ihm Art. 13 auch dann nicht, wenn der Vertreter nicht fahrlässig handelt, während der Vollmachtgeber in einem anderen Land von der Geschäftsunfähigkeit der anderen Partei Kenntnis hat oder haben muss.[173] Wenn ein in Argentinien lebender Vollmachtgeber in Deutschland durch einen deutschen Vertreter einen Vertrag mit einem anderen argentinischen Achtzehnjährigen schließen lässt, der erst mit 21 Jahren volljährig wäre, so schützt es ihn nicht, dass nur der Vertreter die argentinische Regelung nicht kennen musste.

59 **d) Gesetzliche Vertretung.** Für Befugnisse gesetzlicher Vertreter geschäftsunfähiger Personen, auf die Art. 13 analog angewandt werden kann (→ Rn. 41), sollte die persönliche **Anwesenheit nur des Vertreters** im Abschlussstaat gefordert werden. Der Aufenthalt des Vertretenen ist nicht erheblich, da er keine Vollmacht erteilt bzw. keine Willenserklärung abgibt.[174]

60 **3. Unkenntnis der fehlenden Fähigkeit. a) Irrtumsgründe.** Der einen Partei muss eine der in → Rn. 30 ff. genannten Fähigkeiten ganz oder teilweise fehlen, und die andere Partei darf von diesem Mangel keine Kenntnis haben, wobei ihr auch fahrlässige Unkenntnis schadet. Welche Fähigkeit nötig ist, ergibt das Geschäftsstatut, ob sie gegeben ist, das Fähigkeitsstatut (→ EGBGB Art. 7 Rn. 50; → Rn. 24 ff.). Der Mangel muss zur **Ungültigkeit** oder eingeschränkten Gültigkeit **des Rechtsgeschäftes** führen. Die Unkenntnis kann auf sehr verschiedenen Gründen beruhen. Es lassen sich Rechts- und Tatsachenirrtum unterscheiden.[175] Um den Fähigkeitsmangel zu erkennen, müsste die geschützte Partei sowohl die maßgebenden Regeln des Fähigkeitsstatuts als auch die danach relevanten Tatsachen kennen. Zwar kann sie die Geschäftsunfähigkeit nicht erkennen, wenn sie nur eines dieser Elemente nicht erkennen kann, doch kann sie sich nicht für beides auf Unerkennbarkeit berufen. Es besteht vielmehr grundsätzlich Einigkeit, dass ein „Tatsachenirrtum" in diesem Sinne nicht entlastet, wohl aber ein „Rechtsirrtum".[176]

61 **b) Beachtlicher Rechtsirrtum.** Grundsätzlich beachtlich ist ein Rechtsirrtum. Das überrascht, wird doch ein Rechtsirrtum in anderen Situationen für grundsätzlich unbeachtlich gehalten.[177] Jedoch stellt Art. 13 gerade darauf ab, dass der geschützten Partei das Recht des Staates unbekannt ist, aus dem die fehlende Geschäftsfähigkeit des Vertragspartners folgt.[178] Der Schutz der Vorschrift bezieht sich mithin auf die Unkenntnis der wahren Rechtslage.[179] Damit ist sicher, dass ein **sachrechtlicher Irrtum** über den Inhalt der kollisionsrechtlich berufenen Geschäftsfähigkeitsregelung erfasst ist.[180] Das korrespondiert mit der Kernaussage des Arrêt Lizardi (→ Rn. 8), wonach niemand gehalten ist, fremdes Geschäftsfähigkeitsrecht zu kennen. Dazu gehört der Irrtum über die Auswirkungen von Störungen der Geistestätigkeit bei Volljährigen[181] ebenso wie der Irrtum über die rechtlichen Wirkungen der ausländischen Anordnung einer Entmündigung oder Betreuung.[182]

62 Umstritten ist hingegen, inwieweit auch ein **kollisionsrechtlicher Irrtum,** dh eine Unkenntnis der Regeln, die zum Fähigkeitsstatut führen, beachtet werden muss. Dabei ist zu bedenken, dass diese Regeln sich nicht auf den Art. 7 Abs. 2 EGBGB beschränken müssen, sondern im Falle eines Renvoi (→ Rn. 25) auch ausländisches Kollisionsrecht einschließen können und bei einem aus Sicht

---

171 *G. Fischer,* Verkehrsschutz im internationalen Vertragsrecht, 1990, 40; BeckOK BGB/*Mäsch* Rn. 27; Rauscher/*Thorn* Rn. 21; BeckOGK/*Thomale* Rn. 26; Staudinger/*Hausmann,* 2021, Rn. 43.

172 *G. Fischer,* Verkehrsschutz im internationalen Vertragsrecht, 1990, 40; BeckOK BGB/*Mäsch* Rn. 27.

173 Ebenso Rauscher/*Thorn* Rn. 29.

174 Rauscher/*Thorn* Rn. 22.

175 Rauscher/*Thorn* Rn. 28; Staudinger/*Hausmann,* 2021, Rn. 53 ff.; ähnlich *Jobard-Bachellier,* L'apparence en droit international privé, 1984, Rn. 56 ff.

176 ZB Rauscher/*Thorn* Rn. 28; *v. Bar* IPR II, 1. Aufl. 1991, Rn. 59.

177 Vgl. BeckOGK/*Thomale* Rn. 33; umfassend *Scheuch,* Rechtsirrtum und Rechtsungewissheit, 2021.

178 *Giuliano/Lagarde* BT-Drs. 10/503, 66; Staudinger/*Hausmann,* 2021, Rn. 52.

179 BeckOGK/*Thomale* Rn. 29; Staudinger/*Hausmann,* 2021, Rn. 52.

180 Rauscher/*Thorn* Rn. 28; BeckOGK/*Thomale* Rn. 33; Staudinger/*Hausmann,* 2021, Rn. 54; BeckOK BGB/*Mäsch* Rn. 32.

181 Zu einem solchen Fall vgl. OGH IPRax 2013, 447 m. Aufsatz *Spellenberg* IPRax 2013, 466.

182 Staudinger/*Hausmann,* 2021, Rn. 54; *Lipp* RabelsZ 63 (1999), 107 (137).

der geschützten Partei ausländischen Gerichtsort ohnehin einen anderen Ausgangspunkt als das EGBGB nehmen. Dies spricht dafür, auch den kollisionsrechtlichen Irrtum vollumfänglich zu berücksichtigen. Wenn Art. 13 vor einer Unkenntnis der materiellen Regeln zur Geschäftsfähigkeit schützen möchte, so bleibt es gleichgültig, ob der Vertragspartner weiß, welches Recht zur Anwendung gelangt, aber dessen Inhalt nicht kennt, oder ob ihm schon der Weg zum Fähigkeitsstatut nicht bekannt ist.[183]

Jedoch werden mit drei verschiedenen Ansatzpunkten – im Ergebnis **abzulehnende – Ausnahmen** vertreten, in denen die Unkenntnis des Kollisionsrechts generell unbeachtlich bleiben soll. Erstens wird gesagt, die Unkenntnis des Kollisionsrechts des Gerichtsstaats solle außer Betracht bleiben.[184] Fremdes Kollisionsrecht, etwa im Rahmen eines Renvoi, werde hingegen erfasst.[185] Daran ist richtig, dass sich gerade fremdes Kollisionsrecht noch schwerer erkennen lässt als ausländisches Sachrecht. Jedoch schützt Art. 13 eine vom Vertragspartner im Zeitpunkt des Vertragsschlusses gehegte Vorstellung. Zu diesem Zeitpunkt steht nicht mit Sicherheit fest, in welchem Staat später ein Prozess über den Vertrag angestrengt wird.[186] Auch das Kollisionsrecht des Gerichtsstaats kann damit für den Vertragspartner fremdes Recht sein.[187] Es liegt zudem die Vermutung nahe, dass diese Ansicht auf Art. 12 EGBGB zurückgeht, der nur bei einem Gerichtsstand in Deutschland relevant wurde. Zweitens nehmen andere einen Irrtum über das Kollisionsrecht am Abschlussort als Irrtum über „inländisches" Kollisionsrecht aus.[188] Freilich müsste, damit dieses Kollisionsrecht zum Zuge kommt, auch der Streit aus Sicht des Rechts am Abschlussort beurteilt werden und daher dort auch prozessiert werden, was keineswegs gesichert erscheint. Solange der Schutz nach dem Recht des Abschlussorts nicht durch ein Anknüpfungsmoment wie den gewöhnlichen Aufenthalt an diesem Ort verstärkt wird (→ Rn. 51), lässt sich auch keine generelle Vertrautheit mit dem Recht des – möglicherweise zufälligen (→ Rn. 50) – Abschlussorts unterstellen. Damit verwandt wird drittens teilweise dafür plädiert, die Unkenntnis des „eigenen" Kollisionsrechts vom Schutz des Art. 13 auszuklammern, denn das eigene Recht müsse man kennen.[189] Diese Ausnahme ist im Zusammenhang mit dem Vorschlag einer teleologischen Reduktion des Art. 13 bei gleichem Fähigkeitsstatut zu sehen, der sich auf dasselbe Argument stützt (→ Rn. 21). Ist aber eine derartige teleologische Reduktion abzulehnen, so besteht auch hier kein Anlass, die Reichweite des Art. 13 pauschal zu beschneiden. Vielmehr bietet die Norm mit dem darin verankerten Fahrlässigkeitsmaßstab einen geeigneten Ansatzpunkt, im Einzelfall auf das Vorbringen eines kollisionsrechtlichen Irrtums zu reagieren. Wenn die Kenntnis der Regelungen des eigenen Rechts und damit auch des eigenen Kollisionsrechts erwartet werden muss, dann kann demjenigen, der die Unkenntnis dieser Regelungen geltend macht, entgegengehalten werden, er hätte sie kennen müssen und sei daher fahrlässig in Unkenntnis gewesen.[190] Die Fahrlässigkeit des Vertragspartners ist gegenüber den vorgeschlagenen pauschalen Ausnahmen der vorzugswürdige flexiblere Ansatzpunkt.[191] Auch kollisionsrechtliche Irrtümer sind beachtlich. 63

c) Unbeachtlicher Tatsachenirrtum. Dagegen fällt nicht unter Art. 13 ein Irrtum über Tatsachen, die nach dem Fähigkeitsstatut die Geschäftsfähigkeit begründen bzw. beschränken.[192] Hier handelt es sich nicht um einen Irrtum über (fremdes) Recht. Zwar kann man über Tatsachen ebenfalls leicht irren, aber diese Unkenntnis wird vom Zweck des Art. 13 nicht erfasst. Die Vorschrift soll nicht schlicht und direkt im Fall des Irrtums über die Vertragsgültigkeit schützen, sondern nur in internationalen Fällen vor Unkenntnis des fremden Rechts. Der Irrtum über Tatsachen stellt aber kein Spezifikum des Auslandsbezugs dar und kann ebenso in Inlandssachverhalten auftreten.[193] 64

---

[183] Deutlich BeckOGK/*Thomale* Rn. 33; Staudinger/*Hausmann,* 2021, Rn. 53; *Jobard-Bachellier,* L'apparence en droit international privé, 1984, No. 160 ff., 206 hält den kollisionsrechtlichen Irrtum sogar für den einzig relevanten.

[184] *v. Bar* IPR II, 1. Aufl. 1991, Rn. 59; → 8. Aufl. 2021, Rn. 72 *(Spellenberg);* weitergehend BeckOK BGB/*Mäsch* Rn. 32: Unkenntnis des Kollisionsrechts entlaste generell nicht.

[185] → 8. Aufl. 2021, Rn. 73 *(Spellenberg).*

[186] BeckOGK/*Thomale* Rn. 33; Staudinger/*Hausmann,* 2021, Rn. 53.

[187] Staudinger/*Hausmann,* 2021, Rn. 53.

[188] Rauscher/*Thorn* Rn. 28.

[189] → 8. Aufl. 2021, Rn. 72 *(Spellenberg); v. Bar* IPR II, 1. Aufl. 1991, Rn. 59. Unklar ist bereits, welches Kollisionsrecht das „eigene" ist (Staudinger/*Hausmann,* 2021, Rn. 56). Ausgehend von Art. 7 Abs. 1 EGBGB aF ist wohl dasjenige des Heimatstaates gemeint und müsste nun konsequenterweise dasjenige des gewöhnlichen Aufenthalts sein.

[190] So auch für den Fall, dass eine teleologische Reduktion abgelehnt wird, → 8. Aufl. 2021, Rn. 78 *(Spellenberg).*

[191] BeckOGK/*Thomale* Rn. 33; Staudinger/*Hausmann,* 2021, Rn. 56.

[192] *v. Bar* IPR II, 1. Aufl. 1991, Rn. 59; Staudinger/*Hausmann,* 2021, Rn. 55; BeckOK BGB/*Mäsch* Rn. 32; BeckOGK/*Thomale* Rn. 33.

[193] BeckOK BGB/*Mäsch* Rn. 32.

Unbeachtlich ist somit ein Irrtum über das **Alter** oder das Bestehen einer **Geisteskrankheit** des nicht voll Geschäftsfähigen.[194] Dasselbe gilt im Fall der Unkenntnis von der Existenz einer ausländischen **Entmündigungsentscheidung;** auch hier handelt es sich um einen unbeachtlichen Irrtum über Tatsachen.[195] Dass das deutsche Recht keine Entmündigung mehr kennt,[196] ändert nichts daran, dass es hier um das Vorliegen von faktischen Umständen wie dem Alter des Vertragspartners oder dessen Geisteszustand geht. Umstritten ist jedoch, wie der Irrtum über anknüpfungserhebliche Tatsachen wie den gewöhnlichen Aufenthalt des Geschäftsunfähigen im Ausland zu behandeln ist. Letztlich ist jedoch auch dies eine – wertend zu ermittelnde – Tatsache.[197]

65 **d) Fahrlässigkeitsmaßstab.** Nach Art. 13 darf der Irrtum über die Geschäftsfähigkeit nicht fahrlässig sein (→ Rn. 4). Eine Definition der Fahrlässigkeit enthält die Rom I-VO nicht. Geboten ist eine europäisch-autonome Auslegung,[198] zu deren Konkretisierung der EuGH berufen ist (→ EuErbVO Art. 69 Rn. 23). In Ermangelung einer derartigen Konturierung sollte von folgenden Leitlinien ausgegangen werden. Es gilt ein **objektiver Maßstab.**[199] Eine Abstufung zwischen Graden der Fahrlässigkeit enthält Art. 13 nicht; es schadet somit bereits leichte Fahrlässigkeit. In Betracht zu ziehen sind die Umstände des Geschäfts im Einzelfall, um zum einen zu bestimmen, was die Partei hätte erkennen können, und zum anderen, welche Erkundigungen sie in zumutbarer Weise hätte einholen müssen.[200]

66 Die Ermittlungsobliegenheit hängt von **den Umständen** ab, namentlich von der Geschäftsgewandtheit der geschäftsfähigen Partei, der Bedeutung des Geschäfts, der Üblichkeit einer Beratung und der vor dem Abschluss zur Verfügung stehenden und für die Einholung von Erkundigungen erforderlichen Zeit.[201] Die beiden letzteren Umstände führen zB zu einem strengeren Maßstab bei Grundstückskäufen.[202] Die Parallele, ob in einem reinen Inlandssachverhalt Anlass zu Nachforschungen über die Geschäftsfähigkeit des Geschäftsgegners bestanden hätte,[203] trägt jedoch nur bedingt, da es im Inlandsfall nur um Nachforschungen über Tatsachen gehen kann.

67 Die Ermittlungsobliegenheit steigt mit der **Bedeutung des Geschäfts.** Bei alltäglichen Ladengeschäften kann man selbst von einem Kaufmann nicht generell erwarten, dass er die Geschäftsfähigkeitsregeln anderer Rechtsordnungen kennt, es sei denn er hätte im Grenzgebiet viel mit Kunden, die ihren gewöhnlichen Aufenthalt im Nachbarland haben, zu tun.[204] Wenn hingegen notarielle Beurkundung vorgeschrieben ist (zB § 311b Abs. 1 BGB), besteht angesichts von § 11 BeurkG eine gesteigerte Ermittlungspflicht,[205] die primär den deutschen Notar trifft, der, wenn er das ausländische Recht nicht kennt, zumindest nach § 17 Abs. 3 BeurkG auf mögliche Gefahren hinweisen muss, so dass die geschäftsfähige Partei eigene Erkundigungen vornehmen kann.[206]

68 Kommt es bei einem objektiven Fahrlässigkeitsmaßstab auf die **individuellen Fähigkeiten** der Partei an sich nicht an, ist doch zwischen Kaufleuten und Privaten zu unterscheiden. Von ersteren ist mehr Aufmerksamkeit bzw. Risikobewusstsein zu erwarten, zB bei größeren Geschäften mit einem im Ausland lebenden Vertragspartner.[207] Insbesondere sind Ermittlungsobliegenheiten im internationalen Handel wichtig. So hat der BGH Fahrlässigkeit bejaht, als sich die Partei auf die

---

194 Rauscher/*Thorn* Rn. 28; BeckOK BGB/*Mäsch* Rn. 32; BeckOGK/*Thomale* Rn. 33.

195 Wie hier BeckOK BGB/*Mäsch* Rn. 33; Rauscher/*Thorn* Rn. 28; aA Staudinger/*Hausmann,* 2021, Rn. 55a; BeckOGK/*Thomale* Rn. 33.

196 So das Argument von Staudinger/*Hausmann,* 2021, Rn. 55a.

197 Staudinger/*Hausmann,* 2021, Rn. 55; ebenso für Staatsangehörigkeit *v. Bar* IPR II, 1. Aufl. 1991, Rn. 59; aA BeckOK BGB/*Mäsch* Rn. 32; beschränkt auf Staatsangehörigkeit, da diese aus rechtlichen Regeln folge, → 8. Aufl. 2021, Rn. 82 *(Spellenberg).*

198 Rauscher/*Thorn* Rn. 29; BeckOGK/*Thomale* Rn. 34.

199 Rauscher/*Thorn* Rn. 29; NK-BGB/*Leible* Rn. 16.

200 Staudinger/*Hausmann,* 2021, Rn. 57; stärker ökonomisch argumentierend („cheapest cost avoider") BeckOGK/*Thomale* Rn. 35.

201 BGH NJW 1998, 2452 = IPRax 1999, 104; Staudinger/*Hausmann,* 2021, Rn. 57; *G. Fischer,* Verkehrsschutz im internationalen Vertragsrecht, 1990, 48 f.; NK-BGB/*Leible* Rn. 16; BeckOGK/*Thomale* Rn. 34; Rauscher/*Thorn* Rn. 29; *v. Bar* IPR II, 1. Aufl. 1991, Rn. 59.

202 Staudinger/*Hausmann,* 2021, Rn. 58a; *Lipp* RabelsZ 63 (1999), 107 (141); *Batiffol/Lagarde* DIP II Nr. 491.

203 BeckOK BGB/*Mäsch* Rn. 32.

204 *G. Fischer,* Verkehrsschutz im internationalen Vertragsrecht, 1990, 49; Rauscher/*Thorn* Rn. 29; BeckOK BGB/*Mäsch* Rn. 32.

205 Rauscher/*Thorn* Rn. 29; BeckOK BGB/*Mäsch* Rn. 32; zu eng *Liessem* NJW 1989, 497 (501) für eherechtliche Veräußerungsbeschränkungen.

206 *Süß* Rpfleger 2003, 53 (54); *Schotten* DNotZ 1994, 670 (674); Staudinger/*Hausmann,* 2021, Rn. 58a; *v. Bar* IPR II, 1. Aufl. 1991, Rn. 59 und *Liessem* NJW 1989, 497 (501) sehen nur eine Obliegenheit der Partei selbst.

207 Staudinger/*Hausmann,* 2021, Rn. 58.

falsche bloße Behauptung verlassen hatte, dass nunmehr im Gegensatz zu früher ein jugoslawisches Unternehmen keine Außenhandelsfähigkeit mehr brauche.[208] Wird die übliche rechtliche Beratung nicht in Anspruch genommen, liegt schon darin grundsätzlich eine Fahrlässigkeit.[209] Ist die Beratung unzutreffend, wird man in der Regel von der Partei keine eigenen Ermittlungen erwarten, sie muss sich jedoch ggf. die fahrlässige Unkenntnis ihres Beraters zurechnen lassen (→ Rn. 71).

Streitig ist, wieweit allein die **Kenntnis des gewöhnlichen Aufenthalts** der einen Partei **im Ausland** die andere zu Erkundigungen veranlassen muss.[210] Richtigerweise ist auch hier auf die Umstände abzustellen: bei kleineren alltäglichen Bargeschäften sollte man Erkundigungen nicht verlangen,[211] bei größeren Geschäften schon.[212] Bei der Bewertung ist generell auch zu beachten, wie gut die nötigen Informationen zu beschaffen sind. Haben beide Parteien ihren **gewöhnlichen Aufenthalt in demselben Staat** (der nicht Vornahmeort sein muss), kann die geschäftsfähige Partei kaum geltend machen, sie habe sich nicht ausreichend informieren können (→ Rn. 21).[213] **69**

Der **maßgebliche Zeitpunkt** für die Beurteilung der Fahrlässigkeit ist – im Einklang mit der Setzung des Vertrauenstatbestands (→ Rn. 49) – derjenige der Abgabe der beiden Erklärungen. Eine Differenzierung, die für die Beurteilung des guten Glaubens den – möglicherweise späteren – Zeitpunkt der Wirksamkeit des Vertrags zugrunde legt,[214] würde zu unnötigen Komplikationen führen und zudem die Beurteilung der Fahrlässigkeit von den Vertragsschlussregeln des Vertragsstatuts abhängig machen, die hierfür keine Rolle spielen sollten.[215] **70**

Zur Bestimmung der Fahrlässigkeit bei Einschaltung eines **Vertreters** auf Seiten der geschützten Partei → Rn. 58. **71**

e) Beweislast. Die Beweislast dafür, dass die andere Partei Kenntnis oder fahrlässige Unkenntnis vom Fehlen der Geschäftsfähigkeit nach Fähigkeitsstatut hatte, trifft diejenige Partei, die die Bindung der in ihrer Geschäftsfähigkeit beschränkten Partei an den Vertrag bestreitet.[216] Dies ist in der Regel die **nicht voll geschäftsfähige Partei,** die sich auf ihre mangelnde Fähigkeit beruft, kann aber im Streit mit einem Dritten, in dem die Wirksamkeit des Vertrags eine Rolle spielt, auch ein Dritter sein. **72**

V. Rechtsfolgen

1. Alternative Anwendung des Ortsrechts. Sind die Voraussetzungen des Art. 13 erfüllt, kommt es zu einer alternativen Anwendung des Ortsrechts. Es genügt zur Wirksamkeit des Vertrags, wenn die erforderliche Fähigkeit nach Ortsrecht oder nach Fähigkeitsstatut gegeben ist. Insoweit ist ein **Günstigkeitsvergleich** zugunsten des Vertragspartners vorzunehmen.[217] Dieser Vergleich erstreckt sich auch auf die **Ungültigkeitsfolgen:** Ist der Vertrag nach beiden in Betracht kommenden Rechten nicht voll wirksam, so beurteilen sich die Folgen, wenn sie verschieden sind, nach dem milderen Recht.[218] Das ist etwa der Fall, wenn das Rechtsgeschäft eines Minderjährigen nach dem einen Recht genehmigungsfähig ist, nach dem anderen aber nicht, oder wenn die Genehmigungsfristen verschieden lang sind. Dasselbe gilt, wenn nach dem einen Recht der Fähigkeitsmangel nur eine **73**

[208] BGH NJW 1998, 2452 = IPRax 1999, 104; dazu näher BeckOGK/*Thomale* Rn. 35.

[209] Staudinger/*Hausmann,* 2021, Rn. 58; Rauscher/*Thorn* Rn. 29.

[210] Bislang bezog sich der Streit auf die Kenntnis der ausländischen Staatsangehörigkeit (vgl. Art. 7 Abs. 1 EGBGB aF); verneinend *G. Fischer,* Verkehrsschutz im internationalen Vertragsrecht, 1990, 51; *Lichtenberger* DNotZ 1986, 644 (652); *Liessem* NJW 1989, 497 (501); NK-BGB/*Leible* Rn. 16; Erman/*Stürner* Rn. 6. Bejahend *W. Goldschmidt* FS Kegel, 1987, 163 (171).

[211] Staudinger/*Hausmann,* 2021, Rn. 59; Rauscher/*Thorn* Rn. 29; *v. Bar* IPR II, 1. Aufl. 1991, Rn. 59.

[212] Ähnlich BeckOK BGB/*Mäsch* Rn. 32; etwas zurückhaltender Staudinger/*Hausmann,* 2021, Rn. 59; *Lipp* RabelsZ 63 (1999), 107 (141); *Kropholler* IPR § 42 I 3a.

[213] BeckOK BGB/*Mäsch* Rn. 32; zur gemeinsamen Staatsangehörigkeit als früher maßgeblichem Anknüpfungsmoment NK-BGB/*Leible* Rn. 16; Ferrari IntVertragsR/*Schulze* Rn. 8.

[214] Dafür Staudinger/*Hausmann,* 2021, Rn. 60.

[215] BeckOGK/*Thomale* Rn. 36.

[216] Staudinger/*Hausmann,* 2021, Rn. 61; BeckOK BGB/*Mäsch* Rn. 34; Grüneberg/*Thorn* Rn. 3; BeckOGK/*Thomale* Rn. 29; *G. Fischer,* Verkehrsschutz im internationalen Vertragsrecht, 1990, 52; NK-BGB/*Leible* Rn. 15.

[217] Staudinger/*Hausmann,* 2021, Rn. 62; Rauscher/*Thorn* Rn. 31; BeckOK BGB/*Mäsch* Rn. 35; BeckOGK/*Thomale* Rn. 37.

[218] Staudinger/*Hausmann,* 2021, Rn. 65; BeckOK BGB/*Mäsch* Rn. 35; BeckOGK/*Thomale* Rn. 37; Rauscher/*Thorn* Rn. 31; aA – Fähigkeitsstatut maßgeblich – *Schotten* DNotZ 1994, 670 (672 f.); noch aA – Art. 13 unanwendbar, wenn auch keine Wirksamkeit nach Ortsrecht – Calliess/Renner/*Loacker* Rn. 17, anders aber Calliess/Renner/*Loacker* Rn. 38.

Einrede gibt, nach dem anderen aber die Unwirksamkeit als Einwendung begründet. Das erstere ist dann das mildere Recht.[219]

74 Dem Ortsrecht sind jedoch nur diejenigen Regelungen zu entnehmen, die den von Art. 13 gemeinten **Fähigkeitsregelungen** (→ Rn. 30 ff.) des Fähigkeitsstatuts funktional entsprechen. Andere Wirksamkeitshindernisse können nicht mit Hilfe des Art. 13 beseitigt werden.[220] Alternativ anzuwenden sind daher etwa die verschiedenen Altersstufen. Ebenso kann das Ortsrecht als günstigeres Recht anzuwenden sein, wenn danach die Heirat volle Geschäftsfähigkeit im Gegensatz zum Fähigkeitsstatut verleiht. Günstiger ist das Ortsrecht auch, wenn es den Minderjährigen, der ein Geschäft betreibt oder einen Beruf ausübt, dafür oder gar generell im Gegensatz zu seinem Fähigkeitsstatut für geschäftsfähig erklärt.

75 **2. Disponibilität.** Entgegen seinem leicht missverständlichen Wortlaut verlangt Art. 13 **nicht,** dass die unfähige Partei sich auf den Mangel ihrer Fähigkeiten **berufen** muss. Zumindest im deutschen Recht ist die fehlende Fähigkeit nicht nur eine Einrede, sondern eine Einwendung. Ist das Rechtsgeschäft deswegen unwirksam oder beschränkt wirksam, so ist unter den Voraussetzungen des Art. 13 auch das Ortsrecht von Amts wegen alternativ anzuwenden.[221] Ob die fehlende Fähigkeit wie in Deutschland eine Einwendung darstellt oder lediglich als Einrede geltend zu machen ist, richtet sich nicht nach Art. 13, sondern nach dem anwendbaren Recht, dh nach dem Fähigkeitsstatut, soweit es um die Feststellung des Fähigkeitsmangels geht, und nach dem Ortsrecht, soweit es um das Bestehen der Fähigkeit nach diesem Recht geht.[222]

76 Davon zu unterscheiden ist die Frage, ob der **Vertragspartner** des nicht voll Geschäftsfähigen auf die Begünstigung durch das Ortsrecht **verzichten** kann, um es bei einer Unwirksamkeit des Vertrags gemäß dem Fähigkeitsstatut zu belassen. Dies wird teilweise angenommen, da Art. 13 letztlich das Vertrauen des Vertragspartners auf die Wirksamkeit des Vertrags schütze und der Begünstigte deshalb einseitig auf diese Rechtswohltat verzichten können müsse.[223] Zum Teil wird eine Parallele zum Wahlrecht des Art. 40 Abs. 1 S. 2 gezogen.[224] Um einen zeitlich unbegrenzten Schwebezustand zu vermeiden, müsse das Wahlrecht unverzüglich nach Kenntniserlangung mittels Gestaltungserklärung ausgeübt werden.[225] Die Rom I-VO schweigt dazu; dass der Bericht von *Giuliano/Lagarde* schreibt, die andere Partei könne sich „auf den Anschein der Geschäftsfähigkeit berufen", wird zu Recht für wenig aussagekräftig gehalten.[226] Nach dem Zweck des Art. 13 überzeugt die Annahme eines Wahlrechts nicht.[227] Der Vertragspartner vertraut auf die Wirksamkeit des Vertrags, und er soll nicht entgegen diesem Vertrauen von der Unwirksamkeit des Vertrags überrascht werden. Ihm die Möglichkeit des Verzichts einzuräumen, käme einem unverdienten Reurecht gleich, sich von einem später unerwünschten Vertrag zu lösen.[228] Die Forderung nach einer unverzüglichen Ausübung des Wahlrechts kann die damit verbundenen Spekulationsmöglichkeiten und die missliche Schwebelage zwar eingrenzen, aber nicht beseitigen, zumal bis zur Kenntniserlangung des Vertragspartners von seiner Wahlmöglichkeit bereits geraume Zeit vergangenen sein kann.[229] Auch trägt die Parallele zu Art. 40 Abs. 1 S. 2 EGBGB nicht:[230] Eine alternative Anknüpfung begründet gerade kein Wahlrecht; es gibt auch auf europäischer Ebene kein fakultatives Kollisionsrecht (→ Einl. IPR Rn. 318 f.).

VI. Allgemeine Regeln

77 **1. Renvoi (Art. 20).** Nach der Grundregel des Art. 20 ist die von Art. 13 ausgesprochene Verweisung auf das Ortsrecht **Sachnormverweisung.** Ein im IPR des Ortsrechts enthaltener Ren-

219 Ebenso BeckOK BGB/*Mäsch* Rn. 35; Staudinger/*Hausmann,* 2021, Rn. 64.

220 Rauscher/*Thorn* Rn. 31.

221 Staudinger/*Hausmann,* 2021, Rn. 64; Erman/*Stürner* Rn. 7; *Schotten* DNotZ 1994, 670 (673); aA *Liessem* NJW 1989, 497 (501) zu Art. 12 EGBGB.

222 Rauscher/*Thorn* Rn. 32; Staudinger/*Hausmann,* 2021, Rn. 64; BeckOK BGB/*Mäsch* Rn. 36; aA – nur Fähigkeitsstatut – BeckOGK/*Thomale* Rn. 38; NK-BGB/*Leible* Rn. 17; Erman/*Stürner* Rn. 7; *Kropholler* IPR § 42 I 3a.

223 *G. Fischer,* Verkehrsschutz im internationalen Vertragsrecht, 1990, 115 ff.; *Schotten* DNotZ 1994, 670 (672); BeckOGK/*Thomale* Rn. 39, da es sich um einen Rechtsscheinstatbestand handele.

224 BeckOGK/*Thomale* Rn. 39.

225 BeckOGK/*Thomale* Rn. 39.

226 BeckOGK/*Thomale* Rn. 39.

227 Ebenso BeckOK BGB/*Mäsch* Rn. 37; Staudinger/*Hausmann,* 2021, Rn. 63; Rauscher/*Thorn* Rn. 32; NK-BGB/*Leible* Rn. 17.

228 Staudinger/*Hausmann,* 2021, Rn. 63.

229 BeckOK BGB/*Mäsch* Rn. 37.

230 BeckOK BGB/*Mäsch* Rn. 37.

voi ist **nicht** zu beachten.[231] Davon zu unterscheiden ist die Beachtlichkeit einer Rück- oder Weiterverweisung im Rahmen der Ermittlung des Fähigkeitsstatuts nach Art. 7 Abs. 2 EGBGB, die auch zum Recht des Abschlussorts führen kann (→ Rn. 25).

2. Verweisung auf Staaten mit mehreren Teilrechtsordnungen (Art. 22). Soweit Art. 13 danach fragt, in welchem Staat sich die Parteien bei Abschluss des Vertrags befinden, ist im Fall des Aufenthalts einer Partei bei Abgabe ihrer Erklärung in einem Staat mit mehreren Teilrechtsordnungen nach Art. 22 Abs. 1 das **Gebiet der Teilrechtsordnung,** in dem sich die Partei befindet, als maßgeblicher Staat anzusehen.[232] Geben beide Parteien ihre Erklärung im Bundesstaat New York ab (wenn auch an unterschiedlichen Orten in diesem Staat), so sind beide bei Vertragsschluss in demselben Staat anwesend. Wenn sich eine Partei in New York und die andere in einem anderen US-Bundesstaat aufhält, ist die Voraussetzungen hingegen nicht erfüllt. **78**

3. Ordre public (Art. 21). Beide berufenen Rechte, Fähigkeitsstatut und Ortsrecht, stehen unter dem Vorbehalt des ordre public, wobei für das von Art. 7 EGBGB berufene Fähigkeitsstatut Art. 6 EGBGB maßgeblich ist und für das von Art. 13 berufene Ortsrecht Art. 21.[233] Die Geschäftsfähigkeit kann sowohl über die Maßen eingeschränkt (zB Geschäftsunfähigkeit bestimmter Personengruppen) als auch zu großzügig (zB Kindern)[234] gewährt sein. Ist danach die Regelung des Ortsrechts nicht anzuwenden, so bleibt immer noch das Fähigkeitsstatut. Das Vertrauen auf eine volle Geschäftsfähigkeit nach Ortsrecht, die aus einer dem ordre public widersprechenden zu niedrigen Altersstufe resultiert, verdient keinen Schutz.[235] Erst wenn auch die Regelung des Fähigkeitsstatuts gegen den ordre public verstößt, ist die eine oder andere ordre-public-widrige Regelung anzupassen.[236] Ein Eingreifen des ordre public bedeutet nicht notwendig, dass Regeln der lex fori an die Stelle des ordre public-widrigen Ergebnisses zu setzen sind, sondern das ausländische Recht ist grundsätzlich soweit aufrecht zu erhalten, wie dies mit dem inländischen ordre public noch zu vereinbaren ist. Anwendungsfälle dürften selten sein.[237] **79**

Art. 14 Rom I-VO Übertragung der Forderung

(1) Das Verhältnis zwischen Zedent und Zessionar aus der Übertragung einer Forderung gegen eine andere Person („Schuldner") unterliegt dem Recht, das nach dieser Verordnung auf den Vertrag zwischen Zedent und Zessionar anzuwenden ist.

(2) Das Recht, dem die übertragene Forderung unterliegt, bestimmt ihre Übertragbarkeit, das Verhältnis zwischen Zessionar und Schuldner, die Voraussetzungen, unter denen die Übertragung dem Schuldner entgegengehalten werden kann, und die befreiende Wirkung einer Leistung durch den Schuldner.

(3) Der Begriff „Übertragung" in diesem Artikel umfasst die vollkommene Übertragung von Forderungen, die Übertragung von Forderungen zu Sicherungszwecken sowie von Pfandrechten oder anderen Sicherungsrechten an Forderungen.

Schrifttum: allgemeines Schrifttum zum IVR s. Vor Art. 1; *Einsele,* Die Forderungsabtretung nach der Rom I-Verordnung: sind ergänzende Regelungen zur Drittwirksamkeit und Priorität zu empfehlen?, RabelsZ 74 (2010), 91; *Fervers,* Die Drittwirkungen der Forderungsabtretung im Internationalen Privatrecht, RabelsZ 86 (2022), 617; *Flessner,* Die internationale Forderungsabtretung nach der Verordnung Rom I, IPRax 2009, 35; *Flessner,* Rechtswahlfreiheit auf Probe: zur Überprüfung von Art. 14 der Rom I-Verordnung, FS Kühne, 2009, 703; *Kieninger,* Das auf die Drittwirkungen der Abtretung anwendbare Recht, NJW 2019, 3353; *Labonté,* Forderungsabtretung International, 2015; *Leible/Müller,* Die Anknüpfung der Drittwirkung von Forderungsabtretungen in der Rom I-Verordnung, IPRax 2012, 491; *Mankowski,* IPR – keine Regelung der Drittwirkung von Zessionen durch die Rom I-VO, RIW 2019, 728; *Mann/Nagel,* Zession und Drittwirkung im internationalen Kreditsicherungsgeschäft, WM 2011, 1499.

Schrifttum zum Grünbuch und zum Verordnungsentwurf: s. 7. Aufl. 2018.

[231] BeckOGK/*Thomale* Rn. 40; Staudinger/*Hausmann,* 2021, Rn. 72; BeckOK BGB/*Mäsch* Rn. 6.
[232] Rauscher/*Thorn* Rn. 19; BeckOGK/*Thomale* Rn. 25.
[233] BeckOK BGB/*Mäsch* Rn. 7; BeckOGK/*Thomale* Rn. 39; anders Erman/*Stürner* Rn. 2: Vorrang des Art. 13 vor Art. 21.
[234] Vgl. OLG Köln FamRZ 1997, 1240 zu Iran: Geschäftsfähigkeit mit neun Jahren; Staudinger/*Hausmann,* 2021, Rn. 73.
[235] BeckOK BGB/*Mäsch* Rn. 7.
[236] BeckOGK/*Thomale* Rn. 39.
[237] Calliess/Renner/*Loacker* Rn. 13; NK-BGB/*Leible* Rn. 3.

Übersicht

I. Normzweck

1 Vorläufer des Art. 14, der sich mit der rechtsgeschäftlichen Übertragung von Forderungen beschäftigt, war Art. 12 EVÜ,[1] der seinerseits als Art. 33 Abs. 2, 3 EGBGB inkorporiert worden war. Bei der **Reform des EVÜ** ging es insbesondere um die lückenhafte Regelung der Vorschrift. Hierzu hatten sich unterschiedliche nationale Ansätze, vor allem bezüglich der Anknüpfung der Abtretung selbst und der Wirkungen der Abtretung gegenüber Dritten, herausgebildet.[2] Umstritten war insbesondere, ob andere Lösungen als die Maßgeblichkeit des Forderungsstatuts festgeschrieben werden sollten.[3] Die Forderungsübertragung ist für die Kreditsicherung von erheblicher wirtschaftlicher Bedeutung. Im Anschluss an das Grünbuch hatte die Kommission einen Vorschlag vorgelegt, wonach insbesondere für die Frage, ob die Übertragung der Forderung Dritten entgegengehalten werden kann, das Recht des Staates entscheiden sollte, in dem der Zedent seinen gewöhnlichen Aufenthalt hat.[4] Dies wurde aber wieder gestrichen. Die Neuregelung bringt einige Klarstellungen; sie unterscheidet weiterhin das Verhältnis zwischen Zedent und Zessionar einerseits und das Verhältnis zum Schuldner andererseits. Sie lässt aber Raum für eine Reihe von Zweifels- und Streitfragen.[5] Die Forderungsabtretung hat für die Kreditsicherung und den Forderungshandel immer größere wirtschaftliche Bedeutung.[6] Gleiches gilt für die Abtretung von Entschädigungsansprüchen von Flugpassagieren an Inkassounternehmen.[7] Das Kollisionsrecht hat wegen der beträchtlichen nationalen Rechtsunterschiede erhebliche praktische Auswirkungen.[8]

1 Diese Vorschrift geht wiederum zurück auf Art. 16 EVÜ-E 1972; dazu *Lando* RabelsZ 38 (1974), 6 (47); *v. Hoffmann* in Lando/v. Hoffmann/Siehr, European Private International Law of Obligations, 1975, 1 (27 f.).

2 Dazu *Wilderspin* in Lando/Magnus/Novak-Stief, Angleichung des materiellen und des internationalen Privatrechts in der EU Harmonisation of Substantive and International Private Law, 2003 133 ff.; *Stoll* FS Sonnenberger, 2004, 702 ff.; *Kieninger* in Meeusen/Pertegás/Straetmans, Enforcement of International contracts in the European Union, 2004, 363 (373 ff.); *F. Bauer,* Die Forderungsabtretung im IPR, 2008, 264 ff.

3 Dazu Grünbuch Nr. 3. 2. 13 (Frage 17) in Leible, Grünbuch, 2004, 301 ff.; dazu *Mäsch* in Leible, Grünbuch, 2004, 193 ff.; Max-Planck-Institut RabelsZ 68 (2004), 79 ff.; *McParland,* The Rome I Regulation on the Law Applicable to Contractual Obligations, 2015, Rn. 18.01 ff.

4 Zu Art. 13 Rom I-VO-E 2005 ua Max-Planck- Institut RabelsZ 71 (2007), 321 ff.; Ferrari/Leible Neues IntVertrR/*Kieninger/Sigman* S. 179 ff.

5 Näher zur Entstehung *F. Bauer,* Die Forderungsabtretung im IPR, 2008, 29 ff.

6 *Flessner/Verhagen,* Assignment in European Private International Law: Claims as property and the European Commission's „Rome I Proposal", 2006, 4 ff.; *Grau,* Rechtsgeschäftliche Forderungsabtretungen im internationalen Rechtsverkehr, 2005, 26 ff.

7 Dazu *Mankowski* RIW 2021, 397 ff.

8 Staudinger/*Hausmann,* 2021, Rn. 1 mwN; rechtsvergleichende Übersicht bei Staudinger/*Hausmann,* 2021, Rn. 17 ff.

Die **Verpflichtung zwischen altem und neuem Gläubiger,** die sich zunächst einmal auf die Beziehung unter diesen Personen beschränkt, soll ihrem eigenen Recht unterstehen. Abs. 1 betrifft aber nicht mehr nur die „Verpflichtungen" (so Art. 12 Abs. 1 EVÜ),[9] sondern ganz allgemein „das Verhältnis" zwischen Zedent und Zessionar. Nach Erwägungsgrund 38 soll diese Änderung klarstellen, dass Abs. 1 auch auf die „dinglichen Aspekte" des Vertrags zwischen Zedent und Zessionar anwendbar ist. Dagegen hatte sich als deutsche hM die Maßgeblichkeit des Forderungsstatuts durchgesetzt,[10] weil Verfügungen über Forderungen möglichst dem Recht unterstellt werden sollten, das ohnehin über ihren Bestand und ihr Erlöschen entscheidet. Allerdings wurden auch andere Lösungen vertreten.[11] 2

Für den Anwendungsbereich der Vorschrift enthält **Abs. 3** eine Klarstellung, dass der Begriff „Übertragung" die vollkommene Übertragung (outright assignment) von Forderungen erfasst. Aber auch die Übertragung von Forderungen zu Sicherungszwecken sowie von Pfandrechten oder anderen Sicherungsrechten an Forderungen werden in der Vorschrift als wichtige Teilrechte kollisionsrechtlich gleichgestellt.[12] 3

Abs. 2 ist unverändert geblieben. Bezüglich der **Übertragbarkeit und der Wirkungen gegenüber dem Schuldner** kommt es danach auf das Recht der abgetretenen Forderung an. Dies wird für eine Reihe von Einzelheiten klargestellt. Ratio dieser Anknüpfung ist der Gedanke, dass sich der **Inhalt des Schuldverhältnisses durch die Abtretung nicht ändern** und daher auch das maßgebliche Recht das Gleiche bleiben soll. Insoweit wird auch dem Interesse des Schuldners am Fortbestand der einmal geschaffenen Situation entsprochen.[13] 4

Art. 12 EVÜ hatte die **Wirkungen gegenüber Dritten** sowie die Frage der Mehrfachabtretungen nicht explizit geregelt. Befürwortet wurde des Öfteren die Maßgeblichkeit des für das Verhältnis von Zessionar und Zedent geltenden Rechts („Verpflichtungsstatut")[14] oder aber eine Anknüpfung an das Recht am Aufenthaltsort des Zedenten.[15] Art. 13 Abs. 3 Rom I-VO-E 2005 hatte für die Anknüpfung der Drittwirkung ebenfalls auf den Sitz des Zedenten abgestellt.[16] Angesichts der bei den Reformarbeiten weiter bestehender Meinungsverschiedenheiten stellte der Ratsvorsitz für die Drittwirkung zwei Lösungsoptionen zur Wahl, eine Anknüpfung an das Statut der übertragenen Forderung (das Forderungsstatut) oder die Maßgeblichkeit des Sitzrechts des Abtretenden (des Zedenten).[17] Im Ergebnis wurde aber keine Lösung für die Drittwirkung gefunden; die Frage blieb seinerzeit ungeregelt.[18] 5

Ergänzt wird Art. 14 durch eine **Überprüfungsklausel** in Art. 27 Abs. 2. Danach sollte die Kommission bis zum 17.6.2010 einen Bericht über die Frage vorlegen, ob die Übertragung einer Forderung Dritten entgegengehalten werden kann, und über den Rang dieser Forderung gegenüber einem Recht einer anderen Person.[19] Dem Bericht sollte ggf. ein Vorschlag zur Änderung der VO sowie eine Folgenabschätzung der einzuführenden Bestimmungen beigefügt werden. Diese Frist ist nicht eingehalten worden. Stattdessen hatte die Kommission ein Gutachten des British Institute of International and Comparative Law (BIICL) in Auftrag gegeben, das mehrere Alternativen vorschlug.[20] Inhaltlich ging die Reformdebatte vor allem darum, ob möglicherweise der Parteiautonomie größerer Raum zu gewähren ist oder das Forderungsstatut (was eher den Interessen der Secutarisation-Unterneh- 6

---

9 Ein früherer EVÜ-E hatte die Beziehungen zwischen Zedent und Zessionar noch ganz allgemein dem unter ihnen geltenden Recht unterwerfen wollen; vgl. Bericht *Giuliano/Lagarde,* BT-Drs. 10/503, 66 f.

10 *Freitag* RIW 2005, 28 ff.; ebenso Art. 145 Abs. 1 IPRG Schweiz; dazu näher *Vischer/Huber/Oser* IVR Rn. 1043 ff.

11 Zum Meinungsstand *Martiny* ZEuP 2006, 60 (84 ff.); Staudinger/*Hausmann,* 2021, Rn. 11 ff.

12 Nachweise bei *F. Bauer,* Die Forderungsabtretung im IPR, 2008, 30.

13 So auch BGH NJW 1991, 1414 = IPRax 1992, 43 m. Aufsatz *v. Bar* IPRax 1992, 20 = IPRspr. 1990 Nr. 49; *Einsele* RabelsZ 60 (1996), 431.

14 *Mäsch* in Leible, Grünbuch, 2004, 193 ff.

15 *Stoll* FS Sonnenberger, 2004, 695 (708 ff.); *Magnus/Mankowski* ZVglRWiss 103 (2004), 131 (185 ff.); *Kieninger* in Meeusen/Pertegás/Straetmans, Enforcement of International contracts in the European Union, 2004, 378 ff.; *Kieninger/Schütze* IPRax 2005, 200 ff.

16 Ebenso etwa *Lagarde* Rev. crit. dr. int. pr. 95 (2006), 331 (345); Max-Planck-Institut RabelsZ 71 (2007), 321 ff.; *Kieninger* in Basedow/Baum/Nishitani, Japanese and European Private Law in Comparative Perspective, 2008, 153 ff.; Ferrari/Leible Neues IntVertrR/*Kieninger/Sigman* S. 179 (185 f.). – Abl. *Flessner* FS Canaris, 2007, 545 (546 ff.); *Flessner/Verhagen,* Assignment in European Private International Law: Claims as property and the European Commission's „Rome I Proposal", 2006, 1 ff.

17 Ratsdokument 11150/07, JUSTCIV 175 CODEC 716 (25.6.2007); krit. dazu *F. Bauer,* Die Forderungsabtretung im IPR, 2008, 283 ff.; s. auch *Flessner* IPRax 2009, 35 (36 f.).

18 *Leible/Müller* IPRax 2012, 481 (493 f.); *Mankowski* RIW 2018, 488 (489); *Kieninger* NJW 2019, 3353 (3354).

19 Dazu *Flessner* FS Kühne, 2009, 703 ff.; *Einsele* RabelsZ 74 (2010), 91 ff.; *Leible/Müller* IPRax 2012, 491 ff.

20 Dazu *Kieninger* IPRax 2012, 289 ff.; *Martiny* ZEuP 2013, 838 (855).

men) oder aber der gewöhnliche Aufenthaltsort des Zedenten (was eher Factoringunternehmen begünstigt) eine größere bzw. die ausschlaggebende Rolle spielen sollte.[21] Die geplante Drittwirkungs-VO soll die Fragen nunmehr regeln (→ Rn. 51 ff.).

II. Rechtsvereinheitlichung

7 Das Abtretungsrecht ist im **UNCITRAL-Übereinkommen über die Forderungsabtretung** (ZessÜ) vom 12.12.2001 vereinheitlicht worden.[22] Vorangegangen war ein Entwurf von 2001.[23] Die Konvention ist auf „internationale Abtretungen" sowie auf internationale vertragliche Forderungen anwendbar. Sie enthält in erster Linie Sachnormen über die Wirksamkeit der Abtretung (Art. 8, 9 ZessÜ), den Übergang von Sicherheiten (Art. 10 ZessÜ), das Verhältnis zwischen Zedent und Zessionar (Art. 11–13 ZessÜ), die Rechte und Pflichten des Schuldners (Art. 15–21 ZessÜ) sowie die Rechte Dritter (Art. 22–25 ZessÜ). Kollisionsrechtlich wird für die Drittwirkungen (priority) auf den gewöhnlichen Aufenthalt des Zedenten abgestellt (Art. 22 ZessÜ).[24] Ferner enthält das Übereinkommen eigene Kollisionsnormen (autonomous conflict-of-laws rules) für Forderungen, für welche die Art. 1 ff. ZessÜ an sich nicht gelten, die aber von seinen ergänzenden Kollisionsnormen erfasst werden (Art. 26–28 ZessÜ).[25] Rechte und Verpflichtungen zwischen Zedent und Zessionar richten sich nach dem für ihre Beziehungen maßgeblichen Recht (Art. 28 ZessÜ); der Schuldner kann sich auf seine ursprüngliche Verpflichtung berufen (Art. 29 ZessÜ). Bei Mehrfachabtretung entscheidet über den Vorrang das Recht am Niederlassungs- bzw. gewöhnlichen Aufenthaltsort des Zedenten (Art. 30 Abs. 1 ZessÜ).[26] Die Konvention kann Vorrang vor der Rom I-VO beanspruchen[27] (→ Art. 25 Rn. 1). Sie ist bislang (2024) jedoch noch nicht in Kraft getreten. – Im Übrigen besteht Einheitsrecht für den Factoringvertrag (→ Art. 4 Rn. 103 ff.).[28] Einheitliche Regeln über die Abtretung sowie über die Übertragung von Rechten und Pflichten finden sich auch in Art. 9.1.1. ff. PICC[29] (→ Art. 3 Rn. 34). Zur Forfaitierung → Art. 4 Rn. 111.

III. Anwendungsbereich

8 Art. 14 betrifft ein komplexes Mehrpersonenverhältnis, die Forderungsabtretung ist aber nicht umfassend geregelt. Vielmehr beschäftigt sich Abs. 1 explizit nur mit dem Verhältnis zwischen Zedent und Zessionar, während Abs. 2 einige Fragen aufzählt, für welche es im Verhältnis zwischen Zessionar und Schuldner auf das Forderungsstatut ankommt. Nicht angesprochen werden die Wirkungen der Abtretung gegenüber Dritten, namentlich anderen Gläubigern[30] (→ Rn. 35 ff.). Die Vorschrift gibt weiterhin zu vielen Kontroversen Anlass, unter anderem, ob man sie so restriktiv auslegen darf, dass sie nur die ausdrücklich genannten Fragen betrifft.[31] Der gesetzliche Forderungsübergang ist in Art. 15 gesondert geregelt.

9 Keine besondere Regelung haben in Art. 14 andere, dem Forderungsschutz dienende Instrumente und die daraus resultierenden Drittbeziehungen gefunden. Dazu gehört die **actio pauliana,** mit der die Wirkung von Verfügungshandlungen des Schuldners beseitigt werden kann (→ Art. 1 Rn. 26; → Rom II-VO Art. 1 Rn. 30 f.). Das deutsche Recht enthält dazu eine eigene Kollisions-

21 S. Reformvorschläge des Deutschen Rats für IPR *Sonnenberger* IPRax 2012, 370 f. (engl. IPRax 2012, 371 f.); *Sonnenberger* Rev. crit. dr. int. pr. 101 (2012), 676 f. (franz. Fassung, 678 f.).

22 UNCITRAL Convention on the Assignment of Receivables in International Trade (CARIT) vom 12.12.2001; engl. Text in ZEuP 2002, 782 ff.; ILM 41 (2002), 776; dt. Übersetzung bei *Rudolf,* Einheitsrecht für internationale Forderungen, 2006, 599; Kommentierung bei Staudinger/*Hausmann,* 2021, Anh. III Art. 14; näher *Bazinas* ZEuP 2002, 782; *Danielewsky/Lehmann* WM 2003, 221; *Kieninger* in 600 Jahre Würzburger Juristenfakultät, 2002, 297; *Kuhn* Liber amicorum Siehr, Zürich 2001, 93; *H. Schmidt* IPRax 2005, 93; *Grau,* Rechtsgeschäftliche Forderungsabtretungen im internationalen Rechtsverkehr, 2005; *Schütze,* Zession und Einheitsrecht, 2005.

23 Dazu *Ferrari* Liber amicorum Siehr, The Hague 2000, 179; *Böhm,* Die Sicherungsabtretung im UNICITRAL-Konventionsentwurf „Draft convention on assignment in receivables financing", 2000.

24 Näher *Stoll* FS Sonnenberger, 2004, 695 (702 ff.); *F. Bauer,* Die Forderungsabtretung im IPR, 2008, 26 f.

25 Dazu *Stoll* FS Sonnenberger, 2004, 695 (701).

26 S. dazu *Bode,* Die Wirksamkeit einer Forderungsübertragung gegenüber Dritten vor dem Hintergrund der internationalen Forderungsfinanzierung, 2007, 294 ff.

27 *Calliess/Renner/Renner/Kindt* Rn. 4 f.

28 S. MüKoHGB, Bd. 6, FactÜ – UNIDROIT-Übereinkommen über Internationales Factoring (Ottawa 1988).

29 Zu den UNIDROIT-Vertragsrechts-Grundregeln *Brödermann* RIW 2004, 721 (733 f.); *Courdier-Cuisinier* Clunet 136 (2009), 471 ff.

30 *Garcimartín Alférez* EurLegForum 2008, I-61 (I-78); *Leible/Lehmann* RIW 2008, 528 (540); *Mankowski* IHR 2008, 133 (150); *F. Bauer,* Die Forderungsabtretung im IPR, 2008, 29 ff., 301. – Näher zum EVÜ *Kieninger* RabelsZ 62 (1998), 686 f.; *Stadler,* Gestaltungsfreiheit und Verkehrsschutz durch Abstraktion, 1996, 700.

31 So zum EVÜ *Stoll* FS Sonnenberger, 2004, 695 (709.

norm in § 19 AnfG. Danach ist für die Anfechtbarkeit einer Rechtshandlung das Recht maßgeblich, dem die Wirkungen der Rechtshandlung unterliegen. Die **action oblique** des französischen Rechts (Art. 1341-1 C.c. Frankreich) ermöglicht es den Gläubigern des Schuldners, sich an dessen Schuldner zu halten.[32]

IV. Anknüpfung der Forderungsübertragung

1. Anknüpfung. In der Vergangenheit war umstritten, ob man bei der Forderungsübertragung – wie die in Deutschland hM zum EVÜ – von der Maßgeblichkeit des Forderungsstatuts nach Abs. 2 ausgehen darf oder ob umgekehrt Abs. 1 den Grundtatbestand der Abtretung bildet, von dem Abs. 2 nur einige Ausnahmen für den Schuldnerschutz macht.[33] Im Hintergrund der Kontroversen steht, dass nach ausländischem Sachrecht vielfach die Forderung bereits mit Abschluss des schuldrechtlichen Abtretungsvertrages vom Zedent auf den Zessionar übergeht (kausale Forderungszession).[34] Da das deutsche Recht auch hier Verpflichtungs- und Verfügungsgeschäft trennt (sog. Trennungssystem), war dagegen aus seiner Sicht eine Konzentration auf die Verfügung, dh die Abtretung selbst, nahe liegend. Dem stand auch der Wortlaut des EVÜ nicht entgegen, das sich in Art. 12 Abs. 1 auf die „Verpflichtungen" zwischen Zedent und Zessionar beschränkte.[35] Für andere Ansätze verläuft hingegen die Grenzlinie nicht so sehr oder gar nicht zwischen Verpflichtungs- und Verfügungsgeschäft, als vielmehr zwischen der der Parteiautonomie zugänglichen (obligatorischen und dinglichen) Beziehung zwischen Zedent und Zessionar (Abs. 1) sowie den Wirkungen gegenüber dem Schuldner (Abs. 2) und sonstigen Dritten.[36] 10

Beim gegenwärtigen Stand fällt es schwer, dem Art. 14 ein schlüssiges **Gesamtkonzept** zu entnehmen, da die Vorschrift nicht nur auf das Statut zwischen Zedent und Zessionar (Abs. 1) und das Forderungsstatut (Abs. 2), mithin unterschiedliche Statute, abstellt, sondern außerdem noch bezüglich der Drittwirkungen, welche Bezüge zur Übertragung der Forderung aufweist, eine offene Flanke bietet. Je nachdem, ob man sich hierfür auf das Forderungsstatut oder auf andere Gesichtspunkte – namentlich den gewöhnlichen Aufenthalt des Zedenten – stützt, ergeben sich unterschiedliche Folgen und Spannungen zwischen den einzelnen Anknüpfungen. Die weiter bestehende Unsicherheit dürfte freilich bis zu einer Entscheidung des EuGH oder bis zu einer legislativen Klarstellung andauern. 11

Da die Abtretung von dem **Einheitskaufrecht** unterliegenden Kaufpreisforderungen vom Einheitsrecht nicht geregelt und die Lücke anders nicht zu füllen ist, muss für diesen Zweck ein Vertragsstatut nach Art. 3 ff. ermittelt werden.[37] Es findet dasjenige nationale Recht Anwendung, welches ohne das Einheitskaufrecht zur Anwendung käme (→ CISG Art. 4 Rn. 35). 12

2. Einordnung der Forderungsabtretung. a) Forderungsübertragung im Mehrpersonenverhältnis. Der Anwendungsbereich des Art. 14 ergibt sich aus dem in ihm geregelten Beziehungen der einzelnen Parteien und den davon betroffenen Forderungen (Abs. 1 und 2). Ferner findet sich eine Klarstellung, was mit der Übertragung alles gemeint ist (Abs. 3). Die Auswirkungen auf Dritte werden nicht gesondert angesprochen. 13

b) Forderungsübertragung. aa) Abtretung und Subrogation. Die Vorschrift bezieht sich auf die Forderungsübertragung auf vertraglicher Grundlage. Dies umfasst, wie sich aus dem englischen und dem französischen Wortlaut ergibt, auch die vertragliche Subrogation (voluntary assignment and contractual subrogation; cession de créances et subrogation conventionnelle). Art. 14 gilt daher auch für die vertragliche Subrogation des französischen und italienischen Rechts, bei welcher der Forderungsübergang auf den leistenden Dritten eine Erklärung des Gläubigers voraussetzt (Art. 1346-1 nF C.c.).[38] Von Art. 14 wird auch eine Forderungsabtretung erfasst, zu der der Zedent 14

---

[32] Zu Art. 1166 C.c. Frankreich aF *Sonnenberger/Dammann* FrHWR Kap. IX Rn. 36.

[33] Für Letzteres *Stadler,* Gestaltungsfreiheit und Verkehrsschutz durch Abstraktion, 1996, 709 f., 714 f.; *Stadler* IPRax 2000, 106; *Einsele* ZVglRWiss 90 (1991), 1 (17 ff.); *Vischer/Huber/Oser* IVR Rn. 1049 f.; Staudinger/*Hausmann,* 2021, Rn. 12 ff.

[34] Dazu *Mangold,* Die Abtretung im Europäischen Kollisionsrecht, 2001, 85 ff.; Staudinger/*Hausmann,* 2021, Rn. 18 ff.

[35] So auch bei deutschem Zessionsgrundstatut *Mangold,* Die Abtretung im Europäischen Kollisionsrecht – Unter besonderer Berücksichtigung des spanischen Rechts, 2001, 216 f.

[36] Näher *Einsele* ZVglRWiss 90 (1991), 1 (17 ff.); *Stadler,* Gestaltungsfreiheit und Verkehrsschutz durch Abstraktion, 1996, 700 ff.; Staudinger/*Hausmann,* 2021, Rn. 54 ff.

[37] Staudinger/*Hausmann,* 2021, Rn. 68. – S. bereits OLG Hamm NJW-RR 1996, 1271 = RIW 1997, 153; *Stoll* FS Ferid, 1988, 495 (506 f.).

[38] Zu Art. 1250 Nr. 1 C.c. *Flessner* IPRax 2009, 35 (37); *Labonté,* Forderungsabtretung International, 2015, 132; Staudinger/*Hausmann,* 2021, Rn. 47, 124. – Zum EVÜ *Sonnenberger* IPRax 1987, 227 f.

im Rahmen eines Ausgleichsschuldverhältnisses (etwa Geschäftsführung ohne Auftrag) gegenüber dem Zessionar verpflichtet war.[39]

15 **bb) Vollkommene Übertragung.** Nach Abs. 3 umfasst der Begriff „Übertragung" die „vollkommene" Übertragung von Forderungen („outright transfer of claims"; „transfert de créances purs et simples"). Aus dem deutschen Recht wird damit die Forderungsabtretung (§ 398 BGB) erfasst.[40]

16 **cc) Sicherungszwecke.** Von der Übertragung des Art. 14 erfasst ist auch eine Übertragung von Forderungen **als Sicherheit,** dh die Sicherungsabtretung („transfer of claims by way of security"; „transfert de créances à titre de garantie").[41] Dies ergibt sich aus Abs. 3 (näher → Rn. 40).

17 **dd) Pfandrechte und andere Sicherheiten.** Erfasst werden auch Pfandrechte an Forderungen („pledges or other security rights over claims"; „nantissements ou autres sûretés sur les créances"). Dies folgt aus Abs. 3 (→ Rn. 46).

18 **c) Erfasste Forderungen.** Art. 14 bezieht sich allgemein auf die Abtretung von Forderungen (claims; créances). Dieser Begriff ist weit zu verstehen;[42] es geht nicht nur um Geldforderungen.[43] Die abgetretene Forderung braucht nicht rechtsgeschäftlichen Ursprungs zu sein.[44] Auch Forderungen aus gesetzlichen Schuldverhältnissen (zB Delikt, ungerechtfertigte Bereicherung) werden erfasst.[45] Das gilt auch für die Übertragung von Forderungen im Rahmen eines inter vivos trust.[46] Forderungen können durch Token (→ EGBGB Art. 43 Rn. 309 ff.) repräsentiert werden. Für Token und Kryptowerte gilt Art. 14 jedoch nicht.[47]

19 **d) Beziehungen der Parteien und zu Dritten.** In Art. 12 EVÜ bzw. Art. 33 EGBGB wurden die Wirkungen der Abtretung gegenüber Dritten, namentlich anderen Gläubigern des Zedenten und (Zweit-)Zessionaren nicht erwähnt.[48] Auch in Art. 14 fehlt eine ausdrückliche Regelung für die **Wirksamkeit der Forderungsabtretung gegenüber Dritten.**[49] Damit stellt sich zunächst einmal die Frage, ob dem europäischen Kollisionsrecht überhaupt eine Lösung entnommen werden kann. Zwar wird teilweise angenommen, es handle sich um eine eigenständige Frage, nämlich um die vermögensrechtliche (dingliche) Zuordnung, die Inhaberschaft der Forderung. Diese werde von Art. 14 nicht geregelt, so dass eine Lücke der europäischen Kollisionsnorm vorliege.[50] Die Lösung soll vielmehr allein dem nationalen Kollisionsrecht überlassen bleiben.[51] Nach überwiegender Auffassung handelt es sich dagegen um eine Frage, die sich grundsätzlich im Rahmen des europäischen IVR stellt.[52]

20 Wenngleich es sich um ein Problem handelt, das in den Rahmen der Rom I-VO gehören würde, nimmt die hM an, dass die Frage der Drittwirkung bislang auf europäischer Ebene ungeregelt geblieben ist.[53] Die einstweilen bestehende **Lücke ist mit nationalem Kollisionsrecht**

---

39 Calliess/Renner/*Renner/Kindt* Rn. 11.

40 *Flessner* IPRax 2009, 35 (37); *Calliess/Renner/Renner/Kindt Rn.* 9.

41 *Calliess/Renner/Renner/Kindt* Rn. 8, 13.

42 Zur Abgrenzung gegenüber Rechten Rauscher/*Freitag* Rn. 25.

43 Rauscher/*Freitag* Rn. 24; Staudinger/*Hausmann,* 2021, Rn. 3.

44 *Labonté,* Forderungsabtretung International, 2015, 136 f.; *Calliess/Renner/Renner/Kindt* Rn. 15, 16; Rauscher/*Freitag* Rn. 29.

45 *F. Bauer,* Die Forderungsabtretung im IPR, 2008, 103 f.; *Calliess/Renner/Renner/Kindt* Rn. 16; Ferrari IntVertragsR/*Kieninger* Rn. 5; Rauscher/*Freitag* Rn. 32; Staudinger/*Hausmann,* 2021, Rn. 4. – Zum Entwurf Max-Planck-Institut RabelsZ 71 (2007), 321 ff.; ebenso schon *v. Bar* RabelsZ 53 (1989), 462 (467); *Mangold,* Die Abtretung im Europäischen Kollisionsrecht, 2001, 124 f.; Czernich/Heiss/*Lorenz* EVÜ Art. 12 Rn. 12.

46 Näher *Leithold* FamRZ 2015, 709 (713).

47 *Lehmann* in Omlor/Link, Kryptowährungen und Token, 2. Aufl. 2023, Kap. 5 Rn. 120.

48 Näher *Kieninger* RabelsZ 62 (1998), 678 (686 f.); *Stadler,* Gestaltungsfreiheit und Verkehrsschutz durch Abstraktion, 1996, 700; *F. Bauer,* Die Forderungsabtretung im IPR, 2008, 85 ff.; Staudinger/*Hausmann,* 2021, Rn. 11.

49 Zum EVÜ *Lagarde* Rev. crit. dr. int. pr. 80 (1991), 287 (335); *Moshinsky* L. Q. Rev. 109 (1992), 591 (616 ff.); *Sinay-Cyterman* Rev. crit. dr. int. pr. 81 (1992), 35 ff.; anders noch Art. 16 Abs. 2 EVÜ-E 1972.

50 So insbes. *F. Bauer,* Die Forderungsabtretung im IPR, 2008, 103 f., 167, 301. – Für eine besondere Behandlung der Frage auch *Sonnenberger* FS Kropholler, 2008, 227 (230 ff.).

51 *F. Bauer,* Die Forderungsabtretung im IPR, 2008, 301; ebenso bereits für das EVÜ *Bode,* Die Wirksamkeit einer Forderungsübertragung gegenüber Dritten vor dem Hintergrund der internationalen Forderungsfinanzierung, 2007, 281 ff.

52 *Labonté,* Forderungsabtretung International, 2015, 126 f.; Ferrari IntVertragsR/*Kieninger* Rn. 10 f.; Rauscher/*Freitag* Rn. 43.

53 EuGH ECLI:EU:C:2019:848 Rn. 38 = NJW 2019, 3368 m. zust. Aufsatz *Kieninger* NJW 2019, 3353 = RIW 2019, 725 mAnm *Mankowski* = EuZW 2019, 939 mAnm *C. Schmitt* – BGL BNP Paribas; zust. *Lengersdorf/Wernert* EWS 2020, 30 ff.; *Fervers* RabelsZ 86 (2022), 617 (620 ff.); ebenso schon *Lagarde/Tenen-*

zu füllen[54] (→ Rn. 39). Dafür können die damalige mangelnde Einigung im Rat sowie der Überprüfungsauftrag des Art. 27 Abs. 2 angeführt werden. Nach der abgelehnten aA wird die Frage der Drittwirkungen hingegen von Art. 14 erfasst.[55] Ob die Rom I-VO auf die Zessionswirkungen gegenüber Dritten bei Mehrfachabtretung überhaupt anwendbar ist, war Gegenstand einer EuGH-Vorlage.[56]

3. Verhältnis Zedent – Zessionar (Abs. 1). a) Übertragung von Forderungen. Der jetzige Abs. 1 erfasst „das Verhältnis" (relationship; relations) von Zedent und Zessionar. Nach Erwägungsgrund 38 soll mit dem Begriff „Verhältnis" klargestellt werden, dass Abs. 1 auch auf die dinglichen Aspekte („the property aspects"; „aspects de droit réel") des Vertrags zwischen Zedent und Zessionar anwendbar ist, wenn eine Rechtsordnung (wie die deutsche) dingliche und schuldrechtliche Aspekte trennt. Die schuldrechtlichen und die dinglichen bzw. verfügungsrechtlichen Aspekte fallen jetzt einheitlich unter Abs. 1.[57] Insofern kann man von einem Abtretungsstatut sprechen.[58] Im Hintergrund steht, dass die Forderungsübertragung nach deutschem Recht abstrakt ausgestaltet ist, während sie nach anderen Rechtsordnungen (zB nach französischem Recht) nicht nur kausal, dh vom Grundgeschäft abhängig ist, sondern als Einheit angesehen wird. Allerdings ist nach Erwägungsgrund 38 mit dem Begriff „Verhältnis" nicht jedes beliebige möglicherweise zwischen dem Zedenten und dem Zessionar bestehende Verhältnis gemeint. Insbesondere soll sich der Begriff nicht auf die der Übertragung einer Forderung vorgelagerten Fragen erstrecken. Vielmehr soll er sich ausschließlich auf die Aspekte beschränken, die für die betreffende Übertragung einer Forderung unmittelbar von Bedeutung sind. Dagegen sprach Art. 12 Abs. 1 EVÜ nur von den „Verpflichtungen" (obligations) der Parteien und nicht davon, welches Recht auf die Abtretung der Forderung selbst – nach dem deutschen Trennungssystem die Verfügung – anzuwenden ist.[59] 21

b) Abtretungsstatut. aa) Verpflichtungsgeschäft. Nach Abs. 1 ist bei Abtretung einer Forderung für die Verpflichtungen zwischen dem bisherigen und dem neuen Gläubiger das Recht maßgeblich, dem der Vertrag zwischen ihnen unterliegt. Die Verpflichtung zwischen Zedent und Zessionar, das **Grundgeschäft** (zB ein Forderungskauf, aber auch eine Schenkung oder ein Gesellschaftsvertrag), unterliegt also nicht dem Forderungsstatut, sondern **untersteht ihrem eigenen Recht.**[60] Das Verpflichtungsgeschäft kann auch ein Sicherungsvertrag sein, der einer Forderungsabtretung zur Sicherheit zu Grunde liegt.[61] 22

Art. 14 beschäftigt sich lediglich mit der Abtretung selbst. Das für ein der Abtretung zu Grunde liegendes **Kausalgeschäft** maßgebliche Recht ist nach den Art. 3 ff., dh aufgrund Rechtswahl oder objektiver Anknüpfung, zu ermitteln.[62] Beispielsweise kann es sich um einen Forderungskauf handeln, für den dann die Regeln des internationalen Kaufrechts gelten (→ Art. 4 Rn. 213). Diese Rechtsordnung regelt insbesondere die Haftung des Zedenten für Verität und Bonität der abgetretenen Forderung. Auch das Grundgeschäft für Kreditsicherungen wie Sicherungs- und Globalzession wird erfasst.[63] Entsprechendes gilt auch für nichtvertragliche, insbesondere deliktische Forderungen.[64] Für die Anwendung der kollisionsrechtlichen Abtre- 23

---

baum Rev. crit. dr. int. pr. 97 (2008), 727 (776 f.); *Sonnenberger* FS Kropholler, 2008, 227 (230 ff.); Ferrari/Leible Neues IntVertrR/*Garcimartín Alférez* S. 217 (247).

[54] *Garcimartín Alférez* EurLegForum 2008, I-61 (I-78); *Pfeiffer* EuZW 2008, 622 (629); *Magnus* IPRax 2010, 27(42); *Leible/Müller* IPRax 2012, 414; *Labonté*, Forderungsabtretung International, 2015, 127; Ferrari IntVertragsR/*Kieninger* Rn. 11, 12; Grüneberg/*Thorn* Rn. 1; Staudinger/*Hausmann*, 2021, Rn. 92.

[55] *Flessner* IPRax 2009, 35 (38 f.); *Einsele* RabelsZ 74 (2010), 91; *Mann/Nagel* WM 2011, 1499 (1500 ff.); Staudinger/*Hausmann*, 2021, Rn. 75 ff.

[56] OLG Saarbrücken WM 2018, 2323 = EWiR 2018, 735 mAnm *Mankowski*. Abschlussentscheidung: OLG Saarbrücken WM 2020, 982 mAnm *Cranshaw* EWiR 2020, 415. – Näher *Hübner* ZEuP 2019, 41 (51 f.).

[57] *Einsele* WM 2009, 289 (297 f.); *Flessner* IPRax 2009, 35 (37); Ferrari IntVertragsR/*Kieninger* Rn. 7.

[58] *Flessner* IPRax 2009, 35 (38). Weiterhin von Zessionsgrundstatut sprechen etwa *F. Bauer*, Die Forderungsabtretung im IPR, 2008, 103; Ferrari IntVertragsR/*Kieninger* Rn. 7.

[59] S. zu Art. 12 EVÜ/33 EGBGB *Stadler*, Gestaltungsfreiheit und Verkehrsschutz durch Abstraktion, 1996, 699 f.; *Stadler* IPRax 2000, 104 ff.; *Kieninger* RabelsZ 62 (1998), 678 (686); *F. Bauer*, Die Forderungsabtretung im IPR, 2008, 85 ff.

[60] Staudinger/*Hausmann*, 2021, Rn. 45. – Bisher *Kaiser*, Verlängerter Eigentumsvorbehalt und Globalzession im IPR, 1986, 179.

[61] Czernich/Heiss/*Lorenz* EVÜ Art. 12 Rn. 14; Staudinger/*Hausmann*, 2021, Rn. 45, 51 ff.

[62] *Flessner* IPRax 2009, 35 (41); Ferrari IntVertragsR/*Kieninger* Rn. 6; Staudinger/*Hausmann*, 2021, Rn. 45, 51 ff. – Zu Art. 33 EGBGB BGH NJW-RR 2005, 206 = WM 2004, 2066.

[63] Staudinger/*Hausmann*, 2021, Rn. 45.

[64] OLG Hamm NJW-RR 1996, 1271; OLG Koblenz RIW 1996, 151 = IPRspr. 1995 Nr. 34; OLG Düsseldorf VersR 2000, 460 = IPRspr. 1998 Nr. 54 für Bereicherungsanspruch; AG München IPRspr. 1992 Nr. 63; *v. Bar* RabelsZ 53 (1989), 469; Erman/*Stürner* Rn. 3; Soergel/*v. Hoffmann* EGBGB Art. 33 Rn. 2; s. bereits

tungsvorschriften reicht aus, dass es sich bei der Abtretung um ein Schuldverhältnis iSd Art. 3 ff. handelt. – Zum Factoring → Art. 4 Rn. 103 ff.

24 **bb) Verfügungsgeschäft.** Mit den „dinglichen Aspekten" ist die Verfügungswirkung der Abtretung gemeint.[65] Nach der VO wird auch sie von Abs. 1 erfasst. Auch insoweit kommt es auf das für das Verhältnis von Zedent und Zessionar maßgebliche Vertragsstatut an, das nach den Art. 3 ff. zu bestimmen ist.[66] Damit hat sich im Ergebnis die Auffassung, wonach der Begriff der **„Verpflichtungen"** (obligations) nicht nur das Kausalgeschäft, sondern das gesamte Innenverhältnis zwischen Zedent und Zessionar umfasst, durchgesetzt. Folglich wird davon dann **inter partes auch der Forderungsübergang als solcher** erfasst.[67] Der auf das Forderungsstatut abstellende Abs. 2 ist nach dieser teilweise früher auch im Ausland geteilten Auffassung[68] lediglich ein Ausnahmetatbestand für die dort speziell genannten Fragen[69] (→ Rn. 11, → Rn. 26). Eine Ansicht, welche die Übertragung der Forderung als solche nicht von Art. 14 erfasst sieht, gelangt freilich zu einem anderen Ergebnis. Danach soll Abs. 1 lediglich die schuldrechtlichen Beziehungen zwischen Zedent und Zessionar erfassen. Die Übertragung durch Forderungsabtretung soll als solche hingegen einem eigenen „Übertragungsstatut", nämlich dem Recht am gewöhnlichen Aufenthalt des Vollrechtsinhabers der Forderung (dh nicht notwendigerweise des Zedenten) unterliegen.[70]

25 Die frühere hM in Deutschland beschränkte nach dem EGBGB bzw. EVÜ den **Anwendungsbereich des Abs. 1 auf das Verpflichtungsgeschäft**[71] (→ 4. Aufl. 2006, EGBGB Art. 33 Rn. 11). Dagegen wurde für die Art und Weise der Übertragung der Forderung das Forderungsstatut herangezogen.[72] Dieses Statut entschied auch, ob der Zessionar überhaupt Inhaber der Forderung geworden ist,[73] ferner, welche Auswirkungen die Unwirksamkeit des Kausalgeschäfts auf die Abtretung hat, also wie weit das Abstraktionsprinzip reicht.[74] Diese Lösung ist überholt. Welche Reichweite nunmehr das Verhältnis von Zedent und Zessionar nach Abs. 1 im Einzelnen hat, ist aber noch nicht in allen Einzelheiten geklärt. Dazu dürften jedenfalls die Art und Weise der Übertragung der Forderung sowie deren Erwerb gehören.[75]

26 **4. Maßgeblichkeit des Forderungsstatuts für das Verhältnis Zessionar – Schuldner (Abs. 2). a) Zweck des Abs. 2.** Nach Abs. 2 gilt das Recht der abgetretenen Forderung (Forderungsstatut) **für das Verhältnis Zessionar – Schuldner;** die Vorschrift führt insoweit eine Reihe von Einzelfragen auf.[76] Die Verordnung nennt insbesondere das Verhältnis zwischen neuem Gläu-

---

zum alten Recht BGHZ 104, 145 (149) = IPRspr. 1988 Nr. 44 für Wechselforderung; NJW 1988, 3095 für Empfängerrechte, Straßentransport; BGHZ 108, 353 (362) = IPRax 1991, 338 m. Aufsatz *Kronke/Berger* IPRax 1991, 316 = IPRspr. 1989 Nr. 59 (Scheck); OLG Düsseldorf IPRax 1996, 423 mAnm *Kronke;* OLG Hamburg NJW-RR 1993, 40 = NZV 1993, 71 m. Aufsatz *Wandt* NZV 1993, 56 für Verkehrsunfall.

65 *Flessner* IPRax 2009, 35 (38).

66 *Flessner* IPRax 2009, 35 (38); Staudinger/*Hausmann,* 2021, Rn. 46 ff.

67 *Garcimartín Alférez* EurLegForum 2008, I-61 (I-78); *Leible/Lehmann* RIW 2008, 528 (540); *Mankowski* IHR 2008, 133 (150); Staudinger/*Hausmann,* 2021, Rn. 46. – Zum EVÜ *Einsele* ZVglRWiss 90 (1991), 1 ff.; *Kaiser,* Verlängerter Eigentumsvorbehalt und Globalzession im IPR, 1986, 219 f.; *Keller,* Zessionsstatut im Lichte des Übereinkommens über das auf vertragliche Schuldverhältnisse anzuwendende Recht vom 19. Juni 1980, 1985, 145 ff.; *Stadler,* Gestaltungsfreiheit und Verkehrsschutz durch Abstraktion, 1996, 714 f.

68 S. *Foyer* Clunet 118 (1991), 601 (624); *Sinay-Cynterman* Rev. crit. dr. int. pr. 81 (1992), 35 f.; *Dicey/Morris* Bd. II Rule 120; *Cheshire/North,* Private International Law, 2008, 813 f.; anders aber *Moshinsky* L. Q. Rev. 109 (1992), 591 (602 ff., 613 ff.).

69 *Einsele* WM 2009, 289 (297 f.); ebenso schon *Einsele* RabelsZ 60 (1996), 430.

70 *F. Bauer,* Die Forderungsabtretung im IPR, 2008, 292 f., 301 ff. Primär soll es auf den Mittelpunkt der Interessen nach Art. 3 Abs. 1 EuInsVO ankommen.

71 Ebenso *v. Hoffmann/Höpping* IPRax 1993, 302 (303 f.); *Peltzer* RIW 1997, 893 ff.; *Kropholler* IPR § 52 VIII 1; Soergel/*v. Hoffmann* EGBGB Art. 33 Rn. 7.

72 OLG Karlsruhe RIW 1993, 505 = IPRspr. 1993 Nr. 25; *Mangold,* Die Abtretung im Europäischen Kollisionsrecht, 2001, 215; AnwK-BGB/*Doehner,* 1. Aufl. 2005, EGBGB Art. 33 Rn. 1 ff.

73 BGH NJW 1999, 940 = IPRax 2000, 128 m. Aufsatz *Stadler* IPRax 2000, 104 = JZ 1999, 404 mAnm *Kieninger* = IPRspr. 1998 Nr. 39 betr. Sittenwidrigkeit der Globalzession; NJW-RR 2005, 206 = RIW 2004, 857 m. insoweit zust. Aufsatz *Freitag* RIW 2005, 25 = IPRax 2005, 342 m. Aufsatz *Unberath* IPRax 2005, 308 betr. hypothekarisch gesicherte Darlehensforderung; *v. Bar* RabelsZ 53 (1989), 470 f.

74 BGH NJW 1991, 1414 = IPRax 1992, 43 m. Aufsatz *v. Bar* IPRax 1992, 20 mAnm *Ebenroth* EWiR 1991, 161 = IPRspr. 1990 Nr. 49; *v. Hoffmann/Höpping* IPRax 1993, 302 (303); *Mangold,* Die Abtretung im Europäischen Kollisionsrecht, 2001, 215; *Mangold* in Hommelhoff/Jayme/Mangold, Europäischer Binnenmarkt, 1995, 81 (90 f.); *Kropholler* IPR § 52 VIII 1.

75 Grüneberg/*Thorn* Rn. 3; Staudinger/*Hausmann,* 2021, Rn. 46, 50.

76 OLG Koblenz RIW 1996, 151 mAnm *Otte* EWiR 1996, 305; OLG Hamm NJW-RR 1996, 1271 = RIW 1997, 153; OLG München IPRspr. 1997 Nr. 51; NJW-RR 1998, 549 = IPRspr. 1997 Nr. 52; OLG Saarbrücken ZIP 2001, 1318 = IPRspr. 2001 Nr. 30; LG Hamburg CR 1992, 550 = IPRspr. 1991 Nr. 57;

biger und Schuldner, ferner die Voraussetzungen, unter denen die Übertragung dem Schuldner entgegengehalten werden kann sowie die befreiende Wirkung einer Leistung des Schuldners. Die Forderungsübertragung hat insoweit zu keinen Veränderungen geführt, vielmehr gilt für die Forderung das für sie maßgebliche Recht weiter (→ Rn. 31). Diese Art der Anknüpfung unterscheidet sich insofern von derjenigen nach Art. 4, als nicht mehr selbständig nach der „engsten Verbindung" der Forderung gefragt, sondern das Statut der Forderung, so wie es sich zum Zeitpunkt der Abtretung darstellt, hingenommen wird. Man kann daher insofern von einer „rechtsobjektbezogenen Anknüpfung" sprechen.[77] Das Statut der Forderung wird nach den dafür maßgeblichen Kollisionsnormen, in der Regel Art. 3 ff., bestimmt.[78] Bezüglich nichtvertraglicher Forderungen wird zum Teil eine analoge Anwendung des Abs. 2 erwogen.[79] Der Stellenwert des Abs. 2 hat sich unter der Rom I-VO verändert. Für die früher vom Forderungsstatut ausgehende deutsche hM war diese Vorschrift eine Bestätigung ihrer Auffassung, dass diese Rechtsordnung insgesamt festlegt, welche Voraussetzungen für die Abtretung im Einzelnen erfüllt sein müssen.[80] Nach heutigem Recht ist Abs. 2 hingegen enger zu interpretieren. In ihm wird lediglich das Verhältnis zum Schuldner geregelt.[81]

b) Geltungsbereich des Forderungsstatuts. aa) Übertragbarkeit. Die Übertragbarkeit der Forderung wird, wie Abs. 2 für die Wirkung gegenüber dem Schuldner ausdrücklich anordnet, nach dem (Schuld-)Statut der abgetretenen Forderung beurteilt.[82] Unstreitig fällt hierunter die Frage, ob dem Schuldner gegenüber überhaupt eine Wirkung eintreten kann.[83] Die „Übertragbarkeit" wird aber nicht näher erläutert.[84] Als Stütze für eine generelle Maßgeblichkeit des Forderungsstatuts kann der Begriff nicht (mehr) verwendet werden. Eine einengende Auslegung will ihn auf Gründe beschränken, in denen eine Veränderung der Gläubigerstellung zu einer für den Schuldner nicht tragbaren Veränderung seiner Leistungspflicht führt oder sein Vertrauen darauf, mit wem er auf die Forderung einwirken darf, infrage steht.[85] 27

bb) Abtretungsverbote. Abs. 2 kann nicht mehr generell für Abtretungsverbote herangezogen werden. Vielmehr dürfte eine differenzierende Betrachtung geboten sein. Ein **zwischen Gläubiger und Schuldner vereinbartes** Abtretungsverbot bezweckt in erster Linie den Schutz des Schuldners gegen einen unwillkommenen Gläubigerwechsel. Es ist deshalb grundsätzlich nach dem Forderungsstatut zu beurteilen.[86] Dies gilt an sich für vertragliche Abtretungsverbote nach § 399 BGB sowie deren Beschränkungen (vgl. § 354a HGB).[87] Erfasst wird etwa die Unwirksamkeit eines Abtretungsverbots für Rückforderungsansprüche eines Flugpassagiers nach erfolgter Flugstornierung.[88] Soweit das vertragliche Abtretungsverbot aber auch „dingliche" Wirkung erga omnes besitzt, indem es – wie § 399 BGB – eine verbotswidrige Abtretung schlechthin für unwirksam erklärt, wird vertreten, diese Wirkung nicht mehr nach Abs. 1, dem Abtretungsstatut eintreten zu lassen.[89] 28

Wollen **gesetzliche Abtretungshindernisse** verhindern, dass die Abtretung den Inhalt der geschuldeten Leistung verändert (so § 399 Alt. 1 BGB), so können sie ebenfalls dem kollisions- 29

---

v. Hoffmann in Hadding/Schneider, Die Forderungsabtretung, insbesondere zur Kreditsicherung, in ausländischen Rechtsordnungen, 1999, 8 ff. – Mit Modifikationen auch *Mangold,* Die Abtretung im Europäischen Kollisionsrecht, 2001, 209 ff.

77 *v. Bar/Mankowski* IPR I § 7 Rn. 41.

78 Staudinger/*Hausmann,* 2021, Rn. 68.

79 Grüneberg/*Thorn* Rn. 4.

80 Grüneberg/*Thorn* Rn. 6.

81 Staudinger/*Hausmann,* 2021, Rn. 54. – Den Schuldnerschutz betont Ferrari IntVertragsR/*Kieninger* Rn. 8. Vgl. auch OGH ZfRV 2013, 173 f.

82 OGH IPRax 2012, 364 m. Aufsatz *Kieninger* IPRax 2012, 366; Grüneberg/*Thorn* Rn. 5. – S. bereits Bericht *Giuliano/Lagarde,* BT-Drs. 10/503, 67; OLG Hamburg IPRspr. 1992 Nr. 56 = NJW-RR 1993, 40, Abtretung scheiterte an § 67 Abs. 2 VVG; OLG München NJW-RR 1998, 549 = IPRspr. 1997 Nr. 52; *Bette* WM 1994, 1909 (1913); Soergel/*v. Hoffmann* EGBGB Art. 33 Rn. 8; ebenso zum alten deutschen Recht BGHZ 104, 145 (149) = IPRax 1989, 170 mAnm *Schlechtriem* IPRax 1989, 155 = WM 1988, 816 betr. Wechselforderung.

83 Staudinger/*Hausmann,* 2021, Rn. 56.

84 Erfolglose Ergänzungsvorschläge bei Max-Planck-Institut RabelsZ 71 (2007), 321 ff. – Gegen die Geeignetheit des Konzepts überhaupt *F. Bauer,* Die Forderungsabtretung im IPR, 2008, 138 ff.

85 *F. Bauer,* Die Forderungsabtretung im IPR, 2008, 137.

86 *Flessner* IPRax 2009, 35 (42); Rauscher/*Freitag* Rn. 35; BeckOGK/*Hübner,* 1.8.2022, Rn. 20; idS auch Ferrari/Leible Neues IntVertrR/*Kieninger/Sigman* S. 191 f.

87 Staudinger/*Hausmann,* 2021, Rn. 54.

88 AG Bühl NZV 2020, 47 m. zust. Anm. *Staudinger.*

89 *Flessner* IPRax 2009, 35 (42); *F. Bauer,* Die Forderungsabtretung im IPR, 2008, 147 ff.; Staudinger/*Hausmann,* 2021, Rn. 58.

rechtlichen Schuldnerschutz nach Abs. 2 zugeordnet und dem Forderungsstatut zugeordnet werden.[90] Haben sie dagegen den Zweck, dem Gläubiger den Vermögenswert der Forderung, also letztlich der geschuldeten Leistung, zu sichern (so bei Lohn-, Unterhalts- und Schmerzensgeldansprüchen), so spielt der Schuldnerschutz keine Rolle. Solche Beschränkungen unterstehen nach einer Auffassung dem Abtretungsstatut (Zessionsgrundstatut) des Abs. 1.[91] Nach aA entscheidet das Forderungsstatut.[92] Für letzteres spricht, Veränderungen der Forderungszuordnung zu beschränken. Auch eine Anknüpfung an den gewöhnlichen Aufenthaltsort des Schuldners wird vertreten.[93] Die Abtretbarkeit des Lohnanspruchs wurde in einem Entsendungsfall dem Recht des Aufnahmelandes unterstellt.[94]

30 Soweit Abtretungshindernisse einem **öffentlichen Interesse** entspringen, ist die Einordnung zum Abtretungs- oder zum Forderungsstatut zweifelhaft, so etwa bei berufs- und datenschutzrechtlichen Abtretungsverboten für Honorarforderungen (zB die Einschränkung nach § 49b Abs. 4 S. 2 BRAO).[95] Für diese Abtretungsverbote soll sogar eine Qualifikation als „Eingriffsnormen" nach Art. 9 in Betracht kommen.[96] Damit würde sich das Abtretungsverbot als Eingriffsnorm des eigenen Rechts durchsetzen (Art. 9 Abs. 2).[97]

31 **cc) Schuldner und Zessionar.** Der **Inhalt der Forderung** bestimmt sich nach der Zession ebenso wie vorher nach dem Schuldstatut der abgetretenen Forderung (Abs. 2). Die Zession ändert den Inhalt der Forderung nicht.[98] Dies gilt auch für eine auf einem Scheingeschäft beruhende Scheinforderung.[99] Was der Zessionar vom Schuldner fordern kann, richtet sich daher weiterhin nach dem Statut der abgetretenen Forderung.[100] Dazu gehört nicht nur die Fälligkeit sowie das Vorhandensein von Einreden, sondern auch, ob der Schuldner dem Zessionar die Bereicherungseinrede (§ 821 BGB) entgegenhalten kann.[101] Das Forderungsstatut regelt ferner, ob der Zessionar vom Schuldner nur den Betrag verlangen darf, den er selbst dem Zedenten für die Forderung bezahlt hat **(lex Anastasiana).**[102] Der Schuldner kann sich durch die Zahlung der Erwerbssumme an den Zessionar von seiner Schuld befreien.

32 Alt- und Neugläubiger können nicht ohne Mitwirkung des Schuldners durch **nachträgliche Rechtswahl** vereinbaren, dass die Forderung gegen letzteren einem anderen Recht unterliegen soll.[103] Ein Eingriff Dritter in ein Schuldverhältnis, der weitreichende Auswirkungen auf den Forderungsinhalt und zudem eine Verschlechterung des Schuldnerschutzes zur Folge haben kann, ist nicht möglich.[104] Hingegen kann dann, wenn der Zessionar vom Zedenten entsprechend ermächtigt wurde, im Einziehungsprozess gegen den Schuldner noch eine andere Rechtsordnung vereinbart werden. Die bloße Befugnis zur gerichtlichen Geltendmachung genügt hierfür aber in der Regel nicht.[105]

---

[90] *Flessner* IPRax 2009, 35 (42); Staudinger/*Hausmann,* 2021, Rn. 58.

[91] *Flessner* IPRax 2009, 35 (42); Staudinger/*Hausmann,* 2021, Rn. 58.

[92] *Kaye,* The new private international law of contract of the European Community, 1993, 323; Czernich/Heiss/*Lorenz* EVÜ Art. 12 Rn. 22 f.; krit. dazu *F. Bauer,* Die Forderungsabtretung im IPR, 2008, 135 ff.

[93] Rauscher/*Freitag* Rn. 35.

[94] EuGH EuZW 2015, 308 mAnm *Bayreuther* = NZA 2015, 345 = ZEuP 2016, 708 m. krit. Anm. *Perner* – Sähköalojen ammattiliitto; dazu auch *Martiny* ZEuP 2015, 838 (851).

[95] Vgl. zum altem Recht LG Düsseldorf IPRspr. 2013 Nr. 47.

[96] *Flessner* IPRax 2009, 35 (42); *F. Bauer,* Die Forderungsabtretung im IPR, 2008, 152 ff.; *Calliess/Renner/Renner/Kindt Rn.* 31; Rauscher/*Freitag* Rn. 36; Staudinger/*Hausmann,* 2021, Rn. 59.

[97] *Flessner* IPRax 2009, 35 (42); *F. Bauer,* Die Forderungsabtretung im IPR, 2008, 154 f., 157; BeckOGK/*Hübner,* 1.8.2022, Rn. 22.

[98] BGH SchiedsVZ 2014, 151; Staudinger/*Hausmann,* 2021, Rn. 61. – Zu Art. 33 EGBGB BGH NJW-RR 2001, 307; OLG Stuttgart RIW 1991, 159 = IPRax 1990, 233 m. Aufsatz *Ackmann/Wenner* IPRax 1990, 209; LG Hamburg IPRspr. 1991 Nr. 57; *Kaye,* The new private international law of contract of the European Community, 1993, 324.

[99] *Krysa/Wodniansky-Wildenfeld* GPR 2024, 59 (70).

[100] OLG Stuttgart IPRspr. 1989 Nr. 253 = IPRax 1990, 233 m. Aufsatz *Ackmann/Wenner* IPRax 1990, 209 = RIW 1991, 159; LG Hamburg IPRspr. 1991 Nr. 57.

[101] Staudinger/*Hausmann,* 2021, Rn. 62; s. bereits *W. Lorenz* FS Zweigert, 1981, 199 (220).

[102] Staudinger/*Hausmann,* 2021, Rn. 62; ebenso schon *H. Keller,* Zessionsstatut im Lichte des Übereinkommens über das auf vertragliche Schuldverhältnisse anzuwendende Recht vom 19. Juni 1980, 1985, 16.

[103] BeckOK BGB/*Spickhoff* Rn. 6; Erman/*Stürner* Rn. 4, 5; Staudinger/*Hausmann,* 2021, Rn. 69. – S. bereits *v. Bar* RabelsZ 53 (1989), 462 (468); Soergel/*v. Hoffmann* EGBGB Art. 33 Rn. 9.

[104] BGH IPRax 1985, 221 mAnm *Kötz* IPRax 1985, 205 = RIW 1985, 154; BGHZ 108, 353 (360, 362) = IPRspr. 1989 Nr. 59 = IPRax 1991, 338 m. Aufsatz *Kronke/Berger* IPRax 1991, 316; OLG Köln NJW 1987, 1151 = IPRax 1987, 239 m. Aufsatz *Sonnenberger* IPRax 1987, 221; vgl. OLG Hamburg MDR 1976, 402 = IPRspr. 1974 Nr. 11 A; *Schack* IPRax 1986, 272 (274).

[105] Staudinger/*Hausmann,* 2021, Rn. 69; anders OLG Frankfurt RIW 1984, 919.

dd) Publizitätserfordernisse. Insbesondere das französische Recht verlangte bis zur Reform von 2016 eine **förmliche Benachrichtigung** des Schuldners (signification; Art. 1690 C.c. Frankreich aF; Art. 1690 C.c. Luxemburg), die mangels in öffentlicher Urkunde erfolgter Abtretung durch den Gerichtsvollzieher zu geschehen hatte. Dieses Publizitätserfordernis – ursprünglich als eine Art Übertragungsakt für Forderungen gedacht – ist ein Wirksamkeitserfordernis. Es wird nicht als Formerfordernis eingeordnet.[106] Daher gilt nicht der Satz „locus regit actum" (Art. 11 Abs. 1), sondern allein das Wirkungsstatut (→ EGBGB Art. 11 Rn. 33).[107] Da es sich um eine Voraussetzung handelt, unter der die Abtretung dem Schuldner entgegengehalten werden kann, fällt sie unter Abs. 2.[108] Die Schuldnerbenachrichtigung unterliegt folglich – ebenso wie schon vor dem EVÜ[109] – dem Forderungsstatut.[110] Hat die Benachrichtigung durch den Gerichtsvollzieher zu erfolgen, so richtet sich das einzuschlagende Verfahren nach dem Recht desjenigen Staates, dessen Organe tätig werden sollen.[111] 33

ee) Befreiende Wirkung der Leistung. Die befreiende Wirkung einer Leistung des Schuldners an den alten Gläubiger (vgl. § 407 BGB) dient dem Schuldnerschutz. Sie richtet sich daher nach dem Schuldstatut der abgetretenen Forderung (Abs. 2).[112] Bei der Aufrechnung mit einer dem Schuldner gegen den Zedenten zustehenden Forderung gegenüber dem Zessionar handelt es sich ebenfalls um eine den Schuldnerschutz betreffende Frage.[113] 34

5. Drittwirkungen der Forderungsabtretung. a) Geltung des Art. 14. Die nicht gesondert geregelte Frage der Drittwirkungen der Forderungsabtretung wird insbesondere im Hinblick auf Gläubiger des Zedenten sowie Mehrfachabtretungen relevant. Sie fällt nach hM nicht in den Anwendungsbereich des Art. 14, sondern ist eine Frage des nationalen Kollisionsrechts, für die eine Lösung zu entwickeln ist (→ Rn. 20). Die geplante Drittwirkungs-VO soll die Fragen nunmehr auf europäischer Ebene regeln (→ Rn. 51 ff.). 35

b) Anknüpfung der Zessionswirkungen. Bei der Drittwirkung handelt es sich um die über den Forderungsübergang inter partes (→ Rn. 24) hinausgehende **Verfügungswirkung der Forderungsübertragung** und die Frage nach der **Gläubigerstellung.** Die richtige Anknüpfung ist äußerst umstritten.[114] Die Meinungen hierzu entsprechen teilweise den in der Vergangenheit bezüglich der Forderungsübertragung als solcher vertretenen Auffassungen. Zur Auswahl stehen (1) vor allem das zwischen Zedent und Zessionar geltende Recht (Vertrags- bzw. Abtretungsstatut), (2) ferner das auf die abgetretene Forderung anwendbare Recht (Forderungsstatut), und (3) schließlich das am Aufenthaltsort des Zedenten geltende Recht oder (4) gar das Wohnsitzrecht des Schuldners (debitor cessus),[115] die gleichsam als Orte der Belegenheit der Forderung angesehen werden. Teilweise beurteilt man jedenfalls die Wirkung der Abtretung gegenüber Dritten nach derjenigen Rechtsordnung, welcher der zwischen **Zessionar und Zedent** abgeschlossene Abtretungsvertrag unterliegt (Zessionsgrundsta- 36

---

106 OLG Köln IPRax 1996, 270 m. Aufsatz *Thorn* IPRax 1996, 257 = ZIP 1994, 1791; Rauscher/*Freitag* Rn. 38; Staudinger/*Hausmann,* 2021, Rn. 64; anders *Koziol* DZWiR 1993, 353 (356).

107 Staudinger/*Hausmann,* 2021, Rn. 63; ebenso bereits *Aubin* FS Neumayer, 1985, 31 (40); *v. Hoffmann* in Hadding/Schneider, Die Forderungsabtretung, insbesondere zur Kreditsicherung, in ausländischen Rechtsordnungen, 1999, 11; *Beuttner,* La cession de créance en droit international privé, 1971, 94; *Mangold,* Die Abtretung im Europäischen Kollisionsrecht, 2001, 135 f.

108 BeckOK BGB/*Spickhoff* Rn. 9; Grüneberg/*Thorn* Rn. 5; Rauscher/*Freitag* Rn. 38; Staudinger/*Hausmann,* 2021, Rn. 63. – Dagegen für das Recht am gewöhnlichen Aufenthaltsort des Forderungsinhabers *F. Bauer,* Die Forderungsabtretung im IPR, 2008, 296: „Übertragungsstatut".

109 BGHZ 95, 149 (151 f.) = NJW 1985, 2649; OLG Köln NJW 1987, 1151; OLG Koblenz RIW 1987, 629 = IPRax 1987, 381 Ls. mAnm *Henrich.*

110 OLG Hamm NJW-RR 1996, 1271 = RIW 1997, 153 zum it. Recht; *Aubin* FS Neumayer, 1985, 31 (44); *H. Keller,* Zessionsstatut im Lichte des Übereinkommens über das auf vertragliche Schuldverhältnisse anzuwendende Recht vom 19. Juni 1980, 1985, 144 f.; Grüneberg/*Thorn* Rn. 5; vgl. auch Bericht *Giuliano/Lagarde,* BT-Drs. 10/504, 67. Zur französischen Sicht s. *Sonnenberger/Dammann,* Französisches Handels- und Wirtschaftsrecht, 3. Aufl. 2008, IX. 36 Fn. 93.

111 *Aubin* FS Neumayer, 1985, 31 (40 ff.); Soergel/*v. Hoffmann* EGBGB Art. 33 Rn. 10.

112 BeckOK BGB/*Spickhoff* Rn. 9; Staudinger/*Hausmann,* 2021, Rn. 66; s. auch *Moshinsky* L. Q. Rev. 109 (1992), 591 (621); *Kaye,* The new private international law of contract of the European Community, 1993, 325.

113 OLG Oldenburg IHR 2013, 63 mAnm *Magnus.*

114 S. die Darstellung in OLG Saarbrücken WM 2018, 2323 = EWiR 2018, 735 mAnm *Mankowski;* dazu auch *Mann/Nagel* WM 2011, 1499 (1500 ff.); *Fervers* RabelsZ 86 (2022), 617 (623 ff.); Staudinger/*Hausmann,* 2021, Rn. 72 ff.; zu den nationalen Lösungen *Hübner* ZEuP 2019, 41 (58 ff.).

115 *Sinay-Cyterman* Rev. crit. dr. int. pr. 81 (1992), 35 (42); *Pardoel,* Les conflits de lois en matière de cession de créance, 1997, 357 und passim.

tut).[116] Insbesondere in den Niederlanden ist insoweit schon früher die Regelung des Abs. 1 herangezogen worden.[117] Eine andere Auffassung will grundsätzlich die am **Aufenthaltsort des Zedenten** geltende Rechtsordnung heranziehen.[118] Teilweise möchte man diese Anknüpfung jedoch auf Globalabtretungen und die Abtretung künftiger Forderungen beschränken.[119] Nach einer weiteren Auffassung soll die Übertragung durch Forderungsabtretung einem eigenen Übertragungsstatut, nämlich dem Recht am **gewöhnlichen Aufenthalt des Vollrechtsinhabers der Forderung** (dh nicht notwendigerweise des Zedenten) unterliegen.[120] Demgegenüber hatte die bislang hM am Ausgangspunkt einer Verfügung über die Forderung festgehalten. Auch für diese **Drittwirkungen** sollte daher das **Forderungsstatut** gelten.[121] Diese Auffassung, die bei den Reformarbeiten eine der Optionen war, wurde zum Teil auch im Ausland vertreten.[122] Eine Anknüpfung an das Forderungsstatut ermöglicht eine einheitliche Beurteilung aller Drittwirkungen für die einzelne Forderung.[123] Die geplante Drittwirkungs-VO soll hier Klarheit schaffen (→ Rn. 54). Neuerdings ist auch für die Zulassung einer beschränkten Rechtswahl plädiert worden.[124]

37 Für eine Anknüpfung an den **gewöhnlichen Aufenthalt des Zedenten** spricht die Übereinstimmung dieser Lösung mit der UNCITRAL-Konvention, welche möglicherweise größere internationale Akzeptanz finden wird. Ferner ermöglicht sie es, im Falle einer Abtretung mehrerer Forderungen eine einzige Rechtsordnung anzuwenden. Dieses Recht ist auch für Dritte ermittelbar und vorhersehbar; ferner ist eine Festlegung des anwendbaren Rechts zum Zeitpunkt einer Vorausabtretung möglich. Zu Schwierigkeiten kann aber die Abspaltung von Fragen der Drittwirkungen führen; sie können einem anderen Recht unterstehen als die Forderung selbst. Ferner deckt sich auch nach dieser Auffassung das auf die schuldrechtlichen Beziehungen zwischen Zedent und Zessionar anwendbare Recht nicht mit dem für die Abtretungswirkungen maßgeblichen Recht, so dass auch insoweit Spannungen auftreten können. Bei einer Stellungnahme auf dem Boden des geltenden Rechts ist die Struktur des Art. 14 zu beachten, der lediglich bestimmte Wirkungen offengelassen hat. Insofern scheint eine Anknüpfung an den gewöhnlichen Aufenthaltsort des Zedenten hinnehmbar.[125] Dies führt bei der ersten Abtretung regelmäßig zum gleichen Ergebnis wie eine Anknüpfung an den gewöhnlichen Aufenthaltsort des Forderungsrechtsinhabers, dessen Ermittlung in anderen Fällen jedoch mit Unsicherheiten belastet ist.

38 **c) Mehrfachabtretungen.** Von einer Mehrfachabtretung spricht man dann, wenn der Gläubiger einer Forderung sie mehrfach abgetreten hat. Dann stellt sich zunächst einmal die Frage, ob und wann die erste Abtretung wirksam geworden ist. Ferner ist zu entscheiden, wieweit die folgenden Abtretungen wirksam bzw. unwirksam sind (zum Teil spricht man von einem Prioritätenkonflikt[126]). Die Unwirksamkeit der nachfolgenden Abtretung ergibt sich regelmäßig aus dem Prioritätsgrundsatz des nationalen Zessionsrechtes.[127] Für die Beurteilung der Mehrfachzession, welche die Wirksamkeit der

---

[116] So *Mann/Nagel* WM 2011, 1499 (1502 ff.); *Leible/Müller* IPRax 2012, 491 (497 ff.); *Flessner/Verhagen,* Assignment in European Private International Law: Claims as property and the European Commission's „Rome I Proposal", 2006, 77 f.; Staudinger/*Hausmann,* 2021, Rn. 88, 93; abl. etwa *Mäsch* in Leible, Grünbuch, 2004, 198 ff.

[117] H. R. N. J. 1998 Nr. 585 = NILR 45 (1998), 129 mAnm *Koppenol-Laforce;* dazu *Kieninger* RabelsZ 62 (1988), 678 (694 ff.); *Joustra* IPRax 1999, 280 ff.; *Martiny* ZEuP 1999, 246 (266 f.); *Martiny* ZEuP 2001, 308 (328); *Struycken* Lloyd's M.C.L.Q. 24 (1998), 345 ff.; *Mäsch* in Leible, Grünbuch, 2004, 198 f.; Ferrari/Leible Neues IntVertrR/*Kieninger/Sigman* S. 179 (181 ff.); *Hübner* ZEuP 2019, 41 (43 ff.).

[118] *Rudolf* FS Posch, 2011, 637 (647 f.); *Kieninger* NJW 2019, 3353 (3356); BeckOGK/*Hübner,* 1.8.2022, Rn. 37; ebenso schon *Rabel,* Conflict of Laws, Bd. III, S. 413 ff.; *Kieninger* RabelsZ 62 (1998), 678 (702 ff.); *Kieninger/Schütze* IPRax 2005, 202 ff.; *Struycken* Lloyd's M.C.L.Q. 24 (1998), 345 ff.; *Mäsch* in Leible, Grünbuch, 2004, 193 (202 ff.).

[119] *Moshinsky* L. Q. Rev. 108 (1992), 591 ff.

[120] *F. Bauer,* Die Forderungsabtretung im IPR, 2008, 292 f., 301 ff. Primär soll es auf den Mittelpunkt der Interessen nach Art. 3 Abs. 1 EuInsVO ankommen.

[121] → 4. Aufl. 2005, EGBGB Art. 33 Rn. 24 ff. zum EVÜ; *v. Hoffmann* in Hadding/Schneider, Die Forderungsabtretung, insbesondere zur Kreditsicherung, in ausländischen Rechtsordnungen, 1999, 12; *Kaiser,* Verlängerter Eigentumsvorbehalt und Globalzession im IPR, 1986, 223; *Kieninger,* Mobiliarsicherheiten im Europäischen Binnenmarkt, 1996, 109 f.; *Bode,* Die Wirksamkeit einer Forderungsübertragung gegenüber Dritten vor dem Hintergrund der internationalen Forderungsfinanzierung, 2007, 291 ff.

[122] Raiffeisen Zentralbank Österreich AG v. Five Star Trading LLC (2001) 3 All ER 257; dazu *Stevens/Struycken* L. Q. Rev. 118 (2002), 15.

[123] Dafür nach geltendem Recht *Labonté,* Forderungsabtretung International, 2015, 208, 260 ff.

[124] *Fervers* RabelsZ 86 (2022), 617 (628 ff.).

[125] Für diese Lösung Ferrari IntVertragsR/*Kieninger* Rn. 12.

[126] Zum Begriff *Kieninger* AcP 208 (2008), 182 (214); Ferrari IntVertragsR/*Kieninger* Rn. 10.

[127] Näher Staudinger/*Hausmann,* 2021, Rn. 95.

Übertragung der Forderung betrifft, wirken sich hier im Streit um die Auslegung der Rom I-VO die unterschiedlichen Auffassungen zur Anknüpfung der Drittwirkungen der Forderungsabtretung aus[128] (→ Rn. 36). Für die grundsätzlich auf Abs. 1 abstellende Auffassung („Abtretungsstatut")[129] ist eine Entscheidung zwischen mehreren Statuten notwendig. Teilweise will man beim Abtretungsstatut bzw. den nacheinander zu prüfenden Abtretungsstatuten bleiben.[130] Manche wollen, soweit nach Abs. 1 keine Lösung möglich ist, hilfsweise das Forderungsstatut (Abs. 2 analog) heranziehen.[131] Dagegen will die auf den Zedentenwohnsitz abstellende Auffassung die danach maßgebliche Rechtsordnung auch hier heranziehen.[132] Für die Auffassung, welche auf ein eigenes „Übertragungsstatut", nämlich das Recht am gewöhnlichen Aufenthalt des Vollrechtsinhabers der Forderung abstellt, soll dies auch hier gelten.[133] Für die bisher in Deutschland hM war die Mehrfachabtretung und das Verhältnis der miteinander konkurrierenden Zessionare ein Problem der „Übertragbarkeit" der Forderung. Das Rangverhältnis unter konkurrierenden Abtretungen, insbesondere die Frage, ob bei einer mehrfachen Zession die Erste gültig ist, wurde folglich (allein) vom Statut der abgetretenen Forderung bestimmt.[134] Auch der Schuldnerwohnsitz zurzeit der ersten gültigen Zession sollte außer Betracht bleiben.[135] Erst die geplante Drittwirkungs-VO wird hier Klarheit schaffen (→ Rn. 64 f.).

Nach dem Urteil des EuGH gilt für die Drittwirkungen der Abtretung einstweilen nationales, **deutsches IPR** weiter (→ Rn. 20). Die hM zu Art. 33 EGBGB aF knüpfte die Verfügung über die Forderung insgesamt an das Statut der abgetretenen Forderung an. Art. 33 Abs. 2 EGBGB aF erfasste folglich nicht nur das Verhältnis zum Schuldner, sondern auch die Frage, unter welchen Voraussetzungen die Zession sonstigen Dritten, insbesondere Gläubigern des Zedenten, entgegengehalten werden konnte.[136] Nach aA kam es auf die Niederlassung oder den gewöhnlichen Aufenthalt des Zedenten im Zeitpunkt der Verfügung an.[137] Dieser Meinungsstreit setzt sich auch nach der EuGH-Entscheidung fort. Die erste Auffassung greift auf den Rechtsgedanken des Art. 33 Abs. 2 EGBGB aF bzw. die Grundsätze der aufgestellten Rspr. zurück[138] und stützt sich auf das Forderungsstatut[139] (→ Rn. 38). Eine aA spricht sich für die Anwendung des Zedentenstatuts aus.[140] Nach Aufhebung des Art. 33 Abs. 2 EGBGB aF bestehe keiner Bindung mehr an diese Vorschrift und die zu ihr ergangene Rspr.[141] Da sich die Frage der Forderungsinhaberschaft häufig in der Insolvenz des Zedenten stelle, bringe die Anknüpfung an das Sitzrecht des Zedenten zudem einen harmonischen Gleichlauf mit dem Insolvenzstatut, das gemäß Art. 3, 7 EuInsVO im Regelfall der Übereinstimmung von Sitz und Mittelpunkt der hauptsächlichen Interessen (→ EuInsVO Art. 3 Rn. 14) ebenfalls zu diesem Recht führt.[142] 39

6. Übertragung zu Sicherungszwecken, Sicherungsrechte (Abs. 3). a) Übertragung zu Sicherungszwecken. aa) Sicherungsabtretung. Bei der Sicherungszession wird eine Forderung 40

[128] Überblick bei Staudinger/*Hausmann,* 2021, Rn. 97 ff.

[129] Rauscher/*Freitag* Rn. 45; Staudinger/*Hausmann,* 2021, Rn. 99.

[130] Rauscher/*Freitag* Rn. 46.

[131] *Stadler* IPRax 2000, 104 (109); BeckOK BGB/*Spickhoff* Rn. 11.

[132] Ferrari IntVertragsR/*Kieninger* Rn. 12; Staudinger/*Hausmann,* 2021, Rn. 101.

[133] *F. Bauer,* Die Forderungsabtretung im IPR, 2008, 292 f., 301 ff.; primär soll es auf den Mittelpunkt der Interessen nach Art. 3 Abs. 1 EuInsVO ankommen.

[134] BGH NJW 1999, 940 = IPRax 2000, 128 m. Aufsatz *Stadler* IPRax 2000, 104 = JZ 1999, 404 mAnm *Kieninger* = IPRspr. 1998 Nr. 39; *v. Bar* RabelsZ 53 (1989), 462 (470); *v. Hoffmann/Höpping* IPRax 1993, 302 (303); *Kropholler* IPR § 52 VIII 1; ebenso *Vischer/Huber/Oser* IVR Rn. 1056; s. schon BGHZ 111, 376 (380 ff.) = IPRax 1991, 248 m. insoweit zust. Aufsatz *Stoll* IPRax 1991, 223 = NJW 1991, 637 = IPRspr. 1990 Nr. 48.

[135] Anders *Lagarde* Rev. crit. dr. int. pr. 80 (1991), 287 (336 f.); *Sinay-Cyterman* Rev. crit. dr. int. pr. 81 (1992), 35 (40 ff.); *Kaiser,* Verlängerter Eigentumsvorbehalt und Globalzession im IPR, 1986, 208 ff., 224 ff. zur Niederlassung des Zedenten; *Kassis,* Le nouveaux droit européen des contrats internationaux, Paris 1993, 423.

[136] BGHZ 111, 376 (379 f.) = NJW 1991, 637; BGH NJW-RR 2005, 206 (208); *v. Bar* RabelsZ 53 (1989), 462 (467 f.); *v. Hoffmann/Höpping* IPRax 1993, 302 (303 f.); *Basedow* ZEuP 1997, 615 (623). Vgl. auch OLG Saarbrücken WM 2018, 2323 (2326).

[137] *Kieninger* RabelsZ 62 (1998), 678 (702 f.).

[138] *Schroeter/Maier-Lohmann* EWiR 2020, 33 (34); iErg auch *Reuter* GWR 2020, 32: analoge Anwendung von Art. 14 Abs. 2.

[139] OLG Saarbrücken WM 2020, 982 (985 ff.) mAnm *Cranshaw* EWiR 2020, 415. Im Anschluss an BGHZ 87, 19 (21); 104, 145 (149); 111, 373 (378); BGH NJW 1991, 1414; 1999, 940; OLG Hamm NJW-RR 1996, 1271; in Bezug auf Schiedsvereinbarungen auch BGH SchiedsVZ 2014, 151 Rn. 23.

[140] *Kieninger* NJW 2019, 3353 (3356); *Hübner* ZEuP 2019, 41 (52); *Keller* WuB 2020, 51 (53); wohl auch *Mankowski* RIW 2019, 728 (729).

[141] *Hübner* ZEuP 2019, 41 (52).

[142] *Mankowski* IPRax 2012, 298 (300 ff.); *Mankowski* NIPR 2018, 26 (43 ff.).

zur Sicherheit abgetreten. Die richtige Anknüpfung ist hier von großer praktischer Bedeutung, da manche Rechtsordnungen eine solche Abtretung, insbesondere eine Vorausabtretung zu Sicherungszwecken entweder ganz verbieten oder doch einschränken bzw. besonderen Förmlichkeiten unterwerfen.[143] Die einer Sicherungszession zu Grunde liegende **Sicherungsabrede** berührt das Verhältnis zwischen altem und neuem Gläubiger und unterliegt dem für ihr Verhältnis geltenden Recht (Abs. 1).[144] Die Neuregelung in der Rom I-VO hat auch Auswirkungen auf die Sicherungsabtretung. Nach Abs. 3 umfasst der Begriff „Übertragung" auch die **Übertragung von Forderungen zu Sicherungszwecken** („transfers of claims by way of security", „transferts de créances à titre de garantie"). Die Vorschrift will eine kollisionsrechtliche Gleichbehandlung von Abtretung, Sicherungsabtretung und Sicherungsrechten erreichen.[145] Dementsprechend ist die Sicherungsabtretung des deutschen Rechts erfasst.[146]

41 Die mit einer Sicherungsabtretung zusammenhängenden Fragen waren schon bislang umstritten. Auch hier stellte sich zunächst einmal die Frage nach dem für den Forderungsübergang als solchen maßgeblichen Recht. Ferner wurde diskutiert, ob und in welchem Umfang es in diesen Fällen einer Sonderanknüpfung bedarf. Im Wesentlichen wurden drei unterschiedliche Meinungen vertreten. Eine erste Auffassung argumentierte: Da bei der Vorausabtretung das Statut der abgetretenen Forderung im Allgemeinen noch nicht endgültig feststeht und zudem eine einheitliche Behandlung aller abgetretenen Forderungen (insbesondere aus Weiterverkauf) erreicht werden müsse, sei auf das Recht am **gewöhnlichen Aufenthalt bzw. Niederlassungsort des Zedenten** abzustellen.[147] Diese Rechtsordnung soll dann für die Wirksamkeit der Forderungsübertragung gelten. Zum Teil wird auch der Vorrang zwischen mehreren konkurrierenden Zessionaren dem Niederlassungsrecht des Zedenten unterworfen (→ Rn. 36). Eine zweite Meinung ging hingegen vom **Verhältnis Zedent-Zessionar** aus (Abs. 1); sie beurteilte dann auch die Zulässigkeit der Sicherungsabtretung wie die genügende Bestimmtheit des Zessionsgegenstandes nach diesem Recht. Es ergab sich mithin eine Übereinstimmung mit dem für die Sicherungsabrede maßgeblichen Recht.[148] Für die überwiegende Meinung in Deutschland war dagegen die Frage, ob und unter welchen Voraussetzungen eine Forderung zur Sicherung abgetreten werden kann, ein Problem der „Übertragbarkeit" der Forderung. Diese richtet sich aber nach dem Schuldstatut der abgetretenen Forderung **(Forderungsstatut;**[149] → 4. Aufl. EGBGB Art. 33 Rn. 28). Für den Schuldnerschutz sollte – wie ohnehin von Abs. 2 vorgesehen – das Forderungsstatut gelten.[150]

42 Gegen das Forderungsstatut spricht außer der Änderung durch Abs. 3, dass Beschränkungen der Sicherungsabtretung sowie besondere Publizitätserfordernisse das Vermögen des Abtretenden transparent und für die Gläubiger zugänglich halten sollen. Schuldnerinteressen sind nicht betroffen. Gibt man die Anknüpfung an das Forderungsstatut auf, so ist freilich nicht eindeutig, worauf nach heutigem Recht abzustellen ist. Zum Teil will man das Abtretungsstatut (Abs. 1) befragen.[151] Nach aA soll das Recht am gewöhnlichen Aufenthaltsort des Vollrechtsinhabers der Forderung entscheiden.[152] Teilweise soll die Frage, wieweit bedingte oder zukünftige Forderungen aus Gründen des Schuldnerschutzes nicht abgetreten werden dürfen, von Abs. 2 erfasst sein.[153] Bezüglich der Drittwirkungen kommt auch hier das Recht des gewöhnlichen Aufenthalts des Zedenten in Betracht.

43 **bb) Vorausabtretung.** Die Zulässigkeit der Vorausabtretung künftiger Forderungen wurde vor der Rom I-VO überwiegend nach dem Forderungsstatut beurteilt, da sie zur „Übertragbarkeit"

---

143 Nachweise bei Staudinger/*Hausmann,* 2021, Rn. 112.

144 BeckOK BGB/*Spickhoff* Rn. 4; Grüneberg/*Thorn* Rn. 3; s. auch *Koziol* DZWiR 1993, 353 (356).

145 *F. Bauer,* Die Forderungsabtretung im IPR, 2008, 32.

146 *Flessner* IPRax 2009, 35 (42); Staudinger/*Hausmann,* 2021, Rn. 70.

147 *Kaiser,* Verlängerter Eigentumsvorbehalt und Globalzession im IPR, 1986, 105, 224 ff.; Staudinger/*Stoll,* 1996, IntSachenR Rn. 349 ff.; s. auch *Stoll* IPRax 1991, 223 (225 ff.); *Moshinsky* L. Q. Rev. 109 (1992), 591 (609 ff.).

148 *Stadler* IPRax 2000, 107; BeckOGK/*Hübner,* 1.8.2022, Rn. 117; Staudinger/*Hausmann,* 2002, EGBGB Art. 33 Rn. 62.

149 BGH NJW 1999, 940 = IPRax 2000, 128 m. Aufsatz *Stadler* IPRax 2000, 104 = JZ 1999, 404 mAnm *Kieninger* = IPRspr. 1998 Nr. 39 betr. Sittenwidrigkeit der Globalzession; *v. Bar* RabelsZ 53 (1989), 462 (474 f.); *Kaiser,* Verlängerter Eigentumsvorbehalt und Globalzession im IPR, 1986, 206 mwN; *v. Westphalen,* Rechtsprobleme der Exportfinanzierung, 3. Aufl. 1987, 220; *Kieninger,* Mobiliarsicherheiten im Europäischen Binnenmarkt, 1996, 110; Soergel/*v. Hoffmann* EGBGB Art. 33 Rn. 13.

150 *Kaiser,* Verlängerter Eigentumsvorbehalt und Globalzession im IPR, 1986, 207, 222.

151 *Flessner* IPRax 2009, 35 (42); BeckOK BGB/*Spickhoff* Rn. 4; BeckOGK/*Hübner,* 1.8.2022, Rn. 42; Staudinger/*Hausmann,* 2021, Rn. 117.

152 *F. Bauer,* Die Forderungsabtretung im IPR, 2008, 166, 292 f., 301 ff.: „Übertragungsstatut".

153 Für Schuldnerschutzvorschrift Staudinger/*Hausmann,* 2021, Rn. 60.

der Forderung iSd Abs. 2 gezählt wurde (→ 4. Aufl. 2006, EGBGB Art. 33 Rn. 28 f.).[154] Soweit Vorausabtretungen eingeschränkt werden, geschieht dies insbes. wegen unzureichender Bestimmtheit im Interesse des Rechtsverkehrs und des Abtretenden selbst. Die Gläubiger des Zedenten sollen, was dessen Außenstände als Haftungsobjekte angeht, nicht von vornherein chancenlos sein; der Abtretende soll vor einer Weggabe künftigen Vermögens geschützt werden. Der Schuldner der Forderung wird mit der Forderung erst ab ihrer Entstehung konfrontiert und gegen Ungewissheit über den wahren Forderungsinhaber (seinen Gläubiger) nach Abs. 2 geschützt. Die Zulässigkeit der Vorausabtretung wird zum Teil deshalb nunmehr nach dem Abtretungsstatut (Abs. 1) beurteilt.[155] Andere stellen dagegen auf den Übertragungsakt und den gewöhnlichen Aufenthalt des Vollrechtsinhabers der Forderung ab.[156] Auch hier ist bezüglich der Drittwirkungen an den gewöhnlichen Aufenthalt des Zedenten zu denken.

Der **verlängerte Eigentumsvorbehalt** mit **Vorausabtretung** der Forderungen aus Weiterveräußerung stellt für den Verkäufer dann eine Kreditsicherheit dar, wenn der Eigentumsvorbehalt selbst nach dem Situsrecht der Ware erlischt. Da die Abtretbarkeit künftiger Forderungen nicht von allen Rechtsordnungen gestattet wird, ist die Anknüpfung des verlängerten Eigentumsvorbehalts von erheblicher praktischer Bedeutung. Auch insoweit wurde zum Teil eine gesonderte Anknüpfung an den **Schuldnerwohnsitz** vertreten.[157] Man gelangte dann zum Recht des Niederlassungsorts des Vorbehaltskäufers (Zedent). Vorteil ist eine einheitliche Anknüpfung, die nicht vom jeweiligen Forderungsstatut abhängt und daher voraussehbar ist. Andere hielten gleichwohl an der Maßgeblichkeit des **Forderungsstatuts** fest.[158] Anzustreben ist eine gleiche Anknüpfung wie bei der Vorausabtretung überhaupt. 44

cc) Globalabtretung. Auch die richtige Anknüpfung der Globalabtretung ist problematisch. Wo Einschränkungen für die Globalzession gelten, sollen sie der Offenhaltung des Vermögens für alle Gläubiger dienen und den Abtretenden davor schützen, sich mit seinem Vermögen einem einzigen Gläubiger auszuliefern. Die Zulässigkeit der Globalabtretung war nach überwiegender Meinung in Deutschland zu Art. 12 EVÜ (Art. 33 EGBGB) eine Frage der „Übertragbarkeit" der Forderung iSd Abs. 2 (→ 4. Aufl. 2006, EGBGB Art. 33 Rn. 28).[159] Heute wird überwiegend allein Abs. 1 (Abtretungsstatut) für maßgeblich gehalten.[160] Zum Teil will man auch hier auf den Übertragungsakt und den gewöhnlichen Aufenthalt des Vollrechtsinhabers der Forderung abstellen.[161] 45

b) Pfandrechte und andere Sicherungsrechte. Nach Abs. 3 umfasst der Begriff „Übertragung" die Übertragung von Pfandrechten oder anderen Sicherungsrechten an Forderungen („pledges or other security rights over claims"; „les nantissements ou autres sûretés sur les créances). Aus dem deutschen Recht wird daher die Verpfändung der Forderung (§ 1279 BGB) erfasst.[162] Dass (nur) von einer „Übertragung" und nicht von einer „Bestellung" von Rechten die Rede ist, steht nicht entgegen.[163] Auch die Bestellung eines Nießbrauchs an der Forderung (§§ 1068, 1074 BGB) wird wegen des engen Zusammenhanges erfasst, obwohl sie keine eigentliche Sicherung darstellt.[164] 46

7. Einziehungsermächtigung. Bei einer Einziehungsermächtigung wird dem Ermächtigten (etwa einer Bank) lediglich die Befugnis zur Einziehung im eigenen Namen übertragen; Inhaber der Forderung selbst bleibt der ursprüngliche Gläubiger. Kollisionsrechtlich wird diese Abspaltung eines Gläubigerrechtes wie eine Abtretung behandelt, so dass für die Erteilung der Einziehungser- 47

---

154 *Kieninger* RabelsZ 62 (1998) 678 (699); vgl. auch Ferrari/Leible Neues IntVertrR/*Kieninger/Sigman* S. 190 f.

155 *Flessner* IPRax 2009, 35 (43); BeckOGK/*Hübner,* 1.8.2022, Rn. 44; NK-BGB/*Doehner* Rn. 13; Staudinger/*Hausmann,* 2021, Rn. 118. – Gegen Anwendung von Abs. 2 Grüneberg/*Thorn* Rn. 5.

156 *F. Bauer,* Die Forderungsabtretung im IPR, 2008, 163 f.: „Übertragungsstatut".

157 LG Hamburg IPRspr. 1980 Nr. 53; *Stoll* IPRax 1991, 225 ff. auch für die Globalzession; *Kaiser,* Verlängerter Eigentumsvorbehalt und Globalzession im IPR, 1986, 202 ff.

158 BGHZ 111, 376 (380 ff.) = IPRax 1991, 248 m. insoweit abl. Aufsatz *Stoll* IPRax 1991, 223 obiter; *Basedow* ZEuP 1997, 615 (620 f.); Soergel/*v. Hoffmann* EGBGB Art. 33 Rn. 9, 13; unentschieden *Kieninger,* Mobiliarsicherheiten im Europäischen Binnenmarkt, 1996, 108 f.

159 Ebenso OLG Hamburg WM 1997, 1773 = IPRspr. 1996 Nr. 43; AnwK-BGB/*Doehner,* 1. Aufl. 2005, EGBGB Art. 33 Rn. 9; vgl. auch BGH NJW 1999, 940 = IPRax 2000, 128 m. Aufsatz *Stadler* IPRax 2000, 104 = IPRspr. 1998 Nr. 39.

160 *Flessner* IPRax 2009, 35 (42); Staudinger/*Hausmann,* 2021, Rn. 119. Vgl. schon niederl. H.R.N.J. 1993 Nr. 776 mAnm *J. C. S.* = NIPR 1993, 262 mAnm *Joustra* IPRax 1994, 395.

161 *F. Bauer,* Die Forderungsabtretung im IPR, 2008, 166: „Übertragungsstatut".

162 *Flessner* IPRax 2009, 35 (37); Staudinger/*Hausmann,* 2021, Rn. 70.

163 *Flessner* IPRax 2009, 35 (37); Rauscher/*Freitag* Rn. 22; Staudinger/*Hausmann,* 2021, Rn. 70.

164 *Flessner* IPRax 2009, 35 (37); *Labonté,* Forderungsabtretung International, 2015, 129 ff.; Staudinger/*Hausmann,* 2021, Rn. 54.

mächtigung nach bislang hM ebenfalls das Forderungsstatut galt.[165] Heute wird dafür Abs. 2 analog herangezogen.[166] Die Befugnis zur Ermächtigungserteilung kann dagegen einem anderen Recht unterliegen.[167] Nach aA soll die Maßgeblichkeit des Forderungsstatuts für die Einziehungsermächtigung nur für ihre Zulässigkeit und die Wirkungen gegenüber dem Schuldner gelten. Im Übrigen soll das Statut des der Einziehungsermächtigung zu Grunde liegenden Vertrages maßgeblich sein.[168] Als Teilberechtigung wird die Einziehungsermächtigung jedenfalls inter partes von Abs. 1 erfasst (→ Rn. 21 ff.). Für die Drittwirkungen kommt auch hier das Recht am gewöhnlichen Aufenthalt des Ermächtigenden in Betracht.

48 **8. Form.** Die Form der Forderungsabtretung unterliegt Art. 11. Nach Abs. 1 genügt anstelle der Form der lex causae[169] auch die Beachtung der lex loci actus, soweit nicht über dingliche Rechte verfügt wird.[170] Bezüglich der lex causae wirken sich die Meinungsunterschiede bezüglich der richtigen Anknüpfung der Abtretung aus. Während nach der früheren hM insoweit das Forderungsstatut maßgeblich war,[171] stellen andere Auffassungen vor allem auf das für das Verhältnis von Zessionar und Zedenten geltende Recht (Grundgeschäft)[172] oder auf den gewöhnlichen Aufenthalt des Zedenten ab. Teilweise wird zur Vermeidung von Qualifikationsschwierigkeiten eine alternative Anknüpfung abgelehnt und nur auf das für die Übertragung maßgebliche Recht abgestellt.[173]

V. Probleme des Allgemeinen Teils

49 **1. Rück- und Weiterverweisung.** Rück- und Weiterverweisung sind nach der ausdrücklichen Regelung in Art. 20 stets ausgeschlossen. Dies gilt auch hier.[174] Für die Abtretung ergibt sich das schon aus Sinn und Zweck der Anknüpfung an das Abtretungs- und das Forderungsstatut. Wenn dieses nämlich nach den Art. 3 ff. für schuldrechtliche Forderungen ohne die Berücksichtigung eines renvoi ermittelt worden ist, darf auch die einzelne Übertragung keiner anders ermittelten Rechtsordnung unterstellt werden. Ein Auseinanderfallen der maßgeblichen Rechtsordnungen ist mithin zu vermeiden. Soweit freilich für die Forderung selbst, dh für die Bestimmung des Forderungsstatuts, ein renvoi in Betracht kommt, ist er auch hier beachtlich.[175]

50 **2. Ordre public.** Anwendbar ist Art. 21. Praktische Relevanz ist bisher nicht festzustellen.[176] Dass das ausländische Recht gegenüber Vorausabtretung und Sicherungsabtretung restriktiver ist als das deutsche, reicht für einen ordre public-Verstoß nicht aus.[177] Zwingende inländische Schutzvorschriften können über Art. 6, 8 sowie Art. 46b EGBGB, Eingriffsnormen über Art. 9 durchgesetzt werden.[178] Letzteres gilt aber nicht für dem Schuldnerschutz dienende Publizitätserfordernisse.[179]

VI. Drittwirkungs-VO

51 Nach der ganz überwiegenden, auch von EuGH und Kommission geteilten, Auffassung wird das auf die Drittwirkung von Forderungsübertragungen anwendbare Recht nicht von der Rom I-VO geregelt (→ Rn. 21, → Rn. 35). Daher besteht insoweit eine empfindliche Lücke, die geschlossen werden muss. Die Kommission hat 2018 einen **Verordnungsvorschlag über das auf die Drittwirkung von Forderungsübertragungen anzuwendende Recht** vorgelegt (→ 8. Aufl. 2021, Rom I-VO Art. 14 Rn. 50–74),[180] begleitet von einem Arbeitspapier.[181] Der

165 BGH NJW-RR 1990, 250; BGHZ 125, 196 (204 f.) = NJW 1994, 2549 = IPRax 1995, 168 m. Aufsatz *Gottwald* IPRax 1995, 157 mAnm *Hanisch* EWiR 1994, 401; BGH NJW 2013, 1730 = IPRspr. 2012 Nr. 51 Ls.; *Kropholler* IPR § 52 VIII 1.

166 BeckOK BGB/*Spickhoff* Rn. 10; vgl. auch *Labonté,* Forderungsabtretung International, 2015, 129 ff.

167 BGHZ 125, 196 (205) = NJW 1994, 2549 = IPRax 1995, 168 m. Aufsatz *Gottwald* IPRax 1995, 157 mAnm *Hanisch* EWiR 1994, 401 betr. Konkursverwalter; BeckOK BGB/*Spickhoff* Rn. 10.

168 Staudinger/*Hausmann,* 2021, Rn. 122.

169 OLG Koblenz RIW 1996, 151 mAnm *Otte* EWiR 1996, 305; Staudinger/*Hausmann,* 2021, Rn. 105.

170 *v. Bar* RabelsZ 53 (1989), 462 (472 f.); *v. Hoffmann/Höpping* IPRax 1993, 302 (304).

171 *v. Bar* RabelsZ 53 (1989), 462 (472 f.).

172 So Staudinger/*Hausmann,* 2021, Rn. 105.

173 *F. Bauer,* Die Forderungsabtretung im IPR, 2008, 297 ff., 305.

174 BeckOK BGB/*Spickhoff* Rn. 18; Staudinger/*Hausmann,* 2021, Rn. 6.

175 Staudinger/*Hausmann,* 2021, Rn. 6.

176 Näher *F. Bauer,* Die Forderungsabtretung im IPR, 2008, 211 ff.

177 Staudinger/*Hausmann,* 2021, Rn. 7.

178 Staudinger/*Hausmann,* 2021, Rn. 7.

179 *Flessner* FS Kühne, 2009, 703 (709).

180 Vorschlag für eine Verordnung des Europäischen Parlaments und des Rates über das auf die Drittwirkung von Forderungsübertragungen anzuwendende Recht, COM(2018) 96 final; deutscher Text bei Staudinger/*Hausmann,* 2021, Anh. I Art. 14 Rn. 31; dazu *Mansel/Thorn/Wagner* IPRax 2019, 85 (91 ff.).

181 Commission Staff Working Document, Impact Assessment, SWD (2018) 52 final/2, vom 28.3.2018.

Drittwirkungs-VO-E will damit die Rom I-VO ergänzen. Vorangegangen waren längere Auseinandersetzungen über die Notwendigkeit einer Ergänzung sowie um die Reformmöglichkeiten.[182] Rechtssicherheit ist für den Forderungs- und Wertpapierhandel sowie das Factoringgeschäft von großer rechtlicher und wirtschaftlicher Bedeutung, wobei die wirtschaftlichen Interessen der Finanzmarktakteure durchaus unterschiedlich sind.[183] Eine eigens erstellte Studie[184] untersuchte mehrere Alternativen (insbesondere akzessorische Anknüpfung an das Zessionsgrundstatut, an das Forderungsstatut oder den Zedentensitz) und stellte sie vor.[185] Die Kommission legte sodann ihren von Art. 27 verlangten Bericht zu der Frage vor[186] und es folgten Konsultationen.[187] Anschließend wurde der Entwurf in englischer Sprache ausgearbeitet; auf die deutsche Fassung ist nicht immer Verlass.[188] Der Entwurf steht im Zusammenhang mit der Europäischen Kapitalmarktunion.[189] Er ist auf Wohlwollen, aber jedenfalls in Einzelheiten auch auf Kritik gestoßen[190] und wurde weiter beraten.[191]

Das Europäische Parlament hat in erster Lesung eine Stellungnahme abgegeben.[192] Ferner liegt 52
ein inhaltlich abweichender **Vorschlag des Rats** vom Mai 2022 vor.[193] Daher besteht Abstimmungsbedarf bezüglich des Anwendungsbereichs der künftigen Verordnung sowie der Reichweite der jeweiligen Anknüpfungen für die Forderungsübertragung und ihre Wirkungen. Die VO muss noch im Trilog-Verfahren von Kommission, Rat und Parlament fertig gestellt werden.

Art. 15 Rom I-VO Gesetzlicher Forderungsübergang

Hat eine Person („Gläubiger") eine vertragliche Forderung gegen eine andere Person („Schuldner") und ist ein Dritter verpflichtet, den Gläubiger zu befriedigen, oder hat er den Gläubiger aufgrund dieser Verpflichtung befriedigt, so bestimmt das für die Verpflichtung des Dritten gegenüber dem Gläubiger maßgebende Recht, ob und in welchem Umfang der Dritte die Forderung des Gläubigers gegen den Schuldner nach dem für deren Beziehung maßgebenden Recht geltend zu machen berechtigt ist.

Schrifttum: *v. Bar,* Abtretung und Legalzession im neuen deutschen Internationalen Privatrecht, RabelsZ 53 (1989), 462; *Beemelmans,* Das Statut der cessio legis, der action directe und der action oblique, RabelsZ 29 (1965), 511; *Eichenhofer,* Internationales Sozialrecht und Internationales Privatrecht, 1987; *H. Keller,* Zessionsstatut im Lichte des Übereinkommens über das auf vertragliche Schuldverhältnisse anzuwendende Recht vom 19. Juni 1980, Diss. München 1985; *Stoll,* Internationalprivatrechtliche Fragen bei der landesrechtlichen Ergänzung des Einheitlichen Kaufrechts, FS Ferid, 1988, 495; *Stoll,* Rechtskollisionen bei Schuldnermehrheit, FS Müller-Freienfels, 1986, 631; *Wandt,* Die Geschäftsführung ohne Auftrag im Internationalen Privatrecht, 1989; *Wandt,* Zum Rückgriff im Internationalen Privatrecht, ZVglRWiss 86 (1987), 272; *Wandt,* Produkthaftung mehrerer und Regress – Allgemeiner Teil: Internationales Privatrecht, in Schmidt/Salzer, Kommentar EG-Produkthaftung Bd. II, 1993; *Wandt,* Internationale Produkthaftung, 1995.

Schrifttum zu Grünbuch und Verordnungsentwurf: s. 7. Aufl. 2018.

[182] Näher zur Entstehung *Hübner* ZEuP 2019, 41 (45 f.).
[183] Dazu *Mankowski* RIW 2018, 488 (489); *M. F. Müller* EuZW 2018, 522 (523 ff.).
[184] British Institute of International and Comparative Law, Study on the question of effectiveness of an assignment or subrogation of a claim against third parties and the priority of the assigned or subrogated claim over a right of another person, 2012.
[185] Dazu *Kieninger* IPRax 2012, 289 ff.; *Lehmann* Butterworths J. Int. Banking Fin. L. 2018, 370 f.; *M. F. Müller* EuZW 2018, 522 (523). Für das Forderungsstatut etwa *Labonté* J.PIL 14 (2018), 319 (332 ff.).
[186] Bericht der Kommission an das Europäische Parlament, den Rat und den Europäischen Wirtschafts- und Sozialausschuss über die Frage, ob die Übertragung einer Forderung Dritten entgegengehalten werden kann, und über den Rang dieser Forderung gegenüber einem Recht einer anderen Person vom 29.9.2016, COM(2016) 626 final; dazu *Mankowski* RIW 2018, 488 (490).
[187] *Mankowski* RIW 2018, 488 (490).
[188] *Mansel/Thorn/Wagner* IPRax 2019, 85 (92).
[189] Dazu *Labonté* J.PIL 14 (2018), 319 (321 ff.).
[190] S. insbes. *Cuniberti* Rev. crit. dr. int. pr. 2018, 793 ff.; *Dickinson* IPRax 2018, 337 (340 ff.); *L. Hübner* ZEuP 2019, 41 (49 ff.). Näher *Einsele* IPRax 2019, 477; *Hemler* GPR 2018, 185; *Lehmann* Butterworths J. Int. Banking Fin. L. 2018, 370; *Mankowski* DRIW 2018, 488; *M. F. Müller* EuZW 2018, 522.– Kritik an der Komplexität der Lösungen bei *Labonté* J.PIL 14 (2018), 319 (334 f.).
[191] Zum Zwischenstand *Mansel/Thorn/Wagner* IPRax 2024, 73 (82).
[192] Standpunkt Parlament 1. Lesung vom 13.2.2019, https://www.europarl.europa.eu/doceo/document/TA-8-2019-0086_EN.html (zuletzt abgerufen am 23.4.2024).
[193] Vorschlag für eine Verordnung des Europäischen Parlaments und des Rates über das auf die Drittwirkung von Forderungsübertragungen anzuwendende Recht – Allgemeine Ausrichtung vom 28.5.2021 (63382/EU XXVII.GP); dazu *Rinze* J. Int. Banking L. Reg. 2021, 495 (501 ff.).

Übersicht

I. Normzweck

1 Art. 15 befasst sich im Anschluss an die rechtsgeschäftliche Übertragung mit dem **gesetzlichen Übergang von Forderungen.** Die Bestimmung entspricht Art. 13 EVÜ, in Deutschland übernommen als Art. 33 Abs. 3 EGBGB.[1] Der gesetzliche Forderungsübergang (legal subrogation; subrogation légale) bringt einen neuen Gläubiger ins Spiel, betrifft also drei Personen. Man muss sich zwischen zwei Statuten entscheiden. Auf der einen Seite legt das **Forderungsstatut** den Inhalt der Forderung fest, an dem sich der Schuldner zu orientieren hat. Auf der anderen Seite steht das Rechtsverhältnis, welches den Grund für die Erfüllung der Forderung durch den Dritten abgibt, zB ein Versicherungsvertrag, eine Personalsicherheit oder ein Arbeits- bzw. Beamtenverhältnis. Dieses ist die Grundlage für die Legalzession. Es prägt das Verhältnis zwischen Zahlendem und (Alt-)Gläubiger und damit den Forderungsübergang.[2] Der Regress wiederum ist der Ausgleich für die Zahlung des Dritten und stellt das Gleichgewicht wieder her. Die Verordnung gibt daher **im Prinzip dem Zessionsgrundstatut den Vorrang;** die kollisionsrechtlichen Interessen des Hauptschuldners müssen hinter denen des den Gläubiger befriedigenden Dritten zurücktreten. Ein Veto des Forderungsstatuts ist ebenso wenig vorgesehen wie eine Beschränkung durch entgegenstehende Normen am Schuldnerwohnsitz.[3] Grundsätzliche Änderungsvorschläge bezüglich der cessio legis wurden bei der Reform des EVÜ nicht vorgebracht.[4] Eine entsprechende Bestimmung enthält Art. 19 Rom II-VO für außervertragliche Schuldverhältnisse.

2 Eine gesetzliche Regelung von **Schuldübernahme und -übergang,** bei der ein neuer Schuldner einrückt, fehlt auch in der Rom I-VO.[5] Insoweit handelt es sich um nationales IPR (→ Rn. 23 ff.).

II. Gesetzlicher Forderungsübergang

3 **1. Regress bei subsidiären Verpflichtungen. a) Anwendungsbereich. aa) Berechtigung zur Geltendmachung.** Ist ein Dritter (der Legalzessionar) verpflichtet, den Gläubiger einer Forderung zu befriedigen („a third person has a duty to satisfy the creditor"; „un tiers a l'obligation de désintéresser le créancier"), so bestimmt das für die Verpflichtung des Dritten maßgebliche Recht **(Zessionsgrundstatut bzw. Drittleistungsstatut),** ob er die Forderung des Gläubigers gegen den Schuldner gemäß dem für deren Beziehungen maßgebenden Recht ganz oder zu einem Teil geltend zu machen berechtigt ist. Ausgangspunkt für die Regressmöglichkeit sind damit die subsidiäre Ver-

[1] Seinerseits aus Art. 17 EVÜ-E 1972 hervorgegangen; dazu *Siehr* AWD 1973, 569 (583); *Lando* RabelsZ 38 (1974), 1 (47 f.); *v. Hoffmann* in Lando/v. Hoffmann/Siehr, European Private International Law of Obligations, 1975, 1 (8 f.).

[2] Vgl. bereits *Beemelmans* RabelsZ 29 (1965), 511 (512).

[3] Art. 146 Abs. 1 IPRG Schweiz unterwirft dagegen die Zulässigkeit des Regresses kumulativ Zessionsgrund- und Forderungsstatut.

[4] Näher *McParland,* The Rome I Regulation on the Law Applicable to Contractual Obligations, 2015, Rn. 18.110 ff.; zu Art. 14 Rom I-VO-E des Max-Planck-Instituts RabelsZ 71 (2007), 326 ff.; s. auch *Mäsch* in Leible, Grünbuch, 2004, 193 (205 ff.); *Magnus/Mankowski* ZVglRWiss 103 (2004), 131 (186 f.).

[5] Dazu näher *Girsberger* ZVglRWiss 88 (1989), 31 ff.

pflichtung des Dritten und der angestrebte Ausgleich; die Berechtigung zum Regress untersteht daher grundsätzlich dem Zessionsgrundstatut. Auf die von der Legalzession erfasste Forderung (Forderungsstatut) kommt es insoweit nicht an.[6] Die Anknüpfung des Art. 15 gilt nicht nur für die eigentliche cessio legis, sondern auch für ähnliche Rechtsinstitute wie die **gesetzliche Subrogation** des französischen oder italienischen Rechts (Art. 1346 C.c. nF Frankreich, Art. 1916 C.c. Italien).[7] Auch hier rückt der Dritte in die Position des ursprünglichen Gläubigers ein. – Zum Forderungsübergang im Unterhaltsrecht s. Art. 64 EuUnthVO sowie Art. 10, 11 lit. f HUP.

bb) Verpflichtung des Dritten. Erforderlich ist vor allem, dass der Dritte dazu verpflichtet ist, den Gläubiger wegen seiner Forderung gegen den Schuldner zu befriedigen. Der Dritte muss also anstelle des Schuldners leisten.[8] Wem gegenüber der Dritte verpflichtet sein muss, bestimmt die VO nicht. Die deutsche Fassung betont zwar „gegenüber dem Gläubiger". Dies ist aber zumindest missverständlich.[9] Die Verpflichtung wird zwar regelmäßig **gegenüber dem Gläubiger** selbst bestehen.[10] Beispielsweise ist der Schadensversicherer auf Grund seines Versicherungsvertrages mit dem Gläubiger gehalten, einen entstandenen Schaden zu regulieren und kann dann regressweise gegen den Schuldner vorgehen. Ein weiteres Beispiel ist die Bürgschaft. Die Verpflichtung des Dritten kann aber **auch gegenüber dem Schuldner** bestehen.[11] Beispielsweise ist der Haftpflichtversicherer dazu verpflichtet, für den (versicherten) Schädiger einzustehen.[12] Der Dritte darf „Forderungen" geltend machen. Das ist ggf. erweiternd im Sinne von relativen Rechten zu verstehen.[13] 4

Sind **mehrere Schuldner** vorhanden und befriedigt etwa der Haftpflichtversicherer eines von mehreren Gesamtschuldnern den Geschädigten, so löst seine Versicherungsleistung häufig zwei Legalzessionen aus, eine solche im Verhältnis des Geschädigten zum (gleichrangig haftenden) Schädiger sowie eine zweite im Verhältnis des (subsidiär eintretenden) Haftpflichtversicherers zum versicherten Schuldner. Im Verhältnis des **Geschädigten zum Schuldner** kommt es zu einem Übergang der Ansprüche des Geschädigten auf den Versicherer des befreiten Schuldners nach Art. 16. Bestehen Versicherungsverhältnisse nach unterschiedlichen Rechten, so wird auch hier die Anwendung eines gemeinsamen Rechts der Außenhaftung der Schädiger vorgeschlagen.[14] Soweit es sich um das Verhältnis des **Haftpflichtversicherers zum versicherten Schuldner** handelt, gehen Ausgleichsansprüche des mit der Versicherungsleistung zahlenden Schuldners (Versicherungsnehmers) gegen die anderen Schuldner entsprechend Art. 15 nach dem Statut des Haftpflichtversicherungsvertrages auf den Versicherer über.[15] Eine entsprechende Anwendung der Vorschrift ist notwendig, weil der Versicherer auf Grund des Versicherungsvertrages leistet, während die Ausgleichsansprüche übergehen sollen. 5

Vorausgesetzt wird ferner, dass die Verpflichtung des Dritten gegenüber der des Schuldners **nachrangig** ist; sie muss zu ihr in einem Stufenverhältnis stehen.[16] Dies folgt aus dem systematischen Zusammenhang der Regelung; bei gleichrangigen Verpflichtungen greift Art. 16 ein (→ Art. 16 Rn. 3 ff.). Die Nachrangigkeit ergibt sich aus dem für die Verpflichtung maßgeblichen Recht.[17] Fälle, in denen nach Erfüllung einer nachrangigen Verpflichtung eines Dritten ein gesetzlicher Forderungsübergang stattfindet, sind recht häufig. Unter S. 1 fällt etwa die **Leistung durch den Bürgen** (vgl. § 774 BGB),[18] auch soweit es sich um eine selbstschuldnerische Bürgschaft handelt.[19] 6

---

6 Staudinger/*Hausmann,* 2021, Rn. 7, 8.

7 Rauscher/*Freitag* Art. 16 Rn. 20; Staudinger/*Hausmann,* 2021, Rn. 4.

8 Vgl. *Wandt* ZVglRWiss 86 (1987), 272 (278).

9 *Magnus* IPRax 2010, 27 (42); Bruck/Möller/*Dörner,* VVG, 2013, Rn. 2; *C.H. Behrens,* Gesamtschuldnerausgleich und sonstige Regressansprüche im Europäischen Kollisionsrecht nach der Rom I-, Rom II- und EG-Unterhaltsverordnung, 2013, 140 ff.

10 Vgl. *Wandt* ZVglRWiss 86 (1987), 272 (278 f.).

11 *C.H. Behrens,* Gesamtschuldnerausgleich und sonstige Regressansprüche im Europäischen Kollisionsrecht nach der Rom I-, Rom II- und EG-Unterhaltsverordnung, 2013, 140 ff.; NK-BGB/*Doehner* Rn. 4.

12 Vgl. *Wandt* ZVglRWiss 86 (1987), 272 (279).

13 Staudinger/*Hausmann,* 2021, Rn. 4.

14 Vgl. Schmidt-Salzer/*Wandt,* Kommentar EG-Produkthaftung, Bd. II, 1993, Rn. 65.

15 So zu Art. 33 EGBGB aF *Wandt* NZV 1993, 56 (57).

16 Ferrari IntVertragsR/*Kieninger* Rn. 2; *Stoll* FS Müller-Freienfels, 1986, 631 (656); *Wandt* ZVglRWiss 86 (1987), 272 (294); Soergel/*v. Hoffmann* EGBGB Art. 33 Rn. 18.

17 Grüneberg/*Thorn* Rn. 2; Staudinger/*Hausmann,* 2021, Rn. 16; dagegen für das Statut der „Gesamtschuld" *C.H. Behrens,* Gesamtschuldnerausgleich und sonstige Regressansprüche im Europäischen Kollisionsrecht nach der Rom I-, Rom II- und EG-Unterhaltsverordnung, 2013, 156 ff.; für die Maßgeblichkeit sämtlicher für die Haftung heranzuziehenden Forderungsstatute Rauscher/*Freitag* Art. 16 Rn. 15, 17; eine autonomunionsrechtliche Auslegung hält für denkbar NK-BGB/*Doehner* Rn. 6.

18 Grüneberg/*Thorn* Rn. 2; Staudinger/*Hausmann,* 2021, Rn. 8; vgl. auch *Gaudemet-Tallon* Rev. trim. dr. europ. 17 (1981), 215 (276).

19 Vgl. *Wandt* ZVglRWiss 86 (1987), 272 (284).

Ebenfalls hierher gehört die **Zahlung des Versicherers** aus einem Versicherungsvertrag (§ 86 VVG)[20] sowie die **Leistung des Sozialversicherungsträgers** anstelle von Arbeitgeber oder Schadensersatzpflichtigem (§§ 115, 116 SGB X).[21] Gleiches gilt für Leistungen des Dienstherrn nach deutschem **Beamtenrecht** (§ 76 BBG) oder entsprechenden ausländischen Vorschriften.[22] Auch der bei Arbeitsunfähigkeit zu leistende Schadensersatz wegen Verdienstausfalls fällt unter S. 1, soweit eine **Lohnfortzahlung** durch den Arbeitgeber erfolgt ist (§ 6 EFZG).[23]

7 Ausländische öffentliche Stellen können ebenfalls Regressansprüche im Inland durchsetzen (→ Einl. IPR Rn. 352). Art. 15 kommt daher auch dann zur Anwendung, wenn der gesetzliche Forderungsübergang auf ausländischem **öffentlichem Recht** beruht, etwa einer sozialrechtlichen Vorschrift.[24] Die privatrechtliche Natur der Forderung ändert sich durch den Übergang auf den neuen Gläubiger nicht. Der Forderungsübergang zu Gunsten eines eine Leistung erbringenden öffentlichen Trägers verschlechtert die Stellung des Schuldners im Allgemeinen nicht, so dass eine Gleichbehandlung mit dem Übergang auf Private geboten ist.[25]

8 **cc) Befriedigung durch den Dritten.** Der Verpflichtung gleichgestellt ist der Fall, dass der Dritte den Gläubiger befriedigt hat („the third person satisfied the creditor in discharge of that duty"; „le tiers a désintéressé le créancier en exécution de cette obligation").

9 **dd) Vertragliche Ansprüche.** Art. 15 spricht von „vertraglichen Forderungen". Die Vorschrift erfasst dementsprechend keine außervertraglichen Forderungen.[26] Dazu gehören gesetzliche Schuldverhältnisse wie Bereicherung, Geschäftsführung ohne Auftrag und Delikt.[27] Für außervertragliche Schuldverhältnisse gilt eine eigene Bestimmung (vgl. Art. 19 Rom II-VO).

10 **b) Zessionsgrundstatut.** Über die Berechtigung des Dritten zur Geltendmachung der Forderung entscheidet die Rechtsordnung, die für die Verpflichtung des Dritten gegenüber dem alten Gläubiger maßgeblich ist (Zessionsgrundstatut).[28] Ein gesetzlicher Forderungsübergang ist also dann zu beachten, wenn er vom Zessionsgrundstatut angeordnet wird.[29] Folglich richtet sich etwa der Übergang der Forderung eines Versicherten gegen den Schädiger auf seine Versicherung nach dem Statut des Versicherungsvertrages.[30] Dies wurde bereits zum alten Recht vertreten.[31] Auf die Rechtsordnung, der die von der Legalzession ergriffene Forderung (zB eine Schadensersatzforderung) unterliegt (Forderungsstatut), kommt es insoweit nicht an. Die Legalzession steht vielmehr in einem engen Zusammenhang mit dem Rechtsverhältnis zwischen altem und neuem Gläubiger. Da die

---

20 Bruck/Möller/*Dörner,* VVG, 2013, Rn. 4; Staudinger/*Hausmann,* 2021, Rn. 8. – S. bereits BGH NJW 1998, 3205 = IPRspr. 1998 Nr. 46; OLG Hamburg TranspR 2001, 88 = IPRspr. 2000 Nr. 31; *Wandt* ZVglRWiss 86 (1987), 272 (278). Vgl. auch OLG Koblenz RIW 1993, 939 = IPRax 1995, 171 m. Aufsatz *Schack* IPRax 1995, 158 = IPRspr. 1993 Nr. 44 betr. gewillkürte Prozessstandschaft.

21 *Wandt* ZVglRWiss 86 (1987), 272 (278); BeckOK BGB/*Spickhoff* Rn. 2; näher *Daum,* Der Sozialversicherungsregress nach § 116 SGB X im Internationalen Privatrecht, 1995, passim; vgl. nach altem Recht BGH TranspR 1986, 389 = IPRspr. 1985 Nr. 44.

22 Zum alten deutschen Recht OLG Oldenburg NdsRpfl. 1984, 69 = IPRspr. 1983 Nr. 34 betr. Niederlande.

23 Staudinger/*Hausmann,* 2021, Rn. 16; ebenso für § 4 LFZG aF *Wandt* ZVglRWiss 86 (1987), 272 (278).

24 *C.H. Behrens,* Gesamtschuldnerausgleich und sonstige Regressansprüche im Europäischen Kollisionsrecht nach der Rom I-, Rom II- und EG-Unterhaltsverordnung, 2013, 138; Soergel/*v. Hoffmann* EGBGB Art. 33 Rn. 25; vgl. *H. Keller,* Zessionsstatut im Lichte des Übereinkommens über das auf vertragliche Schuldverhältnisse anzuwendende Recht vom 19. Juni 1980, 1985, 190 ff.

25 Zur Qualifikation der Legalzession als privatrechtlich s. *Beemelmans* RabelsZ 29 (1965), 511 (524); *Eichenhofer,* Internationales Sozialrecht und Internationales Privatrecht, 1987, 228 f.

26 BeckOK BGB/*Spickhoff* Rn. 2; Ferrari IntVertragsR/*Kieninger* Rn. 2; Staudinger/*Hausmann,* 2021, Rn. 3a; s. schon Amtl. Begr. zum EGBGB, BT-Drs. 10/503, 83; *Kropholler* IPR § 52 VIII 2; krit. dazu *Stoll* FS Müller-Freienfels, 1986, 631 (634); *Wandt* ZVglRWiss 86 (1987), 272 (277).

27 *C.H. Behrens,* Gesamtschuldnerausgleich und sonstige Regressansprüche im Europäischen Kollisionsrecht nach der Rom I-, Rom II- und EG-Unterhaltsverordnung, 2013, 134; BeckOK BGB/*Spickhoff* Rn. 2; Staudinger/*Hausmann,* 2021, Rn. 3a.

28 *Einsele* WM 2009, 289 (298 f.); ebenso schon *Einsele* RabelsZ 60 (1996), 417 (433). – Vom „Drittschuldstatut" spricht Schmidt-Salzer/*Wandt,* Kommentar EG-Produkthaftung, Bd. II, 1993, Rn. 63. In der Schweiz wird zum Teil der Ausdruck „Kausalstatut" bevorzugt, vgl. *Meyer,* Der Regress im IPR, 1982, 11.

29 *Stoll* FS Müller-Freienfels, 1986, 633; *Wandt* ZVglRWiss 86 (1987), 280; Soergel/*v. Hoffmann* EGBGB Art. 33 Rn. 18.

30 BGH NJW 1998, 3205 = IPRspr. 1998 Nr. 46.

31 OLG Hamburg MDR 1957, 679; OLG Bremen IPRspr. 1966–67 Nr. 32; OLG Hamburg VersR 1967, 1205; OLG Koblenz RIW 1990, 931 = IPRspr. 1989 Nr. 64; LG München I IPRax 1982, 78 Ls. mAnm *Jayme* betr. Verkehrsunfall; *Beemelmans* RabelsZ 29 (1965), 511 (512); offengelassen in BGH NJW 1966, 1620; OLG Düsseldorf VersR 1962, 536.

Legalzession als Ausgleich dafür erfolgt, dass der Legalzessionar geleistet hat, findet sie ihren eigentlichen Grund in dem für diese Leistung maßgeblichen Verhältnis.

Nach dem Zessionsgrundstatut richtet sich, welche **Voraussetzungen für einen gesetzlichen Forderungsübergang** erfüllt sein müssen.[32] Es bestimmt, ob und wann die Forderung des Gläubigers kraft Gesetzes auf den Legalzessionar übergeht und von ihm geltend gemacht werden darf.[33] Schließt das Forderungsstatut einen Übergang der Forderung aus, während er nach dem Zessionsgrundstatut eintreten kann, so setzt sich die Maßgeblichkeit des letzteren durch. Das Interesse des regelmäßig vorleistenden Dritten geht dem Schutzbedürfnis des Schuldners vor. Maßgeblich ist insoweit also lediglich das Zessionsgrundstatut.[34] Dieses Statut entscheidet auch über das Bestehen von Regressprivilegien (wie das Familienprivileg, § 86 Abs. 3 VVG, § 116 Abs. 6 SGB X).[35] – Geht der Legalzessionar (zB ein Sozialversicherungsträger) trotz der erfolgten Legalzession nicht gegen den ausländischen Schuldner (Schädiger) vor, sondern überlässt er die Geltendmachung der Forderung – zB wegen Nichtanerkennung der cessio legis im Ausland – dem (Alt-)Gläubiger (Verletzten) selbst, so kann dieser in den Genuss sowohl einer Sozialleistung als auch von Schadensersatz kommen. Ob hier ein Regress des Legalzessionars gegen den Leistungsempfänger möglich ist, bestimmt die für die erbrachten Leistungen maßgebliche Rechtsordnung, dh das Zessionsgrundstatut.[36] 11

Das Zessionsgrundstatut bestimmt auch, in welchem **Ausmaß bzw. in welcher Höhe** die Forderung des Gläubigers kraft Gesetzes auf den Legalzessionar übergeht und von ihm geltend gemacht werden darf.[37] Das Forderungsstatut muss insoweit zurückstehen. 12

Bestehen zwischen dem Dritten, der dem Gläubiger verpflichtet ist, und dem Schuldner **besondere Rechtsbeziehungen,** so weicht man zum Teil auf das für diese Kausalbeziehung (zB Auftrag oder Dienstvertrag) geltende Recht aus. Die gewöhnliche Regel für den Ausgleich der vom Legalzessionar (etwa einem Bürgen) an den Gläubiger erbrachten Leistung wäre durch eine solche akzessorische Anknüpfung ausgeschaltet. Ob hier eine Abweichung von der Regel des S. 1 möglich ist, ist zweifelhaft und war unter dem EVÜ umstritten. Teilweise wird die Legalzession dem Recht unterstellt, welches das Verhältnis zwischen Drittem und Schuldner regiert; der Regress wird also auf ihr Verhältnis bezogen.[38] Andere wollen hingegen auch hier die Rechtsordnung entscheiden lassen, welche für das Verhältnis zwischen dem Dritten und dem Gläubiger gilt.[39] Doch soll der Schuldner Besonderheiten des Innenverhältnisses zwischen ihm und dem Dritten einredeweise geltend machen können.[40] Nur dann, wenn der Dritte (etwa als Haftpflichtversicherer) zur Befriedigung des Gläubigers verpflichtet ist, soll das für diese Verpflichtung maßgebliche Recht das Zessionsgrundstatut iSd Art. 15 sein.[41] 13

c) Schuldnerschutz. Auch bei der Legalzession darf sich die Rechtsstellung des Schuldners, der ja am Forderungsübergang nicht beteiligt ist, durch den Übergang der Forderung nicht verschlechtern. Im Unterschied zu Art. 14 Abs. 2, wonach bei der Abtretung die Schuldnerschutzvorschriften des Forderungsstatuts zum Zuge kommen sollen, erwähnt sie Art. 15 – trotz gleichen Schutzbedürfnisses – nicht ausdrücklich. Nach altem Recht wurden im Allgemeinen die Übertragbarkeit der Forderung und der Schuldnerschutz (Bestimmungen wie § 407 BGB [Leistung an den bisherigen Gläubiger], Erhaltung von Einreden, Erforderlichkeit einer Anzeige an den Schuldner) nach dem Forderungsstatut beurteilt.[42] Der Schuldner war also nicht vollständig dem für ihn fremden Zessionsgrundstatut ausgesetzt. Der Schuldnerschutz ist auch nach Art. 15 **dem Forderungsstatut zu entnehmen.**[43] Was im Einzelnen zu dem nach dem Forderungsstatut zu beurteilenden Schuld- 14

---

[32] Staudinger/*Hausmann,* 2021, Rn. 14; ebenso bereits *Wandt* ZVglRWiss 86 (1987), 272 (281).

[33] Bericht *Giuliano/Lagarde,* BT-Drs. 10/503, 67; Soergel/*v. Hoffmann* EGBGB Art. 33 Rn. 22.

[34] *Kropholler* IPR § 52 VIII 2; anders *Einsele* ZVglRWiss 90 (1991), 1 (19 f.).

[35] *C.H. Behrens,* Gesamtschuldnerausgleich und sonstige Regressansprüche im Europäischen Kollisionsrecht nach der Rom I-, Rom II- und EG-Unterhaltsverordnung, 2013, 166; Staudinger/*Hausmann,* 2021, Rn. 14.

[36] Näher dazu *Plagemann/Plagemann* FS Müller-Freienfels, 1986, 484 ff.

[37] *C.H. Behrens,* Gesamtschuldnerausgleich und sonstige Regressansprüche im Europäischen Kollisionsrecht nach der Rom I-, Rom II- und EG-Unterhaltsverordnung, 2013, 158; Rauscher/*Freitag* Art. 16 Rn. 23; Staudinger/*Hausmann,* 2021, Rn. 15. – S. bereits Bericht *Giuliano/Lagarde,* BT-Drs. 10/503, 67.

[38] *Stoll* FS Müller-Freienfels, 1986, 631 (643, 660); *Hübner* RabelsZ 50 (1986), 740 (742).

[39] *C.H. Behrens,* Gesamtschuldnerausgleich und sonstige Regressansprüche im Europäischen Kollisionsrecht nach der Rom I-, Rom II- und EG-Unterhaltsverordnung, 2013, 144 ff.; s. schon *Wandt* ZVglRWiss 86 (1987), 272 (288 f.); Soergel/*v. Hoffmann* EGBGB Art. 33 Rn. 20.

[40] *Wandt* ZVglRWiss 86 (1987), 272 (288); Soergel/*v. Hoffmann* EGBGB Art. 33 Rn. 20.

[41] Soergel/*v. Hoffmann* EGBGB Art. 33 Rn. 20; anders *Wandt* ZVglRWiss 86 (1987), 272 (280).

[42] Vgl. *Beemelmans* RabelsZ 29 (1965), 511 ff.; IPG 1965–66 Nr. 7 (Hamburg).

[43] *Einsele* WM 2009, 289 (298 f.); *Gal* TranspR 2022, 465 (475); *C.H. Behrens,* Gesamtschuldnerausgleich und sonstige Regressansprüche im Europäischen Kollisionsrecht nach der Rom I-, Rom II- und EG-Unterhaltsverordnung, 2013, 160 f.; Erman/*Stürner* Rn. 7; s. schon *v. Bar* RabelsZ 53 (1989), 462 (477 f.); *v. Hoffmann*

nerschutz zu zählen ist, ist umstritten. Dieses Recht entscheidet etwa über die **Erhaltung von Einreden.**[44] Man wird auch hierher zu rechnen haben, ob der Schuldner von dem Forderungsübergang zu **benachrichtigen** ist[45] und ob er durch die Leistung an den Altgläubiger frei wird (§§ 412, 407 BGB).[46]

15 Art. 17 Abs. 2 EVÜ-E 1972 hatte die **Übertragbarkeit** der Forderung sowie die Rechte und Pflichten des Schuldners dem Forderungsstatut überlassen (vgl. auch Art. 146 Abs. 2 IPRG Schweiz). Der (nicht näher begründete) Wegfall dieser Bestimmung in der Endfassung wird teilweise als Hinweis für die Maßgeblichkeit des Zessionsgrundstatuts gedeutet.[47] Der besondere Zweck der Drittleistung solle sich gegen den Schutz des Schuldners vor einer ihm unbekannten Legalzession durchsetzen. Richtiger dürfte jedoch sein, dies in den Zusammenhang der Verpflichtungen des Schuldners zu stellen und die Position des Schuldners nicht durch einen Gläubigerwechsel zu verschlechtern. Auch die Übertragbarkeit der Forderung ist daher eine Frage des **Forderungsstatuts.**[48]

16 **d) Inhalt der Forderung.** Ebenso wie die Forderungsabtretung greift der gesetzliche Forderungsübergang nicht in den Bestand der Forderung ein.[49] Die Geltendmachung der übergegangenen Forderung folgt daher im Übrigen dem **Forderungsstatut,** dh dem Recht, das die Forderung beherrscht.[50] Diese Rechtsordnung bestimmt insbesondere, welchen Inhalt die übergangene Forderung hat.[51] Sie entscheidet auch darüber, ob der Schuldner bereits bestehende Aufrechnungsmöglichkeiten behält[52] oder ob er dem neuen Gläubiger die Einrede der Verjährung entgegenhalten kann.[53]

17 **2. Freiwillige Leistungen, Ablösungsrecht eines Dritten.** Ist der Dritte nicht zur Leistung verpflichtet, sondern **leistet er freiwillig,** so scheidet ein gesetzlicher Forderungsübergang im Allgemeinen aus. Folglich kommt Art. 15 nicht zur Anwendung.[54] Sollte gleichwohl ein Zessionsregress in Betracht kommen, so empfiehlt sich im Schuldnerinteresse eine Anknüpfung an das Forderungsstatut.[55] Im Übrigen können Ansprüche aus Geschäftsführung ohne Auftrag (Art. 11 Rom II-VO bzw. Art. 39 Abs. 2 EGBGB) bzw. Ungerechtfertigter Bereicherung (Art. 10 Rom II-VO bzw. Art. 38 Abs. 3, Art. 41 EGBGB) in Betracht kommen.

18 Ein **Ablösungsrecht** des Dritten erlaubt ihm in bestimmten Fällen eines drohenden Rechtsverlustes, anstelle des Schuldners den Gläubiger zu befriedigen. Als Folge seiner Drittleistung kommt es nach deutschem Recht zu einem gesetzlichen Forderungsübergang (vgl. § 268 BGB). Ähnlich ist es

---

in Hadding/Schneider, Die Forderungsabtretung, insbesondere zur Kreditsicherung, in ausländischen Rechtsordnungen, 1999, 21.

[44] *Wandt* in, Kommentar EG-Produkthaftung, Bd. II, 1993, Rn. 68; *Kropholler* IPR § 52 VIII 2; Soergel/*v. Hoffmann* EGBGB Art. 33 Rn. 23.

[45] *Wandt* ZVglRWiss 86 (1987), 272 (281); Schmidt-Salzer/*Wandt,* Kommentar EG-Produkthaftung, Bd. II, 1993, Rn. 68; Soergel/*v. Hoffmann* EGBGB Art. 33 Rn. 23.

[46] *Wandt* ZVglRWiss 86 (1987), 272 (281); Schmidt-Salzer/*Wandt,* Kommentar EG-Produkthaftung, Bd. II, 1993, Rn. 68; *Kropholler* IPR § 52 VIII 2.

[47] *Wandt* ZVglRWiss 86 (1987), 272 (286); Schmidt-Salzer/*Wandt,* Kommentar EG-Produkthaftung, Bd. II, 1993, Rn. 66; *Kropholler* IPR § 52 VIII 2; vgl. auch OLG Stuttgart VersR 1991, 1012 = IPRspr. 1990 Nr. 45: Unzulässigkeit der cessio legis eines Schmerzensgeldanspruchs nach Zessionsgrundstatut beurteilt.

[48] BeckOGK/*Hübner,* 1.8.2022, Rn. 21; Staudinger/*Hausmann,* 2021, Rn. 12; ebenso schon *Einsele* ZVglRWiss 90 (1991), 1 (19 f.); *H. Keller,* Zessionsstatut im Lichte des Übereinkommens über das auf vertragliche Schuldverhältnisse anzuwendende Recht vom 19. Juni 1980, 1985, 167 f.; *W.-H. Roth,* Internationales Versicherungsvertragsrecht, 1985, 641; Soergel/*v. Hoffmann* EGBGB Art. 33 Rn. 24; vgl. auch *Eichenhofer,* Internationales Sozialrecht und Internationales Privatrecht, 1987, 205 f.; diff. *C.H. Behrens,* Gesamtschuldnerausgleich und sonstige Regressansprüche im Europäischen Kollisionsrecht nach der Rom I-, Rom II- und EG-Unterhaltsverordnung, 2013, 162 ff.

[49] *C.H. Behrens,* Gesamtschuldnerausgleich und sonstige Regressansprüche im Europäischen Kollisionsrecht nach der Rom I-, Rom II- und EG-Unterhaltsverordnung, 2013, 158 ff.; s. bereits *H. Keller,* Zessionsstatut im Lichte des Übereinkommens über das auf vertragliche Schuldverhältnisse anzuwendende Recht vom 19. Juni 1980, 1985, 164.

[50] *Wandt* ZVglRWiss 86 (1987), 272 (280); NK-BGB/*Doehner* Rn. 9.

[51] Bericht *Giuliano/Lagarde* BT-Drs. 10/503, 67; Soergel/*v. Hoffmann* EGBGB Art. 33 Rn. 23.

[52] *Wandt* ZVglRWiss 86 (1987), 272 (281); Staudinger/*Hausmann,* 2021, Rn. 11.

[53] *Wandt* ZVglRWiss 86 (1987), 272 (281); Grüneberg/*Thorn* Rn. 5; Staudinger/*Hausmann,* 2021, Rn. 11.– Ebenso zu Art. 19 Rom II-VO EuGH ECLI:EU:C:2023:417 = EuZW 2024, 141 mAnm *Ipatov* – Fonds de garantie des victimes.

[54] *C.H. Behrens,* Gesamtschuldnerausgleich und sonstige Regressansprüche im Europäischen Kollisionsrecht nach der Rom I-, Rom II- und EG-Unterhaltsverordnung, 2013, 147; *Micha,* Der Direktanspruch im europäischen Internationalen Privatrecht, 2010, 209; NK-BGB/*Doehner* Rn. 2.

[55] Ferrari IntVertragsR/*Kieninger* in Rn. 4; Grüneberg/*Thorn* Rn. 3; Staudinger/*Hausmann,* 2021, Rn. 19; ebenso schon *Wandt* ZVglRWiss 86 (1987), 272 (301).

bei der Einlösung mit nachfolgendem gesetzlichem Forderungsübergang gemäß Art. 110 OR Schweiz[56] und der eine Mittelstellung einnehmenden notwendigen Zession nach § 1422 ABGB Österreich.[57] Solche Fälle werden nicht von Art. 15 erfasst.[58] Hier besteht keine besondere Beziehung zwischen dem ablösenden Dritten und dem Altgläubiger, an die angeknüpft werden könnte; das Schuldnerinteresse setzt sich durch. Folglich untersteht die Legalzession allein dem **Recht, welchem die erfüllte Forderung unterliegt.**[59] Vorgeschlagen wird auch die Rechtsordnung, welche den Dritten zur freiwilligen Leistung veranlasst, dh das Recht der betreffenden Sicherheit.[60] Tritt nach dem Forderungsstatut keine Legalzession ein, so kann für den Rückgriff des Drittleistenden gegen den befreiten Schuldner das Recht herangezogen werden, welches für ihre Beziehungen gilt.[61]

3. EU-Regelung für die Soziale Sicherheit. Für den Forderungsübergang im Zusammenhang mit Leistungen der Sozialen Sicherheit gilt innerhalb der EU die Sonderregelung in Art. 85 VO (EG) 883/2004.[62] 19

Art. 85 ist **unmittelbar geltendes Unionsrecht** (→ EGBGB Art. 3 Rn. 45).[63] Die Vorschrift geht nach Art. 23 Rom I-VO den allgemeinen internationalvertragsrechtlichen Regeln, aber auch dem nationalen IPR vor.[64] Sie regelt Fälle, in denen ein Träger Leistungen für einen Schaden (Invalidität, Tod) gewährt hat, der sich aus einem in einem anderen EU-Staat eingetretenen Ereignis (zB Arbeits- oder Verkehrsunfall) ergibt. Die Vorschrift erfasst nicht nur Arbeitnehmer und Selbständige, sondern auch Beamte und ihnen gleichgestellte Beschäftigte (Art. 2 Abs. 2 VO (EG) 883/2004). Allerdings ist die Anwendung auf Sondersysteme für Beamte und ihnen gleichgestellte Beschäftigte ausgeschlossen.[65] Der sachliche Anwendungsbereich beschränkt sich im Übrigen auf die in Art. 4 VO (EG) 883/2004 näher umschriebenen Leistungen der Sozialen Sicherheit. 20

Art. 85 VO (EG) 883/2004 gestattet dem leistenden Träger, gegen Dritte (Schädiger) vorzugehen. Sind Schadensersatzansprüche des Leistungsempfängers gegen den Dritten auf den Träger übergegangen, so richtet sich der Übergang nach dem sog. Sozialrechtsstatut, dh dem **Recht des Trägers** (zB französischem Sozialversicherungsrecht).[66] Auch hier gilt mithin die das Verhältnis zwischen Gläubiger und leistendem Träger regelnde Rechtsordnung, also das **Zessionsgrundstatut.**[67] Ein solcher Übergang ist in allen EU-Staaten anzuerkennen (Abs. 1).[68] Der Schädiger und sein Versicherer können sich aber nicht darauf berufen, ein Regress sei nach dem Forderungsstatut ausgeschlossen oder beschränkt.[69] Ebenso ist es, wenn dem Träger Direktansprüche gegen den Dritten zustehen. Abs. 2 lässt dieses Recht auch über Haftungsbefreiungen entscheiden.[70] Der Schadensersatzanspruch selbst unterliegt seinem eigenen Recht, zB dem Deliktsstatut.[71] Der Forderungsübergang kann daher nur die entstandenen Schadensersatzansprüche erfassen, führt also zu keinem Mehr an Ansprüchen[72] (→ Rom II-VO Art. 19 Rn. 23 f.; → EGBGB Art. 40 Rn. 112). 21

---

[56] Sie folgt nach schweizerischer Auffassung dem Recht, dem die zu tilgende Forderung unterliegt (Art. 146 Abs. 1 Hs. 2 IPRG); s. Zürcher Komm/*Keller/Girsberger* IPRG Art. 144 Rn. 3; Zürcher Komm/*Keller/Girsberger* IPRG Art. 146 Rn. 9.

[57] S. *Posch* IPRax 1986, 188 ff.

[58] *Einsele* WM 2009, 289 (298); *C.H. Behrens,* Gesamtschuldnerausgleich und sonstige Regressansprüche im Europäischen Kollisionsrecht nach der Rom I-, Rom II- und EG-Unterhaltsverordnung, 2013, 147. – Zum EVÜ *Lagarde* Rev. crit. dr. int. pr. 80 (1991), 287 (336 f.).

[59] Ferrari IntVertragsR/*Kieninger* Rn. 4; BeckOGK/*Hübner,* 1.8.2022, Rn. 24; Staudinger/*Hausmann,* 2021, Rn. 19; ebenso schon *Wandt* ZVglRWiss 86 (1987), 272 (301, 312 f.); *v. Bar* RabelsZ 53 (1989), 462 (482 f.); Soergel/*v. Hoffmann* EGBGB Art. 33 Rn. 21.

[60] Rauscher/*Freitag* Art. 16 Rn. 38.

[61] *v. Bar* RabelsZ 53 (1989), 462 (483).

[62] VO (EG) 883/2004 des Europäischen Parlaments und des Rates vom 29.4.2004 zur Koordinierung der Systeme der sozialen Sicherheit, ABl. EU 2004 L 166, 1, ber. ABl. EU 2004 L, 1, ABl. EU 2007 L 204, 30.

[63] Staudinger/*Hausmann,* 2021, Rn. 20; ebenso zum früheren Art. 93 VO (EG) 1408/71 BGH NJW 2007, 1754; 2008, 2782.

[64] Staudinger/*Hausmann,* 2021, Rn. 20.

[65] Staudinger/*Hausmann,* 2021, Rn. 20; vgl. BGH NJW 1966, 1620 = IPRspr. 1966–67 Nr. 31 zu Art. 52 EWG-VO Nr. 3.

[66] Näher Staudinger/*Hausmann,* 2021, Rn. 20 ff.

[67] EuGH Slg. 1994, I-2259 (2260) = JZ 1994, 1113 mAnm *Fuchs* – DAK, zu § 116 SGB X; *Kegel/Schurig* IPR § 18 VII 2; IPG 1978 Nr. 7 (Köln); IPG 1979 Nr. 14 (Köln).

[68] Zum Rückgriff des Krankenversicherungsträgers nach belg. Recht IPG 2000/2001 Nr. 40 (Köln).

[69] S. EuGH Slg. 1994, I-2259 (2260) = JZ 1994, 1113 mAnm *Fuchs* – DAK, zu § 116 SGB X.

[70] BGH NJW 2007, 1754; 2009, 916 = VersR 2008, 1358.

[71] Soergel/*v. Hoffmann* EGBGB Art. 33 Rn. 25; anders *Eichenhofer,* Internationales Sozialrecht und Internationales Privatrecht, 1987, 201.

[72] So zu Art. 52 VO (EWG) Nr. 3 von 1958 BGH VersR 1978, 231 = IPRspr. 1977 Nr. 29 – insoweit nicht in BGHZ 70, 7 = NJW 1978, 495.

22 Das auf den gesetzlichen Forderungsübergang zu Gunsten öffentlicher Versorgungsträger anzuwendende Recht ist auch in **bilateralen Staatsverträgen über soziale Sicherheit** geregelt.[73]

III. Schuld-, Vertrags- und Vermögensübernahme

Schrifttum: *v. Bar,* Kollisionsrechtliches zum Schuldbeitritt und zum Schuldnerwechsel, IPRax 1991, 197; *Busch/Müller,* Das Internationale Privatrecht des Gläubigerschutzes bei Vermögens- bzw. Unternehmensübertragung, ZVglRWiss 94 (1995), 157; *Feiler,* Kollisionsrecht der Vertragsübernahme, 2018; *Girsberger,* Übernahme und Übergang von Schulden im schweizerischen und deutschen IPR, ZVglRWiss 88 (1989), 31; *M. Lehmann,* Eine Lücke im europäischen Kollisionsrecht der Schuldverhältnisse? Die Haftung wegen Vermögensübernahme und wegen Fortführung eines Handelsgeschäfts, IPRax 2015, 495; *Merkt/Dunckel,* Anknüpfung der Haftung aus Vermögensübernahme bzw. Firmenfortführung beim Unternehmenskauf, RIW 1996, 533; *Schnelle,* Die kollisionsrechtliche Anknüpfung der Haftung aus Vermögensübernahme im deutschen IPR, RIW 1997, 281; *Selke,* Die Anknüpfung der rechtsgeschäftlichen Vertragsübernahme, IPRax 2013, 205.

23 **1. Schuldübernahme. a) Allgemeines.** Das geltende Recht enthält keine gesetzliche Regelung der rechtsgeschäftlichen Schuldübernahme, welche einen Schuldnerwechsel oder einen Schuldbeitritt bewirkt. Nach den maßgeblichen Kollisionsregeln, die nationales Kollisionsrecht sind,[74] teilweise aber auch verordnungsintern entwickelt werden,[75] ist zwischen der ursprünglichen Verbindlichkeit selbst und der Veränderung der Schuldnerposition zu unterscheiden. Die Schuldübernahme ist insoweit das Gegenstück zur Forderungsabtretung. Sie **ändert** nach hM **das Statut der übernommenen Schuld nicht.**[76] Für den Inhalt der Verpflichtungen des Neuschuldners bleibt es daher bei dem nach Art. 3 ff. bestimmten Forderungsstatut. Dagegen kann die Schuldübernahme selbst einem anderen Recht als dem der ursprünglichen Verpflichtung unterliegen. Das der Schuldübernahme zu Grunde liegende Kausalgeschäft zwischen Alt- und Neuschuldner (Schenkung, Kauf eines hypothekarisch belasteten Grundstücks) folgt seinem eigenen Recht.[77] Das Statut der Schuldübernahme entscheidet, ob sie kausal oder abstrakt ist.[78]

24 **b) Befreiende Schuldübernahme. aa) Schuldbefreiung.** Bei der befreienden (privativen) Schuldübernahme tritt der Neuschuldner (Übernehmer) an die Stelle des befreiten Altschuldners. Es kommt zu einem Schuldnerwechsel, welcher auch die Interessen des Gläubigers berührt. Da es sich um eine Verfügung über die ursprüngliche Forderung handelt, bestimmt das Statut der übernommenen Schuld, ob der Altschuldner durch das Übernahmegeschäft frei wird,[79] ob es dazu einer Gläubigergenehmigung bedarf und was der Neuschuldner an den Gläubiger zu leisten hat.[80] Insoweit ist die privative Schuldübernahme auch international-privatrechtlich passives Gegenstück der Abtretung. Unterliegt die Forderung Einheitskaufrecht, so ist ihr Statut in diesem Zusammenhang gleichwohl nach Art. 3 ff. zu bestimmen.[81]

25 **bb) Interne Schuldübernahme.** Die der Schuldübernahme zu Grunde liegende **Verpflichtung zwischen Alt- und Neuschuldner** (vgl. § 415 BGB) wurde früher teilweise an die übernommene Schuld angeknüpft.[82] Man sollte jedoch insoweit selbständig an das Statut des Übernahmevertrages anknüpfen und dieses nach den Art. 3, 4 ff. bestimmen.[83] Mangels Rechtswahl gilt das Recht des gewöhnlichen Aufenthalts bzw. der Niederlassung des Neuschuldners.[84]

---

[73] Nachweise bei *Plöger/Wortmann,* Deutsche Sozialversicherungsabkommen mit ausländischen Staaten, 1957 ff.; s. etwa Art. 39 SozSichAbk DE/CH mit der Schweiz vom 25.2.1964, BGBl. 1965 II 1293; Zusatzvereinbarung vom 2.3.1989 (BGBl. II 900), ZwSozSichZusAbkG-CH vom 21.11.1989, BGBl. 1989 II 890. Zum deutsch-griechischen Verhältnis s. OLG Athen IPRax 1983, 255 mAnm *Pouliadis.*

[74] *Feiler,* Kollisionsrecht der Vertragsübernahme, 2018, 125; Staudinger/*Hausmann,* 2021, Anh. Art. 16 Rn. 1.

[75] Rauscher/*Freitag* Art. 14 Rn. 51.

[76] RG IPRspr. 1932 Nr. 34; *Girsberger* ZVglRWiss 88 (1989), 31 (34); Reithmann/Martiny IntVertragsR/*Limmer* Rn. 21.32; *Kropholler* IPR § 52 VIII 4; Soergel/*v. Hoffmann* EGBGB Art. 33 Rn. 31.

[77] *Feiler,* Kollisionsrecht der Vertragsübernahme, 2018, 169 ff.; *Kegel/Schurig* IPR § 18 VII 3; Grüneberg/*Thorn* Art. 14 Rn. 7; Soergel/*v. Hoffmann* EGBGB Art. 33 Rn. 30.

[78] *Kegel/Schurig* IPR § 18 VII 3.

[79] LG Hamburg IPRax 1991, 400 m. Aufsatz *Reinhart* IPRax 1991, 376; *v. Bar* IPRax 1991, 197 (200); *Kropholler* IPR § 52 VIII 4; Soergel/*v. Hoffmann* EGBGB Art. 33 Rn. 31, 37.

[80] RG JW 1932, 3810 = IPRspr. 1932 Nr. 122; Grüneberg/*Thorn* Art. 14 Rn. 7; diff. für die Wirkungen auf die Schuld *Girsberger* ZVglRWiss 88 (1989), 31 (39 f.).

[81] *Stoll* FS Ferid, 1988, 495 (507).

[82] Vgl. *Rabel* IPR III S. 457 f.

[83] *v. Bar* IPRax 1991, 197 (199 f.); *Girsberger* ZVglRWiss 88 (1989), 31 (38); *Kropholler* IPR § 52 VIII 4; BeckOK BGB/*Spickhoff* Art. 14 Rn. 13; Staudinger/*Hausmann,* 2021, Anh. Art. 16 Rn. 6.

[84] *Vischer/Huber/Oser* IVR Rn. 1080; Soergel/*v. Hoffmann* EGBGB Art. 33 Rn. 31.

cc) Externe Schuldübernahme. Die externe Schuldübernahme zwischen **Gläubiger und Neuschuldner** (vgl. § 414 BGB) unterliegt ihrem eigenen Recht. Das Vertragsstatut richtet sich nach Art. 3 und 4. Die selbständige Verpflichtung des Übernehmers untersteht grundsätzlich dem Recht seines gewöhnlichen Aufenthaltsortes, es sei denn, es besteht eine besonders enge Beziehung zur übernommenen Schuld.[85] Nach aA gilt akzessorisch stets das Statut der übernommenen Schuld.[86] Eine Rechtswahl mit Einverständnis aller beteiligten drei Parteien ist möglich;[87] ob ohne Mitwirkung des Schuldners, ist zweifelhaft.[88] 26

c) Schuldbeitritt. Der Schuldbeitritt (kumulative Schuldübernahme) verschafft dem Gläubiger eine zusätzliche Sicherheit. Er begründet eine selbständige Verpflichtung des Zweitschuldners; der Erstschuldner bleibt weiterhin verpflichtet. Der Schuldbeitritt wird von der Rom I-VO erfasst.[89] Der Erstschuldner und der beitretende Zweitschuldner können das auf den Schuldbeitritt anzuwendende Recht frei vereinbaren.[90] Da der Gläubiger nichts verliert, braucht er nicht beteiligt zu werden. Mangels Rechtswahl gilt für den Schuldbeitritt das Recht am **gewöhnlichen Aufenthaltsort bzw. der Niederlassung des Beitretenden.**[91] Seine Leistung ist die charakteristische (vgl. Art. 4 Abs. 2). Doch kann wegen eines engen Zusammenhanges auch eine akzessorische Anknüpfung in Betracht kommen. Dann gilt das Statut der übernommenen Schuld – welches sich durch den Beitritt nicht ändert – auch für den Übernahmevertrag.[92] Regelmäßig wird es aber – ebenso wie bei Bürgschaft und Garantie – bei einer selbständigen Anknüpfung bleiben.[93] Zur Direktklage gegen den Versicherer, welche einem gesetzlichen Schuldbeitritt gleichkommt, → Rom II-VO Art. 18 Rn. 7; → EGBGB Art. 40 Rn. 7, → EGBGB Art. 40 Rn. 122. 27

2. Vertragsübergang. a) Rechtsgeschäftliche Vertragsübernahme. Bei der rechtsgeschäftlichen Vertragsübernahme wird ein gesamtes Schuldverhältnis mit allen Rechten und Pflichten einer Vertragspartei durch Vereinbarung übertragen. Dies setzt regelmäßig einen Vertrag zwischen den ursprünglichen Parteien und dem Übernehmer voraus; möglich ist auch eine Genehmigung des zwischen Alt- und Neuschuldner geschlossenen Vertrages durch den Gläubiger. Eine gesetzliche Kollisionsnorm fehlt.[94] Das anwendbare Recht (Übernahmestatut) kann von den Beteiligten frei vereinbart werden.[95] Mangels anders lautender Rechtswahl unterliegt die Vertragsübernahme grundsätzlich dem Recht, das für den **übernommenen Vertrag** gilt.[96] Diese Rechtsordnung entscheidet insbesondere, ob die Übernahme möglich und wirksam ist, ferner über das Bestehen von Zustimmungserfordernissen.[97] Das auf die Vertragsübernahme anwendbare Recht bestimmt, ob die Übernahme abstrakt oder kausal ist.[98] Das zu Grunde liegende Kausalgeschäft kann aber auf Grund selbständiger Anknüpfung einem anderen Recht unterliegen.[99] Die Vertragsübernahme ändert das Statut des übergegangenen Vertrages nicht.[100] 28

---

85 OLG München NJOZ 2018, 1390 = IPRspr. 2018 Nr. 54; *Girsberger* ZVglRWiss 88 (1989), 31 (35); *Vischer/Huber/Oser* IVR Rn. 1082; Soergel/*v. Hoffmann* EGBGB Art. 33 Rn. 31.

86 Für Akzessorietät Rauscher/*Freitag* Art. 14 Rn. 55.

87 *v. Bar* IPRax 1991, 197 (199); Soergel/*v. Hoffmann* EGBGB Art. 33 Rn. 39.

88 Verneinend *Girsberger* ZVglRWiss 88 (1989), 31 (33 f., 39 f.); Soergel/*v. Hoffmann* EGBGB Art. 33 Rn. 38. Bejahend hingegen *v. Bar* IPRax 1991, 197 (199).

89 *Feiler,* Kollisionsrecht der Vertragsübernahme, 2018, 167.

90 OLG Köln RIW 1998, 148 = IPRspr. 1997 Nr. 36 betr. niederländischen Ehegatten; vgl. dazu *Martiny* ZEuP 1999, 246 (254); *v. Bar* IPRax 1991, 197 (198) Fn. 6; *Möllenhoff,* Nachträgliche Rechtswahl und Rechte Dritter, 1993, 97 f.; Soergel/*v. Hoffmann* EGBGB Art. 33 Rn. 33; vgl. auch OLG Koblenz RIW 1992, 491 = IPRspr. 1991 Nr. 44.

91 BGH NJW-RR 2011, 130; OLG München NJOZ 2018, 1390 = IPRspr. 2018 Nr. 54; BAG RIW 2016, 543; *v. Bar* IPRax 1991, 198; Grüneberg/*Thorn* Art. 14 Rn. 7; Staudinger/*Hausmann,* 2021, Anh. Art. 16 Rn. 3a; wohl auch *Feiler,* Kollisionsrecht der Vertragsübernahme, 2018, 167; vgl. auch *Fischer* IPRax 1989, 215 (217); *Girsberger* ZVglRWiss 88 (1989), 31 (37); *Vischer/Huber/Oser* IVR Rn. 1075 ff.

92 OLG Rostock TranspR 1997, 113 = IPRspr. 1996 Nr. 161 betr. Ablader beim Seetransport; vgl. *Kegel/Schurig* IPR § 18 VII 3; s. auch OLG Hamburg VersR 1986, 808 mAnm *Lau.*

93 Vgl. *Girsberger* ZVglRWiss 88 (1989), 31 (36 f.); *v. Bar* IPRax 1991, 197 (198).

94 *Selke* IPRax 2013, 211.

95 BGH NJW-RR 2011, 130; *Girsberger* ZVglRWiss 88 (1989), 31 (41); *v. Bar* IPRax 1991, 197 (200); Soergel/*v. Hoffmann* EGBGB Art. 33 Rn. 32.

96 *v. Bar* IPRax 1991, 197 (200); *Selke* IPRax 2013, 205 (214); Rauscher/*Freitag* Art. 14 Rn. 57; ebenso *Vischer/Huber/Oser* IVR Rn. 1089.

97 *Selke* IPRax 2013, 205 (208).

98 *Selke* IPRax 2013, 205 (207 f.).

99 Soergel/*v. Hoffmann* EGBGB Art. 33 Rn. 30, 48.

100 *Selke* IPRax 2013, 205 (210); Soergel/*v. Hoffmann* EGBGB Art. 33 Rn. 45.

29 **b) Gesetzlicher Vertragsübergang.** Der gesetzliche Vertragsübergang soll die begünstigte Vertragspartei vor den Folgen des Wegfalls des ursprünglichen Partners schützen (vgl. zB § 566 BGB). Eine akzessorische Anknüpfung an das Statut des Übernahmevertrages scheidet daher aus. Die **Voraussetzungen und Wirkungen** eines gesetzlichen Vertragsüberganges unterliegen vielmehr in der Regel dem **Recht des übergegangen bzw. übernommenen Einzelvertrages.**[101] Ein gesetzlicher Vertragsübergang ändert das Statut des übergegangenen Vertrages nicht.[102] – Zum Betriebsübergang (§ 613a BGB) → Art. 8 Rn. 109.

30 **3. Unternehmens- und Vermögensübernahme. a) Problematik.** Bei der im deutschen Recht nicht mehr allgemein geregelten Vermögensübernahme (früher § 419 BGB aF) und ähnlich bei der Übernahme eines Handelsgeschäfts mit Firmenfortführung (§ 25 HGB) haftet der Erwerber (Übernehmer) kraft Gesetzes neben dem bisherigen Schuldner (Veräußerer bzw. Altschuldner) oder an seiner Statt.[103] Es geht daher um das für die Haftung des Erwerbers maßgebliche Recht. Teilweise wird insoweit eine Eingriffsnorm nach Art. 9 angenommen.[104] Nach aA unterliegt die Haftung weder der Rom I-VO noch der Rom II-VO.[105] Vielmehr ist insoweit nationales Kollisionsrecht anzuwenden.[106] Da eine ausdrückliche gesetzliche Vorschrift fehlt, ist eine solche nationale Kollisionsnorm zu entwickeln. Sie muss den Schutz der bisherigen Gläubiger bewerkstelligen, ohne die Interessen des Übernehmers zu vernachlässigen.

31 **b) Rechtswahl.** Der schuldrechtliche Übernahmevertrag zwischen dem Übernehmer und dem bisherigen Schuldner unterliegt den entsprechend heranzuziehenden allgemeinen Regeln der Art. 3 ff. Eine Rechtswahl in diesem Verhältnis kann allerdings nicht zu Lasten Dritter, dh der Gläubiger gehen.[107] Es besteht jedoch die Möglichkeit einer nachträglichen, auch stillschweigenden, Rechtswahl zwischen dem Erwerber und den jeweiligen Gläubigern des bisherigen Vermögensinhabers.[108]

32 **c) Objektive Anknüpfung. aa) Vermögensübernahme.** Die objektive Anknüpfung der Haftung wegen Vermögensübernahme ist umstritten. Unstreitig ist allerdings, dass die Vermögensübernahme das Statut der gegen den Altschuldner bestehenden Ansprüche (Forderungsstatut) unverändert lässt. Daher könnte man an einen Gleichlauf mit dem Forderungsstatut denken und diese Rechtsordnung für die maßgebliche halten.[109] Sie kann aber für den Eintritt des Übernehmers nicht gelten, weil eine einheitliche Erwerberhaftung bei verschiedenen Forderungsstatuten nicht möglich wäre und auch der wegen des Entzuges der Haftungsgrundlage notwendige Gläubigerschutz nicht vom Forderungsstatut abhängen darf.[110] Es geht um mehr als einen bloßen Schuldnerwechsel oder -hinzutritt. Der schuldrechtliche Übernahmevertrag zwischen Übernehmer und Veräußerer wiederum kann für den Haftungseintritt nicht maßgeblich sein, weil es sich um eine wegen der veränderten Eigentumszuordnung gesetzlich angeordnete Haftung handelt.[111] Die Gläubigerinteressen können den Interessen der Parteien des Übernahmevertrages zuwiderlaufen. Entscheidend für die Haftung und die Anknüpfung ist vielmehr die Vermögenssubstanz.

33 Daher ist **auf die Gesamtnachfolge in das Vermögen bzw. auf seine Übertragung abzustellen.**[112] Die Übernahme der Vermögensgegenstände beruht auf dem dinglichen Übertragungsstatut. Im Ergebnis ist daher deutsches Recht anwendbar, wenn sich Unternehmen oder Vermögen

[101] *Zweigert* RabelsZ 23 (1958), 643 (656 f.); *v. Bar* IPRax 1991, 197 (200 f.); *Kegel/Schurig* IPR § 18 VII 4; Soergel/*v. Hoffmann* EGBGB Art. 33 Rn. 49; Staudinger/*Hausmann,* 2021, Anh. Art. 16 Rn. 14.

[102] Vgl. *Gamillscheg,* Internationales Arbeitsrecht, 1959, 237.

[103] Rechtsvergleichend Staudinger/*Hausmann,* 2021, Anh. Art. 16 Rn. 16.

[104] *M. Lehmann* IPRax 2015, 495 (498 f.).

[105] Eine Lücke der Rom II-VO nimmt an *Kramme* IPRax 2015, 225 (228). Für Direktanwendung der Rom I-VO OLG Naumburg GmbHR 2023, 283.

[106] BGH RIW 2014, 159 = IPRax 2015, 257 m. Aufsatz *Kramme* IPRax 2015, 225 noch zum alten Recht; OGH ZfRV 2014, 38 mAnm *Ofner* = IPRax 2015, 541 m. Aufsatz *M. Lehmann* IPRax 2015, 495; OGH ZfRV 2022, 286 Anm. *Ofner* = IWRZ 2023, 84 mAnm *Drobnik/Tritremmel.*

[107] Staudinger/*Hausmann,* 2021, Anh. Art. 16 Rn. 18; s. bereits *Busch/Müller* ZVglRWiss 94 (1995), 157 (160 f.).

[108] OLG Koblenz RIW 1989, 61 = IPRax 1989, 175 m. insoweit zust. Anm. *v. Hoffmann; Busch/Müller* ZVglRWiss 94 (1995), 161; *Schnelle* RIW 1997, 281 (282); Soergel/*v. Hoffmann* EGBGB Art. 33 Rn. 50.

[109] Für eine Kumulation von Statut der Forderung des Gläubigers und Heimatrecht des Veräußerers, *Busch/Müller* ZVglRWiss 94 (1995), 157 (166 ff.).

[110] *Schnelle* RIW 1997, 281 (283); *Tiedemann,* Die Haftung aus Vermögensübernahme im internationalen Recht, 1995, 89; anders OLG Koblenz RIW 1989, 61 = IPRax 1989, 175 m. abl. Anm. *v. Hoffmann.*

[111] *Schnelle* RIW 1997, 281 (283); anders – und für das Übertragungsgeschäft – BGH NJW 1981, 2642 = RIW 1981, 706 unter II.4.a; s. auch *Girsberger* ZVglRWiss 88 (1989), 31 (42). Zum Erbschaftskauf → EuErbVO Art. 23 Rn. 30.

[112] *Schnelle* RIW 1997, 281 (284); *Wolff* IPR § 29 VII.

im Inland befinden.[113] Dementsprechend wird häufig auch auf die Belegenheit des Vermögens abgestellt[114] (→ IntGesR Rn. 224). Nach (in der Regel zu gleichen Ergebnissen führender) aA gilt das den Eigentumsübergang an den Vermögensstücken regelnde Recht,[115] dh für Grundstücke die lex rei sitae. Eine andere Auffassung will aus Praktikabilitätsgründen in erster Linie auf den Wohnsitz des Schuldners als Mittelpunkt seines Vermögens abstellen; das Recht, welches den Erwerb des Vermögens beherrscht, wird lediglich befragt, ob es die Haftung des Erwerbers ausschließt.[116] Gegen den Wohnsitz des Übertragers spricht aber der fehlende Bezug zum Haftungssubstrat.[117]

Schwierigkeiten bereitet die Anknüpfung bei **Vermögensbelegenheit in mehreren Ländern.** Hier können die Auffassungen, welche nicht auf die Vermögensbelegenheit abstellen wollen (→ Rn. 33) zu einem einheitlichen Statut gelangen. Teilweise will man auch an den Sitz der einzelnen Gläubiger bzw. an die Belegenheit des Vermögensteils anknüpfen, auf den der Gläubiger vertraut hat.[118] Vorzugswürdiger ist es jedoch, eine Vermögensspaltung und entsprechend eine auf das jeweils gespaltene Teilvermögen beschränkte Haftung nach mehreren Rechten sowie ggf. eine nur materiellrechtliche Korrektur (Beschränkung der Haftung auf das jeweilige Vermögen) in Kauf zu nehmen.[119] 34

Möglich ist, dass auf die Übertragung von Vermögensgegenständen des Schuldners **mehrere Rechtsordnungen** nebeneinander Anwendung finden. In diesen Fällen wird entweder ein Ausweichen auf das Wohnsitzrecht des Schuldners[120] oder eine anteilsmäßige Haftung nach der jeweiligen lex rei sitae vorgeschlagen.[121] Auch bei der Anknüpfung an das Übertragungsstatut ist keine einheitliche Anknüpfung möglich. Die Haftung des Übernehmers ist jeweils auf die Vermögensgegenstände zu beschränken, also aufzuspalten, welche nach dem jeweiligen Recht übertragen worden sind, welches eine Haftung wegen Vermögensübernahme vorsieht.[122] 35

bb) Unternehmensfortführung. Die Haftung nach § 25 HGB soll nach hM die fehlende Rechtsfähigkeit des Unternehmens kompensieren und die Kontinuität der Haftung sichern.[123] Die von einer Mindermeinung befürwortete Anknüpfung an das für die Forderung des Gläubigers geltende Recht[124] ist dafür ungeeignet. Stattdessen wird die Haftung aus § 25 HGB von der hM dem **Recht am tatsächlichen Sitz des übernommenen und fortgeführten Unternehmens** unterstellt.[125] 36

IV. Probleme des Allgemeinen Teils

1. Rück- und Weiterverweisung. Rück- und Weiterverweisung sind nach der ausdrücklichen Regelung in Art. 20 stets ausgeschlossen. Dies gilt auch hier.[126] Der gesetzliche Forderungsübergang, der in der Regel einen gewissen Ausgleich bewirken soll, ist bei schuldrechtlichen Ansprüchen mit dem Zessionsgrundstatut verknüpft. Ein Auseinanderfallen der maßgeblichen Rechtsordnungen ist mithin zu vermeiden. Für Schuld-, Vertrags- und Vermögensübernahme sind Rück- und Weiterverweisung ebenfalls nicht zuzulassen. 37

2. Ordre public. Anwendbar ist Art. 21.[127] Praktische Relevanz ist bisher nicht festzustellen. Zwingende in- und ausländische Schutzvorschriften können über Art. 6–8 Rom I-VO und Art. 46b EGBGB, Eingriffsnormen über Art. 9 Rom I-VO durchgesetzt werden.[128] 38

---

113 Vgl. RG ZIR 22 (1912), 558; *Frankenstein* Bd. II S. 271; *Kegel/Schurig* IPR § 18 VII 3.

114 Reithmann/Martiny IntVertragsR/*Göthel* Rn. 33.76: Statut der Übertragung bzw. Verfügung; *v. Bar* IPRax 1991, 197 (199); BeckOK BGB/*Spickhoff* Art. 14 Rn. 16; Grüneberg/*Thorn* Art. 14 Rn. 7; Staudinger/*Hausmann,* 2021, Anh. Art. 16 Rn. 22; dafür auch de lege ferenda *M. Lehmann* IPRax 2015, 495 (499 f.).

115 *v. Schwind* FS v. Caemmerer, 1978, 757 (760).

116 Soergel/*v. Hoffmann* EGBGB Art. 33 Rn. 50. Vgl. auch *v. Hoffmann* IPRax 1989, 175.

117 Näher *Schnelle* RIW 1997, 281 (283).

118 *Brugger* ZfRV 1993, 94 (97 f.).

119 *Merkt/Dunckel* RIW 1996, 533 (541 f.); Reithmann/Martiny IntVertragsR/*Göthel* Rn. 33.77 f.; *Kegel/Schurig* IPR § 18 VII 3.

120 *v. Hoffmann* IPRax 1989, 175.

121 *Kegel/Schurig* IPR § 18 VII 3.

122 *Merkt/Dunckel* RIW 1996, 533 (541 f.); *Schnelle* RIW 1997, 281 (284 f.).

123 Nachweise bei *Schnelle* RIW 1997, 281 (285).

124 S. OLG Koblenz RIW 1989, 61 = IPRax 1989, 175; abl. auch OGH ZfRV 2014, 38 mAnm *Ofner.*

125 BGH RIW 2014, 159 = IPRax 2015, 257 m. Aufsatz *Kramme* IPRax 2015, 225; *v. Bar* IPRax 1991, 197 (198); *Busch/Müller* ZVglRWiss 94 (1995), 157 (177 ff.); *Schnelle* RIW 1997, 281 (285); *Merkt/Dunckel* RIW 1996, 533 (542); *M. Lehmann* IPRax 2015, 495 (499); Reithmann/Martiny IntVertragsR/*Göthel* Rn. 33.79.

126 BeckOK BGB/*Spickhoff* Art. 14 Rn. 18; Czernich/Heiss/*Lorenz* EVÜ Art. 12 Rn. 13; Staudinger/*Hausmann,* 2021, Rn. 5; s. aber *Sonnenberger* IPRax 1987, 221 (222).

127 Staudinger/*Hausmann,* 2021, Rn. 6.

128 Staudinger/*Hausmann,* 2021, Rn. 6.

Art. 16 Rom I-VO Mehrfache Haftung

[1]Hat ein Gläubiger eine Forderung gegen mehrere für dieselbe Forderung haftende Schuldner und ist er von einem der Schuldner ganz oder teilweise befriedigt worden, so ist für das Recht dieses Schuldners, von den übrigen Schuldnern Ausgleich zu verlangen, das Recht maßgebend, das auf die Verpflichtung dieses Schuldners gegenüber dem Gläubiger anzuwenden ist. [2]Die übrigen Schuldner sind berechtigt, diesem Schuldner diejenigen Verteidigungsmittel entgegenzuhalten, die ihnen gegenüber dem Gläubiger zugestanden haben, soweit dies gemäß dem auf ihre Verpflichtung gegenüber dem Gläubiger anzuwendenden Recht zulässig wäre.

Schrifttum: allgemeines Schrifttum zum IVR s. Vor Art. 1; *v. Bar,* Abtretung und Legalzession im neuen deutschen Internationalen Privatrecht, RabelsZ 53 (1989), 462; *C. H. Behrens,* Gesamtschuldnerausgleich und sonstige Regressansprüche im Europäischen Kollisionsrecht nach der Rom I-, Rom II- und EG-Unterhaltsverordnung, 2013; *Magnus,* Aufrechnung und Gesamtschuldnerausgleich, in Ferrari/Leible, Ein neues Internationales Vertragsrecht für Europa, 2007, 201; *Stoll,* Rechtskollisionen bei Schuldnermehrheit, FS Müller-Freienfels, 1986, 631; *Wandt,* Zum Rückgriff im Internationalen Privatrecht, ZVglRWiss 86 (1987), 272.

Übersicht

I. Normzweck

1 Art. 16 regelt die Folgen der Haftung **mehrerer Schuldner.** Die deutsche Überschrift „mehrfache Haftung" (multiple liability; pluralité de débiteurs) ist missverständlich. Es geht nicht um eine mehrfache Haftung eines Schuldners, sondern um die Haftung mehrerer Schuldner. Art. 15 Rom I-VO-E 2005 hatte noch die Überschrift „Schuldnermehrheit".[1] Ist der Gläubiger von einem der Schuldner ganz oder teilweise befriedigt worden, so geht es um dessen Ausgleichsansprüche gegen die übrigen Schuldner. Nach S. 1 ist maßgebend das Recht, das auf die Verpflichtung dieses Schuldners gegenüber dem Gläubiger anzuwenden ist. Diese dem Ausgleichsinteresse des Schuldners dienende Regelung entstammt Art. 13 Abs. 2 EVÜ (in Deutschland Art. 33 Abs. 3 S. 2 EGBGB).[2] Inhaltlich entspricht ihr Art. 20 Rom II-VO. – S. 2 erkennt an, dass nach unterschiedlichen Rechten gehaftet werden kann und enthält daher eine Erweiterung bezüglich der Verteidigungsmittel der übrigen Schuldner. Sie können dem Ausgleich verlangenden Schuldner diejenigen Einwände entgegenhalten, die ihnen gegenüber dem Gläubiger zugestanden haben, soweit dies gemäß dem auf ihre Verpflichtung gegenüber dem Gläubiger anzuwendenden Recht zulässig wäre. Dieser Zusatz ist in Art. 20 Rom II-VO nicht enthalten.

II. Schuldner- und Gläubigermehrheit

2 Das Geschäftsstatut bestimmt grundsätzlich, wer Schuldner und Gläubiger ist. Mehrheiten von Gläubigern und Schuldnern aus einem Vertrag ergeben sich in der Regel aus den Vereinbarungen und ihrer Auslegung nach den Regeln des Geschäftsstatuts.[3] Dieses regelt dann vor allem das Verhält-

[1] Dazu näher Ferrari/Leible Neues IntVertrR/*Magnus* S. 201, 215 ff.; Max-Planck-Institut RabelsZ 71 (2007), 328 ff.

[2] Näher *McParland,* The Rome I Regulation on the Law Applicable to Contractual Obligations, 2015, Rn. 19.07 ff.

[3] BeckOK BGB/*Spickhoff* Rn. 3; Erman/*Stürner* Rn. 3; s. bereits *Stoll* FS Müller-Freienfels, 1986, 631 (643).

nis der Parteien untereinander wie zB §§ 421 ff. BGB.[4] Ob Dritte in den Schutzbereich eines Vertrages einbezogen sind, folgt ebenso aus dessen Statut,[5] und erst recht, ob Verträge zu Gunsten Dritter zulässig (in England erst seit dem 1.5.2002) und ggf. wirksam sind, ferner über Rechte, und eventuell Pflichten des Dritten,[6] und umgekehrt, ob eine Vertragspartei Rechte Dritter geltend machen kann[7] oder dessen Schaden (Drittschadensliquidation). Dagegen fallen nachträgliche Veränderungen des Gläubigers durch Abtretung oder cessio legis zB zu Gunsten eines leistenden Mitschuldners unter Art. 15. Die Schuldübernahme wird analog Art. 15 angeknüpft (→ Art. 15 Rn. 23).

Das Geschäftsstatut entscheidet, ob der Schuldner in Person leisten muss oder durch Dritte[8] und entsprechend auch, ob er an Dritte leisten darf. Die Haftung für Erfüllungsgehilfen folgt daher auch dem Vertragsstatut.[9] Möglich ist auch, dass **mehrere Schuldner** (several debtors; plusieurs débiteurs) für eine Forderung (claim; droit) einzustehen haben, insbesondere als Gesamtschuldner. Der Rom I-VO-E 2005 sprach noch ausdrücklich von gesamtschuldnerischer Haftung;[10] dieser Zusatz ist – wohl wegen der damit verbundenen Unklarheiten – in der Endfassung entfallen. 3

III. Ausgleich bei gleichrangigen Verpflichtungen (S. 1)

1. Anwendungsbereich. S. 1 setzt voraus, dass mehrere Personen „dieselbe" Forderung („the same claim"; „tenus à la même obligation") zu erfüllen haben. Offenbar will Art. 16 im Unterschied zu Art. 15 Fälle erfassen, in denen die Verpflichtung des Schuldners **den Verbindlichkeiten der anderen Schuldner gegenüber gleichrangig** ist.[11] Ist die Verpflichtung des Dritten hingegen gegenüber der des (Haupt-)Schuldners subsidiär, so greift Art. 15 ein.[12] Der Rang der Verpflichtung ist nach dem Statut des in Frage stehenden Anspruchs zu beurteilen.[13] Als Alternativen zu diesem Ansatz wurden vorgeschlagen eine autonome Auslegung,[14] das Ausreichenlassen einer gleichrangigen Haftung nach nur einer der Rechtsordnungen[15] sowie die Anwendung der lex fori.[16] Diese Lösungen können jedoch im Hinblick auf Durchführbarkeit und Ausgleichsgerechtigkeit nicht überzeugen. Beispielsweise entscheidet das Statut eines Beförderungsvertrages darüber, ob der Transportversicherer neben dem Frachtführer gleich- oder nachrangig haftet.[17] Hauptanwendungsfall des S. 1 ist die **Zahlung des Gesamtschuldners** mit anschließendem Zessionsregress (§ 426 Abs. 2 S. 1 BGB).[18] Teilschuldnerschaft führt in der Regel nicht zum Regress.[19] 4

Erforderlich ist nicht, dass die verschiedenen Schuldner auch aus demselben Rechtsgrund haften.[20] Konkurriert die vertragliche Haftung eines Schuldners mit der deliktischen Haftung eines anderen Schuldners (insbesondere bei unechter Gesamtschuld), so ist fraglich, welche Regelung 5

---

4 Bei unterschiedlicher Haftung nach verschiedenen Rechten für die Rechtsordnung mit dem stärksten Gläubigerschutz Ferrari/Leible Neues IntVertrR/*Magnus* S. 201, 221.

5 S. schon Soergel/*v. Hoffmann* EGBGB Art. 33 Rn. 27; OLG Hamburg VersR 1983, 350.

6 *Mankowski* IPRax 1996, 427 (428 f.).

7 OLG Frankfurt WM 1972, 1474; Soergel/*v. Hoffmann* EGBGB Art. 33 Rn. 27.

8 Ebenso schon *W. Lorenz* FS Zweigert, 1981, 199 (214).

9 Grüneberg/*Thorn* Art. 12 Rn. 7; vgl. BGHZ 50, 32 (35) = NJW 1968, 1569 implizit; *Vischer* FG Schluep, 1988, 515 (532); Soergel/*v. Hoffmann* EGBGB Art. 33 Rn. 35.

10 Dazu Ferrari/Leible Neues IntVertrR/*Magnus* S. 201, 219; für Streichung Max-Planck-Institut RabelsZ 71 (2007), 329 ff.

11 *Einsele* WM 2009, 289 (298 f.); Staudinger/*Hausmann,* 2021, Rn. 4.

12 Ferrari/Leible Neues IntVertrR/*Magnus* S. 201, 219. – Zum EVÜ *Stoll* FS Müller-Freienfels, 1986, 631 (634, 656); *Wandt* ZVglRWiss 86 (1987), 272 (294); Soergel/*v. Hoffmann* EGBGB Art. 33 Rn. 27.

13 Ferrari IntVertragsR/*Kieninger* Rn. 1; Staudinger/*Hausmann,* 2021, Rn. 4; ebenso schon Soergel/*v. Hoffmann* EGBGB Art. 33 Rn. 18, 27.

14 Ferrari/Leible Neues IntVertrR/*Magnus* S. 201, 219; BeckOGK/*Huber,* 1.10.2020, Rn. 19 f.; NK-BGB/*Doehner* Rn. 4.

15 Offenbar für mehrere Rechtsordnungen Rauscher/*Freitag* Rn. 11 ff., 29.

16 *Wandt* ZVglRWiss 86 (1987), 272 (291 Fn. 120).

17 LG Freiburg RIW 1999, 222 = IPRspr. 1998 Nr. 47; Staudinger/*Hausmann,* 2021, Rn. 4.

18 *C.H. Behrens,* Gesamtschuldnerausgleich und sonstige Regressansprüche im Europäischen Kollisionsrecht nach der Rom I-, Rom II- und EG-Unterhaltsverordnung, 2013, 169; vgl. Begr. zum EGBGB 1986, BT-Drs. 10/503, 83; *Wandt* ZVglRWiss 86 (1987), 272 (290 ff.); vgl. auch zu Art. 7 Nr. 1 Brüssel Ia-VO EuGH ECLI:EU:C:2017:472 = RIW 2017, 504 – Kareda.

19 *C.H. Behrens,* Gesamtschuldnerausgleich und sonstige Regressansprüche im Europäischen Kollisionsrecht nach der Rom I-, Rom II- und EG-Unterhaltsverordnung, 2013, 171.

20 *C.H. Behrens,* Gesamtschuldnerausgleich und sonstige Regressansprüche im Europäischen Kollisionsrecht nach der Rom I-, Rom II- und EG-Unterhaltsverordnung, 2013, 171; BeckOK BGB/*Spickhoff* Rn. 11; Staudinger/*Hausmann,* 2021, Rn. 4a. Für die Erfassung auch vertraglich/deliktischer gemischter Schulden Ferrari/Leible Neues IntVertrR/*Magnus* S. 201, 218 f.

gelten soll. Teils wird auch dann Art. 16 herangezogen.[21] Teils lässt man wegen der regelmäßig gleichen Rechtsfolgen in manchen Fällen offen, ob diese Vorschrift oder Art. 20 Rom II-VO anzuwenden ist.[22]

6 Beim sog. **Gespannregress** ist das Zugfahrzeug anders als der Anhänger in einem anderen Land zugelassen und haftpflichtversichert. Unterschiedliche Haftungs- und Versicherungsregeln führen zu Regressforderungen unter den Versicherern. Beim Fahren in Deutschland ist deutsches Recht Vertragsstatut, da die Pflichtversicherung nach Art. 7 Abs. 4 lit. b Rom I-VO, Art. 46d EGBGB eingreift (→ Art. 7 Rn. 53). Nach einem Verkehrsunfall in Deutschland erfolgt die Entschädigung durch den deutschen Haftpflichtversicherer für die Zugmaschine nach den weitergehenden deutschen versicherungsrechtlichen Regeln, während die Haftung des ausländischen Versicherers für den Anhänger beschränkt sein kann.[23] Für den unter den zwei Haftpflichtversicherern erfolgenden Innenausgleich zieht die Rspr im Anschluss an den EuGH[24] den weit auszulegenden Art. 19 Rom II-VO heran.[25] Die Auflassung, dass die Leistung des Rückgriff nehmenden Versicherers im Hinblick auf seine vertragliche Verpflichtung erfolgt ist und der Ausgleich mithin nach Art. 16 Rom I-VO erfolgen müsse,[26] konnte sich nicht durchsetzen (→ Rom II-VO Art. 19 Rn. 9).

7 **2. Schuldnermehrheit und Regressgrundstatut.** Befriedigt einer von mehreren Schuldnern den Gläubiger und rückt er kraft Gesetzes in die Gläubigerstellung ein (vgl. § 426 Abs. 2 S. 1 BGB), so ist zu bestimmen, welcher Rechtsordnung ein Übergang der Forderung bzw. eine Berechtigung des Regress nehmenden Zahlenden unterliegt und wie der Ausgleich unter den Schuldnern durchzuführen ist. Maßgeblich ist das die Verpflichtung des in Anspruch Genommenen beherrschende Statut. Beim Forderungsübergang ist das **Zessionsgrundstatut** gemeint, nicht notwendig identisch mit dem Statut der getilgten Forderung.[27] Die Bevorzugung des Statuts des leistenden Schuldners ist der Ausgleich dafür, dass er die Leistung bereits erbracht hat. – Zu Bereicherungsansprüchen im Mehrpersonenverhältnis → Rom II-VO Art. 10 Rn. 34 ff.

8 **3. Gleichem Recht unterliegende Verpflichtungen.** Unterliegen die gleichrangigen Verpflichtungen aller Schuldner dem gleichen Recht, so ist ihr Innenverhältnis regelmäßig dem gleichen Recht unterworfen wie ihr Außenverhältnis zum Gläubiger. Der Rückgriff des Leistenden gegen den Mitschuldner lässt sich ohne weiteres durchführen und unterliegt daher dem **Schuldstatut des Leistenden.**[28] Der Leistende kann einen Teil der ihm von dieser Rechtsordnung auferlegten Bürde regressweise nach dem gleichen Recht wieder abwälzen; diese Rechtsordnung bestimmt über die Höhe des Ausgleichsanspruchs. Das gilt etwa für eine Legalzession.[29]

9 **4. Verschiedenem Recht unterliegende Verpflichtungen.** Dann, wenn für die Verpflichtungen nach außen verschiedene Rechte gelten (also etwa zwei Gesamtschuldner nach unterschiedlichen Rechtsordnungen haften), hat man schon bislang einen Rückgriff des Schuldners nach dem für seine Haftung geltenden Recht zugelassen.[30] Auch nach Art. 16 S. 1 unterliegt der Regress dann dem Haftungsstatut des **Schuldners, welcher den Gläubiger befriedigt** hat.[31]

---

21 Rauscher/*Freitag* Rn. 28.

22 Staudinger/*Hausmann,* 2021, Rn. 4b; vgl. auch BeckOGK/*Huber,* 1.10.2020, Rn. 32 ff.

23 BGH VersR 2021, 572 mAnm *Zwickel* = NVZ 2021, 310 mAnm *Staudinger* = EuZW 2021, 503 mAnm *Finkelmeier* = LMK 2021, 812030 mAnm *Pfeiffer* Rn. 17 für tschechischen Haftpflichtversicherer.

24 EuGH ECLI:EU:C:2016:40 = NJW 2016, 1005 = IPRax 2017, 400 m. Aufsatz *Martiny* IPRax 2017, 360 – Ergo, für litauischen Haftpflichtversicherer; dazu auch *Lehmann/Ungerer* GPR 2017, 134 (135 ff.).

25 BGH VersR 2020, 614 = IPRax 2021, 282 Rn. 16; VersR 2021, 572 mAnm *Zwickel* = NVZ 2021, 310 mAnm *Staudinger* EuZW 2021, 503 mAnm *Finkelmeier* = IPRax 2022, 630 m. Aufsatz *Staudinger/Scharnetzki* IPRax 2022, 588 = LMK 2021, 812030 mAnm *Pfeiffer,* für tschechischen Haftpflichtversicherer; BGH VersR 2023, 1104 = NJW-RR 2023, 1146 = IPRax 2024, 227 mAufs. *Rieländer* IPRax 2024, 200 Rn. 19 für rumänischen Haftpflichtversicherer; OLG Karlsruhe VersR 2021, 1486 für slowakischen Haftpflichtversicherer; OLG Köln VersR 2021, 846 für öst. Kfz-Haftpflichtversicherer.

26 So GA Sharpston in EuGH ECLI:EU:C:2015:630 = NJW 2016, 1005 – Ergo; Staudinger/*Hausmann,* 2021, Rn. 4b.

27 Erman/*Stürner* Rn. 2; Grüneberg/*Thorn* Rn. 4; Staudinger/*Hausmann,* 2021, Rn. 5; s. bereits *v. Bar* RabelsZ 53 (1989), 462 (483 f.); *v. Hoffmann* in Hadding/Schneider, Die Forderungsabtretung, insbesondere zur Kreditsicherung, in ausländischen Rechtsordnungen, 1999, 23.

28 Grüneberg/*Thorn* Rn. 4; Staudinger/*Hausmann,* 2021, Rn. 6; s. bereits BGH NJW 2007, 3564; *Stoll* FS Müller-Freienfels, 1986, 631 (640 f.).

29 Ferrari IntVertragsR/*Kieninger* Rn. 2.

30 *Einsele* WM 2009, 289 (299); *Garcimartín Alférez* ELF 2008, I-61 (I-78).

31 *Garcimartín Alférez* ELF 2008, I-61 (I-78 f.); *C.H. Behrens,* Gesamtschuldnerausgleich und sonstige Regressansprüche im Europäischen Kollisionsrecht nach der Rom I-, Rom II- und EG-Unterhaltsverordnung, 2013,

Folglich kommt dasjenige Recht zur Anwendung, welchem die zuerst erfüllte Forderung unterliegt. Vorkehrungen gegen einen „Wettlauf der Schuldner" trifft S. 2 (→ Rn. 12 ff.). Für die Frage, ob überhaupt eine gesamtschuldnerische Haftung eintritt, stellt man teilweise auch auf das Recht ab, das die Haftung des erfüllenden Gesamtschuldners beherrscht,[32] teilweise will man aber stattdessen auf das Recht zugreifen, welches die gesamtschuldnerische Haftung anordnet.[33] Für die Bestimmung der Gleichrangigkeit steht bei der Maßgeblichkeit verschiedener Rechte für die Verpflichtungen kein einheitlicher Maßstab zur Verfügung. Daher ist auf das für die Verpflichtung gegenüber dem Gläubiger geltende Recht des leistenden Schuldners auszuweichen.[34]

5. Akzessorische Anknüpfung. Sind die gleichrangig verpflichteten Mitschuldner durch ein **besonderes Rechtsverhältnis** (insbesondere Auftrag, Dienstvertrag oder Gesellschaft) miteinander verbunden, so kommt es zu einer akzessorischen Anknüpfung des Rückgriffs.[35] Der Eintritt und der Umfang eines Forderungsübergangs richten sich nach dem für dieses Rechtsverhältnis maßgeblichen Recht.[36] Wegen der engeren Beziehung zu einem solchen Rechtsverhältnis als zu der getilgten Forderung ist der Forderungsübergang in diesen Zusammenhang einzuordnen. Obwohl Art. 16 dies nicht ausdrücklich anordnet, muss das Zessionsgrundstatut zurücktreten. Nach aA sind dagegen die gesetzliche Haftungsschadenverteilung und die Sonderbeziehung zwischen den Parteien strikt zu trennen; es soll auch hier bei dem für das Außenverhältnis maßgeblichen Recht bleiben.[37] 10

6. Ausgleichsverlangen. Der leistende Schuldner darf sein Ausgleichsverlangen (right to claim recourse; exercer une action récursoire) geltend machen. Eine bestimmte Art des Rückgriffs wird nicht vorausgesetzt. Auch ein Freistellungsverlangen genügt.[38] 11

IV. Verteidigungsmittel (S. 2)

1. Grundsatz. Die übrigen Schuldner sind möglicherweise einem Rückgriff nach einem anderen Recht ausgesetzt als demjenigen, nach dem sie selbst haften. Zum Ausgleich dafür sind sie berechtigt, dem leistenden bzw. ausgleichsberechtigten Schuldner diejenigen Verteidigungsmittel entgegenzuhalten, die ihnen gegenüber dem Gläubiger zugestanden haben, soweit dies gemäß dem für ihre Verpflichtung geltenden Recht zulässig wäre.[39] So wird ein „Wettlauf der Schuldner" vermieden. 12

2. Verteidigungsmittel. Bei Inanspruchnahme oder Rückgriff sind die übrigen Schuldner berechtigt, dem Zahlung verlangenden oder Rückgriff nehmenden Schuldner diejenigen Verteidigungsmittel (defences; les droits) entgegenzuhalten, die ihnen gegenüber dem Gläubiger zugestanden haben, soweit dies gemäß dem auf ihre Verpflichtung gegenüber dem Gläubiger anzuwendenden Recht zulässig wäre. Die Rückgriffsschuldner dürfen sich darauf berufen (rely on the defences; peuvent faire valoir les droits). Dies spricht für eine Einordnung als Einrede.[40] Erfasst wird etwa die Aufrechnung.[41] 13

3. Verpflichtung gegenüber dem Gläubiger. Voraussetzung ist die Zulässigkeit der Verteidigung. Es kommt auf die Rechtsordnung an, welche für die Verpflichtung gegenüber dem Gläubiger (obligations towards the creditor; obligations envers le créancier) gilt. Vertreten wird, bei vertraglich/ 14

---

172 ff.; BeckOK BGB/*Spickhoff* Rn. 3; Ferrari IntVertragsR/*Kieninger* Rn. 2; Staudinger/*Hausmann,* 2021, Rn. 8 für selbständige Ausgleichsansprüche.

[32] *Leible/Lehmann* RIW 2008, 528 (541 f.).

[33] *Magnus* IPRax 2010, 27 (43).

[34] BeckOGK/*Hübner,* 1.8.2022, Rn. 21; Staudinger/*Hausmann,* 2021, Rn. 4a.

[35] So auch Ferrari/Leible Neues IntVertrR/*Magnus* S. 201, 222.

[36] BeckOK BGB/*Spickhoff* Rn. 2; Rauscher/*Freitag* Rn. 23 f.; Staudinger/*Hausmann,* 2021, Rn. 10. – S. bereits *Stoll* FS Müller-Freienfels, 1986, 631 (643); Soergel/*v. Hoffmann* EGBGB Art. 33 Rn. 28.

[37] So *Wandt* ZVglRWiss 86 (1987), 272 (292 f.); *Einsele* ZVglRWiss 90 (1991), 1 (22) Fn. 78.

[38] *C.H. Behrens,* Gesamtschuldnerausgleich und sonstige Regressansprüche im Europäischen Kollisionsrecht nach der Rom I-, Rom II- und EG-Unterhaltsverordnung, 2013, 174; BeckOGK/*Huber,* 1.2.2020, Rn. 38.

[39] *Pfeiffer* EuZW 2008, 622 (629); BeckOGK/*Huber,* 1.2.2020, Rn. 43.

[40] *C.H. Behrens,* Gesamtschuldnerausgleich und sonstige Regressansprüche im Europäischen Kollisionsrecht nach der Rom I-, Rom II- und EG-Unterhaltsverordnung, 2013, 178; Ferrari/Leible Neues IntVertrR/*Magnus* S. 201, 221; Staudinger/*Hausmann,* 2021, Rn. 3; Staudinger/*Hausmann,* 2021, Art. 15 Rn. 5.

[41] *C.H. Behrens,* Gesamtschuldnerausgleich und sonstige Regressansprüche im Europäischen Kollisionsrecht nach der Rom I-, Rom II- und EG-Unterhaltsverordnung, 2013, 177; Staudinger/*Hausmann,* 2021, Rn. 9.

außervertraglichen Schuldverhältnissen auch deliktsrechtliche Elemente für den Schuldnerschutz vertragsakzessorisch anzuknüpfen.[42]

V. Probleme des Allgemeinen Teils

15 **1. Rück- und Weiterverweisung.** Rück- und Weiterverweisung sind nach der ausdrücklichen Regelung in Art. 20 stets ausgeschlossen. Dies gilt auch hier.[43] Der gesetzliche Forderungsübergang, der in der Regel einen gewissen Ausgleich bewirken soll, ist bei schuldrechtlichen Ansprüchen mit dem Zessionsgrundstatut verknüpft. Ein Auseinanderfallen der maßgeblichen Rechtsordnungen ist mithin zu vermeiden. Soweit freilich für die Forderung selbst, dh für die Bestimmung des Forderungsstatuts ein renvoi in Betracht kommt, ist er auch hier beachtlich.[44]

16 **2. Ordre public.** Anwendbar ist Art. 21. Praktische Relevanz ist bisher nicht festzustellen. Zwingende in- und ausländische Schutzvorschriften können über Art. 6–8 Rom I-VO und Art. 46b EGBGB, Eingriffsnormen über Art. 9 durchgesetzt werden.

Art. 17 Rom I-VO Aufrechnung

Ist das Recht zur Aufrechnung nicht vertraglich vereinbart, so gilt für die Aufrechnung das Recht, dem die Forderung unterliegt, gegen die aufgerechnet wird.

Schrifttum: *K. P. Berger,* Der Aufrechnungsvertrag, 1996; *Brand,* Internationale Zuständigkeit bei Prozessaufrechnungen – Prozessuales Aufrechnungsverbot und Zurückbehaltungsrechte des Beklagten im inländischen Passivprozess bei Vereinbarung eines ausländischen Gerichtsstands für die Gegenforderung, IPRax 2019, 294; *Bork,* Die Aufrechnung des Beklagten im internationalen Zivilverfahren, FS Beys, 2003, 119; *Busse,* Aufrechnung bei internationalen Prozessen vor deutschen Gerichten, MDR 2001, 729; *Eickhoff,* Inländische Gerichtsbarkeit und internationale Zuständigkeit für Aufrechnung und Widerklage, 1985; *Eujen,* Die Aufrechnung im internationalen Verkehr zwischen Deutschland, Frankreich und England, 1975; *v. Falkenhausen,* Ausschluss von Aufrechnung und Widerklage durch internationale Gerichtsstandsvereinbarungen, RIW 1982, 386; *Fleckner,* Set-Off, in Jansen/Zimmermann, Commentaries on European Contract Laws, 2018, 1756; *Förster,* Wesentliche Vertragsverletzung und Aufrechnung von Forderungen nach UN-Kaufrecht, NJW 2015, 830; *Gebauer,* Ausschließliche Gerichtsstandsvereinbarung als Aufrechnungsverbot?, IPRax 2018, 172; *Gebauer,* Internationale Zuständigkeit und Prozeßaufrechnung, IPRax 1998, 79; *Geimer,* EuGVÜ und Aufrechnung, IPRax 1986, 208; *Gottwald,* Die Prozeßaufrechnung im europäischen Zivilprozeß, IPRax 1986, 10; *Grothe,* Bindung an die Parteianträge und „Forderungsverrechnung" bei Fremdwährungsklagen, IPRax 1994, 346; *Gruber,* Die Aufrechnung von Fremdwährungsforderungen, MDR 1992, 121; *Habscheid,* Zur Aufrechnung (Verrechnung) gegen eine Forderung mit englischem Schuldstatut im Zivilprozeß, FS Neumayer, 1985, 263; *Hau,* Anerkennungsrechtliche Aspekte der Prozeßaufrechnung, IPRax 1999, 437; *Hellner,* Set-Off, in Ferrari/Leible, Rome I Regulation. The Law Applicable to Contractual Obligations in Europe, 2009, 251; *Hellner,* Set-off, in Basedow/Rühl/Ferrari/de Miguel Asensio, Encyclopedia of Private International Law, 2017, 1634; *v. Hoffmann,* Aufrechnung und Zurückbehaltungsrecht bei Fremdwährungsforderungen, IPRax 1981, 155; *Jud,* Die Aufrechnung im internationalen Privatrecht, IPRax 2005, 104; *Janert,* Die Aufrechnung im internationalen Vertragsrecht, 2002; *Kannengießer,* Die Aufrechnung im internationalen Privat- und Verfahrensrecht, 1998; *Köhne/Langner,* Geltendmachung von Gegenforderungen im internationalen Schiedsverfahren, RIW 2003, 361; *Koutsoukou,* Die Aufrechnung im europäischen Kollisions- und Verfahrensrecht, 2018; *Leible/Lehmann,* Die Verordnung über das auf vertragliche Schuldverhältnisse anzuwendende Recht („Rom I"), RIW 2008, 528; *Lieder,* Die Aufrechnung im Internationalen Privat- und Verfahrensrecht, RabelsZ 78 (2014), 809; *Linke,* Gescheiterte Aufrechnung im Schiedsverfahren – Nachholung im Exequaturverfahren?, FS P. Schlosser, 2005, 503; *Magnus,* Aufrechnung und Gesamtschuldnerausgleich, in Ferrari/Leible, Ein neues internationales Vertragsrecht für Europa, 2007, 201; *Magnus,* Internationale Aufrechnung, in Leible, Das Grünbuch zum internationalen Vertragsrecht, 2004, 209; *Nelle,* Anspruch, Titel und Vollstreckung im internationalen Rechtsverkehr, 2000; *Rimmelspacher,* Zur Bedeutung des § 33 ZPO, FS Lüke, 1997, 655; *Oberhammer/Slonina,* Konnexität durch Kompensation, IPRax 2008, 555; *Peters,* Verrekening in het IPR, NIPR 2007, 1; *H. Roth,* Aufrechnung und internationale Zuständigkeit nach deutschem und europäischen Prozeßrecht, RIW 1999, 819; *Schlechtriem,* Die Aufrechnung durch den Käufer wegen Nachbesserungsaufwands – deutsches Vertragsstatut und UN-Kaufrecht, IPRax 1996, 256; *Slonina,* Aufrechnung nur bei internationaler Zuständigkeit oder Liquidität?, IPRax 2009, 399; *Spellenberg,* Folgen der Geschäftsunfähigkeit und Prozessaufrechnung, IPRax 2013, 466; *Vorpeil,* Aufrechnung bei währungsverschiedenen Forderungen, RIW 1993, 529; *G. Wagner,* Die Aufrechnung im Europäischen Zivilprozeß, IPRax 1999, 65; *Wendelstein,* Die internationale Prozessaufrechnung mit einer dem italienischen Recht unterstehenden Gegenforderung, IPRax 2016, 572; *R. Zimmermann,* Comparative

[42] *C.H. Behrens,* Gesamtschuldnerausgleich und sonstige Regressansprüche im Europäischen Kollisionsrecht nach der Rom I-, Rom II- und EG-Unterhaltsverordnung, 2013, 197.

[43] Vgl. BeckOK BGB/*Spickhoff* Rn. 5; Staudinger/*Hausmann,* 2021, Rn. 3; Staudinger/*Hausmann,* 2021, Art. 15 Rn. 5.

[44] Vgl. Staudinger/*Hausmann,* 2021, Rn. 3; Staudinger/*Hausmann,* 2021, Art. 15 Rn. 5.

Foundations of a European Law of Set-Off and Prescription, 2002; *R. Zimmermann,* Die Aufrechnung. Eine rechtsvergleichende Skizze zum Europäischen Vertragsrecht, FS Medicus, 1999, 707.

Übersicht

I. Normzweck und Entstehung

1 Die Norm bestimmt, nach welchem Recht sich in materiell-rechtlicher Hinsicht die Voraussetzungen und die Rechtsfolgen der einseitigen Aufrechnung richten (zur vertraglichen Aufrechnung → Rn. 13). Die Bestimmung ist erforderlich, da an der Aufrechnung zwei Forderungen beteiligt sind, nämlich der Anspruch, mit dem der Schuldner aufrechnet **(Aufrechnungs- oder Gegenforderung),** und der Anspruch, gegen den aufgerechnet wird **(Passiv- oder Hauptforderung),** und die Aufrechnung zum Erlöschen beider Forderungen führt, soweit sich diese decken. Beide beteiligten Forderungen unterliegen weiterhin ihrem jeweiligen Forderungsstatut. Betrachtet man die Lage, bevor die eine Partei klagt und die andere aufrechnet, so bietet die Aufrechnungslage für beide Parteien gleichermaßen die Möglichkeit, ohne besonderen Erfüllungsaufwand die eigene Verbindlichkeit zu tilgen (Tilgungsfunktion), sich wegen der eigenen Forderung ohne weiteren, insbesondere prozessualen Aufwand zu befriedigen (Befriedigungsfunktion) und damit auch den Risiken einer Leistungsunfähigkeit des Schuldners zu entgehen (Sicherungsfunktion; zur Aufrechnung in der Insolvenz → Rn. 15).[1] Die Aufrechnungsmöglichkeit steht grundsätzlich beiden Seiten zu. Welche Partei davon Gebrauch machen will, ist zunächst nicht abzusehen.

2 Vor Inkrafttreten der Rom I-VO war unbestritten, dass Art. 10 Abs. 1 lit. d EVÜ bzw. Art. 32 Abs. 1 Nr. 4 EGBGB aF die Aufrechnung als eine der „Arten des Erlöschens der Verpflichtungen" einschlossen, woraus die Geltung des Vertragsstatuts auch für sie folgte. Unterlagen beide Forderungen dem gleichen Recht, so galt natürlich dieses Recht.[2] Eine dem Art. 17 entsprechende Vorschrift fehlte jedoch, so dass unklar blieb, welches Recht zur Anwendung gelangt, wenn Haupt- und Gegenforderung aus zwei Verträgen mit verschiedenem Statut stammen oder wenn eine der beiden Forderungen nicht vertraglich ist. Unterstanden die Forderungen verschiedenen Statuten, so war in Deutschland die Anwendung des Statuts der Hauptforderung herrschend.[3] Die in Frankreich oder Italien bevorzugte **Kumulationstheorie,** wonach die Aufrechnung nur eintritt, wenn die Statute beider Forderungen sie zulassen,[4] wurde in Deutschland kaum mehr vertreten, erlebte aber durch

[1] Vgl. auch *Magnus* in Leible, Das Grünbuch zum internationalen Vertragsrecht, 2004, 209 (210 ff.).

[2] Vgl. nur OLG Köln IHR 2008, 181 (182); OLG Hamm IPRax 1996, 269 mAnm *Schlechtriem* IPRax 1996, 256; OLG Stuttgart IPRax 1996, 139 mAnm *Kronke;* dies ist weiterhin unproblematisch, BeckOK BGB/*Spickhoff* Rn. 3; BeckOGK/*Thole* Rn. 2; zu Unrecht aus Art. 17 ausnehmen möchte den Fall *Ten Wolde* in Magnus/Mankowski ECPIL Rn. 8.

[3] BGH NJW 2006, 3631 (3632); 1994, 1413 (1416); OLG München RIW 1998, 559 (560); OLG Hamm IPRax 1996, 269 (270); OLG Düsseldorf RIW 1995, 53 (55); Staudinger/*Magnus,* 2002, EGBGB Art. 32 Rn. 61; *Kegel/Schurig* IPR § 18 V (S. 753); ebenso Art. 148 Abs. 2 IPRG Schweiz und die niederländische Rspr., dazu *Peters* NIPR 2007, 1 (7).

[4] Dass die Kumulationstheorie in Frankreich wie in Italien und wohl auch Spanien hM war, dürfte mit der Struktur der Legalkompensation zusammenhängen, *Lagarde* Rev. crit. dr. int. pr. 1991, 287 (334 f.); *Lagarde* Rev. crit. dr. int. priv. 2006, 331 (346); *Mayer/Heuzé* DIP, 9. Aufl. 2007, Nr. 749; ähnlich in Spanien für die außergerichtliche Legalkompensation, wohingegen für die Prozessaufrechnung die lex fori herangezogen wurde, *Calvo Caravaca* et al., Derecho internacional privado, Bd. 2, 2. Aufl. 2000, 308; weiterer Vergleich bei *Peters* NIPR 2007, 1 (1 ff.) mwN.

den EuGH eine gewisse Neubelebung.[5] Sie nahm für sich in Anspruch, beide Forderungen gleichberechtigt zu behandeln, behinderte indes die Aufrechnung unnötig, indem sie die Ermittlung des Inhalts eines weiteren anwendbaren Rechts erforderlich machte.[6] Die vereinzelt zum deutschen IPR verfochtene **alternative** Anwendung der beiden Forderungsstatute dergestalt, dass das aufrechnungsfreundlichere Recht für beide Forderungen gelte,[7] ging dagegen in der anderen Richtung zu weit. Sie nahm zB dem Aufrechnungsgegner den Schutz durch Aufrechnungsverbote (wie § 393 BGB) nach dem Statut seiner Forderung.

3 Diese Streitfrage hat nun Art. 17, eine willkommene Neuerung der Rom I-VO gegenüber dem EVÜ, zugunsten des **Statuts der Hauptforderung** entschieden.[8] Die Vorschrift folgt dabei eher der deutschen Rspr. und Lehre als zB der französischen.[9] Damit wird die vom EuGH zuvor angenommene Kumulation verworfen und der von Art. 9 EuInsVO bereits eingeschlagene Weg weiterverfolgt. Voraussetzungen und Wirkungen der Aufrechnung werden für beide Forderungen allein nach dem Recht der Hauptforderung beurteilt. Bei der Prozessaufrechnung kommt es somit darauf an, welcher der beiden Gläubiger als Erster klagt.[10] Er setzt damit fest, welches die Haupt- und welches die Gegenforderung ist, und bestimmt damit das Aufrechnungsstatut. Der Gläubiger der Gegenforderung kann entscheiden, ob er aufrechnet, soweit nicht ausnahmsweise das Statut der Hauptforderung ein Aufrechnungsverbot enthält (zB §§ 393 f. BGB), oder ob er seine Forderung separat einklagt, was auch vorteilhaft sein kann. Außerhalb eines Prozesses kommt es für die Frage, welche der beiden Forderungen Hauptforderung ist, darauf an, welcher der beiden dazu berechtigten Gläubiger sich auf eine Aufrechnung beruft.[11] Dieser Gläubiger muss sich auf das Recht der Hauptforderung einstellen. Der Aufrechnungsgegner, der an der Aufrechnung als „self-help remedy“[12] nicht mitwirkt, soll seine Forderung hingegen nur nach dem für diese geltenden Recht verlieren.[13] Die Rechtsermittlungskosten werden ökonomisch sinnvoll dem Aufrechnenden aufgebürdet, da dieser ohnehin die Erfolgsaussichten kalkulieren muss.[14] Die Regelung des Art. 17 begünstigt daher tendenziell den Aufrechnungsgegner, der sich gegen das Erlöschen seiner Forderung nicht wehren kann.[15] Mit der Klageerhebung sichert sich der Gläubiger der Hauptforderung diesen Vorteil. Dass er auch außerhalb des Prozesses dem Aufrechnenden das Aufrechnungsstatut aufzwinge,[16] lässt sich nicht allgemein sagen, wenn man die Tilgungsfunktion der Aufrechnung bedenkt, die keine vorherige Geltendmachung der Hauptforderung voraussetzt.

II. Anwendungsbereich

4 **1. Autonomer Begriff der Aufrechnung.** Die deutsche Fassung spricht in Überschrift und Text von „Aufrechnung“, die englische von „Set-off“, die französische von „Compensation légale“

---

5 EuGH Slg. 2003, I-7617 Rn. 58 ff. = JZ 2004, 87 mAnm *Metzger* – Kommission/CCRE; dem EuGH folgt ohne Diskussion OLG Düsseldorf FamRZ 2008, 904. Für eine abgeschwächte Kumulationstheorie *Jud* IPRax 2005, 104 (108), wonach in einer Art Spaltung das Erlöschen für jede Forderung gesondert nach ihrem jeweiligen Statut zu beurteilen sei; dagegen etwa BeckOGK/*Thole* Rn. 8; Diskussion mit Rechtsvergleich bei *Hellner* in Ferrari/Leible, Rome I Regulation, 2009, 251 (254 ff.).

6 *Metzger* JZ 2004, 90 (91 f.); BeckOGK/*Thole* Rn. 7: Forderungen nicht gleichberechtigt wegen „Angriffsrichtung der Aufrechnung“; *Peters* NIPR 2007, 1 (7 f.).

7 *Kannengießer,* Die Aufrechnung im internationalen Privat- und Verfahrensrecht, 1998, 117 ff.; kritisch auch Staudinger/*Magnus,* 2002, EGBGB Art. 32 Rn. 62; für eine Wiederbelebung hingegen *Koutsoukou,* Die Aufrechnung im europäischen Kollisions- und Verfahrensrecht, 2018, 213 f.

8 Zur Entstehungsgeschichte Rauscher/*v. Hein* Rn. 4 ff.

9 *Lagarde* Rev. crit. dr. int. pr. 2006, 331 (346).

10 Die Kumulationstheorie nahm für sich in Anspruch, ein deshalb zu befürchtendes „race to the courts“ zu vermeiden, s. *Hellner* in Encyclopedia of Private International Law, 2017, 1634 (1636).

11 *Leible/Lehmann* RIW 2008, 528 (542); BeckOGK/*Thole* Rn. 20; zu Unrecht krit. *Koutsoukou,* Die Aufrechnung im europäischen Kollisions- und Verfahrensrecht, 2018, 201; andere Nuancierung bei Staudinger/*Magnus,* 2021, Rn. 23; Calliess/Renner/*Jarass* Rn. 13: maßgeblich sei, welche Forderung zuerst geltend gemacht werde.

12 Jansen/Zimmermann/*Fleckner* PECL Vor Art. 13:101 Rn. 27.

13 *Mankowski* JZ 2015, 50 (51): „Selbstjustiz“; BeckOGK/*Thole* Rn. 3; *Ten Wolde* in Magnus/Mankowski ECPIL Rn. 6; Staudinger/*Magnus,* 2021, Rn. 2.

14 *v. Bar/Mankowski* IPR II § 1 Rn. 915.

15 *v. Bar/Mankowski* IPR II § 1 Rn. 915; Rauscher/*v. Hein* Rn. 3; *Hellner* in Encyclopedia of Private International Law, 2017, 1634 (1636); *Lieder* RabelsZ 78 (2014), 809 (818 f.); Staudinger/*Magnus,* 2021, Rn. 2; BeckOGK/*Thole* Rn. 3; *Nordmeier* in Gebauer/Wiedmann, EurZivilR, 3. Aufl. 2021, Rn. 1; anders → 8. Aufl. 2021, Rn. 3 *(Spellenberg):* Es lasse sich nicht generell entscheiden, für wen die Regelung des Art. 17 eher vorteilhaft sei; krit. *Koutsoukou,* Die Aufrechnung im europäischen Kollisions- und Verfahrensrecht, 2018, 196 ff.

16 *Lieder* RabelsZ 78 (2014), 809 (818).

wie die italienische von „Compensazione legale". Das sind keine wirklichen Synonyme:[17] „Set-off" ist in England *at law* ein **Prozessinstitut,** also Prozessaufrechnung, wenngleich *in equity* eine Aufrechnungslage erhebliche Wirkungen im materiellen Recht vor und außerhalb des Prozesses entfaltet.[18] „Compensation légale" ist im französischen Recht, ähnlich wie in Italien und Spanien, die im Prinzip automatische materiell-rechtliche, außerprozessuale **Verrechnung ipso jure,** die deutlich von der Prozessaufrechnung, „compensation judiciaire", unterschieden wird; die mit der französischen Schuldrechtsreform von 2016 in Kraft getretenen Art. 1347 ff., 1348 ff. C.c. Frankreich haben am bisherigen Rechtszustand insoweit wenig geändert.[19] Die deutsche „Aufrechnung" verlangt eine rechtsgeschäftliche **Gestaltungserklärung,** die, wenn sie erst im Prozess abgegeben wird, doppelfunktionell als materielle wirkt und zugleich eine Prozesshandlung ist.[20] Eine automatische Verrechnung ohne den Willen der Beteiligten findet im deutschen Recht nicht statt.

Die Unterschiede zwischen dem Konzept der **Legalkompensation** und der **Aufrechnung** **5** durch einseitige Willenserklärung sind freilich in der Praxis weniger groß, als es scheinen mag. Denn zum einen musste in Frankreich bereits vor der Reform von 2016 die theoretisch bereits eingetretene Verrechnung im Prozess geltend gemacht werden und wurde nicht von Amts wegen beachtet.[21] Vor allem konnte der Schuldner, wenn er die Aufrechnung nicht geltend machte, seinen Gegenanspruch weiterhin einklagen.[22] Seit der Reform lässt Art. 1347 Abs. 2 C.c. Frankreich nF nun ausdrücklich den Eintritt der Aufrechnungswirkung davon abhängen, dass sich der Aufrechnende darauf beruft („sous réserve d'être invoquée"); statt „compensation légale" heißt es im Code civil nur noch „compensation". Damit kommt das französische Recht im Ergebnis dem deutschen praktisch ziemlich nahe.[23] Und auf der anderen Seite entfaltet in England die Aufrechnungslage schon vor und außerhalb eines Prozesses erhebliche materiell-rechtliche Wirkungen.

Da nicht anzunehmen ist, dass der Anknüpfungsgegenstand für die Gerichte eines jeden **6** Mitgliedstaates bei der Anwendung des Art. 17 jeweils ein anderer sein soll, deutet bereits die Verwendung der jeweiligen nationalen Terminologie in den Übersetzungen darauf hin, dass nicht nur die automatische **Verrechnung** und die **Aufrechnung** durch Erklärung, sondern auch die **Aufrechnung im Prozess** erfasst werden.[24] Die Aufrechnung ist, wie Art. 17 sicherstellt, materiell-rechtlich zu qualifizieren.[25] Jedoch ist Art. 17 nur für die materiellen **Voraussetzungen und Folgen** der Aufrechnung, dh die Begründetheit des Einwands, maßgebend.[26] Verfahrensfragen unterstehen der lex fori, wie zB ob die Aufrechnung im Prozess hilfsweise geltend gemacht werden darf oder wie und bis wann die außergerichtlich eingetretene Verrechnung in den Prozess einzuführen ist (→ Rn. 36 ff.).[27] Besonders umstritten ist die Frage, ob das Gericht auch für die Gegenforderung international zuständig sein muss (→ Rn. 40 ff). Das bedeutet, dass ein deutsches Gericht in den Formen seines Prozessrechts durchaus auch über eine Aufrechnung, die englischem Recht untersteht, entscheiden kann.[28] Gegebenenfalls müssen die in England **verfahrensrechtlich** konzipierten oder verstandenen Voraussetzungen **wie materiell-rechtliche** angewandt werden.[29]

---

[17] Rechtsvergleich bei Jansen/Zimmermann/*Fleckner* PECL Vor Art. 13:101 Rn. 7 ff.; *Magnus* in Leible, Das Grünbuch zum internationalen Vertragsrecht, 2004, 209 (212 ff.); *G. Wagner* IPRax 1999, 65 (68 ff.); *R. Zimmermann,* Comparative Foundations of a European Law of Set-Off and Prescription, 2002, 18 ff.; *R. Zimmermann* FS Medicus, 1999, 707 (710 ff.).

[18] *R. Zimmermann* FS Medicus, 1999, 707 (713 ff.); *Koutsoukou,* Die Aufrechnung im europäischen Kollisions- und Verfahrensrecht, 2018, 69 ff.

[19] *Deshayes/Genicon/Laithier,* Réforme du droit des contrats, du régime général et de la preuve des obligations, 2. Aufl. 2018, 878 ff.

[20] BGH NJW 2002, 900; eingehend zB Staudinger/*Bieder/Gursky,* 2022, BGB Vor §§ 387 ff. Rn. 33 ff.; in Österreich Rechberger/*Rechberger,* 3. Aufl. 2006, ZPO §§ 391, 392 Rn. 12.

[21] Cass. req. 11.5.1880, DP 1880.1.470; *Terré/Simler/Lequette,* Les obligations, 11. Aufl. 2013, Nr. 1408; Staudinger/*Magnus,* 2021, Rn. 10: der Richter müsse nicht anlasslos nach möglichen Gegenforderungen „fahnden"; zur vergleichbaren Lösung des Art. 1242 Abs. 1 S. 2 C.c. Italien *Wendelstein* IPRax 2016, 572 (574).

[22] *Collin* RTDciv 2010, 229 Nr. 12; *Terré/Simler/Lequette,* Les Obligations, 11. Aufl. 2013, Nr. 1406 ff.

[23] *Malaurie/Aynès/Stoffel-Munck,* Droit des obligations, 10. Aufl. 2018, Nr. 1191.

[24] Rauscher/*v. Hein* Rn. 3, 9; Staudinger/*Magnus,* 2021, Rn. 7.

[25] *v. Bar/Mankowksi* IPR II § 1 Rn. 915; Erman/*Stürner* Rn. 3; BeckOK BGB/*Spickhoff* Rn. 9; NK-BGB/*Doehner* Rn. 3; *Berner* RabelsZ 87 (2023), 236 (241).

[26] Rauscher/*v. Hein* Rn. 9; *Magnus* in Ferrari/Leible, Ein neues internationales Vertragsrecht für Europa, 2007, 201 (219 f.).

[27] Rauscher/*v. Hein* Rn. 9; *Hellner* in Encyclopedia of Private International Law, 2017, 1634 (1636).

[28] Rauscher/*v. Hein* Rn. 9; *Magnus* in Ferrari/Leible, Ein neues internationales Vertragsrecht für Europa, 2007, 201 (219 f.).

[29] Staudinger/*Magnus,* 2021, Rn. 7; NK-BGB/*Doehner* Rn. 10; Calliess/Renner/*Jarass* Rn. 3; vgl. BGHZ 201, 252 Rn. 23 f. = NJW 2014, 3156: verfahrensrechtliches Erfordernis der Liquidität der Gegenforderung für

7 Das gebotene **autonome Verständnis** der „Aufrechnung“ in Art. 17 muss also die verschiedenen Formen in Europa aufnehmen. Sicher ist das Charakteristikum der „Aufrechnung“ rechtsvergleichend, dass hier zwei Forderungen ohne reale Leistungsbewegung erlöschen, soweit sie sich decken. Die Aufrechnung hat aus der **Sicht des Aufrechnenden** neben der Tilgungsfunktion aber auch die der Vollstreckung (Selbstexekution) und der Sicherung im Hinblick auf eine eventuelle Insolvenz der Gegenpartei, vorausgesetzt sie kann auch noch nach Insolvenzeröffnung geltend gemacht werden.[30] Es scheint auch, dass überall in Europa eine Partei die „Aufrechnung“ der anderen entgegenhalten muss; auch nach reformiertem französischen Recht bleibt die Verrechnung unbeachtet, wenn der Aufrechnende sie nicht geltend macht (→ Rn. 5).[31] Der weite unionsrechtlich-autonome Begriff des Art. 17 erfasst Legalkompensation und Aufrechnung durch rechtsgeschäftliche Erklärung, unabhängig von ihrer Bezeichnung im nationalen Recht, gleichermaßen.[32] **Zusammenfassend** handelt es sich um einen Vorgang, „durch den der Schuldner eine gegen ihn gerichtete (Haupt-)Forderung unter Preisgabe einer eigenen (Gegen-)Forderung zum Erlöschen bringen kann“.[33]

8 Die Vorteilsausgleichung im Rahmen des § 249 BGB ist dagegen **keine „Aufrechnung“**, und erst recht nicht zB die **Saldierung** in der bereicherungsrechtlichen Saldotheorie. In diesen Fällen entstehen von vornherein **keine zwei** Forderungen. Das ist das Merkmal zur Abgrenzung von der Legalkompensation.[34] Die Verrechnung im Rahmen eines **Kontokorrents** fällt zumindest als Verrechnungsvertrag nicht unter Art. 17 (→ Rn. 13).[35]

9 **2. Schuldvertragliche Forderungen und außervertragliche Forderungen.** Der Anwendungsbereich der Rom I-VO und damit auch des Art. 17 ist auf **vertragliche Schuldverhältnisse** beschränkt. Unproblematisch erfasst ist damit die Aufrechnung zweier schuldvertraglicher Forderungen, auch wenn diese nicht aus demselben Vertragsverhältnis stammen. Hieraus ist aber nicht zu folgern, dass beide Forderungen vertraglicher Natur sein müssen. Wenn wenigstens die **Hauptforderung aus einem vertraglichen Schulverhältnis** stammt, kann, da ihr Statut allein Maß gibt, die **Aufrechnungsforderung** anderer Natur sein. Dafür braucht man nicht unbedingt eine Analogie.[36]

10 Problematisch ist die Aufrechnung gegen eine außervertraglich zu qualifizierende Hauptforderung. Eine unmittelbare Anwendung des Art. 17 ginge über die Anwendungsgrenzen der europäischen Verordnungen hinweg.[37] Die Rom II-VO enthält dazu freilich keine ausdrückliche Kollisionsnorm. Vielmehr erstreckt darin lediglich Art. 15 lit. h Rom II-VO – wie das internationale Vertragsrecht vor der Rom I-VO (→ Rn. 2)[38] – das Deliktsstatut auf das „Erlöschen von Verpflichtungen“. Für die Aufrechnung gegen eine **außervertragliche Hauptforderung** wäre dann aber ebenso zu beantworten, ob deren Statut allein oder aber nach einer Kumulationslösung nur gemeinsam mit dem Statut der Gegenforderung maßgeblich sein soll; denn auch deren Erlöschen ließe sich unter Art. 15 lit. h Rom II-VO subsumieren. Vorgeschlagen wird daher teilweise eine Anwendung des Art. 15 lit. h Rom II-VO im Lichte des Art. 17 mit der Folge, dass es allein auf das Statut der Hauptforderung ankomme.[39] Vorzugswürdig ist jedoch eine analoge Anwendung des Art. 17, und zwar sowohl für die Aufrechnung einer vertraglichen Gegenforderung gegen eine außervertragliche

---

italienische *compensazione giudiziale* untersteht dem Aufrechnungsstatut; näher *Wendelstein* IPRax 2016, 572 (574 f.); s. auch BGH NJW 1960, 1720 (1721) zum Parallelproblem bei der Verjährung.

[30] *G. Wagner* IPRax 1999, 65 (70); *Jud* IPRax 2005, 104 (107); *Terré/Simler/Lequette/Chénédé,* Droit civil. Les obligations, 13. Aufl. 2022, Nr. 1678; Jansen/Zimmermann/*Fleckner* PECL Vor Art. 13:101 Rn. 27; → Rn. 1.

[31] Jansen/Zimmermann/*Fleckner* PECL Art. 13:104 Rn. 5, 9; Staudinger/*Magnus,* 2021, Rn. 5 mit Hinweis auf Art. III.-6:101 DCFR; *Hellner* in Encyclopedia of Private International Law, 2017, 1634: „Although set-off in certain laws in theory operates automatically, in practice set-off has to be invoked“.

[32] Staudinger/*Magnus,* 2021, Rn. 6 mwN; Grüneberg/*Thorn* Rn. 1; BeckOGK/*Thole* Rn. 19.

[33] *Lieder* RabelsZ 78 (2014), 809 (821); Rauscher/*v. Hein* Rn. 3; ähnlich Staudinger/*Magnus,* 2021, Rn. 5; BeckOGK/*Thole* Rn. 17; *Koutsoukou,* Die Aufrechnung im europäischen Kollisions- und Verfahrensrecht, 2018, 184 ff.

[34] Ebenso BeckOGK/*Thole* Rn. 21.

[35] Ferrari IntVertrR/*Kieninger* Rn. 1; Staudinger/*Magnus,* 2021, Rn. 6.

[36] Staudinger/*Magnus,* 2021, Rn. 15; BeckOGK/*Thole* Rn. 11; Erman/*Stürner* Rn. 3; Reithmann/Martiny IntVertragsR/*Martiny* Rn. 3.227; wohl auch Rauscher/*v. Hein* Rn. 7.

[37] Sie betont → 8. Aufl. 2021, Rn. 8 f. *(Spellenberg)*: „zu kühn“, damit indes auch eine Analogie ausschließend; gleichsinnig *Ten Wolde* in Magnus/Mankowski Rn. 12; aA Rauscher/*v. Hein* Rn. 7: teleologische und weite Auslegung des Art. 17; *Leible/Lehmann* RIW 2008, 528 (542).

[38] *Hellner* in Ferrari/Leible, Rome I Regulation, 2009, 251 (264).

[39] *Hellner* in Ferrari/Leible, Rome I Regulation, 2009, 251 (263 ff.); *Nordmeier* in Gebauer/Wiedmann, EurZivilR, 3. Aufl. 2021, Rn. 2; BeckOGK/*Thole* Rn. 12 f.: Art. 17 als „Auslegungshilfe“; Calliess/Renner/*Jarass* Rn. 9; wohl auch *Ten Wolde* in Magnus/Mankowski ECPIL Rn. 12; so auch noch → 8. Aufl. 2021, Rn. 9 *(Spellenberg)*.

Hauptforderung[40] als auch für die Aufrechnung zweier außervertraglicher Forderungen.[41] Während Art. 17 den Art. 12 Abs. 1 lit. d um eine Sonderregelung der Aufrechnung ergänzt, um die in → Rn. 2 beschriebene Problematik zu entscheiden, fehlt eine derartige Ergänzung zu Art. 15 lit. h Rom II-VO.[42] Der Art. 17 zugrundeliegende Rechtsgedanke trägt jedoch auch außerhalb des Vertragsrechts;[43] er findet sich ebenso in Art. 9 EuInsVO (→ Rn. 15).[44] Die Analogiebildung unterscheidet sich für deliktische Hauptforderungen im Ergebnis nicht von der Anwendung des Art. 15 lit. h Rom II-VO, führt aber auch dann zu einer Lösung, wenn zumindest eine der Forderungen außerhalb des Anwendungsbereichs von Rom I-VO und Rom II-VO liegt. In allen Fällen richtet sich somit die Aufrechnung nach dem Statut der Hauptforderung. Seinem Regelungsgegenstand angemessen wäre eine Verallgemeinerung des Art. 17 in einer Rom 0-VO, die es freilich noch nicht gibt.[45]

3. Verhältnis zum CISG. Das CISG hat als internationales Sachrecht in seinem Regelungsbereich Vorrang vor dem Kollisionsrecht. Eine ausdrückliche Regelung der Aufrechnung enthält es aber trotz deren praktischer Bedeutung nicht. Zum Umgang mit dieser Lücke sind drei Fälle zu unterscheiden (→ 8. Aufl. 2019, CISG Art. 4 Rn. 36 ff.): (1) Unterliegen nicht beide beteiligten Forderungen dem CISG (sog. **„konventionsfremde Forderungen"**), besteht nach einhelliger Ansicht eine externe Lücke, die unter Rückgriff auf das IPR und damit auf Art. 17 zu schließen ist.[46] Dies muss auch dann gelten, wenn allein auf die Hauptforderung das CISG anwendbar ist, wobei deren somit maßgebliches Statut für die Aufrechnung ohne Rücksicht auf das CISG zu bestimmen ist.[47] (2) Sofern hingegen auf beide beteiligten Forderungen das CISG anwendbar ist (sog. **„konventionsinterne Forderungen"**) und diese aus demselben unter das CISG fallenden Vertrag stammen („vertragsinterne Aufrechnung"[48]), ist die Lösung umstritten. Teilweise wird auch in diesem Fall angenommen, dass das CISG die Aufrechnung nicht regelt und ein Aufrechnungsstatut nach IPR zu ermitteln ist.[49] Eine mittlerweile vom BGH geteilte Gegenansicht geht demgegenüber von einer internen Lücke aus, die gemäß Art. 7 Abs. 2 CISG zunächst aus dem CISG heraus zu schließen sei: Aus den Art. 58 Abs. 1 S. 2 CISG, Art. 81 Abs. 2 CISG (Zug-um-Zug-Grundsatz) sowie den Art. 84 Abs. 2, 88 Abs. 3 CISG (Verrechnung bestimmter Geldansprüche) lasse sich ein dem CISG immanenter allgemeiner Grundsatz der Zulässigkeit der Aufrechnung ableiten.[50] Den genannten Vorschriften sei verallgemeinerungsfähig zu entnehmen, dass die 11

[40] Ferrari IntVertrR/*Kieninger* Rn. 2; *Lieder* RabelsZ 78 (2014), 809 (823 ff.); Staudinger/*Magnus,* 2021, Rn. 15; BeckOGK/*Thole* Rn. 12: soweit Hauptforderung außerhalb der Rom II-VO.

[41] *Lieder* RabelsZ 78 (2014), 809 (823 ff.); Ferrari IntVertrR/*Kieninger* Rn. 2; Rauscher/*v. Hein* Rn. 7; Staudinger/*Magnus,* 2021, Rn. 15; Grüneberg/*Thorn* Rn. 1; NK-BGB/*Doehner* Rn. 5; BeckOGK/*Thole* Rn. 13, soweit Hauptforderung außerhalb der Rom II-VO; *Koutsoukou,* Die Aufrechnung im europäischen Kollisions- und Verfahrensrecht, 2018, 227 ff.; offengelassen in OGH ZfRV 2014, 182 = BeckRS 2016, 81222.

[42] *Hellner* in Ferrari/Leible, Rome I Regulation, 2009, 251 (264); Staudinger/*Magnus,* 2021, Rn. 15 mit Hinweis auf die „Regelungseinheit" beider Verordnungen, Erwägungsgrund 7.

[43] Rauscher/*v. Hein* Rn. 7: „generalisierungsfähige[r], nicht vertragsrechtsspezifische[r] Rechtsgedanke des allgemeinen Schuldrechts"; *Lieder* RabelsZ 78 (2014), 809 (824).

[44] BeckOGK/*Thole* Rn. 12 f.

[45] *Magnus* in Ferrari/Leible, Ein neues internationales Vertragsrecht für Europa, 2007, 201 (208); → 8. Aufl. 2021, Rn. 9 *(Spellenberg).*

[46] BGHZ 201, 252 Rn. 18 = NJW 2014, 3156; BGHZ 186, 81 = NJW 2010, 3452; OLG Oldenburg IHR 2013, 63; OLG Stuttgart OLGR 2005, 362; OLG Düsseldorf IHR 2005, 29; OLG Düsseldorf IHR 2004, 203; OLG Stuttgart IPRax 1996, 139 m. zust. Anm. *Kronke;* Schlechtriem/Schwenzer/Schroeter/*Ferrari* CISG Art. 4 Rn. 39; *Hellner* in Encyclopedia of Private International Law, 2017, 1634 (1635); *Kindler* IPRax 1996, 16 (18 ff.); Staudinger/*Magnus,* 2021, Rn. 19; MüKoHGB/*Mankowski* CISG Art. 4 Rn. 21; *Piltz* Int. KaufR Rn. 2–164; BeckOK BGB/*Saenger* CISG Art. 4 Rn. 21; abzulehnen AG Frankfurt IPRax 1991, 345 m. abl. Anm. *Jayme* (lex fori); ebenso öst. OGH IHR 2002, 24; schweiz. BG IHR 2004, 252.

[47] BGHZ 201, 252 Rn. 18 = NJW 2014, 3156; BGHZ 186, 81 = NJW 2010, 3452; OLG Stuttgart OLGR 2005, 362.

[48] MüKoHGB/*Mankowski* CISG Art. 4 Rn. 21.

[49] OLG Koblenz IHR 2013, 60; OLG Köln IHR 2008, 181; OLG Hamm IPRax 1996, 269 m. zust. Anm. *Schlechtriem* IPRax 1996, 256; OLG Koblenz RIW 1993, 934; Schlechtriem/Schwenzer/Schroeter/*Ferrari* CISG Art. 4 Rn. 39 mwN; *Förster* NJW 2015, 830 (832 f.); *Hellner* in Ferrari/Leible, Rome I Regulation, 2009, 251; *Huber* IPRax 2017, 268 (271 f.); BeckOK BGB/*Spickhoff* Rn. 8; MüKoHGB/*Mankowski* CISG Art. 4 Rn. 22 ff., mit Ausnahme für die Verrechnung von Kaufpreisrückzahlung und Wertersatz nach Vertragsaufhebung.

[50] BGHZ 202, 258 = NJW 2015, 867; zuvor bereits OLG Hamburg IHR 2001, 19 (22); Staudinger/*Magnus,* 2021, Rn. 20 mwN; *Magnus* in Leible, Das Grünbuch zum internationalen Vertragsrecht, 2004, 209 (220 ff.); Kröll/Mistelis/Pirales Viscasillas/*Djordjević,* 2. Aufl. 2018, CISG Art. 4 Rn. 39 ff. mN zur int. Rspr.; *Janert,* Die Aufrechnung im internationalen Vertragsrecht, 2002, 69 ff.

Aufrechnung eine Erklärung voraussetze und nur bei gegenseitigen Geldforderungen in Betracht komme. (3) Im Fall konventionsinterner Forderungen, die jedoch nicht einem einheitlichen Vertragsverhältnis entstammen („vertragsexterne Aufrechnung"), geht jedoch auch der BGH weiterhin von einer externen, mit Hilfe des IPR zu schließenden Lücke aus; die Parteien seien allenfalls in der Lage, durch Vereinbarung die Aufrechnung den CISG-Grundsätzen zu unterstellen.[51] Der CISG Advisory Council will hingegen in seiner Opinion No. 18 weitergehend auch diesen Fall als interne Lücke behandeln und nach allgemeinen Grundsätzen des CISG schließen,[52] was in der Tat als konsequent erscheinen muss.[53]

12 In einfachen Fällen der Verrechnung gegenseitiger konventionsinterner Geldforderungen sind die praktischen Vorteile einer „homogenen" CISG-immanenten Lösung kaum von der Hand zu weisen, macht sie doch die Ermittlung eines ausländischen Aufrechnungsrechts entbehrlich.[54] Jedoch stößt diese Lösung in komplexeren Fällen, mit denen sich die Rspr. bereits befassen musste, an ihre Grenzen, wenn dem CISG über die ganz grundlegenden, nahezu überall akzeptierten Rahmenbedingungen der Aufrechnung (einschließlich der Notwendigkeit einer Geltendmachung durch den Schuldner der Hauptforderung; → Rn. 5)[55] hinaus nicht mehr genug „allgemeine Grundsätze" (Art. 7 Abs. 2 CISG) für die Durchführung der Aufrechnung entnommen werden können.[56] Zwar ist nicht mit gewichtigen Aufrechnungsverboten gegen schuldvertragliche Forderungen zu rechnen,[57] jedoch kann man den vom BGH herangezogenen Anhaltspunkten im CISG zB nicht entnehmen, auf welchen Zeitpunkt die Aufrechnung wirkt,[58] wie mit Währungsverschiedenheit umzugehen ist oder ob die Gegenforderung liquide oder nicht verjährt sein muss. Diese Lücken sind auch nicht kleiner, wenn die Forderungen aus demselben Vertrag stammen. Transnationale Regelwerke wie Art. 8.1–8.5 PICC (UNIDROIT Principles of International Commercial Contracts 2016) enthalten zwar einheitliche Aufrechnungsregeln, bilden aber nicht zwingend „allgemeine Grundsätze" des CISG ab.[59] Voraussetzungen und Wirkungen der Aufrechnung sollten daher weiterhin **in allen drei Fällen dem nach Art. 17 anwendbaren unvereinheitlichten Recht** entnommen werden.

13 **4. Ausschluss des Aufrechnungsvertrags.** Art. 17 gilt nicht für eine „Vereinbarung des Rechts zur Aufrechnung". Der französische Text spricht von der „Vereinbarung … über die Möglichkeit, eine Aufrechnung vorzunehmen".[60] Das ist weder dasselbe wie die Erklärung der Aufrechnung noch wie ein Aufrechnungsvertrag, mit dem die Parteien eine Aufrechnung gemeinsam tatsächlich vornehmen.[61] So ist unklar, was mit diesem Vorbehalt gemeint sein soll. Die Erwägungsgründe und der Bericht im europäischen Parlament[62] sagen dazu nichts, obwohl dieser Vorbehalt so erst vom Parlament eingefügt wurde. Im Kommissionsentwurf hieß es noch einfach „gesetzliche Aufrechnung",[63] und das Grünbuch vom 14.1.2003 stellte die „gesetzliche Aufrechnung" in Gegensatz zum Aufrechnungsvertrag.[64] Dass die neue Formulierung nicht erläutert

---

[51] BGHZ 202, 258 Rn. 60 = NJW 2015, 867 (872) – im Fall: konkludente Rechtswahl im Prozess!; ebenso der schwedische Högsta Domstolen IHR 2021, 187; Kröll/Mistelis/Pirales Viscasillas/*Djordjević,* 2. Aufl. 2018, CISG Art. 4 Rn. 41.

[52] CISG-AC Opinion No 18, Set-off under the CISG (rapporteur: *Fountoulakis*), IHR 2020, 35; ebenso Schlechtriem/Schwenzer/Schroeter/*Fountoulakis* CISG Art. 81 Rn. 21 f. mwN; Staudinger/*Magnus,* 2021, Rn. 20; offenbar auch, allerdings ohne Problembewusstsein, OLG Naumburg NJW 2020, 476; dazu *Fountoulakis* IHR 2020, 9 (11).

[53] *Magnus* ZEuP 2017, 140 (149); *Huber* IPRax 2017, 268 (272); BeckOK BGB/*Spickhoff* Rn. 8; vgl. *Förster* NJW 2015, 830 (833): Vermeidung eines „gespaltenen Aufrechnungsstatut[s]".

[54] Schlechtriem/Schwenzer/Schroeter/*Fountoulakis* CISG Art. 81 Rn. 21; Staudinger/*Magnus,* 2021, Rn. 20; dies konzedierend *Huber* IPRax 2017, 268 (272).

[55] BGHZ 202, 258 = NJW 2015, 867; Schlechtriem/Schwenzer/Schroeter/*Fountoulakis* CISG Art. 81 Rn. 21; aA Schlechtriem/Schwenzer/Schroeter/*Ferrari* CISG Art. 4 Rn. 39.

[56] MüKoHGB/*Mankowski* CISG Art. 4 Rn. 22 ff.; BeckOK BGB/*Spickhoff* Rn. 8; BeckOGK/*Thole* Rn. 16; *Huber* IPRax 2017, 268 (272).

[57] So ein Einwand von *Schlechtriem/Schroeter,* Int. UN-KaufR, 7. Aufl. 2022, Rn. 244.

[58] *Förster* NJW 2015, 830 (832); aA Schlechtriem/Schwenzer/Schroeter/*Fountoulakis* CISG Art. 81 Rn. 21: Eintritt der Aufrechnungswirkung mit Absenden der Erklärung in Anlehnung an Art. 27 CISG. Diese Lösung findet freilich weder in den nationalen Rechten noch in den transnationalen Regelwerken Rückhalt, vgl. Jansen/Zimmermann/*Fleckner* PECL Art. 13:106 Rn. 4 ff.

[59] MüKoHGB/*Mankowski* CISG Art. 4 Rn. 24: „ausfüllender oder vergleichender Rekurs … erscheint gewagt"; aA Schlechtriem/Schwenzer/Schroeter/*Fountoulakis* CISG Art. 81 Rn. 21.

[60] Frz. Text: „accord entre les parties sur la possibilité de procéder à une compensation".

[61] Dazu *Berger,* Der Aufrechnungsvertrag, 1996, 82 ff.

[62] PE-Cons 3691/07.

[63] Art. 16 KOM(2005) 650 endg.; dazu *Max Planck Institute* RabelsZ 71 (2007), 225 (332 f.).

[64] KOM(2002) 654 endg. Nr. 3.2.15.1.

wird, spricht dafür, dass keine inhaltliche Änderung beabsichtigt war, so dass in der Tat der **Aufrechnungsvertrag,** mit dem die Parteien – wie etwa bei Verrechnungsabreden *(clearing, netting)* oder bei der Kontokorrentabrede – **einvernehmlich** ihre gegenseitigen Forderungen ausgleichen, ausgeschlossen sein soll und daher **nicht Art. 17** unterfällt.[65] Für diese Ausklammerung des Aufrechnungsvertrags spricht, dass dieser es in der Regel nicht erlaubt, eine Forderung als „Hauptforderung" zu identifizieren.[66] Die Aufrechnung, die Art. 17 meint, ist die einseitig erklärte oder die Legalkompensation.

Jedoch fällt auch der **Aufrechnungsvertrag** in den Anwendungsbereich der Rom I-VO, und **14**
zwar unabhängig von der Rechtsnatur der verrechneten Forderungen. Er muss nach deren allgemeinen Regeln angeknüpft werden. Eine Rechtswahl macht ggf. keine Schwierigkeiten und geht vor (Art. 3 Rom I-VO). Die objektive Anknüpfung mangels Rechtswahl ist schwierig, weil keine charakteristische Leistung festzustellen ist. Damit muss, sofern die Aufrechnungsabrede nicht – wie meist – mit einem Hauptvertrag verbunden ist, dessen Statut sich dann auf die Aufrechnung erstreckt, nach Art. 4 Abs. 4 die engste Beziehung nach den Umständen ermittelt werden. Das weitere ist bei → Art. 12 Rn. 105 f. behandelt.

5. Sonderregelungen. Die Aufrechnung in der **Insolvenz** folgt eigenen Regeln des **15**
internationalen Insolvenzrechts, insbesondere Art. 9 EuInsVO. Die lex concursus legt namentlich fest, ob die Aufrechnung trotz Eröffnung des Insolvenzverfahrens noch zulässig ist, sowie die Voraussetzungen für deren Wirksamkeit (Art. 7 Abs. 2 lit. d EuInsVO; → EuInsVO Art. 7 Rn. 22 ff.).[67] Die RL 2002/47/EG über Finanzsicherheiten enthält wohl in Art. 9 RL 2002/47/EG ebenfalls eine Sonderregelung,[68] ebenso Art. 2 lit. a RL 98/26/EG.[69]

III. Anknüpfung

1. Statut der Hauptforderung. Es gilt – ohne Ausweichklausel[70] – das Statut der Hauptfor- **16**
derung. Diese wird – außerhalb eines Prozesses – durch die **Erklärung** der aufrechnenden Partei festgelegt (→ Rn. 3).[71] Wer hier die Initiative ergreift, muss das Statut der Forderung des Gegners akzeptieren. Das kann bedeuten, dass die Aufrechnung nach diesem Recht anders als nach dem Statut der Gegenforderung nicht möglich ist. Dann bleibt dem Aufrechnungswilligen nur die separate Klage, falls nicht die Gegenseite ihrerseits vorher die Aufrechnung erklärt. Im Prozess ist ipso facto die Klagforderung Hauptforderung und bei der Widerklage entsprechend die Widerklagforderung. Ob es zur Aufrechnung im Prozess kommt, entscheidet allein der (Wider-)Beklagte.

Die Feststellung der Hauptforderung erscheint problematisch, wenn es sich um eine **Legalkom- 17**
pensation des romanischen Typs handelt, sofern diese materiell keine Erklärung der Aufrechnung verlangt.[72] Da jedoch, wenn der betreffende Gläubiger die Verrechnung nicht hinnimmt, die Frage ihrer Wirksamkeit mit einer Zahlungsklage vor Gericht kommt, kann man Art. 17 mit der Maßgabe anwenden, dass die Hauptforderung die ist, gegen die die Verrechnung im Prozess geltend gemacht wird.[73] Doch auch außerprozessual kann als Hauptforderung diejenige Forderung identifiziert werden, die zuerst erhoben wird und auf deren Erlöschen infolge Legalkompensation sich deren Schuldner beruft.[74] Insofern liegt Art. 17 ein „Prinzip der zeitlichen Priorität" zugrunde,[75] und zwar auch

---

65 *Hellner* in Ferrari/Leible, Rome I Regulation, 2009, 251 (260 ff.) mit Hinweisen zur Entstehung; *Magnus* in Ferrari/Leible, Ein neues internationales Vertragsrecht für Europa, 2007, 201 (224); Rauscher/*v. Hein* Rn. 12; Reithmann/Martiny IntVertragsR/*Martiny* Rn. 3.228; NK-BGB/*Doehner* Rn. 1.

66 Rauscher/*Freitag* Art. 12 Rn. 26; s. aber *Hellner* in Encyclopedia of Private International Law, 2017, 1634 (1638).

67 Näher BeckOGK/*Thole* Rn. 61 ff.; *Bork* ZIP 2002, 690; *Mankowski* NZI 2020, 43 (44) zu EuGH NZI 2020, 41 – CeDeGroup; *Leible/Freitag,* Forderungsbeitreibung in der EU, 2008, § 9 Rn. 61 ff.; BGHZ 217, 300 = NJW 2018, 2404; zur Aufrechnung nach dem Insolvenzstatut BGHZ 95, 256 = NJW 1985, 2897; zu Klagen des Insolvenzverwalters auf Kaufpreis aus CISG und Aufrechnung mit Gegenforderungen BGH RIW 2015, 839.

68 *Magnus* in Leible, Das Grünbuch zum internationalen Vertragsrecht, 2004, 209 (218).

69 *Hellner* in Encyclopedia of Private International Law, 2017, 1634 (1638); vgl. auch Erwägungsgrund 31.

70 *Koutsoukou,* Die Aufrechnung im europäischen Kollisions- und Verfahrensrecht, 2018, 189 f.

71 *Leible/Lehmann* RIW 2008, 528 (542); BeckOGK/*Thole* Rn. 20.

72 Das war ein wichtiges Argument für die franz. Kumulationstheorie (→ Rn. 2).

73 *Leible/Lehmann* RIW 2008, 528 (542); Staudinger/*Magnus,* 2021, Rn. 23; Rauscher/*v. Hein* Rn. 11; *Lagarde* Rev. crit. dr. int. pr. 2006, 346; OLG Hamm IPRspr. 2004 Nr. 36 Rn. 45 f. zu Art. 32 Abs. 1 Nr. 4 EGBGB aF.

74 *v. Bar/Mankowski* IPR II § 1 Rn. 917; Rauscher/*v. Hein* Rn. 11; *Lieder* RabelsZ 78 (2014), 809 (826); Staudinger/*Magnus,* 2021, Rn. 23; Reithmann/Martiny IntVertragsR/*Martiny* Rn. 3.229.

75 *Mankowski* JZ 2015, 50 (51 Fn. 15).

dann, wenn sich sukzessive beide Parteien auf eine Legalkompensation berufen. In diesem Fall Haupt- und Gegenforderung danach zu bestimmen, wer von der Aufrechnung mehr profitiere und daher weniger schutzwürdig sei,[76] erscheint gegenüber der Klarheit des Prioritätsprinzips die kompliziertere Lösung. Für das französische Recht ist die Problematik durch die gesetzgeberische Klarstellung, wonach sich der Schuldner auf die Aufrechnung berufen muss (→ Rn. 5), ohnehin entschärft.

18 Diese Grundsätze gelten ebenso für die **Prozessaufrechnung des englischen Rechts.** Nicht sachgerecht ist eine früher teilweise vertretene Ansicht, die der prozessualen Einordnung der Aufrechnung in England eine „hypothetische Rückverweisung" auf die deutsche lex fori entnahm.[77] Diese Ansicht widerspricht der materiell-rechtlichen Qualifikation der Aufrechnung (→ Rn. 4; → Rn. 6) sowie dem **Ausschluss des Renvoi** in Art. 20.[78]

19 Eine (auch nachträgliche, Art. 3 Abs. 2)[79] **Wahl des Aufrechnungsstatuts** durch die Parteien ist nach Maßgabe des Art. 3 zulässig.[80] Dies ergibt sich zumindest aus der Möglichkeit einer Teilrechtswahl (Art. 3 Abs. 1 S. 3) für die Hauptforderung.[81] Freilich wird eine Rechtswahl meist in eine außerhalb des Art. 17 liegende Aufrechnungsabrede (→ Rn. 13 f.) eingebettet sein.[82] Häufiger dürfte eine mittelbare Wahl des Aufrechnungsstatuts durch Rechtswahl für die Hauptforderung sein.[83]

20 **2. Reichweite des Aufrechnungsstatuts.** Das Aufrechnungsstatut gilt umfassend. Das Recht der Hauptforderung bestimmt zunächst, ob die **Aufrechnung erklärt** werden muss **oder ipso jure** durch Verrechnung eintritt (und aber dann im Prozess geltend zu machen ist) (→ Rn. 4 f.; → Rn. 17).[84] Auch wenn der Unterschied praktisch nicht mehr groß ist, musste sich der Gesetzgeber kollisionsrechtlich in dieser Hinsicht für eine Anknüpfung entscheiden mit Wirkung zB dafür, wann die Erklärung abzugeben ist.

21 Das Statut bestimmt weiter über gesetzliche **Aufrechnungsverbote.**[85] Solche Verbote sollen dem Gläubiger eine tatsächliche Leistung sichern. Schuldvertragliche Forderungen betrifft das wohl eher selten, ist aber nicht auszuschließen.[86] Das Statut der Hauptforderung gilt so für die Frage, ob zB **gegen** eine Hauptforderung bestimmter Art oder eine noch nicht fällige oder bereits verjährte oder sonst **einredebehaftete Hauptforderung**[87] aufgerechnet werden kann. Aufrechnungsverbote nach dem Statut der Gegenforderung sind dagegen hier nicht zu beachten.[88] Ebenfalls dem Statut der Haupt- bzw. Passivforderung zu entnehmen sind Verbote, **mit** bestimmten oder einredebehafteten Forderungen (zB § 390 BGB) aufzurechnen (→ Rn. 26).[89] Schließlich sagt das Statut der Hauptforderung auch, ob gesetzliche Aufrechnungsverbote abdingbar sind.

22 Soweit das nach dem für die Hauptforderung geltenden Vertragsstatut möglich und wirksam ist, können die Parteien in ihrem Hauptvertrag die **Aufrechnung ausschließen** oder durch Bedingungen, zB dass die Gegenforderung tituliert oder unbestritten sein müsse, einschränken.[90] Vertragliche Verbote, **gegen** eine Forderung aufzurechnen, kommen wohl vor allem in AGB[91] vor. Ein

---

[76] Dafür *v. Bar/Mankowski* IPR II § 1 Rn. 917; *Mankowski* IHR 2008, 133 (151) für „Problemfälle …, in denen sich entweder beide Parteien gleichermaßen auf die Aufrechnung berufen oder aber in denen das Gericht … den Parteien zuvorkommt".

[77] *Habscheid* FS Neumayer, 1985, 263 (268 ff.); *Neuhaus* IPR § 36 V 3; *Kegel/Schurig* IPR § 18 V (S. 754).

[78] Ebenso Staudinger/*Magnus,* 2021, Rn. 16; Reithmann/Martiny IntVertragsR/*Martiny* Rn. 2.230; BeckOGK/*Thole* Rn. 38; *Mankowski* JZ 2015, 50 (52).

[79] Rauscher/*v. Hein* Rn. 10.

[80] *Lieder* RabelsZ 78 (2014), 809 (825); Staudinger/*Magnus,* 2021, Rn. 21; *Ten Wolde* in Magnus/Mankowski ECPIL Rn. 23; *Koutsoukou,* Die Aufrechnung im europäischen Kollisions- und Verfahrensrecht, 2018, 193 f.; aA HK-BGB/*Staudinger* Rn. 2.

[81] *Lieder* RabelsZ 78 (2014), 809 (825).

[82] Insoweit zutr. HK-BGB/*Staudinger* Rn. 2.

[83] Staudinger/*Magnus,* 2021, Rn. 21; *Thorn/Nickel* IPRax 2018, 541 (542).

[84] Reithmann/Martiny IntVertragsR/*Martiny* Rn. 3.229; BeckOGK/*Thole* Rn. 27.

[85] Staudinger/*Magnus,* 2021, Rn. 27; Erman/*Stürner* Rn. 4; wohl unstr.

[86] Beispiele: § 394 S. 1 BGB: unpfändbare Forderungen, die auch vertragliche sein können; Art. 1347-2 C.civ. Frankreich; außerhalb der Schuldverträge sind Forderungen aus vorsätzlich unerlaubter Handlung oder auf Unterhalt zu nennen; Staudinger/*Magnus,* 2021, Rn. 27.

[87] *Hellner* in Ferrari/Leible, Rome I Regulation, 2009, 251 (259); rechtsvergleichend *R. Zimmermann* FS Medicus, 1999, 707 (731 f.).

[88] Staudinger/*Magnus,* 2021, Rn. 27.

[89] Staudinger/*Magnus,* 2021, Rn. 27.

[90] Staudinger/*Magnus,* 2021, Rn. 27.

[91] Zu ihrer begrenzten Wirksamkeit in Österreich vgl. OGH JBl. 1984, 147; 1970; 254; in England Stewart Gill Ltd. v. Horatio Myer & Co Ltd. [1992] All E. R. 257; dazu *Vorpeil* RIW 1993, 718; zum deutschen Recht OLG Köln RIW 1994, 599.

Verbot ist zB in einer Vereinbarung gesehen worden, die Lieferungen stets „netto Kasse" oder per Scheck zu bezahlen.[92] Stammen Haupt- und Gegenforderung aus verschiedenen Verträgen jeweils mit konträren Aufrechnungsbestimmungen, gelten doch nur die der Forderung, gegen die aufgerechnet werden soll. Gleiches gilt für vertragliche **Erleichterungen** der gesetzlichen Aufrechnungsvoraussetzungen.[93] Zustandekommen und Wirksamkeit derartiger Abreden unterliegen als Vorfrage ihrem eigenen Vertragsstatut.[94]

Denkbar ist auch die Vereinbarung, dass **mit** einer bestimmten **Forderung** nicht aufgerechnet werden dürfe. Das Statut dieser Vereinbarung muss aber nicht zwingend das der noch nicht feststehenden späteren Hauptforderung sein, das dann nach Art. 17 die Aufrechnung selbst beherrscht. Ob solche Vereinbarungen dann die Aufrechnung ausschließen können, muss das Aufrechnungsstatut entscheiden. Ob sie wirksam sind, sagt dagegen ihr Statut. Praktisch bedeutsam ist vor allem die Frage, ob die Vereinbarung eines ausschließlichen Gerichtsstandes für die Gegenforderung **zugleich ein** – eventuell prozessual zu qualifizierendes – **Verbot** enthält, mit dieser vor einem anderen Gericht, bei dem dann die Hauptforderung eingeklagt wird, aufzurechnen (→ Rn. 56). **23**

Das Recht der Hauptforderung entscheidet über die Voraussetzung der **Gegenseitigkeit,**[95] die bei Aufrechnung durch oder gegen Dritte wie Mitschuldner, Bürgen, Gesellschafter, Vertreter oder Mandanten, Zessionare, Erben bei auf den Nachlass beschränkter Haftung[96] zweifelhaft sein kann. §§ 406 und 407 BGB enthalten zB die Bestimmung, dass der Schuldner nach einer Abtretung auch gegen einen neuen Gläubiger mit einer Forderung gegen den bisherigen aufrechnen kann, solange er die Gegenforderung vor der Abtretung erworben oder von der Abtretung keine Kenntnis hatte. §§ 406 f. BGB verzichten so auf das Erfordernis der Gegenseitigkeit.[97] Das gilt, wenn die Aufrechnungslage vor der Abtretung der Hauptforderung bestand und, solange der Schuldner die Abtretung nicht kennt, auch für einen nachträglichen Erwerb der Gegenforderung. Über die Zulässigkeit einer Aufrechnung nach Abtretung entscheidet das Recht, welches gemäß Art. 14 für die Abtretung gilt.[98] Maßgebend ist dann Art. 14 Abs. 2, demzufolge der Schuldner der Hauptforderung durch deren Abtretung keine Verschlechterung seiner Stellung erleiden soll. Auf diesem Weg gelangt man wieder zum Statut der Hauptforderung. **24**

Das Aufrechnungsstatut entscheidet weiter, ob eine **Konnexität**[99] der beiden Forderungen nötig ist oder besondere Folgen hat,[100] sowie über das Erfordernis der **Gleichartigkeit** und deren Voraussetzungen zB nach §§ 387, 391 BGB (→ BGB § 387 Rn. 34). Zur (streitigen) Gleichartigkeit bei währungsverschiedenen Geldforderungen → Rn. 29 ff. **25**

Das Statut der Hauptforderung setzt allgemein fest, welchen **Anforderungen** die **Aufrechnungsforderung** entsprechen muss, insbesondere, ob ihre Verjährung[101] oder sonstige **Einreden** die Aufrechnung hindern. Es sagt, ob die Aufrechnungsforderung **fällig,**[102] **liquide,**[103] dh dem Grunde und der Höhe nach unstreitig oder unbestreitbar oder gar **ausgeurteilt sein muss,**[104] und ob die dafür nötigen Feststellungen noch im Prozess nach Erklärung der Aufrechnung zu treffen **26**

---

[92] Ersteres kraft Handelsbrauchs OLG Hamburg TranspR 1999, 37; letzteres OLG München RIW 1998, 559 für Italien; zur Klausel „CAD" OLG Dresden IHR 2001, 18.

[93] BeckOGK/*Thole* Rn. 23 f.; Ferrari IntVertrR/*Kieninger* Rn. 4.

[94] BeckOGK/*Thole* Rn. 23 ff.

[95] *Hellner* in Encyclopedia of Private International Law, 2017, 1634 (1636); Staudinger/*Magnus,* 2021, Rn. 29.

[96] Ebenso für Testamentsvollstrecker, Nachlassverwalter, Treuhänder und Trustees, die neben ihrem eigenen Vermögen noch fremdes Vermögen halten.

[97] Staudinger/*Busche,* 2022, BGB § 406 Rn. 13 f., 17.

[98] Staudinger/*Magnus,* 2021, Rn. 33; Rauscher/*Freitag* Art. 14 Rn. 31; Rauscher/*v. Hein* Rn. 16; anders BeckOGK/*Thole* Rn. 17: Aufrechnungsstatut.

[99] EuGH Slg. 1985, 787 = RIW 1985, 313 mAnm *Rauscher* = IPRax 1986, 27 mAnm *Gottwald* IPRax 1986, 10 = NJW 1985, 2893 – Spitzley/Sommer; Staudinger/*Magnus,* 2021, Rn. 30; Grüneberg/*Thorn* Rn. 2; BeckOGK/*Thole* Rn. 28; rechtsvergleichend *Kannengießer,* Die Aufrechnung im internationalen Privat- und Verfahrensrecht, 1998, 53 f.

[100] Für das franz. Recht wird die Ansicht vertreten, dass die Aufrechnung konnexer Forderungen eine eigene Art der Aufrechnung sei, Dalloz Rep. dr. civ. Compensation No. 48 ff. *(Toledo-Wolfsohn).*

[101] OLG Hamm IPRspr. 2004 Nr. 36; Rauscher/*v. Hein* Rn. 16; *Hellner* in Ferrari/Leible, Rome I Regulation, 2009, 251 (259).

[102] BeckOGK/*Thole* Rn. 29.

[103] So im it. und franz. Recht, Art. 1347-1 C. civ. Frankreich; BGHZ 201, 252 Rn. 20 f. = NJW 2014, 3156; OLG Köln IHR 2008, 181 = OLGR 2009, 34; OLG Stuttgart OLGR 2005, 362; OLG Hamm IPRspr. 2004 Nr. 36; OLG Koblenz RIW 1993, 934 (937); *Lieder* RabelsZ 78 (2014), 809 (831); *Mankowski* JZ 2015, 50 (52); BeckOGK/*Thole* Rn. 30; rechtsvergleichend *R. Zimmermann* FS Medicus, 1999, 707 (732 ff.); Jansen/Zimmermann/*Fleckner* PECL Art. 13:101 Rn. 22 ff.

[104] OLG Düsseldorf IPRspr. 2005 Nr. 183; Rauscher/*v. Hein* Rn. 16.

sind (→ Rn. 37).[105] **Ob** die **Gegenforderung** besteht und ob sie, wenn es darauf ankommt, fällig, verjährt, einredebehaftet ist oder wem sie zusteht, sagt jedoch – als selbständig anzuknüpfende Vorfrage[106] – ihr **eigenes Statut.**[107]

27 Schließlich ist dem Statut der Hauptforderung zu entnehmen, ob die Aufrechnung zur **Rechtsfolge des Erlöschens** führt, und zwar nicht nur bezogen auf die Hauptforderung, sondern auch bezogen auf die Gegenforderung.[108] Das Forderungsstatut der Gegenforderung ist insoweit, anders als nach der Kumulationstheorie, gerade unmaßgeblich.

28 **3. Zeitpunkt der Verrechnung.** Das Aufrechnungsstatut bestimmt nicht nur, ob beide Forderungen erlöschen, sondern auch zu welchem **Zeitpunkt** die Forderungen als **erloschen** gelten,[109] zB rückwirkend auf die Aufrechnungslage oder erst bei Erklärung, was wichtig für die Verzinsung ist.[110] Bei mehreren Hauptforderungen bestimmt es ferner, in welcher Reihenfolge diese verbraucht werden und ob der Aufrechnende die Reihenfolge bestimmen kann (vgl. § 396 BGB).[111] Das Aufrechnungsstatut bestimmt auch, ob und wie ggf. eine Aufrechnung nachträglich noch zB durch Anfechtung beseitigt werden kann. Ob eine noch gegenüber einem Zedenten vorgenommene Aufrechnung gegen den Zessionar wirkt, wenn die Hauptforderung davor oder danach abgetreten worden ist, ist ein Problem des Art. 14 (→ Rn. 24).

29 **4. Währungsverschiedene Forderungen.** Von praktischer Bedeutung ist die sehr umstrittene Frage nach der Zulässigkeit einer Aufrechnung mit einer Forderung anderer Währung als derjenigen der Hauptforderung. Sie regelt das mit Art. 17 bestimmte in- oder ausländische **Sachrecht.** Ist **deutsches** Recht Aufrechnungsstatut und haben Haupt- und Gegenforderung **verschiedene Währungen,** so fehlt nach überwiegender Meinung die Gleichartigkeit iSd § 387 BGB.[112] Soweit der aufrechnende Schuldner der Hauptforderung aber nach **§ 244 BGB** ersetzungsbefugt ist, hindert die Ungleichartigkeit die Aufrechnung nicht.[113] Der Schuldner der Hauptforderung kann, wenn nicht § 244 BGB abbedungen wurde, gegen eine Forderung in ausländischer Währung mit einer Forderung in Euro ebenso aufrechnen, wie er eine Schuld in Auslandswährung mit deutscher Währung begleichen könnte (→ Art. 12 Rn. 47).[114] § 244 Abs. 1 BGB verlangt zwar zusätzlich, dass im Inland zu zahlen wäre, doch sollte man – zumindest – bei der Aufrechnung, weil nicht gezahlt wird, darauf verzichten.[115] Da die Aufrechnung erst mit der Aufrechnungserklärung erfolgt, ist nach dem Kurs zu diesem Zeitpunkt **umzurechnen.**[116]

---

105 Im franz. Recht kann bei der Prozessaufrechnung, die in der Form der Widerklage erfolgt, zumindest ihre Höhe noch festgestellt werden, Dalloz Rep. dr. civ. Compensation No. 30 *(Toledo-Wolfsohn);* ungenau OLG Karlsruhe IHR 2004, 246 = IPRspr. 2004 Nr. 38.

106 OGH ZfRV 2014, 182 = BeckRS 2016, 81222; Rauscher/*v. Hein* Rn. 16; Grüneberg/*Thorn* Rn. 2; *v. Bar/Mankowski* IPR II § 1 Rn. 918.

107 Staudinger/*Magnus,* 2021, Rn. 33; Ferrari IntVertrR/*Kieninger* Rn. 4; *Kannengießer,* Die Aufrechnung im internationalen Privat- und Verfahrensrecht, 1998, 128; *Coester-Waltjen* FS Lüke, 1997, 37; LG Hamburg IPRspr. 1973 Nr. 20; LG Saarbrücken IHR 2003, 27 = IPRspr. 2002 Nr. 47.

108 *Hellner* in Ferrari/Leible, Rome I Regulation, 2009, 251 (259 f.); Staudinger/*Magnus,* 2021, Rn. 35; *Ten Wolde* in Magnus/Mankowski ECPIL Rn. 44.

109 Staudinger/*Magnus,* 2021, Rn. 35; *Lieder* RabelsZ 78 (2014), 809 (831); Grüneberg/*Thorn* Rn. 2; Rauscher/*v. Hein* Rn. 16; NK-BGB/*Doehner* Rn. 7; rechtsvergleichend zu den Unterschieden *R. Zimmermann* FS Medicus, 1999, 707 (721 ff.).

110 Näher zur Auswirkung auf Nebenansprüche BeckOGK/*Thole* Rn. 33.

111 Rauscher/*v. Hein* Rn. 17; *Ten Wolde* in Magnus/Mankowski ECPIL Rn. 44.

112 RGZ 106, 99 (100); OLG Frankfurt NJW 1967, 501; KG NJW 1988, 2181 = RIW 1989, 815; OLG Hamm NJW-RR 1999, 1736; LG Hamburg IPRax 1981, 174 m. zust. Anm. *v. Hoffmann* IPRax 1981, 155; Ferrari IntVertrR/*Kieninger* Rn. 4; Grüneberg/*Thorn* Rn. 2; aA vor allem *Birk* AWD 1969, 12 ff.

113 BGH IPRax 1994, 366 m. Aufsatz *Grothe* IPRax 1994, 346; OLG Frankfurt NJW 1967, 501; OLG Hamburg VersR 1979, 833 f.; LG Hamburg IPRax 1981, 174 m. Aufsatz *v. Hoffmann* IPRax 1981, 155; Ferrari IntVertrR/*Kieninger* Rn. 4; BeckOK BGB/*Spickhoff* Rn. 5; Reithmann/Martiny IntVertragsR/*Martiny* Rn. 3.232; in OLG Koblenz RIW 1992, 61 fehlte die Ersetzungsbefugnis.

114 BGH IPRax 1994, 366; *Henn* MDR 1956, 585; *Ferid/Böhmer* IPR Rn. 6–118; Staudinger/*Bieder/Gursky,* 2022, BGB § 387 Rn. 107 mwN.

115 AA *v. Hoffmann* IPRax 1981, 155 (156), der verlangt, dass die beiden Forderungen nach den Rechten an ihrem jeweiligen Erfüllungsort frei konvertibel sein müssen; manche meinen, dass § 244 BGB auch einen Erfüllungsort in Deutschland voraussetze, RGZ 96, 262 (270); 106, 99; Grüneberg/*Grüneberg* BGB §§ 244, 245 Rn. 19; BeckOGK/*Thole* Rn. 35.

116 RGZ 106, 99 (100); 167, 60 (62); BGH IPRax 1994, 366 m. Aufsatz *Grothe* IPRax 1994, 346; OLG Frankfurt NJW 1967, 501; OLG Hamburg VersR 1979, 833 f.; Reithmann/Martiny IntVertragsR/*Martiny* Rn. 3.232. Staudinger/*Bieder/Gursky,* 2022, BGB § 387 Rn. 109 mwN; *Vorpeil* RIW 1993, 529 (534).

Hierbei wird § 244 BGB als eine **Sachnorm** des Statuts der Hauptforderung angesehen,[117] so dass bei ausländischem Aufrechnungsstatut dieses, dh das Statut der Hauptforderung, über das Bestehen einer Ersetzungsbefugnis entscheidet (→ Art. 12 Rn. 47).[118] Diese Einordnung des § 244 BGB ist allerdings streitig (→ Anh. I Art. 9 Rn. 24 ff.). Die Gegenmeinung sieht darin eine gesondert anzuknüpfende einseitige, wohl international zwingende Norm zum Schutz der nationalen deutschen Währung.[119] § 244 BGB wäre dann unabhängig vom Vertragsstatut anzuwenden, wenn die Hauptforderung im Inland zu bezahlen ist.[120] Ist im Ausland zu zahlen, so müssten entsprechende dortige Ersetzungsverbote oder -erlaubnisse unter Art. 9 fallen. 30

Dass auch bei deutschem Aufrechnungsstatut Gleichartigkeit zu bejahen und somit die Aufrechnung allein schon dann möglich ist, wenn die beteiligten Währungen am Erfüllungsort der Hauptforderung **frei konvertibel** sind und dort die Deviseneinfuhr und -ausfuhr frei ist, wird zumindest für Europa unter Berufung auf die Kapitalverkehrsfreiheit vertreten,[121] teilweise auch über Europa hinaus,[122] und entspricht wohl rechtsvergleichend dem überwiegenden Befund.[123] Für die Zukunft ist zu erwägen, auch für das deutsche Recht im Falle freier Konvertibilität eine Gleichartigkeit anzunehmen. 31

Es steht den Parteien frei, Zahlung ausschließlich in einer bestimmten Währung zu vereinbaren (§ 244 Abs. 2 BGB, **echte Fremdwährungsschuld**).[124] Dann darf nicht mit einer Forderung in **anderer Währung** aufgerechnet werden, denn anders als bei gleicher Währung entgeht dem Gläubiger in diesem Fall per Saldo der Betrag in der bedungenen Währung. Dass man umgekehrt dem Gläubiger der echten Fremdwährungsschuld anders als seinem Schuldner die Aufrechnung erlauben kann,[125] ist mit der wohl hM zu verneinen (→ BGB § 387 Rn. 32 mN), auch wenn dem Gegner dabei kein Nachteil entstünde.[126] 32

IV. Prozessaufrechnung

1. Rechtsvergleichung. Bei der von Art. 17 ebenfalls erfassten Aufrechnung im Prozess (→ Rn. 4) berühren sich naturgemäß Verfahrensrecht und materielles Recht. Während die außerprozessuale Aufrechnung in Rspr. und Lit. relativ wenig Aufmerksamkeit geweckt hat, ist das bei der Prozessaufrechnung ganz anders, allerdings konzentriert sich die Diskussion auf das Erfordernis der internationalen Zuständigkeit (→ Rn. 40 ff.). Die heute in **Deutschland** hM sieht in der Prozessaufrechnung eine doppelfunktionelle Prozesshandlung.[127] Falls die Aufrechnung nicht schon vor dem Prozess erklärt wurde und nun nur noch die Klagforderung unter Berufung darauf bestritten wird, so ist die Erklärung im Prozess einerseits die materiell nötige Aufrechnung und andererseits eine Prozesshandlung. Die **Begründetheit** dieser Einwendung gegen die Klagforderung ergibt sich aus dem Recht der Hauptforderung gemäß Art. 17 und nach den vorstehend erläuterten Regeln. Andererseits wirft die Geltendmachung der Aufrechnung bzw. ihre Erklärung erst im Verfahren spezielle prozessuale Fragen der Zulässigkeit und ihrer weiteren Behandlung auf. Das ist jedoch auch in rein nationalen Fällen so, und im Folgenden ist vornehmlich nur auf Besonderheiten einzugehen, die sich aus einem **Auslandsbezug** ergeben. 33

---

[117] ZB *v. Bar/Mankowski* IPR I § 4 Rn. 11 f.; BeckOK BGB/*Grothe* BGB § 244 Rn. 45; Rauscher/*Freitag* Art. 12 Rn. 17 f.; BeckOGK/*Thole* Rn. 35; Staudinger/*Bieder/Gursky,* 2022, BGB § 387 Rn. 107 mwN; Staudinger/*Omlor,* 2021, BGB § 244 Rn. 9.

[118] So OLG Hamm NJOZ 2013, 1335 betr. polnisches Recht; bei Schweizer Recht zB Art. 84 Abs. 2 OR.

[119] ZB Soergel/*S. Arnold,* 13. Aufl. 2014, BGB § 244 Rn. 66: versteckte Kollisionsnorm; *Kegel/Schurig* IPR § 23 II 4 (S. 1120).

[120] Soergel/*S. Arnold,* 13. Aufl. 2014, BGB § 244 Rn. 66.

[121] *Kegel/Schurig* IPR § 18 V (S. 754); Staudinger/*Magnus,* 2021, Rn. 36; PWW/*Brödermann/Wegen* Art. 17 Rn. 6; NK-BGB/*Doehner* Rn. 9; *Magnus* in Ferrari/Leible, Ein neues internationales Vertragsrecht für Europa, 2007, 201 (215); offengelassen von Reithmann/Martiny IntVertragsR/*Martiny* Rn. 3.232.

[122] OLG Koblenz RIW 1992, 59 (61); Soergel/*S. Arnold,* 13. Aufl. 2014, BGB § 244 Rn. 56; *Birk* AWD 1969, 15 f.; *v. Hoffmann* IPRax 1981, 155 f.; *Maier-Reimer* NJW 1985, 2049 (2051); NK-BGB/*Doehner* Rn. 9; aA BeckOGK/*Thole* Rn. 36; Staudinger/*Bieder/Gursky,* 2022, BGB § 387 Rn. 105; Staudinger/*Omlor,* 2021, BGB § 244 Rn. 121 ff.

[123] Überblick bei Jansen/Zimmermann/*Fleckner* PECL Art. 13:303 Rn. 3; s. zB Art. 1347-1 Abs. 2 C.civ. Frankreich.

[124] BGH IPRax 1994, 366.

[125] Staudinger/*Bieder/Gursky,* 2022, BGB § 387 Rn. 104 mwN; Soergel/*S. Arnold,* 13. Aufl. 2014, BGB § 244 Rn. 64: außer, wenn die Währungen nicht frei konvertibel sind.

[126] Staudinger/*Omlor,* 2021, BGB § 244 Rn. 124.

[127] BGHZ 16, 124 = NJW 1955, 497; BGHZ 128, 23 = NJW 1995, 2718; Staudinger/*Bieder/Gursky,* 2022, BGB Vor §§ 387 ff. Rn. 33 ff. mwN; *Rosenberg/Schwab/Gottwald* ZivilProzR § 104 Rn. 13; ebenso die hL in Österreich.

34 Seit der Schuldrechtsreform von 2016 ist auch im **französischen Recht** eindeutig, dass sich der Schuldner der Hauptforderung materiell-rechtlich auf die Aufrechnung berufen muss (→ Rn. 5). Dies kann auch im Prozess geschehen. Verteidigt der Schuldner sich nicht mit der Aufrechnung, bleibt diese unbeachtet, und er kann (und muss) seine Gegenforderung separat einklagen.[128] Soweit sämtliche Voraussetzungen der Aufrechnung vorliegen, bestehen keine Besonderheiten gegenüber der außerprozessualen Aufrechnung; der Richter muss nach allgemeinen materiellen Aufrechnungsregeln (Art. 1347 ff. C.civ. Frankreich) wie über jedes andere Verteidigungsmittel entscheiden.[129] Dazu müssen die gegenseitigen Forderungen gleichartig, bestimmt, liquide, dh der Höhe und auch dem Grunde nach unbestritten bzw. durch präsente Beweismittel leicht beweisbar, und durchsetzbar sein (Art. 1347-1 C.civ. Frankreich).[130] **Im Prozess** kann der Richter jedoch über die Voraussetzungen der außerprozessualen Aufrechnung hinaus selbst dann über die Aufrechnung befinden, wenn – bei Vorliegen der Aufrechnungsvoraussetzungen im Übrigen – eine der beiden Forderungen noch nicht liquide oder durchsetzbar (exigible) ist, sog. „compensation judiciaire“ (Art. 1348 C.civ. Frankreich). Die richterliche Entscheidung macht dann die Forderung liquide.[131] Die Aufrechnung wirkt in diesem Fall, wichtig für den Zinslauf, nicht zurück, sondern grundsätzlich mit dem Datum der Entscheidung. Äußerlich ist für die compensation judiciaire die Form der **Widerklage** (demande reconventionnelle) zu verwenden (Art. 70 Abs. 2 Code de procédure civile Frankreich). Handelt es sich um **konnexe Forderungen,** darf der Richter die Verhandlung und Entscheidung über Widerklage bzw. Aufrechnung nicht ablehnen (Art. 1348-1 C.civ. Frankreich).[132] Fehlende Konnexität hindert die Zulässigkeit der compensation judiciaire jedoch nicht; in diesem Fall kann der Richter die Widerklage indes abtrennen, wenn die Verhandlung über die streitige Gegenforderung den Abschluss des Prozesses über Gebühr zu verzögern droht.[133]

35 Im **englischen Recht** hingegen vollzieht erst das Urteil die Aufrechnung. Ist die Gegenforderung liquide, dann wird entsprechend entschieden. Ist sie es nicht, aber konnex, dann muss und kann der Richter die Existenz und Höhe der Gegenforderung erst noch feststellen. Bei inkonnexen illiquiden Gegenforderungen bleibt dem Schuldner nur die normale Widerklage, wobei der Richter, wenn es geboten erscheint, den Widerkläger auch auf einen eigenen Prozess verweisen kann.[134]

36 **2. Prozessaufrechnung im Erkenntnisverfahren. a) Aufrechnungsstatut und Prozessrecht.** Die verfahrensrechtliche Zulässigkeit des **Aufrechnungseinwands** im **deutschen Prozess** einschließlich der **Eventualaufrechnung**[135] unterliegt auch bei fremden Rechten unterstehenden Forderungen **grundsätzlich** dem deutschen **Verfahrensrecht des Gerichts,**[136] insbesondere soweit es um Fragen des rechtzeitigen Vorbringens (§§ 296, 520 ZPO)[137] und seine Form zB durch Schriftsatz und nicht, wie in Frankreich unter Umständen in der Form der Widerklage (→ Rn. 34), geht.[138] Die Aufrechnung im Prozess verzögert naturgemäß die Entscheidung über die Klagforderung, und die lex fori entscheidet, wann jene **verspätet** ist, und vor allem über die Möglichkeiten der **Abtrennung** und Verweisung der Gegenforderung in ein Nachverfahren oder in ein eigenes Verfahren.

37 Zweifelhaft ist, ob die deutsche lex fori oder das Aufrechnungsstatut auch darüber entscheiden, ob und inwieweit im deutschen Verfahren noch über **Existenz,** Fälligkeit und Einredefreiheit **der nicht liquiden Gegenforderung** verhandelt und entschieden werden darf oder soll.[139] In der ZPO ist das grundsätzlich der Fall, doch kann eine **inkonnexe** Gegenforderung nach § 145 Abs. 3 ZPO, § 302 ZPO zu getrennter Verhandlung abgetrennt werden. In England steht hingegen bei illiquider

---

128 *G. Wagner* IPRax 1999, 65 (74) mwN.

129 *Deshayes/Genicon/Laithier,* Réforme du droit des contrats, du régime général et de la preuve des obligations, 2. Aufl. 2018, 895.

130 Zum it. Recht eingehend BGHZ 201, 252 Rn. 20 ff. = NJW 2014, 3156.

131 *Terré/Simler/Lequette/Chénédé,* Droit civil. Les obligations, 13. Aufl. 2022, Nr. 1685, 1702; dazu näher *G. Wagner* IPRax 1999, 65 (69).

132 Die Privilegierung der Aufrechnung konnexer Forderungen gilt auch außerprozessual, *Deshayes/Genicon/Laithier,* Réforme du droit des contrats, du régime général et de la preuve des obligations, 2. Aufl. 2018, 898; zum Begriff der Konnexität *Terré/Simler/Lequette/Chénédé,* Droit civil. Les obligations, 13. Aufl. 2022, Nr. 1700.

133 Art. 70 Abs. 2 Code de procédure civile Frankreich; *G. Wagner* IPRax 1999, 65 (69). S. auch Art. 564 Code de procédure civile Frankreich zur Zulässigkeit einer Prozessaufrechnung in der Berufungsinstanz.

134 *G. Wagner* IPRax 1999, 65 (69).

135 Staudinger/*Magnus,* 2021, Rn. 40.

136 BGHZ 38, 254 (258) = NJW 1963, 243; BGHZ 60, 85 (87) = NJW 1973, 421; BeckOGK/*Thole* Rn. 40 ff.

137 OLG Hamm IPRspr. 2004 Nr. 36 Rn. 59.

138 *Kannengießer,* Die Aufrechnung im internationalen Privat- und Verfahrensrecht, 1998, 57 ff., 63.

139 Liegt ein ausländisches Urteil vor, stellt sich nur noch die Frage seiner Anerkennung; vgl. hierzu *Hau* IPRax 1999, 437.

und nicht konnexer Gegenforderung nur die normale Widerklage zur Verfügung.[140] Nach französischem Recht kann mit einer inkonnexen Forderung nur aufgerechnet werden, wenn sie dem Grunde nach **unstreitig** ist (und der Richter darf und muss nur noch die Höhe und die Durchsetzbarkeit festsetzen, sog. compensation judiciaire; → Rn. 34). Soweit ein ausländisches Recht einer Prozessaufrechnung engere Grenzen zieht als die § 145 Abs. 3 ZPO, § 302 Abs. 1 ZPO, darf der deutsche Richter der Aufrechnung mit einer streitigen, illiquiden Gegenforderung **nicht stattgeben,** sofern dieses ausländische Recht Aufrechnungsstatut ist.[141] Der Beklagte ist, wie in England, auf die separate Leistungsklage oder eine echte Widerklage verwiesen, so dass auch der deutsche Richter diese **Beschränkungen** der **Kognitionsbefugnis** gemäß dem **Statut der Hauptforderung** beachten muss.[142] Nach ausländischem Recht prozessual zu qualifizierende Aufrechnungsvoraussetzungen sind insoweit in ihrem Gehalt als materiell-rechtliche zu behandeln, auch wenn die deutsche lex fori keine entsprechende Verfahrensregel kennt (zum Erfordernis der Liquidität als materielle Voraussetzung → Rn. 26).[143] Dass deutsches Verfahrensrecht nicht den materiellen Gehalt des ausländischen Aufrechnungsstatuts beeinträchtigen darf, zeigt sich etwa auch dann, wenn das deutsche Urteil doch nicht wie nach deutschem Recht auf die Aufrechnungslage zurückwirkt, sofern zB nach englischem Recht die Aufrechnung erst durch das Urteil vollzogen wird.

Das OLG Hamburg hat die Prozessaufrechnung für unzulässig angesehen, weil die **Gegenforderung** im **Ausland rechtshängig** ist, aber zu Unrecht selbst dann, wenn sie es dort auch nur aufgrund einer Prozessaufrechnung ist.[144] Art. 29 Brüssel Ia-VO greift nicht ein, weil die Prozessaufrechnung keine Rechtshängigkeit der Gegenforderung bewirkt.[145] Nach Ansicht des EuGH[146] erfasst Art. 29 Brüssel Ia-VO (Rechtshängigkeit) nur Klagen auf Leistung, nicht auch Einreden des Beklagten wie insbesondere die Aufrechnung (→ Rn. 41). Wenn die nicht liquide Gegenforderung in Frankreich Gegenstand einer compensation judiciaire ist, so erfolgt diese zwar in Form der Widerklage, ist aber keine, weil keine Verurteilung des Klägers beantragt ist, sondern nur die Voraussetzung der Liquidität für die compensation geschaffen werden soll (→ Rn. 34). Maßgebliches Kriterium ist die Beantragung einer Verurteilung in die Gegenforderung.[147] Nicht ausgeschlossen ist jedoch eine fakultative Aussetzung des späteren Verfahrens unter den Voraussetzungen des Art. 30 Brüssel Ia-VO.[148] 38

Natürlich können die Parteien **durch Vereinbarung** die Aufrechnung materiell-rechtlich **ausschließen.** Das wirkt dann auch gegen eine Prozessaufrechnung. Sie können aber auch nur die Aufrechnung **im Prozess** ausschließen. Das kann auch durch eine wirksame, als Prozessvertrag zulässige **Schiedsvereinbarung** bezüglich der **Gegenforderung** geschehen, die dann notfalls separat vor dem Schiedsgericht eingeklagt werden muss. Die Abrede kann so entweder ein materielles Aufrechnungsverbot enthalten, aber auch nur ein prozessuales Verbot, die Aufrechnung **in diesem Prozess** geltend zu machen.[149] Es kommt auf die Auslegung der Vereinbarung an. Ob die Vereinbarung einer ausschließlichen Zuständigkeit für die Gegenforderung ebenso wirkt, ist in → Rn. 56 behandelt. 39

b) Insbesondere: kein Erfordernis internationaler Zuständigkeit. Umstritten war und ist unverändert, ob das Gericht bei Aufrechnung im Prozess auch für die Aufrechnungsforderung 40

[140] *G. Wagner* IPRax 1999, 65 (69).

[141] BGHZ 201, 252 Rn. 21 f. = NJW 2014, 3156; OLG Hamm IPRspr. 2004 Nr. 36 Rn. 60 ff.

[142] *Batiffol/Lagarde* Bd. II Nr. 614 verweisen auf die lex fori, weil der Richter die Mängel beheben solle, aber es ist gerade die Frage, ob er das soll.

[143] BGHZ 201, 252 Rn. 23 = NJW 2014, 3156 (zum ital. Recht); vgl. zustimmend *R. Magnus* LMK 2014, 361173: Anpassung zur Vermeidung eines Normenmangels; *v. Bar/Mankowski* IPR II § 1 Rn. 918; Grüneberg/*Thorn* Rn. 2; diff. BeckOGK/*Thole* Rn. 44: Aufrechnungsstatut nur für Fragen, die nicht spezifisch die verfahrensmäßige Behandlung im Prozess, sondern jegliche Aufrechnung betreffen.

[144] OLG Hamburg IPRax 1999, 168 (170) m. zust. Anm. *Geimer* IPRax 1999, 152; *Bäumer,* Die ausländische Rechtshängigkeit und ihre Auswirkungen auf das internationale Zivilverfahrensrecht, 1999, 160 f.; Staudinger/*Magnus,* 2021, Rn. 42.

[145] BeckOGK/*Thole* Rn. 43; Rauscher/*Leible* Brüssel Ia-VO Art. 29 Rn. 8, 22; MüKoZPO/*Gottwald* Brüssel Ia-VO Art. 29 Rn. 13; Schlosser/Hess/*Schlosser* EuGVVO Art. 29 Rn. 4e; *H. Roth* IPRax 2015, 538 (540); OLG München RIW 1997, 872; OLG Hamm IPRax 1986, 233; zum innerdeutschen Recht BGH NJW-RR 2004, 1000; offengelassen von Zöller/*Geimer* EuGVVO Art. 29 Rn. 10.

[146] EuGH Slg. 2003, I-4207 – Gantner/Basch = EuZW 2003, 542 = IPRax 2003, 443 mAnm *Reischl* IPRax 2003, 426.

[147] EuGH Slg. 1995, I-2053 – Danværn/Otterbeck = NJW 1996, 42; *Spellenberg* IPRax 2013, 466 (469 f.).

[148] *Reischl* IPRax 2003, 426 (429), bezogen auf Art. 28 Brüssel I-VO; zust. Zöller/*Geimer* EuGVVO Art. 29 Rn. 10; Rauscher/*Leible* Brüssel Ia-VO Art. 29 Rn. 22; *Koutsoukou,* Die Aufrechnung im europäischen Kollisions- und Verfahrensrecht, 2018, 412 ff.; aA BeckOGK/*Thole* Rn. 43.

[149] BGHZ 38, 254 (258) = NJW 1963, 243; OLG Hamm RIW 1983, 698; *Linke* FS P. Schlosser, 2005, 503 (506 f.); *Eickhoff,* Inländische Gerichtsbarkeit und internationale Zuständigkeit, 1985, 164 ff. will zwischen einer „Erkenntniszuständigkeit" und einer bloßen „Verrechnungszuständigkeit" unterscheiden.

international zuständig sein muss. Art. 17 ist auf diese Frage ohne Einfluss.[150] Sie wird in Deutschland vielmehr vor allem wegen § 322 Abs. 2 ZPO gestellt, wonach auch über die Existenz der Gegenforderung mit Rechtskraft entschieden wird.[151]

41 **aa) Unionsrechtlicher Rahmen.** Für das europäische Zuständigkeitsrecht hat der EuGH die Notwendigkeit der internationalen Zuständigkeit für die **Gegenforderung** verneint, **sofern** es sich bei der Aufrechnung nur um ein **Verteidigungsmittel** und keinen eigenen Klageanspruch handelt.[152] Dreh- und Angelpunkt ist somit, ob die Aufrechnung nur ein **Verteidigungsmittel** oder eine Art **Widerklage** ist. Mit der Widerklage erstrebe der Beklagte eine gesonderte Verurteilung des Klägers, was eine eigene internationale Zuständigkeit erfordere. Diese Zuständigkeit kann sich aus Art. 8 Nr. 3 Brüssel Ia-VO ergeben, was insbesondere Konnexität von Klage und Widerklage voraussetzt. Auf Verteidigungsmittel will der EuGH die Vorschrift hingegen nicht anwenden; vielmehr bestimme sich nach nationalem Recht, welche Verteidigungsmittel geltend gemacht werden können und unter welchen Voraussetzungen dies geschehen könne.

42 Die Bedeutung dieses **Verweises auf das nationale Recht** ist jedoch umstritten.[153] Die folgende Entscheidung des BGH brachte keine rechte Klärung, denn der BGH hat die Frage letztlich offen gelassen, weil in casu bei der konnexen Gegenforderung gemäß § 33 ZPO in analoger Anwendung eine Zuständigkeit gegeben gewesen sei.[154] Auch später ließ der BGH die Frage nach einem Zuständigkeitserfordernis für die Gegenforderung im Allgemeinen erneut offen. Es kam im Fall darauf nicht an, weil die Gegenforderung nicht iSd italienischen Rechts liquide war.[155]

43 Eine Auffassung entnimmt dem Urteil des EuGH, dass **keine internationale Zuständigkeit** gefordert werden dürfe, wenn die Hauptklage unter die Brüssel Ia-VO falle,[156] weil gesonderte Zuständigkeitserfordernisse für **bloße Verteidigungsmittel** nicht aufgestellt werden dürfen nach dem Grundsatz, dass der Richter der Klage auch der der Einwendungen ist.[157] Die Brüssel Ia-VO verhindere, dass nationale Rechtsordnungen Verteidigungsmittel den Anforderungen an Klagen unterwerfen.[158] Der Verweis des EuGH meint danach das nationale materielle Recht.

44 Andere folgern aus der Entscheidung des EuGH, dass die Brüssel Ia-VO über das **Zuständigkeitserfordernis** für die Prozessaufrechnung **weder negativ noch positiv** entscheide.[159] Sie behandele nur die Widerklage. Die Zulässigkeit einer Prozessaufrechnung falle nach der Auffassung des EuGH nicht in den Anwendungsbereich der Brüssel Ia-VO,[160] denn die Brüssel Ia-VO enthalte nur eine Regelung für die Widerklage, nicht für die Prozessaufrechnung, und so verweise der EuGH auf nationales Recht, wenn dieses die Aufrechnung wie die ZPO als Verteidigungsmittel konzipiert. Nach dem Kriterium des EuGH ist die deutsche Prozessaufrechnung ein Verteidigungsmittel. Wie in → Rn. 45 ff. erläutert, ist jedoch auch dann richtigerweise nicht von einem Erfordernis internationaler Zuständigkeit auszugehen.

45 **bb) Nationales Prozessrecht (ZPO).** Damit ist allerdings zunächst die Frage, was die ZPO, auf die der EuGH also verweist, zu einem Erfordernis der internationalen Zuständigkeit für die

---

150 Rauscher/*v. Hein* Rn. 9.

151 BGHZ 60, 85 (87) = NJW 1973, 421; BGH NJW 1993, 2753; *Geimer* IPRax 1986, 208 (211 f.).

152 EuGH Slg. 1995, I-2053 Rn. 12 ff. – Danværn/Otterbeck = NJW 1996, 42 = IPRax 1997, 114 m. Aufsatz *Philip* IPRax 1997, 97.

153 *Gruber* IPRax 2002, 285 (289); *G. Wagner* IPRax 1999, 65 ff.; *Mankowski* ZZP 109 (1996), 376 ff.; *Slonina* IPRax 2009, 399 mwN.

154 BGHZ 149, 120 (127) = IPRax 2002, 299 mAnm *Gruber* IPRax 2002, 289; dazu *Rauscher* WuB VII B Art. 6 EuGVÜ 2.02.

155 BGHZ 201, 252 Rn. 15 f. = NJW 2014, 3156; dazu auch *Mankowski* JZ 2015, 50; *R. Magnus* LMK 2014, 361173; ebenso OLG München IPRax 2019, 314 Rn. 22 m. krit. Anm. *Brand* IPRax 2019, 294 wegen rügeloser Einlassung des Aufrechnungsgegners.

156 *Kannengießer,* Die Aufrechnung im internationalen Privat- und Verfahrensrecht, 1998, 182; *Coester-Waltjen* FS Lüke, 1997, 35 (46 f.); *Busse* MDR 2001, 729 (730 f.); LG Köln RIW 1997, 956 mAnm *Mankowski.*

157 OLG Hamm IPRspr. 1997 Nr. 160A; Rauscher/*Mankowski* Brüssel Ia-VO Vor Art. 4 Rn. 67 f.; *Mankowski* ZZP 109 (1996), 376 (384); *Brand* IPRax 2019, 294 (295); Geimer/Schütze EurZivilVerfR/*Geimer* Brüssel I-VO Art. 8 Rn. 123; *Bork* FS Beys, 2003, 119 (135); *Slonina* IPRax 2009, 399 (400 f., 407); Thomas/Putzo/*Hüßtege* Brüssel Ia-VO Art. 8 Rn. 10; Staudinger/*Magnus,* 2021, Rn. 46; zweifelnd *Gebauer* IPRax 1998, 79 (85).

158 Rauscher/*Mankowski* Brüssel Ia-VO Vor Art. 4 Rn. 67a.

159 OLG Hamm IPRspr. 1997 Nr. 160A; LG Berlin RIW 1996, 960; LG Duisburg RIW 1996, 774; *Gruber* IPRax 2002, 285 (287); *H. Roth* RIW 1999, 819 f.; *Geimer* IZVR Rn. 868c, 868f; *G. Wagner* IPRax 1999, 65 (71 f.); *Philip* IPRax 1997, 97; *Hess* EuZPR, 2. Aufl. 2020, Rn. 6.101; *Kropholler/v. Hein* EurZivilProzR EuGVO Art. 6 Rn. 45; offengelassen von BGHZ 149, 120 (127) = NJW 2002, 2182.

160 Insbes. GA *Léger* Slg. 1995, I-2053 Rn. 42, 45 – Danværn/Otterbeck.

Aufrechnungsforderung als **Verteidigungsmittel** sagt. Hier sind verschiedene Situationen zu unterscheiden:[161]

Liegt für die Gegenforderung ein **anerkanntes rechtskräftiges ausländisches Urteil** oder gar ein inländisches vor, so ist keine internationale Zuständigkeit mehr zu verlangen, wenn nun im vorliegenden Prozess mit dieser Forderung aufgerechnet wird.[162] Hier wirkt die Rechtskraft. Zumindest im Bereich des Schuldrechts, in welchem der Gläubiger über seine eingeklagte Hauptforderung verfügen kann, ist überdies aus praktischen Gründen keine internationale Zuständigkeit zu fordern, wenn er die **Gegenforderung nicht bestreitet.**[163] **46**

Einigkeit besteht auch, dass in jedem Fall mit einer **konnexen Forderung** aufgerechnet werden kann wegen § 33 ZPO. So hat der BGH in Anwendung des § 33 ZPO entschieden, wobei er den **§ 33 ZPO** als **Zuständigkeitsgrund** verwendet und ihm zugleich die Definition des Zusammenhangs entnimmt.[164] Der Gedanke ist, dass eine Aufrechnung allemal zulässig sein müsse, wo es sogar eine Widerklage wäre. § 33 ZPO nimmt jedoch einen Zusammenhang leichter an als **Art. 8 Nr. 3 Brüssel Ia-VO,** so dass im Verordnungsgebiet unter Umständen gerade keine Widerklage möglich wäre. So wird verschiedentlich eine Anlehnung an die Brüssel Ia-VO vertreten oder gar ihre analoge Anwendung.[165] Zwingend geboten ist diese Anlehnung aber nicht, und sie wird auch mehrheitlich abgelehnt.[166] Denn wenn die Frage der ZPO zugewiesen wird, dann entscheidet auch § 33 ZPO. **47**

Damit bleibt praktisch nur noch zu entscheiden, welche Voraussetzungen bei einer **Aufrechnung** mit **inkonnexen, streitigen Forderungen** nach der ZPO vorliegen müssen. Die zumindest **in Deutschland bisher hM**[167] steht auf dem Standpunkt, dass eine **internationale Zuständigkeit** für die Aufrechnungsforderung **erforderlich** sei.[168] Es sei zwar richtig, dass die ZPO das nicht ausdrücklich verlangt.[169] Wenn schon mangels Zuständigkeit eine Widerklage nicht zulässig wäre, müsse das erst recht bei einer Prozessaufrechnung mit einer streitigen und inkonnexen Gegenforderung so sein.[170] Neben diesem kaum überzeugenden Argument hat der BGH ein ungeschriebenes Erfordernis internationaler Zuständigkeit mit den Besonderheiten der Aufrechnung im Prozess begründet. Die für den Beklagten missliche Folge fehlender internationaler Zuständigkeit, zahlen zu müssen und seine Gegenforderung nicht einfacher und ohne ein Insolvenzrisiko beim Kläger einziehen zu können, könnte durch eine Aussetzung des Verfahrens hinsichtlich der Aufrechnung analog § 148 ZPO[171] oder ein **48**

---

[161] Dazu *Spellenberg* IPRax 2013, 466 (470 ff.).

[162] *Geimer* IPRax 1994, 84; Geimer/Schütze EurZivilVerfR/*Geimer* Brüssel Ia-VO Art. 8 Rn. 126; *Bork* FS Beys, 2003, 119 (125); *G. Wagner* IPRax 1999, 65 (72).

[163] OLG Karlsruhe BeckRS 2012, 18691; *Bork* FS Beys, 2003, 119 (126); *G. Wagner* IPRax 1999, 65 (72); *Eickhoff,* Inländische Gerichtsbarkeit und internationale Zuständigkeit für Aufrechnung und Widerklage, 1985, 165; *Schack* IZVR Rn. 434; *Lieder* RabelsZ 78 (2014), 809 (835); *Leipold* ZZP 107 (1994), 222; Geimer/Schütze EurZivilVerfR/*Geimer* Brüssel Ia-VO Art. 8 Rn. 128.

[164] ZB BGHZ 149, 120 (125) = NJW 2002, 2182 mAnm *Gruber* IPRax 2002, 285 ff.; BGH NJW 1993, 2753 sub B II; OLG Düsseldorf IHR 2004, 203 Rn. 52 = IPRspr. 2004 Nr. 37; *Bork* FS Beys, 2003, 119 (127); *G. Wagner* IPRax 1999, 65 (71); wohl auch *Slonina* IPRax 2009, 399 (407 f.); zur Streitfrage, ob § 33 ZPO nicht nur einen Gerichtsstand begründet, sondern auch eine Zulässigkeitsvoraussetzung macht, *Rimmelspacher* FS Lüke, 1997, 655 (665); verneinend OLG Frankfurt GRUR-RR 2012, 392.

[165] *Gruber* IPRax 2002, 285 (288 f.); *Bork* FS Beys, 2003, 119 (135); *Schack* IZVR Rn. 436; *Leipold* ZZP 107 (1994), 226.

[166] *Gebauer* IPRax 1998, 79 (84 f.); *Roth* RIW 1999, 819 (822); *Mankowski* ZZP 109 (1996), 376 (382); Schlosser/Hess/*Schlosser* EuZPR EuGVVO Vor Art. 4–35 Rn. 15; offengelassen von BGHZ 149, 120 (128) = NJW 2002, 2182; *Rosenberg/Schwab/Gottwald* ZivilProzR § 104 Rn. 22.

[167] Rechtsvergleichend werde überwiegend keine internationale Zuständigkeit für die Gegenforderung verlangt, *Lieder* RabelsZ 78 (2014), 809 (841).

[168] BGHZ 19, 341 zur deutschen Gerichtsbarkeit; BGHZ 60, 85 (88 f.) betr. Gerichtsstandvereinbarung; BGH NJW 1993, 2753; NJ 2002, 2182; implizit BGH NJW 2010, 3452 Rn. 17, 24 – insoweit nicht in BGHZ 186, 81; OLG Jena NJW 2009, 689; OLG Hamm IPRspr. 1997 Nr. 160; OLG München RIW 1992, 672; OLG Celle IPRax 1999, 456 f. m. Aufsatz *Gebauer* IPRax 1999, 432; *Geimer* IZPR Rn. 868 f.; *Jayme/Kohler* IPRax 1995, 349; *Saenger* ZZP 110 (1997), 495; Stein/Jonas/*Leipold* ZPO § 145 Rn. 39; Thomas/Putzo/*Hüßtege* Brüssel Ia-VO Art. 8 Rn. 10; *Leipold* ZZP 107 (1994), 223 ff.; Zöller/*Greger* ZPO § 145 Rn. 19; BeckOK BGB/*Spickhoff* Rn. 6; BeckOGK/*Thole* Rn. 53; Erman/*Stürner* Rn. 5; *Hess* EuZPR, 2. Aufl. 2020, Rn. 6.101; *Schack* IZVR Rn. 435; teilweise *G. Wagner* IPRax 1999, 65 (70 ff.); → BGB § 387 Rn. 47; OLG München IPRax 2019, 314 Rn. 22 m. abl. Anm. *Brand* IPRax 2019, 294 (295), wobei die Zuständigkeit jedenfalls durch rügelose Einlassung des Klägers auf die Aufrechnung entstanden sei.

[169] Darauf beruft sich *G. Wagner* IPRax 1999, 65 (67, 73); aA *Slonina* IPRax 2009, 399 (401 f.).

[170] So aber BGH NJW 1993, 2753 = IPRax 1994, 115 (117) m. zust. Anm. *Geimer* IPRax 1994, 82 (84).

[171] *G. Wagner* IPRax 1999, 65 (73 f.) mit Rechtsvergleich; MüKoZPO/*Fritsche* ZPO § 145 Rn. 37; *Eickhoff,* Inländische Gerichtsbarkeit und internationale Zuständigkeit, 1985, 170 ff.; Zöller/*Geimer* Brüssel Ia-VO Art. 29 Rn. 10 will Art. 30 Brüssel Ia-VO heranziehen; zust. Rauscher/*Leible* Brüssel Ia-VO Art. 29 Rn. 22.

Vorbehaltsurteil (§ 302 ZPO)[172] verringert werden, damit der aufrechnende Beklagte inzwischen ein – anerkennungsfähiges – Urteil aus dem Ausland beibringen kann. Der BGH weist die Prozessaufrechnung jedoch bei Unzuständigkeit ab.[173]

49 Verlangt man danach die internationale Zuständigkeit, läge es in der Konsequenz des Urteils des EuGH, sie nach dem **nationalen Recht** zu bestimmen,[174] also den §§ 12 ff. ZPO. Der BGH verwendet insbesondere § 33 ZPO analog, der freilich nur bei konnexen Gegenforderung hilft (→ Rn. 47). Da jedoch jede andere Zuständigkeit der §§ 13 ff. ZPO ausreicht, ist der Fall der mangels Zuständigkeit unzulässigen Aufrechnung gleichwohl eher selten. Begründet werden kann die Zuständigkeit für die Aufrechnungsforderung insbesondere entsprechend § 39 ZPO durch eine **rügelose Einlassung des Klägers** auf die Verhandlung über die Gegenforderung, selbst wenn für die Gegenforderung eine andere ausschließliche Zuständigkeit vereinbart war.[175] Ruft dagegen der ausländische Kläger ein nach der Gerichtsstandsvereinbarung für seine Forderung international unzuständiges deutsches Gericht an und lässt sich der Beklagte rügelos nur auf die Klage ein, um dann aufzurechnen, so kann der Kläger ihm gleichwohl weiterhin die fehlende Zuständigkeit für die Aufrechnungsforderung entgegenhalten, wenn für diese Aufrechnungsforderung ein ausschließlicher anderer Gerichtsstand vereinbart war,[176] denn der Kläger hat sich nicht automatisch auch auf die Gegenforderung eingelassen. Das muss gesondert festgestellt werden.[177]

50 Die hM überzeugt nicht. **Zuzustimmen** ist vielmehr einer **verbreiteten Auffassung,** auf eine **internationale Zuständigkeit** der deutschen Gerichte für die Aufrechnungsforderung überhaupt zu **verzichten,** denn auch in der ZPO ist der Richter für die Hauptsache ebenso zuständig für die Verteidigungsmittel.[178] Der ZPO eine Ausnahme von diesem Grundsatz und damit ein ungeschriebenes Erfordernis internationaler Zuständigkeit für die Aufrechnungsforderung zu entnehmen, ist zwar methodisch möglich, jedoch sind die dafür vorgebrachten Argumente nicht stichhaltig.

51 Mehrfach hat der BGH das Erfordernis internationaler Zuständigkeit für die Aufrechnungsforderung damit begründet, dass die Entscheidung darüber nach **§ 322 Abs. 2 ZPO** in Rechtskraft erwächst.[179] Ihretwegen müsse der Grundsatz, dass die Prozessvoraussetzungen nur hinsichtlich der Klageforderung zu verlangen seien, durchbrochen werden.[180] Indes lässt sich dies schwer damit vereinbaren, dass die Gegenforderung selbst nicht rechtshängig wird.[181] Zudem führt dieses Argu-

[172] ZB *Gebauer* IPRax 1998, 79 (85 f.). Ob ein Vorbehaltsurteil möglich ist, entscheidet die lex fori, nicht das Aufrechnungsstatut, BeckOGK/*Thole* Rn. 41.

[173] BGH NJW 1993, 2753 = IPRax 1994, 115; im Fall eine Aussetzung nach § 148 ZPO abl. auch OLG München IPRax 2019, 314; *Schack* IZVR Rn. 435; *Geimer* IPRax 1986, 208 (214).

[174] BGHZ 149, 120 = NJW 2002, 2182; BGH NJW 1993, 2753; *G. Wagner* IPRax 1999, 65 (73); aA *Oberhammer/Slonina* IPRax 2008, 555 (556); *Gruber* IPRax 2002, 285 (288 f.); jedenfalls für Beklagte mit Sitz in Drittstaaten *Kropholler/v. Hein* EurZivilProzR EuGVO Art. 6 Rn. 42; krit. Rauscher/*Mankowski* Brüssel Ia-VO Vor Art. 4 Rn. 68; anders auch OLG München IPRax 2019, 314: internationale Zuständigkeit kraft rügeloser Einlassung nach Art. 26 Brüssel Ia-VO.

[175] EuGH Slg. 1985, 787 Nr. 27 = IPRax 1986, 27 mAnm *Gottwald* IPRax 1986, 10 = RIW 1985, 313 mAnm *Rauscher* RIW 1985, 887 – Spitzley/Sommer; BGH NJW 1993, 1399 = IPRax 1994, 114 m. Aufsatz *Geimer* IPRax 1994, 82; OLG Koblenz RIW 1993, 934 f.; *Linke/Hau* IZVR Rn. 5.72; gestützt auf Art. 26 Brüssel Ia-VO OLG München IPRax 2019, 314 mAnm *Brand* IPRax 2019, 294.

[176] BGH WM 1981, 938 (940) = NJW 1981, 2644; WM 1993, 1216; Staudinger/*Magnus,* 2021, Rn. 46; *v. Falkenhausen* RIW 1982, 386 (387 f.) für Gegenansprüche aus demselben Rechtsverhältnis; anders für konnexe Ansprüche bei nicht ausschließlicher Gerichtsstandsvereinbarung LG Mainz IPRspr. 1978 Nr. 150.

[177] OLG Koblenz RIW 1992, 59; obiter LG München I IPRax 1996, 31 mAnm *Kindler* IPRax 1996, 16 zu Italien.

[178] OLG Hamburg IPRspr. 2011 Nr. 192; LG Köln RIW 1997, 956; Staudinger/*Magnus,* 2021, Rn. 46; *Coester-Waltjen* FS Lüke, 1997, 35 (39 ff.); *H. Roth* IPRax 2015, 538 (540); *Bork* FS Beys, 2003, 119 (135 f.); *Gebauer* IPRax 1998, 79 (85); *Kannengießer,* Die Aufrechnung im internationalen Privat- und Verfahrensrecht, 1998, 184 f., 217; *Roth* RIW 1999, 819; *Busse* MDR 2001, 729; Geimer/Schütze EurZivilVerfR/*Geimer* Brüssel Ia-VO Art. 8 Rn. 129 f.; *Slonina* IPRax 2009, 399 (403 ff.) mwN; *Spellenberg* IPRax 2013, 466 (472); *Lieder* RabelsZ 78 (2014), 809 (835 ff.); Staudinger/*Bieder/Gursky,* 2022, BGB Vor §§ 387 ff. Rn. 77; Rauscher/*Mankowski* Brüssel Ia-VO Vor Art. 4 Rn. 67 ff.; *Wendelstein* IPRax 2016, 572 (573 f.); aA *Hess* EuZPR, 2. Aufl. 2020, Rn. 6.101: inkonnexe Gegenforderung ist neuer Streitgegenstand.

[179] BGHZ 60, 85 (88 ff.) = NJW 1973, 421, aber zu einer Gerichtsstandsvereinbarung; BGH NJW 1993, 2753.

[180] BGHZ 60, 85 (88).

[181] *Lieder* RabelsZ 78 (2014), 809 (836 f.); Rauscher/*Mankowski* Brüssel Ia-VO Vor Art. 4 Rn. 70; s. EuGH Slg. 2003, I-4207 Rn. 32 = IPRax 2003, 443 mAnm *Reischl* IPRax 2003, 426 (428 f.) = ZZPInt 2003, 499 mAnm *Hau* – Gantner/Brasch.

ment zu einer kaum zu rechtfertigenden Differenzierung zwischen der Prozessaufrechnung und der außerprozessualer Aufrechnung, die in einem späteren Prozess über die Hauptforderung ohne Erfordernis internationaler Zuständigkeit an der Rechtskraftwirkung teilnimmt.[182]

Zudem wird § 322 Abs. 2 ZPO nicht bemüht, um auch in Inlandsfällen die örtliche und sachliche Zuständigkeit zu fordern. Jedoch betonte der BGH mehrmals,[183] dass in internationalen Fällen die besondere **Bedeutung der internationalen Zuständigkeit** im Verhältnis zur örtlichen und sachlichen beachtet werden müsse. Diese Bedeutung ergebe sich einerseits aus dem Interesse der Partei, eine ihr durch Sprache, Funktion und Verfahren vertraute Gerichtsbarkeit zu haben, und andererseits aus der mittelbaren Folge der Zuständigkeit für das anzuwendende Recht, welches das angerufene Gericht seinem IPR entnehmen muss.[184] Bei näherer Betrachtung überzeugen beide Gründe nicht. 52

Seit der **Vereinheitlichung des IPR** durch die Rom I-VO und die Rom II-VO ist zum einen das stärkste Argument für die Erforderlichkeit der internationalen Zuständigkeit **entfallen,** dass der aufrechnende Beklagte mit der Aufrechnung für seine Forderung ggf. Zugang zu einem ihm vorteilhafteren IPR erlangt,[185] weil unter Umständen das Gericht der Hauptklage ein anderes Recht auf die Gegenforderung anwenden würde, während das IPR des ansonsten dafür zuständigen Gerichts zu einem Recht führte, nach welchem die Gegenforderung nicht oder nicht mehr bestünde. Jedenfalls innerhalb des Anwendungsbereiches der Rom I-VO und der Rom II-VO sind die Anknüpfungsregelungen heute einheitlich. 53

Zwar sollen, zum anderen, Zuständigkeitsregeln den Beklagten, hier also den Gläubiger der Hauptforderung, generell davor schützen, abseits seines Wohnsitzes verklagt zu werden. Jedoch trägt der Gesichtspunkt hier nicht, denn der Aufrechnungsgegner ist bereits freiwillig als Kläger vor dem Gericht, das über die Aufrechnung zu befinden hat, aktiv geworden und hat sich insoweit schon mit dem dortigen Verfahren vertraut zu machen.[186] Das Interesse des Beklagten, sich durch Aufrechnung selbst zu befriedigen oder gar dem Rechtsverlust durch Insolvenz des Klägers zu entgehen, wiegt in der Regel mehr als ein Interesse des Klägers, das Streitprogramm nicht ausgeweitet zu sehen.[187] 54

Lässt man die Prozessaufrechnung demgemäß auch **ohne internationale Zuständigkeit** für die zur Aufrechnung gestellte Forderung zu, so kommt es allerdings auch häufiger zu **parallelen Verfahren** von Aufrechnung und ausländischer Leistungsklage, denn erstere macht die Aufrechnungsforderung nicht rechtshängig (→ Rn. 38). Die Gefahr, dass, weil die Gegenforderung besteht, sowohl der anderweitigen Zahlungsklage des aufrechnenden Beklagten wie seiner Aufrechnung stattgegeben und der Kläger doppelt belastet wird, besteht materiell nicht, weil die Aufrechnung bereits die Gegenforderung verbraucht hat. Im parallelen Klageverfahren muss der dortige Beklagte als Aufrechnungsgegner das freilich vortragen, doch muss er nicht seinerseits aufrechnen. Der Gefahr, dass dieses Gericht die Aufrechnungswirkung nicht beachtet, wehrt grundsätzlich die **Rechtskraft** der Entscheidung in der Zahlungsklage, die das andere Gericht hinsichtlich der Aufrechnung mit diesem Anspruch dann bindet. Auch eine Bindung in umgekehrter Richtung je nach Priorität der Entscheidungen kommt in Betracht,[188] doch wird man die weitere Rspr. des EuGH abwarten, der eine einheitliche Definition der objektiven Rechtskraftgrenzen favorisiert.[189] 55

3. Vertragliches Aufrechnungsverbot. Unbenommen bleibt ein vertragliches Verbot, **im Verfahren** aufzurechnen, das notfalls auch durch Auslegung zu ermitteln ist.[190] Soll allein die Aufrechnung im Prozess ausgeschlossen werden, handelt es sich um einen Prozessvertrag, der nicht 56

[182] *Lieder* RabelsZ 78 (2014), 809 (837); Rauscher/*Mankowski* Brüssel Ia-VO Vor Art. 4 Rn. 70; *Wendelstein* IPRax 2016, 572 (573 f.).

[183] BGHZ 153, 82 (86 ff.) = NJW 2003, 426 mit Wiederholung der Begr. in BGHZ 60, 85 (90 f.) = NJW 1973, 421; BGH NJW 2004, 1456 f.; 2010, 2270; entgegen dem Wortlaut von § 513 Abs. 2 ZPO, § 545 Abs. 2 ZPO könne die fehlende internationale Zuständigkeit auch noch in der Rechtsmittelinstanz gerügt werden; vgl. schon BGHZ 44, 46 (51 f.) = NJW 1965, 1665; zust. *Linke/Hau* IZVR Rn. 4.69 und die ganz hM; abl. de lege lata *Rimmelspacher* JZ 2004, 894.

[184] BGHZ 60, 85 (90 f.) = NJW 1973, 421.

[185] So BGHZ 60, 85 (90 f.) = NJW 1973, 421; *G. Wagner* IPRax 1999, 65 (73).

[186] *Mankowski* JZ 2015, 50.

[187] Ebenso *Coester-Waltjen* FS Lüke, 1997, 39 ff.; *Kannengießer,* Die Aufrechnung im internationalen Privat- und Verfahrensrecht, 1998, 191; *v. Hoffmann* AWD 1973, 167 f.; *Gebauer* IPRax 1998, 79 (82 f.); *Mankowski* ZZP 109 (1996), 381 f.; *Roth* RIW 1999, 819 (822 f.); *Gruber* IPRax 2002, 285 (287 ff.); *Lieder* RabelsZ 78 (2014), 809 (837 ff.); *Busse* MDR 2001, 729 f.; mit eingehender Analyse *Slonina* IPRax 2009, 399 (403 f.).

[188] Auch in anderen Ländern gibt es dem § 322 Abs. 2 ZPO entsprechende Regelungen.

[189] EuGH IPRax 2014, 163 m. krit. Aufsatz *H. Roth* = EuZW 2013, 60 – Gothaer Allg. Vers.; dazu krit. *Bach* EuZW 2013, 56; *Mansel/Thorn/Wagner* IPRax 2013, 1 (19).

[190] EuGH Slg. 1978, 2133 = RIW 1978, 814 – Meeth/Glacetal; näher *Gebauer* IPRax 1998, 79 (81).

dem Aufrechnungsstatut, sondern der lex fori unterliegt (zum materiell-rechtlichen Aufrechnungsverbot → Rn. 22 f.).[191] Doch kann man ein Verbot nicht wie der BGH[192] im Zweifel einfach der Vereinbarung einer **ausschließlichen Zuständigkeit** entnehmen.[193] Das OLG München hat ein prozessuales Aufrechnungsverbot[194] in der Vereinbarung eines ausschließlichen Gerichtsstands in Österreich für alle Verbindlichkeiten aus diesem Vertrag entnommen. Mit dieser Vereinbarung sollten nicht nur Widerklagen in Deutschland ausgeschlossen werden, sondern auch die Prozessaufrechnung. Zweifel erweckt die Bemerkung des OLG München, dass es nichts ändere, dass der Beklagte bereits vor dem Prozess die Aufrechnung erklärt habe. Er könne diese nicht mehr im Prozess geltend machen, denn das würde bedeuten, dass der Beklagte zur Zahlung einer nicht mehr bestehenden Schuld verurteilt würde. Der BGH hat schon früher auch eine Vereinbarung eines **Schiedsgerichts** zu Unrecht selbst dann als ein Aufrechnungsverbot ausgelegt, wenn ein dahin gehender Wille der Parteien nicht konkret erkennbar war.[195]

57 **4. Wirkung der Prozessaufrechnung.** Es macht keine Schwierigkeiten im deutschen Prozess, wenn die Forderungen nach dem Aufrechnungsstatut nicht erst durch eine Erklärung in- oder außerhalb des Prozesses, sondern bereits **automatisch** mit dem Eintritt der Aufrechnungslage **erloschen sind** (wie zB nach Art. 1243 Abs. 1 C.c. Italien). Und wenn das Recht der Hauptforderung eine **Aufrechnung durch Richterspruch** vorsieht, so muss und kann der deutsche Richter auch entsprechend entscheiden.[196] Das deutsche Verfahrensrecht kennt Gestaltungsurteile durchaus, so dass es sich – zumal angesichts des funktionsverwandten § 322 Abs. 2 ZPO[197] – nicht um einen wesensfremden Akt handelt.[198]

58 Wird der Prozessaufrechnung **vom deutschen Gericht** stattgegeben, so steht rechtskräftig fest, dass auch die **Gegenforderung insoweit verbraucht** ist,[199] und zwar unabhängig davon, welchen Statuten die Forderungen unterstanden. Ob und vor allem zu welchem **Zeitpunkt** dann die beiden Forderungen erlöschen, entscheidet das Statut der Hauptforderung, welches nicht das Recht des deutschen Gerichts sein muss. Die Folgen ggf. für **Sicherungsrechte** bestimmt dagegen deren Statut. Wird die Aufrechnung abgewiesen, weil die Gegenforderung nicht bestehe, so ist auch letzteres rechtskräftig. Wird die **Prozessaufrechnung als unzulässig** zurückgewiesen, kann die Gegenforderung selbständig eingeklagt oder erneut zu einer Aufrechnung durch Erklärung verwendet werden, weil insoweit keine Rechtskraft eintritt.[200]

59 Ist der Prozessaufrechnung in einem **ausländischen Verfahren** stattgegeben oder ist die Gegenforderung dort für **unbegründet** befunden worden, so beurteilt sich die Rechtskraftwirkung nach dem ausländischen Verfahrensrecht. Vorausgesetzt ist, dass das **ausländische Urteil anerkannt** ist.[201] Die Ablehnung der Prozessaufrechnung ist kein Grund, die Anerkennung zu verweigern. In Frage käme nur der Vorbehalt des ordre public, der aber in der Regel nicht verletzt ist.[202] Ist die Aufrechnung dort nur als **unzulässig** zurückgewiesen worden, so kann der Aufrechnende seine Gegenforderung immer noch einklagen. Wenn nach dem maßgeblichen Statut der Hauptforderung die beiden Forderungen bereits automatisch verrechnet wurden, oder wenigstens die Aufrechnungserklärung vor dem Prozess materiell das Erlöschen bewirkte, so wird man damit rechnen können, dass die Rechtsordnungen der Hauptforderung diese materielle Wirkung der Aufrechnung suspendieren,

---

191 BeckOGK/*Thole* Rn. 45.

192 BGH NJW 2015, 1118 = IPRax 2018, 205 m. abl. Aufsatz *Gebauer* IPRax 2018, 172; NJW 1979, 2477; noch weitergehend BGHZ 60, 85 (90 f.) = NJW 1973, 421 mAnm *Geimer* NJW 1973, 951 = AWD 1973, 165 mAnm *v. Hoffmann;* BGH NJW 1981, 2644; *Schlosser* EWiR 1985, 781; anders BGH NJW 1979, 2477 = RIW 1979, 713; LG Berlin IPRax 1998, 97 m. Aufsatz *Gebauer* IPRax 1998, 79 (83); tendenziell auch *Ten Wolde* in Magnus/Mankowski ECPIL Rn. 29.

193 OLG Hamburg AWD 1973, 101; OLG Hamm MDR 1971, 217; LG Berlin RIW 1996, 960; *Gebauer* IPRax 2018, 172 (173 ff.); *Gebauer* IPRax 1998, 79 (81, 83); *G. Wagner* IPRax 1999, 65 (75); *Rauscher* RIW 1985, 887 f.; Reithmann/Martiny IntVertragsR/*Hausmann* Rn. 7.163 ff.; *Schack* IZVR Rn. 572; *Gottwald* IPRax 1986, 10 (12); MüKoZPO/*Gottwald* Brüssel Ia-VO Art. 25 Rn. 94; BeckOGK/*Thole* Rn. 46; Geimer/Schütze EurZivilVerfR/*Geimer* Rn. 868g.

194 OLG München IPRax 2019, 314 m. abl. Anm. *Brand* IPRax 2019, 294; zweifelnd auch *Linke/Hau* IZVR Rn. 6.5; *Schack* IZVR Rn. 572.

195 BGHZ 38, 254 = NJW 1963, 243; Reithmann/Martiny IntVertragsR/*Hausmann* Rn. 7.434.

196 BGH NJW 2014, 3156 Rn. 24 zu Art. 1243 Abs. 2 C.c. Italien; LG München I IPRax 1996, 31 (33) obiter; Rauscher/*v. Hein* Rn. 9; BeckOGK/*Thole* Rn. 49; *Schack* IZVR Rn. 433.

197 BGH NJW 2014, 3156 Rn. 24; Rauscher/*v. Hein* Rn. 9.

198 Irrig daher LG Darmstadt JbItR 6 (1983), 225.

199 BGH NJW 2002, 900.

200 BGH NJW 1994, 1538.

201 Dazu *Hau* IPRax 1999, 437 (439).

202 Dazu näher *Hau* IPRax 1999, 437 (438).

wenn die Berufung auf die Aufrechnung im Prozess unzulässig war.[203] Sollte das nicht der Fall sein, dh die Gegenforderung nach dem Aufrechnungsstatut dennoch materiell erloschen sein, so wäre die Berufung ihres Schuldners, das ist der Gläubiger der Hauptforderung, auf das Erlöschen der Gegenforderung, wenn er nun verklagt wird, missbräuchlich.[204]

5. Aufrechnung im Schiedsverfahren. Ein Schiedsgericht darf über die Aufrechnung grundsätzlich **nur entscheiden,** wenn auch die Gegenforderung in seine **Kompetenz** fällt.[205] Erforderlich ist also in der Regel eine entsprechende Schiedsvereinbarung der Parteien, die jedoch auch im Verfahren getroffen bzw. erweitert werden kann, nach hM auch durch fehlenden Widerspruch des Schiedsklägers.[206] Ein Widerspruch zu dem Verzicht auf die internationale Zuständigkeit für eine im Prozess zur Aufrechnung gestellte Forderung (→ Rn. 50) liegt darin aufgrund der für den Zivilprozess nicht bestehenden Notwendigkeit einer Schiedsvereinbarung nicht. Eine zwischen den Parteien rechtskräftig festgestellte Gegenforderung kann jedoch in jedem Fall Berücksichtigung finden.[207] 60

Sofern die Parteien nicht nach § 1051 Abs. 1 ZPO ein Aufrechnungsstatut vereinbart haben, sollte in materieller Hinsicht auch im Schiedsverfahren das **Statut der Hauptforderung** maßgebend sein, weil Art. 17 hilft, die engste Verbindung iSd § 1051 Abs. 2 ZPO zu ermitteln. Zu demselben Ergebnis gelangt, wer die Kollisionsregeln der Rom I-VO in Schiedsverfahren unmittelbar anwendet.[208] 61

Die Aufrechnung sollte auch im Verfahren der **Vollstreckbarerklärung** eines ausländischen **Schiedsspruches** zulässig sein, soweit der Einwand nicht präkludiert ist, weil er schon im Schiedsverfahren hätte geltend gemacht werden können.[209] 62

Art. 18 Rom I-VO Beweis

(1) Das nach dieser Verordnung für das vertragliche Schuldverhältnis maßgebende Recht ist insoweit anzuwenden, als es für vertragliche Schuldverhältnisse gesetzliche Vermutungen aufstellt oder die Beweislast verteilt.

(2) Zum Beweis eines Rechtsgeschäfts sind alle Beweisarten des Rechts des angerufenen Gerichts oder eines der in Artikel 11 bezeichneten Rechte, nach denen das Rechtsgeschäft formgültig ist, zulässig, sofern der Beweis in dieser Art vor dem angerufenen Gericht erbracht werden kann.

Schrifttum: *Beale,* Primacy of the Contract Document in English Contract Law, IWRZ 2019, 28; *Brinkmann,* Das lex fori-Prinzip und Alternativen, ZZP 129 (2016), 461; *Buciek,* Beweislast und Anscheinsbeweis im internationalen Recht, Diss. Bonn 1984; *Bücken,* Internationales Beweisrecht im Europäischen internationalen Schuldrecht, 2016; *Coester-Waltjen,* Internationales Beweisrecht, 1983; *Donath,* Die Statutes of Frauds der US-amerikanischen Bundesstaaten aus der Perspektive des deutschen Kollisionsrechts, IPRax 1994, 333; *Eichel,* Die Anwendbarkeit von § 287 ZPO im Geltungsbereich der Rom I- und der Rom II-Verordnung, IPRax 2014, 156; *Fongaro,* Des conflits de lois en matière de preuve, Rev. crit. dr. int. priv. 2018, 80; *Fongaro,* La loi applicable à la preuve en droit international privé, 2004; *Gottwald,* Schadenszurechnung und Schadensschätzung, 1979; *Groud,* La preuve en droit international privé français, 2000; *Jakob,* Die Beweiskraft von Privaturkunden im italienischen Zivilprozess, ZZPInt 8 (2003), 245; *Leipold,* Beweislastregeln und gesetzliche Vermutungen, 1966; *Mankowski,* Die Darlegungs- und Beweislast für die Tatbestände des Internationalen Verbraucherprozess- und Verbrauchervertragsrechts, IPRax 2009, 474; *Ostendorf,* The exclusionary rule of English law and its proper characterisation in the conflict of laws – is it a rule of evidence or contract interpretation?, JPIL 11 (2015), 163; *Paulus,* Beweismaß und materielles Recht, FS Walter Gerhardt, 2004, 747; *Pfeiffer,* Judicial Presumptions: Finding of Facts or Application of Law?, IPRax 2023, 217; *Schack,* Beweisregeln und Beweismaß im Internationalen Zivilprozessrecht, FS Coester-Waltjen, 2015, 725; *Seibl,* Burden of proof, in Basedow/Rühl/Ferrari/Miguel de Asensio, Encyclopedia of Private

[203] Zu Frankreich *G. Wagner* IPRax 1999, 65 (74 Fn. 89).
[204] *Hau* IPRax 1999, 437 (440); ähnlich *Geimer* IPRax 1994, 85; skeptisch *Slonina* IPRax 2009, 399 (403 f.).
[205] Staudinger/*Magnus,* 2021, Rn. 47 mwN; MüKoZPO/*Münch* ZPO § 1046 Rn. 41; Staudinger/*Bieder/Gursky,* 2022, BGB Vor §§ 387 ff. Rn. 72; BeckOGK/*Thole* Rn. 56.
[206] Staudinger/*Magnus,* 2021, Rn. 47; *Sachs/Lörcher* in Böckstiegel/Kröll/Nacimiento, Arbitration in Germany, 2007, ZPO § 1046 Rn. 13; aA MüKoZPO/*Münch* ZPO § 1046 Rn. 42: § 1040 Abs. 2 S. 3 ZPO.
[207] MüKoZPO/*Münch* ZPO § 1046 Rn. 43.
[208] Staudinger/*Magnus,* 2021, Rn. 48; BeckOGK/*Thole* Rn. 48.
[209] BGHZ 34, 274 (277 ff.) = NJW 1961, 1067; BGH NJW 1990, 3211; OLG Hamm NJW-RR 2001, 1362; aA BayObLG NJW-RR 2001, 1364; OLG Stuttgart MDR 2001, 595; wie der BGH *G. Wagner* JZ 2000, 1171 ff.; *Köhne/Langner* RIW 2003, 361 (368 f.); konnte dagegen im ausländischen Schiedsverfahren nicht aufgerechnet werden, so kann noch im Exequaturverfahren aufgerechnet werden, *Linke* FS P. Schlosser, 2005, 503 (508 f.); *G. Wagner* JZ 2000, 1172 ff.; Staudinger/*Bieder/Gursky,* 2022, BGB Vor §§ 387 ff. Rn. 74.

International Law, 2017, 236; *Seibl,* Die Beweislast bei Kollisionsnormen, 2009; *Spellenberg,* Der Beweis durch rechtsgeschäftliche Urkunden im deutschen und französischen Recht, Liber amicorum Berg, 2011, 360; *Spellenberg,* Der Beweiswert rechtsgeschäftlicher Urkunden im Kollisionsrecht, FS Kaissis, 2012, 915; *Thole,* Anscheinsbeweis und Beweisvereitelung im harmonisierten Europäischen Kollisionsrecht – ein Prüfstein für die Abgrenzung zwischen lex causae und lex fori, IPRax 2010, 285.

Übersicht

I. Normzweck

1 Art. 18 entstammt wie Art. 32 Abs. 3 EGBGB aF dem Art. 14 EVÜ. Die leichten Abweichungen im Wortlaut der bisherigen Art. 32 Abs. 3 EGBGB aF und 14 EVÜ vom heutigen Art. 18 bedeuteten keine inhaltliche Veränderung.[1] Die bisherige **Lehre und Rspr.** sind also **weiterhin verwertbar.**[2]

2 Regelungen für den **Beweis vor Gericht** iwS haben typischerweise Bezüge sowohl zum materiellen Recht wie zum Prozessrecht. Im nationalen Bereich hat die systematische Zuordnung in der Regel keine praktische Bedeutung. Anders ist es in internationalen Fällen. Hier kommen die ggf. ausländischen Form- oder Vertragsstatute neben dem Verfahrensrecht des befassten Gerichtes in Betracht, und eine konkrete Regel muss daher dem einen oder dem anderen Bereich zugeordnet werden. Die Abgrenzung von Sachrecht und Verfahrensrecht ist im Bereich des Beweises anerkannt besonders schwierig und umstritten.[3]

3 Grundsätzlich schließt **Art. 1 Abs. 3** Beweisfragen vom Anwendungsbereich der Rom I-VO aus. Sie bleiben damit der lex fori überlassen, genauer: den dort für diese Fragen geltenden (Beweis-)Kollisionsnormen.[4] In Deutschland fehlt eine gesetzliche, umfassende und systematische Regelung, sodass man auf Rspr. und Lehre verwiesen ist.[5] Das nationale Kollisionsrecht muss dann die Frage beantworten, was Verfahrensregeln und was Sachnormen sind, und damit, wie weit die Anwendung der lex fori trägt (weiter → EGBGB Art. 11 Rn. 37 ff.). Dies kann zu ausländischem Recht oder, weitaus überwiegend,[6] zur Anwendung der prozessualen lex fori führen.

4 Für einen bewusst **unvollständigen Ausschnitt** aus dem Kreis denkbarer Fragen trifft der in Art. 1 Abs. 3 vorbehaltene Art. 18 eine Ausnahme von dem Grundsatz, dass der Beweis ausgeklammert wird, und bedenkt diese Fragen mit einer europäischen Regelung. Die Rom I-VO beabsichtigt damit zwar keineswegs ein umfassendes und systematisches Beweiskollisionsrecht.[7] Sie kann aber

1 Rauscher/*v. Hein* Rn. 1; *Ferrari* in Magnus/Mankowski ECPIL Rn. 1.

2 Staudinger/*Magnus,* 2021, Rn. 6; NK-BGB/*Doehner* Rn. 3; Ferrari IntVertragsR/*Schulze* Rn. 2.

3 Vgl. *Schack* IZVR Rn. 45 ff., 788 ff.

4 Rauscher/*v. Hein* Art. 1 Rn. 64; Ferrari IntVertragsR/*Schulze* Rn. 3; jurisPK-BGB/*Ringe* Rn. 3; Reithmann/Martiny IntVertragsR/*Martiny* Rn. 3.176; *Bücken,* Internationales Beweisrecht im Europäischen internationalen Schuldrecht, 2016, 65; *Giuliano/Lagarde* BT-Drs. 10/503, 68.

5 *Schack* IZVR Rn. 788 ff.; *Geimer* IZPR Rn. 2260 ff.; *Nagel/Gottwald* IZPR Rn. 10.1 ff.; *Linke/Hau* IZVR Rn. 10.1 ff.; *Bücken,* Internationales Beweisrecht im Europäischen internationalen Schuldrecht, 2016, 37 ff.; *Coester-Waltjen,* Internationales Beweisrecht, 1983; *Brinkmann* ZZP 129 (2016), 461 ff.

6 Rauscher/*v. Hein* Rn. 1; Erman/*Stürner* Rn. 3; *Nagel/Gottwald* IZPR Rn. 10.2; *Schack* IZVR Rn. 832; für generelle Geltung des Verfahrensrechts des Forums Staudinger/*Magnus,* 2021, Rn. 1; PWW/*Brödermann/Wegen* Rn. 11; BeckOK BGB/*Spickhoff* Rn. 1; stärker zugunsten der lex causae der Ansatz von *Coester-Waltjen,* Internationales Beweisrecht, 1983, Rn. 658.

7 Rauscher/*v. Hein* Rn. 3; jurisPK-BGB/*Ringe* Rn. 3; BeckOGK/*Varga* Rn. 4; s. auch *Giuliano/Lagarde* BT-Drs. 10/503, 68.

immerhin zwei besonders wichtige Fragen einer einheitlichen Lösung zuführen. Der Entwurf des EVÜ[8] hatte darüber hinaus noch eine eigene Regelung für die Beweiskraft ausländischer Urkunden enthalten, die aber wegen mangelnder Einigkeit nicht in den endgültigen Vertragstext Eingang gefunden hat.[9] Im Anschluss daran trifft Art. 18 dazu keine Aussage.[10]

Abs. 1 weist die **Beweislast und gesetzliche Vermutungen** dem Vertragsstatut zu. Er trägt zur Verwirklichung des Prinzips eines einheitlichen Vertragsstatuts bei (näher → Art. 10 Rn. 2 ff.).[11] In Beweislastregeln und in gesetzlichen Vermutungen zeigt sich die enge Verflechtung mit dem materiellen Recht, da diese Regelungen nicht selten über das Bestehen oder Nichtbestehen eines materiellrechtlichen Anspruchs entscheiden.[12] Zu wessen Lasten etwa eine Unaufklärbarkeit des Verschuldens geht, entscheidet zugleich darüber, wem das materielle Recht das Haftungsrisiko zuweisen möchte.[13] Beweislast und gesetzliche Vermutungen der prozessualen lex fori zu unterstellen, würde diese materiellrechtliche Wertung aufbrechen und könnte zu ungereimten Ergebnissen führen.[14] Derartige Regelungen sind „in Wirklichkeit Sachnormen, die bei vertraglichen Schuldverhältnissen zur Präzisierung der Verpflichtungen der Parteien beitragen und mithin nicht von dem für den Vertrag maßgebenden Recht getrennt werden können".[15] Die Anwendung des Vertragsstatuts war in Deutschland schon zuvor ganz hM gewesen.[16] Ob das Vertragsstatut dieser Sichtweise folgt oder im Gegenteil Regelungen über die Beweislast prozessual qualifiziert, ist schon wegen Art. 20 irrelevant.[17] 5

Abs. 2 erlaubt zum Beweis eines Rechtsgeschäfts neben den „Beweisarten" der lex fori auch diejenigen eines Formstatuts, nach dem das Rechtsgeschäft formgültig ist, sofern sie vor dem angerufenen Gericht erbracht werden können. Treffender als „Beweisarten" wäre der noch in Art. 32 Abs. 3 EGBGB aF verwendete Begriff **„Beweismittel".**[18] Damit geht die Vorschrift zwar vom lex fori-Grundsatz aus, ergänzt diesen aber um weitere Rechtsordnungen. Sie intendiert den Schutz der Parteien in ihrer Erwartung, ein formgültig vorgenommenes Geschäft auch vor Gericht nachweisen zu können, selbst wenn in einem späteren Prozess die lex fori strengere Anforderungen an den Beweis stellt.[19] Der Beweis des Vertrags soll nicht an diesen strengeren Beweisanforderungen scheitern.[20] Auf diese Weise will Abs. 2 den favor negotii des Art. 11 auf die beweisrechtliche Ebene verlängern.[21] 6

Dieses Regelungsanliegen wird verständlich vor dem Hintergrund von **Beweismittelverboten** wie insbesondere dem Verbot des Zeugenbeweises für Verträge, die einen bestimmten Gegenstandswert übersteigen. So verlangt etwa Art. 1359 C.c. Frankreich für den Nachweis eines Rechtsgeschäfts, dessen Wert einen bestimmten Betrag (derzeit: 1.500 Euro) übersteigt, grundsätzlich eine privatschriftliche oder öffentliche Urkunde.[22] Ein mündlich vorgenommenes Rechtsgeschäft ist zwar nicht unwirksam, es kann aber nur in bestimmten Fällen mit Hilfe von Zeugen bewiesen werden.[23] Ähnliche Verbote kennen zB das italienische Recht (Art. 2721 C.c. 7

---

[8] Art. 19 Abs. 3 EVÜ-E, abgedruckt in RabelsZ 38 (1974), 211 (215).

[9] *Giuliano/Lagarde* BT-Drs. 10/503, 68; dazu *Spellenberg* FS Kaissis, 2012, 915 (916).

[10] Rauscher/*v. Hein* Rn. 3; Staudinger/*Magnus,* 2021, Rn. 33; *Reithmann* FS Martiny, 2014, 515 (517); näher → 8. Aufl. 2020, EGBGB Art. 11 Rn. 53 ff. *(Spellenberg);* Staudinger/*Magnus,* 2021, Rn. 34 ff.; *Nagel/Gottwald* IZPR Rn. 10.131 ff.; *Schack* IZVR Rn. 833 ff.

[11] *Ferrari* in Magnus/Mankowski ECPIL Rn. 2.

[12] Staudinger/*Magnus,* 2021, Rn. 2; Rauscher/*v. Hein* Rn. 1; Grüneberg/*Thorn* Rn. 2; NK-BGB/*Doehner* Rn. 1; jurisPK-BGB/*Ringe* Rn. 4 f.; *Schack* IZVR Rn. 797, 806; *R. Stürner* RabelsZ 86 (2022), 421 (441 f.); *Seibl* in Basedow/Rühl/Ferrari/Miguel de Asensio, Encyclopedia of Private International Law, 2017, 236 (238); ausf. *Bücken,* Internationales Beweisrecht im Europäischen internationalen Schuldrecht, 2016, 100 ff. mwN.

[13] *v. Bar* IPR II, 1. Aufl. 1991, Rn. 552; Rauscher/*v. Hein* Rn. 1; für das deutsche Recht *Rosenberg/Schwab/Gottwald* ZivilProzR § 116 Rn. 30 ff. mwN.

[14] Staudinger/*Magnus,* 2021, Rn. 2; BeckOGK/*Varga* Rn. 9, 21 f.

[15] *Giuliano/Lagarde* BT-Drs. 10/503, 68.

[16] *Coester-Waltjen,* Internationales Beweisrecht, 1983, Rn. 368 ff.; *Kegel/Schurig* IPR § 22 IV (S. 1058); *v. Bar* IPR II, 1. Aufl. 1991, Rn. 552; näher *Bücken,* Internationales Beweisrecht im Europäischen internationalen Schuldrecht, 2016, 82 ff. mwN.

[17] Rauscher/*v. Hein* Rn. 1; Staudinger/*Magnus,* 2021, Rn. 23; Reithmann/Martiny IntVertragsR/*Martiny* Rn. 3.180.

[18] BeckOGK/*Varga* Rn. 50; Staudinger/*Magnus,* 2021, Rn. 30.

[19] *Giuliano/Lagarde* BT-Drs. 10/503, 69; Staudinger/*Magnus,* 2021, Rn. 3, 28; Rauscher/*v. Hein* Rn. 2. Erman/*Stürner* Rn. 5; Grüneberg/*Thorn* Rn. 5; NK-BGB/*Doehner* Rn. 11; BeckOGK/*Varga* Rn. 3, 45; *Schack* IZVR Rn. 811; bereits zu Art. 32 Abs. 3 EGBGB aF BT-Drs. 10/504, 82.

[20] Ferrari IntVertragsR/*Schulze* Rn. 1.

[21] Staudinger/*Magnus,* 2021, Rn. 3; BeckOGK/*Varga* Rn. 45; Calliess/Renner/*Klöhn* Rn. 14; *Linke/Hau* IZVR Rn. 10.15; Schack IZVR Rn. 811.

[22] Dazu *Sonnenberger* ZEuP 2017, 778 (829 f.).

[23] *Terré/Simler/Lequette/Chénédé,* Droit civil. Les obligations, 13. Aufl. 2022, Nr. 1905 ff.; zur Vorgängernorm in Art. 1341 C.c. Frankreich aF *Spellenberg* Liber amicorum Berg, 2011, 360 (372 ff., 378 f.).

Italien; Grenze: 2,58 Euro),[24] das belgische Recht (Art. 8.9 C.c. Belgien; Grenze: 3.500 Euro) sowie die US-amerikanischen Bundesstaaten in Statutes of Frauds oder in s. 2-201 UCC.[25] Der Beweis eines Rechtsgeschäfts und seines Inhalts darf danach grundsätzlich nur mit Urkunden geführt werden. Diese Regelungen dienten ursprünglich dem Ausschluss des als unzuverlässig geltenden Zeugenbeweises, gar der Vermeidung des Prozessbetrugs.[26] Sie sind heute zwar mannigfaltigen Aufweichungen und Ausnahmen unterworfen, die ihre praktische Schärfe reduzieren,[27] haben in ihrem Kern jedoch nach wie vor Bestand. Da Formen, vor allem die Schriftform, zwar auch dem späteren Beweis vor Gericht dienen, ebenso oft aber materielle Zwecke wie den Übereilungsschutz verfolgen und ein Seriositätsindiz bilden, war die Qualifikation dieser Beweismittelverbote als prozessual[28] oder als materiellrechtliche Regelung des Vertragsstatuts[29] oder des Formstatuts seit jeher umstritten (für Einordnung als Form → EGBGB Rn. 11 Rn. 41 mwN; wohl hM).[30] Bei ausschließlich prozessualer Qualifikation müsste der deutsche Richter ein Beweismittelverbot des französischen Vertragsstatuts nicht beachten, während das Verbot bei sachrechtlicher Einordnung als Teil einer französischen lex causae auch in Deutschland zum Tragen kommen könnte. Art. 18 Abs. 2 trifft nun nicht etwa eine Qualifikationsentscheidung, sondern macht die Entscheidung dieses Streits entbehrlich, indem alle in Betracht kommenden Rechte zur Verfügung gestellt werden.[31] Das erinnert an die französische Lehre vom „maximum des preuves“.[32]

8 Für die Rechtsanwendung in Deutschland hat der Qualifikationsstreit aufgrund von Art. 18 Abs. 2 im Grunde **keine praktischen Auswirkungen** mehr,[33] da hier keine besonderen Beweismittelverbote für Rechtsgeschäfte bestehen und ein der deutschen lex fori fremdes Beweismittel ausländischen Rechts dem deutschen Richter aufgrund des in Abs. 2 enthaltenen Vorbehalts nicht abverlangt werden kann. Relevant ist die Norm aber möglicherweise in Mitgliedstaaten, die den Zeugenbeweis nicht uneingeschränkt zulassen.[34] **Rechtspolitisch** wird diese Kumulation von Statuten des Abs. 2 teils als sinnvoll angesehen,[35] teils aber auch durchaus als problematisch kritisiert,[36] denn die Zulassung immer weiterer Beweismittel verändere den praktischen Gehalt der Sachregelungen des Vertragsstatuts durch eine ihm gegenüber erleichterte Durchsetzbarkeit oder eine Verstärkung von Einreden und Einwendungen. So werde etwa der Zeugenausschluss im französischen Recht für mündlich an sich wirksame Verträge über einem bestimmten Wert bei deutschem Verfahrensrecht ignoriert, obwohl er in gewisser Weise ein Formerfordernis ersetze.[37] Ob die von Abs. 2 geschützten

---

24 Dazu *Jakob* ZZPInt 8 (2003), 245 (253 ff.); *Cian/Trabucchi,* Commentario breve al Codice civile, 15. Aufl. 2022, C.c. Art. 2721 Rn. III.2: eine Anpassung der ursprünglichen Grenze von 5.000 Lire hat nie stattgefunden.

25 Dazu *Donath* IPRax 1994, 333 ff.; weitere rechtsvergleichende Beispiele bei *Bücken,* Internationales Beweisrecht im Europäischen internationalen Schuldrecht, 2016, 356 ff.

26 Zum Funktionswandel *Bücken,* Internationales Beweisrecht im Europäischen internationalen Schuldrecht, 2016, 382 ff. mwN.

27 In Frankreich vor allem, wenn ein schriftliches Indiz für einen Vertrag vorgelegt werden kann (Art. 1362 C.c. Frankreich: commencement de preuve par écrit), weiter gilt die Regel nicht unter Kaufleuten (Art. L 110-3 Code de commerce Frankreich); näher zu den Ausnahmen *Terré/Simler/Lequette/Chénedé,* Droit civil. Les obligations, 13. Aufl. 2022, Nr. 1910 ff. Zum belgischen Recht OLG Köln NJW-RR 1997, 182. Zu Italien *Jakob* ZZPInt 8 (2003), 245 (253 ff.); *Cian/Trabucchi,* Commentario breve al Codice civile, 15. Aufl. 2022, C.c. Art. 2721 Rn. III.2. Zu den USA *Donath* IPRax 1994, 333 (335 f.).

28 BGH JZ 1955, 702; *Nagel/Gottwald* IZPR Rn. 10.46; *Schack* IZVR Rn. 820; *v. Bar* IPR II, 1. Aufl. 1991, Rn. 553; *Ferrari* in Magnus/Mankowski ECPIL Rn. 15; für amerikanische Statutes of Frauds *Donath* IPRax 1994, 333 (339 f.), weil diese Regeln dort im Wesentlichen Bestandteil einer Beweiswürdigung seien.

29 Dafür *Coester-Waltjen,* Internationales Beweisrecht, 1983, Rn. 460 ff.

30 Näher *Bücken,* Internationales Beweisrecht im Europäischen internationalen Schuldrecht, 2016, 366 ff. mwN; *Schack* IZVR Rn. 820; *Fongaro* Rev. crit. dr. int. priv. 2018, 80 (85 ff.).

31 Rauscher/*v. Hein* Rn. 10; BeckOK BGB/*Spickhoff* Rn. 7; BeckOGK/*Varga* Rn. 3, 46.

32 Vgl. *Mayer/Heuzé/Remy* DIP Nr. 524 ff.; *Schack* IZVR Rn. 811; Ferrari IntVertragsR/*Schulze* Rn. 7; Reithmann/Martiny IntVertragsR/*Martiny* Rn. 3.181; s. auch BeckOGK/*Varga* Rn. 3, 45: „Meistbegünstigungsprinzip“.

33 Rauscher/*v. Hein* Rn. 2; Erman/*Stürner* Rn. 5; *v. Bar* IPR II, 1. Aufl. 1991, Rn. 553; zT aA *Kegel/Schurig* IPR § 17 V 3d (S. 632): Der Ausschluss des Zeugenbeweises sei aufgrund seiner Qualifikation als Form nicht von Art. 32 Abs. 3 EGBGB aF erfasst.

34 Rauscher/*v. Hein* Rn. 2; aA *Bücken,* Internationales Beweisrecht im Europäischen internationalen Schuldrecht, 2016, 425 f.

35 Rauscher/*v. Hein* Rn. 2.

36 → 8. Aufl. 2021, Rn. 7 *(Spellenberg);* krit. auch *Coester-Waltjen,* Internationales Beweisrecht, 1983, Rn. 520; zust. Erman/*Stürner* Rn. 5.

37 Entsprechend hatte die ursprüngliche hM in Frankreich nur die Beweismittel des Rechts zugelassen, dessen Form die Parteien eingehalten hatten, *Fongaro,* La loi applicable à la preuve en droit international privé, 2004, Nr. 291 ff.; *Mayer/Heuzé/Remy* DIP Nr. 525.

Parteierwartungen bei Vornahme des Rechtsgeschäfts tatsächlich stets darauf gerichtet seien, bei schriftlichem Vertragsschluss noch einen Zeugenbeweis zu akzeptieren, wird bezweifelt.[38] Einen Schwächerenschutz intendiert Abs. 2 jedenfalls nicht, sodass sich etwa auch ein Arbeitgeber auf die Vorschrift berufen kann.[39]

II. Sachlicher Anwendungsbereich

1. Vertragliches Schuldverhältnis. Die Regelung gilt unmittelbar nur für **vertragliche Schuldverhältnisse** iSd europäisch-autonomen Vertragsbegriffs der Rom I-VO (→ Art. 1 Rn. 8 ff.),[40] dann aber in allen ihren Teilen. Sie erfasst auch **einseitige** auf einen Vertrag bezogene **Erklärungen.**[41] Das kann Art. 11 Abs. 3 entnommen werden, der diese in die Anknüpfung der Form des Vertrages mit einbezieht.[42] Somit gelten Art. 18 Abs. 1 und Abs. 2 für alle Fragen, die auch von Art. 10 und Art. 12 erfasst werden. 9

Art. 18 gilt **nicht** für die **Kollisionsnormen** bzgl. des Vertrages selbst. Er will nämlich erst dem „nach dieser Verordnung für das vertragliche Schuldverhältnis maßgebende[n] Recht" die gesetzlichen Vermutungen und die Beweislast entnehmen. Das rechtfertigt sich damit, dass bei unaufklärbaren anknüpfungsrelevanten Tatsachen in Kollisionsnormen keine Ja-Nein Entscheidung über die Klage möglich ist, vielmehr ist „nur" die Frage, ob nun das Recht A oder B oder C anzuwenden sei.[43] Die Beweislastregeln des nationalen Sachrechts passen für die Anknüpfungstatsachen in Art. 3–8 Rom I-VO also nicht. Das bedeutet nicht, dass es keine Beweislastregeln für Kollisionsnormen gibt, sondern nur, dass sie anders aussehen müssen und dass Art. 18 diese nicht anspricht. Für die Anknüpfungstatsachen der Rom I-VO ist die Beweislast einheitlich und autonom **zu entwickeln.**[44] Manches lässt sich wohl der Systematik der Regeln entnehmen. So müssen etwa die Tatsachen, aus denen sich eine „offensichtlich engere Verbindung" nach Art. 4 Abs. 3 ergeben soll, von demjenigen bewiesen werden, der sich auf die Abweichung von der Regel als für ihn günstig beruft. Andernfalls bleibt es bei Art. 4 Abs. 1 oder 2.[45] Entsprechend geht die Nichterweislichkeit von Tatsachen, auf die eine spezielle Kollisionsnorm wie Art. 6 Abs. 1 gründet, zu Lasten derjenigen Partei, die deren Schutz in Anspruch nehmen möchte; die Ausnahmen vom gegenständlichen Anwendungsbereich in Art. 6 Abs. 4 sind hingegen von der anderen Partei zu beweisen.[46] Tatsachen, wegen derer eine Bindung nach Art. 10 Abs. 2 unzumutbar sein soll, muss die Partei beweisen, die sich auf ihre fehlende Bindung beruft (→ Art. 10 Rn. 237). Im Rahmen des Art. 13 liegt die Beweislast dafür, dass die andere Partei Kenntnis oder fahrlässige Unkenntnis vom Fehlen der Geschäftsfähigkeit nach Fähigkeitsstatut hatte, bei derjenigen Partei, die die Bindung der in ihrer Geschäftsfähigkeit beschränkten Partei an den Vertrag bestreitet (→ Art. 13 Rn. 72). Die allgemeine Regel, wonach derjenige, der eine für ihn günstige Rechtsfolge für sich in Anspruch nimmt, deren tatsächliche Voraussetzungen beweisen muss, dürfte auch im europäisch-autonomen Kontext als Grundsatz tragen.[47] Doch hat diese Regel Grenzen: Für den Beweis einer Rechtswahlvereinbarung scheint sie plausibel, während für den Beweis der Umstände, aus denen sich der gewöhnliche Aufenthalt einer Partei ergibt, schwerer zu bestimmen ist, welche Partei daraus einen Vorteil zieht.[48] 10

Art. 18 betrifft nur den **Beweis vor Gericht** und nicht Fälle, in denen ein schriftlicher Nachweis im privaten Rechtsverkehr gefordert wird. Ein Beispiel könnte § 174 BGB sein, wenn dieser nicht ohnehin aufgrund von Art. 1 Abs. 2 lit. g dem Vollmachtsstatut unterstehen würde (→ EGBGB Art. 8 Rn. 163).[49] 11

---

38 Näher dazu *Spellenberg* FS Kaissis, 2012, 915 (928 f., 931 f.); dagegen BeckOGK/*Varga* Rn. 45.

39 Rauscher/*v. Hein* Rn. 2; aA EuArbRK/*Krebber* Rn. 1.

40 Rauscher/*v. Hein* Rn. 5, 11; Staudinger/*Magnus,* 2021, Rn. 9; BeckOGK/*Varga* Rn. 5.

41 Staudinger/*Magnus,* 2021, Rn. 9; Ferrari IntVertragsR/*Schulze* Rn. 3.

42 BeckOGK/*Varga* Rn. 6.

43 Eingehend *Seibl,* Die Beweislast bei Kollisionsnormen, 2009, 124 ff.; *Seibl* in Basedow/Rühl/Ferrari/Miguel de Asensio, Encyclopedia of Private International Law, 2017, 236 (239 ff.); Staudinger/*Magnus,* 2021, Rn. 12; NK-BGB/*Doehner* Rn. 5; BeckOGK/*Varga* Rn. 7; *Fongaro,* La loi applicable à la preuve en droit international privé, 2004, Nr. 11, 110 f.

44 Staudinger/*Magnus,* 2021, Rn. 12; ausf. *Seibl,* Die Beweislast bei Kollisionsnormen, 2009, bes. 104 ff., 339 ff.

45 Allg. Staudinger/*Magnus,* 2021, Art. 4 Rn. 170 f.

46 *Mankowski* IPRax 2009, 474 (478 ff.); *Seibl* in Basedow/Rühl/Ferrari/Miguel de Asensio, Encyclopedia of Private International Law, 2017, 236 (240).

47 Dafür Staudinger/*Magnus,* 2021, Rn. 12; Staudinger/*Magnus,* 2021, Art. 4 Rn. 171; *Mankowski* IPRax 2009, 474 (477): in Erweiterung des Art. 18.

48 Mit diff. Lösungen *Seibl,* Die Beweislast bei Kollisionsnormen, 2009, 124 ff., 213 ff.; *Seibl* in Basedow/Rühl/Ferrari/Miguel de Asensio, Encyclopedia of Private International Law, 2017, 236 (241 f.).

49 *Ostendorf* RIW 2014, 93 (95); mit anderer Begr. Rauscher/*v. Hein* Rn. 11: § 174 BGB betrifft nicht den wirksamen Abschluss eines Rechtsgeschäfts und fällt deshalb nicht unter Art. 18 Abs. 2.

12 **2. Verwandte Regelungen und analoge Anwendung.** Eine Art. 18 entsprechende Regelung findet sich bezogen auf außervertragliche Schuldverhältnisse in **Art. 22 Rom II-VO,** der ebenfalls Art. 14 EVÜ nachgebildet ist und der dessen Aussagen auf außervertragliche Schuldverhältnisse überträgt (→ Rom II-VO Art. 22 Rn. 1). Art. 22 Abs. 2 Rom II-VO spricht abweichend von Art. 18 vom „Beweis einer Rechtshandlung"; gemeint sind die einseitigen Rechtshandlungen iSd Art. 21 Rom II-VO, für die sich freilich kaum Anwendungsfälle finden lassen.[50] In der Zusammenschau beider „Parallelvorschrift[en]"[51] ist somit das **gesamte europäische internationale Schuldrecht** erfasst.[52]

13 Vor dem Hintergrund dieses Befundes wird die Möglichkeit einer **analogen Anwendung** diskutiert. So gelten etwa US-amerikanische Statutes of Frauds, die den Zeugenbeweis ausschließen, falls sie nicht in Wirklichkeit überhaupt nur noch Beweiswürdigungsfunktion haben, zum Teil auch für andere Rechtsgeschäfte als Schuldverträge.[53] Gegen eine Erstreckung auf andere Rechtsverhältnisse wird insbesondere der begrenzte Anwendungsbereich der Rom I-VO (und der Rom II-VO) vorgebracht, der damit überschritten würde.[54] Dies schließt jedoch nicht aus, der Regelung einen **verallgemeinerungsfähigen Rechtsgedanken** zu entnehmen. Hier dürfte einerseits zwischen den beiden Absätzen zu differenzieren[55] und andererseits danach zu unterscheiden sein, ob die Materie, auf die die Regelung erstreckt werden soll, in den Bereich der europäischen Kollisionsrechtsakte (zB Beweis eines Unterhaltsvertrags oder Feststellungslast für die Testierfähigkeit) oder des noch unvereinheitlichten autonomen Kollisionsrechts (zB Eigentumsvermutung des § 1006 BGB) fällt. Im Bereich des europäischen Kollisionsrechts ist die Entscheidung über eine Verallgemeinerung dem nationalen IPR-Gesetzgeber entzogen; zugleich erscheint die Bildung allgemeiner europäischer Grundsätze aus einzelnen Verordnungen heraus nicht ausgeschlossen, wie das Beispiel der Aufrechnung gegen eine nichtvertragliche Forderung zeigt (→ Art. 17 Rn. 10). Die gemeinsame Regelung in Art. 18 Rom I-VO und Art. 22 Rom II-VO deutet, jedenfalls bezogen auf Abs. 1, auf einen übergreifenden Grundsatz hin, der zudem der internationalen Rechtsentwicklung entspricht[56] und sich daher auf den Anwendungsbereich anderer Verordnungen erstrecken lässt.[57] Da Abs. 1 zudem der zuvor hM in Deutschland entspricht, ist eine Übertragung auf das autonome Kollisionsrecht nicht erforderlich, zur Abstützung aber auch unschädlich.[58] Da Abs. 2 in rechtspolitischer Hinsicht problematischer erscheint (→ Rn. 7), muss eine Übertragung auf Rechtsgeschäfte außerhalb des sachlichen Anwendungsbereichs sorgfältiger erwogen werden, erscheint aber im europäischen Kollisionsrecht wie im autonomen Kollisionsrecht auch nicht von vornherein ausgeschlossen.[59] Sie kann insbesondere nicht die Qualifikation einer Beweismittelbeschränkung als materielle Formvorschrift ersetzen.[60]

14 Die **Beweisaufnahme-VO** (VO (EU) 2020/1783) überschneidet sich nicht mit Art. 18, denn sie behandelt die Beweisaufnahme im Ausland und die Rechtshilfe dabei, nicht die materielle Beweislast. Allenfalls kann die Verordnung als Hilfe bei der gebotenen autonomen Auslegung des Begriffs „Beweisarten" im Rahmen des Abs. 2 dienen.[61]

15 **3. Abgrenzung zum nationalen Recht.** Im Übrigen geht Art. 1 Abs. 3 – im Einklang mit dem EVÜ[62] – davon aus, dass **Beweisfragen** grundsätzlich der lex fori **unter Einschluss der Beweiskollisionsregeln des Forums** unterliegen.[63] Es ist also zunächst positiv durch – wie üblich

50 BeckOGK/*Varga* Rom II-VO Art. 22 Rn. 49 ff. mwN.
51 BeckOK BGB/*Spickhoff* Rom II-VO Art. 22 Rn. 1.
52 Ausf. *Bücken,* Internationales Beweisrecht im Europäischen internationalen Schuldrecht, 2016, 72 ff.
53 Vgl. *Donath* IPRax 1994, 333 (334 f.); weitere Beispiele bei *Bücken,* Internationales Beweisrecht im Europäischen internationalen Schuldrecht, 2016, 523 f.
54 → 8. Aufl. 2021, Rn. 8, 10 *(Spellenberg);* NK-BGB/*Doehner* Rn. 4; BeckOGK/*Varga* Rn. 6.
55 *Bücken,* Internationales Beweisrecht im Europäischen internationalen Schuldrecht, 2016, 512.
56 *Seibl* in Basedow/Rühl/Ferrari/Miguel de Asensio, Encyclopedia of Private International Law, 2017, 236 (237 f.).
57 Staudinger/*Magnus,* 2021, Rn. 4, 10: „Teilstück eines allgemeinen gemeineuropäischen IPR"; *Bücken,* Internationales Beweisrecht im Europäischen internationalen Schuldrecht, 2016, 520 ff.; *Schack* IZVR Rn. 797.
58 So zB in BGH RIW 2016, 759 Rn. 15 mwN: Stiftungskollisionsrecht; *Bücken,* Internationales Beweisrecht im Europäischen internationalen Schuldrecht, 2016, 513 ff.; vgl. für eine materiellrechtliche Qualifikation auch außerhalb des Vertragsrechts zB *Linke/Hau* IZVR Rn. 10.8; *Schack* IZVR Rn. 797; für Anwendung der lex causae auf der Grundlage prozessualer Qualifikation *Brinkmann* ZZP 129 (2016), 461 (487).
59 Rauscher/*v. Hein* Rn. 11; weitergehend Staudinger/*Magnus,* 2021, Rn. 10; *Nagel/Gottwald* IZPR Rn. 10.12.
60 *Bücken,* Internationales Beweisrecht im Europäischen internationalen Schuldrecht, 2016, 525 f.
61 Rauscher/*v. Hein* Rn. 10; Staudinger/*Magnus,* 2021, Rn. 8.
62 *Giuliano/Lagarde* BT-Drs. 10/503, 68.
63 Staudinger/*Magnus,* 2021, Rn. 1; Rauscher/*v. Hein* Rn. 1.

europäisch-autonome[64] – **Auslegung** des Art. 18 festzustellen, welche Beweisfragen er als Ausnahme von Art. 1 Abs. 3 erfasst. Diese Fragen sind der Rechtssetzung der mitgliedstaatlichen Beweiskollisionsrechte entzogen.[65] Während für das staatsvertragliche EVÜ noch eine restriktive Auslegung favorisiert wurde,[66] kann eine europäische Verordnung durchaus etwas ausdehnend ausgelegt werden.[67] Andererseits will Art. 18 ersichtlich nicht alle, sondern nur einzelne mit dem Beweis zusammenhängende Fragen erfassen. Ausdrücklich genannt werden nämlich nur in Abs. 1 die gesetzlichen Vermutungen und die funktional entsprechende Beweislast sowie in Abs. 2 die Beweismittel.

Nicht erfasst von Art. 18, sondern der lex fori überantwortet sind daher insbesondere das **Beweisverfahren,**[68] die **Beweisaufnahme**[69] und die **Beweiswürdigung**[70] einschließlich der Fragen des Urkundenbeweises und **des Beweismaßes.**[71] Die Abgrenzung ist freilich nicht immer einfach. Dafür, dass immerhin einige weitere Beweisfragen von der Rom I-VO erfasst werden, spricht, dass Art. 12 Abs. 1 lit. c bei Nichterfüllung die „Schadensbemessung, soweit diese nach Rechtsnormen erfolgt", „in den Grenzen der dem angerufenen Gericht durch sein Prozessrecht eingeräumten Befugnisse" dem Vertragsstatut zuweist(→ Art. 12 Rn. 92; → Art. 12 Rn. 99).[72] Die Schadensschätzung nach **§ 287 ZPO** sollte jedoch der lex fori auch gegenüber einem ausländischem Vertragsstatut vorbehalten bleiben (→ Art. 12 Rn. 99 f.).[73] 16

III. Gesetzliche Vermutungen und Beweislast (Abs. 1)

1. Geltung des Vertragsstatuts. Nach Abs. 1 gilt für **gesetzliche Vermutungen** und **Beweislastregelungen** im Bereich der vertraglichen Schuldverhältnisse iSd Art. 1, wie bisher, **ausschließlich** das **Vertragsstatut.** Ein Rückgriff auf die lex fori ist ausgeschlossen.[74] Ob das Statut des Vertrages objektiv ermittelt oder kraft Rechtswahl berufen wurde, steht gleich.[75] Art. 18 korrespondiert mit Art. 10 und Art. 12 (→ Art. 10 Rn. 2) und erfasst daher gleichermaßen **Haupt- und Gegenforderungen sowie Nebenforderungen** aus einem Vertrag; er gilt für **Entstehen wie Erlöschen** der vertraglichen Pflichten sowie für nachvertragliche Pflichten. Einbezogen sind auch Bereicherungs- und Rückabwicklungsansprüche nach Art. 12 Abs. 1 lit. e (→ Art. 12 Rn. 156 f.).[76] Die **Verletzung vorvertraglicher Pflichten** fällt hingegen unter die Rom II-VO, sodass für Beweislast und gesetzliche Vermutungen Art. 22 Abs. 1 Rom II-VO anzuwenden ist. Dabei bleibt es auch, wenn über Art. 12 Abs. 1 Rom II-VO akzessorisch an den Vertrag angeknüpft wird; nicht etwa führt die akzessorische Anknüpfung zur Anwendung weiterer Regeln der Rom I-VO wie dem 17

---

64 Staudinger/*Magnus,* 2021, Rn. 7; Grüneberg/*Thorn* Rn. 2; NK-BGB/*Doehner* Rn. 4; PWW/*Brödermann/Wegen* Rn. 1.

65 BeckOK BGB/*Spickhoff* Rn. 1.

66 *Lagarde* Rev. crit. dr. int. priv. 1991, 287 (298).

67 Dafür NK-BGB/*Doehner* Rn. 7; PWW/*Brödermann/Wegen* Rn. 2; *Ferrari* in Magnus/Mankowski ECPIL Rn. 5.

68 Staudinger/*Magnus,* 2021, Rn. 11; *Linke/Hau* IZVR Rn. 10.13; *Nagel/Gottwald* IZPR Rn. 10.5; *Bücken,* Internationales Beweisrecht im Europäischen internationalen Schuldrecht, 2016, 163 ff.

69 *Giuliano/Lagarde* BT-Drs. 10/503, 69; Staudinger/*Magnus,* 2021, Rn. 11; NK-BGB/*Doehner* Rn. 6; BeckOGK/*Varga* Rn. 4; *v. Bar/Mankowksi* IPR II § 1 Rn. 58; *Geimer* IZPR Rn. 2267a ff.

70 BGH RIW 2016, 759 Rn. 16; Staudinger/*Magnus,* 2021, Rn. 11, 22; BeckOK BGB/*Spickhoff* Rn. 4; Rauscher/*v. Hein* Rn. 8; Calliess/Renner/*Klöhn* Rn. 7; *Linke/Hau* IZVR Rn. 10.12; *Geimer* IZPR Rn. 2338; *Schack* IZVR Rn. 827; *v. Bar/Mankowksi* IPR II § 1 Rn. 58; *Schack* FS Coester-Waltjen, 2015, 725 (727); *Bücken,* Internationales Beweisrecht im Europäischen internationalen Schuldrecht, 2016, 172 ff. mwN.

71 Rauscher/*v. Hein* Rn. 8; NK-BGB/*Doehner* Rn. 6; BeckOGK/*Varga* Rn. 4, 31; *Linke/Hau* IZVR Rn. 10.12; *Nagel/Gottwald* IZPR Rn. 10.62; *Schack* IZVR Rn. 828 ff.; *Schack* FS Coester-Waltjen, 2015, 725 (730 f.); *Brinkmann* ZZP 129 (2016), 461 (481 f.); ausf. und diff. *Bücken,* Internationales Beweisrecht im Europäischen internationalen Schuldrecht, 2016, 188 ff. mwN; aA *Coester-Waltjen,* Internationales Beweisrecht, 1983, Rn. 362 ff.; *Geimer* IZPR Rn. 2334 ff.; *Seibl,* Die Beweislast bei Kollisionsnormen, 2009, 141 ff.

72 ZB § 252 S. 2 BGB; dazu BeckOK BGB/*Spickhoff* Rn. 4; NK-BGB/*Doehner* Rn. 6.

73 Rauscher/*v. Hein* Rn. 8; BeckOK BGB/*Spickhoff* Rn. 4; NK-BGB/*Doehner* Rn. 6; Staudinger/*Magnus,* 2021, Art. 12 Rn. 56; Grüneberg/*Thorn* Art. 12 Rn. 7; Rauscher/*Freitag* Art. 12 Rn. 31; NK-BGB/*Leible* Art. 12 Rn. 24; Erman/*Stürner* Art. 12 Rn. 10; *Schack* IZVR Rn. 831; *Geimer* IZPR Rn. 2276, 2337; *v. Bar/Mankowski* IPR II § 1 Rn. 822; *Brinkmann* ZZP 129 (2016), 461 (482); *Eichel* IPRax 2014, 156 (157 f.); *Mansel/Thorn/Wagner* IPRax 2024, 73 (86 f.); LG Hamburg IPRax 1991, 400 (403); implizit BGH NJW 1988, 648; ausf. *Bücken,* Internationales Beweisrecht im Europäischen internationalen Schuldrecht, 2016, 198 ff. mwN; zweifelnd BeckOGK/*Weller* Art. 12 Rn. 48.1; aA (Art. 12 Abs. 1 lit. c) → 8. Aufl. 2021, Rn. 13 *(Spellenberg).*

74 BeckOK BGB/*Spickhoff* Rn. 2.

75 *Geimer* IZPR Rn. 2340.

76 Erman/*Stürner* Rn. 4; Reithmann/Martiny IntVertragsR/*Martiny* Rn. 3.177.

Art. 18 Abs. 1.[77] Da die Normen in beiden Verordnungen identisch sind, ergibt sich daraus freilich kein Unterschied. Art. 18 Abs. 1 spricht nicht nur von Ansprüchen aus dem Vertrag, sondern vom vertraglichen Schuldverhältnis, so dass die Vorschrift auch im Rahmen einer Klage auf **Feststellung** des Bestehens oder Nichtbestehens des Vertrages gilt.

18 Das Vertragsstatut legt zunächst fest, welche Tatsachen Rechtsfolgen erzeugen sollen, und entscheidet dann, zulasten welcher Partei es geht, wenn diese Tatsachen nicht erwiesen werden. So muss bei **Verletzung einer Vertragspflicht** der Schuldner beweisen, dass er die Pflichtverletzung nicht zu vertreten hat; er muss sich mit anderen Worten entlasten (§ 280 Abs. 1 S. 2 BGB). Demgegenüber hat der Gläubiger das Bestehen des Schuldverhältnisses, die Pflichtverletzung und den Schaden zu beweisen (→ BGB § 280 Rn. 37 ff.).

19 Soweit **Vor- oder Teilfragen** selbständig angeknüpft werden, gilt für Beweislast und gesetzliche Vermutungen das betreffende anwendbare Recht und nicht das Vertragsstatut.[78] Kommt es etwa im Rahmen einer Vorfrage auf die Eigentumsvermutung des § 1006 BGB an, so darf diese – unabhängig von einem deutschen Vertragsstatut – nur angewendet werden, wenn über Art. 43 EGBGB deutsches Sachenrecht berufen ist.[79] **Art. 18** gilt **nicht** für die tatsächlichen Voraussetzungen einer deutschen **Eingriffsnorm** iSd Art. 9 und auch nicht für die Existenz einer ausländischen Eingriffsnorm, denn gemäß Art. 9 Abs. 1 gilt gerade nicht das von Art. 18 Abs. 1 in Bezug genommene „nach dieser Verordnung … maßgebende Recht".[80] Hier ist wegen des öffentlichen Interesses im Wege des Freibeweises von Amts wegen zu ermitteln, auch wenn keine Partei sich darauf beruft.[81] Lässt sich der Verstoß gegen eine solche Norm nicht bejahen, streitet die Beweislast gegen ihr Eingreifen.[82]

20 **2. Beweislast. a) Objektive Beweislast.** Was eine Beweislastregel ist, ist wie alle anderen Anknüpfungsgegenstände in Art. 18 autonom einheitlich zu qualifizieren.[83] Sie lässt sich beschreiben als eine Regel, die dem Richter sagt, wie er entscheiden muss, wenn eine **erhebliche Tatsache** weder bejaht noch verneint werden kann (non liquet). Solche Regeln sind eng mit dem materiellen Recht verknüpft, denn dieses bestimmt, welche Tatsachen für Entstehung oder Erlöschen eines subjektiven Rechts erheblich sind. In dieser Verknüpfung liegt der Grund für die Anwendung des **Vertragsstatuts** (→ Rn. 5). Zu Recht entscheidet dieses darüber, welche Partei eine streitige erhebliche Tatsache beweisen muss und die Folgen der Unaufklärbarkeit trägt.[84] Die historisch gewachsene **Grundregel,** dass derjenige, der einen Anspruch erhebt bzw. ein Recht geltend macht, die tatsächlichen Voraussetzungen der Entstehung beweisen muss, der Gegner hingegen die Voraussetzungen von Einwendungen und Einreden, wird man wohl so oder ähnlich weltweit wiederfinden.[85] Kodifiziert ist sie etwa in Art. 8 ZGB Schweiz,[86] in Art. 1353 C.c. Frankreich[87] oder in Art. 2697 C.c. Italien. Das Vertragsstatut legt die Voraussetzungen eines Anspruchs fest und regelt so die Verteilung der Beweislast zB für **Verschulden** und **Nichterfüllung**[88] oder für die **Fälligkeit.**[89] Auch die Beweislast dafür, ob zum Zwecke der **Erfüllung** geleistet bzw. etwas als Erfüllung angenommen wurde, richtet sich nach dieser Rechtsordnung.[90] Von besonderer Bedeutung sind hier Regeln über die **Umkehr der Beweislast.**[91] Mit ihnen kann der Gesetzgeber die Geltendmachung von Ansprüchen oder Einreden erleichtern

---

77 *Bücken,* Internationales Beweisrecht im Europäischen internationalen Schuldrecht, 2016, 76 f.; Rauscher/*v. Hein* Rn. 7; BeckOGK/*Varga* Rn. 5; aA → 8. Aufl. 2021, Rn. 15 *(Spellenberg);* Staudinger/*Magnus,* 2021, Rn. 10; NK-BGB/*Doehner* Rn. 4.

78 Staudinger/*Magnus,* 2021, Rn. 16; PWW/*Brödermann/Wegen* Rn. 4.

79 Staudinger/*Magnus,* 2021, Rn. 16; Grüneberg/*Thorn* Rn. 3; als Vorfrage im Rahmen eines deliktsrechtlichen Falls AG Geldern NJW 2011, 686 (687).

80 Reithmann/Martiny IntVertragsR/*Zwickel* Rn. 5.54 f.

81 Reithmann/Martiny IntVertragsR/*Zwickel* Rn. 5.55; BeckOGK/*Varga* Rn. 14; für Amtsprüfung NK-BGB/*Doehner* Art. 9 Rn. 48.

82 Reithmann/Martiny IntVertragsR/*Zwickel* Rn. 5.55.

83 Staudinger/*Magnus,* 2021, Rn. 7; NK-BGB/*Doehner* Rn. 7; Grüneberg/*Thorn* Rn. 2; BeckOGK/*Varga* Rn. 17 f.; *Ferrari* in Magnus/Mankowski ECPIL Rn. 7.

84 BGH RIW 2016, 759 Rn. 15; Staudinger/*Magnus,* 2021, Rn. 20; Rauscher/*v. Hein* Rn. 7; Grüneberg/*Thorn* Rn. 2; jurisPK-BGB/*Ringe* Rn. 5; *v. Bar/Mankowski* IPR II § 1 Rn. 58.

85 *R. Stürner* RabelsZ 86 (2022), 421 (441 f.) mwN.

86 Dazu Cass. civ. Rev. crit. dr. int. priv. 2018, 80 mAnm *Fongaro.*

87 Dazu *Sonnenberger* ZEuP 2017, 778 (827 f.); *Terré/Simler/Lequette/Chénédé,* Droit civil. Les obligations, 13. Aufl. 2022, Nr. 1924.

88 Vgl. BGHZ 42, 385 (388 f.) = NJW 1965, 489 zum Deliktsrecht.

89 BGH AWD 1969, 329.

90 OLG Hamm IPRspr. 2000 Nr. 132; OLG Kiel OLGE 7, 154; IPG 1970 Nr. 3 (Hamburg) S. 21; Reithmann/Martiny IntVertragsR/*Martiny* Rn. 3.179.

91 Staudinger/*Magnus,* 2021, Rn. 20; Rauscher/*v. Hein* Rn. 7; NK-BGB/*Doehner* Rn. 9; Ferrari IntVertragsR/*Schulze* Rn. 6.

oder erschweren, ohne den materiellen Tatbestand des betreffenden Rechts selbst zu ändern. Beispiele sind § 280 Abs. 1 S. 2 BGB (→ Rn. 18),[92] § 179 Abs. 1 BGB, § 327b Abs. 6 BGB, § 361 Abs. 3 BGB, § 363 BGB[93] oder Art. 1231-1 C.c. Frankreich (vertraglicher Schadensersatz, sofern keine Hinderung durch force majeure iSd Art. 1218 C.c. Frankreich beweisbar).[94]

Die praktische Schwierigkeit dürfte eher darin liegen, einer **Rechtsnorm** im Wege der Auslegung zu entnehmen, ob sie eine Beweislastregelung enthält.[95] Im deutschen Recht wird das vielfach durch die Formulierung einer Ausnahme ausgedrückt: „wenn nicht", „es sei denn, dass", „außer wenn", „das gilt nicht, wenn" oder „der Anspruch entfällt, wenn". Der Gesetzgeber ist weitgehend frei, Regel und Ausnahme festzusetzen. Die Fülle der Urteile und Lit. zur Beweislast zeigt freilich, dass deren Feststellung nicht immer einfach ist. Hinzu kommen – nicht nur im Common law – Beweislastregeln, die **richterrechtlich** entwickelt wurden.[96] So waren etwa die nunmehr in § 630h BGB kodifizierten Regelungen der Beweislast in der Arzthaftung ein Werk der Rspr. (→ BGB § 630h Rn. 1 ff.).[97] Die französischen Gerichte weisen die Beweislast für eine Verantwortlichkeit des Schuldners unterschiedlich zu je nachdem, ob es sich bei der verletzten Pflicht um eine obligation de moyens oder eine obligation de résultat handelt.[98] Art. 18 Abs. 1 erfasst nicht nur in Gesetzen niedergelegte, sondern auch derartige richterrechtliche Verteilungen der Beweislast.[99] Ebenfalls dem Vertragsstatut – und insbesondere dem von diesem gezogenen Grenzen (Art. 10 Abs. 1) – unterliegen **Vereinbarungen** über die Beweislast (zB Art. 1356 C.c. Frankreich).[100] Kann der lex causae keine ausdrückliche Regelung der Beweislast entnommen werden, darf nicht stattdessen die Verteilung nach der von Art. 18 Abs. 1 verdrängten lex fori zugrundegelegt werden; vielmehr ist eine Antwort aus dem Vertragsstatut heraus zu suchen.[101] 21

b) Beweisbedürftigkeit. Welche Tatsachen zur Begründetheit der Klage feststehen müssen bzw. nicht feststehen dürfen, ist dem Vertragsstatut zu entnehmen.[102] Ob eine Tatsache überhaupt **beweisbedürftig** ist, folgt jedoch unter anderem aus dem Verhalten der Parteien im **Prozess.** Beweisbedürftig ist sie nicht, wenn sie offensichtlich oder amtsbekannt, vor allem aber wenn sie unstreitig ist. Zwar ist nicht davon auszugehen, dass die Ausgestaltung des gerichtlichen Geständnisses oder der Regeln darüber, wann eine Behauptung als bestritten oder als zugestanden gilt (zB § 138 Abs. 3 ZPO), überall gleich sind. Doch sind dies Regeln, deren Bezug zum materiellen Recht schwach ist und auf die sich die Parteien im Prozess noch einstellen können; sie sind deshalb der **lex fori** zu entnehmen.[103] Ob wegen der **Säumnis** einer Partei die Behauptungen der erschienenen Partei als zugestanden gelten,[104] sagt aus demselben Grund die lex fori.[105] Solche Regelungen, die auch keine gesetzlichen Vermutungen sind,[106] fallen nicht unter Art. 18 Abs. 1, sondern sind Folgen 22

[92] Rauscher/*v. Hein* Rn. 7; Staudinger/*Magnus,* 2021, Rn. 20; Reithmann/Martiny IntVertragsR/*Martiny* Rn. 3.179.

[93] Dazu und zu weiteren Beispielen Zöller/*Greger* ZPO Vor § 284 Rn. 17a; *Rosenberg/Schwab/Gottwald* ZivilProzR § 116 Rn. 11.

[94] Dazu *Sonnenberger* ZEuP 2017, 6 (61); Rauscher/*v. Hein* Rn. 7; Reithmann/Martiny IntVertragsR/*Martiny* Rn. 3.179.

[95] BeckOGK/*Varga* Rn. 22 mwN.

[96] Dazu MüKoZPO/*Prütting* ZPO § 286 Rn. 119 ff.; Zöller/*Greger* ZPO Vor § 284 Rn. 19 ff. mwN.

[97] BT-Drs. 17/10488, 27; anders – tatsächliche Vermutung – *Schärtl* NJW 2014, 3601 (3602 f.).

[98] *Terré/Simler/Lequette/Chénédé,* Droit civil. Les obligations, 13. Aufl. 2022, Nr. 847 ff. mwN; in Belgien nunmehr gesetzlich niedergelegt in Art. 5.72 C.c. Belgien.

[99] *Bücken,* Internationales Beweisrecht im Europäischen internationalen Schuldrecht, 2016, 77 ff.; PWW/*Brödermann/Wegen* Rn. 2; BeckOK BGB/*Spickhoff* Rn. 2; Grüneberg/*Thorn* Rn. 3; Rauscher/*v. Hein* Rn. 9.

[100] *Damiens* Clunet 2016, 1141 (1148); Rauscher/*v. Hein* Rn. 7: bei Rechtswahl ist das Günstigkeitsprinzip der Art. 6 Abs. 2 S. 2 und Art. 8 Abs. 1 S. 2 zu beachten.

[101] *Bücken,* Internationales Beweisrecht im Europäischen internationalen Schuldrecht, 2016, 105 f.

[102] *Geimer* IZPR Rn. 2278; *Schack* IZVR Rn. 791; insoweit auch BeckOGK/*Varga* Rn. 11; für Frankreich *Fongaro* Rev. crit. dr. int. priv. 2018, 80 (83) mwN.

[103] *Giuliano/Lagarde* BT-Drs. 10/503, 68; Staudinger/*Magnus,* 2021, Rn. 17; Rauscher/*v. Hein* Rn. 5; BeckOK BGB/*Spickhoff* Rn. 2; Grüneberg/*Thorn* Rn. 4; Reithmann/Martiny IntVertragsR/*Martiny* Rn. 3.180; diff. – lex fori mit Ausnahme von Fragen, die nach lex causae der Parteidisposition entzogen sind – *Bücken,* Internationales Beweisrecht im Europäischen internationalen Schuldrecht, 2016, 156 ff.; *Schack* IZVR Rn. 792 f.; *Linke/Hau* IZVR Rn. 10.5 f.; *Geimer* IZPR Rn. 2280 f.; BeckOGK/*Varga* Rn. 13 ff.

[104] So wird zB in Frankreich und Belgien bei Säumnis des Beklagten angenommen, dass er die klägerischen Behauptungen bestreitet, zB Belg. Cass. 21.5.1981, Pas. 1981 I 1098; Cour d'Arbitrage 21.12.2004, J.T. 2005, 309 n. *van Drooghenbroeck;* Art. 472 Abs. 2 C.p.c. Frankreich.

[105] *Giuliano/Lagarde* BT-Drs. 10/503, 68; Grüneberg/*Thorn* Rn. 4; *Nagel/Gottwald* IZPR Rn. 10.48; *Geimer* IZPR Rn. 2341.

[106] *Giuliano/Lagarde* BT-Drs. 10/503, 68; Rauscher/*v. Hein* Rn. 5; Staudinger/*Magnus,* 2021, Rn. 17; *Bücken,* Internationales Beweisrecht im Europäischen internationalen Schuldrecht, 2016, 158.

des Prozessverhaltens der Partei. Das gilt auch dann, wenn das prozessuale Verhalten nur eine Umkehr der Beweislast herbeiführen sollte.[107]

23 Aus ähnlichen Gründen wird von der hM auch der lex fori entnommen, ob die **Vernichtung von Beweismitteln** und die sonstige **Beweisvereitelung** – zum Nachteil der an sich beweisbelasteten Gegenpartei – die Beweislast verschieben.[108] Auch wenn letzteres vor dem Prozess geschieht, so doch mit Blick auf diesen.[109] Es ist zwar richtig, dass eine Beweiserhaltungspflicht auch aus dem materiellen Rechtsverhältnis folgen kann,[110] doch empfiehlt sich eine danach unterschiedliche Anknüpfung aus praktischen Gründen nicht.[111] Eventuelle materiellrechtliche Folgen ergeben sich aber aus dem Vertragsstatut.[112]

24 c) **Beweisführungslast.** Die Beweisführungslast als Last einer Partei, zur Vermeidung des Prozessverlusts tätig zu werden und den Beweis für eine streitige Tatsache zu führen, folgt ebenso aus der Struktur der zugrunde zu legenden Sachnorm und unterliegt daher dem **Vertragsstatut.**[113] Art. 18 Abs. 1 trifft keine Unterscheidung zwischen objektiver und subjektiver Beweislast, da diese parallel laufen.[114] Freilich sieht der BGH ohne Begründung und zu Unrecht für die „subjektive Obliegenheit der Beweisführung" die lex fori berufen.[115] Der Umstand, dass das Gericht von Amts wegen die Erhebung bestimmter Beweise anordnen kann (zB §§ 142 ff. ZPO) ändert ebenso wenig wie eine **Amtsermittlung** etwas an der objektiven Beweislast, denn auch dann kann der Sachverhalt unaufklärbar bleiben.[116] Derartige Regelungen bewirken eine Veränderung der Beweisführungslast. Dies könnte dafür sprechen, Regelungen, die eine Amtsermittlung oder amtswegige Befugnisse des Gerichts anordnen, ebenfalls zusammen mit der objektiven und der subjektiven Beweislast dem Vertragsstatut zuzuordnen.[117] Jedoch gelten Amtsermittlung und amtswegige Befugnisse unabhängig von einem bestimmten materiellen Anspruch; zugleich berühren Regelungen darüber unmittelbar die prozessualen Pflichten und Befugnisse des Richters. Damit ist eine Anwendung der **lex fori** angezeigt.[118] Ebenfalls der lex fori müssen die besonderen Regeln der US-amerikanischen „burden of producing evidence" folgen, die sich im deutschen Prozess schon mangels Jury nicht abbilden lassen.[119] Die **Darlegungslast** läuft parallel zur Beweisführungslast und unterliegt somit ebenfalls dem **Vertragsstatut.**[120]

---

107 *Coester-Waltjen,* Internationales Beweisrecht, 1983, Rn. 386.

108 *Thole* IPRax 2010, 285 (288 f.); Staudinger/*Magnus,* 2021, Rn. 26; NK-BGB/*Doehner* Rn. 6; Ferrari IntVertragsR/*Schulze* Rn. 6; *Schack* IZVR Rn. 807 *Geimer* IZPR Rn. 2345; *Nagel/Gottwald* IZPR Rn. 10.81; *Linke/Hau* IZVR Rn. 10.8; *Bücken,* Internationales Beweisrecht im Europäischen internationalen Schuldrecht, 2016, 177 ff. mwN.

109 *Thole* IPRax 2010, 285 (289); *Brinkmann* ZZP 129 (2016), 461 (497): Effizienz der Anwendung der lex fori; Staudinger/*Magnus,* 2021, Rn. 26; *Bücken,* Internationales Beweisrecht im Europäischen internationalen Schuldrecht, 2016, 179.

110 Daher für eine diff. Anknüpfung *Coester-Waltjen,* Internationales Beweisrecht, 1983, Rn. 386 f.; zur Diskussion, iErg Anwendung der lex fori befürwortend *Thole* IPRax 2010, 285 (289).

111 *Bücken,* Internationales Beweisrecht im Europäischen internationalen Schuldrecht, 2016, 184; *Thole* IPRax 2010, 285 (289).

112 Staudinger/*Magnus,* 2021, Rn. 26; Rauscher/*v. Hein* Rn. 8; BeckOGK/*Varga* Rn. 31.1; offenbar aA *Thole* IPRax 2010, 285 (289).

113 *Bücken,* Internationales Beweisrecht im Europäischen internationalen Schuldrecht, 2016, 122 f.; *Linke/Hau* IZVR Rn. 10.8; *Schack* IZVR Rn. 808; BeckOK BGB/*Spickhoff* Rn. 3; Staudinger/*Magnus,* 2021, Rn. 21; Erman/*Stürner* Rn. 4; Rauscher/*v. Hein* Rn. 7; Grüneberg/*Thorn* Rn. 3; Ferrari IntVertragsR/*Schulze* Rn. 6; im int. Deliktsrecht OLG München NJW-RR 2018, 82 (84).

114 *Bücken,* Internationales Beweisrecht im Europäischen internationalen Schuldrecht, 2016, 121 f.

115 BGH RIW 2016, 759 Rn. 16.

116 Näher *Bücken,* Internationales Beweisrecht im Europäischen internationalen Schuldrecht, 2016, 124 ff.; *Coester-Waltjen,* Internationales Beweisrecht, 1983, Rn. 389 ff.; BeckOGK/*Varga* Rn. 20 mwN; aA Staudinger/*Magnus,* 2021, Rn. 15: auf Beweislast komme es bei Amtsermittlung nicht an.

117 → 8. Aufl. 2021, Rn. 23 *(Spellenberg).*

118 *Bücken,* Internationales Beweisrecht im Europäischen internationalen Schuldrecht, 2016, 124 ff.; PWW/*Brödermann/Wegen* Rn. 11; *Geimer* IZPR Rn. 2271; auch *Fongaro,* La loi applicable à la preuve en droit international privé, 2004, Nr. 63 ff., 77, 85.

119 *Geimer* IZPR Rn. 2344; *Schack* IZVR Rn. 809; *Bücken,* Internationales Beweisrecht im Europäischen internationalen Schuldrecht, 2016, 127 ff.

120 BGH RIW 2016, 759 Rn. 15; *Bücken,* Internationales Beweisrecht im Europäischen internationalen Schuldrecht, 2016, 132 ff.; BeckOK BGB/*Spickhoff* Rn. 3; Grüneberg/*Thorn* Rn. 3; Staudinger/*Magnus,* 2021, Rn. 21; Rauscher/*v. Hein* Rn. 7; Ferrari IntVertragsR/*Schulze* Rn. 6: auch sekundäre Darlegungslast; *v. Bar/Mankowski* IPR II § 1 Rn. 58; *Schack* IZVR Rn. 806; im int. Deliktsrecht OLG München NJW-RR 2018, 82 (84); diff. BeckOGK/*Varga* Rn. 24, 29 f.: prozessrechtliche Verhaltensregeln; *Hübner* IPRax 2024, 173 (180 f.): Anknüpfung der sekundären Darlegungslast an das Statut der Wissenszurechnung.

3. Gesetzliche Vermutungen. Art. 18 Abs. 1 beruft auch für gesetzliche Vermutungen das **Vertragsstatut.** Man mag phänomenologisch **Tatsachen-** und **Rechtsvermutungen** unterscheiden.[121] Bei ersteren wird aus einer bekannten oder bewiesenen tatbestandsfremden Tatsache auf eine andere geschlossen, aus der sich dann die fraglichen Rechtsfolgen ergeben, bei letzteren wird direkt eine Rechtslage vermutet. Doch gilt für beide dieselbe Anknüpfung an das Vertragsstatut, so dass die nicht immer einfache Unterscheidung hier ohne praktische Bedeutung ist.[122] In der Sache verteilen auch gesetzliche Vermutungen die Beweislast.[123] Sie verschieben das Beweisthema, um den Beweis zu erleichtern.[124] Gemäß § 292 S. 1 Alt. 1 ZPO sind gesetzliche Vermutungen immer **widerleglich.** Jedoch gilt die Anknüpfung nach Abs. 1 erst recht für unwiderlegliche Vermutungen (§ 292 S. 1 Alt. 2 ZPO) und für **Fiktionen.**[125] Das Statut der Vermutung, dh das Vertragsstatut, entscheidet nicht nur, ob die Vermutung widerlegt werden kann, sondern konsequenterweise auch darüber, wie und wodurch.[126] Wenn Art. 18 Abs. 1 von „gesetzlichen" Vermutungen (présomptions légales, presumptions of law) spricht, ist damit keine Beschränkung auf Vermutungen bezweckt, die in Rechtsnormen niedergelegt sind. **Richterrechtliche** Vermutungsregeln sind gleichermaßen erfasst.[127] **Beispiele** für gesetzliche Vermutungen sind zahlreich: Nach Art. 1731 C.c. Frankreich wird mangels Übergabeprotokolls vermutet, dass der Mieter die von ihm besessene Mietsache „en bon état" erhalten und sie also in diesem Zustand zurückzugeben hat.[128] Nach § 477 BGB wird die Mangelhaftigkeit schon bei Gefahrübergang vermutet, wenn der Verbraucherkäufer einen innerhalb eines Jahres aufgetretenen von den Anforderungen abweichenden Zustand nachweist.[129] Art. 8.11 Abs. 4 C.c. Belgien vermutet bei widerspruchsloser Entgegennahme einer Rechnung durch einen Unternehmer zu dessen Lasten das darin bezeichnete Rechtsgeschäft.[130] Auf den systematischen Standort der Vermutungsregel im Gesetz kommt es nicht an; maßgeblich ist, dass sie funktional unter die vertraglichen Schuldverhältnisse iSd Rom I-VO fällt.[131] Die genaue Abgrenzung von Beweislastregel und gesetzlicher Vermutung ist im nationalen Recht unter Umständen unscharf, für die Zwecke des Art. 18 Abs. 1 aber ohne Bedeutung.[132] 25

4. Anscheinsbeweis. Sehr umstritten ist seit langem die Anknüpfung für den sog. **Anscheinsbeweis bzw. prima-facie-Beweis.**[133] Dabei kann man aus bestimmten Tatsachen auf andere Fakten nicht kraft gesetzlicher Anordnung, sondern kraft tatsächlicher, insbesondere auch kraft naturwissenschaftlicher Erfahrungssätze schließen. Der kollisionsrechtliche Streit wird weiter dadurch kompliziert, dass der Anscheinsbeweis schon im Sachrecht in seiner Rechtsnatur und Funktion umstritten ist.[134] 26

---

121 Vgl. *Geimer* IZPR Rn. 2283 f.; *Rosenberg/Schwab/Gottwald* ZivilProzR § 113 Rn. 32 ff.

122 Weiter zum Begriff der gesetzlichen Vermutung Staudinger/*Magnus,* 2021, Rn. 17; Rauscher/*v. Hein* Rn. 4; BeckOGK/*Varga* Rn. 33 ff.; BeckOK BGB/*Spickhoff* Rn. 2.

123 *Leipold,* Beweislastregelungen und gesetzliche Vermutungen, 1966, 79 ff.; Zöller/*Greger* ZPO § 292 Rn. 1; *Rosenberg/Schwab/Gottwald* ZivilProzR § 116 Rn. 11; BeckOGK/*Varga* Rn. 33.

124 *Rosenberg/Schwab/Gottwald* ZivilProzR § 116 Rn. 11.

125 Staudinger/*Magnus,* 2021, Rn. 17, 19; Rauscher/*v. Hein* Rn. 4; Erman/*Stürner* Rn. 4; BeckOK BGB/*Spickhoff* Rn. 2; Grüneberg/*Thorn* Rn. 3; NK-BGB/*Doehner* Rn. 8; BeckOGK/*Varga* Rn. 37; *Schack* IZVR Rn. 796; Reithmann/Martiny IntVertragsR/*Martiny* Rn. 3.178; *Morse* Yb. Europ. L. 2 (1982), 107 (156 f.). *Bücken,* Internationales Beweisrecht im Europäischen internationalen Schuldrecht, 2016, 97 ff. wendet ebenfalls das Vertragsstatut an, stützt dies aber unmittelbar auf Art. 12, da unwiderlegliche Vermutungen und Fiktionen keine Auswirkungen auf die Beweislast haben.

126 *Bücken,* Internationales Beweisrecht im Europäischen internationalen Schuldrecht, 2016, 106.

127 *Bücken,* Internationales Beweisrecht im Europäischen internationalen Schuldrecht, 2016, 77 ff.; Staudinger/*Magnus,* 2021, Rn. 17; BeckOK BGB/*Spickhoff* Rn. 2; Grüneberg/*Thorn* Rn. 3; PWW/*Brödermann/Wegen* Rn. 2; Calliess/Renner/*Klöhn* Rn. 8; NK-BGB/*Doehner* Rn. 7; Rauscher/*v. Hein* Rn. 4; Reithmann/Martiny IntVertragsR/*Martiny* Rn. 3.178.

128 *Giuliano/Lagarde* BT-Drs. 10/503, 68; Staudinger/*Magnus,* 2021, Rn. 18.

129 Von BGHZ 200, 1 = NJW 2014, 1084 als „Beweislastumkehr" bezeichnet; zur Subsumtion unter Art. 18 Abs. 1 Rauscher/*v. Hein* Rn. 6; Staudinger/*Magnus,* 2021, Rn. 18; PWW/*Brödermann/Wegen* Rn. 5.

130 Zur Vorgängernorm OLG Köln NJW-RR 1987, 182 (184); Rauscher/*v. Hein* Rn. 6; zur entsprechenden Norm in Luxemburg (Art. 109 lux. Code de commerce) Cass. lux. 1.7.2021 – CAS-2020-00092 – im Fall wurde Art. 18 Abs. 2 angewendet, da die widerspruchslose Entgegennahme der Rechnung außerhalb von Kaufverträgen nur eine tatsächliche Vermutung begründe.

131 Staudinger/*Magnus,* 2021, Rn. 11; Ferrari IntVertragsR/*Schulze* Rn. 6; Rauscher/*v. Hein* Rn. 5. Nicht erfasst ist daher zB § 1006 BGB (→ Rn. 19).

132 PWW/*Brödermann/Wegen* Rn. 3; s. auch *Geimer* IZPR Rn. 2287: alle widerlegbaren gesetzlichen Vermutungen führen zu einer Beweislastumkehr.

133 In Frankreich „présomptions judiciaires" (früher „présomptions de l'homme"), in England „res ipsa loquitur"; ausf. *Bücken,* Internationales Beweisrecht im Europäischen internationalen Schuldrecht, 2016, 236 ff. mwN.

134 Ebenso *Brinkmann* ZZP 129 (2016), 461 (482).

Kaum zu bestreiten ist jedoch seine Nähe zur Beweiswürdigung,[135] denn es geht nicht um die Zuteilung des Risikos einer Nichtfeststellbarkeit der Tatsachen, des non liquet, sondern um die, wenngleich widerlegliche, Feststellung der Tatsachen.[136] Er steht aber den Tatsachenvermutungen nahe, weil aus bekannten Tatsachen auf unbekannte geschlossen wird. Andererseits muss er nicht wie eine gesetzliche Vermutung widerlegt, sondern nur erschüttert werden. Die Durchführung des Anscheinsbeweises selbst, dh die Feststellung des Erfahrungssatzes und die Anwendung auf die vorliegende Situation, ist dann aber im Wesentlichen keine Rechtsanwendung, sondern eine Frage der praktischen Vernunft, der Lebenserfahrung oder der Naturwissenschaften.[137] Daher wird er von vielen der Beweiswürdigung und mit dieser der lex fori zugewiesen.[138]

27 Das eigentliche **Rechtsproblem** ist die **Zulässigkeit** des Anscheinsbeweises in einem bestimmten Fall.[139] Sie ist nicht selbstverständlich, und es ist mit Unterschieden zu rechnen. Ein Beispiel ist Art. 1382 C.c. Frankreich, der unter anderem die Zulässigkeit der „présomptions judiciaires" beschränkt (ua auf die Fälle, in denen auch der Zeugenbeweis zugelassen ist). Der Beweiswürdigung im Einzelfall geht die Ermittlung eines **abstrakten** regelförmigen **Erfahrungssatzes** voraus, aus dem auf einen typischen Geschehensablauf geschlossen werden kann.[140] Dieser Vorgang ist jedoch eng mit dem materiellen Recht verflochten.[141] Die zugrunde gelegte Regel ist tauglicher Anknüpfungsgegenstand. Wo ein Anscheinsbeweis zugelassen wird, dient er funktional einer **Erleichterung der Rechtsdurchsetzung.** Der BGH spricht wiederholt von der „Beweiserleichterung des Anscheinsbeweises".[142] Dieses Ziel ist losgelöst von einer dogmatischen Einordnung.[143] Ob die Erleichterung mit einer Absenkung des Beweismaßes einhergeht, ist im deutschen Prozessrecht umstritten,[144] für eine funktionale Betrachtung mit Blick auf die europäische Regel jedoch ebenso wenig ausschlaggebend wie eine Verortung im Bereich der Beweiswürdigung.[145] Vielmehr ist maßgeblich, dass der Anscheinsbeweis wie eine gesetzliche Vermutung die Beweislast einer Partei erleichtert, sei es, dass die Gegenpartei nunmehr die naturwissenschaftliche Wahrscheinlichkeit erschüttern, sei es, dass sie den Gegenbeweis führen muss.[146] In beiden Fällen ist eine materiellrechtliche Begünstigung die Folge.[147] Somit ist der Anscheinsbeweis nicht zu den Beweismitteln, mit der Folge der alternativen Anwendung der in Abs. 2 genannten Rechte, zu rechnen,[148] doch auch nicht zu den außerhalb von Art. 18 stehenden Regelungen über Beweismaß oder Beweiswürdigung. Er ist **wie die gesetzlichen Vermutungen** und mit ihnen unter **Art. 18 Abs. 1** zu fassen.[149] Wollte man

---

135 ZB MüKoZPO/*Prütting* ZPO § 286 Rn. 50 ff.; *Jungmann* ZZP 120 (2007), 459 (469 ff.); aus der Rspr. etwa BGHZ 2, 1 (5); BGHZ 100, 31 (33 f.) = NJW 1987, 2876; BGH NJW 1952, 1137: „prima-facie-Beweiswürdigung".

136 *Gottwald,* Schadenszurechnung und Schadensschätzung, 1979, 201 ff. und passim; *Rosenberg/Schwab/Gottwald* ZivilProzR § 114 Rn. 16 ff.

137 Das bringt Art. 1382 C.c. Frankreich gut zum Ausdruck.

138 *Thole* IPRax 2010, 285 (287); Erman/*Stürner* Rn. 4; BeckOGK/*Varga* Rn. 40 ff.; MüKoZPO/*Prütting* ZPO § 286 Rn. 52; *Schack* IZVR Rn. 799 ff.; *Linke/Hau* Rn. 10.10; *Nagel/Gottwald* IZPR Rn. 10.50, 10.64; *v. Bar* IPR II, 1. Aufl. 1991, Rn. 552; *Brinkmann* ZZP 129 (2016), 461 (484); diff. *Pfeiffer* IPRax 2023, 217 ff.; BeckOK BGB/*Spickhoff* Rn. 4; zum int. Deliktsrecht LG Saarbrücken IPRax 2015, 567 m. abl. Aufs. *Zwickel* IPRax 2015, 531; IPG 1980/81 Nr. 8 (Göttingen) S. 64 ff.

139 Kasuistik dazu bei Zöller/*Greger* ZPO Vor § 284 Rn. 30a ff.

140 Staudinger/*Magnus,* 2021, Rn. 25; NK-BGB/*Doehner* Rn. 10; *Bücken,* Internationales Beweisrecht im Europäischen internationalen Schuldrecht, 2016, 262 f.

141 *Geimer* IZPR Rn. 2291; Staudinger/*Magnus,* 2021, Rn. 25; Reithmann/Martiny IntVertragsR/*Martiny* Rn. 3.179; *Bücken,* Internationales Beweisrecht im Europäischen internationalen Schuldrecht, 2016, 262 f.; *Coester-Waltjen,* Internationales Beweisrecht, 1983, Rn. 339.

142 ZB BGHZ 100, 214 (217) = NJW 1987, 1944; BGHZ 143, 268 Rn. 17 = NJW-RR 2000, 569; BGH NJW 2006, 300 (301); 2002, 1643 (1645); 2000, 2814 (2815); 1997, 1853; VersR 1991, 460.

143 Stein/Jonas/*Thole* ZPO § 286 Rn. 214.

144 Dafür *Musielak/Stadler,* Grundfragen des Beweisrechts, 1984, Rn. 159 ff., 177; Stein/Jonas/*Leipold,* 22. Aufl. 2008, ZPO § 286 Rn. 133 ff.; dagegen *Gottwald,* Schadenszurechnung und Schadensschätzung, 1979, 200 ff. und passim; MüKoZPO/*Prütting* ZPO § 286 Rn. 54 f.; ausf. Stein/Jonas/*Thole* ZPO § 286 Rn. 218 ff.

145 *Bücken,* Internationales Beweisrecht im Europäischen internationalen Schuldrecht, 2016, 261.

146 Grüneberg/*Thorn* Rn. 3; Ferrari IntVertragsR/*Schulze* Rn. 6; PWW/*Brödermann/Wegen* Rn. 6.

147 *Bücken,* Internationales Beweisrecht im Europäischen internationalen Schuldrecht, 2016, 263 ff.; *Coester-Waltjen,* Internationales Beweisrecht, 1983, Rn. 338 ff.; Staudinger/*Magnus,* 2021, Rn. 25; insoweit auch *Schack* IZVR Rn. 800; aA *Thole* IPRax 2010, 285 (287).

148 *Bücken,* Internationales Beweisrecht im Europäischen internationalen Schuldrecht, 2016, 240 ff.

149 *Bücken,* Internationales Beweisrecht im Europäischen internationalen Schuldrecht, 2016, 257 ff. mwN; Staudinger/*Magnus,* 2021, Rn. 25; Grüneberg/*Thorn* Rn. 3; NK-BGB/*Doehner* Rn. 10; Ferrari IntVertragsR/*Schulze* Rn. 6; Calliess/Renner/*Klöhn* Rn. 11; PWW/*Brödermann/Wegen* Rn. 6, 8; jurisPK-BGB/*Ringe* Rn. 7; Reithmann/Martiny IntVertragsR/*Martiny* Rn. 3.179; *Geimer* IZPR Rn. 2289 ff.; früher bereits *Buciek,* Beweislast und Anscheinsbeweis im internationalen Recht, 1984, 257; *Coester-Waltjen,* Internationales

sich nicht an letztere anlehnen, gälte statt Art. 18 deutsches ungeschriebenes Beweiskollisionsrecht, womit man aber nach funktionaler Qualifikation ebenfalls zum Vertragsstatut käme.[150] Der deutsche Richter muss also bei Geltung ausländischen Vertragsrechts prüfen, ob dort solch ein Anscheinsbeweis verwendet wird,[151] und er darf ihn nicht verwenden, wenn ein Anscheinsbeweis dort nicht zugelassen wird.[152]

IV. Beweismittel und Beweismittelverbote (Abs. 2)

1. Regelungsgehalt. Die **Art. 18 Abs. 2 Rom I-VO** und Art. 22 Abs. 2 Rom II-VO[153] enthalten für **Schuldverträge** und darauf bezogene einseitige Rechtsgeschäfte (→ Rn. 9) und für Rechtsgeschäfte bzgl. außervertraglicher Schuldverhältnisse die Regelung, dass für den Beweis der **Vornahme eines Rechtsgeschäfts** neben den **Beweismitteln** der jeweiligen lex fori auch die in den verschiedenen **Formstatuten** zugelassenen Beweismittel verwendet werden können, sofern das Rechtsgeschäft nach dem jeweiligen Formstatut gültig und das Beweismittel seiner Art nach der lex fori bekannt ist (zum Normzweck → Rn. 6 ff.). Nach Art. 11 Abs. 1 gelten für die Form alternativ das Vertragsstatut oder das Recht am Ort der Geschäftsvornahme, bei grenzüberschreitenden Distanzverträgen kommen nach Art. 11 Abs. 2 die Rechte am Abgabeort jeder Erklärung sowie die am gewöhnlichen Aufenthaltsort jeder Partei als Alternative zum Vertragsstatut hinzu. Die in allen diesen Rechtsordnungen vorgesehenen Beweismittel für das fragliche Rechtsgeschäft werden **neben der lex fori** zugelassen, sofern das Rechtsgeschäft nach ihnen gültig ist. Gedacht ist vor allem an Beweismittelverbote wie den Ausschluss des Zeugenbeweises (→ Rn. 7). Die Vorschrift bezieht sich allein auf den Beweis der **wirksamen Vornahme** des Rechtsgeschäfts und seines Inhalts.[154] 28

2. Beweismittel. Beweismittel bzw. „Beweisarten" iSd Art. 18 Abs. 2 sind **alle** von einem Recht zugelassenen Wege, eine für das Rechtsgeschäft relevante Tatsache zu beweisen, wie zB Urkunden, Augenschein, Sachverständige, Zeugen, amtliche Auskünfte, aber auch die Parteivernehmung und der Parteieid, also nicht nur Urkunden oder Zeugen.[155] Von Abs. 2 angesprochen sind entsprechend Vorschriften, die solche Beweismittel zulassen oder ausschließen. Kein Beweis und daher auch keine Regelung der Beweismittel ist nötig bei amtsbekannten und unbestrittenen Tatsachen. 29

Nicht um eine Beweismittelregelung handelt es sich – trotz der insoweit irreführenden Bezeichnung[156] – bei der angelsächsischen **parol-evidence-rule,**[157] der zufolge bei einem schriftlichen Vertragstext, wenn ihn die Parteien als abschließend wollten, grundsätzlich jeder äußere Beweis unzulässig ist, der den Vertragsinhalt ändern oder ergänzen oder ihm widersprechen würde.[158] Das ist keine Beweisregel, die verfahrensrechtlich zu qualifizieren ist und zur lex fori führt.[159] Die Regel beruht vielmehr auf der Annahme, dass die Parteien nur das gelten lassen wollten, was sie schließlich 30

Beweisrecht, 1983, Rn. 353; zum int. Deliktsrecht AG Geldern NJW 2011, 686 m. zust. Aufsatz *Staudinger* NJW 2011, 650; krit. jedoch *Pfeiffer* IPRax 2023, 217 (221); *v. Bar/Mankowski* IPR II § 2 Rn. 416; *Zwickel* IPRax 2015, 531 ff.; *Wurmnest* ZVglRWiss 115 (2016), 624 (636 ff.).

150 Rauscher/*v. Hein* Rn. 9: aufgrund restriktiver Interpretation der Ausnahmevorschrift des Art. 18 sei die Rom I-VO sachlich nicht anwendbar, sondern nationales Beweiskollisionsrecht, das aber angesichts der funktionalen Nähe zu Beweislastregeln dahingehend fortzubilden sei, dass es nicht die lex fori, sondern das Vertragsstatut berufe; dagegen (und für weite Auslegung des Art. 18 Abs. 1): *Bücken,* Internationales Beweisrecht im Europäischen internationalen Schuldrecht, 2016, 254 f.

151 Vor allem, um ihm diese Schwierigkeit zu ersparen, tritt *Schack* IZVR Rn. 790 für die lex fori ein.

152 Vgl. in einem deliktsrechtlichen Fall AG Geldern NJW 2011, 686 m. zust. Aufsatz *Staudinger* NJW 2011, 650.

153 So früher schon *Marschall v. Bieberstein* FS Beitzke, 1979, 625 (629 f.); zu ähnlichen Lehren in Frankreich *Coester-Waltjen,* Internationales Beweisrecht, 1983, Rn. 470 f.

154 Enger – formwirksamer Abschluss – Rauscher/*v. Hein* Rn. 11; BeckOGK/*Varga* Rn. 49.

155 Staudinger/*Magnus,* 2021, Rn. 30; BeckOK BGB/*Spickhoff* Rn. 6; Rauscher/*v. Hein* Rn. 10; BeckOGK/*Varga* Rn. 50.

156 *Beale* IWRZ 2019, 28 (29).

157 Rauscher/*v. Hein* Rn. 14; Staudinger/*Magnus,* 2021, Rn. 30; für Subsumtion unter Art. 18 Abs. 2 aber jurisPK-BGB/*Ringe* Rn. 10.

158 Zu dieser umstr. Lehre vgl. zB *Bingham* Edinburgh L. Rev. 2008, 374 ff.; *Nicholls* L. Q. R. 121 (2005), 577 ff.; Chartbrook Ltd. v. Persimmon Homes Ltd. [2009] UKHL 38; Shogun Finance Ltd. v. Hudson (2005) 1 All. E. R. 215, 230 (Hobhouse L.J.); dazu näher *Spellenberg* Liber amicorum Schurig, 2012, 265 (267 f., 272); *Kötz* ZEuP 2013, 777 ff.; *Ostendorf* JPIL 11 (2015), 163 ff., mit Unterscheidung zwischen parol-evidence-rule und exclusionary rule; *McKendrick* in Chitty on Contracts, 33. Aufl. 2018, Rn. 13-108 ff. mwN.

159 So aber *Schack* IZVR Rn. 821; *Nagel/Gottwald* IZPR Rn. 10.15; *v. Bar/Mankowski* IPR II § 1 Rn. 58; *Ostendorf* JPIL 11 (2015), 163 (175 ff.); noch anders Calliess/Renner/*Klöhn* Rn. 20: autonomes IPR.

schriftlich niedergelegt haben.[160] Diese Regel gehört daher über Art. 12 Abs. 1 lit. a zum **Vertragsstatut** (→ Art. 12 Rn. 20).[161] Sie erinnert an die im deutschen oder auch im französischen Recht bekannte – widerlegliche – Vermutung der **Vollständigkeit** der Vertragsurkunde,[162] nur dass sie im US-amerikanischen Recht grundsätzlich nicht widerlegt werden darf. Die deutsche bzw. französische Vermutung begrenzt dagegen nicht den Inhalt der vertraglichen Vereinbarung, sondern beschreibt „nur" den Beweiswert der Urkunde für die tatsächliche Vereinbarung. Die Frage, nach welchem Recht sich der **Beweiswert** oder die Beweiskraft einer tatsächlich errichteten und vorgelegten Urkunde richtet, ist jedoch nicht Gegenstand des Art. 18 Abs. 2. Sie bleibt gemäß Art. 1 Abs. 3 dem nationalen Kollisionsrecht überlassen.[163] Der Versuch einer Regelung der Beweiskraft von Urkunden im EVÜ hatte keinen Konsens gefunden (→ Rn. 4).

31 **3. Alternative Anknüpfung.** Art. 18 Abs. 2 lässt zum Beweis sowohl die Beweismittel der **verfahrensrechtlichen lex fori** als auch die der Formstatuten gemäß Art. 11 zu. Die lex fori ist in Art. 18 Abs. 2 die **Grundregel,** die durch die anderen Anknüpfungen **ergänzt** wird.[164] Diese alternativen Anknüpfungen ergeben sich aus der für das betreffende Rechtsgeschäft geltenden **Formanknüpfung des Art. 11.** Das kann bei grenzüberschreitenden Distanzverträgen im Extremfall zu einer Kumulation von maximal sechs Rechtsordnungen führen: der lex fori, dem Vertragsstatut und den vier örtlichen Formstatuten gemäß Art. 11 Abs. 2; bei einseitigen Rechtsgeschäften kommt man nach Art. 11 Abs. 3 Rom I-VO auf drei. Für Verbraucherverträge gilt nur das Recht am Aufenthaltsort des Verbrauchers als Formstatut (Art. 11 Abs. 4), nicht auch das im Fall der Rechtswahl davon eventuell abweichende Vertragsstatut, und für bestimmte Formregelungen bei Grundstücksverträgen gilt nur das Recht der Belegenheit (Art. 11 Abs. 5). Praktisch werden aber die sechs Rechtsordnungen selten alle zusammenkommen und noch seltener werden sie verschiedene Beweismittel zulassen. Sofern Unterschiede bestehen, setzt sich entsprechend der alternativen Formanknüpfung das liberalere Beweisrecht durch,[165] das die Beweismittelbeschränkungen der anderen Rechtsordnungen nicht kennt (zur rechtspolitischen Kritik → Rn. 8).

32 Voraussetzung dieser alternativen Anknüpfungen der Beweismittelbeschränkung ist allerdings, dass das **Rechtsgeschäft** nach dem betreffenden Formstatut **formgültig wäre,**[166] dh dass es dessen **Formvorschriften eingehalten** haben muss. Sonstige materielle Wirksamkeits- bzw. Unwirksamkeitsgründe sind unerheblich.[167] Damit wird wieder die Unterscheidung von Form und Inhalt erheblich. Ist das Rechtsgeschäft nur nach einem oder einigen dieser Rechte formgültig, so können **nur die Beweismittel dieser Rechte** herangezogen werden. Jedoch sind **immer** die des **Forums** zulässig. Auf die Formgültigkeit nach lex fori kommt es nicht an.[168] Dies entspricht dem Zweck der Vorschrift, die Erwartung der Parteien, die Gültigkeit eines Vertrags nach dem Recht nachweisen zu können, nach dessen Recht sie es vorgenommen haben (→ Rn. 6). So ist zB ein mündlich in Frankreich nach französischem Recht abgeschlossener Grundstückskaufvertrag wirksam und kann vor einem deutschen Gericht durch Zeugen nach deutschem Verfahrensrecht bewiesen werden, obwohl diese nach französischem Recht (Art. 1359 C.c. Frankreich) kein zulässiges Beweismittel wären und nach deutschem Recht eine strengere Form erforderlich wäre.[169]

33 Abs. 2 **erleichtert** lediglich den **Beweis:** Es gelten nicht strengere Beweisvorschriften des Forums, um einen den anderen Statuten genügenden Nachweis zu verhindern, und ebenso können sich nicht die strengeren Regeln eines der Formstatuten gegenüber den anderen durchsetzen.[170]

---

160 Näher *Beale* IWRZ 2019, 28 (28 f.).

161 So auch *Coester-Waltjen,* Internationales Beweisrecht, 1983, Rn. 537 f.; *Geimer* IZPR Rn. 2329a; Staudinger/*Magnus,* 2021, Rn. 30; BeckOGK/*Varga* Rn. 53; Rauscher/*v. Hein* Rn. 14.

162 Vgl. *Spellenberg* Liber amicorum Berg, 2011, 360 (372 ff.).

163 Näher → 8. Aufl. 2020, EGBGB Art. 11 Rn. 53 ff. *(Spellenberg);* Staudinger/*Magnus,* 2021, Rn. 34 ff.; für Subsumtion der Vermutung für die vollständige und richtige Wiedergabe der Vereinbarung in der Urkunde unter Abs. 1 aber PWW/*Brödermann/Wegen* Rn. 5.

164 *Giuliano/Lagarde* BT-Drs. 10/503, 69; BeckOK BGB/*Spickhoff* Rn. 5; Staudinger/*Magnus,* 2021, Rn. 28; Grüneberg/*Thorn* Rn. 4 f.; NK-BGB/*Doehner* Rn. 11; Ferrari IntVertragsR/*Schulze* Rn. 7; BeckOGK/*Varga* Rn. 57.

165 Rauscher/*v. Hein* Rn. 10; Staudinger/*Magnus,* 2021, Rn. 29; BeckOGK/*Varga* Rn. 46, 57; *Geimer* IZPR Rn. 2329; aA *Ferrari* in Magnus/Mankowski ECPIL Rn. 19: Ermessensentscheidung des Gerichts.

166 *Giuliano/Lagarde* BT-Drs. 10/503, 69; Erman/*Stürner* Rn. 5; Staudinger/*Magnus,* 2021, Rn. 29; Rauscher/*v. Hein* Rn. 12; Grüneberg/*Thorn* Rn. 5; NK-BGB/*Doehner* Rn. 11; jurisPK-BGB/*Ringe* Rn. 9; Reithmann/Martiny IntVertragsR/*Martiny* Rn. 3.182.

167 Rauscher/*v. Hein* Rn. 12; Calliess/Renner/*Klöhn* Rn. 16.

168 Calliess/Renner/*Klöhn* Rn. 16.

169 AA mit eingehender Begr. *Bücken,* Internationales Beweisrecht im Europäischen internationalen Schuldrecht, 2016, 401 ff.

170 Staudinger/*Magnus,* 2021, Rn. 29.

Die lex fori gemäß Abs. 2 ersetzt auch nicht die nötige Form als Wirksamkeitsvoraussetzung des Rechtsgeschäfts, wofür Art. 11 eingreift, und Abs. 2 ersetzt **nicht** die **Wirksamkeit des Rechtsgeschäfts im Übrigen** wie zB eine genügende Vollmacht oder den Konsens.

Für den deutschen Richter bedeutet Abs. 2 in der Regel praktisch die **Anwendung der deutschen lex fori** für die zulässigen Beweismittel nach den §§ 371 ff. ZPO unabhängig von den betreffenden Formstatuten, denn es sind kaum weitere Beweismittel in anderen Rechtsordnungen zu erwarten (zur Beachtung der Grenzen der lex fori → Rn. 35 ff.).[171] 34

4. Vorbehalt der lex fori. Abs. 2 letzter Hs. beschränkt die alternative Anwendung des Formstatuts im Interesse der lex fori.[172] Vorausgesetzt wird nämlich, dass der Beweis in **dieser Art** vor dem angerufenen Gericht erbracht werden darf. Es kommt darauf an, ob das Beweismittel **nach der lex fori** in einer Beweisaufnahme verwendet werden kann oder ausgeschlossen ist. So kann zB in Deutschland eine Partei nicht als Zeuge, sondern nur als Partei vernommen werden,[173] und der Parteieid ist ausgeschlossen.[174] Die Rom I-VO will den Richter nicht dazu zwingen, Beweise zu erheben, die in seinem Recht unzulässig sind **(Sperrwirkung).**[175] Ein Verstoß gegen den ordre public des Forumstaats muss nicht vorliegen.[176] Allerdings kann der Vorbehalt nicht etwa dazu genutzt werden, dass ein ausländisches Gericht ein in seiner lex fori enthaltenes Beweismittelverbot doch zur Anwendung bringt; dies würde Sinn und Zweck der Vorschrift und auch der Qualifikation von Beweismittelverboten als Formvorschrift (→ EGBGB Rn. 11 Rn. 41 mwN) zuwiderlaufen.[177] 35

Nach wohl allgemeiner Meinung[178] wirkt der Vorbehalt der lex fori nicht nur, wenn das fremde Beweismittel **allgemein nicht** zugelassen ist, wie die Vernehmung der Partei als Zeuge, sondern auch, wenn es nach der lex fori nur in der **betreffenden Verfahrensart** unzulässig ist, wie zB nach der ZPO der Zeugenbeweis im Urkundenprozess (§§ 592 ff. ZPO). Demgemäß kann auch eine deutsche **Registerbehörde** in einem Eintragungsverfahren Beweise zurückweisen, die in ihrem Recht nicht vorgesehen sind, und zB auf öffentlichen Urkunden bestehen, vorausgesetzt das Verfahrensrecht erlaubt nicht doch ausnahmsweise andere Nachweise (→ EGBGB Art. 11 Rn. 55).[179] 36

Weil Beweismittelbeschränkungen eng mit der sachrechtlichen Formbedürftigkeit verbunden sind, ist die Unverträglichkeit fremder Beweismittel mit der lex fori zurückhaltend anzunehmen. Bevor das Beweismittel zurückgewiesen wird, ist die Frage einer **Anpassung** der ausländischen Regelung an die lex fori zu prüfen. Wenn nach Art. 1385 ff. C.c. Frankreich der Eid zugeschoben werden kann,[180] so ist im deutschen Verfahren eine Parteivernehmung nach §§ 445 ff. ZPO vorzunehmen.[181] Ebenso kann eine Partei nicht als Zeuge wie nach angelsächsischem Recht vernommen werden, aber immerhin als Partei.[182] 37

Erforderlich ist, dass der Beweis **„in dieser Art"** vor dem Gericht nicht erbracht werden kann. Es kommt also darauf an, ob das betreffende Beweismittel allgemein unzulässig ist. Nicht gemeint ist der Ausschluss von Zeugen und Sachverständigen wegen **Befangenheit** und dergleichen im 38

---

171 Rauscher/*v. Hein* Rn. 2: „kaum mehr als eine klarstellende Funktion"; PWW/*Brödermann/Wegen* Rn. 9; für „eher entbehrlich" erachtet Art. 18 Abs. 2 Erman/*Stürner* Rn. 5; als „aus deutscher Sicht entbehrlich" beurteilt die Vorschrift auch *Bücken,* Internationales Beweisrecht im Europäischen internationalen Schuldrecht, 2016, 424 f.; zu Art. 32 Abs. 3 EGBGB aF bereits *v. Bar* IPR II, 1. Aufl. 1991, Rn. 553.

172 Vgl. *Gaudemet-Tallon* Rev. trim. dr. europ. 17 (1981), 215 (283 f.).

173 Erman/*Stürner* Rn. 5; zu Art. 32 Abs. 3 EGBGB aF BT-Drs. 10/504, 82.

174 OLG Hamm IPRax 1996, 33; *Geimer* IZPR Rn. 2339; *Schack* FS Coester-Waltjen, 2015, 725 (729); vgl. *Lagarde* Rev. crit. dr. int. priv. 80 (1991), 287 (332).

175 *Giuliano/Lagarde* BT-Drs. 10/503, 69; Staudinger/*Magnus,* 2021, Rn. 28; unklar PWW/*Brödermann/Wegen* Rn. 9 und Ferrari IntVertragsR/*Schulze* Rn. 7: Abs. 2 fordere auch Zulassung fremder Beweisarten.

176 *Giuliano/Lagarde* BT-Drs. 10/503, 69; Rauscher/*v. Hein* Rn. 10; BeckOGK/*Varga* Rn. 62.

177 *Bücken,* Internationales Beweisrecht im Europäischen internationalen Schuldrecht, 2016, 398 ff.

178 Erman/*Stürner* Rn. 5; NK-BGB/*Doehner* Rn. 11; Staudinger/*Magnus,* 2021, Rn. 28; Rauscher/*v. Hein* Rn. 10; Reithmann/Martiny IntVertragsR/*Martiny* Rn. 3.183.

179 *Giuliano/Lagarde* BT-Drs. 10/503, 69; Rauscher/*v. Hein* Rn. 10; Staudinger/*Magnus,* 2021, Rn. 31; PWW/*Brödermann/Wegen* Rn. 10; Reithmann/Martiny IntVertragsR/*Martiny* Rn. 3.183; iErg übereinstimmend – Art. 18 Abs. 2 nicht anwendbar, sondern Registerstatut – *Bücken,* Internationales Beweisrecht im Europäischen internationalen Schuldrecht, 2016, 354 ff.; BeckOK BGB/*Spickhoff* Rn. 6; NK-BGB/*Doehner* Rn. 12.

180 Dazu *Terré/Simler/Lequette/Chénédé,* Droit civil. Les obligations, 13. Aufl. 2022, Nr. 1888.

181 Ferrari IntVertragsR/*Schulze* Rn. 8; Staudinger/*Magnus,* 2021, Rn. 28; BeckOGK/*Varga* Rn. 62; aA *Nagel/Gottwald* IZPR Rn. 10.128; *Geimer* IZPR Rn. 2325; *Schack* FS Coester-Waltjen, 2015, 725 (729 f.); *Bücken,* Internationales Beweisrecht im Europäischen internationalen Schuldrecht, 2016, 344 ff. mwN, eine Anpassung generell abl.

182 PWW/*Brödermann/Wegen* Rn. 10; NK-BGB/*Doehner* Rn. 11; Staudinger/*Magnus,* 2021, Rn. 28; aA *Bücken,* Internationales Beweisrecht im Europäischen internationalen Schuldrecht, 2016, 344 ff.; Rauscher/*v. Hein* Rn. 10.

konkreten Einzelfall.[183] Diese müssen darum nicht entgegen der lex fori gemäß einem ausländischen Formstatut zugelassen werden.

39 Damit reduziert sich die **Bedeutung** der Regelung in Abs. 2 letzter Hs. **praktisch** wohl meist darauf, dass ein deutsches Gericht den Zeugenbeweis in einem normalen Zivilprozess auch erheben darf, wenn das Vertrags- oder das Formstatut ihn ausschließt, doch ihn umgekehrt zurückweisen kann, wenn er hierzulande in einer besonderen Verfahrensart entgegen dem ausländischen Formstatut unzulässig ist wie zB der Zeugenbeweis im Urkundenprozess.

V. CISG

40 Unterliegt der Vertrag dem CISG, gelten dessen Regeln über den Beweis. **Art. 11 CISG** erlaubt den Beweis des Vertrags mit allen Beweismitteln, „auch durch Zeugen".[184] Der Zeugenbeweis darf daher für Abschluss und Inhalt eines internationalen Warenkaufvertrages nicht ausgeschlossen werden.[185] Ferner enthält das CISG **eigene, implizite Beweislastregelungen.**[186]

Kapitel III. Sonstige Vorschriften

Art. 19 Rom I-VO Gewöhnlicher Aufenthalt

(1) [1] Für die Zwecke dieser Verordnung ist der Ort des gewöhnlichen Aufenthalts von Gesellschaften, Vereinen und juristischen Personen der Ort ihrer Hauptverwaltung.
[2] Der gewöhnliche Aufenthalt einer natürlichen Person, die im Rahmen der Ausübung ihrer beruflichen Tätigkeit handelt, ist der Ort ihrer Hauptniederlassung.

(2) Wird der Vertrag im Rahmen des Betriebs einer Zweigniederlassung, Agentur oder sonstigen Niederlassung geschlossen oder ist für die Erfüllung gemäß dem Vertrag eine solche Zweigniederlassung, Agentur oder sonstigen Niederlassung verantwortlich, so steht der Ort des gewöhnlichen Aufenthalts dem Ort gleich, an dem sich die Zweigniederlassung, Agentur oder sonstige Niederlassung befindet.

(3) Für die Bestimmung des gewöhnlichen Aufenthalts ist der Zeitpunkt des Vertragsschlusses maßgebend.

Schrifttum: allgemeines Schrifttum zum IVR s. Vor Art. 1, zum gewöhnlichen Aufenthalt s. Art. 5 EGBGB; *Mansel,* Gesellschaften, Unternehmen und Kaufleute und ihr Niederlassungsaufenthalt im internationalen Vertragsrecht: Auslegungsfragen des Art. 19 Abs. 2 Rom I-VO, FS Prütting, 2018, 51; *Weller,* Der „gewöhnliche Aufenthalt" – Plädoyer für einen willenszentrierten Aufenthaltsbegriff, in Leible/Unberath, Brauchen wir eine Rom 0-Verordnung?, 2013, 293.

Übersicht

183 Staudinger/*Magnus,* 2021, Rn. 28.

184 Staudinger/*Magnus,* 2018, CISG Art. 11 Rn. 5; *Ferrari* in Magnus/Mankowski ECPIL Rn. 20 ff.

185 Staudinger/*Magnus,* 2018, CISG Art. 11 Rn. 11, 16; Schlechtriem/Schwenzer/Schroeter/*Schmidt-Kessel* CISG Art. 11 Rn. 12; Ferrari IntVertragsR/*Schulze* Rn. 4.

186 BGH NJW 2004, 3181; OGH IHR 2007, 39 (41); Staudinger/*Magnus,* 2018, CISG Art. 4 Rn. 63 ff.; Schlechtriem/Schwenzer/Schroeter/*Ferrari* CISG Art. 4 Rn. 48 ff.; *Ferrari* in Magnus/Mankowski ECPIL Rn. 12 f., jeweils mwN.

I. Normzweck

Die Rom I-VO stellt für die Bestimmung des Vertragsstatuts mehrfach auf den **gewöhnlichen Aufenthaltsort** (habitual residence; résidence habituelle) einer Vertragspartei ab, so insbesondere in Art. 4 Abs. 1 und 2 (mangels Rechtswahl anzuwendendes Recht), Art. 5 Abs. 1 und 2 (Beförderungsverträge), Art. 6 Abs. 1 (Verbraucherverträge), Art. 7 Abs. 2 und 3 (Versicherungsverträge) und Art. 11 Abs. 2 und 3 (Form).[1] Für diese Lokalisierung bestimmt Art. 19 den gewöhnlichen Aufenthalt und konkretisiert ihn.[2] Ähnlich wie für die Zuständigkeitsordnung der Brüsseler Verordnungen der Wohnsitz als übergeordnetes Konzept verwendet wird (vgl. Art. 62 ff. Brüssel Ia-VO [= Art. 59 ff. LugÜ]), bildet hier der gewöhnliche Aufenthalt den Oberbegriff, was jedenfalls für juristische Personen durchaus ungewöhnlich ist. – Nach Abs. 1 ist der Ort des gewöhnlichen Aufenthalts von Gesellschaften, Vereinen und juristischen Personen der **Ort ihrer Hauptverwaltung.** Dies entspricht Art. 23 Abs. 1 S. 1 Rom II-VO.[3] Erwägungsgrund 39 erklärt, dass der Begriff „gewöhnlicher Aufenthalt", insbesondere im Hinblick auf Gesellschaften, Vereine und juristische Personen aus Gründen der Rechtssicherheit eindeutig definiert werden sollte. Im Unterschied zu Art. 63 Abs. 1 Brüssel Ia-VO (= Art. 60 Abs. 1 LugÜ), der drei Kriterien zur Wahl stellt, sollte sich die Kollisionsnorm aus Gründen der Rechtssicherheit auf ein einziges Kriterium beschränken, da es für die Parteien andernfalls nicht möglich wäre, vorherzusehen, welches Recht auf ihren Fall anwendbar ist. Dass der gewöhnliche Aufenthalt einer natürlichen Person, die im Rahmen der Ausübung ihrer beruflichen Tätigkeit handelt, der Ort ihrer Hauptniederlassung ist, entspricht Art. 23 Abs. 2 Rom II-VO. 1

Abs. 2 betrifft den Fall, dass der Vertrag im Rahmen des Betriebs einer **Zweigniederlassung,** Agentur oder sonstigen Niederlassung geschlossen oder ist für die Erfüllung gemäß dem Vertrag eine solche Zweigniederlassung, Agentur oder sonstigen Niederlassung verantwortlich ist. Dann steht dem Ort des gewöhnlichen Aufenthalts dem Ort gleich, an dem sich die Zweigniederlassung, Agentur oder sonstige Niederlassung befindet. Die Vorschrift ist teilweise Nachfolger von Art. 4 Abs. 2 S. 1 EVÜ, der in Deutschland in Art. 28 Abs. 2 S. 1 EGBGB umgesetzt worden ist. Sie entspricht Art. 23 Abs. 1 S. 2 Rom II-VO. Schließlich heißt es in Abs. 3, dass für die Bestimmung des gewöhnlichen Aufenthalts der **Zeitpunkt des Vertragsschlusses** maßgebend ist. Auf diese Weise soll bei Aufenthaltswechsel ein Statutenwechsel verhindert werden. Bei der **Auslegung** des Art. 19 ist der Zusammenhang mit den anderen Verordnungen, insbesondere mit der Brüssel Ia-VO zu wahren (vgl. Erwägungsgrund 7).[4] 2

II. Maßgeblichkeit des gewöhnlichen Aufenthalts

Der gewöhnliche Aufenthalt wird in Art. 19 nur insoweit definiert, als dafür wieder auf andere unbestimmte Rechtsbegriffe Bezug genommen wird. Die Verordnung unterscheidet zwischen natürlichen Personen und anderen Personen sowie einer beruflichen und nichtberuflichen Tätigkeit. Der gewöhnliche Aufenthalt wird auch für Unternehmen als Oberbegriff verwendet, ähnlich wie das die Brüssel Ia-VO bezüglich des Wohnsitzes tut (Art. 62, 63 Brüssel Ia-VO [= Art. 59, 60 LugÜ]).[5] Darüber hinaus wird der Begriff des gewöhnlichen Aufenthalts von Art. 19 nicht näher definiert. Er ist verordnungsautonom zu bestimmen und auszulegen.[6] 3

III. Gewöhnlicher Aufenthalt von Gesellschaften, Vereinen und juristischen Personen (Abs. 1 UAbs. 1)

Für die Zwecke der Verordnung ist der Ort des gewöhnlichen Aufenthalts von **Gesellschaften,** Vereinen und juristischen Personen (companies and other bodies, corporate or unincorporated; d'une société, association ou personne morale) der **Ort ihrer Hauptverwaltung** (Abs. 1). Dies deckt sich inhaltlich mit der bisherigen Regelung in Art. 4 Abs. 2 S. 1 EVÜ bzw. Art. 28 Abs. 2 S. 1 EGBGB. Auf die Hauptverwaltung kommt es auch in Art. 63 Abs. 1 lit. b Brüssel Ia-VO (= Art. 60 Abs. 1 lit. b LugÜ) (unter anderem) an.[7] Abs. 1 UAbs. 1 enthält – ähnlich wie Art. 63 Brüssel 4

---

1 S. die Aufzählungen bei *Nehne,* Methodik und allgemeine Lehren des europäischen Internationalen Privatrechts, 2012, 271; Calliess/Renner/*Baetge* Rn. 4; Rauscher/*Thorn* Rn. 6.

2 Näher *McParland,* The Rome I Regulation on the Law Applicable to Contractual Obligations, 2015, Rn. 5.01 ff.

3 Vgl. *Wagner* IPRax 2008, 377 (385).

4 *Bitter* IPRax 2008, 96 (100); Erman/*Stürner* Rn. 1; Staudinger/*Magnus,* 2021, Rn. 7.

5 Vgl. *Mankowski* IPRax 2006, 101 (104).

6 Ferrari IntVertragsR/*Ferrari* Rn. 2; Grüneberg/*Thorn* Rn. 2; Staudinger/*Magnus,* 2021, Rn. 7.

7 Vgl. auch *Garcimartín Alférez* ELF 2008, I-61 (I-69).

Ia-VO (Art. 60 LugÜ), der sich auf den Sitz von Gesellschaften und juristischen Personen bezieht[8] – keine Definition, was unter **Gesellschaft,** Verein und juristischer Person zu verstehen ist. Dass die Aufzählung untechnisch zu verstehen ist, ergibt sich bereits aus dem Wortlaut. Während zB die französische Fassung ebenso wie die deutsche „société, associaton ou personne morale" nennt, verwendet die englische lediglich den Ausdruck „a body corporate or incorporate". Für eine weite Auslegung spricht auch der Zweck der Vorschrift.[9] Jede Personenvereinigung oder Vermögensmasse, die sich als solche selbst vertraglich verpflichten kann,[10] muss nämlich irgendwo lokalisiert werden, damit eine Anknüpfung nach der charakteristischen Leistung vorgenommen werden kann. Ob eine Gesellschaft besteht, bestimmt das Gesellschaftsstatut.[11] Ohne Belang ist, ob die Organisation rechtsfähig ist oder nicht.[12] Damit werden rechtsfähige und nichtrechtsfähige Personenmehrheiten erfasst.[13] Dazu gehört etwa die BGB-Gesellschaft,[14] nicht aber eine bloße Rechtsgemeinschaft wie die Erbengemeinschaft.[15]

5 Für den **Verein** (other bodies, corporate or unincorporated; association) kommt es gleichfalls auf den der **Ort der Hauptverwaltung an.** Ob ein Verein besteht, bestimmt das für das Personalstatut maßgebliche Vereinsrecht.[16] Auf den gewöhnlichen Aufenthalt kommt es auch für **juristische Personen** (other bodies, corporate or unincorporated; personne morale) an. Auch hier ist der Ort ihrer Hauptverwaltung maßgeblich. Über das Bestehen einer juristischen Person bestimmt ihr Personalstatut.[17]

6 Der **Ort der Hauptverwaltung** (place of central administration; le lieu où elle a établi son administration centrale) ist verordnungsautonom zu verstehen. Auch bei der Bestimmung des Ortes der Hauptverwaltung ist zu berücksichtigen, dass es um die Ermittlung der engsten Verbindung eines Vertragsverhältnisses geht. Es entscheidet der **effektive Verwaltungssitz.**[18] Dies ist im Allgemeinen der Ort, an dem die geschäftliche Oberleitung durch den oder die gesetzlichen Vertreter erfolgt. Dort werden zentrale Leitungs- und Organisationsentscheidungen getroffen und umgesetzt.[19]

IV. Gewöhnlicher Aufenthalt von natürlichen Personen (Abs. 1 UAbs. 2)

7 **1. Maßgeblichkeit des gewöhnlichen Aufenthalts.** Der gewöhnliche Aufenthalt einer natürlichen Person, die im Rahmen der Ausübung ihrer beruflichen Tätigkeit handelt, ist der **Ort ihrer Hauptniederlassung** (Abs. 1 UAbs. 2). Auf die Hauptniederlassung kommt es auch in Art. 63 Abs. 1 lit. b Brüssel Ia-VO (= Art. 60 Abs. 1 lit. b LugÜ) für Gesellschaften an. Die bisherige Regelung in Art. 4 Abs. 2 S. 1 EVÜ bzw. Art. 28 Abs. 2 S. 1 EGBGB aF stellte in erster Linie auf den gewöhnlichen Aufenthalt ab. Für in Ausübung einer beruflichen oder gewerblichen Tätigkeit einer Partei geschlossene Verträge kam es auf den Staat an, in dem sich die Hauptniederlassung dieser Partei befindet (Art. 28 Abs. 2 S. 2 EGBGB aF = Art. 4 Abs. 2 S. 2 EVÜ).

8 **2. Geschäftliche Tätigkeit.** Für die geschäftliche Tätigkeit einer natürlichen Person, die im Rahmen der Ausübung ihrer beruflichen Tätigkeit handelt („acting in the course of his business activity", „l'exercice de son activité professionnelle"), ist in erster Linie die Hauptniederlassung maßgeblich; hilfsweise entscheidet die Niederlassung, von der aus die Leistung zu erbringen ist. Es geht um den Ort, wo im Allgemeinen die nach außen gerichtete Unternehmenstätigkeit stattfindet.[20] Tritt eine Partei im **Internet** auf und wird der Vertrag im elektronischen Geschäftsverkehr geschlossen, so ändert das grundsätzlich nichts an der Maßgeblichkeit des Rechts des Aufenthaltsortes.[21] Es kommt auf die realen Verhältnisse an, nicht auf den Ort, an dem eine Internetseite in das Netz

---

8 Dazu *Kropholler/v. Hein* Brüssel I-VO Art. 60 Rn. 1 ff.
9 Erman/*Stürner* Rn. 3; Staudinger/*Magnus,* 2021, Rn. 11.
10 BeckOK BGB/*Spickhoff* Rn. 2; Rauscher/*Thorn* Rn. 8; vgl. Rauscher/*Staudinger* Brüssel I-VO Art. 60 Rn. 3.
11 Erman/*Stürner* Rn. 3.
12 Bruck/Möller/*Dörner,* VVG, 2013, EGVVG Art. 7 Rn. 3; Grüneberg/*Thorn* Rn. 2.
13 Bruck/Möller/*Dörner,* VVG, 2013, EGVVG Art. 7 Rn. 43.
14 Staudinger/*Magnus,* 2021, Rn. 11.
15 Erman/*Stürner* Rn. 3.
16 Erman/*Stürner* Rn. 3.
17 Vgl. Staudinger/*Magnus,* 2021, Rn. 11.
18 *Mankowski* IHR 2008, 133 (139); *Mansel* FS Prütting, 2018, 51 (52).
19 Bruck/Möller/*Dörner,* VVG, 2013, Rn. 3; Rauscher/*Thorn* Rn. 9; Staudinger/*Magnus,* 2021, Rn. 13; vgl. zu Art. 60 Brüssel I-VO BGH NJW-RR 2008, 551; BAG NJW 2008, 2797.
20 *Mansel* FS Prütting, 2018, 51 (52 f.).
21 PWW/*Brödermann/Wegen* Rn. 4; Staudinger/*Magnus,* 2021, Rn. 9; allg. *Junker* RIW 1999, 809 (818); *Sonnenberger* ZVglRWiss 100 (2001), 107 (129); vgl. auch *Martiny* ZEuP 1999, 246 (259).

gestellt oder wahrgenommen wird.[22] Auch das Verwenden einer „deutschen" Internet-Adresse führt noch nicht zur Anwendung deutschen Rechts.[23] Denkbar ist allerdings, dass das Angebot aus anderen Gründen eine engste Beziehung zur deutschen Rechtsordnung aufweist.[24] – Zu Internetverträgen → Art. 4 Rn. 280 ff.

Was als **berufliche Tätigkeit** zu verstehen ist, bestimmt Abs. 1 nicht näher. Auf die berufliche bzw. gewerbliche Tätigkeit stellt auch die Zuständigkeitsvorschrift des Art. 17 Brüssel Ia-VO (= Art. 15 LugÜ) sowie die für das anzuwendende Recht maßgebliche Vorschrift des Art. 6 Abs. 1 ab (→ Art. 6 Rn. 6 ff.). Diese Vorschriften bezwecken den Schutz des Letztverbrauchers und weichen zu diesem Zweck von den gewöhnlichen Zuständigkeits- bzw. Anknüpfungsregeln ab. Bei Art. 4 ff. geht es ebenfalls um die Abgrenzung von geschäftlicher und Privatsphäre. Sinn und Zweck der Bestimmung ist die richtige Anknüpfung der Geschäftstätigkeit. Nicht der Aufenthalt der Vertragspartei soll entscheiden, sondern der Mittelpunkt der geschäftlichen Tätigkeit. Dementsprechend ist der Begriff der beruflichen oder gewerblichen Tätigkeit **untechnisch zu verstehen.** Alles, was nicht der Privatsphäre zugerechnet werden kann, fällt unter die geschäftliche Tätigkeit (Negativabgrenzung;[25] näher → Art. 6 Rn. 13 ff.). 9

3. Hauptniederlassung. Bei beruflicher oder gewerblicher Tätigkeit ist grundsätzlich das Recht am Ort der Hauptniederlassung (principal place of business; principal établissement) maßgeblich. Der Begriff der Hauptniederlassung ist verordnungsautonom auszulegen.[26] Die Niederlassung wird bislang zB im Einheitskaufrecht (Art. 1 Abs. 1, Art. 10 CISG) und in Zuständigkeitsvorschriften verwendet (vgl. § 21 ZPO; Art. 7 Nr. 7 Brüssel Ia-VO [= Art. 5 Nr. 5 LugÜ]).[27] Hier geht es darum, für eine berufliche, geschäftliche oder sonstige wirtschaftliche Tätigkeit die engste Verbindung eines Vertragsverhältnisses zu einer bestimmten Rechtsordnung zu ermitteln. Somit ist eine weite Auslegung des Niederlassungsbegriffs angebracht. Von einer **Niederlassung** kann man im Allgemeinen dann sprechen, wenn eine solche sachliche Ausstattung vorliegt, die eine nach außen gerichtete geschäftliche Tätigkeit ermöglicht (zB Geschäftsräume).[28] Die Niederlassung muss über Personal verfügen, eine Geschäftsführung besitzen und insbesondere Geschäfte abschließen können. Ferner muss sie für eine gewisse Dauer bestehen; eine nur kurzfristige Präsenz (zB Messebesuch) genügt nicht. 10

Sind **mehrere Niederlassungen** vorhanden, so ist diejenige von ihnen Hauptniederlassung, die den Mittelpunkt der geschäftlichen Tätigkeit bildet.[29] Kennzeichnend dafür ist, dass von hier aus die Aufsicht und Leitung erfolgen. Unklar ist, ob sich Abs. 2, wonach es auf die Zweigniederlassung ankommt, in deren Rahmen der Vertrag geschlossen wird, auch auf beruflich tätige natürliche Personen bezieht.[30] Wortlaut und Systematik der Vorschrift lassen daran zweifeln. 11

4. Nicht berufliche Tätigkeit. Mehrfach kommt es in der VO auf den gewöhnlichen Aufenthalt von natürlichen Personen an, welche nicht beruflich tätig sind, insbesondere von Reisenden (Art. 5), Verbrauchern (Art. 6) und Versicherungsnehmern (Art. 7). Der gewöhnliche Aufenthalt gilt insofern in erster Linie für **Verträge von Privatpersonen,** da für Berufs- und Gewerbetätigkeit die Niederlassung maßgeblich ist (→ Rn. 7 ff.). Der Aufenthaltsbegriff wird von der VO nicht erläutert; seine Konkretisierung ist der Rspr. überlassen worden.[31] Er ist verordnungsautonom auszulegen.[32] Es ist aber anzunehmen, dass er in gleicher Weise gemeint ist, wie auch sonst im IPR (→ EGBGB Art. 5 Rn. 147 f.). Der gewöhnliche Aufenthalt wird vor allem von den Haager Übereinkommen und anderen international-privatrechtlichen Staatsverträgen als Anknüpfungspunkt verwendet. Er findet sich auch in Zuständigkeitsvorschriften des LugÜ (Art. 5 Nr. 2 LugÜ), der Brüssel IIb-VO (Art. 3 Abs. 1 lit. a Brüssel IIb-VO), der EuUnthVO (Art. 3 lit. a, b EuUnthVO), der EuErbVO (Art. 4 EuErbVO), der EuGüVO (Art. 5 Abs. 2, Art. 6 EuGüVO) sowie im Einheitskaufrecht (Art. 10 lit. b CISG). – Bei seiner Auslegung ist zu beachten, dass hier nicht das Personalstatut einer Person zu bestimmen, sondern die engste Verbindung für ein Vertragsverhältnis zu ermitteln ist. Dafür kann man sich aber an dem aus den tatsächlichen Verhältnissen ersichtlichen **Lebensmit-** 12

[22] *Boosfeld* GPR 2022, 70 (75 f.).
[23] Vgl. *Pfeiffer* NJW 1997, 1207 (1214); *Mehrings* CR 1998, 613 (617).
[24] Vgl. *Pfeiffer* NJW 1997, 1207 (1214); *Mehrings* CR 1998, 613 (617).
[25] Grüneberg/*Thorn* Rn. 5; näher zur unselbstständigen beruflichen Tätigkeit Staudinger/*Magnus,* 2021, Rn. 16.
[26] Bruck/Möller/*Dörner,* VVG, 2013, EGVVG Art. 7 Rn. 38, 41 f.
[27] Dazu näher *Geimer/Schütze* I 1 S. 546 ff.; *Kropholler/v. Hein* Brüssel I-VO Art. 5 Rn. 88 ff.
[28] Bruck/Möller/*Dörner,* VVG, 2013, Rn. 4.
[29] Erman/*Stürner* Rn. 4; vgl. auch *Mankowski* IPRax 2006, 101 (112).
[30] Bejahend Staudinger/*Magnus,* 2021, Rn. 21; verneinend Bruck/Möller/*Dörner,* VVG, 2013, Rn. 6.
[31] Rauscher/*Thorn* Rn. 1; krit. dazu *Kindler* IPRax 2010, 44 (45).
[32] BeckOK BGB/*Spickhoff* Rn. 5; Bruck/Möller/*Dörner* VVG, 2013, Rn. 7.

telpunkt der Vertragspartei orientieren (→ EGBGB Art. 5 Rn. 153 ff.).[33] Zu verlangen ist also, dass der Aufenthalt – im Gegensatz zum bloß schlichten Aufenthalt – **auf eine gewisse Dauer** angelegt ist.[34] Ein Messebesuch oder ein Ferienaufenthalt genügen grundsätzlich nicht. Tatsächliche Umstände, wie zB das Anmieten einer Wohnung, geben Hinweise darauf, wie eng die Verbindung der Person mit ihrem Aufenthaltsort ist. Die Anwendung des Rechts des gewöhnlichen Aufenthalts hat früher die Kritik hervorgerufen, es werde möglicherweise ein Recht angewendet, das überhaupt keine Verbindung mit dem Vertrag aufweise.[35] Dem kann aber über Art. 4 Abs. 3 begegnet werden. Ob ein **mehrfacher gewöhnlicher Aufenthalt** einer Person überhaupt nicht[36] (→ EGBGB Art. 5 Rn. 172) oder doch unter bestimmten Umständen anzuerkennen ist,[37] ist ungeklärt. Fehlt ein gewöhnlicher Aufenthalt, so kann auf den schlichten Aufenthalt der Person abgestellt werden.[38]

V. Zweigniederlassung, Agentur oder sonstigen Niederlassung (Abs. 2)

13 **1. Andere Niederlassungen.** Wird der Vertrag im Rahmen des Betriebs einer **Zweigniederlassung, Agentur oder sonstigen Niederlassung** geschlossen oder ist für die Erfüllung gemäß dem Vertrag eine solche Zweigniederlassung, Agentur oder sonstigen Niederlassung verantwortlich, so steht der Ort des gewöhnlichen Aufenthalts dem Ort gleich, an dem sich die Zweigniederlassung, Agentur oder sonstige Niederlassung befindet (Abs. 2). Diese drei Fälle kann man unter dem Begriff „Nebenniederlassung“ zusammen fassen.[39] Die Regel des Abs. 2 ist die speziellere im Verhältnis zu Abs. 1.[40] Die Brüssel Ia-VO kennt in ihren Zuständigkeitsvorschriften Zweigniederlassungen und „sonstige Niederlassungen“, zB für die Zuständigkeit der Niederlassung (Art. 7 Nr. 5 Brüssel Ia-VO [= Art. 5 Nr. 5 LugÜ]). Ebenso ist es in Versicherungssachen (Art. 11 Abs. 2 Brüssel Ia-VO [= Art. 9 Abs. 2 LugÜ]) und in Verbrauchersachen (Art. 17 Abs. 2 Brüssel Ia-VO [= Art. 15 Abs. 2 LugÜ]). Auch das Haager Kaufrechts-Übk. von 1955 (→ Art. 4 Rn. 29 f.) enthält in Art. 3 Abs. 2 HKaufÜ 1955 eine Vorschrift, die auf die Zweigniederlassung abstellt. Im UN-Kaufrecht findet sich eine entsprechende Bestimmung in Art. 10 lit. a CISG (→ CISG Rn. 99 f.). Zweck dieser Anknüpfung ist sowohl der Schutz der Anknüpfungsperson als auch des Vertragspartners, der eher mit der Anwendung des Rechts dieses Orts, und nicht mit dem der Unternehmenszentrale rechnet.[41] „Aus dem Betrieb“ entstanden sind Rechtsstreitigkeiten, die sich auf Pflichten in Bezug auf die Führung Zweigniederlassung beziehen oder auf Verbindlichkeiten aus deren geschäftlicher Tätigkeit.[42] Das gilt auch für ein Tätigwerden nicht im eigenen Namen, sondern lediglich als Vertreter.[43]

14 Von einer **Zweigniederlassung** (branch, succursale) kann gesprochen werden, wenn diese Niederlassung für ein Stammhaus tätig wird. Auch dieser Begriff ist verordnungsautonom auszulegen. Für Art. 7 Nr. 5 Brüssel Ia-VO entschied der EuGH, dass eine derartig ausgestattete Niederlassung erfasst wird, die auf Dauer mit eigener Geschäftsführung selbständig Geschäfte mit Dritten schließt, die sich nicht an das Stammhaus zu wenden brauchen.[44] Darauf kann auch hier abgestellt werden.[45] Eine Tochtergesellschaft ist hier nicht gemeint, da sie im Allgemeinen für sich selbst und nicht für die Muttergesellschaft handelt.[46] Eine Niederlassung kann auch eine Botschaft des entsendenden Staates sein.[47] Zum Teil wird vorgeschlagen, eine Zweigniederlassung auch dann anzunehmen, wenn lediglich der Anschein ihres Bestehens erweckt wird (insbes. in einem Internetauftritt).[48]

---

[33] AG Dortmund RRa 2022, 235 (238); Bruck/Möller/*Dörner* VVG, 2013, Rn. 7; Grüneberg/*Thorn* Rn. 6; Staudinger/*Magnus*, 2021, Rn. 31; vgl. *Garcimartín Alférez* ELF 2008, I-61 (I-69); *Ofner* ZfRV 2008, 13 (16). Für einen willenszentrierten Begriff *Weller* in Leible/Unberath, Brauchen wir eine Rom 0-Verordnung?, 2013, 317 ff.

[34] Zum gewöhnlichen Aufenthalt des Auslandsstudierenden im Heimatland *Wiedemann* in Staake/v. Bressensdorf, Rechtshandbuch Wohngemeinschaften, 2019, § 26 Rn. 8.

[35] Vgl. *Morse* Yb. Eur. L. 2 (1982), 107 (131); *Weitnauer*, Der Vertragsschwerpunkt, 1981, 198.

[36] Bruck/Möller/*Dörner* VVG, 2013, Rn. 7; Calliess/Renner/*Baetge* Rn. 32.

[37] Vgl. *Baetge* FS Kropholler, 2008, 77 (86 f.); *Kropholler* IPR § 39 II 6a.

[38] Calliess/Renner/*Baetge* Rn. 32a.

[39] *Mansel* FS Prütting, 2018, 51 (54 ff.).

[40] *Mansel* FS Prütting, 2018, 51 (56).

[41] *Mansel* FS Prütting, 2018, 51 (57).

[42] EuGH Slg. 1978, 2183 = RIW 1979, 56 – Somafer; dazu *Bitter* IPRax 2008, 96 (100).

[43] BGH NJW-RR 2024, 140.

[44] Noch zu Art. 5 Nr. 5 EuGVÜ EuGH Slg. 1978, 2183 = RIW 1979, 56 – Somafer.

[45] Erman/*Stürner* Rn. 4; Grüneberg/*Thorn* Rn. 4; Staudinger/*Magnus*, 2021, Rn. 20.

[46] *Kropholler/v. Hein* Brüssel I-VO Art. 5 Rn. 107.

[47] BGH NJW-RR 2024, 140; ebenso EuGH ECLI:EU:C:2012:491 = RIW 2012, 630 = IPRax 2013, 572 m. Aufsatz *Martiny* IPRax 2013, 536 – Mahamdia, zu Art. 20 Abs. 2 Brüssel Ia-VO.

[48] *Mandl* IPRax 2023, 440 (453).

Ebenfalls genannt wird der Betrieb einer **Agentur** (agency, agence). Gleichgestellt wird auch die **sonstige Niederlassung** (any other establishment; tout autre établissement). Auch der Begriff der „sonstigen Niederlassung" wird nicht definiert. Die Auslegung muss sich vor allem am Zweck der Vorschrift orientieren. Es soll vermieden werden, dass Verträge dem Recht der Hauptniederlassung unterworfen werden, obwohl die geschäftliche Aktivität an einem anderen Ort erfolgt.[49] Oft ist der anderen Vertragspartei gar nicht bekannt, wo sich die Hauptniederlassung befindet; sie rechnet dementsprechend auch nicht mit der Anwendung des Rechts dieses Ortes. Auf der anderen Seite muss verhindert werden, dass jede vorübergehende Tätigkeit, zB im Zusammenhang mit einem Vertragsabschluss, bereits zu einer Lokalisierung an diesem Ort führt. Eine zeitweilige Repräsentanz auf einer Messe genügt nicht.[50] Daher sind hauptsächlich Zweigniederlassungen gemeint, auf die anstelle der Hauptniederlassung abgestellt wird. Die Zweigniederlassung muss also die Erfordernisse des Niederlassungsbegriffs erfüllen (→ Rn. 10).[51] Im Allgemeinen wird man als Zweigniederlassung solche Unternehmensteile ansehen können, die, obwohl sie unter der Aufsicht und Leitung eines Stammhauses stehen, doch so ausgestaltet sind, dass sie eine gewisse Selbständigkeit besitzen und Geschäfte abwickeln können.[52] Ein Büro, das lediglich für die Erstellung und die Inhalte einer Bestellwebsite verantwortlich ist, dürfte dem nicht genügen.[53] 15

2. Im Rahmen des Betriebs oder in Erfüllung. Die erste Alternative des Abs. 2, der **„Abschluss im Rahmen des Betriebs"** (operations of a branch, dans le cadre de l'exploitation) ist ähnlich gefasst wie Art. 7 Nr. 5 Brüssel Ia-VO (= Art. 5 Nr. 5 LugÜ). Es geht um einen Vertragsabschlussbezug.[54] Darauf, ob der Vertragsabschluss lediglich für das Stammhaus erfolgt oder die Nebenniederlassung eine gewisse rechtliche Selbständigkeit besitzt und davon Gebrauch macht, kommt es hier nicht an.[55] 16

Die zweite Alternative betrifft die Erfüllungsverantwortung.[56] Inhaltlich deckt sich diese Alternative **(„Verantwortlichkeit für die Erfüllung")** mit der bisherigen Regelung in Art. 4 Abs. 2 S. 2 EVÜ bzw. Art. 28 Abs. 2 S. 2 EGBGB aF. Die Zweigniederlassung muss für die Erfüllung verantwortlich sein (performance is the responsibility of such a branch; la prestation doit être fournie). Sie wird sie regelmäßig organisieren und dadurch die Leistung erbringen.[57] Ob das Stammhaus oder die Nebenniederlassung als Vertragspartner aufgetreten ist, ist hier nicht entscheidend.[58] Diese Alternative ist aber vor allem dann relevant, wenn der Vertrag selbst vom Stammhaus geschlossen worden ist.[59] 17

Das Verhältnis der Alternativen zueinander wird von der VO nicht klargestellt. Unzweifelhaft ist, dass das Eingreifen jeder von ihnen genügt. Hat eine Mehrzahl von Nebenniederlassungen Vertragsberührung, so ist, wenn dies zur Anwendung unterschiedlicher Rechtsordnungen führen würde, eine Entscheidung notwendig. Man sollte grds. die Vertragsniederlassung bevorzugen.[60] Befinden sich die Nebenniederlassungen in unterschiedlichen Staaten, so wird man hauptsächlich auf diejenige abstellen, welche die Erfüllung insgesamt koordiniert.[61] 18

VI. Zeitpunkt (Abs. 3)

Die VO legt auch **den maßgeblichen Zeitpunkt** für die Bestimmung des gewöhnlichen Aufenthalts fest. Dafür ist der Zeitpunkt des Vertragsschlusses (time of the conclusion of the contract; le moment de la conclusion du contrat) maßgebend (Abs. 3). Daraus ist zu schließen, dass es in den jeweiligen Bestimmungen, die auf den gewöhnlichen Aufenthalt abstellen, auf diesen Zeitpunkt ankommt. Dies gilt auch für die Festlegung der relevanten Nebenniederlassungen nach Abs. 2.[62] Die Festlegung des Zeitpunkts in der Definitionsnorm schließt einen Statutenwechsel aus[63] und 19

49 Vgl. OLG Nürnberg IPRspr. 1993 Nr. 31.
50 *Mansel* FS Prütting, 2018, 51 (55).
51 Rauscher/*Thorn* Rn. 17; Staudinger/*Magnus,* 2021, Rn. 25.
52 Ferrari IntVertragsR/*Ferrari* Rn. 16.
53 *Mansel* FS Prütting, 2018, 51 (56).
54 So *Mansel* FS Prütting, 2018, 51 (58).
55 *Mansel* FS Prütting, 2018, 51 (58 f.); NK-BGB/*Doehner* Rn. 7.
56 Dazu *Mansel* FS Prütting, 2018, 51 (59).
57 S. *Mansel* FS Prütting, 2018, 51 (59).
58 *Mansel* FS Prütting, 2018, 51 (59 f.).
59 *Mansel* FS Prütting, 2018, 51 (61).
60 *Mansel* FS Prütting, 2018, 51 (61).
61 *Mansel* FS Prütting, 2018, 51 (61); dagegen für die Hauptniederlassung Staudinger/*Magnus,* 2021, Rn. 27.
62 *Mansel* FS Prütting, 2018, 51 (61).
63 Ferrari IntVertragsR/*Ferrari* Rn. 5, 20.

bezieht sich auf alle Vertragsverhältnisse.[64] Der Zeitpunkt ist verordnungsautonom zu bestimmen.[65] Bei einer aufschiebenden Bedingung wird – um Manipulationen auszuschließen – nicht für den Zeitpunkt ihres Wirksamwerdens, sondern bereits für den Zeitpunkt des Konsenses plädiert.[66]

Art. 20 Rom I-VO Ausschluss der Rück- und Weiterverweisung

Unter dem nach dieser Verordnung anzuwendenden Recht eines Staates sind die in diesem Staat geltenden Rechtsnormen unter Ausschluss derjenigen des Internationalen Privatrechts zu verstehen, soweit in dieser Verordnung nichts anderes bestimmt ist.

Schrifttum: allgemeines Schrifttum zum IVR s. Vor Art. 1; *v. Hein,* Der Renvoi im europäischen Kollisionsrecht, in Leible/Unberath, Brauchen wir eine Rom 0-Verordnung?, 2013, 341; *Mallmann,* Rechtswahlklauseln unter Ausschluss des IPR, NJW 2008, 2953.

I. Normzweck

1 Allgemein zu Rück- und Weiterverweisung → EGBGB Art. 4 Rn. 2. – Art. 20 legt fest, dass das anzuwendende Recht nicht die Kollisionsnormen dieser Rechtsordnung umfasst. Anderes gilt nur, soweit dies in der Verordnung bestimmt worden ist. Eine Parallelvorschrift findet sich in Art. 24 Rom II-VO. Vorläufer des Art. 20 Rom I-VO war Art. 15 EVÜ, der seinerseits als Art. 35 Abs. 1 EGBGB inkorporiert worden war.[1] Art. 15 EVÜ geht seinerseits auf Art. 21 EVÜ-E 1972 zurück.

2 Sinn der Vorschrift ist es, die Bestimmung des anwendbaren Rechts nicht mit der Untersuchung fremden Kollisionsrechts zu überfrachten. Beruht das Vertragsstatut auf einer Rechtswahl der Parteien, so bezieht sich diese im Allgemeinen ohnehin auf das materielle Sachrecht.[2] Eine solche Vereinbarung wird honoriert und soll durch die Kollisionsnormen des gewählten Rechts nicht in Frage gestellt werden. Bei einer objektiven Anknüpfung soll die Ermittlung des im Einzelfall anwendbaren Rechts in der Hand der lex fori bleiben. Hier wird auf Grund einer Abwägung der Umstände und der kollisionsrechtlichen Interessen ermittelt, zu welcher Rechtsordnung das Rechtsverhältnis die engste Beziehung aufweist.[3] Wie dieses Recht selbst dazu steht, ist unerheblich. Die Bestimmung des Vertragsstatuts trägt daher die Gewähr der Richtigkeit in sich und bedarf keiner Korrektur,[4] zumal – anders als zB in Statussachen – der internationale Entscheidungseinklang mit dem IPR der lex causae kein Leitmotiv für das Auffinden des anzuwendenden Rechts ist. Vielmehr dominieren Rechtssicherheit und Voraussehbarkeit.[5] Der Ausschluss von Rück- und Weiterverweisung für vertragliche Schuldverhältnisse findet sich auch in anderen Kodifikationen[6] und in verschiedenen Staatsverträgen.[7] Hat nach Art. 25 ein **Staatsvertrag Vorrang,** so bestimmt dieser, ob er bei einer Verweisung auf einzelstaatliches Recht Rück- und Weiterverweisung anerkennt.[8] Letzteres ist zwar die Ausnahme, aber zB in Art. 8 § 3 COTIF 1999 der Fall.

II. Grundsatz der Sachnormverweisung

3 Wird in den Art. 3 ff. auf das Recht eines Staates verwiesen, so sind darunter nur die in diesem Staat geltenden Sachvorschriften zu verstehen. Es kommt also zu keiner Gesamtverweisung, sondern **lediglich zu einer Sachnormverweisung.** Dies bezieht sich auf alle Bestimmungen der Rom I-VO. Zwischen Mitgliedstaaten der VO und Drittstaaten wird nicht unterschieden.[9] Art. 20 geht der allgemeinen deutschen Vorschrift des Art. 4 EGBGB als ranghöheres Recht vor (→ EGBGB Art. 4 Rn. 120 ff.).

---

64 Vgl. *Wagner* IPRax 2008, 337 (385).

65 BeckOGK/*Rass-Masson,* 1.9.2021, Rn. 38: Zeitpunkt der Annahmeerklärung.

66 BeckOK BGB/*Spickhoff* Rn. 6; NK-BGB/*Leible* Rn. 11.

1 Dazu *McParland,* The Rome I Regulation on the Law Applicable to Contractual Obligations, 2015, Rn. 4.28 ff.; Staudinger/*Hausmann,* 2021, Rn. 3, 8.

2 Bericht zum EVÜ *Giuliano/Lagarde,* BT-Drs. 10/503, 69.

3 Staudinger/*Hausmann,* 2021, Rn. 5.

4 Vgl. Bericht *Giuliano/Lagarde,* BT-Drs. 10/503, 70.

5 Rauscher/*Thorn* Rn. 1; Staudinger/*Hausmann,* 2021, Rn. 5.

6 ZB Art. 14 Abs. 1 IPRG, Art. 116 ff. IPRG Schweiz; rechtsvergleichend auch *W. Bauer,* Renvoi im internationalen Schuld- und Sachenrecht, 1985, 91 ff.

7 ZB Art. 2 Abs. 1 HKaufÜ 1955; Art. 5 HStellvertrÜ 1978. Zur Renvoifrage in kollisionsrechtlichen Staatsverträgen näher → EGBGB Art. 4 Rn. 3.

8 Staudinger/*Hausmann,* 2021, Rn. 7.

9 *Nehne,* Methodik und allgemeine Lehren des europäischen Internationalen Privatrechts, 2012, 313 ff.

Fälle, in denen iSd Art. 20 Hs. 2 nicht Sachnormen, sondern **Kollisionsnormen gemeint** sind, finden sich im Internationalen Versicherungsrecht. Nach Art. 7 Abs. 3 UAbs. 2 können die Mitgliedstaaten für Massenrisiken Rechtswahl in größerem Umfang als die VO zulassen (→ Art. 7 Rn. 37 ff.). Ferner gestattet Art. 7 Abs. 4 lit. b den Mitgliedstaaten eine weitergehende Regelung der Pflichtversicherung (→ Art. 7 Rn. 42 ff.). Eine eigentliche Gesamtverweisung liegt darin aber nicht,[10] sondern eine Öffnungsklausel.[11] 4

III. Arten der Verweisung

1. Reale Rechtswahl. Rück- und Weiterverweisung sind ausgeschlossen, wenn das anwendbare Recht durch ausdrückliche oder stillschweigende Rechtswahl bestimmt wurde. Die Rechtswahl geht auf das Sachrecht.[12] Einer vertraglichen Klarstellung, dass das Kollisionsrecht nicht von der Rechtswahl umfasst wird, bedarf es daher nicht.[13] Es ist jedoch möglich, dass die Parteien vereinbaren, ihr Vertrag solle dem Recht unterstehen, das ein Gericht in dem von ihnen bestimmten Staat anwenden würde, also eine **Gesamtverweisung auch auf das Kollisionsrecht** des so bezeichneten Landes vornehmen.[14] Die Frage hat nicht nur theoretische Bedeutung. Sie kann vor allem in der internationalen, aber auch in der nationalen Schiedsgerichtsbarkeit zum Tragen kommen, in der die Parteien das maßgebliche Kollisionsrecht bestimmen dürfen (→ Vor Art. 1 Rn. 101 ff.; → EGBGB Art. 4 Rn. 32). Beispielsweise kann ein russisches Exportunternehmen (Verkäufer) mit einem deutschen Käufer in einer Schiedsklausel die Zuständigkeit der Handelskammer Stockholm vereinbaren. Heißt es dann weiter, „The arbitration award shall be made in conformity with the rules of law to be applied pursuant to the rules of conflict of laws of Sweden", so liegt darin eine Verweisung auf das schwedische IPR, welches das Recht des Verkäufers für maßgeblich erklärt. Im Ergebnis handelt es sich also um eine Vereinbarung russischen (Sach-)Rechts. Im Regelfall liegt den Parteien allerdings eine Gesamtverweisung fern, weil sie die materiellen Bestimmungen des gewählten Rechts zur Anwendung bringen wollen.[15] Dieser Absicht entspricht die Auslegungsregel in Art. 28 Abs. 1 S. 2 UNCITRAL-Modellgesetz über die Internationale Handelsschiedsgerichtsbarkeit von 1985: Jede Bezeichnung einer Rechtsordnung ist, soweit nichts anderes zum Ausdruck kommt, dahingehend auszulegen, dass das materielle (Sach-)Recht und nicht das Kollisionsrecht gemeint ist. 5

Ob eine das Kollisionsrecht einbeziehende Vereinbarung (auch parteiautonome Gesamtverweisung genannt) **außerhalb der Schiedsgerichtsbarkeit** zulässig ist, wie etwa nach den Haager Principles on the Choice of Law in International Contracts (Art. 8 PICC 2015; → Vor Art. 1 Rn. 6) war vor der Reform streitig[16] (bejahend → 4. Aufl. 2006, EGBGB Art. 35 Rn. 5). Die Neuregelung wiederholt zwar zunächst nur den bisherigen Wortlaut des Art. 15 EVÜ, dass die Rechtsnormen unter Ausschluss derjenigen des IPR gemeint sind. Hinzugesetzt worden ist aber, dass anderes nur dann gilt, soweit dies in der Verordnung bestimmt worden ist. Zwar wird teilweise argumentiert, dies sei bei der Rechtswahlmöglichkeit nach Art. 3 der Fall. Art. 3 enthält aber keine Öffnungsklausel. Vielfach nimmt man an, mit der Formulierung des Art. 20 sei lediglich die Erweiterung der Rechtswahlmöglichkeit nach Art. 7 Abs. 3 S. 2 gemeint.[17] Dementsprechend wird vielfach angenommen, dass eine Verweisung auf fremdes Kollisionsrecht nach der Rom I-VO **nicht gestattet** ist (→ EGBGB Art. 4 Rn. 127).[18] Der rechtspolitische Sinn der engen Haltung der Rom I-VO – Förderung von Vereinheitlichung und Übersichtlichkeit auch auf Kosten der Parteiautonomie – leuchtet allerdings nicht vollständig ein. Gefahren sind nicht erkennbar. Dementsprechend findet die Zulässigkeit einer parteiautonomen Gesamtverweisung mit einer auch Kollisionsnormen erfassenden 6

---

[10] Bruck/Möller/*Dörner,* VVG, 2013, Rn. 2; Grüneberg/*Thorn* Rn. 2.

[11] BeckOGK/*v. Sachsen Gessaphe,* 1.3.2024, Rn. 12 f.; Grüneberg/*Thorn* Rn. 2; Staudinger/*Hausmann,* 2021, Rn. 15.

[12] Staudinger/*Hausmann,* 2021, Rn. 9.

[13] *Mallmann* NJW 2008, 2953 (2956 f.); Staudinger/*Hausmann,* 2021, Rn. 13.

[14] *Vischer/Huber/Oser* IVR Rn. 140.

[15] Bericht *Giuliano/Lagarde,* BT-Drs. 10/503, 69.

[16] Bejahend etwa *Siehr* FS Canaris, 2007, 815 (822 f.); Ferrari IntVertragsR/*Kieninger* EGBGB Art. 35 Rn. 7; abl. *Rugullis* ZVglRWiss 106 (2007), 217 ff.; BeckOK BGB/*Spickhoff* EGBGB Art. 35 Rn. 3; Ferrari IntVertragsR/*Ferrari* EGBGB Art. 27 Rn. 14, je mwN.

[17] *Nehne,* Methodik und allgemeine Lehren des europäischen Internationalen Privatrechts, 2012, 309; Rauscher/*v. Hein* Art. 3 Rn. 65.

[18] *Rühl* FS Kropholler, 2008, 187 (195); *Mallmann* NJW 2008, 2953 ff.; *v. Hein* in Leible/Unberath, Brauchen wir eine Rom 0-Verordnung?, 2013, 341 (368 f.); *Nehne,* Methodik und allgemeine Lehren des europäischen Internationalen Privatrechts, 2012, 311; BeckOK BGB/*Spickhoff* Rn. 3; BeckOGK/*v. Sachsen Gessaphe,* 1.3.2024, Rn. 10; Ferrari IntVertragsR/*Kieninger* Rn. 3; NK-BGB/*Leible* Rn. 5; Rauscher/*v. Hein* Art. 3 Rn. 65.

Wahl nach wie vor noch Befürworter.[19] Dafür wird eine mögliche Entscheidung durch ein Schiedsgericht, vor dem auch eine Wahl des Kollisionsrechts zulässig ist, sowie eine Beurteilung durch ein als zuständig vereinbartes drittstaatliches Gericht angeführt.

7 **2. Objektive Anknüpfung.** Rück- und Weiterverweisung sind **auch bei objektiver Anknüpfung eindeutig ausgeschlossen.**[20] Nach Art. 4 wird jeweils die engste Beziehung des Vertragsverhältnisses ermittelt. Enthalten die Kollisionsnormen dieser Rechtsordnung andere Anknüpfungspunkte als die Rom I-VO – etwa den Abschlussort oder die Staatsangehörigkeit –, so könnte es zu einem renvoi kommen. Dies würde aber dem Sinn der objektiven Anknüpfung widersprechen. Gleiches gilt für die objektive Anknüpfung nach Art. 5–8. Eine ausnahmsweise Berücksichtigung des Kollisionsrechts der über die Ausweichklausel kann ebenfalls nicht stattfinden.[21]

Art. 21 Rom I-VO Öffentliche Ordnung im Staat des angerufenen Gerichts

Die Anwendung einer Vorschrift des nach dieser Verordnung bezeichneten Rechts kann nur versagt werden, wenn ihre Anwendung mit der öffentlichen Ordnung („ordre public") des Staates des angerufenen Gerichts offensichtlich unvereinbar ist.

Schrifttum: allgemeines Schrifttum zum IVR s. Vor Art. 1; *Wurmnest,* Ordre public, in Leible/Unberath, Brauchen wir eine Rom 0-Verordnung?, 2013, 445.

I. Normzweck

1 Art. 21 dient der Abwehr ausländischen Rechts. Er richtet sich gegen die Anwendung des nach der Rom I-Verordnung bezeichneten Rechts. Diese kann nur dann versagt werden, wenn ihre Anwendung mit der öffentlichen Ordnung („ordre public"), dh grundlegenden Gerechtigkeitsvorstellungen des Staates des angerufenen Gerichts offensichtlich unvereinbar ist.[1] Vorläufer der Vorschrift war Art. 16 EVÜ, dessen Inhalt in Art. 6 EGBGB mit eingeflossen war. Eine Parallelvorschrift zu Art. 21 findet sich in Art. 26 Rom II-VO. Es handelt sich um eine Verkörperung des nach europäischen Vorstellungen zu formulierenden ordre public (→ Einl. IPR Rn. 302; → EGBGB Art. 6 Rn. 21 ff.).[2]

II. Voraussetzungen

2 **1. Bedeutung des ordre public.** Für vertragliche Beziehungen ist die ordre public-Klausel des Art. 21 anzuwenden. Über den ordre public werden grundlegende inländische Wertvorstellungen durchgesetzt.[3] Gemeint ist aber nur die negative Funktion (Abwehrfunktion) des ordre public, die Verhinderung nicht mit inländischen grundlegenden Gerechtigkeitsvorstellungen vereinbaren Ergebnissen.[4] Der ordre public-Vorbehalt ist von Amts wegen zu beachten.[5] Da die Masse des Schuldrechts dispositiver Natur ist, sind Verstöße gegen die Vorbehaltsklausel jedoch selten (→ EGBGB Art. 6 Rn. 294).[6] Dies gilt auch für die Anwendung der Rom I-VO in den anderen

---

[19] Für Zulässigkeit etwa *Sandrock* FS Kühne, 2009, 881 (893); *Einsele,* Bank- und Kapitalmarktrecht, 4. Aufl. 2018, § 2 Rn. 5; Calliess/Renner/*Jarass* Rn. 14; PWW/*Brödermann/Wegen* Rn. 3; Rauscher/*Freitag* EuZPR/EuIPR Rn. 2; Staudinger/*Hausmann,* 2021, Rn. 12.

[20] BeckOK BGB/*Spickhoff* Rn. 4; Staudinger/*Hausmann,* 2021, Rn. 14. – Zu Art. 35 EGBGB aF BGH NJW 1996, 54 m. Aufsatz *Mäsch* NJW 1996, 1453 = IPRspr. 1995 Nr. 1; LG Bonn RIW 1999, 873 = IPRspr. 1999 Nr. 29; *Schröder* IPRax 1987, 90 (91 f.); Soergel/*v. Hoffmann* EGBGB Art. 35 Rn. 8. – Eine Rückverweisung wird zu Unrecht geprüft, aber iErg verneint in BGHZ 123, 380 (384) = IPRspr. 1993 Nr. 37 = NJW 1994, 262 = IPRax 1994, 449 m. Aufsatz *W. Lorenz* IPRax 1994, 429 = JZ 1994, 363 mAnm *Fischer* = RIW 1994, 154 m. Aufsatz *W.-H. Roth* RIW 1994, 275 = JR 1995, 14 mAnm *Dörner.*

[21] Näher *Nehne,* Methodik und allgemeine Lehren des europäischen Internationalen Privatrechts, 2012, 311 ff.

[1] Näher *McParland,* The Rome I Regulation on the Law Applicable to Contractual Obligations, 2015, Rn. 15.124 ff.

[2] *Kokott/Rosch* FS Kronke, 2020, 265 (268 ff.).

[3] Zur Berücksichtigung ausländischer Ansichten bei Würdigung des Sittenverstoßes → EGBGB Art. 6 Rn. 181.

[4] BGH NJW 2022, 3644 Rn. 25; *Wurmnest* in Leible/Unberath, Brauchen wir eine Rom 0-Verordnung?, 2013, 445 (457 ff.); Staudinger/*Hausmann,* 2021, Rn. 9.

[5] *Leible/Lehmann* RIW 2007, 721 (734); *Leible* RIW 2008, 257 (263); *Bruck/Möller/Dörner* Rn. 2.

[6] *Steinschulte* in Sandrock IntVertragsgestaltung-HdB Bd. I Rn. A 171 ff. – Beispiele für bejahte und verneinte ordre public-Verstöße bei Staudinger/*Hausmann,* 2021, Rn. 24 ff.

Mitgliedstaaten.[7] Vorgeschaltet sind zudem kollisionsrechtliche Rechtswahlbeschränkungen und Sonderregeln für Eingriffsnormen (→ Rn. 7).

2. Inhalt des ordre public. Durchgesetzt wird der ordre public des angerufenen Gerichts, dh der lex fori.[8] Deutsche Gerichte dürfen sich also auf grundlegende Wertvorstellungen des deutschen Rechts berufen. Dazu gehören insbesondere die Grundrechte der deutschen Verfassung.[9] Allerdings ist der nationale Gesetzgeber bezüglich des Inhalts nicht völlig frei. Im verfahrensrechtlichen Zusammenhang hat der EuGH formuliert, es sei zwar nicht seine Sache, den Inhalt der öffentlichen Ordnung zu definieren, er habe aber über die Grenzen zu wachen.[10] Das gilt auch hier (→ EGBGB Art. 6 Rn. 27 ff.). Dementsprechend ist ein **europäischer Maßstab** anzulegen.[11] Die Grundfreiheiten des Unionsrechts sowie die Menschenrechte der EMRK und die Charta der Grundrechte der EU gehören auch hier zum Inhalt des ordre public.[12] Menschenrechtsverstöße können Verstöße gegen den inländischen ordre public begründen (vgl. → EGBGB Art. 6 Rn. 153 ff.). Vorrangig anwendbares EU-Recht ist allerdings unmittelbar anzuwenden und nicht nur über die Vorbehaltsklausel durchzusetzen (→ EGBGB Art. 3 Rn. 66, → EGBGB Art. 3 Rn. 75). Nationales Recht, welches dem Unionsrecht widerspricht, darf nicht über den ordre public durchgesetzt werden.[13] 3

In der Praxis bleibt die Geltendmachung eines ordre public-Verstoßes regelmäßig erfolglos.[14] 4
Bei der Eingehung von Verpflichtungen kommt der ordre public zB zum Zuge, wenn das ausländische Recht keinen Schutz gegen Rechtsmissbrauch gewährt,[15] Das gleiche gilt, wenn es keine Anfechtung wegen Willensmängeln kennt. Erheblich über dem deutschen Zinsniveau liegende Verpflichtungen aus einem Darlehensvertrag widersprechen nicht ohne weiteres dem deutschen ordre public.[16] Ob die Vertragsstrafe über den ordre public ermäßigt werden kann, ist str. (→ Art. 12 Rn. 93). Erfolgshonorare in Rechtsanwaltsverträgen können bei unverhältnismäßiger Höhe über den ordre public herabgesetzt werden (→ Art. 4 Rn. 79 f.). Die Rspr. hat den ordre public jedoch nicht herangezogen, wenn **Handelsvertreterverträge** einem Recht ohne Ausgleichsanspruch unterstellt wurden (→ Art. 4 Rn. 153). Insoweit ist jedoch bei Handelsvertretern mit gewöhnlichem Aufenthalt in der EU die zwingende Anwendung der Handelsvertreter-RL zu beachten. Ein ordre public-Verstoß wurde auch bei der Durchsetzung ungarischer **Straßenmautansprüche** verneint. Dies gilt sowohl für die Grundersatzmaut als auch für die erhöhter Zusatzgebühr.[17] Kein Verstoß liegt auch in der Heranziehung des Kfz-Halters statt des Fahrers.[18]

3. Anwendung ausländischen Rechts. Es geht um die Anwendung der ausländischen Vorschrift. Nicht der Inhalt der ausländischen Norm steht in Frage, sondern lediglich das Ergebnis der Rechtsanwendung im konkreten Einzelfall[19] (→ EGBGB Art. 6 Rn. 126 ff.). Erwägungsgrund 37 spricht ausdrücklich von außergewöhnlichen Umständen. Auch hier wird eine hinreichende Inlandsbeziehung des Sachverhalts vorausgesetzt (→ EGBGB Art. 6 Rn. 199 ff.).[20] Handelt es sich um einen Verstoß gegen einen Grundsatz des europäischen Rechts, so genügt auch eine Beziehung zu einem anderen Mitgliedstaat.[21] 5

4. Verstoß. Das Ergebnis muss den inländischen Wertvorstellungen widersprechen. Erwägungsgrund 37 spricht von Gründen des öffentlichen Interesses. Art. 21 greift nur dann ein, wenn die Anwendung der ausländischen Vorschrift mit dem inländischen ordre public „offensichtlich" unver- 6

---

7 *Guinchard* in Guinchard, Rome I and Rome II in practice, 2020, 625 (656 ff.).
8 *Sonnenberger* FS Kropholler, 2008, 227 (244).
9 Staudinger/*Hausmann,* 2021, Rn. 10a.
10 Zum GVÜ EuGH Slg. 2000, I-2973 = NJW 2000, 2185 = IPRax 2001, 328 m. Aufsatz *Heß* IPRax 2001, 301 – Renault.
11 BeckOK BGB/*Spickhoff* Rn. 2; NK-BGB/*Doehner* Rn. 4.
12 *Leible/Lehmann* RIW 2007, 721 (734); *Wurmnest* in Leible/Unberath, Brauchen wir eine Rom 0-Verordnung?, 2013, 445 (460 ff.); *Leible,* Rom I und Rom II, 2009, 70 ff.; Staudinger/*Hausmann,* 2021, Rn. 13 f.
13 Staudinger/*Hausmann,* 2021, Rn. 12.
14 Überblick bei Staudinger/*Hausmann,* 2021, Rn. 24 ff.
15 BeckOK BGB/*Spickhoff* Rn. 4.
16 LG Frankfurt a.M. IPRax 2022, 177 Rn. 59 m. abl. Aufsatz *Hess/Wille* IPRax 2022, 164 und Aufsatz *Hemler* RIW 2022, 355 betr. Darlehenszins von 37,5 % pro Quartal.
17 BGH NJW 2022, 3644 Rn. 25 ff. m. Aufs. *Goebel/Wiepen,* 3611; RIW 2023, 159 = EuZW 2023, 240 Rn. 18 ff.
18 BGH RIW 2023, 159 = EuZW 2023, 240 Rn. 21 ff.
19 *Wurmnest* in Leible/Unberath, Brauchen wir eine Rom 0-Verordnung?, 2013, 445 (465 ff.); Calliess/Renner/*Renner* Rn. 11; Staudinger/*Hausmann,* 2021, Rn. 15.
20 Staudinger/*Hausmann,* 2021, Rn. 19.
21 PWW/*Mörsdorf-Schulte* Rn. 4.

einbar ist. Es muss sich daher um einen schweren Verstoß gegen inländische Wertvorstellungen handeln.[22] Insoweit kann man von einem Kernbestand von inländischen Gerechtigkeits- und Wertvorstellungen sprechen.[23] Liegt ein solcher Verstoß vor, so ist gleichwohl nur der geringstmögliche Eingriff in das ausländische Recht vorzunehmen;[24] die Nichtanwendung des ausländischen Rechts ist auf das unumgängliche Maß zu beschränken. Lücken sind primär mit Hilfe des anwendbaren ausländischen Rechts zu füllen.[25] Maßgeblicher Zeitpunkt für die inländischen Wertvorstellungen ist der Zeitpunkt der inländischen richterlichen Entscheidung.[26]

III. Verhältnis zu anderen Vorschriften

7 **Eingriffsnormen** werden nicht über Art. 21, sondern ggf. über Art. 9 durchgesetzt. Im Zusammenhang mit international zwingenden Normen wurde dem ordre public eine unterschiedliche Rolle zugeschrieben. Für die Schuldstatutstheorie ist er wichtig, um Normen der lex fori durchzusetzen. Der sog. positive ordre public hat jedoch im Rahmen der Rom I-VO keine Anerkennung gefunden (→ Art. 9 Rn. 39; kritisch zum sog. positiven ordre public → EGBGB Art. 6 Rn. 2). Die Sonderanknüpfungslehren (→ Art. 9 Rn. 36 ff.) bemühen ihn für die Durchsetzung internen zwingenden Rechts nicht. Ihnen dient er – wie sonst auch – lediglich dazu, untragbares ausländisches Recht abzuwehren. Die Rom I-VO trennt ebenfalls eindeutig zwischen dem ordre public des Art. 21 und der positiven Funktion der Eingriffsnormen des Art. 9 (→ Art. 9 Rn. 119). Der ordre public darf auch nicht dazu verwendet werden, um bei ausländischer Nichtumsetzung einer Richtlinie der EU eine mittelbare horizontale Direktwirkung der Richtlinie unter Privaten zu erreichen[27] (→ EGBGB Art. 3 Rn. 75).

8 **Einfache zwingende Normen** begrenzen bei unzureichendem Auslandsbezug die Rechtswahl nach Art. 3 Abs. 3 und 4.[28] Schutzerwägungen und zwingendes Recht stehen auch bei den rechtswahlergänzenden Regeln der Art. 6 und 8 sowie bei der Rechtswahlbeschränkung des Art. 7 im Hintergrund.[29]

Art. 22 Rom I-VO Staaten ohne einheitliche Rechtsordnung

(1) Umfasst ein Staat mehrere Gebietseinheiten, von denen jede eigene Rechtsnormen für vertragliche Schuldverhältnisse hat, so gilt für die Bestimmung des nach dieser Verordnung anzuwendenden Rechts jede Gebietseinheit als Staat.

(2) Ein Mitgliedstaat, in dem verschiedene Gebietseinheiten ihre eigenen Rechtsnormen für vertragliche Schuldverhältnisse haben, ist nicht verpflichtet, diese Verordnung auf Kollisionen zwischen den Rechtsordnungen dieser Gebietseinheiten anzuwenden.

Schrifttum: allgemeines Schrifttum zum IVR s. Vor Art. 1; *Heinze,* Bausteine eines Allgemeinen Teils des europäischen Internationalen Privatrechts, FS Kropholler, 2008, 105; *Staudinger,* Erfolgshonorare und quota litis-Vereinbarungen im Internationalen Privatrecht), IPRax 2005, 129.

Übersicht

[22] Staudinger/*Hausmann,* 2021, Rn. 17. – Zum Erfordernis eines schlechthin untragbaren Ergebnisses infolge Anwendung ausländischen Rechts → EGBGB Art. 6 Rn. 197 ff.
[23] Staudinger/*Hausmann,* 2021, Rn. 16, 18.
[24] BeckOK BGB/*Spickhoff* Rn. 3; Staudinger/*Hausmann,* 2021, Rn. 30.
[25] Calliess/Renner/*Renner* Rn. 42 ff.; Staudinger/*Hausmann,* 2021, Rn. 31.
[26] BeckOGK/*Hemler,* 1.3.2023, Rn. 22; Calliess/Renner/*Renner* Rn. 14; Staudinger/*Hausmann,* 2021, Rn. 22; dagegen für den Zeitpunkt des Vertragsabschlusses NK-BGB/*Doehner* Rn. 8.
[27] *Leible* JbJZivWiss 1995, 266 f. (269).
[28] Staudinger/*Hausmann,* 2021, Rn. 3.
[29] Staudinger/*Hausmann,* 2021, Rn. 4.

I. Normzweck

Art. 22 behandelt einen Teilkomplex der kollisionsrechtlichen Beurteilung eines Sachverhalts im Fall einer (lokalen) Zersplitterung des berufenen Rechts im Mehrrechtsstaat, so dass zunächst auf die Erläuterung zu Art. 4 Abs. 3 EGBGB (→ Rn. 166 ff.) zu verweisen ist. Für die Bestimmung der maßgeblichen Teilrechtsordnung gibt es grundsätzlich zwei Möglichkeiten. Entweder man befragt dazu die ausländischen Regeln über die innerstaatliche Regelung solcher Konflikte, also das interlokale Kollisionsrecht des Mehrrechtsstaats (so jedenfalls mit Einschränkungen Art. 4 Abs. 3 EGBGB; → EGBGB Art. 4 Rn. 254 ff.), oder die **lex fori bestimmt durch ihre Anknüpfung selbst, welche Teilrechtsordnung maßgeblich ist.** Letzteren Weg (sog. Durchgriffslösung) schlägt – wie teilweise schon Art. 4 Abs. 3 EGBGB – Art. 22 Abs. 1 ein und macht sich daher von der Haltung des ausländischen interlokalen Rechts unabhängig. Parallelnorm ist Art. 25 Abs. 1 Rom II-VO. Die gleiche Regelung enthielt schon Art. 19 Abs. 1 EVÜ.[1] Andere Rechtsspaltungen, insbesondere personeller Art, die freilich im IVR kaum eine Rolle spielen, sind nicht geregelt.[2] 1

Sinn des Abs. 2, dem Art. 25 Abs. 2 Rom II-VO entspricht, ist es, die Regelung der VO allein auf internationale Rechtsverhältnisse zu beschränken und interlokale Rechtskollisionen auszuschließen. Mitgliedstaaten, in denen die einzelnen Gebietseinheiten über ein eigenes Schuldvertragsrecht verfügen, sind daher nicht verpflichtet, die Verordnung auf Kollisionen zwischen diesen Rechtsordnungen anzuwenden. Die gleiche Regelung traf Art. 19 Abs. 2 EVÜ (nicht in Art. 35 Abs. 2 EGBGB umgesetzt). Die Regelung des EVÜ geht auf ähnliche Vorschriften in bestimmten Haager Übereinkommen zurück.[3] 2

II. Staaten ohne einheitliche Rechtsordnung (Abs. 1)

1. Grundsatz: Behandlung als Staat. Art. 22 Abs. 1 verselbständigt gewissermaßen die Gebietseinheit. Umfasst der ausländische Staat mehrere Gebietseinheiten, von denen jede für vertragliche Schuldverhältnisse ihre eigenen Rechtsnormen hat, so gilt jede Einheit als eigener Staat.[4] Das Kollisionsrecht des ausländischen Staates wird im Gegensatz zu Art. 4 Abs. 3 EGBGB nicht befragt und ist ebenso ausgeschaltet wie sein interlokales Recht.[5] 3

Art. 22 gilt sowohl für die subjektive als auch für die objektive Rechtswahl. Bei ausdrücklicher oder stillschweigender Rechtswahl kann daher das **Recht einer Gebietseinheit gewählt werden,** zB das Recht Englands oder Schottlands.[6] Entsprechendes gilt für die **objektive Anknüpfung** nach Art. 4, 5, 6 Abs. 1, Art. 7 und 8. Auch hier kommt es auf die Regelung innerhalb des Staates nicht an. Hat die Vertragspartei, welche die charakteristische Leistung erbringt, ihren gewöhnlichen Aufenthalt zB in Schottland oder liegt dort das veräußerte Grundstück, so ist davon auszugehen, dass der Vertrag seine engsten Verbindungen zum schottischen Sachrecht aufweist.[7] Wie interlokale Konflikte im Vereinigten Königreich selbst gelöst werden, ist hingegen ohne Belang.[8] 4

Nichts anderes gilt aufgrund der universellen Anwendung der VO gegenüber **Nichtmitgliedstaaten,** zB den australischen Provinzen[9] oder den Einzelstaaten der USA.[10] Ist nach der objektiven Anknüpfung eines Schuldvertrages das Recht eines Einzelstaates berufen, so wird nicht mehr geprüft, ob diese Rechtsordnung auf die eines anderen Einzelstaates weiterverweist.[11] 5

Bezieht sich die Rechtswahl der Parteien lediglich auf das **Recht des Gesamtstaats** (zB „US-amerikanisches" Recht), obwohl in der Materie lediglich einzelstaatliches Recht besteht, so ist die Rechtswahl unklar.[12] In erster Linie ist im Wege der Auslegung zu ermitteln, ob gleichwohl ein 6

---

1 Näher zu Art. 21 Rom I-VO-E 2005 *McParland,* The Rome I Regulation on the Law Applicable to Contractual Obligations, 2015, Rn. 4.05 ff.; s. auch *Christandl* JPIL 9 (2013) 219 ff.; *Eichel,* in Leible/Unberath, Brauchen wir eine Rom 0-Verordnung?, 2013, 397 ff.

2 Dazu *Nehne,* Methodik und allgemeine Lehren des europäischen Internationalen Privatrechts, 2012, 316 ff.

3 Art. 17, 18 HGüterständeÜ 1978, Art. 19, 20 HStellvertrÜ 1978; vgl. Bericht zum EVÜ *Giuliano/Lagarde,* BT-Drs. 10/503, 70 f.

4 Näher zum Begriff des Staats, *Dickinson* Lloyd's M.C.L.Q. 2013, 86 (101 ff.).

5 Staudinger/*Hausmann,* 2021, Rn. 6, 7.

6 *Clausnitzer/Woopen* BB 2008, 1798 (1806); Staudinger/*Hausmann,* 2021, Rn. 7.

7 Staudinger/*Hausmann,* 2021, Rn. 9; s. auch Bericht *Giuliano/Lagarde,* BT-Drs. 10/503, 71.

8 Staudinger/*Hausmann,* 2021, Rn. 9.

9 *Dickinson* Lloyd's M.C.L.Q. 2013, 86 (110 f.).

10 Staudinger/*Magnus,* 2021, Art. 2 Rn. 4.

11 *Clausnitzer/Woopen* BB 2008, 1798 (1806 f.); ebenso Erman/*Stürner* Rn. 3.

12 Zur Problematik der Vereinbarung „amerikanischen" Rechts OLG München IPRspr. 1981 Nr. 13 = IPRax 1983, 120 m. Aufsatz *Jayme* IPRax 1983, 105. Vgl. auch → EGBGB Art. 4 Rn. 80 ff. zur Problematik dieser Lösung.

bestimmter Einzelstaat ausdrücklich oder stillschweigend gemeint war.[13] Ist das nicht der Fall, so könnte man die Vereinbarung als unwirksam betrachten und objektiv anknüpfen.[14] Richtiger ist es jedoch, den Parteiwillen so weit wie möglich zu honorieren und die engste Verbindung zu suchen. Diese kann sich zB aus dem gewöhnlichen Aufenthalt einer Partei ergeben.[15] Dementsprechend kann man ähnlich wie nach (dem nicht anwendbaren) Art. 4 Abs. 3 S. 1 EGBGB zunächst nach dem ausländischen interlokalen Privatrecht – soweit vorhanden – eine Zuordnung vornehmen.[16] Die Anwendung des interlokalen Privatrechts der gewählten Rechtsordnung lässt sich als konkludent zum Ausdruck gekommener Parteiwille rechtfertigen.[17] Fehlt ein interlokales Privatrecht, so ist ähnlich wie nach Art. 4 Abs. 4 bzw. Art. 4 Abs. 3 S. 2 EGBGB die engste Verbindung festzustellen.[18] Für die Ermittlung der jeweiligen Teilrechtsordnung können die Wertungen der Art. 4, 5, 6 Abs. 2 und 8 Abs. 2–4 Rom I-VO herangezogen werden.[19] Denkbar ist auch, die engste Beziehung allein auf der Grundlage der VO zu ermitteln.

7 **2. Eigene Rechtsnormen.** Die ausländische Gebietseinheit muss über eigene „Rechtsnormen" verfügen. Insoweit stellt die Rom I-VO klar, dass Gesetzesrecht nicht vorhanden sein muss.[20] Es genügen Rechtsregeln anderer Art, zB wenn das Vertragsrecht auf Richterrecht beruht.[21] Einer selbständigen Behandlung der Gebietseinheit steht auch nicht entgegen, dass im ausländischen Staat in einigen Einzelfragen einheitliches Recht (zB australisches Common Law oder US-amerikanisches Bundesrecht) gilt. Dann ist – soweit vorhanden – das einheitliche Recht des Gesamtstaates, im Übrigen aber das der Gebietseinheit anzuwenden.[22]

8 **3. Gebietseinheit.** Eine Gebietseinheit ist ein territorial begrenzter Teil innerhalb des ausländischen Staates. Besondere Institutionen wie eigene Gesetzgebungs- oder Rechtsprechungsorgane (wie zB in den australischen Einzelstaaten) sind an sich nicht erforderlich. Sind sie jedoch vorhanden, so spricht dies für eine selbständige Gebietseinheit. Entscheidend ist eine funktionale Betrachtungsweise: Im Inland soll dasjenige Recht zur Anwendung kommen, welches in dem jeweiligen Teil des ausländischen Staates tatsächlich gilt. Unter Art. 22 Abs. 1 fallen daher zB auch die Rechtsunterschiede in Spanien, wo zwischen gemeinspanischem Recht und mehreren besonderen Zivil- bzw. Foralrechten zu unterscheiden ist.[23] Verwirklicht sich der objektive oder subjektive Anknüpfungspunkt in einer Region mit eigenem foralem Vertragsrecht, so kann dieses angewendet werden.[24]

9 **4. Verhältnis zu Art. 4 Abs. 3 EGBGB.** Nach Art. 4 Abs. 3 EGBGB, der allgemeinen deutschen Vorschrift über die Rechtsspaltung, wird – allerdings mit einer gewichtigen Einschränkung (→ EGBGB Art. 4 Rn. 174 ff.) – bei einer Verweisung auf das Recht eines Staates mit mehreren Teilrechtsordnungen dieses Recht befragt, welche der Rechtsordnungen anzuwenden ist. Art. 22 ist demgegenüber eine besondere Bestimmung für vertragliche Schuldverhältnisse nach Art. 1 ff. Er geht der allgemeinen nationalen Regelung schon aufgrund seiner Zugehörigkeit zum Unionsrecht vor.[25] Unterfällt das Schuldverhältnis auf Grund des Art. 1 nicht direkt dem Anwendungsbereich der Rom I-VO, so findet Art. 22 Abs. 1 keine unmittelbare Anwendung; eine entsprechende Anwendung ist jedoch nicht ausgeschlossen.[26] Andernfalls müsste Art. 4 Abs. 3 EGBGB herangezogen werden.

III. Interlokale Konflikte

10 Die Vorschrift des Art. 22 Abs. 2 geht auf Art. 19 Abs. 2 EVÜ zurück, die ebenfalls interlokale Rechtskonflikte zum Gegenstand hat. Diese wurde nicht in das EGBGB übernommen, weil sie

[13] *Heinze* FS Kropholler, 2008, 105 (120); BeckOK BGB/*Spickhoff* Rn. 3.
[14] So *Staudinger* IPRax 2005, 129 f.; NK-BGB/*Leible* Rn. 9; Grüneberg/*Thorn* Rn. 3.
[15] Calliess/Renner/*Gebauer* Rn. 6.
[16] Vgl. *Heinze* FS Kropholler, 2008, 105 (120 f.); eine Analogie schließen ausdrücklich aus PWW/*Brödermann*/*Wegen* Rn. 2.
[17] Calliess/Renner/*Gebauer* Rn. 7; Staudinger/*Hausmann,* 2021, Rn. 8.
[18] BeckOK BGB/*Spickhoff* Rn. 3; Staudinger/*Hausmann,* 2021, Rn. 8; anders *Staudinger* IPRax 2005, 129 f.
[19] BeckOK BGB/*Spickhoff* Rn. 3; BeckOGK/*v. Sachsen Gessaphe,* 1.3.2024, Rn. 17; vgl. auch *Eichel* in Leible/Unberath, Brauchen wir eine Rom 0-Verordnung?, 2013, 397 (408 f.).
[20] BeckOK BGB/*Spickhoff* Rn. 2.
[21] Ebenso NK-BGB/*Leible* Rn. 6; Staudinger/*Hausmann,* 2021, Rn. 5.
[22] *Dickinson* Lloyd's M.C.L.Q. 2013, 86 (112 f.).
[23] BeckOGK/*v. Sachsen Gessaphe,* 1.3.2024, Rn. 12; anders NK-BGB/*Leible* Rn. 8 für Spanien, da nicht alle Gebietseinheiten über eigenes Schuldrecht verfügen.
[24] BeckOGK/*v. Sachsen Gessaphe,* 1.3.2024, Rn. 12.3.
[25] *Kropholler* IPR § 52 I 5; Staudinger/*Hausmann,* 2021, Rn. 12.
[26] Staudinger/*Hausmann,* 2021, Rn. 12 mwN.

damals für die BRepD bedeutungslos war.[27] Danach ist ein Mitgliedstaat, in dem verschiedene Gebietseinheiten eigene Rechtsnormen für vertragliche Schuldverhältnisse besitzen, nicht verpflichtet, das EVÜ auf Kollisionen zwischen den Rechtsordnungen dieser Gebietseinheiten anzuwenden. Gemeint sind Schuldverhältnisse, die Verbindungen mit mehreren Gebietseinheiten desselben Staates (zB mit Einschränkungen Spanien), aber mit keinem ausländischen Staat aufweisen. Hier bestehen lediglich interlokale Rechtsanwendungsprobleme.[28] Der Mitgliedstaat kann selbst bestimmen, wie er sie löst. Er ist nicht verpflichtet, die Kollision durch die Anwendung der Rom I-VO zu lösen,[29] kann dies aber tun.[30]

Soweit in Ost- und Westdeutschland noch unterschiedliche Schuld- und Arbeitsrechtsvorschriften gelten – was kaum mehr vorkommen dürfte –, besteht mithin keine Verpflichtung zur Anwendung der Rom I-VO.[31] Gleichwohl ist es im Allgemeinen zweckmäßig, die Art. 3 ff. im innerdeutschen Verhältnis entsprechend anzuwenden.[32] 11

Art. 23 Rom I-VO Verhältnis zu anderen Gemeinschaftsrechtsakten

Mit Ausnahme von Artikel 7 berührt diese Verordnung nicht die Anwendung von Vorschriften des Gemeinschaftsrechts, die in besonderen Bereichen Kollisionsnormen für vertragliche Schuldverhältnisse enthalten.

Schrifttum: allgemeines Schrifttum zum IVR s. Vor Art. 1; *W.-H. Roth,* Handelsvertretervertrag und Rom I-Verordnung, FS Spellenberg, 2010, 309; *Sonnenberger,* Grenzen der Verweisung durch europäisches internationales Privatrecht, IPRax 2011, 325.

Übersicht

I. Normzweck

Die Vorschrift regelt das Verhältnis zu anderen Gemeinschaftsrechtsakten (heute Unionsrechtsakten, → EGBGB Art. 3 Rn. 45). Erwägungsgrund 40 weist darauf hin, dass die Aufteilung der Kollisionsnormen auf zahlreiche Rechtsakte sowie Unterschiede zwischen diesen Normen vermieden werden sollten. Die Rom I-VO schließt jedoch die Möglichkeit der Aufnahme von Kollisionsnormen für vertragliche Schuldverhältnisse in Vorschriften des Unionsrechts in Bezug auf besondere Gegenstände nicht aus.[1] Die Anwendung der Bestimmungen des nach der Rom I-VO anzuwendenden Rechts soll den freien Waren- und Dienstleistungsverkehr, wie er durch gemeinschaftliche Instrumente geregelt wird, nicht beschränken. Vielmehr soll die Rom I-VO die Anwendung anderer Rechtsakte gerade dann nicht ausschließen, wenn diese Bestimmungen enthalten, die zum reibungslosen Funktionieren des Binnenmarkts beitragen, soweit sie nicht in Verbindung mit dem Recht 1

27 *v. Hoffmann* IPRax 1984, 10 (12).

28 Ähnlich zu Art. 25 Rom II-VO auch *Junker* NJW 2007, 3675 (3681).

29 S. bereits Bericht *Giuliano/Lagarde,* BT-Drs. 10/503, 71.

30 Zu England *Dickinson* Lloyd's M.C.L.Q. 2013, 86 (118 ff.).

31 Vgl. Staudinger/*Hausmann,* 2021, Rn. 14.

32 Erman/*Stürner* Rn. 8; Staudinger/*Hausmann,* 2021, Rn. 14; ebenso zu Art. 27 ff. EGBGB aF BeckOK BGB/*Spickhoff* Rn. 4.

1 So auch *Garcimartín Alférez* EurLegForum 2008, I-61 (I-66).

angewendet werden können, auf das die Regeln der Verordnung verweisen. Art. 23 stellt klar, dass speziellere Vorschriften vorgehen (→ EGBGB Art. 3 Rn. 45). Eine Parallelvorschrift findet sich in Art. 27 Rom II-VO.

2 **Vorläufer der Bestimmung** ist Art. 20 EVÜ über den Vorrang des Unionsrechts.[2] Danach berührt das EVÜ nicht die Anwendung der Kollisionsnormen für vertragliche Schuldverhältnisse auf besonderen Gebieten, die in Rechtsakten der Organe der Europäischen Gemeinschaften oder in dem in Ausführung dieser Akte harmonisierten innerstaatlichen Recht enthalten sind oder enthalten sein werden. In Deutschland wurde dies in der damaligen allgemeinen Vorschrift des Art. 3 Abs. 2 S. 2 EGBGB umgesetzt (nunmehr Art. 3 Nr. 1 EGBGB). Danach blieben Regelungen in Rechtsakten der EG unberührt.

3 Bei der Reform des EVÜ war zunächst ein **Verzeichnis der Rechtsakte** in einem Anhang I vorgesehen.[3] In der endgültigen Fassung der Rom I-VO wurde zwar auf eine Aufzählung der Richtlinien aus Praktikabilitätsgründen verzichtet, dennoch kann sie einen Anhaltspunkt dafür bilden, welche Rechtsakte von Art. 23 erfasst werden sollen.[4]

4 Allerdings haben die im Entwurf nicht genannten Verbraucherschutzrichtlinien erst durch die spätere Zulassung der Rechtswahl in Art. 6 besondere Bedeutung gewonnen. Ihnen wird in Deutschland in Art. 46b EGBGB Rechnung getragen. Art. 22 lit. b Rom I-VO-E 2005 hatte noch unionsrechtliche Rechtsakte genannt, die vertragliche Schuldverhältnisse regeln und nach dem **Willen der Parteien auf Sachverhalte Anwendung finden,** bei denen eine Normenkollision vorliegt. Hiermit war insbesondere das sog. **Optionale Instrument** gemeint, das aus einem Gemeinsamen Referenzrahmen (Common Frame of Reference) hervorgehen und dann von den Parteien gewählt werden könnte (→ Vor Art. 1 Rn. 4; → Art. 3 Rn. 36).[5] Über dieses Projekt wurde jedoch noch nicht endgültig entschieden, so dass eine eigene Bestimmung entfallen konnte. Die Frage hätte sich in ähnlicher Form gestellt, wenn es zu einem einheitlichen europäischen Kaufrecht gekommen wäre[6] (→ Art. 4 Rn. 26 f.).

II. Einheitsrecht

5 **1. Grundsatz.** Es wird vorausgesetzt, dass materielles Einheitsrecht als lex specialis Vorrang vor der Verordnung hat.[7] Die Anwendung von Einheitsrecht kann sich aus internationalen Übereinkommen oder aus europäischen Verordnungen ergeben.

6 **2. Staatsverträge.** In Staatsverträgen niedergelegtes Einheitsrecht hat Vorrang. Dies ergibt sich bereits aus Art. 25 Abs. 1 und gilt namentlich für das Recht des Warenkaufs (→ Art. 4 Rn. 22; CISG) sowie das Transportrecht (→ Art. 5 Rn. 5).

7 **3. Verordnungen.** Auch unionsrechtliche Verordnungen auf dem Gebiet des Schuldvertragsrechts haben Vorrang. Dies gilt etwa für das Lufttransportrecht (→ Art. 5 Rn. 58 ff.), ferner nach teilweise vertretener Ansicht für die transportrechtlichen **Kabotageverordnungen**[8] (→ Art. 5 Rn. 7a). Letztere werden freilich zum Teil als speziellere, eine allseitige Sonderanknüpfung erlaubende sekundärrechtliche Normen angesehen.[9] In den Zusammenhang des Art. 23 hätte auch ein einheitliches europäisches Kaufrecht gehört (→ Art. 4 Rn. 26). Die **Rating-VO** stellt für die zivilrechtliche Haftung der Ratingagentur auf das „geltende nationalen Recht gemäß den einschlägigen Bestimmungen des internationalen Privatrechts" ab (Art. 35a Abs. 4 Rating-VO), trifft selbst aber keine kollisionsrechtliche Aussage.[10] Das die Erbringung von Vermittlungsdiensten im Binnenmarkt betreffende **Gesetz über digitale Dienste** regelt zwar seinen Geltungsbereich (Art. 2 Abs. 1 DSA), ist aber keine Kollisionsnorm iSd Art. 23 Rom I-VO. Diese Verordnung bleibt unberührt (Art. 2 Abs. 4 lit. h DSA). Diesem Ansatz dürfte auch die **P2B-VO** folgen, die unbeschadet vom ansonsten anwendbaren Recht zur Geltung kommt (Art. 1 Abs. 2, 5 P2B-VO) (→ Art. 9 Anh. III Rn. 1).

---

[2] Vgl. auch *Leible/Lehmann* RIW 2008, 528 (531).

[3] Dazu *McParland,* The Rome I Regulation on the Law Applicable to Contractual Obligations, 2015, Rn. 2.47 ff.

[4] *Leible/Lehmann* RIW 2008, 528 (531); näher zu Entstehung von Art. 23 Rom I-VO Staudinger/*Magnus,* 2021, Rn. 7 ff.

[5] Vgl. *Leible* NJW 2008, 2558 ff.; näher *Martiny* ZEuP 2007, 212 ff.

[6] Näher dazu *Busch* EuZW 2011, 655 ff.; *Herresthal* EuZW 2011, 7 ff.; *Stürner* GPR 2011, 236 ff.; *Corneloup* ZEuP 2012, 705 ff.

[7] Rauscher/*Thorn* Rn. 1.

[8] NK-BGB/*Leible* Rn. 8; Rauscher/*Thorn* Rn. 9.

[9] *Schilling,* Das Internationale Privatrecht der Transportverträge, 2016, 57 ff.

[10] *Mehrmann,* Artikel 35a Rating-VO und das Internationale Privatrecht, 2021, 38 ff., 91 f.

Die Vorschriften mancher EU-Verordnungen setzen sich als **Eingriffsnormen** auch gegen ausländisches Schuldrecht durch. Das wird teilweise ausdrücklich angeordnet, wie in Art. 7 Portabilitäts-VO (→ Art. 4 Rn. 296). Insoweit kommt es zu einer direkten Anwendung von Unionsrecht über Art. 23; auf Art. 9 Abs. 2 ist nicht zurückzugreifen.[11] Auch die Regelung der Verbringung von Kulturgütern nach der VO (EU) 2019/880 wird als Unionsrecht durchgesetzt.[12] 8

III. Kollisionsnormen in Verordnungen und Richtlinien

1. Grundsatz: Vorrang. Verordnungen und Richtlinien gehören zum sekundären Unionsrecht (vgl. Art. 288 AEUV). Beide stehen im Rang unter dem primären Unionsrecht. Verordnungen und Richtlinien sind als gleichwertig anzusehen. Kollisionen innerhalb des sekundären Unionsrechts werden grds. nach der lex specialis- und der lex posterior-Regel gelöst. Das heißt, speziellere Normen gehen den allgemeinen (lex specialis derogat legi generali), das später gesetzte Recht geht dem früher gesetzten (lex posterior derogat legi priori) vor.[13] Die Rom I-VO regelt die Beziehung zu den übrigen Verordnungen bzw. Richtlinien jedoch in Art. 23 selbst. Danach berührt die Rom I-VO grundsätzlich die Anwendung von Vorschriften des Unionsrechts nicht, die in besonderen Bereichen Kollisionsnormen für vertragliche Schuldverhältnisse enthalten. Vielmehr gehen diese Kollisionsnormen der VO vor. 9

Grundsätzlich berührt die Rom I-VO danach nicht die Anwendung von Vorschriften des Unionsrechts, die in **besonderen Bereichen** („particular matters"; „domaines particuliers") Kollisionsrecht für vertragliche Schuldverhältnisse enthalten. Dabei geht es um Kollisionsnormen („conflict-of-law rules"; „réglent les conflits de lois") für **vertragliche Schuldverhältnisse** („contractual obligations"). Es gilt der Vorrang des spezielleren Rechts.[14] Insofern sanktioniert die Vorschrift aber auch die bestehende kollisionsrechtliche Zersplitterung, insbesondere durch die unterschiedliche nationale Umsetzung von Richtlinien.[15] Ähnlich wie bei Art. 25 ist umstritten, ob einheitliche Sachnormen (zB Verordnungen zum Fluggasttransport) ohne weiteres direkt anwendbar[16] oder ob ihre statutistischen Anwendungsnormen als Kollisionsregeln iSd Art. 23 anzusehen sind.[17] 10

2. Verordnungen. Art. 23 spricht von „Vorschriften des Gemeinschaftsrechts" und meint damit in erster Linie die nach Art. 288 Abs. 2 AEUV unmittelbar wirkenden europäischen Verordnungen. Dazu gehört etwa die datenschutzrechtliche Sonderkollisionsnorm des Art. 3 DS-GVO.[18] Das Datenschutzrecht ist grundsätzlich einheitliches Unionsrecht. 11

3. Richtlinien. Vom Begriff „Vorschriften des Gemeinschaftsrechts" sind auch Richtlinien erfasst.[19] Dies wirkt sich insbesondere für das Verbraucherrecht aus, da eine Reihe von Richtlinien Kollisionsnormen enthält (→ Art. 6 Rn. 10). Die Anwendung nationaler Vorschriften, welche Richtlinien-Kollisionsrecht umsetzen, erfolgt unmittelbar nach Art. 23.[20] Auf Richtlinien, die keine kollisionsrechtliche Regelung enthalten, findet Art. 23 grundsätzlich keine Anwendung.[21] Allerdings ist ihre Durchsetzung im Rahmen der sog. Ingmar-Rspr. nicht ausgeschlossen[22] (→ Art. 9 Rn. 14; → EGBGB Art. 3 Rn. 84 ff.). Verbraucherrechtlichen Richtlinien, welche keine Kollisionsnormen enthalten, können ausnahmsweise implizierte unionsrechtliche Sonderkollisionsregeln entnommen werden. Solche Regeln werden dann über Art. 23 durchgesetzt.[23] Andere wollen insoweit Art. 9 Abs. 2 heranziehen. 12

---

11 BeckOK Urheberrecht/*M. Martiny,* 1.2.2024, Portabilitäts-VO Art. 7 Rn. 4; Staudinger/*Magnus,* 2021, Rn. 189.

12 *Kronenberg,* Normen als tatsächliche Umstände, 2021, Rn. 430.

13 Nur die nationale Umsetzung der Richtlinien sieht berührt *Sonnenberger* FS Kropholler, 2008, 227 (232).

14 *Wagner* TranspR 2009, 103 (106); Rauscher/*Thorn* Rn. 1.

15 Krit. *Czigler/Takács* Yb. PILaw 14 (2012/2013), 539 ff.; Rauscher/*Thorn* Rn. 2.

16 NK-BGB/*Leible* Rn. 8; unter Berufung auf den Effektivitätsgrundsatz des EU-Rechts *Schilling* EuZW 2011, 776 (781).

17 *Mankowski* RRa 2014, 118 (123); *Mankowski* IPRax 2019, 208 (211 f.); iErg auch AG Bremen RRa 2019, 34 zur Fluggastrechte-VO.

18 Reithmann/Martiny IntVertragsR/*Zwickel* Rn. 5.77; BeckOGK/*Maultzsch,* 1.3.2024, Art. 9 Rn. 273.

19 *Lagarde/Tenenbaum* Rev. crit. dr. int. pr. 97 (2008), 727 (731 f.); *Leible/Lehmann* RIW 2008, 528 (531); *Mankowski* IHR 2008, 133 (135); *Sonnenberger* IPRax 2011, 325 (329); Rauscher/*Thorn* Rn. 6.

20 BeckOGK/*Maultzsch,* 1.3.2024, Art. 9 Rn. 209.

21 *Sonnenberger* FS Kropholler, 2008, 227 (232 f.); *Schilling* EuZW 2011, 776 (780).

22 *Garcimartín Alférez* EurLegForum 2008, I-61 (I-65); *W.-H. Roth* FS Spellenberg, 2010, 309 (315 ff.); *W.-H. Roth* FS E. Lorenz, 2014, 421 (436); Rauscher/*Thorn* Art. 9 Rn. 32.

23 BeckOGK/*Maultzsch,* 1.3.2024, Art. 9 Rn. 212, 278.

13 Hat der Mitgliedstaat die EU-Richtlinie **inhaltlich überschießend** umgesetzt, so wird der überschießende Teil des nationalen Rechts nicht von der Vorrangwirkung des Art. 23 erfasst.[24]

14 **4. Versicherungsverträge.** Der die Versicherungsverträge betreffende Art. 7 wird ausdrücklich als **Ausnahme** genannt. Er berührt daher die Anwendung von Vorschriften des Unionsrechts, die in besonderen Bereichen Kollisionsnormen für vertragliche Schuldverhältnisse enthalten. Das Richtlinien-IPR für die Versicherungsverträge ist bedeutungslos geworden.[25] Die Regel, dass die Rom I-VO die Anwendung von Vorschriften des Unionsrechts nicht berührt, gilt auch für die **Solvabilität II-RL** (RL 2009/138/EG), die an die Stelle der in Art. 7 genannten Richtlinien getreten ist.[26] – Das Richtlinienkollisionsrecht ist im Anwendungsbereich des Art. 7 ausgeschlossen.[27] Der kollisionsrechtliche Inhalt dieser spezifisch versicherungsrechtlichen Richtlinien hat bereits Eingang in den Art. 7 gefunden. Zweifelhaft ist jedoch, ob auch das allgemeine Verbraucherschutzkollisionsrecht der anderen Richtlinien ausgeschlossen werden sollte (→ EGBGB Art. 46b Rn. 22). – Art. 14 lit. b Kraftfahrzeughaftpflicht-RL (RL 2009/103/EG) enthält keine besonderen Kollisionsnormen für Regressforderungen zwischen Versicherern iSv Art. 23.[28]

IV. Einzelne Verordnungen

15 **1. Allgemeines.** Art. 23 lässt sich nicht entnehmen, welche Verordnungen mit kollisionsrechtlichem Gehalt, die unberührt bleiben sollen, im Einzelnen gemeint sind. Ein Beispiel ist die Regelung des gesetzlichen Forderungsübergangs zugunsten des Sozialleistungsträgers in Art. 85 VO (EG) 883/2004[29] (→ Art. 15 Rn. 19 ff.).

16 **2. Rom II-VO.** Die Rom I-VO regelt das Verhältnis zur Rom II-VO nicht im speziellen. Eine solche Regelung erscheint letztlich auch nicht notwendig.[30] Die von der Rom II-VO erfassten Gegenstände fallen grds. nicht in den Anwendungsbereich der Rom I-VO, deren sachlicher Anwendungsbereich gemäß Art. 1 lediglich „vertragliche Schuldverhältnisse in Zivil- und Handelssachen“ einbezieht. Für das **Verschulden vor Vertragsschluss** ist nun geklärt, dass diese der Rom II-VO und nicht der Rom I-VO unterfallen soll. Die cic wird nicht nur in Art. 2 Abs. 1 Rom II-VO aufgeführt, sondern darüber hinaus nimmt Art. 1 Abs. 2 lit. i auch „Schuldverhältnisse aus Vertragsverhandlungen vor Abschluss eines Vertrages“ ausdrücklich vom Anwendungsbereich der Rom I-VO aus. Die sachlichen Anwendungsbereiche beider Verordnungen überschneiden sich grundsätzlich nicht, soweit die Rom II-VO reicht. Allerdings sind Berührungspunkte nicht ausgeschlossen, wie bei der Verbandsklage gegen missbräuchliche Rechtswahlklauseln (→ Art. 6 Rn. 62). Auch bezüglich der Position vertragsfremder Dritter bestehen teilweise Zweifel (→ Art. 1 Rn. 23 ff.)

17 Die **Folgen der Nichtigkeit des Vertrags** unterwirft Art. 12 lit. e dem Vertragsstatut. Hierzu zählen auch Ansprüche aus ungerechtfertigter Bereicherung (→ Art. 12 Rn. 144 ff.). Insoweit handelt es sich um eine speziellere Regelung gegenüber der generellen bereicherungsrechtlichen Norm des Art. 10 Rom II-VO.[31]

V. Einzelne Richtlinien

18 **1. Verbraucherschutzrichtlinien.** Von Art. 23 werden vor allem Verbraucherschutzrichtlinien erfasst. Dies sind die Richtlinien, welche in Art. 46b Abs. 3 EGBGB aufgezählt werden. Im Einzelnen handelt es sich um die Klausel-RL, früher auch die (zum 1.1.2012 aufgehobene) Verbrauchsgüterkauf-RL, die Finanzdienstleistungs-Fernabsatz-RL und die Verbraucherkredit-RL.

19 Die nationalen Umsetzungen dieser Richtlinien bleiben in Kraft.[32] Zu beachten ist ferner, dass die Richtlinien für ihre Durchsetzung im Allgemeinen lediglich einen „engen Zusammenhang“ mit der Gemeinschaft verlangen und mithin weniger als Art. 3 Abs. 4.[33] Die Klausel-RL wird von

---

24 BeckOGK/*Maultzsch,* 1.3.2024, Art. 9 Rn. 216; Staudinger/*Magnus,* 2021, Rn. 28.

25 *Perner* IPRax 2009, 218 (219).

26 Bruck/Möller/*Dörner,* VVG, 2013, Art. 1 Rn. 13, Art. 7 Rn. 8 ff., 27 ff., 45 f. – Zur Verschiebung des Zeitpunkts s. RL 2013/58/EU vom 11.12.2013, ABl. EU 2013 L 341, 1.

27 Bruck/Möller/*Dörner,* 2013, VVG Art. 7 Rn. 3.

28 EuGH ECLI:EU:C:2016:40 = NJW 2016, 1005 = IPRax 2017, 400 m. Aufsatz *Martiny* IPRax 2017, 360 – Ergo, Rn. 30-40; BGH VersR 2021, 572 mAnm *Zwickel* = NVZ 2021, 310 mAnm *Staudinger* EuZW 2021, 503 mAnm *Finkelmeier* = LMK 2021, 812030 mAnm *Pfeiffer* Rn. 22; Staudinger/*Magnus,* 2021, Rn. 25.

29 Staudinger/*Magnus,* 2021, Rn. 22.

30 Ebenso Rauscher/*Thorn* Rn. 8.

31 Grüneberg/*Thorn* Rom II-VO Art. 27 Rn. 3.

32 *Garcimartín Alférez* EurLegForum 2008, I-61 (I-66); Reithmann/Martiny IntVertragsR/*Freitag* Rn. 13.12; PWW/*Brödermann*/*Wegen* Rn. 2.

33 *Garcimartín Alférez* EurLegForum 2008, I-61 (I-65).

der Rspr. auch für die **Missbrauchskontrolle der Rechtswahlklausel** in Verbrauchersachen[34] (→ Art. 6 Rn. 62) sowie beim Personentransport[35] herangezogen. An die Stelle der bisherigen Timesharing-RL 1994 ist die neue Timesharing-RL getreten (RL 2008/122/EG; s. Art. 46b Abs. 4 EGBGB). Nach Art. 12 Abs. 2 Timesharing-RL kommt es für Immobilien auf die Belegenheit, im Übrigen auf die Ausübung bzw. Ausrichtung der Tätigkeit des Unternehmers an. Hinzugekommen ist noch die in Art. 46c EGBGB umgesetzte und ebenfalls von Art. 23 erfasste **Pauschalreise-RL**[36] (→ Art. 46c EGBGB Rn. 1).

2. Kulturgüter-RL. Art. 3 Kulturgüter-RL sieht einen Anspruch auf Rückgabe von unrechtmäßig verbrachten Kulturgütern vor (→ EGBGB Art. 43 Rn. 186). Allerdings hat nicht der Eigentümer einen solchen Anspruch, sondern lediglich der Staat, so dass das Vorliegen eines „vertraglichen Schuldverhältnisses" eher fraglich und eine öffentlich-rechtliche Qualifikation des Anspruchs nahe liegender erscheint. Dies hat zur Folge, dass der Anspruch von vornherein nicht vom Anwendungsbereich der Rom I-VO erfasst wird.[37] Nicht anders ist es nach der neuen RL 2014/60/EU. **20**

3. Arbeitnehmerentsende-RL. Nach der inzwischen reformierten RL 96/71/EG über die Entsendung von Arbeitnehmern im Rahmen der Erbringung von Dienstleistungen[38] (→ Art. 8 Rn. 8, → Art. 8 Rn. 138) sind die Mitgliedstaaten verpflichtet, dafür Sorge zu tragen, dass den in ihr Hoheitsgebiet entsandten Arbeitnehmern der Mindestschutz der in den in der Richtlinie aufgezählten Gebieten arbeitsrechtlichen Vorschriften zuteil wird. Früher wurde zum Teil angenommen, dass die Arbeitnehmerentsende-RL keine explizite kollisionsrechtliche Aussage enthalte.[39] Bei der umgesetzten Richtlinie handele es sich um zwingende Bestimmungen iSd Art. 9 Abs. 1,[40] deren Anwendung von der Kollisionsnorm des Art. 8 unberührt bleiben solle (→ Art. 9 Rn. 107). Der EuGH hat sich jedoch für Art. 3 Abs. 1 (Arbeits- und Beschäftigungsbedingungen) sowie Art. 3 Abs. 1a RL 96/71/EG nF (zusätzliche Arbeits- und Beschäftigungsbedingungen) der Auffassung angeschlossen, dass es sich dabei um spezielle Kollisionsnormen handelt.[41] Damit ist eine direkte Heranziehung nach Art. 23 geboten.[42] Das gilt auch für die Leiharbeit nach Art. 3 Abs. 1 lit. d RL 96/71/EG (§ 2 Abs. 1 Nr. 4 AEntG).[43] **21**

4. Elektronischer Geschäftsverkehr. Die E-Commerce-RL wurde im Anh. I Rom I-VO-E 2005 ebenfalls aufgeführt.[44] Auch der Erwägungsgrund 40 spricht sie an; das nach der Rom I-VO bestimmte jeweilige Sachrecht dürfe nicht die Freiheit des Dienstleistungsverkehrs, wie sie in der E-Commerce-RL zum Ausdruck gekommen sei, beschränken. Nach Art. 3 E-Commerce-RL hat jeder Mitgliedstaat dafür zu sorgen, dass die Dienste der Informationsgesellschaft, die von einem in seinem Hoheitsgebiet niedergelassenen Diensteanbieters erbracht werden, den in diesem Mitgliedstaat geltenden Vorschriften innerstaatlichen Vorschriften entsprechen. Umstritten ist, ob es sich hierbei um eine Kollisionsnorm handelt.[45] Dies ist jedoch – wie inzwischen vom EuGH klargestellt[46] – abzulehnen (näher → EGBGB Art. 3 Rn. 81 ff.; → Anh. III Art. 9 Rn. 19 ff.); die Richtlinie will keine zusätzlichen Regelungen des Internationalen Privatrechts hinsichtlich des anwendbaren Rechts schaffen. Folglich ist sie an sich **nicht unter Art. 23 zu subsumieren,**[47] da dieser Kollisions- **22**

[34] EuGH ECLI:EU:C:2016:612 = NJW 2016, 2727 = RIW 2016, 681 mAnm *Breckheimer* = IPRax 2017, 483 m. Aufsatz *Roth* IPRax 2017, 449 – Verein für Konsumenteninformation/Amazon (ohne Art. 23 zu nennen); dazu auch *Rühl* C. M. L. Rev. 55 (2018) 201 ff.

[35] AG Köln BeckRS 2020, 10816; *Mankowski* NJW 2016, 2705 (2706).

[36] Grüneberg/*Thorn* Rn. 1; Staudinger/*Magnus,* 2021, Rn. 23.

[37] So auch *Leible/Lehmann* RIW 2008, 528 (531); PWW/*Brödermann/Wegen* Rn. 2.

[38] Vgl. *Knöfel* RdA 2006, 269 (274 f.).

[39] BeckOK BGB/*Spickhoff* Rn. 6; dazu auch *Martiny* ZEuP 2015, 838 (851).

[40] Abl. nunmehr Rauscher/*Thorn* Rn. 6c; vgl. Erwägungsgrund Nr. 34.

[41] EuGH ECLI:EU:C:2020:1001 Rn. 179 = EuZW 2021, 547 = BeckRS 2020, 33950 – Ungarn/Parlament und Rat; ECLI:EU:C:2020:1000 Rn. 133 = BeckRS 2020, 33946 – Polen/Parlament und Rat.

[42] Ebenso schon *Deinert* FS Martiny, 2014, 277 (289); *Franzen* EuZArbR 12 (2019), 3 (22 f.); Rauscher/*v. Hein* Art. 8 Rn. 6c; so auch Staudinger/*Magnus,* 2021, Rn. 24; anders Rauscher/*Thorn* Rn. 6.

[43] BAG NZA 2022, 1257 = RIW 2022, 776 Rn. 45.

[44] Diese wird auch als Beispiel für die Parallelvorschrift des Art. 27 Rom II-VO im Erwägungsgrund 35 Rom II-VO genannt.

[45] Verneinend Staudinger/*Magnus,* 2021, Rn. 26; vgl. ausf. *Thünken,* Das kollisionsrechtliche Herkunftslandprinzip, 2003, 68 ff.

[46] EuGH NJW 2012, 137 m. Aufsatz *Brand* NJW 2012, 127 = EuZW 2011, 962 m. Aufsatz *Heinze* EuZW 2011, 947 = JZ 2012, 199 m. Aufsatz *Hess* JZ 2012, 189 – eDate Advertising.

[47] *Heinze* FS Schack, 2022, 440 (442, 446); NK-BGB/*Leible* Rn. 9. – Für die Anwendung *Clausnitzer/Woopen* BB 2008, 1798 (1807).

normen auf einem speziellen Gebiet voraussetzt. Auf der anderen Seite enthält sie insofern eine Aussage, als sie die Freiheit des Waren- und Dienstleistungsverkehrs sichern will.[48]

23 **5. Dienstleistungs-RL.** Auch die Bedeutung der Dienstleistungs-RL (→ Art. 4 Rn. 41) ist zu klären. Nach Art. 3 Abs. 2 Dienstleistungs-RL betrifft sie nicht die Regeln des Internationalen Privatrechts, insbesondere die Regeln des auf vertragliche und außervertragliche Schuldverhältnisse anzuwendenden Rechts, einschließlich der Bestimmungen, die sicherstellen, dass die Verbraucher durch die im Verbraucherrecht ihres Mitgliedstaats niedergelegten Verbraucherschutzregeln geschützt sind. Dem Wortlaut der Vorschrift nach greift die Richtlinie daher nicht in das Internationale Vertragsrecht ein. Dies wird auch von Art. 17 Nr. 15 Dienstleistungs-RL gestützt, wonach Art. 16 auf Bestimmungen betreffend vertragliche und außervertragliche Schuldverhältnisse, einschließlich der Form von Verträgen, die nach den Vorschriften des internationalen Privatrechts festgelegt werden, keine Anwendung findet. Die Dienstleistungs-RL ist daher nicht von Art. 23 betroffen.[49]

Art. 24 Rom I-VO Beziehung zum Übereinkommen von Rom

(1) Diese Verordnung tritt in den Mitgliedstaaten an die Stelle des Übereinkommens von Rom, außer hinsichtlich der Hoheitsgebiete der Mitgliedstaaten, die in den territorialen Anwendungsbereich dieses Übereinkommens fallen und für die aufgrund der Anwendung von Artikel 299 des Vertrags diese Verordnung nicht gilt.

(2) Soweit diese Verordnung die Bestimmungen des Übereinkommens von Rom ersetzt, gelten Bezugnahmen auf dieses Übereinkommen als Bezugnahmen auf diese Verordnung.

Schrifttum: allgemeines Schrifttum zum IVR s. Vor Art. 1; *v. Hein,* Konflikte zwischen völkerrechtlichen Übereinkommen und europäischem Sekundärrecht auf dem Gebiet des Internationalen Privatrechts, FS M. Schröder, 2012, 29.

I. Normzweck

1 Die Rom I-VO hat das zum acquis communautaire gehörende Römische Schuldvertragsübereinkommen von 1980 (→ Vor Art. 1 Rn. 32 ff.) reformiert. Art. 24 regelt dementsprechend die Beziehung der Rom I-VO zum Übereinkommen von Rom. Die Verordnung soll für die an der Reform teilnehmenden Mitgliedstaaten **an die Stelle des Übereinkommens treten** (ähnlich Art. 68 Abs. 1 Brüssel Ia-VO). Insoweit handelt es sich um die Ablösung einer staatsvertraglichen Regelung durch EU-Sekundärrecht (→ EGBGB Art. 3 Rn. 184). Eine Ausnahme gilt jedoch für die Hoheitsgebiete der Mitgliedstaaten, die in den territorialen Anwendungsbereich des EVÜ fallen und für die aufgrund von Art. 355 AEUV die Rom I-VO nicht gilt.[1] – Ferner wird in Abs. 2 angeordnet, dass, soweit die Rom I-VO das EVÜ ersetzt, **Bezugnahmen auf dieses Übereinkommen** als Bezugnahmen auf diese Verordnung gelten (ähnlich Art. 68 Abs. 2 Brüssel Ia-VO). Damit soll Kontinuität bezüglich der Nachfolgeregelung hergestellt werden.

II. Ersatz durch die Verordnung (Abs. 1)

2 **1. Grundsatz.** Die Rom I-VO tritt in den Mitgliedstaaten an die Stelle des Übereinkommens von Rom (Abs. 1). Das gilt auch im Verhältnis zur Schweiz.[2] Die Rom I-VO verdrängt das EVÜ jedoch nicht vollständig.

3 **2. Mitgliedstaaten.** Mitgliedstaaten iSd Art. 24 Abs. 1 sind solche iSd Art. 1 Abs. 4 Rom I-VO. Dies sind alle Mitgliedstaaten, auf die die Rom I-VO anwendbar ist. Dazu gehören alle EU-Staaten mit Ausnahme Dänemarks, da sich dieses gemäß früher Art. 69 EGV iVm Art. 1 und 2 Protokoll über die Position Dänemarks (nunmehr Protokoll Nr. 22 zum Vertrag von Lissabon) nicht an Maßnahmen der justiziellen Zusammenarbeit in Zivilsachen beteiligt.[3] Während seiner EU-Mitgliedschaft hatte das **Vereinigte Königreich** zunächst erklärt, es werde sich nicht an der Annahme der Rom I-VO beteiligen (vgl. Erwägungsgrund Nr. 45).[4] Allerdings hat es später die

48 Vgl. Calliess/Renner/*Weller* Rn. 16.

49 BeckOK BGB/*Spickhoff* Rn. 3; unentschieden Calliess/Renner/*Weller* Rn. 17.

1 Näher *McParland,* The Rome I Regulation on the Law Applicable to Contractual Obligations, 2015, Rn. 2.84 ff.

2 Erman/*Stürner* Rn. 1; unzutr. BGH NJW 2020, 1670 Rn. 6.

3 Vgl. insoweit auch Erwägungsrund 46; s. auch *Lando/Nielsen* C.M.L. Rev. 45 (2008), 1687 (1689).

4 Vgl. iÜ auch *Wagner* EuZW 2006, 424 (425).

Zweckmäßigkeit eines nachträglichen „opt in" geprüft und bejaht.[5] **Irland** hingegen hat sich an der Annahme der Rom I-VO beteiligt.[6] Die Weitergeltung des EVÜ in Dänemark wirkt sich allerdings nur vor seinen Gerichten aus (→ Rn. 6). Es ist anzunehmen, dass die **Sonderbehandlung Dänemarks** nur von diesem Staat selbst in Anspruch genommen werden kann.[7] Überdies wäre es schwierig, den Dänemarkbezug inhaltlich einzugrenzen. Nach aA soll hingegen auch weiterhin eine völkervertragliche Verpflichtung der anderen EVÜ-Vertragsstaaten bestehen, auf Sachverhalte mit Bezug zu Dänemark das EVÜ anzuwenden.[8] Insoweit soll auch nicht der Grundsatz der universellen Anwendung des Art. 2 zum Tragen kommen.

3. Hoheitsgebiete der Mitgliedstaaten. Die Verordnung gilt lediglich im Rahmen ihrer räumlichen Anwendbarkeit. Sie tritt daher nicht an die Stelle des EVÜ für Hoheitsgebiete der Mitgliedstaaten, die in den territorialen Anwendungsbereich dieses Übereinkommens fallen und für die aufgrund von Art. 355 AEUV diese Verordnung nicht gilt.[9] – Für **bestimmte Hoheitsgebiete der Mitgliedstaaten** gilt aufgrund der Anwendung von Art. 355 AEUV die vorliegende Verordnung nicht (Abs. 1). Hierzu zählen zB die französischen überseeischen Departements, Aruba sowie die niederländischen Antillen.[10] Deutsche Gerichte haben hingegen die VO auch gegenüber diesen Gebieten anzuwenden.[11] 4

4. Nichtmitgliedstaaten. Für die Gerichte der Nichtmitgliedstaaten ist die Rom I-VO nicht bindend (s. Art. 29 UAbs. 3 iVm Art. 1 Abs. 4). Diese Gerichte wenden ihr eigenes IPR zur Bestimmung des auf vertragliche Schuldverhältnisse anwendbare Recht an. Da **Irland** von der Möglichkeit eines opt in Gebrauch gemacht hat, wenden irische Gerichte die Rom I-VO an. Nach dem Austritt des **Vereinigten Königreichs** aus der EU **(„Brexit")**, endete die dortige Anwendung der VO mit dem Ende der Übergangsphase zum 31.12.2020[12] (→ EGBGB Art. 3 Rn. 57). Näher zu den Folgen des Brexit → Art. 1 Rn. 90. 5

Dänemark gehört grundsätzlich nicht zu den Mitgliedstaaten der Rom I-VO (Art. 1 Abs. 4). Deutsche Gerichte und die Gerichte anderer Mitgliedstaaten wenden die Rom I-VO aufgrund ihrer Universalität auch in Fällen an, die Beziehungen zu Dänemark aufweisen[13] (→ Rn. 3; → EGBGB Art. 3 Rn. 58). Die dänischen Gerichte wenden auch weiterhin die Regelungen des EVÜ an.[14] 6

III. Bezugnahmen auf das Übereinkommen (Abs. 2)

Soweit die Rom I-VO die Bestimmungen des Übereinkommens von Rom ersetzt, gelten Bezugnahmen auf dieses Übereinkommen als Bezugnahmen auf die vorliegende Verordnung (Abs. 2). Eine ähnliche Bestimmung findet sich in Art. 68 Abs. 2 Brüssel Ia-VO. Die praktische Bedeutung der Vorschrift ist gering. 7

Art. 25 Rom I-VO Verhältnis zu bestehenden internationalen Übereinkommen

(1) Diese Verordnung berührt nicht die Anwendung der internationalen Übereinkommen, denen ein oder mehrere Mitgliedstaaten zum Zeitpunkt der Annahme dieser Verordnung angehören und die Kollisionsnormen für vertragliche Schuldverhältnisse enthalten.

(2) Diese Verordnung hat jedoch in den Beziehungen zwischen den Mitgliedstaaten Vorrang vor den ausschließlich zwischen zwei oder mehreren Mitgliedstaaten geschlossenen Übereinkommen, soweit diese Bereiche betreffen, die in dieser Verordnung geregelt sind.

[5] Vgl. *Garcimartín Alférez* ELF 2008, I-61 f.

[6] Erwägungsgrund 44; vgl. iÜ auch *Garcimartín Alférez* EuLF 2008, I-61 f.

[7] *Leible/Lehmann* RIW 2008, 528 (532); *v. Hein* FS M. Schröder, 2012, 29 (38 ff.); BeckOK BGB/*Spickhoff* Rn. 2; Calliess/Renner/*Calliess/Hoffmann* Rn. 3; Ferrari IntVertragsR/*Staudinger* Art. 5 Rn. 13; Ferrari IntVertragsR/*Staudinger* Art. 6 Rn. 8; Ferrari IntVertragsR/*Staudinger* Art. 8 Rn. 6; jurisPK-BGB/*Ringe* Art. 1 Rn. 49; NK-BGB/*Leible* Rn. 4; Rauscher/*v. Hein* Art. 1 Rn. 72; iErg ebenso aus Praktikabilitätsgründen *Lando/Nielsen* CML Rev. 45 (2008), 1687 (1689 f.).

[8] PWW/*Brödermann/Wegen* Art. 25 Rn. 2.

[9] Calliess/Renner/*Calliess/Hoffmann* Rn. 1; Grüneberg/*Thorn* Rn. 1.

[10] *Garcimartín Alférez* EuLF 2008, I-61 (I-62).

[11] BeckOK BGB/*Spickhoff* Rn. 3; BeckOGK/*Schulze/Fervers*, 1.8.2021, Rn. 8.

[12] Dazu *Mansel/Thorn/Wagner* IPRax 2020, 97 (99 f.); *Terhechte* NJW 2020, 425 (426); zur Zukunft *Rühl* NJW 2020, 443.

[13] *v. Hein* FS M. Schröder, 2012, 29 (38 ff.); BeckOK BGB/*Spickhoff* Rn. 2; Calliess/Renner/*Calliess/Hoffmann* Rn. 2; Ferrari IntVertragsR/*Staudinger* Art. 6 Rn. 8; Staudinger/*Magnus*, 2021, Rn. 6; näher *Martiny* RIW 2009, 737 (739 f.).

[14] *Lando/Nielsen* CML Rev. 45 (2008), 1687 (1689); *Leible/Lehmann* RIW 2008, 528 (532); PWW/*Brödermann/Wegen* Art. 25 Rn. 3.

Schrifttum: allgemeines Schrifttum zum IVR s. Vor Art. 1; *Garcimartín Alférez,* The Rom I-Regulation: Much ado about nothing?, ELF 2008, I-61; *v. Hein,* Konflikte zwischen völkerrechtlichen Übereinkommen und europäischem Sekundärrecht auf dem Gebiet des Internationalen Privatrechts, FS M. Schröder, 2012, 29; *Schilling,* Das Internationale Privatrecht der Transportverträge, 2016; *Wagner,* Normenkonflikte zwischen den EG-Verordnungen Brüssel I, Rom I und Rom II und transportrechtlichen Rechtsinstrumenten, TranspR 2009, 103.

I. Normzweck

1 Die Vorschrift befasst sich mit dem Verhältnis zwischen Rom I-VO und internationalen Übereinkommen, denen ein oder mehrere Mitgliedstaaten zum Zeitpunkt der Annahme der Rom I-VO angehörten und die Kollisionsnormen für vertragliche Schuldverhältnisse enthalten (→ EGBGB Art. 3 Rn. 184). Vorläufer der Norm ist Art. 21 EVÜ. Im nationalen Kollisionsrecht regelt Art. 3 Nr. 2 EGBGB den **Vorrang internationaler Übereinkommen.** Ursprünglich sah Art. 23 Rom I-VO-E 2005 eine etwas andere Regelung vor.[1] Danach sollte den internationalen Übereinkommen, denen die Mitgliedstaaten zum Zeitpunkt des Inkrafttretens der Rom I-VO beigetreten waren und die sie der Kommission nach Inkrafttreten der Verordnung übermitteln sollten, grundsätzlich Vorrang eingeräumt werden (vgl. Abs. 2). Gemäß Abs. 2 S. 2 sollte die Rom I-VO jedoch dann das HKaufÜ 1955 (→ Art. 4 Rn. 29) und das Haager Übereinkommen vom 14.3.1978 über das auf Vertreterverträge und die Stellvertretung anzuwendende Recht verdrängen, wenn alle relevanten Sachverhaltselemente zum Zeitpunkt des Vertragsschlusses in einem oder mehreren Mitgliedstaaten liegen. Auf eine solche Bestimmung verzichtet die Rom I-VO nunmehr, nicht zuletzt aufgrund der Schwierigkeiten, die eine entsprechende Abgrenzung mit sich gebracht hätte.[2] In Art. 23 Abs. 3 Rom I-VO-E 2005 wurde schließlich klargestellt, dass die Rom I-VO den in Anhang II aufgeführten bilateralen internationalen Übereinkommen zwischen den Mitgliedstaaten vorgehen sollte, soweit diese Übereinkommen Bereiche betreffen, die den Anwendungsbereich der Verordnung fallen.

2 Art. 25 Abs. 1 stellt die **Kontinuität** in den Vordergrund. Den Mitgliedstaaten soll, wie Erwägungsgrund 41 betont, die Möglichkeit gegeben werden, ihren bereits vor Annahme der Rom I-VO eingegangenen völkerrechtlichen Verpflichtungen nachzukommen, ohne gleichzeitig gegen europäisches Recht zu verstoßen.[3] Eine Parallelvorschrift findet sich in Art. 28 Abs. 1 Rom II-VO.[4] Die Kommission soll anhand der Angaben der Mitgliedstaaten ein Verzeichnis der betreffenden Übereinkommen im **Amtsblatt der EU** veröffentlichen. Nur dann, wenn ausschließlich Mitgliedstaaten beteiligt sind, stehen die Staatsverträge nach Abs. 2 zurück. Eine Parallelnorm enthält Art. 28 Abs. 2 Rom II-VO.

II. Übereinkommen mit anderen Staaten (Abs. 1)

3 Internationale Übereinkommen, denen die Mitgliedstaaten bei Annahme der Rom I-VO angehören und die Kollisionsnormen für vertragliche Schuldverhältnisse enthalten, bleiben gemäß Abs. 1 von der Rom I-VO unberührt. Dies gilt auch für das Verhältnis zu anderen Mitgliedstaaten und zwar auf Dauer.[5] Erfasst werden bestehende Staatsverträge, welche **speziellere Kollisionsnormen** (conflict-of-law rules; règlent les conflits de lois) auf dem Gebiet des IVR enthalten.[6] Diese Regelung ist vor allem für das HKaufÜ 1955 (→ Art. 4 Rn. 29)[7] und das HStellvertrÜ 1978[8] von Bedeutung.[9] Dies ergibt sich nicht zuletzt aus der Tatsache, dass das HKaufÜ 1955 wie auch das Haager Übereinkommen über das auf Vertreterverträge und die Stellvertretung anzuwendende Recht von 1978 im Rom I-VO E 2005 noch ausdrücklich aufgeführt worden war. Erfasst wird auch die Kollisionsnorm

---

1 Dazu *McParland,* The Rome I Regulation on the Law Applicable to Contractual Obligations, 2015, Rn. 2.90 ff.

2 Vgl. zur Parallelvorschrift Art. 28 Rom II-VO *Garriga* YbPIL 9 (2007), 137 (140).

3 *Garcimartín Alférez* ELF 2008, I-61 (I-65); ähnlich zu Art. 28 Rom II-VO auch *Garriga* YbPIL 9 (2007), 137 (144).

4 Vgl. hierzu *Garriga* YbPIL 9 (2007), 137 ff.

5 Krit. zu dieser Lösung *v. Hein* FS M. Schröder, 2012, 29 ff.

6 *Hartenstein* TranspR 2008, 143 (146 ff.); *Jayme/Nordmeier* IPRax 2008, 503 (507); *Wagner* TranspR 2008, 221 (224).

7 *Dostal* ZVertriebsR 2019, 207. – Vertragsstaaten in der EU: Dänemark, Finnland, Frankreich, Italien und Schweden.

8 Haager Übereinkommen vom 14.3.1978 über das auf Vertreterverträge und die Stellvertretung anzuwendende Recht. Vertragsstaaten in der EU: Frankreich, Niederlande und Portugal, s. Rauscher/*v. Hein* Art. 1 Rn. 48.

9 *Ancel* YbPIL 10 (2008), 221 (229); *Garcimartín Alférez* ELF 2008, I-61 (I-65); *Lando/Nielsen* C.M.L. Rev. 45 (2008), 1687 (1705).

des Art VIII Abschnitt 2 lit. b Bretton Woods-Abk. zum internationalen Devisenrecht[10] (→ Art. 9 Anh. II Rn. 9 ff.).

Aber auch Übereinkommen, welche nur bezüglich ihres Anwendungsbereichs Kollisionsnormen, im Übrigen aber **Einheitsrecht** enthalten, wie das CISG, das Factoring-Übereinkommen sowie die transportrechtlichen Staatsverträge, sind nach einer weiten Auslegung mit „Kollisionsnormen" gemeint.[11] Den Normen, welche den räumlichen Anwendungsbereich sachrechtlich vereinheitlichender Staatsverträge (etwa im Transportrecht) definieren, wird eine kollisionsrechtliche Funktion im Rahmen des IVR zugeschrieben.[12] Für bestehende Staatsverträge gelangt die Gegenauffassung, welche Art. 25 enger nur für eigentlich kollisionsrechtliche Regelungen, welche durch (in der Regel allseitige) Verweisungsregeln zur Anwendung des Rechts eines Staates führen, heranziehen will,[13] letztlich zum gleichen Ergebnis vorrangiger Anwendung.[14] Materielles Einheitsrecht, dessen Anwendung von sog. statutistischen Kollisionsnormen abhängt, soll danach auch ohne besonderen Anwendungsbefehl, also unabhängig von den Vorschriften der Rom I-VO zur Anwendung kommen.[15] Allerdings führt letztere Auffassung dazu, dass es für künftige Staatsverträge weiterhin bei einer nationalstaatlichen Kompetenz bleibt,[16] während die weitere Auffassung die Rechtssetzungskompetenz der EU auch für Einheitsrecht untermauert.[17] 4

Im Unterschied zu den internationalverfahrensrechtlichen Verordnungen, welche für das Verhältnis der Mitgliedstaaten untereinander den Verordnungen Vorrang vor den einschlägigen Haager Konventionen einräumen (für bilaterale Staatsverträge Art. 69 Brüssel Ia-VO; für multilaterale Übereinkommen Art. 61 Brüssel IIa-VO), verzichtet die Rom I-VO hierauf. Daher ist der Ratifikationsstand des jeweiligen Übereinkommens entscheidend (s. das Verzeichnis nach Art. 26). Der Staatsvertrag gilt nicht nur bei Drittstaatsbezug, sondern hat auch für **intereuropäische Fälle** Vorrang (→ EGBGB Art. 3 Rn. 184). Allerdings wird zum Teil eine einschränkende Auslegung für Fälle vorgeschlagen, in denen keine drittstaatlichen Interessen auf dem Spiel stehen.[18] 5

Die Regelung des Art. 25 stellt letztlich einen Kompromiss zwischen der Suche nach internationaler Harmonie und dem Ziel der Rom I-VO, das sog. forum shopping, welches durch die Brüssel Ia-VO ermöglicht und toleriert wird, durch Rechtsvereinheitlichung zu unterbinden. Letzteres gelingt durch die Regelung jedoch nur teilweise.[19] Sofern ein Übereinkommen nicht in allen Mitgliedstaaten gilt, ist eine einheitliche Bestimmung des anwendbaren Rechts nicht gewährleistet. Dies wird deutlich, wenn man sich vor Augen hält, dass das Haager Kaufrechtsübereinkommen von 1955 neben Finnland, Frankreich, Italien und Schweden auch Dänemark, Norwegen und die Schweiz ratifiziert haben, wobei letztere keine Mitgliedstaaten iSd Art. 1 Abs. 4 sind. Wegen der Beteiligung dieser Drittstaaten greift auch nicht der in Abs. 2 enthaltene Vorbehalt.[20] Gerichte der Vertragsstaaten wenden weiterhin die vorrangigen staatsvertraglichen Kollisionsnormen an, während Gerichte der Nichtvertragsstaaten das anwendbare Recht nach der Rom I-VO bestimmen. Nach Inkrafttreten der Verordnung sind EU-Nichtvertragsstaaten daran gehindert, die entsprechenden Übereinkommen zu ratifizieren. Bei unterschiedlichen Anknüpfungen nach Staatsvertrag und Verordnung kann es daher – abhängig von den Umständen des zu entscheidenden Sachverhalts – in Vertragsstaaten und Nichtvertragsstaaten zu **abweichenden Ergebnissen** kommen. Gerichte der Nichtvertragsstaaten können die maßgeblichen Übereinkommen auch nicht „mittelbar" durch Rück- und Weiterverweisung zur Anwendung bringen, wenn die Regeln der Rom I-VO (als lex 6

10 *Mankowski* FS Ebke, 2021, 631 (634).

11 OLG Karlsruhe TranspR 2019, 391 Rn. 84 betr. CMNI; *Garcimartín Alférez* ELF 2008, I-61 (I-65); *Jayme/Nordmeier* IPRax 2008, 503 (507 f.); *Magnus* IPRax 2010, 27 (30 f.); BeckOK BGB/*Spickhoff* Rn. 2; BeckOGK/*Schulze/Fervers,* 1.8.2021, Rn. 8 f.; Erman/*Stürner* Rn. 1; Ferrari IntVertragsR/*Staudinger* Art. 5 Rn. 12; Rauscher/*Thorn* Art. 4 Rn. 13; Rauscher/*Thorn* Art. 25 Rn. 3; unentschieden NK-BGB/*Leible* Rn. 7.

12 OLG Köln IHR 2018, 71 (74) zum CISG; ausf. zum Problem Rauscher/*v. Hein* Rn. 8 ff.; Rauscher/*Thorn* Art. 5 Rn. 10: kollisionsrechtliche Natur.

13 *Wagner* TranspR 2009, 103 (107); *Schilling* EuZW 2011, 776 (778 ff.); *Schilling,* Das Internationale Privatrecht der Transportverträge, 2016, 73 ff.; *Nehne,* Methodik und allgemeine Lehren des europäischen Internationalen Privatrechts, 2012, 160; PWW/*Brödermann/Wegen* Art. 1 Rn. 10; Calliess/Renner/*Calliess/Hoffmann* Rn. 4; Staudinger/*Magnus,* 2021, Rn. 13; wohl auch *Pauknerová* Liber Amicorum Borrás, 2013, 671 (676); anders *Kampf* RIW 2009, 227 (299): Vorrang der Rom I-VO.

14 *v. Hein* FS M. Schröder, 2012, 29 (35 ff.).

15 *Wagner* TranspR 2009, 103 (107) mwN; vgl. *Ancel* YbPIL 10 (2008), 221 (229 f.).

16 *Wagner* TranspR 2009, 103 (107); Staudinger/*Magnus,* 2021, Rn. 13.

17 So Rauscher/*Thorn* Art. 5 Rn. 10.

18 *Sonnenberger* FS Kropholler, 2008, 227 (233 f.).

19 Ähnlich auch schon zur Rom II-VO *Junker* NJW 2007, 3675 (3682).

20 *Leible/Lehmann* RIW 2008, 528 (532).

fori) auf das Recht eines Vertragsstaates verweisen. Nach Art. 20 ist diese Verweisung stets Sachnormverweisung, nicht Gesamtverweisung.

7 Art. 25 Abs. 1 gewährt im Gegensatz zu seinem Vorgänger Art. 21 EVÜ nur den internationalen Übereinkommen Vorrang, denen zum Zeitpunkt der Annahme der Rom I-VO ein oder mehrere Mitgliedstaaten angehörten, **nicht hingegen solchen, die zukünftig geschlossen werden.**[21] Insoweit enthält auch Art. 25 Abs. 1 das grundsätzliche Verbot an die Mitgliedstaaten, mit Drittstaaten oder internationalen Organisationen neue Übereinkommen zu schließen, die die gleiche Materie zum Gegenstand haben wie die Rom I-VO. Mit dem Zeitpunkt der Annahme ist das Datum in der offiziellen Bezeichnung der Rom I-VO gemeint (17.6.2008).[22]

8 Mit dem Tag der Annahme der Rom I-VO (17.6.2008) ist die **Abschlusskompetenz für völkerrechtliche Verträge** in dem von der Verordnung geregelten Bereich auf die EU übergegangen (vgl. Art. 216 Abs. 1 Alt. 4 AEUV iVm Art. 3 Abs. 2 AEUV; → EGBGB Art. 3 Rn. 48).[23] Insofern ist allerdings streitig, ob dies nach weiter Auslegung auch für das Einheitsrecht gilt[24] (→ Rn. 4).

9 Neue **Staatsverträge der Mitgliedstaaten** sind nicht völlig ausgeschlossen (→ EGBGB Art. 3 Rn. 49). Nach Erwägungsgrund 42 wird die Kommission einen Vorschlag unterbreiten, nach welchen Verfahren und unter welchen Bedingungen die Mitgliedstaaten in Einzel- und Ausnahmefällen im eigenen Namen Übereinkünfte mit Drittländern über „sektorspezifische Fragen" aushandeln und abschließen dürfen, die Bestimmungen über das auf vertragliche Schuldverhältnisse anzuwendende Recht enthalten. Für bilaterale Abkommen besteht inzwischen eine Verordnung.[25] Diese regelt die Zulässigkeit und das von den Mitgliedstaaten einzuhaltende Verfahren.[26]

III. Übereinkommen ausschließlich zwischen Mitgliedstaaten (Abs. 2)

10 Die Rom I-VO hat in den Beziehungen zwischen den Mitgliedstaaten der VO Vorrang, soweit nur diese betroffen sind (Abs. 2). Dies beschränkt sich auf ausschließlich zwischen zwei Mitgliedstaaten geschlossene bilaterale Abkommen sowie auf multilaterale Übereinkommen, an denen **keine anderen Staaten beteiligt** sind. Haager Konventionen sind daher davon nicht erfasst. Die Staatsverträge müssen Bereiche betreffen, die in der Verordnung geregelt sind. Der sachliche Anwendungsbereich ist der gleiche wie in Art. 1 (→ Art. 1 Rn. 5 ff.). Vertragsschließende Mitgliedstaaten sind alle Staaten iSd Art. 1 (→ Art. 1 Rn. 89 ff.), wobei hier Dänemark als EU-Mitgliedstaat mitgerechnet wird.[27] „In den Beziehungen zwischen den Mitgliedstaaten" („between"; „entre") ist dahingehend zu verstehen, dass der Sachverhalt eine Beziehung zu den Mitgliedstaaten aufweisen muss. Es genügt aber eine Beurteilung durch ein Gericht eines dieser Staaten.

Art. 26 Rom I-VO Verzeichnis der Übereinkommen

(1) Die Mitgliedstaaten übermitteln der Kommission bis spätestens 17. Juni 2009 die Übereinkommen nach Artikel 25 Absatz 1. Kündigen die Mitgliedstaaten nach diesem Stichtag eines dieser Übereinkommen, so setzen sie die Kommission davon in Kenntnis.

(2) Die Kommission veröffentlicht im *Amtsblatt der Europäischen Union* innerhalb von sechs Monaten nach Erhalt der in Absatz 1 genannten Übermittlung
a) ein Verzeichnis der in Absatz 1 genannten Übereinkommen;
b) die in Absatz 1 genannten Kündigungen.

I. Normzweck

1 Art. 26 dient – ebenso wie die Parallelvorschrift in Art. 29 Rom II-VO – der **Transparenz bezüglich bestehender staatsvertraglicher Verpflichtungen.** Nach Abs. 1 hatten die Mit-

[21] *Leible/Lehmann* RIW 2008, 528 (531); *Schilling,* Das Internationale Privatrecht der Transportverträge, 2016, 44 ff.

[22] *Wagner* TranspR 2009, 103 (106); *v. Hein* FS M. Schröder, 2012, 29 (36).

[23] *Garcimartín Alférez* ELF 2008, I-61 (I-65); *Lando/Nielsen* C.M.L. Rev. 45 (2008), 1687 (1705); *Wagner* TranspR 2009, 103 (108); *Francq* Clunet 136 (2009), 41 (43); *Schilling,* Das Internationale Privatrecht der Transportverträge, 2016, 49 f.

[24] *v. Hein* FS M. Schröder, 2012, 29 (32 ff.); BeckOGK/*Schulz/Fervers* 1.6.2021, Rn. 9.

[25] VO (EG) 662/2009 des Europäischen Parlaments und des Rates vom 13.7.2009 zur Einführung eines Verfahrens für die Aushandlung und den Abschluss von Abkommen zwischen Mitgliedstaaten und Drittstaaten über spezifische Fragen des auf vertragliche und außervertragliche Schuldverhältnisse anzuwendenden Rechts, ABl. EU 2009 L 200, 25.

[26] Dazu *Bischoff* ZEuP 2010, 321 ff.; *v. Hein* FS M. Schröder, 2012, 29 (37 f.).

[27] Ferrari IntVertragsR/*Schulze* Rn. 6; anders Calliess/Renner/*Calliess/Hoffmann* Rn. 6.

gliedstaaten der Kommission die für sie geltenden Übereinkommen zu übermitteln, die nach Art. 25 Abs. 1 grundsätzlich weiter anzuwenden sind. Kündigungen die Mitgliedstaaten, so ist die Kommission gleichfalls in Kenntnis zu setzen. Nach Art. 29 UAbs. 2 gilt diese Vorschrift schon vor dem Inkrafttreten der übrigen Bestimmungen der Verordnung. Abs. 2 sieht die Veröffentlichung eines Verzeichnisses dieser Übereinkommen, aber auch der Kündigungen solcher Staatsverträge vor.

II. Verzeichnis der Übereinkommen

1. Übermittlung bestehender Verpflichtungen und Kündigungen (Abs. 1). Nach Abs. 1 S. 1 hatten die Mitgliedstaaten der Kommission bis spätestens 17.6.2009 die weiter geltenden Übereinkommen nach Art. 25 Abs. 1 zu übermitteln. Nach Abs. 1 S. 2 besteht auch eine Mitteilungspflicht der Mitgliedstaaten für Kündigungen. Dies betrifft etwa einzelne Haager Übereinkommen. Kündigen die Mitgliedstaaten nach diesem Stichtag eines dieser Übereinkommen, so setzen sie die Kommission davon in Kenntnis. Diese Verpflichtung besteht auch für die Zukunft. 2

2. Veröffentlichung (Abs. 2). Die Kommission hatte die Angaben bezüglich der bestehenden staatsvertraglichen Verpflichtungen und der Kündigungen innerhalb von sechs Monaten nach Erhalt der in Abs. 1 S. 1 genannten Übermittlung im Amtsblatt zu veröffentlichen. Zu veröffentlichen war ein Verzeichnis der in Abs. 1 genannten Übereinkommen (Abs. 2 lit. a). Gleiches galt für die in Abs. 1 S. 2 genannten Kündigungen (Abs. 2 lit. b). Eine Veröffentlichung der weiter geltenden bilateralen Abkommen und der multilateralen Übereinkommen ist am 17.12.2010 erfolgt.[1] Allerdings haben die Mitgliedstaaten ganz unterschiedliche Angaben gemacht.[2] Teils wurden neben den eigentlich kollisionsrechtlichen Staatsverträgen auch einheitsrechtliche gemeldet.[3] Insofern hat sich die gleiche Unsicherheit wie bei Art. 25 ausgewirkt.[4] Italien hat (jedenfalls für die veröffentlichte Fassung) überhaupt nichts gemeldet, obwohl es Vertragsstaat des HKaufÜ 1955 (→ Art. 4 Rn. 29) ist. 3

Art. 27 Rom I-VO Überprüfungsklausel

(1) [1]Die Kommission legt dem Europäischen Parlament, dem Rat und dem Europäischen Wirtschafts- und Sozialausschuss bis spätestens 17. Juni 2013 einen Bericht über die Anwendung dieser Verordnung vor. [2]Diesem Bericht werden gegebenenfalls Vorschläge zur Änderung der Verordnung beigefügt. [3]Der Bericht umfasst:

a) eine Untersuchung über das auf Versicherungsverträge anzuwendende Recht und eine Abschätzung der Folgen etwaiger einzuführender Bestimmungen und

b) eine Bewertung der Anwendung von Artikel 6, insbesondere hinsichtlich der Kohärenz des Gemeinschaftsrechts im Bereich des Verbraucherschutzes.

(2) [1]Die Kommission legt dem Europäischen Parlament, dem Rat und dem Europäischen Wirtschafts- und Sozialausschuss bis 17. Juni 2010 einen Bericht über die Frage vor, ob die Übertragung einer Forderung Dritten entgegengehalten werden kann, und über den Rang dieser Forderung gegenüber einem Recht einer anderen Person. [2]Dem Bericht wird gegebenenfalls ein Vorschlag zur Änderung dieser Verordnung sowie eine Folgenabschätzung der einzuführenden Bestimmungen beigefügt.

I. Normzweck

Art. 27 enthält eine Überprüfungsklausel. Eine Parallelvorschrift findet sich in Art. 30 Rom II-VO. In einigen Fällen hat die Rom I-VO Neuland betreten, so dass die Bewertung der jetzigen Lösungen von besonderem Interesse ist. Der **Prüfungsauftrag** ist aber nicht nur eine Bekräftigung eines künftigen Reformwillens und sichtbarer Ausdruck des Interesses an der praktischen Rechtsan- 1

---

[1] Mitteilungen nach Artikel 26 Absatz 1 der Verordnung (EG) Nr. 593/2008 des Europäischen Parlaments und des Rates über das auf vertragliche Schuldverhältnisse anzuwendende Recht (Rom I) – Verzeichnis der Übereinkommen, ABl. EU 2010 C 343, 3; Liste auch bei *McParland,* The Rome I Regulation on the Law Applicable to Contractual Obligations, 2015, 849 f.; BeckOGK/*Schulze/Fervers,* 1.8.2021, Rn. 5.

[2] Näher *v. Hein* FS M. Schröder, 2012, 29 (32 ff.); *Schilling* EuZW 2011, 776 (779).

[3] So etwa Frankreich: HKaufÜ 1955 (→ Art. 4 Rn. 29); HStellvertrÜ 1978; Budapester Übereinkommen vom 22.6.2001 über den Vertrag über die Güterbeförderung in der Binnenschifffahrt (CMNI). Deutschland nannte nur das Budapester Binnenschifffahrt-Übereinkommen vom 22.6.2001, das freilich in Art. 29 CMNI eine eigene Auffangverweisungsnorm enthält.

[4] Vgl. *Schilling* EuZW 2011, 776 ff.

wendung, sondern auch eine Reaktion auf einige besonders umstrittene Verhandlungspunkte und vorläufige Kompromisse. Insoweit ist die endgültige Lösung einiger Rechtsfragen erst einmal aufgeschoben worden. Nach Abs. 1 hatte die Kommission bis spätestens 17.6.2013 einen **Bericht über die Anwendung der Verordnung** vorzulegen. Diesem Bericht sollten ggf. Änderungsvorschläge beigefügt werden. Der Bericht umfasst nach Art. 27 das auf Versicherungsverträge anzuwendende Recht und eine Abschätzung der Folgen etwaiger einzuführender Bestimmungen. Ferner ist die Anwendung von Art. 6 zu bewerten, insbesondere hinsichtlich der Kohärenz des Gemeinschaftsrechts im Bereich des Verbraucherrechts.

2 Abs. 2 verlangt von der Kommission bis 17.6.2010 einen weiteren Bericht über die Frage, ob die **Übertragung einer Forderung Dritten** entgegengehalten werden kann, und über den Rang dieser Forderung gegenüber einem Recht einer anderen Person. Dem Bericht sollte ggf. ein Vorschlag zur Änderung der Verordnung sowie eine Folgenabschätzung beigefügt werden.

II. Überprüfung der Rom I-VO

3 **1. Vorlage von Berichten.** Nach Abs. 1 der **Überprüfungsklausel** legt die Kommission dem Europäischen Parlament, dem Rat und dem Europäischen Wirtschafts- und Sozialausschuss bis spätestens 17.6.2013 einen Bericht über die Anwendung dieser Verordnung vor. Diesem Bericht werden ggf. Vorschläge zur Änderung der Verordnung beigefügt. Der Wortlaut der Vorschrift lässt erkennen, dass bezüglich etwaiger Änderungen besonderes Gewicht auf dem Verbraucher- und Versicherungsrecht liegen soll. Die Aufzählung dürfte aber nicht abschließend gemeint sein. S. 1 bezieht sich auf die VO als Ganzes.[1]

4 **2. Versicherungsrecht.** Der vorzulegende Bericht umfasst eine Untersuchung über das nach Art. 7 auf Versicherungsverträge anzuwendende Recht und eine Abschätzung der Folgen etwaiger einzuführender Bestimmungen (Abs. 1 lit. a). Bei der Aufnahme der jetzigen Regelung in die Rom I-VO hat man sich zwar bemüht, die Mehrstufigkeit des bisherigen Ansatzes der Richtlinien zu reduzieren und das Nebeneinander mehrerer Anknüpfungssysteme abzumildern. Gleichwohl spiegelt die jetzige, erst im Laufe der Beratungen entstandene Lösung im Wesentlichen nur das bisherige Richtlinienrecht wider, ohne dass eine vertiefte Überprüfung der Lösungsmöglichkeiten stattgefunden hätte (→ Art. 7 Rn. 2 ff.).[2] Ein Bericht war bis spätestens 17.6.2013 vorzulegen. Dies ist jedoch nicht eingehalten worden.[3]

5 **3. Verbraucherrecht.** Der Bericht muss ferner eine Bewertung der Anwendung von Art. 6 enthalten, insbesondere hinsichtlich der Kohärenz des Gemeinschaftsrechts im Bereich des Verbraucherschutzes (Abs. 1 lit. b). Art. 6 weist nebst dem dazugehörigen – und nicht integrierten – Richtlinienrecht nach wie vor eine komplizierte Struktur auf (→ Art. 6 Rn. 3 ff.).[4] Die Vereinbarkeit seiner Lösungen wird vor allem im Hinblick auf die sich abzeichnende Vollharmonisierung durch Richtlinien und die weitere Vereinheitlichung des Verbraucherrechts zu prüfen sein. Ein Bericht war bis spätestens 17.6.2013 vorzulegen.

6 **4. Forderungsübertragung.** Der Bericht nach Abs. 2, den die Kommission dem Europäischen Parlament, dem Rat und dem Europäischen Wirtschafts- und Sozialausschuss vorzulegen hat, ist vor allem die Konsequenz der in Art. 14 nicht geregelten Fragen der Forderungsübertragung (→ Art. 14 Rn. 20). Der Bericht sollte auf die offengebliebene Frage einzugehen, ob die Übertragung einer Forderung Dritten entgegengehalten werden kann (Drittwirkung), und auf den Rang dieser Forderung gegenüber einem Recht einer anderen Person. Dem Bericht soll ggf. auch ein Vorschlag zur Änderung der Rom I-VO sowie eine Folgenabschätzung der einzuführenden Bestimmungen beigefügt werden. Ein Bericht war bis spätestens 17.6.2010 vorzulegen. Diese Frist ist aber nicht eingehalten worden (→ Art. 14 Rn. 6).[5] Die Ankündigung von „Änderungen" war ein Argument für die Auffassung, welche die Lösung sog. Prioritätskonflikte bereits jetzt von der VO abgedeckt sieht.[6] Das wird jedoch von der hM bestritten[7] (→ Art. 14 Rn. 19). Inzwischen ist der Bericht vorgelegt worden und es besteht auch ein eigener VO-Entwurf zur Drittwirkung (→ Art. 14 Rn. 51 ff.).

---

1 Ferrari IntVertragsR/*Kieninger* Rn. 2.

2 Bruck/Möller/*Dörner,* VVG, 2013, Rn. 1.

3 Reformvorschläge bei *Miquel Sala,* Internationales Versicherungsvertragsrecht nach der Rom I-VO, 2017, 452 ff.

4 Näher *Clausnitzer/Woopen* BB 2008, 1798 (1802 f.).

5 Dazu näher Ferrari IntVertragsR/*Kieninger* Rn. 3 f.

6 So *Flessner* IPRax 2009, 35 (38).

7 So etwa Ferrari IntVertragsR/*Kieninger* Rn. 4.

Art. 28 Rom I-VO Zeitliche Anwendbarkeit

Diese Verordnung wird auf Verträge angewandt, die ab dem 17. Dezember 2009 geschlossen werden.

I. Normzweck

1 Das Inkrafttreten und die zeitliche Anwendbarkeit der Rom I-VO werden in Art. 28, 29 geregelt. Die VO wird nur auf Verträge angewandt, die ab dem 17.12.2009 geschlossen werden. Das „ab" ersetzt infolge einer Berichtigung das ursprüngliche „nach".[1] Eine Parallelvorschrift findet sich in Art. 31 Rom II-VO. Art. 28 ist Nachfolger des Art. 17 EVÜ, der ebenfalls die Rückwirkung ausschloss. Letztere Bestimmung wurde allerdings nicht in das EGBGB inkorporiert. Vielmehr galt auch für das IVR die allgemeine Regelung des Art. 220 EGBGB, die das alte Kollisionsrecht für „abgeschlossene Vorgänge" für maßgeblich erklärte.

2 Art. 24 UAbs. 3 Anh. I Rom I-VO-E 2005 wollte die neue Rom I-VO auch auf ältere Schuldverhältnisse anwenden. Sie sollte für vor ihrer Anwendbarkeit entstandene vertragliche Schuldverhältnisse gelten, wenn ihre Bestimmungen zur Anwendung des Rechts führten, das nach Maßgabe des EVÜ anwendbar gewesen wäre. Diese komplizierte Vorschaltlösung ist fallen gelassen worden.[2] Der jetzige Art. 28 ist autonom und einheitlich auszulegen.[3]

II. Anwendung der Rom I-VO

3 Art. 28 regelt den intertemporalen Anwendungsbereich der VO und stellt auf den **Zeitpunkt des Vertragsschlusses** ab. Die Rom I-VO wird auf Verträge angewandt, die ab dem 17.12.2009 geschlossen werden. Das gilt auch für Dauerschuldverhältnisse wie Arbeits- oder Mietverträge.[4] Dementsprechend unterliegt etwa ein früher geschlossener Verbrauchervertrag weiterhin Art. 29 EGBGB aF,[5] ein Arbeitsvertrag Art. 30 EGBGB aF (→ Einl. IPR Rn. 85),[6] ein Versicherungsvertrag dem EGVVG.[7] Die Rom I-VO findet ausschließlich auf Arbeitsverhältnisse Anwendung, wenn das Rechtsverhältnis durch einen nach dem 16.12.2009 vereinbarten Vertrag begründet worden ist.[8] Ein späterer Konsens der Vertragsparteien, ihr Arbeitsverhältnis verändert oder unverändert fortzusetzen, führt noch nicht zur Anwendbarkeit der VO.[9] Dies folgt aus dem Wortlaut der Vorschrift sowie den Geboten der Rechtssicherheit und Voraussehbarkeit. Ein vor dem 17.12.2009 begründetes Arbeitsverhältnis fällt allerdings dann in den Anwendungsbereich der VO, wenn es durch gegenseitiges Einvernehmen der Vertragsparteien, das sich ab diesem Zeitpunkt manifestiert hat, in einem solchen Umfang geändert wurde, dass davon auszugehen ist, dass ab diesem Zeitpunkt ein neuer Vertrag geschlossen wurde.[10] Eine kleinere Abänderung kann nicht genügen.[11] Dies zu prüfen, ist nach dem EuGH, der für das „gegenseitige Einvernehmen" insoweit keine Vorgaben gemacht hat, Aufgabe der nationalen Gerichte.[12]

4 Eine **Regelung des Abschlusszeitpunkts** findet sich in der Verordnung nicht. Dies spricht an sich für die Maßgeblichkeit des jeweiligen (nationalen) Sachrechts. Dafür wollte man zum Teil, um eine Rückwirkung des neuen Rechts auszuschließen, das Vertragsstatut noch nach den alten

---

1 Berichtigung in ABl. EU 2009 L 309, 87; dazu näher Rauscher/*Freitag* Art. 29 Rn. 2; *McParland,* The Rome I Regulation on the Law Applicable to Contractual Obligations, 2015, Rn. 2.01.

2 Krit. dazu etwa *Knöfel* RdA 2006, 269 (280).

3 EuGH ECLI:EU:C:2016:774 Rn. 28 = NZA 2016, 1389 = RIW 2016, 811 mAnm *Mankowski* – Nikiforidis.

4 EuGH ECLI:EU:C:2016:774 Rn. 39 = NZA 2016, 1389 = RIW 2016, 811 mAnm *Mankowski* = IPRax 2018, 207 m. Aufs. *W.H. Roth* IPRax 2018, 177 – Nikiforidis; ebenso bereits BAG NZA 2014, 280 Ls.; LAG Nürnberg IPRspr. 2013 Nr. 72; LAG Hamm BeckRS 2014, 68510 = IPRspr. 2014 Nr. 75 Ls.; Ferrari IntVertragsR/*Staudinger* Art. 5 Rn. 17.

5 Ferrari IntVertragsR/*Staudinger* Art. 6 Rn. 12.

6 BAG NZA 2016, 473; NK-BGB/*Leible* Rn. 2; Rauscher/*v. Hein* Art. 8 Rn. 16; dies verkennt *Thume* VersR 2009, 1342 f.

7 BGH NJW 2016, 3369.

8 EuGH ECLI:EU:C:2016:774 Rn. 31 = NZA 2016, 1389 = RIW 2016, 811 mAnm *Mankowski* = IPRax 2018, 207 m. Aufs. *W.H. Roth* IPRax 2018, 177 – Nikiforidis. – Vorlage von BAG RIW 2015, 313 = NZA 2015, 542; vgl. auch *Siehr* RdA 2014, 206 ff.

9 Ebenso bereits *Schlachter* ZVglRWiss 115 (2016), 610 (611 f.).

10 EuGH ECLI:EU:C:2016:774 = NZA 2016, 1389 = RIW 2016, 811 mAnm *Mankowski* – Nikiforidis.

11 *Lehmann/Ungerer* YbPIL 19 (2017/2018) 53 (58 f.).

12 EuGH ECLI:EU:C:2016:774 = NZA 2016, 1389 = RIW 2016, 811 mAnm *Mankowski* – Nikiforidis.

Regeln des EVÜ bestimmen.[13] Die hM strebte dagegen eine möglichst einheitliche Auslegung an und wollte die als solche ja bereits in Kraft getretene Rom I-VO (Art. 10) heranziehen.[14] Der EuGH hält Art. 10 freilich nicht für einschlägig.[15] Dafür, wie eine sachrechtlich einheitliche Bestimmung des Abschlusszeitpunkts, die von einigen schon früher ebenfalls befürwortet wurde,[16] erfolgen soll, gibt es allerdings wenig Anhaltspunkte.[17] Unter dem **Vertragsschluss** ist der Konsens der Parteien zu verstehen.[18] Auf den Zeitpunkt von Genehmigungsvorbehalten oder aufschiebende sowie auflösenden Bedingungen kommt es im Interesse von Rechtsklarheit und Vertrauensschutz nicht an.[19] Entsprechendes gilt für eine fakultative Beurkundung.[20]

III. Älteres intertemporales Recht

5 Für Verträge, die bis zum 16.12.2009 geschlossen worden sind, bleibt es beim bisherigen Recht, in Deutschland bei den Art. 27 ff. EGBGB aF, die deshalb erst mit Wirkung ab 17.12.2009 aufgehoben worden sind.[21] Die Art. 27–36 EGBGB aF kommen daher ebenso wie die Art. 7–15 EGVVG für vor Inkrafttreten der Rom I-VO abgeschlossene Verträge weiterhin zur Anwendung.[22] Soweit sich insbesondere für Verträge aus der Zeit vor dem Inkrafttreten der Art. 27 ff. EGBGB aF am 1.9.1986 intertemporale Probleme ergaben, ist auf die Kommentierung des Art. 220 EGBGB zu verweisen (→ 5. Aufl. 2010, EGBGB Art. 220 Rn. 1 ff.).

Kapitel IV. Schlussbestimmungen

Art. 29 Rom I-VO Inkrafttreten und Anwendbarkeit

Diese Verordnung tritt am zwanzigsten Tag nach ihrer Veröffentlichung im *Amtsblatt der Europäischen Union* in Kraft.
Sie gilt ab 17. Dezember 2009, mit Ausnahme des Artikels 26, der ab dem 17. Juni 2009 gilt.

I. Normzweck

1 Art. 29 regelt Inkrafttreten und Geltung der Rom I-VO. Die Rom I-VO ist am 17.6.2008 in Straßburg unterzeichnet und danach veröffentlicht worden. UAbs. 1 bestimmt den Zeitpunkt des Inkrafttretens der Rom I-VO. UAbs. 2 legt fest, ab wann die Rom I-VO gilt und setzt dafür grundsätzlich den 17.12.2009 fest. Da die Mitgliedstaaten nach Art. 26 die Angaben für das zu erstellende Verzeichnis der Übereinkommen bis zum 17.6.2009 zu liefern hatten, ist diese Vorschrift schon früher in Kraft getreten. Eine Parallelvorschrift enthält Art. 32 S. 1 Rom II-VO. UAbs. 3 befasst sich mit der Verbindlichkeit der Verordnung. Sie gilt gemäß dem Vertrag zur Gründung der Europäischen Gemeinschaft unmittelbar in den Mitgliedstaaten. Eine gleichlautende Vorschrift findet sich in Art. 32 S. 2 Rom II-VO. Die zeitliche Anwendbarkeit der Rom I-VO ist gesondert in Art. 28 geregelt.

II. Inkrafttreten und Anwendbarkeit

2 **1. Inkrafttreten (UAbs. 1).** Nach UAbs. 1 ist die Rom I-VO am zwanzigsten Tag nach ihrer Veröffentlichung (4.7.2008) im Amtsblatt der EU in Kraft getreten, dh am 24.7.2008.

---

[13] *Leible/Lehmann* RIW 2008, 528 (531); Bruck/Möller/*Dörner,* VVG, 2013, Rn. 2; ebenso noch NK/*Leible* Rn. 3. – Für das EVÜ wollte auf die lex fori abstellen *Kaye,* The new private international law of contract of the European Community, 1993, 353; unentschieden Czernich/*Heiss* EVÜ Art. 17 Rn. 5.

[14] Dazu noch *Pfeiffer* EuZW 2008, 622.

[15] EuGH ECLI:EU:C:2016:774 Rn. 30 = NZA 2016, 1389 = RIW 2016, 811 mAnm *Mankowski* IPRax 2018, 207 m. Aufs. *W.H. Roth* IPRax 2018, 177 – Nikiforidis.

[16] BeckOK BGB/*Spickhoff* Art. 27–29 Rn. 2: Zeitpunkt der Annahmeerklärung; Grüneberg/*Thorn* Rn. 2.

[17] Krit. *Lehmann/Ungerer* YbPIL 19 (2017/2018), 53 (58 f.).

[18] Grüneberg/*Thorn* Rn. 2; schon die Abgabe der Annahmeerklärung lässt genügen Ferrari IntVertragsR/*Schulze* Rn. 2.

[19] Ferrari IntVertragsR/*Schulze* Rn. 3; Grüneberg/*Thorn* Rn. 2.

[20] Ferrari IntVertragsR/*Schulze* Rn. 3.

[21] Begr. RegE zum AnpassungsG zu Art. 1 Nr. 4 betr. Art. 27–37 EGBGB aF, BT-Drs. 16/12104.

[22] OLG Frankfurt IPRspr. 2018 Nr. 39; Bruck/Möller/*Dörner,* VVG, 2013, Rn. 1; unrichtig *Thume* VersR 2009, 1342 (1343).

2. Geltung der VO (UAbs. 2). Die Rom I-VO gilt gemäß UAbs. 2 ab 17.12.2009. Erfasst werden Verträge, die ab diesem Zeitpunkt geschlossen werden.[1] Eine Ausnahme bildet Art. 26, der ab dem 17.6.2009 gilt. Nach Art. 26 war ein Verzeichnis der Übereinkommen zu erstellen; die Mitgliedstaaten hatten die entsprechenden Angaben zu liefern. 3

3. Unmittelbare Geltung (UAbs. 3). Nach UAbs. 3 ist die Rom I-VO in **allen ihren Teilen** 4 **verbindlich** und gilt gemäß dem Vertrag zur Gründung der Europäischen Gemeinschaft unmittelbar in den Mitgliedstaaten. Die unmittelbare Geltung der VO entspricht Art. 288 Abs. 2 AEUV. Innerhalb ihres Anwendungsbereichs verdrängt die Rom I-VO das nationale Kollisionsrecht (→ EGBGB Art. 3 Rn. 45). Folglich war eine entsprechende Änderung des deutschen IVR notwendig. Nunmehr weist Art. 3 Nr. 1 EGBGB ausdrücklich auf die Rom I-VO hin. Die bislang geltenden Art. 27–37 EGBGB aF wurden zum 17.12.2009 aufgehoben.[2] Die der Umsetzung von Richtlinien dienende Vorschrift des Art. 29a EGBGB aF wurde durch Art. 46b EGBGB ersetzt (Art. 1 Nr. 8 AnpassungsG). Da auch die Art. 7–15 EGVVG beseitigt wurden (Art. 2 Abs. 4 AnpassungsG), fand die bisher in Art. 12 EGVVG geregelte Pflichtversicherung in Art. 46c EGBGB einen neuen Standort (Art. 1 Nr. 8 AnpassungsG). Die Mitgliedstaaten iSd VO sind in Art. 1 Abs. 4 definiert (→ Art. 1 Rn. 89 ff.).

---

1 EuGH ECLI:EU:C:2023:671 Rn. 63 = EuZW 2023, 1106 mAnm *Wagner* = IPRax 2024, 315 m. Aufs. *Hemler* IPRax 2024, 276 – Diamond Resorts Europe.

2 Art. 1 Nr. 4 Gesetz zur Anpassung der Vorschriften des IPR an die VO (EG) 593/2008 vom 25.6.2009 (BGBl. 2009 I 1574).

Einführungsgesetz zum Bürgerlichen Gesetzbuche

in der Fassung der Bekanntmachung vom 21. September 1994
(BGBl. 1994 I 2494, ber. BGBl. 1997 I 1061),
zuletzt geändert durch Gesetz vom 10. Oktober 2024 (BGBl. 2024 I Nr. 306)

Erster Teil. Allgemeine Vorschriften

Siebter Abschnitt. Besondere Vorschriften zur Durchführung und Umsetzung international privatrechtlicher Regelungen der Europäischen Union

Zweiter Unterabschnitt. Umsetzung international-privatrechtlicher Regelungen im Verbraucherschutz

Art. 46b EGBGB Verbraucherschutz für besondere Gebiete

(1) Unterliegt ein Vertrag auf Grund einer Rechtswahl nicht dem Recht eines Mitgliedstaats der Europäischen Union oder eines anderen Vertragsstaats des Abkommens über den Europäischen Wirtschaftsraum, weist der Vertrag jedoch einen engen Zusammenhang mit dem Gebiet eines dieser Staaten auf, so sind die im Gebiet dieses Staates geltenden Bestimmungen zur Umsetzung der Verbraucherschutzrichtlinien gleichwohl anzuwenden.

(2) Ein enger Zusammenhang ist insbesondere anzunehmen, wenn der Unternehmer
1. **in dem Mitgliedstaat der Europäischen Union oder einem anderen Vertragsstaat des Abkommens über den Europäischen Wirtschaftsraum, in dem der Verbraucher seinen gewöhnlichen Aufenthalt hat, eine berufliche oder gewerbliche Tätigkeit ausübt oder**
2. **eine solche Tätigkeit auf irgendeinem Wege auf diesen Mitgliedstaat der Europäischen Union oder einen anderen Vertragsstaat des Abkommens über den Europäischen Wirtschaftsraum oder auf mehrere Staaten, einschließlich dieses Staates, ausrichtet**

und der Vertrag in den Bereich dieser Tätigkeit fällt.

(3) Verbraucherschutzrichtlinien im Sinne dieser Vorschrift sind in ihrer jeweils geltenden Fassung:
1. **die Richtlinie 93/13/EWG des Rates vom 5. April 1993 über missbräuchliche Klauseln in Verbraucherverträgen (ABl. L 95 vom 21.4.1993, S. 29);**
2. **die Richtlinie 2002/65/EG des Europäischen Parlaments und des Rates vom 23. September 2002 über den Fernabsatz von Finanzdienstleistungen an Verbraucher und zur Änderung der Richtlinie 90/619/EWG des Rates und der Richtlinien 97/7/EG und 98/27/EG (ABl. L 271 vom 9.10.2002, S. 16);**
3. **die Richtlinie 2008/48/EG des Europäischen Parlaments und des Rates vom 23. April 2008 über Verbraucherkreditverträge und zur Aufhebung der Richtlinie 87/102/EWG des Rates (ABl. L 133 vom 22.5.2008, S. 66).**

(4) Unterliegt ein Teilzeitnutzungsvertrag, ein Vertrag über ein langfristiges Urlaubsprodukt, ein Wiederverkaufsvertrag oder ein Tauschvertrag im Sinne von Artikel 2 Absatz 1 Buchstabe a bis d der Richtlinie 2008/122/EG des Europäischen Parlaments und des Rates vom 14. Januar 2009 über den Schutz der Verbraucher im Hinblick auf bestimmte Aspekte von Teilzeitnutzungsverträgen, Verträgen über langfristige Urlaubsprodukte sowie Wiederverkaufs- und Tauschverträgen (ABl. L 33 vom 3.2.2009, S. 10) nicht dem Recht eines Mitgliedstaats der Europäischen Union oder eines anderen Vertragsstaats des Abkommens über den Europäischen Wirtschaftsraum, so darf Verbrauchern der in Umsetzung dieser Richtlinie gewährte Schutz nicht vorenthalten werden, wenn
1. **eine der betroffenen Immobilien im Hoheitsgebiet eines Mitgliedstaats der Europäischen Union oder eines anderen Vertragsstaats des Abkommens über den Europäischen Wirtschaftsraum belegen ist oder**
2. **im Falle eines Vertrags, der sich nicht unmittelbar auf eine Immobilie bezieht, der Unternehmer eine gewerbliche oder berufliche Tätigkeit in einem Mitgliedstaat der Europäischen Union oder einem anderen Vertragsstaat des Abkommens über den Euro-**

päischen Wirtschaftsraum ausübt oder diese Tätigkeit auf irgendeine Weise auf einen solchen Staat ausrichtet und der Vertrag in den Bereich dieser Tätigkeit fällt.

Schrifttum (allgemein): *Leible,* Brauchen wir noch Art. 46b EGBGB?, FS v. Hoffmann, 2011, 230.

Vor der Reform: *Bitterich,* Die Neuregelung des Internationalen Verbrauchervertragsrechts in Art. 29a EGBGB, 2003; *Borges,* Weltweite Geschäfte per Internet und deutscher Verbraucherschutz, ZIP 1999, 565; *Bröcker,* Verbraucherschutz im Europäischen Kollisionsrecht, 1998; *Ehle,* Wege zu einer Kohärenz der Rechtsquellen im Europäischen Kollisionsrecht der Verbraucherverträge, 2002; *Fetsch,* Eingriffsnormen und EG-Vertrag, 2002; *Finke,* Der Fernabsatz von Finanzdienstleistungen an Verbraucher, 2004; *Freitag,* Ergänzung des kollisionsrechtlichen Verbraucherschutzes durch Art. 29a EGBGB, EWS 2000, 342; *Friesen,* Auswirkungen der Richtlinie 2008/122/EG auf das internationale Timesharingrecht in der EU, 2017; *Ganssauge,* Internationale Zuständigkeit und anwendbares Recht bei Verbraucherverträgen im Internet, 2004; *Hoffmann,* Art. 3 Abs. 4 Rom I-VO: das Ende des Quellenpluralismus im europäischen internationalen Vertragsrecht?, EWS 2009, 254; *Jayme,* Klauselrichtlinie und Internationales Privatrecht, FS Trinkner, 1995, 575; *Klauer,* Das Europäische Kollisionsrecht der Verbraucherverträge zwischen Römer EVÜ und EG-Richtlinien, 2002; *Krebber,* Die volle Wirksamkeit von Richtlinien in länderübergreifenden Sachverhalten, ZVglRWiss 97 (1998), 124; *Kretschmar,* Die Richtlinie 93/13 EWG des Rates vom 5.4.1993 über missbräuchliche Klauseln in Verbraucherverträgen und das deutsche AGB-Gesetz, 1998; *Kronke,* Electronic Commerce und Europäisches Verbrauchervertrags-IPR, RIW 1996, 985; *Leible,* Kollisionsrechtlicher Verbraucherschutz im EVÜ und in EG-Richtlinien, in Schulte-Nölke/Schulze, Europäische Rechtsangleichung und nationale Privatrechte, 1999, 353; *Looschelders,* Der Schutz von Verbrauchern und Versicherungsnehmern im Internationalen Privatrecht, FS E. Lorenz, 2004, 441; *Mankowski,* Das Internet im Internationalen Vertrags- und Deliktsrecht, RabelsZ 63 (1999), 206; *Mankowski,* Internationales Privatrecht, in Spindler/Wiebe, Internet-Auktionen und Elektronische Marktplätze, 2. Aufl. 2005, 435; *Martiny,* Neues deutsches internationales Vertragsrecht, RIW 2009, 737; *Mellwig,* Der Begriff des „engen Zusammenhangs" in Art. 29a EGBGB, 2005; *Nemeth,* Kollisionsrechtlicher Verbraucherschutz in Europa – Art. 5 EVÜ und die einschlägigen Verbraucherschutzrichtlinien, 2000; *Nemeth,* Kollisionsrechtlicher Verbraucherschutz in Europa, WBl. 2000, 341; *Paefgen,* Kollisionsrechtlicher Verbraucherschutz im Internationalen Vertragsrecht und europäisches Gemeinschaftsrecht, ZEuP 2003, 266; *Roth,* Angleichung des IPR durch sekundäres Gemeinschaftsrecht, IPRax 1994, 165; *Roth,* Grundfragen im künftigen internationalen Verbrauchervertragsrecht der Gemeinschaft, FS Sonnenberger, 2004, 591; *Rusche,* Der „enge Zusammenhang" im Sinne des Art. 29a EGBGB, IPRax 2001, 420; *Sonnenberger,* Die Umsetzung kollisionsrechtlicher Regelungsgebote in EG-Richtlinien, ZEuP 1996, 383; *Sonnenberger,* Eingriffsrecht – Das trojanische Pferd im IPR oder notwendige Ergänzung?, IPRax 2003, 104; *Staudenmayer,* Aktuelle Probleme im Schnittbereich von Verbraucherschutz und Internationalem Privatrecht, in Lando/Magnus/Novak-Stief, Angleichung des materiellen und des internationalen Privatrechts in der EU, 2003, 57; *Staudinger,* Artikel 6 Abs. 2 der Klauselrichtlinie und § 12 AGBG, 1998; *Staudinger,* Art. 29a EGBGB des Referentenentwurfs zum Fernabsatzgesetz, IPRax 1999, 414; *Staudinger,* Internationales Verbraucherschutzrecht made in Germany – Im Blickpunkt: der neue Art. 29a EGBGB, RIW 2000, 416; *Stoll,* Zur Neuordnung des internationalen Verbrauchervertragsrechts, FS Max-Planck-Institut, 2001, 463; *Thorn,* Verbraucherschutz bei Verträgen im Fernabsatz, IPRax 1999, 1; *Wagner,* Zusammenführung verbraucherschützender Kollisionsnormen auf Grund EG-Richtlinien in einem neuen Art. 29a EGBGB, IPRax 2000, 249; *v. Wilmowsky,* Der internationale Verbrauchervertrag im EG-Binnenmarkt, ZEuP 1995, 735.

Zu Timesharing-Verträgen: *Franzen,* Neue Regeln für das IPR des Timesharing, FS v. Hoffmann, 2011, 115; *Franzen,* Neue Regeln zum Time-Sharing, NZM 2011, 217; *Leible/Leitner,* Das Kollisionsrecht des Timesharing nach der Richtlinie 2008/122/EG 37, IPRax 2013, 37; *Staudinger,* Teilzeit-Wohnrechteverträge im – neuen – kollisionsrechtlichen Gewand von Art. 46b IV EGBGB, NZM 2011, 601.

Übersicht

A. Allgemeines

I. Normzweck

1 Der durch Gesetz vom 25.6.2009 eingeführte Art. 46b ist Nachfolger von Art. 29a.[1] Grundgedanke der Vorschrift war es ursprünglich, die verstreuten kollisionsrechtlichen Bestimmungen in den

[1] Art. 1 Nr. 8 Gesetz zur Anpassung der Vorschriften des IPR an die VO (EG) Nr. 593/2008 vom 25.6.2009 (BGBl. 2009 I 1574); dazu *Martiny* RIW 2009, 737 ff.

verbraucherrechtlichen Richtlinien in einer einzigen Kollisionsnorm zusammen zu führen. Anlässlich der Umsetzung der Timesharing-RL 2008 wurde Art. 46b umgestaltet.[2] Die vier umgesetzten Richtlinien finden sich nunmehr in Abs. 3 (zuvor Abs. 4), Teilzeitnutzungsverträge und verwandte Verträge gesondert in Abs. 4 (zuvor Abs. 3). Art. 46b regelt die Anwendung der nationalen Vorschriften, welche die in ihm genannten europäischen Verbraucherschutzrichtlinien in nationales Recht umgesetzt haben. Dabei setzt er, ebenso wie die Vorgängerbestimmung, auch die kollisionsrechtlichen Richtlinienvorgaben um.[3] Art. 46b ist als Folge des Anpassungsgesetzes zur Rom I-VO am 17.12.2009 in Kraft getreten.[4] Das Verhältnis von Art. 6 Rom I-VO und Art. 46b EGBGB ist nicht in allen Einzelheiten klar. Die Verordnung selbst stellt eine Überprüfung des internationalen Verbraucherrechts in Aussicht (Art. 27 Abs. 1 lit. a Rom I-VO). Der deutsche Gesetzgeber kam seiner Pflicht zur Umsetzung von Art. 6 Abs. 2 Klausel-RL nach. Bei der Umsetzung von Art. 7 Abs. 2 Verbrauchsgüterkauf-RL ist der damalige Art. 29a mit Wirkung zum 1.1.2002 ergänzt worden.[5] Diese Änderung (später zu Art. 46b Abs. 3 Nr. 2 aF geworden) ist allerdings mit Wirkung zum 1.2.2022 gestrichen worden.[6] Ferner ist Art. 12 Abs. 2 Finanzdienstleistungs-Fernabsatz-RL umgesetzt worden.[7] Anschließend ist die Vorschrift an Art. 22 Abs. 4 Verbraucherkredit-RL 2008 angepasst worden.[8] Sodann wurden infolge von Art. 12 Abs. 2 Timesharing-RL[9] Veränderungen vorgenommen. Bei Umsetzung der Verbraucherrechte-RL wurde die Durchsetzung der Fernabsatz-RL gestrichen.[10] Im Rahmen der Umsetzung der neuen Pauschalreise-RL von 2015 ist Art. 46b nicht verändert worden. Doch wurde ein ergänzender Art. 46c eingefügt.[11] Der bisherige Art. 46c ist Art. 46d geworden.[12] Die letzte Änderung des Art. 46b erfolgte mit Gesetz vom 21.12.2021.

2 Die Verbraucherrichtlinien ermöglichen dem Verbraucher mit der Schaffung eines sachrechtlichen Mindeststandards sich im Binnenmarkt zu betätigen.[13] Art. 46b will sichern, dass EWR ein einheitlicher Mindestschutz für Verbraucher auch nach außen gewährleistet wird. Er will verhindern, dass das durch Richtlinien angeglichene europäische Verbraucherrecht durch die **Vereinbarung drittstaatlichen Rechts verdrängt** wird und dient damit der Sicherung kollisionsrechtlichen Verbraucherschutzes über die in Art. 6 Rom I-VO geregelten Fälle hinaus. Dabei ergeben sich Schwierigkeiten daraus, dass Art. 46b kollisionsrechtliche Regelungen unterschiedlicher Herkunft vereint und zum anderen daraus, dass diese Regeln eine Rechtswahlbeschränkung enthalten. Ferner kommt es lediglich auf einen nicht näher definierten engen Zusammenhang (close connection, lien étroit) mit dem Gebiet des Europäischen Wirtschaftsraums an. Das Richtlinienkollisionsrecht beschäftigt sich nur mit dem Verhältnis zum drittstaatlichen Recht; dessen Anwendung wird einseitig ausgeschlossen.[14] Rechtskollisionen im Binnenmarkt werden weiterhin den Regeln der Rom I-VO, namentlich des Art. 6 Rom I-VO, überlassen.[15] Die Richtlinien folgen damit einem anderen Ansatz als der auf dem Günstigkeitsprinzip beruhende Art. 6 Rom I-VO.[16] Der kollisionsrechtliche Verbraucherschutz beschränkt sich nicht auf Verbraucher in einem Mitgliedstaat der EU, sondern erstreckt

---

[2] Gesetz zur Modernisierung der Regelungen über Teilzeit-Wohnrechteverträge, Verträge über langfristige Urlaubsprodukte sowie Vermittlungsverträge und Tauschsystemverträge vom 17.1.2011 (BGBl. 2011 I 34). Fassung mWv 23.2.2011.

[3] Art. 29a aF eingeführt durch Art. 2 Abs. 2 Nr. 1 Gesetz vom 27.6.2000 (BGBl. 2000 I 897; ber. 1139).

[4] Art. 3 Gesetz vom 25.6.2009 (BGBl. 2009 I 1574); dazu *Martiny* RIW 2009, 737 f.

[5] Gesetz vom 26.11.2001 (BGBl. 2001 I 3138).

[6] Art. 2 Nr. 1 Gesetz zur Regelung des Verkaufs von Sachen mit digitalen Elementen und anderer Aspekte des Kaufvertrags vom 25.6.2021 (BGBl. 2021 I 2133); Inkrafttreten nach Art. 229 § 58.

[7] Gesetz zur Änderung der Vorschriften über Fernabsatzverträge bei Finanzdienstleistungen vom 2.12.2004 (BGBl. 2004 I 3102).

[8] Art. 2 Nr. 1 Gesetz zur Umsetzung der Verbraucherkreditrichtlinie, des zivilrechtlichen Teils der Zahlungsdiensterichtlinie sowie zur Neuordnung der Vorschriften über das Widerrufs- und Rückgaberecht hatte die Verbraucherkredit-RL als Nr. 6 in den damaligen Art. 29a Abs. 4 eingefügt; vgl. BT-Drs. 16/11643.

[9] RL 2008/122/EG vom 14.1.2009 (ABl. EU 2008 L 33, 10).

[10] Gesetz zur Umsetzung der Verbraucherrechterichtlinie und zur Änderung des Gesetzes zur Regelung der Wohnungsvermittlung vom 20.9.2013 (BGBl. 2013 I 3642).

[11] Art. 2 Nr. 3 Drittes ÄndG reiserechtlicher Vorschriften vom 17.7.2017 (BGBl. 2017 I 2394).

[12] Art. 2 Nr. 5 Gesetz vom 17.7.2017 (BGBl. 2017 I 2394).

[13] *Roth* FS Sonnenberger, 2004, 591 (600 ff.).

[14] Vgl. *Stoll* FS Max-Planck-Institut, 2001, 463 (465).

[15] Näher *Leible* in Schulte-Nölke/Schulze, Europäische Rechtsangleichung und nationale Privatrechte, 1999, 353 (368 ff.); *Nemeth,* Kollisionsrechtlicher Verbraucherschutz in Europa – Art. 5 EVÜ und die einschlägigen Verbraucherschutzrichtlinien, 2000, 97 ff.

[16] Vgl. dazu *Leible* in Schulte-Nölke/Schulze, Europäische Rechtsangleichung und nationale Privatrechte, 1999, 353 (360 ff.); *Freitag/Leible* EWS 2000, 342 (343); *Nemeth,* Kollisionsrechtlicher Verbraucherschutz in Europa – Art. 5 EVÜ und die einschlägigen Verbraucherschutzrichtlinien, 2000, 78 ff., jeweils mwN.

sich auch auf Verbraucher mit gewöhnlichem Aufenthalt in einem Vertragsstaat des Europäischen Wirtschaftsraums.

Der frühere Art. 29a hatte der ausgedehnten Diskussion der richtigen Umsetzung der Richtlinien einen vorläufigen Schlusspunkt gesetzt (näher → 4. Aufl. 2006, EGBGB Art. 29a Rn. 3). In der endgültigen Fassung setzte sich daher die **Anwendung des Rechts der engsten Verbindung** durch. Art. 29a war nur als Übergangslösung gedacht, da mit einer **Reform des europäischen internationalen Verbraucherrechts** – insbesondere mit einer Harmonisierung des Richtlinienrechts mit Art. 5 EVÜ (Art. 29 EGBGB aF) – gerechnet wurde.[17] Dieses Ziel ist jedoch noch nicht erreicht worden.[18] Einstweilen ist das Richtlinienrecht neben Art. 6 Rom I-VO bestehen geblieben. Allerdings steht die Länge des heutigen Art. 46b Abs. 1-3 EGBGB im umgekehrten Verhältnis zu seiner jetzigen praktischen Bedeutung. Eine erneute Überprüfung des geltenden EU-Rechts ist vorgesehen (Art. 27 Abs. 1 lit. a Rom I-VO). Die Verbraucherrichtlinie von 2011 enthält keine eigene kollisionsrechtliche Regelung mehr. Bislang ist nicht abzusehen, ob die Richtlinien künftig auf eigene kollisionsrechtliche Aussagen verzichten und damit dem Art. 6 Rom I-VO das Feld überlassen werden. Jedenfalls hat die Timesharing-RL von 2009 nicht mehr den „engen Zusammenhang" als Ausgangspunkt gewählt, sondern entspricht – abgesehen vom Kriterium der Belegenheit – dem Wortlaut des Art. 6 Rom I-VO. 3

II. Rechtsangleichung

1. Kollisionsrecht. Die Vorschrift des Art. 46b dient der Umsetzung von drei (ursprünglich fünf) weitgehend ähnlich formulierten Richtlinienbestimmungen sowie der Timesharing-RL. Eine Reihe von verbraucherrechtlichen Richtlinien richtet sich nämlich speziell gegen die Abwahl des Richtlinienstandards durch Rechtswahl. So heißt es in der **Klausel-RL** (RL 93/13/EWG) in Art. 6 Abs. 2 Klausel-RL: „Die Mitgliedstaaten treffen die erforderlichen Maßnahmen, damit der Verbraucher den durch diese Richtlinie gewährten Schutz nicht verliert, wenn das Recht eines Drittlands als das auf den Vertrag anzuwendende Recht gewählt wurde und der Vertrag einen engen Zusammenhang mit dem Gebiet der Mitgliedstaaten aufweist." 4

Die inzwischen aufgehobene **Fernabsatz-RL** (RL 97/7/EG) enthielt eine, auf die Rechtswahl und den engen Zusammenhang abzielende, kollisionsrechtliche Vorgabe. 5

Die **Verbrauchsgüterkauf-RL** enthielt eine Kollisionsnorm. Diese Richtlinie ist später durch die Warenkauf-RL ersetzt worden, in der sich keine Kollisionsnorm mehr findet. Die frühere Umsetzung in Art. 46b Abs. 3 Nr. 2 aF ist mWv 1.2.2012 gestrichen worden. 6

Auch Art. 12 Abs. 2 **Finanzdienstleistungs-Fernabsatz-RL** an Verbraucher enthält eine kollisionsrechtliche Regelung.[19] Sie will den Richtlinienstandard auch international durchsetzen und lautet: „Die Mitgliedstaaten treffen die erforderlichen Maßnahmen um sicherzustellen, dass der Verbraucher den durch diese Richtlinie gewährten Schutz nicht dadurch verliert, dass das Recht eines Drittstaates als das auf den Vertrag anzuwendende Recht gewählt wird, wenn der Vertrag eine enge Verbindung mit dem Hoheitsgebiet eines oder mehrerer Mitgliedstaaten aufweist." Ist das Recht eines Mitgliedstaats berufen, welcher die Richtlinie nicht umgesetzt hat, so kann jeder Mitgliedstaat eigene richtlinienkonforme Bestimmungen anwenden.[20] Dies ergibt sich aus Art. 16 (Übergangsmaßnahmen): „Die Mitgliedstaaten können auf Anbieter, die in einem Mitgliedstaat niedergelassen sind, der diese Richtlinie noch nicht umgesetzt hat und nach dessen Recht keine den Verpflichtungen dieser Richtlinie entsprechenden Verpflichtungen bestehen, nationale Bestimmungen anwenden, die den Bestimmungen dieser Richtlinie entsprechen." 7

Eine kollisionsrechtliche Regelung findet sich auch in Art. 22 Abs. 4 **Verbraucherkredit-RL:** „Die Mitgliedstaaten treffen die erforderlichen Maßnahmen, um sicherzustellen, dass Verbrauchern der durch diese Richtlinie gewährte Schutz nicht dadurch entzogen wird, dass das Recht eines Drittstaats als das auf den Kreditvertrag anzuwendende Recht gewählt wird, wenn dieser Vertrag einen engen Zusammenhang mit dem Gebiet eines oder mehrerer Mitgliedstaaten aufweist." 8

An die Stelle der Timesharing-RL 1994 (vgl. Art. 9 Timesharing-RL) ist die **Timesharing-RL** (RL 2008/EG) von 2009 getreten.[21] In Art. 12 Abs. 2 Timesharing-RL heißt es: „Ist das Recht eines Drittlands anzuwenden, so darf Verbrauchern der Schutz, der durch diese Richtlinie in der 9

---

17 Vgl. Begr. RegE, BT-Drs. 14/2658, 50; *Wagner* IPRax 2000, 249 (252); *Klauer,* Das Europäische Kollisionsrecht der Verbraucherverträge zwischen Römer EVÜ und EG-Richtlinien, 2002, 331 ff.

18 Zu Zweifeln an der weiteren Notwendigkeit der Vorschrift *Leible* FS v. Hoffmann, 2011, 230 ff.

19 Vgl. dazu *Jayme/Kohler* IPRax 2002, 461 (463 f.); *Heiss* IPRax 2003, 100 ff.; *Finke,* Der Fernabsatz von Finanzdienstleistungen an Verbraucher, 2004, Rn. 235 ff.

20 Dazu *Jayme/Kohler* IPRax 2002, 461 (462); Reithmann/Martiny IntVertragsR/*Zwickel* Rn. 5.52.

21 Zur Umsetzung *Leible/Leitner* IPRax 2013, 37 ff.; *Martiny* RIW 2009, 737 (745 f.).

von dem Mitgliedstaat des angerufenen Gerichts umgesetzten Form gewährt wird, nicht vorenthalten werden, wenn
- eine der betroffenen Immobilien im Hoheitsgebiet eines Mitgliedstaats belegen ist oder
- im Falle eines Vertrags, der sich nicht unmittelbar auf eine Immobilie bezieht, der Gewerbetreibende eine gewerbliche oder berufliche Tätigkeit in einem Mitgliedstaat ausübt oder diese Tätigkeit auf irgendeine Weise auf einen Mitgliedstaat ausrichtet und der Vertrag in den Bereich dieser Tätigkeit fällt."

10 Die **Verbraucherrechte-RL** von 2011 hat vier zuvor bestehende EU-Richtlinien vereinfacht und zusammengefasst (Haustürgeschäfte-RL, Klausel-RL, Fernabsatz-RL und Verbrauchsgüterkauf-RL).[22] Eine eigenständige kollisionsrechtliche Regelung ist nicht enthalten. Dies gilt grundsätzlich auch für die **Pauschalreise-RL** von 2015. Insofern besteht allerdings eine kollisionsrechtliche Sonderregelung für Insolvenzschutz und Informationspflichten (→ Art. 46c Rn. 1).

11 Art. 46b steht zwar in einem inhaltlichen Zusammenhang mit Art. 6 Rom I-VO, der ebenfalls Verbraucherverträge betrifft. Wegen der Umsetzung der überwiegend anders strukturierten Richtlinienbestimmungen steht die Vorschrift jedoch in einem gewissen Gegensatz zur Rom I-VO. Art. 46b beschäftigt sich nur mit dem **Verhältnis von EU/EWR nach außen.** Die EU/EWR-Staaten untereinander werden wegen des garantierten verbraucherrechtlichen Mindeststandards als Einheit betrachtet. Das ist nicht selbstverständlich; das Richtlinienrecht hat zwar zu einer gewissen Angleichung in den EU/EWR-Staaten geführt. Insgesamt sind die kollisionsrechtlichen Ansätze jedoch von großer Vielfalt.[23] Die Hoffnung, die Ansätze des Richtlinienkollisionsrechts mit den übrigen Anknüpfungsregeln für Schuldverträge zu verschmelzen, hat sich bislang nicht erfüllt. Die Auslegung des Art. 46b hat nach den Grundsätzen der richtlinienkonformen Auslegung zu erfolgen, aber auch den Zusammenhang mit den europäischen Verordnungen, vor allem der Rom I-VO, zu wahren.[24]

12 Zweck des kollisionsrechtlichen Verbraucherschutzrechts ist der Schutz des Verbrauchers, welcher sich nicht nur in der Anwendung eines ihm nahe stehenden, sondern vor allem eines ihm inhaltlich günstigen Rechts verwirklicht. Dementsprechend heißt es in den Richtlinien, dass dem Verbraucher der Schutz des jeweiligen Richtlinienstandards nicht „entzogen" oder „vorenthalten" werden dürfe. Ist aber das durch Rechtswahl bestimmte drittstaatliche Recht das für den **Verbraucher günstigere,** so fragt sich, ob das Richtlinienrecht hiergegen gleichwohl angeführt werden darf. Weitgehend wird angenommen, dass die kollisionsrechtlichen Richtlinienbestimmungen Spielraum für einen Günstigkeitsvergleich lassen.[25] Dafür sprechen Wortlaut und Zweck. Die Richtlinien verlangen nicht, dass der Verbraucherschutz stets auf das Maß des Richtlinienrechts zurückgestutzt werden muss. Ihnen ist daher im Wege einer teleologischen Auslegung das **Günstigkeitsprinzip zu entnehmen.**[26] Zwar wird eingewandt, vom Standpunkt der Richtlinien aus gehe es nur um die Absicherung des Mindeststandards. Solange diesem Rechnung getragen werde, sei der Richtlinie – auch ohne Günstigkeitsprinzip – bereits Genüge getan.[27] Freilich kann man für die Rechtsanwendungsfrage nicht dabei stehen bleiben, wenn der Richtlinienstandard faktisch eine Verschlechterung des Verbraucherschutzes bedeuten würde. Zu prüfen ist stets, ob bereits das vereinbarte Sachrecht einen gleichwertigen oder weitergehenden Schutz gewährt. Teilweise wird auch angenommen, die Notwendigkeit eines Günstigkeitsvergleichs folge bereits aus dem unionsrechtlichen Verhältnismä-

---

[22] Näher *Grundmann* JZ 2013, 53 ff.; *Schwab/Griesemann* EuZW 2012, 253; *Unger* ZEuP 2012, 270. Geändert durch Art. 4 RL (EU) 2019/2161 vom 27.11.2019, ABl. EU 2019 L 328, 7.

[23] Nachweise zur Umsetzung der Klausel-RL bei *Staudinger,* Artikel 6 Abs. 2 der Klauselrichtlinie und § 12 AGBG, 1998, 25 f.; Wolf/Lindacher/Pfeiffer/*Pfeiffer* Einl. Rn. 47 ff.

[24] Ferrari IntVertragsR/*Staudinger* Rn. 4 f.

[25] *Jayme/Kohler* IPRax 1995, 343 (345 f.); *Thorn* IPRax 1999, 1 (8); *Freitag/Leible* EWS 2000, 342 (347); *Looschelders* FS E. Lorenz, 2004, 441 (448); *Bröcker,* Verbraucherschutz im Europäischen Kollisionsrecht, 1998, 128; *Mäsch,* Rechtswahlfreiheit und Verbraucherschutz, 1993, 13; *Staudinger,* Artikel 6 Abs. 2 der Klauselrichtlinie und § 12 AGBG, 1998, 30 f.; anders *Rauscher* EuZW 1996, 650 (651); *v. Wilmowsky* ZEuP 1995, 735 (760); *Staudenmayer* in Lando/Magnus/Novak-Stief, Angleichung des materiellen und des internationalen Privatrechts in der EU, 2003, 57 (65 ff.).

[26] *Jayme/Kohler* IPRax 1995, 343 (345 f.); *Kretschmar,* Die Richtlinie 93/13 EWG des Rates vom 5.4.1993 über missbräuchliche Klauseln in Verbraucherverträgen und das deutsche AGB-Gesetz, 1998, 191 f., 219; *Staudinger,* Artikel 6 Abs. 2 der Klauselrichtlinie und § 12 AGBG, 1998, 30 f.; *Ehle,* Wege zu einer Kohärenz der Rechtsquellen im Europäischen Kollisionsrecht der Verbraucherverträge, 2002, 197 f.; *Klauer,* Das Europäische Kollisionsrecht der Verbraucherverträge zwischen Römer EVÜ und EG-Richtlinien, 2002, 220 ff.; *Bitterich,* Die Neuregelung des Internationalen Verbrauchervertragsrechts in Art. 29a EGBGB, 2003, 235 ff.; *Ganssauge,* Internationale Zuständigkeit und anwendbares Recht bei Verbraucherverträgen im Internet, 2004, 220 ff.; anders *Paefgen* ZEuP 2003, 278 ff.; BeckOK BGB/*Spickhoff* Rn. 4, 15.

[27] *Staudenmayer* in Lando/Magnus/Novak-Stief, Angleichung des materiellen und des internationalen Privatrechts in der EU, 2003, 57 (65 f.).

ßigkeitsprinzip.[28] Danach dürfe der nach Kompetenzaufteilung zuständige Staat nicht mehr als zum Zweck des Verbraucherschutzes notwendig eingreifen. Eine Reihe von Mitgliedstaaten hat in der Umsetzungsgesetzgebung einen Günstigkeitsvergleich ausdrücklich verankert. So ist die Rechtswahl in Österreich unbeachtlich, wenn „das gewählte Recht für den Verbraucher nachteiliger ist als das Recht, das ohne die Rechtswahl maßgebend wäre".[29] Vielfach bestehen Sondervorschriften bzw. -gesetze zur Umsetzung der einzelnen Richtlinien. Diese sind wiederum im Hinblick auf die Verbraucherrechte-RL von 2011 reformiert worden. Insgesamt ergibt sich in den Mitgliedstaaten ein unterschiedliches Bild.[30]

2. Sachrecht. Der Verbraucherschutz gehört zu den Politiken der Union (Art. 169 AEUV), welche ein umfangreiches Richtlinienrecht geschaffen hat.[31] Die umgesetzten Richtlinien enthalten Sonderregeln für die jeweiligen Verbraucherverträge, insbesondere für die Vertragsanbahnung, aber auch den Vertragsinhalt. Es geht unter anderem um Informationsrechte, das Widerrufsrecht des Verbrauchers (vgl. § 355 BGB) sowie um die Unwirksamkeit bestimmter Vertragsklauseln. In Deutschland handelt es sich um Vorschriften für AGB (§§ 305 ff. BGB),[32] Fernabsatzverträge und Finanzdienstleistungen (§§ 312c, 355 BGB),[33] Teilzeitnutzungsverträge, Verträge über langfristige Urlaubsprodukte, Vermittlungsverträge, Wiederverkaufs- sowie Tauschsystemverträge (§§ 481 ff. BGB),[34] den Verbrauchsgüterkauf (§§ 474 ff. BGB) sowie Pauschalreisevertrag, Reisevermittlung und Vermittlung verbundener Reiseleistungen (§§ 651a ff. BGB). 13

B. Durchsetzung des Verbraucherrechts

I. Einordnung der Norm

1. Verbraucherschützende Vorschrift. Die Funktion des Art. 46b wird von den umgesetzten kollisionsrechtlichen Richtlinienbestimmungen bestimmt. Für eine Sonderanknüpfung spricht, die geschützten Rechtsnormen unbedingt und ohne Rücksicht auf ihren Inhalt anzuwenden. Hingegen stellen Vorbehaltsklauseln auf das jeweilige Ergebnis im Einzelfall ab.[35] Da Abs. 1 die nach den allgemeinen Bestimmungen ermittelte Anknüpfung generell korrigiert, ist die Vorschrift insoweit als **Sonderanknüpfung** anzusehen.[36] Entsprechendes gilt für Abs. 4.[37] Dies schließt freilich einen Günstigkeitsvergleich nicht aus. 14

2. Günstigkeitsvergleich. Das gewählte drittstaatliche Sachrecht kann für den Verbraucher vorteilhafter sein als die Rechtsordnung, welche ohne die Rechtswahl maßgebend wäre. Gestattet man dem Verbraucher, sich auf das für ihn vorteilhaftere Recht zu berufen, so kommt es – ähnlich wie in Art. 6 Rom I-VO (→ Rom I-VO Art. 6 Rn. 67 ff.) – zu einem Günstigkeitsvergleich. Hierfür ist zunächst von Bedeutung, ob man auf die Richtlinien einen solchen Günstigkeitsvergleich stützen kann. Dies ist zwar ihrem Wortlaut nicht eindeutig zu entnehmen, aber zu bejahen (→ Rn. 12). Damit muss auch die deutsche Umsetzung der Richtlinien einen Günstigkeitsvergleich vorsehen bzw. ermöglichen.[38] Da der Wortlaut des Art. 46b einen solchen Vergleich aber nicht vorsieht, 15

---

28 *Fetsch,* Eingriffsnormen und EG-Vertrag, 2002, 260 f., 268.

29 So § 13a Abs. 1 Konsumentenschutzgesetz; näher dazu *Nemeth,* Kollisionsrechtlicher Verbraucherschutz in Europa, 2000, 90 f.; Czernich/Heiss/*Heiss* EVÜ Art. 5 Rn. 73 ff.

30 Länderinformationen zum Dienstleistungs- und Verbraucherrecht der EU- und EWR-Staaten sind im Internet zugänglich im „Portal 21" des BMW sowie des BMJ, https://www.portal21.de/; rechtsvergleichende Übersichten mN bei Wolf/Lindacher/Pfeiffer/*Pfeiffer* Einl. Rn. 47 ff.; Ulmer/Brandner/Hensen/Habersack vor § 305 BGB Rn. 105 ff.; s. auch Reithmann/Martiny IntVertragsR/*Martiny* Rn. 35.7 ff.

31 S. ua *Basedow* in Schnyder/Heiss/Rudisch, Internationales Verbraucherschutzrecht, 1995, 11; *Heiss* ZEuP 1999, 625 ff.; *Staudenmayer* RIW 1999, 733 ff.; *Reich/Micklitz,* Europäisches Verbraucherrecht, 4. Aufl. 2003.

32 Zur Umsetzung der Klausel-RL im Ausland Grabitz/Hilf/Nettesheim/*Pfeiffer* A 5.

33 Zur Umsetzung der Fernabsatz-RL in Luxemburg *Jayme/Kohler* IPRax 2003, 485 (487); vgl. auch Grabitz/Hilf/Nettesheim/*Micklitz* Nach A 3.

34 Vgl. zur Umsetzung der Timesharing-RL Grabitz/Hilf/Nettesheim/*Martinek* A 13.

35 Die Begr. RefE zum früheren Art. 29a aF bezeichnete ihn einerseits als „Sonderanknüpfung", andererseits als „spezielle ordre public-Klausel"; Begr. RefE S. 111 f.; zur Kritik daran *Freitag/Leible* ZIP 1999, 1296 (1298 f.); *Staudinger* IPRax 1999, 414 (418); *Staudinger* RIW 2000, 414 (419).

36 *Fetsch,* Eingriffsnormen und EG-Vertrag, 2002, 262; *Kropholler* IPR § 52 V 6; eine Doppelnatur nimmt an BeckOK BGB/*Spickhoff* Rn. 1, 23.

37 *Staudinger* NZM 2011, 601 (602).

38 *Pfeiffer* in Gounalakis, Rechtshandbuch Electronic Business, 2003, § 12 Rn. 92; *v. Hoffmann/Thorn* IPR § 10 Rn. 73d; anders *Paefgen* ZEuP 2003, 266 (278 ff.).

verstößt die Vorschrift gegen die Vorgaben des europäischen Rechts. Daher ist zu entscheiden, welche Konsequenzen dies hat (→ Rn. 74 ff.).

II. Anwendungsbereich

16 **1. Persönlicher Anwendungsbereich. a) Verbrauchereigenschaft.** Der Wortlaut des Art. 46b setzt – anders als Art. 6 Rom I-VO – nicht voraus, dass der Vertrag von einem Verbraucher geschlossen wurde. Der persönliche Anwendungsbereich der Vorschrift bleibt jedoch nicht offen. Das **Erfordernis der Verbrauchereigenschaft** ergibt sich daraus, dass Art. 46b der Durchsetzung der in Abs. 3 und 4 genannten verbraucherrechtlichen Richtlinien dient, welche ihrerseits die Verbrauchereigenschaft voraussetzen (Art. 2 lit. b Klausel-RL, Art. 2 Timesharing-RL, Art. 2 Nr. 2 Fernabsatz-RL, Art. 3 lit. a Verbraucherkredit-RL). Daher ist anzunehmen, dass schon Abs. 1 eine Verbrauchereigenschaft verlangt.[39] Da es um die Umsetzung und Durchsetzung der einzelnen Richtlinien geht, ist bezüglich des Verbraucherbegriffs auf die jeweilige Richtlinie zurückzugreifen. Zwar trifft es zu, dass der persönliche Anwendungsbereich des Art. 46b vom sachrechtlichen Verbraucherbegriff zu unterscheiden ist. Der kollisionsrechtliche Verbraucherbegriff – und damit der persönliche Anwendungsbereich der Norm – sollte gleichwohl möglichst mit dem Begriff der jeweiligen Richtlinie übereinstimmen.[40]

17 Aus den Richtlinien ergibt sich im Kern, dass Verbraucher eine Person ist, die zu einem **Zweck handelt, welcher nicht ihrer gewerblichen oder beruflichen Tätigkeit zugerechnet werden kann** (vgl. § 13 BGB).[41] Es muss sich um eine **natürliche Person** handeln, juristische Personen werden nicht erfasst. Das wird von den Richtlinien ausdrücklich angeordnet[42] und muss daher auch für Art. 46b gelten.[43]

18 Ob ein Vertrag zur „beruflichen oder gewerblichen Tätigkeit“ der zu schützenden Vertragspartei gehört, richtet sich nach dem **äußeren Erscheinungsbild** des von ihr abgeschlossenen Geschäfts. Dafür kommt es – ebenso wie nach Art. 6 Rom I-VO (→ Rom I-VO Art. 6 Rn. 17) – auf den Empfängerhorizont der anderen Vertragspartei an. Maßgeblich sind die objektiv erkennbaren Umstände des Geschäfts, sofern es nicht ausnahmsweise an einer Schutzbedürftigkeit fehlt.

19 **b) Verwendung der Leistung.** Art. 46b legt nicht fest, dass die empfangene Leistung zum Verbrauch bestimmt sein muss. Dieses Erfordernis ergibt sich jedoch aus der Regelung in den verbraucherrechtlichen Richtlinien. Auch hier sind Verträge für unselbstständige berufliche Zwecke (zB Kauf von Arbeitskleidung) nicht ausgeschlossen.[44]

20 **2. Sachlicher Anwendungsbereich.** Der sachliche Anwendungsbereich der Vorschrift bezieht sich auf „Verträge“; er wird aber nur zum Teil direkt bestimmt. Eine Beschränkung auf bestimmte Verträge ist in Art. 46b nicht vorgesehen. Die Vorschrift gilt daher grundsätzlich für **Verbraucherverträge aller Art.**[45] Beispielsweise werden auch Grundstücksverträge erfasst. Der situative Anwendungsbereich des Art. 6 Rom I-VO findet sich in gleicher Weise als Regelbeispiele in Abs. 2 (→ Rn. 53 ff.).

21 Gleichwohl gilt Art. 46b nicht für alle Verträge schlechthin, sondern nur für **Verbraucherverträge auf bestimmten Gebieten.** Aus dem Zusammenhang mit Abs. 3 ergibt sich nämlich, dass es sich um ein Vertragsverhältnis handeln muss, das in den Anwendungsbereich der drei dort genannten Richtlinien fällt.[46] Es geht dementsprechend um Verbraucherverträge, welche missbräuchliche Klauseln enthalten, um Fernabsatzverträge über Finanzdienstleistungen sowie um Kreditverträge. Das in Frage stehende Vertragsverhältnis muss von wenigstens einer der genannten Richtlinien erfasst werden.[47]

22 Zweifel erweckt, dass Art. 23 Rom I-VO die Anwendung von Richtlinienkollisionsrecht ausschließt und allein auf Art. 7 Rom I-VO verweist (→ Rom I-VO Art. 23 Rn. 14). Dies bezieht sich unstreitig auf **versicherungsrechtliche Anknüpfungsregeln.** Im Übrigen wirft der Wortlaut

---

39 *Freitag/Leible* EWS 2000, 342 (344); *Staudinger* RIW 2000, 414 (419); *Bitterich,* Die Neuregelung des Internationalen Verbrauchervertragsrechts in Art. 29a EGBGB, 2003, 335 f.; Grüneberg/*Thorn* Rn. 3; Staudinger/*Magnus,* 2021, Rn. 35.

40 Vgl. *Freitag/Leible* EWS 2000, 342 (344).

41 *Freitag/Leible* EWS 2000, 342 (344).

42 Vgl. EuGH Slg. 2001, I-9049 = NJW 2002, 205 – Cape.

43 *Freitag/Leible* EWS 2000, 342 (344).

44 Staudinger/*Magnus,* 2021, Rn. 35.

45 Grüneberg/*Thorn* Rn. 3.

46 NK-BGB/*Leible* Rn. 29; ebenso schon *Staudinger* IPRax 2001, 183 (186); *Bitterich,* Die Neuregelung des Internationalen Verbrauchervertragsrechts in Art. 29a EGBGB, 2003, 335 f.

47 *Freitag/Leible* EWS 2000, 342 (344).

aber Zweifel auf. Teilweise wird angenommen, dass auch das allgemeine Verbraucherschutzkollisionsrecht der in Abs. 3 genannten Richtlinien ausgeschlossen ist.[48] Dies ist aber zweifelhaft, da dann dem allgemeinen Schutzanliegen bezüglich des Vertragsschlusses nicht entsprochen werden könnte. Ein überzeugender Grund für eine solche Schlechterstellung von Versicherungsverträgen ist nicht ersichtlich.[49]

Der Schutz des Art. 46b erstreckt sich nur auf das von der jeweiligen Richtlinie **abgedeckte Rechtsgebiet.** Wird etwa die Richtlinienregelung bei der nationalen Umsetzung „überschießend" auf weitere Fälle ausgedehnt, so handelt es sich nicht mehr um Bestimmungen zur Umsetzung der Richtlinie. Art. 46b kommt dann nicht zum Zuge[50] (aber → Rn. 70). 23

Bleibt die nationale Umsetzung inhaltlich hinter der Richtlinie zurück, so kann lediglich das umgesetzte nationale Recht durchgesetzt werden. Der **nicht umgesetzte Rest** bleibt trotz Richtlinienwidrigkeit unberücksichtigt. Art. 46b erlaubt es dem Forumstaat nicht, die Richtlinienregelung selbst – sozusagen stellvertretend – durchzusetzen (→ Rn. 71). 24

Die Vorschrift des Abs. 1 verlangt die **Wahl einer Rechtsordnung außerhalb des EU/EWR-Gebiets** und setzt den Abschluss eines Vertrages voraus (→ Rn. 35).[51] Allerdings erstreckt sich der Schutz des Abs. 1 nicht nur auf den Abschluss des Vertrages selbst.[52] Vielmehr werden sämtliche Stadien vom vorvertraglichen Verhalten über den eigentlichen Vertragsschluss bis hin zur Vertragsdurchführung erfasst.[53] Wegen der weiten Fassung der Vorschrift ist anzunehmen, dass sie sich auch auf die **Vertragsdurchführung** erstreckt. Es soll daher ausreichen, wenn der Vertrag im Binnenmarkt erfüllt wird.[54] 25

3. Räumlicher Anwendungsbereich. Art. 46b Abs. 1 findet dann Anwendung, wenn der Vertrag kraft subjektiver Anknüpfung nicht dem Recht eines EU-Mitgliedstaats oder EWR-Vertragsstaat unterliegt und der Vertrag mit dem Gebiet eines dieser Staaten einen engen Zusammenhang aufweist. Der räumliche Anwendungsbereich setzt daher einen solchen Zusammenhang voraus.[55] Er geht jedoch über Art. 6 Rom I-VO hinaus, da keine enge räumliche Verknüpfung mit dem Aufenthaltsstaat des Verbrauchers verlangt wird (näher → Rn. 36 ff.). 26

Der räumliche Anwendungsbereich des Art. 46b beschränkt sich auf das „Gebiet" (Abs. 1) bzw. das „Hoheitsgebiet" (Abs. 3) der Mitglied- und Vertragsstaaten. **EU-Mitgliedstaaten** sind solche Staaten, welche EU-Mitglieder sind. Das sind zurzeit Belgien, Bulgarien, Dänemark, Deutschland, Estland, Finnland, Frankreich, Griechenland, Irland, Italien, Kroatien, Lettland, Litauen, Luxemburg, Malta, Österreich, Polen, Portugal, Rumänien, Schweden, Slowakei, Slowenien, Spanien, die Niederlande, Tschechische Republik, Ungarn und Zypern. Für sie ist der räumliche Anwendungsbereich des EU-Rechts einschließlich der Richtlinien gemeint. Dieser ergibt sich aus Art. 52 EUV, Art. 349 AEUV. Für Frankreich gehören hierzu die überseeischen Departements, für Spanien die Azoren und die Kanarischen Inseln, für Portugal Madeira (Art. 355 Abs. 1 AEUV). Zu Dänemark gehören nicht die Färöer (Art. 355 Abs. 5 lit. a AEUV). 27

Außer den EU-Mitgliedstaaten gehören zum **EWR** Island, Norwegen und Liechtenstein.[56] Die EWR-Staaten sind verpflichtet, alle EU-Richtlinien, welche in den Anhängen zum EWR-Abkommen aufgeführt sind, in ihr innerstaatliches Recht umzusetzen.[57] 28

Umstritten ist, ob der kollisionsrechtliche Schutz der Richtlinien voraussetzt, dass der **Verbraucher seinen gewöhnlichen Aufenthalt in einem EU/EWR-Staat** hat.[58] Die Richtlinien äußern sich nicht direkt dazu. Allerdings hatte Art. 11 Nr. 3 Finanzdienstleistungs-Fernabsatz-RL-E von 29

---

48 MüKoVVG/*Looschelders* IntVersR Rn. 9; vgl. auch *Heiss* FS Kropholler, 2008, 459 (472).

49 Näher Bruck/Möller/*Dörner* Rn. 5 ff.

50 *Freitag/Leible* EWS 2000, 342 (344); Staudinger/*Magnus,* 2021, Rn. 53; anders HK-BGB/*Staudinger* Rn. 14.

51 *Schlechtriem* FS W. Lorenz, 2001, 565 (567 f.); Staudinger/*Magnus,* 2021, Rn. 31; krit. zum Rechtswahlerfordernis der Richtlinien *Leible* in Schulte-Nölke/Schulze, Europäische Rechtsangleichung und nationale Privatrechte, 1999, 366 f.

52 *v. Hoffmann* ZfRV 1995, 45 (52); *v. Wilmowsky* ZEuP 1995, 735 (759 f.); *Thorn* IPRax 1999, 1 (7 f.).

53 *Sonnenberger* ZEuP 1996, 383 (388); *Mankowski* BB 1999, 1225 (1228); *Staudinger* IPRax 1999, 414 (415); *Rusche* IPRax 2001, 423.

54 Vgl. *Staudinger* IPRax 1999, 414 (415).

55 Staudinger/*Magnus,* 2021, Rn. 36 ff.

56 Abkommen über den Europäischen Wirtschaftsraum vom 2.5.1992 (BGBl. 1992 II 267) idF des Anpassungsprotokolls vom 17.3.1993 (BGBl. 1993 II 1294).

57 Zu Art. 7, 72 EWRAbk sowie Anh. XIX EWRAbk s. *Freitag/Leible* EWS 2000, 342 (343 f.).

58 Bejahend *Kronke* RIW 1996, 985 (993) für die Fernabsatz-RL; *Staudinger,* Artikel 6 Abs. 2 der Klauselrichtlinie und § 12 AGBG, 1998, 39; *Staudinger,* IPRax 1999, 414 (416); *Thorn* IPRax 1999, 1 (8 f.) für die Fernabsatz-RL; *Papathoma-Baetge/Nehrenberg/Finke* in Kaminski/Henßler/Kolaschnik/Papathoma-Baetge, Rechtshandbuch E-Business, 2002, Rn. 96; vgl. auch *Krebber* ZVglRWiss 97 (1998), 124 (146 f.); *Freitag/Leible* EWS 2000, 342 (345).

1999 einen Verbraucherwohnsitz in der Union ausdrücklich vorausgesetzt. In den Erwägungsgründen zu den anderen Richtlinien heißt es ausdrücklich, dass sie den Schutz des in der EU ansässigen Verbrauchers sichern und einen Geschäftsabschluss zu gleichen Bedingungen in den Mitgliedstaaten fördern wollen (Erwägungsgrund Nr. 2 f. Fernabsatz-RL; Erwägungsgründe zur Klausel-RL; Erwägungsgrund Nr. 2 Timesharing-RL). Diese Schutz- und Wettbewerbserwägungen sprechen daher für eine restriktive Auslegung, wonach lediglich in der Union ansässige Personen zu schützen sind.[59] Gerade die Herstellung gleicher Marktbedingungen in den Mitgliedstaaten verlangt allerdings keine Diskriminierung von Verbrauchern aus Nichtmitgliedstaaten. Daher wird zum Teil angenommen, dass ein solches Aufenthaltserfordernis nicht besteht.[60] Andernfalls würde sich zumindest für Verbraucher aus den künftigen Beitrittsländern eine eigenartige Schutzlücke auftun. Ihr Aufenthaltsstaat hat regelmäßig bereits den europäischen Schutzstandard sach- und kollisionsrechtlich eingeführt. Im Bereich von EU/EWR-Staaten – wenn etwa in Island ansässige Verbraucher in Berlin einkaufen – würde er ihnen aber wieder abgesprochen. Zwar ist es richtig, dass das Beitrittsland (noch) kein Mitgliedstaat ist und dass sein Recht daher nicht als mitgliedstaatliches Recht durchgesetzt werden kann. Es ist aber nicht einsichtig, dass der Schutzstandard der Richtlinien ganz auf der Strecke bleiben sollte. Das Problem stellt sich auch auf der Ebene des Art. 46b. Hier würde die restriktive Auffassung dazu führen, dass es stets an dem von dieser Vorschrift geforderten engen Zusammenhang fehlt (→ Rn. 47). Eine großzügigere Auslegung muss wiederum zu einer Unionsrechtswidrigkeit des Erfordernisses des Verbraucheraufenthalts in einem EU/EWR-Staat (Abs. 2 Nr. 2) führen[61] (→ Rn. 62).

30 **4. Zeitlicher Anwendungsbereich.** Eine eigene intertemporale Vorschrift fehlt in Art. 46b. Nach allgemeinen Grundsätzen ist die Neuregelung nicht auf „abgeschlossene Vorgänge" anzuwenden. Dies lässt sich auf eine analoge Anwendung des Art. 220 Abs. 1 stützen.[62] Für Verträge kommt es grundsätzlich auf den Zeitpunkt an, in dem sie wirksam geschlossen wurden (→ 5. Aufl. 2010, Art. 220 Rn. 18). Nach dem 17.12.2009 abgeschlossene Verbraucherverträge unterliegen daher dem Art. 46b. Zur Vermeidung von Diskrepanzen wird teilweise auch dafür plädiert, für die intertemporale Frage Art. 28 Rom I-VO heranzuziehen.[63] – Der die Timesharing-RL umsetzende Abs. 4 findet, ohne dass dies ausdrücklich bestimmt worden wäre, ab dem 23.2.2011 Anwendung.[64]

III. Rechtswahl

31 **1. Wirksame Rechtswahl. a) Rechtswahl.** Die Vorschrift des Art. 46b setzt eine wirksame Rechtswahl voraus.[65] Das Zustandekommen und die Wirksamkeit einer solchen Vereinbarung richten sich nach den Art. 3 ff. Rom I-VO, also den allgemeinen Bestimmungen.[66] Für das Zustandekommen der Rechtswahl gilt grundsätzlich das in Aussicht genommene Recht (Art. 3 Abs. 5 iVm Art. 10 Rom I-VO). Die Formgültigkeit der Rechtswahl in einem Verbrauchervertrag richtet sich nach dem Aufenthaltsland des Verbrauchers (Art. 3 Abs. 5 iVm Art. 6 Abs. 4 Rom I-VO). Eine besondere Form der Rechtswahl ist jedoch regelmäßig nicht vorgeschrieben. Scheitert die Rechtswahl schon an den Anforderungen der allgemeinen Vorschriften, so fehlt es bereits an einer wirksamen Vereinbarung fremden Rechts. Es bedarf daher keiner verbraucherschutzrechtlichen Korrektur mehr. Anderes gilt nur für Teilzeitnutzungsverträge (→ Rn. 85 ff.).

32 **b) Ausdrückliche und stillschweigende Rechtswahl.** Ein Vertrag auf Grund einer Rechtswahl meint in erster Linie eine ausdrückliche Rechtswahl iSd Art. 3 Abs. 1 Rom I-VO. Auch eine stillschweigende Parteivereinbarung kann dazu führen, dass ein Vertrag auf Grund einer Rechtswahl einem anderen Recht untersteht.[67]

---

[59] Dafür auch de lege ferenda *Stoll* FS Max-Planck-Institut, 2001, 463 (474 f.).

[60] *Fetsch,* Eingriffsnormen und EG-Vertrag, 2002, 262, 282; *Klauer,* Das Europäische Kollisionsrecht der Verbraucherverträge zwischen Römer EVÜ und EG-Richtlinien, 2002, 194 ff.; ebenso für die Klausel-RL Grabitz/Hilf/Nettesheim/*Pfeiffer* Klausel-RL Art. 6 Rn. 24.

[61] *Fetsch,* Eingriffsnormen und EG-Vertrag, 2002, 262.

[62] *Staudinger* RIW 2000, 416 (420); BeckOK BGB/*Spickhoff* Rn. 24; Grüneberg/*Thorn* Rn. 1; ebenso BT-Drs. 14/2658, 50.

[63] JurisPK-BGB/*Limbach* Rn. 36; Staudinger/*Magnus,* 2021, Rn. 23.

[64] Näher Ferrari IntVertragsR/*Staudinger* Rn. 48.

[65] *Freitag/Leible* EWS 2000, 342 (346); *Finke,* Der Fernabsatz von Finanzdienstleistungen an Verbraucher, 2004, Rn. 236 für die Finanzdienstleistungs-RL; Staudinger/*Magnus,* 2021, Rn. 33.

[66] Grüneberg/*Thorn* Rn. 8. – Für das Timesharing *Leible/Leitner* IPRax 2013, 37 (40 ff.).

[67] BeckOK BGB/*Spickhoff* Rn. 10; Staudinger/*Magnus,* 2021, Rn. 31.

c) Objektive Anknüpfung. Die objektive Anknüpfung des Vertrages (Art. 4 ff. Rom I-VO) wird von den Richtlinien einer Rechtswahl nicht gleichgestellt.[68] Auch eine analoge Anwendung der Richtlinienbestimmungen ist nicht möglich.[69] Folglich kann das auf diese Weise bestimmte drittstaatliche Recht grundsätzlich nicht mithilfe des Art. 46b Abs. 1 korrigiert werden.[70] Anderes gilt nur für Teilnutzungsverträge gemäß Abs. 4. Hier wird der Richtlinienstandard auch bei objektiver Anknüpfung international durchgesetzt (→ Rn. 85 f.). 33

2. Wahl eines Rechts. a) Recht eines EU/EWR-Staates. Unterliegt ein Vertrag auf Grund einer Rechtswahl dem Recht eines **EU/EWR-Staates,** so findet Art. 46b keine Anwendung.[71] Die im Gebiet dieser Staaten geltenden Bestimmungen zur Umsetzung der Verbraucherschutzrichtlinien bilden bereits das Vertragsstatut und sind als Folge der Rechtswahl anzuwenden. Da die EU-Mitgliedstaaten Richtlinien auf dem Gebiet des Verbraucherschutzes gemäß Art. 169, 288 AEUV umzusetzen haben, muss nicht mit signifikanten Unterschieden des Verbraucherrechts gerechnet zu werden.[72] Die Gleichstellung der EWR-Vertragsstaaten folgt daraus, dass auch diese die Richtlinien umzusetzen haben (→ Rn. 28). Art. 46b ist auch dann unanwendbar, wenn der EU/EWR-Staat die Richtlinien nicht umgesetzt hat. Zu einem Erst-recht-Schluss vom Drittstaat zu diesen Staaten besteht kein Anlass.[73] 34

b) Wahl eines anderen Rechts. Unterliegt ein Vertrag auf Grund einer Rechtswahl einem anderen Recht als dem eines EU-Mitgliedstaats oder eines EWR-Vertragsstaats, so handelt es sich um das **Recht eines Drittstaates.** Grundsätzlich kommt dieses Recht dann auch zur Anwendung. Art. 46b lässt jedoch eine Korrektur zu, wenn der Vertrag einen engen Binnenmarktzusammenhang aufweist. Dann sind die im Gebiet dieses Staats geltenden Bestimmungen zur Umsetzung der Verbraucherschutzrichtlinien gleichwohl anzuwenden. 35

IV. Enger Zusammenhang (Abs. 2)

1. Erfordernis des engen Zusammenhangs. a) Begriff. Zu einer Korrektur des gewählten Rechts kommt es dann, wenn der Vertrag einen „engen Zusammenhang" mit dem Gebiet eines EU- oder EWR-Staats aufweist. Dieser enge Zusammenhang wird von den Richtlinien nicht näher konkretisiert.[74] Seine Auslegung hat den Regeln des Unionsrechts zu entsprechen. Es handelt sich um einen **autonomen, vom jeweiligen nationalen Recht unabhängigen Begriff.**[75] In Bezug auf einzelne Begriffe des Art. 46b kann sich die Auslegung an dem ebenfalls dem Verbraucherschutz dienenden Art. 6 Rom I-VO orientieren.[76] Von einem engen Zusammenhang bzw. den engsten Verbindungen ist auch in Art. 3, 4 Abs. 4 Rom I-VO die Rede. Gemeint ist ein bestimmtes **Näheverhältnis des Vertrages** mit dem Gebiet eines Mitgliedstaats. 36

Allerdings besteht bislang keine Einigkeit, wie der enge Zusammenhang zu konkretisieren ist. Die Richtlinien geben keine Kriterien vor, da sie sich auf eine kollisionsrechtliche Absicherung eines Mindeststandards beschränken. Daher besteht ein weiter Umsetzungsspielraum für die nationalen Gesetzgeber.[77] Auch die nationalen Umsetzungen sind nicht einheitlich, sondern verwenden mehrere Kriterien, insbesondere den gewöhnlichen Aufenthalt des Verbrauchers, aber auch die Markt- 37

---

[68] *Staudenmayer* in Lando/Magnus/Novak-Stief, Angleichung des materiellen und des internationalen Privatrechts in der EU, 2003, 64 f.

[69] *Rusche* IPRax 2001, 420 (424); *Pfeiffer* in Gounalakis, Rechtshandbuch Electronic Business, 2003, § 12 Rn. 89; *Bitterich,* Die Neuregelung des Internationalen Verbrauchervertragsrechts in Art. 29a EGBGB, 2003, 461 f. mwN; anders offenbar zur Erhaltung des Schutzstatuts *Klauer,* Das Europäische Kollisionsrecht der Verbraucherverträge zwischen Römer EVÜ und EG-Richtlinien, 2002, 207 ff., 330 f.

[70] Ferrari IntVertragsR/*Staudinger* Rn. 2; NK-BGB/*Leible* Rn. 52; Grüneberg/*Thorn* Rn. 4; vgl. auch *Sonnenberger* ZEuP 1996, 383 (387); *Nemeth,* Kollisionsrechtlicher Verbraucherschutz in Europa, 2000, 88, 91.

[71] Staudinger/*Magnus,* 2021, Rn. 29, 31; vgl. auch *Nemeth,* Kollisionsrechtlicher Verbraucherschutz in Europa, 2000, 91.

[72] Vgl. Begr. RegE, BT-Drs. 14/2658, 50.

[73] Anders *Nemeth* WBl. 2000, 341 (349 f.).

[74] Näher *Fallon-Francq* Liber Amicorum Siehr, 2000, 155 (161 ff.); *Mellwig,* Der Begriff des „engen Zusammenhangs" in Art. 29a EGBGB, 2005, 91 ff.

[75] *Krebber* ZVglRWiss 97 (1998), 124 (145); *Freitag/Leible* EWS 2000, 342 (345); Staudinger/*Magnus,* 2021, Rn. 40; anders *Kretschmar,* Die Richtlinie 93/13 EWG des Rates vom 5.4.1993 über missbräuchliche Klauseln in Verbraucherverträgen und das deutsche AGB-Gesetz, 1998, 269: Mitgliedstaaten.

[76] Erman/*Stürner* Rn. 13; Staudinger/*Magnus,* 2021, Rn. 40; vgl. auch *Kretschmar,* Die Richtlinie 93/13 EWG des Rates vom 5.4.1993 über missbräuchliche Klauseln in Verbraucherverträgen und das deutsche AGB-Gesetz, 1998, 269.

[77] Näher zur Rechtfertigung *Staudenmayer* in Lando/Magnus/Novak-Stief, Angleichung des materiellen und des internationalen Privatrechts in der EU, 2003, 60 ff.

tivitäten des Unternehmers.[78] Zunächst einmal muss man sich entscheiden, ob sich der enge Zusammenhang autonom nach den Maßstäben der Richtlinie oder nach anderen Kriterien richten soll (→ Rn. 38). Sucht man eine Lösung in den Richtlinien, so kann man daran denken, den engen Zusammenhang an einem einzigen Kriterium festzumachen oder aber man kann nach der Gesamtheit der Umstände fragen (→ Rn. 41). Ferner kann man den engen Zusammenhang insgesamt für Art. 46b zu bestimmen versuchen oder aber mehr oder weniger nach den einzelnen Richtlinien differenzieren (→ Rn. 42).

38 Teilweise wird vertreten, der Schutz vor dem **Verlust des Richtlinienstandards** sei das einzig maßgebliche Kriterium. Folglich habe der enge Zusammenhang keine selbstständige Bedeutung; es komme nur darauf an, ob ohne Rechtswahl kraft **objektiver Anknüpfung nach Art. 4, 6 Rom I-VO** das Recht eines Mitgliedstaates gelten würde.[79] Das Richtlinienkollisionsrecht sichert danach lediglich die objektive Anknüpfung nach anderen Bestimmungen, dh den Vorschriften der Rom I-VO ab. Auf diese Weise würden Wertungswidersprüche zur Rom I-VO vermieden. Dafür spricht einiges in Fällen, in denen der Vertrag bei objektiver Anknüpfung nach Art. 4 bzw. Art. 6 Rom I-VO dem Recht eines EU-Mitgliedstaates bzw. EWR-Vertragsstaates unterläge. Dies deutet auf einen engen Zusammenhang iSd Art. 46b hin.[80] Hier zeigt bereits die Wertung nach den gewöhnlich zur Anwendung kommenden Kriterien des Internationalen Vertragsrechts, dass das Vertragsverhältnis diesem Recht zuzuordnen ist. Bei einer objektiven Anknüpfung würden auch die Verbraucherschutznormen dieser Rechtsordnung zur Anwendung kommen. Durch eine Rechtswahl sollen sie nicht abbedungen werden können.

39 Problematisch ist freilich, ob der enge Zusammenhang dann fehlen soll, wenn die objektive Anknüpfung **nicht zum Recht eines EU/EWR-Staats führt.** Hiergegen spricht die Begrenztheit des bislang gewährten Verbraucherschutzes in Art. 6 Rom I-VO. Der ausgedehnte sachliche Anwendungsbereich der Richtlinien würde konterkariert, wenn ihre kollisionsrechtliche Anwendung lediglich am Maßstab des Art. 6 Abs. 1 Rom I-VO bzw. nur des Art. 4 Rom I-VO gemessen würde. Daher ist anzunehmen, dass sich die eigenständig entwickelten Richtlinien nicht mit einer solchen einfachen Rechtswahlbeschränkung begnügen wollen.[81] So hat auch der EuGH anlässlich der unzureichenden spanischen Umsetzung von Art. 6 Abs. 2 Klausel-RL in Spanien entschieden.[82] Der „enge Zusammenhang" darf zwar durch Vermutungen konkretisiert werden. Seine Funktion ist jedoch, je nach den Umständen des Einzelfalls, die Berücksichtigung verschiedener Anknüpfungspunkte zu ermöglichen. Der nationale Gesetzgeber darf daher nicht durch eine Kombination von im Voraus definierten Anknüpfungskriterien, wie etwa die kumulativen Voraussetzungen des Aufenthalts und des Vertragsabschlusses, eine Einschränkung vornehmen.

40 **b) Einzelne Umstände.** Ein aus den Richtlinien entwickelter Zusammenhang muss inhaltlich bestimmt werden. Will man ihn an **einem oder zwei Kriterien** festmachen, so drängen sich der gewöhnliche Aufenthalt des Verbrauchers oder der Ort der Marktaktivitäten einzeln oder in einer bestimmten Kombination auf. Der **gewöhnliche Aufenthalt** des Verbrauchers sichert dem Verbraucher den ihm vertrauten Schutz.[83] Dies allein genügen zu lassen, würde freilich eine außerordentlich weitgehende Rechtswahlbeschränkung bedeuten und zudem allenfalls dem „passiven" Verbraucher gerecht. Wird der Verbraucher auf anderen Märkten tätig, so kommt vor allem der **Ort der Vertragsanbahnung und des -abschlusses** in Betracht.[84] Schließlich kann man verlangen, dass nur in bestimmten Situationen das Recht des gewöhnlichen Aufenthalts zum Zuge kommt.[85] Der Wortlaut der Richtlinien, welcher ja gerade nicht ein oder zwei Kriterien nennt, spricht freilich für eine

---

[78] Nachweise zur Klausel-RL bei *Rusche* IPRax 2001, 420 (424 f.); *Klauer,* Das Europäische Kollisionsrecht der Verbraucherverträge zwischen Römer EVÜ und EG-Richtlinien, 2002, 267 ff.

[79] So für Verweisung auf Recht eines EWR-Staats jurisPK-BGB/*Limbach* Rn. 21; ebenso generell etwa zum alten Recht *Pfeiffer* in Gounalakis Rechtshandbuch Electronic Business, 2003, § 12 Rn. 90; *Nemeth,* Kollisionsrechtlicher Verbraucherschutz in Europa, 2000, 88 ff.; *Nemeth* WBl. 2000, 341 (346); abl. zu diesem Ansatz Grundmann/Bianca/*Stijns/van Gerven* EU-Kaufrechts-RL Art. 7 Rn. 71 ff.

[80] So zu Art. 29a aF *Freitag/Leible* EWS 2000, 342 (345); ebenso zur Klausel-RL *Jayme/Kohler* Rev. crit. dr. int. pr. 84 (1995), 20 f. (25 f.); *Krebber* ZVglRWiss 97 (1998), 124 (134).

[81] So für Verweisung auf Recht eines EWR-Staats jurisPK-BGB/*Limbach* Rn. 21; ebenso generell Grabitz/Hilf/Nettesheim/*Micklitz* A3 Rn. 201 für die Fernabsatz-RL; *Klauer,* Das Europäische Kollisionsrecht der Verbraucherverträge zwischen Römer EVÜ und EG-Richtlinien, 2002, 179 f.; vgl. auch *Rusche* IPRax 2001, 420 (421 ff.).

[82] EuGH Slg. 2004, I-7999 = RIW 2004, 142 mAnm *Tilmann* GPR 2005 Nr. 2 – Kommission/Spanien.

[83] Vgl. *Rusche* IPRax 2001, 420 (422); *Stoll* FS Max-Planck-Institut, 2001, 463 (467 Fn. 15); *Mellwig,* Der Begriff des „engen Zusammenhangs" in Art. 29a EGBGB, 2005, 142 ff., 223.

[84] *Paefgen* ZEuP 2003, 266 (277 f.).

[85] Vgl. auch *Finke,* Der Fernabsatz von Finanzdienstleistungen an Verbraucher, 2004, Rn. 240 zur Finanzdienstleistungs-RL.

weite Auslegung. Gegen eine Verengung sprechen auch die Erfahrungen mit dem oft als zu eng empfundenen situativen Anwendungsbereich des Art. 29 aF.

Andere wollen eine **Gesamtbewertung** vornehmen. Danach ist eine Gesamtwürdigung aller Umstände des Einzelfalles erforderlich.[86] Als Anhaltspunkte werden genannt die Staatsangehörigkeit des Verbrauchers,[87] sein gewöhnlicher Aufenthalt,[88] der Firmensitz oder die Zweigniederlassung der anderen Partei,[89] der Abschlussort des Vertrages,[90] die Vertragssprache,[91] der Erfüllungsort der beiderseitigen Leistungen[92] sowie die Belegenheit des Vertragsgegenstandes.[93] Eine Aneinanderreihung von Umständen kann freilich nicht genügen. Auch im Allgemeinen irrelevante Kriterien wie die Staatsangehörigkeit sollten nicht wieder eingeführt werden. Notwendig ist eine inhaltliche Bewertung der Umstände. Zwar setzt Art. 46b mehrere Richtlinien in einer einzigen Bestimmung um und liefert für alle Richtlinien ein Regelbeispiel. Gleichwohl ist zu beachten, dass der enge Zusammenhang jeweils für **eine der genannten Richtlinien** zu ermitteln ist. Bei der Bestimmung des Zusammenhanges ist daher auf das Schutzkonzept der jeweiligen Richtlinie Rücksicht zu nehmen.[94] 41

Im Hinblick auf die Vielfalt der Richtlinien wird auch vorgeschlagen, nicht von vornherein eine Einheitslösung für alle Richtlinien zu suchen, sondern nach ihrem Zweck zu unterscheiden (→ Rn. 5 ff.). Hierfür könnte die Bildung von **Fallgruppen** hilfreich sein. Bei der **Klausel-RL** geht es um den Einfluss auf den Vertragsinhalt und seine mögliche Korrektur. Der enge Zusammenhang für die Klausel-RL besteht in erster Linie zum Marktort, an dem der Verbraucher unter den verschiedenen Angeboten ausgewählt hat.[95] Hierfür sind die in Art. 6 Rom I-VO genannten Kriterien geeignet. Weniger aussagefähig dürfte der Erfüllungsort für die Leistung des Unternehmers sein.[96] 42

Die inzwischen aufgehobene **Fernabsatz-RL** beabsichtigt den Ausgleich eines Informationsgefälles beim Vertragsschluss. Der enge Zusammenhang für die Fernabsatz-RL besteht in erster Linie zum Vertragsanbahnungsort.[97] Dies wurde teilweise nur für den „aktiven" Verbraucher angenommen, beim „passiven" Verbraucher wurde dagegen auf das Verbraucherland hingewiesen.[98] 43

Bestellt ein Verbraucher mit inländischem gewöhnlichen Aufenthalt Waren bei einem ausländischen Unternehmen über das **Internet,** obwohl das Unternehmen nicht im Inland geworben hat, so ist fraglich, ob auch dann ein enger Zusammenhang mit dem Aufenthaltsland des Verbrauchers anzunehmen ist. Der Verbraucher hat hier selbst die Initiative ergriffen; er hat sich freilich nicht in das Ausland begeben. Teilweise wird auch in diesen Fällen, jedenfalls bei Lieferung in das EU/EWR-Gebiet, ein enger Zusammenhang zum Verbraucherland bejaht.[99] Eine unbeschränkte, letztlich weltweite Geltung des europäischen Verbraucherrechts ist jedoch nicht angemessen. Daher müssen weitere Anhaltspunkte für einen Zusammenhang mit einem Mitgliedstaat vorhanden sein.[100] Eine Eingrenzung auf bestimmte Internetangebote sollte von inhaltlichen Kriterien ausgehen, da Internetangebote grundsätzlich überall zugänglich sind.[101] Man kann dem Anbieter zumuten, sein Angebot so auszugestalten, dass erkennbar ist, auf welche Märkte es sich bezieht.[102] Ist keine Eingren- 44

---

86 *Wegner* VuR 2000, 227; *Ganssauge,* Internationale Zuständigkeit und anwendbares Recht bei Verbraucherverträgen im Internet, 2004, 223 f.; BeckOK BGB/*Spickhoff* Rn. 11; Grüneberg/*Thorn* Rn. 3; Staudinger/*Magnus,* 2021, Rn. 48.

87 BeckOK BGB/*Spickhoff* Rn. 11; Erman/*Stürner* Rn. 16.

88 Erman/*Stürner* Rn. 16; Grüneberg/*Thorn* Rn. 3.

89 Grüneberg/*Thorn* Rn. 3.

90 Grüneberg/*Thorn* Rn. 3; Staudinger/*Magnus,* 2021, Rn. 48.

91 Grüneberg/*Thorn* Rn. 3; Staudinger/*Magnus,* 2021, Rn. 48.

92 *Rusche* IPRax 2001, 420 (423); Grüneberg/*Thorn* Rn. 3.

93 Erman/*Stürner* Rn. 16; Grüneberg/*Thorn* Rn. 3.

94 *Fetsch,* Eingriffsnormen und EG-Vertrag, 2002, 275 f., 280 f.

95 *v. Wilmowsky* ZEuP 1995, 735 (759 f.); *Krebber* ZVglRWiss 97 (1998), 124 (146); *Fetsch,* Eingriffsnormen und EG-Vertrag, 2002, 282.

96 *Klauer,* Das Europäische Kollisionsrecht der Verbraucherverträge zwischen Römer EVÜ und EG-Richtlinien, 2002, 199 ff. – Dafür aber *Sonnenberger* ZEuP 1996, 393 (394 f.); *Krebber* ZVglRWiss 97 (1998), 124 (146 f.); Grabitz/Hilf/Nettesheim/*Pfeiffer* A 5 Art. 6 Rn. 25 ff.

97 *Fetsch,* Eingriffsnormen und EG-Vertrag, 2002, 274; vgl. auch Grabitz/Hilf/Nettesheim/*Micklitz* A 3 Rn. 202.

98 *Klauer,* Das Europäische Kollisionsrecht der Verbraucherverträge zwischen Römer EVÜ und EG-Richtlinien, 2002, 328 f.

99 *Rusche* IPRax 2001, 420 (422 f.); ebenso *Finke,* Der Fernabsatz von Finanzdienstleistungen an Verbraucher, 2004, Rn. 238 zur Finanzdienstleistungs-RL.

100 *Fetsch,* Eingriffsnormen und EG-Vertrag, 2002, 275.

101 *Mankowski* RabelsZ 63 (1999), 206 (243 ff.); *Fetsch,* Eingriffsnormen und EG-Vertrag, 2002, 275 f.

102 *Mankowski* RabelsZ 63 (1999), 206 (244); *Fetsch,* Eingriffsnormen und EG-Vertrag, 2002, 275.

zung ersichtlich, so ist grundsätzlich von einem weltweiten Angebot auszugehen.[103] Das Gleiche gilt, wenn die Einschränkung nur zum Schein oder so unvollkommen erfolgt, dass in Wirklichkeit doch Verbraucher im Empfangsland angesprochen werden.

45 Über die für eine Einschränkung sprechenden Kriterien besteht allerdings keine Einigkeit (zur Geoblocking-VO → Rom I-VO Art. 6 Rn. 50 ff.). Bezüglich der Bewertung des Angebots könnte man an die **verwendete Sprache** denken.[104] Die Sprach- und die Landesgrenzen decken sich aber vielfach nicht; die Verwendung einer oder mehrerer Sprachen kann vielerlei Gründe haben. Die Sprachkenntnisse der Verbraucher sind zudem unterschiedlich. Die Sprache ist daher als Kriterium ungeeignet.[105] Auch die Verwendung einer bestimmten **Währung** scheint auf ein bestimmtes Rechtsgebiet hinzuweisen.[106] Die Währung ist jedoch in erster Linie eine Zahlungsmodalität und für die Rechtsanwendung wenig aussagekräftig.[107] Manche Währungen weisen zudem nicht auf ein bestimmtes Land hin. Auch eine Preisangabe in Euro braucht nicht unbedingt zu bedeuten, dass sich das Angebot an in der EU ansässige Verbraucher richtet.

46 Als Hinweis kommt daher bei auf Internetbestellungen beruhenden Lieferverträgen der **Ort der tatsächlichen Vertragserfüllung** in Betracht. Dies gilt vor allem für Verträge über Waren.[108] Hier wird der Verbraucher mit der real erbrachten Leistung konfrontiert. An diesem, auch für den Unternehmer erkennbaren Ort will der Verbraucher häufig auch sein Widerrufsrecht ausüben. Auch für **Verträge über Dienstleistungen und unkörperliche Produkte** (zB die Übertragung von Daten) kommt eine örtliche Verknüpfung in Betracht. Insofern ist mangels Lieferort der gewöhnliche Aufenthaltsort des Verbrauchers maßgeblich.[109]

47 Teilweise wird ein enger Zusammenhang iSd Abs. 1 dann verneint, wenn der Verbraucher **keinen gewöhnlichen Aufenthalt in einem EU/EWR-Staat** besitzt.[110] Für einen Ausschluss dieser Verbraucher vom unionsrechtlich gebotenen Verbraucherschutz besteht jedoch kein Anlass, zumal die Vorschrift keine Anknüpfung an das Verbraucherland vorsieht (→ Rn. 29).

48 **2. Zusammenhang mit dem Gebiet eines EU/EWR-Staates. a) EU/EWR-Staat.** Es geht um den Zusammenhang mit dem Gebiet eines EU-Mitgliedstaats oder eines anderen EWR-Vertragsstaats, den sog. Binnenmarktbezug. Folglich muss ein Zusammenhang mit dem Gebiet eines dieser Staaten vorliegen (→ Rn. 36 ff.). Darin liegt zugleich eine Beschränkung des räumlichen Anwendungsbereichs der Norm (→ Rn. 26 ff.).

49 **b) Mehrere Staaten.** Abs. 1 setzt einen engen Zusammenhang mit dem Gebiet „eines" der dort genannten Staaten voraus. Die Richtlinien verlangen hingegen lediglich einen solchen Zusammenhang „mit dem Gebiet der Mitgliedstaaten"[111] (Art. 6 Abs. 2 Klausel-RL; Art. 7 Abs. 2 Verbrauchsgüterkauf-RL) bzw. mit dem „Gebiet eines oder mehrerer Staaten" (Art. 12 Abs. 2 Fernabsatz-RL). Abs. 1 ist daher richtlinienkonform dahingehend auszulegen, dass ein Zusammenhang mit dem **Gebiet eines oder mehrerer dieser Staaten** ausreicht.[112]

50 Weist der Vertrag einen engen Zusammenhang zu **mehreren Staaten** auf, so ist für die Rechtsfolgenanordnung zu bestimmen, auf welche Beziehung es ankommen soll. Insoweit ist – dem Zweck der Vorschrift entsprechend – zu ermitteln, welcher Zusammenhang der engere ist.[113] Die Kriterien für den engeren Zusammenhang sind grundsätzlich dieselben wie für den Zusammenhang selbst (→ Rn. 37). Entscheidend ist die Intensität und die Häufung der Bezüge.

51 Für ein Verbrauchergeschäft eines inländischen Urlaubers im Rahmen einer **Freizeitveranstaltung in einem anderen EU/EWR-Staat** besteht ein Zusammenhang sowohl mit dem Abschlussland als auch dem Verbraucherland. Wird hier ein drittstaatliches Recht vereinbart, so kommt es darauf an, welche Beziehung die engere ist. Das wird regelmäßig der Bezug zum **Vertragsanbah-**

---

103 *Fetsch,* Eingriffsnormen und EG-Vertrag, 2002, 275 f.

104 S. *Rüßmann* K&K 1998, 134; *Borges* ZIP 1999, 565 (570).

105 *Mankowski* RabelsZ 63 (1999), 206 (247 f.); *Fetsch,* Eingriffsnormen und EG-Vertrag, 2002, 275.

106 *Borges* ZIP 1999, 565 (570).

107 *Mankowski* RabelsZ 63 (1999), 206 (247 f.); *Fetsch,* Eingriffsnormen und EG-Vertrag, 2002, 276.

108 *Mankowski* RabelsZ 63 (1999), 206 (244 f.); *Fetsch,* Eingriffsnormen und EG-Vertrag, 2002, 276 f.

109 *Fetsch,* Eingriffsnormen und EG-Vertrag, 2002, 277.

110 *Kronke* RIW 1996, 985 (993) für die Fernabsatz-RL; *Staudinger,* Artikel 6 Abs. 2 der Klauselrichtlinie und § 12 AGBG, 1998, 53 ff.; *Staudinger* IPRax 1999, 414 (416); *Thorn* IPRax 1999, 8 f. für die Fernabsatz-RL; *Stoll* FS Max-Planck-Institut, 2001, 463) 474 f.; NK-BGB/*Leible* Rn. 37. Offengelassen von *Staudinger* RIW 2000, 416 (418); anders Staudinger/*Magnus,* 2021, Rn. 50; für Art. 6 Abs. 2 Klausel-RL Grabitz/Hilf/Nettesheim/*Pfeiffer* A 5 Art. 6 Rn. 24.

111 Vgl. *Staudinger,* Artikel 6 Abs. 2 der Klauselrichtlinie und § 12 AGBG, 1998, 32 f.

112 *Staudinger* RIW 2000, 416; *v. Hoffmann/Thorn* IPR § 10 Rn. 73c; Erman/*Hohloch* Rn. 17.

113 Ebenso Begr. RegE, BT-Drs. 14/2658, 50; NK-BGB/*Leible* Rn. 38; Grüneberg/*Thorn* Rn. 5; Staudinger/*Magnus,* 2021, Rn. 38, 52.

nungs- bzw. **Abschlussort** sein; folglich ist das Richtlinienrecht in der dort umgesetzten Fassung anzuwenden.[114] Nur dann, wenn außer der ausländischen Vertragsanbahnung alle anderen Gesichtspunkte, insbesondere die gesamte Vertragsabwicklung ins Inland weisen, kommt das inländische Verbraucherrecht zum Zuge.[115]

c) Andere Staaten. Besteht gleichzeitig ein enger Zusammenhang mit einem **EU/EWR-Staat und mit einem Drittstaat,** so kommt es allein auf ersteren an.[116] Verlangt wird nämlich lediglich ein enger Zusammenhang mit einem EU/EWR-Staat; insofern setzt sich der Schutz durch. Das gilt auch dann, wenn der Vertrag am engsten mit dem Staat außerhalb des EWR verbunden ist.[117] Eine nähere Prüfung des Inhalts des Rechts ist auch hier nicht vorgesehen. Weist der Vertrag nur einen engen Zusammenhang mit einem anderen Staat auf, der **nicht EU-Mitgliedstaat oder EWR-Vertragsstaat** ist, so ist Art. 46b nicht anzuwenden. 52

3. Ausüben oder Ausrichten einer beruflichen oder gewerblichen Tätigkeit. a) Regelbeispiele des Abs. 2. Der deutsche Gesetzgeber hat den engen Zusammenhang in Art. 46b Abs. 2 Nr. 1 und Nr. 2 EGBGB mit zwei Beispielen konkretisiert und hat sich dabei am situativen Anwendungsbereich des Art. 6 Rom I-VO orientiert. In Abkehr von der Formulierung des früheren Art. 29a Abs. 2 EGBGB wurden die Beispiele bewusst den zwei Fallgruppen des Art. 6 Abs. 1 Rom I-VO nachgebildet. Sie stehen in einem Verhältnis der Alternativität.[118] Die Nr. 1 und 2 enthalten keine abschließende Aufzählung, sondern lediglich Regelbeispiele.[119] Ein enger Zusammenhang kann daher auch dann bestehen, wenn die Voraussetzungen des Abs. 2, der nur bestimmte Vertriebsformen erfasst, nicht erfüllt sind.[120] Lediglich die Timesharing-RL verzichtet auf den Oberbegriff des engen Zusammenhangs und verwendet – außer der Belegenheit – nur die Kriterien des Art. 6 Rom I-VO. Art. 46b schützt auch den „aktiven" Verbraucher, der von sich aus auf einem ausländischen Markt innerhalb der Union aktiv wird.[121] 53

b) Ausüben einer Tätigkeit. Nach Abs. 2 Nr. 1 muss in dem Mitgliedstaat der EU oder einem anderen Vertragsstaat des EWR, in dem der Verbraucher seinen gewöhnlichen Aufenthalt hat, eine berufliche oder gewerbliche **Tätigkeit ausgeübt** werden. Dies entspricht Art. 6 Abs. 1 lit. a Rom I-VO (→ Rom I-VO Art. 6 Rn. 42). Auch hier ist zu entscheiden, ob der bloße Hinweis auf eine Person auf einer Internet-Seite genügt.[122] 54

Erforderlich ist, dass der Unternehmer seine berufliche oder gewerbliche Tätigkeit in dem Staat ausübt, in dem der Verbraucher seinen gewöhnlichen Aufenthalt hat (ebenso Art. 6 Abs. 1 lit. a Rom I-VO). Der Verbraucher muss aber seine Erklärung nicht in seinem Aufenthaltsstaat abgegeben haben.[123] Die Tätigkeit muss im Aufenthaltsstaat des Verbrauchers ausgeübt werden. **„Ausüben"** meint, eine Tätigkeit zu entfalten. Regelmäßig wird eine aktive Beteiligung am Wirtschaftsverkehr durch das Angebot und die Abwicklung von Leistungen genügen.[124] Insbesondere der Verkauf von Waren und der Abschluss von Dienstleistungsverträgen werden erfasst. Bloße Produktion und Lagerhaltung genügen hingegen nicht.[125] 55

c) Ausrichten einer Tätigkeit. Nach Abs. 2 Nr. 2 ist erforderlich, dass der Unternehmer eine solche Tätigkeit auf irgendeinem Wege auf einen Mitgliedstaat der EU oder einen anderen EWR-Vertragsstaat des gewöhnlichen Aufenthalts des Verbrauchers **ausrichtet.** Ebenso ist es, wenn er die Tätigkeit auf mehrere Staaten, einschließlich des Staates des gewöhnlichen Aufenthalts des Verbrauchers ausrichtet. Eine entsprechende Regelung findet sich in Art. 6 Abs. 1 lit. b Rom I-VO. Daher ist eine Orientierung am Maßstab der Rom I-VO geboten (→ Rom I-VO Art. 6 Rn. 43 ff.). Diese will wiederum eine inhaltliche Übereinstimmung mit der Brüssel Ia-VO erreichen. Daher wird zum einen als Voraussetzung für die Anwendung der Verbraucherschutznorm auf das Kriterium der 56

114 *Paefgen* ZEuP 2003, 266 (277 f.); *v. Hoffmann/Thorn* IPR § 10 Rn. 73d; Staudinger/*Magnus,* 2021, Rn. 38.
115 Staudinger/*Magnus,* 2021, Rn. 38.
116 Staudinger/*Magnus,* 2021, Rn. 39.
117 Staudinger/*Magnus,* 2021, Rn. 39.
118 PWW/*Remien/Segger-Piening* Rn. 5; NK-BGB/*Leible* Rn. 31.
119 Staudinger/*Magnus,* 2021, Rn. 41; zu Art. 29a *Freitag/Leible* EWS 2000, 342 (345).
120 PWW/*Remien/Segger-Piening* Rn. 5; vgl. Grüneberg/*Thorn* Rn. 3.
121 Zu Art. 29a *Fetsch,* Eingriffsnormen und EG-Vertrag, 2002, 258 ff.; vgl. dazu auch *Nemeth,* Kollisionsrechtlicher Verbraucherschutz in Europa – Art. 5 EVÜ und die einschlägigen Verbraucherschutzrichtlinien, 2000, 78 ff.
122 Zu Art. 15 Brüssel I-VO BGH IPRax 2009, 258 m. Aufsatz *Mankowski* IPRax 2009, 238.
123 Vgl. *Mankowski* IHR 2008, 133 (142); ebenso zu Art. 15 Brüssel I-VO *Ganssauge,* Internationale Zuständigkeit und anwendbares Recht bei Verbraucherverträgen im Internet, 2004, 61.
124 Zu Art. 6 Rom I-VO *Mankowski* IHR 2008, 133 (142).
125 *Mankowski* IHR 2008, 133 (142) zu Art. 6 Rom I-VO.

ausgerichteten Tätigkeit abgestellt. Ferner wird die Notwendigkeit betont, dass dieses Kriterium in der Brüssel I-VO (nunmehr Brüssel Ia-VO) und der Rom I-VO einheitlich ausgelegt wird (so Erwägungsgrund Nr. 24 Rom I-VO). Ausreichend ist nach Abs. 2 Nr. 1 auch, dass die Tätigkeit des Unternehmers auf **mehrere Staaten,** einschließlich des Aufenthaltsstaates des Verbrauchers ausgerichtet ist.

57 Da es genügt, dass die Tätigkeit „in irgend einer Weise" ausgerichtet ist, wird keine bestimmte Art von Tätigkeit verlangt. Darunter fällt auch ein **Auftreten im Internet.**[126] Erwägungsgrund Nr. 24 Rom I-VO weist auf eine gemeinsame Erklärung des Rates und der Kommission zu Art. 15 Brüssel I-VO (= Art. 17 Brüssel Ia-VO) hin. Darin heißt es, „dass es für die Anwendung von Artikel 15 Abs. 1 Buchstabe c nicht ausreicht, dass ein Unternehmen seine Tätigkeiten auf den Mitgliedstaat, in dem der Verbraucher seinen Wohnsitz hat oder auf mehrere Staaten – einschließlich des betreffenden Mitgliedstaats – ausrichtet, sondern dass im Rahmen dieser Tätigkeiten auch ein **Vertrag geschlossen worden sein muss**". Des Weiteren heißt es in dieser Erklärung, dass die Zugänglichkeit einer Website allein nicht ausreicht, um die Anwendbarkeit von Art. 15 Brüssel I-VO (= Art. 17 Brüssel Ia-VO) zu begründen; vielmehr ist erforderlich, dass diese Website auch den **Vertragsabschluss im Fernabsatz anbietet** und dass tatsächlich ein **Vertragsabschluss im Fernabsatz erfolgt** ist, mit welchem Mittel auch immer. Daher wird zum Teil verlangt, dass die Webseite mit einem elektronischen Einkaufswagen oder einem „E-Shop" ausgestattet ist, über den unmittelbar eine Bestellung übermittelt wird.[127] Der EuGH hat sich jedoch über diese Erklärung hinweggesetzt (→ Rom I-VO Art. 6 Rn. 46).

58 Teilweise hat man für das Ausrichten eine **interaktive Website** verlangt, eine bloß passive Website soll nicht genügen.[128] Die bloße Angabe einer E-Mail-Adresse im Impressum oder unter „Kontakt", über die dann eine Bestellung erfolgen kann, soll nicht ausreichen.[129] Auch die Angabe einer Kontaktadresse auf der Website eines **Dritten** hat man nicht genügen lassen.[130] Ein Unternehmer, der für seine Tätigkeiten die Aktivitäten Dritter nutzt, muss sich diese aber zurechnen lassen. Nach Erwägungsgrund 24 sind die auf einer Website benutzte Sprache oder die Währung nicht von Bedeutung. Die EuGH-Rspr. ist jedoch differenzierter.

59 Ein Fall des Ausrichtens von Tätigkeit ist die öffentliche Werbung.[131] Darunter fallen **absatzfördernde Handlungen** aller Art, zB Prospekte, Zeitungsanzeigen, Telefonanrufe, Rundfunksendungen und Fernsehspots.[132] Erfasst werden somit Vertragsabschlüsse im Teleshopping.[133] Für telefonisch abgeschlossene Fernabsatzverträge, bei denen der Verbraucher angerufen hat, wird zum Teil kein „Ausrichten" auf das Verbraucherland angenommen.[134]

60 Die **Auslandsreise** (Art. 5 Abs. 2 dritter Spiegelstrich EVÜ, Art. 29 Abs. 1 Nr. 3 EGBGB) wird nicht gesondert genannt, ist aber gleichwohl erfasst. Bei einer **vom Verkäufer** veranstalteten oder **veranlassten Reise** (zB als Busreise) kommt das Recht des Verbraucherlandes zum Zuge. Der Verkäufer muss in irgendeiner Weise auf die Reise Einfluss genommen haben. Nicht erforderlich ist aber, dass er selbst für die Beförderung gesorgt hat; es genügt, wenn er zB die Reise durch eine Vereinbarung mit einem Beförderungsunternehmen organisiert hat.[135] Erfasst wird daher die typische „Kaffeefahrt", bei der den Teilnehmern die Gelegenheit geboten wird, bestimmte Produkte zu erwerben.[136] Findet hingegen nur eine organisierte Reise ins Ausland statt, bei der es den Teilnehmern völlig frei steht, ob und wo sie am Zielort Waren erwerben wollen, so muss der Käufer muss mangels Rechtswahl mit der Anwendung des Rechts am Niederlassungsort des Verkäufers rech-

---

126 Zu Art. 6 Rom I-VO *Mankowski* IHR 2008, 133 (142); *Clausnitzer/Woopen* BB 2008, 1798 (1801 f.). Zu Art. 15 LugÜ BGH RIW 2017, 448; vgl. auch *Ganssauge,* Internationale Zuständigkeit und anwendbares Recht bei Verbraucherverträgen im Internet, 2004, 56 ff.

127 *Clausnitzer/Woopen* BB 2008, 1798 (1802) zu Art. 6 Rom I-VO.

128 So zu Art. 15 Brüssel I-VO BGH NJW 2009, 298 = IPRax 2009, 258 m. Aufsatz *Mankowski* IPRax 2009, 238 = EuZW 2009, 26 m. insoweit abl. Anm. *Leible/Müller.* – Die Geeignetheit der Unterscheidung von „aktiv" und „passiv" bezweifelt *Ganssauge,* Internationale Zuständigkeit und anwendbares Recht bei Verbraucherverträgen im Internet, 2004, 57 ff.

129 Zu Art. 6 Rom I-VO *Clausnitzer/Woopen* BB 2008, 1798 (1802). – Dagegen lässt bereits Informationen, die einen direkten Kontakt mit dem Verbraucher ermöglichen, genügen *Ganssauge,* Internationale Zuständigkeit und anwendbares Recht bei Verbraucherverträgen im Internet, 2004, 59 zu Art. 15 Brüssel I-VO.

130 So zu Art. 15 Brüssel I-VO BGH NJW 2009, 298 = EuZW 2009, 26 mAnm *Leible/Müller* = IPRax 2009, 258 m. Aufsatz *Mankowski* IPRax 2009, 238. – Großzügiger dagegen *Pfeiffer* EuZW 2008, 622 (627).

131 *Mankowski* IPRax 2009, 238 ff.

132 Erman/*Stürner* Rn. 14.

133 Vgl. *Wagner* WM 1995, 1129 (1135).

134 Zu Art. 6 Rom I-VO *Clausnitzer/Woopen* BB 2008, 1798 (1802).

135 Zum EVÜ Bericht *Giuliano/Lagarde* S. 56.

136 Staudinger/*Magnus,* 2021, Rn. 49.

nen.[137] Aber auch dann, wenn eine längere Pauschalreise ins Ausland organisiert und der Kunde dort dem ausländischen Verkäufer zugeführt wird, greift die Vorschrift grundsätzlich nicht ein.[138] Die Verkaufsförderung muss wesentlicher Zweck der Reise sein; wirtschaftlicher Eigennutz des Veranstalters (Gewinnbeteiligung) am Absatz genügt nicht. Teilweise hat man jedoch das gezielte Zuführen von Touristen zu einem ausländischen Betrieb schon nach altem Recht für ausreichend gehalten;[139] Gleiches wird für Art. 6 Rom I-VO angenommen[140] (→ Rom I-VO Art. 6 Rn. 54 f.).

Im Rahmen einer **ausländischen Vertragsanbahnung** schließen inländische Verbraucher bei Werbeveranstaltungen häufig Kaufverträge über einen bestimmten Konsumartikel ab, welcher sodann von einem inländischen Unternehmen im Inland zu liefern ist. Letzteres lässt sich auch den Kaufpreisanspruch vom ausländischen Verkäufer abtreten. In diesen Fällen wird zwar im Ausland gekauft, gleichwohl weist das Geschäft einen starken inländischen Bezug auf. Jedenfalls ein Teil solcher als Gran Canaria-Fälle bekannt gewordenen Gestaltungen fällt unter Art. 6 Rom I-VO.[141] Auch die Anwendung von Art. 46b wird für möglich gehalten. Als Kriterien werden genannt, dass eine Anbindung des Unternehmens an den ausländischen Markt fehlt und die Absatzstrategie allein auf bestimmte Urlaubergruppen abzielt.[142] **61**

4. Aufenthalt in EU/EWR-Staat. a) Allgemeines. Abs. 2 Nr. 2 verlangt, dass der andere Teil, dh der Verbraucher (→ Rn. 16 ff.) bei Abgabe seiner auf den Vertragsschluss gerichteten Erklärung seinen gewöhnlichen Aufenthalt in einem EU/EWR-Staat hat. Die Regelung steht insoweit in Einklang mit Art. 6 Abs. 1 Rom I-VO, als diese Vorschrift dem Verbraucher den Schutz des Verbraucherrechts seines gewöhnlichen Aufenthaltsortes sichert. Sie ist aber wesentlich enger, da hier das Aufenthaltserfordernis schon Voraussetzung für das Eingreifen des Art. 46b überhaupt ist. Das Aufenthaltserfordernis ist inhaltlich fragwürdig, da Art. 46b keine Anknüpfung an das Aufenthaltsland des Verbrauchers vorsieht (→ Rn. 47). Da ein solches Erfordernis auch nicht von den Richtlinien aufgestellt wird (→ Rn. 29), wird es zum Teil als unionsrechtswidrig angesehen[143] (→ Rn. 66). **62**

b) Abgabe der auf den Vertragsschluss gerichteten Erklärung. Die Abgabe der auf den Vertragsschluss gerichteten Erklärung betrifft die für den Vertragsschluss konstitutive Erklärung des Verbrauchers. Dafür genügt wie nach Art. 6 Abs. 1 Rom I-VO etwa die Unterschrift und das Absenden einer Bestellung (→ Rom I-VO Art. 6 Rn. 42). **63**

c) Gewöhnlicher Aufenthalt des Verbrauchers. Der Verbraucher muss seinen gewöhnlichen Aufenthalt in einem der genannten Staaten haben.[144] Der Begriff des gewöhnlichen Aufenthalts ist nach den allgemeinen Regeln – also ebenso wie nach Art. 19 Rom I-VO – zu bestimmen. Ein **schlichter Aufenthalt** des Verbrauchers in einem der genannten Staaten genügt nicht.[145] Da Art. 46b Abs. 2 aber nur ein Regelbeispiel darstellt, bleibt die Frage, ob der schlichte Aufenthalt gleichwohl für die Begründung eines engen Zusammenhanges ausreicht. Da die Richtlinien dieses Erfordernis überhaupt nicht aufstellen, sondern nur einen engen Zusammenhang verlangen, ist fraglich, ob nicht das Unionsrecht zu einer weiteren Auslegung zwingt. Dies dürfte anzunehmen sein, wenn ein enger Zusammenhang im Hinblick auf andere Kriterien bejaht werden kann. **Maßgeblicher Zeitpunkt** für den gewöhnlichen Aufenthalt ist wohl eher – ebenso wie nach Art. 19 Abs. 3 Rom I-VO – der Vertragsschluss als die schwerer zu bestimmende Ausübung der Tätigkeit.[146] **64**

d) EU-Mitgliedstaat oder EWR-Vertragsstaat. Der Verbraucher muss seinen Aufenthalt in einem EU/EWR-Staat haben (→ Rn. 29). Abs. 2 Nr. 2 betrifft vor allem Fälle, in denen der Verbraucher seinen Aufenthalt in einem anderen Staat besitzt, als in demjenigen, in dem sich die Niederlassung des Unternehmens befindet. Die Vorschrift greift aber erst recht dann ein, wenn auch **65**

137 Zu Art. 29 aF LG Baden-Baden IPRspr. 1997 Nr. 31 betr. Teppichkauf in Türkei.
138 Zu Art. 29 aF LG Düsseldorf IPRspr. 1990 Nr. 43 = NJW 1991, 2220 betr. Teppichkauf in der Türkei; LG Hamburg IPRspr. 1999 Nr. 30 = RIW 1999, 391 betr. Teppichkauf; anders LG Limburg/Lahn IPRspr. 1990 Nr. 33 = NJW 1990, 2206 betr. Widerruf nach Teppichkauf in der Türkei.
139 LG Tübingen NJW 2005, 1513 betr. Teppichkauf in der Türkei.
140 *Althammer* JA 2008, 772 (778 f.).
141 Vgl. *Solomon* in Ferrari/Leible, Ein neues Internationales Vertragsrecht für Europa, 2007, 89 (105 f.). – Die Anwendung von Art. 9 halten für möglich *Lando/Nielsen* CML Rev. 45 (2008), 1687 (1723 f.).
142 *Althammer* JA 2008, 772 (778). – Vgl. auch *Mankowski* ZVglRWiss 105 (2006), 120 (140 f.).
143 *Fetsch,* Eingriffsnormen und EG-Vertrag, 2002, 262, 283.
144 *Staudinger* RIW 2000, 418; vgl. zum RefE *Staudinger* IPRax 1999, 414 (415 f.).
145 Staudinger/*Magnus,* 2021, Rn. 47.
146 Staudinger/*Magnus,* 2021, Rn. 47.

der Unternehmer seine Niederlassung im Binnenmarkt besitzt. Art. 46b verlangt nicht, dass die Erklärung in einem EU-Mitgliedstaat oder in einem EWR-Vertragsstaat abgegeben wird.[147]

66 **e) Andere Staaten.** Der Schutz des Art. 46b greift dann nicht ein, wenn der Verbraucher seinen gewöhnlichen Aufenthalt nicht in einem EU-Mitgliedstaat oder in einem EWR-Vertragsstaat besitzt. „Drittstaatenverbraucher" können sich folglich nicht auf den Schutz des Abs. 2 berufen.[148] Das wird damit gerechtfertigt, eine weitergehende Wettbewerbsbeschränkung sei von den Richtlinien nicht beabsichtigt und grundsätzlich auch nicht geboten.[149] Dann ist – soweit man auch ein Eingreifen des Abs. 1 ausschließt – lediglich ein Schutz nach anderen Vorschriften, namentlich nach Art. 6 Rom I-VO möglich (→ Rn. 107 ff.). Angesichts der Zweifel an der Berechtigung dieser Einschränkung (→ Rn. 62) soll Art. 46b auch dann anzuwenden sein, wenn ein Verbraucher aus einem Drittstaat keinen gewöhnlichen Aufenthalt im EU/EWiR-Gebiet hat.[150]

V. Zur Umsetzung der Verbraucherschutzrichtlinien geltende Bestimmungen

67 **1. Allgemeines.** Nach Abs. 1 sind die zur Umsetzung der Verbraucherschutzrichtlinien geltenden nationalen Bestimmungen durchzusetzen. Im Übrigen bleibt es bei der Anwendung der durch die Rechtswahl der Parteien berufenen Normen des drittstaatlichen Rechts.[151]

68 **2. Bestimmungen zur Umsetzung der Verbraucherschutzrichtlinien.** Es geht um die nationale Umsetzung der jeweiligen Verbraucherschutzrichtlinie. Die Richtlinien selbst werden auf diese Weise nicht angewendet.[152] Sie setzen nur einen bestimmten Mindeststandard, welcher in den einzelnen nationalen Rechtsordnungen verankert worden ist. Bezüglich des Schutzumfanges werfen bereits die Richtlinien selbst viele Zweifelsfragen auf. Aber auch die nationalstaatliche Umsetzung ist in der Form unterschiedlich und in der Umsetzungstreue sowie den erzielten Ergebnissen verschieden und des Öfteren umstritten. Da Art. 46b der **Durchsetzung der nationalen Umsetzungsgesetzgebung** für die jeweilige Verbraucherschutzlinie dient, kommt es darauf an, ob der in Frage stehende Schuldvertrag in den Anwendungsbereich einer der genannten Richtlinien fällt. Nur in diesem Umfang wird das jeweilige Verbraucherschutzrecht berufen.[153] Im Übrigen bleibt es bei dem nach den allgemeinen Regeln ermittelten Vertragsstatut.

69 **3. Geltende Umsetzungsbestimmungen.** Von Art. 46b werden die geltenden nationalen Bestimmungen erfasst. Vorausgesetzt wird, dass sie im Staat des Aufenthaltsorts des Verbrauchers **in Kraft gesetzt** worden sind. Hierbei handelt es sich zunächst einmal um Sondervorschriften, welche der Umsetzung der Richtlinien dienen. Aber auch Normen des allgemeinen Zivilrechts, welche der Verwirklichung von Richtlinienzielen dienen, können auf diesem Wege zum Zuge kommen.[154] Maßgeblich ist stets die jeweils geltende Fassung der Richtlinien. Auch bei einer Revision der Richtlinie ist eine Umsetzung in das jeweilige nationale Recht erforderlich.[155]

70 Geht die nationale Umsetzung über den von der Richtlinie gesicherten Standard hinaus (sog. **überschießende Umsetzung**), so gewährt sie dem Verbraucher einen **höheren Schutz.** Beispielsweise kann das nationale Recht eine längere Frist für ein Widerrufsrecht des Verbrauchers vorsehen. Würde man lediglich auf den Mindeststandard der Richtlinie abstellen, so würde man den Eingriff in das Vertragsstatut begrenzen. Zum Teil wurde vertreten, der Mindeststandard sei bereits als Norm eines einheitlichen europäischen Rechtsraums durchzusetzen.[156] Dabei könnte man das jeweilige materielle Recht auf seinen Richtliniengehalt reduzieren; damit würde freilich ein so nicht geltendes und möglicherweise nicht einfach zu ermittelndes Recht angewendet.[157] Richtiger dürfte es sein, sich an den Umsetzungsvorschriften selbst zu orientieren. Daher wird zutreffend angenommen, auch über den Mindeststandard hinausgehende „überschießende" Normen würden von Art. 46b erfasst.[158]

---

[147] Staudinger/*Magnus,* 2021, Rn. 47.
[148] Vgl. *Staudinger* IPRax 1999, 414 (416).
[149] *Staudinger,* Artikel 6 Abs. 2 der Klauselrichtlinie und § 12 AGBG, 1998, 34 ff.; *Staudinger* RIW 2000, 416 (418).
[150] Staudinger/*Magnus,* 2021, Rn. 50.
[151] *Freitag/Leible* EWS 2000, 342 (346).
[152] *Staudinger* RIW 2000, 416 (417); Grüneberg/*Thorn* Rn. 2.
[153] *Freitag/Leible* EWS 2000, 342 (346).
[154] *Freitag/Leible* EWS 2000, 342 (346); Staudinger/*Magnus,* 2021, Rn. 53.
[155] Grüneberg/*Thorn* Rn. 2.
[156] *Michaels/Kamann* JZ 1997, 601 (604 f.): analog Art. 3 Abs. 3 EVÜ bzw. Art. 27 Abs. 3 EGBGB.
[157] Vgl. dazu *Nemeth,* Kollisionsrechtlicher Verbraucherschutz in Europa – Art. 5 EVÜ und die einschlägigen Verbraucherschutzrichtlinien, 2000, 96; *Nemeth* WBl. 2000, 341 (347).
[158] BeckOGK/*Förster,* 1.4.2024, Rn. 53; jurisPK-BGB/*Limbach* Rn. 13; Staudinger/*Magnus,* 2021, Rn. 53.; offengelassen von LG München I RRa 2012, 53 = IPRspr. 2011 Nr. 25.

4. Nicht oder unzureichend umgesetzte Verbraucherschutzrichtlinien. Hat der Aufenthaltsstaat des Verbrauchers die fraglichen Richtlinien (noch) **nicht umgesetzt,** so fehlt es an entsprechenden staatlichen Bestimmungen. Folglich kann auch **kein nationales Verbraucherrecht** zur Geltung gebracht werden; die Sonderanknüpfung nach Abs. 1 geht ins Leere.[159] Die Vorschrift kommt mithin nicht zur Anwendung. Man könnte allenfalls daran denken, auch nicht umgesetzte Richtlinien direkt durchzusetzen. Eine solche kollisionsrechtliche Durchsetzung der Richtlinien selbst ist aber nicht vorgesehen (aber → Rn. 7). Auch hier kann **keine horizontale Richtlinienwirkung**[160] angenommen werden;[161] es bedarf vielmehr einer vorherigen nationalen Umsetzung (→ Art. 6 Rn. 178). Erst recht darf nicht ersatzweise die deutsche Umsetzung angewendet werden (→ Art. 6 Rn. 177 f.).[162] Die fehlende Regelung in einem EU/EWR-Staat kann nicht durch die Umsetzung in einem anderen Land substituiert werden. Dem Verbraucher bleibt lediglich unbenommen, wegen der fehlenden Umsetzung Staatshaftungsansprüche gegen den säumigen EU-Mitgliedstaat nach den Grundsätzen der Francovich-Rspr. des EuGH geltend zu machen.[163] Auch eine Durchsetzung über Art. 9 Rom I-VO oder den deutschen ordre public kommt grundsätzlich nicht in Betracht (→ Rn. 112). 71

Denkbar ist auch, dass der nationale Gesetzgeber die jeweilige Richtlinie nur **unzureichend umgesetzt** und den Mindeststandard der Richtlinie nicht erfüllt hat. Auch insofern könnte man daran denken, den Inhalt der Richtlinie direkt durchzusetzen. Hiergegen spricht jedoch, dass die Umsetzung Sache des nationalen Gesetzgebers ist und der Verbraucher kollisionsrechtlich im Allgemeinen kein besseres Ergebnis erwarten kann als nach dem Recht des Staates, mit dem der Sachverhalt einen engen Zusammenhang aufweist. Der deutsche Richter ist zwar dazu gehalten, auch bei der Auslegung des ausländischen Rechts möglichst ein richtlinienkonformes Ergebnis zu erzielen.[164] Sind jedoch die Grenzen der Auslegung erreicht, so bleibt es bei der Anwendung unzureichender nationaler Umsetzungsnormen.[165] Auch dann ist es dem Verbraucher unbenommen, Staatshaftungsansprüche gegen den verantwortlichen EU-Mitgliedstaat geltend zu machen.[166] 72

VI. Anwendung des Richtlinienrechts

1. Allgemeines. a) Korrektur der Rechtswahl. Nach Art. 46b sind die im Verbraucherland für die Umsetzung der Verbraucherschutzrichtlinien geltenden Bestimmungen anzuwenden. Diese Sonderanknüpfung des Verbraucherrechts ist **allseitig** formuliert.[167] Berufen ist stets das Richtlinienrecht des Staates, zu dem der enge Zusammenhang besteht. Es kommt daher nicht nur die deutsche lex fori, sondern gegebenenfalls auch ausländisches Recht zur Anwendung.[168] Der Schutzstandard dieser Rechtsordnung darf nicht unterschritten werden. 73

b) Günstigeres drittstaatliches Recht. Zweck des Art. 46b ist es, dem Verbraucher den Schutz durch die Vorschriften der EU-Mitgliedstaaten bzw. EWR-Vertragsstaaten selbst dann zu erhalten, wenn der Vertrag drittstaatlichem Recht unterliegt. Daher stellt sich die Frage, ob dies auch dann gilt, wenn das gewählte drittstaatliche Recht das für den Verbraucher inhaltlich günstigere ist. Darüber, wie in solchen Fällen zu verfahren ist, besteht keine Einigkeit. Zwar ist umstritten, ob die Richtlinien einen solchen Günstigkeitsvergleich voraussetzen. Dies ist jedoch zu bejahen (→ Rn. 12). Der Wortlaut des Art. 46b („gleichwohl anzuwenden") verlangt – anders als Art. 6 Rom I-VO – keinen solchen Vergleich. Daher ist zunächst zu entscheiden, ob ein **Verzicht auf einen Günstigkeitsvergleich unionsrechtswidrig** wäre. Vielfach wird bezweifelt, dass der Ansatz des Art. 46b Abs. 1 mit den Richtlinien konform geht, da diesen nach einer verbreiteten Auffassung das Gebot eines Günstigkeitsvergleichs zu entnehmen ist. Daher dürfte Art. 46b insoweit richtlinienwidrig sein.[169] Die Vorschrift des Art. 46b wird zum Teil auch wegen eines Verstoßes gegen den 74

---

[159] *Freitag/Leible* EWS 2000, 342 (347); Grüneberg/*Thorn* Rn. 5.
[160] Dazu EuGH Slg. 1994, I-3325 = NJW 1994, 2473 – Faccini Dori; Slg. 1996, I-1281 = NJW 1996, 1401 – El Corte Inglès.
[161] *Staudinger,* Artikel 6 Abs. 2 der Klauselrichtlinie und § 12 AGBG, 1998, 47 ff.; *Nemeth,* Kollisionsrechtlicher Verbraucherschutz in Europa, 2000, 107 f.
[162] Grüneberg/*Thorn* Rn. 5; Staudinger/*Magnus,* 2021, Rn. 32.
[163] *Freitag/Leible* EWS 2000, 342 (347); Staudinger/*Magnus,* 2021, Rn. 32, 53.
[164] *Staudinger* RIW 2000, 416 (417).
[165] *Freitag/Leible* EWS 2000, 342 (347); *Staudinger* RIW 2000, 416 (417).
[166] *Freitag/Leible* EWS 2000, 342 (347); *Staudinger* RIW 2000, 416 (417); Staudinger/*Magnus,* 2021, Rn. 32.
[167] *Staudinger* RIW 2000, 416 f.; *Fetsch,* Eingriffsnormen und EG-Vertrag, 2002, 262 f.; Grüneberg/*Thorn* Rn. 5; Staudinger/*Magnus,* 2021, Rn. 51.
[168] Grüneberg/*Thorn* Rn. 5; Staudinger/*Magnus,* 2021, Rn. 51.
[169] Staudinger/*Magnus,* 2021, Rn. 54; ebenso zu Art. 29a *Freitag/Leible* EWS 2000, 347; *Staudinger* RIW 2000, 418; anders *Paefgen* ZEuP 2003, 266 (278 ff.); BeckOK BGB/*Spickhoff* Rn. 4.

Verhältnismäßigkeitsgrundsatz als unionsrechtswidrig angesehen[170] (→ Rn. 12). Früher wurde auch angenommen, der über das Richtlinienrecht hinausgehende fehlende Günstigkeitsvergleich sei ein Verstoß gegen das vertragsvölkerrechtlich in Art. 5 Abs. 2 EVÜ (Art. 6 Rom I-VO) verankerte Günstigkeitsprinzip.[171] Die Völkervertragsrechtswidrigkeit soll jedoch nur eingeschränkte innerstaatliche Wirkungen entfalten.[172] Es ist allerdings zu bezweifeln, dass der Regelung des EVÜ etwas für die außerhalb seines Anwendungsbereichs liegende richtlinienkonforme Umsetzung entnommen werden kann.

75 Geht man von einem Verstoß des Art. 46b gegen die Richtlinien aus, so fragt sich, ob das **Günstigkeitsprinzip** gleichwohl im Rahmen dieser Bestimmung zur Geltung gebracht werden kann. Das wird teilweise verneint.[173] Zum Teil lässt man es bei der Feststellung der Unionsrechtswidrigkeit bewenden und beschränkt sich auf die Anwendung des von Abs. 1 berufenen Rechts.[174] Die fehlende Aufnahme des Günstigkeitsvergleichs in das nationale Recht könne auch zu keinem Staatshaftungsanspruch gegen Deutschland führen.[175] Gegen einen Günstigkeitsvergleich kann man den Wortlaut des Art. 46b anführen; er spricht für eine unbedingte Durchsetzung des Rechts dieser Staaten.[176] Auch die Schwierigkeiten der Rechtsanwendung und der Ermittlung des ausländischen Rechts werden angeführt; ein Vergleich führe zu unnötigen Komplikationen.[177] Dies kann freilich angesichts der bisherigen Erfahrungen mit dem Günstigkeitsprinzip kaum überzeugen. Andere halten hingegen eine **richtlinienkonforme Auslegung** bzw. eine teleologische Reduktion des Art. 46b auf einen Günstigkeitsvergleich für möglich.[178] Folglich kommt Art. 46b in solchen Fällen nur modifiziert zur Anwendung und es bleibt bei der Anwendung des günstigeren drittstaatlichen Rechts.[179]

76 Ob das Günstigkeitsprinzip geltendes Recht ist, kann letztlich nur der EuGH entscheiden. Sollte er zu dem Ergebnis kommen, dass es einer oder allen verbraucherrechtlichen Richtlinien zu Grunde liegt, so ist dies auch für die deutsche Umsetzung von Bedeutung. Unabhängig davon spricht für einen Günstigkeitsvergleich der Respekt vor der Rechtswahl der Parteien und der Schutz des Verbrauchers. Eine Beschränkung ist nur dann notwendig, wenn der Verbraucher den für erforderlich gehaltenen Schutz nicht schon durch das gewählte Recht erhält. Ist das gewählte Drittstaatsrecht für den Verbraucher inhaltlich günstiger, so fehlt der Anlass für einen Eingriff. Auch Praktikabilitätsgründe können hiergegen nicht ins Feld geführt werden. Man sollte auf jeden Fall das Günstigkeitsargument bei der Auslegung der Vorschrift heranziehen, soweit andernfalls ein dem Verbraucher ungünstigeres Recht zur Anwendung käme (→ Rn. 12). Die Günstigkeit des Verbraucherschutzes ist nach den gleichen Maßstäben wie nach Art. 6 Rom I-VO zu beurteilen.

77 **2. Anwendung.** Anwendung der Bestimmungen zur Umsetzung der Verbraucherschutzrichtlinien bedeutet, dass die im Verbraucherland geltenden Bestimmungen nicht nur zu berücksichtigen sind, sondern direkt zur Geltung kommen.

VII. Verbraucherschutzrichtlinien (Abs. 3)

78 **1. Erfasste Verbraucherschutzrichtlinien.** Art. 46b bezieht sich auf bestimmte, nunmehr in Abs. 3 (früher Abs. 4) genannte Verbraucherschutzrichtlinien (→ Rn. 1 ff.). In der Aufzählung wurde die frühere Nr. 2 über die Teilnutzungsverträge gestrichen. Die genannten Richtlinien sind

170 So zu Art. 29a aF *Fetsch,* Eingriffsnormen und EG-Vertrag, 2002, 263, 269, 283 f.

171 *Staudinger* RIW 2000, 416 (418); *Staudinger* ZfRV 2000, 93 (101); *Ehle,* Wege zu einer Kohärenz der Rechtsquellen im Europäischen Kollisionsrecht der Verbraucherverträge, 2002, 197 f.; vgl. auch *Nemeth* WBl. 2000, 341 (347).

172 *Mankowski* RIW 1998, 290.

173 *Freitag/Leible* EWS 2000, 342 (347); *Ganssauge,* Internationale Zuständigkeit und anwendbares Recht bei Verbraucherverträgen im Internet, 2004, 231 f.; Grüneberg/*Thorn* Rn. 5.

174 Vgl. *Wagner* IPRax 2000, 249 (254, 257).

175 *Freitag/Leible* EWS 2000, 342 (347).

176 *Freitag/Leible* EWS 2000, 342 (347); *Staudinger* RIW 2000, 418; *Wagner* IPRax 2000, 249 (254 f.); Grüneberg/*Thorn* Rn. 5; BeckOGK/*Förster,* 1.4.2024, Rn. 60; Staudinger/*Magnus,* 2021, Rn. 54. – Gegen einen Günstigkeitsvergleich auch *Looschelders* FS E. Lorenz, 2004, 447.

177 So *Wagner* IPRax 2000, 249 (254 f.).

178 *Staudinger* IPRax 1999, 414 (418); *Wagner* IPRax 2000, 249 (255, 257); *v. Bar/Mankowski* IPR II § 1 Rn. 536; Staudinger/*Magnus,* 2021, Rn. 54; abl. NK-BGB/*Leible* Rn. 47.

179 Ebenso schon *Freitag/Leible* EWS 2000, 342 (346); *Staudinger* RIW 2000, 416 (419); *Bitterich,* Die Neuregelung des Internationalen Verbrauchervertragsrechts in Art. 29a EGBGB, 2003, 407 ff.; *Fetsch,* Eingriffsnormen und EG-Vertrag, 2002, 286; *Ganssauge,* Internationale Zuständigkeit und anwendbares Recht bei Verbraucherverträgen im Internet, 2004, 193 ff.

in ihrer jeweils geltenden Fassung anzuwenden.[180] Soweit die Richtlinien noch eigene sachliche Anwendungsvoraussetzungen aufstellen, sind auch diese bei einer Anwendung über Art. 46b zu beachten.[181]

2. Einzelne Verbraucherschutzrichtlinien. a) Missbräuchliche Klauseln in Verbraucherverträgen. An erster Stelle führt Abs. 3 Nr. 1 die **Klausel-RL** auf. Diese Richtlinie enthält eine kollisionsrechtliche Regelung in Art. 6 Abs. 2 (→ Rn. 4). Danach darf dem Verbraucher bei einem engen Zusammenhang mit einem Mitgliedstaat nicht der Schutz der Klausel-RL entzogen werden. Die Klausel-RL stellt eine Liste missbräuchlicher Klauseln auf und stellt inhaltliche Anforderungen an AGB.[182] Nicht nur Kauf und Kreditkauf, auch Beförderungs-, Kredit- und Mietverträge werden erfasst. Die Vorschrift geht daher über den Katalog der von Art. 6 Rom I-VO erfassten Verträge hinaus.[183] Im deutschen Recht finden sich die entsprechenden Schutzvorschriften in den §§ 305 ff. BGB. **79**

b) Verbraucherschutz bei Vertragsabschlüssen im Fernabsatz. Der gestrichene Abs. 3 Nr. 2 der früheren Fassung nannte die **Fernabsatz-RL.** Diese inzwischen aufgehobene Richtlinie enthielt eine kollisionsrechtliche Vorschrift, wonach dem Verbraucher bei einem engen Zusammenhang der Schutz der Richtlinie erhalten blieb. **80**

c) Verbrauchsgüterkauf. Im mit Wirkung zum 1.2.2022 gestrichenen Abs. 3 Nr. 2 aF fand sich die RL 1999/44/EG zum **Verbrauchsgüterkauf und den Garantien für Verbrauchsgüter** (→ Rn. 6). **81**

d) Fernabsatz von Finanzdienstleistungen. Abs. 3 Nr. 2 (zuvor Nr. 3) befasst sich mit der Finanzdienstleistungs-Fernabsatz-RL (→ Rn. 7). Die Richtlinie beschäftigt sich mit Finanzdienstleistungen von Banken, Versicherungen sowie der Geldanlage. Erfasst wird auch der Depotvertrag.[184] Verbrauchern werden Informationsrechte und ein Widerrufsrecht eingeräumt. In Deutschland sind die § 312c BGB angepasst worden. **82**

e) Verbraucherkredit. Abs. 3 Nr. 3 (zuvor Nr. 4) nennt die RL 2008/48/EG vom 23.4.2008 über Verbraucherkreditverträge und zur Aufhebung der RL 87/102/EWG des Rates (→ Rn. 8). Sie wurde in Deutschland in den §§ 491 ff. BGB umgesetzt **83**

f) Andere Richtlinien. Die Aufzählung der drei Richtlinien in Abs. 3 ist abschließend (→ Rn. 21).[185] Zwar könnte man daran denken, auch die Abwahl von verbraucherschützendem Richtlinienrecht **ohne eigene kollisionsrechtliche Regelung** zu verhindern.[186] Dafür könnte man sich auf eine Analogie zu Abs. 1 und 2[187] oder auf eine Gesamtanalogie zu den kollisionsrechtlichen Richtlinienbestimmungen stützen.[188] Zur Begründung wird angeführt, die Argumente, mit denen der Ausgleichsanspruch des Handelsvertreters nach der Handelsvertreter-RL bei einer Tätigkeit innerhalb der Union auch gegen eine Rechtswahl durchgesetzt wird (→ Rom I-VO Art. 4 Rn. 150, → Rom I-VO Art. 9 Rn. 14, → Rom I-VO Art. 9 Rn. 28 f.),[189] würden auch hier greifen. In die jeweilige Richtlinie sei mithin eine ungeschriebene kollisionsrechtliche Vorgabe etwa nach dem Vorbild des Art. 6 Abs. 2 Klausel-RL hineinzulesen.[190] Wegen des Rechtsangleichungszwecks und des Schutzes des Schwächeren sei das Schutzniveau innerhalb der Union bei einem „engen Zusam- **84**

---

[180] Grüneberg/*Thorn* Rn. 2.
[181] *Wagner* IPRax 2000, 249 (255); Staudinger/*Magnus,* 2021, Rn. 28.
[182] Dazu Grabitz/Hilf/Nettesheim/*Pfeiffer* A 5.
[183] Vgl. *Nemeth,* Kollisionsrechtlicher Verbraucherschutz in Europa – Art. 5 EVÜ und die einschlägigen Verbraucherschutzrichtlinien, 2000, 81.
[184] *Schwarz,* Globaler Effektenhandel, 2016, 752.
[185] BeckOK BGB/*Spickhoff* Rn. 7; Erman/*Stürner* Rn. 18; Grüneberg/*Thorn* Rn. 2; Staudinger/*Magnus,* 2021, Rn. 5, 55.
[186] Für eine Ergänzung des Art. 29a Abs. 4 aF de lege ferenda *Fetsch,* Eingriffsnormen und EG-Vertrag, 2002, 261, 290 f., 294.
[187] *v. Bar/Mankowski* IPR I § 1 Rn. 103; NK-BGB/*Leible* Rn. 54; ebenso zu Art. 29a aF *Bitterich,* Die Neuregelung des Internationalen Verbrauchervertragsrechts in Art. 29a EGBGB, 2003, 463 ff.; *Bitterich* VuR 2002, 155 ff. Für eine analoge Anwendung auch auf die E-Commerce-RL, *Lehmann* FS Heldrich, 2005, 831 (836 ff.).
[188] Vgl. *Nemeth,* Kollisionsrechtlicher Verbraucherschutz in Europa, 2000, 111 f. – Unter Berufung auf versteckte Annexkollisionsnormen *Paefgen* ZEuP 2003, 266 (291 f.).
[189] EuGH Slg. 2000, I-9305 = IPRax 2001, 225 m. Aufsatz *Jayme* IPRax 2001, 190 = BB 2001, 10 mAnm *Kindler* mAnm *Reich* EuZW 2001, 50 mAnm *Freitag* EWiR 2000, 1061 – Ingmar GB.
[190] *Staudinger* NJW 2001, 1974 (1976 f.); *Roth* FS Sonnenberger, 2004, 591 (599); *Rott* EuZW 2005, 167 (169); s. dagegen *Sonnenberger* IPRax 2003, 104 (109 f.).

menhang" zu sichern. Für eine Analogie besteht jedoch kein Anlass, da zum Ersten keine Lücke angenommen werden kann und zum Zweiten fehlendes Richtlinienrecht nicht auf diese Weise ersetzt werden sollte. Richtlinien ohne Kollisionsnorm werden daher nicht erfasst. Sie werden gegebenenfalls über Art. 6 Rom I-VO durchgesetzt. Andere, nicht aufgeführte **Richtlinien mit eigener kollisionsrechtlicher Regelung** werden von Art. 46b ebenfalls nicht erfasst.

VIII. Teilzeitnutzungsverträge, Verträge über ein langfristiges Urlaubsprodukt, Wiederverkaufsverträge und Tauschverträge (Abs. 4)

85 **1. Sonderregelung.** Abs. 4 (früher Abs. 3) enthält eine Sonderregelung für den Teilzeitnutzungsvertrag iSd Timesharing-RL. Gleichgestellt sind Verträge über langfristige Urlaubsprodukte, Wiederverkaufsverträge sowie Tauschverträge. Die **Sonderanknüpfung nach Abs. 4** erfolgt unabhängig von der Regelung der Abs. 1–3. Letztere sind dann, soweit Abs. 4 eingreift, nicht anzuwenden.[191] Aus dem Wortlaut geht nicht eindeutig hervor, ob auch der Schutz etwa vor unbilligen Klauseln nach Abs. 1 und 2 ausgeschlossen ist. Es freilich kein Grund ersichtlich, warum der verbesserte Schutz in Bezug auf die Teilzeitnutzung zu einem Abbau des Verbraucherschutzes in anderen Fragen führen sollte. Der auf anderen Richtlinien beruhende Schutz ist daher bestehen geblieben.[192]

86 Die Regelung dient der Umsetzung von Art. 12 Abs. 2 Timesharing-RL (→ Rn. 9). Der Schutz bezieht sich auf Mitgliedstaaten der EU (EU-Staat) sowie die anderen Vertragsstaaten des Abkommens über den Europäischen Wirtschaftsraum (EWR-Staat). Sachrechtlich geht es insbesondere um vertragliche und vorvertragliche Informationspflichten, das Widerrufsrecht und (An-)zahlungen, verbundene („akzessorische") Verträge, die Unabdingbarkeit der Regeln sowie um Rechtsbehelfe.[193] Der Wortlaut des Abs. 4 entspricht weitgehend der Richtlinie, da diese dem nationalen Gesetzgeber insoweit keinen eigenen Spielraum lässt. Inhaltlich weicht Abs. 4 in mehreren Punkten vom Ansatz der Abs. 1–3 ab. Die **Vorschrift setzt keine Rechtswahl voraus.** Sie greift daher auch dann ein, wenn das Recht eines Drittstaats aufgrund einer objektiven Anknüpfung zur Anwendung kommt.[194] Eine solche objektive Anknüpfung kann namentlich nach Art. 4 Rom I-VO erfolgen (→ Rom I-VO Art. 4 Rn. 134 ff.). Ferner ist bei der Bestimmung der Rechtsfolgen ein Günstigkeitsvergleich vorzunehmen (→ Rn. 101). Für die räumliche Verknüpfung wird bezüglich Immobilien auf die Belegenheit (Nr. 1), im Übrigen auf die Ausübung bzw. das Ausrichten der Tätigkeit abgestellt (Nr. 2).

87 **2. Persönlicher Anwendungsbereich.** Abs. 4 dient dem Verbraucherschutz. „Verbraucher" ist jede natürliche Person, die zu Zwecken handelt, die nicht ihrer gewerblichen, geschäftlichen, handwerklichen oder beruflichen Tätigkeit zugerechnet werden können (Art. 2 Abs. 1 lit. f Timesharing-RL). Verträge allein unter Privaten werden von der Richtlinie nicht erfasst.[195] In Nr. 2 wird auf Verträge mit Unternehmern abgestellt. Der Unternehmer muss eine gewerbliche oder berufliche Tätigkeit ausüben. Die Richtlinie spricht nicht vom Unternehmer, sondern einem „Gewerbetreibenden". Dies ist eine natürliche oder juristische Person, die für die Zwecke ihrer gewerblichen, geschäftlichen, handwerklichen oder beruflichen Tätigkeit handelt, sowie jede Person, die im Namen oder im Auftrag eines Gewerbetreibenden handelt (Art. 2 Abs. 1 lit. e Timesharing-RL). Für das unternehmerische Handeln werden zwei Alternativen genannt.

88 **3. Sachlicher Anwendungsbereich. a) Erfasste Verträge.** Der sachliche Anwendungsbereich des Abs. 4 wird durch die Richtlinie vorgegeben, entspricht aber den §§ 481 ff. BGB. Es geht um Teilzeitnutzungsverträge, Verträge über langfristige Urlaubsprodukte, Wiederverkaufsverträge sowie um Tauschsystemverträge. Die abweichende Terminologie beider Regelungen wirkt sich inhaltlich nicht aus.[196] Bei der Auslegung von Abs. 4 ist aber stets der Maßstab der Richtlinie entscheidend.

89 **b) Teilzeitnutzungsverträge.** Erfasst werden Teilzeitnutzungsverträge iSv Art. 2 Abs. 1 lit. a Timesharing-RL. Danach handelt es sich um Verträge mit einer Laufzeit von mehr als einem Jahr, mit dem der Verbraucher gegen Entgelt das Recht erwirbt, eine oder mehrere Übernachtungsunterkünfte für mehr als einen Nutzungszeitraum zu nutzen. Dabei geht es um den Teilzeitwohnrechtever-

---

191 *Franzen* FS v. Hoffmann, 2011, 115 (123); NK-BGB/*Leible* Rn. 57; PWW/*Remien/Segger-Piening* Rn. 10.
192 *Staudinger* NZM 2011, 601 (604 f.); Ferrari IntVertragsR/*Staudinger* Rn. 43.
193 *Leible/Leitner* IPRax 2013, 37 (39).
194 Ferrari IntVertragsR/*Staudinger* Rn. 40.
195 *Leible/Leitner* IPRax 2013, 37 (39).
196 *Franzen* FS v. Hoffmann, 2011, 115 (124).

trag (vgl. § 481 BGB). Erfasst werden nunmehr alle Unterkunftsmöglichkeiten.[197] Dazu gehören auch Teilnutzungsverträge über andere Gegenstände als Immobilen. Darunter fallen insbesondere bewegliche Unterkünfte (Hausboote, Wohnmobile).[198] Auch Kabinen auf Kreuzfahrtschiffen fallen in den Anwendungsbereich der Vorschrift.[199] Gewöhnliche Mietverträge werden hingegen nicht erfasst.[200] „Entgeltlichkeit" umfasst eine Einmalzahlung, aber auch eine Zahlung bei jeder Nutzung.[201]

c) Vertrag über ein langfristiges Urlaubsprodukt. In den Anwendungsbereich fällt der Vertrag über ein langfristiges Urlaubsprodukt iSv Art. 2 Abs. 1 lit. b Timesharing-RL. Dies ist ein Vertrag mit einer Laufzeit von mehr als einem Jahr, mit dem der Verbraucher gegen Entgelt in erster Linie das Recht auf Preisnachlässe oder sonstige Vergünstigungen in Bezug auf eine Unterkunft erwirbt, und zwar unabhängig davon, ob damit Reise- oder sonstige Leistungen verbunden sind (vgl. § 481a BGB). Hierzu gehört etwa die Mitgliedschaft in einem Reise-Rabatt-Club.[202] Herkömmliche Treuesysteme bei der Hotelunterbringung werden nicht erfasst.[203] **90**

d) Wiederverkaufsvertrag. Gleichgestellt ist der Wiederverkaufsvertrag iSv Art. 2 Abs. 1 lit. c Timesharing-RL. Dies ist ein Vertrag, mit dem ein Gewerbetreibender gegen Entgelt einen Verbraucher dabei unterstützt, ein Teilzeitnutzungsrecht oder ein langfristiges Urlaubsprodukt zu veräußern oder zu erwerben. Die Bezeichnung „Kauf" ist daher irreführend, vgl. § 481b Abs. 1 BGB („Vermittlungsvertrag"). Geschützt wird nur der Erst-, nicht auch der Zweiterwerber.[204] **91**

e) Tauschsystemvertrag. Auch ein Tauschvertrag iSv Art. 2 Abs. 1 lit. d Timesharing-RL wird erfasst. Es handelt sich um einen Vertrag, mit dem ein Verbraucher gegen Entgelt einem Tauschsystem beitritt, das diesem Verbraucher Zugang zu einer Übernachtungsunterkunft oder anderen Leistungen im Tausch gegen die Gewährung vorübergehenden Zugangs für andere Personen zu den Vergünstigungen aus den Rechten, die sich aus dem Teilzeitnutzungsvertrag des Verbrauchers ergeben, ermöglicht. Gemeint ist ein Tauschsystemvertrag (vgl. § 481b Abs. 2 BGB).[205] **92**

f) Maßgeblichkeit anderen Rechts. Abs. 4 kommt zur Anwendung, wenn der Vertrag nicht dem Recht eines EU-Staats oder eines anderen EWR-Staats, sondern einem **drittstaatlichen Recht** unterliegt. Insoweit bedarf es bei der Anwendung des Art. 46b einer kollisionsrechtlichen „Vorprüfung".[206] Die Maßgeblichkeit einer solchen Rechtsordnung kann sich kraft **subjektiver Anknüpfung** nach Art. 3 und 6 Rom I-VO,[207] aber auch kraft **objektiver Anknüpfung** nach Art. 4 Abs. 1 lit. c oder Art. 6 Rom I-VO ergeben[208] (→ Rom I-VO Art. 4 Rn. 134). **93**

4. Räumlicher Anwendungsbereich. a) Unmittelbarer Immobiliarbezug. Von Abs. 4 Nr. 1 werden im Hoheitsgebiet eines EU-Staats oder eines anderen EWR-Staats belegene Immobilien erfasst. **94**

b) Immobilien außerhalb von EU/EWR-Staaten. Immobilien außerhalb von EU/EWR-Staaten fallen nicht unter Abs. 4 Nr. 1. **95**

c) Tätigkeit oder Ausrichten der Tätigkeit. Die Tätigkeit des Unternehmers innerhalb von EU/EWR-Staaten oder ein Ausrichten der Tätigkeit auf EU/EWR-Staaten werden von Abs. 4 Nr. 2 erfasst. Auf diese Kriterien sind die gleichen Maßstäbe wie nach Art. 6 Rom I-VO anzuwenden (→ Rn. 53 ff.). **96**

5. Teilzeitnutzungsverträge mit Immobiliarbezug (Abs. 4 Nr. 1). Teilzeitnutzungsverträge, durch die eine Immobilie „betroffen" ist, dh Verträge mit Immobiliarbezug, werden von Abs. 4 Nr. 1 erfasst (→ Rn. 89). **97**

6. Andere Teilnutzungsverträge (Abs. 4 Nr. 2). a) Verträge, die sich nicht unmittelbar auf eine Immobilie beziehen. Im Anschluss an Art. 12 Abs. 2 Spiegelstrich 2 Timesharing-RL **98**

[197] *Leible/Leitner* IPRax 2013, 37 (38).
[198] Grüneberg/*Thorn* Rn. 7.
[199] Grüneberg/*Thorn* Rn. 7.
[200] *Leible/Leitner* IPRax 2013, 37 (38).
[201] *Leible/Leitner* IPRax 2013, 37 (38).
[202] Grüneberg/*Thorn* Rn. 7.
[203] *Leible/Leitner* IPRax 2013, 37 (38).
[204] *Franzen* NZM 2011, 217 (221); *Leible/Leitner* IPRax 2013, 37 (39).
[205] *Leible/Leitner* IPRax 2013, 37 (39).
[206] *Staudinger* NZM 2011, 601 (602); *Leible/Leitner* IPRax 2013, 37 (40).
[207] *Franzen* FS v. Hoffmann, 2011, 115 (125).
[208] *Franzen* FS v. Hoffmann, 2011, 115 (125); *Leible/Leitner* IPRax 2013, 37 (40).

findet sich eine eigene Regelung für Verträge, die sich nicht unmittelbar auf eine Immobilie beziehen (Abs. 4 Nr. 2). Dies sind zum einen Verträge, die bewegliche Sachen betreffen. Aber auch andere Verträge, nämlich die in Abs. 4 Nr. 2 genannten, werden erfasst (Teilzeitnutzungsvertrag, Vertrag über ein langfristiges Urlaubsprodukt, Wiederverkaufsvertrag oder Tauschvertrag; → Rn. 89 ff.).

99 **b) Ausüben der gewerblichen oder beruflichen Tätigkeit.** Der Unternehmer muss seine Tätigkeit in einem EU-Staat oder einem anderen EWR-Staat ausüben. Die Ausübung der Tätigkeit ist in der gleichen Weise wie nach Art. 6 Rom I-VO zu bestimmen[209] (→ Rom I-VO Art. 6 Rn. 42 ff.). Auf den gewöhnlichen Aufenthaltsort des Verbrauchers kommt es – anders als nach Art. 6 Rom I-VO – nicht an.[210] Abs. 4 findet auch dann Anwendung, wenn einem Verbraucher aus einem Drittstaat etwa ein Vertrag über ein langfristiges Urlaubsprodukt angedient wird.[211]

100 **c) Ausrichten der Tätigkeit.** Der Unternehmer muss seine Tätigkeit auf irgendeine Weise auf einen solchen Staat ausrichten. Die Ausrichtung folgt den gleichen Kriterien wie nach Art. 6 Rom I-VO[212] (→ Rom I-VO Art. 6 Rn. 43 ff.). Der Vertrag muss in den Bereich des Ausrichtens dieser Tätigkeit fallen. Verlangt wird auch ein innerer Zusammenhang zwischen unternehmerischer Tätigkeit und Vertragsabschluss.[213]

101 **7. Anwendung der Vorschriften über Teilzeitnutzungsverträge.** Bei der Bestimmung der Rechtsfolgen nach Abs. 4 ist ein **Günstigkeitsvergleich** vorzunehmen.[214] Dieser Günstigkeitsvergleich erfolgt nach den gleichen Grundsätzen wie nach den anderen Richtlinien (→ Rn. 74). Rechtsfolge ist, dass dem Verbraucher **der Schutz des umgesetzten Inhalts der Richtlinie,** also des deutschen Teilzeitnutzungsrechts nicht entzogen wird. Dies gilt sowohl bei einer subjektiven als auch bei einer objektiven Anknüpfung.[215] Ist das drittstaatliche Recht günstiger als das kraft Sonderanknüpfung maßgebliche Recht, so bleibt es dabei. Ein derartiger Günstigkeitsvergleich wird freilich teilweise abgelehnt.[216]

102 Maßgeblich ist der **Umsetzungsakt der lex fori,** also bei einem Verfahren in Deutschland des deutschen Rechts (§§ 481 ff. BGB).[217] Dies ist vom Ansatz her nicht unproblematisch, da der engste Bezug nicht zur lex fori (also zu Deutschland) zu bestehen braucht. Angesichts der Vollharmonisierung des Teilzeitnutzungsrechts für Verbraucher dürfte dies aber nicht zu inhaltlichen Abweichungen führen. Der Günstigkeitsvergleich zwischen dem Vertragsstatut und der lex fori hat **von Amts wegen** zu erfolgen.[218] Sind die Regeln des Teilzeitnutzungsrechts der lex fori günstiger als die des Vertragsstatuts, so setzen sich diese durch.[219] Im Übrigen bleibt die Anwendung der Regeln des Vertragsstatuts unberührt.[220]

103 **8. Verhältnis zur Rom I-VO.** Für Teilnutzungsverträge kommt die Sonderanknüpfung nach Art. 46b EGBGB zusätzlich zur Anwendung der Rom I-VO zur Anwendung. Zunächst ist daher das Vertragsstatut nach der Rom I-VO zu bestimmen.[221] Eine Korrektur des anwendbaren Rechts kann bei einer Anknüpfung nach Art. 6 Rom I-VO erfolgten.[222] Dies gilt sowohl für die subjektive als auch für die objektive Anknüpfung. Art. 46b Abs. 4 EGBGB kann aber auch bei einer Anknüpfung nach Art. 4 Rom I-VO angewendet werden.[223]

IX. Zwingende Vorschriften

104 **1. Überblick.** Das über Art. 46b durchzusetzende Richtlinienrecht ist zwingender Natur. Damit stellt sich die Frage nach dem Verhältnis des Art. 46b zu den allgemeinen Vorschriften der

209 *Franzen* FS v. Hoffmann, 2011, 115 (123).
210 *Franzen* FS v. Hoffmann, 2011, 115 (123 f.).
211 Grüneberg/*Thorn* Rn. 7.
212 *Franzen* FS v. Hoffmann, 2011, 115 (123).
213 Ferrari IntVertragsR/*Staudinger* Rn. 41.
214 Ferrari IntVertragsR/*Staudinger* Rn. 44.
215 Grüneberg/*Thorn* Rn. 7.
216 So *Franzen* FS v. Hoffmann, 2011, 115 (126).
217 *Franzen* FS v. Hoffmann, 2011, 115 (124); *Franzen* NZM 2011, 217 (224 f.); Ferrari IntVertragsR/*Staudinger* Rn. 44; Grüneberg/*Thorn* Rn. 7.
218 Erman/*Stürner* Rn. 26; Grüneberg/*Thorn* Rn. 7.
219 Grüneberg/*Thorn* Rn. 7.
220 Grüneberg/*Thorn* Rn. 7.
221 Anders aber für Art. 3 Abs. 3, 4 Rom I-VO *Staudinger* NZM 2011, 601 (604).
222 Grüneberg/*Thorn* Rn. 7.
223 Grüneberg/*Thorn* Rn. 7.

Art. 3 Abs. 3, 4 Rom I-VO sowie zu Art. 9 Rom I-VO, ferner zu der Verbraucherschutzvorschrift des Art. 6 Rom I-VO sowie zum ordre public (Art. 6; → Rn. 112).

2. Einfluss auf das Vertragsstatut. a) Verhältnis zu Art. 3 Abs. 3 Rom I-VO. Die Beziehung zu Art. 3 Abs. 3 Rom I-VO wird – ähnlich wie bei Art. 6 Rom I-VO (→ Rom I-VO Art. 6 Rn. 72) – durch einen Vorrang dieser allgemeinen Vorschrift geprägt. Nach ihr berührt die Rechtswahl die zwingenden Bestimmungen desjenigen Staates nicht, mit dem der Vertrag allein verbunden ist. Die **Wirkung der Rechtswahl bleibt also begrenzt** (→ Rom I-VO Art. 3 Rn. 87 ff.). Die Beschränkung des Art. 46b kann erst dann zum Zuge kommen, wenn eine nach den allgemeinen Vorschriften wirksame Rechtswahl vorliegt (→ Rn. 31). **105**

b) Verhältnis zu Art. 3 Abs. 4 Rom I-VO. Art. 3 Abs. 4 Rom I-VO enthält eine Rechtswahlbeschränkung für Fälle, in denen lediglich ein Binnenmarktbezug besteht. Auch hier kommt es zu einer Rechtswahlbeschränkung (→ Rom I-VO Art. 3 Rn. 96 ff.). Dieser Bestimmung ist ebenfalls **Vorrang zu geben.**[224] Die Beschränkung des Art. 46b kann auch in diesem Fall erst dann zum Zuge kommen, wenn eine nach den allgemeinen Vorschriften wirksame Rechtswahl vorliegt. Im Ergebnis reduziert Art. 3 Abs. 4 Rom I-VO zwar die Anwendung des Art. 46b. Da er aber in Bezug auf den Auslandsbezug wesentlich enger gefasst ist, ist ein Anwendungsbereich des Art. 46b geblieben. **106**

c) Verhältnis zu Art. 6 und 23 Rom I-VO. Das Verhältnis zu Art. 6 Rom I-VO ist nicht einfach zu bestimmen. Das ergibt sich zum einen daraus, dass Art. 46b nur der Durchsetzung besonderer Richtlinien und ihrer kollisionsrechtlichen Regeln dient. Zum anderen werden die zwingenden Vorschriften nach dem Wortlaut des Art. 46b Abs. 1–3 unbedingt und nicht nur mithilfe des Günstigkeitsprinzips durchgesetzt. Zum dritten decken sich die Voraussetzungen der beiden Bestimmungen nicht vollständig, so dass ihre Anwendung zu unterschiedlichen Ergebnissen führen kann. Für das Verhältnis der beiden Vorschriften ist von Art. 23 Rom I-VO auszugehen. Danach haben **Rechtsakte des Unionsrechts** Vorrang vor den Kollisionsregeln der VO und damit auch vor Art. 6 Rom I-VO. Dies gilt auch für umgesetztes Richtlinienrecht (näher → Rom I-VO Art. 23 Rn. 12 ff.).[225] Dementsprechend müsste zunächst einmal das der umgesetzten Richtlinie entsprechende Recht Geltung beanspruchen. Zwar ist zum Teil ein genereller Vorrang des Art. 29 aF vor Art. 29a aF (nunmehr Art. 46b) angenommen worden.[226] Nach geltendem Recht ist aber anzunehmen, dass der Schutz durch das Richtlinienkollisionsrecht nur eine komplementäre Funktion hat. Damit muss der **von Art. 6 Rom I-VO gewährte Schutz** dem des Art. 46b **vorgehen.**[227] **107**

Freilich ist eine bloße Klärung des Rangverhältnisses beider Vorschriften nicht ausreichend. Maßgeblich für ihr Verhältnis muss der Zweck des Verbraucherschutzes des Art. 46b sein. Würde man Art. 46b als unbedingte Rechtswahlbeschränkung verstehen, so wäre bei Erfüllung seiner Voraussetzungen sogleich das von Art. 46b genannte umgesetzte Recht anzuwenden; auf Art. 6 Rom I-VO und das von ihm bestimmte Recht käme es nicht mehr an. Die Vorschrift des Art. 46b würde dann die Wahl des drittstaatlichen Rechts unabhängig von der inhaltsorientierten Korrekturmöglichkeit des Art. 6 Rom I-VO durchkreuzen. Sie würde damit eine erhebliche Tragweite erhalten und – möglicherweise zu Lasten des Verbrauchers – weit über die Einschränkung nach dem Günstigkeitsprinzip des Art. 6 Rom I-VO hinausgehen. Daher sollte sich auch für das Verhältnis der beiden Vorschriften das dem Verbraucher günstigere Schutzniveau durchsetzen.[228] Zweckmäßig ist es daher, über Art. 46b **lediglich ergänzend** kollisionsrechtlichen Verbraucherschutz zu gewähren. Somit genügt eine auf Grund Rechtswahl erfolgende grundsätzliche Anwendbarkeit drittstaatlichen Rechts nicht. Es kommt vielmehr darauf an, ob die Rechtswahl die Verbraucherschutzvorschriften desjenigen EU-Mitgliedstaates bzw. EWR-Vertragsstaates tatsächlich ausschalten würde, zu dem ein enger Zusammenhang besteht. Folglich hat zunächst eine Prüfung des Art. 6 Rom I-VO zu erfolgen; diese Vorschrift hat insoweit **Vorrang.**[229] **108**

---

224 *Hoffmann* EWS 2009, 254; Reithmann/Martiny IntVertragsR/*Mankowski* Rn. 32.49; PWW/*Remien/Segger-Piening* Rn. 1.

225 Grüneberg/*Thorn* Rom I-VO Art. 6 Rn. 2; s. bereits zum EVÜ *Leible* in Schulte-Nölke/Schulze, Europäische Rechtsangleichung und nationale Privatrechte, 1999, 353 (367 f.).

226 *Staudinger* RIW 2000, 414 (419); *Tonner* BB 2000, 1413 (1419).

227 Reithmann/Martiny IntVertragsR/*Mankowski* Rn. 32.49; ebenso schon für das Verhältnis von Art. 29 aF und Art. 29a aF *Pfeiffer* in Gounalakis, 2003, § 12 Rn. 86.

228 *Martiny* RIW 2009, 737 (742); vgl. *Staudinger* RIW 2000, 419; Staudinger/*Magnus,* 2021, Rn. 26.

229 Reithmann/Martiny IntVertragsR/*Mankowski* Rn. 32.49; Grüneberg/*Thorn* Rn. 8; PWW/*Remien/Segger-Piening* Rom I-VO Art. 6 Rn. 1. – Begr. RegE, BT-Drs. 14/2658, 50 zu Art. 29a; *Freitag/Leible* EWS 2000, 346; *Finke,* Der Fernabsatz von Finanzdienstleistungen an Verbraucher, 2004, Rn. 236 zur Finanzdienstleistungs-RL; anders Erman/*Stürner* Rn. 5.

109 **d) Verhältnis zu Art. 9 Abs. 1, 2 Rom I-VO.** Das Verhältnis zu Art. 9 Rom I-VO (dem Nachfolger von Art. 7 EVÜ) wirft ähnliche Fragen auf wie das von Art. 6 Rom I-VO zu dieser Vorschrift (→ Rom I-VO Art. 6 Rn. 76 ff.). Zunächst einmal kommt es darauf an, ob man das hier umgesetzte Richtlinienrecht als **Eingriffsnorm** ansieht.[230] Entsprechende deutsche richtlinienkonforme Vorschriften können als bloß privatschützende Normen nicht über Art. 9 Rom I-VO durchgesetzt werden.[231] Das in Deutschland umgesetzte Richtlinienrecht ist nicht als Eingriffsnorm anzusehen (→ Rom I-VO Art. 9 Rn. 95 ff.). Nach aA sind hingegen auf Richtlinien gestützte Normen und zwar auch Normen aus Richtlinien ohne Kollisionsnorm (zB Haustürgeschäfte-RL) über Art. 9 Rom I-VO durchzusetzen. Teilweise wird zugleich einschränkend angenommen, es müsse – dem Verhältnismäßigkeitsgrundsatz entsprechend – ein Günstigkeitsvergleich stattfinden.[232] Hat der Staat des engsten Zusammenhanges die jeweilige Richtlinie nicht umgesetzt, so kann die Richtlinie nicht als eigene international zwingende Vorschrift direkt durchgesetzt werden (→ Rn. 71). Die Richtlinie bedarf vielmehr der Umsetzung.[233] Entsprechendes gilt bei richtlinienwidriger Umsetzung.[234] Dafür spricht zum einen die bei Art. 9 Rom I-VO notwendige einschränkende Auslegung. Zum anderen enthält Art. 46b insoweit eine auf bestimmte Fälle beschränkte Sonderregelung.[235]

110 **e) Beachtung drittstaatlichen Rechts.** Die Beachtung international zwingenden drittstaatlichen Rechts wird von Art. 46b nicht angesprochen. Sie bleibt daher den allgemeinen Grundsätzen des Art. 9 Abs. 3 Rom I-VO überlassen (→ Rom I-VO Art. 9 Rn. 120 ff.).

C. Probleme des Allgemeinen Teils

I. Rück- und Weiterverweisung

111 Rück- und Weiterverweisung sind – wie allgemein bei der Anknüpfung vertraglicher Schuldverhältnisse – auch nach Art. 46b stets ausgeschlossen (→ Art. 4 Rn. 118).[236] Dafür wird man sich mangels einer ausdrücklichen Vorschrift auf Art. 20 Rom I-VO stützen können[237] (→ Rn. 129). Mithin gilt das vereinbarte oder auf Grund objektiver Anknüpfung bestimmte Recht. Dies gilt auch für die Anwendung des Art. 46b Abs. 4.[238]

II. Ordre public

112 Steht das anzuwendende ausländische Recht im Widerspruch zu Grundprinzipien der inländischen Rechtsordnung, so kommt bei einem untragbaren Ergebnis im Einzelfall und einer ausreichenden Inlandsbeziehung ein Verstoß gegen den deutschen ordre public (Art. 6) in Betracht. Das gilt auch hier[239] (→ Rom I-VO Art. 6 Rn. 81). Die über Abs. 1 erfolgende Anwendung des Rechts des Verbraucherlandes kann zu einem von der inländischen Rechtsordnung missbilligten Ergebnis führen. Entsprechendes gilt für das Belegenheitsrecht bei Timesharing-Verträgen. Dafür wird aber nur höchst selten ein Bedürfnis bestehen, da es um die Durchsetzung auch in Deutschland geltenden Richtlinienrechts geht. Eine ausländische Richtlinienwidrigkeit darf nicht mit dem inländischen oder „europäischen" ordre public bekämpft werden (→ Rn. 71).[240]

---

230 „Im Zweifel" verneinend *Bitterich* GPR 2006, 161 ff.; bejahend zu Art. 34 aF *Roth* IPRax 1994, 169; *Jayme* FS Trinkner, 1995, 575 (576 f.); *Bröcker,* Verbraucherschutz im Europäischen Kollisionsrecht, 1998, 128 für die Klausel-RL; Grundmann/Bianca/*Stijns/van Gerven* EU-Kaufrechts-RL Art. 7 Rn. 68; abl. *Mankowski* RabelsZ 61 (1997), 753; *Sonnenberger* IPRax 2003, 108 (109, 111 f.).

231 BeckOK BGB/*Spickhoff* Rn. 1, 6; zu Art. 34 *Magnus* in Graf/Paschke/Stober, 2002, 19 (30); *Sonnenberger* IPRax 2003, 108 (111); vgl. Begr. RegE, BT-Drs. 14/2658, 50.

232 *Fetsch,* Eingriffsnormen und EG-Vertrag, 2002, 263 f., 288, 291, 294.

233 Vgl. *Nemeth,* Kollisionsrechtlicher Verbraucherschutz in Europa, 2000, 109 f.; Staudinger/*Magnus,* 2021, Rn. 32.

234 *Staudinger* RIW 2000, 417; Staudinger/*Magnus,* 2021, Rn. 32.

235 Grüneberg/*Thorn* Rn. 8; vgl. auch *Staudinger* RIW 2000, 416 (417).

236 *Staudinger* NZM 2011, 601 (605); jurisPK-BGB/*Limbach* Rn. 34; Grüneberg/*Thorn* Rn. 5.

237 NK-BGB/*Leible* Rn. 18; den Wortlaut lässt genügen BeckOK BGB/*Spickhoff* Rn. 22.

238 Ferrari IntVertragsR/*Staudinger* Rn. 43a.

239 *Staudinger* RIW 2000, 417 (419 f.); Grüneberg/*Thorn* Rn. 8; Staudinger/*Magnus,* 2021, Rn. 22. – Für die Anwendung von Art. 21 Rom I-VO s. NK-BGB/*Leible* Rn. 19.

240 *Staudinger* RIW 2000, 417 (419 f.); vgl. auch *Nemeth,* Kollisionsrechtlicher Verbraucherschutz in Europa, 2000, 108; *Nemeth* WBl. 2000, 341 (348).

D. Internationale Zuständigkeit

I. Brüssel Ia-VO, LugÜ

Für die in Art. 17 Brüssel Ia-VO (= Art. 15 Abs. 1 LugÜ) näher definierten Verbrauchersachen **113**
enthält die VO bzw. das Übk. eine besondere Zuständigkeitsregelung.[241] Grundsätzlich setzen die Zuständigkeitsordnungen zwar voraus, dass der Beklagte seinen Wohnsitz in einem Vertragsstaat hat (Art. 6 Brüssel Ia-VO [= Art. 4 LugÜ]). Davon macht Art. 17 Abs. 2 Brüssel Ia-VO (=Art. 15 Abs. 2 LugÜ) jedoch eine Ausnahme.[242] Hat nämlich der Vertragspartner des Verbrauchers innerhalb der EU lediglich eine Zweigniederlassung, Agentur oder sonstige Niederlassung, so wird er für Streitigkeiten aus ihrem Betrieb so behandelt, als ob er dort seinen Wohnsitz hätte.

Verbrauchervertrag ist ebenso wie nach Art. 46b ein Vertrag, den eine Person zu einem **114**
Zweck abgeschlossen hat, der nicht der beruflichen oder gewerblichen Tätigkeit dieser Person zugerechnet werden kann (→ Rn. 16 ff.).[243] Es muss sich auch hier um private Endverbraucher handeln.[244] Im Einzelnen geht es um den Kauf beweglicher Sachen auf Teilzahlung (Art. 17 Abs. 1 lit. a Brüssel Ia-VO [= Art. 15 Abs. 1 lit. a LugÜ]) und Kreditgeschäfte zur Finanzierung eines Kaufs beweglicher Sachen (Art. 17 Abs. 1 lit. b Brüssel Ia-VO).[245] Art. 17 Abs. 1 lit. c Brüssel Ia-VO erweitert die Zuständigkeit, wenn der Unternehmer im Verbraucherland eine Tätigkeit ausübt oder seine Tätigkeit auf diesen Mitgliedstaat ausrichtet (→ Rom I-VO Art. 6 Rn. 82). Beförderungsverträge gehören auch hier nicht zu den Verbrauchersachen (Art. 17 Abs. 3 Brüssel Ia-VO).

Für **Klagen des Verbrauchers** besteht außer der Zuständigkeit der Niederlassung (Art. 7 Nr. 5 **115**
iVm Art. 17 Brüssel Ia-VO [= Art. 5 Nr. 5 iVm Art. 15 LugÜ]) grundsätzlich eine Zuständigkeit am Wohnsitz der anderen Vertragspartei und vor den Gerichten des Staates, in dem der Verbraucher seinen Wohnsitz hat (Art. 18 Abs. 1 Brüssel Ia-VO [= Art. 16 Abs. 1 LugÜ]). Die Klage der anderen Vertragspartei gegen den Verbraucher kann nur vor den Gerichten des Landes erhoben werden, in dem der **Verbraucher seinen Wohnsitz** hat (Art. 18 Abs. 2 Brüssel Ia-VO [= Art. 16 Abs. 2 LugÜ]).

Für **Timesharing-Verträge** ist zu unterscheiden. Auf Klagen aus **schuldrechtlichen** Time- **116**
sharing-Verträgen, bei denen der Schwerpunkt auf der Nutzung liegt, ist die Zuständigkeitsregelung des Art. 24 Nr. 1 UAbs. 1 Alt. 2 Brüssel Ia-VO (= Art. 22 Nr. 1 UAbs. 1 Alt. 2 LugÜ) anzuwenden.[246] Insoweit besteht eine ausschließliche Zuständigkeit. Allerdings ist die „Miete unbeweglicher Sachen" so eng interpretiert worden, dass ein schuldrechtlicher, nicht auf eine bestimmte Immobilie bezogener Teilzeitnutzungsvertrag nicht darunter fällt.[247] Für **dingliche** Timesharing-Verträge kann eine Zuständigkeit nach Art. 24 Nr. 1 UAbs. 1 Alt. 1 Brüssel Ia-VO (= Art. 22 Nr. 1 UAbs. 1 Alt. 1 LugÜ) in Betracht kommen.[248] Ist das Timesharing-Verhältnis in der Weise **gesellschafts- oder vereinsrechtlich** ausgestaltet, dass nur der Träger Inhaber der dinglichen Rechte ist und den Mitgliedern lediglich obligatorische Nutzungsrechte zustehen, kommen allein die sonstigen Zuständigkeitsbestimmungen zur Anwendung.[249] Das Gleiche gilt, wenn die über die Nutzung hinausgehenden Rechte und Pflichten den Vertrag wirtschaftlich prägen.[250]

Besonderer Schutz wird gegen **Gerichtsstandsvereinbarungen** (Art. 25 Brüssel Ia-VO [= **117**
Art. 23 LugÜ]; → Rom I-VO Vor Art. 1 Rn. 56) mit privaten Endverbrauchern gewährt.[251] Von der gesetzlichen Zuständigkeitsordnung kann nur abgewichen werden, wenn die Vereinbarung nach Entstehung der Streitigkeit getroffen wird (Art. 19 Nr. 1 Brüssel Ia-VO [= Art. 17 Nr. 1 LugÜ])

---

241 Dazu näher *Lüderitz* FS Riesenfeld, 1983, 147 ff.; *Jayme* FS Nagel, 1987, 128 ff.

242 Vgl. BGH NJW 1987, 3081 = RIW 1987, 790 mAnm *Geimer* RIW 1988, 221.

243 BGH RIW 2017, 448 zu Art. 15 LugÜ.

244 EuGH Slg. 1978, 1431 = RIW 1978, 685 – Bertrand/Ott; Slg. 1993 I 139 = NJW 1993, 1251 = IPRax 1995, 92 m. Aufsatz *Koch* IPRax 1995, 71 – Shearson/TVB Treuhandgesellschaft; Abschlussentscheidung: BGH RIW 1993, 670 = IPRax 1995, 98 m. zust. Aufsatz *Koch* IPRax 1995, 71.

245 Kein Schutz daher bei der Finanzierung von Wertpapiergeschäften, LG Darmstadt NJW-RR 1994, 684 = IPRax 1995, 318 m. Aufsatz *Thorn* IPRax 1995, 294 mAnm *Stumm* EWiR 1994, 1187.

246 OLG Koblenz NJW-RR 2001, 490 = VuR 2001, 257 mAnm *Mankowski;* LG Darmstadt IPRax 1996, 121 mit krit. Aufsatz *Jayme* IPRax 1996, 87 = EuZW 1996, 191 m. Aufsatz *Mankowski* EuZW 1996, 177.

247 EuGH Slg. 2005, I-8667 = IPRax 2006, 159 m. Aufsatz *Hüßtege* IPRax 2006, 124 – Klein/Rhodos; BGH NJW-RR 2008, 1381 = NZM 2008, 658 m. Aufsatz *Leible/Müller* NZM 2009, 18.

248 Vgl. *Mankowski* EuZW 1996, 177 (178); *Wegner,* Internationaler Verbraucherschutz beim Abschluss von Timesharingverträgen – § 8 Teilzeitwohnrechtegesetz, 1998, 141 f.

249 LG Dresden NZM 1998, 825 = IPRspr. 1998 Nr. 146; *Mankowski* VuR 1999, 219 ff.; *Kropholler/v. Hein* Brüssel I-VO Art. 22 Rn. 17.

250 BGH NZM 2010, 251.

251 Reithmann/Martiny IntVertragsR/*Hausmann* Rn. 7.121 f.

oder wenn sie dem Verbraucher die Möglichkeit bietet, andere als die genannten Gerichte anzurufen (Art. 19 Nr. 2 Brüssel Ia-VO [= Art. 17 Nr. 2 LugÜ]). Ferner sind Vereinbarungen zulässig, wenn der Verbraucher und sein Vertragspartner im Zeitpunkt des Vertragsschlusses ihren Wohnsitz oder gewöhnlichen Aufenthalt in demselben Staat haben und die Zuständigkeit der Gerichte dieses Staates begründet wird, es sei denn, eine solche Vereinbarung ist nach dem Recht dieses Staates nicht zulässig (Art. 19 Nr. 3 Brüssel Ia-VO [= Art. 17 Nr. 3 LugÜ]).

II. Deutsches Recht

118 Das nationale Recht kennt keine einheitliche Bestimmung für die internationale Zuständigkeit in Verbrauchersachen. Es enthält jedoch Sonderregeln für einzelne Bereiche. Sie sehen im Allgemeinen **für den Konsumenten einen Klägergerichtsstand** vor,[252] so für Haustürgeschäfte (§ 29c Abs. 1 ZPO).[253] Ferner gelten neben der allgemeinen Vorschrift des § 38 ZPO (→ Rom I-VO Vor Art. 1 Rn. 77 ff.) besondere Beschränkungen für **Gerichtsstandsvereinbarungen** (§ 29c Abs. 3 ZPO).

Art. 46c EGBGB Pauschalreisen und verbundene Reiseleistungen

(1) Hat der Reiseveranstalter im Zeitpunkt des Vertragsschlusses seine Niederlassung im Sinne des § 4 Absatz 3 der Gewerbeordnung weder in einem Mitgliedstaat der Europäischen Union noch in einem anderen Vertragsstaat des Abkommens über den Europäischen Wirtschaftsraum und

1. schließt der Reiseveranstalter in einem Mitgliedstaat der Europäischen Union oder einem anderen Vertragsstaat des Abkommens über den Europäischen Wirtschaftsraum Pauschalreiseverträge oder bietet er in einem dieser Staaten an, solche Verträge zu schließen, oder

2. richtet der Reiseveranstalter seine Tätigkeit im Sinne der Nummer 1 auf einen Mitgliedstaat der Europäischen Union oder einen anderen Vertragsstaat des Abkommens über den Europäischen Wirtschaftsraum aus,

so sind die sachrechtlichen Vorschriften anzuwenden, die der in Nummer 1 oder Nummer 2 genannte Staat zur Umsetzung des Artikels 17 der Richtlinie (EU) 2015/2302 des Europäischen Parlaments und des Rates vom 25. November 2015 über Pauschalreisen und verbundene Reiseleistungen, zur Änderung der Verordnung (EG) Nr. 2006/2004 und der Richtlinie 2011/83/EU des Europäischen Parlaments und des Rates sowie zur Aufhebung der Richtlinie 90/314/EWG des Rates (ABl. L 326 vom 11.12.2015, S. 1) erlassen hat, sofern der Vertrag in den Bereich dieser Tätigkeit fällt.

(2) Hat der Vermittler verbundener Reiseleistungen im Zeitpunkt des Vertragsschlusses seine Niederlassung im Sinne des § 4 Absatz 3 der Gewerbeordnung weder in einem Mitgliedstaat der Europäischen Union noch einem anderen Vertragsstaat des Abkommens über den Europäischen Wirtschaftsraum und

1. vermittelt er verbundene Reiseleistungen in einem Mitgliedstaat der Europäischen Union oder einem anderen Vertragsstaat des Abkommens über den Europäischen Wirtschaftsraum oder bietet er sie dort zur Vermittlung an oder

2. richtet er seine Vermittlungstätigkeit auf einen Mitgliedstaat der Europäischen Union oder einen anderen Vertragsstaat des Abkommens über den Europäischen Wirtschaftsraum aus,

so sind die sachrechtlichen Vorschriften anzuwenden, die der in Nummer 1 oder Nummer 2 genannte Staat zur Umsetzung des Artikels 19 Absatz 1 in Verbindung mit Artikel 17 und des Artikels 19 Absatz 3 der Richtlinie (EU) 2015/2302 erlassen hat, sofern der Vertrag in den Bereich dieser Tätigkeit fällt.

(3) Hat der Vermittler verbundener Reiseleistungen in dem nach Artikel 251 § 1 maßgeblichen Zeitpunkt seine Niederlassung im Sinne des § 4 Absatz 3 der Gewerbeordnung weder in einem Mitgliedstaat der Europäischen Union noch in einem anderen Vertragsstaat des Abkommens über den Europäischen Wirtschaftsraum und richtet er seine Vermittlungstätigkeit auf einen Mitgliedstaat der Europäischen Union oder einen anderen Vertragsstaat des Abkommens über den Europäischen Wirtschaftsraum aus, so sind die sachrechtlichen Vorschriften anzuwenden, die der Staat, auf den die Vermittlungstätigkeit ausgerichtet

[252] Näher *Geimer* IZPR Rn. 1285 ff.

[253] Zum früheren § 7 Abs. 1 HaustürWG *Jayme* FS Nagel, 1987, 125 ff.

ist, zur Umsetzung des Artikels 19 Absatz 2 und 3 der Richtlinie (EU) 2015/2302 erlassen hat, sofern der in Aussicht genommene Vertrag in den Bereich dieser Tätigkeit fällt.

Übersicht

I. Normzweck

Art. 46c ist anlässlich der Reform des Reiserechts mWv 1.7.2018 eingefügt worden.[1] Der bisherige Art. 46c ist zu Art. 46d geworden. Der neue Art. 46c will – entgegen seiner zu weit gefassten Überschrift – im Einklang mit der Pauschalreise-RL lediglich bewirken, dass ihre Vorschriften in Bezug auf den Insolvenzschutz und auf Informationen hinsichtlich verbundener Reiseleistungen auch für nicht in einem Mitgliedstaat niedergelassene Unternehmer gelten (Erwägungsgrund Nr. 50 Pauschalreise-RL). Art. 46c dient der Umsetzung der international-privatrechtlichen Komponente der Art. 17 Pauschalreise-RL (Wirksamkeit und Umfang des Insolvenzschutzes) und Art. 19 Abs. 1–3 Pauschalreise-RL (Insolvenzschutz und Informationspflichten bei verbundenen Reiseleistungen). Die Richtlinie hat vor der Rom I-VO Vorrang gemäß Art. 23 Rom I-VO.[2] Wie § 651s BGB (Insolvenzsicherung) geht Art. 46c davon aus, dass die Richtlinie auch für die EWR-Staaten gilt. Abs. 1 betrifft den Reiseveranstalter. Die Abs. 2 und 3 beschäftigen sich mit dem Vermittler. Rechtstechnisch folgen die Abs. 1–3 weitgehend der Konzeption des Art. 46b. Art. 46c ist eine mehrseitige Kollisionsnorm.[3] 1

Die Vorschrift kommt **seit 1.7.2018** zur Anwendung.[4] Den Vorrang einschlägiger internationaler Übereinkommen stellt § 651p Abs. 2 BGB klar. 2

II. Erfasste Pauschalreiseverträge, Vermittlungen und Vermittlungstätigkeiten

Art. 46c erfasst bestimmte Pauschalreiseverträge (Abs. 1), Vermittlungen (Abs. 2), und Vermittlungstätigkeiten (Abs. 3). Nach Abs. 1–3 kommt es darauf an, dass der Reiseveranstalter oder Vermittler **seine Niederlassung weder in einem EU-Staat, noch in einem EWR-Staat** besitzt. **„Niederlassung"** wird in Art. 3 Nr. 10 Pauschalreise-RL definiert als eine Niederlassung iSd Art. 4 Nr. 5 Dienstleistungs-RL. Diese Vorschrift ist in Deutschland durch § 4 Abs. 3 GewO umgesetzt worden.[5] Danach besteht eine Niederlassung, wenn eine selbständige gewerbsmäßige Tätigkeit auf unbestimmte Zeit und mittels einer festen Einrichtung von dieser aus tatsächlich ausgeübt wird. 3

Pauschalreisevertrag ist ein Vertrag über eine Pauschalreise als Ganzes oder, wenn die Reise auf der Grundlage separater Verträge angeboten wird, alle Verträge über die in der Pauschalreise zusammengefassten Reiseleistungen (Art. 3 Nr. 3 Pauschalreise-RL; § 651a Abs. 1 BGB). „Pauschalreise" ist eine Kombination aus mindestens zwei verschiedenen Arten von Reiseleistungen für den Zweck derselben Reise (Art. 3 Nr. 2 Pauschalreise-RL; § 651a Abs. 2 BGB). Der Reisende muss kein Verbraucher sein.[6] 4

Bei der Vermittlung ist der **Zeitpunkt** des Vertragsschlusses entscheidend (Abs. 1, 2). Für die bloße Vermittlungstätigkeit kommt es auf den nach Art. 251 § 1 maßgeblichen Zeitpunkt an. Danach muss die Unterrichtung des Reisenden erfolgen, bevor dieser eine Vertragserklärung betreffend einen Vertrag über eine Reiseleistung abgibt, dessen Zustandekommen bewirkt, dass eine Vermittlung verbundener Reiseleistungen erfolgt ist.[7] 5

Abs. 1–3 nennen als eine Alternative ein **Ausrichten der Tätigkeit.** Dieser Begriff ist ebenso wie in Art. 46b Abs. 2 Nr. 2 auszulegen[8] (→ Art. 46b Rn. 56 ff.; → Rom I-VO Art. 6 Rn. 43 ff.). 6

[1] Art. 2 Nr. 3 Drittes Gesetz zur Änderung reiserechtlicher Vorschriften vom 17.7.2017 (BGBl. 2017 I 2394).
[2] Grüneberg/*Thorn* Rn. 1.
[3] Reithmann/Martiny IntVertragsR/*Mankowski* Rn. 15-92.
[4] Art. 7 S. 1 Drittes Gesetz zur Änderung reiserechtlicher Vorschriften vom 17.7.2017 (BGBl. 2017 I 2394).
[5] BT-Drs. 16/12784, 14.
[6] Reithmann/Martiny IntVertragsR/*Mankowski* Rn. 15.89.
[7] PWW/*Remien*/*Segger-Piening* Rn. 2.
[8] PWW/*Remien*/*Segger-Piening* Rn. 1.

III. Reiseveranstalter (Abs. 1)

7 Abs. 1 dient der Umsetzung der international-privatrechtlichen Komponente des Art. 17 Pauschalreise-RL über Wirksamkeit und Umfang des Insolvenzschutzes. **Reiseveranstalter** ist ein Unternehmer, der entweder direkt oder über einen anderen Unternehmer oder gemeinsam mit einem anderen Unternehmer Pauschalreisen zusammenstellt und verkauft oder zum Verkauf anbietet, oder den Unternehmer, der die Daten des Reisenden im Einklang mit Nr. 2 lit. b Ziff. v an einen anderen Unternehmer übermittelt (vgl. Art. 3 Nr. 8 Pauschalreise-RL; § 651a Abs. 1 BGB).

8 Nach Abs. 1 Nr. 1 kommt es (in Durchführung von Art. 17 Abs. 1 UAbs. 2 Pauschalreise-RL) auf den Abschluss des Vertrages oder das Anbieten an. Gem. Abs. 1 Nr. 2 ist (in Einklang mit Art. 17 Abs. 1 UAbs. 2 Pauschalreise-RL) die Ausrichtung der Tätigkeit entscheidend (→ Art. 46b Rn. 56 ff.; → Rom I-VO Art. 6 Rn. 43 ff.). Anzuwenden sind die sachrechtlichen Vorschriften, die der Staat, in dem der Vertragsschluss stattfand oder das Angebot erfolgte oder auf den die Tätigkeit ausgerichtet war, zur Umsetzung des Art. 17 Pauschalreise-RL erlassen hat. Im deutschen Recht finden sie sich in § 651v Abs. 3 BGB und Art. 250.[9]

IV. Vermittlung (Abs. 2)

9 Abs. 2 dient der Umsetzung der international-privatrechtlichen Komponente des Art. 19 Abs. 1 iVm Art. 17 Pauschalreise-RL (Insolvenzschutz). **Reisevermittler** ist ein anderer Unternehmer als der Reiseveranstalter, der von einem Reiseveranstalter zusammengestellte Pauschalreisen verkauft oder zum Verkauf anbietet (vgl. Art. 3 Nr. 9 Pauschalreise-RL; § 651w Abs. 1 BGB). Es kommt darauf an, dass der Reisevermittler seine **Niederlassung weder in einem EU-Staat, noch in einem EWR-Staat** besitzt (→ Rn. 3).

10 Beim Insolvenzschutz kommt es – wie in Abs. 1 – auf den Zeitpunkt des Vertragsschlusses an (→ Rn. 5). In Abs. 2 Nr. 1 entscheidet (in Einklang mit Art. 17 Abs. 1 UAbs. 2 Pauschalreise-RL) die Vermittlung. In Abs. 2 Nr. 2 kommt es (in Einklang mit Art. 17 Abs. 1 UAbs. 2 Pauschalreise-RL) auf die Ausrichtung der Vermittlungstätigkeit an (→ Art. 46b Rn. 56 ff.; → Rom I-VO Art. 6 Rn. 43 ff.).

11 Anzuwenden sind die sachrechtlichen Vorschriften, die der Staat, in dem die Vermittlung stattfand oder auf den die Vermittlungstätigkeit ausgerichtet war, zur Umsetzung des Art. 19 Abs. 1 Pauschalreise-RL iVm Art. 17 Pauschalreise-RL und Art. 19 Abs. 3 Pauschalreise-RL erlassen hat. Im deutschen Recht finden sie sich in § 651v Abs. 3 BGB und Art. 250.

V. Vermittlungstätigkeit (Abs. 3)

12 Abs. 3 dient der Umsetzung der international-privatrechtlichen Komponente des Art. 19 Abs. 2 und 3 Pauschalreise-RL (Informationspflichten). Da es in diesen Sachverhalten nicht zwingend zu einem Vertragsschluss kommen muss, ist hierbei der Zeitpunkt nach Art. 251 § 1 EGBGB maßgeblich. Die Worte „der in Aussicht genommene Vertrag" tragen dem Umstand Rechnung, dass die Informationspflichten nach Art. 19 Abs. 2 Pauschalreise-RL vor Vertragsschluss zu erfüllen sind. Nach Abs. 3 kommt es auf die Ausrichtung der Vermittlungstätigkeit an (→ Art. 46b Rn. 56 ff.; → Rom I-VO Art. 6 Rn. 43 ff.).

13 Es handelt sich um eine Sachnormverweisung.[10] Anzuwenden sind die sachrechtlichen Vorschriften, die der Staat, auf den die Vermittlungstätigkeit ausgerichtet ist, zur Umsetzung des Art. 19 Abs. 2 und 3 Pauschalreise-RL erlassen hat. Im deutschen Recht finden sie sich in § 651v Abs. 3 BGB und Art. 250.

Dritter Unterabschnitt. Durchführung der Verordnung (EG) Nr. 593/2008

Art. 46d EGBGB Pflichtversicherungsverträge

(1) Ein Versicherungsvertrag über Risiken, für die ein Mitgliedstaat der Europäischen Union oder ein anderer Vertragsstaat des Abkommens über den Europäischen Wirtschaftsraum eine Versicherungspflicht vorschreibt, unterliegt dem Recht dieses Staates, sofern dieser dessen Anwendung vorschreibt.

(2) Ein über eine Pflichtversicherung abgeschlossener Vertrag unterliegt deutschem Recht, wenn die gesetzliche Verpflichtung zu seinem Abschluss auf deutschem Recht beruht.

---

9 PWW/*Remien/Segger-Piening* Rn. 7.

10 Reithmann/Martiny IntVertragsR/*Mankowski* Rn. 15.92.

Schrifttum: allgemeines Schrifttum zum IVR s. Vor Art. 1 Rom I-VO; zum internationalen Versicherungsrecht s. Art. 7 Rom I-VO; Looschelders/Pohlmann (Hrsg.), VVG – Versicherungsvertragsgesetz, 3. Aufl. 2016; *E. Lorenz,* Die Umsetzung der internationalprivatrechtlichen Bestimmungen der Zweiten Schadensversicherungsrichtlinie (88/357/EWG) zur Regelung der Direktversicherung der in der EWG belegenen Risiken, in Stoll, Stellungnahmen und Gutachten zum Europäischen Internationalen Zivilverfahrens- und Versicherungsrecht, 1991, 210; *W.-H. Roth,* Internationales Versicherungsvertragsrecht, 1985; Stiefel/Maier (Hrsg.), Kraftfahrtversicherung: AKB, 19. Aufl. 2017.

Übersicht

I. Normzweck

1 Im Rahmen der Umsetzung der neuen Pauschalreise-RL ist der bisherige Art. 46c ohne inhaltliche Änderung zu Art. 46d geworden.[1] Art. 46d enthält eine Sonderregelung für die Pflichtversicherung.[2] Der durch Gesetz vom 25.6.2009 (BGBl. 2009 I 1574) eingeführte Art. 46d ist Nachfolger von Art. 12 EGVVG. Die Vorschrift ist am 17.12.2009 in Kraft getreten (Art. 3 Gesetz vom 25.6.2009). Für Versicherungsverträge gilt die einheitliche Regelung des Art. 7 Rom I-VO. Danach sind grundsätzlich die Abs. 2 (Großrisiken) und Abs. 3 (Massenrisiken) auch auf Pflichtversicherungsverträge anzuwenden.[3] Für die Pflichtversicherung darf sich aber bei Widersprüchen das die **Versicherung vorschreibende Recht gegen die Rechtsordnung des Risikolandes durchsetzen** (Abs. 4 lit. a).[4] Art. 7 Abs. 4 lit. b Rom I-VO enthält ferner für die Pflichtversicherung noch eine besondere Regelung. Danach ist eine Abweichung von Art. 7 Abs. 2 Rom I-VO, der die Rechtswahl zulässt und eine objektive Anknüpfung an den gewöhnlichen Aufenthaltsort des Versicherers regelt, möglich. Gleiches gilt für Abs. 3, der für Massenrisiken eine begrenzte Rechtswahl gestattet und im Übrigen an die Risikobelegenheit anknüpft.

2 Der nationale Gesetzgeber kann vorschreiben, dass die Pflichtversicherung dem Recht desjenigen Staates unterliegt, welcher die Versicherungspflicht vorschreibt. Deutschland hat von der Öffnungsklausel des Art. 7 Abs. 4 lit. b Rom I-VO Gebrauch gemacht und eine nationale Sonderregelung für die Pflichtversicherung eingeführt bzw. beibehalten. Dies ist in Art. 46d Abs. 1 für ausländische Mitgliedstaaten und in Abs. 2 für das Inland geschehen. Sinn der Sonderkollisionsnorm ist es, öffentlich-rechtlichen Versicherungspflichten, dem öffentlichen Interesse an effektivem Versicherungsschutz sowie den besonderen rechtlichen Verhältnissen des eine Pflichtversicherung vorschreibenden Staates zu entsprechen.[5]

3 Die Norm des Art. 7 Abs. 4 lit. b Rom I-VO kann man nicht als klassische Kollisionsnorm ansehen. Vielmehr liegt es nahe, insoweit eine **Sonderanknüpfung** anzunehmen.[6] Dementsprechend ist die Einschränkung der gewöhnlichen Anknüpfungsregeln so zu verstehen, dass das ausländische Recht befragt wird, ob es seine Anwendung will.[7] Ist das nicht der Fall, so erfolgt eine normale Anknüpfung. Die deutsche Regelung unterscheidet genauer, indem sie einerseits für das eigene Recht anordnet, dass es angewendet werden will (Abs. 2) und sodann für ausländische Pflichtversicherungen Bezug auf das ausländische Recht nimmt (Abs. 1).[8]

---

[1] Art. 2 Nr. 5 Drittes ÄndG reiserechtlicher Vorschriften vom 17.7.2017 (BGBl. 2017 I 2394).

[2] Art. 1 Nr. 8 Gesetz zur Anpassung der Vorschriften des IPR an die VO (EG) 593/2008 vom 25.6.2009 (BGBl. 2009 I 1574); dazu *Martiny* RIW 2009, 737 (748 ff.).

[3] *Fricke* VersR 2008, 443 (449).

[4] BeckOGK/*Lüttringhaus,* 1.12.2023, Rn. 13. Darin sieht nur eine aufsichtsrechtliche Aussage Beckmann/Matusche-Beckmann VersR-HdB/*W.-H. Roth* § 4 Rn. 98.

[5] Näher *Martiny* RIW 2009, 737 (750). Schon früher nahm man an, dass der Zwang zum Abschluss einer Fluggastversicherung (§ 50 S. 1 LuftVG) nicht dem Statut des Beförderungsvertrages unterliegt, sondern aus der Lufthoheit der BRepD folgt, BGHZ 75, 183 = NJW 1980, 524.

[6] Bruck/Möller/*Dörner* Rn. 1 f.; Staudinger/*Armbrüster,* 2021, Rn. 4; so ausdrücklich zur früheren deutschen Umsetzung *Basedow/Drasch* NJW 1991, 785 (793 f.).

[7] Vgl. Staudinger/*Armbrüster,* 2021, Rn. 8.

[8] Vgl. zu Art. 12 EGVVG *Dubuisson,* Le droit applicable au contrat d'assurance dans un espace communautaire intégré, Diss. Louvain 1994, Nr. 657.

II. Zwingende Rechtsanwendung (Abs. 1)

4 **1. Versicherungspflicht durch Mitgliedstaat.** Nach Abs. 1 unterliegt ein Versicherungsvertrag, für den ein Mitgliedstaat eine Versicherungspflicht vorschreibt, dem Recht dieses Staates, sofern dieser dessen **Anwendung vorschreibt.** Hierdurch wird die allgemeine Regelung des Art. 7 Rom I-VO für die Pflichtversicherung, insbesondere die Rechtswahlmöglichkeit, weitgehend ausgeschlossen.[9] Entscheidend ist, ob das Sachrecht dieses Staates die Versicherung nach seinem Recht vorschreibt bzw. sich die Verpflichtung diesem Recht entnehmen lässt.[10] Den EU-Mitgliedstaaten sind die Vertragsstaaten des EWR-Abkommens gleichgestellt.[11]

5 Verlangt das Recht eines ausländischen Mitgliedstaates zwar den Abschluss einer Pflichtversicherung, **schreibt es aber seine Anwendung nicht vor,** so scheidet eine Sonderanknüpfung aus. Von der Durchsetzung des ausländischen Rechts der Pflichtversicherung wird daher abgesehen, wenn dieses gar nicht angewendet werden will.[12] Damit macht Deutschland zwar in Abs. 2 von der Ausnahme für sich selbst uneingeschränkt Gebrauch, für das Ausland aber nur soweit, als dies auch der ausländische Staat tut („bedingte Verweisung“[13]). Deutschland weicht damit zwar vom Wortlaut der Verordnung ab. Dies ist aber verordnungskonform, da es dem Vereinheitlichungszweck dient und der Dienstleistungsfreiheit entspricht.[14] Ferner dient es dem Entscheidungseinklang.[15]

6 Möglich ist, dass **mehrere Risiken in unterschiedlichen Staaten** belegen sind. In solchen Fällen kommt es nach Art. 7 Abs. 5 Rom I-VO zu einer getrennten Anknüpfung (Vertragsspaltung). Wird von einer der Rechtsordnungen keine Pflichtversicherung vorgeschrieben, so bleibt diese außer Betracht, so dass Art. 46d nicht eingreift.[16]

7 In Bezug auf **dasselbe Risiko** können mehrere konkurrierende Versicherungspflichten bestehen. Insofern ist auf das Recht des Staates abzustellen, zu dem die engsten Verbindungen bestehen.[17] Dies führt regelmäßig zum Staat der Risikobelegenheit.[18] Dies hat die Rspr. für Rückgriffsansprüche unter Haftpflichtversicherern[19] und auch für den Innenregress unter Kfz-Haftpflichtversicherern[20] angenommen. Hiergegen werden freilich Bedenken erhoben, wie weit mit dem Schwerpunktansatz die Statutenspaltung überspielt werden darf.[21]

8 Greift Abs. 1 nicht ein, so richtet sich das anwendbare Recht nach der Grundanknüpfung des Art. 7 Abs. 2 und 3 Rom I-VO.[22] Auch in diesem Fall ist allerdings Art. 7 Abs. 4 lit. a Rom I-VO zu beachten.[23] Danach hat nämlich das Recht des Mitgliedstaats, der die Versicherungspflicht vorschreibt, stets Vorrang vor dem Recht des Mitgliedstaats, in dem das Risiko belegen ist, falls diese Rechtsordnungen sich widersprechen.

9 Nicht ausdrücklich geregelt ist der Fall, dass die Versicherungspflicht für ein Massenrisiko (etwa eine Pflichthaftpflichtversicherung) durch einen Mitgliedstaat angeordnet wird, das **Risiko** jedoch – kollisionsrechtlich gesehen – **in einem Nichtmitgliedstaat belegen** ist (zB gewöhnlicher Aufenthalt des Versicherungsnehmers). Die Anknüpfung des Versicherungsvertrages erfolgt in einem solchen Fall an sich nicht nach Art. 7 Rom I-VO (→ Rom I-VO Art. 7 Rn. 46). Gleichwohl spricht

---

9 BGH NJW-RR 2021, 697 = VersR 2021, 572 mAnm *Zwickel* = NVZ 2021, 310 mAnm *Staudinger* = EuZW 2021, 503 mAnm *Finkelmeier* Rn. 32; Bruck/Möller/*Dörner* Rn. 11; PWW/*Ehling* Rn. 1; jurisPK-BGB/*Junker* Rn. 1.

10 BGH NJW-RR 2023, 1146 = VersR 2023, 1104; Bruck/Möller/*Dörner* Rn. 9 f.; PWW/*Ehling* Rn. 3.

11 BeckOGK/*Lüttringhaus,* 1.12.2023, Rn. 12.

12 Diese Einschränkung in Art. 12 EGVVG lobt ausdrücklich *Dubuisson,* Le droit applicable au contrat d'assurance dans un espace communautaire intégré, Diss. Louvain 1994, Nr. 657.

13 Bruck/Möller/*Dörner* Rn. 8.

14 Bruck/Möller/*Dörner* Rn. 10; näher zum alten Recht *Uebel,* Die deutschen Kollisionsnormen für (Erst-)Versicherungsverträge mit Ausnahme der Lebensversicherung über in der Europäischen Wirtschaftsgemeinschaft belegene Risiken, 1994, 363 ff.

15 So auch zu Art. 12 EGVVG *Hahn,* Die „europäischen“ Kollisionsnormen für Versicherungsverträge, 1992, 61.

16 NK-BGB/*Leible* Rn. 13; Staudinger/*Armbrüster,* 2021, Rn. 8.

17 BGH NJW-RR 2020, 802 Rn. 18 = VersR 2020, 614 = IPRax 2021, 282 unter Bezugnahme auf den Rechtsgedanken des Art. 4 Abs. 4 Rom I-VO; BGH VersR 2023, 1104 = NJW-RR 2023, 1146 = IPRax 2024, 227 mAufs. *Rieländer* IPRax 2024, 200 Rn. 19 für rumänischen Haftpflichtversicherer; MüKoVVG/*Looschelders* IntVersR Rn. 113; Staudinger/*Armbrüster,* 2021, Rn. 9.

18 BGH NJW-RR 2020, 802 Rn. 19 = VersR 2020, 614; NJW-RR 2023, 1146 = VersR 2023, 1104; Staudinger/*Armbrüster,* 2021, Rn. 9.

19 BGH EuZW 2020, 580 Rn. 16.

20 Dahin gestellt in BGH EuZW 2021, 503 Rn. 34.

21 BeckOGK/*Lüttringhaus,* 1.12.2023, Rn. 23.

22 PWW/*Ehling* Rn. 3; s. auch Soergel/*v. Hoffmann* Art. 37 Rn. 128.

23 Reithmann/Martiny IntVertragsR/*Loacker/Grolimund* Rn. 36.58.

das öffentliche Interesse des die Pflichtversicherung verlangenden Mitgliedstaats dafür, hier in Analogie zu Art. 7 Abs. 4 lit. a S. 2 Rom I-VO eine Anknüpfung an das Recht des anordnenden Staates vorzunehmen.[24]

2. Versicherungspflicht durch Nicht-Mitgliedstaat. Nicht geregelt ist der Fall, dass eine Versicherungspflicht auf dem Recht eines Nicht-EU/EWR-Staates beruht. Insofern ist bereits problematisch, wie weit die europäische Regelung reicht. Art. 7 Rom I-VO beschränkt seine Geltung für Massenrisiken auf Versicherungsverträge, bei denen das versicherte Risiko in einem Mitgliedstaat liegt (Abs. 1 S. 1). Diese Versicherungsverträge werden zwar von der Rom I-VO erfasst, es kommen jedoch lediglich die allgemeinen Vorschriften der Art. 3 ff. Rom I-VO zur Anwendung (→ Rom I-VO Art. 7 Rn. 16).[25] Da für diese Verträge Art. 7 Rom I-VO nicht eingreift, gelangt auch Art. 7 Abs. 4 Rom I-VO nicht zur Geltung. Damit kommt auch die Ermächtigung des nationalen Gesetzgebers nach Abs. 4 lit. b nicht zum Zuge.[26] Art. 46d EGBGB bezieht sich schon nach seinem Wortlaut nicht auf solche Nicht-Mitgliedstaaten. Man wird auch annehmen müssen, dass der Anwendungsbereich der deutschen Vorschrift nicht weiter gehen kann, als der Art. 7 Abs. 4 lit. b Rom I-VO, auf dem sie beruht.[27] Folglich besteht hier eine Lücke, die aber bereits von der europäischen Regelung verursacht wird. Daher wird zum Teil angenommen, insoweit Art. 7 Abs. 4 Rom I-VO analog anzuwenden.[28] Auf diese Weise kann in Anbetracht der gleichartigen Interessenlage auf den Staat der Pflichtversicherung Rücksicht genommen werden.[29] Man könnte auch daran denken, drittstaatliches Recht als Eingriffsnorm über Art. 9 Abs. 3 Rom I-VO in Betracht zu ziehen. Eine Unwirksamkeit des Versicherungsvertrages iSd Art. 9 wird man aber nicht annehmen können.[30] 10

In einem weiteren Schritt kann dann **Art. 46d entsprechend angewendet** werden.[31] Das Problem bestand schon nach altem Recht; danach wurde eine analoge Anwendung des damaligen Art. 12 EGVVG Abs. 1 befürwortet.[32] Gründe gegen eine Gleichbehandlung waren nach dem seinerzeitigen deutschen Internationalen Versicherungsrecht nicht ersichtlich. Nach jetzigem Recht ist zwar von der europäischen Regelung auszugehen, die aber bereits bei Erlass als ergänzungs- und reformbedürftig angesehen wurde (vgl. Art. 27 Abs. 1 lit. a Rom I-VO). Für die Rechtsanwendung ist anzunehmen, dass der Versicherungsvertrag dem Recht des anordnenden Nichtmitgliedstaats zu unterwerfen ist, vorausgesetzt, dass das Recht dieses Staates angewendet werden will.[33] 11

III. Geltung deutschen Rechts (Abs. 2)

1. Grundsatz. Nach Abs. 2 unterliegt ein über eine Pflichtversicherung abgeschlossener Vertrag deutschem Recht, wenn die gesetzliche Verpflichtung zu seinem Abschluss auf deutschem Recht beruht. Dies kommt vor allem für Pflichthaftversicherungen in Betracht.[34] Es ist vor allem der Fall für Kraftfahrzeuge; hier darf kein ausländisches Recht vereinbart werden (§ 1 PflVG).[35] Häufig wird ein Inlandsbezug, wie ein inländischer Standort, vorausgesetzt.[36] Auf die Belegenheit des Risikos kommt es nicht an.[37] Das gilt auch für den Innenregress zwischen Haftpflichtversicherer und Versi- 12

[24] BeckOGK/*Lüttringhaus,* 1.12.2023, Rn. 14; Bruck/Möller/*Dörner* Rn. 6; PWW/*Ehling* Rn. 2; Rauscher/*Wendt* Rom I-VO Art. 7 Rn. 26; Staudinger/*Armbrüster,* 2021, Rn. 6; anders Looschelders/Pohlmann/*Schäfer* IntVersR Rn. 114.

[25] Bruck/Möller/*Dörner* Rn. 5; krit. *Fricke* VersR 2008, 443 (450).

[26] PWW/*Ehling* Rn. 2.

[27] PWW/*Ehling* Rn. 2.

[28] Bruck/Möller/*Dörner* Rn. 5; PWW/*Ehling* Rn. 2; NK-BGB/*Leible* Rn. 7; Staudinger/*Armbrüster,* 2021, Rom I-VO Art. 7 Rn. 22; abl. Beckmann/Matusche-Beckmann VersR-HdB/*W.-H. Roth* § 4 Rn. 96; wohl auch BeckOGK/*Lüttringhaus,* 1.12.2023, Rn. 19.

[29] Näher *Heinze* NIPR 2009, 445 (450 f.).

[30] BeckOGK/*Lüttringhaus,* 1.12.2023, EGBGB Art. 46d Rn. 21.

[31] Bruck/Möller/*Dörner* Rn. 5; PWW/*Ehling* Rn. 2.

[32] *E. Lorenz* in Stoll, Stellungnahmen und Gutachten zum Europäischen Internationalen Zivilverfahrens- und Versicherungsrecht, 1991, 210 (234); Soergel/*v. Hoffmann* Art. 37 Rn. 128.

[33] Bruck/Möller/*Dörner* Rn. 5; anders BeckOGK/*Lüttringhaus,* 1.12.2023, Rn. 19; MüKoVVG/*Looschelders* IntVersR Rn. 106: außer bei EWR-Staat.

[34] Bruck/Möller/*Dörner* Rn. 21.

[35] BGH NJW-RR 2021, 697 = VersR 2021, 572 mAnm *Zwickel* = NVZ 2021, 310 mAnm *Staudinger* = EuZW 2021, 503 mAnm *Finkelmeier* = LMK 2021, 812030 mAnm *Pfeiffer; Gal* TranspR 2022, 465 (473): aber Uminterpretation zu materiell-rechtlicher Verweisung; Reithmann/Martiny IntVertragsR/*Loacker*/*Grolimund* Rn. 36.57; Bruck/Möller/*Dörner* Rn. 21; zu weiteren Fällen auch jurisPK-BGB/*Junker* Rn. 12.

[36] Näher Bruck/Möller/*Dörner* Rn. 23.

[37] Bruck/Möller/*Dörner* Rn. 24.

cherungsnehmer[38] (zum Gespannregress → Rom I-VO Art. 16 Rn. 6; → Rom II-VO Art. 19 Rn. 9).

13 Einem Versicherungsvertrag in der **Kraftfahrtversicherung** liegen in der Regel die **Allgemeinen Bedingungen für die Kraftfahrtversicherung (AKB 2015)** zu Grunde, welche den Versicherungsschutz grundsätzlich auf die EU und Europa erstrecken (A 1.4.1 AKB 2015).[39] Inhalt und Umfang des Versicherungsverhältnisses werden daher auch dann von deutschem Recht bestimmt, wenn der Versicherungsfall in einem anderen europäischen Land eintritt.[40] Der Versicherungsschutz richtet sich nach dem im Besuchsland gesetzlich vorgeschriebenen Versicherungsumfang, mindestens jedoch nach dem Umfang des Versicherungsvertrags (A.1.4.1 AKB 2015). Soweit **Fahrzeuge mit ausländischem Standort** in Deutschland am Straßenverkehr teilnehmen, unterliegen sie der Pflichtversicherung auf Grund des PflVAuslG.[41] Nach § 4 PflVAuslG gelten auch für die ausländischen Kraftfahrzeuge bzw. deren Versicherer die Bestimmungen über die Verbindlichkeit der AKB 2015 sowie über die Mindestversicherungssummen.[42] Geht die Versicherungspflicht des Versicherers nach dem Versicherungsvertrag darüber hinaus, so gilt die günstigere Regelung.[43] Die gegenüber den EU-Staaten und einer Reihe anderer europäischer Länder nicht mehr erforderliche **„Grüne Versicherungskarte"**[44] (näher → Rom II-VO Art. 18 Rn. 15 ff.) ist eine Versicherungsbescheinigung iSv § 1 Abs. 2 PflVAuslG. Dabei rückt der inländische Versicherungsverband in die Verpflichtungen aus dem mit einem ausländischen Versicherer geschlossenen Vertrag ein.[45] Fehlt die Versicherungsbescheinigung, so ist eine Grenzversicherung mit einem deutschen Versicherer abzuschließen, die deutschem Recht unterliegt.[46]

14 Auch weiterte Pflichtversicherungen gehören hierher. Eine Versicherungspflicht besteht für Halter von Luftfahrzeugen, Luftverkehrsunternehmer in Deutschland eingetragene Luftfahrzeuge (§ 2 Abs. 1 Nr. 2 LuftVG, § 43 Abs. 1 LuftVG).[47] Erfasst werden auch Berufshaftpflichtversicherungen (zB für Anwälte §§ 51, 59j BRAO).[48] Auch die substitutive Krankenversicherung (§ 193 Abs. 3 VVG iVm § 23 Abs. 1 SGB XI) wird von Art. 46d erfasst.[49] Das gleiche gilt für die private Pflegeversicherung, soweit sie eine Pflichtversicherung darstellt.[50] Gemeint ist ferner die Transporthaftpflichtversicherung (§ 7a GüKG).[51] Zu nennen ist ebenfalls die Eisenbahnhaftpflichtversicherung (§ 14 AEG).[52] Schließlich fällt in den Anwendungsbereich die Jagdhaftpflichtversicherung (§ 17 Abs. 1 S. 1 Nr. 4 BJagdG).[53]

15 Die Anknüpfung des **Direktanspruchs gegen den Versicherer** erfolgt nicht nach Internationalem Vertragsrecht; hierfür gilt vielmehr Art. 18 Rom II-VO bzw. Art. 40 Abs. 4.[54] Ob bei Ableben des Versicherten die Kapitalentschädigung aus einer **Fluggastunfallversicherung** in den Nachlass fällt, entscheidet das Versicherungsvertragsstatut.[55] Ob die Bezugsberechtigung dem Vertragsstatut oder dem Erbstatut unterliegt, ist str.[56]

16 **2. Ausnahmen.** Früher schloss Art. 12 Abs. 2 S. 2 EGVVG die Regel des Abs. 2 S. 1 aus, wenn durch Gesetz oder auf Grund eines Gesetzes etwas anderes bestimmt ist. Das war dann der

---

38 OLG Schleswig SchlHA 2020, 229.

39 Text in van Bühren (Hrsg.), Handbuch des Versicherungsrechts, 7. Aufl. 2017, Anh. H 386 ff.; zum früheren Recht näher *Wandt* NZV 1992, 89 ff.

40 BGH NJW-RR 2020, 802 Rn. 17 = VersR 2020, 614; NJW 1973, 285; OLG Hamm VersR 1972, 732; *Roth,* Internationales Versicherungsvertragsrecht, 1985, 619 Fn. 47.

41 OLG Köln VersR 2021, 846.

42 Vgl. BGH WarnR 1974 Nr. 110 = IPRspr. 1974 Nr. 28.

43 *Roth,* Internationales Versicherungsvertragsrecht, 1985, 616 f.

44 Verordnung über die Kraftfahrzeug-Haftpflichtversicherung ausländischer Kraftfahrzeuge und Kraftfahrzeuganhänger (KFZPflVersAusl) vom 8.5.1974 (BGBl. 1974 I 1062).

45 Näher *Riedmeyer* in Halm/Engelbrecht/Krahe, Handbuch des Fachanwalts Versicherungsrecht, 6. Aufl. 2018, Kap. 6 Rn. 23 ff.

46 *Roth,* Internationales Versicherungsvertragsrecht, 1985, 603.

47 BeckOGK/*Lüttringhaus,* 1.12.2023, Rn. 27.

48 BeckOGK/*Lüttringhaus,* 1.12.2023, Rn. 29.

49 Beckmann/Matusche-Beckmann VersR-HdB/*W.-H. Roth* § 4 Rn. 101; Staudinger/*Armbrüster,* 2021, Rn. 10.

50 BeckOGK/*Lüttringhaus,* 1.12.2023, Rn. 30.

51 BeckOGK/*Lüttringhaus,* 1.12.2023, Rn. 32.

52 BeckOGK/*Lüttringhaus,* 1.12.2023, Rn. 33.

53 BeckOGK/*Lüttringhaus,* 1.12.2023, Rn. 33.

54 Staudinger/*Armbrüster,* 2021, Rn. 12.

55 OLG Köln OLGZ 1975, 1 = VersR 1975, 221; *Roth,* Internationales Versicherungsvertragsrecht, 1985, 637.

56 Für das Vertragsstatut LG Köln VersR 1979, 462; offengelassen von OLG Köln VersR 1980, 155. Die Begünstigung eines Dritten unterstellt generell dem Vertragsstatut *Richter,* Internationales Versicherungsrecht, 1980, 102 f.

Fall, wenn der Nachweis einer den deutschen Vorschriften entsprechenden Versicherung genügte (so zB §§ 99, 102 LuftVZO).[57] Diese Regelung ist nicht in das EGBGB übernommen worden. Gleichwohl besteht auch nach geltendem Recht keine Pflichtversicherung, wenn das deutsche Versicherungsrecht keine inländische Versicherung verlangt.[58] Bestehende Regeln können hingegen als lex specialis durchgesetzt werden.[59]

57 Vgl. *Basedow/Drasch* NJW 1991, 785 (794).

58 Bruck/Möller/*Dörner* Rn. 20.

59 *Armbrüster* FS v. Hoffmann, 2011, 33; Staudinger/*Armbrüster,* 2021, Rn. 2.

Teil 6. Internationales Privatrecht der außervertraglichen Schuldverhältnisse

Verordnung (EG) Nr. 864/2007 des Europäischen Parlaments und des Rates vom 11. Juli 2007 über das auf außervertragliche Schuldverhältnisse anzuwendende Recht (Rom II-VO)

(ABl. EU L 199, 40, berichtigt ABl. EU 2012 L 310, 52)

DAS EUROPÄISCHE PARLAMENT UND DER RAT DER EUROPÄISCHEN UNION

gestützt auf den Vertrag zur Gründung der Europäischen Gemeinschaft, insbesondere auf Artikel 61 Buchstabe c und Artikel 67,

auf Vorschlag der Kommission,

nach Stellungnahme des Europäischen Wirtschafts- und Sozialausschusses,[1]

gemäß dem Verfahren des Artikels 251 des Vertrags, aufgrund des vom Vermittlungsausschuss am 25. Juni 2007 gebilligten gemeinsamen Entwurfs,[2]

in Erwägung nachstehender Gründe:

(1) Die Gemeinschaft hat sich zum Ziel gesetzt, einen Raum der Freiheit, der Sicherheit und des Rechts zu erhalten und weiterzuentwickeln. Zur schrittweisen Schaffung eines solchen Raums muss die Gemeinschaft im Bereich der justiziellen Zusammenarbeit in Zivilsachen, die einen grenzüberschreitenden Bezug aufweisen, Maßnahmen erlassen, soweit sie für das reibungslose Funktionieren des Binnenmarkts erforderlich sind.

(2) Nach Artikel 65 Buchstabe b des Vertrags schließen diese Maßnahmen auch solche ein, die die Vereinbarkeit der in den Mitgliedstaaten geltenden Kollisionsnormen und Vorschriften zur Vermeidung von Kompetenzkonflikten fördern.

(3) Auf seiner Tagung vom 15. und 16. Oktober 1999 in Tampere hat der Europäische Rat den Grundsatz der gegenseitigen Anerkennung von Urteilen und anderen Entscheidungen von Justizbehörden als Eckstein der justiziellen Zusammenarbeit in Zivilsachen unterstützt und den Rat und die Kommission ersucht, ein Maßnahmenprogramm zur Umsetzung dieses Grundsatzes anzunehmen.

(4) Der Rat hat am 30. November 2000 ein gemeinsames Maßnahmenprogramm der Kommission und des Rates zur Umsetzung des Grundsatzes der gegenseitigen Anerkennung gerichtlicher Entscheidungen in Zivil- und Handelssachen[3] angenommen. Nach dem Programm können Maßnahmen zur Harmonisierung der Kollisionsnormen dazu beitragen, die gegenseitige Anerkennung gerichtlicher Entscheidungen zu vereinfachen.

(5) In dem vom Europäischen Rat am 5. November 2004 angenommenen Haager Programm[4] wurde dazu aufgerufen, die Beratungen über die Regelung der Kollisionsnormen für außervertragliche Schuldverhältnisse („Rom II") energisch voranzutreiben.

(6) Um den Ausgang von Rechtsstreitigkeiten vorhersehbar zu machen und die Sicherheit in Bezug auf das anzuwendende Recht sowie den freien Verkehr gerichtlicher Entscheidungen zu fördern, müssen die in den Mitgliedstaaten geltenden Kollisionsnormen im Interesse eines reibungslos funktionierenden Binnenmarkts unabhängig von dem Staat, in dem sich das Gericht befindet, bei dem der Anspruch geltend gemacht wird, dieselben Verweisungen zur Bestimmung des anzuwendenden Rechts vorsehen.

(7) Der materielle Anwendungsbereich und die Bestimmungen dieser Verordnung sollten mit der Verordnung (EG) Nr. 44/2001 des Rates vom 22. Dezember 2000 über die gerichtliche Zuständigkeit und die Anerkennung und Vollstreckung von Entscheidungen in Zivil- und Handelssachen[5] (Brüssel I) und den Instrumenten, die das auf vertragliche Schuldverhältnisse anzuwendende Recht zum Gegenstand haben, in Einklang stehen.

(8) Diese Verordnung ist unabhängig von der Art des angerufenen Gerichts anwendbar.

(9) Forderungen aufgrund von „acta iure imperii" sollten sich auch auf Forderungen gegen im Namen des Staates handelnde Bedienstete und auf die Haftung für Handlungen öffentlicher Stellen erstrecken, einschließlich der

---

1 [Amtl. Anm.:] ABl. C 241 vom 28.9.2004, S. 1.

2 [Amtl. Anm.:] Stellungnahme des Europäischen Parlaments vom 6. Juli 2005 (ABl. C 157 E vom 6.7.2006, S. 371), Gemeinsamer Standpunkt des Rates vom 25. September 2006 (ABl. C 289 E vom 28.11.2006, S. 68) und Standpunkt des Europäischen Parlaments vom 18. Januar 2007 (noch nicht im Amtsblatt veröffentlicht). Legislative Entschließung des Europäischen Parlaments vom 10. Juli 2007 und Beschluss des Rates vom 28. Juni 2007.

3 [Amtl. Anm.:] ABl. C 12 vom 15.1.2001, S. 1.

4 [Amtl. Anm.:] ABl. C 53 vom 3.3.2005, S. 1.

5 [Amtl. Anm.:] ABl. L 12 vom 16.1.2001, S. 1. Zuletzt geändert durch die Verordnung (EG) Nr. 1791/2006 (ABl. L 363 vom 20.12.2006, S. 1).

Haftung amtlich ernannter öffentlicher Bediensteter. Sie sollten daher vom Anwendungsbereich dieser Verordnung ausgenommen werden.

(10) Familienverhältnisse sollten die Verwandtschaft in gerader Linie, die Ehe, die Schwägerschaft und die Verwandtschaft in der Seitenlinie umfassen. Die Bezugnahme in Artikel 1 Absatz 2 auf Verhältnisse, die mit der Ehe oder anderen Familienverhältnissen vergleichbare Wirkungen entfalten, sollte nach dem Recht des Mitgliedstaats, in dem sich das angerufene Gericht befindet, ausgelegt werden.

(11) Der Begriff des außervertraglichen Schuldverhältnisses ist von Mitgliedstaat zu Mitgliedstaat verschieden definiert. Im Sinne dieser Verordnung sollte der Begriff des außervertraglichen Schuldverhältnisses daher als autonomer Begriff verstanden werden. Die in dieser Verordnung enthaltenen Regeln des Kollisionsrechts sollten auch für außervertragliche Schuldverhältnisse aus Gefährdungshaftung gelten.

(12) Das anzuwendende Recht sollte auch für die Frage gelten, wer für eine unerlaubte Handlung haftbar gemacht werden kann.

(13) Wettbewerbsverzerrungen im Verhältnis zwischen Wettbewerbern aus der Gemeinschaft sind vermeidbar, wenn einheitliche Bestimmungen unabhängig von dem durch sie bezeichneten Recht angewandt werden.

(14) Das Erfordernis der Rechtssicherheit und die Notwendigkeit, in jedem Einzelfall Recht zu sprechen, sind wesentliche Anforderungen an einen Rechtsraum. Diese Verordnung bestimmt die Anknüpfungskriterien, die zur Erreichung dieser Ziele am besten geeignet sind. Deshalb sieht diese Verordnung neben einer allgemeinen Regel Sonderregeln und, in bestimmten Fällen, eine „Ausweichklausel" vor, die ein Abweichen von diesen Regeln erlaubt, wenn sich aus der Gesamtheit der Umstände ergibt, dass die unerlaubte Handlung eine offensichtlich engere Verbindung mit einem anderen Staat aufweist. Diese Gesamtregelung schafft einen flexiblen Rahmen kollisionsrechtlicher Regelungen. Sie ermöglicht es dem angerufenen Gericht gleichfalls, Einzelfälle in einer angemessenen Weise zu behandeln.

(15) Zwar wird in nahezu allen Mitgliedstaaten bei außervertraglichen Schuldverhältnissen grundsätzlich von der lex loci delicti commissi ausgegangen, doch wird dieser Grundsatz in der Praxis unterschiedlich angewandt, wenn sich Sachverhaltselemente des Falles über mehrere Staaten erstrecken. Dies führt zu Unsicherheit in Bezug auf das anzuwendende Recht.

(16) Einheitliche Bestimmungen sollten die Vorhersehbarkeit gerichtlicher Entscheidungen verbessern und einen angemessenen Interessenausgleich zwischen Personen, deren Haftung geltend gemacht wird, und Geschädigten gewährleisten. Die Anknüpfung an den Staat, in dem der Schaden selbst eingetreten ist (lex loci damni), schafft einen gerechten Ausgleich zwischen den Interessen der Person, deren Haftung geltend gemacht wird, und der Person, die geschädigt wurde, und entspricht der modernen Konzeption der zivilrechtlichen Haftung und der Entwicklung der Gefährdungshaftung.

(17) Das anzuwendende Recht sollte das Recht des Staates sein, in dem der Schaden eintritt, und zwar unabhängig von dem Staat oder den Staaten, in dem bzw. denen die indirekten Folgen auftreten könnten. Daher sollte bei Personen- oder Sachschäden der Staat, in dem der Schaden eintritt, der Staat sein, in dem die Verletzung erlitten beziehungsweise die Sache beschädigt wurde.

(18) Als allgemeine Regel in dieser Verordnung sollte die „lex loci damni" nach Artikel 4 Absatz 1 gelten. Artikel 4 Absatz 2 sollte als Ausnahme von dieser allgemeinen Regel verstanden werden; durch diese Ausnahme wird eine besondere Anknüpfung für Fälle geschaffen, in denen die Parteien ihren gewöhnlichen Aufenthalt in demselben Staat haben. Artikel 4 Absatz 3 sollte als „Ausweichklausel" zu Artikel 4 Absätze 1 und 2 betrachtet werden, wenn sich aus der Gesamtheit der Umstände ergibt, dass die unerlaubte Handlung eine offensichtlich engere Verbindung mit einem anderen Staat aufweist.

(19) Für besondere unerlaubte Handlungen, bei denen die allgemeine Kollisionsnorm nicht zu einem angemessenen Interessenausgleich führt, sollten besondere Bestimmungen vorgesehen werden.

(20) Die Kollisionsnorm für die Produkthaftung sollte für eine gerechte Verteilung der Risiken einer modernen, hoch technisierten Gesellschaft sorgen, die Gesundheit der Verbraucher schützen, Innovationsanreize geben, einen unverfälschten Wettbewerb gewährleisten und den Handel erleichtern. Die Schaffung einer Anknüpfungsleiter stellt, zusammen mit einer Vorhersehbarkeitsklausel, im Hinblick auf diese Ziele eine ausgewogene Lösung dar. Als erstes Element ist das Recht des Staates zu berücksichtigen, in dem die geschädigte Person beim Eintritt des Schadens ihren gewöhnlichen Aufenthalt hatte, sofern das Produkt in diesem Staat in den Verkehr gebracht wurde. Die weiteren Elemente der Anknüpfungsleiter kommen zur Anwendung, wenn das Produkt nicht in diesem Staat in Verkehr gebracht wurde, unbeschadet von Artikel 4 Absatz 2 und der Möglichkeit einer offensichtlich engeren Verbindung mit einem anderen Staat.

(21) Die Sonderregel nach Artikel 6 stellt keine Ausnahme von der allgemeinen Regel nach Artikel 4 Absatz 1 dar, sondern vielmehr eine Präzisierung derselben. Im Bereich des unlauteren Wettbewerbs sollte die Kollisionsnorm die Wettbewerber, die Verbraucher und die Öffentlichkeit schützen und das reibungslose Funktionieren der Marktwirtschaft sicherstellen. Durch eine Anknüpfung an das Recht des Staates, in dessen Gebiet die Wettbewerbsbeziehungen oder die kollektiven Interessen der Verbraucher beeinträchtigt worden sind oder beeinträchtigt zu werden drohen, können diese Ziele im Allgemeinen erreicht werden.

(22) Außervertragliche Schuldverhältnisse, die aus einem den Wettbewerb einschränkenden Verhalten nach Artikel 6 Absatz 3 entstanden sind, sollten sich auf Verstöße sowohl gegen nationale als auch gegen gemeinschaftliche Wettbewerbsvorschriften erstrecken. Auf solche außervertraglichen Schuldverhältnisse sollte das Recht des Staates anzuwenden sein, in dessen Gebiet sich die Einschränkung auswirkt oder auszuwirken droht. Wird der Markt in mehr als einem Staat beeinträchtigt oder wahrscheinlich beeinträchtigt, so sollte der Geschädigte seinen Anspruch unter bestimmten Umständen auf das Recht des Mitgliedstaats des angerufenen Gerichts stützen können.

(23) Für die Zwecke dieser Verordnung sollte der Begriff der Einschränkung des Wettbewerbs Verbote von Vereinbarungen zwischen Unternehmen, Beschlüssen von Unternehmensvereinigungen und abgestimmten Verhaltensweisen, die eine Verhinderung, Einschränkung oder Verfälschung des Wettbewerbs in einem Mitgliedstaat oder innerhalb des Binnenmarktes bezwecken oder bewirken, sowie das Verbot der missbräuchlichen Ausnutzung einer beherrschenden Stellung in einem Mitgliedstaat oder innerhalb des Binnenmarktes erfassen, sofern solche Vereinbarungen, Beschlüsse, abgestimmte Verhaltensweisen oder Missbräuche nach den Artikeln 81 und 82 des Vertrags oder dem Recht eines Mitgliedstaats verboten sind.

(24) „Umweltschaden" sollte eine nachteilige Veränderung einer natürlichen Ressource, wie Wasser, Boden oder Luft, eine Beeinträchtigung einer Funktion, die eine natürliche Ressource zum Nutzen einer anderen natürlichen Ressource oder der Öffentlichkeit erfüllt, oder eine Beeinträchtigung der Variabilität unter lebenden Organismen umfassen.

(25) Im Falle von Umweltschäden rechtfertigt Artikel 174 des Vertrags, wonach ein hohes Schutzniveau erreicht werden sollte, und der auf den Grundsätzen der Vorsorge und Vorbeugung, auf dem Grundsatz, Umweltbeeinträchtigungen vorrangig an ihrem Ursprung zu bekämpfen, sowie auf dem Verursacherprinzip beruht, in vollem Umfang die Anwendung des Grundsatzes der Begünstigung des Geschädigten. Die Frage, wann der Geschädigte die Wahl des anzuwendenden Rechts zu treffen hat, sollte nach dem Recht des Mitgliedstaats des angerufenen Gerichts entschieden werden.

(26) Bei einer Verletzung von Rechten des geistigen Eigentums gilt es, den allgemein anerkannten Grundsatz der lex loci protectionis zu wahren. Im Sinne dieser Verordnung sollte der Ausdruck „Rechte des geistigen Eigentums" dahin interpretiert werden, dass er beispielsweise Urheberrechte, verwandte Schutzrechte, das Schutzrecht sui generis für Datenbanken und gewerbliche Schutzrechte umfasst.

(27) Die exakte Definition des Begriffs „Arbeitskampfmaßnahmen", beispielsweise Streikaktionen oder Aussperrung, ist von Mitgliedstaat zu Mitgliedstaat verschieden und unterliegt den innerstaatlichen Vorschriften der einzelnen Mitgliedstaaten. Daher wird in dieser Verordnung grundsätzlich davon ausgegangen, dass das Recht des Staates anzuwenden ist, in dem die Arbeitskampfmaßnahmen ergriffen wurden, mit dem Ziel, die Rechte und Pflichten der Arbeitnehmer und der Arbeitgeber zu schützen.

(28) Die Sonderbestimmung für Arbeitskampfmaßnahmen nach Artikel 9 lässt die Bedingungen für die Durchführung solcher Maßnahmen nach nationalem Recht und die im Recht der Mitgliedstaaten vorgesehene Rechtsstellung der Gewerkschaften oder der repräsentativen Arbeitnehmerorganisationen unberührt.

(29) Für Schäden, die aufgrund einer anderen Handlung als aus unerlaubter Handlung, wie ungerechtfertigter Bereicherung, Geschäftsführung ohne Auftrag oder Verschulden bei Vertragsverhandlungen, entstanden sind, sollten Sonderbestimmungen vorgesehen werden.

(30) Der Begriff des Verschuldens bei Vertragsverhandlungen ist für die Zwecke dieser Verordnung als autonomer Begriff zu verstehen und sollte daher nicht zwangsläufig im Sinne des nationalen Rechts ausgelegt werden. Er sollte die Verletzung der Offenlegungspflicht und den Abbruch von Vertragsverhandlungen einschließen. Artikel 12 gilt nur für außervertragliche Schuldverhältnisse, die in unmittelbarem Zusammenhang mit den Verhandlungen vor Abschluss eines Vertrags stehen. So sollten in den Fällen, in denen einer Person während der Vertragsverhandlungen ein Personenschaden zugefügt wird, Artikel 4 oder andere einschlägige Bestimmungen dieser Verordnung zur Anwendung gelangen.

(31) Um den Grundsatz der Parteiautonomie zu achten und die Rechtssicherheit zu verbessern, sollten die Parteien das auf ein außervertragliches Schuldverhältnis anzuwendende Recht wählen können. Die Rechtswahl sollte ausdrücklich erfolgen oder sich mit hinreichender Sicherheit aus den Umständen des Falles ergeben. Bei der Prüfung, ob eine solche Rechtswahl vorliegt, hat das Gericht den Willen der Parteien zu achten. Die Möglichkeit der Rechtswahl sollte zum Schutz der schwächeren Partei mit bestimmten Bedingungen versehen werden.

(32) Gründe des öffentlichen Interesses rechtfertigen es, dass die Gerichte der Mitgliedstaaten unter außergewöhnlichen Umständen die Vorbehaltsklausel (ordre public) und Eingriffsnormen anwenden können. Insbesondere kann die Anwendung einer Norm des nach dieser Verordnung bezeichneten Rechts, die zur Folge haben würde, dass ein unangemessener, über den Ausgleich des entstandenen Schadens hinausgehender Schadensersatz mit abschreckender Wirkung oder Strafschadensersatz zugesprochen werden könnte, je nach der Rechtsordnung des Mitgliedstaats des angerufenen Gerichts als mit der öffentlichen Ordnung („ordre public") dieses Staates unvereinbar angesehen werden.

(33) Gemäß den geltenden nationalen Bestimmungen über den Schadensersatz für Opfer von Straßenverkehrsunfällen sollte das befasste Gericht bei der Schadensberechnung für Personenschäden in Fällen, in denen sich der Unfall in einem anderen Staat als dem des gewöhnlichen Aufenthalts des Opfers ereignet, alle relevanten tatsächlichen Umstände des jeweiligen Opfers berücksichtigen, insbesondere einschließlich tatsächlicher Verluste und Kosten für Nachsorge und medizinische Versorgung.

(34) Zur Wahrung eines angemessenen Interessenausgleichs zwischen den Parteien müssen, soweit dies angemessen ist, die Sicherheits- und Verhaltensregeln des Staates, in dem die schädigende Handlung begangen wurde, selbst dann beachtet werden, wenn auf das außervertragliche Schuldverhältnis das Recht eines anderen Staates anzuwenden ist. Der Begriff „Sicherheits- und Verhaltensregeln" ist in dem Sinne auszulegen, dass er sich auf alle Vorschriften bezieht, die in Zusammenhang mit Sicherheit und Verhalten stehen, einschließlich beispielsweise der Straßenverkehrssicherheit im Falle eines Unfalls.

(35) Die Aufteilung der Kollisionsnormen auf zahlreiche Rechtsakte sowie Unterschiede zwischen diesen Normen sollten vermieden werden. Diese Verordnung schließt jedoch die Möglichkeit der Aufnahme von Kollisionsnor-

men für außervertragliche Schuldverhältnisse in Vorschriften des Gemeinschaftsrechts in Bezug auf besondere Gegenstände nicht aus.
Diese Verordnung sollte die Anwendung anderer Rechtsakte nicht ausschließen, die Bestimmungen enthalten, die zum reibungslosen Funktionieren des Binnenmarkts beitragen sollen, soweit sie nicht in Verbindung mit dem Recht angewendet werden können, auf das die Regeln dieser Verordnung verweisen. Die Anwendung der Vorschriften im anzuwendenden Recht, die durch die Bestimmungen dieser Verordnung berufen wurden, sollte nicht die Freiheit des Waren- und Dienstleistungsverkehrs, wie sie in den Rechtsinstrumenten der Gemeinschaft wie der Richtlinie 2000/31/EG des Europäischen Parlaments und des Rates vom 8. Juni 2000 über bestimmte rechtliche Aspekte der Dienste der Informationsgesellschaft, insbesondere des elektronischen Geschäftsverkehrs, im Binnenmarkt („Richtlinie über den elektronischen Geschäftsverkehr")[6] ausgestaltet ist, beschränken.
(36) Um die internationalen Verpflichtungen, die die Mitgliedstaaten eingegangen sind, zu wahren, darf sich die Verordnung nicht auf internationale Übereinkommen auswirken, denen ein oder mehrere Mitgliedstaaten zum Zeitpunkt der Annahme dieser Verordnung angehören. Um den Zugang zu den Rechtsakten zu erleichtern, sollte die Kommission anhand der Angaben der Mitgliedstaaten ein Verzeichnis der betreffenden Übereinkommen im *Amtsblatt der Europäischen Union* veröffentlichen.
(37) Die Kommission wird dem Europäischen Parlament und dem Rat einen Vorschlag unterbreiten, nach welchen Verfahren und unter welchen Bedingungen die Mitgliedstaaten in Einzel- und Ausnahmefällen in eigenem Namen Übereinkünfte mit Drittländern über sektorspezifische Fragen aushandeln und abschließen dürfen, die Bestimmungen über das auf außervertragliche Schuldverhältnisse anzuwendende Recht enthalten.
(38) Da das Ziel dieser Verordnung auf Ebene der Mitgliedstaaten nicht ausreichend verwirklicht werden kann und daher wegen des Umfangs und der Wirkungen der Verordnung besser auf Gemeinschaftsebene zu verwirklichen ist, kann die Gemeinschaft im Einklang mit dem in Artikel 5 des Vertrags niedergelegten Subsidiaritätsprinzip tätig werden. Entsprechend dem ebenfalls in diesem Artikel festgelegten Grundsatz der Verhältnismäßigkeit geht diese Verordnung nicht über das für die Erreichung dieses Ziels erforderliche Maß hinaus.
(39) Gemäß Artikel 3 des Protokolls über die Position des Vereinigten Königreichs und Irlands im Anhang zum Vertrag über die Europäische Union und im Anhang zum Vertrag zur Gründung der Europäischen Gemeinschaft beteiligen sich das Vereinigte Königreich und Irland an der Annahme und Anwendung dieser Verordnung.
(40) Gemäß den Artikeln 1 und 2 des dem Vertrag über die Europäische Union und dem Vertrag zur Gründung der Europäischen Gemeinschaft beigefügten Protokolls über die Position Dänemarks beteiligt sich Dänemark nicht an der Annahme dieser Verordnung, die für Dänemark nicht bindend oder anwendbar ist –
HABEN FOLGENDE VERORDNUNG ERLASSEN:

Vorbemerkung (Vor Art. 1 Rom II-VO): Grundlagen, Auslegungsmethoden und Systematik

Schrifttum: übergreifend zu mehreren Arten außervertraglicher Schuldverhältnisse oder allg. zur Rom II-VO; Schrifttum zum Anwendungsbereich der Rom II-VO s. Art. 1; *Ancel,* El reglamento „Roma II" – Apreciación de conjunto, Anuario Español de Derecho Internacional Privado 2007, 607; *Aubart,* Die Behandlung der dépeçage im europäischen Internationalen Privatrecht, 2013; *Benecke,* Auf dem Weg zu „Rom II" – Der Vorschlag für eine Verordnung zur Angleichung des IPR der außervertraglichen Schuldverhältnisse, RIW 2003, 830; *Bernitt,* Die Anknüpfung von Vorfragen im europäischen Kollisionsrecht, 2010; *de Boer,* The Purpose of Uniform Choice-of-Law Rules: The Rome II Regulation, NILR 2009, 295; *Bogdan,* General Aspects of the Future Regulaton, in Malatesta (Hrsg.), The Unification of Choice-of-Law Rules in Torts and Other Non-Contractual Obligations in Europe, 2006, 33; *Brière,* Le règlement du 11 juillet 2007 sur la loi applicable aux obligations non contractuelles („Rome II"), Clunet 135 (2008), 31; *Dickinson,* The Rome II Regulation: The Law Applicable to Non-Contractual Obligations, 2008; *Dutoit,* Le droit international privé des obligations non contractuelles à l'heure européenne: Le règlement Rome II, FS Pocar, 2009, 309; *Fallon,* The Law Applicable to Specific Torts in Europe, in Basedow/Baum/Nishitani (Hrsg.), Japanese and European Private International Law in Comparative Perspective, 2008, 261; Fleischer/Mankowski (Hrsg.), Lieferkettensorgfaltspflichtengesetz, Kommentar, 2023; *Garcimartín Alférez,* The Rome II Regulation: On the way towards a European Private International Law Code, ELF 2007, I-77; *Gössl,* Preliminary Questions in EU Private International Law, JPrivIntL 8 (2012), 63; *Hartenstein,* Rom I-Entwurf und Rom II-Verordnung: Zur Bedeutung zukünftiger Änderungen im Internationalen Privatrecht für das Seerecht, TranspR 2008, 143; *Hartley,* Choice of Law for Non-Contractual Liability: Selected Problems Under the Rome II Regulation, Int. Comp. L. Q. 57 (2008), 899; *Hay,* Contemporary Approaches to Non-Contractual Obligations in Private International Law (Conflict of Laws) and the European Community's „Rome II" Regulation, ELF 2007, I-137; *v. Hein,* Die Kodifikation des europäischen IPR der außervertraglichen Schuldverhältnisse vor dem Abschluss?, VersR 2007, 440; *v. Hein,* Something Old and Something Borrowed, but Nothing New? Rome II and the European Choice-of-Law Evolution, 82 Tul. L. Rev. 1663 (2008); *Heiss,* Das Kollisionsrecht der Versicherungsverträge nach Rom I und Rom II, VersR 2006, 185; *Heiss/Loacker,* Die Vergemeinschaftung des Kollisionsrechts der außervertraglichen Schuldverhältnisse durch Rom II, JBl. 2007, 613; *Huber/Bach,* Die Rom II-VO – Kommissionsentwurf und aktuelle Entwicklungen, IPRax 2005, 73; *Ivaldi/Carrea,* The General Rule Applicable to Torts, Party Autonomy and Specialised Conflict-of-Law Provisions in the Rome II Regulation, in Queirolo/Heiderhoff (Ed.), Party Autonomy in European Private (and) International Law, 2015, 39; *Jayme/Zimmer,* Brauchen wir eine Rom 0-Verordnung? – Überlegungen zu einem Allgemeinen Teil des Europäischen

[6] [Amtl. Anm.:] ABl. L 178 vom 17.7.2000, S. 1.

IPR, IPRax 2013, 99; *Joubert,* Les règles de conflit spéciales en matière de délits dans le Règlement du 11 juillet 2007 (Rome II), in Corneloup/Joubert (Éd.), Le règlement communautaire „Rome II" sur la loi applicable aux obligations non contractuelles, 2008, 55; *Junker,* Kollisionsnorm und Sachrecht im IPR der unerlaubten Handlung, FS Schurig, 2012, 81; *Kadner Graziano,* Das auf außervertragliche Schuldverhältnisse anzuwendende Recht nach Inkrafttreten der Rom II-Verordnung, RabelsZ 73 (2009), 1; *Köck,* Die einheitliche Auslegung der Rom I-, Rom II- und Brüssel I-Verordnung im europäischen internationalen Privat- und Verfahrensrecht, 2014; *Kono,* Critical and Comparative Analysis of the Rome II Regulation on Applicable Laws to Non-contractual Obligations and the New Private International Law in Japan, in Basedow/Baum/Nishitani (Hrsg.), Japanese and European Private International Law in Comparative Perspective, 2008, 221; *Kozyris,* Rome II: Tort Conflicts on the Right Track! A Postscript to Symeon Symeonides' „Missed Opportunity", Am. J. Comp. L. 56 (2008), 471; *Kreuzer,* Die Vergemeinschaftung des Kollisionsrechts für außervertragliche Schuldverhältnisse (Rom II), in Reichelt/Rechberger (Hrsg.), Europäisches Kollisionsrecht, 2004, 13; *Légier,* Enrichissement sans cause, gestion d'affaires et culpa in contrahendo, in Corneloup/Joubert (Éd.), Le règlement communautaire „Rome II" sur la loi applicable aux obligations non contractuelles, 2008, 145; *Leible,* Der Beitrag der Rom II-Verordnung zu einer Kodifikation der allgemeinen Grundsätze des Europäischen Kollisionsrechts, in Reichelt (Hrsg.), Europäisches Gemeinschaftsrecht und IPR, 2007, 31; *Leible/Lehmann,* Die neue EG-Verordnung über das auf außervertragliche Schuldverhältnisse anzuwendende Recht („Rom II"), RIW 2007, 721; *de Lima Pinheiro,* Choice of Law on Non-Contractual Obligations between Communitarization and Globalization – A First Assessment of EC Regulation Rome II, Riv. dir. int. priv. proc. 44 (2008), 5; *Lüttringhaus,* Übergreifende Begrifflichkeiten im europäischen Zivilverfahrens- und Kollisionsrecht, RabelsZ 77 (2013), 31; *Nehne,* Methodik und allgemeine Lehren des europäischen Internationalen Privatrechts, 2012; *Nietner,* Internationaler Entscheidungseinklang im europäischen Kollisionsrecht, 2016; *Nourissat/Treppoz,* Quelques observations sur l'avant-projet de proposition de règlement du Conseil sur la loi applicable aux obligations non contractuelles „Rome II", Clunet 130 (2003), 7; *Ofner,* Die Rom II-Verordnung – Neues Internationales Privatrecht für außervertragliche Schuldverhältnisse in der Europäischen Union, ZfRV 2008, 13; *Posch,* The Draft Regulation Rome II in 2004: Its Past and Future Perspectives, YbPIL 6 (2004), 129; *Rushworth/Scott,* Rome II: Choice of law for non-contractual obligations, Lloyd's M. C. L. Q. 2008, 274; *Schwemmer,* Anknüpfungsprinzipien im Europäischen Kollisionsrecht, 2018; *Solomon,* Die Anknüpfung von Vorfragen im Europäischen Internationalen Privatrecht, FS Spellenberg, 2010, 355; *Sonnentag,* Zur Europäisierung des Internationalen außervertraglichen Schuldrechts durch die geplante Rom II-Verordnung, ZVglRWiss 105 (2006), 256; *Stoll,* Zur Flexibilisierung des europäischen internationalen Deliktsrechts: Vermittelnde Kritik aus Amerika an der „Rom II-VO", FS Reischauer, 2010, 389; *Stone,* The Rome II Proposal on the Law Applicable to Non-Contractual Obligations, ELF 2004, I-213; *Sujecki,* Die Rom II-Verordnung, EWS 2009, 310; *Symeonides,* Rome II and Tort Conflicts: A Missed Opportunity, Am. J. Comp. L. 56 (2008), 173; *G. Wagner,* Die neue Rom II-Verordnung, IPRax 2008, 1; *R. Wagner,* Das Vermittlungsverfahren zur Rom II-Verordnung, FS Kropholler, 2008, 715; *Wilke,* Brauchen wir eine Rom 0-Verordnung?, GPR 2012, 334; *Wandt,* Zur Europäisierung des Internationalen Deliktsrechts, FS 100 Jahre DVS, 2001, 127; *Wurmnest,* Die Rom II-VO in der deutschen Rechtspraxis – Bestandsaufnahme und Reformüberlegungen, ZVglRWiss 115 (2016), 624.

Älteres Schrifttum, insbesondere zum Vorentwurf der Kommission vom 3.5.2002, zum Kommissionsentwurf vom 22.7.2003, zum Geänderten Vorschlag vom 21.2.2006 und zum Gemeinsamen Standpunkt vom 25.9.2006 s. 6. Aufl. 2015, Vor Art. 1.

Übersicht

I. Grundlagen der Rom II-VO

1 Die Rom II-VO vom 11.7.2007 gehört in den Bereich der justiziellen Zusammenarbeit der Mitgliedstaaten der EU in Zivilsachen. Sie ist der erste einer langen Reihe von Rechtsakten, die seit dem Inkrafttreten des **Vertrages von Amsterdam** am 1.5.1999 zur Schaffung eines Raums der Freiheit, der Sicherheit und des Rechts erlassen worden sind (→ EGBGB Art. 3 Rn. 29 ff.). Die Rom II-VO ist eingebettet in vielfältige Bemühungen um die Vereinheitlichung des Kollisionsrechts der außervertraglichen Schuldverhältnisse. Maßgebenden Einfluss auf die Entstehung, die Konzeption und den Inhalt der Verordnung hatten die Haager Konferenz für IPR, das mitgliedstaatliche Kollisionsrecht, das Inkrafttreten des EuGVÜ und die Europäische Gruppe für IPR (GEDIP).

2 **1. Haager Konferenz für IPR.** Kein völkerrechtliches Übereinkommen vereinheitlicht das gesamte IPR der außervertraglichen Schuldverhältnisse. Die **9. Tagung** der Haager Konferenz für IPR hatte eine Konvention über das auf unerlaubte Handlungen anzuwendende Recht auf das Programm der nächsten Tagung gesetzt.[1] Die **10. Tagung** gab dieses Vorhaben jedoch zugunsten spezieller kollisionsrechtlicher Staatsverträge für besondere Gegenstände des Deliktsrechts auf.[2] In der Folgezeit erarbeitete die **11. Tagung von 1968** das Haager Übereinkommen vom 4.5.1971 über das auf Straßenverkehrsunfälle anzuwendende Recht **(HStVÜ,** → Art. 28 Rn. 19)[3] und die **12. Tagung von 1972** das Haager Übereinkommen vom 2.10.1973 über das auf die Produkthaftpflicht anzuwendende Recht **(HProdHÜ,** → Art. 28 Rn. 23).[4] Diese beiden Übereinkommen, denen die Bundesrepublik Deutschland nicht beigetreten ist, haben den Verordnungsgeber der Rom II-VO in verschiedenen Hinsichten inspiriert (zum HStVÜ → Art. 4 Rn. 119; zum HProdHÜ → Art. 5 Rn. 1). Das Verhältnis der Rom II-VO zu diesen beiden Übereinkommen, die in zahlreichen Mitgliedstaaten der EU in Kraft sind, regelt Art. 28 (→ Art. 28 Rn. 19 ff.).

3 **2. Mitgliedstaatliches IPR.** Während einige EU-Mitgliedstaaten ihr nationales Kollisionsrecht schon früher kodifiziert hatten (mit oder ohne Einschluss des IPR der außervertraglichen Schuldverhältnisse), regelten andere Mitgliedstaaten das IPR der außervertraglichen Schuldverhältnisse parallel zu den Bemühungen um einen europäischen Rechtsakt, so zB Estland (1994), Italien (1995), Deutschland (1999), Slowenien (1999), Litauen (2000), Belgien (2005), Bulgarien (2005), Polen (2011) und Tschechien (2012). Die Begründung des Kommissionsentwurfs vom 22.7.2003[5] (→ Rn. 17) nimmt an zahlreichen Stellen auf das mitgliedstaatliche IPR Bezug, wobei die Gemeinsamkeiten stärker betont werden als die Unterschiede. Die Vereinheitlichungsbemühungen aus dem Jahr 1972 (→ Rn. 5), die 25 Jahre „auf Eis lagen" (→ Rn. 8), sollten jedoch verhindern, dass sich das mitgliedstaatliche IPR durch Schaffung regional gültiger Kollisionsnormen weiter auseinanderentwickelte.[6]

4 Die drei wichtigsten **Unterschiede** der Rom II-VO zum deutschen **Gesetz zum Internationalen Privatrecht** für außervertragliche Schuldverhältnisse und für Sachen vom 21.5.1999 (BGBl. 1999 I 1026; Art. 38–42 EGBGB) sind die Schaffung spezieller Kollisionsnormen für besondere Deliktstypen (Art. 5–9 Rom II-VO), die Einbeziehung der culpa in contrahendo in die Kollisionsregeln für außervertragliche Schuldverhältnisse (Art. 12 Rom II-VO) und der Wechsel von der Handlungs- zur Erfolgsanknüpfung in der Allgemeinen Kollisionsnorm (Art. 4 Abs. 1 Rom II-VO). Im Übrigen ist der **Einfluss des deutschen IPR-Gesetzes** vom 21.5.1999 auf die Rom II-VO beträchtlich. Er zeigt sich ua bei dem Vergleich von Art. 40 Abs. 2 EGBGB (Auflockerung der Tatortregel durch Berufung

1 *Ferid* RabelsZ 27 (1962/63), 411; *Batiffol* Rev. crit. dr. int. pr. 50 (1961), 461; *Loussouarn* Clunet 88 (1961), 654; *Graveson* Int. Comp. L. Q. 10 (1961), 18; *Nadelmann* 9 Am. J. Comp. L. 583 (1960).

2 *Arnold* RIW/AWD 1965, 205; *Ficker* RabelsZ 30 (1966), 606; *Lagarde* Rev. crit. dr. int. pr. 54 (1965), 249; *Graveson* Int. Comp. L. Q. 14 (1965), 528.

3 *Beitzke* RabelsZ 33 (1969), 204; *Batiffol* Rev. crit. dr. int. pr. 68 (1969), 215; *Graveson/Newman/Anton/Edwards* Int. Comp. L. Q. 18 (1969), 618; *Panchaud/Vischer/Markees* SchwJbIntR 25 (1968), 101.

4 *Stöcker* NJW 1973, 1535; *Batiffol* Rev. crit. dr. int. pr. 62 (1973), 243; *Cavin/Lalive* SchwJbIntR 28 (1972), 43; *de Winter* Ned. Jbl. 1972, 935.

5 KOM(2003) 427, 2 ff.

6 *Siehr* AWD 1973, 569 (570) mwN.

auf die *lex domicilii communis)* mit Art. 4 Abs. 2 Rom II-VO und von Art. 41 EGBGB (Ausweichklausel der wesentlich engeren Verbindung) mit Art. 4 Abs. 3 Rom II-VO.

3. Zusammenhang mit dem EuGVÜ. a) EWG-Vorentwurf von 1972. Nachdem die EWG-Staaten im Jahr 1968 mit dem EuGVÜ[7] dem Auftrag des EWG-Vertrages nachgekommen waren, die Förmlichkeiten für die gerichtliche Anerkennung und Vollstreckung richterlicher Entscheidungen zu vereinfachen, ergriff die damalige EWG-Kommission auf Vorschlag der Benelux-Staaten die Initiative, den Mitgliedstaaten die **Harmonisierung des IPR** vorzuschlagen. Die im Jahr 1970 eingesetzte Arbeitsgruppe befürwortete ua eine **Vereinheitlichung des Internationalen Obligationenrechts** und der mit ihm verknüpften Gegenstände des allgemeinen IPR. Das Ergebnis war ein von der Kommission Ende 1972 vorgelegter „Vorentwurf eines Übereinkommens über das auf vertragliche und außervertragliche Schuldverhältnisse anzuwendende Recht“[8] (EWG-Vorentwurf). 5

Der EWG-Vorentwurf enthielt keine Spezialkollisionsnormen für ausgewählte Deliktstypen, sondern eine **Einheitsanknüpfung** für alle „durch ein Schadensereignis begründeten außervertraglichen Schuldverhältnisse“. Anders als **Art. 4 Abs. 1 Rom II-VO** legte sich der Vorentwurf nicht fest, ob bei Distanzdelikten der Handlungs- oder der Erfolgsort Maß geben soll. Eine dem **Art. 4 Abs. 2 Rom II-VO** entsprechende Anknüpfungsnorm gab es noch nicht. Sie war implizit in einer Ausweichklausel enthalten, die aber im Vergleich zu **Art. 4 Abs. 3 Rom II-VO** sehr vage formuliert war und schon damals als zu schwammig empfunden wurde.[9] 6

Bemerkenswert ist die explizite Vorschrift im EWG-Vorentwurf von 1972, dass im Fall einer **Mehrheit von Geschädigten** das anzuwendende Recht für jeden Geschädigten getrennt zu bestimmen sei (→ Art. 4 Rn. 1). In dem nur aus fünf Artikeln bestehenden Abschnitt über außervertragliche Schuldverhältnisse sticht die Regel über den **Umfang des Statuts,** die dem heutigen **Art. 15 Rom II-VO** schon sehr nahekommt, durch ihren Detailreichtum hervor.[10] Die Berücksichtigungsklausel, die sich heute in **Art. 17 Rom II-VO** findet, bezog sich nach französischer Terminologie auf „Sicherheits- und Polizeivorschriften“ und überschnitt sich insoweit mit der Regelung über die Eingriffsnormen im heutigen **Art. 16 Rom II-VO.** 7

Nach der Veröffentlichung und Diskussion des EWG-Vorentwurfs von 1972 herrschte, soweit das IPR der außervertraglichen Schuldverhältnisse betroffen war, für ein Vierteljahrhundert „Windstille im Erntefeld der Europäischen Integration“.[11] Der Versuch, das IPR der vertraglichen und der außervertraglichen Schuldverhältnisse in einem einzigen Übereinkommen zu regeln, versandete mit dem EG-Beitritt des Vereinigten Königreichs, Dänemarks und Irlands im Jahr 1973, nicht zuletzt wegen des Widerstands der neuen Mitgliedstaaten.[12] 8

Die Regierungssachverständigen fassten im Jahr 1978 den Beschluss, das geplante Übereinkommen auf **vertragliche Schuldverhältnisse** zu beschränken und im Anschluss an die Ausarbeitung dieses ersten Übereinkommens Verhandlungen über die Ausarbeitung eines **zweiten Übereinkommens** aufzunehmen.[13] Der auf vertragliche Schuldverhältnisse bezogene Teil des Vorhabens mündete in das „Übereinkommen über das auf vertragliche Schuldverhältnisse anzuwendende Recht“[14] (EVÜ), das am 18.6.1980 in Rom zur Unterzeichnung aufgelegt wurde und am 1.4.1991 in Kraft getreten ist.[15] Die Verhandlungen über die Ausarbeitung des zweiten Übereinkommens über das auf außervertragliche Schuldverhältnisse anzuwendende Recht wurden wegen der Gegensätze zwischen den kontinentalen Rechtsordnungen und denjenigen des Common Law gar nicht erst aufgenommen, so dass Ende der 1970er Jahre der Eindruck entstand, die Vereinheitlichung des IPR der außervertraglichen Schuldverhältnisse sei gescheitert. 9

b) Entschließung des Rates von 1996. Einen neuen Impuls erhielt das Vorhaben, eine kollisionsrechtliche Konvention der EG-Mitgliedstaaten für außervertragliche Schuldverhältnisse zu schaf- 10

7 Brüsseler EWG-Übereinkommen vom 27.9.1968 über die gerichtliche Zuständigkeit und die Vollstreckung gerichtlicher Entscheidungen in Zivil- und Handelssachen, BGBl. 1972 II 774.

8 Text: RabelsZ 38 (1974), 211; Staudinger/*v. Hoffmann,* 2001, EGBGB Vor Art. 38 ff. Rn. 11.

9 *Siehr,* General Report on Non-Contractual Obligations, General Problems and the Final Provisions, in Lando/v. Hoffmann/Siehr (Hrsg.), European Private International Law of Obligations, 1975, 42 (48); *v. Overbeck/Volken* RabelsZ 38 (1974), 56 (72).

10 Staudinger/*v. Hoffmann,* 2001, EGBGB Vor Art. 38 ff. Rn. 12 („vorbildlich“); *Siehr* AWD 1973, 569 (580 f.).

11 *Jayme/Kohler* IPRax 2007, 493.

12 *Bourel,* L'État actuel des travaux dans la C.E.E. sur les conflits de lois en matière d'obligations extracontractuelles, in L'influence des Communautés européennes sur le droit international privé des Etats membres, 1981, 97 (99); *v. Hein* ZVglRWiss 102 (2003), 528 (530); *Heiss/Loacker* JBl. 2007, 613 (614 f.); *Kreuzer* in Reichelt/Rechberger EuropKollisionsR 13 (19).

13 Bericht *Giuliano/Lagarde,* BT-Drs. 10/503, 36, 39.

14 BGBl. 1986 II 810 idF des 4. Beitrittsübereinkommens vom 14.4.2005 (BGBl. 2006 II 348).

15 ABl. EG 1980 L 266, 1, konsolidierte Fassung ABl. EG 1998 C 27, 34.

fen, erst wieder durch den **Vertrag von Maastricht,** der in Art. K. 1 Nr. 6 EGV-Maastricht den Bereich der justiziellen Zusammenarbeit in Zivilsachen als Gemeinschaftsangelegenheit einstufte. In einer Entschließung zur Festlegung der Prioritäten für die Zusammenarbeit im Bereich Justiz und Inneres vom 14.10.1996 benannte der Rat der EU die Einführung eines Übereinkommens über das auf außervertragliche Schuldverhältnisse anzuwendende Recht als Arbeitsvorhaben im Bereich der justiziellen Zusammenarbeit.[16]

11 **c) Entwurf eines Übereinkommens.** Nachdem der Rat den Mitgliedstaaten einen Fragebogen zu dem Gegenstand des Übereinkommens zugeleitet hatte, übermittelte die österreichische Ratspräsidentschaft den Regierungen der Mitgliedstaaten im Oktober 1998 einen (nicht veröffentlichten) Entwurf eines Übereinkommens über das auf außervertragliche Schuldverhältnisse anzuwendende Recht.[17] Der **Deutsche Rat für IPR** hat diesen Entwurf in seiner Tagung am 27. und 28.11.1998 in Würzburg auf der Grundlage von Referaten von *Hohloch* (ungerechtfertigte Bereicherung), *v. Hoffmann* (Geschäftsführung ohne Auftrag) und *Kreuzer* (unerlaubte Handlungen) beraten. Größere Beachtung im Fachschrifttum konnte dieser Entwurf schon mangels Veröffentlichung nicht finden.

12 **4. Europäische Gruppe für IPR.** Fast zeitgleich erarbeitete die Europäische Gruppe für IPR (Groupe Européen de Droit International Privé – GEDIP), ein informeller Kreis europäischer Kollisionsrechtswissenschaftler, auf seiner Sitzung im September 1998 einen Vorschlag eines Europäischen Übereinkommens über das auf außervertragliche Schuldverhältnisse anzuwendende Recht. Der **GEDIP-Vorschlag** sollte sich in konzeptioneller Hinsicht als bahnbrechend erweisen: Er basiert auf dem Konzept eines Parallelübereinkommens („Rom II") zum EVÜ („Rom I") mit der Perspektive einer späteren Verschmelzung der beiden Übereinkommen. Dieser Ansatz bestimmte die **innere Systematik** des Vorschlags, die – mit dem EVÜ weitgehend korrespondierenden – allgemeinen Bestimmungen (einschließlich der Vorschriften über den Anwendungsbereich) sowie die wesentlichen Anknüpfungsprinzipien und die Anknüpfungstechnik, dh die Elemente, die das Bemühen um **Anknüpfungsgleichklang** im Verhältnis der Rom I-VO zur Rom II-VO kennzeichnen.[18]

13 Im Detail gibt es Abweichungen des GEDIP-Vorschlags von der Rom II-VO, zB den Ausschluss der **vorherigen Rechtswahl** und die Bezugnahme der **nachträglichen Rechtswahl** nicht auf den Eintritt des schädigenden Ereignisses, sondern auf das Entstehen der Streitigkeit (→ Art. 14 Rn. 5; zu einem weiteren Unterschied → Art. 16 Rn. 4). Mit dem GEDIP-Vorschlag vom 29.9.1998 wurde – nach 20 Jahren (!) – erstmals ein Entwurf des bereits 1978 geforderten „zweiten Übereinkommens" vorgelegt. Zugleich markiert dieser Vorschlag das Ende einer Epoche. Alle weiteren Entwürfe zielten nicht mehr auf ein völkerrechtliches **Übereinkommen** der EU-Mitgliedstaaten, sondern auf einen Rechtsakt in Gestalt einer **Verordnung** des Europäischen Parlaments und des Rates.

II. Weichenstellungen

14 Nach der „Vergemeinschaftung" der justiziellen Zusammenarbeit in Zivilsachen durch den **Vertrag von Amsterdam** (→ Rn. 1) ging die Initiative zur Vereinheitlichung des IPR der außervertraglichen Schuldverhältnisse in der EU vom Rat auf die Kommission über. Nach dem „Aktionsplan des Rates und der Kommission zur bestmöglichen Umsetzung der Bestimmungen des Amsterdamer Vertrages über den Aufbau eines Raums der Freiheit, der Sicherheit und des Rechts" sollte innerhalb von zwei Jahren nach dem Inkrafttreten des Amsterdamer Vertrages, dh bis zum 1.5.2001, ein Rechtsakt „betreffend das auf die außervertraglichen Schuldverhältnisse anzuwendende Recht (Rom II)" erstellt werden.[19] Während die Generaldirektion Binnenmarkt eine stärkere Berücksichtigung des Anerkennungsprinzips in Gestalt des **Herkunftslandprinzips** befürwortete, favorisierte die Generaldirektion Justiz und Inneres die Verwendung **klassischer Kollisionsnormen.**[20]

---

16 ABl. EG 1996 C 319, 1.

17 Dokument SN 4850/98; ausf. *R. Wagner* EuZW 1999, 709.

18 Groupe Européen de Droit International Privé, Proposition pour une convention européenne sur la loi applicable aux obligations non contractuelles (Texte adopté lors de la réunion de Luxembourg du 25–27.9.1998), abgedruckt in franz. Sprache in IPRax 1999, 286 und bei Staudinger/*v. Hoffmann,* 2001, EGBGB Vor Art. 38 ff. Rn. 19, in engl. Sprache in NILR 1998, 465; s. dazu *Kreuzer* RabelsZ 65 (2001), 383; *Sonnenberger* FS Henrich, 2000, 575 (590 f.).

19 ABl. EG 1999 C 19, 1.

20 Staudinger/*v. Hoffmann,* 2001, EGBGB Vor Art. 38 ff. Rn. 18; s. zum Anerkennungsprinzip Staudinger/*Looschelders,* 2019, Einl. IPR Rn. 66 ff.; *Dutta* FamRZ 2018, 1067 (1068); *Hübner* RabelsZ 85 (2021), 106; *Mansel* FS Jayme, 2019, 27; *Mankowski* FS Coester-Waltjen, 2015, 571 (586); *Sonnenberger* FS Spellenberg, 2010, 371 (389); *Weller* RabelsZ 81 (2017), 747 (748).

1. Auswahl der Kollisionsnormen. a) Vorentwurf der Kommission von 2002. Nachdem sich die Generaldirektion Justiz und Inneres durchgesetzt hatte, stellten sich die Fragen der Auswahl und Ausgestaltung der Kollisionsnormen. Die allgemeine Deliktskollisionsnorm im Vorentwurf der Kommission vom 3.5.2002 entsprach bereits weitgehend dem heutigen Art. 4; darin lag eine Absage an das von der Generaldirektion Binnenmarkt propagierte Anerkennungsprinzip.[21] Auch eine Ergänzung der Grundnorm durch Spezialkollisionsnormen zeichnete sich ab: Während der GEDIP-Vorschlag besondere Kollisionsnormen für außervertragliche Schuldverhältnisse aus **unlauterem Wettbewerb,** aus der Verletzung von Persönlichkeitsrechten und aus einer **Haftung für Umweltschäden** vorgesehen hatte, fügte der Vorentwurf der Kommission eine weitere Spezialkollisionsnorm für die **Produkthaftung** hinzu. 15

Es war aber weniger die Spezialkollisionsnorm für die Produkthaftung als vielmehr diejenige über die Beeinträchtigung der Privatsphäre oder der **Persönlichkeitsrechte,** die kritisch bewertet wurde. Mit der vorgesehenen Anknüpfung solcher Delikte an den gewöhnlichen Aufenthalt des Geschädigten zum Zeitpunkt der Deliktsbegehung konnte sich die Medienwirtschaft nicht anfreunden.[22] Kennzeichen des Vorentwurfs waren ferner die – im Vergleich zu der später realisierten Trennung vorzugswürdige – Zusammenfassung der Kollisionsregeln für ungerechtfertigte Bereicherung und Geschäftsführung ohne Auftrag in einer einzigen, „schlanken" Kollisionsnorm und die zeitlich unbeschränkte Zulassung der Rechtswahl für außervertragliche Schuldverhältnisse (→ Art. 14 Rn. 5; zu weiteren Besonderheiten des Vorentwurfs → Art. 16 Rn. 4; → Art. 18 Rn. 3; → Art. 29 Rn. 1). 16

b) Kommissionsvorschlag von 2003. Den auf der Grundlage der Stellungnahmen zum Vorentwurf erarbeitete Kommissionsvorschlag vom 22.7.2003[23] akzeptierte das **Europäische Parlament** im Verfahren der Mitentscheidung nach Art. 294 AEUV **(Erste Lesung)** am 6.7.2005 nur in einer umfassend überarbeiteten Version[24] (→ Art. 30 Rn. 9; → Art. 30 Rn. 13). Der Hauptstein des Anstoßes war erneut die Kollisionsnorm für außervertragliche Schuldverhältnisse, die aus einer Verletzung der Privatsphäre oder der **Persönlichkeitsrechte** entstehen; der Gegenentwurf des Parlaments fand jedoch bei der Kommission und im Rat wenig Beifall.[25] Mehr Erfolg hatte das Parlament mit seinem Vorschlag einer Spezialkollisionsnorm für außervertragliche Schuldverhältnisse aus **Arbeitskampfmaßnahmen,** die in abgeschwächter Form (nur Haftung für Schäden aus Arbeitskampfmaßnahmen) Eingang in die Rom II-VO fand. 17

2. Bereichsausnahme für Mediendelikte. a) Geänderter Vorschlag von 2006. Nach dem Kommissionsvorschlag von 2003 sollte auf außervertragliche Schuldverhältnisse aus der **Verletzung von Persönlichkeitsrechten,** die meistens aus Mediendelikten resultieren, das Recht des Erfolgsorts anzuwenden sein; bei Unvereinbarkeit dieses Rechts mit den wesentlichen Grundsätzen der *lex fori* in Bezug auf Meinungs- und Informationsfreiheit sollte die *lex fori* zur Anwendung kommen. Der Geänderte Vorschlag vom 21.2.2006 verzichtete unter dem Eindruck der Kritik an dieser Vorschrift und am Gegenvorschlag des Parlaments gänzlich auf eine Kollisionsnorm für Mediendelikte. Das geschah in der Erkenntnis, dass angesichts der verhärteten Standpunkte über diesen Gegenstand das Gesamtprojekt „Rom II" anders nicht zu verwirklichen sein würde.[26] Stattdessen wurde die nunmehr in Art. 1 Abs. 2 lit. g normierte Bereichsausnahme für außervertragliche Schuldverhältnisse aus der **Verletzung der Privatsphäre** oder der Persönlichkeitsrechte geschaffen (→ Art. 1 Rn. 59). 18

Größere Neuerungen des Geänderten Vorschlags vom 21.2.2006 betrafen ferner die in Art. 18 vorgesehene Anknüpfung des **Direktanspruchs** gegen den Versicherer, die nunmehr nach dem 19

---

[21] Vorentwurf eines Vorschlags für eine Verordnung des Rates über das auf außervertragliche Schuldverhältnisse anzuwendende Recht, in dt. Sprache abgedruckt und kommentiert in RabelsZ 67 (2003), 1, in engl. Sprache abgedruckt in Eur. Bus. L. Rev. 13 (2002), 382 und in franz. Sprache bei *Kadner Graziano,* Europäisches Internationales Deliktsrecht, 2003, 156.

[22] *v. Hein* ZVglRWiss 102 (2003), 528 (529) mwN; s. auch *Dickinson* Eur. Bus. L. Rev. 13 (2002), 369 (377); s. zur Produkthaftung *Jayme/Kohler* IPRax 2002, 461 (471).

[23] Vorschlag für eine Verordnung über das auf außervertragliche Schuldverhältnisse anzuwendende Recht vom 22.7.2003, KOM(2003) 427 endg. = IPRax 2005, 174; s. dazu *Jayme/Kohler* IPRax 2003, 485 (494); *Jayme/Kohler* IPRax 2004, 481 (492); *Kadner Graziano* IPRax 2004, 137 (140 ff.); *Kreuzer* in Reichelt/Rechberger EuropKollisionsR 13 (38 ff.); *Staudinger* SVR 2005, 441.

[24] Legislative Entschließung des Europäischen Parlaments vom 6.7.2005 zu dem Vorschlag für eine Rom II-VO, Dokument P6-TA (2005) 284 = IPRax 2006, 413.

[25] Ausf. *A. Fuchs* GPR 2004, 100 (102 f.); *v. Hein* ZVglRWiss 102 (2003), 528 (558); *Huber/Bach* IPRax 2005, 73 (78 f.); *Kropholler/v. Hein* FS Heldrich, 2005, 793 (804); *Leible/Engel* EuZW 2004, 7 (12); *G. Wagner* Europ. Rev. Priv. L. 2005, 21; s. auch *G. Wagner* IPRax 2006, 372 (383 ff.).

[26] Geänderter Vorschlag der Rom II-VO, Vorlage der Kommission gemäß Art. 250 Abs. 2 EGV vom 21.2.2006, KOM(2006), 83 endg. = IPRax 2006, 404.

deutschen Vorbild des Art. 40 Abs. 4 EGBGB in einer echten, paritätischen Alternativanknüpfung bestand (→ Art. 18 Rn. 5), und die **ordre public-Klausel,** die auf deutsche Anregung nach dem Muster des Art. 40 Abs. 3 EGBGB um einen Hinweis auf die ordre public-Widrigkeit exorbitanten Schadensersatzes ergänzt wurde. Dieser Hinweis wurde im späteren Verfahren in der ordre public-Klausel gestrichen und in den **Erwägungsgrund 32** aufgenommen (→ Art. 26 Rn. 8).

20 **b) Vermittlungsverfahren (2007).** In enger Anlehnung an den Geänderten Vorschlag der Kommission verabschiedete der Rat am 25.9.2006 den sog. **Gemeinsamen Standpunkt** gemäß Art. 294 Abs. 5 AEUV,[27] den die Kommission akzeptierte.[28] Das **Europäische Parlament** beschloss im Verfahren der Mitentscheidung **(Zweite Lesung)** gemäß Art. 294 Abs. 7 AEUV am 18.1.2007 insgesamt 19 **Änderungsanträge** („Abänderungen"), die nicht nur Marginalien, sondern auch Kernbestandteile des Gemeinsamen Standpunkts betrafen.[29] Die Anträge waren wie bereits in der Ersten Lesung stark von britischen bzw. US-amerikanischen Rechtsvorstellungen geprägt.[30] Die grundlegenden Weichenstellungen hatten jedoch im Vermittlungsverfahren zwischen Rat und Parlament Bestand.

21 Im **Trilog** mit Vertretern des Parlaments und der Kommission verfolgten die Ratsvertreter die Strategie, die Vorschriften im Gemeinsamen Standpunkt möglichst wenig anzutasten und stattdessen die Erwägungsgründe auszubauen.[31] Im Ergebnis haben die Änderungsvorschläge des Parlaments nur zur Änderung von zwei Normen des Gemeinsamen Standpunkts geführt, und zwar der Kollisionsnorm für **Wettbewerbsbeschränkungen (Art. 6 Abs. 3)** und der **Überprüfungsklausel (Art. 30).** Somit war die Strategie des Rates, die im Gemeinsamen Standpunkt enthaltenen Normen so wenig wie möglich anzutasten und stattdessen – wenn nötig – dem Parlament in den Erwägungsgründen entgegenzukommen, im Vermittlungsverfahren aufgegangen.

22 **3. Gesamtkonzept der Rom II-VO.** Die Rom II-VO vom 11.7.2007 war die erste Verordnung der EU auf einem Kerngebiet des IPR: Das Kollisionsrecht der außervertraglichen Schuldverhältnisse stand am Anfang einer Entwicklung, die zu einer weitgehenden **Ablösung des mitgliedstaatlichen IPR** durch europäisches IPR geführt hat.[32] Auch wenn manche die mit der Rom II-VO begonnene Europäisierung des IPR als revolutionär bezeichnen,[33] erweist sich das Gesamtkonzept der Rom II-VO als konservativ: In methodologischer Hinsicht erläutert **Erwägungsgrund 14** das Gesamtkonzept der Rom II-VO iSd **klassischen Kollisionsrechts** dahin, dass von präzisen Anknüpfungsregeln ausgegangen und über Ausweichklauseln die Möglichkeit geschaffen werden soll, den Umständen des Einzelfalls angemessen Rechnung zu tragen.[34] In konzeptioneller Hinsicht betont **Erwägungsgrund 6** das Ideal des internationalen **Entscheidungseinklangs,** indem er die Verzahnung mit dem IZVR und die „Sicherheit in Bezug auf das anzuwendende Recht" hervorhebt.

23 **a) Ergänzung der Brüssel Ia-VO.** Besonderen Bezug hat die Rom II-VO zur Brüssel Ia-VO, die für Klagen aus unerlaubter Handlung konkurrierende Gerichtsstände eröffnet. Bei der Wahl zwischen den Gerichten im Staat des **Wohnsitzes des Beklagten** (Art. 4 Abs. 1 Brüssel Ia-VO) und denjenigen am **Handlungs- oder Erfolgsort** des Delikts (Art. 7 Nr. 2 Brüssel Ia-VO)[35] kann der Kläger das Kollisionsrecht des jeweiligen Forums berücksichtigen und seine Entscheidung danach ausrichten, welches Gericht das für ihn günstigste Sachrecht anwenden wird. Solange das materielle Recht der außervertraglichen Schuldverhältnisse nicht vereinheitlicht ist, sollen einheitliche Anknüpfungsregeln für außervertragliche Schuldverhältnisse sicherstellen, dass Europa kein Paradies für **Forum Shopping** wird.[36]

---

27 ABl. EU 2006 C 289 E, 68.

28 KOM(2006) 566 endg.

29 Legislative Entschließung des Europäischen Parlaments vom 18.1.2007 zu dem Gemeinsamen Standpunkt des Rates im Hinblick auf den Erlass der Rom II-VO, Dokument P6-TA (2007) 6.

30 Ausf. *Stoll* FS Reischauer, 2010, 389; s. zum Vorentwurf von 1972 *Siehr* AWD 1973, 569 (579 f.).

31 *R. Wagner* FS Kropholler, 2008, 715 (717).

32 BeckOGK/*J. Schmidt* Art. 1 Rn. 6 f.; NK-BGB/*Knöfel* Vor Art. 1 Rn. 3; jurisPK-BGB/*Wurmnest* Art. 1 Rn. 2; PWW/*Schaub* Vor Art. 1 Rn. 1; *Junker* IPR § 2 Rn. 7 ff., *Junker* IPR § 8 Rn. 14; *Junker* FS Kronke, 2020, 209.

33 *Michaels* FS Kropholler, 2008, 151.

34 *v. Hein* ZEuP 2009, 6 (9); *v. Hein* 82 Tul. L. Rev. 1663 (2008); *Schwemmer,* Anknüpfungsprinzipien im Europäischen Kollisionsrecht, 2018, 22.

35 EuGH NJW 1977, 493 Rn. 24 f. – Bier/Mines de Potasse d'Alsace; NJW 2017, 3433 Rn. 29 – Bolagsupplysningen; *Junker* IZPR § 10 Rn. 12.

36 JurisPK-BGB/*Wurmnest* Art. 1 Rn. 8; *Dutta* FS Kronke, 2020, 505; *v. Hein* ZVglRWiss 102 (2003), 528 (536 f.); *Kreuzer* in Reichelt/Rechberger EuropKollisionsR 13 (23); *Siehr* AWD 1973, 569.

b) Rechtssicherheit und Vorhersehbarkeit. Das Kollisionsrecht der außervertraglichen Schuldverhältnisse in den einzelnen Mitgliedstaaten wies vor Inkrafttreten der Rom II-VO deutliche Unterschiede auf.[37] Die Divergenzen betrafen vor allem die Ausgestaltung und **Auflockerung der Tatortregel** im Recht der unerlaubten Handlungen. Auf der Grundlage eines einheitlichen Systems von Anknüpfungsregeln lässt sich das im Einzelfall anwendbare Recht leichter feststellen. Damit soll die Rom II-VO die Rechtssicherheit im grenzüberschreitenden Verkehr fördern und die mit Rechtsunsicherheit verbundenen Kosten senken.[38] Um die Vorhersehbarkeit gerichtlicher Entscheidungen zu erleichtern, enthält der Text **feste Anknüpfungsregeln,** aufgelockert durch eng auszulegende Ausweichklauseln. Der in Art. 4 EVÜ verwendeten Technik der Anknüpfungsvermutungen ist der Verordnungsgeber nicht gefolgt.[39] 24

III. Auslegung der Rom II-VO

Schrifttum: s. auch Vor Art. 1; älteres Schrifttum → 6. Aufl. 2015, Rn. 28; *Coester-Waltjen,* Die Rolle des EuGH im internationalen Privat- und Verfahrensrecht, in Kieninger/Remien (Hrsg.), Europäische Kollisionsrechtsvereinheitlichung, 2012, 77; *Coester-Waltjen,* Einige Bemerkungen zum Gebot der übergreifenden systematischen Auslegung nach Erwägungsgrund 7 Rom I-VO, IPRax 2020, 385; *Crawford/Carruthers,* Connection and Coherence Between and Among European Instruments in the Private International Law of Obligations, Int. Comp. L. Q. 63 (2014), 1; *Garcimartín Alférez,* Hermeneutic Dialogue between Rome I and Rome II – General Principles and Argumentative Rules, FS van Loon, 2013, 169; *Haftel,* Entre Rome II et Bruxelles I – L'interpretation communautaire uniforme du règlement Rome I, Clunet 137 (2010), 761; *Kieninger,* Die Rolle des EuGH nach Inkrafttreten der „Rom"-Verordnungen, FS Scheuing, 2011, 110; *Würdinger,* Das Prinzip der Einheit der Schuldrechtsverordnungen im Europäischen Internationalen Privat- und Verfahrensrecht, RabelsZ 75 (2011), 102.

Der Entscheidungseinklang, den die Rom II-VO anstrebt, lässt sich nur verwirklichen, wenn die Mitgliedstaaten die einheitlichen Vorschriften auch einheitlich anwenden. Mit der Komplettierung des Europäischen IPR kommt zu der **rechtsgebietsübergreifenden Auslegung** und Anwendung, die das Verhältnis von Zivilverfahrens- und Kollisionsrecht betrifft,[40] das Gebot einer **rechtsaktsübergreifenden Auslegung** und Anwendung des sekundären Unionsrechts, die auf einheitliche oder zumindest kohärente Begrifflichkeiten in der Rom I-VO und Rom II-VO zielt.[41] Da eine Verordnungsvorschrift über die einheitliche Auslegung nach dem Vorbild des Art. 18 EVÜ in der Rom II-VO fehlt, gelten die allgemeinen Grundsätze der Auslegung des Sekundärrechts der EU.[42] 25

1. Zuständigkeit des EuGH. Als sekundäres Unionsrecht untersteht die Rom II-VO der Auslegung durch den EuGH. Maßgebliches Instrument ist das **Vorabentscheidungsverfahren** nach Art. 267 AEUV.[43] Stellt sich in einem Verfahren eine Frage der Auslegung der Rom II-VO, die für die Entscheidung des Rechtsstreits erheblich ist, so legt das mit der Sache befasste mitgliedstaatliche Gericht dem EuGH diese Frage zur Vorabentscheidung vor. Die Entscheidung des EuGH über die Auslegung der Rom II-VO bindet nur das vorlegende Gericht; für spätere Fälle ist jedoch von einer faktischen Bindung auszugehen.[44] Die **Vorlageberechtigung** hat jedes „Gericht eines Mitgliedstaats" (Art. 267 Abs. 2 AEUV); zur Vorlage verpflichtet sind Gerichte, deren Entscheidungen nicht mehr mit Rechtsmitteln angefochten werden können (Art. 267 Abs. 3 AEUV). 26

[37] Rechtsvergleichend *Kadner Graziano,* Gemeineuropäisches Internationales Deliktsrecht, 2002, 105 ff., 506 ff.; *Kadner Graziano/Oertel* ZVglRWiss 107 (2008), 113.

[38] KOM (2003) 427 endg., 5; s. zur Mobilitätsförderung als Anknüpfungsprinzip *Schwemmer,* Anknüpfungsprinzipien im Europäischen Kollisionsrecht, 2018, 64–84.

[39] „Grünbuch Rom I", KOM(2002) 654 endg., Abschnitt 3.2.5.

[40] EuGH NJW 2016, 1005 Rn. 43 – ERGO Insurance; NJW 2016, 2727 Rn. 36 – VKI/Amazon EU; NJW 2022, 1157 Rn. 32 – ShareWood Switzerland; BeckOGK/*J. Schmidt* Art. 1 Rn. 8 f.; Soergel/*Wendelstein* Rn. 6; *v. Bar/Mankowski* IPR II § 1 Rn. 5; *Garcimartín Alférez* FS van Loon, 2013, 169; *Haftel* Clunet 137 (2010), 761; *Kieninger* FS Scheuing, 2011, 110; *Würdinger* RabelsZ 75 (2011), 102; *Lüttringhaus* RabelsZ 77 (2013), 36; s. auch *Rühl* GPR 2013, 122.

[41] EuGH NJW 2016, 1005 Rn. 43 – ERGO Insurance; EuZW 2019, 134 Rn. 28 – da Silva Martins; *Martiny* ZEuP 2013, 838 (840 f.); *Nehne,* Methodik und allgemeine Lehren des europäischen IPR, 2012, 40 ff., 68.

[42] NK-BGB/*Knöfel* Art. 1 Rn. 11; jurisPK-BGB/*Wurmnest* Art. 1 Rn. 16 ff.; Erman/*Stürner* Vor Art. 1 Rn. 4; PWW/*Schaub* Vor Art. 1 Rn. 7; *Coester-Waltjen* in Kieninger/Remien, Europäische Kollisionsrechtsvereinheitlichung, 2012, 77; *Crawford/Carruthers* Int. Comp. L. Q. 63 (2014), 1 (7); *Pabst* GPR 2013, 171 (173).

[43] Bisherige Verfahren zur Rom II-VO: EuGH NJW 2012, 441 – Homawoo; NJW 2016, 385 = EuZW 2015, 795 mAnm *Loacker* – Prüller-Frey; NJW 2016, 446 mAnm *Staudinger* = RIW 2016, 225 mAnm *Kadner Graziano* = JZ 2016, 308 mAnm *Mankowski* – Lazar; NJW 2016, 1005 – ERGO Insurance; NJW 2016, 2727 – VKI/Amazon EU; EuZW 2019, 134 – da Silva Martins; NJW 2022, 2739 – BMA Nederland.

[44] *Kropholler/v. Hein* EuropZivilProzessR Einl. Rn. 30 ff.; Rauscher/*Staudinger* Brüssel Ia-VO Einl. Rn. 35 ff.; *Junker* IZPR § 6 Rn. 7; *Haftel* Clunet 137 (2010), 761 (766 ff.); *Kieninger* FS Scheuing, 2011, 110 (115 ff.).

27 **2. Auslegungsgrundsätze.** Die Auslegung der Rom II-VO folgt den für das sekundäre Gemeinschaftsrecht entwickelten Grundsätzen. Vom „klassischen" **Auslegungskanon** (Wortlaut, Entstehungsgeschichte, Systematik, Zweck) weichen diese Grundsätze nicht grundlegend ab; sie sind aber auf die Erfordernisse des Unionsrechts abgestimmt. Besondere Bedeutung kommt dem Ausgangspunkt der Auslegung zu: Unionsweite Rechtsvereinheitlichung ließe sich nicht verwirklichen, wenn mitgliedstaatliche Gerichte den Rom II-Text nach ihrem jeweiligen nationalen Vorverständnis anwendeten. Der EuGH legt der Rechtsfindung deshalb im Prinzip einen **unionsrechtlich autonomen** Ansatz zugrunde. Bedeutung erlangt dies vor allem für die Qualifikation, die – anders als im nationalstaatlich gesetzten Kollisionsrecht – losgelöst von der jeweiligen *lex fori* (oder *lex causae)* erfolgt.[45]

28 **a) Wortlaut der Vorschrift.** Die autonome Auslegung prägt die allgemein anerkannten Auslegungskriterien: Die **grammatische Auslegung** beschränkt sich deshalb nicht auf die Sprachfassung am Gerichtsort. Vielmehr ist das Sekundärrecht in allen Amtssprachen der EU verbindlich.[46] Angesichts der Erweiterung der EU gestaltet sich die vergleichende Wortlautauslegung zunehmend schwierig. Gleichzeitig wächst der Bestand an unionsrechtlichen Regelungen. Beide Entwicklungen führen verstärkt zu einer eigenständigen Bildung von Systembegriffen auf Unionsebene. Paradigmatisch ist die Entwicklung des **Schlüsselbegriffs** der unerlaubten Handlung,[47] die in Abgrenzung zum Begriff des Vertrags verlief, unter der Geltung der Rom II-VO jedoch – ausgehend vom Wortlaut – zur Bildung von Fallgruppen geführt hat.[48]

29 **b) Entstehungsgeschichte der Regelung.** Der im Rahmen der **historischen Auslegung** zu erforschende Wille des Normgebers kommt nicht nur in den **Erwägungsgründen** (insbesondere **Nr. 1–6**) zum Rom II-Text zum Ausdruck, sondern auch in der Kommissionsbegründung zum Verordnungsvorschlag[49] und in den Stellungnahmen des Parlaments und des Rates. Da es vielfach eine Frage der Opportunität ist, ob sich inhaltliche Festlegungen im Normtext niederschlagen (Beispiel → Rn. 19), sind die Grenzen von Wortlautinterpretation und historischer Auslegung fließend.[50]

30 **c) Zusammenhang mit anderen Normen.** Die **systematische Auslegung** greift zunächst auf die innere Struktur des Rom II-Textes zurück. Mit Blick auf die enge Beziehung zur **Brüssel Ia-VO** (→ Rn. 23) und die Parallelen zur **Rom I-VO** sind auch diese Rechtsakte in die Auslegung einzubeziehen **(Auslegungszusammenhang).**[51] Die Auslegung der Rom II-VO im Licht der „Schwesterrechtsakte" Rom I-VO und Brüssel Ia-VO heißt allerdings nicht kritiklose Übernahme dort entwickelter Begriffsinhalte; die Lit. warnt zu recht vor *false friends,* dh Begriffen, die nur auf den ersten Blick hüben wie drüben denselben Inhalt haben.[52]

31 Der in **Erwägungsgrund 7** niedergelegte Grundsatz der harmonischen Auslegung der EU-Rechtsakte auf den Gebieten des IPR und des IZPR, gilt nach hM in beide Richtungen, dh vom IZPR (Brüssel Ia-VO) zum IPR (Rom I-VO, Rom II-VO) und umgekehrt.[53] Besondere Bedeutung hat die Rspr. des EuGH zum EuGVÜ, die für inhaltsgleiche Vorschriften der Brüssel Ia-VO ihre Gültigkeit behalten hat. Bei der Aufgabe, eine „europäische Architektur"[54] zu errichten und auto-

---

45 EuGH NJW 1977, 489 – LTU/Eurocontrol; NJW 2002, 3617 Rn. 47 ff. – VKI/Henkel; NJW 2013, 2099 Rn. 22 – Melzer; NJW 2016, 2727 Rn. 36 – VKI/Amazon EU; NJW 2017, 141 Rn. 28 – Nikiforidis; NJW 2022, 1157 Rn. 21 – ShareWood Switzerland.

46 VO Nr. 1 des Rates zur Regelung der Sprachenfrage für die Europäische Wirtschaftsgemeinschaft, ABl. EG 1958 B 17, 385, Art. 4.

47 EuGH NJW 1988, 3088 Rn. 18 – Kalfelis; NJW 2002, 3159 Rn. 21 – Tacconi; EuZW 2014, 383 Rn. 20 – Brogsitter; NJW 2016, 3087 Rn. 20 – Granarolo; NJW 2021, 144 Rn. 23 – Wikingerhof; ausf. *Junker* FS Schack, 2022, 653 (658 ff.).

48 EuGH NJW 2016, 1005 Rn. 50 f. – ERGO Insurance (Gefährdungshaftung des Fahrzeughalters); NJW 2016, 2727 Rn. 38 – VKI/Amazon EU (Untersagung der Verwendung missbräuchlicher Klauseln).

49 KOM (2003), 427; s. dazu *A. Fuchs* GPR 2004, 100; *Coester-Waltjen* in Kieninger/Remien, Europäische Kollisionsrechtsvereinheitlichung, 2012, 77 (80); *Haftel* Clunet 137 (2010), 761 (766); *v. Hein* ZVglRWiss 102 (2003), 528; *Huber/Bach* IPRax 2005, 73; *Kreuzer* in Reichelt/Rechberger EuropKollisionsR 13.

50 *Coester-Waltjen* IPRax 2020, 385 (387); *Martiny* ZEuP 2013, 638 (641).

51 Soergel/*Pfeiffer* Art. 15 Rn. 10; jurisPK-BGB/*Wurmnest* Art. 1 Rn. 20; *Coester-Waltjen* IPRax 2020, 385 (386); *Garcimartín Alférez* FS van Loon, 2013, 169 (174 ff.); *Haftel* Clunet 137 (2010), 761 (770); *Huber/Bach* IPRax 2005, 73 (74); *Lüttringhaus* RabelsZ 77 (2013), 31 (36); *Volders* YbPIL 9 (2007), 127 (128); *Würdinger* RabelsZ 75 (2011), 102 (105).

52 *v. Bar/Mankowski* IPR II § 2 Rn. 7; s. auch Soergel/*Wendelstein* Rn. 6 aE; Erman/*Stürner* Vor Art. 1 Rn. 4.

53 *Coester-Waltjen* IPRax 2020, 385; *v. Hein* RabelsZ 73 (2009), 461 (470 f.); *Hohloch* RabelsZ 79 (2015), 878 (881); ausf. *Köck,* Die einheitliche Auslegung der Rom I-, Rom II- und Brüssel I-Verordnung im europäischen int. Privat- und Verfahrensrecht, 2014, 95 ff.; *Crawford/Carruthers* Int. Comp. L.Q. 63 (2014), 1.

54 *Martiny* ZEuP 2013, 838 (840).

nome Begriffe zu bilden, hatte das EuGVÜ eine Pionierfunktion. Zentrales Anliegen ist die Herstellung von Kohärenz und die Vermeidung von Widersprüchen.[55] Darüber hinaus können sich Bezüge zum materiellen **Unionsprivatrecht** ergeben (→ Rn. 41), zB die Produkthaftungs-RL.

d) Sinn und Zweck der Vorschrift. Für die **teleologische Auslegung** lassen sich die allgemeinen Ziele des Rom II-Textes den Ermächtigungsgrundlagen im AEUV und den **Erwägungsgründen 1–4** entnehmen. Die Vorschriften der Rom II-VO sind so zu interpretieren, dass sie größtmögliche Wirksamkeit entfalten („effet utile") und die fortschreitende Integration der Union unterstützen („dynamische Auslegung"). Stets im Blick zu halten sind die unterschiedlichen Regelungsziele im IPR und im IZPR. Während zB die Anknüpfung von Produkthaftungsfällen vor allem die **Vorhersehbarkeit** im Blick hat, verfolgt die korrespondierende Deliktszuständigkeit nach Art. 7 Nr. 2 Brüssel Ia-VO in erster Linie das Interesse an einem sach- und beweisnahen **Gerichtsstand** in Produkthaftungsprozessen.[56] 32

IV. Anknüpfung von Vorfragen

Schrifttum: s. auch Vor Art. 1; älteres Schrifttum → 6. Aufl. 2015, Rn. 34; *Heinze,* Bausteine eines Allgemeinen Teils des europäischen Internationalen Privatrechts, FS Kropholler, 2008, 105; *Sonnenberger,* Randbemerkungen zum Allgemeinen Teil eines europäisierten IPR, FS Kropholler, 2008, 227.

Verordnungsspezifische Besonderheiten spielen auch eine Rolle für die Weichenstellung, ob Vorfragen, die sich bei der Anwendung der Verweisungsnormen der Rom II-VO stellen **(Erstfragen),** oder Vorlagen, die sich bei der Anwendung von Sachnormen stellen, auf die die Rom II-VO verwiesen hat **(Vorfragen ieS),** selbständig nach den Kollisionsnormen der *lex fori* oder unselbständig nach den Kollisionsnormen der *lex causae* angeknüpft werden müssen[57] (allgemein → Einl. IPR Rn. 169 ff.). Das Schulbeispiel einer **Vorfrage** im Internationalen Deliktsrecht ist die Frage der **Rechtsinhaberschaft** bei der Anknüpfung einer Rechtsverletzung im Rahmen des Art. 4 (zB einer Verletzung des Eigentums)[58] oder im Rahmen des Art. 8 (einer Verletzung eines Immaterialgüterrechts).[59] 33

Beispiel:[60]
Ein in Deutschland zugelassenes Kfz eines in Deutschland lebenden Besitzers wird in den Niederlanden durch ein niederländisches Kfz beschädigt. Im Schadensersatzprozess vor einem deutschen Gericht bestreitet die niederländische Versicherung das Eigentum des Besitzers und Anspruchstellers an dem beschädigten Kfz.

Die Frage nach einer selbständigen oder unselbständigen **Anknüpfung einer Vorfrage** (im Beispiel: Eigentum des Klägers an der beschädigten Sache) kann nur auftreten, wenn ein – aus der Sicht des Forums – ausländisches Recht zur **Beantwortung der Hauptfrage** (im Beispiel: Ersatz des Schadens an der beschädigten Sache) berufen ist. Unterliegt die Hauptfrage dem materiellen **Recht des Forums,** so fallen *lex fori* und *lex causae* zusammen. Unterliegt die Beantwortung der Hauptfrage einem **ausländischen Recht,** so kann sich der Streit über die richtige Anknüpfung der Vorfrage auf das Ergebnis nur auswirken, wenn die Kollisionsnormen der *lex causae* für die Vorfrage ein anderes Recht berufen als diejenigen des Forums. 34

Beispiel:
Im Fall des AG Geldern (→ Rn. 33) ist mangels eines gemeinsamen gewöhnlichen Aufenthalts iS des Art. 4 Abs. 2 das niederländische materielle Recht (Art. 24) zur Entscheidung über den geltend gemachten Anspruch berufen (Art. 4 Abs. 1). Es besteht kein Anlass, die Ausweichklausel des Art. 4 Abs. 3 anzuwenden (→ Art. 4 Rn. 125), und es spielt für die Anknüpfung der unerlaubten Handlung durch das deutsche Gericht keine Rolle, dass die Niederlande Vertragsstaat des **HStVÜ** sind[61] (→ Art. 4 Rn. 119). Wird die Vorfrage nach dem Eigentum des Anspruchstellers an der beschädigten Sache **selbständig** nach deutschem IPR angeknüpft, ist deutsches Sachenrecht maßgebend, wenn davon ausgegangen wird, dass das Fahrzeug nach

---

55 *Kindler* IPRax 2014, 486 (488); s. auch *Kieninger* FS Scheuing, 2011, 110 (117); *Haftel* Clunet 137 (2010), 761 (772).

56 *Schack* in v. Hein/Rühl, Kohärenz im Internationalen Privat- und Verfahrensrecht der Europäischen Union, 2016, 279 (290 f.).

57 NK-BGB/*Nordmeier* Art. 15 Rn. 3; *Wendelstein* GPR 2014, 46 (53 ff.); zu öffentlich-rechtlichen Vorfragen im Zivilprozess EuGH BeckRS 2004, 75823 = IPRax 2003, 528 Rn. 28 f., 42 – Préservatrice Foncière TIARD; EuZW 2004, 351 Rn. 21 – Frahuil; EuZW 2016, 782 Rn. 43 – Siemens AG; *Wurmnest* EuZW 2016, 784 (785).

58 NK-BGB/*Knöfel* Art. 1 Rn. 6.

59 BeckOGK/*McGuire* Art. 8 Rn. 67; Calliess/*de la Durantaye* Art. 8 Rn. 38; *v. Bar/Mankowski* IPR II § 2 Rn. 356; *Schack* FS Kropholler, 2009, 651 (664).

60 Nach AG Geldern NJW 2011, 686; so auch NK-BGB/*Knöfel* Art. 1 Rn. 6.

61 Unentschieden AG Geldern NJW 2011, 686 (687); zutr. *Wurmnest* ZVglRWiss. 115 (2016), 624 (644 f.).

dem Unfall wieder nach Deutschland zurückgekehrt ist (Art. 43 Abs. 1 EGBGB). Wird die sachenrechtliche Vorfrage **unselbständig** nach dem IPR der niederländischen *lex causae* angeknüpft, gelangt man zu demselben Ergebnis (Art. 127 Abs. 1 BW). Egal wie die Vorfrage angeknüpft wird – für den Kläger streitet in jedem Fall die Eigentumsvermutung des § 1006 Abs. 1 S. 1 BGB).[62]

35 Die **praktische Bedeutung** des Themas „selbständige oder unselbständige Anknüpfung von Vorfragen" ist im IPR der außervertraglichen Schuldverhältnisse sehr gering. Selbst wenn das deutsche Gericht, was vor allem bei Distanzdelikten vorkommt, auf die Hauptfrage nicht das deutsche materielle Recht anzuwenden hat, hat die Art der Vorfragenanknüpfung in der Regel keinen Einfluss auf das Ergebnis des Rechtsstreits. Denn erstens ist zu prüfen, ob – was bei familienrechtlichen Vorfragen häufig vorkommt[63] – über das Bestehen oder Nichtbestehen des vorgreiflichen Rechtsverhältnisses eine rechtskräftige inländische oder eine anzuerkennende ausländische **Entscheidung** besteht; in diesem Fall ersetzt die Anerkennung die kollisionsrechtliche Prüfung.[64]

36 Zweitens müssen sich die **Kollisionsnormen** der auf die Hauptfrage anzuwendenden Rechtsverordnung *(lex causae)* in Bezug auf die Vorfrage von denjenigen der *lex fori* unterscheiden (→ Rn. 34). Das ist nicht der Fall, wenn in beiden Staaten ein kollisionsrechtliches **Übereinkommen** in Kraft steht oder der Gegenstand der Vorfragenanknüpfung einer kollisionsrechtlichen **Verordnung** der EU unterliegt, die in beiden Staaten anzuwenden ist. Auch im nicht harmonisierten bzw. nicht vereinheitlichten Bereich des IPR, wie im Internationalen Sachenrecht, sind die Kollisionsnormen häufig identisch (→ EGBGB Art. 43 Rn. 3; ausf. zur Vorfragenanknüpfung im Internationalen Immaterialgüterrecht → Art. 8 Rn. 184 ff.). Schließlich kann die Art der Vorfragenanknüpfung unentschieden bleiben, wenn die Sachnormen der *lex fori* und diejenigen der *lex causae* zu demselben Ergebnis kommen.

37 Wenn und soweit die Methode der Vorfragenanknüpfung entscheidungsrelevant ist, muss aus dem **Sinn und Zweck der Verordnung** ermittelt werden, wie Vorfragen anzuknüpfen sind.[65] **Erwägungsgrund 8** bestimmt das Erfordernis des europäischen Entscheidungseinklangs: Der Sitz des Gerichts soll für die Entscheidung unerheblich sein. Wenngleich sich dieser Erwägungsgrund maßgeblich auf Hauptfragen bezieht, wird der europäische Entscheidungseinklang gestärkt, wenn Vorfragen einer **unselbständigen Anknüpfung** zugeführt werden. Auf der anderen Seite bevorzugt die Rom II-VO die verordnungsautonome Qualifikation von Begriffen, die auch als Bestandteile von Vorfragen in Betracht kommen, wie zB die Einschränkung des Wettbewerbs **(Erwägungsgrund 23)** oder der Umweltschaden **(Erwägungsgrund 24),** verweist im Übrigen aber auf die innerstaatlichen Vorschriften der einzelnen Mitgliedstaaten, wie zB in Bezug auf den Begriff der Arbeitskampfmaßnahmen **(Erwägungsgrund 27 S. 1).** Dementsprechend wird in der Regel einer **selbständigen Anknüpfung** der Vorzug gegeben.[66] Das gilt insbesondere für die Existenz einer Unterhaltspflicht (→ Art. 15 Rn. 29), die Erbberechtigung (→ Art. 15 Rn. 33), die Einstandspflicht für andere (→ Art. 15 Rn. 39) und das Bestehen eines Direktanspruchs (→ Art. 18 Rn. 17; zu weiteren Gegenständen → Art. 15 Rn. 45 f.; → Art. 23 Rn. 13).[67]

V. Systematik der Rom II-VO

38 Das Anknüpfungssystem der Rom II-VO basiert auf dem **Prinzip der engsten Verbindung.** Auf ihm beruhen sowohl die Grundanknüpfungen der Art. 4–12 (als „typisierte" engste Verbindungen) als auch die Ausweichklauseln der Art. 4 Abs. 3, Art. 5 Abs. 3, Art. 10 Abs. 4, Art. 11 Abs. 4 und Art. 12 Abs. 2 lit. c (als „einzelfallbezogene" engste Verbindungen).[68] Anders

---

62 AG Geldern NJW 2011, 686 (687).

63 ZB OLG Frankfurt a.M. NJW-RR 2012, 1477.

64 *Hübner* RabelsZ 85 (2021), 106 (110); *Weller* RabelsZ 81 (2017), 747 (774).

65 *Nietner,* Internationaler Entscheidungseinklang im europäischen Kollisionsrecht, 2016, 209 f.; allg. zur Anknüpfung familienrechtlicher Vorfragen (Bestehen einer Ehe) im Rahmen der Rom II-VO *Bernitt,* Die Anknüpfung von Vorfragen im europäischen Kollisionsrecht, 2010, 218 f.; *Nehne,* Methodik und allgemeine Lehren des europäischen IPRs, 2012, 197 ff.; *Gössl* JPrivIntL 8 (2012), 63 (67); *Heinze* FS Kropholler, 2008, 105 (112); *Sonnenberger* FS Kropholler, 2008, 227 (240 f.).

66 Ausf. *Bernitt,* Die Anknüpfung von Vorfragen im europäischen Kollisionsrecht, 2010, 147 ff. (Vorfrage nach dem Eigentum im Rahmen der Art. 10, 11), 196 ff. (Bestehen einer Unterhaltspflicht), 207 ff. (Rechtmäßigkeit eines Arbeitskampfs im Rahmen des Art. 9); *Micha,* Der Direktanspruch im europäischen IPR, 2010, 160 ff. (Bestehen eines Direktanspruchs im Rahmen des Art. 18); Soergel/*Pfeiffer* Art. 15 Rn. 11; NK-BGB/*Nordmeier* Art. 15 Rn. 3 (Vorfragen im Rahmen des Art. 15); *Sonnenberger* FS Kropholler, 2008, 227 (241).

67 Zur Behandlung von Vorfragen bei akzessorischer Anknüpfung (zB Art. 4 Abs. 3 S. 2, Art. 5 Abs. 2 S. 2) s. *Bernitt,* Die Anknüpfung von Vorfragen im europäischen Kollisionsrecht, 2010, 229 ff.; *Heinze* FS Kropholler, 2008, 105 (113 f.).

68 NK-BGB/*Knöfel* Vor Art. 1 Rn. 5; Erman/*Stürner* Vor Art. 1 Rn. 3; jurisPK-BGB/*Wurmnest* Art. 1 Rn. 9 ff.; PWW/*Schaub* Vor Art. 1 Rn. 8 f.; *Brière* Clunet 135 (2008), 31 (37); *Hartenstein* TranspR 2008, 143; *v. Hein* FS Kropholler, 2008, 553.

als ursprünglich in Anlehnung an Art. 4 EVÜ konzipiert[69] sind die Vorschriften der Rom II-VO als **feste Anknüpfungen** ausgestaltet. Die Formulierung bloßer Vermutungen zur Konkretisierung der engsten Verbindung hat der Verordnungsgeber wegen der Gefahr einer uneinheitlichen Handhabung verworfen.[70] Die Rom II-VO unterscheidet grundlegend zwischen Schuldverhältnissen aus unerlaubter Handlung (Art. 4–9) und anderen außervertraglichen Schuldverhältnissen, dh solchen aus ungerechtfertigter Bereicherung, aus Geschäftsführung ohne Auftrag oder aus Verschulden bei Vertragsverhandlungen (Art. 10–12). Der Schwerpunkt liegt auf den unerlaubten Handlungen.

1. Grundanknüpfungen (Art. 4–12). a) Schuldverhältnisse aus unerlaubter Handlung (Art. 4–9). Anders als das deutsche IPR der unerlaubten Handlungen beschränkt sich die Rom II-VO nicht auf eine allgemeine Kollisionsnorm (Art. 4), sondern legt in den Art. 5–9 spezielle Anknüpfungsregeln für einzelne Sachbereiche fest, namentlich für Produkthaftung (Art. 5), unlauteren Wettbewerb und Wettbewerbsbeschränkungen (Art. 6), Umweltschädigung (Art. 7), Verletzung von Rechten des geistigen Eigentums (Art. 8) und Arbeitskampfmaßnahmen (Art. 9). Zu der allgemeinen Anknüpfung nach Art. 4 stehen diese besonderen Kollisionsnormen in jeweils unterschiedlichem Verhältnis (ausführlich → Art. 4 Rn. 102 ff.). 39

b) Andere außervertragliche Schuldverhältnisse (Art. 10–12). Für außervertragliche Schuldverhältnisse, die nicht auf unerlaubter Handlung beruhen, bestimmt sich das anwendbare Recht nach Art. 10–12. **Art. 10** gilt für die ungerechtfertigte Bereicherung, **Art. 11** für die Geschäftsführung ohne Auftrag und **Art. 12** für das Verschulden bei Vertragsverhandlungen (zu den Systembegriffen der Art. 10–12 → Art. 10 Rn. 16 ff.; → Art. 11 Rn. 9 f.; → Art. 12 Rn. 14 ff.). **Art. 13** enthält eine auf Art. 10–12 bezogene Sonderregel für den Bereich des geistigen Eigentums (Art. 8). 40

2. Ausweichklauseln (Art. 4 Abs. 3 ua). Aufgrund des typisierenden Regelungsansatzes der Grundanknüpfungen sind Konstellationen denkbar, in denen der zu entscheidende Sachverhalt mit der typisiert ermittelten Rechtsordnung nur eine schwache, mit einer anderen Rechtsordnung dagegen eine starke Verbindung aufweist. Über die Ausweichklauseln wendet das Gericht in diesen Situationen das Recht an, mit dem der konkrete Einzelfall am engsten verbunden ist. Die Ausweichklauseln der Rom II-VO sind als **verbindliche Kollisionsnormen** ausgestaltet und nicht als bloße Hilfsvorschriften, was in der Rechtsfolgenanordnung zum Ausdruck kommt („so ist das Recht dieses anderen Staates anzuwenden"). Um die von der Rom II-VO angestrebte einheitliche Rechtsanwendung nicht zu gefährden, sind sie **zurückhaltend zu handhaben,** worauf schon die Formulierungen „Gesamtheit der Umstände" und „offensichtlich engere Verbindung" hinweisen sollen[71] („Restriktionsdogma"[72]). 41

Die „Ausweichklauselpolitik" der Rom II-VO ist formal und inhaltlich nicht konsistent: Während die Ausweichklausel des **Art. 4 Abs. 3** – gesetzestechnisch wenig elegant[73] – in **Art. 5 Abs. 3** schlicht wiederholt wird, beschränkt sich **Art. 6 Abs. 2** auf eine Verweisung. Keine Ausweichmöglichkeit ist bei den Anknüpfungen nach **Art. 7, 8 und Art. 9** vorgesehen, was insbesondere bei Art. 9 auf Bedenken stößt (→ Art. 9 Rn. 9; → Art. 9 Rn. 40). Materiell identischen Wortlaut haben die Ausweichklauseln der **Art. 10 Abs. 4, Art. 11 Abs. 4 und Art. 12 Abs. 2 lit. c,** wobei wegen der Regelungstechnik bei der Anknüpfung außervertraglicher Schuldverhältnisse aus Verhandlungen vor Vertragsschluss die Ausweichklausel des Art. 12 Abs. 2 lit. c die geringste Bedeutung hat (→ Art. 12 Rn. 31). 42

3. Rechtswahl (Art. 14). Art. 14 ermöglicht es den Beteiligten (den „Parteien") eines außervertraglichen Schuldverhältnisses, das anwendbare Recht selbst zu bestimmen **(Abs. 1).** Die Vor- 43

---

69 Nachweise bei *Jayme/Kohler* IPRax 2003, 485 (494).

70 KOM (2003) 427 endg., 13; dazu *de Boer* NILR 2009, 295 (297); *Bogdan* in Malatesta, The Unification of Choice-of-Law Rules in Torts and Other Non-Contractual Obligations in Europe, 2006, 33 (38); *Hartley* Int. Comp. L. Q. 57 (2008), 899 (907).

71 KOM(2003) 427 endg., 13; s. auch OLG Hamburg BeckRS 2019, 18529 = RdTW 2019, 343 Rn. 64 – Arrestmissbrauch in Marokko; OLG Stuttgart BeckRS 2019, 26186 = WM 2019, 2359 Rn. 34 – Dieselskandal (Anlegerklage); LG Essen BeckRS 2020, 17643 Rn. 102 – Flugzeugabsturz; LG Ingolstadt BeckRS 2020, 36444 Rn. 7 ff. – Dieselklage (Spanien); BeckOGK/*Rühl* Art. 4 Rn. 104 f.; Soergel/*Wendelstein* Art. 4 Rn. 84; Erman/*Stürner* Art. 4 Rn. 16; PWW/*Schaub* Art. 4 Rn. 9; *v. Bar/Mankowski* IPR II § 2 Rn. 202; *Junker* IPR § 16 Rn. 22; *Mankowski,* Interessenpolitik und europäisches Kollisionsrecht, 2011, 71 f.; *Rushworth/Scott* Lloyd's M. C. L. Q. 2008, 274 (275); großzügiger *Mankowski* RIW 2021, 93 (103); *Thomale/Hübner* JZ 2017, 385 (391 f.); *Weller/Thomale* ZGR 2017, 509 (524 f.).

72 *Hemler* IPRax 2022, 485 (487); ausf. BeckOGK/*Köhler* Rom I-VO Art. 4 Rn. 160.

73 *G. Wagner* IPRax 2008, 1 (7); s. auch *v. Hein* VersR 2007, 440 (447); *Huber/Illmer* YbPIL 9 (2007), 31 (39).

schrift bringt den kollisionsrechtlichen Grundsatz der **Parteiautonomie** zur Geltung[74] (→ Einl. IPR Rn. 35 ff.). Für außervertragliche Schuldverhältnisse aus Unlauterem Wettbewerb und Wettbewerbsbeschränkungen sowie aus Verletzungen von Rechten des geistigen Eigentums ist eine Rechtswahl nicht zulässig (Art. 6 Abs. 4, Art. 8 Abs. 3). **Abs. 2, 3** beschränken die Wirkungen der Rechtswahl für Inlands- und Binnenmarktsachverhalte. Die Rechtswahl nach Art. 14 ist von dem nach Art. 7 (iVm Art. 46a EGBGB) eröffneten Optionsrecht konzeptionell und dogmatisch streng zu trennen.

44 **Art. 14 Abs. 1 S. 1** erlaubt die Rechtswahl in zwei Varianten: Ist das „schadensbegründende Ereignis" schon eingetreten, eröffnet **lit. a** die *electio iuris* ohne weitere Zulässigkeitsvoraussetzungen **(nachträgliche Rechtswahl).** Vor Eintritt des schadensbegründenden Ereignisses gestattet **lit. b** die Ausübung der Parteiautonomie dagegen nur, wenn alle Parteien einer kommerziellen Tätigkeit nachgehen **(vorherige Rechtswahl).** Da Art. 2 Abs. 3 lit. a die „Wahrscheinlichkeit des Eintritts" dem Eintritt des schadensbegründenden Ereignisses gleichstellt, handelt es sich – was der Verordnungsgeber vielleicht nicht gesehen hat – in Bezug auf **Unterlassungsbegehren** praktisch immer um eine „nachträgliche" Rechtswahl (→ Art. 2 Rn. 14), so dass die kommerzielle Tätigkeit insofern in der Praxis keine Rolle spielt (→ Art. 9 Rn. 42; → Art. 9 Rn. 44).

45 **4. Prüfungsreihenfolge.** Nach dem Sprachgebrauch der Rom II-VO bedeutet der Begriff **„unbeschadet"** den Vorrang der bezeichneten Vorschriften; die Formulierung **„ungeachtet"** drückt deren Nachrang aus. Das Rangverhältnis der Anknüpfungsregeln und die Prüfungsreihenfolge entsprechen in ihren Grundzügen dem deutschen autonomen IPR der außervertraglichen Schuldverhältnisse.

46 **a) Schuldverhältnisse aus unerlaubter Handlung.** Die **Rechtswahl** der Parteien (Art. 14) geht allen anderen Anknüpfungen vor; sie steht nicht unter dem Vorbehalt einer engeren Verbindung. Für **besonders normierte Deliktstypen** gilt die jeweilige Kollisionsnorm (s. Art. 5–9), die neben den Kriterien der Spezialanknüpfung auch ihr Verhältnis zu Art. 4 regelt (→ Art. 4 Rn. 102 ff.). Für nicht besonders normierte Deliktstypen gilt Art. 4. Haben die Parteien keine Rechtswahl getroffen, aber einen **gemeinsamen gewöhnlichen Aufenthalt** in ein und demselben Staat, so ist das Recht dieses Staates anzuwenden (Art. 4 Abs. 2). Die Anknüpfung an das *domicilium communis* trägt der Parteierwartung Rechnung: Leben Täter und Opfer in demselben Staat, gehen sie in der Regel von der Rechtsverfolgung und Rechtsdurchsetzung in diesem Staat aus und erwarten auf dieser Basis die Anwendung des Rechts dieses Staates.[75]

47 Haben die Person, deren Haftung geltend gemacht wird, und die Person, die geschädigt wurde, zum Zeitpunkt des Schadenseintritts ihren gewöhnlichen Aufenthalt nicht in demselben Staat, so kommt als Grundanknüpfung das Recht des Staates zur Anwendung, in dem der **Schaden eingetreten** ist (Art. 4 Abs. 1).[76] Besteht zu einer anderen Rechtsordnung eine **offensichtlich engere Verbindung,** so ist dieses Recht anzuwenden (Art. 4 Abs. 3 S. 1). Art. 4 Abs. 3 S. 2 betont die besondere Bedeutung der akzessorischen Anknüpfung an ein bereits bestehendes Rechtsverhältnis zwischen den Parteien, insbesondere an einen Vertrag, für die Auflockerung des Deliktsstatuts durch Art. 4 Abs. 3 S. 1.

48 **b) Andere außervertragliche Schuldverhältnisse.** Für außervertragliche Schuldverhältnisse, die nicht auf unerlaubter Handlung beruhen, ergibt sich folgendes Prüfungsprogramm: Der Bereich der **Immaterialgüter** fällt, auch wenn das streitgegenständliche außervertragliche Schuldverhältnis nicht auf unerlaubter Handlung beruht, unter die Sonderbestimmungen des Art. 8 (Art. 13). Die

---

[74] BGHZ 225, 23 = NJW 2020, 1514 Rn. 18 – Brustimplantate (Frankreich); OLG Hamm NJW 2019, 3527 Rn. 12 ff. – Fabrikbrand in Pakistan; OLG Düsseldorf BeckRS 2021, 17768 = SpuRt 2021, 215 Rn. 57 (zu Art. 42 EGBGB); BeckOGK/*Rühl* Art. 14 Rn. 11; Soergel/*Wendelstein* Art. 14 Rn. 1 ff.; NK-BGB/*Gebauer* Art. 14 Rn. 1; Erman/*Stürner* Art. 14 Rn. 1; jurisPK-BGB/*Wurmnest* Art. 14 Rn. 2; PWW/*Schaub* Art. 14 Rn. 1; *v. Bar/Mankowski* IPR II § 2 Rn. 71; *Junker* IPR § 16 Rn. 9; *Leible* RIW 2008, 257 (258); *Rühl* FS Kropholler, 2008, 187 (188); krit. *de Boer* YbPIL 9 (2007), 19 (25).

[75] BGH NJW 2018, 3374 Rn. 38; OLG Frankfurt a.M. NJW-RR 2018, 803 Rn. 24; OLG Dresden BeckRS 2018, 30326 Rn. 18; OLG Celle NJW-RR 2020, 407 Rn. 22 – Fahrradunfall in Italien; OLG Köln NJW-RR 2020, 847 Rn. 18 – Flugunfall in Italien; LG Köln NJW-RR 2018, 150 Rn. 31 – Schiunfall in Österreich; BeckRS 2019, 277 = SpuRt 2019, 277 Rn. 19 – Surfunfall in den Niederlanden; BeckOGK/*Rühl* Art. 4 Rn. 82; Soergel/*Wendelstein* Art. 4 Rn. 70 ff.; Erman/*Stürner* Art. 4 Rn. 11; PWW/*Schaub* Art. 4 Rn. 8; *v. Bar/Mankowski* IPR II § 2 Rn. 188; *Junker* IPR § 16 Rn. 20; *Dornis* ELF 2007, I-152 (I-157); *v. Hein* FS Kropholler, 2008, 533 (570); krit. *Symeonides* 92 Tulane L. Rev. 1, 19 (2017).

[76] OLG München NJW-RR 2018, 82 Rn. 14; OLG Saarbrücken BeckRS 2018, 7852 = IPRax 2021, 166 Rn. 36; OLG Hamm NJW 2019, 3527 Rn. 11 – Fabrikbrand in Pakistan; OLG Rostock NJOZ 2021, 21 Rn. 54 – Beteiligung am Vertragsbruch; LG Freiburg BeckRS 2021, 14677 Rn. 23 – Dieselklage (Italien).

drei anderen Sachbereiche (ungerechtfertigte Bereicherung, GoA und c.i.c.) unterliegen vorbehaltlich einer **Rechtswahl** der Parteien (Art. 14) der **akzessorischen Anknüpfung** an ein zwischen den Parteien bestehendes Rechtsverhältnis (Art. 10 Abs. 1, Art. 11 Abs. 1) bzw. das reale oder hypothetische Vertragsstatut (Art. 12 Abs. 1).

Ist eine akzessorische Anknüpfung nicht möglich, kommt bei ungerechtfertigter Bereicherung und bei GoA der **gemeinsame gewöhnliche Aufenthalt** der Parteien zum Tragen (Art. 10 Abs. 2, Art. 11 Abs. 2), in Ermangelung eines solchen der Ort, an dem die Bereicherung erfolgt ist (Art. 10 Abs. 3) bzw. bei der GoA der Vornahmeort (Art. 11 Abs. 3). Diese Anknüpfungen stehen unter dem Vorbehalt einer **offensichtlich engeren Verbindung** zu einem anderen Staat (Art. 10 Abs. 4, Art. 11 Abs. 4). Bei der c.i.c. kopieren die Anknüpfungen des Art. 12 Abs. 2 diejenigen des Art. 4 (→ Art. 12 Rn. 28 ff.). 49

Die **systematische Parallele** zwischen **Art. 10 und Art. 11** einerseits und **Art. 4** andererseits erschließt sich nicht unmittelbar. Sie wird dadurch verdeckt, dass sich die in Art. 4 Abs. 3 enthaltene Regelung für die Bereiche der Art. 10 und Art. 11 in deren Abs. 1 und 4 gespalten wiederfindet. Die prominente Positionierung der akzessorischen Anknüpfung in Abs. 1 der Art. 10 und Art. 11 soll deren Bedeutung unterstreichen.[77] Angesichts des starken Gewichts von Abs. 1[78] verbleiben für Abs. 4 der Art. 10 und Art. 11 in der Praxis nur wenige Anwendungsfälle.[79] 50

VI. Verhältnis zu anderen Rechtsquellen

1. Autonomes Recht der Mitgliedstaaten. Nach Art. 288 Abs. 2 AEUV gilt die Rom II-VO allgemein, verbindlich und unmittelbar in jedem Mitgliedstaat (zum Begriff des Mitgliedstaats → Art. 1 Rn. 62 f.). Als Unionsrechtsakt kommt ihr gegenüber dem innerstaatlichen Recht der Mitgliedstaaten Vorrang zu (Ausprägung des „effet utile"). Raum für das autonome Kollisionsrecht der Mitgliedstaaten verbleibt damit nur außerhalb des sachlichen Anwendungsbereichs der Rom II-VO (zum zeitlichen Anwendungsbereich der Rom II-VO → Art. 31, 32 Rn. 2 ff.). 51

2. Andere Unionsrechtsakte (Art. 27). Das Verhältnis der Rom II-VO zu anderen „Vorschriften des Gemeinschaftsrechts" (zu diesem Begriff → Art. 27 Rn. 6 ff.) regelt Art. 27 in der Weise, dass Kollisionsnormen für besondere Gegenstände des Rechts der außervertraglichen Schuldverhältnisse den Vorrang vor der Rom II-VO haben. Solche Kollisionsnormen sind jedoch, abgesehen vielleicht vom Bereich des elektronischen Geschäftsverkehrs, nicht vorhanden (→ Art. 27 Rn. 9 ff.). 52

3. Internationale Übereinkommen (Art. 28). Komplexer ist das Verhältnis der Rom II-VO zu völkerrechtlichen Übereinkommen, die Kollisionsnormen für außervertragliche Schuldverhältnisse enthalten und in einem oder mehreren Mitgliedstaaten (zu diesem Begriff → Art. 1 Rn. 62 f.) in Kraft sind (→ Art. 28 Rn. 13 ff.). Für Deutschland ist Art. 28 von geringer Bedeutung, da die beiden wichtigsten von dieser Vorschrift betroffenen Übereinkommen – das HStVÜ und das HProdHÜ – in Deutschland nicht gelten (→ Art. 28 Rn. 22 f.). 53

Kapitel I. Anwendungsbereich

Art. 1 Rom II-VO Anwendungsbereich

(1) [1]Diese Verordnung gilt für außervertragliche Schuldverhältnisse in Zivil- und Handelssachen, die eine Verbindung zum Recht verschiedener Staaten aufweisen. [2]Sie gilt insbesondere nicht für Steuer- und Zollsachen, verwaltungsrechtliche Angelegenheiten oder die Haftung des Staates für Handlungen oder Unterlassungen im Rahmen der Ausübung hoheitlicher Rechte („acta iure imperii").

---

[77] KOM(2003) 427 endg., 24; s. auch Soergel/*Wendelstein* Art. 10 Rn. 16; *v. Bar/Mankowski* IPR II § 2 Rn. 454 ff.; *Legier* in Corneloup/Joubert, Le règlement communautaire „Rome II" sur la loi applicable aux obligations non contractuelles, 2008, 145 (152).

[78] OLG Schleswig BeckRS 2021, 26484 Ls., Rn. 38 – Eingriffskondiktion des Insolvenzverwalters (Vereinigtes Königreich); LG Köln BeckRS 2020, 48125 Rn. 28 – Rückforderung von Abschlagszahlungen (Vereinigtes Königreich); LG Köln BeckRS 2020, 48125 Rn. 28 – Rückzahlung eines Vorschusses; *Hemler* IPRax 2022, 485 (486); s. auch LG München I BeckRS 2013, 11696 = IPRax 2014, 438 m. Aufsatz *Looschelders* Rn. 26 ff. – Erbensucher (Österreich).

[79] BGH NJW 2019, 2780 = WuB 2019, 430 mAnm *Schinkels* = RIW 2019, 686 Rn. 23 – Rückgriff gegen Versicherung (Vereinigtes Königreich); OLG Saarbrücken BeckRS 2020, 2943 = NZI 2020, 443 Rn. 21 – Drittwirkung einer Zession (Luxemburg).

(2) Vom Anwendungsbereich dieser Verordnung ausgenommen sind

a) außervertragliche Schuldverhältnisse aus einem Familienverhältnis oder aus Verhältnissen, die nach dem auf diese Verhältnisse anzuwendenden Recht vergleichbare Wirkungen entfalten, einschließlich der Unterhaltspflichten;

b) außervertragliche Schuldverhältnisse aus ehelichen Güterständen, aus Güterständen aufgrund von Verhältnissen, die nach dem auf diese Verhältnisse anzuwendenden Recht mit der Ehe vergleichbare Wirkungen entfalten, und aus Testamenten und Erbrecht;

c) außervertragliche Schuldverhältnisse aus Wechseln, Schecks, Eigenwechseln und anderen handelbaren Wertpapieren, sofern die Verpflichtungen aus diesen anderen Wertpapieren aus deren Handelbarkeit entstehen;

d) außervertragliche Schuldverhältnisse, die sich aus dem Gesellschaftsrecht, dem Vereinsrecht und dem Recht der juristischen Personen ergeben, wie die Errichtung durch Eintragung oder auf andere Weise, die Rechts- und Handlungsfähigkeit, die innere Verfassung und die Auflösung von Gesellschaften, Vereinen und juristischen Personen, die persönliche Haftung der Gesellschafter und der Organe für die Verbindlichkeiten einer Gesellschaft, eines Vereins oder einer juristischen Person sowie die persönliche Haftung der Rechnungsprüfer gegenüber einer Gesellschaft oder ihren Gesellschaftern bei der Pflichtprüfung der Rechnungslegungsunterlagen;

e) außervertragliche Schuldverhältnisse aus den Beziehungen zwischen den Verfügenden, den Treuhändern und den Begünstigten eines durch Rechtsgeschäft errichteten „Trusts";

f) außervertragliche Schuldverhältnisse, die sich aus Schäden durch Kernenergie ergeben;

g) außervertragliche Schuldverhältnisse aus der Verletzung der Privatsphäre oder der Persönlichkeitsrechte, einschließlich der Verleumdung.

(3) Diese Verordnung gilt unbeschadet der Artikel 21 und 22 nicht für den Beweis und das Verfahren.

(4) Im Sinne dieser Verordnung bezeichnet der Begriff „Mitgliedstaat" jeden Mitgliedstaat mit Ausnahme Dänemarks.

Schrifttum: s. auch Vor Art. 1; älteres Schrifttum s. 6. Aufl. 2015, Art. 1; *Arnold,* Zur Reichweite des verfahrensrechtlichen Verbraucherschutzes und zur Qualifikation der Ansprüche aus culpa in contrahendo und § 823 Abs. 2 BGB iVm § 32 KWG, IPRax 2013, 141; *Arons,* „All roads lead to Rome!": Beware of the consequences – The law applicable to prospectus liability claims under the Rome II Regulation, NILR 2008, 481; *Arons,* On Financial Losses, Prospectuses, Liability, Jurisdiction (Clauses) and Applicable Law, NILR 2015, 377; *Behnen,* Die Haftung des falsus procurator im IPR nach Geltung der Rom I- und Rom II-Verordnungen, IPRax 2011, 221; *Bollé,* La responsabilité extracontractuelle du cocontractant en droit international privé, FS Audit, 2014, 120; *Breidenstein,* Das anwendbare Recht bei Schutzanordnungen nach dem Gewaltschutzgesetz, FamFR 2012, 172; *Corneloup,* Rome II and the Law of Financial Markets – The Case of Damages Caused by the Breach of Disclosure, in Nuyts/Hatzimihail (Hrsg.), Cross Border Class Actions, 2014, 291; *Denninger,* Grenzüberschreitende Prospekthaftung und Internationales Privatrecht, 2015; *Einsele,* Kapitalmarktrecht und Internationales Privatrecht, RabelsZ 81 (2017), 781; *Freitag,* Internationale Prospekthaftung Revisited – Zur Auslegung des europäischen Kollisionsrechts vor dem Hintergrund der „Kolassa"-Entscheidung des EuGH, WM 2015, 1165; *v. Hein,* Die Internationale Prospekthaftung im Lichte der Rom II-Verordnung, in Baum ua (Hrsg.), Perspektiven des Wirtschaftsrechts, 2008, 371; *v. Hein,* Finanzkrise und Internationales Privatrecht, BerGesVR 45 (2012), 369; *Hohloch,* Die „Bereichsausnahmen" der Rom II-VO: Zum Internationalen Privatrecht in und um Art. 1 Abs. 2 Rom II-VO, IPRax 2012, 110; *Huber,* Auf ein Neues: Vertrag und Delikt im europäischen I(Z)PR, IPRax 2017, 356; *Knöfel,* Normenmix bei Amtshaftung mit Auslandsbezug, IPRax 2021, 392; *Lehmann,* Der Anwendungsbereich der Rom I-Verordnung: Vertragsbegriff und vorvertragliche Rechtsverhältnisse, in Ferrari/Leible (Hrsg.), Ein neues Internationales Vertragsrecht für Europa: Der Vorschlag für eine Rom I-Verordnung, 2007, 17; *Lehmann,* Eine Lücke im europäischen Kollisionsrecht der Schuldverhältnisse? Die Haftung wegen Vermögensübernahme und wegen Fortführung eines Handelsgeschäfts, IPRax 2015, 495; *Nourrissat,* Le champ d'application du Règlement „Rome II", in Corneloup/Joubert (Éd.), Le règlement communautaire „Rome II" sur la loi applicable aux obligations non contractuelles, 2008, 13; *Scott,* The Scope of „Non-Contractual Obligations", in Ahern/Binchy (Ed.), The Rome II Regulation on the Law Applicable to Non-Contractual Obligations, 2009, 57; *Thomale,* Internationale Kapitalmarktinformationshaftung, ZGR 2020, 332.

Übersicht

I. Allgemeines

1. Normzweck. Art. 1 enthält die Bestimmungen über den sachlichen Anwendungsbereich der Rom II-VO (Abs. 1–3) und eine Klarstellung zum räumlichen Anwendungsbereich der Rom II-VO (Abs. 4). In ihrem Anwendungsbereich genießt die Rom II-VO als **EU-Verordnung** einen verdrängenden Vorrang vor dem mitgliedstaatlichen Kollisionsrecht der außervertraglichen Schuldverhältnisse (Art. 288 Abs. 2 AEUV). Art. 1 wird ergänzt durch die **Qualifikationsnorm des Art. 15,** die sich auf alle außervertraglichen Schuldverhältnisse bezieht, aber der Sache nach vorwiegend Qualifikationsfragen beantwortet, die sich bei außervertraglichen Schuldverhältnissen aus unerlaubter Handlung stellen (→ Art. 15 Rn. 8 ff.). 1

Die Bestimmungen über den **sachlichen Anwendungsbereich (Abs. 1–3)** sind so gefasst, dass sie möglichst mit denjenigen der Brüssel Ia-VO und der Rom I-VO harmonieren bzw. korrespondieren (so ausdrücklich der **Erwägungsgrund 7**). Dies ermöglicht eine rechtsaktübergreifende Auslegung der Systembegriffe (zu den Grenzen → Vor Art. 1 Rn. 25). Die Rom II-VO, die Brüssel Ia-VO und die Rom I-VO sollen eine Gesamtregelung bilden, die als unmittelbar anzuwendendes europäisches Recht (Art. 288 Abs. 2 AEUV) das Internationale Privat- und Prozessrecht der zivil- und handelsrechtlichen Schuldverhältnisse so weit wie möglich abdeckt.[1] 2

Die Regelung zum **räumlichen Anwendungsbereich (Abs. 4)** basiert auf dem Umstand, dass der 2007 geltende Titel IV des EG-Vertrags (Art. 61 ff. EGV) idF des Vertrags von Amsterdam, der die Rechtsgrundlage der Rom II-VO bildet **(Erwägungsgrund 2),** gemäß dem Protokoll zum Amsterdamer Vertrag nicht für das **Königreich Dänemark** gilt. Anders als in Bezug auf die **Brüssel Ia-VO**[2] hat das Königreich Dänemark in Bezug auf die **Rom II-VO** nicht von der Möglichkeit Gebrauch gemacht, den Rechtsakt durch einen völkerrechtlichen Vertrag mit der EU zur Geltung zu bringen (→ Rn. 10, → Rn. 62 f.). 3

2. Systematik. a) Zivil- und Handelssachen. Abs. 1–3 enthalten die notwendigen Vorschriften über den sachlichen Anwendungsbereich der Rom II-VO: Die äußerste Grenze des Anwendungsbereichs wird durch den Begriff der Zivil- und Handelssachen in Abs. 1 S. 1 markiert, der in Abs. 1 S. 2 „insbesondere" von Steuer- und Zollsachen, verwaltungsrechtlichen Angelegenheiten und der Haftung des Staates für acta iure imperii abgegrenzt wird. Der **Begriff der Zivil- und Handelssache** ist ein **eigenständiger Begriff des Unionsrechts,** der vom EuGH einheitlich für die Brüssel Ia-VO, die Rom II-VO und die Rom I-VO ausgelegt werden soll.[3] 4

1 KOM(2003) 427 endg., 8; BeckOGK/*J. Schmidt* Rn. 6 f.; BeckOK BGB/*Spickhoff* Rn. 2 f.; Staudinger/*Maultzsch,* 2023, Rn. 2; NK-BGB/*Knöfel* Rn. 2; Erman/*Stürner* Rn. 2; PWW/*Schaub* Vor Art. 1 Rn. 4; *v. Bar/Mankowski* IPR II § 2 Rn. 4; *Breidenstein* FamFR 2012, 120; *Dutta* IPRax 2014, 33 (35).

2 Abkommen über die Ausdehnung der Brüssel Ia-VO auf Dänemark vom 19.10.2005, ABl. EU 2005 L 299, 62; dazu *Jayme/Kohler* IPRax 2005, 481 (485 f.); *R. Wagner* EuZW 2006, 424 (426).

3 KOM(2003) 427 endg., 8; BeckOGK/*J. Schmidt* Rn. 11 ff.; BeckOK BGB/*Spickhoff* Rn. 2 ff.; Staudinger/*Maultzsch,* 2023, Rn. 3; NK-BGB/*Knöfel* Rn. 12; jurisPK-BGB/*Wurmnest* Rn. 35; PWW/*Schaub* Rn. 1; *v. Hein* in Baum ua, Perspektiven des Wirtschaftsrechts, 2008, 371 (378); *Huber* IPRax 2017, 356 (357); *Mankowski* RIW 2008, 177 (180); *Nourissat* in Corneloup/Joubert, Le règlement communautaire „Rome II" sur la loi applicable aux obligations non contractuelles, 2008, 13 (15).

5 Abs. 1 stimmt nahezu wörtlich mit Art. 1 Abs. 1 Brüssel Ia-VO überein: Der in Art. 1 Abs. 1 Brüssel Ia-VO **enthaltene Zusatz** „ohne dass es auf die Art der Gerichtsbarkeit ankommt" ist in der Rom II-VO im **Erwägungsgrund 8** niedergelegt. Der in Art. 1 Abs. 1 Brüssel Ia-VO **nicht enthaltene Zusatz** aE von Abs. 1 S. 2 („oder die Haftung des Staates für Handlungen oder Unterlassungen im Rahmen der Ausübung hoheitlicher Rechte") deutet nicht auf einen sachlichen Unterschied, sondern bezeichnet nur eine weitere, speziell für die Rom II-VO für erforderlich gehaltene Konkretisierung der Angelegenheiten, die nicht als Zivil- und Handelssachen aufzufassen sind.[4]

6 **b) Außervertragliche Schuldverhältnisse.** Während die **Brüssel Ia-VO** – nach Maßgabe des Ausnahmenkatalogs in Art. 1 Abs. 2 Brüssel Ia-VO – auf alle Zivil- und Handelssachen iSd Art. 1 Abs. 1 Brüssel Ia-VO anzuwenden ist, erstreckt sich der sachliche Anwendungsbereich der **Rom II-VO** (nach Maßgabe des Ausnahmenkatalogs in Art. 1 Abs. 2 Rom II-VO) nur auf außervertragliche Schuldverhältnisse iSd Art. 1 Abs. 1 Rom II-VO (→ Rn. 22 ff.). Der Begriff des außervertraglichen Schuldverhältnisses dient der Abgrenzung zur **Rom I-VO,** die – ebenfalls nach Maßgabe eines Ausnahmenkatalogs – für vertragliche Schuldverhältnisse gilt (Art. 1 Abs. 1 Rom I-VO). Die beiden komplementären Verordnungen „Rom I" und „Rom II" sollen (unbeschadet ihrer Ausnahmenkataloge) grundsätzlich das gesamte IPR der Schuldverhältnisse regeln, unterschieden nach vertraglichen (Rom I-VO) und außervertraglichen Schuldverhältnissen (Rom II-VO).

7 Von dem **Grundsatz,** dass die Rom I-VO und die Rom II-VO alle Schuldverhältnisse kollisionsrechtlich abdecken sollen, gibt es **Ausnahmen.** Ein „geschlossenes System Rom I und Rom II", das alle Schuldverhältnisse kollisionsrechtlich erfasst, kann es schon **wegen der Ausnahmenkataloge** nicht geben.[5] Paradigmatisch ist die Bereichsausnahme des Abs. 2 lit. g für außervertragliche Schuldverhältnisse aus der Verletzung der Privatsphäre oder der Persönlichkeitsrechte.

8 Auch **außerhalb der Ausnahmenkataloge** der Rom I- und der Rom II-VO existieren Schuldverhältnisse, die nicht als vertraglich iSd Rom I-VO zu qualifizieren, aber auch nicht unter eine der vier Kategorien des Art. 2 Abs. 1 zu subsumieren sind. Dies wird zB für die Haftung aus Unternehmensfortführung (zB nach § 25 HGB) vertreten.[6] Diese Schuldverhältnisse unterliegen, ebenso wie zB der Ausnahmetatbestand des Abs. 2 lit. g, der Anknüpfung nach dem nationalen IPR. Der Begriff der **unerlaubten Handlung** (Art. 2 Abs. 1 Rom II-VO) ist keine Auffangkategorie für solche Schuldverhältnisse[7] (→ Art. 4 Rn. 18). Eine neuere Ansicht, die außervertragliche Schuldverhältnisse iSd Rom II-VO nicht auf die in Art. 4, 10–12 genannten vier Kategorien beschränken, sondern nach der Rom II-VO sämtliche Schuldverhältnisse anknüpfen will, die nicht auf einem Vertrag beruhen,[8] ist mit dem Wortlaut des Art. 2 Abs. 1 und mit der Entstehungsgeschichte der Verordnung (→ Vor Art. 1 Rn. 14 ff.) nicht in Einklang zu bringen.[9]

9 **c) Ausnahmenkatalog und Klarstellung (Abs. 2, 3).** Der Ausnahmenkatalog in Abs. 2 ist überwiegend komplementär zu demjenigen in **Art. 1 Abs. 2 Rom I-VO.** So nennen zB beide Rechtsakte Schuldverhältnisse aus einem Familienverhältnis oder aus Verhältnissen, die nach dem auf diese Verhältnisse anzuwendenden Recht vergleichbare Wirkungen entfalten, einschließlich der Unterhaltspflichten **(Abs. 2 lit. a).** Komplementarität besteht auch bei den Ausnahmen nach **lit. b–e.** Kein Gegenstück in der Rom I-VO finden die Ausnahmen nach **lit. f** (außervertragliche Schuldverhältnisse, die sich aus Schäden durch Kernenergie ergeben) und **lit. g** (außervertragliche Schuldverhältnisse aus der Verletzung der Privatsphäre oder der Persönlichkeitsrechte, einschließlich der

---

4 Staudinger/*Maultzsch,* 2023, Rn. 4; NK-BGB/*Knöfel* Rn. 11; Soergel/*Wendelstein* Rn. 4; Erman/*Stürner* Rn. 3; jurisPK-BGB/*Wurmnest* Rn. 35; PWW/*Schaub* Rn. 1; *v. Hein* ZVglRWiss 102 (2003), 528 (541); *Mankowski* RIW 2008, 177 (180).

5 Soergel/*Wendelstein* Rn. 57; NK-BGB/*Knöfel* Rn. 2: „keine abschließende Regelung"; NK-BGB/*Lehmann* Art. 4 Rn. 30 ff.; *v. Bar/Mankowski* IPR II § 2 Rn. 4; ferner *Behnen* IPRax 2011, 221 (225); *Reuter,* Die Qualifikation der Haftung des falsus procurator, 2016, 205 ff. zur Haftung des Vertreters ohne Vertretungsmacht.

6 *Freitag* ZHR 174 (2010), 429 (433 ff.); *Kramme* IPRax 2015, 225 (226); *Lehmann* IPRax 2015, 495; weitere Beispiele bei Staudinger/*Maultzsch,* 2023, Rn. 1, 35 ff.; NK-BGB/*Lehmann* Art. 4 Rn. 32; s. auch *Freitag* FS Spellenberg, 2010, 169; *Freitag* IPRax 2016, 418.

7 Staudinger/*Maultzsch,* 2023, Rn. 13; BeckOK BGB/*Spickhoff* Rn. 10; s. auch EuGH NJW 2016, 1005 Rn. 46 – ERGO Insurance.

8 Soergel/*Wendelstein* Rn. 8 mwN.

9 Ebenso iErg zB Staudinger/*Maultzsch,* 2023, Rn. 35; PWW/*Schaub* Art. 2 Rn. 1; jurisPK-BGB/*Lund* Rn. 49; *v. Bar/Mankowski* IPR II § 2 Rn. 4; *Freitag* IPRax 2016, 418 (425 f.); *Hohloch* IPRax 2012, 110 (111 f.).

Verleumdung). **Abs. 3** enthält eine Klarstellung, die sich ebenfalls in der Rom I-VO befindet und in Zusammenhang mit Art. 21, 22 zu lesen ist.

d) Anwendung in den Mitgliedstaaten (Abs. 4). Der räumliche Anwendungsbereich der Rom II-VO ergibt sich originär aus Art. 288 Abs. 2 AEUV, wonach eine Verordnung allgemeine Geltung hat, in allen ihren Teilen verbindlich ist und unmittelbar in jedem Mitgliedstaat gilt. Die Verordnung ist, dem innerstaatlichen Gesetz vergleichbar, durch allgemeine Geltung und Verbindlichkeit in allen ihren Teilen gekennzeichnet; sie durchstößt die Souveränität der Mitgliedstaaten und äußert insoweit „Durchgriffswirkung" für den Einzelnen. Die Bestimmung des Abs. 4 enthält eine Ergänzungsvorschrift, deren Notwendigkeit aus dem Protokoll zum Amsterdamer Vertrag folgt (→ Rn. 3, → Rn. 62 f.). 10

3. Verhältnis zur Rom I-VO. Entsprechend der Grundkonzeption des Verordnungsgebers, die ersten beiden „Rom"-Verordnungen soweit wie möglich als korrespondierende Regelwerke auszugestalten, findet Art. 1 Rom II-VO eine funktionale und weitgehend auch inhaltliche **Parallele in Art. 1 Rom I-VO.**[10] Es kann daher ergänzend auch die Kommentierung dieser Vorschrift herangezogen werden. 11

II. Auslandsberührung (Abs. 1 S. 1)

Die Rom II-VO gilt für Schuldverhältnisse, „die eine (sic) Verbindung zum Recht verschiedener Staaten aufweisen" (Art. 1 Abs. 1 S. 1). Gemeint sind, wie in **Art. 3 EGBGB aE,** Auslandsberührungen der zu beurteilenden Sachverhalte. Dieses Tatbestandsmerkmal des Art. 1 Abs. 1 ist in der praktischen Rechtsanwendung insofern unproblematisch, als sich die Relevanz einer Verbindung zum Recht eines ausländischen Staates allein aus der Notwendigkeit einer Subsumtion des Rechtsfalles unter die einschlägige Kollisionsnorm ergibt.[11] Daher meinen manche, die Anwendbarkeit der Rom II-VO scheitere an Art. 1 Abs. 1 S. 1 (keine Verbindung zum „Recht verschiedener Staaten"), wenn **materielles Einheitsrecht** (zB die CISG), das in den beteiligten Mitgliedstaaten gilt, zur Anwendung komme.[12] Die hM geht demgegenüber davon aus, sachrechtsvereinheitlichende Übereinkommen seien aufgrund ihres immanenten Anwendungsbefehls unabhängig vom Kollisionsrecht der Rom II-VO anzuwenden.[13] Das Thema spielt im Rahmen des Art. 28 eine Rolle. Die fehlende Auslandsberührung ist auch Gegenstand von Art. 14 Abs. 2 (→ Art. 14 Rn. 48 ff.). 12

III. Sachlicher Anwendungsbereich (Abs. 1–3)

Der sachliche Anwendungsbereich der Rom II-VO erfasst außervertragliche Schuldverhältnisse in Zivil- und Handelssachen (Abs. 1 S. 1). Es gilt das Prinzip der **autonomen europäischen Auslegung** dieser Begriffe. Mit dem Begriff der „Zivil- und Handelssachen" orientiert sich die Rom II-VO an der Brüssel Ia-VO (vormals EuGVÜ) und an der Rom I-VO (vormals EVÜ).[14] Der Verordnungsgeber erstrebt eine Gesamtregelung **(Erwägungsgrund 7).** In Auslegungsfragen lässt sich daher im Wege der **rechtsaktübergreifenden Auslegung** (→ Vor Art. 1 Rn. 25) die Rspr. des EuGH zum EuGVÜ und zur Brüssel Ia-VO heranziehen.[15] Ebenso wie in der Parallelverordnung für vertragliche Schuldverhältnisse (→ Rom I-VO Art. 1 Rn. 6) ist die Zivilsache der Oberbegriff; es erübrigt sich somit eine Unterscheidung zwischen Zivilsachen und Handelssachen **(einheitlicher Begriff).** 13

1. Zivil- und Handelssachen (Abs. 1). a) Allgemeines (Abs. 1 S. 1). Die Zuordnung eines Rechtsverhältnisses zum Zivil- und Handelsrecht erfolgt nicht nach dem nationalen Rechtsverständnis der Mitgliedstaaten, sondern unionsrechtlich autonom (→ Rn. 4). Der **Begriff der Zivil- und** 14

---

[10] BeckOK BGB/*Spickhoff* Rn. 4; *Leible/Lehmann* RIW 2008, 528 (529 f.); *Pfeiffer* EuZW 2008, 622 (623).

[11] BeckOK BGB/*Spickhoff* Rn. 11; Staudinger/*Maultzsch,* 2023, Rn. 41 ff.; Soergel/*Wendelstein* Rn. 2; Erman/*Stürner* Rn. 4; jurisPK-BGB/*Wurmnest* Rn. 54; PWW/*Schaub* Rn. 1 aE; s. auch KOM(2003) 427 endg., 9.

[12] ZB PWW/*Schaub* Rn. 1 aE.

[13] Staudinger/*Maultzsch,* 2023, Rn. 43 f.; NK-BGB/*Knöfel* Rn. 8 ff.; *Basedow* RabelsZ 74 (2010), 118 (127 f.); *Ofner* ZfRV 2008, 13 (16); *G. Wagner* IPRax 208, 1 (3); *R. Wagner* TranspR 2009, 103 (108).

[14] KOM(2003) 427 endg., 8; s. auch *Mankowski* RIW 2008, 177 (180); *Leible/Lehmann* RIW 2007, 721 (722); *Leible/Lehmann* RIW 2008, 528 (529).

[15] BeckOGK/*J. Schmidt* Rn. 11; BeckOK BGB/*Spickhoff* Rn. 4; Soergel/*Wendelstein* Rn. 3; jurisPK-BGB/*Wurmnest* Rn. 20; *Garcimartín Alférez* ELF 2007, I-77 (I-87); *v. Hein* ZEuP 2009, 6 (12); *Heiss/Loacker* JBl. 2007, 613 (618 f.); *Junker* NJW 2007, 3675 (3676 f.); *Leible/Lehmann* RIW 2007, 721 (722); *G. Wagner* IPRax 2008, 1 (2).

Handelssache iSd Art. 1 Abs. 1 EuGVÜ war zuerst Gegenstand der Eurocontrol-Entscheidung des EuGH. Danach ist eine Entscheidung, die in einem Rechtsstreit zwischen einer Behörde und einer Privatperson ergangen ist, den die Behörde im Zusammenhang mit der Ausübung hoheitlicher Befugnisse geführt hat, vom Anwendungsbereich des EuGVÜ ausgeschlossen.[16] Wenn der Generalanwalt beim EuGH von der „einseitigen Ausübung hoheitlicher Befugnisse“ spricht,[17] ist damit keine Einschränkung verbunden, da nach Auffassung des Gerichtshofs die einseitige Ausübung dem Begriff des hoheitlichen Handelns immanent ist.[18]

15 Die **Abgrenzung zum Öffentlichen Recht** iSd S. 2 dient somit der begrifflichen Konturierung der Zivil- und Handelssache.[19] Danach sind solche Schuldverhältnisse von der Rom II-VO ausgenommen, die im Zusammenhang mit der **Ausübung hoheitlicher Befugnisse** entstehen, selbst wenn sie vor Zivilgerichten zu verhandeln sind.[20] In der Rechtsprechung des EuGH zur EuGVVO haben sich im Laufe der Zeit Fallgruppen herausgebildet wie zB Bürgschaften oder Vertragsstrafen bei der Vergabe **öffentlicher Aufträge** oder die Eintreibung von Entgelten für die Benutzung **öffentlicher Einrichtungen,** – insbesondere von Parkplätzen. Das auch für den Begriff der Zivil- und Handelssache maßgebende Leitmotiv aller dieser Fälle ist die Frage, ob auch ein Privater die betreffende Tätigkeit ausüben könnte.[21]

16 **b) Geltung in Schiedsverfahren.** Die „Art des angerufenen Gerichts“ spielt für die Anwendung der Rom II-VO keine Rolle **(Erwägungsgrund 8).** Umstritten ist jedoch, ob auch **Schiedsgerichte** bei der Rechtsfindung in Streitigkeiten über außervertragliche Schuldverhältnisse iSd Rom II-VO (→ Rn. 22 ff.) deren Kollisionsnormen beachten müssen.[22] Während bei vertraglichen Schuldverhältnissen an die Bereichsausnahme des **Art. 1 Abs. 2 lit. e Rom I-VO** angeknüpft und über deren enge oder weite Auslegung gestritten werden kann (→ Rom I-VO Art. 1 Rn. 70), ist bei außervertraglichen Schuldverhältnissen der Meinungsstreit beim Begriff der **Zivil- und Handelssache** zu lokalisieren. Fernliegend ist es, die Ausnahme des Art. 1 Abs. 3 für das „Verfahren“ heranzuziehen, denn auch im Schiedsverfahren geht es um die Anwendung von Kollisionsnormen für das materielle Recht.[23]

17 Die wohl hM verneint die obligatorische Anwendbarkeit der Rom II-VO in privaten Schiedsverfahren.[24] Dass private Schiedsgerichte außerhalb des Unionsrechts stehen, lässt sich zwar nach neueren Entscheidungen des EuGH nicht mehr allgemein sagen.[25] Für die Anwendung des vereinheitlichten Kollisionsrechts legt der Gerichtshof jedoch Wert darauf, zwischen **staatlichen Gerichten** und nichtstaatlichen Einrichtungen zu unterscheiden.[26] Traditionell ist die Schiedsgerichtsbarkeit, wie auch § 1051 ZPO und das autonome Kollisionsrecht anderer Staaten anerkennen, nicht streng an das auf nationale Gerichte anzuwendende Kollisionsrecht festgelegt.

---

[16] EuGH NJW 1977, 489 mAnm *Geimer* = RIW 1977, 40 mAnm *Linke* – LTU/Eurocontrol; EuZW 2013, 828 Rn. 35 – Sunico; EuZW 2016, 782 Rn. 43 mAnm *Wurmnest* – Siemens AG Österreich; EuZW 2017, 686 Rn. 39 – Pula Parking; BeckRS 2019, 2434 Rn. 49 – Gradbeništvo Korana; BeckRS 2021, 12597 = RIW 2021, 430 Rn. 26 – Generalno Konsulstvo; BeckRS 2021, 29037 = RIW 2021, 808 Rn. 37 – TOTO.

[17] Generalanwalt Bobek, Schlussanträge 26.11.2020 – C-307/19 Rn. 135 – Obala i lučice.

[18] EuGH NVwZ 2021, 1283 Rn. 63 – Obala i lučice.

[19] BeckOGK/*J. Schmidt* Rn. 15; Staudinger/*Maultzsch,* 2023, Rn. 5; Soergel/*Wendelstein* Rn. 4; Magnus/Mankowski/*Mankowski* Rn. 11; *v. Bar/Mankowski* IPR II § 2 Rn. 15 f.; *Junker* FS Salje, 2013, 243 (249).

[20] EuGH RIW 1981, 711 = IPRax 1981, 169 m. Aufs. *Schlosser* IPRax 1981, 154 – Niederlande/Rüffer; EuZW 2003, 30 = IPRax 2004, 237 m. Aufs. *Martiny* IPRax 2004, 195 = ZZP Int. 2002, 317 mAnm *Rauscher* – Baten; NJW 2004, 1439 – Blijdenstein; EuGRZ 2009, 210 Rn. 41 ff. – Apostolides; EuZW 2012, 157 Rn. 39 – Realchemie Nederland; EuZW 2013, 828 Rn. 35 – Sunico.

[21] EuGH NJW 1993, 2091 = IPRax 1994, 37 m. Aufs. *Heß* IPRax 1994, 10 = ZEuP 1995, 846 mAnm *Kubis* – Sonntag/Waidmann; EuZW 2007, 252 – Lechouritou; BGHZ 155, 279 = NJW 2003, 3488 = DVBl 2004, 37 – Distomo.

[22] Ausf. Staudinger/*Maultzsch,* 2023, Rn. 46 ff.; NK-BGB/*Knöfel* Rn. 15; *v. Bar/Mankowski* IPR II § 2 Rn. 590 ff.; *Mankowski* RIW 2018, 1 (9); ferner *Dutoit* FS Pocar, 2009, 309 (311); *Mankowski* FS v. Hoffmann, 2011, 1012 (1022); *G. Wagner* IPRax 2008, 1 (3); zur Rom I-VO *Mankowski* RIW 2018, 1 (2 ff.); *Pfeiffer* EuZW 2008, 622 (623); *Wegen* FS Kühne, 209, 933 (943); *Kondring* RIW 2010, 184 (190 f.).

[23] NK-BGB/*Knöfel* Rn. 56; aA *Schilf* RIW 2013, 678 (688).

[24] Staudinger/*Maultzsch,* 2023, Rn. 48 aE; *Grimm* SchiedsVZ 2012, 189 (200); *Nueber* SchiedsVZ 2014, 186 (190); *Rushworth/Scott* Lloyd's M. C. L. Q. 2008, 274 (276); *Schilf* RIW 2013, 678 (688); aA *Mankowski* RIW 2018, 1 (9).

[25] EuGH BeckRS 2022, 13727 = RIW 2022, 514 Rn. 73 – London Steam-Ship Owners' Mutual Insurance Association (unter Missachtung wesentlicher Verfahrensregeln erlassener Schiedsspruch).

[26] EuGH NJW 2018, 447 Rn. 38 ff. – Sahyouni (Anwendung der Rom III-VO setzt gerichtliches Verfahren voraus).

Es gibt kein Anzeichen dafür, dass der Verordnungsgeber für die Rom-Verordnungen mit dieser Tradition brechen wollte.[27] Auch besteht keine Vorlagebefugnis der Schiedsgerichte nach Art. 267 AEUV.[28] Die praktische Bedeutung der Streitfrage dürfte sich im Wesentlichen auf den Bereich des Immaterialgüterrechts beschränken.[29]

c) Acta iure imperii (Abs. 1 S. 2). Der explizite Ausschluss von **Staatshaftungsansprüchen,** die auf Handlungen oder Unterlassungen in Ausübung hoheitlicher Gewalt beruhen, ist vor allem auf die Zunahme von Klagen wegen staatlichen Kriegsunrechts zurückzuführen,[30] betrifft aber sämtliche einschlägigen Ansprüche, zB solche aus ungerechtfertigter Ingewahrsamnahme oder rechtswidriger Enteignung.[31] **Erwägungsgrund 9** hebt hervor, dass die acta iure imperii-Ausnahme nicht nur für Ansprüche gegen den Staat selbst gilt, sondern auch Forderungen gegen **Staatsbedienstete** und für die Haftung für Handlungen öffentlicher Stellen, einschließlich der Haftung amtlicher ernannter öffentlicher Bediensteter.[32] 18

aa) Deliktische Ansprüche. Wenn **Botschaftsangestellte** im Empfangsstaat (deliktische) Ansprüche gegen den Entsendestaat einklagen, kommt es darauf an, ob die von ihnen verrichteten Aufgaben unter die Ausübung hoheitlicher Befugnisse fallen.[33] Die acta iure imperii-Ausnahme betrifft den gesamten sachlichen Anwendungsbereich, also auch **andere außervertragliche Schuldverhältnisse** als solche aus unerlaubter Handlung.[34] 19

bb) Sonstige Ansprüche. Vom Anwendungsbereich der Rom II-VO ausgenommen sind somit nicht nur Staatshaftungsansprüche aus spezifisch hoheitlichem Handeln, sondern auch öffentlich-rechtliche Erstattungsansprüche und Ansprüche aus öffentlich-rechtlicher GoA. Werden Behörden dagegen fiskalisch oder schlicht-hoheitlich tätig, sind auf hieraus entstehende außervertragliche Ansprüche die Vorschriften der Rom II-VO anwendbar[35] (→ Art. 4 Rn. 22). 20

Eine besondere Problematik ergibt sich bei **Schädigungen durch Streitkräfte,** insbesondere solche der NATO. Teilweise greift schon die Ausnahmeklausel für acta iure imperii (Abs. 1 S. 2), so dass die Rom II-VO von vornherein außer Betracht bleibt. Soweit es sich um Schädigungen durch Angehörige von NATO-Streitkräften handelt, wird das Kollisionsrecht der Rom II-VO unabhängig von der Qualifikation als hoheitlich oder nicht-hoheitlich durch das **NATO-Truppenstatut** verdrängt, dem als völkervertraglicher Regelung der Vorrang vor der Rom II-VO gebührt (Art. 28 Abs. 1). Aus Gründen des Sachzusammenhangs wird das NATO-Truppenstatut bei Art. 4 behandelt (→ Art. 4 Rn. 203 ff.). 21

2. Außervertragliche Schuldverhältnisse (Abs. 1). Ein außervertragliches Schuldverhältnis iSd Rom II-VO ist nach der Judikatur des EuGH ein Schuldverhältnis, das seinen Ursprung in einem der in **Art. 2 Abs. 1** angeführten Ereignisse hat.[36] Die Abgrenzung zu einem vertraglichen Schuldverhältnis erfolgt somit über die **vier Anknüpfungsbegriffe** der unerlaubten Handlung, der ungerechtfertigten Bereicherung, der Geschäftsführung ohne Auftrag und des Verschuldens bei Vertragsverhandlungen. Ist einer dieser vier Begriffe erfüllt, liegt ein außervertragliches Schuldverhältnis vor, das der Rom II-VO unterliegt. Die Bestimmung dieser vier Anknüpfungsbegriffe erfolgt nicht nach dem nationalen Rechtsverständnis der Mitgliedstaaten, sondern unionsrechtlich autonom 22

---

27 Staudinger/*Magnus,* 2021, Rom I-VO Art. 3 Rn. 10.

28 EuGH NJW 1982, 1207 Rn. 12 – Nordsee/Reederei Mond; s. dazu *Gundel* EWS 2018, 124; *Wernicke* NJW 2018, 1644 (1645).

29 NK-BGB/*Knöfel* Rn. 15; *Schilf* RIW 2013, 678 (681).

30 *Leible/Lehmann* RIW 2007, 721 (722); *G. Wagner* IPRax 2008, 1 (2); allg. *Cremer* ArchVR 41 (2003), 137; *Dörr* ArchVR 41 (2003), 201; *Geimer* IPRax 2008, 225; *Haas* ZEuP 1995, 219; *Hess,* Staatenimmunität bei Distanzdelikten, 1992; *Hess* IPRax 1994, 10; *Knöfel* FS Magnus, 2014, 459; *Stürner* IPRax 2008, 197; *Stürner* IPRax 2011, 600.

31 *v. Bar/Mankowski* IPR II § 2 Rn. 15; s. zB EuGH EuZW 2019, 88 mAnm *Kehrberger* – Hellenische Republik/Kuhn; *Mankowski* ZIP 2019, 193; *Arnold/Garber* IPRax 2019, 385; s. auch *Knöfel* IPRax 2021, 392.

32 EuGH EuZW 2007, 252 – Lechouritou; *Dutta* ZZP Int. 11 (2006), 202; *Knöfel* IPRax 2021, 392 (394); *Stürner* GPR 2007, 300.

33 EuGH NZA 2012, 935 = EuZA 2013, 83 mAnm *Junker* – Mahamdia/Algerien.

34 BeckOGK/*J. Schmidt* Rn. 17; BeckOK BGB/*Spickhoff* Rn. 10; Staudinger/*Maultzsch,* 2023, Rn. 4; Soergel/*Wendelstein* Rn. 5; *Heiss/Loacker* JBl. 2007, 613 (619); *Junker* NJW 2007, 3675 (3677); *Knöfel* IPRax 2021, 392 (393); *Ofner* ZfRV 2008, 13 (14).

35 Staudinger/*Maultzsch,* 2023, Rn. 5; NK-BGB/*Knöfel* Rn. 20 ff. (allg.), -BGB/*Knöfel* Rn. 45 ff. (Staats- und Amtshaftung); jurisPK-BGB/*Wurmnest* Rn. 36 ff. (allg.), jurisPK-BGB/*Wurmnest* Rn. 40 (Amtshaftung); *Kadner Graziano* YbPIL 9 (2007), 71 (80 ff.); *Kadner Graziano* Rev. crit. dr. int. pr. 97 (2008), 445; *Thorn* in Kieninger/Remien, Europäische Kollisionsrechtsvereinheitlichung, 2012, 139 (148 f.).

36 EuGH NJW 2016, 1005 Rn. 46 – ERGO Insurance/P & C Insurance.

(→ Rn. 6). Die Kommissionsbegründung der Rom II-VO verweist auf die Rspr. des EuGH zu Art. 5 Nr. 1 und 3 EuGVÜ (Art. 7 Nr. 1 und 2 Brüssel Ia-VO) und überlässt dem Gerichtshof die begriffliche Konturierung.[37]

23 **a) Allgemeines.** Nach europäischem Verständnis beruht ein Vertrag auf der **freiwillig eingegangenen Verpflichtung** einer Partei gegenüber einer anderen; diese Verpflichtung lässt eine rechtsgeschäftliche Sonderverbindung zwischen diesen Parteien entstehen.[38] Der Vertragsbegriff ist somit weit auszulegen, worauf auch die anderen Sprachfassungen hinweisen (zB „matière contractuelle", „matters relating to contract", „matteria contrattuale"). Er erfasst auch einseitige rechtsgeschäftliche Verpflichtungen.[39]

24 Vertragliche Schuldverhältnisse sind nicht auf den vereinbarten Leistungsaustausch zwischen den Parteien beschränkt, sondern umfassen auch **Sekundäransprüche aus einem Vertrag**[40] – etwa Schadensersatz wegen Vertragsverletzung, Ansprüche auf Rückerstattung des zu viel gezahlten Kaufpreises nach Minderung oder Ansprüche nach Verwirkung einer Vertragsstrafe.[41]

25 Der EuGH hat die mit der „freiwillig eingegangenen Verpflichtung" einhergehende Ausdehnung des vertraglichen Bereichs zu Lasten des deliktischen in der **Rechtssache Brogsitter** auf die Spitze getrieben, indem er es ausreichen lässt, dass das „vorgeworfene Verhalten" gegen Vertragspflichten verstößt.[42] Diese zur Brüssel Ia-VO ergangene Entscheidung lässt sich aber nicht auf die Abgrenzung der Anwendungsbereiche der Rom I-VO und der Rom II-VO übertragen, denn eine solche Übertragung verwehrte dem Geschädigten in manchen Fällen die vom EuGH stets großzügig interpretierte Anknüpfung an den Erfolgsort (Art. 4 Abs. 1). Ferner spielt ein tragendes Motiv des EuGH im IZPR – die Abneigung gegen das Ubiquitätsprinzip im Rahmen von Art. 7 Nr. 2 Brüssel Ia-VO – im vereinheitlichen IPR keine Rolle.[43]

26 Das auf den Vertrag anzuwendende Recht umfasst nach Art. 12 Abs. 1 lit. e Rom I-VO auch die **Rückabwicklung nichtiger Verträge,** die das Europäische Prozessrecht ebenfalls vertraglich einordnet (Art. 7 Nr. 1 Brüssel Ia-VO).[44] Im Kollisionsrecht ergibt sich daraus die Überlappung von Art. 12 Abs. 1 lit. e Rom I-VO und Art. 10 Abs. 1 Rom II-VO (→ Art. 10 Rn. 22 f.). Im Einzelnen wirft die Grenzziehung zwischen vertraglichen und außervertraglichen Schuldverhältnissen einige Fragen auf. Die Kommissionsbegründung zur Rom II-VO nennt als problematische Fallgruppen die Haftung aus Verschulden bei Vertragsverhandlungen und das Recht der Gläubigeranfechtung.[45] Die Haftung aus einem **Vertrag mit Schutzwirkung zugunsten Dritter,** die in manchen Rechtsordnungen entwickelt wurde, um Schwächen des Deliktsrechts auszugleichen, wird von der hM als außervertraglich qualifiziert.[46]

27 **b) Culpa in contrahendo.** Qualifikationsschwierigkeiten betrafen ursprünglich das zwischen Vertrag und Delikt angesiedelte Rechtsinstitut des **Verschuldens bei Vertragsverhandlungen**

---

37 KOM(2003) 427 endg., 9; BeckOGK/*J. Schmidt* Rn. 18; Staudinger/*Maultzsch,* 2023, Rn. 19 ff.; jurisPK-BGB/*Wurmnest* Rn. 24; krit. *Dickinson* Eur. Bus. L. Rev. 13 (2002), 369 (370 f.).

38 EuGH RIW 1983, 871 = IPRax 1984, 85 Rn. 65 m. Aufs. *Schlosser* IPRax 1984, 65 – Peters/Zuid Nederlandse A.V.; NJW 1989, 1424 Rn. 13 ff. – Arcado/Haviland; RIW 1994, 680 Rn. 10 = JZ 1995, 90 mAnm *Peifer* – Handte/TCMS; EuZW 1999, 59 Rn. 17 – Réunion européenne/Spliethoff's; NJW 2002, 3159 Rn. 25 – Tacconi/HWS; EuZW 2004, 351 Rn. 24 – Frahuil/Assitalia; NJW 2005, 811 Rn. 51 – Engler/Janus Versand; NJW 2016, 3087 Rn. 28 – Granarolo/Ambrosi Emmi France; NJW 2018, 2105 Rn. 65 – flightright/Air Nostrum; ausf. Staudinger/*Maultzsch,* 2023, Rn. 23 ff.; Soergel/*Wendelstein* Rn. 10 ff.; *v. Bar/Mankowski* IPR II § 2 Rn. 10 ff.; *Lüttringhaus* RabelsZ 77 (2013), 31 (44 f.).

39 NK-BGB/*Knöfel* Rn. 3 ff.; jurisPK-BGB/*Wurmnest* Rn. 36; zu Art. 5 Nr. 1 Brüssel I-VO (= Art. 7 Nr. 1 Brüssel Ia-VO) *Geimer/Schütze* Brüssel Ia-VO Art. 5 Rn. 38; *Rauscher/Leible* Brüssel I-VO Art. 5 Rn. 28.

40 EuGH NJW 1989, 1424 Rn. 60 ff. – Arcado/Haviland; BeckRS 2017, 113096 Rn. 33 – Kareda/Benkö.

41 Beispiele bei *Rauscher/Leible* Brüssel Ia-VO Art. 7 Rn. 23; ausf. *Lehmann* in Ferrari/Leible, Ein neues internationales Vertragsrecht für Europa, 2007, 17 (19 ff.); *Huber* IPRax 2017, 356 (357 ff.).

42 EuGH NJW 2014, 1648 Rn. 29 = IPRax 2016, 149 m. Aufs. *Pfeiffer* IPRax 2016, 111 – Brogsitter; abgeschwächt durch EuGH NJW 2021, 144 m Anm R. Wagner = RIW 2021, 39 mAnm *Sujecki* = IPRax 2021, 369 mAnm *Wurmnest* IPRax 2021, 340 = JZ 2021, 97 mAnm *Wendelstein* – Wikingerhof; zust. *Junker* FS Schack, 2022, 653 (661 ff.); *Kern/Uhlmann* GPR 2021, 50; s. auch *Huber* IPRax 2017, 356 (358 ff.); *Spickhoff* IPRax 2017, 72 (73 ff.); *Wendelstein* ZEuP 2015, 622 (626); ausf. Soergel/*Wendelstein* Rn. 10 ff.; *v. Bar/Mankowski* IPR II § 2 Rn. 13–18.

43 *v. Bar/Mankowski* IPR II § 2 Rn. 10; Rauscher/*v. Hein* Rom I-VO Einl. Rn. 7.

44 MüKoZPO/*Gottwald* Brüssel Ia-VO Art. 7 Rn. 4; *Geimer/Schütze* Brüssel Ia-VO Art. 7 Rn. 47; *Lehmann* in Ferrari/Leible, Ein neues internationales Vertragsrecht für Europa, 2007, 17 (31).

45 KOM(2003) 427 endg., 9.

46 Soergel/*Wendelstein* Rn. 45; Rauscher/*Freitag* Art. 12 Rn. 4; PWW/*Schaub* Art. 2 Rn. 1; jurisPK-BGB/*Wurmnest* Rn. 29; *v. Bar/Mankowski* IPR II § 1 Rn. 20 f.; *v. Bar/Mankowski* IPR II § 2 Rn. 14; *Dutta* IPRax 2009, 293 (296); *Martiny* FS Magnus 2014, 483 (492); aA NK-BGB/*Knöfel* Rn. 4; offengelassen von BGH NJW-RR 2015, 1016; *Rauscher* NJW 2015, 3551 (3557).

(culpa in contrahendo).[47] Der EuGH hielt im Rahmen des Art. 5 EuGVÜ an dem Kriterium der autonomen Selbstbindung fest und ordnete im Jahr 2002 den **Abbruch von Vertragsverhandlungen** – mangels freiwillig eingegangener Verpflichtung – dem außervertraglichen Bereich zu.[48] Etwas anderes gilt für Ansprüche wegen **Abbruchs der Geschäftsbeziehung,** wenn zwischen den Parteien zumindest stillschweigend (konkludent) eine vertragliche Beziehung bestand: Wenn eine Partei Schadensersatz wegen Nichtweiterführung einer Geschäftsbeziehung verlangt, muss gefragt werden, ob der Sachverhalt nach den vom EuGH aufgestellten Kriterien die Annahme eines konkludenten Rahmenvertrags rechtfertigt.[49] Wenn ja, ist es irrelevant, dass die Anspruchsgrundlage im nationalen Recht deliktisch qualifiziert wird.[50]

Im autonomen deutschen IPR und IZPR wurde bzw. wird **im vorvertraglichen Bereich** nach dem Bezugsgegenstand der Pflichtverletzung differenziert: Betraf die Pflichtverletzung den Vertragsgegenstand, insbesondere bei Verletzung von **Aufklärungs- und Beratungspflichten,** sind hieraus entstehende Ansprüche vertraglich zu qualifizieren; die Verletzung allgemeiner Pflichten ohne Bezug zu der Sonderverbindung der Parteien **(Obhuts- und Erhaltungspflichten)** fällt dagegen in den Anwendungsbereich der deliktischen Zuständigkeits- und Kollisionsnormen (→ Art. 12 Rn. 10 f.). 28

Für die Bestimmung des sachlichen Anwendungsbereichs der Rom II-VO haben sich diese Qualifikationsprobleme erledigt: Wie sich aus Art. 2 Abs. 1 und Art. 12 iVm **Art. 1 Abs. 2 lit. i Rom I-VO** schließen lässt, werden die **vorvertraglichen Schuldverhältnisse** dem sachlichen Anwendungsbereich der Rom II-VO unterstellt (→ Art. 12 Rn. 1), allerdings grundsätzlich nach Art. 12 Abs. 1 vertragsakzessorisch angeknüpft (→ Art. 12 Rn. 21 f.). Der Begriff des Verschuldens bei Vertragsverhandlungen iSd Art. 12 ist nach **Erwägungsgrund 30 S. 4** enger als der Anwendungsbereich dieses Rechtsinstituts im materiellen deutschen Recht. Er umfasst insbesondere nicht die Fälle, in denen Personen während der Vertragsverhandlungen ein Personenschaden zugefügt wird **(Verletzung des Integritätsinteresses);** diese sind nach Art. 4, 14 anzuknüpfen (→ Art. 12 Rn. 36 ff.). 29

c) Gläubigeranfechtung. Die Gläubigeranfechtung (**actio pauliana,** im deutschen Recht s. § 19 AnfG) zielt darauf ab, die Wirkung von Verfügungen des Schuldners zu beseitigen; sie wirkt dadurch der Benachteiligung des Gläubigers entgegen. Für eine **deliktische Qualifikation** fehlt aber das für die unerlaubte Handlung konstitutive Element des Schadensausgleichs.[51] Auf der anderen Seite darf die Gläubigeranfechtung nicht vorschnell als **Sonderfallgruppe** qualifiziert werden, die weder als vertraglich iSd Rom I-VO noch als außervertraglich iSd Rom II-VO anzusehen sei:[52] Das Bestreben des Verordnungsgebers geht dahin, möglichst wenige Lücken im vereinheitlichten Kollisionsrecht entstehen zu lassen (→ Rn. 2, → Rn. 6). 30

Da die Verfügung des Schuldners regelmäßig nicht in den Zuweisungsgehalt von Gläubigerrechten eingreift, erscheint eine **bereicherungsrechtliche Zuordnung** ebenfalls nicht überzeugend.[53] Im Rahmen der Rom II-VO entfällt damit eine Qualifikation als „außervertragliches Schuldverhältnis". Das erscheint auch wertungsmäßig akzeptabel: Eine außervertragliche Zuordnung stellt die Belange des Gläubigers in den Vordergrund. Eine **vertragliche Zuordnung** nimmt dagegen die der Verfügung zu Grunde liegende rechtsgeschäftliche Verpflichtung – und damit die Interessen des häufig schutzwürdigen Erwerbers – stärker in den Blick.[54] Sie führt in der Regel zur Maßgeblichkeit des Wirkungsstatuts (vgl. § 19 AnfG). 31

---

47 Für eine rein vertragliche Qualifikation iSd Art. 5 Nr. 1 EuGVÜ OLG München IPRspr 1954/55 Nr. 18 = BB 1955, 205; LG/OLG Hamburg IPRspr 1976 Nr. 125a/b; für eine rein deliktische Zuordnung RGZ 159, 33; OLG München WM 1983, 1093; nach dem Transaktionsbezug der Pflichtverletzung diff. LG Dortmund IPRspr. 1998 Nr. 139; LG Braunschweig IPRax 2002, 214.

48 EuGH NJW 2002, 3159 = IPRax 2003, 143 m. krit. Aufs. *Mankowski* IPRax 2003, 127 – Tacconi/HWS; krit. *Jayme/Kohler* IPRax 2003, 485 (490); zust. *Junker* FS Stürner, 2013, 1043 (1057).

49 EuGH NJW 2016, 3087 Rn. 28 = EuZW 2016, 747 mAnm *Landbrecht* = IPRax 2017, 396 m. zust. Aufsatz *Huber* IPRax 2017, 356 – Granarolo/Ambrosi Emmi France; zust. auch *Mankowski* EWiR 2016, 747 (748).

50 Zum franz. Recht Soergel/*Wendelstein* Rn. 55 mwN.

51 EuGH EuZW 1992, 447 Rn. 19 = IPRax 1993, 28 m. Aufs. *Schlosser* IPRax 1993, 17 – Reichert/Dresdner Bank; *Hohloch* IPRax 1995, 306 (307); *Kubis* IPRax 2000, 501 (503); zum dt. IPR BGH NJW 1999, 1395 = IPRax 2000, 531; OLG Düsseldorf IPRax 2000, 534 = IPRspr. 1999 Nr. 33; LG Berlin IPRax 1995, 323.

52 So aber NK-BGB/*Knöfel* Rn. 5; *Hohloch* IPRax 2012, 110 (112); aA zB Soergel/*Wendelstein* Rn. 50 f.; *Bogdan* FS v. Hoffmann, 2011, 561 (567).

53 PWW/*Schaub* Art. 2 Rn. 1; *Kubis* IPRax 2000, 501 (503); s. auch BGH NJW 1999, 1395 = IPRax 2000, 531; OLG Düsseldorf IPRax 2000, 534 = IPRspr. 1999 Nr. 33.

54 *Hohloch* IPRax 1995, 306 (307); krit. gegenüber einer vertraglichen Qualifikation Staudinger/*Maultzsch*, 2023, Rn. 39.

32 **d) Gewinnmitteilungen.** Die Zuordnung von Ansprüchen aus Gewinnmitteilungen zum vertraglichen[55] oder außervertraglichen[56] Bereich hängt davon ab, ob man die Zielsetzung oder die Regelungstechnik der Vorschriften (im deutschen Recht § 661 BGB) in den Vordergrund stellt. Nachdem sich wettbewerbsrechtliche Sanktionen (§§ 8 ff. UWG) als weitgehend unwirksam erwiesen hatten, schuf der Gesetzgeber den zivilrechtlichen Erfüllungsanspruch, um das unzulässige Versenden von Gewinnmitteilungen zu unterbinden.[57] Die **generalpräventive Zielrichtung** spricht dafür, den Anspruch außervertraglich (deliktisch) zu qualifizieren.[58] Trifft die Gewinnmitteilung mit einer Warenbestellung zusammen, ergäbe sich bei einer derartigen Qualifikation ein Ansatzpunkt für die vertragsakzessorische Anknüpfung des Gewinnauszahlungsanspruchs.[59]

33 Stellt man für die Qualifikation dagegen auf die **eingesetzte Regelungstechnik** ab, liegt es näher, den Anspruch auf Auszahlung des Gewinns dem vertraglichen Bereich zuzuordnen. Der fehlende Rechtsfolgewille des Unternehmers steht dieser Bewertung nicht entgegen; er wird durch Vorschriften wie § 661a BGB ersetzt.[60] Maßgebend für die rechtliche Bewertung von Ansprüchen aus Gewinnmitteilungen ist letztlich die Ausschreibung des Gewinns als solche; sie beruht auf der freien Entscheidung des Unternehmers und begründet damit eine **freiwillig eingegangene Verpflichtung** im Sinne des europäischen Vertragsbegriffs. Somit erstreckt sich der Anwendungsbereich der Rom II-VO grundsätzlich nicht auf Ansprüche aus Gewinnmitteilungen (→ Rom I-VO Art. 1 Rn. 24; → Rom I-VO Art. 4 Rn. 307).[61]

34 **e) Weitere Fallgruppen.** Für den Anwendungsbereich der Rom II-VO kann die Rspr. des EuGH zur Abgrenzung von Art. 7 Nr. 1 und 2 Brüssel Ia-VO lediglich als erste grobe Richtschnur dienen. Zum einen ist die **spezifisch prozessrechtliche Interessenlage** zu berücksichtigen, die der Brüssel Ia-VO zugrunde liegt und sich bisweilen nicht auf die Rom I-VO und die Rom II-VO übertragen lässt.[62] Zum anderen ist Art. 7 Nr. 2 Brüssel Ia-VO auf den **Teilbereich der unerlaubten Handlung** (und dieser gleichgestellten Handlungen) beschränkt, während die Rom II-VO außervertragliche Schuldverhältnisse insgesamt erfasst. Bei den Fällen im Grenzbereich von vertraglichen und außervertraglichen Schuldverhältnissen bleibt daher die Klärung durch den EuGH abzuwarten.[63]

35 **aa) Direktansprüche in Vertragsketten.** Die vorstehenden Erwägungen gelten insbesondere für die **Qualifikation von Direktansprüchen,** zB einen solchen des **Subunternehmers** gegen den Auftraggeber (wie er vom frz. Recht gewährt wird)[64] oder des **Arbeitnehmers** eines Subunternehmers gegen den Hauptunternehmer (wie er zum Teil im span. Recht vorkommt).[65] Da die Grundlage solcher Ansprüche der Subunternehmer- bzw. der Arbeitsvertrag ist, liegt eine vertragliche Qualifikation nahe,[66] zumal letztlich auch keine der in Art. 2 Abs. 1 genannten Kategorien des außervertraglichen Schuldverhältnisses passen will (→ Rom I-VO Art. 1 Rn. 19).

---

55 Für eine Zuordnung zu Art. 5 Nr. 1 EuGVÜ (Art. 7 Nr. 1 Brüssel Ia-VO) EuGH NJW 2005, 811 = IPRax 2005, 239 m. Aufs. *Lorenz/Unberath* IPRax 2005, 219 – Engler/Janus Versand; zust. *Leible* NJW 2005, 796; *Mörsdorf-Schulte* JZ 2005, 770; s. auch BGH NJW 2003, 426; LG Braunschweig IPRax 2012, 213; LG Potsdam VersR 2003, 378 (379); *Lorenz* NJW 2000, 3305 (3309); *Lorenz* IPRax 2002, 192; *Piekenbrock/Schulze* IPRax 2003, 328.

56 Für eine deliktische Qualifikation iSd Art. 5 Nr. 3 EuGVÜ (Art. 7 Nr. 2 Brüssel Ia-VO) OLG Frankfurt OLGR 2002, 169; OLG Dresden RIW 2002, 959 (960); *Fetsch* RIW 2003, 936 (942); *Leible* IPRax 2003, 28 (31); *Leible* NJW 2003, 407 (409); krit. *Rauscher/Schülke* ELF 2002, I-334 (I-337); *Rauscher/Pabst* GPR 2007, 244 (246); *Martiny* ZEuP 2008, 81 (86).

57 BT-Drs. 14/2658, 48 f.; BT-Drs. 14/3195, 33–34.

58 *Fetsch* RIW 2003, 936 (942); *Leible* IPRax 2003, 28 (30 f.); *Leible* NJW 2003, 407 (409); Rauscher/*Leible* Brüssel Ia-VO Art. 7 Rn. 28; *Rauscher/Schülke* ELF 2002, I-334 (I-337).

59 Vgl. zu Art. 17 Brüssel Ia-VO EuGH NJW 2002, 2697 Rn. 33 f. = IPRax 2003, 50 m. Aufs. *Leible* IPRax 2003, 28 – Gabriel; Rauscher/*Leible* Brüssel Ia-VO Art. 7 Rn. 28; ausf. Staudinger/*Maultzsch,* 2023, Rn. 31.

60 EuGH NJW 2005, 811 Rn. 57 – Engler/Janus Versand; *Piekenbrock/Schulze* IPRax 2003, 328 (332).

61 Staudinger/*Maultzsch,* 2023, Rn. 31; zu Art. 7 Nr. 1, Art. 17 Brüssel Ia-VO EuGH NJW 2005, 811 – Engler/Janus Versand; NJW 2006, 1577 = EuZW 2006, 241 mAnm *Schmidt-Westphal* =JZ 2006, 904 mAnm *Ruffert* – Kapferer/Schlank & Chic; NJW 2009, 589 Rn. 54 f. – Ilsinger/Dreschers; aA PWW/*Schaub* Art. 2 Rn. 1; wie hier BeckOK BGB/*Spickhoff* Rn. 9; NK-BGB/*Knöfel* Rn. 22; *Martiny* ZEuP 2006, 60 (64 ff.); unentschieden jurisPK-BGB/*Wurmnest* Rn. 33.

62 *Würdinger* RabelsZ 75 (2011), 102 (105 ff.); s. auch *Nourissat/Treppoz* Clunet 130 (2003), 7 (32); *Martiny* ZEuP 2008, 79 (83) zum Verhältnis EVÜ – Brüssel Ia-VO.

63 KOM(2003) 427 endg., 9; *Coester-Waltjen* in Kieninger/Remien, Europäische Kollisionsrechtsvereinheitlichung, 2012, 77 (93 ff.).

64 Staudinger/*Maultzsch,* 2023, Rn. 28; Soergel/*Wendelstein* Rn. 54; *Piroddi* YbPIL 7 (2005), 289; *Pulkowski,* Subunternehmer und IPR, 2004.

65 *Junker* RIW 2006, 721 (726).

66 BGH NJW-RR 2015, 302 Rn. 19; NK-BGB/*Knöfel* Rn. 4; *Martiny* ZEuP 2008, 79 (83); *Gebauer* FS Martiny, 2014, 325 (338 ff.); aA Staudinger/*Maultzsch,* 2023, Rn. 28: uU Bereicherungsansprüche iSd Art. 10; Soergel/

bb) Vertreter ohne Vertretungsmacht. Die Haftung des Vertreters ohne Vertretungsmacht **(falsus procurator)** einschließlich der Rechtsscheinhaftung wird von manchen vertraglich qualifiziert;[67] Ihre Anknüpfung unterliegt dann wegen Art. 1 Abs. 2 lit. g Rom I-VO weiterhin dem autonomen IPR der Mitgliedstaaten. Die Gegenansicht verweist zu Recht auf die Nähe zum Verschulden bei Vertragsverhandlungen; es sei unangemessen, diesen wichtigen Teilbereich dem unvereinheitlichten IPR zu unterstellen.[68] 36

3. Ausnahmenkatalog (Abs. 2). Die Rom II-VO ist nicht anzuwenden auf die in Abs. 2 genannten Rechtsverhältnisse. Der Katalog des Abs. 2 besteht, ohne dass dies aus der Gliederung sichtbar wird, aus zwei Teilen: Die Ausnahmetatbestände der **lit. a–e** stimmen inhaltlich mit Art. 1 Abs. 2 lit. b–d, f und g Rom I-VO überein. Sie sind zum Teil – soweit sie Rechtsverhältnisse familien-, erb- oder gesellschaftsrechtlicher Qualifikation (lit. a, b, d) aus dem Anwendungsbereich der Rom II-VO ausschließen – **deklaratorischer Natur.**[69] Dagegen finden die Tatbestände der **lit. f und g** in der Rom I-VO keine Entsprechung. Sie sind, da sie genuin außervertraglich Schuldverhältnisse ansprechen, **konstitutiver Natur.** Bei den ausgegrenzten Gegenständen muss es sich um **Hauptfragen** des Rechtsverhältnisses handeln; es genügt nicht, dass sie nur **Vorfragen** (→ Vor Art. 1 Rn. 33 ff.) darstellen, die bei der Anwendung der Verweisungsnormen der Rom II-VO auftreten.[70] 37

Bei **lit. a–g** handelt es sich um **Ausschlusstatbestände:** Für die dort genannten Materien gilt die Rom II-VO nicht; anzuwenden sind andere Rechtsakte der EU (insbesondere die EuUnthVO iVm dem HUP, die EuGüVO und die EuErbVO), völkerrechtliche Übereinkommen oder die autonomen Kollisionsregeln der Mitgliedstaaten. **Lit. a–e** nennen Rechtsverhältnisse, die trotz eines möglichen Bezugs zum außervertraglichen Schuldrecht anderen Rechtsgebieten zuzuordnen sind. Bei den zwei Ausschlusstatbeständen der **lit. f und g** handelt es sich dagegen um mehr oder weniger willkürliche Herausnahmen aus dem Anwendungsbereich der Verordnung, die auf Fehleinschätzungen des Verordnungsgebers **(lit. f)** oder auf politische Einflussnahmen **(lit. g)** zurückgehen[71] (→ Vor Art. 1 Rn. 18). Die Ausklammerung dieser beiden Gegenstände aus der Rom II-VO hat zur Folge, dass die Mitgliedstaaten für sie ihr nationales Deliktskollisionsrecht fortbestehen lassen müssen[72] (→ EGBGB Vor Art. 38 Rn. 32 f.). 38

a) Familienverhältnisse und gleichgestellte Verhältnisse (lit. a). Ansprüche aus außervertraglichen Schuldverhältnissen, die auf einem Familienverhältnis oder einem diesem gleichgestellten Verhältnis – einschließlich der Unterhaltspflichten – beruhen, sind nach lit. a vom Anwendungsbereich der Rom II-VO ausgenommen. Eine komplementäre Regelung findet sich in **Art. 1 Abs. 2 lit. b Rom I-VO** (→ Rom I-VO Art. 1 Rn. 33 ff.). **Familienverhältnisse** umfassen die Verwandtschaft in gerader Linie, die Schwägerschaft und die Verwandtschaft in Seitenlinie **(Erwägungsgrund 10 S. 1).** Die praktische Bedeutung der Bereichsausnahme nach lit. a ist klein: Ansprüche aus Familienverhältnissen sind in der Regel schon nach allgemeinen Grundsätzen nicht deliktsrechtlich zu qualifizieren und lassen sich in der Regel auch keinem der in Art. 10–12 angesprochenen außervertraglichen Schuldverhältnisse zuordnen.[73] 39

Ein deliktischer Anspruch kann jedoch **im Rahmen eines Familienverhältnisses** entstehen, wenn zB aufgrund einer verspäteten Unterhaltsleistung Schadensersatz verlangt wird. In den Beratungen der Rom II-VO wurde geltend gemacht, dass deliktische Ansprüche wegen **Verletzung der Unterhaltspflicht** in der Regel nach **Art. 4 Abs. 3 S. 2** akzessorisch an das ihnen zugrunde lie- 40

Wendelstein Rn. 54; jurisPK-BGB/*Lund* Rn. 43; *Dutta* ZHR 171 (2007), 79 (94 ff.); *Mansel* FS Canaris, Bd. I, 2007, 809; NK-BGB/*Lehmann* Art. 4 Rn. 32: außervertragliches Schuldverhältnis sui generis.

[67] NK-BGB/*Knöfel* Rn. 4; PWW/*Schaub* Art. 2 Rn. 1; ausf. *Reuter,* Die Qualifikation der Haftung des falsus procurator, 2016, 215; *Behnen* IPRax 2011, 221 (228); aA Staudinger/*Maultzsch,* 2023, Rn. 29; *Bach* IPRax 2011, 116.

[68] Staudinger/*Maultzsch,* 2023, Rn. 29; BeckOGK/Schinkels Art. 12 Rn. 49; NK-BGB/Budzikiewicz Art. 12 Rn. 44.

[69] BeckOGK/*J. Schmidt* Rn. 31; BeckOK BGB/*Spickhoff* Rn. 12; Staudinger/*Maultzsch,* 2023, Rn. 52; *v. Bar/Mankowski* IPR II § 2 Rn. 18; *Hohloch* IPRax 2012, 110 (111); *Thorn* in Kieninger/Remien, Europäische Kollisionsrechtsvereinheitlichung, 2012, 139 (147); aA NK-BGB/*Knöfel* Rn. 31.

[70] Staudinger/*Maultzsch,* 2023, Rn. 53; *v. Bar/Mankowski* IPR II § 2 Rn. 19, 27; *C. Mayer,* Haftung und Paarbeziehung, 2017, 438.

[71] BeckOK BGB/*Spickhoff* Rn. 17; NK-BGB/*Knöfel* Rn. 32; HK-BGB/*Dörner* Rn. 11; PWW/*Schaub* Rn. 7; *Junker* NJW 2007, 3675 (3677); *Kadner Graziano* RabelsZ 73 (2009), 1 (59 f.); *Lehmann/Duczek* JuS 2012, 681 (682).

[72] Krit. *Mankowski,* Interessenpolitik und europäisches Kollisionsrecht, 2011, 80; *v. Hein* RabelsZ 73 (2009), 461 (503); *G. Wagner* IPRax 2008, 1 (10); *R. Wagner* IPRax 2008, 314.

[73] Staudinger/*Maultzsch,* 2023, Rn. 54; HK-BGB/*Dörner* Rn. 5; PWW/*Schaub* Rn. 3; *Hohloch* IPRax 2012, 110 (115); Jayme/Nordmeier IPRax 2024, 66.

gende Familienverhältnis anzuknüpfen seien, so dass die Anwendung der Rom II-VO im Ergebnis unschädlich sei.[74] Wenn der Verordnungsgeber dennoch die Bereichsausnahme geschaffen hat, wollte er keineswegs deliktische Schadensersatzansprüche zwischen **Familienangehörigen** oder Bereicherungsansprüche wegen rechtsgrundloser **Unterhaltsleistungen** vom Anwendungsbereich der Rom II-VO ausgenommen wissen: Ausschlaggebend ist nicht der **Lebenssachverhalt,** sondern die Qualifikation des **Anspruchsgrundes.**[75]

41 Umstritten ist, ob der innerfamiliäre **Gewaltschutz** – in Deutschland: eine Anordnung nach dem Gewaltschutzgesetz – auf einem Familienverhältnis beruht oder deliktsrechtlich zu qualifizieren ist. Ob eine Bereichsausnahme vorliegt, bestimmt sich nach unionsrechtlichen Vorstellungen; daher ist Art. 17a EGBGB nF für die Qualifikation im Rahmen der Rom II-VO nicht maßgebend. Jedenfalls bei der Zuweisung von **Haushaltsgegenständen und Ehewohnung** dominiert jedoch der Bezug zu Ehe und Familie, der zur EuGüVO führt.[76]

42 Ob ein Rechtsverhältnis Wirkungen entfaltet, die denen eines Familienverhältnisses vergleichbar sind **(gleichgestelltes Verhältnis),** ist unter Zurückstellung des internationalen Entscheidungseinklangs den materiellen Wertungen der lex fori zu entnehmen[77] (Qualifikationsverweisung auf das IPR des Forums, **Erwägungsgrund 10 S. 2).** Nach deutschem Recht fällt das **Verlöbnis**[78] ebenso unter lit. a wie die **gleichgeschlechtliche Lebenspartnerschaft** und ähnliche Rechtsinstitute.[79] Ansprüche aus Verlöbnisbruch können allerdings, soweit sie nicht familienrechtlich, sondern deliktsrechtlich zu qualifizieren sind, nach der Rom II-VO anzuknüpfen sein.[80] Entsprechendes gilt für außervertragliche Rechtsverhältnisse aus einer nichtehelichen Lebensgemeinschaft.

43 **b) Eheliche Güterstände oder Erbsachen (lit. b).** Ansprüche aus **ehelichen Güterständen** sind, auch wenn sie ausnahmsweise als außervertragliche (insbesondere deliktische) Schuldverhältnisse zu qualifizieren sein sollten, nach lit. b vom Anwendungsbereich der Rom II-VO ausgenommen (zu **gleichgestellten Verhältnissen** → Rn. 42). In Bezug auf **eheliche Güterstände** ist der Ausnahmetatbestand der lit. b *lex specialis* gegenüber dem allg. auf familienrechtliche Verhältnisse bezogenen Ausnahmetatbestand der lit. a. In Bezug auf **gleichgestellte Verhältnisse** lassen sich die Ausnahmetatbestände der lit. a und b nicht trennscharf voneinander abgrenzen; sie sind insofern redundant.[81]

44 Ansprüche aus **Testamenten und Erbrecht** sind, auch soweit sie sich als außervertragliche Schuldverhältnisse qualifizieren lassen, im Hinblick auf die EuErbVO vom Anwendungsbereich der Rom II-VO ausgeschlossen.[82] Die Entscheidung dürfte jedoch, soweit Rechtsinstitute des deutschen Rechts betroffen sind, auch bei den in lit. b genannten Ausschlusstatbeständen in der Regel bereits auf der Ebene der Qualifikation fallen, so dass der praktische Anwendungsbereich der Ausschlusstatbestände gegen Null tendiert.[83]

45 Die Ausschlussklausel der lit. b erfasst nur Schuldverhältnisse aus Testamenten oder **anderen erbrechtlichen Instrumenten,** nicht aber reine Deliktstatbestände, wie zB einen Schadensersatzanspruch wegen Fälschung eines Testaments oder die Haftung eines Notars wegen eines fehlerhaft entworfenen Erbvertrags.[84] Die Komplementärnorm zu lit. b im Recht der vertraglichen Schuldverhältnisse ist **Art. 1 Abs. 2 lit. c Rom I-VO** (→ Rom I-VO Art. 1 Rn. 36).

---

[74] KOM(2003) 427 endg., 9; dagegen *Hohloch* IPRax 2012, 110 (113); Erman/*Stürner* Rn. 6.

[75] BeckOK BGB/*Spickhoff* Rn. 13; Staudinger/*Maultzsch,* 2023, Rn. 57; *Hohloch* YbPIL 9 (2007), 1 (16); *Jayme/Nordmeier* IPRax 2024, 66; *Thorn* in Kieninger/Remien, Europäische Kollisionsrechtsvereinheitlichung, 2012, 139 (147); diff. Soergel/*Wendelstein* Rn. 60: Bereicherungsansprüche ja, Schadensersatzansprüche nein.

[76] JurisPK-BGB/*Wurmnest* Rn. 43; wohl auch Soergel/*Wendelstein* Rn. 60; weitergehend – auch Kontaktverbote – NK-BGB/*Knöfel* Rn. 36; Staudinger/*Mankowski,* 2011, EGBGB Art. 17a Rn. 26; aA – stets Rom II-VO – *Breidenstein* FamFR 2012, 172 (174 f.).

[77] KOM(2003) 427 endg., 9; BeckOGK/*J. Schmidt* Rn. 34; Staudinger/*Maultzsch,* 2023, Rn. 56; *v. Bar/Mankowski* IPR II § 2 Rn. 28; *Bernitt,* Die Anknüpfung von Vorfragen im europäischen Kollisionsrecht, 2010, 218–229.

[78] Ausf. *Rupp* RabelsZ 83 (2019), 154 (173 ff.); s. auch *v. Bar/Mankowski* IPR II § 4 Rn. 173.

[79] BeckOK BGB/*Spickhoff* Rn. 13; jurisPK-BGB/*Wurmnest* Rn. 43; PWW/*Schaub* Rn. 3; *Hohloch* IPRax 2012, 110 (116); *Sujecki* EWS 2009, 310 (311).

[80] *Rupp* RabelsZ 83 (2019), 154 (175, 177); aA *v. Bar/Mankowski* IPR II § 4 Rn. 176; s. auch *Mankowski* IPRax 1997, 173 (179 ff.).

[81] BeckOGK/*J. Schmidt* Rn. 36 f.; Staudinger/*Maultzsch,* 2023 Rn. 61; jurisPK-BGB/*Wurmnest* Rn. 44; *Hohloch* IPRax 2012, 110 (116); zur schuldrechtlichen Qualifikation von Ausgleichsansprüchen zwischen Ehegatten öst. OGH FamRZ 2016, 229 mAnm *Wiedemann* = IPRax 2017, 515 m. Aufs. *Andrae* IPRax 2017, 526.

[82] KOM(2003) 427 endg., 9; BeckOGK/*J. Schmidt* Rn. 38 f.; *Dickinson* Rome II-Regulation Rn. 3.151; *v. Hein* ZEuP 2009, 6 (12); *Leible/Lehmann* RIW 2007, 721 (723).

[83] NK-BGB/*Knöfel* Rn. 39; Huber/*Bach* Rn. 38; *v. Bar/Mankowski* IPR II § 2 Rn. 26.

[84] Staudinger/*Maultzsch,* 2023, Rn. 61; BeckOK BGB/*Spickhoff* Rn. 13; Soergel/*Wendelstein* Rn. 62; jurisPK-BGB/*Wurmnest* Rn. 44; *Hohloch* YbPIL 9 (2007), 1 (16).

c) Verpflichtungen aus Wertpapieren (lit. c). Außervertragliche Schuldverhältnisse aus handelbaren Wertpapieren sind unter Verweis auf die fehlende Eignung der Rom II-Regelungen vom Anwendungsbereich ausgenommen, soweit die **Verpflichtungen aus der Handelbarkeit** der Wertpapiere entstehen.[85] Darunter fallen zB Konnossemente, Schuldverschreibungen und Schuldscheine, Lagerscheine oder Anteilsscheine.[86] Der Ausschluss gilt auch für **entmaterialisierte Wertrechte,** in denen auf eine Verbriefung verzichtet und das Papier vollständig durch eine Buchung ersetzt wird (weiter Wertpapierbegriff). Eine wortgleiche Parallelnorm findet sich in **Art. 1 Abs. 2 lit. d Rom I-VO** (→ Rom I-VO Art. 1 Rn. 37 ff.). 46

Diskutiert wird die Reichweite dieser Ausnahme für die **Wertpapier-Prospekthaftung,** wobei sich zwei Fallgruppen unterscheiden lassen:[87] Unstreitig lässt die Bereichsausnahme nach lit. c die Prospekthaftung für **nicht in Wertpapieren verbriefte Anlageprodukte** unberührt[88] (zur Anwendbarkeit der Bereichsausnahme nach lit. d → Rn. 55). Streitig ist, ob die Ausschlussvorschrift nach lit. c eine gesetzliche Prospekthaftung erfasst, die sich auf Anlageformen bezieht, die in **Wertpapieren oder Wertrechten** (in der Regel Aktien) verbrieft oder verbucht sind. Dagegen könnte zunächst sprechen, dass die Ausschlussklausel dem Umstand Rechnung tragen soll, dass die beispielhaft genannten Materien aufgrund der **Genfer Übereinkommen** international harmonisiert sind,[89] während eine solche Rechtsangleichung zB im Aktienrecht gerade fehlt. Jedoch enthält der Wortlaut keine entsprechende Einschränkung, sondern bezieht sich in toto auf **andere handelbare Wertpapiere,** zu denen Aktien fraglos gehören.[90] 47

Die Bereichsausnahme hat die weitere Voraussetzung, dass die außervertragliche Verpflichtung aus der **Handelbarkeit** des fraglichen Wertpapiers entstanden sein muss. Auch wenn die spezialgesetzliche Prospekthaftung von der Zulassung der fraglichen Aktie zum Börsenhandel abhängt, lässt sich kaum vertreten, dass die Haftung gerade aus der Handelbarkeit – dh der Umlauffunktion – der Aktie entspringt:[91] Die **Prospekthaftung** ist daher in keiner ihrer Varianten von der Bereichsausnahme nach lit. c erfasst (und wird nach Art. 4, 12 angeknüpft). Die Prospekthaftung bleibt damit ein Teilbereich des Kapitalmarktrechts, der grundsätzlich den Anknüpfungen der Rom II-VO unterliegt.[92] Das Gleiche gilt für Ansprüche wegen Verletzung von **Marktaufsichtsrecht** und wegen Missachtung von Sorgfaltspflichten im Handel mit Papieren sowie außervertragliche Ansprüche gegen **Ratingagenturen,** die ebenfalls ihren Rechtsgrund nicht in der Handelbarkeit des Wertrechts haben.[93] 48

d) Gesellschaftsrecht (lit. d). Außervertragliche Schuldverhältnisse, die sich aus dem Gesellschaftsrecht, dem Vereinsrecht und dem Recht der juristischen Personen ergeben, sind nach lit. d vom Anwendungsbereich der Rom II-VO ausgenommen. Regelbeispiele[94] für gesellschafts- und vereinsrechtliche Gegenstände, die nicht der Anknüpfung nach der Rom II-VO unterliegen, sind die **Errichtung** der Gesellschaft oder des Vereins durch Eintragung oder auf andere Weise, die innere Verfassung und die Auflösung von Gesellschaften und juristischen Personen sowie die **persönliche** 49

---

[85] KOM(2003) 427 endg., 9; zum EVÜ s. Bericht *Giuliano/Lagarde* ABl. EG 1980 C 282, 11.

[86] Staudinger/*Maultzsch,* 2023, Rn. 63; BeckOGK/*J. Schmidt* Rn. 41; NK-BGB/*Knöfel* Rn. 42.

[87] Staudinger/*Maultzsch,* 2023, Rn. 65; BeckOK BGB/*Spickhoff* Art. 4 Rn. 2; *Arons* NILR 2015, 377 (382 ff.); *Corneloup* in Nuyts/Hatzimihail, Cross Border Class Actions, 2014, 291 (295); PWW/*Schaub* Art. 4 Rn. 11 aE; *Schwemmer,* Anknüpfungsprinzipien im Europäischen Kollisionsrecht, 2018, 168 f.; *v. Hein* in Baum ua, Perspektiven des Wirtschaftsrechts, 2008, 371 (378 ff.); *v. Hein* BerGesVR 45 (2012), 369 (389 f.); *Hellgardt/Ringe* ZHR 173 (2009), 802 (823); *Junker* RIW 2010, 257 (261 f.); *Lehmann* IPRax 2012, 399 (400); *Lehmann* Rev. crit. dr. int. pr. 101 (2012), 485 (488); *Ringe/Hellgardt* Oxford Journal of Legal Studies, 2011, 1 (19); *Schmitt* BKR 2010, 366 (368); *Tschäpe/Kramer/Glück* RIW 2008, 657.

[88] *Arons* NILR 2008, 481; *Einsele* ZEuP 2012, 23 (27); *Einsele* RabelsZ 81 (2017), 781 (784 ff.); *Garcimartín Alférez* Law and Financial Market Review 2011, 449 (453); *v. Hein* in Baum ua, Perspektiven des Wirtschaftsrechts, 2008, 371 (379); *Corneloup* in Nuyts/Hatzimihail, Cross Border Class Actions, 2014, 291 (299).

[89] KOM(2003) 427 endg., 9.

[90] *v. Hein* in Baum ua, Perspektiven des Wirtschaftsrechts, 2008, 371 (379); *Weber* WM 2008, 1581 (1584).

[91] Staudinger/*Maultzsch,* 2023, Rn. 65; Rauscher/*Scheller* Rn. 51; Soergel/*Wendelstein* Rn. 64; *Einsele* RabelsZ 81 (2017), 781 (788 ff.); *Freitag* WM 2015, 1165, 1168; *Garcimartín Alférez* Law and Financial Market Review 2011, 449 (453 ff.); *v. Hein* in Baum ua, Perspektiven des Wirtschaftsrechts, 2008, 371 (380 f.); *v. Hein* BerGesVR 45 (2012), 369 (410); *Lehmann* IPRax 2012, 399 (400).

[92] LG Stuttgart BeckRS 2018, 39646; BeckOGK/*J. Schmidt* Rn. 42; Calliess/*Halfmeier* Rn. 49; Huber/*Bach* Rn. 42; *v. Bar/Mankowski* IPR II § 2 Rn. 34; *Uhink,* Int. Prospekthaftung nach der Rom II-VO, 2016, 90–94 m. Bespr. *Einsele* RabelsZ 82 (2018), 179; *Denninger,* Grenzüberschreitende Prospekthaftung und Internationales Privatrecht, 2015, 176–179.

[93] Staudinger/*Maultzsch,* 2023, Rn. 65; jurisPK-BGB/Lund Rn. 55; NK-BGB/*Knöfel* Rn. 41 ff.; jurisPK-BGB/*Wurmnest* Rn. 48; Soergel/*Wendelstein* Rn. 64; *Dutta* WM 2013, 1729 (1731); *Halfmeier* VuR 2014, 327 (329); *Steinrötter* ZIP 2015, 110 (115); *Weber* WM 2008, 1581 (1584).

[94] Staudinger/*Maultzsch,* 2023, Rn. 68; BeckOGK/*J. Schmidt* Rn. 46; *v. Bar/Mankowski* IPR II § 2 Rn. 32.

Haftung der Gesellschafter und der Organe für Verbindlichkeiten einer Gesellschaft, eines Vereins oder einer juristischen Person.

50 Während die erstgenannten Gegenstände, wie insbesondere die **Errichtung,** unstreitig dem Gesellschaftsstatut unterliegen (und die Bereichsausnahme insofern nur **deklaratorische Funktion** hat[95]), lassen sich nach Ansicht der Kommission Ansprüche aus **persönlicher Haftung** der Gesellschafter oder der Organe nicht vom **Gesellschaftsstatut** trennen,[96] so dass solche Ansprüche – auch wenn sie als deliktsrechtliche zu qualifizieren sein sollten – nicht nach der Rom II-VO anzuknüpfen seien.[97] Die Bereichsausnahme gemäß lit. d steht im Einklang mit dem (deutschen) Referentenentwurf eines Gesetzes zum IPR der Gesellschaften, Vereine und juristischen Personen, der die von lit. d ausgenommenen Gegenstände, insbesondere die **Durchgriffshaftung,** zB in Fällen der materiellen Unterkapitalisierung oder der Vermögensvermischung, dem Gesellschaftsstatut zuweist.[98]

51 Lit. d hat eine Parallelnorm in **Art. 1 Abs. 2 lit. e Rom I-VO,** auf deren Kommentierung ergänzend verwiesen werden kann (→ Rom I-VO Art. 1 Rn. 71 ff.). Das gilt allerdings nur mit der Maßgabe, dass lit. d um einen Zusatz betreffend die **persönliche Haftung der Rechnungsprüfer** gegenüber einer Gesellschaft oder ihren Gesellschaftern bei einer Pflichtprüfung der Rechnungslegungsunterlagen erweitert wurde. **Pflichtprüfung** ist die Prüfung des Jahresabschlusses oder eines konsolidierten Abschlusses (Art. 2 Nr. 1 Abschlussprüfer-RL).[99] Die Bereichsausnahme für die persönliche Haftung der **Rechnungsprüfer** – dh derjenigen, die mit berufsrechtlicher Befugnis bei Pflichtprüfungen tätig werden (Art. 3 Abs. 1 Abschlussprüfer-RL) – erklärt sich daraus, dass die Erreichung des Prüfungszwecks nicht durch Anwendung eines vom Gesellschaftsstatut verschiedenen Deliktsstatuts unterlaufen werden soll.[100] Nach hM unterliegen daher nicht nur außervertragliche Ansprüche der **prüfungspflichtigen Gesellschaft** und ihrer Gesellschafter gegen den Rechnungsprüfer, sondern auch Ansprüche **verbundener Unternehmen** gegen den Prüfer dem Gesellschaftsstatut; für **Ansprüche Dritter** gegen den Rechnungsprüfer bleibt es dagegen beim Deliktsstatut.[101]

52 Entscheidend für die Anwendung der Bereichsausnahme ist, dass das fragliche außervertragliche Schuldverhältnis seine „maßgebliche Wurzel in der organisatorischen Verfassung der Gesellschaft bzw. juristischen Person" hat.[102] Der Normzweck der Bereichsausnahme ist die enge Verbindung des außervertraglichen Schuldverhältnisses mit dem Personalstatut der Gesellschaft.[103] Nach der Judikatur des EuGH ist es entscheidend, ob sich die verletzte Sorgfaltspflicht, die eine Haftung auslösen soll, aus dem Verhältnis zwischen Organ und Gesellschaft ergibt und damit spezifisch gesellschaftsrechtlich ist, oder ob es sich dabei um eine *erga omnes* geltende allgemeine Sorgfaltspflicht handelt, die vom Deliktsstatut erfasst wird.[104]

Beispiel:
Die Braunschweigische Maschinenbauanstalt AG (BMA) stellt ihrer niederländischen Enkelgesellschaft BMA Nederland BV zunächst großzügig Kapitaleinlagen, Darlehen und Bürgschaften zur Verfügung. Nach Einstellung dieser Zuwendungen geht die BMA Nederland BV in Insolvenz, wobei das Vermögen nicht zur Befriedigung der Insolvenzgläubiger ausreicht. Der niederländische Insolvenzverwalter macht mit einer sog. Peeters/Gatzen-Klage gegen die BMA geltend, sie habe durch die Einstellung der Zuwendungen ihre Sorgfaltspflicht gegenüber den Gläubigern der Enkelgesellschaft verletzt. – Für die Bereichsausnahme nach lit. d kommt es darauf an, ob die Peeters/Gatzen-Klage nach niederländischem Recht allein auf die Verletzung einer **spezifischen Sorgfaltspflicht** zwischen der BMA und der BMA Nederland BV abstellt, oder ob es sich nach niederländischer Rechtsvorstellung um eine **allgemeine Sorgfaltspflicht** handelt.[105] Es handelt sich somit um eine Frage des nationalen Rechts, die letztlich das vorlegende Gericht beurteilen muss.[106]

---

[95] Staudinger/*Maultzsch,* 2023, Rn. 66; Rauscher/Scheller Rn. 54; v. Bar/Mankowski IPR II § 2 Rn. 32.

[96] KOM(2003) 427 endg., 10.

[97] BeckOGK/*J. Schmidt* Rn. 53; BeckOK BGB/*Spickhoff* Rn. 15; NK-BGB/*Knöfel* Rn. 45 ff.; jurisPK-BGB/*Wurmnest* Rn. 47 ff.; HK-BGB/*Dörner* Rn. 8; *G. Wagner* IPRax 2008, 1 (2 f.).

[98] Erläutert von *R. Wagner/Timm* IPRax 2008, 81 (87).

[99] RL 2006/43/EG vom 17.5.2006 über Abschlussprüfungen von Jahresabschlüssen und konsolidierten Abschlüssen, ABl. EU 2006 L 157, 87.

[100] Staudinger/*Maultzsch,* 2023, Rn. 72; NK-BGB/*Knöfel* Rn. 48; *Ebke* FS Sandrock, 2000, 243 (249); ausf. *Rödter,* Das Gesellschaftskollisionsrecht im Spannungsverhältnis zur Rom I- und Rom II-VO, 2014.

[101] Rauscher/Scheller Rn. 61; PWW/*Schaub* Rn. 5; HK-BGB/*Dörner* Rn. 8 aE; *Eckert* IntGesR, 2010, 139 ff.; *Ebke* ZVglRWiss 109 (2010), 397 (425 ff.).

[102] Staudinger/*Maultzsch,* 2023, Rn. 66.

[103] KOM(2003) 427 endg., 10; BeckOGK/*J. Schmidt* Rn. 43; NK-BGB/*Knöfel* Rn. 45; jurisPK-BGB/*Lund* Rn. 57; *G. Wagner* IPRax 2008, 1 (2 f.).

[104] EuGH NJW 2022, 2793 Rn. 55 = IPRax 2023, 177 m. Aufs. *Schwemmer* IPRax 2023, 149 = EWiR 2022, 306 mAnm *Brinkmann* – BMA Nederland.

[105] EuGH NJW 2022, 2793 Rn. 55 – BMA Nederland; erörtert von *Brinkmann* EWiR 2022, 306 (307 f.); Schwemmer IPRax 2023, 149 (154).

[106] Schlussanträge Generalanwalt Campos Sánchez-Bordona BeckRS 2021, 3209 Rn. 55, 65 – BMA Nederland.

Der EuGH befürwortet der Sache nach eine **enge Auslegung** der Bereichsausnahme nach lit. d.[107] Dies steht im Einklang mit der Judikatur zu der Parallelnorm in Art. 1 Abs. 2 lit. e Rom I-VO (→ Rn. 51), wonach sich die Bereichsausnahme ausschließlich auf die „organisatorischen Aspekte" der Personenzusammenschlüsse bezieht. Der Ausschluss gelte nur „für all jene sehr komplexen Rechtsakte, die für die Errichtung einer Gesellschaft erforderlich sind oder ihre innere Verfassung oder Auflösung regeln".[108] **53**

Die vom BGH auf materiell-deliktsrechtlicher Grundlage entwickelte **Existenzvernichtungshaftung** ist einschlägig, wenn ein Gesellschafter missbräuchlich in das Gesellschaftsvermögen eingreift und dadurch den Gesellschaftsgläubigern das Haftungssubstrat entzieht.[109] Zwar kann, wie zutr. herausgearbeitet wurde,[110] allein die Verortung dieser Haftungsfigur in § 826 BGB bei europäisch-autonomer Auslegung nicht die **deliktsrechtliche Qualifikation** stützen, aber die Funktion der Existenzvernichtungshaftung, eine unbestimmte Zahl von Gläubigern zu schützen, denen der Gesellschafter durch sittenwidriges Handeln einen Schaden zugefügt hat, der auf gesellschaftsrechtlichem Wege nicht verhindert werden kann, spricht für eine solche Qualifikation. Die Ausgestaltung als Innenhaftung und der Ursprung der Existenzvernichtungshaftung in der Verletzung spezifisch gesellschaftsrechtlicher Pflichten, die eng mit der Haftungsverfassung der Gesellschaft verknüpft sind, sprechen dagegen für eine **gesellschaftsrechtliche Qualifikation.**[111] Aus funktionaler Sicht verdient jedoch die deliktsrechtliche Qualifikation den Vorzug.[112] **54**

Die **Prospekthaftung** (→ Rn. 47 f.) gehört funktional betrachtet zum Kapitalmarktrecht:[113] Auch Emittenten, die nach einem ausländischen **Gesellschaftsstatut** (Personalstatut) organisiert sind, müssen den inländischen Informationspflichten nachkommen, wenn sie sich auf den inländischen Kapitalmarkt begeben.[114] Sieht man die Prospekthaftung in diesem Sinne marktbezogen – und nicht als Funktion des Personalstatuts des Emittenten –, spricht viel für eine **deliktsrechtliche Qualifikation**[115] (zum Eingriffsnormcharakter der Regeln über die Prospekthaftung → Art. 16 Rn. 22). Eindeutig nicht unter die Bereichsausnahme der lit. d fällt das sog. **Konzerndeliktsrecht,** dh die Haftung der (zB deutschen) Konzernobergesellschaft für Menschenrechtsverletzungen oder Umweltschädigungen (zu **Klimawandelklagen** → Art. 7 Rn. 39) nach den allgemeinen Vorschriften über unerlaubte Handlungen.[116] **55**

e) Schuldverhältnisse aus Trusts (lit. e). Außervertragliche Schuldverhältnisse zwischen den Verfügenden, den Treuhändern und den Begünstigten eines **durch Rechtsgeschäft errichteten** Trusts werden vom Anwendungsbereich der Rom II-VO ausgenommen, weil Trusts eine eigene Rechtsform darstellen, die nur im Rechtskreis des Common Law bekannt ist. Es ist jedoch stets zu prüfen, ob die fragliche Schädigung als eine solche des allgemeinen, nicht trust-spezifischen Deliktsrechts zu qualifizieren ist (zB Betrug oder Untreue des Treuhänders gegenüber dem Begünstigten); insoweit gilt die Bereichsausnahme nicht.[117] **56**

---

[107] Ausf. *Mansel/Kuhl* FS v. Bar, 2022, 251 (264 ff.); *Schwemmer* IPRax 2023, 149 (154).

[108] EuGH BeckRS 2019, 23104 Rn. 26 = IPRax 2020, 246 m. Aufs. *Rieländer* IPRax 2020, 224 – VKI/TVP; s. auch EuGH NJW 2019, 2991 Rn. 33 = IPRax 2020, 40 m. Aufs. *Thomale* IPRax 2020, 18 – Kerr/Postnov.

[109] BGHZ 149, 10 = NJW 2001, 3622 – Bremer Vulkan; BGHZ 173, 246 = NJW 2007, 2689 – Trihotel; dazu *Lieder* DZWiR 2008, 145 (148); *Mittelstädt* Bucerius Law Journal 1 (2007), 7; *Sester* RIW 2007, 788; *Schanze* NZG 2007, 681; *Weller* ZIP 2007, 1681.

[110] Staudinger/*Maultzsch,* 2023, Rn. 71.

[111] BeckOGK/*J. Schmidt* Rn. 54; jurisPK-BGB/*Wurmnest* Rn. 49; *Hohloch* IPRax 2012, 110 (118); *G. Wagner* IPRax 2008, 1 (2).

[112] PWW/*Schaub* Rn. 5; *Brandt* GPR 2008, 298 (299); *G. Wagner* FS Canaris, 2007, 473 (498); *G. Wagner* IPRax 2008, 1 (3); aA NK-BGB/*Knöfel* Rn. 47.

[113] Zum Meinungsstand BeckOK BGB/*Spickhoff* Rn. 15; PWW/*Schaub* Rn. 5; *Arons* NILR 2008, 481; *Einsele* ZEuP 2012, 23 (27); *Einsele* RabelsZ 81 (2017), 781 (795 ff.); *v. Hein* in Baum ua, Perspektiven des Wirtschaftsrechts, 2008, 371 (381 ff.); *v. Hein* BerGesVR 45 (2012), 369 (389 f.); *Junker* RIW 2010, 257 (261 f.); *Tschäpe/Kramer/Glück* RIW 2008, 657; *Weber* WM 2008, 1581.

[114] *v. Hein* in Baum ua, Perspektiven des Wirtschaftsrechts, 2008, 371 (382); *Lehmann* IPRax 2012, 399 (400); *Lehmann* Rev. crit. dr. int. pr. 101 (2012), 485 (491 ff.); zum Fall einer Täuschung beim Aktienerwerb OLG Düsseldorf BeckRS 2015, 17544.

[115] BeckOGK/*J. Schmidt* Rn. 55; Staudinger/*Maultzsch,* 2023, Rn. 73; NK-BGB/*Knöfel* Rn. 46; jurisPK-BGB/*Wurmnest* Rn. 48; *v. Bar/Mankowski* IPR II § 2 Rn. 34; *Einsele* ZEuP 2012, 23 (28); *v. Hein* in Baum ua, Perspektiven des Wirtschaftsrechts, 2008, 371 (384); *Hellgardt/Ringe* ZHR 173 (2009), 802 (823); *Tschäpe/Kramer/Glück* RIW 2008, 657 (661); *Weber* WM 2008, 1581 (1584).

[116] *Mansel/Kuhl* FS v. Bar, 2022, 251 (271); *Lehmann/Eichel* RabelsZ 83 (2019), 77 (87 ff.); *Mansel* ZGR 2018, 439 (445); rechtsvergleichend zu Entwicklungsstand und Perspektiven des Konzerndeliktsrechts *Fleischer/Korch* DB 2019, 1944 (1945 ff.); allg. *Wimmer-Leonhard,* Konzernhaftungsrecht, 2004.

[117] KOM(2003) 427 endg., 10; BeckOK BGB/*Spickhoff* Rn. 15; Staudinger/*Maultzsch,* 2023, Rn. 75; *Hohloch* IPRax 2012, 110 (118).

57 In der Lit. wird darauf hingewiesen, dass der Ausnahmetatbestand des lit. e **weitgehend deklaratorischer Natur** sei, weil aus rechtsgeschäftlich errichteten Trusts in der Regel keine außervertraglichen, sondern vertragliche Schuldverhältnisse entstünden.[118] Wegen ihres spezifischen Hintergrundes ist die Ausnahme strikt auf Trusts im Rechtssinne beschränkt und kann nicht auf andere Rechtsinstitute übertragen werden.[119] Die Bereichsausnahme nach lit. e hat eine teilweise (die Gründung von Trusts ist bei lit. e naturgemäß nicht erwähnt) Parallele in **Art. 1 Abs. 2 lit. h Rom I-VO,** auf deren Kommentierung ergänzend verwiesen werden kann (→ Rom I-VO Art. 1 Rn. 83).

58 **f) Schäden durch Kernenergie (lit. f).** Für den Ausschluss von Nuklearschäden verweist die Kommissionsbegründung auf die „bedeutenden wirtschaftlichen und staatlichen Interessen" sowie auf bestehende internationale Übereinkommen auf diesem Gebiet[120] (→ EGBGB Art. 40 Rn. 97 ff.). Mit Blick auf die Ergänzung des **Pariser Übereinkommens (PÜ)** durch – nicht vereinheitlichtes – innerstaatliches Recht (Art. 14 lit. b PÜ) wäre rechtspolitisch eine Einbeziehung von Nuklearschäden in die Rom II-VO vorzuziehen gewesen: Abgesehen davon, dass das Verhältnis der Rom II-VO zum Übereinkommensrecht zu klären wäre (vgl. Art. 28), gibt es keinen sinnvollen Sachgrund für die Beibehaltung des nationalen Kollisionsrechts ausgerechnet auf dem Gebiet der Nuklearschäden.[121] Die Organe der EU wollten sich nicht der Diskussion mit Kernkraftgegnern stellen und sind schlicht den Weg des geringsten Widerstandes gegangen.[122] Trotz des Verweises der Kommission auf bestehende internationale Übereinkommen ist es nach Wortlaut und Entstehungsgeschichte eindeutig, dass die Bereichsausnahme gemäß lit. f auch für die Materien des Atomhaftungsrechts gilt, die (wie zB die Haftung für Schäden durch medizinisch verwendete Radioisotope) international nicht vereinheitlicht sind[123] (→ EGBGB Art. 40 Rn. 94 ff.).

59 **g) Verletzung der Privatsphäre oder der Persönlichkeitsrechte (lit. g).** Der Ausschluss außervertraglicher Schuldverhältnisse aus der Verletzung der Privatsphäre oder der Persönlichkeitsrechte, einschließlich der Verleumdung (lit. g), ergibt sich nicht aus sachlichen Erwägungen, sondern schlicht daraus, dass Kommission, Rat und Parlament sich im Widerstreit der Interessen nicht auf eine Kollisionsnorm einigen konnten und den Ball insofern an die Mitgliedstaaten zurückgespielt haben.[124] Die von der EU-Kommission zunächst vorgeschlagene Begrenzung auf **Mediendelikte** wurde wegen Abgrenzungsschwierigkeiten verworfen, so dass nach der Rom II-VO keine derartige Einschränkung Platz greift (→ Vor Art. 1 Rn. 18). Die Abgrenzung zu **wettbewerblichem Verhalten** (Art. 6) und zur **Verletzung von Immaterialgüterrechten** (Art. 8) ergibt sich aus der einheitlich europäischen („autonomen") Auslegung der Systembegriffe der Art. 6, 8 (→ Art. 6 Rn. 107; → Art. 8 Rn. 167 ff.). Nur Schädigungen im **nichtkörperlichen Bereich** sind von dem Ausnahmetatbestand erfasst: **Nationale Besonderheiten** wie die Einordnung von Aufklärungsmängeln bei der Arzthaftung als Persönlichkeitsrechtsverletzungen[125] spielen für die autonome Qualifikation

---

[118] Staudinger/*Maultzsch,* 2023, Rn. 74.

[119] Staudinger/*Maultzsch,* 2023, Rn. 76; NK-BGB/*Knöfel* Rn. 49; s. auch jurisPK-BGB/*Wurmnest* Rn. 45.

[120] KOM(2003) 427 endg., 10: Pariser Übereinkommen vom 29.7.1960 über die Haftung gegenüber Dritten auf dem Gebiet der Kernenergie; Brüsseler Zusatzübereinkommen vom 31.1.1963; Wiener Übereinkommen vom 21.5.1963 über die zivilrechtliche Haftung für Nuklearschäden; Übereinkommen vom 12.9.1997 zur Bereitstellung zusätzlicher Entschädigungsmittel; Gemeinsames Protokoll vom 21.9.1988 über die Anwendung des Wiener und des Pariser Übereinkommens; Nachweise und Erl. bei *Magnus* FS Kropholler, 2008, 595 (598 ff.).

[121] PWW/*Schaub* Rn. 6; *A. Fuchs* GPR 2004, 100 (101); *Hohloch* IPRax 2012, 110 (118); *Junker* NJW 2007, 3675 (3677); ebenso wohl *v. Hein* ZVglRWiss 102 (2003), 528 (541); *R. Wagner* EuZW 1999, 709 (710 f.); Hamburg Group for Private International Law RabelsZ 67 (2003) 1, 9; umfassend *Magnus* FS Kropholler, 2008, 595 (610 ff.); s. auch *R. Wagner* IPRax 2008, 314 (316).

[122] Zutr. *v. Bar/Mankowski* IPR II § 2 Rn. 17: „Flucht aus der Verantwortung"; idS auch *Nourissat* in Corneloup/Joubert, Le règlement communautaire „Rome II" sur la loi applicable aux obligations non-contractuelles, 2008, 13 (23); allg. *Scott* in Ahern/Binchy, The Rome II Regulation on the Law Applicable to Non-Contractual Obligations, 2009, 57.

[123] BeckOGK/*J. Schmidt* Rn. 58; NK-BGB/*Knöfel* Rn. 50; jurisPK-BGB/*Wurmnest* Rn. 50; *Magnus* FS Kropholler, 2008, 595 (610); zu den Konsequenzen für das öst. Recht s. *Ofner* ZfRV 2008, 13 (14).

[124] BeckOGK/*J. Schmidt* Rn. 59; Soergel/*Wendelstein* Rn. 68; Staudinger/*Maultzsch,* 2023, Rn. 79; NK-BGB/*Knöfel* Rn. 53; HK-BGB/*Dörner* Rn. 11; jurisPK-BGB/*Wurmnest* Rn. 51; Erman/*Stürner* Rn. 12; *Kadner Graziano* Rev. crit. dr. int. pr. 97 (2008), 445 (495 ff.); *Nourissat* in Corneloup/Joubert, Le règlement communautaire „Rome II" sur la loi applicable aux obligations non contractuelles, 2008, 13 (25); *Scott* in Ahern/Binchy, The Rome II Regulation on the Law Applicable to Non-contractual Obligations, 209, 57 (75).

[125] BGH NJW 2008, 2344; OLG Jena VersR 1998, 586 (588); *Büttner* FS Geiß, 2000, 353; *Hart* FS Heinrichs, 1998, 291.

keine Rolle.[126] Das sog. **Trauerschmerzensgeld** (im deutschen materiellen Recht: **Hinterbliebenengeld,** § 844 Abs. 3 BGB) setzt zwar keinen konkreten physischen oder psychischen Gesundheitsschaden voraus, ist aber nach allgM kein Anwendungsfall von lit. g.[127] Entschädigt wird seelisches Leid der Trauer über den Verlust naher Angehöriger;[128] das Trauerschmerzensgeld (Hinterbliebenengeld) ist nicht als Kompensation einer Verletzung der Persönlichkeitsrechte iSv lit. g zu qualifizieren.[129] Anders ist es bei Verletzung oder Vernichtung konservierter **menschlicher Keimzellen,** bei welcher der Eingriff in die personale Selbstbestimmung[130] durch einen physischen Vorgang überlagert wird.[131] Sind die Voraussetzungen von lit. g erfüllt, bestimmt sich die Anknüpfung nicht nach der Rom II-VO, sondern weiterhin nach dem nationalen IPR (→ EGBGB Art. 40 Rn. 74 ff.). Die Rspr. zu Art. 40 ff. EGBGB (iVm Art. 1 Abs. 2 lit. g) hatte sich in den letzten Jahren vor allem mit **Rechtsverletzungen im Internet** zu beschäftigten, zB Unterlassungsansprüchen gegen Betreiber von Suchmaschinen,[132] Schadensersatzansprüchen gegen einen Plattform-Betreiber wegen abfälliger Äußerungen[133] oder Beseitigungsansprüche wegen einer Mitteilung von Zitatausschnitten („Snippets").[134]

60 **4. Beweis und Verfahren (Abs. 3).** Der Ausschluss der Vorschriften über den Beweis und das Verfahren ist Art. 1 Abs. 2 lit. h EVÜ nachgebildet und hat eine **Parallelnorm in Art. 1 Abs. 3 Rom I-VO.** Der **Beweis** hat Tatsachen zum Gegenstand, und zwar, soweit nicht die Untersuchungsmaxime gilt, streitige Tatsachen (vgl. § 359 Nr. 1 ZPO). Das **Verfahren** iSd Abs. 3 meint nicht nur Gerichtsverfahren, sondern zB auch – wie zum Teil im Vereinigten Königreich – gesetzlich vorgeschaltete Mediation.[135] Die Abgrenzung des Geltungsbereichs der Rom II-VO zu den Beweis- und Verfahrensfragen erfolgt nicht über Art. 1 Abs. 3, sondern über die Qualifikationsnorm des **Art. 15** und die Sonderregeln der Art. 21 und Art. 22.

61 Ursprünglich wurde die Ausschlussklausel des Abs. 3 für entbehrlich gehalten, weil die betreffenden Vorschriften nach **allgemein anerkanntem Kollisionsrecht** der *lex fori* zu entnehmen seien.[136] Am Ende der Beratungen wurde die Vorschrift lediglich zur Klarstellung in die Rom II-VO aufgenommen.[137] Verordnungssystematisch ist Abs. 3 ein **Fremdkörper in Art. 1,** denn sachlich hängt die Regelung mit dem Geltungsbereich des anzuwendenden Rechts zusammen, dh mit dem Gegenstand des Art. 15. Die Ausnahmeklausel des Abs. 3 gilt nach ihrem Wortlaut **unbeschadet der Art. 21 und Art. 22**[138] (→ Art. 22 Rn. 1).

IV. Anwendung in den Mitgliedstaaten (Abs. 4)

62 Die **unionsweite Anwendung** der Rom II-VO als Ausdruck ihrer unmittelbaren Geltung (Art. 288 Abs. 2 AEUV) findet bzw. fand ihre Grenze in den Vorbehalten, die das Vereinigte Königreich, Irland und Dänemark gegenüber der Vergemeinschaftung der justiziellen Zusammenarbeit erklärt haben. Während das Vereinigte Königreich und **Irland**[139] der Verordnung durch Erklärung

[126] OLG München MMR 2015, 850; LG Köln BeckRS 2015, 15151; 2015, 18201; NK-BGB/*Knöfel* Rn. 55; PWW/*Schaub* Rn. 7; *Hohloch* IPRax 2012, 110 (118); *Spickhoff* FS Müller, 2009, 287; *Spickhoff* FS G. Fischer, 2010, 503 (504); *Spickhoff* FS v. Hoffmann, 2011, 437 (441).

[127] S. nur jurisPK-BGB/*Wurmnest* Rn. 52; NK-BGB/*Nordmeier* Art. 15 Rn. 11; *Spickhoff* IPRax 2009, 527 (529); zur Anknüpfung eines Anspruchs auf Hinterbliebenengeld EuGH NJW 2016, 446 Rn. 25 mAnm *Staudinger* = RIW 2016, 225 mAnm *Kadner Graziano* = JZ 2016, 308 mAnm *Mankowski* – Lazar/Allianz SpA.

[128] *Katzenmeier* JZ 2017, 869 (871); *G. Wagner* NJW 2017, 2641 (2642).

[129] Implizit *Jayme* IPRax 2018, 230 (231); rechtsvergleichend zur Ausgestaltung *Kadner Graziano* RIW 2015, 549; zum Hinterbliebenengeld nach dt. materiellen Recht *Katzenmeier* JZ 2017, 869; *G. Wagner* NJW 2017, 2641; zum Trauerschmerzensgeld nach öst. materiellen Recht *Hinteregger* FS Danzl, 2017, 71.

[130] BGHZ 124, 52 (54) = NJW 1994, 127.

[131] NK-BGB/*Knöfel* Rn. 55.

[132] BGH NJW 2018, 2324; OLG Köln MMR 2018, 532; LG Frankfurt a.M. BeckRS 2019, 13139 (Löschungsanspruch).

[133] OLG München BeckRS 2018, 29195.

[134] OLG Saarbrücken NJW-RR 2018, 809.

[135] Staudinger/*Maultzsch,* 2023, Rn. 89; BeckOGK/*J. Schmidt* Rn. 65; BeckOK BGB/*Spickhoff* Rn. 19; NK-BGB/*Knöfel* Rn. 56; *Breidenstein* FamFR 2012, 172 (175); *Scott* in Ahern/Binchy, The Rome II Regulation on the Law Applicable to Non-contractual Obligations, 2009, 57 (77); *R. Wagner* IPRax 2008, 314 (316).

[136] KOM(2003) 427 endg., 10; *v. Hein* RabelsZ 73 (2009), 461 (507); zum Vergleich mit dem früheren Recht (Art. 32 Abs. 3 EGBGB aF) s. Erman/*Stürner* Rn. 13.

[137] KOM(2006) 83 endg., 14; krit. PWW/*Schaub* Rn. 8.

[138] Zur Qualifikation des Anscheinsbeweises (Abs. 3 oder Art. 22 Abs. 1) s. AG Geldern NJW 2011, 686 (687); *Staudinger* NJW 2011, 650 (651).

[139] Art. 3 Protokoll Nr. 4 über die Position des Vereinigten Königreichs und Irlands vom 2.10.1997, ABl. EG 1997 C 340, 99; s. zum Begriff des Mitgliedstaats Staudinger/*Maultzsch,* 2023, Rn. 91 f.; NK-BGB/*Knöfel* Rn. 60.

beigetreten sind **(Erwägungsgrund 39),** bestand diese Möglichkeit für **Dänemark** nicht.[140] Dänische Gerichte wenden ihr innerstaatliches Kollisionsrecht an (vgl. **Erwägungsgrund 40**). Das **Vereinigte Königreich** war auch während des Übergangszeitraums (1.2.2020 bis 31.12.2020) Mitgliedstaat iSd Rom II-VO (Art. 126, 127 BrexitAbk).[141] Ab dem 1.1.2021 ist es ein Drittstaat.

63 Abs. 4 ist insofern zu einfach konstruiert, als nach der inneren Logik der Rom II-VO die „Mitgliedstaaten" iSd **Binnenmarktklausel des Art. 14 Abs. 3** eigentlich alle Mitgliedstaaten (einschließlich Dänemark) sein müssten, was sie aber wegen Abs. 4 nicht sind, so dass in Bezug auf Dänemark ein Drittstaatensachverhalt iSd Art. 14 Abs. 3 vorliegt. Der Verordnungsgeber der Rom II-VO hat das Problem nicht gesehen; es ist streitig, ob es *contra decretum* behoben werden kann (→ Art. 14 Rn. 51). Bei Erlass der Rom I-VO war der Verordnungsgeber bereits klüger und hat Art. 1 Abs. 4 Rom I-VO besser formuliert, so dass sich bei der Binnenmarktklausel des Art. 3 Abs. 4 Rom I-VO das Problem nicht stellt (→ Rom I-VO Art. 1 Rn. 87).

Art. 2 Rom II-VO Außervertragliche Schuldverhältnisse

(1) Im Sinne dieser Verordnung umfasst der Begriff des Schadens sämtliche Folgen einer unerlaubten Handlung, einer ungerechtfertigten Bereicherung, einer Geschäftsführung ohne Auftrag („negotiorum gestio") oder eines Verschuldens bei Vertragsverhandlungen („culpa in contrahendo").

(2) Diese Verordnung gilt auch für außervertragliche Schuldverhältnisse, deren Entstehen wahrscheinlich ist.

(3) Sämtliche Bezugnahmen in dieser Verordnung auf
a) ein schadensbegründendes Ereignis gelten auch für schadensbegründende Ereignisse, deren Eintritt wahrscheinlich ist, und
b) einen Schaden gelten auch für Schäden, deren Eintritt wahrscheinlich ist.

Schrifttum: s. Vor Art. 1, Art. 1.

Übersicht

I. Normzweck

1 Art. 2 ist eine **Hilfsnorm,** die bei der Auslegung und Anwendung der Bestimmungen der Rom II-VO Bedeutung erlangen kann. **Abs. 1** ist nach der amtlichen Begründung des Kommissionsvorschlags (→ Vor Art. 1 Rn. 20) eine Vorschrift rechtstechnischer Art, die bestimmte Verordnungsbegriffe definiert, um die Redaktion der folgenden Bestimmungen zu erleichtern.[1] Die Vorschrift enthält keine Definition des Schadens iSd Delikts-IPR (dh keine Konkretisierung des Schadensbegriffs der Art. 4 ff.), sondern dient einzig und allein dem Bedürfnis nach rechtstechnischer und sprachlicher Vereinfachung.[2]

2 Um den Text der Rom II-VO zu entlasten, wird im Wege der Fiktion angeordnet, dass der **Begriff des Schadens** iSd Verordnung nicht nur sämtliche Folgen einer unerlaubten Handlung

[140] Art. 1, 2 Protokoll Nr. 5 über die Position Dänemarks vom 2.10.1997, ABl. EG 1997 C 340, 101; s. zur Sonderrolle Dänemarks Staudinger/*Maultzsch*, 2023, Rn. 94 f.; BeckOK BGB/*Spickhoff* Rn. 20; NK-BGB/*Knöfel* Rn. 61; *R. Wagner* FS Kropholler, 2008, 715 (718 f.).

[141] So auch Staudinger/*Maultzsch*, 2023, Rn. 93.

[1] KOM(2006) 566 endg., 6.

[2] NK-BGB/*Knöfel* Rn. 1; idS auch BeckOGK/*J. Schmidt* Rn. 3; BeckOK BGB/*Spickhoff* Rn. 1; jurisPK-BGB/*Wurmnest* Rn. 1; *Heiss/Loacker* JBl. 2007, 613 (619); *Junker* NJW 2007, 3675 (3676); *Martiny* FS Magnus, 2014, 483 (485); *G. Wagner* IPRax 2008, 1; abw. Soergel/*Wendelstein* Rn. 2; Erman/*Stürner* Rn. 1; *Hohloch* IPRax 2012, 110 (112): Qualifikationsnorm.

oder eines Verschuldens bei Vertragsverhandlungen bezeichnet, sondern auch sämtliche Folgen einer ungerechtfertigten Bereicherung (dh insbesondere die Vermögensverschiebung) oder einer Geschäftsführung ohne Auftrag (zB das Entstehen von Aufwendungen). Dieser semantische Kunstgriff gewinnt zB bei Art. 31 Bedeutung (→ Art. 31 Rn. 7).

Abs. 2, 3 ordnen an, dass die Anknüpfungs- und die Hilfsnormen der Rom II-VO auch außervertragliche Schuldverhältnisse, schadensbegründende Ereignisse und Schäden erfassen, deren Entstehung bzw. Eintritt wahrscheinlich ist. Diese Bestimmung dient ebenfalls der Klarstellung und der Entlastung des Textes, was zB bei Art. 4 Abs. 1 deutlich wird: Während in den Entwurfsfassungen noch die Rede war vom Recht des Staates, in dem der Schaden eintritt „oder einzutreten droht“,[3] konnte in der endgültigen Fassung der Rom II-VO – anders als in Art. 7 Nr. 2 Brüssel Ia-VO – wegen Abs. 3 lit. b der Zusatz „oder einzutreten droht“ entfallen. 3

II. Begriff des Schadens (Abs. 1)

Der Begriff des Schadens (zum materiellen deutschen Recht → BGB § 249 Rn. 14 ff.) bezeichnet herkömmlicherweise die Folgen einer unerlaubten Handlung (Art. 4–9) oder eines Verschuldens bei Vertragsverhandlungen (Art. 12). Bei der **ungerechtfertigten Bereicherung** (Art. 10) geht es nicht um Schadensausgleich, sondern um die Rückabwicklung einer Vermögensverschiebung. Bei der **Geschäftsführung ohne Auftrag** (Art. 11) geht es meist ebenfalls nicht um den Ersatz von Schäden, die der Geschäftsführer bei der Übernahme oder der Ausführung der Geschäftsführung erlitten hat, sondern um Herausgabeansprüche des Geschäftsherrn oder den Ersatz von Aufwendungen des Geschäftsführers. Aufwendungen sind im Unterschied zu Schäden keine unfreiwilligen, sondern freiwillige Vermögensopfer (zum materiellen deutschen Recht → BGB § 256 Rn. 2 ff.). Nach herkömmlichem Verständnis spielt also der Begriff des Schadens für das Rechtsinstitut der **ungerechtfertigten Bereicherung** keine und für das Rechtsinstitut der **Geschäftsführung ohne Auftrag** nur eine geringe Rolle. 4

1. Ausdehnung des Schadensbegriffs. Wenn Abs. 1 dennoch sämtliche Folgen einer ungerechtfertigten Bereicherung und einer Geschäftsführung ohne Auftrag unter den Begriff des Schadens iSd Rom II-VO rubriziert, so ist dies lediglich ein **semantischer Kunstgriff,** der die Anwendung der Verordnung erleichtern soll, aber keine Festlegung auf einen deliktischen Schadensbegriff im Sinne einer Qualifikationsnorm. Die gegen Abs. 1 vorgebrachte inhaltliche Kritik („undifferenziert und gewöhnungsbedürftig“)[4] geht daher ins Leere. Der Sinn dieses Vorgehens zeigt sich zB an **Art. 14 Abs. 1,** wo vom „schadensbegründenden Ereignis“ die Rede ist, obwohl die von dieser Vorschrift eröffnete **Rechtswahlmöglichkeit** auch für außervertragliche Schuldverhältnisse aus ungerechtfertigter Bereicherung (Art. 10) oder aus Geschäftsführung ohne Auftrag (Art. 11) besteht (→ Art. 14 Rn. 16; → Art. 14 Rn. 24). 5

2. Entlastungsfunktion des Abs. 1. Da es bei Schuldverhältnissen im Sinne der Art. 10, 11 in der Regel keine schadensbegründenden Ereignisse gibt, kommt Abs. 1 ins Spiel: Der **Begriff des Schadens** – in Alleinstellung oder in der Wortkombination „schadensbegründendes Ereignis“ – umfasst sämtliche Folgen einer ungerechtfertigten Bereicherung oder einer Geschäftsführung ohne Auftrag. Der Eintritt von Folgen einer **ungerechtfertigten Bereicherung** (in der Regel der Eintritt der Vermögensverschiebung) oder einer **Geschäftsführung ohne Auftrag** (zB die Entstehung eines Aufwendungsersatzanspruchs) ist nach Abs. 1 dem Eintritt eines schadensbegründenden Ereignisses gleichzusetzen,[5] um den Text der Verordnung zu entlasten.[6] 6

3. Weitere Anwendungsfälle. Die Begriffserweiterung des Abs. 1 gilt ferner für Schäden durch Kernenergie **(Art. 1 Abs. 2 lit. f),** ein schadensbegründendes Ereignis iSd **Art. 2 Abs. 3 lit. a,** einen Schaden iSd **Art. 2 Abs. 3 lit. b,** die Bemessung des Schadens **(Art. 15 lit. c),** den Ersatz des Schadens **(Art. 15 lit. d),** die Übertragbarkeit, einschließlich der Vererbbarkeit, des Anspruchs auf Schadensersatz **(Art. 15 lit. e),** den persönlich erlittenen Schaden **(Art. 15 lit. f),** den Schaden und das schadensbegründende Ereignis iSd **Art. 23 Abs. 1 UAbs. 2** und die schadensbegründenden Ereignisse iSd **Art. 31.** Auch soweit in den **Erwägungsgründen** der Rom II-VO von „Schaden“ (in welcher Wortkombination auch immer) die Rede ist, gilt der Schadensbegriff des Abs. 1. 7

---

[3] KOM(2003) 427 endg., 38 (Art. 3 Abs. 1), KOM(2006) 83 endg., 16 (Art. 5 Abs. 1).

[4] Soergel/*Wendelstein* Rn. 2; s. auch Erman/*Stürner* Rn. 1; *Hohloch* YbPIL 9 (2007), 1 (13); zutr. NK-BGB/*Knöfel* Rn. 2.

[5] LG München I IPRax 2014, 438; Staudinger/*Maultzsch,* 2023, Rn. 7; NK-BGB/*Limbach* Rom II-VO Art. 11 Rn. 2; *Looschelders* IPRax 2014, 406 (407); *Nehne* IPRax 2012, 136 (139).

[6] Staudinger/*Maultzsch,* 2023, Rn. 7; NK-BGB/*Knöfel* Rn. 2.

8 **4. Uneinheitliche Terminologie.** Die Terminologie der Rom II-VO ist allerdings nicht einheitlich, weil es dem Verordnungsgeber nicht gelungen ist, die Begriffsvorgabe des Abs. 1 durchzuhalten. Zum einen ist in **Art. 10 Abs. 1** nicht – wie es mit Blick auf Art. 2 Abs. 1 konsequent gewesen wäre (vgl. insoweit **Art. 11 Abs. 2**) – vom „schadensbegründenden Ereignis" die Rede, sondern von dem „Ereignis, das die ungerechtfertigte Bereicherung zur Folge hat." Praktische Bedeutung ist dieser Wortlautdivergenz nicht beizumessen (→ Art. 11 Rn. 17). Zum anderen wird in **Art. 17** nicht vom „schadens"begründenden, sondern vom „haftungs"begründenden Ereignis gesprochen. Auch dieses ist lediglich eine Begriffsunschärfe ohne tiefere Bedeutung (→ Art. 17 Rn. 8).

III. Vorbeugende Maßnahmen (Abs. 2, 3)

9 In etwas umständlicher Formulierung ordnen Abs. 2, 3 an, dass die Rom II-VO auch für außervertragliche Schuldverhältnisse, schadensbegründende Ereignisse und Schäden gilt, **deren Entstehung bzw. deren Eintritt wahrscheinlich ist.** Die Verordnung erfasst daher auch Präventivmaßnahmen wie die Geltendmachung vorbeugender Unterlassungsansprüche, die Beurteilung der Rechtslage im Rahmen des einstweiligen Rechtsschutzes einschließlich des référé-Verfahrens oder ähnliche präventive Verfahren, soweit dort eine Prüfung nach dem vom IPR berufenen Sachrecht erfolgt[7] (s. auch Art. 15 lit. d).

10 **1. Zivilprozessualer Hintergrund.** Die Regelung der Abs. 2, 3 ist im Zusammenhang mit dem Europäischen Zivilprozessrecht zu sehen: Ob auch **vorbeugende Unterlassungsklagen** im Deliktsgerichtsstand des Art. 5 EuGVÜ erhoben werden konnten, war lange Zeit umstritten.[8] Den Streit hat der europäische Verordnungsgeber dadurch entschieden, dass Art. 5 Nr. 3 Brüssel I-VO (Zuständigkeit des Gerichts des Ortes, „an dem das schädigende Ereignis eingetreten ist") durch die Worte „oder einzutreten droht" ergänzt wurde. Der EuGH hat – unter anderem unter Berufung auf diese Änderung – vorbeugende Unterlassungsklagen auch im Gerichtsstand des Art. 5 Nr. 3 EuGVÜ zugelassen.[9]

11 In Anlehnung an Art. 5 Nr. 3 Brüssel I-VO sollte zunächst auch die allgemeine Kollisionsnorm des Art. 4 Abs. 1 den Zusatz „oder einzutreten droht" erhalten.[10] Da die Anknüpfung von Ansprüchen, auf die sich eine vorbeugende Unterlassungsklage stützen lässt, jedoch nicht nur nach Art. 4 Abs. 1 erfolgen kann, sondern auch nach den anderen Kollisionsnormen der Rom II-VO, hat sich der Verordnungsgeber entschieden, die Regelung in Abs. 2, 3 „vor die Klammer zu ziehen". Im europäischen IZPR, wo es nicht um die Zuständigkeit für außervertragliche Schuldverhältnisse, sondern um diejenige für unerlaubte Handlungen geht, ist eine solche Regelungstechnik nicht erforderlich. Beim Übergang von der Brüssel I-VO zur Brüssel Ia-VO blieb es daher bei dem Zusatz „oder einzutreten droht" (Art. 7 Nr. 2 Brüssel Ia-VO).

12 **2. Wahrscheinlichkeitsgrad.** Nach Abs. 2, 3 muss das Entstehen des außervertraglichen Schuldverhältnisses bzw. der Eintritt eines schadensbegründenden Ereignisses oder eines Schadens wahrscheinlich sein. Bei der Auslegung dieses Begriffs lässt sich auf die Rspr. zu Art. 5 Nr. 3 Brüssel I-VO (= Art. 7 Nr. 2 Brüssel Ia-VO) zurückgreifen. Danach setzt die Eröffnung des Gerichtsstands der unerlaubten Handlung für vorbeugende Unterlassungsklagen voraus, dass **hinreichende Anhaltspunkte für einen drohenden Schadenseintritt** vorliegen. Die unbestimmte Möglichkeit, dass ein Schaden irgendwann eintreten könnte, reicht nicht aus.[11]

13 **3. Praktische Bedeutung.** Eine praktische Bedeutung haben Abs. 2, 3 überall dort, wo der Anteil der Unterlassungsklagen am gesamten Aufkommen der Rechtsstreitigkeiten besonders hoch ist. Das ist bei den hier kommentierten Artikeln der Rom II-VO vor allem im **Anwendungsbereich des Art. 9** der Fall, wo künftige Schäden ausdrücklich angesprochen werden („Schäden aus bevorstehenden Arbeitskampfmaßnahmen") und die Zahl der vorbeugenden Unterlassungsbegehren diejenige der Schadensersatzforderungen deutlich übersteigt[12] (→ Art. 9 Rn. 5), im **Anwendungsbe-**

---

[7] KOM(2003) 427 endg., 12; LG Dortmund BeckRS 2014, 19175 unter II.; BeckOK BGB/*Spickhoff* Rn. 2; Soergel/*Wendelstein* Rn. 3; *Heiss/Loacker* JBl. 2007, 613 (618); *Kadner Graziano* Rev. crit. dr. int. pr. 97 (2008), 445 (487); *Leible/Lehmann* RIW 2007, 721 (723); *G. Wagner* IPRax 2008, 1.

[8] Nachweise bei Rauscher/*Leible* Brüssel Ia-VO Art. 7 Rn. 115.

[9] EuGH NJW 2002, 3617 Rn. 48 – VKI/Henkel; BeckRS 2004, 74722 = RIW 2004, 543 Rn. 27 – DFDS Torline.

[10] KOM(2003) 427 endg., 38 (Art. 3 Abs. 1), KOM(2006) 83 endg., 16 (Art. 5 Abs. 1).

[11] Staudinger/*Maultzsch*, 2023, Rn. 12; NK-BGB/*Knöfel* Rn. 4; jurisPK-BGB/*Wurmnest* Rn. 6; Rauscher/*Leible* Brüssel Ia-VO Art. 7 Rn. 115.

[12] NK-BGB/*Knöfel* Rn. 5; jurisPK-BGB/*Wurmnest* Rn. 7; *Deinert* ZESAR 2012, 311; *Heinze* RabelsZ 73 (2009), 770; *Knöfel* EuZA 2008, 228 (236); *Sujecki* EWS 2009, 310 (314).

reich des Art. 6 Abs. 1, wo der EuGH über das auf eine Unterlassungsklage wegen missbräuchlicher Klauselverwendung anzuwendende Recht zu entscheiden hatte,[13] und im **Anwendungsbereich des Art. 7,** wo der Anteil der Unterlassungsbegehren ebenfalls hoch ist[14] (→ Art. 7 Rn. 21).

4. Besonderheiten der Abs. 2, 3. In diesen Fällen sind zwei Besonderheiten der Rechtsanwendung zu beachten, die aus Abs. 2, 3 resultieren, aber in der Praxis leicht übersehen werden: Erstens ist **im Rahmen des Art. 31** der Eintritt des schadensbegründenden Ereignisses mit dem Eintritt der Wahrscheinlichkeit (→ Rn. 12) des schadensbegründenden Ereignisses gleichzusetzen (zu den Konsequenzen → Art. 31, 32 Rn. 14 f.). Das Gleiche gilt **im Rahmen des Art. 14 Abs. 1 S. 1,** so dass eine – an keine weiteren Voraussetzungen geknüpfte – nachträgliche Rechtswahl (Art. 14 Abs. 1 S. 1 lit. a) bereits nach Eintreten der Wahrscheinlichkeit eines schadensbegründenden Ereignisses statthaft ist (→ Art. 9 Rn. 42; → Art. 9 Rn. 44; → Art. 14 Rn. 25). 14

Art. 3 Rom II-VO Universelle Anwendung

Das nach dieser Verordnung bezeichnete Recht ist auch dann anzuwenden, wenn es nicht das Recht eines Mitgliedstaats ist.

Schrifttum: s. Vor Art. 1, Art. 1.

I. Normzweck und Entstehungsgeschichte

Art. 3 spricht aus, dass die Rom II-VO als **loi uniforme** ausgestaltet ist, also Binnenmarkt- und Drittstaatensachverhalte gleichermaßen erfasst. Sie kommt im Rahmen ihres räumlichen Geltungsbereichs (Art. 1 Abs. 4) stets zur Anwendung, wenn eine Frage des IPR der außervertraglichen Schuldverhältnisse iSd Art. 1 Abs. 1–3, Art. 2 zu beantworten ist. Die einheitliche Konzeption hat im Vorfeld der Rom II-Verabschiedung unter Kompetenzgesichtspunkten **Kritik** erfahren.[1] Bei der Vorstellung des EWG-Vorentwurfs im Jahr 1972 (→ Vor Art. 1 Rn. 5) hat diese Konzeption „den Zorn der Vereinigten Staaten erregt",[2] die auf der 12. Tagung der Haager Konferenz (→ Vor Art. 1 Rn. 2) dagegen protestierten, dass eine so umfassende Kollisionsrechtsvereinheitlichung nicht im weltweiten Rahmen der Haager Konferenz erfolge.[3] 1

Die Ausgestaltung der Rom II-VO als *loi uniforme* erspart der Praxis die schwierige Frage nach der Abgrenzung von Binnenmarkt- und Drittstaatensachverhalten. Sie hat daher unter dem Gesichtspunkt der **Einheitlichkeit und Einfachheit** der Rechtsanwendung weitgehende Zustimmung gefunden.[4] Sie ist auch vernünftig: Das den Anknüpfungsregeln zugrunde liegende Prinzip der engsten Verbindung gilt unabhängig von den (veränderlichen) Grenzen des Binnenmarkts.[5] 2

Dass im europäischen **Internationalen Gesellschaftsrecht** zwischen EU- und Drittlandsfällen unterschieden wird, beruht auf der Dominanz der Niederlassungsfreiheit; auch fällt hier die Abgrenzung leichter.[6] Auch das autonome Kollisionsrecht der Mitgliedstaaten differenziert auf dem Gebiet der **außervertraglichen Schuldverhältnisse** nicht danach, auf das Recht welchen Staates verwiesen wird.[7] Untragbare Ergebnisse lassen sich im Einzelfall mit Hilfe des ordre public korrigieren 3

---

13 EuGH NJW 2016, 2727 Rn. 60 – VKI/Amazon EU; s. auch *Mankowski* NJW 2016, 2705; *Martiny* ZEuP 2018, 218 (229 ff.); *Rieländer* RIW 2017, 28 (30); *Rott* EuZW 2016, 733; *Steinrötter* EWS 2018, 61; *Wilke* GPR 2017, 21.

14 *Kadner Graziano* YbPIL 9 (2007), 71 (76, 77).

1 *Weber,* Die Vergemeinschaftung des IPR, 2004, 123 ff.; *Wendehorst* in Langenbucher, Europarechtliche Bezüge des Privatrechts, 2005, § 7 Rn. 11 ff.; *v. Hein* VersR 2007, 440 (443); *Jayme/Kohler* IPRax 2003, 485 (494); *G. Wagner* IPRax 2006, 372 (390 ff.); s. zum EuGVÜ EuGH NJW 2000, 3121 Rn. 47 – Group Josi; EuZW 2005, 345 Rn. 25 f. – Owusu/Jackson; zur Brüssel IIa-VO NJW 2019, 415 Rn. 40 – UD/XB; allg. *Junker* IZPR § 7 Rn. 30; *Heinze/Dutta* IPRax 2005, 224 (226); *Schack* FS Leipold, 2009, 317 (329).

2 *Siehr* AWD 1973, 569 (570).

3 *Nadelmann* Am J. Comp. L. 21 (1973), 136 (139).

4 BeckOK BGB/*Spickhoff* Rn. 1; NK-BGB/*Knöfel* Rn. 3; jurisPK-BGB/*Wurmnest* Rn. 2; *A. Fuchs* GPR 2004, 100 (101); Hamburg Group for Private International Law RabelsZ 67 (2003) 1, 4; *v. Hein* ZVglRWiss 102 (2003), 528 (542); *Leible/Engel* EuZW 2004, 7 (9); *Lüttringhaus* RabelsZ 77 (2013), 31 (33); *Ofner* ZfRV 2008, 13 (15); *G. Wagner* IPRax 2008, 1 (4).

5 *Schwemmer,* Anknüpfungsprinzipien im Europäischen Kollisionsrecht, 2018, 186 ff.

6 EuGH NJW 2012, 2715 – VALE; NZG 2009, 61 – Cartesio; NJW 2003, 3331 – Inspire Art; IPRax 2003, 65 – Überseering; NJW 2017, 3639 Rn. 37 ff. – Polbud; ausf. *Junker* IPR § 13 Rn. 46 ff.

7 KOM(2003) 427 endg., 10; *Leible/Engel* EuZW 2004, 7 (9); *Junker* NJW 2007, 3675 (3677); *Leible* in Reichelt, Europäisches Gemeinschaftsrecht und IPR, 2007, 31 (49); *Steinrötter* RIW 2015, 407 (413).

(Art. 26). Für vertragliche Schuldverhältnisse existiert eine identische **Parallelnorm in Art. 2 Rom I-VO.**

II. Universelle Anwendung

4 Der Regelungsgehalt der Vorschrift ergibt sich aus dem **Zusammenspiel mit Art. 1 Abs. 1 S. 1.** Nach Art. 1 Abs. 1 S. 1 muss das außervertragliche Schuldverhältnis eine Verbindung zum Recht verschiedener Staaten aufweisen. Mit Vorbedacht ist in Art. 1 Abs. 1 S. 1 von „Staaten" und nicht von „Mitgliedstaaten" die Rede, denn für die Anwendung der Rom II-VO genügt es, wenn der Sachverhalt eine Verbindung zum Recht irgendeines ausländischen Staates hat (→ Art. 1 Rn. 12).

5 Die Kollisionsnormen der Rom II-VO sind demnach in einem Mitgliedstaat der EU auch anzuwenden, wenn es um einen Fall mit Auslandsberührung zu einem Drittstaat und nicht zu einem anderen Mitgliedstaat der EU geht. Auf die Staatsangehörigkeit, den Wohnsitz oder den gewöhnlichen Aufenthalt der Beteiligten des außervertraglichen Schuldverhältnisses kommt es ebenso wenig an wie auf das von den Kollisionsnormen der Verordnung berufene Recht.

Beispiel:[8]
Klagt ein Tunesier gegen einen später nach Deutschland verzogenen Algerier auf Schadensersatz wegen eines Verkehrsunfalls, der sich in Tunis ereignet hat, muss der deutsche Richter das anzuwendende Recht nach der Rom II-VO bestimmen, obwohl der Sachverhalt zum Unfallzeitpunkt keinerlei Bezug zum europäischen Binnenmarkt hatte.[9]

6 Die **Korrespondenzvorschrift zu Art. 1 Abs. 1 S. 1** ist Art. 3, wonach das Recht, auf das die Rom II-VO verweist, auch dann anzuwenden ist, wenn es sich nicht um das Recht eines Mitgliedstaats handelt. Die Rom II-VO beschränkt sich folglich nicht auf die Regelung des Kollisionsrechts zwischen den Mitgliedstaaten der EU iSd Art. 1 Abs. 4. Die Rom II-VO hat demnach – ebenso wie die Rom I-VO (Art. 2 Rom I-VO) – **universalen Charakter.** Diese Konzeption vermeidet eine schwer handhabbare Zweigleisigkeit des Kollisionsrechts[10] (→ Rom I-VO Art. 2 Rn. 1 ff.). Wegen des universalen Charakters der Rom II-VO spielt es für den deutschen Rechtsanwender auch keine Rolle, dass das **Königreich Dänemark** iSd Rom II-VO kein Mitgliedstaat ist, sondern ein Drittstaat (Art. 1 Abs. 4). Wird dieser Zusammenhang verkannt, so handelt es sich um einen Fall fehlerhafter Rechtsanwendung.[11]

Kapitel II. Unerlaubte Handlungen

Art. 4 Rom II-VO Allgemeine Kollisionsnorm

(1) Soweit in dieser Verordnung nichts anderes vorgesehen ist, ist auf ein außervertragliches Schuldverhältnis aus unerlaubter Handlung das Recht des Staates anzuwenden, in dem der Schaden eintritt, unabhängig davon, in welchem Staat das schadensbegründende Ereignis oder indirekte Schadensfolgen eingetreten sind.

(2) Haben jedoch die Person, deren Haftung geltend gemacht wird, und die Person, die geschädigt wurde, zum Zeitpunkt des Schadenseintritts ihren gewöhnlichen Aufenthalt in demselben Staat, so unterliegt die unerlaubte Handlung dem Recht dieses Staates.

(3) [1]Ergibt sich aus der Gesamtheit der Umstände, dass die unerlaubte Handlung eine offensichtlich engere Verbindung mit einem anderen als dem in den Absätzen 1 oder 2 bezeichneten Staat aufweist, so ist das Recht dieses anderen Staates anzuwenden. [2]Eine offensichtlich engere Verbindung mit einem anderen Staat könnte sich insbesondere aus einem bereits bestehenden Rechtsverhältnis zwischen den Parteien – wie einem Vertrag – ergeben, das mit der betreffenden unerlaubten Handlung in enger Verbindung steht.

Schrifttum: s. auch Vor Art. 1; Spezialvorschriften zu einzelnen Deliktstypen → Rn. 108 passim; älteres Schrifttum s. 6. Aufl. 2015, Art. 4); *Adesina Okoli/Omoshemine Arishe,* The Operation of the Escape Clauses in the Rome Convention, Rome I Regulation and Rome II Regulation, JPrivIntL 8 (2012), 513; *Bona,* Personal Injuries, Fatal

---

8 Nach *Leible/Lehmann* RIW 2007, 721 (724); s. auch die Beispiele bei *Staudinger* SVR 2005, 441 (442).

9 Vertiefend *Leible* in Reichelt, Europäisches Gemeinschaftsrecht und IPR, 2007, 31, 49 (50).

10 Ausf. KOM(2003) 427 endg., 10–11.

11 Beispiel bei NK-BGB/*Knöfel* Rn. 1; s. auch Soergel/*Wendelstein* Rn. 4; jurisPK-BGB/*Wurmnest* Rn. 4; PWW/*Schaub* Art. 1 Rn. 9 aE; *Steinrötter* RIW 2015, 407 (413); *R. Wagner/Berentelg* MDR 2010, 1353 (1357).

Accidents and Rome II, in Malatesta (Hrsg.), The Unification of Choice-of-Law Rules on Torts and Other Non-Contractual Obligations in Europe, 2006, 249; *Carella,* La disciplina internazionalprivatistica delle obligazioni da fatto illecito nella proposta di regolamento „Roma II", Riv. dir. int. priv. proc. 41 (2005), 25; *Crespi Reghizzi,* „Contratto" e „Illecito" – La qualificazione delle obbligazioni nel diritto internazionale private dell'Unione europea, Riv. dir. int. priv. proc. 48 (2012), 317; Csöndes, Curia of Hungary on the Qualifification of „Indirect Consequences" of a Traffic Accident under the Rome II-Regulation, ELF 2021, I-49; *Dehnert,* Der Erfolgsort bei reinen Vermögensschäden und Persönlichkeitsrechtsverletzungen, 2011; *Dickinson,* Cross-Border Torts in EC Courts – A Response to the Proposed „Rome II" Regulation, Eur. Bus. L. Rev. 13 (2002), 369; *v. Domarus,* Internationales Arzthaftungsrecht nach Inkrafttreten der Rom I- und Rom II-Verordnung, 2013; *Dornis,* „When in Rome, do as the Romans do?" – A Defense of the Lex Domicilii Communis in the Rome-II-Regulation, ELF 2007, I-152; *Ebke,* Das Internationale Privatrecht der Haftung des gesetzlichen Abschlussprüfers nach der Rom I-VO und der Rom II-VO, ZVglRWiss 109 (2010), 397; *Enneking,* The Common Denominator of the Trafigura Case, Foreign Direct Liability Cases and the Rome II Regulation, Eur. Rev. Priv. L. 2008, 283; *Franck,* Auf der Suche nach der engsten Verbindung – Zwei Gerichtsentscheidungen aus den Niederlanden und Großbritannien zur Ausweichklausel des Art. 4 Abs. 3 Rom II-VO, ZEuP 2018, 669; *v. Hein,* Die Ausweichklausel im europäischen Internationalen Deliktsrecht, FS Kropholler, 2008, 553; *v. Hein,* Künstliche Intelligenz im Internationalen Deliktsrecht der EU, FS Schack, 2022, 428; *Hohloch,* Place of Injury, Habitual Residence, Closer Connection and Substantive Scope: The Basic Principles, YbPIL 9 (2007), 1; *Hönle,* Die deliktische Grundanknüpfung im IPR und IZPR, 2011; *Junker,* Die Rom II-Verordnung: Neues Internationales Deliktsrecht auf europäischer Grundlage, NJW 2007, 3675; *Junker,* Der Reformbedarf im Internationalen Deliktsrecht nach der Rom II-Verordnung drei Jahre nach ihrer Verabschiedung, RIW 2010, 257; *Kadner Graziano,* General Principles of Private International Law of Tort in Europe, in Basedow/Baum/Nishitani (Hrsg.), Japanese and European Private International Law in Comparative Perspective, 2008, 243; *Kühne,* Das Anknüpfungssystem des neuen europäischen internationalen Deliktsrechts, FS Deutsch, Bd. II, 2010, 817; *Lehmann,* Where does Economic Loss Occur?, JPrivIntL 7 (2011), 527; *Loquin,* La règle de conflit générale en matière de délit dans le règlement du 11 juillet 2007 (Rome II), in Corneloup/Joubert (Éd.), Le règlement communautaire „Rome II" sur la loi applicable aux obligations non contractuelles, 2008, 35; *Mankowski,* Deliktische Ausweichklausel, Handlungsort und Gewichtung, RIW 2021, 93; *Mankowski,* Die akzessorische Anknüpfung des Deliktsstatuts nach Art. 4 III 2 Rom II-VO, FS Neumayr, 2023, 865; *Nuyts,* La règle générale de conflit de lois en matière non contractuelle dans le Règlement Rome II, Rev. dr. com. belge 114 (2008), 489; *Odendahl,* Internationales Deliktsrecht der Rom II-VO und die Haftung für reine Vermögensschäden, 2012; *Rentsch,* Tatort- und Aufenthaltsanknüpfung im internationalen Deliktsrecht – Art. 4 Abs. 3 Rom II-VO bei nachträglichem Aufenthaltswechsel des Geschädigten, GPR 2015, 191; *Schack,* Kohärenz im europäischen Internationalen Deliktsrecht, in v. Hein/Rühl (Hrsg.), Kohärenz im Internationalen Privat- und Verfahrensrecht der Europäischen Union, 2015, 279; *Schaub,* Streuschäden im deutschen und europäischen Recht, JZ 2011, 13; Schwemmer, Deliktsrechtliche Direktansprüche der Gläubiger einer insolventen Enkelgesellschaft gegen die ausländische Großmuttergesellschaft, IPRax 2023, 149; *Siehr,* Geldwäsche im IPR – Ein Anknüpfungssystem für Vermögensdelikte nach der Rom II-VO, IPRax 2009, 435; *Spickhoff,* Die Arzthaftung im Europäischen Internationalen Privat- und Prozessrecht, FS Müller, 2009, 287; *Stone,* The Rome II Regulation on Choice of Law in Tort, Ankara L. Rev. 4 (2007), 95; *de Vareilles-Sommieres,* La responsabilité civile dans la proposition de règlement communautaire sur la loi applicable aux obligations non contractuelles (Rome II), in Fuchs/Muir Watt/Patant (Hrsg.), Les conflits de lois et le système juridique communautaire, 2004, 185; *Vollmöller,* Die kollisionsrechtliche Behandlung von Geheimnisverletzungen in Vertragsverhältnissen, IRax 2021, 417; *Wais,* Kollektiver Rechtsschutz und das auf unerlaubte Handlungen anzuwendende Recht, IPRax 2022, 141.

Übersicht

A. Allgemeines

I. Normzweck und Entstehungsgeschichte

1 Die Kollisionsnormen der Rom II-VO basieren – wie das gesamte IPR – auf dem **Prinzip der engsten Verbindung.** Die engste Verbindung zwischen einem Rechtsverhältnis und einer

Rechtsordnung lässt sich auf verschiedene Weise herstellen: Die früheren Anknüpfungsregeln des autonomen deutschen IPR für **vertragliche Schuldverhältnisse** gingen auf der Grundlage des Europäischen (Schuld-) Vertragsübereinkommens (EVÜ) von einer Generalklausel aus (Art. 4 Abs. 1 S. 1 EVÜ, Art. 28 Abs. 1 S. 1 EGBGB), die durch Vermutungen konkretisiert wurde (Art. 4 Abs. 2–4 EVÜ, Art. 28 Abs. 2–4 EGBGB).

Dagegen enthält das autonome deutsche IPR für **außervertragliche Schuldverhältnisse** in Art. 40 Abs. 1, 2 EGBGB feste Grundanknüpfungen, die in Art. 41 EGBGB durch eine Ausweichklausel ergänzt werden. Den gleichen Ansatz verfolgt die Rom II-VO: Die allgemeine Kollisionsnorm für das außervertragliche Schuldverhältnis der unerlaubten Handlung besteht aus zwei festen Grundanknüpfungen **(Abs. 1, 2),** die durch eine Ausweichklausel – als Ausdruck einer „einzelfallbezogenen" engsten Verbindung – aufgelockert werden **(Abs. 3).** 2

Das **Kapitel II der Rom II-VO** bildet den Rahmen des Art. 4. Es enthält den wichtigsten Bestandteil der Rom II-VO, nämlich die Regeln über die Anknüpfung von unerlaubten Handlungen (Delikten). Während sich der deutsche Gesetzgeber bei der IPR-Reform von 1999 für eine einheitliche Kollisionsnorm entschieden hat, die sämtliche Deliktstypen erfasst (→ EGBGB Art. 40 Rn. 2), stellt die Rom II-VO **in den Art. 5–9** für einzelne Sachbereiche **besondere Anknüpfungsregeln** zur Verfügung. Diese Spezialregeln sollen den Besonderheiten der jeweiligen Fallgruppe Rechnung tragen. Sie gehen den **Allgemeinen Anknüpfungen des Art. 4** vor und bestimmen auf unterschiedliche Weise, inwieweit einzelne Regeln der Allgemeinen Anknüpfungsnorm (zB die Ausweichklausel des Art. 4 Abs. 3) neben der speziellen Anknüpfung fortgelten. Ob der zu entscheidende Sachverhalt in den Bereich einer speziellen Kollisionsnorm fällt, ist durch autonome europäische Auslegung (→ Vor Art. 1 Rn. 27 ff.) des jeweiligen Systembegriffs (zB Art. 5: „Schaden durch ein Produkt") zu ermitteln. Erfüllt ein Sachverhalt die Anwendungsvoraussetzungen **mehrerer speziell normierter Sachbereiche** (zB eine Umweltschädigung durch ein fehlerhaftes Produkt), so wirft diese **Mehrfachqualifikation** die Frage nach dem internen Rangverhältnis der besonderen Kollisionsregeln auf (→ Art. 5 Rn. 30). 3

Art. 4 hat eine unspektakuläre **Entstehungsgeschichte:** Vom Vorentwurf der Europäischen Kommission vom 3.5.2002 (dort Art. 3)[1] über den **Kommissionsentwurf vom 22.7.2003** (dort ebenfalls Art. 3)[2] ist die allgemeine Kollisionsnorm des Art. 4 inhaltlich unverändert geblieben; sie wurde auch vom Parlament letztlich nicht infrage gestellt.[3] Die in **Abs. 1** normierte Tatortregel „beherrscht das Internationale Deliktsrecht seit seinen Anfängen"[4] und war auch im Prozess der Verordnungsgebung zu keiner Zeit umstritten. 4

Die wichtigste Weichenstellung innerhalb der Tatortregel, ihre Konkretisierung in Richtung auf den Erfolgsort (→ Rn. 24 ff.), findet sich bereits im **Vorentwurf vom 3.5.2002** (→ Vor Art. 1 Rn. 15 ff.). Abs. 1 erlebte – ebenso wie **Abs. 2, 3** – in den Jahren 2002 bis 2007 nur sprachlich-redaktionelle Änderungen, deren wichtigste weiter unten erörtert werden (→ Rn. 35 f.). Hinzu kam eine klarstellende Berichtigung von **Erwägungsgrund 17** im Jahr 2012 (→ Rn. 27). 5

1. Grundregel (Abs. 1). a) Interessenausgleich. Die Präferenz des Verordnungsgebers für die **Tatortregel** (Abs. 1) erklärt sich teleologisch daraus, dass unerlaubte Handlungen in der Regel aus einer eher zufälligen Interessenberührung der Deliktsbeteiligten resultieren, für die es keine a priori sachnähere Anknüpfung gibt.[5] Abs. 1 verortet daher die rechtlichen Beziehungen der Deliktsbeteiligten grundsätzlich am Tatort. Die Konkretisierung der lex loci delicti commissi durch den **Erfolgsort** der unerlaubten Handlung ist eine Absage sowohl an den in Deutschland (und in Österreich)[6] bisher dominierenden Handlungsort als auch an die in Deutschland – zuletzt nur noch eingeschränkt (Art. 40 Abs. 1 S. 2, 3 EGBGB) – geltende Ubiquitätslehre.[7] Der Verordnungsgeber 6

---

1 *Dickinson* Eur. Bus. L. Rev. 13 (2002), 359 (375); Hamburg Group for Private International Law RabelsZ 67 (2003), 1 (10 ff.).

2 *Benecke* RIW 2003, 830 (833); *Fricke* VersR 2005, 726 (739); *A. Fuchs* GPR 2004, 100 (101 f.); *v. Hein* ZVglRWiss 102 (2003), 528 (542 ff.); *Huber/Bach* IPRax 2005, 73 (76); *Jayme/Kohler* IPRax 2003, 485 (494); *Kadner Graziano* IPRax 2004, 137 (140); *Kreuzer* in Reichelt/Rechberger EuropKollisionsR 13 (30 ff.); *Leible/Engel* EuZW 2004, 7 (10); *Posch* YbPIL 6 (2004), 129 (141 f.); *Stone* ELF 2004, I-213 (222).

3 Zur Entstehungsgeschichte des Art. 4 *Enneking* Eur. Rev. Priv. L. 2008, 283; *v. Hein* VersR 2007, 440 (443); *Sonnentag* ZVglRWiss 105 (2006), 256 (266 f.); *G. Wagner* IPRax 2006, 372 (376 f.).

4 *Kadner Graziano* Rev. crit. dr. int. pr. 97 (2008), 445 (456).

5 BeckOGK/*Rühl* Rn. 2; BeckOK BGB/*Spickhoff* Rn. 1; *Huber/Bach* Rn. 16; *Fricke* VersR 2005, 726 (739); *v. Hein* FS Schack, 2022, 428 (431); *Kadner Graziano* Rev. crit. dr. int. pr. 97 (2008), 445 (457); *Posch* YbPIL 6 (2004), 129 (141 f.); *Stone* ELF 2004, I-213 (222); zum dt. IPR BGHZ 87, 95 (97 f.) = NJW 1983, 1972 (1973).

6 *Heiss/Loacker* JBl. 2007, 613 (625); *Ofner* ZfRV 2008, 13 (16).

7 BeckOGK/*Rühl* Rn. 3; Soergel/*Wendelstein* Rn. 9; *v. Hein* VersR 2007, 440 (443); *G. Wagner* IPRax 2008, 1 (5).

sah in der alleinigen Anknüpfung an den Handlungsort einerseits und der Wahlmöglichkeit des Geschädigten andererseits zwei „Extremlösungen",[8] die den Schädiger bzw. das Opfer einseitig bevorzugten: Die Anknüpfung an den Ort des Erfolgs der unerlaubten Handlung sei als Synthese dieser beiden rechtspolitischen Positionen der angemessene Interessenausgleich **(Erwägungsgrund 16).**

7 **b) Opferentschädigung.** Für die Maßgeblichkeit des Rechts des Erfolgsorts – der lex loci damni – wird die Opferentschädigungsfunktion des Deliktsrechts ins Feld geführt: Bei Distanzdelikten sei der Erfolgsort für den Geschädigten in der Regel vorhersehbar, während der Handlungsort seinem Kenntnis- und Einflussbereich häufig entzogen sei.[9] Das ist gemeint, wenn es in **Erwägungsgrund 16** heißt, Abs. 1 entspreche der modernen Konzeption der zivilrechtlichen Haftung und der Entwicklung der **Gefährdungshaftung.**[10]

8 **c) Verhaltenssteuerung.** Die in Abs. 1 niedergelegte Präferenz für den Erfolgsort des Delikts vernachlässigt die dem Deliktsrecht ebenfalls innewohnende Verhaltenssteuerungsfunktion. Abs. 1 ist daher im **Zusammenhang mit Art. 17** zu lesen, wonach die lokalen Sicherheits- und Verhaltensregeln am Ort des haftungsbegründenden (= schadensbegründenden, → Art. 3 Rn. 6) Ereignisses berücksichtigt werden können: Mit der Steuerungsfunktion des Haftungsrechts wäre es nicht zu vereinbaren, die für die Deliktsbeteiligten relevanten Verhaltensstandards ausnahmslos einer anderen Rechtsordnung als derjenigen des Handlungsorts zu entnehmen.[11]

9 **2. Auflockerung durch Abs. 2.** Die in Abs. 2 vorgesehene Anknüpfung an den **gemeinsamen gewöhnlichen Aufenthalt** der Deliktsbeteiligten *(lex domicilii communis)* war bzw. ist im autonomen Recht der Mitgliedstaaten (→ Vor Art. 1 Rn. 3) weit verbreitet (Ausnahme: Frankreich),[12] weil sie in der Regel nicht nur dem übereinstimmenden **Interesse der Parteien** dient („Käseglockentheorie" – die Deliktsbeteiligten „nehmen ihr heimisches Recht wie unter einer Käseglocke mit in die Fremde"), sondern auch die **Abwicklung des Schadensfalls** erleichtert, da bei Prozessen im gemeinsamen Aufenthaltsstaat über Abs. 2 im Ergebnis die *lex fori* zur Anwendung kommt.[13] Im Interesse der **Verhaltenssteuerung** muss allerdings auch im Rahmen des Abs. 2 eine **Korrektur durch Art. 17** (örtliche Sicherheits- und Verhaltensregeln) erfolgen.[14]

10 **3. Auflockerung durch Abs. 3.** Nach Abs. 3 können die beiden typisierten Regelanknüpfungen (Abs. 1, 2) über das Vehikel einer **Ausweichklausel** (= Ausnahmeklausel) durchbrochen werden, wenn die unerlaubte Handlung eine offensichtlich engere Verbindung mit einem anderen Staat aufweist. Sowohl die allgemeine Ausweichklausel des **Abs. 3 S. 1** als auch die akzessorische Anknüpfung nach **Abs. 3 S. 2** sind bewährte Instrumente zur Auflockerung des Deliktsstatuts, die auch in den Kodifikationen oder im Richterrecht der Mitgliedstaaten weit verbreitet sind bzw. waren (→ Vor Art. 1 Rn. 3). Die Ausweichklausel hat den Zweck, in **atypischen Fällen,** in denen die Regelanknüpfungen nicht zu befriedigenden Ergebnissen führen, über den Weg des klassischen Kollisionsrechts zu einer systemgerechten Rechtsfortbildung zu schreiten".[15]

---

[8] KOM(2003) 427 endg., 13.

[9] NK-BGB/*Lehmann* Rn. 23; jurisPK-BGB/*Wurmnest* Rn. 2; PWW/*Schaub* Rn. 1; *Csöndes* ELF 2021, I-49 (I-53); *Enneking* Eur. Rev. Priv. L. 16 (2008), 283 (296); *Franck* ZEuP 2018, 669 (677); *A. Fuchs* GPR 2004, 100 (102); *v. Hein* FS Schack, 2022, 428 (431); *G. Wagner* IPRax 2008, 1 (5); krit. *Koziol/Thiede* ZVglRWiss 106 (2007), 235; *Symeonides* YbPIL 9 (2007), 149 (151).

[10] Erman/*Stürner* Rn. 7; NK-BGB/*Lehmann* Rn. 23; krit. *Mäsch* GS Unberath, 2015, 303 (306 f.).

[11] BeckOGK/*Rühl* Rn. 20; NK-BGB/*Lehmann* Rn. 24; jurisPK-BGB/*Wurmnest* Rn. 4; PWW/*Schaub* Rn. 1; *Leible/Engel* EuZW 2004, 17, 10; *Leible/Lehmann* RIW 2007, 721 (725); *Sonnentag* ZVglRWiss 105 (2006), 256 (267); *G. Wagner* IPRax 2008, 1 (5).

[12] Nachweise bei *Kadner Graziano* Rev. crit. dr. int. pr. 97 (2008), 445 (462).

[13] BeckOGK/*Rühl* Rn. 82; NK-BGB/*Lehmann* Rn. 25 f.; jurisPK-BGB/*Wurmnest* Rn. 3; *Csöndes* ELF 2021, I-49 (I-53); *Dornis* ELF 2007, I-152; *Franck* ZEuP 2018, 669 (678); *v. Hein* FS Schack, 2022, 428 (431); *Junker* JZ 2008, 169 (174); *Fricke* VersR 2005, 726 (729); *Leible/Engel* EuZW 2004, 7 (10); *Nuyts* Rev. dr. com. belge 114 (2008), 489 (497); *Sonnentag* ZVglRWiss 105 (2006), 256 (271).

[14] OLG München r + s 2017, 660 = IPRax 2018, 417 m. Aufs. *Diehl* IPRax 2018, 371; Soergel/*Wendelstein* Rn. 133; *Knöfel* IPRax 2021, 392 (393); *Sonnentag* ZVglRWiss 105 (2006), 256 (272); *G. Wagner* IPRax 2008, 1 (5); s. zum dt. IPR OLG Brandenburg NJW-RR 2006, 1558 (1559); OLG Hamm NJW-RR 2001, 1537; OLG Düsseldorf VersR 1997, 193.

[15] Ausf. *v. Hein* FS Kropholler, 2008, 553; s. auch Erman/*Stürner* Rn. 16; NK-BGB/*Lehmann* Rn. 27 f.; *Franck* ZEuP 2018, 669 (680); *v. Hein* FS Schack, 2022, 428 (431); *Kadner Graziano* Rev. crit. dr. int. pr. 97 (2008), 445 (463); *Mankowski* RIW 2021, 93 (96); *Mankowski* FS Neumayr, 2023, 865 (866); *Schwemmer* IPRax 2023, 149 (155); *Vollmöller* IPRax 2021, 417 (421); *G. Wagner* IPRax 2006, 372 (378); *Wais* IPRax 2022, 141 (145).

II. Systematik und Prüfungsreihenfolge

1. Systematik. In der **Binnensystematik des Art. 4** hat die *lex domicilii communis* den Vorrang:[16] Hatten der Ersatzpflichtige und der Verletzte zum Zeitpunkt des Schadenseintritts ihren gewöhnlichen Aufenthalt in demselben Staat, so ist das Recht dieses Staates anzuwenden **(Abs. 2).** Liegt diese Voraussetzung nicht vor, ist als *lex loci delicti commissi* das Recht des Staates anzuwenden, in dem der Schaden eintritt **(Abs. 1).** 11

Die beiden Grundanknüpfungen der Abs. 1, 2 stehen unter dem Vorbehalt einer **offensichtlich engeren Verbindung** der unerlaubten Handlung mit einem anderen Staat, die sich aus der Gesamtheit der Umstände ergeben muss **(Abs. 3 S. 1).** Regelbeispiel ist die **akzessorische Anknüpfung** an ein bereits bestehendes Rechtsverhältnis zwischen den Parteien, das mit der unerlaubten Handlung in enger Verbindung steht **(Abs. 3 S. 2).** 12

Die Ausweichklausel darf erst zur Anwendung kommen, wenn zuvor positiv festgestellt wurde, welche der beiden Grundanknüpfungen einschlägig ist, da die (offensichtlich) engere Verbindung nur im Hinblick auf eine der beiden Grundanknüpfungen geprüft werden kann.[17] Es ist daher methodisch nicht korrekt, die Frage nach der Lokalisierung des Delikts **(Erfolgsort, Abs. 1)** offenzulassen und sogleich Abs. 3 S. 1 anzuwenden.[18] Ebenso wenig ist es statthaft, die zwischen den Parteien umstrittene Frage nach einem gemeinsamen gewöhnlichen Aufenthalt in ein und demselben Staat **(Abs. 2)** nicht durch eine Beweisaufnahme zu klären, sondern das Heimwärtsstreben unter Verweis auf eine „jedenfalls" offensichtlich engere Verbindung zu Deutschland **(Abs. 3)** mit einem *counting of contracts* zu unterfüttern.[19] 13

2. Prüfungsreihenfolge. Nach der **Gesamtsystematik der Rom II-VO** ist auch im sachlichen Anwendungsbereich des Art. 4 vorrangig nach einer Rechtswahlvereinbarung der Parteien gemäß Art. 14 zu fragen[20] **(1. Prüfungsschritt).** Fehlt es an einer Rechtswahl, so ist zu untersuchen, ob eine der besonderen Anknüpfungen für spezielle Deliktstypen in Art. 5–9 einschlägig ist **(2. Prüfungsschritt).** Ist keiner der Spezialtatbestände einschlägig, kommt Art. 4 zur Anwendung **(3. Prüfungsschritt).** 14

III. Verhältnis zum deutschen Recht

Die Grundkonzeption des Art. 4 entspricht dem autonomen deutschen Kollisionsrecht der außervertraglichen Schuldverhältnisse aus unerlaubter Handlung: Das deutsche IPR basiert ebenfalls auf festen Grundanknüpfungen **(Art. 40 Abs. 1, 2 EGBGB),** die durch eine Ausweichklausel im Einzelfall korrigiert werden, wenn eine wesentlich engere Verbindung mit dem Recht eines anderen Staates besteht **(Art. 41 EGBGB).** Art. 40 Abs. 1, 2 und 41 EGBGB haben bei der Grundkonzeption des Art. 4 – allerdings nicht bei der Ausgestaltung der Tatortregel (→ Rn. 6) – Pate gestanden (→ Vor Art. 1 Rn. 3 aE). Wegen des Gebots der einheitlichen europäischen Auslegung der Rom II-VO (→ Vor Art. 1 Rn. 27 ff.) kann die Rspr. und Lit. zu Art. 40, 41 EGBGB bei der Auslegung und Anwendung des Art. 4 jedoch nicht als authentische Interpretation der Vorschrift herangezogen werden. 15

1. Ausgestaltung der Tatortregel. Die bedeutendste Abweichung zum autonomen deutschen Recht besteht darin, dass Art. 4 Abs. 1 Rom II-VO den Tatort anders konkretisiert als Art. 40 Abs. 1 EGBGB: Unabhängig davon, in welchem Staat das „schadensbegründende Ereignis" eintritt, und in welchem Staat oder in welchen Staaten „indirekte Schadensfolgen" festzustellen sind, soll das Recht des Staates gelten, „in dem der Schaden eintritt" (Art. 4 Abs. 1). Bei Distanzdelikten wird daher nicht mehr an den **Handlungsort,** sondern an den **Erfolgsort** angeknüpft.[21] Der Handlungsort ist jedoch 16

---

[16] BeckOGK/*Rühl* Rn. 80; BeckOK BGB/*Spickhoff* Rn. 2; Soergel/*Wendelstein* Rn. 75; NK-BGB/*Lehmann* Rn. 5; jurisPK-BGB/*Wurmnest* Rn. 5; *G. Wagner* IPRax 2008, 1 (4); *Junker* NJW 2007, 3675 (3678); *Junker* JZ 2008, 169 (174); *Kadner Graziano* Rev. crit. dr. int. pr. 97 (2008), 445 (461).

[17] BeckOK BGB/*Spickhoff* Rn. 2; jurisPK-BGB/*Lund* Rn. 4; HK-BGB/*Dörner* Rn. 2; *v. Bar/Mankowski* IPR II § 2 Rn. 201; *Hay* ELF 2007, I-137 (I-144); *v. Hein* FS Kropholler, 2008, 553 (564); *Hohloch* YbPIL 9 (2007), 1 (12 f.); *Kadner Graziano* RabelsZ 73 (2009), 1 (5); *Leible/Lehmann* RIW 2007, 721 (726); *Ofner* ZfRV 2008, 13 (17); *Staudinger* SVR 2005, 441 (443).

[18] So aber LG Berlin BeckRS 2020, 32005 Rn. 74.

[19] Zutr. *Nordmeier* IPRax 2020, 216 (220); abw. OLG Nürnberg NJW-RR 2019, 710 Rn. 26; AG Nürnberg BeckRS 2018, 29934 Rn. 29.

[20] BeckOGK/*Rühl* Rn. 18; BeckOK BGB/*Spickhoff* Rn. 2; Soergel/*Wendelstein* Rn. 34; HK-BGB/*Dörner* Rn. 4; PWW/*Schaub* Rn. 2; *G. Wagner* IPRax 2008, 1 (4); *de Vareilles-Sommieres* in Fuchs/Muir Watt/Patant, Les conflits de lois et le système juridique communautaire, 2014, 185 (192); *Wendelstein* GPR 2014, 46 (49).

[21] Erman/*Stürner* Rn. 1; *R. Wagner* IPRax 2008, 314 (317); s. auch *Brière* Clunet 135 (2008), 31 (32); *Garcimartín Alférez* ELF 2007, I-77 (I-84); *Heiss/Loacker* JBl. 2007, 613 (624); *Hohloch* YbPIL 9 (2007), 1 (7); *Ofner* ZfRV 2008, 13 (18).

im Rahmen der Rom II-VO nicht gänzlich bedeutungslos: In Fällen der **Produkthaftung** kann er in Gestalt des Herstellersitzes zur Anwendung gelangen (Art. 5 Abs. 1 S. 2), bei **Umweltschäden** kann der Geschädigte für das Recht des Handlungsortes optieren (Art. 7), und **Arbeitskampfdelikte** werden gemäß Art. 9 sogar ausschließlich an den Handlungsort angeknüpft (zur Bedeutung des Handlungsorts im Rahmen des **Art. 17** → Rn. 6 f.). Darüber hinaus kann der Handlungsort bei Distanzdelikten im Wege der **Ausweichklausel** (Abs. 3 S. 1) zum Zuge kommen.[22]

17 **2. Abkehr vom Günstigkeitsprinzip.** Ein weiterer Unterschied zum autonomen deutschen IPR ist darin zu erblicken, dass sich die allgemeine Kollisionsnorm der Rom II-VO für unerlaubte Handlungen von der **Ubiquitätslehre** und dem **Günstigkeitsprinzip** verabschiedet hat.[23] Daraus wird geschlossen, die Rom II-VO sei weniger an Opferinteressen ausgerichtet als das autonome IPR, verwirkliche aber umso stärker das Prinzip der engsten Verbindung (→ Einl. IPR Rn. 41). Das im deutschen Recht zuletzt in Form einer **Option des Geschädigten** vorgesehene Günstigkeitsprinzip (Art. 40 Abs. 1 S. 2, 3 EGBGB) findet sich im europäischen IPR der außervertraglichen Schuldverhältnisse nur noch in Art. 7 Rom II-VO, wo es der besonderen Sozialschädlichkeit von **Umweltschädigungen** Rechnung tragen soll (→ Art. 7 Rn. 7), und in Art. 6 Abs. 3 bei der Anknüpfung der Haftung für **Kartellschäden** (→ Rn. 104 f.). Die Wirkweise dieser Option ist umgekehrt wie im deutschen IPR: Während Art. 40 Abs. 1 EGBGB eine Anknüpfung an den Handlungsort vorsah und dem Geschädigten die Option zugunsten des Erfolgsorts einräumte, kann bei Art. 7 Rom II-VO nach dem Willen des Geschädigten die Anknüpfung an den Erfolgsort durch diejenige an den Handlungsort ersetzt werden (→ Art. 7 Rn. 15).

B. Anwendungsbereich

I. Begriff der unerlaubten Handlung

18 **1. Bedeutung des Begriffs.** Art. 4 gilt für außervertragliche Schuldverhältnisse (→ Art. 1 Rn. 22 ff.) aus **unerlaubter Handlung.** Der Begriff „unerlaubte Handlung" (engl.: *tort/delict,* frz. *fait dommageable)* steht nicht nur im Normtext des Art. 4, sondern bildet zugleich – im Plural („unerlaubte Handlungen") – die Überschrift des Kap. II der Rom II-VO. Der Verordnungsgeber setzt damit voraus, dass auch die **Anknüpfungsgegenstände der Art. 5–9** (→ Rn. 102 ff.) unter den Begriff der unerlaubten Handlung subsumierbar sein müssen[24] (vgl. auch Art. 13). Der EuGH versteht nicht nur den **Begriff des Vertrages** iSd Brüssel Ia-VO bzw. des vertraglichen Schuldverhältnisses iSd Rom I-VO außerordentlich weit (→ Art. 1 Rn. 23 f.), sondern auch den Begriff der **unerlaubten Handlung** (→ Rn. 20 f.).

19 Dennoch ist die „unerlaubte Handlung" **keine Auffangkategorie** für Schuldverhältnisse, die sich weder als „vertraglich" darstellen noch in die Kategorien ungerechtfertigter Bereicherung, Geschäftsführung ohne Auftrag oder Verschulden bei Vertragsverhandlungen einordnen lassen.[25] Wenn solche Schuldverhältnisse – zu denen nach hM zB die Haftung des Erwerbers eines Handelsgeschäfts für dessen Schulden gehört (→ § 1 Rn. 6) – nicht die Definition der unerlaubten Handlung erfüllen (→ Rn. 20 f.), sind sie weder nach der Rom I- noch nach der Rom II-VO anzuknüpfen, sondern nach dem nationalen IPR (→ Art. 1 Rn. 6).

20 **2. Autonome Auslegung.** Ob ein Sachverhalt eine unerlaubte Handlung darstellt, richtet sich – wie der Begriff des außervertraglichen Schuldverhältnisses – nicht nach dem innerstaatlichen Recht eines Mitgliedstaats (etwa der *lex fori),* sondern ist **unionsrechtlich autonom** zu bestimmen (zur Auslegung des Begriffs „außervertragliches Schuldverhältnis" → Art. 1 Rn. 22 ff.). Nach der Rspr. des EuGH umfasst der Begriff der unerlaubten Handlung jegliche **Schadenshaftung,** die

---

22 BeckOGK/*Rühl* Rn. 112; Soergel/*Wendelstein* Rn. 93; PWW/*Schaub* Rn. 4; *v. Hein* FS Kropholler, 2008, 553 (554); *Stone* Ankara L. Rev. 4 (2007), 95 (110).

23 Soergel/*Wendelstein* Rn. 37; HK-BGB/*Dörner* Rn. 2; *v. Hein* VersR 2007, 440 (443); *G. Wagner* IPRax 2008, 1 (5); *G. Wagner* IPRax 2006, 372 (376).

24 BeckOK BGB/*Spickhoff* Rn. 3; PWW/*Schaub* Rn. 3; *v. Domarus,* Int. Arzthaftungsrecht nach Inkrafttreten der Rom I- und Rom II-Verordnung, 2013, 73; *Zelfel,* Der Int. Arbeitskampf nach Art. 9 Rom II-Verordnung, 2012, 58; *Behnen* IPRax 2011, 221 (225); *Ebke* ZVglRWiss 109 (2010), 397, 428; *v. Hein* RabelsZ 73 (2009), 461 (474); *Kadner Graziano* Rev. crit. dr. int. pr. 97 (2008), 445 (476); *Kono* in Basedow/Baum/Nishitani, Japanese and European Private International Law in Comparative Perspective, 2008, 221 (241); *Lehmann/Duczek* JuS 2012, 681 (683); *de Lima Pinheiro* Rev. dir. int. priv. proc. 44 (2008), 5, 7; *Staudinger* AnwBl 2008, 8 (13); *Thorn* in Kieninger/Remien, Europäische Kollisionsrechtsvereinheitlichung, 2012, 139 (149).

25 EuGH NJW 2016, 1005 Rn. 46 – ERGO Insurance/P & B Insurance.

nicht aus einem Vertrag herrührt.[26] Die fehlende – oder zumindest nicht erforderliche – Sonderverbindung zwischen dem in Anspruch Genommenen und dem Opfer grenzt die unerlaubte Handlung gegenüber dem Vertrag ab (→ Art. 1 Rn. 23). Das Erfordernis eines Schadens im Sinne einer unfreiwilligen Einbuße unterscheidet sie von der ungerechtfertigten Bereicherung (→ Art. 10 Rn. 16) und der Geschäftsführung ohne Auftrag (→ Art. 11 Rn. 11).

Da der EuGH den Vertragsbegriff des europäischen IZPR und IPR auf die **freiwillig eingegangene Verpflichtung** reduziert,[27] ist der Deliktsbegriff des europäischen IZPR und IPR außerordentlich weit. Erforderlich sind lediglich zwei Elemente: das **Erfordernis eines Schadens** im Sinne einer Einbuße an materiellen oder immateriellen Gütern oder Werten[28] und das **Fehlen einer freiwilligen Verpflichtung.** Weitere Begriffsmerkmale, wie zB der Verstoß gegen ein Verbot („unerlaubt"), bestehen nicht.[29] **Erwägungsgrund 11 S. 3** stellt klar, dass zu den unerlaubten Handlungen iSd Art. 4 ff. auch Fälle der **Gefährdungshaftung** gehören (→ Rn. 33); erfasst sind ferner andere Fälle verschuldensunabhängiger Haftung wie die **Aufopferungshaftung** (im deutschen Recht § 904 S. 2 BGB), die **Notstandshaftung** (vgl. § 228 S. 2 BGB) oder die Schadensersatzpflicht nach § 945 ZPO.[30] 21

II. Ausgeschlossene unerlaubte Handlungen

Eine Reihe von Tatbeständen, die den Begriff der unerlaubten Handlung erfüllen, sind nicht nach Art. 4 anzuknüpfen, weil sie nach Art. 1 bereits vom Anwendungsbereich der Rom II-VO ausgeschlossen sind. Das gilt zum einen für die deliktischen Rechtsbeziehungen, denen **keine Zivil- und Handelssache** iSd Art. 1 Abs. 1 S. 1 zugrunde liegt (→ Art. 1 Rn. 14), insbesondere weil die Schädigung im Rahmen der Ausübung hoheitlicher Rechte nach Art. 1 Abs. 1 S. 2 erfolgt ist[31] (→ Art. 1 Rn. 18 f.). Das gilt zum anderen für diejenigen unerlaubten Handlungen, die durch eine **Bereichsausnahme gemäß Art. 1 Abs. 2** (→ Art. 1 Rn. 39 ff.) vom sachlichen Anwendungsbereich der Rom II-VO ausgenommen sind. Die Bereichsausnahmen des Art. 1 Abs. 2 gelten unabhängig davon, ob ein dort genannter Tatbestand als außervertragliches Schuldverhältnis aus unerlaubter Handlung zu qualifizieren ist oder nicht (→ Art. 1 Rn. 37). 22

III. Vorrangige Kollisionsnormen

Eine andere Gruppe von Tatbeständen, die unter den Begriff der unerlaubten Handlung fallen, werden nicht nach Art. 4 angeknüpft, weil sie den sachlichen Anwendungsbereich eines **speziellen Deliktstyps nach Art. 5–9** erfüllen. Bei diesen Tatbeständen kommen die Anknüpfungsregeln des Art. 4 nur ins Spiel, wenn und soweit die einschlägige Kollisionsnorm der Art. 5–9 auf Art. 4 Bezug nimmt (wie zB Art. 5 Abs. 1 S. 1, Art. 6 Abs. 2). 23

C. Anknüpfungspunkte

I. Tatortregel (Abs. 1)

1. Staat, in dem der Schaden eintritt („Erfolgsort"). Abs. 1 enthält die Grundregel des Internationalen Deliktsrechts nach der Rom II-VO. Die Vorschrift verknüpft außervertragliche 24

[26] EuGH NJW 2016, 1005 Rn. 45 – ERGO Insurance/P & C Insurance; NJW 2016, 2727 Rn. 37 – Verein für Konsumenteninformation/Amazon EU; zu Art. 5 Nr. 3 EuGVÜ/Art. 5 Nr. 3 Brüssel I-VO/Art. 7 Nr. 2 Brüssel Ia-VO s. EuGH NJW 1988, 3088 = RIW 1988, 901 m. Aufs. *Schlosser* RIW 1988, 987 = IPRax 1989, 288 m. Aufs. *Gottwald* IPRax 1989, 272 – Kalfelis/Schröder; EuZW 1992, 447 Rn. 19 = IPRax 1993, 28 m. Aufs. *Schlosser* IPRax 1993, 17 – Reichert/Dresdner Bank; EuZW 1999, 59 Rn. 22 = IPRax 2000, 210 m. Aufs. *Koch* IPRax 2000, 186 – Réunion européenne/Spliethoff's; NJW 2002, 3159 Rn. 21 = IPRax 2003, 143 m. Aufs. *Mankowski* IPRax 2003, 127 – Tacconi/HWS; NJW 2002, 3598 – Gabriel; NJW 2002, 3617 Rn. 36 = IPRax 2003, 341 – VKI/Henkel; EuZW 2013, 703 Rn. 42 – ÖFAB/Koot; EuZW 2016, 586 Rn. 32 – Austro-Mechana/Amazon EU; RIW 2018, 286 Rn. 65 – flightright/Air Nostrum.

[27] EuGH RIW 1982, 280 Rn. 9 f. = IPRax 1984, 85 – Peters/Zuid Nederlandse A.V.; NJW 1989, 124 – Handte/TCMS; EuZW 1999, 59 Rn. 15 = IPRax 2000, 210 – Réunion européenne/Spliethoff's; NJW 2002, 3159 – Tacconi/HWS.

[28] Erman/*Stürner* Rn. 4; NK-BGB/*Lehmann* Rn. 43 ff.; jurisPK-BGB/*Wurmnest* Rn. 6; *Junker* IPR § 16 Rn. 3; *Crespi Reghizzi* Riv. dir. int. priv. proc. 48 (2012), 317 (320 ff.).

[29] NK-BGB/*Lehmann* Rn. 42, 46 ff., dort auch zum Zusammentreffen vertraglicher und gesetzlicher Ansprüche; HK-BGB/*Dörner* Rn. 3; *Hohloch* YbPIL 9 (2007), 1 (7); *Ofner* ZfRV 2008, 13 (16).

[30] PWW/*Schaub* Rn. 3, jurisPK-BGB/*Wurmnest* Rn. 6; *Behnen* IPRax 2011, 221 (225).

[31] Ausf. *Knöfel* IPRax 2021, 392 (394 ff.); s. auch EuGH NJW 1993, 2091 Rn. 17 ff. – Sonntag/Waidmann; öOGH IPRax 2021, 392; *Dutta* AÖR 133 (2008), 191 zur Amtshaftung wegen Völkerrechtsverstößen bei bewaffneter Auseinandersetzungen.

Schuldverhältnisse aus unerlaubter Handlung mit dem **Ort des Schadenseintritts.** Sie grenzt den Anknüpfungspunkt in zweifacher Weise ab, und zwar auf der einen Seite vom **Ort des schadensbegründenden Ereignisses.** Die ursprünglich dem Art. 5 Nr. 3 EuGVÜ (Art. 7 Nr. 2 Brüssel Ia-VO) entnommene Formulierung „Eintritt des schädigenden Ereignisses" war zur Bezeichnung des Handlungsorts wenig geeignet, weil der gleiche Ausdruck im Prozessrecht sowohl Handlungsort als auch Erfolgsort – iSd Ubiquitätsprinzips – bezeichnet. Dieser Ort ist für Art. 4 nicht anknüpfungsrelevant (anders Art. 7 Hs. 2). Auf der anderen Seite spielt aber auch der **Ort des Eintritts indirekter Schadensfolgen** keine Rolle. Weder der Ort des schadensbegründenden Ereignisses[32] (**Handlungsort,** → Rn. 36 ff.) noch der Ort des Eintritts indirekter Schadensfolgen[33] (**Folgeschäden,** → Rn. 39 ff.) sind relevant für die Bestimmung des anwendbaren Rechts.

25 Der Ort, an dem der Schaden eintritt, entspricht dem Ort der Rechtsgutverletzung **(Erfolgsort).**[34] Dieser Ort stimmt häufig mit dem gewöhnlichen Aufenthalt des Geschädigten überein. Insofern trägt die Anknüpfung an den Erfolgsort auf kollisionsrechtlicher Ebene der **Entschädigungsfunktion** des Deliktsrechts und damit vor allem den **Interessen des Geschädigten** Rechnung; er kann sich bei der Wahl seines Versicherungsschutzes an dem ihm vertrauten Haftungsrecht orientieren. Eine weitergehende, materiellrechtliche Begünstigung des Geschädigten – etwa im Sinne eines Günstigkeitsvergleichs von Handlungs- und Erfolgsortsrecht oder eines Wahlrechts zugunsten des am Handlungsort geltenden Rechts – ist in der allgemeinen Kollisionsnorm (anders als in Art. 7 – Umweltschädigung) nicht vorgesehen.[35]

26 Dem **Ubiquitätsprinzip** des europäischen IZPR (Art. 7 Nr. 2 Brüssel Ia-VO)[36] erteilt Abs. 1 folglich – unter Hinweis auf die Rechtssicherheit – eine Absage.[37] Dass sich die Auslegung des unionsrechtlichen Begriffs „unerlaubte Handlung" an der EuGH-Rspr. zu Art. 7 Nr. 2 Brüssel Ia-VO orientiert, führt somit nicht ohne weiteres zu einem **Gleichlauf** von internationaler Zuständigkeit und anwendbarem Recht: Bei Distanzdelikten tritt der Gleichlauf nur ein, wenn der Geschädigte nicht am Handlungs-, sondern am Erfolgsort klagt. Die **Anknüpfung an den Erfolgsort** entspricht dem vorherrschenden Trend in den europäischen Nachbarländern, die im materiellen Deliktsrecht überwiegend eine Generalklausel vorsehen. Die **handlungssteuernde Funktion** des Deliktsrechts wird nach Ansicht der EU-Kommission durch die Aufgabe des Ubiquitätsprinzips zugunsten der Erfolgsortsanknüpfung nicht entscheidend beeinträchtigt (→ Rn. 7). Insbesondere im Bereich der **Gefährdungshaftung** werde der (potenzielle) Ersatzpflichtige sein Verhalten durchaus auch an den Rechtsordnungen ausrichten, in denen sich seine Handlung möglicherweise auswirkt.[38]

27 **a) Ort des Schadenseintritts.** Das Anknüpfungskriterium des Abs. 1 verweist auf den Ort, an dem der Schaden eintritt, und beruft somit die sog. *lex loci damni* **(Recht des Schadensorts).** Die Maßgeblichkeit des Ortes, an dem der Schaden eintritt, überrascht aus deutscher Sicht: Im autonomen deutschen IPR ist es anerkannt, dass der bloße Schadenseintrittsort – im Unterschied zum **Ort der Rechtsgutverletzung** – grundsätzlich keine Rolle spielt (→ EGBGB Art. 40 Rn. 31).[39] Diese Denkweise beruht jedoch zum Teil auf der deutschen Konzeption des materiellen Deliktsrechts, während das IPR derjenigen Mitgliedstaaten, die eine materiell-deliktsrechtliche

---

[32] BeckOK BGB/*Spickhoff* Rn. 5; *v. Hein* ZVglRWiss 102 (2003), 528 (543).

[33] Zur entspr. Auslegung des Art. 5 Nr. 3 EuGVÜ/Art. 5 Nr. 3 Brüssel I-VO (Art. 7 Nr. 2 Brüssel Ia-VO) EuGH NJW 1991, 631 Rn. 14 ff. – Dumez France/Hessische Landesbank; EuZW 1995, 765 Rn. 14 f. – Marinari/Lloyd's Bank; NJW 2004, 2441 Rn. 18 ff. – Kronhofer/Maier.

[34] BeckOK BGB/*Spickhoff* Rn. 6; HK-BGB/*Dörner* Rn. 5; PWW/*Schaub* Rn. 4; *Ahrens* FS Tilmann, 2003, 739 (740 f.); *Junker* IPR § 16 Rn. 18; *Dickinson* Eur. Bus. L. Rev. 13 (2002), 369 (374); *A. Fuchs* GPR 2004, 100 (101); *v. Hein* ZVglRWiss 102 (2003), 528 (542 f.); *Huber/Bach* IPRax 2005, 73 (76); *Kreuzer* in Reichelt/Rechberger EuropKollisionsR 13 (31 f.); *Symeonides* FS Jayme, 2004, 935 (940); *Thorn* in Kieninger/Remien, Europäische Kollisionsrechtsvereinheitlichung, 2012, 139 (151). Gegen die Bezeichnung „Erfolgsort" *Leible/Lehmann* RIW 2008, 721 (724); dafür *Junker* NJW 2007, 3675 (3678); *R. Wagner* IPRax 2008, 314 (317).

[35] KOM(2003) 427 endg., 13; *v. Hein* VersR 2007, 440 (443); *G. Wagner* IPRax 2008, 1 (5).

[36] EuGH NJW 1977, 493 Rn. 15, 19 – Bier/Mines de Potasse d'Alsace; EuZW 1999, 59 Rn. 27 f. – Réunion européenne/Spliethoff's; NJW 2009, 3501 Rn. 23 f. – Zuid Chemie/Philippo's Mineralenfabriek; NJW 2013, 2099 Rn. 25 – Melzer/MF Global; EuZW 2013, 863 Rn. 26 – Pinckney/KDG Mediatech; EuZW 2014, 232 Rn. 23 – Kainz/Pantherwerke; EuZW 2015, 584 Rn. 38 – CDC/Akzo Nobel; NJW 2017, 3433 Rn. 29 – Bolagsupplysningen/Svensk Handel.

[37] KOM(2003) 427 endg., 12; krit. BeckOK BGB/*Spickhoff* Rn. 8; zust. *v. Hein* ZVglRWiss 102 (2003), 528 (545).

[38] *Leible/Engel* EuZW 2004, 7 (10); *Wandt* FS Deutscher Versicherungs-Schutzverband e.V., 2001, 127 (130).

[39] PWW/*Schaub* EGBGB Art. 40 Rn. 11; *Junker* FS W. Lorenz, 2001, 321 (322); *Bachmann* IPRax 1998, 179 (182); *Spickhoff* IPRax 2000, 1 (5); *Stoll* GS Lüderitz, 2000, 733 (737).

Generalklausel vorsehen, anstelle des (Rechtsgut-) Verletzungserfolgs von vornherein auf den Eintritt des Erstschadens abstellt.[40]

28 In der englischen Fassung von **Erwägungsgrund 17** wird deutlich, dass mit „Schaden" *(damage)* eine „Rechtsgut- oder Interessenverletzung" *(personal injury, damage to property)* gemeint ist,[41] nicht aber in der ursprünglichen deutschen Fassung. Sie wurde daher mit Wirkung zum 29.11.2012 dahin berichtigt, dass es nicht mehr heißt „der Staat, in dem der Personen- oder Sachschaden tatsächlich eingetreten ist" (aF), sondern „der Staat, in dem die Verletzung erlitten bzw. die Sache beschädigt wurde" (nF).[42] Der **Ort des Schadenseintritts** iSd Abs. 1 meint, wie nunmehr auch in **Erwägungsgrund 17** (deutsche Fassung) klargestellt ist, den Erfolgsort iSd deutschen Terminologie, dh den Ort, an dem der Verletzungserfolg eintritt **(= Ort der Rechtsgutverletzung).**[43]

29 **b) Vermögensschädigungen.** Bei der unmittelbaren primären Vermögensschädigung, wie sie im materiellen deutschen Recht von § 826 BGB vorausgesetzt wird, bedarf es keiner Rechtsgutverletzung, auf die ein spezifischer Verletzungs„erfolg" bezogen werden kann.[44] Vielmehr ist der **Schadenseintritt** – die Entstehung eines Vermögensschadens – das Tatbestandsmerkmal des Delikts. Wird die Rspr. des EuGH zu Art. 7 Nr. 2 Brüssel Ia-VO (und den Vorgängernormen) auf Art. 4 Abs. 1 Rom II-VO übertragen, so kommt es auf den **Belegenheitsort** des betroffenen Vermögenswerts an: Anzuwenden ist das Recht des Staates, in dem die erste Beeinträchtigung des geschädigten Vermögensgegenstandes stattgefunden hat. Lässt sich dieser nicht in einem Staat lokalisieren, ist hilfsweise die Belegenheit des Hauptvermögens maßgebend.[45]

30 Die sog. **Dieselklagen** von ausländischen Klägern gegen inländische Automobilhersteller sind keine nach Art. 5 anzuknüpfenden Produkthaftungsfälle (→ Art. 5 Rn. 1 ff.), weil die „Thermofenster" bei Abgastests nicht das Integrationsinteresse der Käufer verletzen. Der Schaden resultiert vielmehr aus einem „ungewollten Vertrag", und dieser Schaden tritt im Sinne des Abs. 1 in dem Staat ein, in welchem der Dieselkläger das Fahrzeug neu oder gebraucht erworben hat.[46]

31 Für die Schädigung von **Kapitalanlegern** durch unrichtige Anlegerinformationen hat der EuGH entschieden, dass der **Ort des Anlagekontos** oder die Niederlassung der kontoführenden Bank in einem bestimmten Mitgliedstaat nicht ausreichen, um die Zuständigkeit der Gerichte dieses Staates nach Art. 7 Nr. 2 Brüssel Ia-VO zu begründen. Vielmehr könne im Fall eines börsennotierten Unternehmens die Zuständigkeit der Gerichte des Erfolgsorts nur in denjenigen Mitgliedstaaten begründet werden, in denen das Unternehmen die gesetzlichen Offenlegungspflichten für seine Börsennotierung erfüllt habe.[47] Die Frage nach dem anwendbaren Recht ist damit nicht entschieden.[48]

Beispiel:
Die niederländische Vereinigung der Wertpapierbesitzer klagt im Namen von Aktionären, die in den Niederlanden ein Aktiendepot unterhalten, gegen die British Petrol plc (BP). Deren Aktien sind an den Börsen

---

40 BeckOK BGB/*Spickhoff* Rn. 6; *G. Wagner* IPRax 2006, 372 (376 f.); *Spickhoff* in Leible, Die Bedeutung des IPR im Zeitalter der neuen Medien, 2003, 89 (104 f.); *Hohloch* YbPIL 9 (2007), 1 (7); *Ofner* ZfRV 2008, 13 (16).

41 *G. Wagner* IPRax 2008, 1 (4); *Brière* Clunet 135 (2008), 31 (42); *Garcimartín Alférez* ELF 2007, I-77 (84); *de Lima Pinheiro* Riv. dir. int. priv. proc. 44 (2008), 5 (17).

42 ABl. EU 2012 L 350, 52; s. dazu *R. Wagner* NJW 2013, 1653 (1654).

43 BeckOK BGB/*Spickhoff* Rn. 6; NK-BGB/*Lehmann* Rn. 75; jurisPK-BGB/*Wurmnest* Rn. 13; *Hönle,* Die deliktische Grundanknüpfung im IPR und IZVR, 2011, 52 ff.; *Junker* FS Salje, 2013, 243 (254); *Micha,* Der Direktanspruch im europäischen IPR, 2010, 103 ff.; *Junker* NJW 2007, 3675 (3678); *v. Hein* VersR 2007, 440 (443); *Huber/Bach* IPRax 2005, 73 (76); *Lüttringhaus* RabelsZ 77 (2013), 31 (59 f.); *Sonnentag* ZVglRWiss 105 (2006), 256 (266 f.); *Thorn* in Kieninger/Remien, Europäische Kollisionsrechtsvereinheitlichung, 2012, 139 (151); ebenso iErg, aber nicht in der Terminologie *Leible/Lehmann* RIW 2007, 721 (724).

44 NK-BGB/*Lehmann* Rn. 96; jurisPK-BGB/*Wurmnest* Rn. 14; *G. Fischer* FS Kühne, 2009, 689 (699 f.); *Junker* ZZP Int. 9 (2004), 200 (204 ff.); *Mankowski* RIW 2005, 561 (562).

45 EuGH NJW 2004, 2441 Rn. 18 ff. – Kronhofer/Maier; EuZW 2015, 218 Rn. 65 – Kolassa/Barclays Bank; NJW 2016, 2167 Rn. 35 – Universal Music/Schilling; EuZW 2018, 998 Rn. 28 – Löber/Barclays Bank; zust. BeckOK BGB/*Spickhoff* Rn. 7; HK-BGB/*Dörner* Rn. 5; NK-BGB/*Lehmann* Rn. 115; jurisPK-BGB/*Wurmnest* Rn. 14; aA – „Vermögenszentrale" des Geschädigten – PWW/*Schaub* Rn. 7, 20; ausf. *Odendahl,* Int. Deliktsrecht der Rom II-VO und die Haftung für reine Vermögensschäden, 2012; *Lehmann* JPIL 7 (2011), 527; *Rushworth/Scott* Lloyd's M. C. L. Q 2008, 274 (278 ff.); *Siehr* IPRax 2009, 435 (437).

46 EuGH NJW 2020, 2869 Rn. 30 f. m. Anm. *M. Lehmann* = EuZW 2020, 603 m. Anm. *Bachmeier/Freytag* = EWS 2020, 231 m. Aufs. *Lohn/Penners* EWS 2021, 35 = IPRax 2020, 551 m. Aufs. *Stadler/Krüger* IPRax 2020, 512 – VKI/Volkswagen.

47 EuGH NZG 2021, 842 Rn. 34 f. = IPRax 2022, 172 m. Aufs. M. *Lehmann* IPRax 2022, 147 – Vereniging van Effecten Bezitters.

48 Krit. *Mankowski* LMK 2021, 808834 unter 3.

New York, London und Frankfurt notiert. Die Vereinigung verlangt Schadensersatz mit der Begründung, BP habe als Betreiberin der Ölplattform „Deepwater Horizon", die vor der Südküste der USA explodiert ist, unvollständige Kapitalmarktinformationen gegeben.[49]

32 Die Frage nach dem **Erfolgsort bei reinen Vermögensschäden**[50] stellt sich auch in den Fällen, in denen einem Unternehmen vorgeworfen wird, der Finanzierungsverantwortung gegenüber einem abhängigen Unternehmen nicht nachgekommen zu sein und dadurch deren Gläubiger geschädigt zu haben, die im Insolvenzfall ganz oder teilweise leer ausgehen. Besteht die **Finanzierungsverantwortung** gegenüber der Tochtergesellschaft, kann es auf den Schadenseintritt bei den einzelnen Gläubigern nicht ankommen, weil es sich nur um einen **mittelbaren Schaden** (Folgeschaden) handelt.[51] Der EuGH verortet den Erfolgsort für die Zwecke des Abs. 1 am Sitz der insolventen Gesellschaft.[52]

Beispiel:
Die Braunschweigische Maschinenbauanstalt AG (BMA) gewährt ihrer niederländischen Enkelgesellschaft BMA Nederland BV über einen Zeitraum von acht Jahren Kapitaleinlagen, Darlehen und Bürgschaften. Als sie nicht mehr länger in ein „Fass ohne Boden" investiert und die BMA Nederland BV in die Insolvenz geht, verlangt der Insolvenzverwalter von der BMA Schadensersatz mit der Begründung, sie habe durch den Finanzierungsstopp ihre Sorgfaltspflichten gegenüber den Gläubigern der BMA Nederland BV verletzt[53] (zu Art. 1 Abs. 2 lit. d → Art. 1 Rn. 52).

33 **c) Gefährdungshaftung.** Ob es sich um eine Verschuldens- oder eine verschuldensunabhängige Haftung in Form der Gefährdungshaftung handelt, ist für die Anwendung des Abs. 1 gleichgültig **(Erwägungsgrund 11 S. 3).** Die Gefährdungshaftung führt zu einer vom Verschulden unabhängigen Ersatzpflicht für Schäden, die der Geschädigte durch eine gefahrgeneigte Tätigkeit eines anderen erlitten hat (wichtigster Fall: Kfz-Halterhaftung). Der Erfolgsort iSd Abs. 1 ist als **Ort der Rechtsgutverletzung** derjenige Ort anzusehen, an dem die gefährliche Sache außer Kontrolle gerät[54] (→ Rn. 27). Wenn ausnahmsweise bereits die reine Vermögensgefährdung tatbestandsmäßig ist, kommt es auf den **Ort der Vermögensbelegenheit** an (→ Rn. 29).[55]

34 **d) Unterlassungsdelikte.** Bei Unterlassungsdelikten liegt der **Erfolgsort** dort, wo das Rechtsgut verletzt wird, zu dessen Schutz eine Schadensabwendungspflicht (Erfolgsabwendungspflicht) besteht. Durch den Paradigmenwechsel von der Handlungs- zur Erfolgsortanknüpfung beim Übergang von Art. 40 Abs. 1 EGBGB zu Art. 4 Abs. 1 Rom II-VO (→ Rn. 16) hat sich der Streit, wo der Handlungsort des Unterlassungsdelikts zu lokalisieren sei, jedenfalls im Rahmen des Art. 4 Abs. 1 Rom II-VO erledigt.[56] Anders ist es bei der Anknüpfung von Umweltdelikten oder daraus resultierenden Personen- oder Sachschäden (→ Art. 7 Rn. 39).

35 **e) Drohender Schaden (Art. 2 Abs. 3 lit. b).** Als Schaden iSd Abs. 1 gilt nach Art. 2 Abs. 3 lit. b auch ein Schaden, dessen Eintritt wahrscheinlich ist. Der seit dem **Kommissionsentwurf vom 22.7.2003** (→ Vor Art. 1 Rn. 17 ff.) in Abs. 1 enthaltene Zusatz „in dem der Schaden einzutreten droht" ist in der verabschiedeten Version der Rom II-VO sinngemäß in Art. 2 Abs. 3 lit. b eingegangen, der den **präventiven Rechtsschutz** für die Zwecke der Rom II-VO generell dem kompensatorischen Rechtsschutz gleichstellt (→ Art. 2 Rn. 9). Bei präventiven Rechtsschutz kommt es auf den Ort an, an dem der Eintritt eines Schadens wahrscheinlich ist[57] (→ Art. 2 Rn. 12).

36 **2. Unbeachtliche Anknüpfungskriterien. a) Schadensbegründendes Ereignis.** Das Recht des Staates, in dem der Schaden eintritt, ist unabhängig davon anzuwenden, in welchem Staat das schadensbegründende Ereignis eingetreten ist (Abs. 1). Damit wird die im früheren deutschen Recht primär geltende Anknüpfung an den **Handlungsort** explizit verworfen (→ Rn. 16): Die Bezeichnung „schadensbegründendes Ereignis" (engl. *the event giving rise to the damage,* frz. *le fait générateur du dommage)* ist zwar in der deutschen Version der Rom II-VO kaum weniger missverständ-

49 EuGH NZG 2021, 842 – Vereniging van Effecten Bezitters.
50 Krit. zu diesem Begriff *Schwemmer* IPRax 2023, 149 (152); *Thomale* ZVglRWiss 119 (2020), 59 (62).
51 EuGH NJW 2022, 2739 Rn. 35 = IPRax 2023, 177 m. Aufs. *Schwemmer* IPRax 2023, 149 – BMA Nederland.
52 EuGH NJW 2022, 2739 Rn. 56 ff. – BMA Nederland; zust. *Schwemmer* IPRax 2023, 149 (153).
53 EuGH NJW 2022, 2739 – BMA Nederland.
54 JurisPK-BGB/*Wurmnest* Rn. 15; *Hohloch* YbPIL 9 (2007), 1 (10); *Leible/Lehmann* RIW 2007, 721 (725).
55 BeckOGK/*Rühl* Rn. 68; BeckOK BGB/*Spickhoff* Rn. 3; *Odendahl,* Int. Deliktsrecht der Rom II-VO und die Haftung für reine Vermögensschäden, 2012, 178; *v. Hein* VersR 2007, 440 (443); *Heiss/Loacker* JBl. 2007, 613 (624); *Leible/Lehmann* RIW 2007, 721 (725); *Ofner* ZfRV 2008, 13 (16); *Siehr* IPRax 2009, 435 (437); *G. Wagner* IPRax 2006, 372 (375).
56 NK-BGB/*Lehmann* Rn. 93; *Kreuzer* in Reichelt/Rechberger EuropKollisionsR 13 (31).
57 NK-BGB/*Lehmann* Rn. 105; *Leible/Lehmann* RIW 2007, 721 (723).

lich als der im **Kommissionsentwurf vom 22.7.2003** (→ Vor Art. 1 Rn. 17 ff.) verwendete Terminus „schädigendes Ereignis".[58] Er wird aber allgemein als Umschreibung des Handlungsorts iSd herkömmlichen deutschen Terminologie verstanden.[59] In dem Schulbeispiel „Schuss über die Grenze von Staat A (Handlungsort) nach Staat B (Schadenseintrittsort)"[60] ist also nach der Rom II-VO nur das Recht des Staates B anzuwenden.[61]

aa) Bedeutung in der Rom II-VO. Außerhalb der Regelanknüpfung des **Abs. 1** behält der Handlungsort aber auch im Rahmen der Rom II-VO Bedeutung, die am klarsten bei **Umweltschädigungen** oder aus ihnen resultierenden Personen- oder Sachschäden **iSd Art. 7** zu Tage tritt. Verletzt bei Sprengarbeiten im Staat A (an der Grenze zu Staat B) ein abgesprengter Felsbrocken einen Bauarbeiter im Staat B,[62] entscheidet die Antwort auf die Frage, ob die Absprengungen als „Umweltschäden" iSv **Erwägungsgrund 24** anzusehen sind, über die Möglichkeit des Geschädigten, gemäß Art. 7 Hs. 2 für das Recht des Handlungsortes (Staat A) zu optieren (→ Art. 7 Rn. 43 ff.). Ferner wird die Erfolgsortanknüpfung des Abs. 1 durch die Berücksichtigung der **Sicherheits- und Verhaltensregeln** des Staates des Handlungsorts begrenzt **(Art. 17).** 37

bb) Ausweichklausel des Abs. 3. Schließlich kann das Recht des Handlungsortes – bei Hinzutreten weiterer Umstände, die auf den Staat des Handlungsortes verweisen – über die **Ausweichklausel des Abs. 3** zur Anwendung berufen sein (→ Rn. 64 ff.). Allerdings ist die Ausweichklausel des Abs. 3 eindeutig als **Ausnahmeklausel** konzipiert, so dass den weiteren, auf den Staat des Handlungsortes weisenden Umständen **besonderes Gewicht** zukommen muss, um den Handlungsort nach Abs. 3 S. 1 heranziehen zu können. Anderenfalls würde die Präferenz des Abs. 1 für den Erfolgsort über Gebühr relativiert und die Rechtsklarheit dieser Anknüpfung vereitelt.[63] 38

b) Indirekte Schadensfolgen. Das Recht des Staates, in dem der Schaden eintritt, ist unabhängig davon anzuwenden, in welchem Staat indirekte Schadensfolgen eingetreten sind **(Folgeschäden,** → Rn. 24). Damit greift Abs. 1 die herkömmliche Auslegung der Tatortregel auf, wonach Orte, an denen **Verletzungsfolgeschäden** eintreten, keine Erfolgsorte im Sinne dieser Regel sind.[64] Der Sache nach besteht eine Ausnahme von dieser Regel, wenn – wie bei der unmittelbaren primären **Vermögensschädigung** gemäß § 826 BGB – der Schadenseintritt ein Tatbestandsmerkmal ist.[65] 39

Diese **Ausnahme** rechtfertigt sich daraus, dass Abs. 1 der Anknüpfung an den Handlungsort explizit eine Absage erteilt. Vor diesem Hintergrund wäre es mit dieser Vorschrift nicht vereinbar, bei rein vermögensschädigenden Delikten auf den Handlungsort abzustellen. Vielmehr kommt es bei der **reinen Vermögensschädigung** auf den Belegenheitsort des betroffenen Vermögenswerts, hilfsweise auf den Sitz des Hauptvermögens an (→ Rn. 29). 40

aa) Abgrenzung von Erst- und Folgeschäden. Schwierigkeiten bereitet die in Abs. 1 angelegte Abgrenzung von Erst- und Folgeschäden („indirekten Schadensfolgen"). Nach der Rspr. des EuGH zu Art. 7 Nr. 2 Brüssel Ia-VO (und dessen Vorgängernormen) handelt es sich bei letzterem um „nachteilige Folgen eines Umstands, der bereits einen Schaden verursacht hat".[66] Solche Folgeschäden sind die nachteiligen finanziellen Konsequenzen, die ein Italiener in seinem Heimatstaat wegen einer Verhaftung in England erleidet,[67] oder die Auswirkungen einer deliktisch herbeigeführ- 41

---

58 Krit. *v. Hein* ZVglRWiss 102 (2003), 528 (543).

59 BeckOK BGB/*Spickhoff* Rn. 5; HK-BGB/*Dörner* Rn. 3; PWW/*Schaub* Rn. 4; *Micha,* Der Direktanspruch im europäischen IPR, 2010, 103; *Dutoit* FS Pocar, 2009, 309 (315); *Leible/Lehmann* RIW 2007, 721 (725); *G. Wagner* IPRax 2008, 1 (5).

60 RGZ 54, 198 (205).

61 PWW/*Schaub* Rn. 4; *v. Domarus,* Int. Arzthaftungsrecht nach Inkrafttreten der Rom I- und Rom II-Verordnung, 2013, 87; *Ebke* ZVglRWiss 109 (2010), 397 (428); *Lehmann/Duczek* JuS 2012, 681 (684); *Leible/Lehmann* RIW 2007, 721 (725).

62 Cameron v. Vandegriff 53 Ark. 381, 13 S.W. 1092 (1890).

63 BeckOK BGB/*Spickhoff* Rn. 8; HK-BGB/*Dörner* Rn. 2; *Ebke* ZVglRWiss 109 (2010), 397 (428 f.); *v. Hein* ZEuP 2009, 6 (16).

64 BeckOGK/*Rühl* Rn. 64 ff.; NK-BGB/*Lehmann* Rn. 94; jurisPK-BGB/*Wurmnest* Rn. 13; *Lehmann* JPrivIntL 7 (2011), 527 (533); *Loquin* in Corneloup/Joubert, Le règlement communautaire „Rome II" sur la loi applicable aux obligations non contractuelles, 2008, 35 (40); *Schack* in v. Hein/Rühl, Kohärenz im int. Privat- und Verfahrensrecht der Europäischen Union, 2015, 279 (284 ff.).

65 BeckOGK/*Rühl* Rn. 68 ff.; NK-BGB/*Lehmann* Rn. 96; jurisPK-BGB/*Wurmnest* Rn. 14; ausf. *Dehnert,* Der Erfolgsort bei reinen Vermögensverletzungen und Persönlichkeitsrechtsverletzungen, 2011; *Dickinson* Eur. Bus. L. Rev. 13 (2002), 369; *Kühne* FS Deutsch II, 2010, 817 (822).

66 EuGH EuZW 1995, 765 Rn. 14 – Marinari/Lloyd's Bank; NJW 2004, 2441 Rn. 19 – Kronhofer/Maier.

67 EuGH EuZW 1995, 765 Rn. 15 – Marinari/Lloyd's Bank.

ten Insolvenz der deutschen Tochtergesellschaft auf das Vermögen der französischen Muttergesellschaft.[68] Der EuGH erstreckt diese Rspr. auf die Rom II-VO.

Beispiel:
Nachdem seine Tochter in Italien bei einem Verkehrsunfall ums Leben gekommen ist, den ein Versicherungsnehmer der Allianz SpA schuldhaft verursacht hat, verlangt der in Rumänien lebende Vater Ersatz der Unterhalts- und Schockschäden, die ihm durch den Tod der Tochter entstanden sind. – Der EuGH hält den Unterhalts- und den (nur nach italienischem, nicht aber nach rumänischem materiellen Recht ersatzfähigen) Schockschaden des Vaters nicht – wie die in Deutschland wohl hM zur Rom II-VO[69] – für einen eigenständigen **Primärschaden,** sondern für einen bloßen Folgeschaden des Tötungsdelikts: Die von nahen Verwandten des Unfallopfers erlittenen Schäden seien **indirekte Schadensfolgen** des Verkehrsunfalls.[70]

42 Einer solche Bewertung entspricht auch die Begründung des **Kommissionsentwurfs vom 22.7.2003** (→ Vor Art. 1 Rn. 17 ff.), wonach das anzuwendende Recht auch die Personen bestimmt, die Anspruch auf Ersatz eines persönlich erlittenen Schadens haben. Dieser Schaden könne immateriell, zB die Trauer durch den Verlust eines nahen Angehörigen, oder materiell sein, etwa durch einen Vermögensschaden der Kinder oder des Ehegatten der Verstorbenen.[71] Die Einbeziehung solcher indirekter Schadensfolgen diene – so der EuGH – nicht nur dem in **Erwägungsgrund 16** hervorgehobenen Ziel der Vorhersehbarkeit, sondern verhindere auch, dass eine unerlaubte Handlung in mehrere Teile zerlegt werde, für die **unterschiedliches Recht** gelte, je nachdem, in welchem Staat andere Personen als das unmittelbare Opfer Schäden erleiden.[72]

43 **bb) Enges Verständnis von Erstschäden.** Der Rechtssicherheit und -klarheit dient eher ein enges Verständnis des Schadens iSd Abs. 1, das sich am Eintritt der Rechtsgutverletzung orientiert und Verschlechterungen des Gesundheitszustands bereits als weitere (indirekte) Schadensfolgen qualifiziert.[73] Auch nach diesem Verständnis liegt jedoch ein weiterer Ort des Schadenseintritts vor, wenn, verursacht durch dieselbe Handlung, in einem anderen Staat die **Verletzung eines anderen Rechtsguts** eintritt.

Beispiel:
Ein Autofahrer wird im deutschen Grenzgebiet zu den Niederlanden verletzt und ins Krankenhaus nach Enschede (Niederlande) gebracht, wo er nach sechsmonatigem Koma stirbt.[74] In Bezug auf das Rechtsgut „Leben" liegt der **Ort des Schadenseintritts iSd Abs. 1** in den Niederlanden[75] (zur Anwendung der Ausweichklausel des Abs. 3 → Rn. 64 ff.).

44 **3. Schadenseintritt in mehreren Staaten. a) Streudelikte.** Der Fall, dass Schäden, die aus ein und derselben unerlaubten Handlung resultieren, gleichzeitig oder sukzessive in verschiedenen Staaten eintreten („Streudelikt"), ist nicht explizit angesprochen. Das ist konsequent, weil die Hauptanwendung des Streudelikts – Persönlichkeitsrechtsverletzungen durch die Medien – vom sachlichen Anwendungsbereich der Rom II-VO ausgenommen sind (Art. 1 Abs. 2 lit. g).[76] Die Begründung des **Kommissionsentwurfs vom 22.7.2003** (Vor Art. 1 Rn. 14 ff.) plädiert bei Streudelikten in Anlehnung an die Rspr. des EuGH zu Art. 5 Nr. 3 EuGVÜ/Brüssel I-VO (Art. 7 Nr. 2 Brüssel Ia-VO) für eine Mosaikbetrachtung.[77] Dem **kompetenzrechtlichen Mosaikprinzip** nach Maßgabe der Shevill-Rspr. des EuGH[78] entspricht bei dieser Sichtweise ein **kollisions-**

[68] EuGH NJW 1991, 631 Rn. 22 – Dumez France/Hessische Landesbank.

[69] NK-BGB/*Lehmann* Rn. 82, 94; *Mankowski* JZ 2016, 310 mwN.

[70] EuGH NJW 2016, 446 Rn. 30 – Lazar/Allianz SpA; NJW 2016, 1005 Rn. 52 – ERGO Insurance/P & C Insurance.

[71] KOM(2003) 427 endg., 26.

[72] EuGH NJW 2016, 446 Rn. 25 ff. – Lazar/Allianz SpA; zust. *Staudinger* NJW 2016, 468; *Kadner Graziano* RIW 2016, 227 (228 ff.); abl. *Mankowski* JZ 2016, 310 (312).

[73] Erman/*Stürner* Rn. 8; NK-BGB/*Lehmann* Rn. 94; jurisPK-BGB/*Wurmnest* Rn. 13; *Hohloch* YbPIL 9 (2007), 1 (9).

[74] Nach *v. Hein* ZVglRWiss 102 (2003), 528 (543).

[75] So bereits früher *v. Hein* ZVglRWiss 102 (2003), 528 (543); zum dt. IPR Staudinger/*v. Hoffmann,* 2007, EGBGB Art. 40 Rn. 24, 25.

[76] BeckOK BGB/*Spickhoff* Rn. 9; ausf. zu Streudelikten *Hönle,* Die deliktische Grundanknüpfung im IPR und IZVR, 2011, 59 ff.; *Schaub* JZ 2011, 13.

[77] KOM(2003) 427 endg., 12; zust. *Kreuzer* in Reichelt/Rechberger EuropKollisionsR 13 (31); *Leible/Engel* EuZW 2004, 7 (10); *Sonnentag* ZVgRWiss. 105 (2006), 256 (268 f.); krit. *Benecke* RIW 2003, 830 (833); *A. Fuchs* GPR 2004, 100 (102).

[78] EuGH NJW 1995, 1881 Rn. 30 ff. – Shevill/Presse Alliance; NJW 2012, 137 Rn. 42 – eDate Advertising/X; EuZW 2013, 863 Rn. 45 – Pinkney/KDG Mediatech; EuZW 2015, 389 Rn. 36 – Hejduk/Energie-Agentur.NRW; NJW 2017, 3433 Rn. 33 ff. – Bolagsupplysningen/Svensk Handel; EuZW 2021, 890 Rn. 31 ff. = IPRax 2022, 49 m. Aufs. *Hau* IPRax 2022, 30 = JZ 2021, 831 mAnm *Lutzi* – Mittelbayerischer Verlag; NZA 2022, 765 Rn. 30 mAnm *Lutzi* = IPRax 2023, 62 m. Aufs. *Kohler* IPRax 2023, 14 = EuZW 2022, 223 mAnm *Engel* – Gtflix Tv.

rechtliches Mosaikprinzip, das den Gleichlauf von internationaler Zuständigkeit und anwendbarem Recht für die Gerichte an den verschiedenen Erfolgsorten sicherstellt.[79]

b) Mosaikbetrachtung. Die hM schließt sich der Mosaikbetrachtung von Streudelikten an.[80] Danach sind in verschiedenen Staaten eingetretene Schäden nach der jeweils betroffenen Rechtsordnung zu beurteilen. Schwierigkeiten in der praktischen Durchführung ergeben sich, wenn der Geschädigte beim **Gericht des Handlungsorts** den gesamten Schaden geltend macht.[81] Die parallele Anwendung verschiedener Rechtsordnungen lässt sich, wenn sie gänzlich unpraktikabel ist, durch eine **Schwerpunktbildung** vermeiden: Da Abs. 1 den Handlungsort als Anknüpfungspunkt negiert, bietet sich in extremen Fällen eine Anknüpfung an den Haupterfolgsort oder den Handlungsort in **Anwendung der Ausweichklausel (Abs. 3)** an,[82] was freilich nur möglich ist, wenn noch weitere Umstände auf diesen Ort verweisen[83] (→ Rn. 38). 45

4. Schadenseintritt in staatsfreiem oder exterritorialem Gebiet. Befindet sich der Erfolgsort in einem Gebiet, das keiner territorialen Souveränität unterliegt, läuft die Tatortregel ohne Hilfsnorm leer. Diese Lücke sollte im **Kommissionsentwurf vom 22.7.2003** (→ Vor Art. 1 Rn. 17 ff.) der dortige Art. 18 schließen. 46

Nach Art. 18 (Gleichstellung mit dem Hoheitsgebiet eines Staates) **des Kommissionsentwurfs vom 22.7.2003** (→Vor Art. 1 Rn. 14 ff.) sind für die Zwecke der Rom II-VO dem Hoheitsgebiet eines Staates gleichgestellt: a) die Einrichtungen und sonstigen Anlagen zur Exploration und Gewinnung natürlicher Ressourcen, die sich in, auf oder über einem Teil des Meeresgrunds befinden, der außerhalb der Hoheitsgewässer dieses Staates liegt, soweit dieser Staat aufgrund des Völkerrechts ermächtigt ist, dort Hoheitsrechte zum Zwecke der Exploration und Gewinnung natürlicher Ressourcen auszuüben; b) ein auf hoher See befindliches Seefahrzeug, das von diesem Staat oder in dessen Namen registriert ist oder mit einem Schiffszertifikat oder einem gleichgestellten Dokument versehen worden ist oder dessen Eigentümer Angehöriger dieses Staates ist; c) ein im Luftraum befindliches Luftfahrzeug, das von diesem Staat oder in dessen Namen registriert oder im Luftfahrzeugregister eingetragen worden ist oder dessen Eigentümer Angehöriger dieses Staates ist.[84] 47

Der Art. 18 des Kommissionsentwurfs, der in der Lit. eine positive Aufnahme gefunden hatte,[85] war als Hilfsnorm zu Art. 4 konzipiert, wurde aber schon im **Geänderten Vorschlag vom 21.2.2006** (→ Vor Art. 1 Rn. 18 ff.) nicht weiter verfolgt. Inhaltlich entspricht sie nicht nur der hM zum autonomen deutschen Kollisionsrecht (→ EGBGB Art. 40 Rn. 44), sondern auch dem Rechtsstand in anderen europäischen Staaten,[86] so dass ihre Kernaussagen im Rahmen der Rom II-VO herangezogen werden können. 48

a) Delikte über dem Festlandsockel. Bei Bohrplattformen, Bohrschiffen (und entsprechenden Einrichtungen zur Exploration und Gewinnung natürlicher Ressourcen) und **Windkraftanlagen,** die sich außerhalb der Hoheitsgewässer eines Staates über dem Festlandsockel befinden, wird in Anwendung der Tatortregel ersatzweise das Recht des Staates angewendet, dem dieser Festlandsockel nach Völkerrecht zur Ausbeutung zugewiesen ist.[87] Diese **kollisionsrechtliche Ersatzanknüpfung** entspricht der Rspr. des EuGH, die für die Zwecke der internationalen Zuständigkeit die Arbeit auf einer Einrichtung über dem Festlandsockel der Arbeit im Hoheitsgebiet des angrenzenden Staates gleichstellt.[88] 49

---

[79] BeckOGK/*Rühl* Rn. 74; *Rüppell,* Die Berücksichtigungsfähigkeit ausländischer Anlagengenehmigungen, 2012, 80; *Schaub* JZ 2001, 13 (18); *G. Wagner* IPRax 2008, 1 (4).

[80] BeckOGK/*Rühl* Rn. 70 ff.; BeckOK BGB/*Spickhoff* Rn. 9; Erman/*Stürner* Rn. 8; *Brière* Clunet 135 (2008), 31 (42 ff.); *Garcimartín Alférez* ELF 2007, I-77 (I-84); *v. Hein* ZEuP 2009, 6 (16); *Heiss/Loacker* JBl. 2007, 613 (625); *Hohloch* YbPIL 9 (2007), 1 (10); *de Lima Pinheiro* Riv. dir. int. priv. proc. 44 (2008), 5 (20); *Ofner* ZfRV 2008, 13 (18); *Lehmann/Eichel* RabelsZ 83 (2019), 77 (97).

[81] Krit. daher *Ahrens* FS Tilmann, 739 (740); *Benecke* RIW 2003, 830 (833); *A. Fuchs* GPR 2004, 100 (102); abl. gegenüber einer solchen Regelung auch *R. Wagner* EuZW 1999, 709 (711 f.).

[82] Für die Anknüpfung an den Haupterfolgsort bei einem einzelnen Geschädigten *Leible/Engel* EuZW 2004, 7 (10 f.); aA *Nourissat/Treppoz* Clunet 130 (2003), 7 (28): Handlungsort.

[83] *Nourissat/Treppoz* Clunet 130 (2003), 7 (26).

[84] KOM(2003) 427 endg., Art. 18.

[85] *Kreuzer* in Reichelt/Rechberger EuropKollisionsR 13 (51); *Huber/Bach* IPRax 2005, 73 (83); s. auch *Magnus* FS Posch, 2011, 443 (456).

[86] *Kreuzer* in Reichelt/Rechberger EuropKollisionsR 13 (51); s. auch BeckOGK/*Rühl* Rn. 74–78.

[87] Ausf. *Mankowski* IPRax 2003, 21 (22); s. auch *Junker* ZZPInt. 7 (2002), 230 (231–232); speziell zu Offshore-Windkraftanlagen s. *Hille/Schröder/Dettmer* VersR 2010, 585.

[88] EuGH NJW 2002, 1635 – Weber/Universal Ogden Services.

50 **b) Delikte im hoheitsfreien Raum.** Für Delikte auf einem auf Hoher See befindlichen Seefahrzeug oder in einem im hoheitsfreien Luftraum befindlichen Luftfahrzeug sollte nach dem **Kommissionsentwurf vom 22.7.2003** (→ Vor Art. 1 Rn. 17 ff.) grundsätzlich das Recht der Flagge des Schiffes bzw. des Registrierungsstaates des Luftfahrzeugs zur Anwendung kommen.[89] Das entspricht ebenfalls einer gefestigten Rechtsauffassung in den EU-Mitgliedstaaten (→ EGBGB Art. 40 Rn. 44; zu Borddelikten in Luftfahrzeugen und auf Schiffen → Rn. 133, → Rn. 174). Die Ersatzanknüpfung bei **Zusammenstößen von Schiffen** unterschiedlicher Flagge auf Hoher See und **Kollisionen von Flugzeugen** unterschiedlicher Registrierungsstaaten im hoheitsfreien Luftraum wird, da ein großer Teil der damit zusammenhängenden Rechtsfragen durch internationales Einheitsrecht geregelt ist, im Zusammenhang mit Delikten im Luftverkehr (→ Rn. 132) und im Schiffsverkehr (→ Rn. 172 f.) erörtert.

51 **c) Exterritoriale Einrichtungen.** Die nach Völkerrecht exterritorialen Gebiete (zB Botschaftsgebäude) oder Einrichtungen (zB Botschaftsräume) sind auch unter der Geltung der Rom II-VO kollisionsrechtlich nicht als staatsfreies Gebiet anzusehen, sondern als inländisches Territorium.[90] Bei Delikten auf exterritorialem Gebiet (zB in Botschaftsgebäuden) gilt folglich uneingeschränkt die Tatortregel des Abs. 1; anzuwenden ist das Recht des Staates, in dem das Gebäude belegen ist. Entsprechendes gilt – vorbehaltlich abweichender staatsvertraglicher Vereinbarung – für **militärische Einrichtungen** eines fremden Staates im Inland (zum NATO-Truppenstatut → Rn. 203 ff.).

II. Gemeinsamer gewöhnlicher Aufenthalt (Abs. 2)

52 **1. Grundkonzept. a) Verhältnis zur Tatortregel.** Haben die Deliktsbeteiligten zum Zeitpunkt des Schadenseintritts ihren gewöhnlichen Aufenthalt in ein und demselben Staat, wird die Anknüpfung an den Tatort gemäß Abs. 1 durch die Anknüpfung an den gemeinsamen gewöhnlichen Aufenthalt verdrängt (Abs. 2). Die Anwendung der *lex domicilii communis* ist aus dem autonomen IPR der meisten Mitgliedstaaten bekannt und dient dem Interesse an einer möglichst **einfachen Schadensabwicklung,** weil in Prozessen im Staat des gemeinsamen gewöhnlichen Aufenthalts der Deliktsbeteiligten über Abs. 2 das materielle Recht des Forums zur Anwendung gelangt.[91]

53 Die Hauptanwendungsfälle des Abs. 2, in denen die Rspr. zum deutschen IPR die Auflockerung der Tatortregel entwickelt hat,[92] sind **Straßenverkehrsunfälle** (→ Rn. 122). Bei ihnen hat die Anknüpfung nach Abs. 2 den weiteren Vorteil, dass in der Regel auch die Versicherer der unfallbeteiligten Fahrzeuge im Staat des gewöhnlichen Aufenthalts der unfallbeteiligten Personen ansässig sind.[93]

54 Die *lex domicilii communis*-Regel hat im Interesse des Entscheidungseinklangs ferner den Vorzug, dass sie auch – wenn auch nicht mit exakt demselben Anknüpfungspunkt – in den **Common Law-Staaten** akzeptiert ist. Das englische House of Lords hat die Regel im Fall „Boys v. Chaplin" entwickelt, der auch außerhalb der EU im Rechtsraum des Common Law Beachtung gefunden hat.[94] In romanischen Staaten ist die Regel des Abs. 2 aus der rechtlichen Bewältigung von **Freizeit- und Sportunfällen** (→ Rn. 196 f.) bekannt, wenn sie innerhalb einer Gruppe stattfinden.

Beispiel:
In einem Fall des Belgischen Kassationshofes war ein Mitglied einer belgischen Pfadfindergruppe durch Fahrlässigkeit des belgischen Gruppenleiters in einem niederländischen Pfadfinderlager zu Schaden gekommen; auch in diesem Fall verdrängte das (belgische) Recht des gemeinsamen gewöhnlichen Aufenthalts das (niederländische) Recht des Tatorts.[95]

55 **b) Verhältnis zu Spezialkollisionsnormen.** Nur einige der Spezialkollisionsregeln für besondere Deliktstypen (Art. 5–9) sind einer Auflockerung durch die Anknüpfung an den gemeinsamen

---

89 KOM(2003) 427 endg., Art. 18.

90 Zum dt. IPR Staudinger/*v. Hoffmann,* 2007, EGBGB Art. 40 Rn. 37.

91 BeckOK BGB/*Spickhoff* Rn. 11; HK-BGB/*Dörner* Rn. 4; PWW/*Schaub* Rn. 8; *v. Hein* ZEuP 2009, 6 (17); *Junker* JZ 2008, 169 (174); *Leible/Lehmann* RIW 2007, 721 (725); *Thorn* in Kieninger/Remien, Europäische Kollisionsrechtsvereinheitlichung, 2012, 139 (152); *G. Wagner* IPRax 2008, 1 (4).

92 BGH NJW 2009, 1482; OLG München NJW-RR 2002, 694; OLG Hamm NJW-RR 2001, 1537 (1538); *Junker* JZ 2000, 477 (479 ff.); *Looschelders* VersR 1999, 1316 (1320 f.); *Rehm* DAR 2001, 531 (533).

93 Beispiel bei *Junker* JZ 2008, 169 (174); s. auch *Bona* in Malatesta, The Unification of Choice-of-Law Rules on Torts and Other Non-Contractual Obligations in Europe, 2006, 249 (254); *Carella* Riv. dir. int. priv. proc. 41 (2005), 25 (28 ff.); *Hohloch* RabelsZ 83 (2019), 141 (142 f.); *Kadner Graziano* in Basedow/Baum/Nishitani, Japanese and European Private International Law in Comparative Perspective, 2008, 243 (249 ff.); *Rauscher* FS Becker-Eberhard, 2022, 457 (459).

94 Boys v. Chaplin [1971] A. C. 356 (HL): Anwendung des englischen Rechts als Recht des gemeinsamen gewöhnlichen Aufenthalts.

95 Hof van Cassatie 18.6.1993, Revue générale des assurances et responsabilités (RGAR) 1994, Nr. 12 366.

gewöhnlichen Aufenthalt der Beteiligten zugänglich, nämlich die Anknüpfung von Schäden durch fehlerhafte Produkte **(Art. 5 Abs. 1),** aus Arbeitskampfmaßnahmen **(Art. 9)** und aus konkurrentenbezogenen Wettbewerbsverstößen **(Art. 6 Abs. 2).** Die Spezialregeln des Art. 6 Abs. 1, 3, Art. 7 und Art. 8 können hingegen nicht durch einen gemeinsamen gewöhnlichen Aufenthalt der Parteien in demselben Staat verdrängt werden.[96]

2. Voraussetzungen. a) Gewöhnlicher Aufenthalt. Der Begriff des gewöhnlichen Aufenthalts wird in der Rom II-VO nicht definiert, sondern vorausgesetzt. **Art. 23** regelt lediglich, welcher Ort bei Gesellschaften, Vereinen oder juristischen Personen **(Abs. 1)** sowie bei natürlichen Personen, die eine berufliche Tätigkeit ausüben **(Abs. 2),** „als gewöhnlicher Aufenthalt gilt",[97] dh an die Stelle des gewöhnlichen Aufenthalts tritt.[98] Die von der Rspr. entwickelte **Definition** des gewöhnlichen Aufenthalts einer natürlichen Person, die außerhalb ihrer beruflichen Tätigkeit als Schädiger oder Geschädigter an einem Delikt beteiligt ist, wird bei Art. 23 erörtert (→ Art. 23 Rn. 19 f.). 56

b) Gemeinsamer gewöhnlicher Aufenthalt. Nach Abs. 2 müssen „die Person, deren Haftung geltend gemacht wird" und „die Person, die geschädigt wurde" ihren gewöhnlichen Aufenthalt in demselben Staat haben. Gemeint sind in der Terminologie des autonomen deutschen Rechts der **Ersatzpflichtige** und der **Geschädigte.** Die Bezeichnung der Beteiligten löst den Fall, dass als Ersatzpflichtiger („Person, deren Haftung geltend gemacht wird") nicht der **unmittelbare Schädiger** (zB Versicherungsgehilfe, Fahrer des Kfz), sondern eine andere Person (zB Geschäftsherr, Halter des Kfz) als Ersatzpflichtiger in Anspruch genommen wird: Dann kommt es auf den gewöhnlichen Aufenthalt dieser anderen Person an.[99] 57

Tritt umgekehrt nicht der **unmittelbar Geschädigte** als Anspruchsteller auf, sondern ein mittelbar Geschädigter (zB ein Hinterbliebener im Fall des § 844 BGB), bleibt der gewöhnliche Aufenthalt des unmittelbar Geschädigten maßgebend. Der *lex domicilii communis* ist dann zu entnehmen, ob es Ansprüche mittelbar Geschädigter gibt.[100] 58

Bei **mehreren Deliktsbeteiligten** auf einer oder beiden Seiten (zB tätlicher Angriff von zwei Tätern gegen zwei Opfer) muss das deliktische Geschehen – wie auch im materiellen Recht bei der Differenzierung nach Anspruchstellern und Anspruchsgegnern – in **Zweierbeziehungen** aufgelöst werden:[101] Im Verhältnis des jeweiligen (unmittelbar) Geschädigten zum jeweiligen Ersatzpflichtigen ist festzustellen, ob die Voraussetzungen des Abs. 2 vorliegen. Bei einer Schlägerei kann daher im Verhältnis von Opfer 1 zu Täter 1 die Anknüpfung nach Abs. 2, im Verhältnis von Opfer 2 zu Täter 1 dagegen die Tatortregel nach Abs. 1 anzuwenden sein (zur Heranziehung der Ausweichklausel des Abs. 3 in diesen Fällen → Rn. 81). 59

Haben die Deliktsparteien ihren gewöhnlichen Aufenthalt **in verschiedenen Staaten,** verdrängt Abs. 2 die Tatortregel des Abs. 1 auch dann nicht, wenn das auf den Fall anzuwendende materielle Recht der beiden Staaten inhaltlich übereinstimmt. Eine analoge Anwendung des Abs. 2 bei **inhaltlicher Übereinstimmung** des materiellen Rechts der beiden Aufenthaltsstaaten scheidet aus, weil ein dahingehender Vorstoß des Europäischen Parlaments keine Mehrheit fand.[102] Es liegt folglich keine ungewollte Regelungslücke vor, welche die Basis für eine analoge Anwendung des Abs. 2 bilden könnte.[103] 60

c) Maßgebender Zeitpunkt. Der gemeinsame gewöhnliche Aufenthalt von Schädiger und Geschädigtem muss **zum Zeitpunkt des Schadenseintritts** in demselben Staat liegen (Abs. 2). Der **Begriff des Schadenseintritts** in Abs. 2 ist mit demjenigen in Abs. 1 identisch (→ Rn. 27). Die Anknüpfung nach Abs. 2 ist unwandelbar auf den Zeitpunkt des Schadenseintritts fixiert; entfällt 61

---

[96] Zur Entstehungsgeschichte dieser Differenzierung *Kreuzer* in Reichelt/Rechberger EuropKollisionsR 13 (32).

[97] KOM(2003) 427 endg., 30.

[98] *Kreuzer* in Reichelt/Rechberger EuropKollisionsR 13 (51); s. auch *Mansel* FS Prütting, 2018, 151 zu Art. 19 Rom I-VO.

[99] Erman/*Stürner* Rn. 13; s. auch *Kreuzer* in Reichelt/Rechberger EuropKollisionsR 13 (32).

[100] Erman/*Stürner* Rn. 13; PWW/*Schaub* Rn. 8.

[101] BeckOK BGB/*Spickhoff* Rn. 11; PWW/*Schaub* Rn. 8; *Kadner Graziano* Rev. crit. dr. int. pr. 97 (2008), 445 (462).

[102] Legislative Entschließung des Europäischen Parlaments vom 18.1.2007 zu dem Gemeinsamen Standpunkt des Rates im Hinblick auf den Erlass der Rom II-VO, Dokument P6-TA (2007) 6; dazu *R. Wagner* FS Kropholler, 2008, 715 (716).

[103] BeckOK BGB/*Spickhoff* Rn. 11; NK-BGB/*Lehmann* Rn. 132 ff.; jurisPK-BGB/*Wurmnest* Rn. 21; Calliess/*v. Hein* Rn. 41 f.; *v. Hein* ZEuP 2009, 6 (17); *v. Hein* FS Kropholler, 2008, 553 (559); *Kozyris* Am. J. Comp. L. 56 (2008), 471 (481); aA *de Lima Pinheiro* Riv. dir. int. priv. proc. 44 (2008), 5 (18); krit. *Hartley* Int. Comp. L. Q. 57 (2008), 899 (901); *Symeonides* Am. J. Comp. L. 56 (2008), 173 (196).

der gemeinsame gewöhnliche Aufenthalt der Deliktsbeteiligten in demselben Staat (zB durch Wohnsitzwechsel eines der beiden Beteiligten), tritt **kein Statutenwechsel** ein.

62 Die Anknüpfung nach Abs. 2 kommt nach hM nicht zur Anwendung, wenn erst nach dem Zeitpunkt des Schadenseintritts die Voraussetzung des gemeinsamen gewöhnlichen Aufenthalts erfüllt wird.[104] Fraglich ist, ob bei nachträglicher Begründung eines gemeinsamen gewöhnlichen Aufenthalts eine offensichtlich engere Verbindung iSd Abs. 3 entstehen kann, wenn noch weitere Umstände auf den gemeinsamen Aufenthaltsstaat weisen[105] (→ Rn. 64 ff.).

63 **d) Kein weiteres Merkmal erforderlich.** Anders als nach der früheren deutschen Rspr.[106] (vor der IPR-Reform von 1999), aber im Einklang mit Art. 40 Abs. 2 EGBGB, ist es für die Anwendung der *lex domicilii communis*-Regel nicht erforderlich, dass ein weiteres, verstärkendes Merkmal des Sachverhalts auf den Aufenthaltsstaat verweist.[107] Insbesondere ist es nicht erforderlich, dass die Parteien die **Staatsangehörigkeit** des gemeinsamen Aufenthaltsstaates besitzen.[108] Allerdings wird in der Lit. vertreten, allein der gewöhnliche Aufenthalt in demselben Staat rechtfertige nicht die Vermutung, dass die Parteien mit dem Recht dieses Staates enger verbunden seien als mit dem Tatortrecht: „Zwei in Deutschland lebenden französischen Staatsangehörigen, die auf ihrem Heimaturlaub in Paris mit ihren Autos kollidieren, würde die Anwendung deutschen Rechts wohl zufällig erscheinen."[109] Solche Erwägungen mögen zur Anwendung der **Ausweichklausel des Abs. 3** führen. Im Rahmen der Anwendung des Abs. 2 spielen sie angesichts des Wortlauts der Vorschrift und ihrer Entstehungsgeschichte keine Rolle.

III. Offensichtlich engere Verbindung (Abs. 3)

64 **1. Grundkonzept. a) Verhältnis zu Abs. 1 und 2.** Abs. 3 ist eine Antwort auf die „ewige Frage nach der angemessenen Gewichtung von Rechtssicherheit und Einzelfallgerechtigkeit"[110] (→ Rn. 10). Die Ausweich- oder Berichtigungsklausel ermöglicht es dem Rechtsanwender, den Besonderheiten des Sachverhalts Rechnung zu tragen, wenn die Anknüpfung an den Erfolgsort des Delikts oder den gemeinsamen gewöhnlichen Aufenthalt nicht interessengerecht ist, weil die unerlaubte Handlung eine offensichtlich engere Verbindung zu einem anderen als dem in Abs. 1 oder Abs. 2 bezeichneten Staat aufweist.

65 **Abs. 3 S. 1** ermöglicht eine flexible Handhabung von (Ausnahme-) Fällen, bei denen die Regelanknüpfungen an den Schadensort (Abs. 1) oder den gemeinsamen gewöhnlichen Aufenthalt (Abs. 2) nicht zu sachgerechten Ergebnissen führen.[111]

66 Als **Regelbeispiel** („insbesondere") nennt **Abs. 3 S. 2** die akzessorische Anknüpfung an ein bestehendes Rechtsverhältnis zwischen den Beteiligten der unerlaubten Handlung.[112] In Betracht kommt vor allem ein **Vertragsverhältnis,** das mit der unerlaubten Handlung in Zusammenhang steht. Im Interesse einer einheitlichen Rechtsanwendung ist von der Auflockerungsvorschrift möglichst zurückhaltend Gebrauch zu machen.[113]

67 **b) Kein teilweises Ausweichen.** Die Ausweichklausel (Berichtigungsklausel) des Abs. 3 kann für die unerlaubte Handlung des Schädigers gegen den Geschädigten – gedacht als Anspruchsbeziehung zwischen zwei Personen – nur einheitlich angewendet werden; eine **Aufspaltung der Anknüpfung** (dépeçage) der Anknüpfung für einzelne Teilfragen des Rechts der unerlaubten Hand-

[104] BeckOGK/*Rühl* Rn. 100; Soergel/*Wendelstein* Rn. 81; jurisPK-BGB/*Lund* Rn. 20; zum dt. IPR Staudinger/*v. Hoffmann,* 2007, EGBGB Art. 40 Rn. 404; *Huber* JA 2000, 67 (68).

[105] Vgl. Staudinger/*v. Hoffmann,* 2007, EGBGB Art. 40 Rn. 404.

[106] BGHZ 57, 265 (268) = NJW 1972, 387; BGH NJW 1977, 496 (497); BGHZ 90, 294 (300 f.) = NJW 1984, 2032; BGHZ 93, 214 (218 ff.) = NJW 1985, 1285; BGHZ 119, 137 (141 ff.) = NJW 1992, 3091; s. dazu *Junker* JZ 2000, 477 (480).

[107] JurisPK-BGB/*Wurmnest* Rn. 17; *v. Hein* FS Schack, 2022, 428 (431); *Junker* JZ 2008, 169 (174).

[108] Erman/*Stürner* Rn. 12; *Franck* ZEuP 2018, 669 (677); *v. Hein* ZEuP 2009, 6 (17); s. ferner zu Dieselklagen *Labonté* RIW 2020, 726 (728); *Mankowski* RIW 2021, 93 (94).

[109] *Leible/Lehmann* RIW 2007, 721 (725).

[110] *v. Hein* FS Kropholler, 2008, 553.

[111] BeckOK BGB/*Spickhoff* Rn. 12; PWW/*Schaub* Rn. 9; *Adesina Okoli/Omoshemine Arishe* JPrivIntL 8 (2012), 513 (514); *Crawford/Carruthers* Int. Comp. L. Q. 63 (2014), 1 (12); *Dutoit* FS Pocar, 2009, 309 (316); *Ebke* ZVglRWiss 109 (2010), 397 (431); *Kadner Graziano* Rev. crit. dr. int. pr. 97 (2008), 445 (463); *Rentsch* GPR 2015, 279; *Thomale* ZGR 2020, 332 (347); *Thorn* in Kieninger/Remien, Europäische Kollisionsrechtsvereinheitlichung, 2012, 139 (152); *Wais* IPRax 2022, 141 (145).

[112] Zur Regelungstechnik KOM(2003) 427 endg., 14.

[113] KOM(2003) 427 endg., 13; s. auch *Adesina Okoli/Omoshemine Arishe* JPrivIntL 8 (2012), 513 (514); *v. Hein* ZVglRWiss 102 (2003), 528 (547): „nur in wirklichen Ausnahmefällen"; *Leible/Engel* EuZW 2004, 7 (10): „exzeptioneller Charakter von Abs. 3".

lung (zB die Anknüpfung des haftungsbegründenden Tatbestands nach Abs. 1 und die Anknüpfung des haftungsausfüllenden Tatbestands nach Abs. 3) in Analogie zu einer Teilrechtswahl (→ Art. 14 Rn. 46) wird von der Rom II-VO nicht gestattet.[114]

c) Ausweichklauseln in Spezialkollisionsnormen. Je spezieller eine deliktsrechtliche Kollisionsnorm nach ihrem sachlichen Anwendungsbereich ist, desto weniger ist sie einer Auflockerung durch eine Berichtigungsklausel zugänglich, weil an der Durchsetzung der speziellen kollisionsrechtlichen Wertungen ein größeres Interesse besteht als an der Durchsetzung allgemeiner Kollisionsregeln mit breitem Anwendungsbereich.[115] Demgemäß sind nicht alle der in Art. 5–9 normierten speziellen Deliktskollisionsnormen einer Auflockerung durch eine Ausweichklausel zugänglich. 68

Eine Berichtigungsklausel enthalten nur die Anknüpfung von Schäden aus konkurrentenbezogenen Wettbewerbsverstößen **(Art. 6 Abs. 2)** und die Anknüpfung von Schäden durch fehlerhafte Produkte **(Art. 5 Abs. 2).** Dass die Kollisionsnorm für Schäden aus Arbeitskampfmaßnahmen **(Art. 9)** nur auf Art. 4 Abs. 2, nicht jedoch auf Art. 4 Abs. 3 verweist, ist rechtspolitisch ein Missgriff, weil gerade aus der Verweisung des Art. 9 auf Art. 4 Abs. 2 ein Bedürfnis nach einer Berichtigungsklausel resultiert (→ Art. 9 Rn. 9; → Art. 9 Rn. 39 f.). 69

d) Verhältnis zu Art. 5 Abs. 2. Eine Besonderheit ergibt sich im Verhältnis von Art. 4 Abs. 3 zu Art. 5 Abs. 2: Bei der Anwendung des Art. 4 ist kein Fall denkbar, der sich nicht zumindest unter die Tatortregel des Art. 4 Abs. 1 subsumieren lässt; daher ist Art. 4 Abs. 3 eine „echte" Ausweichklausel, auf die zurückgegriffen werden *kann,* auf die aber in keinem Fall als Grundanknüpfung zurückgegriffen werden *muss.*[116] Dagegen sind bei der Spezialkollisionsregel des Art. 5 für Produkthaftungsfälle Konstellationen denkbar, die sich unter keine der Anknüpfungsregeln des Art. 5 Abs. 1 subsumieren lassen. 70

Beispiel:
Eine Französin kauft in der Schweiz von Privat ein paar gebrauchte Ski einer Marke, die in Österreich hergestellt und nur dort vertrieben wird. Sie kehrt nach Frankreich zurück, den Staat ihres gewöhnlichen Aufenthalts, und kommt dort beim Skifahren wegen eines Produktfehlers der Ski zu Schaden.[117]

Da das Produkt weder in der Schweiz (Erwerbsort iSd Art. 5 Abs. 1 S. 1 lit. b) noch in Frankreich (gewöhnlicher Aufenthalt der Geschädigten gemäß Art. 5 Abs. 1 S. 1 lit. a und Ort des Schadenseintritts gemäß Art. 5 Abs. 1 S. 1 lit. c kommerziell vertrieben wird, scheitern die **Grundanknüpfungen des Art. 5 Abs. 1 S. 1.** Da es sich um eine ungewollte Fehlleistung des Verordnungsgebers handelt,[118] ist die Regelungslücke durch **analoge Anwendung des Art. 5 Abs. 1 S. 2,** nicht aber durch Heranziehung der **Ausweichklausel des Art. 5 Abs. 2** als Grundanknüpfung zu schließen (→ Art. 5 Rn. 71). 71

2. Akzessorische Anknüpfung (Abs. 3 S. 2). Ebenso wie das deutsche IPR (Art. 41 Abs. 2 Nr. 1 EGBGB) ermöglicht auch Abs. 3 S. 2 – als Regelbeispiel einer offensichtlich engeren Verbindung – die akzessorische Anknüpfung an ein **bestehendes Rechtsverhältnis** zwischen den Parteien, das mit der betreffenden unerlaubten Handlung in einer **engen Verbindung** steht. Terminologisch ist dieses Regelbeispiel insofern wenig geglückt, als ein und derselbe Begriff („Verbindung") in ein und demselben Satz in zwei unterschiedlichen Bedeutungen erscheint:[119] Zum einen geht es um das allgemeine Anknüpfungsproblem der **Verbindung** eines Anknüpfungsgegenstandes (der unerlaubten Handlung) mit einem Staat, zum anderen um die materiellrechtlich-wertend zu ermittelnde **Verbindung** zwischen einer unerlaubten Handlung und einem anderen, bereits bestehenden Rechtsverhältnis zwischen dem Schädiger und dem Geschädigten.[120] 72

a) Relevante rechtliche Verbindungen. Als Hauptanwendungsfall der Berichtigungsklausel nennt Abs. 3 S. 2 die akzessorische Anknüpfung des Delikts an einen **Vertrag.** Bei deliktischen 73

---

114 *v. Hein* FS Schack, 2022, 428 (431); *v. Hein* ZEuP 2009, 6 (18 f.); ausf. *Aubart,* Die Behandlung der dépeçage im europäischen IPR, 2013.

115 Zur Entstehungsgeschichte dieser Erwägung *Kreuzer* in Reichelt/Rechberger EuropKollisionsR 13 (33).

116 BeckOK BGB/*Spickhoff* Rn. 2; Rauscher/*Pabst* Rn. 101; Soergel/*Wendelstein* Rn. 85.

117 Frei nach *Koch* FS Neumayr, 2023, 833 (845).

118 Rauscher/*Pabst* Art. 5 Rn. 100; NK-BGB/*Lehmann* Art. 5 Rn. 92 ff.; *Huber/Illmer* YbPIL 9 (2007), 31 (43 f.); *Koch* FS Neumayr, 2023, 833 (845); *Leible/Lehmann* RIW 2007, 721 (728); *G. Wagner* IPRax 2008, 1 (7); aA *Spickhoff* FS Kropholler, 2008, 671 (685 ff.): Anwendung des Art. 4.

119 Soergel/*Wendelstein* Rn. 92; *Kreuzer* in Reichelt/Rechberger EuropKollisionsR 13 (33).

120 BeckOK BGB/*Spickhoff* Rn. 13; HK-BGB/*Dörner* Rn. 6; PWW/*Schaub* Rn. 10; *v. Domarus,* Int. Arzthaftungsrecht nach Inkrafttreten der Rom I- und Rom II-Verordnung, 2013, 90 ff.; *Lehmann/Duczek* JuS 2012, 681 (685); *Sujecki* EWS 2008, 310 (315); zur vertragsakzessorischen Anknüpfung im Arzthaftungsrecht *Spickhoff* FS Müller, 2009, 287 (300).

Ansprüchen aus Verkehrsunfällen ist das wichtigste Rechtsverhältnis, an das akzessorisch angeknüpft werden kann, der **Beförderungsvertrag:** Treffen vertragliche Schadensersatzansprüche mit deliktischen zusammen, erlaubt die akzessorische Bindung des Deliktsstatuts an das Vertragsstatut eine **einheitliche Beurteilung der Ansprüche** nach ein und derselben Rechtsordnung.[121] Durch eine solche vertragsakzessorische Anknüpfung kann vor allem die Tatortregel des **Abs. 1** überspielt werden. Wird dagegen der Deliktsanspruch nach **Abs. 2** angeknüpft (gemeinsamer gewöhnlicher Aufenthalt), besteht häufig kein Anlass zu einer akzessorischen Anknüpfung an den Beförderungsvertrag, da Vertragsstatut und Deliktsstatut ohnehin zusammenfallen (zum Statut des Beförderungsvertrags s. Art. 5 Rom I-VO).

74 Ein bereits bestehendes Rechtsverhältnis zwischen den Deliktsbeteiligten kann ferner ein **Gesellschaftsvertrag** sein: Bei Fahrgemeinschaften, deren Mitglieder ihren gewöhnlichen Aufenthalt nicht in demselben Staat haben, ist in der Regel zu untersuchen, ob ein Gesellschaftsvertrag zustande gekommen ist, an den akzessorisch angeknüpft werden kann.[122] Haben die Mitglieder der Fahrgemeinschaft jedoch weder ihren gewöhnlichen Aufenthalt in demselben Staat noch einen Beförderungs- oder einen Gesellschaftsvertrag geschlossen, bleibt es – wenn keine anderen „offensichtlich engeren Verbindungen" bestehen (→ Rn. 78 ff.) – bei der Anwendung der Tatortregel.

75 Eine Anknüpfung an **familienrechtliche Beziehungen** (zB Ehe, Verlöbnis oder Kindschaft) scheidet bei Straßenverkehrsunfällen in aller Regel aus, weil diese Rechtsverhältnisse nicht in dem von Abs. 3 S. 2 geforderten engen Zusammenhang mit der unerlaubten Handlung stehen: Die Teilnahme am Straßenverkehr wird typischerweise nicht durch die familienrechtlichen Beziehungen zwischen den Beteiligten geprägt; auch werden bei einem Straßenverkehrsdelikt in der Regel keine spezifisch familienrechtlichen Pflichten verletzt.[123] Meist erübrigt sich die Frage nach einer akzessorischen Anknüpfung schon dadurch, dass die betroffenen Familienangehörigen ihren gewöhnlichen Aufenthalt in demselben Staat haben und die Anknüpfung des Abs. 2 als sachgerecht angesehen werden kann.

76 **b) Tatsächliche Verbindungen irrelevant.** Während Art. 41 Abs. 2 Nr. 1 EGBGB von „einer besonderen rechtlichen oder tatsächlichen Beziehung zwischen den Beteiligten" sprach, ist nach dem Wortlaut des Abs. 3 S. 2 nur ein „Rechtsverhältnis" zwischen den Parteien relevant. Die Vorstellung, an eine tatsächliche Beziehung zwischen den Beteiligten anknüpfen zu können, ist rechtsdogmatisch und rechtspolitisch verfehlt: Tatsächliche Beziehungen wie Einladungen oder Gefälligkeiten im gesellschaftlichen Verkehr, spontane Mitfahrgemeinschaften ohne Rechtsbindungswillen oder vergleichbare Gruppenbeziehungen haben kein Statut, an das akzessorisch angeknüpft werden könnte.[124] Bei **nichtehelichen Lebensgemeinschaften,** die in einigen Staaten verrechtlicht worden sind, und bei der **Verantwortungsgemeinschaft,** die in Deutschland geschaffen werden soll,[125] mag das zum Teil anders sein. Dann sind sie familienrechtlichen Beziehungen gleichzustellen (→ Rn. 75).

77 Jenseits dieser Sonderfälle ist davon auszugehen, dass der europäische Verordnungsgeber die Anknüpfung an tatsächliche Beziehungen verworfen hat und nur eine akzessorische Anknüpfung an ein (im Tatzeitpunkt bestehendes) Rechtsverhältnis erlaubt. Andere Sprachfassungen der Verordnungen verwenden zwar das Wort „Verhältnis" ohne die Vorsilbe „Recht", aber dieser Wortlautunterschied kann die Erkenntnis nicht überwinden, dass nur an ein Recht akzessorisch angeknüpft werden kann und nicht an eine Tatsache.[126]

78 **3. Sonstige offensichtlich engere Verbindungen (Abs. 3 S. 1).** Ist das Regelbeispiel des Abs. 3 S. 2 (akzessorische Anknüpfung an ein Rechtsverhältnis) nicht einschlägig oder im konkreten Fall nicht erfüllt, kann sich eine offensichtlich engere Verbindung mit einem anderen als dem in Abs. 1, 2 bezeichneten Staat aus einer „Gesamtheit der Umstände" ergeben (Abs. 3 S. 1). Während

---

[121] Rauscher/*Pabst* Rn. 90 ff.; *Junker* NJW 2007, 3675 (3678); zum dt. IPR *Junker* JZ 2000, 477 (483); *Looschelders* VersR 1999, 1316 (1321).

[122] Soergel/*Wendelstein* Rn. 107; BeckOK BGB/*Spickhoff* Rn. 16; *Hohloch* YbPIL 9 (2007), 1 (12); zum dt. IPR *Rehm* DAR 2001, 531 (534).

[123] BeckOK BGB/*Spickhoff* Rn. 16; zum dt. IPR BGHZ 119, 137 (145) = NJW 1992, 3091; *Dörner* Jura 1990, 57 (58); *Looschelders* VersR 1999, 1316 (1321); aA Staudinger/*v. Hoffmann,* 2007, EGBGB Art. 40 Rn. 193.

[124] NK-BGB/*Lehmann* Rn. 157; *G. Wagner* IPRax 2006, 372 (378); zum dt. IPR *Junker* JZ 2000, 477 (484); aA Staudinger/*v. Hoffmann,* 2007, EGBGB Art. 41 Rn. 22 ff.

[125] Grdl. *Dethloff/Timmermann/Leven* NJW 2022, 3056.

[126] Soergel/*Wendelstein* Rn. 132; Rauscher/*Pabst* Rn. 115; *Junker* JZ 2008, 169 (175); *Lehmann/Duczek* JuS 2012, 681 (685); *Ofner* ZfRV 2008, 13 (17); *G. Wagner* IPRax 2006, 372 (378); *G. Wagner* IPRax 2008, 1 (6); aA Calliess/*v. Hein* Rn. 65; jurisPK-BGB/*Wurmnest* Rn. 28; HK-BGB/*Dörner* Rn. 6 aE; PWW/*Schaub* Rn. 12; BeckOK BGB/*Spickhoff* Rn. 17; *Micha,* Der Direktanspruch im europäischen IPR, 2010, 127 ff.; *v. Hein* ZEuP 2009, 6 (19); *Heiss/Loacker* JBl. 2007, 613 (627); *Huber/Bach* IPRax 2005, 73 (77); *Staudinger* SVR 2005, 441 (443); *Stone* ELF 2004, I-213 (I-223).

bei **Abs. 3 S. 2** allein das bestehende Rechtsverhältnis zwischen den Parteien zur Anwendung der Ausweichklausel genügt, müssen bei **Abs. 1 S. 1** wenigstens zwei für die kollisionsrechtliche Anknüpfung relevante Merkmale des Sachverhalts („Gesamtheit der Umstände") auf einen anderen als denjenigen Staat weisen, dessen Recht nach Abs. 1 oder Abs. 2 zur Anwendung berufen ist.

a) Abweichungen von Abs. 1. Da die Anknüpfung nach **Abs. 1** (Tatortregel) die Regelanknüpfung des Internationalen Deliktsrechts ist und diejenige nach **Abs. 2** (gemeinsamer gewöhnlicher Aufenthalt) bereits eine erste Auflockerung, werden sonstige offensichtlich engere Verbindungen in der Regel in Stellung gebracht, um die Tatortregel des Abs. 1 zu verdrängen. Gerade weil Abs. 1 – im Gegensatz zu den Kodifikationen einiger Mitgliedstaaten – **keinen Vorhersehbarkeitsvorbehalt** enthält, lässt sich die **Berufung eines zufälligen Erfolgsortes** auch unter Einbeziehung subjektiver Elemente durch die Ausweichklausel verdrängen.[127] **79**

Bei Straßenverkehrsunfällen kann zur „Gesamtheit der Umstände" auch der Umstand gehören, dass die unfallbeteiligten Kraftfahrzeuge **in demselben Staat zugelassen** sind.[128] Es gibt aber keinen Automatismus dahingehend, dass die Zulassung der unfallbeteiligten Kraftfahrzeuge in demselben Staat per se die Anwendung des Rechts dieses Staates – als *lex stabuli communis* – begründet, und zwar auch dann nicht, wenn – wie im Regelfall – die Fahrzeuge im gemeinsamen Zulassungsstaat versichert sind.[129] Denn der europäische Verordnungsgeber hat eine solche Lösung, die das Haager Straßenverkehrsübereinkommen (→ Art. 28 Rn. 3; → Art. 28 Rn. 19 ff.) vorsieht, explizit verworfen.[130] **80**

b) Abweichungen von Abs. 2. Entgegen des misslungenen Wortlauts des Abs. 3 („Absätze 1 oder 2") kann die Ausweichklausel dazu führen, dass von der Anknüpfung an den gemeinsamen gewöhnlichen Aufenthalt nach Abs. 2 **zugunsten des Tatorts (Abs. 1)** abgewichen wird, wenn die stärkeren Verknüpfungen des Sachverhalts zum Tatort bestehen.[131] **81**

Umstritten ist, inwieweit die Ausweichklausel des Abs. 3 S. 1 eingesetzt werden kann, um bei einer **Mehrzahl von Unfallgeschädigten** die Anknüpfung an den gemeinsamen gewöhnlichen Aufenthalt einiger Unfallbeteiligter zugunsten einer einheitlichen Anwendung der Tatortregel zu verdrängen: Auf diese Weise würde das gesamte Unfallgeschehen auf der Grundlage einer einzigen Rechtsordnung abgewickelt werden.[132] Dagegen spricht, dass die durch Abs. 2 hervorgerufene Ungleichbehandlung der Geschädigten nicht systemwidrig ist, sondern die Konsequenz unterschiedlicher Auslandsbeziehungen der Unfallbeteiligten.[133] **82**

D. Reichweite des Deliktsstatuts

Die sachliche Reichweite – der „Geltungsbereich" des nach Art. 4 ermittelten Rechts wird durch Art. 15 Rom II-VO konkretisiert, der eine Parallelvorschrift zu Art. 12 Abs. 1 Rom I-VO darstellt. Art. 15 bestimmt die Rechtsfragen, die nach dem Statut beantwortet werden, das von Art. 4 zur Anwendung berufen ist.[134] Hinsichtlich der Reichweite des nach Art. 4 ermittelten Deliktsstatuts kann daher auf die Kommentierung des Art. 15 verwiesen werden. **83**

E. Einzelne Sachbereiche

Gliedert man die unerlaubten Handlungen (zum Begriff → Rn. 18 ff.) nach **einzelnen Deliktstypen** („specific torts"), so lassen sich nach dem Differenzierungskriterium „Anwendbarkeit der Rom II-VO und ihrer Vorschriften" **drei Gruppen** bilden: von der Rom II-VO ausge- **84**

[127] PWW/*Schaub* Rn. 9; *v. Hein* ZEuP 2009, 6 (19); *v. Hein* FS Kropholler, 2008, 553 (566 f.); *Lehmann/Duczek* JuS 2012, 681 (685).

[128] Zum dt. IPR Begr. RegE, BR-Drs. 759/98, 23 = BT-Drs. 14/343, 10 f.; *Looschelders* VersR 1999, 1316 (1320); *Rehm* DAR 2001, 531 (534 f.).

[129] BeckOK BGB/*Spickhoff* Rn. 17; skeptisch auch PWW/*Schaub* Rn. 12; zum dt. IPR LG Berlin NJW-RR 2002, 1107 = IPRspr. 2002 Nr. 44 (obiter).

[130] *Junker* JZ 2008, 169 (176); *Staudinger* SVR 2005, 441.

[131] HK-BGB/*Dörner* Rn. 6; *v. Hein* ZEuP 2009, 6 (19); *Junker* JZ 2008, 169 (176).

[132] BeckOK BGB/*Spickhoff* Rn. 17; *Rudolf* ÖJZ 2010, 300 (302); *G. Wagner* IPRax 2006, 372 (378).

[133] Grüneberg/*Thorn* Rn. 14.

[134] NK-BGB/*Nordmeier* Art. 15 Rn. 1; Rauscher/*Picht* Art. 15 Rn. 5; *Kadner Graziano* RabelsZ 73 (2009), 1, 67 f.; *Kreuzer* in Reichelt/Rechberger EuropKollisionsR 13 (47); *Leible/Lehmann* RIW 2007, 721 (734).

klammerte Deliktstypen (→ Rn. 85 ff.), in der Verordnung (Art. 5–9) gesondert geregelte Deliktstypen (→ Rn. 102 ff.) und Deliktstypen, die der allgemeinen Kollisionsnorm des Art. 4 unterliegen (→ Rn. 108 ff.; zur **Prüfungsreihenfolge** → Rn. 14).

I. Nicht nach der Rom II-VO anzuknüpfende Deliktstypen

85 **1. Schäden durch Kernenergie (Art. 1 Abs. 2 lit. f).** Vom Anwendungsbereich der Rom II-VO ausgenommen sind außervertragliche Schuldverhältnisse, die sich aus Schäden durch Kernenergie ergeben (Art. 1 Abs. 2 lit. f; zum Geltungsgrund dieser Bereichsausnahme und zum Anknüpfungsbegriff „Schäden durch Kernenergie" → Art. 1 Rn. 58). Die Anknüpfung außervertraglicher Schuldverhältnisse, die sich aus Schäden durch Kernenergie ergeben, unterliegt – wenn keine staatsvertraglichen Regelungen eingreifen (→ EGBGB Art. 40 Rn. 97 ff.) – weiterhin dem autonomen deutschen Kollisionsrecht (→ EGBGB Art. 40 Rn. 100).

86 **2. Privatsphäre und Persönlichkeitsrechte (Art. 1 Abs. 2 lit. g).** Vom Anwendungsbereich der Rom II-VO ausgenommen sind außervertragliche Schuldverhältnisse aus der Verletzung der Privatsphäre oder der Persönlichkeitsrechte, einschließlich der Verleumdung (Art. 1 Abs. 2 lit. g). Der rechtspolitische Hintergrund dieser Bereichsausnahme wurde bereits erörtert (→ Art. 1 Rn. 59). Die Bereichsausnahme gilt unabhängig von dem Medium, durch das die Verletzung geschieht. Daher sind auch Verletzungen der Privatsphäre oder der Persönlichkeitsrechte durch **Internetdelikte** von der Bereichsausnahme erfasst. Die Anknüpfung erfolgt weiterhin nach dem autonomen deutschen Kollisionsrecht (→ EGBGB Art. 40 Rn. 74 ff.).

87 **3. Staatshaftung für hoheitliches Handeln (Art. 1 Abs. 1 S. 2).** Die Rom II-VO gilt nicht für die Haftung des Staates für Handlungen oder Unterlassungen im Rahmen der Ausübung hoheitlicher Rechte **(Art. 1 Abs. 1 S. 2).**[135] Die Ergänzung des Art. 1 Abs. 1 ist unter anderem auf die Klagen auf **Schadensersatz wegen Kriegshandlungen** im Zweiten Weltkrieg zurückzuführen (→ Art. 1 Rn. 18) und auch in anderen Rechtsakten im Bereich der justiziellen Zusammenarbeit in Zivilsachen vorgesehen (vgl. Art. 2 Abs. 1 EuVTVO und Art. 2 Abs. 1 EuMVVO). Die *acta iure imperii*-Ausnahme gilt nicht nur für Ansprüche gegen den Staat, sondern auch für Ansprüche gegen Staatsbedienstete und für die Haftung öffentlicher Stellen, einschließlich der Haftung amtlich ernannter öffentlicher Bediensteter **(Erwägungsgrund 9).**

88 Nach der schon vor Erlass der Rom II-VO ganz hM, auf die Art. 1 Abs. 1 S. 2 rekurriert, ist die Haftung des Staates oder seiner Bediensteter **im Rahmen der Ausübung hoheitlicher Rechte** *(acta iure imperii)* nicht deliktisch zu qualifizieren.[136] Dem hat sich der EuGH angeschlossen,[137] so dass die Rechtsansicht, Art. 1 Abs. 1 S. 2 sei im Licht der Rspr. des EGMR zu Art. 6 Abs. 1 EMRK[138] als menschenrechtswidrig zu betrachten,[139] nicht dem unionalen Rechtsverständnis entspricht. Welches Recht anzuwenden ist, richtet sich daher auch nicht nach dem autonomen deutschen IPR der außervertraglichen Schuldverhältnisse (Art. 40–42 EGBGB), sondern, soweit keine staatsvertraglichen Regelungen eingreifen, nach den Grundsätzen des öffentlichen Staatshaftungsrechts.[140]

89 Die Amtshaftung nach deutschem Recht ist trotz ihrer historisch bedingten Ausgestaltung – Eigenhaftung des Beamten nach § 839 BGB, gekoppelt mit Art. 34 GG – ein **einheitlicher Anspruch** gegen den Staat. Folglich wird sie **einheitlich angeknüpft** und nicht etwa kollisionsrechtlich aufgespalten in eine dem allgemeinen Deliktsstatut unterliegende Eigenhaftung des Beamten und eine davon zu trennende Haftungsübernahme des Staates. Die deliktische Haftung des Staates und seiner Bediensteten für **nicht-hoheitliches Tätigwerden** im privaten Rechtsverkehr *(acta iure gestionis)* unterliegt den allgemeinen Kollisionsnormen der Art. 4–9; die Abgrenzung erfolgt im Rahmen der Rom II-VO unionsrechtlich autonom.[141] Eine Sondermaterie sind **Schädigungen**

---

[135] NK-BGB/*G. Wagner* EGBGB Art. 40 Rn. 57; NK-BGB/*Knöfel* Art. 1 Rn. 25; PWW/*Schaub* Art. 1 Rn. 1; Erman/*Stürner* Art. 1 Rn. 3; jurisPK-BGB/*Wurmnest* EGBGB Art. 40 Rn. 84 f.; *Leible/Engel* EuZW 2004, 7 (9); *Leible/Lehmann* RIW 2007, 721 (722); s. zu Menschenrechtsklagen gegen Staaten *Cremer* ArchVR 41 (2003), 137; gegen Unternehmen *Lehmann/Eichel* RabelsZ 83 (2019), 77; *Ostendorf* IPRax 2019, 297; *Wendelstein* RabelsZ 83 (2019), 111; zum Verhältnis von IPR und Menschenrechten *Basedow* Annuaire de l'Institut de Droit International 79 (2019), 1.

[136] Zum dt. IPR Begr. RegE, BR-Drs. 759/98, 23 = BT-Drs. 14/343, 10.

[137] EuGH EuZW 2007, 252 Rn. 35 ff. – Lechouritou.

[138] Nachweise bei NK-BGB/*Knöfel* Art. 1 Rn. 28.

[139] *Knöfel* FS Magnus, 2014, 459, 473; NK-BGB/*Knöfel* Art. 1 Rn. 26 ff.

[140] BGH NJW 2011, 3584 Rn. 10; 2003, 3488 (3491); OLG Köln NJW 1999, 1555 (1556); ausf. *Knöfel* IPRax 2021, 392 (396 f.).

[141] EuGH NJW 1993, 2091 Rn. 22 f. – Sonntag/Waidmann; BeckOK BGB/*Spickhoff* Art. 1 Rn. 10; NK-BGB/*Knöfel* Art. 1 Rn. 30; *Sujecki* EWS 2009, 310 (311); *G. Wagner* IPRax 2008, 1 (2).

durch Streitkräfte, die, soweit keine staatsvertraglichen Regelungen bestehen, zum Teil nach der allgemeinen Kollisionsnorm des Art. 4 angeknüpft werden (→ Rn. 203 ff.).

a) Mehrseitige Staatsverträge. Für die Amtshaftung der **EU** verweisen die Gründungsverträge auf die gemeinsamen Rechtsgrundsätze der Mitgliedstaaten (Art. 340 Abs. 2 und 3 AEUV, Art. 288 Abs. 2 und 3 EG-Vertrag, Art. 188 Abs. 2 EAGV, Art. 40 EGKSV). 90

aa) Europäische Patentorganisation. Für Schäden, die durch die EPO oder die Bediensteten des Europäischen Patentamts in Ausübung ihrer Amtstätigkeit verursacht worden sind, bestimmt sich die außervertragliche Haftung nach dem Recht der betroffenen Dienststelle (Art. 9 Abs. 2 EPÜ).[142] 91

bb) Schengen-Übereinkommen. Im Rahmen dieses Übereinkommens ist vor allem Art. 43 Abs. 1 SDÜ[143] zu beachten („Wenn Beamte einer Vertragspartei nach den Artikeln 40 und 41 dieses Übereinkommens auf dem Hoheitsgebiet einer anderen Vertragspartei einschreiten, haftet die erste Vertragspartei nach Maßgabe des nationalen Rechts dieser anderen Vertragspartei für den durch die Beamten bei diesem Einschreiten dort verursachten Schaden."). 92

Danach haftet der Heimatstaat des Beamten für Schäden, die infolge von Personenobservation (Art. 40 SDÜ) oder -verfolgung (Art. 41 SDÜ) entstanden sind, nach dem am Ort des Einschreitens geltenden Recht. Die Schadensregulierung erfolgt über den Staat, in dessen Hoheitsgebiet der Schaden verursacht wurde (Art. 43 Abs. 2 SDÜ), wobei der Staat, dessen Beamte den Schaden verursacht haben, zur Rückerstattung des Schadensersatzes verpflichtet ist, den der andere Staat an die Geschädigten gezahlt hat (Art. 43 Abs. 3 SDÜ). 93

b) Zweiseitige Staatsverträge. aa) Bilaterale Grenz- und Durchgangsverkehrsabkommen. Im Rahmen der zwischen Deutschland und seinen Nachbarstaaten (mit Ausnahme der Niederlande) bestehenden bilateralen Abkommen ist es den staatlichen Organen des Nachbarstaates in gewissem Umfang gestattet, bestimmte Amtshandlungen (insbesondere Zollkontrollen) auf dem Gebiet des jeweils anderen Staates (haftungsrechtlich: „Gebietsstaat") vorzunehmen. Kommt es hierbei zu Schäden, haftet der Nachbarstaat nach Maßgabe seines eigenen Rechts.[144] Diese Regelung entspricht dem allgemeinen Grundsatz, dass das Recht des Amtsstaates auch dann anwendbar ist, wenn die Handlung im Ausland begangen wurde. 94

Eine zusätzliche Bestimmung enthalten die Abkommen mit **Belgien** (Art. 18 Abs. 3 Abk.), **Dänemark** (Art. 13 Abs. 2 Abk.) und **Luxemburg** (Art. 18 Abs. 2 Abk.): Wird ein Bediensteter des Nachbarstaates, der im Gebietsstaat arbeitet, dort durch einen Dienst- oder Arbeitsunfall beeinträchtigt, aus dem er Ansprüche gegen das zuständige Organ des Gebietsstaates herleiten kann, so kann er diese Ansprüche nur gegen das zuständige Organ des Nachbarstaates geltend machen. 95

Eine abweichende Regelung findet sich in Art. 1 Abs. 1 Deutsch-österreichisches Abkommen zur Regelung der Amtshaftung aus Handlungen von Organen des einen Staates in grenznahen Gebieten des anderen Staates vom 14.9.1955 (BGBl. 1957 II 596). Danach haftet der Gebietsstaat nach Maßgabe seines eigenen Rechts für Schäden, die die Organe des Nachbarstaates verursacht haben. Haftungsrechtlich werden Handlungen von Organen des jeweils anderen Staates somit den Handlungen der eigenen Organe gleichgestellt. 96

bb) Gegenseitige Hilfe bei Katastrophen oder schweren Unglücksfällen. Bilaterale Abkommen über die gegenseitige Hilfe bei Katastrophen oder schweren Unglücksfällen normieren die Haftung des Hilfe suchenden Vertragsstaates nach den Bestimmungen seines eigenen Rechts, wenn Dritte bei Unterstützungsmaßnahmen im Hilfe suchenden Staat durch Angehörige des Hilfe leistenden Vertragsstaates verletzt werden.[145] 97

---

142 Europäisches Patentübereinkommen vom 5.10.1973 idF v. 29.11.2000, BGBl. 2007 II 1082; in Deutschland in Kraft seit dem 13.12.2007, BGBl. 2008 II 179.

143 Schengener Durchführungsübereinkommen vom 19.6.1990, BGBl. 1993 II 1010.

144 Belgien: Art. 15 Abs. 2, 18 Abs. 3 Abk. vom 15.5.1956, BGBl. 1958 II 190. Dänemark: Art. 10 Abs. 2 Abk. vom 9.6.1965, BGBl. 1967 II 1521. Frankreich: Art. 19 Abk. vom 18.4.1958, BGBl. 1960 II 1533. Luxemburg: Art. 15 Abs. 2, 18 Abs. 2 Abk. vom 16.2.1962, BGBl. 1963 II 141. Polen: Art. 13 Abs. 1 GrenzAbfAbk DE/PL vom 29.7.1992, BGBl. 1994 II 265. Schweiz: Art. 15 StrLuWV D/CH vom 25.4.1977, BGBl. 1978 II 1201, Art. 11 Abs. 2 Abk. vom 1.6.1961, BGBl. 1962 II 877. Tschechische Republik: Art. 13 Abs. 1 GrenzabfV DE/CZ vom 19.5.1995, BGBl. 1996 II 18.

145 Belgien: Art. 9 Abs. 3 KatastrhAbk D/BE vom 6.11.1980, BGBl. 1982 II 1006. Dänemark: Art. 9 Abs. 3 KatHAbk D-DK vom 16.5.1985, BGBl. 1988 II 286. Frankreich: Art. 9 Abs. 3 KatastrhAbk D/FR vom 3.2.1977, BGBl. 1980 II 33. Litauen: Art. 10 Abs. 3 KatHilfeAbk DE/LT vom 15.3.1994, BGBl. 1996 II 27. Luxemburg: Art. 9 Abs. 3 KatastrhAbk D/LU vom 2.3.1978, BGBl. 1981 II 445. Niederlande: Art. 10 Abs. 3 KatHilfeAbk D/N vom 7.6.1988, BGBl. 1992 II 198. Österreich: Art. 11 Abs. 2 DA-KatHAbk vom 23.12.1988, BGBl. 1992 II 206. Polen: Art. 10 Abs. 3 KatHilfeAbk DE/PL vom 10.4.1997, BGBl. 1998 II

98 **c) Autonomes Staatshaftungsrecht.** Rechtsverhältnisse aus der Haftung des Staates wegen Amtspflichtverletzungen werden nicht nach den Kollisionsregeln des IPR angeknüpft. Das anwendbare Recht bestimmt sich vielmehr nach den allgemeinen Grundsätzen des Staatshaftungsrechts. Danach ist auf **hoheitliches Tätigwerden** stets das Recht des Amtsstaats anwendbar, dh Ansprüche aus Amtspflichtverletzungen unterliegen dem Recht des Staates, dessen Amtsträger gehandelt hat **(Amtsstaatsprinzip).**[146] Ob die unerlaubte Handlung im In- oder Ausland begangen wurde und ob der Verletzungserfolg im In- oder Ausland eingetreten ist, ist unerheblich.[147]

99 Die kollisionsrechtliche Sonderbehandlung der Haftung für *acta iure imperii* folgt aus dem im Völkergewohnheitsrecht verankerten Grundsatz der **Staatensouveränität.** Danach darf ein Staat das hoheitliche Handeln eines anderen Staates grundsätzlich nicht seiner Gesetzgebung unterwerfen.[148] Nach traditionellem Völkerrecht darf kein Staat sich anmaßen, über Hoheitsakte eines anderen Staates zu richten.[149]

100 Auch im Rahmen der **Eigenhaftung des Staatsbediensteten** muss zwischen hoheitlichem und nicht-hoheitlichem Handeln unterschieden werden. Das Recht des Amtsstaates bestimmt auch hier über die **persönliche Haftung des Amtsträgers** für hoheitliches Handeln. Aufgrund des funktionellen Zusammenhangs zur Haftungsübernahme durch den Staat ist auch die Eigenhaftung der Staatsbediensteten für hoheitliches Handeln an das Recht des Entsendestaates anzuknüpfen.[150]

101 Nach dem **RBHG idF vom 28.7.1993**[151] ist die Verbürgung der Gegenseitigkeit nicht mehr Voraussetzung für die Staatshaftung gegenüber Angehörigen anderer Staaten. Stattdessen ermächtigt **§ 7 Abs. 1 RBHG** die Bundesregierung, im Wege der Rechtsverordnung Amtshaftungsansprüche gegenüber Angehörigen einzelner Staaten auszuschließen, die in Deutschland weder ihren Wohnsitz noch ihren gewöhnlichen Aufenthalt haben. **§ 7 Abs. 2 RBHG** nimmt Mitgliedstaaten der Europäischen Gemeinschaft ausdrücklich von der vorstehenden Regelung aus. Bisher hat die Bundesregierung von der Ermächtigung keinen Gebrauch gemacht, so dass derzeit auf Bundesebene keine Haftungsbeschränkungen bei Schädigungen von Ausländern bestehen.

II. Nach der Rom II-VO besonders anzuknüpfende Delikte

102 **1. Produkthaftung (Art. 5).** Resultiert das außervertragliche Schuldverhältnis der unerlaubten Handlung aus einem **Schaden durch ein Produkt** (zu dieser Voraussetzung → Art. 5 Rn. 19 ff.), verdrängt die Anknüpfungsleiter des Art. 5 Abs. 1 die allgemeine Tatortregel des **Art. 4 Abs. 1.** Die lex domicilii communis des **Art. 4 Abs. 2** ist in Art. 5 Abs. 1 S. 1 ausdrücklich vorbehalten. Die Ausweichklausel des Art. 5 Abs. 2 ist wortgleich mit derjenigen des **Art. 4 Abs. 3.** Im Ergebnis beschränkt sich die Abweichung der vorrangigen Spezialkollisionsnorm des Art. 5 von der allgemeinen Kollisionsnorm des Art. 4 daher allein auf die Tatortregel (s. auch **Erwägungsgrund 20**).

103 **2. Unlauterer Wettbewerb (Art. 6 Abs. 1, 2).** Resultiert das außervertragliche Schuldverhältnis der unerlaubten Handlung aus **unlauterem Wettbewerbsverhalten,** so wird bei marktbezogenen Wettbewerbsverstößen die allgemeine Kollisionsnorm des Art. 4 vollständig durch die Anknüpfung an den Marktort verdrängt **(Art. 6 Abs. 1).** Beeinträchtigt ein unlauteres Wettbewerbsverhalten jedoch ausschließlich die Interessen eines bestimmten Wettbewerbers (konkurrentenbezogener Wettbewerbsverstoß), bleibt die allgemeine Kollisionsnorm des Art. 4 anwendbar **(Art. 6 Abs. 2).** Das Verhältnis der Spezialkollisionsnorm des Art. 6 zur allgemeinen Kollisionsnorm des Art. 4 stellt sich daher relativ einfach dar: Je nachdem, ob es um einen marktbezogenen oder um einen konkurrentenbezogenen Wettbewerbsverstoß geht, wird Art. 4 entweder vollständig verdrängt

---

1178. Russische Föderation: Art. 10 Abs. 3 KatastrhAbk D-RU vom 16.12.1992, BGBl. 1994 II 3543. Schweiz: Art. 11 Abs. 2 KatastrhAbk D/CH vom 28.11.1984, BGBl. 1987 II 74. Ungarn: Art. 10 Abs. 3 KatHilfeAbk D/U vom 9.6.1997, BGBl. 1998 II 1189.

[146] BeckOGK/*Schmidt* Art. 1 Rn. 17; *Knöfel* FS Magnus, 2014, 459 (473); *Thorn* BerDGesVR 44 (2010), 305 ff.; *Pajor* Rev. hell. dr. int. 64 (2011), 505 ff.; krit. *Hess* BerDGesVR 40 (2003), 107 (118); *Knöfel* IPRax 2021, 392 (396).

[147] LG Rostock IPRax 1996, 125 m. krit. Aufsatz *Hay* IPRax 1996, 95; OLG Köln NJW 1999, 1555 = IPRax 1999, 251 m. Aufs. *Tomuschat* IPRax 1999, 237.

[148] Staudinger/*v. Hoffmann,* 2007, EGBGB Art. 40 Rn. 109; NK-BGB/*G. Wagner* EGBGB Art. 40 Rn. 64; *v. Hein* YbPIL 3 (2001), 185 (207 ff.).

[149] *Hess,* Staatenimmunität bei Distanzdelikten, 1992, 306; aA *Schurig* JZ 1982, 385 (387 f.): kollisionsrechtliche Begründung der Anknüpfung; *Halfmeier* RabelsZ 68 (2004), 653 (672 f.); *Knöfel* FS Magnus, 2014, 459 (468); *Thorn* BerDGesVR 44 (2010), 305 (327).

[150] BGH NJW 2011, 3584 Rn. 10 ff.; 2003, 3488 (3491); 1978, 495; jurisPK-BGB/*Wurmnest* EGBGB Art. 40 Rn. 85; *Dutta* AöR 133 (2008), 191 (207).

[151] Gesetz über die Haftung des Reiches für seine Beamten vom 22.5.1910 (RGBl. 1910, 789).

oder vollständig zur Anwendung berufen. Missverständlich der **Erwägungsgrund 21,** wonach Art. 6 (gemeint ist wohl: Abs. 1, 3) „eine Präzisierung der allgemeinen Regel des Art. 4 Abs. 1" sein soll. Wichtiger ist die Feststellung, dass Art. 6 Abs. 1, 3 auf einen Ausschluss der *lex domicilii communis*-Regel des Art. 4 Abs. 2 und der Ausweichklausel des Art. 4 Abs. 3 hinauslaufen.

3. Wettbewerbsbeschränkungen (Art. 6 Abs. 3). Der dritte Absatz des Art. 6 enthält Anknüpfungsnormen für außervertragliche Schuldverhältnisse, die aus einem Verhalten entstanden sind, das den Wettbewerb einschränkt (zum Begriff „Einschränkung des Wettbewerbs" s. **Erwägungsgrund 23**). Die Vorschrift erfasst Verstöße gegen nationales und gegen europäisches Wettbewerbsrecht **(Erwägungsgrund 22).** Grundsätzlich gilt das **Auswirkungsprinzip:** Anzuwenden ist das Recht des Staates, in dessen Gebiet sich die Wettbewerbsbeschränkung auswirkt oder auszuwirken droht **(Art. 6 Abs. 3 lit. a).** Wird der Markt in mehr als einem Staat beeinträchtigt, kann der Geschädigte seinen Anspruch unter bestimmten Voraussetzungen auf das Recht des Mitgliedstaats des angerufenen Gerichts *(lex fori)* stützen **(Art. 6 Abs. 3 lit. b).** Es handelt sich um eine Alternativanknüpfung, die auf prozessökonomischen Erwägungen beruht (→ Einl. IPR Rn. 41, → Einl. IPR Rn. 66). Die allgemeine Kollisionsnorm des Art. 4 wird durch Art. 6 Abs. 3 vollständig verdrängt. 104

4. Umweltschädigung (Art. 7). Für ein außervertragliches Schuldverhältnis aus einer unerlaubten Handlung, die aus einer Umweltschädigung (zu diesem Begriff s. **Erwägungsgrund 24**) oder aus einem daraus herrührenden Personen- oder Sachschaden resultiert, ist grundsätzlich die Tatortregel des Art. 4 Abs. 1 maßgebend, die auf den **Erfolgsort** verweist **(Art. 7 Hs. 1).** Im Sinne des (auf ein Optionsrecht des Geschädigten reduzierten) Ubiquitätsprinzips hat der Geschädigte jedoch die Option, seinen Anspruch auf das Recht des **Handlungsorts** zu stützen **(Art. 7 Hs. 2).** Bei der Ausgestaltung dieser Kollisionsnorm stand der Gedanke der handlungssteuernden Funktion des Internationalen Deliktsrechts Pate **(Erwägungsgrund 25).** Macht der Geschädigte von seinem Optionsrecht keinen Gebrauch, bleibt es bei der Anwendung der in **Art. 4 Abs. 1** normierten Variante der Tatortregel (Anknüpfung an den Erfolgsort). Die Anknüpfung an die *lex domicilii communis* **(Art. 4 Abs. 2)** und die Anwendung der Ausweichklausel **(Art. 4 Abs. 3)** sind im Anwendungsbereich des Art. 7 (Umweltschädigung) ausgeschlossen. 105

5. Verletzung von Rechten des geistigen Eigentums (Art. 8). Für die Anknüpfung außervertraglicher Schuldverhältnisse, die aus einer Verletzung von Rechten des geistigen Eigentums entstanden sind (zu diesem Begriff s. **Erwägungsgrund 26**), gilt grundsätzlich das Schutzlandprinzip **(Art. 8 Abs. 1).** Bei einer Verletzung von gemeinschaftsweit einheitlichen Rechten des geistigen Eigentums ist das einschlägige Recht der Gemeinschaft anzuwenden, ergänzend das Recht des Staates, in dem die Verletzung begangen wurde **(Art. 8 Abs. 2).** Diese beiden Anknüpfungsregeln verdrängen die allgemeine Kollisionsnorm des Art. 4 vollständig. 106

6. Arbeitskampfmaßnahmen (Art. 9). Art. 9 handelt von außervertraglichen Schuldverhältnissen zwischen bestimmten Personen bzw. Organisationen, die aus Schäden resultieren, die aus bevorstehenden oder durchgeführten Arbeitskampfmaßnahmen entstanden sind (zu diesen Anknüpfungsbegriffen, deren Auslegung **Erwägungsgrund 27** den Mitgliedstaaten überlässt, → Art. 9 Rn. 14 ff.). Bei der Anknüpfung dieser Schuldverhältnisse wird die allgemeine Tatortregel des **Art. 4 Abs. 1** durch das Recht des Staates verdrängt, in dem die Arbeitskampfmaßnahme erfolgen soll oder erfolgt ist (Art. 9 aE); dieser Staat bestimmt auch über die Rechtmäßigkeit des Arbeitskampfs **(Erwägungsgrund 28).** Vorbehalten bleibt die Anknüpfung an den gemeinsamen gewöhnlichen Aufenthalt der Beteiligten in demselben Staat **(Art. 4 Abs. 2).** Ausgeschlossen ist die Anwendung der Ausweichklausel **(Art. 4 Abs. 3).** 107

III. Nach Art. 4 anzuknüpfende Deliktstypen

Außervertragliche Schuldverhältnisse aus unerlaubter Handlung, die weder gemäß **Art. 1** aus dem Anwendungsbereich der Rom II-VO ausgeklammert sind (→ Rn. 85 ff.) noch den Spezialkollisionsregeln der **Art. 5–9** unterliegen (→ Rn. 102 ff.), werden nach der allgemeinen Kollisionsnorm des **Art. 4** angeknüpft. Aus der Vielzahl der in Betracht kommenden Deliktskonstellationen haben sich **Deliktstypen** herauskristallisiert, die gesonderter Darstellung bedürfen. Dieses Bedürfnis ergibt sich in der Regel daraus, dass das materielle Haftungsrecht für diese Deliktstypen durch **Staatsverträge** vereinheitlicht wurde, die, soweit sich die Anwendungsbereiche überschneiden, den Kollisionsnormen der Rom II-VO vorgehen. 108

1. Delikte im Straßenverkehr. a) Staatsverträge. aa) Sachrechtsvereinheitlichung. 109
Nach dem Vorbild der Berner Eisenbahnkonventionen (→ Rn. 147 ff.) sind im Bereich des interna-

tionalen Straßentransportverkehrs zwei Übereinkommen geschlossen worden: Das (Genfer) Übereinkommen vom 19.5.1956 über den Beförderungsvertrag im internationalen Straßengüterverkehr **(CMR)** sowie das (für Deutschland nicht in Kraft befindliche) Übereinkommen vom 1.3.1973 über den Vertrag über die internationale Beförderung von Personen und Gepäck auf der Straße **(CVR).** Ferner gibt es ein Übereinkommen vom 10.10.1989 über die zivilrechtliche Haftung bei der Beförderung gefährlicher Güter auf der Straße, auf der Schiene und mit Binnenschiffen **(CRTD),** das bisher noch nicht in Kraft getreten ist.

110 **(1) CMR.** Die CMR[152] vereinheitlicht weitgehend das **materielle Recht des Frachtvertrags** für internationale Straßentransporte. Ihre Rechtsanwendungsvorschriften gehen den Kollisionsnormen des IPR vor (→ Art. 28 Rn. 14). Die CMR ist lex specialis zur Rom II-VO. Das Übereinkommen gilt als zwingendes Einheitsrecht (Art. 41 CMR), ist allerdings nicht abschließend, sondern verweist in Einzelfragen auf die lex fori (zB bei Vorsatz und Verschulden Art. 29 CMR, Art. 31 Abs. 1 CMR, sowie bei Hemmung und Unterbrechung der Verjährung Art. 32 Abs. 3 CMR, Art. 39 Abs. 4 CMR).

111 Die Rom II-VO und andere kollisionsrechtliche Normen kommen zur Anwendung, wenn die CMR die bestimmte Frage nicht regelt. Nach Art. 1 Abs. 1 S. 1 CMR gelten die vereinheitlichten Bestimmungen für Verträge über die entgeltliche Beförderung von Gütern auf der Straße, wenn der vertraglich festgelegte Ort der Übernahme des Gutes und der für die Ablieferung vorgesehene Ort in zwei verschiedenen Staaten liegen. Mindestens einer dieser Staaten muss Vertragsstaat der CMR sein.

112 Die CMR verlangt lediglich eine Berührung mit dem *Abgangs- oder Bestimmungsstaat* und dehnt damit ihren Anwendungsbereich auch auf Transporte zwischen Vertragsstaaten und Nichtvertragsstaaten und demzufolge erheblich weiter aus als andere Konventionen des internationalen Transport- und Handelsrechts. Bei multimodalen Transporten ist die CMR nur auf jenen Beförderungsteil (auf jene Teilstrecke) anzuwenden, für die die Voraussetzungen für die Anwendbarkeit des Übereinkommens zutreffen.

113 Die CMR selbst gewährt keine außervertraglichen Schadensersatzansprüche, sondern enthält **Limitierungsvorschriften** für die Geltendmachung außervertraglicher nationaler Vorschriften (Art. 28 f. CMR). Damit respektiert das Übereinkommen das Bestehen deliktischer Ansprüche nach dem autonomen Recht neben vertraglichen Ansprüchen auf Grund der CMR. Ob deliktische Ansprüche daneben tatsächlich geltend gemacht werden können, bestimmt sich nach dem anwendbaren Recht. Die Limitierungsvorschriften sollen den Geschädigten hindern, die Haftungsregelungen der CMR durch Geltendmachung von Deliktsansprüchen zu unterlaufen. Der **Frachtführer** kann sich gegenüber außervertraglichen Ansprüchen wegen Verlust oder Beschädigung des Transportgutes **(Güterschäden)** oder wegen einer **Überschreitung der Lieferfrist** auf die Haftungsbeschränkungen der CMR berufen **(Art. 28 Abs. 1 CMR).** Aus dem Anwendungsbereich der Vorschrift ausgeschlossen sind Ansprüche, die nicht aus Güterschäden oder Fristüberschreitungen resultieren.

114 Auch der nicht im grenzüberschreitenden Verkehr tätige **Unterfrachtführer** kann sich gegenüber außervertraglichen Ansprüchen auf Art. 28 CMR berufen, wenn im Verhältnis des Versenders zum Hauptfrachtführer ein grenzüberschreitender Transport vorliegt.[153] Voraussetzung ist, dass der Frachtführer für diese Person nach Art. 3 CMR haftet **(Art. 28 Abs. 2 CMR).** Art. 28 CMR gilt für die Ansprüche des Absenders und des Empfängers des Frachtgutes. Ob der Frachtführer die Anspruchslimitierung auch Dritten (insbesondere dem Empfänger, für dessen Rechnung der Absender handelt) entgegenhalten kann, ist umstritten. Art. 28 Abs. 2 CMR bezieht die Gehilfen des Frachtführers (sein Personal und die von ihm beschäftigten selbständigen Unternehmer) in den Schutz des Art. 28 Abs. 1 ein. Die Vorschrift gilt auch für den Unterfrachtführer, der nicht grenzüberschreitend tätig wird, sondern den Transport auf einem innerstaatlichen Streckenabschnitt durchführt. Der Zweck des Abs. 2 ist der Schutz der Gehilfen vor Umgehung frachtrechtlicher Haftungsbeschränkungen und dadurch eine Absicherung des Hauptfrachtführers gegen unbeschränkte Regressansprüche seiner außervertraglich unbeschränkt in Anspruch genommenen Hilfspersonen.

115 Haftungsbeschränkende Vorschriften, die auch die außervertragliche Haftung betreffen, finden sich in Art. 17 Abs. 2, 4 CMR und Art. 22 Abs. 2 CMR. Eine **Haftungsbefreiung nach Art. 17 Abs. 2 CMR** liegt vor, wenn der Verlust oder die Beschädigung des Frachtgutes oder die Überschreitung der Lieferfrist durch ein Verschulden des Verfügungsberechtigten, durch eine nicht vom Fracht-

[152] Convention relative au **C**ontrat de transport international de **M**archandises par **R**oute vom 19.5.1956, BGBl. 1961 II 1119, BGBl. 1962 II 12, geändert durch Protokoll vom 5.7.1978, BGBl. 1980 II 1443.

[153] OLG Hamm VersR 1974, 28; OLG Frankfurt VersR 1983, 141 mAnm *Reiß; Kehl,* Die Haftung des Unterfrachtführers im Straßengüterverkehr, 2004, 102; OLG Frankfurt VersR 1983, 141 f.

führer verschuldete Weisung des Verfügungsberechtigten, durch besondere Mängel des Gutes oder durch Umstände verursacht worden ist, die der Frachtführer nicht vermeiden und deren Folgen er nicht abwenden konnte. In **Art. 17 Abs. 4 CMR** sind weitere Sachverhalte geschildert, bei deren Vorliegen es zum Haftungsausschluss kommt. Entsprechendes gilt für das Abladen und Unschädlichmachen von gefährlichen Gütern, von deren Gefahr der Frachtführer keine Kenntnis hat **(Art. 22 Abs. 2 CMR).** Die Beweislast für das Vorliegen dieser Ausschlusstatbestände obliegt dem Frachtführer (vgl. Art. 18 Abs. 1 CMR). Art. 30 CMR ist ebenfalls eine haftungsausschließende Norm. Zwar verschiebt die Vorschrift nur die Beweislast, doch daraus kann de facto ein Haftungsausschluss resultieren.

Allerdings können sich der Frachtführer oder sein Gehilfe nicht auf die Haftungsbegünstigung berufen, wenn sie den Schaden **vorsätzlich** oder durch ein Verschulden verursacht haben, das nach der lex fori dem Vorsatz gleichsteht **(Art. 29 CMR).** Strittig ist, ob das dem Vorsatz entsprechende Verschulden auch die **grobe Fahrlässigkeit** umfasst oder auf den bedingten Vorsatz beschränkt ist. Liegen die Voraussetzungen des Art. 29 CMR vor, haftet der Frachtführer bzw. sein Gehilfe unbeschränkt auf Schadensersatz. Der Frachtführer muss insoweit für seinen Gehilfen einstehen, Art. 3 CMR. Die Höhe des Schadensersatzanspruchs wird in diesem Fall nicht nach Art. 25 Abs. 1 CMR bestimmt, sondern nach dem von Art. 4 zur Anwendung berufenen nationalen Recht.[154] Die in Art. 32 Abs. 1 CMR festgesetzte **Verjährungsfrist** von ein bzw. drei Jahren gilt für alle Ansprüche aus einer der CMR unterliegenden Beförderung, also auch für Deliktsansprüche.[155] Jede Vereinbarung, die von den Bestimmungen der CMR abweicht ist nichtig; sie hat jedoch nicht die Unwirksamkeit der übrigen Vertragsbestimmungen zur Folge (Art. 41 Abs. 1 CMR).[156] **116**

(2) CVR. Die CVR[157] vereinheitlicht weitgehend das materielle Recht für **Personen- und Gepäckbeförderung** im Bereich des internationalen Straßenverkehrs. Für Deutschland ist das Übereinkommen nicht in Kraft getreten. Nach Art. 1 CVR ist die CVR in den Vertragsstaaten – zu denen Deutschland nicht gehört – grundsätzlich bei jeder Personen- und Gepäckbeförderung anwendbar, wenn es sich nach dem Beförderungsvertrag um eine internationale Beförderung handelt. Ähnlich wie die CMR enthält die CVR in Art. 18 CVR Limitierungs- und in Art. 22 CVR Verjährungsvorschriften für deliktische Ansprüche. **117**

(3) CRTD. Die CRTD,[158] ein Übereinkommen über zivilrechtliche Haftung für Schäden bei der **Beförderung gefährlicher Güter** auf der Straße, auf der Schiene und mit Binnenschiffen, wurde bisher nur von Deutschland und Marokko gezeichnet. Am 16.9.2005 ratifizierte Liberia als erster Staat die CRTD; eine Ratifikation fehlt damit noch für das Inkrafttreten des Vertrags.[159] Damit das Übereinkommen selbst in Kraft treten kann, müssen nach Art. 23 Abs. 1 CRTD aber mindestens vier weitere Staaten die CRTD ratifizieren oder ihr beitreten. Hauptgrund für die fehlende Resonanz der Konvention sind die Bestimmungen über die summenmäßige Haftungsbeschränkung in Art. 9 CRTD und die obligatorische Haftpflichtversicherung.[160] **118**

bb) Kollisionsrechtsvereinheitlichung. (1) Haager Übereinkommen. Das Haager Übereinkommen vom 4.5.1971 über das auf Straßenverkehrsunfälle anzuwendende Recht[161] (**HStVÜ,** → Art. 28 Rn. 19) ist in Deutschland nicht in Kraft und kann nach der Verabschiedung der Rom II-VO auch nicht mehr in Kraft gesetzt werden (vgl. **Erwägungsgrund 37**). Die Konvention erfasst grenzüberschreitende Sachverhalte. Der Anwendbarkeit steht es nicht entgegen, wenn der Sachverhalt Berührungspunkte zu anderen Nichtvertragsstaaten aufweist (Art. 11 S. 2 HStVÜ). In den zwölf Mitgliedstaaten, die am 11.7.2007 Vertragsstaaten des Übereinkommens waren (Belgien, Frankreich, Lettland, Litauen, Luxemburg, die Niederlande, Österreich, Polen, **119**

---

154 BGH NJW-RR 2005, 908 mAnm *Rinkler;* TranspR 2005, 311 (314); NJW 1999, 1110; OLG Innsbruck TranspR 1991, 12 (21); *Rauscher/Pabst* GPR 2007, 244 (250); *Thume* VersR 1993, 930 (937).

155 BGH MDR 2007, 45 = NJW-RR 2007, 1436; LG Lübeck TranspR 2001, 171; *Decker,* Das Übereinkommen über den Beförderungsvertrag im internationalen Straßenverkehr (CMR), 1985, 116.

156 OLG Nürnberg OLGR 2008, 49.

157 Convention relative au **C**ontrat de transport international de **V**oyageurs et de bagages par **R**oute vom 1.3.1973, Rev. dr. unif. 1974 II, 68; Zusatzprotokoll vom 5.7.1978, Rev. dr. unif. 1978 I, 212.

158 **C**onvention sur la **R**esponsabilité civile pour les dommages causés au cours du **T**ransport de marchandises **D**angereuses par route, rail et bateaux de navigation intérieure vom 10.10.1989, TranspR 1990, 83; deutsche Übersetzung in VersR 1992, 806.

159 Aktueller Beitrittsstand: https://www.unece.org/trans/danger/publi/crtd/legalinst_55_tdg_crtd.html (zuletzt abgerufen am 11.3.2024).

160 S. https://unece.org/trans/danger/publi/crtd/crtd_e.html (zuletzt abgerufen am 11.3.2024).

161 Abgedruckt in der → 4. Aufl. 2006, EGBGB Art. 40 Rn. 79 unter Rückgriff auf die Amtl. öst. Fassung, öBGBl. 1975 Nr. 387; authentischer franz. und engl. Text in RabelsZ 33 (1969), 342.

die Slowakei, Slowenien, Spanien und die Tschechische Republik), geht das Übereinkommen der Rom II-VO vor **(Art. 28 Abs. 1).** Diese Vorschrift verhindert, dass die Mitgliedstaaten der EU, die zugleich Vertragsstaaten des HStVÜ sind, durch Anwendung der Rom II-VO gegen ihre vertraglichen Verpflichtungen verstoßen.

120 **(2) Bilateraler Vertrag.** Vorrang vor den Anknüpfungsregeln der Rom II-VO hat nach Art. 28 Abs. 1 der **Deutsch-schweizerische Vertrag** vom 25.4.1977 über die Straße zwischen Lörrach und Weil am Rhein auf schweizerischem Gebiet.[162] Art. 13 StrLuWV D/CH regelt die internationale Zuständigkeit (Art. 13 Abs. 1–3 StrLuWV D/CH) und unterwirft Ansprüche aus Schadensfällen, die sich auf der Verbindungsstraße ereignen, grundsätzlich der lex fori (Art. 13 Abs. 4 StrLuWV D/CH).

b) Rom II-VO.

Schrifttum: s. auch Vor Art. 1; älteres Schrifttum → 6. Aufl. 2015, Rn. 94; *Csöndes,* Curia of Hungary on the Qualification of „Indirect Consequences" of a Traffic Accident under the Rom II-Regulation, ELF 2021, I-49; *Junker,* Das Internationale Privatrecht der Straßenverkehrsunfälle nach der Rom II-Verordnung, JZ 2008, 169; *Kadner Graziano/Oertel,* Ein europäisches Haftungs- und Schadensrecht für Unfälle im Straßenverkehr? – Eckpunkte de lege lata und Überlegungen de lege ferenda, ZVglRWiss 107 (2008), 113; *Kuhnert,* Schadensregulierung mit Auslandsbezug, NJW 2011, 3347; *Malatesta,* La legge applicabile agli incidenti stradali nella proposta di regolamento (CE) Roma II, Riv. dir. int. priv. proc. 42 (2006), 47; *Malatesta,* The Law Applicable to Traffic Accidents, in Malatesta (Hrsg.), The Unification of Choice-of-Law Rules on Torts and Other Non-Contractual Obligations in Europe, 2006, 85; *Rauscher,* Ausländische Verkehrsunfälle im deutschen Zivilprozess, FS Becker-Eberhard, 2022, 457; *Rieländer,* Ein einheitliches „Unfallstatut" für Passagiergemeinschaften? – Methoden der Statutenkonzentration im Internationalen Personenbeförderungsrecht, RabelsZ 81 (2017), 344; *Sandrini,* Risarcimento del danno di sinistri stradali – è già tempo di riforma per il regolamento Roma II?, Riv. dir. int. priv. proc. 49 (2013), 677; *Schaub,* Schadensregulierung bei Verkehrsunfällen mit Auslandsbezug – Regelungsgeflecht und Grenzen der Rechtsangleichung, IPRax 2017, 521; *Wittwer,* Wegweisende Entscheidungen von OGH, EuGH und BGH zum Internationalen Verkehrsrecht, ZVR 2016, 541.

121 **aa) Freie Rechtswahl (Art. 14).** Mangels internationalen Einheitsrechts ist auch für die kollisionsrechtliche Anknüpfung deliktischer Ansprüche aus Straßenverkehrsunfällen nach Art. 14 in erster Linie das Recht maßgebend, welches die Parteien gewählt haben.[163] Eine **vorherige Rechtswahl** muss die Beschränkungen des Art. 14 Abs. 1 S. 1 lit. b beachten (→ Art. 14 Rn. 26 ff.). Sie wirkt – ebenso wie eine **nachträgliche Rechtswahl** (Art. 14 Abs. 1 S. 1 lit. a) – nicht zu Lasten Dritter, also insbesondere nicht zu Lasten einer Haftpflichtversicherung[164] (→ Art. 14 Rn. 58 f.). Eine stillschweigende nachträgliche Rechtswahl im Prozess scheitert in Verkehrsunfallsachen häufig daran, dass den Parteien, die beide zum deutschen materiellen Recht argumentieren, der Anwendbarkeit ausländischen Rechts nicht bewusst ist (→ Art. 14 Rn. 41 f.).

122 **bb) Gemeinsamer gewöhnlicher Aufenthalt (Abs. 2).** Fehlt es an einer Rechtswahl, ist zu fragen, welche der beiden Grundanknüpfungen einschlägig ist. Abs. 2, die speziellere der beiden Grundanknüpfungen (→ Rn. 52 ff.), spielt bei der Unfallstatutbestimmung eine große Rolle:[165] Bei einem **Verkehrsunfall im Ausland** kommt deutsches Deliktsrecht zur Anwendung, wenn der Ersatzpflichtige und der Verletzte zur Zeit des Verkehrsunfalls ihren gewöhnlichen Aufenthalt in Deutschland hatten; in diesem Fall gilt deutsches Recht selbst dann, wenn sich der Unfall im Heimatstaat der Beteiligten ereignet hat, zB während des Heimaturlaubs von Gastarbeitern.[166] Umgekehrt ist nach Abs. 2 bei einem **Verkehrsunfall in Deutschland** ausländisches Recht anzuwenden, wenn die Unfallbeteiligten ihren gemeinsamen gewöhnlichen Aufenthalt in demselben ausländischen Staat haben.[167]

123 **cc) Tatortregel (Abs. 1).** Die Tatortregel des Abs. 1, die zweite der beiden Grundanknüpfungen, kommt subsidiär zum Zuge: Haben der Ersatzpflichtige und der Verletzte ihren gewöhnlichen

---

162 BGBl. 1978 II 1202; s. dazu *Mansel/Thorn/Wagner* IPRax 2012, 1 (4).

163 *Junker* JZ 2008, 169 (173 f.); *Leible/Lehmann* RIW 2007, 721 (726 f.); *Rauscher* FS Becker-Eberhard, 2022, 457 (459); zum dt. IPR *Junker* JZ 2000, 477 (478 f.); *Looschelders* VersR 1999, 1316 (1322); *Rehm* DAR 2000, 531 (533); *Hohloch/Jaeger* JuS 2000, 1133 (1136); *Spickhoff* NJW 1999, 2209 (2213); *P. Huber* JA 2000, 67 (69 f.); *A. Staudinger* DB 1999, 1589 (1593).

164 *Junker* JZ 2008, 169 (173); *v. Hein* VersR 2007, 440 (445); zum dt. IPR *Junker* JZ 2000, 477 (479); *Looschelders* VersR 1999, 1316 (1322 f.); *Rehm* DAR 2001, 531 (533) bei Fn. 29.

165 *Junker* JZ 2008, 169 (174); *Rauscher* FS Becker-Eberhard, 2022, 457 (459); zum dt. IPR Begr. RegE, BR-Drs. 759/98, 23 = BT-Drs. 14/343, 11; *Junker* JZ 2000, 477 (479 ff.); *Looschelders* VersR 1999, 1316 (1320 f.); *Rehm* DAR 2001, 531 (533).

166 *Staudinger* ZGS 2005, 121; *Staudinger* SVR 2005, 441 (442).

167 *Thiede/Kellner* VersR 2007, 1624 (1627); *G. Wagner* IPRax 2008, 1 (5).

Aufenthalt nicht in demselben Staat, unterliegen Ansprüche aus Straßenverkehrsunfällen gemäß Abs. 1 dem Recht des Unfallorts.[168]

Beispiel:
Wenn das Fahrzeug eines Niederländers und dasjenige eines Deutschen auf der Pariser Périphérique kollidieren, unterliegt die deliktische Haftung mangels eines gewöhnlichen Aufenthalts der beiden in demselben Staat dem französischen (Tatort-) Recht.[169]

Abs. 1 gilt auch für die Kfz-Halterhaftung als Fall der Gefährdungshaftung (→ Rn. 33). Auch Ansprüche mittelbar Geschädigter, etwa der Angehörigen eines Unfallopfers, richten sich nach der Tatortregel.[170] Als Ort des Schadenseintritts bleibt ihr Aufenthaltsort bei der Bestimmung des Deliktsstatuts unberücksichtigt (→ Rn. 39 ff.). **124**

dd) Ausweichklausel (Abs. 3). Die beiden Grundanknüpfungen stehen auch bei Verkehrsunfällen unter dem Vorbehalt der Ausweichklausel des Abs. 3. Das **Regelbeispiel des Abs. 3 S. 2** ermöglicht die akzessorische Anknüpfung der deliktischen Ansprüche an eine besondere rechtliche Beziehung zwischen den Unfallbeteiligten im Zusammenhang mit dem Unfall (→ Rn. 72 ff.). **125**

(1) Akzessorische Anknüpfung. Rechtliche Sonderbeziehungen iSd Art. 4 Abs. 3 S. 2 sind im Verkehrsunfallrecht meist **vertragliche Beziehungen,** insbesondere ein Beförderungsvertrag: Bei Bus- oder Taxibeförderung gestattet Abs. 3 S. 2 die vertragsakzessorische Anknüpfung an das nach der Rom I-VO ermittelte Statut des Beförderungsvertrags.[171] Bei Fahrgemeinschaften ist zu prüfen, ob ein Gesellschaftsvertrag besteht, an den akzessorisch angeknüpft werden kann.[172] **126**

(2) Generalklausel des Abs. 3 S. 1. Im Rahmen der Generalklausel des Abs. 3 S. 1 muss die Gesamtheit der Umstände berücksichtigt werden (→ Rn. 78 ff.), wozu auch der Umstand gehört, dass die beteiligten Kraftfahrzeuge in demselben Staat zugelassen und versichert sind.[173] Es gibt aber keinen Automatismus dahingehend, dass die Zulassung der unfallbeteiligten Kraftfahrzeuge in ein und demselben Staat bereits die Anwendung des Rechts dieses Staates als „law of the garage" **(lex stabuli communis)** begründet,[174] und zwar auch dann nicht, wenn – wie im Regelfall – die Fahrzeuge im Zulassungsstaat versichert sind.[175] **127**

ee) Sicherheits- und Verhaltensregeln (Art. 17). Die Verkehrsregeln und Sicherheitsvorschriften des Unfallorts sind nach Art. 17 zu berücksichtigen, wenn das Recht dieses Ortes nicht das Deliktsstatut ist.[176] Bei der Ermittlung verkehrsgerechten Verhaltens sind stets die straßenverkehrsrechtlichen Normen des Tatortrechts zu beachten (→ Art. 17 Rn. 29 ff.). Das gilt für die Frage, auf welcher Fahrbahnseite zu fahren ist, ebenso wie für die Frage, ob Schutzeinrichtungen wie Sicherheitsgurte oder Helme zu benutzen sind.[177] Wegen der Einzelheiten wird auf die Kommentierung des Art. 17 verwiesen. Ob ein Verkehrsverstoß oder die Nichtbeachtung einer Sicherheitsvorschrift (zB über das Gurtanlegen) den Vorwurf grober Fahrlässigkeit oder ein mitwirkendes Verschulden begründet, entscheidet ungeachtet des Art. 17 das Deliktsstatut (→ Art. 15 Rn. 11; → Art. 17 Rn. 17). **128**

ff) Schadensregulierung und Schadensbemessung. Der **Direktanspruch des Verletzten** gegen die Haftpflichtversicherung des Unfallgegners beurteilt sich gemäß **Art. 18** alternativ nach dem Deliktsstatut oder dem Statut des Versicherungsvertrags (→ Art. 18 Rn. 16 ff.). Erhebliche Kontroversen gab es im Vorfeld der Rom II-VO über die Frage, ob die Rom II-VO eine Vorschrift **129**

---

168 OLG Saarbrücken NJOZ 2014, 483; OLG Stuttgart BeckRS 2014, 6419; LG Saarbrücken BeckRS 2015, 12279; NJW-RR 2012, 885; NJW 2015, 2823; NJOZ 20015, 1574; AG Frankenthal NJW-RR 2015, 544; AG Geldern NJW 2011, 686; AG Heinsberg NJOZ 2014, 1612; AG München BeckRS 17458.

169 Beispiel nach *Kadner Graziano* Rev. crit. dr. int. pr. 97 (2008), 445 (457).

170 Ausf. *Csöndes* ELF 2021, I-49 zu einer ungarischen Entscheidung.

171 BeckOK BGB/*Spickhoff* Rn. 12 ff.; *Junker* NJW 2007, 3675 (3678); allg. *Rauscher* FS Becker-Eberhard, 2022, 457 (459).

172 *Hohloch* YbPIL 9 (2007), 1 (12); *Ofner* ZfRV 2008, 13 (17); *G. Wagner* IPRax 2008, 1 (6).

173 BeckOK BGB/*Spickhoff* Rn. 17; zum dt. IPR Begr. RegE, BR-Drs. 759/98, 23 = BT-Drs. 14/343, 10, 11; LG Berlin NJW-RR 2002, 1107 = IPRspr. 2002, Nr. 44; *Looschelders* VersR 1999, 1316 (1320); *Rehm* DAR 2001, 531 (534–535).

174 *Junker* JZ 2008, 169 (176).

175 AA zum deutschen IPR LG Berlin NJW-RR 2002, 1107 (obiter).

176 Speziell zu Straßenverkehrsunfällen BeckOK BGB/*Spickhoff* Art. 17 Rn. 4; *Junker* JZ 2008, 169 (177); *Rauscher* FS Becker-Eberhard, 2022, 457 (459 f.); zum dt. IPR Begr. RegE, BR-Drs. 759/98, 24 = BT-Drs. 14/343, 11 unter Hinweis auf BGH NJW-RR 1996, 732 = VersR 1996, 515.

177 OLG Koblenz NJW-RR 2005, 1048; *Junker* JZ 2000, 477 (486); *Kreuzer* RabelsZ 65 (2001), 383 (419 f.); *Looschelders* VersR 1999, 1316 (1322); *Ziegert* ZfS 2000, 5 (6).

zum materiell angemessenen **Umfang des Schadensersatzes** für Personenschäden aus (Straßen-) Verkehrsunfällen enthalten sollte[178] (→ Art. 30 Rn. 12). Um dem Europäischen Parlament, das sich für eine solche Norm ausgesprochen hatte, entgegenzukommen, wurde der **Erwägungsgrund 33** geschaffen (→ Art. 15 Rn. 26 ff.) und der Rom II-VO eine **Kommissionserklärung** beigefügt (→ Art. 30 Rn. 15).

130 Die äußerste **Grenze der Schadensbemessung** bildet in beide Richtungen – unangemessen hoch oder unerträglich niedrig – der ordre public des Forumstaats (Art. 26). Soweit das anwendbare materielle Recht zB die pauschale Entschädigung von Unfallopfern auf der Basis von Tabellen vorsieht (wie zB das spanische „Baremo"),[179] ist die Anwendung des **ordre public (Art. 26)** zu erwägen, wenn solche Entschädigungen nach den Standards des Forums gänzlich unangemessen sind (→ Art. 15 Rn. 28; → Art. 26 Rn. 19; zur Anknüpfung der **Verjährung** bei Straßenverkehrsunfällen → Art. 15 Rn. 45, zum Zinsanspruch → Art. 15 Rn. 17 und zur Kostenpauschale → Art. 15 Rn. 18).

2. Delikte im Luftverkehr.

Schrifttum: *Bollweg/Schnellenbach,* Die Neuordnung der Luftverkehrshaftung, ZEuP 2007, 798; *Koller,* Transportrecht, Kommentar, 10. Aufl. 2010; *Kretschmer,* Das Internationale Privatrecht der zivilen Verkehrsluftfahrt, 2003; *Schladebach,* Luftrecht, 2. Aufl. 2018; *Schwenk/Giemulla,* Handbuch des Luftverkehrsrechts, 5. Aufl. 2018.

131 Die Luftverkehrshaftung ist derjenige Bereich des Internationalen Transportrechts, der in den letzten Jahren die grundlegendsten Umbrüche erfahren hat. Sie werden im Folgenden nur insoweit behandelt, als sie für die Bestimmung des Deliktsstatuts von Bedeutung sind oder den Umfang des Deliktsstatuts beeinflussen. Grundlegend ist dabei die Unterscheidung zwischen der Schädigung von Gütern oder Personen, die im Luftfahrzeug befördert werden oder befördert werden sollen, und der Schädigung von Personen oder Sachen, die sich außerhalb des schadensverursachenden Luftfahrzeugs befinden.[180]

132 **a) Flugzeugunglücke.** Im Gegensatz zum Schiffsverkehr (→ Rn. 156 ff.) fehlt es an einer (sach- oder kollisionsrechtlichen) Rechtsvereinheitlichung für deliktische Ansprüche aus Flugzeugzusammenstößen oder anderen Flugzeugunglücken.[181] Das Übereinkommensrecht (→ Rn. 134 ff.) betrifft im Falle von Flugzeugunfällen nur Ansprüche von Passagieren gegen den eigenen Beförderungsunternehmer. Mangels staatsvertraglicher Regelungen werden deliktische **Ansprüche der Passagiere und des Eigners** gegen den Eigner des anderen am Zusammenstoß beteiligten Flugzeugs nach Art. 4, 14 angeknüpft. Die Rechtswahl nach Maßgabe des **Art. 14** hat Vorrang. Manche wollen sodann in entsprechender Anwendung des **Art. 4 Abs. 2** das Recht des übereinstimmenden Hoheitszeichens (= Registrierungsstaat) zur Anwendung bringen.[182] Ansonsten gilt bei Kollisionen auf oder über staatlichem Hoheitsgebiet **Art. 4 Abs. 1** in direkter Anwendung.[183] Bei Zusammenstößen im staatsfreien Luftraum ist – mangels einer offensichtlich engeren Verbindung der unerlaubten Handlung mit einem anderen Staat **(Art. 4 Abs. 3)** – als Ersatzanknüpfung im Rahmen des Art. 4 Abs. 1 das Recht des Registrierungsstaats (= Hoheitszeichens) des beschädigten Luftfahrzeugs anzuwenden (→ Rn. 50). Bringt ein Pilot eine Passagiermaschine vorsätzlich zum Absturz, kommt eine akzessorische Anknüpfung der Ansprüche der Hinterbliebenen gegen die Fluggesellschaft an das Statut des Beförderungsvertrags in Betracht.[184]

133 **b) Borddelikte.** Ansprüche aus unerlaubten Handlungen, die an Bord von Luftfahrzeugen zwischen Besatzungsmitgliedern, zwischen Passagieren oder zwischen Besatzungsmitgliedern und Passagieren begangen werden, unterliegen – mangels einer Rechtswahl **(Art. 14)** oder eines gemeinsamen gewöhnlichen Aufenthalts der Beteiligten in demselben Staat **(Art. 4 Abs. 2)** – dem Tatortrecht **(Art. 4 Abs. 1).** Die Anwendung der Tatortregel ist unproblematisch, wenn es sich um einen Inlandsflug handelt oder das Flugzeug sich zur Zeit der unerlaubten Handlung am Boden befand. Bei internationalen Flügen kommt als Ersatzanknüpfung das Recht des Registrierungsstaates des

[178] Ausf. *Kadner Graziano/Oertel* ZVglRWiss 107 (2008), 113; s. auch *Koziol/Thiede* ZVglRWiss 106 (2007), 235 (239 ff.); *Sonnentag* ZVglRWiss 105 (2006), 256 (292 ff.); *Thiede/Ludwichowska* ZVglRWiss 106 (2007), 92 (97 ff.); *G. Wagner* IPRax 2006, 372 (379).

[179] Ausf. *Kadner Graziano/Oertel* ZVglRWiss 107 (2008), 113; s. auch *Hohloch* RabelsZ 84 (2020), 141 (142).

[180] Zu Letzterem *Bollweg/Schnellenbach* ZEuP 2007, 798 (813 ff.).

[181] Ausf. zu entspr. Vereinheitlichungsbestrebungen *Bollweg/Schnellenbach* ZEuP 2007, 798 (813 ff.); s. auch Staudinger/*v. Hoffmann,* 2007, EGBGB Art. 40 Rn. 256, 275.

[182] BeckOK BGB/*Spickhoff* Rn. 25; Staudinger/*v. Hoffmann,* 2007, EGBGB Art. 40 Rn. 257.

[183] *Bollweg/Schnellenbach* ZEuP 2007, 798 (814); *Weller/Rentsch/Thomale* NJW 2015, 1909 (1911); zum dt. IPR Staudinger/*v. Hoffmann,* 2007, EGBGB Art. 40 Rn. 258.

[184] *Weller/Rentsch/Thomale* NJW 2015, 1909 (1911); s. auch Erman/*Stürner* Rn. 27.

Luftfahrzeugs zur Anwendung[185] (→ Rn. 50). Die Anknüpfungen des Art. 4 Abs. 1, 2 stehen unter dem Vorbehalt einer offensichtlich engeren Verbindung der unerlaubten Handlung zu einem anderen Staat **(Art. 4 Abs. 3 S. 1),** die sich insbesondere aus einer vertraglichen Beziehung zwischen den Beteiligten ergeben kann **(Art. 4 Abs. 3 S. 2).**

c) Beförderungsschäden.

Schrifttum: *Boettge,* Das Luftfahrtrecht nach dem Montrealer Übereinkommen, VersR 2005, 908; *Giemulla,* Die Haftung im Luftverkehr, GS Helm, 2001, 79; *Kadletz,* Die Domizilanknüpfung bei Internationalen Luftbeförderungen nach dem IATA Intercarrier Agreement 1995, IPRax 1998, 9; *Ruhwedel/Schmid,* Der lange Weg von Warschau über Brüssel nach Montreal, RRa 2000, 147; *Saenger,* Harmonisierung des internationalen Luftprivatrechts – Vom IATA-Intercarrier Agreement zur Neufassung des Warschauer Abkommens in der Montrealer Konvention vom Mai 1999, NJW 2000, 169; *Schmid,* Das Zusammenspiel von internationalen und europäischen Vorschriften zur Haftung für Passagier- und Gepäckschäden im internationalen Luftverkehr, RRa 2004, 198; *Schmid/Müller-Rostin,* In-Kraft-Treten des Montrealer Übereinkommens von 1999: Neues Haftungsregime für internationale Lufttransporte, NJW 2003, 3516; *Schollmeyer,* Die Harmonisierung des Haftungsrechts im Luftverkehr zwischen Warschau, Montreal und Brüssel, IPRax 2004, 78; *Weber,* The Modernization and Consolidation of the Warsaw System on Air Carrier Liability: The Montreal Convention of 1999, FS Böckstiegel, 2001, 247.

aa) Warschauer Abkommen. Das (Warschauer) Abkommen vom 12.10.1929 zur Vereinheitlichung von Regeln über die Beförderung im internationalen Luftverkehr idF des Haager Protokolls vom 28.9.1955, ergänzt ua um das Zusatzabkommen von Guadalajara vom 18.9.1961 (WA), hat lange Zeit das Sachrecht der internationalen Luftbeförderung für Personen, Reisegepäck und Güter vereinheitlicht.[186] Dabei ging das Haftungssystem des Warschauer Abkommens im Rahmen seines Anwendungsbereichs den Kollisionsnormen des IPR vor[187] (→ Art. 28 Rn. 14). Die Vorschriften über die Haftung des Luftfrachtführers sind in Art. 17–30 WA enthalten. Dem frachtbriefmäßigen Empfänger des Transportguts können bei Verlust oder Beschädigung des Gutes auch gegen den Unterfrachtführer eigene Schadensersatzansprüche zustehen.[188] Da das Warschauer Abkommen um immer neue Zusatzabkommen und Protokolle ergänzt wurde, die teilweise jedoch nicht in Kraft traten bzw. nicht ratifiziert wurden, entstand der heftig kritisierte „juristische Flickenteppich".[189] Weitere Kritikpunkte bildeten die als zu niedrig empfundenen Haftungshöchstbeträge sowie die Vernachlässigung von Verbraucherinteressen.[190] Für das Warschauer Abkommen spricht aber andererseits der Ausgleich zwischen Luftfrachtführer und Passagier. Der Luftfrachtführer wird durch die summenmäßig begrenzte Haftung vor wirtschaftlichen Risiken geschützt, der Passagier muss bis zum Erreichen der Haftungshöchstbeiträge seinerseits keinen Verschuldensnachweis erbringen. Heute gilt das Warschauer Abkommen **nur noch im Verhältnis zu Staaten,** die nicht Mitgliedstaat des Montrealer Übereinkommens sind. 134

bb) Montrealer Übereinkommen. Das (Montrealer) Übereinkommen vom 28.5.1999 zur Vereinheitlichung bestimmter Vorschriften über die Beförderung im internationalen Luftverkehr **(MÜ)** ist am 4.11.2003 völkerrechtlich in Kraft getreten.[191] In Deutschland gilt es seit dem 28.6.2004.[192] Im Verhältnis der Vertragsstaaten zueinander ersetzt das MÜ das WA und seine Zusatzübereinkommen (Art. 55 MÜ) und konsolidiert damit die bestehenden Rechtsakte.[193] Der **Anwendungsbereich** ist gegenüber der früheren Rechtslage im Wesentlichen unverändert. **Sachlich** gilt das MÜ für jede entgeltliche Beförderung von Personen, Reisegepäck oder Gütern und darüber hinaus in Fällen unentgeltlicher Beförderung durch Luftfahrtunternehmen (Art. 1 Abs. 1 MÜ).[194] 135

[185] BeckOK BGB/*Spickhoff* Rn. 25; jurisPK-BGB/*Wurmnest* Rn. 59; NK-BGB/*Lehmann* Rn. 107; PWW/*Schaub* Rn. 17.

[186] RGBl. 1933 II 1039; zum Haager Protokoll BGBl. 1958 II 291, 312, BGBl. 1964 II 1317; ausf. zum WA, seinen Zusatzabkommen und Protokollen *Kretschmer,* Das IPR der zivilen Verkehrsluftfahrt, 2003, 47 ff.

[187] *Boettge* VersR 2005, 908.

[188] BGH NJW 2008, 289.

[189] *Schmid/Müller-Rostin* NJW 2003, 3516 (3517); *Boettge* VersR 2005, 908 (909); *Saenger* NJW 2000, 169 (175); *Kretschmer,* Das IPR der zivilen Verkehrsluftfahrt, 2003, 56 f.; *Giemulla* GS Helm, 2001, 79 f.

[190] *Ruhwedel/Schmid* RRa 2000, 147; *Saenger* NJW 2000, 169 (175); *Schmid/Müller-Rostin* NJW 2003, 3516 (3517); *Schollmeyer* IPRax 2004, 78; *Kadletz* IPRax 1998, 9.

[191] *Cheng* Int. Comp. L. Q. 53 (2004), 833; *Delebecque* Clunet 2005, 263; *Schollmeyer* IPRax 2004, 78; *Schmid/Müller-Rostin* NJW 2003, 3516 (3517).

[192] BGBl. 2004 II 458, 1371.

[193] *Boettge* VersR 2005, 908 (917); *Diederiks-Verschoor* FS Böckstiegel, 2001, 26; *Weber* FS Böckstiegel, 2001, 247 (250).

[194] Vgl. zum Anwendungsbereich EuGH NJW 2016, 385 = EuZW 2015, 795 mAnm *Loacker* – Prüller-Frey/Brodnig; *Weller/Rentsch/Thomale* NJW 2015 1909 ff.; s. auch OLG Frankfurt NJW-RR 2012, 374: keine Geltung im Verhältnis zwischen Reiseveranstalter und Fluglinie.

Unerheblich ist, ob der Luftfrachtführer in der Lage oder willens sei, den Transport mit eigenen Mitteln zu bewerkstelligen, oder ob er beabsichtigt, den Transport einem Dritten zu übertragen.[195] **Räumlich** ist der Anwendungsbereich gemäß Art. 1 Abs. 2 MÜ eröffnet, wenn Abgangs- und Bestimmungsort jeweils in einem Vertragsstaat liegen oder wenn sie innerhalb desselben Vertragsstaates liegen und eine Zwischenlandung in einem anderen (beliebigen) Staat erfolgt. **Reine Inlandsflüge** sind danach nicht erfasst. Im Vergleich zum WA erhöht das MÜ die Haftungsbeträge, die nunmehr auf Grundlage der IWF-Sonderziehungsrechte zu ermitteln sind (Art. 23 MÜ) und im vereinfachten Verfahren der künftigen Entwicklung angepasst werden können (Art. 24 MÜ).

136 Nach Art. 29 S. 1 MÜ gelten die Voraussetzungen und Beschränkungen des Übereinkommens auch für konkurrierende nationale Schadenersatzansprüche **(Limitierungsvorschrift).** Gemäß Art. 29 S. 2 MÜ ist zudem bei Klagen nach dem MÜ „jeder eine Strafe einschließende, verschärfte oder sonstige nicht kompensatorische Schadensersatz ausgeschlossen". Diese Klarstellung führt zu mehr Rechtssicherheit; außerdem soll die Haftungseinheit des MÜ nicht ausgehebelt werden.[196] Passagierschäden sind nach den Art. 17 Abs. 1 MÜ, Art. 20 MÜ und Art. 21 MÜ ersatzfähig. Bis zu **113.100 SZR** ist eine Beschränkung oder ein Ausschluss der Haftung nicht möglich; für darüber hinausgehende Schäden kann sich der Luftfrachtführer entlasten (Art. 21 MÜ). Es gibt aber keine Haftungshöchstgrenzen, anders als noch beim WA, was als Vor- oder auch als Nachteil des MÜ gesehen werden kann. Durch Art. 17 Abs. 1 MÜ wird die früher diskutierte Frage, ob psychische Schäden ersatzfähig sind, negativ beantwortet.[197] Der **Umfang der Ersatzpflicht** ergibt sich aus der nach internationalem Privatrecht anzuwendenden nationalen Rechtsordnung. Zurechenbar sind dem Luftfrachtführer nach überwiegender Ansicht in der deutschen Rspr. nur die dem Luftverkehr eigentümlichen Gefahren.[198] Fehlt es nach Prüfung des Art. 17 MÜ an der luftfahrttypischen Kausalität, so wird hieran weiter die Folge geknüpft, dass die Exklusivität der Anwendung des MÜ entfällt und nationales Rechts anwendbar ist. Die Exklusivität der Haftung nach Art. 29 MÜ soll nur gelten, wenn sich im Schadenereignis spezifische Gefahren der Luftbeförderung realisiert haben. Art. 50 MÜ verpflichtet die Vertragsstaaten zur Einführung einer obligatorischen Haftpflichtversicherung für „ihre Luftfrachtführer". Damit besteht die Versicherungspflicht nicht nur für Luftfahrtunternehmen, sondern für alle Luftbeförderer, die nach dem MÜ haften.[199]

137 **cc) Rom II-VO.** Das Übereinkommensrecht (→ Rn. 134 ff.) schließt konkurrierende deliktische Ansprüche nach nationalem Recht nicht aus, sondern limitiert sie auf die im WA bzw. MÜ vorgesehenen Haftungshöchstbeträge. Daher ist die Geltendmachung deliktischer Ansprüche nach nationalem Recht neben der in den Übereinkommen vorgesehenen Gefährdungshaftung in der Regel für den Geschädigten nicht attraktiv.[200] Ihre Domäne hat daher die Anknüpfung des deliktischen Beförderungsschadenersatzes nach der Rom II-VO außerhalb des sachlichen oder räumlichen Anwendungsbereichs der Übereinkommen. Im Regelfall wird es auf eine **akzessorische Anknüpfung nach Art. 4 Abs. 3 S. 2** an das Statut des Beförderungsvertrags hinauslaufen, die aber nach der Konzeption dieser Vorschrift als Ausweichklausel erst in Betracht kommt, wenn zuvor das nach Art. 4 Abs. 1 oder 2 anzuwendende Recht ermittelt wurde[201] (→ Rn. 64). Das nach Art. 4 Abs. 1, 2 anzuwendende Recht muss folglich in jedem Fall ermittelt werden und nicht nur in den Fällen, in denen es an einem Beförderungsvertrag fehlt (zB blinder Passagier, Gefälligkeitstransport).[202]

138 **Art. 4 Abs. 2** führt zur Anwendung der lex domicilii communis, wenn der Geschädigte zum Zeitpunkt des Schadenseintritts seinen gewöhnlichen Aufenthalt – ggf. unter Heranziehung der Hilfsnorm des Art. 23 (→ Art. 23 Rn. 11 ff.) – in demselben Staat hat wie die Person, deren Haftung für den Beförderungsschaden geltend gemacht wird; da das Recht dieses Staates häufig auch das Statut des Beförderungsvertrags sein wird, entfällt in dieser Konstellation häufig die Korrektur durch

---

[195] OLG Stuttgart TranspR 2010, 37 (40).

[196] *Boettge* VersR 2005, 908 (915); *Schmid/Müller-Rostin* NJW 2003, 3516 (3517); zum Verhältnis zur Fluggastrechte-VO AG Köln DAR 2011, 536; *Tonner* VuR 2011, 203 (203 ff.).

[197] *Saenger* NJW 2000, 169 (173); *Schmid/Müller-Rostin* NJW 2003, 3516 (3517); *Weber* FS Böckstiegel, 2001, 247 (252); vgl. zu Schmerzensgeldansprüchen nach Flugzeugunglücken *Weller/Rentsch/Thomale* NJW 2015, 1909 ff.

[198] BGH NJW 2018, 861; 1979, 495; OLG Düsseldorf BeckRS 2015, 15548; TranspR 1997, 150; gegen das Erfordernis der luftfahrttypischen Kausalität vgl. *Schönwerth* TranspR 1992, 11 ff.

[199] *Schollmeyer* IPRax 2004, 78 (80 f.); *Boettge* VersR 2005, 908 (917); *Müller-Rostin* VersR 2004, 832; damit ist ein Gleichklang von Abkommen und EU-Verordnungen erreicht, vgl. *Saenger* NJW 2000, 169 (175).

[200] Staudinger/*v. Hoffmann,* 2007, EGBGB Art. 40 Rn. 268.

[201] BeckOK BGB/*Spickhoff* Rn. 27; *Weller/Rentsch/Thomale* NJW 2015, 1909 (1911); aA zum dt. IPR – primäre vertragsakzessorische Anknüpfung – Staudinger/*v. Hoffmann,* 2007, EGBGB Art. 40 Rn. 272.

[202] BeckOK BGB/*Spickhoff* Rn. 28; Erman/*Stürner* Rn. 27; jurisPK-BGB/*Wurmnest* Rn. 57; PWW/*Schaub* Rn. 17.

Art. 4 Abs. 3 S. 2.[203] **Art. 4 Abs. 1** führt, wenn der Beförderungsschaden im hoheitsfreien Luftraum eingetreten ist, im Wege der Ersatzanknüpfung zum Recht des Registrierungsstaates des Luftfahrzeugs[204] (→ Rn. 50).

d) Bodenschäden durch Luftfahrzeuge. aa) Staatsverträge. Das Römische Übereinkommen vom 7.10.1952 über Schäden, die Dritten auf der Erde durch ausländische Luftfahrzeuge zugefügt werden **(RÜ),**[205] ist am 4.2.1958 in Kraft getreten.[206] Dieses Römische Übereinkommen tritt an die Stelle des ersten Römischen Übereinkommens vom 29.5.1933. **Sachlich** beschränkt sich der Anwendungsbereich des RÜ auf Schäden, die (zB durch Absturz oder Abwurf von Gegenständen oder durch Druckwellen) durch ein in der Luft befindliches Fahrzeug am Boden verursacht werden. **Räumlich** erstreckt sich der Anwendungsbereich des RÜ nur auf Schäden, die im Gebiet eines Vertragsstaates durch ein im Gebiet eines anderen Vertragsstaates registriertes Luftfahrzeug verursacht werden (Art. 23 Abs. 1 RÜ). Deutschland ist kein Vertragsstaat.[207] Das römische Übereinkommen gilt in vergleichsweise wenigen Staaten, ein internationales Haftungsregime im Bereich der Drittschadenshaftung besteht damit nicht. Auch das Protokoll von 1978, das erst am 25.7.2002 in Kraft getreten ist, hat wenig Anklang gefunden (Montrealer Protokoll).[208] Dieses Protokoll soll das Römische Übereinkommen ergänzen und sieht insbesondere eine Erhöhung der Haftungshöchstsumme vor. Das Römische Übereinkommen unterscheidet sich maßgeblich von den Gefahrguttransportübereinkommen CRTD, HNS-Übereinkommen und CRDNI-Entwurf, da es nicht auf die Beförderung von Gefahrgütern mit Luftfahrzeugen spezialisiert ist, sondern unabhängig vom Transportgut (Güter- ebenso wie Personen) die im Abkommen genannten Schäden, welche Dritten auf der Erde durch ausländische Luftfahrzeuge zugefügt werden, erfasst.[209] Schadensersatzansprüche, die auf Tiefflugübungen der **NATO-Streitkräfte** über deutschem Hoheitsgebiet beruhen, unterliegen nach Art. VIII Abs. 5 NTS dem deutschen Recht[210] (→ Rn. 206 ff.). 139

bb) Rom II-VO. Soweit Staatsverträge (einschließlich des NATO-Truppenstatuts) nicht einschlägig sind, werden deliktische Ansprüche wegen Bodenschäden durch Luftfahrzeuge nach Art. 4, 14 angeknüpft. Liegt weder eine Rechtswahl vor **(Art. 14)** noch ein gemeinsamer gewöhnlicher Aufenthalt der Deliktsbeteiligten in demselben Staat **(Art. 4 Abs. 2),** ist nach der Erfolgsortanknüpfung gemäß **Art. 4 Abs. 1** bei Eintritt des Schadens im Hoheitsgebiet eines Staates das dort geltende Recht anzuwenden. Bei Schädigung von Einrichtungen auf dem Festlandsockel oder von Schiffen auf Hoher See gelten die oben entwickelten Modifikationen der Tatortregel (→ Rn. 46 ff.). 140

e) Ungerechtfertigte Sicherungsbeschlagnahme. Die Anknüpfung von Schadensersatzansprüchen wegen ungerechtfertigter Sicherungsbeschlagnahme bestimmt sich nach dem **Abkommen vom 29.5.1933** zur Vereinheitlichung von Regeln über die Sicherungsbeschlagnahme von Luftfahrzeugen; es ist am 12.1.1937 in Kraft getreten.[211] Nach Art. 6 Abk. unterliegt die Haftung des betreibenden Gläubigers auf Schadensersatz wegen ungerechtfertigter Sicherungsbeschlagnahme von Luftfahrzeugen der am Ort des Arrestverfahrens geltenden Rechtsordnung; es handelt sich um eine Sachnormverweisung.[212] Art. 6 Abk. hat gemäß Art. 28 Abs. 1 den Vorrang vor den Kollisionsnormen der Rom II-VO.[213] 141

3. Schäden durch Weltraumgegenstände.

Schrifttum: *Böckstiegel,* Streiterledigung bei der kommerziellen Nutzung des Weltraums, FS Glossner, 1994, 39; *Bueckling,* Das Übereinkommen vom 29.3.1972 über die völkerrechtliche Haftung für Schäden durch Weltraumgegenstände, VersR 1977, 389; *Deplano,* The Artemis Accords: Evolution or Revolution in International Space Law?, Int. Comp. L. Q. 70 (2021), 799; *Frohloff,* Das anwendbare Recht auf Kollisionen im Weltraum, RabelsZ 84

[203] Allg. *v. Hein* ZEuP 2009, 6 (19); *v. Hein* FS Kropholler, 2008, 553 (565 ff.); *Hohloch* YbPIL 9 (2007), 1 (12); *Kadner Graziano* Rev. crit. dr. int. pr. 97 (2008), 445 (466); *Kono* in Basedow/Baum/Nishitani, Japanese and European Private International Law, 2008, 221 (235).

[204] BeckOK BGB/*Spickhoff* Rn. 26; zum dt. IPR Staudinger/*v. Hoffmann,* 2007, EGBGB Art. 40 Rn. 373.

[205] Abgedruckt in ZLW 1953, 98.

[206] Ausf. Staudinger/*v. Hoffmann,* 2007, EGBGB Art. 40 Rn. 274, 275.

[207] Vertragsstaaten: https://www.icao.int/secretariat/legal/List%20of%20Parties/Rome1952_EN.pdf#search=rome%201952 (zuletzt abgerufen am 11.3.2024).

[208] *Bollweg/Schnellenbach* ZEuP 2007, 798 (813).

[209] Zum Anwendungsbereich *Kaiser,* Haftung für Gefahrguttransporte in Europa, 2010, 64.

[210] BGH NJW 1993, 2173.

[211] RGBl. 1935 II 301; s. auch als deutsche Umsetzung des Abkommens das Gesetz über die Unzulässigkeit der Sicherungsbeschlagnahme von Luftfahrzeugen (LuftfzBeschlVerbG) vom 17.3.1935, RGBl. 1935 I 385.

[212] *Heinz,* Die Sicherungsbeschlagnahme von Luftfahrzeugen, 1988, 69 ff.

[213] Mitteilung der Bundesrepublik Deutschland nach Art. 29 Abs. 2, ABl. EU 2010 C 343, 7; s. auch *Azzi/Treppoz* Dalloz 2011, 1293.

(2020), 593; *Gerhard,* Transfer of Operation and Control with Respect to Space Objects – Problems of Responsibility and Liability of States, ZLW 2002, 571; *Schrogl,* A New Look at the Concept of the „Launching State", ZLW 2002, 359; *Stoffel,* Das Haftungssystem des internationalen Weltraumrechts, NJW 1991, 2181.

142 **a) Staatsverträge.** Die Bundesrepublik Deutschland ist Vertragsstaat des Übereinkommens vom 29.3.1972 über die völkerrechtliche Haftung für Schäden durch Weltraumgegenstände (Weltraumhaftungsübereinkommen – **WeltRHaftÜ**).[214] Nach Art. II WeltRHaftÜ schuldet der Startstaat aus **Gefährdungshaftung** Schadensersatz wegen eines von einem Weltraumgegenstand **auf der Erdoberfläche oder an Luftfahrzeugen im Flug** verursachten Schadens. Die verschuldensunabhängige Staatshaftung nach Art. II WeltRHaftÜ trägt dem Umstand Rechnung, dass die Nutzung des Weltraums eine erwünschte, aber risikobehaftete Tätigkeit ist (s. auch Art. VII Weltraumvertrag[215]). Als **Weltraumgegenstände** gelten nach Art. I lit. d WeltRHaftÜ alle Bestandteile eines Weltraumgegenstandes, sowie sein Trägerfahrzeug und dessen Teile. Entscheidend ist nicht, ob der Gegenstand wirklich in den Weltraum eintritt, sondern vielmehr, ob dies sein Ziel ist.[216] Dies zeigt auch Art. Ib WeltRHaftÜ, der den Startversuch als Start versteht. Alle Bestandteile, die nach dem Start vom Startkörper getrennt werden und auf die Erde zurückfallen, werden als Weltraumgegenstände angesehen. Für Höhenforschungsraketen ist das WeltRHaftÜ nicht anwendbar. Es kommen die allgemeinen völkerrechtlichen Regeln zu Anwendung.[217]

143 Startstaat („launching state") ist der Staat, der einen Weltraumgegenstand startet oder den Start durchführen lässt (Art. I lit. c Ziff. i WeltRHaftÜ), oder der Staat, auf dessen Hoheitsgebiet oder Anlagen ein Weltraumgegenstand gestartet wird (Art. I lit. c Ziff. ii WeltRHaftÜ). Eine Staatshaftung besteht folglich auch für **private Aktivitäten.**[218] Art. III WeltRHaftÜ sieht eine **Verschuldenshaftung** vor, wenn ein Schaden an einem anderen Weltraumgegenstand entsteht; auch Personen- oder Sachschäden an Bord sind eingeschlossen. Allerdings werden keine Kriterien für ein Verschulden („fault") aufgestellt, so dass insoweit Rechtsunsicherheit herrscht.[219] Art. VI Abs. 1 WeltRHaftÜ sieht eine **Haftungsbefreiung** für den Startstaat vor, wenn er nachweist, dass der Schaden ganz oder teilweise durch grobe Fahrlässigkeit oder durch eine mit Schädigungsvorsatz begangene Handlung oder Unterlassung eines anspruchstellenden Staates oder der von diesem vertretenen natürlichen oder juristischen Personen entstanden ist. Art. VII WeltRHaftÜ bestimmt die Anwendbarkeit des Übereinkommens.

144 Die Bestimmung der **Höhe des Schadensersatzes** richtet sich nach dem Grundsatz der Naturalrestitution; der geschädigte Staat oder dessen Angehörige sollen so gestellt werden, als wäre der Schaden nicht eingetreten (Art. XII WeltRHaftÜ). Es besteht keine summenmäßige Haftungsbeschränkung.[220] Zu ersetzen sind Körper- und Gesundheitsschäden sowie Schäden am Vermögen natürlicher oder juristischer Personen „nach Gerechtigkeit und Billigkeit" (Art. XII WeltRHaftÜ). Nach Art. VII, IX WeltRHaftÜ kann der Geschädigte nicht unmittelbar gegen den Startstaat vorgehen, sondern muss seine Ansprüche durch seinen Heimatstaat Art. VIII Abs. 1 WeltRHaftÜ (hilfsweise durch den Staat des Schadensortes, Art. VIII Abs. 2 WeltRHaftÜ, oder den Staat des gewöhnlichen Aufenthalts, Art. VIII Abs. 3 WeltRHaftÜ) auf diplomatischem Wege geltend machen. Ein gerichtlich durchsetzbarer Anspruch einer geschädigten Privatperson gegen ihren Heimatstaat auf Geltendmachung des Schadens nach dem WeltRHaftÜ besteht nicht.[221] Es handelt sich folglich um eine **völkerrechtliche Haftung** von Staaten untereinander. Bei Streitigkeiten zwischen den betroffenen Staaten wird auf Antrag der Parteien eine **Schadenskommission** gebildet (Art. XIV ff. WeltRHaftÜ), wenn nicht innerhalb eines Jahres eine Regelung durch diplomatische Verhandlungen zustande kommt.[222] Nach Art. XVIII WeltRHaftÜ entscheidet die Kommission über den Schadensersatzanspruch dem Grunde nach und setzt die Höhe des Schadensersatzes fest. Nach Art. XIX Abs. 2 WeltRHaftÜ ist die Entscheidung allerdings nur verbindlich, wenn sie von beiden Parteien anerkannt wird.[223]

214 Convention on International Liability for Damage Caused by Space Objects; BGBl. 1975 II 1209; Vertragsstaaten s. BGBl. II FNB; aktueller Beitrittsstand: http://www.unoosa.org/oosa/en/ourwork/spacelaw/treaties/status/index.html.

215 Treaty on Principles Governing the Activities of States in the Exploration and Use of Outer Space, including the Moon and Other Celestial Bodies, BGBl. 1969 II 1968.

216 *Frohloff* RabelsZ 84 (2020), 593; s. auch *Bueckling* VersR 1978, 599 (601); *Gerhard* ZLW 2002, 571 (572); allg. *Deplano* Int. Comp. L. Q. 70 (2021), 799.

217 Vgl. dazu *Bueckling* VersR 1978, 389 (389 ff.).

218 *Gehring/Jachtenfuchs* EJIL 4 (1993), 92 (103); *Gerhard* ZLW 2002, 571.

219 *Schrogl* ZLW 2002, 359 (369).

220 *Stoffel* NJW 1991, 2181.

221 *Bueckling* VersR 1977, 389 (395).

222 *Böckstiegel* FS Glossner, 1994, 42; *Stoffel* NJW 1991, 2181 (2188).

223 Das WeltRHaftÜ hat sich daher in der Praxis als nicht sehr effektiv herausgestellt: Als in der Zeit des „Kalten Krieges" ein mit einem Kernreaktor bestückter sowjetischer Satellit über kanadischem Hoheitsgebiet

b) Rom II-VO. Das WeltRHaftÜ schließt in seinem sachlichen und räumlichen Anwendungsbereich zivilrechtliche Ansprüche wegen Schädigungen durch Weltraumgegenstände nicht aus, sondern stellt in Art. XI Abs. 2 WeltRHaftÜ klar, dass Rechtsschutz vor staatlichen Gerichten nicht ausgeschlossen ist; die völkerrechtliche Haftung des Staates und die zivilrechtliche Haftung des Schädigers stehen also nebeneinander.[224] Dennoch ist die Rom II-VO bei Schäden durch Weltraumgegenstände häufig nicht anwendbar, da ihr **sachlicher Anwendungsbereich** nach Art. 1 Abs. 1 nicht eröffnet ist. 145

Beispiel:
Am 10.2.2009 kollidierte „Kosmos 2251", ein seit mehreren Jahren abgeschalteter und „schrottreifer" Kommunikationssatellit des russischen Militärs, in einer Höhe von rund 800 km über der Erde mit dem Kommunikationssatelliten „Iridium 33" einer privaten Betreibergesellschaft, der völlig zerstört wurde (Schaden: 100 Mio. Euro). Die Bestimmung des anzuwendenden Rechts nach der Rom II-VO dürfte hier schon daran scheitern, dass der russische Staat beim Betreiben und Abschalten von „Kosmos 2251" in Ausübung hoheitlicher Rechte iSv Art. 1 Abs. 1 S. 2 handelte (zur völkerrechtlichen Verschuldenshaftung der Russischen Föderation nach Art. III WeltRHaftÜ → Rn. 143).

Wenn im konkreten Fall der sachliche Anwendungsbereich der Rom II-VO eröffnet ist, liegt es bei **Kollisionen** im Weltraum nahe, die für den **Luftverkehr im hoheitsfreien Raum** entwickelten Grundsätze entsprechend heranzuziehen (→ Rn. 132), wobei allerdings nach der Grundkonzeption des Weltraumrechts an die Stelle des Registrierungsstaates des Luftfahrzeugs der Startstaat des Weltraumgegenstandes tritt (→ Rn. 142). Bei **Bodenschäden** durch Weltraumgegenstände dürfte in der Regel die Erfolgsortanknüpfung nach Art. 4 Abs. 1 zum Zuge kommen; bei **Borddelikten** im Weltraum ist umstritten, ob nach der Tatortregel das Recht des Startstaats oder das Recht des Registrierungsstaates des Raumfahrzeugs anzuwenden ist.[225] **Vorrang vor der Rom II-VO** haben für die Bundesrepublik Deutschland gemäß Art. 28 Abs. 1 die Deliktskollisionsnormen der Abkommen mit der Europäischen Weltraumforschungs-Organisation (ESRO) vom 24.9.1968 über das **Europäische Operationszentrum für Weltraumforschung** und mit der Europäischen Weltraumorganisation vom 23.8.1990 über das **Europäische Astronautenzentrum** (→ Art. 29 Rn. 6). 146

4. Delikte im Eisenbahnverkehr.

Schrifttum: *Freise,* Die Reform des internationalen Eisenbahn-Personenverkehrsrechts – CIV 1999, GS Helm, 2001, 59; *Freise,* Neue Entwicklungen im Eisenbahnrecht anlässlich des Inkrafttretens des Übereinkommens COTIF 1999, TranspR 2007, 45; *Mutz,* Die Reform des internationalen Eisenbahntransportrechts im Lichte der CMR, FS Herber, 1999, 302; *Mutz,* Schwerpunkte der COTIF-Reform, GS Helm, 2001, 243.

a) Staatsverträge. Das materielle Recht der Beförderungsverträge im internationalen Eisenbahnverkehr ist in Europa weitgehend vereinheitlicht. Das staatsvertragliche Einheitsrecht regelt zwar keine deliktischen Ansprüche; es wirkt jedoch durch Haftungsbegrenzungen, Haftungsbefreiungen, Beweislastregeln und Verjährungsvorschriften auf innerstaatlich begründete Deliktsansprüche ein. Seit 1980 fasst die COTIF[226] die internationalen Übereinkommen der Berner Union – CIM[227] und CIV[228] – zu einem einzigen Abkommen zusammen (Art. 24 § 2 COTIF 1980). 147

aa) COTIF. Die COTIF enthält zunächst ein Grundübereinkommen, das hauptsächlich organisatorische und institutionelle Aspekte betrifft. Die beförderungsrechtlichen Vorschriften – den früheren Übereinkommen entnommen – finden sich in Anh. A und Anh. B. Anh. A enthält die Einheitlichen Rechtsvorschriften für den Vertrag über die internationale Eisenbahnbeförderung von Personen und Gepäck **(ER-CIV)** und Anh. B die Einheitlichen Rechtsvorschriften für den Vertrag über die internationale Eisenbahnbeförderung von Gütern **(ER-CIM).** 148

---

abstürzte und Kernmaterial das Gelände verseuchte, ließ sich die damalige Sowjetunion nicht auf ein Schiedsverfahren ein; nur auf diplomatischem Wege konnte die Zahlung einer eher symbolischen Entschädigung erreicht werden; zum Verfahren auch Staudinger/*v. Hoffmann,* 2007, EGBGB Art. 40 Rn. 281; zu Reformbemühungen s. *Wins,* Weltraumhaftung im Völkerrecht, 2000, 59.

224 Staudinger/*v. Hoffmann,* 2007, EGBGB Art. 40 Rn. 281 aE.

225 Für Letzteres Staudinger/*v. Hoffmann,* 2007, EGBGB Art. 40 Rn. 280.

226 Übereinkommen über den internationalen Eisenbahnverkehr (**Co**nvention relative aux **T**ransports **I**nternationaux **F**erroviaires) vom 9.5.1980, BGBl. 1985 II 129, 1001; Vertragsstaaten s. BGBl. II FNB; aktueller Beitrittsstand: https://otif.org/de/?page_id=51 (zuletzt abgerufen am 11.3.2024).

227 Internationales Übereinkommen über den Eisenbahnfrachtverkehr (**C**onvention **I**nternationale concernant le transport de **M**erchandises par chemins de fer) vom 14.10.1890.

228 Internationales Übereinkommen über den Eisenbahn- und -gepäckverkehr (**C**onvention **I**nternationale concernant le transport des **V**oyageurs et de bagages par chemins de fer) vom 14.10.1890, mit Zusatzübereinkommen über die Haftung der Eisenbahn für Tötung und Verletzung von Reisenden vom 26.2.1966.

149 Die **Neufassung der COTIF** durch das **Änderungsprotokoll vom 9.3.1999**[229] ist am 1.7.2006 in Kraft getreten.[230] Das von Deutschland erlassene Vertragsgesetz[231] wurde mit Inkrafttreten des Änderungsprotokolls wirksam. Inhaltlich berücksichtigt die COTIF-Novelle die wirtschaftlichen Entwicklungen im Eisenbahnverkehr und nähert sich der Konzeption der CMR an.[232] Die EU ist mit Wirkung vom 1.7.2011 dem Übereinkommen beigetreten.[233] Der Beitritt der EU bewirkt, dass das internationale Eisenbahnrecht des COTIF in Ländern außerhalb des Geltungsbereichs des COTIF angewandt wird.[234] Die organisatorischen und institutionellen Bestimmungen der COTIF, sowie der erweiterte Anwendungsbereich der Einheitlichen Rechtsvorschriften reflektieren diese Entwicklung.[235] Das bisherige – aus deliktsrechtlicher Sicht interessierende – **Haftungssystem der ER-CIV** und **ER-CIM** wird aber grundsätzlich beibehalten. Der Beförderer soll sich allerdings von seiner Haftung gegenüber dem Kunden nicht befreien können, wenn der Schaden auf Mängel der Eisenbahninfrastruktur oder der Sicherungssysteme dieser Infrastruktur zurückzuführen ist.[236] Daher gilt der Betreiber der Infrastruktur nach Art. 40 S. 2 ER-CIM 1999 und Art. 51 S. 2 ER-CIV 1999 als Person, derer sich der Beförderer zur Durchführung seiner Leistung bedient und für die er haftet.

150 **bb) ER-CIV.** Angesichts der grundsätzlich zwingenden Geltung der ER-CIV (Art. 5 ER-CIV 1999) hat die Bestimmung ihres **Anwendungsbereichs** wesentliche Bedeutung. Die Einheitlichen Rechtsvorschriften im Bereich der Personen- und Gepäckbeförderung gelten für alle Beförderungsverträge mit internationalen Beförderungsausweisen auf Strecken, die Gebiete mindestens zweier Vertragsstaaten berühren (Art. 1 § 1 ER-CIV). Die COTIF-Reform schafft aber das Liniensystem, das noch in den COTIF 1980 verankert war, ab.[237] Die ER-CIV 1980 konnten nach Art. 1 § 1 ER-CIV 1980 nur Anwendung finden, wenn die Beförderung von Personen und Gepäck Gebiete mindestens zweier Staaten berührte und ausschließlich Linien umfasste, die gemäß Art. 3 und 10 COTIF 1980 eingetragen waren. Nach der novellierten Fassung der ER-CIV 1999 genügt es, wenn der Ausgangs- und der Bestimmungsort in zwei verschiedenen Vertragsstaaten liegen.

151 Art. 52 ER-CIV enthält eine **Limitierungsvorschrift** und wahrt auf diese Weise den Vorrang des materiellen Einheitsrechts. Ansprüche wegen Unfallschäden von Reisenden können nur unter den Voraussetzungen und Beschränkungen der ER-CIV geltend gemacht werden. Die deliktische Haftung nach dem Recht der Vertragsstaaten geht also nicht über die Bestimmungen der ER-CIV hinaus. Das gilt auch für Ansprüche gegen Personen, derer sich der Beförderer bei der Durchführung der Beförderungsleistung bedient. Nach der Novelle der ER-CIV zählt hierzu auch der Betreiber der Infrastruktur (Art. 51 S. 2 ER-CIV). Die VO (EG) 1371/2007 vom 23.10.2007 über die Rechte und Pflichten der Fahrgäste im Eisenbahnverkehr verweist auf die ER-CIV. Ziel ist die Stärkung der Rechte der Fahrgäste im grenzüberschreitenden und inländischen Eisenbahnverkehr.

152 **cc) ER-CIM.** Die ER-CIM gelten für die Beförderung von Gütern und sind weitgehend parallel zu den ER-CIV ausgestaltet. Der Begriff des Beförderungsvertrages in Art. 1 ER-CIM ist autonom und unabhängig von nationalen Begriffen zu bestimmen.[238] Die ER-CIM gelten für Gütersendungen mit durchgehendem Frachtbrief auf eingetragenen Strecken, die Gebiete mindestens zweier Vertragsstaaten berühren (Art. 1 § 1 ER-CIM iVm Art. 3, 10 COTIF). Das Tatbestandsmerkmal „in Ergänzung" in Art. 1 § 3 ER-CIM erfordert nicht, dass die Bahn den Übernahme- oder Ablieferungsort – etwa wegen Fehlens eines Gleisanschlusses – nicht auf der Schiene erreichen kann. Maßgeblich ist vielmehr, dass der Straßenbeförderung im Verhältnis zur Schienenbeförderung

---

[229] Protokoll vom 3.6.1999 betreffend die Änderung des Übereinkommens vom 9.5.1980 über den internationalen Eisenbahnverkehr (COTIF), BGBl. 2002 II 2142. Integrierte Fassung der novellierten COTIF BGBl. 2002 II 2149; nach mehreren Änderungen gilt es in seiner aktuellen Fassung seit 1.5.2016, https://otif.org/fileadmin/user_upload/otif_verlinkte_files/07_veroeff/02_COTIF_99/2016/COTIF_1999_01_05_2016_d.pdf (zuletzt abgerufen am 11.3.2024).

[230] BGBl. 2006 II 827.

[231] BGBl. 2002 II 2140.

[232] *Freise* TranspR 2007, 46; *Kunz* TranspR 2005, 332; *Mutz* FS Herber, 1999, 302; *Mutz* GS Helm, 2001, 243.

[233] Zum Anwendungsbereich vgl. die konsolidierten erläuternden Bemerkungen der zwischenstaatlichen Organisation für den internationalen Eisenbahnverkehr vom 30.9.2015.

[234] *Kunz* TranspR 2012, 309, 313; *Koller* CIM Vor Art. 1 Rn. 2.

[235] Bericht des Zentralamtes über die Revision des COTIF vom 1.1.2011, 102, www.otif.org.

[236] Bericht des Zentralamtes über die Revision des COTIF vom 1.1.2011, 106, www.otif.org.

[237] *Freise* GS Helm, 2001, 61; *Freise* TranspR 2007, 45 (46); *Kunz* TranspR 2005, 338; *Mutz* GS Helm, 2001, 250.

[238] BGH VersR 2009, 284 = BeckRS 2008, 15249.

lediglich eine untergeordnete Bedeutung zukommt.[239] Auch die ER-CIM ist nach der Novelle von 1999 anwendbar, wenn der Ort der Güterübernahme und der Ablieferungsort in zwei verschiedenen Vertragsstaaten liegen.[240] Ist nur einer dieser Staaten Vertragsstaat, können die Parteien die Geltung der einheitlichen Vorschriften durch Vereinbarung festlegen (Art. 1 § 2 ER-CIM).

Deliktische Ansprüche sind in den ER-CIM nicht ausdrücklich geregelt, aber auch nicht ausgeschlossen. Über Art. 41 ER-CIM als **Limitierungsvorschrift** gelten die vereinheitlichten Voraussetzungen und Beschränkungen der Haftung (zB Haftungsumfang, Haftungsbefreiung, Beweislastverteilung, Verjährung) auch für Schadensersatzansprüche, die auf Grund nationaler Rechtsvorschriften geltend gemacht werden. Die ER-CIM stellt keine Kodifikation des internationalen Eisenbahntransports dar, sondern regelt nur einzelne Fragen. **153**

b) Rom II-VO. Für die Anwendung der Rom II-VO ergeben sich im Bereich des Eisenbahnverkehrs keine Besonderheiten. Die Parteien können das auf deliktische Ansprüche anwendbare Recht wählen (Art. 14). Fehlt es an einer Rechtswahl, kommt die allgemeine Kollisionsnorm Art. 4 zur Anwendung, die eine Anknüpfung an das Recht des Erfolgsortes (Abs. 1) vorsieht, wenn nicht an das Recht des gemeinsamen gewöhnlichen Aufenthalts angeknüpft werden kann (Abs. 2). Die Ausweichklausel kommt zum Zuge, wenn sich aus der Gesamtheit der Umstände eine engere Verbindung zu dem Recht eines anderen Staates ergibt (Abs. 3). Besteht eine Sonderverbindung – etwa ein Beförderungsvertrag – zwischen den Beteiligten, kann sich daraus ein Anwendungsfall der Ausweichklausel ergeben (Abs. 3 S. 2). **154**

5. Delikte im Schiffsverkehr. Das Internationale Seerecht ist von einem Netz internationaler Übereinkommen überzogen. Dieses Netz hat in einigen Bereichen Lücken, in anderen Bereichen aber auch mehrere Schichten. Inhaltlich handelt es sich überwiegend um die **Vereinheitlichung von Sachnormen.** Im Gegensatz zum internationalen Straßen-, Eisenbahn- und Luftverkehr betrifft das seerechtliche Einheitsprivatrecht nicht nur mittelbar, sondern teilweise auch unmittelbar außervertragliche Schadensersatzansprüche. **155**

a) Schiffszusammenstöße.

Schrifttum: *E. Lorenz,* Das anwendbare Recht bei Schiffs- und Flugzeugunfällen, in v. Caemmerer (Hrsg.), Vorschläge und Gutachten zur Reform des deutschen internationalen Privatrechts der außervertraglichen Schuldverhältnisse, 1983, 440; *Roth/Plett,* Schiffszusammenstöße im deutschen IPR, RabelsZ 42 (1978), 662.

Auf dem Gebiet der Schiffszusammenstöße gilt weitgehend international vereinheitlichtes Sachrecht, das Deutschland im Wesentlichen auch in sein innerstaatliches Recht übernommen hat. Die Frage des anwendbaren Rechts hat dadurch an Bedeutung verloren. Das Seeschifffahrts- und das Binnenschifffahrtsrecht sind in getrennten Konventionen geregelt (→ Rn. 157 ff., → Rn. 165 ff.); sie unterscheiden danach, ob ausschließlich Binnenschiffe oder (auch) Seeschiffe an dem Zusammenstoß beteiligt sind. **156**

aa) Staatsverträge. (1) Seeschifffahrt. Im Bereich der Seeschifffahrt ist das (Brüsseler) Übereinkommen vom 23.9.1910 zur einheitlichen Feststellung von Regeln über den Zusammenstoß von Schiffen **(IÜZ)**[241] von zentraler Bedeutung.[242] Es wird von weiteren Staatsverträgen flankiert: **157**

Das (Londoner) Übereinkommen vom 19.11.1976 über die Beschränkung der Haftung für Seeforderungen **(HBÜ 1976)**[243] betrifft die in Art. 10 IÜZ ausdrücklich ausgenommene Frage der Haftungsbeschränkung. Dem Schadensausgleich können die Parteien die Lissabonner Regeln des Comité Maritime International vom 11.4.1987 zugrunde legen.[244] **158**

Im Bereich des Internationalen Zivilprozessrechts ergänzt das (Brüsseler) Übereinkommen vom 10.5.1952 zur Vereinheitlichung von Regeln über die zivilgerichtliche Zuständigkeit bei Schiffszusammenstößen **(SchiffsführZivZustÜ)**[245] die einheitlichen Sachnormen des IÜZ. Die Regelungen des Übereinkommens kommen zur Anwendung, wenn alle beteiligten Schiffe Vertragsstaaten angehören (Art. 8 SchiffsführZivZustÜ). **159**

---

239 BGH RdTW 2013, 447 = BeckRS 2013, 18027.

240 *Freise* TranspR 2007, 46; *Kunz* TranspR 2005, 337; *Mutz* FS Herber, 1999, 303; *Mutz* GS Helm, 2001, 252.

241 In Deutschland seit dem 1.3.1913 in Kraft, RGBl. 1913, 49 (89).

242 *Basedow* IPRax 1987, 333; *Basedow* RabelsZ 74 (2010), 118; *Czempiel* VersR 1987, 1069; *Herber,* Das neue Haftungsrecht der Seeschifffahrt, 1989; *Herber* TranspR 1986, 249 und 326; *Klingsporn* WM 1991, 1105.

243 BGBl. 1986 II 786, BGBl. 1987 II 407; in der aktuellen Fassung in Deutschland in Kraft seit dem 13.5.2004, BGBl. 2000 II 791, BGBl. 2004 II 1793.

244 Verfügbar unter www.comitemaritime.org; hierzu *Kantner,* Die Lissabon Regeln 1987, in Hauer, Seeversicherung, 1989, 50 ff.

245 BGBl. 1972 II 663, in Deutschland in Kraft seit dem 6.4.1973, BGBl. 1973 II 169.

160 **(a) IÜZ.** Das IÜZ (→ Rn. 157) regelt bei einer **Beteiligung von Schiffen verschiedener Nationalität** die Voraussetzungen der Haftung der Reeder, wenn Schäden durch Kollision oder Fernschädigung eintreten. Nach Art. 1 IÜZ gilt das Übereinkommen für Zusammenstöße zwischen privaten Seeschiffen sowie zwischen See- und Binnenschiffen. Ob die Kollision innerhalb oder außerhalb staatlicher Hoheitsgewässer stattgefunden hat, ist unerheblich.[246] Das IÜZ ist – ebenso wie das SchiffsführZivZustÜ – anwendbar, wenn die beteiligten Schiffe Vertragsstaaten zugehören **(Art. 12 Abs. 1).** Nur wenn alle beteiligten Schiffe dem Gerichtsstaat zugehören, ist das innerstaatliche Recht des Gerichtsstaates anwendbar **(Art. 12 Abs. 2 Nr. 2 IÜZ).** Die Vorschrift grenzt den Anwendungsbereich des Übereinkommens ab. Es handelt sich nicht um eine Kollisionsnorm.[247] Sind an dem Zusammenstoß Schiffe beteiligt, die Nichtvertragsstaaten angehören, so kann das IÜZ in Abhängigkeit von der Gegenseitigkeit dennoch Anwendung finden **(Art. 12 Abs. 2 Nr. 1 IÜZ).** Nach Art. 11 IÜZ gilt das Übereinkommen nicht für Kriegsschiffe oder Staatsschiffe, die ausschließlich für den öffentlichen Dienst bestimmt sind. Bei Staatsschiffen ist das (Brüsseler) Abkommen vom 10.4.1926 zur einheitlichen Feststellung von Regeln über die Immunitäten der Staatsschiffe zu beachten.[248]

161 Das IÜZ regelt die **außervertragliche Haftung aus Schiffszusammenstößen** für Schäden, die hierbei an den Schiffen oder den an Bord befindlichen Personen und Sachen entstehen **(Art. 1 IÜZ).** Beruht der Zusammenstoß auf schuldhaftem Verhalten (eines) der beteiligten Schiffe, gilt das Verursacherprinzip **(Art. 3 und 4 IÜZ).** Hat Zufall oder höhere Gewalt zu der Kollision geführt, trägt jeder Beteiligte seinen eigenen Schaden **(Art. 2 IÜZ).** Innerhalb des Anwendungsbereichs gelten die Vorschriften des Übereinkommens jedoch unmittelbar und gehen der Rom II-VO vor.[249] Fragen, die weder vom IÜZ noch von anderen Staatsverträgen geregelt sind (zB Haftung des Reeders für Dritte, Umfang des Schadensersatzes), richten sich nach dem von der Rom II-VO berufenen innerstaatlichen Sachrecht.[250] Ferner ist das (Londoner) Übereinkommen vom 20.10.1972 über die internationalen Regeln zur Verhütung von Zusammenstößen auf See zu beachten.[251] Es legt Verhaltensregeln im Schiffsverkehr fest, die als einheitlicher Maßstab für pflichtgemäßes Verhalten des Schiffsführers anzusehen sind.[252] Im deutschen Recht ist die Haftung beim Zusammenstoß von Schiffen in den §§ 570 ff. HGB besonders geregelt. Die Anwendbarkeit dieser Normen wird durch das deutsche IPR bestimmt.

162 **(b) HBÜ.** Die von Art. 10 IÜZ ausdrücklich offengelassene Frage der Haftungsbeschränkung ist im HBÜ 1976 (→ Rn. 158) geregelt. Durch das Protokoll vom 2.5.1996[253] wurden die Haftungshöchstsummen des HBÜ erhöht und ein vereinfachtes Verfahren („tacit acceptance procedure") für die künftige Anpassung der Beträge vorgesehen. Das HBÜ 1976 enthält keinen eigenen materiellrechtlichen Haftungstatbestand, sondern setzt diesen voraus.[254] Es findet regelmäßig Anwendung, wenn eine der nach Art. 1 HBÜ 1976 zur Beschränkung der Haftung berechtigten Personen (Schiffseigentümer, Berger, Retter) vor dem Gericht eines Vertragsstaates eine Beschränkung ihrer Haftung geltend macht oder im Hoheitsbereich eines Vertragsstaats die Freigabe eines (See-)Schiffes oder sonstigen Vermögensgegenstands oder einer geleisteten Sicherheit betreibt **(Art. 15 Abs. 1 S. 1 HBÜ 1976).** Das gilt auch für Personen, die ihren gewöhnlichen Aufenthalt oder ihre Hauptniederlassung nicht in einem Vertragsstaat haben.

163 Das HBÜ ist als **loi uniforme** ausgestaltet; einen Vorbehalt gegenüber Angehörigen aus Nichtvertragsstaaten **(Art. 15 Abs. 1 S. 2 HBÜ 1976)** hat Deutschland nicht erklärt. Die Bestimmungen des HBÜ 1976 sind daher von deutschen Gerichten auf alle in den sachlichen Anwendungsbereich der Konvention fallenden Ansprüche aus nationalen oder internationalen Fällen ohne Rücksicht darauf anzuwenden, welchem (innerstaatlichen oder einheitsrechtlichen) Statut diese ansonsten unterliegen.[255] Die Kollisionsnormen der Rom II-VO werden insoweit verdrängt.

---

246 BGH VersR 1961, 77; 1973, 613.
247 Str., wie hier Staudinger/*v. Hoffmann,* 2007, EGBGB Art. 40 Rn. 210.
248 RGBl. 1927 II 483 mit Zusatzprotokoll vom 24.5.1934, RGBl. 1936 II 303.
249 BGH VersR 1961, 77; *Roth/Plett* RabelsZ 42 (1978), 662 (666).
250 BGH VersR 1961, 785; *Roth/Plett* RabelsZ 42 (1978), 662 (667).
251 BGBl. 1976 II 1017, BGBl. 1977 II 623; in der aktuellen Fassung in Deutschland in Kraft seit dem 1.12.2009, BGBl. 2009 II 262.
252 *Roth/Plett* RabelsZ 42 (1978), 662 (667).
253 BGBl. 2000 II 791; in Deutschland in Kraft seit dem 13.5.2004, BGBl. 2004 II 1793; s. auch Verordnung zu den 2012 beschlossenen Änderungen des Protokolls von 1996 zur Änderung des Übereinkommens von 1976, BGBl. 2015 II 506.
254 BT-Drs. 10/3553, 24.
255 *Basedow* IPRax 1987, 333 (336); aA *Czempiel* VersR 1987, 1069 (1073 f.); krit. dazu Staudinger/*v. Hoffmann,* 2001, Rn. 216.

Das Ziel des HBÜ ist es, die Haftung aus einem Schadensfall mit Beteiligung von Seeschiffen möglichst lückenlos der Beschränkung(-sbefugnis) zu unterwerfen.[256] Dementsprechend unterliegen der Haftungsbeschränkung nach Art. 2 HBÜ 1976 – vorbehaltlich der Art. 3 und 4 HBÜ 1976 – alle (vertraglichen und außervertraglichen) Ansprüche wegen Schäden, die **in unmittelbarem Zusammenhang mit dem Betrieb eines Seeschiffes** eintreten. Das HBÜ regelt damit auch für andere Fälle als Schiffskollisionen die Frage, unter welchen Voraussetzungen der Schiffseigner und ihm gleichgestellte Personen (Art. 1 HBÜ 1976) die Haftung aus einem Schiffsschadensfall beschränken können. **164**

(2) Binnenschifffahrt. Das einheitliche Sachrecht für Kollisionen von Binnenschiffen ist in Anlehnung an die im Bereich der Seeschifffahrt geltenden Übereinkommen konzipiert.[257] Das (Genfer) Übereinkommen vom 15.3.1960 zur Vereinheitlichung einzelner Regeln über den Zusammenstoß von Binnenschiffen **(ÜZB)**[258] folgt dem Vorbild des IÜZ (→ Rn. 160 f.). Wie dieses klammert das ÜZB die Frage der Haftungsbeschränkung aus. Diesen Bereich regelt das (Straßburger) Übereinkommen vom 4.11.1988 über die Beschränkung der Haftung in der Binnenschifffahrt **(CLNI).**[259] Es ist im Wesentlichen dem HBÜ (→ Rn. 162 ff.) nachgebildet. **165**

(a) ÜZB. Die 1972 in das Binnenschifffahrtsgesetz (§§ 92–92f BinSchG) eingefügten Vorschriften des ÜZB (→ Rn. 165) vereinheitlichen das materielle Recht der Haftung für Schäden, die durch den Zusammenstoß von Binnenschiffen (oder durch deren vorschriftswidriges Verhalten ohne Zusammenstoß) in den Gewässern eines Vertragsstaates den Schiffen oder den an Bord befindlichen Personen oder Sachen zugefügt werden (Art. 1). Vertragsstaaten sind Deutschland, Frankreich, die Niederlande, Österreich, Polen, Rumänien und Ungarn als EU-Mitglieder, ferner die Schweiz, Serbien, Montenegro, Russland, Weißrussland und Kasachstan. **166**

Gemäß Art. 1 ÜZB gilt das Übereinkommen nur für Zusammenstöße von Binnenschiffen, nicht jedoch bei Zusammenstößen von Binnenschiffen mit Seeschiffen; in diesem Fall gilt Art. 1 IÜZ (→ Rn. 160). Die Zugehörigkeit der beteiligten Schiffe oder des Schiffseigners zu einem Vertragsstaat ist keine Voraussetzung für die Anwendung des ÜZB. Es gilt auch im Verhältnis zu Angehörigen dritter Staaten, sofern sich die Kollision (oder das vorschriftswidrige Verhalten) in Gewässern eines Vertragsstaats ereignet. **167**

Das Übereinkommen geht als vereinheitlichtes Sachrecht der Rom II-VO vor. Fragen, die weder vom ÜZB noch von anderen Staatsverträgen geregelt sind, unterliegen dagegen der von der Rom II-VO berufenen Rechtsordnung. Diese entscheidet zB über die **Haftung für Dritte** oder über die in Art. 8 Abs. 1 S. 1 ÜZB ausdrücklich ausgenommenen **Haftungsbeschränkungen** aufgrund nationalen Rechts (§ 4 Abs. 1 BinSchG). Für die Unterbrechung und die Hemmung der Verjährung spricht Art. 7 Abs. 3 ÜZB eine Sachnormverweisung auf die *lex fori* aus. **168**

(b) CLNI. Das CLNI 1988 (→ Rn. 165) normiert ein Summenhaftungssystem für Schiffseigentümer, Berger und Retter (Art. 1), sofern das anspruchsbegründende Ereignis auf den Wasserstraßen der Vertragsstaaten stattgefunden hat. Auf die Staatszugehörigkeit der beteiligten Schiffe und den Haftungsgrund kommt es nicht an. Art. 11 ff. CLNI sehen die Einrichtung eines Haftungsfonds vor. **169**

Infolge der räumlichen Beschränkung des Anwendungsbereichs ist das CLNI 1988 als geschlossenes Übereinkommen konzipiert. Es steht also nur bestimmten Staaten zur Ratifikation und zum Beitritt offen (Art. 16 Abs. 1 und 2 CLNI); gemäß Art. 16 Abs. 3 CLNI können weitere Staaten unter den dort genannten Bedingungen beitreten. **Mitgliedstaaten** des CLNI 1988 waren die EU-Mitglieder Deutschland, Luxemburg, Belgien und die Niederlande sowie als Nicht-EU-Mitglied die Schweiz. Am 27.9.2012 wurde eine Neufassung des Übereinkommens (CLNI 2012) beschlossen.[260] Aufgrund dessen wurde am 7.6.2018 das CLNI 1988 von Deutschland, Luxemburg und den Niederlanden mit Wirkung zum 1.7.2019 gekündigt. **170**

---

[256] Zur Frage der Auswirkungen der Errichtung eines Haftungsfonds im Ausland auf Haftungsprozesse vor deutschen Gerichten *Basedow* IPRax 1987, 333 (337 f.).

[257] *Czerwenka* TranspR 2005, 133; *Hartenstein* TranspR 2007, 385; *Langoin* ZEuP 2007, 1079; *Otte/Thyes* TranspR 2003, 221.

[258] BGBl. 1972 II 1008; in Deutschland in Kraft seit dem 27.8.1973, BGBl. 1973 II 1495.

[259] **C**onvention sur la **L**imitation de la responsabilité en **N**avigation **I**ntérieure, BGBl. 1998 II 1644, in Deutschland in Kraft seit dem 1.7.1999, BGBl. 1999 II 388.

[260] S. https://www.ccr-zkr.org/files/conventions/clni_2012_de.pdf (zuletzt abgerufen am 11.3.2024); unterschrieben von Deutschland, Österreich, Belgien, Bulgarien, Frankreich, Luxemburg, Niederlande, Polen, Serbien, Slowakei, Schweiz; nachträglich ist Ungarn dem CLNI 2012 beigetreten. Der Bundestag hat das CLNI 2012 am 27.6.2016 ausgefertigt, vgl. BGBl. 2016 II 738; vgl. zum CLNI 2012 *Tournaye* TranspR 2013, 213.

171 Das CLNI 1988 ist in Deutschland durch das Gesetz zur Änderung der Haftungsbeschränkung vom 25.8.1998 (BGBl. 1998 I 2489) in die §§ 4–5m BinSchG eingearbeitet worden. § 5m BinSchG regelt den räumlichen Anwendungsbereich der §§ 4–51 BinSchG und stellt damit eine Sondervorschrift des internationalen Privatrechts dar und verdrängt als lex specialis die allgemeinen internationalprivatrechtlichen Normen. Nach § 5m S. 1 BinSchG ist die Anwendung des deutschen Rechts davon abhängig, dass sich das Schadensereignis auf einem deutschen oder einem sonstigen Gewässer ereignet hat, dass der CLNI unterliegt. Ziel des Übereinkommens ist es, das Recht der **Haftungsbeschränkung** in der Binnenschifffahrt, insbesondere auf Rhein und Mosel, zu **vereinheitlichen** (Art. 15 Abs. 1 CLNI). Es bestimmt eine **globale Haftungshöchstsumme** des Schiffseigentümers, Bergers oder Retters und legt eine Kappungsgrenze pro Schiff fest. Nach den Vertragsbestimmungen können Schiffseigentümer, Berger oder Retter ihre Haftung für bestimmte Schäden beschränken.[261] Die §§ 570 ff. HGB gelten auch für den Zusammenstoß von Seeschiffen mit Binnenschiffen, nicht jedoch, wenn nur Binnenschiffe beteiligt sind.

172 **bb) Rom II-VO.** Soweit das Einheitsprivatrecht auf dem Gebiet der Schiffskollisionen nicht anwendbar oder lückenhaft ist, beurteilen sich deliktsrechtliche Ansprüche nach dem von Art. 4, 14 bezeichneten Recht. Die Rechtswahl der Beteiligten ist nach Maßgabe des **Art. 14** beachtlich. Mangels Rechtswahl ist nach verbreiteter Ansicht in entsprechender Anwendung des **Art. 4 Abs. 2** das Recht der übereinstimmenden Flagge (= Flaggenstaat) der beteiligten Seefahrzeuge maßgebend.[262]

173 Fehlt es an einem übereinstimmenden Flaggenstaat der beteiligten Seefahrzeuge, kommt **Art. 4 Abs. 1** in direkter Anwendung zum Zuge. Bei Zusammenstößen auf hoher See ist – in Ermangelung einer offensichtlich engeren Verbindung des Delikts zu einem anderen Staat **(Art. 4 Abs. 3)** – als Ersatzanknüpfung im Rahmen des Art. 4 Abs. 1 das Recht des Flaggenstaates des beschädigten Schiffs anzuwenden (→ Rn. 50).

174 **b) Borddelikte.** Ansprüche aus unerlaubten Handlungen zwischen Besatzungsmitgliedern, zwischen Passagieren oder zwischen Besatzungsmitgliedern und Passagieren an Bord eines Schiffes unterliegen – mangels einer Rechtswahl **(Art. 14)** oder eines gemeinsamen gewöhnlichen Aufenthalts der Beteiligten in demselben Staat **(Art. 4 Abs. 2)** – dem Tatortrecht **(Art. 4 Abs. 1).** Befindet sich das Schiff auf Hoher See, ist im Rahmen der Tatortregel ersatzweise an das Recht der Flagge anzuknüpfen[263] (→ Rn. 50). Die Anknüpfungen des Art. 4 Abs. 1, 2 stehen unter dem Vorbehalt einer offensichtlich engeren Verbindung der unerlaubten Handlung mit einem anderen Staat **(Art. 4 Abs. 3 S. 1).** Besteht zwischen den Deliktsbeteiligten im Zusammenhang mit dem Borddelikt eine besondere rechtliche, insbesondere vertragliche Beziehung, kann nach Art. 4 Abs. 3 S. 2 akzessorisch an das Statut dieser Rechtsbeziehung angeknüpft werden.

c) Beförderungsschäden.

Schrifttum: *Basedow,* Seefrachtrecht: Die Hamburger Regeln sind in Kraft, ZEuP 1993, 100; *Czempiel,* Das IPR der seerechtlichen Haftungsbeschränkung und das zweite Seerechtsänderungsgesetz, VersR 1987, 1069; *Czerwenka,* Das Budapester Übereinkommen über den Vertrag über Güterbeförderung in der Binnenschifffahrt (CMNI), TranspR 2001, 277; *Czerwenka,* Passagierschaden im Binnenschiffsverkehr, NJW 2006, 1250; *Czerwenka,* Das Protokoll von 2002 zum Athener Übereinkommen von 1974 über die Beförderung von Reisenden und ihrem Gepäck auf See, RRa 2003, 158; *Hopperdietzel,* Die Haftung bei der Veranstaltung von See- und Flussreisen, RRa 2005, 194; *Ilse,* Haftung des Seegüterbeförderers und Durchbrechung von Haftungsbeschränkungen bei qualifiziertem eigenem und Gehilfenverschulden, 2005, zugleich Diss. Hamburg 2005.

175 Internationale Übereinkommen haben das materielle Recht der Haftung des Beförderers – insbesondere im Bereich des Seefrachtrechts – weitgehend vereinheitlicht. Deutschland hat zwar bisher davon abgesehen, die Übereinkommen zu ratifizieren, hat jedoch den Inhalt der Übereinkommen autonom in das innerstaatliche Recht übernommen.

176 **aa) Staatsverträge. (1) Güterbeförderung.** Das internationale Abkommen vom 25.8.1924 zur Vereinheitlichung von Regeln über Konnossemente[264] (sog. **Haager Regeln**) hat das Recht des Seefrachtvertrags international angeglichen. Nach Art. 2 Zeichnungsprotokoll[265] ist es den Vertragsstaaten freigestellt, das Übereinkommen entweder unmittelbar oder in angepasster Form in ihr innerstaatliches Recht zu übernehmen. Daher ergeben sich Unterschiede in den jeweils nationalen Umsetzungen. Im Gegensatz zum Land- und Luftfrachtrecht (vgl. zB Art. 28 CMR, Art. 51 ER-

---

261 Ausf. *Langoin* ZEuP 2007, 1079.
262 BeckOK BGB/*Spickhoff* Rn. 22; s. auch Staudinger/*v. Hoffmann,* 2007, EGBGB Art. 40 Rn. 221.
263 BeckOK BGB/*Spickhoff* Rn. 24; *Magnus* FS Posch, 2011, 443 (456).
264 RGBl. 1939 II 1049.
265 RGBl. 1939 II 1065.

CIM, Art. 46 ER-CIV, Art. 24 WA) enthalten die Haager Regeln **keine Limitierungsvorschriften** für außervertragliche Ansprüche.

Die Haager-Regeln wurden 1968 durch die sog. **Visby-Rules**[266] modernisiert. Die Bundesrepublik Deutschland hat dieses Übereinkommen zwar nicht ratifiziert, seine Bestimmungen jedoch durch das 2. SeeRÄndG vom 25.7.1986 (BGBl. 1986 I 1120) in das nationale Recht aufgenommen.[267] Seit 31.12.2012 gilt die VO (EU) 392/2009; diese hat höhere Haftungsgrenzen. Das 2. SeeRÄndG war Anlage zu § 664 HGB, welcher weggefallen ist. Das gilt insbesondere für die **Limitierungsvorschrift** des Art. 4bis § 1 Visby-Rules, nach der die Haftungsbeschränkungen **für jeden Schadensersatzanspruch** gegen den Verfrachter wegen des Verlusts oder der Beschädigung des Frachtguts gelten. Diese Regel ist freilich nur anwendbar, wenn sie vom Kollisionsrecht der Rom II-VO zur Anwendung berufen wird. Den **internationalen Anwendungsbereich** des zwingenden deutschen Konnossementrechts bestimmt **Art. 6 EGHGB** (einseitige Kollisionsnorm). 177

Das Übereinkommen der Vereinten Nationen vom 31.3.1978 über die Beförderung von Gütern auf See **(Hamburg-Rules)**[268] sollte als umfassende Neuregelung des Seefrachtvertragsrechts die Haager und Visby-Rules ersetzen. Das Übereinkommen ist seit dem 1.11.1992 in Kraft, hat aber nicht die erhoffte Bedeutung erlangt.[269] Deutschland hat das Übereinkommen nicht ratifiziert. **Art. 7 Abs. 1, 2 Hamburg-Rules** enthält die im internationalen Transportrecht typische **Limitierungsvorschrift.** Danach gelten die im Übereinkommen vorgesehenen Haftungsbeschränkungen für jeden Anspruch gegen den Verfrachter und seine Leute auf Ersatz des Schadens wegen Verlust, Beschädigung oder verspäteter Ablieferung der Güter, die Gegenstand des Seefrachtvertrags sind, und zwar unabhängig vom Rechtsgrund des Anspruchs. **Art. 25 Abs. 4 Hamburg-Rules** schließt eine Haftung für Verlust oder Beschädigung von Gepäck oder für verspätete Ablieferung von Gepäck aus, wenn der Verfrachter dafür nach einem „internationalen Übereinkommen oder nach innerstaatlichem Recht" hinsichtlich der Beförderung von Reisenden und ihrem Gepäck auf See verantwortlich ist. Danach dürfte insbesondere eine Haftung des Verfrachters nach den Hamburg-Rules entfallen, wenn dieser nach den vereinheitlichten Regeln über Schiffskollisionen haftet (→ Rn. 156 ff.). 178

Weiterhin ist das (Budapester) Übereinkommen vom 22.6.2001 über den Güterbeförderungsvertrag in der Binnenschifffahrt **(CMNI)**[270] am 1.11.2007 für Deutschland in Kraft getreten.[271] Zwar hat das CMNI im Bereich der unerlaubten Handlungen nur untergeordnete Bedeutung. Auch in Art. 22 CMNI findet sich jedoch die typische Bestimmung, dass die Haftungsbefreiungen und -grenzen für jeden Anspruch, unabhängig vom Rechtsgrund, gelten. Auf diese Weise wird der Frachtführer geschützt und das Haftungslimitierungssystem nicht durch deliktische Ansprüche unterlaufen. Am 11.12.2008 wurde das Übereinkommen der Vereinten Nationen über die internationale Beförderung von Gütern ganz oder teilweise auf See (Rotterdam Regeln) verabschiedet. Dieses wurde am 23.9.2009 von 16 Staaten unterzeichnet. Das Rotterdamer Übereinkommen ist noch nicht in Kraft getreten. Es wurde bisher erst von fünf Staaten ratifiziert.[272] Deutschland gehört nicht dazu. Zum Inkrafttreten müssten es 20 Staaten ratifizieren (Art. 94 Rotterdam Regeln). 179

(2) Personenbeförderung. Das (Athener) Übereinkommen vom 13.12.1974 über die Beförderung von Passagieren und deren Gepäck **(PHÜ)** vereinheitlicht in Ergänzung der Hamburg-Rules das materielle Recht des Personen-Seebeförderungsvertrags. Insbesondere mit Blick auf die niedrigen Haftungssummen hat Deutschland das PHÜ nicht ratifiziert.[273] Der Gesetzgeber hat dessen Vorschriften aber – mit wenigen Ausnahmen und einigen Änderungen – in das nationale Recht übernommen.[274] Heute findet sich die Übernahme in §§ 536 ff. HGB. Nach § 664 Abs. 1 S. 1 HGB aF haftete der Beförderer nach denjenigen Bestimmungen, die dem HGB als Anlage beigefügt werden. 180

---

266 Protokoll vom 23.2.1968 zur Änderung des internationalen Übereinkommens zur Vereinheitlichung von Regeln über Konnossemente.

267 BT-Drs. 10/3852, 22; *Ilse,* Haftung des Seegüterbeförderers und Durchbrechung von Haftungsbeschränkungen bei qualifiziertem eigenem und Gehilfenverschulden, 2005, 197; *Herber* TranspR 1986, 249 (251); *Basedow* IPRax 1987, 333 (334 f.); *Czempiel* VersR 1987, 1069.

268 Engl. und deutscher Text abgedruckt in TranspR 1992, 430 bzw. 436. Die Hamburg-Rules sind am 1.11.1992 für zunächst 20 Vertragsstaaten in Kraft getreten; vgl. *Basedow* ZEuP 1993, 100; *Herber* TranspR 1992, 381.

269 Das Abkommen ist in 34 Staaten in Kraft: https://uncitral.un.org/en/texts/transportgoods/conventions/hamburg_rules/status.

270 BGBl. 2007 II 299; s. *Czerwenka* TranspR 2001, 277 ff.

271 BGBl. 2007 II 1390.

272 S. https://uncitral.un.org/en/texts/transportgoods/conventions/rotterdam_rules/status (zuletzt abgerufen am 11.3.2024).

273 BT-Drs. 10/3852, 13 f.; *Czerwenka* RRa 2003, 158.

274 BT-Drs. 17/10309, 105 ff., 137.

Damit handelt es sich um die Bestimmungen der materiellen Regeln des Athener Übereinkommens von 1974. § 664 Abs. 1 S. 2 HGB aF hatte die Regelung des Art. 2 Abs. 2 PHÜ direkt in das Handelsgesetzbuch eingefügt. Art. 12 Abs. 1 PHÜ sieht vor, dass die Haftungshöchstgrenzen (Art. 7, 8 PHÜ) für alle Ansprüche, also auch für außervertragliche Ansprüche gelten. Solange das einheitsrechtliche PHÜ nicht geltendes Recht geworden ist, sind die Limitierungsvorschriften jedoch nur anwendbar, wenn sie vom Kollisionsrecht (Art. 4, 14 PHÜ) zur Anwendung berufen werden.

181 Das am **1.11.2002** angenommene **Änderungsprotokoll**[275] hat Deutschland gezeichnet, aber nicht ratifiziert. Es ist am 23.4.2014 in Kraft getreten.[276] Es ersetzt das bisherige System der Verschuldenshaftung teilweise durch das Prinzip der Gefährdungshaftung, ergänzt durch Verschuldensvermutungen (Art. 4 PHÜ) und führt eine Pflichtversicherung des Beförderers ein.[277] Das Änderungsprotokoll erhöht die Haftungsgrenzen erheblich (Art. 6 f. PHÜ) und hält ein vereinfachtes Verfahren zur künftigen Anpassung dieser Beträge bereit (Art. 23 PHÜ). Dabei sind die Haftungssummen als Untergrenzen konzipiert. Über die „opt-out clause" des Art. 7 Abs. 2 PHÜ haben die Vertragsstaaten die Möglichkeit, über die vorgesehenen Beträge hinauszugehen.[278]

182 Nach Art. 13 (Genfer) Übereinkommen vom 6.2.1976 über den internationalen Beförderungsvertrag für Reisende und Gepäck in der Binnenschifffahrt **(CVN)** gelten die Haftungsvoraussetzungen und -einschränkungen für alle in den Anwendungsbereich des Übereinkommens fallenden Ansprüche, gleichgültig auf welchem Rechtsgrund sie beruhen. Das Übereinkommen ist für die Bundesrepublik nicht in Kraft getreten.

183 **bb) Rom II-VO.** Wegen der Limitierungsvorschriften des Übereinkommensrechts (→ Rn. 175 ff.) ist die Geltendmachung von Deliktsansprüchen nach dem nationalen Recht in der Regel nicht attraktiv. Wenn solche Ansprüche dennoch geltend gemacht werden, bestehen bei der Anwendung der Art. 4, 14 Rom II-VO keine Besonderheiten. Häufig wird es auf eine Anwendung der *lex domicilii communis* **(Art. 4 Abs. 2)** oder die akzessorische Anknüpfung an das Statut des Beförderungsvertrags hinauslaufen **(Art. 4 Abs. 3 S. 2).**

d) Ölverschmutzungsschäden.

Schrifttum: *De La Fayette,* Compensation for Environmental Damage in Maritime Liability Regimes, in Kirchner (Hrsg.), International Maritime Environmental Law, 2003, 262; *Herber,* Das Internationale Übereinkommen über die Haftung für Schäden durch Ölverschmutzung auf See, RabelsZ 34 (1970), 223, 252; *Renger,* Zur Haftung und Entschädigung bei Gefahrgut- und Ölverschmutzungsschäden auf See, FS E. Lorenz, 1994, 433.

184 **aa) Staatsverträge.** Im Rahmen der Internationalen Seeschifffahrts-Organisation (IMO) wurde für Ölverschmutzungen durch Tankerschiffe ein Haftungssystem entwickelt, das eine zweistufige Haftung vorsieht: Einerseits eine verschuldensunabhängige Haftung des Schiffseigners (→ Rn. 185 ff.), andererseits eine Ausfall- oder Ergänzungshaftung eines aus Beiträgen der Mineralölwirtschaft gebildeten internationalen Entschädigungsfonds (→ Rn. 190 ff.). Mittlerweile wurde dieses Haftungsregime auf gefährliche und schädliche Stoffe erweitert (→ Rn. 192). Die Richtlinien des Comité Maritime International (CMI) vom 8.10.1994[279] legen die Grundsätze für Entschädigungsansprüche fest. Sie haben keine konstitutive Wirkung, sondern dienen den Gerichten der Vertragsstaaten als Auslegungshilfe.

185 **(1) Ölhaftungsübereinkommen 1992.** Das Internationale Übereinkommen vom 29.11.1969 über die zivilrechtliche Haftung für Ölverschmutzungsschäden **(CLC)**[280] wurde durch das (Londoner) Protokoll vom 27.11.1992 **(ÖlHaftÜbk 1992)** in wesentlichen Teilen weiterentwickelt.[281] Deutschland hat das CLC zum **15.5.1998** gekündigt.[282] Für Haftungsereignisse nach diesem Zeitpunkt gilt nur noch das ÖlHaftÜbk 1992 als eigenständiges Vertragswerk. Durch die Verordnung vom 22.3.2002[283] wurde mit Wirkung zum 1.11.2003 eine Änderung der Höchstbeiträge des Haftungsübereinkommens 1992 in Kraft gesetzt.

275 S. https://transportrecht.org/wp-content/uploads/AthensConvention2002consolidatedtextengl.pdf (zuletzt abgerufen am 11.3.2024). Dieses Protokoll „überholt" das nicht in Kraft getretene Protokoll vom 23.9.1990.

276 Vertragsparteien sind Albanien, Belgien, Belize, Dänemark, Lettland, die Niederlande, Palau, St. Kitts und Nevis, Serbien, Syrien und die EU; die EU ist dem Übereinkommen mit Ausnahme der Art. 10 PHÜ und Art. 11 PHÜ beigetreten.

277 *Hopperdietzel* RRa 2005, 194 (199); *Czerwenka* RRa 2003, 158 (159 f.); *Czerwenka* NJW 2006, 1250 (1252).

278 *Czerwenka* RRa 2003, 158 (159 f.).

279 S. https://comitemaritime.org/work/guidelines-on-oil-pollution (zuletzt abgerufen am 11.3.2024).

280 BGBl. 1975 II 305, in der aktuellen Fassung in Deutschland in Kraft seit dem 30.5.1996, BGBl. 1995 II 974, geht zurück auf die Vorüberlegungen des CMI (Tokioter Entwurf von 1969).

281 BGBl. 1994 II 1152; geänderte Fassung des Übereinkommens in BGBl. 1996 II 671.

282 BGBl. 1997 II 1678.

283 BGBl. 2002 II 943; dies erfolgte aufgrund eines Beschlusses des Rechtsausschusses der IMO vom 18.10.2000.

Das Übereinkommen von 1992 begründet eine **verschuldensunabhängige Haftung** des Eigentümers eines Seefahrzeugs (Art. III ÖlHaftÜbk 1992), sofern dieses eine Ölverschmutzung in den Hoheitsgewässern oder der Ausschließlichen Wirtschaftszone eines Vertragsstaates verursacht (Art. II ÖlHaftÜbk 1992). Die Haftung ist **summenmäßig beschränkt** (Art. V ÖlHaftÜbk 1992). **186**

Nach **Art. VII Abs. 11 ÖlHaftÜbk 1992** stellen die Vertragsstaaten sicher, dass der Eigner eines nicht in dem Schiffsregister eines Vertragsstaates eingetragenen Schiffes für die Zeit des Aufenthalts in den Hoheitsgewässern eines Vertragsstaates eine entsprechende Sicherheit leistet (vgl. Art. 3 Abs. 1 AusfG). **Art. VII Abs. 8 ÖlHaftÜbk 1992** räumt dem Geschädigten einen Direktanspruch gegen den Versicherer oder Garanten ein. **187**

Im Gegensatz zur Haftungslimitierung nach den internationalen Beförderungsvertragsabkommen schließt das Ölhaftungsübereinkommen konkurrierende **Ansprüche aus unerlaubter Handlung** aus.[284] Die deliktsrechtlichen Kollisionsnormen spielen daher im Anwendungsbereich des Übereinkommens keine Rolle. **188**

Verschmutzungsschäden durch Öl von Schiffen, die nicht zum Transport von Öl als Bulkladung konstruiert sind (Art. I Abs. 1 ÖlHaftÜbk 1992), erfasst das Internationale Übereinkommen vom 23.3.2001 über die zivilrechtliche Haftung für Sachschäden durch Bunkerölverschmutzung **(Bunkeröl-Übereinkommen).**[285] Das Übereinkommen soll die Lücke schließen, die das Ölhaftungsübereinkommen von 1992 hinsichtlich der Verschmutzung durch Bunkeröl durch andere Schiffe als Tanker offengelassen hatte. Das Bunkeröl-Übereinkommen soll in den Vertragsstaaten unmittelbar zu Anwendung kommen, so dass es nur in geringem Umfang ergänzender innerstaatlicher Vorschriften bedarf. In Deutschland wird das Bunkeröl-Übereinkommen im Wesentlichen durch Änderungen des ÖlSG[286] umgesetzt, das sich bisher ausschließlich auf das Ölhaftungsübereinkommen bezog.[287] Der Bunkerölverschmutzungsschaden muss von einem **Seeschiff** oder einem sonstigen seegängigen Gerät ausgehen, wozu auch nicht gewerblich genutzte Fahrzeuge wie Sportfahrzeuge zählen. Nicht unter das Übereinkommen fallen Schäden, die etwa auf eine Entzündung oder Explosion von Bunkeröl zurückgehen, auch wenn es bereits ausgetreten ist.[288] Das Übereinkommen ist am **21.11.2008** in Kraft getreten.[289] **189**

(2) Fondsübereinkommen 1992. Für Schäden, die nicht oder nicht vollständig vom Haftungsübereinkommen 1992 erfasst werden, sieht das Internationale Übereinkommen von 1992 über die Errichtung eines Internationalen Fonds zur Entschädigung für Ölverschmutzungsschäden (Fondsübereinkommen)[290] Entschädigungsleistungen durch einen aus Beiträgen der Mineralölwirtschaft gebildeten internationalen Entschädigungsfonds vor. Das Übereinkommen wurde parallel zum Haftungsübereinkommen 1992 (→ Rn. 185 ff.) ausgearbeitet und ist in seinem Anwendungsbereich an dieses angelehnt. **190**

Zusätzlich zu dem Haftungs- und dem Fondsübereinkommen 1992 sieht das **Änderungsprotokoll vom 16.5.2003** die Einrichtung eines weiteren Fonds vor,[291] der ebenfalls aus Beiträgen der Mineralölwirtschaft gespeist wird. Insgesamt können damit für ein einzelnes Ereignis nach dem 1.11.2003 Schäden bis zur Höhe von 750 Millionen Rechnungseinheiten abgedeckt werden. Das Änderungsprotokoll ist am 3.3.2005 in Kraft getreten. **191**

In Anlehnung an das Haftungs- und das Fondsübereinkommen 1992 wurde das Internationale Übereinkommen vom 3.5.1996 über Haftung und Schadensersatz bei Beförderung gefährlicher Stoffe auf See **(HNS-Übereinkommen)**[292] abgeschlossen, das den Seetransport verschiedenartiger Gefahrgutstoffe erfasst. Dieses Übereinkommen sieht eine **Gefährdungshaftung** und den Ersatz von **Personen- und Sachschäden** einschließlich des entgangenen Gewinns vor. Dabei besteht – **192**

[284] BT-Drs. 7/2299, 61.

[285] BGBl. 2006 II 579.

[286] Gesetz über die Haftung und Entschädigung für Ölverschmutzungsschäden durch Seeschiffe (Ölschadengesetz) vom 30.9.1988 (BGBl. 1988 I 1779).

[287] *Schlingmann* in Ramming, Das Bunkerölabkommen, Schriften des Deutschen Vereins für internationales Seerecht, Heft 104, Das Bunkerölabkommen – Einführung und Überblick, 2004, 4.

[288] BT-Drs. 16/736, 23, 25.

[289] BGBl. 2008 II 786.

[290] BGBl. 1996 II 686; in Deutschland in Kraft seit dem 30.5.1996, BGBl. 1995 II 972; das Fondsübereinkommen von 1992 ist ein Änderungsprotokoll des (IMCO-)Übereinkommen vom 18.12.1971 über die Errichtung eines Internationalen Fonds zur Entschädigung für Ölverschmutzungsschäden, welches mittlerweile außer Kraft getreten ist. Die VO vom 22.3.2002 mWv 1.11.2003 änderte auch beim Fondsübereinkommen die Höchstbeiträge.

[291] BGBl. 2004 II 1291.

[292] International Convention on Liability and Compensation for Damage in Connection with the Carriage of **H**azardous and **N**oxious **S**ubstances by Sea, ILM 1996, 1406; dazu *Renger* FS E. Lorenz, 1994, 434.

wie bei der Haftung und Entschädigung für Ölverschmutzungsschäden – ein **zweistufiges Haftungs- und Entschädigungssystem** zu Lasten der Schifffahrt und der Mineralölwirtschaft.[293] Das HNS-Übereinkommen ist noch **nicht in Kraft** getreten,[294] ebenso wenig das Protokoll vom 30.4.2010 zum HNS-Übereinkommen von 1996, welches Lösungen der beim HNS-Übereinkommen von 1996 auftretenden Zweifelsfragen enthält.[295]

193 **(3) Basler Übereinkommen 1989.** In Erfüllung der sich aus dem BaslÜ[296] ergebenden Verpflichtung, die Haftung zu regeln, haben die Vertragsstaaten[297] am 10.12.1999 das Basler Protokoll verabschiedet, das auch Seetransporte erfasst, bisher jedoch noch nicht in Kraft getreten ist[298] (→ Art. 7 Rn. 32 ff.). Es begründet eine Haftung für Schäden, die durch die grenzüberschreitende Verbringung gefährlicher Abfälle verursacht wird und schließt eine Kostenerstattung für Maßnahmen zur Wiederherstellung der beeinträchtigten Umwelt und für Vorsorgemaßnahmen ein. Die Haftung ist verschuldensunabhängig, summenmäßig begrenzt und durch eine Versicherung abzusichern.

194 **bb) Rom II-VO.** Außerhalb des Anwendungsbereichs der Übereinkommen (zum Ausschluss konkurrierender Deliktsansprüche durch das Ölhaftungsübereinkommen von 1992 → Rn. 187) richten sich Ansprüche der Geschädigten nach dem durch Art. 4, 14 zur Anwendung berufenen Recht. Soweit es sich um Umweltschäden iSd Art. 7 handelt (→ Art. 7 Rn. 18 ff.), geht Art. 7 vor (→ Art. 7 Rn. 42 ff.).

195 **e) Ungerechtfertigter Arrest in Seeschiffe.** Das **Übereinkommen vom 10.5.1952** zur Vereinheitlichung von Regeln über den Arrest in Seeschiffe[299] soll die Freizügigkeit von Seeschiffen, welche die Flagge eines Vertragsstaates führen, in gewissem Umfang vor Sicherungsbeschlagnahmen in einem Vertragsstaat schützen (Art. 2). Für Schadensersatzansprüche wegen ungerechtfertigten Arrests verweist Art. 6 S. 1 auf das Sachrecht des Vertragsstaats, in dessen Hoheitsgebiet der Arrest vollzogen oder beantragt worden ist. Das (Genfer) Übereinkommen der Vereinten Nationen vom 11.3.1999 über den Arrest in Schiffe[300] ist am 14.9.2011 in Kraft getreten.

196 **6. Freizeit- und Sportunfälle.** Für Freizeit- und Sportunfälle mit Auslandsberührung gilt ein ähnliches Anknüpfungssystem wie für Unfälle im Straßenverkehr (→ Rn. 121 ff.). Eine **Rechtswahl** der Beteiligten ist zulässig und vorrangig zu beachten.[301] Mangels Rechtswahl ergibt sich die übliche Stufenprüfung (→ Rn. 11 f.), bei der insbesondere an eine **akzessorische Anknüpfung** an ein bestehendes Rechtsverhältnis zwischen den Beteiligten zu denken ist **(Art. 4 Abs. 3 S. 1, 2).** Die Vorschrift ermöglicht zB die Anknüpfung an das Statut eines Gesellschaftsvertrags (wenn sich der Skiunfall innerhalb einer Gruppe ereignet, die im Rechtssinne als Gesellschaft zu qualifizieren ist), eines Dienstvertrags (wenn ein auf dienstvertraglicher Basis tätiger Skilehrer oder Bergführer in Anspruch genommen wird) oder eines Beförderungsvertrages (bei Seilbahn- oder Skiliftunfällen). **Art. 4 Abs. 2** bestimmt, dass im Rahmen der Grundanknüpfung ein **gemeinsamer gewöhnlicher Aufenthalt** vorrangig zu beachten ist.[302]

197 Fehlt es an einem gemeinsamen gewöhnlichen Aufenthalt, kommt die **Tatortregel** des **Art. 4 Abs. 1** zur Anwendung. Freizeit- und Sportunfälle sind in aller Regel **Platzdelikte;** Handlungs- und Erfolgsort fallen zusammen. Denkbar sind **Distanzdelikte** etwa in Skigebieten im Grenzbereich. Löst sich zB ein nicht gesicherter Ski auf einer schweizerischen Skipiste, rutscht auf italienisches Gebiet und verletzt dort einen anderen Skifahrer, ist italienisches Recht als Recht des Erfolgsorts anwendbar. Wie im Straßenverkehrsunfallrecht (→ Rn. 128) sind **Sicherheits- und Verhaltensre-**

---

[293] *De La Fayette,* Compensation for Environmental Damage in Maritime Liability Regimes, in Kirchner, International Maritime Environmental Law, 2003, 262, 243 f.

[294] Bis 2004 sollten die Mitgliedstaaten den Termin ihres Beitritts und ihrer Ratifizierung einreichen.

[295] S. https://ec.europa.eu/transparency/regdoc/rep/1/2015/DE/1-2015-305-DE-F1-1.PDF (zuletzt abgerufen am 11.3.2024).

[296] Basler Übereinkommen über die Kontrolle der grenzüberschreitenden Verbringung gefährlicher Abfälle und ihrer Entsorgung vom 22.3.1989 (BGBl. 1994 II 2703).

[297] Insgesamt 186 Vertragsstaaten, https://www.basel.int/Countries/StatusofRatifications/PartiesSignatories/tabid/4499/Default.aspx (zuletzt abgerufen am 11.3.2024).

[298] Protocol on Liability and Compensation for Damage resulting from Transboundary Movements of Hazardous Wastes and their Disposal.

[299] BGBl. 1972 II 655; in Deutschland in Kraft seit dem 6.4.1973, BGBl. 1973 II 172.

[300] United Nations Convention on Arrest of Ships, Document A/CONF. 188/L.2.

[301] So zum früheren Recht LG Hamburg IPRspr. 1973 Nr. 18.

[302] So zum früheren Recht (gemeinsames Personalstatut) OLG Düsseldorf IPRax 1997, 422: Verkehrsunfall bei gemeinsamen gewöhnlichen Aufenthalt; VersR 1990, 111 = IPRspr. 1989 Nr. 54; OLG Karlsruhe NJW 1964, 55; OLG Köln NJW 1962, 1110 mAnm *Deutsch* NJW 1962, 1680; OLGZ 1969, 152; OLG München NJW 1977, 502; LG Oldenburg VersR 1979, 386 = IPRspr. 1978 Nr. 19.

geln ungeachtet eines abweichenden Deliktsstatuts stets dem Recht des Unfallorts zu entnehmen **(Art. 17).** Kommt bei einem Skiunfall zwischen deutschen Skifahrern auf ausländischer Skipiste deutsches Schadensersatzrecht zur Anwendung, gelten für die Beurteilung des Verschuldens die Verhaltensregeln des Rechts am Unfallort.[303] Im Internationalen Skiunfallrecht zieht die Rspr. in der Regel die **FIS-Verhaltensregeln** heran, denen universelle Akzeptanz und Geltung beigemessen wird.[304]

7. Arbeitsunfälle. a) Arbeitgeberhaftung. Soweit Ansprüche des Arbeitnehmers **gegen den Arbeitgeber** aus einem Arbeitsunfall nicht vertraglich, sondern deliktisch zu qualifizieren sind, richtet sich die Anknüpfung nach Art. 4. Aus **Art. 4 Abs. 3 S. 2** folgt eine **akzessorische Anknüpfung** der Deliktsansprüche an das Statut des Arbeitsvertrags.[305] Die vertragsakzessorische Anknüpfung verdrängt ein abweichendes Erfolgsortrecht **(Art. 4 Abs. 1)** oder ein abweichendes Recht des gemeinsamen gewöhnlichen Aufenthalts von Arbeitnehmer und Arbeitgeber **(Art. 4 Abs. 2).**[306] Die Arbeitsvertragsordnung umfasst den Schutz des Arbeitnehmers gegen arbeitsverhältnisbedingte Gefahren für Leben und Gesundheit (vgl. § 618 BGB). Der gemeinsame gewöhnliche Aufenthalt oder der Erfolgsort sind demgegenüber häufig zufällig. Man denke etwa an Pendler im Grenzgebiet („frontier commuters") oder die Entsendung von Arbeitnehmern. Schließlich vermeidet die akzessorische Anknüpfung Qualifikations- und Anpassungsprobleme. Das Arbeitsvertragsstatut wird in der Regel auch mit dem gesondert anzuknüpfenden **Sozialversicherungsstatut** zusammenfallen.[307] 198

b) Kollegenhaftung. Bei Ansprüchen eines Arbeitnehmers gegen einen **Arbeitskollegen** aus einem Arbeitsunfall kommt ebenfalls eine akzessorische Anknüpfung an das gemeinsame Arbeitsvertragsstatut in Betracht.[308] Betrifft der Arbeitsunfall **Außenstehende** bzw. fehlt es an einem gemeinsamen Arbeitsvertragsstatut, gelten die allgemeinen Anknüpfungsregeln. Für den gesetzlichen Übergang der Ansprüche des geschädigten Arbeitnehmers auf den Unfallversicherungsträger gilt Art. 85 VO (EG) 883/2004[309] (→ Art. 19 Rn. 23 f.). 199

Hinsichtlich der Bestimmung des anwendbaren Sozialversicherungsrechts ist neben multilateralen und bilateralen Abkommen vor allem die VO (EG) 883/2004 zu beachten.[310] Kennzeichnend sind die Grundanknüpfung an den Beschäftigungsort (**„Arbeitsortprinzip"**, Art. 11 Abs. 3 lit. a VO (EG) 883/2004)[311] und die Ausnahme der **Entsendung** (Art. 12 VO (EG) 883/2004),[312] für die zeitlich begrenzt die Vorschriften des Entsendestaates fortdauern. Bei der Ausübung von Tätigkeiten in zwei oder mehr Mitgliedstaaten wird das Recht des Wohnstaates des Arbeitnehmers angewendet, sofern dort ein wesentlicher Teil des Tätigkeit ausgeübt wird (Art. 13 Abs. 1 VO (EG) 883/2004).[313] Insoweit wird auf den wirtschaftlichen Schwerpunkt der Tätigkeit des Arbeitnehmers abzustellen sein.[314] 200

c) Haftungsprivilegien. Ob sozialversicherungsrechtliche **Haftungsbeschränkungen** wie zB § 105 SGB VII ebenfalls dem Deliktsstatut zu entnehmen sind, hängt davon ab, wie § 105 SGB VII zu qualifizieren ist. Die hM unterstellt eine überwiegend sozialrechtliche Motivation des 201

---

303 OLG München r+s 2017, 660; LG Köln BeckRS 2019, 19639 = SpuRT 2019, 277 – Surfunfall in den Niederlanden.

304 AllgM, zB OLG Brandenburg MDR 2008, 860; OLG Düsseldorf VersR 1990, 111; 1997, 193; OLG Hamm IPRspr. 2001 Nr. 38; LG Oldenburg VersR 1979, 386; LG Bonn NJW 2005, 1873; OGH SpuRt 2004, 17; OLG Graz SpuRt 1994, 139; OLG Innsbruck VersR 1987, 294; *Danneger* ZBernJV 1971, 104 (111); ausf. *Dambeck* DAR 2007, 677. Zur Abdingbarkeit der FIS-Regeln LG Traunstein IPRspr. 2001 Nr. 36; zur Geltung kraft Rechtswahl *v. Hein* SpuRT 2005, 9; *Sälzer,* Skiunfälle im organisierten Skiraum – Zur zivilrechtlichen Haftung unter Einbeziehung von grenzüberschreitenden Sachverhalten und rechtsvergleichenden Bezügen, 2013, 296.

305 BeckOK BGB/*Spickhoff* Rn. 31; Erman/*Stürner* Rn. 36; *Thiede* in Oliphant/G. Wagner, Employers' Liability and Workers' Compensation, 2012, 485, 511.

306 BeckOK BGB/*Spickhoff* Rn. 31; *Deinert* IntArbR § 12 Rn. 132; *Krause* in Otto/Schwarze/Krause, Haftung des Arbeitnehmers, 4. Aufl. 2014, § 29 Rn. 2.

307 *Eichenhofer,* Int. Sozialrecht und IPR, 1987, 100 f.; *Trunk* IPRax 2010, 227 (229).

308 *Thiede* in Oliphant/G. Wagner, Employers' Liability and Workers' Compensation, 2012, 485; *Trunk* IPRax 2010, 227.

309 BGH NJW 2009, 916 = IPRax 2010, 249; *Trunk* IPRax 2010, 227.

310 VO (EG) 883/2004 vom 29.4.2004 zur Koordinierung der Systeme der Sozialen Sicherheit, ABl. EU 2004 L 166, 1; dazu *Louven* ZAP Fach 25, 177; *Fuchs* SGb 2008, 201.

311 *Magnus* FS Posch, 2011, 443 (457); *Joussen* NZS 2003, 19 (21 ff.); *Wellisch/Näth/Thiele* IStR 2003, 746 (753); *Werthebach* NZA 2006, 247; BeckOK Sozialrecht/*Leopold* VO (EG) 883/2004 Art. 11 Rn. 26.

312 *Wellisch/Näthe/Thiele* IStR 2003, 746 (753, 754); *Joussen* NZS 2003, 19 (22 ff.).

313 *Fuchs* SGb 2008, 201 (205).

314 *Louven* ZAP Fach 25, 177 (183).

Haftungsprivilegs,[315] weil der Arbeitgeber für einen ausländischen entliehenen Arbeitnehmer keine Beiträge in die Unfallversicherung zahlt und der Arbeitnehmer keinen deutschen Unfallversicherungsschutz genieße. Daher wird eine **Sonderanknüpfung** der Haftungsprivilegierungen befürwortet.[316]

202 Im Sozialversicherungsrecht verankerte Haftungsprivilegien sind somit nach dem Recht zu beurteilen, das das sozialversicherungsrechtliche Verhältnis beherrscht. Nach Art. 11 Abs. 3 lit. a VO (EG) 883/2004 gilt insofern das **Arbeitsortprinzip** (→ Rn. 200); diese Grundregel wird für **Heuerverhältnisse** in Art. 11 Abs. 4 VO (EG) 883/2004 dahin präzisiert, dass eine Beschäftigung, die gewöhnlich an Bord eines unter der Flagge eines Mitgliedstaats fahrenden Schiffes auf See ausgeübt wird, dem **Flaggenstaat** zugerechnet wird.[317] Eine Tätigkeit, die ein Flug- oder Kabinenbesatzungsmitglied in Form von Leistungen im Zusammenhang mit Fluggästen oder Luftfracht ausübt, gilt als in dem Mitgliedstaat ausgeübte Tätigkeit, in dem sich die „Heimatbasis" iSv Anh. III VO (EWG) 3922/91 befindet. Art. 11 Abs. 5 VO (EG) 883/2004 wurde angefügt mWv 28.6.2012 durch VO vom 22.5.2012 (ABl. EU 2012 L 149, 4).

203 **8. Schädigungen durch Streitkräfte. a) Schädigungen durch NATO-Streitkräfte.** Deliktische Ansprüche natürlicher oder juristischer Personen (außer den NATO-Staaten selbst) gegen Mitglieder der NATO-Streitkräfte (Truppen und ziviles Gefolge) aus schädigendem Verhalten im Aufnahmestaat unterliegen Art. VIII Abs. 5–7 **NTS** (NATO-Truppenstatut), ergänzt durch Art. 41 Abs. 6–11 **NTS-ZA** (Zusatzabkommen) und Art. 6–15 NTS-AG.[318] Art. VIII NTS setzt voraus, dass der Handlungsort im Inland liegt.[319] Die Vorschrift unterscheidet grundlegend zwischen dienstlich und außerdienstlich verursachten Schäden. Streitigkeiten über die Einordnung einer schädigenden Handlung als dienstlich oder außerdienstlich entscheidet endgültig und unanfechtbar ein Schiedsrichter (Art. VIII Abs. 8 NTS iVm Art. VIII Abs. 2 lit. b NTS).

204 **aa) Dienstlich verursachte Schäden.** Ansprüche auf Geldersatz für Schäden, die in Ausübung des Dienstes verursacht wurden, sind gemäß **Art. VIII Abs. 5 NTS** gegen den Entsendestaat geltend zu machen. Dessen Haftung richtet sich nach den „Bestimmungen des Aufnahmestaates, die insoweit für seine eigenen Streitkräfte gelten", dh nach den Vorschriften, die im vergleichbaren Fall für die Bundeswehr gelten würden (Art. VIII Abs. 5 lit. a NTS, Sachnormverweisung).[320] Ergänzende Regeln zur Geltendmachung von Ansprüchen gegen den Entsendestaat finden sich in formeller Hinsicht in Art. 6 ff. NTS-AG (Ausführungsgesetz) sowie in materieller Hinsicht in Art. 41 Abs. 6–11 NTS-ZA. Gemäß Art. 41 Abs. 6 NTS-ZA unterliegen Schadensfälle innerhalb der Truppe nicht Art. VIII Abs. 5 NTS. Stattdessen kommt das Recht des Entsendestaates als gemeinsames Heimatrecht der Beteiligten zur Anwendung.[321]

205 **bb) Außerdienstlich verursachte Schäden.** Ansprüche aus Schäden, die nicht in Ausübung des Dienstes verursacht wurden, sind gemäß **Art. VIII Abs. 6 NTS** gegen den Schädiger geltend zu machen. Das anwendbare Recht bestimmt sich nach der **Rom II-VO.**[322] Nach Art. VIII Abs. 6 lit. b NTS besteht die Möglichkeit einer Abfindungszahlung durch den Entsendestaat (ex gratia payment). Für Ansprüche, die sich aus der **unbefugten Benutzung von Fahrzeugen** ergeben, verweist **Art. VIII Abs. 7 NTS** auf die allgemeinen Vorschriften: Sind Mitglieder der Streitkräfte

---

[315] BGH NJW 2007, 1754 (1756); OLG Schleswig IPRax 1988, 230 (231); *Jerczynski/Zimmermann* NZS 2007, 243 (245); *Schwarze* in Otto/Schwarze/Krause, Haftung des Arbeitnehmers, 4. Aufl. 2014, § 21 Rn. 33.

[316] *Deinert* IntArbR § 12 Rn. 130; zum früheren Recht *Gamillscheg* ZfA 1983, 307 (361); *Junker* RdA 1990, 212 (216); *Mummenhoff* IPRax 1988, 215.

[317] *Deinert* IntArbR § 12 Rn. 131; *Magnus* FS Posch, 2011, 443 (457).

[318] Abkommen zwischen den Parteien des Nordatlantikvertrags vom 19.6.1951 über die Rechtsstellung ihrer Truppen, BGBl. 1961 II 1190; Ausführungsgesetz vom 18.8.1961, BGBl. 1961 II 1183; Zusatzabkommen vom 3.8.1959, BGBl. 1961 II 1218. Zusatzabkommen zu dem Abkommen zwischen den Parteien des Nordatlantikvertrags über die Rechtsstellung ihrer Truppen hinsichtlich der in der Bundesrepublik Deutschland stationierten Truppen vom 3.8.1959, BGBl. 1961 II 1218.

[319] BGHZ 87, 321 (326) = NJW 1984, 560; s. auch BGH VersR 1972, 435 = IPRspr. 1972 Nr. 18 zum Finanzvertrag vom 5.5.1955, BGBl. 1955 II 253; zust. Staudinger/*v. Hoffmann,* 2007, EGBGB Art. 40 Rn. 121.

[320] BGH NJW 1985, 1081; OLG Koblenz VersR 1976, 278; BMF, Entschädigungsrecht der Truppenschäden, 1991, Nr. 26.

[321] OLG Zweibrücken NJW 1985, 1298 = VersR 1985, 1097; *Beitzke* FS Kegel, 1987, 33 (48); BMF, Entschädigungsrecht der Truppenschäden, 1991, Nr. 15.

[322] S. zum autonomen deutschen IPR OLG Hamburg VersR 2001, 996 m. Aufs. *Karczewski* VersR 2001, 1204; LG Heidelberg IPRax 1992, 96 m. Aufs. *Furtak* IPRax 1992, 8 = IPRspr. 1991, Nr. 52; AG Freiburg i.Br. VersR 1990, 682 = IPRspr. 1989 Nr. 53.

für die Schwarzfahrt verantwortlich (vgl. § 7 Abs. 3 StVG), gilt Art. VIII Abs. 5 NTS, trifft sie keine Verantwortung, gilt Art. VIII Abs. 6 NTS.

cc) Schadensregulierung. Im Rahmen der Schadensregulierung sind **Art. 10, 11 NTS-ZA** zu beachten. Für Privatfahrzeuge von Mitgliedern der Streitkräfte, die von den Behörden der Truppe des Entsendestaates zugelassen werden, ist eine Haftpflichtversicherung nach deutschem Recht erforderlich. Das Grüne-Karte-System kommt daher nicht zur Anwendung (zu diesem → Art. 18 Rn. 15 ff.). 206

b) Schädigungen durch andere ausländische Streitkräfte. Die Regelungen für Ansprüche aufgrund von Schädigungen durch andere ausländische Streitkräfte orientieren sich an den Bestimmungen des NTS und des NTS-ZA. Für Schädigungen durch Angehörige der Truppen der Nachfolgestaaten der ehemaligen Sowjetunion gilt Art. 24 Vertrag vom 12.10.1990.[323] Die Haftung für **dienstliches Verhalten** richtet sich gemäß Art. 24 Abs. 1 Vertrag vom 12.10.1990 nach den Vorschriften des deutschen Rechts, die unter sonst gleichen Umständen über die Haftung der Bundesrepublik Deutschland bestimmen würden. Entstehen Schäden durch **außerdienstliche Handlungen,** gelten nach Art. 24 Abs. 6 Vertrag vom 12.10.1990 die allgemeinen Vorschriften. Das anwendbare Recht bestimmt sich in diesen Fällen nach der **Rom II-VO.** Für Mitglieder anderer ausländischer Streitkräfte gilt § 16 SkAufG.[324] Die Haftungsregelungen entsprechen im Wesentlichen denen in Art. VIII Abs. 5 und 6 NTS. Für Streitkräfte, die an Übungen im Rahmen des Nato-Programms „Partnerschaft für den Frieden" (PfP) teilnehmen, gilt das Gesetz vom 9.7.1998 zum PfP-Truppenstatut, welches in Art. 2 PfPTSG ebenfalls auf das NTS verweist. Zudem gelten weitere bilaterale Streitkräfteaufenthaltsabkommen. 207

c) Schädigungen Dritter bei deutschen Auslandseinsätzen. Die deutschen materiellen Vorschriften der **Amtshaftung,** nach denen einzelnen Personen eine Entschädigung zustehen kann, wenn sie durch staatliches Handeln einen Schaden erleiden (§ 839 Abs. 1 S. 1 BGB iVm Art. 34 S. 1 GG) sind auf militärische Handlungen der Bundeswehr im Rahmen von Auslandseinsätzen nicht anwendbar.[325] Die **Entstehungsgeschichte** des § 839 BGB spricht dagegen, dass auch Schäden durch militärische Kampfhandlungen im Ausland ersatzfähig sein sollten; auch bei der Schaffung des Art. 34 GG hatte der Verfassungsgeber die Beteiligung deutscher Streitkräfte an Kampfhandlungen im Ausland nicht im Blick. Nach seinem **Sinn und Zweck** ist § 839 BGB auf den unkriegerischen Amtsbetrieb zugeschnitten und kann nicht auf die Gefechtssituation eines im Kampfeinsatz stehenden Soldaten übertragen werden. Es existiert auch keine Regel des Völkerrechts, nach der Einzelnen bei Kampfhandlungen deutscher Streitkräfte im Ausland Amtshaftungsansprüche zustehen.[326] 208

Art. 5 Rom II-VO Produkthaftung

(1) [1]Unbeschadet des Artikels 4 Absatz 2 ist auf ein außervertragliches Schuldverhältnis im Falle eines Schadens durch ein Produkt folgendes Recht anzuwenden:
a) das Recht des Staates, in dem die geschädigte Person beim Eintritt des Schadens ihren gewöhnlichen Aufenthalt hatte, sofern das Produkt in diesem Staat in Verkehr gebracht wurde, oder anderenfalls
b) das Recht des Staates, in dem das Produkt erworben wurde, falls das Produkt in diesem Staat in Verkehr gebracht wurde, oder anderenfalls
c) das Recht des Staates, in dem der Schaden eingetreten ist, falls das Produkt in diesem Staat in Verkehr gebracht wurde.
[2]Jedoch ist das Recht des Staates anzuwenden, in dem die Person, deren Haftung geltend gemacht wird, ihren gewöhnlichen Aufenthalt hat, wenn sie das Inverkehrbringen des Produkts oder eines gleichartigen Produkts in dem Staat, dessen Recht nach den Buchstaben a, b oder c anzuwenden ist, vernünftigerweise nicht voraussehen konnte.

---

323 Vertrag zwischen der Bundesrepublik Deutschland und der Union der Sozialistischen Sowjetrepubliken über die Bedingungen des befristeten Aufenthalts und die Modalitäten des planmäßigen Abzugs der sowjetischen Truppen aus dem Gebiet der Bundesrepublik Deutschland (BGBl. 1991 II 258) iVm Art. 4 VertragsG vom 21.12.1990 (BGBl. 1991 II 256); s. dazu *Heitmann* VersR 1992, 160 (162 f.).

324 Gesetz über die Rechtsstellung ausländischer Streitkräfte bei vorübergehenden Aufenthalten in der Bundesrepublik Deutschland vom 20.7.1995, BGBl. 1995 II 554; dazu auch Verordnung vom 14.2.2001 zum deutsch-polnischen Streitkräfteaufenthalts-Abkommen, BGBl. 2001 II 178.

325 BGH NJW 2016, 3656 – Fall Kunduz; anders die Vorinstanzen, OLG Köln BeckRS 2015, 8151 Rn. 27; LG Bonn BeckRS 2013, 21875.

326 BGH NJW 2016, 3656 – Fall Kunduz.

(2) [1]Ergibt sich aus der Gesamtheit der Umstände, dass die unerlaubte Handlung eine offensichtlich engere Verbindung mit einem anderen als dem in Absatz 1 bezeichneten Staat aufweist, so ist das Recht dieses anderen Staates anzuwenden. [2]Eine offensichtlich engere Verbindung mit einem anderen Staat könnte sich insbesondere aus einem bereits bestehenden Rechtsverhältnis zwischen den Parteien – wie einem Vertrag – ergeben, das mit der betreffenden unerlaubten Handlung in enger Verbindung steht.

Schrifttum: s. auch Vor Art. 1; älteres Schrifttum s. 6. Aufl. 2015, Art. 5; *Corneloup,* La responsabilité du fait des produits, in Corneloup/Joubert (Éd.), Le règlement communautaire „Rome II" sur la loi applicable aux obligations non contractuelles, 2008, 85; *Di Meglio/Coslin,* Will the EC Regulation on the Law Applicable to Non-Contractual Obligations („Rome II") ever be applicable in France in product liability matters?, Int. Bus. L. J. 2009, 568; *Heiderhoff,* Internationale Produkthaftung 4.0 – Welche Wertungen sollten das Kollisionsrecht für autonome Systeme prägen?, IPRax 2021, 409; *v. Hein,* Künstliche Intelligenz im Internationalen Deliktsrecht der EU, FS Schack, 2022, 428; *Huber/Illmer,* International Product Liability – A Commentary on Article 5 of the Rome II-Regulation, YbPIL 9 (2007), 31; *Illmer,* The New European Private International Law of Product Liability: Steering Through Troubled Waters, RabelsZ 73 (2009), 269; *Kadner Graziano,* The Law Applicable to Product Liability: The Present State of the Law in Europe and Current Proposals for Reform, Int. Comp. L. Q. 54 (2005), 475; *Koch,* Die kollisionsrechtliche Beurteilung der Haftung für fehlerhafte Produkte, FS Neumayr, 2023, 833; *Marenghi,* The Law Applicable to Product Liability in Context – Article 5 of the Rome II-Regulation and ist Interaction with other EU instruments, YbPIL 16 (2014), 511; *Saravalle,* The Law Applicable to Products Liability – Happy Off the Endless-Merry-Go-Round, in Malatesta (Hrsg.), The Unification of the Choice-of-Law Rules on Torts and Other Non-Contractual Obligations in Europe, 2006, 107; *Siehr,* The Rome II Regulation and Specific Maritime Torts: Product Liability, Environmental Damage, Industrial Action, RabelsZ 74 (2010), 139; *Spickhoff,* Die Produkthaftung im Europäischen Kollisions- und Zivilverfahrensrecht, FS Kropholler, 2008, 671; *Steinbrück,* Der Vertriebsort als Deliktsgerichtsstand für international Produkthaftungsklagen, FS Kaissis, 2012, 965; *Thomale,* Herstellerhaftungsklagen – Internationaler Deliktsgerichtsstand und anwendbares Recht bei reinen Vermögensschäden wegen versteckter Produktmängel, ZVglRWiss 119 (2020), 59.

Übersicht

I. Allgemeines

1 **1. Normzweck und Entstehungsgeschichte. a) Normzweck des Art. 5.** Die in Art. 5 normierte Anknüpfungsregel für die **Produkthaftung** genießt in ihrem Anwendungsbereich (→ Rn. 17 ff.) den **Vorrang vor Art. 4** (→ Vor Art. 4 Rn. 1). Sie entspricht dem Trend zur Ausbildung deliktsspezifischer Kollisionsnormen und hat den **Normzweck,** das von Art. 38 GRCh geforderte hohe Niveau des Verbraucherschutzes und die legitimen Interessen der Hersteller (Art. 16,

17 GRCh) zu einem möglichst schonenden Ausgleich zu bringen **(Erwägungsgrund 20).** Dies ist notwendig, denn bei den Fällen der Produkthaftung handelt es sich typischerweise um Distanzdelikte.

Regelungstechnisch unterscheidet sich Art. 5 insofern von Art. 4, als ihm eine Kaskadenanknüpfung zugrunde liegt, die formal an das **HProdHÜ**[1] erinnert (→ Vor Art. 1 Rn. 2; → Art. 28 Rn. 23), inhaltlich allerdings keinen Gleichklang der Anknüpfungen anstrebt. Vielmehr werden in Art. 5 die aus dem HProdHÜ bekannten Anknüpfungspunkte in abweichender normativer Gewichtung neu zusammengestellt.[2] Manche wollen in diesem Mischmasch, vermittelt über die Haager Konferenz, einen Einfluss US-amerikanischer Methoden erkennen (→ Einl. IPR Rn. 40, 60). 2

b) Entstehungsgeschichte. Art. 5 hat eine wechselvolle Entstehungsgeschichte, was in der geregelten Materie begründet ist.[3] Produkthaftungsfälle sind insofern durch ein **Element des Zufalls** gekennzeichnet, als der Zeitpunkt, in dem ein fehlerhaftes Produkt eine Rechtsgutverletzung verursacht, oft nicht vorhersehbar ist. Aufgrund der gestiegenen Mobilität in der Gesellschaft wirkt sich das zeitliche Zufallselement auch in **räumlicher Hinsicht** aus: Auch der Ort der Rechtsgutverletzung hängt nicht selten vom Zufall ab, zB wenn das Produkt auf Reisen erworben oder mitgeführt wird. Wo der Schaden eintritt, entzieht sich in diesen Fällen dem Einfluss des Herstellers (genauer: der Person, deren Haftung geltend gemacht wird, Abs. 1 S. 2), so dass die simple Erfolgsortanknüpfung des Art. 4 Abs. 1 rechtspolitisch nicht opportun erschien[4] **(Erwägungsgrund 19).** 3

Die Hersteller und die Versicherungswirtschaft sind darauf angewiesen, ihr **Haftungsrisiko zu kalkulieren,** um es versichern und bei der Preisbildung berücksichtigen zu können. Aus diesem Blickwinkel erweist sich die in Art. 4 Abs. 1 vorgesehene Grundanknüpfung an den Schadensort wegen des **räumlichen Elements des Zufalls** in Produkthaftungsfällen als ungeeignet.[5] Ein alternatives internationalprivatrechtliches Regime der Produkthaftung hat sich in Europa bisher nicht durchgesetzt, denn das HProdHÜ gilt nur in wenigen Mitgliedstaaten (→ Art. 28 Rn. 23). Die **Produkthaftungs-RL**[6] enthält keinen kollisionsrechtlichen Regelungsauftrag. Art. 5 soll diese Lücke schließen. 4

Die nach zähem Ringen gefundene Regelung beschreibt der **Erwägungsgrund 20** als „ausgewogene Lösung", die für eine gerechte Verteilung der Risiken einer modernen, hoch technisierten Gesellschaft sorgen, die Gesundheit der Verbraucher schützen, Innovationsanreize geben, einen unverfälschten Wettbewerb gewährleisten und den Handel erleichtern soll. Diese **Anknüpfungsziele** sind so abstrakt, dass sich die Zielerreichung einer Überprüfung entzieht. Die Zielerreichung hängt vor allem ab von der Auslegung der ausfüllungsbedürftigen Rechtsbegriffe des „gleichartigen" Produkts, des „Inverkehrbringens" und „vernünftigerweise voraussehbar" (Abs. 1 S. 2). 5

Die Lit. spricht wirklichkeitsnäher von einem hart errungenen Kompromiss zwischen den Lobbyisten des **Verbraucherschutzes,** die eine primäre Anknüpfung an den gewöhnlichen Aufenthalt des Geschädigten durchgesetzt haben (Abs. 1 S. 1 lit. a), und den Verfechtern der **Herstellerinteressen,** denen der Vorhersehbarkeitsvorbehalt des Abs. 1 S. 2 zu verdanken ist: „Dazwischen 6

---

1 Haager Übereinkommen vom 2.10.1973 über das auf die Produkthaftpflicht anzuwendende Recht, abgedruckt in der → 4. Aufl. 2006, EGBGB Art. 40 Rn. 150; authentischer franz. und engl. Text in RabelsZ 37 (1973), 594; s. zur Anwendbarkeit im dt.-franz. Verhältnis OLG Hamm BeckRS 2017, 128423 Rn. 18 = IPRax 2019, 165 m. Aufs. Rademacher IPR 2019, 140.

2 *Di Meglio/Coslin* Int. Bus. L. J. 2009, 568; *Huber/Illmer* YbPIL 9 (2007), 31 (46 f.); *Saravalle* in Malatesta, The Unification of Choice-of-Law Rules on Torts and Other Non-Contractual Obligations in Europe, 2006, 107 (110); rechtsvergleichend *Fallon* in Basedow/Baum/Nishitani, Japanese and European Private International Law in Comparative Perspective, 2008, 261 (265); s. auch *Kadner Graziano* RabelsZ 83 (2019), 676 (678): „ausgeklügeltes und gleichzeitig gut handhabbares Anknüpfungssystem".

3 Zur Entstehungsgeschichte des Art. 5 *Sammeck,* Die int. Produkthaftung nach Inkrafttreten der Rom II-VO im Vergleich zu der Rechtslage in den USA, 2017, 5 ff.; *Fricke* VersR 2005, 726 (739 f.); *Heiderhoff* GPR 2005, 92; *Huber/Illmer* YbPIL 9 (2007), 31 (33 ff.); *Kadner Graziano* Int. Comp. L. Q. 54 (2005), 475; *Kreuzer* in Reichelt/Rechberger EuropKollisionsR 13 (34 ff.).

4 NK-BGB/*Lehmann* Rn. 1, 5; Erman/*Stürner* Rn. 1; PWW/*Schaub* Rn. 1; Rauscher/*Pabst* Rn. 2; *Bittmann* in Weller, Europäisches Kollisionsrecht, 2016, 153 Rn. 266; *Ivaldi/Carrea* in Queirolo/Heiderhoff, Party Autonomy in European Private (and) International Law, 2015, 39 (52); *Saravalle* in Malatesta, The Unification of Choice-of-Law Rules on Torts and Other Non-Contractual Obligations in Europe, 2006, 107 (112); *Marenghi* YbPIL 16 (2014), 511.

5 KOM(2003) 427 endg., 15 f.; *Heiderhoff* GPR 2005, 92 (93); *Fallon* in Basedow/Baum/Nishitani, Japanese and European Private International Law in Comparative Perspective, 2008, 261 (264).

6 RL 85/374/EWG des Rates vom 25.7.1985 zur Angleichung der Rechts- und Verwaltungsvorschriften der Mitgliedstaaten über die Haftung für fehlerhafte Produkte, ABl. EG 1985 L 210, 29, geändert durch die Richtlinie 99/34/EG des Europäischen Parlaments und des Rates vom 10.5.1999, ABl. EG 1999 L 141, 20.

eingeklemmt ist das Marktortprinzip des Abs. 1 S. 1 lit. b, das aus normativer Sicht den Vorzug verdient hätte."[7]

7 **2. Systematik und Prüfungsreihenfolge. a) Gemeinsamer gewöhnlicher Aufenthalt.** Nach der Binnensystematik des Art. 5 ist die Anknüpfung außervertraglicher Schuldverhältnisse aus Produkthaftung am einfachsten, wenn der Geschädigte (zB der Endverbraucher des Produkts) und der Ersatzpflichtige (zB der Hersteller des Produkts) zum Zeitpunkt des Schadenseintritts ihren gewöhnlichen Aufenthalt in demselben Staat haben: Dann kommt das Recht dieses Staates zur Anwendung **(Abs. 1 S. 1 iVm Art. 4 Abs. 2).** Während die folgenden Sprossen der Anknüpfungsleiter die Erwartungen beider Parteien in Bezug auf das Produkthaftungsstatut zum Ausgleich bringen, dient die Anwendung der lex domicilii communis dem Interesse an einer **Vereinfachung der Schadensabwicklung**[8] (→ Art. 4 Rn. 52).

8 **b) Modifizierte Tatortregel (Abs. 1). aa) Dreistufige Anknüpfungsleiter (Abs. 1 S. 1).** Fehlt es an einem gemeinsamen gewöhnlichen Aufenthalt der Deliktsbeteiligten in demselben Staat, so ersetzt Abs. 1 S. 1 die allgemeine Tatortregel des Art. 4 Abs. 1 durch eine Anknüpfungsleiter, die aus drei Sprossen besteht:[9] Auf der ersten Stufe ist das Recht des Staates anzuwenden, in dem der **Geschädigte** zum Zeitpunkt des Schadenseintritts seinen **gewöhnlichen Aufenthalt** hatte, sofern das Produkt in diesem Staat in Verkehr gebracht wurde **(Abs. 1 S. 1 lit. a).**

9 Wurde das Produkt nicht in dem Staat in Verkehr gebracht, in welchem der Geschädigte zum maßgebenden Zeitpunkt seinen gewöhnlichen Aufenthalt hatte, so kommt das Recht des Staates zur Anwendung, in dem das Produkt erworben wurde, falls das Produkt im **Staat des Produkterwerbs** in Verkehr gebracht wurde **(Abs. 1 S. 1 lit. b).** Wurde das Produkt auch im Staat des Erwerbsortes nicht in den Verkehr gebracht, ist das Recht des Staates anzuwenden, in dem der Schaden eingetreten ist, wenn das Produkt im **Staat des Schadenseintritts** in Verkehr gebracht wurde **(Abs. 1 S. 1 lit. c).**

10 **bb) Vorhersehbarkeitsvorbehalt (Abs. 1 S. 2).** Die dreistufige Anknüpfungsleiter steht im Interesse des Ersatzpflichtigen unter einem Vorhersehbarkeitsvorbehalt: Konnte der Ersatzpflichtige das Inverkehrbringen des Produkts oder eines gleichartigen Produkts in dem Staat, auf den Abs. 1 S. 1 lit. a, b oder c verweist, vernünftigerweise nicht voraussehen, so ist das Recht des Staates anzuwenden, in dem der **Ersatzpflichtige** seinen **gewöhnlichen Aufenthalt** hat (Abs. 1 S. 2).

11 **c) Offensichtlich engere Verbindung (Abs. 2).** Alle vorgenannten Anknüpfungen stehen unter dem Vorbehalt der offensichtlich engeren Verbindung des Produkthaftungsfalls mit einem anderen Staat (Abs. 2). Diese spezielle Ausweichklausel hat den gleichen Wortlaut wie die allgemeine Ausweichklausel des **Art. 4 Abs. 3.**

12 **d) Prüfungsreihenfolge.** Die Ermittlung des auf einen Produkthaftungsfall anzuwendenden Rechts erfolgt im Extremfall – dh wenn die Prüfung nicht zuvor abgebrochen werden kann – in **sieben Schritten:**[10] Vorrangig ist stets zu fragen, ob die Parteien eine nach Art. 14 wirksame Rechtswahl getroffen haben,[11] wobei in den Fällen mit Verbraucherbeteiligung gemäß Art. 14 Abs. 1 lit. a nur eine nachträgliche Rechtswahl in Betracht kommt[12] **(Schritt 1).** Wurde keine Rechtswahl

---

[7] *G. Wagner* IPRax 2008, 1 (6); krit. auch BeckOK BGB/*Spickhoff* Rn. 1: „… reichlich komplizierte, offensichtlich auf den Einfluss der Interessen betroffener Produzenten zurückzuführende Anknüpfungsleiter"; *Dutoit* FS Pocar, 2009, 309 (318): „à notre sens inutilement complexe"; sehr krit. *Hartley* Int. Comp. L. Q. 57 (2008), 899 (903 ff.); *Thorn* in Kieninger/Remien, Europäische Kollisionsrechtsvereinheitlichung, 2012, 139, 154 f.: „erschreckendes Beispiel für eklektizistische Vorgehensweise"; aA *Kadner Graziano* RabelsZ 83 (2019), 676 (678): „ausgeklügeltes und gleichzeitig gut handhabbares Anknüpfungssystem."

[8] Erman/*Stürner* Rn. 9; *Ivaldi/Carrea* in Queirolo/Heiderhoff, Party Autonomy in European Private (and) International Law, Bd. I, 2015, 39 (52); *Marenghi* YbPIL 16 (2014), 511 (517).

[9] Soergel/*Remien* Rn. 11 ff.; *v. Hein* IPRax 2010, 330 (340 f.); *Junker* FS Schurig, 2012, 81 (88); *Lehmann/Duczek* JuS 2012, 788 (791); *Siehr* RabelsZ 74 (2010), 139 (141); *Sammeck,* Die int. Produkthaftung nach Inkrafttreten der Rom II-VO im Vergleich zu der Rechtslage in den USA, 2017, 24 ff.; *Sujecki* EWS 2009, 310 (315 f.); für ein alternatives Erklärungsmodell (Ort des Inverkehrbringens, ergänzt um Aufenthalts-, Erwerbs- oder Schadensort) s. *v. Hein* VersR 2007, 440 (447).

[10] BeckOK BGB/*Spickhoff* Rn. 4 ff.; *Junker* NJW 2007, 3675 (3678 f.); *Kadner Graziano* RabelsZ 73 (2009), 1 (38 f.); *Kühne* FS Deutsch, Bd. II, 2010, 817 (829); *Rushworth/Scott* Lloyd's M. C. L. Q. 2008, 274 (283 f.); *Staudinger* AnwBl 2008, 8 (14); *G. Wagner* IPRax 2008, 1 (7).

[11] BGH NJW 2023, 3159 = r + s 2023, 971 Rn. 21.

[12] BeckOGK/*Müller* Rn. 54; Soergel/*Remien* Rn. 9; HK-BGB/*Dörner* Rn. 1; PWW/*Schaub* Rn. 4; *Dutoit* FS Pocar, 2009, 309 (317); *v. Hein* RabelsZ 73 (2009), 461 (486 f.); *Huber/Illmer* YbPIL 9 (2007), 31 (39); *Kadner Graziano* Rev. crit. dr. int. pr. 97 (2008), 445 (480); *Landbrecht* RIW 2010, 783 (786); *Rudolf* ÖJZ 2010, 300 (302); *Spickhoff* FS Kropholler, 2008, 671 (682); *Sammeck,* Die int. Produkthaftung nach Inkrafttreten der Rom II-VO im Vergleich zu der Rechtslage in den USA, 2017, 30.

getroffen, so richtet sich gemäß Abs. 1 S. 1 iVm Art. 4 Abs. 2 das Augenmerk auf die Frage, ob der Geschädigte und der Ersatzpflichtige zum Zeitpunkt des Schadenseintritts ihren gewöhnlichen Aufenthalt in demselben Staat hatten **(Schritt 2).**

Hatten der Ersatzpflichtige und der Geschädigte ihren gewöhnlichen Aufenthalt zum maßgebenden Zeitpunkt nicht in demselben Staat, so kommt es zur Anwendung der dreistufigen Anknüpfungsleiter des Abs. 1 S. 1 **(Schritte 3–5).** Fehlt es am Inverkehrbringen des Produkts an einem der in Abs. 1 S. 1 genannten Orte oder an der Voraussehbarkeit dieses Inverkehrbringens, ist nach Abs. 1 S. 2 an den gewöhnlichen Aufenthalt des Herstellers anzuknüpfen **(Schritt 6).** Schließlich stehen alle vorgenannten Anknüpfungen – bis auf die Rechtswahl (Art. 14) – nach Abs. 2 unter dem Vorbehalt einer offensichtlich engeren Verbindung der unerlaubten Handlung mit einem anderen Staat **(Schritt 7).** 13

Insgesamt enthält Art. 5 ein hoch komplexes (aber dennoch lückenhaftes, → Rn. 69 ff.) System von Anknüpfungskriterien, deren Zusammenspiel sich nur schwer erschließt (kritisch unter ökonomischen und zuständigkeitsrechtlichen Gesichtspunkten → Einl. IPR Rn. 60). Ein Fortschritt gegenüber dem früheren deutschen Recht, das in Produkthaftungsfällen die allgemeine deliktsrechtliche Kollisionsnorm zur Anwendung berufen hat, ist darin schwerlich zu erkennen: „Angesichts dieser siebenstufigen Leiter wird niemand behaupten können, der europäische Gesetzgeber habe es sich mit der Produkthaftung zu leicht gemacht. Weniger wäre Mehr gewesen.“[13] 14

3. Verhältnis zum deutschen Recht. Auch im deutschen IPR gilt der Vorrang der **Rechtswahl** (Art. 42 EGBGB) und des **gemeinsamen gewöhnlichen Aufenthalts** der Deliktsbeteiligten (Art. 40 Abs. 2 EGBGB); eine **Ausweichklausel** ist ebenfalls zu beachten (Art. 41 EGBGB). Der wesentliche Unterschied der Rom II-VO zum deutschen IPR besteht in Produkthaftungsfällen darin, dass Art. 5 Abs. 1 die Tatortregel des Internationalen Deliktsrechts konkretisiert, modifiziert und verdrängt (Schritte 3–6, → Rn. 12). 15

Im Anwendungsbereich der Rom II-VO spielt die Tatortanknüpfung des Art. 4 Abs. 1 von vornherein keine Rolle, während die Rspr. zum autonomen deutschen IPR in Produkthaftungsfällen die Grundregel des Art. 40 Abs. 1 EGBGB zu konkretisieren hatte. Der BGH[14] und das OLG München[15] haben den **Sitz des Herstellers** als Handlungsort und den **Ort der Rechtsgutverletzung** als Erfolgsort angesehen; die hM in der Lit. hat den **Ort des Inverkehrbringens** als Handlungsort definiert.[16] Das OLG Hamm stellt in einem Altfall, in dem es um fehlerhafte, in Frankreich hergestellte und dort auch in Verkehr gebrachte Brustimplantate ging, bei der Bestimmung des Handlungsorts kumulativ auf den Sitz des Herstellers (Produktionsort) und den Ort des Inverkehrbringens ab.[17] 16

II. Anwendungsbereich

Nach seinem Anwendungsbereich bestimmt Art. 5 das auf ein außervertragliches Schuldverhältnis aus unerlaubter Handlung **im Falle eines Schadens durch ein Produkt** anzuwendende Recht (Abs. 1 S. 1). Wie das gesamte Kap. III der Rom II-VO erfasst Art. 5 **Ansprüche aus unerlaubter Handlung** unabhängig davon, ob sie eine Verschuldens- oder eine Gefährdungshaftung vorsehen **(Erwägungsgrund 11 S. 3).** 17

Art. 5 beschränkt sich nicht auf die spezialgesetzliche Produkthaftung, die jedenfalls innerhalb der EU nach Art. 1, 7 der **Produkthaftungs-RL** (→ Rn. 4) als Gefährdungshaftung ausgestaltet sein muss, sondern ist auch anzuwenden, wenn der Anspruch auf Ersatz eines Schadens durch ein Produkt auf das allgemeine materielle Deliktsrecht gestützt wird.[18] 18

1. Begriff des Produkts. Für die autonome Auslegung des Begriffs „Produkt“ sowie für die Person des Ersatzpflichtigen verweist die Kommissionsbegründung zur Rom II-VO auf die 19

[13] *G. Wagner* IPRax 2008, 1 (7); krit. auch *Hartley* Int. Comp. L. Q 57 (2008), 899 (903 ff.); *v. Hein* ZEuP 2009, 6 (26).

[14] BGH NJW 1981, 1606 = IPRax 1982, 13 m. Aufs. *Kreuzer* IPRax 1982, 1 = IPRspr. 1981 Nr. 25.

[15] OLG München RIW 1996, 955 m. Aufs. *Ch. Schmid* RIW 1996, 904 = IPRax 1997, 38 m. Aufs. *P. Huber* IPRax 1997, 22 = VersR 1997, 1242 mAnm *M. Wandt* = IPRspr. 1995 Nr. 38.

[16] *Kegel/Schurig* IPR, 730; *Roth* GS Lüderitz, 2000, 635 (656); *Spickhoff* IPRax 2000, 1 (4 f.); *Thorn* IPRax 2001, 561 (565); s. bereits *Eujen/Müller-Freienfels* RIW 1972, 503 (507); einschr. *Freitag/Leible* ZVglRWiss 99 (2000), 101 (138); allg. *Rademacher* IPRax 2019, 140 (141 ff.).

[17] OLG Hamm BeckRS 2017, 128423 Rn. 17 = IPRax 2019, 165 m. zust. Aufs. *Rademacher* IPRax 2019, 140 (142).

[18] KOM(2003) 427 endg., 15; PWW/*Schaub* Rn. 2; *Huber/Illmer* YbPIL 9 (2007), 31 (37); *Staudinger* AnwBl 2008, 8 (14); ausf. *Siehr* RabelsZ 74 (2010), 139 (144): „tort claims based on the normal rules of torts“.

Legaldefinitionen der **Produkthaftungs-RL** (→ Rn. 4).[19] Nach Art. 2 dieser Richtlinie sind Produkte **bewegliche Sachen** einschließlich der Elektrizität, auch wenn sie einen Teil einer anderen beweglichen oder einer unbeweglichen Sache bilden. Die Änderung der **Produkthaftungs-RL** durch die RL 99/34/EG (→ Rn. 4) hat die frühere Ausnahme für landwirtschaftliche Naturprodukte oder Jagderzeugnisse beseitigt, was insbesondere für die Haftung im Bereich der **Gentechnik** (vgl. § 32 GenTG) Bedeutung erlangt. Die in der englischen Lit. vertretene Ansicht, es müsse sich um ein **Massenprodukt** handeln,[20] findet weder in der Rom II-VO noch in der Produkthaftungs-RL eine Stütze. Eingeschlossen sind vielmehr auch bewegliche Sachen aus den Bereichen Kunstgewerbe und Handwerk.

20 Die Beschränkung auf **bewegliche Sachen** in Art. 2 der **Produkthaftungs-RL** (→ Rn. 4) schließt die Anwendung des europäischen Produkthaftungsrechts auf **Dienstleistungen** aus,[21] und zwar auch solche in Form intellektueller Leistungen, die – wie zB ein **Gutachten** – auf einem Datenträger oder sonstwie verkörpert sind.[22] In Bezug auf **Software** bezieht die hM eine differenzierende Position: Als isolierter Gegenstand sind Programmierungen, gleichgültig ob individuell, kein Produkt iSd Art. 5, wohl aber als **Kombinationsprodukt,** dh als Bestandteil von beweglichen Sachen wie insbesondere Kraftfahrzeugen.[23] Im Einzelnen ergeben sich im Zeitalter von **Künstlicher Intelligenz** und autonomem Fahren schwierige Abgrenzungsfragen zwischen Art. 4 und Art. 5,[24] die nur von Fall zu Fall und im Einklang mit dem Anwendungsbereich des materiellen Produkthaftungsrechts gelöst werden können.

21 Überträgt man die Regelung der **Produkthaftungs-RL** (→ Rn. 4) auf die Rom II-VO, ist der sachliche Anwendungsbereich des Art. 5 geringfügig enger als derjenige des Art. 2 lit. a HProdHÜ,[25] der auch **unbewegliche Sachen** als solche erfasst, zB einstürzende Gartenlauben aus dem Baumarkt („Für die Zwecke dieses Übereinkommens umfasst das Wort ‚Produkt' Natur- und Industrieprodukte, gleichgültig ob im Rohzustand oder bearbeitet, ob beweglich oder unbeweglich."). Außervertragliche Schuldverhältnisse aus Schäden durch unbewegliche Sachen werden folglich nicht nach Art. 5, sondern nach der allgemeinen Regel des Art. 4 angeknüpft. Da der Ort des Schadenseintritts dem Lageort der unbeweglichen Sache entsprechen dürfte, erscheint die Anwendung des Art. 4 in diesem Fall als sachgerecht.[26]

22 **2. Schaden durch ein Produkt.** Nach seinem Sinn und Zweck umfasst Art. 5 trotz des weit gefassten Normtextes von Abs. 1 S. 1 („Schaden durch ein Produkt") nur die deliktische Haftung für **fehlerhafte Produkte,** verstanden allerdings in einem weiten Sinne, der auch **Schäden** am Produkt selbst und Mangelfolgeschäden sowie **Fehler** im Produktumfeld (mangelhafte Gebrauchsanleitung) einschließt.[27] Zwar ist das Adjektiv „fehlerhaft" vor dem Wort „Produkt", das noch im Kommissionsentwurf enthalten war,[28] im Eingangssatz des Art. 5 weggelassen worden. Aber daraus ist entgegen einer verbreiteten Ansicht[29] nicht zu folgern, dass auf einen Produktfehler verzichtet werden kann. Ein völlig intaktes, iS des Art. 6 **Produkthaftungs-RL** (→ Rn. 4) nicht zu beanstandendes Produkt führt niemals zur Anwendbarkeit des Art. 5.[30]

---

[19] KOM(2003) 427 endg., 15; s. auch Soergel/*Remien* Rn. 4; Erman/*Stürner* Rn. 4; HK-BGB/*Dörner* Rn. 2; *Sammeck,* Die int. Produkthaftung nach Inkrafttreten der Rom II-VO im Vergleich zu der Rechtslage in den USA, 2017, 21 ff.; *Huber/Illmer* YbPIL 9 (2007), 31 (37); *de Lima Pinheiro* Riv. dir. int. priv. proc. 44 (2008), 5 (23).

[20] *Hartley* Int. Comp. L. Q. 57 (2008), 899 (904).

[21] EuGH NJW 2012, 754 – Centre Hospitalier/Dutrueux.

[22] Ausf. Rauscher/*Pabst* Rn. 40; Soergel/*Remien* Rn. 4; *Finkelmeier* NJW 2021, 2017; aA NK-BGB/*Lehmann* Rn. 26.

[23] Ausf. Soergel/*Remien* Rn. 4; Calliess/*Schmid/Pinkel* Rn. 10; Rauscher/*Pabst* Rn. 40a; aA NK-BGB/*Lehmann* Rn. 26; *Koch* FS Neumayr, 2023, 833 (837).

[24] Zutr. *v. Hein* FS Schack, 2022, 428 (432 f.); speziell zu autonomen Systemen *Heiderhoff* IPRax 2021, 409 (415 ff.).

[25] BeckOGK/*Müller* Rn. 31 ff.; BeckOK BGB/*Spickhoff* Rn. 3; Soergel/*Remien* Rn. 4; HK-BGB/*Dörner* Rn. 2; *Leible/Lehmann* RIW 2007, 721 (727).

[26] PWW/*Schaub* Rn. 2; *Huber/Illmer* YbPIL 9 (2007), 31 (38).

[27] BeckOGK/*Müller* Rn. 39 f.; Soergel/*Remien* Rn. 5; NK-BGB/*Lehmann* Rn. 32, 33; HK-BGB/*Dörner* Rn. 2; Erman/*Stürner* Rn. 4; *Dickinson* The Rome II Regulation Rn. 5.14; *Corneloup* in Corneloup/Joubert, Le règlement communautaire „Rome II" sur la loi applicable aux obligations non contractuelles, 2008, 85 (93 f.); *v. Hein* ZEuP 2009, 6 (26); *Marenghi* YbPIL 16 (2014), 511 (514); aA *Brière* Clunet 135 (2008), 31 (47).

[28] KOM(2003) 427 endg., 14 f.; s. dazu BeckOK BGB/*Spickhoff* Rn. 4; *Koch* FS Neumayr, 2023, 833 (838 f.).

[29] NK-BGB/*Lehmann* Rn. 31; *Heiderhoff* IPRax 2021, 409 (412).

[30] *Koch* FS Neumayr, 2023, 833 (838) plädiert für „mangelhaftes" (statt „fehlerhaftes") Produkt; Heiderhoff IPRax 2021, 409 (412) für „ungünstige Eigenschaften" des Produkts.

a) Kausalität des Produktfehlers. Vorausgesetzt wird die Kausalität des Produktfehlers für den Schaden: Nur zur Begründung der internationalen Zuständigkeit (wenn es darauf ankommen sollte), nicht aber bei der Frage nach dem anwendbaren Recht genügt die Feststellung, dass nach dem Klägervortrag der Schaden durch die Eigenarten des Produkts *hervorgerufen sein könnte.* Vielmehr muss bereits auf der Ebene des Kollisionsrechts festgestellt werden, ob die Charakteristika eines Produkts für den Schaden kausal waren. Sonst kommt Art. 4 zum Zuge.[31] 23

b) Herstellerhaftungsklagen (sog. Dieselklagen). Die zahlreichen seit 2016 entschiedenen Klagen von Automobilkäufern gegen Automobilhersteller und -händler wegen Software-Manipulationen zur Verfälschung von Abgastests sind keine nach Art. 5 anzuknüpfenden Produkthaftungsfälle, sondern unterliegen der allgemeinen Deliktskollisionsnorm des Art. 4.[32] Die Software-Manipulationen verletzten nicht das **Integritätsinteresse** der Käufer, denn der Schaden resultiert nicht aus einem Produktfehler; der Schaden resultiert aus einem „ungewollten Vertrag", dh in der deliktischen Verleitung zum nachteiligen Vertragsschluss mit dem Automobilhändler.[33] Es handelt sich um einen **Vermögensschaden,** der zwar kategorial auch unter Art. 5 fallen kann,[34] aber nicht – wie Abs. 1 verlangt – „durch ein Produkt" verursacht wurde, sondern durch eine herstellerseitige Täuschung. Das mangelhafte Produkt spielt keine selbständige Rolle, sondern ist lediglich „Hintergrundtatsache".[35] 24

c) Schäden durch gefährliche Gegenstände. Deliktische Ansprüche aus Schäden durch **voll funktionstaugliche,** aber gefährliche Gegenstände – zB durch eine Schusswaffe in der Hand eines Straftäters – werden ebenfalls nach der allgemeinen Kollisionsregel des Art. 4 angeknüpft.[36] 25

Beispiel:

Nimmt der Geschädigte eine Waffenherstellerin mit der Begründung in Anspruch, die von ihr produzierte Handfeuerwaffe sei zwar voll funktionstauglich und technisch in Ordnung, aber nach ihrem möglichen Einsatzgebiet zu jagdlichen, sportlichen oder sonstigen legitimen Zwecken völlig ungeeignet und nach ihrer Qualitätsanmutung sowie der Preisgestaltung auf die Bedürfnisse potenzieller Straftäter zugeschnitten,[37] handelt es sich folglich nicht um einen Produkthaftungsfall iSd Art. 5.[38]

3. Anspruchsteller und Anspruchsgegner. a) Anspruchsteller. aa) Verbraucher und Unternehmer. Der Anspruchsteller wird in Art. 5 undifferenziert als „die geschädigte Person" bezeichnet. Auch wenn in **Erwägungsgrund 20** – ähnlich wie in den Erwägungsgründen der Produkthaftungs-RL – beiläufig vom Verbraucher die Rede ist, beschränkt sich der Anwendungsbereich des Art. 5 schon nach seinem Wortlaut nicht auf die Anknüpfung deliktischer Ansprüche, die von Verbrauchern (zum Begriff → Art. 14 Rn. 27) geltend gemacht werden; vielmehr sind, wie sich auch aus der Kommissionsbegründung zur Rom II-VO ergibt, Produkthaftungsansprüche von **Unternehmern** ebenfalls erfasst.[39] 26

bb) Produkterwerber und andere Personen. „Geschädigte Person" iSd Anknüpfungsnorm ist nicht nur der **Produkterwerber,** sondern kann auch jeder **Nichterwerber** sein, der als Produktbenutzer (zB als Familienmitglied oder Arbeitnehmer des Erwerbers) oder als gänzlich **unbeteiligter Dritter** (sog. innocent bystander) durch das fehlerhafte Produkt zu Schaden kommt. Die zB im öst. IPR zuvor normierte Unterscheidung nach Produkterwerber, sonstigen Produktbenutzern und 27

31 Soergel/*Remien* Rn. 5; jurisPK-BGB/*Lund* Rn. 8; *Huber/Illmer* YbPIL 9 (2007), 31 (38); aA NK-BGB/*Lehmann* Rn. 30.

32 *Bachmeier/Freytag* RIW 2020, 337 (339); *Rodi* GPR 2021, 15 (17); *Thomale* ZVglRWiss 119 (2020), 59 (108); zur int. Zuständigkeit nach der Brüssel Ia-VO EuGH NJW 2020, 2869 Rn. 21 ff. – VKI/Volkswagen.

33 JurisPK-BGB/*Lund* Art. 4 Rn. 15; *Thomale* ZVglRWiss 119 (2020), 59 (70); zum Ausgleich für Differenzschäden im Dieselfall BGH NJW 2024, 49.

34 Rauscher/*Pabst* Rn. 40a; *Koch* FS Neumayr, 2023, 833 (837); *Rodi* GPR 2021, 15 (17).

35 Ausf. *Thomale* ZVglRWiss 119 (2020), 59 ff. (66); s. auch *Armbrüster* EWiR 2020, 573 (574); *Bachmeier/Freytag* RIW 2020, 606 (608); *Lehmann* NJW 2020, 2872; *Stadler/Krüger* IPRax 2020, 512 (513); *R. Wagner* EuZW 2020, 727; aA Rauscher/*Pabst* Rn. 113; *Staudinger/Beiderwieden* DAR 2021, 544 (545).

36 BeckOGK/*Müller* Rn. 41; Rauscher/*Pabst* Rn. 12; PWW/*Schaub* Rn. 2; *Kadner Graziano* Rev. crit. dr. int. pr. 97 (2008), 445 (480); aA NK-BGB/*Lehmann* Rn. 31.

37 Zu einem solchen Klägervortrag in US-amerikanischen Haftpflichtprozessen gegen Produzenten von sog. „Saturday Night Specials" s. *Junker* RIW 1987, 1 (3); s. auch das Beispiel bei *Koch* FS Neumayr, 2023, 833 (839).

38 HK-BGB/*Dörner* Rn. 2; Erman/*Stürner* Rn. 4; *v. Hein* ZEuP 2009, 1 (26); *Illmer* RabelsZ 73 (2009), 269 (283); *Kozyris* Am J. Comp. L. 56 (2008), 471 (487); *Rushworth/Scott* Lloyd's M. C. L. Q. 2008, 274 (283); *Stone* ELF 2004, I-213 (I-225); aA BeckOK BGB/*Spickhoff* Rn. 3; NK-BGB/*Lehmann* Rn. 31; *Dickinson* The Rome II Regulation Rn. 5.15; *Brière* Clunet 135 (2008), 31 (47); *Kadner Graziano* RabelsZ 73 (2009), 1 (40).

39 KOM(2003) 427 endg., 15; *v. Hein* VersR 2007, 440 (447); *Huber/Illmer* YbPIL 9 (2007), 31 (38); *Illmer* RabelsZ 73 (2009), 269 (284).

unbeteiligten Dritten ist mit dem Anwendungsbeginn der Rom II-VO obsolet geworden.[40] Der Wegfall einer Differenzierung zwischen Produkterwerbern und anderen durch das Produkt geschädigten Personen im IPR der Produkthaftung folgt der Abschaffung dieser Unterscheidung im materiellen Produkthaftungsrecht (vgl. § 1 Abs. 1 öst. PHG: „ein Mensch").[41]

28 Zwar kommt es für die **Anwendbarkeit des Art. 5** nicht darauf an, ob der Anspruchsteller das Produkt erworben hat; notwendig und hinreichend ist das Vorliegen eines Schadens durch ein Produkt (Abs. 1 S. 1). Die Unterscheidung von Produkterwerbern und **unbeteiligten Dritten** spielt aber bei der **Anwendung des Art. 5** eine Rolle, zB im Rahmen des **Abs. 1 S. 1 lit. b,** der auf den Erwerb des Produkts abstellt. Für die Anknüpfung der Produkthaftungsansprüche von Nichterwerbern kommt daher von vornherein nur **Abs. 1 S. 1 lit. a, c** in Betracht (→ Rn. 55).

29 **b) Anspruchsgegner.** Den Anspruchsgegner bezeichnet Art. 5 neutral als „die Person, deren Haftung geltend gemacht wird". Der Kommissionsbericht nennt dagegen die Personen, die nach der **Produkthaftungs-RL** (→ Rn. 4) haftbar gemacht werden können,[42] dh neben dem **Hersteller** unter Umständen auch Vertreiber, Importeure und Lieferanten.[43] Das bedeutet aber nicht, dass der Anwendungsbereich der Kollisionsnorm in dieser Weise beschränkt wäre: Anspruchsgegner iSd Art. 5 kann jede natürliche oder juristische Person sein. Ob sie zu den in der **Produkthaftungs-RL** (→ Rn. 4) genannten Personen gehört, ist keine Frage der Anwendbarkeit des Art. 5, sondern allenfalls eine Frage des anzuwendenden materiellen Rechts.[44] Auch wenn ausnahmsweise **Arbeitnehmer** eines Herstellers oder Händlers aus Produkthaftung in Anspruch genommen werden, gilt Art. 5.[45]

30 **4. Verhältnis zu anderen Kollisionsnormen. a) Ansprüche aus einer Umweltschädigung (Art. 7).** Erfüllt ein Schaden aus einem fehlerhaften Produkt zugleich die Voraussetzungen des Art. 7 (Umweltschädigung oder daraus resultierender Personen- oder Sachschaden, → Art. 7 Rn. 18 ff.), so stellt sich die Frage, ob in einem solchen Fall der **Mehrfachqualifikation** das außervertragliche Schuldverhältnis nach Art. 5 oder nach Art. 7 anzuknüpfen ist.[46]

Beispiel:
Bei einem Tanklastzug versagen aufgrund eines Herstellungsfehlers die Bremsen; das auslaufende Benzin verunreinigt den Boden.[47]

31 Ein Vergleich von **Erwägungsgrund 20** (zu Art. 5) und **Erwägungsgrund 25** (zu Art. 7) legt den Schluss nahe, dass der Verordnungsgeber den Art. 7 (Herleitung aus Art. 191 AEUV, „hohes Schutzniveau", explizite Begünstigung des Geschädigten) als die speziellere – weil sachrechtlich wesentlich stärker „aufgeladene" – Vorschrift ansieht. Art. 7 hat daher im Fall der Mehrfachqualifikation den Vorrang.[48]

32 **b) Verschulden bei Vertragsverhandlungen (Art. 12).** Da Art. 5 auch deliktische Ansprüche gegen Vertragspartner (zB Verkäufer) umfasst, kann sich die Frage der Abgrenzung zu Art. 12 stellen. Zwischen Ansprüchen aus Verschulden bei Vertragsverhandlungen und aus deliktischer Produkthaftung besteht in der Regel **freie Konkurrenz,** wobei über die Ausweichklauseln des Art. 5 Abs. 2 bzw. Art. 12 Abs. 2 lit. c der Gleichklang des Produkthaftungsstatuts und des Statuts der culpa in contrahendo erzielt werden kann.[49]

III. Anknüpfungspunkte

33 Im Fall eines Schadens durch ein Produkt wird die allgemeine Tatortregel des Art. 4 Abs. 1 nach Art. 5 Abs. 1 S. 1 durch eine **Anknüpfungsleiter** ersetzt, die aus drei Sprossen besteht

---

40 *Heiss/Loacker* JBl. 2007, 613 (628); s. auch BeckOGK/*Müller* Rn. 42 f.; Soergel/*Remien* Rn. 6.

41 NK-BGB/*Lehmann* Rn. 40; *Huber/Bach* IPRax 2005, 73 (77); *Leible/Engel* EuZW 2004, 7 (11); *Spickhoff* FS Kropholler, 2008, 671 (689).

42 KOM(2003) 427 endg., 15.

43 *Sammeck,* Die int. Produkthaftung nach Inkrafttreten der Rom II-VO im Vergleich zu der Rechtslage in den USA, 2017, 24; zum Begriff des Herstellers iSd RL 85/374/EWG EuGH IPRax 2011, 374 = EWS 2010, 49 Rn. 60 – Aventis Pasteur/OB; *Arnold* IPRax 2011, 346.

44 BeckOGK/*Müller* Rn. 44 ff.; Soergel/*Remien* Rn. 7; Erman/*Stürner* Rn. 5; *Brière* Clunet 135 (2008), 31 (47); *Huber/Illmer* YbPIL 9 (2007), 31 (38); *Illmer* RabelsZ 73 (2009), 269 (284); *Kreuzer* in Reichelt/Rechberger EuropKollisionsR 13 (34 f.); *Stone* Ankara L. Rev. 4 (2007), 95 (120); aA *Heiss/Loacker* JBl. 2007, 613 (627); *Spickhoff* FS Kropholler, 2008, 671 (679).

45 NK-BGB/*Lehmann* Rn. 39; *Dickinson* The Rome II Regulation Rn. 5.13.

46 Vgl. *Junker* NJW 2007, 3675 (3679); *Kadner Graziano* Rev. crit. dr. int. pr. 97 (2008), 445 (487).

47 Beispiel nach *Thorn* in Kieninger/Remien, Europäische Kollisionsrechtsvereinheitlichung, 2012, 139 (159).

48 BeckOGK/*Müller* Rn. 23; BeckOK BGB/*Spickhoff* Rn. 2; NK-BGB/*Lehmann* Rn. 42; *Di Meglio/Coslin* Int. Bus. L. J. 2009, 568 (573); *Kadner Graziano* Int. Comp. L. Q. 54 (2005), 475.

49 *v. Hein* IPRax 2010, 330 (342); *Spickhoff* FS Kropholler, 2008, 671 (679, 680).

(→ Rn. 8). Diese Anknüpfungsleiter privilegiert – im Vergleich zur allgemeinen Tatortregel – den Geschädigten, indem sie auf seinen gewöhnlichen Aufenthalts-, den Erwerbs- oder den Schadensort abstellt, allerdings abgemildert durch das Erfordernis der Kongruenz mit dem Marktort. Im Interesse des Ersatzpflichtigen, also in der Regel des Herstellers, steht die geschädigtenfreundliche Anknüpfungsleiter unter dem **Vorhersehbarkeitsvorbehalt** des Abs. 1 S. 2 (→ Rn. 10).

Im Prozess hat der **Geschädigte** die Voraussetzungen des Abs. 1 S. 1 darzulegen, während dem **Ersatzpflichtigen** die Beweislast dafür obliegt, dass die Voraussetzungen der Ausnahmevorschrift des Abs. 1 S. 2 erfüllt sind.[50] Der Beweis, dass er das Inverkehrbringen in dem fraglichen Staat nicht vorhersehen konnte, gelingt dem Ersatzpflichtigen nicht, wenn er Marktführer für das Produkt ist und die Dokumentation auch in der Sprache dieses Staates abgefasst ist.[51] Demgegenüber vertritt eine neuere Ansicht den Standpunkt, dass die Anknüpfungstatsachen von den Parteien nicht zu beweisen (und wohl auch nicht darzulegen) seien, weil das anzuwendende Recht nach der Rom II-VO grundsätzlich nicht der Disposition der Parteien unterliege (eine Ausnahme sei Art. 14), sondern vom Gericht von Amts wegen zu ermitteln sei. Die Frage, welches Recht Anwendung finde, sei eine Rechtsfrage. Eine Situation des *non liquet* und eine Entscheidung nach Beweislast könne es daher bei der Anwendung des Art. 5 nicht geben.[52] Dieser Ansicht ist nicht zu folgen, denn aus § 293 ZPO darf nicht geschlossen werden, dass der Richter von Amts wegen ermitteln müsse, ob die Voraussetzungen einer der Stufen der Anknüpfungsleiter des Art. 5 erfüllt sind, so dass es keine Beweislastentscheidung geben könne.[53] 34

1. Grundanknüpfungen (Abs. 1 S. 1). Die Grundanknüpfungen des Abs. 1 S. 1 haben die Gestalt einer **dreistufigen Leiter,** die nacheinander das Recht des gewöhnlichen Aufenthalts des Geschädigten **(lit. a),** das Recht des Erwerbsorts **(lit. b)** und das Recht des Erfolgsorts **(lit. c)** zur Anwendung beruft. Alle drei Anknüpfungsvarianten stehen unter dem Vorbehalt, dass das Produkt, welches den Schaden verursacht hat, im Staat des gewöhnlichen Aufenthalts des Geschädigten, im Staat des Erwerbsorts bzw. im Staat des Erfolgsorts **in Verkehr gebracht wurde** (Abs. 1 S. 1 lit. a, b und c). Es handelt sich also um drei Anknüpfungsstufen mit jeweils zwei Anknüpfungselementen, wobei das eine Anknüpfungselement – das Inverkehrbringen des Produkts in dem jeweiligen Staat – auf allen drei Stufen gleich ist.[54] Da es somit auf allen drei Stufen auf das Inverkehrbringen ankommt, sehen manche in Art. 5 Abs. 1 ein modifiziertes **Herkunftslandprinzip** verwirklicht.[55] 35

a) Inverkehrbringen des Produkts. aa) Bedeutung des Inverkehrbringens. Die drei Anknüpfungsmerkmale des Abs. 1 S. 1 kommen nur zur Anwendung, „sofern" (lit. a) bzw. „falls" (lit. b und c) „das Produkt in diesem Staat in Verkehr gebracht wurde". Diese Voraussetzung wirkt zwar nicht zwangsläufig haftungsbegrenzend, dient aber, da sie die tendenziell geschädigtenfreundlichen Anknüpfungen des Abs. 1 S. 1 durch ein vom Ersatzpflichtigen zu beeinflussendes Kriterium einschränkt, den **Interessen des Ersatzpflichtigen,** in erster Linie also des Herstellers und seiner Versicherung.[56] Das Erfordernis des Inverkehrbringens bedeutet eine signifikante Einschränkung der Grundanknüpfungen nach Abs. 1 S. 1. 36

Beispiel:
Eine in Deutschland lebende Patientin lässt sich in Kanada zur Behandlung einer seltenen Krankheit ein autonomes medizinisches System implantieren, das in Japan produziert wurde. Wegen fehlerhafter Programmierung erleidet die Frau gesundheitliche Schäden.[57] Zwar deuten zwei Faktoren des Abs. 1 S. 1 nach Deutschland, nämlich der gewöhnliche Aufenthalt der Geschädigten (lit. a) und der Ort des Schadenseintritts

---

[50] BeckOK BGB/*Spickhoff* Rn. 11; *Heiss/Loacker* JBl. 2007, 613 (628); *Huber/Illmer* YbPIL 9 (2007), 31 (45); *Kadner Graziano* VersR 2004, 1205 (1209).

[51] Soergel/*Remien* Rn. 31 mwN.

[52] NK-BGB/*Lehmann* Rn. 119 unter Berufung auf MüKoZPO/*Prütting* ZPO § 293 Rn. 59 – Nichtermittelbarkeit fremden Rechts.

[53] AA NK-BGB/*Lehmann* Rn. 119.

[54] BeckOK BGB/*Spickhoff* Rn. 6; NK-BGB/*Lehmann* Rn. 73; HK-BGB/*Dörner* Rn. 4 ff.; PWW/*Schaub* Rn. 6; *v. Domarus,* Int. Arzthaftungsrecht nach Inkrafttreten der Rom I- und Rom II-Verordnung, 2013, 98 f.; *Dutoit* FS Pocar, 2009, 309 (317); *Huber/Illmer* YbPIL 9 (2007), 31 (40 f.): „… the common denominator throughout all levels of the cascade"; *Illmer* RabelsZ 73 (2009), 269 (289): „… serves merely as a tool for structuring the three connecting factors as a cascade"; *Marenghi* YbPIL 16 (2014), 511 (522).

[55] *Schack* FS Schilken, 2015, 445 (453); s. zu Abs. 1 S. 1 auch *Heiderhoff* IPRax 2021, 409 (412); *v. Hein* FS Schack, 2022, 428 (432); *Koch* FS Neumayr, 2023, 833 (839).

[56] BeckOGK/*Müller* Rn. 82; Soergel/*Remien* Rn. 21; NK-BGB/*Lehmann* Rn. 73; PWW/*Schaub* Rn. 6; krit. *v. Hein* ZVglRWiss 102 (2003), 528 (554); *Kadner Graziano* Int. Comp. L. Q. 54 (2005), 475 (484); *Sonnentag* ZVglRWiss 105 (2006), 256 (282 f.).

[57] Nach *Heiderhoff* IPRax 2021, 409 (413).

(lit. c). Darauf kommt es aber nicht an, weil es an einem Inverkehrbringen in Deutschland fehlt. Anwendbar ist kanadisches Recht.

37 Fallen die in Abs. 1 S. 1 genannten Anknüpfungen (Staat des gewöhnlichen Aufenthalts des Geschädigten, Staat des Erwerbsorts und Staat des Erfolgsorts) nicht mit dem Staat des Inverkehrbringens zusammen, so kommt die für den Ersatzpflichtigen in der Regel günstigere Anknüpfung des Abs. 1 S. 2 zum Zuge (→ Rn. 68). Die im Rahmen der Grundkollisionsnorm des Abs. 1 S. 1 **wichtigste Verknüpfung** besteht also nicht mit dem Staat, in welchem der Geschädigte das Produkt erworben hat (darauf kommt es nur bei lit. b an), sondern mit den Staaten, in denen das schadensursächliche oder ein gleichartiges Produkt (→ Rn. 40) – von wem auch immer[58] – in Verkehr gebracht wurde.[59]

38 **bb) Maßgebliches Produkt.** Nach dem Wortlaut der Vorschrift ist „im Falle des Schadens durch ein Produkt" das in Abs. 1 S. 1 genannte Recht anzuwenden, sofern (bzw. falls) „das Produkt" in dem jeweiligen Staat in Verkehr gebracht wurde. Der **Wortlaut des Abs. 1 S. 1** legt folglich den Schluss nahe, dass es auf das **konkrete Produkt** ankommt, welches den streitgegenständlichen Schaden verursacht hat.[60] Auch die **Interessen der Hersteller** sprechen für eine solche Auslegung: Kommt es nicht auf das konkrete Schaden stiftende Produkt, zB das betreffende Unfallfahrzeug, sondern auf die ganze Produktgattung (zB einen bestimmten Fahrzeugtyp) an, vergrößert sich das Rechtsanwendungsrisiko des Herstellers.

39 Für eine weite Auslegung, die naturgemäß den **Interessen der Geschädigten** entgegenkommt, spricht die **Systematik des Art. 5:** Wie sich aus der Gleichstellung des „Produkts" mit einem „gleichartigen Produkt" in Abs. 1 S. 2 entnehmen lässt, soll es nach dem Willen des Verordnungsgebers nicht auf das individuelle Stück, sondern auf das Inverkehrbringen eines gleichartigen Produkts – also auf die **Produktgattung** – ankommen.[61] Dem Argument, bei einer solchen Auslegung des Abs. 1 S. 1 würde das „Inverkehrbringen des Produkts" seine räumlich eingrenzende Funktion verlieren, ist auf der Ebene des Tatbestandes des Abs. 1 – beim Begriff der „Gleichartigkeit" – Rechnung zu tragen.

40 Entscheidend ist folglich auch für den objektiven Tatbestand des Abs. 1 S. 1 die Frage, welche Anforderungen an ein **gleichartiges Produkt** iSd Abs. 1 S. 2 zu stellen sind. Diese Frage beantwortet eine **Interessenabwägung,** bei der den Interessen der Verbraucher nicht von vornherein ein Vorrang vor den Interessen der Hersteller einzuräumen ist.[62]

Beispiel:
Der Geschädigte mit gewöhnlichem Aufenthalt in Deutschland hat ein Motorrad in Albanien erworben, wo sonst baugleiche Fahrzeuge ohne sicherheitsrelevante Ausstattungsmerkmale vertrieben werden, die in der EU vorgeschrieben sind. Fehlt dem Produkt ein **sicherheitsrelevantes Merkmal** (zB einem Motorrad das Antiblockiersystem), so kann nicht von einer Gleichartigkeit der Produkte ausgegangen werden.[63] Wegen der nach Abs. 1 S. 2 gebotenen generalisierenden Betrachtung kann es nicht darauf ankommen, ob sich der Mangel der Sicherheitsausstattung im konkreten Produkthaftungsfall ausgewirkt hat.

---

58 BeckOGK/*Müller* Rn. 96; Soergel/*Remien* Rn. 22; Calliess/*Schmid/Pinkel* Rn. 19; HK-BGB/*Dörner* Rn. 5; *Huber/Illmer* YbPIL 9 (2007), 31 (41 f.): „… it is irrelevant who marketed the product as long as that marketing was foreseeable for the person claimed to be liable"; *Kadner Graziano* Rev. crit. dr. int. pr. 97 (2008), 445 (481).

59 BeckOK BGB/*Spickhoff* Rn. 6; HK-BGB/*Dörner* Rn. 4 ff.; PWW/*Schaub* Rn. 6; *v. Hein* RabelsZ 73 (2009), 461 (493); *Junker* NJW 2007, 3675 (3678 f.); *Leible/Lehmann* RIW 2007, 721 (727 f.); *Rudolf* ÖJZ 2010, 300 (303); *Rushworth/Scott* Lloyd's M. C. L. Q. 2008, 274 (283); *Sammeck,* Die int. Produkthaftung nach Inkrafttreten der Rom II-VO im Vergleich zu der Rechtslage in den USA, 2017, 33.

60 *v. Hein* VersR 2007, 440 (447); ebenso iErg *Hartley* Int. Comp. L. Q. 57 (2008), 899 (904).

61 BeckOGK/*Müller* Rn. 88 ff.; Soergel/*Remien* Rn. 19 f.; BeckOK BGB/*Spickhoff* Rn. 8; Calliess/*Schmid/Pinkel* Rn. 22; *Corneloup* in Corneloup/Joubert, Le règlement communautaire „Rome II" sur la loi applicable aux obligations non contractuelles, 2008, 85 (97); *Garcimartín Alférez* ELF 2007, I-77 (I-85); *Kadner Graziano* Rev. crit. dr. int. priv. 97 (2008), 445 (481); *Heiderhoff* IPRax 2021, 409 (413); *Koch* FS Neumayr, 2023, 833 (841 ff.); zum materiellen Recht auch EuGH NJW 2015, 1163 Rn. 43 – Boston Scientific/AOK Sachsen-Anhalt (Herzschrittmacher – Zugehörigkeit zu einer Serie fehlerhafter Produkte begründet Produktfehler); dazu *Oechsler* Jura 2015, 964.

62 HK-BGB/*Dörner* Rn. 6; *Illmer* RabelsZ 73 (2009), 269 (293); *Heiderhoff* IPRax 2021, 409 (411 ff.); *Junker* RIW 2010, 257 (266); *Koch* FS Neumayr, 2023, 833 (841 ff.); *G. Wagner* IPRax 2008, 1 (7); aA NK-BGB/*Lehmann* Rn. 85: Interessen der Geschädigten.

63 Calliess/*Schmid/Pinkel* Rn. 23; *Huber/Illmer* YbPIL 9 (2007), 31 (43): „The criterion to distinguish products of the same type from products of a different type is the safety features of the product."; idS auch *Heiderhoff* IPRax 2021, 409 (413); *G. Wagner* IPRax 2008, 1 (7); aA NK-BGB/*Lehmann* Rn. 85: Identität der verwendeten Marke; dagegen explizit *Koch* FS Neumayr, 2023, 833 (843): Markenname bei Kfz., die auf derselben Plattform hergestellt werden, nicht entscheidend.

Der Erwerber (und spätere Geschädigte) darf nicht darauf vertrauen (und wird es in der Regel auch nicht tun), dass ein unter der Marke XY vertriebenes Kraftfahrzeug bei gleicher Typenbezeichnung und gleichem Erscheinungsbild zB in Deutschland und Weißrussland die exakt gleichen Sicherheitsmerkmale aufweist.[64] Wird dagegen ein chemisch identisches Schmerzmittel in zwei Staaten unter anderem Namen oder in anderer Verpackung vertrieben, liegt Gleichartigkeit vor.[65] 41

cc) Begriff des Inverkehrbringens. Wie der englische Fassung der Rom II-VO zu entnehmen ist („… if the product was marketed in that country"),[66] ist „Inverkehrbringen" im Sinne von „Vermarkten" (auf den Markt bringen) zu verstehen.[67] Der Begriff des Inverkehrbringens entspricht demjenigen des Art. 7 lit. a der **Produkthaftungs-RL** (→ Rn. 4): Maßgebend sind die Orte der Abgabe der gleichartigen (→ Rn. 40) Produkte an die **bestimmungsgemäßen Adressaten;** beim Fernabsatz sind nicht die Staaten der Absendung des Produkts relevant, sondern die **Staaten der Vermarktung** (Empfangsstaaten).[68] 42

Beispiel:
Liefert eine Versandapotheke in alle möglichen Staaten, aber nicht in ihren Sitzstaat, wird das Medizinprodukt in diesem Staat nicht in den Verkehr gebracht.

Bezüglich der **Art des Inverkehrbringens** wird man auch das Verteilen von Gratisware als Inverkehrbringen ansehen müssen, soweit es zumindest auch zu kommerziellen (und nicht zu rein karitativen) Zwecken erfolgt.[69] Unerheblich ist die **Person des Inverkehrbringers:** Wer das Produkt den bestimmungsgemäßen Adressaten zugeführt hat (die Person, deren Haftung geltend gemacht wird, oder jemand anderes), spielt, wie sich aus Abs. 1 S. 2 schließen lässt, keine Rolle. Es kann der Hersteller selbst, aber zB auch der Importeur, Großhändler oder Einzelhändler sein.[70] 43

Beispiel:
Die ital. Klägerin produziert Hühnereier und schließt mit einem niederländischen Anlagenbauer einen Vertrag über den Einbau von Legebatterien. Der Niederländer kauft die Batterien bei einem Darmstädter Unternehmen und holt sie auf dem Weg nach Italien in Darmstadt ab. Die Klägerin nimmt das Darmstädter Unternehmen wegen Produkthaftung in Anspruch, weil die Kotförderbänder angeblich nicht funktionieren.[71]

Bereits mit der **Abholung des Produkts beim Hersteller** ist das Produkt in Verkehr gebracht, selbst wenn es von dem Abholer in eine Immobilie eingebaut wird, die in einem anderen Staat belegen ist. Sieht man in dem Beispiel nicht erst die Geschädigte selbst (das ital. Eierunternehmen), sondern bereits den Abholer (den niederländischen Anlagenbauer) als Erwerber iS des **Abs. 1 S. 1 lit. b** an (zum Meinungsstreit → Rn. 50), so folgt die Anwendbarkeit des deutschen Rechts aus dieser Vorschrift. Nach hier vertretener Ansicht (→ Rn. 50, 71) folgt die Anwendbarkeit des deutschen Rechts aus **Abs. 1 S. 2.**[72] 44

b) Verstärkendes Anknüpfungsmoment. Außervertragliche Schuldverhältnisse aus Produkthaftung unterliegen, wenn keine vorrangige Anknüpfung besteht, der Anknüpfungsleiter des Abs. 1 S. 1: Primär berufen ist das Recht des gewöhnlichen Aufenthalts des Geschädigten **(lit. a),** sekundär das Recht des Staates, in dem das Produkt erworben wurde **(lit. b)** und tertiär das Recht des Staates, in dem der Schaden eingetreten ist **(lit. c).** Jede der drei hintereinandergeschalteten 45

64 BeckOGK/*Müller* Rn. 88; Soergel/*Remien* Rn. 19 f.; NK-BGB/*Lehmann* Rn. 85.

65 *Leible/Lehmann* RIW 2007, 721 (728); aA wohl NK-BGB/*Lehmann* Rn. 85.

66 S. auch die franz. Fassung: „… si le produit a été commercialisé dans ce pays".

67 BeckOGK/*Müller* Rn. 83 ff.; Soergel/*Remien* Rn. 21; Erman/*Stürner* Rn. 6; PWW/*Schaub* Rn. 6; *Illmer* RabelsZ 73 (2009), 269 (291); *Kadner Graziano* RabelsZ 73 (2009), 1 (41); *Leible/Lehmann* RIW 2007, 721 (728); *Marenghi* YbPIL 16 (2014), 511 (521).

68 BeckOGK/*Müller* Rn. 86; Calliess/*Schmid/Pinkel* Rn. 27; HK-BGB/*Dörner* Rn. 5; PWW/*Schaub* Rn. 6; *Huber/Illmer* YbPIL 9 (2007), 31 (42); ausf. zum Vertrieb über das Internet *Heiderhoff* IPRax 2021, 409 (413); s. auch EuGH EuZW 2001, 378 mAnm *Geiger* – Veedfald (Verwendung des Produkts gegen den Willen des Herstellers kein Inverkehrbringen); NJW 2006, 825 Rn. 32 – O'Byrne/Sanofi Pasteur (Übergabe an konzerneigene Vertriebsgesellschaft kann Inverkehrbringen sein).

69 BeckOGK/*Müller* Rn. 86; Soergel/*Remien* Rn. 21; NK-BGB/*Lehmann* Rn. 76; Hamburg Group for Private International Law RabelsZ 67 (2003), 1 (15): „… the place where the product is sold or let in another manner to the final user for the first time"; enger *Hartley* Int. Comp. L. Q. 57 (2008), 899 (904): „… the organized, mass selling of a standardized product".

70 BeckOGK/*Müller* Rn. 96; Soergel/*Remien* Rn. 22; Erman/*Stürner* Rn. 6; *Hartley* Int. Comp. L. Q. 57 (2008), 899 (904); *Huber/Illmer* YbPIL 9 (2007), 31 (41 f.); *Kadner Graziano* Rev. crit. dr. int. priv. 97 (2008), 445 (481); *Leible/Lehmann* RIW 2007, 721 (727 f.).

71 Fall frei nach OLG Frankfurt EuZA 2022, 384.

72 Ebenso OLG Frankfurt EuZW 2022, 384 Rn. 45.

(Erwägungsgrund 20) Anknüpfungen kommt nur zum Zuge, wenn das Produkt in dem betreffenden Staat in Verkehr gebracht wurde (→ Rn. 36 ff.).

46 **aa) Gewöhnlicher Aufenthalt des Geschädigten.** Primär ist das Recht des Staates anzuwenden, in welchem die geschädigte Person beim Eintritt des Schadens ihren gewöhnlichen Aufenthalt hatte **(Abs. 1 S. 1 lit. a),** sofern das schadensursächliche oder ein gleichartiges Produkt in diesem Staat in Verkehr gebracht wurde. Der **Anknüpfungspunkt** dieser primären Anknüpfung ist der gewöhnliche Aufenthalt (→ Art. 23 Rn. 19 f.) des Geschädigten **(Anknüpfungsperson).** Es spielt keine Rolle, ob sich der gewöhnliche Aufenthalt in einem Mitgliedstaat der EU oder in einem Drittstaat befindet[73] (vgl. Art. 3). Der maßgebliche **Anknüpfungszeitpunkt** ist der Eintritt des Schadens. Mit dem „Eintritt des Schadens" ist – ebenso wie bei Art. 4 Abs. 1 (→ Art. 4 Rn. 39 ff.) – nicht der Eintritt von Folgeschäden gemeint, sondern der Verletzungserfolg iSd Eintritts des unmittelbaren Schadens.[74]

47 Als **weitere Voraussetzung** der Anknüpfung verlangt lit. a, dass das schadensursächliche oder ein gleichartiges Produkt im Staat des gewöhnlichen Aufenthalts des Geschädigten in Verkehr gebracht wurde (→ Rn. 36 ff.).

Beispiel:
Kauft der in München ansässige A in einer Flughafenapotheke in Paris ein Schmerzmittel des US-amerikanischen Herstellers B, das auch in Deutschland erhältlich ist, unterliegt die deliktische Arzneimittelhaftung – zB wegen Nebenwirkungen dieses Produkts – nach lit. a dem deutschen Recht (wenn nicht die Ausweichklausel des Abs. 2 zum Zuge kommt).[75]

48 Die **Primäranknüpfung** an den Staat des gewöhnlichen Aufenthalts des Geschädigten war im Vorfeld der Rom II-VO heftig umstritten.[76] Für eine solche Primäranknüpfung spricht, dass sie – anders als die Anknüpfung an den Erwerbsort (→ Rn. 55) – gleichermaßen auf Produkterwerber und **unbeteiligte Dritte** (sog. innocent bystanders) Anwendung finden kann.[77] Eine Rolle spielt ferner, dass die Anknüpfung nach lit. a den Gleichlauf des Deliktsstatuts mit der internationalen Zuständigkeit der Gerichte gewährleistet, wenn der Geschädigte in seinem Aufenthaltsstaat verletzt wird[78] (Art. 7 Nr. 2 Brüssel Ia-VO): In der wahrscheinlich häufigsten Fallgestaltung des Internationalen Produkthaftungsrechts erwirbt die geschädigte Person im Ausland ein Produkt und erleidet durch einen Fehler dieses Produkts am Ort ihres gewöhnlichen Aufenthalts einen Schaden.

49 Im Normalfall eröffnet demnach Art. 7 Nr. 2 Brüssel Ia-VO eine Gerichtszuständigkeit am Ort des Schadenseintritts, und lit. a gewährleistet im Wege des **Gleichlaufs** von internationaler Zuständigkeit und anwendbarem Recht die Anwendung der lex fori. Kommt der Produkterwerber hingegen im Staat der Herstellung zu Schaden, besteht kein Gleichlauf.

Beispiel:
Der in Österreich lebende K kauft ein in Deutschland produziertes Fahrrad bei einem Händler in Österreich. K verletzt sich bei einer Fahrt in Deutschland, weil die Gabel bricht, und verklagt den deutschen Hersteller wegen Produkthaftung. – **Handlungsort** iSd Art. 7 Nr. 2 Brüssel Ia-VO ist allein der **Herstellungsort;**[79] der **Erfolgsort** liegt ebenfalls in Deutschland. Ein Gerichtsstand in Österreich besteht nicht. Anzuwenden ist jedoch das österreichische Recht (Art. 5 Abs. 1 S. 1 lit. b). Das Auseinanderfallen von internationaler Zuständigkeit und anzuwendendem Recht erklärt sich aus den unterschiedlichen Regelungszwecken: sach- und beweisnaher Gerichtsstand bei Art. 7 Nr. 2 Brüssel Ia-VO, Bevorzugung des Geschädigten bei Art. 5

---

73 BeckOGK/*Müller* Rn. 61; Soergel/*Remien* Rn. 12; *Sammeck,* Die int. Produkthaftung nach Inkrafttreten der Rom II-VO im Vergleich zu der Rechtslage in den USA, 2017, 35 ff.; *Kadner Graziano* Rev. crit. dr. int. pr. 97 (2008), 445 (481).

74 BeckOK BGB/*Spickhoff* Rn. 6; NK-BGB/*Lehmann* Rn. 60; *Illmer* RabelsZ 73 (2009), 269 (287); s. zur Brüssel Ia-VO EuGH NJW 2009, 3501 = EWiR 2009, 569 *(Mankowski)* = IPRax 2010, 358 Rn. 32 m. Aufs. *v. Hein* IPRax 2010, 330 – Zuid Chemie/Philippo's Mineralenfabriek; NJW 2014, 1166 = EuZW 2014, 232 mAnm *Dietze* = RIW 2014, 139 Rn. 26, 29 – Kainz/Pantherwerke; ferner Hoge Raad EWS 2008, 447 (Vorabentscheidungsersuchen); *Lüttringhaus* RabelsZ 77 (2013), 31 (60 ff.); *Steinbrück* FS Kaissis, 2012, 965.

75 Nach *Leible/Lehmann* RIW 2007, 721 (728); weiteres Beispiel bei *Hartley* Int. Comp. L. Q. 57 (2008), 899 (905), Example 2.

76 Befürwortend *G. Wagner* IPRax 2006, 372 (382); *G. Wagner* IPRax 2008, 1 (7); abl. *v. Hein* VersR 2007, 440 (447 f.); *Huber/Bach* IPRax 2005, 73 (77); *Sonnentag* ZVglRWiss 105 (2006), 256 (282).

77 *Heiderhoff* IPRax 2021, 409 (414); *Kadner Graziano* Rev. crit. dr. int. pr. 97 (2008), 445 (481).

78 BeckOGK/*Müller* Rn. 83; Soergel/*Remien* Rn. 12; Calliess/*Schmid/Pinkel* Rn. 22; *G. Wagner* IPRax 2006, 372 (382); *Fallon* in Basedow/Baum/Nishitani, Japanese and European Private International Law in Comparative Perspective, 2008, 261 (266); abschwächend *v. Hein* VersR 2007, 440 (448).

79 EuGH EuZW 2014, 232 Rn. 26 – Kainz/Pantherwerke.

Abs. 1 S. 1 lit. b. Angesichts der unterschiedlichen Vorgaben des Prozess- und des Kollisionsrechts scheidet ein strikter Gleichlauf im internationalen Produkthaftungsrecht aus.[80]

Anders als im **HProdHÜ** (→ Rn. 1) ist der Vorrang des gewöhnlichen Aufenthalts des Geschädigten nach lit. a allerdings weder an ein Zusammentreffen mit dem **Sitz des Herstellers** noch an eine Koinzidenz mit dem **Ort des Produkterwerbs** geknüpft. Es genügt nach lit. a vielmehr, dass im Aufenthaltsstaat des Geschädigten ein gleichartiges Produkt in Verkehr gebracht wurde (zu dieser Auslegung des Abs. 1 S. 1 → Rn. 38 ff.). Da der örtliche Haftungsstandard die Preisbildung mitbestimmt, müssen auch die rechtspolitischen Befürworter der Anknüpfung nach lit. a einräumen, dass der vom Geschädigten im ausländischen Erwerbsstaat gezahlte Preis nicht notwendig die Haftungskosten reflektiert, mit denen im Heimatstaat des Geschädigten zu rechnen ist.[81] Sie behelfen sich mit der ökonomischen Erwägung, dass die daraus resultierende **Quersubventionierung von Produkten,** die in verschiedenen Staaten mit unterschiedlichem Entschädigungsniveau zu unterschiedlichen Preisen angeboten werden, bei Massenware kalkulatorisch zu vernachlässigen ist, weil die meisten Produkte im Staat des gewöhnlichen Aufenthalts des Erwerbers gekauft werden (so dass in den meisten Fällen die Kostenrechnung stimmt).[82] 50

bb) Staat des Produkterwerbs (Erwerbsorts). Liegt die „weitere Voraussetzung" der lit. a nicht vor (wurden also im Aufenthaltsstaat des Geschädigten weder das schadensursächliche noch ein gleichartiges Produkt in Verkehr gebracht), kommt hilfsweise die **sekundäre Anknüpfung** zum Zuge:[83] Anzuwenden ist das Recht des Staates, in welchem das schadensursächliche Produkt erworben wurde **(Abs. 1 S. 1 lit. b),** falls das schadensursächliche oder ein gleichartiges Produkt in diesem Staat in Verkehr gebracht wurde. Der **Anknüpfungspunkt** ist also der Ort des Produkterwerbs, womit gleichzeitig der **Anknüpfungszeitpunkt** (oder der Anknüpfungszeitraum) festgelegt ist. 51

Der **Begriff des Produkterwerbs** ist weit zu verstehen; er umfasst Kauf- und Werkverträge, Miete und Leasing sowie vergleichbare Erwerbsvorgänge wie den Erwerb durch Schenkung. Der **Erwerbsort** ist der Ort, an dem der Geschädigte die tatsächliche Verfügungsgewalt über den Gegenstand erlangt hat; beim **Fernabsatz** ist nicht der Absendestaat maßgebend, sondern der Empfangsstaat.[84] Die **weitere Voraussetzung** der Anknüpfung ist das Inverkehrbringen eines zumindest gleichartigen Produkts (zu dieser Auslegung des Abs. 1 S. 1 → Rn. 38 ff.) im Staat des Produkterwerbs. 52

Beispiel:
Ein in den Niederlanden ansässiger Hersteller von Düngemitteln bezog den Rohstoff für seinen Dünger bei einem belgischen Produzenten. Der stets in Belgien mit Fahrzeugen des Niederländers abgeholte Rohstoff war verunreinigt, wodurch der in den Niederlanden hergestellte Dünger unbrauchbar war.[85] – Wenn der Belgier keinen gleichartigen Rohstoff in den Niederlanden in Verkehr gebracht hat, scheidet die Anknüpfung nach Abs. 1 S. 1 lit. a aus. Anzuwenden ist das belgische Recht (Abs. 1 S. 1 lit. b).

Die **Anknüpfungsperson** wird bei der Anknüpfung nach lit. b nicht konkretisiert („das Recht des Staates, in dem das Produkt erworben wurde"). Es fragt sich daher, ob es auf den Erwerb durch die **geschädigte Person** ankommt, oder ob es genügt, wenn **irgendjemand** das Produkt im Staat des Inverkehrbringens erworben hat. 53

Beispiel:[86]
Der in München ansässige A ersteigert im Internet eine von einem spanischen Privatmann angebotene Motorsäge, die der Spanier in seinem Heimatland zuvor erworben und benutzt hatte. In Deutschland wird vom Hersteller keine – insbesondere nach ihren Sicherheitsmerkmalen – gleichartige Motorsäge in Verkehr gebracht. Da der private Fernabsatz über das Internet, der ohne eine Einflussnahme des Herstellers erfolgt, kein „Inverkehrbringen" im Erwerbsstaat darstellt (→ Rn. 42), fragt es sich, ob der Produkterwerb durch den Spanier gemäß lit. b zur Anwendung des spanischen Rechts führt (→ Rn. 55 aE).

Die **Sekundäranknüpfung** an den Erwerbsort halten manche rechtspolitisch nur für vertretbar, wenn der **Geschädigte selbst** – dh die unmittelbar verletzte (geschädigte) Person – das Produkt an 54

[80] *Schack* in v. Hein/Rühl, Kohärenz im Internationalen Privat- und Verfahrensrecht der Europäischen Union, 2016, 279 (291).
[81] *Kadner Graziano* VersR 2004, 1205 (1208); *G. Wagner* IPRax 2008, 1 (7).
[82] *G. Wagner* IPRax 2008, 1 (7); *G. Wagner* IPRax 2006, 372 (382).
[83] BeckOGK/*Müller* Rn. 70 ff.; Soergel/*Remien* Rn. 14; NK-BGB/*Lehmann* Rn. 63; HK-BGB/*Dörner* Rn. 7; *Kadner Graziano* Rev. crit. dr. int. pr. 9 (2008), 445 (482); *Koch* FS Neumayr, 2023, 833 (843 f.); *Ofner* ZfRV 2008, 13 (17); *Spickhoff* FS Kropholler, 2008, 671 (684).
[84] NK-BGB/*Lehmann* Rn. 65; HK-BGB/*Dörner* Rn. 8; Calliess/*Schmid*/*Pinkel* Rn. 24; *Hartley* Int. Comp. L. Q. 57 (2008), 899 (904); *Heiderhoff* IPRax 2021, 409 (413); *Lehmann*/*Duczek* JuS 2012, 788 (791).
[85] EuGH NJW 2009, 3501 – Zuid Chemie/Philippo's Mineralenfabriek.
[86] Weitere Beispiele bei *Hartley* Int. Comp. L. Q. 57 (2008), 899 (906), Example 4; *Lehmann*/*Duczek* JuS 2012, 788 (790 f.), Fall 12.

dem fraglichen Ort erworben hat.[87] In dieser Fallkonstellation sei die Anknüpfung an das Recht des Marktortstaats sachgerecht, weil der Erwerber eines Produkts einen Sicherheitsstandard einkaufe, der sich nach den im Marktortstaat geltenden gesetzlichen Bestimmungen richte und damit auch den Preis des Produkts beeinflusse. Diesen Schutz dürfe der Erwerber nicht verlieren, wenn er durch das fehlerhafte Produkt außerhalb des Marktortstaats geschädigt werde.[88] Dem ist zum Teil zuzustimmen: Trotz der Passivkonstruktion im Wortlaut von Abs. 1 S. 1 lit. b („… in dem das Produkt erworben wurde") ist im Wege der **teleologischen Reduktion** die Anknüpfung nach Abs. 1 S. 1 lit. b auf das Recht des Staates zu beschränken, in dem die geschädigte Person das Produkt erworben hat.[89] Diese Reduktion der Vorschrift entspricht der Rechtslage nach dem **HProdHÜ** (→ Rn. 1).

55 Diese Beschränkung der Anknüpfung nach lit. b hat die Konsequenz, dass bei Schädigung eines **unbeteiligten Dritten** (sog. innocent bystander) die Anknüpfung nach lit. b von vornherein nicht in Betracht kommt, da er per Definition das Produkt von niemandem erworben hat.[90] Dies ist vom Verordnungsgeber so gewollt und sollte nicht mit der Hilfskonstruktion ausgehebelt werden, dass ein unbeteiligter Dritter – zur Vermeidung des Schädigerrechts des Abs. 1 S. 2 – in den Genuss der Erwerbsortanknüpfung nach lit. b kommt, wenn die Erfolgsortanknüpfung nach lit. c versagt.[91]

56 Dagegen ist es nicht angängig, die Anknüpfung nach lit. b auf den **ersten Abnehmer** zu beschränken und im Fall der Schädigung eines Zweiterwerbers (oder eines der weiteren Erwerber in einer Erwerbskette) die Anknüpfung an den Erwerbsort zu verwerfen.[92] Denn bei einer solchen Beschränkung der Marktortanknüpfung würde die weitere Voraussetzung des Abs. 1 S. 1 lit. b, dass das Produkt (oder ein gleichartiges Produkt) im Staat des Produkterwerbs in Verkehr gebracht worden sein muss, ihren Sinn verlieren.

57 Die Anknüpfung nach lit. b ist daher auch auf den Erwerbsort des **zweiten Abnehmers** – und auf die Erwerbsorte aller weiteren Abnehmer – anzuwenden, vorausgesetzt, dass der Abnehmer die geschädigte Person ist und ein gleichartiges Produkt im Staat des Erwerbsorts in Verkehr gebracht wurde,[93] eine Voraussetzung, an der es in dem Beispiel (→ Rn. 53) fehlt (zur Anwendung der Ausweichklausel in diesen Fällen → Rn. 75).

58 **cc) Staat des Schadenseintritts (Erfolgsorts).** Liegen weder die Voraussetzungen der lit. a noch diejenigen der lit. b vor, kommt auf der letzten Stufe des Abs. 1 als Rückfallposition die **tertiäre Anknüpfung** zum Zuge:[94] Auf dieser dritten und letzten Stufe der Anknüpfungsleiter ist das Recht des Staates anzuwenden, in welchem der Schaden eingetreten ist, falls das schadensursächliche oder ein gleichartiges Produkt in diesem Staat in Verkehr gebracht wurde **(Abs. 1 S. 1 lit. c).** Der tertiäre Anknüpfungspunkt ist demnach der Erfolgsort des Delikts,[95] verstanden als Ort des unmittelbaren Schadenseintritts (→ Art. 4 Rn. 39 ff.); damit erübrigen sich Festlegungen der Kollisionsnorm zum Anknüpfungszeitpunkt und zur Anknüpfungsperson.

59 Ebenso wie bei lit. a und b ist bei der Anknüpfung nach lit. c die **weitere Voraussetzung,** dass das schadensursächliche oder zumindest ein gleichartiges Produkt im Staat des Schadenseintritts (= im Staat des Erfolgsorts) in Verkehr gebracht wurde (zu dieser Auslegung des Abs. 1 S. 1 → Rn. 38 ff.).

Beispiel:
Der in Köln ansässige K kauft dort von einer Privatperson einen Gebrauchtwagen eines koreanischen Herstellers, der diesen Fahrzeugtyp nur in Großbritannien vertreibt. Bei einer Fahrt in England verunglückt

---

[87] Vgl. zum Kommissionsentwurf 2003 *v. Hein* ZVglRWiss 102 (2003), 528 (553); *Huber/Bach* IPRax 2005, 73 (77).

[88] Grdl. *Wandt,* Internationale Produkthaftung, 1995, Rn. 1059 ff.; *Wandt* FS 100 Jahre DVS, 2001, 127 (129); ferner *v. Hein* RIW 2000, 820; *v. Hein,* Das Günstigkeitsprinzip im Int. Deliktsrecht, 1999, 127, 129; *Kropholler* IPR § 53 V 3; *Kadner Graziano* Int. Comp. L. Q. 54 (2005), 475 (484).

[89] BeckOK BGB/*Spickhoff* Rn. 7; Calliess/*Schmid/Pinkel* Rn. 33; *Huber/Illmer* YbPIL 9 (2007), 31 (41); *Kadner Graziano* Rev. crit. dr. int. pr. 97 (2008), 445 (483).

[90] Calliess/*Schmid/Pinkel* Rn. 34; *Huber/Bach* IPRax 2005, 73 (77); *Kadner Graziano* RabelsZ 73 (2009), 1 (42); *Leible/Engel* EuZW 2004, 7 (11); *Sonnentag* ZVglRWiss 105 (2006), 256 (283); aA NK-BGB/*Lehmann* Rn. 67; für eine Anwendung der Ausweichklausel (Art. 5 Abs. 2) *Illmer* RabelsZ 73 (2009), 269 (287).

[91] Soergel/*Remien* Rn. 16; *Heiderhoff* GPR 2005, 92 (94); aA zB *Huber/Bach* IPRax 2005, 73 (77).

[92] NK-BGB/*Lehmann* Rn. 66; BeckOK BGB/*Spickhoff* Rn. 7; ausf. *Koch* FS Neumayr, 2023, 833 (844): „Ansonsten würden innocent bystanders durch den Rost der Anknüpfungsleiter fallen"; aA *Sonnentag* ZVglRWiss 105 (2006), 256 (282 f.); unentschieden Heiderhoff IPRax 2021, 409 (414); zum deutschen IPR vor 1999 s. *Wandt,* Internationale Produkthaftung, 1995, Rn. 1099.

[93] *Huber/Illmer* YbPIL 9 (2007), 31 (41); *Heiss/Loacker* JBl. 2007, 613 (627); *v. Hein* ZEuP 2009, 6 (27).

[94] BeckOGK/*Müller* Rn. 81; Soergel/*Remien* Rn. 18; HK-BGB/*Dörner* Rn. 9; *Huber/Illmer* YbPIL 9 (2007), 31 (41); *Illmer* RabelsZ 73 (2009), 269 (287); *Junker* FS Schurig, 2012, 81 (88).

[95] BeckOK BGB/*Spickhoff* Rn. 7; *Dutoit* FS Pocar, 2009, 309 (317); *v. Hein* RabelsZ 73 (2009), 461 (493); *Hartley* Int. Comp. L. Q. 57 (2008), 899 (904).

K infolge eines Produktfehlers.[96] – Weil das verunglückte oder ein gleichartiges Fahrzeug in Deutschland nicht in Verkehr gebracht wurde, kommt nur Abs. 1 S. 1 lit. c in Betracht. In dem realistischeren Fall, dass K mit dem Fahrzeug nicht in England, sondern in Deutschland verunglückt, versagt selbst Abs. 1 S. 1 lit. c als letzte Stufe der Anknüpfungsleiter[97] (zum Normenmangel → Rn. 69 ff.).

Die **Tertiäranknüpfung** an den Ort des Schadenseintritts (= Erfolgsort) entspricht derjenigen Anknüpfung, die auch in Anwendung der – durch Art. 5 verdrängten – allgemeinen Kollisionsnorm des **Art. 4 Abs. 1** erzielt würde, allerdings eingeschränkt durch die weitere Voraussetzung, dass das schadensursächliche oder ein gleichartiges Produkt im Staat des Schadenseintritts in Verkehr gebracht worden sein muss. Diese **einschränkende Voraussetzung,** die unter dem früheren deutschen Recht von der Rspr. nicht aufgestellt wurde (→ Rn. 15), dient ersichtlich den **Interessen der Ersatzpflichtigen,** also insbesondere der Hersteller. Wie die meisten Normeingriffe durch Lobbyeinfluss ist sie eine Quelle von Rechtsanwendungsproblemen (→ Rn. 69 ff.). Nach der Rspr. des EuGH ist der **Ort des Schadenseintritts** bei der bestimmungsgemäßen Weiterverarbeitung eines fehlerhaften Ausgangsstoffes zu einem neuen Produkt der Ort der Weiterverarbeitung.[98] **60**

2. Vorhersehbarkeitsklausel (Abs. 1 S. 2). a) Verhältnis zu den Grundanknüpfungen (Abs. 1 S. 1). Die drei Varianten der Grundanknüpfung nach Abs. 1 S. 1 setzen voraus, dass das schadensursächliche oder ein gleichartiges Produkt in dem Staat, auf dessen Recht die Anknüpfungen gemäß lit. a, b oder c verweisen, in Verkehr gebracht wurde (zu dieser Auslegung des Abs. 1 S. 1 → Rn. 38 ff.). Verordnungssystematisch zieht **Abs. 1 S. 2** die Konsequenz daraus, dass es für die Anwendung der drei Varianten des **Abs. 1 S. 1** nicht darauf ankommt, wer das Produkt in einem bestimmten Staat in Verkehr gebracht hat (→ Rn. 42 aE). **61**

b) Unmittelbare Anwendung. In unmittelbarer Anwendung erfasst Abs. 1 S. 2 den Fall, dass der Ersatzpflichtige („die Person, deren Haftung geltend gemacht wird") das Inverkehrbringen in dem Staat, auf dessen Recht Abs. 1 S. 1 lit. a, b oder c verweisen, vernünftigerweise nicht voraussehen konnte. In unmittelbarer Anwendung hat Abs. 1 S. 2 demnach **zwei Voraussetzungen:** **62**

aa) Erfüllung einer Grundanknüpfung. Die Vorhersehbarkeitsklausel des Abs. 1 S. 2 normiert eine Ausnahme von der Anwendung des Rechts des Staates, auf das Abs. 1 S. 1 lit. a, b oder c verweisen. Die Vorbehaltsklausel setzt daher zunächst voraus, dass der **Tatbestand einer der drei Anknüpfungsvarianten** des Abs. 1 S. 1 erfüllt ist. Das wiederum setzt voraus, dass das Schaden stiftende oder ein gleichartiges Produkt im gewöhnlichen Aufenthaltsstaat des Geschädigten (Abs. 1 S. 1 lit. a), im Staat des Produkterwerbs (Abs. 1 S. 1 lit. b) oder im Staat des Schadenseintritts (Abs. 1 S. 1 lit. c) in Verkehr gebracht wurde. **63**

Wenn keine der drei Grundanknüpfungen einschlägig ist, spielt nach dem Wortlaut des Abs. 1 S. 2 auch die Vorhersehbarkeitsklausel keine Rolle. Unanwendbar ist die Vorhersehbarkeitsklausel insbesondere in den Fällen, in denen das anwendbare Recht nach Art. 5 Abs. 1 iVm Art. 4 Abs. 2 bestimmt wird[99] (→ Rn. 72). **64**

Wenn das Inverkehrbringen des Schaden stiftenden oder eines gleichartigen Produkts im Staat des gewöhnlichen Aufenthalts des Geschädigten (Abs. 1 S. 1 lit. a) nicht vorhersehbar war, ist nicht sogleich auf die Anknüpfung nach Abs. 1 S. 2 zuzugreifen, sondern zuerst zu fragen, ob das Produkt im Staat des Erwerbsorts in Verkehr gebracht wurde (Abs. 1 S. 1 lit. b), und ob dieses Inverkehrbringen vorausgesehen werden konnte. Wenn nicht, ist die dritte Stufe der Anknüpfungsleiter (Abs. 1 S. 1 lit. c) auf Einschlägigkeit und Vorhersehbarkeit zu untersuchen, bevor schlussendlich die Anknüpfung nach Abs. 1 S. 2 zum Zuge kommt.[100] **65**

bb) Vorhersehbarkeit des Inverkehrbringens. Die zweite Voraussetzung lautet, dass die Person, deren Haftung geltend gemacht wird (vereinfachend: der Ersatzpflichtige), das Inverkehrbringen des schadensursächlichen oder eines gleichartigen Produkts in dem nach Abs. 1 S. 1 maßgebenden Staat „vernünftigerweise nicht voraussehen konnte". Sieht man mit dem EuGH in der Vermarktung des Produkts gegen den **Willen des Herstellers** kein Inverkehrbringen,[101] muss jedenfalls der **66**

[96] Nach NK-BGB/*Lehmann* Rn. 70.

[97] BeckOGK/*Müller* Rn. 81; NK-BGB/*Lehmann* Rn. 72; *v. Bar/Mankowski* IPR II § 2 Rn. 228; ausf. (mit weiterem Beispiel) *Koch* FS Neumayr, 2023, 833 (845).

[98] EuGH NJW 2009, 3501 Rn. 32 – Zuid Chemie/Philippo's Mineralenfabriek; *v. Hein* IPRax 2010, 330; *Mankowski* EWiR 2009, 569.

[99] Soergel/*Remien* Rn. 10; Calliess/*Schmid/Pinkel* Rn. 26; NK-BGB/*Lehmann* Rn. 52 mit Beispiel; HK-BGB/*Dörner* Rn. 3, 10; PWW/*Schaub* Rn. 7; *Dutoit* FS Pocar, 2009, 309 (318); *Hartley* Int. Comp. L. Q. 57 (2008), 899 (903); *Rushworth/Scott* Lloyd's M. C. L. Q. 2008, 274 (283).

[100] BeckOGK/*Müller* Rn. 105; Soergel/*Remien* Rn. 24; *v. Bar/Mankowski* IPR II § 2 Rn. 220; *v. Hein* ZEuP 2009, 6 (26); *Marenghi* YbPIL 16 (2014), 511 (520); *Rushworth/Scott Lloyd's* M. C. L. Q. 2008, 274 (284).

[101] EuGH NJW 2006, 825 Rn. 24 – O'Byrne/Sanofi Pasteur; NJW 2001, 2781 Rn. 16 – Veedfeld.

Hersteller, wenn seine Haftung geltend gemacht wird, beweisen (→ Rn. 55), dass die Vermarktung in dem fraglichen Staat gegen sein **Wissen** oder gegen sein **Wollen** geschah, zB weil er die Vermarktung verhindern wollte, aber aus kartellrechtlichen Gründen nicht verhindern konnte.[102]

67 Die (relativ) geringen Anforderungen, die der EuGH an das „Ausrichten einer Tätigkeit" auf ein Staatsgebiet im Rahmen des Art. 17 lit. a Brüssel Ia-VO stellt,[103] lassen sich auf eine Voraussehbarkeit iSd Art. 5 nicht übertragen, denn eine zu großzügige Auslegung des Voraussehbarkeitskriteriums würde den Abs. 1 S. 2 seiner einschränkenden Wirkung berauben. Keinen Anhaltspunkt im Wortlaut des Art. 5 oder in der Systematik der Rom II-VO findet eine Ansicht, wonach die Vorhersehbarkeitsklausel als **Einrede** des Anspruchsgegners ausgestaltet ist;[104] der Anspruchsgegner kann freilich darauf verzichten, die Nichtvorhersehbarkeit vorzutragen und/oder im Bestreitensfall zu beweisen (→ Rn. 55).

68 **cc) Rechtsfolge der Vorhersehbarkeitsklausel.** Konnte der **Ersatzpflichtige** das Inverkehrbringen in dem von Abs. 1 S. 1 berufenen Staat vernünftigerweise nicht voraussehen, ist das Recht des Staates anzuwenden, in welchem er seinen **gewöhnlichen Aufenthalt** hat. Die Rom II-VO räumt also, wenn die Voraussetzungen des Abs. 1 S. 2 erfüllt sind, den Interessen des Ersatzpflichtigen den Vorrang ein (→ Rn. 5). Abs. 1 S. 2 nennt den **Anknüpfungspunkt** (den gewöhnlichen Aufenthalt) und die **Anknüpfungsperson** (den Ersatzpflichtigen), nicht aber den **Anknüpfungszeitpunkt.** Es fragt sich daher, ob es – wie bei der Anknüpfung an den gewöhnlichen Aufenthalt des Geschädigten nach Abs. 1 S. 1 lit. a – auf den Zeitpunkt des Schadenseintritts ankommt. Diese Frage lässt sich für die Anknüpfungsvarianten des **Abs. 1 S. 1 lit. a und c** ohne Weiteres bejahen, nicht jedoch für die Anknüpfung an das Recht des Erwerbsorts nach **Abs. 1 S. 1 lit. b:** Bei dieser Variante ist der gewöhnliche Aufenthalt des Ersatzpflichtigen zu dem Zeitpunkt maßgebend, in welchem der Erwerbsakt stattfindet.

69 **c) Analoge Anwendung.** Die Anknüpfung von Produkthaftungsfällen nach Abs. 1 enthält eine **Regelungslücke,** da nicht gesagt wird, welches Recht zur Anwendung kommen soll, wenn das Produkt in keinem der in Abs. 1 S. 1 lit. a–c genannten Staaten in Verkehr gebracht wurde (s. auch das lebensnähere Beispiel → Rn. 58).

Beispiel:
Ein in Japan hergestelltes Produkt ist von einem Ostasienreisenden mit gewöhnlichem Aufenthalt in Deutschland in China gekauft und im weiteren Verlauf der Reise nach Südkorea mitgenommen worden, wo es einen Schaden verursacht hat; vom Hersteller vertrieben wurde das Produkt nur auf dem japanischen Markt.[105] In diesem Fall gehen alle drei Anknüpfungen des Abs. 1 S. 1 ins Leere, denn in keinem der dort genannten Staaten wurde das Produkt in Verkehr gebracht.

70 **aa) Entstehung der Regelungslücke.** Die Regelungslücke in Art. 5 Abs. 1 ist entstanden, weil die Grundanknüpfungen des Abs. 1 S. 1 nicht mit der Vorhersehbarkeitsklausel des Abs. 1 S. 2 synchronisiert sind: Die drei Grundanknüpfungen haben zur Voraussetzung, dass das Produkt in dem betreffenden Staat **in Verkehr gebracht wurde,** während die Ausnahmevorschrift des Abs. 1 S. 2 verlangt, dass das Inverkehrbringen in dem betreffenden Staat **nicht vorhergesehen werden konnte.**[106]

71 **bb) Schließung der Regelungslücke.** Der Denkfehler des Verordnungsgebers, der zur Entstehung der Regelungslücke geführt hat, weist auch den Weg zur Schließung der Lücke: Wenn nach Abs. 1 S. 1 das Recht des gewöhnlichen Aufenthalts des Ersatzpflichtigen schon maßgeblich sein soll, wenn es an der **Vorhersehbarkeit des Inverkehrbringens** in einem bestimmten Staat fehlt, so muss die Rechtsfolge des Abs. 1 S. 2 (→ Rn. 68) erst recht eintreten, wenn es schon am **Inverkehrbringen des Produkts** in diesem Staat mangelt (argumentum a fortiori). Der Erst-Recht-Schluss führt also zur **analogen Anwendung des Abs. 1 S. 2** auch in dem Fall, dass es nicht erst an der Vorhersehbarkeit des Inverkehrbringens, sondern bereits am Inverkehrbringen selbst fehlt.[107]

---

102 Enger BeckOK BGB/*Spickhoff* Rn. 8: keine geringen Anforderungen an die Nichtvoraussehbarkeit; PWW/*Schaub* Rn. 7: grob fahrlässige Unkenntnis reicht; *Huber/Illmer* YbPIL 9 (2007), 31 (44); *Illmer* RabelsZ 73 (2009), 269 (299 f.); *Leible/Lehmann* RIW 2007, 721 (728).

103 EuGH NJW 2011, 505 m. Aufs. *Leible/Müller* NJW 2011, 495 = EuZW 2011, 98 mAnm *Clausnitzer* = IPRax 2012, 160 m. Aufs. *Mankowski* = JZ 2011, 949 Rn. 93 f. mAnm *v. Hein* – Alpenhof/Heller; bestätigt durch EuGH NJW 2012, 3225 Rn. 36 mAnm Staudinger/*Steinrötter* – Mühlleitner/Yusufi; NJW 2013, 3504 Rn. 31 f. – Lokman Emrek/Sabranovic; NJW 2016, 697 Rn. 40 – Hobohm/Kampik.

104 *Huber/Illmer* YbPIL 9 (2007), 31 (45); aA die ganz hM, s. nur Soergel/*Remien* Rn. 25.

105 *G. Wagner* IPRax 2008, 1 (7); weitere Beispiele bei *Koch* FS Neumayr, 2023, 833 (845); *Leible/Lehmann* RIW 2007, 721 (728).

106 *G. Wagner* IPRax 2008, 1 (7); zu einem Regelungsvorschlag de lege ferenda *Junker* RIW 2010, 257 (266).

107 BeckOGK/*Müller* Rn. 103; Soergel/*Remien* Rn. 27; Erman/*Stürner* Rn. 6; *Garcimartín Alférez* ELF 2007, I-77 (I-85); *v. Hein* ZEuP 2009, 6 (27); *Huber/Illmer* YbPIL 9 (2007), 31 (43 f.); *Illmer* RabelsZ 73 (2009),

3. Gemeinsamer gewöhnlicher Aufenthalt. Die modifizierte Tatortregel des Abs. 1 gilt nach ihrem Wortlaut „unbeschadet"[108] des Art. 4 Abs. 2. Das bedeutet: Wenn im Fall des Schadens durch ein Produkt der Geschädigte und der Ersatzpflichtige zum Zeitpunkt des Schadenseintritts ihren gewöhnlichen Aufenthalt in demselben Staat haben, werden die Anknüpfungen des Abs. 1 durch die Anwendung des Rechts des gemeinsamen gewöhnlichen Aufenthalts nach Art. 4 Abs. 2 verdrängt. Es kommt in diesem Fall weder auf die Vermarktung im Aufenthaltsstaat noch auf die Vorhersehbarkeitsklausel (Abs. 1 S. 2) an; auch ein Günstigkeitsvergleich findet nicht statt[109] (zum Begriff des gewöhnlichen Aufenthalts → Art. 23 Rn. 19 f.). 72

Beispiel:
Der Rheinländer R erwirbt während seines Urlaubs auf den Balearen eine Flasche Bier einer Dortmunder Brauerei, welche explodiert und den Rheinländer verletzt.[110] Anzuwenden ist das deutsche Recht, da beide Deliktsbeteiligten ihren gewöhnlichen Aufenthalt in Deutschland haben (Abs. 1 S. 1 iVm Art. 4 Abs. 2 iVm Art. 23 Abs. 1 UAbs. 1). Die Vorhersehbarkeitsklausel des Abs. 1 S. 2 spielt in diesen Fällen keine Rolle (→ Rn. 63).

4. Offensichtlich engere Verbindung (Abs. 2). Die Anknüpfungen des Abs. 1 (einschließlich derjenigen des Abs. 1 iVm Art. 4 Abs. 2) stehen nach Abs. 2 unter dem Vorbehalt der offensichtlich engeren Verbindung der unerlaubten Handlung mit einem anderen Staat. Diese spezielle Ausweichklausel hat den gleichen Wortlaut wie die Allgemeine Ausweichklausel des Art. 4 Abs. 3,[111] so dass zunächst auf die Ausführungen zu Art. 4 Abs. 3 verwiesen werden kann (→ Art. 4 Rn. 64 ff.). Die aus der holprigen Regelungstechnik resultierende Frage, ob bei Anknüpfung nach Abs. 1 S. 1 iVm Art. 4 Abs. 2 (gemeinsamer gewöhnlicher Aufenthalt) die Ausweichklausel dem Art. 4 Abs. 3 oder dem Art. 5 Abs. 2 zu entnehmen ist,[112] hat angesichts der Wortlautidentität der beiden Vorschriften rein akademische Bedeutung. Deliktsspezifisch ist auf Folgendes hinzuweisen: 73

a) Korrektur der Erwerbsortanknüpfung. Manche erwägen die Anwendung der Ausweichklausel speziell in der Fallgruppe, in der das Produkthaftungsstatut nach Abs. 1 S. 1 lit. b nicht durch den Erwerbsort des Ersterwerbers, sondern durch denjenigen des Zweit-, Dritt- (usw) Erwerbers bestimmt wird (→ Rn. 55).[113] Das mag nach der **Gesamtheit der Umstände** im Einzelfall angehen; eine diesbezügliche Regelhaftigkeit kann es jedoch nicht geben. Denn die Erwerbsortanknüpfung kommt von vornherein nur zum Zuge, wenn der betreffende Erwerber zugleich der Geschädigte ist und ein gleichartiges Produkt im Erwerbsstaat in Verkehr gebracht wurde. Dass eine Gesamtheit der Umstände eindeutig („offensichtlich engere Verbindung") auf einen anderen Staat weist, dürfte eher selten vorkommen.[114] 74

b) Ansprüche unbeteiligter Dritter. Umstritten ist die Heranziehung der Ausweichklausel ferner für die Gruppe von Fällen, in denen an dem Erwerb und der Benutzung des Produkts unbeteiligte Dritte (englisch: innocent bystander) als Anspruchsteller auftreten (zu diesem Begriff → Rn. 27),[115] wobei enge Familienangehörige des Produkterwerbers, von diesem abhängige 75

---

269 (296 f.); *Leible/Lehmann* RIW 2007, 721 (728); *de Lima Pinheiro* Riv. dir. int. priv. proc. 44 (2008), 5 (23); *G. Wagner* IPRax 2008, 1 (7); aA PWW/*Schaub* Rn. 9; *Spickhoff* FS Kropholler, 2008, 671 (685 ff.); *Hartley* Int. Comp. L. Q. 57 (2008), 899 (905); *Légier* J.C.P. (gén.) 2007 I no. 56, die auf die Allgemeine Anknüpfung des Art. 4 Abs. 1 zurückgreifen wollen; *Kadner Graziano* RabelsZ 73 (2009), 1 (44), der das Recht des nächstliegenden Verbreitungsorts anwenden will.

108 Nach dem Sprachgebrauch der Rom II-VO bedeutet „unbeschadet" den Vorrang der bezeichneten Vorschriften, während „ungeachtet" deren Nachrang ausdrückt.

109 BeckOGK/*Müller* Rn. 55 ff.; Soergel/*Remien* Rn. 10; jurisPK-BGB/*Lund* Rn. 14; *Dutoit* FS Pocar 2009, 309 (317); *Lüttringhaus* RabelsZ 77 (2013), 31 (61); *Ofner* ZfRV 2008, 13 (17).

110 *Leible/Lehmann* RIW 2007, 721 (728); weitere Beispiele bei *Junker* NJW 2007, 3675 (3679); *Hartley* Int. Comp. L. Q. 57 (2008), 899 (905), Example 1; NK-BGB/*Lehmann* Rn. 48 zum Zusammenspiel mit Art. 23.

111 Im Hinblick auf die Regelungstechnik zu Recht krit. *G. Wagner* IPRax 2008, 1 (7): „gesetzestechnisch nicht gerade elegant"; *v. Hein* VersR 2007, 440 (447); *Huber/Illmer* YbPIL 9 (2007), 31 (39); *Illmer* RabelsZ 73 (2009), 269 (301); *Koch* FS Neumayr, 2023, 833 (848); für eine Anwendung des Abs. 2 auf Konstellationen eines gestreckten Schadensverlaufs BeckOK BGB/*Spickhoff* Rn. 9.

112 HK-BGB/*Dörner* Rn. 11 aE: Abs. 2 analog; unentschieden *Hartley* Int. Comp. L. Q. 57 (2008), 899 (903).

113 *Huber/Illmer* YbPIL 9 (2007), 31 (41); ausf. BeckOGK/*Müller* Rn. 123–132.

114 *Hartley* Int. Comp. L. Q. 57 (2008), 899 (905–906), Example 3. Für einen zurückhaltenden Gebrauch des Abs. 2 allg. *Spickhoff* FS Kropholler, 2008, 671 (688).

115 BeckOK BGB/*Spickhoff* Rn. 9; NK-BGB/*Lehmann* Rn. 108; PWW/*Schaub* Rn. 9; *Huber/Illmer* YbPIL 9 (2007), 31 (46); *Illmer* RabelsZ 73 (2009), 269 (302); *Rudolf* ÖJZ 2010, 300 (303); *Spickhoff* FS Kropholler, 2008, 671 (689).

Arbeitnehmer sowie Eigentümer und Inhaber von Rechten an dem fehlerhaften Produkt von dieser Kategorie ausgenommen werden sollten.[116]

76 Schließt man – wie hier vertreten (→ Rn. 55) – die Anwendung des **Abs. 1 S. 1 lit. b** auf diese Fallgruppe schon nach dem Wortlaut des Art. 5 aus, wird selten Anlass für eine Anknüpfungskorrektur nach Abs. 2 S. 1 bestehen: Die These, die Anknüpfungen nach **Abs. 1 S. 1 lit. a, c** „passten nicht" für unbeteiligte Dritte, steht im Widerspruch zu dem **Willen des Verordnungsgebers,** die Differenzierung zwischen Produkterwerbern und anderen durch das Produkt geschädigten Personen in der Rom II-VO aufzugeben (→ Rn. 27, → Rn. 48).

77 Der unbeteiligte Dritte wird **durch Abs. 1 S. 1 lit. a, c hinreichend geschützt,** wenn das Produkt in seinem Aufenthaltsstaat oder im Staat des Schadenseintritts in Verkehr gebracht wurde; ist das nicht der Fall oder war das Inverkehrbringen in diesen Staaten nicht vorhersehbar, treten nach **Abs. 1 S. 2** die Interessen der Hersteller in den Vordergrund, weil ansonsten die „ausgewogene Lösung" **(Erwägungsgrund 20)** aus Herstellersicht eine Nulllösung wäre.

78 **c) Vertragsakzessorische Anknüpfung (Abs. 2 S. 2).** Der Hauptanwendungsfall der Korrekturklausel ist die nach Abs. 2 S. 2 eröffnete akzessorische Anknüpfung an eine vertragliche Beziehung zwischen der geschädigten Person und dem Anspruchsgegner.[117] Sie kommt in Betracht bei einer **Personenidentität** zwischen dem Vertragspartner (Verkäufer, Vermieter, Leasinggeber) und der Person, deren deliktische Produkthaftung geltend gemacht wird, während eine Vertragsbeziehung des Geschädigten mit einer **anderen Person innerhalb einer Lieferkette** in der Regel keine offensichtlich engere Verbindung iSd Abs. 2 herstellt.[118] Problematisch ist die **Anknüpfung an einen Garantievertrag,** der keine primären Leistungspflichten erzeugt, sondern nur eine Nebenleistungspflicht begründet: Die Anknüpfung an das Statut der Herstellergarantie könnte das Anknüpfungssystem des Abs. 1 dadurch konterkarieren, dass sie das Recht des Stärkeren zur Anwendung bringt;[119] näher liegt eine akzessorische Anknüpfung des Garantievertrags an das Statut der deliktischen Produkthaftung, wenn ein Anknüpfungsgleichklang hergestellt werden soll.

IV. Reichweite des Produkthaftungsstatuts

79 Im Rahmen des Art. 15 bestimmt das nach Art. 5 zur Anwendung berufene Recht über die Voraussetzungen und die Wirkungen des außervertraglichen Schuldverhältnisses der deliktischen Produkthaftung **(Prinzip der Statutseinheit).**[120] Dazu gehören auch die Fragen, wer aus Produkthaftung in Anspruch genommen werden kann und welche Haftungsgrenzen im konkreten Fall einschlägig sind. Eine Einschränkung erfährt das Prinzip der Statutseinheit durch die Berücksichtigung der **Sicherheits- und Verhaltensregeln (Art. 17)** des Ortes des haftungsbegründenden Ereignisses, worunter im Rahmen des Art. 5 der Ort des Inverkehrbringens des schadensursächlichen Produkts zu verstehen ist[121] (→ Art. 17 Rn. 32).

Art. 6 Rom II-VO Unlauterer Wettbewerb und den freien Wettbewerb einschränkendes Verhalten

(1) Auf außervertragliche Schuldverhältnisse aus unlauterem Wettbewerbsverhalten ist das Recht des Staates anzuwenden, in dessen Gebiet die Wettbewerbsbeziehungen oder die kollektiven Interessen der Verbraucher beeinträchtigt worden sind oder wahrscheinlich beeinträchtigt werden.

(2) Beeinträchtigt ein unlauteres Wettbewerbsverhalten ausschließlich die Interessen eines bestimmten Wettbewerbers, ist Artikel 4 anwendbar.

---

116 Ausf. Calliess/*Schmid/Pinkel* Rn. 48; *Heiderhoff* IPRax 2021, 409 (414); *Sammeck,* Die int. Produkthaftung nach Inkrafttreten der Rom II-VO im Vergleich zur Rechtslage in den USA, 2017, 46 f.

117 Soergel/*Remien* Rn. 28; NK-BGB/*Lehmann* Rn. 113; PWW/*Schaub* Rn. 9; *Heiss/Loacker* JBl. 2007, 613 (627); *Huber/Illmer* YbPIL 9 (2007), 31 (45 f.); *Kadner Graziano* Rev. crit. dr. int. pr. 97 (2008), 445 (480).

118 PWW/*Schaub* Rn. 8; s. auch *Siehr* RabelsZ 74 (2010), 139 (143); *Sujecki* EWS 2009, 310 (316).

119 Soergel/*Remien* Rn. 28; *Koch* FS Neumayr, 2023, 833 (874 f.); so auch *v. Hein* FS Schack, 2022, 428 (432); *Siehr* RabelsZ 74 (2010), 139 (143); Sujecki EWS 2009, 310 (316).

120 Erman/*Stürner* Rn. 8; PWW/*Schaub* Art. 15 Rn. 1; *Sujecki* EWS 2008, 310 (318).

121 BeckOGK/*Maultzsch* Art. 17 Rn. 46 f.; Soergel/*Remien* Rn. 30; NK-BGB/*Lehmann* Rn. 117; *v. Hein* FS v. Hoffmann, 2011, 139 (154 f.); *Huber/Illmer* YbPIL 9 (2007), 31 (39); *Rudolf* ÖJZ 2010, 300 (303); aA – Art. 17 unanwendbar – *G. Wagner* IPRax 2008, 1 (5).

(3)

a) Auf außervertragliche Schuldverhältnisse aus einem den Wettbewerb einschränkenden Verhalten ist das Recht des Staates anzuwenden, dessen Markt beeinträchtigt ist oder wahrscheinlich beeinträchtigt wird.

b) Wird der Markt in mehr als einem Staat beeinträchtigt oder wahrscheinlich beeinträchtigt, so kann ein Geschädigter, der vor einem Gericht im Mitgliedstaat des Wohnsitzes des Beklagten klagt, seinen Anspruch auf das Recht des Mitgliedstaats des angerufenen Gerichts stützen, sofern der Markt in diesem Mitgliedstaat zu den Märkten gehört, die unmittelbar und wesentlich durch das den Wettbewerb einschränkende Verhalten beeinträchtigt sind, das das außervertragliche Schuldverhältnis begründet, auf welches sich der Anspruch stützt; klagt der Kläger gemäß den geltenden Regeln über die gerichtliche Zuständigkeit vor diesem Gericht gegen mehr als einen Beklagten, so kann er seinen Anspruch nur dann auf das Recht dieses Gerichts stützen, wenn das den Wettbewerb einschränkende Verhalten, auf das sich der Anspruch gegen jeden dieser Beklagten stützt, auch den Markt im Mitgliedstaat dieses Gerichts unmittelbar und wesentlich beeinträchtigt.

(4) Von dem nach diesem Artikel anzuwendenden Recht kann nicht durch eine Vereinbarung gemäß Artikel 14 abgewichen werden.

Übersicht

A. Vorbemerkung

In Art. 6 stellt der europäische Gesetzgeber Kollisionsnormen für außervertragliche Schuldverhältnisse in Bezug auf den Schutz gegen unlauteren Wettbewerb sowie gegen Wettbewerbsbeschränkungen zur Verfügung. Entsprechend regelt Art. 6 Abs. 1 und 2 das Internationale Lauterkeitsrecht sowie Art. 6 Abs. 3 das Internationale Kartellrecht. Für beide Bereiche schließt Art. 6 Abs. 4 die Rechtswahl aus. Nachfolgend werden das Internationale Lauterkeitsrecht und das Internationale Kartellrecht in zwei Abschnitten getrennt voneinander dargestellt. 1

B. Internationales Lauterkeitsrecht

Schrifttum: *Ahrens,* Auf dem Weg zur IPR-VO der EG für das Deliktsrecht – Zum Sondertatbestand des Internationalen Wettbewerbsrechts, FS Tilmann, 2003, 739; *Baetzgen,* Internationales Wettbewerbs- und Immaterialgüterrecht im EG-Binnenmarkt, 2007; *Bauermann,* Der Anknüpfungsgegenstand im europäischen Internationalen Lauterkeitsrecht, 2015; *Beater,* Unlauterer Wettbewerb, 2. Aufl. 2011 (1. Aufl. 2001); *Beaumont/McEleavy,* Anton's Private International Law, 3. Aufl. 2011; BeckOGK/*Poelzig/Windorfer* Rom II-VO Art. 6, 2018; *Bernhard,* Das internationale Privatrecht des unlauteren Wettbewerbs in den Mitgliedstaaten der EG, 1994; *Blasi,* Das Herkunftslandprinzip der Fernseh- und der E-Commerce-Richtlinie, 2003; *Bodenhausen,* Pariser Verbandsübereinkunft zum Schutz des gewerblichen Eigentums, 1971; *Buchner,* Rom II und das Internationale Immaterialgüter- und Wettbewerbsrecht, GRUR Int 2005, 1004; *Calliess,* Rome Regulations, Commentary on the European Rules of the Conflict of Laws, 3. Aufl. 2020; *De Miguel Asensio,* The Private International Law of Intellectual Property and of Unfair Commercial Practices: Convergence of Divergence?, in Leible/Ohly, Intellectual Property and Private International Law, 2009, 137; *De Miguel Asensio,* Conflict of Laws and the Internet, 2020; *Dethloff,* Europäisierung des Wettbewerbsrechts, 2001; *Dornis,* Trademark and Unfair Competition Conflicts, 2017; *Dornis,* Competition, unfair, in Basedow/Rühl/Ferrari/de Miguel Asensio (Hrsg.), Encyclopedia of Private International Law, 2017, 432; *Drexl,* Zum Verhältnis von lauterkeits- und kartellrechtlicher Anknüpfung nach der Rom II-VO, FS Hopt, 2010, 2713; *Enzinger,* Lauterkeitsrecht, 2012; *Fawcett/Torremans,* Intellectual Property and Private International Law, 2. Aufl. 2011; *Fezer/Büscher/Obergfell,* Lauterkeitsrecht, Kommentar zum Gesetz gegen unlauteren Wettbewerb, 3. Aufl. 2016; *Fischer,* Der Schutz von Know-how im deutschen materiellen und Internationalen Privatrecht, 2011; *Fountoulakis,* Lauterkeitsrecht in Europa: IPR, in Schmidt-Kessel/Schubmehl, Lauterkeitsrecht in Europa, 2011, 719; *Gervais,* The TRIPS Agreement – Drafting History and Analysis, 4. Aufl. 2012; *Glöckner,* Der grenzüberschreitende Lauterkeitsprozess nach BGH 11.2.2010 – Ausschreibung in Bulgarien, WRP 2011, 137; *Götting/Kaiser,* Wettbewerbsrecht und Wettbewerbsprozessrecht, 2. Aufl. 2016; *Götting/Meyer/Vormbrock,* Gewerblicher Rechtsschutz und Wettbewerbsrecht, Praxishandbuch, 2011; Großkommentar/*Schricker,* UWG, Einl. Teil F: Internationalrechtliche Fragen, 9. Lieferung 1994; Hamburg Group for Private International Law, Comments on the European Commission's Draft Proposal for a Council Regulation on the Law Applicable to Non-Contractual Obligations, RabelsZ 67 (2003), 1; Loschelder/Danckwerts (Hrsg.), Handbuch des Wettbewerbsrechts, 5. Aufl. 2019; *Handig,* Neues im Internationalen Wettbewerbsrecht, GRUR Int 2008, 24; Harte-Bavendamm/Henning-Bodewig (Hrsg.), Gesetz gegen den unlauteren Wettbewerb, 5. Aufl. 2021; *Hellner,* Unfair Competition and Acts Restricting Free Competition – A Commentary on Article 6 of the Rome II Regulation, YPIL 9 (2007), 49; *Honorati,* The Law Applicable to Unfair Competition, in Malatesta, The Unification of Choice of Law Rules on Torts and Other Non-Contractual Obligations in Europe, 2006, 127; *Huber,* Rome II Regulation, Pocket Commentary, 2011; juris-Praxiskommentar BGB, Band 6: Internationales Privatrecht und UN-Kaufrecht, 9. Aufl. 2020; *Kadner Graziano,* Gemeineuropäisches Internationales Privatrecht, 2002; *Katzenberger,* Kollisionsrecht des unlauteren Wettbewerbs, in Schricker/Henning-Bodewig, Neuordnung des Wettbewerbsrechts, 1998/99, 218; *Köhler,* Wettbewerbsstatut oder Deliktsstatut? – Zur Auslegung des Art. 6 Rom II-VO, FS Coester-Waltjen, 2015, 501; *Köhler/Bornkamm/Feddersen,* Gesetz gegen den unlauteren Wettbewerb, 40. Aufl. 2022; *Koziol/Bydlinski/Bollenberger,* Kurzkommentar zum ABGB, 3. Aufl. 2010; *Leible,* Rom I und Rom II: Neue Perspektiven im Europäischen Kollisionsrecht, 2009; *Leible/Lehmann,* Die neue EG-Verordnung über das auf außervertragliche Schuldverhältnisse anzuwendende Recht („Rom II"), RIW 2007, 721; *Leistner,* Werberecht im Internet, in Bettinger/Leistner, Werbung und Vertrieb im Internet, 2003, 5; *Lindacher,* Die internationale Dimension lauterkeitsrechtlicher Unterlassungsansprüche: Marktterritorialität versus Universalität, GRUR Int 2008, 453; *Loschelder,* Die Bedeutung der zweiseitigen Abkommen über den Schutz von Herkunftsangaben, Ursprungsbezeichnungen und anderen geografischen Bezeichnungen in der Bundesrepublik Deutschland unter Berücksichtigung der VO (EWG) Nr. 2081/92, FS Erdmann, 2002, 387; *Mankowski,* Internet und Internationales Wettbewerbsrecht, GRUR Int 1999, 909; *Mankowski,* Herkunftslandprinzip und deutsches Umsetzungsgesetz zur e-commerce-Richtlinie, IPRax 2002, 257; *Mankowski,* Was soll der Anknüpfungsgegenstand des (europäischen) Internationalen Wettbewerbsrechts sein?, GRUR Int 2005, 634; *Magnus/Mankowski,* European Commentaries on Private International Law, Rome II Regulation, 2019; Max-Planck-Institut für ausländisches und internationales Patent-, Urheber- und Wettbewerbsrecht, Stellungnahme zum Entwurf eines Gesetzes zur Ergänzung des internationalen Privatrechts (außervertragliche Schuldverhältnisse und Sachen), GRUR Int 1985, 10; Münchener Kommentar zum Lauterkeitsrecht (UWG), 3. Aufl. 2020, *Nettlau,* Die kollisionsrechtliche Behandlung von Ansprüchen aus unlauterem Wettbewerbsverhalten gemäß Art. 6 Abs. 1 und 2 Rom II-VO, 2013; Nomos Kommentar BGB, Band 6, Rom-Verordnungen, 3. Aufl. 2019; *Ohly,* Das Herkunftslandprinzip im Bereich vollständig angeglichenen Lauterkeitsrechts – Überlegungen zur Binnenmarktklausel der Richtlinie über unlautere Geschäftspraktiken und zum BGH-Urteil „Arzneimittelwerbung im Internet", WRP 2006, 1401; *Ohly,* Das auf die Verletzung von Geschäftsgeheimnissen anwendbare Recht, FS Harte-Bavendamm, 2020, 385; *Ohly,* Jurisdiction and choice of law in trade secrets cases: The EU perspective, in Sandeen/Rademacher/Ohly (Hrsg.), Research Handbook on Information Law and Governance, 2021, 234; *Ohly/Sosnitza,* Gesetz gegen den Unlauteren Wettbewerb, 7. Aufl. 2016; *Peifer,* UWG, Großkommentar, Bd. I, 3. Aufl. 2021; *Pflüger,* Reichweite internationalrechtlicher Vorgaben, in Hilty/Henning-Bodewig, Lauterkeitsrecht und Acquis Communautaire, 2009, 65; *Pflüger,* Der internationale Schutz gegen unlauteren Wettbewerb, 2010; *Reger,* Der internationale Schutz gegen unlauteren Wettbewerb und das TRIPS-Abkommen, 1999; *Rieländer,* Der Schutz von Geschäftsgeheiminissen im Europäischen Kollisionsrecht, ZVglRWiss 119 (2020), 339; *Sack,* Die kollisions- und wettbewerbsrechtliche Beurteilung grenzüberschreitender Werbe- und Absatztätigkeit nach deutschem Recht, GRUR Int 1988, 320; *Sack,* Das internationale Wettbewerbs- und Immaterialgüterrecht nach der EGBGB-Novelle, WRP 2000, 269; *Sack,* Zur Zweistufentheorie im internationalen Wettbewerbs- und Immaterialgüterrecht, FS E. Lorenz, 2004, 659; *Sack,* Internationales Lauterkeitsrecht nach der Rom II-VO, WRP 2008, 845; *Sack,* Das IPR des geistigen Eigentums nach der Rom II-VO, WRP 2008, 1405; *Sack,* Art. 6 Abs. 2 Rom II-VO und „bilaterales" unlauteres Wettbewerbsverhalten, GRUR Int 2012, 601; *Sack,* Die Verbandsklage im internationalen Lauterkeitsrecht, WRP 2017, 1298; *Sack,* Herkunftslandprinzip und internationales Lauterkeitsrecht, WRP 2019, 109; *Sack,* Internationales Lauterkeitsrecht, 2019; *Spindler/Schuster,* Recht der elektronischen Medien, Kommentar, 4. Aufl. 2019; UNCTAD-ICTSD, Resource Book on TRIPS and Development, 2005; *Varimezov,* Grenzüberschreitende Rechtsverletzungen im Bereich des gewerblichen Rechtsschutzes und das anwendbare Recht, 2011; *Vianello,* Das internationale Privatrecht des unlauteren Wettbewerbs in Deutschland und Italien, 2000; *Vogeler,* Die freie Rechtswahl im Kollisionsrecht der außervertraglichen Schuldverhältnisse, 2013; *Wadlow,* The new private international law of unfair competition and the ‚Rome II' Regulation, J. Intell. Prop. L. & Prac. 4 (2009), 789; *Wagner,* Internationales Deliktsrecht, die Arbeiten an der Rom II-Verordnung und der Europäische Deliktsgerichtsstand, IPRax 2006, 372; *Wagner,* Änderungsbedarf im autonomen deutschen internationalen Privatrecht aufgrund der Rom II-Verordnung?, IPRax 2008, 314; *Wiebe/Kodek,* Kommentar zum UWG, 2009.

I. Allgemeines

2 **1. Internationales Lauterkeitsrecht zwischen delikts- und wettbewerbsrechtlicher Anknüpfung. a) Ausgangslage.** In Art. 6 Abs. 1 und 2 findet sich die Regelung des europäischen Internationalen Lauterkeitsrechts. Die Verortung in der Rom II-VO entspricht der **traditionellen Ansicht,** wonach das Internationale Lauterkeitsrecht als **Teilgebiet des Internationalen Deliktsrechts** zu verstehen ist,[1] ebenso wie das materielle Lauterkeitsrecht – als Recht gegen

[1] Grdl. BGH GRUR 1962, 243 (245) – Kindersaugflaschen; s. auch *Emmerich,* Unlauterer Wettbewerb, 10. Aufl. 2016, § 4 Rn. 31; *Höder,* Die kollisionsrechtliche Behandlung unteilbarer Multi-state-Verstoße, 2002, 27; *Köhler* FS Coester-Waltjen, 2015, 501 f.; *Schricker,* Recht der Werbung in Europa, 1995, Einf. Rn. 85; iS eines Internationalen Sonderdeliktsrechts MüKoUWG/*Mankowski* IntWettbR Rn. 9.

den unlauteren Wettbewerb – nach wie vor dem materiellen Deliktsrecht zugeordnet wird.[2] Der deutsche Gesetzgeber der **IPR-Reform des Jahres 1999** hatte sogar bewusst von einer Regelung des Internationalen Lauterkeitsrechts abgesehen. Er ging davon aus, dass mit den Regeln der deliktsrechtlichen Anknüpfung in den Art. 40 ff. EGBGB auch lauterkeitsrechtliche Fälle angemessen gelöst werden können (→ 4. Aufl. 2006, Rn. 82 ff.). Dagegen begründet **Art. 6 Abs. 1 und 2** eine **deliktsrechtliche Sonderanknüpfung.**[3] Nach Art. 6 Abs. 1 kommt auf außervertragliche Schuldverhältnisse aus unlauterem Wettbewerbsverhalten das Recht des Staates zur Anwendung, in dessen Gebiet die Wettbewerbsbeziehungen oder die kollektiven Interessen der Verbraucher beeinträchtigt worden sind oder wahrscheinlich beeinträchtigt werden. Soweit ein Wettbewerbsverhalten ausschließlich die Interessen eines bestimmten Wettbewerbers beeinträchtigt, erklärt Art. 6 Abs. 2 die allgemeinen deliktsrechtlichen Anknüpfungsregeln in Art. 4 für anwendbar. Bedeutung hat dieser Verweis vor allem im Rahmen von Art. 4 Abs. 2. Haben die beiden Wettbewerber iSv Art. 6 Abs. 2 ihren gewöhnlichen Aufenthalt im selben Staat, kommt abweichend von der allgemeinen Anknüpfung am Erfolgsort nach Art. 4 Abs. 1 das Recht dieses Staates zur Anwendung (dazu, ob der gemeinsame Aufenthalt auch häufig vom Erfolgsort abweichen wird, → Rn. 181 f.). Eine ausdrückliche Regelung des Internationalen Lauterkeitsrechts findet sich auch in Art. 136 Abs. 1 **IPR-Gesetz (Schweiz);** danach richten sich Ansprüche wegen unlauteren Wettbewerbs nach dem Recht des Staates, auf dessen Markt die unlautere Handlung ihre Wirkung entfaltet.[4]

b) Marktortprinzip. Art. 6 Abs. 1 bestätigt die schon vorher in Deutschland von der hM vertretene Anknüpfung am Recht des Marktortes,[5] die sich trotz ihrer deliktsrechtlichen Prägung von der Anknüpfung im allgemeinen Deliktsrecht absetzt. So qualifizierte schon der BGH in der wegweisenden **Kindersaugflaschen-Entscheidung**[6] aus dem Jahre 1961 sittenwidrige Wettbewerbsverstöße als unerlaubte Handlungen iSd Kollisionsrechts, machte aber gleichzeitig klar, dass für diese der kollisionsrechtlich erhebliche Begehungsort nicht einfach über den Ort der Handlung identifiziert werden könne.[7] Da es im Lauterkeitsrecht nicht um Ausschließlichkeitsrechte gehe, sondern die Normen lediglich auf dem Gedanken beruhen, dass die verbotenen Handlungen schutzwürdige Interessen der Wettbewerber verletzen, sei als kollisionsrechtlicher Handlungsort nur jener Ort anzusehen, „wo wettbewerbliche Interessen der Mitbewerber aufeinander stoßen". Damit war die Anknüpfung am **Ort der wettbewerblichen Interessenkollision** begründet,[8] die fortan auch die Unterstützung der hM im deutschen Schrifttum genoss.[9] Obwohl also die klassische Begründung in Deutschland ihren Ausgang bei der Vorstellung des **delikts-** 3

---

[2] So auch BGH GRUR 2002, 618 (619) – Meißner Dekor; krit. dazu FBO/*Hausmann/Obergfell* IntLautPrivR Rn. 37.

[3] So die allgM, s. nur BeckOGK/*Poelzig/Windorfer* Rn. 16; Harte-Bavendamm/Henning-Bodewig/*Glöckner* UWG Einl. C Rn. 595. Zur Debatte auf europäischer Ebene, ob eine solche Sonderanknüpfung geschaffen werden sollte, s. *Honorati* in Malatesta, The Unification of Choice of Law Rules on Torts and Other Non-Contractual Obligations in Europe, 2006, 127; → Rn. 106. Nach Magnus/Mankowski/*Illmer* Rn. 3 steht die Anknüpfung zwischen der allgemeinen deliktsrechtlichen Anknüpfung des Art. 4 Abs. 1 und der kartellrechtlichen in Art. 6 Abs. 3 lit. a.

[4] Hierzu BG GRUR Int 1997, 167 – item communication. Eine ausdrückliche Regelung bestand auch in Österreich, die mit dem Inkrafttreten der Rom II-VO obsolet geworden ist. Nach § 48 Abs. 2 IPRG (Österreich) war das Recht des Staates zur Anwendung zu bringen, „auf dessen Markt sich der Wettbewerb auswirkt". Danach wendeten öst. Gerichte auch ausländisches Lauterkeitsrecht an, s. OGH GRUR Int 2003, 955 (956) – Inkassobüro BRD (Anwendung deutschen Rechts). Trotz der terminologischen Anlehnung an das kartellrechtliche Auswirkungsprinzip wurde in Österreich die Vorschrift als Anknüpfung an das Recht des Marktortes entsprechend der deutschen Praxis verstanden; s. *Enzinger,* Lauterkeitsrecht, 2012, Rn. 186 ff. Zum Kollisionsrecht anderer Staaten, s. *Bernhard,* Das Internationale Privatrecht des unlauteren Wettbewerbs in den Mitgliedstaaten der EG, 1984; FBO/*Hausmann/Obergfell* IntLautPrivR Rn. 75 ff.; *Kadner Graziano,* Gemeineuropäisches Internationales Privatrecht, 2002, 565 ff.

[5] So das ganz einhellige Verständnis zu Art. 6 Abs. 1; s. *Sack* WRP 2008, 845 (846); ebenso schon zum ursprünglichen Vorschlag der Kommission *Ahrens* FS Tilmann, 2003, 739 (752). Zur Entwicklung vor Anerkennung der Marktortanknüpfung *Kreuzer* in v. Caemmerer, Vorschläge und Gutachten zur Reform des deutschen internationalen Privatrechts der außervertraglichen Schuldverhältnisse, 1983, 232 (238 f.).

[6] BGH GRUR 1962, 243 (245) – Kindersaugflaschen.

[7] Die Entscheidung bewirkte eine Abkehr der Rspr. von der universalistischen Anknüpfung am Recht des Ortes der Niederlassung des beeinträchtigten Unternehmens, die bei deutschen Unternehmen stets zur Anwendung deutschen Rechts führte; umfassend *Dornis,* Trademark and Unfair Competition Conflicts, 2017, 68 ff.

[8] So auch HdB-WettbR/*Ahrens* § 68 Rn. 39.

[9] S. nur HdB-WettbR/*Wilde/Linde* § 10 Rn. 11.

rechtlichen Konkurrentenschutzes nahm, gelangt sie zu einer spezifisch für das Lauterkeitsrecht konzipierten Anknüpfung nach dem Marktortprinzip. Entsprechend den Vorstellungen des Gesetzgebers der IPR-Reform von 1999 bestimmte diese Anknüpfung auch die Anwendung des Art. 40 EGBGB durch die Rspr.[10] Normativ findet sie inzwischen in Art. 6 Abs. 1 eine Bestätigung.

4 Das **Marktortprinzip** beherrschte und beherrscht damit in unterschiedlichen Formulierungen sowohl die frühere deliktsrechtliche Anknüpfung in Deutschland nach den Art. 40 ff. EGBGB als auch die **lauterkeitsrechtliche Anknüpfung** im Kollisionsrecht anderer Staaten[11] sowie nach Art. 6 Abs. 1 (→ Rn. 2).[12] Damit erscheint die Frage, ob denn der früher in Deutschland praktizierte Verzicht auf eine klare gesetzliche Regelung im Sinne einer lauterkeitsrechtlichen Sonderanknüpfung überzeugen kann, ohnehin recht akademisch. Jedenfalls solle die Entscheidung zwischen der Anwendung der allgemeinen deliktischen Anknüpfung und der Schaffung einer deliktischen Sonderanknüpfung im Lichte der **relevanten kollisionsrechtlichen Interessen** (iSv → Einl. IPR Rn. 30 ff.) erfolgen. Nach der klassischen Begründung des Marktortprinzips durch den BGH in der Kindersaugflaschen-Entscheidung ging es nur um den deliktsrechtlichen Schutz der individuellen Interessen der Wettbewerber. Dagegen verzichtet das schweizerische IPR-Gesetz[13] (→ Rn. 2) auf die Nennung geschützter Interessen. Art. 6 Abs. 1 wendet sich gänzlich von einer individualschützenden Konzeption ab und nennt ausdrücklich – ohne Nennung der Wettbewerber – die „Wettbewerbsbeziehungen", deren Schutz im Allgemeininteresse liegt, sowie die „kollektiven" Interessen der Verbraucher.[14] Erst Art. 6 Abs. 2 macht deutlich, dass die Individualinteressen der Wettbewerber durchaus auch eine Rolle spielen. Sie kommen kollisionsrechtlich aber nur zum Tragen, soweit nicht jenseits der Interessen eines „bestimmten" Wettbewerbers auch die Interessen Dritter beeinträchtigt sind.[15] Diese unterschiedlichen Zielsetzungen sind trotz grundsätzlicher Übereinstimmung hinsichtlich der Geltung des Marktortprinzips **für die Konkretisierung** der Kollisionsregel **zu berücksichtigen.** Dies gilt, wie schon Art. 6 Abs. 2 deutlich macht, insbesondere für die Frage, ob und unter welchen Voraussetzungen der Anknüpfung an das gemeinsame Heimatrecht (Recht des gemeinsamen gewöhnlichen Aufenthalts) von Anspruchsteller und Anspruchsgegner gegenüber der Anwendung des Rechts am Marktort der Vorrang gebührt (→ Rn. 181 ff.). In einem lauterkeitsrechtlichen System, das den deliktsrechtlichen Schutz der Mitbewerber betont, liegt ein genereller Vorrang der Anknüpfung am gemeinsamen Heimatrecht nahe. Dagegen kann, wenn auch und vor allem ein institutioneller Schutz des Marktes und der Wettbewerbsverhältnisse oder der Schutz von Kollektivinteressen verfolgt werden soll, die Anwendung des gemeinsamen Heimatrechts der Konkurrenten nur überzeugen, soweit eben der allgemeine Schutz der Wettbewerbsverhältnisse auf einem Markt und der kollektive Schutz von anderen Marktteilnehmern im Einzelfall keine Rolle spielen. Diese knappen Ausführungen machen deutlich, dass die kollisionsrechtliche **Anknüpfung von Wertungen des Sachrechts abhängt,** wobei das Problem auftaucht, dass diese Wertungen von Rechtsordnung zu Rechtsordnung unterschiedlich sein können. Die Anknüpfung in Art. 6 Abs. 1 und 2 ist vom modernen Stand des europäischen Lauterkeitsrechts geprägt. Dieses betont nach der UGP-RL[16] den kollektiven Schutz der Verbraucher. Die Irreführungs-RL[17] erweitert den Schutz des europäischen Lauterkeitsrechts über die Verbraucher hinaus auch auf „Gewerbetreibende", vor allem soweit diese zu den von der Werbung angesprochenen Verkehrskreisen gehören. Im Rahmen des Erlasses der UGP-RL hat aber auch der europäische Gesetzgeber klargestellt, dass die Mitbewerber

---

[10] So BGH GRUR 2004, 1035 (1036) – Rotpreis-Revolution, ohne inhaltliche Begr. und Subsumtion unter Art. 40 EGBGB.

[11] So wird in der Schweiz die einschlägige Bestimmung des Art. 136 Abs. 1 IPRG Schweiz, wonach es auf das Recht des Marktes ankommt, auf dem die unlautere Handlung ihre Wirkung entfaltet, iS eines „Marktauswirkungsprinzips" verstanden. Die Praxis stellt im Gleichklang mit der deutschen Praxis vor Inkrafttreten der Rom II-VO dabei auf den Ort ab, an dem der Wettbewerber mit seinem Angebot auftritt und sich in Konkurrenz mit anderen Wettbewerbern an potenzielle Abnehmer richtet; BG GRUR Int 1997, 167 – item communication.

[12] S. aus internationaler Sicht auch *Honorati* in Malatesta, The Unification of Choice of Law Rules on Torts and Other Non-Contractual Obligations in Europe, 2006, 117 (148 ff.).

[13] Ebenso das bis zum Inkrafttreten der Rom II-VO anwendbare IPRG Österreich.

[14] Entsprechend spricht Magnus/Mankowski/*Illmer* Rn. 5 vom Schutz institutioneller Interessen im Rahmen von Art. 6 Abs. 1.

[15] So auch Magnus/Mankowski/*Illmer* Rn. 6.

[16] RL 2005/29/EG des Europäischen Parlaments und des Rates vom 11.5.2005 über unlautere Geschäftspraktiken im binnenmarktinternen Geschäftsverkehr zwischen Unternehmen und Verbrauchern, ABl. EG 2002 L 149, 22.

[17] RL 2006/114/EG des Europäischen Parlaments und des Rates vom 12.12.2006 über irreführende und vergleichende Werbung, ABl. EG 2006 L 376, 21.

jedenfalls „mittelbar" durch die Richtlinie geschützt werden und dass die Mitgliedstaaten Vorschriften gegen Geschäftspraktiken bereithalten dürfen, die nur Mitbewerber schädigen (Erwägungsgrund 6 UGP-RL).

c) Berücksichtigung von Kollektivinteressen. Die in Deutschland traditionell vertretene deliktsrechtliche Anknüpfung findet ihren Ausgangspunkt in der ursprünglichen Konzeption des deutschen UWG als reines Konkurrentenschutzgesetz. Ginge es nur um den Ausgleich der privaten Interessen von Geschädigtem und Schädiger, erschiene die deliktsrechtliche Anknüpfung angemessen, auch wenn der Kreis der geschützten Wettbewerber sehr groß und unbestimmt sein kann. Jedoch beschränkte sich auch das deutsche Lauterkeitsrecht schon lange nicht mehr auf den Gedanken des bilateralen Ausgleichs des klassischen Deliktsrechts.[18] Heute bestätigt § 1 UWG in der Fassung vom 3.7.2004 die schon vorher anerkannte **Schutzzwecktrias** im Lauterkeitsrecht.[19] Das Lauterkeitsrecht schützt danach neben den **Mitbewerbern** auch alle sonstigen Marktteilnehmer, insbesondere die **Verbraucher** sowie die **Allgemeinheit.**[20] Im modernen deutschen Lauterkeitsrecht ergänzt der Schutz von **Kollektivinteressen** den älteren deliktischen Individualschutz; im europäischen Recht ist, nach den oben (→ Rn. 4) knapp dargestellten Rechtsgrundlagen, ein Individualschutz überhaupt nicht mehr erkennbar. Danach sind die verschiedenen, über die Schutzzwecktrias geschützten **Interessen vielmehr grundsätzlich gleichrangig** in die Beurteilung einzustellen.[21] Damit läuft jedenfalls eine allgemeine deliktsrechtliche Anknüpfung Gefahr, vor allem die einschlägigen Kollektivinteressen nicht hinreichend zu würdigen, indem sie den Blick einseitig auf die Interessen von Kläger und Beklagtem richtet.[22] Die europarechtliche Anknüpfung in Art. 6 Abs. 1 und 2 reagiert auf diese Problematik angemessen. Sie stellt in Art. 6 Abs. 1 klar, dass im Lichte der zu schützenden Allgemeininteressen primär auf die involvierten Kollektivinteressen abzustellen ist, hält aber in Art. 6 Abs. 2 für sog. bilaterale Wettbewerbsverstöße zulasten eines bestimmten Wettbewerbers eine gesonderte Anknüpfung nach der Grundnorm für das Internationale Deliktsrecht bereit.[23] 5

d) Lauterkeitsrecht als Teil des nationalen Wirtschaftsrechts. Gegen die allgemeine deliktsrechtliche Anknüpfung spricht schließlich die Zuordnung des Lauterkeitsrechts zum Wirtschaftsrecht.[24] Selbst wenn man die geschützten Kollektivinteressen als Addition privater Interessen auffasst, steht hinter den Regeln des Lauterkeitsrechts die **wirtschaftspolitisch geprägte Entscheidung** des nationalen Gesetzgebers, das **Handeln-Dürfen von Wettbewerbern in bestimmter Weise gegeneinander abzugrenzen.** So wurde die Liberalisierung des deutschen Lauterkeitsrechts, wie etwa durch die Abschaffung des Rabatt- und Zugabeverbots sowie die Entfernung unnötiger, allenfalls dem Mittelstandsschutz dienender Restriktionen für den Handel durch die UWG-Novelle 2004, nicht nur durch ein verändertes Bild der Schutzbedürftigkeit des Verbrauchers, sondern vor allem durch das Anliegen inspiriert, Unternehmen in Deutschland größere Handlungsspielräume zum Nutzen der gesamten Volkswirtschaft zu verschaffen. Die Zuordnung zum Wirtschaftsrecht spricht für die **alleinige kollisionsrechtliche Relevanz des nationalen Lauterkeitsrechts am Marktort,** unabhängig davon, ob dieses Recht das betreffende Verhalten verbietet oder erlaubt. Gestattet man dagegen Unternehmen, auf eigenem Staatsgebiet nach fremden Regeln tätig zu werden, oder wenden Gerichte eigenes Recht auf das Handeln heimischer Unternehmen auf fremden Märkten an, wird die Wettbewerbsgleichheit der Unternehmen, die „par conditio concurrentium", am Marktort gestört.[25] Wettbewerbsverzerrungen wären die Folge. 6

---

[18] S. schon *E. Ulmer* GRUR 1937, 769 zur Bedeutung des Abnehmerschutzes im Wettbewerbsrecht.

[19] S. allg. zu den Schutzzwecken GroßkommUWG/*Schricker*, 1994, UWG Einl. Rn. F 2; Köhler/Bornkamm/Feddersen/*Köhler* UWG § 1 Rn. 9 ff.

[20] IdS schon die Rspr. zum früheren Recht, s. zB BGH GRUR 1999, 751 (753) – Güllepumpen; GRUR 2001, 1181 (1182) – Telefonwerbung für Blindenware.

[21] So auch FBO/*Hausmann/Obergfell* UWG Einl. I Rn. 23.

[22] Deshalb schon früh gegen die Anwendung der allgemeinen deliktrechtslichen Anknüpfung MPI für ausländisches und internationales Patent-, Urheber- und Wettbewerbsrecht GRUR Int 1985, 104 ff.; ebenso angedeutet GroßkommUWG/*Schricker,* 1994, UWG Einl. Rn. F 168; aus heutiger Zeit s. Peifer/*Klass* UWG Einl. D Rn. 29 ff.

[23] Durch diese Zweiteilung sieht sich *Beater,* Unlauterer Wettbewerb, 2. Aufl. 2011, Rn. 723 f. in seiner ursprünglichen Auffassung – vertreten in der Erstauflage seines Lehrbuchs aus dem Jahre 2001 – bestätigt, wonach kollisionsrechtlich grundsätzlich zwischen zwei Arten von Wettbewerbsverstößen zu unterscheiden sei.

[24] Hierzu vor allem Staudinger/*Fezer/Koos,* 2015, IntWirtschR Rn. 394, mit einer Betonung der konzeptionellen Einheit des materiellen Wettbewerbsrechts im weiteren Sinne unter Einschluss des Kartellrechts und des Immaterialgüterrechts.

[25] Mit diesem Argument für das Marktortprinzip *Bornkamm* in Bartsch/Lutterbeck, Recht der Neuen Medien, 1998, 99, 107; *De Miguel Asensio* in Leible/Ohly, Intellectual Property and Private International Law, 2009, 137 Rn. 13.

7 Seit 2004 wird im **deutschen Lauterkeitsrecht** die Zuordnung des Rechtsgebiets zum Wirtschaftsrecht durch die ausdrückliche Zielbestimmung des Schutzes der **Allgemeininteressen an einem unverfälschten Wettbewerb** unterstrichen. Nur ein Festhalten am Marktortprinzip gewährleistet gleiche Wettbewerbsbedingungen aller auf einem Markt tätigen Unternehmen, während eine eher größere Flexibilität erlaubende deliktsrechtliche Anknüpfung den unverfälschten Wettbewerb in Frage stellt. Auch wenn **Art. 6 Abs. 1 und 2** grundsätzlich die deliktsrechtliche Grundkonzeption beibehält, wird die darin enthaltene deliktsrechtliche Sonderanknüpfung doch auch der Konzeption des Lauterkeitsrechts als Recht zum Schutze der „Wettbewerbsbeziehungen" – im europäischen Sinne – und dem Schutz des unverfälschten Wettbewerbs – iSv § 1 UWG – gerecht.[26]

8 **e) Entwicklung hin zu einem europäischen Marktkommunikationsrecht als Marktordnungsrecht.** Die Anwendung der allgemeinen deliktischen Anknüpfung wäre schließlich auch aus europarechtlicher Sicht wenig überzeugend. Das europäische Recht interessierte sich für das Thema des unlauteren Wettbewerbs zunächst unter zwei Gesichtspunkten. Zum einen kann sich die Anwendung besonders strengen nationalen Lauterkeitsrechts auf grenzüberschreitende Fälle als **Beschränkung der Grundfreiheiten,** insbesondere der Warenverkehrsfreiheit, auswirken. Zum anderen ist sich auch der europäische Gesetzgeber bewusst, dass im Binnenmarkt Schutz gegen unlautere Verhaltensweisen von Unternehmen erforderlich ist. Dabei stellt das europäische Recht aber nicht das Schutzinteresse des Mitbewerbers in den Mittelpunkt, sondern sichert vor allem die **Entscheidungsfreiheit der Abnehmer,** sowohl der Verbraucher als auch der von Werbung angesprochenen Gewerbetreibenden, wie dies in den oben (→ Rn. 4) dargestellten Rechtsgrundlagen des europäischen Lauterkeitsrechts niedergelegt ist. Während sich das deutsche Lauterkeitsrecht also von der Grundkonzeption eines deliktischen Wettbewerberschutzes aus entwickelt hat, geht es dem europäischen Gesetzgeber vor allem um die Sicherung eines störungsfreien Ablaufs der Markkommunikation, indem den Nachfragern und insbesondere den Verbrauchern eine optimale Grundlage für ihre Entscheidungen am Markt verschafft werden soll. Insoweit erscheint das europäische Lauterkeitsrecht als **Marktordnungsrecht und Marktkommunikationsrecht.**[27] Das europäische Sekundärrecht überlässt aber den Mitgliedstaaten die Wahl der **Schutzinstrumente.** Danach ist eine deliktsrechtliche Schutzkonzeption auf der Rechtsdurchsetzungsebene europarechtlich weder geboten noch verboten. So erlaubt Art. 11 Abs. 1 **UGP-RL** den Mitgliedstaaten weiterhin, Wettbewerbern als „Personen, die nach dem nationalen Recht ein berechtigtes Interesse an der Bekämpfung unlauterer Geschäftspraktiken haben", die Möglichkeit zur Privatklage als Mittel der Durchsetzung des angeglichenen Rechts zu eröffnen. Der UGP-RL geht es insgesamt um den **„unmittelbaren" Schutz der Verbraucher** und nur um einen **„mittelbaren" Schutz der lauter handelnden Wettbewerber** (so ausdrücklich Erwägungsgrund 8 UGP-RL).

9 In seiner spezifischen Ausrichtung führt die europäische Rechtsangleichung zu zwei weiteren Veränderungen, die sich in der Zweispurigkeit des heutigen dt. UWG nach den Novellen von 2008 und 2015, dh in einzelnen, speziell auf das Verhältnis zu Verbrauchern anwendbaren Vorschriften, niederschlagen. Zum einen gehen diese Vorschriften über ein reines Wettbewerbsrecht hinaus, indem sie auch das Handeln gegenüber Verbrauchern nach dem Vertragsschluss erfassen. Bei diesen Bestimmungen handelt es sich nicht mehr um ein Recht gegen den „unlauteren Wettbewerb", sondern um ein **Recht gegen unlautere geschäftliche Handlungen.**[28] Zum anderen ist bei Anwendung dieser Vorschriften das **Ziel des Verbraucherschutzes** vorrangig zu berücksichtigen.

10 Im Unterschied zur allgemeinen deliktsrechtlichen Regelung nimmt **Art. 6 Abs. 1** ausreichend Rücksicht auf diese Veränderungen. Soweit europäisches Lauterkeitsrecht spezifisch und vorrangig Verbraucherinteressen schützt, geschieht dies nur im Rahmen einer kollektiven Schutzausrichtung, so dass auch insoweit Art. 6 Abs. 1 eine passende Kollisionsnorm zur Verfügung stellt.[29] Dabei kommt es nicht darauf an, welchen Personen privatrechtliche Ansprüche auf der Rechtsdurchsetzungsebene eingeräumt werden. Darüber hinaus erlaubt **Art. 6 Abs. 2** eine Anknüpfung in den Fällen des reinen deliktischen Wettbewerberschutzes. Ausdrücklich nennt Erwägungsgrund 21 den Schutz der Wettbewerber als Ziel des Lauterkeitsrechts neben dem Schutz der Verbraucher und der Öffentlichkeit und kommt damit der Formulierung der deutschen Schutzzwecktrias sehr nahe.[30] Insoweit

---

26 Ebenso Peifer/*Klass* UWG Einl. D Rn. 48.

27 IdS auch *Keßler* WRP 2005, 1203; *Lindacher* GRUR Int 2008, 453 f.; Staudinger/*Fezer/Koos,* 2015, IntWirtschR Rn. 344 unter Bezugnahme auf die hier vertretene Argumentation; nicht nur für das europäische Lauterkeitsrecht *Koos* ELF 2006, 73 (74).

28 Nach Köhler/Bornkamm/Feddersen/*Köhler* UWG § 1 Rn. 5 sei es deshalb sogar „geboten", das UWG als Lauterkeitsrecht zu bezeichnen.

29 Ebenso Staudinger/*Fezer/Koos,* 2015, IntWirtschR Rn. 395.

30 *Stone* ELF 2004, 213 (225) spricht in Zusammenhang mit der Verordnung von der „three-dimensional function of competition law". Zur konsekutiven historischen Entwicklung der einzelnen Schutzzwecke aus

bestätigt Art. 6 Abs. 2, dass nationales Recht im Einklang mit den europarechtlichen Vorgaben auch einen Schutz der Wettbewerber verfolgen kann. Deliktischer Wettbewerberschutz ist selbst dem europäischen Lauterkeitsrecht nicht mehr fremd, wie die 2016 erlassene Geheimnisschutz-RL belegt.[31] Mit ihr hat der Unionsgesetzgeber eine dem Lauterkeitsrecht zugehörige Regelung geschaffen, die jenseits des reinen Marktordnungs- und Marktkommunikationsrechts liegt.

f) Aufweichung des Marktortprinzips durch das europäische Herkunftslandprinzip. 11
Was das Unionsrecht und dessen Einflussnahme auf das nationale Lauterkeitsrecht betrifft, hat vor allem die Einführung eines sekundärrechtlichen Herkunftslandprinzips die kollisionsrechtliche Diskussion der letzten Jahre belebt. Die Anwendung des Marktortprinzips im Lauterkeitsrecht würde bedeuten, dass Unternehmen, die ihre Waren und Dienstleistungen im gesamten europäischen Binnenmarkt vermarkten wollen, unterschiedliche Anforderungen nach den zahlreichen nationalen Rechtsordnungen zu berücksichtigen hätten. Dagegen muss der Unternehmer im Anwendungsbereich des Herkunftslandprinzips nicht mehr befürchten, sich in Bezug auf sein Wettbewerbshandeln auf den Märkten anderer EU-Staaten an die Regeln des dortigen Lauterkeitsrechts halten zu müssen, soweit diese strenger sind als jene in seinem Niederlassungsstaat. Das Herkunftslandprinzip gilt aber nur im Bereich einzelner Medien. Am Anfang der Entwicklung steht das Sendelandprinzip nach der früheren **Fernseh-RL** (RL 89/552/EWG aF). Es findet heute auf der Grundlage der **RL 2010/13/EU über audiovisuelle Mediendienste**[32] über klassische Fernsehsendungen hinaus auch auf Abruf bereit gestellter Mediendienste (zB „Video-on-demand") Anwendung. Entsprechend wurde der Name der Richtlinie angepasst. Mit dieser Änderung und Erweiterung bestätigt der europäische Gesetzgeber ausdrücklich, dass sich das Herkunftslandprinzip im Fernsehbereich bewährt hat (Erwägungsgründe 33 RL 2010/13/EU, früher Erwägungsgründe 7, 27 RL 2007/65/EG). Hieran hat auch die jüngste Änderung der Richtlinie nichts geändert.[33] Bedeutung hat das Herkunftslandprinzip vor allem für den durch die **E-Commerce-RL**[34] geregelten elektronischen Geschäftsverkehr. Während das Sendelandprinzip der RL 2010/13/EU nur in Bezug auf medienspezifische Werberegeln im harmonisierten Bereich der Richtlinie gilt, erfasst das Herkunftslandprinzip im E-Commerce für die dort geregelten Dienste der Informationsgesellschaft grundsätzlich auch jene Regeln, die nicht spezifisch das Handeln im elektronischen Geschäftsverkehr zum Regelungsgegenstand haben, aber auch dort Anwendung finden (ausführlich → Rn. 59).[35] Damit liberalisiert das Herkunftslandprinzip das Lauterkeitsrecht im elektronischen Geschäftsverkehr umfassend und stellt den Grundsatz der Wettbewerbsgleichheit, die **par conditio concurrentium,** der Marktortanknüpfung in Frage. Eine eingeschränkte Form des Herkunftslandprinzips findet sich schließlich auch in der **UGP-RL** (→ Rn. 87 ff.). Außerdem hatte die Europäische Kommission das Herkunftslandprinzip für den gesamten Bereich der grenzüberschreitenden Dienstleistungserbringung als Grundprinzip einer **Dienstleistungs-RL**[36] vorgeschlagen, was sich dann jedoch im Gesetzgebungsprozess nicht durchsetzen ließ (→ Rn. 92 ff.). Unabhängig von der Frage, ob das Herkunftslandprinzip in diesen Richtlinien kollisionsrechtlich zu deuten ist (→ Rn. 62 ff., → Rn. 87), drängt dieses Prinzip die deliktsrechtliche Konzeption des Lauterkeitsrechts zurück. Dass man im Binnenmarkt meint, vor allem in Bezug auf die lauterkeitsrechtlich definierten Handlungsspielräume der Unternehmen zunehmend auf die Relevanz des Rechts im Niederlassungsstaat des Unternehmens abstellen zu können, beruht

europäischer Sicht s. *Honorati* in Malatesta, The Unification of Choice of Law Rules on Torts and Other Non-Contractual Obligations in Europe, 2006, 127 (134 f.). Dabei unterscheidet sie eine erste, „korporatistische" Phase (Konkurrentenschutz), eine zweite, „soziale" oder „neoliberale" Phase (kollektiver Schutz der Marktbeteiligten, Verbraucherschutz) und eine dritte Phase, in der der Wettbewerbsschutz als Ausdruck eines Marktordnungsrechts in den Vordergrund tritt.

[31] RL 2016/943/EU des Europäischen Parlaments und des Rates vom 8.6.2016 über den Schutz vertraulichen Know-hows und vertraulicher Geschäftsinformationen (Geschäftsgeheimnisse) vor rechtswidrigem Erwerb sowie rechtswidriger Nutzung und Offenlegung, ABl. EU 2016 L 157, 1.

[32] RL 2010/13/EU des Europäischen Parlaments und des Rates vom 10.3.2010 zur Koordinierung bestimmter Rechts- und Verwaltungsvorschriften der Mitgliedstaaten über die Bereitstellung audiovisueller Mediendienste (Richtlinie über audiovisuelle Mediendienste), ABl. EU 2010 L 95, 1, ber. ABl. EU 2010 L 263, 15; noch zur RL 89/552/EWG *W. Schulz* EuZW 2008, 107; *Stender-Vorwachs/Theißen* ZUM 2007, 613.

[33] Richtlinie (EU) 2018/1808 des Europäischen Parlaments und des Rates vom 14.11.2018 zur Änderung der Richtlinie 2010/13/EU zur Koordinierung bestimmter Rechts- und Verwaltungsvorschriften der Mitgliedstaaten über die Bereitstellung audiovisueller Mediendienste im Hinblick auf sich verändernde Marktgegebenheiten, ABl. EU 2018 L 303, 69.

[34] RL 2000/31/EG des Europäischen Parlaments und des Rates vom 8.6.2000 über bestimmte rechtliche Aspekte der Dienste der Informationsgesellschaft, insbesondere des elektronischen Geschäftsverkehrs, im Binnenmarkt, ABl. EG 2000 L 178, 1.

[35] S. auch *De Miguel Asensio,* Conflict of Laws in the Internet, 2020, Rn. 2.24 f.

[36] Vorschlag der Kommission vom 25.2.2004 über Dienstleistungen im Binnenmarkt, KOM(2004) 2 endg.

ganz entscheidend auf Marktordnungsgesichtspunkten einer Integrationspolitik. So kann das Lauterkeitsrecht in seiner Anwendung im Verhältnis zwischen den EU-Mitgliedstaaten immer weniger als Deliktsrecht erfasst werden, sondern verschmilzt mit dem Herkunftslandprinzip zu einem europäischen Ordnungsrecht für den Binnenmarkt.

12 **g) Schlussfolgerungen.** Mit Inkrafttreten der deliktsrechtlichen Sonderanknüpfung für das Internationale Lauterkeitsrecht in Art. 6 Abs. 1 und 2 wird die rein **deliktsrechtliche Konzeption der Anknüpfung** nach deutschem Kollisionsrechts ersetzt, die noch im Jahr 1999 vom nationalen Gesetzgeber bestätigt worden war, aber schon damals als **anachronistisch** anzusehen war.[37] Inhaltlich sind mit dem Inkrafttreten der Rom II-VO gleichwohl keine größeren Änderungen verbunden. Auf die Schaffung einer originär lauterkeits- und wirtschaftsrechtlichen Kollisionsnorm war das deutsche Recht nicht angewiesen, da bei der Anwendung der deliktsrechtlichen Kollisionsnormen der Art. 40 ff. EGBGB die fundamentalen Veränderungen des Lauterkeitsrechts auf nationaler und europäischer Ebene berücksichtigt werden konnten. Mit der **Anknüpfung am Recht des Marktortes,** wie sie sich auch im deutschen Kollisionsrecht als Ausgangspunkt der Anknüpfung herausgebildet hatte, wurde die deutsche Praxis diesen Anforderungen durchaus gerecht. Die vorstehend aufgeführten Veränderungen in der Konzeption des Lauterkeitsrechts sind heute unverändert für Auslegung und Anwendung der deliktsrechtlichen Sonderanknüpfung in Art. 6 Abs. 1 und 2 zu berücksichtigen. Dies gilt vor allem für die Frage, ob und in welchen Fällen von der Anwendung des Rechts am Marktort zugunsten einer allgemeinen deliktsrechtlichen Anknüpfung abgewichen werden kann (→ Rn. 152 ff.).

13 **2. Aufgabe der Marktortanknüpfung zugunsten des kartellrechtlichen Auswirkungsprinzips?** Eine weitergehende Kritik richtet sich nicht nur gegen die deliktsrechtliche Qualifikation von unlauterem Wettbewerbsverhalten, sondern ganz generell gegen die Anknüpfung nach dem Marktortprinzip. Die Kritiker verweisen auf die Querverbindung des Rechtsgebiets zum Kartellrecht und vertreten eine kollisionsrechtliche **Anknüpfung nach dem kartellrechtlichen Auswirkungsprinzip.**[38] Mit der Anerkennung des Schutzes des Allgemeininteresses am unverfälschten Wettbewerb in § 1 UWG hat der deutsche Gesetzgeber im Jahre 2004 in der Tat die Zusammengehörigkeit des Lauterkeitsrechts als „Wettbewerbsrechts ieS" und des Kartellrechts als zwei Äste eines umfassenden Marktordnungsrechts („Wettbewerbsrecht iwS") deutlich unterstrichen. Im Rahmen des europäischen Rechts sind sowohl das Lauterkeitsrecht als auch das Kartellrecht auf dasselbe Ziel, nämlich den **Schutz des unverfälschten Wettbewerbs** iSd EU-Protokolls über den Binnenmarkt und den Wettbewerb verpflichtet. Die Auffassung von der Anknüpfung nach dem **Auswirkungsprinzip** im Lauterkeitsrecht betont den **Schutz des Wettbewerbs als Institution.** Dem entspricht es, spürbare Auswirkungen auf einen Markt im kartellrechtlichen Sinne zum entscheidenden Kriterium der Anknüpfung auch im Lauterkeitsrecht zu erheben.

14 **Stellungnahme.** Die Konvergenz von Kartellrecht und Lauterkeitsrecht ist unbestritten und ist zur Durchsetzung eines liberalen Wettbewerbsrechts rechtspolitisch äußerst wünschenswert. Dass sich das Kartellrecht und das Lauterkeitsrecht im Schutz des unverfälschten Wettbewerbs als Institution heute treffen, reicht aber zur Begründung des Übergangs zu einer kartellrechtlichen Anknüpfung nicht aus. Vielmehr ist eine gründliche Analyse gefordert, die die **Funktionalität der beiden Rechtsgebiete,** von der dann die Definition der adäquaten Anknüpfungsregel abhängt, in den Mittelpunkt stellt. Danach sollte für das Lauterkeitsrecht die eigenständige Anknüpfung nach dem **Marktortprinzip beibehalten werden.**

15 Zunächst ist zuzugeben, dass sich das Lauterkeitsrecht und das Kartellrecht nicht nur in der Zielsetzung des unverfälschten Wettbewerbs treffen, sondern sich auch **in der rechtlich-konzeptionellen Ausgestaltung immer stärker annähern.** Mit dem Übergang vom rein deliktischen Konkurrentenschutz zu einem Marktordnungsrecht auf der Grundlage eines Schutzes der kollektiven Interessen der Marktteilnehmer und des Wettbewerbs vor Verfälschungen hat sich das Lauterkeitsrecht trotz Beibehaltung der privatrechtlichen Schutzinstrumente vor allem in Bezug auf die Beurteilungsmaßstäbe grundsätzlich gewandelt und an das Kartellrecht angenähert. Aber auch umgekehrt bewegt sich das Kartellrecht mit großer Geschwindigkeit auf das Lauterkeitsrecht zu. Dies gilt vor

[37] So schon vor 20 Jahren das Urteil des MPI für ausländisches und internationales Patent-, Urheber- und Wettbewerbsrecht GRUR Int 1985, 104 (107); ebenso GroßkommUWG/*Schricker* UWG Einl. Rn. F 168.

[38] So vor allem Staudinger/*Fezer/Koos,* 2015, IntWirtschR Rn. 403 und 493 ff.; Harte-Bavendamm/Henning-Bodewig/*Glöckner* UWG Einl. C Rn. 600 ff.; *Koos* WRP 2006, 499 (504 ff.); s. auch die umfassende Diskussion bei *Höder,* Die kollisionsrechtliche Behandlung unteilbarer Multi-state-Verstoße, 2002, 102 ff. Der Unterschied zwischen den beiden Anknüpfungsregeln wird nicht immer ausreichend erkannt. Dies gilt vor allem für Österreich, wo der OGH GRUR Int 2007, 941 – fairguide.com, von einem „Marktauswirkungsprinzip" spricht. S. auch, einen Unterschied tendenziell bestreitend, *Wiebe/Kodek* UWG Einl. Rn. 285.

allem für die Schutzinstrumente. Das Kartellrecht ist nicht mehr nur ein öffentlich verwaltetes Marktordnungsrecht, sondern wird immer mehr Teil des Privatrechts. Im Bereich des europäischen Kartellrechts verlangt der EuGH von den nationalen Gerichten, jedermann einen Schadensersatzanspruch einzuräumen, der infolge eines Verstoßes gegen europäisches Kartellrecht einen Schaden erlitten hat.[39] Hierauf hat der Unionsgesetzgeber mit einer Rechtsangleichung für Schadensersatzansprüche bei Verletzung des Kartellrechts reagiert.[40] In Deutschland bewirkte schon die 7. GWB-Novelle vom 7.7.2005 (BGBl. 2005 I 1954) eine Neuformulierung des § 33 GWB, die die privaten Ansprüche des Einzelnen, einschließlich des Schadensersatzanspruchs, erheblich ausgeweitet hat und zur Aufgabe der vorher geltenden Schutzzwecklehre führte.[41] So kann insbesondere die überwiegende behördliche Durchsetzung des Kartellrechts[42] nicht (mehr) zur Begründung unterschiedlicher Anknüpfungen herangezogen werden. In beiden Bereichen geht es um den Schutz des unverfälschten Wettbewerbs, wobei im Lauterkeitsrecht mit dem Schutz informierter Entscheidungen des Verbrauchers (Informationsmodell) und im Kartellrecht mit dem Maßstab der Konsumentenwohlfahrt die kollektiven Interessen der Verbraucher in den Vordergrund rücken. Private Unterlassungs- und Schadensersatzansprüche haben im Vergleich zu diesen Zielsetzungen nur eine „akzessorische" Funktion und hängen von der objektiven Beeinträchtigung der kollektiven Verbraucherinteressen sowie dem „Funktionieren des Wettbewerbs" ab.[43]

Die Forderung nach Anerkennung des kartellrechtlichen Auswirkungsprinzips für die lauter- 16
keitsrechtliche Anknüpfung betont das quantitative Kriterium der **Spürbarkeit.** So sind traditionell nach § 130 Abs. 2 GWB und der Zwischenstaatlichkeitsklausel des europäischen Rechts (Art. 101 Abs. 1 AEUV und Art. 102 AEUV) deutsches oder europäisches Recht nicht anwendbar, wenn es an der **Spürbarkeit der Auswirkung auf den Wettbewerb** auf dem deutschen bzw. auf dem Binnenmarkt fehlt.[44] Im Bereich des Lauterkeitsrechts finden sich jedenfalls Ansätze für das Spürbarkeitskriterium. Nach der Novelle des dt. UWG im Jahre 2004 verlangte § 3 Abs. 1 UWG aF für das Vorliegen einer unlauteren geschäftlichen Handlung ausdrücklich, dass der **Wettbewerb** zum Nachteil der Mitbewerber, der Verbraucher oder sonstiger Marktteilnehmer **spürbar beeinträchtigt** wird (sog. Bagatellklausel).[45] Im Zuge der Umsetzung der UGP-RL im Jahre 2008 ist zwar die ausdrückliche Bezugnahme auf die Beeinträchtigung „des Wettbewerbs" wieder entfallen.[46] Gleichwohl wurde weiterhin eine spürbare Beeinträchtigung der Interessen von Mitbewerbern, Verbrauchern oder sonstigen Marktteilnehmern verlangt.[47] Seit der Novelle des Jahres 2015 findet sich ein Erfordernis der „wesentlichen" Beeinflussung des wirtschaftlichen Verbraucherverhaltens immer noch in der Generalklausel für das B2C-Verhältnis in § 3 Abs. 2 UWG. Ganz verschwunden ist das Spürbarkeitskriterium dagegen aus der allgemeinen Generalklausel des § 3 Abs. 1 UWG. Ob nun bei Anwendung dieser Vorschrift auf die Prüfung der Spürbarkeit verzichtet werden muss, mag dennoch zweifelhaft sein. Jedenfalls schließt die Nichterwähnung des Kriteriums im Wortlaut dessen Anwendung nicht schlechterdings aus.[48] Darüber hinaus ergibt sich das Erfordernis der Spürbarkeit, Wesentlichkeit oder Relevanz regelmäßig aus den besonderen Tatbeständen des UWG. Insbesondere

[39] So EuGH Slg. 2001, I-6297 = GRUR 2002, 367 – Courage; Slg. 2006, I-6619 = EuZW 2006, 529 – Manfredi; ECLI:EU:C:2014:1317 = EuZW 2014, 586 – Kone.

[40] RL 2014/104/EU des Europäischen Parlaments und des Rates vom 26.11.2014 über bestimmte Vorschriften für Schadensersatzklagen nach nationalem Recht wegen Zuwiderhandlungen gegen wettbewerbsrechtliche Bestimmungen der Mitgliedstaaten und der Europäischen Union, ABl. EU 2014 L 349, 1.

[41] Zur Umsetzung der RL 2014/104/EU im Rahmen der 9. GWB-Novelle s. 9. GWB-ÄndG vom 1.6.2017, BGBl. 2017 I 1416; in Kraft getreten am 9.6.2017.

[42] So noch *Baetzgen,* Internationales Wettbewerbs- und Immaterialgüterrecht im EG-Binnenmarkt, 2007, Rn. 267 f.

[43] So auch der Rom II-VO-Vorschlag der Kommission vom 22.7.2003, KOM(2003) 427 endg., 18 in Bezug auf die wettbewerbsrechtliche Anknüpfung.

[44] Zum Begriff der Spürbarkeit im europäischen Kartellrecht s. Bek. der Kommission – Leitlinien über den Begriff der Beeinträchtigung des zwischenstaatlichen Handels in den Artikeln 81 und 82 des Vertrags, ABl. EG 2004 C 101, 81 Tz. 44 ff.

[45] Zur damaligen Rechtslage s. *Köhler* GRUR 2005, 1 (3), einen restriktiven Ansatz vertretend, wonach schon bei jeder unlauteren Wettbewerbshandlung eine Beeinträchtigung des Wettbewerbs vorliege. Eine ähnliche Formulierung fand sich schon vor der Novellierung des Jahres 2004 in § 13 Abs. 2 Nr. 1 und 2 UWG aF bei der Regelung der Aktivlegitimation.

[46] 1. UWG-ÄndG vom 22.12.2008, BGBl. 2008 I 2949; in Kraft ab 30.12.2008.

[47] Dazu, dass damit keine Aufgabe des Erfordernisses der spürbaren Auswirkung auf den Wettbewerb verlangt wurde, → 6. Aufl. 2015, IntLautR Rn. 14.

[48] S. Köhler/Bornkamm/Feddersen/*Köhler* UWG § 3 Rn. 2.20, der es als Aufgabe der Rspr. ansieht, über die Anwendung des Kriteriums zu entscheiden. Er weist insbes. darauf hin, dass Spürbarkeits- und Relevanzkriterien jedenfalls Teil der speziellen Tatbestände sind, so etwa die Spürbarkeit der Interessenbeeinträchtigung im Tatbestand des Rechtsbruchs nach § 3a UWG.

wird die Spürbarkeit der Interessenauswirkung ausdrücklich im Rechtsbruchtatbestand des § 3a UWG genannt. Auch sollte nach dem ursprünglichen **Vorschlag für die Rom II-VO** nur das Recht des Ortes der **„wesentlichen" Beeinträchtigung der Wettbewerbsbeziehungen** oder der kollektiven Interessen der Verbraucher zur Anwendung kommen. In der letztlich angenommenen Fassung findet sich dieses Kriterium jedoch nicht mehr.

17 Das Lauterkeitsrecht und das Kartellrecht erscheinen danach als weithin **komplementäre Rechtsgebiete,** die sich in den **Schutzgütern,** den **Beurteilungskriterien** und in der **Technik der Durchsetzung** immer mehr gleichen, ja sogar übereinstimmen. Vertreter der Anknüpfung nach dem kartellrechtlichen Auswirkungsprinzip kritisieren daher die hier vertretene Auffassung.[49] Diese Kritik übersieht, dass die beiden (Teil-)Rechtsgebiete weiterhin unterschiedliche Dinge regeln.[50] Das Lauterkeitsrecht bestimmt die Zulässigkeit des Einwirkens von Unternehmen auf die Marktgegenseite sowie andere Wettbewerber. Dem Prinzip der **Wettbewerbsgleichheit** (par conditio concurrentium) folgend grenzt es die **Verhaltensspielräume von Wettbewerbern gegeneinander ab** und schützt mittelbar den Wettbewerb vor Verfälschungen. Dagegen charakterisiert die wettbewerbsschädigende Wirkung das kartellrechtswidrige Verhalten von Unternehmen. Das Kartellrecht verbietet spezifisch die Schädigung des Wettbewerbs als solchem, etwa durch die Beseitigung des Preiswettbewerbs oder die Verringerung der Wettbewerbsintensität durch den Ausschluss von Wettbewerbern. Im Kartellkollisionsrecht wird deshalb auf die negativen „Wettbewerbsauswirkungen" auf dem relevanten Markt abgestellt.[51] Die Übernahme des kartellrechtlichen Auswirkungskriterium für das Lauterkeitsrecht kann folglich nicht überzeugen, da dieses gerade nicht auf das unmittelbare Einwirken auf die Marktgegenseite – etwa durch Einflussnahme auf die Entscheidungsfreiheit von Verbrauchern – abstellt, sondern auf die lauterkeitsrechtlich nicht relevanten mittelbaren Wettbewerbsauswirkungen. Unzutreffend ist der Vorwurf, die Einwirkungstheorie beruhe auf der überholten individualrechtlichen Begründung des Lauterkeitsrechts.[52] Dabei wird übersehen, dass die kollektiven Interessen der Marktteilnehmer, insbesondere der Verbraucher, sowie mittelbar der unverfälschte Wettbewerb durch die Regelung von Verhalten geschützt wird, das unmittelbar „einwirkt". Die Verwendung des Auswirkungskriteriums ist auch darüber hinaus abzulehnen. Es spricht zwar terminologisch nichts dagegen, für die lauterkeitsrechtliche Anknüpfung auf die Auswirkungen des Wettbewerbsverhaltens auf die Entscheidungsfreiheit der Kunden oder die Interessen von Wettbewerbern abzustellen. Ein solcher Wortgebrauch führt jedoch wegen der Notwendigkeit, die lauterkeitsrechtliche Anknüpfung von der kartellrechtlichen zu unterscheiden, zur Begriffsverwirrung. Zudem bezeichnet der Begriff des Einwirkens besser, auf was es für die lauterkeitsrechtliche Anknüpfung ankommt. Abzustellen ist deshalb auf das **unzulässige *Einwirken* auf einen Markt.**[53]

18 Letztlich entscheidend ist jedoch, dass das kartellrechtliche Auswirkungsprinzip als Anknüpfungsregel auch für das Lauterkeitsrecht im Vergleich **zur Marktortanknüpfung nicht nur unterlegen, sondern sogar unangemessen ist,** weil es nämlich **den kollisionsrechtlich zu berücksichtigenden Interessen nicht** gerecht wird. Die Nachteile des kartellrechtlichen Auswirkungsprinzips liegen darin, dass es allein über das quantitative Kriterium der spürbaren Auswirkung Gefahr läuft, das Recht von Märkten, auf denen sich nur mittelbare Auswirkungen zeigen, zusätzlich – oder sogar anstelle des Rechts des Marktes, auf den unmittelbar eingewirkt wird – zur Anwendung zu berufen. Damit liegt die Problematik des Auswirkungsprinzips vor allem in der **Kumulation anwendbarer Rechte.**[54] Es erhöht damit notwendig das Risiko des Verbots und greift in das Regelungsinteresse des Gesetzgebers am Ort der unmittelbaren Markteinwirkung ein, die Handlungsfreiheiten der Marktteilnehmer nach einheitlichen Grundsätzen abzugrenzen. Die Anwendung des kartellrechtlichen Auswirkungsprinzips stellt letztlich den wichtigsten Grundsatz in Frage, der im Internationalen Lauterkeitsrecht die Wahl der Anknüpfungsregel bestimmen sollte, den Grundsatz der **Wettbewerbsgleichheit (par conditio concurrentium).** Während es allein

[49] Harte-Bavendamm/Henning-Bodewig/*Glöckner* UWG Einl. C Rn. 603.

[50] Zust. Peifer/*Klass* UWG Einl. D Rn. 66; MüKoUWG/*Mankowski* IntWettbR Rn. 143.

[51] Mit vergleichbaren Gründen ebenfalls gegen einen Übergang zur kartellrechtlichen Anknüpfung FBO/*Hausmann/Obergfell* IntLautPrivR Rn. 20, 31, 224; Ohly/Sosnitza/*Ohly* UWG Einf. B Rn. 23. Ebenfalls die unterschiedlichen Zielsetzungen betonend *Dornis,* Trademark and Unfair Competition Conflicts, 2017, 224 f. und 315 ff.

[52] So jedoch Harte-Bavendamm/Henning-Bodewig/*Glöckner* UWG Einl. C Rn. 602.

[53] Ausf. *Kreuzer* in *v.* Caemmerer, Vorschläge und Gutachten zur Reform des deutschen internationalen Privatrechts der außervertraglichen Schuldverhältnisse, 1983, 232 (270 f.); ebenso iErg *Sack* GRUR Int 1988, 320 (327, 330); *Kotthoff,* Werbung ausländischer Unternehmen im Inland, 1995, 22.

[54] Das kritisieren auch BeckOGK/*Poelzig/Windorfer* Rn. 70; *Höder,* Die kollisionsrechtliche Behandlung unteilbarer Multi-state-Verstöße, 2002, 110 ff.; Ohly/Sosnitza/*Ohly* UWG Einf. B Rn. 23. Dagegen für die Kumulation *Dornis* in Basedow/Rühl/Ferrari/de Miguel Asensio, Encyclopedia of Private International Law, 2017, 432 (435).

Aufgabe des nationalen Gesetzgebers ist, im Sinne der souveränen Gestaltung des Wirtschaftslebens die Kriterien zulässigen Wettbewerbsverhaltens zu bestimmen, ist es Aufgabe des Internationalen Lauterkeitsrechts dafür zu sorgen, dass die souveräne Entscheidung des nationalen Gesetzgebers abgesichert und die Wettbewerbsgleichheit aller Mitbewerber auf einem Markt nicht durch die punktuelle und kaum vorhersehbare Anwendung fremden Rechts gestört wird. Zu solchen Störungen kann es jedoch kommen, wenn man allein anhand spürbarer Auswirkungen das Recht eines Drittlandes auf ein Verhalten zur Anwendung bringt, das sich nur an Kundenkreise im Inland richtet. Das Argument der Globalisierung der Märkte, das die Vertreter des Auswirkungsprinzips gegen das Marktortprinzip vorbringen, kehrt sich somit in sein Gegenteil. Es spricht gerade gegen die Anwendung des Auswirkungsprinzips im Lauterkeitsrecht, weil die Globalisierung mittelbare Auswirkungen auf weitere Märkte wahrscheinlicher macht, damit die Zahl der anwendbaren Rechtsordnungen tendenziell erhöht und schließlich die einheitliche Regelung des Marktverhaltens für alle Marktteilnehmer an einem Marktort in Frage stellt.

Dass die Auswirkungstheorie die Wettbewerbsgleichheit, die „par conditio concurrentium", am Marktort in Frage stellt, lässt sich an einer der umstrittensten Fallkonstellationen des Internationalen Lauterkeitsrechts darstellen, den sog. **Gran Canaria-Fällen:** Für den Fall, dass deutsche Urlauber gezielt an spanischen Urlaubsorten mit Werbeaktionen angesprochen werden, um ihnen Waren zu verkaufen, die sie allenfalls in Deutschland nutzen können und die auch erst in Deutschland ausgeliefert werden sollen, tendierten Vertreter der Anknüpfung nach dem Auswirkungsprinzip in der Vergangenheit zur Anwendung deutschen Rechts,[55] während nach dem Marktortprinzip ausschließlich auf den Ort der Einwirkung auf die Verbraucher abzustellen und damit spanisches Recht anzuwenden wäre (ausführlich → Rn. 149). Nach dem Auswirkungsprinzip sollte die Anwendbarkeit (auch) des spanischen Rechts – so jedenfalls nach *Fezer/Koos* – von der Spürbarkeit der Auswirkungen auf dem spanischen Markt abhängen, was zu bestreiten wäre, wenn eine Bedarfsdeckung bei „anderen Anbietern auf dem Auslandsmarkt" fern liegt.[56] Dieser Auffassung ist entschieden entgegenzutreten. Sie übersieht nämlich, dass es in entsprechenden Fällen um die Zulässigkeit eines Geschäftsmodells geht, das gerade in Spanien und nicht in Deutschland lokalisiert ist. Der Umstand, dass sich die Verkaufsaktionen gezielt an Ausländer richten, ändert hieran nichts, denn das Regelungsinteresse des spanischen Staates, die Wettbewerbsgleichheit im eigenen Staatsgebiet herzustellen, ist nicht davon abhängig, welche Nationalität oder welchen gewöhnlichen Aufenthalt die Personen der angesprochenen Verkehrskreise haben und welcher Sprache sich der Werbende bedient. Schließlich darf nicht übersehen werden, dass natürlich potenzielle Wettbewerber auch im Marktstaat niedergelassen sein können. Die Frage ist daher keineswegs, ob deutsche Kunden auf eigene Initiative auch bei spanischen Händlern solche Waren nachfragen würden, sondern nach welchen Kriterien die Zulässigkeit von entsprechenden Vertriebsmodellen für alle potenziellen Anbieter, egal welcher Nationalität, beurteilt werden soll. Genau diese Frage charakterisiert das Lauterkeitsrecht als Marktordnungsrecht, das wesentlich zu stützen ist auf die Anwendung einheitlicher Regeln für alle Wettbewerber nach dem Grundsatz der Wettbewerbsgleichheit. Dass der Ausgangsfall daher allein nach spanischem Recht zu beurteilen ist, sollte nicht in Frage gestellt werden. Wendet man dagegen im Ausgangsfall die strengeren deutschen Regeln „nur" auf den deutschen Gewerbetreibenden an, würde die Wettbewerbsgleichheit auf dem spanischen Markt beeinträchtigt, denn dem deutschen Wettbewerber würde verboten, was dem spanischen erlaubt ist. Wollte man sogar einen spanischen Wettbewerber dem deutschen Verbot aufgrund der Auswirkungen auf dem deutschen Markt unterwerfen, was zwar dem Prinzip der Wettbewerbsgleichheit aus deutscher Sicht entspräche, würde in ganz besonderer Weise das Regelungsinteresse des spanischen Gesetzgebers für das eigene Territorium missachtet. Der spanische Gesetzgeber möchte nämlich uU entsprechendes Verhalten auf dem nationalen Markt ganz bewusst im Sinne größerer Wettbewerbsfreiheit zulassen. In diese Entscheidung darf das deutsche Recht nicht eingreifen. Das Auswirkungsprinzip trägt damit die Tendenz in sich, die Entscheidung des lokalen Gesetzgebers zugunsten der Freiheit wirtschaftlichen Handelns einzuschränken. 19

Fezer/Koos haben mittlerweile für die Gran Canaria-Fälle ihre frühere Auffassung ausdrücklich aufgegeben.[57] Zur Anwendung kommen soll ausschließlich das Recht des Staates, auf dem das Geschäft stattfindet. Trotzdem soll sich dieses Ergebnis weiterhin aus dem kartellrechtlichen Auswirkungsprinzip ergeben.[58] Auch danach soll nun allein das Recht des Staates der Absatzhandlung und nicht jener der Leistungserbringung zur Anwendung kommen können. Aus der kartellrechtlichen Marktabgrenzung soll sich dies deshalb ergeben, weil allein auf den Zeitpunkt der Kaufentscheidung 20

[55] S. Staudinger/*Fezer/Koos,* 2010, IntWirtschR Rn. 512.
[56] So Staudinger/*Fezer/Koos,* 2010, IntWirtschR Rn. 512.
[57] Staudinger/*Fezer/Koos,* 2015, IntWirtschR Rn. 707 ff., insbes. 709.
[58] Ebenso Harte-Bavendamm/Henning-Bodewig/*Glöckner* UWG Einl. C Rn. 644 f.

abzustellen sei.[59] Damit engen *Fezer/Koos* den kartellrechtlich relevanten Markt zeitlich ein. Zulässig ist dies aber nur, soweit ein besonderes Konsumentenbedürfnis ausschließlich für einen bestimmten Zeitraum oder Zeitpunkt besteht (zB Kauf eines Christbaums). In den Gran Canaria-Fällen besteht das Konsumentenbedürfnis aber gerade im Heimatstaat der Urlauber; eine Nutzung des erworbenen Gegenstandes im Urlaubsstaat ist gerade nicht intendiert. Entsprechend ließe sich das Nutzerbedürfnis auch durch einen Erwerb im stationären Handel des Leistungsstaates vor oder nach dem Urlaubsaufenthalt in Spanien befriedigen. Dies zeigt, dass *Fezer/Koos* mittlerweile das Auswirkungsprinzip im Sinne des lauterkeitsrechtlichen Marktortprinzips anwenden; sie geben ihm lediglich eine andere Bezeichnung.[60]

21 Im Lichte des unmittelbaren Regelungsziels des Lauterkeitsrechts, die Handlungsspielräume von Wettbewerbern unter Beachtung des Grundsatzes der Wettbewerbsgleichheit abzugrenzen, ist daher **am Marktortprinzip festzuhalten.** Entscheidend kommt es darauf an, **an welchem Ort auf die Marktgegenseite unmittelbar *ein*gewirkt wird** und nicht auf welche nationalen Märkte sich das Verhalten *aus*wirkt. Beschränkt sich diese „Einwirkung" auf nur ein Staatsgebiet, besteht im Lichte der Zielsetzungen des Lauterkeitsrechts auch nur nach dem Recht dieses Marktortes ein Bedürfnis, die Handlungsspielräume der Beteiligten abzugrenzen. Entsprechendes zeigt sich deutlich bei der Formulierung des Unterlassungstenors in lauterkeitsrechtlichen Streitigkeiten. Untersagen lässt sich das unlautere Handeln nur für den Marktort.[61] Ein solches Verbot gemäß dem Auswirkungsprinzip auch nach dem Recht eines anderen Staates auszusprechen, etwa weil sich unlautere Geschäftsgewinne auch auf dem Markt des anderen Staates mit wettbewerbsverzerrender Wirkung nutzen lassen, ginge kollisionsrechtlich zu weit. Es würde nämlich der Schutz des Wettbewerbs gegen Verzerrungen an einem bestimmten Ort kollisionsrechtlich für ausreichend erachtet, obwohl das materielle Lauterkeitsrecht zusätzlich und entscheidend als Voraussetzung des Verbots Verhaltensunrecht im Sinne einer unlauteren geschäftlichen Handlung verlangt. Eine umfassende Berücksichtigung der lauterkeitsrechtlichen Wertungen gelingt also nur bei der Anknüpfung nach dem anerkannten Marktortprinzip. Auch soweit nationales Lauterkeitsrecht die Beeinträchtigung der Wettbewerbsprozesse zur Voraussetzung von Verboten erhebt (so ausdrücklich § 3 Abs. 1 UWG 2004), spricht dies nicht für einen Wechsel zum kartellrechtlichen Auswirkungsprinzip, nach dem auch das Lauterkeitsrecht von Staaten zur Anwendung käme, auf deren Märkten es nur zu fernerliegenden, mittelbaren Verzerrungen des Wettbewerbs kommt.

22 Die **Bestätigung des Marktortprinzips durch Art. 6 Abs. 1** ist daher **zu begrüßen.** Mit der Wahl unterschiedlicher Kollisionsnormen für unlauteres Wettbewerbsverhalten (Art. 6 Abs. 1 und 2) und wettbewerbsbeschränkende Verhaltensweisen (Art. 6 Abs. 3) sollte auch klargestellt sein, dass eine Übernahme des Auswirkungsprinzips für den Bereich des unlauteren Wettbewerbs unter Geltung der Verordnung nicht möglich ist. Die Bestrebungen der Vertreter der kartellrechtlichen Anknüpfung, diese nun auch für die Rom II-VO zu begründen, können nicht überzeugen (→ Rn. 144).

23 **3. Beibehaltung des Marktortprinzips bei Multistate-Verstößen?** Die Anknüpfung an das Recht am Ort der wettbewerblichen Interessenkollision (Marktortprinzip) ist vor allem im Lichte ihrer **praktischen Leistungsfähigkeit** zu bewerten. Diese ist weniger durch die Verbreiterung der Schutzzwecke und das Näherrücken an das Kartellrecht in Frage gestellt, sondern vielmehr durch die **Auflösung der nationalen Begrenztheit der Märkte** und durch das heute häufige Auftreten von sog. **Multistate-Verstößen.** Der Drang zum **Herkunftslandprinzip** im europäischen Recht, das manche ganz allgemein im Verhältnis der EU-Mitgliedstaaten untereinander an die Stelle des Marktortprinzips setzen wollen,[62] belegt den Wandel. Dabei verwundert es nicht, dass sich gerade das **Internet** – juristisch über die E-Commerce-RL – als kollisionsrechtliche Bruchstelle des Marktortprinzips erwiesen hat. Wenn mit einer Mitteilung über das Internet Verbraucher in zahlreichen Staaten angesprochen werden können, gerät das Marktortprinzip an die Grenzen seiner Leistungsfähigkeit. Das Internet als Medium der „unbegrenzten" Werbe- und Vertriebsmöglichkeiten lässt die abweichende Anknüpfung an nur eine Rechtsordnung verlockend erscheinen und ist im Binnenmarkt auch hinnehmbar. Das Herkunftslandprinzip bevorzugt aber immer die Vertriebsinteressen der Unternehmer zulasten der Verbraucher und gefährdet damit jene Wertungen, die richtigerweise im Marktortprinzip zum Tragen kommen. Wer ohne Absicherung der Schutzstandards im Her-

[59] Staudinger/*Fezer/Koos,* 2015, IntWirtschR Rn. 512.

[60] Ebenso *Bauermann,* Der Anknüpfungsgegenstand im europäischen Internationalen Lauterkeitsrecht, 2015, 63 f. im Hinblick auf die Stimmen im Schrifttum, die in Art. 6 Abs. 1 das Auswirkungsprinzip verwirklicht sehen, dieses aber in Wirklichkeit iSd Marktortprinzips interpretieren.

[61] Eine andere Frage ist es, ob sich in den Fällen der Multistate-Verstöße, wie typischerweise im Internet, der Unterlassungsanspruch auch technisch und faktisch auf ein bestimmtes Staatsgebiet beschränken lässt.

[62] So der Vorschlag der Hamburg Group for Private International Law RabelsZ 67 (2003), 1 (18 ff.).

kunftsland den Übergang zur Anknüpfung an das Recht des Herkunftslandes fordert, riskiert die Preisgabe des Schutzes gegen unlauteren Wettbewerb insgesamt. Hält man dagegen auch im Internet am Marktortprinzip fest, stellt sich notwendig die Frage nach der Praktikabilität dieser Anknüpfung. Da sich eine Lokalisierung der Wettbewerbshandlung angesichts des interaktiven Charakters der Internet-Kommunikation nach dem klassischen Kriterium der Adressatengerichtetheit kaum vornehmen lässt und Internet-Inhalte weltweit abrufbar sind, ist auf sekundäre Kriterien der Eingrenzung der anwendbaren Rechtsordnungen auszuweichen (→ Rn. 194 ff.).

4. Unterschiedlichkeit der Schutzinstrumente. Schließlich haben sich im Lauterkeitsrecht wie in kaum einem anderen Rechtsgebiet national sehr unterschiedliche Schutzinstrumentarien herausgebildet. Trotz eines bedeutsamen Grades an materieller Rechtsangleichung in der EU reicht die Palette vom zivilrechtlichen Schutz nach **speziellen lauterkeitsrechtlichen Gesetzen** etwa in Deutschland, Österreich und Spanien über den Schutz auf Grund der deliktischen Generalklausel etwa in Frankreich und den Niederlanden, wobei in Frankreich strafrechtlicher Schutz hinzutritt, bis hin zu einer verwaltungsrechtlichen Durchsetzung in Großbritannien und der Ausformung eines eigenen Marktrechts in Skandinavien, das dem Verbraucherombudsmann eine zentrale Rolle zuweist.[63] Selbst die Terminologie für das Rechtsgebiet ist nicht einheitlich. Der Begriff des Lauterkeitsrechts – bzw. des Wettbewerbsrechts im engeren Sinne – gehört zum **zivilrechtlichen System nach dem Vorbild des deutschen Rechts.** Die Einordnung des Internationalen Lauterkeitsrechts als Teil des Internationalen Deliktsrechts passt folglich zur Tradition des deutschen Rechts. Deshalb kann das **Kollisionsrecht in die Leere gehen,** soweit das **Gebiet eines Staates Marktort ist, der keinen privatrechtlichen Schutz kennt.** Hier hat etwa ein deutscher Richter die Klage abzuweisen und den Behörden des Marktortes die Durchsetzung zu überlassen. Ausländisches Privatrecht als Grundlage des Schutzes gegen unlauteren Wettbewerb kann dagegen auch von deutschen Richtern herangezogen werden. Wertungsmäßig machen sich diese Unterschiede bei der Anwendung des Herkunftslandprinzips bemerkbar. Verstünde man dieses nämlich kollisionsrechtlich, und kennt das Herkunftsland keinen privatrechtlichen Schutz, müssen deutsche Gerichte die Klage trotz Zuständigkeit abweisen. Das Herkunftslandprinzip läuft darauf hinaus, dass Wettbewerber und Verbraucher gegenüber Unternehmen aus solchen Staaten überhaupt keinen Rechtsschutz in Deutschland begehren könnten, obwohl eine Zuständigkeit der deutschen Gerichte nach den Vorschriften der Brüssel Ia-VO bestehen würde. 24

In der Verankerung des Internationalen Lauterkeitsrechts in Form einer deliktsrechtlichen Sonderanknüpfung durch **Art. 6 Abs. 1 und 2 liegt keine einseitige Bevorzugung der privatrechtlichen Konzeption des Lauterkeitsrechts,** wie sie in anderen Staaten vielleicht überhaupt nicht bekannt ist. Die Rom II-VO nimmt lediglich zur Kenntnis, dass in einzelnen nationalen Rechtsordnungen der Rechtsschutz privatrechtlich ausgestaltet ist, was auf europäischer Ebene eine kollisionsrechtliche Regelung erforderlich macht. Wie schon nach früherem deutschen Kollisionsrecht gilt also auch nach Art. 6 Abs. 1, dass privatrechtliches Lauterkeitsrecht nur dann zur Anwendung kommen kann, wenn das Recht am Marktort privatrechtlichen Rechtsschutz gegenüber unlauteres Wettbewerbsverhalten überhaupt vorsieht. 25

II. Rechtsgrundlagen des Völkerrechts

1. Konventionen zum Schutz des Geistigen Eigentums. Der völkerrechtliche Schutz gegen unlauteren Wettbewerb ist zwar vergleichsweise schwach ausgebaut, aber dennoch existent. Gemäß Art. 1 Abs. 2 PVÜ[64] zählt der Schutz gegen unlauteren Wettbewerb zum **gewerblichen Eigentum.** Dieser Schutz wird ergänzt durch das **WTO/TRIPS-Abkommen von 1994,** das einige gewerbliche Leistungen zum Regelungsgegenstand hat, die national durch das Recht gegen den unlauteren Wettbewerb geschützt werden. 26

a) Pariser Verbandsübereinkunft (PVÜ). Die PVÜ gewährt Schutz gegen unlauteren Wettbewerb durch zwei Vorschriften. Zum einen sind die Verbandsstaaten der PVÜ gemäß Art. 2 Abs. 1 PVÜ verpflichtet, den Angehörigen anderer Verbandsstaaten in Bezug auf den Schutz des „gewerblichen Eigentums", der auch den Schutz gegen unlauteren Wettbewerb umfasst (Art. 2 Abs. 1 PVÜ), **Inländerbehandlung** zu gewähren. Danach ist es verboten, ausländische Wettbewerber schlechter 27

[63] S. die Länderberichte bei Harte-Bavendamm/Henning-Bodewig/*Henning-Bodewig* UWG Einl. F Rn. 1 ff.; Köhler/Bornkamm/Feddersen/*Köhler* UWG Einl. Rn. 4.1 ff.

[64] Pariser Verbandsübereinkunft zum Schutz des gewerblichen Eigentums vom 20.3.1883. Für Deutschland gilt die letzte „Stockholmer" Revisionsfassung vom 14.7.1967, BGBl. 1970 II 1073; ber. 1971 II 1015. Der PVÜ gehörten am 17.10.2023 180 Staaten an, darunter alle Mitgliedstaaten der EU. Die aktuelle Mitgliederliste ist abrufbar unter https://www.wipo.int/treaties/en/ShowResults.jsp?treaty_id=2 (zuletzt abgerufen am 1.5.2024).

zu behandeln als inländische Wettbewerber. Zum anderen ergibt sich aus Art. 10bis PVÜ die völkerrechtliche Verpflichtung zur Beachtung des dort niedergelegten **Mindestschutzes.**

28 **aa) Inländerbehandlung nach Art. 2 Abs. 1 PVÜ.** Mit dem Grundsatz der Inländerbehandlung verfolgt die PVÜ einen **fremdenrechtlichen Regelungsansatz.**[65] Die Verpflichtung, Angehörige anderer Verbandsstaaten wie Inländer zu schützen, qualifiziert den Grundsatz als Diskriminierungsverbot.[66] Zweifelhaft ist dagegen, ob dem Inländerbehandlungsgrundsatz auch eine **Kollisionsnorm** entnommen werden kann. Tatsächlich geht die hM und die Rspr. in Deutschland von einer auch kollisionsrechtlichen Bedeutung des Inländerbehandlungsgrundsatzes im Bereich des Immaterialgüterrechts aus (→ Art. 8 Rn. 69 ff.). Die PVÜ folgt der Vorstellung der nur territorialen Reichweite der Immaterialgüterrechte. Zumal bei den durch Eintragung oder Anmeldung erlangten Schutzrechten (Patente, Marken, etc) ist dies unmittelbar überzeugend. Die Schutzwirkungen dieser Rechte können sich nicht über die Grenze erstrecken. Hieraus zieht die hM den Schluss, dass schon wegen Art. 2 Abs. 1 PVÜ kollisionsrechtlich dem Schutzlandprinzip zu folgen sei. Anwendbar ist demnach stets das Recht des Staates, für dessen Staatsgebiet der Schutz beansprucht wird (zum genauen Verständnis des Schutzlandprinzips → Art. 8 Rn. 10 ff.). Auf das Lauterkeitsrecht lässt sich diese Argumentation aber nicht ohne weiteres übertragen, basiert dieses Rechtsgebiet doch nicht auf der Zuordnung ausschließlicher Rechte,[67] sondern auf dem bloßen Verbot bestimmten Verhaltens. Dies hat den BGH nicht davon abgehalten, in der Entscheidung „Betonsteineelemente" aus dem Jahre 1992, in der es um den angrenzenden wettbewerbsrechtlichen Leistungsschutz ging, Art. 2 Abs. 1 PVÜ auch im Sinne einer Kollisionsnorm heranzuziehen:[68] „Die Voraussetzungen des angrenzenden wettbewerbsrechtlichen Leistungsschutzes richten sich gemäß Art. 2 Abs. 1 PVÜ nach den Rechtsregeln des Staates, in welchem die beanstandete Verletzungshandlung stattfindet." Jedoch handelt es sich dabei um eine vereinzelte Aussage des BGH, die dieser in keiner Weise begründet. In anderen auslandsbezogenen lauterkeitsrechtlichen Streitigkeiten wendet der Gerichtshof dagegen ohne Erwähnung der PVÜ das Recht des Marktortes an (→ Rn. 3). Im Schrifttum wird die kollisionsrechtliche Dimension der PVÜ-Inländerbehandlung kaum ausführlicher thematisiert.

29 Erforderlich ist eine genaue Analyse: Weil Art. 2 Abs. 1 PVÜ materielle Gleichbehandlung mit dem Inländer vorschreibt, **darf die kollisionsrechtliche Anknüpfung zu keiner materiellrechtlichen Diskriminierung führen.**[69] Eine solche Diskriminierung ist trotz grundsätzlicher Anwendung des Marktortprinzips im Anwendungsbereich von Art. 6 Abs. 2 iVm Art. 4 Abs. 2 denkbar, wenn bei rein **bilateralen Verstößen** das **Recht des gemeinsamen gewöhnlichen Aufenthalts** zur Anwendung zu bringen wäre.[70] **Zwei Konstellationen** sind hier zu unterscheiden: zum einen die Anwendung des ausländischen gemeinsamen Heimatrechts in Abweichung vom inländischen Recht des Marktortes, wenn **ausländische Unternehmen** sich **im Wettbewerb um inländische Abnehmer** befinden,[71] sowie zum anderen die Anwendung des inländischen Rechts auf den **Wettbewerb zwischen im Inland ansässigen Unternehmen auf ausländischen Märkten.**[72] Gibt das inländische Recht in solchen Fällen Ansprüche, die das auch in Betracht kommende ausländische Recht nicht kennt, würde bei entsprechender Anknüpfungsregel der ausländische Kläger stets schlechter behandelt als ein inländischer Kläger, im ersten Fall, weil weniger schützendes ausländisches Rechts als gemeinsames Heimatrecht zur Anwendung kommt, im zweiten Fall, weil das Gericht ausländisches Marktrecht für relevant halten würde.[73] Aus Art. 2 Abs. 1 PVÜ ergibt sich freilich

---

65 *Beater,* Unlauterer Wettbewerb, 2. Aufl. 2011, Rn. 356; FBO/*Hausmann/Obergfell* IntLautPrivR Rn. 46; Ohly/Sosnitza/*Ohly* UWG Einl. B Rn. 1; *Pflüger* in Hilty/Henning-Bodewig, Lauterkeitsrecht und Acquis Communautaire, 2009, 65 (69).

66 S. etwa Peifer/*Klass* UWG Einl. Rn. 96; *Pflüger,* Der internationale Schutz gegen unlauteren Wettbewerb, 2010, 51 f.

67 Auf diesen Unterschied verweist auch BGH GRUR 1962, 243 (245) – Kindersaugflaschen, wenn auch nicht in Bezug auf Art. 2 Abs. 1 PVÜ, sondern nur bei der Ermittlung der nationalen Kollisionsregel des Internationalen Lauterkeitsrechts; ähnlich GroßkommUWG/*Schricker,* 1994, UWG Einl. F Rn. 6; *Katzenberger* in Schricker/Henning-Bodewig, Neuordnung des Wettbewerbsrechts, 1998/99, 218 (221).

68 BGH GRUR 1992, 523 (524) – Betonsteinelemente.

69 IdS wohl auch GroßkommUWG/*Schricker,* 1994, UWG Einl. F Rn. 39.

70 So sogar der Art. 5 Abs. 2 Rom II-VO-Vorschlag der Europäischen Kommission (→ Rn. 157).

71 Vgl. BGH GRUR 1988, 453 (454) – Ein Champagner unter den Mineralwässern. In dieser Entscheidung lehnte es der BGH ab, in einem lauterkeitsrechtlichen Streit zwischen französischen Parteien wegen Rufausbeutung beim Vertrieb an deutsche Kunden franz. Recht anzuwenden. Dies geschah freilich nicht unter Hinweis auf den Inländerbehandlungsgrundsatz der PVÜ, sondern – wertungsmäßig nicht überzeugend – mit dem Hinweis auf den Umstand, dass ja nur das deutsche Vertriebsunternehmen des franz. Mineralwasserherstellers verklagt worden sei und nicht die franz. Mutter.

72 So angeknüpft in BGH GRUR 1964, 316 (318 f.) – Stahlexport.

73 So angeknüpft in BGH GRUR 1962, 243 – Kindersaugflaschen (Anwendung von US-Recht).

kein Verbot der Anknüpfung an das gemeinsame Heimatrecht.[74] Vielmehr verpflichtet Art. 2 Abs. 1 PVÜ nur zur Gleichbehandlung mit dem besser gestellten inländischen Kläger, der in den Genuss des strengeren inländischen Rechts kommt. Damit enthält der Inländerbehandlungsgrundsatz im Bereich des Schutzes gegen unlauteren Wettbewerb selbst **kein Kollisionsrecht,**[75] sondern garantiert als fremdenrechtlicher Grundsatz lediglich die Gleichbehandlung in Bezug auf das Anknüpfungsergebnis. Dieser Befund sollte den Kollisionsrechtler aber keineswegs beruhigen. Rechtspolitisch gesehen unterstützt Art. 2 Abs. 1 PVÜ die Argumente gegen eine Anwendung des gemeinsamen Heimatrechts in Abweichung vom Marktortprinzip. Das Recht auf Gleichbehandlung nach Art. 2 Abs. 1 PVÜ führt nämlich im Zusammenhang mit der zweiten Konstellation, der Anwendung inländischen Rechts auf den Wettbewerb zwischen inländischen Unternehmen auf ausländischen Märkten, zu Abweichungen vom Marktortprinzip in Situationen, in denen es gerade an einem gemeinsamen Heimatrecht fehlt. Der ausländische Konkurrent könnte nämlich nach Art. 2 Abs. 1 PVÜ Schutz nach dem günstigerem inländischen Lauterkeitsrecht gegen inländische Konkurrenten einfordern, obwohl es um den Wettbewerb auf Auslandsmärkten geht. Dieses auf der Grundlage kollisionsrechtlicher Wertungen nicht zu begründende Anknüpfungsergebnis lässt sich nur vermeiden, wenn man auf die vorrangige Anwendung des gemeinsamen Heimatrechts verzichtet und streng am Marktortprinzip festhält. **Art. 2 Abs. 1 PVÜ** verbietet zwar nicht die Anknüpfung am gemeinsamen Heimatrecht; die Anwendung der Vorschrift **unterstützt** aber **rechtspolitisch die Argumente zugunsten des Marktortprinzips.** Mit Art. 6 Abs. 2 iVm Art. 4 Abs. 2 scheint der europäische Gesetzgeber gleichwohl einen anderen Weg zu gehen.

bb) Mindestschutz nach Art. 10bis PVÜ. Der Mindestschutz des Art. 10bis PVÜ ist nur wenig ausgebildet.[76] Dies zeigt sich schon an Art. 10bis Abs. 1 PVÜ, wonach die Verbandsstaaten der PVÜ verpflichtet sind, wirksamen Schutz gegen unlauteren Wettbewerb vorzusehen. Einen Maßstab für die Wirksamkeit sucht man vergebens. Es wird sogar offengelassen, ob dieser Schutz privatrechtlich, öffentlich-rechtlich oder strafrechtlich auszugestalten ist. Art. 10bis Abs. 2 PVÜ enthält eine Generalklausel zum Schutz gegen unlauteren Wettbewerb.[77] Unlauterer Wettbewerb wird als jede Wettbewerbshandlung definiert, die den anständigen Gepflogenheiten in Gewerbe und Handel zuwiderläuft. Art. 10bis Abs. 3 PVÜ enthält schließlich einen beispielhaften Katalog von Einzeltatbeständen. Erfasst ist vor allem auch die irreführende Werbung. Das Abkommen beschränkt sich also keineswegs auf den dem Immaterialgüterrecht benachbarten wettbewerbsrechtlichen Leistungsschutz, sondern schützt umfassend gegen unlauteren Wettbewerb. Nach **Art. 10ter Abs. 1 PVÜ** sind die Verbandsstaaten schließlich verpflichtet, Angehörigen der anderen Verbandsländer, Rechtsbehelfe zur wirksamen Unterdrückung unlauterer Wettbewerbshandlungen zur Verfügung zu stellen. **Art. 10ter Abs. 2 PVÜ** verpflichtet zur prozessrechtlichen Gleichbehandlung ausländischer Wirtschaftsverbände. 30

Es ist davon auszugehen, dass die **Generalklausel des § 3 Abs. 1 UWG** mit jener des Art. 10bis Abs. 2 PVÜ übereinstimmt. Zwar bestanden diesbezüglich Zweifel, soweit § 3 UWG in der Fassung von 2004 die Anwendung der Generalklausel durch das zusätzliche Element der **nicht unerheblichen Beeinträchtigung des Wettbewerbs** eingeschränkt hat.[78] Aber schon damals konnte argumentiert werden, dass die völkerrechtliche Generalklausel des Schutzes unlauteren Wettbewerbs Spielraum für die Frage belässt, unter welchen Voraussetzungen die Verbandsstaaten unlauteren Wettbewerb annehmen können. So ist es möglich, dass bestimmte Staaten im Gegensatz zu anderen keinen Schutz gewähren. An einem Völkerrechtsverstoß fehlt es jedenfalls, soweit die Staaten bei der Anwendung der Generalklausel den Grundsatz der Inländerbehandlung berücksichtigen. So wäre auch völkerrechtlich nichts dagegen einzuwenden, wenn die Rspr. für den neuen § 3 Abs. 1 UWG 31

---

[74] Möglicherweise aA *Sack* GRUR Int 1988, 320 (326); *Sack* WRP 2000, 269 (280), der von einem Widerspruch der Anknüpfung an das gemeinsame Heimatrecht zu Art. 2 Abs. 1 PVÜ ausgeht.

[75] So auch die hM, s. *Beater,* Unlauterer Wettbewerb, 2. Aufl. 2011, Rn. 356; BeckOGK/*Poelzig/Windorfer* Rn. 19; *Weiler* in Götting/Meyer/Vormbrock, Gewerblicher Rechtsschutz und Wettbewerbsrecht, Praxishandbuch, 2011, § 25 Rn. 137; Peifer/*Klass* UWG Einl. Rn. 107; Staudinger/*Fezer/Koos,* 2015, IntWirtschR Rn. 421; Köhler/Bornkamm/Feddersen/*Köhler* UWG Einl. Rn. 5.3; Ohly/Sosnitza/*Ohly* UWG Einf. B Rn. 1.

[76] Ausf. zu Art. 10bis PVÜ GroßkommUWG/*Schricker,* 1994, UWG Einl. Rn. 42 ff.; *Henning-Bodewig* in Schricker/Henning-Bodewig, Neuordnung des Wettbewerbsrechts, 1998/99, 21 ff.; *Pflüger* in Hilty/Henning-Bodewig, Lauterkeitsrecht und Acquis Communautaire, 2009, 65 (76 ff.); *Pflüger,* Der internationale Schutz gegen unlauteren Wettbewerb, 2010, 108 ff.; *Reger,* Der internationale Schutz gegen unlauteren Wettbewerb und das TRIPS-Abkommen, 1999, 13 ff.

[77] Dazu ausf. GroßkommUWG/*Schricker,* 1994, UWG Einl. Rn. F Rn. 53 ff.; *Pflüger,* Der internationale Schutz gegen den unlauteren Wettbewerb, 2010, 112 ff.

[78] Dazu → 6. Aufl. 2015, IntLautR Rn. 28.

weiterhin eine nicht unerhebliche Beeinträchtigung des Wettbewerbs als ungeschriebene Voraussetzung für die Anwendung verlangen sollte.[79] Die Generalklausel des Art. 10bis Abs. 2 PVÜ setzt eine „Wettbewerbshandlung" und damit ein „Wettbewerbsverhältnis" voraus, so dass sich jedenfalls Ansätze für ein solches Verständnis in der Vorschrift selbst finden.

32 **cc) Unmittelbare Anwendbarkeit.** Mit dem vorgenannten Thema der Vereinbarkeit des nationalen Rechts mit den Vorgaben von Art. 10bis PVÜ eng verbunden ist die Problematik der unmittelbaren Anwendbarkeit der Bestimmungen der PVÜ. Für die Inländerbehandlung nach Art. 2 Abs. 1 PVÜ ist die unmittelbare Anwendbarkeit unbestritten.[80] Es handelt sich folglich nicht nur um eine staatsvertragliche Regelung, die eine Verpflichtung der Mitgliedstaaten normiert, gesetzgeberisch tätig zu werden, sondern um eine völkerrechtliche Vorschrift, die auch geeignet ist, unmittelbar Rechte Einzelner zu begründen. Gleiches gilt für **Art. 10bis PVÜ,**[81] obwohl diese Vorschrift in Form einer Staatenverpflichtung formuliert ist und die Schutzinstrumente offenlässt.[82] Die unmittelbare Anwendbarkeit setzt voraus, dass die Vorschrift so klar und bestimmt formuliert ist, dass sie vom nationalen Richter angewendet werden kann. Der Einzelne kann sich sodann auf die Vorschrift unmittelbar berufen und Rechte daraus ableiten. Die Formulierung von Art. 10bis Abs. 2 PVÜ als Generalklausel verursacht dem deutschen Richter keinerlei Probleme; auch das autonome deutsche Recht arbeitet mit Generalklauseln.[83] Schon mit dem Zustimmungsgesetz zur PVÜ ist der deutsche Gesetzgeber auch der Verpflichtung aus Art. 10bis Abs. 1 PVÜ zur Einführung gesetzlichen Schutzes nachgekommen. Die Vorschrift sagt zwar selbst nichts über die einzelnen Instrumente; trotzdem kann der deutsche Richter wirksamen Schutz aus dem Gesamtsystem des Privatrechts entwickeln, indem er beispielsweise Art. 10bis Abs. 2 PVÜ als Schutzgesetz iSv § 823 Abs. 2 BGB zugunsten des unmittelbar betroffenen Wettbewerbers versteht.[84] Auch das internationale Schrifttum sieht die Generalklausel des Art. 10bis Abs. 2 PVÜ als hinreichend klar und bestimmt formuliert an und geht von der Möglichkeit des nationalen Richters aus, die Vorschrift anzuwenden und mit wirksamem Schutz zu sanktionieren.[85] Für das deutsche Recht kommt es jedenfalls dann nicht auf die unmittelbare Anwendbarkeit an, wenn man wie hier (→ Rn. 31) davon ausgeht, dass das deutsche UWG den Anforderungen des Art. 10bis Abs. 2 PVÜ genügt.[86]

33 **b) WTO/TRIPS-Abkommen. aa) Schutz von geografischen Angaben und nicht offenbarter Informationen.** Für das Lauterkeitsrecht ist schließlich das WTO/TRIPS-Abkommen über die handelsbezogenen Aspekte des Geistigen Eigentums vom 30.8.1994[87] zu berücksichtigen.[88] TRIPS erfasst das Lauterkeitsrecht allerdings nur sehr punktuell. Lauterkeitsrechtliche Schutz-

---

79 Zur Offenheit dieser Fragestellung s. Köhler/Bornkamm/Feddersen/*Köhler* UWG § 3 Rn. 2.20.

80 So auch BGH GRUR 1992, 523 (524) – Betonsteinelemente, für den angrenzenden wettbewerbsrechtlichen Leistungsschutz.

81 So etwa auch GroßkommUWG/*Schricker,* 1994, UWG Einl. Rn. F Rn. 48; *Pflüger,* Der internationale Schutz gegen unlauteren Wettbewerb, 2010, 108 ff.

82 Von einer unmittelbaren Anwendung von Art. 10bis PVÜ gehen auch deutsche Gerichte aus; s. OLG Nürnberg IPRspr. 1983, Nr. 123, 304 (305 f.); zust. *Beater,* Unlauterer Wettbewerb, 2. Aufl. 2011, Rn. 362. Dass die bloße Formulierung als Staatenverpflichtung der unmittelbaren Anwendung der immaterialgüterrechtlichen Abkommen nicht entgegensteht, hat bereits *E. Ulmer* GRUR Int 1960, 57 f., dort allerdings allein für die Staatenverpflichtungen des Welturheberabkommens, betont; ebenso GroßkommUWG/*Schricker,* 1994, UWG Einl. F Rn. 26.

83 Ähnlich GroßkommUWG/*Schricker,* 1994, UWG Einl. F Rn. 49.

84 Hierzu auch GroßkommUWG/*Schricker,* 1994, UWG Einl. F Rn. 50, wonach Art. 10bis PVÜ als „wettbewerbsregelnde Norm" iSd deutschen Lauterkeitsrechts anzusehen ist (§ 4 Nr. 11 UWG aF); s. auch *Schricker* FS Fikentscher, 1998, 985 (988 f.); aA → 3. Aufl. 1998, EGBGB Art. 38 Rn. 227 *(Kreuzer).*

85 *Bodenhausen,* Pariser Verbandsübereinkunft zum Schutz des gewerblichen Eigentums, 1971, Art. 10bis Anm. a; s. auch *Böttcher,* Kartell- und Lauterkeitsrecht in den Ländern der Andengemeinschaft, 2003, 191; aA Cour d'appel de Bruxelles GRUR Ausl. 1965, 630 (633) – Whisky.

86 Vgl. die Entscheidung des BG GRUR Int 1997, 167 (168) – item communication, in der bei Zugrundelegung der kollisionsrechtlichen Anwendbarkeit deutschen Wettbewerbsrechts die unmittelbare Anwendung von Art. 10bis PVÜ nur deshalb abgelehnt wurde, weil die Vorschrift nicht über den Schutz des deutschen UWG hinausgehe. Die Entscheidung betraf das deutsche Lauterkeitsrecht vor seiner Novellierung im Jahre 2004.

87 Agreement of Trade-Related Aspects of Intellectual Property Rights. Das WTO-Abkommen ist als sog. multilaterales Handelsabkommen integraler Bestandteil des WTO-Abkommens zur Gründung der Welthandelsorganisation. Die WTO-Abkommen sind für die Bundesrepublik zum Zeitpunkt der Gründung der WTO am 1.1.1995 in Kraft getreten; BGBl. 1994 II 1438. Der WTO gehörten im Mai 2024 164 Mitglieder an.

88 Umfassend *Reger,* Der internationale Schutz gegen unlauteren Wettbewerb und das TRIPS-Abkommen, 1999; sowie Rezension dazu bei *Mankowski* GRUR Int 2001, 100; s. auch Peifer/*Klass* UWG Einl. Rn. 109 ff.; *Henning-Bodewig* IIC 30 (1999), 166 (178 ff.); *Pflüger* in Hilty/Henning-Bodewig, Lauterkeits-

vorschriften finden sich in Art. 22 ff. TRIPS zum Schutz geografischer Angaben[89] und in Art. 39 TRIPS zum Schutz „nicht offenbarter Informationen" (Geschäftsgeheimnisse, Know-how).[90] Dabei verpflichtet Art. 22 Abs. 2b TRIPS ausdrücklich zum Schutz gegen jede Benutzung geografischer Angaben, die eine unlautere Wettbewerbshandlung iSv Art. 10bis PVÜ darstellen würde. So ist durch das TRIPS-Abkommen insbesondere die irreführende Verwendung solcher Angaben verboten. Art. 39 Abs. 1 und Abs. 2 TRIPS verpflichtet die Mitgliedstaaten, die unberechtigte Erlangung und Benutzung von Geschäftsgeheimnissen als Fall des unlauteren Wettbewerbs iSv Art. 10bis PVÜ zu behandeln. Die genannten Schutzbestimmungen statuieren den lauterkeitsrechtlichen Mindestschutz des Abkommens. In Deutschland werden geografische Herkunftsangaben seit Inkrafttreten des Markengesetzes vom 25.10.1994 nicht mehr über das UWG, sondern kennzeichenrechtlich geschützt (§§ 126 ff. MarkenG). In anderen Staaten mag weiterhin nur lauterkeitsrechtlicher Schutz zur Verfügung stehen. Der Schutz von Geschäftsgeheimnissen wurde in der EU unter Berücksichtigung der Vorgaben des Art. 39 Abs. 1 TRIPS angeglichen (Erwägungsgrund 5 Geheimnisschutz-RL; → Rn. 10 mwN).

bb) Inländerbehandlung und Meistbegünstigung. Im Übrigen enthält TRIPS nach dem Vorbild der PVÜ eine Verpflichtung zur Inländerbehandlung (Art. 3 TRIPS). Als weiterer Nichtdiskriminierungsgrundsatz kommt jener der Meistbegünstigung (Art. 4 TRIPS) zur Anwendung. Danach kann der TRIPS-geschützte Ausländer nicht nur Gleichbehandlung mit dem Inländer, sondern auch Gleichbehandlung mit dem meistbegünstigten Ausländer verlangen. Im Gleichklang mit Art. 2 Abs. 1 PVÜ ist auch die TRIPS-Inländerbehandlung zu berücksichtigen, soweit das nationale Kollisionsrecht vom Marktortprinzip zugunsten der **Anknüpfung an das gemeinsame Heimatrecht der Streitparteien** abweicht (→ Rn. 29). Auch das Prinzip der **Meistbegünstigung** hat **fremdenrechtlichen Charakter** (→ Rn. 28). Die Frage, ob sich die Meistbegünstigungsklausel auch auf das Kollisionsrecht im Bereich des unlauteren Wettbewerbs auswirken kann (zur Meistbegünstigung für den Bereich des Immaterialgüterrechts ausführlich → Art. 8 Rn. 81 f.), ist wie für die Inländerbehandlung zu verneinen.[91] Die praktische Relevanz liegt im Anschluss an die Überlegungen zur Inländerbehandlung (→ Rn. 28) dennoch klar auf der Hand. Soweit etwa nach Art. 6 Abs. 2 iVm Art. 4 Abs. 2 das gemeinsame Heimatrecht auf lauterkeitsrechtliche Streitigkeiten in Abweichung vom Marktrecht anzuwenden ist, werden die Kläger je nach Herkunft denkbar unterschiedlich behandelt. So käme das schutzstärkste ausländische Recht nach Art. 6 Abs. 2 iVm Art. 4 Abs. 2 auch dann zur Anwendung, wenn unabhängig vom Marktort Kläger und Beklagter bei bilateralen Verstößen im Gebiet dieses strengsten Rechts niedergelassen sind. Die Meistbegünstigungsklausel würde dazu verpflichten, allen Klägern anderer Staaten, dieselbe Vergünstigung zu gewähren. Diese Konsequenzen der Meistbegünstigungsklausel sind noch weniger tragbar als jene, die sich aus dem Zusammenspiel der Inländerbehandlung mit der Anknüpfung an das gemeinsame Heimatrecht ergeben (→ Rn. 29). Auch die Meistbegünstigungsverpflichtung unterstützt daher die Position, auf die ausnahmsweise vorzunehmende Anknüpfung an das gemeinsame Heimatrecht der Streitparteien zu verzichten. Die Prinzipien der TRIPS-Inländerbehandlung und -Meistbegünstigung gelten nicht für den gesamten Bereich des unlauteren Wettbewerbs, sondern nur für den Schutz von geografischen Angaben und Geschäftsgeheimnissen.[92] 34

cc) Umfang des Verweises auf Art. 10bis PVÜ. Nach dem sog. **Paris-Plus-Effekt des Art. 2 Abs. 1 TRIPS** sind die WTO-Mitglieder auch verpflichtet, den Schutz der PVÜ einzuhalten. Dies bedeutet zweierlei: Zum einen ermöglicht Art. 2 Abs. 1 TRIPS eine Beschränkung der Abkommensregeln auf jene Fragen, die von der PVÜ nicht geregelt werden. TRIPS bewirkt insoweit eine **Reform der PVÜ von außen** und **überträgt den PVÜ-Besitzstand auf alle WTO-Mitglieder,** einschließlich jener, die nicht Vertragsparteien der PVÜ sind. Zum anderen liegt in 35

recht und Acquis Communautaire, 2009, 65 (70 ff.); *Pflüger,* Der internationale Schutz gegen den unlauteren Wettbewerb, 2010, 56 ff.

89 Ausf. hierzu *Knaak* in Beier/Schricker, From GATT to TRIPS, 1996, 117; *Reger,* Der internationale Schutz gegen unlauteren Wettbewerb und das TRIPS-Abkommen, 1999, 95 ff.; sowie *Staehelin,* Das TRIPs-Abkommen, 2. Aufl. 1999, 108 ff.

90 Ausf. hierzu *Kraßer* in Beier/Schricker, From GATT to TRIPs, 1995, 216; *Reger,* Der internationale Schutz gegen unlauteren Wettbewerb und das TRIPS-Abkommen, 1999, 235 ff.; *Staehelin,* Das TRIPs-Abkommen, 2. Aufl. 1999, 167 ff.

91 Ebenso FBO/*Hausmann/Obergfell* IntLautPrivR Rn. 48; *Weiler* in Götting/Meyer/Vormbrock, Gewerblicher Rechtsschutz und Wettbewerbsrecht, Praxishandbuch, 2011, § 25 Rn. 138; Peifer/*Klass* UWG Einl. Rn. 115; *Katzenberger* in Schricker/Henning-Bodewig, Neuordnung des Wettbewerbsrechts, 1998/99, 219, 221; Köhler/Bornkamm/Feddersen/*Köhler* UWG Einl. Rn. 5.3.

92 Dies wird klargestellt durch Fn. 3 des Abkommens, wonach Art. 3 und 4 TRIPS nur im Bereich des geistigen Eigentums zur Anwendung kommen, der in dem Abkommen ausdrücklich behandelt ist.

jedem Verstoß gegen die Bestimmungen der PVÜ ein **Verstoß gegen WTO-Recht.** Während das System der PVÜ über keinen effektiven Sanktionsmechanismus verfügt,[93] lässt sich über den Paris-Plus-Effekt auch jeder Verstoß eines WTO-Mitglieds gegen die PVÜ über das WTO-Streitbeilegungsverfahren ahnden.[94] Freilich enthält Art. 2 Abs. 1 TRIPS eine wichtige Einschränkung. Zwar verweist die Vorschrift auf Art. 1–12 PVÜ und damit auch auf den für das Lauterkeitsrecht relevanten Art. 10bis PVÜ. Jedoch gilt der Verweis **nur „in Bezug auf die Teile II bis IV" des TRIPS-Abkommens.** Diese Einschränkung könnte als Beschränkung der Verweisung auf die spezifisch geregelten Bereiche der geografischen Angaben und der Geschäftsgeheimnisse verstanden werden.[95] Im Lichte der Entscheidung des **Appellate Body,** dem obersten Streitbeilegungsorgan der WTO, über die Beschwerde der Europäischen Gemeinschaft gegen die USA im sog. Rum-Krieg[96] könnte jedoch ein anderes Verständnis geboten sein. In diesem Streit ging es um die Rechtmäßigkeit der Enteignung von Immaterialgüterrechten kubanischer Unternehmen in den USA.[97] Gerügt worden war unter anderem eine **Verletzung von Art. 8 PVÜ zum Schutz des Handelsnamens.** In erster Instanz hatte ein WTO-Panel diesen Beschwerdegrund noch zurückgewiesen:[98] Handelsnamen seien nur durch die PVÜ, aber nicht durch TRIPS geschützt. Der Verweis auf die PVÜ in Art. 2 Abs. 1 TRIPS gelte nur für jene Gegenstände, die in den Teilen II bis IV des TRIPS-Abkommens geregelt seien.[99] Der Schutz des Handelsnamens werde auch nicht von Art. 1 Abs. 2 TRIPS erfasst, wonach als Rechte des geistigen Eigentums nur jene Gegenstände definiert werden, die in den anderen Teilen des Abkommens ausdrücklich geregelt sind.[100] Dieser Auffassung des Panels widersprach jedoch der Appellate Body ausdrücklich.[101] Geboten sei eine **weite Lesart des Art. 2 Abs. 1 TRIPS,** wonach mit der Bezugnahme auf die Teile II bis IV des Abkommens keine Einschränkung der Verpflichtung in Bezug auf die genannten Bestimmungen der PVÜ verbunden sei.[102] Überträgt man diesen Gedanken auf den Verweis auf Art. 10bis PVÜ, käme man zu einer **WTO-Verpflichtung in Bezug auf den gesamten Anwendungsbereich von Art. 10bis PVÜ** ohne Beschränkung auf den Bereich der geografischen Herkunftsangaben und der Geschäftsgeheimnisse. Danach könnte Beschwerde gegen einen anderen WTO-Staat mit der Behauptung geführt werden, dieser halte unter Verletzung von Art. 10bis PVÜ keinen wirksamen Schutz gegen unlauteren Wettbewerb bereit. Freilich ist dieses Auslegungsergebnis im Lichte der Entscheidung des Appellate Body **für Art. 10bis PVÜ weniger überzeugend** als für Art. 8 PVÜ im Bereich des Schutzes von Handelsnamen. Der Appellate Body begründet nämlich seine Auffassung ausdrücklich damit, dass der Verweis in Art. 2 Abs. 1 PVÜ auf Art. 8 PVÜ, der nichts anderes regelt als den Schutz von Handelsnamen, nur dann Sinn macht, wenn man auch einen Schutz von TRIPS für Handelsnamen anerkennt.[103] Bei enger Lesart der Verweisung verbliebe dagegen für Art. 10bis PVÜ im Rahmen von Art. 2 Abs. 1 TRIPS sehr wohl ein Anwendungsbereich, soweit es nämlich um geografische Herkunftsangaben und

---

[93] Art. 28 PVÜ verweist lediglich auf die Möglichkeit, beim Internationalen Gerichtshof in Den Haag Klage zu erheben. Diese Möglichkeit wurde bislang nie genutzt.

[94] So die allg. übliche Einschätzung der Funktion der Vorschrift, s. nur *Gervais,* The TRIPS Agreement – Drafting History and Analysis, 4. Aufl. 2012, Rn. 2.39.

[95] So die wohl ursprünglich hM im Schrifttum; s. *Böttcher,* Kartell- und Lauterkeitsrecht in den Ländern der Andengemeinschaft, 2003, 196; *Henning-Bodewig* in Schricker/Henning-Bodewig, Neuordnung des Wettbewerbsrechts, 1998/99, 21 (35); *Reger,* Der internationale Schutz gegen unlauteren Wettbewerb und das TRIPS-Abkommen, 1999, 295. Entsprechend verweist *Gervais,* The TRIPS Agreement – Drafting History and Analysis, 4. Aufl. 2012, Rn. 2.27, darauf, dass die Definition von Art. 1 Abs. 2 TRIPS den Schutz gegen unlauteren Wettbewerb nicht in voller Breite, sondern nur in Bezug auf Geschäftsgeheimnisse erfasse.

[96] US Sec. 211 Omnibus Appropriations Act 1998, Report des Appellate Body vom 2.1.2002, WTO-Doc. WT/DS176/AB/R, https://www.wto.org/english/tratop_e/dispu_e/cases_e/ds176_e.htm (zuletzt abgerufen am 1.5.2024); s. zu diesem Verfahren auch *Jakob* GRUR Int 2002, 406.

[97] Hiervon betroffen war auch das franz. Unternehmen Pernod, das mit einem kubanischen Rum-Produzenten ein Joint Venture gegründet hatte.

[98] US Sec. 211 Omnibus Appropriations Act 1998, Report des Panels vom 6.8.2001, WTO-Doc. WT/DS176/R.

[99] US Sec. 211 Omnibus Appropriations Act 1998, Report des Panels vom 6.8.2001, WTO-Doc. WT/DS176/R Rn. 8.30 (S. 79).

[100] US Sec. 211 Omnibus Appropriations Act 1998, Report des Panels vom 6.8.2001, WTO-Doc. WT/DS176/R Rn. 8.41 (S. 81).

[101] US Sec. 211 Omnibus Appropriations Act 1998, Report des Appellate Body vom 2.1.2002, WTO-Doc. WT/DS176/AB/R Rn. 325 ff. (S. 92 ff.).

[102] Für eine vollständige Inkorporation der PVÜ-Bestimmungen wohl *Kur* GRUR Int 1994, 987 (989).

[103] US Sec. 211 Omnibus Appropriations Act 1998, Report des Appellate Body vom 2.1.2002, WTO-Doc. WT/DS176/AB/R Rn. 338 (S. 94).

Geschäftsgeheimnisse geht.[104] Insgesamt lässt sich damit sicherlich eine Tendenz des Appellate Body zu einem weiten Verständnis des Paris-Plus-Effekts feststellen. Ob dieser freilich auch von der Inkorporation des gesamten Schutzes gegen unlauteren Wettbewerb nach Art. 10bis PVÜ in das WTO-Recht ausgehen würde, bleibt abzuwarten.[105]

dd) Die EU als WTO-Mitglied. Anders als bei der PVÜ gehört auch die EU neben ihren Mitgliedstaaten zu den Mitgliedern der WTO und ist deshalb völkerrechtlich den TRIPS-Verpflichtungen unterworfen. Danach ist der europäische Gesetzgeber bei der Regelung des Rechts gegen den unlauteren Wettbewerb auch an die Vorgaben des TRIPS-Abkommens gebunden. Soweit man Art. 2 Abs. 1 TRIPS einen umfassenden Verweis auf Art. 10bis PVÜ entnimmt (→ Rn. 35), wäre auch diese Vorschrift zu beachten. Diese Qualifikation von TRIPS und möglicherweise auch von Art. 10bis PVÜ als die EU bindendes Völkerrecht hätte weitreichende Konsequenzen für die Anwendung dieser Abkommen innerhalb der EU. Diese werden umfassend im Rahmen der Kommentierung zum Internationalen Immaterialgüterrecht behandelt (→ Art. 8 Rn. 85 ff.).[106] 36

2. WIPO Model Provisions. Mit Art. 10bis PVÜ besteht nur minimaler internationaler Konsens über den Inhalt des Schutzes gegen unlauteren Wettbewerb. Um vor allem nach dem Zusammenbruch der kommunistischen Regime Staaten beim erstmaligen Abfassen von Wettbewerbsgesetzen beizustehen, hat die in Genf ansässige World Intellectual Property Organization (WIPO) 1996 die sog. **WIPO Model Provisions on Protection Against Unfair Competition** vorgelegt.[107] Die Model Provisions schaffen zwar keine weiteren völkerrechtlichen Verpflichtungen und reformieren auch nicht Art. 10bis PVÜ, geben aber wichtige Anleitungen für den nationalen Gesetzgeber bei der Ausfüllung der Verpflichtungen aus Art. 10bis PVÜ. Gleichzeitig gehen sie über den Inhalt von Art. 10bis PVÜ hinaus. So wird bei der Definition verbotener Handlungen auf das Vorliegen eines Wettbewerbsverhältnisses verzichtet, der Schutz des Verbrauchers berücksichtigt und die Frage der Sanktionierung wenigstens in Ansätzen näher behandelt.[108] Für das **anwendbare Recht** kommt den Model Provisions **keine Bedeutung** zu. 37

3. Bilaterale Staatsverträge. Die vorangegangene Kommentierung der multilateralen völkerrechtlichen Abkommen zeigt eine große Zurückhaltung der Staaten gegenüber einer völkerrechtlichen Regelung des Lauterkeitsrechts. Entsprechend lassen sich kaum bilaterale Abkommen finden, die spezifisch den Schutz gegen unlauteren Wettbewerb regeln. Eine jüngere Ausnahme findet sich im Anfang 2009 unterzeichneten Freihandelsabkommen zwischen der Schweiz und Japan, das in Art. 120 eine sehr ausführliche Bestimmung zum Schutz gegen unlauteren Wettbewerb enthält.[109] 38

a) Abkommen zum Schutze geografischer Herkunftsangaben. Mit den geografischen Herkunftsangaben gibt es jedoch einen Teilaspekt des Lauterkeitsrechts, der traditionell durch bilaterale Abkommen geregelt wird. Abkommen über geografische Herkunftsangaben bestehen zwischen Deutschland und einigen anderen europäischen Staaten.[110] Zu erwähnen ist in erster Linie das 1961 in Kraft getretene **deutsch-französische Abkommen** aus dem Jahre 1960,[111] das zum Modell für 39

[104] Ähnlich *Pflüger* in Hilty/Henning-Bodewig, Lauterkeitsrecht und Acquis Communautaire, 2009, 65, 72. Wegen der nur die TRIPS-Vorschriften ergänzenden Funktion von Art. 10bis PVÜ dürfte danach die praktische Bedeutung der Verweisung in Art. 2 Abs. 1 TRIPS für das Lauterkeitsrecht gering sein; so *Reger,* Der internationale Schutz gegen unlauteren Wettbewerb und das TRIPS-Abkommen, 1999, 295.

[105] Mit beachtlichen Gründen, vor allem unter Bezugnahme auf die Entstehungsgeschichte, gegen eine Inkorporierung von Art. 10bis PVÜ in das TRIPS-System, *Reger,* Der internationale Schutz gegen unlauteren Wettbewerb und das TRIPS-Abkommen, 1999, 291 ff.

[106] Dies wird übersehen bei *Beater,* Unlauterer Wettbewerb, 2. Aufl. 2011, Rn. 372, der in Widerspruch zur Rspr. des EuGH von einer unmittelbaren Anwendbarkeit von TRIPS ausgeht.

[107] Model Provisions on Protection Against Unfair Competition, 1996, WIPO Publication No. 832(E), https://tind.wipo.int/record/28768/files/wipo_pub_832.pdf (zuletzt abgerufen am 1.5.2024); s. auch die Besprechung bei *Henning-Bodewig* in Schricker/Henning-Bodewig, Neuordnung des Wettbewerbsrechts, 1998/99, 21 (37 ff.); *Henning-Bodewig* IIC 30 (1990), 166 (181 ff.); *Pflüger,* Der internationale Schutz gegen unlauteren Wettbewerb, 2010, 90 ff.

[108] S. *Henning-Bodewig* in Schricker/Henning-Bodewig, Neuordnung des Wettbewerbsrechts, 1998/1999, 21 (39 f.).

[109] Abkommen über Freihandel und Wirtschaftliche Partnerschaft zwischen Japan und der Schweiz vom 19.2.2009, in Kraft getreten am 1.9.2009; deutscher Text: https://www.admin.ch/opc/de/classified-compilation/20090515/index.html (zuletzt abgerufen am 1.5.2024).

[110] S. vor allem *Loschelder* FS Erdmann, 2002, 387; HdB-WettbR/*Helm* § 73 Rn. 45. Die Politik Deutschlands zur Verbesserung des Schutzes deutscher Herkunftsangaben im Ausland durch bilaterale Abkommen geht zurück auf *Albrecht Krieger,* s. zu seiner Konzeption *Krieger* GRUR Ausl. 1960, 400.

[111] Deutsch-französisches Abkommen vom 8.3.1960 über den Schutz von Herkunftsangaben, Ursprungsbezeichnungen und anderen geografischen Bezeichnungen, BGBl. 1961 II 22; dazu insbes. *Krieger* GRUR Int 1984, 71 (74 f.).

weitere Abkommen mit **Italien,**[112] **Griechenland,**[113] der **Schweiz**[114] und **Spanien** wurde.[115] Ein entsprechendes Abkommen mit **Österreich**[116] wurde nur von Österreich ratifiziert und ist daher bislang nicht in Kraft getreten. Ein älteres Abkommen besteht mit **Kuba.**[117] Nach dem deutsch-französischen Abkommen ist die Bundesrepublik Deutschland etwa verpflichtet, in ihrem Territorium die Bezeichnung „Champagner" zu schützen.[118] Dabei ergibt sich der Unterlassungsanspruch gegen die Nutzung der Bezeichnung durch einen Dritten nicht etwa erst aus dem MarkenG oder dem UWG, sondern unmittelbar aus dem Abkommen selbst (so ausdrücklich Art. 6 Abs. 1 deutsch-französisches Abkommen).[119] Für den Schutz gegen unlautere Ausbeutung und Beeinträchtigung des besonderen Rufes einer Herkunftsangabe ist dagegen auf § 127 Abs. 3 MarkenG zurückzugreifen,[120] da das Abkommen nur Ansprüche bei markenmäßiger oder markenähnlicher Benutzung gewährt.[121]

40 Diese Abkommen sind aus kollisionsrechtlicher Hinsicht von besonderem Interesse. An erster Stelle stellt sich die Frage, ob die Abkommen von der allgemeinen Anknüpfung am Marktort – oder dem immaterialgüterrechtlichen Schutzlandprinzip[122] – abweichen und das **Ursprungslandprinzip** zur Anwendung bringen. In den Abkommen verpflichten sich die Mitgliedstaaten nämlich dazu, die in den Anlagen zum Abkommen aufgelisteten Bezeichnungen Waren aus dem anderen Vertragsstaat vorzubehalten und deren Nutzung im eigenen Staatsgebiet nur unter denjenigen Voraussetzungen zu gestatten, die in der Gesetzgebung des anderen Vertragsstaates vorgesehen sind (sog. Produktspezifikationen). Nach *Sack* sollen diese Abkommen dennoch keine Abweichung von der üblichen Anknüpfung enthalten. Sie sollen – immaterialgüterrechtlich gedacht – lediglich eine Ausdehnung des Territoriums des Schutzes in Bezug auf den jeweils anderen Vertragsstaat bewirken. Jeder Staat bringe sein eigenes Recht zur Anwendung.[123] Richtig daran ist, dass zunächst nach den allgemeinen kollisionsrechtlichen Prinzipien zu klären ist, für welchen Staat Schutz beansprucht wird (immaterialgüterrechtliches Schutzlandprinzip) oder in welchem nationalen Markt sich die Benutzung der Angabe auswirkt (lauterkeitsrechtliches Marktortprinzip).[124] Das Abkommen selbst kommt dann als Sachrecht dieses Staates zur Anwendung. Das Abkommen regelt unmittelbar die Anerkennung der geografischen Angabe. So ergibt sich schon unmittelbar aus dem deutsch-französischen Abkommen, dass die Benutzung der Bezeichnung „Champagne" oder ähnlicher Bezeichnungen durch Hersteller, die nicht in Frankreich niedergelassen sind, verboten ist. Der Schutz reicht jedoch weiter: Stammt die gekennzeichnete Ware aus Frankreich, greift in Bezug auf diese ebenso das Verbot, wenn sie nicht den Anforderungen entspricht, die das französische Recht an die Benutzung der Bezeichnung stellt. Hierin liegt für die Frage des Schutzumfangs eine kollisionsrechtliche Verweisung in Form eines **Sachnormverweises auf das Recht des Ursprungslandes der Bezeichnung.**[125] Die Gegenansicht, wonach die Abkommen die ausländischen Schutzvoraussetzungen in das Sachrecht des Schutzlandes integrieren, so dass es sich um kein fremdes Sachrecht handelt,[126] kann nicht überzeugen. Diese sachrechtliche Deutung übergeht, dass die Regeln über die Benutzung der geografischen Angabe auch nach Inkrafttreten jederzeit durch den Ursprungsstaat geändert werden können und nach dem Abkommen zur Anwendung zu bringen sind. Ziel der

---

112 Abkommen vom 23.7.1963, BGBl. 1965 II 156.

113 Abkommen vom 16.4.1964, BGBl. 1965 II 176.

114 Abkommen vom 7.3.1967, BGBl. 1969 II 138; dazu *Krieger* GRUR Ausl. 1960, 400; *Krieger* GRUR Int 1967, 334.

115 Vertrag vom 11.9.1970, BGBl. 1972 II 110.

116 Abkommen vom 6.10.1981.

117 Abkommen vom 22.3.1954, BGBl. 1954 II 1112.

118 Dazu BGH GRUR 2005, 957 (958) – Champagner Bratbirne. Für Herkunftsangaben, die nach der VO (EU) 1151/2012 (früher VO (EG) 510/2006) geschützt sind, verdrängt die VO die Anwendbarkeit des bilateralen Abkommens; s. BGH GRUR 2016, 970 Rn. 17 – Champagner Sorbet.

119 BGH GRUR 2005, 957 f.

120 BGH GRUR 2002, 426 – Champagner bekommen, Sekt bezahlen.

121 So die Vorinstanz OLG Köln GRUR Int 2000, 796 f. – Champagner bekommen, Sekt bezahlen.

122 Zur schwierigen Frage, ob inzwischen Art. 6 Abs. 1 oder Art. 8 Abs. 1 anzuwenden ist, → Rn. 128 ff.

123 So *Sack* WRP 2008, 845 (861).

124 So auch schon BGH GRUR 1988, 453 (454) – Ein Champagner unter den Mineralwässern, nach der früheren lauterkeitsrechtlichen Anknüpfung nach dem Marktortprinzip.

125 Ebenso *Büscher* GRUR Int 2008, 977 (981); Peifer/*Klass* UWG Einl. Rn. 126; Staudinger/*Fezer/Koos,* 2015, IntWirtschR Rn. 422; s. auch *Loschelder* FS Erdmann, 2002, 387 (390), der sogar ausführt, dass sich der gesamte Schutzumfang nach dem Recht des Ursprungslandes richte und nicht nach dem Recht des Schutzlandes. Soweit auf die Verkehrsauffassung für die rechtliche Einordnung der Bezeichnung abzustellen sei, komme es allein auf das Ursprungsland an.

126 So *Sack,* Internationales Lauterkeitsrecht, 2019, Kap. 6 Rn. 66 f.

sachrechtlichen Deutung ist es vor allem, einen Widerspruch zur Anknüpfung nach Art. 8 Abs. 1 zu vermeiden. Ein solcher Widerspruch ist jedoch nach richtiger Ansicht auch zu verneinen, soweit man den Verweis auf das Ursprungsland kollisionsrechtlich einordnet (→ Rn. 110).

Bilaterale Abkommen zum Schutze geografischer Herkunftsangaben werden mittlerweile im **41**
Rahmen einer sehr konsistenten Außenhandelspolitik vor allem von der **EU** mit Drittstaaten abgeschlossen.[127] Mit diesem Vorgehen reagiert die EU auf die Weigerung der USA, einer Schutzverbesserung im Rahmen des TRIPS-Abkommens zuzustimmen; gleichzeitig unternimmt sie den Versuch, die europäische Konzeption des Schutzes geografischer Herkunftsangaben international zu verbreiten.[128] In der Vergangenheit wurden solche Vereinbarungen als **Zusatzvereinbarungen zu Freihandelsabkommen** abgeschlossen. Ein anschauliches Beispiel bietet hierfür das Freihandelsabkommen mit **Chile** aus dem Jahre 2002.[129] Als Annex V zu diesem Abkommen ist ein Abkommen über den **Handel mit Wein** angefügt, das auch ausführliche Bestimmungen über den Schutz von geografischen Herkunftsangaben enthält (Art. 5 ff. AssozAbk EG/CL Annex V). Ein entsprechendes **„Wine and Spirits Agreement"**[130] aus dem Jahre 2002 ergänzt das Handels-, Entwicklungs- und Kooperationsabkommen[131] mit **Südafrika.** Ähnliche Bestimmungen enthält schließlich das Abkommen mit **Australien** über Handel mit Wein aus dem Jahre 2008.[132] Dabei versprechen sich die Vertragsparteien gegenseitigen Schutz ihrer entsprechenden geografischen Herkunftsangaben vor allem gegen die Eintragung verwechslungsfähiger Marken durch Dritte. Bestimmungen über geografische Herkunftsangaben wurden schließlich in das sog. **Wirtschaftspartnerschaftsabkommen (Economic Partnership Agreements)** der EG mit den **CARIFORUM-Staaten** der Karibik aufgenommen.[133] Art. 145 WPA EG/CARIFORUM enthält umfassende Bestimmungen zu „geografischen Angaben". Dabei ist der Schutz nicht auf Wein beschränkt, sondern kann grundsätzlich **jede Art von Ware** betreffen. Aus kollisionsrechtlicher Sicht bedeutsam sind ausdrückliche Regelungen zum anwendbaren Recht. So bestimmt Art. 145 B Abs. 1 WPA EG/CARIFORUM, dass der Schutz im Gebiet der jeweiligen Vertragsparteien entsprechend dem Rechtssystem und der Rechtspraxis der Vertragsparteien gestaltet wird. Dies entspricht der Festlegung des Territorialitätsgrundsatzes. Der Schutz geografischer Herkunftsangaben fand schließlich auch Eingang in das Freihandelsabkommen der EU mit der Republik **Korea,**[134] das im Jahre 2012 unterzeichnete Assoziierungsabkommen mit **Zentralamerika,**[135] das Handelsabkommen mit **Kolumbien und Peru,**[136]

[127] Regelmäßig handelt es sich hierbei um sog. gemischte Abkommen. Das heißt, die Abkommen werden auf europäischer Seite sowohl von der EU als auch ihren Mitgliedstaaten abgeschlossen, da der Regelungsbereich der Abkommen die ausschließliche Außenhandelskompetenz der EU überschreitet. Zur Frage, ob die EU nach Inkrafttreten des Lissabonner Vertrages eine ausschließliche Außenkompetenz für die handelsbezogenen Aspekte des geistigen Eigentums erlangt hat, → Art. 8 Rn. 93, → Art. 8 Rn. 99.

[128] Zum politischen Anliegen s. die Website der Kommission: https://policy.trade.ec.europa.eu/enforcement-and-protection/protecting-eu-creations-inventions-and-designs/geographical-indications_en (zuletzt abgerufen am 1.5.2024). Dort heißt es: „The EU supports better protection of geographical indications internationally due to the increasing number of violations throughout the world. (…) Bilateral agreements include ambitious outcomes on GIs that significantly improve GI protection in the territory of the trade partner at a level comparable to that of the EU." Damit kommt auch zum Ausdruck, dass es der EU nicht nur um den Schutz von europäischen Herkunftsangaben im Ausland geht, sondern auch um die Förderung solchen Schutzes für entsprechende Bezeichnungen in Drittstaaten. So verfolgt die EU mit ihrer Politik auch eine entwicklungspolitische Dimension. Beeindruckend ist schließlich die Datenerhebung zum Schutz von geografischen Herkunftsangaben in 160 Ländern der Welt, die die Grundlage für die Fortentwicklung der EU-Politik bildet: s. European Commission, Part II of the Guide „Geographical indications and TRIPS: 10 years later … A roadmap of EU GI holders to gain protection in other WTO members", https://www.oacps.org/wp-content/uploads/2012/09/tradoc_135088.pdf (zuletzt abgerufen am 1.5.2024).

[129] Abkommen zur Gründung einer Assoziation zwischen der EG und ihren Mitgliedstaaten einerseits und der Republik Chile andererseits vom 18.11.2002, ABl. EG 2002 L 352, 3, in Kraft getreten am 1.2.2003.

[130] Abkommen zwischen der EG und der Republik Südafrika über den Handel mit Spirituosen, ABl. EG 2002 L 28, 113.

[131] Abkommen über Handel, Entwicklung und Zusammenarbeit zwischen der EG und ihren Mitgliedstaaten einerseits und der Republik Südafrika andererseits, ABl. EG 1999 L 311.

[132] Abkommen zwischen der EG und Australien über den Handel mit Wein – Protokoll – Gemeinsame Erklärungen, ABl. EG 2009 L 28, 3.

[133] Wirtschaftspartnerschaftsabkommen zwischen den CARIFORUM-Staaten einerseits und der EG und ihren Mitgliedstaaten andererseits, ABl. EG 2008 L 289, 3; in Kraft getreten am 1.7.2011.

[134] Art. 10.18 ff. Freihandelsabkommen zwischen der EU und ihren Mitgliedstaaten einerseits und der Republik Korea andererseits, ABl. EU 2011 L 127, 6.

[135] Art. 242 ff. Abkommen zur Gründung einer Assoziation zwischen der Europäischen Union und ihren Mitgliedstaaten einerseits und Zentralamerika andererseits, ABl. EU 2012 L 346, 3.

[136] Art. 207 ff. HandelsÜ EU/CO-PE (Handelsübereinkommen der EU mit Kolumbien, Peru und Ecuador), ABl. EU 2012 L 354, 3.

das nach Abschluss entsprechender Verhandlungen auf **Ecuador** erstreckt wurde,[137] das Freihandelsabkommen mit **Singapur,**[138] das Comprehensive Economic and Trade Agreement (CETA) mit **Kanada,**[139] das Wirtschaftspartnerschaftsabkommen mit **Japan,**[140] das Freihandelsabkommen mit **Vietnam**[141] sowie das am 1.5.2024 in Kraft getretene Freihandelsabkommen mit **Neuseeland.**[142] Diese Abkommen führen zu **keiner Abweichung vom immaterialgüterrechtlichen Schutzlandprinzip oder lauterkeitsrechtlichen Marktortprinzip.** Ohne Bezugnahme auf das Recht des Ursprungslandes verpflichten sie lediglich dazu, die Bezeichnungen der anderen Vertragspartei im eigenen Territorium anzuerkennen.

42 Bestimmungen zum Schutz geografischer Herkunftsangaben finden sich auch in den jüngeren **Freihandelsabkommen** anderer Staaten, so vor allem der **USA**[143] und der **EFTA.**[144] Die US-Abkommen verfolgen jedoch eine andere Zwecksetzung als jene der EU. Während es der EU wesentlich darauf ankommt, geografische Herkunftsangaben gegen Markeneintragungen zu schützen, streben die USA danach, Staaten zu verpflichten, Markeneintragungen gegen ihrer Ansicht nach unberechtigte Ansprüche aufgrund geografischer Herkunftsangaben zu schützen. So besteht ein wahrer Wettlauf Europas mit den USA um den richtigen Ansatz beim Schutz geografischer Herkunftsangaben, der über den Abschluss bilateraler Abkommen ausgetragen wird.

43 **b) Schutz von Datenexklusivität in Freihandelsabkommen der USA, der EU, der EFTA und Japans.** Die Ausdehnung des Schutzes geistigen Eigentums über das multilaterale Schutzniveau des TRIPS-Abkommens hinaus (sog. TRIPS-Plus-Standards) ist vor allem ein Kennzeichen der von den USA in den letzten Jahren abgeschlossenen Freihandelsabkommen (auch → Art. 8 Rn. 115 f.). Für das Lauterkeitsrecht sind diese Abkommen insbesondere in Bezug auf den **Schutz von Testdaten** wichtig, die Unternehmen den nationalen Marktzulassungsbehörden zum Nachweis der Sicherheit von **pharmazeutischen und agrochemischen Produkten** verschaffen. Diese Vorschriften gehören zu den am meisten kritisierten Bestimmungen der US-amerikanischen Freihandelsabkommen.[145] Die Abkommen sehen regelmäßig einen **fünfjährigen Exklusivitätsschutz** bei der Zulassung von Arzneimittel vor. Solange dieser Schutz besteht, ist eine erleichterte Arzneimittelzulassung von Generika durch bloße Bezugnahme auf die Daten der Erstzulassung und den Nachweis der Bioäquivalenz des Generikums mit dem Originalpräparat ausgeschlossen. Angesichts der Kosten, die mit der Beschaffung der Testdaten im Rahmen klinischer Versuche verbunden sind, ist damit der Markteintritt für Generika nicht nur erschwert, sondern faktisch unmöglich. Die US-Freihandelsabkommen ordnen diesen Schutz nicht dem Produktsicherheitsrecht zu, wohin er eigentlich gehört, sondern den Vorschriften über das geistige Eigentum. Die Schutzverstärkung wird vor allem im Vergleich mit den Bestimmungen des **TRIPS-Abkommens** deutlich. Art. 39 Abs. 3 TRIPS enthält für den Schutz der Geheimhaltung solcher Marktzulassungsdaten eine ausdrückliche Regelung. Diese beschränkt sich jedoch auf den **Schutz gegen unlautere Geschäftspraktiken.** Entsprechend sind die WTO-Mitglieder nur verpflichtet, einen lauterkeitsrechtlichen Geheimnisschutz vorzusehen und keinen absoluten, auf eine bestimmte Dauer festgesetzten Zulassungsschutz.[146] Dies bedeutet nach richtiger Ansicht, dass eine Zulassungsbehörde die

---

[137] Mit Wirkung zum 1.1.2017 durch Beitrittsprotokoll zum Handelsübereinkommen zwischen der Europäischen Union und ihren Mitgliedstaaten einerseits sowie Kolumbien und Peru andererseits betreffend den Beitritt Ecuadors, ABl. EU 2016 L 356, 3.

[138] Art. 10.16 ff. Freihandelsabkommen EU-Singapur, ABl. EU 2019 L 294, 3.

[139] Umfassendes Wirtschafts- und Handelsabkommens zwischen Kanada einerseits sowie der Europäischen Union und ihren Mitgliedstaaten andererseits, ABl. EU L 2017 L 11, 23. Das Abkommen ist nach Ratifikation durch die EU am 21.9.2017 in Kraft getreten. Da aber noch nicht alle Mitgliedstaaten das Abkommen ratifiziert haben, steht das endgültige Inkrafttreten noch aus. S. auch EuGH Gutachten 1/15, ECLI:EU:C:2017:592.

[140] Abkommen zwischen der Europäischen Union und ihren Mitgliedstaaten einerseits und Japan über eine Wirtschaftspartnerschaft, ABl. EU 2018 L 330, 3; in Kraft getreten am 1.2.2019.

[141] Art. 12.23 ff. Freihandelsabkommen zwischen der Europäischen Union und der Sozialistischen Republik Vietnam, ABl. EU 2020 L 186, 3.

[142] Art. 18.32 ff. Freihandelsabkommen zwischen der Europäischen Union und Neuseeland, ABl. EU 2024 L 2024/866.

[143] Die Abkommen sind abrufbar auf der Website des US-Handelsbeauftragten unter https://ustr.gov/trade-agreements/free-trade-agreements (zuletzt abgerufen am 1.5.2024).

[144] Die Abkommen sind abrufbar unter https://www.efta.int/free-trade/free-trade-agreements (zuletzt abgerufen am 1.5.2024).

[145] S. etwa *Correa* Case Western Reserve J. Int'l L. 36 (2004), 79; s. auch *Drexl* in Ghidini/Genovesi, Intellectual Property and Market Power, 2008, 525, 528.

[146] Ausf. *Shaikh,* Access to Medicine Versus Test Data Exclusivity, 2016, 35 ff.; ebenso *Kampf* VPP-Rundbrief Nr. 2/2006, 38 (41), der darauf hinweist, dass im Rahmen der Beitritte von Tonga und Kambodscha zur WTO bestätigt wurde, dass Art. 39 Abs. 3 TRIPS keinen Exklusivitätsschutz verlangt. AA möglicherweise

Testdaten berücksichtigen kann, die ihr aufgrund der Zulassung des Originalpräparats bekannt geworden sind, um dem Antrag auf Marktzulassung eines Generika-Präparat zu entsprechen. In einer solchen Datenverwendung liegt kein unlauteres Ausspähen von Unternehmensgeheimnissen des Erstanmelders durch den Generika-Hersteller.[147] Im Vergleich zu dieser TRIPS-Regelung sind die Auswirkungen des Exklusivitätsschutzes nach den Freihandelsabkommen gewaltig.[148] Zu befürchten sind höhere Preise für Arzneimittel in jenen Staaten, die solche Freihandelsabkommen unterzeichnen. Entsprechender Exklusivitätsschutz findet sich auch in den jüngeren Freihandelsabkommen der **EFTA**[149] und **Japans.**[150] Die **EU,** die in ihrem internen Recht einen entsprechenden Exklusivitätsschutz sehr wohl kennt,[151] hat in ihrem Wirtschaftspartnerschaftsabkommen mit den **CARIFORUM-Staaten** der Karibik davon abgesehen, die Einführung eines solchen Schutzes zwingend vorzuschreiben. Dagegen findet sich im Freihandelsabkommen mit der Republik **Korea** fünfjähriger Exklusivitätsschutz für Arzneimittel und zehnjähriger Schutz für Pflanzenschutzmittel.[152] Entsprechendes gilt nach dem Wirtschaftspartnerschaftsabkommen mit **Japan,** wobei dieser Schutz für Arzneimittel mindestens sechs Jahre betragen muss.[153] Dies bedeutet nun nicht, dass die EU in Bezug auf Entwicklungsländer eine allgemein großzügigere Haltung einnimmt. Dem Beispiel des Abkommens mit der Republik Korea ist die EU auch in dem 2012 abgeschlossenen Abkommen mit **Kolumbien und Peru** gefolgt.[154] Dagegen hat die EU im Assoziierungsabkommen mit **Zentralamerika** aus dem Jahre 2012 auf Testdatenschutz verzichtet. Dieser Verzicht hat aber keineswegs zur Folge, dass Unternehmer aus der EU nun keinen Testdatenschutz in den zentralamerikanischen Staaten verlangen können. Vielmehr greifen hier die Nichtdiskriminierungsklauseln des TRIPS-Abkommens. Da sich die zentralamerikanische Staaten gegenüber den USA zu Exklusivitätsschutz von Testdaten verpflichtet haben, muss dieser Schutz infolge des Inländerbehandlungsgrundsatzes des Art. 3 TRIPS und der **Meistbegünstigungsklausel** des Art. 4 TRIPS auch den Angehörigen aller anderen WTO-Mitglieder, einschließlich der EU, gewährt werden.[155]

c) Angrenzender wettbewerbsrechtlicher Leistungsschutz gegen Produktnachahmung in den Handelsabkommen Japans. Aus lauterkeitsrechtlicher Sicht erwähnenswert ist schließlich noch eine Besonderheit der Handelsabkommen Japans, die vor allem mit anderen asiatischen Staaten abgeschlossen werden.[156] Die meisten dieser Abkommen – eine Ausnahme bildet insbesondere jenes mit Brunei – enthalten eine Bestimmung, wonach Schutz gegen **Produktnachahmung** zu gewähren ist. Dabei hängt die Schutzverpflichtung zumindest dem Wortlaut nach von keinen weiteren Voraussetzungen ab. Dies überrascht, da das Lauterkeitsrecht der industrialisierten Staaten – einschließlich Deutschlands – üblicherweise keinen umfassenden wettbewerbsrechtlichen 44

Gervais, The TRIPS Agreement – Drafting History and Analysis, 4. Aufl. 2012, Rn. 2.488, der auf die Verwendung des Begriffs „commercial use" – anstatt „unfair commercial use" – hinweist und betont, die bloße Bezugnahme auf Testdaten im Zulassungsverfahren könne als „geschäftlicher Gebrauch" angesehen werden. Nach *Strauch* in Busche/Stoll/Wiebe, TRIPS – Internationales und europäisches Recht des geistigen Eigentums, 2. Aufl. 2013, TRIPS Art. 39 Rn. 45 sollen die WTO-Mitglieder dagegen sogar frei sein zu bestimmen, was als „unlauterer gewerblicher Gebrauch" anzusehen ist, da dem TRIPS-Abkommen dafür kein Maßstab entnommen werden kann.

[147] Ebenso UNCTAD-ICTSD Anm. 3.3.2, auch unter Hinweis auf die aA, die argumentiert, die Vorschrift erfordere einen absoluten Exklusivitätsschutz.

[148] Zum Zwecke der Überprüfung, wie viel an Flexibilität Staaten durch solche Abkommen und – noch mehr – im Zuge Umsetzung preisgegeben haben, entwickelt *Shaikh,* Access to Medicine Versus Test Data Exclusivity, 2016, 129 ff. einen Index, der auf einer juristischen Analyse einzelner Aspekten der Ausgestaltung des Testdatenschutzes aufbaut. Er untersucht dabei nicht nur die Abkommen der USA, sondern auch der EU und der EFTA.

[149] Dies dürfte vor allem am Einfluss der schweizerischen Pharmaindustrie liegen. Die Abkommen sind abrufbar unter https://www.efta.int/free-trade/free-trade-agreements (zuletzt abgerufen am 1.5.2024).

[150] Die japanischen Abkommen sind in englischer Sprache abrufbar auf der Website des japanischen Außenministeriums unter https://www.mofa.go.jp/policy/economy/fta/ (zuletzt abgerufen am 1.5.2024).

[151] S. Art. 10 Abs. 1 lit. a Ziff. iii RL 2001/83/EG des Europäischen Parlaments und des Rates vom 6.11.2001 zur Schaffung eines Gemeinschaftskodexes für Humanarzneimittel, ABl. EG 2001 L 311, 67.

[152] Art. 10.36 ff. FreihandelsAbkG EU und Korea, ABl. EU 2011 L 127, 6.

[153] Art. 14.37 WPA EU/JP (Wirtschaftspartnerschaftsabkommen mit Japan), ABl. EU 2018 L 330, 3.

[154] S. Art. 231 HandelsÜ EU/CO-PE (Handelsübereinkommen der EU mit Kolumbien, Peru und Ecuador), ABl. EU 2012 L 354, 3.

[155] Krit. zu diesem Multilateralisierungseffekt *Drexl* in Ghidini/Genovesi, Intellectual Property and Market Power, 2008, 525, 535.

[156] Die Abkommenstexte sind zugänglich unter https://www.mofa.go.jp/policy/economy/fta/ (zuletzt abgerufen am 1.5.2024).

Leistungsschutz gewährt, sondern vielmehr, vom Grundsatz der Nachahmungsfreiheit ausgehend, weitere Voraussetzungen an den Schutz gegen Produktnachahmung knüpft (s. die ausdrückliche Regelung in § 4 Nr. 3 UWG). Insoweit ist es besonders zu begrüßen, dass im **Wirtschaftspartnerschaftsabkommen Japans mit der EU** (→ Rn. 41) keine solche Verpflichtung zum Schutze gegen Produktnachahmung aufgenommen wurde.[157] Die Praxis wird hier zeigen müssen, ob diese Bestimmungen tatsächlich im Sinne eines umfassenden Nachahmungsverbotes verstanden werden. Für den Rechtsschutz von Unternehmen aus Drittstaaten – und damit auch aus Deutschland und der EU – hat diese Verpflichtung insoweit Bedeutung, als der Inländerbehandlungsgrundsatz des Art. 2 Abs. 1 PVÜ und des Art. 3 TRIPS sowie der Meistbegünstigungsgrundsatz nach Art. 4 TRIPS diesen über Art. 10bis PVÜ hinausgehenden Schutz multilateralisieren.

III. Rechtsgrundlagen des europäischen Rechts

45 **1. Einführung.** Die kollisionsrechtliche Anknüpfung im Lauterkeitsrecht wird wesentlich vom europäischen Recht geprägt. Dabei geht es an erster Stelle um die Frage, ob und inwieweit die Anknüpfung nach dem Marktortprinzip im Verhältnis der EU-Mitgliedstaaten zueinander im Interesse des Binnenmarktes durch ein primär- oder sekundärrechtliches **Herkunftslandprinzip** verdrängt worden ist (→ Rn. 46 ff. unter 2.). Unabhängig von der möglicherweise vorzunehmenden Einordnung als Kollisionsnorm schränkt das sekundärrechtliche Herkunftslandprinzip die Relevanz des Rechts am Marktort wesentlich ein. Im Vergleich dazu sind vom Herkunftsland abweichende kollisionsrechtliche Regelungen in einzelnen lauterkeitsrechtlichen Rechtsakten der EU von untergeordneter Bedeutung (→ Rn. 95 ff. unter 3.). Nur fremdenrechtlichen Charakter hat schließlich das in Art. 18 AEUV normierte europarechtliche Verbot der Diskriminierung aus Gründen der Staatsangehörigkeit (→ Rn. 100 unter 4.). Von zentraler Bedeutung ist die unionsrechtliche Festlegung der lauterkeitsrechtlichen Anknüpfung in der **Rom II-VO** über das auf außervertragliche Schuldverhältnisse anwendbare Recht (→ Rn. 101 ff. unter 5.).

46 **2. Herkunftslandprinzip und Kollisionsrecht.** Vor allem in Deutschland wurde über Jahre intensiv darüber gestritten, ob das europarechtliche Herkunftslandprinzip als Kollisionsrecht zu verstehen ist. Diese Frage wurde historisch erstmals für das im Rahmen der Dogmatik der **Grundfreiheiten** entwickelte **primärrechtliche Herkunftslandprinzip** diskutiert. Sodann griff der Streit über auf das **sekundärrechtliche Herkunftslandprinzip** in der **RL 2010/13/EU** (früher: Fernseh-RL) sowie der **E-Commerce-RL.** Schließlich hat dieses Prinzip auch Eingang in die **UGP-RL** gefunden. Für die **Dienstleistungs-RL** ist es von der Kommission zunächst als zentrales Liberalisierungskonzept vorgeschlagen worden,[158] ohne dass es sich letztlich im Gesetzgebungsprozess hat durchsetzen lassen.[159]

47 **a) Die Grundfreiheiten des AEUV als Kollisionsregeln?** Das Herkunftslandprinzip im Unionsrecht[160] geht zurück auf die berühmte Entscheidung des EuGH in der Rechtssache **„Cassis de Dijon"** aus dem Jahre 1979.[161] Dort hatte der EuGH erstmalig anerkannt, dass grundsätzlich auch unterschiedslos anwendbare Vorschriften des Importstaates vom Verbot der Beschränkung des freien Warenverkehrs nach dem früheren Art. 30 EWGV (Art. 34 AEUV) erfasst werden können. Der EuGH war zur Überzeugung gelangt, dass angesichts kaum möglicher Rechtsangleichung der Gemeinsame Markt nur funktionieren könne, wenn die Mitgliedstaaten **Vorschriften im Bereich der Warenproduktion als grundsätzlich gleichwertig akzeptieren** und keine weiteren rechtlichen Anforderungen stellen. Allerdings lässt der EuGH im Rahmen von Art. 34 AEUV eine Rechtfertigung durch zwingende Erfordernisse des Gemeinwohls zu, wobei er zu diesen zwingenden Erfordernissen auch die Lauterkeit des Handelsverkehrs und den Verbraucherschutz zählt. Die Rechtfertigung gelingt jedoch nur unter Beachtung des **Verhältnismäßigkeitsgrundsatzes.** So gilt ein Vertriebsverbot des Importstaates als nicht erforderlich, soweit ein Schutz des Kunden auch durch eine Etikettierung erreicht werden kann. Diesen Grundsätzen

---

157 Allerdings enthält Art. 14.36 WPA EU/JP eine umfangreiche Bestimmung zum Geheimnisschutz sowie in Art. 14.38 WPA EU/JP iwS eine Vorschrift, die allgemein zu einem effektiven Rechtsschutz gegen unlauteren Wettbewerb iSd PVÜ sowie insbes. gegen die böswillige Registrierung von Domain-Namen verpflichtet, ABl. EU 2018 L 330, 3.

158 Dienstleistungs-RL-Vorschlag der Kommission vom 25.2.2004, KOM(2004), 2 endg.

159 RL 2006/123/EG des Europäischen Parlaments und des Rates vom 12.12.2006 über Dienstleistungen im Binnenmarkt, ABl. EG 2006 L 376, 36.

160 S. auch → EGBGB Art. 3 Rn. 80 ff.; *Wendehorst* FS Heldrich, 2005, 1071 (1081 ff.), vor allem zur Niederlassungsfreiheit.

161 EuGH Slg. 1979, 649 = NJW 1979, 1766 – Cassis de Dijon. Für den Bereich der Dienstleistungen und die Niederlassungsfreiheit anschaulich EuGH Slg. 1995, I-4165 Rn. 37 = NJW 1996, 579 – Gebhard.

folgend stufte der EuGH in „Cassis de Dijon" das deutsche Vertriebsverbot für ausländischen Likör, der nicht den nach dem Branntweinmonopolgesetz erforderlichen Mindestalkoholgehalt aufwies, als verbotene Maßnahme gleicher Wirkung iSd früheren Art. 30 EWGV (Art. 34 AEUV) ein.

Vor allem die deutsche Europarechtswissenschaft prägte im Zusammenhang mit dieser Rspr. den Begriff des **Herkunftslandprinzips.** Beschrieben ist damit der Grundsatz, wonach eine entsprechend den Bestimmungen des Herkunftslandes produzierte und angebotene Ware die Verkehrsfähigkeit im gesamten Binnenmarkt (ursprünglich Gemeinsamen Markt) besitzt, es sei denn, es gelingt die Rechtfertigung.[162] Obwohl es in „Cassis de Dijon" um keinen privatrechtlichen Fall ging, war mit dem Verweis auf die Relevanz des Rechts im Herkunftsland die Saat für den späteren Streit um die kollisionsrechtliche Einordnung des Herkunftslandprinzips ausgebracht. In der englischsprachigen Diskussion wird dagegen durch die bevorzugte Verwendung des Begriffs der **gegenseitigen Anerkennung** *(mutual recognition)* spezifisch kollisionsrechtlich deutbares Vokabular vermieden. Entsprechend finden sich im englischsprachigen Schrifttum auch kaum Beiträge zur kollisionsrechtlichen Bedeutung des Herkunftslandprinzips.[163] Der Begriff der gegenseitigen Anerkennung beschreibt dasselbe juristische Grundverständnis der Grundfreiheiten wie das Herkunftslandprinzip, legt aber die Betonung auf die Einschränkung der Regelungsbefugnis des Importstaates, der im Grundsatz die Gleichwertigkeit der Bestimmungen im anderen Staat zu akzeptieren hat und insoweit nicht mehr regeln darf. 48

Die ersten Fälle des EuGH betrafen **produktbezogene Vorschriften des öffentlichen Gewerberechts.** So lag es bei den Bestimmungen des Branntweinmonopolgesetzes in „Cassis de Dijon". Später wendete sich der EuGH gegen das Verbot des Vertriebs von alkoholischen Getränken unter der Bezeichnung „Bier", die nicht dem deutschen Reinheitsgebot entsprachen, sowie gegen das italienische Verbot, Nudeln, die nicht aus Hartweizen hergestellt wurden, als „Pasta" zu vertreiben.[164] Bald wurden dem EuGH aber auch Vorschriften zur Beurteilung vorgelegt, die nicht die Produktzusammensetzung, sondern die **Art und Weise des Vertriebs** betrafen. Daran, dass solche Vorschriften, und damit zentrale Vorschriften des nationalen Lauterkeitsrechts, unter den Begriff der Maßnahmen gleicher Wirkung iSd früheren Art. 30 EWGV (Art. 34 AEUV) zu subsumieren waren, konnte nach der frühen Entscheidung in „Dassonville" eigentlich kein vernünftiger Zweifel bestehen.[165] Nach dieser Entscheidung sollte jede „Handelsregelung der Mitgliedstaaten, die geeignet ist, den innergemeinschaftlichen Handel unmittelbar oder mittelbar, tatsächlich oder potenziell zu behindern" in den Anwendungsbereich der Warenverkehrsfreiheit fallen[166] und bedurfte nach den Grundsätzen von „Cassis de Dijon" der Rechtfertigung. Erstmalig unterwarf der EuGH in der Rechtssache „Oosthoek" eine nationale Vorschrift des Werberechts, nämlich das niederländische Zugabeverbot, der Kontrolle durch die Warenverkehrsfreiheit, kam aber nach der Bejahung einer Maßnahme gleicher Wirkung zur Rechtfertigung im Lichte des zwingenden Grundes der Lauterkeit des Handelsverkehrs und des Verbraucherschutzes.[167] Dass ein entsprechendes Verbot im Recht des Herkunftsstaates Belgien fehlte, sah der Gerichtshof im konkreten Fall nicht als hinreichenden Grund für die Verneinung der Rechtfertigung an. Die kollisionsrechtliche Debatte wurde schließlich ausgelöst, als der EuGH in der Rechtssache **„GB-Inno"** erstmalig die Anwendung werberechtlicher Bestimmungen im Staate der Verbraucher (Luxemburg) untersagte und den Verbrauchern sogar ein grundsätzliches Recht einräumte, nach den Werbebestimmungen des Herkunftslandes (Belgien) einzukaufen.[168] Damit war die Relevanz des Rechts des Herkunftslandes für die Anwendung des Lauterkeitsrechts innerhalb des Binnenmarktes herausgearbeitet. Den Aspekt des Vertriebs hatte man fortan in die Definition des Herkunftslandprinzips mit einzubeziehen.[169] Nach „GB-Inno" gewährleistet das Herkunftslandprinzip – unter dem Vorbehalt der Rechtfertigung – das Recht, Waren nach dem Vertriebsrecht des Herkunftslandes im gesamten Gebiet der EU zu vertreiben oder nach diesem Recht zu erwerben. Die Geltung des Rechts des Marktortes war zurückgedrängt. Ob und in welchem Sinne Art. 34 AEUV ein **kollisionsrechtlicher Gehalt** für die Anwendung insbesondere des Lauterkeitsrechts entnommen werden kann, ist **umstritten.** 49

[162] S. etwa *Steindorff* ZHR 150 (1986), 687 (689), der die gemeinschaftsweite Verkehrsfähigkeit von Waren als Charakteristikum des Gemeinsamen Marktes – heute: Binnenmarktes – ansieht.

[163] S. jedoch *de Baere* MJ 11 (2004), 287 (289 ff.), der unter Verwendung des Begriffs „principle of origin" ausdrücklich auf die deutsche Diskussion hinweist.

[164] EuGH Slg. 1988, 4233 = LMRR 1988, 42 – Pasta.

[165] EuGH Slg. 1974, 837 = GRUR Int 1974, 467 – Dassonville.

[166] EuGH Slg. 1974, 837 Rn. 5 = GRUR Int 1974, 467 – Dassonville.

[167] EuGH Slg. 1982, 4575 = GRUR Int 1983, 648 – Oosthoek.

[168] EuGH Slg. 1990, I-667 Rn. 8 = LMRR 1990, 3 – GB-Inno-BM.

[169] IdS auch *Steindorff* ZHR 158 (1994), 149 (164 f.).

50 Nach einer ersten Ansicht schließt Art. 34 AEUV in den relevanten Fällen die Anwendung des Rechts am Marktort zu Gunsten der Anwendung des Rechts des Herkunftslandes aus.[170] Diese Ansicht ist nicht haltbar, blendet sie doch aus, dass das Recht des Herkunftslandes nicht schlechterdings zur Anwendung kommt, sondern nur dann, wenn das Recht des Importstaates stärker beschränkt und eine Rechtfertigung scheitert. Weite Verbreitung fand daher die Auffassung, wonach Art. 34 AEUV eine **versteckte Kollisionsnorm** enthalte, aber nach dem **Günstigkeitsprinzip** zu entscheiden sei, ob das Recht des Marktortes oder das des Herkunftslandes zur Anwendung komme.[171]

51 Nach **zutreffender Auffassung** schafft Art. 34 AEUV **kein europarechtliches Kollisionsrecht.**[172] Das Herkunftslandprinzip bewirkt lediglich eine Berücksichtigung der ausländischen Rechtslage bei der Anwendung des inländischen Sachrechts.[173] Art. 34 AEUV geht gerade davon aus, dass ein Recht anwendbar ist, das nicht jenes des Herkunftslandes ist.[174] Soweit eine Rechtfertigung nach Art. 36 AEUV oder im Lichte der zwingenden Erfordernisse des Gemeinwohls gelingt, kommt es auf das Recht des Herkunftslandes überhaupt nicht an.[175] Aber auch in den Fällen, in denen Art. 34 AEUV die Anwendung des Rechts des Marktortes kontrolliert, wird nicht etwa das Recht des Importstaates durch das Recht des Herkunftsstaates ersetzt, sondern allein am Maßstab der Grundfreiheiten die Durchsetzung des Rechts des Importstaates beschränkt.[176] Mit der Feststellung der Europarechtswidrigkeit der Anwendung des Rechts am Marktort bestimmt der EuGH auf der Grundlage der Art. 34 und 36 AEUV das anwendbare Sachrecht nicht neu, sondern ordnet nur die Nichtanwendung der nationalen Sachnorm an.[177] Dogmatisch betrachtet wirkt Art. 34 AEUV als – unionsrechtliche – Sachnorm, auf die es erst ankommt, nachdem man über das Kollisionsrecht zur Anwendbarkeit des Rechts des Importstaates gelangt ist. Europarechtlich folgt diese Wirkung aus der materiellrechtlichen Verpflichtung, das Recht des Herkunftslandes als gleichwertig zu betrachten. Das Prinzip der gegenseitigen Anerkennung erlaubt hier die größere sprachliche Präzision. Im Gegensatz zum Begriff des Herkunftslandprinzips bringt es besser die ausschließliche Einwirkung auf das Recht im Importstaat zum Ausdruck.

52 Weil es nach wie vor national unterschiedliches Lauterkeitsrecht in den Mitgliedstaaten gibt, wird **Kollisionsrecht im Anwendungsbereich von Art. 34 AEUV nicht überflüssig.** Zur Anwendung kommt mit Art. 6 Abs. 1 und 2 inzwischen unionseinheitlich geregeltes Kollisionsrecht. Art. 34 AEUV erlaubt das in Art. 6 Abs. 1 niedergelegte kollisionsrechtliche Marktortprinzip, ohne es primärrechtlich zu gebieten. Mit der Entscheidung für das Marktortprinzip, entsteht ein latenter Konflikt mit der grenzüberschreitenden Gewerbe- und Konsumfreiheit, der über den Grundsatz der gegenseitigen Anerkennung und die Rechtfertigungsmöglichkeit zu lösen ist.

53 Die Diskussion um die kollisionsrechtliche Einordnung der Grundfreiheiten hat in den letzten Jahren stark abgenommen. Dies liegt zum einen an der Entscheidung des EuGH in der Rechtssache

---

170 So *Bernhard* EuZW 1992, 437 (438 ff.).

171 So insbes. *Jayme/Kohler* IPRax 1991, 361 (369); ähnlich *Basedow* in Schnyder/Heiss/Rudisch, Internationales Verbraucherschutzrecht, 1995, 11 (20); *Chrocziel* EWS 1991, 173 (178 f.); *Remien* JZ 1994, 349 (350); ebenso für eine kollisionsrechtliche Einordnung *Brödermann* in Brödermann/Iversen, Europäisches Gemeinschaftsrecht und Internationales Privatrecht, 1994, 3 Rn. 408 ff., der allerdings die Grenzen der kollisionsrechtlichen Einordnung aufzeigt. Vgl. auch *Joerges* FS Steindorff, 1990, 1247 (1252), der kritisiert, dass das Prinzip in „kollisionsrechtlicher Verfremdung" das Recht des Herkunftslandes zur lex fori des Importlandes mache.

172 Ebenso *Baetzgen,* Internationales Wettbewerbs- und Immaterialgüterrecht im EG-Binnenmarkt, 2007, Rn. 489 ff.; *Fischer,* Der Schutz von Know-how im deutschen materiellen und Internationalen Privatrecht, 2011, 213; HdB-WettbR/*Ahrens* § 68 Rn. 35; Peifer/*Klass* UWG Einl. D Rn. 161 ff.; Staudinger/*Fezer/Koos,* 2015, IntWirtschR Rn. 425, 557: iS eines Korrektivs des Ergebnisses der kollisionsrechtlichen Anknüpfung; Magnus/Mankowski/*Illmer* Rn. 64; ausf. *Höder,* Die kollisionsrechtliche Behandlung unteilbarer Multi-state-Verstoße, 2002, 143 ff.; *Nettlau,* Die kollisionsrechtliche Behandlung von Ansprüchen aus unlauterem Wettbewerbsverhalten gemäß Art. 6 Abs. 1 und 2 Rom II-VO, 2013, 143 ff.

173 *W.-H. Roth* RabelsZ 55 (1991), 623 (667) allg. in Bezug auf das öffentlich-rechtliche Wirtschaftsaufsichtsrecht; iÜ hält es *Roth* für falsch, generelle kollisionsrechtliche Folgerungen aus dem Herkunftslandprinzip zu ziehen, RabelsZ 55 (1991), 623 (668); ebenso abl. *Sack* FS E. Lorenz, 2004, 659 (663).

174 So *Ahrens* FS Tilmann, 2003, 739 (743).

175 So auch *Sack* WRP 1994, 281 (288 f.); *Sack* WRP 2000, 269 (280 f., 282 f.); ähnlich *Fezer* JZ 1994, 317 (324); *Sonnenberger* ZVglRWiss 95 (1996), 3 (10 f.). Letzterer bezeichnet die Lehre von den versteckten Kollisionsnormen als bloße Erfindung; ihm zust. *de Baere* MJ 11 (2004), 297 ff.

176 *Sonnenberger* ZVglRWiss 95 (1996), 3 (11); *Bernhard* EuZW 1992, 437 (440); *Duintjer-Tebbens* Rev. crit. dr. int. pr. 1994, 451 (473 ff., 481); *Gebauer* IPRax 1995, 152 (155); FBO/*Hausmann/Obergfell* IntLautPrivR Rn. 101; *Helmberg* WBl. 1997, 89 (139); *Kort* GRUR Int 1994, 594 (601); *Kotthoff,* Werbung ausländischer Unternehmen im Inland, 1995, 23 f.

177 Ebenso *Sonnenberger* ZVglRWiss 95 (1996), 3 (11); *Sack* WRP 1994, 281 (291 f.).

„Keck" aus dem Jahre 1993,[178] in der die Anwendbarkeit von Art. 28 EGV (jetzt Art. 34 AEUV) auf Vorschriften des nationalen Werberechts beschränkt wurde, sowie andererseits an der Entwicklung des **Herkunftslandprinzips als Prinzip der Binnenmarktgesetzgebung** (näher → Rn. 56 ff., → Rn. 87 ff.).

Auf den ersten Blick erweckt die **Keck-Entscheidung** den Eindruck, als hätte sie das nationale Lauterkeitsrecht dem Zugriff der Grundfreiheiten völlig entzogen. In der Tat führte der EuGH die Unterscheidung zwischen produktbezogenen Vorschriften und solchen, die nur Verkaufsmodalitäten betreffen, ein und schloss Vorschriften über Verkaufsmodalitäten von der Kontrolle der Warenverkehrsfreiheit aus, soweit sie „für alle betroffenen Wirtschaftsteilnehmer gelten, die ihre Tätigkeit im Inland ausüben, und sofern sie den Absatz der inländischen Erzeugnisse aus anderen Mitgliedstaaten rechtlich wie tatsächlich in der gleichen Weise berühren" (sog. Keck-Formel).[179] Da das Lauterkeitsrecht den Vertrieb von Waren diskriminierungsfrei für alle Waren ohne Unterschied im Hinblick auf ihre Herkunft regelt, schien damit der Diskussion um die kollisionsrechtliche Bedeutung von Art. 34 AEUV der Boden entzogen zu sein.[180] Gleichwohl zeigte sich wenige Zeit später, dass die Warenverkehrsfreiheit weiterhin Einfluss auf die Anwendung vor allem des deutschen UWG in grenzüberschreitenden Fällen nahm. Vor allem war zu klären, ob das deutsche **Irreführungsverbot des § 3 UWG aF** (§ 5 UWG nF) ohne Rücksicht auf die Auswirkungen auf die Warenverkehrsfreiheit auf den Warennamen,[181] die Gestaltung des Produkts[182] sowie Inhalts-, Beschaffenheits- und sonstige Angaben, die auf der Ware oder deren Verpackung angebracht waren,[183] zur Anwendung gebracht werden konnte. In all diesen Fällen wirkte sich die gesetzliche Vorschrift **produktbezogen** und nicht nur vertriebsbezogen aus und bedurfte daher der Rechtfertigung. Diese Rspr. des EuGH bestätigt anschaulich die oben vertretene Auffassung, wonach eine kollisionsrechtliche Deutung des Art. 34 AEUV abzulehnen ist. Der EuGH vergleicht nämlich nicht, wie dennoch von der kollisionsrechtlichen Auffassung vorgeschlagen, die Rechtslage in Deutschland mit jener im Herkunftsland der Ware, sondern er kontrollierte das damalige deutsche Verbraucherleitbild des flüchtigen Verbrauchers am Maßstab des „durchschnittlich informierten, aufmerksamen und verständigen Durchschnittsverbrauchers"[184] des europäischen Rechts. Es geht also um keinen kollisionsrechtlichen Prüfungsmaßstab, sondern um eine Überprüfung der Binnenmarktadäquanz des deutschen Rechts an den Maßstäben europäischen Sachrechts. Dem entspricht es, dass der EuGH dasselbe europäische Verbraucherleitbild unabhängig davon zur Anwendung bringt, ob der Irreführungsbegriff des europäischen Sekundärrechts autonom auszulegen[185] oder nationales Lauterkeitsrecht am Maßstab von Art. 34 AEUV zu kontrollieren ist. Seit der Rechtssache **„Clinique"** interpretierte der EuGH den sekundärrechtlichen Irreführungsbegriff im Lichte der zu Art. 34 AEUV entwickelten Grundsätze eines **europäischen Verbraucherleitbildes.**[186] Auch diese Rspr. belegt, dass der Maßstab der Prüfung der Grundfreiheiten nur ein solcher des europäischen Sachrechts, nicht dagegen des gemeineuropäischen Kollisionsrechts sein kann. In einer weiteren Etappe der Rechtsentwicklung hatte schließlich der EuGH über die Voraussetzungen zu entscheiden, unter denen Werbevorschriften des nationalen Rechts, die sich **nur vertriebsbezogen auswirken,** nach der Keck-Formel **ausnahmsweise** als **europarechtswidrig** anzusehen sind, weil sie nämlich den Marktzutritt für ausländische Waren stärker beschränken als für inländische. So hielt der EuGH in der Rechtssache **„Gourmet International"** die Europarechtswidrigkeit eines nationalen Werbeverbots für alkoholische Getränke durchaus für denkbar, überließ diese Entscheidung und die etwaige Rechtfertigungsprüfung aber dem nationalen Gericht.[187] Entsprechend sah der **EFTA-Gerichtshof** das **norwegische Alkohol-** 54

[178] EuGH Slg. 1993, I-6097 = GRUR Int 1994, 56 – Keck und Mithouard.

[179] EuGH Slg. 1993, I-6097 Rn. 16 = GRUR Int 1994, 56 – Keck und Mithouard.

[180] So insbes. unter Hinweis auf Keck gegen eine kollisionsrechtliche Sichtweise → 5. Aufl. 2010, Einl. IPR Rn. 143.

[181] EuGH Slg. 1994, I-317 = NJW 1994, 1207 – Clinique.

[182] EuGH Slg. 1995, I-1923 = GRUR Int 1995, 804 – Mars.

[183] S. schon aus der Zeit vor Keck s. EuGH Slg. 1990, I-4827 = GRUR Int 1991, 215 – Pall; aus der Zeit nach Keck vor allem EuGH Slg. 2000, I-117 – Lifting Creme.

[184] So ausdrücklich EuGH Slg. 1998, I-4657 Rn. 37 = NJW 1998, 3183 – Gut Springenheide; Slg. 1999, I-513 Rn. 36 = GRUR Int 1999, 345 – Sektkellerei Kessler.

[185] So zB die Auslegung des Irreführungsbegriffs der VO (EWG) 1907/90 aF über bestimmte Vermarktungsnormen für Eier (heute VO (EG) 1234/2007) in EuGH Slg. 1998, I-4657 = NJW 1998, 3183 – Gut Springenheide; s. auch zur RL 79/112/EWG aF (heute VO (EU) 1169/2011) über die Etikettierung und Aufmachung von Lebensmitteln sowie die Werbung hierfür in EuGH Slg. 2000, I-2297 = EuZW 2000, 508 – Darbo.

[186] EuGH Slg. 1994, I-317 Rn. 12, 19 = NJW 1994, 1207 – Clinique; ebenso anschaulich EuGH Slg. 2000, I-117 Rn. 22 ff. = GRUR Int 2000, 354 – Estée Lauder.

[187] EuGH Slg. 2001, I-1795 = GRUR Int 2001, 553 – Gourmet International.

werbeverbot als Maßnahme gleicher Wirkung iSd Warenverkehrsfreiheit des EWR-Abkommens unter vollständiger Berücksichtigung der Keck-Formel an und verwies nur die Rechtfertigungsprüfung an das vorlegende nationale Gericht zurück.[188] Die Prüfung erfolgte in diesen Fällen ohne Rücksicht darauf, ob auch das Herkunftsland über ein entsprechendes Werbeverbot verfügt oder nicht. Die **Funktion der Warenverkehrsfreiheit als Garantie der Marktzutrittsfreiheit** kann die kollisionsrechtliche Ansicht gerade nicht erklären.

55 Schließlich hat der EuGH die **Keck-Formel** bislang nicht für den Bereich der **Dienstleistungsfreiheit** nach Art. 56 AEUV übernommen. Lediglich in der Rechtssache **„Alpine Investments"** nahm der EuGH zu dieser Frage explizit Stellung.[189] Im Ergebnis lehnte er die Übertragung für die allein entscheidungserhebliche Situation der **Regelung des Exportstaates** – nämlich das Verbot unaufgeforderter Telefonanrufe (sog. „cold-calling") bei Kunden im Ausland zum Absatz von Warentermingeschäften – mit der überzeugenden Begründung ab, dass das Verbot der Kontaktaufnahme mit Kunden im Ausland jedenfalls in den Anwendungsbereich von Art. 56 AEUV falle.[190] Ob der EuGH in Bezug auf **Regelungen des Importstaates** zu einem anderen Ergebnis kommen würde, ist bislang nicht abschließend geklärt. Jedenfalls kam der EuGH in einschlägigen Fällen der Kollision nationalen Werberechts mit der Dienstleistungsfreiheit zur Rechtfertigungsprüfung, ohne die Keck-Rspr. auch nur zu erwähnen.[191] Unabhängig davon, ob die Keck-Formel für den Bereich der Dienstleistungsfreiheit zu übernehmen ist, ist ein kollisionsrechtlicher Charakter der Dienstleistungsfreiheit jedenfalls zu verneinen.

56 **b) Das Herkunftslandprinzip in der RL 2010/13/EU über audiovisuelle Mediendienste und der E-Commerce-RL. aa) Relevanz des Rechts im Sende- bzw. Herkunftsstaat.** Sektorspezifisches Lauterkeitsrecht ist in der RL 2010/13/EU (früher: Fernseh-RL) und der E-Commerce-RL zu finden. Beide Richtlinien lösen sich von einer umfassenden Regelungszuständigkeit des Empfangs- und Abrufstaates und verweisen auf die besondere Relevanz des Rechts im Herkunftsland.[192] Hinter diesem Regelungsansatz steht der gesetzgeberische Entschluss, die Mediendiensteanbieter, einschließlich der Fernsehanstalten, und Unternehmen im elektronischen Geschäftsverkehr von der Pflicht zur Berücksichtigung des Rechts in den verschiedenen Mitgliedstaaten weitgehend zu befreien und die rechtlichen Anforderungen auf eine Rechtsordnung, nämlich jene des Niederlassungsstaates des Unternehmens,[193] zu konzentrieren. Anders als im Anwendungsbereich der Grundfreiheiten kann der Empfangs- oder Abrufstaat die Anwendung eigenen Rechts nicht mehr mit zwingenden Erfordernissen des Gemeinwohls begründen. Das **sekundärrechtliche Herkunftslandprinzip** nimmt den Mitgliedstaaten die beim primärrechtlichen Herkunftslandprinzip gegebene Rechtfertigungsmöglichkeit. Im Ergebnis kommt so es zu einer weiteren **Liberalisierung der Geschäftstätigkeit im Binnenmarkt.** Gleichzeitig wird den Unternehmen die Wahl der günstigsten Rechtsordnung durch einen Wechsel des Niederlassungsstaates und damit ein forum shopping erlaubt.[194]

57 **bb) Anwendungsbereich.** Der Anwendungsbereich des sekundärrechtlichen Herkunftslandprinzips beschränkt sich in beiden Richtlinien auf das **Verhältnis der EU-Mitgliedstaaten und der Staaten des EWR zueinander.** Nur deshalb ist der Verzicht auf die Anwendung des eigenen Rechts für die einzelnen Staaten auch hinnehmbar. Droht ein berechtigtes Regelungsanliegen im

---

188 EFTA-Gerichtshof 25.2.2005 – E-4/04 – Pedicel, http://www.eftacourt.int/download/4-04-judgment/?wpdmdl=1575 (zuletzt abgerufen am 1.5.2024).

189 EuGH Slg. 1995, I-1141 = GRUR Int 1995, 900 – Alpine Investments.

190 EuGH Slg. 1995, I-1141 Rn. 36 ff. = GRUR Int 1995, 900 – Alpine Investments; zust. auch *U. Becker* NJW 1996, 179 (180 f.).

191 EuGH Slg. 1994, I-1039 = BeckRS 2004, 75900 – Schindler; Slg. 1997, I-3843 Rn. 48 ff. = GRUR Int 1997, 913 – De Agostini.

192 Die beiden Prinzipien werden umfassend erörtert bei *Blasi,* Das Herkunftslandprinzip der Fernseh- und der E-Commerce-Richtlinie, 2003; zum Sendelandprinzip der früheren Fernseh-RL s. auch HdB-WettbR/*Ahrens* § 68 Rn. 19 ff.

193 Der Begriff der Niederlassung ist durch eine Definition in Art. 2 Abs. 2–4 RL 2010/13/EU sowie Art. 2 lit. c E-Commerce-RL näher definiert. Er wurde zudem vom EuGH in anderem Zusammenhang konkretisiert, EuGH Slg. 1991, I-3905 = BeckRS 2004, 75196 – Factortame. Zur deutschen Umsetzung der E-Commerce RL s. § 2a TMG.

194 Deshalb wird verschiedentlich eine Verwässerung der nationalen Standards, ein „race to the bottom" befürchtet; so *Lehmann* EuZW 2000, 517 (518); *Lehmann* in Lehmann, Electronic Business in Europa, 2002, 96 (Rn. 7 f.), vor allem unter Hinweis auf die Folgen für das strafrechtliche Pornographieverbot und den Schutz des allgemeinen Persönlichkeitsrechts; ebenso *Hoeren* MMR 1999, 192 (194); dagegen jurisPK-UWG/*Ullmann* Einl. Rn. 132, der Vorteile aus dem Herkunftslandprinzip für zu unbedeutend hält, um Einfluss auf die Standortentscheidungen von Unternehmen zu nehmen.

Sinne der zwingenden Erfordernisse des Gemeinwohls unterlaufen zu werden, kann zumindest der europäische Gesetzgeber versuchen, das Schutzniveau im Binnenmarkt insgesamt im Wege der Rechtsangleichung zu erhöhen. Für ausreichenden Schutz gegen unlauteren Wettbewerb in Drittstaaten kann der europäische Gesetzgeber dagegen nicht sorgen.

Die Neufassung der ursprünglichen Fernseh-RL als **RL 2010/13/EU über audiovisuelle Mediendienste** (→ Rn. 11 mwN) führte zu einer Ausdehnung des Anwendungsbereichs der Bestimmungen der Richtlinie über die zunächst erfassten linearen Fernsehsendungen hinaus auf **„fernsehähnliche" Mediendienste „auf Abruf",** wie etwa Video-on-demand-Dienste.[195] Da es nicht mehr allein um das „Senden" geht, spricht auch die Änderungs-RL 2007/65/EG nicht mehr vom **„Sendelandprinzip",** sondern vom **„Herkunftslandprinzip".** Dieses Prinzip hat, in Fortführung des Regelungsansatzes für das frühere Sendelandprinzip, einen nur sehr eingeschränkten Anwendungsbereich. Gemäß Art. 3 Abs. 1 RL 2010/13/EU (früher Art. 2a Abs. 1 Fernseh-RL) gewährleisten die Mitgliedstaaten den freien Empfang und behindern nicht die Weiterverbreitung von audiovisuellen Mediendiensten aus anderen Mitgliedstaaten in ihrem Hoheitsgebiet aus Gründen, „die durch diese Richtlinie koordiniert sind". Der EuGH hat den Begriff des **koordinierten Bereichs** im Sinne der Fernseh-RL in der Entscheidung **„De Agostini"** eng ausgelegt.[196] Zwar regle die Fernseh-RL auch werberechtliche Fragen. Außerhalb des koordinierten Bereichs liegen aber jene Vorschriften, die nicht spezifisch die Tätigkeit von Fernsehanstalten regeln, sondern allgemein dem Verbraucherschutz und der Lauterkeit des Handelsverkehrs dienen.[197] Im zu entscheidenden Fall war damit die Anwendung des Verbots der Werbung gegenüber Kindern unter zwölf Jahren vom Sendelandprinzip erfasst, weil sich eine entsprechende Regelung im schwedischen Rundfunkrecht fand.[198] Anders lag es dagegen beim Irreführungsverbot des schwedischen Werberechts.[199] Diese Rspr. behält auch unter Geltung der RL 2010/13/EU ihre Bedeutung. 58

Im Vergleich dazu hat das Herkunftslandprinzip nach der **E-Commerce-RL** eine erheblich stärker liberalisierende Wirkung. Zwar gilt dieses Prinzip nach Art. 3 Abs. 1 E-Commerce-RL ebenfalls nur im koordinierten Bereich. Jedoch definiert **Art. 2 lit. h E-Commerce-RL** den **koordinierten Bereich** erheblich **weiter,** als dies vom EuGH in „De Agostini" für die Fernseh-RL angenommen wurde. Erfasst sind alle rechtlichen Anforderungen, die das einzelstaatliche Recht an Dienste der Informationsgesellschaft[200] und deren Anbieter stellt und zwar **unabhängig davon, ob diese Anforderungen speziell an solche Dienste und Anbieter gestellt werden oder nicht.** Ausdrücklich gedeckt sind alle Anforderungen in Bezug auf die **Aufnahme und Ausübung der Tätigkeit** eines Dienstes der Informationsgesellschaft, einschließlich der werberechtlichen Bestimmungen. Der koordinierte Bereich ist abzugrenzen vom sog. **„harmonisierten" Bereich,** also jenem Bereich, der von der Richtlinie inhaltlich angeglichen wird. Die E-Commerce-RL setzt im Ergebnis das Herkunftslandprinzip unabhängig von jeglicher Angleichung durch und zieht damit den koordinierten Bereich deutlich weiter als den harmonisierten.[201] Die Anwendung des Herkunftslandprinzips ist für viele Regelungsgebiete nicht unproblematisch. Daher sieht die Richtlinie eine Reihe von **Ausnahmen** vor, die sich in drei Gruppen gliedern lassen: (1.) Nichtanwendung der Richtlinie in einigen Gebieten; (2.) Ausnahmen vom Herkunftslandprinzip für einzelne Regelungsbereiche; (3.) Ausnahmen vom Herkunftslandprinzip in Einzelfällen. Für den Bereich des **Lauterkeitsrechts** findet sich eine Einschränkung, soweit im Anhang zur Richtlinie der Bereich der **Zulässigkeit nicht angeforderter kommerzieller Kommunikation mittels elektronischer** 59

---

[195] Problematisch ist vor allem die Abgrenzung zu anderen audiovisuellen Online-Angeboten, die nicht als Mediendienste anzusehen sind, zB auf privaten Webseiten eingestellte Videos; zum Begriff der audiovisuellen Mediendienste *Kleist/Scheuer* MMR 2006, 127 (128 ff.); *W. Schulz* EuZW 2008, 107 (108 f.); *Stender-Vorwachs/Theißen* ZUM 2007, 613 (615 f.). Nach der Auslegung der Fernseh-RL aF durch den EuGH Slg. 2005, I-4891 Rn. 39 = EuZW 2005, 470 – Mediakabel, fallen interaktive On-Demand-Dienste nicht unter dem Begriff der Fernsehtätigkeit.

[196] EuGH Slg. 1997, I-3843 Rn. 28 ff. = GRUR Int 1997, 913 – De Agostini; s. dazu *Henning-Bodewig* in Schricker/Henning-Bodewig, Neuordnung des Wettbewerbsrechts, 1998/99, 81 (89 ff.).

[197] EuGH Slg. 1997, I-3843 Rn. 34 = GRUR Int 1997, 913 – De Agostini.

[198] Ausf. zum koordinierten Bereich der RL *Blasi,* Das Herkunftslandprinzip der Fernseh- und der E-Commerce-Richtlinie, 2003, 186 ff.

[199] EuGH Slg. 1997, I-3843 Rn. 38 = GRUR Int 1997, 913 – De Agostini.

[200] Hiervon werden im Verhältnis zum Internetnutzr auch rein werbefinanzierte Online-Dienste erfasst; EuGH ECLI:EU:C:2014:2209 = MMR 2016, 63 Rn. 28 ff. – Papasavvas; darüber hinaus unterfällt jede Online-Werbung, selbst für Dienstleistungen, die nicht online erbracht werden können, dem Herkunftlandprinzip der Richtlinie, EuGH ECLI:EU:C:2017:335 = GRUR 2017, 627 Rn. 32 ff. – Vanderborght; s. auch *De Miguel Asensio,* Conflict of Laws in the Internet, 2020, Rn. 2.04 ff.

[201] Hierin sieht *Bodewig* GRUR Int 2000, 475 (479) den großen Unterschied zum Regelungsansatz der Fernseh-RL.

Post gemäß Art. 3 Abs. 3 E-Commerce-RL von der Anwendung des Herkunftslandprinzips ausgenommen wird.

60 Im Lichte der Erweiterung des Anwendungsbereichs der Fernseh-RL auf alle audiovisuellen Mediendienste ist die **Abgrenzung der Anwendungsbereiche der beiden Richtlinien** von besonderer Bedeutung. Die Hereinnahme der interaktiven On-Demand-Dienste scheint die stärkere Liberalisierung durch die E-Commerce-RL im Internet-Bereich geradezu zu bedrohen.[202] Zweifellos überschneiden sich die Richtlinien im Bereich von Online-Angeboten. Art. 4 Abs. 7 RL 2010/13/EU geht für diese Fälle davon aus, dass die E-Commerce-RL grundsätzlich parallel anwendbar ist. Freilich soll im Falle der **Kollision** die RL 2010/13/EU Anwendung finden. Unterschiede im Regelungsgehalt ergeben sich im Lichte der De Agostini-Rspr. gerade in Bezug auf den Geltungsbereich des Herkunftslandprinzips. Die Frage stellt sich, ob sich im Anwendungsbereich beider Richtlinien der Diensteanbieter auf das Herkunftslandprinzip der E-Commerce-RL berufen kann, um der Anwendung einer allgemeinen, dh nicht medienspezifischen lauterkeitsrechtlichen Regelung des Abrufstaates zu entgehen, obwohl hier das Herkunftslandprinzip der RL 2010/13/EU nicht greift. Für diesen Fall ist die Anwendung der E-Commerce-RL zu befürworten, denn die RL 2010/13/EU verpflichtet den Abrufstaat ja nicht, sein strengeres nationales Recht anzuwenden. Nach der De Agostini-Rspr. gehören solche Regelungen gerade nicht zum koordinierten Bereich dieser Richtlinie, so dass die E-Commerce-RL uneingeschränkt angewendet werden kann. Dies ergibt sich auch aus Erwägungsgrund 56 RL 2007/65/EG zur Änderung der Fernseh-RL. Dort unterscheidet der Richtliniengeber auch terminologisch zwischen den „Praktiken, die unter die vorliegende Richtlinie fallen" und den durch die UGP-RL geregelten unlauteren Geschäftspraktiken. So fehlt es bereits an einer Kollision iSv Art. 4 Abs. 7 RL 2010/13/EU. Indem die Vorschrift die E-Commerce-RL für parallel anwendbar erklärt wird, soll vor allem sichergestellt werden, dass die in der E-Commerce-RL enthaltenen Bestimmungen zum Ausschluss der Providerhaftung unberührt bleiben (so angedeutet in Erwägungsgrund 23 RL 2007/65/EG) und Beschränkungen der freien Erbringung audiovisueller Mediendienste nur nach den in Art. 3 Abs. 4–6 RL 2000/31/EG festgelegten Bedingungen und Verfahren erfolgen können (so ausdrücklich Erwägungsgrund 35 RL 2007/65/EG).

61 Das **Lauterkeitsrecht** gehört zu den **Hauptanwendungsgebieten des Herkunftslandprinzips der E-Commerce-RL.** Die Bedeutung des Herkunftslandprinzips für das Lauterkeitsrecht wäre jedoch erheblich eingeschränkt, wenn Bedenken des **Schrifttums** zuträfen, wonach möglicherweise das Herkunftslandprinzip **im Bereich der irreführenden Werbung keine Anwendung** fände.[203] Zwei Argumente werden angeführt: Zum einen soll nach Art. 1 Abs. 3 E-Commerce-RL das durch andere EU-Rechtsakte gewährleistete Schutzniveau unberührt bleiben. In diesem Zusammenhang nennt Erwägungsgrund 11 ausdrücklich auch die Richtlinie über die irreführende und vergleichende Werbung, soweit die Freiheit, Dienste der Informationsgesellschaft anzubieten, dadurch nicht eingeschränkt wird.[204] Zum anderen habe der EuGH in der Entscheidung **„De Agostini"** klar formuliert, dass die Irreführungs-RL ihren Sinn verlöre, würde man über das Sendelandprinzip der Fernseh-RL die Anwendung des Irreführungsverbots nach dem Recht des Empfangsstaates einfach ausschließen.[205] Tatsächlich vertrat der EuGH in „De Agostini" einen Vorrang der Irreführungs-RL gegenüber der Fernseh-RL.[206] Trotzdem können diese **Bedenken** gegen eine Anwendung des Herkunftslandprinzips im Bereich der irreführenden Werbung **nicht durchgreifen.** Die sich aus dem Herkunftslandprinzip ergebende Pflicht des Empfangsstaates, eine Regelung zu unterlassen, darf nämlich nicht isoliert von der **Regelungspflicht des Sende- oder Herkunftsstaates** betrachtet werden. Nach Art. 3 Abs. 1 E-Commerce-RL hat nämlich der Niederlassungsstaat des Anbieters als „Herkunftsland" dafür zu sorgen, dass alle rechtlichen Anforderungen im „koordinierten Bereich" erfüllt werden. Daher werden nach der Konzeption der Richtlinie die Anforderungen der Irreführungs-RL zwar nicht über die Umsetzungsvorschriften des Abrufstaates, aber doch über jene des Herkunftsstaates gewährleistet. Hierfür genügt es, dass der Niederlassungsstaat das **Mindestschutzniveau** der Richtlinie in Bezug auf das Recht der **irreführenden Werbung** einhält (s. heute Art. 8 Abs. 1 Irreführungs-RL, → Rn. 4 mwN),[207] denn zu weiter gehendem Schutz

202 Krit. deshalb *W. Schulz* EuZW 2008, 107 (111) angesichts des fehlenden Mutes zu einer übergreifenden „Content-RL".

203 S. *Bodewig* GRUR Int 2000, 475 (481); *Henning-Bodewig* WRP 2001, 771 (774 f.); beide Autoren weisen nur auf das Problem hin, ohne sich selbst festzulegen.

204 Vor allem diese abschließende Einschränkung zu Gunsten des freien Verkehrs der Dienste der Informationsgesellschaft führt zu Verständnisschwierigkeiten. Nach der hier vertretenen Begr. kommt es auf diese Passage nicht an, da ohnehin kein Konflikt zwischen den beiden Richtlinien besteht.

205 EuGH Slg. 1997, I-3843 Rn. 37 = GRUR Int 1997, 913 – De Agostini.

206 Zust. *Blasi,* Das Herkunftslandprinzip der Fernseh- und der E-Commerce-Richtlinie, 2003, 241.

207 In Bezug auf die vergleichende Werbung verfolgt die Richtlinie gemäß Art. 8 Abs. 2 Irreführungs-RL eine abschließende Angleichung. Im Vergleich zur ursprünglichen RL 84/450/EWG haben sich damit diese Grundsätze nicht verändert. Freilich hat sich der Anwendungsbereich auf Werbung gegenüber Gewerbetrei-

verpflichtet die Richtlinie nicht. Im Bereich der Fernseh-RL konnte der EuGH die Dinge anders sehen (Gleiches gilt für den Anwendungsbereich der heutigen RL 2010/13/EU). Zwar ließ sich die Regelungs- und Kontrollpflicht nach Art. 2 Abs. 1 Fernseh-RL (heute: Art. 2 Abs. 1 RL 2010/13/EU) so verstehen, dass sie sich auf alle rechtlichen Anforderungen in Bezug auf die Sendung – also über den eng definierten koordinierten Bereich hinaus (→ Rn. 58) – erstreckt und damit auch das Recht der irreführenden Werbung mit abgedeckt hat.[208] Weil aber dieses Recht nicht zum koordinierten Bereich gehört, muss es dem Empfangsstaat nach dem Sendelandprinzip (heute: Herkunftslandprinzip) erlaubt sein, sein Recht zur Anwendung zu bringen, soweit es über den von der Irreführungs-RL verbürgten Mindestschutz hinausgeht.[209] So lässt sich die Rspr. zur Fernseh-RL wegen des unterschiedlichen Bereichs der Koordinierung und wegen des Mindestschutzcharakters der Angleichung bei der irreführenden Werbung nicht auf die Situation der E-Commerce-RL übertragen.[210] Im Ergebnis fehlt es an dem befürchteten Konflikt mit der Richtlinie über irreführende und vergleichende Werbung. So gilt das Herkunftslandprinzip der E-Commerce-RL im **gesamten Bereich des Lauterkeitsrechts;** eine Ausnahme besteht gemäß Art. 3 Abs. 3 E-Commerce-RL iVm Anh. E-Commerce-RL nur in Bezug auf die lauterkeitsrechtliche Beurteilung der Versendung **unaufgeforderter Werbe-E-Mails.**

cc) Das Herkunftslandprinzip der RL 2010/13/EU als Kollisionsrecht. Wegen der engen Definition des koordinierten Bereichs in der **RL 2010/13/EU** über audiovisuelle Mediendienste und der darin vorgenommenen Angleichung hat die Frage der kollisionsrechtlichen Bedeutung des Sende-/Herkunftslandprinzips dieser Richtlinie eher geringe praktische Relevanz. Aufgrund der eindeutigen Formulierung des Art. 3 Abs. 2 RL 2010/13/EU und Erwägungsgrund 15 **überwiegt** die Auffassung, wonach die **kollisionsrechtliche Bedeutung** zu **bejahen** ist.[211] Allerdings ist auch dieses Verständnis nicht zwingend. Vielmehr lässt sich das Herkunftslandprinzip dieser Richtlinie nach dem Vorbild des primärrechtlichen Herkunftslandprinzips als **Grundsatz des Freiverkehrs** verstehen.[212] 62

dd) Das Herkunftslandprinzip der E-Commerce-RL als Kollisionsrecht? Anders liegt es bei der E-Commerce-RL mit ihrem weiter gezogenen **koordinierten** Bereich, der die Grenzen der substanziellen Angleichung hinausgeht und vor allem wesentliche Teile des Lauterkeits- und Werberechts umfasst. Die Funktion des Herkunftslandprinzips in der E-Commerce-RL und folglich seine Umsetzung im deutschen TMG wirft zudem allgemeine Fragen zur Gestaltung der Anknüpfung im IPR und ihrer Formulierung in EU-Richtlinien auf (→ EGBGB Art. 3 Rn. 80 ff.). Im Folgenden geht es **nur um die Bedeutung des Herkunftslandprinzips für die lauterkeitsrechtlichen Aspekte des elektronischen Geschäftsverkehrs,** wobei Art. 2 lit. b Ziff. i E-Commerce-RL die elektronische Werbung hervorhebt. Zur Verdeutlichung der hier vertretenen Position (→ Rn. 77) sind vorgängig grundsätzliche Überlegungen anzustellen, die über das eigentliche Lauterkeitsrecht hinausgreifen. Das Regelungsziel des Herkunftslandprinzips der E-Commerce-RL liegt zumindest nicht primär in einer kollisionsrechtlichen Regelung. Vielmehr ist es als **Instrument zur Verwirklichung des Binnenmarktes** gedacht. Es soll zwischen den Staaten, in denen die Richtlinie anwendbar ist, den **freien Verkehr von Diensten der Informationsgesellschaft gewährleisten,** soweit diese den rechtlichen Anforderungen des Staates genügen, in dem der Diensteanbieter niedergelassen ist. Dabei ist gemäß Art. 3 Abs. 1 E-Commerce-RL vom Herkunftsstaat als dem Staat 63

---

benden verengt. Die Neuregelung reagiert auf den Erlass der UGP-RL (→ Rn. 223 mwN), die für Werbung gegenüber Verbrauchern, einschließlich der irreführenden Werbung, eine abschließende Angleichung vornimmt.

208 So etwa die überzeugende Auslegung von Art. 3 Abs. 1 Fernseh-RL aF bei *Blasi,* Das Herkunftslandprinzip der Fernseh- und der E-Commerce-Richtlinie, 2003, 112, die gleichwohl das Irreführungsverbot nicht nennt.

209 Ähnlich wie hier *Blasi,* Das Herkunftslandprinzip der Fernseh- und der E-Commerce-Richtlinie, 2003, 376 f.

210 Freilich verweist der EuGH in EuGH Slg. 1997, I-3843 = GRUR Int 1997, 913 – De Agostini – nicht auf den ursprünglichen Art. 7 RL 84/450/EWG, die den Mindestschutzcharakter bestimmt hat, sondern auf Art. 4 Abs. 1 Irreführungs-RL (→ Rn. 223 mwN), wonach die Mitgliedstaaten für wirksame Möglichkeiten zur Bekämpfung irreführender Werbung und für die Gewährleistung der Bestimmungen über vergleichende Werbung zu sorgen haben.

211 S. etwa nur *Baetzgen,* Internationales Wettbewerbs- und Immaterialgüterrecht im EG-Binnenmarkt, 2007, Rn. 692; FBO/*Hausmann/Obergfell* IntLautPrivR Rn. 120; MüKoUWG/*Mankowski* IntWettbR Rn. 56 und 98 ff.; aA HdB-WettbR/*Ahrens* § 68 Rn. 20; *Fischer* Der Schutz von Know-how im deutschen materiellen und Internationalen Privatrecht, 2011, 217.

212 So Staudinger/*Fezer/Koos,* 2015, IntWirtschR Rn. 572; *Sack,* Internationales Lauterkeitsrecht, 2019, Kap. 9 Rn. 43.

der Niederlassung dafür zu sorgen, dass diese Dienste den dortigen Anforderungen entsprechen. Dem Abrufstaat wird sodann durch Art. 3 Abs. 2 E-Commerce-RL verboten, diese Dienste einer zusätzlichen Kontrolle zu unterwerfen. Das Herkunftslandprinzip der E-Commerce-RL basiert im System der Grundfreiheiten auf dem Gedanken der grundsätzlichen Gleichwertigkeit der nationalen Rechtsordnungen und der gegenseitigen Anerkennung (auch → Rn. 48). Soweit das Prinzip greift, erübrigt sich eine Rechtsangleichung durch den europäischen Gesetzgeber.

64 Ein **kollisionsrechtliches Verständnis** kommt überhaupt nur für den **privatrechtlichen Teilanwendungsbereich** des Herkunftslandprinzips in Betracht. Die Regelungen in Art. 3 Abs. 1 und 2 E-Commerce-RL sind offensichtlich vor dem **Hintergrund einer hoheitlichen Rechtsanwendungssituation** formuliert worden (so spricht Erwägungsgrund 22 E-Commerce-RL auch tatsächlich von einem Behördenhandeln): Der Niederlassungsstaat soll sein Recht durchsetzen (Art. 3 Abs. 1 E-Commerce-RL); dem Abrufstaat wird die Kontrolle verboten (Art. 3 Abs. 2 E-Commerce-RL). Das Herkunftslandprinzip gilt aber unbestreitbar auch im privatrechtlichen Bereich. Für diesen liegt eine **kollisionsrechtliche Umdeutung** nahe, obwohl die Vorschrift ihrem Wortlaut nach Gerichte nicht dazu verpflichtet, das fremde Recht des Herkunftslandes anzuwenden. Der Wortlaut des Art. 3 Abs. 2 E-Commerce-RL stünde einer kollisionsrechtlich veranlassten Entscheidung der Gerichte anderer Staaten nach dem Recht des Niederlassungsstaates sogar entgegen, verbietet die Vorschrift doch ganz allgemein die Kontrolle durch Staaten, in denen der Anbieter nicht niedergelassen ist.

65 Sowohl einer internationalprozessrechtlichen als auch einer kollisionsrechtlichen Deutung möchte der europäische Gesetzgeber offensichtlich den Weg versperren. Nach **Art. 1 Abs. 4 E-Commerce-RL** soll die Richtlinie **weder zusätzliche Regeln im Bereich des internationalen Privatrechts noch in Bezug auf die Zuständigkeit der Gerichte** schaffen.[213] Bestätigt wird dies weiterhin durch die Erwägungsgründe zur Richtlinie. Dort heißt es, dass die Vorschriften des nationalen Rechts, „die durch Regeln des internationalen Privatrechts berufen sind", die Freiheit zur Erbringung von Diensten der Informationsgesellschaft nicht einschränken dürfen (Erwägungsgrund 23). Danach hätte die **kollisionsrechtliche Anknüpfung der Anwendung des Herkunftslandprinzips vorauszugehen.**[214] Zuerst hätte das zur Entscheidung berufene Gericht über sein Kollisionsrecht das anwendbare Recht zu ermitteln. Ist dieses das Recht des Abrufstaates, darf es nicht angewendet werden, sofern es zu einer Beeinträchtigung des freien Verkehrs von Diensten der Informationsgesellschaft kommen würde. Das Kollisionsrecht bliebe formal unangetastet; erst das Sachrecht, auf das das Kollisionsrecht des zuständigen Gerichts verweist, müsste mit dem Herkunftslandprinzip im Einklang stehen.[215] Diesem Regelungsmodell ist auch der deutsche Gesetzgeber **in § 3 Abs. 1 und 2 TMG gefolgt,** indem er sich bei der Umsetzung eng an die Bestimmungen der Richtlinie hielt. In § 3 Abs. 1 TMG wird bestimmt, dass in Deutschland niedergelassene Diensteanbieter und ihre Telemedien den Anforderungen des deutschen Rechts auch dann unterliegen, wenn die Dienste in einem anderen Staat, für den die E-Commerce-RL gilt, geschäftsmäßig angeboten oder erbracht werden.[216] Nach § 3 Abs. 2 S. 1 TMG darf der freie Dienstleistungsverkehr mit solchen Diensten nicht eingeschränkt werden, wenn der Anbieter in einem anderen Staat der Richtliniengeltung niedergelassen ist.

66 Trotz dieser gesetzlichen Vorgaben hat sich ein intensiv ausgetragener **Streit um die kollisions- oder rein sachrechtliche Einordnung** des Herkunftslandprinzips entfacht. Weder die ausdrückliche Regelung in Art. 1 Abs. 4 E-Commerce-RL noch die deutschen Umsetzungsvorschriften haben verhindern können, dass sich gewichtige Stimmen im Schrifttum für eine kollisionsrechtliche Einordnung des Herkunftslandprinzips sowohl nach europäischem Recht als auch nach der deutschen Umsetzung ausgesprochen haben. Dem standen freilich ebenso gewichtige ablehnende Stimmen gegenüber. Da der Streit seine Ursache in Unstimmigkeiten des Wortlauts der Richtlinie hatte, gelangte *Sonnenberger* (→ 4. Aufl. 2006, Einl. IPR Rn. 192) zu einer sehr kritischen Würdigung und stellt sogar ihre Umsetzungsfähigkeit in Frage.

67 Im Jahre 2011 hat der **EuGH** in „eDate und Martinez" die **kollisionsrechtliche Deutung des Herkunftslandprinzips der Richtlinie ausdrücklich verneint** und dies mit Art. 1 Abs. 4 E-Commerce-RL begründet.[217] Der EuGH zieht daraus den Schluss, dass Art. 3 E-Commerce-RL

[213] Schon deshalb gegen einen kollisionsrechtlichen Charakter *Leistner* in Bettinger/Leistner, Werbung und Vertrieb im Internet, 2003, 5 (Rn. 85).

[214] So auch deutlich formuliert bei *Müller-Broich,* Telemediengesetz, 2002, TMG § 3 Rn. 2.

[215] So auch *Maennel* in Lehmann, Electronic Business in Europa, 2002, 44 (Rn. 23); *Tison* in Adenas/Roth, Services and Free Movement in EU Law, 2002, 321 (370 ff.).

[216] Vgl. etwa zur Situation in Österreich *Lurger/Vallant* RIW 2002, 188 (191, 200 ff.).

[217] EuGH GRUR 2012, 300 Rn. 60 – eDate und Martinez; dazu vor allem *Sack* EWS 2011, 513. Die Entscheidung begrüßt *Nettlau,* Die kollisionsrechtliche Behandlung von Ansprüchen aus unlauterem Wettbewerbsverhalten gemäß Art. 6 Abs. 1 und 2 Rom II-VO, 2013, 165 f., weil so eine Spaltung der anwendbaren Kollisionsnormen vermieden wurde. Das zugrundeliegende eDate-Verfahren betraf einen Fall des grenzüber-

„keine Umsetzung in Form einer speziellen Kollisionsregel verlangt“.[218] Sicherzustellen sei nach Art. 3 Abs. 2 E-Commerce-RL gleichwohl, dass der Anbieter im Abrufstaat keinen Anforderungen unterworfen wird, die strenger sind als jene im Niederlassungsstaat.[219] Dogmatisch versteht der EuGH damit das Herkunftslandprinzip als **„Korrektiv des nach den nationalen Kollisionsnormen für anwendbar erklärten Rechts“.**[220] Dabei orientiert sich der EuGH an der Zwecksetzung des Herkunftslandprinzips, den freien Verkehr von Diensten der Informationsgesellschaft zu gewährleisten. Im Lichte dieser Überlegungen verneint der EuGH auch für Art. 3 Abs. 1 E-Commerce-RL jede kollisionsrechtliche Bedeutung,[221] obwohl die dort statuierte Verpflichtung der Mitgliedstaaten, die innerstaatlichen Anforderungen in Bezug auf die Dienste durchzusetzen, die von Unternehmen mit einer inländischen Niederlassung erbracht werden, im Sinne einer Kollisionsnorm formuliert ist.[222]

Der in der → 5. Aufl. 2010, Rn. 67 ff. ausführlich dargestellte dogmatische Streit über die 68
Einordnung des sekundärrechtlichen Herkunftslandprinzips hat mit der Entscheidung des EuGH an praktischer Bedeutung verloren.[223] Dennoch soll dieser Streit an dieser Stelle nachgezeichnet werden,[224] denn diese Diskussion zeigt, dass der **EuGH** mit seiner Entscheidung eine zugleich **dogmatisch korrekte als auch rechtspolitisch sinnvolle Lösung verwirklicht.** Dies hat vor allem für die nachfolgende Frage Bedeutung, ob dem sachrechtlichen Verständnis auch für die nationale Umsetzung gefolgt werden soll. Tatsächlich verneint der EuGH in „eDate und Martinez“ lediglich eine Verpflichtung zur kollisionsrechtlichen Umsetzung, ohne diese ausdrücklich zu verbieten.[225] So könnte durchaus Spielraum für eine kollisionsrechtliche Umsetzung bestehen. Im Schrifttum aus der Zeit vor der Entscheidung des EuGH lassen sich zahlreiche Auffassungen unterscheiden, von denen hier mit Blick auf das Lauterkeitsrecht **fünf Ansichten** zur Rolle des Herkunftslandprinzips als kollisionsrechtliches Prinzip näher angesprochen werden.[226]

(1) Nach der ersten Auffassung soll das Herkunftslandprinzip sogar die **internationale Zuständigkeit** regeln. In der Tat liegt eine solche internationalzivilprozessuale Deutung im Lichte des Wortlauts, der am staatlichen Handeln ansetzt, näher als die kollisionsrechtliche. Danach würde sich aus der Pflicht des Herkunftslandes, die Dienste der Informationsgesellschaft zu kontrollieren, nicht nur die ausnahmslose Anwendung des Sachrechts des Herkunftslandes ergeben, sondern auch, dass dieses Recht vor den Gerichten des Herkunftslandes geltend zu machen ist.[227] 69

Diese Auffassung ist nicht nur mit Blick auf Art. 1 Abs. 4 E-Commerce-RL abzulehnen.[228] Sie 70
widerspricht vor allem auch der europarechtlichen Regelung der Zuständigkeiten der Zivilgerichte durch die später erlassene Brüssel I-VO (→ Rn. 213), die am 1.3.2002, kurz nach Ablauf der Umsetzungsfrist für die E-Commerce-RL in Kraft getreten ist.[229] Der allgemeine Beklagtengerichtsstand des heutigen Art. 4 Abs. 1 Brüssel Ia-VO wird zwar in aller Regel zur Zuständigkeit der Gerichte des Herkunftslandes führen. Jedoch kann der Kläger nach **Art. 7 Nr. 2 Brüssel Ia-VO**

---

schreitenden Schutzes des Persönlichkeitsrechts. Wegen des weiten Anwendungsbereichs des Herkunftslandprinzips gelten die Grundaussagen der Entscheidung aber auch für das Lauterkeitsrecht. Im DocMorris-Verfahren hatte der EuGH die Frage noch offen gelassen, weil die Frist für die Umsetzung der E-Commerce-RL zum entscheidungserheblichen Zeitpunkt noch nicht abgelaufen war. S. Schlussantrag GA *Sixt-Hackl* Slg. 2003, I-14887 Rn. 216 – Deutscher Apothekerverband/0800 DocMorris BV.

[218] EuGH GRUR 2012, 300 Rn. 68 – eDate und Martinez; zust. *Sack* EWS 2011, 513 (514).

[219] EuGH GRUR 2012, 300 Rn. 67 – eDate und Martinez.

[220] In diesem Sinne deutet der EuGH die Alternative zur kollisionsrechtlichen Deutung, die der BGH seiner Vorlagefrage zugrunde gelegt hatte; s. EuGH GRUR 2012, 300 Rn. 53 – eDate und Martinez.

[221] EuGH GRUR 2012, 300 Rn. 61 – eData und Martinez; *Sack* EWS 2011, 513 (514) weist darauf hin, dass die Aussage in Bezug auf Art. 3 Abs. 1 E-Commerce-RL eigentlich unnötig war. Dennoch begrüßt er die Klarstellung.

[222] Dem EuGH zust. *Sack* EWS 2011, 513 (515).

[223] Trotzdem haben einige Vertreter ihre Auffassung nicht geändert; s. etwa FBO/*Hausmann*/*Obergfell* IntLautPrivatR Rn. 134a mit dem Vorwurf an den EuGH, das Ziel der Schaffung eines klaren Rechtsrahmens zu untergraben; MüKoUWG/*Mankowski* IntWettbR Rn. 48 ff.

[224] Hierzu auch NK-BGB/*Weller* Rn. 24.

[225] Ebenso *De Miguel Asensio,* Conflict of Laws and the Internet, 2020, Rn. 2.34.

[226] Unbehandelt bleibt damit vor allem die in der → 5. Aufl. 2010, Einl. IPR Rn. 192 behandelte Auffassung, wonach Art. 3 Abs. 1 lediglich für „Eingriffsrecht“ eine Rolle spielt. Für das Lauterkeitsrecht hätte Art. 3 Abs. 1 nach dieser Auffassung keine Bedeutung. Denn ist Deutschland nicht der Staat des Marktortes, gibt es keine Gründe, deutsches Recht als Eingriffsrecht durchsetzen zu wollen.

[227] Mit diesem Ergebnis *Bernreuther* WRP 2001, 384 (385 f.); *Bernreuther* WRP 2001, 513 (515).

[228] Ebenso abl. *Sack,* Internationales Lauterkeitsrecht, 2019, Kap. 8 Rn. 38. S. auch *De Miguel Asensio,* Conflict of Laws and the Internet, 2020, Rn. 2.32.

[229] Wie hier *Mankowski* CR 2000, 763 (768 f.).

auch Klage am **Gericht der unerlaubten Handlung** erheben. Damit wird die Klageerhebung etwa in lauterkeitsrechtlichen Streitigkeiten häufig auch im Abrufstaat möglich sein.

71 **(2)** Nach einer weiteren, vielfach vertretenen kollisionsrechtlichen Einordnung soll dem Herkunftslandprinzip ein **ausnahmsloser kollisionsrechtlicher Verweis auf das Sachrecht des Herkunftslandes** zu entnehmen sein.[230] Diese Auffassung hat den Vorteil der Rechtsklarheit. Zur Anwendung berufen wäre stets nur eine nationale Rechtsordnung, nämlich jene des Herkunftslandes. Normativ kann sich diese Auffassung sowohl auf Art. 3 Abs. 1 E-Commerce-RL als auch auf die deutsche Umsetzung in § 3 Abs. 1 TMG berufen, wonach das Herkunftsland ausnahmslos zu garantieren hat, dass die Dienste der Informationsgesellschaft den Anforderungen des nationalen Rechts entsprechen. Schließlich spricht für diese Auffassung auch der Erwägungsgrund 22 E-Commerce-RL, wo es am Ende heißt, dass die Dienste der Informationsgesellschaft grundsätzlich dem Rechtssystem desjenigen Mitgliedstaates unterworfen werden, in dem der Anbieter niedergelassen ist.

72 Gegen diese kollisionsrechtliche Ansicht spricht jedoch der klar in Art. 1 Abs. 4 E-Commerce-RL zum Ausdruck gebrachte Wille **des europäischen Gesetzgebers, kein Kollisionsrecht zu schaffen,**[231] was inzwischen auch der EuGH in „eDate und Martinez" bestätigt hat (→ Rn. 67). In Bezug auf diese Vorschrift wurde zuvor dem europäischen Gesetzgeber von den Vertretern der kollisionsrechtlichen Auffassung jede Sachkenntnis in Bezug auf das Kollisionsrecht abgesprochen oder sogar behauptet, er habe die Dinge in Art. 1 Abs. 4 E-Commerce-RL nicht richtig durchdacht oder er versuche gar bewusst irrezuführen.[232] Diese Kritik wird nun auch dem EuGH entgegengehalten.[233] *Mankowski,* als namhaftester Vertreter der kollisionsrechtlichen Auffassung, erklärt Art. 1 Abs. 4 E-Commerce-RL für unbeachtlich.[234] Haltbar sind diese Gegeneinwände aber nicht. **Art. 1 Abs. 4 E-Commerce-RL** ist geltendes und von den Mitgliedstaaten zu beachtendes Unionsrecht. Dem steht nicht entgegen, dass die Vorschrift keine Rechtsfolge enthält.[235] Sie lässt sich sehr wohl, wie nun auch die Entscheidung des EuGH belegt, als **Auslegungsgrundsatz für das dogmatische Verständnis** des Herkunftslandprinzips heranziehen.[236] Mit der Vorschrift vereinbar ist nur ein sachrechtliches Verständnis des Herkunftslandprinzips.

73 Ein **praktischer Unterschied** zur sachrechtlichen Qualifikation des Herkunftslandprinzips ergibt sich, wenn sich das **Recht des Abrufstaates** als **günstiger** erweist als das Recht des Herkunftslandes.[237] Erlaubt beispielsweise das erstere nach seinem Lauterkeitsrecht eine bestimmte Form der Werbung im Gegensatz zum Recht des Herkunftslandes, müsste nach dem kollisionsrechtlichen Verständnis jedes Gericht in der EU die Werbung dennoch verbieten. Damit würde sich das Herkunftslandprinzip der Richtlinie in seiner Funktionsweise qualitativ grundlegend vom primärrechtlichen Herkunftslandprinzip unterscheiden. Im System der Grundfreiheiten fehlt es schon von Hause aus an einer Beschränkung, wenn der Importstaat den Import zulässt. Auf das Recht des Herkunftslandes kann es deshalb nur ankommen, soweit sich dieses für den Werbenden als günstiger erweist. Entsprechend ist auch im Lichte des Ziels der Herstellung des Binnenmarktes für den elektronischen Geschäftsverkehr die ausnahmslose Anwendung des Rechts des Herkunftslandes gerade nicht gebo-

---

[230] IdS vor allem *Mankowski* GRUR Int 1999, 909 (912 f.); *Mankowski* AfP 1999, 138; *Mankowski* WRP 2000, 657; *Mankowski* ZVglRWiss 100 (2001), 137 (140 f., 179 f.); *Mankowski* CR 2001, 630 (632); *Mankowski* IPRax 2002, 257; *Mankowski* EWS 2002, 401 (402 ff.); MüKoUWG/*Mankowski* IntWettbR Rn. 48 ff.; *Gierschmann* DB 2000, 1315 (1316); FBO/*Hausmann/Obergfell* IntLautPrivatR Rn. 134 ff.; *Lurger/Vallant* RIW 2002, 188 (198); *Nickels* DB 2001, 1919 (1922); *Stagl* ÖBl. 2004, 244 (251 f.); *Thünken* IPRax 2001, 15 (20 ff.); *Waldenberger* EuZW 1999, 296 (298).

[231] Ähnlich *Sack* FS E. Lorenz, 2004, 659 (665 f.).

[232] So etwa *Hoeren* MMR 1999, 192 (195), der in Bezug auf Art. 1 Abs. 4 E-Commerce-RL von „einer der dunkelsten Stellen der Richtlinie" spricht; s. auch *Bernreuther* WRP 2001, 513 (516); *Bodewig* GRUR Int 2000, 475 (479); *Halfmeier* ZEuP 2001, 837 (862); *Mankowski* IPRax 2002, 257; MüKoUWG/*Mankowski* UWG IntWettbR Rn. 49; krit. zu diesen Versuchen, die Klarstellung des Gesetzgebers wegzudiskutieren, *Sack* WRP 2002, 271 (273); *Sack* EWS 2010, 70 (72 f.).

[233] So in der Tat nach wie vor der Vorwurf bei MüKoUWG/*Mankowski* IntWettbR Rn. 48, ohne die inzwischen ergangenen EuGH-Entscheidung überhaupt zu erwähnen; ähnlich die ausdrückliche Kritik am EuGH bei FBO/*Hausmann/Obergfell* IntLautPrivatR Rn. 137; *Nagy* J. Priv. Int'l L. 8 (2012), 251 (290).

[234] *Mankowski* IPRax 2002, 257 (258); MüKoUWG/*Mankowski* IntWettbR Rn. 48 ff. mit der fast schon polemischen Formulierung „Wenn der Gemeinschaftsgesetzgeber dekretieren würde, der Mond sei aus Käse, würde dies den Mond auch nicht sonderlich scheren und schon gar nicht dessen Charakter ändern." Dabei übersieht *Mankowski,* dass das Herkunftslandprinzip im Gegensatz zum Mond eine Schöpfung des europäischen Gesetzgebers ist.

[235] So dennoch das Argument der Befürworter eines kollisionsrechtlichen Verständnisses, s. etwa FBO/*Hausmann/Obergfell* IntLautPrivatR Rn. 137.

[236] Ähnlich *Ahrens* FS Tilmann, 2003, 739 (746), mit einem Hinweis auf die iE nicht benannten Rechtfolgen der Norm; *Sack* WRP 2013, 1407 (1409); *Sonnenberger* BB 2001, Heft 6, Die erste Seite.

[237] Ebenso nur diesen Fall identifizierend Magnus/Mankowski/*Illmer* Rn. 61.

ten. Vielmehr würden im Gegenteil aus der Anwendung des strengeren Rechts des Herkunftslandes Beschränkungen des freien Waren- und Dienstleistungsverkehrs entstehen. Auch ist es keineswegs zwingend, dem Regelungsgehalt des **Art. 3 Abs. 1 E-Commerce-RL** und dem **Erwägungsgrund 22** einen ausnahmslosen kollisionsrechtlichen Verweis auf das Recht des Herkunftslandes zu entnehmen. Nach Erwägungsgrund 22 wird nämlich die Unterwerfung unter das Recht des Herkunftslandes mit der Sicherung des freien Dienstleistungsverkehrs und der Schaffung von Rechtssicherheit für Anbieter und Nutzer begründet. Verlangt nur das Recht im Herkunftsland ein Verbot, nicht dagegen das Recht am Marktort, ist die grenzüberschreitende Durchsetzung des Verbots zur **Sicherung des freien Verkehrs der Informationsdienstleistungen** gerade **nicht erforderlich.** Auch das **Argument der Rechtssicherheit** führt zu keinem anderen Ergebnis. Der Anbieter im elektronischen Geschäftsverkehr weiß, dass er im gesamten Unionsgebiet anbieten darf, wenn er sich an das Recht des Niederlassungsstaates hält. Hält er sich nicht daran, muss dies nicht notwendig zum Verbot führen. Dem Anbieter wird nur die Rechtssicherheit der Zulässigkeit genommen. Und schließlich erfordert auch das Gebot der **Rechtssicherheit** aus der Sicht der Nutzer des Internets nicht die Anwendung des strengeren Rechts des Herkunftslandes, denn auch im Binnenmarkt können diese nicht erwarten, dass sie vom ausländischen Recht stärkeren Schutz erfahren als vom nationalen Recht. Damit ist aufgezeigt, dass die ausnahmslose kollisionsrechtliche Anwendung des Herkunftslandprinzips nicht der ihm zugedachten **Binnenmarktfunktion** gerecht würde. Das Recht des Abrufstaates soll nach Art. 3 Abs. 2 E-Commerce-RL und § 3 Abs. 2 TMG nur dann keine Anwendung finden, soweit es strengere Anforderungen als das Recht des Herkunftslandes vorsieht. Das **Recht des Herkunftslandes** dient also nur als **Maßstab dafür, ob das Recht des Abrufstaates den freien Dienstleistungsverkehr einschränkt.**[238] Damit kommt man notwendigerweise zu einem Vergleich der nationalen Rechtsordnungen.[239] Schließlich sprechen auch lauterkeitsrechtliche Erwägungen gegen diese kollisionsrechtliche Deutung. Der ausländische Internet-Anbieter würde einen Nachteil im Verhältnis zu lokalen Anbietern erleiden, wenn das Recht seines Niederlassungsstaates strenger ist als jenes des Abrufstaates.[240]

(3) Dem Bedürfnis nach einem Günstigkeitsvergleich widerspricht die zweite kollisionsrechtliche Auffassung, die dem Herkunftslandprinzip einen **Gesamtverweis auf das Recht des Herkunftslandes einschließlich seines Kollisionsrechts** entnehmen möchte;[241] auch sie führt zu keinem überzeugenden Ergebnis. Im Bereich des Lauterkeitsrechts würde diese Auffassung zunächst auf das Recht des Herkunftslandes verweisen. Dieses würde dann über Art. 6 Abs. 1 auf das Recht des Marktortes weiterverweisen und dessen uneingeschränkte Anwendung erlauben. Im Ergebnis würde das Regelungsziel, die Verkehrsfreiheit von Diensten der Informationsgesellschaft herzustellen, gerade verfehlt. **74**

(4) Der zu fordernde Günstigkeitsvergleich steht einer kollisionsrechtlichen Deutung des Herkunftslandprinzips nicht per se entgegen. So könnte Art. 3 Abs. 1 und 2 E-Commerce-RL ein **kollisionsrechtliches Günstigkeitsprinzip** im Sinne eines Verweises auf das Herkunftslandprinzip unter der Voraussetzung entnommen werden, dass sich dieses als günstiger erweist als das Recht des Marktortes.[242] Nach dem kollisionsrechtlichen Günstigkeitsprinzip wären zwei oder mehrere Rechtsordnungen nach ihrer Günstigkeit für eine bestimmte Person oder ein Rechtsverhältnis zu vergleichen; das günstigere Recht wäre zur Anwendung berufen.[243] **75**

Ein solches kollisionsrechtliches Günstigkeitsprinzip lässt sich jedoch **weder der Regelung des Herkunftslandprinzips in der E-Commerce-RL noch den deutschen Umsetzungsvorschriften entnehmen.** Das Herkunftslandprinzip nennt nämlich mit dem Recht des Herkunftslandes nur eine Rechtsordnung. Die zweite für die Möglichkeit des Vergleichs unerlässliche Rechtsordnung kann sich nur aus dem allgemeinen Kollisionsrecht des zur Entscheidung berufenen Gerichts, also dem Kollisionsrecht der *lex fori,* ergeben.[244] Ob dieses für eine bestimmte Situation allgemein an das Recht des Marktortes anknüpft, war vor Inkrafttreten der Rom II-VO keine ausgemachte **76**

---

238 Insoweit überzeugend *Spindler* ZHR 165 (2001), 324 (335 f.); ähnlich auch NK-BGB/*Weller* Rn. 25, der hier von einem „schonenden Ausgleich" zwischen Marktortprinzip und Herkunftslandprinzip spricht.
239 So zB auch *Sack* WRP 2002, 271 (275).
240 So zu Recht Sack, Internationales Lauterkeitsrecht, 2019, Kap. 8 Rn. 82.
241 So ein frühes und kritisches Verständnis von *Hoeren* MMR 1999, 192 (195); mit triftigen Gründen dagegen *Lurger/Vallant* RIW 2002, 188 (196 f.); *Sack* WRP 2002, 271 (273 f.); *Spindler* ZUM 1999, 775 (785).
242 Hierzu die abl. Auffassungen von *Fezer/Koos* IPRax 2000, 349 (351); *Lurger/Vallant* RIW 2002, 188 (195 f.). S. ausf. *Spindler* ZHR 165 (2001), 324 (337 ff.); instruktiv vor allem auch *Spindler* NJW 2002, 921 (926); *Spindler* RIW 2002, 183 (185), dort iS einer eigentümlichen Mischung von Kollisions- und Europarecht, wobei *Spindler* ZHR 165 (2001), 340 f. dann aber doch eine sachrechtliche Einordnung vertritt.
243 So *Lurger/Vallant* RIW 2002, 188 (195).
244 *Lurger/Vallant* RIW 2002, 193 (195) sehen hierin – ohne nähere Begr. – kein Problem.

Sache. Damit konnte jedenfalls bei Erlass der E-Commerce-RL dem Herkunftslandprinzip kein für alle Mitgliedstaaten der EU gültiges kollisionsrechtliches Prinzip entnommen werden. Entsprechend ist zunächst über das allgemeine Kollisionsrecht der *lex fori* – im Lauterkeitsrecht also heute nach Art. 6 Abs. 1 – das anwendbare Sachrecht zu ermitteln. Allein dessen Anwendung wird sodann über das Herkunftslandprinzip kontrolliert.[245]

77 **(5)** Allein überzeugend ist danach also die fünfte Auffassung, die sich mit der Position der Entscheidung des EuGH in „eDate und Martinez" (→ Rn. 67) trifft:[246] Das Herkunftslandprinzip im Bereich des elektronischen Geschäftsverkehrs ist demnach im europäischen und deutschen Recht als **sachrechtliches Beschränkungsverbot** und nicht als kollisionsrechtliches Prinzip des Unionsrechts anzusehen.[247] Wie die Grundfreiheiten des Primärrechts bewirkt das Herkunftslandprinzip einen unionsrechtlichen **Anwendungsvorrang.** Das originär unionsrechtliche Prinzip des freien Dienstleistungsverkehrs setzt sich gegen die Anwendung des nationalen, nach Kollisionsregeln berufenen Rechts durch. Im Ergebnis bleibt das Recht des Abrufstaates – im Lauterkeitsrecht als Recht des Marktortes (Art. 6 Abs. 1) – unangewendet.

78 Vertreter der kollisionsrechtlichen Ansicht wenden gegen die sachrechtliche Sichtweise ein, dass **wegen der Verdrängung des über das allgemeine Kollisionsrecht zu ermittelnden Sachrechts** das Herkunftslandprinzip selbst als **Kollisionsrecht** angesehen werden müsse.[248] Mache das Herkunftslandprinzip eine Ausnahme von der Anknüpfung der *lex fori,* müsse das Herkunftslandprinzip selbst als Kollisionsrecht begriffen werden. Diese Argumentation übersieht, dass nach dem sachrechtlichen Verständnis des Herkunftslandprinzips eben nicht das Ziel verfolgt wird, ein anwendbares Recht zu ermitteln, sondern die Verkehrsfreiheiten zu gewährleisten. Dieses unionsrechtliche Sachrecht gilt unabhängig davon, welches Rechtsgebiet im Einzelfall kontrolliert werden soll. Insoweit kommt im Bereich des Privatrechts lediglich zum Ausdruck, dass das **nationale Kollisionsrecht nicht immun gegenüber dem Einfluss des europäischen Rechts** ist. Umgekehrt wird durch diese Einflussnahme das entsprechende Unionsrecht nicht selbst zum Kollisionsrecht. Insoweit sind vermittelnde Ansichten, die das Herkunftslandprinzip sowohl europarechtlich als auch kollisionsrechtlich einzuordnen versuchen,[249] unnötig und nicht weiterführend.

79 **Zusammenfassend** lassen sich damit zwei Dinge festhalten, die vom EuGH in „eDate und Martinez" (→ Rn. 67) bestätigt wurden: (1.) Das Herkunftslandprinzip der E-Commerce-RL ist **sachrechtlich und nicht kollisionsrechtlich zu qualifizieren.**[250] Die kollisionsrechtliche Ermittlung des anwendbaren Rechts hat der Anwendung des Herkunftslandprinzips vorauszugehen.[251] Nach Umsetzung des Herkunftslandprinzips bildet dieses einen europäisierten Teil des Sachrechts der verschiedenen Mitgliedstaaten. (2.) Die Entscheidung des europäischen Gesetzgebers für die sachrechtliche und gegen die kollisionsrechtliche Qualifikation ist auch **rechtspolitisch zu begrü-**

---

245 Ähnlich NK-BGB/*Weller* Rn. 25, unter ausdrücklichem Hinweis auf die Notwendigkeit, heute das Herkunftslandprinzip mit Art. 6 Abs. 1 und 2 abzugleichen.

246 Ebenso die Entscheidung befürwortend Magnus/Mankowski/*Illmer* Rn. 60.

247 *Ahrens* CR 2000, 835 (837 f.); *Ahrens* FS Tilmann, 2003, 739 (745 f.); *Baetzgen,* Internationales Wettbewerbs- und Immaterialgüterrecht im EG-Binnenmarkt, 2007, Rn. 693 ff.; *De Miguel Asensio* in Leible/Ohly, Intellectual Property and Private International Law, 2009, 137 (Rn. 31); *Fezer/Koos* IPRax 2000, 349 (352); *Fischer,* Der Schutz von Know-how im deutschen materiellen und Internationalen Privatrecht, 2011, 214 ff.; Harte-Bavendamm/Henning-Bodewig/*Glöckner* UWG Einl. C Rn. 533.; *Leistner* in Bettinger/Leistner, Werbung und Vertrieb im Internet, 2003, 5 Rn. 86; Peifer/*Klass* UWG Einl. D Rn. 161 ff.; *Halfmeier* ZEuP 2001, 837 (864 ff.); *Sack* FS E. Lorenz, 2004, 659 (663); *Sack* WRP 2013, 1407 (1409); *Sack,* Internationales Lauterkeitsrecht, 2019, Kap. 8 Rn. 34; *Schack* MMR 2000, 59 (61); Spindler/Schuster/*Bach* Vor Art. 1 Rn. 16; Staudinger/*Fezer/Koos,* 2015, IntWirtschR Rn. 587 ff.; iS eines „unionsrechtlichen Beschränkungsverbots" schließlich auch der BGH GRUR 2012, 850 Rn. 30 – rainbow.at II, der Anschlussentscheidung zu „eDate und Martinez"; ebenso LG Karlsruhe BeckRS 2012, 19851.

248 So *Mankowski* EWS 2002, 401 (407); ähnlich *Mankowski* IPRax 2002, 257 (262).

249 So insbes. wohl *Spindler* RIW 2002, 183 (185); *Spindler* NJW 2002, 921 (926); *Ohly* GRUR 2001, 899 (902) iS eines kollisionsrechtlichen Mindestgehalts, weil sich das Herkunftslandprinzip im E-Commerce aus dem nationalen (angeglichenen) Recht ergebe. Nach *de Baere* MJ 11 (2004), 287 (316) soll es sich um eine „zwingende Vorschrift" des europäischen Rechts handeln, die über eine gewöhnliche Kollisionsregel hinausgeht.

250 So auch *Sack* EWS 2011, 513 (515) auch für Art. 3 Abs. 1 E-Commerce-RL nach dem Verständnis des EuGH in „eDate und Martinez"; schon vor der Entscheidung *Sack* EWS 2011, 65.

251 So auch das Vorgehen bei *De Miguel Asensio,* Conflict of Laws and the Internet, 2020, Rn. 5.185; aA möglicherweise *Sack* EWS 2011, 513 (515), der zwar das Herkunftslandprinzip sachrechtlich qualifiziert, aber dennoch dem Herkunftslandprinzip nach Art. 3 Abs. 1 E-Commerce-RL zunächst einen Gesamtverweis auf das Recht des Herkunftslandes entnimmt und dann das dort geltende Kollisionsrecht anwendet. Dieser Ansatz ist in sich widersprüchlich. Der Widerspruch kann nur aufgehoben werden, wenn man in Übereinstimmung mit dem EuGH zuerst das anwendbare Recht über die Kollisionsregeln der lex fori ermittelt.

ßen. Nur so kann die den Grundfreiheiten zu Grunde liegende **Binnenmarktpolitik** angemessen im Sekundärrecht umgesetzt werden. Das kollisionsrechtliche Verständnis würde dagegen die Anknüpfung an das Recht des Herkunftslandes auch dann vornehmen, wenn dies aus der Sicht des Binnenmarktes nicht notwendig ist. Mit anderen Worten schösse die kollisionsrechtliche Deutung über das Binnenmarktziel hinaus.

ee) Verhältnis des Herkunftslandprinzips zu Art. 6 Abs. 1. Mit Inkrafttreten der Rom II-VO ist auch die Frage des kollisionsrechtlichen Verhältnisses des Herkunftslandprinzips zu Art. 6 Abs. 1 zu thematisieren. Der **europäische Gesetzgeber der Rom II-VO** hat sich hierzu **keine Gedanken gemacht.**[252] Dies liegt entscheidend an Art. 1 Abs. 4 E-Commerce-RL (→ Rn. 65), wo jegliche kollisionsrechtliche Bedeutung der Richtlinie verneint wird. Damit hatte der europäische Gesetzgeber bei Erlass der Rom II-VO freie Hand, die lauterkeitsrechtliche Anknüpfung am Recht des Marktortes umfassend, also auch mit Wirkung für den elektronischen Geschäftsverkehr, anzuordnen. Dieses Verständnis wird vom EuGH in „eDate und Martinez" (→ Rn. 67) bestätigt.[253] Soweit der EuGH dort ein kollisionsrechtliches Verständnis des Herkunftslandprinzips nach Art. 3 Abs. 1 und 2 E-Commerce-RL verneint, wird ein Konflikt mit der Rom II-VO vermieden.[254] Dies bedeutet aber auch, dass Mitgliedstaaten, selbst wenn man unterstellt, dass die E-Commerce-RL für sich genommen eine kollisionsrechtliche Umsetzung nicht schlechterdings ausschließt, keine kollisionsrechtliche Umsetzung wählen können, die der Anknüpfung nach Art. 6 Abs. 1 und 2 widerspricht.[255] 80

Aber auch bei einer Deutung des Herkunftslandprinzips als **sachrechtliches Beschränkungsverbot** stellt sich die Frage nach dem **Zusammenspiel von Art. 6 Abs. 1 mit dem Herkunftslandprinzip.**[256] Hierzu ist vorauszuschicken, dass sich die Frage des Verhältnisses zum Herkunftslandprinzip nur für Art. 6 Abs. 1 und nicht auch Art. 6 Abs. 2 stellt. Die von der E-Commerce-RL erfassten Dienste begründen eben nicht nur bilaterale Wettbewerbsverstöße in Bezug auf einen „bestimmten Wettbewerber" iSv Art. 6 Abs. 2, sondern berühren stets die Wettbewerbsbeziehungen im Allgemeinen und die Interessen der angesprochenen Internetnutzer. Für solche Verhaltensweisen gilt nach Art. 6 Abs. 1 uneingeschränkt das Marktortprinzip. Bei einem sachrechtlichen Verständnis des Herkunftslandprinzips kann es zu Widersprüchen mit dem Marktortprinzip nur in Bezug auf die von **Art. 3 Abs. 1 E-Commerce-RL** statuierte Pflicht der Mitgliedstaaten kommen, dafür zu sorgen, dass die von in ihrem Hoheitsgebiet niedergelassenen Anbietern angebotene Dienste den nationalen Rechtsstandards entsprechen. Das Marktortprinzip führt nämlich nur dann zum Recht des Niederlassungsstaates, wenn zumindest auch Verkehrskreise im Niederlassungsstaat angesprochen werden. Dies ist nicht schon aufgrund der Ubiquität des Internets der Fall. Ganz im Gegenteil sind Internet-Anbieter gerade bei Geschäften gegenüber Verbrauchern aufgrund der unausweichlichen Anwendung zwingender Regeln des Verbrauchervertragsrechts im Aufenthaltsstaat des Verbrauchers faktisch gezwungen, jeweils für die Mitgliedstaaten unterschiedlich konfigurierte Angebotsseiten bereitzustellen. Die Sprachenvielfalt innerhalb der EU spricht zusätzlich für das Bereithalten getrennter Seiten. Zudem erlauben verschiedene Techniken, dass nur Kunden aus bestimmten Ländern auf bestimmte Seiten zugreifen und insbesondere über diese Verträge abschließen können. So ist es etwa möglich, den Online-Vertragsschluss technisch an die Verwendung einer Kreditkarte zu knüpfen, die von einer Bank im betreffenden Mitgliedstaat ausgegeben wurde. Ein anschauliches Beispiel bietet der DocMorris-Fall, in dem es um den Arzneimittelvertrieb einer in den Niederlanden niedergelassenen Apotheke ging, die über eine deutsche Website gezielt deutsche Verbraucher ansprach.[257] Das Marktortprinzip würde in Fällen eines **nur auf den ausländischen Vertrieb bezogenen Internet-Auftritts** gerade nicht auf das Recht des Niederlassungsstaates verweisen. Den damit im Raume stehenden Widerspruch zum Herkunftslandprinzip und insbesondere zur Pflicht des Herkunftslandes, den Internet-Auftritt zu kontrollieren, vermeidet eine Ansicht im Schrifttum, nach der die gemäß Art. 2 Abs. 1 E-Commerce-RL anzuwendenden Vorschriften die 81

---

[252] In Erwägungsgrund 35 Abs. 2 äußert sich der europäische Gesetzgeber lediglich sehr pauschal dahin gehend, dass die Anwendung der E-Commerce-RL nicht beeinträchtigt werden soll.

[253] So im Anschluss an die Entscheidung akzeptiert von jurisPK-BGB/*Wurmnest* Rn. 10.

[254] So auch Rauscher/*Unberath/Cziupka/Pabst* EuZPR/EuIPR Rn. 24.

[255] So auch *Nettlau,* Die kollisionsrechtliche Behandlung von Ansprüchen aus unlauterem Wettbewerbsverhalten gemäß Art. 6 Abs. 1 und 2 Rom II-VO, 2013, 167.

[256] Hierzu auch *Buchner* GRUR Int 2005, 1004 (1010), der bedauert, dass die Rom II-VO das dogmatische Verhältnis nicht regelt. Da das Marktortprinzip im Binnenmarkt durch das Herkunftslandprinzip jederzeit ausgehöhlt werden könne, handle es sich beim Marktortprinzip um einen Etikettenschwindel.

[257] Dazu EuGH Slg. 2003, I-14887 = GRUR Int 2004, 418 – Deutscher Apothekerverband/0800 Doc Morris BV. Im konkreten Fall war das Herkunftslandprinzip nicht anzuwenden, weil zum entscheidungserheblichen Zeitpunkt die Umsetzungsfrist noch nicht abgelaufen war; s. Schlussantrag GA *Sixt-Hackl* Slg. 2003, I-14887 Rn. 216.

im Herkunftsland geltenden Kollisionsregeln, und damit heute Art. 6 Abs. 1, mit einschließen.[258] Gemäß Art. 1 Abs. 4 E-Commerce-RL dürfe zwar das Herkunftslandprinzip nicht kollisionsrechtlich verstanden werden; verstehe man Art. 2 Abs. 1 E-Commerce-RL aber als Gesamtverweis, bleibe Art. 6 Abs. 1 uneingeschränkt anwendbar.[259] Zählt man zu den innerstaatlichen Vorschriften iSv Art. 2 Abs. 1 E-Commerce-RL auch die einschlägigen Kollisionsnormen, komme gemäß Art. 6 Abs. 1 ausschließlich das Rechts des ausländischen Marktortes zur Anwendung.[260]

82 **Eigene Auffassung.** Diese zuletzt dargestellte Ansicht übersieht Wichtiges. Rechtspolitisch legitimiert sie sich allein durch die Annahme, dass Internet-Werbung unteilbar sei, daher stets nach Art. 6 Abs. 1 das Recht des Niederlassungsstaates anwendbar sei und damit nach dem Recht des Herkunftslandes stets die Werbung weltweit untersagt werden könne.[261] Die nicht nur theoretische Möglichkeit, sondern auch reale Praxis des ausschließlich auf das Ausland bezogenen Internet-Vertriebs beschwört dagegen eine Situation herauf, in der Art. 6 Abs. 1 nur auf das Lauterkeitsrecht eines Mitgliedstaates verweist, in dem der Internet-Anbieter nicht niedergelassen ist, und deshalb unter Anwendung des Herkunftslandprinzips der Internet-Auftritt weder nach dem Recht des Staates der Niederlassung noch nach dem Recht des Marktortes kontrolliert werden kann.[262] Damit droht in der Tat eine **Lücke im lauterkeitsrechtlichen Schutz,** die sich nur durch eine kollisionsrechtliche Deutung von Art. 3 Abs. 1 E-Commerce-RL oder eine **einschränkende Auslegung des Art. 3 Abs. 2 E-Commerce-RL** vermeiden lässt. Nach dieser zweiten Alternative, die allein mit Art. 1 Abs. 4 E-Commerce-RL vereinbar ist, wäre wie folgt vorzugehen: Art. 3 Abs. 2 E-Commerce-RL enthält keine Kollisionsregel. Das ausländische Recht des Marktortes ist vielmehr nach Art. 6 Abs. 1 zu ermitteln. Nach der nationalen Umsetzungsvorschrift von Art. 3 Abs. 2 E-Commerce-RL ist dann zu fragen, ob die Anwendung des nationalen Lauterkeitsrechts den „freien Verkehr des fraglichen Dienstes der Informationsgesellschaft einschränkt". Damit würde gerade jenes Kriterium aufgegriffen, dass den EuGH in „eDate und Martinez" zur Ablehnung der kollisionsrechtlichen Theorie bewegt hat. Das Herkunftslandprinzip soll nur zur Anwendung kommen, wenn die Einschränkung des freien Verkehrs von Diensten der Informationsgesellschaft droht.[263] Eine „Einschränkung" in diesem Sinne ist nicht schon deshalb gegeben, weil das Recht des Niederlassungsstaates nach Art. 6 Abs. 1 nicht zur Anwendung kommt. Vielmehr ist nur dann die **Anwendung des Rechts des Herkunftslandes einzuschränken,** wenn der Internet-Anbieter mit dem für den europäischen Markt typischen Problem der **Multiplikation unterschiedlicher nationaler Anforderungen** konfrontiert wird. Für solche Fälle will das Herkunftslandprinzip eine Konzentration auf das Recht des Herkunftslandes vornehmen. Wird dagegen durch die besondere Gestaltung des Internet-Auftritts nur der fremde Markt angesprochen, fehlt es an der beschriebenen Multiplikation rechtlicher Anforderungen und damit an einer Beschränkung des Freiverkehrs zwischen den Mitgliedstaaten aufgrund der „zusätzlichen" Anwendung des nach dem Marktortprinzip berufenen Lauterkeitsrechts des Abrufstaates. Wer mit anderen Worten nur den fremden Markt anspricht, muss sich auch nach Art. 3 Abs. 2 E-Commerce-RL und Art. 6 Abs. 1 an das dortige Lauterkeitsrecht halten.[264] Mit dieser Begründung besteht auch für die Fälle des nur auf das Ausland bezogenen Internet-Vertriebs kein Grund, von der rein sachrechtlichen Deutung des Herkunftslandprinzips abzurücken.

83 **ff) Das Herkunftslandprinzip der E-Commerce-RL in der nationalen Umsetzung.** Der **deutsche Gesetzgeber** hat das Herkunftslandprinzip zunächst im Teledienstegesetz (TDG) und Mediendienste-Staatsvertrag (MDStV) durch eine sehr weit gehende Orientierung an dem Wortlaut der Richtlinie umgesetzt.[265] Diese Regelungen sind später ersetzt worden durch die Bestimmungen des **TMG.** Dabei verwirklicht § 1 Abs. 5 TMG den nach Art. 1 Abs. 4 E-Commerce-RL gebotenen Grundsatz der „IPR- und IZPR-Neutralität". § 1 Abs. 5 TMG ist als Auslegungsgrundsatz zu verstehen. Das von § 3 TMG geregelte Herkunftslandprinzip darf danach dogma-

---

258 So *Sack* WRP 2008, 845 (855 ff.), der allerdings seine Argumente nicht auf die genannte Fallkonstellation fokussiert; *Sack* FS E. Lorenz, 2004, 659 (667 ff.); spezifisch zum Fall der ausschließlich auslandsbezogenen Werbung *Sack,* Internationales Lauterkeitsrecht, 2019, Kap. 8 Rn. 126.

259 *Sack,* Internationales Lauterkeitsrecht, 2019, Kap. 8 Rn. 108.

260 *Sack* WRP 2008, 845 (857); *Sack,* Internationales Lauterkeitsrecht, 2019, Kap. 8 Rn. 108.

261 So ausdrücklich *Sack* WRP 2008, 845 (857).

262 Zu dieser Konstellation s. auch *Sack* EWS 2011, 513 (515 f.).

263 EuGH GRUR 2012, 300 Rn. 56, 59 – eDate und Martinez. Besonders deutlich wird diese Zwecksetzung widergegeben in der abschließenden Entscheidung des BGH GRUR 2012, 850 Rn. 29 – www.rainbow.at II.

264 Mit gleichem Ergebnis und ähnlicher Begründung, nämlich einer teleologischen Reduktion des Herkunftslandprinzips, *Sack* EWS 2011, 513 (516 f.). Dem hier vorgeschlagenen Verständnis folgt auch Magnus/Mankowski/*Illmer* Rn. 62.

265 Zur ersten Umsetzung durch das EGG s. *Bröhl* MMR 2001, 67.

tisch nicht als Kollisionsrecht verstanden und angewendet werden.[266] Abgesehen von einigen Unstimmigkeiten sind an der deutschen Regelung des Herkunftslandprinzips vor allem zwei Dinge zu bemängeln: (1.) Im Rahmen der Umsetzung des Grundsatzes der IPR-Neutralität in § 1 Abs. 5 TDG wäre der Gesetzgeber gut beraten gewesen, sich nicht auf die bloße Übernahme des wesentlichen Wortlauts von Art. 1 Abs. 4 E-Commerce-RL zu beschränken, sondern darüber hinaus klarzustellen, dass die Bestimmungen des TMG erst nach kollisionsrechtlicher Ermittlung deutschen Rechts als anwendbares Recht zur Anwendung gebracht werden dürfen.[267] (2.) Nach § 3 Abs. 1 TMG sollen die Anforderungen des deutschen Rechts auch dann zum Tragen kommen, wenn die **Teledienste in einem anderen Staat der Richtliniengeltung geschäftsmäßig angeboten und erbracht werden.** Bezogen auf das Lauterkeitsrecht ist diese Formulierung missverständlich. Die Vorschrift ließe sich sehr wohl als Kollisionsnorm unter Anknüpfung an das Recht des Herkunftslandes in Abweichung vom Marktortprinzip verstehen.[268] Gerade in den oben (→ Rn. 81) beschriebenen Fällen, in denen ein in Deutschland niedergelassener Diensteanbieter durch den gezielten Internet-Auftritt *nur* einen ausländischen – und nicht auch den deutschen – Markt anspricht, wäre nach dem Wortlaut der Vorschrift deutsches Recht im Widerspruch zu Art. 6 Abs. 1 anzuwenden. § 3 Abs. 1 TMG ist daher im Zusammenhang mit § 1 Abs. 5 TMG so zu lesen, dass das **deutsche Lauterkeitsrecht** als Recht des Niederlassungsstaates nur dann zur Anwendung kommt, wenn dieses Recht **auch nach dem Marktortprinzip kollisionsrechtlich zur Anwendung berufen** ist. Damit kontrolliert deutsches Lauterkeitsrecht den Internet-Auftritt inländischer Anbieter nicht, sofern sie ihren Auftritt allein auf ausländische Märkte ausrichten. Zur Vereinbarkeit mit Art. 3 Abs. 1 E-Commerce-RL → Rn. 80.

Nach der Entscheidung des EuGH in „eDate und Martinez" (→ Rn. 67), die auf einer Vorlage **84** des BGH beruht,[269] war erneut der **BGH** aufgefordert, im Rahmen einer richtlinienkonformen Auslegung das Herkunftslandprinzip nach § 3 TMG dogmatisch einzuordnen und schließlich anzuwenden.[270] Zu entscheiden hatte der BGH freilich nicht über eine lauterkeits-, sondern eine persönlichkeitsrechtliche Streitigkeit. Für den BGH kam es auf die Frage nach der kollisionsrechtlichen Einordnung des Herkunftslandprinzips an.[271] Der Kläger machte eine Persönlichkeitsverletzung durch Inhalte auf einer von Österreich aus betriebenen Website geltend. Bei einer kollisionsrechtlichen Einordnung des Herkunftslandprinzips wäre österreichisches Recht zur Anwendung berufen gewesen. Bei einer sachrechtlichen Einordnung hätte der BGH über Art. 40 Abs. 1 S. 2 EGBGB deutsches Sachrecht als Recht des Erfolgsortes zur Anwendung gebracht. In seiner abschließenden Entscheidung hat sich auch der BGH für die deutsche Umsetzung der rein sachrechtlichen Einordnung des Herkunftslandprinzips angeschlossen.[272] Entscheidend dafür war gerade, dass auch § 3 Abs. 1 TMG nicht kollisionsrechtlich zu verstehen ist[273] und damit im streitgegenständlichen Fall nicht die Anwendung österreichischen Rechts anordnete. Unter Anwendung deutschen Sachrechts, das der BGH nach Art. 40 Abs. 1 S. 2 EGBGB für anwendbar hielt, verneinte der BGH schließlich eine Verletzung des Persönlichkeitsrechts und damit den geltend gemachten Unterlassungsanspruch.[274] Auf die Anwendung des Herkunftslandprinzips und damit zugleich die Rechtslage in Österreich als dem Staate der Niederlassung des Beklagten kam es daher gar nicht mehr an. Besonders bedeutsam ist diesbezüglich, dass der BGH deutsches Recht auch auf den Fall für ausschließlich anwendbar erachtete, dass nach österreichischem Recht eine Verletzung vorliegen würde. Die Begründung ist in der Zwecksetzung des Herkunftslandprinzips zu finden, worauf auch der BGH

---

266 So offensichtlich auch BGH GRUR 2012, 850 Rn. 30 – www.rainbow.at II.

267 Entsprechend das Verständnis bei *Sack* WRP 2002, 271 (274); so auch *Spindler* NJW 2002, 921 (926), der darauf hinweist, dass der ursprünglich vorgesehene Günstigkeitsvorbehalt in § 4 Abs. 1 TDG-E zwar gestrichen wurde, der Vorschlag, ausdrücklich nur deutsches Recht für anwendbar zu erklären, aber keine Zustimmung gefunden habe; s. hierzu auch *Tettenborn* in Lehmann, Electronic Business in Europa, 2002, 69 Rn. 24.

268 So in der Tat wohl OLG Hamm MMR 2011, 523 (524); Staudinger/*Fezer/Koos,* 2015, IntWirtschR Rn. 609; ebenso MüKoUWG/*Mankowski* IntWettbR Rn. 60 iS einer einseitigen Kollisionsnorm; § 3 Abs. 2 TMG wäre nach MüKoUWG/*Mankowski* IntWettbR Rn. 90 dagegen als „negative Kollisionsnorm" zu verstehen.

269 BGH GRUR 2010, 216 – www.rainbow.at. In BGH GRUR Int 2006, 605 – Arzneimittelwerbung im Internet, hat das Gericht in einem lauterkeitsrechtlichen Fall die Frage nach der dogmatischen Einordnung des Herkunftslandprinzips noch als nicht entscheidungsrelevant offen gelassen.

270 BGH GRUR 2012, 850 – www.rainbow.at II.

271 S. die Vorlageentscheidung BGH GRUR 2010, 261 Rn. 42 – www.rainbow.at.

272 BGH GRUR 2012, 850 Rn. 30 – www.rainbow.at II.

273 Der BGH bestätigt dies nicht ausdrücklich. Dennoch ergibt sich dies aus der Wiedergabe der EuGH-Entscheidung in Bezug auf Art. 3 Abs. 1 E-Commerce-RL; s. BGH GRUR 2012, 850 Rn. 29 – www.rainbow.at II.

274 BGH GRUR 2012, 850 Rn. 33 ff. – www.rainbow.at II.

im Anschluss an den EuGH ausdrücklich hinweist, nämlich die Anforderungen im Niederlassungsstaat nur unter der Voraussetzung durchzusetzen, dass dies zur Gewährleistung des freien Verkehrs von Diensten der Informationsgesellschaft erforderlich ist.[275] Im Ergebnis wählt der BGH damit eine richtlinienkonforme Auslegung, die den allgemeinen Kollisionsregeln ihre unbeschränkte Anwendung belässt. Für die lauterkeitsrechtliche Anknüpfung ist dies auch nach Art. 6 Abs. 1 europarechtlich geboten (→ Rn. 81). Im Lichte der Rspr. von EuGH und BGH sind damit Entscheidungen von Instanzgerichten als obsolet zu betrachten, soweit sich diese als Stellungnahmen im Sinne eines kollisionsrechtlichen Verständnisses des Herkunftslandprinzips verstehen lassen.[276]

85 Im Vergleich zur Rechtslage in Deutschland mag es für andere Mitgliedstaaten schwieriger sein, ein richtlinienkonformes Ergebnis zu erzielen. Dies gilt insbesondere für **Österreich, Frankreich und Luxemburg.** Trotzdem ordnet heute auch die aktuelle Rspr. in Österreich die nationalen Umsetzungsvorschriften als **sachrechtliches Beschränkungsverbot** ein, jedenfalls soweit es um das Lauterkeitsrecht geht.[277] Vor der Entscheidung des EuGH in „eDate und Martinez" (→ Rn. 67) hatte der öst. OGH die nationale Umsetzung des Herkunftslandprinzips noch im Sinne einer **kollisionsrechtlichen Anknüpfung an das Recht des Herkunftslandes** angewendet, ohne den EuGH anzurufen.[278] Im zugrunde liegenden Fall[279] hatte ein in Großbritannien und in Deutschland niedergelassenes Unternehmen im Internet mit den Vorteilen der Gründung einer englischen Limited durch Österreicher geworben und seine Dienste für eine solche Gründung angeboten. Die österreichische Klägerin begehrte eine Unterlassungsverfügung in Bezug auf die Online-Werbung wegen Verletzung österreichischen Lauterkeitsrechts. Der OGH wies das klägerische Begehren unter anderem unter Hinweis auf das Herkunftslandprinzip zurück. Nach dem Herkunftslandprinzip unterliege die Online-Werbung der Beklagten nicht dem öst. Recht, da die Beklagte ihren Sitz nicht in Österreich habe. Das Begehren der Klägerin sei schon deshalb nicht berechtigt, „weil mangels Anwendbarkeit österreichischen Rechts auch kein Verstoß gegen österreichisches Recht vorliegen kann".[280] Diese Begründung war offensichtlich geprägt durch die öst. Umsetzung von Art. 3 Abs. 1 E-Commerce-RL. § 20 Abs. 1 ECG (öst. E-Commerce-Gesetz) bestimmt ohne Einschränkung, dass sich die „rechtlichen Anforderungen an einen in einem Mitgliedstaat niedergelassenen Diensteanbieter nach dem Recht dieses Staates richten".[281] Diese Umsetzung geht über das hinaus, was Art. 3 Abs. 1 E-Commerce-RL verlangt. Art. 3 Abs. 1 E-Commerce-RL enthält nur eine Verpflichtung „des Niederlassungsstaates", dafür zu sorgen, dass der im eigenen Staatsgebiet niedergelassene Diensteanbieter die nationalen Vorschriften einhält. Im Vergleich dazu regelt die deutsche Umsetzung in § 3 Abs. 1 TMG nur die Anwendbarkeit des deutschen Rechts für in Deutschland niedergelassene Diensteanbieter. Unter dem Einfluss von „eDate und Martinez" kommt nun aber auch der OGH mangels kollisionsrechtlichen Gehalts des unionsrechtlichen Herkunftslandprinzips zur lauterkeitsrechtlichen Anknüpfung nach Art. 6 Abs. 1 Rom II-VO, die einem kollisionsrechtlichen Sonderweg im Rahmen der nationalen Umsetzung des Herkunftslandprinzips entgegensteht.[282] Deshalb legt der OGH § 20 ECG einschränkend als sachrechtliches Beschränkungsverbot aus.[283] Ähnlich wie in Österreich sind auch die Umsetzungsvorschriften in **Frankreich**[284] und **Luxemburg** kollisionsrechtlich ausgestaltet,[285] die aber im Einklang mit „eDate und Martinez" richtlinienkonform ausgelegt werden müssen. Das Recht des Herkunftslandes ist also nur heranzuziehen, soweit dieses schon aufgrund der allgemeinen Kollisionsnormen zur Anwendung berufen ist oder um das Ergebnis der Anwendung der nach der Rom II-VO berufenen Rechtsordnung zur Gewährleistung des freien Verkehrs von Diensten der Informationsgesellschaft zu kontrollieren.

---

[275] BGH GRUR 2012, 850 Rn. 29 – www.rainbow.at II.

[276] S. insbes. OLG Hamburg GRUR Int 2004, 672 – Active Two; dazu *Henning-Bodewig* GRUR 2004, 822; → 5. Aufl. 2010, IntUnlWettbR Rn. 82. Eine kollisionsrechtliche Konzeption wurde auch vertreten in KG NJOZ 2006, 1943 = AfP 2006, 258 zum Herkunftslandprinzip des MDStV.

[277] OGH GRUR Int 2013, 1163 (1166) – VfG Versandapotheke für Österreich. Bei der Auslegung als Kollisionsnorm bleibt der OGH jedoch im Bereich des Schutzes des Persönlichkeitsrechts, da für dieses der Rom II-VO keine vorrangige unionsrechtliche Kollisionsnorm entnommen werden kann.

[278] OGH ÖJZ 2005, 26 = GRUR Int 2007, 943 – go.limited.de.

[279] OGH GRUR Int 2007, 943 – go.limited.de.

[280] OGH GRUR Int 2007, 943 (946) unter Punkt 1.8.

[281] Ebenfalls iS einer kollisionsrechtlichen Umsetzung *Wiebe/Kodek* UWG Einl. Rn. 309.

[282] So zu Recht Peifer/*Klass* UWG Einl. D Rn. 226, nach vorherigem Hinweis auch auf die öst. Rspr.

[283] OGH GRUR Int 2013, 1163 (1166) – VfG Versandapotheke für Österreich.

[284] Art. 17 Loi pour la confiance dans l'économie numérique.

[285] Art. 2 Abs. 4 Loi relative au commerce électronique; hierzu auch MüKoUWG/*Mankowski* IntWettbR Rn. 73. Auf die Rechtslage in Österreich, Frankreich und Luxemburg hat auch der BGH in seiner Vorlage an den EuGH im eDate-Verfahren hingewiesen; s. BGH GRUR 2010, 261 Rn. 38 – www.rainbow.at.

Kritisch anzumerken bleibt, dass die sachrechtliche Einordnung des Herkunftslandprinzips zu beachtlichen **Schwierigkeiten in der Rechtsanwendung** führt.[286] So kann bei grenzüberschreitenden Verstößen gegen das Lauterkeitsrecht im Internet nach § 3 Abs. 1 TMG nur dann nach dem deutschen Recht des Marktortes Unterlassung verlangt werden, wenn das angegriffene Verhalten auch nach dem Recht des Herkunftslandes verboten ist.[287] Grenzüberschreitende Fälle im Anwendungsbereich des Herkunftslandprinzips sind daher stets nach zwei Rechtsordnungen zu prüfen, es sei denn, der Anspruch wird gleich auf das Recht des Niederlassungsstaates des Anspruchsgegners gestützt, soweit dieses zumindest auch Recht eines Marktortes ist (→ Rn. 82). Vor allem für den einstweiligen Rechtsschutz bedeutet die Notwendigkeit der Doppelprüfung eine wesentliche Erschwernis.[288] Das Herkunftslandprinzip **gefährdet** also nicht nur die **materiellrechtlichen Standards** innerhalb der EU, sondern auch die **Effizienz der Rechtsdurchsetzung;** dies ist ein Opfer, das auf dem Altar der Marktintegration erbracht wird. 86

c) Das „Binnenmarktprinzip" der UGP-RL. Mit der UGP-RL hat das sog. Binnenmarktprinzip als „reduzierte" Variante des Herkunftslandprinzips Eingang in den zentralen Rechtsakt des Lauterkeitsrechts in der EU gefunden (Art. 4 UGP-RL, → Rn. 4 mwN).[289] Da die Richtlinie eine abschließende Angleichung anstrebt und das Binnenmarktprinzip nur im „angeglichenen Bereich", dh soweit die Richtlinie zur Angleichung verpflichtet, Anwendung findet, ist anders als im Falle der E-Commerce-RL keine Unterwanderung nationaler Schutzstandards zu befürchten. Im Gegenteil scheint dem Herkunftslandprinzip kaum Bedeutung zuzukommen, gelten doch bei abschließender Angleichung prinzipiell identische Beurteilungsmaßstäbe in allen EU-Mitgliedstaaten.[290] Diese Überlegung scheint den deutschen Gesetzgeber dazu bewogen zu haben, ganz auf die Umsetzung des relevanten Art. 4 UGP-RL im deutschen Recht zu verzichten. Im angeglichenen UWG[291] findet sich keine Bestimmung zum Herkunftslandprinzip. 87

Der ursprüngliche **Kommissionsvorschlag**[292] enthielt noch ein „echtes" Herkunftslandprinzip.[293] **Art. 4 Abs. 1 S. 1** UGP-RL-Vorschlag stellte im Unterschied zur Formulierung von Art. 3 Abs. 1 E-Commerce-RL ausdrücklich klar, dass sich Gewerbetreibende auf dem durch die Richtlinie angeglichenen Gebiet **lediglich an die Rechtsvorschriften des Mitgliedstaates zu halten haben, in dem sie niedergelassen sind.** So schloss diese Formulierung die Anwendbarkeit des Rechts anderer Staaten generell aus. Im vorgeschlagenen Erwägungsgrund 9 UGP-RL-Vorschlag wurde dies durch den Gedanken ergänzt, dass sich die Unternehmen nur noch an die Vorschriften des Staates halten müssen, in dem sie niedergelassen sind. Damit wäre bei grenzüberschreitenden Wettbewerbshandlungen innerhalb des europäischen Binnenmarktes stets nur das Recht des Staates der Niederlassung des Werbenden anwendbar gewesen. Das Heimatrecht des umworbenen Verbrauchers hätte keine Rolle gespielt. Damit war tatsächlich geplant, das Herkunftslandprinzip der UGP-RL, im Unterschied zu jenem der E-Commerce-RL, als **Kollisionsrecht** auszugestalten.[294] Aus **rechtspolitischer** Sicht wäre dieser Vorschlag **nicht tragbar** gewesen. Zunächst hätte die Richtlinie die Rechtsunterschiede zwischen den Mitgliedstaaten keineswegs vollständig beseitigt. Den Kern der Richtlinie bildet eine **Generalklausel** (Art. 5 UGP-RL-Vorschlag), deren einheitliche Anwendung im Binnenmarkt nicht einfach zu gewährleisten ist. Nach Art. 4 Abs. 1 S. 2 **UGP-RL-Vorschlag** hätte der Niederlassungsstaat des Unternehmers für die Einhaltung des eigenen nationalen Rechts zu sorgen gehabt. Zwar hätte dies gemäß Art. 11 Abs. 1 UGP-RL-Vorschlag nicht durch Einführung einer verwaltungsrechtlichen Durchsetzung über eine Verbraucherschutzbehörde erfolgen müssen; zulässig gewesen wäre auch ein privatrechtliches Rechtsschutzsystem. Jedoch ließ sich 88

[286] So etwa auch *Müller-Broich,* Telemediengesetz, 2002, TMG § 3 Rn. 2. Vgl. viel umfassender die rechtspolitische Kritik am Herkunftslandprinzip bei MüKoUWG/*Mankowski* IntWettbR Rn. 123 ff.

[287] Ähnlich krit. *Bodewig* GRUR Int 2000, 475 (480).

[288] LG Berlin MMR 2012, 683 rechtfertigte den Erlass einer einstweiligen Verfügung gegen den niederländischen Betreiber einer Hotelbewertungsplattform im Internet mit dem pauschalen Argument, das Herkunftslandprinzip könne schon deshalb nicht verletzt sein, weil aufgrund der UGP-RL auch in den Niederlanden irreführende Werbung verboten sei.

[289] Hierzu *De Miguel Asensio* in Leible/Ohly, Intellectual Property and Private International Law, 2009, 137 Rn. 32 ff.; *Ohly* WRP 2006, 1401 ff.

[290] Vgl. auch *Henning-Bodewig* GRUR Int 2004, 183 (193), die im Lichte der vollständigen Angleichung die Frage nach dem Sinn des Herkunftslandprinzips stellt; zweifelnd auch *De Miguel Asensio* in Leible/Ohly, Intellectual Property and Private International Law, 2009, 137 Rn. 33.

[291] Die Angleichung erfolgte durch das 1. UWG-ÄndG vom 22.12.2008, BGBl. 2008 I 2949; in Kraft getreten am 30.12.2008.

[292] UGP-RL-Vorschlag vom 18.6.2003, KOM(2003) 356 endg.

[293] Ebenso MüKoUWG/*Mankowski* IntWettbR Rn. 106.

[294] So auch FBO/*Hausmann*/*Obergfell* IntLautPrivatR Rn. 149 f.; MüKoUWG/*Mankowski* IntWettbR Rn. 107; aA Staudinger/*Fezer*/*Koos,* 2015, IntWirtschR Rn. 573.

Art. 4 Abs. 1 S. 2 UGP-RL-Vorschlag nur in dem Sinne verstehen, dass „ausschließlich" der Niederlassungsstaat für die Durchsetzung des anwendbaren Rechts zuständig gewesen wäre.[295] Damit hätte gegen ein britisches Unternehmen, das grenzüberschreitend gegenüber deutschen Verbrauchern wirbt, im Gegensatz zur heutigen Rechtslage nicht mehr mit einer Klage aus dem UWG vor deutschen Gerichten vorgegangen werden können. Vielmehr wäre der deutsche Verbraucher auf eine Beschwerde bei den britischen Behörden beschränkt, da Großbritannien wohl auch in der Zukunft die private Rechtsdurchsetzung nicht zulassen würde. Für Deutschland hätte damit das Ende der privatrechtlichen Durchsetzung des Lauterkeitsrechts gegenüber Unternehmen gedroht, die in einem anderen Mitgliedstaat niedergelassen sind, jedenfalls soweit es um die Werbung gegenüber deutschen Verbrauchern geht.

89 Im schließlich **angenommenen Richtlinientext** wurde der problematische Art. 4 Abs. 1 UGP-RL in der Fassung des Kommissionsvorschlags gestrichen. Übrig geblieben ist allein Art. 4 Abs. 2 UGP-RL, wonach die Mitgliedstaaten den freien Dienstleistungsverkehr und den freien Warenverkehr nicht aus Gründen einschränken dürfen, die mit dem durch diese Richtlinie angeglichenen Bereich zusammenhängen. Damit ist hinreichend deutlich gemacht, dass es sich beim „Binnenmarktprinzip" lediglich um eine **Übernahme der Freiverkehrsregeln in das Sekundärrecht** handelt.[296] Es geht um die Kontrolle des anwendbaren Sachrechts im Lichte der Grundfreiheiten, wobei Art. 4 UGP-RL die nach den Grundsätzen der Grundfreiheiten noch gegebene Möglichkeit der Rechtfertigung durch zwingende Erfordernisse des Gemeinwohls ausschließt. Damit hat das Herkunftslandprinzip der UGP-RL **keine kollisionsrechtliche Bedeutung.**[297]

90 Diese Lösung ist zu **begrüßen.** Vor allem die **Beschränkung der Angleichung auf das Verhältnis zwischen Unternehmer und Verbraucher** (business to consumer, B2C)[298] hätte zu eigentümlichen Konsequenzen in Bezug auf das anwendbare Recht geführt. Der oben (→ Rn. 88) beschriebene Fall der grenzüberschreitenden Werbung eines britischen Unternehmers gegenüber deutschen Verbrauchern wäre ausschließlich nach britischem Recht zu beurteilen gewesen. Gleichzeitig wäre das deutsche UWG, das nicht zwischen verschiedenen Gruppen von Adressaten unterscheidet, auf die Werbung gegenüber Nichtverbrauchern nach dem Marktortprinzip anwendbar geblieben. In dieser Ungleichbehandlung von Verbrauchern und gewerblichen Kunden liegt ein **offensichtlicher Wertungswiderspruch.**[299] Allein den Verbrauchern würde die gesamte Integrationslast aufgebürdet und die Anwendbarkeit von potentiell 28 Rechtsordnungen im heimischen Markt zugemutet.[300] Schließlich hätte das Herkunftslandprinzip als Kollisionsregel im Richtlinienvorschlag erhebliche **Anwendungsschwierigkeiten** in jenen Fällen einer Werbung geführt, bei der sich die angesprochenen Verkehrskreise „gemischt", dh aus Verbrauchern und Nichtverbrauchern zusammensetzen.[301] Die UGP-RL hätte in einem solchen Fall die Anwendung des deutschen UWG als Recht des Marktortes einerseits ausgeschlossen. Andererseits wäre aber wegen der Werbung gegenüber Nichtverbrauchern gerade das deutsche Recht des Marktortes anwendbar geblieben.[302] Im Falle der irreführenden Werbung wäre die Situation zudem besonders verfahren gewesen, weil die **Irreführungs-RL,** der als Mindestschutzrichtlinie für die Werbung **gegenüber Nichtverbrauchern** weiterhin die europarechtlichen Vorgaben zu entnehmen sind, nach der Auffassung des EuGH in „De Agostini" gerade die Anwendung des **Rechts am Marktort** voraussetzt (→ Rn. 61).[303] So hätte das europäische Recht vom nationalen Gesetzgeber Widersprüchliches verlangt. Die schließlich durch **Art. 4 UGP-RL** getroffene Regelung erlaubt dagegen, dass über Art. 6 Abs. 1 für die **Werbung gegenüber Verbrauchern und Nichtverbrauchern einheitlich nach dem Marktortprinzip angeknüpft** werden kann. Im Bereich der UGP-RL kontrolliert Art. 4 UGP-RL dann nur die Zulässigkeit eines Verbots der Werbung nach den Regeln der anwendbaren Rechtsordnung.

---

295 Mit diesem Verständnis auch *Henning-Bodewig* GRUR Int 2004, 193.

296 Ebenso MüKoUWG/*Mankowski* IntWettbR Rn. 109.

297 Ebenso *De Miguel Asensio* in Leible/Ohly, Intellectual Property and Private International Law, 2009, 137 Rn. 33; FBO/*Hausmann/Obergfell* IntLautPrivatR Rn. 150; *Fischer,* Der Schutz von Know-how im deutschen materiellen und Internationalen Privatrecht, 2011, 218; MüKoUWG/*Mankowski* IntWettbR Rn. 109.

298 Dies wird allg. kritisiert, s. nur etwa *Henning-Bodewig* FS Tilmann, 2003, 149 (157 ff.); *Henning-Bodewig* GRUR Int 2004, 183 (188 f.).

299 Ebenso krit. FBO/*Hausmann/Obergfell* IntLautPrivatR Rn. 150.

300 Zustimmung verdient die generelle Kritik bei *Henning-Bodewig* GRUR Int 2004, 193, die UGP-RL begünstige nur die Unternehmen und benachteilige die Verbraucher. Der hier vertretenen Auffassung zust. MüKoUWG/*Mankowski* IntWettbR Rn. 110.

301 Zu denken wäre etwa an die Werbung für einen PKW, der als Privat- oder Geschäftswagen abgesetzt werden kann.

302 Ebenfalls gegen diese sinnwidrige gespaltene Anknüpfung FBO/*Hausmann/Obergfell* IntLautPrivatR Rn. 150.

303 EuGH Slg. 1997, I-3843 Rn. 37 = GRUR Int 1997, 913 – De Agostini.

Angesichts der von der Richtlinie vorgenommenen abschließenden Angleichung stellt sich jedoch die Frage, ob dem Binnenmarktprinzip des Art. 4 UGP-RL überhaupt eine **praktische Bedeutung** zukommt. Das Schrifttum scheint dies überwiegend zu verneinen.[304] Dieser Auffassung ist jedoch entgegenzuhalten, dass trotz abschließender Angleichung eine unterschiedliche Anwendung der Generalklauseln, vor allem also im Bereich von Art. 5 Abs. 2 UGP-RL, durchaus denkbar ist. Zwar haben die Gerichte der Mitgliedstaaten die nationalen Vorschriften – und damit auch die nationalen Generalklauseln – grundsätzlich richtlinienkonform auszulegen und können dazu dem EuGH Fragen zur Auslegung der Richtlinie im Verfahren nach Art. 267 AEUV vorlegen. Freilich lehnt es der EuGH in seiner Rspr. ab, die Anwendung **sekundärrechtlicher Generalklauseln** auf den Einzelfall hin zu überprüfen.[305] Vielmehr beschränkt sich der EuGH auf eine **allgemeine Auslegung der Tatbestandselemente** der einschlägigen Generalklausel.[306] Dies bedeutet, dass in Bezug auf die Anwendung von Generalklauseln durchaus Spielraum für nationale Sonderwege besteht. Auch wird vertreten, dass in das Urteil über die Lauterkeit kulturelle Besonderheiten der einzelnen Mitgliedstaaten einfließen können.[307] Das Binnenmarktprinzip des Art. 4 UGP-RL schützt in diesen Fällen gegen Beschränkungen des Freiverkehrs. Nach Art. 4 UGP-RL müssen die Gerichte der Mitgliedstaaten also grundsätzlich auch die Rspr. der Gerichte im Niederlassungsstaat des Unternehmers berücksichtigen, wenn sie eine grenzüberschreitende Geschäftspraktik nach der nationalen Generalklausel verbieten wollen, soweit dies erforderlich ist, um eine Beschränkung des freien Waren- und Dienstleistungsverkehrs zu verhindern.[308] 91

d) Das Herkunftslandprinzip und die Dienstleistungs-RL. Besonders weitreichende Auswirkungen hätte die von der Kommission vorgeschlagene Aufnahme eines Herkunftslandprinzips in der Dienstleistungs-RL (→ Rn. 44) nach sich gezogen.[309] Die Einführung eines allgemeingültigen Herkunftslandprinzips für grenzüberschreitende Dienstleistungen in Art. 16 des Richtlinienvorschlags stieß jedoch auf vehemente rechtspolitische Kritik und wurde vor allem von nationalen Politikern bekämpft. Dies ist angesichts des Verzichts auf eine flächendeckende Harmonisierung der verschiedenen Bereiche sowie angesichts des umfassenden Anwendungsbereichs der Richtlinie nachvollziehbar. Auch die Formulierung des Herkunftslandprinzips wich von den bisherigen, bereits geltenden sekundärrechtlichen Beispielen ab. Während ansonsten nur von einer Regelungspflicht des Niederlassungsstaates und einer Pflicht der anderen Staaten, entsprechende Regelungen und Maßnahmen zu unterlassen, gesprochen wird, bestimmte Art. 16 Abs. 1 Dienstleistungs-RL-Vorschlag ganz allgemein, dass die Mitgliedstaaten – und nicht nur der Niederlassungsstaat – dafür Sorge zu tragen haben, „dass Dienstleistungerbringer lediglich den Bestimmungen ihres Herkunftsmitgliedstaates unterliegen, die vom koordinierten Bereich erfasst sind" (eine Kontrollpflicht des „Herkunftsmitgliedstaates" wurde in Art. 16 Abs. 2 Dienstleistungs-RL nachgeschoben). Nach Art. 16 Abs. 1 UAbs. 2 Dienstleistungs-RL-Vorschlag sollte diese Verpflichtung nicht nur für die Aufnahme und Ausübung der Dienstleistung gelten, sondern auch für das Verhalten des Dienstleistungserbringers, die Qualität oder den Inhalt der Dienstleistung, die Werbung, die Verträge und die Haftung der Dienstleistungserbringer. Damit wären auch klassische Bereiche des Privatrechts und mit der Werbung auch das Lauterkeitsrecht erfasst worden. 92

Angesichts dieses weiten Anwendungsbereichs hatte das Herkunftslandprinzip, wie es in Art. 16 Abs. 1 Dienstleistungs-RL von der Kommission vorgeschlagen war, eindeutig **kollisionsrechtlichen Charakter.**[310] In Übereinstimmung mit dem Kommissionsvorschlag für eine UGP-RL, der sich, wie gesehen (→ Rn. 87 ff.), ebenfalls nicht durchsetzen ließ, wählte die Kommission die Formulierung, wonach Dienstleistungserbringer „lediglich den Bestimmungen des Herkunftsmitgliedstaates unter- 93

304 S. etwa *Brömmelmeyer* GRUR 2007, 295 (300 f.); *Henning-Bodewig* GRUR Int 2005, 629 (634); *Piekenbrock* GRUR Int 2005, 997 (999 f.). Nach *Ohly* WRP 2006, 1401 (1412) soll das Binnenmarktprinzip lediglich die Funktion haben, die Richtlinienkonformität des nationalen Rechts durchzusetzen.

305 Dies übersieht *Brömmelmeyer* GRUR 2007, 295 (300 f.), ebenso wie *Ohly* WRP 2006, 1401, der davon ausgeht, dass Art. 4 UGP-RL nicht umgesetzt werden muss, wenn die RL iÜ umgesetzt wird.

306 S. insbes. EuGH Slg. 2004, I-3403 Rn. 22 = EuZW 2004, 349 – Freiburger Kommunalbauten, zur Auslegung der „Missbräuchlichkeit" im Rahmen der Klauselkontrolle nach der Klausel-RL.

307 So *De Miguel Asensio* in Leible/Ohly, Intellectual Property and Private International Law, 2009, 137 Rn. 33, als ein Grund von mehreren; *Sosnitza* WRP 2006, 1 (4 f.), der deshalb sogar den Charakter der abschließenden Angleichung in Frage stellt; aA *Brömmelmeyer* GRUR 2007, 295 (298 f.).

308 Deshalb ist es krit. zu sehen, dass der deutsche Gesetzgeber Art. 4 UGP-RL nicht umgesetzt hat; gegen *Ohly* WRP 2006, 1401.

309 Hierzu *Deinert* EWS 2006, 445 (447 f.).

310 Ebenso *Basedow* EuZW 2004, 423 im Vergleich zum Herkunftslandprinzip der E-Commerce-RL, wobei er von einem „Brüsseler Rätsel" spricht; *Deinert* EWS 2006, 445 (448); FBO/*Hausmann*/*Obergfell* IntLautPrivatR Rn. 151; Staudinger/*Fezer*/*Koos*, 2015, IntWirtschR Rn. 577.

fallen". Eigentümlicherweise nahm die Kommission in ihrem Vorschlag auf die Arbeiten und Vorschläge der Kommission für eine Rom I-VO und Rom II-VO keinerlei Rücksicht. Dabei hätte das vorgeschlagene Herkunftslandprinzip vor allem zu einem Widerspruch zur lauterkeitsrechtlichen Marktortanknüpfung nach Art. 6 Abs. 1 geführt. *Basedow* und *Sonnenberger* hatten deshalb vorgeschlagen, das Kollisionsrecht insgesamt vom Anwendungsbereich des Herkunftslandprinzips auszunehmen.[311]

94 Dieser Vorschlag musste jedoch nicht mehr aufgegriffen werden, nachdem der Widerstand gegen das Herkunftslandprinzip so stark geworden war, dass sich das Prinzip als solches nicht mehr durchsetzen ließ. Die Dienstleistungs-RL (→ Rn. 46) enthält heute in **Art. 16 Dienstleistungs-RL** lediglich **Grundsätze der Dienstleistungsfreiheit,** die sich an die Rspr. zur Dienstleistungsfreiheit nach Art. 56 AEUV anlehnen, diese fortführen und eine Rechtfertigung der Beschränkung jedenfalls im Grundsatz nicht ausschließen. Wie die Bestimmungen der Grundfreiheiten im Allgemeinen (→ Rn. 47 ff.) bilden auch diese Bestimmungen des Art. 16 Dienstleistungs-RL **kein Kollisionsrecht.** Es gilt das zu den Grundfreiheiten Gesagte.

95 **3. Kollisionsrecht in weiteren werberechtlichen Richtlinien.** Jenseits der Anwendung des Herkunftslandprinzips zeigen sich die werberechtlichen Richtlinien des Unionsrechts im Hinblick auf die Regelung des Kollisionsrechts sehr zurückhaltend. So enthält insbesondere die ursprüngliche **Irreführungs-RL** (→ Rn. 4), die bis zum Inkrafttreten der UGP-RL (→ Rn. 87 ff.) den Kern des europäischen Lauterkeitsrechts bildete, keine kollisionsrechtlichen Bestimmungen.[312] Hieran hat sich auch durch die Neufassung der Richtlinie in Form der Irreführungs-RL (→ Rn. 4) nichts geändert. Dennoch findet sich die Auffassung, die Richtlinie setze in Bezug auf die irreführende Werbung die **Anwendung des Marktortprinzips** voraus, **ohne eine entsprechende Kollisionsregel anzuordnen.**[313] Tatsächlich hat der EuGH in der Rechtssache **„De Agostini"** festgestellt, dass diese Richtlinie ihren Sinn verlöre, würde man über das Sendelandprinzip der Fernseh-RL die Anwendung des Irreführungsverbots nach dem Recht des Empfangsstaates einfach ausschließen (auch → Rn. 61).[314] Erklärt werden kann dies mit dem Mindestschutzcharakter der Angleichung in diesem Bereich. Der europäische Gesetzgeber setzt die Anwendung des nationalen Lauterkeitsrechts auf das Wettbewerbsverhalten im eigenen Markt voraus, soweit er den Mitgliedstaaten erlaubt, über den Mindestschutz der Richtlinie hinauszugehen.

96 **Kollisionsrecht** findet man auch in den **verbrauchervertragsrechtlichen Richtlinien.** Besondere lauterkeitsrechtlicher Bedeutung kam dabei insbesondere der inzwischen durch die **Verbraucherrechte-RL**[315] abgelösten Fernabsatz-RL (RL 97/7/EG aF) zu. Art. 12 Abs. 1 Fernabsatz-RL aF verpflichtete die Mitgliedstaaten, alle erforderlichen Maßnahmen zu ergreifen, um den von der Richtlinie verfolgten Schutz des Verbrauchers **gegen die Wahl des Rechts eines Drittstaates** immer dann **abzusichern,** wenn ein enger **Bezug zum Gebiet eines Mitgliedstaates besteht.** Diese Verpflichtung sollte offensichtlich auch für jene Richtlinienbestimmungen gelten, die lauterkeitsrechtlicher Natur waren oder doch zumindest in lauterkeitsrechtlicher Form umgesetzt werden konnten. Hierzu gehörten insbesondere die Vorschriften über die **Zusendung unbestellter Waren** (Art. 9 Fernabsatz-RL aF; in Deutschland vertragsrechtlich umgesetzt in § 241a BGB) sowie über die Verwendung bestimmter Kommunikationsmittel zur **unaufgeforderten Übersendung von Nachrichten** (Art. 10 Fernabsatz-RL aF; in Deutschland wettbewerbsrechtlich umgesetzt in § 7 Abs. 2 Nr. 3 UWG). Die **Verbraucherrechte-RL** führte zu einer Änderung der kollisionsrechtlichen Regeln. In Art. 25 Abs. 1 Verbraucherrechte-RL werden die Rechte der Richtlinie zum halbzwingenden Recht zu Gunsten der Verbraucher erklärt, von denen durch Vertrag nicht abgewichen werden kann, soweit auf diesen Vertrag das Recht eines Mitgliedstaates anwendbar ist. Der **kollisionsrechtliche Schutz des Verbrauchers** erfolgt damit ausschließlich über die **Einschränkung der Rechtswahlfreiheit für Verbraucherverträge nach Art. 6 Abs. 2 Rom I-VO.** Zu berücksichtigen ist aber auch, dass die Verbraucherrechte-Richtlinie im Vergleich zur Fernabsatz-Richtlinie erheblich an Bedeutung für das Lauterkeitsrecht verloren hat. Die Unzulässigkeit der **Zusendung unaufgeforderter E-Mails und unbestellter Waren an Verbraucher** ergibt sich mittlerweile aus der **UGP-RL** (Art. 5 Abs. 1 UGP-RL iVm Anh. Nr. 26 und 29 UGP-RL). Art. 27 Verbraucherrechte-RL bestimmt lediglich die vertragsrechtlichen Folgen der Übersendung unbestellter Waren, wobei die Vorschrift an dem Verbot der UGP-RL anknüpft. Die lauterkeitsrechtliche Anknüpfung erfolgt in diesen Fällen ausschließlich nach Art. 6 Abs. 1.

---

[311] *Basedow* EuZW 2004, 423 (424); *Sonnenberger* RIW 2004, 321.

[312] So auch FBO/*Hausmann/Obergfell* IntLautPrivatR Rn. 111, 118.

[313] *Henning-Bodewig* WRP 2001, 771 (773).

[314] EuGH Slg. 1997, I-3843 Rn. 37 = GRUR Int 1997, 913 – De Agostini.

[315] RL 2011/83/EU des Europäischen Parlaments und des Rates vom 25.10.2011 über die Rechte der Verbraucher, ABl. EU 2011 L 304, 64.

Werberegelungen finden sich auch in den sektorspezifischen Rechtsakten des **Wertpapierrechts** und des **Versicherungsrechts.** Die **OGAW-RL**[316] schreibt einheitliche Standards des Anlegerschutzes in Form von Pflichtmitteilungen bei Prospekten über Investmentfonds vor. **Art. 156 Solvabilität II-RL,**[317] die zu einer grundsätzlichen Überarbeitung des Versicherungsrechts in der EU geführt hat (zur Umsetzung s. das VAG), bestimmt für die Werbung von Versicherungsunternehmen mit Sitz in einem Mitgliedstaat, dass diese im Aufnahmemitgliedstaat mit allen verfügbaren Kommunikationsmitteln werben können. Gleichzeitig stellt die Vorschrift klar, dass diese Werbung in Hinblick auf Form und Inhalt alle „geltenden Bestimmungen, die aus Gründen des Allgemeininteresses gerechtfertigt sind", einzuhalten hat. Angesichts des Hinweises auf die „geltenden Bestimmungen" enthält diese Vorschrift **kein Kollisionsrecht.** Vielmehr ist das anwendbare Recht nach der europäischen Kollisionsnorm des Art. 6 Abs. 1 zu bestimmen. Damit gilt auch im Versicherungssektor das Marktortprinzip. 97

Grenzüberschreitende Werbung wird schließlich von der **Prospekt-VO** geregelt.[318] In Art. 24 Abs. 1 Prospekt-VO findet sich eine Anlehnung an ein Herkunftslandprinzip. Danach führt die Billigung eines Wertpapierprospekts durch den Herkunftsmitgliedstaat unter den dort genannten Bedingungen auch zur Gültigkeit des Prospekts in den anderen Mitgliedstaaten **(Prinzip der Einmalzulassung).** Geregelt wird jedoch nur eine rein behördliche Kontrolle des Prospekts; es handelt sich um **kein Kollisionsrecht.** 98

4. Verbot des Geoblocking. Lauterkeitsrechtliche Relevanz hat auch die sog. **Geoblocking-VO.**[319] Über die E-Commerce-RL und die Dienstleistungs-RL (RL 2006/123) hinaus bezweckt diese VO die Liberalisierung grenzüberschreitententer Dienstleistungen zwischen den Mitgliedstaaten. Damit setzt die Verordnung ausschließlich und unmittelbar an grenzüberschreitenden Sachverhalten an. Verboten ist danach vor allem das sog. **Geoblocking** (Art. 3 Geoblocking-VO), mit dem der Anbieter Kunden aus anderen Mitgliedstaaten der Zugang zu seiner Website häufig mit dem Ziel verwehrt, zwischen Kunden aus verschiedenen Staaten zu diskriminieren. Nach **Art. 1 Abs. 6 S. 1** Geoblocking-VO **und Erwägungsgrund 13** Geoblocking-VO enthält die Verordnung **weder Regeln über das anwendbare Recht** noch über die gerichtliche Zuständigkeit. Da aber der Anbieter zur diskriminierungsfreien Behandlung von Kunden aus allen Mitgliedstaaten verpflichtet wird, stellt sich doch die Frage, ob dann nicht alle Mitgliedstaaten der EU als relevante Marktorte iSv Art. 6 Abs. 1 Rom II-VO angesehen werden müssten. Tatsächlich hat auch der EU-Gesetzgeber die möglichen kollisionsrechtlichen Folgen bedacht. Nach Art. 1 Abs. 6 S. 2 Geoblocking-VO soll sich **allein aus dem Umstand, dass der Anbieter die Regeln der VO einhält, nicht ergeben,** dass er damit sein **Angebot** auch **auf den Staat des gewöhnlichen Aufenthalts oder des Wohnsitzes des Verbrauchers ausrichtet.** Diese Regelung bezieht sich allerdings nur auf das nach Art. 6 Abs. 1 lit. b Rom I-VO **auf Verbraucherverträge anwendbare Recht.** Wie Erwägungsgrund 26 Geoblocking-VO näher erklärt, verfolgt diese Regelung das Ziel, dem Anbieter zusätzliche Kosten zu ersparen, die ihm durch eine Anpassung des Webauftritts an das zwingende Verbraucherschutzrecht des Staates des gewöhnlichen Aufenthalts des Verbrauchers entstehen würden. Dagegen schweigt die VO zu dem nach Art. 6 Abs. 1 Rom II-VO anwendbaren Lauterkeitsrecht. Nichts spricht jedoch dagegen, hier entsprechend zu verfahren. Wird beispielsweise eine **Verbandsklage auf Unterlassung** der Verwendung einer **missbräuchlichen Vertragsklausel** erhoben, beurteilt sich nach der Rspr. des EuGH die Frage nach Beurteilung der Klausel nach dem gemäß Art. 6 Rom I-VO anwendbaren Verbrauchervertragsrecht, während für den Unterlassungsanspruch nach Art. 6 Abs. 1 Rom II-VO an das Recht des Marktortes anzuknüpfen ist (→ Rn. 138). In einem solchen Fall sollte auch für die **lauterkeitsrechtliche Anknüpfung** davon ausgegangen werden, dass die Einhaltung der Pflichten der Geoblocking-VO für sich genommen **nicht ausreichen, um die parallele Anwendbarkeit des Rechts aller Mitgliedstaaten zu begründen.**[320] 99

[316] RL 2009/65/EG des Europäischen Parlaments und des Rates vom 13.7.2009 zur Koordinierung der Rechts- und Verwaltungsvorschriften betreffend bestimmte Organismen für gemeinsame Anlagen in Wertpapieren (OGAW), ABl. EG 2009 L 302, 32, ber. ABl. EG 2010 L 269, 27; früher RL 85/611/EWG.

[317] RL 2009/138/EG des Europäischen Parlaments und des Rates vom 25.11.2009 betreffend die Aufnahme und die Ausübung der Versicherungs- und der Rückversicherungstätigkeit (Solvabilität II), ABl. EG 2009 L 335, 1.

[318] VO (EU) 2017/1129 des Europäischen Parlaments und des Rates vom 14.6.2017 über den Prospekt, der beim öffentlichen Angebot von Wertpapieren oder bei deren Zulassung zum Handel an einem geregelten Markt zu veröffentlichen ist, ABl. EU 2017 L 168, 12. Diese VO ersetzte die Prospekt-RL.

[319] VO 2018/302/EU des Europäischen Parlaments und des Rates vom 28.2.2018 über Maßnahmen gegen ungerechtfertigtes Geoblocking und andere Formen der Diskriminierung aufgrund der Staatsangehörigkeit des Wohnsitzes oder des Ortes der Niederlassung des Kunden innerhalb des Binnemarkts, ABl. EU 2018 L 60, 1.

[320] So auch *De Miguel Asensio,* Conflicts of Law and the Internet, 2010, Rn. 2.44.

100 **5. Die Nichtdiskriminierungsklausel des Art. 18 Abs. 1 AEUV.** Aus dem Nichtdiskriminierungsgrundsatz des Art. 18 Abs. 1 AEUV lässt sich **kein Kollisionsrecht** ableiten.[321] Mit dem Verbot der Diskriminierung aus Gründen der Staatsangehörigkeit hat die Vorschrift nur **fremdenrechtliche Bedeutung** (ausführlicher → Art. 8 Rn. 127). Verboten ist jede materielle Diskriminierung von Staatsangehörigen anderer Mitgliedstaaten im Vergleich zu Inländern. Schon deshalb verstoßen Kollisionsregeln, die auf die Staatsangehörigkeit abstellen, als solche nicht gegen Art. 18 Abs. 1 AEUV. Vielmehr kommt es auf den jeweiligen **Einzelfall** an. Dabei ist zu fragen, ob **unter Anwendung desselben Sachrechts**[322] eine Diskriminierung von Staatsangehörigen anderer Mitgliedstaaten vorliegt. Der Umstand allein, dass auf den Ausländer anderes Sachrecht als auf den Inländer zur Anwendung kommt und dieses den Ausländer im materiellen Ergebnis benachteiligen kann, führt noch nicht zu einem Verstoß gegen Art. 18 Abs. 1 AEUV. Damit **unterscheidet sich Art. 18 Abs. 1 AEUV** in seinen Wirkungen wesentlich **von den Nichtdiskriminierungsklauseln des Konventionsrechts** – Inländerbehandlung und Meistbegünstigung. So will der Inländerbehandlungsgrundsatz des Art. 2 Abs. 1 PVÜ gerade den Schutz des ausländischen Wettbewerbers gegen unlauteren Wettbewerb in gleicher Weise gewährleisten wie für den inländischen Wettbewerber. Klagt also ein Unternehmen aus einem anderen EU-Mitgliedstaat in Deutschland wegen einer in Deutschland vorgenommenen bilateralen Wettbewerbshandlung eines Konkurrenten, der demselben Mitgliedstaat angehört wie der Kläger, so begründet die nunmehr über Art. 6 Abs. 2 und 4 Abs. 2 gebotene Anwendung des gemeinsamen Heimatrechts abweichend vom deutschen Marktrecht keine Diskriminierung iSv Art. 18 Abs. 1 AEUV. Sehr wohl wäre aber ein Verstoß gegen Art. 2 Abs. 1 PVÜ gegeben, wenn das deutsche Recht mehr Schutz gewährt; ein deutscher Unternehmer in der Situation des ausländischen Konkurrenten würde nämlich über Art. 6 Abs. 2 und 4 Abs. 1 durch das strengere deutsche Recht geschützt.

101 **6. Schaffung eines europäischen Internationalen Lauterkeitsrechts durch die Rom II-VO.** Seit 11.1.2009 gilt die sog. Rom II-VO (zur Vorgeschichte → Vor Art. 1 Rn. 2 ff.). Mit ihr nutzte der europäische Gesetzgeber erstmalig die durch den Amsterdamer Vertrag geschaffene Kompetenz (heute Art. 81 Abs. 2 lit. c AEUV) zur Schaffung **einheitlichen Kollisionsrechts für die Mitgliedstaaten der EU.** Der Rom II-VO kommt damit für die Entwicklung des IPR historische Bedeutung zu.[323]

102 **a) Räumliche und intertemporale Anwendbarkeit.** Zur räumlichen und intertemporalen Anwendbarkeit allgemein → Art. 1 Rn. 62 f.; → Art. 32 Rn. 1 ff. Für das Lauterkeitsrecht ergibt sich, dass gemäß Art. 31 alle schadensbegründenden **Ereignisse, die ab dem 11.1.2009 eingetreten sind,** nur noch nach den deliktsrechtlichen Sondertatbeständen des Art. 6 Abs. 1 und 2 und nicht mehr den allgemeinen deliktsrechtlichen Kollisionsnormen der Art. 40 ff. EGBGB zu beurteilen sind.[324] Unklar ist, ob mit dem **„schadensbegründenden Ereignis"** die Handlung oder der Eintritt des unmittelbaren Schadens (Rechtsgutsverletzung) gemeint ist. Die hM scheint auf die **Vornahme der Handlung** abzustellen, da diese den Schaden iSv Art. 4 Abs. 1 begründet.[325] Für das Lauterkeitsrecht wird dies bei **Distanzdelikten** relevant. Wird Werbepost versendet, kommt es auf den Zeitpunkt des Absendens und nicht jenen des Einwirkens auf die angesprochenen Verkehrskreise an. Schließlich ist im Bereich des Lauterkeitsrechts von besonderer Bedeutung, ab wann **Unterlassungsansprüche** von der Verordnung erfasst werden. Unterlassungsansprüche wirken in die Zukunft, setzen aber die Besorgnis einer zukünftigen Rechtsverletzung voraus, die typischerweise als Wiederholungsgefahr durch einen Verstoß aus der Vergangenheit nachgewiesen wird. Wegen der Wirkung des Anspruchs für die Zukunft ist es richtig, für alle Unterlassungsansprüche ab dem 11.1.2009 nach der Rom II-VO anzuknüpfen.[326] Dies begründet sich dogmatisch auch daraus, dass die Wiederholungsgefahr erst im Rahmen des Sachrechts als Anspruchsvoraussetzung zu prüfen ist (→ Art. 8 Rn. 173).

---

[321] Ebenso Peifer/*Klass* UWG Einl. D Rn. 173. Generell zur Bedeutung von Art. 18 Abs. 1 AEUV für das Kollisionsrecht → 5. Aufl. 2010, Einl. IPR Rn. 160 ff.

[322] So die wohl hM, ausf. → Art. 8 Rn. Rn. 126; s. auch *Drexl* FS Dietz, 2001, 461 (474) für das Immaterialgüterrecht.

[323] So *Junker* NJW 2007, 3675 (3676); dagegen wird die Verordnung inhaltlich eher als „konservativ" eingestuft, so *v. Hein* ZEuP 2009, 6 (9, 32), der dennoch von einem „Meilenstein" der Europäisierung des IPR spricht.

[324] Bestätigt durch EuGH Slg. 2011, I-11603 = NJW 2012, 441 – Homawoo.

[325] Zum Diskussionsstand *v. Hein* ZEuP 2009, 6 (11); im selben Sinne auch *Garcimartín Alférez* ELF 2007, 77 (81).

[326] So auch OGH GRUR Int 2012, 468 (471) – HOBAS-Rohre – Rohrprodukte; ähnlich argumentiert *W.-H. Roth* IPRax 2013, 515 (517), für einen lauterkeitsrechtlichen Fall.

b) Verhältnis zum nationalen Recht. Die Verordnung verdrängt in ihrem **Anwendungsbereich** kraft ihrer **unmittelbaren Wirkung** (Art. 288 Abs. 2 AEUV) und aufgrund des **Vorrangs des Unionsrechts** das bislang geltende nationale Internationale Privatrecht der Mitgliedstaaten. Der deutsche Gesetzgeber hat das **EGBGB** in einem zweistufigen Vorgehen an die Rom II-VO[327] sowie die Rom I-VO[328] **angepasst,** wobei die entsprechenden Änderungen des EGBGB zeitgleich mit den Verordnungen in Kraft traten. In erfreulicher Weise stellt Art. 3 EGBGB nun ausdrücklich klar, dass die Kollisionsregeln des EGBGB nur greifen, soweit nicht die Bestimmungen der beiden EU-Verordnungen maßgeblich sind. Zu Recht hat der deutsche Gesetzgeber im Rahmen der Anpassung an die Rom II-VO darauf verzichtet, die Kollisionsregeln des EGBGB zu den außervertraglichen Schuldverhältnissen aufzuheben.[329] Wegen des sowohl gegenständlich als auch zeitlich begrenzten Anwendungsbereichs der Verordnung[330] kommt den Art. 38 ff. EGBGB eine wichtige Lückenfüllungsfunktion zu. Im Bereich des **unlauteren Wettbewerbs** sind die **Art. 40 ff. EGBGB** weiterhin **auf Altfälle anwendbar.** Insoweit wird auf die → 4. Aufl. 2006, EGBGB Art. 40 Rn. 1 ff. verwiesen. Neufälle sind ausschließlich nach Art. 6 Abs. 1 und 2 zu beurteilen; die Art. 40 ff. EGBGB haben für sie keine Bedeutung. 103

c) Universelle Geltung; Verweis auf das Recht von Drittstaaten. Entsprechend der Zielsetzung der Kompetenzvorschrift des Art. 81 Abs. 2 AEUV, **Kollisionsregeln mit universeller Geltung** zu schaffen,[331] ist die Verordnung auch dann anzuwenden, wenn auf das Recht eines Drittstaates verwiesen wird. Nach Art. 81 Abs. 2 AEUV setzt die Kompetenz des Unionsgesetzgebers zwar einen **Binnenmarktbezug** voraus. Dieser besteht jedoch auch im Hinblick auf die Anwendbarkeit des Rechts von Drittstaaten.[332] Als Teil der Justizpolitik der EU stellt die Rom II-VO sicher, dass auch in lauterkeitsrechtlichen Fällen in der gesamten EU **stets dasselbe nationale Recht zur Anwendung kommt, unabhängig davon, welches nationale Gericht für die Entscheidung zuständig ist.** Durch die Vereinheitlichung des Kollisionsrechts wird gewährleistet, dass sich ein Wechsel des Wohnsitz- oder des Niederlassungsstaates und damit ein Wechsel in den Gerichtsständen nach der Brüssel Ia-VO nicht mehr auf das anwendbare Recht auswirken kann. Somit erhöht die Verordnung die **Rechtssicherheit bezüglich der Rechtsverhältnisse der Bürger und Unternehmen, die sich in einem anderen Mitgliedstaat niederlassen wollen.** Ein Wechsel des Niederlassungs- oder Aufenthaltsstaates führt nicht mehr zum Statutenwechsel. Außerdem wird die Gefahr eines forum shopping durch die Wahl eines Gerichts, das über sein Kollisionsrecht ein günstigeres Recht anwendet, ausgeschlossen. Diese Gründe tragen eine Vereinheitlichung des Kollisionsrechts auch auf dem Gebiet des Lauterkeitsrechts im Verhältnis zu Drittstaaten in gleicher Weise wie im Verhältnis der Mitgliedstaaten untereinander. 104

d) Entscheidung gegen das Herkunftslandprinzip. Die Absicht, Kollisionsregeln mit universeller Geltung zu schaffen, erklärt auch, weshalb Art. 6 Abs. 1 als Grundnorm der lauterkeitsrechtlichen Anknüpfung dem **Marktortprinzip** und nicht dem im europäischen Lauterkeitsrecht immer wieder propagierten **Herkunftslandprinzip** folgt. Im Verhältnis zu Drittstaaten wäre die Anwendung des Herkunftslandprinzips, das als Mittel zur Förderung des Binnenmarktes gedacht ist, höchst unangemessen.[333] Vor allem besitzt der europäische Gesetzgeber keine Regelungsbefugnis in Bezug auf die Schutzstandards in einem Drittstaat, dessen Recht als Recht des Niederlassungsstaates nach dem Herkunftslandprinzip zur Anwendung berufen wäre. Dagegen war der Gedanke nicht fernliegend, im Rahmen der Rom II-VO das **Herkunftslandprinzip** als Anknüpfungsregel für das Lauterkeitsrecht im **Verhältnis der EU-Mitgliedstaaten untereinander** einzuführen. Entsprechendes hatte die **Hamburg Group for Private International Law** in Reaktion auf den Vorentwurf der Kommission aus dem Jahre 2002 vorgeschlagen.[334] Danach sollte gemäß einem einzufügenden weiteren Absatz – Art. 6 Abs. 2 in der Zählung des Vorentwurfs – das Recht der Hauptniederlassung des Werbung betreibenden Unternehmens zur Anwendung kommen, sofern lediglich Beziehungen zum Gebiet von EU-Mitgliedstaaten bestehen. Es verwundert nicht, dass die Hamburg Group 105

---

[327] Gesetz zur Anpassung der Vorschriften des Internationalen Privatrechts an die Verordnung (EG) Nr. 864/2007 vom 10.12.2008, BGBl. 2008 I 2402; in Kraft getreten am 11.1.2009.

[328] Gesetz zur Anpassung der Vorschriften des Internationalen Privatrechts an die Verordnung (EG) Nr. 593/2008 vom 25.6.2009, BGBl. 2009 I 1574; in Kraft getreten am 17.12.2009.

[329] So auch im Vorfeld vorgeschlagen von *Wagner* IPRax 2008, 314 (316 f.).

[330] Dazu ausf. *Wagner* IPRax 2008, 314 (316 f.).

[331] Dazu auch *Kreuzer* in Reichelt/Rechberger, Europäisches Kollisionsrecht, 2004, 13 (27).

[332] Ebenso, aber mit anderer Begr. *Leible/Engel* EuZW 2004, 7 (9).

[333] Ebenso *Kieninger* in Leible, Die Bedeutung des Internationalen Privatrechts im Zeitalter der neuen Medien, 2003, 121 (132 f.); *Leible/Lehmann* RIW 2007, 721; *Lindacher* GRUR Int 2008, 453 (454).

[334] Hamburg Group for Private International Law RabelsZ 67 (2003), 1 (18 ff.); ähnlich schon vorher *Dethloff* JZ 2000, 179.

diesbezüglich auf das Sendelandprinzip der Fernseh-RL und das Herkunftslandprinzip der E-Commerce-RL (→ Rn. 56 ff.) hinwies. Dass es sich bei diesen beiden Prinzipien möglicherweise gar nicht um kollisionsrechtliche Vorschriften handelt und die E-Commerce-RL gerade den kollisionsrechtlichen Ansatz vermeidet (→ Rn. 65), wurde freilich von der Hamburg Group verschwiegen. Verschwiegen wurde auch die rechtspolitische Fragwürdigkeit der einseitigen Bevorzugung des werbenden Unternehmens. Hintergrund ist wohl, dass einzelne Autoren zu den bedeutendsten Vertretern der kollisionsrechtlichen Interpretation des Herkunftslandprinzips in Deutschland gehören (→ Rn. 71).[335] Außerdem verweist die Begründung des Vorschlags auf die bereits stattgefundene Harmonisierung des Lauterkeitsrechts, so dass das Herkunftslandprinzip Verbraucher nur wenig belasten, dagegen Unternehmen den großen Vorteil der Anwendung von nur einer Rechtsordnung im Binnenmarkt bieten würde. Zu Recht ist der europäische Gesetzgeber den Hamburger Empfehlungen nicht gefolgt.[336] Diese waren geprägt vom Geist des Herkunftslandprinzips, so wie es die Kommission für die UGP-RL vorgeschlagen hatte (→ Rn. 87 ff.). Der Hamburger Vorschlag ging sogar noch beträchtlich über den Richtlinienvorschlag hinaus. Der Richtlinienvorschlag hatte das Herkunftslandprinzip auf das harmonisierte Recht und damit auf das Verhältnis zwischen Unternehmern und Verbrauchern (B2C) beschränkt. Dagegen strebte die Hamburg Group eine Ausdehnung des Herkunftslandprinzips nach dem Vorbild der E-Commerce-RL **ohne hinreichende Absicherung durch eine Rechtsangleichung** auf das gesamte Gebiet des Lauterkeitsrechts, einschließlich des B2B-Bereichs, an.[337] Für die Durchsetzung eines so weit reichenden rechtspolitischen Liberalisierungsprogramms besteht aber in der kollisionsrechtlich geprägten Rom II-VO keine Rechtfertigung.[338] Das Herkunftslandprinzip würde zudem im Lauterkeitsrecht die Anbieterinteressen gegenüber jenen der angesprochenen Verkehrskreise bevorzugen und die Wettbewerbsgleichheit am Marktort (par conditio concurrentium) generell in Frage stellen.[339] Deshalb sollte die Entscheidung zu Gunsten des Herkunftslandprinzips den spezifischen Rechtsakten der Binnenmarktpolitik überlassen bleiben, die, sofern sie einen kollisionsrechtlichen Ansatz verfolgen, ein besonderes Augenmerk auf die schlüssige Abgrenzung ihres Anwendungsbereichs zur Rom II-VO legen sollten. Dass die Anwendung insbesondere eines **kollisionsrechtlich geprägten Herkunftslandprinzips in anderen Rechtsakten** der EU nicht durch die Kollisionsregeln einer Rom II-VO infrage gestellt werden kann, gewährleistet Art. 27.[340]

IV. Erläuterung des Art. 6 Abs. 1 und 2: Bestimmung des Lauterkeitsstatuts im Einzelnen

106 **1. Historischer Hintergrund.**[341] Die Schaffung der deliktischen Sonderanknüpfung in Art. 6 Abs. 1 und 2 gehörte zu den **umstrittensten Fragen** bei Erlass der Rom II-VO.[342] Hierfür lassen sich vor allem zwei Gründe identifizieren: Zum einen war keineswegs klar, ob neben der allgemeinen deliktrechtlichen Anknüpfung überhaupt ein Bedürfnis nach einer Sonderanknüpfung besteht. Zum anderen ist das Konzept eines „Rechts gegen den unlauteren Wettbewerb" keineswegs in allen Mitgliedstaaten bekannt.[343] Die Sonderanknüpfung war bereits im **Vorschlag der Kommission aus dem Jahre 2003** – in Form eines Art. 5 – enthalten.[344] Ihre Notwendigkeit wurde unter Hinweis auf den großen Konsens, der hinsichtlich der Marktortanknüpfung bestehe, sowie Vorbildern solcher Sonderanknüpfungen im Kollisionsrecht Österreichs, Spaniens, der Niederlande sowie der Schweiz begründet. Bedeutsam erscheint schließlich vor allem das Bestreben, über eine gesonderte Anknüpfung bestehende Rechtsunsicherheit im Hinblick auf das Marktortprinzip in jenen Staaten zu beseiti-

---

335 MüKoUWG/*Mankowski* IntWettbR Rn. 30 bezeichnet denn Art. 6 auch als „klare Niederlage" des Herkunftslandprinzips.

336 Dem Hamburger Vorschlag zust. *Kreuzer* in Reichelt/Rechberger, Europäisches Kollisionsrecht, 2004, 13 (27).

337 So auch die Analyse bei *Leistner* in Drexl/Kur, Intellectual Property and Private International Law, 2005, 177 (193).

338 Mit überzeugenden Argumenten ebenfalls gegen den Vorschlag *Leistner* in Drexl/Kur, Intellectual Property and Private International Law, 2005, 177 (193 ff.); *Wagner* IPRax 2006, 372 (381).

339 Ebenso iSd Unangemessenheit *Leible/Lehmann* RIW 2007, 721.

340 Dazu *Leistner* in Drexl/Kur, Intellectual Property and Private International Law, 2005, 177 (186).

341 Zur Geschichte der Verordnung seit den frühesten Anfängen s. *v. Hein* FS Kropholler, 2008, 553 (554 ff.); *Nettlau*, Die kollisionsrechtliche Behandlung von Ansprüchen aus unlauterem Wettbewerbsverhalten gemäß Art. 6 Abs. 1 und 2 Rom II-VO, 2013, 22 ff.

342 Ausf. zur Schaffung des Art. 6 Abs. 1 und 2 MüKoUWG/*Mankowski* IntWettbR Rn. 19 ff.; NK-BGB/*Weller* Rn. 4.

343 Zu den Schwierigkeiten der sich in England stellenden Qualifikationsfrage s. *Beaumont/McEleavy*, Anton's Private International Law, 3. Aufl. 2011, Rn. 14.148.

344 Rom II-VO-Vorschlag der Kommission, KOM(2003) 427 endg., 17 f.

gen, die noch keine diesbezügliche Praxis aufgrund der allgemeinen deliktsrechtlichen Anknüpfung entwickelt haben.[345] Die lauterkeitsrechtliche Sonderanknüpfung – wie der Verordnungsvorschlag insgesamt – stieß jedoch schon in der ersten Lesung im **Europäischen Parlament** auf heftigen Widerstand.[346] Der Rechtsausschuss schlug in seinem Bericht sogar die Streichung des Art. 5 vor.[347] Das Parlament war unter dem Einfluss der britischen Berichterstatterin *Diana Wallis* der Auffassung, dass schon die allgemeine deliktsrechtliche Anknüpfungsregelung zu angemessenen Lösungen führe und kritisierte, dass angesichts des Fehlens einer Definition des Begriffs des unlauteren Wettbewerbs der Anwendungsbereich der Vorschrift unklar bleibe. Damit war nicht nur ein Konflikt zwischen Kommission und Rat einerseits sowie Parlament andererseits ausgelöst. Vielmehr wurde ein Kampf um die **zukünftige konzeptionelle Ausrichtung des europäischen Kollisionsrechts** geführt. Zu klären war die zentrale Frage, ob das europäische Recht der kontinentaleuropäischen Tradition präziser, Rechtssicherheit schaffender Anknüpfungsregeln oder der angloamerikanischen Tradition flexibler Anknüpfung folgen sollte.[348] Dieser Konflikt zeigte sich auch anhand unterschiedlicher Positionen innerhalb des Parlaments.[349] Unabhängig von diesem Grundsatzstreit ist anzuerkennen, dass gerade die lauterkeitsrechtliche Anknüpfung alles andere als Rechtssicherheit in Rechtsordnungen schafft, denen die Konzeption des „unlauteren Wettbewerbs" traditionell unbekannt ist. Hierzu gehört nicht zuletzt die englische.[350] Im **Geänderten Vorschlag** aus dem Jahre 2006 hielt die Kommission jedoch an ihrem Ansatz fest.[351] Die Beibehaltung der lauterkeitsrechtlichen Sonderanknüpfung durch den **Gemeinsamen Standpunkt** der Rates,[352] stieß dann in der **zweiten Lesung** im Europäischen Parlament erneut auf Widerstand.[353] Dem wiederholten Vorschlag des Parlaments, die Vorschrift zu streichen, wollte jedoch der Rat nicht zustimmen. Eine Einigung konnte so erst im **Vermittlungsverfahren** nach dem früheren Art. 251 Abs. 3 S. 2 und Abs. 7 EG-Vertrag erreicht werden.[354] Im Ergebnis gelang es dem Europäischen Parlament nicht, sich in Bezug auf die lauterkeitsrechtliche Sonderanknüpfung gegen Kommission und Rat durchzusetzen. Auch ist die Verordnung insgesamt der kontinentaleuropäisch geprägten Tradition präziser Kollisionsregeln mit geringer Flexibilität verpflichtet.[355]

2. Relevanz der früheren Praxis, Auslegungsgrundsätze. Die lauterkeitsrechtliche 107
Anknüpfung in der Rom II-VO hält in ihrem Kernbereich das **Marktortprinzip** (Art. 6 Abs. 1) bei.[356] Folglich war mit dem Inkrafttreten der Rom II-VO kein grundlegender Systemwechsel verbunden.[357] Dennoch ist in Bezug auf die **Berücksichtigungsfähigkeit früherer Praxis** auf der

[345] Das Argument der Schaffung von Rechtssicherheit prägt die Verordnung insgesamt; s. dazu Erwägungsgrund 6; umfassender *v. Hein* ZVglRWiss 102 (2003), 528. Das Argument der Rechtssicherheit ist schließlich bedeutsam für die ökonomische Analyse der Verordnung; für eine solche s. *Weintraub* Texas Int'l L. J. 43 (2008), 400; *Weintraub* FS Hay, 2005, 451. Zur Situation in Frankreich s. *Ehrich,* Der internationale Anwendungsbereich des deutschen und französischen Rechts gegen irreführende Werbung, 2005, 49 ff. und 90 ff.

[346] Dazu *Buchner* GRUR Int 2005, 1004 (1008); *Handig* GRUR Int 2008, 24 (26); *Mankowski* GRUR Int 2005, 634, 635; *Wagner* EuZW 2006, 424 (425).

[347] Bericht über den Rom II-VO-Vorschlag, A6–0211/2005, Änderungsantrag 8 (S. 9) und 29 (S. 22 f.).

[348] Über diese Frage wurde vor allem im englischsprachigen Schrifttum diskutiert; s. etwa *Weintraub* FS Hay, 2005, 451; s. insgesamt *Leible/Lehmann* RIW 2007, 721 (722). Die Debatte geriet sehr aufgeheizt; nachträglich wurde sogar von Versuchen des Parlaments zur „Amerikanisierung" des Kollisionsrechts gesprochen; so *v. Hein* ZEuP 2009, 6 (18). Ein Vergleich zwischen der Rom II-VO und dem englischen Kollisionsrecht findet sich bei *Fröhlich,* The Private International Law of Non-Contractual Obligations According to the Rome-II Regulation, 2008.

[349] Dazu *Mankowski* GRUR Int 2005, 634 (635).

[350] Gleichwohl lassen sich einzelne *torts* funktional dem Lauterkeitsrecht zuordnen; s. umfassend *Ohly,* Richterrecht und Generalklausel im Recht des unlauteren Wettbewerbs – ein Methodenvergleich des englischen und des deutschen Rechts, 1997; s. auch *Fröhlich,* The Private International Law of Non-Contractual Obligations According to the Rome-II Regulation, 2008, 78 f.

[351] Geänderter Rom II-VO-Vorschlag der Kommission vom 21.2.2006, KOM(2006) 83 endg.

[352] Gemeinsamer Standpunkt Nr. 22/2006 des Rates vom 25.9.2006, ABl. EG 2006 C 289 E, 68.

[353] Legislative Entschließung des Europäischen Parlaments vom 9.1.2007 zu dem Gemeinsamen Standpunkt des Rates im Hinblick auf den Erlass der Verordnung des Europäischen Parlaments und des Rates über das auf außervertragliche Schuldverhältnisse anzuwendende Recht („Rom II"), P6_TA-PROV (2007)0006.

[354] Dazu *Wagner* FS Kropholler, 2008, 715.

[355] So spricht *Leible,* Rom I und Rom II: Neue Perspektiven im Europäischen Kollisionsrecht, 2009, 7 sogar vom „Triumph" des klassischen Kollisionsrechts.

[356] Vgl. FBO/*Hausmann/Obergfell* IntLautPrivatR Rn. 160, die besonders auf die Orientierung am deutschen Vorbild im Rahmen des Gesetzgebungsprozesses hinweisen.

[357] Ähnlich auch *v. Hein* ZVglRWiss 102 (2003), 528 (555).

Grundlage der Anknüpfung nach Art. 40 ff. EGBGB[358] **Vorsicht geboten.** Hierfür sprechen mehrere Gründe: (1.) Die Anknüpfungsregeln der Rom II-VO sind autonom gesetztes Unionsrecht. Sie sind daher **„europarechtlich autonom"**, dh nach den spezifischen Auslegungsgrundsätzen des EU-Rechts **auszulegen** (→ Vor Art. 1 Rn. 27 ff.).[359] (2.) Wichtig ist zudem die **Einbettung in das Kollisionsrecht der EU.** Was als allgemeine kollisionsrechtliche Lehre nach deutschem Recht anerkannt ist, muss nicht notwendig auch Anerkennung für das europäische Kollisionsrecht finden. Zum Teil enthält die Rom II-VO solche allgemeinen Grundsätze des Kollisionsrechts. Diese gehen aufgrund des allgemeinen Vorrangs der Verordnung – bestätigt durch Art. 3 Nr. 1 lit. a EGBGB (→ Rn. 103) – den nationalen kollisionsrechtlichen Prinzipien vor. (3.) Im Rahmen der Anwendung des Art. 6 Abs. 1 und 2 ist vor allem die Berücksichtigung des **systematischen Zusammenhangs** von besonderer Bedeutung. Diese Vorschriften schaffen eine deliktische Sonderanknüpfung (auch → Rn. 2). Damit hat sich zwar der europäische Gesetzgeber anders entschieden als der deutsche, der noch im Jahre 1999 die Schaffung einer Sonderanknüpfung für das Lauterkeitsrecht abgelehnt hat. Dennoch bleibt der Zusammenhang mit der allgemeinen deliktsrechtlichen Anknüpfung beachtlich. Das Marktortprinzip ist als **Präzisierung der allgemeinen Kollisionsnorm** nach Art. 4 Abs. 1 zu verstehen, die anders als Art. 40 Abs. 1 S. 1 EGBGB nicht am Handlungsort anknüpft, sondern am Ort des Eintritts des unmittelbaren Schadens.[360] Es wird noch zu erörtern sein (→ Rn. 148), ob die damit vollzogene Abkehr vom Handlungsortprinzip auch Auswirkungen auf das Verständnis der Marktortanknüpfung hat.[361] (4.) Schließlich liegt die abschließende Auslegungskompetenz für die Rom II-VO beim **EuGH.**[362] Dieser wird letztlich Anwendungs- und Auslegungsfragen im Wege des Vorlageverfahrens zu klären haben. Vor Inkrafttreten des Lissabonner Reformvertrages schloss der frühere Art. 68 Abs. 1 EG-Vertrag die Vorlageberechtigung von Instanzgerichten gemäß dem früheren Art. 234 EG-Vertrag aus. Dies widersprach dem Bedürfnis nach einer möglichst frühzeitigen Klärung offener Fragen.[363] Der Wegfall dieser Einschränkung ist zu begrüßen. Nach Art. 267 Abs. 2 AEUV können heute alle nationalen Gerichte, vor denen sich eine Frage zur Anwendung und Auslegung der Rom II-VO stellt, Vorlagen an den EuGH richten.

108 **3. Vorrang des internationalen Rechts.** Das Verhältnis der Rom II-VO zum internationalen Recht ist **europarechtlich autonom** zu bestimmen und nicht wie nach altem Recht nach Art. 3 Abs. 2 EGBGB. Dabei sind zwei Dimensionen der Thematik zu unterscheiden. Auf der einen Seite geht es um das Verhältnis zu Abkommen, die allein die Mitgliedstaaten abgeschlossen haben. Auf der anderen Seite ist das Verhältnis zu jenen Abkommen zu klären, die für die EU selbst bindend sind. Im Folgenden sind die allgemeinen Grundsätze zum Verhältnis der Rom II-VO zum Völkerrecht für das Internationale Lauterkeitsrecht zu konkretisieren.

109 Art. 28 enthält eine ausdrückliche Regelung zum Verhältnis zu **Übereinkommen der Mitgliedstaaten** (→ Art. 28 Rn. 1 ff.).[364] Im Hinblick auf das Internationale Lauterkeitsrecht ist darauf hinzuweisen, dass die Regelung des Art. 28 auf **„frühere"** Übereinkommen begrenzt ist, dh solche, denen ein oder mehrere Mitgliedstaaten zum Zeitpunkt der Annahme dieser Verordnung – also zum 11.7.2007 – angehört haben. Diese Abkommen bleiben nach Art. 28 Abs. 1 weiterhin anwendbar. Im Verhältnis der Mitgliedstaaten zueinander findet jedoch gemäß Art. 28 Abs. 2 allein die Rom II-VO Anwendung; es greift insoweit der Vorrang des Unionsrechts. Der Zweck des Art. 28 ist eindeutig: Die Vorschrift soll sicherstellen, dass **bestehende Verpflichtungen der Mitgliedstaaten gegenüber Drittstaaten weiterhin erfüllt werden** (so auch Erwägungsgrund 36). Insgesamt verwirklicht Art. 28 im Kollisionsrecht, was nach Art. 351 AEUV schon allgemein für das Verhältnis des Unionsrechts zu „früheren" völkerrechtlichen Verpflichtungen der Mitgliedstaaten gilt. Im Lichte

---

[358] → 4. Aufl. 2006, IntUnlWettbR Rn. 81 ff.; zur Entwicklung des Internationalen Lauterkeitsrechts in Deutschland HdB-WettbR/*Wilde/Linde* § 10 Rn. 7 ff.

[359] S. auch *Handig* GRUR Int 2008, 24 (25); Mansel/Mankowski/*Illmer* Rn. 11.

[360] Ausf. dazu *Bauermann,* Der Anknüpfungsgegenstand im europäischen Internationalen Lauterkeitsrecht, 2015, 39 ff. Die Entscheidung des Verordnungsgebers wird auch im deutschen Schrifttum befürwortet; s. etwa *Wagner* IPRax 2006, 372 (376 f.). Nach *Honorati* in Malatesta, The Unification of Choice of Law Rules on Torts and Other Non-Contractual Obligations in Europe, 2006, 117 (151) würde auch die Anwendung der allgemeinen kollisionsrechtlichen Regel im Bereich des Lauterkeitsrechts zum Recht des Marktortes führen.

[361] Dies vertritt offensichtlich *Handig* GRUR Int 2008, 24 (29), der davon ausgeht, dass infolge des Übergangs zum Erfolgsortprinzip in Art. 4 Abs. 1 für den Marktbegriff nicht mehr auf den Ort des Einwirkens, sondern der Auswirkung abzustellen sei.

[362] Dazu auch MüKoUWG/*Mankowski* IntWettbR Rn. 259 ff.

[363] Der frühere Art. 68 Abs. 1 EG-Vertrag galt vor allem auch für Fragen des Asylrechts (s. früher Art. 63 EG-Vertrag) und sollte daher wohl vor allen Dingen eine Verzögerung des Asylverfahrens durch Vorlagen von Instanzgerichten verhindern.

[364] Allg. zu Art. 28 *Brière* J. D. I. 2005, 677; *Garriga* YPIL 9 (2007), 137.

dieses Ziels ist Art. 28 Abs. 1 missverständlich formuliert. Nach dem Wortlaut wäre die Anwendung eines Übereinkommens, das bereits am 11.7.2007 zumindest für einen Mitgliedstaat gilt, auch auf weitere Mitgliedstaaten anwendbar, sofern diese diesem Abkommen später beitreten. Eine solche wortgetreue Auslegung würde jedoch Sinn und Zweck der Verordnung, unionsweit einheitliche Anknüpfungsregeln zu verwirklichen, entgegenstehen. Daher sind „frühere" Übereinkommen nur für jene Staaten anwendbar, die zum Stichtag bereits durch das Abkommen gebunden waren (wohl im Ergebnis ebenso → Art. 28 Rn. 15). Umgekehrt resultiert aus Art. 28 Abs. 1 ein Verbot, solchen Abkommen beizutreten.[365] Im Anwendungsbereich der Rom II-VO ist der Beitritt zu neuen Abkommen und der Beitritt zu bestehenden Abkommen nur noch der EU selbst möglich.

Praktische Bedeutung für die lauterkeitsrechtliche Anknüpfung kommt Art. 28 vor allem zu **110**
für die **bilateralen Abkommen zum Schutze der geografischen Herkunftsangaben,** die zwischen EU-Mitgliedstaaten abgeschlossen worden sind (→ Rn. 39 f.).[366] Soweit diese für die Voraussetzungen, unter denen eine Herkunftsangabe verwendet werden darf, auf das **Recht des Ursprungslandes der Bezeichnung** abstellen, stellt sich die Frage, ob diese Abkommen angesichts des Vorrangs der europarechtlichen Kollisionsnorm (Art. 28 Abs. 2) **überhaupt noch angewendet werden können.** Eine solche Ausschlusswirkung käme nur in Betracht, wenn diese Abkommen im Widerspruch zu den Kollisionsnormen der Rom II-VO stünden.[367] Ein solcher **Widerspruch zur Rom II-VO ist jedoch zu verneinen.** Dies zeigt folgende Überlegung zum deutsch-französischen Abkommen über den Schutz von Herkunftsangaben, Ursprungsbezeichnungen und anderen geografischen Bezeichnungen:[368] Wie bereits ausgeführt (→ Rn. 40) gehen auch die bilateralen Abkommen von der Schutzlandanknüpfung aus. Anzuwenden ist also zunächst Art. 8 Abs. 1.[369] Geht es um den Schutz der Bezeichnung „Champagne" in Deutschland, wäre gemäß Art. 8 Abs. 1 deutsches Recht anwendbar, sofern der Kläger Schutz für das deutsche Staatsgebiet begehrt. Zum deutschen Sachrecht gehört auch das unmittelbar anwendbare bilaterale deutsch-französische Abkommen. Aus dem Abkommen selbst ergibt sich, dass die Bezeichnung überhaupt geschützt ist. Auch die Frage nach der Anspruchsberechtigung wird gemäß Art. 7 deutsch-französisches Abkommen grundsätzlich nach dem Recht des Schutzlandes bestimmt. Für den Schutz in Deutschland wird das französische Recht nur im Rahmen des Verletzungstatbestandes und nur in bestimmten Fällen relevant. Der Verletzungstatbestand findet in Art. 3 deutsch-französisches Abkommen eine Regelung. Danach ist eine Verletzung auf jeden Fall gegeben, wenn die gekennzeichneten Waren nicht aus Frankreich stammen (Garantie der Benutzung für französische Waren). Eine Verletzung kann aber auch durch Waren französischer Provenienz erfolgen. Die Bezeichnung darf in Deutschland von aus Frankreich stammenden Waren „nur unter denselben Voraussetzungen benutzt werden, wie sie in der Gesetzgebung der Französischen Republik vorgesehen sind".[370] Damit zeigt sich, dass die Anknüpfung an das Recht des Ursprungslandes in den bilateralen Abkommen nur für die **Vorfrage der berechtigten Benutzung** erfolgt. Art. 8 Abs. 1 verbietet es aber keineswegs, dass für Vorfragen, die sich im Rahmen des anwendbaren Rechts des Schutzlandes stellen, anders als nach dem Recht des Schutzlandes angeknüpft wird. Die **Anknüpfung der Vorfrage über die lex causae** erscheint hier auch angebracht, da das anwendbare Recht nach Art. 8 Abs. 1 für die Frage der berechtigten Benutzung eine Lücke enthält. Da es sich somit bei der Beurteilung der berechtigten Zeichenführung um eine Vorfrage handelt, die die grundsätzliche Anknüpfung an das Recht des Schutzlandes gerade nicht ersetzt, sondern zur Lückenfüllung dient, widerspricht die Anknüpfung am Recht des Ursprungslandes in diesen bilateralen Abkommen auch nicht dem Charakter der Kollisionsnormen der Rom II-VO als Sachnormverweisung. Damit ist festzustellen, dass die bilateralen Abkommen über den Schutz geografischer Herkunftsangaben zwischen den EU-Mitgliedstaaten unter Geltung des Art. 8 Abs. 1 anwendbar bleiben, auch soweit es um die in diesen Abkommen enthaltenen Kollisionsnormen geht, die auf das Recht des Ursprungslandes verweisen.

Nicht ausdrücklich geregelt ist die Frage des Verhältnisses der Rom II-VO zu **„späteren"** **111**
Übereinkommen der Mitgliedstaaten.[371] Im Erwägungsgrund 37 wird lediglich vorgesehen, dass

[365] So auch *Kreuzer* FS Kropholler, 2008, 129 (140).

[366] Vgl. auch den Hinweis von *Handig* GRUR Int 2008, 24 (30), ohne Klärung der Folgen für diese Abkommen.

[367] Wobei zwischen einer lauterkeitsrechtlichen Qualifikation (Art. 6 Abs. 1 und 2) und einer immaterialgüterrechtlichen Qualifikation (Art. 8) zu entscheiden ist.

[368] Deutsch-französisches Abkommen vom 8.3.1960 über den Schutz von Herkunftsangaben, Ursprungsbezeichnungen und anderen geografischen Bezeichnungen, BGBl. 1961 II 22.

[369] Zur im Einzelfall schwierigen Abgrenzung der immaterialgüterrechtlichen und lauterkeitsrechtlichen Anknüpfung für geografischen Herkunftsangaben → Rn. 128 ff.

[370] Zur entsprechenden Regelung im französisch-spanischen Abkommen vgl. EuGH Slg. 1992, I-5529 Rn. 18 = BeckRS 2004, 76478 – Turrón de Alicante.

[371] Dagegen nimmt *Garriga* YPIL 9 (2007), 137 (146) eine „implizite" Regelung an.

die Kommission einen Vorschlag für einen Rechtsakt unterbreiten wird, in dem Verfahren und Voraussetzungen zu regeln sind, unter denen die Mitgliedstaaten in „Einzel- und Ausnahmefällen" Übereinkünfte mit Drittstaaten „über sektorspezifische Fragen" aushandeln und vereinbaren dürfen, die Bestimmungen über das auf außervertragliche Schuldverhältnisse anwendbare Recht enthalten. Damit bringt die Verordnung zum Ausdruck, dass die Mitgliedstaaten mit dem Erlass der Rom II-VO die Zuständigkeit zum Abschluss von Übereinkommen verloren haben, soweit sie den Anwendungsbereich der Verordnung berühren.[372]

112 Nicht angesprochen wird von der Verordnung ihr Verhältnis zu **völkerrechtlichen Kollisionsnormen, die von der EU selbst vereinbart werden oder jedenfalls für sie bindend** sind. Bedeutung hat dies für die Anwendung des **TRIPS-Abkommens** und der **PVÜ** (zum Umfang der Bindung der EU an die PVÜ → Rn. 36). Wie dargestellt ist die Frage, ob die Nichtdiskriminierungsklauseln dieser Abkommen, insbesondere der Inländerbehandlungsgrundsatz, Kollisionsregeln enthalten, durchaus nicht eindeutig zu beantworten (→ Rn. 28 f., → Rn. 34). Nimmt man – entgegen der hier vertretenen Auffassung – einen solchen kollisionsrechtlichen Gehalt an, bieten sich zwei Möglichkeiten zur Bestimmung des Verhältnisses zur Rom II-VO. Zum einen lässt sich mit der Rom II-VO selbst argumentieren. Übereinkommen, die von der EU selbst abgeschlossen werden, sind **„Rechtsakte der Europäischen Union"**,[373] die gemäß **Art. 27** der Anwendung des Rom-Abkommens vorgehen müssten (zur Rechtsfolge des Art. 27 → Art. 27 Rn. 15). Zum anderen ließe sich Entsprechendes **Art. 216 Abs. 2 AEUV** entnehmen, wonach Übereinkommen, die die EU abgeschlossen hat, für die Organe der EU – und damit auch den europäischen Gesetzgeber – bindend sind. Jedoch ist in diesem Zusammenhang zu beachten, dass die Anwendung dieser Übereinkommen auch voraussetzt, dass diesen nach den Grundsätzen des europäischen Rechts eine **unmittelbare Wirkung** zukommt. Für das TRIPS-Abkommen und die über den Paris-Plus-Effekt (→ Rn. 36) für die EU anwendbare PVÜ ist insoweit auf die Ausführungen zum Internationalen Immaterialgüterrecht zu verweisen (→ Art. 8 Rn. 34 f.).

113 **4. Abgrenzung des Anwendungsbereichs des Lauterkeitsstatuts. a) Geltung für unlauteres Wettbewerbsverhalten (Qualifikation).** Bei Anwendung von Art. 6 Abs. 1 und 2 ist zunächst Klarheit über den **Anknüpfungsgegenstand** zu gewinnen, nach dem sich bestimmt, für welche Sachfragen über diese Vorschriften anzuknüpfen ist. Diese Vorschriften schaffen Kollisionsnormen für außervertragliche Schuldverhältnisse bei „unlauterem Wettbewerb" (entsprechend der Artikelüberschrift) bzw. bei „unlauterem Wettbewerbsverhalten" (entsprechend dem Text der Vorschriften). Was unter unlauterem Wettbewerb bzw. unlauterem Wettbewerbsverhalten zu verstehen ist, wird von der Verordnung nicht näher erklärt. Erforderlich ist eine **Qualifikation,** die nach der **lex fori** zu erfolgen hat. Die *lex fori* ist nicht das nationale Recht des mit der Anwendung befassten nationalen Gerichtes eines Mitgliedstaates, sondern das **Unionsrecht** selbst. Dies ergibt sich aus der Rechtsnatur der Verordnung als Unionsrecht. Mit dem Ziel der einheitlichen Anwendung der Verordnung wäre es nicht vereinbar, wenn die nationalen Gerichte entsprechend ihren nationalen Traditionen den zentralen Anknüpfungspunkt des „unlauteren Wettbewerbsverhaltens" unterschiedlich auslegen könnten.[374] Deutsche Gerichte dürften daher Art. 6 Abs. 1 und 2 nicht unbesehen im Lichte dessen auslegen, was nach deutscher Tradition zum Lauterkeitsrecht gehört.[375] Geboten ist

---

[372] So auch *Garriga* YPIL 9 (2007), 137 (146). Anwendbar war hier früher die sog. AETR-Doktrin, wonach die Mitgliedstaaten ihre Kompetenz für Übereinkommen mit Drittstaaten einbüßen, soweit solche Übereinkommen die interne Gesetzgebung der Gemeinschaft beeinträchtigen; s. EuGH Slg. 1971, 263 – AETR. Zur Zuständigkeit der EU für Abkommen im Bereich des Kollisionsrecht s. allg. *Kreuzer* FS Kropholler, 2008, 129 (130 ff.) unter Hinweis auf die AETR-Rspr. Die AETR-Doktrin hat mittlerweile in Art. 216 Abs. 1 AEUV eine ausdrückliche Verankerung erfahren. Danach verfügt die EU über die Zuständigkeit zum Abschluss eines internationalen Übereinkommens vor allem dann, wenn das Übereinkommen unionsinterne Vorschriften beeinträchtigen kann.

[373] Der europäische Gesetzgeber scheint bei Schaffung von Art. 27 allerdings nur an sekundärrechtliche Kollisionsnormen gedacht zu haben, s. Erwägungsgrund 35; s. *Kreuzer* in Reichelt/Rechberger, Europäisches Kollisionsrecht, 2004, 13 (54); → Art. 27 Rn. 1, die davon ausgehen, dass Art. 27 de facto nur auf sekundärrechtliche Kollisionsnormen anwendbar ist.

[374] Ausf. *Bauermann,* Der Anknüpfungsgegenstand im europäischen Internationalen Lauterkeitsrecht, 2015, 13 f. Zu den Konsequenzen s. nur *Enzinger,* Lauterkeitsrecht, 2012, Rn. 180, der für das öst. Recht darauf hinweist, dass für die im öst. UWG geregelten Unternehmenskennzeichen wegen der autonomen Auslegung der Verordnung immaterialgüterrechtlich und nicht lauterkeitsrechtlich anzuknüpfen ist.

[375] So möchte *Weiler* in Götting/Meyer/Vormbrock, Gewerblicher Rechtsschutz und Wettbewerbsrecht, Praxishandbuch, 2011, § 25 Rn. 148 unerbetene Werbeanrufe unter Berücksichtigung der Konzeption europäischer Richtlinien als Verletzungen der Privatsphäre qualifizieren und entgegen deutscher Anschauung nicht lauterkeitsrechtlich. Er übersieht, dass unerbetene Telefonanrufe, Faxe und E-Mails in Anh. Nr. 26 UGP-RL als aggressive Geschäftspraktiken gelistet sind.

vielmehr eine **europarechtlich autonome Auslegung**[376] des **„unlauteren Wettbewerbsverhaltens"**, den der Verordnungsgeber zum Regelungsgegenstand des Lauterkeitsrechts im Sinne des europäischen Kollisionsrechts erklärt hat. Besonders weitreichend waren – vor dem Austritt des Vereinigten Königreichs aus der EU – die Auswirkungen in **England**, da das dortige Recht kein „tort of unfair competition" kennt. Entsprechend war auch dort nach der europäischen Qualifikation abzugrenzen, welche Torts in den Anwendungsbereich der lauterkeitsrechtlichen Anknüpfung fallen.[377] Für die Auslegung des Begriffs des unlauteren Wettbewerbsverhaltens lassen sich verschiedene Auslegungskriterien heranziehen. Hierzu gehören insbesondere die Wortlautauslegung, die Berücksichtigung des Unionsrechts im Übrigen[378] sowie die der Anknüpfung zugrunde liegenden Wertungen.

Die nähere Bestimmung dessen, was unter einem „unlauteren Wettbewerbsverhalten" zu verstehen ist, bleibt schwierig, weil dieser Begriff – genauso wie jener des unlauteren Wettbewerbs – weder in der Verordnung selbst[379] noch im sonstigen Unionsrecht Verwendung findet. Dennoch ergibt sich schon aus dem **Wortlaut** der Vorschriften eine erste, wichtige Annäherung. In Art. 6 Abs. 1 wird für unlauteres Wettbewerbsverhalten am Ort der Beeinträchtigung der Wettbewerbsbeziehungen und der kollektiven Interessen der Verbraucher angeknüpft. Eine solche Beeinträchtigung ist nur denkbar, wenn das Verhalten marktbezogen ist. Die **Marktbezogenheit des Verhaltens** bildet damit das Wesen des „Wettbewerbsverhaltens" iSd lauterkeitsrechtlichen Anknüpfung.[380] Diesem Auslegungsergebnis scheint dann aber sogleich Art. 6 Abs. 2 zu widersprechen. Wenn danach auch ein „unlauteres Wettbewerbsverhalten" für möglich gehalten wird, das „ausschließlich" die Interessen eines bestimmten Wettbewerbers beeinträchtigt („bilaterales Wettbewerbsverhalten"), kann die Marktbezogenheit nicht Voraussetzung des Verhaltens sein, für das angeknüpft wird. Marktbezogenes Verhalten wirkt sich nämlich notwendig auf die Wettbewerbsbeziehungen und die kollektiven Interessen der Marktgegenseite (Verbraucher) aus.[381] Dies spricht gegen die Anerkennung der Marktbezogenheit als zentrales Kriterium der Qualifikation von „unlauterem Wettbewerbsverhalten".[382] Als Grundvoraussetzung für die Abgrenzung des Anwendungsbereichs von Art. 6 Abs. 1 und 2, sollte es danach genügen, wenn ein **Handeln Wettbewerbszwecken dient.**[383] Hierfür sollte es jedenfalls ausreichen, wenn sich das Wettbewerbshandeln **nur mittelbar auf die Wettbewerbsbeziehung auf Märkten auswirkt.**[384] Damit lässt sich jedenfalls Art. 6 Abs. 2 von der unmittelbaren Anwendung der deliktischen Generalanknüpfung nach Art. 4 abgrenzen. Auch wenn Art. 6 Abs. 2 die allgemein deliktische Anknüpfung nach Art. 4 für anwendbar erklärt, hat die Abgrenzung Bedeutung für den Ausschluss der Rechtswahlvereinbarung gemäß Art. 6 Abs. 4. Noch nicht geklärt ist damit die wichtigere Frage, wie innerhalb „unlauteren Wettbewerbsverhaltens" zwischen den Fällen nach Art. 6 Abs. 1 und 2 abzugrenzen ist (→ Rn. 157 ff.). **114**

Für die Präzisierung des Begriffs des „unlauteren Wettbewerbsverhaltens" ist auch der gegenwärtige Stand des **materiellen europäischen Lauterkeitsrechts** zu berücksichtigen.[385] Der Blick fällt hier vor allem auf die **UGP-RL,** die in Art. 5 Abs. 2 UGP-RL eine europäische **Generalklausel der Unlauterkeit** enthält. *Mankowski* schlägt deshalb vor, den Anknüpfungsgegenstand des Art. 6 Abs. 1 und 2 im Lichte der Definition der Geschäftspraktik in der Richtlinie zu bestimmen.[386] Danach wäre entsprechend Art. 2 lit. d UGP-RL unter einem Wettbewerbsverhalten „jede Hand- **115**

---

376 S. etwa auch Calliess/*Augenhofer* Rom II-VO Art. 6 Rn. 11; jurisPK-BGB/*Wurmnest* Rn. 5; Köhler/Bornkamm/Feddersen/*Köhler* UWG Einl. Rn. 5.16; NK-BGB/*Weller* Rn. 5; Mansel/Mankowski/*Illmer* Rn. 9; Peifer/*Klass* UWG Einl. D Rn. 19, 248; Rauscher/*Unberath/Cziupka/Pabst* EuZPR/EuIPR Rn. 20; *Sack* WRP 2008, 845 (851); *Sack,* Internationales Lauterkeitsrecht, 2019, Kap. 2 Rn. 2; grds. zum europäischen Kollisionsrecht *Heinze* FS Kropholler, 2008, 105 (108 ff.).

377 S. *Fountoulakis* in Schmidt-Kessel/Schubmehl, Lauterkeitsrecht in Europa, 2011, 719, 733; umfassend zur Anwendung von Art. 6 in England *Fawcett/Torremans,* Intellectual Property and Private International Law, 2. Aufl. 2011, Rn. 16.04 ff.

378 S. auch NK-BGB/*Weller* Rn. 6.

379 Dazu *Handig* GRUR Int 2008, 24 (26).

380 IdS schon nach alter Anknüpfung gemäß Art. 40 ff. EGBGB, → 4. Aufl. 2006, IntUnlWettbR Rn. 102; ganz ähnlich *Lindacher* GRUR Int 2008, 453: „Wettbewerbshandeln ist seiner Natur nach marktbezogen".

381 Ebenso iSd begrifflichen Widersprüchlichkeit NK-UWG/*Götting,* 2016, UWG Einl. Rn. 132; *Lindacher* GRUR Int 2008, 453 (457).

382 Daher zu eng die Definition des unlauteren Wettbewerbs bei Calliess/*Augenhofer* Rom II-VO Art. 6 Rn. 14, die sogar ein Handeln im Rahmen des Produktabsatzes fordert.

383 Zust. *Vogeler,* Die freie Rechtswahl im Kollisionsrecht der außervertraglichen Schuldverhältnisse, 2013, 92; ebenso iErg NK-BGB/*Weller* Rn. 5.

384 Zust. jurisPK-BGB/*Wiegandt* Rn. 10.

385 So auch Huber/*Illmer* Rn. 5 ff.; Mansel/Mankowski/*Illmer* Rn. 16; jurisPK-BGB/*Wiegandt* Rn. 12.

386 *Mankowski* GRUR Int 2005, 634 (635 ff.).

lung, Unterlassung, Verhaltensweise oder Erklärung, kommerzielle Mitteilung einschließlich Werbung und Marketing eines Gewerbetreibenden, die unmittelbar mit der Absatzförderung, dem Verkauf oder der Lieferung eines Produkts an Verbraucher zusammenhängt", zu verstehen.[387] Jedoch trifft die Richtlinie nur eine lauterkeitsrechtliche Teilregelung.[388] So wird auch in Erwägungsgrund 6 UGP-RL der Begriff der „Geschäftspraktik" ausdrücklich weiter verstanden.[389] Dort heißt es wörtlich: Die Richtlinie „erfasst und berührt nicht die nationalen Rechtsvorschriften in Bezug auf unlautere Geschäftspraktiken, die lediglich die wirtschaftlichen Interessen von Mitbewerbern schädigen oder sich auf ein Rechtsgeschäft zwischen Gewerbetreibenden beziehen; die Mitgliedstaaten können solche Praktiken, falls sie es wünschen, unter uneingeschränkter Wahrung des Subsidiaritätsprinzips im Einklang mit dem Gemeinschaftsrecht weiterhin regeln" (Erwägungsgrund 6 S. 3 UGP-RL). In Erwägungsgrund 8 UGP-RL heißt es schließlich: „Selbstverständlich gibt es **andere Geschäftspraktiken,** die zwar nicht den Verbraucher schädigen, sich jedoch **nachteilig für die Mitbewerber und gewerblichen Kunden auswirken können**". Damit ist klargestellt, dass etwa auch die bilateralen Geschäftspraktiken, die sich gezielt gegen Wettbewerber richten und für die Art. 6 Abs. 2 gilt, vom europäischen Recht zum Lauterkeitsrecht – als Recht gegen den unlauteren Wettbewerb – gezählt werden. Den zitierten Erwägungsgründen ist auch zu entnehmen, dass der Beschränkung der UGP-RL auf Geschäftspraktiken gegenüber Verbrauchern nicht entnommen werden kann, dass die Anknüpfung nach Art. 6 Abs. 1 keine Anwendung findet auf marktbezogenes Verhalten gegenüber Gewerbetreibenden. Auch wenn Art. 6 Abs. 1 die kollektiven Interessen der Verbraucher hervorhebt, und damit offensichtlich an die besondere Bedeutung des Verbraucherschutzes im europäischen Lauterkeitsrecht anknüpft, werden Handlungen gegenüber Gewerbetreibenden (B2B) in gleicher Weise erfasst.[390] Diese sind nicht weniger relevant für die Wettbewerbsbeziehungen auf Märkten als geschäftliche Handlungen gegenüber Verbrauchern (B2C). Zudem gehört die Regelung der irreführenden und vergleichenden Werbung gegenüber Gewerbetreibenden (heute Irreführungs-RL, → Rn. 4) nicht weniger zum Acquis der EU als die Regelung entsprechender Werbung gegenüber Verbrauchern (Art. 6 und 7 UGP-RL, → Rn. 4). Die UGP-RL informiert mit dem Begriff der Geschäftspraktiken darüber, was auf jeden Fall als Wettbewerbshandlung angesehen werden muss. Wie gesehen ist der Begriff der Wettbewerbsverhaltens iSv Art. 6 Abs. 1 und 2 jedoch weiter zu verstehen. Entsprechend räumt auch *Mankowski* inzwischen ein, dass sich der Richtlinie jedenfalls keine abschließenden Kriterien für das Verständnis der Wettbewerbsverhaltens iSv Art. 6 Abs. 1 und 2 entnehmen lassen.[391]

116 Für die genaue Abgrenzung des Anknüpfungsgegenstandes wesentlich sind schließlich die **kollisionsrechtlichen Wertungen,** die in Art. 6 Abs. 1 und 2 zum Ausdruck kommen. Diese werden vor allem in **Erwägungsgrund 21** angesprochen. In deutlicher Anlehnung an die **Schutzzwecktrias,** wie sie seit langem in Deutschland anerkannt und inzwischen in § 1 UWG normativ niedergelegt ist, soll nach dessen Satz 2 die Kollisionsnorm „die Wettbewerber, die Verbraucher und die Öffentlichkeit schützen sowie das reibungslose Funktionieren der Marktwirtschaft sicherstellen".[392] Diese Ziele sollen nach Satz 3 desselben Erwägungsgrundes „im Allgemeinen" durch eine Anknüpfung an das Recht des Landes, in dessen Gebiet die Wettbewerbsbeziehungen oder die kollektiven Interessen der Verbraucher beeinträchtigt werden, am besten gewährleistet werden. Danach handelt es sich beim Recht gegen unlauteren Wettbewerb im Sinne der kollisionsrechtlichen Anknüpfung um **Marktordnungsrecht,** dem nicht primär am subjektiven Rechtsschutz des Einzelnen gelegen ist, sondern an der Gewährleistung der Funktionsfähigkeit des Wettbewerbs im Markt im **kollektiven Interesse aller Marktteilnehmer.** Die lauterkeitsrechtliche Anknüpfung widerspiegelt damit die moderne Konzeption des Lauterkeitsrechts (→ Rn. 5 ff.), wonach das Wettbewerbsverhalten im kollektiven Interesse der Marktteilnehmer sowie zur Sicherung der Wettbewerbsgleichheit (par conditio concurrentium) und der Funktionsfähigkeit des Wettbewerbs zu regeln ist. Vor allem im Lichte dieser objektiven Schutzrichtung rechtfertigt sich die Anknüpfung nach dem Marktortprinzip.[393]

[387] So ausdrücklich *Mankowski* GRUR Int 2005, 634 (635).

[388] Mansel/Mankowski/*Illmer* Rn. 16; deshalb ebenso krit. Peifer/*Klass* UWG Einl. D Rn. 35.

[389] Hierauf verweisen auch *Köhler* FS Coester-Waltjen, 2015, 501 (502); NK-BGB/*Weller* Rn. 6.

[390] So auch Mansel/Mankowski/*Illmer* Rn. 16; MüKoUWG/*Mankowski* IntWettbR Rn. 13a.

[391] MüKoUWG/*Mankowski* IntWettbR Rn. 13a.

[392] Noch deutlicher Begr. Rom II-VO-Vorschlag der Kommission, KOM(2003) 427 endg., 17.

[393] So sieht *Honorati* in Malatesta, The Unification of Choice of Law Rules on Torts and Other Non-Contractual Obligations in Europe, 2006, 117 (150 f.), die Bedeutung der lauterkeitsrechtlichen Sonderanknüpfung zu Recht in der Klarstellung, dass für das Lauterkeitsrecht im Sinne eines Marktordnungsrechts, also im Sinne des Schutzes der Wettbewerbsgleichheit und der kollektiven Interessen der Marktbeteiligten, und nicht im Sinne eines individuellen Wettbewerberschutzes abzuknüpfen ist. *Honorati* sprach sich deshalb im Vorfeld des Verordnungserlasses auch für die Schaffung der Sonderanknüpfung aus (S. 153 f.).

Privatrechtliche Ansprüche Einzelner haben eine „rein akzessorische Bedeutung" und hängen vom Urteil über die Funktionsfähigkeit des Marktes ab.[394] Auch nach einer wertungsmäßigen Betrachtung ergibt sich, dass marktbezogenes, die Wettbewerbsverhältnisse beeinflussendes Verhalten auf jeden Fall als Wettbewerbsverhalten anzuerkennen ist. Wie aber Art. 6 Abs. 2 zeigt, ist ein Wettbewerbsverhalten auch dann anzunehmen, wenn sich das Handeln gegen einen konkreten Wettbewerber richtet.

Der Anknüpfungsgegenstand in Art. 6 Abs. 1 und 2 wird nicht nur bestimmt durch den Begriff des „Wettbewerbsverhaltens", sondern auch durch jenen der **Unlauterkeit.** Durch diesen Begriff wird zum Ausdruck gebracht, dass es um die Anknüpfung von außervertraglichen Schuldverhältnissen geht, die an Verbotsnormen ansetzen. Erst das auf die Unlauterkeit beruhende Verbot begründet die Haftung. Es ist aber die Aufgabe des nach Art. 6 Abs. 1 und 2 anwendbaren Sachrechts, ein Urteil über die (Un)Lauterkeit zu fällen.[395] Kollisionsrechtlich bedeutsam ist das Merkmal der Unlauterkeit noch in anderer Hinsicht. Es ermöglicht die **Abgrenzung der lauterkeitsrechtlichen Anknüpfung von der kartellrechtlichen gemäß Art. 6 Abs. 3.** Auf die Unlauterkeit kommt es an, weil ein „Wettbewerbsverhalten" iSv Art. 6 Abs. 1 und 2 natürlich auch bei einem „den Wettbewerb einschränkenden Verhalten" iSv Art. 6 Abs. 3 gegeben ist.[396] Auf die Abgrenzung der beiden Anknüpfungen ist weiter unten einzugehen (→ Rn. 144). 117

Ergebnis: Nach Art. 6 Abs. 1 und 2 anzuknüpfen ist für die Anwendung nationaler Vorschriften, die ein Handeln zu Wettbewerbszwecken nicht notwendig nur zum Schutze der individuellen Interessen der Wettbewerber, sondern – im Sinne eines Marktordnungsrechts – auch zum Schutz der kollektiven Interessen anderer Marktteilnehmer, insbesondere der Verbraucher, und der Wettbewerbsverhältnisse gegen Verfälschungen regeln. Dabei genügt es, wenn sich das Handeln jedenfalls mittelbar auf die Wettbewerbsverhältnisse auswirkt. 118

Nach den vorausgegangenen Ausführungen sind unter Geltung der Rom II-VO im **Vergleich zur früheren Rechtslage nach Art. 40 ff. EGBGB** in Bezug auf den Anknüpfungsgegenstand keine wesentlichen Änderungen zu verzeichnen. Dies liegt wesentlich daran, dass das deutsche und europäische Lauterkeitsrecht vergleichbare moderne Schutzkonzeptionen verfolgen. Schon nach früherem nationalem Kollisionsrecht war für die lauterkeitsrechtliche Anknüpfung einer **funktionalen Betrachtung** des Lauterkeitsrechts als Marktordnungsrecht zu folgen. Danach war nicht ausschließlich darauf abzustellen, ob ein bestimmtes Verhalten im Rahmen des deutschen UWG geregelt war. So ist etwa mit *Sack* darauf hinzuweisen,[397] dass für Schutz gegen **unberechtigte Schutzrechtsverwarnungen,** soweit diese Wettbewerbszwecken dienen, lauterkeitsrechtlich anzuknüpfen ist, obwohl der BGH diese als mögliche Eingriffe in den eingerichteten und ausgeübten Gewerbebetrieb nach § 823 Abs. 1 BGB beurteilt.[398] Diesem Ansatz ist das **OLG Düsseldorf** in Anwendung des Art. 6 Abs. 1 auf einen Fall der unberechtigten Schutzrechtsverwarnung in Bezug auf brasilianische Patente gefolgt.[399] In ähnlicher Weise wird man über Art. 6 Abs. 1 auf die **deliktsrechtliche Generalklausel** des nationalen Rechts verwiesen, soweit gerade diese in einigen Staaten, wie etwa in Frankreich oder den Niederlanden, lauterkeitsrechtlichen Schutz verwirklichen. 119

b) Qualifikation von Handlungen im Vorfeld des Marktauftritts als Wettbewerbshandlungen. Problematisch ist, ob die lauterkeitsrechtliche Anknüpfung auch Handlungen im Vorfeld des Marktauftritts erfasst. Im Lichte von Art. 6 Abs. 1 und 2 ist wie folgt abzugrenzen: Vorbereitungshandlungen weisen noch keinen Marktbezug auf. Deshalb **unterliegen** sie **als solche nicht der Anknüpfung nach Art. 6 Abs. 1.**[400] Soll aber die Vorbereitungshandlung untersagt werden, weil eine negative Markteinwirkung droht, ist nach Art. 6 Abs. 1 nur an den **Ort der unmittelbaren Markteinwirkung** und nicht auf den Ort der Vorbereitungshandlung abzustellen.[401] Dies entsprach schon der Rechtslage nach früherem deutschem Kollisionsrecht.[402] Für die Rom II-VO ist dieser 120

394 So Rom II-VO-Vorschlag der Kommission, KOM(2003) 427 endg., 18.

395 Ebenso *Vogeler,* Die freie Rechtswahl im Kollisionsrecht der außervertraglichen Schuldverhältnisse, 2013, 95.

396 Zu kartellrechtlichen Anknüpfung s. *W.-H. Roth* FS Kropholler, 2008, 623.

397 *Sack* WRP 2008, 845 (851); *Sack* GRUR Int 2012, 601 (607); *Sack,* Internationales Lauterkeitsrecht, 2019, Kap. 5 Rn. 87; ebenso NK-BGB/*Weller* Rn. 10.

398 Ebenso *Nettlau,* Die kollisionsrechtliche Behandlung von Ansprüchen aus unlauterem Wettbewerbsverhalten gemäß Art. 6 Abs. 1 und 2 Rom II-VO, 2013, 121 ff.

399 OLG Düsseldorf BeckRS 2011, 27019.

400 So etwa auch *Fountoulakis* in Schmidt-Kessel/Schubmehl, Lauterkeitsrecht in Europa, 2011, 719 (731 f.); Peifer/*Klass* UWG Einl. D Rn. 37; Mansel/Mankowski/*Illmer* Rn. 18; *Sack* WRP 2008, 845 (847); *Sack,* Internationales Lauterkeitsrecht, 2019, Kap. 2 Rn. 26.

401 Zust. Mansel/Mankowski/*Illmer* Rn. 18.

402 So BGH GRUR 1962, 243 (246) – Kindersaugflaschen.

Schluss noch überzeugender.[403] Art. 6 Abs. 1 soll als deliktische Sonderanknüpfung die allgemeine deliktische Anknüpfung in Art. 4 Abs. 1 präzisieren (so ausdrücklich Erwägungsgrund 21 S. 1). Entsprechend ist Art. 6 Abs. 1 auch im Lichte der allgemeinen deliktischen Anknüpfung auszulegen. Nach Art. 4 Abs. 1 kommt es gerade nicht auf den Ort der Handlung an, sondern allein auf den Ort des Eintritts des unmittelbaren Schadens. Die Zulässigkeit der Versendung von grenzüberschreitender Werbepost ist daher allein nach dem Recht des Empfangslandes und nicht jenes des Versendens zu beurteilen. Entsprechend kommt es etwa für den **angrenzenden wettbewerbsrechtlichen Leistungsschutz** gemäß Art. 6 Abs. 1 nicht auf das Recht im Herstellungsstaat, sondern allein auf das **Recht des Vertriebsstaates** an, denn nur der Vertrieb wirkt auf die Wettbewerbsverhältnisse ein (→ Rn. 179).[404]

121 Dagegen lässt sich für **Vorbereitungshandlungen** an die Anwendung des **Art. 6 Abs. 2** denken.[405] Handlungen im Vorfeld des Marktauftritts und zu dessen Vorbereitung erfolgen zu Zwecken des Wettbewerbs und sind daher grundsätzlich Wettbewerbshandlungen. Ob solche Vorbereitungshandlungen ohne Markteinwirkung als unlauter anzusehen sind, ist dagegen eine Frage des anwendbaren Sachrechts.[406] So setzt etwa der angrenzende wettbewerbsrechtliche Leistungsschutz nach § 4 Nr. 3 UWG das Anbieten auf einem Markt voraus. Die bloße Herstellung der Nachahmung, für die man nach Art. 6 Abs. 2 anknüpfen könnte (→ Rn. 178), wäre also unter Anwendung deutschen Sachrechts nicht verboten. Dagegen kann über Art. 6 Abs. 2 ausländisches Recht zur Anwendung gebracht werden, sofern dieses angrenzenden wettbewerbsrechtlichen Leistungsschutz schon gegen das Herstellen gewährt.[407]

122 **c) Verhältnis zur allgemeinen deliktischen Anknüpfung.** In Art. 6 Abs. 1 und 2 finden sich **deliktische Sonderanknüpfungen** im Verhältnis zur allgemeinen deliktischen Anknüpfung nach Art. 4. Bei der lauterkeitsrechtlichen Anknüpfung nach Art. 6 Abs. 1 handelt es sich nach den Erwägungsgründen um keine Ausnahme von der allgemeinen deliktischen Anknüpfung, sondern um eine **Präzisierung** (Erwägungsgrund 21 S. 1). Damit können die Wertungen der allgemeinen deliktischen Anknüpfung grundsätzlich für die Auslegung der lauterkeitsrechtlichen Anknüpfung herangezogen werden.

123 Allerdings ist zwischen der lauterkeitsrechtlichen und allgemein deliktischen Anknüpfung genau zu unterscheiden, schon allein, weil Art. 6 Abs. 4 für das Lauterkeitsrecht die Rechtswahl ausschließt.[408] Eine **Kollision der beiden Anknüpfungen** ist denkbar, soweit nach nationalem Recht **lauterkeits- und deliktsrechtliche Ansprüche zusammentreffen** können. Nach deutschem Recht ist dies etwa relevant in Bezug auf den Schutz des eingerichteten und ausgeübten Gewerbebetriebs nach **§ 823 Abs. 1 BGB,** vorsätzliche Wettbewerbsverstöße nach **§ 826 BGB** und die Verletzung gesetzlicher Vorschriften, die dazu bestimmt sind, im Interesse der Marktteilnehmer das Marktverhalten zu regeln (vgl. § 3a UWG), wofür nach **§ 823 Abs. 2 BGB** auch ein Schadensersatzanspruch in Betracht kommt. Knüpft man für die konkurrierenden deliktsrechtlichen Ansprüche ohne Rücksicht auf das Lauterkeitsstatut nach den allgemeinen deliktischen Kollisionsregeln an, kann es dazu kommen, dass das Deliktsrecht eines anderen Staates die Wertungen des Rechts am Marktort unterwandert. Schon im nationalen Sachrecht haben die deliktsrechtlichen Ansprüche zurückzutreten, soweit das Lauterkeitsrecht eine abschließende Regelung enthält.[409] Deshalb lässt sich daran denken, die Subsidiarität des allgemeinen Deliktsrecht im Sinne einer **Subsidiarität des allgemeinen Internationalen Deliktsrechts** gegenüber der lauterkeitsrechtlichen Anknüpfung auf die Ebene des Kollisionsrechts zu heben.[410] Dies würde bedeuten, dass die abweichenden Regeln des Deliktsstatuts nicht zur Anwendung kommen, soweit das Recht des Marktortes eine abschließende Bewertung der kollidierenden wettbewerblichen Interessen vornimmt. Diese Lösung ist freilich nur erforderlich, soweit man es überhaupt für denkbar hält, dass

---

[403] So hat auch das OLG Hamm MMR 2011, 523 (524) bei Anwendung von Art. 6 Abs. 1 auf den Ort der Markteinwirkung abgestellt. Freilich hat dann das Gericht das Herkunftslandprinzip des § 3 Abs. 1 TMG fehlerhaft als Kollisionsnorm angewendet und den Fall allein nach dem Recht Deutschlands als Staat der Niederlassung des verklagten Internet-Anbieters beurteilt.

[404] So auch *Sack,* Internationales Lauterkeitsrecht, 2019, Kap. 6 Rn. 10. Zu diesen Fällen s. auch Peifer/*Klass* UWG Einl. D Rn. 37. Dies entspricht der bisherigen Anknüpfung des BGH, s. BGHZ 35, 329 (334 ff.) GRUR 1962, 243 – Kindersaugflaschen.

[405] So ausdrücklich NK-BGB/*Weller* Rn. 14; zust. Mansel/Mankowski/*Illmer* Rn. 19.

[406] Zust. Mansel/Mankowski/*Illmer* Rn. 19.

[407] Ebenso *Sack,* Internationales Lauterkeitsrecht, 2019, Kap. 6 Rn. 19.

[408] So auch *Vogeler,* Die freie Rechtswahl im Kollisionsrecht der außervertraglichen Schuldverhältnisse, 2013, 91.

[409] Dazu ausf. Köhler/Bornkamm/Feddersen/*Köhler* UWG Einl. Rn. 7.3 ff.

[410] So FBO/*Hausmann*/*Obergfell* IntLautPrivatR Rn. 38.

in solchen Fällen die beiden Anknüpfungen im Prinzip nebeneinander anwendbar sind. Hiergegen spricht, dass nach der Rom II-VO eine unionsrechtlich autonome Auslegung vorzunehmen ist und damit die nationale Einordnung von Ansprüchen insbesondere nach der lex fori nicht darüber entscheiden kann, ob lauterkeitsrechtlich oder deliktsrechtlich zu qualifizieren ist, und andererseits Art. 6 Abs. 1 lediglich eine Präzisierung von Art. 4 Abs. 1 bewirken soll. Vorzuziehen ist daher eine **funktionale Betrachtungsweise** (→ Rn. 114). Geht es um die Beurteilung der Zulässigkeit von Handeln zu Wettbewerbszwecken mit Auswirkungen auf die Wettbewerbsverhältnisse und die Interessen der Marktbeteiligten, ist allein nach Art. 6 Abs. 1 anzuknüpfen, unabhängig davon wie das nationale Recht die Ansprüche einordnet.

Anders ist das Verhältnis zwischen der lauterkeitsrechtlichen und der allgemein deliktischen **124** Anknüpfung freilich dann zu sehen, wenn das Deliktsrecht im konkreten Fall gerade **Rechtsgüter außerhalb des Rechtskreises des Lauterkeitsrechts** schützen soll.[411] Verletzt ein Wettbewerbsverstoß etwa das Namensrecht[412] oder das Eigentum des Anspruchstellers, kann in Bezug auf diese Verletzung ein vom Recht am Marktort abweichendes Sachrecht zur Anwendung gebracht werden. Dies gilt auch, soweit es um den guten Ruf im Individualinteresse von Unternehmen und Teil ihres Persönlichkeitsrechts geht.[413] Für diese Ansprüche enthält das Lauterkeitsrecht am Marktort gerade keine abschließende Regelung.

In der Praxis besonders relevant sind Abgrenzungsprobleme im Zusammenhang mit **Unterlas- 125 sungsklagen von Verbänden gegen die Verwendung missbräuchlicher Klauseln.** Die kollisionsrechtlichen Fragestellungen in diesem Zusammenhang sind außerordentlich komplex.[414] Es geht nicht nur um die Abgrenzung zwischen lauterkeitsrechtlicher und allgemein deliktischer Anknüpfung, sondern auch um das Verhältnis zur vertragsrechtlichen Anknüpfung nach der Rom I-VO. Daher wird diese Fallkonstellation in einem gesonderten Abschnitt behandelt (→ Rn. 136 ff.).

d) Verhältnis zum Internationalen Immaterialgüterrecht. Zwischen dem Lauterkeits- **126** recht und dem Immaterialgüterrecht bestehen zahlreiche Überschneidungen. Im Bereich des **angrenzenden wettbewerbsrechtlichen Leistungsschutzes** (vgl. § 3a UWG) kommt dem Lauterkeitsrecht im Verhältnis zum Immaterialgüterrecht eine ergänzende Schutzfunktion zu. Wettbewerbshandlungen, die **Kennzeichenrechte** berühren und insbesondere eine Irreführung oder Rufausbeutung beinhalten, können zugleich eine Verletzung des Kennzeichenrechts bewirken.[415] Im Immaterialgüterrecht wird nicht am Marktort angeknüpft, sondern gemäß Art. 8 Abs. 1 am **Recht des Schutzlandes (lex loci protectionis).** Anwendbar ist danach stets das Recht des Staates, für dessen Territorium der Anspruchsteller den Schutz begehrt. Steht ihm nach dem Sachrecht des Schutzlandes dieses Recht zu und ist auch eine Rechtsverletzung durch den Beklagten im Schutzland gegeben, besteht der Anspruch (→ Art. 8 Rn. 12). Dagegen ist auf lauterkeitsrechtliche Ansprüche, auch soweit diese Lücken im immaterialgüterrechtlichen Schutz schließen sollen, prinzipiell nach Art. 6 anzuknüpfen.[416]

aa) Angrenzender wettbewerbsrechtlicher Leistungsschutz. Trotz der Stellung zwischen **127** Immaterialgüterschutz und Wettbewerbsschutz ist auch für den angrenzenden wettbewerbsrechtlichen Leistungsschutz **lauterkeitsrechtlich** anzuknüpfen (auch → Rn. 120, → Rn. 179).[417] Die

---

411 So auch NK-BGB/*Weller* Rn. 10.

412 Zweifelhaft hierzu Harte-Bavendamm/Henning-Bodewig/*Glöckner* UWG Einl. C Rn. 590, der insoweit von einem Vorrang des Lauterkeitsstatuts auszugehen scheint.

413 *Sack* WRP 2018, 897 Rn. 44. Bedeutsam ist diese Unterscheidung auch für die Bestimmung der internationalen Zuständigkeit, da nach der Rspr. des EuGH beim Schutz des Persönlichkeitsrechts auch von Unternehmen andere Grundsätze bei der Bestimmung des Gerichtsstands der unerlaubten Handlung gelten, die für Rufschädigungen im Bereich des Lauterkeitsrechts bisher noch nicht übernommen wurden. S. insbes. EuGH ECLI:EU:C:2017:766 = GRUR 2018, 108 – Bolagsupplysningen. Gegen eine Übertragung auf das Lauterkeitsrecht *Sack* WRP 2018, 897 Rn. 43 ff.

414 S. vor allem *W.-H. Roth* IPRax 2013, 515, in Besprechung von BGH GRUR 2013, 421 – Pharmazeutische Beratung über Call-Center.

415 Ausführlicher zum Markenrecht, insbes. in Bezug auf die nicht eingetragene Marke, *De Miguel Asensio,* Conflict of Laws and the Internet, 2020, Rn. 5.133.

416 Ebenso Huber/*Illmer* Rn. 17 f.; *Sack,* Internationales Lauterkeitsrecht, 2019, Kap. 6 Rn. 6.

417 So auch HK-UWG/*Götting* Einl. Rn. 139; jurisPK-BGB/*Wurmnest* Rn. 9; jurisPK-BGB/*Heinze* Art. 8 Rn. 10; *Nettlau,* Die kollisionsrechtliche Behandlung von Ansprüchen aus unlauterem Wettbewerbsverhalten gemäß Art. 6 Abs. 1 und 2 Rom II-VO, 2013, 116; Peifer/*Klass* UWG Einl. D Rn. 57, 367 f., 372 ff.; Staudinger/*Fezer/Koos,* 2015, IntWirtschR Rn. 780; *Sack* WRP 2008, 1405 (1407). Zweifelhaft ist deshalb BGH GRUR 1992, 523 (524) – Betonsteinelemente. In Anlehnung an die Inländerbehandlung des Art. 2 Abs. 1 PVÜ (dazu auch → Rn. 28) verwendet der BGH dort immaterialgüterrechtlich geprägtes Vokabular. So wird zB vom Recht im Schutzstaat gesprochen.

Schutzlandanknüpfung setzt die Existenz absolut geschützter, ausschließlicher Rechtspositionen voraus. Hieran fehlt es im Falle des angrenzenden wettbewerbsrechtlichen Leistungsschutzes.[418] Bei diesem geht es wie in allen übrigen Fällen des Lauterkeitsrechts um die Definition von Verhaltensregeln als Teil eines Marktordnungsrechts.

128 **bb) Schutz geografischer Herkunftsangaben.** Die schwierigste Frage im Schnittfeld von lauterkeits- und immaterialgüterrechtlicher Anknüpfung betrifft die Einordnung des Schutzes von geografischen Herkunftsangaben. Die Rspr. des BGH erweist sich hierzu als recht uneinheitlich. Traditionell folgte der BGH für geografische Herkunftsangaben der Anknüpfung nach dem lauterkeitsrechtlichen Marktortprinzip. Dies wurde von ihm noch im Jahre 2006 in der Entscheidung „Pietra di Soln" ausdrücklich bestätigt.[419] Auch der Umstand, dass in diesem Fall die §§ 126 ff. MarkenG anzuwenden waren und das Markengesetz die geografischen Herkunftsangaben den Markenrechten als sonstige Kennzeichen gleichstellt, konnte den BGH offenbar nicht zur immaterialgüterrechtlichen Anknüpfung bewegen. Noch mehr irritiert, dass der BGH in dieser Entscheidung durchaus in Betracht zog, dass der Schutz geografischer Herkunftsangaben zu den gewerblichen Schutzrechten iSd E-Commerce-RL zu zählen ist, so dass das Herkunftslandprinzip für die deutschsprachige Werbung für Keramikplatten des italienischen Herstellers auf dessen Website von Hause aus nicht zur Anwendung kommen würde. Der BGH ließ diese Frage letztlich unter Bezugnahme auf das deutsch-italienische Abkommen über den Schutz geografischer Herkunftsangaben offen.[420] Dieses Abkommen verpflichte nämlich Italien, für die Bezeichnung „Solnhofer Lithografiesteine, -platten" Schutz unter denselben Voraussetzungen zu gewähren, wie er in der Bundesrepublik Deutschland vorgesehen sei. Wenig später ist jedoch der BGH für den Schutz einfacher geografischer Herkunftsangaben nach § 128 MarkenG iVm § 126 Abs. 1 MarkenG, § 127 Abs. 1 MarkenG von einer immaterialgüterrechtlichen Anknüpfung ausgegangen.[421] Es fällt schwer darin eine deutliche Rechtsprechungsänderung zu erkennen.[422] Anstatt nämlich die bisherige Rspr. zur lauterkeitsrechtlichen Rspr. auch nur anzusprechen, beruft sich der BGH pauschal auf eine Entscheidung aus dem Jahre 2001, in der er die Bestimmungen des MarkenG zum Schutze einfacher geografischer Herkunftsangaben zugunsten eines belgischen Klägers angewendet hat.[423] In dieser Entscheidung finden sich keine Ausführungen zur kollisionsrechtlichen Anwendbarkeit des deutschen Rechts. Inzwischen hat der BGH in der Entscheidung **„Himalaya Salz"** aus dem Jahre 2016 die **immaterialgüterrechtliche Rechtsnatur des markenrechtlichen Schutzes** der geografischen Herkunftsangaben – wenn auch erneut ohne kollisionsrechtliche Ausführungen – ausdrücklich anerkannt.[424]

129 Seit Inkrafttreten der Rom II-VO ist jedenfalls die Frage der Abgrenzung der beiden Anknüpfungsregeln durch eine **unionsrechtlich autonome Auslegung** zu ermitteln. Zu fragen ist, was aus der Sicht des Unionsrechts zum „geistigen Eigentum" iSv Art. 8 Abs. 1 zählt.[425] Die Verordnung gibt selbst keine ausdrückliche Antwort. In Erwägungsgrund 26 findet sich nur eine beispielhafte Aufzählung von Rechten, in der die geografischen Herkunftsangaben nicht erwähnt werden. Zu beziehen hat man sich daher auf weitere Bestimmungen des primären und sekundären Unionsrechts. Danach ist von einer **immaterialgüterrechtlichen Qualifikation** auszugehen.[426] So spricht für die Anwendung von Art. 8 Abs. 1, dass der EuGH den Schutz von geografischen Herkunftsangaben traditionell zum Schutz des gewerblichen Eigentums iSv Art. 36 AEUV zählt.[427] Ebenso ist der

---

418 Ebenso *Sack,* Internationales Lauterkeitsrecht, 2019, Kap. 6 Rn. 6.

419 BGH GRUR 2007, 67 Rn. 15 – Pietra di Soln, unter Hinweis auf BGH GRUR 1988, 453 (454) – Ein Champagner unter den Mineralwässern.

420 BGH GRUR 2007, 67 Rn. 17 f. – Pietra di Soln.

421 BGH GRUR 2007, 884 Rn. 26, 31 – Cambridge Institute.

422 So jedoch HK-UWG/*Götting* Einl. Rn. 139.

423 BGH GRUR 2001, 420 – SPA.

424 BGH GRUR 2016, 741 Rn. 11 ff. – Himalaya Salz.

425 Die Frage, ob geografische Herkunftsangaben zum geistigen Eigentum zu zählen sind, stellt sich in ganz unterschiedlichen Zusammenhängen; s. *Büscher* GRUR Int 2008, 977 (978), der auf die kollisionsrechtliche Fragestellung gerade nicht eingeht. Die Frage sollte funktional für den jeweiligen Zusammenhang gesondert beantwortet werden.

426 So auch HK-UWG/*Götting* Einl. Rn. 139; Huber/*Illmer* Rn. 18; Magnus/Mankowski/*Illmer* Rn. 49; *Nettlau,* Die kollisionsrechtliche Behandlung von Ansprüchen aus unlauterem Wettbewerbsverhalten gemäß Art. 6 Abs. 1 und 2 Rom II-VO, 2013, 119 f.; *Plender/Wilderspin,* The European Private International Law of Obligations, 2009, Rn. 22–019; *Sack,* Internationales Lauterkeitsrecht, 2019, Kap. 6 Rn. 41 ff.

427 EuGH Slg. 1992, I-5529 Rn. 23 ff. = BeckRS 2004, 76478 – Turrón de Alicante. Die besondere Bedeutung der Entscheidung liegt darin, dass sie diese Einordnung nicht nur für solche Angaben vornimmt, mit denen sich eine besondere Qualitätserwartung verbindet (sog. Ursprungsbezeichnungen oder qualifizierte geografische Herkunftsangaben), sondern auch für einfache geografische Herkunftsangaben; s. *Loschelder* FS Erdmann, 2002, 387 (398); *Schulte-Beckhausen* GRUR Int 2008, 984 (985).

Schutz geografischer Herkunftsangaben in der Produktpiraterie-Verordnung als geistiges Eigentum gewährleistet (Art. 2 lit. d Produktpiraterie-VO).[428] Bei der Umsetzung der Durchsetzungs-Richtlinie, die keine Definition des geistigen Eigentums enthält, ist der deutsche Gesetzgeber davon ausgegangen, dass geografische Herkunftsangaben erfasst sind.[429] Schließlich wird der Schutz der geografischen Herkunftsangaben auch als geistiges Eigentum in völkerrechtlichen Abkommen gelistet, die von der EU abgeschlossen wurden bzw. gelten. Hierzu zählen vor allem das TRIPS-Abkommen (→ Rn. 33 ff.) oder jüngere bilateralen Handelsabkommen (→ Rn. 41).

Unabhängig von der Terminologie wäre allerdings auch zu fordern, dass die Anwendung der immaterialgüterrechtlichen Anknüpfung nach den kollisionsrechtlichen Wertungen im Vergleich zur lauterkeitsrechtlichen Anknüpfung angemessen ist. Benötigt werden **funktionale Abgrenzungskriterien,** die den Bedürfnissen des Kollisionsrechts entsprechen. Anzusetzen ist bei der Ausgestaltung des Schutzes. Schafft die Rechtsordnung einen **ausschließlichen Rechtsgüterschutz,** der bestimmten Personen oder zumindest einem bestimmbaren Personenkreis zusteht, liegt ein Recht des geistigen Eigentums vor.[430] Dies ist für die geografischen Herkunftsangaben zweifelhaft, da sie keinem bestimmten ausschließlichen Inhaber zugeordnet sind.[431] Trotzdem sind diese Voraussetzungen für den Schutz nach der **VO (EU) 1151/2012** (früher VO (EG) 510/2006) sowie den Schutz von geografischen Herkunftsangaben nach den Bestimmungen der **§§ 126 ff. MarkenG** zu bejahen.[432] Wesentlich ist hierfür nicht nur die Ausgestaltung eines spezifischen gesetzlichen Schutzbereichs, wie er für ein ausschließliches Recht charakteristisch ist (vgl. insoweit die VO (EU) 1151/2012 sowie § 127 MarkenG) und der über einen bloßen Irreführungsschutz deutlich hinausgeht,[433] sondern vor allem die Zuweisung von privatrechtlichen Ansprüchen zur Durchsetzung an den Berechtigten.[434] Dies ist für das Territorium Deutschlands geschehen durch § 128 MarkenG für den Schutz geografischer Herkunftsangaben iSd MarkenG sowie § 135 MarkenG für die nach der VO (EU) 1151/2012 geschützten Bezeichnungen. Beide Vorschriften verweisen auf § 8 Abs. 3 UWG, wonach vor allem der „Mitbewerber" (Nr. 1) als anspruchsberechtigt identifiziert wird. Mitbewerber ist gemäß § 2 Nr. 3 UWG nur, wer mit dem Anspruchsgegner in einem konkreten Wettbewerbsverhältnis steht. Bezüglich des Schutzes geografischer Herkunftsangaben ist daher auf jeden Fall der **berechtigte Benutzer** aktivlegitimiert.[435] Damit ist der Rechtsschutz eigentumsmäßig ausgestaltet und jedenfalls insoweit beim Schutz von geografischen Herkunftsangaben von einem Recht des geistigen Eigentums auszugehen, als es um Verletzungsklagen des berechtigten Benutzers geht. Dies bedeutet, dass nicht nur die **qualifizierten geografischen Herkunftsangaben,** mit denen sich eine spezifische Qualitätserwartung verbindet,[436] sondern grundsätzlich auch **einfache Herkunftsangaben**[437] als Rechte des geistigen Eigentums geschützt sind. § 127 MarkenG gestaltet grundsätzlich beide Formen eigentumsmäßig aus, wobei in § 127 Abs. 2 MarkenG qualifizierter Herkunftsangaben in Bezug auf die Qualitätserwartung besonders geschützt werden. Art. 8 Abs. 1 hat danach einen sehr weiten Anwendungsbereich für geografische Herkunftsangeben. **130**

Gegen die Einordnung geografischer Herkunftsangaben als geistiges Eigentum spricht nicht, dass sie nicht vom Berechtigten auf Dritte übertragen werden und auch nicht vererbt werden können. Art. 8 Abs. 1 regelt nur die Haftung für die Verletzung geistigen Eigentums und nicht das gesamte Immaterialgüterrechtsstatut. Entsprechend kommt es nur darauf an, dass der Rechtsschutz eigentumsmäßig ausgestaltet ist. **131**

[428] VO (EU) 608/2013 des Europäischen Parlaments und des Rates vom 12.6.2013 zur Durchsetzung der Rechte geistigen Eigentums durch die Zollbehörden und zur Aufhebung der Verordnung (EG) Nr. 1383/2003 des Rates, ABl. EU 2013 L 181, 15.

[429] Dazu *Büscher* GRUR Int 2008, 977 (982 f.).

[430] Ebenso *Bauermann,* Der Anknüpfungsgegenstand im europäischen Internationalen Lauterkeitsrecht, 2015, 189 ff.; Peifer/*Klass* UWG Einl. D Rn. 61.

[431] Vgl. *Büscher* GRUR Int 2008, 977 (981).

[432] So auch *Büscher* GRUR Int 2008, 977, wenn auch nicht spezifisch für das Kollisionsrecht; aA dagegen *Varimezov,* Grenzüberschreitende Rechtsverletzungen im Bereich des gewerblichen Rechtsschutzes und das anwendbare Recht, 2011, 402 ff., nicht nur für den Schutz nach §§ 126 ff. MarkenG, sondern auch der durch EU-Verordnung geschützten Ursprungsbezeichnungen.

[433] Unter anderem deshalb für die Einordnung als geistiges Eigentum *Schulte-Beckhausen* GRUR Int 2008, 984 (988).

[434] Ähnlich BGH GRUR 2016, 1004 Rn. 13 – Himalaya Salz.

[435] BGH GRUR 2007, 884 (887) – Cambridge Institute; GRUR 2016, 1004 Rn. 13 – Himalaya Salt; s. auch *Fezer* MarkenG § 128 Rn. 11; *Fezer* MarkenG § 135 Rn. 11.

[436] Dies wird immer verlangt für die nach der VO (EU) 1151/2012 (früher VO (EG) 510/2006) geschützten Ursprungsbezeichnungen und geografischen Angaben; s. dazu *Loschelder* FS Erdmann, 2002, 387 (391 f.).

[437] Die Beibehaltung des Schutzes für einfache Herkunftsbezeichnungen ist mit der VO (EU) 1151/2012 vereinbar, so EuGH Slg. 2000, I-9187 = GRUR 2001, 64 – Warsteiner Brauerei; ebenso BGH GRUR 2001, 420 (421) – SPA.

132 Für die **lauterkeitsrechtliche Anknüpfung** bleibt dennoch ein **beachtlicher Anwendungsbereich.** Nach dem oben Gesagten ist jeweils das Sachrecht danach zu analysieren, ob für geografische Herkunftsangaben eigentumsmäßiger Rechtsgüterschutz oder **nur lauterkeitsrechtlicher Irreführungsschutz** gewährt wird.[438] Schließlich hängt die Qualifikation von der Person des Klägers ab. Soweit es um Verbandsklagen oder Klagen von Wettbewerbern geht, die in Bezug auf die Bezeichnung nicht berechtigt sind, kann der geltend gemachte Anspruch nur lauterkeitsrechtlich qualifiziert werden.[439] Schließlich gibt es auch nach deutschem Recht weiterhin die Fälle des wettbewerbsrechtlichen Irreführungsschutz gegen einfache Herkunftstäuschungen nach § 5 Abs. 2 Nr. 1 UWG.[440] Wird beispielsweise eine Ware fälschlich mit „made in Germany" gekennzeichnet, liegt hierin lediglich ein Verstoß gegen die Bestimmungen gegen irreführende Werbung und keine Verletzung einer geografischen Herkunftsangabe. Insoweit ist über Art. 6 Abs. 1 anzuknüpfen. Entsprechend wäre für die Zulässigkeit der Bezeichnung von Beck's Bier in den USA mit der Bezeichnung „Originated in Germany" und „German Quality" trotz Herstellung des Bieres in den USA lauterkeitsrechtlich anzuknüpfen.[441]

133 **cc) Zusammentreffen immaterialgüter- und lauterkeitsrechtlicher Ansprüche.** Zu berücksichtigen ist außerdem, dass immaterialgüter- und lauterkeitsrechtliche Ansprüche in der Praxis häufig parallel zu prüfen sind. Da die **Schutzrichtung** von Lauterkeitsrecht und Immaterialgüterrecht eine **unterschiedliche** ist – Marktverhaltensrecht auf der einen Seite, Schutz ausschließlicher Rechte auf der anderen Seite[442] – stehen die **lauterkeitsrechtliche und die immaterialgüterrechtliche Anknüpfung selbstständig nebeneinander.** Werden im Prozess parallele Ansprüche nach beiden Rechtsgebieten geltend gemacht, erfolgt für diese jeweils eine eigene Anknüpfung. Ob das anwendbare Immaterialgüterrecht eine Sperrwirkung in Bezug auf eine parallele Anwendung des Lauterkeitsrechts entfaltet, entscheidet sich nach dem zur Anwendung berufenen Lauterkeitsrecht.[443] Die Anwendung unterschiedlicher nationaler Rechte ist deshalb prinzipiell denkbar, aber dennoch unwahrscheinlich. Vor allem die dem Rechteinhaber vorbehaltenen Nutzungshandlungen des Kennzeichenrechts knüpfen gerade an Handlungen zur Förderung des Absatzes von Waren und der Erbringung von Dienstleistungen, also an Wettbewerbsverhalten an. Eine Verletzung des Kennzeichenrechts wird sich daher regelmäßig nur nach dem Recht des Marktortes begründen lassen.

134 **e) Verhältnis zum Internationalen Vertragsrecht, insbesondere bei Verbraucherverträgen.** In der Vergangenheit konnte das Verhältnis des Internationalen Lauterkeitsrechts zum Internationalen Vertragsrecht durchweg als unproblematisch betrachtet werden. Dies war überzeugend, solange man davon ausgehen konnte, dass sich Vertragsrecht und Lauterkeitsrecht nicht überschneiden. Dafür sprach die traditionelle Ansicht, dass das Lauterkeitsrecht nur im Vorfeld des individualisierten geschäftlichen Kontaktes – also noch vor Zustandekommen eines vorvertraglichen Schuldverhältnisses – greift. Unter dem Einfluss des europäischen Sekundärrechts ist diese Ansicht allerdings nicht mehr haltbar. Die **UGP-RL** (→ Rn. 4) erfasst auch den individualisierten Kundenkontakt. Sie findet gemäß Art. 5 Abs. 1 UGP-RL nicht nur in Bezug auf unlautere Geschäftspraktiken, die einem Handelsgeschäft vorgelagert sind, sondern auch auf Geschäftspraktiken „während und nach Abschluss eines auf ein Produkt bezogenes Handelsgeschäft" Anwendung. Entsprechend weit wird der Begriff der **Geschäftspraktik** definiert. Nach Art. 2 lit. d UGP-RL ist hierunter jede Praktik zu verstehen, die „unmittelbar mit der Absatzförderung, dem Verkauf oder der Lieferung eines Produkts an Verbraucher zusammenhängt". Die Richtlinie greift damit voll und ganz in die Phase des Vertragsschlusses und der Vertragserfüllung hinüber. Dieser weite Anwendungsbereich erklärt, weshalb die Richtlinie von „Geschäftspraktiken" spricht und nicht von einem „Wettbewerbsverhalten". Ähnlich war der deutsche Gesetzgeber im Rahmen

---

438 Ebenso für die lauterkeitsrechtliche Anknüpfung für den bloßen lauterkeitsrechtlichen Irreführungsschutz HK-UWG/*Götting* Einl. Rn. 139. Ähnlich unterscheidet Magnus/Mankowski/*Illmer* Rn. 45 f. Danach sei über Art. 6 Abs. 1 nationales Sachrecht anzuknüpfen, soweit es allgemeinen Irreführungsschutz auch im Hinblick auf die Nutzung geografischer Angaben gewährt.

439 So auch Calliess/*Augenhofer* Rom II-VO Art. 6 Rn. 34.

440 Ebenso für die lauterkeitsrechtliche Anfknüpfung des Schutzes von geografischen Angaben durch das dt. UWG *Sack,* Internationales Lauterkeitsrecht, 2019, Kap. 6 Rn. 32 ff.

441 In dieser Konstellation hatte der US-amerikanische Mutterkonzern im Rahmen der Sammelklage einen Vergleich geschlossen. Lauterkeitsrechtlich geprägt war dann der Folgefall der vergleichenden Werbung von Warsteiner in den USA mit dem Slogan „Premium German Beer from, you know, Germany. Do it right". Zu diesem Fall *Dück* GRUR Int 2016, 216 (218).

442 Vgl. auch *De Miguel Asensio,* Conflict of Laws and the Internet, 2020, Rn. 5.134 f.; *E. Ulmer,* Immaterialgüterrechte im Internationalen Privatrecht, 1975, 8, die die kollisionsrechtliche Differenzierung ähnlich begründen.

443 So überzeugend Magnus/Mankowski/*Illmer* Rn. 43.

der Umsetzung gezwungen, den zentralen Begriff der „Wettbewerbshandlung" durch jenen der „geschäftlichen Handlung" zu ersetzen. Der Begriff der „geschäftlichen Handlung" nach § 2 Abs. 1 Nr. 1 UWG deckt nun auch Verhalten ab, das „mit dem Abschluss oder der Durchführung eines Vertrags über Waren oder Dienstleistungen objektiv zusammenhängt".[444] Überschneidungen von Lauterkeitsrecht und Vertragsrecht ergeben sich auch aus anderen Sekundärrechtsakten der EU. So bestimmt etwa **Art. 10 E-Commerce-RL** Pflichten des Internet-Anbieters in Bezug auf den **Vertragsschluss im elektronischen Geschäftsverkehr,** ohne dass die Richtlinie verlangt, dass Verstöße durch die Nichtigkeit des Vertragsschlusses sanktioniert werden.[445] Art. 7 Abs. 1 lit. d **Warenkauf-RL**[446] führt schließlich zu einer besonders engen Verknüpfung von Werbeaussagen mit der vertraglichen Gewährleistungshaftung. Danach ist für den Begriff der Vertragsmäßigkeit auch auf Aussagen in der **Herstellerwerbung** abzustellen, so dass den Verkäufer für eine Abweichung der Produktbeschaffenheit von der Werbung eine Gewährleistungshaftung trifft (s. auch die deutsche Umsetzung in § 434 Abs. 1 S. 2 BGB).

Falsch wäre es, aus der Verwendung des Begriffs des „Wettbewerbsverhaltens" den Schluss zu ziehen, Art. 6 Abs. 1 und 2 gelte nur für geschäftliche Verhaltensweisen vor Eintritt in einen konkreten Kundenkontakt. Vielmehr ist in unionsrechtlich autonomer Auslegung gerade im Lichte des Sekundärrechts die Ausdehnung des Anwendungsbereichs des Lauterkeitsrechts in die Phase des Vertragsschlusses und der Vertragserfüllung zur Kenntnis zu nehmen.[447] Damit stellt sich die Frage, wie zum Vertragsstatut abzugrenzen ist.[448] Geboten ist eine **funktionale Betrachtung.**[449] Soweit Bestimmungen des nationalen Rechts die Wirksamkeit des Vertrages und die daraus resultierenden Rechte regeln, gilt allein das Vertragsstatut. Dies ergibt sich hinreichend aus Art. 10 Abs. 1 **Rom I-VO** und Art. 12 Rom I-VO. Soweit dagegen im Sinne eines Marktordnungsrechts objektive Pflichten im Zusammenhang mit dem Vertragsschluss und die Vertragsdurchführung geregelt werden, die spezifisch lauterkeitsrechtlich sanktioniert werden, greift die lauterkeitsrechtliche Anknüpfung.[450] So unterliegt die Gewährleistungshaftung des Verkäufers für Herstellerangaben dem Vertragsstatut.[451] Die Sanktionierung der in §§ 312i, 312j BGB (früher § 312e BGB) in Umsetzung der E-Commerce-RL geregelten Pflichten des Internet-Anbieters bei Vertragsschluss durch Wettbewerber und Verbraucherverbände fällt in den Bereich der lauterkeitsrechtlichen Anknüpfung. Dagegen kommt es bei Verletzung der gesetzlichen Informationspflichten zur Verlängerung der Widerrufsfrist gemäß § 356 Abs. 3 BGB nur, wenn auch deutsches Recht Vertragsstatut ist.[452] 135

f) Unterlassungsansprüche von Verbänden gegen die Verwendung missbräuchlicher Klauseln im Besonderen. Besondere Herausforderungen stellen sich bei der kollisionsrechtlichen Einordnung von Unterlassungsansprüchen von Verbänden gegen die Verwendung missbräuchlicher Klauseln.[453] Diese Fälle sind, wie die Entscheidungspraxis der Gerichte zeigt, zugleich von besonderer praktischer Relevanz. Schon im Ansatz sind drei mögliche Qualifikationen in Betracht zu ziehen: eine vertragsrechtliche, eine allgemein deliktische und schließlich eine lauterkeitsrechtliche. Die richtige Lösung ist aus dem System der Vorschriften der Rom I-VO und der Rom II-VO zu entwickeln. Die erste Frage geht deshalb dahin, ob man sich im Anwendungsbereich der Rom I-VO oder der Rom II-VO befindet. Dies entscheidet sich nach der grundsätzlich vertraglichen oder deliktischen Einordnung des Unterlassungsanspruchs. Kommt man hier zu einer deliktischen Qualifikation, stellt sich im System der Rom II-VO die Frage, ob nach der allgemein deliktischen Kollisionsnorm gemäß Art. 4 oder nach der lauterkeitsrechtlichen nach Art. 6 Abs. 1 anzuknüpfen ist. Damit sind aber nicht alle Fragen beantwortet. Selbst wenn man den Unterlassungsanspruch als solchen deliktsrechtlich qualifiziert, heißt das nicht, dass die vertragsrechtliche Anknüpfung überhaupt keine Rolle spielt. Vielmehr ist zu diskutieren, ob in diesem Fall die Frage nach der Zulässigkeit der Klauseln als Vorfrage gesondert nach dem durch die Rom I-VO bestimmten Vertragsstatut beurteilt werden 136

---

[444] IdF des 1. ÄndG des UWG vom 22.12.2008, BGBl. 2008 I 2949; in Kraft seit 30.12.2008.

[445] Entsprechend ist Art. 10 E-Commerce-RL in Deutschland auch nicht im Allgemeinen Teil des BGB umgesetzt worden, sondern zunächst in § 312e BGB aF (heute §§ 312i, 312j BGB), dh im Allgemeinen Teil des Schuldrechts.

[446] RL (EU) 2019/771 des Europäischen Parlaments und des Rates vom 20.5.2019 über bestimmte vertragsrechtliche Aspekte des Warenkaufs, ABl. EU 2019 L 136, 28.

[447] Im Ergebnis ebenso *Köhler* FS Coester-Waltjen, 2015, 501 (505).

[448] S. auch Magnus/Mankowski/*Illmer* Rn. 33 ff.

[449] Magnus/Mankowski/*Illmer* Rn. 34.

[450] Zusti. Peifer/*Klass* UWG Einl. D Rn. 74 f.

[451] Ebenso NK-BGB/*Weller* Rn. 8.

[452] Ebenso NK-BGB/*Weller* Rn. 8.

[453] Hierzu auch ausf. *Bauermann,* Der Anknüpfungsgegenstand im europäischen Internationalen Lauterkeitsrecht, 2015, 273 ff.

sollte.[454] Danach sind drei grundsätzlich unterschiedliche Lösungen denkbar. Die beiden Extremlösungen bestehen in der vollständigen Beurteilung der Begründetheit von Unterlassungsansprüchen entweder nach dem Vertragsstatut gemäß der Rom I-VO oder dem Deliktsstatut gemäß den Regeln der Rom II-VO. Nach der dritten Lösung würde man den Unterlassungsanspruch grundsätzlich als Deliktsrecht qualifizieren, aber die Vorfrage nach der Zulässigkeit der Klauseln gemäß den Regeln des Vertragsstatuts beantworten.

137 Die Lösung ist im Wege einer **autonomen unionsrechtlichen Qualifikation** zu finden. Da diese Unterlassungsansprüche zumindest eine teilweise Grundlage im Unionsrecht haben, kommt es für die Qualifikation nicht darauf an, wie der nationale Gesetzgeber die Unterlassungsansprüche im Rahmen der Umsetzung dogmatisch einordnet. Vielmehr sind die einschlägigen Rechtsakte des Sekundärrechts der EU in den Blick zu nehmen. Die Grundlage für die Klauselkontrolle und damit die Beurteilung der Zulässigkeit von Vertragsklauseln ist in der **Klausel-RL** zu finden.[455] Eine Verpflichtung der Mitgliedstaaten, Unterlassungsansprüche vorzusehen, ergibt sich aus Art. 2 **Unterlassungsklagen-RL.**[456] Diese Unterlassungsansprüche dienen gemäß Art. 1 Abs. 1 Unterlassungsklagen-RL – in sprachlicher Übereinstimmung mit der Kollisionsnorm des Art. 6 Abs. 1 – dem **„Schutze der kollektiven Interessen der Verbraucher"** gemäß den im Anhang zur RL gelisteten Richtlinien.[457] Dort findet sich auch die Klausel-RL aufgeführt. Was die **Aktivlegitimation** betrifft, bestimmt Art. 3 Abs. 1 Unterlassungsklagen-RL, dass jede „Stelle oder Organisation, die nach dem Recht eines Mitgliedstaats ordnungsgemäß errichtet wurde und ein berechtigtes Interesse daran hat, die Einhaltung der in Artikel 1 genannten Bestimmungen sicherzustellen", als Anspruchsinhaber nach Art. 2 Unterlassungsklagen-RL in Betracht kommt. Aus Art. 3 Abs. 1 Unterlassungsklagen-RL ergibt sich gleichzeitig eine Verpflichtung, solche Ansprüche jedenfalls für zwei Gruppen von Klägern vorzusehen; zum einen für die **öffentlichen Stellen,**[458] die speziell für den Schutz der kollektiven Interessen der Verbraucher nach den genannten Bestimmungen zuständig sind, zum anderen für Organisationen, deren Zweck im Schutz dieser Interessen besteht **(Verbraucherschutzorganisationen).** Nach Art. 4 Abs. 1 und 2 Unterlassungsklagen-RL ist schließlich der Unterlassungsanspruch auch sog. „qualifizierten Einrichtungen" anderer Mitgliedstaaten zur Verfolgung von grenzüberschreitenden Verstößen zwischen den Mitgliedstaaten einzuräumen. In Deutschland wurde die RL über Unterlassungsklagen im **UKlaG** umgesetzt. Dort finden sich zwei Rechtsgrundlagen für Unterlassungsklagen gegen die Verwendung missbräuchlicher Klauseln, nämlich einerseits § 1 UKlaG, der ausdrücklich auf die Maßstäbe der §§ 307 ff. BGB Bezug nimmt, sowie andererseits § 4a UKlaG, wonach Unterlassungsansprüche bei „innergemeinschaftlichen Verstößen" anerkannt werden. Diese Umsetzung ist in verschiedener Hinsicht überschießend. § 1 UKlaG ist bei Anwendung des § 307 BGB nicht auf die Kontrolle von Klauseln in Verbraucherverträgen begrenzt. Außerdem geht § 3 Abs. 1 S. 1 Nr. 2 UKlaG über Art. 3 Abs. 1 Unterlassungsklagen-RL hinaus, soweit neben den „qualifizierten" Verbraucherschutzverbänden und den Industrie- und Handelskammern sowie den Handwerkskammern als staatliche Stellen auch **Wettbewerbsverbänden** die Aktivlegitimation eingeräumt wird. Letztere gelten auch als „qualifizierte Einrichtungen" zur Erhebung von Unterlassungsklagen gemäß Art. 3 Abs. 1 Unterlassungsklagen-RL. Darüber hinaus ist für das deutsche Recht zu berücksichtigen, dass sich eine parallel anwendbare Rechtsgrundlage für Unterlassungsansprüche von Verbänden gegen die Verwendung missbräuchlicher Klauseln auch aus **§§ 8, 3a UWG** ergeben kann.[459] Diese Analyse zeigt, dass die **lauterkeitsrechtliche Qualifikation** dieser

---

[454] Dazu ausf. *Bauermann,* Der Anknüpfungsgegenstand im europäischen Internationalen Lauterkeitsrecht, 2015, 296 ff. mwN.

[455] RL 93/13/EWG des Rates vom 5.4.1993 über missbräuchliche Klauseln in Verbraucherverträgen, ABl. EG 1993 L 95, 29.

[456] RL 2009/22/EG des Europäischen Parlaments und des Rates vom 23.4.2009 über Unterlassungsklagen zum Schutze der Verbraucherinteressen, ABl. EG 2009 L 110, 30.

[457] So auch der Hinweis bei *Nettlau,* Die kollisionsrechtliche Behandlung von Ansprüchen aus unlauterem Wettbewerbsverhalten gemäß Art. 6 Abs. 1 und 2 Rom II-VO, 2013, 125.

[458] Gemäß Art. 5 Abs. 1 VO (EU) 2017/2394 des Europäischen Parlaments und des Rates vom 12.12.2017 über die Zusammenarbeit zwischen den für die Durchsetzung der Verbraucherschutzgesetze zuständigen nationalen Behörden, ABl. EU 2017 L 345, 1 (früher Art. 4 Abs. 1 VO (EG) 2006/2004) haben die Mitgliedstaaten „zuständige Behörden" für die Durchsetzung der Gesetze zum Schutze der Verbraucherinteressen zu benennen.

[459] Dass sich ein Fall unlauteren Wettbewerbs bei Verwendung missbräuchlicher Klauseln im Sinne des Rechtsbruchtatbestandes vorliegen kann, hat der BGH auch in grenzüberschreitenden Fällen bestätigt; BGH GRUR 2013, 421 Rn. 31 – Pharmazeutische Beratung über Call-Center. Der BGH stützte in diesem Fall den Unterlassungsanspruch sowohl auf § 1 UKlaG als auch auf § 8 UWG. Zur Anknüpfung beim Zusammentreffen von Unterlassungsansprüchen nach §§ 1, 2, 4a UKlaG sowie § 8 Abs. 1 UWG iVm § 3a UWG s. auch *Bauermann,* Der Anknüpfungsgegenstand im europäischen Internationalen Lauterkeitsrecht, 2015, 277 f.

Ansprüche nicht nur für den Unterlassungsanspruch nach § 8 UWG nahe liegt, sondern auch im Anwendungsbereich der §§ 1 und 4a UKlaG. Hierfür spricht vor allem, dass diese Ansprüche gemäß dem EU-Primärrecht in Übereinstimmung mit der lauterkeitsrechtlichen Kollisionsnorm des Art. 6 Abs. 1 den Zweck verfolgen, die **kollektiven Interessen der Verbraucher zu schützen.** Umgekehrt spricht die Umsetzung der Unterlassungsansprüche gegen die Verwendung missbräuchlicher Klauseln außerhalb des dt. UWG nicht schlechterdings gegen die lauterkeitsrechtliche Qualifikation.

In der **„Amazon EU"**-Entscheidung hat sich der **EuGH** dem oben (→ Rn. 136) beschriebenen dritten Lösungsweg angeschlossen.[460] Der Gerichtshof entschied sich für eine **lauterkeitsrechtliche Qualifikation des Unterlassungsanspruchs** gemäß **Art. 6 Abs. 1** sowie für die Anwendung des **Vertragsstatuts nach den Regeln der Rom I-VO** für die **Vorfrage nach der Zulässigkeit der Vertragsklauseln.**[461] In dieser Form war das Urteil keineswegs zu erwarten gewesen, nachdem sich GA Saugmandsgaard Øe für eine ausschließlich lauterkeitsrechtliche Anknüpfung ausgesprochen hatte.[462] Der EuGH ordnete den Unterlassungsanspruch des Verbraucherverbandes nach der Unterlassungsklagen-RL im System der Rom I-VO und der Rom II-VO als **außervertragliches Schuldverhältnis** zwischen Kläger und Beklagten ein, da eine Schadenshaftung des Beklagten geltend gemacht werde, die nicht an einem Vertrag anknüpfe.[463] Zu diesem Schluss kam der Gerichtshof unter Orientierung an der Brüssel I-VO und der dort bereits zuvor erfolgten Einordnung von Klagen von Verbraucherschutzvereinen gegen die Verwendung von missbräuchlichen Klauseln als Klagen wegen einer Handlung, die einer unerlaubten Handlung gleichgestellt ist.[464] Für die **lauterkeitsrechtliche Qualifikation** und damit die Anwendung von Art. 6 Abs. 1 sprach das Betroffensein der kollektiven Interessen der Verbraucher.[465] Anzuwenden sei das Recht des Staates, in denen die Verbraucher, auf die das Unternehmen seine Geschäftigkeit ausrichtet und deren kollektiven Interessen betroffen sind, ihren Wohnsitz haben.[466] Die damit verbundene Ablehnung der allgemein deliktischen Qualifikation hatte für den Ausgangsfall besondere Bedeutung. Denn das in Luxemburg niedergelassene Unternehmen wollte für seine Online-Verträge mit österreichischen Kunden über eine Rechtswahlklausel luxemburgisches Recht zur Anwendung bringen. Im Prozess argumentierte es daher, dass nach Art. 4 Abs. 3 luxemburgisches Recht als das sachnächste Recht, auf dessen Geltung die Parteien des Vertrages sich schließlich verständigt haben, auch im Verhältnis zum klagenden österreichischen Verbraucherverband zur Anwendung kommen müsste. Diese Begründung wurde mit der lauterkeitsrechtlichen Anknüpfung nach Art. 6 Abs. 1 der Boden entzogen, wobei der EuGH ausdrücklich darauf hinwies, dass der Schutz der kollektiven Interessen der Verbraucher bei einer vertragsakzessorischen Anknüpfung gerade leerliefe.[467] Keineswegs selbstverständlich war jedoch die **vertragsrechtliche Qualifikation der Vorfrage nach der Zulässigkeit der Klauseln.**[468] Hiergegen spricht, dass die Verbandsklage zu einer abstrakten Beurteilung der Klauseln führt und die Unterlassungsklage die Aufnahme solcher Klauseln in konkrete Verträge gerade verhindern soll.[469] Diesen Einwand wies der EuGH mit dem Argument zurück, dass im Sinne der Kohärenz der Rechtsanwendung das anwendbare Recht nicht davon abhängen dürfe, im Rahmen welcher Klage die Zulässigkeit einer Klausel angegriffen werde.[470] Zu verhindern sei, dass im Rahmen einer Verbandsklage ein anderes Recht zur Anwendung komme als im Rahmen eines Individualprozesses.[471] Für die dem EuGH vorliegende Fallkonstellation war es zudem wichtig, dass der EuGH außerdem klarstellte, dass für die Ermittlung des nach der Rom I-VO anwendbaren Vertragsstatut die streitgegenständliche Rechtswahlklausel unberücksichtigt zu bleiben habe.[472] **138**

[460] EuGH ECLI:EU:C:2016:612 = GRUR 2016, 1183 – Amazon EU.
[461] EuGH ECLI:EU:C:2016:612 = GRUR 2016, 1183 Rn. 60 – Amazon EU.
[462] GA Saugmandsgaard Øe, ECLI:EU:C:2016:388 = BeckRS 2016, 81107 – Amazon EU.
[463] EuGH ECLI:EU:C:2016:612 = GRUR 2016, 1183 Rn. 37 – Amazon EU.
[464] EuGH ECLI:EU:C:2016:612 = GRUR 2016, 1183 Rn. 37 f. – Amazon EU, unter Hinweis auf EuGH Slg. 2002, I-8111 = EuZW 2002, 657, Rn. 50 – Henkel; ECLI:C:2014:148, Rn. 19 – Brogsitter.
[465] EuGH ECLI:EU:C:2016:612 = GRUR 2016, 1183 Rn. 41 f. – Amazon EU.
[466] EuGH ECLI:EU:C:2016:612 = GRUR 2016, 1183 Rn. 43 – Amazon EU.
[467] EuGH ECLI:EU:C:2016:612 = GRUR 2016, 1183 Rn. 45 – Amazon EU (insoweit dem GA folgend).
[468] EuGH ECLI:EU:C:2016:612 = GRUR 2016, 1183 Rn. 49 und 58 – Amazon EU.
[469] Ähnlich Magnus/Mankowski/*Illmer* Rn. 26, mit dem Hinweis, dass möglicherweise noch gar kein Vertrag geschlossen wurde.
[470] EuGH ECLI:EU:C:2016:612 = GRUR 2016, 1183 Rn. 53 ff. – Amazon EU.
[471] EuGH ECLI:EU:C:2016:612 = GRUR 2016, 1183 Rn. 54 – Amazon EU.
[472] EuGH ECLI:EU:C:2016:612 = GRUR 2016, 1183 Rn. 59 – Amazon EU. Zur Frage nach der Zulässigkeit der Rechtswahlklausel stellte der EuGH deren Missbräuchlichkeit fest, wenn diese in irreführender Weise den Eindruck vermittelt, es sei allein das Recht am Sitz des Unternehmens anwendbar, ohne den Verbraucher darüber zu informieren, dass er trotz der Rechtswahl gemäß Art. 6 Abs. 2 Rom I-VO den Schutz der zwingenden Regeln des Rechts genießt, das ohne die Rechtswahl zur Anwendung käme; s. EuGH ECLI:EU:C:2016:612 = GRUR 2016, 1183 Rn. 61–71 – Amazon EU.

139 Die „Amazon EU"-Entscheidung des EuGH verdient in allen Punkten **Zustimmung.**[473] Dies gilt zunächst für die Qualifikation des Unterlassungsanspruchs als außervertragliches Schuldverhältnis. Gegen die vertragsrechtliche Qualifikation spricht schon, dass zwischen dem Anspruchsteller und Anspruchsgegner **kein vertragliches Schuldverhältnis** besteht.[474] Wertungsmäßig eröffnet diese Entscheidung in einem zweiten Schritt die lauterkeitsrechtliche Qualifikation, die mit dem Zweck der Verbandsklage in Bezug auf den Schutz der kollektiven Interessen der Verbraucher korrespondiert. Nicht zweifelsfrei ist dagegen, wie gerade die Abweichung gegenüber dem Schlussantrag des Generalanwalts zeigt, die **Behandlung der Frage nach der Zulässigkeit der Klauseln als Vorfrage,** für die nach der Rom I-VO anzuknüpfen ist. Der Generalanwalt begründete die umfassende lauterkeitsrechtliche Anknüpfung gerade mit dem im europäischen Sekundärrecht verankerten Zweck der Verbandsklage in Hinblick auf die präventive Unterbindung von Beeinträchtigungen der kollektiven Interessen der Verbraucher. Deshalb handle der klagende Verein auch nicht „anstelle" der Verbraucher.[475] Zu verhindern sei ein „Schaden in Form einer Beeinträchtigung der kollektiven Interessen der Verbraucher".[476] Der EuGH ist dieser Ansicht zu Recht nicht gefolgt. Der Generalanwalt zog nicht einmal die Möglichkeit in Betracht, für die Zulässigkeit der Klauseln als Vorfrage gesondert anzuknüpfen. Für ihn gab es nur die Wahl zwischen einer insgesamt außervertraglichen oder vertragsrechtlichen Anknüpfung. Die Erhebung der Verbandsklage im kollektiven Interesse spricht, wie das EuGH-Urteil zeigt, keineswegs gegen eine gesonderte vertragsrechtliche Anknüpfung für die Frage der Zulässigkeit der streitgegenständlichen Klauseln. Voraussetzung für den Unterlassungsanspruch ist der Gesetzesverstoß, der die zu erwartenden Verwendung als Vertragsklauseln voraussetzt. Der wesentliche Vorteil des Ansatzes des EuGH ist der **Gleichlauf des anwendbaren Rechts,** unabhängig davon, ob die Zulässigkeit der Klausel im Rahmen einer Verbandsklage oder im Wege der Individualklage des Verbrauchers zu klären ist.[477] Andernfalls wäre es denkbar, dass einem Unternehmer lauterkeitsrechtlich die Verwendung von Klauseln verboten wird, die nach dem Vertragsstatut jederzeit in Verbraucherverträge aufgenommen werden dürften.[478] Der Gleichlauf liegt in dieser Konstellation im besonderen Interesse des Unternehmers. Umgekehrt lässt sich aber kein Bedürfnis nach kollektivem Schutz der Verbraucher begründen, wenn nach den Wertungen des auf die Individualverträge anwendbaren Rechts die Verbraucher nicht schutzbedürftig sind. Auf den Gleichlauf des anwendbaren Rechts kommt es aber erst recht im umgekehrten Fall an. Wäre die Klausel nach dem Vertragsstatut unzulässig, könnte die Anwendung eines abweichenden Lauterkeitsstatuts dazu führen, dass den Verbrauchern der flankierende Schutz über die Verbandsklage versagt bliebe. Deshalb weist der EuGH zu Recht darauf hin, dass die gesonderte vertragliche Anknüpfung der Vorfrage in Bezug auf die Zulässigkeit der Klauseln erforderlich ist, um die **wirksame Bekämpfung missbräuchlicher Klauseln durch kollektiven Rechtsschutz zu gewährleisten.**[479] Ohne dies zu bedenken, bestritt der Generalanwalt die Notwendigkeit des Gleichlaufs mit dem Hinweis, dass sich nach Art. 5 Klausel-RL die Beurteilungskriterien, nämlich soweit es um die Auslegung der Klauseln geht, auch dann unterscheiden, wenn ein und dasselbe nationale Recht zur Anwendung kommt.[480] In der Tat kann bei Verbandsklagen lediglich ein objektiver Maßstab über die Auslegung der Klauseln entscheiden. Dem ist jedoch entgegenzuhalten, dass im Vergleich zur Anwendung völlig unterschiedlicher Rechtsordnungen die zu erwartenden Abweichungen infolge unterschiedlicher Auslegungsgrundsätze allenfalls marginal erscheinen.

140 Die Entscheidung des EuGH in „Amazon EU" bewirkt eine **Bestätigung der Rspr. in Deutschland.** Die gesonderte vertragsrechtliche Anknüpfung der Vorfrage zur Zulässigkeit der Klausel wurde auch vom **BGH** in der Rechtssache **„British Airways"** vertreten, nachdem er im Anschluss an die Rechtssache „Air Baltic"[481] über eine deliktische Anknüpfung zur Anwendung

---

[473] Ebenso jurisPK-BGB/*Wiegandt* Rn. 12; Peifer/*Klass* UWG Einl. D Rn. 84 ff.

[474] S. jedoch zur früher in Deutschland vertretenen Auffassung der vertragsrechtlichen Qualifikation der Verbandsklagen bei AGB *Bauermann,* Der Anknüpfungsgegenstand im europäischen Internationalen Lauterkeitsrecht, 2015, 280.

[475] GA Saugmandsgaard Øe ECLI:EU:C:2016:388 = BeckRS 2016, 81107 Rn. 54 – Amazon EU.

[476] GA Saugmandsgaard Øe ECLI:EU:C:2016:388 = BeckRS 2016, 81107 Rn. 58 – Amazon EU.

[477] So überzeugend *W.-H. Roth* IPRax 2013, 515 (518).

[478] Ua mit dieser Begr. ebenso für den Gleichlauf und damit über eine gesonderte vertragsrechtliche Anknüpfung für die Zulässigkeit der Klausel *Bauermann,* Der Anknüpfungsgegenstand im europäischen Internationalen Lauterkeitsrecht, 2015, 298 f. und 303.

[479] EuGH ECLI:EU:C:2016:612 = GRUR 2016, 1183 Rn. 57 – Amazon EU.

[480] GA *Saugmandsgaard Øe* ECLI:EU:C:2016:388 = BeckRS 2016, 81107 Rn. 64.

[481] BGH NJW 2009, 3371 Rn. 16 ff. – Air Baltic; dem BGH hier zust. *Nettlau,* Die kollisionsrechtliche Behandlung von Ansprüchen aus unlauterem Wettbewerbsverhalten gemäß Art. 6 Abs. 1 und 2 Rom II-VO, 2013, 124.

des § 1 UKlaG gelangt war.[482] An der gesonderten Anknüpfung der Vorfrage sah sich der BGH auch nicht durch die unmittelbare Bezugnahme auf §§ 307 ff. BGB in § 1 UKlaG gehindert. Vielmehr verwies er auf die Notwendigkeit einer Gesamtschau mit § 4a UKlaG,[483] der einen Verstoß gegen die Bestimmungen europäischer Verbraucherschutzbestimmungen voraussetzt, ohne anders als nach § 1 UKlaG die konkreten deutschen Umsetzungsbestimmungen zu bezeichnen. Im Rahmen von § 4a UKlaG kommt der BGH also in einer konsequenten kollisionsrechtlichen Argumentation zur gesonderten vertraglichen Anknüpfung der Vorfrage betreffend die Zulässigkeit der Klauseln. Mit der Übertragung dieser Argumentation auf § 1 UKlaG sollte verhindert werden, dass sich nach den beiden Anspruchsgrundlagen ein und dieselbe Klausel nach unterschiedlichen Rechtsordnungen beurteilt wird. Allerdings ist der BGH in der späteren Entscheidung **„Pharmazeutische Beratung über Call-Center"** ohne jegliche kollisionsrechtliche Argumentation von der Anwendung des § 307 BGB ausgegangen.[484] Es ginge jedoch zu weit, aus dieser Entscheidung zu schließen, der BGH habe dort auch für die Zulässigkeit der Klauseln eine deliktische Anknüpfung vorgenommen.[485] Dies würde nämlich der klaren Festlegung des BGH in „British Airways" widersprechen. Die Entscheidung des EuGH bringt auch für das deutsche Recht zusätzliche Klarheit. Sie wird die mit „British Airways" eingeschlagene Rechtsprechungslinie stärken.

Jedoch darf die **praktische Relevanz** der Frage nach dem anwendbaren Recht für die Vorfrage der Zulässigkeit der Klauseln nicht überschätzt werden. Die beiden im Raume stehenden Anknüpfungen lassen kaum unterschiedliche Anknüpfungsergebnisse erwarten.[486] Die ausschließlich lauterkeitsrechtliche Anknüpfung führt zur Anwendung des Rechts des Staates, in dem die angesprochenen Verbraucher, gegenüber denen die Klauseln Verwendung finden sollen, ihren Wohnsitz haben.[487] Knüpft man dagegen die Vorfrage vertragsrechtlich an, würden sich gemäß Art. 6 Abs. 2 S. 2 Rom I-VO die zwingenden verbraucherschutzrechtlichen Regelungen im Staate des gewöhnlichen Aufenthalts der Verbraucher auch gegen die Wahl einer anderen Rechtsordnung durchsetzen. **141**

Aus praktischer Sicht wichtiger erscheint die Entscheidung des EuGH in „Amazon EU" daher in einem anderen Punkt. Sie kann helfen, Unklarheiten in der **Rspr. des BGH** in Bezug auf die **grundsätzliche lauterkeitsrechtliche Anknüpfung** zu beseitigen. Im **„Air Baltic"**-Fall gelangte der BGH nämlich zur Anwendung von § 1 UKlaG über die **allgemein deliktische Anknüpfung nach Art. 4 Abs. 1;** gleichzeitig verwarf er die vertragsrechtliche Qualifikation.[488] Dass für den Unterlassungsanspruch auf die Rom II-VO zuzugreifen ist, erklärte der BGH – im Einklang mit der späteren Entscheidung in „Amazon EU" – mit der autonomen Auslegung der Verordnung sowie dem Umstand, dass das Begehren des klagenden Verbraucherschutzverbandes keinen vertraglichen Anspruch zum Gegenstand hatte.[489] Die Frage, ob nicht vielleicht besser Art. 6 Abs. 1 Anwendung finden sollte, ließ der BGH ausdrücklich offen, konkretisierte aber im Einklang mit lauterkeitsrechtlichen Wertungen die Anknüpfung der allgemeinen deliktischen Anknüpfung im Sinne des lauterkeitsrechtlichen Marktortprinzips. Anzuwenden sei das Recht des Staates, in dem die kollektiven Interessen der Verbraucher beeinträchtigt werden.[490] Es verwundert, dass der BGH angesichts der in der Sache lauterkeitsrechtlichen Argumentation nicht den überzeugenden Schritt vollziehen wollte, für den Unterlassungsanspruch nach Art. 6 Abs. 1 anzuknüpfen. Dies wäre auch rechtspolitisch geboten, da das öffentliche Interesse an der Erhebung solcher Unterlassungsklagen den Ausschluss der Rechtswahlmöglichkeit gemäß Art. 6 Abs. 4 erfordert.[491] Auch erscheint die Möglichkeit der alternativen Anknüpfung an das gemeinsame Heimatrecht gemäß Art. 4 Abs. 2 ohne Rücksicht auf die am **142**

---

482 BGH NJW 2010, 1958 Rn. 15 – British Airways. Im „Air Baltic"-Fall hatte sich der BGH zur eventuell erforderlichen gesonderten Anknüpfung bezüglich der Zulässigkeit der Klausel noch nicht geäußert. Zust. zur kollisionsrechtlichen Unterscheidung zwischen Unterlassungsanspruch und vertragsrechtlicher Wirksamkeit der Klausel *Hau* LMK 2009, 293079; *W.-H. Roth* IPRax 2015, 515 (518); *Stadler* VuR 2010, 83 (87). Dagegen möchten *A. Staudinger/Czaplinski* NJW 2009, 3375 (3376) auch für die Frage der Wirksamkeit der Klausel lauterkeitsrechtlich anknüpfen.

483 Die Vorschrift war auch tatsächlich einschlägig, da es um den „innergemeinschaftlichen" Fall der Verwendung von AGB durch eine britische Fluggesellschaft gegenüber deutschen Kunden ging.

484 BGH GRUR 2013, 421 – Pharmazeutische Beratung über Call-Center.

485 So gleichwohl die den BGH kritisierende Schlussfolgerung bei *W.-H. Roth* IPRax 2013, 515 (517).

486 Hierauf weist auch GA *Saugmandsgard Øe* ECLI:EU:C:2016:388 = BeckRS 2016, 81107 Rn. 80 f. – Amazon EU, hin.

487 GA *Saugmandsgard Øe* ECLI:EU:C:2016:388 = BeckRS 2016, 81107 Rn. 74 – Amazon EU.

488 BGH NJW 2009, 3371 Rn. 16 ff. – Air Baltic.

489 BGH NJW 2009, 3371 Rn. 18 – Air Baltic.

490 BGH NJW 2009, 3371 Rn. 19 – Air Baltic.

491 Ebenso *Bauermann,* Der Anknüpfungsgegenstand im europäischen Internationalen Lauterkeitsrecht, 2015, 289 f.; *A. Staudinger/Czaplinski* NJW 2009, 3375 (3376).

Verfahren nicht beteiligten Verbraucher nicht als angemessen.[492] In der späteren Entscheidung in „British Airways" hat der BGH die Abgrenzung zur lauterkeitsrechtlichen Abgrenzung nicht mehr thematisiert, sondern nur pauschal auf die Entscheidung in „Air Baltic" verwiesen.[493] Wenig erhellend erweist sich schließlich die Entscheidung des BGH in der Rechtssache **„Pharmazeutische Beratung über Call-Center".**[494] Obwohl der BGH den Anspruch auf Unterlassung der Verwendung einer Rechtswahlklausel sowohl nach § 1 UKlaG als auch nach §§ 8, 3 und 4 Nr. 11 UWG aF (jetzt §§ 8, 3 Abs. 2 und 3a UWG) begründet,[495] schweigt er zur Frage, über welche Anknüpfung er überhaupt zur Anwendung deutschen Rechts kommt.[496] Zwar bestätigt der BGH gleich zu Beginn der Entscheidung die lauterkeitsrechtliche Anknüpfung durch das Berufungsgericht.[497] Insoweit bezieht er sich aber auf alle streitgegenständlichen lauterkeitsrechtlich geprägten Unterlassungsanträge der Klägerin betreffend den Internetauftritt der beklagten niederländischen Apotheke, ohne spezifisch auf den Antrag betreffend die Unterlassung der Verwendung der umstrittenen Rechtswahlklausel einzugehen. Bedeutsam ist gleichwohl, dass der BGH zur Begründung des lauterkeitsrechtlichen Anspruchs gegen die Verwendung intransparenter Klauseln dem § 307 BGB eine „auf die Lauterkeit des Wettbewerbs bezogene Schutzfunktion" zuweist.[498] Obwohl der BGH normativ zur Anwendung der allgemein deliktischen Anknüpfung neigt, zeigt er in seiner Argumentation doch anschaulich auf, dass mit dem Unterlassungsanspruch von Verbänden gegen die Verwendung missbräuchlicher Klauseln marktkonformes Verhalten von Unternehmen gegenüber Verbrauchern im Sinne eines Marktordnungsrechts durchgesetzt werden soll. All dies spricht **für die Anwendung von Art. 6 Abs. 1.**[499]

143 Vor allem die Entscheidung des BGH in „Pharmazeutische Beratung über Call-Center" zeigt, dass ein Unterlassungsanspruch gegen die Verwendung von Vertragsklauseln auch aus **spezifischen Erwägungen des nationalen Lauterkeitsrechts** resultieren kann.[500] Dies gilt nicht nur, soweit etwa die deutsche Rechtsordnung Verstöße gegen das AGB-Recht über den **Rechtsbruchtatbestand** des § 3a UWG lauterkeitsrechtlich sanktioniert. Besondere Bedeutung kommt dem Umstand zu, dass die Klauselkontrolle nach europäischem und nationalem Recht auch erfolgt, wenn Klauseln entgegen dem **Transparenzgebot** nicht hinreichend klar und verständlich formuliert sind (Art. 5 S. 1 Klausel-RL; § 307 Abs. 1 S. 2 BGB). Insoweit ergibt sich eine **Überschneidung mit dem Verbot irreführender Werbung.**[501] So kann etwa eine Rechtswahlklausel zugunsten des Heimatrechts des Verwenders, wie sie sowohl Gegenstand des Rechtsstreits in „Pharmazeutische Beratung über Call-Center" bildete als auch dem EuGH in „Amazon EU" vorlag und ihrem Wortlaut nach für alle Rechtsstreitigkeiten zwischen den Parteien gelten soll, ohne gleichzeitig auf die Beschränkung der Rechtswahl nach Art. 6 Abs. 2 S. 2 Rom I-VO hinzuweisen, Einfluss auf die Entscheidung des Verbrauchers nehmen und diesen von der Geltendmachung von Rechten gemäß den Bestimmungen in seinem Heimatstaat abhalten. Es kann kein Zweifel daran bestehen, dass für hieran ansetzende Unterlassungsansprüche jedenfalls lauterkeitsrechtlich gemäß Art. 6 Abs. 1 anzuknüpfen ist. Da diese Ansprüche aber notwendig mit Unterlassungsansprüchen zur Durchsetzung der Rechte nach der Klausel-RL zusammentreffen, sollte für beide Ansprüche über eine **einheitliche lauterkeitsrechtliche Anknüpfung** dasselbe nationale Recht zur Anwendung gebracht werden. Zusätzlich ist darauf hinzuweisen, dass auch im Rahmen des Unterlassungsanspruchs nach **§ 8 Abs. 1 UWG, § 3a UWG** auf Unterlassung der Verwendung von Vertragsklauseln die Frage der Zulässigkeit der Klauseln als Vorfrage behandelt und nach dem gemäß der Rom I-VO zu ermittelnden Vertragsstatut beurteilt werden sollte.[502]

---

492 Kirtisch zur Anwendung dieser Norm auch *Bauermann,* Der Anknüpfungsgegenstand im europäischen Internationalen Lauterkeitsrecht, 2015, 287 f.

493 BGH NJW 2010, 1958 Rn. 12 f. – British Airways.

494 BGH GRUR 2013, 421 – Pharmazeutische Beratung über Call-Center.

495 BGH GRUR 2013, 421 Rn. 31 – Pharmazeutische Beratung über Call-Center.

496 Sehr krit. hierzu *W.-H. Roth* IPRax 2013, 515 (517 f.).

497 BGH GRUR 2013, 421 Rn. 10 – Pharmazeutische Beratung über Call-Center.

498 BGH GRUR 2013, 421 Rn. 31 – Pharmazeutische Beratung über Call-Center.

499 BGH NJW 2009, 3371 Rn. 19; ebenso *Baetge* ZEuP 2011, 933 (937 f.); *A. Staudinger/Czaplinski* NJW 2009, 3375 (3376).

500 BGH GRUR 2013, 421 Rn. 31 – Pharmazeutische Beratung über Call-Center.

501 Nach *Köhler* NJW 2008, 177 (179 f.) soll die Verwendung unzulässiger Klauseln sogar generell unter die Generalklausel irreführender Werbung nach Art. 5 UGP-RL fallen; zust. *Nettlau,* Die kollisionsrechtliche Behandlung von Ansprüchen aus unlauterem Wettbewerbsverhalten gemäß Art. 6 Abs. 1 und 2 Rom II-VO, 2013, 130.

502 Allg. zur gesonderten Anknüpfung der verletzten Norm als Vorfrage *Nettlau,* Die kollisionsrechtliche Behandlung von Ansprüchen aus unlauterem Wettbewerbsverhalten gemäß Art. 6 Abs. 1 und 2 Rom II-VO, 2013, 222 ff.

g) Verhältnis zur kartellrechtlichen Anknüpfung, insbesondere Art. 6 Abs. 3. Eine Notwendigkeit zur Abgrenzung ergibt sich schließlich im Verhältnis zur kartellrechtlichen Anknüpfung nach Art. 6 Abs. 3. Wettbewerbshandlungen, die gegen die Regeln zum Schutze gegen unlauteren Wettbewerb verstoßen, können gleichzeitig die Voraussetzungen einseitiger Wettbewerbsbeschränkungen im Sinne des Kartellrechts erfüllen, insbesondere soweit das handelnde Unternehmen über eine **marktbeherrschende Stellung** verfügt. Deshalb kann ein bestimmtes Verhalten sowohl nach lauterkeits- als auch nach kartellrechtlichen Bestimmungen geprüft werden und verboten sein.[503] Die lauterkeitsrechtliche Anknüpfung nach dem Marktortprinzip und die kartellrechtliche Anknüpfung nach dem **Auswirkungsprinzip** (vgl. Art. 6 Abs. 3 lit. a)[504] weisen zwar Ähnlichkeiten auf, sind aber dennoch zu unterscheiden.[505] Da das nationale Lauterkeitsrecht Verhaltensspielräume der Wettbewerber gegeneinander abgrenzt, ist Marktort nur das Gebiet jenes Staates, in dem der Handelnde unmittelbar auf die Marktgegenseite **einwirkt** (**Einwirkungstheorie;** → Rn. 146 ff.).[506] Deshalb kann die bloß mittelbar herbeigeführte Wettbewerbsverzerrung im Gebiet eines anderen Staates auch dann nicht die Anwendung des Lauterkeitsrechts dieses Staates begründen, wenn diese mittelbaren Auswirkungen auf dem Drittmarkt im Sinne des kartellrechtlichen Auswirkungsprinzips spürbar sind[507] oder – wie Art. 6 Abs. 3 lit. a formuliert – diesen Markt „beeinträchtigen".[508] Das **Kartellrecht** schützt dagegen die **Funktionsbedingungen des Wettbewerbs.**[509] Folglich ist zu klären, welche Vorschriften in den Bereich des unlauteren Wettbewerbs und welche in den Bereich des Kartellrechts fallen. Dabei kommt es nicht auf den Regelungsstandort der relevanten Norm,[510] sondern – in unionsrechtlich autonomer Auslegung – auf den Regelungsgegenstand an. Das Problem der Abgrenzung stellt sich insbesondere im Bereich der **einseitigen Wettbewerbsbeschränkungen** und dort vor allem bei jenen Vorschriften, die **unterhalb der Schwelle der Marktbeherrschung** ansetzen. So lässt sich die Kontrolle des Verhaltens von Unternehmen mit relativer Marktmacht iSv § 20 GWB in anderen Rechtsordnungen, deren Kartellrecht nur den Missbrauch marktbeherrschender Stellung verbietet, uU nur über das Lauterkeitsrecht erreichen. Entscheidend für die Bestimmung des Anwendungsbereichs der kartellrechtlichen Anknüpfung sind zwei Dinge: Im Bereich des Kartellrechts befindet man sich, wenn die einschlägige Vorschrift nur auf eine **Gruppe von im Wettbewerb stehenden Unternehmen** zur Anwendung kommt und diese Unterscheidung von einem bestimmten **Maß von Marktmacht** abhängt. Die Regeln über den unlauteren Wettbewerb schaffen dagegen einheitliche Verhaltensmaßstäbe für alle Wettbewerber mit dem Ziel der Gewährleistung von Wettbewerbsgleichheit. Zum anderen 144

---

503 Daher gleichfalls gegen eine Exklusivität der lauterkeits- und kartellrechtlichen Anknüpfung in Art. 6 Calliess/*Augenhofer* Rom II-VO Art. 6 Rn. 31; *De Miguel Asensio,* Conflict of Laws and the Internet, 2020, Rn. 5.145; ähnlich Magnus/Mankowski/*Illmer* Rn. 48.

504 S. auch § 130 Abs. 2 GWB, der für das deutsche Recht ausdrücklich das Auswirkungsprinzip statuiert. § 130 Abs. 2 GWB wird durch das Inkrafttreten der Rom II-VO nicht obsolet, da § 130 Abs. 2 GWB auch für die behördliche Durchsetzung des Kartellrechts gilt.

505 Ebenso Magnus/Mankowski/*Illmer* Rn. 72; jurisPK-BGB/*Wiegandt* Rn. 2. Zur Rechtfertigung dieser Unterscheidung → Rn. 14 ff. Anders die vor allem vor Inkrafttreten der Rom II-VO vertretene Auffassung, nach der auch für die lauterkeitsrechtliche Anknüpfung allein auf die Auswirkungen im kartellrechtlichen Sinne abzustellen sei, da sich Kartellrecht und Lauterkeitsrecht in ihrer Funktion als Marktordnungsrecht nicht unterscheiden; idS etwa *Beater,* Unlauterer Wettbewerb, 1. Aufl. 2001, § 31 Rn. 36 ff., bei der Verletzung wettbewerbsrechtlicher Kollektivinteressen. Diese Auffassung wird unter Geltung der Rom II-VO weiter vertreten von *Schnur,* Internationales Kartellprivatrecht nach der Rom II-Verordnung, 2012, 189; Staudinger/*Fezer/Koos,* 2015, IntWirtschR Rn. 403, 493 ff.; Harte-Bavendamm/Henning-Bodewig/*Glöckner* UWG Einl. C Rn. 606 ff. Dagegen *Drexl* FS Hopt, 2010, 2713; zust. ua Huber/*Illmer* Rn. 40.

506 Nun ausdrücklich iS eines Einwirkens bei Anwendung von Art. 6 Abs. 1 das OLG Köln GRUR-RR 2014, 298 Rn. 15 – Tourismusabgabe.

507 Vgl. BGH GRUR 1991, 462 (463) – Kauf im Ausland. Danach genügt die Verzerrung des Wettbewerbs in Deutschland nicht für die Anwendung des deutschen Lauterkeitsrechts, wenn die Förderung des inländischen Absatzes durch eine Werbemaßnahme gegenüber deutschen Urlaubern im Ausland erfolgt; auch → Rn. 19.

508 Nach Erwägungsgrund 22 soll mit dem Begriff des „Beeinträchtigens" gerade das Auswirkungsprinzip verwirklicht werden. Zu Art. 6 Abs. 3 s. etwa *Scholz/Rixen* EuZW 2008, 327.

509 In der → 4. Aufl. 2006, IntUnlWettbR Rn. 141 wurde noch von der „Freiheit des Wettbewerbs" gesprochen. Das Freiheitsparadigma, das vor allem in Deutschland in ordoliberaler Tradition vertreten wird, stößt international auf immer größere Kritik. Weil also das Freiheitsparadigma nicht mehr konsentiert wird, erscheint es angebracht, das Ziel des Wettbewerbs anders zu formulieren. Der Schutz der Funktionsfähigkeit des Wettbewerbs – und damit des Wettbewerbs als Institution – kommt vor allem auch durch die unionsrechtliche Garantie des unverfälschten Wettbewerbs im EU-Protokoll über den Binnenmarkt und den Wettbewerb (AEUV Protokoll Nr. 27 über den Binnenmarkt und den Wettbewerb) zum Ausdruck. Mit dem gegenüber der → 4. Aufl. 2006, IntUnlWettbR Rn. 142 vollzogenen terminologischen Wechsel ist keine grundsätzliche Ablehnung des Freiheitsparadigmas durch den Autor verbunden.

510 Insoweit genauso *Schnur,* Internationales Kartellprivatrecht nach der Rom II-Verordnung, 2012, 191.

wird das Kartellrecht auf der Rechtsfolgenseite durch die Schädigung des Wettbewerbs charakterisiert, während dies für die Regeln über den unlauteren Wettbewerb nicht verlangt wird. So ist das deutsche Verbot des **Verkaufs unter Einstandspreis** nach § 20 Abs. 2 S. 2 GWB kartellrechtlich einzuordnen. Das Verbot gilt nur für Unternehmen mit überlegener Marktmacht und beruht auf der gesetzlichen Vermutung, dass der Verkauf unter Einstandspreis den Wettbewerb beeinträchtigt. Dagegen wäre ein Verbot des Verkaufs zum Verlustpreis, das für alle Unternehmen gilt, nach dem Vorbild des französischen Rechts *(vente à perte)* lauterkeitsrechtlich zu qualifizieren. Dem Kartellrecht zuzuordnen ist damit auch das **Verbot des Boykottaufrufs** nach § 21 Abs. 1 GWB.[511] Dieses Verbot einer einseitigen Wettbewerbshandlung richtet sich zwar an alle Unternehmen ohne Rücksicht auf ihre Marktmacht. Geschaffen wurde es aber als Gefährdungstatbestand im Hinblick auf das im Boykott enthaltene Potenzial zur Beeinträchtigung des funktionierenden Wettbewerbs.[512] Wird der Aufruf befolgt, liegt hierin eine wettbewerbsbeschränkende Vereinbarung. Da sich das kartellrechtliche Boykottverbot mit dem lauterkeitsrechtlichen überschneidet, sind beide Verbote parallel anwendbar; entsprechend ist für die beiden Verbote kollisionsrechtlich gesondert anzuknüpfen.[513]

145 **5. Ermittlung des Rechts des Marktortes nach Art. 6 Abs. 1 und Folgen. a) Geltung des Marktortprinzips.** Art. 6 Abs. 1 verwirklicht das kollisionsrechtliche Marktortprinzip.[514] Die Vorschrift nennt dieses Prinzip zwar nicht ausdrücklich. Doch wurde schon im Vorschlag der Kommission von 2003 ausgeführt, dass die Formulierung des Anknüpfungskriteriums in Art. 6 Abs. 1 zur Anwendung des Rechts des Staates führen soll, dessen **Markt durch die Wettbewerbshandlung beeinträchtigt** ist.[515] Dabei handle es sich um den **Markt, auf dem sich die Wettbewerber um die Verbraucher** bemühen.[516] Wie schon nach früherem deutschem Kollisionsrecht kommt es nach Art. 6 Abs. 1 bei der Marktortanknüpfung auf die Berücksichtigung der einschlägigen wettbewerblichen Interessen an. Deshalb bezeichnet die von der deutschen Rspr. entwickelte Formel vom **„Ort der wettbewerblichen Interessenkollision“** besser, um was es eigentlich geht.[517] Diese Anknüp-

---

511 Hierzu auch *Nettlau,* Die kollisionsrechtliche Behandlung von Ansprüchen aus unlauterem Wettbewerbsverhalten gemäß Art. 6 Abs. 1 und 2 Rom II-VO, 2013, 101 ff. Der Boykott wird auch erwähnt von Magnus/Mankowski/*Illmer* Rn. 47 als möglicher Fall paralleler Anwendung.

512 So ordnet FK-GWB/*Rixen* (2016) § 21 Rn. 3 den Boykott iSd GWB als „abstraktes Gefährdungsdelikt“ ein. Zust. zur hier vertretenen Auffassung *Bauermann,* Der Anknüpfungsgegenstand im europäischen Internationalen Lauterkeitsrecht, 2015, 198.

513 Ebenso von einer parallelen Anwendung ausgehend Peifer/*Klass* UWG Einl. D Rn. 65; aA wohl *Schnur,* Internationales Kartellprivatrecht nach der Rom II-Verordnung, 2012, 191 f., die in solchen Überschneidungsfällen Art. 6 Abs. 3 wegen der involvierten öffentlichen Interessen den Vorrang vor Art. 6 Abs. 2 einräumen möchte. Diese Ansicht übersieht, dass Lauterkeitsrecht und Kartellrecht nur ähnliche, aber keine identischen Schutzzwecke verfolgen.

514 So die allgM, s. etwa *Benecke* RIW 2003, 830 (834); *de Boer* Netherlands Int'l L. Rev. 2009, 295 (323); *De Miguel Asensio* in Leible/Ohly, Intellectual Property and Private International Law, 2009, 137 Rn. 19; *De Miguel Asensio,* Conflict of Laws and the Internet, 2020, Rn. 5.168; *Dornis,* Trademark and Unfair Competition Conflicts, 2017, 203 f.; *Emmerich,* Unlauterer Wettbewerb, 2016, § 4 Rn. 32; *Enzinger,* Lauterkeitsrecht, 2012, Rn. 181; Erman/*Hohloch* Rn. 2; FBO/*Hausmann/Obergfell* IntLautPrivatR Rn. 60 und 158; jurisPK-BGB/*Wurmnest* Rn. 2; *Fountoulakis* in Schmidt-Kessel/Schubmehl, Lauterkeitsrecht in Europa, 2011, 19 (722 und 734); *Garcimartín Alférez* ELF 2007, 77 (86); *Götting/Hetmank* in Götting/Kaiser, Wettbewerbsrecht und Wettbewerbsprozessrecht, 2. Aufl. 2016, § 2 C Rn. 38; *Weiler* in Götting/Meyer/Vormbrock, Gewerblicher Rechtsschutz und Wettbewerbsrecht, Praxishandbuch, 2011, § 25 Rn. 152 f.; NK-UWG/*Götting,* 2019, UWG Einl. Rn. 129; *Handig* GRUR Int 2008, 24 (27); *v. Hein* ZEuP 2009, 11 (29); *Viefhues* in Hoeren/Sieber/Holznagel MultimediaR-HdB Teil 6.1 Rn. 299; *Huber/Bach* IPRax 2005, 73 (78); Huber/*Illmer* Rn. 37; NK-BGB/*Weller* Rn. 16; Köhler/Bornkamm/Feddersen/*Köhler* UWG Einl. Rn. 5.19; *Köhler* FS Coester-Waltjen, 2015, 501 (503); Koziol/Bydlinski/Bollenberger/*Neumayr,* Kurzkommentar ABGB (2007) Rn. 2; *Leible/Lehmann* RIW 2007, 721 (729); HdB-WettbR/*Wilde/Linde* § 10 Rn. 5 und 20; Ohly/Sosnitza/*Ohly* Einf. B Rn. 15; Peifer/*Klass* UWG Einl. D Rn. 33 und 272; Rauscher/*Unberath/Cziupka/Pabst* EuZPR/EuIPR Rn. 14; *Sack* WRP 2008, 845 (846); NK-BGB/*Dörner* Rn. 4; *Sonnentag* ZVglRWiss 105 (2006), 256 (285); Spindler/Schuster/*Bach* Rn. 5; Staudinger/*Fezer/Koos,* 2015, IntWirtschR Rn. 637; *Wiebe/Kodek* UWG Einl. Rn. 278; BeckOGK/*Poelzig/Windorfer* Rn. 50 ff.

515 Vorschlag der Kommission zur Rom II-VO, KOM(2003) 427 endg., 17. Der Gemeinsame Senat der Obersten Gerichtshöfe des Bundes (GemS-OGB) GRUR 2013, 417 Rn. 15 hat unterstrichen, dass die Rom II-VO damit der bisherigen Marktortanknüpfung nach deutschem Kollisionsrecht folgt. S. auch die vorausgehende Entscheidung des BGH GRUR 2010, 1130 Rn. 16 – Sparen Sie beim Medikamentenkauf!, in der der Gemeinsame Senat angerufen wurde; ebenso iS eines Gleichklangs von Art. 6 Abs. 1 mit der früheren Marktortanknüpfung nach deutschem Kollisionsrecht LG Berlin 18.10.2011 – 15 O 465/09, nv.

516 Vorschlag der Kommission zur Rom II-VO, KOM(2003) 427 endg., 18.

517 So verwenden MüKoUWG/*Mankowski* IntWettbR Rn. 157; jurisPK-BGB/*Wiegandt* Rn. 28, ohne weiteres diese Formel auch für Art. 6 Abs. 1; ebenso *De Miguel Asensio* in Leible/Ohly, Intellectual Property and Private International Law, 2009, 137 Rn. 20 für Art. 6 Abs. 1. S. auch *Sack,* Internationales Lauterkeitsrecht,

fung ist vor allem darauf gerichtet, gleiche rechtliche Wettbewerbsbedingungen für alle Wettbewerber *(par conditio concurrentium)* in einem nationalen Markt zu gewährleisten.[518]

b) Der Marktort als Ort des unmittelbaren Einwirkens auf den Markt, insbesondere die Marktgegenseite. Anzuwenden ist danach das Recht am Ort des **unmittelbaren Einwirkens auf die Marktgegenseite.**[519] Dies entspricht der vorherrschenden Auffassung unter der Geltung der früheren Anknüpfung nach Art. 40 ff. EGBGB.[520] Gleiches ergibt sich aus der Lokalisierung sowohl der Beeinträchtigung der kollektiven Verbraucherinteressen als auch der Wettbewerbsbeziehungen iSd Art. 6 Abs. 1.[521] Geht es um die Beurteilung von Werbemaßnahmen, ist also das **Recht des Ortes** anwendbar, an dem die Werbemaßnahme auf den Kunden einwirken soll.[522] Über die Zulässigkeit **grenzüberschreitender Werbung** entscheidet entsprechend **nicht das Recht am Handlungsort, sondern jenes am Ziel- bzw. Empfangsort.**[523] 146

Sowohl im Schrifttum als auch in der Rspr. wird jedoch auch immer wieder der Begriff des **„Auswirkens"** anstelle und sogar synonym zu jenem des „Einwirkens" gebraucht. Dies gilt auch für eine jüngere Entscheidung des BGH zur Anwendung des Art. 6 Abs. 1.[524] In der Tat sind beide Begriffe **nicht von Hause aus klar definiert.** So ist es denkbar, dass bei Anwendung des Auswirkungsprinzips im Einzelfall eine Anpassung an die Bedürfnisse des Lauterkeitsrechts erfolgt und dabei letztlich ein Gleichklang mit der Theorie des Einwirkens erreicht wird. Ein Unterschied ergibt sich nur dann, sofern als Ort der Auswirkung iSd der kartellrechtlichen Anknüpfung auch ein Ort verstanden wird, auf den sich das betreffende Verhalten vielleicht nur mittelbar auswirkt.[525] 147

Versuche im **Schrifttum,** Art. 6 Abs. 1 im Sinne eines kartellrechtlichen **Auswirkungsprinzips** zu deuten[526] oder aus dem Erfolgsortprinzip des Art. 4 Abs. 1 den Schluss zu ziehen, es komme für den Marktort nicht mehr auf den Ort des unmittelbaren Einwirkens, sondern auf den **Ort der Marktauswirkungen** an,[527] ist entgegenzutreten.[528] Diese Auffassungen widersprechen der Unterscheidung zwischen der lauterkeitsrechtlichen und kartellrechtlichen Anknüpfung in Art. 6.[529] 148

2019, Kap. 2 Rn. 8 ff. Besonders deutlich der dahin gehende Vorschlag bei FBO/*Hausmann/Obergfell* IntLautPrivatR Rn. 224 f.

518 So auch Magnus/Mankowski/*Illmer* Rn. 74; ausf. zu den wirtschaftspolitischen Zielsetzungen der Anknüpfung in Art. 6 Abs. 1 *Bauermann,* Der Anknüpfungsgegenstand im europäischen Internationalen Lauterkeitsrecht, 2015, 31 ff.

519 *Köhler* FS Coester-Waltjen, 2015, 501 (505); *Sack* WRP 2008, 845 (846); *Sack,* Internationales Lauterkeitsrecht, 2019, Kap. 2 Rn. 11. So nun auch ausdrücklich bei Anwendung von Art. 6 Abs. 1 der OGH BeckRS 2013, 09164 Anm. 1.2; inzwischen auch der BGH GRUR 2016, 513 Rn. 16 f. – Eizellenspende (allerdings spricht der BGH vom Markt, auf dem die Maßnahme „ausgerichtet" ist), zu diesem Fall s. auch *Sack* WRP 2016, 1314; ebenso für den Ort des Einwirkens und gegen den Ort der Auswirkungen *Weiler* in Götting/Meyer/Vormbrock, Gewerblicher Rechtsschutz und Wettbewerbsrecht, Praxishandbuch, 2011, § 25 Rn. 153; NK-BGB/*Weiler* Rn. 16; jurisPK-BGB/*Wiegandt* Rn. 28.

520 S. etwa *Dethloff,* Europäisierung des Wettbewerbsrechts, 2001, 65; *Sack* GRUR Int 1988, 320 (322 f.).

521 S. die Begründung bei *Bauermann,* Der Anknüpfungsgegenstand im europäischen Internationalen Lauterkeitsrecht, 2015, 44 ff.

522 So auch schon früher BGH GRUR 1991, 462 (464) – Kauf im Ausland; GRUR 2004, 1035 (1036) – Rotpreis-Revolution. *Nettlau,* Die kollisionsrechtliche Behandlung von Ansprüchen aus unlauterem Wettbewerbsverhalten gemäß Art. 6 Abs. 1 und 2 Rom II-VO, 2013, 208 f. spricht in diesem Zusammenhang anschaulich vom Werbemarkt.

523 So Erman/*Hohloch* Rn. 6b; NK-BGB/*Weiler* Rn. 16a; Peifer/*Klass* UWG Einl. D Rn. 305.

524 So Rauscher/*Unberath/Cziupka/Pabst* EuZPR/EuIPR Rn. 29; soweit BeckOK BGB/*Spickhoff* Rn. 4 auf Erwägungsgrund 22 S. 2 verweist, wird übersehen, dass der Verordnungsgeber dort allein auf die kartellrechtliche Anknüpfung Bezug nimmt.

525 So tatsächlich Rauscher/*Unberath/Cziupka/Pabst* EuZPR/EuIPR Rn. 29, die aufgrund der „Auswirkungstheorie" auch die Anwendung des Rechts des vom Werbemarkt abweichenden Absatzmarktes für möglich halten. Dagegen zu Recht gegen eine solche Statutenkumulation *Nettlau,* Die kollisionsrechtliche Behandlung von Ansprüchen aus unlauterem Wettbewerbsverhalten gemäß Art. 6 Abs. 1 und 2 Rom II-VO, 2013, 204 f.

526 Staudinger/*Fezer/Koos,* 2015, IntWirtschR Rn. 641 f.; Harte-Bavendamm/Henning-Bodewig/*Glöckner* UWG Einl. C Rn. 606 ff.; diesen folgend Rauscher/*Unberath/Cziupka/Pabst* EuZPR/EuIPR Rn. 29.

527 *Handig* GRUR Int 2008, 24 (28 f.). Bedenken gegenüber einer zu starren Anwendung des Rechts am Ort der Einwirkung äußert auch *Fountoulakis* in Schmidt-Kessel/Schubmehl, Lauterkeitsrecht in Europa, 2011, 719 (736 ff.).

528 Ebenso *Nettlau,* Die kollisionsrechtliche Behandlung von Ansprüchen aus unlauterem Wettbewerbsverhalten gemäß Art. 6 Abs. 1 und 2 Rom II-VO, 2013, 198 ff.; Sack, Internationales Lauterkeitsrecht, 2019, Kap. 2 Rn. 12 ff.; *Varimezov,* Grenzüberschreitende Rechtsverletzungen im Bereich des gewerblichen Rechtsschutzes und das anwendbare Recht, 2011, 459 f.

529 Ebenso *Bauermann,* Der Anknüpfungsgegenstand im europäischen Internationalen Lauterkeitsrecht, 2015, 63; FBO/*Hausmann/Obergfell* IntLautPrivatR Rn. 31 und 231; *Nettlau,* Die kollisionsrechtliche Behandlung

Vielmehr ergibt sich aus Art. 4 Abs. 1 deutlicher als nach früherer deutscher Rechtslage die Relevanz des Ortes des unmittelbaren Einwirkens.[530] Nach Art. 40 Abs. 1 S. 1 EGBGB war grundsätzlich der Staat der deliktischen Handlung (Handlungsort) maßgebend. Gleichzeitig erlaubte die Vorschrift dem Anspruchsteller, sich alternativ für die Anwendung des Rechts am Erfolgsort zu entscheiden. Diese Regelung hat den BGH nicht dazu veranlasst, das schon vor 1999[531] für das Lauterkeitsrecht anerkannte Marktortprinzip aufzugeben.[532] Die einheitliche Anknüpfung am Marktort wurde überwiegend damit begründet, dass sich im Lauterkeitsrecht Handlungs- und Erfolgsort nicht unterscheiden lassen. Deshalb stünde dem Anspruchssteller nach Art. 40 Abs. 1 EGBGB kein Wahlrecht zu. Die Geltung des Marktortprinzips wurde so unmittelbar aus Art. 40 Abs. 1 EGBGB abgeleitet.[533] Art. 6 Abs. 1 erspart dem Rechtsanwender diese schwierige Konstruktion. Für das nähere Verständnis der Marktortanknüpfung ist auf die allgemeine deliktische Anknüpfung Bezug zu nehmen, da Art. 6 Abs. 1 die allgemeine Anknüpfung lediglich präzisieren soll (so Erwägungsgrund 21). **Art. 4 Abs. 1** entscheidet sich anders als Art. 40 Abs. 1 EGBGB im Sinne einer ausschließlichen Anknüpfung am **Ort des unmittelbaren Eintritts des Schadens** (Erfolgsortprinzip). Gemeint ist damit der **Ort der Rechtsgutsverletzung,** so dass Art. 4 Abs. 1 besser vom Ort der Schädigung gesprochen hätte, und nicht jener, wo der finanzielle Schaden entsteht. Schutzgut der lauterkeitsrechtlichen Bestimmungen sind die Wettbewerbsgleichheit und die kollektiven Interessen der Marktteilnehmer, insbesondere auf der Marktgegenseite. Geschützt wird also der Markt auf dem unmittelbar auf die Entscheidungsfreiheit der Marktgegenseite eingewirkt wird. Wer dagegen allgemein fragt, auf welchen Märkten unter Umständen auch nur mittelbar negative Auswirkungen auf den Wettbewerb zu verzeichnen sind, lässt zu, dass entgegen Art. 4 Abs. 1 auch das Recht des Staates des Eintritts eines mittelbaren Schadens zur Anwendung gebracht wird.[534]

149 Der Grundsatz, wonach stets und allein das Recht am Ort der unmittelbaren Einwirkung auf die Marktgegenseite anwendbar ist, ist nach Art. 6 Abs. 1 auch durchzusetzen, wenn der **Ort des Einwirkens und der Ort des Absatzes auseinander fallen.**[535] Werden etwa, wie in den **Gran Canaria-Fällen** (auch → Rn. 19), deutsche Urlauber am ausländischen Urlaubsort durch ein Unternehmen mit Sitz in Deutschland beworben und werden die daraufhin gekauften Waren sogar in Deutschland ausgeliefert, ist nur das Recht des ausländischen Marktortes anwendbar.[536] Dass in einem solchen Fall auch Absatzinteressen in Deutschland betroffen sind, kann die Anwendung deutschen Rechts nicht begründen, denn es geht allein um die Frage, nach welchen Regeln potenzielle Abnehmer am ausländischen Marktort beworben werden dürfen. Wirbt umgekehrt ein jenseits der Grenze niedergelassenes ausländisches Unternehmen gegenüber deutschen Kunden, um diese zum Einkauf im Ausland zu bewegen, ist grundsätzlich nur das deutsche Recht als Recht des Marktortes anwendbar und nicht das Recht des Niederlassungsstaates des Werbenden, obwohl dort der Absatz erfolgt und auch dort Interessen von Mitbewerbern betroffen sein können.[537] Abzulehnen ist deshalb die Auffassung, wonach in Anlehnung an das kartellrechtliche Auswirkungsprinzip die Auswirkungen auf den Absatzmarkt für die Anwendung auch des Rechts am Ort des Absatzes ausreichen.[538] Diese Auffassung würde nämlich ein Werbeverbot nach dem Recht eines Staates

---

von Ansprüchen aus unlauterem Wettbewerbsverhalten gemäß Art. 6 Abs. 1 und 2 Rom II-VO, 2013, 200 ff.; *Sack,* Internationales Lauterkeitsrecht, 2019, Kap. 2 Rn. 14; NK-BGB/*Weller* Rn. 16b.

530 So auch *Varimezov,* Grenzüberschreitende Rechtsverletzungen im Bereich des gewerblichen Rechtsschutzes und das anwendbare Recht, 2011, 460.

531 Grdl. BGH GRUR 1962, 243 (245) – Kindersaugflaschen; ausführlicher noch BGH GRUR 1964, 316 (318) – Stahlexport.

532 So BGH GRUR 2004, 1035 (1036) – Rotpreis-Revolution, unter bloßem Hinweis auf das einschlägige Schrifttum.

533 S. nur → 4. Aufl. 2006, IntUnlWettbR Rn. 84 mwN; aA *Siehr* IPR, 2001, 248 und 344 für eine Anwendung der Ausweichklausel des Art. 41 EGBGB.

534 Mit entsprechenden Bedenken *Sack,* Internationales Lauterkeitsrecht, 2019, Kap. 2 Rn. 15.

535 So auch BeckOGK/*Poelzig/Windorfer* Rn. 77 f., 80 ff.; FBO/*Hausmann/Obergfell* IntLautPrivatR Rn. 281; NK-BGB/*Weller* Rn. 18; *Sack* WRP 2008, 845 (848); ebenso die hM nach früherer deutscher Anknüpfung, s. etwa *Ahrens* FS Tilmann, 2003, 739 (751); *Sack* WRP 2000, 269 (272); *Schricker,* Recht der Werbung in Europa, 1995, Einl. Rn. 100; iErg wohl nicht anders Magnus/Mankowski/*Illmer* Rn. 78 ff.; MüKoUWG/*Mankowski* IntWettbR Rn. 160 ff.; ausführlicher als hier *Drexl* FS Hopt, 2010, 2713.

536 So überzeugend BGH GRUR 1991, 462 (465) – Kauf im Ausland; ebenso unter Geltung von Art. 6 Abs. 1 *Nettlau,* Die kollisionsrechtliche Behandlung von Ansprüchen aus unlauterem Wettbewerbsverhalten gemäß Art. 6 Abs. 1 und 2 Rom II-VO, 2013, 213; NK-BGB/*Weller* Rn. 18; jurisPK-BGB/*Wiegandt* Rn. 29; s. auch *Dornis,* Trademark and Unfair Competition Conflicts, 2017, 208.

537 BGH GRUR 2004, 1035 (1036) – Rotpreis-Revolution.

538 Staudinger/*Fezer/Koos,* 2015, IntWirtschR Rn. 707. Diese Auffassung wurde inzwischen, was das Anknüpfungsergebnis betrifft, aufgegeben; s. Staudinger/*Fezer/Koos,* 2015, IntWirtschR Rn. 709. Wie hier *Sack,* Internationales Lauterkeitsrecht, 2019, Kap. 5 Rn. 7 ff., auch zu den Gran Canaria-Fällen Rn. 24. Dagegen

durchsetzen, obwohl es an einer Werbehandlung gegenüber Kunden in diesem Staat überhaupt fehlt. Die abweichende Auffassung, die die Anwendung des Marktortrechts in Konstellationen wie den Gran Canaria-Fällen als unangemessen ansieht, müsste heute unter Geltung der Rom II-VO einräumen, dass die Anwendung des Rechts am Marktort unausweichlich ist. Eine Abweichung vom Marktortprinzip wäre nur nach der Flexibilitätsklausel des Art. 4 Abs. 3 möglich.[539] Art. 6 Abs. 1 soll aber nach Erwägungsgrund 21 lediglich Art. 4 Abs. 1 präzisieren, so dass der Rückgriff auf Abs. 3 verbaut ist.[540]

Die Regel, wonach stets das Recht am Ort der Einwirkung auf die Kunden und nicht das davon abweichende Recht am Ort des Absatzes zur Anwendung kommt, ist jedenfalls überzeugend, soweit sich das Urteil der **Unlauterkeit auf die Werbehandlung und nicht spezifisch auf das Absatzgeschäft bezieht.** Im umgekehrten Fall der behaupteten **Unlauterkeit des beworbenen Absatzgeschäfts** vertrat der BGH in der Entscheidung **„Rotpreis-Revolution"** unter Geltung früheren deutschen Kollisionsrechts dagegen eine „Einschränkung" der Anwendung des Rechts am Ort der Einwirkung.[541] Nach richtiger Ansicht ist in diesen Fällen jedoch das Recht am Ort der Einwirkung kollisionsrechtlich uneingeschränkt anwendbar. Freilich ist bei der Beurteilung der Lauterkeit nach dem Sachrecht des Werbeortes der Umstand zu berücksichtigen, dass es nur um die Förderung des Absatzes im Ausland geht.[542] Die in der Entscheidung **„Rotpreis-Revolution"** streitgegenständliche Werbung des luxemburgischen Händlers gegenüber deutschen Kunden, wonach man bei den ausländischen Händlern auch an Sonntagen einkaufen könne, beurteilt sich danach zwar nur nach deutschem Lauterkeitsrecht. Jedoch fehlt es an einem Verstoß iSd heutigen § 3a UWG, da das Ladenschlussgesetz als Grundlage eventuell einschlägiger lauterkeitsrechtlich relevanter Verbotsnormen nur die Öffnungszeiten von Läden im Inland regelt.[543] Mit ähnlichen Erwägungen hatte der BGH früher auch eine Anwendung des Verbots der Ankündigung einer Sonderveranstaltung nach § 7 Abs. 1 UWG aF bei der Werbung eines im Ausland ansässigen Händlers gegenüber deutschen Verbrauchern abgelehnt, da sich die Vorschrift nur auf Sonderveranstaltungen des deutschen Einzelhandels bezog.[544] Die hier vertretene Auffassung lässt sich auch für die **Rechtslage nach Art. 6 Abs. 1** fortführen.[545] Nach dieser Vorschrift wäre die vom BGH vertretene kollisionsrechtliche Einschränkung des Marktortprinzips zugunsten des Rechts im Absatzstaat nicht möglich. Aber diese Konstellation lässt sich, wie dargestellt, schon durch eine korrekte Anwendung des Rechts am Marktort sachgerecht beurteilen. **150**

c) Folgen der lauterkeitsrechtlichen Sonderanknüpfung. Die Entscheidung zugunsten der lauterkeitsrechtlichen Sonderanknüpfung wurde nicht nur getroffen, um die Rechtssicherheit zu erhöhen und die allgemeine deliktische Anknüpfung zu präzisieren. Mit Art. 6 Abs. 1 wird auch die **vorrangige Anknüpfung am Ort des gemeinsamen Aufenthalts** und am **Ort der offensichtlich engeren Verbindung** (Art. 4 Abs. 2 und 3) ausgeschlossen. So wird sichergestellt, dass das Recht am Marktort im Interesse der Wahrung der Wettbewerbsgleichheit auf alle Fälle angewendet wird. Demselben Ziel dient der **Ausschluss einer Rechtswahl** nach Art. 14 durch Art. 6 Abs. 4. **151**

6. Bilaterales Wettbewerbsverhalten nach Art. 6 Abs. 2. Art. 6 Abs. 2 weicht von der Anknüpfung am Marktortprinzip ab, sofern ein Wettbewerbsverhalten lediglich die Interessen eines **bestimmten Wettbewerbers** beeinträchtigt. Man spricht hier von bilateralem Wettbewerbsverhalten.[546] Für diese Fälle gilt umfassend die **allgemeine deliktische Anknüpfung** nach Art. 4. **152**

---

für eine gleichzeitige Anwendung spanischen und deutschen Rechts *Dornis,* Trademark and Unfair Competition Conflicts, 2017, 545 ff., der darauf hinweist, dass die deutschen Konsumenten bei langlebigen Gütern ja die Möglichkeit hätten auf den Kauf in Spanien zu verzichten und die Rückkehr nach Deutschland abzuwarten.

[539] Zu dieser Vorschrift allg. *v. Hein* FS Kropholler, 2008, 553.

[540] So *Sack* WRP 2008, 845 (848 f.).

[541] So BGH GRUR 2004, 1035 (1036) – Rotpreis-Revolution.

[542] So iErg auch *Sack,* Internationales Lauterkeitsrecht, 2019, Kap. 5 Rn. 29 f.; NK-BGB/*Weller* Rn. 18.

[543] Jedenfalls iErg identisch BGH GRUR 2004, 1035 (1036) – Rotpreis-Revolution (obiter dictum), wobei der BGH freilich wenig überzeugend von einer Einschränkung der Anknüpfung am Recht des Marktortes ausgeht. Der hier schon in Vorauflagen, → 7. Aufl. 2018, IntLautR Rn. 148 vertretenen Auffassung zust. *Sack* WRP 2009, 845 (849) mit dem Argument, der BGH vermische Kollisionsrecht und Sachrecht; iErg ebenso NK-BGB/*Weller* Rn. 18, der die Frage, ob das beworbene Geschäft rechtlich zulässig sei, als selbstständig anzuknüpfende Vorfrage ansieht. Diese Auffassung ermöglicht die Anwendung von § 3a UWG bei Werbung gegenüber deutschen Abnehmern, wenn gegen ausländische Bestimmungen über Ladenöffnungszeiten verstoßen würde.

[544] BGH GRUR 2004, 1035 (1036) – Rotpreis-Revolution.

[545] Zweifelnd *Handig* GRUR Int 2008, 24 (28), ohne nähere Begr. und Verweis auf die Zuständigkeit des EuGH.

[546] Der Begriff fand schon in der Begr. des Rom II-VO-Vorschlags der Kommission, KOM(2003) 427 endg., 18, Verwendung. Er wird inzwischen in Bezug auf Art. 6 Abs. 2 allgemein gebraucht; s. etwa *Lindacher* GRUR Int 2008, 453 (457).

153 **a) Historische Entwicklung in Deutschland.** Die abweichende Anknüpfung für bilaterales Wettbewerbsverhalten kann in **Deutschland** auf eine lange Entwicklung zurückblicken. Sie hängt eng mit dem Anliegen zusammen, in gewissen Fällen das gemeinsame Heimatrecht der Wettbewerber zur Anwendung bringen zu können. Ursprünglich ging die Rspr. mit der Möglichkeit zur Anwendung des gemeinsamen Heimatrechts sehr weit. So nahm der BGH in der frühen Entscheidung **„Stahlexport"** aus dem Jahre 1963 an, dass auf den Wettbewerb deutscher Unternehmer im Ausland deutsches Recht zur Anwendung zu bringen sei.[547] Als Voraussetzung für diese Abweichung vom Marktortprinzip verlangte das Gericht im amtlichen Tenor, dass sich die Wettbewerbshandlung des Inländers nach Art und Zielrichtung ausschließlich oder doch überwiegend gegen die schutzwürdigen Interessen eines inländischen Wettbewerbers richtet.[548] In der Begründung verlangte der BGH eine **Wettbewerbsbeschränkung, „die sich speziell gegen einen Wettbewerber richtet".** Nur unter dieser Bedingung bestehe eine ausreichende Inlandsbeziehung für die Anwendung des deutschen Rechts. Dagegen lehnte der BGH im Jahre 1987 im Fall **„Ein Champagner unter den Mineralwässern"**[549] für die umgekehrte Konstellation des Interessenkonflikts ausländischer Unternehmen auf dem deutschen Markt die Anwendung des gemeinsamen französischen Heimatrechts ab.[550] Damit hatte sich die vorrangige Anknüpfung am gemeinsamen Heimatrecht der am Prozess beteiligten Wettbewerber als einseitige, von besonderen Voraussetzungen abhängige Kollisionsnorm herausgebildet. In der Rechtssache **„Domgarten-Brand"** verneinte der BGH die Anwendung deutschen Lauterkeitsrechts auf die irreführende Werbung eines deutschen Unternehmens zulasten eines anderen deutschen Unternehmens gegenüber englischen Verbrauchern.[551] Das Betroffensein von Kollektivinteressen im Ausland verhinderte die Anwendung des deutschen Rechts als gemeinsames Heimatrecht der Streitparteien. In der Rechtssache **„Gewinnspiel im Ausland"** lehnte der BGH schließlich die **Verbandsklage eines deutschen Verbraucherschutzvereins** gegen ein in Deutschland ansässiges Unternehmen, das gegenüber Kunden in Frankreich irreführend geworben hatte, als unbegründet ab.[552] Dabei hielt der BGH allein das französische Recht für anwendbar. Frankreich sei als Marktort anzusehen, da nur dort auf die Kunden eingewirkt werden sollte.[553] Die im „Stahlexport"-Fall erhebliche Frage, ob eventuell das gemeinsame Heimatrecht der Streitparteien anwendbar sein könnte, ließ der BGH unerörtert. Tatsächlich lagen die in jener Entscheidung entwickelten Voraussetzungen, wonach ein deutscher Wettbewerber wegen einer gezielt gegen ihn gerichteten Wettbewerbshandlung eines anderen deutschen Unternehmens klagen müsse, nicht vor. Jedenfalls bei **Verbraucherverbandsklagen** schien der BGH vor der Reform im Jahre 1999 generell vom Marktortprinzip auszugehen.

154 Im **Schrifttum** zum früheren deutschen Kollisionsrecht wurde die abweichende **Anknüpfung am gemeinsamen Heimatrecht für bilaterale Wettbewerbshandlungen** überwiegend befürwortet,[554] zum Teil aber auch grundsätzlich abgelehnt.[555] Die Ermittlung einzelner Auffassungen wird durch eine uneinheitliche Terminologie und variierende begriffliche Abgrenzungen erschwert. Zudem wurden zwei Fragen, die tatsächlich in einem engen Zusammenhang stehen, nicht immer deutlich auseinandergehalten. Die **erste Frage** betrifft jene nach der **Abgrenzung des Lauterkeitsstatuts vom Deliktsstatut.** Die **zweite Frage** ist jene, um die es hier eigentlich geht, nämlich die Frage, ob **innerhalb des Lauterkeitsstatuts für bilaterale Wettbewerbsbeschränkungen eine Sonderanknüpfung** in Abweichung vom Marktortprinzip vorzunehmen ist. Sowohl bei Art. 6

---

547 BGH GRUR 1964, 316 (318 f.) – Stahlexport.

548 BGH GRUR 1964, 316 (318 f.) – Stahlexport; zust. *Hoeppfner* GRUR 1964, 319 (320).

549 BGH GRUR 1988, 453 (454) – Ein Champagner unter den Mineralwässern.

550 Krit. gegenüber dieser Tendenz zur Bevorzugung deutschen Rechts *Dethloff,* Europäisierung des Wettbewerbsrechts, 2001, 71. Nach *Sack* WRP 2000, 269 (279) hat der BGH die Anwendung franz. Rechts nicht einmal erwogen, weil er zur damaligen Zeit allenfalls gewillt gewesen sei, das gemeinsame Heimatrecht deutscher Wettbewerber auf deren Wettbewerb im Ausland iS einer einseitigen Kollisionsnorm anzuwenden. Diese Interpretation ist nicht ganz überzeugend, da der BGH, wenn auch in wertungsmäßig zweifelhafter Weise, zudem darauf hinweist, dass die Anwendung franz. Rechts schon deshalb nicht in Betracht käme, weil nur die deutsche Vertriebsgesellschaft und nicht die franz. Mutter verklagt worden sei.

551 BGH GRUR 1982, 495 (497 f.) – Domgarten-Brand. Nach *Dethloff,* Europäisierung des Wettbewerbsrechts, 2001, 73 lässt sich diese Entscheidung kaum in Einklang mit der „Stahlexport"-Entscheidung bringen.

552 BGH GRUR 1998, 419 – Gewinnspiel im Ausland.

553 Da der Verbraucherschutzverband eine Verletzung französischen Rechts nicht dargelegt hatte, musste sich der BGH nicht mit der Frage auseinandersetzen, ob überhaupt eine deutsche Verbraucherschutzorganisation im Wege der Verbandsklage Interessen ausländischer Verbraucher vor deutschen Gerichten geltend machen kann.

554 So *Sack* WRP 2000, 269 (273).

555 Krit. *v. Bar* IPR Rn. 700; *Dethloff,* Europäisierung des Wettbewerbsrechts, 2001, 70 ff.; FBO/*Hausmann*/*Obergfell* IntLautPrivatR Rn. 166; krit. auch *Kropholler* IPR, 2006, 533.

Abs. 2 als auch in der „Stahlexport“-Entscheidung des BGH geht es um die zweite Frage. Befindet man sich von Hause aus außerhalb der lauterkeitsrechtlichen Anknüpfung, kommt die allgemeine deliktsrechtliche Anknüpfung zur Anwendung. Nach deutschem Kollisionsrecht wäre zwar stets auf dieselbe Kollisionsnorm des Art. 40 Abs. 1 EGBGB zurückzugreifen gewesen. Doch hatte man auch für das deutsche Recht zu ermitteln, ob prinzipiell nach dem Marktortprinzip anzuknüpfen war oder ob die lex loci delicti commissi nach den allgemeinen Grundsätzen des Art. 40 Abs. 1 EGBGB mit einem Wahlrecht des Geschädigten zwischen dem Recht am Handlungs- und jenem am Erfolgsort zu ermitteln war. Für diese **erste Frage** war entscheidend, ob **überhaupt eine Wettbewerbshandlung vorlag.**[556] Hierzu schlug ***Sack*** eine Abgrenzung danach vor, ob die Handlung **marktbezogen** oder **nicht marktbezogen** ist; gleichzeitig lehnt er eine Abgrenzung nach der Betriebsbezogenheit der Handlung ab. Damit kollidiert allerdings die später von ihm vorgenommene Unterscheidung von **marktbezogenen und betriebsbezogenen Wettbewerbshandlungen.**[557] Diese Unterscheidung lässt sich nicht nachvollziehen, weil der Begriff der Wettbewerbshandlung schon die Marktbezogenheit voraussetzen sollte. Fehlt diese, lässt sich auch nicht von einer Wettbewerbshandlung sprechen und die Anknüpfung erfolgt nach der allgemein gültigen Regel für das Deliktsrecht. Bei der Definition der betriebsbezogenen Wettbewerbshandlungen dachte *Sack* offensichtlich an die bilateralen Wettbewerbshandlungen, wie sie jetzt in Art. 6 Abs. 2 geregelt sind. Als Beispiel nennt *Sack* die Fälle des Ausforschens von Geschäftsgeheimnissen und der unberechtigten Schutzrechtsverwarnung.[558] Nach *Sack* sollte die Anknüpfung am gemeinsamen Heimatrecht gemäß **Art. 40 Abs. 2 EGBGB** für die marktbezogenen Wettbewerbshandlungen ausgeschlossen sein, weil hier die Anwendung des gemeinsamen Heimatrechts in Abweichung vom Marktortprinzip stets zu Wettbewerbsverzerrungen führen würde. Dagegen hielt er die Anwendung von Art. 40 Abs. 2 EGBGB bei betriebsbezogenen Wettbewerbshandlungen für „passend“.[559] Diese Auffassung war jedoch nicht unumstritten. So gab es auch Stimmen, die diese Ausnahme vom Marktortprinzip zugunsten der Anwendung des gemeinsamen Heimatrechts bei bilateralen Wettbewerbsverstößen ablehnten.[560]

b) Jüngere Rechtsprechungsentwicklung in Deutschland. In einigen **jüngeren Entscheidungen nach früherem deutschen Kollisionsrecht** unterstrich der **BGH** deutlich, dass die vorrangige Anknüpfung an das gemeinsame Heimatrecht nach Art. 40 Abs. 2 EGBGB bei lauterkeitsrechtlichen Ansprüchen keine Geltung beanspruche.[561] Besondere Bedeutung kommt dabei der Entscheidung in **„Ausschreibung in Bulgarien“** zu, in der der BGH die Anknüpfung an das gemeinsame Heimatrecht der Wettbewerber in der **„Stahlexport“-Entscheidung ausdrücklich aufgegeben**[562] und den Boden für die Anwendung der **Rom II-VO** bereitet hat.[563] Entsprechend sprach sich der BGH im zugrunde liegenden Fall der zielgerichteten Anschwärzung eines deutschen Bieters durch einen deutschen Wettbewerber im Rahmen einer bulgarischen Ausschreibung gegen die Anwendung deutschen Lauterkeitsrechts als gemeinsames Heimatrecht der Streitparteien aus. Nach Ansicht des Gerichts würden bei Anwendung deutschen Rechts die Interessen der Marktteilnehmer im Ausland nicht berücksichtigt.[564] Auch betonte der BGH, dass die Anwendung unterschiedlicher kollisionsrechtlicher Regeln auf den Wettbewerb ausländischer Unternehmen auf dem deutschen Markt einerseits[565] und auf den Wettbewerb deutscher Unternehmen auf ausländischen Märkten andererseits sachlich nicht gerechtfertigt sei.[566] Auch im entscheidungserheblichen Falle der zielgerichteten Anschwärzung eines konkurrierenden Bieters kommt der BGH zu keinem anderen 155

---

556 *Sack* GRUR Int 1988, 320 (330).

557 *Sack* WRP 2000, 269 (272).

558 *Sack* WRP 2000, 269 (273).

559 *Sack* WRP 2000, 269 (280).

560 MPI für ausländisches und internationales Patent-, Urheber- und Wettbewerbsrecht GRUR 1985, 104 (107 f.); s. auch 4. Aufl. 2006, IntUnlWettbR Rn. 94 ff.

561 BGH GRUR 2004, 1035 (1036) – Rotpreis-Revolution; GRUR 2007, 245 Rn. 11 – Schulden Hulp; GRUR 2010, 882 Rn. 11 – Ausschreibung in Bulgarien.

562 Zust. *Dreher/M. Lange* EWiR Art. 40 EGBGB 1/10, 635, 636; *Glöckner* WRP 2011, 137 (139); Harte-Bavendamm/Henning-Bodewig/*Glöckner* UWG Einl. C Rn. 624.

563 BGH GRUR 2010, 847 Rn. 13 – Ausschreibung in Bulgarien; ausf. zur Entscheidung *Glöckner* WRP 2011, 137; *Varimezov,* Grenzüberschreitende Rechtsverletzungen im Bereich des gewerblichen Rechtsschutzes und das anwendbare Recht, 2011, 332 ff.

564 BGH GRUR 2010, 847 Rn. 15 – Ausschreibung in Bulgarien. Deshalb kann deutsches Recht auch dann nicht angewendet werden, wenn sich nur deutsche Unternehmen auf dem Auslandsmarkt als Wettbewerber gegenüberstehen.

565 Unter Hinweis auf BGH GRUR 1988, 453 (454) – Ein Champagner unter den Mineralwässern.

566 BGH GRUR 2010, 847 Rn. 15 – Ausschreibung in Bulgarien.

Ergebnis.[567] Der BGH begründet dies damit, dass die Behinderung nicht unmittelbar auf den deutschen Mitbewerber einwirke, sondern über den bulgarischen Kunden vermittelt werde. Insoweit spricht der BGH von einer **„marktvermittelten Behinderung"**, die kollisionsrechtlich nicht anders zu behandeln sei als ein Fall der irreführenden Werbung.[568] In erfreulicher Weise geht der BGH in einem obiter dictum auch auf die Beurteilung des Falles nach **Art. 6 Abs. 1 und 2** ein und verneint einen bilateralen Verstoß iSv Art. 6 Abs. 2.[569] Dabei unterscheidet er zwischen Fällen des **mittelbaren und unmittelbaren Einwirkens** auf den Mitbewerber. Nur im letzteren Fall – zu denen er jenen des Ausspähens von Geschäftsgeheimnissen zählt – soll ein bilateraler Verstoß nach Art. 6 Abs. 2 angenommen werden.[570]

156 Unter Geltung der Rom II-VO hat der BGH inzwischen seine vorsichtige Rspr. fortgeführt. In der Rechtssache **„englischsprachige Pressemitteilung"** lehnte der BGH es ab, Lauterkeitsrecht für den Fall des **Anschwärzens** eines deutschen Reisevermittlers mittels deutsch- und englischsprachiger Pressemitteilungen, die auf der Website der beklagten englischen Fluggesellschaft gepostet wurden, als bilaterales Wettbewerbsverhalten nach Art. 6 Abs. 2 zu qualifizieren.[571] Auf der Linie der Entscheidung in „Ausschreibung in Bulgarien" wäre zu erwarten gewesen, dass der BGH dieses Ergebnis unter Einordnung des angegriffenen Verhaltens als marktvermittelte Behinderung begründet. Der BGH ging jedoch noch einen Schritt weiter. Er stützte sich zentral auf den Wortlaut des Art. 6 Abs. 2, indem er bestritt, dass in diesem Fall allein die Interessen der Klägerin beeinträchtigt seien. Berührt sei auch das Interesse der Allgemeinheit an einem unverfälschten Wettbewerb. Diese Begründung muss überraschen, da damit letztlich kein Raum mehr bleibt für die Anwendung dieser Vorschrift. Dagegen weist die spätere Entscheidung in der Rechtssache **„Hotelbewertungsportal"** in eine ganz andere Richtung. In ihr bestätigte der BGH die Anwendung deutschen Lauterkeitsrechts durch das Berufungsgericht nach Art. 4 Abs. 1 und Art. 6 Abs. 2 für den ähnlich gelagerten Fall der Klage eines deutschen Hotels gegen die Negativbewertung auf dem Hotelbewertungsportal eines Schweizer Online-Reisebüros. Deutsches Recht sei anwendbar, da der Schaden in Form des Ansehensverlustes des Hotelbetreibers in Deutschland eintrete.[572] Der Umstand, dass es zum Ansehensverlust nur mittelbar durch ein Einwirken auf potenzielle deutsche Kunden kommt, wurde nicht berücksichtigt. Zudem besteht in diesem Fall kein geringeres Interesse an der Erhaltung des unverfälschten Wettbewerbs. Inzwischen scheint sich die Rspr. des BGH jedoch zu konsolidieren. In den beiden jüngeren Entscheidungen **„World of Warcraft II"** sowie **„goFit"** betonte der BGH in überzeugender Weise, dass bei **marktvermittelten Einwirkungen auf die Interessen des Mitbewerbers** die Anknüpfung stets über **Art. 6 Abs. 1** zu erfolgen habe.[573]

157 **c) Konzept des bilateralen Wettbewerbsverhaltens und Kritik. aa) Zustandekommen des Art. 6 Abs. 2.** Die Abweichung vom Marktortprinzip für bilaterale Wettbewerbshandlungen war von Anfang an im **Vorschlag der Kommission** vorgesehen. Im Gegensatz zur späteren Regelung sah dieser Vorschlag in Art. 5 Abs. 2 kein generelles Abrücken vom Marktortprinzip vor, sondern nur zugunsten des gemeinsamen Heimatrechts und der offensichtlich engsten Verbindung (jetzt Art. 4 Abs. 2 und 3). Hieran sieht man, dass ganz im Vordergrund die Idee stand, in diesen Fällen die **Anwendung des Rechts am gemeinsamen gewöhnlichen Aufenthalt** zu ermöglichen. Später wurde offensichtlich erkannt, dass die Anknüpfung nach dem Marktortprinzip bei bilateralem Wettbewerbsverhalten Schwierigkeiten bereiten kann. Fehlt es nämlich im konkreten Fall an einer unmittelbaren Markteinwirkung (so auch → Rn. 114, → Rn. 118), lässt sich ein Marktort gar nicht ermitteln, es sei denn, man wendet für bilaterales Wettbewerbsverhalten das Marktortprinzip in einem anderen Sinne an und stellt etwa auf den Ort der mittelbaren Marktauswirkung ab. Konsequent war daher der Schritt des europäischen Gesetzgebers, auch das Marktortprinzip durch einen generellen Verweis auf Art. 4 durch die allgemeine deliktische Anknüpfung nach dem Erfolgsortprinzip zu ersetzen. Rechtspolitisch war der Vorschlag offensichtlich beeinflusst durch Vorbilder des **niederländischen und des schweizerischen Rechts**[574] sowie die **Rspr. in Deutschland,** worauf die Kommission in ihrer Begründung ausdrücklich hinwies.[575] Eine Begrün-

567 BGH GRUR 2010, 847 Rn. 16 ff. – Ausschreibung in Bulgarien; ebenso jurisPK-BGB/*Wiegandt* Rn. 30.
568 BGH GRUR 2010, 847 Rn. 18 – Ausschreibung in Bulgarien.
569 Zust. *Glöckner* WRP 2011, 137 (139).
570 BGH GRUR 2010, 847 Rn. 19 – Ausschreibung in Bulgarien.
571 BGH GRUR 2014, 601 Rn. 37 – englischprachige Pressemitteilung.
572 BGH GRUR 2015, 1129 Rn. 15 – Hotelbewertungsportal.
573 BGH GRUR 2017, 397 Rn. 43 – World of Warcraft II; GRUR 2018, 935 Rn. 25 – goFit.
574 So heißt es in § 135 Abs. 2 S. 1 IPRG Schweiz: „Richtet sich die Rechtsverletzung ausschließlich gegen betriebliche Interessen des Geschädigten, so ist das Recht des Staates anzuwenden, in dem sich die betroffene Niederlassung befindet.".
575 Vorschlag der Kommission zur Rom II-VO, KOM(2003) 427 endg., 18.

dung für die Angemessenheit der Anknüpfung am gemeinsamen Heimatrecht findet sich in der Kommissionsbegründung nicht.

bb) Rechtspolitische Kritik. Wie bereits dargestellt (→ Rn. 114) kommt Art. 6 Abs. 2 nur zur Anwendung auf Handlungen zu Zwecken des Wettbewerbs, ohne dass diese unmittelbar auf die Marktgegenseite einwirken müssen. Es genügt jedenfalls eine **mittelbare Auswirkung auf den Wettbewerb.**[576] Die Verweisung auf Art. 4 bewirkt vor allem zwei Dinge: Zum einen gelangt man über die allgemeine deliktische Anknüpfung an den Erfolgsort regelmäßig zur Beurteilung nach dem Recht am **Ort der Niederlassung des beeinträchtigten Unternehmens.**[577] Zum anderen wird die Anwendung des **gemeinsamen Heimatrechts** ermöglicht.[578] Nach Art. 6 Abs. 2 iVm **Art. 4 Abs. 2** erhält die Anwendung des gemeinsamen Heimatrechts den Vorrang vor der Anwendung des Rechts am Erfolgsort. Für diese vom Marktortprinzip abweichende Anknüpfung sprechen gute Gründe: Ein Marktort lässt sich nicht oder nur unter Schwierigkeiten ermitteln, wenn es an einem unmittelbaren Einwirken auf die Marktgegenseite fehlt. Stehen nur die privaten Interessen der Wettbewerber im Raume, spricht nichts dagegen, am gemeinsamen Heimatrecht anzuknüpfen. Diese Anknüpfung erscheint vor allem dann sachgemäß, wenn Unternehmen mit gleichem Heimatrecht auf internationalen Märkten tätig sind. Ermöglicht wird so vor allem die einheitliche Beurteilung der Wettbewerbsbeziehungen nach jener Rechtsordnung, der die beiden Unternehmen am nächsten stehen. 158

Dennoch bleibt das Konzept des bilateralen Wettbewerbsverhaltens, wie es in Art. 6 Abs. 2 zum Ausdruck kommt, **problematisch.**[579] Dieses geht nämlich davon aus, dass es überhaupt Wettbewerbsverhalten gibt, das „ausschließlich" die Interessen eines bestimmten Wettbewerbers beeinträchtigt.[580] In den typischerweise genannten Fällen können jedoch sehr wohl Drittinteressen eine Rolle spielen, die insbesondere gegen eine Anwendung des gemeinsamen Heimatrechts sprechen. Dies räumt die Kommission selbst ein, wenn sie in der Begründung zu ihrem Vorschlag formuliert: „Auch wenn nicht völlig ausgeschlossen werden kann, dass solche Handlungen auch negative Auswirkungen auf einen bestimmten Markt haben, handelt es sich doch um Fälle, die vor allem als ‚bilateral' einzustufen sind."[581] Im Lichte dieser Formulierung ist sogar die Frage aufzuwerfen, ob überhaupt ein Anwendungsbereich für die Vorschrift bleibt, wenn sich negative Auswirkungen auf Märkten nicht ausschließen lassen.[582] 159

Dazu folgende Beispiele: Späht ein US-amerikanisches Unternehmen **Geschäftsgeheimnisse** eines US-Wettbewerbers aus, sind nicht nur die wettbewerblichen Interessen des ausgeforschten Unternehmens betroffen, sondern auch die Interessen jener Wettbewerber, die sich rechtstreu verhalten und fremde Geschäftsgeheimnisse respektieren. Ähnlich liegt es, wenn sich ein deutsches Unternehmen im Rahmen einer **vergleichenden Werbung** im Ausland an den guten Ruf eines deutschen Wettbewerbers anlehnt. Bringt man im zweiten Fall das deutsche Recht als gemeinsames Heimatrecht zur Anwendung, wird dem deutschen Beklagten uU etwas verboten oder erlaubt, was weiteren Wettbewerbern auf demselben Markt auf Grund des dortigen Marktrechts umgekehrt erlaubt oder verboten sein kann. Diese Argumentation lässt sich für alle Fälle fortführen, die üblicherweise als Beispiele bilateraler Wettbewerbsbeschränkungen genannt werden. Immer wenn sich eine Wettbewerbshandlung gezielt gegen einen einzelnen Wettbewerber richtet, zeigt sich auch eine wettbewerbsverzerrende Auswirkung im Verhältnis zu anderen Wettbewerbern. Dies gilt sogar für den Fall von Wettbewerbshandlungen in einem Duopol. Denn der wettbewerbsrechtliche Unterlassungsanspruch wirkt in die Zukunft und hat daher Bedeutung auch für den potenziellen Wettbewerb durch einen bislang auf dem Markt noch nicht tätigen Wettbewerber.[583] Danach erscheint es problematisch, 160

[576] S. auch Palandt/*Thorn,* 79. Aufl. 2020, Rn. 17.

[577] *Sack* WRP 2000, 269 (273).

[578] Vor allem befürwortend *Sack* WRP 2000, 269 (273); dagegen abl. MPI für ausländisches und internationales Patent-, Urheber- und Wettbewerbsrecht GRUR 1985, 104 (107 f.); ebenso → 4. Aufl. 2006, IntUnlWettbR Rn. 92 ff.

[579] Der hier vorgebrachten Kritik folgend FBO/*Hausmann/Obergfell* IntLautPrivatR Rn. 166. *Varimezov,* Grenzüberschreitende Rechtsverletzungen im Bereich des gewerblichen Rechtsschutzes und das anwendbare Recht, 2011, 465 schlägt sogar die Streichung der Vorschrift im Rahmen einer anstehenden Evaluierung vor.

[580] So zB auch *Honorati* in Malatesta, The Unification of Choice of Law Rules on Torts and Other Non-Contractual Obligations in Europe, 2006, 117 (157); *Nettlau,* Die kollisionsrechtliche Behandlung von Ansprüchen aus unlauterem Wettbewerbsverhalten gemäß Art. 6 Abs. 1 und 2 Rom II-VO, 2013, 251; Staudinger/*Fezer/Koos,* 2015, IntWirtschR Rn. 658.

[581] Vorschlag der Kommission zur Rom II-VO, KOM(2003) 427 endg., 18.

[582] So beispielsweise auch die Bedenken bei Rauscher/*Unberath/Cziupka/Pabst* EuZPR/EuIPR Rn. 43, mit der Konsequenz, dass die nur „mittelbare" Beeinträchtigung von Drittinteressen der Anwendung von Art. 6 Abs. 2 nicht entgegenstehen soll.

[583] So auch der richtige Hinweis bei *Sack* WRP 2000, 269 (280), hinsichtlich der „marktbezogenen" Wettbewerbshandlungen. Das Argument gilt jedoch genauso bei den bilateralen Wettbewerbshandlungen.

Art. 6 Abs. 2 schon allein deshalb anzuwenden, weil sich das Wettbewerbsverhalten gezielt gegen einen individualisierbaren anderen Wettbewerber richtet. Insoweit ist es erfreulich, dass der BGH in der Entscheidung **„Ausschreibung in Bulgarien"** für einen entsprechenden Fall die Anwendung gemeinsamen Heimatrechts abgelehnt und Entsprechendes – wenn auch nur in einem obiter dictum – auch für die Geltung des Art. 6 Abs. 2 vertreten hat.

161 Gegen die Sonderanknüpfung für bilaterales Wettbewerbsverhalten und insbesondere gegen die Anwendung des gemeinsamen Heimatrechts der Wettbewerber spricht besonders die **Anerkennung des Abnehmer- und Verbraucherschutzes** als gleichwertiger Schutzzweck des Lauterkeitsrechts. Das Marktortprinzip knüpft gerade am Recht des Ortes an, an dem die wettbewerblichen Interessen kollidieren und setzt damit regelmäßig die Einbeziehung der Abnehmer am Marktort voraus. Deren Interessen sind auch bei den sog. bilateralen Wettbewerbshandlungen betroffen. Schwärzt ein deutsches Unternehmen auf einem ausländischen Markt einen deutschen Wettbewerber an, liegt zwar ein gezielter (bilateraler) Wettbewerbsverstoß gegen das angeschwärzte Unternehmen vor. Notwendig beeinträchtigt wird aber auch die Entscheidungsgrundlage der Nachfrager als Schiedsrichter im Wettbewerb zwischen den Unternehmen. Entscheiden sich diese auf Grund der Anschwärzung falsch und bevorzugen sie die Produkte des anschwärzenden Unternehmens, erleidet nicht nur der Wettbewerber einen Nachteil, sondern auch der Abnehmer.

162 Die rechtspolitische Zweifelhaftigkeit der Sonderanknüpfung an das gemeinsame Heimatrecht der Wettbewerber wird zusätzlich belegt durch **Schwierigkeiten bei der Anwendung modernen Lauterkeitsrechts auf der sachrechtlichen Ebene.** Beispielhaft sei hier verwiesen auf die Anwendung deutschen Lauterkeitsrechts auf den Wettbewerb zwischen deutschen Unternehmen im Ausland. Es zeigt sich, dass sich das dt. UWG gar nicht mehr anwenden lässt, wenn nicht Deutschland zugleich Marktort ist. Dies wird deutlich, wenn man die Konstellation der **„Stahlexport"-Entscheidung** des BGH[584] nach neuem Recht beurteilt. In dieser sehr frühen Entscheidung aus dem Jahre 1963 war der BGH für den Wettbewerb zwischen deutschen Unternehmen von der vorrangigen Geltung des gemeinsamen deutschen Heimatrechts ausgegangen. Der BGH hatte den korrekten Hinweis des deutschen Stahlproduzenten gegenüber ausländischen Kunden, wonach leitende Angestellte eines deutschen Wettbewerbers zu ihm gewechselt seien, als wettbewerbswidrige Anlehnung gemäß § 1 UWG aF eingestuft. Ungeachtet der Frage, ob man eine solche Mitteilung heute noch als unlauter ansehen würde, muss gefragt werden, ob im Lichte der Schrankentrias des § 1 UWG ein Verbot nach deutschem Lauterkeitsrecht überhaupt noch gerechtfertigt ist, wenn es an einer **Beeinträchtigung des Wettbewerbs** im Inland fehlt. Betroffen ist in den fraglichen Fällen ja allein der Wettbewerb auf Auslandsmärkten. Dem Wortlaut von § 1 S. 2 UWG lässt sich zwar nicht entnehmen, dass nur der inländische Wettbewerb vor Verfälschungen zu schützen sei. Wendet man jedoch die Maßstäbe des deutschen Rechts auch für das Wettbewerbshandeln auf Auslandsmärkten in Abweichung vom dortigen Marktrecht an, würde das Verbot entgegen der gesetzgeberischen Intention nicht zur Bewahrung des Wettbewerbs beitragen, sondern im Gegenteil die Wettbewerbsgleichheit auf dem ausländischen Markt stören, da, je nachdem welchen Staaten die beiden Unternehmen im „bilateralen" Verhältnis der streitigen Wettbewerbshandlung angehören, unterschiedliche Verhaltensregeln gelten würden. Da das UWG auch bei „bilateralen" Wettbewerbshandlungen gemäß der Zielbestimmung des § 1 S. 2 UWG stets den unverfälschten Wettbewerb und nicht nur das bilaterale Wettbewerbsverhältnis schützt, lässt sich ein Verbot nach deutschem Wettbewerbsrecht nur noch begründen, wenn Deutschland Marktort des Wettbewerbsverhaltens ist. Gleiches hätte man zwar auch schon vor der Novellierung des UWG im Jahre 2004 begründen können. Freilich fand sich die Voraussetzung der Wettbewerbsbeeinträchtigung in verfehlter Weise bei der Aktivlegitimation geregelt (§ 13 Abs. 1 Nr. 1 UWG aF) und wurde im Rahmen der kollisionsrechtlichen Argumentation nie berücksichtigt. Zwar ändert diese zentrale Ausrichtung auf den Wettbewerbsschutz nichts daran, dass nun doch über Art. 6 Abs. 2 und Art. 4 Abs. 2 deutsches Lauterkeitsrecht als gemeinsames Heimatrecht zur Anwendung kommen soll. Doch zeigt dies, dass bei Heranziehung deutschen Rechts als Sachrecht der Schutz leerläuft, wenn auf sachenrechtlicher Ebene die Beeinträchtigung des Wettbewerbs zur Voraussetzung für die Unlauterkeit erhoben wird. Zudem ist auch die kollisionsrechtliche Anknüpfung von der Grundvorstellung geprägt, dass das Lauterkeitsrecht vorrangig dem Wettbewerbsschutz dient. So heißt es auch in der Begründung der Kommission zum Verordnungsvorschlag: „Das Wettbewerbsrecht stellt auf den Schutz eines Marktes ab und folgt damit einem makro-ökonomischen Ziel. Schadensersatzklagen sind rein akzessorisch und müssen von einem allgemeinen Urteil über das Funktionieren des Marktes abhängen."[585]

163 Schließlich ist auf die bislang nicht genügend bedachten Folgen der vorrangigen Anknüpfung am gemeinsamen Heimatrecht im Zusammenspiel mit den **Nichtdiskriminierungsklauseln der**

[584] BGH GRUR 1964, 316 – Stahlexport.
[585] Rom II-VO-Vorschlag der Kommission, KOM(2003) 427 endg., 18.

internationalen Abkommen hinzuweisen.[586] Der Inländerbehandlungsgrundsatz von PVÜ und TRIPS sowie die TRIPS-Meistbegünstigungsklausel gelten grundsätzlich auch bei bilateralen Wettbewerbshandlungen. So erfasst Art. 39 Abs. 1 TRIPS auch den Schutz von Geschäftsgeheimnissen gegen das „bilaterale" Ausspähen nach den Grundsätzen der lauterkeitsrechtlichen Vorschrift des Art. 10bis PVÜ. Die vorrangige Anknüpfung an das gemeinsame Heimatrecht führt hier zu einer unterschiedlichen Behandlung von in- und ausländischen Klägern sowie von ausländischen Klägern untereinander und bietet damit einen Ansatzpunkt für die Anwendung der Inländerbehandlung und der Meistbegünstigung. Jede Besserbehandlung des Inländers oder eines anderen Ausländers verschafft den konventionsgeschützten Personen das Recht auf Gleichbehandlung, ohne dass die Voraussetzungen für die kollisionsrechtliche Anwendung des entsprechenden Sachrechts vorliegen müssen. Auch aus diesem Grund ist die **Sonderanknüpfung am gemeinsamen Heimatrecht bei bilateralen Wettbewerbshandlungen rechtspolitisch bedenklich** (auch → Rn. 29, → Rn. 34).

Die Ausführungen sind wie folgt **zusammenzufassen:** Die Anwendung des gemeinsamen Heimatrechts lässt sich auch bei bilateralem Wettbewerbsverhalten nicht begründen. Diese Sonderanknüpfung geht von der falschen Annahme aus, dass lediglich Interessen der Streitparteien berührt sind. In Wirklichkeit verzerrt die vom Marktortprinzip abweichende Anknüpfung den Wettbewerb, anstatt gleiche Wettbewerbsbedingungen abzusichern.[587] **164**

cc) Wortlaut und historische Auslegung. Trotz der rechtspolitischen Bedenklichkeit ist die Entscheidung des europäischen Gesetzgebers in Art. 6 Abs. 2 zur Kenntnis zu nehmen. Der Versuch, die Frage, wie die Marktortanknüpfung nach Art. 6 Abs. 1 und die Sonderanknüpfung für bilaterales Wettbewerbsverhalten nach Art. 6 Abs. 2 abzugrenzen sind, im Lichte des Wortlauts und der Wegweisungen des Gesetzgebers auszulegen, führt nicht wesentlich weiter. Die in **Art. 6 Abs. 2** formulierten Anknüpfungskriterien erscheinen, wie bereits angesprochen (→ Rn. 159), höchst widersprüchlich. Auf der einen Seite soll die Vorschrift für jene Fälle gelten, in denen sich das Wettbewerbsverhalten gegen einen „bestimmten Wettbewerber" richtet. Auf der anderen Seite wird zusätzlich verlangt, dass „ausschließlich" die Interessen dieses Wettbewerbers beeinträchtigt sind. Geht man aber davon aus, dass jedes Wettbewerbsverhalten eine Marktauswirkung voraussetzt und damit immer auch wettbewerblich relevante Interessen Dritter – vor allem auf der Marktgegenseite – betroffen sind,[588] verbliebe dem Art. 6 Abs. 2 kein eigenständiger Anwendungsbereich. Dass dies offensichtlich nicht gewollt ist, ergibt sich auch aus der Begründung des Vorschlags der Kommission. Die Kommission geht davon aus, dass die Sonderanknüpfung für bilaterales Wettbewerbsverhalten auch greifen kann, obwohl „nicht völlig ausgeschlossen werden kann", dass solches Verhalten „auch negative Auswirkungen auf einen bestimmten Markt" hat.[589] Damit bestätigt die Kommission die Widersprüchlichkeit des Regelungsansatzes, ohne weitere Hinweise für die Abgrenzung zu liefern. Als wenig hilfreich erweist sich auch der Versuch der Kommission, den Anwendungsbereich der Vorschrift durch Beispiele zu erläutern. Genannt werden als **„vor allem" bilaterales Wettbewerbsverhalten** die Fälle der **Abwerbung von Angestellten, der Bestechung, Industriespionage, der Preisgabe von Geschäftsgeheimnissen und die Anstiftung zum Vertragsbruch.** Mit seiner Wortwahl scheint die Kommission selbst Zurückhaltung dahin gehend zu üben, ob die entsprechenden Fälle stets als solche bilateralen Verhaltens einzuordnen sind.[590] Hiergegen spricht, dass die Kommission in ihrem Vorschlag diese Beispiele als solche nennt, in denen das Wettbewerbsverhalten auf einen bestimmten Wettbewerber abzielt. Dies spricht dafür, auch für diese Fallgruppen zu prüfen, ob die Voraussetzungen des Art. 6 Abs. 2 tatsächlich vorliegen.[591] **165**

dd) Auffassungen im Schrifttum und eigene Stellungnahme. Im Schrifttum werden unterschiedliche Auffassungen zur näheren Bestimmung des Anwendungsbereichs von **Art. 6 Abs. 2** vertreten. Grob lassen sich zwei Gruppen von Auffassungen unterscheiden. Nach der ersten – **„weiten" – Auffassung** soll es genügen, dass sich das Wettbewerbsverhalten gegen einen bestimm- **166**

---

[586] Eine Ausnahme bildet *Sack* GRUR Int 1988, 320 (326); *Sack* WRP 2000, 270 (280).

[587] Ebenso gegen die personale Anknüpfung bei bilateralen Verstößen *Honorati* in Malatesta, The Unification of Choice of Law Rules on Torts and Other Non-Contractual Obligations in Europe, 2006, 117 (158).

[588] IdS auch *Sack* GRUR Int 2012, 601 (604).

[589] Vorschlag der Kommission zur Rom II-VO, KOM(2003) 427 endg., 18.

[590] So auch der ähnliche Hinweis bei *Sack* GRUR Int 2012, 601 (605 f.), der sich grundsätzlich gegen die Verwendung des Begriffs des bilateralen Wettbewerbsverhaltens wendet.

[591] Dagegen betonen Peifer/*Klass* UWG Einl. D Rn. 333; *Nettlau,* Die kollisionsrechtliche Behandlung von Ansprüchen aus unlauterem Wettbewerbsverhalten gemäß Art. 6 Abs. 1 und 2 Rom II-VO, 2013, 253, obwohl sie die hier geäußerten rechtspolitischen Bedenken teilen, dass jedenfalls in den genannten Beispielsfällen nach Art. 6 Abs. 2 angeknüpft werden müsse.

ten Wettbewerber richtet.[592] Nach der zweiten – **„engen" – Auffassung** wird unterschieden zwischen Handlungsweisen, die sich unmittelbar gegen einen bestimmten Wettbewerber richten und solchen, die auf einen bestimmten Wettbewerber nur über ein Handeln gegenüber der Marktgegenseite einwirken.[593] In den letzteren Fällen, die man als **„marktvermittelte Behinderungen"** bezeichnen kann, unterscheiden sich die beiden Auffassungen. Nach der ersten Auffassung soll für diese Fälle ebenfalls nach Art. 6 Abs. 2 angeknüpft werden. Die zweite Auffassung spricht sich dagegen für die Anwendung des Marktortprinzips aus. Wie gesehen folgt mittlerweile auch der **BGH** in seiner Entscheidung **„Ausschreibung in Bulgarien"** sowie der nachfolgenden Rspr. unter Anwendung von Art. 6 Abs. 2 dieser zweiten Auffassung (→ Rn. 377 f.). Danach wäre davon auszugehen, dass ein Wettbewerbsverhalten auch dann, wenn es sich gezielt gegen einen bestimmten Wettbewerber richtet, gemäß Art. 6 Abs. 1 ausschließlich nach dem Recht des Marktortes zu beurteilen ist, wenn die **Einwirkung auf den Wettbewerber nur mittelbar** über die Marktgegenseite erfolgt. Unter diesen Voraussetzungen wären nach dem Wortlaut des Art. 6 Abs. 2 nicht „ausschließlich" die Interessen des Wettbewerbers betroffen. Wie jedoch *Sack* betont, lassen sich mit dem Kriterium der Unmittelbarkeit und Mittelbarkeit sowie der „marktvermittelten Behinderungen" nicht alle Fälle hinreichend genau abgrenzen. Er führt eine dritte Kategorie von Fällen ein, nämlich jene der **trilateralen Wettbewerbsbehinderungen,** in denen gleichzeitig auf den einzelnen Wettbewerber und die Marktgegenseite eingewirkt wird.[594] Beispiele hierfür wären das Abwerben von Arbeitnehmern sowie die Verleitung zum Vertragsbruch. Für solche Fälle möchte Sack ebenfalls eine bilaterale Wettbewerbshandlung annehmen und über Art. 6 Abs. 2 die Anwendung des gemeinsamen Heimatrechts der Wettbewerber zulassen.

167 **Eigene Auffassung:** Zu folgen ist der „engen" Auffassung, die den Anwendungsbereich des Art. 6 Abs. 2 nach den **Kriterien der Unmittelbarkeit und Mittelbarkeit** der Einwirkung abgrenzt und damit **marktvermittelte Behinderungen der Marktortanknüpfung nach Art. 6 Abs. 1 zuweist.** Hierfür spricht entscheidend eine Auslegung der Vorschrift im Lichte der einschlägigen wettbewerblichen Interessen und internationalprivatrechtlichen Wertungen. Ausgangspunkt der Bestimmung des Anwendungsbereichs von Art. 6 Abs. 2 hat die Funktion der dort niedergelegten Anknüpfung im Verhältnis zur Marktortanknüpfung zu sein. Die zugrundeliegende Wertung ist dabei eine doppelte: Zum einen soll Art. 6 Abs. 2 Fälle erfassen, in denen die allgemeine deliktische Anknüpfung nach Art. 4 Abs. 1 dem Marktortprinzip vorzuziehen ist. Zum anderen darf die Anknüpfung an das gemeinsame Heimatrecht nach Art. 4 Abs. 2 nicht den Wertungen der grundsätzlichen Entscheidung des Gesetzgebers in Art. 6 Abs. 1 zugunsten des Marktortprinzips widersprechen. Nach beiden Gesichtspunkten sollte Art. 6 Abs. 2 als **Ausnahmevorschrift** wettbewerblich relevanten Interessen **eng ausgelegt** werden.[595] Im Ergebnis sollten **marktvermittelte Behinderungen nicht als bilaterales Wettbewerbsverhalten** nach Art. 6 Abs. 2 eingeordnet werden. Im Falle marktvermittelter Behinderungen bemühen sich Wettbewerber um denselben Adressatenkreis auf der Marktgegenseite. Damit sind immer auch die Interessen der Marktteilnehmer auf der Marktgegenseite, gleichzeitig aber auch das öffentliche Interesse an der Gewährleistung eines unverfälschten Wettbewerbs auf dem entsprechenden Markt betroffen. Würde man allein aufgrund der individuellen Betroffenheit eines Wettbewerbers ein vom Recht des Marktortes abweichendes gemeinsames Hei-

592 So vor allem im englischsprachigen Schrifttum: *Beaumont/McEleavy,* Anton's Private International Law, 3. Aufl. 2011, Rn. 14.152; *Wadlow* J. Intell. Prop. L. & Prac. 4 (2009), 789 (792 f.). Aus dem deutschen Schrifttum s. *Beater,* Unlauterer Wettbewerb, 2. Aufl. 2011, Rn. 736 f.; diff. HK-UWG/*Götting* Einl. Rn. 132, wonach auch ein unmittelbares Einwirken auf den Markt zur Anwendung von Art. 6 Abs. 2 führt, wenn eine „per-se-rechtlich geschützte Rechtsposition in Frage steht".

593 So vor allem *Sack* GRUR Int 2012, 601 (604 f.); ähnlich *Bauermann,* Der Anknüpfungsgegenstand im europäischen Internationalen Lauterkeitsrecht, 2015, 95 ff.; BeckOGK/*Poelzig/Windorfer* Rn. 63; *Garcimartín Alférez* ELF 2007, 77 (86); jurisPK-BGB/*Wurmnest* Rn. 24; Köhler/Bornkamm/Feddersen/*Köhler* UWG Einl. Rn. 5.32; *Lindacher* GRUR Int 2008, 453 (457); MüKoUWG/*Mankowski* IntWettbR Rn. 242; ebenso für einen engen Anwendungsbereich der Vorschrift Ohly/Sosnitza/*Ohly* Einf. B Rn. 16; Spindler/Schuster/*Bach* Rn. 12. In eine ähnliche Richtung weist auch der aus dem englischen Schrifttum stammende Vorschlag von *Plender/Wilderspin,* The European Private International Law of Obligations, 2009, Rn. 20.034, wonach Art. 6 Abs. 1 auch bei Verstößen, die sich gegen einen bestimmten Wettbewerber richten, Anwendung finden soll, sofern das Verhalten Auswirkungen auf den Wettbewerb hat.

594 *Sack* GRUR Int 2012, 601 (604).

595 So auch *De Miguel Asensio* in Leible/Ohly, Intellectual Property and Private International Law, 2009, 137 Rn. 22; *Fountoulakis* in Schmidt-Kessel/Schubmehl, Lauterkeitsrecht in Europa, 2011, 719 (759); Mansel/Mankowski/*Illmer* Rn. 7; jurisPK-BGB/*Wiegandt* Rn. 35. Verfehlt ist dagegen die Auffassung von *Beaumont/McEleavy,* Anton's Private International Law, 3. Aufl. 2011, Rn. 14.153, die Art. 6 Abs. 2 als Grundregel ansehen, da diese auf die allgemeine deliktische Anknüpfung des Art. 4 zurückführe, und als Folge davon Art. 6 Abs. 1 eng auslegen wollen.

matrecht der Wettbewerber zur Anwendung bringen, würde das Marktgeschehen der Anwendung unterschiedlicher Regeln unterworfen und damit das Prinzip der Wettbewerbsgleichheit verletzt.[596] Deutlich zeigt sich dies an der Fallgestaltung der BGH-Entscheidung in **„Ausschreibung in Bulgarien"** (→ Rn. 155 f.). In diesem Fall hat sich zwar die Anschwärzung gezielt gegen ein anderes deutsches Unternehmen gerichtet. Ob aber noch andere Unternehmen aus anderen Staaten an der Ausschreibung teilnehmen, die entsprechend durch das Verhalten des anschwärzenden deutschen Unternehmens betroffen sein können, entzieht sich der Kontrolle dieses handelnden Unternehmens und kann letztlich keine Rolle spielen. Ganz anders liegen die Dinge in den Fällen des **unmittelbaren Einwirkens auf den Wettbewerber.** Hier mögen zwar auch Drittinteressen auf den betroffenen Märkten „mittelbar" beeinträchtigt werden. Um welche Märkte es sich hierbei handelt, mag aber im Zeitpunkt der Einwirkung auf den Wettbewerber noch vollkommen unbestimmt sein. Bleibt man beim Grundsatz der Orientierung an den Ort der unmittelbaren Einwirkung, wie er auch die Anwendung der Marktortregel charakterisiert (→ Rn. 146 ff.), muss die Marktortanknüpfung scheitern, da es zu einer Beeinträchtigung der Interessen des Wettbewerbers kommt, noch bevor überhaupt auf einen Markt eingewirkt wird. Würde man dagegen auf das Recht der mittelbar beeinträchtigten Märkte abstellen, liefe man Gefahr, die lauterkeitsrechtliche Anknüpfung durch das kartellrechtliche Auswirkungsprinzip zu ersetzen. Letzteres würde bei international tätigen Unternehmen zur Multiplikation der anwendbaren Rechte (Mosaikbetrachtung) führen, was nach den Wertungen des Art. 6 Abs. 1 gerade nicht gewollt ist.

Dagegen ist der **Vorschlag zurückzuweisen,** wonach bei sog. **trilateralen Wettbewerbshandlungen,** die gleichzeitig auf den Markt und einen einzelnen Wettbewerber einwirken, nach Art. 6 Abs. 2 angeknüpft werden soll.[597] Dieser Vorschlag übersieht, dass in den entsprechenden Fällen der Abwerbung von Arbeitnehmern und der Verleitung zum Vertragsbruch nicht anders als bei den üblichen Fällen der **marktvermittelten Behinderung** gleichermaßen ein Marktort über die Einwirkung auf den Arbeitsmarkt sowie die entsprechenden Absatzmärkte feststellbar sind und der Vorschlag die par conditio concurrentium durch die Anwendung gemeinsamen Heimatrechts in Einzelfällen bedrohen würde. So ist nicht einzusehen, weshalb ein deutsches Unternehmen, das den französischen Vertragspartner eines anderen deutschen Unternehmens zum Vertragsbruch verleitet, anderen Regeln unterworfen werden soll, als wenn ein französischer Wettbewerber entsprechend zu einem Vertragsbruch verleitet hätte. Wertungsmäßig ist kein Unterschied zu den anderen Fällen der marktvermittelten Behinderung erkennbar. Auch in den Fällen des Abwerbens von Arbeitnehmern und des Verleitens zum Vertragsbruch wird letztlich nur mittelbar, nämlich über die Entscheidung des Arbeitnehmers bzw. des Vertragspartners des Wettbewerbers auf letzteren eingewirkt. Entsprechend besteht **kein Anlass, eine gesonderte Kategorie trilateralen Wettbewerbsverhaltens** anzuerkennen. 168

d) Abgrenzung im Einzelnen. Die soeben getroffene Bestimmung der Abgrenzung der beiden Anknüpfungsregeln in Art. 6 Abs. 1 und 2 im Allgemeinen ist für verschiedene **Fallgruppen** unlauterer Wettbewerbshandlungen zu konkretisieren. Im Folgenden können nur allgemeine Hinweise gegeben werden. Letztlich ist stets am Einzelfall zu prüfen, ob die Voraussetzungen eines bilateralen Wettbewerbsverhaltens nach den entwickelten Kriterien vorliegen. 169

Nicht in den Anwendungsbereich des Art. 6 Abs. 2 gehören jene Fälle, in denen sich das Handeln zwar gegen die Interessen eines bestimmten Wettbewerbers richtet, aber ein **unmittelbares Handeln gegenüber der anderen Marktseite** vorliegt.[598] Hierzu gehören die Fälle der **vergleichenden Werbung** (→ Rn. 160),[599] der **Boykottaufforderung,**[600] der **Rufschädigung**[601] und des **Anschwärzens** (→ Rn. 162).[602] Entsprechend lässt sich die Rspr. des BGH zur Ablehnung 170

[596] So auch *Sack* GRUR Int 2012, 601 (605).

[597] Vgl. *Sack* GRUR Int 2012, 601 (604). Es scheint, dass *Sack* von dieser Auffassung inzwischen abgerückt ist, s. *Sack,* Internationales Lauterkeitsrecht, 2019, Kap. 3 Rn. 2 f.

[598] So auch Mansel/Mankowski/*Illmer* Rn. 9.

[599] *Dück* GRUR Int 2016, 216 (218); jurisPK-BGB/*Wiegandt* Rn. 37.

[600] Mansel/Mankowski/*Illmer* Rn. 9; *Sack,* Internationales Lauterkeitsrecht, 2019, Kap. 5 Rn. 43; jurisPK-BGB/*Wiegandt* Rn. 37.

[601] *Sack,* Internationales Lauterkeitsrecht, 2019, Kap. 5 Rn. 43; dagegen für die Anknüpfung nach Art. 4 Abs. 1 und 6 Abs. 2, aber ohne besondere Erörterung, BGH GRUR 2015, 1129 Rn. 15 – Hotelbewertungsportal.

[602] So jedenfalls iErg BGH GRUR 2014, 601 Rn. 36 ff. – englischsprachige Pressemitteilung; ähnlich FBO/*Hausmann/Obergfell* IntLautPrivatR Rn. 327; *Fountoulakis* in Schmidt-Kessel/Schubmehl, Lauterkeitsrecht in Europa, 2011, 719, 759 f.; Harte-Bavendamm/Henning-Bodewig/*Glöckner* UWG Einl. C Rn. 624; Mansel/Mankowski/*Illmer* Rn. 9; Spindler/Schuster/*Bach* Rn. 12; *Weiler* in Götting/Meyer/Vormbrock, Gewerblicher Rechtsschutz und Wettbewerbsrecht, Praxishandbuch, 2011, § 25 Rn. 155; Köhler/Bornkamm/Feddersen/*Köhler* UWG Einl. Rn. 5.32; HdB-WettbR/*Wilde/Linde* § 10 Rn. 24; *Sack* WRP 2008, 845 (851); *Sack* GRUR Int 2012, 601 (607); Staudinger/*Fezer/Koos,* 2015, IntWirtschR Rn. 656; iE ebenso *Dornis,*

der Anwendung des gemeinsamen Heimatrechts in den Fällen des Anschwärzens unter Geltung der Rom II-VO fortführen (→ Rn. 155).[603]

171 Den wichtigsten Fall im Anwendungsbereich von Art. 6 Abs. 2 bildet der **lauterkeitsrechtliche Geheimnisschutz.**[604] Gemäß Art. 39 Abs. 1 und 2 TRIPS ist international Schutz iSv Art. 10bis PVÜ bereits in Bezug auf die **Kenntniserlangung** und nicht erst gegen die Benutzung der ausgeforschten Geschäftsgeheimnisse auf einem Markt zu gewähren.[605] Damit scheinen alle Voraussetzungen für eine Anwendung von Art. 6 Abs. 2 erfüllt. Der Verstoß liegt im Vorfeld der Nutzung der Geschäftsgeheimnisse auf Märkten, ohne dass klar sein muss, um welche Märkte es sich handelt. Betroffen sind die Interessen eines konkreten Wettbewerbers. Im Kernbereich des Geheimnisschutzes, nämlich soweit es um das Ausspähen von Geschäftsgeheimnissen (inkl. Industriespionage) geht, mag daher die Anknüpfung nach Art. 6 Abs. 2 überzeugen. Allerdings führt die **Geheimnisschutz-RL** (→ Rn. 10) sowohl zu einer erheblichen Schutzausdehnung in den meisten Mitgliedstaaten sowie zu weiteren Fragen im Bereich der kollisionsrechtlichen Anknüpfung, was es geboten erscheinen lässt, den Geheimnisschutz gesondert zu behandeln (→ Rn. 185 ff.).

172 Fälle bilateralen Wettbewerbsverhaltens bilden auch gezielte **Sabotageakte** gegen Wettbewerber, wie etwa das Einschleusen von Computerviren. Für solche Fälle ist nach Art. 6 Abs. 2 anzuknüpfen.[606]

173 Problematisch sind dagegen die Fälle des **Abwerbens von Arbeitskräften.** Die wohl herrschende Ansicht im Schrifttum geht von einem bilateralen Wettbewerbsverhalten nach Art. 6 Abs. 2 aus.[607] Ein solches Verhalten hat zwar keine unmittelbare Auswirkung auf die Produkt- und Dienstleistungsmärkte, auf denen die Wettbewerber konkurrieren. Das Abwerben erfolgt aber auf einem Arbeitsmarkt durch Einwirken auf einen potenziellen Arbeitnehmer. Die Frage, unter welchen Voraussetzungen auf die Entscheidung eines Mitarbeiters eines Wettbewerbers eingewirkt werden darf, um diesen zum Wechsel des Arbeitsplatzes zu bewegen, ist eine Frage, die durch das Recht am Ort des Arbeitsmarktes zu entscheiden ist. Der **Staat des Arbeitsmarktes** hat ein vitales Interesse daran, dass dieser Markt nach einheitlichen Regeln abläuft. Deshalb ist es verfehlt, darauf zu verweisen, dass das Abwerben im Vorfeld des Wettbewerbs auf den Produktmärkten geschieht.[608] Dabei wird nicht nur übersehen, dass die Unternehmen auch als Nachfrager auf dem Arbeitsmarkt konkurrieren, sondern vor allem, dass es gar nicht um die Anwendung des Rechts des Produktmarktes, der sich möglicherweise noch gar nicht konkretisiert hat, geht. Auch lässt sich die Anwendung von Art. 6 Abs. 2 nicht mit dem Hinweis begründen, die Abwerbung sei nur gegenüber dem Arbeitgeber unlauter.[609] Richtig daran ist nur, dass das Verhalten nur verboten werden kann, wenn es gegenüber dem Arbeitgeber als unlauter eingestuft werden kann. Dies ist aber eine Frage des

---

Trademark and Unfair Competition Conflicts, 2017, 568 f. mit dem Argument, dass es in diesen Fällen auch um die Verschaffung von Marktinformationen an Marktteilnehmer auf der anderen Marktseite geht; aA *Beater,* Unlauterer Wettbewerb, 2. Aufl. 2011, Rn. 736 f.; *Habbe/Wimalasena* BB 2015, 520 (522) für den Fall der Rufschädigung.

603 BGH GRUR 2010, 847 Rn. 19 – Ausschreibung in Bulgarien.

604 So nennt *Sack* WRP 2008, 845 (851); *Sack* GRUR 2012, 601 (606) diesen Fall an erster Stelle; s. auch *Dornis,* Trademark and Unfair Competition Conflicts, 2017, 570 f.; Mansel/Mankowski/*Illmer* Rn. 9; HdB-WettbR/*Wilde/Linde* § 10 Rn. 56; Rauscher/*Unberath/Cziupka/Pabst* EuZPR/EuIPR Rn. 42; Spindler/Schuster/*Bach* Rn. 13; *Wagner* IPRax 2006, 372 (380). S. auch *Fischer,* Der Schutz von Know-how im deutschen materiellen und Internationalen Privatrecht, 2011, 260, die spezifisch für den Schutz von Know-how vor allem den Anwendungsbereich für Art. 6 Abs. 2 für eröffnet sieht. Ohne Diskussion, nämlich auf Parteivortrag hin, wurde Art. 6 Abs. 2 angewendet vom High Court of Justice of England and Wales – Patent Court [2012] EWHC 790 Rn. 110 (Pat) – Innovia Films Ltd. vs. Frito-Lay North America, Inc.

605 Dabei lässt sich die Regelung in TRIPS als Erweiterung des beispielhaften Katalogs der Fälle unlauteren Wettbewerbs in Art. 10bis Abs. 3 PVÜ verstehen, s. *Kraßer* in Beier/Schricker, From GATT to TRIPs, 1995, 216.

606 So auch Erman/*Hohloch* Rn. 8; Spindler/Schuster/*Bach* Rn. 13.

607 S. Vorschlag der Kommission zur Rom II-VO, KOM(2003) 427 endg., 18; ebenso *Glöckner* WRP 2011, 137 (142); *Hellner* YPIL 9 (2007), 49 (57); *Junker* NJW 2007, 3675 (3679); HdB-WettbR/*Wilde/Linde* § 10 Rn. 24; Rauscher/*Unberath/Cziupka/Pabst* EuZPR/EuIPR Rn. 44; *Sack* WRP 2008, 845 (851); *Sack* GRUR Int 2012, 601 (606); *Sack,* Internationales Lauterkeitsrecht, 2019, Kap. 5 Rn. 84, dort mit dem Hinweis, die hier vertretene Auffassung führe zu keinem anderen Anknüpfungsergebnis.

608 So etwa *Hellner* YPIL 9 (2007), 49 (57); krit. zur Anwendung von Art. 6 Abs. 2 auch *Dornis,* Trademark and Unfair Competition Conflicts, 2017, 215 f. und 569 f., der keinen Unterschied zwischen dem Arbeitsmarkt und anderen Märkten erkennen kann und deshalb die Ansicht, wonach Art. 6 Abs. 2 zur Anwendung kommen sollte, als Relikt an sich überwundener kollisionsrechtlicher Vorstellungen einordnet.

609 So jedoch *Köhler* FS Coester-Waltjen, 2015, 501 (509); ähnlich die Auffassung von *Bauermann,* Der Anknüpfungsgegenstand im europäischen Internationalen Lauterkeitsrecht, 2015, 100 in Bezug auf den Fall, dass der Arbeitnehmer durch einen Anruf am Arbeitsplatz abgeworben werden soll.

Sachrechts. Kollisionsrechtlich ist zu berücksichtigen, dass es beim Abwerben eines Arbeitnehmers um einen Wettbewerb der Unternehmen um einen Arbeitnehmer geht. Nur die Anwendung von Art. 6 Abs. 1 kann hier einheitliche Wettbewerbsbedingungen sicherstellen.[610] Anzuwenden ist deshalb das Recht am Ort des bisherigen Arbeitsplatzes, denn von dort soll der Arbeitnehmer abgeworben werden.[611] Fällt dieser mit der Niederlassung des Arbeitgebers zusammen, was häufig der Fall sein dürfte, ergibt sich kein Unterschied zur Anknüpfung nach Art. 6 Abs. 2 und Art. 4 Abs. 1. Jedoch beschäftigen international tätige Unternehmen zunehmend auch Arbeitskräfte im Ausland. In einer solchen Konstellation wäre es nicht adäquat, wenn vom Recht des Arbeitsmarktes zugunsten des gemeinsamen Heimatrechts der Wettbewerber gemäß Art. 4 Abs. 2 abgewichen würde. Befinden sich zwei deutsche Unternehmen im Wettbewerb auf einem ausländischen Markt, so sollte in Bezug auf das Abwerben auf dem fremden Markt beschäftigter Arbeitnehmer das Lauterkeitsrecht des ausländischen Arbeitsmarktes zur Anwendung kommen.

Nicht viel anders liegt es bei der **Verleitung zum Vertragsbruch.**[612] Wenn ein Unternehmen **174** den Kunden oder Lieferanten eines Wettbewerbers dazu veranlasst, ein bestehendes Vertragsverhältnis zu brechen, wird in Vertragsbeziehungen eingegriffen, die auf einem Markt zustande gekommen sind. An eine Anwendung von Art. 6 Abs. 2 ließe sich allenfalls für jene Fallkonstellation denken, in denen der Verleitende nicht beabsichtigt, nun seinerseits mit dem Verleiteten ins Geschäft zu kommen, sondern allein, den Wettbewerber zu schädigen. Jedoch ist auch für diesen Fall zu berücksichtigen, dass die Anwendung des gemeinsamen Heimatrechts nach Art. 4 Abs. 2 ohne Rücksicht auf die Interessen des Verleiteten ein Abweichen vom Recht des Marktortes zur Folge hätte. Deshalb ist auch für die Verleitung zum Vertragsbruch auf Art. 6 Abs. 1 abzustellen. Anzuwenden ist das **Recht des Marktortes, an dem der betreffende Vertrag, der gebrochen werden soll, zum Abschluss gebracht worden ist.**[613]

Zu differenzieren ist in den Fällen der **Bestechung** zu Zwecken des Wettbewerbs (s. hierzu **175** § 299 StGB).[614] Erfolgt die Bestechung im Rahmen eines **Bieterverfahrens** mit dem Ziel, die Vergabeentscheidung zugunsten des Bestechenden zu beeinflussen, handelt es sich im Lichte der BGH-Rspr. um eine **marktvermittelte Behinderung** anderer Bieter.[615] Anzuwenden ist deshalb gemäß Art. 6 Abs. 1 das Recht des Marktortes, und zwar auch dann, wenn alle Bieter ein fremdes Heimatrecht teilen. Wird dagegen ein **Mitarbeiter eines Unternehmens mit dem Ziel bestochen, diesem Unternehmen einen Nachteil zuzufügen,** sollte man Art. 6 Abs. 2 anwenden.[616] Mit der Einwirkung auf den Mitarbeiter wird unmittelbar, dh ohne Umweg über den Markt, auf die Organisation des Unternehmens Einfluss genommen.

Schwierig ist schließlich die Einordnung der Fälle der **unberechtigten Schutzrechtsverwarnung.**[617] Hier ist zunächst mit *Sack* zwischen unberechtigten Herstellerverwarnungen und unberechtigten Abnehmerverwarnungen zu unterscheiden.[618] Im letzteren Falle der **Abnehmerverwarnung** ist nach dem Marktortprinzip gemäß Art. 6 Abs. 1 anzuknüpfen.[619] Hier behauptet nämlich ein Unternehmen gegenüber dem Abnehmer von Waren eines Wettbewerbers, letzterer habe Schutzrechte verletzt. In diesem Falle wirkt die Verwarnung nicht unmittelbar, sondern nur mittelbar über den Absatzmarkt auf den Wettbewerber ein. Entsprechend entschieden hat auch das **OLG Düsseldorf,** indem es in einem Fall der Abnehmerverwarnung nach Art. 6 Abs. 1 anknüpfte und deutsches Recht als Recht des Marktortes zur Anwendung brachte.[620] Die Verwarnung erfolgte im **176**

[610] So auch BeckOGK/*Poelzig/Windorfer* Rn. 102; nach Diskussion verschiedener Einzelfälle iErg ebenso *Bauermann,* Der Anknüpfungsgegenstand im europäischen Internationalen Lauterkeitsrecht, 2015, 100 ff.

[611] Jedenfalls iErg ebenso, aber über Art. 6 Abs. 2, *Beater,* Unlauterer Wettbewerb, 2. Aufl. 2011, Rn. 741.

[612] Auch hierbei soll es sich nach dem Rom II-VO-Vorschlag der Kommission, KOM(2003) 427 endg., 18 um ein bilaterales Wettbewerbsverhalten handeln; zust. *Glöckner* WRP 2011, 137 (142); iE ebenso Spindler/Schuster/*Bach* Rn. 13; dagegen wie hier gegen einen bilateralen Verstoß HdB-WettbR/*Wilde/Linde* § 10 Rn. 24; Staudinger/*Fezer/Koos,* 2015, IntWirtschR Rn. 656.

[613] Mit derselben Differenzierung *Bauermann,* Der Anknüpfungsgegenstand im europäischen Internationalen Lauterkeitsrecht, 2015, 105 f.; ähnlich *Sack* GRUR Int 2012, 601 (607); *Sack,* Internationales Lauterkeitsrecht, 2019, Kap. 5 Rn. 85 (allerdings mit einer Anwendung des Rechts des Staates, in dem der Vertragspartner, der zum Vertragsbruch verleitet wurde, seine Niederlassung hat).

[614] Dagegen ohne Differenzierung für einen bilateralen Verstoß *Glöckner* WRP 2011, 137 (142).

[615] Im Anschluss an BGH GRUR 2010, 847 Rn. 19 – Ausschreibung in Bulgarien; so auch *Sack* GRUR Int 2012, 601 (606); *Sack,* Internationales Lauterkeitsrecht, 2019, Kap. 5 Rn. 83.

[616] Ebenso *Sack* GRUR Int 2012, 601 (606).

[617] Für die Einordnung als bilateraler Verstoß *Sack* WRP 2000, 269 (273); dagegen Staudinger/*Fezer/Koos,* 2015, IntWirtschR Rn. 656.

[618] *Sack* GRUR Int 2012, 601 (607); *Sack,* Internationales Lauterkeitsrecht, 2019, Kap. 5 Rn. 86 ff.

[619] Ebenso *Sack* GRUR Int 2012, 601 (607); *Sack,* Internationales Lauterkeitsrecht, 2019, Kap. 5 Rn. 90.

[620] OLG Düsseldorf BeckRS 2011, 27019.

zugrunde liegenden Fall nicht gegenüber dem vermeintlichen Verletzer brasilianischer Patente und Geschmacksmusterrechte, sondern gegenüber dessen deutschen Vertragspartner. Anders einzuordnen ist die **Herstellerverwarnung,** also der Fall, dass unmittelbar dem Wettbewerber gegenüber behauptet wird, dieser verletze fremde Schutzrechte. Da es bei dieser Konstellation an einer marktvermittelten Einwirkung fehlt, scheint die Anknüpfung über Art. 6 Abs. 2 angemessen.[621] Dagegen sprechen aber gewichtige Bedenken. Zur Kenntnis zu nehmen ist, dass ein solches Verhalten sehr nachteilige Auswirkungen auf die Interessen insbesondere potenzieller Kunden in Bezug auf die Erhaltung des Preiswettbewerbs haben kann. Auch sind Schutzrechte territorial begrenzt, so dass sich der Marktort ohne Probleme ermitteln lässt. Und schließlich erschiene die Anwendung des Rechts am gemeinsamen gewöhnlichen Aufenthalt nicht sachgerecht, wenn es gerade um behauptete Schutzrechte und den Wettbewerb in einem anderen Staat geht.[622] Dies alles spricht dafür, das Vorliegen eines bilateralen Wettbewerbsverhaltens zu verneinen und gemäß Art. 6 Abs. 1 am Recht des Staates als Marktrecht anzuknüpfen, für den die Verletzung eines Schutzrechts behauptet wird.[623] Soweit dieses Ergebnis dem hier im Grundsatz unterstützten Ansatz widerspricht, wonach nicht marktvermittelte Behinderungen als bilaterale Wettbewerbshandlungen einzustufen sind, zeigt sich, dass auch der hier vertretene Ansatz nicht immer zu angemessenen Lösungen führt. Behauptet etwa ein deutsches Unternehmen gegenüber einem deutschen Wettbewerber die Verletzung eines französischen Patents, um den Wettbewerber vom französischen Markt zu verdrängen, sollte allein nach französischem und nicht nach deutschem Recht entschieden werden, ob eine rechtlich unzulässige und mit Sanktionen zu belegende Schutzrechtsbehauptung vorliegt, denn allein das Recht am Marktort sollte nach dem Grundsatz der „par conditio concurrentium" darüber entscheiden, unter welchen Bedingungen Unternehmen den Marktzutritt erhalten. Die Gegenansicht, wonach in den Fällen der Herstellerverwarnung nach Art. 6 Abs. 2 anzuknüpfen ist, verschließt sich jedoch nicht vollkommen den hier geäußerten Bedenken. So erreicht *Sack* eine **Korrektur im Rahmen der Anknüpfung des Art. 4 Abs. 1,** indem er nämlich den Ort des Schadenseintritts in jenem Land lokalisiert, in dem die Schutzrechtsverletzung angeblich begangen worden ist.[624] Faktisch orientiert sich Sack damit aber am Recht des Marktortes, für den die Parteien sich über die Schutzrechtsverletzung streiten. Zudem nimmt die Gegenauffassung hin, dass vom Recht dieses Staates zugunsten eines gemeinsamen Heimatrechtes abgewichen wird. Deshalb ist diese Lösung abzulehnen.

177 Der Katalog der Fälle bilateraler Wettbewerbsverstöße ist von Hause aus nicht beschränkt. So scheint der öst. OGH auch den Fall des **Domain Grabbing** als bilateralen Verstoß einzuordnen und dafür nach Art. 6 Abs. 2 anzuknüpfen.[625] Hierfür spricht, dass die Domain durch bloßes Handeln gegenüber der Registrierungsstelle erworben wird. Richtigerweise wird man jedoch unterscheiden müssen. Erfolgt das Domain Grabbing mit der Zielsetzung, die Domain **für die eigene Geschäftstätigkeit zu benutzen,** erfolgt die Behinderung – meist in Form einer Irreführung – über den Markt. Für diesen Fall ist daher die Anknüpfung nach **Art. 6 Abs. 1** angemessen, wobei man wegen der Nutzung der Domain im Internet regelmäßig zu einer Einwirkung in einer Mehrzahl von Staaten und damit zur Erforderlichkeit einer **Mosaikbetrachtung** gelangt.[626] Handelt es sich dagegen um einen Fall der **Domain-Blockade,** bei der der Anmelder die Domain dazu einsetzt, finanzielle Vorteile für deren Übertragung zu erlangen, oder den Wettbewerber vom Markt fernzuhalten, sollte nach Art. 6 Abs. 2 angeknüpft werden.

178 Einen weiteren Grenzfall bildet das sog. **Passing-Off** des englischen Rechts.[627] Bei diesem Tort geht es darum, dass ein Unternehmen den Good-Will eines Wettbewerbers dadurch ausbeutet,

[621] So *Sack* GRUR Int 2012, 601 (607).

[622] Ebenso *Bauermann,* Der Anknüpfungsgegenstand im europäischen Internationalen Lauterkeitsrecht, 2015, 108.

[623] Ebenso gegen eine Anwendung von Art. 6 Abs. 2 *Emmerich,* Unlauterer Wettbewerb, 2016, § 4 Rn. 37; FBO/*Hausmann/Obergfell* IntLautPrivatR Rn. 328. AA Sack, Internationales Lauterkeitsrecht, 2019, Kap. 5 Rn. 88 f., der die hier vorgebrachten Einwände zwar akzeptiert, aber betont, dass es dennoch an einem unmittelbaren Einwirken auf die Marktgegenseite fehle. Zust. zur Anwendung des Rechts, für das immaterialgüterrechtlicher Schutz beansprucht wird, aber nach Art. 8 Abs. 1 *Bauermann,* Der Anknüpfungsgegenstand im europäischen Internationalen Lauterkeitsrecht, 2015, 108 f. Dem ist zu widersprechen, da Art. 8 Abs. 1 Rom I-VO nur greift für Ansprüche – auch von nur vermeintlichen Rechtsinhabern – aus der Verletzung von Immaterialgüterrechten. Bei der unberechtigten Schutzrechtsverwarnung liegt der Fall genau umgekehrt. Es klagt der vermeintliche Verletzer gegen denjenigen, der unberechtigt ein Schutzrecht behauptet hat.

[624] *Sack* GRUR Int 2012, 601 (607).

[625] OGH GRUR Int 2012, 464 (465) – alcom-international.at.

[626] So auch der Hinweis von OGH GRUR Int 2012, 464 (465) – alcom-international.at.

[627] Dass hier überhaupt lauterkeitsrechtlich anzuknüpfen ist, wird nicht bestritten; hierzu *Beater,* Unlauterer Wettbewerb, 2. Aufl. 2011, Rn. 738; *Fawcett/Torremans,* Intellectual Property and Private International Law, 2. Aufl. 2011, Rn. 16.21; *Stone,* EU Private International Law, 2. Aufl. 2010, 401.

dass es seine Produkte als jene des Wettbewerbers erscheinen lässt. Für diesen Fall wird im englischen Schrifttum vertreten, dass nach Art. 6 Abs. 2 anzuknüpfen sei, da sich das Passing-Off gegen einen bestimmten Wettbewerber richtet.[628] Dem ist mit dem Hinweis entgegenzutreten, dass hier gerade eine marktvermittelte Behinderung vorliegt und auch die Interessen der Abnehmer berührt werden. Deshalb ist auch hier über Art. 6 Abs. 1 anzuknüpfen.[629]

Von den Fällen des Passing-Off sind jene des **angrenzenden wettbewerbsrechtlichen Leistungsschutzes** zu unterscheiden. Letzterer setzt gerade keine Täuschung des Verkehrs voraus. Richtigerweise ist hier der Anwendungsbereich des Art. 6 Abs. 2 dennoch nicht eröffnet.[630] Dies liegt daran, dass jedenfalls nach § 4 Nr. 3 UWG nicht schon die Herstellung der Ware, sondern erst der Vertrieb als Verstoß eingeordnet wird. Anders liegt es nur für die Frage, ob bereits vor Inverkehrbringen des Produkts ein Wettbewerbsverstoß vorliegt. Insoweit kann, da eine Einwirkung auf den Markt noch fehlt, von einer bilateralen Wettbewerbshandlung ausgegangen werden.[631] **179**

Nach den vorgehenden Überlegungen zeigt sich, dass die Anwendung formaler Kriterien, wie insbesondere der „marktvermittelten Behinderung", vorsichtig und unter steter Bewusstmachung der zugrundeliegenden wettbewerblichen Wertungen erfolgen sollte. Dies führt notwendig zur **Fallgruppenbildung.**[632] Ob im konkreten Fall ein bilaterales Wettbewerbsverhalten vorliegt, hängt stets von den wettbewerblich relevanten Interessen und Wertungen ab. Die Frage ist insbesondere, ob neben den Interessen des Mitbewerbers nicht doch auch andere Interessen betroffen sind und eine Abweichung der Anknüpfung von einem möglicherweise erkennbaren Marktort nicht das Prinzip der Wettbewerbsgleichheit am Marktort in Frage stellt. **180**

e) Anwendung der allgemeinen Anknüpfung nach Art. 4. Art. 6 Abs. 2 verweist für „bilaterale" Wettbewerbshandlungen auf Art. 4 insgesamt. Primär ist deshalb auf die allgemeine deliktische Kollisionsnorm des Art. 4 Abs. 1 abzustellen. Danach kommt es weder auf den Ort der Handlung – wie noch nach Art. 40 Abs. 1 S. 1 EGBGB – noch auf den Ort mittelbarer Schadensfolgen, sondern allein auf den **Ort des unmittelbaren Schadenseintritts** (Erfolgsort) an. Im Rahmen von Art. 6 Abs. 2 ist keineswegs klar, wie dieser Ort bei bilateralen Wettbewerbsverstößen zu bestimmen ist. Abzulehnen ist zunächst die Auffassung, die für wettbewerbsstörende Verstöße wie die Anschwärzung doch wieder auf den Marktort abstellt,[633] denn im Bereich des Art. 6 Abs. 2 hält der europäische Gesetzgeber ja gerade diese Anknüpfung nicht für angemessen. Richtigerweise ist für Fälle, in denen eine unmittelbare Auswirkung auf einen Markt vorliegt, schon von Hause aus nach Art. 6 Abs. 1 auf das Recht des Marktortes abzustellen. Hätte der Gesetzgeber für solche Fälle nur einen Vorrang der Anwendung des gemeinsamen Heimatrechts nach Art. 4 Abs. 2 erreichen wollen, hätte er nicht auch auf Art. 4 Abs. 1 verwiesen. Gleiches gilt für die Auffassung von *Glöckner,* der das Recht des Staates anwenden möchte, in dessen Gebiet der Wettbewerber im Wettbewerb steht.[634] Denn damit würde der subjektive Wettbewerberschutz mit dem objektiven Schutz des Wettbewerbs verwechselt werden. Vielmehr ist der Nachteil für die Wettbewerberstellung in angemessener Weise idR am Ort der **Niederlassung des betroffenen Wettbewerbers** zu lokalisieren,[635] denn von dort aus führt der betroffene Wettbewerber seine Geschäfte. Zustimmung verdient damit das Schrifttum, das auf den **Ort des beeinträchtigten Betriebs oder des Betriebsteils** abstellt, auf den nach dem Klägervorbringen eingewirkt wurde oder für den eine entsprechende Einwirkung droht.[636] Der „Schaden" **181**

---

[628] *Wadlow* J. Intell. Prop. L. & Prac. 4 (2009), 789 (792); ebenso *Beaumont/McEleavy,* Anton's Private International Law, 3. Aufl. 2011, Rn. 14.152, in Abgrenzung ua zu *Plender/Wilderspin,* The European Private International Law of Obligations, 2009, Rn. 20–034, die ihrerseits die Anwendung der Vorschrift ausgeschlossen sehen, wenn gleichzeitig Auswirkungen auf den Wettbewerb im Allgemeinen vorliegen.

[629] Ebenso *Fawcett/Torremans,* Intellectual Property and Private International Law, 2. Aufl. 2011, Rn. 16.22.

[630] Ebenso FBO/*Hausmann/Obergfell* IntLautPrivatR Rn. 341; HdB-WettbR/*Wilde/Linde* § 10 Rn. 59; *Sack* GRUR Int 2012, 601 (608 f.); ebenso *Sack* GRUR Int 2012, 601 (609).

[631] Ebenso *Sack* GRUR Int 2012, 601 (609).

[632] S. auch die Fallgruppenbildung bei *Sack* WRP 2008, 845 (851).

[633] *Beater,* Unlauterer Wettbewerb, 2. Aufl. 2011, Rn. 740.

[634] Harte-Bavendamm/Henning-Bodewig/*Glöckner* UWG Einl. C Rn. 620 gelangt damit zum erwünschten Ergebnis, sowohl für Art. 6 Abs. 1 als auch Abs. 2 das anwendbare Recht nach dem Auswirkungsprinzip zu bestimmen.

[635] Ebenso für den Ort der Niederlassung OGH GRUR Int 2012, 464 (466) – alcom-international.at; GRUR Int 2012, 468 (473) – HOBAS-Rohre – Rohrprodukte; Erman/*Hohloch* Rn. 8a; *Fountoulakis* in Schmidt-Kessel/Schubmehl, Lauterkeitsrecht in Europa, 2011, 719, 760 f.; *Weiler* in Götting/Meyer/Vormbrock, Gewerblicher Rechtsschutz und Wettbewerbsrecht, Praxishandbuch, 2011, § 25 Rn. 157; Peifer/*Klass* UWG Einl. D Rn. 338; Köhler/Bornkamm/Feddersen/*Köhler* UWG Einl. Rn. 5.33; *Leible/Lehmann* RIW 2009, 721 (729); *Lindacher* GRUR Int 2008, 453 (457); *Sack* GRUR Int 2012, 601 (602).

[636] So *Sack* WRP 2008, 845 (850); *Sack* GRUR Int 2012, 601 (602); *Sack,* Internationales Lauterkeitsrechts, 2019, Kap. 3 Rn. 16; ähnlich Calliess/*Augenhofer* Rom II-VO Art. 6 Rn. 65; Magnus/Mankowski/*Illmer* Rn. 86; jurisPK-BGB/*Wiegandt* Rn. 38.

von dem Art. 4 Abs. 1 spricht, besteht in der Beeinträchtigung der Wettbewerbsstellung des Wettbewerbers.[637] Vorsicht ist geboten gegenüber einem pauschalen Abstellen auf den Ort des Hauptverwaltungssitzes. Bei international operierenden Unternehmen kann dies leicht zu einer Anwendung des Rechts in einem sehr entfernt liegenden Staat führen.[638] Angeknüpft werden sollte daher an dem **Ort der Niederlassung, an dem konkret die Beeinträchtigung der Geschäftstätigkeit des Wettbewerbers eingetreten ist.** Werden zeitgleich alle Niederlassungen eines Unternehmens betroffen – etwa durch die Verseuchung der unternehmensinternen EDV –, erscheint die Anwendung des Rechts am Hauptverwaltungssitz angemessen.[639] Jedenfalls sind für die Ermittlung des anwendbaren Rechts stets die besonderen Umstände des konkretes Falles zu berücksichtigen.[640]

182 Sofern wie gewöhnlich die Anknüpfung nach Art. 4 Abs. 1 zum Recht des gewöhnlichen Aufenthaltes des betroffenen Wettbewerbers führt, bedingt die Anknüpfung an das gemeinsame Heimatrecht gemäß **Art. 4 Abs. 2** kein abweichendes Anknüpfungsergebnis. Der vorrangigen Anknüpfung am **gemeinsamen gewöhnlichen Aufenthalt** bei bilateralem Wettbewerbsverhalten kommt daher im Verhältnis zur allgemeinen deliktsrechtlichen Anknüpfung am Erfolgsort keine größere praktische Bedeutung zu.[641] Rechtspolitisch problematisch und praktisch bedeutsam erweist sich vielmehr die Abweichung von der Marktortanknüpfung nach Art. 6 Abs. 1. Die wesentliche Aufgabe besteht deshalb darin, im Rahmen der Qualifikation des bilateralen Wettbewerbsverstoßes die beiden Fälle des Art. 6 Abs. 1 und 2 korrekt abzugrenzen.

183 Nur geringe Bedeutung scheint **Art. 4 Abs. 3** zuzukommen. Neben dem Ort des Erfolgseintritts und dem gemeinsamen gewöhnlichen Aufenthalt ist eine offensichtlich engere Verbindung mit einem anderen Staat kaum denkbar. Allerdings sollte auf diese Vorschrift zurückgegriffen werden, soweit nationales Lauterkeitsrecht auch **Schutz gegen die Herstellung oder den Export von Waren** – nämlich im Bereich des **angrenzenden wettbewerblichen Leistungsschutzes** sowie des **Geschäftsgeheimnisschutzes** – gewährt. Die Vorschrift ermöglicht hier ein Abweichen vom Recht am Ort der Niederlassung des geschützten Unternehmens zugunsten der Anwendung des **Rechts am Ort der Herstellung** bzw. des **Rechts des Ausfuhrstaates.**[642] Hierfür spricht, dass es Ziel der nationalen Regelung gerade ist, entsprechendes Verhalten im Inland unter Abwägung der wettbewerblichen Interessen zu verbieten. Soweit allgemein auf die Notwendigkeit der Anknüpfung nach Art. 4 Abs. 3 in der Situation einer **vertraglichen Verbindung** zwischen Anspruchsteller und Anspruchsgegner verwiesen wird,[643] passt dies regelmäßig nicht für die Fälle bilateralen Wettbewerbsverhaltens. Überhaupt denkbar sind solche Konstellationen nur, soweit bestehende Verträge zwischen Wettbewerbern nicht dem Kartellverbot unterliegen.

184 Bei vollständiger Anwendbarkeit des Art. 4 auf bilaterales Wettbewerbsverhalten fragt sich, weshalb überhaupt die Vorschrift des Art. 6 Abs. 2 gebraucht wird und das bilaterale Wettbewerbsverhalten gegenüber anderen unerlaubten Handlungen iSv Art. 4 abzugrenzen ist. Die Antwort findet sich in **Art. 6 Abs. 4.** Diese Vorschrift **schließt** nach umstrittener, aber richtiger Ansicht (→ Rn. 208) auch für bilaterale Wettbewerbsverhalten eine **Rechtswahl** nach Art. 14 **aus.**[644]

185 **f) Geheimnisschutz im Besonderen unter Berücksichtigung der Richtlinie über den Schutz von Geschäftsgeheimnissen.** Das Schrifttum geht überwiegend davon aus, dass für den lauterkeitsrechtlichen Geheimnisschutz nach Art. 6 Abs. 2 anzuknüpfen ist (→ Rn. 171). Es stellen sich aber bei der Ermittlung des auf den Geheimnisschutz anwendbaren Rechts **zahlreiche Fragen,**

---

637 So überzeugend Harte-Bavendamm/Henning-Bodewig/*Glöckner* UWG Einl. C Rn. 620.

638 So zu Recht die Kritik von *Sack* WRP 2008, 845 (850), an der sehr pauschal formulierten Auffassung in der → 6. Aufl. 2015, IntLautR Rn. 179.

639 Anders *Nettlau,* Die kollisionsrechtliche Behandlung von Ansprüchen aus unlauterem Wettbewerbsverhalten gemäß Art. 6 Abs. 1 und 2 Rom II-VO, 2013, 257, der eine Mosaikbetrachtung nach dem Recht der einzelnen Niederlassungen vornehmen möchte.

640 So überzeugend *Bauermann,* Der Anknüpfungsgegenstand im europäischen Internationalen Lauterkeitsrecht, 2015, 75 f. unter Anführung des Beispielsfalles eines Sabotageakts an Arbeitsmitteln eines Außendienstmitarbeiters. Zweifelhaft dagegen der Vorschlag von *Bauermann* S. 104, vom Sitzort des Unternehmens zugunsten des Marktortes abzurücken, wenn das Unternehmen dem Dritten Zugang zum Geschäftsgeheimnis selbst verschafft (zu denken wäre etwa an den Fall einer Know how-Lizenz), das Geheimnis dann aber in unzulässiger Weise benutzt wird.

641 AA wohl *Sack* WRP 2008, 845 (850 f.).

642 So überzeugend *Sack,* Internationales Lauterkeitsrecht, 2019, Kap. 6 Rn. 25.

643 S. *Handig* GRUR Int 2008, 24 (27); *Hartley* ICLQ 57 (2008), 899; *Hellner* YPIL 9 (2007), 49 (59); *Leible/Lehmann* RIW 2007, 721 (726).

644 Befürwortend FBO/*Hausmann/Obergfell* IntLautPrivatR Rn. 17. und 258; Peifer/*Klass* UWG Einl. D Rn. 380 (jeweils unter Diskussion der systematisch nicht eindeutigen gesetzlichen Regelung); *Sack* GRUR Int 2012, 601 (603 f.), mit dem zutr. Hinweis, dass auch bei bilateralem Wettbewerbsverhalten mittelbar immer auch auf die Wettbewerbsbedingungen auf Märkten eingewirkt wird.

die von der Rspr. noch nicht geklärt und im Schrifttum kontrovers diskutiert werden. So wird sogar die **lauterkeitsrechtliche Qualifikation des zivilrechtlichen Geheimnisschutzes** als solche bestritten.[645] Dies muss überraschen, da die Kommission in der Begründung ihres Vorschlags für die Rom II-VO die Preisgabe von Geschäftsgeheimnissen als Beispiel bilateraler Wettbewerbsbeschränkungen iSv Art. 6 Abs. 2 nennt (→ Rn. 165).[646] Dass dennoch Zweifel bestehen, liegt zum einen daran, dass mit dem Schutz vor allem technischer Informationen (Know-how) und der Ausgestaltung des Rechtsschutzes durch Unterlassungs- und Schadensersatzansprüchen der Geheimnisschutz dem **Immaterialgüterrecht** nahesteht.[647] Zum anderen könnte man den Geheimnisschutz als **Rechtsgebiet sui generis** verstehen, was dafür spräche, nach der allgemeinen deliktischen Kollisionsnorm des Art. 4 anzuknüpfen.[648] Dem schließt sich *Ohly* mit dem Hinweis an, dass nach der europäischen Rechtsangleichung der Geheimnisschutz über den Schutz wettbewerblicher Interessen durchaus hinausreicht, indem er sich beispielsweise auch gegen journalistische Tätigkeiten richten kann.[649] Diese Gründe sprechen jedoch nicht gegen die **grundsätzlich lauterkeitsrechtliche Qualifikation.** Anders als im Immaterialgüterrecht geht es nicht um Rechtsgüterschutz. Der Schutzgegenstand wird nicht nach objektiven Merkmalen der Information bestimmt, sondern hängt von der Geheimhaltung durch das geschützte Unternehmen ab. Vor allem aber bedient sich der Geheimnisschutz auch nach der europäischen Rechtsangleichung und der damit einhergehenden Übertragung des Geheimnisschutzes vom UWG in das GeschGehG weiterhin spezifisch lauterkeitsrechtlicher Kriterien. Soweit der Geheimnisschutz auch in andere Rechtsgebiete, wie insbesondere das Medienrecht, hinübergreift, bleibt es doch dabei, dass in der ganz überwiegenden Zahl der Fälle es um die Beurteilung von Wettbewerbsverhalten iSd der lauterkeitsrechtlichen Anknüpfung nach Art. 6 Abs. 1 und 2 geht. Dies schließt nicht aus, in Fällen, in denen es nicht spezifisch um wettbewerblichen Schutz geht, das anwendbare Recht unmittelbar nach Art. 4 zu ermitteln. Wenn ein Journalist Geschäftsgeheimnisse eines Unternehmens preisgibt, um in Verfolgung allgemeingesellschaftlicher Interessen die Öffentlichkeit zu informieren, fehlt es bereits an einem Verhalten, dass Wettbewerbszwecken dient, so dass Art. 6 Abs. 1 und 2 nicht einschlägig ist. Insgesamt erscheinen die Argumente der Gegner der lauterkeitsrechtlichen Qualifikation eher durch die Unangemessenheit der Anknüpfung nach Art. 6 Abs. 2 geprägt zu sein. Wie jedoch die nachfolgende Erörterung zeigt, können angemessene Ergebnisse durchaus über die Anknüpfung nach Art. 6 Abs. 1 und 2 erzielt werden. Dabei ist nach den verschiedenen Tathandlungen zu unterscheiden.

Die Anknüpfung nach **Art. 6 Abs. 2** ist zunächst für das **Ausspähen,** das **Offenbaren** und 186
die **Nutzung** von Geschäftsgeheimnissen überzeugend. Schon nach den völkerrechtlichen Vorgaben des Art. 39 Abs. 2 TRIPS ist Schutz gegen den unlauteren Erwerb von geheimen Informationen und damit noch vor dessen Benutzung auf nachgelagerten Märkten zu gewähren. Dies bedeutet zwar keineswegs, dass Verletzungen von Geschäftsgeheimnissen ausschließlich Interessen des Ausgespähten beeinträchtigen. Vielmehr wirkt sich ein Verstoß auch nachteilig auf die Wettbewerbsbeziehungen auf den nachgelagerten Produktmärkten aus, indem der Verletzer durch das Ausspähen einen Wettbewerbsvorteil gegenüber Konkurrenten erlangt.[650] Dass dennoch die Anknüpfung über **Art. 6 Abs. 2** zu befürworten ist, liegt daran, dass es an einer marktvermittelten Behinderung des ausgespähten Wettbewerbers fehlt und im Zeitpunkt des Ausspähens nicht notwendig klar ist, auf welchen Märkten das Geheimnis einmal genutzt werden wird. Nicht anders liegt es im Falle der **Offenbarung** von Geschäftsgeheimnissen. Soweit die **Nutzung** (noch) nicht in einer Vermarktungshandlung besteht, sondern – wie im Falle von Know-how – insbesondere der Herstellung von Waren, erscheint ebenfalls die Anwendung von **Art. 6 Abs. 2** angemessen, da noch nicht absehbar sein muss, auf welchen Märkten diese Waren einmal abgesetzt werden.

Dagegen wird im Falle der **Vermarktung eines Geschäftsgeheimnisses** die Grenzen des 187
rein bilateralen Wettbewerbsverhaltens überschritten, weshalb von einem Teil des Schrifttums auch

---

645 Umfassend zum Streitstand *Ohly* in FS Harte-Bavendamm, 2020, 383 (388 ff.).

646 So auch weiterhin der knappe Hinweis bei Peifer/*Klass* UWG Einl. D Rn. 62.

647 Entsprechend für eine Anknüpfung nach Art. 8 Abs. 1 *Kiefer* WRP 2018, 910 (911 ff.); *McGuire* GRUR 2016, 1000, 1003 ff.; *Rieländer* ZVglRWiss 119 (2020), 339. Dagegen *Ohly* in Sandeen/Rademacher/Ohly, Research Handbook on Information Law and Governance, 2011, 234, 249 ff.

648 So Köhler/Bornkamm/Feddersen/*Köhler* UWG Einl. Rn. 5.33a.

649 *Ohly* FS Harte-Bavendamm, 2020, 383 (399) mit der weitergehenden Forderung, über eine eigenständige Kollisionsnorm nachzudenken. *Ohly* in Sandeen/Rademacher/Ohly, Research Handbook on Information Law and Governance, 2011, 234, 251 ff.

650 Zust. FBO/*Hausmann/Obergfell* Einl. I UWG IntLautPrivatR Rn. 327; aA *Köhler* FS Coester-Waltjen, 2015, 501 (508) mit dem Argument, das Verhalten sei ja nur gegenüber dem ausgespähten Wettbewerber unlauter; die Konkurrenten auf den Markt hätten die Intensivierung des Wettbewerbs auch als Folge der Verletzung des Geschäftsgeheimnisses nach den Wertungen des Lauterkeitsrechts hinzunehmen.

schon für das frühere Recht die Anknüpfung nach dem **Marktortprinzip** vertreten wurde.[651] Die Marktortanknüpfung erscheint nach Umsetzung der **Geheimnisschutz-RL** (→ Rn. 33) noch überzeugender.[652] Dass der Geheimnisschutz auch gegen die Benutzung von Geschäftsgeheimnissen gewährt werden muss, wird schon in Art. 39 Abs. 2 TRIPS erwähnt. Dieser Schutz wird durch die Geheimnisschutz-RL und schließlich das deutsche **GeschGehG**[653] nicht nur konkretisiert, sondern sogar besonderes weit gezogen. Über den Grundtatbestand der rechtswidrigen Nutzung nach Art. 4 Abs. 3 Geheimnisschutz-RL sowie § 4 Abs. 2 GeschGehG hinaus verbietet das neue Recht auch **indirekte Verletzungshandlungen,** die in Art. 4 Abs. 4 und 5 Geheimnisschutz-RL und § 4 Abs. 3 GeschGehG geregelt sind. Danach **haftet auch ein Dritter für die Nutzung,** soweit er Zugang zu den Geschäftsgeheimnissen erlangt hat und er hinsichtlich der vorgelagerten rechtswidrigen Verletzung des Geschäftsgeheimnisses zumindest fahrlässig war.[654] Die Beurteilung solcher indirekter Nutzungshandlungen nach dem Recht am Ort des ausgespähten Betriebs gemäß Art. 6 Abs. 2 erscheint vor allem für Handlungen nach Art. 4 Abs. 5 GeschGehG (umgesetzt in § 4 Abs. 3 S. 2 GeschGehG) problematisch, die ganz wesentlich die Vermarktung von Geschäftsgeheimnissen betreffen. Danach haften Dritte nicht nur für das Herstellen, sondern auch das **Anbieten** und das **Inverkehrbringen rechtsverletzender Produkte,** einschließlich der **Einfuhr und Ausfuhr** solcher Produkte. Diese Tathandlungen erfolgen typischerweise auf Märkten. Der Begriff der **„rechtsverletzende Produkte“** wird zudem sehr weit definiert. Nach Art. 2 Nr. 4 Geheimnisschutz-RL (§ 2 Nr. 4 GeschGehG) fallen hierunter alle „Produkte, deren Konzeption, Merkmale, Funktionsweise, Herstellungsprozess oder Marketing in erheblichem Umfang auf rechtswidrig erworbenen, genutzten oder offengelegten Geschäftsgeheimnissen beruhen“. Durch das Erstrecken auf das Marketing wird auch der Fall erfasst, dass jemand mit Hilfe unlauter erlangter Kundendaten den Absatz eigener Waren und Dienstleistungen fördert. Da in diesem Fall die Geheimnisse für die Herstellung der Produkte vollkommen irrelevant sind, sondern ausschließlich zu Zwecken des Vertriebs von Waren oder Dienstleistungen eingesetzt werden, die auch ohne Erlangung des Zugangs zum Geschäftsgeheimnis angeboten werden können,[655] erscheint die Annahme eines rein bilateralen Wettbewerbsverhaltens iSd Art. 6 Abs. 2 nicht mehr tragbar. Besonders weit formuliert sind die genannten Vorschriften in Bezug auf die **Einfuhr und Ausfuhr rechtsverletzender Produkte.** Ihrem Wortlaut nach finden sie ohne Rücksicht darauf Anwendung, wer den Import oder Export vornimmt. Erfasst würde damit sogar die Einfuhr und Ausfuhr rechtsverletzender Waren durch reisende **Verbraucher,** was eigentlich in Widerspruch zur Grundentscheidung der Richtlinie steht, wonach der bloße Gebrauch von Produkten, die auf einer Rechtsverletzung beruhen, zulässig sein soll.[656] Damit hat die Richtlinie weit reichende Bedeutung für die Rechtsposition von Kunden, einschließlich Verbrauchern. Da es nach Art. 4 Abs. 5 Geheimnisschutz-RL sowie § 4 Abs. 3 S. 2 GeschGehG nicht darauf ankommt, welche Staaten an der Einfuhr oder der Ausfuhr nach dieser Vorschrift beteiligt sind, würde die Abkehr von der Marktortanknüpfung in diesen Fällen dazu führen, den sehr weit reichenden unionsrechtlichen Geheimnisschutz auch in Drittstaaten zu exportieren. In der → 7. Aufl. 2018, IntLautR Rn. 185 ist dennoch vertreten worden, dass für alle Tathandlungen im Bereich des Geheimnisschutzes einheitlich nach Art. 6 Abs. 2 angeknüpft werden sollte. Diese Auffassung wurde schon in der (8.) Vorauflage ausdrücklich aufgegeben. Für die einheitliche Anknüpfung spricht zwar, dass das **Verbot der Nutzung eines Geschäftsgeheimnisses von der Rechtswidrigkeit des Erlangens des Geschäftsgeheimnisses abhängig** ist.[657] Die einheitliche Anknüpfung würde deshalb die kollisionsrechtliche Anknüpfung erleichtern.[658] Allerdings sprechen

---

651 So MüKoUWG/*Mankowski* IntWettbR Rn. 333; *Sack* GRUR Int 2012, 601 (606); *Sack,* Internationales Lauterkeitsrecht, 2019, Kap. 5 Rn. 63; aA *Köhler* FS Coester-Waljen, 2015, 501 (508).

652 Wie *Ohly* FS Harte-Bavendamm, 2020, 385 (386 f.), *Ohly* in Sandeen/Rademacher/Ohly, Research Handbook on Information Law and Governance, 2021, 234 (243 f.) zeigt, kann es selbst im Verhältnis zwischen den Mitgliedstaaten infolge uneinheitlicher Umsetzung darauf ankommen, welches nationale Recht anwendbar ist.

653 Gesetz zum Schutz von Geschäftsgeheimnissen (GeschGehG) vom 18.4.2019, BGBl. 2019 I 466.

654 Dazu *Lejeune* CR 2016, 330 (334).

655 Deshalb besonders krit. Stellungnahme des MPI für Innovation und Wettbewerb: *Knaak/Kur/Hilty* IIC 45 (2014), 953 Rn. 22 f. zum vorausgegangenen Kommissionsvorschlag.

656 Dem Vorschlag des MPI für Innovation und Wettbewerb – *Knaak/Kur/Hilty* IIC 45 (2014), 953 Rn. 34, die Anwendung von Art. 4 Abs. 5 auf Verbraucher auszunehmen, ist der europäische Gesetzgeber nicht gefolgt.

657 Ua deshalb für eine einheitliche Anknüpfung für alle denkbaren Verletzungsvarianten *Ohly* in Sandeen/Rademacher/Ohly, Research Handbook on Information Law and Governance, 2021, 234 (247).

658 Dies erkennt auch *Ohly* in Sandeen/Rademacher/Ohly, Research Handbook on Information Law and Governance, 2021, 234 (248 f.), spricht sich aber dagegen aus, weil Art. 6 Abs. 1 iVm Art. 4 Abs. 1 durch Anwendung des Rechts am Sitz des beeinträchtigenden Unternehmens einseitig die Interessen dieses Unternehmens bevorzugen würde.

die kollisionsrechtlich zu berücksichtigenden Interessen gegen eine Anknüpfung nach Art. 6 Abs. 2. Dies liegt nicht nur daran, dass – den Grundgedanken der allgemeinen deliktischen Anknüpfung nach Art. 4 Abs. 1 folgend – die Funktion des Geheimnisschutzes in Bezug auf die Verhaltenssteuerung bei Nutzung von Informationen berücksichtigt werden muss.[659] Im Zuge der aktuellen Entwicklung der Digitalwirtschaft, ist auch die wachsende Bedeutung des Geheimnisschutzes bei der Gestaltung der zudem stark grundrechtlich geprägten Informationsordnung eines Staates zur Kenntnis zu nehmen. Die Abgrenzung der Rechtmäßigkeit der Nutzung von Informationen, die von einem anderen Unternehmen stammen, sollte in Bezug auf Big-Data-Geschäftsmodellen und die Nutzung von vernetzten Geräten nicht alleine aus der Sicht der Geheimhaltungsinteressen des ausgespähten Unternehmens beurteilt werden. Zu berücksichtigen ist auch das Interesse Dritter – einschließlich etwa der Nutzer vernetzter Geräte – auf Datenzugang.[660] Dies spricht dafür, bei **marktvermittelten Nutzungshandlungen** in Bezug auf Geschäftsgeheimnisse gemäß Art. 6 Abs. 1 das **Recht des Marktortes anzuwenden, an dem die Geheimhaltungs- und Zugangsinteressen kollidieren.** Diese Anknüpfung erschwert zwar die Rechtsanwendung. Sie gewährleistet aber angemessene Ergebnisse. Wird etwa ein Geschäftsgeheimnis in der Schweiz ausgespäht und führt eine am Ausspähen nicht beteiligte Person eine rechtsverletzende Ware nach Deutschland ein, kommt gemäß dem nach Art. 6 Abs. 1 anwendbaren deutschen Marktortrecht grundsätzlich auch eine Haftung des Importeurs (gemäß § 4 Abs. 3 S. 2 GeschGehG) in Betracht. Dabei handelt es sich bei der **Frage, ob das Geschäftsgeheimnis in rechtswidriger Weise von einem anderen erlangt wurde,** um eine **Vorfrage,** die gemäß **Art. 6 Abs. 2** nach schweizerischem Recht zu beurteilen ist. Wird in der umgekehrten Konstellation ein in Deutschland ausgespähtes Geschäftsgeheimnis bei Herstellung einer Ware verwendet, die ein Dritter außerhalb der EU oder des EWR vertreibt, hängt die Rechtswidrigkeit dieses Vertriebs davon ab, dass das nach Art. 6 Abs. 1 anwendbare Recht des Drittstaates einen § 4 Abs. 3 S. 2 GeschGehG vergleichbaren Schutz vorsieht. So wird ein grundsätzlicher Export der europäischen Rechtsvorstellungen in Drittstaaten vermieden.

Klärungsbedürftig bleibt noch die Anknüpfung für das **Verbot der Ausfuhr rechtsverletzender Produkte** gemäß **Art. 4 Abs. 5 Geheimnisschutz-RL** (§ 4 Abs. 3 S. 2 GeschGehG). 188
Der europäische Gesetzgeber scheint sich bei Abfassung dieses Verbots keinerlei Gedanken über das Verhältnis zum Kollisionsrecht gemacht zu haben. Jedenfalls enthält diese Vorschrift selbst **keine Kollisionsnorm.** Sie verpflichtet lediglich die Mitgliedstaaten der EU sowie des EWR, in ihrem nationalen Recht den Schutz von Geschäftsgeheimnissen richtlinienkonform auszugestalten. Im Rahmen der zivilrechtlichen Durchsetzung ist also unionsrechtlicher Ausfuhrschutz zu gewähren, soweit über die Kollisionsregeln der Rom II-VO auf das Recht eines Mitgliedstaates der EU oder des EWR verwiesen wird.[661] Dass der europäische Gesetzgeber auch die Ausfuhr verbietet, ist wohl dem Ziel geschuldet, die Verbreitung rechtverletzender Produkte innerhalb des Binnenmarktes zu unterbinden (so der Hinweis in Erwägungsgrund 28 Geheimnisschutz-RL). Aber der Anwendungsbereich der Vorschrift ist keineswegs auf den Verkehr innerhalb der EU und des EWR beschränkt. Über die Anknüpfung nach Art. 6 Abs. 2 iVm Art. 4 Abs. 1 würde sich auch ein Ausfuhrverbot zulasten von Drittstaaten selbst dann ergeben, wenn nach dem dortigen Recht der Weitervertrieb zulässig wäre.[662] Diesem Ergebnis ließe sich durch eine Marktortanknüpfung nach Art. 6 Abs. 1 Rom I-VO entgegenwirken. Wird etwa ein rechtsverletzendes Produkt von der EU aus in einen Drittstaat ausgeführt, beurteilt sich auch nach der hier vertretenen Auffassung (→ Rn. 187) ausschließlich nach dem Recht des Drittstaates, ob der Vertrieb auf den dortigen Markt noch in den Schutzbereich des Geheimnisschutzes fällt. Der Drittstaat entscheidet autonom darüber, ob der Import und Weitervertreib rechtsverletzender Produkte zulässig ist oder nicht. Gleichzeitig würde aber durch die Anwendung von Art. 6 Abs. 1 Rom I-VO das europäische Ausfuhrverbot unterlaufen. So entsteht ein Widerspruch zwischen den kollisionsrechtlichen Wertungen, die Art. 6 Abs. 1 Rom I-VO prägen, und dem europäischen Sachrecht. Dennoch lässt sich das europäische Ausfuhrverbot auch unter Anwendung europäischen Kollisionsrechts

659 So insbes. *Ohly* FS Harte-Bavendamm, 2020, 385 (397 f.).

660 Zur Rolle des Geheimnisschutzes bei der Regulierung des Marktes von vernetzten Geräten s. *Drexl,* Data Access and Control in the Era of Connected Devices, 2018, 91 ff., https://www.beuc.eu/publications/beuc-x-2018-121_data_access_and_control_in_the_area_of_connected_devices.pdf (zuletzt abgerufen am 1.5.2024).

661 So jedenfalls iErg auch die Stellungnahme des MPI für Innovation und Wettbewerb: *Knaak/Kur/Hilty* IIC 45 (2014), 953 Rn. 33 unter Annahme der Anwendbarkeit der allgemeinen deliktsrechtlichen Anknüpfung über Art. 6 Abs. 2.

662 *Ohly* in FS Harte-Bavendamm, 2020, 385 (397) spricht deshalb von einem „protektionistischen Beigeschmack".

verwirklichen. Dies gelingt, wenn man bedenkt, dass die **Ausfuhr rechtsverletzender Ware als Vorbereitungshandlung im Verhältnis zum Vertrieb auf dem Auslandsmarkt** anzusehen ist.[663] Bei reinen Vorbereitungshandlungen fehlt es an einem Marktbezug, so dass Art. 6 Abs. 1 Rom I-VO nicht einschlägig ist. Die Anknüpfung hat, wie bei allen lauterkeitsrechtlichen Verboten in Bezug auf reine Vorbereitungshandlungen, über **Art. 6 Abs. 2** zu erfolgen (→ Rn. 120 f.). Angewendet werden sollte allerdings nicht das nach Art. 4 Abs. 1 typischerweise berufene Recht am Ort der beeinträchtigten Niederlassung des Inhabers des Geschäftsgeheimnisses, sondern über die Ausweichklausel des Art. 4 Abs. 3 das **Recht des Ausfuhrstaates** (→ Rn. 183).[664] So lässt sich das europäische Ausfuhrverbot vor den zuständigen Gerichten in der EU und des EWR durchsetzen, sofern der beeinträchtigte Betrieb des Inhabers des Geschäftsgeheimnisses in der EU oder dem EWR liegt. Dessen ungeachtet bleibt die protektionistische Durchsetzung europäischer Rechtsvorstellungen mit extraterritorialen Auswirkungen auf Drittstaaten rechtspolitisch zu kritisieren. Diese Auswirkungen sind dennoch hinzunehmen, denn es ist nicht Aufgabe des europäischen Kollisionsrechts, rechtspolitisch fragwürdige Entscheidungen des europäischen Gesetzgebers auf der Ebene des Sachrechts jeden Anwendungsbereich zu nehmen.

189 **7. Anknüpfung bei Multistate-Delikten (Streudelikten). a) Begriff und Problematik.** Problematisch erweist sich die Behandlung von Wettbewerbshandlungen, die gleichzeitig auf die Märkte mehrerer Staaten einwirken (sog. Multistate-Delikte). Das Marktortprinzip nach Art. 6 Abs. 1 führt hier zur kumulativen Anwendung mehrerer Rechtsordnungen.[665] Durch das Erfolgsortprinzip des Art. 4 Abs. 1, den das Marktortprinzip des Art. 6 Abs. 1 lediglich präzisiert, ist klargestellt, dass das Recht eines jeden Staates zur Anwendung kommen muss, auf dessen Markt eingewirkt wird.[666] Entsprechend ist nach dem Recht eines jeden Marktortes gesondert zu ermitteln, ob eine Handlung unlauter ist (**Mosaikbetrachtung;** allgemein zu dieser im Internationalen Deliktsrecht → Art. 4 Rn. 44 f.).[667] Beispiele von Multistate-Verstößen bieten der grenzüberschreitende Vertrieb von **Zeitungen,**[668] der grenzüberschreitende **terrestrische Rundfunk**[669] sowie der **Satellitenrundfunk**[670] und schließlich das **Internet** (vgl. auch die parallele Problematik im Bereich des Immaterialgüterrechts, → Art. 8 Rn. 310 ff.). Da das Verbot nach nur einem Recht ausreichen kann, um die Wettbewerbshandlung insgesamt zu unterbinden, bedroht zumindest eine mit geringen Anforderungen verbundene Anknüpfung nach dem Marktortprinzip die Möglichkeiten multinationalen Marketings unter Verwendung der entsprechenden Medien. Vor allem im Internet stößt die traditionelle Anknüpfung nach dem Marktortprinzip an ihre Grenzen.[671] So ist zweifelhaft, ob bei einem Internet-Auftritt überhaupt noch von einem **Einwirken** auf einen bestimmten Marktort ausgegangen werden kann, wenn die Adressaten der Nachrichten auf eigene Initiative auf die entsprechende Website zugreifen und der Werbende gar nicht kontrollieren kann, von welchen Staaten die Informationen aufgerufen werden. Schließlich läuft das Marktortprinzip bei Internet-Sachverhalten Gefahr, die Zahl der anwendbaren Rechte ausufern zu lassen. Deshalb kann für das Internet **nicht davon ausgegangen werden, dass schon die bloße Zugänglichkeit einer Website von einem Staate aus diesen Staat auch zum Marktort macht.**[672] Weil schon das lauterkeitsrechtliche Verbot nach nur einer nationalen Rechtsord-

---

663 So grds. *Sack,* Internationales Lauterkeitsrecht, 2019, Kap. 2 Rn. 28, ohne spezifischen Bezug auf den Geheimnisschutz.

664 Generell für die Anwendung des Rechts des Ausfuhrstaates über Art. 6 Abs. 2, wenn Lauterkeitsrecht die Ausfuhr verbietet, *Sack,* Internationales Lauterkeitsrecht, 2019, Kap. 6 Rn. 25.

665 So der allgemeine Schluss; s. nur *De Miguel Asensio* in Leible/Ohly, Intellectual Property and Private International Law, 2009, 137 Rn. 21; *De Miguel Asensio,* Conflict of Laws and the Internet, 2020, Rn. 5.175; Spindler/Schuster/*Bach* Rn. 7.

666 Zur Anwendung von Art. 4 Abs. 1 bei Streudelikten allg. *Sonnentag* ZVglRWiss 105 (2006), 256 (268 ff.).

667 So die allgM, s. etwa *Dethloff* NJW 1998, 1596 (1601); Erman/*Hohloch* Rn. 6; *Götting/Hetmank* in Götting/Kaiser, Wettbewerbsrecht und Wettbewerbsprozessrecht, 2. Aufl. 2016, § 2 C Rn. 39; HK-UWG/*Götting* Einl. Rn. 130; NK-BGB/*Weller* Rn. 19; Magnus/Mankowski/*Illmer* Rn. 88; Rauscher/*Unberath/Cziupka/Pabst* EuZPR/EuIPR Rn. 33; *Sack* WRP 2000, 273 mwN; *Sack,* Internationales Lauterkeitsrecht, 2019, Kap. 7 Rn. 5; ebenso BG GRUR Int 1997, 167 – item communication; OGH GRUR Int 2012, 468 (474) – HOBAS-Rohre – Rohrprodukte, zur Anwendung von Art. 6 Abs. 1.

668 S. BGH GRUR 1971, 153 – Tampax.

669 S. BGH NJW 1998, 2531 – Co-Verlagsvereinbarung; umfassend *Dethloff,* Europäisierung des Wettbewerbsrechts, 2001, 102 ff.; HdB-WettbR/*Ahrens* § 68 Rn. 45 ff.

670 Hierzu den Fall des OLG Köln IPRspr. 2010, Nr. 156.

671 Vgl. schon früh *Kotthoff* CR 1997, 676 (678) mit der Frage, ob das Marktortprinzip in Zeiten der Globalisierung der Medien noch sachgerecht ist; ebenso *Löffler* WRP 2001, 379 (382).

672 AllgM, s. etwa *Bornkamm* in *Bartsch/Lutterbeck,* Recht der Neuen Medien, 1998, 99 (115); *Dethloff* NJW 1998, 1596 (1599); Ekey/Klippel/Kotthoff/*Ekey* UWG Vor §§ 12 ff. Rn. 19; *Sack* WRP 1999, 269 (277).

nung genügen kann, um den Internet-Auftritt insgesamt zu gefährden,[673] stellt das Internet die **praktische Leistungsfähigkeit** des Marktortprinzips grundsätzlich in Frage.[674]

b) Sonderregeln des Europäischen Rechts; Herkunftslandprinzip. Im europäischen Recht des Binnenmarktes begegnet der Gesetzgeber dem Problem zahlreicher parallel anwendbarer Lauterkeitsrechte durch das sog. Herkunftslandprinzip. Dieses Prinzip **garantiert dem Anbieter** im Bereich des elektronischen Geschäftsverkehrs, seine **Dienste** der Informationsgesellschaft in zulässiger Weise **innerhalb des Binnenmarktes verbreiten zu können, soweit er sich an die Regeln seines Niederlassungsstaates hält** (→ Rn. 56 ff.). Ist aber der Niederlassungsstaat ein Staat, für den die europäische E-Commerce-RL nicht gilt, bleibt es bei Internet-Fällen bei der Anwendung der allgemeinen kollisionsrechtlichen Regeln. Schließlich gilt das Herkunftslandprinzip, was das Lauterkeitsrecht betrifft, zunächst nur im Bereich des elektronischen Geschäftsverkehrs. Lediglich beim grenzüberschreitenden Fernsehen findet sich eine zweite Ausprägung in der RL 2010/13/EU, wobei allerdings nur solche Regelungen des Zuschauerstaates von diesem Prinzip kontrolliert werden, die spezifisch für den Rundfunkbereich geschaffen wurden (→ Rn. 58). Außerdem hat das nicht kollisionsrechtliche Binnenmarktprinzip Eingang in die UGP-RL gefunden (→ Rn. 86 ff.). 190

c) Alternativen zur Marktortanknüpfung? Gerade für den Bereich des Internets läge der Gedanke nach der Beurteilung von Wettbewerbshandlungen nach nur einer Rechtsordnung besonders nahe. Freilich begegnet die Übernahme des europäischen **Herkunftslandprinzips** als **universell anwendbare kollisionsrechtliche Sonderanknüpfung für das Lauterkeitsrecht im Internet**[675] ernsthaften Bedenken.[676] Die Staaten würden damit nicht nur ihre Regelungsbefugnis im Hinblick auf das lauterkeitsrechtliche Handeln-Dürfen im immer wichtiger werdenden Medium des Internets, sondern insbesondere auch die Gleichheit der Wettbewerbsbedingungen für in- und ausländische Unternehmen aufgeben. Würde man, wie wohl nicht anders möglich, am Recht des Staates der Niederlassung des Internet-Anbieters anknüpfen, wäre außerhalb des Anwendungsbereichs des europäischen Rechts in keiner Weise ein Mindestmaß an Schutz der inländischen Verbraucher gegen unlautere Wettbewerbshandlungen garantiert. Im Ergebnis besteht daher keine Alternative zur Anwendung des Marktortprinzips. Bei Multistate-Verstößen kommt es deshalb wesentlich auf die Konkretisierung und Einschränkung des Marktortprinzips durch weitere Kriterien an. 191

Bevor auf die Rechtslage unter Geltung der Rom II-VO eingegangen wird, soll ein Blick auf Praxis des BGH und – nachfolgend – die Diskussion im Schrifttum in ihrem Bemühen um eine Eingrenzung der anwendbaren Rechtsordnungen geworfen werden. Danach wird zu erörtern sein, ob sich diese Einschränkungsmöglichkeiten für die Anknüpfung nach der Rom II-VO übernehmen lassen. 192

d) Grenzüberschreitende Wettbewerbshandlungen nach der bisherigen Rspr.[677] In der **„Tampax"-Entscheidung**[678] beurteilte der BGH Werbeaussagen in schweizerischen Zeitschriften, die auch in Deutschland vertrieben wurden, nach deutschem Recht. Die Bedeutung der Entscheidung liegt zum einen in der grundsätzlichen Bestätigung, dass deutsches Recht in einem solchen Fall überhaupt zur Anwendung gebracht werden kann. Zum anderen benennt das Gericht **Kriterien,** die eine Anwendung deutschen Rechts gerechtfertigt erscheinen lassen. Da die Zeitschriften „mit einer im **regelmäßigen Geschäftsbetrieb** vor sich gehenden Versendung durch den Zeitungsverlag über die Grenze gelangten", sei die grenzüberschreitende Wirkung der Werbung **vorhersehbar** gewesen.[679] Dagegen könne eine **bloß gelegentliche Verbreitung** solcher Zeitschriften in Deutschland **keine Verletzung** des Rechts in Deutschland begründen. In diesen Formulierungen mag man bereits Ansätze zu den Kriterien der **Finalität** und der **Spürbarkeit** erkennen, die heute 193

---

673 Im Sinne einer prinzipiellen „Unteilbarkeit" von Wettbewerbshandlungen im Internet *Dethloff* NJW 1998, 1596 (1602).

674 So auch iErg *Dethloff* NJW 1998, 1596 (1603); *Dornis,* Trademark and Unfair Competition Conflicts, 2017, 498; *Stagl* ÖBl. 2004, 245 (246).

675 So der Vorschlag nach *Dethloff,* Europäisierung des Wettbewerbsrechts, 2001, 284 ff.

676 Dazu ausf. *Mankowski* GRUR Int 1999, 909 (913 ff.); ebenso abl. *De Miguel Asensio* in Leible/Ohly, Intellectual Property and Private International Law, 2009, 137 Rn. 21; *Leistner* in Drexl/Kur, Intellectual Property and Private International Law, 2005, 177 (193 ff.); *Sack* WRP 2000, 269 (278) zu einem Ursprungslandprinzip.

677 Hierzu auch die Darstellung bei *Varimezov,* Grenzüberschreitende Rechtsverletzungen im Bereich des gewerblichen Rechtsschutzes und das anwendbare Recht, 2011, 364 ff.

678 BGH GRUR 1971, 153 (154) – Tampax; dazu auch *Dieselhorst* ZUM 1998, 293 (294 ff.).

679 Hierbei kommt es wohl auf die objektive Vorhersehbarkeit an; ebenso *Dieselhorst* ZUM 1998, 293 (295).

das Schrifttum zur Eingrenzung der Anwendbarkeit nationalen Lauterkeitsrechts diskutiert (→ Rn. 194). Die „Tampax"-Entscheidung betrifft die spezifische Situation des **grenzüberschreitenden Vertriebs von Printmedien.** Dennoch ist die Entscheidung auch als Ausgangspunkt für die Anwendung des Lauterkeitsrechts bei der grenzüberschreitenden Verwendung anderer Medien, also des terrestrischen Rundfunks,[680] des Satellitenrundfunks und heute vor allem des Internets, anzusehen. Freilich müssen die jeweiligen besonderen Gegebenheiten dieser Medien berücksichtigt werden. Im Bereich des **terrestrischen Rundfunks** sind die großen nationalen Fernsehstationen berechtigterweise bestrebt, stets das gesamte Staatsgebiet abzudecken. **Überlappungen des Ausstrahlbereichs** mit ausländischem Territorium (sog. spillover) können wegen des unregelmäßigen Grenzverlaufs technisch kaum vermieden werden und sollten nicht zur Anwendung des ausländischen Rechts führen, solange die Auswirkungen auf das fremde Territorium von nur untergeordneter Bedeutung sind.[681] Im Bereich des Urheberrechts vertritt die bislang vom BGH nicht bestätigte überwiegende Auffassung im Schrifttum, dass das Urheberrecht im Empfangsstaat nur verletzt ist, soweit die terrestrische Ausstrahlung **gezielt** über die Grenze erfolgt (→ Art. 8 Rn. 307 ff.). Für das Lauterkeitsrecht ließe sich diese Auffassung übernehmen.[682] Im Unterschied zu den Printmedien und zum terrestrischen Rundfunk liegen die Vorteile des **Satellitenrundfunk** und vor allem des **Internets** gerade in der Nutzanwendung als Medien des grenzüberschreitenden, ja globalen Marketings. Dass hier Zuschauer und Internet-Nutzer in einer uU großen Zahl anderer Staaten erreicht werden, ist nicht nur notwendige Nebenerscheinung, sondern liegt oftmals im ökonomischen Kalkül des Werbenden. Freilich droht hier die in der Tampax-Entscheidung angelegte parallele Anwendung einer möglicherweise sehr großen Zahl von Rechtsordnungen an die Grenzen der Machbarkeit zu stoßen. Umso dringlicher ist das Bedürfnis nach einer Eingrenzung der Anwendbarkeit nationaler Rechtsordnungen. In der Rechtssache **„Hotel Maritime"** hatte der **BGH** erstmalig über einen **Multistate-Verstoß im Internet** zu entscheiden.[683] Dabei ging es um die Verletzung einer inländischen Marke durch die deutschsprachige Website eines Hotels in Kopenhagen (→ Art. 8 Rn. 312) und nur am Rande um einen Verstoß gegen das Lauterkeitsrecht in Form der Rufausbeutung. Im Bereich des Markenschutzes verlangte der BGH einen „hinreichend relevanten Inlandsbezug". Diesen lehnte er im Ergebnis ab. Zwar werden über die deutsche Website auch inländische Verkehrskreise angesprochen; die wirtschaftliche Betätigung des inländischen Rechteinhabers sei allerdings nur geringfügig betroffen.[684] Diese Begründung ist durch die markenrechtliche Problematik geprägt.[685] So lassen sich diese Anforderungen nicht ohne weiteres für das Lauterkeitsrecht übernehmen.[686] Aber auch einen Verstoß gegen das Lauterkeitsrecht verneinte der BGH, wenn auch mit der denkbar knappen Begründung des fehlenden Inlandsbezugs.[687] Dies ist nicht ganz überzeugend, da der BGH ja selbst im markenrechtlichen Teil einräumt, der deutschsprachige Internet-Auftritt richte sich an Verkehrskreise in Deutschland. Insgesamt ist damit jedenfalls noch keine klare Linie der BGH-Rspr. für Internet-Sachverhalte im Bereich des Lauterkeitsrechts erkennbar. In einem Fall der Rufschädigung durch Medieninterviews einer irischen Billigfluglinie über einen deutschen Konkurrenten hatte das **OLG Köln** zu entscheiden, ob eine zuvor angeordnete Unterlassungsverfügung auch eingesetzt werden könne, um gegen ein weiteres Interview vorzugehen, das über einen britischen

---

680 Für eine Übertragung der Grundsätze in Tampax auf den Bereich des Fernsehens *Bornkamm* in Bartsch/Lutterbeck, Recht der Neuen Medien, 1998, 99 (111).

681 Für das Kriterium der Spürbarkeit in diesem Fall HdB-WettbR/*Ahrens* § 68 Rn. 47; MüKoUWG/*Mankowski* IntWettbR Rn. 173; *Sack* WRP 2000, 269 (274).

682 So auch *Dethloff,* Europäisierung des Wettbewerbsrechts, 2001, 103 f.; MPI für ausländisches und internationales Patent-, Urheber- und Wettbewerbsrecht GRUR Int 1985, 104 (108).

683 BGH GRUR Int 2005, 433 – Hotel Maritime.

684 BGH GRUR Int 2005, 433 (434) – Hotel Maritime.

685 Der BGH nahm bei den genannten Voraussetzungen auch Bezug auf die WIPO Joint Recommendation Concerning Provisions on the Protection of Marks, and Other Industrial Property Rights in Signs, on the Internet (→ Art. 8 Rn. 367 ff.). Umgekehrt sieht *Dornis,* Trademark and Unfair Competition Conflicts, 2017, 72 ff. die markenrechtliche Analyse durch wettbewerbliche Erwägungen beeinflusst, soweit auch für die Verletzung nationalen Markenrechts auf die ökonomischen Auswirkungen abgestellt wurde.

686 Anders wohl *Sack* WRP 2008, 845 (853 f.), der in der Entscheidung des BGH eine Abkehr von der kollisionsrechtlichen Spürbarkeit hin zu einer materiellrechtlichen Spürbarkeit erkennen mag. Hierbei lässt er jedoch die markenrechtliche Dimension unberücksichtigt. Im Markenrecht gilt nicht das Marktortprinzip, sondern die Anknüpfung an das Recht des Schutzlandes. Der Kläger verfügt ohne Zweifel über markenrechtlichen Schutz in Deutschland. Die Frage war nur, ob durch die Nutzung im Internet durch ein dänisches Hotel auch das nach dem Schutzlandprinzip anwendbare Markenrecht in Deutschland verletzt wurde. Es ging also nicht um eine Kollision der Rechtsordnungen (conflict of laws), sondern um eine Kollision von Rechten in verschiedenen Staaten (conflict of rights).

687 BGH GRUR Int 2005, 433 (435) – Hotel Maritime; dennoch zust. *Sack* WRP 2013, 1407 (1411).

Satellitensender ausgestrahlt wurde und in Deutschland empfangen werden konnte.[688] Nachdem es festgestellt hatte, dass der Unterlassungstitel sich auf die Verletzung deutschen Lauterkeitsrechts beschränke, hatte das Gericht die Frage zu beantworten, ob die Satellitensendung zu einer Verletzung deutschen Rechts führe. Auch dieses Gericht ließ die bloße Empfangbarkeit der Signale in Deutschland nicht genügen, sondern verlangte, dass **sich die Signale bestimmungsgemäß auf den deutschen Markt auswirken.** Hierfür ließ es das Gericht nicht ausreichen, dass die Aussage einen deutschen Wettbewerber betraf. Entscheidend für die Ablehnung einer Verletzung des § 4 Nr. 7 UWG aF (jetzt § 4 Nr. 1 UWG) war vielmehr, dass das englischsprachige Programm in Deutschland nur ein kleines Publikum ansprach und daher **nur marginale Auswirkungen** hatte. In Fällen des **Internet-Vertriebs** und der Internet-Werbung anerkennt die deutsche Rspr., dass grundsätzlich alle Staaten als Marktort in Betracht kommen, schränkt dies dann aber wieder ein, indem sie auf die **Spürbarkeit** der Einwirkung und vor allem die **bestimmungsgemäße Ausrichtung** der Internet-Seite auf bestimmte Staaten abstellt.[689]

e) Konkretisierung nach dem Kriterium der Finalität und der Spürbarkeit. Im Schrifttum werden vor allem zwei Kriterien zur Einschränkung der Zahl anwendbarer Rechtsordnungen diskutiert, jenes der Finalität[690] und jenes der Spürbarkeit,[691] die, wie soeben gesehen (→ Rn. 193), auch in der Rspr. erkennbar sind. Nach dem Kriterium der **Finalität** soll nur das Recht jenes Staates zur Anwendung kommen, in dem **gezielt Personen als mögliche Kunden angesprochen** werden. Entsprechend soll in Internet-Fällen das Recht des Staates zur Anwendung berufen sein, von dem aus eine **Website bestimmungsgemäß abgerufen** werden kann.[692] Nach dem Kriterium der **Spürbarkeit,** soll dagegen im Sinne einer lauterkeitsrechtlichen Erheblichkeitsschwelle die Anwendbarkeit des Rechts von Staaten, von denen zwar die relevanten Internet-Inhalte abrufbar sind, aber keine erhebliche Auswirkung auf die dortigen wettbewerblichen Interessen zu erwarten sind, von der Anwendung ausgeschlossen werden. Im Einzelnen behandeln Autoren die beiden Kriterien regelmäßig **nicht als sich gegenseitig ausschließende Konzeptionen.** So sei nach *Dethloff* von einer „spürbaren Marktbeeinflussung grundsätzlich dann auszugehen, wenn sich die Maßnahme gezielt auch an Kunden auf den betreffenden ausländischen Märkten richtet".[693] *Mankowski* möchte die Spürbarkeit durch die finale Ausrichtung der Werbebotschaft auf Kunden in einem bestimmten Staat „indiziell ausfüllen".[694] Danach wären die subjektiven Vorstellungen des Werbenden grundsätzlich unerheblich. Räumt der Werbende durch die spezifische Gestaltung der Website jedoch ein, einen bestimmten nationalen Markt bedienen zu wollen, sei davon auszugehen, dass die Werbung auch auf diesen Markt ausgerichtet und der betreffende Markt damit in erheblicher Weise betroffen sei. 194

Stellungnahme: Beide Kriterien sind für sich genommen zweifelhaft oder jedenfalls nicht zureichend. Das Kriterium der **Finalität** würde, sofern man es subjektiv versteht,[695] dem Werbenden erlauben, der Anwendung eines einzelnen Lauterkeitsrechts zu entgehen, indem er einfach behaup- 195

---

688 OLG Köln IPRspr. 2010, Nr. 156.

689 So etwa KG BeckRS 2012, 338 = WRP 2012, 102 zum Fall des Internetauftritts einer Fluggesellschaft, mit der diese gegenüber dänischen Kunden für Flüge nach Deutschland warb. Ähnlich im Sinne einer „bestimmungsgemäßen Auswirkung" des Internet-Auftritts LG Berlin 18.10.2011 – 15 O 465/09; LG Karlsruhe BeckRS 2012, 19851. Beide Kriterien kommen zur Anwendung in KG BeckRS 2015, 20328 = WRP 2016, 392 Rn. 20, mit dem Hinweis, das Schweizer Unternehmen habe mit seinem Internet-Auftritt gerade auch Kunden in Deutschland gewinnen wollen und damit sein Verhatlten bestimmungsgemäß auf Deutschland ausgerichtet und zwar in einem hinreichend wirtschaftlichen Umfang; ebenso schon zuvor in einem nicht Internet-bezogenen Fall KG BeckRS 2015, 16208 Rn. 23.

690 So zB auch BGH GRUR 2007, 245 Rn. 13 – Schulden Hulp; dazu umfassend *Höder,* Die kollisionsrechtliche Behandlung unteilbarer Multi-state-Verstoße, 2002, 55 ff.; so etwa auch *Weiler* in Götting/Meyer/Vormbrock, Gewerblicher Rechtsschutz und Wettbewerbsrecht, Praxishandbuch, 2011, § 25 Rn. 160 (iS einer „bestimmungsgemäßen Auswirkung").

691 *Dethloff* NJW 1998, 1596 (1599 f.); *Mankowski* GRUR Int 1999, 909 (915 ff.); *Sack* WRP 2000, 269 (278); *Stagl* ÖBl. 2004, 245 (246); *Vianello,* Das internationale Privatrecht des unlauteren Wettbewerbs in Deutschland und Italien, 2000, 268 f.; wohl auch *De Miguel Asensio,* Conflict of Laws and the Internet, 2020, Rn. 5.177; s. auch umfassend *Höder,* Die kollisionsrechtliche Behandlung unteilbarer Multi-state-Verstoße, 2002, 60 ff.

692 So ausdrücklich unter Bezugnahme auf das Lauterkeitsrecht OLG Frankfurt CR 1999, 450 – Anbieten im Internet.

693 *Dethloff* NJW 1998, 1596 (1600); krit. zu dieser Ambivalenz *Höder,* Die kollisionsrechtliche Behandlung unteilbarer Multi-state-Verstoße, 2002, 54 f.

694 *Mankowski* GRUR Int 1999, 909 (917).

695 So jedenfalls wörtlich KG BeckRS 2015, 2038 Rn. 21, wonach ein Schweizer Unternehmen mit seinem Internet-Auftritt gerade auch deutsche Kunden gewinnen wolle.

tet, er habe die Werbung nicht auf den betreffenden Staat ausrichten wollen.[696] Nicht nur wegen dieses Einwandes, sondern auch, weil das Lauterkeitsrecht unlauteres Wettbewerbsverhalten unabhängig von den subjektiven Vorstellungen des Werbenden verbietet, kann die Abgrenzung anwendbarer Rechtsordnungen nur nach **objektiven Kriterien** erfolgen.[697] Diese objektive Beurteilung verträgt sich aber von Hause aus nicht mit dem Kriterium der Finalität, wonach auf die „bestimmungsgemäße" Verbreitung abzustellen wäre.[698] Daher ist es überzeugend, statt auf die subjektive Zwecksetzung auf die **objektive Vorhersehbarkeit** abzustellen.[699] Folgt man *Mankowski* mit der Objektivierung der Finalität über die Gestaltung der Website, wird man schließlich auf eine Reihe vorab nicht festgelegter **objektiver Hilfskriterien** verwiesen, die lediglich eine Beurteilung im Einzelfall ermöglichen. Damit kommt das Kriterium der **Spürbarkeit** in das Blickfeld, das wegen seiner objektiven Grundnatur besser zur Abgrenzung der Anwendbarkeit einzelner Rechtsordnungen geeignet erscheint. Freilich handelt es sich dabei um eine rein quantitative Schwelle, deren Höhe weder vorab festgelegt noch messbar ist. Vielmehr ist auch sie auf **Hilfskriterien (Indizien)** angewiesen, über die sich die Anwendbarkeit nationaler Rechte nur im Einzelfall ermitteln lässt. So besteht heute wohl **Konsens,** dass einerseits die bloße Abrufbarkeit einer Werbebotschaft im Internet noch nicht zur Anwendbarkeit aller Lauterkeitsrechte der Welt führt, ein Ausschluss der Anwendbarkeit einzelner Rechte aber nur anhand der objektiven Umstände, insbesondere der Gestaltung der Website, ermittelt werden kann.[700]

196 **f) Konkretisierung nach dem Kriterium der Geeignetheit zur Förderung des Absatzes von Waren und der Erbringung von Dienstleistungen im Inland.** Wie dargestellt (→ Rn. 194 f.) ist man sowohl nach dem Kriterium der Finalität als auch nach jenem der Spürbarkeit auf die Ermittlung von objektiven Hilfskriterien angewiesen. Die Identifikation der relevanten Kriterien bedarf ihrerseits der Orientierung. Insoweit ist auf das Marktortprinzip zurückzukommen. Da als Marktort der Ort der wettbewerblichen Interessenkollision anzusehen ist, kommt es entscheidend auf das Verhältnis zwischen der betreffenden Wettbewerbshandlung und den wettbewerblichen Interessen im Inland an. Letztere sind nur berührt, soweit die Wettbewerbshandlung geeignet ist, den **Absatz von Waren oder die Erbringung von Dienstleistungen im Inland in erheblicher Weise zu fördern.**[701] Dieser Test knüpft an der Definition der Wettbewerbshandlung als entscheidendem Element zur Bestimmung des Lauterkeitsstatuts an und setzt sich aus einem qualitativen Kriterium, nämlich der abstrakten Geeignetheit zur Absatzförderung sowie dem quantitativen Kriterium der Erheblichkeit zusammen. Im Lichte dieser allgemeinen Anforderungen hat eine **umfassende Beurteilung der Indizien im Einzelfall** zu erfolgen.[702]

197 Erforderlich wäre zunächst, dass die Wettbewerbshandlung **überhaupt im Inland zur Kenntnis genommen wird.** Entscheidendes Kriterium ist hierfür insbesondere die **Sprache,** der sich die Mitteilung bedient.[703] So hat etwa der Gemeinsame Senat der Obersten Gerichtshöfe des Bundes auf der Grundlage von Art. 6 Abs. 2 die Anwendung deutschen Lauterkeitsrechts auf den Internet-Vertrieb einer in den Niederlanden ansässigen Apotheke deutsches Lauterkeitsrecht unter anderem mit der Verwendung der deutschen Sprache begründet.[704] Handelt es sich um eine Sprache, die

[696] Ebenso *Sack,* Internationales Lauterkeitsrecht, 2019, Kap. 7 Rn. 39, grds. gegen das Finalitätskriterium.

[697] So auch NK-BGB/*Weller* Rn. 19; Peifer/*Klass* UWG Einl. D Rn. 319. Allenfalls für ein objektives Verständnis des Finalitätskriteriums *Glöckner/Kur* GRUR-Beil 2014, 25 (34).

[698] So zu Recht *Höder,* Die kollisionsrechtliche Behandlung unteilbarer Multi-state-Verstoße, 2002, 59.

[699] So schon *Reese/Vischer* (Berichterstatter der 21. Kommission), Institut de Droit International, Session of Cambridge, 1983, The Conflict of laws Rules on Unfair Competition, art. II para. 1 unter Verwendung des Kriteriums, dass eine Auswirkung auf einen Markt „vernünftigerweise erwartet" werden kann; dazu auch *Dornis,* Trademark and Unfair Competition Conflicts, 2017, 212 und (umfassender zum Vorhersehbarkeitskriterium) 501 ff.

[700] So zB *Dieselhorst* ZUM 1998, 293 (295 ff.); Harte-Bavendamm/Henning-Bodewig/*Glöckner* UWG Einl. C Rn. 163; *Glöckner/Kur* GRUR-Beil. 2014, 25 (33 f.); *Vianello,* Das internationale Privatrecht des unlauteren Wettbewerbs in Deutschland und Italien, 2000, 276 ff.

[701] Vgl. auch Harte-Bavendamm/Henning-Bodewig/*Glöckner* UWG Einl. C Rn. 665 f., der die Kriterien der Finalität und Spürbarkeit verwirft und ausschließlich auf die objektiven Marktauswirkungen abstellt.

[702] Dies darf mittlerweile als allgemein akzeptiert gelten; s. etwa Peifer/*Klass* UWG Einl. D Rn. 320.

[703] S. *De Miguel Asensio,* Conflict of Laws and the Internet, 2020, Rn. 5.177; Harte-Bavendamm/Henning-Bodewig/*Glöckner* UWG Einl. C Rn. 671; Erman/*Hohloch* Rn. 6; *Höder,* Die kollisionsrechtliche Behandlung unteilbarer Multi-state-Verstoße, 2002, 70 ff.; *Mankowski* GRUR Int 1999, 909 (917 f.); *Sack,* Internationales Lauterkeitsrecht, 2019, Kap. 7 Rn. 3.

[704] GemS-OGB GRUR 2013, 417 Rn. 15 – Medikamentenkauf im Versandhandel. Zusätzlich wies der Senat darauf hin, dass es sich um in Deutschland zugelassene Arzneimittel handelte und auch eine Lieferung nach Deutschland erfolgte; ebenso für dieselbe Fallkonstellation OLG Hamburg GRUR-RR 2010, 78; OLG München GRUR-RR 2010, 53 – Treubonus II; OLG Stuttgart BeckRS 2010, 1652. S. auch KG BeckRS 2012, 338 = WRP 2012, 102 zur Anwendung dänischen Rechts auf den dänischsprachigen Internet-Auftritt

hauptsächlich nur in bestimmten Ländern gesprochen wird, liegt üblicher Weise keine Absatzförderung in anderen Staaten vor.[705] Wegen der größeren Mobilität der Bevölkerung werden in einzelnen Staaten auch viele Fremdsprachen gesprochen. Deshalb handelt es sich bei der Sprache vor allem um ein quantitatives Kriterium. Entsprechend schließt die Verwendung der englischen Sprache als Weltsprache und lingua franca des Internets die Anwendung des Rechts von Staaten, in denen Englisch nicht die Landessprache ist, nicht aus.[706]

Schließlich muss überhaupt die **Geeignetheit der Wettbewerbshandlung zur Absatzförderung im Inland** vorliegen. Hierfür genügt der Nachweis, dass eine Multistate-Mitteilung **tatsächlich zu einem nennenswerten Absatz im Inland geführt hat.**[707] Umgekehrt bedeutet das Misslingen eines solchen Nachweises nicht die Widerlegung einer Absatzförderung, da es nur auf die Geeignetheit ankommt. Wird etwa ein Produkt beworben, das auch im Inland ohne weiteres bezogen werden kann, oder ergibt sich aus der Gestaltung der Website, entweder ausdrücklich oder konkludent, etwa durch Angabe von Preisen in bestimmter Währung, dass der Anbietende bereit ist, auch in das jeweilige Land zu liefern,[708] kann von einer entsprechenden Geeignetheit ausgegangen werden. Umgekehrt fehlt es an dieser Geeignetheit, wenn eine Auslieferung nach den Umständen nur innerhalb eines engen geografischen Bereichs erfolgen wird, wie etwa bei der Werbung auf der Bestell-Website eines in einem anderen Staat niedergelassenen Pizzabäckers.[709] Nicht überzeugend ist es dagegen, wenn das LG Hamburg – unter späterer Billigung durch den BGH in der Rechtssache **„Hotel Maritime“** (→ Rn. 192) – die Anwendung des deutschen Lauterkeitsrechts bei einem deutschsprachigen Internet-Auftritt eines in Dänemark belegenen Hotels mit dem Argument verwirft, es fehle an einem bestimmungsgemäßen Inlandsbezug.[710] Wesentlich ist doch, dass sich die Website des dänischen Hotels gerade an Kunden in Deutschland richtet, die über die Website zur Buchung in Dänemark veranlasst werden sollen. Da auch nach aktueller Rspr. des BGH stets nur das Recht am Ort der wettbewerblichen Einwirkung auf potenzielle Kunden und nicht das Recht am davon abweichenden Absatzort zur Anwendung kommt (→ Rn. 150), kann die Leistungserbringung in Dänemark nicht gegen die Anwendung des deutschen Lauterkeitsrechts sprechen. 198

Des Weiteren ist die Verwendung sog. **Disclaimer** von Bedeutung, mit denen der Werbetreibende den Vertrieb in bestimmte Staaten ausschließt. Erforderlich ist aber, dass solche Disclaimer auch tatsächlich eingehalten werden.[711] Auch ist zu berücksichtigen, dass ein Disclaimer nicht für alle Internet-Anwendungen, wie zB virtuelle Welten, in Frage kommt.[712] Ist der Disclaimer nach dem übrigen Inhalt der Website nicht ernstlich gemeint oder gelingt insbesondere der Nachweis, dass der Betreiber der Website dennoch den Bezug von online angebotenen Waren und Dienstleistungen ohne Kontrolle zulässt, kann er sich auf den Disclaimer nicht berufen.[713] So hat der BGH in der Entscheidung **„Arzneimittelwerbung im Internet“** argumentiert, dass sich der im Ausland 199

---

einer Fluggesellschaft, die damit für Flüge nach Deutschland warb; OLG Hamm GRUR-RR 2014, 170 Rn. 45 für den Internet eines ägyptischen Kreuzfahrtveranstalters in deutscher Sprache; LG Berlin BeckRS 2013, 01948.

[705] Für den Fall jedoch, dass auf einer slowenischen Internet-Seite ein Beitrag in deutscher Sprache enthalten war, hat das OLG München bestimmungsgemäße Auswirkungen auf Deutschland und damit die Anwendbarkeit deutschen Lauterkeitsrechts bejaht; OLG München 27.1.2011 – 29 U 3012/12, nv zur Zulässigkeit der Aussage, wonach die Wirksamkeit einer bestimmten Krebstherapie wissenschaftlich nachgewiesen sei.

[706] So auch OLG Frankfurt CR 1999, 450 – Anbieten im Internet; s. auch *Dieselhorst* ZUM 1998, 293 (295).

[707] So auch im Fall des Vertriebs von Arzneimitteln in Deutschland über die Internet-Seite einer niederländischen Apotheke; s. GemS-OGB GRUR 2013, 417 Rn. 15.

[708] So hat das OLG Frankfurt CR 1999, 450 – Anbieten im Internet, den englischen Hinweis „Worldwide“ zur Spezifizierung der Angabe „Main Export Markets“ als Hinweis dafür genommen, dass die Website auch auf den deutschen Markt gerichtet war.

[709] Beispiel nach *Sack* WRP 2000, 269 (278).

[710] LG Hamburg GRUR Int 2002, 163 (164 f.) – hotel-maritime.dk. Zu diesem Fall hat der BGH GRUR Int 2005, 433 (435) – Hotel Maritime, letztinstanzlich entschieden und die dargestellte Begründung der Vorinstanzen pauschal gebilligt. Die eigentliche Bedeutung der Entscheidung liegt im Markenrecht. In Bezug auf die Marke des Klägers verneinte der BGH eine Verletzung. Zwar werden auch inländische Verkehrskreise angesprochen; die negativen Auswirkungen auf die wirtschaftliche Tätigkeit des Klägers seien jedoch nur geringfügig (ausf. → Art. 8 Rn. 287).

[711] So auch *Weiler* in Götting/Meyer/Vormbrock, Gewerblicher Rechtsschutz und Wettbewerbsrecht, Praxishandbuch, 2011, § 25 Rn. 160; MüKoUWG/*Mankowski* IntWettbR Rn. 207; *Mankowski* GRUR Int 1999, 909 (919 f.); *Sack,* Internationales Lauterkeitsrecht, 2019, Kap. 7 Rn. 4; Spindler/Schuster/*Bach* Rn. 7.

[712] MAH-IT-Recht/*Stögmüller* Teil 6 Rn. 315.

[713] So insbes. BGH GRUR Int 2006, 605 – Arzneimittelwerbung im Internet; zust. *Ohly* WRP 2006, 1401 (1404); s. auch *Dieselhorst* ZUM 1998, 293 (295); FBO/*Hausmann*/*Obergfell* IntLautPrivatR Rn. 302; *Sack* WRP 2000, 269 (274); *Stagl* ÖBl. 2004, 244 (254): iS einer Beweislastumkehr; entspr. KG GRUR Int 2002, 448 (449 f.) – Knoblauch-Kapseln.

niedergelassene Betreiber nicht auf den Text seiner Internet-Website berufen kann, die sich an „deutschsprachige Europäer", „aber nicht an deutsche Adressen" richtete, die Preise aber trotzdem nur in DM und nicht in österreichische Schilling oder Schweizer Franken angab.[714]

200 **g) Kollisionsrechtliche Spürbarkeitsschwelle nach Inkrafttreten der Rom II-VO.** Die Rom II-VO nimmt nicht selbst Stellung zur Behandlung von Multistate-Delikten im Lauterkeitsrecht und schweigt damit zu dem vielleicht wichtigsten kollisionsrechtlichen Problem. Danach wird nach Inkrafttreten der Rom II-VO alles davon abhängen, ob der EuGH den Ansätzen in der nationalen Rspr. folgen und die Vorschläge aus dem Schrifttum aufgreifen wird. Anhaltspunkte für die korrekte Anwendung von Art. 6 Abs. 1 lassen sich jedoch aus der Geschichte des Verordnungserlasses ableiten. So verlangte der ursprüngliche **Vorschlag der Kommission** für Art. 5 Abs. 1, auf den Art. 6 Abs. 1 zurückgeht, noch ausdrücklich eine **„unmittelbare und wesentliche" Beeinträchtigung** der Wettbewerbsbeziehungen oder der kollektiven Interessen der Verbraucher. Während sich aus dieser Formulierung noch deutlich die Geltung einer kollisionsrechtlichen Spürbarkeitsschwelle entnehmen ließ, lehnt nun ein Teil des Schrifttums wegen der Streichung der Adjektive in der endgültigen Fassung des Art. 6 Abs. 1 die Annahme einer kollisionsrechtlichen Spürbarkeitsschwelle ab.[715] Stattdessen sucht diese Auffassung nach der Möglichkeit der Begrenzung im Rahmen der **sachrechtlichen Spürbarkeitsschwelle.**[716] Wieder andere bedauern das Fehlen der kollisionsrechtlichen Spürbarkeitsschwelle und erkennen gleichzeitig, dass die UGP-RL als sachrechtliche Regelung keine Spürbarkeitsschwelle kennt.[717]

201 **Stellungnahme:** Der Auffassung, die eine kollisionsrechtliche Spürbarkeitsschwelle bestreitet, ist zu widersprechen.[718] Zum einen schließt der in Kraft gesetzte Text des Art. 6 Abs. 1 die Anwendung einer kollisionsrechtlichen Erheblichkeitsschwelle keineswegs aus.[719] Insbesondere bei ubiquitären Medien wie dem Internet, das weltweit abrufbar ist, stellt sich notwendig die Frage, ob sich der Internet-Auftritt auch tatsächlich auf alle nationalen Märkte der Welt „auswirkt".[720] Damit **wohnt dem Begriff der Beeinträchtigung notwendig das Spürbarkeitskriterium inne.**[721] Auch bietet die sachrechtliche Spürbarkeitsschwelle keinen Ausweg. Es ist nämlich keineswegs gesichert, dass jede nationale Rechtsordnung in ihrem Sachrecht eine solche auch anerkennt.[722] Verzichtet man auf der Ebene des Kollisionsrechts auf eine Eingrenzung, wird das zuständige Gericht verpflich-

[714] BGH GRUR Int 2006, 605 (607) – Arzneimittelwerbung im Internet.

[715] So BeckOGK/*Poelzig/Windorfer* Rn. 91; Calliess/*Augenhofer* Rom II-VO Art. 6 Rn. 56; HK-UWG/*Götting* Einl. Rn. 131; *Dornis* in Basedow/Rühl/Ferrari/de Miguel Asensio, Encyclopedia of Private International Law, 2017, 432 (439); *Götting/Hetmank* in Götting/Kaiser, Wettbewerbsrecht und Wettbewerbsprozessrecht, 2. Aufl. 2016, § 2 C Rn. 41; Huber/*Illmer* Rn. 50 f.; Magnus/Mankowski/*Illmer* Rn. 84; *Nettlau,* Die kollisionsrechtliche Behandlung von Ansprüchen aus unlauterem Wettbewerbsverhalten gemäß Art. 6 Abs. 1 und 2 Rom II-VO, 2013, 245 ff., die Streichung bedauernd; *Sack* WRP 2008, 845 (854); zur Vorsicht mahnt NK-BGB/*Weller* Rn. 20.

[716] *Sack* WRP 2008, 845 (854); ebenso *Bauermann,* Der Anknüpfungsgegenstand im europäischen Internationalen Lauterkeitsrecht, 2015, 53 ff.; Magnus/Mankowski/*Illmer* Rn. 84; Ohly/Sosnitza/*Ohly* UWG Einf. B Rn. 26; Rauscher/*Unberath/Cziupka/Pabst* EuZPR/EuIPR Rn. 39; Spindler/Schuster/*Bach* Rn. 9, *Varimezov,* Grenzüberschreitende Rechtsverletzungen im Bereich des gewerblichen Rechtsschutzes und das anwendbare Recht, 2011, 370 ff.; weniger klar, aber wohl im selben Sinne Erman/*Hohloch* Rn. 6. Gegen eine kollisionsrechtliche Spürbarkeitsschwelle schon vor Inkrafttreten der Rom II-VO *Löffler* WRP 2001, 379 (383); zurückhaltend *De Miguel Asenso,* Conflict of Laws and the Internet, 2020, Rn. 5.177, der zumindest fordert, dass doch wenigstens das anwendbare Sachrecht eine Spürbarkeitsschwelle anerkennen solle.

[717] So *Wiebe/Kodek* UWG Einl. Rn. 287 ff.

[718] Ebenfalls iErg für eine kollisionsrechtliche Spürbarkeitsprüfung FBO/*Hausmann/Obergfell* IntLautPrivatR Rn. 293; *Handig* GRUR Int 2008, 24 (28); Harte-Bavendamm/Henning-Bedowig/*Glöckner* Einl. C Rn. 654; jurisPK-UWG/*Ullman* Einl. Rn. 116; Staudinger/*Fezer/Koos,* 2015, IntWirtschR Rn. 643, 652: iS eines ungeschriebenen Tatbestandsmerkmals; jurisPK-BGB/*Wiegandt* Rn. 33.

[719] Auch *Handig* GRUR Int 2008, 24 (28) hält die Anerkennung einer kollisionsrechtlichen Spürbarkeitsgrenze durch die Rspr. im Lichte des Wortlauts aus „praktischen Erwägungen" für möglich.

[720] Ähnlich argumentieren *Leible/Lehmann* RIW 2007, 721 (729), dass die Spürbarkeit in Art. 6 Abs. 1 „hineinzulesen" sei; zust. auch *De Miguel Asensio* in Leible/Ohly, Intellectual Property and Private International Law, 2009, 137 Rn. 36; *Foutoulakis* in Schmidt-Kessel/Schubmehl, Lauterkeitsrecht in Europa, 2011, 719, 753.

[721] Zust. Peifer/*Klass* UWG Einl. D Rn. 321; ebenso jurisPK-UWG/*Ullmann* Einl. Rn. 116; zurückhaltend *Sack,* Internationales Lauterkeitsrecht, 2019, Kap. 7 Rn. 20 ff., der anerkennt, dass der Beeinträchtigung ein gewisses Maß an Spürbarkeit innewohnen muss, aber darüber hinaus die Anerkenntung einer kollisionsrechtlichen Spürbarkeit verneint.

[722] Dies wird von *Bauermann,* Der Anknüpfungsgegenstand im europäischen Internationalen Lauterkeitsrecht, 2015, 57 f. zwar anerkennt; trotzdem lehnt er die kollisionsrechtliche Spürbarkeitsschwelle ab und möchte mit dem unsicheren Instrument des ordre public-Vorbehalts Flexibilität schaffen.

tet, abhängig vom Parteivortrag, bei Handlungen im Internet die sachrechtliche Prüfung auf die Rechtsordnungen aller Abrufstaaten auszudehnen, wobei das Herkunftslandprinzip nur innerhalb des EWR eine Erleichterung bietet. Sodann muss nach den jeweiligen nationalen Rechtsordnungen geprüft werden, ob eine Bagatellgrenze überhaupt gefordert wird und wie diese beschaffen und anzuwenden ist. Die Anerkennung einer kollisionsrechtlichen Spürbarkeitsgrenze erlaubt dagegen die Anwendung eines einheitlichen Standards der Spürbarkeit und damit insbesondere auch eine autonome und einheitliche Bestimmung der relevanten Hilfskriterien für die Anwendbarkeit aller Rechtsordnungen. Hiergegen spricht auch nicht das Argument, die kollisionsrechtliche Spürbarkeitsschwelle schalte die Anwendbarkeit des nationalen Rechts bereits aus, bevor nach der (gegebenenfalls niedrigeren) nationalen Schwelle geprüft werden könne, ob nach dem Willen des nationalen Gesetzgebers ein Verstoß vorliege.[723] Diese Argumentation verkennt gerade das Wesen des Kollisionsrechts. Nationales Recht ist in grenzüberschreitenden Fällen nicht aus sich selbst heraus anwendbar. Vielmehr ist es die Aufgabe des Gesetzgebers, für seine Gerichte über allseitig anwendbare Kollisionsnormen zu bestimmen, ob nationales (einschließlich fremdes) Sachrecht überhaupt zur Anwendung kommt. Vor allem bei „ubiquitären" Vertriebshandlungen im Internet ist man ganz entscheidend darauf angewiesen, über eine Spürbarkeitsgrenze den Kreis der anwendbaren Rechtsordnungen vorab eingrenzen zu können.[724] Die Anerkennung einer kollisionsrechtlichen Spürbarkeitsschwelle ist außerdem im Lichte der kollisionsrechtlich zu berücksichtigenden Interessen geboten. Das Lauterkeitsrecht ist fundamental dem Gedanken der Wettbewerbsgleichheit verpflichtet (par conditio concurrentium). In einer zunehmend globalisierten Wirtschaft und gleichzeitigem Verschwinden natürlicher Marktzutrittsbarrieren im digitalen Raum führt die kaum mehr abschätzbarer Anwendbarkeit zahlloser Rechtsordnungen zu einem wesentlichen Wettbewerbsnachteil für Wettbewerber,[725] die ihre Tätigkeit gerade grenzüberschreitend ausrichten wollen. Das Argument, der Unternehmer sei ja in der Lage, selbst im Internet sein Verhalten etwa durch Disclaimer so auf die jeweilige nationale Spürbarkeitsschwelle auszurichten, dass eine Verletzung des nationalen Rechts vermieden werde,[726] beschreibt damit vielmehr das Problem, auf das die kollisionsrechtliche Spürbarkeitsschwelle reagieren soll, als eine adäquate Lösung anzubieten.

h) Beurteilung der Rechtsfolgen. Die kumulative Anwendung mehrerer Rechtsordnungen auf einen Multistate-Verstoß kann zu Widersprüchen auf der Rechtsfolgenseite führen. Dabei ist die **Mosaikbetrachtung** im Grundsatz bei der Beurteilung der Unzulässigkeit der Wettbewerbshandlung auf der Rechtsfolgenseite fortzuführen („marktterritorial begrenzte Ansprüche"[727]). **Schadensersatzansprüche** nach dem Recht eines Marktortes können daher nur zum Ausgleich des Schadens führen, der sich gerade auf das Gebiet dieses Staates bezieht.[728] Im Anwendungsbereich der Grundfreiheiten des AEUV ist diese Mosaikbetrachtung wohl auch **unionsrechtlich** gefordert. Die Verdoppelung von Schadensersatzforderungen als bloße Konsequenz grenzüberschreitender Vertriebshandlungen ist jedenfalls im Lichte des zwingenden Erfordernisses der Lauterkeit des Handelsverkehrs nicht gerechtfertigt.[729] 202

Schwierigkeiten können bei negatorischen Ansprüchen – **Beseitigungs- und Unterlassungsansprüchen** – auftreten. Denn die Möglichkeit einer Mosaikbetrachtung stößt an ihre Grenzen, wenn ein Verstoß, der sich gleichzeitig an mehreren Marktorten auswirkt, nur von einzelnen Rechtsordnungen verboten wird. Freilich lässt sich aus juristischer Sicht ohne weiteres eine Beschränkung der Verbotsverfügung auf das jeweilige Gebiet des Marktortes vornehmen.[730] Und auch in tatsächli- 203

---

723 So *Varimezov,* Grenzüberschreitende Rechtsverletzungen im Bereich des gewerblichen Rechtsschutzes und das anwendbare Recht, 2011, 371.

724 Vgl. hierzu auch die wissenschaftlichen Vorschläge, für „ubiquitäre Rechtsverletzungen" im Bereich des Immaterialgüterrechts die Schutzlandanknüpfung durch eine Kollisionsnorm zu ersetzen, die die Prüfung nach allen Rechtsordnungen erspart (→ Art. 8 Rn. 374, → Art. 8 Rn. 376).

725 So das grundsätzliche Bedenken von *Bauermann,* Der Anknüpfungsgegenstand im europäischen Internationalen Lauterkeitsrecht, 2015, 50 schon gegen die Mosaikbetrachtung, die er dennoch für unausweichlich hält.

726 So *Varimezov,* Grenzüberschreitende Rechtsverletzungen im Bereich des gewerblichen Rechtsschutzes und das anwendbare Recht, 2011, 372.

727 Begriff nach *Lindacher* GRUR Int 2008, 453 (455); iErg ebenso Magnus/Mankowski/*Illmer* Rn. 93; *Weiler* in Götting/Meyer/Vormbrock, Gewerblicher Rechtsschutz und Wettbewerbsrecht, Praxishandbuch, 2011, § 25 Rn. 162.

728 So etwa auch *Götting/Hetmank* in Götting/Kaiser, Wettbewerbsrecht und Wettbewerbsprozessrecht, 2. Aufl. 2016, § 2 C Rn. 39; krit. wegen der Schwierigkeiten dieser Parzellierung *Dethloff* NJW 1998, 1596 (1602).

729 Vgl. Schlussantrag GA *Tizzano* Slg. 2005, I-7199 Rn. 74 – Lagardère Active Broadcast, zur entsprechenden Konstellation von urheberrechtlichen Schadensersatzforderungen infolge einer grenzüberschreitenden Radiosendung zwischen Deutschland und Frankreich.

730 So auch KG GRUR Int 2002, 448 (449) – Knoblauch-Kapseln; ebenfalls iSd Notwendigkeit einer Beschränkung *Ahrens* FS Tilmann, 2003, 739 (751 f.); *Kotthoff,* Werbung ausländischer Unternehmen im Inland,

cher Hinsicht kann der Anspruchsgegner, wie die obigen Erörterungen (→ Rn. 196 ff.) zeigen, durch entsprechende Gestaltung seiner Multistate-Mitteilung, vor allem durch Disclaimer, die Auswirkung einer Wettbewerbshandlung punktgenau auf die Staaten beschränken, in denen die Wettbewerbshandlung zulässig ist.[731] Sollte eine entsprechende territoriale Begrenzung des Unterlassungsanspruchs im Einzelfall nicht gelingen (sog. **„unteilbarer" Wettbewerbsverstoß**),[732] ist die faktische Unterbindung der Wettbewerbshandlung durch das strengste Lauterkeitsrecht hinzunehmen.[733] Ein Kläger, der sich das strengste Recht aussucht, um einen unteilbaren Wettbewerbsverstoß insgesamt zu verhindern, handelt nicht missbräuchlich.[734] Die Anwendung nationaler Verbote auf unteilbare Wettbewerbsverstöße widerspricht nicht dem Völkerrecht, soweit ein ausreichendes Regelungsinteresse des verbietenden Staates nach den dargestellten Kriterien (→ Rn. 196 ff.) gegeben ist.

204 **8. Umfang des Lauterkeitsstatuts und Anwendung der lex causae.** Das Lauterkeitsstatut beherrscht gemäß Art. 15 lit. a und Art. 15 lit. c sowohl die **Voraussetzungen** als auch die **Folgen** eines lauterkeitsrechtlichen Verstoßes. Lauterkeitsrecht als Marktordnungsrecht ist stark beeinflusst durch **öffentlich-rechtliche Vorschriften.** Damit stellt sich die Frage, ob im Rahmen der Verweisung auf das Recht des Marktortes auch die öffentlich-rechtlichen Vorschriften der lex causae Anwendung finden. Diese Frage wird für das deutsche Recht vor allem relevant in den Fällen des **unlauteren Wettbewerbs durch Rechtsbruch** iSd § 3a UWG. Zu Recht hat der Gemeinsame Senat der Obersten Gerichtshöfe des Bundes auf Vorlage des BGH[735] hin diese Frage bejaht und danach auch das deutsche Arzneimittelpreisrecht als Teil des Rechts am Marktort nach Art. 6 Abs. 1 auf den Internet-Vertrieb von Arzneimitteln durch eine in den Niederlanden ansässige Apotheke angewendet. Er hat dabei betont, dass das im hoheitlichen Bereich zu berücksichtigende Territorialitätsprinzip der Anwendung deutschen Preisrechts auf den Internet-Vertrieb nach Deutschland nicht entgegenstehe.[736] Die Vorlage an den Gemeinsamen Senat war erforderlich geworden, da das BSG im Jahre 2008 entschieden hatte, dass Arzneimittel, die im Versandhandel nach Deutschland eingeführt werden, nicht dem deutschen Arzneimittelpreisrecht unterliegen sollen.[737] Im Ergebnis ist der GemS-OGB der Auffassung des BGH gefolgt.

205 **9. Sicherheits- und Verhaltensregeln am Handlungsort.** „Soweit angemessen" ist nach Art. 17 für die Beurteilung des Verhaltens von Personen, deren Haftung geltend gemacht wird, abweichend vom Deliktsstatut auf die Sicherheits- und Verhaltensregeln am Ort und zur Zeit des haftungsbegründenden Ereignisses abzustellen. Diese Vorschrift ist grundsätzlich auch im Rahmen der lauterkeitsrechtlichen Sonderanknüpfung anwendbar (→ Art. 17 Rn. 6). Freilich ist hier zu bedenken, dass das Lauterkeitsrecht selbst „Verhaltensregeln" für das Handeln im Wettbewerb aufstellt. Die Vorschrift des Art. 17, bei der der Verordnungsgeber vor allen an die Anwendbarkeit der Sorgfaltsmaßstäbe des Straßenverkehrs im Staate des Umfalles gedacht hat, würde im Lauterkeitsrecht bei grenzüberschreitenden Wettbewerbshandlungen die Anwendbarkeit des Rechts am Marktort komplett durch jene des Rechts am Handlungsort ersetzen. Deshalb ist grundsätzlich die Anwendung von Art. 17 im Bereich des Wettbewerbsrechts als **nicht angemessen** anzusehen.

1995, 25; *Lindacher* GRUR Int 2008, 453 (455). S. auch OLG Köln IPRspr. 2010, Nr. 156 zur Ablehnung der Durchsetzung eines auf die Verletzung deutschen Rechts beschränkten Unterlassungstitels gegen Satellitensendungen aus dem Ausland. Zur umgekehrten Frage, der Möglichkeit, den Unterlassungstitel territorial zu begrenzen, wenn ihm eine klare Aussage zur territorialen Reichweite fehlt, s. *Köhler* FS Ahrens, 2016, 111.

[731] S. auch OGH GRUR Int 1999, 1062 (1065) – TV-Movie. Das Gericht hielt es für die Durchsetzung des österreichischen Verbots der Werbung mit einem Glückspiel für ausreichend, dass auf der in Deutschland produzierten Zeitschrift vermerkt werde, dass österreichische Leser nicht zur Teilnahme berechtigt seien. Nicht haltbar ist die Auffassung von *Dethloff* NJW 1998, 1596 (1602), wonach Wettbewerbsdelikte im Internet stets „unteilbar" sind und nur insgesamt unterlassen werden können. Auf die Möglichkeit der territorialen Beschränkung von Online-Geschäftsmodellen zum Zwecke der Compliance weisen auch hin *Glöckner/Kur* GRUR-Beil 2014, 29 (31).

[732] Zu diesem Problem s. vor allem *Lindacher* GRUR Int 2008, 453.

[733] Magnus/Mankowski/*Illmer* Rn. 94; *Sack* WRP 2000, 269 (274); *Sack* WRP 2008, 845 (852); *Stagl* ÖBl. 2004, 245 (246); jurisPK-BGB/*Wiegandt* Rn. 32; nicht zu folgen ist *Wagner* IPRax 2006, 372 (381), der die Anwendung des strengsten Rechts nicht einmal im Binnenmarkt akzeptieren möchte und daher bei Unterlassungsansprüchen die Einführung des Herkunftslandprinzips vorschlägt.

[734] BGH GRUR 1971, 153 (155) – Tampax; zust. *Ahrens* FS Tilmann, 2003, 739 (749); *Sack,* Internationales Lauterkeitsrecht, 2019, Kap. 7 Rn. 13.

[735] BGH GRUR 2010, 1130 – Sparen Sie beim Medikamentenkauf!; dazu *Mand* NJW 2010, 3681; *Möllers/Poppele* LMK 2010, 310439.

[736] GemS-OGB GRUR 2013, 417 Rn. 22.

[737] BSGE 101, 161 = NJOZ 2009, 880 = PharmR 2008, 595; dagegen für die Anwendung deutschen Arzneimittelpreisrechts *Mand* NJW 2010, 3681 (3685); *Möllers/Poppele* LMK 2010, 310439.

10. Marktortprinzip und Teilnahmehandlungen. Eine „geschäftliche Handlung" iSd deutschen Lauterkeitsrechts liegt auch bei einem **Handeln zugunsten eines anderen Unternehmens** vor (vgl. § 2 Abs. 1 Nr. 1 UWG). Nach Art. 15 lit. a entscheidet das Lauterkeitsstatut nach Art. 6 Abs. 1 und 2 auch darüber, wer für den Verstoß haftbar gemacht werden kann. Nichts Anderes gilt bei der Beurteilung der Anstiftung und Beihilfe zu einem Wettbewerbsverstoß. 206

11. Keine Rechtswahl. Nach Art. 14 können die Parteien für die außervertragliche Haftung grundsätzlich eine Rechtswahl treffen. Freilich gilt dies gemäß Art. 6 Abs. 4 nicht für die in Art. 6 enthaltenen Kollisionsnormen. Die Parteien eines lauterkeitsrechtlichen Rechtsstreits können also auch nicht nach Eintritt des schadensbegründenden Ereignisses (Art. 14 Abs. 1 lit. a) eine Rechtswahl treffen. Dies ist zum Schutze der Wettbewerbsgleichheit am Marktort nur zu begrüßen. 207

Umstritten ist, ob dieser Ausschluss **auch für bilaterales Wettbewerbsverhalten** iSd Art. 6 Abs. 2 Geltung beansprucht. Das Verhältnis von Art. 6 Abs. 4 zu Art. 6 Abs. 2 ist keineswegs klar geregelt. Im System des Art. 6 scheint sich der Ausschluss der Rechtswahl auch auf Abs. 2 zu beziehen.[738] Ist erst ein Verhalten als Wettbewerbsverhalten qualifiziert, befindet man sich im Regelungssystem des Art. 6.[739] Allerdings verbietet Art. 6 Abs. 4 eine Rechtswahl nur in Abweichung „von dem nach diesem Artikel anwendbaren Recht"; bei bilateralem Wettbewerbsverhalten ergibt sich das anwendbare Recht aber erst aus Art. 4.[740] Selbst Autoren, die der ersten Lesart folgen, kommen zT zur Zulässigkeit der Rechtswahl, indem sie das Verbot in Art. 6 Abs. 4 teleologisch reduzieren.[741] Im Ergebnis ist jedoch vom Verbot der Rechtswahl auch bei bilateralem Wettbewerbsverhalten auszugehen.[742] Die Möglichkeit, das anwendbare Recht frei zu wählen, würde vor allem in Widerspruch zum öffentlichen Interesse an der Aufrechterhaltung des unverfälschten Wettbewerbs treten.[743] Auch im Falle bilateralen Wettbewerbsverhaltens sind negative Auswirkungen auf den Wettbewerb bei der Beurteilung der Lauterkeit zu berücksichtigen. Dem kann nicht entgegengehalten werden, in den Fällen bilateralen Wettbewerbsverhaltens ergebe sich aus Art. 6 Abs. 2 iVm Art. 4 eine nur individualrechtliche Schutzrichtung.[744] Dies zeigt sich besonders an den für Art. 6 Abs. 2 wichtigsten Fall des Geheimnisschutzes. Wie eine Rechtsordnung den Schutz von Geschäftsgeheimnissen abgrenzt, ist aus wirtschafspolitischer Sicht nicht weniger wichtig als im Bereich des Immaterialgüterrechts. Abzugrenzen ist nicht nur der Schutz des Geheimnisinhabers, sondern dieser Schutz ist auch abzuwägen mit dem öffentlichen Interesse an Zugang zu Informationen und deren wirtschaftliche Verwertung durch Dritte. Hierüber sollten die Parteien nicht disponieren dürfen. Wie im Rahmen des Immaterialgüterrechts nach Art. 8 Abs. 3 sollte deshalb auch beim Geheimnisschutz die Rechtswahl ausgeschlossen werden. 208

12. Ausschluss der Rück- und Weiterverweisung. Gemäß Art. 24 ist die Rück- und Weiterverweisung ausgeschlossen. Art. 6 Abs. 1 und 2 enthalten also **Sachnormverweisungen.** 209

13. Anwendbares ausländisches Sachrecht. Ist ein nationales Gericht der EU für die Entscheidung zuständig und verweist die Rom II-VO auf ausländisches Sachrecht, so wendet der nationale Richter das gesamte ausländische Sachrecht an, soweit es in den Bereich des Lauterkeitsstatuts fällt. Entscheidend ist danach nicht die Qualifikation nach ausländischem Recht, sondern allein die Qualifikation nach dem Begriff des Wettbewerbsverhaltens im Sinne der europäischen Anknüpfungsregeln (zur kollisionsrechtlich-funktionalen Qualifikation allgemein → Einl. IPR Rn. 118 ff.). Danach kommt es zur Anwendung der Normen des **gesamten ausländischen Privatrechts,** soweit sie das Wettbewerbshandeln am Marktort regeln. Hierzu gehören auch die deliktsrechtlichen Generalklauseln, soweit man sie im Ausland als Grundlage des Schutzes gegen unlauteren Wettbewerb ansieht.[745] 210

---

[738] So etwa auch Peifer/*Klass* UWG Einl. Rn. 380; *Sack,* Internationales Lauterkeitsrecht, Kap. 4 Rn. 4.

[739] So *Nettlau,* Die kollisionsrechtliche Behandlung von Ansprüchen aus unlauterem Wettbewerbsverhalten gemäß Art. 6 Abs. 1 und 2 Rom II-VO, 2013, 263.

[740] Deshalb für die Zulässigkeit der Rechtswahl Calliess/*Augenhofer* Rom II-VO Art. 6 Rn. 71; wohl ähnlich Magnus/Mankowski/*Illmer* Rn. 87.

[741] So *Nettlau,* Die kollisionsrechtliche Behandlung von Ansprüchen aus unlauterem Wettbewerbsverhalten gemäß Art. 6 Abs. 1 und 2 Rom II-VO, 2013, 264; jurisPK-BGB/*Wiegandt* Rn. 50; *Wagner* IPRax 2008, 1 (8); ebenso für die Zulässigkeit der Rechtswahl *Leible/Lehmann* RIW 2007, 721 (730).

[742] Umfassend *Vogeler,* Die freie Rechtswahl im Kollisionsrecht der außervertraglichen Schuldverhältnisse, 2013, 98 ff.; sowie etwa FBO/*Hausmann/Obergfell* IntLautPrivatR Rn. 259; Peifer/*Klass* UWG Einl. Rn. 380; MüKoUWG/*Mankowski* IntWettbR Rn. 237 ff.

[743] Ähnlich *Sack,* Internationales Lauterkeitsrecht, 2019, Kap. 4 Rn. 4.

[744] So *Bauermann,* Der Anknüpfungsgegenstand im europäischen Internationalen Lauterkeitsrecht, 2015, 79 f.

[745] Vgl. OLG Hamburg GRUR Int 2004, 672 f. – Active Two, zur Anwendung des niederländischen Deliktsrechts bei einem Wettbewerbsverstoß durch Rechtsbruch.

211 Zu berücksichtigen ist aber, dass die Rom II-VO nach Art. 1 nur für **außervertragliche Schuldverhältnisse in Zivil- und Handelssachen** gilt. Verwiesen wird also auf das ausländische Sachrecht nur, soweit es privatrechtliche Rechtsfolgen bereithält, die zu den außervertraglichen Schuldverhältnissen gehören, also insbesondere in Bezug auf **Schadensersatz-**[746] **und Unterlassungsansprüche.**[747] Nicht verwiesen wird auf vertragsrechtliche Rechtsbehelfe, die an lauterkeitsrechtliche Verstöße anknüpfen, wie etwa ein Widerrufs- oder Rücktrittsrecht des Kunden im Falle irreführender Werbung.[748] Da es insoweit um die Wirksamkeit von Verträgen geht, gilt allein das Vertragsstatut. Soweit das Recht des Marktortes keine privatrechtliche, sondern nur eine verwaltungs- oder strafrechtliche Durchsetzung kennt, geht der Verweis ins Leere. Verwiesen wird nur auf Vorschriften privatrechtlicher Haftung.[749]

212 **14. Ordre public-Vorbehalt.** Art. 26[750] erlaubt grundsätzlich die Anwendung des ordre public des Staates des angerufenen Gerichts. Insoweit enthält die Vorschrift, in Anwendung durch ein deutsches Gericht, einen Verweis auf Art. 6 EGBGB. Dabei bleibt jedoch zu berücksichtigen, dass der Begriff des ordre public ein unionsrechtlicher ist, aus dem sich Grenzen für die Bestimmung des nationalen Vorbehalts ergeben können.[751] Zu denken ist im Lauterkeitsrecht vor allem an einen Verstoß gegen die **Grundrechte** und dabei vor allem die **Meinungsäußerungsfreiheit.**[752] Der bloße Umstand jedoch, dass ausländisches Recht stärker in die Wirtschaftsfreiheit der Unternehmen eingreift als deutsches Recht, kann die Anwendung des ordre public-Vorbehalts nicht rechtfertigen. Vielmehr ist ein ausreichender Inlandsbezug zu verlangen. Folgt man der hier vertretenen Auffassung, wonach grundsätzlich nach dem Marktortprinzip angeknüpft wird, dürfte Art. 6 EGBGB für das Lauterkeitsrecht wohl kaum einmal relevant werden.

V. Prozessuale Fragen (insbesondere Internationale Zuständigkeit)

213 **1. Internationale Zuständigkeit.** Auch für das Wettbewerbsrecht ergibt sich die internationale Zuständigkeit **vorrangig** aus den Regeln der **Brüssel Ia-VO.**[753] Die frühere Brüssel I-VO galt ursprünglich nur für die EU-Mitgliedstaaten mit Ausnahme von Dänemark. Seit 1.7.2007 gilt die Verordnung auch für Dänemark aufgrund eines eigens mit der EU ausgehandelten Abkommens.[754] Nach der Brüssel Ia-VO kann neben dem **Wohnsitz des Beklagten** (Art. 4 Abs. 1 Brüssel Ia-VO) alternativ vor allem auch am **Ort der unerlaubten Handlung** (Art. 7 Nr. 2 Brüssel Ia-VO) und der **Zweigniederlassung,** der Agentur oder einer sonstigen Niederlassung, von der die Wettbewerbshandlung ihren Ausgang genommen hat (Art. 7 Nr. 5 Brüssel Ia-VO), geklagt werden. Der EuGH hat in der Rechtssache „Henkel" ein weites Verständnis des Begriffs des „schädigenden Ereignisses" in Art. 7 Nr. 2 Brüssel Ia-VO bestätigt. Danach können an diesem Gerichtsstand auch Verbandsklagen gegen die Verwendung missbräuchlicher Klauseln erhoben werden.[755] Soweit die Verordnung keine Zuständigkeit begründet, nämlich gegenüber Beklagten ohne Wohnsitz im Hoheitsgebiet eines Mitgliedstaates, kommen die nationalen Regeln der Internationalen Zuständigkeit zum Zuge (Art. 6 Abs. 1 Brüssel Ia-VO).[756] In Deutschland ergibt sich die internationale

---

746 So ausdrücklich auch Begr. Rom II-VO-Vorschlag, KOM(2003) 427 endg., 16.

747 *Handig* GRUR Int 2008, 24 (25).

748 Vgl. § 13a UWG aF (abgeschafft durch die UWG-Novelle 2004). Zur Abgrenzung von vertraglichen und außervertraglichen Schuldverhältnissen in der Rom I-VO und der Rom II-VO s. *Leible/Lehmann* RIW 2007, 721 (723).

749 *Beater,* Unlauterer Wettbewerb, 2. Aufl. 2011, Rn. 729; *Enzinger,* Lauterkeitsrecht, 2012, Rn. 175; Mansel/Mankowski/*Illmer* Rn. 29; *Wiebe/Kodek* UWG Einl. Rn. 257.

750 Allg. → Art. 26 Rn. 1 ff.; *Fountoulakis* in Schmidt-Kessel/Schubmehl, Lauterkeitsrecht in Europa, 2011, 719, 728 f.; *Heinze* FS Kropholler, 2008, 105 (123 ff.); *Mörsdorf-Schulte* ZVglRWiss 104 (2005), 192.

751 So *Sack* WRP 2008, 845 (862). Von der europarechtlichen Bestimmung des Begriffs des ordre public zu unterscheiden ist die europarechtliche Prägung des nationalen ordre public, dazu *Leible/Lehmann* RIW 2007, 721 (734).

752 S. nur BVerfGE 102, 347 = GRUR 2001, 170 – Benetton, zur Kontrolle der Anwendung deutschen Lauterkeitsrechts durch die Meinungsäußerungsfreiheit des Werbenden nach Art. 5 Abs. 1 GG.

753 VO (EU) Nr. 1215/2012 des Europäischen Parlaments und des Rates vom 12.12.2012 über die gerichtliche Zuständigkeit und Anerkennung und Vollstreckung von Entscheidungen in Zivil- und Handelssachen, ABl. EU 2012 L 351, 1; in Geltung seit 10.1.2015.

754 Vgl. Beschluss des Rates vom 27.4.2006 über den Abschluss des Abkommens zwischen der Europäischen Gemeinschaft und dem Königreich Dänemark über die gerichtliche Zuständigkeit und die Anerkennung und Vollstreckung von Entscheidungen in Zivil- und Handelssachen, ABl. EG 2006 L 120, 22.

755 EuGH Slg. 2002, I-8111 = EuZW 2002, 657 Rn. 42 – Henkel.

756 Zu beachten ist jedoch das LugÜ vom 30.10.2007, ABl. EG 2009 L 147, 5. Es ersetzt das LugÜ 1988. Das LugÜ regelt die Internationale Zuständigkeit im Verhältnis zwischen der EU und den EFTA-Staaten Island, Liechtenstein, Norwegen und der Schweiz.

Zuständigkeit der Gerichte aus den **Regeln über die örtliche Zuständigkeit.**[757] Maßgeblich ist insoweit **§ 14 UWG.**

214 **2. Verbandsklagen.** Bei wettbewerbsrechtlichen Verbandsklagen stellt sich die komplexe und von der Rspr. bis heute nicht umfassend ausgeleuchtete Frage, ob die **Klagebefugnis von Verbänden verfahrensrechtlich oder materiellrechtlich zu qualifizieren** und entsprechend nach der lex fori des zuständigen Gerichts oder nach dem Recht des Marktortes gemäß Art. 6 Abs. 1 (lauterkeitsrechtliche Qualifikation) zu beurteilen ist. Schon vor der Novellierung des UWG im Jahre 2004 ordnete die deutsche Rspr. die Frage, ob ein deutscher Verband befugt ist, gegen einen Wettbewerber eine Unterlassungsklage zu erheben, als Frage der materiellrechtlichen **Aktivlegitimation** ein.[758] Hiervon ist grundsätzlich auch unter Geltung des neuen § 8 UWG auszugehen.[759] § 8 Abs. 1 UWG normiert einen Unterlassungsanspruch, der die Anwendbarkeit deutschen Rechts nach Art. 6 Abs. 1 voraussetzt. Gleiches gilt für § 8 Abs. 3 Nr. 2–4 UWG, wonach sich bestimmt, wem dieser Anspruch zusteht.[760] Diese Vorschriften setzten nicht voraus, dass ein deutscher Verband den Anspruch geltend macht.[761] Ein ausländischer Verband muss allerdings die Voraussetzungen des § 8 Abs. 3 Nr. 2 oder 3 UWG erfüllen.[762] Dass die Klagebefugnis auch nach ausländischem Recht besteht, wird nicht verlangt.[763] Die Frage, ob sich aus der Regelung der Aktivlegitimation des deutschen UWG – nämlich nach § 8 Abs. 3 Nr. 3 UWG – über den Wortlaut hinaus auch die Befugnis für deutsche Verbraucherschutzverbände ergibt, **Verstöße nach ausländischem Lauterkeitsrecht** zu erheben, hat der BGH 1996 in der Entscheidung „Gewinnspiel im Ausland" offen gelassen.[764] Dagegen hat das KG die Klagebefugnis eines deutschen Wettbewerbsverbandes für die Klage gegen ein deutsches Flugunternehmen bejaht, obwohl die Zulässigkeit des dänischsprachigen Webauftritts, mit dem gegenüber dänischen Kunden für Flüge nach Deutschland geworben wurde, nach dänischem Recht zu beurteilen war.[765] Das KG ordnete die Klageberechtigung des Verbandes als Frage der Prozessführungsbefugnis ein und unterstellte diese als Verfahrensfrage der deutschen lex fori. Dies steht jedoch in Widerspruch zur Auffassung des **BGH** im **„Air Baltic"-Fall.** Der BGH ordnete in seiner Entscheidung die Klageberechtigung des Verbraucherverbandes für Klagen gegen die Verwendung missbräuchlicher Klauseln als Frage der Aktivlegitimation ein und bestimmte entsprechend das anwendbare Recht nach der Rom II-VO (→ Rn. 140 ff.).[766] Der Ansicht des BGH, die jedoch noch vom EuGH bestätigt werden müsste, ist auch für § 8 UWG zu übernehmen. Sie gewährleistet eine einheitliche Beurteilung der Aktivlegitimation innerhalb der EU gemäß dem nach Art. 6 Abs. 1 anwendbaren Recht.[767] Damit kommt es also darauf an, dass der Verband nach dem auf den Unterlassungsanspruch anwendbaren Recht über die Aktivlegitimation verfügt. Die Aktivlegitimation kann sich also bei Klagen vor einem deutschen Gericht – nämlich als Gericht am Wohnsitz des Beklagten – grundsätzlich auch nach ausländischem Recht richten. Die Grundsätze dieser Anknüpfung sind im Folgenden weiter zu vertiefen.

215 Nach dem Gesagten ist jedenfalls davon auszugehen, dass auch **ausländische Wettbewerbsverbände** vor deutschen Gerichten gegen deutsche Unternehmen unter den Voraussetzungen des § 8 Abs. 3 Nr. 2 UWG einen Unterlassungsanspruch nach § 8 Abs. 1 UWG geltend machen können, soweit **deutsches Recht** gemäß Art. 6 Abs. 1 als Recht des Marktortes anwendbar ist. Dies ermöglicht, dass auch ausländische Verbände in Bezug auf Interessen ausländischer Wettbewerber, die im Inland in Wettbewerb mit deutschen Unternehmen stehen, Schutz vor inländischen Gerichten

---

757 BGH GRUR 1987, 172 (173) – Unternehmensberatungsgesellschaft I.

758 BGH GRUR 1998, 419 – Gewinnspiel im Ausland.

759 Harte-Bavendamm/Henning-Bodewig/*Beermann* UWG § 8 Rn. 261, wonach sich aus der Aktivlegitimation mittelbar die Prozessführungsbefugnis ergibt; anders dagegen wohl der BGH GRUR 1998, 419 – Gewinnspiel im Ausland, der die Prozessführungsbefugnis bejahte und die Aktivlegitimation verneinte.

760 So schon BGH GRUR 1998, 419 – Gewinnspiel im Ausland.

761 *Sack* WRP 2017, 1298 Rn. 2 f., zusätzlich mit dem Argument, dass die Gleichbehandlung ausländischer Unternehmen nach dem Inländerbehandlungsgrundsatz gemäß Art. 2 Abs. 1 PVÜ auch völkerrechtlich geboten ist.

762 *Sack* WRP 2017, 1298 Rn. 4 gegen eine Aufweichung der Voraussetzungen im Lichte einer funktionalen Äquivalenz der ausländischen Anforderungen.

763 *Sack* WRP 207, 1298 Rn. 3 unter richtigem Hinweis auch auf den Inländerbehandlungsgrundsatz nach Art. 2 Abs. 1 PVÜ, der eine entsprechende Reziprozität nicht zulässt.

764 BGH GRUR 1998, 419 (420) – Gewinnspiel im Ausland; dazu auch *Ahrens* FS Tilmann, 2003, 739 (753); zu dieser Konstellation ausf. *Sack* WRP 2017, 1298 Rn. 5 ff.

765 KG BeckRS 2012, 338 = WRP 2012, 102.

766 BGH NJW 2010, 1958. Der „Air Baltic"-Fall lag umgekehrt zum Fall des KG. In „Air Baltic" hatte eine lettische Fluggesellschaft gegenüber deutschen Kunden geworben.

767 S. überzeugend Mansel/Mankowski/*Illmer* Rn. 23, mit Darstellung des Streitstandes bei Mansel/Mankowski/*Illmer* Rn. 22.

erlangen können. Macht der ausländische Wettbewerbsverband dagegen einen Verstoß in Bezug auf einen ausländischen Marktort geltend, beurteilt sich die Aktivlegitimation des Verbandes nach dem anwendbaren **ausländischen Lauterkeitsrecht.** Insoweit kommt es nicht darauf an, dass der ausländische Verband auch als Wettbewerbsverband iSd § 8 Abs. 3 Nr. 2 UWG anzusehen ist.

216 Bei **Klagen ausländischer Verbraucherschutzverbände gegen deutsche Unternehmen** ist **Art. 4 Abs. 1 S. 1 Unterlassungsklagen-RL** zu berücksichtigen. Die Vorschrift verpflichtet die Mitgliedstaaten, ausländischen Verbraucherschutzorganisationen die Möglichkeit zur Erhebung von Klagen vor den zuständigen nationalen Gerichten einzuräumen, wenn der behauptete Verstoß im Hoheitsgebiet des zuständigen Gerichts seinen Ursprung hat. Hierauf scheint **§ 8 Abs. 3 Nr. 3 UWG** zu reagieren, wonach Organisationen, die in der von der Kommission geführten Liste qualifizierter Einrichtungen nach Art. 4 Abs. 3 Unterlassungsklagen-RL aufgeführt sind, einen Unterlassungsanspruch nach § 8 Abs. 1 UWG geltend machen können. Da § 8 Abs. 1 UWG iVm § 8 Abs. 3 Nr. 3 UWG aber nur zur Anwendung kommt, wenn deutsches Recht als Recht des Marktortes gemäß Art. 6 Abs. 1 anzusehen ist (→ Rn. 214), greifen diese Vorschriften **nicht,** wenn eine ausländische Organisation Klage wegen **Verstoßes gegen ausländisches Lauterkeitsrechts** erhebt.[768] Insoweit führt das deutsche UWG, anders als in der Lit. behauptet wird,[769] zu keiner „Lücke" in Bezug auf die **Klagebefugnis deutscher Verbände bei Verstößen gegen ausländisches Recht.** Gesehen werden muss, dass mit der Anwendbarkeit von Art. 4 Abs. 1 S. 1 Unterlassungsklagen-RL auf Verstöße, die ihren Ursprung im Hoheitsgebiet des Gerichts haben, keine von der Marktortanknüpfung des Art. 6 Abs. 1 abweichende Kollisionsnorm begründet wird, denn Art. 2 Abs. 2 Unterlassungsklagen-RL regelt grundsätzlich nicht das Internationale Privatrecht. Den Anforderungen des Art. 4 Abs. 1 S. 1 Unterlassungsklagen-RL genügt das zuständige Gericht dennoch, da das nach Art. 6 Abs. 1 berufene ausländische Marktortrecht mit dem Recht jenes Mitgliedstaates zusammenfällt, in dem diejenigen Interessen beeinträchtigt werden, die die klagende Organisation iSv Art. 4 Abs. 1 S. 1 Unterlassungsklagen-RL in ihrer Klage zu vertreten berechtigt ist. Die notwendige Klagebefugnis ergibt sich also aus dem ausländischen Lauterkeitsrecht. Nach **Art. 4 Abs. 1 S. 2 Unterlassungsklagen-RL** verfügt das zuständige Gericht zudem über die Möglichkeit zu prüfen, ob der Zweck der qualifizierten Einrichtung im konkreten Fall die Klageerhebung rechtfertigt. Kollisionsrechtlich hat das zuständige Gericht diese Prüfung ebenfalls im Lichte des auf die Aktivlegitimation anwendbaren ausländischen Rechts des Marktortes vorzunehmen.

217 Art. 4 Abs. 1 S. 1 Unterlassungsklagen-RL enthält keine unionsrechtliche Verpflichtung, **Klagen inländischer Verbraucherschutzverbände gegen Verstöße inländischer Unternehmen am ausländischen Marktort** zuzulassen.[770] Auch § 8 Abs. 3 Nr. 3 UWG greift hier nicht, da es in diesem Fall an der notwendigen Anwendung deutschen Lauterkeitsrecht fehlt. Die betroffene Fallkonstellation entspricht jener, die dem BGH in der oben erwähnten Entscheidung „Gewinnspiel im Ausland" vorlag (→ Rn. 214). Da der deutsche Gesetzgeber, dies als Lücke empfand, führte er **§ 4a Abs. 1 UKlaG** ein.[771] Diese Vorschrift setzt einen innergemeinschaftlichen Verstoß iSv **Art. 3 Abs. 2 VO (EU) 2017/2394** (früher Art. 3 lit. b VO (EU) 2006/2004)[772] voraus, wobei sich der Verstoß insbesondere aus der UGP-RL sowie die RL 2006/114 über irreführende und vergleichende Werbung ergeben kann. Das Erfordernis des **„innergemeinschaftlichen Verstoßes"** begrenzt den Anwendungsbereich der Vorschrift auf grenzüberschreitende Fälle. Ihrem Wortlaut nach greift die Vorschrift insbesondere im Falle des Betroffenseins von Kollektivinteressen von Verbrauchern, die in einem anderen Mitgliedstaat als dem Mitgliedstaat ansässig sind, in dem der Verstoß seinen Ursprung hat. Diese Voraussetzung ist etwa erfüllt, wenn ein Unternehmen von Deutschland aus irreführende Werbepost an potenzielle Kunden in einem anderen Mitgliedstaat versendet.[773] So soll die Vorschrift gerade Klagen gegen inländische Unternehmen mit Auswirkungen im Ausland ermöglichen. Durch § 4a Abs. 2 S. 1 UKlaG iVm § 3 Abs. 1 S. 1 UKlaG wird die Aktivlegitimation von Verbänden in Übereinstimmung mit § 8 Abs. 3 Nr. 2–4 UWG geregelt. Klagen können auch **inländische und ausländische Wettbewerbsverbände** iSv § 3 Abs. 1 S. 1 Nr. 2 UKlaG. Voraussetzung ist allerdings, dass diese Vorschriften kollisionsrechtlich überhaupt anwendbar sind. Die VO (EU) 2017/2394 enthält nach Art. 2 Abs. 2 VO (EU) 2017/2394 (früher Art. 2 Abs. 2 VO (EU)

---

768 So auch *Sack* WRP 2017, 1298 Rn. 10.

769 So *Sack* WRP 2017, 1298 Rn. 23.

770 *Sack* WRP 2017, 1298 Rn. 20.

771 Ausf. *Sack* WRP 2017, 1298 Rn. 16, 19.

772 VO (EU) 2017/2394 des Europäischen Parlaments und des Rates vom 12.12.2017 über die Zusammenarbeit zwischen den für die Durchsetzung der Verbraucherschutzgesetze zuständigen nationalen Behörden und zur Aufhebung der Verordnung (EG) Nr. 2006/2004, ABl. EU 2017 L 345, 1. Art. 3 Abs. 2 VO (EU) 2017/2394 verwendet inzwischen den Begriff des „Verstoßes innerhalb der Union".

773 *Sack* WRP 2017, 1298 Rn. 18.

2006/2004) keine Regelung des anwendbaren Rechts. Deshalb ist auch im Rahmen der Verweisung von § 4a Abs. 1 UKlaG auf Art. 3 lit. b VO über die Zusammenarbeit im Verbraucherschutz davon auszugehen, dass die Frage, ob ein innergemeinschaftlicher Verstoß gegen die genannten europarechtlichen Bestimmungen des Lauterkeitsrechts vorliegt, sich ausschließlich nach den Umsetzungsvorschriften des Mitgliedstaates beurteilt, in dem gemäß Art. 6 Abs. 1 die kollektiven Interessen der Verbraucher beeinträchtigt werden. Man gelangt somit auch in dem Fall, dass der Verstoß von einem inländischen Unternehmen veranlasst wurde, sich aber in einem anderen Mitgliedstaat auswirkt, zur Anwendung ausländischen Rechts. Da § 4a Abs. 1 UKlaG als gesetzliche Grundlage eines Unterlassungsanspruchs materiellrechtlich zu qualifizieren ist, kommt diese Vorschrift in der genannten Konstellation kollisionsrechtlich aber überhaupt nicht zur Anwendung. Dieses Ergebnis ist europarechtlich zwingend geboten. Das deutsche Gericht ist zwar für die Klage zuständig. Die Begründetheit der Klage, einschließlich der Frage, ob der klagende Verband einen entsprechenden Anspruch geltend machen kann, kann sich aber ausschließlich aus dem ausländischen Recht des Marktortes ergeben. Die Anerkennung weitergehender Ansprüche inländischer Verbände nach § 4a Abs. 1 UKlaG würde dem Ziel des europäischen Kollisionsrechts, die einheitliche Beurteilung von Fällen durch verschiedene nationale Gerichte in der EU zu gewährleisten, widersprechen.

Auch wenn es sich um eine Frage der Anwendung des Sachrechts handelt, soll im Folgenden **218** noch näher auf die Beurteilung der **Aktivlegitimation eines ausländischen Wettbewerbsverbandes nach deutschem Recht** eingegangen werden. Werden Wettbewerbsauswirkungen auf den deutschen Markt geltend gemacht, führt die Anknüpfung nach Art. 6 Abs. 1 zur Anwendung von § 8 Abs. 1 UWG iVm § 8 Nr. 2 UWG und – im Falle eines Verstoßes innerhalb der Union – auch von § 4a Abs. 1 und 2 S. 1 UKlaG iVm § 3 Abs. 1 S. 1 Nr. 2 UKlaG. Ein deutsches Gericht wird diese Prüfung in zwei Konstellationen vornehmen: Entweder wird gegen ein deutsches Unternehmen vor dem Gericht des Beklagtenwohnsitzes geklagt oder die Klage richtet sich gegen ein ausländisches Unternehmen und wird vor dem deutschen Gericht der deliktischen Handlung erhoben. Schließlich ist es auch denkbar, dass ein **ausländisches Gericht diese Vorschriften anzuwenden hat.** Erhebt beispielsweise ein österreichischer Wettbewerbsverband Klage vor einem österreichischen Gericht gegen ein anderes österreichisches Unternehmen wegen eines Wettbewerbshandelns, das sich auf den deutschen Markt auswirkt, ist auch das österreichische Gericht aufgefordert, die Aktivlegitimation nach deutschem Recht zu beurteilen. In diesen Fällen stellt sich die Frage, ob die Zuwiderhandlung nach deutschem Recht auch tatsächlich die **Interessen der Mitglieder des ausländischen Verbandes berührt.** Angesichts der Offenheit nationaler Märkte sollte man diese Bestimmung großzügig auslegen und das Vorliegen dieser Voraussetzungen sogar über den europäischen Binnenmarkt hinaus bejahen.

Im Schrifttum wird vertreten, dass in Fällen, in denen ein deutsches Gericht die **Klagebefugnis** **219** **nach Art. 6 Abs. 1 nach ausländischem Recht** zu beurteilen hat, **kumulativ die Voraussetzungen § 8 Abs. 3 Nr. 2, Nr. 3 UWG** geprüft werden sollten (sog. „Kumulationsthese").[774] *Sack* begründet dies ua mit der Sorge, dass ansonsten ein deutsches Gericht Klageformen wie insbesondere Sammelklagen anzuerkennen hätte, die das deutsche Recht nicht kennt.[775] Dem ist entgegenzuhalten, dass die zusätzliche Anwendung der deutschen Bestimmungen zur Klagebefugnis gerade nicht geeignet ist, dieses Ziel zu erreichen. Vielmehr handelt es sich bei der Frage nach der Zulässigkeit von bestimmten Klageformen um ein Thema, bei dem materiellrechtliche und verfahrensrechtliche Aspekte klar zu trennen sind. So ist die Frage, ob einem Verband selbst ein Unterlassungsanspruch zustehen kann, materiellrechtlich zu qualifizieren. Dagegen handelt es sich bei der Frage, ob und unter welchen Voraussetzungen ein Verband im Rahmen einer Sammelklage auch Individualansprüche Dritter geltend machen kann, um eine Frage der Prozessführungsbefugnis, die verfahrensrechtlich zu qualifizieren ist. Letzteres gilt auch für die Wirkung des Urteils in Bezug auf an den Prozess nicht beteiligte Anspruchsinhaber. Die Lösung des von *Sack* aufgezeigten Problems liegt deshalb nicht in der Kumulation verschiedener nationaler Vorschriften zur Klagebefugnis, sondern in einer präzisen kollisionsrechtlichen Abgrenzung materiellrechtlicher und verfahrensrechtlicher Fragen. Auch droht hier anders als von *Sack* befürchtet[776] nicht, dass ansonsten ausländische Verbände einen Unterlassungsanspruch vor deutschen Gerichten geltend machen könnten, obwohl nach ausländischem Recht nur verwaltungsrechtlicher Schutz verfügbar wäre. Hiergegen spricht, dass über den Bestand des Unterlassungsanspruchs und die Aktivlegitimation eines Verbandes, diesen Anspruch geltend zu machen, im System des Art. 6 Abs. 1 stets nach demselben nationalen Recht zu befinden ist. Um einem Widerspruch zur europarechtlich nicht zulässigen Einschränkung der „ausschließlichen" Anwendung des Rechts am ausländischen Marktort gemäß Art. 6 Abs. 1 zu entgehen, suchen

774 So ua auch *Sack* WRP 2017, 1298 Rn. 29 ff. mwN.
775 *Sack* WRP 2017, 1298 Rn. 30.
776 *Sack* WRP 2017, 1298 Rn. 30.

die Vertreter der Kumulationsthese ihre Flucht bei einer prozessualen Qualifikation der kumulativen Anwendung der § 8 Abs. 3 Nr. 2, Nr. 3 UWG, wobei die Vorschrift, da sie eigentlich die Anwendung deutschen Lauterkeitsrechts voraussetzt, analog zur Anwendung kommen soll. Entsprechend sei die Klage beim Nichterfüllen dieser Vorschriften als unzulässig abzuweisen.[777] Das führt nun dazu, dass *Sack* – in der Argumentation konsequent – § 8 Abs. 3 Nr. 2, Nr. 3 UWG als Regelung der Prozessführungsbefugnis versteht.[778] Dies ist insgesamt betrachtet dennoch höchst inkonsequent, weil bei einer Einordnung als Regelung der Prozessführungsbefugnis die Klagebefugnis ausschließlich nach deutschem Recht und nicht auch noch parallel nach dem Recht des ausländischen Marktortes beurteilt werden dürfte. Soweit Sack durchweg bestätigt, dass § 8 Abs. 3 Nr. 2, Nr. 3 UWG die Anwendbarkeit deutschen Rechts als Recht des Marktortes voraussetzt, kann erst recht eine Analogie zu dieser Vorschrift in den Fällen der Verletzung ausländischen Marktortrechts nicht weiterhelfen. Eine solche Analogie kann dogmatisch keine „Umqualifikation" der Vorschrift von einer materiellrechtlichen in eine verfahrensrechtliche bewirken; die „Analogie" führt vielmehr zu einer unionsrechtlich höchst bedenklichen Einschränkung der nach Art. 6 Abs. 1 gebotenen ausschließlichen Beurteilung der Aktivlegitimation nach dem Recht des Marktortes. Die **kumulative Anwendung des § 8 Abs. 3 Nr. 2, Nr. 3 UWG** neben der Anwendung des Rechts des Marktortes bei der Prüfung der Klagebefugnis von ausländischen Verbänden bei Verstößen gegen ausländisches Lauterkeitsrecht ist daher **abzulehnen.**

220 **3. Weitere prozessuale Fragen.** Hierzu ist auf das einschlägige Schrifttum zu verweisen.[779]

C. Internationales Wettbewerbs- und Kartellrecht (IntWettbR/IntKartellR)

Schrifttum: *Ackermann,* Antitrust Damages Actions Under the Rome II Regulation, Liber amicorum Slot, 2009, 109; *Adolphsen,* The Conflict of Laws in Cartel Matters in a Globalized World: Alternatives to the Effects Doctrine, JPrIL 1 (2005), 151; *Ashton/Vollrath,* Choice of court and applicable law in tortious actions for breach of Community competition law, ZWeR 2006, 1; *Baetge,* Globalisierung des Wettbewerbsrechts, 2009; *Bär,* Kartellrecht und internationales Privatrecht, 1965; *Ballarino,* L'art. 6 del regolamento Roma II e il diritto antitrust comunitario: conflitto di leggi e principio territorialistico, Riv. dir. int. 2008, 65; *Bariatti,* Violazione di norme antitrust e diritto internazionale privato: il giudice italiano e i cartelli, Riv. dir. int. priv. proc. 2008, 349; *Basedow,* Die kartellrechtliche Schadensersatzhaftung und der Wettbewerb der Justizstandorte, Basler Juristische Mitteilungen 2016, 217; *Basedow,* Entwicklungsrichtlinien des internationalen Kartellrechts, NJW 1989, 627; *Basedow,* Jurisdiction and Choice of Law in the Private Enforcement of EC-Competition Law, in Basedow (ed.), Private Enforcement of EC-Competition Law, 2007, 229; *Basedow,* Weltkartellrecht, 1998; *Basedow,* Der Handlungsort im internationalen Kartellrecht – Ein juristisches Chamäleon auf dem Weg vom Völkerrecht zum internationalen Zivilprozessrecht, FS 50 Jahre FIW, 2010, 129; *J. Berg,* Die Genese des Auswirkungsprinzips in der Rechtsprechung des EuGH, WuW 2018, 557; *W. Berg/Mäsch* (Hrsg.), Deutsches und Europäisches Kartellrecht, Kommentar, 4. Aufl. 2022 (zitiert: Berg/Mäsch/*Bearbeiter*); *Brand/Gehann,* Zuständigkeit mitgliedstaatlicher Gerichte beim Kartellrechtsverstoß im Vertragsverhältnis, NZKart 2021, 101; *Dickinson,* The Rome II Regulation, 2008; *Drexl* (ed.), The Future of Transnational Antitrust – From Comparative to International Antitrust, 2003; *Drexl,* Zum Verhältnis von lauterkeits- und kartellrechtlicher Anknüpfung nach der Rom II-VO, FS Hopt, 2010, 2713; *Fikentscher/Drexl,* Der Draft International Antitrust Code – Zur institutionellen Struktur eines künftigen Weltkartellrechts, RIW 1994, 93; *Fikentscher/Immenga* (eds.), Draft International Antitrust Code, 1995; *Fitchen,* Choice of Law in International Claims Based on Restriction of Competition: Article 6 (3) of the Rome II Regulation, JPrIntL 5 (2009), 337; *Fitchen,* The Applicable Law in Cross-Border Competition Law Actions and Article 6(3) of Regulation 864/2007, in Danov/Becker/Beaumont (eds.), Cross-Border EU Competition Law Actions, 2013, 297; *Francq/Wurmnest,* International Antitrust Claims under the Rome II Regulation, in Basedow/Francq/Idot (eds.), International Antitrust Litigation. Conflict of Laws and Coordination, 2012, 91; Frankfurter Kommentar zum Kartellrecht, Loseblatt (zitiert: FK/*Bearbeiter*); *Fuchs/Weitbrecht* (Hrsg.), Handbuch Private Kartellrechtsdurchsetzung, 2019 (zitiert: *Bearbeiter* in Fuchs/Weitbrecht, HdB Private Kartellrechtsdurchsetzung); *Gerber,* Global Competition: Law, Markets, and Globalization, 2010; *Grünwald/Hackl,* Mosaikprinzip ade? – Anwendbares Recht bei Schadensersatzklagen gegen multinationale Kartelle – Das Autoglasurteil des LG Düsseldorf, NZKart 2016, 112; *Harms/J. Schmidt,* Anwendbares Recht bei kartellrechtlichen Schadensersatzklagen in „Altfällen", WuW 2014, 364; *Heinemann,* Die Anwendbarkeit ausländischen Kartellrechts, in Mélanges en l'Honneur de Bernard Dutoit, 2002, 115; *Heiss/Loacker,* Die Vergemeinschaftung des Kollisionsrechts der außervertraglichen Schuldverhältnisse durch Rom II, JBl. 2007, 613; *Hellner,* Unfair Competition and Acts Restricting Compe-

[777] So insbes. *Sack* WRP 2017, 1298 Rn. 31 f.

[778] In diesem Sinne abschließend *Sack* WRP 2017, 1298 Rn. 33.

[779] Vgl. insbes. FBO/*Hausmann/Obergfell* IntLautVerfR Rn. 348 ff.; Harte-Bavendamm/Henning-Bodewig/*Glöckner* UWG Einl. D; Köhler/Bornkamm/Feddersen/*Köhler* UWG Einl. Rn. 5.37 ff., jeweils mwN; MüKoUWG/*Mankowski* IntWettbR Rn. 372 ff.

tition – A Commentary on Art. 6 of the Rome II Regulation, YbPIL 9 (2007), 49; *Huizing,* The ECJ finally accepts the qualified effects test: now was that so hard?, ECLRev 2018, 24; *U. Immenga,* Rechtsregeln für eine internationale Wettbewerbsordnung, FS Mestmäcker, 1996, 593; *U. Immenga,* Das Auswirkungsprinzip des internationalen Wettbewerbsrechts als Gegenstand einer gemeinschaftsrechtlichen Verordnung, FS G. Kühne, 2009, 725; *U. Immenga/Mestmäcker* (Begr.), Bd. 1: Wettbewerbsrecht EU/Teil 1, 6. Aufl. 2019 und Bd. 2: Wettbewerbsrecht GWB, 7. Aufl. 2024; *Jones/Matsushita* (eds.), Competition Policy in the Global Trading System, 2002; Kamann/Ohlhoff/Völker (Hrsg.), Kartellverfahren und Kartellprozess, Handbuch, 2017 (zitiert: *Bearbeiter* in Kamann/Ohlhoff/Völker, Kartellverfahren und Kartellprozess); *Kersting,* Gesamtschuldnerausgleich bei Kartellgeldbußen, NZKart 2016, 147; Kölner Kommentar zum Kartellrecht, Bd. 2 (Deutsches Kartellrecht), 2014 (zitiert: KöKommKart/*Bearbeiter*); *Bunte,* Kommentar zum deutschen und europäischen Kartellrecht, 14. Aufl. 2021 (Bunte/*Bearbeiter*); *Leible/Lehmann,* Die neue EG-Verordnung über das auf außervertragliche Schuldverhältnisse anzuwendende Recht („Rom II"), RIW 2007, 721; *Loewenheim/Meessen/Riesenkampff/Kersting/Meyer-Lindemann,* Kartellrecht, 4. Aufl. 2020 (zitiert: Loewenheim/Meessen/Riesenkampff/Kersting/Meyer-Lindemann/*Bearbeiter*); *Mäsch,* Third Time Lucky? Der EuGH zum Gerichtsstand für Kartellschadensersatzklagen am Handlungs- und Erfolgsort, IPRax 2020, 305; *Mäsch,* Der EuGH und das Internationale Kartellschadensersatzverfahrensrecht – (k)ein Märchen, WuW 2021, 426; *H. I. Maier,* Marktortanknüpfung im internationalen Kartelldeliktsrecht, 2011; *Mankowski,* Das neue Internationale Kartellrecht des Art. 6 Abs. 3 der Rom II VO, RIW 2008, 177; *Mankowski,* Schadensersatzklagen bei Kartelldelikten (Vorträge und Berichte des Bonner ZEW, Nr. 194), 2012; *Martinek,* Das internationale Kartellprivatrecht, 1987; *Massing,* Europäisches Internationales Kartelldeliktsrecht, 2010; *Meessen,* Völkerrechtliche Grundsätze des internationalen Kartellrechts, 1975; *Mercer,* Applicable Law in Cross-Border Competition Law Actions – Forum Shopping, Mandatory Rules and Public Policy, in Danov/Becker/Beaumont (Hrsg.), Cross-Border EU Competition Law Actions, 2013, 329; *Mestmäcker,* Staatliche Souveränität und offene Märkte, RabelsZ 52 (1988), 205; *Mestmäcker/Schweitzer,* Europäisches Wettbewerbsrecht, 3. Aufl. 2014; Münchener Kommentar zum Wettbewerbsrecht, Bd. 1 (Europäisches Wettbewerbsrecht), 3. Aufl. 2020; *Nettlau,* Die kollisionsrechtliche Behandlung von Ansprüchen aus unlauterem Wettbewerbsverhalten gemäß Art. 6 Abs. 1 und 2 Rom II-VO, 2013; *Podszun,* Neue Impulse für ein globalisiertes Kartellrecht, ZWeR 2016, 360; *Poelzig,* Normdurchsetzung durch Privatrecht, 2012; *Rodriguez Pineau,* Conflict of Laws Comes to the Rescue of Competition Law: The New Rome II Regulation, JPrIntL 5 (2009), 311; *Rosenkranz/Rohde,* The law applicable to non-contractual obligations arising out of acts of unfair competition and acts restricting free competition under Article 6 Rome II Regulation, NIPR 2008, 435; *W.-H. Roth,* Internationales Kartelldeliktsrecht in der Rom II-Verordnung, FS Kropholler, 2008, 623; *Schley,* Die Anwendbarkeit von Schiedsvereinbarungen auf Kartellschadensersatzansprüche, 2022; *Schnelle,* Die Aufteilung von Bußgeldern im Konzern, WuW 2015, 332; *Schnur,* Internationales Kartellprivatrecht nach der Rom II-Verordnung, 2012; *Scholz/Rixen,* Die neue europäische Kollisionsnorm für außervertragliche Schuldverhältnisse aus wettbewerbsbeschränkendem Verhalten, EuZW 2008, 327; *Schwartz/Basedow,* Ch. 35: Restrictions on Competition, in Lipstein (Hrsg.), International Encyclopedia of Comparative Law, Vol. III/2, 1995 (gebundene Fassung 2011); *Slot,* International Competition Law – Bilateral Treaties, ECLRev 2015, 391; *Stockmann,* Zur Interessenabwägung im Rahmen des Auswirkungsprinzips, ZWeR 2020, 409; *Terhechte* (Hrsg.), Internationales Kartell- und Fusionskontrollverfahrensrecht, 2008; *Thole,* Das Derogationsverbot in kartellrechtlichen Streitigkeiten – Zur divergierenden Rechtsprechung der deutschen Landgerichte, NZKart 2024, 66; *Tzakas,* Die Haftung für Kartellrechtsverstöße im internationalen Rechtsverkehr, 2011; *Wäschle,* Die internationale Zuständigkeit für Schadensersatzklagen gegen Weltkartelle, 2017; *G. Wagner,* Die neue Rom II-VO, IPRax 2008, 1; *R. Wagner,* Das Vermittlungsverfahren zur Rom II-Verordnung, FS Kropholler, 2008, 715; *Wagner-v. Papp,* Competition Law and Extraterritoriality, in Ezrachi (ed.), Research Handbook on International Competition Law, 2012, 21; *Wagner-v. Papp,* Internationales Wettbewerbsrecht, in Tietje/Nowrot (Hrsg.), Internationales Wirtschaftsrecht, 3. Aufl. 2021, 605; *Weiß,* Begründung und Grenzen internationaler Fusionskontrollzuständigkeiten, NZKart 2016, 202 und NZKart 2016, 265; *Weitbrecht,* Völkerrecht und Kollisionsrecht in der deutschen Fusionskontrolle, FS Birk, 2008, 977; *M. Weller* (Hrsg.), Europäisches Kollisionsrecht, 2016 (zitiert: *Bearbeiter* in M. Weller, Europäisches Kollisionsrecht); *Wiedemann* (Hrsg.), Handbuch des Kartellrechts, 4. Aufl. 2020 (zitiert: *Bearbeiter* in Wiedemann KartellR-HdB); *A. Wolf,* Die internationale Durchsetzung von Schadensersatzansprüchen wegen Verletzung des EU-Wettbewerbsrechts, 2017; *Wurmnest,* Die grenzüberschreitende Durchsetzung des Kartellrechts nach der 9. GWB-Novelle, in Kersting/Podszun (Hrsg.), Die 9. GWB-Novelle, 2017, Kap. 18; *Wurmnest,* Der Missbrauch einer marktbeherrschenden Stellung im europäischen Zuständigkeitsrecht, IPRax 2021, 340; *Wurmnest,* Die Durchsetzung von Art. 101, 102 AEUV durch Schiedsgerichte: Ein Spannungsfeld, FS Kronke, 2020, 1637; *Zäch* (ed.), Towards WTO Competition Rules, 1999; *D. Zimmer,* Kruman, Empagran und die Folgen: Internationale Wettbewerbspolitik in Zeiten exorbitanter Durchsetzung internationalen Kartellrechts, FS Immenga, 2004, 475; *D. J. Zimmer,* Konkretisierung des Auswirkungsprinzips bei Hard-core-Kartellrechtsverstößen, 2013.

I. Internationales Kartelldeliktsrecht (Art. 6 Abs. 3, 4 Rom II-VO)

1. Allgemeines. a) Systematik und Normzweck. Art. 6 Abs. 3 Rom II-VO normiert eine **spezielle Anknüpfungsregel** für Kartelldelikte, die die allgemeine Anknüpfung deliktischer Schuldverhältnisse an den Erfolgsort (Art. 4 Abs. 1 Rom II-VO) zur Sicherung der marktordnenden Funktion des Kartellrechts präzisieren soll (Erwägungsgrund 21 Rom II-VO). Nach dem gleichen Muster legen Art. 6 Abs. 1, 2 Rom II-VO Anknüpfungsregeln für Lauterkeitsdelikte fest (→ Rn. 106 ff.) und Abs. 4 normiert ein Rechtswahlverbot. Erläuternde Hinweise zur Anwen- 221 dung von Art. 6 Rom II-VO sind in den Erwägungsgründen 21–23 Rom II-VO niedergelegt. Weil Art. 6 Abs. 3 Rom II-VO erst spät Eingang in das Gesetzgebungsverfahren fand (→ Rn. 226 ff.), konnten bei Erarbeitung der Kollisionsnorm viele Anwendungsprobleme nicht hinreichend geklärt werden. Die Vorschrift ist in vielerlei Hinsicht **unklar.**[780] Zahlreiche Fragen sind daher umstritten. Bei einer Revision der Verordnung sollte Art. 6 Abs. 3 Rom II-VO klarer gefasst werden, um die Rechtsanwendung zu erleichtern.[781]

222 Als **Grundregel** bestimmt **Art. 6 Abs. 3 lit. a Rom II-VO,** dass Ansprüche infolge von Wettbewerbsbeschränkungen sich nach dem Recht desjenigen Staats richten, „dessen Markt beeinträchtigt ist oder wahrscheinlich beeinträchtigt wird". Die Sonderanknüpfung für Kartelldelikte basiert somit auf dem **Auswirkungsprinzip,**[782] das heute ganz überwiegend als **sachgerechte Anknüpfung** für internationale Kartellsachverhalte angesehen wird[783] und erstmalig in der Alcoa-Entscheidung des Court of Appeals des Second Circuit im Jahre 1945[784] anerkannt wurde. Da das Kartellrecht als Marktordnungsrecht den Wettbewerb auf dem inländischen Markt im Interesse der Allgemeinheit und einzelner Marktteilnehmer schützen will, muss das Kollisionsrecht so ausgestaltet sein, dass das Kartellrecht seine marktordnende Funktion wahrnehmen kann.[785] Dies ist bei der Anknüpfung an die Effekte von unternehmerischen Verhaltensweisen der Fall, da das Recht des betroffenen Marktes darüber entscheiden kann, ob ein Verhalten kartellrechtlich verboten oder erlaubt sein und in welcher Weise eine Verletzung ausgeglichen werden soll. Die Steuerungsfunktion des Kartellrechts kann sich also entfalten; auch werden Konkurrenten auf einem Markt gleichbehandelt.[786] Die Bestimmung des anwendbaren Kartelldeliktsrechts auf Grundlage des Auswirkungsprinzips ermöglicht dem Zivilrecht, seinen Beitrag zur Durchsetzung des Kartellrechts im öffentlichen Interesse zu leisten.[787] Das **Völkerrecht** steht einer **sinnvollen Anknüpfung,** die wie das Auswirkungsprinzip die Regelungsinteressen des von der Wettbewerbsbeschränkung betroffenen Staates berücksichtigt, nicht entgegen, was allerdings nicht unumstritten war.[788] Es entspricht jedoch dem **legitimen Interesse** und der Souveränität von Staaten, gegen inländische Auswirkungen, die ihre Wettbewerbsordnung gefährden, rechtlich vorzugehen. Das Auswirkungsprinzip ist daher eine sinnvolle Anknüpfung,[789] die heute als völkerrechtskonform angesehen werden muss.

223 **Andere Anknüpfungskriterien** vermögen den notwendigen Marktbezug nicht in jedem Fall zu sichern. Das Abstellen auf den **Handlungsort,** wie es der US Supreme Court noch im

---

[780] *Dickinson,* The Rome II Regulation, 2008, Rn. 6.01: „Its poorly defined features seem likely to trouble Member State courts for many years to come."; *Fitchen* in Danov/Becker/Beaumont, Cross-Border EU Competition Law Actions, 2013, 297 (328): „Article 6(3)(a) and (b) are presently less than optimally drafted and designed."; *Luciani* JCP (Entreprise et Affaires) 2008, n. 2428, 18 (25): „L'article 6 du règlement ‚Rome II' suscite finalement plus d'interrogations qu'il n'apporte de réponses"; *H. I. Maier,* Marktortanknüpfung im Internationalen Kartelldeliktsrecht, 2011, 327: „Wortlaut […] ist in vielerlei Hinsicht optimierungsfähig- und bedürftig".

[781] An Vorschlägen mangelt es nicht, vgl. nur *Francq/Wurmnest* in Basedow/Francq/Idot, International Antitrust Litigation, 2012, 91 (128 f., 415 f.); *Mankowski* IPRax 2010, 389 (395 ff.); für eine Reform plädieren auch *Fitchen* und *Danov/Becker* in Danov/Becker/Beaumont, Cross-Border EU Competition Law Actions, 2013, 297 ff. und 357 ff.

[782] *Ackermann* Liber Amicorum Slot, 2009, 109 (113): effects test; *Becker/Kammin* EuZW 2011, 503 (506); *Fitchen* in Danov/Becker/Beaumont, Cross-Border EU Competition Law Actions, 2013, 297 (315): effects doctrine; *Heiss/Loacker* JBl. 2007, 613 (629); *U. Immenga* FS Kühne, 2009, 725 (727); *Junker* NJW 2007, 3675 (3679); *Leible/Lehmann* RIW 2007, 721 (730); *G. Wagner* IPRax 2008, 1 (8).

[783] Statt vieler *Basedow,* Weltkartellrecht, 1998, 19 ff.; Staudinger/*Fezer/Koos,* 2023, IntWirtschR Rn. 144 ff.; *W.-H. Roth* FS Kropholler, 2008, 623 (625).

[784] United States v. Aluminium Co. of America, 148 F.2d 416 (2d Cir. 1945).

[785] *Garcimartín Alférez* EuLF 2007, I-77 (I-86); *Mankowski* RIW 2008, 177 (184); ähnlich *Poelzig,* Normdurchsetzung durch Privatrecht, 2012, 547.

[786] *Mankowski,* Schadensersatzklagen bei Kartelldelikten, 2012, 22 f.; *Plender/Wilderspin,* The European Private International Law of Obligations, 6. Aufl. 2023, Rn. 20-063.

[787] BeckOGK/*Poelzig/Windorfer/Bauermeister,* 1.9.2022, Rn. 221; ähnlich *Garcimartín Alférez* EuLF 2007, I-77 (I-86).

[788] Gegen dieses Anknüpfungskriterium wurden vor allem aus dem Vereinigten Königreich völkerrechtliche Einwände erhoben (vgl. etwa *Mann* Recueil des Cours 111 (1964-I), 9 (104 ff.)), die in der Sache aber nicht überzeugen, näher dazu MüKoEuWettbR/*Wagner-v. Papp/Wurmnest* Grdl. Rn. 1388 ff.; vgl. auch *Basedow,* Weltkartellrecht, 1998, 19 ff. Zu den politischen Implikationen und praktischen Schwierigkeiten der Anwendung des Auswirkungsgrundsatzes *Adolphsen* JPrIntL 1 (2005), 151 (161 f.); *D. Zimmer* FS Immenga, 2004, 475 (484 ff.).

[789] Immenga/Mestmäcker/*Rehbinder/v. Kalben* GWB § 185 Rn. 127; FK/*Lindemann* GWB § 130 Rn. 10. Zu alternativen Anknüpfungen vgl. *Meessen,* Völkerrechtliche Grundsätze des internationalen Kartellrechts, 1975, 111 ff., 149 ff.

Fall American Banana[790] für richtig gehalten hat, hat erhebliche Schutzlücken zur Folge, wenn man dieses Kriterium nicht vollkommen überzeichnen möchte. So könnten etwa Preisabsprachen für den europäischen Markt, die von drittstaatlichen Unternehmen bei Treffen im Ausland getroffen worden sind, nicht nach den EU-Wettbewerbsregeln beurteilt werden, wenn keine unmittelbare Umsetzung der Absprache auf dem Gebiet der Union erfolgt ist. Die Anknüpfung an den **Sitz des Rechtsverletzers** ist ebenfalls nicht sinnvoll, da dann Unternehmen mit Sitz in Staaten ohne Kartellrecht ungehindert wettbewerbsbeschränkende Maßnahmen für den europäischen Markt vereinbaren könnten. Wenig zielführend ist auch die Anknüpfung an den **Sitz des Anspruchsberechtigten** oder die **Staatsangehörigkeit des Rechtsverletzers,** da kein funktionaler Zusammenhang zum Schutz des von der Wettbewerbsbeschränkung betroffenen Marktes gegeben ist. Ebenso wies der ursprünglich vom EuGH entwickelte Ansatz zur Determinierung der Reichweite der EU-Wettbewerbsregeln Schutzlücken auf. Nach der **älteren Rechtsprechung des EuGH** (→ Rn. 280) kamen Art. 101, 102 AEUV nur dann zur Anwendung, wenn die Wettbewerbsbeschränkung durch eine Handlung auf dem Territorium der EU implementiert wird **(Durchführungsprinzip),**[791] wobei es ausreicht, dass ein drittstaatliches Unternehmen die wettbewerbsbeschränkende Praxis über ein in der Union ansässiges weisungsabhängiges Tochterunternehmen anwendet (Grundsatz der wirtschaftlichen Einheit).[792] Nimmt man den EuGH beim Wort, so versagt diese Anknüpfung in Fällen, in denen die Wettbewerbsbeschränkung durch ein Unterlassen im Ausland ausgelöst wird, etwa bei einem Lieferboykott durch Unternehmen, die in Drittstaaten angesiedelt sind. Probleme bereitet der Ansatz des EuGH auch in Fällen, in denen Kartellware von den Kartellanten gezielt über in Drittstaaten ansässige Zwischenhändler in die EU exportiert wird, da es auch dann an einer Implementierungshandlung der Kartellanten auf dem Gebiet der EU fehlt, obwohl der Binnenmarkt durch das Kartell betroffen ist.[793] Solche Schutzlücken werden durch die Anwendung des **Auswirkungsprinzips** vermieden. Es verwundert daher nicht, dass die *effects doctrine* im Laufe der Zeit in immer mehr **nationalen Rechtsordnungen** als Anknüpfungsmerkmal anerkannt wurde. Neben dem GWB knüpft auch das Kartellrecht der USA, Frankreichs, der Schweiz und der VR China an die Auswirkungen auf dem jeweiligen Markt an.[794] Mittlerweile hat selbst der **EuGH** diese Anknüpfung (in unilateraler Form) für die Anwendung der EU-Wettbewerbsregeln durch die EU-Kommission gebilligt.[795] Wegen seiner großen Reichweite kann das Auswirkungsprinzip allerdings Abwehrgesetze („blocking statutes") provozieren.[796] Für mögliche Nachteile einer Anknüpfung an die Auswirkungen eines Verhaltens für Unternehmen in ausländischen Staaten kommt es ganz wesentlich auf die Grenzen des Auswirkungsprinzips an (→ Rn. 287 ff.).

Da grenzüberschreitende Wettbewerbsbeschränkungen oftmals in verschiedenen Staaten Wirkung entfalten, kann das Auswirkungsprinzip dazu führen, dass **mehrere Kartellprivatrechte** parallel auf einen Sachverhalt Anwendung finden. Nach dem Mosaikprinzip ist dann der in einer Jurisdiktion entstandene Schaden nach dem jeweiligen Ortsrecht zu beurteilen. Um die Durchsetzung des Kartellrechts durch Private zu erleichtern, hat der Unionsgesetzgeber dem Kläger allerdings ein **(einseitiges) Bestimmungsrecht (Optionsrecht)** zu Gunsten der lex fori eingeräumt **(Art. 6 Abs. 3 lit. b Rom II-VO).** Macht er von diesem Recht Gebrauch, hat das angerufene Gericht lediglich ein einziges Kartellprivatrecht anzuwenden. Man spricht daher auch von einer **Konzentrationsregel.**[797] Mit der Ausübung des Optionsrechts wird allerdings der Auswirkungsansatz durchbrochen. Damit einher geht die Gefahr, dass sich der Anspruch des Klägers nach einem Recht beurteilt, das nur einen geringen Bezug zur Wettbewerbsbeschränkung hat. Um dieser Gefahr vorzubeugen, hat der Gemeinschaftsgesetzgeber das Bestimmungsrecht an das Vorliegen bestimmter Voraussetzungen geknüpft (→ Rn. 312 ff.). 224

---

[790] American Banana Co. v. United Fruit Co., 213 U.S. 347 (356) (1909).

[791] EuGH Slg. 1988, 5193 Rn. 16 = NJW 1988, 3086 – Ahlström Osakeyhtiö ua/Kommission (sog. Zellstoff I-Entscheidung); vgl. auch EuG Slg. 2000, II-491 Rn. 4240 f. – Cimenteries CBR/Kommission.

[792] EuGH Slg. 1972, 619 Rn. 132/135 = BeckRS 2004, 73172 – ICI/Kommission (sog. Farbstoff-Entscheidung); vgl. auch EuGH Slg. 1972, 787 Rn. 41 ff. = BeckRS 2004, 73261 – Geigy/Kommission; Slg. 1972, 845 = NJW 1972, 1636 – Sandoz/Kommission.

[793] Zum Ganzen MüKoEuWettbR/*Wagner-v. Papp/Wurmnest* Grdl. Rn. 1431.

[794] Dazu *Basedow,* Weltkartellrecht, 1998, 20; MüKoEuWettbR/*Wagner-v. Papp/Wurmnest* Grdl. Rn. 1387 mwN.

[795] EuGH ECLI:EU:C:2017:632 Rn. 45 = BeckRS 2018, 31151 – Intel/Kommission.

[796] Hierzu *Schwartz/Basedow* in Lipstein, International Encyclopedia of Comparative Law, 2011, Vol. III/2, Ch. 35 Rn. 94; *Tzakas,* Die Haftung für Kartellrechtsverstöße im internationalen Rechtsverkehr, 2011, 28 ff.

[797] *Tzakas,* Die Haftung für Kartellrechtsverstöße im internationalen Rechtsverkehr, 2011, 362; *Francq/Wurmnest* in Basedow/Francq/Idot, International Antitrust Litigation, 2012, 91 (124): „concentration rule".

225 Die Marktteilnehmer sollen die Anwendung des marktordnenden Kartellrechts nicht durch einen privatautonomen Gestaltungsakt umgehen können. Daher legt **Art. 6 Abs. 4 Rom II-VO** für kartellprivatrechtliche Ansprüche ein umfassendes **Rechtswahlverbot** fest (→ Rn. 337).

226 **b) Entstehungsgeschichte.**[798] **aa) Vorgeschichte und Kommissionsvorschlag von 2003.** Art. 6 Abs. 3 Rom II-VO fand erst sehr spät im Gesetzgebungsverfahren Eingang in den Verordnungstext. Anders als der Vorentwurf der Groupe européen de droit international privé[799] sahen weder der Kommissionsvorentwurf vom Mai 2002[800] noch der **Vorschlag der Europäischen Kommission für eine Rom II-VO vom 22.7.2003 (KV 2003)** eine spezielle Kollisionsnorm für das Kartellprivatrecht vor (ausf. zur Vorgeschichte der Rom II-VO → Rom II-VO Vor Art. 1 Rn. 2 ff.). Letzterer enthielt lediglich eine spezielle Kollisionsregel für Ansprüche aus Lauterkeitsdelikten, die an den Marktort anknüpfte (Art. 5 KV 2003).

227 Das Fehlen einer speziellen Kollisionsregel für kartellprivatrechtliche Ansprüche erklärt sich in erster Linie mit den **internen Arbeitsabläufen** der Kommission. Für die Ausarbeitung der Rom II-VO war die (damalige) **GD Justiz, Freiheit und Sicherheit** zuständig. Parallel zu deren Arbeiten an der Rom II-VO bereitete die **GD Wettbewerb** ein Grünbuch mit dem Ziel vor, die private Rechtsdurchsetzung der EU-Wettbewerbsregeln zu stärken, nachdem der EuGH in seinem Urteil Courage die Bedeutung des *private enforcement* für die effektive Anwendung der EU-Wettbewerbsregeln sehr deutlich hervorgehoben hatte.[801] Die GD Wettbewerb wollte in dem Grünbuch auch die Frage des anwendbaren Rechts thematisieren. Diesen Konsultationen wollte die GD Justiz einerseits nicht vorgreifen,[802] andererseits wollte sie ihren Verordnungsvorschlag aber auch nicht bis zum Abschluss des Konsultationsverfahrens der GD Wettbewerb zurückhalten, da die Ausarbeitung des Vorschlags für eine Rom II-VO zuvor bereits über längere Zeit durch einen Disput mit der GD Binnenmarkt über die Bedeutung des Herkunftslandprinzips blockiert gewesen war (zu dieser Kontroverse → Rom II-VO Vor Art. 1 Rn. 14). Da im Jahre 2003 offenbar kommissionsintern noch nicht ganz ausgefochten war, ob die Kollisionsnorm für Kartellrechtsverstöße in der Rom II-VO oder in einem speziellen Rechtsakt zur Stärkung der privaten Rechtsdurchsetzung verankert werden sollte, wurden erst einmal beide Verfahren unabhängig voneinander vorangetrieben.[803]

228 **bb) Erste Lesung im Parlament, Grünbuch „Schadensersatzklagen", Kommissionsvorschlag von 2006.** Der KV 2003 wurde vom mitentscheidungsberechtigten **Europäischen Parlament scharf kritisiert.** Unter Führung der britischen Berichterstatterin *Diana Wallis* forderte der Rechtsausschuss ua die Streichung der Sonderkollisionsnorm für das Lauterkeitsrecht. Begründet wurde dieser Vorstoß mit dem Hinweis darauf, dass die deliktische Grundregel ausreichend sei, um zu sachgerechten Lösungen zu gelangen; zudem attestierte der Ausschuss dem Anwendungsbereich der lauterkeitsrechtlichen Kollisionsregel unscharfe Konturen.[804] Die Forderung nach ihrer Streichung fand auch Eingang in die Legislative Entschließung des Parlaments (Erste Lesung) vom 6.7.2005.[805] Auf Grund ihrer ablehnenden Haltung gegenüber Sonderanknüpfungen für Wettbewerbsdelikte erörterten die Parlamentarier die Schaffung einer speziellen Kollisionsnorm für das Kartellrecht nicht.

229 Parallel zu den Beratungen zur Rom II-VO legte die **GD Wettbewerb** im Dezember 2005 das **Grünbuch „Schadenersatzklagen wegen Verletzung des EU-Wettbewerbsrechts"** vor,[806] nachdem sie eine rechtsvergleichende Studie zu den Bedingungen der privaten Rechtsdurchsetzung in den EU-Mitgliedstaaten (sog. *Ashurst*-Studie[807]) ausgewertet hatte. Das Grünbuch, das sich ganz

798 Zur Entstehungsgeschichte *v. Hein* in Fuchs/Weitbrecht, HdB Private Kartellrechtsdurchsetzung, 2019, § 21 Rn. 100 ff.; *Hellner* YbPIL 9 (2007), 49 (50 f.); *Mankowski* RIW 2008, 177 (178 ff.); *Rodriguez Pineau* JPrIntL 5 (2009), 311 (316 ff.); *W.-H. Roth* FS Kropholler, 2008, 623 (632 ff.).

799 Vgl. Art. 3, 4 lit. b Proposition pour une convention européenne sur la loi applicable aux obligations non contractuelles (Projet) von 1997, abrufbar unter www.gedip-egpil.eu.

800 Vorentwurf eines Vorschlags für eine Verordnung des Rates über das auf außervertragliche Schuldverhältnisse anzuwendende Recht, abgedruckt bei *Leible,* Die Bedeutung des Internationalen Privatrechts im Zeitalter der Medien, 2003, 181.

801 EuGH Slg. 2001, I-6297 Rn. 27, 29 = EuZW 2001, 715 – Courage/Crehan.

802 *Mankowski* RIW 2008, 177 (178).

803 *Francq/Wurmnest* in Basedow/Francq/Idot, International Antitrust Litigation, 2012, 91 (94).

804 Bericht über den Vorschlag für eine Verordnung des Europäischen Parlaments und des Rates über das auf außervertragliche Schuldverhältnisse anzuwendende Recht („Rom II") vom 27.6.2005, A6-0211/2005, Änderungsanträge 8 (S. 9) und 29 (S. 22 f.).

805 Legislative Entschließung des Europäischen Parlaments vom 6.7.2005, P6_TC1-COD(2003)0168, abgedruckt in IPRax 2006, 413.

806 KOM (2005) 672 endg. vom 19.12.2005.

807 Abrufbar unter http://ec.europa.eu/competition/antitrust/actionsdamages/study.html.

allgemein mit Hindernissen der privaten Rechtsdurchsetzung des Wettbewerbsrechts befasste, enthielt auch einen Abschnitt zum anwendbaren Recht, in dem **vier verschiedene rechtspolitische Optionen** zur Ausgestaltung einer Kollisionsnorm für Ansprüche wegen Wettbewerbsbeschränkungen vorgestellt wurden.[808] Neben dem Vorschlag, Kartelldelikte der deliktischen Grundregel der Rom II-VO zu unterstellen, wurde als zweite Option die Anknüpfung an das Auswirkungsprinzip vorgeschlagen. Als dritte Variante stellte das Grünbuch die Anwendung des Rechts des angerufenen Gerichts zur Debatte. Schließlich brachte das Grünbuch für Sachverhaltskonstellationen, in denen sich die Wettbewerbsbeschränkung in diversen Staaten auswirkt und das angerufene Gericht für sämtliche dem Kläger entstandenen Verluste international zuständig ist, die Idee eines Optionsrechts des Klägers ins Spiel, wobei verschiedene Beschränkungen der Wahlmöglichkeit angedacht wurden. Den Hintergrund dieser Optionen erläuterte ein begleitendes Arbeitspapier der Kommissionsdienststellen zum Grünbuch Schadenersatzklagen.[809]

Während die Stellungnahmen zum Grünbuch eingingen, legte die Kommission am 21.2.2006 den von der GD Justiz **überarbeiteten Vorschlag** zur Rom II-VO vor **(KV 2006),**[810] der im Interesse der Rechtssicherheit im Großen und Ganzen dem KV 2003 folgte, aber die Kollisionsnorm für Lauterkeitsdelikte präziser fasste, um die Bedenken des Parlaments abzumildern (Art. 7 KV 2006). Diese Präzisierung sollte zudem verdeutlichen, dass Art. 7 KV 2006 lediglich die Erfolgsortanknüpfung der in Art. 5 Abs. 1 KV 2006 niedergelegten Grundregel (heute: Art. 4 Abs. 1 Rom II-VO) konkretisierte. Ferner stellte die Kommission in den Erläuterungen zum KV 2006 klar, dass „außervertragliche Schuldverhältnisse aus wettbewerbswidrigen Geschäftspraktiken, die insbesondere durch Artikel 81 und 82 EG-Vertrag oder gleichwertige […] Regelungen der Mitgliedstaaten erfasst sind, nicht unter [die Kollisionsnorm für Lauterkeitsdelikte] fallen."[811] Kartelldeliktische Ansprüche sollten vielmehr weiterhin nach der **allgemeinen deliktischen Kollisionsnorm** (Art. 5 KV 2006), also der Grundregel, beurteilt werden.[812] Dass diese Norm für **Kartellsachverhalte wenig geeignet** ist, liegt allerdings auf der Hand. Sie knüpft nämlich vorrangig an den gemeinsamen Aufenthalt der Deliktsparteien an, so dass – wenn nicht die Ausweichklausel zur Anwendung gebracht wird – ein Recht zur Anwendung gelangen könnte, das mit dem Wirkungsort des wettbewerbsschädigenden Verhaltens nichts zu tun hätte. In der Wissenschaft wurde dieses Defizit schon nach dem KV 2003 klar benannt[813] und eine Sonderanknüpfungsvorschrift für Kartelldelikte gefordert, die auf dem Auswirkungsansatz basiert.[814] Offenbar war auch der Kommission sehr bewusst, dass die Vorhersehbarkeit des anwendbaren Rechts ohne spezielle Anknüpfungsregel leiden würde. In der Begründung zum KV 2006 führte sie nämlich aus, dass sie je nach Ausgang der Konsultation zum Grünbuch Schadenersatzklagen gegebenenfalls für eine andere Lösung eintreten würde.[815] **230**

cc) Die Position des Rats. Unterstützung bekam die Kommission insofern vom Europäischen Rat, der bereits bei der Erörterung des KV 2003 die Notwendigkeit einer eigenständigen Kollisionsnorm für Kartellverstöße unterstrichen hatte.[816] Der schließlich auf Grundlage des KV 2006 entwickelte **Gemeinsame Standpunkt des Rats (GS)**[817] enthielt folglich eine Sonderkollisionsnorm für Kartelldelikte, die auf dem Auswirkungsprinzip basierte (Art. 6 Abs. 3 GS). Zudem wurde in Art. 6 Abs. 4 GS das Verbot der Rechtswahl festgeschrieben, die zuvor in Parlament und Rat diskutiert worden war.[818] Damit hatte die kartelldeliktische Kollisionsnorm ihre prägenden Konturen erhalten. Gleiches gilt für die Erläuterungen dieser Vorschrift in den **231**

808 KOM (2005) 672 endg., 12 (Optionen 31–34).

809 SEC (2005) 1732, 84 ff. (inoffizielle deutsche Fassung) bzw. 68 ff. (englische Originalversion).

810 Geänderter Vorschlag vom 21.3.2006, KOM (2006) 83 endg., abgedruckt in IPRax 2006, 413.

811 KOM (2006) 83 endg., 6.

812 KOM (2006) 83 endg., 6.

813 *Basedow* ZWeR 2006, 294 (299); Hamburg Group for Private International Law RabelsZ 67 (2003), 1 (18 f.); *D. J. Zimmer/Leopold* EWS 2005, 149 (151 ff.); allg. auch *Adolphsen* JPrIntL 1 (2005), 151 (177).

814 Hamburg Group for Private International Law RabelsZ 67 (2003), 1 (18 f.); *D. J. Zimmer/Leopold* EWS 2005, 149 (154); zu möglichen einschränkenden Auslegungen der Grundregel *Ashton/Vollrath* ZWeR 2006, 1 (20 ff.).

815 KOM (2006) 83 endg., 6.

816 Vgl. etwa Vermerk des britischen Vorsitzes und des künftigen österreichischen Vorsitzes für den Ausschuss für Zivilrecht (Rom II), 16027/05, JUSTCIV 245 CODEC 1218, vom 22.12.2005, Vermerk des Vorsitzes für den AStV II vom 3.2.2006, 5846/06 JUSTCIV 16 CODEC 85, 6.

817 Gemeinsamer Standpunkt (EG) Nr. 22/2006 vom Rat festgelegt am 25.9.2006 im Hinblick auf die Annahme der Verordnung (EG) Nr. …/2006 des Europäischen Parlaments und des Rates vom … über das auf außervertragliche Schuldverhältnisse anzuwendende Recht („Rom II"), ABl. EU 2006 C 289E, 68.

818 Dazu *Nettlau,* Die kollisionsrechtliche Behandlung von Ansprüchen aus unlauterem Wettbewerbsverhalten gemäß Art. 6 Abs. 1 und 2 Rom II-VO, 2013, 260 mwN.

Erwägungsgründen,[819] etwa für den Hinweis, dass Art. 6 GS als Konkretisierung der deliktsrechtlichen Grundregel zu verstehen ist (Erwägungsgrund 19 GS, heute Erwägungsgrund 21 Rom II-VO).

232 **dd) Zweite Lesung im Parlament.** Das Europäische Parlament forderte zwar auch in der zweiten Lesung die **ersatzlose Streichung** der speziellen Kollisionsnorm für Kartell- und Lauterkeitsdelikte, doch war diese Kritik wenig konsistent, da zugleich Änderungswünsche an den Erwägungsgründen geäußert wurden, die bei einer Streichung dieser Norm gegenstandslos gewesen wären.[820]

233 **ee) Einigung im Vermittlungsverfahren.** Da der Rat nicht alle Änderungswünsche des Parlaments annehmen wollte, kam es zu einem Vermittlungsverfahren. In diesem wurde die kartellrechtliche **Grundanknüpfung** (Art. 6 Abs. 3 lit. a Rom II-VO) **nicht verändert,** aber die **Konzentrationsregel** (Art. 6 Abs. 3 lit. b Rom II-VO) **eingefügt.** Diese von der Kommission in die Verhandlungen eingebrachte Änderung,[821] die sie bereits im Grünbuch Schadenersatzklagen (→ Rn. 229) umrissen hatte, wurde auf Drängen der Delegation des Parlaments gegen den anfänglichen Widerstand des Rats,[822] der lange Zeit für eine solche Regel kein praktisches Bedürfnis sah, aufgenommen.[823] Um der Gefahr eines überbordenden **forum shopping**[824] vorzubeugen, wurde die Ausübung des Optionsrechts an Bedingungen geknüpft.[825] Der Kerngehalt der Konzentrationsregel wurde am 27.4.2007 in einer Sitzung des sog. Redaktionsausschusses fixiert[826] und anschließend lediglich sprachlichen Anpassungen unterzogen. In seinem Bericht über das Vermittlungsverfahren feierte sich das **Parlament** für die Schaffung der Konzentrationsregel, die dem „Grundsatz der Anwendung eines einzigen einzelstaatlichen Rechts (ein wichtiger Punkt für Richter und Rechtsanwälte) folgt und gleichzeitig in einem großen Umfang die Gefahr [von forum shopping] (die Möglichkeit für Antragsteller ihren Antrag in dem Mitgliedstaat ihrer Wahl einzureichen) beschränkt".[827] Nachdem das Parlament sich beim Optionsrecht durchsetzen konnte, musste es seinen Widerstand gegen eine Sonderanknüpfung für den unlauteren Wettbewerb (Art. 6 Abs. 1, 2 Rom II-VO) aufgeben.[828]

234 **ff) Fazit.** Die Entscheidung der Kommission, keine Kollisionsnorm für Kartelldelikte in die Vorschläge von 2003 bzw. 2006 aufzunehmen, hat dazu geführt, dass es zu Art. 6 Abs. 3 Rom II-VO keine Kommissionsbegründung gibt, die für dessen Auslegung fruchtbar gemacht werden könnte.[829] Auch im späteren Gesetzgebungsverfahren wurden kartellrechtliche Fragen nur am Rande bzw. ganz zum Schluss des Verfahrens erörtert, so dass den Materialien kaum Hinweise zur Auslegung der kartelldeliktischen Kollisionsnorm entnommen werden können.

---

[819] Erwägungsgründe 19–21 Gemeinsamer Standpunkt, die mit gewissen Änderungen später zu Erwägungsgründen 21–23 Rom II-VO wurden.

[820] Abänderung 17 betrifft die Streichung von Art. 6 Gemeinsamer Standpunkt, Abänderungen 28 und 30 betreffen die Änderung der Erwägungsgründe, die sich auf diese Norm beziehen, vgl. die in der Legislativen Entschließung des Europäischen Parlaments vom 18.1.2007 zu dem Gemeinsamen Standpunkt des Rates im Hinblick auf den Erlass der Verordnung des Europäischen Parlaments und des Rates über das auf außervertragliche Schuldverhältnisse anzuwendende Recht („Rom II") geforderten Änderungen in der Ordnung des Ratsdokuments 5516/07 CODEC 61 JUSTCIV 7. Vgl. die Kritik in der Stellungnahme der Kommission vom 14.3.2007, KOM (2007) 126 endg., 3; sowie *Mankowski* RIW 2008, 177 (178); *R. Wagner* FS Kropholler, 2008, 715 (723).

[821] *R. Wagner* FS Kropholler, 2008, 715 (724).

[822] Vgl. Bericht zu dem vom Vermittlungsausschuss angenommenen gemeinsamen Text für eine Verordnung des Europäischen Parlaments und des Rates über das auf außervertragliche Schuldverhältnisse anzuwendende Recht („Rom II") vom 28.6.2007, A6-0257/2007, 9: „Auf Drängen der Delegation des EP stimmte der Rat dem Vorschlag der Kommission für eine spezifische Regelung … zu"; vgl. auch *Mankowski* RIW 2008, 177 (178).

[823] Arbeitsdokument des Rates der Europäischen Union betreffend den Vorschlag für eine Verordnung des Europäischen Parlaments und des Rates über das auf außervertragliche Schuldverhältnisse anzuwendende Recht („Rom II") vom 10.5.2007, 9457/07, 19.

[824] Zu den Anreizen für forum shopping in Kartelldeliktsfällen *Mercer* in Danov/Becker/Beaumont, Cross-Border EU Competition Law Actions, 2013, 329 (330 ff.); *Wurmnest* NZKart 2017, 2. Diese Anreize wurden durch die Umsetzung der Kartellschadensrichtlinie 2014/104/EU nur unbedeutend vermindert, s. allg. *Basedow* Basler Juristische Mitteilungen 2016, 217 (239).

[825] *R. Wagner* FS Kropholler, 2008, 715 (724); NK-BGB/*M. Weller* Rn. 40.

[826] Vgl. den Hinweis in Dok. 9137/07 CODEC 446 JUSTCIV 116 vom 7.5.2007, 20.

[827] Bericht zu dem vom Vermittlungsausschuss angenommenen gemeinsamen Text für eine Verordnung des Europäischen Parlaments und des Rates über das auf außervertragliche Schuldverhältnisse anzuwendende Recht („Rom II") vom 28.6.2007, A6-0257/2007, 9.

[828] *R. Wagner* FS Kropholler, 2008, 715 (724).

[829] NK-BGB/*M. Weller* Rn. 29.

c) Allseitige Kollisionsnorm; universelle Geltung. Die **Grundanknüpfung** (Art. 6 Abs. 3 lit. a Rom II-VO) ist als **allseitige Kollisionsnorm** ausgestaltet, so dass es zur **Anwendung ausländischen Kartellrechts** durch inländische Gerichte kommen kann.[830] 235

Anzuwenden ist auch das **Kartell(privat)recht von Drittstaaten,** da die Verordnung **universelle Geltung** beansprucht (Art. 3 Rom II-VO).[831] Die in Erwägungsgrund 23 Rom II-VO verwendete Formulierung, nach der der Begriff der Wettbewerbsbeschränkung Verfälschungen des Wettbewerbs „in einem Mitgliedstaat oder innerhalb des Binnenmarktes" erfassen soll, gibt keinen Anlass, Verstöße gegen drittstaatliches Kartellrecht vom Anwendungsbereich der Kollisionsnorm für Kartelldelikte auszunehmen und die Allseitigkeit auf das Kartellrecht der EU-Mitgliedstaaten zu beschränken.[832] Hiergegen spricht schon der **Wortlaut** von Art. 6 Abs. 3 lit. a Rom II-VO, der ganz allgemein auf das Recht desjenigen Staats verweist, auf dessen Markt sich das wettbewerbsschädigende Verhalten auswirkt, und den Verweis gerade nicht – wie etwa Art. 6 Abs. 3 lit. b Rom II-VO – auf mitgliedstaatliches Recht beschränkt.[833] Darüber hinaus gibt auch die **Historie der Norm** keinen Anhaltspunkt für eine Reduktion von Art. 6 Abs. 3 lit. a Rom II-VO auf Sachverhalte mit Bezug zum Binnenmarkt bzw. zum Markt eines Mitgliedstaats. Vielmehr geht aus der Gesetzgebungsgeschichte klar hervor, dass auch Drittstaatensachverhalte erfasst sein sollen. In den Kommissionsvorschlägen von 2003 und 2006 wurden Kartellsachverhalte nämlich noch der Grundregel unterworfen, ohne dass zwischen EU-Sachverhalten und Drittstaatensachverhalten getrennt worden wäre. Die Anwendung der Grundregel hätte aber ganz gewiss zur Anwendung von Drittstaatenkartellrecht geführt. Im späteren Verfahren wurde eine solche Trennung ebenfalls nicht angesprochen, so dass am Willen des Unionsgesetzgebers, Art. 6 Abs. 3 lit. a Rom II-VO als umfassende allseitige Kollisionsnorm auszugestalten, die auch drittstaatliches Kartellrecht zur Anwendung beruft, keine Zweifel bestehen.[834] 236

Anders als die Grundanknüpfung ist die **Konzentrationsregel** (Art. 6 Abs. 3 lit. b Rom II-VO) **nicht universell** im oben beschriebenen Sinne.[835] Ausweislich des Wortlauts der Norm kann das Opfer einer Wettbewerbsbeschränkung lediglich die Anwendung des Rechts desjenigen Mitgliedstaats verlangen, vor dessen Gericht der Ersatzanspruch eingeklagt wird. Die Anwendung des Rechts eines Drittstaats scheidet somit aus. 237

Die Schaffung einer **allseitigen Kollisionsnorm** für Kartelldelikte in Art. 6 Abs. 3 lit. a Rom II-VO ist weitgehend **„Neuland"**.[836] In vielen nationalen Rechtsordnungen sind Kollisionsnormen für kartellrechtliche Sachverhalte nämlich **unilateral** ausgestaltet. Sie legen nur fest, unter welchen Voraussetzungen das inländische Recht zur Anwendung gelangt, und sprechen keinen Rechtsanwendungsbefehl für das Recht anderer Staaten aus (vgl. § 185 Abs. 2 GWB, § 24 Abs. 2 österreichisches KartellG, Sec. 6a US Foreign Trade Antitrust Improvements Act). Dieses unilaterale System erklärt sich maßgeblich mit den öffentlich-rechtlichen Wurzeln des Kartellrechts,[837] einem Rechtsgebiet, welches in der Vergangenheit in den verschiedenen Ecken dieser Welt sehr unterschiedlichen wirtschaftspolitischen Zwecken gedient hat.[838] Ferner wird das unilaterale System von dem Gedanken getragen, dass inländische Gerichte Wettbewerb im Ausland nicht 238

---

830 *Ackermann* Liber Amicorum Slot, 2009, 109 (113); *Bariatti* Riv. dir. int. priv. proc. 2008, 349 (360); *Fitchen* JPrIntL 5 (2009), 337 (353); *Heiss/Loacker* JBl. 2007, 613 (630 f.); *Leible/Lehmann* RIW 2007, 721 (730); *Mankowski* IPRax 2010, 389 (396 f.); *Ofner* ZfRV 2008, 13 (19); Soergel/*Remien* Rn. 30 f.: *W.-H. Roth* FS Kropholler, 2008, 623 (626 ff.); *G. Wagner* IPRax 2008, 1 (8); *Wurmnest* EuZW 2012, 933 (936).

831 Huber/*Illmer* Rn. 77; *Massing,* Europäisches Internationales Kartelldeliktsrecht, 2010, 140 f.; *Plender/Wilderspin,* The European Private International Law of Obligations, 6. Aufl. 2023, Rn. 17-009; *Rodriguez Pineau* JPrIntL 5 (2009), 311 (320); *Scholz/Rixen* EuZW 2008, 327 (330).

832 Erwogen wird eine solche teleologische Reduktion von *Mankowski* RIW 2008, 177 (187).

833 Staudinger/*Fezer/Koos,* 2023, IntWirtschR Rn. 342; BeckOGK/*Poelzig/Windorfer/Bauermeister,* 1.9.2022, Rn. 248; *Rodriguez Pineau* JPrIntL 5 (2009), 311 (320); *W.-H. Roth* FS Kropholler, 2008, 623 (637); NK-BGB/*M. Weller* Rn. 36.

834 Rauscher/*Pabst,* 5. Aufl. 2023, Rn. 55; BeckOGK/*Poelzig/Windorfer/Bauermeister,* 1.9.2022, Rn. 250; *W.-H. Roth* FS Kropholler, 2008, 623 (638); iErg auch Huber/*Illmer* Rn. 77; PWW/*Schaub* Rn. 7; Grüneberg/*Thorn* Rn. 7; etwas zurückhaltender KöKommKart/*Stoll/Holterhus* GWB § 130 Rn. 87.

835 *Francq/Wurmnest* in Basedow/Francq/Idot, International Antitrust Litigation, 2012, 91 (101); Huber/*Illmer* Rn. 78; *Mankowski* RIW 2008, 177 (187); *Rodriguez Pineau* JPrIntL 5 (2009), 311 (320).

836 *W.-H. Roth* FS Kropholler, 2008, 623 (635).

837 Darüber hinaus stand bei der Schaffung von § 98 Abs. 2 GWB (heute § 185 Abs. 2 GWB) sicherlich auch die kartellbehördliche Durchsetzung im Vordergrund, bei der sich die einseitige Anknüpfung von selbst versteht. Allg. zur Entstehungsgeschichte dieser Vorschrift *Schwartz,* Deutsches Internationales Kartellrecht, 2. Aufl. 1968, 17 ff.

838 *Mestmäcker* RabelsZ 52 (1988), 205 (223 ff.). Zu den verschiedenen nationalen Ansätzen aus vergleichender Perspektive *Gerber,* Global Competition, 2010, 121 ff.

zu befördern haben.[839] Mittlerweile gilt allerdings das – niemals ganz streng durchgehaltene[840] – Dogma, nach dem ausländisches öffentliches Wirtschaftsrecht nicht angewendet werden dürfe,[841] als überholt.[842] Es hat nur noch dort seinen Platz, wo es um die Durchsetzung von Ansprüchen eines Staats aus seinem öffentlichen Recht geht, nicht aber in Bezug auf doppelfunktionale Vorschriften, die Privaten Rechte gewähren, mit denen zugleich öffentliche Interessen verfolgt werden.[843] In der Lehre ist daher heute die Ansicht herrschend – wenngleich nicht unbestritten[844] –, dass ein **Richter** im Rahmen eines privatrechtlichen Rechtsstreits **auch ausländisches Kartellrecht anwenden darf** (→ Rn. 278).[845] Entscheidungen nationaler Gerichte zur Anwendung ausländischen Kartellrechts sind bislang aber praktisch nicht existent.[846] Dies erklärt sich unter anderem damit, dass Opfer einer Wettbewerbsbeschränkung üblicherweise im Auswirkungsstaat klagen, dessen Gerichte häufig international zuständig sind (→ Rn. 348 ff.) und die auf Grund des Auswirkungsgrundsatzes ihr eigenes Kartell(privat)recht anwenden können.[847]

239 Ist das System einseitiger Kollisionsnormen aber nicht durch höherrangiges Recht zwingend vorgeschrieben und lässt sich die Anwendung ausländischen Kartellrechts zudem mit dem Interesse begründen, **Wettbewerbsverzerrungen im liberalisierten Welthandel** abzubauen,[848] ergibt es Sinn, die Kollisionsnorm für Kartelldelikte allseitig auszugestalten. Die Ablehnung der Anwendung ausländischen Kartellrechts kann auch nicht mehr mit dem Verweis auf die Kritik am Auswirkungsprinzip begründet werden,[849] die in einigen Staaten in der Vergangenheit erhoben wurde, da diese Anknüpfung in den letzten Jahrzehnten von immer mehr Staaten akzeptiert worden ist (→ Rn. 223). Selbst Großbritannien, das ab den 60er Jahren des letzten Jahrhunderts verstärkt die Völkerrechtskonformität des Auswirkungsprinzips bestritten hatte,[850] ist der Verankerung dieses Grundsatzes in der Rom II-VO nicht entgegengetreten. Die Entscheidung des Unionsgesetzgebers, auf Grundlage des Auswirkungsprinzips eine allseitige Kollisionsnorm zu schaffen, war daher richtig und ist in Europa auch nicht ohne Vorbild, da Art. 137 Abs. 1 schweiz. IPRG ebenfalls als allseitige Kollisionsnorm ausgestaltet ist.

240 **d) Verhältnis zu anderen Kollisionsnormen. aa) Art. 4 Rom II-VO.** Als lex specialis verdrängt Art. 6 Abs. 3 Rom II-VO die Anwendbarkeit der deliktischen Grundregel (Art. 4 Rom II-VO) vollständig,[851] wie sich aus einem Umkehrschluss zu Art. 6 Abs. 2 Rom II-VO ergibt. Abs. 2 erklärt die Grundregel allein bei bilateralen Wettbewerbsverstößen für anwendbar, nicht aber bei anderen Lauterkeits- bzw. Kartellrechtsdelikten.[852] Dieser Ausschluss überzeugt. Die vorrangige

[839] Sehr deutlich → 4. Aufl. 2006, IntWettbR/IntKartellR Rn. 24 *(Immenga):* „Es ist nicht Aufgabe nationaler Gerichte und Behörden, den Wettbewerb in anderen Staaten sicherzustellen".

[840] Normen des öffentlichen Rechts konnten nämlich unstreitig auf materiell-rechtlicher Ebene zur Anwendung gelangen, vgl. *W.-H. Roth* FS Kropholler, 2008, 623 (627) sowie BGHZ 34, 169 (177 f.) = NJW 1961, 822 zur Nichtigkeit eines zwischen deutschen Kaufleuten geschlossenen Kaufvertrags wegen § 138 BGB, da durch Geschäft US-amerikanische Embargobestimmungen umgangen werden sollten, die die Lieferung bestimmter Wirtschaftsgüter in Staaten verhinderten, die dem damaligen Warschauer Pakt angehörten.

[841] Vgl. die Nachweise zu dieser Lehre bei *Mertens* RabelsZ 31 (1967), 385 m. Fn. 3.

[842] *Bär,* Kartellrecht und Internationales Privatrecht, 1965, 297; *Basedow* NJW 1989, 627 (632); Staudinger/*Fezer/Koos,* 2023, IntWirtschR Rn. 100; *H. I. Maier,* Marktortanknüpfung im Internationalen Kartelldeliktsrecht, 2011, 261; Immenga/Mestmäcker/*Rehbinder/v. Kalben* GWB § 185 Rn. 316.

[843] *W.-H. Roth* FS Kropholler, 2008, 623 (627).

[844] Gegen die Anwendung ausländischen Kartellrechts *Mestmäcker* RabelsZ 52 (1988), 205 (220 ff.).

[845] Vgl. nur den Überblick bei Staudinger/*Fezer/Koos,* 2023, IntWirtR Rn. 79 ff.; *Heinemann* Mélanges Dutoit, 2002, 115 ff.

[846] So schon *Basedow* NJW 1989, 627 (633); *Basedow,* Weltkartellrecht, 1998, 40; *W.-H. Roth* FS Kropholler, 2008, 623 (629). Offen für die Anwendung ausländischen Kartellrechts auf Grundlage des Auswirkungsprinzips LG Freiburg IPRspr. 1966/67 Nr. 34A, 109 (116) bezogen auf die Wirksamkeit eines Alleinvertriebsvertrags; vgl. auch OLG Frankfurt a.M. WuW OLG 2195 (2198 ff.) – AEG-Vertriebsbindung (Überprüfung einer Vertriebsbindung nach EU-Recht sowie nach französischem und österreichischem Kartellrecht); OLG Düsseldorf GRURInt 1985, 204 (205 ff.) – Grundig-Vertriebsbindungssystem (Überprüfung einer Vertriebsbindung ua nach italienischem und französischem Recht).

[847] *W.-H. Roth* FS Kropholler, 2008, 623 (626).

[848] Staudinger/*Fezer/Koos,* 2023, IntWirtschR Rn. 121.

[849] So noch *Mestmäcker* RabelsZ 52 (1988), 205 (220 f.).

[850] Vgl. Aide-mémoire des Vereinigten Königreichs an die EU Kommission vom 20.10.1969 zum Fall ICI/Kommission („Farbstoffe-Kartell"), abgedruckt in *Lowe,* Extraterritorial Jurisdiction, 1983, 144 (146 f.): „A State should not exercise jurisdiction against a foreigner who or a foreign company which has committed no act within its territory".

[851] *Bariatti* Riv. dir. int. priv. proc. 2008, 349 (357); *Schnur,* Internationales Kartellprivatrecht nach der Rom II-VO, 2012, 63.

[852] *v. Hein* in Fuchs/Weitbrecht, HdB Private Kartellrechtsdurchsetzung, 2019, § 21 Rn. 133.

Anknüpfung an das gemeinsame Aufenthaltsrecht der Parteien nach Art. 4 Abs. 2 Rom II-VO könnte andernfalls nämlich den marktordnenden Anspruch des Kartellrechts ausheben.[853]

bb) Art. 6 Abs. 1, 2 Rom II-VO. Das Verhältnis von Art. 6 Abs. 3 Rom II-VO zu Art. 6 Abs. 1, 2 Rom II-VO ist noch nicht abschließend geklärt. Überschneidungen zwischen Lauterkeits- und Kartellrecht können insbesondere bei Behinderungen, Diskriminierungen sowie Boykottsituationen auftreten. Da die Anknüpfungskriterien für das Lauterkeits- und das Kartellrecht – zumindest dem Wortlaut nach – nicht ganz deckungsgleich sind,[854] kann eine Abgrenzung nicht unterbleiben. Wie diese Abgrenzung zu erfolgen hat, ist allerdings umstritten. Während einige Stimmen beide Kollisionsnormen **weitgehend parallel** anwenden wollen,[855] präferieren andere Autoren ein **Ausschließlichkeitsverhältnis.**[856] In der Praxis werden beide Ansätze zwar selten zu unterschiedlichen Lösungen führen, da auch Art. 6 Abs. 1 Rom II-VO marktbezogen ausgestaltet ist.[857] Vor dem Hintergrund der Gesetzgebungsgeschichte, in der die Kollisionsnorm für das Lauterkeitsrecht getrennt von derjenigen für das Recht der Wettbewerbsbeschränkungen ausgearbeitet wurde (→ Rn. 226 ff.), sollte nach hier vertretener Ansicht eine Mehrfachqualifikation weitgehend vermieden werden. Die Abgrenzung zwischen beiden Rechtsmassen hat auf Grundlage europäischer Schutzzweckerwägungen zu erfolgen (→ Rn. 272). 241

cc) Verhältnis zum autonomen Kollisionsrecht, insbesondere § 185 GWB, Art. 40–42 EGBGB. Innerhalb des sachlichen (→ Rn. 254 ff.), räumlich-persönlichen (→ Rn. 263) und zeitlichen (→ Rn. 264) Anwendungsbereichs der Rom II-VO **verdrängt Art. 6 Rom II-VO das nationale Kollisionsrecht vollständig.** Dies folgt aus dem Anwendungsvorrang des Unionsrechts gegenüber dem nationalen Recht der EU-Mitgliedstaaten. Die nationalen kartellrechtlichen Kollisionsnormen (zB § 185 Abs. 2 GWB, § 24 Abs. 2 österreichisches KartellG) werden hierdurch aber nicht obsolet. Da die Rom II-VO nicht für die behördliche Durchsetzung gilt, haben sie für die Anknüpfung des **Kartellverwaltungs- bzw. Kartellordnungswidrigkeitenrechts** weiterhin Bedeutung.[858] Darüber hinaus werden in den nächsten Jahren noch viele Fälle der privaten Rechtsdurchsetzung auf Grundlage des Altrechts entschieden werden müssen, da sie schadensbegründende Ereignisse betreffen, die vor dem Stichtag (11.1.2009) entstanden sind, der für den zeitlichen Anwendungsbereich der Rom II-VO maßgeblich ist (→ Rn. 264). Zur Bestimmung des anwendbaren Schadensersatzrechts auf Grundlage von Art. 40–42 EGBGB (Schadensersatzforderung wegen eines Verstoßes gegen EU-Kartellrecht im Zeitraum vor Inkrafttreten der 7. GWB-Novelle) s. LG Düsseldorf BeckRS 2016, 1136; *Grünwald/Hackl* NZKart 2016, 112. Seit Inkrafttreten der 7. GWB-Novelle am 11.7.2005 bestimmt sich das auf Verstöße gegen (nunmehr) Art. 101, 102 AEUV anwendbare Recht nach einer Ansicht auf Grundlage von § 130 Abs. 2 GWB aF[859] (bzw. inzwischen § 185 Abs. 2 GWB) und nach anderer Ansicht auf Grundlage von Art. 40 ff. EGBGB.[860] Zum anwendbaren Recht bei Altfällen s. *Harms/J. Schmidt* WuW 2014, 364. 242

Vor diesem Hintergrund können – sofern die Verweisung des Art. 6 Abs. 3 Rom II-VO auch nationale Kartellverbotsnormen erfasst, was streitig ist (→ Rn. 249 ff.) – für die **behördliche und die private Rechtsdurchsetzung unterschiedliche Kollisionsnormen** greifen. Es ist daher nicht ausgeschlossen, dass ein und derselbe Sachverhalt nach unterschiedlichen Kartellrechten gelöst werden müsste, je nachdem, ob eine Behörde oder ein Privatkläger tätig wird.[861] Diese Gefahr kann sinnvollerweise dadurch minimiert werden, dass die EU-Mitgliedstaaten ihr nationales Kollisionsrecht für die behördliche Durchsetzung ebenfalls dem Auswirkungsprinzip unterwerfen, was in den allermeisten Mitgliedstaaten auch bereits der Fall ist.[862] Dieser Trend wird sich verstärken, da der EuGH 243

---

853 Allg. auch *W.-H. Roth* FS Kropholler, 2008, 623 (638 f.).

854 Die Unterschiede der Anknüpfungskriterien betont *Drexl* FS Hopt, 2010, 2713 (2714 ff.); für einen Gleichklang dagegen *Hellner* YbPIL 9 (2007), 49 (56); vgl. auch Staudinger/*Fezer/Koos,* 2023, IntWirtschR Rn. 416 (de lege ferenda).

855 Calliess/Renner/*Augenhofer* Rn. 30 f.; Staudinger/*Fezer/Koos,* 2023, IntWirtschR Rn. 416; Huber/*Illmer* Rn. 22 f.

856 *Dickinson,* The Rome II Regulation, 2008, Rn. 6.31.

857 Staudinger/*Fezer/Koos,* 2023, IntWirtschR Rn. 416; Huber/*Illmer* Rn. 23; ähnlich Calliess/Renner/*Augenhofer* Rn. 31.

858 *v. Bar/Mankowski* IPR II § 2 Rn. 299; *Mankowski* RIW 2008, 177 (181); *H. I. Maier,* Marktortanknüpfung im Internationalen Kartelldeliktsrecht, 2011, 331; *Tzakas,* Die Haftung für Kartellrechtsverstöße im internationalen Rechtsverkehr, 2011, 382 f.; Rauscher/*Pabst,* 5. Aufl. 2023, Rn. 66; KöKommKart/*Stoll/Holterhus* GWB § 130 Rn. 85.

859 LG Düsseldorf BeckRS 2016, 1136 Rn. 57.

860 LG München I NZKart 2021, 245 Rn. 94 ff.

861 *Immenga* WuW 2008, 1043.

862 Anerkannt ist das Auswirkungsprinzip neben Deutschland etwa in Belgien, Frankreich, Griechenland, Kroatien, Österreich, Portugal, der Slowakei, Spanien, der Tschechischen Republik und Ungarn. In anderen

mittlerweile seine wenig überzeugende Zurückhaltung gegenüber dem Auswirkungsprinzip, das sich weltweit immer stärker verbreitet, aufgegeben hat (→ Rn. 280 f.). Auf diese Weise würde ein solides Fundament für die Bestimmung des anwendbaren Kartellrechts in Europa geschaffen.

244 **e) Anknüpfungsgrundsätze (Grundlagen der Verweisung). aa) Ausgangspunkt.** Da das Kartellkollisionsrecht bei den Verhandlungen zur Rom II-VO erst gegen Ende näher thematisiert wurde (→ Rn. 226 ff.), ist dem Umfang der Verweisung kaum Aufmerksamkeit geschenkt worden. Das Kartellrecht ist aber eine hybride Materie.[863] Es enthält ganz unterschiedliche Arten von Normen. Zunächst gibt es Kartellverbotsnormen, die bestimmte Verhaltensweisen von Unternehmen verbieten. Daneben existieren Vorschriften, die die zivilrechtlichen Rechtsfolgen eines Verstoßes regeln. Schließlich gibt es Normen, die strafrechtliche, strafrechtsähnliche oder verwaltungsrechtliche Sanktionen festlegen. Die Heterogenität des Kartellrechts wirft die Frage auf, welche Arten von Normen von der Verweisung des Art. 6 Abs. 3 Rom II-VO erfasst werden. Konsentiert ist, dass sich die **rein privatrechtlichen Elemente der Haftung** (Umfang des Schadensersatzes, Zinsen, Verjährung etc) nach dem von Art. 6 Abs. 3 Rom II-VO berufenen Recht bestimmen, wobei sich der genaue Umfang der Verweisung aus Art. 15 Rom II-VO ergibt (→ Rn. 340). Zudem besteht Einigkeit darüber, dass sich die Anwendbarkeit von **straf- oder verwaltungsrechtlichen Sanktionen nicht** nach Art. 6 Abs. 3 Rom II-VO richten kann, da die Rom II-VO nur für außervertragliche Ansprüche in Zivil- und Handelssachen gilt (→ Rn. 255).[864]

245 **bb) Problemfall: Kartellverbotsnormen.** Ob sich die Verweisung auch auf die kartellrechtlichen Verbote (Kartellverbotsnormen) beziehen soll, ist noch nicht in allen Einzelheiten abschließend geklärt. Zu unterscheiden ist jedenfalls zwischen unionsrechtlich determinierten Verboten und nationalen Verbotsnormen.

246 **(1) Keine Anknüpfung von EU-Kartellverbotsnormen.** Die territoriale Reichweite der in Art. 101, 102 AEUV niedergelegten Verbote wird nicht auf Grundlage von Art. 6 Abs. 3 Rom II-VO bestimmt. Vielmehr legen die im EU-Primärrecht verankerten Verhaltensverbote ihren Anwendungsbereich eigenständig fest.[865] Die internationale Reichweite dieser Verbote ist somit auf Grundlage der vom EuGH entwickelten Kriterien zu ermitteln. Da der EuGH aber mittlerweile das Auswirkungsprinzip als ein Kriterium zur Bestimmung der Anwendbarkeit des EU-Kartellrechts anerkannt hat[866] und es möglich ist, dieses Prinzip im Verhältnis zum Durchführungsprinzip als allgemeineres Kriterium aufzufassen, kann die Reichweite des EU-Kartellrechts auf Grundlage des Auswirkungsgrundsatzes bestimmt werden. Die Abgrenzung zum Kartellrecht der Mitgliedstaaten erfolgt über das Kriterium der Beeinträchtigung des innergemeinschaftlichen Handels, welches in Art. 101 f. AEUV niedergelegt ist.

247 Die Ausklammerung der unionsrechtlichen Verbotsnormen aus dem Verweisungsbefehl des Art. 6 Abs. 3 Rom II-VO folgt aus dem **Vorrang des Primärrechts** vor dem Sekundärrecht. Da der Anwendungsbereich der Art. 101 f. AEUV aus diesen höherrangigen Normen selbst und ihrem marktordnenden Schutzzweck hergeleitet wird, kann nicht das Sekundärrecht den Rechtsanwendungsbefehl für diese Verbote geben.[867] Der Grundsatz, dass das Unionskartellrecht seinen

---

Staaten ist noch nicht abschließend geklärt, ob das Durchführungs- oder das Auswirkungsprinzip Anwendung findet, etwa in Italien oder Schweden, vgl. den Überblick bei MüKoEuWettbR/*Wagner v. Papp/Wurmnest* Grdl. 1387 mwN.

[863] *Basedow* Rec. des Cours 264 (1997), 9 (28 ff.).

[864] Vgl. nur *v. Bar/Mankowski* IPR II § 2 Rn. 297; Staudinger/*Fezer/Koos,* 2023, IntWirtschR Rn. 64; *D. J. Zimmer,* Konkretisierung des Auswirkungsprinzips bei Hard-core-Kartellrechtsverstößen, 2013, 385; allg. auch *Garcimartín Alférez* EuLF 2007, I-77 (I-86).

[865] Calliess/Renner/*Augenhofer* Rn. 77; *v. Bar/Mankowski* IPR II § 2 Rn. 323; *Bittmann* in M. Weller, Europäisches Kollisionsrecht, 2016, Rn. 292; Staudinger/*Fezer/Koos,* 2023, IntWirtschR Rn. 165, 341; *v. Hein* in Fuchs/Weitbrecht, HdB Private Kartellrechtsdurchsetzung, 2019, § 21 Rn. 109; Huber/*Illmer* Rn. 65; *U. Immenga* FS G. Kühne, 2009, 725 (728); NK-BGB/*M. Weller* Rn. 34; *Wurmnest/Lund* NZKart 2015, 73 (78); PWW/*Schaub* Rn. 3; *D. J. Zimmer,* Konkretisierung des Auswirkungsprinzips bei Hard-core-Kartellrechtsverstößen, 2013, 387; vgl. auch *Basedow* ZWeR 2006, 294 (299) zum Entwurf; wohl auch *Fitchen* in Danov/Becker/Beaumont, Cross-Border EU Competition Law Actions, 2013, 297 (316); *Plender/Wilderspin,* The European Private International Law of Obligations, 6. Aufl. 2023, Rn. 20-093; aA offenbar *Massing,* Europäisches Internationales Kartelldeliktsrecht, 2010, 139 ff., der diese Differenzierung nicht erörtert.

[866] EuGH ECLI:EU:C:2017:632 Rn. 45 = BeckRS 2018, 31151 – Intel/Kommission.

[867] *Adolphsen/Möller* in Kamann/Ohlhoff/Völker, Kartellverfahren und Kartellprozess, 2017, § 33 Rn. 25; Calliess/Renner/*Augenhofer* Rn. 77; *Francq/Wurmnest* in Basedow/Francq/Idot, International Antitrust Litigation, 2012, 91 (111); *U. Immenga* FS G. Kühne, 2009, 725 (728); *H. I. Maier,* Marktortanknüpfung im Internationalen Kartelldeliktsrecht, 2011, 369 f.; *Mankowski* IPRax 2010, 389 (395); Soergel/*Remien* Rn. 33; *Wurmnest* EuZW 2012, 933 (936 f.).

Anwendungsbereich eigenständig festlegt, sollte darüber hinaus auch für entsprechende Regeln des Sekundärrechts (zB Freistellungstatbestände) gelten, die auf dem Primärrecht fußen.[868]

In privatrechtlichen Streitigkeiten wegen Verletzung des Unionsrechts ist die **Widerrechtlichkeit** eines bestimmten Verhaltens somit vom Unionsrecht vorgegeben, das seinen Anwendungsbereich eigenständig festlegt. Art. 6 Abs. 3 Rom II-VO bestimmt in diesen Fällen allein das **anwendbare Deliktsrecht,** auf dessen Grundlage das Opfer einer Wettbewerbsbeschränkung zB Schadensersatz oder Unterlassen verlangen kann („zivilrechtliche Einkleidung des Anspruchs"), soweit das Unionsrecht die Rechtsfolge nicht vorgibt.[869] 248

(2) Nationale Kartellverbotsnormen. Während die Ausklammerung der EU-Verbotsnormen aus Art. 6 Abs. 3 Rom II-VO weitgehend konsentiert ist, ist die Rechtslage in Bezug auf die Anwendung nationaler Kartellverbotsnormen weniger klar. Die Diskussion wird maßgeblich von den Lehren beeinflusst, die zum autonomen Kollisionsrecht entwickelt wurden. Vereinfacht ausgedrückt standen sich im deutschsprachigen Schrifttum vor Schaffung der Rom II-VO zwei Ansätze gegenüber, die zum Großteil mit Blick auf vertragliche Schuldverhältnisse debattiert wurden.[870] Herrschend war die (im Detail umstrittene) **eingriffsrechtliche Sonderanknüpfungslehre,**[871] die auf Grund des ordnungspolitischen Charakters von Kartellverbotsnormen eine Anwendung des ausländischen Rechts befürwortete, wenn dieses Recht nach seinen eigenen Maßstäben angewendet werden wollte und dieser Anwendungswille aus Sicht der lex fori sachgerecht war, weil eine enge Beziehung des Sachverhalts zum ausländischen Staat gegeben war.[872] Dagegen wollte eine stärker deliktsrechtlich geprägte Sichtweise Kartellverbotsnormen über **eine Weiterentwicklung von** (nunmehr) **§ 185 Abs. 2 GWB** (vormals § 98 Abs. 2 GWB aF bzw. § 130 Abs. 2 GWB aF)[873] zur Anwendung gelangen lassen, wobei auf einer zweiten Stufe dann allerdings geprüft werden sollte, ob das auf dieser Grundlage ermittelte Recht angewendet werden wollte.[874] 249

Mit der Verabschiedung der Rom II-VO hat sich die Debatte über die richtige Anknüpfung von Kartellverbotsnormen nicht erledigt, da der europäische Gesetzgeber den Umfang der Verweisung nicht hinreichend deutlich gemacht hat. Vereinfacht ausgedrückt wollen einige Stimmen – in Anlehnung an die Sonderanknüpfungslehre – den **Umfang der Verweisung** auf das **Kartelldeliktsrecht** (Höhe des Schadensersatzes, Zinsen etc) **beschränken.** Die Frage, ob das Verhalten rechtswidrig war, weil eine nationale Kartellverhaltensnorm verletzt wurde, soll dagegen selbständig angeknüpft werden (über Art. 16 Rom II-VO bzw. nach ungeschriebenen Grundsätzen bzw. als öffentlichrechtliche Vorfrage des privatrechtlichen Anspruchs [str.]), um dem wirtschaftspolitischen Charakter solcher Vorschriften Rechnung zu tragen.[875] Andere Stimmen bestimmen dagegen nicht nur das Kartelldeliktsrecht, sondern auch Fragen des **Kartellverbotsrechts** auf Grundlage von Art. 6 Rom II-VO, wobei wiederum streitig ist, ob in Bezug auf die Kartellverbotsnormen einschränkende Voraussetzungen zu berücksichtigen sind[876] oder nicht.[877] 250

868 *Mankowski* IPRax 2010, 389 (396).

869 *Mankowski* IPRax 2010, 389 (395 f.); PWW/*Schaub* Rn. 3; MüKoEuWettbR/*Wagner-v. Papp/Wurmnest* Grdl. Rn. 1507. Im Ergebnis auch *Fitchen* in Danov/Becker/Beaumont, Cross-Border EU Competition Law Actions, 2013, 297 (316); *Garcimartín Alférez* EuLF 2007, I-77 (I-86).

870 Vgl. den Überblick bei Staudinger/*Fezer/Koos,* 2023, IntWirtschR Rn. 90 ff., auch zur überkommenen Schuldstatutstheorie; *Heinemann* Mélanges Dutoit, 2002, 115 (118 ff.); *H. I. Maier,* Marktortanknüpfung im internationalen Kartelldeliktsrecht, 2011, 269 ff.; *Tzakas,* Die Haftung für Kartellrechtsverstöße, 2011, 343 ff.

871 Eingehend dazu Staudinger/*Fezer/Koos,* 2023, IntWirtschR Rn. 93 ff. mwN.

872 *Basedow* NJW 1989, 627 (633); vgl. auch Staudinger/*Fezer/Koos,* 2023, IntWirtschR Rn. 93 ff. mwN.

873 *Martinek,* Das internationale Kartellprivatrecht, 1987, 94; *Mertens* RabelsZ 31 (1967), 385 (409): § 98 Abs. 2 GWB aF kann mit Differenzierungen und Einschränkungen als allseitige Kollisionsnorm gelesen werden. Grundlegend *Bär,* Kartellrecht und Internationales Privatrecht, 1965, 226 f.; angedacht wurde diese Lösung auch von *Schwartz,* Deutsches Internationales Kartellrecht, 2. Aufl. 1968, 223 ff.

874 Dazu *H. I. Maier,* Marktortanknüpfung im internationalen Kartelldeliktsrecht, 2011, 282.

875 *v. Hein* in Fuchs/Weitbrecht, HdB Private Kartellrechtsdurchsetzung, 2019, § 21 Rn. 116; NK-BGB/*M. Weller* Rn. 35; jurisPK-BGB/*Wiegandt* Rn. 24 f.; vgl. auch *Tzakas,* Die Haftung für Kartellrechtsverstöße im internationalen Rechtsverkehr, 2011, 383; *D. J. Zimmer,* Konkretisierung des Auswirkungsprinzips bei Hard-core-Kartellrechtsverstößen, 2013, 386 ff.; wohl auch *Béhar-Touchais* Revue internationale de droit économique 2010, 37 (49 ff.).

876 Hierfür *W.-H. Roth* FS Kropholler, 2008, 623 (641); *H. I. Maier,* Marktortanknüpfung im Internationalen Kartelldeliktsrecht, 2011, 419; *Massing,* Europäisches Internationales Kartelldeliktsrecht, 2010, 211 ff.; wohl auch *Ackermann* Liber Amicorum Slot, 2009, 109 (115).

877 *Heiss/Loacker* JBl. 2007, 613 (631); *Plender/Wilderspin,* The European Private International Law of Obligations, 6. Aufl. 2023, Rn. 20-069; wohl auch *Ofner* ZfRV 2008, 13 (18); *Scholz/Rixen* EuZW 2008, 327 (330 f.).

251 Keiner dieser Ansätze ist frei von **Schwächen.**[878] Die Sonderanknüpfungslehre muss Art. 16 Rom II-VO, dessen Wortlaut nur die Anwendung von Eingriffsnormen der lex fori vorsieht, im Wege der Rechtsfortbildung weiterentwickeln, um auch ausländische Eingriffsnormen anwenden zu können. Ob diese Rechtsfortbildung im Einklang mit dem Willen des europäischen Gesetzgebers steht, ist Gegenstand einer lebhaften Kontroverse (→ Art. 16 Rn. 32 ff.).[879] In Bezug auf die Rom I-VO hat der EuGH allerdings mittlerweile klargestellt, dass ausländische Kollisionsnormen, sofern sie nicht nach Art. 9 Abs. 3 Rom I-VO zur Anwendung berufen sind, lediglich als tatsächliche Umstände auf der Sachrechtsebene berücksichtigt werden können, soweit dies nach dem zur Anwendung berufenen Recht statthaft ist.[880] Überträgt man diese Rechtsprechung auf die Rom II-VO, würde es vom nationalen Recht abhängen, ob die Kartellrechtsnormen des Marktordnungsrechts Berücksichtigung finden können, was problematisch sein kann. Stuft man die Anwendbarkeit von Kartellverbotsnormen als selbstständig anzuknüpfende öffentlich-rechtliche Vorfrage ein, so hat man mit dem Problem zu kämpfen, dass die öffentlich-rechtliche Anknüpfung (nach eigenen kartellrechtlichen Normen) und die privatrechtliche Anknüpfung (nach Art. 6 Abs. 3 Rom II-VO) auseinanderfallen können und das Deliktsstatut nach Art. 15 lit. a Rom II-VO eigentlich auch den Grund der Haftung umfasst. Aber auch der Ansatz, der davon ausgeht, dass Kartellverbotsnormen von der Verweisung umfasst sind, muss das geschriebene Recht korrigieren. Die Proponenten dieses Ansatzes müssen aus Gründen des Marktschutzes den Anwendungsbereich der Konzentrationsregel (lit. b) teleologisch reduzieren, da andernfalls auf Wunsch des Klägers eine Kartellverbotsnorm der lex fori angewendet werden müsste, die uU keinen Bezug zum betroffenen Markt hat (→ Rn. 319).

252 Auch wenn in dogmatischer Hinsicht viel für die Sonderanknüpfungslehre spricht, reflektiert die Ansicht, die nationale Kartellverbotsnormen von der Verweisung umfasst sieht, den **Willen des Unionsgesetzgebers** besser, wie ein Blick auf die Verordnung als Ganzes zeigt. So ist zunächst darauf hinzuweisen, dass der Wortlaut von Art. 6 Abs. 3 Rom II-VO die Verweisung nicht auf die Zivilrechtsfolgen eines Anspruchs limitiert.[881] Hätte der Gesetzgeber eine solche Einschränkung angestrebt, hätte er dies sehr wahrscheinlich in der **Norm oder zumindest in den Erwägungsgründen** niedergelegt.[882] Ferner spricht für die Einbeziehung von Verbotsnormen, dass das nach Art. 6 Abs. 3 Rom II-VO anzuwendende Recht gemäß **Art. 15 lit. a Rom II-VO** auch den Grund der Haftung festlegt.[883] Sicherlich ist es möglich, von diesem Grundsatz, der für alle Kollisionsnormen der Rom II-VO gilt, im Einzelfall Ausnahmen zuzulassen, die in der Natur einer Rechtsnorm liegen. Allerdings wollte der Gemeinschaftsgesetzgeber ganz offenbar für Kartellverbotsnormen keine solche Ausnahme machen. Er hat nämlich in Art. 6 Abs. 4 Rom II-VO ein **absolutes Verbot der Rechtswahl** für kartellprivatrechtliche Ansprüche niedergelegt, welches noch nicht einmal die nachträgliche Rechtswahl zu Gunsten der lex fori zulässt. Dieses Verbot soll – was unstreitig ist – verhindern, dass die Parteien durch Rechtswahl den marktordnenden Charakter des Kartellrechts aushebeln können.[884] Marktordnenden Charakter wird man aber eher den (öffentlich-rechtlichen) Kartellverbotsnormen zusprechen müssen als den zivilrechtlichen Rechtsfolgen, da Letztere vornehmlich auf den Ausgleich des erlittenen Schadens gerichtet sind.[885] Nicht ohne Grund wird daher das schweizerische IPRG, dessen Art. 137 IPRG den europäischen Gesetzgeber möglicherweise zu Art. 6 Abs. 3 Rom II-VO inspiriert hat, von gewichtigen Stimmen so ausgelegt, dass in Bezug auf Ersatzansprüche wegen Kartellrechtsverstößen die nachträgliche Rechtswahl zu Gunsten schweizerischen Rechts gemäß Art. 132 IPRG nur bezogen auf die Rechtsfolgen kartelldeliktischer Ansprüche (Schadensersatz, Zinsen etc) Wirkung entfaltet, nicht aber bezüglich der Widerrechtlichkeit des Verhaltens am Markt. Die Unzulässigkeit der Beschränkung, also die anwendbaren Kartellverbotsnormen, muss dagegen stets nach dem in Art. 137 Abs. 1 IPRG normierten Auswirkungsprinzip ermittelt werden.[886] Der Blick ins

---

[878] Eingehend dazu *Francq/Wurmnest* in Basedow/Francq/Idot, International Antitrust Litigation, 2012, 91 (111 ff.).

[879] Für die Möglichkeit der Berücksichtigung ausländischer Eingriffsnormen etwa *Köhler;* Eingriffsnormen – Der „unfertige Teil" des europäischen IPR, 2013, 274 ff.; dagegen etwa *Plender/Wilderspin,* The European Private International Law of Obligations, 6. Aufl. 2023, Rn. 20-071.

[880] EuGH ECLI:EU:C:2016:774 Rn. 55 = NZA 2016, 1389 – Griechenland/Nikiforidis.

[881] *H. I. Maier,* Marktortanknüpfung im Internationalen Kartelldeliktsrecht, 2011, 365.

[882] *Plender/Wilderspin,* The European Private International Law of Obligations, 6. Aufl. 2023, Rn. 20-071.

[883] *Adolphsen/Möller* in Kamann/Ohlhoff/Völker, Kartellverfahren und Kartellprozess, 2017, § 33 Rn. 27.

[884] Vgl. nur Staudinger/*Fezer/Koos,* 2023, IntWirtschR Rn. 340; *Heiss/Loacker* JBl. 2007, 613 (631); *Leible* RIW 2008, 257 (259).

[885] AA NK-BGB/*M. Weller* Rn. 33, der auch das Kartelldeliktsrecht als „primär marktordnend konzipiert […]" ansieht. Ähnlich *v. Hein* in Fuchs/Weitbrecht, HdB Private Kartellrechtsdurchsetzung, 2019, § 21 Rn. 116; Rauscher/*Pabst,* 5. Aufl. 2023, Rn. 52; jurisPK-BGB/*Wiegandt* Rn. 24.

[886] Zürcher Kommentar zum IPRG/*Vischer/Göksu,* 3. Aufl. 2018, IPRG Art. 137 Rn. 14; Basler Kommentar/*Dasser/Stäuber/Brei,* 4. Aufl. 2021, IPRG Art. 137 Rn. 43 mwN, auch zur Gegenauffassung.

schweizerische IPR zeigt, dass auch in Kartellrechtssachverhalten grundsätzlich Raum für eine beschränkte Rechtswahl ist, sofern sich diese nicht auf die Kartellverbotsnormen erstreckt. Das in Art. 6 Abs. 4 Rom II-VO niedergelegte absolute Rechtswahlverbot für Kartellrechtssachverhalte spricht also eher dafür, dass der Unionsgesetzgeber die **Verweisung auch auf nationale Kartellverbotsnormen** erstrecken wollte. Da diese Frage aber sehr umstritten ist, empfiehlt sich die Einleitung eines Vorlageverfahrens.

cc) Folgerungen für die Fallprüfung. Aus dem Vorgesagten ergeben sich nachstehende Folgerungen für die Fallprüfung: Beruft sich der Kläger auf eine Verletzung des EU-Kartellrechts, so ist die internationale Reichweite dieser Regeln auf Grundlage der vom EuGH geprägten Anwendungskriterien zu ermitteln, wobei seit der Intel-Entscheidung auch das Auswirkungsprinzip zu berücksichtigen ist (→ Rn. 281). Sind nach diesen Kriterien Art. 101, 102 AEUV zur Anwendung berufen, so bestimmt sich das „zivilrechtliche Kleid“ des Anspruchs (Schadenshöhe, Zinsen, Verjährung etc) nach dem nach Art. 6 Abs. 3 lit. a Rom II-VO berufenen Recht. Wird um die Anwendung nationalen Kartellrechts gestritten, so bestimmt das nach Art. 6 Abs. 3 lit. a Rom II-VO berufene Recht nach richtiger Ansicht grundsätzlich sämtliche Voraussetzungen des Ersatzanspruchs, wobei in Bezug auf die Kartellverbotsnormen ausländischen Rechts bestimmte Einschränkungen zu beachten sind (→ Rn. 297). 253

2. Anwendungsbereich der Rom II-VO. a) Grenzüberschreitende Zivil- und Handelssachen. aa) Grundlagen. Die Rom II-VO normiert – wie alle Verordnungen zum Internationalen Privatrecht europäischer Provenienz – allein Anknüpfungsregeln für **Zivil- und Handelssachen,** die eine Verbindung zum Recht verschiedener Staaten aufweisen (Art. 1 Abs. 1 Rom II-VO). Hintergrund ist die beschränkte Rechtssetzungskompetenz der EU, die, gestützt auf Art. 81 AEUV (ex Art. 65 EG-Vertrag), allein Verordnungen zur justiziellen Zusammenarbeit in grenzüberschreitenden Zivilsachen verabschieden darf. Die Rom II-VO greift daher nicht, wenn der geltend gemachte Anspruch dem **öffentlichen Recht** zuzuschlagen ist. Ferner hat der Unionsgesetzgeber in Art. 1 Abs. 2 Rom II-VO bestimmte Zivil- und Handelssachen vom Anwendungsbereich der Rom II-VO ausgeklammert, für die etwa besondere Kollisionsregeln bzw. Regeln des Einheitsrechts in anderen Rechtsakten bestehen (insbesondere Familien-, Scheck- und Wechselrecht) oder bei denen keine Einigung in Bezug auf die Ausgestaltung von Kollisionsnormen erzielt werden konnte (Persönlichkeitsrechtsverletzungen). Diese **Bereichsausnahmen** haben für das Kartellprivatrecht aber keine große Bedeutung. Hervorzuheben ist, dass die Bereichsausnahme für die gesellschafts- bzw. vereinsrechtliche Haftung von Gesellschaftern und Organen (Art. 1 Abs. 2 lit. d Rom II-VO) nicht für die kartellschadensrechtliche Haftung der Gesellschaft bzw. des Vereins gegenüber Außenstehenden greift, so dass die Rom II-VO insoweit einschlägig bleibt. Zudem wird vertreten, dass auch die Eigenhaftung von Geschäftsführern bzw. Vorstandsmitgliedern für Schäden aus Wettbewerbsbeschränkungen im Außenverhältnis der Rom II-VO unterfällt.[887] 254

bb) Ausgrenzung hoheitlicher Sachverhalte. Der Begriff der Zivil- und Handelssache ist **europäisch-autonom** auszulegen.[888] Nach der Rechtsprechung des EuGH zum gleichlautenden Begriff in den Rechtsakten zum Zuständigkeitsrecht (Brüssel I-VO/Brüssel Ia-VO), die auf die Rom II-VO übertragen werden kann (vgl. allgemein Erwägungsgrund 7 Rom II-VO),[889] sind solche Ansprüche nicht als Zivil- und Handelssachen einzustufen, die aus der Ausübung **hoheitlicher Befugnisse** resultieren.[890] Daher ist keinesfalls jeder Streit unter Beteiligung öffentlicher Stellen vom Anwendungsbereich der Rom II-VO ausgenommen, sondern lediglich solche Streitigkeiten, bei denen die öffentliche Hand Ansprüche geltend macht, die einer Privatperson nicht in gleicher Weise zustehen können.[891] Vor diesem Hintergrund gilt die Rom II-VO nicht für die **Durchsetzung des Kartellrechts** durch **nationale oder supranationale Kartellbehörden** im 255

---

887 *A. Wolf,* Die internationale Durchsetzung von Schadensersatzansprüchen wegen Verletzung des EU-Wettbewerbsrechts, 2017, 359 f.

888 EuGH ECLI:EU:C:2014:2319 Rn. 24 = NZKart 2015, 52 – flyLAL-Lithuanian Airlines, zur Brüssel I-VO.

889 KOM (2003) 427 endg., 8; *Leible/Lehmann* RIW 2007, 721 (722).

890 EuGH Slg. 1976, I-1541 Rn. 4 = BeckRS 2004, 72962 – LTU/Eurocontrol, zum EuGVÜ; ECLI:EU:C:2013:228 Rn. 33 = EuZW 2013, 503 – Land Berlin/Sapir; ECLI:EU:C:2014:2319 Rn. 30 f. = NZKart 2015, 52– flyLAL-Lithuanian Airlines, zur Brüssel I-VO.

891 EuGH ECLI:EU:C:2009:271 Rn. 44 = BeckRS 2009, 70441– Apostolides/Orams, zur Brüssel I-VO; *Dutta* in Basedow/Hopt/Zimmermann, Handwörterbuch des Europäischen Privatrechts, 2009, Stichwort: Zivil- und Handelssache; *Francq/Wurmnest* in Basedow/Francq/Idot, International Antitrust Litigation, 2012, 91 (97); → Art. 1 Rn. 14.

Wege von Verwaltungs- oder Bußgeldverfahren.[892] Ausgenommen sind ferner Ansprüche der Behörde auf Rückforderung von Zinsen wegen einer gerichtlich angeordneten Herabsetzung der Geldbuße, wenn diese Herabsetzung später durch ein höheres Gericht im Instanzenzug aufgehoben wird.[893] Auch **Amtshaftungsansprüche** gegen eine Wettbewerbsbehörde, etwa in Zusammenhang mit Fusionskontrollverfahren, sind keine Zivilsachen (→ Rn. 269).

256 Ist die **öffentliche Hand** allerdings das **Opfer** einer Wettbewerbsbeschränkung und nimmt sie den Rechtsverletzter auf Grundlage allgemeiner zivilrechtlicher Regeln auf Ersatz in Anspruch, so ist dieser Anspruch als Zivil- und Handelssache zu qualifizieren.[894] Ansprüche wegen **Wettbewerbsbeschränkungen durch öffentliche Unternehmen** sind ebenfalls als Zivil- und Handelssachen einzustufen, sofern die angegriffene Tätigkeit wirtschaftlicher Art und nicht hoheitlicher Natur ist.[895]

257 **cc) Überkompensatorischer Schadensersatz.** Klagen zwischen Privaten auf Schadensersatz oder Unterlassung wegen der Verletzung von Kartellverbotsnormen sind Zivil- und Handelssachen. Ansprüche auf **überkompensatorischen Schadensersatz** unterfallen der Rom II-VO, sofern sie nicht rein strafrechtlicher Natur sind. Daher sind Ansprüche auf exemplary, punitive oder treble damages nicht per se vom Anwendungsbereich der Verordnung ausgeklammert.[896] Dass solche Ansprüche von der Rom II-VO erfasst sein sollen, ergibt sich auch aus Erwägungsgrund 32. Dieser betont nämlich, dass die Anwendung des ausländischen Rechts, nach dem überkompensatorischer Schadensersatz zu leisten ist, unter dem Vorbehalt des ordre public des Forumstaats stehe, also gerade nicht vom Anwendungsbereich der Rom II-VO ausgenommen sein soll.[897]

258 **b) Außervertragliche Schuldverhältnisse. aa) Grundlagen und Abgrenzung zu vertraglichen Schuldverhältnissen.** Die Kollisionsnormen der Rom II-VO gelten nach deren Art. 1 Abs. 1 lediglich für außervertragliche Schuldverhältnisse und nicht für vertragliche Schuldverhältnisse, für die die Anknüpfungsregeln der Rom I-VO maßgeblich sind. Die Abgrenzung des Anwendungsbereichs der beiden Verordnungen erfolgt **europäisch-autonom** (Erwägungsgrund 11 Rom II-VO). Nach der Rechtsprechung des EuGH zur Abgrenzung des Vertrags- vom Deliktsgerichtsstand (Art. 7 Nr. 1, 2 Brüssel Ia-VO bzw. Art. 5 Nr. 1, 3 Brüssel I-VO/EuGVÜ) sind solche Ansprüche vertraglicher Natur, die auf einer Verpflichtung beruhen, die eine Partei gegenüber einer anderen Partei freiwillig übernommen hat,[898] wenn sich der Streit um eine aus dem Vertragsverhältnis resultierende Pflicht dreht.[899] Außervertraglich zu qualifizieren sind dementsprechend Schuldverhältnisse, bei denen es um Haftungsfragen geht, die nicht auf einem Vertrag beruhen. Zu diesen außervertraglichen Streitigkeiten zählen auch Klagen gegen Geschäftspraktiken **marktbeherrschender Unternehmen,** bei denen nicht der Verstoß gegen den vertraglich determinierten Pflichtenkanon im Vordergrund steht, sondern die Feststellung, ob die **Praktiken nach den Regeln des Kartellrechts missbräuchlich** sind.[900] Dieses Abgrenzungsschema kann im Grundsatz auf die Rom II-VO übertragen werden.[901] Art. 2 Abs. 1 Rom II-VO präzisiert ferner, dass außervertragliche Schuldverhältnisse im Sinne der Rom II-VO nicht nur deliktische Ansprüche umfassen, sondern zudem Ansprüche aus Geschäftsführung ohne Auftrag, Bereicherungsrecht und culpa in contrahendo. Da

---

[892] *v. Bar/Mankowski* IPR II § 2 Rn. 297; *Bittmann* in M. Weller, Europäisches Kollisionsrecht, 2016, Rn. 293; Huber/*Illmer* Rn. 66; *U. Immenga* FS Kühne, 2009, 725 (727); *Mankowski* RIW 2008, 177 (180); Grüneberg/*Thorn* Rn. 7; Rauscher/*Pabst*, 5. Aufl. 2023, Rn. 64.

[893] EuGH ECLI:EU:C:2016:607 Rn. 34 ff. = EuZW 2016, 782 – Gazdasági Versenyhivatal/Siemens AG Österreich.

[894] *Wurmnest* EuZW 2012, 933 (bezogen auf das Zuständigkeitsrecht).

[895] EuGH ECLI:EU:C:2014:2319 Rn. 33 f. = NZKart 2015, 52 – flyLAL-Lithuanian Airlines; vgl. auch *v. Hein* in Fuchs/Weitbrecht, HdB Private Kartellrechtsdurchsetzung, 2019, § 21 Rn. 103; *Massing,* Europäisches Internationales Kartelldeliktsrecht, 2011, 148.

[896] Staudinger/*Fezer/Koos,* 2023, IntWirtschR Rn. 343; *Francq/Wurmnest* in Basedow/Francq/Idot, International Antitrust Litigation, 2012, 91 (98); MüKoEuWettbR/*Wagner-v. Papp/Wurmnest* Grdl. Rn. 1519.

[897] Wegen dieses Erwägungsgrundes ist die zum Entwurf der Rom II-VO vertretene Ansicht, dass überkompensatorische Ansprüche nicht von der Verordnung erfasst seien (so noch *Moersdorf-Schulte* ZVglRWiss 104 (2005), 192 [248 f.]), gegenstandslos geworden. Zum Ganzen *H. I. Maier,* Marktortanknüpfung im Internationalen Kartelldeliktsrecht, 2011, 361; *v. Hein* in Bruns/Suzuki, Preventive Instruments of Social Governance, 2017, 143 (155).

[898] EuGH ECLI:EU:C:2016:40 Rn. 44 = NJW 2016, 1005 – ERGO Insurance und Gjensidige Baltic; ECLI:EU:C:2018:805 Rn. 39 = NZI 2019, 134 – Feniks/Azteca Products.

[899] EuGH ECLI:EU:C:2014:148 Rn. 24 = NJW 2014, 1648 – Brogsitter/Fabrication de Montres Normandes.

[900] EuGH ECLI:EU:C:2020:950 Rn. 35 ff. = NJW 2021, 144 – Wikingerhof/Booking.com.

[901] *Garcimartín Alférez* EuLF 2007, I-77 (I-80); *Plender/Wilderspin,* The European Private International Law of Obligations, 5. Aufl. 2020, Rn. 2-023.

Art. 6 Rom II-VO jedoch im Kapitel II („unerlaubte Handlungen") platziert wurde, gilt diese Anknüpfungsregel allein für deliktische Ansprüche.

Als außervertraglich zu qualifizieren sind etwa **Ersatzansprüche direkter**[902] **oder indirekter**[903] **Abnehmer** von Waren oder Dienstleistungen, die zu **Kartellpreisen** veräußert wurden, da die schadensauslösende Preiserhöhung aus der rechtswidrigen Koordinierung von Wettbewerbsparametern ex ante resultiert. Gleiches gilt für Ansprüche eines Vertragshändlers gegen einen Online-Marktplatz auf Unterlassung von und Schadensersatz für Verkäufe außerhalb eines **selektiven Vertriebssystems.**[904] Auch Klagen auf Schadensersatz gegen Unternehmen, die ihre **marktbeherrschende Stellung** missbräuchlich ausgenutzt haben, können deliktischer Natur sein, etwa Klagen von Vertragspartnern **wegen Konditionenmissbräuchen,**[905] der **Ausbeutung durch überhöhte Preise**[906] oder von Konkurrenten gegen den **Einsatz von Kampfpreisen.**[907] Dagegen hat die Lehre einen Anspruch auf **Kontrahierungszwang** bisweilen als vertraglich qualifiziert, so dass das auf diesen Anspruch anwendbare Recht nach der Rom I-VO zu bestimmen wäre.[908] Nach der Wikingerhof-Entscheidung des EuGH[909] ist aber von einer außervertraglichen Streitigkeit auszugehen, sofern die Pflicht zum Vertragsschluss aus dem Verbot des Ausnutzens einer marktbeherrschenden oder marktstarken Stellung resultiert. Die Konstellation, dass ein Vertragspartner nach Kündigung eines bestehenden Vertrags auf Grundlage des Kartellrechts Weiterbelieferung verlangt, ist ein Grenzfall. Dem EuGH sollte daher Gelegenheit zur Klärung eingeräumt werden, da es in dieser Konstellation einerseits um eine typische Vertragsfrage geht (Rechtmäßigkeit der Kündigung), andererseits die Rechtswidrigkeit der Kündigung aus dem kartellrechtlichen Missbrauchsverbot folgt.[910] 259

bb) Schadensersatz-, Unterlassungs- und Abschöpfungsansprüche. Die kartelldeliktische Kollisionsregel gilt nicht nur für **Schadensersatz- bzw. Beseitigungsansprüche,** sondern auch für **Unterlassungsansprüche** (zB aus § 33 Abs. 1 GWB iVm § 33a Abs. 1 GWB bzw. § 33 Abs. 1 GWB aF).[911] Für die Qualifikation ist es nicht entscheidend, ob ein kartellprivatrechtlicher Anspruch als Stand-alone-Klage oder als Follow-on-Klage erhoben wird. Beide Konstellationen sind von Art. 6 Abs. 3 Rom II-VO erfasst.[912] Gleiches gilt für Ansprüche auf **vorbeugenden Rechtsschutz,** wie sich aus Art. 2 Abs. 2 Rom II-VO ergibt.[913] 260

Auch Ansprüche auf **Abschöpfung des Verletzergewinns** können als außervertraglicher Anspruch qualifiziert werden, selbst wenn – wie es § 34a GWB für Verbände anordnet – dieser Gewinn an den Staatshaushalt weiterzureichen ist.[914] Dies folgt aus dem weiten Schadensbegriff des Art. 2 Abs. 1 Rom II-VO, nach dem sämtliche Folgen einer unerlaubten Handlung „außervertragliche" Schuldverhältnisse im Sinne der Verordnung begründen.[915] 261

---

902 Huber/*Illmer* Rn. 68; *Plender/Wilderspin,* The European Private International Law of Obligations, 6. Aufl. 2023, Rn. 20-041.

903 *v. Bar/Mankowski* IPR II § 2 Rn. 302; *Francq/Wurmnest* in Basedow/Francq/Idot, International Antitrust Litigation, 2012, 91 (97).

904 EuGH ECLI:EU:C:2016:976 Rn. 35 – Concurrence/Samsung Electronics France = EuZW 2017, 99 zum Zuständigkeitsrecht.

905 EuGH ECLI:EU:C:2020:950 Rn. 35 ff. = NJW 2021, 144 – Wikingerhof/Booking.com.

906 *Wurmnest* IPRax 2021, 340 (343).

907 EuGH ECLI:EU:C:2018:533 Rn. 57 – Lithuanian Airlines = NZKart 2018, 357 zum Zuständigkeitsrecht.

908 *Magnus* FS Kühne, 2009, 779 (785); *Martiny* FS Geimer, 2002, 641 (657); NK-BGB/*M. Weller* Rn. 31; einschr. Rauscher/*Leible,* 5. Aufl. 2021, Brüssel Ia-VO Art. 7 Rn. 32 zum Zuständigkeitsrecht; aA *v. Hein* in Fuchs/Weitbrecht, HdB Private Kartellrechtsdurchsetzung, 2019, § 21 Rn. 118: unzulässige Vermengung von vertraglicher Rechtsfolge und deliktischer Rechtsnatur des Anspruchs.

909 EuGH ECLI:EU:C:2020:950 = NJW 2021, 144 – Wikingerhof/Booking.com. Zu dieser Entscheidung *Mankowski* LMK 2020, 434668; *Brand/Gehann* NZKart 2021, 101; *Kern/Uhlmann* GPR 2021, 50; *Thiede* NZG 2021, 127; *R. Wagner* NJW 2021, 147; *Wendelstein* JZ 2021, 100; *Wurmnest* CMLRev 58 (2021), 1571.

910 Zum Ganzen *Wurmnest* IPRax 2021, 340 (343).

911 *v. Hein* in Fuchs/Weitbrecht, HdB Private Kartellrechtsdurchsetzung, 2019, § 21 Rn. 122; BeckOGK/*Poelzig/Windorfer/Bauermeister,* 1.9.2022, Rn. 22, 27; *Scholz/Rixen* EuZW 2008, 327 (330).

912 Calliess/Renner/*Augenhofer* Rn. 85; *v. Bar/Mankowski* IPR II § 2 Rn. 302; *v. Hein* in Fuchs/Weitbrecht, HdB Private Kartellrechtsdurchsetzung, 2019, § 21 Rn. 120; *Fitchen* JPrIntL 5 (2009), 337 (353); Soergel/*Remien* Rn. 41.

913 Grüneberg/*Thorn* Rn. 8.

914 Staudinger/*Fezer/Koos,* 2023 IntWirtschR Rn. 343; *v. Hein* in Fuchs/Weitbrecht, HdB Private Kartellrechtsdurchsetzung, 2019, § 21 Rn. 103; *Francq/Wurmnest* in Basedow/Francq/Idot, International Antitrust Litigation, 2012, 91 (98); *Poelzig,* Normdurchsetzung durch Privatrecht, 2012, 548 f.; *Tzakas,* Die Haftung für Kartellrechtsverstöße im internationalen Rechtsverkehr, 2011, 322 f.; aA *Piekenbrock* IPRax 2006, 4 (8) zum Begriff der Zivil- und Handelssache im HZÜ.

915 BeckOGK/*Poelzig/Windorfer/Bauermeister,* 1.9.2022, Rn. 40 f.

262 **cc) Ansprüche von Verbänden zur Abstellung von Kartellrechtsverstößen.** Zur Stärkung der privaten Rechtsdurchsetzung haben viele Staaten die Klagemöglichkeiten von Verbänden zur Unterbindung von Kartellrechtsverstößen gestärkt. Nach deutschem Recht können etwa rechtsfähige Verbände bzw. Einrichtungen, die die Voraussetzungen von § 33 Abs. 4 Nr. 1 bzw. 2 GWB (§ 33 Abs. 2 Nr. 1 bzw. Nr. 2 GWB aF) erfüllen, Unternehmen, die gegen deutsches oder europäisches Kartellrecht verstoßen, auf Beseitigung und Unterlassung in Anspruch nehmen. Grundsätzlich bestimmt das nach Art. 6 Abs. 3 Rom II-VO berufene Recht darüber, welche Personen einen Ersatzanspruch gegen den Haftpflichtigen geltend machen können, wie sich aus Art. 15 lit. f Rom II-VO ergibt. Aus der Wertung dieser Vorschrift wird man ableiten können, dass das nach Art. 6 Abs. 3 Rom II-VO berufene Recht auch über die Frage der materiell-rechtlichen Anspruchsberechtigung von Verbänden zu entscheiden hat.[916]

263 **c) Räumlicher und zeitlicher Anwendungsbereich.** Die Rom II-VO gilt in allen EU-Mitgliedstaaten, mit Ausnahme **Dänemarks** (Art. 1 Abs. 4 Rom II-VO), das grundsätzlich nicht durch Rechtsakte auf dem Gebiet der justiziellen Zusammenarbeit gebunden wird. Ein dänisches Gericht bestimmt das anwendbare Kartelldeliktsrecht, soweit nicht EU-Vorgaben greifen, auf Grundlage seines autonomen Kollisionsrechts. Großbritannien ist seit dem Brexit kein EU-Mitgliedstaat mehr. Ein deutsches Gericht, das über einen Kartellsachverhalt mit Bezug zu Dänemark oder Großbritannien zu entscheiden hat, wendet allerdings die Vorschriften der Rom II-VO an, um das anwendbare Recht zu ermitteln, da die Verordnung als loi uniforme ausgestaltet ist (vgl. Art. 3 Rom II-VO).

264 In **zeitlicher Hinsicht** erfasst die Verordnung schadensbegründende Ereignisse, die am oder nach dem **11.1.2009** entstanden sind,[917] wobei es auf die schadensstiftende Handlung ankommt. **Kartelle** werden oftmals über einen längeren Zeitraum gebildet. Mit Blick auf die Rechtssicherheit sollte die Rom II-VO Anwendung finden, wenn die Kartellabsprache am Stichtag oder danach **durchgeführt** worden ist, zB durch die Veräußerung von Waren zu Kartellpreisen (str.).[918] Gegen diese Auslegung lässt sich allerdings die CDC-Entscheidung des EuGH anführen, bei der zur Bestimmung des Handlungsortgerichtsstands (Art. 7 Nr. 2 Brüssel Ia-VO) an die Kartellabsprache angeknüpft wurde (→ Rn. 355).[919] Überträgt man diese Rechtsprechung auf die Rom II-VO, so müsste die maßgebliche Kartellabsprache nach dem Stichtag erfolgt sein, damit das europäische Kollisionsrecht Anwendung findet.[920] Allerdings hat der EuGH in seiner älteren Rechtsprechung zur Anwendbarkeit des EU-Kartellrechts den Handlungsortbegriff sehr weit ausgedehnt, da die Durchführung einer Kartellabsprache auf dem Territorium der EU (Absatz von Produkten zu überhöhten Preisen) als maßgeblich Handlung aufgefasst wurde, um die räumliche Geltung von Art. 101, 102 AEUV zu begründen[921] (→ Rn. 280). Daher ist nicht ausgeschlossen, dass der EuGH im Rahmen der zeitlichen Anwendbarkeit an eine andere Handlung anknüpft als bei der Konkretisierung des Deliktsgerichtsstands. Zur Klärung dieser praktisch wichtigen Frage sollte daher unbedingt ein Vorlageverfahren eingeleitet werden. Zu Einzelheiten des zeitlichen Anwendungsbereichs der Rom II-VO → Art. 31 Rn. 1 ff.

265 **3. Ansprüche aus einem den Wettbewerb einschränkenden Verhalten. a) Verstoß gegen gemeinschaftliche und nationale Kartellrechtsregeln.** Art. 6 Abs. 3 Rom II-VO erfasst „außervertragliche Schuldverhältnisse aus einem den Wettbewerb einschränkenden Verhalten". Erwägungsgrund 22 Rom II-VO stellt klar, dass Art. 6 Abs. 3 Rom II-VO das anwendbare Recht bei Verstößen „gegen gemeinschaftliche Wettbewerbsvorschriften" festlegt. Welche Sachverhalte kartellrechtlich zu qualifizieren sind, kann insofern mit Blick auf die EuGH-Rechtsprechung zu Art. 101, 102 AEUV beantwortet werden.[922] Daher fallen privatrechtliche Ansprüche wegen Wettbewerbsbeschränkungen durch **horizontale Kartelle** in den Anwendungsbereich von Art. 6 Abs. 3 Rom II-VO, also Absprachen von Unternehmen auf der gleichen Wirtschaftsstufe, die die Marktbedingungen der freien Konkurrenz verfälschen und daher nach Art. 101 AEUV (früher Art. 81 EG-Vertrag) verboten sind (zB Preis-, Marktaufteilungs- oder Quotenkartelle). Kartellrechtlich zu qualifi-

---

[916] BeckOGK/*Poelzig/Windorfer/Bauermeister,* 1.9.2022, Rn. 51.

[917] EuGH Slg. 2011, I-11603 Rn. 37 = EuZW 2012, 35 – Homawoo/GMF Assurances.

[918] *Schnur,* Internationales Kartellprivatrecht nach der Rom II-VO, 2012, 50; *Wurmnest* EuZW 2012, 933 (936); aA *v. Hein* in Fuchs/Weitbrecht, HdB Private Kartellrechtsdurchsetzung, 2019, § 21 Rn. 126 (Zeitpunkt der Kartellabsprache maßgeblich).

[919] EuGH ECLI:EU:C:2015:335 Rn. 50 = GRUR Int 2015, 1176 – CDC/Akzo Nobel.

[920] So *v. Hein* in Fuchs/Weitbrecht, HdB Private Kartellrechtsdurchsetzung, 2019, § 21 Rn. 126.

[921] EuGH Slg. 1988, 5193 Rn. 16 f. = NJW 1988, 3086 – Ahlström Osakeyhtiö ua/Kommission; vgl. auch EuG Slg. 2000, II-491 Rn. 4240 f. – Cimenteries CBR/Kommission.

[922] *Mankowski* RIW 2008, 177 (179); *Rosenkranz/Rohde* NIPR 2008, 435 (436); NK-BGB/*M. Weller* Rn. 30.

zieren sind ferner **vertikale Wettbewerbsbeschränkungen,** die ebenfalls von Art. 101 AEUV erfasst sind (Preis- und Konditionenbindungen, Vertriebsvereinbarungen etc), sowie Ansprüche wegen **Missbrauchs einer marktbeherrschenden Stellung** nach Art. 102 AEUV (früher Art. 82 EG-Vertrag). Art. 6 Abs. 3 Rom II-VO legt nach richtiger Ansicht aber nur das zivilrechtliche Kleid fest, nicht die Reichweite der unionsrechtlich vorgegebenen Verbote (→ Rn. 246 ff.).

„Gemeinschaftliche Wettbewerbsvorschriften" iSd Erwägungsgrunds 22 Rom II-VO umfassen aber nicht nur Verletzungen von Art. 101, 102 AEUV, sondern ganz allgemein deliktische Ansprüche wegen Verletzung der „Wettbewerbsregeln" des AEUV (Art. 101–109 AEUV). Daher können auch Ansprüche wegen der Verletzung von **Beihilferegeln** in den Anwendungsbereich von Art. 6 Abs. 3 Rom II-VO fallen.[923] Dies betrifft deliktische Ansprüche zwischen Wettbewerbern wegen zu Unrecht empfangener Hilfen;[924] nicht aber verwaltungsrechtlich zu qualifizierende Ansprüche gegen eine Behörde oder den Staat, da diese keine Zivil- und Handelssachen iSd Rom II-VO sind.[925] Zur Anwendung von Art. 6 Rom II-VO auf deliktische Ansprüche in Zusammenhang mit einem **Vergabeverfahren** *Hök* ZfBR 2010, 440 (442 ff.). **266**

Art. 6 Abs. 3 Rom II-VO erfasst aber nicht nur kartellprivatrechtliche Ansprüche wegen der Verletzung unionsrechtlicher Vorschriften, sondern auch wegen der Verletzung **nationaler Normen,** die funktional Ansprüche aus einem den Wettbewerb einschränkenden Verhalten begründen (Erwägungsgrund 22 Rom II-VO).[926] Bei Verstößen gegen nationale Regeln ist der gesamte deliktische Tatbestand einschließlich der Frage des Kartellrechtsverstoßes einheitlich auf Grundlage von Art. 6 Abs. 3 lit. a Rom II-VO zu bestimmen (→ Rn. 249 ff.). Soweit die nationalen Kartellrechte den EU-Wettbewerbsregeln weitgehend nachgebildet sind – was bei der überwiegenden Zahl nationaler Kartellrechte der EU-Staaten auf Grund von autonomer Rechtsangleichung, Vorgaben für Beitrittsstaaten sowie der Verpflichtung nationaler Behörden und Gerichte, neben dem nationalen auch das Gemeinschaftskartellrecht anzuwenden (Art. 3 Abs. 1 VO 1/2003, Art. 11 VO 1/2003, Art. 15 VO 1/2003), der Fall ist – fällt die Qualifikation von privatrechtlichen Ansprüchen wegen Verstößen gegen nationales Kartellrecht leicht. Art. 6 Abs. 3 Rom II-VO greift aber nicht nur bei Ansprüchen wegen Verletzung nationalen Kartellrechts, soweit das verletzte Verhaltensgebot mit dem EU-Recht kongruent ist.[927] Auch weitergehende Verbote können erfasst sein. Innerhalb der Union betrifft dies den Bereich der Missbrauchskontrolle von Unternehmen unterhalb der unionsrechtlichen Marktbeherrschungsschwelle, die das Unionsrecht ausdrücklich gestattet (Erwägungsgrund 8 VO 1/2003). Aus Erwägungsgrund 23 Rom II-VO lässt sich ableiten, dass solche Ansprüche kartelldeliktisch zu qualifizieren sind, soweit die in Rede stehenden Verbotsnormen den **gleichen Schutzzweck wie die unionsrechtlichen Kartellverbote** haben, also offene Märkte durch die Aufrechterhaltung wirtschaftlicher Handlungsfreiheiten absichern wollen.[928] Zur Abgrenzung zum Lauterkeitsrecht (→ Rn. 270 ff.). **267**

b) Ersatzansprüche in Zusammenhang mit Unternehmenszusammenschlüssen. Erwägungsgrund 23 Rom II-VO ist nicht abschließend, sondern nennt lediglich die wichtigsten den Wettbewerb einschränkenden Verhaltensweisen.[929] Andernfalls wäre es entgegen Erwägungsgrund 22 Rom II-VO nämlich nicht möglich, Ansprüche wegen Verstößen gegen nationale Kartellverbote, die nicht kongruent zu den EU-Verboten sind, unter Art. 6 Abs. 3 Rom II-VO zu subsumieren. **268**

Gleichwohl ist umstritten, ob die Kollisionsnorm auch Ansprüche in Zusammenhang mit der Durchführung nationaler oder europäischer Fusionskontrollverfahren nach der FKVO[930] erfasst. Dies wird namentlich von *U. Immenga* abgelehnt, der darauf hinweist, dass das Fusionskontrollrecht europäischer Prägung keine Verbindung zum Recht der außervertraglichen Schuldverhältnisse aufweise.[931] Daran ist richtig, dass das europäische Fusionskontrollrecht keinerlei zivilrechtliche Ansprüche gegen die an dem Zusammenschluss beteiligten Unternehmen vorsieht. Allerdings ist nicht ausgeschlossen, dass ein nationales Recht privatrechtliche Schadensersatzansprüche bei Verstößen gegen nationales Fusionskontrollrecht vorsieht. Sofern ein solcher Anspruch zivilrechtlicher Natur **269**

---

923 *Hellner* YbPIL 9 (2007), 49 (69); Huber/*Illmer* Rn. 74; *Plender/Wilderspin,* The European Private International Law of Obligations, 6. Aufl. 2023, Rn. 20-040; aA *v. Bar/Mankowski* IPR II § 2 Rn. 300: Anwendung von Art. 6 Abs. 1 Rom II-VO.

924 *Plender/Wilderspin,* The European Private International Law of Obligations, 6. Aufl. 2023, Rn. 20-040.

925 Calliess/Renner/*Augenhofer* Rn. 80; Huber/*Illmer* Rn. 74.

926 *W.-H. Roth* FS Kropholler, 2008, 623 (635); *Scholz/Rixen* EuZW 2008, 327 (330).

927 AllgM, vgl. nur *W.-H. Roth* FS Kropholler, 2008, 623 (643 f.); Rauscher/*Pabst,* 5. Aufl. 2023, Rn. 59.

928 *W.-H. Roth* FS Kropholler, 2008, 623 (644); Rauscher/*Pabst,* 5. Aufl. 2023, Rn. 59.

929 *Ackermann* Liber Amicorum Slot, 2009, 109 (116); *Mankowski* RIW 2008, 177 (179).

930 VO (EU) 139/2004 des Rates vom 20.1.2004 über die Kontrolle von Unternehmenszusammenschlüssen, ABl. EU 2004 L 24, 1.

931 *U. Immenga* FS Kühne, 2009, 725 (729).

ist und nicht der Anknüpfungsregel der ungerechtfertigten Bereicherung unterfällt (Art. 10 Rom II-VO), könnte er durchaus unter Art. 6 Abs. 3 Rom II-VO subsumiert werden.[932] Amtshaftungsansprüche gegen die EU Kommission oder nationale Kartellbehörden wegen fehlerhafter Untersagungsverfügungen sind dagegen keine Zivil- und Handelssachen und somit vom Anwendungsbereich der Rom II-VO ausgenommen.[933]

270 **c) Abgrenzung zu lauterkeitsrechtlichen Ansprüchen.** Ansprüche aus außervertraglichen Schuldverhältnissen aus einem den Wettbewerb einschränkenden Verhalten sind von Lauterkeitsdelikten abzugrenzen, da für Letztere mit Art. 6 Abs. 1, 2 Rom II-VO eigenständige Kollisionsnormen bestehen. Die Abgrenzung gestaltet sich zuweilen schwierig, da sich die beiden Rechtsgebiete – zumindest aus Sicht einzelner Sachrechte – teilweise überlagern können. Diese Überschneidung betrifft vor allem missbräuchliche Verhaltensweisen und Diskriminierungen durch Unternehmen mit einem erhöhten Grad von Macht über den Markt. Wie eine Abgrenzung zu erfolgen hat, ist im Detail noch nicht abschließend geklärt.

271 Vereinzelt wurde vorgeschlagen, dem **Klägervortrag** zu entnehmen, ob ein Anspruch lauterkeits- oder kartellrechtlich qualifiziert werden soll. Je nachdem, auf welcher Basis der Kläger seinen Anspruch geltend macht, wäre das anwendbare Recht entweder alternativ nach Art. 6 Abs. 1, 2 oder Abs. 3 Rom II-VO zu bestimmen, oder sogar kumulativ, nämlich dann, wenn der Kläger sich sowohl auf Normen des Lauterkeits- als auch des Kartellrechts beruft.[934] Diese Ansicht vermag **nicht zu überzeugen.** Gegen sie spricht, dass auf diese Weise ein Optionsrecht für den Kläger entstehen würde, für dessen Bestand es in der Verordnung keinerlei Hinweise gibt.[935] Darüber hinaus würde die Zuordnung ggf. auf Grundlage desjenigen nationalen Rechts erfolgen, auf das sich der Kläger beruft, was dem Grundsatz der europäisch-autonomen Auslegung widerspricht.

272 Im Schrifttum ist daher die Ansicht herrschend, die **Abgrenzung** von lauterkeitsrechtlichen und kartelldeliktischen Ansprüchen nach **europäisch-autonomen Maßstäben** durchzuführen, wobei auch rechtsvergleichende Erwägungen herangezogen werden können. Weiterhin besteht zumindest im Ausgangspunkt weitgehend Einigkeit darüber, dass die Zuordnung auf Grundlage der **(europäisch determinierten) Schutzziele** der beiden Rechtsmassen zu erfolgen hat, die sich folgendermaßen zusammenfassen lassen: Das Kartellrecht schützt den Wettbewerbsprozess auf einem Markt durch die Sicherung von marktrelevanten Handlungsfreiheiten von Unternehmen und sorgt auf diese Weise für offene Märkte.[936] Zum Schutz des Marktes verlangen kartellrechtliche Verbote im Bereich der Missbrauchskontrolle typischerweise einen gewissen Grad an Macht über den Markt, damit ein (einseitiges) Verhalten als Wettbewerbsbeschränkung sanktioniert werden kann. Darüber hinaus verbietet das Kartellrecht die Koordination von Verhalten, die zu einer Verfälschung des Wettbewerbsprozesses führen kann. Dagegen gebietet das Lauterkeitsrecht allen Marktakteuren die Einhaltung bestimmter Verhaltensweisen im Interesse der Verbraucher, der Wettbewerber sowie der Allgemeinheit.[937]

273 Umstritten sind Fälle, bei denen ein funktional dem Kartellrecht zugewiesener Verstoß zugleich auch (nationales) Lauterkeitsrecht verletzt, etwa weil eine Generalklausel greift. Diesbezüglich wird vertreten, dass Art. 6 Abs. 1 und 3 Rom II-VO grundsätzlich nebeneinander anzuwenden seien.[938] Dies ist in dieser Breite wenig überzeugend, da zumindest nach europäischer Lesart Ansprüche, die Art. 6 Abs. 3 Rom II-VO zuzuordnen sind, nicht zugleich lauterkeitsrechtliche Verstöße darstellen können. Man sollte daher versuchen, soweit wie möglich unter Rückgriff auf einen nach europäischen Maßstäben zu bildenden Schutzzweck sowie durch eine **Schwerpunktbetrachtung** eine Zuordnung zu einer Anknüpfungsregel zu erreichen.[939] Ist ein Anspruch aus funktionaler Sicht kartellrechtlich zu qualifizieren, so kommt allein Art. 6 Abs. 3 Rom II-VO zur Anwendung. Diese Zuordnung lässt sich damit erklären, dass das Kartellrecht im Verhältnis zum Lauterkeitsrecht (wie

[932] Im Ergebnis ebenso Huber/*Illmer* Rn. 73; *Plender/Wilderspin,* The European Private International Law of Obligations, 6. Aufl. 2023, Rn. 20-040; BeckOGK/*Poelzig/Windorfer/Bauermeister,* 1.9.2022, Rn. 218; Rauscher/*Pabst,* 5. Aufl. 2023, Rn. 57.

[933] *v. Hein* in Fuchs/Weitbrecht, HdB Private Kartellrechtsdurchsetzung, 2019, § 21 Rn. 103.

[934] *Hellner* YbPIL 9 (2007), 49 (69).

[935] BeckOGK/*Poelzig/Windorfer/Bauermeister,* 1.9.2022, Rn. 70.

[936] *W.-H. Roth* FS Kropholler, 2008, 623 (644); Rauscher/*Pabst,* 5. Aufl. 2023, Rn. 59.

[937] *Mankowski* RIW 2008, 177 (188); BeckOGK/*Poelzig/Windorfer/Bauermeister,* 1.9.2022, Rn. 71; NK-BGB/*M. Weller* Rn. 32; jurisPK-BGB/*Wiegandt* Rn. 21; ähnlich *Rosenkranz/Rohde* NIPR 2008, 435 (436).

[938] Calliess/Renner/*Augenhofer* Rn. 31; Fezer/Büscher/Obergfell/*Hausmann/Obergfell* UWG, 3. Aufl. 2016, Einl. II Rn. 32; Huber/*Illmer* Rn. 22 ff.; GKUWG/*Klass* Einl. D Rn. 43.

[939] Für ein striktes Ausschließlichkeitsverhältnis *Dickinson,* The Rome II Regulation, 2008, Rn. 6.31; wohl auch *Plender/Wilderspin,* The European Private International Law of Obligations, 6. Aufl. 2023, Rn. 20-006.

auch zum allgemeinen Deliktsrecht) nur einen bestimmten Ausschnitt des erfassten Marktverhaltens reguliert, also gewissermaßen das speziellere Recht ist. Allenfalls in einem ganz engen Grenzbereich, in dem die unterschiedlichen Konzeptionen von Lauterkeits- und Kartellrecht verschwimmen, ist eine Mehrfachqualifikation zu erwägen,[940] die im Kollisionsrecht ohnehin „ultima ratio"[941] sein muss. Der Streit über die Abgrenzung von Art. 6 Abs. 1 und 3 Rom II-VO darf in der Praxis allerdings nicht überbewertet werden, da in Bezug auf viele Fallgruppen im Ergebnis weitgehend Einigkeit besteht.

Privatrechtliche Ansprüche wegen einer Verletzung von **Art. 101, 102 AEUV** oder der korrespondierenden Vorschriften des nationalen Rechts (zB **§§ 1, 19 GWB, §§ 1, 5 österreichisches Kartellgesetz**) fallen in den Anwendungsbereich von Art. 6 Abs. 3 Rom II-VO, selbst wenn diese Verhaltensweisen zugleich auf Grund einer lauterkeitsrechtlichen Generalnorm des nationalen Rechts verboten wären.[942] **274**

Schon schwieriger gestaltet sich die Zuordnung von Verboten für Unternehmen mit **gesteigerter Marktmacht,** die nicht marktbeherrschend iSv Art. 102 AEUV sind. Soweit die Verbote den Schutz des Wettbewerbsprozesses bezwecken, können sie kartellrechtlich qualifiziert werden, da sie auf Grund der erhöhten Anforderungen an die Marktmacht ähnlich strukturiert sind wie das in Art. 102 AEUV ausgesprochene Verbot. Dies gilt etwa für Ansprüche aus **§ 20 Abs. 1, 1a, 2 GWB** sowie (aufgrund der unterstellten Macht der Verbände) aus **§ 20 Abs. 5 GWB.**[943] Streitigkeiten über die Aufnahme eines Außenseiters in ein **selektives Vertriebssystem** bzw. über die Weiterbelieferung eines aus diesem System ausgeschlossenen Händlers sind ebenfalls kartellrechtlich zu qualifizieren.[944] Dagegen unterfallen einfache Störungen des Vertriebsvorgangs, etwa durch die Entfernung von Herstellungsnummern, anhand derer ein Hersteller Vertriebswege nachvollziehen will, dem Lauterkeitsrecht.[945] **275**

Bei Verboten von **Verkäufen unter Einstandspreis** ist zu differenzieren. Nach hier vertretener Ansicht sind solche Verbote kartellrechtlich zu qualifizieren, soweit sie sich an Unternehmen mit einem **erhöhten Grad an Marktmacht** richten, wie es etwa im deutschen Recht der Fall ist (§ 20 Abs. 3 GWB; → Rn. 144).[946] Auf Grund des Marktmachtbezugs kann die Norm für die Zwecke des Internationalen Privatrechts als wettbewerbsschützend eingestuft werden, auch wenn gewichtige kartellökonomische Gründe gegen die Verankerung solcher Verbote unterhalb der Marktbeherrschungsschwelle in einem Gesetz gegen Wettbewerbsbeschränkungen sprechen.[947] Knüpfen Untereinstandspreisverbote aber nicht an einen gesteigerten Grad an Marktmacht an, sondern richten sich ganz allgemein an die Unternehmen im Markt, wie es etwa im französischen Kartellrecht der Fall ist, so scheidet eine kartellrechtliche Qualifikation aus. Solche **einfachen Untereinstandspreisverkaufsverbote** unterfallen daher Art. 6 Abs. 1 Rom II-VO, selbst wenn sie der nationale Gesetzgeber in einem Kartellgesetz normiert hat (→ Rn. 143).[948] **276**

Problematisch ist die Zuordnung von **Boykottverboten.** Sie können materiell-rechtlich dem Kartellverbot (§ 1 GWB oder Art. 101 AEUV) unterfallen, soweit sie auf einer Absprache von Unternehmen beruhen, oder als einseitige Maßnahme qualifiziert werden, wenn der Boykott bzw. Boykottaufruf unabhängig von einer Verhaltenskoordinierung erfolgt.[949] Darüber hinaus sind Boykotte oftmals auch nach dem Lauterkeitsrecht und/oder nach dem allgemeinen Deliktsrecht verbo- **277**

---

940 Ähnlich BeckOGK/*Poelzig/Windorfer/Bauermeister,* 1.9.2022, Art. Rn. 70.

941 Allg. *v. Bar/Mankowski* IPR I § 7 Rn. 178; vgl. auch *v. Hein* in Fuchs/Weitbrecht, HdB Private Kartellrechtsdurchsetzung, 2019, § 21 Rn. 122.

942 BeckOGK/*Poelzig/Windorfer/Bauermeister,* 1.9.2022, Rn. 71; *Francq/Wurmnest* in Basedow/Francq/Idot, International Antitrust Litigation, 2012, 91 (106); aA wohl Huber/*Illmer* Rn. 22.

943 *Tzakas,* Die Haftung für Kartellrechtsverstöße im internationalen Rechtsverkehr, 2011, 331 f.; für eine lauterkeitsrechtliche Qualifikation der französischen „pratiques discriminatoires et abusives" hingegen *Pironon* in Corneloup/Joubert, Le règlement communautaire dit „Rome II" sur la loi applicable aux obligations non contractuelles, 2008, 111 (118).

944 BeckOGK/*Poelzig/Windorfer/Bauermeister,* 1.9.2022, Rn. 73.

945 BeckOGK/*Poelzig/Windorfer/Bauermeister,* 1.9.2022, Rn. 73 mit Verweis auf BGH GRUR 1999, 1113 – Außenseiteranspruch; aA *Dickinson,* The Rome II Regulation, 2008, Rn. 6.31.

946 BeckOGK/*Poelzig/Windorfer/Bauermeister,* 1.9.2022, Rn. 72; *Wurmnest* EuZW 2012, 933 (936 m. Fn. 56).

947 Zum wettbewerbsökonomischen Hintergrund *Wurmnest,* Marktmacht und Verdrängungsmissbrauch, 2. Aufl. 2012, 499 ff.

948 Vgl. auch *Wurmnest* EuZW 2012, 933 (937) m. Fn. 56; ähnlich *Pironon* in Corneloup/Joubert, Le règlement communautaire dit „Rome II" sur la loi applicable aux obligations non contractuelles, 2008, 111 (118); aA *Nettlau,* Die kollisionsrechtliche Behandlung von Ansprüchen aus unlauterem Wettbewerbsverhalten gemäß Art. 6 Abs. 1 und 2 Rom II-VO, 2013, 108 ff. (bei individueller Behinderung soll eine kumulative Qualifikation erfolgen, wohingegen eine allgemeine Marktbehinderung kartellrechtlich zu qualifizieren sei).

949 *Tzakas,* Die Haftung für Kartellrechtsverstöße im internationalen Rechtsverkehr, 2011, 303.

ten. Sofern die Verbotsnorm, auf die der Anspruch gestützt wird, allein Unternehmen mit einem gewissen Grad an Marktmacht erfasst oder es sich um einen Anspruch wegen eines konzertierten Boykotts handelt, liegt eine kartellrechtliche Qualifikation auf der Hand. Viele nationale Regeln (zB § 21 Abs. 1 GWB) machen das Boykottverbot aber nicht von einer erhöhten Marktmachtschwelle abhängig. Dies spricht eigentlich – abgesehen von dem Sonderfall des konzertierten Boykotts, der wie gesagt kartellrechtlich zu qualifizieren ist – für eine lauterkeitsrechtliche Qualifikation. Auf der anderen Seite wurde etwa das Boykottverbot des deutschen GWB gerade in diesem Gesetz verankert, weil diese Art der Wettbewerbsbeeinträchtigung „in der Regel auf der Ausnutzung einer Machtstellung" beruht.[950] Die Praxis bestätigt diese Annahme. Sie legt eine kartellrechtliche Qualifikation nahe, für die auch der Aspekt der Rechtsklarheit angeführt wird.[951] Ein Gericht, das über die Qualifikation von Boykottmaßnahmen zu befinden hat, sollte aufgrund dieser unklaren Rechtslage ein Vorlageverfahren zum EuGH einleiten, um den Streit für die Praxis entscheiden zu lassen.

278 **4. Das Auswirkungsprinzip (Abs. 3 lit. a). a) Allgemeines. aa) Struktur der Grundregel.** Die Grundregel des Art. 6 Abs. 3 lit. a Rom II-VO legt fest, dass auf außervertragliche Schuldverhältnisse aus einer Wettbewerbsbeschränkung das Recht desjenigen Staats zur Anwendung gelangen soll, „dessen Markt beeinträchtigt ist oder wahrscheinlich beeinträchtigt wird." Mit „Beeinträchtigung" ist die Betroffenheit des Marktes durch die Wettbewerbsbeschränkung gemeint.[952] Es greift somit das ursprünglich aus dem US-amerikanischen Recht stammende **Auswirkungsprinzip** (→ Rn. 222), auch wenn Art. 6 Abs. 3 Rom II-VO den Begriff „Auswirkungen" nicht verwendet, sondern in Anlehnung an den Wortlaut von Art. 101 Abs. 1 AEUV auf den beeinträchtigten Markt abstellt.[953] Insoweit beruhen Art. 6 Abs. 3 Rom II-VO und § 185 Abs. 2 GWB (§ 130 Abs. 2 GWB aF) im Grundsatz auf dem gleichen Anknüpfungsmoment im Interesse des Marktschutzes. Anders als § 185 Abs. 2 GWB (→ Rn. 238) ist die europäische Vorschrift für Kartelldelikte allerdings als **allseitige Kollisionsnorm** ausgestaltet und kann daher auch ausländisches Kartellrecht zur Anwendung berufen (→ Rn. 235 f.). Zudem ist das in Art. 6 Abs. 3 Rom II-VO verankerte Auswirkungsprinzip nach **europäisch-autonomen Maßstäben** und nicht auf Grundlage des nationalen Rechts auszufüllen.[954]

279 **bb) Verbindung zur privaten Rechtsdurchsetzung.** Die Normierung des Auswirkungsprinzips im europäischen Kollisionsrecht ist eng mit den Bestrebungen der EU-Kommission verknüpft, die **private Kartellrechtsdurchsetzung zu stärken.** Die Debatte um die private Rechtsdurchsetzung nahm im Zuge der Schaffung eines weitgehend dezentralisierten Systems der Durchsetzung der EU-Wettbewerbsregeln Fahrt auf, welches letztendlich mit der Kartellverfahrensverordnung VO (EU) 1/2003 eingeführt wurde.[955] Seit Inkrafttreten dieser Verordnung werden die EU-Wettbewerbsregeln verstärkt durch die Behörden und Gerichte der Mitgliedstaaten durchgesetzt (vgl. Art. 5 VO (EU) 1/2003, Art. 6 VO (EU) 1/2003, Art. 11 VO (EU) 1/2003 und Art. 15 VO (EU) 1/2003). Schon vor Verabschiedung der Verfahrensverordnung hatte der EuGH in der Courage-Entscheidung auf die Bedeutung der privaten Rechtsdurchsetzung für die Aufrechterhaltung eines wirksamen Wettbewerbs in der Union hingewiesen.[956] Um die volle Wirksamkeit der unionsrechtlichen Wettbewerbsregeln nicht zu beeinträchtigen, müsse der Rechtsrahmen für diese Säule der Rechtsdurchsetzung effektiv ausgestaltet werden. Dies ist eine allgemeine unionsrechtliche Vorgabe für das nationale Recht. Die Durchsetzung der EU-Wettbewerbsregeln durch Private beruhte lange Zeit vornehmlich auf nationalem Recht.[957] Die Kommission hat sich aber seit Beginn des Prozesses zur Modernisierung der Rechtsdurchsetzung im Zuge der EU-Osterweiterung auf die Fahnen geschrieben, wichtige Regeln zu harmonisieren, um die vom EuGH angemahnte Effektivität

[950] Immenga/Mestmäcker/*Markert* GWB § 21 Rn. 5.

[951] So *Tzakas,* Die Haftung für Kartellrechtsverstöße im internationalen Rechtsverkehr, 2011, 334. Für eine kartellrechtliche Qualifikation aller Formen des Boykotts auch *Dickinson,* The Rome II Regulation, 2008, Rn. 6.31; aA *Nettlau,* Die kollisionsrechtliche Behandlung von Ansprüchen aus unlauterem Wettbewerbsverhalten gemäß Art. 6 Abs. 1 und 2 Rom II-VO, 2013, 101 ff.: Boykotte zwischen zwei Personen sollen kartellrechtlich qualifiziert werden, bei Boykottaufforderungen soll eine kumulative Qualifikation erfolgen.

[952] *W.-H. Roth* FS Kropholler, 2008, 623 (640).

[953] BeckOGK/*Poelzig/Windorfer/Bauermeister,* 1.9.2022, Rn. 195; vgl. allg. auch *U. Immenga* FS Kühne, 2009, 725 (727); krit. zu diesem Ansatz *Adolphsen* JPrIntL 1 (2005), 151.

[954] *v. Bar/Mankowski* IPR II § 2 Rn. 308; *Becker/Kammin* EuZW 2011, 503 (507); Staudinger/*Fezer/Koos,* 2023, IntWirtschR Rn. 351.

[955] Näher dazu *Basedow* EBOR 2 (2001), 443 ff.; *Poelzig,* Normdurchsetzung durch Privatrecht, 2012, 144 ff.; *Wurmnest* in Remien, Schadensersatz im europäischen Privat- und Wirtschaftsrecht, 2012, 27 (35 ff.).

[956] Vgl. EuGH Slg. 2001, I-6297 Rn. 27, 29 = EuZW 2001, 715 – Courage/Crehan; bestätigt in EuGH Slg. 2006, I-6619 Rn. 60 = EuZW 2006, 529 – Manfredi/Lloyd Adriatico Assicurazioni SpA.

[957] Ausdrücklich EuGH Slg. 2001, I-6297 Rn. 29 = EuZW 2001, 715 – Courage/Crehan.

der privaten Rechtsdurchsetzung sicherzustellen. Neben der Empfehlung der Kommission zur Einführung von Instrumenten der kollektiven Rechtsdurchsetzung[958] zielt auch die Kartellschadensersatz-RL,[959] die im Rahmen der 9. GWB-Novelle von 2017 umgesetzt wurde,[960] in diese Richtung. Das Auswirkungsprinzip ist ein weiterer Baustein zur Effektivierung des *private enforcement.* Es stellt sicher, dass die private Rechtsdurchsetzung mit dem öffentlichen Interesse des Marktschutzes in Einklang gebracht wird, da das Recht desjenigen Mitgliedstaats zur Anwendung berufen wird, auf dessen Markt sich die Wettbewerbsbeschränkung ausgewirkt hat bzw. wahrscheinlich auswirken wird. Insofern wird die marktordnende Funktion des Kartellrechts auch durch private Schadensersatz- und Unterlassungsklagen verwirklicht.[961]

b) Grundlagen der Konkretisierung. aa) Auswirkungsprinzip und Durchführungsgrundsatz. Die Rechtsprechung des EuGH zur Bestimmung der internationalen Reichweite von Art. 101, 102 AEUV hilft bei der Konkretisierung des Auswirkungsprinzips des Art. 6 Abs. 3 Rom II-VO nur bedingt weiter, da der EuGH – anders als die EU Kommission[962] sowie einige Generalanwälte[963] – das Auswirkungsprinzip lange Zeit nicht ausdrücklich anerkannt hat. Vor dem Hintergrund der völkerrechtlichen Kritik an diesem Anknüpfungsmerkmal, die seit den 1960er Jahren verstärkt vor allem aus dem Vereinigten Königreich ertönte, bestimmte der EuGH die internationale Reichweite der EU-Wettbewerbsverbote auf anderer Grundlage. Zunächst hat er das **Prinzip der wirtschaftlichen Einheit** entwickelt, nach dem die europäischen Wettbewerbsregeln zur Anwendung gelangen, wenn ein Unternehmen aus einem Drittstaat eine Wettbewerbsbeschränkung über seine weisungsabhängigen Töchter auf dem Territorium der Union implementiert.[964] Dieser Ansatz wurde im Zellstoff-Fall zum **Durchführungsgrundsatz** verallgemeinert.[965] Nach dieser Rechtsprechung kommt das EU-Kartellrecht zur Anwendung, wenn die Wettbewerbsbeschränkung auf dem Territorium der EU implementiert wird. Hierzu muss ein Umsetzungsakt stattfinden, also bei einem Kartell die kartellierte Ware etwa abgesetzt werden, ohne dass es von Belang ist, ob es sich um Direktimporte handelt oder die Kartellanten über Tochterunternehmen, Agenten oder Zweigniederlassungen in der EU Kontakte zwischen sich und den EU-Abnehmern knüpfen.[966] Erst in der Intel-Entscheidung von 2017 wurde der **Auswirkungsgrundsatz** durch den EuGH akzeptiert.[967] 280

Da der Absatzort nach der *effects doctrine* auch der Ort der Auswirkung des Kartells ist,[968] führen Durchführungsprinzip und Auswirkungsgrundsatz oftmals zu gleichen Ergebnissen. Allerdings sind die beiden Ansätze – zumindest wenn man den Durchführungsbegriff nicht völlig überzeichnet – keinesfalls kongruent:[969] So ist die Anwendung der EU-Wettbewerbsregeln nach dem Durchfüh- 281

[958] Empfehlung der Kommission, Gemeinsame Grundsätze für kollektive Unterlassungs- und Schadensersatzverfahren in den Mitgliedstaaten bei Verletzung von durch Unionsrecht garantierten Rechten, KOM (2013) 3539 endg.

[959] RL 2014/104/EU des Europäischen Parlaments und des Rates über bestimmte Vorschriften für Schadensersatzklagen nach nationalem Recht wegen Zuwiderhandlungen gegen wettbewerbsrechtliche Bestimmungen der Mitgliedstaaten und der Europäischen Union vom 26.11.2014, ABl. EU 2014 L 349, 1.

[960] Neuntes Gesetz zur Änderung des Gesetzes gegen Wettbewerbsbeschränkungen vom 1.7.2017, BGBl. 2017 I 1416; vgl. dazu die Beiträge in Kersting/Podszun, Die 9. GWB-Novelle, 2017.

[961] BeckOGK/*Poelzig/Windorfer/Bauermeister,* 1.9.2022, Rn. 220 f.; vgl. auch *v. Bar/Mankowski* IPR II § 2 Rn. 305. Allg. zur Bedeutung der Courage-Rechtsprechung für die Schaffung der Kartelldeliktskollisionsnorm *Ballarino* Riv. dir. int. 2008, 65 (71 f.).

[962] S. insbes. die Ausführungen der Kommission im *Teerfarben*-Fall EuGH Slg. 1972, 619 (630 f.) = BeckEuRS 1972, 28590 – ICI/Kommission; vgl. allg. auch KOM COMP/E-1/37.512, ABl. EG 2003 L 6, 1, Rn. 604 f. – Vitamine; KOM Comp/39.181, Rn. 190 f. – Kerzenwachse.

[963] Schlussanträge GA *Mayras* zu EuGH Slg. 1972, 665, 693 – ICI/Kommission; Schlussanträge GA *Darmon* zu EuGH Slg. 1988, 5214 Rn. 57 = BeckEuRS 1988, 142009 – Ahlström Osakeyhtiö ua/Kommission.

[964] EuGH Slg. 1972, 619 Rn. 132/135 = BeckEuRS 1972, 28590 – ICI/Kommission; Slg. 1972, 787 Rn. 44 = BeckRS 2004, 73261 – Geigy/Kommission.

[965] EuGH Slg. 1988, 5193 = NJW 1988, 3086 – Ahlström Osakeyhtiö ua/Kommission; vgl. auch EuG Slg. 2000, II-491 Rn. 4240 f. – Cimenteries CBR/Kommission.

[966] EuGH Slg. 1988, 5193 Rn. 16 f. = NJW 1988, 3086 – Ahlström Osakeyhtiö ua/Kommission; zum Ganzen auch MüKoEuWettbR/*Wagner-v. Papp/Wurmnest* Grdl. Rn. 1428 f.

[967] EuGH ECLI:EU:C:2017:632 Rn. 45 = BeckRS 2018, 31151 – Intel/Kommission.

[968] Dem EuGH wurde daher zu Recht ein sehr kreativer Umgang mit dem Handlungsortbegriff vorgeworfen, vgl. *Basedow* FS 50 Jahre FIW, 2010, 129 (133 f.); ähnlich *Schödermeier* WuW 1989, 21 (23): „Taschenspielertrick“; *Wurmnest/Lund* NZKart 2015, 73 (77): „Verlegenheitslösung“; krit. auch *Mestmäcker/Schweitzer* EuWettbR § 7 Rn. 58 f.

[969] Daher kann nicht davon gesprochen werden, dass der EuGH das Auswirkungsprinzip implizit anerkannt habe, ohne es beim Namen zu nennen, so aber *Martinek* IPRax 1989, 347 (352); ähnlich *Bechtold/Bosch/Brinker,* EU-Kartellrecht, 4. Aufl. 2023, Einl. Rn. 17; zu Recht gegen eine Gleichsetzung; *Lange/Sandage*

rungsprinzip fraglich, sofern es um Wettbewerbsbeschränkungen geht, die keinerlei Handlung auf dem Territorium der EU voraussetzen. Dies ist etwa bei einer Nichtbelieferung auf Grund eines im Ausland beschlossenen Boykotts[970] oder beim Vertrieb kartellierter Waren über in Drittstaaten ansässige unabhängige Zwischenhändler in die EU der Fall.[971] Im Interesse des Wettbewerbsschutzes ist es sehr zu begrüßen, dass der EuGH im **Intel-Fall** für die behördliche Rechtsdurchsetzung das Auswirkungsprinzip als alternative Anknüpfung neben dem Durchführungsprinzip anerkannt hat.[972] Sieht man das Auswirkungsprinzip als den weiteren Begriff an und stuft eine Durchführungshandlung in der EU als eine Möglichkeit ein, eine Auswirkung auf den Markt zu bejahen, wird eine akzeptable Grundlage für ein **kohärentes System** des internationalen Kartellrechts auf Grundlage der *effects doctrine* in Europa geschaffen.[973]

282 **bb) Marktzuordnung.** Während die Rechtsprechung des EuGH aus den genannten Gründen bislang wenig zur Konturierung des Auswirkungsgrundsatzes beigetragen hat, ist im Schrifttum übereinstimmend anerkannt, dass sich ein Verhalten dort auswirkt, wo es die **Wettbewerbsbedingungen verfälscht,** also das Spiel von **Angebot und Nachfrage** auf einem Markt (wahrscheinlich) beeinträchtigt.[974] Zu klären ist also, welcher Markt durch die Wettbewerbsbeschränkung „betroffen" ist, wie ein Blick in die französische und englische Fassung der Verordnung unterstreicht (*marché affecté, affected market*).[975] Ob die Wettbewerbsbeschränkung durch ein aktives Tun oder ein Unterlassen verwirklicht wurde, ist folglich irrelevant.[976] Es kommt allein auf die **Wirkung der Wettbewerbsbeschränkung** an. In welchem Staat die Rechtsverletzung verursacht wurde und in welchem Staat der oder die Rechtsverletzer seinen oder ihren Sitz hat bzw. haben, ist ebenfalls ohne Belang.[977]

283 Im materiellen Kartellrecht ist die Definition des **relevanten Marktes** stark ökonomisch geprägt, da die Marktabgrenzung für die Bestimmung der Kartellrechtswidrigkeit häufig von großer Bedeutung ist.[978] Ein vergleichbarer Aufwand ist bei der Anwendung des Auswirkungsprinzips nicht erforderlich, da es allein darum geht, den Staat oder die Staaten zu identifizieren, der bzw. die eine **hinreichend enge Verbindung zum Streit** besitzt bzw. besitzen.[979] Die starke Interdependenz von Wirtschaftsabläufen **führt** allerdings dazu, dass sich ein Verhalten in ganz unterschiedlicher Weise grenzüberschreitend auswirken kann. Um gleichwohl das Auswirkungsprinzip als sinnvolles Anknüpfungsmerkmal handhaben zu können, müssen Anknüpfungsregeln nach der Art der in Rede stehenden Wettbewerbsbeschränkungen **aufgefächert** werden.[980] Ansatzpunkt für eine materiellrechtliche **Konkretisierung** ist der **Schutzzweck derjenigen Sachnorm,** die aufgrund eines Verhaltens im Ausland zur Anwendung steht.[981] Je nachdem, welche Norm einschlägig ist, muss anhand des unterschiedlichen Schutzzwecks die Konkretisierung des Auswirkungsprinzips eigenständig vorgenommen werden. Ob die Tatbestandsmerkmale der Schutznorm erfüllt sind, ist allerdings eine Frage des materiellen und nicht des anwendbaren Rechts. Daher ist auch nicht erforderlich, dass mindestens ein Tatbestandsmerkmal der Sachnorm in Bezug auf das Inland erfüllt sein muss.[982]

CMLRev. 26 (1989), 137 (164); *Mestmäcker/Schweitzer* EuWettbR § 7 Rn. 60; MüKoEuWettbR/*Wagner-v. Papp/Wurmnest* Grdl. Rn. 1432.

970 Für die Subsumtion des Unterlassens einer Belieferung unter den Durchführungsbegriff *Wagner-v. Papp* in Tietje/Nowrot, Internationales Wirtschaftsrecht, 3. Aufl. 2021, § 12 Rn. 28; zweifelnd *Whish/Bailey,* Competition Law, 10. Aufl. 2021, 523; dagegen *Mestmäcker/Schweitzer* EuWettbR § 7 Rn. 60.

971 Zum Ganzen MüKoEuWettbR/*Wagner-v. Papp/Wurmnest* Grdl. Rn. 1432.

972 EuGH ECLI:EU:C:2017:632 Rn. 40 ff. = BeckRS 2018, 31151 – Intel/Kommission; zuvor schon EuG ECLI:EU:T:2014:547 Rn. 244 ff. = BeckRS 2014, 80984 (englische Fassung) – Intel/Kommission (EuG-Entscheidung wurde aus anderen Gründen aufgehoben).

973 Vgl. allg. *Wurmnest/Lund* NZKart 2015, 73 (78).

974 *Adolphsen/Möller* in Kamann/Ohlhoff/Völker, Kartellverfahren und Kartellprozess, 2017, § 33 Rn. 29; *v. Bar/Mankowski* IPR II § 2 Rn. 306; *Basedow* Recueil des Cours 264 (1997), 9 (43); *W.-H. Roth* FS Kropholler, 2008, 623 (642); *Francq/Wurmnest* in Basedow/Francq/Idot, International Antitrust Litigation, 2012, 91 (120).

975 *W.-H. Roth* FS Kropholler, 2008, 623 (640).

976 BeckOGK/*Poelzig/Windorfer/Bauermeister,* 1.9.2022, Rn. 223.

977 Calliess/Renner/*Augenhofer* Rn. 90; BeckOGK/*Poelzig/Windorfer/Bauermeister,* 1.9.2022, Rn. 224.

978 Näher dazu *Wurmnest,* Marktmacht und Verdrängungsmissbrauch, 2. Aufl. 2012, 269 ff.

979 *Francq/Wurmnest* in Basedow/Francq/Idot, International Antitrust Litigation, 2012, 91 (121): „simplified analysis"; *Plender/Wilderspin,* The European Private International Law of Obligations, 6. Aufl. 2023, Rn. 20-057.

980 *v. Bar/Mankowski* IPR II § 2 Rn. 309; BeckOGK/*Poelzig/Windorfer/Bauermeister,* 1.9.2022, Rn. 251; *Wurmnest* EuZW 2012, 933 (937); so schon zum deutschen Recht *Basedow* NJW 1989, 627 (638).

981 So zum GWB Immenga/Mestmäcker/*Rehbinder/v. Kalben* GWB § 185 Rn. 137 mwN; vgl. auch *D. J. Zimmer,* Konkretisierung des Auswirkungsprinzips bei Hard-core-Kartellrechtsverstößen, 2013, 165.

982 So zum GWB Immenga/Mestmäcker/*Rehbinder/v. Kalben* GWB § 185 Rn. 134 ff.

Darüber hinaus ist der Marktort auf Grundlage eines europäischen Schutzzweckverständnisses zu ermitteln. Als Grundregel lässt sich danach festhalten, dass eine Wettbewerbsbeschränkung sich im Regelfall auf denjenigen Markt auswirkt, auf dem der Abnehmer **Nachteile in Bezug auf die Versorgung mit Waren oder Dienstleistungen** erlitten hat.[983]

cc) Mosaikprinzip. Ist allein eine Jurisdiktion (bzw. eine Region innerhalb derselben) betroffen, so findet das Recht dieser Gebietseinheit Anwendung. Wirkt sich die Wettbewerbsbeschränkung hingegen (wahrscheinlich) in verschiedenen Jurisdiktionen aus, beruft das Auswirkungsprinzip nicht ein Recht allein zur Anwendung, sondern alle Rechte der jeweils betroffenen Märkte. Diese Rechte finden aber nicht kumulativ auf die jeweiligen Schäden Anwendung; auch ist kein Schwerpunkt zu bilden.[984] Vielmehr greift das **Mosaikprinzip.** Erleidet ein Privatkläger durch die gleiche Wettbewerbsbeschränkung Schäden in verschiedenen „betroffenen Märkten", muss er jeden Teilschaden nach dem jeweils anwendbaren Marktortrecht liquidieren.[985] Abnehmer, die in verschiedenen Jurisdiktionen geschädigt werden, können somit in unterschiedlicher Art und Weise kompensiert werden. Das Mosaikprinzip wurde im Gemeinsamen Standpunkt des Rates von 2006 noch ausdrücklich in einem Erwägungsgrund festgehalten.[986] Die spätere Streichung dieses Erwägungsgrundes darf nicht dahingehend verstanden werden, dass der Grundsatz aufgegeben wurde.[987] Hierfür spricht schon die in Art. 6 Abs. 3 lit. b Rom II-VO normierte Konzentrationsregel, die nur dann Sinn ergibt, wenn der Schaden des Klägers grundsätzlich nach unterschiedlichen Rechten zu beurteilen ist.[988] **284**

In der Praxis werden viele Schadensersatzklagen als sog. **Follow-on-Klagen** erhoben. In diesen Fällen wurde die Marktabgrenzung schon durch eine Kartellbehörde vorgenommen, so dass die Identifizierung der betroffenen Märkte im Zivilprozess in der Regel mit überschaubarem Aufwand möglich ist.[989] Der im materiellen Kartellrecht relevante Markt kann allerdings mehr als einen Staat umfassen, also etwa den **europäischen oder sogar den Weltmarkt** betreffen. Damit ist aber nicht automatisch gesagt, dass in einer Follow-on-Klage alle Kartell(delikts)rechte der Welt Anwendung finden können, da es immer darauf ankommt, in welchem Staat bzw. welchen Staaten das klagende Opfer der Wettbewerbsbeschränkung seinen Schaden konkret erlitten hat.[990] **285**

dd) Wahrscheinliche Auswirkungen. Art. 6 Abs. 3 Rom II-VO ist nicht auf tatsächliche Auswirkungen beschränkt, sondern beruft auch das Recht eines Staats, dessen Markt bloß „wahrscheinlich beeinträchtigt" wird. Damit trägt die Kollisionsnorm dem Umstand Rechnung, dass Kartellverbote im Sachrecht als Gefährdungstatbestände ausgestaltet sein können, so dass ein Rechtsverstoß selbst dann vorliegen kann, wenn keine nachteiligen Auswirkungen auf einem Markt entstanden sind, diese aber zB bezweckt wurden.[991] In Anlehnung an Art. 7 Nr. 2 Brüssel Ia-VO/Art. 5 Nr. 3 Brüssel I-VO kann von einer wahrscheinlichen Betroffenheit eines Marktes ausgegangen werden, wenn auf Grund konkreter Anhaltspunkte die realistische Gefahr einer Marktbeeinträchtigung besteht.[992] Die Unternehmenspläne bzw. Ankündigungen der vermeintlichen Rechtsverletzer können dabei als Indiz für wahrscheinliche Auswirkungen auf einen bestimmten Markt dienen.[993] **286**

c) Eingrenzung und Schranken. So alt wie der Auswirkungsgrundsatz selbst ist die Frage nach seiner Eingrenzung durch allgemeine Schranken. Als Judge *Learned Hand* im Fall Alcoa 1945 **287**

---

983 *Hellner* YbPIL 9 (2007), 49 (60); *Plender/Wilderspin,* The European Private International Law of Obligations, 6. Aufl. 2023, Rn. 20-057.

984 *Mankowski,* Schadensersatzklagen bei Kartelldelikten, 2012, 39.

985 *Ackermann* Liber Amicorum Slot, 2009, 109 (120); *v. Bar/Mankowski* IPR II § 2 Rn. 313; Staudinger/*Fezer/Koos,* 2023, IntWirtschR Rn. 366; *Fitchen* in Danov/Becker/Beaumont, Cross-Border EU Competition Law Actions, 2013, 297 (313); *Garcimartín Alférez* EuLF 2007, I-77 (I-86); Huber/*Illmer* Rn. 106; *W.-H. Roth* FS Kropholler, 2008, 623 (640).

986 Vgl. Erwägungsgrund 20 Gemeinsamer Standpunktes (EG) Nr. 22/2006 vom Rat festgelegt am 25.9.2006 im Hinblick auf die Annahme der Verordnung (EG) Nr. …/2006 des Europäischen Parlaments und des Rates vom … über das auf außervertragliche Schuldverhältnisse anzuwendende Recht („Rom II"), ABl. EU C 289E, 68.

987 *Mankowski* RIW 2008, 177 (188); *Leible/Lehmann* RIW 2007, 721 (730).

988 Zur Verbindung von Mosaiktheorie und Konzentrationsregel s. nur Staudinger/*Fezer/Koos,* 2023, IntWirtschR Rn. 366; *Fitchen* in Danov/Becker/Beaumont, Cross-Border EU Competition Law Actions, 2013, 297 (313); *Heiss/Loacker* JBl. 2007, 613 (630); *Mankowski* RIW 2008, 177 (190); *Rodriguez Pineau* JPrIntL 5 (2009), 311 (323); *G. Wagner* IPRax 2008, 1 (8).

989 *Hellner* YbPIL 9 (2007), 49 (60); *Plender/Wilderspin,* The European Private International Law of Obligations, 6. Aufl. 2023, Rn. 20-057.

990 *Plender/Wilderspin,* The European Private International Law of Obligations, 6. Aufl. 2023, Rn. 20-058.

991 *W.-H. Roth* FS Kropholler, 2008, 623 (641); vgl. auch *Adolphsen/Möller* in Kamann/Ohlhoff/Völker, Kartellverfahren und Kartellprozess, 2017, § 33 Rn. 32.

992 *Mankowski* RIW 2008, 177 (183); BeckOGK/*Poelzig/Windorfer/Bauermeister,* 1.9.2022, Rn. 226.

993 *Mankowski* RIW 2008, 177 (183 f.); BeckOGK/*Poelzig/Windorfer/Bauermeister,* 1.9.2022, Rn. 226.

das Auswirkungsprinzip erstmalig anwendete, begrenzte er dessen Reichweite auf „intendierte und tatsächliche" Effekte.[994] Da das Auswirkungsprinzip zu einer **extraterritorialen Rechtsanwendung** führen kann und die Kartellrechte der Welt sehr unterschiedlich ausgestaltet waren und zum Teil noch heute sind (zur Rechtsangleichung → Rn. 424 ff.), intensivierte sich in den Folgejahren die Debatte um die Schranken der *effects doctrine.* Bei dieser Debatte sind **zwei Ebenen** zu trennen: zum einen die völkerrechtliche und zum anderen die des Internationalen Privatrechts. Soweit eine Schranke völkerrechtlich angeordnet ist, muss sie auch im Rahmen der Anwendung von Art. 6 Abs. 3 Rom II-VO Berücksichtigung finden, da das Unionsrecht völkerrechtskonform auszulegen ist.[995] Eine Schranke des Internationalen Privatrechts ist hingegen nur anzuwenden, wenn der Unionsgesetzgeber dies angeordnet hat.[996] In der Debatte werden diese Ebenen häufig vermengt. Darüber hinaus ist die Reichweite der aus dem Völkerrecht entwickelten Grenzen des Auswirkungsgrundsatzes alles andere als klar.

288 **aa) Allgemeine völkerrechtliche Schranken.** Zur Minimierung von Justizkonflikten wurde bisweilen aus völkerrechtlichen Erwägungen, etwa dem **Interventionsverbot,** die Lehre des **„interest balancing"** abgeleitet. Nach dieser umstrittenen Doktrin sollen bei Konflikten unterschiedlicher Regelungsmodelle im Einzelfall die Interessen des Auswirkungsstaats an der Anwendung seines Rechts mit den Interessen des Staats, von dem die Wettbewerbsbeschränkung ausgeht (Veranlasserstaat), abgewogen werden. Nur bei einem Überwiegen der Interessen des Auswirkungsstaats kann dessen Recht Anwendung finden.[997] Eine solche Abwägung können Gerichte, die über private Rechtsstreitigkeiten zu entscheiden haben, allerdings nicht leisten, da es keine objektiven Kriterien zur Bewertung der unterschiedlichen Interessen gibt.[998] Es ist daher zu begrüßen, dass diese Lehre in den USA, wo sie anfangs auf eine gewisse Resonanz in der Rechtsprechung stieß, mittlerweile auf „echte (wahre) Konflikte" begrenzt wurde **(„true conflicts").**[999] Solche Konflikte betreffen Konstellationen, in denen ein Staat ein Verhalten explizit anordnet, das ein anderer Staat verbietet. Fälle, in denen der Auswirkungsstaat ein Verhalten verbietet, welches nach dem Recht des Veranlasserstaats lediglich gestattet ist, können somit nicht als rechtswidrige Einmischung in die Angelegenheiten des Veranlasserstaats angesehen werden.[1000] „Wahre Konflikte" kommen daher in den typischen Fällen der privaten Durchsetzung nicht vor, da Unternehmen von ihren Heimatstaaten im Regelfall nicht gezwungen werden, kartellrechtswidrige Praktiken auf Auslandsmärkten anzuwenden. Aber selbst in solchen Fällen überzeugt die Abwägungslösung für Privatklagen nicht. Art. 6 Abs. 3 lit. a Rom II-VO ist nämlich als allseitige Kollisionsnorm ausgestaltet, so dass keine „einseitige Anmaßung" von Marktordnungskompetenzen vorliegt und damit auch kein Bedürfnis für eine besondere Rücksichtnahme auf ausländische Interessen besteht.[1001] Schließlich ist zu bedenken, dass

[994] United States v. Aluminium Co of America, 148 F.2d 416 (444) (2d Cir. 1945): „[The Sherman Act] does not cover agreements, even though intended to affect imports or exports, unless its performance is shown actually to have had some effect upon them".

[995] Vgl. allg. EuGH Slg. 1992, I-6019 Rn. 9 = BeckEuRS 1992, 190098 – Poulsen und Diva; Slg. 2008, I-6351 Rn. 291 = NJOZ 2008, 4499 – Kadi; MüKoEuWettbR/*Wagner-v. Papp/Wurmnest* Grdl. Rn. 1398.

[996] Ähnlich MüKoEuWettbR/*Wagner-v. Papp/Wurmnest* Grdl. Rn. 1380, 1398.

[997] Entwickelt wurde diese Lehre in den USA, wo sie auch einen Niederschlag in der Rechtspraxis gefunden hat, vgl. Timberlane Lumber v. Bank of America, 549 F.2d 597 (613 ff.) (9th Cir. 1976); Mannington Mills v. Congoleum Corp., 595 F.2d 1287 (1297 ff.) (3rd Cir. 1979). Dagegen Laker Airways v. Sabena, 731 F.2d 909 (948 ff.) (D.C. Cir. 1984). Im deutschsprachigen Raum wurde die Abwägungslehre vor allem vertreten von *Meessen,* Völkerrechtliche Grundsätze des internationalen Kartellrechts, 1975, 198 ff. Unter Verweis auf die völkerrechtlichen Grundsätze der Nichtintervention und der Verhältnismäßigkeit hat das EuG im Rahmen der Fusionskontrolle angedacht, ob die unionsrechtliche Zuständigkeit sachfremd wäre, dies aber im Ergebnis verneint, da sich der Veranlasserstaat nicht auf existenzielle Interessen berufen hatte, vgl. EuG Slg. 1999, II-753 Rn. 105 = BeckEuRS 1999, 234544 – Gencor/Kommission („Lebensinteressen der Wirtschaft und/oder des Handels" nicht berührt). Eingehend zu den verschiedenen Ansätzen der Abwägungslehre *Schwartz/Basedow* in Lipstein, International Encyclopedia of Comparative Law, 2011, Vol. III/2, Ch. 35 Rn. 74 ff.; *Veelken,* Interessenabwägung im Wirtschaftskollisionsrecht, 1988, 56 ff. Zur Rechtsprechung in den USA auch *Wagner-v. Papp* in Ezrachi, Research Handbook on International Competition Law, 2012, 21 (32 ff.).

[998] KöKommKart/*Stoll/Holterhus* GWB § 130 Rn. 122; vgl. auch MüKoEuWettbR/*Wagner-v. Papp/Wurmnest* Grdl. Rn. 1412. Zur fehlenden völkerrechtlichen Verankerung der Interessenabwägungslehre auch *Stockmann* ZWeR 2020, 409 ff.

[999] Hartford Fire Insurance v. California, 509 U.S. 764 (798) (1993); ähnlich auch der EuGH Slg. 1988, 5193 Rn. 20, 22 = NJW 1988, 3086 – Ahlström Osakeyhtiö ua/Kommission (sog. Zellstoff I-Entscheidung).

[1000] Immenga/Mestmäcker/*Rehbinder* EU-WettbR IntWbR Rn. 18; MüKoEuWettbR/*Wagner-v. Papp/Wurmnest* Grdl. Rn. 1404.

[1001] Staudinger/*Fezer/Koos,* 2023, IntWirtschR Rn. 364; *Mankowski,* Schadensersatzklagen bei Kartelldelikten, 2012, 32; MüKoEuWettbR/*Wagner-v. Papp/Wurmnest* Grdl. Rn. 1526.

die Abwägungslehre zwar in den USA als Ausfluss des Völkerrechts anerkannt ist, sich aber international nicht durchgesetzt hat und daher nicht als allgemeiner Grundsatz des Völkergewohnheitsrechts begriffen werden kann,[1002] der bei der Auslegung des europäischen IPR zu beachten wäre. Im Kartelldeliktsrecht ist diese Schranke somit ohne praktische Bedeutung.

Darüber hinaus wird aus dem **Rechtsmissbrauchsverbot** eine Beschränkung des Auswir- 289
kungsgrundsatzes hergeleitet, wenn ein deutliches Missverhältnis zwischen der Interessendurchsetzung des Auswirkungsstaats und dem daraus resultierenden Nachteil für einen anderen Staat, etwa den Heimatstaat des Verursachers der Wettbewerbsbeschränkung, besteht. Wenngleich umstritten ist, ob das Rechtsmissbrauchsverbot überhaupt einen Grundsatz des Völkerrechts darstellt[1003] und dessen Grenzen im Einzelnen noch nicht ganz geklärt sind, besteht bei denjenigen, die dieses Prinzip als Grundsatz des Völkerrechts ansehen, jedoch Einigkeit darüber, dass ein strenger Maßstab anzulegen ist.[1004] Gemünzt ist diese Schranke auf den Einsatz des Rechts zu **sachfremden Zwecken,** der für den Bereich der privaten Rechtsdurchsetzung kaum denkbar ist. Jedenfalls liegt ein solches Missverhältnis nicht schon darin, dass der Auswirkungsstaat sein Kartellrecht ohne Blick auf die Interessen des Veranlasserstaats durchsetzt, weil Unternehmen, die zur Nutzenmaximierung freiwillig auf ausländischen Märkten aktiv werden, sich auch dem dortigen Recht unterwerfen müssen.[1005]

bb) Qualifikationen des Auswirkungsprinzips. Oftmals werden auch die qualifizierenden 290
Kriterien, mittels derer das Auswirkungsprinzip im Allgemeinen in sinnvoller Weise eingeschränkt werden soll, aus dem Völkerrecht abgeleitet.[1006] Als solche Kriterien gelten etwa die Vorhersehbarkeit, die Wesentlichkeit bzw. Spürbarkeit und/oder die Unmittelbarkeit. Die Verortung dieser Kriterien im **Völkerrecht ist aber alles andere als klar,** zumal häufig nationale Maßstäbe verwendet werden, um die Begriffshülsen auszufüllen.[1007] Blickt man auf die Staatenpraxis, so kann man lediglich festhalten, dass es einen **hinreichenden Zusammenhang** zwischen der Wettbewerbsbeschränkung und den Markteffekten geben muss. Eine völkerrechtlich gefestigte Praxis in Bezug auf die Maßstäbe – oder zumindest in Bezug auf gewisse Mindestanforderungen – bestimmter Qualifikationen ist dagegen nicht zu erkennen.[1008] Anerkannt ist lediglich, dass es nicht zu **tatsächlichen Auswirkungen** gekommen sein muss. Es genügt also die realistische Gefahr, dass sich ein Verhalten wahrscheinlich auf einen Markt auswirken wird.[1009] Mangels klarer völkerrechtlicher Vorgaben steht es dem Kollisionsgesetzgeber somit frei, die Qualifikationen festzulegen, sofern sichergestellt wird, dass in der Gesamtschau eine hinreichend enge Verbindung von anwendbarem Recht und Wettbewerbsbeschränkung besteht.[1010]

(1) Die Rechtsprechung der europäischen Gerichte zur internationalen Reichweite 291
der EU-Wettbewerbsregeln. Das EuG hat im Fall Intel die Jurisdiktionsgewalt der Kommission zur Anwendung von Art. 102 AEUV – unter Rückgriff auf seine ältere Rechtsprechung zum Fusionskontrollrecht[1011] – davon abhängig gemacht, dass ein wesentlicher (beträchtlicher, spürbarer), unmittelbarer (direkter) und vorhersehbarer Effekt der Wettbewerbsbeschränkung auf den Binnenmarkt nachgewiesen werden kann.[1012] Zwar wurde diese Entscheidung aus anderen Gründen vom EuGH aufgehoben. Der Gerichtshof macht in seinem Intel-Urteil aber deutlich, dass er Qualifizie-

---

1002 So KöKommKart/*Stoll/Holterhus* GWB § 130 Rn. 111.

1003 Dazu KöKommKart/*Stoll/Holterhus* GWB § 130 Rn. 110.

1004 *Bär,* Kartellrecht und internationales Privatrecht, 1965, 334: „horrende Disproportion"; ebenso *Veelken,* Interessenabwägung im Wirtschaftskollisionsrecht, 1988, 150; ähnlich OLG Düsseldorf NJOZ 2009, 3154 (3161): „krasses Missverhältnis"; Immenga/Mestmäcker/*Rehbinder* EU-WettbR IntWbR Rn. 18: „starkes Missverhältnis".

1005 MüKoEuWettbR/*Wagner-v. Papp/Wurmnest* Grdl. Rn. 1407.

1006 *Hellner* YbPIL 9 (2007), 49 (62); Loewenheim/Meessen/Riesenkampff/Kersting/Meyer-Lindemann/*Meessen/Funke* IntKartR Rn. 9; *Plender/Wilderspin,* The European Private International Law of Obligations, 6. Aufl. 2023, Rn. 20-064.

1007 MüKoEuWettbR/*Wagner-v. Papp/Wurmnest* Grdl. Rn. 1398 f.

1008 Zum Ganzen MüKoEuWettbR/*Wagner-v. Papp/Wurmnest* Grdl. Rn. 1400.

1009 EuG ECLI:EU:T:2014:547 Rn. 251 = BeckRS 2014, 80984 (englische Fassung) – Intel/Kommission (Entscheidung wurde aus anderen Gründen vom EuGH aufgehoben).

1010 Gegen einen Rückgriff auf völkerrechtliche Schranken des Auswirkungsprinzips auch *Koos* FS Fezer, 2016, 263 (271).

1011 EuG Slg. 1999, II-753 Rn. 90 = BeckEuRS 1999, 234544 – Gencor/Kommission.

1012 EuG ECLI:EU:T:2014:547 Rn. 258 = BeckRS 2014, 80984 – Intel/Kommission: „wesentliche, unmittelbare und vorhersehbare Wirkung" (Entscheidung wurde aus anderen Gründen vom EuGH aufgehoben) und mittlerweile hat das EuG die Kommissionsentscheidung gegen Intel aufgehoben, vgl. EuG ECLI:EU:T:2022:19 Rn. 128 ff. – RENV, Intel/Kommission, nrkr.

rungen für sinnvoll erachtet, um die internationale Reichweite der EU-Wettbewerbsregeln in völkerrechtskonformer Weise zu bestimmen.[1013] Die Wettbewerbsregeln sollen nämlich angewendet werden, „wenn vorhersehbar ist, dass das fragliche Verhalten in der Union unmittelbare und wesentliche Auswirkungen haben wird.“[1014] Dies gilt auch für Verstöße gegen Art. 101 AEUV.[1015] Diese Rechtsprechung kann dem Grunde nach auch zur Bestimmung der Anwendbarkeit der EU-Wettbewerbsregeln in privatrechtlichen Verfahren herangezogen werden, da sich die internationale Reichweite der Art. 101 ff. AEUV eigenständig und nicht auf Grundlage von Art. 6 Abs. 3 lit. a Rom II-VO bestimmt (→ Rn. 246 ff.).

292 Eine Auswirkung ist **wesentlich,** wenn sie signifikante Effekte auf einem Markt auslöst. Es handelt sich also um ein quantitatives Kriterium, dessen Grenzen noch nicht abschließend geklärt sind. Bagatellwirkungen sollen auf jeden Fall nicht ausreichend sein.[1016] Eine Wettbewerbsbeschränkung wirkt sich **unmittelbar** auf einen Markt aus, wenn sie einen hinreichenden Bezug zu diesem Markt hat, zB weil sie auf diesen ausgerichtet wurde. Nach der Rechtsprechung des EuG wirkt sich ein Verhalten in **vorhersehbarer** Weise auf einen Markt aus, wenn der Rechtsverletzer die Beschränkungswirkung in diesem Gebiet erkennen konnte.[1017]

293 Diese Qualifikationen vermögen allerdings nur bedingt zu überzeugen. Ein quantitatives Spürbarkeitskriterium ist im Kern eine Frage des Sachrechts.[1018] Das Unmittelbarkeitskriterium kann hingegen im Kollisionsrecht Sinn ergeben, wenn es nicht schematisch angewendet wird. Es sollte als normatives Kriterium verstanden werden, auf dessen Grundlage ermittelt werden muss, welche Effekte noch als ausreichende Wirkung auf einen Markt angesehen werden können, um die Anwendbarkeit des Marktortrechts zu begründen. Bei dieser Auslegung ist das Unmittelbarkeitskriterium eng verwoben mit der Frage der Vorhersehbarkeit, da unmittelbare Effekte regelmäßig objektiv vorhersehbar sind.[1019] Erwägungen des Marktschutzes sprechen allerdings dafür, dass es auf die subjektive Vorhersehbarkeit für die Rechtsverletzer nicht ankommen kann.[1020]

294 **(2) Übertragbarkeit auf Art. 6 Abs. 3 Rom II-VO.** Die Rechtsprechung des EuGH im Fall Intel bezieht sich allein auf die Bestimmung der internationalen Reichweite der europäischen Kartellverbotsnormen. Damit ist aber nicht gesagt, dass dieselben Kriterien auch zur Auslegung von Art. 6 Abs. 3 lit. a Rom II-VO heranzuziehen sind, auf dessen Grundlage nicht nur das auf einem EU-Kartellrechtsverstoß fußende nationale **Schadensersatzrecht** zu ermitteln ist, sondern ggf. auch das insgesamt anzuwendende **nationale Kartell(delikts)recht.**

295 Für eine Übertragung spricht, dass hierdurch eine **einheitliche Auslegung** des kartellrechtlichen Auswirkungsgrundsatzes erzielt würde. Eine einheitliche Begriffsbildung ist aber nur möglich, wenn dies mit dem Willen des Gesetzgebers in Einklang steht. Der europäische Gesetzgeber hat in **Art. 6 Abs. 3 lit. a Rom II-VO keine ausdrücklichen Beschränkungen** aufgenommen. Im Schrifttum wird vor diesem Hintergrund vertreten, dass der Auswirkungsgrundsatz nicht durch Qualifikationen einzuschränken sei.[1021] Andere Stimmen wollen dagegen allgemein akzeptierte Einschränkungen in Art. 6 Abs. 3 lit. a Rom II-VO hineinlesen. Manche fordern eine Spürbarkeitsschwelle,[1022] während andere verlangen, dass die Wirkungen zudem auch unmittelbar und vorhersehbar[1023] sein müssen.

[1013] EuGH ECLI:EU:C:2017:632 Rn. 49 = BeckRS 2018, 31151 – Intel/Kommission.

[1014] EuGH ECLI:EU:C:2017:632 Rn. 49 = BeckRS 2018, 31151 – Intel/Kommission; dazu etwa *Berg* WuW 2018, 557; *Huizing* ECLRev 2018, 45.

[1015] EuG ECLI:EU:T:2018:453, Rn. 97 – Brugg Kabel/Kommission; ECLI:EU:T:2022:174 Rn. 122 ff. – Martinair Holland/Kommission, nrkr.

[1016] Staudinger/*Fezer/Koos,* 2023, IntWirtschR Rn. 158.

[1017] EuG ECLI:EU:T:2014:547 Rn. 281 f. = BeckRS 2014, 80984 (englische Fassung) – Intel/Kommission (Entscheidung wurde aus anderen Gründen vom EuGH aufgehoben).

[1018] Berg/Mäsch/*Mäsch* GWB § 185 Rn. 17.

[1019] MüKoEuWettbR/*Wagner-v. Papp/Wurmnest* Grdl. Rn. 1434.

[1020] *Hellner* YbPIL 9 (2007), 49 (62 f.) verweist darauf, dass ein Vorhersehbarkeitskriterium nur in Art. 5 Rom II-VO normiert ist; vgl. auch Staudinger/*Fezer/Koos,* 2023, IntWirtschR Rn. 230, bezogen auf „Absicht“ bzw. „Bezwecken“ der Inlandsauswirkung.

[1021] So *Adolphsen/Möller* in Kamann/Ohlhoff/Völker, Kartellverfahren und Kartellprozess, 2017, § 33 Rn. 33; Calliess/Renner/*Augenhofer* Rn. 92; BeckOGK/*Poelzig/Windorfer/Bauermeister,* 1.6.2022, Rn. 246; *Schnur,* Internationales Kartellprivatrecht nach der Rom II-Verordnung, 2012, 125, 127; BeckOK-BGB/*Spickhoff* Rn. 7; *Tzakas,* Die Haftung für Kartellrechtsverstöße, 2011, 341 f.

[1022] *Massing,* Europäisches Internationales Kartelldeliktsrecht, 2010, 187 ff.; *W.-H. Roth* FS Kropholler, 2008, 623 (641); für eine kollisionsrechtliche „Spürbarkeits- und Wesentlichkeitsschwelle“ plädiert *Mankowski,* Schadensersatzklagen bei Kartelldelikten, 2012, 29 f.; vgl. auch *v. Bar/Mankowski* IPR II § 2 Rn. 310 f.

[1023] *Plender/Wilderspin,* The European Private International Law of Obligations, 6. Aufl. 2023, Rn. 20-064, die diese Einschränkungen allerdings unmittelbar aus dem Völkerrecht ableiten; für ein Spürbarkeitskriterium

Im Gesetzgebungsverfahren zur Rom II-VO wurde allerdings eine in den Erwägungsgründen ursprünglich genannte Beschränkung auf **„unmittelbare und erhebliche Auswirkung[en]“**[1024] ersatzlos gestrichen. Dass diese Streichung versehentlich erfolgte,[1025] ist angesichts des Kampfes um die Sonderanknüpfung für Kartelldelikte im Gesetzgebungsverfahren (→ Rn. 226 ff.) eher unwahrscheinlich. Auch ist der Gesetzgebungsgeschichte nicht zu entnehmen, dass der Gesetzgeber diese Einschränkungen für so selbstverständlich ansah, dass er von einer Normierung aus diesem Grund Abstand nahm.[1026] Hiergegen spricht schon, dass die Kriterien einschließlich ihrer Konkretisierung im Schrifttum sehr umstritten sind.[1027] Stattdessen spricht die Gesetzgebungsgeschichte dafür, dass ein **Spürbarkeitskriterium** im Rahmen der kollisionsrechtlichen Prüfung keine Rolle spielen sollte.[1028] Aus systematischen Erwägungen sollte man – trotz der Gesetzgebungsgeschichte – ein Unmittelbarkeitskriterium aber nicht von vornherein ausschließen. Zu berücksichtigen ist nämlich, dass die Kollisionsnorm für Kartelldelikte die Grundregel marktordnungskonform konkretisieren soll (Erwägungsgrund 21 Rom II-VO). Entfernte Folgeschäden reichen nach Art. 4 Abs. 1 Rom II-VO allerdings nicht aus, um die Anwendbarkeit der lex damni zu veranlassen. Überträgt man diesen Gedanken, der auch im Marktordnungsrecht seine Berechtigung hat, auf Art. 6 Abs. 3 lit. a Rom II-VO, so wäre durchaus Raum für ein normatives Unmittelbarkeitskriterium, das eng mit einem objektiven Vorhersehbarkeitskriterium verwoben wäre (→ Rn. 293).[1029] Klarheit kann aber nur eine Vorlage an den EuGH bringen. Nationale Gerichte sollten daher nicht zögern, entsprechende Vorlageverfahren einzuleiten. **296**

cc) Berücksichtigung des „Anwendungswillens“ ausländischen Kartellverbotsrechts. Das auf Grundlage des Auswirkungsprinzips berufene Recht bestimmt grundsätzlich, ob der geltend gemachte Anspruch besteht und wie er auszugleichen ist, wie sich aus Art. 15 Rom II-VO ergibt. Hat der ausländische Gesetzgeber auf der Ebene des **materiellen Kartellrechts** eine Anwendungsbeschränkung wie zB ein Spürbarkeitskriterium festgelegt, steht außer Frage, dass ein Ersatzanspruch auf Grundlage des ausländischen Rechts verneint werden muss.[1030] Umstritten ist allerdings, ob es dem Rechtsanwender gestattet ist, eine entsprechende Begrenzung des nach Art. 6 Abs. 3 lit. a Rom II-VO berufenen ausländischen Kartellrechts auch dann zu beachten, wenn diese – wie es oftmals der Fall ist – im Rahmen einer **einseitigen Kollisionsnorm** verankert ist. Gegen die Berücksichtigung solcher kollisionsrechtlicher Schranken wird vorgebracht, dass nach den allgemeinen Regeln der Anwendungswille des von der Rom II-VO berufenen Rechts unbeachtlich sei[1031] und eine Prüfung von Rück- und Weiterverweisungen gerade nicht erfolgen dürfe (vgl. Art. 24 Rom II-VO).[1032] Diese Sichtweise berücksichtigt die wirtschaftspolitischen Besonderheiten von kartellrechtlichen Sachverhalten aber nicht hinreichend. Zwar wollte der europäische Gesetzgeber Kartellverbotsnormen offenbar nicht als Eingriffsrecht behandeln (→ Rn. 252). Es ist aber ebenso fraglich, ob er den **Anwendungsbereich ausländischer Kartellverbotsnormen** in Bezug auf privatrechtliche Schadensersatzklagen **erweitern** wollte. Zudem ist es lediglich eine rechtstechnische Frage, ob etwa ein Spürbarkeitskriterium im Sach- oder Kollisionsrecht verankert wird. Im deutschen Schrifttum mehren sich daher die Stimmen, die solche Einschränkungen bei der Anwendung des Kartellverbotsrechts (sowie des darauf fußenden Schadensersatzrechts) berücksichtigen wollen.[1033] Diese gewundene Prüfung ist notwendig, weil der europäische Gesetzgeber den tradierten **297**

und eine Unmittelbarkeitsschwelle *Hellner* YbPIL 9 (2007), 49 (61 f.); *H. I. Maier,* Marktortanknüpfung im internationalen Kartelldeliktsrecht, 2011, 350 f.

1024 Erwägungsgrund 20 S. 2 Gemeinsamer Standpunkt (EG) Nr. 22/2006 vom Rat festgelegt am 25.9.2006 im Hinblick auf die Annahme der Verordnung (EG) Nr. …/2006 des Europäischen Parlaments und des Rates vom … über das auf außervertragliche Schuldverhältnisse anzuwendende Recht („Rom II“), ABl. EU 2006 C 289E, 68.

1025 So *Hellner* YbPIL 9 (2007), 49 (61) m. Fn. 49.

1026 Dieser Gedanke wird angesprochen von *H. I. Maier,* Marktortanknüpfung im internationalen Kartelldeliktsrecht, 2011, 348.

1027 BeckOGK/*Poelzig/Windorfer/Bauermeister,* 1.6.2022, Rn. 227, 231.

1028 *v. Hein* in Fuchs/Weitbrecht, HdB Private Kartellrechtsdurchsetzung, 2019, § 21 Rn. 138; Huber/*Illmer* Rn. 102; Soergel/*Remien* Rn. 53; Rauscher/*Pabst,* 5. Aufl. 2023, Rn. 69; vgl. auch *Bittmann* in M. Weller, Europäisches Kollisionsrecht, 2016, Rn. 295; aA – für Bagatellklausel bzw. Wesentlichkeitsschwelle – *v. Bar/Mankowski* IPR II § 2 Rn. 311; *Mankowski* RIW 2008, 177 (186); *Hellner* YbPIL 9 (2007), 49 (63 f.).

1029 Ähnlich *v. Hein* in Fuchs/Weitbrecht, HdB Private Kartellrechtsdurchsetzung, 2019, § 21 Rn. 136.

1030 Statt vieler *Mankowski,* Schadensersatzklagen bei Kartelldelikten, 2012, 33 mwN.

1031 *Plender/Wilderspin,* The European Private International Law of Obligations, 6. Aufl. 2023, Rn. 20-071.

1032 *Schnur,* Internationales Kartellprivatrecht nach der Rom II-VO, 2012, 113.

1033 *W.-H. Roth* FS Kropholler, 2008, 623 (641); Staudinger/*Fezer/Koos,* 2023, IntWirtschR Rn. 361; BeckOGK/*Poelzig/Windorfer/Bauermeister,* 1.9.2022, Rn. 227; aA *Mankowski,* Schadensersatzklagen bei Kartelldelikten, 2012, 33 f.: nur auf der sachrechtlichen Ebene kann ein Nichtanwendungswille berücksichtigt werden.

Weg der Sonderanknüpfung über Eingriffsnormen bzw. als Ausfluss einer öffentlich-rechtlichen Vorfrage (→ Rn. 249) nach richtiger Ansicht versperrt hat. In der Praxis wird dieser Streit aber nur selten zu unterschiedlichen Ergebnissen führen, da der Auswirkungsgrundsatz in immer mehr Jurisdiktionen übernommen wird und sich mit Zunahme des Fallmaterials sicherlich auch dessen Anwendungspraxis angleichen wird.

298 **d) Anwendung auf einzelne Wettbewerbsbeschränkungen (Fallgruppen). aa) Horizontale Wettbewerbsbeschränkungen.** Horizontale Wettbewerbsbeschränkungen werden zwischen Marktteilnehmern der gleichen Wirtschaftsstufe geschlossen. Solche Absprachen beschränken durch eine Koordination von Wettbewerbsparametern die Wahlfreiheit der Marktgegenseite. Typische Beispiele sind Preis-, Konditionen-, Quoten- oder Marktaufteilungsvereinbarungen. Solche Beschränkungen des Wettbewerbs wirken sich in denjenigen Staaten aus, auf deren Märkten das Zusammenspiel von Angebot und Nachfrage (potenziell) beeinflusst wird.[1034]

299 Werden solche Vereinbarungen von der **Anbieterseite** geschlossen, sind diejenigen Märkte betroffen, auf denen die Marktgegenseite zu verfälschten Bedingungen kontrahieren muss. Anwendbar ist somit im Regelfall das Recht am Sitz des Abnehmers, wenn er die Waren oder Dienstleistungen zu überhöhten Preisen bzw. abgestimmten Konditionen im Sitzstaat erworben hat.[1035] **Exportkartelle** inländischer Unternehmen wirken sich nur dann im Inland aus, wenn sie den Wettbewerb auf dem Inlandsmarkt verfälschen, was in der Regel nicht der Fall sein dürfte.[1036] Bei **Lieferketten** ist für jeden Abnehmer gesondert an den jeweiligen Abnahmeort anzuknüpfen[1037] und zu klären, ob sich die Beschränkung – unter Berücksichtigung der oben diskutierten Schranken (→ Rn. 294 ff.) – auch in diesem Staat hinreichend ausgewirkt hat. Verabreden Unternehmen die **Nichtbelieferung** eines bestimmten Gebietes, so wirkt sich diese Maßnahme dort aus, wo die Waren ohne die Absprache abgenommen worden wären.[1038]

300 Verhaltenskoordinierende **Absprachen von Nachfragern,** etwa in Bezug auf Einkaufspreise, wirken sich am Ort der Nachfrage aus, wenn man davon ausgeht, dass das Recht des betroffenen Marktes darüber entscheiden soll, inwieweit Maßnahmen, die den Marktzutritt beschränken, kartellrechtlich zu untersagen sind.[1039]

301 **bb) Vertikale Wettbewerbsbeschränkungen.** Vertikale Beschränkungen des Wettbewerbs entstehen durch Absprachen zwischen Marktteilnehmern auf unterschiedlichen Wirtschaftsstufen. Solche Absprachen können die wettbewerblichen Entfaltungsmöglichkeiten des vertraglich gebundenen Unternehmens zum einen auf dem Markt beschränken, auf dem sich das bindende und das gebundene Unternehmen gegenüberstehen, und zum anderen auf dem Markt, auf dem das gebundene Unternehmen tätig bzw. gerade nicht tätig werden soll.[1040] Darüber hinaus kann die wirtschaftliche Handlungsfreiheit von Drittunternehmen beeinträchtigt werden, indem deren Marktzugang erschwert wird.[1041]

302 Absprachen über **Preis- und Konditionenbindungen** betreffen den Markt, auf dem die Bindung Wirkung entfaltet bzw. entfalten soll. Werden etwa Händler durch in- oder ausländische Produzenten für Verkäufe auf dem deutschen Markt gebunden, beurteilen sich kartelldeliktische Ansprüche nach deutschem Recht.[1042] Dieses Recht kommt auch zur Anwendung, wenn ein deutscher Händler seinem Abnehmer im Ausland eine Preisbindung für Reimporte nach Deutschland vorschreibt.[1043] Gleiches gilt für den Fall, dass ein inländischer Händler einem ausländischen Abnehmer Meistbegünstigung zusagt, da diese Vereinbarung die Möglichkeiten des Händlers in Bezug auf den Abschluss von Verträgen mit inländischen Abnehmern beeinträchtigen kann.[1044]

[1034] BeckOGK/*Poelzig/Windorfer/Bauermeister,* 1.9.2022, Rn. 252; allg. auch *W.-H. Roth* FS Kropholler, 2008, 623 (640 ff.).

[1035] *Mankowski,* Schadensersatzklagen bei Kartelldelikten, 2012, 34; BeckOGK/*Poelzig/Windorfer/Bauermeister,* 1.9.2022, Rn. 253; *Wurmnest* EuZW 2012, 933 (937); vgl. auch OLG Frankfurt a.M. NZKart 2021, 461 Rn. 39: bezogen auf die internationale Zuständigkeit.

[1036] Staudinger/*Fezer/Koos,* 2023, IntWirtschR Rn. 232 zum deutschen Kollisionsrecht.

[1037] BeckOGK/*Poelzig/Windorfer/Bauermeister,* 1.9.2022, Rn. 254; vgl. auch Soergel/*Remien* Rn. 56.

[1038] OLG Düsseldorf NZKart 2020, 545 (546); MüKoEuWettbR/*Wagner-v. Papp/Wurmnest* Grdl. Rn. 1525.

[1039] BeckOGK/*Poelzig/Windorfer/Bauermeister,* 1.9.2022, Rn. 255; Immenga/Mestmäcker/*Rehbinder* EU-WettbR IntWbR Rn. 31.

[1040] OLG Düsseldorf NZKart 2020, 545 (546); *Basedow* NJW 1989, 627 (629); Staudinger/*Fezer/Koos,* 2023, IntWirtschR Rn. 243; *Wurmnest* EuZW 2012, 933 (937).

[1041] BeckOGK/*Poelzig/Windorfer/Bauermeister,* 1.9.2022, Rn. 257.

[1042] Staudinger/*Fezer/Koos,* 2023, IntWirtschR Rn. 245.

[1043] Immenga/Mestmäcker/*Rehbinder/v. Kalben* GWB § 185 Rn. 206 zum deutschen Kollisionsrecht; BeckOGK/*Poelzig/Windorfer/Bauermeister,* 1.9.2022, Rn. 259.

[1044] Staudinger/*Fezer/Koos,* 2023, IntWirtschR Rn. 246; Immenga/Mestmäcker/*Rehbinder/v. Kalben* GWB § 185 Rn. 206 jeweils zum deutschen Kollisionsrecht.

Vertriebsbindungen beschränken den Wettbewerb auf demjenigen Markt, auf dem nichtgebundene Unternehmen in ihrem Marktzugang eingeschränkt werden.[1045] Wettbewerbsbeschränkende **Verträge** über die **Lizensierung bzw. Übertragung von Schutzrechten** (Patente etc), **Know how** oder **allgemeinen Geschäftsgeheimnissen** wirken sich auf dem Markt aus, für den die vertragliche Beschränkung gilt.[1046] 303

Weist ein **(Dach-)Verband** einen Mitgliedsverein in Deutschland an, seine Leistungs- und Ausstellungsrichter nicht zur **Ausstellung von Zertifikaten** über rassespezifische Merkmale bei Tieren einzusetzen, die bei Veranstaltungen ausländischer Vereine präsentiert werden, so wirkt sich diese Weisung nur dann in Deutschland aus, wenn in Deutschland weitere Vereine tätig sind, die nicht zu dieser Organisation gehören bzw. mit ihr kooperieren, die aber in ihren wettbewerblichen Möglichkeiten, insbesondere in der Durchführung von Zucht- und Leistungsschauen, beschränkt werden, wenn sie keinen Zugang zu den Richtern des Dachverbands bzw. des deutschen Mitglieds haben.[1047] 304

cc) Missbrauch einer marktbeherrschenden Stellung. Wettbewerbsbeschränkungen durch Unternehmen mit einer gewissen Macht über den Markt wirken sich dort aus, wo Abnehmer oder Wettbewerber in ihren wettbewerblichen Entfaltungsmöglichkeiten unbillig **behindert bzw. ausgebeutet** werden sollen.[1048] 305

Konkurrieren etwa ein Newcomer und ein Ex-Monopolist auf dem französischen Markt um Abnehmer und versucht der ehemalige Monopolist den Newcomer durch das Anbieten von **Kampfpreisen** zum Rückzug zu zwingen, ist der französische Markt betroffen. Im Fall Lithuanian Airlines hat der EuGH im Zuständigkeitsrecht den Erfolgsort für eine Schadensersatzklage einer litauischen Fluggesellschaft gegen einen lettischen Konkurrenten für Flüge von und nach Vilnius daher unter Bezugnahme auf Art. 6 Abs. 3 Rom II-VO in Litauen angenommen. Dass der vermeintliche Kartellrechtssünder die Kampfpreise mittels rechtswidriger Preisnachlässe für Flughafengebühren gegenfinanzierte, die ihm der Flughafen Riga in Lettland eingeräumt hatte, war dagegen irrelevant.[1049] 306

Eine unbillige Behinderung durch das **rechtsgrundlose Sperren eines Händlerkontos** auf einem Internetmarktplatz wirkt sich nach Ansicht des LG München I in dem Staat oder den Staaten aus, an den oder an die sich die Internetplatform richtet.[1050] 307

Beschränkt ein Marktbeherrscher durch **Koppelungsverträge** den Zugang eines Wettbewerbers zum ausländischen Markt, so kommt das ausländische Kartelldeliktsrecht zur Anwendung. Ob das Bestehen einer marktmächtigen Position Voraussetzung für die Rechtswidrigkeit des Verhaltens ist, ist eine Frage des berufenen Sachrechts. 308

5. Das Bestimmungsrecht zu Gunsten der lex fori (Abs. 3 lit. b). a) Grundlagen. aa) Struktur, Funktionsweise und Normzweck. Die Anwendung des Auswirkungsprinzips auf grenzüberschreitende Kartellrechtsverstöße führt dazu, dass das jeweilige Marktortrecht allein den in dieser Jurisdiktion entstandenen Teilschaden reguliert. Es kommt somit zu einer Parzellierung des Schadens nach dem **Mosaikprinzip** (→ Rn. 284), wie es bei internationalen Streudelikten oftmals der Fall ist. Hat also ein Geschädigter durch ein europaweit agierendes Preiskartell Schäden in Belgien, Frankreich und Deutschland erlitten, so kommt in Bezug auf die Zivilrechtsfolgen für einen Teil seiner Ersatzansprüche belgisches, für einen anderen Teil französisches und wiederum für einen anderen Teil deutsches Recht zur Anwendung. 309

Klagt der Geschädigte seine in verschiedenen Staaten entstandenen Ansprüche zusammen ein, so hat der Richter verschiedene ausländische Rechtsordnungen zu beachten, was oftmals den Prozess verteuert und verzögert. Alternativ kann der Geschädigte seinen Schaden parzelliert in den jeweiligen Staaten einklagen, in denen er entstanden ist, was wiederum für den Kläger mit größeren Mühen verbunden ist. Je höher der Aufwand, desto eher wird der Kläger geneigt sein, zumindest teilweise darauf zu verzichten, seinen Schaden geltend zu machen.[1051] Vor diesem Hintergrund hat der Unionsgesetzgeber in Art. 6 Abs. 3 lit. b Rom II-VO ein **Bestimmungsrecht** (auch Wahlrecht, Optionsrecht oder Konzentrationsregel genannt) niedergelegt. Macht der Geschädigte von diesem 310

1045 BeckOGK/*Poelzig/Windorfer/Bauermeister,* 1.9.2022, Rn. 258.

1046 Immenga/Mestmäcker/*Rehbinder* EU-WettbR IntWbR Rn. 48.

1047 OLG Düsseldorf NZKart 2020, 545 (546).

1048 OLG Düsseldorf NZKart 2020, 545 (546); ähnlich BeckOGK/*Poelzig/Windorfer/Bauermeister,* 1.9.2022, Rn. 262; vgl. allg. auch *Heinemann* Mélanges Dutoit, 2002, 115 (131): maßgeblich ist, auf welchen Markt gezielt wird.

1049 Zum Ganzen EuGH ECLI:EU:C:2018:533 Rn. 37 ff. – Lithuanian Airlines = NZKart 2018, 357.

1050 LG München I MMR 2021, 995 Rn. 40; zum anwendbaren Lauterkeitsrecht LG Stuttgart MMR 2021, 1000 Rn. 44 ff.

1051 *Garcimartín Alférez* EuLF 2007, I-77 (I-86); *Mankowski* RIW 2008, 177 (190).

Recht Gebrauch, kann er seinen gesamten Schaden nach der **lex fori liquidieren,** da das eigentlich anwendbare Auswirkungsrecht durch dieses Recht ersetzt wird. In der Praxis betrifft diese Regelung in erster Linie die **zivilrechtlichen Haftungsfolgen,** da die Reichweite der unionsrechtlichen Kartellverbote gesondert zu ermitteln ist (→ Rn. 246) und für die Anknüpfung nationalen Kartellrechts Besonderheiten gelten (→ Rn. 319). Dem Kläger steht es frei, sein Bestimmungsrecht auszuüben oder davon abzusehen („kann"), so dass **keine Pflicht zur Konzentration** angenommen werden kann.[1052] Übt das Opfer das Bestimmungsrecht nicht oder nicht wirksam aus, bleibt es bei der Anwendung von Art. 6 Abs. 3 lit. a Rom II-VO, so dass Ersatz auf Grundlage des Auswirkungsgrundsatzes und des Mosaikprinzips zugesprochen werden muss.[1053] Die Nichtausübung des Optionsrechts kann sinnvoll sein, wenn die verschiedenen Auswirkungsrechte für den Geschädigten in der Gesamtschau erheblich vorteilhafter sind als die lex fori. Es gibt für das Gericht in einem solchen Fall keine Möglichkeit, von Amts wegen die Anwendung der lex fori herbeizuführen.[1054]

311 Das Bestimmungsrecht soll einen **Anreiz für Opfer von Wettbewerbsbeschränkungen** bilden, ihre **Schäden geltend zu machen.**[1055] Kommt auf Verlangen des Geschädigten statt einer Vielzahl von Rechten lediglich ein einziges Recht zur Anwendung, vereinfacht dies die Anspruchsdurchsetzung für den Kläger.[1056] Gleichzeitig werden **Ressourcen der Justiz** gespart, da Gerichten das heimische Recht vertrauter ist als ausländisches Recht.[1057] Diese Erleichterungen für den Richter sind aber lediglich Folgewirkungen des Bestimmungsrechts, dessen primäre Stoßrichtung auf die **Verbesserung der Rechtsposition des Privatklägers und damit auf die Stärkung der privaten Rechtsdurchsetzung** zielt.

312 Die Kehrseite des Bestimmungsrechts ist, dass die Geschädigten durch geschickte Wahl des Gerichtsstands (→ Rn. 348 ff.) und Ausübung des Optionsrechts einen höheren Schadensersatz erstreiten können, als sie bei Anwendung des Mosaikprinzips erhalten hätten. Um die Möglichkeit von **forum shopping** zu begrenzen (→ Rn. 233), hat der Unionsgesetzgeber das Optionsrecht an einige Voraussetzungen geknüpft.[1058] Zum einen muss die Klage im Sitzstaat des (bzw. eines) Beklagten erhoben werden (→ Rn. 322, 325). Zum anderen muss der Markt in diesem Mitgliedstaat zu den Märkten gehören, die unmittelbar und wesentlich von der Wettbewerbsbeschränkung betroffen sind (→ Rn. 323, 328). Darüber hinaus werden weitere Einschränkungen diskutiert (→ Rn. 329 ff.). Da Art. 6 Abs. 3 lit. b Rom II-VO allerdings ein „last-minute-Einschub"[1059] des Gesetzgebers war (→ Rn. 233), sind viele Anwendungsfragen noch nicht abschließend geklärt. Die nationalen Gerichte sollten daher nicht zögern, **Vorlageverfahren** einzuleiten, sobald sich die Gelegenheit dazu ergibt.

313 Die **Ausübungsmodalitäten** des Bestimmungsrechts sind nicht in der Rom II-VO geregelt, sondern richten sich nach der lex fori (→ Rn. 332), sofern deren Regeln im Einklang mit unionsrechtlichen Grundsätzen stehen.

314 **bb) Inhaber des Bestimmungsrechts.** Inhaber des Optionsrechts ist ausweislich des Wortlauts von Art. 6 Abs. 3 lit. b allein der durch den Kartellrechtsverstoß **geschädigte Anspruchsteller.**[1060] Einer Annahme der Option duch den Prozessgegner bedarf es nicht.[1061] Sind mehrere Personen geschädigt, kann jede ihr Recht individuell ausüben.[1062] Andere Geschädigte werden durch diese Wahl nicht gebunden.

[1052] Calliess/Renner/*Augenhofer* Rn. 94; *v. Hein* in Fuchs/Weitbrecht, HdB Private Kartellrechtsdurchsetzung, 2019, § 21 Rn. 157.

[1053] *Adolphsen/Möller* in Kamann/Ohlhoff/Völker, Kartellverfahren und Kartellprozess, 2017, § 33 Rn. 48; *Heiss/Loacker* JBl. 2007, 613 (630); Soergel/*Remien* Rn. 60; vgl. auch Staudinger/*Fezer/Koos,* 2023, IntWirtschR Rn. 365.

[1054] *v. Hein* in Fuchs/Weitbrecht, HdB Private Kartellrechtsdurchsetzung, 2019, § 21 Rn. 157; NK-BGB/*M. Weller* Rn. 39.

[1055] Huber/*Illmer* Rn. 106; *Rodriguez Pineau* JPrIntL 5 (2009), 311 (324).

[1056] *Becker/Kammin* EuZW 2011, 503 (507); *Fallon* in Basedow/Baum/Nishitani, Japanese and European Private International Law in Comparative Perspective, 2008, 261 (269); *Mankowski* RIW 2008, 177 (190).

[1057] *Leible/Lehmann* RIW 2007, 721 (730); *G. Wagner* IPRax 2008, 1 (8).

[1058] *Dickinson,* Rome II Regulation, 2008, Rn. 6.72. Die Begrenzungswirkung dieser Schranken ist aber gering, so auch *Heiss/Loacker* JBl. 2007, 613 (630); ähnlich *W.-H. Roth* FS Kropholler, 2008, 623 (646); Rauscher/*Pabst,* 5. Aufl. 2023, Rn. 72; vgl. auch *Ackermann* Liber Amicorum Slot, 2009, 109 (112).

[1059] *Heiss/Loacker* JBl. 2007, 613 (630).

[1060] Calliess/Renner/*Augenhofer* Rn. 94; *v. Bar/Mankowski* IPR II § 2 Rn. 318; *Fitchen* in Danov/Becker/Beaumont, Cross-Border EU Competition Law Actions, 2013, 297 (324); Soergel/*Remien* Rn. 58.

[1061] Ungenau LG Stuttgart BeckRS 2020, 37380 Rn. 21.

[1062] *Bogdan* in Ahern/Binchy, The Rome II Regulation on the Law Applicable to Non-Contractual Obligations, 2009, 219 (227); Grüneberg/*Thorn* Art. 7 Rn. 8 jeweils bezogen auf das Parallelproblem bei Art. 7 Rom II-VO.

Hat das ursprüngliche Kartellopfer den **Anspruch abgetreten** und wird der Schaden vom **Zessionar eingeklagt,** muss auch in dieser Fallkonstellation die Möglichkeit zur Ausübung des Optionsrechts bestehen, da der Beklagte durch die einschränkenden Kriterien hinreichend geschützt wird (→ Rn. 323 ff.). Im Schrifttum wird vertreten, dass in diesem Fall der Zessionar das Optionsrecht ausüben darf, zumindest soweit er dazu vom Zedenten ermächtigt wurde,[1063] was in der Praxis bei einer Anspruchsbündelung durch Abtretungsmodelle in der Regel unproblematisch sein wird.

Klagt dagegen der (vermeintliche) **Schädiger** auf **Feststellung,** dass aus seinem Verhalten kein Schaden entstanden sei, ist es ihm verwehrt, durch eine Berufung auf das Bestimmungsrecht die lex fori zur Anwendung zu bringen.[1064] Es bleibt in diesen Fällen also bei der Anwendung von Art. 6 Abs. 3 lit. a Rom II-VO. Eine negative Feststellungsklage („Torpedoklage") des vermeintlichen Rechtsverletzers gegen den potenziell Geschädigten führt auf Grund des weiten Streitgegenstandsbegriffs des EuGH[1065] allerdings dazu, dass – sofern nicht ausnahmsweise eine ausschließliche Gerichtsstandsvereinbarung vorliegt, die auch Kartelldeliktsansprüche erfasst[1066] – die Sperrwirkung des Art. 29 Brüssel Ia-VO greift. Der Geschädigte muss dann abwarten, bis der Torpedokläger seine Feststellungsklage zurücknimmt oder die Klage vom Gericht mangels Zuständigkeit abgewiesen wird, bevor er mit seiner Leistungsklage auf Schadensersatz- oder Unterlassung durchdringen kann.[1067] Alternativ kann der Geschädigte ggf. beim angerufenen Gericht Widerklage erheben (Art. 8 Nr. 3 Brüssel Ia-VO). Ist dieses Gericht allerdings in einem EU-Mitgliedstaat belegen, in dem der Schädiger keinen Sitz hat oder dessen Markt durch den Wettbewerbsverstoß nicht unmittelbar und wesentlich betroffen ist, sind die Voraussetzungen des Optionsrechts nicht erfüllt, so dass der Geschädigte seinen Schaden nur auf Grundlage von Art. 6 Abs. 3 lit. a Rom II-VO geltend machen kann.[1068] 315

cc) Teilbarkeit des Bestimmungsrechts? In Bezug auf das in Art. 7 Rom II-VO („Umweltschädigung") enthaltene Bestimmungsrecht ist die Ansicht herrschend, dass es unteilbar sei und daher nur einheitlich ausgeübt werden könne.[1069] Hierfür spricht maßgeblich die Interessenlage des Schädigers, der andernfalls einem misslichen „Rosinenpicken" seitens des Geschädigten ausgesetzt wäre (→ Art. 7 Rn. 47). Es ist daher bei einer Umweltschädigung nicht möglich, das Optionsrecht auf Teile des Anspruchs zu beschränken, etwa auf den haftungsausfüllenden Tatbestand oder auf einzelne Schadenspositionen.[1070] Ob diese Auslegung auch auf das kartellrechtliche Bestimmungsrecht übertragen werden kann, ist umstritten. Hierfür wird angeführt, dass ein „Rosinenpicken" des Geschädigten auch im Kartellrecht nicht wünschenswert sei. Insofern wäre es sinnvoll, wenn das einmal ausgeübte Bestimmungsrecht auch in Nachfolgeprozessen zwischen den gleichen Parteien über Ansprüche aus derselben Wettbewerbsbeschränkung Wirkung entfalten würde, selbst wenn diese in anderen EU-Staaten geführt werden.[1071] Gegen diese Lösung spricht allerdings, dass ein Richter nach Art. 6 Abs. 3 Rom II-VO lediglich das Auswirkungsrecht (lit. a) oder die lex fori (lit. b) anwenden darf, nicht aber das Recht eines anderen EU-Staates, das der Geschädigte in einem Vorprozess bestimmt hat, sofern dieses Recht nicht zufällig auch das Auswirkungsrecht ist. Damit unterscheidet sich die Regelungstechnik des kartellrechtlichen Bestimmungsrechts stark von Art. 7 Rom II-VO, nach dem das Opfer einer Umweltschädigung entweder das Handlungs- oder das Erfolgsortsrecht zur Anwendung bringen kann, welches unabhängig vom jeweiligen Forum bestimmt wird.[1072] Ob man dieses – rechtspolitisch zugegebenermaßen missliche – Ergebnis durch einen Rekurs auf den Sinn und Zweck der Vorschrift (Prozessökonomie) vermeiden kann,[1073] erscheint angesichts des klaren Wortlauts der Norm sehr fraglich. 316

[1063] BeckOGK/*Poelzig/Windorfer/Bauermeister,* 1.6.2022, Rom Rn. 289; ohne Einschränkung der Ermächtigung: *Krüger/Weitbrecht* in Fuchs/Weitbrecht, HdB Private Kartellrechtsdurchsetzung, 2019, § 19 Rn. 125.

[1064] *H. I. Maier,* Marktortanknüpfung im internationalen Kartelldeliktsrecht, 2011, 377; *Mankowski* RIW 2008, 177 (190).

[1065] EuGH Slg. 1994, I-5439 Rn. 45 = BeckRS 2004, 77078 – Tatry/Maciej Rataj.

[1066] Die Sperrwirkung greift auch nicht, wenn ein ausschließlicher Gerichtsstand betroffen ist, vgl. EuGH ECLI:EU:C:2014:212 Rn. 56 = NJW 2014, 1871 – Weber/Weber.

[1067] Für europarechtlich unzulässig hält solche Torpedo-Klagen allerdings *Brand* IPRax 2016, 314 ff., der daher die Sperrwirkung nach den Grundsätzen des § 256 ZPO aufheben möchte, wenn eine Leistungsklage erhoben wird.

[1068] Zum Ganzen *Dickinson,* Rome II Regulation, 2008, Rn. 6.73; *Schnur,* Internationales Kartellprivatrecht, 2012, 143 f.

[1069] *Dickinson,* The Rome II Regulation, 2008, Rn. 7.24; Calliess/Renner/*v. Hein* Rome II-VO Art. 7 Rn. 20; Huber/*A. Fuchs* Rome II-VO Art. 7 Rn. 29; großzügiger Rauscher/*Pabst,* 5. Aufl. 2023, Art. 7 Rn. 41: Aufspaltung des Deliktsstatuts für verschiedene Erstschäden möglich.

[1070] *Dickinson,* The Rome II Regulation, 2008, Rn. 7.24.

[1071] Für eine Unteilbarkeit daher BeckOGK/*Poelzig/Windorfer/Bauermeister,* 1.9.2022, Rn. 275.1.

[1072] *Adolphsen/Möller* in Kamann/Ohlhoff/Völker, Kartellverfahren und Kartellprozess, 2017, § 33 Rn. 47.

[1073] Hierfür *v. Hein* in Fuchs/Weitbrecht, HdB Private Kartellrechtsdurchsetzung, 2019, § 21 Rn. 157: erweiternde Auslegung geboten.

317 Vor diesem Hintergrund ist es allenfalls möglich, eine **Unteilbarkeit für Prozesse in einer Jurisdiktion** zu postulieren, so dass etwa eine Aufspaltung des Bestimmungsrechts in Bezug auf einzelne Schadenspositionen nicht möglich wäre, selbst wenn manche Schäden erst in Folgeprozessen im gleichen Staat eingeklagt würden. Ein Richter in einem anderen Rom II-Staat ist an die Ausübung des Wahlrechts aber nicht gebunden, so dass ein „Rosinenpicken" nicht in Gänze ausgeschlossen werden kann.[1074] Dies zeigt folgendes Beispiel: Eine Konzernobergesellschaft hat sich von ihren Töchtern, die in Deutschland, Österreich und Polen von einem EU-weiten Kartell geschädigt wurden, die Ersatzansprüche abtreten lassen, um sie gegen einen Kartellanten mit Sitz in Deutschland geltend zu machen. Nimmt die Obergesellschaft nun diesen Kartellanten an dessen Sitz allein für die Ansprüche aus Polen und Deutschland in Anspruch, kann nach Art. 6 Abs. 3 lit. b Rom II-VO die Anwendung des deutschen Rechts verlangt werden, sofern der deutsche Markt unmittelbar und wesentlich von der Wettbewerbsbeschränkung betroffen ist. Klagt die Obergesellschaft später den in Österreich erlittenen Schaden vor dortigen Gerichten am Erfolgsortgerichtsstand (Art. 7 Nr. 2 Brüssel Ia-VO) ein, so kommt nach Art. 6 Abs. 3 lit. a Rom II-VO österreichisches Schadensersatzrecht als Auswirkungsrecht zur Anwendung. Der klare Wortlaut von Art. 6 Abs. 3 Rom II-VO gestattet es dem österreichischen Gericht nicht, deutsches Recht in Bezug auf die österreichischen Schäden anzuwenden, selbst wenn es von den Geschädigten verlangt würde, da mittels des Bestimmungsrechts in lit. b nur die lex fori (also österreichisches Recht) zur Anwendung gebracht werden kann, nicht aber das Recht eines anderen Staates.[1075] Auch kann man über eine Rechtswahl der Parteien nicht zur Anwendung des deutschen Rechts gelangen, da diese nach Art. 6 Abs. 4 Rom II-VO ausgeschlossen ist (→ Rn. 337). Bei einer Reform der Rom II-VO sollte der Gesetzgeber das Bestimmungsrecht präziser fassen, um auch grenzüberschreitend die Unteilbarkeit des Optionsrechts festzulegen.

318 **dd) Anwendung auf Ansprüche nach nationalem Kartellrecht.** Das Bestimmungsrecht wurde insbesondere mit Blick auf die Durchsetzung des Unionskartellrechts eingeführt. Es wird daher bestritten, dass es greife, wenn die Verletzung nationaler Kartellrechtsvorschriften geltend gemacht wird.[1076] Ein solcher **Ausschluss** findet aber keine Grundlage im Text der Verordnung. Dem Verordnungsgesetzgeber kann daher nicht unterstellt werden, dass er das Optionsrecht auf die Verletzung nationalen Kartellrechts überhaupt nicht zur Anwendung bringen wollte.[1077]

319 Allerdings ist die Konzentrationsregel nach richtiger Ansicht im Schrifttum **teleologisch zu reduzieren,** damit ihre Anwendung nicht zu kartellrechtspolitisch sachwidrigen Ergebnissen führt. Richtigerweise kann sich die Wahl des Klägers nur auf das „zivilrechtliche Kleid", also die Zivilrechtsfolgen auswirken, nicht aber auf den kartellrechtlichen Rechtswidrigkeitsvorwurf. Andernfalls käme es zu dem wenig überzeugenden Ergebnis, dass der Kläger mit Hilfe der Konzentrationsregel die Anwendung von Kartellverbotsnormen bewirken könnte, die nach dem Auswirkungsgedanken einen Sachverhalt gar nicht regeln sollen. In Bezug auf die Ermittlung des anwendbaren Kartellverbotsrechts muss es daher bei den allgemeinen Regeln bleiben, die Art. 6 Abs. 3 lit. a Rom II-VO aufstellt.[1078]

320 **b) Klage gegen einen einzigen Beklagten.** Der Gesetzgeber hat das Optionsrecht für zwei Fallgestaltungen zugelassen: Zum einen greift die Möglichkeit, die lex fori zu wählen, wenn ein oder mehrere Geschädigte gegen **einen einzigen Schädiger** vorgehen (Art. 6 Abs. 3 lit. b Hs. 1 Rom II-VO). Zum anderen kann sie zur Anwendung gelangen, wenn eine **Klage gegen mehrere Beklagte** erhoben wird, unabhängig davon, wie viele Personen auf Klägerseite agieren (Art. 6 Abs. 3 lit. b Hs. 2 Rom II-VO). Maßgeblich für die Abgrenzung der beiden Tatbestandsalternativen ist somit, ob es lediglich einen einzigen oder mehrere Beklagte gibt.

1074 *Adolphsen/Möller* in Kamann/Ohlhoff/Völker, Kartellverfahren und Kartellprozess, 2017, § 33 Rn. 47.

1075 AA BeckOGK/*Poelzig/Windorfer/Bauermeister,* 1.9.2022, Rn. 275.1; für Unteilbarkeit auch *v. Hein* in Fuchs/Weitbrecht, HdB Private Kartellrechtsdurchsetzung, 2019, § 21 Rn. 157.

1076 *Tzakas,* Die Haftung für Kartellrechtsverstöße im internationalen Rechtsverkehr, 2011, 576 f.; ähnlich *Scholz/Rixen* EuZW 2008, 327 (332 f.).

1077 *Francq/Wurmnest* in Basedow/Francq/Idot, International Antitrust Litigation, 2012, 91 (126); *Wurmnest* EuZW 2012, 933 (939); iErg auch BeckOGK/*Poelzig/Windorfer/Bauermeister,* 1.9.2022, Rn. 271; Soergel/*Remien* Rn. 63.

1078 *Ackermann* Liber Amicorum Slot, 2009, 109 (121); Staudinger/*Fezer/Koos,* 2023, IntWirtschR Rn. 369 (unter Aufgabe der aA der Voraufl.); *W.-H. Roth* FS Kropholler, 2008, 623 (648); Huber/*Illmer* Rn. 110; *H. I. Maier,* Marktortanknüpfung im internationalen Kartelldeliktsrecht, 2011, 388; BeckOGK/*Poelzig/Windorfer/Bauermeister,* 1.9.2022, Rn. 271; PWW/*Schaub* Rn. 8; Rauscher/*Pabst,* 5. Aufl. 2023, Rn. 80; MüKoEuWettbR/*Wagner-v. Papp/Wurmnest* Einl. Rn. 1536; aA – Bestimmungsrecht erstreckt sich auch auf Kartellverbotsnormen – *Adolphsen/Möller* in Kamann/Ohlhoff/Völker, Kartellverfahren und Kartellprozess, 2017, § 33 Rn. 50; *Bariatti* Riv. dir. int. priv. proc. 2008, 349 (358); *Schnur,* Internationales Kartellprivatrecht nach der Rom II-VO, 2012, 155 ff.; *G. Wagner* IPRax 2008, 1 (8).

Die Voraussetzungen, unter denen ein oder mehrere Geschädigte bei Klagen gegen einen einzigen Beklagten die Anwendung der lex fori verlangen können, ergeben sich zunächst aus Art. 6 Abs. 3 lit. b Hs. 1 Rom II-VO. Zu weiteren Voraussetzungen → Rn. 329 ff.; zu den Modalitäten der Ausübung → Rn. 332. **321**

aa) Klage im Sitzstaat. Zur Eindämmung von forum shopping und zur Sicherung der Vorhersehbarkeit des anwendbaren Rechts hat der europäische Gesetzgeber das Wahlrecht an die Voraussetzung geknüpft, dass der Geschädigte seine Klage vor einem Gericht im Mitgliedstaat des Wohnsitzes des Beklagten erhebt. Der Beklagte muss also in einem **EU-Mitgliedstaat** (mit Ausnahme Dänemarks, dessen Gerichte die Rom II-VO nicht anwenden) ansässig sein, so dass eine internationale Zuständigkeit nach Art. 4 in Verbindung mit Art. 62, 63 Brüssel Ia-VO besteht.[1079] Aus welcher Vorschrift sich die örtliche Zuständigkeit des Gerichts im Sitzstaat des Beklagten ergibt, ist dagegen für das Bestimmungsrecht irrelevant, so dass neben dem allgemeinen Gerichtsstand (§ 12 ZPO) auch die besonderen Gerichtsstände (zB § 32 ZPO) maßgeblich sein können.[1080] Klagt der Geschädigte seine Schäden vor Gerichten in anderen Staaten als dem Sitzstaat des Schädigers ein, greift Art. 6 Abs. 3 lit. b Rom II-VO nicht. **322**

bb) Unmittelbare und wesentliche Beeinträchtigung des Marktes. Ferner kann das Bestimmungsrecht nur ausgeübt werden, wenn der Markt des Sitzstaats des Beklagten „zu den Märkten gehört, die unmittelbar und wesentlich durch das den Wettbewerb einschränkende Verhalten beeinträchtigt sind". Unmittelbar betroffen ist ein Markt, wenn sich nicht lediglich Reflexwirkungen der Wettbewerbsbeschränkung auf ihm manifestieren.[1081] Eine wesentliche Beeinträchtigung schließt zu geringfügige Marktwirkungen aus, wobei auf Grund des Sinn und Zwecks der Einschränkung (Begrenzung von forum shopping) sicherlich **mehr als ein schwacher „Spürbarkeitstest"** zu verlangen ist (str.).[1082] Allerdings darf die Beschränkung auf „unmittelbare und wesentliche" Beeinträchtigungen nicht so verstanden werden, dass ein Wahlrecht nur vor Gerichten desjenigen Staats besteht, der schwerpunktmäßig von der Wettbewerbsbeschränkung betroffen ist. Vielmehr können durchaus **mehrere Märkte „unmittelbar und wesentlich"** von einem wettbewerbswidrigen Verhalten **beeinträchtigt** werden.[1083] **323**

Wie ein Gericht die Marktbeeinträchtigung in der Rechtsanwendung zu bestimmen hat, ist noch nicht abschließend geklärt. Im Schrifttum ist vorgeschlagen worden, dass bei **EU-weiten Kartellen** ein hinreichender Bezug grundsätzlich zu allen durch die Absprache betroffenen Mitgliedstaaten gegeben sein soll.[1084] Diese Lösung, die durch die Gerichte praktisch gut umgesetzt werden könnte, würde aber dazu führen, dass forum shopping kaum Einhalt geboten würde. Man wird daher nicht umhinkommen, auch bei EU-weiten Kartellen zu untersuchen, ob der Gerichtsstaat zu den „besonders" betroffenen Märkten gehört, da das Recht eines unwesentlich betroffenen Marktes nicht zur Gesamtanwendung gelangen soll.[1085] Ob eine hinreichende Beeinträchtigung (wahrscheinlich) gegeben ist, sollte bei Kartellfällen vornehmlich auf Grundlage der **Warenströme** (Umschlag der Kartellware) beurteilt werden. Zwar wird sich dadurch eine Konzentration oftmals nur in größeren Mitgliedstaaten verwirklichen lassen,[1086] zwingend ist dies aber nicht. So können nämlich mehrere Märkte „unmittelbar und wesentlich" durch eine Wettbewerbsbeschränkung betroffen sein (→ Rn. 323), und darüber hinaus können sehr bedeutende Abnehmer bestimmter Waren in kleineren Staaten angesiedelt sein, so dass dann die Märkte dieser kleineren Staaten von der Kartellabsprache **324**

1079 *v. Hein* in Fuchs/Weitbrecht, HdB Private Kartellrechtsdurchsetzung, 2019, § 21 Rn. 156; Staudinger/*Fezer/Koos*, 2023, IntWirtschR Rn. 359; *Fitchen* in Danov/Becker/Beaumont, Cross-Border EU Competition Law Actions, 2013, 297 (325); *H. I. Maier*, Marktortanknüpfung im internationalen Kartelldeliktsrecht, 2011, 377; *Mankowski* RIW 2008, 177 (190).

1080 *v. Hein* in Fuchs/Weitbrecht, HdB Private Kartellrechtsdurchsetzung, 2019, § 21 Rn. 156.

1081 *W.-H. Roth* FS Kropholler, 2008, 623 (646); Rauscher/*Pabst*, 5. Aufl. 2023, Rn. 76.

1082 *W.-H. Roth* FS Kropholler, 2008, 623 (646); Huber/*Illmer* Rn. 112; NK-BGB/*M. Weller* Rn. 37; aA Berg/Mäsch/*Mäsch* GWB § 185 Rn. 20: Schwelle sollte „nicht allzu hoch" sein; ähnlich *Mankowski* RIW 2008, 177 (189): Verhalten muss „zumindest Spürbarkeit begründen"; *Scholz/Rixen* EuZW 2008, 327 (331): „Bagatellgrenze"; für eine (materiell-rechtliche) Spürbarkeitsschwelle offenbar *Handig* GRUR Int 2008, 24 (29); für eine Orientierung an der Bagatellbekanntmachung der EU Kommission Calliess/Renner/*Augenhofer* Art. 6 Rome II Rn. 97.

1083 *Adolphsen/Möller* in Kamann/Ohlhoff/Völker, Kartellverfahren und Kartellprozess, 2017, § 33 Rn. 43; Calliess/Renner/*Augenhofer* Rn. 97; Huber/*Illmer* Rn. 112; *W.-H. Roth* FS Kropholler, 2008, 623 (646); Rauscher/*Pabst*, 5. Aufl. 2023, Rn. 75.

1084 *Wiedemann* in Wiedemann KartellR-HdB § 5 Rn. 82.

1085 Allg. Grüneberg/*Thorn* Rn. 21.

1086 *Francq/Wurmnest* in Basedow/Francq/Idot, International Antitrust Litigation, 2012, 91 (125); *Wurmnest* EuZW 2012, 933 (939).

in besonderem Umfang betroffen sind.[1087] In einer ersten Entscheidung ist das LG München I ohne nähere Begründung davon ausgegangen, dass der Fall des von der EU-Kommission bebußten LKW-Kartells hinreichende Auswirkungen auf den deutschen Markt entfaltet hat.[1088]

325 **c) Klage gegen mehrere Beklagte. aa) Klage im Sitzstaat.** Ist die Klage gegen **mehrere Beklagte** gerichtet, etwa gegen verschiedene Kartellanten, so genügt es, wenn einer dieser Beklagten seinen Sitz in einem EU-Mitgliedstaat (mit Ausnahme Dänemarks) hat, sofern die anderen Beklagten ebenfalls in diesem Staat gerichtspflichtig sind (Art. 6 Abs. 3 lit. b Hs. 2 Rom II-VO). Das Gericht muss also für die Ansprüche gegen alle Beklagten international zuständig sein.[1089] Die internationale Zuständigkeit des angerufenen Gerichts kann sich insbesondere aus der Brüssel Ia-VO, aber auch aus Staatsverträgen wie dem Lugano-Übereinkommen von 2007 (LugÜ) ergeben.[1090]

326 In der Praxis wird die internationale Zuständigkeit oftmals auf den **Gerichtsstand der Streitgenossenschaft** (Art. 8 Nr. 1 Brüssel Ia-VO) gestützt, der eine Konsolidierung von Klagen gegen verschiedene Personen am Gericht des Ortes, an dem einer der Beklagten seinen Sitz hat, ermöglicht, sofern zwischen den Klagen eine so enge Verbindung besteht, dass eine Konsolidierung geboten ist, um der Gefahr widersprechender Entscheidungen vorzubeugen. Nach der Rechtsprechung des EuGH können in der EU ansässige Kartellanten (sog. Annexbeklagte)[1091] in einem Follow-on-Verfahren auf Grundlage von Art. 8 Nr. 1 Brüssel Ia-VO am Sitz eines Kartellmitglieds (des sog. Ankerbeklagten) auf Schadensersatz in Anspruch genommen werden (→ Rn. 362).[1092] Anwendbar ist die Konzentrationsregel allerdings auch in Fällen, in denen sich die internationale Zuständigkeit des angerufenen Gerichts aus anderen Zuständigkeitsvorschriften ergibt, etwa auf Grundlage des **Deliktsgerichtsstands** (Art. 7 Nr. 2 Brüssel Ia-VO) bei einer Klage gegen alle Kartellanten am Ort der Kartellabsprache (→ Rn. 355), sofern auch einer der Kartellanten seinen Sitz in diesem Staat hat.[1093] Diese Ausführungen gelten auch für die entsprechenden Vorschriften des LugÜ. Schließlich greift das Wahlrecht auch ein, wenn **alle Beklagten ihren Sitz** im Mitgliedstaat des angerufenen Gerichts haben, da dort dann der allgemeine Gerichtsstand belegen ist (Art. 4, 62, 63 Brüssel Ia-VO).

327 **bb) Einheitliches den Wettbewerb einschränkendes Verhalten.** Das Optionsrecht greift nur, wenn sich der Anspruch des Klägers gegen jeden Beklagten auf ein einheitliches wettbewerbsbeschränkendes Verhalten stützt, das den Markt im Gerichtsstaat beeinträchtigt. Der geltend gemachte Anspruch muss deshalb auf dem gleichen rechtlichen Grund und dem gleichen tatsächlichen Sachverhalt beruhen.[1094] An das Vorliegen dieses Tatbestandsmerkmals sind keine allzu strengen Anforderungen zu stellen. Keinesfalls ist zu verlangen, dass jeder Beklagte selbst im Gerichtsstaat gehandelt haben muss, solange die Förderung des Rechtsverstoßes durch die Beklagten sich dort hinreichend ausgewirkt hat.[1095] Bei Kartellfällen genügt es daher, wenn sämtliche Beklagte auf Grund einer einheitlichen Entscheidung ihre Verhaltensweisen in wettbewerbswidriger Weise abgestimmt haben.[1096]

328 **cc) Unmittelbare und wesentliche Beeinträchtigung des Marktes.** Auch bei Klagen gegen mehrere Beklagte kann das Opfer der Wettbewerbsbeschränkung die Anwendung der lex fori nur verlangen, wenn sich die Wettbewerbsbeschränkung, auf die sich der Anspruch stützt, auf den Markt im Mitgliedstaat des angerufenen Gerichts unmittelbar und wesentlich ausgewirkt hat. Insofern gilt das zu Art. 6 Abs. 3 lit. b Hs. 1 Rom II-VO Gesagte entsprechend (→ Rn. 323 f.).

1087 MüKoEuWettbR/*Wagner-v. Papp/Wurmnest* Grdl. Rn. 1530.

1088 LG München I NZKart 2021, 245 Rn. 101.

1089 Staudinger/*Fezer/Koos,* 2023, IntWirtschR Rn. 371; Rauscher/*Pabst,* 5. Aufl. 2023, Rn. 74a; *Scholz/Rixen* EuZW 2008, 327 (332).

1090 *Fitchen* in Danov/Becker/Beaumont, Cross-Border EU Competition Law Actions, 2013, 297 (325); *Hellner* YbPIL 9 (2007), 49 (64 f.); BeckOGK/*Poelzig/Windorfer/Bauermeister,* 1.9.2022, Rn. 279.

1091 Annexbeklagte, die außerhalb der EU ansässig sind, können dagegen nicht auf Grundlage von Art. 8 Nr. 1 Brüssel Ia-VO am Sitz des Mitkartellanten in der EU verklagt werden, vgl. EuGH ECLI:EU:C:2013:228 = EuZW 2013, 503 Rn. 53 – Land Berlin/Sapir m. Anm. *Lund* IPRax 2014, 140.

1092 EuGH ECLI:EU:C:2015:335 = GRUR Int 2015, 1176 Rn. 33 – CDC/Akzo Nobel.

1093 BeckOGK/*Poelzig/Windorfer/Bauermeister,* 1.9.2022, Rn. 279.

1094 *v. Bar/Mankowski* IPR II § 2 Rn. 320; BeckOGK/*Poelzig/Windorfer/Bauermeister,* 1.9.2022, Rn. 281; ähnlich *Leible/Lehmann* RIW 2007, 721 (730).

1095 *v. Hein in Fuchs/Weitbrecht, HdB Private Kartellrechtsdurchsetzung,* 2019, § 21 Rn. 175; strenger offenbar NK-BGB/*M. Weller* Rn. 40.

1096 Staudinger/*Fezer/Koos,* 2023, IntWirtschR Rn. 373; *Mankowski* RIW 2008, 177 (192); BeckOGK/*Poelzig/Windorfer/Bauermeister,* 1.9.2022, Rn. 281.

d) Weitere Beschränkungen des Bestimmungsrechts. Noch nicht abschließend geklärt ist die Frage, ob das Optionsrecht neben den geschriebenen Tatbestandsmerkmalen an weitere Voraussetzungen geknüpft ist. 329

aa) Geltendmachung von Schäden aus mindestens zwei Staaten. Sieht man den Sinn und Zweck der Vorschrift primär darin, Opfern von Wettbewerbsbeschränkungen die Durchsetzung komplexer Ansprüche zu erleichtern (→ Rn. 311), so stellt sich die Frage, ob das Bestimmungsrecht nur dann eingreifen kann, wenn der Geschädigte Schäden geltend macht, auf die nach dem Auswirkungsprinzip das Recht von mindestens zwei Staaten zur Anwendung gelangt. Hiergegen wird eingewendet, dass eine solche Restriktion im Wortlaut der Norm nicht vorgesehen sei.[1097] Würde man allerdings auf diese Voraussetzung verzichten, könnten Opfer von Wettbewerbsbeschränkungen, die lediglich einen Schaden in Staat A erlitten haben, auf den nach dem Auswirkungsprinzip das Recht des Staats A Anwendung findet, durch eine Klage am Sitz des Beklagten in Staat B die Möglichkeit erlangen, von vorteilhafteren Zivilrechtsregeln des Staats B (zB längere Verjährungsfristen, höhere Zinsen etc) zu profitieren. Eine solche Privilegierung des Geschädigten ist aber fragwürdig, da die Anwendung ausländischen Rechts in einem solchen Fall nicht schwieriger ist als in anderen deliktsrechtlichen Konstellationen.[1098] Auch kann aus den dürftigen Gesetzesmaterialien nicht geschlossen werden, dass der Geschädigte aus Opferschutzgründen das Optionsrecht selbst dann ausüben können soll, wenn er lediglich Ansprüche einklagt, die er in einem einzigen Staat erlitten hat. Vielmehr deutet das Grünbuch „Schadensersatzklagen", in dem das Bestimmungsrecht des Art. 6 Abs. 3 lit. b Rom II-VO erstmalig umrissen worden ist (→ Rn. 229), darauf hin, dass die Kommission das Optionsrecht lediglich in Fällen gewähren wollte, bei denen ein Kläger Ansprüche geltend macht, die sich nach verschiedenen Rechten beurteilen. So fragte die Kommission, ob in Fällen, in denen „das Hoheitsgebiet mehrerer Staaten von dem der Klage zugrunde liegenden wettbewerbswidrigen Verhalten betroffen ist und in denen das Gericht für Entscheidungen über sämtliche dem Kläger entstandenen Verluste zuständig ist", ein Optionsrecht des Klägers eingeführt werden sollte.[1099] Man wird diese Frage so zu verstehen haben, dass die „entstandenen Verluste" notwendigerweise in verschiedenen Staaten eingetreten sind und sich daher grundsätzlich nach unterschiedlichen Privatrechten beurteilen. Richtig ist allerdings auch, dass jede Einschränkung dieser Art die private Rechtsdurchsetzung behindert, da das gemeinsame Einklagen von Ansprüchen aus einer Rechtsverletzung erschwert wird.[1100] Auch zeigt die neuere Fallpraxis, dass bei größeren Kartellen oftmals sehr viele Kläger aus verschiedenen Staaten Schadensersatz am Sitz eines Beklagten einfordern, so dass die Gerichte ein großes Interesse daran haben, aus Effektivitätsgründen möglichst viele Klagen nach einem einzigen Recht zu beurteilen, was auch im Einklang mit dem Ziel des Bestimmungsrechts (Stärkung der Prozessökonomie) steht. Zur Klärung dieser Frage sollte daher unbedingt ein Vorlageverfahren eingeleitet werden, um für die Praxis Rechtssicherheit zu erwirken. 330

bb) Teilschaden im Forumstaat. Weiterhin ist zu erwägen, das Optionsrecht zur Sicherung der Sachnähe des Gerichts davon abhängig zu machen, dass der Kläger durch die in Rede stehende Wettbewerbsbeschränkung zumindest einen Teilschaden im Forumstaat erlitten hat. Für diese Interpretation wird vor allem die Eindämmung von forum shopping angeführt.[1101] Gegen einen solchen „klägerbezogenen" Inlandsbezug spricht allerdings, dass sich im Gesetzgebungsverfahren keinerlei Hinweis auf eine solche Einschränkung findet. Ferner werden viele Opfer keinen Teilschaden im Sitzstaat des Kartellanten erlitten haben, weil sie die Kartellware in anderen Staaten bezogen haben, so dass dieses Kriterium das Bestimmungsrecht stark entwerten würde. Bedenkt man, dass der Gerichtshof im Fall CDC das Zuständigkeitsrecht zur Stärkung der privaten Rechtsdurchsetzung sehr geschädigtenfreundlich ausgelegt und damit die Tür zum forum shopping weit aufgestoßen hat,[1102] steht kaum zu erwarten, dass er nun Art. 6 Abs. 3 lit. b Rom II-VO zur Eindämmung von forum shopping besonders eng auslegen wird, wenn hierzu kein zwingender Anlass besteht. Die neuere EuGH-Rechtsprechung zum Zuständigkeitsrecht spricht also für ein (insoweit) wörtliches Verständnis der Konzentrationsregel. Es genügt daher, dass die Wettbewerbsbeschränkung, die den Teilschaden beim Kläger ausgelöst hat, sich im Forumstaat unmittelbar und wesentlich ausgewirkt hat. Zur Klärung dieser Frage sollte gleichwohl ein Vorlageverfahren an den EuGH eingeleitet werden. 331

1097 *Bittmann* in M. Weller, Europäisches Kollisionsrecht, 2016, Rn. 296.

1098 *Francq/Wurmnest* in Basedow/Francq/Idot, International Antitrust Litigation, 2012, 91 (127); *Wurmnest* EuZW 2012, 936 (939).

1099 KOM (2005) 672 endg., 12 (Option 34).

1100 *v. Hein* in Fuchs/Weitbrecht, HdB Private Kartellrechtsdurchsetzung, 2019, § 21 Rn. 163.

1101 *H. I. Maier,* Marktortanknüpfung im internationalen Kartelldeliktsrecht, 2011, 383 f., die dieses Erfordernis mit Blick auf den Wortlaut der Norm allerdings nicht für „zwingend" hält.

1102 Eingehend dazu *A. Stadler* JZ 2015, 1138 (1139 ff.): „Einladung zum forum shopping".

332 **e) Modalitäten der Ausübung des Bestimmungsrechts. aa) Grundlagen.** Art. 6 Abs. 3 lit. b Rom II-VO regelt allein die Voraussetzungen, unter denen das Bestimmungsrecht greift, nicht aber die Ausübungsmodalitäten. Letztere sind nicht unionsweit harmonisiert, sondern richten sich nach herrschender Ansicht – wie bei Art. 7 Rom II-VO – nach der **lex fori.**[1103] Zwar gibt es hierzu keine ausdrückliche Regelung, da Erwägungsgrund 24 Rom II-VO lediglich für das Optionsrecht bei grenzüberschreitenden Umweltdelikten auf die lex fori verweist. Da die Rom II-VO aber das Verfahrensrecht ausklammert (Art. 1 Abs. 3 Rom II-VO), muss dies auch für das kartellrechtliche Bestimmungsrecht gelten.[1104] Da diese nationalen Vorschriften allerdings der Durchsetzung des unionsrechtlich gewährten Optionsrechts dienen, müssen sie den allgemeinen unionsrechtlichen Vorgaben genügen.[1105] Sie dürfen daher „nicht weniger günstig ausgestaltet" sein als entsprechende Normen zur Durchsetzung nationalen Rechts (Äquivalenzprinzip) und darüber hinaus „die Ausübung der durch die Gemeinschaftsrechtsordnung verliehenen Rechte nicht praktisch unmöglich machen oder übermäßig erschweren" (Effektivitätsgrundsatz).[1106]

333 Das deutsche Recht normiert die Modalitäten der Optionsrechtsausübung nicht gesondert. Die herrschende – wenngleich nicht unbestrittende – Meinung will daher die in **Art. 46a EGBGB** für die internationale Umwelthaftung niedergelegten Grundsätze analog anwenden.[1107] Auf diese Weise folgen sämtliche Optionsrechte im Bereich der außervertraglichen Schuldverhältnisse einheitlichen Regeln, was mit Blick auf den Äquivalenzgrundsatz sinnvoll erscheint.

334 **bb) Einzelfragen.** Wendet man Art. 46a EGBGB analog auf das kartellrechtliche Optionsrecht an, folgt daraus, dass das Optionsrecht vor einem deutschen Gericht nicht nur **ausdrücklich,** sondern auch **konkludent** ausgeübt werden kann,[1108] etwa durch ein bewusstes Berufen auf Vorschriften der lex fori. An die Annahme einer solchen konkludenten Ausübung des Bestimmungsrechts sind allerdings hohe Anforderungen zu stellen (→ EGBGB Art. 46a Rn. 4).

335 In **zeitlicher Hinsicht** ist die Ausübung des Optionsrechts nach (bestrittener) Ansicht analog Art. 46a EGBGB engen Schranken unterworfen, die aber nur Prozesssituationen erfassen.[1109] Klagt ein Opfer einer Wettbewerbsbeschränkung auf Schadensersatz, so kann es sein Wahlrecht nur im ersten Rechtszug bis zum Ende des frühen ersten Termins oder dem Ende des schriftlichen Vorverfahrens ausüben. Entgegen der im Schrifttum geäußerten Kritik ist diese Frist, die nur bei Gerichtsverfahren greift, nicht zu knapp bemessen und genügt somit den Anforderungen des Effektivitätsgrundsatzes.[1110]

336 Hat der Geschädigte von seinem Wahlrecht Gebrauch gemacht, ist er im Prozess an die Anwendung der lex fori **gebunden** (→ Art. 7 Rn. 48, bezogen auf Art. 7 Rom II-VO). Die Entscheidung darüber, ob sich die Wahl der lex fori „lohnt" oder eine Schadensliquidierung auf Grundlage des Mosaikprinzips vorteilhafter ist, muss der Geschädigte bzw. sein Anwalt eigenständig eruieren.[1111] Das Gericht muss ihn diesbezüglich nicht durch einen **Hinweis** aufklären. Wenn der Geschädigte allerdings sein Wahlrecht offensichtlich übersieht oder für nicht einschlägig hält, sollte der Richter ihm gemäß § 139 Abs. 2 ZPO die Gelegenheit geben, sich zu erklären.[1112] Damit verletzt er nicht die Verfahrensrechte des Beklagten, da die Ausübung des Optionsrechts in der Regel für alle Prozessbeteiligten zu umfassenden Zeit- und Kosteneinsparungen führt.[1113]

[1103] *Dickinson,* The Rome II Regulation, 2008, Rn. 6.73; *Fitchen* in Danov/Becker/Beaumont, Cross-Border EU Competition Law Actions, 2013, 297 (324); jurisPK/*Wiegandt* Rn. 48.

[1104] *v. Hein* in Fuchs/Weitbrecht, HdB Private Kartellrechtsdurchsetzung, 2019, § 21 Rn. 154; Huber/*Illmer* Rn. 109.

[1105] JurisPK-BGB/*Wurmnest,* 7. Aufl. 2015, Rn. 47.

[1106] Vgl. EuGH Slg. 2001, I-6297 Rn. 29 = EuZW 2001, 715 – Courage/Crehan.

[1107] *Adolphsen/Möller* in Kamann/Ohlhoff/Völker, Kartellverfahren und Kartellprozess, 2017, § 33 Rn. 47; *v. Bar/Mankowski* IPR II § 2 Rn. 317; *v. Hein* in Fuchs/Weitbrecht, HdB Private Kartellrechtsdurchsetzung, 2019, § 21 Rn. 157; Soergel/*Remien* Rn. 64; Rauscher/*Pabst,* 5. Aufl. 2023, Rn. 78; *Wurmnest* EuZW 2012, 933 (939); ähnlich NK-BGB/*M. Weller* Rn. 39; PWW/*Schaub* Rn. 8: nationales Recht maßgeblich; aA Erman/*Stürner* Rn. 18; Berg/Mäsch/*Mäsch* GWB § 185 Rn. 22 (bezogen auf die zeitliche Grenze des Art. 46a EGBGB).

[1108] NK-BGB/*M. Weller* Rn. 39; jurisPK-BGB/*Wiegandt* Rn. 48.

[1109] *Adolphsen/Möller* in Kamann/Ohlhoff/Völker, Kartellverfahren und Kartellprozess, 2017, § 33 Rn. 47; *v. Hein* in Fuchs/Weitbrecht, HdB Private Kartellrechtsdurchsetzung, 2019, § 21 Rn. 157; Rauscher/*Pabst,* 5. Aufl. 2023, Rn. 78; *Wurmnest* EuZW 2012, 933 (939); aA Berg/Mäsch/*Mäsch* GWB § 185 Rn. 22: Bestimmungsrecht kann so lange ausgeübt werden, wie nach §§ 296 ff., 530 f. ZPO neue Angriffsmittel zugelassen sind.

[1110] AA BeckOGK/*Poelzig/Windorfer/Bauermeister,* 1.9.2022, Rn. 275; zweifelnd auch NK-BGB/*M. Weller* Rn. 39.

[1111] HK-BGB/*Dörner* Art. 7 Rn. 4, bezogen auf Art. 7.

[1112] Grüneberg/*Thorn* Art. 7 Rn. 8; jurisPK/*Wurmnest* Art. 7 Rn. 57, jeweils bezogen auf Art. 7.

[1113] *v. Hein* in Fuchs/Weitbrecht, HdB Private Kartellrechtsdurchsetzung, 2019, § 21 Rn. 95.

6. Verbot der Rechtswahl. Für **kartellprivatrechtliche Ansprüche** ist eine Rechtswahl nach Art. 6 Abs. 4 Rom II-VO **ausdrücklich ausgeschlossen.** Die Beschränkung der Rechtswahl ergibt insofern Sinn, als dass die Parteien nicht das Kartellverbotsrecht abwählen können dürfen. Dies wäre mit dem **Schutzzweck** des Kartellrechts nicht zu vereinbaren. Kartellverbotsnormen verfolgen nämlich die über den Schutz bloßer Individualinteressen hinausgehende Aufgabe, einen unverfälschten Wettbewerb auf dem Markt zu sichern, der die Basis für die ökonomischen und gesellschaftspolitischen Errungenschaften des marktwirtschaftlichen Systems darstellt.[1114] Es darf den Parteien daher nicht gestattet werden, über die Interessen der Allgemeinheit zu verfügen, die vom marktordnenden Kartellrecht geschützt werden.[1115] **337**

Nach dem sehr allgemeinen Wortlaut des Gesetzes bezieht sich der Ausschluss der Rechtswahl auf den **gesamten Bereich des Kartelldeliktsrechts,** einschließlich der Regeln, die die zivilrechtlichen Folgen eines Kartellrechtsverstoßes festlegen. Da Art. 6 Abs. 3 Rom II-VO anders als Art. 6 Abs. 2 Rom II-VO nicht auf Art. 4 Rom II-VO verweist, ist eine teleologische Reduktion des Rechtswahlverbots für betriebsbezogene Lauterkeitsdelikte iSd Art. 6 Abs. 2 Rom II-VO, wie sie im lauterkeitsrechtlichen Schrifttum diskutiert wird,[1116] für den Bereich der Kartelldelikte nicht möglich. Eine solche Aufteilung in Bezug auf einzelne Kartellrechtsverstöße, analog zur Debatte im Lauterkeitsrecht, wäre auch nicht weiterführend, da die klassischen kartellrechtlichen Verbote nicht allein Individualinteressen berühren. **338**

Obgleich außer Frage steht, dass die Parteien nicht über die Kartellverbotsnormen disponieren dürfen, hat der Gesetzgeber das Rechtswahlverbot zu weit gefasst. Es ist nämlich durchaus erwägenswert, das auf den **Ersatzanspruch anwendbare Schadensrecht** innerhalb der Grenzen des Art. 14 Rom II-VO (und beschränkt auf EU-Rechtsordnungen) wählen zu lassen, etwa zur Erleichterung der Schadensabwicklung. Dieser Gedanke liegt auch Art. 6 Abs. 3 lit. b Rom II-VO zugrunde, der freilich lediglich ein (an bestimmte Voraussetzungen gekoppeltes) einseitiges Bestimmungsrecht des Klägers festlegt und keine Rechtswahlmöglichkeit. Dieses Optionsrecht zeigt jedoch, dass den Normen des Schadensrechts im Regelfall kein die Allgemeinheit schützender Charakter beizumessen ist,[1117] so dass für diesen Bereich die Rechtswahl nicht zwingend ausscheiden muss. Ein Verbot erscheint nur für den Fall vertretbar, dass das anwendbare Recht den kartellrechtlichen Verbotsgedanken durch besondere Rechtsfolgen auch auf das Schadensrecht überträgt.[1118] Ferner akzeptiert der EuGH, dass Gerichtsstandsvereinbarungen (Art. 25 Brüssel Ia-VO), die sich auf vertragliche Ansprüche beziehen, unter bestimmten Voraussetzungen auch kartelldeliktische Ansprüche erfassen (→ Rn. 364 f.). Auch hierdurch kann im Wege der Parteiautonomie die Möglichkeit gesteuert werden, das Optionsrecht auszuüben.[1119] Ein Mehr an Rechtswahl wäre daher durchaus denkbar, wenn man eine Dépeçage in Kauf nehmen will.[1120] Gleichwohl ist der Wortlaut des Gesetzes eindeutig, so dass für die Zwecke der Rechtsanwendung der Wille des Gesetzgebers zu respektieren ist, der die **Rechtswahlmöglichkeit im Kartellrecht umfassend ausgeschlossen** hat. **339**

7. Allgemeine Regeln. a) Reichweite der Verweisung. Der Umfang des Deliktsstatuts richtet sich grundsätzlich nach Art. 15 Rom II-VO. Das anwendbare Recht (einschließlich des in diesem Staat ggf. geltenden Unionsrechts) bestimmt ua die Person des Haftpflichtigen (lit. a) und des Anspruchsberechtigten (lit. a, f), etwaige Haftungsausschlussgründe oder eine Teilung der Haftung (lit. b), Art und Umfang des Schadensersatzes (lit. c) sowie die Frage der Verjährung, wozu auch Fragen der Unterbrechung und Hemmung gehören (lit. h). Das nach Art. 6 Abs. 3 Rom II-VO bestimmte Recht regelt daher nicht nur den anspruchsbegründenden Tatbestand (Verschulden, Kausalzusammenhang, zur Reichweite von Kartellverbotsnormen → Rn. 245 ff.), sondern auch den **340**

[1114] Zum Verhältnis von Kartellrecht und Rechtswahlfreiheit *Basedow,* Jurisdiction and Choice of Law in the Private Enforcement of EC-Competition Law in *Basedow,* Private Enforcement of EC-Competition Law, 2007, 229 (246).

[1115] *Garcimartín Alférez* EuLF 2007, I-77 (I-85 f.); *Leible* RIW 2008, 257 (259); *Massing,* Europäisches Internationales Kartelldeliktsrecht, 2011, 196 f.; *Rodriguez Pineau* JPrIntL 5 (2009), 311 (326 ff.); aA *Laufkötter,* Parteiautonomie im Internationalen Wettbewerbs- und Kartellrecht, 2001, 148 ff., die (bezogen auf das autonome IPR) bei Schadensersatz- und Unterlassungsansprüchen auch eine Abwahl von Kartellverbotsnormen zulassen möchte.

[1116] Für eine teleologische Reduktion etwa *Dickinson,* The Rome II Regulation, 2008, Rn. 6.75; *Leible/Lehmann* RIW 2007, 721 (730 f.); *Poelzig,* Normdurchsetzung durch Privatrecht, 2012, 549; *G. Rühl* FS Kropholler, 2008, 187 (202); *G. Wagner* IPRax 2008, 1 (8); gegen eine einschränkende Interpretation von Art. 6 Abs. 4 Rom II-VO hingegen *v. Hein* ZEuP 2009, 6 (23); *Sack* GRUR Int 2012, 601 (603).

[1117] AA Rauscher/*Pabst,* 5. Aufl. 2023, Rn. 52: „im Hintergrund dominieren […] Allgemeininteressen".

[1118] MüKoEuWettbR/*Wagner-v. Papp/Wurmnest,* 2. Aufl. 2015, Einl. Rn. 1695.

[1119] Fuchs/Weitbtrecht/*v. Hein* HdB-Kartellrechtsdurchsetzung, 2019, § 21 Rn. 151.

[1120] Allg. für eine Stärkung der Rechtswahlfreiheit auch *Fitchen* JPrIntL 5 (2009), 337 (346).

haftungsausfüllenden Tatbestand, also zB Fragen der Bestimmung und Bezifferung des Schadens (→ Art. 15 Rn. 22 f.) sowie Zinsansprüche.[1121] Dem anwendbaren Recht ist auch zu entnehmen, ob kompensatorischer oder (innerhalb der Schranken des ordre public) überkompensatorischer Schadensersatz zu leisten ist.[1122] Zu Einzelheiten → Art. 15 Rn. 1 ff.

341 **b) Beweis und Verfahren.** Gemäß Art. 1 Abs. 3 Rom II-VO erfasst die Rom II-VO nicht den Beweis und das Verfahren. Das auf diese Fragen anwendbare Recht bestimmt sich also nach dem autonomen Recht, sofern nicht die Verordnung etwas anderes festlegt. Für Kartellzivilprozesse ist insofern Art. 22 Abs. 1 Rom II-VO von Bedeutung. Diese Vorschrift unterwirft **gesetzliche Vermutungen** (zB § 33a Abs. 2 GWB, § 33c Abs. 2–4 GWB)[1123] sowie die **Beweislastverteilung** (objektive und subjektive Beweislast)[1124] dem durch die Verordnung berufenen Recht. Die Anwendung der lex causae für diese Fragen ergibt Sinn, da sie (anders als verfahrensrechtliche Regeln) eng mit dem materiellen Recht verwoben sind.[1125] Entgegen der hM sollte man auch den **Anscheinsbeweis** materiell-rechtlich qualifizieren.[1126] Die **Schadensschätzung** gemäß § 287 Abs. 1 S. 1 ZPO ist hingegen nach richtiger, wenngleich nicht unbestrittener Ansicht dem Verfahrensrecht zuzuschlagen.[1127] Zu Einzelheiten → Art. 22 Rn. 1 ff. Zur Problematik der Qualifikation des mit der 9. GWB-Novelle neugeschaffenen **Offenlegungsanspruchs** s. *Wurmnest* in Kersting/Podszun, Die 9. GWB-Novelle, 2017, Kap. 18 Rn. 25 ff.

342 Die Bindungswirkung des **§ 33b GWB** (§ 33 Abs. 4 GWB aF) ist als Instrument des Verfahrensrechts nicht den Regeln der Rom II-VO unterworfen. Dementsprechend hat ein deutsches Gericht die Feststellung des Verstoßes gegen Art. 101, 102 AEUV bzw. GWB-Verbote durch eine Kartellbehörde oder ein Gericht immer dann zu beachten, wenn es international zuständig ist, unabhängig davon, welches Kartellprivatrecht gemäß Art. 6 Abs. 3 Rom II-VO auf den Fall zur Anwendung gelangt.[1128]

343 **c) Ordre public.** Ein Forum hat das auf Grundlage von Art. 6 Rom II-VO bestimmte ausländische Recht nur insoweit anzuwenden, wie die Rechtsanwendung im Einklang mit den tragenden Grundwerten der Forumsrechtsordnung steht. Die Anwendung ausländischen Rechts steht nämlich unter dem Vorbehalt des ordre public (Art. 26 Rom II-VO). Dieser greift freilich nicht bei jeder Abweichung des ausländischen Rechts von der lex fori ein, sondern nur dann, wenn die ausländische Rechtsregel **offensichtlich** mit **grundlegenden Wertvorstellungen** des im Forumstaat geltenden Rechts unvereinbar ist. Dies ist bei überkompensatorischem Schadensersatz nicht immer der Fall,[1129] wobei allerdings in Bezug auf solche Positionen streitig ist, in welchem Umfang Unionsvorgaben die Reichweite der Vorbehaltsklausel prägen.[1130] Seit Umset-

---

1121 *Wurmnest* in Kersting/Podszun, Die 9. GWB-Novelle, 2017, Kap. 18 Rn. 23.

1122 MüKoEuWettbR/*Wagner-v. Papp/Wurmnest* Grdl. Rn. 1539.

1123 Vgl. auch Soergel/*Remien* Rn. 47 (zur Einrede der Schadensabwälzung) und Rn. 50 (zur Schadensvermutung nach Art. 17 Abs. 2 Kartellschadensersatz-RL).

1124 Nachweise bei *Wurmnest* in Kersting/Podszun, Die 9. GWB-Novelle, 2017, Kap. 18 Rn. 47 f.; vgl. auch *v. Hein* in Fuchs/Weitbrecht, HdB Private Kartellrechtsdurchsetzung, 2019, § 21 Rn. 141.

1125 Näher dazu *Schack* IZVR Rn. 795 ff.

1126 Eingehend zum Streitstand *Wurmnest* ZVglRWiss 115 (2016), 624 (636 ff.); *Wurmnest* in Kersting/Podszun, Die 9. GWB-Novelle, 2017, Kap. 18 Rn. 54 ff. je mwN.; aA (für verfahrensrechtliche Qualifikation); *Thole* IPRax 2010, 285 (286); *Wiegandt,* Die Bindungswirkung kartellbehördlicher Entscheidungen im Zivilprozess, 2018, 255 je mwN.

1127 So auch LG Saarbrücken NJW-RR 2012, 885 (886); *Eichel* IPRax 2014, 156 (158); *Schack* IZVR Rn. 775 f.; *Wurmnest* ZVglRWiss 115 (2016), 624 (639 f.); für lex fori auch Soergel/*Remien* Rn. 48; aA LG Hanau BeckRS 2012, 9924; zum autonomen Recht; *Coester-Waltjen,* Internationales Beweisrecht, 1983, Rn. 362 ff. allg. zum Beweismaß.

1128 Berg/Mäsch/*Mäsch* GWB § 185 Rn. 27; *Wurmnest* in Kersting/Podszun, Die 9. GWB-Novelle, 2017, Kap. 18 Rn. 52 f.; für verfahrensrechtliche Qualifikation auch Fuchs/Weitbecht/*v. Hein* HdB-Kartellrechtsdurchsetzung, 2019, § 21 Rn. 142; Soergel/*Remien* Rn. 46; *Wiegandt,* Die Bindungswirkung kartellbehördlicher Entscheidungen im Zivilprozess, 2018, 210 ff., 214 f.; aA offenbar *A. Wolf,* Die internationale Durchsetzung von Schadensersatzansprüchen wegen Verletzung des EU-Wettbewerbsrechts, 2017, 632: gesetzliche Vermutung iSd Art. 22 Abs. 1 Rom II-VO, bezogen auf Behörden des Staates des angerufenen Gerichts; wohl auch Calliess/Renner/*Augenhofer* Rn. 86: Vor Umsetzung der Richtlinie richtete sich Bindungswirkung einer Entscheidung nach dem von Art. 6 Abs. 3 Rom II-VO berufenen Recht.

1129 *Fallon* in Basedow/Baum/Nishitani, Japanese and European Private International Law in Comparative Perspective, 2008, 261 (269) unter Verweis auf die *Courage*-Entscheidung. Zur Anwendung des ordre public in Kartellstreitigkeiten vgl. *Ackermann* Liber Amicorum Slot, 2009, 109 (118 f.), der sich für einen großzügigen Maßstab ausspricht, enger dagegen *Danov* ECLRev. 2008, 430 (432); *Munari* in Queirolo/Heiderhoff, Party Autonomy in European Private (and) International Law, 2015, 143 (156 f.).

1130 Näher dazu *Wurmnest* in Bariatti/Fumagalli/Crespi Reghizzi, Punitive Damages and Private International Law: State of the Art and Future Developments, 2019, 253 (272 ff.).

zung der Kartellschadensersatz-RL[1131] gilt für die Durchsetzung von Art. 101, 102 AEUV sowie paralleler nationaler Vorschriften der EU-Mitgliedstaaten nämlich der Grundsatz, dass der zugesprochene Schadensersatz nicht zu einer Überkompensation des Geschädigten führen darf, und zwar „unabhängig davon, ob es sich dabei um Strafschadensersatz, Mehrfachentschädigung oder andere Arten von Schadensersatz handelt" (Art. 3 Abs. 3 RL 2014/104/EU). In den von der Richtlinie erfassten Fällen stellt sich in innereuropäischen Streitigkeiten insofern die Frage der Anwendung des ordre public zukünftig nicht mehr in gleicher Intensität. Diese Frage kann aber bei Anwendung drittstaatlichen Rechts Relevanz entfalten. Zu Einzelheiten des ordre public → Art. 26 Rn. 1 ff.

d) Innenausgleichsstatut bei gesamtschuldnerischer Haftung.[1132] Das Innenausgleichsstatut bei **gesamtschuldnerischer Haftung wegen eines außervertraglichen Schuldverhältnisses** bestimmt sich nach Art. 20 Rom II-VO. Maßgeblich ist das Forderungsstatut der durch den regressnehmenden Gesamtschuldner getilgten Schuld. Dieses Recht beantwortet auch die Frage, ob eine Legalzession stattgefunden hat → Art. 20 Rom II-VO Rn. 1 (zB nach § 33d Abs. 2 S. 1 GWB bzw. § 426 Abs. 2 BGB).[1133] Art. 20 Rom II-VO ist einschlägig, wenn ein Kartellant den Kartellschaden gegenüber einem Kartellopfer beglichen hat und Rückgriff bei seinen Mitkartellanten nehmen möchte. Sein Rückgriffanspruch richtet sich dann nach dem Recht der Schadensersatzforderung, die er beglichen hat.[1134] Wurde Schadensersatz für Schäden auf verschiedenen Märkten geleistet, kann auch der Rückgriff unterschiedlichen Ausgleichsrechtsordnungen unterfallen.[1135] 344

Kontrovers diskutiert wird die Frage, welches Recht anzuwenden ist, wenn ein Kartellamt im Anschluss an die behördliche Verhängung einer **gesamtschuldnerischen Geldbuße** ein anderes Unternehmen in Regress nehmen will. Die Bestimmung des anwendbaren Rechts auf Grundlage von Art. 20 Rom II-VO scheidet aus, da die Verpflichtung des vorleistenden Gesamtschuldners zur Zahlung der Geldbuße nicht – wie von der Norm bzw. der Verordnung vorausgesetzt – aus einem zivilrechtlichen Schuldverhältnis außervertraglicher Art herrührt, sondern die Folge einer hoheitlichen Sanktion ist.[1136] Auch wird man richtigerweise[1137] Art. 6 Rom II-VO nicht anwenden können, weil das aus der hoheitlichen Geldbuße resultierende Ausgleichsverhältnis kaum als zivilrechtliches „außervertragliche[s] Schuldverhältnis aus einem den Wettbewerb einschränkenden Verhalten" eingestuft werden kann.[1138] Da diese Frage aber umstritten ist, sollte ein mit ihr befasstes Gericht sie unbedingt dem EuGH vorlegen, um Rechtssicherheit herzustellen. Wendet man das Kollisionsrecht des Forums an, so gestattet es der BGH – in überzeugender Weise[1139] – den Schuldnern, das auf die Regressforderung **anzuwendende Recht** nachträglich und ggf. konkludent durch **Rechtswahl** zu bestimmen.[1140] Art. 6 Abs. 4 Rom II-VO steht dem nicht entgegen, da sich dieses Rechtswahlverbot allein auf Ansprüche bezieht, die von Art. 6 Rom II-VO erfasst sind.[1141] 345

Noch nicht höchstrichterlich geklärt ist die **objektive Anknüpfung.** Da die Anknüpfung an die konzernvertraglichen Beziehungen zwischen den Gesamtschuldnern (Gewinnabführungsverträge etc)[1142] bei mehreren Schuldnern auf unterschiedliche Rechte verweisen können, sollte man besser den **Auswirkungsgedanken** fruchtbar machen: Hat eine nationale Behörde in der EU ein Bußgeld verhängt, weil der Markt dieser Behörde schwerpunktmäßig von dem Kartell betroffen war, erscheint es sachgerecht, die Ausgleichungspflicht auf das Recht des Behördenstaats zu stützen.[1143] Bei Bußgeldern der EU-Kommission, die gegen europaweit agierende Kartelle 346

1131 RL 2014/104/EU des Europäischen Parlaments und des Rates über bestimmte Vorschriften für Schadensersatzklagen nach nationalem Recht wegen Zuwiderhandlungen gegen wettbewerbsrechtliche Bestimmungen der Mitgliedstaaten und der Europäischen Union vom 26.11.2014, ABl. EU 2014 L 349, 1.

1132 Dieser Abschnitt beruht auf *Wurmnest* in Kersting/Podszun, Die 9. GWB-Novelle, 2017, Kap. 18 Rn. 37 ff.

1133 *Wurmnest* in Kersting/Podszun, Die 9. GWB-Novelle, 2017, Kap. 18 Rn. 38 mwN.

1134 Vgl. BeckOGK/*Poelzig/Windorfer/Bauermeister,* 1.9.2022, Rn. 209 f.

1135 Soergel/*Remien* Rn. 42.

1136 *Bodenstein* NZKart 2015, 141 (143) m. Fn. 41; *Kersting* NZKart 2016, 147 (148).

1137 AA *Mäsch* GRUR-Prax 2012, 268; BeckOGK/*Poelzig/Windorfer/Bauermeister,* 1.9.2022, Rn. 212.

1138 Gegen die Anwendung von Art. 6 Rom II-VO auch *Kersting* NZKart 2016, 147 (148); *Schnelle* WuW 2015, 332 (343).

1139 Für eine Rechtswahlmöglichkeit auch *Bodenstein* NZKart 2015, 141 (143 m. Fn. 41); *Kersting* NZKart 2016, 147 (148); ausf. dazu *Wurmnest* in Kersting/Podszun, Die 9. GWB-Novelle, 2017, Kap. 18 Rn. 43.

1140 BGH NZKart 2015, 101 Rn. 27 f. – Calciumcarbid-Kartell II.

1141 *v. Hein* in Fuchs/Weitbrecht, HdB Private Kartellrechtsdurchsetzung, 2019, § 21 Rn. 105.

1142 Angedacht wird dies von *Schnelle* WuW 2015, 332 (343).

1143 *Wurmnest* in Kersting/Podszun, Die 9. GWB-Novelle, 2017, Kap. 18 Rn. 45.

verhängt werden, hilft dieser Gedanke aber im Regelfall nicht weiter. In einem solchen Fall könnte man stattdessen zur Ermittlung der engsten Verbindung auf den Sitz der Tätergesellschaft abstellen, der für alle Gesamtschuldner vorhersehbar ist.[1144]

II. Allgemeine Verfahrensfragen

347 **1. Gerichtsbarkeit.** Die Durchführung eines Zivilprozesses in Kartellsachen erfordert – wie auch die Durchführung kartellbehördlicher Verfahren – zunächst staatliche Gerichtsbarkeit, also „die aus der staatlichen Souveränität fließende, durch den Staat seinen Gerichten generell verliehene Entscheidungsgewalt".[1145] Aus Respekt vor der Souveränität anderer Staaten kann die inländische Gerichtsbarkeit in einem kartellrechtlichen Verfahren etwa aus Gründen der Staatenimmunität ausgeschlossen sein. Da in Deutschland und Europa jedoch eingeschränkte Konzepte der Staatenimmunität maßgeblich sind,[1146] die eine Einschränkung der Gerichtsbarkeit nur für Betätigungen hoheitlicher Art anordnen, besteht für die meisten Formen direkter oder indirekter Beteiligung fremder Staaten an Wettbewerbsbeschränkungen die Gerichtsbarkeit deutscher Gerichte bzw. von Gerichten im EU-Ausland.[1147]

348 **2. Internationale Zuständigkeit.**[1148] **a) Brüssel Ia-VO.** Die internationale Zuständigkeit für private Kartellprozesse mit einem grenzüberschreitenden Element ergibt sich insbesondere aus den Vorschriften der Brüssel Ia-VO, sofern nicht vorrangige Staatsverträge[1149] greifen oder das autonome Prozessrecht maßgeblich ist. Die Zuständigkeitsregeln dieser Verordnung gelten für Verfahren, die ab dem 10.1.2015 eingeleitet worden sind (Art. 66 Abs. 1 Brüssel Ia-VO). Die Brüssel Ia-VO ersetzt die Brüssel I-VO, die wiederum das EuGVÜ[1150] abgelöst hat. Da die Brüssel Ia-VO die Zuständigkeitsregeln der Vorgängerverordnung aber nur geringfügig geändert hat, gilt die Rechtsprechung des EuGH zum alten Recht zum Großteil weiter. Wenngleich Dänemark nicht unmittelbar durch EU-Verordnungen zum Internationalen Privat- und Verfahrensrecht gebunden wird, gilt die Brüssel Ia-VO (wie zuvor auch die Brüssel I-VO) über einen Staatsvertrag auch in Dänemark.[1151]

349 Die Brüssel Ia-VO findet in deliktischen Kartellzivilprozessen Anwendung, wenn der Beklagte seinen Sitz in der EU hat,[1152] die Zuständigkeit eines Gerichts in der EU von den Parteien vereinbart wurde oder sich der Beklagte rügelos auf das Verfahren eingelassen hat.[1153] Nachfolgend wird ein Blick auf ausgewählte Regeln zur Bestimmung der internationalen Zuständigkeit unter Geltung der Brüssel Ia-VO geworfen, die bei Kartellschadensersatzklagen erhebliche

---

1144 *Schnelle* WuW 2015, 332 (344) (sofern Recht nicht auf Grundlage des Auswirkungsprinzips zu ermitteln ist); *v. Hein* in Fuchs/Weitbrecht, HdB Private Kartellrechtsdurchsetzung, 2019, § 21 Rn. 105; *Wurmnest* in Kersting/Podszun, Die 9. GWB-Novelle, 2017, Kap. 18 Rn. 45; aA *Kersting* NZKart 2015, 147 (149): Abstellen auf den Kopf der wirtschaftlichen Einheit.

1145 BGH JZ 1958, 241 (242); vgl. allg. auch KG WuW/E OLG, 3051 (3053) – Morris-Rothmans.

1146 Vgl. Art. 4–10 Europäisches Übereinkommen über die Staatenimmunität, BGBl. 1990 II 34 (36 ff.).

1147 Vgl. OLG Karlsruhe RIW 1981, 124 (125) – Lieferverweigerung von Nuklearpharmaka durch öffentliche Einrichtung der Schweiz ist deutscher Gerichtsgewalt unterworfen; vgl. auch Immenga/Mestmäcker/*Rehbinder/v. Kalben* GWB § 185 Rn. 324; Bunte/*C. Stadler* GWB § 185 Rn. 222.

1148 Dieser Abschnitt beruht ebenso wie der Abschnitt zur Durchführung des Verfahrens bei grenzüberschreitenden Sachverhalten maßgeblich auf meinen Beiträgen in Kamann/Ohlhoff/Völker, Kartellverfahren und Kartellprozess, 2017.

1149 Mit den EFTA-Staaten Schweiz, Norwegen und Island haben die EU und Dänemark einen Staatsvertrag geschlossen, der das Regime der Brüssel I-VO auf diese Staaten erstreckt, vgl. Übereinkommen über die gerichtliche Zuständigkeit und die Anerkennung und Vollstreckung von Entscheidungen in Zivil- und Handelssachen – Geschehen zu Lugano am 30.10.2007, ABl. EU 2007 L 339, 3. Zuvor galt das Übereinkommen von Lugano von 1988, ABl. EG 1988 L 319, 9.

1150 Übereinkommen über den Beitritt der Republik Österreich, der Republik Finnland und des Königreichs Schweden zum Übereinkommen über die gerichtliche Zuständigkeit und die Vollstreckung gerichtlicher Entscheidungen in Zivil- und Handelssachen sowie zum Protokoll betreffend die Auslegung dieses Übereinkommens durch den Gerichtshof in der Fassung des Übereinkommens über den Beitritt des Königreichs Dänemark, Irlands und des Vereinigten Königreichs Großbritannien und Nordirland, des Übereinkommens über den Beitritt der Republik Griechenland und des Übereinkommens über den Beitritt des Königreichs Spanien und der Portugiesischen Republik, ABl. EG 1997 C 15, 1 (letzte Fassung des mehrfach revidierten Übereinkommens).

1151 Abkommen zwischen der Europäischen Gemeinschaft und dem Königreich Dänemark über die gerichtliche Zuständigkeit und die Anerkennung und Vollstreckung von Entscheidungen in Zivil- und Handelssachen, ABl. EU 2005 L 299, 62.

1152 Die internationale Zuständigkeit für kartelldeliktische Klagen gegen Beklagte mit Sitz in einem Drittstaat richtet sich nach dem autonomen Zuständigkeitsrecht, also etwa nach § 32 ZPO.

1153 *v. Hein,* RIW 2013, 97 (101).

Spielräume für forum shopping schaffen.[1154] Für Einzelheiten wird auf die Spezialliteratur verwiesen.[1155]

aa) Allgemeiner Gerichtsstand. Das europäische Zuständigkeitsrecht folgt dem Grundsatz actor sequitur forum rei. Die Gerichte am Wohnsitz bzw. Sitz des Beklagten sind international zuständig, sofern dieser in der EU belegen ist (Art. 4 Abs. 1, 62 f. Brüssel Ia-VO). Bei Schädigungen durch Kartelle ergeben sich mannigfaltige Möglichkeiten für Geschädigte, eine ihnen genehme Jurisdiktion anzusteuern, da nicht nur die unmittelbaren Kartellsünder auf Schadensersatz haften, sondern auch deren Rechtsnachfolger[1156] und Konzerngesellschaften, die eine wirtschaftliche Einheit mit dem unmittelbar am Kartellverstoß beteiligten Unternehmen auf dem betroffenen Markt bilden.[1157] **350**

Juristische Personen haben ihren Wohnsitz am satzungsmäßigen Sitz der Gesellschaft, dem Ort ihrer Hauptverwaltung bzw. ihrer Hauptniederlassung (Art. 63 Abs. 1 Brüssel Ia-VO). Fallen diese Orte auseinander, hat die juristische Person an verschiedenen Orten ihren Sitz. Sofern es sich dabei um EU-Staaten handelt, sind die Gerichte aller dieser Staaten nach den Regeln der Brüssel Ia-VO international zuständig.[1158] In Bezug auf Irland und Zypern ist unter dem satzungsmäßigen Sitz das „registered office" zu verstehen. Gibt es kein solches „office", ist auf den Ort der Erlangung der Rechtsfähigkeit („place of incorporation") der Gesellschaft bzw. den Ort abzustellen, nach dessen Recht die Gründung der Gesellschaft („formation") erfolgt ist (Art. 63 Abs. 2 Brüssel Ia-VO). **351**

Art. 4 Abs. 1, 62 f. Brüssel Ia-VO regeln lediglich die internationale Zuständigkeit von EU-Gerichten und lassen die Vorschriften der lex fori über die örtliche Zuständigkeit unberührt,[1159] so dass in Deutschland diesbezüglich die §§ 12 ff. ZPO gelten. Zudem wird die nach deutschem Recht zulässige Zuweisung der Zuständigkeit an ein Landgericht für mehrere Gerichtsbezirke (§ 89 GWB) nicht durch EU-Recht verdrängt.[1160] **352**

bb) Gerichtsstand der unerlaubten Handlung. In der Praxis kommt dem – eng zu interpretierenden[1161] – Gerichtsstand der unerlaubten Handlung (Art. 7 Nr. 2 Brüssel Ia-VO) große Bedeutung zu, der sowohl auf Schadensersatz- als auch auf Unterlassungs- und (negative) Feststellungsklagen[1162] Anwendung findet. Er greift für **Kartelldelikte,** wie **Schadensersatzklagen geschädigter direkter oder indirekter Abnehmer**[1163] **bzw. Zulieferer gegen Kartellanten,** oder für Klagen von Wettbewerbern gegen marktmächtige Unternehmen, die **Kampfpreise** einsetzen.[1164] Auch **Konditionenmissbräuche** marktbeherschender Unternehmen sind kartelldeliktisch zu qualifizieren, wie der EuGH[1165] auf Vorlage des BGH[1166] entschieden hat. **353**

Art. 7 Nr. 2 Brüssel Ia-VO regelt die internationale sowie die örtliche Zuständigkeit,[1167] ohne auf die „Konzentrationsregeln" des GWB (§§ 87 ff., 95 GWB) auszustrahlen.[1168] Nach ständiger Rechtsprechung des EuGH wird ein Delikt sowohl am „Ort des ursächlichen Geschehens" (sog. Handlungsort) als auch am „Ort, an dem der Schaden eingetreten ist" (sog. Erfolgsort), verwirklicht (sog. **Ubiquitätsprinzip**),[1169] so dass der **Kläger den Gerichtsstand auswählen kann,** wenn beide Orte auseinanderfallen.[1170] **354**

1154 *A. Stadler* JZ 2015, 1138 (1139 ff.).

1155 Vgl. etwa *Kropholler/v. Hein,* Europäisches Zivilprozessrecht, 9. Aufl. 2011; *Rauscher* (Hrsg.), Europäisches Zivilprozess- und Kollisionsrecht (EuZPR/EuIPR), Bd. I, 5. Aufl. 2021; speziell zum Kartellzivilprozessrecht s. *Wiedemann* in Wiedemann KartellR-HdB § 5 Rn. 68 ff.; *Wurmnest* in Kamann/Ohlhoff/Völker, Kartellverfahren und Kartellprozess, 2017, § 31.

1156 EuGH ECLI:EU:C:2019:204 Rn. 47 ff. = NJW 2019, 1197 – Skanska Industrial Solutions.

1157 EuGH ECLI:EU:C:2021:800 Rn. 41 ff. = NJW 2021, 3583 – Sumal/Mercedes Benz.

1158 Vgl. nur *Wurmnest* NZKart 2017, 2 (4) mwN.

1159 *Kropholler/v. Hein,* Europäisches Zivilprozessrecht, 9. Aufl. 2011, Brüssel I-VO Vor Art. 2 Rn. 3 f.

1160 *A. Wolf,* Die internationale Durchsetzung von Schadensersatzansprüchen wegen Verletzung des EU-Wettbewerbsrechts, 2017, 206; Loewenheim/Meessen/Riesenkampff/Kersting/Meyer-Lindemann/*Wurmnest* GWB Anh. § 33 Rn. 7.

1161 EuGH ECLI:EU:C:2014:1318 Rn. 45 = GRUR 2014, 806 – Coty Germany; ECLI:EU:C:2018:533 Rn. 26 = NZKart 2018, 357 – Lithuanian Airlines, jeweils zur Brüssel I-VO.

1162 EuGH ECLI:EU:C:2012:664 Rn. 55 = EuZW 2012, 950 – Folien Fischer/Ritrama, zur Brüssel I-VO.

1163 EuGH ECLI:EU:C:2021:604 Rn. 40 = EuZW 2021, 810 – RH/AB Volvo.

1164 EuGH ECLI:EU:C:2018:533 Rn. 49, 51 = NZKart 2018, 357 – Lithuanian Airlines.

1165 EuGH ECLI:EU:C:2020:950 Rn. 33 ff. = NJW 2021, 144 – Wikingerhof/Booking.com.

1166 BGH NZKart 2019, 145 – booking.com; für deliktische Qualifizierung auch *T. Brand/Gehann* NZKart 2019, 372 (375).

1167 EuGH ECLI:EU:C:2021:604 Rn. 33 = EuZW 2021, 810 mAnm *Thiede* – RH/AB Volvo.

1168 Vgl. allg. EuGH ECLI:EU:C:2021:604 Rn. 35 ff. = EuZW 2021, 810 – RH/AB Volvo.

1169 EuGH Slg. 1976, 1735 Rn. 24, 25 = NJW 1977, 493 – Bier/Mines de Potasse d'Alsace.

1170 EuGH Slg. 1976, 1735 Rn. 15, 19 = NJW 1977, 493 – Bier/Mines de Potasse d'Alsace; Slg. 1995, I-2719 Rn. 11 = EuZW 1995, 765 Ls. – Marinari/Lloyds Bank, jeweils zum EuGVÜ.

355 Der EuGH lokalisiert den **Handlungsort** bei **horizontalen Kartellen** dort, wo die Kartellabsprache getroffen wurde, die für den eingeforderten Schaden maßgeblich war.[1171] Dieser Gerichtsstand ist freilich nur eröffnet, wenn die entscheidenden Personen bei Eingehung der Vereinbarung physisch im Gerichtsbezirk präsent waren; Absprachen von Personen außerhalb dieses Bezirks unter Einsatz von Fernkommunikationsmitteln genügen somit nicht.[1172] Bei komplexen Kartellen, bei denen im Laufe der Zeit Absprachen an verschiedenen Orten getroffen bzw. modifiziert wurden, ist es schwierig, den maßgeblichen Handlungsort zu lokalisieren. Im Falle von Verstößen gegen das **unionsrechtliche Missbrauchsverbot** (Art. 102 AEUV) lokalisiert der EuGH den Handlungsort einer wettbewerbsschädlichen Maßnahme mit Blick auf deren Anwendung auf einem Markt, wobei bei mehraktigen Tatbeständen ggf. auf den Handlungsschwerpunkt abgestellt werden kann.[1173]

356 Den **Erfolgsort** hat der EuGH bei Follow-on-Klagen gegen Mitglieder eines **horizontalen Kartells** ursprünglich am Sitz des geschädigten Abnehmers lokalisiert (so im Fall CDC).[1174] Dies war wenig überzeugend,[1175] da bei dieser Anknüpfung nicht unbedingt der Gleichlauf mit Art. 6 Abs. 3 gewahrt wird. Die neuere Rechtsprechung des EuGH lehnt sich dagegen richtigerweise an den **Auswirkungsgrundsatz** an: Im Fall **Tibor-Trans** hat er den Erfolgsort nämlich dort lokalisiert, wo der Markt durch die Wettbewerbsbeschränkung beeinträchtigt wurde, sofern dem Geschädigten dort ein unmittelbarer Schaden entstanden ist.[1176] Auswirkungen im Erwerbsstaat sind somit Voraussetzungen dafür, dass der Erfolgsort auf Grundlage des Erwerbsorts konkretisiert werden kann, wie im Fall **Volvo** noch einmal unter Verweis auf die Rom II-VO betont wurde.[1177] Wurde die Kartellware allerdings in **mehreren Gerichtssprengeln dieses Mitgliedstaats erworben** (zB in Hamburg, Dortmund und München), so ist der Erfolgsort für sämtliche Erwerbsvorgänge in diesem Staat am Sitz des geschädigten Unternehmens (in diesem Staat) zu lokalisieren, da dieser Gerichtsstand für die Streitparteien vorherzusehen sei.[1178] Bislang nicht höchstrichterlich geklärt ist allerdings die Frage, wie der Erfolgsort zu bestimmen ist, wenn die kartellbefangende Ware außerhalb des Auswirkungsstaats erworben wurde bzw. der Sitz des Geschädigten außerhalb des Auswirkungsstaats belegen ist.[1179]

357 Der Erfolgsort für eine Klage wegen eines Verstoßes gegen ein Wiederverkaufsverbot außerhalb eines **selektiven Vertriebssystems,** der darauf beruht, dass gebundene Produkte auf Internetseiten in verschiedenen Mitgliedstaaten offeriert werden, liegt nach dieser Rechtsprechung deshalb in dem Mitgliedstaat, in dem der Verstoß gegen die Vertriebsvereinbarung mit Sanktionen belegt wird und in dessen Hoheitsgebiet ein gebundener Händler – etwa durch Absatzrückgänge – einen Schaden erleidet.[1180]

358 Bei missbräuchlichen Strategien marktbeherrschender Unternehmen hat der Gerichtshof in seiner neueren Rechtsprechung zur Bestimmung des Erfolgsortes sogar ausdrücklich einen Gleichlauf mit Art. 6 Abs. 3 propagiert. Klagen wegen wettbewerbsschädlicher **Kampfpreise** können daher in dem Staat erhoben werden, in dem die Waren oder Dienstleistungen zu Unterkostenpreisen angeboten wurden oder angeboten werden sollten.[1181]

359 **cc) Gerichtsstand der Niederlassung.** Am Ort der Niederlassung kann gegen deren Inhaber Klage erhoben werden, sofern es sich um eine betriebsbezogene Streitigkeit handelt (Art. 7 Nr. 5 Brüssel Ia-VO) und der Inhaber seinen Hauptsitz in einem EU-Staat hat. Der Gerichtsstand der Niederlassung, der auch die örtliche Zuständigkeit regelt,[1182] konkurriert mit dem allgemeinen Gerichtsstand und dem Vertrags- und Deliktsgerichtsstand.[1183]

1171 EuGH ECLI:EU:C:2015:335 Rn. 44 = GRUR Int 2015, 1176 – CDC/Akzo Nobel, zur Brüssel I-VO; Urteilsanmerkungen bzw. Besprechungsaufsätze v. *Harms/Sanner/J. Schmidt* EuZW 2015, 584 ff.; *v. Hein* LMK 2015, 373398; *Mäsch* WuW 2016, 285 ff.; *Mankowski* EWiR 2015, 687 ff.; *W.-H. Roth* IPRax 2016, 318 ff.; *A. Stadler* JZ 2015, 1138 ff.; *M. Weller/Wäschle* RIW 2015, 603 ff.; *Wiegandt* EWS 2015, 157 f.; *Wurmnest* CMLRev. 53 (2016), 225 ff.

1172 *W.-H. Roth* IPRax 2016, 318 (324).

1173 EuGH ECLI:EU:C:2018:533 Rn. 47 ff. = NZKart 2018, 357 – Lithuanian Airlines.

1174 EuGH ECLI:EU:C:2015:335 Rn. 52 ff. = GRUR Int 2015, 1176 – CDC/Akzo Nobel.

1175 Krit. *Mäsch* WuW 2016, 285 (289); *W.-H. Roth* IPRax 2016, 318 (325); *Wurmnest* CMLRev. 53 (2016), 225 (243); aA *A. Stadler* JZ 2015, 1138 (1140), die die Konkretisierung aus rechtspolitischen Gründen für sachgerecht hält.

1176 EuGH ECLI:EU:C:2019:635 Rn. 37 = EuZW 2019, 792 mAnm *Grothaus/Haas* – Tibor-Trans; krit. dazu Mäsch IPRax 2020, 305 (307 f.).

1177 EuGH ECLI:EU:C:2021:604 Rn. 31 ff. = EuZW 2021, 810 – RH/AB Volvo.

1178 EuGH ECLI:EU:C:2021:604 Rn. 42 = EuZW 2021, 810 – RH/AB Volvo.

1179 *Gehann* NZKart 2022, 385 (387); krit. zur Rspr. des EuGH *Mäsch* WuW 2021, 426 (428): „Kartellrechtler … weiß beim Erfolgsort immer noch nicht genau, wie dieser zu bestimmen ist".

1180 EuGH ECLI:EU:C:2016:976 Rn. 33 f. = EuZW 2017, 99 – Concurrence/Samsung Electronics France.

1181 EuGH ECLI:EU:C:2018:533 Rn. 57 = NZKart 2018, 357 – Lithuanian Airlines.

1182 *Kropholler/v. Hein* EuGVO Vor Art. 5 Rn. 5.

1183 Rauscher/*Leible,* 5. Aufl. 2021, Brüssel Ia-VO Art. 7 Rn. 152.

Eine **Niederlassung eines Unternehmens** kann angenommen werden, wenn eine Dependance eine geschäftliche Tätigkeit entfaltet, sie unter der Aufsicht und Weisung des Stammhauses als Außenstelle hervortritt und in einer Art und Weise ausgestattet ist, dass Geschäfte mit Dritten betrieben werden können.[1184] **Betriebsbezogen** sind zum einen Streitigkeiten, die Handlungen der Niederlassung betreffen, und zum anderen Verpflichtungen des Stammhauses, die im Staat der Niederlassung zu erfüllen sind.[1185] Bei **Kartelldelikten** muss somit die Dependance an der Wettbewerbsbeschränkung mitgewirkt haben, damit dieser Gerichtsstand greift.[1186] Werden Leistungen zu überhöhten Kartellpreisen online gebucht und die Leistungserbringung nicht über die Zweigstelle abgewickelt, wird der Vertrag nicht unter Beteiligung dieser Stelle geschlossen.[1187] **360**

dd) Gerichtsstand der Streitgenossenschaft. Der Gerichtsstand der Streitgenossenschaft gestattet die Konsolidierung von Klagen gegen verschiedene Personen am Gericht des Ortes, an dem einer der Beklagten (der sog. Ankerbeklagte) seinen Sitz hat, sofern zwischen den Klagen eine so enge Beziehung gegeben ist, dass eine gemeinsame Verhandlung geboten ist, um zu vermeiden, dass in getrennten Verfahren widersprechende Entscheidungen ergehen (Art. 8 Nr. 1 Brüssel Ia-VO). Dieser Gerichtsstand konkurriert mit dem allgemeinen sowie den anderen besonderen Gerichtsständen und regelt sowohl die internationale als auch die örtliche Zuständigkeit des Forums.[1188] **361**

Nach der Rechtsprechung des EuGH zur Brüssel I-VO,[1189] die auf die Brüssel Ia-VO übertragen werden kann, können **Kartellanten mit Sitz in verschiedenen Staaten der EU** (bzw. im Geltungsbereich des LugÜ) in **Follow-on-Verfahren** auf Grundlage des Gerichtsstands der Streitgenossenschaft gemeinsam am Sitz eines Kartellmitglieds verklagt werden.[1190] Begründet wird dies vom Gerichtshof vor allem damit, dass zuvor eine kartellbehördliche Entscheidung ergangen ist, die die Rechtswidrigkeit des Verhaltens benennt. Die Kartellanten müssten daher damit rechnen, dass sie vor den Gerichten eines Staats verklagt werden, in dem einer von ihnen ansässig ist.[1191] Im Ergebnis wird diese Auslegung von Art. 8 Nr. 1 Brüssel Ia-VO vom Schrifttum mehrheitlich mitgetragen, wenngleich die Begründung des Gerichtshofs Kritik erfahren hat.[1192] Wird die **Klage gegen den Ankerbeklagten** nach Rechtshängigkeit **für erledigt erklärt,** lässt dies nicht die einmal wirksam begründete Zuständigkeit des angerufenen Gerichts entfallen. Etwas anderes gilt jedoch, wenn die Voraussetzungen des Gerichtsstands der Streitgenossenschaft künstlich geschaffen oder aufrechterhalten worden sind („Missbrauchsvorbehalt").[1193] Bei einem Vergleich zwischen Kläger und Ankerbeklagtem ist dies der Fall, wenn ein solcher vor Klageerhebung geschlossen, aber verschleiert worden ist, um den Anschein zu erwecken, dass die Voraussetzungen des Gerichtsstands der Streitgenossenschaft gegeben sind.[1194] Es bedarf allerdings „beweiskräftiger Indizien", die belegen, dass die Ankerklage missbräuchlich am Gerichtsstand der Streitgenossenschaft erhoben wurde.[1195] Ein kollusives Zusammenwirken soll nicht angenommen werden dürfen, wenn der Kläger einseitig den Abschluss des Vergleichs bewusst über den Zeitraum der Klageerhebung hinaus verzögert, sofern die Parteien zuvor keinen Konsens über den wesentlichen Inhalt des Vergleichs erzielt haben.[1196] **362**

ee) Gerichtsstandsvereinbarungen. Auch für kartelldeliktische Ansprüche kann die internationale (und örtliche) Zuständigkeit eines Gerichts in der EU prorogiert werden (Art. 25 Brüssel Ia-VO). Wird die ausschließliche Zuständigkeit eines Gerichts wirksam vereinbart, werden nicht **363**

1184 EuGH Slg. 1981, 819 Rn. 9, 11 = BeckRS 2004, 71596 – Blanckaert & Willems/Trost, zum EuGVÜ; EuGH ECLI:EU:C:2019:311 Rn. 33 = EuZW 2019, 431 – ZX/Ryanair DAC.

1185 EUGH ECLI:EU:C:2012:491 Rn. 48 = BeckRS 2012, 81474 – Mahamdia; ECLI:EU:C:2018:533 Rn. 59 = NZKart 2018, 357 – Lithuanian Airlines.

1186 EuGH ECLI:EU:C:2018:533 Rn. 63 = NZKart 2018, 357 – Lithuanian Airlines.

1187 Vgl. EuGH ECLI:EU:C:2019:311 Rn. 34 = EuZW 2019, 431 – ZX/Ryanair DAC (allg. zu einem Beförderungsvertrag).

1188 *Geimer* FS Kropholler, 2008, 777 (784).

1189 EuGH ECLI:EU:C:2015:335 Rn. 33 = GRUR Int 2015, 1176 – CDC/Akzo Nobel.

1190 So auch *Hess* WuW 2010, 493 (500); *Mäsch* IPRax 2005, 509 (512 f.); *Mankowski* WuW 2012, 947 (949 f.); *M. Weller* ZVglRWiss 112 (2013), 89 (101); *Tzakas,* Die Haftung für Kartellrechtsverstöße im internationalen Rechtsverkehr, 2011, 130; aA noch *Basedow/Heinze* FS Möschel, 2011, 63 (83 f.) für Fallkonstellation vor Inkrafttreten der Rom II-VO.

1191 EuGH ECLI:EU:C:2015:335 Rn. 25 = GRUR Int 2015, 1176 – CDC/Akzo Nobel.

1192 Näher dazu *Mäsch* WuW 2016, 285 (286 ff.); *W.-H. Roth* IPRax 2016, 318 (321); *A. Stadler* JZ 2015, 1138 (1142); *Wurmnest* NZKart 2017, 2 (6 f.).

1193 EuGH ECLI:EU:C:2015:335 Rn. 29 = GRUR Int 2015, 1176 – CDC/Akzo Nobel.

1194 EuGH ECLI:EU:C:2015:335 Rn. 32 = GRUR Int 2015, 1176 – CDC/Akzo Nobel.

1195 EuGH ECLI:EU:C:2015:335 Rn. 29 = GRUR Int 2015, 1176 – CDC/Akzo Nobel.

1196 *W.-H. Roth* IPRax 2016, 318 (323).

derogationsfeste Gerichtsstände verdrängt, sofern der Streit zwischen Parteien geführt wird, die von der Vereinbarung gebunden sind. Zudem muss die Gerichtsstandsklausel in sachlicher Hinsicht den Streit erfassen. Ob dies der Fall ist, bestimmt sich grundsätzlich nach dem anwendbaren Recht, welches allerdings europäisch überlagert wird.[1197] Art. 25 Brüssel Ia-VO verdrängt nach richtiger Ansicht nationale Derogationsverbote, etwa aus § 185 Abs. 2 GWB.[1198] Die Frage, ob eine Gerichtsstandsvereinbarung zugunsten eines drittstaatlichen Gerichts die Zuständigkeit der deutschen Gerichte wirksam derogieren kann, ist noch nicht abschließend geklärt. In neuerer Zeit hat diese Frage durch den Brexit neuen Auftrieb bekommen, da sich die Derogationswirkung einer Gerichtsstandsvereinbarung zugunsten eines Gerichts in Großbritannien seither nicht mehr nach der Brüssel Ia-VO bestimmt. Daher können nationale Derogationsverbote zum Tragen kommen. Während das LG Frankfurt a.M. in einem Zwischenurteil unter Verweis auf die ältere Rechtsprechung und die Lehre von einem ungeschriebenen Derogationsverbot ausgeht, das „abstrakt-generell" aus dem deutschen Kartellzivilprozessrecht folgt,[1199] hat das LG Düsseldorf[1200] eine Gerichtsstandsklausel zugunsten eines britischen Gerichts für wirksam erachtet, da es ein solches Verbot bezogen auf die Anwendung deutschen bzw. europäischen Kartellrechts durch britische Gerichte nicht mehr für zeitgemäß hält.

364 Nach der Rechtsprechung des EuGH im Fall CDC erfassen Klauseln, die sich in ganz abstrakter Weise auf Rechtsstreitigkeiten aus Kauf- oder Lieferverhältnissen beziehen (zB „Alle Ansprüche in Zusammenhang mit diesem Vertrag…"), in der Regel keine deliktischen Schadensersatzklagen wegen **Mitwirkung des Vertragspartners an einem Kartell,** wobei das nationale Gericht allerdings einen gewissen Auslegungsspielraum hat.[1201] Daher bleibt in diesen Fällen mangels wirksamer Derogation eine Klage am Deliktsgerichtsstand oder am Gerichtsstand der Streitgenossenschaft möglich. Anders liegen die Dinge, wenn die Parteien Ansprüche gegen den am Kartell beteiligten Vertragspartner ausdrücklich im Klauseltext des Vertrags erwähnen, da die in Art. 7 Nr. 1, 2, 4 Brüssel Ia-VO bzw. Art. 8 Nr. 1 Brüssel Ia-VO niedergelegten Gerichtsstände nicht derogationsfest sind.[1202] Auch wird man von einer Erstreckung der Gerichtsstandsabrede auf Schadensersatzansprüche gegen einen kartellbeteiligten Vertragspartner auszugehen haben, wenn die Vertragsbeziehung eine Kartellschadenspauschale oder eine Kartell-Compliance-Klausel enthält.[1203]

365 Die neuere Rechtsprechung hat die strenge CDC-Linie richtigerweise nicht auf alle Kartelldelikte erstreckt. Vielmehr hat der EuGH im Urteil Apple/MJA eine allgemein gehaltene Gerichtsstandsabrede des **Vertriebsvertrags** auf kartelldeliktische Ansprüche eines Händlers gegen seinen Lieferanten wegen **Verstößen gegen Art. 102 AEUV** erstreckt, weil die geltend gemachten kartelldeliktischen Ansprüche eng mit dem Vertragsverhältnis der Parteien verwoben waren, so dass eine **Bindung des Händlers** nicht als überraschend angesehen werden konnte.[1204] Dass der EuGH im Fall Wikingerhof Streitigkeiten über (vertraglich festgeschriebene) **Konditionenmissbräuche** als deliktische Streitigkeiten eingestuft hat (→ Rn. 259), führt nach richtiger Ansicht nicht dazu, dass mit dem Vertrag eng verwobene Ansprüche als außerhalb einer allgemein gehaltenen Gerichtsstandsklausel angesehen werden müssen.[1205] Auch GA Saugmandsgaard Øe hatte in den Schlussanträgen

---

[1197] Zu Einzelheiten vgl. *Wurmnest* in Nietsch/M. Weller, Private Enforcement: Brennpunkte kartellprivatrechtlicher Schadensersatzklagen, 2014, 75 (84 ff.).

[1198] Statt Vieler *Wäschle,* Die internationale Zuständigkeit für Schadensersatzklagen gegen Weltkartelle, 2017, 13 mwN, auch zur überholten Gegenauffassung.

[1199] LG Frankfurt a.M. NZKart 2023, 499 – Visa-System, unter Verweis auf OLG Stuttgart BeckRS 1990, 3364 Rn. 47. Aus der Lehre vgl. nur *Thole* NZKart 2024, 66 mwN.

[1200] LG Düsseldorf NZKart 2023, 689 (690) – Visa-System, unter Bezugnahme auf LG Kiel v. 5.8.2023 – 13 O 188/21.

[1201] EuGH ECLI:EU:C:2015:335 Rn. 69 f. = GRUR Int 2015, 1176 – CDC/Akzo Nobel; zust. *A. Stadler* JZ 2015, 1138 (1148 f.); gegen Einbeziehung auch *Vischer* FS Jayme, Bd. I, 2004, 993 (998); *H. I. Maier,* Marktortanknüpfung im internationalen Kartelldeliktsrecht, 2011, 166; aA *Lund,* Der Gerichtsstand der Streitgenossenschaft im europäischen Zivilprozessrecht, 2014, 328 f.; *Pfeiffer* Liber amicorum Wolfrum, Bd. II, 2012, 2057 (2065 f.); *Wäschle,* Die internationale Zuständigkeit für Schadensersatzklagen gegen Weltkartelle, 2017, 20 ff.; *Wurmnest* in Nietsch/M. Weller, Private Enforcement: Brennpunkte kartellprivatrechtlicher Schadensersatzklagen, 2014, 75 (88 ff.) (jeweils bezogen auf die Auslegung nach deutschem Recht).

[1202] EuGH ECLI:EU:C:2015:335 Rn. 71 = GRUR Int 2015, 1176 – CDC/Akzo Nobel; vgl. auch *Mankowski* WuW 2012, 947 (951) zu Art. 5, 6 Brüssel I-VO.

[1203] Näher dazu *Stammwitz,* Internationale Zuständigkeit bei grenzüberschreitenden Kartelldelikten, 2018, 427; Loewenheim/Meessen/Riesenkampff/Kersting/Meyer-Lindemann/*Wurmnest* GWB Anh. § 33a Rn. 34.

[1204] EuGH ECLI:EU:C:2018:854 Rn. 28 f. = BeckRS 2018, 25999 = JZ 2019, 141 mAnm *Mankowski* – Apple/MJA.

[1205] *Mankowski* LMK 2020, 434668 sub 3c; *Brand/Gehann* NZKart 2021, 101 (104); *Wurmnest* IPRax 2021, 340 (34 f.).

zum Fall Wikingerhof deutlich gemacht, dass die deliktische Einstufung von Klagen wegen Konditionenmissbräuchen nicht das Urteil Apple/MJA konterkariere, da allgemein gehaltene Gerichtsstandsvereinbarungen auch deliktische Ansprüche erfassen können, die einen hinreichenden Zusammenhang zum Vertrag aufweisen.[1206] Etwas überraschend hat der BGH daher in der Folgeentscheidung zum Fall Wikingerhof geurteilt, dass der vom klagenden Hotel geltend gemachte Unterlassungsanspruch wegen eines Konditionenmissbrauchs einer Buchungsplattform nur dann von einer allgemein gehaltenen Gerichtsstandsabrede erfasst werde, wenn deutliche Anhaltspunkte dafür bestehen, dass die Vertragsparteien die sachliche Reichweite der Gerichtsstandsvereinbarung auch auf solche vom Vertrag unabhängigen Ansprüche erstrecken wollten.[1207] Unter Zugrundelegung des niederländischen Rechts, dessen Regeln zur Auslegung von AGB laut BGH jedoch denen des deutschen Rechts gleichen, wurde eine Einbeziehung des kartellrechtlichen Unterlassungsanspruchs des Hotels gegen die Buchungsplattform verneint.[1208]

ff) Einstweilige Maßnahmen. Für einstweilige Maßnahmen eröffnet Art. 35 Brüssel Ia-VO im Interesse der Vollstreckungsnähe ein **zweispuriges Zuständigkeitssystem.** Die im Recht eines Mitgliedstaats vorgesehenen einstweiligen Maßnahmen einschließlich Sicherungsmaßnahmen können bei den Gerichten dieses Mitgliedstaats auch dann beantragt werden, wenn für die Entscheidung in der Hauptsache das Gericht eines anderen Mitgliedstaats zuständig ist. Somit kann die internationale Zuständigkeit für den einstweiligen Rechtsschutz nicht nur auf die Gerichtsstände der Brüssel Ia-VO gestützt werden, sondern auch auf diejenigen des nationalen Prozessrechts, einschließlich sog. exorbitanter Zuständigkeiten, die unter Geltung des Brüssel-Regimes ausgeschlossen sind, wie etwa § 23 ZPO.[1209] Der Antragsteller hat somit die Wahl zwischen den Gerichtsständen der Verordnung und denen des autonomen Rechts. Zum Schutz des Beklagten ist die grenzüberschreitende Vollstreckung von Maßnahmen, die von anderen Gerichten als denen des Hauptsacheverfahrens erlassen wird, allerdings stark eingeschränkt.[1210] **366**

Voraussetzungen, Form, Inhalt und Wirkung der einstweiligen Maßnahme ergeben sich aus dem Recht des angerufenen Gerichts.[1211] Im deutschen Recht fallen insbesondere **Arrest** (§ 916 ZPO) und **einstweilige Verfügung** (§ 935 ZPO) nebst Leistungs- bzw. Unterlassungsanordnung unter Art. 35 Brüssel Ia-VO.[1212] **367**

b) ZPO. aa) Allgemeines. Die **Brüssel Ia-VO** regelt die internationale Zuständigkeit für kartellprivatrechtliche Streitigkeiten (wie auch für andere von der Verordnung erfasste Zivil- und Handelssachen) **nicht abschließend.** Die Regeln des autonomen Rechts werden daher keinesfalls vollständig verdrängt. Sie bleiben nicht nur für Fälle ohne grenzüberschreitenden Bezug maßgeblich, sondern auch für Fälle, die das europäische Recht nicht erfasst. Bei internationalen Kartellstreitigkeiten vor einem deutschen Gericht kommen daher die nationalen Regeln zur Anwendung, wenn ein in einem Drittstaat ansässiges Unternehmen verklagt wird (sofern keine Ausnahme greift), keine Prorogation zu Gunsten eines EU-Gerichts vereinbart wurde und auch das LugÜ nicht greift. Die Zuständigkeit für solche Klagen bestimmt sich nach den allgemeinen Grundsätzen des internationalen Zivilprozessrechts. Im deutschen Recht **indiziert die örtliche Zuständigkeit** (§§ 12 ff. ZPO) grundsätzlich **die internationale Zuständigkeit,** wobei dies keine ganz starre Regel ist, da immer die Besonderheiten des internationalen Sachverhalts mitzuberücksichtigen sind.[1213] Dieser Ansatz greift auch für Kartellzivilprozesse.[1214] Die Gerichte haben die Zuständigkeitsregeln allerdings mit Blick auf die **Besonderheiten von Wettbewerbsbeschränkungen** zu konkretisieren.[1215] Eine deutsche internationale Zuständigkeit kann sich insbesondere in den nachfolgend genannten Konstellationen ergeben. **368**

bb) Niederlassungsgerichtsstand (§ 21 ZPO). Deutsche Gerichte sind nach § 21 ZPO für vermögensrechtliche Ansprüche gegenüber ausländischen Unternehmen international und örtlich **369**

1206 GA Saugmandsgaard Øe ECLI:EU:C:2020:688 Rn. 140 = BeckRS 2020, 22699 – Wikingerhof/Booking.com; aA OLG München GRUR-RR 2018, 265 Rn. 24 – Academic conditions.

1207 BGH GRUR 2021, 991 Ls. 3.

1208 BGH GRUR 2021, 991 Rn. 19 ff.

1209 Musielak/Voit/*A. Stadler/Krüger* Brüssel Ia-VO Art. 35 Rn. 1.

1210 Näher dazu Musielak/Voit/*A. Stadler/Krüger* Brüssel Ia-VO Art. 35 Rn. 3.

1211 OLG Düsseldorf NZKart 2019, 62 = BeckRS 2018, 33814 Rn. 44 – MQB-Hintersitzlehnen.

1212 OLG Düsseldorf NZKart 2019, 62 = BeckRS 2018, 33814 Rn. 44 – MQB-Hintersitzlehnen; Musielak/Voit/*A. Stadler/Krüger* Brüssel Ia-VO Art. 35 Rn. 2.

1213 Vgl. nur *Schack* IZVR Rn. 288.

1214 OLG Düsseldorf BeckRS 2011, 535 sub B.1.; KöKommKart/*Stoll/Holterhus* GWB § 130 Rn. 251 f.; Bunte/*C. Stadler* GWB § 185 Rn. 224.

1215 Immenga/Mestmäcker/*Rehbinder/v. Kalben* GWB § 185 Rn. 326.

zuständig, wenn das Unternehmen eine **Niederlassung im Inland** besitzt, von der aus unmittelbar Geschäfte geschlossen werden, sofern die Klage einen hinreichenden Bezug zum Geschäftsbetrieb dieser Dependance aufweist.

370 Eine **Niederlassung** ist eine Geschäftsstelle, die nicht lediglich vorübergehend gewerblich am Markt tätig wird. Sie muss ferner über eine gewisse **Selbständigkeit** verfügen, was der Fall ist, wenn sie durch eigenständige Entscheidung im Geschäftsverkehr tätig werden kann.[1216] Bei Produktionsanlagen ohne Verkaufstätigkeit[1217] oder reinen Agenturen[1218] greift § 21 ZPO daher nicht. Gleiches gilt für Vertriebshändler, die auf eigene Rechnung tätig werden.[1219] Erweckt das Stammhaus aber den Eindruck, eine Geschäftsstelle im Inland sei eine Niederlassung mit eigenständigen Befugnissen, so reicht der bloße Rechtsschein aus, um eine Zuständigkeit zu bejahen.[1220] Auch selbständige Tochtergesellschaften können Niederlassungen sein, nämlich dann, wenn sie auf Rechnung und im Namen ihrer Muttergesellschaften tätig werden[1221] oder sich auf Geheiß der Mutter zur Verwirklichung einer Wettbewerbsbeschränkung im Inland einspannen lassen, etwa im Wege der Weisung, einen kartellrechtswidrigen Vertrag abzuschließen.[1222]

371 Ein **hinreichender Bezug der Streitigkeit zur Geschäftstätigkeit der Niederlassung** liegt etwa vor, wenn die Dependance einen erheblichen Teil der Vertragsleistungen des Stammhauses erbringt[1223] oder sich an der Wettbewerbsbeschränkung beteiligt.[1224]

372 **cc) Gerichtsstand des Vermögens (§ 23 ZPO).** Besitzt das beklagte ausländische Unternehmen im Inland Vermögenswerte und weist der Streit einen hinreichenden Inlandsbezug auf (zB durch einen inländischen Wohnsitz des Klägers),[1225] kommt der **Gerichtsstand des Vermögens** gemäß § 23 ZPO in Betracht. Nach der älteren Rechtsprechung des BGH ist Vermögen jeder vorhandene (nicht: künftig zu erwerbende)[1226] „Gegenstand mit einem wenn auch nur geringen Geldwert, wobei nicht erforderlich ist, daß das Vermögensstück zur Befriedigung des Klägers ausreicht oder in angemessener Relation zum Streitwert des Prozesses steht".[1227] Allerdings hat der BGH eine Gerichtsstandseröffnung abgelehnt, „wenn ein schutzwürdiges und anzuerkennendes Interesse des Klägers an der Inanspruchnahme des angerufenen Gerichts schlechthin nicht besteht", was insbesondere dann der Fall ist, wenn das Vermögen so gering ist, dass der voraussichtliche Vollstreckungserlös noch nicht einmal die Kosten der Zwangsvollstreckung deckt.[1228] Das inländische Vermögen muss nach neuerer Rechtsprechung spätestens zum Zeitpunkt der letzten mündlichen Tatsachenverhandlung erworben worden sein.[1229] Ob dem Beklagten das im Inland belegene Vermögen zusteht, ist auf Grundlage der einschlägigen Regeln des IPR zu ermitteln.[1230]

373 **dd) Gerichtsstand des Erfüllungsortes (§ 29 ZPO).** Bei Streitigkeiten aus einem Vertragsverhältnis und über dessen Bestehen sind deutsche Gerichte nach § 29 Abs. 1 ZPO international zuständig, wenn es einen inländischen Erfüllungsort gibt. Diese Vorschrift erfasst **vertragsrechtliche Streitigkeiten,** die sich aus Verpflichtungsverträgen aller Art ergeben.[1231] Typische Konstellationen für die Anwendbarkeit von § 29 ZPO in Kartellzivilprozessen sind daher Fälle, in denen Feststellung begehrt wird, dass ein Vertrag wegen Verstoßes gegen das Kartellverbot nichtig ist, oder in denen versucht wird, die Erfüllung eines kartellrechtswidrigen Vertrages einzuklagen.[1232]

374 Maßgeblich für die Lokalisierung des Erfüllungsortes ist grundsätzlich die in der Sache **streitige Verpflichtung,** die wiederum an die verletzte Primärverbindlichkeit anknüpft.[1233] An welchem

---

[1216] BGH NJW 1987, 3081 (3082).
[1217] *Wurmnest* in Kamann/Ohlhoff/Völker, Kartellverfahren und Kartellprozess, 2017, § 31 Rn. 140 mwN.
[1218] BGH NJW 1987, 3081 (3082).
[1219] *Wurmnest* in Kamann/Ohlhoff/Völker, Kartellverfahren und Kartellprozess, 2017, § 31 Rn. 140 mwN.
[1220] BGH NJW 1987, 3081 f.; OLG Düsseldorf BeckRS 2011, 535 sub B. 1. a) aa) (2).
[1221] OLG Düsseldorf BeckRS 2011, 535 sub B. 1. a) aa) (1).
[1222] Immenga/Mestmäcker/*Rehbinder/v. Kalben* GWB § 185 Rn. 327; vgl. auch *Wäschle,* Die internationale Zuständigkeit für Schadensersatzklagen gegen Weltkartelle, 2017, 142.
[1223] OLG Düsseldorf BeckRS 2011, 535 sub B. 1. a) aa (2).
[1224] EuGH ECLI:EU:C:2018:533 Rn. 63 = NZKart 2018, 357 – Lithuanian Airlines, zur Brüssel Ia-VO.
[1225] Vgl. zu diesem Kriterium BGH NJW 1991, 3092 (3093); Immenga/Mestmäcker/*Rehbinder/v. Kalben* GWB § 185 Rn. 332.
[1226] OLG München IWRZ 2015, 37.
[1227] Vgl. BGH NJW 1991, 3092 (3093) mwN, dort offengelassen, ob alte Rspr. der Einschränkung bedarf.
[1228] BGH BeckRS 2005, 11442; vgl. auch OLG München IWRZ 2015, 37 (39).
[1229] So OLG München IWRZ 2015, 37 (38).
[1230] *Wurmnest* in Kamann/Ohlhoff/Völker, Kartellverfahren und Kartellprozess, 2017, § 31 Rn. 168.
[1231] BGH NJW 1996, 1411 (1412); Musielak/Voit/*Heinrich* ZPO § 29 Rn. 3.
[1232] Vgl. Immenga/Mestmäcker/*Rehbinder/v. Kalben* GWB § 185 Rn. 326.
[1233] Vgl. nur BGH NJW 2011, 2056 Rn. 29; NJW-RR 2013, 309 Rn. 13 f.

Ort die streitige Verpflichtung zu erfüllen ist, bestimmt sich auf Grundlage der **lex causae,** also nach demjenigen materiellen Recht, das die Regeln des Internationalen Privatrechts zur Anwendung berufen.[1234] Auf Grundlage des Vertragsstatuts kann dieser Ort entweder durch materiell-rechtliche Vorschriften oder durch (ausdrückliche oder konkludente) Parteivereinbarung bestimmt werden, wobei § 29 Abs. 2 ZPO zu beachten ist.[1235] Ein inländischer Leistungsort liegt vor, wenn die relevante Verpflichtung in Deutschland zu erbringen ist.

ee) Gerichtsstand der unerlaubten Handlung (§ 32 ZPO). Bei **Kartelldelikten** ist die Zuständigkeit aus § 32 ZPO von großer praktischer Bedeutung.[1236] Dem Gerichtsstand der unerlaubten Handlung unterfallen Klagen auf Schadensersatz wegen rechtswidriger Eingriffe in fremde Rechte.[1237] Deliktisch zu qualifizieren sind etwa Klagen von Abnehmern gegen Kartellanten wegen Schäden aus dem Bezug von Waren oder Dienstleistungen zu überhöhten Preisen, Ansprüche wegen Bezugs- oder Liefersperren oder Klagen wegen der Verletzung des Druckverbots.[1238] 375

Deutsche Gerichte sind **international und örtlich** zur Streitentscheidung befugt, wenn ein **inländischer „Begehungsort“** vorliegt, also entweder der Handlungs- oder der Erfolgsort des Delikts in Deutschland lokalisiert werden kann. Der deliktische Handlungsort liegt dort, wo der Täter das schadensbegründende Ereignis durch sein Handeln veranlasst hat, wobei bloße Vorbereitungshandlungen irrelevant sind.[1239] Der Erfolgsort kann an dem Ort lokalisiert werden, an dem das betroffene Rechtsgut durch den deliktischen Eingriff verletzt wurde.[1240] Zur Bestimmung der örtlichen Zuständigkeit hat der BGH im Einklang mit der EuGH-Judikatur (→ Rn. 356) den **Erfolgsort** für Vermögensschäden aus **horizontalen Kartellvereinbarungen** grundsätzlich am Sitz des Unternehmens lokalisiert, das aus der Absprache geschädigt wurde.[1241] Eine spätere Abtretung des Anspruchs ändert den auf diese Weise bestimmten Erfolgsort nicht.[1242] Bei **langfristigen Bezugsbindungen,** deren Kartellrechtswidrigkeit geltend gemacht wird, soll der Ort maßgeblich sein, an dem der Wettbewerbsnachteil eingetreten ist, so dass im Regelfall ein Gerichtsstand am Sitz des gebundenen Abnehmers eröffnet ist.[1243] 376

Besteht eine internationale Zuständigkeit deutscher Gerichte, kann bei Klagen gegen mehrere Beklagte mit verschiedenen allgemeinen Gerichtsständen in Deutschland, bei denen sich ein gemeinschaftlich bestehender Handlungs- oder Erfolgsort nicht feststellen lässt, durch einen Antrag auf Bestimmung des zuständigen Gerichts nach **§ 36 Abs. 1 Nr. 3 ZPO** oftmals eine Verfahrenskonzentration vor einem Gericht erreicht werden.[1244] 377

ff) Vereinbarungen über den Gerichtsstand (§§ 38, 40 ZPO). Gerichtsstandsvereinbarungen, die sich auf kartellrechtliche Streitigkeiten erstrecken und die Zuständigkeit von Gerichten in Drittstaaten prorogieren, werden in Deutschland sehr kritisch betrachtet. Die hM will verhindern, dass zwingendes Kartellrecht durch die Wahl eines ausländischen Gerichtsstands abbedungen werden kann (weil das ausländische Gericht etwa aufgrund einer einseitigen Kollisionsnorm möglicherweise allein ausländisches Kartellrecht anwenden wird, nicht aber das nach § 185 Abs. 2 GWB eigentlich berufene deutsche Recht gegen Wettbewerbsbeschränkungen). Daher wird die Möglichkeit der **Derogation deutscher Gerichtsstände** (anders als die Möglichkeit einer Prorogation deutscher Gerichte) **verneint.**[1245] Bisweilen wird einschränkend gefordert, das Derogationsverbot auf Klagen auf Erfüllung bzw. auf Feststellung des Bestehens eines Kartellvertrags zu beschränken.[1246] Mit der immer stärkeren globalen Verbreitung des Auswirkungsgedankens (→ Rn. 243), der zunehmenden 378

[1234] BGH NJW 2011, 2056 Rn. 29; NJW-RR 2013, 309 Rn. 15; *Wurmnest* in Kamann/Ohlhoff/Völker, Kartellverfahren und Kartellprozess, 2017, § 31 Rn. 168.

[1235] BGH NJW-RR 2013, 309 Rn. 13; *Wurmnest* in Kamann/Ohlhoff/Völker, Kartellverfahren und Kartellprozess, 2017, § 31 Rn. 152 f.

[1236] Vgl. nur BGH NJW 1980, 1224 (1225); GRUR 2019, 213 Rn. 18. Zu den Unterschieden des deutschen Tatortgerichtsstands zu Art. 7 Nr. 2 Brüssel Ia-VO s. *Wäschle,* Die internationale Zuständigkeit für Schadensersatzklagen gegen Weltkartelle, 2017, 138 ff.

[1237] Musielak/Voit/*Heinrich* ZPO § 32 Rn. 2.

[1238] *Wurmnest* in Kamann/Ohlhoff/Völker, Kartellverfahren und Kartellprozess, 2017, § 31 Rn. 157 mwN.

[1239] Stein/Jonas/*H. Roth* ZPO § 32 Rn. 28.

[1240] BGH NJW 1944, 1413 (1414); GRUR 2019, 213 Rn. 18.

[1241] BGH GRUR 2019, 213 Rn. 18.

[1242] BGH GRUR 2019, 213 Rn. 18.

[1243] Stein/Jonas/*H. Roth* ZPO § 32 Rn. 26.

[1244] Zu den Voraussetzungen s. BGH GRUR 2019, 213 Rn. 8 ff.

[1245] Vgl. → 7. Aufl. 2018, IntKartellR/IntWettbR Rn. 59 *(Immenga); Kegel/Schurig* IPR § 23 V 7; Bunte/*C. Stadler* GWB § 185 Rn. 236; *Wäschle,* Die internationale Zuständigkeit für Schadensersatzklagen gegen Weltkartelle, 2017, 144, je mwN.

[1246] Immenga/Mestmäcker/*Rehbinder/v. Kalben* GWB § 185 Rn. 338.

Anerkennung der Befugnis von Gerichten, über private Kartellrechtstreitigkeiten entscheiden zu dürfen und der sich immer stärker verbreitenden Erkenntnis, dass Kollisionsnormen auch im Kartellrecht zweiseitig ausgestaltet werden müssen, wird man in Zukunft aber darüber nachzudenken haben, wie lange ein solch umfassendes Derogationsverbot noch sachgerecht ist. Im Zuge des **Brexit** ist dieser Streit virulent geworden. Nach dem Austritt Großbritanniens hat das LG Frankfurt a.M.[1247] in Zusammenhang mit einer Klage gegen das Visa-Kartenzahlungssystem geurteilt, dass eine Vereinbarung zugunsten eines britischen Gerichts die internationale Zuständigkeit der deutschen Gerichte nicht derogieren könne, wohingegen das LG Düsseldorf[1248] die gegenteilige Ansicht vertreten hat, da es in Bezug auf Großbritannien ein Derogationsverbot ablehnt (→ Rn. 363).

379 **gg) Schiedsvereinbarungen.** Richtigerweise wird man die Derogation deutscher Gerichte durch eine Schiedsvereinbarung nicht verwerfen dürfen, selbst wenn die Parteien einen **Schiedsort im EU-Ausland** bestimmen. Dass Kartellstreitigkeiten schiedsfähig sind, wird in Europa heute nicht mehr bestritten.[1249] In der Praxis dominieren Fälle, in denen über die Vereinbarkeit von Verträgen mit dem Kartellrecht und damit über deren Wirksamkeit gestritten wird. Die Beschränkung der Kartellschiedsgerichtsbarkeit in § 91 GWB aF, nach der für bestimmte Kartellrechtsstreitigkeiten die Anrufung der ordentlichen Gerichte gestattet werden musste, wurde mit dem Schiedsverfahren-Neuregelungsgesetz vom 22.12.1997 (BGBl. 1997 I 3224 [3239]) aufgehoben. Grundsätzlich richtet sich die Zulässigkeit der Derogation nach dem Recht des derogierten Gerichts. Nach deutschem Recht steht **§ 95 GWB der Wahl eines (ausländischen) Schiedsgerichts nicht entgegen,** da nach modernem Rechtsverständnis auch im Schiedsverfahren Kartellrecht angewendet werden kann.[1250] Dementsprechend hat ein deutsches Gericht eine Klage nach § 1032 ZPO als unzulässig abzuweisen, wenn die Einrede der Schiedsgerichtsbarkeit wirksam erhoben wurde.[1251]

380 Grundsätzlich ist streng zwischen der **Abrede über die Schiedsgerichtsbarkeit** und dem **Hauptvertrag** (Kaufvertrag, Vertriebsabrede etc) zu trennen (vgl. § 1040 Abs. 1 S. 2 ZPO). Die Unwirksamkeit des Hauptvertrages wegen eines Verstoßes gegen das Kartellrecht (§ 1 GWB, Art. 101 Abs. 2 AEUV) tangiert die Wirksamkeit der Schiedsabrede nicht.[1252] Ist diese wirksam geschlossen worden, muss somit das Schiedsgericht über die Streitigkeit entscheiden.

381 Noch nicht abschließend geklärt ist die Frage, wie Schiedsklauseln formuliert sein müssen, um **Schadensersatzansprüche wegen der Beteiligung des Vertragspartners an einem horizontalen Kartell** zu erfassen. Das LG Dortmund hat im Einklang mit der wohl hM im Schrifttum geurteilt, dass sowohl enge als auch weite Schiedsklauseln (zB „alle Ansprüche aus diesem Vertrag"; „alle Ansprüche in Zusammenhang mit diesem Vertrag") solche Ansprüche erfassen, da sie mit vertraglichen Ansprüchen konkurrieren können (str.).[1253]

382 **3. Durchführung des Verfahrens bei internationalen Sachverhalten. a) Zustellung. aa) Grundlagen.** Grundsätzlich bestimmt die lex fori, ob und an welche Personen in einem Verfahren ein Dokument zugestellt (vgl. § 166 ZPO) werden muss. Dagegen kann die Frage, **in welcher Form die Zustellung** bei grenzüberschreitenden Sachverhalten zu erfolgen hat, durch europäisches bzw. internationales Recht geregelt werden.[1254]

383 Zu unterscheiden ist zwischen In- und Auslandszustellung. Auch bei Fällen mit Auslandsberührung kann unter bestimmten Voraussetzungen in zulässiger Weise eine **Zustellung im Inland** erfolgen. Dies ist etwa der Fall, wenn die Klage auf § 21 ZPO gestützt wird. In dieser Konstellation kann die Zustellung an den inländischen Leiter der Niederlassung (§ 170 Abs. 2 ZPO) ebenso wie die Ersatzzustellung an eine sonstige in den Geschäftsräumen beschäftigte Person (§ 178 Abs. 1 Nr. 2

[1247] LG Frankfurt a.M. NZKart 2023, 499 – Visa-System, unter Verweis auf OLG Stuttgart BeckRS 1990, 3364 Rn. 47.

[1248] LG Düsseldorf NZKart 2023, 689 (690) – Visa-System, unter Bezugnahme auf LG Kiel v. 5.8.2023 – 13 O 188/21.

[1249] Vgl. nur BGHZ 46, 365 (368) = GRUR 1967, 378 (381 f.) – Schweißbolzen, zum deutschen Recht; *Hilbig,* Das gemeinschaftsrechtliche Kartellverbot im internationalen Handelsschiedsverfahren, 2006, 87 ff., *Blanke/Nazzini* Global Competition Litigation Review 2008, 46 (50 ff.); *Wurmnest* FS Kronke, 1637 (1639).

[1250] Immenga/Mestmäcker/*Rehbinder/v. Kalben* GWB § 185 Rn. 340 f. mwN, auch zur überholten Gegenauffassung.

[1251] Vgl. nur LG Dortmund BeckRS 2017, 127622 Rn. 9.

[1252] BGH GRUR 1969, 501 (504) – Fruchtsäfte; *Eilmannsberger* SchiedsVZ 2006, 5 (7).

[1253] LG Dortmund NZKart 2017, 604 Rn. 21 ff.; für weite Auslegung auch *Thole* ZWeR 2017, 133 (142 f.); *Weitbrecht* SchiedsVZ 2018, 159 (160 ff.); *Wurmnest* FS Kronke, 2020, 1637 (1642 ff.); *Schley,* Die Anwendbarkeit von Schiedsvereinbarungen auf Kartellschadensersatzansprüche, 2022, 258 ff.; *Wiegandt* ZWeR 2022, 185 (198 ff.); aA *Funke* WuW 2017, 624; *Petrasincu/Westerhoff* WuW 2017, 585 (588 ff.); *A. Wolf* IPRax 2018, 594 (596 ff.).

[1254] *Wurmnest* in Kamann/Ohlhoff/Völker, Kartellverfahren und Kartellprozess, 2017, § 32 Rn. 2.

ZPO) gegen das ausländische Stammhaus wirken.[1255] Auch sind unter bestimmten Voraussetzungen Zustellungen an inländische Zustellungsbevollmächtigte möglich (§ 184 ZPO). Bei anhängigen Verfahren hat die Zustellung gemäß § 172 ZPO an den inländischen Prozessbevollmächtigten der ausländischen Partei zu erfolgen.

bb) EuZVO. Zustellungen zwischen EU-Mitgliedstaaten unterliegen den Regelungen der Europäischen Zustellungsverordnung, die seit dem **1.7.2022** in der Neufassung **(EuzVO nF).**[1256] Über einen Staatsvertrag gelten diese Regeln auch für **Dänemark.**[1257] Das HZÜ (→ Rn. 388 ff.) sperrt die Ausarbeitung regionaler Regelungen nicht und wird im innereuropäischen Verkehr durch die EuZVO nF verdrängt, soweit deren Anwendungsbereich eröffnet ist (Art. 29 Abs. 1 EuZVO nF). Die EuZVO erfasst **Zivil- und Handelssachen** (Art. 1 Abs. 1 EuZVO nF), zu denen auch Kartellzivilprozesse gehören.[1258] Ist die **Adresse des Zustellungsadressaten nicht zu ermitteln** (vgl. aber Art. 7 EuZVO nF), kommen die Zustellungsmöglichkeiten der lex fori zur Anwendung (Art. 1 Abs. 2 EuZVO nF), etwa die Zustellung durch Bekanntmachung nach § 185 Abs. 1 Nr. 1 ZPO. Die Verordnung gilt auch nicht für die **Zustellung eines Schriftstücks an den Bevollmächtigten einer Partei** in einem anhängigen Verfahren (vgl. Erwägungsgrund 6 EuZVO nF). Insofern bleibt ebenfalls die lex fori maßgeblich. 384

Das europäische Zustellungsrecht sieht als vornehmlichen Übermittlungsweg die Zustellung über ein System dezentraler Übermittlungs- und Empfangsstellen vor (Art. 3 EuZVO nF). Diese werden durch eine (oder mehrere) Zentralstellen, die jeder Staat einzurichten hat, unterstützt (Art. 4 EuZVO nF). Daneben ist unter bestimmten Voraussetzungen die Zustellung auf konsularischem bzw. diplomatischem Weg (Art. 16 EuZVO nF) oder durch konsularische bzw. diplomatische Vertreter bzw. Bedienstete (Art. 17 EuZVO nF) möglich, doch handelt es sich dabei um antiquierte Wege, die faktisch „totes Recht" sind, da sie heute nicht mehr gewählt werden.[1259] Unter bestimmten Voraussetzungen ermöglicht die EuZVO nF auch eine Zustellung durch Postdienste (Art. 18 EuZVO) bzw. eine unmittelbare Zustellung (Art. 20 EuZVO nF) sowie die Zustellung unter Rückgriff auf elektronische Mittel (Art. 19 EuZVO nF). 385

Die EuZVO nF sieht (wie schon die Vorgänger-VO) **keinen Ordre-public-Vorbehalt** vor, so dass die Empfangsstelle lediglich zu prüfen hat, ob das Ersuchen in den Anwendungsbereich der Verordnung fällt und die formellen Voraussetzungen eingehalten sind (Art. 10 Abs. 3 EuZVO nF). Ist dies der Fall, so stellt sie das Schriftstück nach dem Recht des Empfangsmitgliedstaats zu oder – wenn die Übermittlungsstelle ein besonderes Verfahren gewünscht hat – nach diesem Verfahren, sofern es mit dem Recht des Empfangsmitgliedstaats vereinbar ist (Art. 11 Abs. 1 EuZVO nF). 386

Der Empfänger kann die **Annahme des Schriftstücks verweigern** bzw. es innerhalb einer Woche an die Empfangsstelle zurücksenden, wenn es weder in einer **Sprache** abgefasst bzw. übersetzt ist, die er versteht, noch in einer Sprache, die Amtssprache des Empfangsmitgliedstaats ist (Art. 10 Abs. 1 EuZVO nF). Allerdings muss **nicht unbedingt das ganze Dokument übersetzt** werden. Für die Zustellung des verfahrenseinleitenden Schriftstücks muss jedoch derjenige Teil übersetzt werden, der für das Verständnis von Gegenstand und Grund des Antrags unerlässlich ist. Andernfalls ist der Prozessgegner nicht in der Lage, seine Rechte im Verfahren geltend zu machen. Anlagen mit reiner Beweisfunktion müssen dagegen nicht zwingend übersetzt werden.[1260] Zudem kann die Zustellung eines Schriftstücks, dessen Annahme aus Sprachgründen verweigert wurde, dadurch geheilt werden, dass dem Empfänger nach Maßgabe dieser Verordnung das Schriftstück zusammen mit einer Übersetzung in einer der maßgeblichen Sprachen zugestellt wird (Art. 10 Abs. 5 EuZVO nF). 387

[1255] Immenga/Mestmäcker/*Rehbinder/v. Kalben* GWB § 185 Rn. 348; Bunte/*C. Stadler* GWB § 185 Rn. 247.

[1256] VO (EU) 2020/1784 des Europäischen Parlaments und des Rates vom 25.11.2020 über die Zustellung gerichtlicher und außergerichtlicher Schriftstücke in Zivil- oder Handelssachen in den Mitgliedstaaten (Zustellung von Schriftstücken) (Neufassung), ABl. EU 2020 L 405, 40. Zuvor galt die VO (EG) 1393/2007 des Europäischen Parlaments und des Rates vom 13.11.2007 über die Zustellung gerichtlicher und außergerichtlicher Schriftstücke in Zivil- oder Handelssachen in den Mitgliedstaaten („Zustellung von Schriftstücken") und zur Aufhebung der Verordnung (EG) Nr. 1348/2000 des Rates, ABl. EU 2007 L 324, 79.

[1257] Abkommen zwischen der Europäischen Gemeinschaft und dem Königreich Dänemark über die Zustellung gerichtlicher und außergerichtlicher Schriftstücke in Zivil- oder Handelssachen, ABl. EU 2005 L 300, 55.

[1258] Bunte/*C. Stadler* GWB § 185 Rn. 249 zu Art. 1 HZÜ; *Wurmnest* in Kamann/Ohlhoff/Völker, Kartellverfahren und Kartellprozess, 2017, § 32 Rn. 9.

[1259] *Schlosser/Hess,* 4. Aufl. 2015, EuZVO Art. 12 Rn. 1: „toter Buchstabe".

[1260] Zum Ganzen EuGH ECLI:EU:C:2008:264 Rn. 73 = NJW 2008, 1721 – Ingenieurbüro Weiss und Partner GbR/IHK Berlin.

388 **cc) HZÜ.** Zustellungen aus und in Drittstaaten, die Mitgliedstaaten des Haager Zustellungsübereinkommens von 1965 (HZÜ)[1261] sind (ua China, Deutschland, Japan, Kanada, Korea, Russland, die Schweiz, die USA[1262]), unterliegen den Regelungen dieses völkerrechtlichen Abkommens. Es gilt für Zustellungen in Zivil- und Handelssachen und setzt voraus, dass die Adresse des Empfängers bekannt ist (Art. 1 HZÜ). Kartellprivatrechtliche Streitigkeiten sind **Zivil- und Handelssachen,** selbst wenn punitive oder treble damages eingeklagt werden.[1263] In der Praxis ordnen aber zumindest einige Zustellungsbehörden Klagen auf Grundlage sog. „split-recovery-statutes", nach denen ein Teil des Ersatzes an eine öffentliche Stelle fließt, nicht als Zivil- und Handelssache ein. Ob ein Schriftstück zum **Zweck der Zustellung ins Ausland** zu übermitteln ist, bestimmt sich grundsätzlich nach der lex fori, wenngleich das HZÜ bestimmte Zustellungsarten wie die remise au parquet zurückdrängen wollte.[1264] Unter Geltung des HZÜ stehen den Gerichten bzw. den Parteien allerdings im Vergleich zum EuZVO-Regime deutlich mehr Wege offen, eine (fiktive) Inlandszustellung nach der lex fori vorzunehmen.

389 Das HZÜ sieht als zentralen Übermittlungsweg ein eher schwerfälliges System der Zustellung über eine **Zentrale Behörde** im Empfangsstaat vor (Art. 3 HZÜ), wobei Bundesstaaten auch verschiedene Zentrale Behörden einrichten dürfen. Wird eine formale Zustellung angestrebt, muss das zuzustellende Schriftstück in die bzw. eine Amtssprache des Empfangsstaats **übersetzt** werden, sofern der ersuchte Staat dies verlangt (Art. 5 HZÜ). In Deutschland gilt dieses Übersetzungserfordernis unabhängig davon, ob der Empfänger das Schriftstück auch ohne Übersetzung verstehen würde (§ 3 HZÜAG). Neben der Zustellung durch die Zentrale Behörde erlaubt das HZÜ unter bestimmten Umständen eine Zustellung unter Einbeziehung der konsularischen bzw. diplomatischen Vertretungen (Art. 8, 9 HZÜ). Zudem können nach Art. 10 HZÜ Schriftstücke per Post (lit. a) oder im Wege der Direktzustellung zwischen Justizpersonen bzw. auf Veranlassung der Prozessparteien (lit. b, lit. c) zugestellt werden, doch hat Deutschland gegen diese Zustellungsarten in zulässiger Weise einen Vorbehalt eingelegt (§ 6 S. 2 HZÜAG). Damit ist aber nicht gesagt, dass diese Übermittlungswege in andere HZÜ-Staaten von Deutschland aus gesperrt sind, sofern diese keinen Vorbehalt gegen die in Art. 10 HZÜ genannten Zustellungswege eingelegt haben (str.).[1265]

390 Anders als die EuZVO sieht das HZÜ einen **Ordre-public-Vorbehalt** vor. Nach Art. 13 HZÜ kann die Erledigung eines Zustellungsantrags abgelehnt werden, wenn der ersuchte Staat das Ersuchen für geeignet hält, seine Hoheitsrechte oder seine Sicherheit zu gefährden. Diese Vorschrift ist äußerst restriktiv auszulegen.[1266] Eine Zustellung ist nach Ansicht des BVerfG allein dann zu verweigern, wenn das Klageziel ganz offenkundig **unverzichtbare Grundsätze eines freiheitlichen Rechtsstaats** verletzt.[1267] Allein aufgrund der geforderten Klagesumme kann dies nicht festgestellt werden,[1268] so dass auch verfahrenseinleitende Schriftstücke, in denen sehr **hohe Klageforderungen** (treble damages etc) niedergelegt sind, in Deutschland zugestellt werden müssen.[1269] Nur wenn der ausländische Prozess „in einer offenkundig missbräuchlichen Art und Weise genutzt wird, um eine Forderung durchzusetzen, die – jedenfalls in ihrer Höhe – keine substanzielle Grundlage hätte, der Beklagte mit dem angegriffenen Verhalten offensichtlich nichts zu tun hat oder erheblicher publizistischer Druck aufgebaut wird, um ihn zu einem ungerechtfertigten Vergleich zu drängen", kann mit Blick auf Art. 13 HZÜ die Zustellung verweigert werden.[1270] In der Praxis ist es aber – soweit ersichtlich – noch nicht vorgekommen, dass die Berufung auf solche Umstände tatsächlich zu einer Nichtzustellung einer Kartelldeliktsklage geführt hat. Wird die im Ausland erhobene Klage

---

1261 Übereinkommen vom 15.11.1965 über die Zustellung gerichtlicher und außergerichtlicher Schriftstücke in Zivil- und Handelssachen, BGBl. 1977 II 1453; Gesetz zur Ausführung des Haager Übereinkommens vom 15. November 1965 über die Zustellung gerichtlicher und außergerichtlicher Schriftstücke im Ausland in Zivil- oder Handelssachen und des Haager Übereinkommens vom 18. März 1970 über die Beweisaufnahme im Ausland in Zivil- oder Handelssachen (HZÜAG) vom 22.12.1977, BGBl. 1977 I 3105.

1262 Die HZÜ-Vertragsstaaten sind abrufbar unter: www.hcch.net.

1263 OLG Celle BeckRS 2006, 9152 Rn. 18 f.; OLG Düsseldorf NJW-RR 2010, 573 (574); *Wurmnest* in Kamann/Ohlhoff/Völker, Kartellverfahren und Kartellprozess, 2017, § 32 Rn. 24 mwN; aA OLG Koblenz NJOZ 2005, 3122.

1264 Grdl. Volkswagen Aktiengesellschaft v. Schlunk, 486 U.S. 694 (1988).

1265 *Nagel/Gottwald* IntZivilProzR, 8. Aufl. 2020, § 8 Rn. 8.118; *Wurmnest* in Kamann/Ohlhoff/Völker, Kartellverfahren und Kartellprozess, 2017, § 32 Rn. 34; aA *Kondring* RIW 1996, 722 (723); Immenga/Mestmäcker/*Rehbinder/v. Kalben* GWB § 185 Rn. 350.

1266 Vgl. nur OLG Düsseldorf NJW-RR 2010, 573 (575).

1267 BVerfG NJW 2003, 2598 (2599); 2007, 3709 (3710); 2013, 990 Rn. 13.

1268 BVerfG NJW 2013, 990 Rn. 14.

1269 *Hopt/Kulms/v. Hein,* Rechtshilfe und Rechtsstaat, 2006, 141; *Wurmnest* in Kamann/Ohlhoff/Völker, Kartellverfahren und Kartellprozess, 2017, § 32 Rn. 36.

1270 BVerfG NJW 2013, 990 Rn. 13 mwN.

auf eine aus deutscher Perspektive **exorbitante Zuständigkeitsregel** gestützt, greift der Ordre public ebenfalls nicht. In einem solchen Fall wird der Schutz des Beklagten über § 328 Abs. 1 Nr. 1 ZPO sichergestellt. Ein Urteil, das in diesem Verfahren ergeht, kann in Deutschland nicht vollstreckt werden, so dass für eine Verweigerung der Zustellung kein Bedürfnis besteht.[1271]

Führt die Zustellung nach den Regeln des HZÜ nicht zum Erfolg, kann als letztes Mittel eine **Zustellung durch öffentliche Bekanntmachung** (§ 185 Nr. 3 ZPO) erfolgen. In einem solchen Fall sollten die Gerichte allerdings zudem versuchen, dem Prozessgegner formlos das Schriftstück durch Brief, Fax oder Email zu übermitteln, um die Chancen zu erhöhen, dass der Adressat tatsächlich Kenntnis vom Verfahren erlangt. Hierin liegt nach richtiger Ansicht keine Verletzung der ausländischen Souveränität.[1272] **391**

b) Beweisaufnahme über die Grenze. aa) Grundlagen. Die lex fori entscheidet, ob eine Beweisaufnahme notwendig und ob diese im Inland oder im Ausland durchzuführen ist.[1273] Um eine gerichtliche Beweisaufnahme im Ausland vornehmen zu können, bedarf es grundsätzlich der Zustimmung des ausländischen Staates.[1274] Unabhängig davon können allerdings bestimmte Maßnahmen des Gerichts völkerrechtlich zulässig sein, die auf die Verlagerung von Beweismitteln in das Inland hinwirken,[1275] damit dort die Beweisaufnahme stattfinden kann (Urkundenimport, Mitbringen von Zeugen etc), und zwar auch im Geltungsbereich des Europäischen Rechts bzw. völkerrechtlicher Abkommen.[1276] Völkerrechtlich unbedenklich ist es zB, **ausländischen Parteien** ohne Androhung von Zwang aufzuerlegen, freiwillig vor Gericht zu erscheinen oder im Ausland befindliche Dokumente im Inland vorlegen zu lassen.[1277] Gerichte können auch einen **Sachverständigen** im Ausland bitten, ein Gutachten anzufertigen, wenn dieser zur Mitarbeit bereit ist. Es verletzt nach richtiger Ansicht auch nicht die Souveränität des ausländischen Staates, wenn ein gerichtlich bestellter Sachverständiger ohne Anwendung von Zwang (und ohne Mithilfe ausländischer Behörden) im Ausland einen Sachverhalt ermittelt.[1278] **392**

bb) EuBVO. Die Europäische Beweisverordnung **(EuBVO** nF),[1279] die in der geänderten Fassung seit dem 1.7.2022 gilt, regelt die gerichtliche Beweisaufnahme in anderen EU-Staaten. Die Verordnung gilt nicht in Bezug auf Dänemark (Erwägungsgrund 38 EuBVO nF), auch nicht über den Umweg eines völkerrechtlichen Vertrags. Die EuBVO-Ausführungsvorschriften sind in §§ 1072 ff. ZPO niedergelegt, ergänzend gelten die §§ 55 ff., 127 ff. ZRHO. Den Mitgliedstaaten steht es frei, weitere Abkommen zur Erleichterung der Beweisaufnahme zu schließen (Art. 29 Abs. 2 EuBVO nF), die der Verordnung vorgehen können. Im innereuropäischen Rechtsverkehr (ohne Dänemark) geht die EuBVO nF dem Haager Beweisaufnahmeübereinkommen von 1970 (→ Rn. 399 ff.) vor (Art. 29 Abs. 1 EuBVO nF). **393**

Die EuBVO erfasst allein **Zivil- und Handelssachen** (Art. 1 Abs. 1 EuBVO nF), zu denen auch Kartellzivilprozesse gehören. Insofern kann auf die Ausführungen zum gleichlautenden Begriffspaar in der EuZVO nF verwiesen werden (→ Rn. 384). **394**

Um Beweisaufnahme darf nur ersucht werden, wenn die Beweise zur Verwendung in einem bereits eingeleiteten oder zu eröffnenden gerichtlichen Verfahren bestimmt sind (Art. 1 Abs. 2 EuBVO nF). Die **Ausforschung** des Prozessgegners (sog. „fishing expeditions") im Rahmen einer **395**

1271 *Wurmnest* in Kamann/Ohlhoff/Völker, Kartellverfahren und Kartellprozess, 2017, § 32 Rn. 39; iErg auch Immenga/Mestmäcker/*Rehbinder/v. Kalben* GWB § 185 Rn. 352.

1272 Immenga/Mestmäcker/*Rehbinder/v. Kalben* GWB § 185 Rn. 363; *Wurmnest* in Kamann/Ohlhoff/Völker, Kartellverfahren und Kartellprozess, 2017, § 32 Rn. 7.

1273 *Wurmnest* in Kamann/Ohlhoff/Völker, Kartellverfahren und Kartellprozess, 2017, § 32 Rn. 93 mwN.

1274 Vgl. nur *Coester-Waltjen* FS Schlosser, 2005, 147 (155).

1275 *Daoudi,* Extraterritoriale Beweisbeschaffung im deutschen Zivilprozeß, 2000, 56 ff.

1276 Näher dazu *A. Müller,* Grenzüberschreitende Beweisaufnahme im Europäischen Justizraum, 2004, 145 ff., bezogen auf die extraterritoriale Beweisbeschaffung im Europäischen Justizraum; *Berger* IPRax 2001, 522 (527) zum HBÜ; vgl. auch *Wurmnest* in Kamann/Ohlhoff/Völker, Kartellverfahren und Kartellprozess, 2017, § 32 Rn. 86 je mwN.

1277 *Schack* IZVR Rn. 852.

1278 *Nagel/Gottwald* IntZivilProzR, 8. Aufl. 2020, § 9 Rn. 9.148; *Wurmnest* in Kamann/Ohlhoff/Völker, Kartellverfahren und Kartellprozess, 2017, § 32 Rn. 90 je mwN; zur EuBVO EuGH ECLI:EU:C:2013:87 Rn. 41 ff. = EuZW 2013, 313 – ProRail/Xpedys; aA noch *A. Müller,* Grenzüberschreitende Beweisaufnahme im Europäischen Justizraum, 2004, 158.

1279 VO (EU) 2020/1783 des Europäischen Parlaments und des Rates vom 25.11.2020 über die Zusammenarbeit zwischen den Gerichten der Mitgliedstaaten auf dem Gebiet der Beweisaufnahme in Zivil- oder Handelssachen (Beweisaufnahme) (Neufassung), ABl. EU 2020 L 405, 1. Zuvor galt die VO (EG) 1206/2001 des Rates vom 28.5.2001 über die Zusammenarbeit zwischen den Gerichten der Mitgliedstaaten auf dem Gebiet der Beweisaufnahme in Zivil- oder Handelssachen, ABl. EU 2001 L 174, 1.

pre-trial discovery ist nach einer Erklärung des Rates zur Vorgängerverordnung nicht zulässig.[1280] Das ersuchende Gericht muss daher das **Beweisthema und die Beweismittel hinreichend genau bezeichnen.**[1281]

396 Die EuBVO nF regelt verschiedene Arten der Beweisaufnahme über die Grenze. Zum Ersten kann das ersuchende Gericht ein ausländisches Pendant bitten, die Beweisaufnahme durchzuführen und das Ergebnis zu übermitteln. Bei dieser Form der **„aktiven Rechtshilfe"** kann sich das **ersuchende Gericht** unter Verwendung standardisierter Formblätter **direkt an das zuständige ausländische Gericht richten** (Art. 3 EuBVO nF). Welches Gericht im ausländischen Staat zuständig ist, kann das ersuchende Gericht dem Europäischen Justizportal entnehmen.[1282] Einzelheiten des **Verfahrens** sind in Art. 5 ff. EuBVO nF geregelt. Die Beweisaufnahme findet nach dem Recht des ersuchten Gerichts statt, außer das ersuchende Gericht hat um eine andere Form gebeten, die nach dem Recht des ersuchten Gerichts statthaft ist und die auch praktisch durchgeführt werden kann (Art. 12 Abs. 2, 3 EuBVO nF). Das ersuchte Gericht kann die **Erledigung des Gesuchs** nur in eng umrissenen Ausnahmefällen **ablehnen,** die in Art. 16 EuBVO nF genannt sind (Aussageverweigerungsrecht des Zeugen, formale Mängel des Antrags etc).

397 Zum Zweiten kann der ersuchte Staat **„passive Rechtshilfe"** gewähren, indem er dem ersuchenden Gericht gestattet, die Beweisaufnahme im Ausland durchführen. Dazu muss das ersuchende Gericht unter Verwendung eines Formblatts einen Antrag bei der **Zentralstelle des ersuchten Mitgliedstaats** stellen (Art. 19 Abs. 1 EuBVO nF). Die Zentralstelle kann bestimmte **Bedingungen** (zB Ort der Vernehmung, Beiziehung von Dolmetschern etc)[1283] für die Beweisaufnahme durch das ersuchende Gericht festlegen (Art. 19 Abs. 4 EuBVO). Eine **Ablehnung** des Gesuchs auf Durchführung einer Beweisaufnahme ist statthaft, wenn das Ersuchen nicht in den Anwendungsbereich der Verordnung fällt, unvollständig ist oder die beantragte unmittelbare Beweisaufnahme wesentlichen Rechtsgrundsätzen des ersuchten Mitgliedstaats zuwiderläuft (Art. 19 Abs. 5 EuBVO). Wird dem Ersuchen stattgegeben, hat das ersuchende Gericht dennoch **nicht die gleichen Rechte** wie die Gerichte im ersuchten Mitgliedstaat. Daher kann es die Beweisaufnahme nur auf **freiwilliger Grundlage und ohne Zwangsmaßnahmen** durchführen (Art. 19 Abs. 2 EuBVO).

398 Eine unmittelbare Beweisaufnahme muss aber nicht zwingend durch das ersuchende Gericht im Ausland durchgeführt werden. Bei der Befragung von Zeugen oder anderen Personen im Ausland ist bei entsprechendem Antrag auch eine Beweisaufnahme per **Videokonferenz** oder über andere Fernkommunikationsmittel möglich (Art. 20 EuBVO). Das ersuchende Gericht muss daher nicht in den anderen Staat reisen, sondern kann in diesem Fall von seinem Sitz aus die Beweisaufnahme im Ausland durchführen, wobei der ersuchte Staat ggf. Hilfestellung leistet, etwa bei der Suche nach Dolmetschern. Unter bestimmten Voraussetzungen ist auch eine Beweisaufnahme im Ausland unter Einschaltung von **Bediensteten diplomatischer oder konsularischer Vertretungen** möglich (Art. 21 EuBVO).

399 **cc) HBÜ.** Im internationalen Rechtsverkehr kommt dem **Haager Beweisaufnahmeübereinkommen** von 1970 (HBÜ) eine gewisse Bedeutung zu.[1284] Dieses erlaubt einer gerichtlichen Behörde eines Vertragsstaats, in **Zivil- und Handelssachen** die zuständige Behörde eines anderen Vertragsstaats zu ersuchen, eine Beweisaufnahme oder eine andere gerichtliche Handlung vorzunehmen (Art. 1 Abs. 1 HBÜ). Zivilrechtliche Kartellstreitigkeiten fallen unter das Abkommen, selbst wenn punitive oder treble damages eingeklagt werden.[1285] Vertragsstaaten des HBÜ sind ua China, Deutschland, Dänemark, Japan, Kanada, die Schweiz, Südafrika und die USA.[1286] Soweit die EuBVO greift, kommt das HBÜ im innereuropäischen Verkehr nicht zur Anwendung (→ Rn. 393).

400 Der klassische Weg der grenzüberschreitenden Beweisaufnahme nach dem HBÜ ist die **Beweisaufnahme durch ausländische Stellen,** die über die **Zentrale Behörde** des ersuchten Staats zu beantragen ist (Art. 2 HBÜ). Das Rechtshilfeersuchen muss in der **Sprache** der ersuchten Behörde abgefasst oder von einer Übersetzung in diese Sprache begleitet sein. Sofern ein Vertragsstaat keinen Vorbehalt eingelegt hat, hat er auch Ersuchen in französischer oder englischer Sprache zu akzeptieren

---

[1280] Dokument des Rates Nr. 10571/01 vom 4.7.2001, 16; zu Einzelheiten Rauscher/*v. Hein,* 5. Aufl. 2022, EuBVO Art. 1 Rn. 36 ff.

[1281] *Hess,* Europäisches Zivilprozessrecht, 2. Aufl. 2021, § 4 Rn. 36.

[1282] S. https://beta.e-justice.europa.eu/374/DE/taking_evidence (zuletzt abgerufen am 30.6.2022).

[1283] *Berger* IPRax 2001, 522 (526); *Wurmnest* in Kamann/Ohlhoff/Völker, Kartellverfahren und Kartellprozess, 2017, § 32 Rn. 103.

[1284] Haager Übereinkommen vom 18.3.1970 über die Beweisaufnahme im Ausland in Zivil- und Handelssachen, BGBl. 1977 II 1472; HBÜ-Ausführungsgesetz vom 22.12.1977, BGBl. 1977 I 3105.

[1285] OLG München RIW 1981, 555 (556); Immenga/Mestmäcker/*Rehbinder/v. Kalben* GWB § 185 Rn. 355.

[1286] Sämtliche Vertragsstaaten sind abrufbar unter: www.hcch.net.

(Art. 4 HBÜ). In Deutschland müssen Rechtshilfeersuchen, die durch das Amtsgericht zu erledigen sind, in deutscher Sprache abgefasst oder von einer Übersetzung ins Deutsche begleitet sein (§ 9 HZÜAG). Das Rechtshilfeersuchen wird nach dem **Recht des ersuchten Vertragsstaats** erledigt. Hat das ersuchende Gericht eine **besondere Form der Beweisaufnahme** beantragt, die im ersuchten Staat statthaft ist (zB Wortlautprotokolle von Zeugenaussagen),[1287] ist diesem Gesuch nachzukommen, es sei denn, es ist mit dem Recht des ersuchten Staates nicht zu vereinbaren oder nach der gerichtlichen Übung im ersuchten Staat oder wegen tatsächlicher Schwierigkeiten unmöglich (Art. 9 HBÜ). Die Parteien können bei der Beweisaufnahme anwesend sein (Art. 7 HBÜ). Gleiches gilt für Mitglieder des ersuchenden Gerichts (Art. 8 HBÜ), wobei hierzu allerdings oftmals eine Zustimmung des ersuchten Staates notwendig ist (so in Deutschland s. § 10 HZÜAG). Der **Zeugenschutz** wird über den Meistbegünstigungsgrundsatz gewährleistet (Art. 11 HBÜ). Ein Beweisaufnahmegesuch kann lediglich dann abgelehnt werden, wenn die Erledigung des Ersuchens im ersuchten Staat nicht in den Bereich der Gerichtsgewalt fällt oder der ersuchte Staat die Erledigung für geeignet hält, seine Hoheitsrechte oder seine Sicherheit zu gefährden (Art. 12 HBÜ). Dieser **Ordre-public-Vorbehalt** ist wie sein Pendant im HZÜ (→ Rn. 390) eng auszulegen. Ein Ersuchen kann daher nur abgelehnt werden, wenn eine offensichtliche Verletzung unverzichtbarer Grundsätze des freiheitlichen Rechtsstaats droht,[1288] was nicht schon dann der Fall ist, wenn hohe Klagesummen (treble damages etc) gefordert werden.[1289]

Neben dem Weg über die Zentralen Behörden eröffnet das Abkommen in eingeschränktem Umfang **weitere Wege der Beweisaufnahme** im Ausland. So kann eine Beweisaufnahme durch Einschaltung konsularischer oder diplomatischer Vertreter oder Beauftragter möglich sein (Art. 15–17 HBÜ), doch können die Vertragsstaaten zahlreiche Vorbehalte einlegen (für Deutschland s. §§ 11–13 HZÜAG). **401**

Nach Art. 23 HBÜ kann jeder Vertragsstaat bei Ratifikation erklären, dass er Rechtshilfeersuchen nicht erledigen wird, die sich auf Verfahren der **„pre-trial discovery of documents"** beziehen. Deutschland hat wie viele andere Civil-Law-Jurisdiktionen, von diesem Vorbehalt Gebrauch gemacht, vor allem um inländische Beklagte vor den Auswüchsen des US-amerikanischen Systems der Dokumentenvorlage zu schützen. Allerdings hat der Gesetzgeber im Jahr 2022 den Vorbehalt abgeschwächt (§ 14 HZÖAG nF).[1290] Zudem hat die Gerichtspraxis Zeugenbefragungen im Zuge von Pre-trial-discovery-Verfahren auch schon vor der Vorbehaltsänderung zugelassen.[1291] Ganz allgemein kommt dem deutschen Vorbehalt gegen solche Verfahren in der Praxis keine große Bedeutung zu, weil die US-amerikanischen Gerichte mangels Exklusivität des HBÜ mittlerweile dazu übergegangen sind, von Rechtshilfeanträgen abzusehen und direkt auf Grundlage der Federal Rules of Civil Procedure die Vorlage von im Ausland belegenen Dokumenten zu verlangen.[1292] Um Nachteile im Prozess zu vermeiden, werden diese Anordnungen von den Parteien in der Regel erfüllt.[1293] Zudem können auch Parteien ausländischer Streitigkeiten Anträge auf Offenlegung von Dokumenten vor US-amerikanischen Gerichten stellen.[1294] **402**

4. Exkurs: Verfahrensfragen bei der behördlichen Durchsetzung von GWB-Verboten. **403**
a) Grundlagen. Im Recht der **Kartellordnungswidrigkeiten** werden durch § 185 Abs. 2 GWB die in den §§ 5, 7 OWiG normierten allgemeinen Regeln des internationalen Rechts der Ordnungswidrigkeiten verdrängt.[1295] Ohne Rücksicht auf den Handlungsort kann sich im Inland ordnungswidrig auswirkendes Verhalten gemäß §§ 81 ff. GWB geahndet werden. Dabei ist hinsichtlich der selbständigen Bedeutung des § 185 Abs. 2 GWB nach dem jeweiligen Charakter des Tatbestands zu differenzieren:

Betrifft der Verstoß einen selbständigen materiellen Tatbestand (zB §§ 19, 20 GWB), so ist **gesondert** zu prüfen, ob sich das ordnungswidrige Verhalten im Inland auswirkt.[1296] Allerdings ist insoweit an die Grundsätze der jeweiligen materiellrechtlichen Tatbestände anzuknüpfen. **404**

1287 *Wurmnest* in Kamann/Ohlhoff/Völker, Kartellverfahren und Kartellprozess, 2017, § 32 Rn. 115 mwN.

1288 OLG Karlsruhe BeckRS 2017, 137506 Rn. 15.

1289 OLG Celle NJW-RR 2008, 78 (79) zu punitive damages; *Schlosser/Hess*, 4. Aufl. 2015, HBÜ Art. 12 Rn. 1.

1290 Vgl. Gesetz v. 24.6.2022, BGBl. 2022 I 959.

1291 OLG Celle NJW-RR 2008, 78 (80 f.); OLG Karlsruhe BeckRS 2017, 137506 Rn. 15.

1292 Zur mangelnden Exklusivität s. Société Nationale Industrielle Aérospatiale v. US District Court for the Southern District of Iowa, 482 U.S. 522 (540 f.) (1987); dazu *Reufels/Scherer* IPRax 2005, 456.

1293 *Brand* NJW 2012, 1116 (1119); *Wurmnest* in Kamann/Ohlhoff/Völker, Kartellverfahren und Kartellprozess, 2017, § 32 Rn. 124.

1294 Zu den Voraussetzungen Intel Corp. v. Advanced Micro Devices, Inc., 542 U.S. 241 (264 f.) (2004); Heraeus Kulzer GmbH v. Biomet, 633 F.3d 591 (7th Cir. 2011); näher dazu *Schönknecht* GRUR 2011, 1000; *Roffman/Emer/Kräft* GWR 2018, 323.

1295 *Schwartz*, Deutsches Internationales Kartellrecht, 2. Aufl. 1968, 174; *Kegel/Schurig* IPR § 23 V 3.

1296 Immenga/Mestmäcker/*Rehbinder/v. Kalben* GWB § 185 Rn. 310 f.

405 Demgegenüber besteht bei der Ahndung von Verstößen gegen verwaltungsrechtliche Ge- und Verbote (zB § 81 Abs. 2 Nr. 2, 5, 6 GWB) eine **strenge Akzessorietät** zwischen den kartellverwaltungsrechtlichen Tatbeständen und denen der Kartellordnungswidrigkeiten. Eine gesonderte Prüfung der Inlandsauswirkung des ordnungswidrigen Verhaltens ist hier nicht erforderlich. Voraussetzung ist aber, dass der zuvor ergangene Kartellverwaltungsakt formell bestandskräftig ist.[1297]

406 **b) Internationale Zuständigkeit.** Im Gegensatz zur Zuständigkeit bei Zivilprozessen besteht im Verwaltungs- und Bußgeldverfahren ein **„Gleichlauf"** zwischen Anwendbarkeit des Gesetzes und internationaler Zuständigkeit.[1298] Die deutschen Kartellbehörden und Gerichte sind immer dann international zuständig, wenn deutsches materielles Recht anwendbar ist, dh eine Wettbewerbsbeschränkung mit Inlandsauswirkung gemäß § 185 Abs. 2 GWB vorliegt. Sind Anhaltspunkte dafür gegeben, dass die verwaltungs- und ordnungsrechtlichen Vorschriften des GWB anwendbar sind, kann die Kartellbehörde ein Verfahren einleiten und durchführen. Gewisse **Einschränkungen,** zumindest bei der Ausübung des durch das Opportunitätsprinzip eingeräumten Ermessens, sind allerdings geboten, wenn die Betroffenen überhaupt keine persönlich-örtliche Beziehung zum Inland haben.[1299]

407 **c) Ermittlungsbefugnisse.** Die Kartellbehörde kann wegen des völkerrechtlichen Territorialitätsprinzips **keine hoheitlichen Ermittlungen** im Ausland vornehmen.[1300] Bei nicht-hoheitlichen Ermittlungen ist zu differenzieren (str.):[1301] Ausgeschlossen sind Ermittlungen unter dem Namen „Kartellbehörde", wie zB die Bitte um freiwillige Gewährung der Akteneinsicht oder die Vernehmung aussagewilliger Zeugen. Hierdurch handelte die Kartellbehörde unter Berufung auf die anerkannte Autorität eines Hoheitsträgers. Nach ganz hM darf eine Behörde daher auch nicht-hoheitliche Ermittlungen, die auch von Privatpersonen durchgeführt werden könnten, nicht außerhalb des Rechtshilfewegs im Ausland durchführen.[1302] Erlaubt ist lediglich die Information aus allgemein zugänglichen Quellen (Literaturauswertung, Testkäufe), da hierbei der Anschein eines Hoheitsträgers nicht erweckt wird.[1303] Auskünfte über die **wirtschaftlichen Verhältnisse ausländischer Gesellschaften** ohne inländische Töchter können von ausländischen Behörden im Rahmen von Übereinkommen zur Rechtshilfe abgefragt werden.[1304] Auch sind **Auskunftsersuchen an ausländische Unternehmen** völkerrechtlich zulässig, solange es um die Vorlage von Auskünften oder Dokumenten im Inland geht.[1305] Probleme ergeben sich, wenn die Durchsetzung mit Abwehrgesetzen oÄ des ausländischen Rechts kollidieren. In einem solchen Fall hat die Behörde das Interesse an der vollständigen Sachverhaltsermittlung und die Intensität des Eingriffs in ausländische Interessen abzuwägen.[1306]

408 **d) Allgemeines Verfahren.** Ausländische Unternehmen, zB Kartellaußenseiter, können gemäß § 54 Abs. 2 Nr. 3 GWB zum Verfahren **beigeladen** werden, da ihre Betätigungsfreiheit im inländischen Markt durch das GWB geschützt wird.[1307]

409 Bei Verwaltungs- und Bußgeldverfahren gegen ausländische Beteiligte ohne inländische Aktivität ist nur für die **Abschlussverfügung eine förmliche Zustellung nach § 61 Abs. 1 GWB** erforderlich. Benennt ein Unternehmen mit Sitz außerhalb des Geltungsbereichs des GWB keinen Zustellungsbevollmächtigten, kann die Zustellung durch Bekanntmachung im Bundesanzeiger bewirkt werden. In der Praxis hat dies für ausländische Konzernmütter Bedeutung erlangt, da eine Zustellung an die inländische Tochter nach hM unwirksam ist.[1308] Darüber hinaus kommt eine

---

[1297] Zum Ganzen Immenga/Mestmäcker/*Rehbinder/v. Kalben* GWB § 185 Rn. 310 f.

[1298] *Kegel/Schurig* IPR § 23 V 7; Immenga/Mestmäcker/*Rehbinder/v. Kalben* GWB § 185 Rn. 344.

[1299] Immenga/Mestmäcker/*Rehbinder/v. Kalben* GWB § 185 Rn. 346; weitergehend *Schwartz,* Deutsches Internationales Kartellrecht, 2. Aufl. 1968, 158 ff.

[1300] Ausf. hierzu *Wiedemann* in Wiedemann KartellR-HdB § 5 Rn. 17 ff.; Immenga/Mestmäcker/*Rehbinder/v. Kalben* GWB § 185 Rn. 384.

[1301] Ausf. dazu Immenga/Mestmäcker/*Rehbinder/v. Kalben* GWB § 185 Rn. 384 ff. mwN.

[1302] Bunte/*C. Stadler* GWB § 185 Rn. 257; Immenga/Mestmäcker/*Rehbinder/v. Kalben* GWB § 185 Rn. 386; *Wiedemann* in Wiedemann KartellR-HdB § 5 Rn. 58 mwN; aA noch *Stockmann,* WuW 1975, 243 (246).

[1303] Immenga/Mestmäcker/*Rehbinder/v. Kalben* GWB § 185 Rn. 384 ff.

[1304] Dazu *Schmidt-Hermesdorf* RIW 1986, 180 ff.

[1305] KöKommKart/*Stoll/Holterhus* GWB § 130 Rn. 268.

[1306] Bunte/*C. Stadler* GWB § 185 Rn. 256; KöKommKart/*Stoll/Holterhus* GWB § 130 Rn. 269.

[1307] Vgl. allg. KG WuW/E OLG, 2686 (2687 f.).

[1308] KG WuW/E OLG, 2411 (2416 f.) – Synthetischer Kautschuk I; Loewenheim/Meessen/Riesenkampff/Kersting/Meyer-Lindemann/*Stockmann* GWB § 185 Abs. 2 Rn. 70 („wohl zu verneinen"); KöKommKart/*Stoll/Holterhus* GWB § 130 Rn. 276; einschränkend Immenga/Mestmäcker/*Rehbinder/v. Kalben* GWB § 185 Rn. 364.

Zustellung im Wege der Rechtshilfe in Betracht, die oftmals in bilateralen Staatsverträgen geregelt ist.[1309]

e) Rechtliche Wirkungen im Ausland. Rechtliche Wirkungen im Ausland können deutsche kartellrechtliche Entscheidungen nur entfalten, wenn sie vom betreffenden Staat anerkannt werden.[1310] Wegen des **Grundsatzes der Territorialität** können inländische Hoheitsakte nur im Inland vollstreckt werden, was bei vorhandenem Vermögen im Inland unproblematisch ist. Für eine **Vollstreckung im Ausland** bedarf es völkerrechtlicher bzw. unionsrechtlicher Rechtsakte oder einer auf andere Weise erklärten Zustimmung des ausländischen Staates. In der Praxis haftet das Vermögen einer inländischen Tochtergesellschaft für die Muttergesellschaft.[1311] Inländische Herausgeber eines Bulletins mit unzulässigen Konditionenempfehlungen wurden als Anstifter oder Gehilfe verfolgt, auch wenn der ausländische Täter nicht belangt werden konnte.[1312] 410

III. Internationalisierung im Wettbewerbsrecht[1313]

1. Bilaterale Abkommen. a) Zielsetzungen und Entwicklungen. Mit der zunehmenden Globalisierung der Märkte sind durch wettbewerbsbeschränkendes Verhalten regelmäßig **mehrere Jurisdiktionen** betroffen und damit ihre Kartellbehörden. Da unterschiedliche wettbewerbspolitische Konzepte und Rechtsdurchsetzungsmaßstäbe bestehen, sind abweichende, teilweise sich widersprechende Entscheidungen zu erwarten.[1314] Durch bilaterale völkerrechtliche Abkommen über die Zusammenarbeit der Kartellbehörden können mögliche **Konflikte,** etwa bei extraterritorialer Rechtsanwendung oder ausländischer Ermittlungstätigkeit, vermindert werden.[1315] 411

Hierzu hat sich ein **Netz solcher Abkommen entwickelt,** zumeist zwischen Staaten mit einer starken Interaktion ihrer Märkte.[1316] Gegenstand solcher Vereinbarungen sind die wechselseitige Notifizierung wettbewerbsbeschränkenden Verhaltens, der zumeist mit Geheimhaltungspflichten verbundene Informationsaustausch und die Koordinierung der Rechtsverfolgung. In der Praxis kommt dem Abkommen zwischen der Europäischen Gemeinschaft und den Vereinigten Staaten die wichtigste Rolle zu (→ Rn. 419 ff.). 412

Zwischen den Vereinigten Staaten und Kanada entstand schon früh ein kartellrechtliches Übereinkommen (Fulton-Rogers Understanding, 1959), das aber weniger eine Rechtsdurchsetzungskooperation enthielt als vielmehr eine Verbesserung der Kommunikation.[1317] Es bildete die Grundlage für alle weiteren kartellrechtlichen Abkommen der Vereinigten Staaten und war teilweise für die OECD-Empfehlungen maßgebend. Im Zuge des Kampfs gegen internationale Kartelle wurde zwischen den Vereinigten Staaten und Deutschland 1976 ein Abkommen geschlossen,[1318] das insbesondere den Informationsaustausch erfasste. Hinzu kam 1980 ein Abkommen mit Frankreich,[1319] das im Wege der Konsultation eine gegenseitige Einbeziehung staatlicher Interessen gewährleisten sollte. Das erste Abkommen zwischen den Vereinigten Staaten und der Europäischen Gemeinschaft folgte 1991 und wurde 1995 und 1998 erneuert und erweitert (→ Rn. 419). An ihm orientiert sich auch das 1999 zwischen der Europäischen Gemeinschaft und Kanada getroffene Abkommen.[1320] 413

b) Regelungsinhalte. Die unterschiedlichen Beweggründe für bilaterale Abkommen haben dazu geführt, dass diese zwar ähnliche Gesichtspunkte betreffen, die konkrete Reichweite der Regelungen aber voneinander abweicht. 414

1309 Näher dazu KöKommKart/*Stoll/Holterhus* GWB § 130 Rn. 275.
1310 Dazu Immenga/Mestmäcker/*Rehbinder/v. Kalben* GWB § 185 Rn. 398.
1311 BKartA Tätigkeitsbericht 1971, 38.
1312 BKartA WuW/E, 845.
1313 Dieser Abschnitt beruht maßgeblich auf den Ausführungen *U. Immengas,* der diesen Teil der Kommentierung bis zur 7. Auflage verfasst hat.
1314 Bekannte Beispiele sind die Fälle Boeing/McDonell-Douglas (dazu *Kovacic* Antitrust Law Journal 2001, 805) und GE/Honeywell (dazu *Akbar* World Competition 2002, 403 ff.).
1315 Zu bilateralen Abkommen insgesamt *Basedow,* Weltkartellrecht, 1998, 33 ff.; *Mestmäcker/Schweitzer* EuWettbR § 7 Rn. 120 ff.; sowie die Beiträge in *Terhechte,* Internationales Kartell- und Fusionskontrollverfahrensrecht, 2008, 2019 ff.
1316 Vgl. dazu *Slot* ECLRev 2015, 391.
1317 *Stark* in Jones/Matsushita, Competition Policy in the Global Trading System, 2002, 83 (84).
1318 Deutsch-amerikanisches Abkommen vom 23.7.1976 über die Zusammenarbeit in Bezug auf restriktive Geschäftspraktiken, BGBl. 1976 II 1711; dazu *Mozet,* Internationale Zusammenarbeit der Kartellbehörden, 1991, 51 ff.
1319 Deutsch-französisches Abkommen vom 28.5.1984 über die Zusammenarbeit in Bezug auf wettbewerbsbeschränkende Praktiken, BGBl. 1984 II 785; dazu *Mozet,* Internationale Zusammenarbeit der Kartellbehörden, 1991, 64 ff.
1320 ABl. EG 1999 L 175, 50.

415 Eine effiziente Durchsetzung eines Kartellrechts, insbesondere bei Auslandssachverhalten, kann nur bei einer ausreichenden Kenntnis der Märkte und der Unternehmenssituation erfolgen. Somit war der erste Beweggrund für ein kartellrechtliches bilaterales Abkommen der **Informationsaustausch** zwischen den Behörden. Ihm kommt in nahezu jedem anderen Abkommen ebenfalls eine herausgehobene Stellung zu. Die regelmäßig vereinbarte Reziprozität sichert eine angemessene Informationslage für beide Seiten. Grundsätzlich werden neben allgemein verfügbaren Informationen, wie Gerichts- oder Behördenentscheidungen sowie Statistiken, auch Einzelfragen erfasst, wie Marktanalysen und Erhebungen der jeweiligen Wettbewerbsbehörden.

416 Zahlreiche Rechtsordnungen sehen typischerweise **Geheimhaltungspflichten** für bestimmte Informationen vor, die von betroffenen Unternehmen übermittelt werden (vertrauliche Unternehmensdaten). Bilaterale Abkommen sehen für diese Fälle gesonderte Einschränkungen vor. Ausnahmen gelten bei einer ausdrücklichen Zustimmung der Unternehmen, die regelmäßig ein Interesse an einem schnellen Verfahren haben. Die Abkommen können auch Regeln zur Auslegung des Begriffs „Geschäftsgeheimnis" enthalten.

417 Gegenstand der Abkommen ist auch die Frage der wechselseitigen Rücksichtnahme auf die Interessen anderer Staaten. Es wird festgelegt, in welcher Form „comity" zu berücksichtigen ist. In der extrateritorrialen Anwendung können die jeweiligen Wettbewerbsbehörden zum einen angewiesen werden, keine Maßnahmen zu ergreifen, die den Interessen des anderen Staates entgegenstehen (sog. „negative comity"). Zum anderen kann auch das Recht vereinbart werden, die andere Partei zum Tätigwerden aufzufordern, wenn sie von einer extraterritorial verursachten Wettbewerbsbeschränkung betroffen ist (sog. „positive comity"). In der Mehrzahl der Abkommen beschränken sich die Staaten allerdings nur auf die sog. „negative comity".

418 Zur Abstimmung über die Zuständigkeit und zur Vermeidung sich widersprechender Entscheidungen können auch **Konsultationen** im Vorfeld einer Entscheidung vorgesehen werden. Auf diesem Weg sind Interessen eines anderen Staates hinreichend früh zu berücksichtigen. Darüber hinausgehend kann angeordnet werden, dass die Wettbewerbsbehörden ihr Handeln koordinieren und gegebenenfalls gemeinsam vorgehen. Dieses kann sicherstellen, dass tatsächlich keine Entscheidungen erfolgen, die diametrale Verpflichtungen des betroffenen Unternehmens auslösen. Zwischen Australien und Kanada geht die Kooperation so weit, dass eine gemeinsame Zuständigkeit für beide Hoheitsgebiete besteht, wobei insoweit gleiche wettbewerbspolitische Konzepte vorauszusetzen sind.[1321] Eine vergleichbare Koordination erfolgt zwischen der EU und der EFTA, wo eine alleinige Zuständigkeit der Europäischen Kommission für den gesamten EWR besteht.

419 **c) Das Beispiel EU/USA.** Das Abkommen der EU mit den USA wurde 1991 durch die Europäische Kommission abgeschlossen. Da der EuGH wenig später eine Kompetenzüberschreitung feststellte, war 1995 eine leicht veränderte Form, jetzt unter Beteiligung des Rats, zu unterzeichnen.[1322] Ergänzung fand es 1998, als Regeln zur Anwendung der positive comity eingefügt wurden.[1323]

420 Das Abkommen dürfte in der Praxis die **bedeutendste Rolle spielen** und kann auch in seiner Ausdifferenzierung als besonders instruktiv angesehen werden. In dem Abkommen ist unter anderem vereinbart, sich gegenseitig zu benachrichtigen, wenn die Rechtsverfolgung in einem Land gewichtige Interessen des anderen berühren könnte. Diese Konsultation ist eine Gelegenheit, etwaige negative Auswirkungen der von der anderen Seite geplanten Maßnahmen auf eigene gewichtige Interessen hin einschätzen zu können. Auch der für das Verfahren vorgesehene Zeitplan kann besprochen werden. Der Konfliktvermeidung dient, hier wohl erstmals formuliert, **„negative comity".** Art. VI Abkommen EG/USA soll dazu führen, entgegenstehende Interessen zu berücksichtigen. Insoweit handelt es sich in begrenzter Form um einige Kriterien, die bereits unter dem Gesichtspunkt des **balancing tests** eine Rolle gespielt hatten. Das gilt etwa für die Fragen, wo das bedeutendste wettbewerbsschädigende Verhalten stattgefunden hat, welche der Parteien davon am meisten betroffen ist und in welchem Maß die Rechtsverfolgung und -durchsetzung im Ausland die Interessen der anderen Partei beeinträchtigen würde. Bemerkenswert ist die Forderung, dass das von einer Seite geltend gemachte gewichtige Interesse grundsätzlich in einem bereits existenten Rechtssatz oder in einer politischen Erklärung enthalten sein müsse.

1321 *Böge/Kijewski* RIW 2001, 401 (403).

1322 Beschluss des Rates und der Kommission vom 10.4.1995 über den Abschluß des Abkommens zwischen den Europäischen Gemeinschaften und der Regierung der Vereinigten Staaten von Amerika über die Anwendung ihrer Wettbewerbsregeln, ABl. EG 1995 L 95, 45; zur Entstehungsgeschichte Immenga/Mestmäcker/*Völcker* EU-WettbR EU-US Rn. 15.

1323 Abkommen zwischen den Europäischen Gemeinschaften und der Regierung der Vereinigten Staaten von Amerika über die Anwendung der „Positive Comity"-Grundsätze bei der Durchsetzung ihrer Wettbewerbsregeln, ABl. EG 1998 L 173, 28 = WuW 1998, 857.

Darüber hinaus wurde in Art. V Abkommen EG/USA erstmals das Prinzip der **„positive comity"** eingeführt. Dieses erlaubt einer Partei, deren vitale Interessen durch wettbewerbswidrige Praktiken im Zuständigkeitsgebiet der anderen Partei berührt werden, letztere zur Einleitung geeigneter Maßnahmen aufzufordern. Dabei ist zu berücksichtigen, dass damit keine Bindung der anderen Partei entsteht, sie ist vielmehr in ihrem Ermessen frei, eine konkrete Maßnahme zu ergreifen. Dieser Ansatz erfordert eine strengere Anwendung des jeweils geltenden nationalen Rechts auf die internationalen Aktivitäten der eigenen Unternehmen. Fehlen jedoch entsprechende Verbote, wie bei Exportkartellen, bleibt er ohne Wirkung.[1324] 421

Die Ergänzung zur „positive comity" im Abkommen von 1998[1325] ist in ihrer Formulierung verbindlicher. Jede Partei kann durch die andere aufgefordert werden, bei einem wettbewerbswidrigen Verhalten zu ermitteln und dieses – falls es angezeigt ist – zu beseitigen. Die Zusammenschlusskontrolle ist insoweit ausgenommen (Art. II Abs. 4 „Positive Comity"-Grundsätze-Abkommen EG/USA). Jedes begründete Ersuchen (reasonable request) kann Grundlage für ein Tätigwerden der anderen Seite sein. Das hiermit angezeigte Vorgehen ist in seinem Verfahren vorgeschrieben, indem neben der umfassenden Ermittlung und einer Abhilfemaßnahme auch Informations- und Konsultationspflichten festgelegt sind. Wesentliches Element ist aber die in Art. IV „Positive Comity"-Grundsätze-Abkommen EG/USA vorgesehene Aussetzung- und Aufschubregelung. Hiernach setzt die ersuchende Partei ihr eigenes Verfahren im Vertrauen auf das Vorgehen des Ersuchten aus. Der Informationsfluss beschränkt sich bei vertraulichen Informationen auf ausdrücklich autorisierte Daten, die nur zu diesem Zweck verwendet werde dürfen. 422

d) Bedeutung. Die Kooperation der Kartellbehörden vermittelt trotz begrenzter Möglichkeiten wichtige Erfahrungen im Umgang mit grenzüberschreitenden Wettbewerbsbeschränkungen. Die Zunahme bilateraler Vereinbarungen führt auch kartellrechtlich bisher eher unterentwickelte Staaten an internationale Wettbewerbsfragen heran. Dadurch wird die Entwicklung nationalen Kartellrechts in seiner materiellrechtlichen Ausformung und Durchsetzung gefördert. Zu größerer Effizienz bestehender Vereinbarungen tragen Klauseln nach dem Muster der Art. V und VI Abkommen EG/USA bei. Die Zahl der Abkommen ist in der jüngeren Vergangenheit beträchtlich gestiegen. Zudem gehen die Inhalte der einzelnen Abkommen immer weiter. Die von allen Seiten geäußerten Erfahrungen sind als im Wesentlichen positiv zu bezeichnen.[1326] Herausgehoben wird zudem die Verbesserung des Verständnisses für die Funktion der jeweils anderen Rechtsordnung.[1327] Gleichzeitig sei es möglich, in der Gestaltung der einzelnen Abkommen nationale Besonderheiten in hinreichendem Maße zu berücksichtigen.[1328] 423

2. Internationalisierung von Rechtsregeln. a) Erste Ansätze. Über die bilateralen Ansätze hinaus wird erkannt, dass die zunehmende Globalisierung des Wettbewerbs mit einer entsprechenden **internationalen Ordnung** beantwortet werden sollte. Die Havanna-Charta, bereits 1948, UNCTAD und OECD sind hier zu nennen.[1329] Die materiellen Wertungen können darüber hinaus herangezogen werden, wenn eine Rechtsordnung mit Generalklauseln arbeitet wie zB „Treu und Glauben" oder „die guten Sitten". Hier bestehen Beurteilungsspielräume, die es ermöglichen, die Auslegung im Einzelfall zu ermöglichen. Der UN-RBP-Code seinerseits ist in Gesetzgebungen praktisch nicht berücksichtigt worden. Nur wenige Entwicklungsländer, die gerade durch diesen Code angesprochen sein sollten, haben ihn in nationales Recht umgesetzt. 424

b) Entwicklung in der WTO. Wie jede multilaterale Regelung bedarf auch eine internationale Wettbewerbsordnung eines Forums, einer dem System Halt gebenden Institutionalisierung. In Betracht kommt hierfür insbesondere die Anfang 1995 errichtete Welthandelsorganisation (World Trade Organisation – WTO), deren Gründung eines der Ergebnisse der Uruguay-Runde von 1994 war. Als Nachfolgerin[1330] des GATT umfasst die WTO das teilweise revidierte Zoll- und Handelsabkommen (GATT 94), die Vereinbarung über den internationalen Dienstleistungsverkehr (General Agreement on Trade in Services – GATS) sowie das Abkommen über den Schutz der geistigen Eigentumsrechte (Agreement on Trade-Related Aspects of Intellectual Pro- 425

1324 *Immenga* FS Kantzenbach, 1996, 155 (163).

1325 Hierzu vgl. *Gollan* WuW 1998, 696; *Buchmann,* Positive Comity im internationalen Kartellrecht, 2004.

1326 *Pitofsky* in Jones/Matsushita, Competition Policy in the Global Trading System, 2002, 53 ff.; *Stark* in Jones/Matsushita, Competition Policy in the Global Trading System, 2002, 83 ff.; *Monti* in Jones/Matsushita, Competition Policy in the Global Trading System, 2002, 69 (76 f.).

1327 *Monti* in Jones/Matsushita, Competition Policy in the Global Trading System, 2002, 69, 76 f.

1328 *Stark* in Jones/Matsushita, Competition Policy in the Global Trading System, 2002, 83, 90 f.

1329 Hierzu *Baetge,* Globalisierung des Wettbewerbsrechts, 2009, 173 ff.

1330 Hierzu *Mestmäcker/Schweitzer* EuWettbR § 7 Rn. 144 ff.; *Stoll/Schorkopf,* WTO: Welthandelsordnung und Welthandelsrecht, 2002, 11 ff.

perty Rights – TRIPs). Diese „Multilateralen Vereinbarungen“ sind für alle Mitgliedstaaten der Organisation verbindlich (single agreement approach). Dabei wurden aber nicht nur Handels-, sondern – wenn auch in bescheidenerem Maße – bereits Wettbewerbsfragen verbindlich in das Regelungssystem der WTO aufgenommen. So wird im GATS ausdrücklich anerkannt, dass ein wirksamer Marktzugang (hierzu Art. IXX GATS) nicht ohne ergänzende Regelungen gegenüber wettbewerbsbeschränkenden Verhaltensweisen erreicht werden kann. Im TRIPs wird in der Präambel das Ziel formuliert, Verfälschungen des internationalen Handels zu vermindern. Es bedürfe daher unter anderem der Kontrolle wettbewerbsbeschränkender Vereinbarungen in Vertragslizenzen (Art. 40 TRIPs).[1331] Darüber hinaus verfügt die WTO – sofern nicht die Richterernennung blockiert wird, wie es im Moment der Fall ist – über ein funktionierendes Streitschlichtungssystem, für das ein zentraler „Dispute Settlement Body“, ein in vier Abschnitte unterteiltes, zeitlich gestrafftes Verfahren sowie das Nichterfordernis von Einstimmigkeitsentscheidungen maßgeblich sind. Angesichts dieser Tatsachen bestand in der internationalen Diskussion kaum ein Zweifel daran, dass die WTO den geeigneten institutionellen Rahmen für eine internationale Wettbewerbsordnung darstellen könnte.[1332]

426 Die WTO hat auf ihrer Ministerkonferenz im Jahre 1996 in Singapur die Wettbewerbspolitik als Gegenstand weiterer Entwicklung aufgenommen Dieses Ergebnis geht im Wesentlichen auf die Europäische Union zurück, die einen entsprechenden Antrag gestellt hatte. Dieser Antrag seinerseits beruhte auf einem Expertenbericht der EG-Kommission mit dem Titel „Competition Policy in the New Trade Order: Strengthening International Cooperation and Rules“.[1333] Politisch war es naheliegend, dass die Initiative von der Europäischen Union ausging. Die Union verfügt über die einmalige Erfahrung in der Entwicklung und Anwendung eines übernationalen Rechts mit Vorrang gegenüber nationalen Rechten. **Rechtspolitische Grundlage** war die Überzeugung, dass auf einem Binnenmarkt frei von staatlichen Handelsbeschränkungen freier Wettbewerb gewährleistet sein müsse, da anderenfalls Unternehmen durch Marktabschließungen und -aufteilungen die Idee des Gemeinsamen Marktes konterkariert hätten.

427 Greifbares Ergebnis der Aufnahme der Wettbewerbspolitik in die Aufgaben der WTO war die Einsetzung einer Arbeitsgruppe „Working Group on the Interface of Trade and Competition Policy“. Die Arbeitsgruppe hat drei umfassende Berichte vorgelegt.[1334] Diese beziehen sich der Aufgabenstellung entsprechend zunächst auf handelsbezogenes Kartellrecht. Allerdings sind auch die handelsbeschränkenden Wirkungen staatlichen Verhaltens ebenso einbezogen wie Aspekte des geistigen Eigentums. Konzeptionell bedeutsam ist eine erkennbare grundsätzliche Übereinstimmung darin, über den Handelsbezug hinaus die Förderung des Wettbewerbsgedankens generell zu entwickeln.[1335]

428 Bedeutende Ansätze zeigten sich noch auf der 4. WTO-Ministerkonferenz von Doha im Jahre 2001.[1336] Der Deklaration ist deutlich zu entnehmen, dass ein multilateraler Rahmen zu entwickeln sei und daher Verhandlungen nach der 5. Ministerkonferenz aufgenommen werden sollten. Lediglich über Verhandlungsmodalitäten solle noch ein Beschluss gefasst werden. Darüber hinaus sind die materiellen Aspekte der Deklaration von Doha bedeutsam. Die bereits erwähnte Arbeitsgruppe hat den Auftrag erhalten, sich auf bestimmte Kernprinzipien zu konzentrieren. Genannt werden in diesem Zusammenhang Transparenz, Nichtdiskriminierung und prozessuale Fairness. Vorschriften zu den eindeutigen Hardcore-Kartellen sollten formuliert werden. Darüber hinaus wird deutlich, dass insbesondere die Interessen des globalen Südens einzubeziehen sind. Diesen Ländern sollte technische Unterstützung (technical assistance) gewährt und ihnen beim Aufbau wettbewerbsrechtlicher Strukturen und Institutionen (capacity building) geholfen werden.

429 Dieser zunächst hoffnungsvolle Ansatz hat allerdings **nicht zu konkreten Ergebnissen** geführt. Die WTO-Ministerkonferenz von Cancún vom September 2003 ist gescheitert. Die Frage der Wettbewerbspolitik wurde nicht aufgenommen, und die Arbeitsgruppe zur Wettbewerbspolitik ist daher derzeit nicht mehr aktiv. Der Allgemeine Rat der WTO hat beschlossen, dass die Verhandlungen über internationale Kartellrechtsregeln während der Doha-Runde nicht fortgeführt werden.[1337]

[1331] Vgl. hierzu iE *Petersmann* Außenwirtschaft 1994, 253 f.

[1332] So etwa *Basedow,* Weltkartellrecht, 1998, 89; *Drexl* ZWeR 2004, 191 (219); *Jackson* FS Mestmäcker, 1996, 621 ff.

[1333] KOM (95) 359 endg.; hierzu *Petersmann* in Zäch, Towards WTO Competition Rules, 1999, 43 (50 ff.).

[1334] Übersicht bei *Drexl* ZWeR 2004, 205; vgl. auch *Kim Them Do* ZWeR 2009, 295 ff.

[1335] Eine umfassendere Diskussion der Berichte findet sich in Beiträgen von *Drexl, Fox, Heinemann, Immenga, Jenny, Ullrich* in Zäch, Towards WTO Competition Rules, 1999.

[1336] No. 23–25 Ministerial Declaration of 20.11.2001, WTO-Doc. WT-MIN (01)/DEC/1.

[1337] WTO, General Council, Entscheidung vom 1.8.2004, WT/L/579 (2.8.2004), 3; *Kim Them Do* ZWeR 2009, 289.

Später wurden Kartellrechtsfragen aus dem Arbeitsprogramm der WTO gestrichen und bislang nicht wieder aufgenommen.[1338] Heute dominieren andere Themen die WTO-Agenda, zumal die USA eine Reform der Organisation verlangen.

c) Freihandelsabkommen. In jüngerer Zeit werden Wettbewerbsregeln immer stärker in bi- oder multilateralen Freihandelsabkommen verankert. Solche Abkommen können allgemeine kartellrechtliche Verpflichtungen enthalten. Gebräuchlich sind etwa Vorgaben, nach denen die Vertragsstaaten den Wettbewerb schützen müssen, bestimmte kartellrechtliche Regelungen zu erlassen bzw. beizubehalten haben oder Ausnahmebereiche verringern müssen. Auch Fragen der Regulierung von Monopolen, Staatsbetrieben oder der Gewährung von Beihilfen sind in einigen Abkommen geregelt.[1339] Der Konkretisierungsgrad der Verpflichtungen schwankt. Während manche Abkommen nur allgemeine Prinzipien enthalten, werden in anderen die einzuhaltenden Wettbewerbsregeln sehr klar und ausführlich geregelt.[1340] Letzteres ist oftmals der Fall, wenn ein Abkommen zwischen einer Jurisdiktion mit sehr entwickelten Kartellrechtstandards (zB EU, USA) und Staaten geschlossen wird, die bislang noch kein gleichermaßen entwickeltes Kartellrecht besitzen. In diesem Fall wird versucht, durch den Export von Kartellrechtsregeln ein „level playing field“ zu schaffen. 430

d) Ein Netzwerk der Kartellbehörden (ICN). Trotz genereller Zurückhaltung gegenüber internationalen Regeln ist in den USA erkannt worden, dass der gegenwärtige Rechtszustand gerade in der Praxis extraterritorialer Rechtsanwendung zu erheblichen Schwierigkeiten führen kann. Daher wurde 1997 vom Justizministerium ein International Competition Policy Advisory Committee (ICPAC) eingesetzt, um einschlägige Vorschläge zu entwickeln. Im Februar 2000 wurde ein ausführlicher Bericht vorgelegt.[1341] In diesem Bericht wird ausdrücklich die WTO nicht als geeignete Institution angesehen, internationale Wettbewerbskonflikte zu lösen. Der bisherige bilaterale Weg wurde allerdings als absolut notwendig, aber nicht als hinreichende Antwort auf heute gestellte Fragen angesehen. Die Notwendigkeit einer internationalen Fusionskontrolle wurde betont. In der politischen Diskussion wurde zudem erkannt, dass unterschiedliche Rechtsregeln in den USA und in anderen Staaten große handelspolitische Spannungen hervorrufen können. 431

Dieses veränderte Problembewusstsein hat zu einem aussichtsreichen Ansatz geführt. Es handelt sich um die Entwicklung **eines Netzwerkes ohne eigene Institution,** weltweit offen für alle nationalen Kartellbehörden. Am 25.10.2001 wurde mit besonderer Unterstützung der USA das International Competition Network (ICN) gegründet. Diese Entwicklung kann durchaus als Folge des ICPAC-Berichtes angesehen werden.[1342] Selbstverständnis und Tätigkeit des ICN lassen sich wie folgt skizzieren.[1343] Das ICN hat eine eher **virtuelle Struktur** und verfügt nicht über ein ständiges Sekretariat an einem Ort. Gegenwärtig gehören ihm mehr als 100 Behörden von fünf Kontinenten an. Das deutet eine außergewöhnlich hohe Akzeptanz an. Die Treffen finden jährlich in jeweils einem anderen Mitgliedsland statt. Das Netzwerk dient einem Erfahrungsaustausch. Es werden praktische Probleme diskutiert, die bei internationalen Wettbewerbssachverhalten auftreten. In der Entwicklung von gemeinsamen Projekten wird das Netzwerk von Unternehmen, Verbraucherorganisationen, Anwälten und auch Professoren beraten. Außerdem bestehen Verbindungen mit der WTO, UNCTAD und der OECD. Zunächst haben zwei Gegenstände die Arbeiten des Netzwerks bestimmt: einmal Fragen der Fusionskontrolle in Fällen, die mehrere Rechtsordnungen berühren, sowie die generelle Förderung des Wettbewerbsgedankens durch Unterstützung legislativer Vorhaben und Beratung mit Blick auf effiziente Institutionen. 432

Die Problematik grenzüberschreitender Fusionen als Gegenstand der Beratungen hat eine starke Aussagekraft für die Entwicklung multilateraler Aspekte. Selbst bei grundlegender Ablehnung der Schaffung von übernationalen Regelungen besteht Konsens, dass eine Reihe von Fragen gerade aus der Sicht der Praxis klarer Lösungen bedarf. Um in diesen Fragen weiterzukommen, haben die Mitglieder des ICN **Arbeitsgruppen** gegründet, die etwa Berichte erstellen und Empfehlungen ausarbeiten.[1344] Diese sind nicht verbindlich, können jedoch als **„best practice“** bezeichnet werden. 433

1338 *Gerber,* Global Competition Law, 2010, 104; *Podszun* ZWeR 2016, 360 (374).

1339 Zum Ganzen *Podszun* ZWeR 2016, 360 (362) mwN.

1340 Zu Einzelheiten s. *Podszun* ZWeR 2016, 360 (362 f.) mwN.

1341 Hierzu *Janow/Lewis,* World Competition 24 (2001), 3 ff.

1342 Vgl. nur *Idot* in *Drexl,* The Future of Transnational Antitrust – From Comparative to International Antitrust, 2003, 63 (76).

1343 *Baetge,* Globalisierung des Wettbewerbsrechts, 2009, 344 ff.; *Pons* in Drexl, The Future of Transnational Antitrust – From Comparative to International Antitrust, 2003, 349 (355); *Todino,* World Competition, 26 (2003), 283.

1344 Diese Dokumente können über die Webseite des Netzwerkes abgerufen werden: https://www.internationalcompetitionnetwork.org/.

Es erfolgt auf diese Weise durch eine angenäherte Anwendungspraxis der Kartellbehörden eine Art von „soft harmonization".[1345] Für die daraus hervorgehenden Regeln gilt, dass auch sie zunächst nur die Rolle von soft law spielen. Die Harmonisierung kann aber in die Entwicklung internationaler verbindlicher Regeln einmünden. Auf diese Weise würde die Konvergenz „von unten" umschlagen in auf übernationaler Ebene vereinbarte Rechtsregeln „von oben".[1346]

434 Besonders augenfällig ist ein Abstimmungsbedarf für die Anwendung der Fusionskontrolle.[1347] Ein Zusammenschluss kann ohne weiteres Auswirkungen in einer größeren Zahl von Staaten haben. Zu den häufig mit erheblichen praktischen Problemen verbundenen entsprechenden Notifizierungen bedarf es ua des Gebrauchs auch weniger geläufiger Sprachen. Sinnvoll erscheint es daher, generelle Verfahrensfragen und die Konkretisierung allgemeiner Analyseinstrumente zur Bestimmung wettbewerbsschädlicher Strukturen zu debattieren und über die Zeit „von unten" anzugleichen. Eine Frucht des regen Austauschs im ICN ist zB der „ICN Practical Guide to International Enforcement Cooperation in Mergers".[1348] Aber auch in den anderen Säulen des Kartellrechts (Kartellbekämpfung und Missbrauchskontrolle) gibt es zahlreiche Fragen, bei denen ein grenzüberschreitender Austausch die Konvergenz des Rechts zu fördern vermag. Darüber hinaus ist das ICN für die praktische Kooperation der Wettbewerbsbehörden sowie für die Verbreitung des Wettbewerbsgedankens von großer Bedeutung.[1349] Vor diesem Hintergrund gibt es derzeit **fünf ICN-Arbeitsgruppen:** eine „Advocacy Working Group" zur Verbreitung des Wettbewerbsprinzips im Recht, eine „Agency Effectiveness Working Group" zur Stärkung der Wettbewerbsbehörden, eine „Cartel Working Group" zu Kartellen, eine „Merger Working Group" zur Fusionskontrolle sowie eine „Unilateral Conduct Working Group" zu Fragen der Missbrauchsaufsicht über marktmächtige Unternehmen. In der Praxis kommt den Arbeitsgruppen zur Fusionskontrolle und zur Kartellbekämpfung die größte Bedeutung zu.[1350]

435 **e) Ansätze und Entwürfe der Wissenschaft.** Die Wissenschaft hat die Frage der Internationalisierung von Rechtsregeln insbesondere im Zusammenhang mit der Entwicklung der WTO aufgenommen. Häufig auf rechtsvergleichenden Ansätzen aufbauend wurden Möglichkeiten diskutiert und Empfehlungen entwickelt.[1351] Monografische Untersuchungen münden in konkrete Vorschläge. *Scherer*[1352] sieht zurückhaltend eine Lösung in einem stufenweise zu vollziehenden internationalen Abkommen mit wettbewerbspolitischen Kompromissformeln. Einen interessanten Ausgangspunkt wählt *Drexl,*[1353] wenn er Wettbewerb und Wettbewerbsordnung als globales öffentliches Gut begreift, das zu einer Konzeption von Kartellrechtsregeln führt. *Basedow*[1354] nimmt konkret zu Formen der Wettbewerbsbeschränkungen Stellung, die er als möglichen Gegenstand eines plurilateralen Abkommens im Rahmen der WTO sieht. *B. Merkt*[1355] sieht eine Beseitigung möglicher Konflikte insbesondere in der Einführung internationaler administrativer Rechtshilfe. *Baetge* erkennt in dem Leitbild der globalen Konsumentenwohlfahrt die oberste Maxime einer auf dem Gedanken der Konstitutionalisierung basierenden internationalen Wettbewerbsordnung, die er institutionell ebenfalls innerhalb der WTO verortet.[1356]

436 Ein umfassender Vorschlag wurde als Draft International Antitrust Code **(DIAC)** von einer unabhängigen, internationalen Gruppe von Wissenschaftlern 1993 vorgelegt.[1357] Das materielle Recht wie auch das Verfahren werden bis in die Einzelheiten formuliert, mit der Erwartung als

---

1345 *Podszun* ZWeR 2016, 360 (385): „soft law".

1346 Zu diesem Gedanken auch *Fox* 43 Virginia J.Int'l L 911 (2003), 911.

1347 Hierzu *Montag,* Konvergenz bei internationalen Fusionen in Konvergenz der Wettbewerbsrechte, FIW-Schriftenreihe, Heft 188, 2002, 39.

1348 Abrufbar auf der Webseite des ICN.

1349 Allg. zu den Zielen und der Arbeit des ICN s. *Lange* ZWeR 2011, 434 (436 ff.); vgl. auch *Podszun* ZWeR 2016, 360 (386 ff.).

1350 Immenga/Mestmäcker/*Völcker* EU-WettbR EU-US Rn. 153.

1351 Vgl. insbes. die Inhalte von Symposien bei *Drexl* (ed.), The Future of Transnational Antitrust – From Comparative to International Antitrust, 2003; *Haley/Iyori* (eds.), Antitrust: A New International Trade Remedy?, 1995; *Ullrich* (ed.), Comparative Competition Law: Approaching an International System of Antitrust Law, 1998; *Zäch* (ed.), Towards WTO Competition Rules, 1999; Überblick bei *Wins,* Eine internationale Wettbewerbsordnung als Ergänzung zum GATT, 2000, 104 ff.

1352 *Scherer,* Competition Policies for an Integrated World Economy, Washington 1994.

1353 *Drexl* ZWeR 2004, 191 (228 ff.).

1354 *Basedow,* Weltkartellrecht, 1998, 89 ff., 94 ff.

1355 *B. Merkt,* Harmonisation internationale et entraide administrative internationale en droit de la concurrence, 2000, 177.

1356 *Baetge,* Globalisierung des Wettbewerbsrechts, 2009, 469 ff.

1357 Text sowie zur Vorgeschichte und Selbstverständnis *Fikentscher/Immenga,* Draft International Antitrust Code, 1994, 53 ff.; *Mestmäcker/Schweitzer* EuWettbR § 7 Rn. 147 ff.

Grundlage künftiger Diskussionen verbunden. Der Code wird als Anstoß zur Auseinandersetzung, sicher auch kritisch, gesehen.[1358] Die auf die einzelnen Wettbewerbsbeschränkungen bezogenen Normen sind Ergebnis rechtsvergleichender Arbeit und entfernen sich nur punktuell von bekannten Konzeptionen. Das gilt jedoch nicht für das mit möglichst geringem Souveränitätsverzicht entwickelten Verfahren.

Im DIAC wurde ein **Rechtsdurchsetzungssystem** ohne unmittelbares Vorbild entwickelt, 437 das auf die Verknüpfung nationalen Rechts mit völkerrechtlichen Verpflichtungen der Staaten ausgerichtet ist. Hiernach wird eine internationale Antitrust-Behörde eingerichtet, die zwar keine eigenen Entscheidungsbefugnisse erhält, jedoch zu Verfahrensinitiativen berufen ist. Darüber hinaus soll ein internationales Antitrust-Panel eingerichtet werden, das streitentscheidend wirkt.

Kommt ein Vertragsstaat seinen Verpflichtungen aus dem plurilateralen Abkommen nicht nach, 438 etwa dadurch, dass er materielle Normen nicht oder nicht richtig umgesetzt hat, so handelt es sich um die Verletzung völkerrechtlicher Verpflichtungen. Hierüber hat das internationale Antitrust-Panel zu entscheiden. Dem Panel kann die Streitfrage von der internationalen Antitrust-Behörde oder von einem der Vertragsstaaten vorgelegt werden.[1359]

Werden die materiellrechtlichen Normen des internationalen Wettbewerbsrechts nicht oder 439 nicht angemessen angewandt oder nach Entscheidung nicht durchgesetzt, so handelt es sich um die Verletzung völkerrechtskonformen nationalen Rechts. Es liegt mit anderen Worten ein Verstoß gegen nationales Recht und gegen das in dem plurilateralen Abkommen niedergelegte Völkerrecht vor. Das bedeutet einmal, dass die Verfahrensregeln des nationalen Rechts anwendbar sind. Da gleichzeitig eine Völkerrechtsverletzung vorliegt, kann es hierbei nicht verbleiben. Nach dem DIAC gilt es daher, eine internationale Antitrust-Behörde einzurichten, um die Beachtung völkerrechtlicher Verpflichtungen durchzusetzen.[1360] Hiernach kann die Behörde, unabhängig von der Beeinträchtigung Einzelner, zunächst von der nationalen Antitrust-Behörde ein Einschreiten gegen Wettbewerbsbeschränkungen durch Anwendung des Codes verlangen. Kommt die nationale Behörde dem nicht nach, kann die internationale Antitrust-Behörde vor dem nationalen Gericht Klage erheben. Sie kann darüber hinaus Unternehmen, die gegen Normen des Codes verstoßen, unmittelbar vor den nationalen Gerichten auf Unterlassung ihres wettbewerbsbeschränkenden Verhaltens in Anspruch nehmen. Dieser Behörde ist ferner die Befugnis eingeräumt, gegenüber Entscheidungen der nationalen Gerichte die nächsthöhere Instanz anzurufen.

Diese Verknüpfung von nationalen und internationalen Zuständigkeiten kann als **Prinzip der** 440 **internationalen Verfahrensinitiative** bezeichnet werden. Damit soll der Code als nationales Recht von nationalen Behörden und Gerichten angewandt werden. Die Souveränität der Vertragsstaaten bleibt hierdurch weitgehend gewahrt. Die Verfahren zur Anwendung des Codes sollen jedoch durch eine internationale Behörde durchgesetzt werden können. Der Souveränitätsverzicht liegt bei dieser grundsätzlich im nationalen Recht verbleibenden Regelung lediglich in der Unterwerfung unter das Panelverfahren. Dieser **Vorschlag** aus der Wissenschaft **wurde von der Politik nicht aufgegriffen.** Vor dem Hintergrund, dass die USA derzeit multilateralen Abkommen gegenüber sehr kritisch eingestellt sind, steht auch nicht zu erwarten, dass die Ausarbeitung eines breit angelegten „Weltkartellrechts“ in naher Zukunft erneut auf die politische Agenda gelangt.

Art. 7 Rom II-VO Umweltschädigung

Auf außervertragliche Schuldverhältnisse aus einer Umweltschädigung oder einem aus einer solchen Schädigung herrührenden Personen- oder Sachschaden ist das nach Artikel 4 Absatz 1 geltende Recht anzuwenden, es sei denn, der Geschädigte hat sich dazu entschieden, seinen Anspruch auf das Recht des Staates zu stützen, in dem das schadensbegründende Ereignis eingetreten ist.

Schrifttum: s. auch Vor Art. 1; älteres Schrifttum s. 6. Aufl. 2015, Art. 7; *v. Bar,* Environmental Damage in Private International Law, Rec. des Cours 298 (1997), 291; *Betlem/Bernasconi,* European Private International Law, the Environment and Obstacles for Public Authorities, L. Q. Rev. 122 (2006), 124; *Bogdan,* Some Reflections Regarding Environmental Damage and the Rome II Regulation, FS Pocar, 2009, 95; *Fach Gómez,* The Law Applicable to Cross-Border Environmental Damage: From the European National Systems to Rome II, YbPIL 6 (2004), 291; *v. Hein/Wolf,* Transboundary Environmental Damage in the Conflict of Laws, in Wolfrum/Langenfeld/Minnerop (Hrsg.), Environmental Liability in International Law: Towards a Coherent Conception, 2005,

---

[1358] *Amato* World Competition, 2001, 451 (458); *Baetge,* Globalisierung des Wettbewerbsrechts, 2009, 444; *Grewlich* World Competition 2001, 367 (380 ff.); *Mitchell* World Competition 2001, 343 (356).

[1359] Vgl. iE Art. 19 Sec. 2 und Art. 20 Sec. 2 DiAC.

[1360] Vgl. iE Art. 19 Sec. 2 DiAC; ferner *Fikentscher/Drexl* RIW 1994, 93 ff.

381; *Hübner,* Climate Change Litigation an der Schnittstelle von öffentlichem Recht und Privatrecht – Die ausländische Anlagengenehmigung, IPRax 2022, 219; *Hübner,* Unternehmenshaftung für Menschenrechtsverletzungen, 2022; *Ivaldi,* Unione Europea, tutela ambientale e diritto internazionale privato: l'art. 7 del regolamento Roma II, Riv. dir. int. priv. proc. 49 (2013), 861; *Junker,* Internationale Umwelthaftung der Betreiber von Energieanlagen nach der Rom II-Verordnung, FS Salje, 2013, 243; *Kadner Graziano,* The Law Applicable to Cross-Border Damage to the Environment: A Commentary on Article 7 of the Rome II Regulation, YbPIL 9 (2007), 71; Kahl/Weller (Hrsg.), Climate Change Litigation – A Handbook, 2021; *Kieninger,* Das internationale Privat- und Verfahrensrecht der Klimahaftung, IPRax 2022, 1; *König/Tetzlaff,* „Forum Shopping" unter Art. 7 Rom II-VO – neue Herausforderungen zur Bestimmung des anwendbaren Rechts bei „Klimaklagen", RIW 2022, 25; *Lehmann/Eichel,* Globaler Klimawandel und Internationales Privatrecht, RabelsZ 83 (2019), 77; *Mankowski,* Ausgewählte Einzelfragen zur Rom II-VO: Internationales Umwelthaftungsrecht, Internationales Kartellrecht, renvoi, Parteiautonomie, IPRax 2010, 389; *Mansel,* Internationales Privatrecht de lege lata wie de lege ferenda und Menschenrechtsverantwortlichkeit deutscher Unternehmen, ZGR 2018, 439; *Mansel/Kuhl,* Delikts- und Gesellschaftsstatut: Qualifikation der Unternehmensverantwortlichkeit in Lieferketten und bei der Klimahaftung, FS v. Bar, 2022, 251; *Martiny,* Grenzüberschreitende Umwelthaftung im Schnittfeld zwischen Internationalem Privatrecht und Internationalem Verwaltungsrecht, FS Peine, 2016, 181; *Matthes,* Umwelthaftung unter der Rom II-VO, GPR 2011, 146; *Munari/Schiano di Pepe,* Liability for Environmental Torts in Europe: Choice of Forum, Choice of Law and the Case for Pursuing Effective Legal Uniformity, Riv. dir. int. priv. proc. 41 (2005), 607; *Planas,* Cross-Border Environmental Damage in Conflict of Laws, YbPIL 18 (2016), 289; *Remien,* Anlagengenehmigung und Umweltschädigung im internationalen Zivilrechtsfall, FS Schmidt-Preuß, 2018, 985; *Rüppell,* Die Berücksichtigungsfähigkeit ausländischer Anlagengenehmigungen: Eine Analyse im Rahmen der grenzüberschreitenden Umwelthaftung nach der Rom II-Verordnung, 2012; *Siehr,* The Rome II Regulation and Specific Maritime Torts: Product Liability, Environmental Damage, Industrial Action, RabelsZ 74 (2010), 139; *Thorn,* Die Haftung für Umweltschädigungen im Gefüge der Rom II-VO, in Kieninger/Remien (Hrsg.), Europäische Kollisionsrechtsvereinheitlichung, 2012, 139; *Weller/Nasse,* Klimaklagen gegen Unternehmen im Licht des IPR, FS Kronke, 2020, 601; *Zeidler,* Klimahaftungsklagen – Die internationale Haftung für die Folgen des Klimawandels, 2022, zugleich Diss. München.

Übersicht

I. Allgemeines

1 Art. 7 normiert Kollisionsregeln für außervertragliche Schuldverhältnisse, die aus einer Umweltschädigung oder aus einem daraus resultierenden Personen- oder Sachschaden entstanden sind. Die besondere Kollisionsnorm des Art. 7 hat in ihrem Anwendungsbereich den **Vorrang vor Art. 4.**[1] Sie verweist in ihrem **Hs. 1** auf die Allgemeine Kollisionsnorm des Art. 4 Abs. 1. **Hs. 2** statuiert

[1] BeckOGK/*Huber* Rn. 2; BeckOK BGB/*Spickhoff* Rn. 1; Soergel/*Remien* Rn. 1; Erman/*Stürner* Rn. 10; PWW/*Schaub* Rn. 2; *v. Bar/Mankowski* IPR II § 2 Rn. 325; *v. Hein* 82 Tul. L. Rev. 1663, 1699 (2008); *Junker* FS Salje, 2013, 243 (252); *Lehmann/Eichel* RabelsZ 83 (2019), 77 (96); *Remien* FS Schmidt-Preuß, 2018, 985 (993 f.); *Planas* YbPIL 18 (2016), 289 (292).

ein kollisionsrechtliches **Günstigkeitsprinzip,** das dem Geschädigten ein Optionsrecht einräumt.[2] Es handelt sich um die einzige Vorschrift innerhalb der Rom II-VO, die das im deutschen IPR lange präferierte **Ubiquitätsprinzip** bei Distanzdelikten beibehält:

Der Verordnungsgeber hat zwar im Rahmen der deliktischen Grundanknüpfung des Art. 4 2
Abs. 1 dieses Prinzip verworfen, aber bei der Spezialanknüpfung des Art. 7 kann der Geschädigte – ganz im Sinne der Ubiquitätslehre[3] – statt der als Auffangregel fungierenden Anknüpfung an den Erfolgsort verlangen, dass das Recht des Handlungsorts angewendet wird. **Erwägungsgrund 25 S. 1** rechtfertigt die bewusste Begünstigung des Geschädigten – im Vergleich zu Art. 4 – mit der Steuerungsfunktion des Deliktsrechts und dem in Art. 191 AEUV enthaltenen Ziel eines hohen Umweltschutzniveaus.

**1. Normzweck und Entstehungsgeschichte. a) Verordnungspolitischer Ausgangs- 3
punkt.** Grenzüberschreitende Umweltschädigungen durch gewerblich betriebene industrielle Anlagen sind der Hauptanwendungsfall des Art. 7. Neben der **Gefahr von Großschäden** prägen wirtschaftliche Implikationen diesen zentralen Bereich der Umwelthaftung. Für den Anlagenbetreiber bedeuten umweltrechtliche Vorschriften einen **Kostenfaktor bei der Standortwahl.** Solange die Vereinheitlichung des materiellen Umweltrechts Lücken aufweist, können Unternehmen das umweltrechtliche Schutzgefälle zwischen den Staaten ausnutzen.[4]

Bei der Ausgestaltung der speziellen Kollisionsnorm wurde daher der handlungssteuernden 4
Funktion des Deliktsrechts eine besondere Bedeutung zugemessen. Art. 7 soll das Interesse der **Unternehmer** schwächen, sich in einem Staat mit niedrigen Schutzbestimmungen niederzulassen; gleichzeitig soll ein **Geschädigter** in einem Staat mit niedrigem Schutzniveau von den höheren Standards im Nachbarstaat profitieren. Die Verankerung des Umweltschutzes als eigenständiger Politikbereich in Art. 191 AEUV (s. **Erwägungsgrund 25 S. 1**) und in **Art. 37 GRCh** verleiht dem Präventionsgedanken zusätzliches Gewicht.[5]

b) Kritik des Ubiquitätsprinzips. Die Entscheidung für das Ubiquitätsprinzip war im Vorfeld 5
der Rom II-VO rechtspolitisch umstritten.[6] Die Kritik argumentierte, das Ubiquitätsprinzip führe nicht zu einer Fortbildung des Umwelthaftungsrechts, sondern **vermindere den Handlungsdruck** auf den Gesetzgeber, wenn der Geschädigte stets Ersatz nach dem strengeren Recht verlangen könne. Die Vorschrift diskriminiere im Emissionsstaat ansässige Inländer, da ihnen kein Wahlrecht zustehe.[7] Ferner drohe, da die Kollisionsnormen des Art. 4–12 ein Günstigkeitsprinzip sonst nicht vorsehen, ein **Konflikt mit anderen Kollisionsnormen** der Rom II-VO, zB mit Art. 5, denn Umweltschäden können auch durch Produkte eintreten[8] (zum Konkurrenzverhältnis von Art. 5 und Art. 7 → Art. 5 Rn. 30).

Andere Kritiker sehen einen Widerspruch darin, dass der Geschädigte selbst bei einer vorsätzli- 6
chen Rechtsgutverletzung durch ein „gewöhnliches" Distanzdelikt nicht die Wahl zwischen Handlungs- und Erfolgsortsrecht habe, wohl aber bei jedem Gesundheitsschaden infolge einer Umweltschädigung.[9] Schließlich wird darauf hingewiesen, dass Art. 7 den ausländischen Emittenten

---

2 Erman/*Stürner* Rn. 11; PWW/*Schaub* Rn. 2; HK-BGB/*Dörner* Rn. 4; *Ivaldi/Carrea* in Queirolo/Heiderhoff, Party Autonomy in European Private (and) International Law, 2015, 39 (44); *Junker* NJW 2007, 3675 (3680); *Junker* FS Schurig, 2012, 81 (90); *Leible/Lehmann* RIW 2007, 721 (728 f.); *G. Wagner* IPRax 2008, 1 (9); s. auch *Brand* GPR 2008, 298 (301).

3 HK-BGB/*Dörner* Rn. 1; *Bogdan* FS Pocar, 2009, 95 (97); *Fach Gómez* YbPIL 6 (2004), 291 (293); *v. Hein* ZEuP 2009, 6 (30); *Kadner Graziano* Rev. crit. dr. int. pr. 97 (2008), 445 (486); s. auch *Fallon* in Basedow/Baum/Nishitani, Japanese and European Private International Law in Comparative Perspective, 2008, 261 (269): „illustrates the German ubiquity approach"; einen Widerspruch zu Art. 5 (dort kein Ubiquitätsprinzip) sehen *v. Hein* 82 Tul. L. Rev. 1663, 1698 (2008); *Heiss/Loacker* JBl. 2007, 613 (632).

4 Rechtsvergleichend *Kadner Graziano,* Gemeineuropäisches Int. Deliktsrecht, 2002, 236 ff., 535 ff.; *Kadner Graziano,* Europäisches Int. Deliktsrecht, 2003, 55 ff.; zur Entstehungsgeschichte Calliess/*v. Hein* Rn. 12; *Joubert* in Corneloup/Joubert, Le règlement communautaire „Rome II" sur la loi applicable aux obligations non contractuelles, 2008, 55, 68 (70).

5 Umfassend zur ratio des Art. 7: KOM(2003) 427 endg., 21 f.; zust. *Garcimartín Alférez* ELF 2007, I-77 (87); *Kadner Graziano* Rev. crit. dr. int. pr. 97 (2008), 445 (486); Vorbehalte gegen den Hs. 2 äußern *Brand* GPR 2008, 298 (301); *Fricke* VersR 2005, 726 (740); *Leible/Lehmann* RIW 2007, 721 (728); *G. Wagner* IPRax 2008, 1 (9).

6 Rechtspolitisch befürwortend *A. Fuchs* GPR 2004, 100 (103); *v. Hein* ZVglRWiss 102 (2003), 528 (559); *v. Hein* VersR 2007, 440 (449); *Kreuzer* in Reichelt/Rechberger EuropKollisionsR 13 (40); *Kadner Graziano* IPRax 2004, 137 (144); krit. *Leible/Engel* EuZW 2004, 7 (13); *Sonnentag* ZVglRWiss 105 (2006), 256 (295 f.).

7 *Leible/Engel* EuZW 2004, 7 (13); *Sonnentag* ZVglRWiss 105 (2006), 256 (296).

8 *Leible/Lehmann* RIW 2007, 721 (728 f.); *Nourissat/Treppoz* Clunet 130 (2003), 7 (30).

9 *Symeonides* FS Jayme, 2004, 935 (951 f.); *G. Wagner* IPRax 2008, 1 (9): „… stellt Art. 7 das Ubiquitätsprinzip wieder her, von dem sich die Rom II-VO im Übrigen distanziert hat".

diskriminiere, was unter den Gesichtspunkten der **Warenverkehrsfreiheit** und der **Wettbewerbsgleichheit** bedenklich sei.[10]

7 **c) Standpunkt der EU-Kommission.** Die Kommission hat dagegen etwaige Beeinträchtigungen der Warenverkehrsfreiheit und der Wettbewerbsgleichheit im Interesse der umweltpolitischen Ziele der **Art. 191 AEUV, Art. 37 GRCh** – **favor naturae** – bewusst in Kauf genommen.[11] Maßgebend sei die präventive, **verhaltenssteuernde Funktion** des materiellen Umwelthaftungsrechts, die sich im IPR der Umwelthaftung durch das Verursacherprinzip („polluter pays-principle") fortsetzen müsse.[12]

8 Der Europäische Wirtschafts- und Sozialausschuss hält es für richtig, dass der Unionsgesetzgeber mit der Durchbrechung der Grundregel des Art. 4 Abs. 1 durch das Wahlrecht des Geschädigten im kollisionsrechtlichen Gewand außerhalb des Kollisionsrechts liegende Ziele verfolgt, indem er nämlich generalpräventiv dem potentiellen Umweltschädiger mit einem strengeren materiellen Recht drohe und ihn so zu veranlassen versuche, den Umweltschutz mit besonderer Sorgfalt zu betreiben.[13]

9 Das Wahlrecht des Geschädigten nach Art. 7 soll Unternehmen davon abhalten, sich in Staaten mit niedrigen Umweltschutzstandards anzusiedeln. Damit werde zugleich ein Beitrag zur allgemeinen **Hebung des Umweltbewusstseins** geleistet.[14] Im Ergebnis bewirkt Art. 7 eine **Verschärfung der Haftung** zu Lasten derjenigen, die am Handlungsort – in der Regel am Standort einer umweltbelastenden Anlage – strengeren Standards unterliegen als in dem Nachbarstaat, in welchem eine Rechtsgutverletzung eintritt.[15]

10 **2. Systematik und Prüfungsreihenfolge. a) Grundanknüpfung nach Art. 7.** Im Rahmen der Grundanknüpfung verweist **Hs. 1** auf Art. 4 Abs. 1 und damit auf das Recht des Staates, in dem die Rechtsgutverletzung eintritt (Recht des Erfolgsorts). Stattdessen kann der Geschädigte nach **Hs. 2** aber auch für das Recht des Handlungsorts optieren. Die alternative (fakultative) Anknüpfung soll im Interesse des Umweltschutzes **(favor naturae)** gewährleisten, dass die jeweils strengeren Schutzvorschriften zum Zuge kommen.

11 Die **Anknüpfung an den Erfolgsort** soll bewirken, dass Emittenten in einem Staat mit vergleichsweise niedrigem Schutzniveau auch die – höheren – Standards der (Nachbar-) Staaten berücksichtigen, in denen sich die Emission auswirken kann. Das **Optionsrecht zugunsten des Handlungsorts** (dh zugunsten des Rechts am Standort des Emittenten) soll ein Ausnutzen des Schutzgefälles in umgekehrter Richtung verhindern.[16]

12 **b) Keine Auflockerung durch Art. 4 Abs. 2, 3.** Im Anwendungsbereich des Art. 7 gelten ausschließlich die beiden vorbezeichneten Varianten der Grundanknüpfung. Ein Rückgriff auf Art. 4 Abs. 2, 3 ist, wie sich aus der exklusiven Verweisung auf Art. 4 Abs. 1 im Text des Art. 7 ergibt, ausgeschlossen. Ein **gemeinsamer gewöhnlicher Aufenthalt** der Deliktsparteien in demselben Staat (Art. 4 Abs. 2) spielt daher ebenso wenig eine Rolle wie die **akzessorische Anknüpfung** an ein bereits bestehendes Rechtsverhältnis (Art. 4 Abs. 3 S. 2). Auch die Anwendung der **allgemeinen Ausweichklausel** des Art. 4 Abs. 3 S. 1 kommt nicht in Betracht.[17]

13 **c) Prüfungsreihenfolge.** Im Vergleich zu den übrigen Kollisionsnormen der Rom II-VO für unerlaubte Handlungen hat die Anknüpfung nach Art. 7 eine einfache Struktur. Maximal sind,

---

[10] *G. Wagner* IPRax 2006, 372 (380); *G. Wagner* IPRax 2008, 1 (9); *Ivaldi/Carrea* in Queirolo/Heiderhoff, Party Autonomy in European Private (and) International Law, 2015, 39 (43).

[11] KOM(2003) 427 endg., 21.

[12] Ausf. *Schwemmer,* Anknüpfungsprinzipien im Europäischen Kollisionsrecht, 2018, 125 ff.; ebenso *Fach Gómez* YbPIL 6 (2004), 291 (292); *Ivaldi* Rev. dir. int. priv. proc. 49 (2013), 861 (865); *Fallon* in Basedow/Baum/Nishitani, Japanese and European Private International Law in Comparative Perspective, 2008, 261, 270; *Lehmann/Eichel* RabelsZ 83 (2019), 77 (82 ff.).

[13] Stellungnahme des Europäischen Wirtschafts- und Sozialausschusses zu dem Vorschlag für eine Verordnung über das auf außervertragliche Schuldverhältnisse anzuwendende Recht vom 2.6.2004, 7 f. Abschnitt 5.5; aA *Leible/Engel* EuZW 2004, 7 (13); zust. *Martiny* FS Peine, 2016, 181 (186); s. auch *Remien* FS Schmidt-Preuß, 2018, 985 (1000 ff.).

[14] KOM(2003) 427 endg., 21.

[15] Krit. *G. Wagner* IPRax 2008, 1 (9); *Sonnentag* ZVglRWiss 105 (2006), 256 (296).

[16] KOM(2003) 427 endg., 21 f.; zust. *A. Fuchs* GPR 2004, 100 (103); *v. Hein* ZVglRWiss 102 (2003), 528 (559); *Junker* FS Salje, 2013, 243 (254); *Kadner Graziano* YbPIL 9 (2007), 71 (73); *Kadner Graziano* Rev. crit. dr. int. pr. 97 (2008), 445, (485); *Remien* FS Schmidt-Preuß, 2018, 985 (1000); *Symeonides* FS Jayme, 2004, 935 (951 f.); *Symeonides,* YbPIL 9 (2007), 149 (166); abl. *G. Wagner* IPRax 2008, 1 (9): Diskriminierung ausländischer Emittenten.

[17] Erman/*Stürner* Rn. 10; Calliess/*v. Hein* Rn. 9; Huber/*Fuchs* Rn. 1; *Dutoit* FS Pocar, 2009, 309 (320); *v. Hein* VersR 2007, 440 (449); Kieninger IPRax 2022, 1 (6); *Planas* YbPIL 18 (2016), 289 (295); *G. Wagner* IPRax 2008, 1 (9).

wenn die Anwendungsvoraussetzungen des Art. 7 vorliegen, drei Prüfungsschritte erforderlich: Da Art. 7 die **Rechtswahl** nach Art. 14 nicht ausschließt,[18] ist vorrangig nach einer Rechtswahlvereinbarung der Deliktsbeteiligten zu fragen **(1. Prüfungsschritt).** Mangels einer Rechtswahl ist gemäß **Art. 7 Hs. 1** das nach Art. 4 Abs. 1 geltende Recht anzuwenden, dh das Recht des Staates, in welchem der Schaden eintritt, und zwar unabhängig davon, in welchem Staat das schadensbegründende Ereignis eingetreten ist **(2. Prüfungsschritt).**

In einem **3. Prüfungsschritt** ist dann zu fragen, ob sich der Geschädigte dazu entschieden hat, seinen Anspruch auf das Recht des Staates zu stützen, in welchem das schadensbegründende Ereignis eingetreten ist **(Art. 7 Hs. 2).** Die Reihenfolge des 2. und des 3. Prüfungsschritts folgt daraus, dass sich das Bestimmungsrecht nach Hs. 2 im Rahmen der objektiven Anknüpfung auswirkt, indem an die Stelle der Verweisung auf das Erfolgsortsrecht (Hs. 1) eine Verweisung auf das Handlungsortsrecht tritt.[19] 14

3. Verhältnis zum deutschen Recht. a) Art. 40–42 EGBGB. In den Kollisionsnormen der Art. 40–42 EGBGB, die in Bezug auf Umweltschäden – mit Ausnahme von Schäden durch Kernenergie (→ Rn. 27) – von der Rom II-VO verdrängt werden, gibt es keine besondere Anknüpfungsvorschrift für Umweltdelikte. Außerhalb des Anwendungsbereichs staatsvertraglicher Regelungen richten sich deliktische Ansprüche aufgrund von grenzüberschreitenden Umweltschäden nach der allgemeinen Kollisionsnorm des Art. 40 Abs. 1 EGBGB. 15

Während **Art. 40 Abs. 1 EGBGB** eine Anknüpfung an den Handlungsort vorsah und dem Geschädigten die Möglichkeit einer Option zugunsten des Rechts des Erfolgsorts einräumte, ist es bei Art. 7 gerade umgekehrt.[20] Die im deutschen Recht vorgesehene Anwendung der lex domicilii communis **(Art. 40 Abs. 2 EGBGB)** entfällt unter der Geltung des Art. 7 ebenso wie die **Ausweichklausel (Art. 41 EGBGB).** Eine **Rechtswahl (Art. 42 EGBGB)** ist nach der Rom II-VO unter den etwas erweiterten Voraussetzungen des Art. 14 zulässig. 16

b) Art. 44 EGBGB. Nach der Verweisungsnorm des Art. 44 EGBGB gilt für Ansprüche aus beeinträchtigenden **Einwirkungen,** die von einem **Grundstück** ausgehen, die Rom II-VO mit Ausnahme des Kapitels III (Art. 10–13) entsprechend (→ EGBGB Vor Art. 38 Rn. 24). Die Vorschrift wurde mit Wirkung zum 11.1.2009 durch das IPR-Anpassungsgesetz vom 10.12.2008 (BGBl. 2008 I S. 2401) in das EGBGB eingefügt und teilt insoweit den zeitlichen Anwendungsbereich der Rom II-VO (→ Art. 31, 32 Rn. 2 f.). Somit unterliegen kraft deutschrechtlicher Verweisung auch die **sachenrechtlich zu qualifizierenden Ansprüche,** die bei europäischer Qualifikation nicht nach der Rom II-VO anzuknüpfen sind, der Kollisionsnorm des Art. 7 **(akzessorische Anknüpfung).**[21] 17

II. Anwendungsbereich

1. Sachlicher Anwendungsbereich. a) Begriff der Umweltschädigung. Art. 7 bestimmt das auf außervertragliche Schuldverhältnisse aus einer Umweltschädigung oder einem aus einer solchen Schädigung herrührenden **Personen- oder Sachschaden** anzuwendende Recht. Nach der Kommissionsbegründung hat Art. 7 einen umfassenden Anwendungsbereich.[22] Die Vorschrift erfasst neben Schäden an natürlichen Ressourcen auch Personen- und Sachschäden. **Erwägungsgrund 24** definiert den **Umweltschaden** als eine nachteilige Veränderung einer natürlichen Ressource, wie Wasser, Boden oder Luft, eine Beeinträchtigung einer Funktion, die eine natürliche Ressource zum Nutzen einer anderen natürlichen Ressource oder der Öffentlichkeit erfüllt, oder eine Beeinträchtigung der Variabilität unter lebenden Organismen.[23] 18

---

18 Soergel/*Remien* Rn. 14; Calliess/*v. Hein* Rn. 8; Erman/*Stürner* Rn. 2; Huber/*Fuchs* Rn. 28; PWW/*Schaub* Rn. 2; *Garcimartín Alférez* ELF 2007, I-77 (I-87); *v. Hein* 82 Tul. L. Rev. 1663, 1699 (2008); *Junker* FS Salje, 2013, 243 (253); *Kadner Graziano* Rev. crit. dr. int. pr. 97 (2008), 445 (485).

19 So bereits zu Art. 40 Abs. 1 EGBGB *Dörner* FS Stoll, 2001, 491 (495); aA PWW/*Schaub* Rn. 2.

20 Erman/*Stürner* Rn. 1; PWW/*Schaub* Rn. 2; *G. Wagner* IPRax 2006, 372 (376 f.); *G. Wagner* IPRax 2008, 1 (9); aA *Leible/Lehmann* RIW 2007, 721 (728): „Für den Bereich der Umweltschäden folgt die Rom II-VO damit genau der deutschen Lösung für die Anknüpfung der unerlaubten Handlung in Art. 40 Abs. 1 S. 1, 2 EGBGB".

21 Erman/*Stürner* Rn. 2, 8 und 16; PWW/*Schaub* Rn. 1; Calliess/*v. Hein* Rn. 14, 15; *Kadner Graziano* RabelsZ 73 (2009), 1, 48; s. zur Auslegung des Art. 44 EGBGB *Mansel* FS Laufs, 2006, 609 (614 ff.).

22 KOM(2003) 427 endg., 21; s. auch Erman/*Stürner* Rn. 6: „Umweltgüter"; HK-BGB/*Dörner* Rn. 2: „Ökoschäden"; *König/Tetzlaff* RIW 2022, 25 (28 f.); *Martiny* FS Peine, 2016, 181 (186); *Matthes* GPR 2011, 146; *Lehmann/Eichel* RabelsZ 83 (2019), 77 (93 ff.); *Planas* YbPIL 18 (2016), 289 (291); *Remien* FS Schmidt-Preuß, 2018, 985 (993 ff.).

23 Ausf. zur verordnungsautonomen Auslegung des Begriffs der Umweltschädigung Zeidler, Klimahaftungsklagen, 2022, 256 ff.; s. auch *Hübner,* Unternehmenshaftung für Menschenrechtsverletzungen, 2022, 158.

19 Die Definition des Umweltschadens in **Erwägungsgrund 24** entspricht der Sache nach der wesentlich ausführlicheren Begriffsbestimmung in **Art. 2 Umwelthaftungs-RL.**[24] Die Europäische Kommission hat am 7.4.2021 Leitlinien zur Auslegung des Begriffs „Umweltschaden" iS des Art. 2 Umwelthaftungs-RL erlassen,[25] die alle Aspekte dieses Begriffs berücksichtigen sollen. Die Leitlinien umfassen im Amtsblatt der EU 50 eng bedruckte Seiten und sind so aufgebaut, dass zunächst der rechtliche Rahmen und der weiter gefasste Regelungsrahmen untersucht, anschließend die Begriffe „Schaden", „Schädigung" und „Umweltschaden" analysiert und abschließend die drei Kategorien von Umweltschäden geprüft werden, nämlich die Schädigung geschützter Arten und natürlicher Lebensräume, die Schädigung der Gewässer und die Schädigung des Bodens (vgl. Einführung Nr. 4).

20 Dass der **Erwägungsgrund 24** von „Umweltschaden" spricht, **Art. 7** dagegen von „Umweltschädigung", bedeutet keinen sachlichen Unterschied, denn in der englischen Originalversion der Rom II-VO ist beide Male von „environmental damage" die Rede (ebenso in der frz. Fassung: „dommage environnemental"). Art. 7 gilt gleichermaßen bei **Verschuldens- und Gefährdungshaftung (Erwägungsgrund 11 S. 3).** Die Vorschrift beschränkt sich nicht auf die spezialgesetzliche Umwelthaftung (zB nach § 1 UmweltHG), sondern ist auch anzuwenden, wenn der Kläger seinen Anspruch auf allgemeine, nicht auf Umweltschäden zugeschnittene Anspruchsgrundlagen stützt.[26]

21 **b) Personen- und Sachschäden.** Der sachliche Anwendungsbereich des Art. 7 umschließt nicht nur die Haftung für ökologische Schäden, dh für die Beeinträchtigung von Wasser, Boden, Luft, Ökosystemen und Arten **(Umwelthaftung ieS),** sondern darüber hinaus Ersatzansprüche wegen Personen- oder Sachschäden, die selbst keine Umweltschäden sind, sich aber aus den genannten Umwelteinwirkungen ergeben (sog. „Schäden auf dem Umweltpfad").[27] Während die erstgenannte Fallgruppe von der **Umwelthaftungs-RL** (→ Rn. 18) und dem dazu erlassenen nationalen Sachrecht umfasst wird, ist für Personen- und Sachschäden – materiellrechtlich betrachtet – die allgemeine Deliktshaftung maßgebend, die in Deutschland durch das **UmweltHG** ergänzt wird.[28]

22 Anders als die **Umwelthaftungs-RL** (→ Rn. 18) beschränkt **Art. 7** seinen Anwendungsbereich nicht auf berufliche Tätigkeiten.[29] Erfasst sind neben Schadensersatz- auch Beseitigungs- und Unterlassungsansprüche[30] (Art. 2 Abs. 2 iVm Art. 2 Abs. 3), ferner Verbandsklagen[31] und Erstattungsansprüche des Staates bzw. der öffentlichen Hand,[32] soweit es sich um **Zivil- und Handelssachen** iSv Art. 1 Abs. 1 handelt.[33] Ein Abwehranspruch (Unterlassung oder Beseitigung) muss sich auf die Vermeidung oder Beseitigung von **Umweltschädigungen** richten. Ansprüche, die der bloßen Abgrenzung der Besitz- oder Eigentumssphären im Nachbarschaftsverhältnis dienen, fallen nicht unter Art. 7.[34]

---

[24] RL 2004/35/EG vom 21.4.2004 über Umwelthaftung zur Vermeidung und Sanierung von Umweltschäden, ABl. EU 2004 L 143, 56; zur Übertragbarkeit der Richtliniengrundsätze s. BeckOGK/*Huber* Rn. 9 ff.; Erman/*Stürner* Rn. 6; Soergel/Remien Rn. 9; PWW/*Schaub* Rn. 1; *Dickinson* The Rome II Regulation Rn. 7.09 f.; *Heiss/Loacker* JBl. 2007, 613 (631 f.); *Junker* FS Salje, 2013, 243 (245); *Ofner* ZfRV 2008, 13 (18).

[25] Leitlinien für eine einheitliche Auslegung des Begriffs „Umweltschaden" im Sinne von Art. 2 der Richtlinie 2004/35/EG des Europäischen Parlaments und des Rates über Umwelthaftung zur Vermeidung und Sanierung von Umweltschäden (ABl. EU 2021 C-118/1).

[26] Soergel/*Remien* Rn. 11; Calliess/*v. Hein* Rn. 13; König/Tetzlaff RIW 2022, 25 (29); *Thorn* in Kieninger/Remien, Europäische Kollisionsrechtsvereinheitlichung, 2012, 139 (157).

[27] BeckOGK/*Huber* Rn. 16 ff.; BeckOK BGB/*Spickhoff* Rn. 3; Soergel/*Remien* Rn. 4; Erman/*Stürner* Rn. 7; *Kieninger* IPRax 2022, 1 (6); s. auch Calliess/*v. Hein* Rn. 6: „consequential damage"; *Joubert* in Corneloup/Joubert, Le règlement communautaire „Rome II" sur la loi applicable aux obligations non contractuelles, 2008, 55 (70): „dommages subsequents"; *Junker* FS Salje, 2013, 243 (246): „indirekte Schadensfolgen"; *Martiny* FS Peine, 2016, 181 (186); *G. Wagner* IPRax 2008, 1 (9).

[28] *G. Wagner* in Marburger/Hendler, Umwelthaftung nach neuem EG-Recht, 2005, 73 (77 ff.); *G. Wagner* IPRax 2008, 1 (9); *Hübner,* Unternehmenshaftung für Menschenrechtsverletzungen, 2022, 158; Zeidler, Klimahaftungsklagen, 2022, 268 f.

[29] Calliess/*v. Hein* Rn. 7; *Junker* FS Salje, 2013, 243 (245); *Matthes* GPR 2011, 146 (147); aA *Heiss/Loacker* JBl. 2007, 613 (632).

[30] BeckOGK/*Huber* Rn. 29; Soergel/Remien Rn. 11; HK-BGB/*Dörner* Rn. 2; *v. Hein* 82 Tul. L. Rev. 1663, 1700 (2008).

[31] Erman/*Stürner* Rn. 2; *Martiny* FS Peine, 2016, 181 (193).

[32] Ausf. *Junker* FS Salje, 2013, 243 (246, 248 ff.); *Kadner Graziano* YbPIL 9 (2007), 71 (80 ff.); *Betlem/Bernasconi* L. Q. Rev. 122 (2006), 124 (136).

[33] Soergel/*Remien* Rn. 9; PWW/*Schaub* Rn. 1; Erman/*Stürner* Rn. 6; Calliess/*v. Hein* Rn. 6; HK-BGB/*Dörner* Rn. 2; Huber/*Fuchs* Rn. 8 ff., 54; *Junker* FS Salje, 2013, 243 (249 ff.); *Planas* YbPIL 18 (2016), 289 (290); *Thorn* in Kieninger/Remien, Europäische Kollisionsrechtsvereinheitlichung, 2012, 139 (157); ausf. *Zeidler,* Klimahaftungsklagen, 2022, 264 ff.

[34] Erman/*Stürner* Rn. 8; NK-BGB/*v. Plehwe* Rn. 10.

c) Klimawandelklagen. Zwar begnügt sich Art. 7 – anders als § 1 UmweltHG – nicht mit einer Umwelteinwirkung, sondern verlangt eine **Umweltschädigung als Ursache** für den Personen- oder Sachschaden. Die hM schließt daraus aber nicht, dass nach Art. 7 nur solche Personen- oder Sachschäden anzuknüpfen sind, die mit einem ökologischen Schaden einhergehen. Notwendig und hinreichend sei vielmehr, dass ein Personen- oder Sachschaden durch eine Einwirkung auf natürliche Ressourcen (Wasser, Boden oder Luft) verursacht wurde.[35] 23

Über den Wortlaut des Art. 7 hinaus unterstellt die hM der Kollisionsnorm auch reine **Vermögensschäden,** die durch eine Einwirkung auf natürliche Ressourcen verursacht sind.[36] Auch die Einwirkung auf die Atmosphäre durch anthropogene Veränderung **(Klimawandel durch Erderwärmung)** kann den Begriff der Umweltschädigung iSv **Art. 2 Umwelthaftungs-RL** (→ Rn. 18), so dass deliktische Ansprüche aus einem daraus resultierenden Individualschaden nach Art. 7 anzuknüpfen sind.[37] Die Herausforderungen von **Klimawandelklagen** liegen somit nicht auf kollisionsrechtlichem, sondern auf materiellrechtlichem Gebiet (ua Kausalzusammenhang). 24

d) Ausgeschlossene Schädigungen. Eine Reihe von Schäden, die unter der Geltung des autonomen deutschen IPR unter den Deliktstypus „Umweltschädigung" subsumiert wurden, sind keine Anwendungsfälle des Art. 7, weil sie keine Umweltschädigungen iSd **Art. 7** darstellen, unter eine Bereichsausnahme nach **Art. 1 Abs. 2** zu subsumieren sind oder kein außervertragliches Schuldverhältnis in Zivil- und Handelssachen begründen **(Art. 1 Abs. 1).** 25

aa) Beeinträchtigungen durch Lärm. Durch Lärm verursachte Beeinträchtigungen fallen nur unter Art. 7, wenn sie (ausnahmsweise) Umweltschädigungen iSv **Erwägungsgrund 24** darstellen[38] (Beispiel: Glasbruch durch Überschallknall) und einschlägige Staatsverträge über den Lärmschutz keine vorrangigen Kollisionsnormen enthalten. Letzteres gilt insbesondere für den **FlughSaVertr.**[39] Danach ist sowohl für deliktische als auch für sachenrechtliche Ansprüche nach Wahl des Geschädigten das deutsche oder das österreichische Recht anwendbar (Art. 4 Abs. 3 FlughSaVertr). 26

bb) Schäden durch Kernenergie. Nach Art. 1 Abs. 2 lit. f sind außervertragliche Schuldverhältnisse, die sich aus Schäden durch Kernenergie ergeben, vom Anwendungsbereich der Rom II-VO ausgeschlossen (→ Art. 1 Rn. 58). Diese Bereichsausnahme geht den speziellen Kollisionsnormen vor: Resultiert ein Umweltschaden iSv **Erwägungsgrund 24** aus einem **nuklearen Ereignis,** so ist Art. 7 nicht anzuwenden. Es gelten die einschlägigen Staatsverträge[40] (→ EGBGB Art. 40 Rn. 97 ff.), hilfsweise das autonome deutsche Recht **(Art. 40–42 EGBGB).** 27

Die Bereichsausnahme für Schäden durch Kernenergie erfolgte im Hinblick auf die „Tatsache, dass die Staaten durch internationale Übereinkommen zum Ersatz von Schäden beitragen".[41] Jedoch zeigt die **Temelín II-Entscheidung** des EuGH, dass zB Abwehransprüche gegen ionisierende Strahlungen von diesen Übereinkommen nicht erfasst sind.[42] Mit Blick auf Regelungslücken im europäischen IPR wird die Bereichsausnahme rechtspolitisch kritisiert[43] (→ Art. 1 Rn. 58; → EGBGB Art. 40 Rn. 94 ff.). 28

cc) Völkerrechtliche Haftung von Staaten. Soweit Ansprüche aus grenzüberschreitenden Umweltbeeinträchtigungen völkerrechtlicher Natur sind, gelten die allgemeinen Grundsätze des 29

---

35 BeckOGK/*Huber* Rn. 18; Soergel/*Remien* Rn. 5; Erman/*Stürner* Rn. 2; PWW/*Schaub* Rn. 1; jurisPK-BGB/*Wurmnest* Rn. 37; *v. Bar/Mankowski* IP II § 2 Rn. 331; *Heiss/Loacker* JBl. 2007, 613 (631); *Joubert* in Corneloup/Joubert, Le règlement communautaire „Rome II" sur la loi applicable aux obligations non contractuelles, 2008, 55 (70); *Lehmann/Eichel* RabelsZ 83 (2019), 77 (94); *Matthes* GPR 2011, 146 (147); *Ofner* ZfRV 2008, 13 (18); *G. Wagner* IPRax 2008, 1 (9).

36 BeckOGK/*Huber* Rn. 19; Soergel/*Remien* Rn. 5; Erman/*Stürner* Rn. 7; PWW/*Schaub* Rn. 1; *Junker* FS Salje, 2013, 243 (246); *Lehmann/Eichel* RabelsZ 83 (2019), 77 (92).

37 *Kadner Graziano* YbPIL 9 (2007), 71 (73); *Lehmann/Eichel* RabelsZ 83 (2019), 77 (94 f.); *Mansel* ZGR 2018, 439; s. bereits *Munari/Schiano di Pepe* Riv. dir. int. priv. proc. 41 (2005), 607; ausf. *Zeidler,* Klimahaftungsklagen, 2022, 261 ff.; aA *König/Tetzlaff* RIW 2022, 25 (28 ff.).

38 Soergel/*Remien* Rn. 7; Calliess/*v. Hein* Rn. 5, 28; Erman/*Stürner* Rn. 8: „troubles de voisinage".

39 Vertrag zwischen der Bundesrepublik Deutschland und der Republik Österreich vom 19.12.1967 über Auswirkungen der Anlage und des Betriebs des Flughafens Salzburg auf das Hoheitsgebiet der Bundesrepublik Deutschland, BGBl. 1974 II S. 13.

40 KOM(2003) 427 endg., 10; ferner Soergel/*Remien* Rn. 8; Erman/*Stürner* Rn. 3; Huber/*Fuchs* Rn. 49; *Junker* FS Salje, 2013, 243 (251 f.); *Magnus* FS Kropholler, 2008, 595 (599).

41 KOM(2003) 427 endg., 10.

42 EuGH EuZW 2010, 26 Rn. 38 ff. – Temelín II; s. dazu *Junker* IPR § 16 Rn. 31.

43 Calliess/*v. Hein* Rn. 3; *Junker* FS Salje, 2013, 243 (252); *Kadner Graziano* RabelsZ 73 (2009), 1 (46); *Magnus* FS Kropholler, 2008, 595 (610).

völkerrechtlichen Deliktsrechts. Danach ist jeder Staat für Immissionen verantwortlich, die von seinem Hoheitsgebiet ausgehen. Zwar sind aus dem allgemeinen Völkerrecht nur Völkerrechtssubjekte berechtigt und verpflichtet.[44] Gegenüber Privaten haften Staaten jedoch unter Umständen nach den **Grundsätzen der Amtshaftung**[45] (→ Art. 4 Rn. 87 ff.). Von der Staatenhaftung zu unterscheiden sind Ansprüche von Staaten gegen private Unternehmen auf Ersatz von Umweltschäden, wie sie auf der Basis der **RL 2004/35/EG** in vielen Rechtsordnungen vorgesehen sind[46] (→ Rn. 21). Hier stellt sich vor allem die Frage, ob es sich um eine **Zivil- und Handelssache** iSd Art. 1 Abs. 1 handelt (→ Art. 1 Rn. 14 ff.).

30 **2. Vorrangige Staatsverträge. a) Gewässerschutzübereinkommen.** Im Bereich des Gewässerschutzes gilt für die Bundesrepublik Deutschland das **Ölhaftungsübereinkommen** vom 27.11.1992 (→ Art. 4 Rn. 185 ff.) und das **Bunkeröl-Übereinkommen**[47] (→ Art. 4 Rn. 189), die der Rom II-VO vorgehen (→ Art. 28 Rn. 24). Art. 45 **Deutsch-dänisches Wasser- und Deichabkommen**[48] enthält eine privatrechtliche Haftungsnorm, die unabhängig von den Kollisionsnormen der Rom II-VO anzuwenden ist.

31 **b) Luganer Konvention des Europarats.** Die Luganer Konvention des Europarats vom 21.6.1993 über die zivilrechtliche Haftung für Schäden durch umweltgefährdende Tätigkeiten[49] wurde bisher nur von wenigen Staaten gezeichnet. Sie sieht für verschiedene – in den Anhängen aufgezählte – gefährliche Tätigkeiten eine verschuldensunabhängige Gefährdungshaftung vor. Darüber hinaus enthält der Text flankierende Regelungen zur obligatorischen **Haftpflichtversicherung** sowie zum Verfahrens- und Verwaltungsrecht. Die ausbleibende Resonanz ist darauf zurückzuführen, dass das Übereinkommen keine Möglichkeit der Haftungsbeschränkung vorsieht.

32 **c) Baseler Übereinkommen 1989.** Das Baseler Übereinkommen vom 22.3.1989 über die Kontrolle der grenzüberschreitenden Verbringung gefährlicher Abfälle und ihrer Entsorgung[50] ist für die Bundesrepublik Deutschland am 20.7.1995 in Kraft getreten[51] (→ Art. 4 Rn. 193). Das Übereinkommen selbst enthält keine Haftungsregeln. Im Einklang mit Art. 12 wurden die Bestimmungen des Übereinkommens durch das **Baseler Protokoll** vom 10.12.1999 ergänzt, das bisher noch nicht in Kraft getreten ist. Es regelt die Haftung für Schadensfälle, die bei grenzüberschreitender Verbringung gefährlicher Abfälle eintreten (Art. 1).

III. Anknüpfungspunkte

33 **1. Anwendung der Tatortregel (Hs. 1). Art. 7 Hs. 1** belässt es bei außervertraglichen Schuldverhältnissen aus einer Umweltschädigung oder einem aus einer solchen Schädigung herrührenden Personen- oder Sachschaden grundsätzlich bei der – von Art. 4 Abs. 1 bekannten – Anknüpfung an den **Erfolgsort (Ort des Schadenseintritts).** Die Anwendung der *lex loci damni* soll den Umweltschutz stärken, indem sie Wirtschaftsteilnehmer in Staaten mit niedrigen Schutzstandards zwingt, die höheren Standards zu berücksichtigen, die in Nachbarstaaten herrschen[52] (→ Rn. 7 f.).

---

[44] S. in Bezug auf ein nukleares Ereignis AG Bonn NJW 1988, 1393 (1394); zur Berufung Privater auf umweltschützende Regeln des Völkergewohnheitsrechts s. Rechtbank Rotterdam RabelsZ 49 (1985), 741 (745, 758 f.) m. Aufs. *Nassr-Esfahani/Wenckstern* RabelsZ 49 (1985), 763; zur Staatenimmunität im Zusammenhang mit völkerrechtlicher Umwelthaftung *v. Hein/Wolf* in Wolfrum/Langenfeld/Minnerop, Environmental Liability in International Law – Towards a Coherent Conception, 2005, 381.

[45] BeckOGK/*Huber* Rn. 27; BeckOK BGB/*Spickhoff* Rn. 2; Calliess/*v. Hein* Rn. 6; *Thorn* in Kieninger/Remien, Europäische Kollisionsrechtsvereinheitlichung, 2012, 139 (157).

[46] Zur Anknüpfung von Ansprüchen öffentlich-rechtlicher Einrichtungen auf Ersatz von Umweltschäden *Kadner Graziano* YbPIL 9 (2007), 71 (80 ff.); *Kadner Graziano* Rev. crit. dr. int. pr. 97 (2008), 445 (489 ff.).

[47] Internationales Übereinkommen vom 23.3.2001 über die zivilrechtliche Haftung für Bunkerölverschmutzungsschäden, BGBl. 2006 II 578; dazu BeckOK BGB/*Spickhoff* Rn. 1; HK-BGB/*Dörner* Rn. 1; PWW/*Schaub* Rn. 1; *v. Hein/Wolf* in Wolfrum/Langenfeld/Minnerop, Environmental Liability in International Law – Towards a Coherent Conception, 2005, 381 (387); speziell zu Ölverschmutzungsschäden *Siehr* RabelsZ 74 (2010), 139 (145 ff.).

[48] Deutsch-dänisches Abkommen vom 10.4.1922 zur Regelung der Wasser- und Deichverhältnisse an der gemeinsamen Staatsgrenze, RGBl. 1922 II 152, BGBl. 1954 II 717.

[49] Engl. und franz. Text in European Treaty Series Nr. 150; englischer Text in *v. Bar,* Int. Umwelthaftungsrecht, Bd. I, 1995, 251; nicht amtliche deutsche Übersetzung in PHI 1993, 196 (211).

[50] BGBl. 1994 II S. 2704.

[51] BGBl. 1995 II S. 696. Stand der Ratifikationen unter http://www.basel.int.

[52] KOM(2003) 427 endg., 21; BeckOGK/*Huber* Rn. 31 ff.; BeckOK BGB/*Spickhoff* Rn. 3; Soergel/*Remien* Rn. 15; *v. Bar/Mankowski* IPR II § 2 Rn. 329.

a) Reine Umweltschädigung. Geht es um eine reine Umweltschädigung (→ Rn. 18), ist der Erfolgsort der Ort, an dem die schadensverursachende Emission mit einer natürlichen Ressource – Wasser, Boden, Luft – in Berührung kommt.[53] 34

b) Personen-, Sach- oder Vermögensschäden. Geht es um den Ersatz von Personen-, Sach- oder Vermögensschäden, die „auf dem Umweltpfad" eingetreten sind (→ Rn. 21 f.), ist der Erfolgsort des Umweltdelikts nicht der Ort der Umweltschädigung, sondern der – möglicherweise davon verschiedene – Ort, an dem der Personen-, Sach- oder Vermögensschaden eingetreten ist.[54] **Spätere Schadensfolgen** sind unbeachtlich (→ Art. 4 Rn. 24; → Art. 4 Rn. 39 ff.). 35

c) Klimawandelklagen. Die Erfolgsortanknüpfung birgt für Unternehmen die Gefahr, dass Emittenten der strengen Klimaschutzgesetzgebung von Staaten unterworfen werden, obwohl sie etwa als Energieunternehmen einer im Sitzstaat nicht bloß erlaubten, sondern sogar erwünschten Tätigkeit nachgehen. Art. 7 könne sich dergestalt als „Einfallstor für eine rigide Klimawandelhaftung einer Rechtsordnung erweisen, zu der die Haftenden keinen Bezug haben".[55] Diese Befürchtung ist berechtigt. Nach dem Sinn und Zweck der Verweisung ist die **Vorhersehbarkeit des Erfolgsorts** für den Umweltschädiger jedoch keine Voraussetzung des Art. 7 Hs. 1.[56] Ebenso wenig beschränkt sich die Vorschrift auf **Nachbarstreitigkeiten** zwischen Anrainerstaaten.[57] Eine analoge Anwendung des Vorhersehbarkeitsvorbehalts des Art. 5 Abs. 1 S. 2 (→ Art. 5 Rn. 61) kommt schon mangels Regelungslücke nicht in Betracht.[58] 36

2. Optionsrecht des Geschädigten (Hs. 2). Art. 7 Hs. 2 gibt dem Geschädigten bei Umweltdelikten, die sich als grenzüberschreitende Distanzdelikte darstellen, die Möglichkeit, das Recht des Staates zu wählen, in dem das schadensbegründende Ereignis eingetreten ist. Der Textvergleich mit dem Wortlaut des Art. 4 Abs. 1 ergibt, dass unter dem **schadensbegründenden Ereignis** nicht die Rechtsgutverletzung, sondern das haftungsbegründende Verhalten zu verstehen ist. 37

a) Anknüpfung an den Handlungsort. Mit dem Ort, an dem das schadensbegründende Ereignis eingetreten ist, ist somit der Handlungsort gemeint.[59] Die Anwendung der *lex loci actus* auf Wunsch des Geschädigten soll ebenfalls der **Hebung des Umweltschutzes** dienen, indem auch der ausländische Geschädigte von höheren Schutzstandards im Belegenheitsstaat der emittierenden Anlage profitieren kann. Dadurch schwindet nach der Vorstellung des Verordnungsgebers der bei einer reinen Erfolgsortanknüpfung gegebene Anreiz, Anlagen an der Staatsgrenze zu errichten[60] (→ Rn. 5 f.). 38

Der Handlungsort ist der Ort, an dem der Schädiger entweder eine für die Umweltschädigung bzw. die Rechtsgut- oder Vermögensverletzung maßgebende Ursache durch **positives Tun** gesetzt oder eine **Unterlassung** begangen hat, obwohl er nach dem Recht dieses Ortes hätte handeln müssen; der Ort bloßer **Vorbereitungshandlungen** bleibt ebenso außer Betracht wie der Ort, an dem über eine Emission entschieden wurde.[61] 39

---

[53] HK-BGB/*Dörner* Rn. 3; *Kadner Graziano* RabelsZ 73 (2009), 1 (45); *Thorn* in Kieninger/Remien, Europäische Kollisionsrechtsvereinheitlichung, 2012, 139 (151).

[54] Erman/*Stürner* Rn. 10; *Junker* NJW 2007, 3675 (3680); *Junker* FS Salje, 2013, 243 (254); *Kadner Graziano* Rev. crit. dr. int. pr. 97 (2008), 445 (485); *Kieninger* IPRax 2022, 1 (6); *Leible/Lehmann* RIW 2007, 721 (728); *G. Wagner* IPRax 2008, 1 (9).

[55] *Lehmann/Eichel* RabelsZ 83 (2019), 77 (97); idS auch *König/Tetzlaff* RIW 2022, 25 (33 ff.); *Zeidler,* Klimahaftungsklagen, 2022, 299.

[56] Calliess/*v. Hein* Rn. 17; *Junker* FS Salje, 2013, 243 (254); *Kadner Graziano* RabelsZ 73 (2009), 1 (45 f.) unter Hinweis auf das Unglück von Tschernobyl.

[57] Ausf. *Hübner* IPRax 2022, 219 (220 ff., 225); aA *Lehmann/Eichel* RabelsZ 83 (2019), 77 (96 ff., 105 ff.); s. zu Fragen der Kausalität *Schirmer* JZ 2021, 1099; zu menschenrechtlichen Aspekten *Schmahl* JZ 2022, 317; *Wegener* NJW 2022, 425.

[58] Ausf. *Kieninger* IPRax 2022, 1 (6 ff.); aA *Lehmann/Eichel* RabelsZ 83 (2019), 77 (105 ff.); allg. gegen die Tauglichkeit des Deliktsrechts als Mittel zum Klimaschutz *G. Wagner/Arntz* in Kahl/Weller, Climate Change Litigation, 2021, 405 (428).

[59] BeckOGK/*Huber* Rn. 34 ff.; Soergel/*Remien* Rn. 19 ff.; PWW/*Schaub* Rn. 3; Erman/*Stürner* Rn. 12; *v. Bar/Mankowski* IPR II § 2 Rn. 334; *Hübner,* Unternehmenshaftung für Menschenrechtsverletzungen, 2022, 158 ff.; *Enneking* Eur. Rev. Priv. L. 16 (2008), 283 (302); *Junker* NJW 2007, 3675 (3680); *Kadner Graziano* RabelsZ 73 (2009), 1 (47); s. auch *Huber/Bach* IPRax 2005, 73 (79); *Mansel* FS Laufs, 2006, 609 (620); *Sonnentag* ZVglRWiss 105 (2006), 256 (295).

[60] KOM(2003) 427 endg., 21 f.; s. auch *Lehmann/Eichel* RabelsZ 83 (2019), 77 (97); *Planas* YbPIL 18 (2016), 289 (297); *Remien* FS Schmidt-Preuß, 2018, 985 (1000); *Zeidler,* Klimahaftungsklagen, 2022, 273 ff.

[61] BeckOGK/*Huber* Rn. 38; Erman/*Stürner* Rn. 12; HK-BGB/*Dörner* Rn. 3; PWW/*Schaub* Rn. 3; *Bittmann* in Weller, Europäisches Kollisionsrecht, 2016, 153 Rn. 307.

40 Im Fall der **Gefährdungshaftung** kommt es auf den Ort an, an dem sich der Schädiger gefährlich verhalten hat bzw. an dem die gefährliche Anlage betrieben wurde; maßgeblich ist bei ortsfesten Anlagen der Lageort, bei mobilen Anlagen der Ort, an dem die Anlage außer Kontrolle gerät oder die gebotene Kontrolle unterlassen wurde.[62]

41 **b) Klimawandelklagen.** Gehen Emissionen von Standorten in **mehreren Staaten** aus, was insbesondere bei Klimawandelklagen gegen das herrschende Unternehmen eines multinationalen Konzerns relevant werden kann, kommt weder ein Wahlrecht des Geschädigten noch eine Schwerpunktbetrachtung in Frage:[63] Haben die Emittenten **eigene Rechtspersönlichkeit,** so führt an einer separaten kollisionsrechtlichen Behandlung ohnehin kein Weg vorbei. Handelt es sich um **rechtlich unselbständige Betriebe,** ist der Fall wertungsmäßig nicht anders zu behandeln: Der Kläger kann in Bezug auf einen Emittenten im Staat A nicht für die Anwendung des Rechts des Staates B optieren, in dem ein anderer Emittent ansässig ist, selbst wenn er demselben Unternehmen angehört.[64]

42 **c) Ausübung des Optionsrechts.** Das Optionsrecht zugunsten des Rechts des Handlungsorts spielt nur eine Rolle, wenn der Ort des Eintritts des Schadens (Erfolgsort) in einem anderen Staat liegt als der Ort des schadensbegründenden Ereignisses (Handlungsort) der Umweltschädigung **(grenzüberschreitendes Distanzdelikt).** Bei einem **Platzdelikt** (Handlungs- und Erfolgsort sind identisch) oder bei einem nicht grenzüberschreitenden Distanzdelikt geht das Wahlrecht des Art. 7 ins Leere. Es ist Sache des **Geschädigten,** vor der Ausübung des Optionsrechts durch einen Günstigkeitsvergleich das für ihn vorteilhafte Recht zu ermitteln. Das Prozessgericht ist von Europarechts wegen nicht verpflichtet, auf das Optionsrecht hinzuweisen oder gar selbst einen Günstigkeitsvergleich anzustellen; nach der deutschen *lex fori processualis* ergibt sich allerdings eine Hinweispflicht unter den Voraussetzungen des § 139 Abs. 2 S. 1 ZPO. Macht der Geschädigte von der ihm eingeräumten Option keinen rechtzeitigen **(Art. 46a EGBGB)** Gebrauch, bleibt es bei der Anwendung des Rechts des Erfolgsorts.[65]

43 **aa) Rechtsnatur des Optionsrechts.** Das Bestimmungsrecht des Geschädigten nach Art. 7 Hs. 2 ist – ebenso wie dasjenige des Art. 40 Abs. 1 S. 2 EGBGB (→ EGBGB Art. 40 Rn. 34 ff.) – vom Rechtstyp her ein **kollisionsrechtliches Gestaltungsrecht,** das durch einseitige rechtsgestaltende Willenserklärung des Geschädigten ausgeübt wird; mehrere Geschädigte müssen das Optionsrecht nicht einheitlich ausüben oder verwerfen.[66] Man kann es auch als **kollisionsrechtliche Ersetzungsbefugnis** (facultas alternativa) bezeichnen,[67] weil der Geschädigte durch Ausübung seines Gestaltungsrechts aus Art. 7 Hs. 2 das Erfolgsortsrecht durch das Handlungsortsrecht ersetzt.

44 Von einer **Rechtswahl** kann nur mit der Maßgabe gesprochen werden, dass nicht nur zur Rechtswahlvereinbarung (Art. 14), sondern auch zu den anerkannten Fällen einseitiger Rechtswahl (wie zB der Erbstatutswahl, Art. 22 EuErbVO) ein gravierender **Unterschied** besteht:[68] Während die Rechtswahl ieS die objektive Anknüpfung verdrängt, wirkt sich das Optionsrecht nach Art. 7 Hs. 2 im Rahmen der objektiven Anknüpfung aus, indem an die Stelle der Verweisung auf das Recht des Erfolgsorts (Art. 7 Hs. 1) eine Verweisung auf das Recht des Handlungsorts tritt.

45 **bb) Art und Weise der Ausübung.** Nach dem Wortlaut des Art. 7 Hs. 2 („… der Geschädigte hat sich entschieden, seinen Anspruch … zu stützen") ist nicht nur die **ausdrückliche,** sondern auch die **konkludente Ausübung** des Wahlrechts gestattet, und zwar innerhalb eines Prozesses

---

[62] JurisPK-BGB/*Wurmnest* Rn. 52; HK-BGB/*Dörner* Rn. 3; PWW/*Schaub* Rn. 3; Calliess/*v. Hein* Rn. 17, 18; *Thorn* in Kieninger/Remien, Europäische Kollisionsrechtsvereinheitlichung, 2012, 139 (142).

[63] *Lehmann/Eichel* RabelsZ 83 (2019), 77 (96); aA BeckOGK/*St. Huber* Rn. 38: Wahlrecht; s. zur materiellen Einstandspflicht einer dt. Konzernobergesellschaft für Umweltschädigungen durch ausländische Tochtergesellschaften *Fleischer/Korch* DB 2019, 1944 (1945 ff.).

[64] AA Rechtbank den Haag 26.5.2021, ECLI:NL:RBDHA:2021:5339 Rn. 4.3.6.; zust. *Kieninger* IPRax 2022, 1 (6); s. auch *Kieninger* in Kahl/Weller, Climate Change Litigation, 2021, 119; *Weller/Nasse* FS Kronke, 2020, 601; krit. *Mansel/Kuhl* FS v. Bar, 2022, 251 (266); *König/Tetzlaff* RIW 2022, 25 (35 ff.).

[65] HK-BGB/*Dörner* Rn. 4; Calliess/*v. Hein* Rn. 19; Huber/*Fuchs* Rn. 29; *Schack* in v. Hein/Rühl, Kohärenz im Internationalen Privat- und Verfahrensrecht der Europäischen Union, 2016, 279 (291).

[66] BeckOGK/*Huber* Rn. 47; BeckOK BGB/*Spickhoff* Rn. 5; Soergel/*Remien* Rn. 22; *v. Hein* ZEuP 2009, 6 (30); *R. Wagner* IPRax 2008, 314 (318); *Zeidler,* Klimahaftungsklagen, 2022, 286.

[67] Erman/*Stürner* Rn. 13; *Junker* FS Schurig, 2012, 81 (92); *Mansel* FS Laufs, 2006, 609 (620); zu Art. 40 Abs. 1 S. 2, 3 EGBGB *Dörner* FS Stoll, 2001, 491 (494); *Junker* FS W. Lorenz, 2001, 321 (334); *Pfeiffer* NJW 1999, 3674 (3676).

[68] PWW/*Schaub* Rn. 3; *v. Hein* 82 Tul. L. Rev. 1663, 1698 (2008); *Junker* FS Salje, 2013, 243 (254); Zeidler, Klimahaftungsklagen, 2022, 288; zu Art. 40 Abs. 1 S. 2, 3 EGBGB *Dörner* FS Stoll, 2001, 491 (494 f.); *Junker* RIW 2000, 241 (248); *Kreuzer* RabelsZ 65 (2001), 383 (423).

ebenso wie außerhalb des Prozesses.[69] Allerdings sind an die konkludente (stillschweigende, schlüssige) Option die gleichen, strengen Anforderungen zu stellen wie an eine konkludente Rechtswahl nach Art. 14 Abs. 1 S. 2 (→ Art. 14 Rn. 36 ff.).

Art. 7 macht keine Vorgaben für die **Modalitäten der Ausübung** des Optionsrechts. Bereits die Vorschlagsbegründung verwies auf die *lex fori.*[70] Diesen Ansatz greift der **Erwägungsgrund 25** auf, der ebenfalls auf das **Recht des Gerichtsstaats** verweist. Nach deutschem Recht muss der Geschädigte seine Option im ersten Rechtszug bis zum Ende des frühen ersten Termins oder dem Ende des schriftlichen Vorverfahrens ausüben (→ EGBGB Art. 46a Rn. 8). **46**

cc) Unteilbarkeit des Optionsrechts. Die Unteilbarkeit des Bestimmungsrechts nach Art. 7 Hs. 2 ergibt sich zwar nicht schon aus seiner Rechtsnatur als Gestaltungsrecht, wohl aber aus der **Interessenlage der Deliktsbeteiligten:** Der *Ersatzpflichtige* hat – auch unter dem Gesichtspunkt der Rechtsberatungskosten – ein schützenswertes Interesse, dass unterschiedliche Streitgegenstände (zB Unterlassungsanspruch einerseits, Schadensersatzbegehren andererseits; Heilungskosten, Erwerbsausfall und Schmerzensgeld) aus ein und demselben Schadensereignis nicht mehreren Rechtsordnungen unterstehen.[71] Die Interessenlage ist insofern **anders als bei einer Rechtswahl** nach Art. 14 Abs. 1, deren gespaltene Ausübung auf dem Konsens der Parteien beruht (→ Art. 14 Rn. 46). Der *Geschädigte* kann sein Optionsrecht aus Art. 7 Hs. 2 folglich nur einheitlich für ein schadensbegründendes Ereignis ausüben; die Vorschrift erlaubt keine **Teiloption.** **47**

dd) Unwiderruflichkeit der Option. Die Unwiderruflichkeit folgt aus der **Natur** des Gestaltungsrechts, das sich durch seine Ausübung verbraucht. Die Ausübung des Optionsrechts bindet den Geschädigten nicht nur in einem konkreten Verfahren, sondern über das Verfahren hinaus. Die Unwiderruflichkeit entspricht auch der **Interessenlage:** schon mit Blick auf die Rechtsberatungskosten muss sich der *Ersatzpflichtige* auf die Rechtsbeständigkeit der einmal ausgeübten Ersetzungsbefugnis verlassen können; für den *Geschädigten* ist der Zwang zur frühzeitigen Festlegung der Preis der Privilegierung.[72] Im Übrigen richten sich die **Anforderungen an den Erklärungstatbestand** – ebenso wie die Folgen etwaiger **Willensmängel** – nicht nach dem Statut der unerlaubten Handlung *(lex causae),* sondern nach dem Recht des Gerichtsorts, also der *lex fori* (zur Begründung → Art. 14 Rn. 32 f.). **48**

3. Öffentlich-rechtliche Genehmigungen. Besondere kollisions- und sachrechtliche Fragen stellen sich, wenn grenzüberschreitende Umweltbeeinträchtigungen von Anlagen ausgehen, für deren Betrieb der Belegenheitsstaat eine **Genehmigung** erteilt hat. Sie schließt im Belegenheitsstaat in der Regel privatrechtliche, auf Betriebseinstellung gerichtete **Unterlassungsansprüche** gegen den Betreiber und/oder **Schadensersatzansprüche** aus.[73] Im grenzüberschreitenden Sachverhalt kommt es darauf an, ob die im Belegenheitsstaat der Anlage erteilte Genehmigung (im Wasserrecht: Bewilligung) ihre privatrechtsgestaltende Wirkung auch **außerhalb des Belegenheitsstaats** entfaltet.[74] **49**

Bei der Antwort auf diese Frage muss zwischen drei Staaten unterschieden werden: dem Staat, in welchem der Rechtsstreit um Schadensersatz, Unterlassung oder Beseitigung anhängig ist oder anhängig gemacht werden soll **(Forumstaat),** dem Staat, in welchem der Schaden eingetreten ist oder iSd Art. 2 Abs. 3 (→ Art. 2 Rn. 12 f.) einzutreten droht **(Staat des Erfolgsorts),** und dem – **50**

[69] BeckOGK/*Huber* Rn. 47 verlangt „Gestaltungsbewußtsein"; s. auch *Heiss/Loacker* JBl. 2007, 613 (633); zu Art. 40 Abs. 1 S. 2, 3 EGBGB OLG Celle BeckRS 2012, 19781 unter II 4a.

[70] KOM(2003) 427 endg., 22; s. dazu HK-BGB/*Dörner* Rn. 4; *v. Hein/Wolf* in Wolfrum/Langenfeld/Minnerop, Environmental Liability in International Law – Towards a Coherent Conception, 2005, 381 (442); *Kadner Graziano* RabelsZ 73 (2009), 1 (47); Zeidler, Klimahaftungsklagen, 2022, 290 ff.

[71] BeckOGK/*Huber* Rn. 41 ff.; Calliess/*v. Hein* Rn. 21; Huber/*Fuchs* Rn. 31; *v. Hein* ZEuP 2009, 6 (30); aA Soergel/*Remien* Rn. 25; NK-BGB/*v. Plehwe* Rn. 11; zu Art. 40 Abs. 1 S. 2, 3 EGBGB *Dörner* FS Stoll, 2001, 491 (495); *v. Hein* NJW 1999, 3174; *Junker* FS W. Lorenz, 2001, 321 (339); *Pfeiffer* NJW 1999, 3674 (3676).

[72] PWW/*Schaub* Rn. 3; *Zeidler,* Klimahaftungsklagen, 2022, 293 ff.; *Junker* FS Schurig, 2012, 81 (92); zu Art. 40 Abs. 1 S. 2, 3 EGBGB *v. Hein* NJW 1999, 3174 (3176); *Pfeiffer* NJW 1999, 3674 (3676); *Dörner* FS Stoll, 2001, 491 (495); *Junker* FS W. Lorenz, 2001, 321 (338).

[73] Rechtsvergleichend *Buschbaum,* Privatrechtsgestaltende Anspruchspräklusion im IPR, 2008, 104 ff.; *Nassr-Esfahani,* Grenzüberschreitender Bestandsschutz für unanfechtbar genehmigte Anlagen, 1991, 93 ff.; *Hager* RabelsZ 53 (1989), 293 (298 f.); *Kreuzer* BerGesVR 32 (1992), 245 (247 ff.); *Pfeiffer* JbUTR 2000, 263 (266 ff.).

[74] BeckOGK/*Huber* Rn. 64 ff.; BeckOK BGB/*Spickhoff* Rn. 6; Calliess/*v. Hein* Rn. 23 ff.; Huber/*Fuchs* Rn. 34 ff.; *A. Fuchs* GPR 2004, 100 (103); *v. Hein* VersR 2007, 440 (449); *Junker* NJW 2007, 3675 (3680); *Kadner Graziano* RabelsZ 73 (2009), 1 (48 ff.); *Leible/Lehmann* RIW 2007, 721 (725); *Martiny* FS Peine, 2016, 181 (187 f.); *Mankowski* RIW 2010, 389 (390 ff.); *Matthes* GPR 2011, 146 (149 ff.).

in der Regel mit dem Belegenheitsstaat der Anlage identischen – Staat, in welchem das schadensbegründende Ereignis eingetreten ist oder einzutreten droht **(Staat des Handlungsorts).**

51 **a) Deutscher Handlungsort – ausländisches Recht.** Wird die Problematik aus deutscher Sicht betrachtet (dh der Staat, in welchem der Rechtsstreit anhängig ist oder anhängig gemacht werden soll, ist Deutschland), betrifft die erste Fallgruppe eine **in Deutschland belegene Anlage,** deren Betrieb zu kollisionsrechtlich relevanten **Schäden im Ausland** führt.[75]

Beispiel:
Ein Einwohner der Niederlande klagt vor einem deutschen Gericht auf Schadensersatz wegen eines Umweltschadens, der durch ein Kraftwerk verursacht wurde, das 25 Kilometer von seinem Wohnort entfernt im deutschen Emsland liegt.[76] Hat das deutsche Gericht gemäß Art. 7 Hs. 1 nach dem materiellen **Recht des ausländischen Erfolgsorts** zu entscheiden, spricht das Prinzip der **Einheit der Rechtsordnung** für eine „Berücksichtigung deutscher Genehmigungen im Rahmen der Anwendung des maßgeblichen ausländischen Erfolgsortsrechts als Deliktsstatut".[77]

52 Würde der deutsche Zivilrichter ein Urteil erlassen, das die privatrechtsgestaltende Wirkung einer nach deutschem Recht ergangene Bewilligung ignoriert, würde er der Entscheidung eines anderen Staatsorgans widersprechen, über das er keine Kontrollbefugnis hat. Liegt eine **Genehmigung nach deutschem Recht** vor, muss das deutsche Zivilgericht diese Genehmigung daher beachten, auch wenn das materielle **Deliktsrecht des ausländischen Staates** als Recht des Erfolgsorts (Art. 7 Hs. 1) zur Anwendung kommt.[78] Nach der Rom II-VO lässt sich dieses Ergebnis auf **Art. 16** stützen, wonach die Anwendung derjenigen Vorschriften der *lex fori* unberührt bleibt, die ohne Rücksicht auf das für das außervertragliche Schuldverhältnis maßgebliche Recht den Sachverhalt zwingend regeln **(Eingriffsnormen des Forumstaats).**[79]

53 **b) Ausländischer Handlungsort – ausländisches Recht.** In der zweiten Konstellation führt eine **Anlage im Ausland,** deren Betrieb der Belegenheitsstaat genehmigt hat, zu **Umweltschäden in Deutschland.** Optiert der Kläger gemäß Art. 7 Hs. 2, hat der deutsche Richter den Prozess nach dem materiellen **Recht des ausländischen Handlungsorts** zu entscheiden.[80] Die Frage, ob die Verweisung des Art. 7 Hs. 2 auf das Recht des ausländischen Handlungsorts auch die ausländische Genehmigung und die aus ihr folgende **privatrechtsgestaltende Wirkung** umfasst, ist nicht mit einem einfachen „Ja" zu beantworten, denn das IPR verweist definitionsgemäß nur auf das Privatrecht des ausländischen Staates; das öffentliche Recht folgt eigenen Anwendungsregeln außerhalb der Rom II-VO, die nur auf **Zivil- und Handelssachen** anzuwenden ist **(Art. 1 Abs. 1).**[81]

54 Die Genehmigung und ihr privatrechtsgestaltender Effekt werden, da es sich um **öffentliches Recht** handelt, vom Rechtsanwendungsbefehl des Art. 7 Hs. 2 nicht erfasst.[82] Wenn trotzdem ganz überwiegend die Ansicht vertreten wird, der deutsche Richter müsse bei der Anwendung des ausländischen Deliktsrechts auch die ausländische Genehmigung beachten, kann dies nur mit der –

[75] Soergel/*Remien* Rn. 32; Calliess/*v. Hein* Rn. 26; zum dt. IPR Staudinger/*v. Hoffmann,* 2007, EGBGB Art. 40 Rn. 173; *v. Hein/Wolf* in Wolfrum/Langenfeld/Minnerop, Environmental Liability in International Law – Towards a Coherent Conception, 2005, 381 (434) unter 2.3.3.

[76] VG Oldenburg GewArch. 1986, 21 mAnm *Ladeur;* s. zu dem Fall auch *Lukes* GewArch. 1986, 1; *Weitbrecht* NJW 1987, 2132.

[77] Soergel/*Remien* Rn. 32; jurisPK-BGB/*Wurmnest* Rn. 65; *Martiny* FS Peine, 2016, 181 (190 f.); allg. *Kreuzer* BerGesVR 32 (1992), 245 (294).

[78] S. bereits die zum dt. IPR ganz hM, Staudinger/*v. Hoffmann,* 2007, EGBGB Art. 40 Rn. 173 f.; *Bothe* UPR 1983, 1 (5 f.); *v. Hein/Wolf* in Wolfrum/Langenfeld/Minnerop, Environmental Liability in International Law – Towards a Coherent Conception, 2005, 381 (434); *Hager* RabelsZ 53 (1989), 293 (300); *Pfeiffer* JbUTR 2000, 263 (282); *Sturm,* Immissionen und Grenzdelikte, in v. Caemmerer, Vorschläge und Gutachten zur Reform des deutschen IPR der außervertraglichen Schuldverhältnisse, 1983, 338 (357); aA *Wandt* SZIER 1997, 147 (162).

[79] BeckOGK/*Maultzsch* Art. 16 Rn. 59; Calliess/*v. Hein* Rn. 26; Huber/*Fuchs* Rn. 36; Hübner IPRax 2022, 219 (222); ebenso iErg *Buschbaum,* Privatrechtsgestaltende Anspruchspräklusion im IPR, 2008, 148 ff.; *Martiny* FS Peine, 2016, 181 (190 f); *Schramm,* Ausländische Eingriffsnormen im Deliktsrecht, 2005, 71–84.

[80] Soergel/*Remien* Rn. 33; Calliess/*v. Hein* Rn. 25; zum dt. IPR Staudinger/*v. Hoffmann,* 2007, EGBGB Art. 40 Rn. 164; *v. Hein/Wolf* in Wolfrum/Langenfeld/Minnerop, Environmental Liability in International Law – Towards a Coherent Conception, 2005, 381 (433) unter 2.3.2.

[81] S. die Parallejudikatur zu Art. 1 Abs. 1 Brüssel Ia-VO: EuGH NJW 1977, 489 Rn. 5 mAnm *Geimer* = RIW 1977, 40 mAnm *Linke* – LTU/Eurocontrol; RIW 1981, 711 Rn. 8 – Niederlande/Rüffer; EuZW 2007, 252 Rn. 31 – Lechouritou; EuGRZ 2009, 210 Rn. 43 – Apostolides/Orams.

[82] S. die hM zum dt. IPR: *Hager* RabelsZ 53 (1989), 293 (300); *Kreuzer* BerGesVR 32 (1992), 245 (290 ff.); *Pfeiffer* JbUTR 2000, 263 (282 ff.); *Wandt* SZIER 1997, 147 (166 ff.); *Wolf* in Wolfrum/Langenfeld, Umweltschutz und internationales Haftungsrecht, 1999, 353 (391); aA *Buschbaum,* Privatrechtsgestaltende Anspruchspräklusion im IPR, 2008, 224 ff.; *Kadner Graziano* YbPIL 9 (2007), 71 (78); *Matthes* GPR 2011, 146 (152).

von der Rom II-VO bewusst offengelassenen (→ Art. 16 Rn. 32 ff.) – **Beachtung ausländischer Eingriffsnormen** begründet werden.[83] Der Grund für die Beachtung ist wiederum die **Einheit der Rechtsordnung,** die der Geschädigte durch seine Option zur Anwendung berufen hat. Die äußerste Grenze der Beachtung ausländischer Genehmigungen ist der deutsche **ordre public (Art. 26).**

c) Ausländischer Handlungsort – deutsches Recht. In der dritten Fallgruppe verursacht eine **Anlage im Ausland,** die dort durch privatrechtsgestaltende Genehmigung zugelassen ist, bei ihrem Betrieb **Umweltschäden in Deutschland.** Der Geschädigte, der vor einem deutschen Gericht klagt, belässt es bei der Regel des Art. 7 Hs. 1, die das **Recht des deutschen Erfolgsorts** zur Anwendung beruft.[84] **55**

aa) Territorialitätsprinzip. Der erste Lösungsweg besteht darin, beim hergebrachten Territorialitätsgrundsatz stehen zu bleiben und die ausländische Betriebsgenehmigung unbeachtet zu lassen.[85] Soweit kein völkerrechtliches Übereinkommen über die Anerkennung der ausländischen Genehmigung einschlägig war (insbesondere der **Deutsch-österreichische Vertrag über den Flughafen Salzburg** vom 19.12.1967, → Rn. 26),[86] sind deutsche Gerichte in der Vergangenheit so verfahren und haben unter der Geltung des deutschen IPR die öffentlich-rechtliche Genehmigung des ausländischen Belegenheitsstaats nach dem **Prinzip der territorialen Beschränkung** staatlicher Genehmigungen unbeachtet gelassen.[87] **56**

Die Genehmigung ist nach dieser Judikatur ein **Verwaltungsakt,** dessen Wirkung in der Regel auf das Hoheitsgebiet des Staates beschränkt ist, dessen Behörde sie erlassen hat. Dieser Grundsatz gelte auch für Einwendungen gegen die Abwehr von Emissionen, die ihre Rechtfertigung in dem Verwaltungsakt eines fremden Staates finden.[88] Nach diesem Ansatz muss, wenn nach Art. 7 Hs. 1 das Recht des deutschen Erfolgsorts zur Anwendung kommt, die im Ausland erteilte behördliche Genehmigung „gänzlich unbeachtet bleiben mit der Wirkung, dass der Kläger nach §§ 1004, 903 BGB eventuell völlige Unterlassung und unter Umständen sogar Betriebseinstellung verlangen könnte".[89] **57**

bb) Anerkennungsprinzip. Den gegenteiligen Standpunkt vertritt der EuGH in der **Temelín II-Entscheidung:** Die österreichische Rspr., wonach Genehmigungen von Behörden eines anderen Mitgliedstaats unberücksichtigt blieben, wenn über eine Klage gegen den Anlagenbetreiber auf Unterlassung schädlicher Einwirkungen zu entscheiden war, verstoße gegen das Verbot der Diskriminierung aus Gründen der Staatsangehörigkeit, das als allgemeiner Grundsatz des Unionsrechts im Rahmen des Euratom-Vertrags gelte.[90] Das Urteil ist jedoch nicht ohne weiteres auf die Rechtslage im Anwendungsbereich der Rom II-VO übertragbar, da es im Kontext des europäischen Atomrechts steht **(Bereichsausnahme des Art. 1 Abs. 2 lit. f):** Der EuGH argumentiert, dass die vereinheitlichten Regeln des Atomrechts genügend Schutz gegen die Gefahren ionisierender Strahlungen böten; auch sei beim Beitritt der Tschechischen Republik die Frage der Sicherheit des Kraftwerks Temelín geprüft worden.[91] Somit lässt sich aus dem Temelín II-Urteil kein allgemeines Gebot **58**

---

83 BeckOGK/*Maultzsch* Art. 16 Rn. 59; Soergel/*Remien* Rn. 33; Erman/*Stürner* Rn. 16; ebenso zum dt. IPR *Pfeiffer* JbUTR 2000, 263 (285 ff.); *Spickhoff* JbUTR 2000, 385 (389 f.); aA Calliess/*v. Hein* Rn. 25; jurisPK-BGB/*Wurmnest* Rn. 7; Huber/*Fuchs* Rn. 35.

84 Soergel/*Remien* Rn. 34 ff.; Calliess/*v. Hein* Rn. 27 ff.; zum dt. IPR Staudinger/*v. Hoffmann,* 2007, EGBGB Art. 40 Rn. 169; *v. Hein/Wolf* in Wolfrum/Langenfeld/Minnerop, Environmental Liability in International Law – Towards a Coherent Conception, 2005, 381 (434 ff.) unter 2.3.4.

85 Dargestellt von *Bernitt,* Die Anknüpfung von Vorfragen im europäischen Kollisionsrecht, 2010, 165; *Hager* RabelsZ 53 (1989), 293 (296 ff.); *Kreuzer* BerGesVR 32 (1992), 245 (290 ff.); krit. Soergel/*Remien* Rn. 34; jurisPK-BGB/*Wurmnest* Rn. 69; *Schack* BerGesVR 32 (1992), 315 (336); s. auch *Rossbach,* Die internationalprivatrechtliche Anknüpfung des privaten Rechtsschutzes bei grenzüberschreitender Gewässerverunreinigung, 1979, 223–245.

86 Dazu BVerfGE 72, 66 = NJW 1986, 2188; allg. zur Bedeutung völkerrechtlicher Verträge im Internationalen Nachbarrecht Hübner IPRax 2022, 219 (225).

87 BGH DVBl 1979, 226 (227); OLG Saarbrücken NJW 1958, 752 (754); LG Waldshut-Tiengen UPR 1983, 14 (17); krit. Calliess/*v. Hein* Rn. 29; Soergel/*Remien* Rn. 34; *v. Bar/Mankowski* IPR II § 2 Rn. 342: „überwundene Position"; *Hübner* IPRax 2022, 219 (225); *Kadner Graziano* RabelsZ 73 (2009), 1 (49); s. auch *Bernitt,* Die Anknüpfung von Vorfragen im europäischen Kollisionsrecht, 2010, 165.

88 BGH DVBl 1979, 226 (227).

89 OLG Saarbrücken NJW 1958, 752 (754).

90 EuGH EuZW 2010, 26 Rn. 38 ff. – Temelín II; zur Vorgeschichte EuGH EuZW 2006, 435 Rn. 33 ff. – Temelín I; ausf. Hübner IPRax 2022, 219 (225); *Junker* IPR § 16 Rn. 31; *Jayme/Kohler* IPRax 2006, 537 (544); *Knöfel* RIW 2006, 627; *Thole* IPRax 2006, 564.

91 EuGH EuZW 2010, 26 Rn. 44, 52 – Temelín II.

zur Anerkennung von Genehmigungen anderer Mitgliedstaaten herleiten: „Ein Blankoscheck für mitgliedstaatliche Anlagegenehmigungen ist dem Europarecht nicht zu entnehmen."[92]

59 **cc) Sicherheits- und Verhaltensregeln (Art. 17).** In den Materialien zur Rom II-VO findet sich der Hinweis, dass Art. 17 dazu beitragen könne, das Problem der Berücksichtigung ausländischer statutsfremder Genehmigungen zu lösen.[93] Das ist insofern ein gangbarer Weg, als Art. 17 einen **Beurteilungsspielraum** eröffnet und keinen Automatismus der Anerkennung auslöst.[94] Nach einer im Vordringen befindlichen Ansicht kann der Beurteilungsspielraum des Art. 17 zugunsten einer Anerkennung ausgeübt werden, wenn kumulativ drei Voraussetzungen erfüllt sind: Der Betrieb der Anlage darf nicht gegen internationale oder europäische Regeln verstoßen **(Völker- und Europarechtsvorbehalt),** die Genehmigungsvoraussetzungen müssen im Wesentlichen demjenigen des Urteilsstaats entsprechen **(Äquivalenzerfordernis),** und die Betroffenen müssen ausreichend Gelegenheit gehabt haben, am ausländischen Genehmigungsverfahren mitzuwirken **(Partizipationserfordernis).**[95]

Art. 8 Rom II-VO Verletzung von Rechten des geistigen Eigentums

(1) Auf außervertragliche Schuldverhältnisse aus einer Verletzung von Rechten des geistigen Eigentums ist das Recht des Staates anzuwenden, für den der Schutz beansprucht wird.

(2) Bei außervertraglichen Schuldverhältnissen aus einer Verletzung von gemeinschaftsweit einheitlichen Rechten des geistigen Eigentums ist auf Fragen, die nicht unter den einschlägigen Rechtsakt der Gemeinschaft fallen, das Recht des Staates anzuwenden, in dem die Verletzung begangen wurde.

(3) Von dem nach diesem Artikel anzuwendenden Recht kann nicht durch eine Vereinbarung nach Artikel 14 abgewichen werden.

Schrifttum: *Ahrens,* Gewerblicher Rechtsschutz, 2008; *Baetzgen,* Internationales Wettbewerbs- und Immaterialgüterrecht im EG-Binnenmarkt, 2007; *Bariatti,* The Law Applicable to Security Interests in Intellectual Property Rights, J. Priv. Int'l L. 6 (2010), 395; *Bariatti,* The Law Applicable to the Infringement of IP Rights under the Rome II Regulation, in Bariatti, Litigating Intellectual Property Rights Disputes Cross-borger: EU Regulations, ALI Principles, CLIP Project, 2010, 63; *Bartenbach/Kunzmann,* Die rechtsgeschäftliche Verwertung von Einheitspatenten und die Anwendung deutschen Rechts, FS 200 Jahre Carl Heymanns Verlag, 2015, 329; *Basedow,* Foundations of Private International Law in Intellectual Property, in Basedow/Kono/Metzger, Intellectual Property in the Global Arena, 2010, 3; *Basedow/Metzger,* Lex loci protectionis europea, in Trunk/Knieper/Svetlanov, Russland im Kontext der internationalen Entwicklung: Internationales Privatrecht, Kulturgüterschutz, geistiges Eigentum, Rechtsvereinheitlichung, 2004; *Beaumont/McEleavy,* Anton's Private International Law, 3. Aufl. 2011; BeckOGK/*McGuire,* 1.7.2023, Rom II-VO Art. 8 Rn. 1 ff.; *Beckstein,* Einschränkungen des Schutzlandprinzips, 2010; *Benkard,* Europäisches Patentüberbeinkommen, 3. Aufl. 2019; *Birkmann,* Die Anknüpfung der originären Inhaberschaft am Urheberrecht, 2009; *Boschiero,* Infringement of Intellectual Property Rights: A Commentary on Article 8 of the Rome II Regulation, YPIL 2007, 87 und YPIL 2007, 399; *Buchner,* Rom II und das Internationale Immaterialgüter- und Wettbewerbsrecht, GRUR Int 2005, 1004; Busche/Stoll/Wiebe (Hrsg.), TRIPS – Internationales und europäisches Recht des geistigen Eigentums, 2. Aufl. 2013; *Büscher/Dittmer/Schiwy,* Gewerblicher Rechtsschutz Urheberrecht Medienrecht, Kommentar, 3. Aufl. 2015; *Calliess,* Rome Regulations, 3. Aufl. 2020; *Christie,* Private international law principles for ubiquitous intellectual property infringements – a solution in search of a problem?, J. Priv. Int'l

[92] Soergel/*Remien* Rn. 35; idS auch Hübner IPRax 2022, 219 (224); *Mankowski* IPRax 2010, 389 (393); zurückhaltender Calliess/*v. Hein* Rn. 24; Huber/*Fuchs* Rn. 42.

[93] KOM(2003) 427 endg., 22; zust. BeckOGK/*Maultzsch* Art. 17 Rn. 23; *Hübner* IPRax 2022, 219 (222 ff.); *Ofner* ZfRV 2008, 13 (19); krit. Soergel/*Remien* Rn. 28: „auf typische Distanzdelikte keineswegs zugeschnitten"; *v. Bar/Mankowski* IPR II § 2 Rn. 343: „für Praktiker kaum erkennbar"; *A. Fuchs* GPR 2004, 100 (103); Hamburg Group for Private International Law RabelsZ 67 (2003), 1 (44); *Siems* RIW 2004, 662 (666); *Sonnentag* ZVglRWiss 105 (2006), 256 (296); *Symeonides* FS Jayme, 2004, 935 (943 ff.).

[94] BeckOGK/*Maultzsch* Art. 17 Rn. 67; BeckOK BGB/*Spickhoff* Rn. 6; Erman/*Stürner* Rn. 17; HK-BGB/*Dörner* Rn. 1; PWW/*Schaub* Rn. 4; *Bernitt,* Die Anknüpfung von Vorfragen im europäischen Kollisionsrecht, 2010, 165 f.; *Joubert* in Corneloup/Joubert, Le règlement communautaire „Rome II" sur la loi applicable aux obligations non contractuelles, 2008, 55 (72 f.); *Leible/Lehmann* RIW 2007, 721 (725); *Thorn* in Kieninger/Remien, Europäische Kollisionsrechtsvereinheitlichung, 2012, 139 (163); zum primärrechtlichen Anerkennungsprinzip Hübner IPRax 2022, 219 (224).

[95] Calliess/*v. Hein* Rn. 34; *Junker* IPR § 16 Rn. 31; Huber/*Fuchs* Rn. 40; Hübner IPRax 2022, 219 (223, 225); *Kadner Graziano* RabelsZ 73 (2009), 1 (50); ebenso iErg Soergel/*Remien* Rn. 36; detaillierter der Vorschlag de lege ferenda von *Mankowski* IPRax 2010, 389 (395); s. auch *Martiny* FS Peine, 2016, 181 (192 f.); ausf. *Rüppell,* Die Berücksichtigungsfähigkeit ausländischer Anlagengenehmigungen, 2012.

L. 13 (2017), 152; *De Miguel Asensio,* The Private International Law of Intellectual Property and of Unfair Commercial Practices: Convergence of Divergence?, in Leible/Ohly, Intellectual Property and Private International Law, 2009, 137; *De Miguel Asensio,* Spain, in Kono, Intellectual Property and Private International Law, 2012, 975; *De Miguel Asensio,* Conflict of Laws and the Internet, 2020; *Dietz,* Der Begriff des Urhebers im Recht der Berner Konvention, FS Kitagawa, 1992, 851; *Dinwoodie,* Conflicts and International Copyright Litigation: The Role of International Norms, in Basedow/Drexl/Kur/Metzger, Intellectual Property in the Conflicts of Law, 2005, 195; *Dinwoodie,* Developing a Private International Intellectual Property Law: The Demise of Territoriality?, William & Mary L. Rev. 51 (2009–2010), 711; *Dinwoodie/Dreyfuss/Kur,* The Law Applicable to Secondary Liability in Intellectual Property Cases, Int'l L. & Politics 41 (2009), 201; *Dornis,* Trademark and Unfair Competition Conflicts, 2017; *Dreier/Gielen/Hacon,* Concise International and European IP Law, 2015; *Dreier/Schulze,* UrhG, Kommentar, 7. Aufl. 2022; *Drexl,* Entwicklungsmöglichkeiten des Urheberrechts im Rahmen des GATT, 1990; *Drexl,* Nach „GATT und WIPO": Das TRIPs-Abkommen und seine Anwendung in der Europäischen Gemeinschaft, GRUR Int 1994, 777; *Drexl,* The TRIPs Agreement and the EC: What Comes Next After Joint Competence?, in Beier/Schricker, From GATT to TRIPs – The Agreement on Trade-Related Aspects of Intellectual Property Rights, 1995, 15; *Drexl,* Europarecht und Urheberkollisionsrecht, FS Dietz, 2001, 461; *Drexl,* Lex americana ante portas – Zur extraterritorialen Anwendung nationalen Urheberrechts, FS Nordemann, 2004, 429; *Drexl,* The Proposed Rome II Regulation: European Choice of Law in the Field of Intellectual Property, in Drexl/Kur, Intellectual Property and Private International Law – Heading for the Future, 2005, 151; *Drexl,* The European Unitary Patent System: On the 'Unconstitutional' Misuse of Conflict-of-Law Rules, FS Coester-Waltjen, 2015, 361; *Drexl,* Einheitlicher Patentschutz durch Kollisionsrecht, FS Ahrens, 2016, 165; *Drexl,* Wahrnehmungs-und Abschlusszwang im europäischen Wahrnehmungsrecht, FS Vogel, 2017, 227; *Drexl,* Die Kyoto Guidelines 2020 der International Law Association – Zur Reichweite des Schutzlandprinzips im Urheberkollisionsrecht, FS Schack, 2022, 123; *Dreyer/Kotthoff/Meckel,* Urheberrecht, 4. Aufl. 2018; *Drobnig,* Originärer Erwerb und Übertragung von Immaterialgüterrechten im Kollisionsrecht, RabelsZ 40 (1976), 195; *Duggal,* TRIPs-Übereinkommen und internationales Urheberrecht, 2001; *Ebner,* Markenschutz im internationalen Privat- und Zivilprozessrecht, 2004; *van Eechoud,* Choice of Law in Copyright and Related Rights, 2003; *van Eechoud,* Alternatives to the lex protectionis as the Choice-of-Law Rule for Initial Ownership of Copyright, in Drexl/Kur, Intellectual Property and Private International Law: Heading for the Future, 2005, 289; *Eeckhout,* External Relations of the European Union, 2. Aufl. 2011; *van Engelen,* Jurisdiction and Applicable Law in Matters of Intellectual Property, Electr. J. Comp. L. 14.3 (December 2010), https://www.ejcl.org; European Max Planck Group on Conflicts of Laws in Intellectual Property, Conflicts of Laws in Intellectual Property – The CLIP Principles and Commentary, 2013; *Ensthaler/Weidert,* Handbuch Urheberrecht und Internet, 3. Aufl. 2017; *Fawcett/Torremans,* Intellectual Property and Private International Law, 2. Aufl. 2011; *Fentiman,* Choice of Law and Intellectual Property, in Drexl/Kur, Intellectual Property and Private International Law – Heading for the Future, 2005, 129; *Ferrari/Kieninger/Mankowski/Otte/Saenger/Schulze/Saudinger,* Internationales Vertragsrecht, 3. Aufl. 2018; *Fezer,* Markenrecht, 5. Aufl. 2023; *Fischer,* Der Schutz von Know-how im deutschen materiellen und Internationalen Privatrecht, 2011; *Folkman/Evans,* Choice of Law, in Halket, Arbitration of International Intellectual Property Disputes, 2012, 389; *Gaster,* Das urheberrechtliche Territorialitätsprinzip aus der Sicht des Europäischen Gemeinschaftsrechts, ZUM 2006, 8; *Gervais,* The TRIPS Agreement – Drafting History and Analysis, 5. Aufl. 2021; *Ginsburg,* Extraterritoriality and Multiterritoriality in Copyright Infringement, Virginia J. Int'l L. 37 (1997), 587; *Ginsburg,* Private International Law Aspects of the Protection of Works and Objects of Related Rights Transmitted Through Digital Networks, 1998, http://www.wipo.int/edocs/mdocs/mdocs/en/wipo_pil_01/wipo_pil_01_2.pdf; *Ginsburg/Treppoz,* International Copyright Law – U.S. and E.U. Perspectives, 2015; *Glöckner/Kur,* Geschäftliche Handlungen im Internet – Herausforderungen für das Marken- und Wettbewerbsrecht, GRUR-Beil. 2014, 29; *Goldstein/Hugenholtz,* International Copyright, 4. Aufl. 2019; *Götting,* Gewerblicher Rechtsschutz, 11. Aufl. 2020; *Götting,* Internationaler Schutz des geistigen Eigentums, in Tietje, Internationales Wirtschaftsrecht, 2. Aufl. 2015, § 12; *Götting/Meyer/Vormbrock,* Gewerblicher Rechtsschutz und Wettbewerbsrecht, Praxishandbuch, 2011; *Grosse Ruse-Khan,* Internationaler Investitionsschutz und geistiges Eigentum, ZGE 4 (2012), 1; *Grosse Ruse-Khan,* The Protection of Intellectual Property in International Law, 2016; *Grünberger,* Das Urheberrechtsstatut nach der Rom II-VO, ZVglRWiss 108 (2009), 134; *Handig,* Urheberrechtliche Aspekte bei der Lizenzierung von Radioprogrammen im Internet, GRUR Int 2007, 206; *Hasselblatt,* Community Design Regulation, 2. Aufl. 2018; *Haupt,* Territorialitätsprinzip im Patent- und Gebrauchsmusterrecht bei grenzüberschreitenden Fallgestaltungen, GRUR 2007, 187; *v. Hein,* Europäisches Internationales Deliktsrecht nach der Rom II-Verordnung, ZEuP 2009, 6; *Chr. Heinze,* Bausteine eines Allgemeinen Teils des europäischen Internationalen Privatrechts, FS Kropholler, 2008, 105; *Henke,* Die Expansion des Herkunftslandprinzips im europäischen Urheberrecht, ZGE 12 (2020), 306; *Hermann/Weiß,* Welthandelsrecht, 2. Aufl. 2007; *Hilty/Peukert,* Das neue deutsche Urhebervertragsrecht im internationalen Kontext, GRUR Int 2002, 643; *Hohloch,* Anknüpfungsregeln des Internationalen Privatrechts bei grenzüberschreitenden Medien, in Schwarze, Rechtsschutz gegen Urheberrechtsverletzungen und Wettbewerbsverstöße in grenzüberschreitenden Medien, 2000, 93; *Huber,* Rome II Regulation, Pocket Commentary, 2011; Institute of Comparative Law, Waseda University, Studies on the Principles of Private International Law on Intellectual Property Rights – A Janaese-Korean Joint Proposal from East Asian Points of View, 2012; *Intveen,* Internationales Urheberrecht und Internet, 1999; *Jiménez Gómez,* Garantías reales sobre bienes inmateriales en el comercio internacional, 2020; jurisPK-BGB, Band 6, 8. Aufl. 2017; *Kaiser,* Geistiges Eigentum und Gemeinschaftsrecht – Die Verteilung der Kompetenzen und ihr Einfluss auf die Durchsetzbarkeit der völkerrechtlichen Verträge, 2004; *Kaiser/Frick,* Das TRIPs-Übereinkommen in der EU und ihren Mitgliedstaaten, Anwendbarkeit und Durchsetzung, in Busche/Stoll/Wiebe, TRIPS – Internationales und europäisches Recht des geistigen Eigentums, 2. Aufl. 2013, 33; *Kampf,* Freihandelsverträge und das TRIPS-Übereinkommen, VPP-Rundbrief Nr. 2/2006, 38; *Kampf,* TRIPS and FTAs:

A World of Preferential or Detrimental Relations?, in Heath/Sanders, Intellectual Property and Free Trade Agreements, 2007, 87; *Katzenberger,* Internationalrechtliche Probleme der Durchsetzung des Folgerechts ausländischer Urheber von Werken der bildenden Künste, IPRax 1983, 158; *Katzenberger,* TRIPS und das Urheberrecht, GRUR Int 1995, 447; *Katzenberger,* Urheberrechtsverträge im Internationalen Privatrecht und Konventionsrecht, FS Schricker, 1995, 225; *Klass,* Das Urheberkollisionsrecht der ersten Inhaberschaft – Plädoyer für einen universalen Ansatz, GRUR Int 2007, 373; *Klass,* Ein interessen- und prinzipienorientierter Ansatz für die urheberkollisionsrechtliche Normbildung: Die Bestimmung geeigneter Anknüpfungspunkte für die erste Inhaberschaft, GRUR Int 2008, 546; *Klopschinski,* Der Schutz geistigen Eigentums durch völkerrechtliche Investitionsschutzverträge, 2011; *Kloth,* Der Schutz der ausübenden Künstler nach TRIPs und WPPT, 2000; *Knaak,* Das auf Sanktionen gemäß Art. 98 der Gemeinschaftsmarkenverordnung anwendbare Recht, FS Tilmann, 2003, 373; *Koch,* Die Qualifikation des Verlagsvertrages im internationalen Privatrecht, 2021; *Kohler,* Europäisches Kollisionsrecht zwischen Amsterdam und Nizza, ZEuS 2001, 575; *Kono,* Jurisdiction and Applicable Law in Matters of Intellectual Property, in Brown/Snyder, General Reports of the XVIIIth Congress of the International Academy of Comparative Law, 2012, 393; *Kono* (Hrsg.), Intellectual Property and Private International Law – Comparative Perspectives, 2012; *Kreuzer,* Die Vergemeinschaftung des Kollisionsrechts für außervertragliche Schuldverhältnisse (Rom II), in Reichelt/Rechberger, Europäisches Kollisionsrecht, 2004, 13; *Kreuzer,* Gemeinschaftskollisionsrecht und universales Kollisionsrecht, FS Kropholler, 2008, 129; *Krieger,* Der internationale Schutz von geographischen Bezeichnungen aus deutscher Sicht, GRUR Int 1984, 71; *Kur,* Use of Trademarks on the Internet – The WIPO Recommendations, IIC 33 (2002), 41; *Kur,* Principles Governing Jurisdiction, Choice of Law and Judgments in Transnational Disputes: A European Perspective, CRi 2003, 65; *Kur,* Trademark Conflicts on the Internet: Territoriality Redefined?, in Basedow/Drexl/Kur/Metzger, Intellectual Property in the Conflict of Laws, 2005, 175; *Kur,* Die Ergebnisse des CLIP-Projekts – zugleich eine Einführung in die deutsche Fassung der Principles on Conflict of Laws in Intellectual Property, GRUR 2012, 857; *Kur,* Durchsetzung gemeinschaftsweiter Schutzrechte: Internationale Zuständigkeit und anwendbares Recht, GRUR Int 2014, 749; *Kur,* Civil Sanctions and Proceedings, in Kur/Senftleben, European Trade Mark Law, 2017, 639; *Kur/Ubertazzi,* The ALI Principles and the CLIP Project: A Comparison, in Bariatti, Litigating Intellectual Property Rights Disputes Cross-border: EU Regulations, ALI Priniciples, CLIP Project, 2010, 89; Kur/v. Bomhard/Albrecht (Hrsg.), BeckOK MarkenR, Kommentar zum MarkenG und zur UMV, 36. Ed. 1.1.2024, im Print: 4. Aufl. 2023; *Kur/Senftleben,* European Trademark Law, 2017; *Leible,* Rom I und Rom II: Neue Perspektiven im Europäischen Kollisionsrecht, 2009; *Leistner,* The Law Applicable to Non-Contractual Obligations Arising from an Infringement of National or Community IP Rights, in Leible/Ohly, Intellectual Property and International Private Law, 2009, 97; *v. Lewinski,* International Copyright Law and Policy, 2008; *Loewenheim,* Rechtswahl bei Filmlizenzverträgen, ZUM 1999, 923; *Loewenheim,* Handbuch des Urheberrechts, 3. Aufl. 2021; *Locher,* Das Internationale Privat- und Zivilprozessrecht der Immaterialgüterrechte aus urheberrechtlicher Sicht, 1993; *Loschelder,* Die Bedeutung der zweiseitigen Abkommen über den Schutz von Herkunftsangaben, Ursprungsbezeichnungen und anderen geografischen Bezeichnungen in der Bundesrepublik Deutschland unter Berücksichtigung der VO (EWG) Nr. 2081/92, FS Erdmann, 2002, 387; *A. Lucas,* Droit applicable, in ALAI, Copyright – Internet World, 2003, 22; *A. Lucas/Lucas-Schloetter/Bernault,* Traité de la propriété littéraire et artistique, 6. Aufl. 2017; *Magnus/Mankowski,* European Commentaries on Private International Law, Commentary, Rome II Regulation, 2018; *Mankowski,* Contracts Relating to Intellectual Property and Industrial Property Rights under the Rom I Regulation, in Leible/Ohly, Intellectual Property and International Private Law, 2009, 31; *Matulionytė,* Law Applicable to Copyright – A Comparison of the ALI and CLIP Proposals, 2011; *Matulionytė,* The Law Applicable to Online Infringements in the CLIP and ALI Proposals: A Rebalance of Interests Needed?, JIPITEC 2 (2011), 26; *Metzger,* Community IP Rights & Conflict of Law – Community Trademark, Community Design, Community Patent – Applicable Law for Claims of Damages, in Drexl/Kur, Intellectual Property and Private International Law: Heading for the Future, 2005, 215; *Metzger,* Applicable Law under the CLIP Principles: A Pragmatic Revaluation of Territoriality, in Basedow/Kono/Metzger, Intellectual Property in the Global Arena, 2010, 157; *Metzger,* Perspektiven des Urheberrechts – Zwischen Territorialität und Ubiquität, JZ 2010, 929; *Möhring/Nicolini,* Urheberrechtsgesetz, Kommentar, 4. Aufl. 2018; *Moura Vicente,* La propriété intellectuelle en droit international privé, 2009; *Moura Vicente,* The Territoriality Principle in Intellectual Property Revisted, in Moura Vicente, Propriedade Intelectual, 2018, 175; *Müller-Graff,* Europäisches Wirtschaftsordnungsrecht, 2015; *Müller-Stoy/Paschold,* Europäisches Patent mit einheitlicher Wirkung als Gegenstand des Vermögens, GRUR Int 2014, 646; *Neumaier,* Grenzüberschreitender Rundfunk im internationalen Urheberrecht, 2003; *Neumaier,* Die Beurteilung grenzüberschreitender Rundfunksendungen nach der Revidierten Berner Übereinkunft, dem Welturheberrechtsabkommen und dem Rom-Abkommen, UFITA 2003, 639; *Neumaier,* Die gezielte grenzüberschreitende Satellitensendung – kein Eingriff in das Urheberrecht des Empfangslandes?, ZUM 2011, 36; *Neumann,* Intellectual Property Rights Infringements in European Private International Law: Meeting the Requirements of Territoriality and Private International Law, J. Priv. Int'l L. 7 (2011), 583; *Neumann,* Die Haftung der Intermediäre im Internationalen Immaterialgüterrecht, 2014; *Nieder,* Materielles Verletzungsrecht für europäische Bündelpatente in nationalen Verfahren nach Art. 83 EPGÜ, GRUR 2014, 627; *Nieder,* Vindikation euorpäischer Patente unter Geltung der EPatVO, GRUR 2015, 936; *Nimmer* on Copyright, 1998; *Nordemann/Vinck/Hertin,* Internationales Urheberrecht, 1977; NK-BGB, Band 6, 3. Aufl. 2019; *Obergfell,* Filmverträge im deutschen materiellen und internationalen Privatrecht, 2001; *Obergfell,* Das Schutzlandprinzip und „Rom II", IPRax 2005, 9; *Obergfell,* Urheberrecht im kollisionsrechtlichen Fokus, FS Martiny, 2014, 475; *Ohly,* Choice of Law in the Digital Environment – Problems and Possible Solutions, in Drexl/Kur, Intellectual Property and Private International Law: Heading for the Future, 2005, 241; *Oppermann,* Das universelle Verständnis im Urheberrecht, 2009; *Osterrieth,* Patentrecht, 6. Aufl. 2021; *Pertegás,* Intellectual Property and Choice of Law Rules, in Malatesta, The Unification of Choice of Law Rules on Torts and Other Non-Contractual Obligations in Europe,

2006, 221; *Petry,* Schutzland oder Ursprungsland – Wer bestimmt den Urheber nach der Revidierten Berner Übereinkunft?, GRUR 2014, 536; *Petz,* Intellectual Property, in Verschraegen, Austrian Law – An International Perspective, 2010, 211; *Picht,* Vom materiellen Wert des Immateriellen, 2018; *Plasseraud/Savignon,* Paris 1883 – Genèse du droit unioniste des brevets, 1983; *Rauscher,* Europäisches Zivilprozess- und Kollisionsrecht, Kommentar, 5. Aufl. 2020; *Regelin,* Das Kollisionsrecht der Immaterialgüterrechte an der Schwelle zum 21. Jahrhundert, 1999; *Reinbothe/v. Lewinski,* The WIPO Treaties 1996, 2. Aufl. 2015; *Ricketson,* The Berne Convention for the Protection of Literary and Artistic Works, 1987; *Romandini/Kliczník,* The Territoriality Prinicple and Transnational Use of Patented Inventions – The Wider Reach of a Unitary Patent and the Role of the CJEU, IIC 44 (2013), 524; *Ropohl,* Zur Anknüpfung der formlosen Markenrechte im Internationalen Privatrecht, 2003; *Rosenkranz,* Die völkerrechtskonforme Auslegung des EG-Sekundärrechts dargestellt am Beispiel des Urheberrechts, EuZW 2007, 238; *Ruhl/Tolkmitt,* Gemeinschaftsgeschmacksmuster, Kommentar, 3. Aufl. 2018; *Rüwe,* Internationales Arbeitnehmererfinderprivatrecht, 2009; *Sack,* Kollisions- und europarechtliche Probleme des Arbeitnehmererfinderrechts, FS Steindorff, 1990, 1333; *Sack,* Das internationale Wettbewerbs- und Immaterialgüterrecht nach der EGBGB-Novelle, WRP 2000, 269; *Sack,* Zur Zweistufentheorie im internationalen Wettbewerbs- und Immaterialgüterrecht, FS E. Lorenz, 2004, 659; *Sack,* Internationales Lauterkeitsrecht nach der Rom II-VO, WRP 2008, 845; *Sack,* Das IPR des geistigen Eigentums nach der Rom II-VO, WRP 2008, 1405; *Savola,* The Ultimate Copyright Shopping Opportunity – Jurisdiction and Choice of Law in Website Blocking Injunctions, IIC 45 (2014), 287; *Schaafsma,* Intellectuele eigendom in het conflictenrecht, 2009; *Schack,* Zur Anknüpfung des Urheberrechts im internationalen Privatrecht, 1975; *Schack,* Kolorierung von Spielfilmen: Das Persönlichkeitsrecht des Filmregisseurs im IPR, IPRax 1993, 46; *Schack,* Internationale Urheber-, Marken- und Wettbewerbsrechtsverletzungen im Internet – Internationales Privatrecht, MMR 2000, 59; *Schack,* Zum auf grenzüberschreitende Sendevorgänge anwendbaren Urheberrecht, IPRax 2003, 141; *Schack,* Das auf (formlose) Immaterialgüterrechte anwendbare Recht nach Rom II, FS Kropholler, 2008, 651; *Schack,* The Law Applicable to (Unregistered) IP Rights After Rome II, in Leible/Ohly, Intellectual Property and International Private Law, 2009, 79; *Schack,* Urheber- und Urhebervertragsrecht, 10. Aufl. 2021; *Schaper,* Choice-of-Law Rules in the EU – Special Issues with Respect to Community Rights – Infringement of Community Trade Marks and Applicable Law, in Drexl/Kur, Intellectual Property and Private International Law: Heading for the Future, 2005, 201; *Schauwecker,* Extraterritoriale Patentverletzungsjurisdiktion, 2009; *Schricker/Bastian/Knaak,* Gemeinschaftsmarke und Recht der EU-Mitgliedstaaten, 2006; *Schricker/Loewenheim,* Urheberrecht, Kommentar, 5. Aufl. 2017; *Siehr,* Das Urheberrecht in den neuen IPR-Kodifikationen, UFITA 108 (1988), 9; *Schröer,* Einheitspatentgericht – Überlegungen zum Forum-Shopping im Rahmen der alternativen Zuständigkeit nach Art. 83 Abs. 1 EPGÜ, GRUR Int 2013, 1102; *Spindler/Schuster,* Recht der elektronischen Medien, Kommentar, 4. Aufl. 2019; *Staehelin,* Das TRIPs-Abkommen – Immaterialgüterrechte im Lichte der globalisierten Handelspolitik, 2. Aufl. 1999; *Stewart,* International Copyright and Neighboring Rights, 2. Aufl. 1989; *Stimmel,* Die Beurteilung von Lizenzverträgen unter der Rom I-Verordnung, GRUR Int 2010, 783; *Straus,* Die international-privatrechtliche Beurteilung von Arbeitnehmererfindungen im europäischen Patentrecht, GRUR Int 1984, 1; *Strömholm,* Alte Fragen in neuer Gestalt – das internationale Urheberrecht im IT-Zeitalter, FS Dietz, 2001, 533; *Sutterer,* Das Kollisionsrecht der kollektiven Rechtewahrnehmung, 2024; *Svantesson,* „Scope of Jurisdiction" – A Key Battleground for Private International Law Applied to the Internet, YPIL 22 (2020/2021), 245; *Tanghe,* The Borders of EU Competences with Regard to the International Regulation of Intellectual Property Rights: Contructing a Dam to Resist a River Bursting Its Banks, Utrecht J. Int'l & Eur. L. 27; *Thorn,* Eingriffsnormen, in Ferrari/Leible, Ein neues Internationales Vertragsrecht für Europa, 2007, 129; *Tilmann,* Gemeinschaftsmarke und Internationales Privatrecht, GRUR Int 2001, 673; *Tilmann,* Community IP Rights and Conflict of Laws, in Basedow/Drexl/Kur/Metzger, Intellectual Property in the Conflict of Laws, 2005, 123; *Tilmann,* Die Gerichtswahl und das Opt-out während der Übergangszeit des EPGÜ, FS Köhler, 2014, 767; *Tilmann,* The optional jurisdiction of national courts and the possibility to opt out from the Unified Patent Court during the transitional period: Which law applies?, FS Ahrens, 2016, 451; *Thum,* Internationalprivatrechtliche Aspekte der Verwertung urheberrechtlich geschützter Werke im Internet, GRUR Int 2001, 9; *Thum,* Time for Compromise in International Private Law for Copyright?, in ALAI, Copyright – Internet World, 2003, 48; *Thum,* Who Decides on the Colours of Films on the Internet? Drafting of Choice-of-Law Rules for the Determination of Initial Ownership of Film Works vis-à-vis Global Acts of Exploitation on the Internet, in Drexl/Kur, Intellectual Property and Private International Law: Heading for the Future, 2005, 265; *Tochtermann,* Die Lizenzierung des Einheitspatents aus kollisionsrechtlicher Perspektive, GRUR Int 2016, 721; *Tochtermann,* Sukzessionsschutz im Recht des Geistigen Eigentums, 2018; Torremans, Intellectual property and the EU rules on private international law: match or mismatch?, in Stamatoudi/Torremans (Hrsg.), EU Copyright Law – A Commentary, 2. Aufl. 2021, 989; *Troller,* Das internationale Privat- und Zivilprozessrecht im gewerblichen Rechtsschutz und Urheberrecht, 1952; *Ullrich,* Urheberrecht und Satellitenrundfunk, 2009; *Ullrich,* Immaterialgüterrechte im internationalen Privatrecht, 1975; *Ullrich,* Gewerbliche Schutzrechte und Urheberrechte im internationalen Privatrecht, RabelsZ 41 (1974), 479; *v. Ungern-Sternberg,* Das anwendbare Urheberrecht bei grenzüberschreitenden Rundfunksendungen, in Schwarze, Rechtsschutz gegen Urheberrechtsverletzungen und Wettbewerbsverstöße in grenzüberschreitenden Medien, 2000, 109; *Varimezov,* Grenzüberschreitende Rechtsverletzungen im Bereich des gewerblichen Rechtsschutzes und das anwendbare Recht, 2011; *Walter,* Europäisches Urheberrecht, 2001; *Wandtke/Bullinger,* Urheberrecht, Praxiskommentar, 6. Aufl. 2022; *Wichard,* The Joint Recommendation Concerning Protection of Marks, and Other Industrial Property Rights in Signs, on the Internet, in Drexl/Kur, Intellectual Property and Private International Law: Heading for the Future, 2005, 275; *Wille,* Die kollisionsrechtliche Geltung der urheberrechtlichen Neuregelungen zu den unbekannten Nutzungsarten, GRUR Int 2008, 389; *Windisch,* Gewerblicher Rechtsschutz und Urheberrecht im zwischenstaatlichen Bereich, 1969; *Zimmer,* Urheberrechtliche Verpflichtungen und Verfügungen im Internationalen Privatrecht, 2006; *Zwanzger,* Das Gemeinschaftsgeschmacksmuster zwischen Gemeinschaftsrecht und nationalem Recht, 2010.

Übersicht

I. Begriff und Funktion des Internationalen Immaterialgüterrechts

1 **1. Gegenstand des Internationalen Immaterialgüterrechts.** Das Internationale Immaterialgüterrecht bildet die kollisionsrechtliche Ergänzung des nationalen Immaterialgüterrechts. Trotz dogmatischer Bedenken setzt sich unter dem Einfluss des internationalen Sprachgebrauchs *(intellectual property; propriété intellectuelle)* zunehmend auch im Deutschen alternativ zu jenem des Immaterialgüterrechts der Begriff des Rechts des **geistigen Eigentums** durch.[1] Vor allem findet dieser Begriff auch in der europarechtlichen Kollisionsnorm des **Art. 8 Abs. 1 Rom II-VO** Verwendung.[2] Wäh-

[1] Der Begriff wird schon länger auch vom deutschen Gesetzgeber verwendet; s. Gesetz zur Stärkung des geistigen Eigentums und zur Bekämpfung der Produktpiraterie vom 7.3.1990, BGBl. 1990 I 422. Der Begriff des Immaterialgüterrechts geht auf *Josef Kohler* zurück, der die früher vertretenen Konzeptionen der Gleichstellung etwa des Urheberrechts mit dem Sacheigentum – Theorie vom geistigen Eigentum – und die reine Konzeption des Urheberrechts als Persönlichkeitsrechts überwand. Die Begründung eines Immaterialgüterrechts erlaubt die dogmatische Unterscheidung des Urheberrechts am Werk als Immaterialgut vom Sacheigentum am Werkexemplar sowie die Begründung des Urheberrechts als eigenständiges, vom Persönlichkeitsrecht zu unterscheidendes Recht. Letzteres schlägt sich im deutschen Recht, das der sog. monistischen Theorie folgt, jedenfalls insoweit nieder, als das einheitliche Urheberrecht sowohl die ideellen Interessen des Urhebers (Urheberpersönlichkeitsrechte) als auch jene an der ökonomischen Verwertung schützt (§ 11 UrhG). Zur Problematik des Begriffs des „geistigen Eigentums" s. auch *Götting* GRUR 2006, 353.

[2] BeckOGK/*McGuire,* 1.7.2023, Rom II-VO Art. 8 Rn. 112 ff.

rend diese Vorschrift nur das auf Verletzungen von Schutzrechten anwendbare Recht bestimmt, behandelt die folgende Kommentierung – im Einklang mit früheren Auflagen – die Gesamtheit des internationalen Immaterialgüterrechts.

2 Das Immaterialgüterrecht lässt sich in zwei Teilbereiche untergliedern, zum einen in das **Urheberrecht,** einschließlich des Rechts der verwandten Schutzrechte, zum anderen in den **Gewerblichen Rechtsschutz.** Letzterer ist zu unterteilen in den Schutz der Kennzeichenrechte (Marken, Unternehmenskennzeichen – wie die Firma –, geografische Herkunftsangaben,[3] Titel) und in den Schutz der Erfindungsrechte (Patente, Gebrauchsmuster, Sortenschutzrechte). Zwischen den beiden Bereichen des Urheberrechts und des Gewerblichen Rechtsschutzes stehen jene Schutzrechte, die zwar wie das Urheberrecht am kreativen Schaffen anknüpfen, aber vor allem der gewerblichen Wirtschaft dienen. Dies sind das Geschmacksmusterrecht sowie der Schutz von Halbleitertopographien.

3 Zum Immaterialgüterrecht wird regelmäßig auch der **Schutz gegen unlauteren Wettbewerb** (Lauterkeitsrecht, Wettbewerbsrecht ieS) gezählt. Dieser fällt in seiner vollen Breite (→ Art. 6 Rn. 2 ff.) unter den Begriff des „gewerblichen Eigentums" nach Art. 2 Abs. 1 PVÜ und Art. 10bis PVÜ (Pariser Verbandsübereinkunft; vgl. → Art. 6 Rn. 26 ff.), obwohl es dabei nicht um den Schutz ausschließlicher Eigentumspositionen geht. Am nächsten kommt das Lauterkeitsrechts dem Immaterialgüterrecht im Bereich des ergänzenden Leistungsschutzes, des Irreführungsschutzes bei geografischen Angaben sowie des Schutzes von Geschäftsgeheimnissen (insbesondere Know-how). Kollisionsrechtlich ist streng zwischen der Anknüpfung für das Immaterialgüterrecht einerseits und für den Schutz gegen den unlauteren Wettbewerb andererseits zu unterscheiden. Insbesondere die Rom II-VO hält hierfür in Art. 6 Abs. 1 und 2 Rom II-VO sowie Art. 8 Rom II-VO unterschiedliche Anknüpfungsregeln bereit. Auch für den angrenzenden wettbewerbsrechtlichen Leistungsschutz (→ Art. 6 Rn. 127) und den Geheimnisschutz (→ Art. 6 Rn. 171) ist nach der lauterkeitsrechtlichen Kollisionsnorm anzuknüpfen. Abgrenzungsprobleme bereitet die Anknüpfung für den Schutz geografischer Herkunftsangaben (→ Art. 6 Rn. 128 ff.).

4 Den **Gegenstand** des Internationalen Immaterialgüterrechts bilden auslandsbezogene Sachverhalte, die den Schutz von Immaterialgüterrechten sowie Verträge über solche Rechte betreffen. Das **auf immaterialgüterrechtliche Verträge anwendbare Recht** wird schwerpunktmäßig in der **Kommentierung zur Rom I-VO** behandelt (→ Rom I-VO Art. 4 Rn. 251 ff.).

5 **2. Funktion des Internationalen Immaterialgüterrechts.** Dem kollisionsrechtlichen Denken folgend besteht die Funktion des Internationalen Immaterialgüterrechts darin, immaterialgüterrechtliche **Sachverhalte mit Auslandsberührung der maßgebenden Rechtsordnung zur Beurteilung zuzuweisen.** Weil das Immaterialgüterrecht im nationalen Bereich einen Teil des Wirtschaftsrechts bildet[4] und dort seinen Beitrag zur Errichtung und Erhaltung einer wettbewerbs- und innovationsfördernden Wirtschaftsordnung zu leisten hat,[5] muss sich diese Funktion auch auf der Ebene des Internationalen Immaterialgüterrechts widerspiegeln. Dies hat wichtige Konsequenzen für die Ausgestaltung der Kollisionsregeln und deren Anwendung. Da trotz einer großen Zahl internationaler Abkommen, die zumindest mittelbar eine Rechtsangleichung herbeiführen, die nationalen Rechtsunterschiede in den letzten Jahren eher größer als kleiner geworden sind, also nationale und supranationale Gesetzgeber die Funktionen und Grenzen des nationalen Rechtsschutzes unterschiedlich bestimmen, ist für das Internationale Immaterialgüterrecht die Rücksichtnahme auf die Entscheidungen des jeweiligen nationalen Gesetzgebers wesentlich. Dies zeigt sich vor allem beim Verbot der extraterritorialen Anwendung (→ Rn. 322 ff.). Darüber hinaus ist auch die Wirkung des Internationalen Immaterialgüterrechts in der zunehmend globalisierten Wirtschaft zu berücksichtigen. Zusammenfassend bedeutet dies: Das **Internationale Immaterialgüterrecht hat einen Beitrag zum Funktionieren der internationalen Wettbewerbsordnung zu leisten,** ohne dabei die Entscheidungen des nationalen Gesetzgebers, unter Berücksichtigung der völkerrechtlichen Vorgaben, im Hinblick auf die Gestaltung seiner eigenen – nationalen – Wirtschaftsordnung in Frage zu stellen.

---

[3] Die Zuordnung zum geistigen Eigentum ist kollisionsrechtlich nicht eindeutig. Abzugrenzen ist insbes. zum Lauterkeitsstatut, → Art. 6 Rn. 128 ff.

[4] AA *Schack* UrhR/UrhebervertragsR Rn. 6.

[5] Heute ist die These von der Zielkomplementarität des Kartellrechts und des Immaterialgüterrechts herrschend. Danach bilden die Immaterialgüterrechte gerade keine Ausnahme vom Wettbewerbsgrundsatz, sondern fördern den dynamischen Wettbewerb zwischen Unternehmen, indem sie für diese Anreize setzen, in Innovation und neue Produkte zu investieren; idS auch Nr. 7 Leitlinien der Europäischen Kommission zur Anwendung von Art. 101 AEUV auf Technologietransfer-Vereinbarungen, ABl. EU 2014 C 101, 5, die zeitgleich mit der VO (EU) 316/2014 der Kommission vom 21.3.2014, ABl. EU 2014 L 93, 17, bekannt gemacht wurden.

II. Schutzlandanknüpfung und Territorialitätsprinzip

Das Internationale Immaterialgüterrecht wird national wie international vom Prinzip der Anknüpfung an das Recht des Schutzlandes **(lex loci protectionis)** beherrscht. Nach dem Vorbild einiger weniger nationaler IPR-Gesetze (s. etwa § 34 Abs. 1 IPRG Österreich; Art. 110 IPRG Schweiz) bestimmt heute **Art. 8 Abs. 1 Rom II-VO** ausdrücklich die Geltung des Schutzlandprinzips. Danach ist auf außervertragliche Schuldverhältnisse aus einer Verletzung von Rechten des geistigen Eigentums das **Recht des Staates anzuwenden, für den der Schutz beansprucht wird.** Im Vergleich zur früheren Rechtslage nach deutschem Kollisionsrecht ist damit keine Änderung verbunden. Vor allem die Praxis der deutschen Gerichte ging traditionell von der Geltung des Schutzlandprinzips aus. Nicht ausdrücklich erwähnt ist das Schutzlandprinzip in den zahlreichen internationalen Konventionen. Ob diese Konventionen dennoch dieses Prinzip implizit regeln oder zumindest voraussetzen, ist im Schrifttum umstritten (→ Rn. 69 ff.). 6

1. Klassisches Verständnis der Territorialität. Oftmals, auch von der Rspr. in Deutschland,[6] wird die Schutzlandanknüpfung mit der Geltung des **Territorialitätsgrundsatzes** erklärt.[7] Nach klassischem Verständnis besagt dieser Grundsatz, dass Bestand und Inhalt der Rechte nach den Gesetzen des Landes bestimmt werden, auf dessen Gebiet der Berechtigte alle anderen Personen von der Nutzung des Immaterialgutes ausschließen kann.[8] Das Territorialitätsprinzip bringt damit die auf das nationale Territorium begrenzte Wirkung der nationalen Immaterialgüterrechte zum Ausdruck.[9] Der Territorialitätsgrundsatz steht der Anerkennung weltweiter Immaterialgüterrechte entgegen. Die Anerkennung von Rechten für ein und dieselbe Leistung in verschiedenen Staaten führt entsprechend nur zu einem **Bündel nationaler Rechte.**[10] Dies ist unmittelbar einsichtig für jene Rechte, die auf einem staatlichen Verleihungsakt beruhen, gilt aber **auch für das Urheberrecht,**[11] soweit man auch für dieses von der Geltung des Territorialitätsgrundsatzes ausgeht. Aus dieser territorialen Begrenztheit der Schutzrechte soll sich zwangsläufig die **Anwendung des Rechts des Schutzlandes** ergeben.[12] 7

Die Begründung der Schutzlandanknüpfung über den so verstandenen Territorialitätsgrundsatz hat vor allem für jene Rechte des **gewerblichen Rechtsschutzes** Überzeugungskraft, die zu ihrer Entstehung eine Anmeldung, Eintragung oder behördliche Erteilung konstitutiv voraussetzen (Erfinderrechte, Sortenschutzrechte, eingetragene Marke usw).[13] Denn der Erteilungsakt kann als Hoheitsakt nur für das nationale Territorium des Eintragungs- bzw. Erteilungsstaates Wirkung entfalten.[14] 8

Dagegen erscheinen der Territorialitätsgrundsatz und damit auch die Schutzlandanknüpfung vor allem im Bereich des durch den bloßen Schöpfungsakt entstehenden **Urheberrechts** nicht 9

---

[6] S. etwa BGHZ 126, 252 (255) = GRUR Int 1994, 1046 – Folgerecht mit Auslandsbezug (für das Urheberrecht); BGH GRUR Int 2005, 433 (434) – Hotel Maritime (für das Markenrecht); s. auch LG Düsseldorf BeckRS 2012, 9682; 2012, 9376 (in Bezug auf das Patentrecht).

[7] Aus dem Schrifttum etwa Dreyer/Kotthoff/Meckel/*Kotthoff* UrhG § 120 Rn. 5; jurisPK-BGB/*Heinze* Rn. 4; *Tochtermann,* Sukzessionsschutz im Recht des Geistigen Eigentums, 2018, 238 f.; zu den dogmatischen Grundlagen des Territorialitätsgrundsatzes *Beckstein,* Einschränkungen des Schutzlandprinzips, 2010, 18 ff.; *Matulionytė,* Law Applicable to Copyright, 2011, 13 ff.

[8] Definition nach *Troller,* Das internationale Privat- und Zivilprozessrecht im gewerblichen Rechtsschutz und Urheberrecht, 1952, 48.

[9] So das allg. Verständnis, s. zB *Baetzgen,* Internationales Wettbewerbs- und Immaterialgüterrecht im EG-Binnenmarkt, 2007, Rn. 99; *Birkmann,* Die Anknüpfung der originären Inhaberschaft am Urheberrecht, 2009, 27; Fezer/*Fezer/Hauck* MarkenG Einl. Rn. 385; Hoeren/Sieber/Holznagel MultimediaR-HdB/*Hoeren* Teil 7.8 Rn. 10; Staudinger/*Fezer/Koos,* 2015, IntWirtschR Rn. 883; *Tochtermann,* Sukzessionsschutz im Recht des Geistigen Eigentums, 2019, 230; Wandtke/Bullinger/*v. Welser* UrhG Vor §§ 120 ff. Rn. 5.

[10] So etwa BeckOGK/*McGuire,* 1.7.2023, Rn. 27; Dreyer/Kotthoff/Meckel/*Kotthoff* UrhG § 120 Rn. 4; *Koch,* Die Qualifikation des Verlagsvertrages im internationalen Privatrecht, 2011, 100; Möhring/Nicolini/*Lauber-Rönsberg* KollisionsR Rn. 4; *Tochtermann,* Sukzessionsschutz im Recht des Geistigen Eigentums, 2018, 234 f.

[11] So auch BGH GRUR 2007, 691 Rn. 18 – Staatsgeschenk.

[12] So die wohl hM, vgl. *Ahrens,* Gewerblicher Rechtsschutz, 2008, Rn. 33; *v. Bar* IPR II Rn. 708, S. 517; *Birkmann,* Die Anknüpfung der originären Inhaberschaft am Urheberrecht, 2009, 51 f.; *Briem,* Internationales und Europäisches Wettbewerbs- und Kennzeichenrecht, 1995, 112; Fezer/*Fezer/Hauck* MarkenG Einl. Rn. 391; *Katzenberger* FS Schricker, 1995, 225 (240, 242) aE; *Kropholler* IPR, 6. Aufl. 2006, 546; *Loewenheim* ZUM 1999, 923 (924); *Sack* WRP 2000, 269 (270); Schricker/Loewenheim/*Katzenberger/Metzger* UrhG Vor §§ 120 ff. Rn. 113; *Strömholm* FS Dietz, 2001, 533 (534 f.); *E. Ulmer,* Immaterialgüterrechte im Internationalen Privatrecht, 1975, 9; *Wegner* CR 1998, 676 (679).

[13] Dennoch wird etwa auch für die durch Benutzung erworbene Marke der Territorialitätsgrundsatz vertreten; so Fezer/*Fezer/Hauck* MarkenG Einl. Rn. 382.

[14] So auch *De Miguel Asensio* in Leible/Ohly, Intellectual Property and International Private Law, 2009, 137 Rn. 10; *Tochtermann,* Sukzessionsschutz im Recht der Geistigen Eigentums, 2018, 230.

zwingend.[15] Im Vergleich zum Territorialitätsgrundsatz, der zur Entstehung eines Bündels nationaler Rechte und zwingend zu einer kollisionsrechtlichen Mosaikbetrachtung führt, verspricht die universelle Anerkennung der Entstehung eines Urheberrechts in den Händen einer bestimmten Person **(Universalitätsprinzip)** sogar besondere Vorteile.[16] Deshalb folgt auch ein Teil des deutschen Schrifttums im Bereich des Urheberrechts für einige Aspekte der Schutzentstehung, insbesondere für die Bestimmung des ersten Rechteinhabers, dem Universalitätsprinzip und der kollisionsrechtlichen **Anknüpfung an das Ursprungsland.**[17] Dieses Schrifttum kritisiert die geltende Praxis und hM, die auch im Urheberrecht unverändert am Territorialitätsprinzip und der Schutzlandanknüpfung festhalten, als Überbleibsel der Zeit des Privilegienwesens, als das Urheberrecht noch durch Verleihungsakt des Landesherrn begründet wurde.[18] Tatsächlich bevorzugen auch einige Rechtsordnungen vor allem für die Bestimmung des ersten Rechteinhabers[19] im Urheberrecht das Universalitätsprinzip und die Anknüpfung an das Recht des Ursprungslandes des Werkes (lex originis).[20] Der Trend in Richtung Universalität scheint sich dabei eher zu verstärken. So hat sich auch die **US-Rspr.** zur Universalität im Urheberrecht mit einer Anknüpfung der originären Rechteinhaberschaft an das Recht des Ursprungslandes bekannt.[21] Die vor wenigen Jahren veröffentlichten Principles des **American Law Institute (ALI)** zu Prinzipien des IZPR und IPR im geistigen Eigentum (→ Rn. 371 ff.) schlagen für das Urheberrecht ebenfalls die Anerkennung des Universalitätsprinzips, jedoch mit einer Anknüpfung an das Recht des gewöhnlichen Aufenthalts des Werkschöpfers, vor.[22] Dagegen bezieht die **Rom II-VO** für das auf außervertragliche Schuldverhältnisse anwendbare Recht zu dieser Problematik nicht ausdrücklich Stellung; sie bestätigt vielmehr in Art. 8 Abs. 1 Rom II-VO das Schutzlandprinzip sowie das Denken in den Kategorien der Territorialität, wobei zweifelhaft bleibt, ob die Vorschrift überhaupt eine Anknüpfungsregel auch für die originäre Rechteinhaberschaft enthält (→ Rn. 180 ff.). Der Kritik der „Universalisten" ist darin zuzustimmen, dass das Territorialitätsprinzip heute nicht mehr in demselben Maße wie früher die Anknüpfung begründen kann. Dennoch sprechen auch weiterhin die besseren Gründe für die Beibehaltung der Schutzlandanknüpfung (→ Rn. 15 ff.).

10 **2. Inhalt und Funktionsweise der Schutzlandanknüpfung. a) Definition.** Unter dem Recht des Schutzlandes **(lex loci protectionis)** ist das Recht des Staates zu verstehen, in bzw. für

---

15 S. insbes. *Oppermann,* Das universelle Verständnis im Urheberrecht, 2009, 82 ff., der die Legitimation des Territorialitätsgrundsatzes in Frage stellt. Dabei verwirft er die drei möglichen Begründungen, nämlich den staatlichen Verleihungsakt, die Souveränität der Schutzstaaten sowie das völkerrechtliche Rücksichtnahmegebot.

16 So auch *Oppermann,* Das universelle Verständnis im Urheberrecht, 2009, 90.

17 So insbes. *Schack* UrhR/UrhebervertragsR Rn. 1133 ff.; *Schack,* Anknüpfung des Urheberrechts im internationalen Privatrecht, 1975, 61; ähnlich Büscher/Dittmer/Schiwy/*Obergfell* UrhG Vor § 120 Rn. 5; *Intveen,* Internationales Urheberrecht und Internet, 1999, 85 ff.; *Klass* GRUR Int 2007, 373; *Klass* GRUR Int 2008, 546; *Obergfell,* Filmverträge im deutschen materiellen und internationalen Privatrecht, 2001, 272 ff. mit einem Verweis auf das Recht am Sitz des Filmproduzenten; *Regelin,* Das Kollisionsrecht der Immaterialgüterrechte an der Schwelle zum 21. Jahrhundert, 1999, 82 ff.; *Ropohl,* Zur Anknüpfung der formlosen Markenrechte im Internationalen Privatrecht, 2003, 48 ff.; *Rosenkranz,* Open Contents, 2011, 177 ff.; Möhring/Nicoloini/*Stollwerck* IntUrhR Rn. 10. Diese Auffassung wird zT auch im ausländischen Schrifttum vertreten, s. etwa *van Eechoud,* Choice of Law in Copyright and Related Rights, 2003, 178 ff., allerdings nicht zu Gunsten der Anknüpfung an das Ursprungsland, sondern zu Gunsten der Anwendung des Personalstatuts des Werkschöpfers; *Ginsburg* Private International Law Aspects 26 und 33 f. unter Hinweis auf die Funktion des Urheberrechts, die Verbreitung des Werks zu erleichtern.

18 S. *Schack* UrhR/UrhebervertragsR Rn. 1012 ff.

19 Im kollisionsrechtlichen Zusammenhang ist der Begriff des „ersten Inhabers" gegenüber jenem des „Urhebers" vorzuziehen. Dies liegt vor allem am Recht in Großbritannien, das zwischen dem Urheber (author) als Werkschöpfer (Section 9 (1) Copyright, Designs and Patents Act 1988) und dem „ersten Inhaber" (first owner) unterscheidet. Dies ermöglicht dem britischen Recht, das Urheberrecht für in Arbeitsverhältnissen geschaffenen Werken von Anfang an dem Arbeitgeber zuzuweisen (Section 11 (2) Copyright, Designs and Patents Act 1988) und gleichzeitig den Werkschöpfer in Bezug auf seine Urheberpersönlichkeitsrechte zu schützen (Section 2 (2) Copyright, Designs and Patents Act 1988). Mit dem Begriff des „ersten Inhabers" (first owner) werden kollisionsrechtlich beide Fälle erfasst.

20 In der EU war dies insbes. für das franz. Recht der Fall; s. Cass. civ. Recueil Dalloz 1960 Jur. 93 – Rideau de Fer; s. dazu *Kéréver* RIDA 158 (1993), 75 (113 ff.); *Lucas/Lucas-SchloetterBernault,* Traité de la propriété littéraire et artistique, 6. Aufl. 2017, Rn. 1613 ff. Die Rspr. hat sich jedoch 2013 geändert und folgt inzwischen auch für die originäre Rechteinhaberschaft der Schutzlandanknüpfung; s. Cour cass. GRUR Int 2013, 955 = Propriétés Intellectuelles 2013, 306 – Fabrice X/ABC News Intercontinental; dazu Lucas/Lucas-Schloetter/Bernault, Traité de la propriété littéraire et artistique, 6. Aufl. 2017, Rn. 1616 f.

21 Itar-Tass Russian News Agency vs. Russian Kurier, Inc., 153 F. 3 d 82 (2nd Cir. 1998) = GRUR Int 1999, 639 m. zust. Anm. *Schack.*

22 American Law Institute, Intellectual Property: Principles Governing Jurisdiction, Choice of Law, and Judgments in Transnational Disputes, 2008, § 313.

dessen Gebiet man das in Frage stehende Immaterialgut in irgendeiner Weise nutzen und gegen Dritte verteidigen will. Kurz: Das Recht des Schutzlandes ist das **Recht des Staates, für dessen Gebiet Immaterialgüterschutz beansprucht wird** (Art. 8 Abs. 1 Rom II-VO).[23]

b) Abgrenzung zur lex fori. Die lex loci protectionis darf nicht mit der lex fori, dem Recht des zuständigen Gerichts, verwechselt werden.[24] Bei der Schutzlandanknüpfung wird anders als für die internationale Zuständigkeit nicht gefragt, **in welchem Land,** sondern **für welches Land** der Schutz beansprucht wird.[25] Die **internationale Zuständigkeit** beurteilt sich auch für das Immaterialgüterrecht heute primär nach der **Brüssel Ia-VO.** Nach Art. 4 Abs. 1 Brüssel Ia-VO sind Beklagte mit einem Wohnsitz in einem EU-Mitgliedstaat[26] grundsätzlich vor den Gerichten dieses Staates zu verklagen (allgemeiner Beklagtengerichtsstand). Im Bereich des Immaterialgüterrechts ergeben sich ein besonderer Gerichtsstand aus Art. 7 Nr. 2 Brüssel Ia-VO (Gerichtsstand der unerlaubten Handlung)[27] sowie ein ausschließlicher Gerichtsstand aus Art. 24 Nr. 4 Brüssel Ia-VO (Gerichte des Erteilungsstaates bei Entscheidungen über Eintragung und Gültigkeit von hinterlegten oder registrierten Rechten). Danach kann am allgemeinen Gerichtsstand des Beklagtenwohnsitzes auch wegen Benutzungs- und Verwertungshandlungen in einem anderen Staat Klage erhoben werden.[28] Folgt in einem solchen Fall die lex fori der Schutzlandanknüpfung, wird das Gericht, sofern es zu keinem Rückverweis kommt (→ Rn. 264 f.), die Handlung nach fremdem Immaterialgüterrecht prüfen.[29] Die Möglichkeit, auch Rechtsverletzungen im Ausland vor einem inländischen Gericht nach den Regeln der Brüssel Ia-VO anhängig zu machen, hat den großen Vorteil, Multistate-Delikte in einem Verfahren abhandeln zu können.[30] 11

c) Inanspruchnahme des Rechts des Schutzlandes durch den Kläger; Abgrenzung zur lex loci delicti commissi. Welches Recht als Recht des Schutzlandes anzusehen ist, ergibt sich 12

---

23 So grdl. *E. Ulmer,* Immaterialgüterrechte im internationalen Privatrecht, 1975, 12.

24 S. auch *Tochtermann,* Sukzessionsschutz im Recht des Geistigen Eigentums, 2018, 239 f.

25 So das allg. Verständnis im In- und Ausland, s. etwa Staudinger/*Fezer/Koos,* 2015, IntWirtschR Rn. 910; *Gesmann-Nuissl* in Ensthaler/Weidert, Handbuch Urheberrecht und Internet, 3. Aufl. 2017, Kap. 8 Rn. 11; *Grünberger* ZVglRWiss 108 (2009), 134 (148); Hoeren/Sieber/Holznagel MultimediaR-HdB/*Hoeren* Teil 7.8 Rn. 9; *Klass* GRUR Int 2007, 373 (377); *A. Lucas* in ALAI S. 22, 26.

26 Für Dänemark gilt die VO nicht unmittelbar, sondern seit 1.7.2007 aufgrund eines eigenes mit der EG ausgehandelten Abkommens; vgl. Beschluss des Rates vom 27.4.2006 über den Abschluss des Abkommens zwischen der Europäischen Gemeinschaft und dem Königreich Dänemark über die gerichtliche Zuständigkeit und die Anerkennung und Vollstreckung von Entscheidungen in Zivil- und Handelssachen, ABl. EU 2006 L 120, 22.

27 S. zB BGH GRUR Int 2007, 928 Rn. 16 ff. – Wagenfeld-Leuchte. Geht man davon aus, dass Art. 7 Nr. 2 Brüssel Ia-VO nur eine Zuständigkeit für Verletzungsklagen, aber nicht für negative Feststellungsklagen gibt, kann der vermeintliche Verletzer eines inländischen Rechts sich nicht vor inländischen Gerichten gegen die Behauptung der Rechtsverletzung wehren, wenn der Rechtsinhaber im Ausland niedergelassen ist; s. dazu die Besprechung einer höchstrichterlichen schwedischen Entscheidung bei *Lundstedt* IIC 32 (2001), 124.

28 S. auch Rauscher/*Unberath/Cziupka/Pabst* Rn. 18. Gerichte zögern oft, über ausländische Immaterialgüterrechte zu entscheiden. Inzwischen wird dies aber auch von englischen Gerichten akzeptiert; grdl. UK Supreme Court, Lucasfilm Ltd. and others vs. Aisnworth and others (2011) UKSC 39 = GRUR Int 2011, 1098. Auch in den USA sind Gerichte inzwischen bereit, über die Verletzung ausländischer Patente zu entscheiden; s. Voda vs. Cordis Corp., 476 F.3d 887 (Fed. Cir. 2007); dazu *Dinwoodie* William & Mary L. Rev. 51 (2009–2010), 711 (752 ff.).

29 S. aus der deutschen Praxis des Urheberrechts BGHZ 126, 252 (255) = GRUR Int 1994, 1046 – Folgerecht mit Auslandsbezug (Verneinung der Anwendung deutschen Rechts bei einer tatbestandlichen Handlung in Großbritannien); BGHZ 136, 380 = GRUR Int 1998, 427 – Spielbankaffaire (Anwendung luxemburgischen Rechts); s. auch die englische Entscheidung Pearce vs. Ove Arup Partnership, in der sich erstmalig ein englisches Gericht bereit gefunden hat, über die Verletzung eines ausländischen Immaterialgüterrechts zu entscheiden; besprochen bei *Kieninger* GRUR Int 1998, 280; s. auch *Torremans* IPRax 1998, 495 zur Behandlung der internationalen Zuständigkeit und des IPR bei Urheberrechtsverletzungen durch englische Gerichte.

30 Vgl. etwa *Lundstedt* IIC 32 (2001), 124 (127 f.). Probleme treten jedoch bei Registerrechten auf. Nach Art. 24 Nr. 4 Brüssel Ia-VO gilt die ausschließliche Zuständigkeit der Gerichte des Erteilungsstaates für Entscheidungen über die Gültigkeit von Registerrechten auch dann, wenn sich der vermeintliche Verletzer im Verletzungsprozess auf die Nichtigkeit beruft. Diese Regelung kodifiziert die Auffassung des EuGH zu früheren Fassungen der Brüssel Ia-VO; s. EuGH Slg. 2006, I-6509 = GRUR Int 2006, 839 – GAT/LuK. Erhebt der Beklagte also den Nichtigkeitseinwand, wird das Streitgericht mindestens gezwungen, den Verletzungsprozess auszusetzen, bis in den verschiedenen Schutzstaaten über die Wirksamkeit entschieden ist. Zum Ganzen s. *Schauwecker,* Extraterritoriale Patentverletzungsjurisdiktion, 2009, 223 ff.; *Schauwecker* GRUR Int 2009, 187.

für das zuständige Gericht aus dem Klägervortrag.[31] Häufig wird die Schutzlandanknüpfung als Ausprägung der deliktischen Anknüpfung an die lex loci delicti commissi angesehen.[32] Dies überzeugt jedoch nicht. Schon konstruktiv unterscheiden sich die beiden Anknüpfungsregeln grundsätzlich.[33] Während man bei der deliktischen Anknüpfung über die Identifikation des Handlungs- oder Erfolgsortes das anwendbare Recht (lex loci delicti commissi) bestimmt und sodann das entsprechende Sachrecht anwendet, wird die **Frage nach dem Handlungsort** bei der Schutzlandanknüpfung erst **auf der Ebene des Sachrechts relevant.**[34] Da die nationalen Rechtsordnungen im

---

31 So auch Möhring/Nicolini/*Lauber-Rönsberg* KollisionsR Rn. 8; Dreier/Schulze/*Raue* UrhG Vor § 120 Rn. 48; korrekt argumentiert auch BGH GRUR Int 2007, 928 Rn. 24 – Wagenfeld-Leuchte: „Die Kläger begehren mit ihren Klageanträgen (…) Schutz für das Inland. Nach dem Schutzlandgrundsatz sind daher die Vorschriften des deutschen Urheberrechtsgesetzes anwendbar." – Umgekehrt lehnt der BGH die Prüfung nach ausländischem Urheberrecht ab, wenn der Kläger in seinem Vortrag nicht auch Nutzungsrechte nach ausländischem Recht beansprucht; BGH GRUR 2004, 855 (856) – Hundefigur; GRUR 2007, 691 Rn. 18 – Staatsgeschenk. Das schweiz. BGE 136 III, 232 (235) formuliert sogar, der Kläger könne sich nach dem Schutzlandprinzip das anwendbare Recht aussuchen. Der OGH verlangt auch bei Anwendung von Art. 8 Abs. 2 keine ausdrückliche Berufung auf das ausländische Recht. Es genügt vielmehr, wenn die Klägerin Nutzungshandlungen zumindest auch im Ausland vorträgt, OGH 12.2.2013 – 4 Ob 190/12p, S. 9 f. – Hundertwasserschal, https://www.ris.bka.gv.at (zuletzt abgerufen am 1.5.2024).

32 S. *Regelin,* Das Kollisionsrecht der Immaterialgüterrechte an der Schwelle zum 21. Jahrhundert, 1999, 95 f.; *Tochtermann,* Sukzessionsschutz im Recht des Geistigen Eigentums, 2018, 221. Das Schrifttum äußert sich oft verwirrend, etwa in dem Sinne, dass inländische Verletzungshandlungen nach inländischem Recht behandelt werden; so *Götting,* Gewerblicher Rechtsschutz, 20. Aufl. 2020, § 7 Rn. 52. Missverständlich auch *E. Ulmer,* Immaterialgüterrechte im internationalen Privatrecht, 1975, 8 f., der das Schutzland als das Land definiert, „in dem die Verwertungshandlung oder die sonstige Eingriffshandlung vorgenommen wird". Nicht haltbar ist es, wenn aus dem Schutzlandprinzip die Geltung des Rechts des Landes abgeleitet wird, „in dem die Verletzungshandlung begangen worden ist oder droht" (so aber *Giedke,* Cloud Computing: Eine wirtschaftsrechtliche Analyse mit besonderer Berücksichtigung des Urheberrechts, 2013, 288; *Lehmann/Giedke* CR 2013, 681 (686); *Lehmann* in Borges/Meents, Cloud Computing, Rechtshandbuch, 2016, § 14 Rn. 6; ebenso wenig überzeugend ist es, das Schutzland mit jenem Land gleichzusetzen, in dem ein Recht geschützt ist (so *Tochtermann,* Sukzessionsschutz im Recht des Geistigen Eigentums, 2018, 220), denn ob ein Recht geschützt ist, kann sich erst nach kollisionsrechtlicher Anknüpfung aus der Prüfung des anwendbaren Rechts ergeben.

33 So auch im ausländischen Schrifttum, s. *Moura Vicente,* La propriété intellectuelle en droit international privé, 2009, 265 f.; weitere Argumente für die Notwendigkeit, beide Anknüpfungsregeln genau zu unterscheiden nennt *Matulionytė,* Law Applicable to Copyright, 2011, 58 ff.

34 Eindeutig *E. Ulmer,* Immaterialgüterrechte im internationalen Privatrecht, 1975, 13 f.: „Im Einzelfall ist für die Rechtsanwendung entscheidend, ob die Eingriffshandlung im Sinn der Rechtsordnung des Landes, für dessen Gebiet der Schutz in Anspruch genommen wird, als eine Verletzung des inländischen Schutzrechts anzusehen ist."; ebenso Spindler/Schuster/*Bach* Rn. 11; *Beckstein,* Einschränkungen des Schutzlandprinzips, 2010, 82; *Birkmann,* Die Anknüpfung der originären Inhaberschaft am Urheberrecht, 2009, 44; Calliess/*de la Durantaye* Rom II-VO Art. 8 Rn. 25; *Götting,* Gewerblicher Rechtsschutz, 11. Aufl. 2020, § 7 Rn. 54; *Grünberger* ZVglRWiss 108 (2009), 134 (148 f.); NK-BGB/*Grünberger* Rn. 35, 40; *Ingerl/Rohnke* MarkenG Einl. Rn. 55 für das Markenrecht; jurisPK-BGB/*Heinze* Rn. 4; *Laimer* in Laimer/Perathoner, Italienisches, europäisches und internatinonales Immaterialgüterrecht, 2021, 149 (155); *Oppermann,* Das universelle Verständnis im Urheberrecht, 2009, 29 f.; *Petz* in Verschraegen, Austrian Law – An International Perspective, 2010, 211, 216; *Tochtermann,* Sukzessionsschutz im Recht des Geistigen Eigentums, 2018, 240 f.; *Zwanzger,* Das Gemeinschaftsgeschmacksmuster zwischen Gemeinschaftsrecht und nationalem Recht, 2010, 92; s. auch *Koch,* Die Qualifikation des Verlagsvertrages im internationalen Privatrecht, 2021, 104 f. Für die Anwendung von Art. 8 Abs. 1 ebenso Rauscher/*Unberath/Cziupka/Pabst* Rn. 20 f.; aA *Gesmann-Nuissl* in Ensthaler/Weidert, Handbuch Urheberrecht und Internet, 3. Aufl. 2017, Kap. 8 Rn. 23, wonach bereits auf der Ebene der Anknüpfung „vorab" zu prüfen sei, ob nach dem Sachrecht eine Verletzung vorliege; ebenso grds. abl. *Varimezov,* Grenzüberschreitende Rechtsverletzungen im Bereich des gewerblichen Rechtsschutzes und das anwendbare Recht, 2011, 213 ff. – Die Rspr. in Deutschland ist dagegen uneinheitlich; nach BGHZ 126, 252 (254 f.) = GRUR Int 1994, 1046 – Folgerecht mit Auslandsbezug, soll sich das Erfordernis einer Verletzungshandlung im Inland nicht aus der Vorschrift des Sachrechts, nämlich im konkreten Fall aus § 26 Abs. 1 UrhG, der Regelung des Folgerechts, sondern aus der kollisionsrechtlichen Schutzlandanknüpfung ergeben. Dagegen unterscheidet der BGH in seiner jüngsten Rspr. deutlich zwischen der Andwendung des Rechts des Schutzlandes, weil sich der Kläger auf dieses beruft, und der Frage, ob das Recht des Schutzlandes durch eine Lokalisierung der Handlung im Inland verletzt wurde. So BGH GRUR 2015, 264 – Hi Hotel II für den Fall der Verletzung dt. Urheberrechts durch eine Ermöglichung der Verletzung in Deutschland durch einen Dritten, der in Frankreich gehandelt hat. Als Beleg für das sachrechtliche Verständnis des Territorialitätsgrundsatzes lässt sich mittlerweile auch die Rspr. des EuGH anführen. Dieser beantwortet die Frage, nach welcher Rechtsordnung bei grenzüberschreitenden Sachverhalten Immaterialgüterrechte verletzt sind, in autonomer Auslegung der materiellrechtlichen Bestimmungen der europäischen Richtlinien, nach-

Hinblick auf die dem Rechteinhaber vorbehaltenen Handlungen durchaus unterschiedlich verfahren, können die Standards, die über das Vorliegen einer inländischen Verletzungshandlung entscheiden, von Schutzland zu Schutzland unterschiedlich sein.[35] Die Schutzlandanknüpfung erlaubt dem Kläger prinzipiell die Wahl des anwendbaren Rechts.[36] Der „kluge" Kläger[37] wird sich aber nur auf das Recht jenes Schutzlandes berufen, für das ihm auch die Rechte zustehen. Über das anwendbare Recht des Schutzlandes entscheidet also allein der **Vortrag des Klägers.**[38] Dies gilt auch nach dem eindeutigen Wortlaut des Art. 8 Abs. 1 Rom II-VO.[39] Erst bei der Prüfung des Sachrechts der lex loci protectionis entscheidet sich, ob auch eine verbotene Benutzungshandlung im Territorium des Schutzlandes vorliegt.[40] Die Befürchtung, die Schutzlandanknüpfung könne den Kläger einseitig bevorzugen, weil sie ihm die Wahl des anwendbaren Rechts erlaube, erweist sich damit als unbegründet. Der Erfolg der Klage hängt ganz wesentlich von den national definierten Rechten ab, die der Kläger erworben hat, sowie vom Ort der tatbestandlichen Handlung des Beklagten.[41] Weder notwendig noch vertretbar ist es, bereits auf der kollisionsrechtlichen Ebene einen substantiierten Vortrag des Klägers zur Verwertungs- bzw. Verletzungshandlung im Schutzland zu verlangen.[42] Ein entsprechender Vortrag setzt nämlich bereits die Anwendung des Rechts des Schutzlandes voraus, dessen Anwendbarkeit ja über die Anknüpfung erst ermittelt werden soll.[43]

Wegen dieser grundsätzlichen Unterschiede zur lex loci deliciti commissi ist es zu begrüßen, dass die **Rom II-VO** in Art. 8 Abs. 1 eine eigene Kollisionsnorm für die Verletzung von Immaterialgüterrechten geschaffen hat. Nur so konnte einer unangemessenen Anwendung der allgemeinen deliktischen Kollisionsregel unter Geltung der Verordnung vorgebeugt werden. Zum Verhältnis zur allgemeinen deliktischen Anknüpfung äußert sich der europäische Gesetzgeber jedoch nicht.[44] **13**

d) Territorialitätsgrundsatz als sachrechtliches Prinzip. Die Struktur der Schutzlandanknüpfung hat weitreichende Bedeutung für das Verständnis des Kollisionsrechts im Bereich von **14**

dem er über Art. 8 Abs. 1 das anwendbare Recht nach dem Schutzlandprinzip bestimmt; s. EuGH GRUR Int 2012, 1113 Rn. 31–33 – Football Dataco/Sportradar.

35 So auch *E. Ulmer,* Immaterialgüterrechte im internationalen Privatrecht, 1975, 14, vor allem unter Hinweis auf das Patentrecht.

36 Dies bedeutet umgekehrt, dass es bei Streudelikten grundsätzlich die Aufgabe des Klägers ist, in seiner Klage deutlich zu machen, für welche Staaten er Schutz beansprucht; idS auch OGH GRUR Int 2013, 668 (670) – Hundertwasser-Krawinga-Haus II/Hundertwasserhaus VI. Nach dieser Entscheidung ist das Gericht grundsätzlich gehalten, mangels klarer Aussage des Klägers im Lichte der Sachverhaltsdarstellung zu ermitteln, für welche Staaten Schutz beansprucht wird.

37 S. *Klass* GRUR Int 2007, 373 (376).

38 Ebenso NK-BGB/*Grünberger* Rn. 37; jurisPK-BGB/*Heinze* Rn. 30; *Koch,* Die Qualifikation des Verlagsvertrages im internationalen Privatrecht, 2021, 101; Magnus/Mankowski/*Metzger* Rn. 26; *Oppermann,* Das universelle Verständnis im Urheberrecht, 2009, 30; *Petz* in Verschraegen, Austrian Law – An International Perspective, 2010, 211, 216. *Beckstein,* Einschränkungen des Schutzlandprinzips, 2010, 82 ff. weist überzeugend darauf hin, dass damit nicht der Klägerwille zum Anknüpfungspunkt wird, sondern dass der Klägervortrag lediglich den Streitgegenstand eingrenzt. Zu den inhaltlichen Anforderungen an das Schutzbegehren s. *Ullrich,* Urheberrecht und Satellitenrundfunk, 2009, 78 f.

39 So auch *Grünberger* ZVglRWiss 108 (2009), 134 (152 f.).

40 Ebenso für die Beurteilung der Lokalisierung der Verletzungshandlung nach dem Sachrecht Dreier/Schulze/*Raue* UrhG Vor § 120 Rn. 49; *Grünberger* ZVglRWiss 108 (2009), 134 (153 f.); *Koch,* Die Qualifikation des Verlagsvertrages im internationalen Privatrecht, 2021, 102; s. auch BGH GRUR 2007, 691 Rn. 31 – Staatsgeschenk: eine Übergabehandlung in den USA verletzt nicht das Verbreitungsrecht nach deutschem Urheberrecht, auf das sich der Kläger ausschließlich beruft.

41 Ähnlich *Gesmann-Nuissl* in Ensthaler/Weidert, Handbuch Urheberrecht und Internet, 3. Aufl. 2017, Kap. 8 Rn. 18; NK-BGB/*Grünberger* Rn. 37; *Koch,* Die Qualifikation des Verlagsvertrages im internationalen Privatrecht, 2021, 101 f.

42 So aber *Klass* GRUR Int 2007, 373 (376); noch weitergehender *Buchner* GRUR Int 2005, 1004 (1006), der in der Lokalisierung des Tatortes die eigentliche „internationale" Fragestellung sieht und für die erfolgreiche Schutzlandanknüpfung verlangt, dass die behauptete Verletzungshandlung auch tatsächlich im Schutzland stattgefunden hat. Dagegen impliziert nach Rauscher/*Unberath/Cziupka/Pabst* Rn. 4 die Geltendmachung des Rechts des Schutzlandes lediglich die Behauptung, dem Anspruchsteller stehe im Schutzland ein verletztes Recht zu.

43 Deshalb auch *Sack* WRP 2008, 1405 (1411) entschieden gegen eine Berücksichtigung der Benutzungshandlung auf der Ebene der kollisionsrechtlichen Beurteilung; entspr. *Grünberger* ZVglRWiss 108 (2009), 134 (151 f.), gerade für die Anknüpfung nach Art. 8 Abs. 1, da dem europäischen Recht als lex fori in aller Regel ein Maßstab für die Lokalisierung fehle.

44 S. Begr. der Kommission zum Rom II-VO-Vorschlag vom 22.7.2003, KOM (2003) 427 endg., 22 f. Dagegen wird in Bezug auf die lauterkeitsrechtliche Anknüpfung nach dem Marktortprinzip ausdrücklich ausgeführt, dass es sich um eine Konkretisierung der allgemeinen deliktischen Kollisionsregel handeln soll, KOM (2003) 427 endg., 17.

Immaterialgütern. Wie eben gesehen wird die nationale Begrenztheit des Schutzrechts erst auf der Ebene des Sachrechts relevant. Der Territorialitätsgrundsatz ist danach **nicht kollisionsrechtlich, sondern ausschließlich sachrechtlich** zu verstehen.[45] Gleichzeitig ist damit auch belegt, dass der **Territorialitätsgrundsatz die Schutzlandanknüpfung nicht begründen kann.**[46] Erst das Kollisionsrecht führt zur Anwendung von Sachrecht; das Sachrecht kann deshalb nicht über den Inhalt des Kollisionsrechts bestimmen.[47] Dass diese Sichtweise richtig ist, ergibt sich auch daraus, dass die Anknüpfung an das Recht des Schutzlandes nach dem IPR der lex fori auch dann erfolgt, wenn das Schutzland selbst überhaupt nicht dem Territorialitätsgrundsatz folgt. So werden die Gerichte eines Staates, der für das Urheberrecht die Anknüpfung am Recht des Schutzlandes vorsieht, das fremde Recht eines Schutzlandes auch dann anwenden, wenn das Schutzland selbst dem Universalitätsprinzip folgt und die erste Inhaberschaft nach der lex originis anknüpft. Anders liegt es nur dann, wenn das Kollisionsrecht der lex fori den Rück- oder Weiterverweis zulässt. Obwohl danach das Territorialitätsprinzip die Anknüpfung nicht begründen kann, besteht eine enge Beziehung zwischen dem sachrechtlichen Territorialitätsprinzip und der Schutzlandanknüpfung.[48] Staaten, die im Urheberrecht der Territorialität anhängen, entscheiden sich kollisionsrechtlich für die Schutzlandanknüpfung. So spiegelt sich die sachrechtliche Konzeption des nationalen Urheberrechts in der Anerkennung der Schutzlandanknüpfung als allseitige Kollisionsnorm wider.[49] Normativ zwingend ist dies jedoch nicht. Dass der Territorialitätsgrundsatz die Schutzlandanknüpfung nicht zu begründen vermag, gilt selbst für die **eingetragenen Rechte,** da auch für diese der Territorialitätsgrundsatz rein sachrechtlich zu qualifizieren ist.

15 **3. Territorialität vs. Universalität im Urheberrecht.** Wie bereits oben ausgeführt (→ Rn. 9) ist die Geltung des Territorialitätsgrundsatzes im Urheberrecht nicht unbestritten. Während die Vertreter des Territorialitätsgrundsatzes auch die Regelung des ersten Inhabers dem Gesetzgeber des Schutzlandes als genuin wirtschafts- kulturpolitische Entscheidung vorbehalten wollen,[50] fordern die Vertreter des Universalitätsgrundsatzes die weltweite („universelle“) Anerkennung eines aufgrund des Schöpfungsaktes nach der lex originis entstandenen einheitlichen Urheberrechts in den Händen einer bestimmten Person. Zum Teil geschieht dies unter ausdrücklicher Berufung auf das Naturrecht.[51] Die Ausgestaltung des Schutzes im Einzelnen soll sich freilich auch nach der weit überwiegenden Zahl der Vertreter des Universalitätsprinzips nach dem jeweiligen Recht des Schutzlandes richten. Der fast schon **„ideologisch“ anmutende Streit** zwischen „Territorialisten“ und „Universalisten“ läuft unter Geltung der **Rom II-VO** Gefahr, noch verschärft zu werden. Angesichts unterschiedlicher Positionen innerhalb der EU – etwa mit der Anerkennung des Schutz-

[45] Die Frage ist umstr., s. *Birkmann,* Die Anknüpfung der originären Inhaberschaft am Urheberrecht, 2009, 28 f.; Büscher/Dittmer/Schiwy/*Obergfell* UrhG Vor § 120 Rn. 4; NK-BGB/*Grünberger* Rn. 3; *Koch,* Die Qualifikation des Verlagsvertrages im internationalen Privatrecht, 2021, 100; *Matulionytė,* Law Applicable to Copyright, 2011, 25; *Neumann* J. Priv. Int'l. L. 7 (2011), 583 (587); *Oppermann,* Das universelle Verständnis im Urheberrecht, 2009, 87; *Sack* WRP 2000, 269 (270 f.); *Sack* FS E. Lorenz, 2004, 659 (674); *Schack* UrhR/UrhebervertragsR Rn. 1019; Spindler/Schuster/*Bach* Rn. 1; *Tochtermann,* Sukzessionsschutz im Recht des Geistigen Eigentums, 2018, 235 f. Zur kollisionsrechtlichen Auffassung s. Loewenheim UrhR-HdB/*Walter* § 64 Rn. 17 ff., der entsprechend gar nicht zwischen Territorialitätsgrundsatz und Schutzlandprinzip unterscheidet und das Recht im Lande der Nutzung zur Anwendung bringen möchte, Rn. 20. Manchmal wird eine zugleich sach- und kollisionsrechtliche Charakterisierung vorgenommen, so etwa *Hohloch* in Schwarze, Rechtsschutz gegen Urheberrechtsverletzungen und Wettbewerbsverstöße in grenzüberschreitenden Medien, 2000, 93, 103; Schricker/Loewenheim/*Katzenberger/Metzger* UrhG Vor §§ 120 ff. Rn. 112 f.; *Ullrich,* Urheberrecht und Satellitenrundfunk, 2009, 152 f.; s. auch *Fentiman* in Drexl/Kur, Intellectual Property and Private International Law, 2005, 129, 138: „Certainly, the conflicts lawyer is indifferent to whether such protection should be territorial. That is a matter of intellectual property lawyers.“; s. auch die umfassende Untersuchung von *Varimezov,* Grenzüberschreitende Rechtsverletzungen im Bereich des gewerblichen Rechtsschutzes und das anwendbare Recht, 2011, 61 ff., der abschließend (118 f.) zu dem Ergebnis kommt, dem Territorialitätsgrundsatz fehle jeglicher Geltungsgrund.

[46] Zust. NK-BGB/*Grünberger* Rn. 5; *Klass* GRUR Int 2007, 373 (379); iErg ebenso *Beckstein,* Einschränkungen des Schutzlandprinzips, 2010, 77.

[47] Zust. *Rosenkranz,* Open Contents, 2011, 164.

[48] *Koch,* Die Qualifikation des Verlagsvertrages im internationalen Privatrecht, 2021, 102, charakterisiert die Schutzlandanknüpfung als „die auf die territoriale Wirkung des Urheberrechts abgestimmte kollisionsrechtliche Regelung.

[49] Ähnlich *Klass* GRUR Int 2007, 373 (379) iS eines Korrespondierens; *Sack* FS E. Lorenz, 2004, 659 (674 f.) unter Geltung des Territorialitätsgrundsatzes sei nur die Schutzlandanknüpfung „sinnvoll“.

[50] So etwa *Metzger* JZ 2010, 929 (933); *Tochtermann,* Sukzessionsschutz im Recht des Geistigen Eigentums, 2018, 230 f.

[51] So insbes. *Schack* FS Kropholler, 2008, 651 (666), der die Anwendung des Schutzlandprinzips auf die erste Inhaberschaft als „Missachtung des naturrechtlichen Kerns des Urheberrechts“ ansieht.

landprinzips durch die deutsche Rspr. und der Anknüpfung an die lex originis nach früherem französischen Kollisionsrecht – hätte vor allem diese Frage einer klaren Regelung durch das europäische Kollisionsrecht bedurft. Dennoch bezieht der europäische Gesetzgeber in der Rom II-VO keine klare Position. Ob die Frage von der Verordnung überhaupt geregelt ist, entscheidet sich nach der **Bestimmung des Geltungsbereichs in Art. 15 Rom II-VO.** Soweit dort – ohne besondere Rücksichtnahme auf die speziellen Bedürfnisse des Urheberrechts – bestimmt wird, dass die Kollisionsnormen der Rom II-VO auch für den **„Grund" der Haftung** maßgebend sein sollen, werden „Territorialisten" geneigt sein, dieser Norm auch die normative Anordnung der Anknüpfung an das Recht des Schutzlandes für die Rechteinhaberschaft im Urheberrecht zu entnehmen[52] – mit der Folge, dass einzelne Mitgliedstaaten von ihrer bisherigen lex originis-Anknüpfung Abstand nehmen müssten. Die Universalisten werden genau umgekehrt argumentieren und eine Relevanz der Rom II-VO für die Bestimmung des Rechteinhabers verneinen.[53] Die Frage der Reichweite der Schutzlandanknüpfung nach Art. 8 Abs. 1 wird weiter unten erörtert (→ Rn. 180 ff.). An dieser Stelle geht es zunächst nur um das Offenlegen der Grundlagen und Wertungen, die hinter dem Disput zwischen Territorialität und Universalität stehen. Hiermit soll ein Beitrag zur „Entideologisierung" der Debatte geleistet werden. Wesentlich erscheint, dass **weder das Ursprungslandprinzip naturrechtlich vorgegeben noch das Schutzlandprinzip im Lichte des völkerrechtlichen Souveränitätsprinzips zwingend anzuwenden** ist. Vielmehr verfügt der nationale Gesetzgeber über beachtliche **Freiheit bei der Bestimmung der Anknüpfungsregel.**[54] Die Wahl sollte daher nach den anerkannten internationalprivatrechtlichen Kriterien und unter Berücksichtigung der involvierten Interessen (→ Einl. IPR Rn. 30 ff.) erfolgen.[55] Sie kann von Staat zu Staat durchaus unterschiedlich ausfallen.

a) Das Universalitätsprinzip zwischen kollisionsrechtlicher Anknüpfung und Naturrecht. Wie für das Territorialitätsprinzip sollte man auch für das Universalitätsprinzip zunächst das Verhältnis zum Kollisionsrecht klären. Während für das Territorialitätsprinzip die sachrechtliche Einordnung relativ klar auf der Hand liegt (→ Rn. 14), sind die Dinge beim Universalitätsprinzip komplexer, da sich mit dem Universalitätsprinzip doch vor allem die Forderung nach der **weltweiten Anerkennung der Rechteinhaberschaft nach einer Rechtsordnung** verbindet. Offen bleibt gleichwohl, **nach welchem Recht** angeknüpft werden soll, denn das Universalitätsprinzip trifft selbst keine Aussage darüber, nach welchem nationalen Recht das einheitliche Urheberrecht zur Entstehung kommt.[56] Als Kandidaten dafür kommen durchaus unterschiedliche Rechtsordnungen in Betracht.[57] Neben dem „Ursprungsland" iSd Revidierten Berner Übereinkunft (RBÜ) – deshalb: lex originis –, wobei primär auf den Staat der Erstveröffentlichung abzustellen wäre,[58] lassen sich etwa auch der Aufenthaltsort des Werkschöpfers zum Zeitpunkt der Schöpfung oder die Niederlassung des Arbeitgebers oder Ort des Arbeitsplatzes bei Schöpfungen im Rahmen eines Arbeitsverhältnisses diskutieren. Für jede dieser Anknüpfungen bestehen kollisionsrechtliche Argumente und Gegenargumente. Das Universalitätsprinzip kann danach durchaus als **kollisionsrechtliches Prinzip der „einheitlichen" Anknüpfung** verstanden werden; es begründet aber **keine Kollisionsnorm.** 16

Wenig Klarheit besteht darüber, ob das Universalitätsprinzip lediglich **rechtspolitisch zu empfehlen oder dessen Geltung naturrechtlich vorgegeben** ist. Für Letzteres spricht die Bezugnahme auf den bloßen Schöpfungsakt als Grundlage der Entstehung eines einheitlichen Urheberrechts.[59] So wird argumentiert, die Entstehung des Urheberrechts habe etwas „Natürliches".[60] Besonders überzeugend ist dies vor allem für die dem Schöpferprinzip folgenden Staaten des droit 17

52 So tatsächlich *Grünberger* ZVglRWiss 108 (2009), 134 (157 ff.).

53 So *Schack* FS Kropholler, 2008, 651 (655 f.).

54 So offensichtlich auch *Fawcett/Torremans,* Intellectual Property and Private International Law, 2. Aufl. 2011, Rn. 13.95.

55 Dies fordert auch *Schack* UrhR/UrhebervertragsR Rn. 1126; *Schack,* Zur Anknüpfung des Urheberrechts im internationalen Privatrecht, 1975, Rn. 56 ff., der jedoch gleichzeitig von einem „naturrechtlichen Kern" des Universalitätsprinzips ausgeht.

56 So zu Recht *Oppermann,* Das universelle Verständnis im Urheberrecht, 2009, 92; s. auch *Metzger* in Basedow/Kono/Metzger, Intellectual Property in the Global Arena, 2010, 157 (161); ähnlich weist NK-BGB/*Grünberger* Rn. 6 darauf hin, dass zwischen dem ubiquitären Schutzgegenstand und dem Schutz nach den verschiedenen nationalen Rechtsordnungen unterschieden werden müsse.

57 S. vor allem *Klass* GRUR Int 2008, 546; ebenso *Birkmann,* Die Anknüpfung der originären Inhaberschaft am Urheberrecht, 2009, 46 ff.

58 S. etwa *Schack* FS Kropholler, 2008, 651 (666) – dort ohne Diskussion von Alternativen.

59 Stark naturrechtlich geprägt ist die Begründung des Universalitätsprinzips bei *Oppermann,* Das universelle Verständnis im Urheberrecht, 2009, 93 ff.

60 So *Klass* GRUR Int 2007, 373 (381).

d'auteur-Systems. Dessen ungeachtet ist jedoch zur Kenntnis zu nehmen, dass die Entstehung des Urheberrechts durch bloßen Schöpfungsakt historisch gesehen keineswegs eine Selbstverständlichkeit ist, sondern ebenso auf einer Entscheidung des nationalen Gesetzgebers beruht, der heutzutage auf die Einhaltung von Förmlichkeiten typischerweise verzichtet. Das bloße Abstellen auf den Schöpfungsakt, wie er für die heutigen Urheberrechtsordnungen kennzeichnend ist, eröffnet zwar die Möglichkeit der universellen Anerkennung eines nach fremdem Recht konstituierten Urheberrechts. Aufgrund einer naturrechtlichen Betrachtung müsste man aber das Schöpferprinzip sachrechtlich – gestützt auf den ordre public-Vorbehalt oder nationale Eingriffsnormen – gegen jede Anknüpfung, die zu einer Abweichung vom Schöpferprinzip führen würde, durchsetzen. Dass das Ursprungslandprinzip nicht naturrechtlich begründet werden kann, zeigt sich somit gerade am Beispiel des früheren französischen Kollisionsrechts.[61] In Frankreich wurde nämlich früher die lex originis auch mit dem Ergebnis der Anerkennung der US-amerikanischen Urheberschaft des Arbeitgebers bzw. Auftraggebers (work-made-for-hire-Doktrin) angewendet. Damit nimmt gerade das Universalitätsprinzip die Preisgabe des Schöpferprinzips in Kauf.

18 Nicht überzeugend ist schließlich das weitere Argument, dass im Urheberrecht wie im Recht der beweglichen Sachen **wohl erworbene Rechte bei Grenzübertritt anzuerkennen** seien.[62] Jenseits der Gründe, die heute ganz allgemein gegen die Lehre wohlerworbener Rechte im IPR sprechen (→ Einl. IPR Rn. 16), verkennen die Vertreter des Universalitätsprinzips wichtige Unterschiede zwischen Immaterialgüterrecht und Sacheigentum. So ist es richtig, für den Zeitpunkt des Grenzübertritts der beweglichen Sache die Anerkennung vorher erfolgter Veräußerungsvorgänge nach der fremden lex rei sitae einzufordern. Im Gegensatz dazu überschreitet aber im urheberrechtlichen Bereich nicht etwa das Recht die Grenze, sondern der (vermeintliche) Inhaber möchte das Werk nun auch im Ausland nutzen oder gegen Rechtsverletzungen verteidigen. Im Zeitpunkt der Schöpfung entsteht das Urheberrecht damit nicht nur in einem Staat, sondern zeitgleich in allen Staaten, gerade weil der Schöpfungsakt für die Entstehung des Rechts genügt. Wenn aber das Recht in allen Staaten gleichzeitig entsteht, verbietet es sich, davon zu sprechen, jemand habe das Urheberrecht bereit „wohl erworben" und als Konsequenz sei das Recht auch in allen anderen Staaten „anzuerkennen". Gleichzeitig wird übersehen, dass bei beweglichen Sachen die Anwendung der lex rei sitae aufgrund der natürlichen Belegenheit beweglicher Sachen unumstritten ist. Dagegen kann für das Urheberrecht das Universalitätsprinzip selbst nicht erklären, nach welcher Rechtsordnung jemand das weltweite Recht erworben hat. Erforderlich ist also eine nationale Kollisionsnorm, die das Anknüpfungskriterium festlegt. Für die Frage, nach welchem Recht die Person zu bestimmen ist, die universell anzuerkennende wohl erworbene Urheberrechte erworben hat, kommen ganz unterschiedliche Kriterien in Betracht. Die Auswahl der nach den involvierten Interessen adäquaten Anknüpfungsregel setzt dabei einen beträchtlichen Begründungsaufwand voraus.[63] Damit kann nicht davon ausgegangen werden, dass das Naturrecht dem Kollisionsrecht vorgibt, **wie die Rechtsordnung zu bestimmen ist, nach der sich die Anerkennung des einheitlichen, „wohl erworbenen" Urheberrechts richtet.** Vielmehr hat hier – wie auch sonst – der einzelne Kollisionsgesetzgeber eine umfassende Interessenbewertung vorzunehmen. Damit kann das Argument der wohl erworbenen Rechte schon im Grundsatz nicht überzeugen. Anders läge es nur, wenn man im Sinne eines naturrechtlich begründeten, internationalen ius cogens das Urheberrecht einer bestimmten Person zuordnen würde. Die Existenz eines entsprechenden weltweiten Meta-Urheberrechts, das streng genommen die Frage nach der kollisionsrechtlichen Anknüpfung für die Rechteinhaberschaft überflüssig machen würde, wird aber auch von den Vertretern des Universalitätsprinzips nicht behauptet. Angesichts der unterschiedlichen Kriterien zur Bestimmung des ersten Inhabers in den nationalen Rechtsordnungen wäre eine weltweit einheitliche Bestimmung des Urhebers auch kaum realistisch.[64] Nicht weniger zirkulär erscheint deshalb die Auffassung einiger Vertreter des Universalitätsprinzips, wonach der nationale Gesetzgeber die einzelnen Urheberrechte im Zeitpunkt der

---

[61] Umfassend zum franz. Int. Urheberrecht *A. Lucas/H.-J. Lucas/Lucas-Schloetter,* Traité de la propriété littéraire et artistique, 4. Aufl. 2011, Rn. 1314 ff.; in englischer Sprache *Sirinelli* in v. Lewinski, Copyright throughout the World, 2008, § 15:52; in deutscher Sprache *Birkmann,* Die Anknüpfung der originären Inhaberschaft am Urheberrecht, 2009, 147 ff.

[62] So zB *Klass* GRUR Int 2007, 373 (381).

[63] Dies zeigt sich sehr deutlich an der Untersuchung von *Klass* GRUR Int 2008, 546; dort gegen die Anknüpfung an dem üblicherweise vertretenen Recht des Ortes der Erstveröffentlichung zugunsten des Rechts am Ort des gewöhnlichen Aufenthalts des Schöpfers zum Zeitpunkt der Schöpfung; *Klass* GRUR Int 2008, 546 (554 ff.); s. auch *Birkmann,* Die Anknüpfung der originären Inhaberschaft am Urheberrecht, 2009, 45 ff., *Fawcett/Torremans,* Intellectual Property and Private International Law, 2. Aufl. 2011, Rn. 13.76.

[64] Ähnlich *Moura Vicente,* La propriété intellectuelle en droit international privé, 2009, 261 f.; s. jedoch die Diskussion zur Frage, ob eventuell die RBÜ selbst eine Entscheidung über die Person des Urhebers trifft, → Rn. 78.

Schöpfung nicht gewähre, sondern diese lediglich anerkenne.[65] Denn auch hier bleibt die Frage, nach welchem Recht und für wen dieses Recht anzuerkennen ist, offen. Da die nationalen Rechtsordnungen diese Frage unterschiedlich entscheiden, muss Bestandteil des behaupteten „Anerkennungsakts" die Anknüpfung nach nationalem Kollisionsrecht sein. Weshalb die „Anerkennungstheorie" die Anerkennung der Inhaberschaft nach dem Recht des Schutzlandes ausschließen soll, bleibt deshalb ebenso unverständlich.

b) Das Schutzlandprinzip zwischen internationaler Rücksichtnahme und freier Wahl der Kollisionsnorm. Genauso wenig wie für das Universalitätsprinzip lässt sich für das Schutzlandprinzip argumentieren, dass dieses zwingend vom Kollisionsgesetzgeber zur Bestimmung des ersten Inhabers des Urheberrechts als Anknüpfungsregel auszuwählen ist. Vertreter des Schutzlandprinzips verweisen regelmäßig auf den Grundsatz der Souveränität der Einzelstaaten und deren Interesse, für ihr Staatsgebiet die wirtschaftsrechtlichen Beziehungen abschließend zu regeln, um die Notwendigkeit der Anerkennung des Schutzlandprinzips zu untermauern.[66] Dieses Argument überzeugt, soweit es um die Ausgestaltung des Schutzes geht. Der Rechtsverkehr erfordert einheitliche Regeln zur Abgrenzung der Rechte von Rechteinhabern sowie der Grenzen zulässigen Handelns für Verwerter, Nutzer und Verbraucher. Das Schutzlandprinzip wehrt einerseits die Anwendung fremden Rechts ab und nimmt andererseits Rücksicht auf die fremde Rechtsordnung im Sinne eines **Verbots der extraterritorialen Anwendung** (näher → Rn. 322 ff.),[67] das letztlich seine rechtspolitische Grundlage im Grundsatz der völkerrechtlichen Rücksichtnahme findet.[68] Diese letztere Wirkung des Schutzlandprinzips zeigte sich beispielsweise in der Entscheidung „Folgerecht mit Auslandsbezug" des BGH.[69] In diesem Fall verneinte der BGH die Anwendung der deutschen Bestimmungen zum Folgerecht auf eine Versteigerung in Großbritannien, obwohl das Kunstwerk zum Zwecke der Versteigerung von Deutschland nach Großbritannien gebracht wurde, mit der Begründung, dass vom damaligen britischen Recht eben kein Folgerecht gewährt wurde und Rücksicht zu nehmen sei auf die souveräne Entscheidung des britischen Gesetzgebers. In der Tat überzeugt das Argument für die Bestimmung des ersten Rechteinhabers nicht weniger. Einerseits setzt hier die deutsche Rspr. traditionell das deutsche Schöpferprinzip für das deutsche Territorium durch, akzeptiert aber andererseits uneingeschränkt das US-amerikanische Produzentenurheberrecht, soweit es um den Rechtsschutz in den USA geht.[70] Auch kommen in Bezug auf die Frage, wer erster Inhaber des Urheberrechts sein soll, wirtschaftspolitische Grundüberzeugungen zum Ausdruck. Gerade die in Bezug auf die Urheberschaft bestehenden nationalen Unterschiede sind für die nationalen Rechte systembestimmend. Das US-Recht möchte über das Urheberrecht des Arbeit- bzw. Auftraggebers vor allem zu Investitionen in Kreativität anspornen; die droit d'auteur-Systeme entscheiden sich für das Schöpferprinzip nicht zuletzt im Lichte der Wertungen der verfassungsmäßigen Grundrechte. Die Bedeutung des Souveränitätsprinzips im Immaterialgüterrecht kann jedoch nicht darüber hinwegtäuschen, dass **in Bezug auf die Regelung des ersten Inhabers Verkehrsinteressen in aller Regel nicht betroffen sind.**[71] Für die Werknutzer ist vor allem entscheidend, unter welchen Bedingungen die Nutzung erfolgen kann, aber nicht, wem die Rechte an bestimmten Werken zustehen. So stößt es auf keine völkerrechtlichen Bedenken, wenn ein Staat das Universalitätsprinzip anwendet und damit seine Entscheidung zugunsten eines bestimmten ersten Inhabers für alle Fälle exportiert, in denen sein Urheberrecht die lex originis ist. Völkerrechtlich haben die Staaten bei der Wahl ihrer Kollisionsregeln weiten Spielraum.[72] 19

Bedeutsamer sind dagegen die Probleme, zu denen das Universalitätsprinzip auf Grund der von ihren Vertretern fast durchgehend befürworteten **Kombinationslösung** führt.[73] So möchte auch *Schack,* der exponierteste Verfechter des Universalitätsprinzips in Deutschland, hinsichtlich der Aus- 20

---

[65] So *Schack* FS Kropholler, 2008, 651 (663).

[66] So etwa *Grünberger* ZVglRWiss 108 (2009), 134 (147); Schricker/Loewenheim/*Katzenberger/Metzger* UrhG Vor §§ 120 ff. Rn. 111; Magnus/Mankowski/*Metzger* Rn. 5.

[67] Ebenso *Birkmann,* Die Anknüpfung der originären Inhaberschaft am Urheberrecht, 2009, 57 ff.

[68] *Schaafsma,* Intellectuele eigendom in het conflictenrecht, 2009, Rn. 1128 spricht hier vom Respekt vor der „lokalen Autonomie"; ähnlich zu den rechtspolitischen Grundlagen des Territorialitätsgrundsatzes *Peter K. Yu,* Washington & Lee L. Rev. 74 (2017), 2045 (2064).

[69] BGHZ 126, 252 = GRUR Int 1994, 1046 – Folgerecht mit Auslandsbezug.

[70] Ähnlich *Koch,* Die Qualifikation des Verlagsvertrages im internationalen Privatrecht, 2021, 107.

[71] S. auch *Moura Vicente* in Moura Vicente, Propriedade Intelectual, 2018, 175 (185 f.), der ein berechtigtes Interesse des Schutzlandes an der Bestimmung des ersten Rechtsinhabers im Urheberrecht sogar generell bestreitet.

[72] Zu den völkerrechtlichen Bindungen und rechtspolitischen Beschränkungen des IPR allg. → 5. Aufl. 2010, Einl. IPR Rn. 101 ff.

[73] So *Schack* UrhR/UrhebervertragsR Rn. 1130; *Schack* MMR 2000, 59 (63 f.), dort für Internet-Sachverhalte.

gestaltung des Schutzes einschließlich der Schranken mit der hM die Schutzlandanknüpfung aus Verkehrsschutzerwägungen anwenden.[74] Nur für die Schutzentstehung soll dem Universalitätsprinzip folgend einheitlich nach einer Rechtsordnung angeknüpft werden.[75] Diese Kombinationslösung führt zu Problemen, weil die gesetzgeberische Entscheidung über den ersten Inhaber eng verknüpft ist mit jener über den Umfang der eingeräumten Rechte.[76] Das zeigt sich besonders beim **Urheberpersönlichkeitsrecht.** Knüpft man für die Inhaberschaft und die Ausgestaltung des Schutzes, einschließlich der Gewährung des Urheberpersönlichkeitsrechts an unterschiedliche Rechtsordnungen an, sind Widersprüche vorprogrammiert. Als anschauliches Beispiel sei hier die Entscheidung der französischen Cour de cassation im berühmten **John Huston-Fall** genannt.[77] Das französische Recht folgte traditionell für die Bestimmung des Urhebers dem Universalitätsprinzip und knüpfte an das Recht des Ursprungslandes an.[78] Danach käme man zu dem absurden Ergebnis, dem amerikanischen Filmproduzenten (Urheber nach dem Recht des Ursprungslandes) für den Schutz in Frankreich (Recht des Schutzlandes) das französische „droit moral" (Urheberpersönlichkeitsrecht) gewähren zu müssen. Dass dieses Ergebnis nicht richtig sein kann, liegt auf der Hand, da das „droit moral" die Anerkennung eines Schöpferurheberrechts voraussetzt. Entsprechend musste auch die Cour de cassation eine Ausnahme von der herkömmlichen Anknüpfung zulassen und den eigentlichen Werkschöpfer schützen. Entgegen nahe liegender Vermutung begründete das Gericht dieses Ergebnis aber nicht mit dem französischen ordre public,[79] sondern mit der zwingenden Geltung der Vorschriften über das Urheberpersönlichkeitsrecht zu Gunsten des Werkschöpfers.[80] Ohne dass das Gericht das Kollisionsrecht auch nur erwähnt, spricht es sich für eine Sonderanknüpfung aus.[81] Für das „droit moral" gilt das französische Recht des Schutzlandes. Eine solche Sonderanknüpfung ist im dualistischen System des französischen Rechts problemlos vorstellbar. Das Urheberpersönlichkeitsrecht und die verwertungsrechtliche Seite des Urheberrechts können in diesem System durchaus unterschiedlichen Personen zugeordnet werden. Dagegen muss im deutschen monistischen System, in dem das Urheberpersönlichkeitsrecht und die Verwertungsrechte nur unterschiedliche Ausprägungen eines einheitlichen Urheberrechts sind, die Rechtezuordnung einheitlich erfolgen.[82] So zeigt sich, dass die Frage nach der Begründung und Zuordnung des Rechts zu einer bestimmten Person eben nicht problemlos gesondert erfolgen kann.[83] Aber das Beispiel belegt auch, dass die auftretenden Schwierigkeiten lösbar sind. Entsprechende Wertungswidersprüche gehören zu den gewohnten kollisionsrechtlichen Phänomenen, die immer dann auftreten können, wenn insbesondere für Haupt- und Vorfragen unterschiedlich angeknüpft wird. Die Gefahr solcher Widersprüche spricht nicht gegen eine gesonderte Anknüpfung der Vorfrage. Zu widersprechen ist dennoch *Schack,* der in Fällen wie den soeben geschilderten vorschlägt, nicht nach fremdem Recht auch das Urheberpersönlichkeitsrecht zu gewähren, sondern behelfsmäßig für das Urheberpersönlichkeitsrecht nach der allgemeinen deliktischen Kollisionsnorm für das allgemeine Persönlichkeitsrechts anzuknüpfen.[84] Dieses Verfahren läuft darauf hinaus, das Ergebnis der wertneutralen Kollisionsnorm nicht zu akzeptieren, um dann über eine nachgeschobene Korrektur der Qualifikation und damit eine andere

---

74 *Schack* FS Kropholler, 2008, 651 (664).

75 Man könnte insoweit auch von einem „Bestandsstatut" sprechen. Dagegen für die Geltung des Schutzlandprinzips in Bezug auf die Schutzfähigkeit *Nack* in Götting/Meyer/Vormbrock, Gewerblicher Rechtsschutz und Wettbewerbsrecht, Praxishandbuch, 2. Aufl. 2020, § 5 Rn. 4.

76 Dies wird zT bestritten, soweit es um die Vermögensrechte geht; so *Thum* in ALAI S. 48 (51 f.); *Thum* in Drexl/Kur, Intellectual Property and Private International Law, 2005, 265 (268 f.).

77 Cour cass. GRUR Int 1992, 304 – John Huston II; dazu *Edelman* GRUR Int 1992, 260; *Metzger* in Basedow/Kono/Metzger, Intellectual Property in the Global Arena, 2010, 157 (160 f.). Zu beachten ist, dass die Cour de cassation kürzlich seine Rspr. geändert hat und nunmehr für die Beurteilung des ersten Inhabers das Recht des Schutzlandes zur Anwendung bringt. Dabei stützt sich das Gericht unmittelbar auf den Grundsatz der Inländerbehandlung gemäß Art. 5 Abs. 2 RBÜ als Kollisionsnorm; s. Cour cass. GRUR Int 2013, 955 = Propriétés Intellectuelles 2013, 306 – Fabrice X/ABC News Intercontinental.

78 So auch noch zuletzt Cour cass. Propriétés Intellectuelles 2007, 338 – Le Chant du Monde; dazu *Edelman* GRUR Int 1992, 260.

79 So die hM in Frankreich vor der Entscheidung und – nicht überzeugend – die Einordnung der Entscheidung bei *Metzger* JZ 2010, 929 (933); vgl. *Edelman* GRUR Int 1992, 260 (263 ff.) mwN; *Schack* IPRax 1993, 46 (50) weist darauf hin, dass eine Berufung auf den ordre public wenig erfolgreich erschienen wäre, da der Werkschöpfer keinerlei Bezug zum franz. Territorium hatte.

80 So auch *Edelman* GRUR Int 1992, 260 (266).

81 So auch *Schack* IPRax 1993, 46 (50); ähnlich wohl *van Eechoud* in Drexl/Kur, Intellectual Property and Private International Law, 2005, 289, 290 f.

82 So auch *Schack* UrhR/UrhebervertragsR Rn. 1144; aA jedoch *Klass* GRUR Int 2008, 546 (554 f.).

83 Entsprechend muss *Schack* IPRax 1993, 46 (50 f.), den von der Cour de cass. eingeschlagenen Weg ablehnen.

84 *Schack* UrhR/UrhebervertragsR Rn. 1144; *Schack* FS Kropholler, 2008, 651 (666).

Kollisionsnorm das gewünschte Ergebnis zu erzielen. Damit verstößt der von *Schack* unterbreitete Vorschlag gegen das von ihm ansonsten kategorisch eingeforderte Prinzip der „ergebnisblinden" Anwendung von Kollisionsnormen.[85] Im Ergebnis bleibt festzuhalten, dass der Anwendung des Universalitätsgrundsatzes **der Grundsatz der Staatensouveränität nicht entgegensteht.** Das Schutzlandprinzip hat in Teilbereichen des Urheberrechts – nämlich dort, wo es Wertungswidersprüche schon vorweg vermeidet – praktische Vorteile. Insoweit bietet das Schutzlandprinzip lediglich die weniger komplizierte Kollisionsnorm.

c) Spezifische Vorteile des Universalitätsprinzips. Die Entscheidung zwischen Territorialitäts- und Universalitätsprinzip lässt sich daher nicht anhand grundsätzlicher Erwägungen fällen, sondern ist von der jeweiligen Kollisionsrechtsordnung nach den üblichen Grundsätzen des Kollisionsrechts unter Berücksichtigung der involvierten Interessen zu treffen (→ Rn. 15). Insoweit kommt es wesentlich darauf an, die Vor- und Nachteile der beiden Alternativen zu vergleichen. Vertreter des Universalitätsprinzips nennen vor allem zwei Vorteile. Zum einen soll das Universalitätsprinzip den **Rechtverkehr erleichtern** und damit die Werkverwertung und -verbreitung fördern. Zum anderen soll das Universalitätsprinzip besser den **Erfordernissen der Globalisierung entsprechen.** Nach dem Universalitätsprinzip kann der universell Berechtigte Verträge über seine weltweiten Rechte schließen. Es muss keine vertragliche Vorsorge dahingehend getroffen werden, dass der Vertragspartner in einem Staat nicht über die Rechte in einem anderen Staat verfügt. Das Universalitätsprinzip verhindert jedoch nicht, dass der Rechteinhaber seine Rechte für verschiedene Staaten unterschiedlichen Dritten einräumt. Das Entstehen eines Kollisionsrechtspuzzles wird durch das Universalitätsprinzip also keineswegs ausgeschlossen. Zu vermeiden wäre ein solches Puzzle nur durch eine Beschränkung der Übertragbarkeit auf das „Weltrecht",[86] was aber angesichts der Verwertungsinteressen und der oftmals sehr unterschiedlichen rechtlichen und tatsächlichen Rahmenbedingungen der Verwertung in den verschiedenen Ländern niemand fordert. So behält das Universalitätsprinzip allein den Vorzug, jedenfalls einen **einheitlichen Ausgangspunkt für die Zuordnung des Rechts** anzubieten. Das Universalitätsprinzip scheint darüber hinaus besser als die Schutzlandanknüpfung den internationalen Verwertungsvorgängen zu entsprechen. Im Zuge der Globalisierung der Werkverwertung vor allem über das Internet sollte, soweit als möglich, eine einheitliche Anknüpfung im Vergleich zur Schutzlandanknüpfung bevorzugt werden.[87] 21

Andererseits ist zu berücksichtigen, dass insbesondere die Vorteile in Bezug auf die Förderung des Rechtsverkehrs nur erreicht werden, sofern nicht nur einzelne nationale Kollisionsrechtsordnungen dem Universalitätsprinzip folgen. Zudem ist nicht einmal garantiert, dass die verschiedenen Rechtsordnungen, die das Universalitätsprinzip anerkennen, auch identisch anknüpfen. Solange also die Anerkennung des Universalitätsprinzips den einzelnen nationalen Rechtsordnungen überlassen bleibt, sind Verwerfungen vorprogrammiert. Zu fordern wäre vielmehr eine **internationale Verständigung auf einheitliche Kriterien zur Bestimmung der anwendbaren Rechtsordnung,** die über die einheitliche Zuordnung des Rechts entscheidet.[88] Im Vergleich zum Ursprungslandprinzip bietet die Schutzlandanknüpfung überdies keine unüberwindbaren Hindernisse für den Rechtsverkehr.[89] Wirklich relevant wird die Frage nur in jenen Fällen, in denen Rechtsordnungen den ersten Rechteinhaber in unterschiedlicher Weise bestimmen, also insbesondere in den Fällen angestellter und beauftragter Werkschöpfer sowie in den Fällen, in denen mehrere Personen zusammenwirken und zu entscheiden ist, wer von diesen einen schöpferischen Beitrag geleistet hat (zB Filmwerke). Da in diesen Konstellationen schon vor Beginn der Werkschöpfung vertragliche Abmachungen stehen, kann dem zentralen und oftmals weltweiten Verwertungsinteresse insbesondere des Produzenten entweder durch ausdrückliche vertragliche Regelung oder eine interessengesteuerte Auslegung des Vertrages entsprochen werden. Wird beispielsweise bei einem Vertrag zwischen dem US-amerikanischen Filmurheber und dem Regisseur übersehen, dass das US-amerikanische Produzentenurheberrecht im Ausland nicht unbedingt anerkannt wird, kann der 22

---

85 *Schack* FS Kropholler, 2008, 651 (664).

86 Vertreter des Universalitätsprinzips im Urheberrecht geben sich hier sehr oberflächlich. Nach *Schack* UrhR/UrhebervertragsR Rn. 1148, darf bei der häufigen Übertragung von Weltrechten ein einheitlich gewolltes Verfügungsgeschäft nicht kraft Kollisionsrecht territorial aufgespalten werden. *Schack,* der die Übertragung des Rechts nach dem Recht des Ursprungslandes beurteilen möchte, lässt offen, ob er die territorial gespaltene Übertragung überhaupt zulässt. Offensichtlich soll auch das Verfügungsgeschäft nach *Schack* UrhR/UrhebervertragsR Rn. 1148 dem Recht des Ursprungslandes unterstellt werden.

87 *Schack* FS Kropholler, 2008, 651 (653) sieht es sogar als „brennendes Problem" an, das Ursprungslandprinzip zur Erleichterung internationaler Verwertungsvorgänge durchzusetzen.

88 So auch die Position der European Max Planck Group; s. *Drexl* in European Max Planck Group on CLIP Art. 3:201 Rn. N.19.

89 So auch *Metzger* in Basedow/Kono/Metzger, Intellectual Property in the Global Arena, 2010, 157, 161 f.

Vertrag dennoch großzügig im Sinne einer konkludenten Rechteeinräumung nach dem anwendbaren Vertragsstatut ausgelegt werden (→ Rn. 220).[90] Denn jedenfalls im konkreten Fall lässt sich ermitteln, dass der Produzent in der Lage sein soll, das Werk weltweit zu verwerten.

23 **d) Spezifische Vorteile der Schutzlandanknüpfung.** Zugunsten der Schutzlandanknüpfung wird regelmäßig vorgebracht, sie würde das kontinentaleuropäische Schöpferurheberrecht gegen die Einflussnahme durch das angloamerikanische Arbeitergeber- und Produzentenurheberrecht verteidigen. So liegt in der Entscheidung des US-amerikanischen Rechts zu Gunsten der work-made-for-hire-Doktrin, nach der beispielsweise dem Filmproduzenten das originäre Urheberrecht zugewiesen wird, eine latente Bevorzugung des Investitionsschutzes gegenüber dem Schutz des Kreativen. Die Anwendung des Rechts des Ursprungslandes kann hier in der Tat zu einer **Störung des Wettbewerbs der Rechtsordnungen** führen.[91] Die Entscheidung über das Ursprungsland, dessen Bestimmung sich im Anschluss an Art. 5 Abs. 4a RBÜ[92] primär nach dem **Ort der Erstveröffentlichung** richten soll, ist nämlich nicht naturgegeben oder zufällig. Sie liegt in den Händen des Filmherstellers, des Arbeitgebers oder des Investors.[93] Im System des Universalitätsprinzips könnten sich also diese Personen das originäre Urheberrecht durch ein **forum shopping** mit globaler Wirkung verschaffen.[94] Gerade wem an der Erhaltung des droit d'auteur-Ansatzes gelegen ist, sollte deshalb dem Universalitätsprinzip misstrauisch gegenüberstehen. Im Wettbewerb der Rechtsordnungen würden die Werkschöpfer verlieren, nicht, weil der droit d'auteur-Ansatz im Vergleich zum Investitionsschutz im Urheberrecht der ökonomisch schlechtere ist, sondern weil das Kollisionsrecht bereits den Gewinner im Wettbewerb, nämlich die Verwerterseite, vorherbestimmt. Entsprechend ist auch der Vorwurf unberechtigt, wonach die Vertreter der umfassenden Schutzlandanknüpfung „merkantilistisch" dächten. Vielmehr lässt sich das Universalitätsprinzip und die einheitliche Anknüpfung am Recht des Ursprungslandes für handelspolitische Zielsetzungen einsetzen.[95]

24 Die Anknüpfung an das **Recht des Staates der Erstveröffentlichung** führt außerdem zu **praktischen Schwierigkeiten,** so vor allem dann, wenn die Erstveröffentlichung im **Internet** erfolgt und das Werk damit Nutzern in zahllosen Ländern zeitgleich zugänglich gemacht wird – ein konkretes Erstveröffentlichungsland ist in dieser Situation nicht feststellbar.[96] Zur Problematik der Anknüpfung bei Rechtsverletzungen im Internet → Rn. 339. Wird ein bislang unveröffentlichtes Werk schließlich veröffentlicht, läuft der Schöpfer bei der Anknüpfung an das Recht des Staates der Erstveröffentlichung Gefahr, sein bereits anerkanntes Urheberrecht durch einen **Statutenwechsel** wieder zu verlieren.[97]

25 Zu berücksichtigen ist freilich, dass hinter dem US-amerikanischen Produzentenurheberrecht nicht notwendig ein Weniger an wirtschaftlichem Schutz für die Werkschaffenden steht. Dieser

---

[90] So auch der Vorschlag in Art. 301:1 Abs. 1 CLIP Principles, https://www.ip.mpg.de/fileadmin/ipmpg/content/clip/Final_Text_1_December_2011.pdf (zuletzt abgerufen am 1.4.2024); dazu *Drexl* in European Max Planck Group on CLIP Art. 3:201 Rn. C07 ff.

[91] Ebenso Dreier/Schulze/*Raue* UrhG Vor § 120 Rn. 48; *Moura Vicente,* La propriété intellectuelle en droit international privé, 2009, 267.

[92] Zur Revidierten Berner Übereinkunft (RBÜ) → Rn. 31, → Rn. 71 ff.

[93] Diese Problematik wird von Vertretern des Universalitätsprinzips zu leicht übergangen; so bei *Intveen,* Internationales Urheberrecht und Internet, 1999, 89, *Regelin,* Das Kollisionsrecht der Immaterialgüterrechte an der Schwelle zum 21. Jahrhundert, 1999, 180, wonach der „Urheber" das Erstveröffentlichungsland bestimmen könne.

[94] So auch *Birkmann,* Die Anknüpfung der originären Inhaberschaft am Urheberrecht, 2009, 60. Diese Gefahr wird auch von US-Autoren erkannt; s. *Ginsburg* Privat International Law Aspects 33, die deshalb Ausnahmen von der Anknüpfung an das Ursprungsland zur Bestimmung des ersten Rechtsinhabers im Urheberrecht zulassen möchte. *Van Eechoud,* Choice of Law in Copyright and Related Rights, 2003, 178 ff.; *Van Eechoud* in Drexl/Kur, Intellectual Property and Private International Law, 2005, 289, die ebenfalls einen Universalitätsansatz vertritt, möchte deshalb nicht am Ursprungsland anknüpfen, sondern am Ort des gewöhnlichen Aufenthalts des Werkschöpfers.

[95] In einer Entscheidung aus dem Jahre 1998 hat schließlich auch der US Court of Appeals (2nd Cir.) für die Bestimmung des Urhebers, freilich nach den US-amerikanischen Grundsätzen flexibler Anknüpfung an das sachnächste Recht, am Recht des Ursprungslandes angeknüpft; Itar-Tass Russian News Agency vs. Russian Kurier, Inc., 153 F. 3d 82 (2nd Cir. 1998) = GRUR Int 1999, 639 m. zust. Anm. *Schack;* krit. *Drexl* FS Dietz, 2001, 461 (462); *Drexl* FS Nordemann, 2004, 429 (438 f.). Die Entscheidung wurde beeinflusst durch einen amicus curiae-Brief des Rechtsprofessors *William Patry,* der in seinem Urheberrechtslehrbuch (Copyright Law and Practice, Volume II, 1994, 1093) zum Kollisionsrecht in ganz knappen Worten feststellt, dass die traditionelle Beurteilung des ersten Rechteinhabers nach dem Recht des Schutzlandes durch US-Gerichte den Bestrebungen der US-Wirtschaft widerspreche, die work-made-for-hire-Doktrin auch im Ausland durchzusetzen.

[96] Zustimmend *Koch,* Die Qualifikation des VErlagsvertrages im internationalen Privatrecht, 2021, 107.

[97] So zu Recht *Birkmann,* Die Anknüpfung der originären Inhaberschaft am Urheberrecht, 2009, 65 f.

Schutz wird unter Umständen nur mit anderen Mitteln erreicht, nämlich im Filmbereich durch die verschiedenen Vereinigungen der Werkschöpfer und ausübenden Künstler *(Guilds),* die für eine angemessene Vergütung sorgen. Umgekehrt verwirklicht das kontinentaleuropäische Schöpferprinzip keinen ausreichenden ökonomischen Schutz, wenn es an einer spezifischen gesetzlichen Reaktion auf das bestehende vertragliche Ungleichgewicht zulasten des Werkschöpfers im Verhältnis zur ersten Verwerterebene fehlt. Zudem lässt sich die einseitige Bevorzugung der Produzenteninteressen auch unter Anerkennung des Universalitätsprinzips durch die Wahl eines anderen Anknüpfungskriteriums vermeiden. Vor allem bietet sich hier eine Orientierung am **gewöhnlichen Aufenthalt des Werkschöpfers** zum Zeitpunkt der Werkschöpfung an. Mit diesem Kriterium verbindet sich allerdings beachtliche **Rechtsunsicherheit.** So ist die Bestimmung des Werkschöpfers gerade bei kooperativen Werkschöpfungen denkbar schwierig; der gewöhnliche Aufenthalt der mitwirkenden Werkschöpfer kann in verschiedenen Staaten liegen. Schließlich mag Jahre nach der Werkschöpfung der gewöhnliche Aufenthalt zum Zeitpunkt der Werkschöpfung nur noch schwer zu ermitteln sein.

e) Kombination beider Ansätze – Die ILA Kyoto Guidelines 2020. Der Graben zwischen den beiden Ansätzen galt lange Zeit als unüberwindlich. Allerdings findet sich mittlerweile in den Kyoto Guidelines der International Law Association (ILA) aus dem Jahre 2020 ein Vorschlag, der es unternimmt, beiden Ansätzen gerecht zu werden.[98] In Guideline 20(2)(a) Kyoto folgt die vorgeschlagene Lösung zunächst dem **Universalitätsprinzip,** wonach die Person des ersten Inhabers des Urheberrechts einheitlich nach dem Recht des Staates mit der engsten Verbindung zur Werkschöpfung bestimmt werden soll. Dabei wird vermutet, dass dies der **Staat** ist, **in dem der Werkschöpfer zur Zeit der Schöpfung seinen gewöhnlichen Aufenthalt hatte.** Für diese Anknüpfung fand sich insbesondere in den ALI Principles des American Law Institute aus dem Jahre 2007 eine Vorlage.[99] Hiervon abweichend soll sich aber nach Guideline 20(2)(b) das **Schutzlandprinzip durchsetzen,** soweit **das Urheberrecht nach einer nationalen Rechtsordnung nicht übertragbar ist** und sich diese Unübertragbarkeit nach den Vorstellungen dieser Rechtsordnung **auch international durchsetzen soll.** So gewährleisten die Kyoto Guidelines, dass das Urheberpersönlichkeitsrecht nicht über die Primäranknüpfung an des Recht des Staates mit der engsten Verbindung zur Werkschöpfung einer anderen Person als dem Werkschöpfer zugeordnet wird. Ebenso wird die durch nationales Urheberrecht bestimmte Unübertragbarkeit von Vergütungsansprüchen kollisionsrechtlich abgesichert und auf die Unübertragbarkeit des Urheberrechts als solches in den monistisch geprägten Rechtsordnungen Rücksicht genommen.[100] 26

f) Stellungnahme. Die hier vorgenommene Analyse spricht gegen eine dogmatische Überhöhung der Streits im Spannungsfeld von Territorialitäts- und Universalitätsprinzip. Keines dieser Prinzipien kann für sich einen Alleingeltungsanspruch erheben. Zu fordern ist an erster Stelle eine klare, Rechtssicherheit schaffende Entscheidung des Kollisionsgesetzgebers, die leider auch auf europäischer Ebene auf sich warten lässt und vor allem durch die Rom II-VO nicht verwirklicht wird (→ Rn. 169 ff.). Das **Universalitätsprinzip** würde vor allem **im Rahmen einer internationalen Vereinbarung** an Überzeugungskraft gewinnen. Allerdings müssten sich die Vertragsstaaten auf ein Anknüpfungskriterium einigen. Im Interesse der auf Kulturexport ausgerichteten US-Wirtschaft liegt eher eine Anknüpfung am Recht des Staates der Erstveröffentlichung, während aus kontinentaleuropäischer Sicht eher Kriterien zu bevorzugen wären, die die personale Verbindung zum Werkschöpfer stärker betonen und dessen Rechtsstellung stärken. Dass sowohl die ALI Principles als auch die jüngeren Kyoto Guidelines sich für die Anknüpfung am Ort des gewöhnlichen Aufenthalts des Werkschöpfers zum Zeitpunkt der Schöpfung aussprechen, darf insoweit als ein Fortschritt in die richtige Richtung gesehen werden. Die Kyoto Guidelines bewirken sowohl dogmatisch als auch wertungsmäßig einen sinnvollen Ausgleich, in dem das Interesse an einer einheitlichen Anknüpfung bei Bestimmung des ersten Rechteinhabers unter den Vorbehalt der Übertragbarkeit des Rechts gestellt wird.[101] Die Übertragbarkeit des Rechts hat sich nämlich unverändert nach dem Recht des Schutzlandes zu beurteilen 27

98 ILA Committee on Intellectual Property and Private International Law, Guidelines on Intellectual Property and Private International Law („Kyoto Guidelines"), ILA Resolution 6/2020, 13.12.2020, JIPITEC 12 (2021), 86. Die gesamte erste Nummer von JIPITEC des Jahres 2021 ist den Kyoto Guidelines gewidmet. Sie enthält neben der Resolution auch die offizielle Kommentierung der Guidelines durch die Mitglieder des Komitees, dem auch der Autor dieses Kommentars angehörte.

99 § 313(1)(a) ALI Principles (ALI, Intellectual Property: Principles Governing Jurisdiction, Choice of Law, and Judgments in Transnational Disputes, 2007); dazu *Dreyfuss/Beckstein* in Leible/Ohly, Intellectual Property and Private International Law, 2009, 15.

100 Dazu *van Eechoud* in Ansel ua, JIPITEC 12 (2021), 44 Rn. 19; s. auch *Drexl* FS Schack, 2022, 123 (127 f.); schon vor der Verabschiedung der Guidelines De Miguel Asensio, Conflict of Laws and the Internet, 2020, Rn. 4.108.

101 Ausführlicher *Drexl* FS Schack, 2022, 125 (127 ff.).

(→ Rn. 198). Es bleibt jedoch auch bei der Kyoto-Lösung der Nachteil, dass die Anknüpfung an das Recht des gewöhnlichen Aufenthalts des Werkschöpfers mit Unsicherheit behaftet sein kann, während die Praxis trotz der an sich notwendigen Mosaikbetrachtung mit der Schutzlandanknüpfung gut zurechtzukommen scheint. Einschlägige Fälle beschäftigen selten die Praxis. Unabhängig vom Zustandekommen einer internationalen Vereinbarung ist aber **auch nationalen Gerichten die autonome Übernahme des Vorschlags der Kyoto Guidelines zu empfehlen.** Dies gilt auch für die deutsche Rspr. Die Ziele, die der BGH bislang mit der Bestimmung des ersten Inhabers des Urheberrechts mit der Anwendung des Schutzlandprinzips verfolgte, lassen sich auch mit der Kyoto-Lösung verwirklichen. Dem steht weder das internationale Konventionsrecht (→ Rn. 69 ff.) noch Art. 8 Abs. 1 Rom II-VO für das europäische Kollisionsrecht (→ Rn. 164 ff.) entgegen.

28 **4. Territorialität formlos gewährter gewerblicher Schutzrechte.** Formlos gewährte Rechte gibt es auch außerhalb des Urheberrechts. Zu nennen sind hier insbesondere die **durch Benutzung erworbene Marke** (s. § 4 Nr. 2 MarkenG) sowie das **nicht eingetragene Gemeinschaftsgeschmacksmuster** (s. Art. 11 Gemeinschaftsgeschmacksmuster-VO[102]). Ähnlich wie für das Urheberrecht lässt sich auch bei diesen über eine Lockerung des Territorialitätsgrundsatzes nachdenken.[103] Auch geht es nicht um die Ausgestaltung des Schutzes, sondern allenfalls um die Erwerbsvoraussetzungen. Dennoch ist auch für die hier genannten Rechte das **Universalitätsprinzip abzulehnen.** Ob ein Schutz von Marken allein aufgrund von Verkehrsgeltung anerkannt wird, kann nur der jeweilige nationale Gesetzgeber für sein Staatsgebiet entscheiden.[104] Deshalb lässt sich nicht einwenden, dass Märkte sich nicht an nationale Grenzen halten und es daher keine natürliche nationale Bezogenheit der Verkehrsgeltung geben könne.[105] Denn auch für diese grenzüberschreitenden Märkte gibt es eben nur den nationalen – und keinen internationalen – Gesetzgeber, der darüber bestimmen kann, ob Markenschutz aufgrund bloßer Verkehrsgeltung gewährt werden soll. Zudem zeigt sich sowohl bei der formlos geschützten Marke wie beim nicht eingetragenen Gemeinschaftsgeschmacksmuster, dass der Gesetzgeber selbst einen Erwerbstatbestand formuliert, der die Erfüllung von Tatbestandselementen im Inland voraussetzt. So verlangt § 4 Nr. 2 MarkenG für die Anerkennung formlosen Markenschutzes, dass das Zeichen durch die Benutzung „Verkehrsgeltung" erlangt hat. Dies setzt, um in gleicher Weise wie die eingetragene Marke geschützt zu werden, voraus, dass der inländische Verkehr das Zeichen als Marke wahrnimmt.[106] Nach Art. 11 Abs. 1 Gemeinschaftsgeschmacksmuster-VO wird ein Geschmacksmuster ohne Eintragung nur geschützt, wenn es der Öffentlichkeit „innerhalb der Gemeinschaft" zugänglich gemacht worden ist. Auch für den Inhaber dieser Rechte lässt sich an keine vom Schutzlandprinzip abweichende Anknüpfung denken. Inhaber der nicht eingetragenen Marke kann nur derjenige sein, der durch eigene Benutzung für das Zeichen Verkehrsgeltung erworben hat. Das nicht eingetragene Gemeinschaftsgeschmacksmuster kann nur erwerben, wer das Muster der Öffentlichkeit in der Union erstmalig zugänglich gemacht hat. Soweit *Schack* für die Bestimmung des Inhabers einer nicht eingetragene Marke auf das Ursprungsland als Ort der ersten Benutzung abstellt und gleichzeitig verlangt, dass die Marke dort auch Verkehrsgeltung erlangt hat,[107] kann dem nicht zugestimmt werden. Anders als im Falle der Schöpfung im Urheberrecht führt der Erwerb von Verkehrsgeltung durch Zeichenbenutzung in einem Staat nicht automatisch zum Erwerb des formlosen Markenschutzes im anderen Staat. Vielmehr könnten kollidierende Kennzeichen in anderen Staaten der Schutzanerkennung entgegenstehen. Die Anerkennung von nicht eingetragenen Marken, die nur im Ausland Verkehrsgeltung erworben haben, auch für das Inland, würden zudem den Pool frei verfügbarer Kennzeichen für inländischer Zeicheninhaber ohne ausreichende ökonomische Rechtfertigung verkleinern, das Risiko von Fehlinvestitionen vergrößern und insgesamt den Wettbewerb beschränken.

29 Auf eine Lockerung der Territorialität trifft man allein bei der **notorisch bekannten Marke** nach Art. 6bis PVÜ (§ 4 Nr. 3 MarkenG). Diese Lockerung liegt jedoch nicht in der Anerkennung des Schutzes für die im Ausland eingetragene oder benutzte Marke. Denn zusätzlich zur Benutzung im Ausland ist für den Schutz auch **notorische Bekanntheit im Inland** zu verlangen.[108] Die

---

102 VO (EG) 6/2002 des Rates vom 12.12.2001 über das Gemeinschaftsgeschmacksmuster, ABl. EG 2002 L 3, 1.

103 Allg. *Schack* in Leible/Ohly, Intellectual Property and International Private Law, 2009, 79 (91 ff.); für die formlos geschützte Marke *Ropohl,* Zur Anknüpfung der formlosen Markenrechte im Internationalen Privatrecht, 2003, 55 ff.

104 Fezer/*Fezer/Hauck* MarkenG Einl. Rn. 398.

105 So aber *Ropohl,* Zur Anknüpfung der formlosen Markenrechte im Internationalen Privatrecht, 2003, 59 ff.

106 Fezer/*Fezer/Hauck* MarkenG Einl. Rn. 398.

107 *Schack* FS Kropholler, 2008, 651 (667).

108 So auch der indische Supreme Court in Toyota Jidosha Kabushiki Kaisha v. M/S Prius Auto Industries GRUR Int 2018, 470 Rn. 32 unter ausdrücklicher Bezugnahme auf die Geltung des Territorialitätsgrundsatzes; s. auch *Ropohl,* Zur Anknüpfung der formlosen Markenrechte im Internationalen Privatrecht, 2003,

Abweichung von der Territorialität besteht allein in der Feststellung des Rechteinhabers. Für diese Frage kommt es darauf an, für wen die Marke im Ausland eingetragen ist oder für wen im Ausland Markenschutz durch Benutzung entstanden ist. Somit entsteht im Falle der notorischen Marke ein in einer Hand zusammengefasstes Markenrecht für eine Vielzahl von Staaten.

III. Rechtsquellen des Völkerrechts

1. Einführung. Die Rechtsquellen des Internationalen Immaterialgüterrechts, die dem Völkerrecht zuzuordnen sind, stellen sich ausgesprochen und zunehmend **unübersichtlich** dar. Von zentraler Bedeutung ist eine Reihe **multilateraler Abkommen (Konventionen),** die in ihren Grundprinzipien von den traditionellen Anknüpfungsregeln des Kollisionsrechts abweichen. Diese Abkommen werden ergänzt durch eine seit einigen Jahren wieder stark wachsende Zahl **bilateraler Vereinbarungen.** Schließlich hat das europäische Recht für das Internationale Immaterialgüterrecht an Bedeutung hinzugewonnen; die **EU** ist mittlerweile selbst neben den EU-Mitgliedstaaten **Partei immaterialgüterrechtlicher Abkommen geworden.** Zu lösende Probleme betreffen das **Verhältnis der Kollisionsregeln des nationalen Rechts zum Recht der Konventionen** sowie die Folgen der **Einordnung dieser Konventionen als Teil der Rechtsordnung der EU** im Rahmen ihrer Anwendung. 30

2. Mehrseitige Staatsverträge. a) Überblick. aa) RBÜ und PVÜ. Im internationalen Urheberrecht spielen die **Berner Übereinkunft** aus dem Jahre 1886[109] (seit der Berliner Revision von 1908 Revidierte Berner Übereinkunft – **RBÜ**),[110] im Gewerblichen Rechtsschutz die **Pariser Übereinkunft (PVÜ)** von 1883[111] auch heute noch die zentrale Rolle. Beide Konventionen gelten für Deutschland in ihrer jeweiligen letzten Fassung, die RBÜ in der Pariser Fassung vom 24.7.1974 (BGBl. 1973 II 1071), die PVÜ in der Stockholmer Fassung von 1967 (BGBl. 1970 II 391). Beide Abkommen führen zur Entstehung internationaler Organisationen, der Berner und der Pariser Union. Entsprechend wird auch vom **Unions- oder Verbandsrecht** gesprochen. Diese zunächst organisatorische Grundentscheidung ermöglicht es in materiellrechtlicher Hinsicht, eine völkerrechtliche Verbindlichkeit zwischen den Mitgliedern der Union auch dann zu begründen, wenn sie unterschiedlichen Fassungen der Konventionen beigetreten sind.[112] Die RBÜ und die PVÜ werden durch eine Reihe von Nebenabkommen ergänzt (→ Rn. 35 f.). Zusammengenommen bilden diese mehrseitigen Abkommen das sog. **Konventionssystem.** Die Stockholmer Revisionskonferenz von 1967 führte zur Gründung der **Weltorganisation für Geistiges Eigentum** (World Intellectual Property Organization, **WIPO**)[113] mit Sitz in Genf, die heute für die Verwaltung der Berner und Pariser Union zuständig ist und das Konventionssystem fortentwickelt. 31

bb) WTO/TRIPS. Zu einem wesentlichen Wandel des internationalen Schutzsystems kam es 1994 durch den Abschluss der sog. Uruguay-Runde des GATT und die Gründung der **Welthandelsorganisation** (World Trade Organization, **WTO**) mit Sitz ebenfalls in Genf. Das WTO-Abkommen enthält einige Annexe, die als eigene Abkommen bezeichnet werden und in zwei Gruppen geteilt sind. Zu diesen Abkommen zählt auch das **Agreement on Trade-Related Aspects of Intellectual Property Rights (TRIPS).**[114] Als sog. multilaterales Abkommen ist es für alle WTO-Mitglieder verbindlich. Kein Staat kann der WTO beitreten, ohne die Verpflichtungen aus dem TRIPS- 32

---

19 f.; zur Historie der Anerkennung der grenzüberschreitenden Wirkung des Rufes von Kennzeichen in den Rechtsordnungen des Common Law s. *Dornis,* Trademark and Unfair Competition Conflicts, 2017, 152 ff.

109 Zur Entstehungsgeschichte s. *Cavalli,* La genèse de la Convention de Berne pour la protection des œuvres littéraires et artistiques du 9 septembre 1886, 1986.

110 Berner Übereinkunft zum Schutz von Werken der Literatur und Kunst vom 9.9.1886. Aus dem reichhaltigen Schrifttum s. zB *v. Lewinski,* International Copyright Law and Policy, 2008, Rn. 5.01 ff.

111 Zur Entstehungsgeschichte s. *Plasseraud/Savignon,* Paris 1883 – Genèse du droit unioniste des brevets, 1983.

112 Art. 32 RBÜ und Art. 27 PVÜ. Zur Frage, welche Fassung im Falle solcher Divergenzen anzuwenden ist, s. *Drexl,* Entwicklungsmöglichkeiten des Urheberrechts im Rahmen des GATT, 1990, 14.

113 Übereinkommen zur Errichtung der Weltorganisation für geistiges Eigentum, unterzeichnet in Stockholm am 14.7.1967; für die Bundesrepublik in Kraft getreten am 19.9.1970, BGBl. 1970 II 293.

114 Dazu *Beier/Schricker,* From GATT to TRIPS, 1995; *Busche/Stoll/Wiebe,* TRIPS – Internationales und europäisches Recht des geistigen Eigentums, 2. Aufl. 2013; *Duggal,* TRIPS-Übereinkommen und internationales Urheberrecht, 2001; *Elfring,* Geistiges Eigentum in der Welthandelsordnung, 2006; *Gervais,* The TRIPS Agreement – Drafting History and Analysis, 5. Aufl. 2021; *Götting* in Tietje, Internationales Wirtschaftsrecht, 2. Aufl. 2015, § 12 Rn. 96 ff.; *Staehelin,* Das TRIPS-Abkommen, 1999; *Stoll/Reible* in Prieß/Berrisch, WTO-Handbuch, 2003, 565; *Ullrich/Hilty/Lamping/Drexl,* TRIPS plus 20 – From Trade Rules to Market Principles, 2016; speziell zum Schutz ausübender Künstler s. *Kloth,* Der Schutz der ausübenden Künstler nach TRIPs und WPPT, 2000, 48 ff.

Abkommen zu übernehmen (Art. XIV (2) WTO-Abkommen). Außerdem handelt es sich um das erste multilaterale Abkommen im Bereich des Immaterialgüterrechts, das nicht nur von den EU-Mitgliedstaaten, sondern auch von der Europäischen Gemeinschaft (heute „Europäische Union") abgeschlossen wurde.[115] Seine im Rahmen der Globalisierungskritik immer wieder hervorgehobene politische Brisanz erlangt es, weil insbesondere Entwicklungsländer nicht in den Genuss von Vergünstigungen in anderen Bereichen des WTO-Rechts, etwa in Bezug auf die Marktöffnung in den Industriestaaten, kommen können, ohne dass sie den Schutz geistigen Eigentums für die Angehörigen anderer Staaten auf das vom TRIPS-Abkommen verlangte Niveau anheben. Der Grund für die Verankerung des Immaterialgüterrechts im WTO-Recht trotz der Existenz der WIPO ist vor allem in den verhandlungstaktischen Vorteilen des sog. „single-undertaking approach", der zwingenden Verbindung des immaterialgüterrechtlichen Schutzes mit dem Handelsthema, zu finden. Das Interesse aller Staaten an weiteren Zugeständnissen im Handelsbereich konnte so von den entwickelten Staaten genutzt werden, um eine weltweite Anhebung des immaterialgüterrechtlichen Schutzniveaus durchzusetzen.

33 Trotz der weit reichenden ökonomischen und juristischen Bedeutung stellt TRIPS die zentrale Stellung der WIPO und der RBÜ sowie der PVÜ für das internationale Schutzsystem nicht in Frage. Vielmehr bewirkt TRIPS eine Ergänzung und damit eine Reform des angeblich intern nicht reformierbaren, weil eindimensionalen WIPO-Systems von außen. So regelt TRIPS nur jene Aspekte des Immaterialgüterschutzes, die man zusätzlich für regelungsbedürftig hielt, insbesondere weil sie durch die WIPO nicht geregelt waren. Gleichzeitig werden die WTO-Mitglieder, von gewissen Einschränkungen abgesehen,[116] durch TRIPS verpflichtet, die Standards von RBÜ und PVÜ in ihrer jeweiligen letzten Fassung einzuhalten (sog. **Bern- und Paris-Plus-Effekt**).[117] Die RBÜ und die PVÜ erlangen dadurch sogar für jene Staaten Verbindlichkeit, die den Konventionen in der letzten Fassung zwar nicht selbst beigetreten sind, aber der WTO angehören.[118] Der Rechtsgrund für diese nur mittelbare Geltung der Konventionen findet sich allein im TRIPS-Abkommen. Verletzungen des Rechts der RBÜ und der PVÜ begründen insoweit Verstöße gegen das WTO-Recht.[119]

34 **cc) WIPO-Urheberrechtsabkommen 1996 und weitere urheberrechtliche Abkommen der WIPO.** Der Abschluss des TRIPS-Abkommens hat nicht etwa zu einer Stagnation der WIPO geführt. Da viele Staaten als WTO-Mitglieder nun über TRIPS verpflichtet wurden, die Standards der RBÜ und PVÜ einzuhalten, kam es zunächst zum Beitritt vieler Staaten zu diesen Abkommen. Schließlich gelang der WIPO vor allem im Urheberrecht ein weiterer Ausbau des Rechtsschutzes. Der **WIPO Copyright Treaty (WCT)** und der **WIPO Performances and Phonograms Treaty (WPPT)** vom 20.12.1996 sind als Reaktion auf die Erfordernisse der Verwertung von Urheberrechten im Informationszeitalter anzusehen.[120] Diese Abkommen wurden nach dem Vorbild der WTO-Abkommen nun ebenfalls gleichzeitig von der Europäischen Gemeinschaft (heute „Europäische Union") und den EU-Mitgliedstaaten ausgehandelt und abge-

---

[115] Die WTO-Abkommen wurden als sog. „gemischtes" Abkommen durch die Europäische Gemeinschaft abgeschlossen; zur Rechtsfigur des gemischten Abkommens im Allgemeinen s. *Eeckhout,* External Relations of the European Union, 2. Aufl. 2011, 213 ff.; speziell zu TRIPS *Eeckhout,* External Relations, S. 279 ff. Nach Abschluss der Verhandlungen war im Vorfeld der Ratifikation zu klären, wer aus europarechtlicher Sicht für den Abschluss zuständig war. Der EuGH entschied sich für eine „geteilte" Zuständigkeit (joint competence, compétence partagée) der Gemeinschaft und ihrer Mitgliedstaaten; EuGH Slg. 1994, I-5267 Rn. 105; dazu insbes. *Drexl* in Beier/Schricker, From GATT to TRIPs, 1995, 18 (23 ff.). Zu den Auswirkungen dieser Entscheidung für die Anwendung von TRIPS innerhalb der EU → Rn. 91.

[116] Diese betreffen den Schutz des Urheberpersönlichkeitsrechts nach Art. 6bis RBÜ und den lauterkeitsrechtlichen Schutz außerhalb der von TRIPS geregelten Gegenstände durch Art. 10bis PVÜ.

[117] Art. 2 Abs. 1 TRIPS (Paris-Plus); Art. 9 Abs. 1 TRIPS (Bern-Plus). Dazu *Götting* in Tietje, Internationales Wirtschaftsrecht, 2. Aufl. 2015, § 12 Rn. 100; *Staehelin,* Das TRIPs-Abkommen – Immaterialgüterrechte im Lichte der globalisierten Handelspolitik, 2. Aufl. 1999, 55.

[118] So ausdrücklich der WTO-Appellate Body als höchstes Streitbeilegungsorgan: US Sec. 211 Omnibus Appropriation Act of 1998, Report by the Appellate Body, 2.1.2002, WTO-Doc. WT/DS176/AB/R Rn. 125, https://www.wto.org/english/tratop_e/dispu_e/dispu_e.htm (zuletzt abgerufen am 1.5.2024).

[119] Mit der wichtigen Konsequenz, dass damit auch das internationale Streitbeilegungsverfahren der WTO für Verstöße gegen RBÜ und PVÜ anwendbar wird (→ Rn. 62 f.).

[120] Zu den Abkommen iE *Duggal,* TRIPs-Übereinkommen und internationales Urheberrecht, 2001, 136 ff.; *Ficsor* Col.-VLA J. L. & the Arts 21 (1997), 197; *Ficsor,* The Law of Copyright and the Internet, 2002; *v. Lewinski* GRUR Int 1997, 667; Hoeren/Sieber/Holznagel MultimediaR-HdB/*v. Lewinki* Teil 7.9; *Reinbothe/v. Lewinski,* The WIPO Treaties 1996, 2002; *v. Lewinski,* International Copyright Law and Policy, 2008, Rn. 17.01 ff.; speziell zum Schutz ausübender Künstler nach dem WPPT s. *Kloth,* Der Schutz der ausübenden Künstler nach TRIPs und WPPT, 2000, 187 ff.

schlossen.[121] Die Umsetzung in nationales Recht erfolgte entsprechend zweistufig. Auf europäischer Ebene übernimmt diese Aufgabe die sog. InfoSoc-RL über das Urheberrecht in der Informationsgesellschaft.[122] Hierauf reagierten die Mitgliedstaaten durch Anpassung ihres nationalen Rechts.[123] In den vergangenen Jahren hat die WIPO wieder verstärkt Aktivitäten bei der Entwicklung internationaler Abkommen gezeigt. Im Jahre 2012 abgeschlossen wurde das **Pekinger Abkommen über audiovisuelle Darbietungen,** das auch von der EU unterzeichnet wurde,[124] sowie im Jahre 2013 das **Marrakesch-Abkommen über Schutzschranken zugunsten von Sehbehinderten.**[125] Festzuhalten bleibt, dass das **WCT und das WPPT sowie die weiteren WIPO-Abkommen nicht zum Pflichtenkreis des WTO/TRIPS-Rechts gehören.** Ein Verstoß gegen diese Abkommen begründet also keinen gleichzeitigen Verstoß gegen WTO-Recht. Ob im Rahmen einer zukünftigen Reform von TRIPS auch die Einhaltung dieser Abkommen zur Pflicht gemacht wird, bleibt abzuwarten.

dd) Sonstige Abkommen. Zusätzlich zu den vorgenannten Vereinbarungen ließe sich eine 35
Reihe weiterer multilateraler Abkommen auflisten,[126] von denen im Folgenden nur die wichtigsten Erwähnung finden sollen. Aus dem Bereich des **Urheberrechts** ist vor allem das **Welturheberrechtsabkommen (WUA)** zu nennen, das 1952 im Rahmen der UNESCO abgeschlossen wurde.[127] Es diente im Wesentlichen der Überbrückung des Gegensatzes zwischen dem kontinentaleuropäischen Ansatz des droit d'auteur und dem angloamerikanischen Copyright-Ansatz, der lange Zeit einem Beitritt der USA zur Berner Union entgegenstand. Mit dem Beitritt der USA zur RBÜ im Jahre 1988[128] und dem Inkrafttreten des WTO/TRIPS-Abkommens, das zur Beachtung der höheren RBÜ-Standards verpflichtet, hat das WUA seine Bedeutung weitgehend eingebüßt. Für den Schutz der angrenzenden Leistungsschutzrechte hat schließlich das **Rom-Abkommen** von 1961 zum Schutze der ausübenden Künstler, der Hersteller von Tonträgern und der Sendeunternehmen eine ähnliche Bedeutung und Grundstruktur wie die RBÜ für das Urheberrecht.[129]

---

[121] S. den Beschluss des Rates vom 16.3.2000 über die Zustimmung im Namen der Europäischen Gemeinschaft zum WIPO-Urheberrechtsvertrag und zum WIPO-Vertrag über Darbietungen und Tonträger, ABl. EU 2000 L 89, 6.

[122] RL 2001/29/EG des Europäischen Parlaments und des Rates vom 22.5.2001 zur Harmonisierung bestimmter Aspekte des Urheberrechts und der verwandten Schutzrechte in der Informationsgesellschaft (InfoSoc-RL), ABl. EU 2001 L 167, 10. Diese Richtlinie wurde vom EuGH etwa für die Regelung des Verbreitungsrechts im Lichte des WCT und des WPPT ausgelegt; s. EuGH Slg. 2008, I-2731 Rn. 31 ff. = GRUR 2008, 604 – Peek & Cloppenburg. Auch → Rn. 109.

[123] Nachdem die Umsetzung der InfoSoc-RL in den EU-Mitgliedstaaten als abgeschlossen angesehen werden konnte, traten das WCT und das WPPT am 10.3.2010 für die EU in Kraft; s. Art. 2 Beschluss vom 16.3.2000 über die Zustimmung – im Namen der Europäischen Gemeinschaft – zum WIPO-Urheberrechtsvertrag und zum WIPO-Vertrag über Darbietungen und Tonträger, ABl. EU 2000 L 89, 208 (mit der Ermächtigung des Präsidenten des Rates, die Ratifikationsurkunden bei der WIPO zu hinterlegen, sobald die zur Umsetzung der Abkommen erforderlichen europäischen Rechtsakte in Kraft gesetzt sind).

[124] Beijing Treaty on Audiovisuel Performances vom 24.6.2012, https://www.wipo.int/wipolex/en/details.jsp?id=12213 (zuletzt abgerufen am 1.5.2024); s. *v. Lewinski* GRUR Int 2013, 12; zur Vorgeschichte s. auch Loewenheim UrhR-HdB/*v. Lewinski* § 57 Rn. 9 f. Das Abkommen ist am 28.1.2020 mit Ratifikation durch den 30. Staat in Kraft getreten. Bislang wurde es jedoch weder von der EU noch von Deutschland ratifiziert.

[125] Marrakech Treaty to Facilitate Access to Published Works by Visually Impaired Persons and Persons with Print Disabilities, vom 27.6.2013, in Kraft getreten am 30.6.2016, https://www.wipo.int/treaties/en/ip/marrakesh/ (zuletzt abgerufen am 1.5.2024). In der EU ist die Umsetzung erfolgt durch RL (EU) 2017/1564 des Europäischen Parlaments und des Rates vom 13.9.2017 über bestimmte zulässige Formen der Nutzung bestimmter urheberrechtlich oder durch verwandte Schutzrechte geschützter Werke und sonstiger Schutzgegenstände zugunsten blinder, sehbehinderter oder anderweitig lesebehinderter Personen und zur Änderung der RL 2001/29/EG zur Harmonisierung bestimmter Aspekte des Urheberrechts und der verwandten Schutzrechte in der Informationsgesellschaft, ABl. EU 2017 L 242, 6. Diese Richtlinie wurde wiederum ins deutsche Recht umgesetzt durch das Gesetz zur Umsetzung der Marrakesch-RL über einen verbesserten Zugang zu urheberrechtlich geschützten Werken zugunsten von Menschen mit einer Seh- oder Lesebehinderung vom 28.11.2018, BGBl. 2018 I 40, in Kraft getreten am 1.1.2019.

[126] Die auf globale Mitgliedschaft angelegten Abkommen lassen sich allesamt, einschließlich des Mitgliederstandes, über die Website der WIPO (www.wipo.org) erfassen.

[127] Welturheberrechtsabkommen vom 24.9.1952; revidierte Fassung vom 24.9.1971 (BGBl. 1974 II 1309).

[128] Dazu ua *Dietz* GRUR Int 1989, 627 (krit. zur Fähigkeit der USA, die Verpflichtung zum Schutze des Urheberpersönlichkeitsrechts aus Art. 6bis RBÜ einzuhalten).

[129] Übereinkommen über den Schutz der ausübenden Künstler, der Hersteller von Tonträgern und der Sendeunternehmen vom 26.10.1961 (BGBl. 1965 II 1989); s. *v. Lewinski,* International Copyright Law and Policy, 2008, Rn. 6.01 ff.

36 Im Bereich des **Gewerblichen Rechtsschutzes** ergänzt eine Reihe von Nebenabkommen das System der PVÜ. Sie verfolgen vor allem den Zweck, durch Systeme der internationalen Registrierung die internationale Schutzerlangung zu erleichtern. Besonders zu erwähnen sind diesbezüglich das **Madrider Markenabkommen (MMA)**[130] sowie das **Madrider Marken-Protokoll (PMMA).**[131] Beim Madrider Marken-Protokoll handelt es sich um das erste WIPO-Abkommen, dem auch die Europäische Gemeinschaft (heute „Europäische Union") wirksam beigetreten ist.[132] Das Madrider Markensystem erlaubt die internationale Registrierung von Marken über die einzelnen nationalen Markenämter. Mit dem Beitritt der Gemeinschaft ist damit nun auch eine internationale Registrierung im Anschluss an die Anmeldung einer Unionsmarke über das Amt für das Geistige Eigentum der EU (EUIPO) in Alicante möglich. Entsprechendes gilt für das **Haager Abkommen über die internationale Eintragung von gewerblichen Mustern und Modellen.**[133] Größte praktischer Bedeutung kommt dem **Patent Cooperation Treaty** zu,[134] der eine internationale Anmeldung von Patenten ermöglicht. Im Bereich des **Sortenschutzrechts** kam 1968 die sog. **UPOV** (Union pour la protection des obtentions végétales) infolge des Inkrafttretens des Internationalen Übereinkommens zum Schutze von Pflanzenzüchtungen von 1961 als eigene Internationale Organisation zur Entstehung.[135]

37 Mit den obigen Ausführungen ist das internationale Schutzsystem keineswegs vollständig beschrieben. Beachtung verdienen vor allem auch die **regionalen Integrationssysteme,** die weit reichenden Einfluss auf den nationalen Rechtsschutz nehmen und auch grenzüberschreitende Sachverhalte regeln. Hierzu gehören neben dem **Recht der EU und des EWR,** das Recht der **NAFTA** (Nordamerikanische Freihandelszone) und die **Integrationssysteme Lateinamerikas** (Andengemeinschaft und Mercosur).

38 Besondere Erwähnung verdient schließlich das **Europäische Patentübereinkommen** (EPÜ, Münchner Patentübereinkommen) von 1973, in der heutigen Fassung von 2000 („EPÜ 2000").[136] Das EPÜ schafft eine eigene Internationale Organisation – die sog. **Europäische Patentorganisation** (EPO). Der EPO gehören mittlerweile 38 europäische Staaten an, darunter alle Mitgliedstaaten der Europäischen Union. Das EPÜ ermöglicht die Anmeldung und Erteilung „Europäischer Patente" durch das Europäische Patentamt (EPA) in München auf der Grundlage eines einheitlichen Verfahrens und einheitlicher materiellrechtlicher Patentierungsvoraussetzungen. Insoweit schafft das EPÜ **internationales Einheitsrecht** und ist insoweit nicht auf das Kollisionsrecht angewiesen. Die **Wirkung** des Europäischen Patents beurteilt sich jedoch, soweit das EPÜ keine Regelung enthält,[137] nach dem Recht der einzelnen Staaten, für das es erteilt wurde. Auch die Existenz richtet sich danach jeweils getrennt nach dem jeweiligen Staatsgebiet, so dass ein Europäisches Patent sehr wohl für das eine Staatsgebiet für nichtig erklärt werden kann, während dessen Wirkung in anderen Staaten bestätigt wird. Das Europäische Patent begründet nur ein Bündel nationaler Patente **(Bündelpatent)** und unterscheidet sich damit grundsätzlich von den „gemeinsamen Rechtstiteln" des EU-Rechts iSv Art. 118 AEUV, wie der Unionsmarke, die einheitliche Rechtspositionen für das gesamte Gebiet der Europäischen Union begründen. Aus der Sicht des Kollisionsrechts ist das EPÜ vor allem deshalb interessant, weil es in **Art. 74 EPÜ** eine Kollisionsnorm für **Europäische Patentanmeldungen als Gegenstand des Vermögens** und in **Art. 60 Abs. 1 S. 2 EPÜ** eine solche in Bezug auf das **Recht auf das Patent bei Arbeitnehmererfindungen** enthält. Auf diese Vorschriften wird noch näher einzugehen sein (→ Rn. 161, → Rn. 212).

39 Mit dem System der EPO verbunden ist die Erteilung des sog. **Europäischen Patents mit einheitlicher Wirkung (EPeW).** Nach langjährigen, aber erfolglosen Bemühungen um ein

---

[130] Madrider Markenabkommen über die internationale Registrierung von Marken vom 14.4.1891, zuletzt geändert am 28.9.1979; s. BGBl. 1970 II 418; BGBl. 1984 II 800.

[131] Protokoll zum Madrider Markenabkommen über die internationale Registrierung von Marken vom 27.6.1989, zuletzt geändert am 12.11.2007.

[132] Mit Wirkung zum 1.10.2004; s. hierzu auch VO (EG) 782/2004 der Kommission vom 26.4.2004 zur Änderung der VO (EG) 2868/95 infolge des Beitritts der Europäischen Gemeinschaft zum Madrider Protokoll, ABl. EG 2004 L 123, 88.

[133] Beschluss 2006/954/EG des Rates vom 18.12.2006 zur Genehmigung des Beitritts der Europäischen Gemeinschaft zu der am 2.7.1999 in Genf abgeschlossenen Genfer Akte des Haager Abkommens über die internationale Eintragung gewerblicher Muster und Modelle, ABl. EU 2006 L 386, 28.

[134] Patent Cooperation Agreement vom 19.6.1970 (BGBl. 1970 II 64), zuletzt geändert am 3.10.2001 (BGBl. 2002 II 727).

[135] Das Abkommen gilt für Deutschland in seiner ursprünglichen Fassung seit 10.8.1968, die Revisionsfassung von 1991 gilt seit 25.7.1998.

[136] Europäisches Patentübereinkommen vom 5.10.1973, idF der Akte vom 29.11.2000 zur Revision des Übereinkommens, in der ab 13.12.2007 geltenden Fassung; vgl. Bek. vom 19.2.2008, BGBl. 2008 II 179.

[137] Einheitlich geregelt ist etwa die Schutzdauer (Art. 63 Abs. 1 EPÜ).

Gemeinschaftspatent, und nachdem der Lissabonner Vertrag die Schaffung eines EU-Patents auf der Grundlage von Art. 118 AEUV erleichtert hatte, erließ der europäische Gesetzgeber im Dezember 2012 im Wege der verstärkten Zusammenarbeit[138] zwei Verordnungen, die zum einen die Erteilung des Patents mit einheitlicher Wirkung durch das Europäische Patentamt **(Einheitspatent-VO)**[139] und zum anderen das Sprachenregime **(EpatÜbersVO)**[140] regeln.[141] Nachdem Italien seinen Widerstand mittlerweile aufgeben hat, nehmen allein Spanien und Kroatien nicht an der verstärkten Zusammenarbeit teil. Gemäß der Einheitspatent-VO erteilt das Europäische Patentamt das Patent mit einheitlicher Wirkung gemäß Art. 142 EPÜ, wo ausdrücklich die Möglichkeit vorgesehen wird, dass mehrere Mitgliedstaaten der EPO die Einführung eines Patents mit einheitlicher Wirkung vorsehen können. Die einheitliche Wirkung setzt einen entsprechenden Antrag des Patentanmelders sowie die Eintragung des Europäischen Patents in ein zu schaffendes Register für den einheitlichen Rechtsschutz voraus, wobei der Antrag nach Erteilung des Europäischen Patents zu stellen ist. Die Einheitspatent-VO sieht zwar die einheitliche Wirkung entsprechend Art. 118 Abs. 1 AEUV vor,. deren Ausgestaltung wurde aber – abgesehen von der Regelung der Erschöpfungsfrage – in das zwischen den teilnehmenden Mitgliedstaaten abzuschließende Übereinkommen über ein einheitliches Patentgericht (EPGÜ) verwiesen (s. Art. 24 ff. EPGÜ). Dieses Übereinkommen wurde zunächst am 19.2.2013 von 25 Mitgliedstaaten, einschließlich Italien, aber ohne Polen, unterzeichnet. Ursprünglich war geplant, dass das gesamte Paket zum 1.1.2014 in Kraft treten sollte. Das Inkrafttreten des Abkommens setzte die Ratifikation durch mindestens 13 Mitgliedstaaten voraus, darunter notwendig jene durch Deutschland, Frankreich und das Vereinigte Königreich. Gleichzeitig hing die Anwendung der beiden EU-Verordnungen vom Inkrafttreten des EPGÜ ab (s. Art. 18 Abs. 2 Einheitspatent-VO). Der EuGH hat diese im Lichte des Art. 118 Abs. 1 AEUV eigentümliche Konstruktion, bei der das Kollisionsrecht eine fundamentale Rolle spielt, in zwei Entscheidungen zur Vereinbarkeit der beiden Verordnungen mit dem primären Unionsrecht im Grundsatz akzeptiert.[142] Das Inkrafttreten dieser Rechtsgrundlagen hat sich dann jedoch durch den EU-Austritts des Vereinigten Königreichs sowie der Entscheidung des BVerfG, wonach das deutsche Zustimmungsgesetz zum EPGÜ ohne die verfassungsrechtlich erforderliche Mehrheit beschlossen wurde,[143] verzögert. Schließlich ist das Abkommen nach Hinterlegung der Ratifikationsurkunde Deutschlands im Februar 2023 am 1.6.2023 in Kraft getreten. Das EPG konnte an diesem Tag seine Arbeit aufnehmen. Das Abkommen gilt gegenwärtig (Stand 2.5.2024) für 17 der ursprünglich 25 Unterzeichnerstaaten (Belgien, Bulgarien, Dänemark, Deutschland, Estland, Finnland, Frankreich, Italien, Lettland, Litauen, Luxemburg, Malta, die Niederlande, Österreich, Portugal, Schweden und Slowenien). Entsprechend den Regeln der Einheitspatent-VO gilt der einheitliche Patentschutz nur im Territorium dieser Staaten (→ Rn. 152).

b) Grundelemente. Durch die RBÜ und die PVÜ wurden zu einem frühen Zeitpunkt wichtige Grundprinzipien des internationalen Schutzsystems festgelegt, die dem Kollisionsrechtler den Zugang zum Internationalen Immaterialgüterrecht erschweren. Danach ist es nicht das primäre Ziel der Konventionen, wie es der kollisionsrechtlichen Methodik entspräche, das anwendbare Recht für Fälle mit Auslandsbezug zu bestimmen (vgl. Art. 3 EGBGB). Vielmehr wird mit dem Grundsatz der **Inländerbehandlung** ein **fremdenrechtlicher Ausgangspunkt** gewählt. Gleichzeitig werden die Verbandsstaaten zur Einhaltung eines bestimmten **Mindestmaßes an Schutz zu Gunsten der Ausländer** verpflichtet. Dieses Schutzsystem wurde in jüngeren Abkommen, etwa im Rom-Abkommen und im TRIPS-Abkommen, übernommen und vor allem in TRIPS durch weitere Prinzipien ergänzt. 40

---

138 S. Beschluss des Rates vom 10.3.2011 über die Ermächtigung zu einer Verstärkten Zusammenarbeit im Bereich der Schaffung eines einheitlichen Patentschutzes, ABl. EU 2011 L 76, 53. Der EuGH hat später auf Klage Spaniens und Italiens hin die Rechtmäßigkeit dieses Beschlusses bestätigt; s. EuGH ECLI:EU:C:2013:240 = GRUR Int 2013, 542 – Spanien und Italien/Rat.

139 VO (EU) 1257/2012 des Europäischen Parlaments und des Rates (EPatVO) vom 17.12.2012 über die Umsetzung der Verstärkten Zusammenarbeit im Bereich der Schaffung eines einheitlichen Patentschutzes, ABl. EU 2012 L 361, 1.

140 VO (EU) 1260/2012 des Rates vom 17.12.2012 über die Umsetzung der verstärkten Zusammenarbeit im Bereich der Schaffung eines einheitlichen Patentschutzes im Hinblick auf die anzuwendenden Übersetzungsregelungen, ABl. EU 2012 L 361, 89.

141 S. umfassend zum System des Einheitspatent *Götting* ZEuP 2014, 349; *Ohly* ZGE 4 (2012), 419; *Straus* in Müller-Graff, Europäisches Wirtschaftsordnungsrecht, 2015, § 18 Rn. 52 ff.

142 EuGH ECLI:EU:C:2015:298 = GRUR Int 2015, 541 – Spanien/Parlament und Rat; ECLI: EU: C: 2015:299 = GRUR Int 2015, 551 – Spanien/Rat; dazu auch *Drexl* FS Ahrens, 2016, 165.

143 BVerfG GRUR 2020, 506 = EuZW 2020, 324.

41 **aa) Inländerbehandlung.** Zentraler Grundsatz des Konventionsrechts ist jener der Inländerbehandlung (auch Assimilationsgrundsatz; national treatment) (Art. 5 Abs. 1 und 3 S. 2 RBÜ, Art. 2 Abs. 1 PVÜ, Art. 2, 4–6 Rom-Abkommen,[144] Art. 4 UPOV-Abkommen, Art. 3 TRIPS). Historisch war weder im Erfinder- noch im Urheberrecht gewährleistet, dass dem Ausländer Schutz nach dem nationalen Recht zuerkannt wurde. Noch heute folgt das deutsche Urheberrecht dem Grundsatz der Gegenseitigkeit, sofern weder die Nichtdiskriminierungsgrundsätze des europäischen Rechts noch Staatsverträge greifen (§ 121 Abs. 4 S. 2 UrhG). Der Ausländer genießt danach Schutz in Deutschland nur, soweit auch dessen Heimatstaat deutsche Staatsangehörige schützt. Der Inländerbehandlungsgrundsatz enthält danach zu allererst ein **Diskriminierungsverbot.**[145] Jeder Staat, der den entsprechenden Konventionen beitritt, verpflichtet sich, den Ausländer wie den Inländer zu schützen und kann gleichzeitig von den anderen Staaten verlangen, jede Diskriminierung zu unterlassen.

42 Der Inländerbehandlungsgrundsatz verwirklicht somit ein **Prinzip der nur formellen Reziprozität (formellen Gegenseitigkeit).** Er garantiert nicht, dass der Rechteinhaber im anderen Konventionsstaat auch ausreichenden Schutz erlangt. Der subjektive und objektive Anwendungsbereich des Inländerbehandlungsgrundsatzes wird von den verschiedenen Abkommen unterschiedlich weit gezogen. Zu den einzelnen Abkommen → Rn. 31 ff. Kollisionsrechtlich scheint mit dem Inländerbehandlungsgrundsatz eine Vorentscheidung zu Gunsten einer bestimmten Anknüpfung getroffen, nämlich zu Gunsten des Rechts des Schutzlandes (lex loci protectionis). Freilich wird dies vor allem für das in der RBÜ geregelte Urheberrecht auch bestritten (→ Rn. 69 ff.).

43 **bb) Mindestschutz.** Da der Inländerbehandlungsgrundsatz eine nur formelle Reziprozität verwirklicht, kommt das internationale Schutzsystem nicht ohne materielle Schutzstandards aus. Diese werden entsprechend dem **Mindestschutzprinzip** gewährleistet. Nach diesem Prinzip sind die Vertragsstaaten verpflichtet, dem konventionsgeschützten Ausländer ein Mindestmaß an Schutz im Sinne **materieller Reziprozität** einzuräumen. Die Mindestschutzrechte stehen dem geschützten Ausländer auch dann zu, wenn das nationale Recht entsprechende Rechte nicht kennt.

44 Um die Folge der Inländerdiskriminierung zu vermeiden, werden die Staaten zumeist schon vor dem Beitritt ihr nationales Recht an die Standards der Konventionen angleichen. So geht vom Mindestschutz, der völkerrechtlich rein fremdenrechtlich konzipiert bleibt, eine **faktische Harmonisierungswirkung** aus.

45 Im System des Mindestschutzes ist es den Konventionsstaaten **erlaubt, im nationalen Recht über das völkerrechtlich gebotene Schutzniveau hinauszugehen.** So verlangt die RBÜ nach Art. 7 Abs. 1 RBÜ urheberrechtlichen Schutz 50 Jahre nach dem Tod des Urhebers (post mortem auctoris). Dennoch konnte sich der europäische Gesetzgeber in der Schutzdauer-RL für 70 Jahre post mortem auctoris entscheiden (Art. 1 Abs. 1 Schutzdauer-RL).[146] Dieses Mehr an Schutz ist über den Inländergleichbehandlungsgrundsatz auch dem konventionsgeschützten Ausländer einzuräumen, soweit die einschlägige Konvention nichts Abweichendes bestimmt (→ Rn. 47). Die Konventionen bewirken also keine vollkommene Rechtsangleichung. Vielmehr steht es den Konventionsstaaten frei, neue Rechte einzuführen, die im Rahmen einer zukünftigen Revision wieder Eingang in den konventionsrechtlichen Besitzstand an Mindestschutzrechten finden können. Dem Prinzip des Mindestschutzes wohnt insoweit die Expansion des immaterialgüterrechtlichen Schutzes inne.[147]

46 Die **Fortentwicklung der Pariser und Berner Union** erfolgte in den ersten Jahrzehnten über **neue Konventionsfassungen,** denen die bisherigen Konventionsstaaten auf freiwilliger Basis beitreten können. In jüngerer Zeit hat sich die Reform auf das Instrument neuer Abkommen, wozu auch das TRIPS-Abkommen[148] sowie der WCT und der WPPT gehören, verlagert. Zu einer wesentlichen Anhebung vor allem des Gewerblichen Rechtsschutzes hat nicht zuletzt das **WTO/TRIPS-Abkommen** geführt. So wurde schon in den Verhandlungen von „substantive standards" anstelle von „minimum rights" gesprochen. Dennoch gilt gemäß Art. 1 Abs. 1 S. 2 TRIPS ausdrücklich der Mindestschutzgrundsatz. Die WTO-Mitglieder dürfen in ihrem nationalen Recht weitergehenden Schutz vorsehen. Solche **TRIPS-Plus-Standards** haben in den letzten Jahren vor allem Eingang gefunden in eine kaum mehr überschaubare Zahl **bilateraler Freihandels- und Wirt-**

---

144 Dazu s. *Katzenberger* GRUR Int 2014, 443.

145 *Tochtermann,* Sukzessionsschutz im Recht des Geistigen Eigentums, 2018, 236.

146 RL 2006/116/EG des Europäischen Parlaments und des Rates vom 12.12.2006 über die Schutzdauer des Urheberrechts und bestimmter verwandter Schutzrechte (kodifizierte Fassung), ABl. EG 2006 L 372, 12. Diese RL ersetzte die Vorläuferregelung der RL 93/98/EG. Zu den pragmatischen Gründen für die längere europäische Frist s. Walter/*Walter* Schutzdauer-RL Art. 1 Rn. 4.

147 Deshalb krit. *Peukert* RabelsZ 81 (2017), 158 (165).

148 Zu den Gründen für den Abschluss dieses Abkommens und zu dessen Verhältnis zur RBÜ und PVÜ → Rn. 32 f.

schaftskooperationsabkommen. Begonnen hat diese Entwicklung mit den Abkommen der USA; andere große Handelspartner wie Japan, die EFTA sowie die Europäische Union sind dem Beispiel der USA gefolgt (→ Rn. 115 ff.).

cc) Materielle Reziprozität. Der Inländerbehandlungsgrundsatz ist nicht ausnahmslos verwirklicht. Vor allem in der RBÜ finden sich **Ausnahmen vom Grundsatz der Inländerbehandlung** im Sinne materieller Reziprozität.[149] Danach kann der geschützte Ausländer zwar Gleichbehandlung mit dem Inländer verlangen. Bleibt jedoch der Schutz im Ursprungsland des Werkes hinter jenem des Schutzlandes zurück, kann der Ausländer nur den Schutz entsprechend dem Recht im Ursprungsland verlangen.[150] Anschaulichstes Beispiel hierfür ist der **Schutzfristenvergleich** nach Art. 7 Abs. 8 RBÜ.[151] Endet das Urheberrecht im Schutzland erst 70 Jahre nach dem Tod des Urhebers, im Ursprungsland des Werkes aber schon nach 50 Jahren,[152] kann auch der Rechteinhaber im Schutzland nur Schutz 50 Jahre post mortem auctoris verlangen, es sei denn, das Schutzland sieht ausdrücklich vom Schutzfristenvergleich ab. Diese Frage ist für die EU-Mitgliedstaaten einheitlich durch Art. 7 Abs. 1 RL 2006/116/EG (→ Rn. 45) iSd Anwendung des Schutzfristenvergleichs geregelt.[153] **47**

dd) Maximalschutz? Der Grundsatz des Mindestschutzes schließt nicht per se die stellenweise Verwendung eines Maximalschutzes aus. Freilich ist hier besondere Vorsicht geboten. Was auf den ersten Blick als Maximalschutz erscheint, erweist sich bei genauerem Hinsehen zumeist als besondere Ausprägung des Mindestschutzgedankens. Im Immaterialgüterrecht finden sich mögliche Fälle eines Maximalschutzes immer dort, wo es um die Berücksichtigung von Interessen, vor allem jener von Nutzern, geht, die mit denen der Rechteinhaber kollidieren. Anschaulichstes Beispiel ist der berühmte **Dreistufentest,** der in Art. 9 Abs. 2 RBÜ erstmalig verankert und später in anderen urheberrechtlichen Abkommen, wie Art. 13 TRIPS, Art. 10 Abs. 1 WCT, Art. 16 WPPT und in der europäischen Richtlinie über das Urheberrecht in der Informationsgesellschaft (Art. 5 Abs. 5 InfoSoc-RL; → Rn. 34)[154] übernommen wurde.[155] Dieser Dreistufentest verpflichtet den nationalen Gesetzgeber gerade nicht, auf Nutzerinteressen Rücksicht zu nehmen, sondern stellt ganz im Sinne eines urheberrechtlichen Mindestschutzes inhaltliche Anforderungen an die Rechtfertigung von Regeln zur Berücksichtigung von Drittinteressen durch den nationalen Gesetzgeber. Und selbst bei Vorschriften, in denen die RBÜ eine abschließende Abwägung zwischen den Interessen der Rechteinhaber und der Nutzer vorzunehmen scheint, wie etwa beim **Zitatrecht nach Art. 10 Abs. 1 RBÜ,** handelt es sich um keine völkerrechtliche Begrenzung des urheberrechtlichen Schutzes nach oben.[156] **48**

Maximalschutz findet sich in einigen Vorschriften des **TRIPS-Abkommens,** in denen es um die **Rechtsdurchsetzung** im Bereich des geistigen Eigentums geht. Soweit in diesen Vorschriften insbesondere **prozessuale Rechte des Antragsgegners oder des Beklagten** geregelt werden, erfolgt tatsächlich eine Beschränkung des verfahrensrechtlichen Schutzes der Rechteinhaber nach oben. **49**

Trotz der bisher geringen Bedeutung von Maximalschutzvorschriften ist abzusehen, dass die **zukünftige Entwicklung** des internationalen Schutzsystems gerade auch durch eine Debatte um die Erforderlichkeit zwingender Schutzbegrenzungen geprägt sein wird. Solche **zwingenden Maximalschutzstandards** sind aus der Sicht eines angemessenen Interessenausgleichs auch dringend erforderlich. Das ausschließliche Festhalten am Mindestschutzprinzip war nur solange angemessen, wie der internationale Rechtsschutz hinter den nationalen Standards wesentlich zurückgeblieben ist. Inzwischen ist aber der internationale Schutz im Zuge von TRIPS und nicht zuletzt der zahlreichen bilateralen Abkommen längst zum Motor einer Expansion des Schutzes geistigen Eigentums gewor- **50**

---

149 Umfassend zu allen Fällen der RBÜ *Drexl,* Entwicklungsmöglichkeiten des Urheberrechts im Rahmen des GATT, 1990, 197 ff.

150 Für das Ursprungsland ist primär auf den Staat der Erstveröffentlichung abzustellen; Art. 5 Abs. 4 lit. a RBÜ. Die Vorschriften zur materiellen Reziprozität nehmen nicht einheitlich auf das Recht des Ursprungslandes Bezug. Für das Folgerecht stellt Art. 14ter Abs. 2 RBÜ auf das Heimatrecht des Urhebers ab.

151 Dazu *Drexl,* Entwicklungsmöglichkeiten des Urheberrechts im Rahmen des GATT, 1990, 197 ff.

152 Dies entspricht dem Mindestschutz nach Art. 7 Abs. 1 RBÜ.

153 Dazu Walter/*Walter* Schutzdauer-RL Art. 7 Rn. 4 ff.

154 Der deutsche Gesetzgeber hat bei der Umsetzung der InfoSoc-RL durch das Gesetz zur Regelung des Urheberrechts in der Informationsgesellschaft vom 10.9.2003, BGBl. 2003 I 1774, von einer Kodifizierung des Dreistufentests abgesehen.

155 Zu den materiellrechtlichen Problemen des Dreistufentests s. *Senftleben* GRUR Int 2004, 200.

156 Umfassend *Drexl,* Entwicklungsmöglichkeiten des Urheberrechts im Rahmen des GATT, 1990, 160 ff. Diese Wertung ergibt sich daraus, dass die RBÜ nur ein Abkommen zum Schutze der Urheber und nicht zum Schutze der Nutzer ist.

den. Zum Immaterialgüterrecht gehört nicht nur die Regelung des Schutzes, sondern auch die Berücksichtigung der Nutzerinteressen sowie des allgemeinen Interesses an der Erhaltung der innovations- und kreativitätsfördernden Anreize, die vom Immaterialgüterrecht ausgehen. Wird aber ständig der Schutz zugunsten derer ausgebaut, die über Schutzrechte verfügen – ein anschauliches Beispiel hierfür liefert der immer wiederkehrende Wunsch der Rechteinhaber, den Schutz von Urheberrechten und der angrenzende Rechte auszubauen und vor allem zu verlängern –, steigt die Gefahr, dass Investitionen in Forschung und Entwicklung sowie neue Schöpfungen unterlassen und der Marktzutritt für Wettbewerber, die kreativer und innovativer sind, erschwert wird. So ist zur Kenntnis zu nehmen, dass auch die Regelung der Schutzschranken zu den auf internationaler Ebene regelungsbedürftigen Fragen gehört. Vor allem die **Entwicklungsländer** haben an einer solchen Regelung ein besonderes Interesse. Das TRIPS-Abkommen nimmt in den Bestimmungen über die Ziele und Grundbestimmungen (Art. 7 und Art. 8) sowie in den kartellrechtlichen Bestimmungen (vor allem Art. 40) nur sehr unvollkommen auf Nutzerinteressen und die öffentlichen Interessen an der Erhaltung des Wettbewerbs Rücksicht. Soweit diese Vorschriften lediglich die WTO-Mitglieder ermächtigen, entsprechende Regelungen zum Interessenausgleich vorzusehen, bietet das TRIPS-Abkommen vor allem keinen Schutz gegen den fortschreitenden Ausbau des Schutzes durch TRIPS-Plus-Standards, die überwiegend in bilateralen Handelsabkommen vereinbart werden. So verwundert es nicht, dass mittlerweile die **WIPO** (→ Rn. 31) im Rahmen ihrer vor allem von den einflussreichen Schwellenländern unterstützten **Development Agenda** die Berücksichtigung der Nutzerinteressen thematisiert. Im Bereich des **Urheberrechts** hat die WIPO mittlerweile begonnen, konkreter[157] über die Regelung von **Ausnahmen und Schutzschranken** zu diskutieren. Der Abschluss des Marrakesch-Abkommens über Schutzschranken zugunsten von **Sehbehinderten** im Jahre 2013 mit verbindlichen materiellrechtlichen Schutzschranken für eine bestimmte Gruppe von Nutzern markiert deshalb einen Paradigmenwechsel in der Entwicklung des internationalen Schutzsystems (→ Rn. 34).

51 Maximalschutzstandards können sich auch aus den bilateralen Handelsabkommen ergeben. Dies zeigt sich etwa am **Wirtschaftspartnerschaftsabkommen** (Economic Partnership Agreements, EPA), das die Europäische Gemeinschaft mit den karibischen Staaten abgeschlossen hat (sog. **EU-CARIFORUM-EPA**).[158] Dieses Abkommen hat einen sehr umfassenden gegenständlichen Regelungsbereich, so dass die darin enthaltenen Vorschriften zum geistigen Eigentum einer stärkeren Relativierung und Begrenzung durch andere Politikbereiche ausgesetzt sind, als dies bei dem sehr eindimensional ausgerichteten TRIPS-Abkommen der Fall ist. Vor allem verfolgt das EU-CARIFORUM-EPA auch das Ziel der nachhaltigen Entwicklung (sustainable development). Dies hat etwa zur Konsequenz, dass im Rahmen der immaterialgüterrechtlichen Bestimmungen eine Verpflichtung der Parteien aufgenommen wurde, gegen Beschränkungen des Technologietransfers vorzugehen (Art. 142 Abs. 2 EU-CARIFORUM-EPO). Diese Regelung geht weit über das hinaus, was TRIPS bestimmt. Während TRIPS in den kartellrechtlichen Bestimmungen die WTO-Mitglieder lediglich ermächtigt, ihr eigenes Kartellrecht anzuwenden, um den eigenen Markt zu schützen, enthält die Bestimmung des CARIFRORUM-EPA eine echte – im Verhältnis zum Immaterialgüterschutz – **Maximalschutzverpflichtung,** die die EU verpflichtet, Lizenzverträge kartellrechtlich zu kontrollieren, die sich auf die karibischen Staaten nachteilig auswirken.[159] Immaterialgüterrechtliche Bestimmungen waren ursprünglich auch in den EPAs mit den übrigen sog. AKP-Staaten Afrikas und des Pazifik vorgesehen. Diese Pläne wurden jedoch wieder fallen gelassen.

52 Schutzbegrenzungen können sich schließlich aus völkerrechtlichen Abkommen ergeben, die Schutzanliegen regeln, die in Widerspruch zu immaterialgüterrechtlichem Schutz treten können.[160] Ein anschauliches Beispiel hierfür bildet der völkerrechtliche **Schutz genetischer Ressourcen.**[161] Die Grundlage hierfür bildet das **Übereinkommen über biologische Vielfalt** (Convention on Biological Diversity – CBD).[162] Diesem Übereinkommen sind sowohl die EU als auch deren Mitgliedstaaten beigetreten. Eine Schnittstelle mit dem Immaterialgüterrecht besteht vor allem, soweit das Abkommen als Mittel zum Schutze genetischer Ressourcen den Einsatz von „access and benefit

[157] Website der WIPO, https://www.wipo.int/ip-development/en/agenda/ (zuletzt abgerufen am 1.5.2024).

[158] Wirtschaftspartnerschaftsabkommen zwischen den CARIFORUM-Staaten einerseits und der Europäischen Gemeinschaft und ihren Mitgliedstaaten andererseits, ABl. EU 2008 L 289, 3.

[159] S. weiterführend *Drexl* in Drexl/Grosse Ruse-Khan/Nadde-Phlix, EU Bilateral Trade Agreements and Intellectual Property: For Better or Worse?, 2014, 265 (280 ff.).

[160] Die völkerrechtlichen Kollisionen mit solchen Abkommen stehen im Fokus bei Grosse Ruse-Khan, The Protection of Intellectual Property in International Law, 2016.

[161] Dazu *Grosse Ruse-Khan,* The Protection of Intellectual Property in International Law, 2016, Rn. 11.08 ff.

[162] Abkommen vom 5.6.1992; in Kraft getreten am 29.12.1993, https://www.cbd.int/doc/legal/cbd-en.pdf (zuletzt abgerufen am 1.5.2024).

sharing"-Regeln propagiert. Über diese Regeln soll sichergestellt werden, dass Unternehmen, die aufgrund genetischer Ressourcen Patente erwerben, einen gerechten Ausgleich an die Herkunftsstaaten und indigenen Völker zum Erhalt der genetischen Ressourcen leisten. International gesehen bedarf es zur Zielerreichung auch effektiver Durchsetzungsinstrumente in den entwickelten Staaten, in denen entsprechende Patente hauptsächlich genutzt werden. Zu denken wäre dabei an Bestimmungen, die die Wirksamkeit von Patenten von der Offenlegung der Herkunft der zugrunde liegenden genetischen Ressourcen abhängig macht. Art. 15 Abs. 2 CBD enthält aber nur eine allgemeine Verpflichtung zum Ergreifen angemessener Maßnahmen, die auf eine Beteiligung der Herkunftsstaaten an den wirtschaftlichen Erlösen aus der Nutzung genetischer Ressourcen hinwirken. Die Regeln des CBD werden ergänzt durch das sog. **Nagoya-Protokoll**[163] vom 29.10.2010. Dieses Zusatzabkommen zum CBD setzt sich gerade zum Ziel, einen angemessenen Ausgleich für die Nutzung genetischer Ressourcen und traditionellen Wissens international durchzusetzen, indem konkrete Verpflichtungen eingeführt werden, die sicherstellen sollen, dass eine Nutzung nur erfolgen kann, wenn die entsprechenden Zugangs- und Beteiligungsregeln in den Herkunftsstaaten eingehalten werden. Allerdings verlangt auch dieses Protokoll nicht die Versagung des Patentschutzes bei Nichtoffenlegung der Quelle der entsprechenden Information. In der **Europäischen Union** ist das Nagoya-Protokoll im Jahre 2014 im Verordnungswege[164] sowie schließlich 2015 auf nationaler Ebene durch das Gesetz zur Umsetzung des Nagoya-Protokolls[165] implementiert worden. Die EU-Verordnung überlässt es den Mitgliedstaaten, für die Sanktionierung der Verstöße gegen das Nagoya-Protokoll zu sorgen. Der deutsche Gesetzgeber sieht diesbezüglich lediglich eine verwaltungsrechtliche Sanktionierung durch das zuständige Bundesamt für Naturschutz (BfN) vor. Gleichzeitig lässt die nationale Umsetzung § 34a Abs. 1 PatG unberührt, wonach der Patentanmelder auf die geographische Herkunft zugrunde liegenden biologischen Materials hinweisen „soll". Ein Verstoß bleibt gemäß § 34a Abs. 1 S. 2 PatG ausdrücklich ohne Auswirkungen auf die Gültigkeit erteilter Patente.[166] Ergänzt wurde diese Regelung lediglich durch eine Mitteilungspflicht des DPMA gegenüber der BfN für den Fall, dass die Patentanmeldung Hinweise auf die geografische Herkunft des genetischen Materials enthält (§ 34a Abs. 2 PatG).

Vorschläge zu einem internationalen Maximalschutz kommen schließlich auch von wissenschaftlicher Seite. Hierzu gehören etwa die **„Declaration on the Three-Step-Test"** einer Wissenschaftlergruppe um das Münchner Max-Planck-Institut für Innovation und Wettbewerb (damals MPI für Immaterialgüter- und Wettbewerbsrecht) und der Londoner Queen Mary University,[167] die einen angemessenen Interessenausgleich im internationalen Urheberrecht durch eine ausgewogene Anwendung des bestehenden Dreistufentests (→ Rn. 48) erreichen möchte, sowie das an der Stockholmer Universität von einer internationalen Wissenschaftlergruppe durchgeführte Projekt **„Intellectual Property Rights in Transition"**, das ganz konkret die Formulierung eines reformierten TRIPS-Abkommens mit Maximalschutzbestimmungen vorschlägt.[168] Diese wissenschaftlichen Bestrebungen kollidieren mit einem starken Schutzinteresse der Industrie. Deshalb sind vor allem die Chancen auf grundlegende Veränderungen der Vertragstexte eher als gering einzuschätzen. **53**

ee) Meistbegünstigung. Das TRIPS-Abkommen hat dem Inländerbehandlungsgrundsatz mit dem Meistbegünstigungsgrundsatz (most-favoured-nation treatment, MFN) ein **zweites Diskriminierungsverbot** hinzugefügt. Die Meistbegünstigung gab es im multilateralen Konventionsrecht vor 1995 nicht; sie war aber schon in der Zeit vor der Berner und Pariser Übereinkunft im Rahmen von bilateralen Handelsabkommen auch im immaterialgüterrechtlichen Bereich zur Anwendung **54**

[163] Nagoya Protocol on Access to Genetic Resources and the Fair and Equitable Sharing of Benefits Arising from Their Utilization, in Kraft getreten am 12.10.2014, https://www.cbd.int/abs/doc/protocol/nagoya-protocol-en.pdf (zuletzt abgerufen am 1.5.2024).

[164] VO (EU) 511/2014 des Europäischen Parlaments und des Rates vom 16.4.2014 über Maßnahmen für die Nutzer zur Einhaltung der Vorschriften des Protokolls von Nagoya über den Zugang zu genetischen Ressourcen und die ausgewogene und gerechte Aufteilung der sich aus ihrer Nutzung ergebenden Vorteile in der Europäischen Union, ABl. EU 2014 L 150, 59.

[165] Gesetz vom 25.11.2015 zur Umsetzung der Verpflichtungen nach dem Nagoya-Protokoll, zur Durchführung der VO (EU) 511/2014, zur Änderung des Patentgesetzes sowie zur Änderung des Umweltauditgesetzes, BGBl. 2015 I 2092.

[166] Anders ist dagegen ist die Rechtslage in der Schweiz. Dort bestimmt § 49a schweiz. PatG ausdrücklich, dass die Patentanmeldung die entsprechenden Angaben über die Quelle der genetischen Ressourcen und des traditionellen Wissens, auf dem die Erfindung direkt beruht, enthalten „muss".

[167] Declaration on a Balanced Interpretation of the „Three-Step Test" in Copyright Law, https://www.ip.mpg.de/fileadmin/ipmpg/content/forschung_aktuell/01_balanced/declaration_three_step_test_final_english1.pdf (zuletzt abgerufen am 1.5.2024).

[168] S. *Levin,* Intellectual Property Rights in Transition, 2009, https://www.scandinavianlaw.se/pdf/42-6.pdf (zuletzt abgerufen am 1.5.2024); dazu auch *Drexl* FS Levin, 2008, 261.

gebracht worden.[169] In Art. 4 TRIPS wird die Meistbegünstigung entsprechend dem zollrechtlichen Modell des Waren-GATT (Art. I Abs. 1 GATT) geregelt. Danach müssen alle Vergünstigungen, die ein WTO-Mitglied den Angehörigen eines anderen Landes – also auch eines Nicht-Mitglieds – in Bezug auf den Schutz des geistigen Eigentums gewährt, „sofort und bedingungslos" (sog. unbedingte Meistbegünstigung) allen WTO-Mitgliedern eingeräumt werden.[170] Verhindert werden soll auf diese Weise, dass sich einzelne Staaten durch ökonomischen Druck bilaterale Vorteile gegenüber ökonomisch schwachen Staaten aushandeln, ohne dass diese Verhandlungsergebnisse auch dritten Staaten zugute kommen.[171]

55 Hatte sich die Meistbegünstigung schon in den bilateralen Abkommen nicht bewährt, so wurde die Übernahme dieses handelspolitischen, dem Immaterialgüterrecht fremden Prinzips durch TRIPS kritisiert.[172] Tatsächlich gibt sich auch Art. 4 TRIPS vorsichtig und sieht eine Reihe von **Ausnahmen** vor. Nach Art. 4 lit. d TRIPS besteht eine solche Ausnahme vor allem in Bezug auf **ältere immaterialgüterrechtliche Abkommen** (zur Frage, ob auch der AEUV als ein solches älteres Abkommen angesehen werden kann, → Rn. 56). Dagegen werden **spätere multi- und bilaterale Abkommen in ihrer Wirkung multilateralisiert.** Zu den späteren multilateralen Abkommen zählen etwa die WIPO-Abkommen zum Urheberrecht vom Dezember 1996, das WCT und das WPPT (→ Rn. 34); zu den bilateralen Abkommen gehören die zahlreichen **Handels- und Kooperationsabkommen, die die USA und die EU mit Drittstaaten abgeschlossen haben** und die auch immaterialgüterrechtliche Bestimmungen enthalten (→ Rn. 113).[173] Damit hat sich die ursprüngliche Erwartung, wonach sich die Meistbegünstigung hemmend auf den weiteren Ausbau des internationalen Schutzes auswirken würde,[174] nicht bestätigt. Aus den **Erfahrungen der letzten Jahre** lässt sich eher auf das **Fehlen einer praktischen Relevanz** der Meistbegünstigung schließen. Sofern sich Staaten zu einem weitergehenden Schutz verpflichten, passen sie ihr Recht auch zu Gunsten der eigenen Staatsangehörigen an. So kommen die Angehörigen aller WTO-Mitglieder schon über den Grundsatz der Inländerbehandlung (Art. 3 TRIPS) in den Genuss der Schutzverbesserung. Auf die Meistbegünstigung kommt es also nur an, wenn sich Staaten bilateral zu einer Schutzverbesserung verpflichten, ihr nationales Recht für Inländer aber nicht anpassen.[175] Anders liegt es jedoch, wenn ein Staat etwa in bilateralen Verpflichtungen einem anderen WTO-Staat Schutzzusagen macht, diese aber sodann völkerrechtswidrig nicht umsetzt. Damit besteht zwar aufgrund der völkerrechtlichen Verpflichtung ein Anknüpfungspunkt für den Meistbegünstigungsgrundsatz, während der Inländerbehandlungsgrundsatz zu keiner Schutzverbesserung führen würde. In einem solchen Fall könnten auch Dritt-

---

[169] Zur Entwicklung und zum Inhalt der verschiedenen Meistbegünstigungsklauseln *Ladas,* International Protection of Literary and Artistic Property, Volume I, 1938, § 75; *Majoros,* Les arrangements bilatéraux en matière de droit d'auteur, 1971, 87 ff.

[170] Zur Auslegung der einzelnen Voraussetzungen s. *Heath* in Heath/Sanders, Intellectual Property and Free Trade Agreements, 2007, 127 (145 ff.).

[171] Allg. wird die Bedeutung von Art. 4 TRIPS im Verhältnis zu bilateralen Abkommen gesehen, s. etwa *Gervais,* The TRIPS Agreement – Drafting History and Analysis, 5. Aufl. 2021, Rn. 3.76. Das Bedürfnis für eine solche Regelung hat sich gerade in der Zeit der Uruguay-Verhandlungen des GATT gezeigt. So hatte die Europäische Gemeinschaft Staaten mit Handelssanktionen gedroht, sollten der EG nicht dieselben Vergünstigungen im Bereich des Immaterialgüterschutzes eingeräumt werden wie den USA; s. Commission of the European Communities, Green Paper on Copyright and the Challenge of Technology – Copyright Issues Requiring Immediate Action, June 1988, COM(88) 172 final; s. auch *Staehelin,* Das TRIPs-Abkommen – Immaterialgüterrechte im Lichte der globalisierten Handelspolitik, 2. Aufl. 1999, 51, der darauf hinweist, dass gerade die Schweiz für die Einführung der Meistbegünstigung war, da man befürchtete, kaum wie die großen Staaten auf bilaterale Weise entsprechende Schutzvorteile gegenüber anderen Staaten verhandeln zu können; ähnlich *Kloth,* Der Schutz der ausübenden Künstler nach TRIPs und WPPT, 2000, 73 f.

[172] Eingehend zu den Argumenten *Drexl,* Entwicklungsmöglichkeiten des Urheberrechts im Rahmen des GATT, 1990, 355 ff.; krit. auch *Kloth,* Der Schutz der ausübenden Künstler nach TRIPs und WPPT, 2000, 74 f.

[173] Hierzu *Kampf* in Heath/Sanders, Intellectual Property and Free Trade Agreements, 2007, 87, 94 f.

[174] *Drexl,* Entwicklungsmöglichkeiten des Urheberrechts im Rahmen des GATT, 1990, 355 f.; *Katzenberger* GRUR Int 1995, 447 (462).

[175] *Gervais,* The TRIPS Agreement – Drafting History and Analysis, 5. Aufl. 2021, Rn. 3.76; *Heath* in Heath/Sanders, Intellectual Property and Free Trade Agreements, 2007, 127 (139). Der WTO Appellate Body hat zwar in der „Bacardi"-Entscheidung festgestellt, dass die USA durch die Konfiszierung von Markenrechten kubanischer Angehöriger gegen die Meistbegünstigungsklausel des Art. 4 TRIPS verstoßen haben, nahm aber gleichzeitig auch einen Verstoß gegen den Inländerbehandlungsgrundsatz an; s. US Sec. 211 Omnibus Appropriation Act of 1998, Report by the Appellate Body, 2.1.2002, WTO-Doc. WT/DS176/AB/R Rn. 233–296 und 297–319; dazu auch *Jakob* GRUR Int 2002, 406.

staaten gestützt auf die Meistbegünstigungsklausel ein **Streitbeilegungsverfahren** gegen den säumigen Staat einleiten.[176] Die Frage ist dabei nur, ob damit auch die Umsetzung des bilateralen Abkommens erreicht werden kann, denn gerade daran fehlt es ja für den „meistbegünstigten" anderen Vertragsstaat.

Im Schrifttum wird vor allem das **Zusammenspiel von Art. 4 TRIPS mit der „Phil Collins"-Rspr.**[177] des EuGH kontrovers diskutiert.[178] Nach Auffassung des EuGH steht den Angehörigen anderer Mitgliedstaaten im Rahmen des allgemeinen Diskriminierungsverbots des heutigen Art. 18 Abs. 1 AEUV (damals Art. 7 Abs. 1 EWGV, zwischenzeitlich Art. 12 Abs. 1 EGV) ein Recht auf Gleichbehandlung im Bereich des Urheberrechtsschutzes und der angewandten Schutzrechte zu. Das soll auch gelten, soweit das urheberrechtliche Konventionsrecht keinen Schutz garantiert.[179] Diese Rspr. führt vor allem dazu, dass im Verhältnis der EU-Mitgliedstaaten zueinander die unter anderem von der RBÜ zugelassenen Ausnahmen vom Inländerbehandlungsgrundsatz im Sinne materieller Reziprozität nicht greifen. Um die aus seiner Sicht fehlerhafte „Phil Collins"-Entscheidung auszuhebeln, bemüht *Schack* die Regelung von Art. 3 und 4 TRIPS.[180] Das TRIPS-Abkommen, das die EU in Kenntnis der „Phil Collins"-Entscheidung abgeschlossen habe, gehe als lex posterior des früheren Art. 12 Abs. 1 EGV (Art. 18 Abs. 1 AEUV) vor. Diesem Versuch tritt *Katzenberger* mit dem Argument „generalia specialibus non derogant" entgegen.[181] Im Klartext: WTO-Recht regle den Welthandel, das EU-Recht den europäischen Markt. Also gehe das europäische Recht als das speziellere vor. Damit gelangt *Katzenberger* zur zentralen Frage, ob über Art. 4 TRIPS nun auch Angehörige von Drittstaaten Gleichbehandlung – über Art. 4 TRIPS iVm dem früheren Art. 12 Abs. 1 EGV (Art. 18 Abs. 1 AEUV) – verlangen könnten,[182] was die „Phil Collins"-Entscheidung in der Tat auf die Spitze treiben würde. 56

Stellungnahme. Beide Erklärungsversuche zur Bestimmung des Verhältnisses von Art. 4 TRIPS und dem früheren Art. 12 Abs. 1 EGV (Art. 18 Abs. 1 AEUV) sind gewagt und letztlich nicht haltbar. *Schack* und *Katzenberger* ordnen TRIPS und den (früheren) EG-Vertrag wie gleichrangige Normen des nationalen Privatrechts ein und bestimmen nach scheinbar akzeptierten Auslegungsgrundsätzen das Verhältnis zueinander. Richtigerweise ist zwischen der **völkerrechtlichen und der EU-internen Geltungsfrage zu unterscheiden.** Soweit es um Geltung und Anwendung der Konventionen **innerhalb der Europäische Union** geht, ist ausschließlich an der Stellung völkerrechtlicher Abkommen in der Rechtsordnung der EU anzusetzen. TRIPS ist von Seiten der Europäischen Union als völkerrechtliches Abkommen abgeschlossen worden. Nach Art. 216 Abs. 2 AEUV (früher Art. 300 Abs. 8 EGV) binden die von der EU geschlossenen Übereinkommen die Organe der EU und die Mitgliedstaaten. Damit genießen diese Abkommen allenfalls gegenüber dem sekundären, von den Organen gesetzten Recht den Vorrang, nicht dagegen gegenüber dem primären Recht der EU-Gründungsverträge. Im konkreten Fall kollidiert das völkerrechtliche Abkommen (Art. 4 TRIPS) mit einer Bestimmung des AEUV (Art. 18 Abs. 1 AEUV). Da die EU keine Abkommen mit interner Wirkung schließen kann, die dem AEVU widersprechen,[183] ist unionsintern ausschließlich nach Art. 18 Abs. 1 AEUV und nicht nach Art. 4 TRIPS zu verfahren. Deshalb fehlt der von *Schack* vertretenen lex posterior-Anwendung, aber auch dem von *Katzenberger* bevorzugten lex specialis-Grundsatz jede Grundlage. Die **„Phil** 57

[176] Ebenso für die grds. Durchsetzbarkeit der Nichtdiskriminierungsklauseln im Zusammenhang mit Freihandelsabkommen im WTO-Streitbeilegungsverfahren *Kampf* VPP-Rundbrief Nr. 2/2006, 38 (45).

[177] EuGH Slg. 1993, I-5145 = NJW 1994, 375 – Phil Collins; s. in der Folge auch BGH GRUR Int 1995, 65 – Rolling Stones.

[178] *Katzenberger* GRUR Int 1995, 447 (462); *Schack* GRUR Int 1995, 310 (314); s. auch *Karnell* GRUR Int 1994, 733 (737).

[179] Im konkreten Fall wäre Phil Collins als britischer Staatsangehöriger in Deutschland nicht durch das Rom-Abkommen geschützt, obwohl Großbritannien und Deutschland dem Rom-Abkommen angehören. Nach Art. 4 lit. a Rom-Abkommen kommt es nämlich für die Schutzfähigkeit nicht auf die Staatsangehörigkeit des Künstlers, sondern den Ort der Darbietung an. Phil Collins wehrte sich gegen den Vertrieb von Mitschnitten, die von einem seiner Konzerte in den USA unerlaubt angefertigt worden waren. Die USA sind nicht Vertragsstaat des Rom-Abkommens.

[180] S. *Schack,* UrhR/UrheberverlagsR, 5. Aufl. 2010, Rn. 1000 (ab der 6. Aufl. 2013 nicht wiederholt).

[181] *Katzenberger* GRUR Int 1995, 447 (462).

[182] Zu derselben Frage gelangt *Karnell* GRUR Int 1994, 733 (737), ohne sie letztlich zu beantworten.

[183] Diese Selbstverständlichkeit ergibt sich vor allem auch aus Art. 218 Abs. 11 AEUV (früher Art. 300 Abs. 6 EGV). Danach ist der EuGH dafür zuständig, Gutachten über die Vereinbarkeit völkerrechtlicher Verträge mit dem AEUV zu erstatten; s. auch *Streinz,* Europarecht, 10. Aufl. 2016, Rn. 1238. Von der Frage, ob ein Abkommen in Widerspruch zum AEUV abgeschlossen wurde, ist die Frage nach der völkerrechtlichen Wirksamkeit zu unterscheiden. Diese zweite Frage ist nicht nach Art. 218 Abs. 11 AEUV, sondern ausschließlich nach völkerrechtlichen Grundsätzen zu beurteilen.

Collins"-Rspr. bleibt trotz des späteren Inkrafttretens des WTO/TRIPS-Abkommens weiterhin anwendbar.[184]

58 So gelangt man tatsächlich zur Frage, ob die Meistbegünstigung zumindest **völkerrechtlich**[185] die Gleichbehandlung gemäß Art. 18 Abs. 1 AEUV zu Gunsten aller WTO-Mitglieder ausdehnt. Zuzustimmen ist hier zunächst *Katzenberger.* Die Ausnahme von der Meistbegünstigung nach Art. 4 lit. b TRIPS in Bezug auf die unveränderte Anwendung der Fälle materieller Reziprozität in der RBÜ und dem Rom-Abkommen greift nicht, da sich die Ausländerbegünstigung nicht aus den genannten Abkommen ergibt, sondern aus Art. 18 Abs. 1 AEUV. Der Meistbegünstigung möchte *Katzenberger* aber durch eine Einordnung des EG-Vertrages (heute AEUV) als die ältere „Übereinkunft zum Schutze des geistigen Eigentums" iSd Art. 4 lit. d TRIPS, auf welche die Meistbegünstigung nicht Anwendung finde, entgehen. Tatsächlich haben die Europäische Gemeinschaft und deren Mitgliedstaaten am 19.12.1995, wie von Art. 4 lit. d TRIPS gefordert, den EG-Vertrag und das EWR-Abkommen als Abkommen im Sinne der Vorschrift notifiziert.[186] Die Einordnung des **EG-Vertrags als älteres Abkommen** – und damit des AEUV als geänderte Fassung des EG-Vertrages – bleibt dennoch problematisch, weil sich Art. 18 Abs. 1 AEUV (früher Art. 12 Abs. 1 EGV) nach Inkrafttreten von TRIPS im Zuge des Beitritts neuer Staaten zur EU, die nicht zum EWR gehörten, möglicherweise wieder als Anknüpfungspunkt für die Meistbegünstigungsklausel eignet. Dennoch erscheint das Ergebnis von *Katzenberger,* die Wirkung des früheren Art. 12 Abs. 1 EGV (Art. 18 Abs. 1 AEUV) nicht über den Meistbegünstigungsgrundsatz auf andere WTO-Mitglieder auszudehnen, richtig. Die Meistbegünstigungsklausel des Art. 4 TRIPS setzt voraus, dass den Staatsangehörigen eines „anderen Landes" eine Vergünstigung gewährt wird. Da auch die EU-Mitgliedstaaten WTO-Mitglieder geworden sind, könnten grundsätzlich auch Vergünstigungen, die sich EU-Mitgliedstaaten im Innenverhältnis gewähren, als Bezugspunkt für die Meistbegünstigungsklausel zu berücksichtigen sein. Bei **Art. 18 Abs. 1 AEUV** geht es freilich um das **interne Recht der Europäischen Union als WTO-Mitglied.**[187] Vergünstigungen, die das europäische Recht Angehörigen der Mitgliedstaaten gewährt, sollten danach nicht als Vergünstigungen zu Gunsten von Angehörigen eines „anderen" Landes angesehen werden. Diese Sichtweise legitimiert sich durch die Anerkennung der Europäischen Union als vollwertiges Mitglied der WTO nach dem WTO-Abkommen. Eine inhaltliche Bestätigung findet dieses Verständnis durch die mittlerweile erfolgte Rechtsangleichung in der EU. So hat die Angleichung der Schutzdauer die Frage nach der Anwendung von Art. 4 TRIPS iVm Art. 18 Abs. 1 AEUV in Bezug auf den Schutzfristenvergleich obsolet werden lassen. Die in „Phil Collins" gewählte Auslegung von Art. 18 Abs. 1 AEUV markiert mit dem Anspruch auf rechtliche Gleichbehandlung lediglich eine Vorstufe zur vollständigen rechtlichen Integration. Mit dem Vollzug der Rechtsangleichung für die Schutzfristen findet der Schutzfristenvergleich im Verhältnis zu Drittstaaten weiterhin Anwendung (so ausdrücklich Art. 7 Abs. 1 Schutzdauer-RL; → Rn. 45). Die Berufung auf Art. 4 TRIPS scheitert jetzt jedenfalls an den identischen Schutzfristen in der EU. EU-Angehörige sind nicht mehr auf Art. 18 Abs. 1 AEUV angewiesen, um in den Genuss der Inländergleichbehandlung zu kommen. Deshalb ist nicht einzusehen, weshalb Angehörigen von Drittstaaten in einem Bereich, in dem es noch an einer Rechtsangleichung fehlt, auf Grund von Art. 4 TRIPS iVm Art. 18 Abs. 1 AEUV ein Anspruch auf Gleichbehandlung zustehen sollte.

59 Durch die fortschreitende Rechtsangleichung innerhalb der Europäischen Union verliert die Problematik an **praktischer Relevanz.** Zuletzt interessierte die Frage vor allem im Bereich des **Folgerechts,** da Art. 14ter Abs. 2 RBÜ nur zur Inländergleichbehandlung verpflichtet, soweit auch das Heimatrecht des Urhebers das Folgerecht kennt.[188] Nach Art. 4 TRIPS war somit die Frage zu stellen, ob sich auch die Urheber aus Drittstaaten in der EU auf das jeweilige nationale Recht berufen konnten, ohne sich auf Art. 14ter Abs. 2 RBÜ verweisen lassen zu müssen. Mit vollständiger

[184] Mittelbar bestätigt durch EuGH Slg. 2002, I-5089 = NJW 2002, 2858 – Land Hessen/Ricordi (zur Anwendung des früheren Art. 12 Abs. 1 EGV im Verhältnis zum Schutzfristenvergleich des Art. 7 Abs. 8 RBÜ). Der EuGH ging ohne Erwähnung des TRIPS-Abkommens von der Anwendbarkeit des früheren Art. 12 EGV im beschriebenen Sinne aus.

[185] Zur Frage der unmittelbaren Anwendbarkeit von TRIPS als EU-Recht innerhalb der europäischen Rechtsordnung → Rn. 96 ff.

[186] S. Aktuelle Informationen GRUR Int 1996, 269 f.; dazu auch *Dörmer* IIC 31 (2000), 1 (29). Eine Liste der notifizierten Abkommen findet sich bei *Gervais,* The TRIPS Agreement – Drafting History and Analysis, 5. Aufl. 2012, Rn. 3.77. Danach wurden auch andere Abkommen zur Begründung regionaler Integrationssysteme notifiziert, so NAFTA, der Vertrag von Asunción (Mercosur) sowie jener von Cartagena (Andengemeinschaft).

[187] Der hier dargestellten Begr. zust. *Varimezov,* Grenzüberschreitende Rechtsverletzungen im Bereich des gewerblichen Rechtsschutzes und das anwendbare Recht, 2011, 195.

[188] Ausf. zu diesem Fall der materiellen Reziprozität *Drexl,* Entwicklungsmöglichkeiten des Urheberrechts im Rahmen des GATT, 1990, 142 ff.

Umsetzung der **Folgerechts-RL,**[189] die bis Ende 2005 zu erfolgen hatte, wurde allerdings auch dieser mögliche Kollisionsfall beseitigt. In Art. 7 Abs. 1 Folgerechts-RL ist denn auch vorgesehen, dass – in Anlehnung an Art. 14ter Abs. 2 RBÜ – Ausländern das Folgerecht nur gewährt wird, wenn das Recht des Staates, dessen Staatsangehörigkeit der Urheber oder dessen Rechtsnachfolger besitzt, für Angehörige der EU bei der Gewährung des Folgerechts Reziprozität genießen. Übrig geblieben ist die Bezugnahme auf das Recht des Ursprungslandes in Art. 2 Abs. 7 S. 2 RBÜ für den Schutz von **Werken der angewandten Kunst,** wonach kein Urheberschutz zu gewähren ist, sofern im Ursprungsland nur Musterschutz erhältlich ist. Art. 18 Abs. 1 AEUV verhindert, wie der EuGH für diese Konstellation ausdrücklich festgestellt hat,[190] die Anwendung dieser Ausnahme von der Inländerbehandlung im Verhältnis zwischen den Mitgliedstaaten der EU. Insbesondere betonte der EuGH, dass die Erfüllung von Verpflichtungen der Mitgliedstaaten untereinander im Lichte des EU-Rechts nicht von der Gegenseitigkeit abhängig gemacht werden dürfe.[191]

ff) Rechtsdurchsetzung. Das WIPO-Konventionssystem weist eine wesentliche Lücke im internationalen Rechtsschutz auf. Dem Inländerbehandlungsgrundsatz und dem konventionsrechtlichen Mindestschutzprinzip fehlt die notwendige Ergänzung auf der Rechtsfolgenseite und im Bereich des Verfahrensrechts. Nur in pauschaler Weise wird eine Verpflichtung der Vertragsstaaten zur effektiven Rechtsdurchsetzung begründet (Art. 10ter PVÜ, Art. 14 WCT, Art. 23 WPPT). Diese Lücke ermöglichte Staaten, die nur beschränkt Interesse am Schutz des geistigen Eigentums hatten, den Konventionen beizutreten. In der Praxis wurde der an sich verbürgte Schutz durch Defizite auf der Ebene der Rechtsdurchsetzung unterlaufen. Diese Lücke schließt das **TRIPS-Abkommen,** das in Teil III (Art. 41–61 TRIPS), dem englischen Begriff des **„enforcement"** folgend, Standards im Hinblick sowohl auf die **materiellrechtlichen Folgen** von Rechtsverletzungen – insbesondere Unterlassungs- und Schadensersatzansprüche – als auch für das **Prozessrecht** normiert. 60

Ungeachtet dieses ohnehin schon vorhandenen Schutzes im Rahmen des TRIPS-Abkommens gehört die Rechtsdurchsetzung zu jenen Bereichen, in denen im Rahmen von bilateralen Abkommen **TRIPS-Plus-Standards** vereinbart werden. Dies gilt nicht nur für die Abkommen der USA, sondern gerade auch für jene der **EU** (s. etwa Art. 151 ff. EU-CARIFORUM EPA). Von europäischer Seite steht, was die inhaltliche Ausgestaltung betrifft, die ausschließlich auf Rechtsangleichung innerhalb der EU ausgelegte sog. **Enforcement-RL** aus dem Jahre 2004 Pate,[192] die in Deutschland im Rahmen der verschiedenen immaterialgüterrechtlichen Gesetze (UrhG, MarkenG, PatG, etc) umgesetzt worden ist. Als weiteres, aber inzwischen gescheitertes Projekt der Verbesserung der internationalen Rechtsdurchsetzung ist der Vorstoß einiger entwickelter Staaten zu nennen, in Form eines **Anti-Counterfeiting Trade Agreements (ACTA)** ein neues multilaterales Abkommen abzuschließen, dass die Durchsetzung des Immaterialgüterrechts noch weiter verstärken sollte.[193] ACTA wurde von einem nur kleinen Kreis von Staaten – den USA, der EU, Australien, Japan, Kanada, Südkorea, Mexiko, Marokko, Neuseeland, Singapur und der Schweiz[194] – außerhalb der bekannten multilateralen Strukturen (WIPO, WTO, OECD, etc) verhandelt. Diese Verhandlungen erfolgten weitgehend unter Ausschluss der Öffentlichkeit und ohne Beteiligung vor allem der wichtigeren Entwicklungsländer. Von Anfang an war aber geplant, nach Abschluss des Abkommens weniger willige Staaten über bilaterale Handelsabkommen zu veranlassen, dem Abkommen beizutreten bzw. dessen Schutzniveau zu übernehmen.[195] Nach Inkrafttreten des Lissabonner Vertrages erforderte die Ratifikation von Seiten der EU die Zustimmung des Europäischen Parlaments. Nach Demonstrationen in mehreren Mitgliedstaaten gegen ACTA, die vor allem durch die Befürchtung befeuert wurden, ACTA würde die zivil- und strafrechtliche Verfolgung von Urheberrechtsverstößen erheblich ausbauen, verweigerte das Europäische Parlament dem Abkommen die Zustimmung.[196] Japan ist der einzige Staat geblieben, der das Abkommen ratifiziert hat. Trotz des Scheiterns von ACTA 61

[189] RL 2001/84/EG vom 27.9.2001 über das Folgerecht des Urhebers des Originals eines Kunstwerks, ABl. EU 2001 L 272, 32.

[190] EuGH Slg. 2005, I-5781 = GRUR 2005, 755 – Tod's.

[191] EuGH Slg. 2005, I-5781 Rn. 34 = GRUR 2005, 755 – Tod's.

[192] RL 2004/48/EG des Europäischen Parlaments und des Rates vom 29.4.2004 zur Durchsetzung der Rechte des geistigen Eigentums, ABl. EU 2004 L 195, 16.

[193] Abkommenstext vom 3.12.2010, https://www.mofa.go.jp/policy/economy/i_property/pdfs/acta1105_en.pdf (zuletzt abgerufen am 1.5.2024). Die Unterzeichnung des Abkommens erfolgte im 1.10.2011. Die Unterzeichnung durch die EU und ihre Mitgliedstaaten erfolgte am 26.1.2012.

[194] Die Schweiz hat zwar an den Verhandlungen teilgenommen, aber bislang nicht unterzeichnet.

[195] S. *Metzger* JZ 2010, 929 (932); allg. zu den Auswirkungen der verbesserten Rechtsdurchsetzung auf Entwicklungsländer *Correa* in ICTSD, The Global Debate on Enforcement of Intellectual Property, Issue Paper No. 22, 2009, 27.

[196] Abstimmung des Europäischen Parlaments vom 4.7.2012.

können aber entsprechende Maßstäbe über andere, nämlich bilaterale Abkommen Eingang in das EU-Recht finden. Verpflichtungen zur strafrechtlichen Verfolgung von Verstößen gegen das Immaterialgüterrecht finden sich schon im vorher abgeschlossenen Freihandelsabkommen mit der Republik Korea.[197] Solche Verpflichtungen sind innerhalb der EU umzusetzen; Drittstaaten können sich auf sie jedenfalls über die Meistbegünstigungsklausel des TRIPS-Abkommens berufen (→ Rn. 54).

62 **gg) WTO-Streitbeilegung.** Die Vorschriften zur internen Rechtsdurchsetzung werden durch das WTO-Streitbeilegungsverfahren ergänzt. Während die WIPO-Konventionen selbst kein eigenes Streitbeilegungsverfahren kennen, sondern nur auf den nie genutzten Weg zum Internationalen Gerichtshof (IGH) in Den Haag verweisen (Art. 33 RBÜ, Art. 28 PVÜ), liegt der wesentliche Vorteil des WTO-Abkommens gerade in der Garantie der Rechtsdurchsetzung durch die Streitbeilegungsorgane der WTO (Panels, Appellate Body). Seit Inkrafttreten der WTO-Abkommen hat sich eine umfangreiche internationale Fallpraxis dieser Organe entwickelt, die inzwischen auch zahlreiche immaterialgüterrechtliche Fälle erfasst.[198] Das Streitbeilegungsverfahren wird durch das Dispute Settlement Understanding (DSU) geregelt,[199] das wie TRIPS als multilaterales Abkommen (Art. II Abs. 2 WTO-Abkommen) zum zwingenden Besitzstand des WTO-Rechts zählt. Die Durchschlagkraft des Streitbeilegungsverfahrens lässt sich vor allem mit zwei Argumenten erklären. Zum einen kommt der Grundsatz der **umgekehrten Einstimmigkeit** (reverse consent rule) zur Anwendung. Danach gelten die Berichte (reports) der Streitbeilegungsorgane (Panels und Appelate Body) durch den Dispute Settlement Body (DSB), dem Vertretungsorgan der WTO-Mitglieder, als angenommen, wenn dieser nicht binnen bestimmter Frist einstimmig die Ablehnung beschließt. So kann das obsiegende WTO-Mitglied stets die Annahme des Berichts und damit die völkerrechtliche Verbindlichkeit durchsetzen.[200] Das zweite Argument ergibt sich aus dem ausgefeilten **Sanktionssystem** des DSU. Danach kann ein obsiegendes Mitglied sogar ermächtigt werden, den Schutz von Immaterialgüterrechten von Angehörigen des unterlegenen Mitglieds zu suspendieren, um die Einhaltung von Verpflichtungen in ganz anderen Bereichen des WTO-Rechts zu erzwingen. Entsprechend wurde beispielsweise Ecuador ermächtigt, Patentschutz für EU-Bürger in Reaktion auf die Verletzung von GATT-Vorschriften durch die europäische Bananenmarktordnung auszusetzen.[201] Ähnlich erging es später den USA in einem Handelsstreit mit Antigua und Barbuda über den Zugang von Glücksspielanbietern zum US-Markt. Antigua und Barbuda wurde ermächtigt, Immaterialgüterrechte von US-Angehörigen im Wert von 31 Mio. US-Dollar pro Jahr auszusetzen, worauf der Inselstaat Anfang 2013 damit drohte, eine Videoplattform einzurichten, um den Download von Filmen ohne Zustimmung der US-Rechteinhaber zu ermöglichen.[202]

63 Im Rahmen des Streitbeilegungsverfahrens ist vor allem auch der **Bern- und Paris-Plus-Effekt,** dh die von TRIPS begründete Verpflichtung der WTO-Mitglieder, Bestimmungen der RBÜ und der PVÜ einzuhalten, von Bedeutung. Da ein Verstoß gegen die RBÜ oder gegen die PVÜ durch WTO-Mitglieder zugleich einen WTO-Verstoß begründet, ist auch hier das WTO-Streitbeilegungsverfahren anwendbar. So konnte etwa in einem WTO-Verfahren der Europäischen Gemeinschaft gegen die USA festgestellt werden, dass Sec. 110 (5) US Copyright Act nicht RBÜ-konform ist.[203] Im sog. **„Bacardi"-Fall** stellte der Appellate Body, das oberste WTO-Streitbeilegungsorgan, auf Beschwerde der Europäischen Gemeinschaft gegen die USA fest, dass die Konfiszierung von Markenrechten von kubanischen Angehörigen gemäß Sec. 211 Omnibus Appropriation Act 1998 nicht nur gegen den Inländerbehandlungsgrundsatz von Art. 3 TRIPS, sondern auch gegen jenen von Art. 2 Abs. 1 PVÜ verstößt, und auch der Schutz von Handelsnamen nach Art. 8

[197] Freihandelsabkommen zwischen der EU und ihren Mitgliedstaaten einerseits und der Republik Korea andererseits, ABl. EU 2011 L 127, 6 (Ratifikation durch die EU aufgrund des Beschluss des Rates vom 26.9.2010).

[198] Zur Entwicklung der ersten Jahre s. die Analyse bei *Dörmer* IIC 31 (2000), 1.

[199] Understanding on Rules and Procedures Governing the Settlement of Disputes; Annex 2 WTO-Abkommen.

[200] Art. 16 Abs. 4 DSU für Panel-Berichte, gegen die aber die Berufung (appeal) zum Appellate Body möglich ist; Art. 17 Abs. 14 DSU für die Berichte des Appellate Body.

[201] European Communities – Regime for the Importation, Sale and Distribution of Bananas, Decision by the Arbitrators, 24 March 2000, WTO-Doc. WT/DS27/ARB/ECU, https://www.wto.org/english/tratop_e/dispu_e/dispu_e.htm (zuletzt abgerufen am 1.5.2024); krit. dazu *Drexl* in *Ott/Schäfer,* Vereinheitlichung und Diversität des Zivilrechts in transnationalen Wirtschaftsräumen, 2002, 353 und 355.

[202] Handelsstreit mit den USA: Weltorganisation erlaubt Karibikinsel das Raubkopieren, SpiegelOnline, 30.1.2013, https://www.spiegel.de/netzwelt/web/handelsstreit-mit-den-usa-karibikinsel-darf-ganz-legal-raubkopieren-a-880510.html (zuletzt abgerufen am 1.5.2024).

[203] Sec. 110 (5) US Copyright Act, Report by the Panel, 15.6.2000, WTO-Doc. WT/DS160/R, https://www.wto.org/english/tratop_e/dispu_e/dispu_e.htm (zuletzt abgerufen am 1.5.2024). Der Panel-Bericht wurde vom Dispute Settlement Body angenommen, nachdem die USA die Berufungsfrist haben verstreichen lassen.

PVÜ vom Paris-Plus-Effekt erfasst ist.[204] Abgelehnt wurde dagegen in diesem Fall die europäische Beschwerde im Hinblick auf eine Verletzung des telle-quelle-Schutzes des Art. 6quinquies A Abs. 1 PVÜ. Die Pflicht zur Eintragung von Marken „telle quelle", dh wie im Ursprungsland erfolgt, beziehe sich nur auf die Form, nicht dagegen auf den Inhaber der Marke.[205] Vor allem zu diesem zweiten Beschwerdepunkt stellt der Appellate Body grundsätzliche Erwägungen zum Verständnis der einschlägigen Bestimmungen der PVÜ an, was deutlich macht, dass die Streitbeilegungsorgane der WTO auch für RBÜ und PVÜ inzwischen zur zentralen internationalen Auslegungsinstanz geworden sind. Zur Frage, ob Gerichte in der EU an diese Auslegungen gebunden sind, → Rn. 107.

hh) Unmittelbare Anwendbarkeit. Für die Praxis des Internationalen Immaterialgüterrechts stellt sich im Zusammenhang mit den internationalen Abkommen die besonders bedeutsame Frage, **ob sich auch der Einzelne vor nationalen Gerichten auf Vorschriften dieser Abkommen berufen kann.** Eine solche Berufung setzt die sog. unmittelbare Anwendbarkeit voraus. Im Völkerrecht spricht man von der unmittelbaren Anwendbarkeit eines Abkommens, wenn ein Abkommen innerstaatliche Geltung erlangt hat und von den Gerichten unmittelbar auf die Rechtsbeziehungen zwischen den Bürgern angewendet werden kann, ohne dass eine Präzisierung durch den nationalen Gesetz- bzw. Verordnungsgeber erforderlich ist.[206] Für die unmittelbare Anwendbarkeit sind **drei Voraussetzungen** zu nennen: (1.) Das Abkommen muss **nach dem Willen der Vertragsparteien der unmittelbaren Anwendbarkeit fähig** sein. Ob dies der Fall ist, lässt sich zumeist nur im Lichte von Inhalt und Zweck des Abkommens ermitteln. (2.) Die **nationale Verfassungsordnung muss die unmittelbare Anwendbarkeit auch zulassen.** In Staaten, die nicht der Vollzugs-, sondern der reinen Transformationstheorie folgen, wonach der Gesetzgeber zur Umsetzung jeweils ein ausformuliertes Gesetz mit entsprechenden Vorschriften zu schaffen hat, kommt nur das nationale Gesetz zur Anwendung, nicht das Abkommen. (3.) Schließlich ist auch auf die einzelne, entscheidungserhebliche Vorschrift des Abkommens abzustellen und zu prüfen, ob diese nach **Inhalt, Zweck und Fassung noch weiterer innerstaatlicher Rechtssetzungsakte bedarf.** Die Formulierung einzelner Vorschriften als bloße Staatenverpflichtung steht der unmittelbaren Anwendbarkeit jedenfalls nicht entgegen.[207] 64

Wegen der zweiten Voraussetzung lässt sich die unmittelbare Anwendbarkeit von völkerrechtlichen Verträgen im Internationalen Immaterialgüterrecht **nicht einheitlich beurteilen.** Vielmehr muss auf die nationale Verfassung Rücksicht genommen werden. In **Deutschland** beurteilt sich die unmittelbare Anwendbarkeit im Grundsatz nach Art. 59 Abs. 2 S. 1 GG. Das deutsche Zustimmungsgesetz besitzt Doppelnatur, soweit es einerseits die Zustimmung zur Abgabe der völkerrechtlichen Bindungserklärung (Ratifikationsakt) enthält und damit die völkerrechtliche Verpflichtung erst erzeugt und andererseits die nationale Geltung der Vertragsbestimmungen herbeiführt. Die **deutschen Gerichte** haben die **unmittelbare Anwendbarkeit der immaterialgüterrechtlichen Abkommen** mehrfach bestätigt. Manche Gesetze, wie etwa § 121 Abs. 4 S. 1 UrhG, ordnen den Schutz des Ausländers nach dem Inhalt der Staatsverträge sogar ausdrücklich an. 65

In anderen Ländern kann dagegen nicht ohne weiteres von einer unmittelbaren Anwendbarkeit ausgegangen werden. So findet im **Vereinigten Königreich** und vielen **Commonwealth-Ländern,** die der britischen Tradition folgen, die Transformationstheorie in einer sehr strikten Ausprägung Anwendung. Eine „generelle" Transformation durch bloßes Zustimmungsgesetz scheidet dort aus; nur das Parlament verfügt über die interne Rechtssetzungsgewalt, die im Wege eines ausformulierten Umsetzungsgesetzes wahrzunehmen ist. 66

In den **USA** wird die Frage nach der unmittelbaren Anwendbarkeit wesentlich durch die Regeln für die Organzuständigkeit zum Erlass von Bundesgesetzen beeinflusst. Zwar anerkennt das US-Recht im Grundsatz die unmittelbare Anwendbarkeit völkerrechtlicher Abkommen. Jedoch werden völkerrechtliche Abkommen in den USA ausschließlich vom Präsidenten mit Zustimmung des Senats oder dessen Ermächtigung abgeschlossen, während Bundesgesetze im Bereich des Immaterialgüterrechts und des Außenhandels der Zustimmung auch des Repräsentantenhauses bedürfen. So ist zwar in den USA im Prinzip von einer unmittelbaren Anwendbarkeit der immaterialgüterrechtlichen Abkommen auszugehen. Diese Abkommen stehen aber **im Rang unter dem Bundesgesetz und über dem einzelstaatlichen Recht.** Im Falle einer Kollision haben Bundesgesetze den Vorrang gegenüber Abkommen. Im Zuge der Umsetzung immaterialgüterrechtlicher Abkommen hat sich 67

[204] US Sec. 211 Omnibus Appropriation Act of 1998, Report by the Appellate Body 2.1.2002, WTO-Doc. WT/DS176/AB/R Rn. 233–296.

[205] US Sec. 211 Omnibus Appropriation Act of 1998, Report by the Appellate Body 2.1.2002, WTO-Doc. WT/DS176/AB/R Rn. 122–148; s. dazu *Jakob* GRUR Int 2002, 406 (411).

[206] So etwa *Verdross/Simma,* Universelles Völkerrecht, 3. Aufl. 1984, § 864.

[207] Im Anschluss an *E. Ulmer* GRUR Int 1960, 57 (61 f.) (str.), der sich dort vor allem auf die Auslegung des WUA (→ Rn. 35) bezieht, das durchgängig in Form von Staatenverpflichtungen formuliert ist.

zudem die Praxis des Erlasses von Umsetzungsgesetzen entwickelt, die die beschriebenen Grundsätze ausdrücklich statuieren. So schließt Sec. 2 (1) **Berne Convention Implementation Act von 1988** die unmittelbare Anwendbarkeit sogar ausdrücklich aus.[208] Der **US Uruguay Round Agreements Act (1994),** der der Umsetzung der WTO-Abkommen dient, bestimmt in Sec. 102 (a) (1) WTO-Abkommen ausdrücklich einen absoluten Vorrang von US Bundesrecht im Verhältnis zum WTO-Recht. Darüber hinaus stellt Sec. 102 (b) (2) (A) des Gesetzes sicher, dass sich Einzelpersonen nicht auf die WTO-Abkommen berufen können, um widersprechendes Recht der Einzelstaaten für unwirksam erklären zu lassen. Eine entsprechende Klagemöglichkeit wird aber dem Bund gegenüber den Bundesstaaten eingeräumt, so dass dieser die Vereinbarkeit einzelstaatlichen Rechts mit dem WTO-Recht durchsetzen kann. Letzteres ist etwa bedeutsam im Bereich des von TRIPS verfolgten Schutzes von Geschäftsgeheimnissen (Art. 39 TRIPS), der in den USA nach wie vor einzelstaatlich, zum Teil nur durch Common Law, geregelt ist.

68 Nur schwer beantworten lässt sich die Frage nach der unmittelbaren Anwendbarkeit für jene Abkommen, die (auch) von der **Europäischen Union** abgeschlossen wurden. Der Anwendung von immaterialgüterrechtlichen Abkommen der Europäischen Union ist ein eigener Abschnitt gewidmet (→ Rn. 85 ff.). Festzuhalten bleibt jedoch schon hier, dass die Beurteilung der unmittelbaren Anwendbarkeit nur nach europarechtlichen Grundsätzen erfolgen kann, soweit nach den internen Regeln des AEUV die Union für den Abschluss der einschlägigen Abkommen zuständig ist.[209] Dies bedeutete für das von der damaligen Europäischen Gemeinschaft und den Mitgliedstaaten als gemischtes Abkommen abgeschlossene TRIPS (→ Rn. 32 f.), dass die unmittelbare Anwendbarkeit jedenfalls ursprünglich ausschließlich nach nationalen Grundsätzen zu beurteilen war, soweit die Gemeinschaft für den betreffenden Bereich noch keine internen Rechtsvorschriften erlassen hatte.[210] Durch nachfolgende Änderungen der Gründungsverträge hat sich die Außenzuständigkeit für das Immaterialgüterrecht grundsätzlich gewandelt. Diese ist heute ausschließlich nach den Regeln des AEUV in der Fassung des Lissabonner Vertrages zu beurteilen (→ Rn. 93).

69 **c) Der Inländerbehandlungsgrundsatz als Kollisionsnorm?** Umstritten ist, ob sich aus dem Inländerbehandlungsgrundsatz zugleich eine (konkludente) völkervertragsrechtliche Kollisionsnorm ergibt.[211] Die Auffassung, die dies bejaht, möchte dem Grundsatz der Inländerbehandlung eine Entscheidung zu Gunsten der Anwendbarkeit des Rechts des **Schutzlandes** (lex loci protectionis) entnehmen. Praktische Bedeutung hat dies vor allem im Bereich des Urheberrechts, bei dem umstritten ist, ob die Frage, wem das Urheberrecht zu Beginn, dh zum Zeitpunkt der Schöpfung zusteht, nach dem Recht des Schutzlandes oder – entsprechend dem Universalitätsprinzip – nach dem Recht des Ursprungslandes (lex originis) zu beurteilen ist. Da sich nationale Kollisionsrechtsordnungen zu dieser Frage durchaus unterschiedlich entscheiden, hat die Frage, ob die RBÜ auch die kollisionsrechtliche Anknüpfung verpflichtend vorgibt, praktische Bedeutung.

70 Für die RBÜ sind zwei Fragen zu unterscheiden. Die erste Frage ist jene, ob der Inländerbehandlungsgrundsatz überhaupt kollisionsrechtlich qualifiziert werden kann. Die zweite Frage geht dahin, ob eine solche Kollisionsnorm nur den Kreis der eingeräumten Rechte oder auch andere Aspekte des Rechtsschutzes, insbesondere die Voraussetzungen der Schutzrechtsbegründung, erfasst.

71 **aa) Inländerbehandlungsgrundsatz der RBÜ und Schutzlandprinzip.** Die **Praxis der deutschen Gerichte** geht seit jeher davon aus, dass im Bereich des Urheberrechts umfassend, dh sowohl für den Schutzumfang als auch für die Schutzentstehung, das Recht im Schutzland (lex loci protectionis) anzuwenden ist und begründet dies in einem Atemzug über das autonome deutsche Kollisionsrecht und den Inländerbehandlungsgrundsatz der RBÜ.[212] Dieser Auffassung folgt auch die französische **Cour de cassation.**[213] In einer jüngeren Entscheidung hat dieses Gericht in Abweichung von seiner früheren Rspr. sogar bestätigt, dass sich aus dem Inländerbehandlungsgrundsatz auch für die Bestimmung des ersten Inhabers des Urheberrechts unmittelbar die Geltung des Rechts

---

208 Krit. wegen des Ausschlusses des Schutzes des Urheberpersönlichkeitsrechts nach Art. 6bis RBÜ *Dietz* GRUR Int 1989, 627 (628). Zusätzlich wird noch durch Sec. 3 (2) des Gesetzes sichergestellt, dass weder eine Vorschrift des US-Rechts noch des Common Law durch den Beitritt zur RBÜ plötzlich iS eines Urheberpersönlichkeitsschutzes ausgelegt werden kann.

209 *Drexl* GRUR Int 1994, 777 (779); *Drexl* in Beier/Schricker, From GATT to TRIPs, 1995, 18, 23.

210 So ausdrücklich EuGH Slg. 2000, I-11307 Rn. 48 = GRUR 2001, 235 – Parfum Christian Dior und Assco Gerüste.

211 S. zB *Boschiero* YPIL 9 (2007), 87 (94 ff.); umfassend die Untersuchung von *Schaafsma,* Intellectuele eigendom in het conflictenrecht, 2009.

212 So eindeutig formuliert von BGHZ 118, 394 (397) = GRUR 1992, 697 – ALF.

213 Cass. 1re civ. 30.1.2007, Nr. 03–12.354, Revue Lamy Droit de l'immateriel 2007, Nr. 25, S. 23 – Waterworks/Tideworks. Das Gericht stützte sich dabei wesentlich auf den Wortlaut des Art. 5 Abs. 2 RBÜ, verlangte aber iSd *lex loci delicti commissi* eine Verletzungshandlung im betreffenden Staat.

des Schutzlandes ergibt.[214] Die kollisionsrechtliche Einordnung des Inländerbehandlungsgrundsatzes entspricht zudem der **hM nicht nur in Deutschland.**[215] Danach gebietet der Inländerbehandlungsgrundsatz eine **materielle Gleichbehandlung** des Ausländers mit dem Inländer. Demzufolge setze der Inländerbehandlungsgrundsatz zumindest voraus, dass **auch der Ausländer im Inland nach dem inländischen Recht geschützt werde.**[216] Ein Ansatzpunkt für die hM lässt sich im Vertragstext in **Art. 5 Abs. 2 S. 2 RBÜ** finden, der sich sogar der Sprache des Kollisionsrechts bedient. Danach richten sich der Umfang des Schutzes und die dem Urheber zustehenden Rechtsbehelfe „ausschließlich nach den Rechtsvorschriften des Landes, in dem der Schutz beansprucht wird". Die **hM** versteht dies im Sinne eines **Sachnormverweises auf das Recht des Schutzlandes,** indem sie den Wortlaut anders liest, nämlich als Bezugnahme auf das Rechts des Staates, „für" den der Schutz beansprucht wird.[217]

Trotzdem wird sowohl in Deutschland[218] als auch im Ausland[219] die Meinung vertreten, dass 72
der Inländerbehandlungsklausel keinerlei kollisionsrechtliche Bedeutung zukomme. Eine Bestätigung scheint sie in der 2005 vom **EuGH** gefällten Entscheidung **„Tod's"** zu finden, in der der Gerichtshof ausführte, dass der Inländerbehandlungsgrundsatz der RBÜ nicht den Zweck verfolge, das anwendbare Recht zu bestimmen.[220] Diese **Gegenauffassung** beschränkt den Inländerbehandlungsgrundsatz auf eine fremdenrechtliche Regelung und überlässt **dem nationalen Kollisionsrecht** die **Entscheidung über die Anknüpfung.** Zusätzlich muss sie auch die Frage beantworten, an welcher Stelle die kollisionsrechtliche Anknüpfung erfolgen soll.[221] **Zwei Lösungen** kommen in Betracht:

---

214 Cour Cass. GRUR Int 2013, 955 = Propriétés Intellectuelles 2013, 306 – Fabrice X/ABC News Intercontinental.

215 Grdl. *E. Ulmer,* Immaterialgüterrechte im internationalen Privatrecht, 1975, 1, 10 f. und 37 ff.; *Birkmann,* Die Anknüpfung der originären Inhaberschaft am Urheberrecht, 2009, 85 f.; *Drexl,* Entwicklungsmöglichkeiten des Urheberrechts im Rahmen des GATT, 1990, 38 f.; *Gaster* ZUM 2006, 8 (9); *Katzenberger* FS Schricker, 1995, 225 (243 f.); Dreyer/Kotthoff/Meckel/*Kotthoff* UrhG § 120 Rn. 7; *Kropholler* IPR, 6. Aufl. 2006, 517 f.; aus dem ausländischen Schrifttum *Boytha,* Copyright 1988, 399 (408 ff.); *Fawcett/Torremans,* Intellectual Property and Private International Law, 2. Aufl. 2011, Rn. 13.43; *Ginsburg* Private International Law Aspects 34; *Nimmer* on Copyright, 1988, § 17.05; Schricker/Loewenheim/*Katzenberger/Metzger* UrhG Vor §§ 120 ff. Rn. 114; *Stewart,* International Copyright and Neighboring Rights, 2. Aufl. 1989, § 3.17; s. auch die Gesamtdarstellung der Diskussion bei *Locher* S. 8 ff. (aus schweiz. Sicht). Nach der Ansicht mancher ordnet die Inländerbehandlung das Schutzlandprinzip zwar nicht an, setzt aber dessen Geltung nach nationalem Kollisionsrecht voraus; so etwa *Baetzgen,* Internationales Wettbewerbs- und Immaterialgüterrecht im EG-Binnenmarkt, 2007, Rn. 210; *De Miguel Asensio* in Kono, Intellectual Property and Private International Law, 2012, 975 Rn. 25; *De Miguel Asensio* in Leible/Ohly, Intellectual Property and International Private Law, 2009, 137 Rn. 9 (iS einer „impliziten" Kollisionsnorm).

216 So Loewenheim UrhR-HdB/*Walter* § 64 Rn. 2; ähnlich *Basedow* in Basedow/Kono/Metzger, Intellectual Property in the Global Arena, 2010, 3 (9 f.) (iS einer Einschränkung des Ermessens des nationalen Gesetzgebers bei der Wahl der Kollisionsnorm), *Matulionytė,* Law Applicable to Copyright, 2011, 31 ff. (die negativ in dem Sinne argumentiert, dass die Inländerbehandlung die Anwendung der lex originis ausschließe). Dagegen argumentiert *Metzger* JZ 2010, 929 (933), dass sich vielmehr aus den materiellen Schutzvorschriften der RBÜ ergebe, das das Abkommen das Territorialitätsprinzip in sich „gespeichert" habe.

217 So tatsächlich BGHZ 118, 394 (397) = GRUR 1992, 697 – ALF; ebenso etwa *Ginsburg* Private International Law Aspects 34; *A. Lucas* in AIDE S. 22, 25 f.; Wandtke/Bullinger/*v. Welser* UrhG Vor §§ 120 ff. Rn. 10.

218 So vor allem *Schack,* UrhR/UrheberverlagsR Rn. 1121; ebenso *Beckstein,* Einschränkungen des Schutzlandprinzips, 2010, 124; *Bollacher,* Internationales Privatrecht, Urheberrecht und Internet, 2005, 11 ff.; Calliess/*de la Durantaye* Rom II-VO Art. 8 Rn. 2; Büscher/Dittmer/Schiwy/*Obergfell* UrhG Vor § 120 Rn. 4; *Intveen,* Internationales Urheberrecht und Internet, 1999, 114; *Neuhaus* RabelsZ 40 (1976), 191 (193); *Obergfell* in Reithmann/Martiny IntVertragsR Rn. 6.1152; *Obergfell* FS Martiny, 2014, 475 (477 f.); *Siehr* IPRax 1992, 29 (31). Sogar gegen eine Festlegung des Schutzlandprinzips in der PVÜ *Varimezov,* Grenzüberschreitende Rechtsverletzungen im Bereich des gewerblichen Rechtsschutzes und das anwendbare Recht, 2011, 190 ff.

219 S. zB *De Miguel Asensio,* Conflict of Laws and the Internet, 2020, Rn. 4.12, dennoch argumentierend, dass die Inländerbehandlung die Anerkennung des Schutzlandprinzips begünstige; *van Eechoud,* Choice of Law in Copyright and Related Rights, 2003, 125 f.; *Moura Vicente,* La propriété intellectuelle en droit international privé, 2009, 271 f. Nach *Fentiman* in Drexl/Kur, Intellectual Property and Private International Law, 2005, 129 (134) regelt die Inländerbehandlung nur den Anwendungsbereich (scope) des nationalen Rechts, aber nicht dessen kollisionsrechtliche Anwendbarkeit.

220 EuGH Slg. 2005, I-5781 Rn. 32 = GRUR 2005, 755 – Tod's. Hierauf stützt sich mittlerweile auch das Schrifttum; so *Bariatti* in Bariatti, Litigating Intellectual Property Rights Disputes Cross-borger: EU Regulations, ALI Principles, CLIP Project, 2010, 63, 66; Dreier/Schulze/*Raue* UrhG Vor § 120 Rn. 51. In dieser Entscheidung ging es nicht um die kollisionsrechtliche Anwendung des Urheberrechts, sondern um die Vereinbarkeit von Ausnahmen vom Inländerbehaldungsgrundsatz in der RBÜ mit dem europarechtlichen Nichtdiskriminierungsgrundsatz nach dem heutigen Art. 18 Abs. 1 AEUV.

221 Manche Autoren, die sich gegen einen kollisionsrechtlichen Gehalt aussprechen, vermeiden jedoch diese Frage; so etwa *Boschiero* YPIL 9 (2007), 87 (97 f.).

Entweder nimmt man die kollisionsrechtliche **Anknüpfung** gemäß den Regeln des nationalen Kollisionsrechts bereits **vor der Anwendung der RBÜ** vor, **oder** aber man versteht das Gebot der Inländerbehandlung als solches zur Gleichbehandlung unter Berücksichtigung des nationalen Kollisionsrechts **(Gebot der kollisionsrechtlichen Gleichbehandlung).**

73 Der **ersten Auffassung** hat sich der **US Court of Appeals (2nd Circuit)** angeschlossen, ohne sich freilich die Alternative vor Augen zu führen.[222] Danach wäre zuerst über das Kollisionsrecht der lex fori das anwendbare Sachrecht zu ermitteln; erst dann ergebe sich aus der Inländerbehandlung ein fremdenrechtliches Diskriminierungsverbot.[223] Bei dieser Konstruktion übersieht das Gericht, dass der **Inländerbehandlungsgrundsatz nicht unter dem Vorbehalt der kollisionsrechtlichen Anwendbarkeit des nationalen Rechts** steht. Entscheidet sich ein Konventionsstaat etwa in Einzelpunkten für die Anknüpfung nach dem Recht des Ursprungslandes, fehlt es an der von der Konvention bezweckten Gleichbehandlung in identischen Situationen.[224] Folgt man der **zweiten Auffassung,** würde die Inländerbehandlung eine Gleichbehandlung nicht nach dem Sachrecht des Schutzlandes (so die hM), sondern nach dem gesamten Recht der lex fori, dh unter Einbeziehung ihres Kollisionsrechts, verlangen.[225] Verweist das Kollisionsrecht der lex fori auf ein anderes Recht als das des Schutzlandes, insbesondere auf das Recht des Ursprungslandes, käme dieses zur Anwendung. Auch diese Auffassung kann nicht überzeugen, da sie den **Inländerbehandlungsgrundsatz auf eine bloß formale Nichtdiskriminierungsklausel reduziert,** die die materielle Ungleichbehandlung mit dem rein inländischen Fall zulässt, wenn der Rechtsschutz im Ursprungsland schwächer ausgestaltet ist als im Schutzland.[226]

74 Impulse erhält die Diskussion von einer von ***Schaafsma*** in den Niederlanden verfassten Dissertation.[227] *Schaafsma* setzt bei den historischen Ursprüngen des Inländerbehandlungsgrundsatzes in der Zeit vor dem Abschluss der RBÜ und PVÜ an. So erklärt er, dass dieses Prinzip nur verständlich sei aus der Sicht der im 19. Jahrhundert noch gut verankerten **Statutenlehre.** Danach sei generell davon ausgegangen worden, dass nationales Recht nur innerhalb der nationalen Grenzen angewendet werden könne und eine Anwendung ausländischen Rechts durch inländische Gerichte nicht in Frage komme. Damit habe das Inländerbehandlungsprinzip ein doppeltes Problem gelöst. Explizit löst es zum einen ein Problem der Diskriminierung. Implizit füllt es zum anderen eine Lücke, indem es nämlich eine Rechtsordnung zur Anwendung auf einen Fall beruft, für den es bislang keine rechtliche Regelung gab. So **reagiere das Prinzip der Inländerbehandlung auf die Existenz eines „rechtlichen Vakuums" durch die Berufung des Rechts des Schutzlandes.** Aus moderner Sicht, nach der in Savigny'scher Tradition stets eine anwendbare Rechtsordnung für ein zu regelndes Problem zu finden ist, erscheint daher das Recht der Konventionen kollisionsrechtlich unverständlich. Dessen ungeachtet präge das im 19. Jahrhundert begründete kollisionsrechtliche Verständnis nach wie vor das Konventionsrecht zum Schutze des geistigen Eigentums. *Schaafsma* hält schließlich die Schutzlandanknüpfung auch für die rechtspolitisch zu bevorzugende Kollisionsnorm.[228]

75 **Zusammenfassend** ist damit der **hM beizutreten.** Die Inländerbehandlung verschafft dem geschützten Rechtsinhaber einen **Anspruch auf Schutz nach dem Sachrecht des Schutzlandes.** Nur dieses Verständnis erreicht das Ziel, Diskriminierungen des Ausländers im Verhältnis zum Inländer zu vermeiden. Die Inländerbehandlungsklauseln der Konventionen, und der RBÜ im Besonderen, haben daher neben ihrer fremdenrechtlichen **auch eine kollisionsrechtliche Bedeutung.**

76 **bb) Umfang der Schutzlandverweisung in der RBÜ.** Art. 5 Abs. 2 S. 2 RBÜ bestimmt, dass sich der „Umfang des Schutzes" grundsätzlich nach den Bestimmungen des Landes richtet, in dem der Schutz beansprucht wird. Versteht man den Inländerbehandlungsgrundsatz auch kollisionsrechtlich, stellt sich die Frage, ob unter den Begriff des Umfangs des Schutzes auch die Schutzvoraus-

---

[222] Itar-Tass Russian News Agency vs. Russian Kurier, Inc., 153 F. 3 d 82, 89 (2nd Cir. 1998) = GRUR Int 1999, 639 mAnm *Schack; dazu* auch *Drexl* FS Dietz, 2001, 461 (467 f.).

[223] IdS auch *Fentiman* in Drexl/Kur, Intellectual Property and Private International Law, 2005, 129 (134).

[224] Dies erkennt auch *Fentiman* in Drexl/Kur, Intellectual Property and Private International Law, 2005, 129 (134 ff.), und hält deshalb die Anknüpfung an das Recht des Ursprungslandes durch den Inländerbehandlungsgrundsatz für ausgeschlossen.

[225] IdS *Koumantos* Diritto di autore 1979, 616 (636); *Koumantos* Copyright 1988, 415 (426 f.); derselben Auffassung zuneigend *Pertegás* in Malatesta, The Unification of Choice of Law Rules on Torts and Other Non-Contractual Obligations in Europe, 2006, 221, 227.

[226] So schon *Drexl,* Entwicklungsmöglichkeiten des Urheberrechts im Rahmen des GATT, 1990, 38; *Drexl* FS Dietz, 2001, 463 (468); ähnlich wie hier *Fawcett/Torremans,* Intellectual Property and Private International Law, 2. Aufl. 2011, Rn. 12.32.

[227] *Schaafsma,* Intellectuele eigendom in het conflictenrecht, 2009.

[228] *Schaafsma,* Intellectuele eigendom in het conflictenrecht, 2009, Rn. 1144 ff.

setzungen, insbesondere die Schutzfähigkeit des Werkes und dessen Zuordnung zu einem bestimmten Urheber, fallen. In der Rechtssache „ALF" hat der **BGH** den „Umfang des Schutzes" iSv Art. 5 Abs. 2 S. 2 RBÜ jedenfalls weit verstanden und der Vorschrift einen **Verweis auf das Schutzland auch für die materielle Berechtigung** entnommen.[229] In der Entscheidung „Laras Tochter" beurteilte der **BGH** die Frage des **Schutzgegenstandes** (Schutz nicht nur der Formgebung, sondern unter Umständen auch des Gangs der Handlung eines Romans) **nach dem deutschen Recht als dem Recht des Schutzlandes.**[230] Ähnlich wie der BGH möchte die **hM im Schrifttum** dem Inländerbehandlungsgrundsatz nicht nur einen kollisionsrechtlichen Verweis für den Schutzumfang ieS, sondern **auch für die Entstehung des Rechts, einschließlich der Urheberschaft**[231] **und der Schutzfähigkeit,** entnehmen.[232]

Einen ganz anderen und zugleich sehr zweifelhaften Weg schlägt *Koumantos* ein. Er möchte 77
Art. 5 Abs. 3 S. 1 RBÜ, wonach sich der **Schutz im Ursprungsland nach den innerstaatlichen Rechtsvorschriften** beurteilt, zu einer **allseitigen Kollisionsnorm** erweitern, nach der Entstehung, Fortbestand und Inhalt des Urheberrechts immer dem Recht des Ursprungslandes unterliegen sollen.[233] Damit würde für die genannten Fragen im Sinne eines Universalitätsprinzips stets auf das **Recht des Ursprungslandes** verwiesen. Die Auffassung von *Koumantos* wäre heute besonders gefährlich. Jeder Staat, der entgegen *Koumantos* nicht dem Universalitätsprinzip folgt, würde nämlich gegen die RBÜ verstoßen. Über Art. 9 Abs. 1 TRIPS könnte ein solcher Verstoß zum Gegenstand eines Streitbeilegungsverfahrens der WTO gemacht werden (→ Rn. 63). Wieder einen anderen Weg gehen *Goldstein/Hugenholtz,* die aus Art. 5 Abs. 2 RBÜ den Umkehrschluss ziehen und daher dem Konventionstext zur Bestimmung des Urhebers eher eine Entscheidung zu Gunsten einer Anknüpfung an das **Recht des Ursprungslandes** oder eine **flexible Anknüpfung** an das Recht der engeren Verbindung[234] als an das Recht des Schutzlandes entnehmen möchten.[235] Anders sprechen sich *Goldstein/Hugenholtz* für die Frage der Schutzfähigkeit des Werkes aus; diese soll sich nach dem Recht des Schutzlandes beurteilen.[236]

Rückschlüsse insbesondere auf die Anknüpfung zur Bestimmung der **Person des Urhebers** 78
könnten sich schließlich aus **Art. 14**[bis] **Abs. 2a RBÜ** ergeben. Die Vorschrift enthält einen „Vorbehalt" zur Bestimmung des „Inhabers des Urheberrechts"[237] an Filmwerken zu Gunsten des Landes, in dem der Schutz beansprucht wird. Für die Urheberschaft bei anderen Werken lässt die Vorschrift **fünf unterschiedliche Auslegungen** zu:[238] (1.) Die Vorschrift regelt die Urheberschaft im negativen Sinne, so dass man außerhalb des Filmurheberrechts nicht am Recht des Schutzlandes anknüpfen darf. (2.) Die Vorschrift regelt einen allgemeinen, wohl bei der Inländerbehandlung anzusiedelnden Grundsatz, wonach sich das Urheberrecht insgesamt, einschließlich der Urheberschaft, nach dem Recht des Schutzlandes richtet.[239] (3.) Die Vorschrift regelt allein die Rechteinhaberschaft bei Filmen, ohne irgendetwas über die Urheberschaft in anderen Fällen auszusagen.[240] (4.) Schließlich

---

[229] BGHZ 118, 394 (397) = NJW 1992, 2824 – ALF.

[230] BGHZ 141, 267 (273) = NJW 2000, 2202 – Laras Tochter.

[231] Zur Frage der Regelung des ersten Rechteinhabers s. vor allem *Birkmann,* Die Anknüpfung der originären Inhaberschaft am Urheberrecht, 2009, 88 ff.

[232] S. insbes. *E. Ulmer,* Immaterialgüterrechte im internationalen Privatrecht, 1975, 37. Insbes. für die Urheberschaft *Bappert/Wagner,* Internationales Urheberrecht, 1956, Art. 2 Rn. 23; *Boguslavsky,* Copyright in International Relations, 1979, 89; *Dawid* Bull. US Copyright Society 21 (1973), 1 (6); *Larese* Schweizer FS 100 Jahre RBÜ, 1986, 333 (337); *Stewart,* International Copyright and Neighboring Rights, 2. Aufl. 1989, Anm. 5.29. Ein weites Verständnis vertritt wohl auch *Basedow* in Basedow/Kono/Metzger, Intellectual Property in the Global Arena, 2010, 3 (14).

[233] *Koumantos* Diritto di Autore 1979, 616 (637); *Koumantos* Copyright 1988, 414 (424 ff.).

[234] Insoweit inspirieren sich *Goldstein/Hugenholtz* an dem Vorgehen in Itar-Tass Russian News Agency vs. Russian Kurier, Inc., 153 F. 3 d 82, 90 (2nd Cir. 1998) = GRUR Int 1999, 639.

[235] *Goldstein/Hugenholtz,* International Copyright, 4. Aufl. 2019, § 4.4.1.1, S. 126 ff. Eine völkerrechtliche Verpflichtung zu einer solchen Anknüpfung wollen *Goldstein/Hugenholtz* wohl nicht annehmen.

[236] *Goldstein/Hugenholtz,* International Copyright, 4. Aufl. 2019, § 4.4.1.2, S. 126 f.

[237] Zur bedeutsamen Wortwahl, die den Begriff des Urhebers vermeidet, s. *Dietz* FS Kitagawa, 1992, 851 (862 f.).

[238] S. auch *Birkmann,* Die Anknüpfung der originären Inhaberschaft am Urheberrecht, 2009, 93 f.; *Petry* GRUR 2014, 536 (537 f.). Die ersten drei Möglichkeiten werden auch in Itar-Tass Russian News Agency vs. Russian Kurier, Inc., 153 F. 3 d 82, 91, Fn. 12 (2nd Cir. 1998), genannt. Zu den unterschiedlichen Auslegungsmöglichkeiten s. auch *Ginsburg* Private International Law Aspects 24 f.

[239] So wohl Loewenheim UrhR-HdB/*Walter* § 64 Rn. 39. Dieses Verständnis ergibt sich jedenfalls nicht klar aus der allgemeinen Bestimmung des Inländerbehandlungsgrundsatzes; gegen diese Interpretation daher *Ginsburg* Private International Law Aspects 25.

[240] IdS offensichtlich auch das Gericht in Itar-Tass Russian News Agency vs. Russian Kurier, Inc., 153 F. 3 d 82, 91 (bei und mit Fn. 12) (2nd Cir. 1998); *Ginsburg* Private International Law Aspects 25 (mit dem Ergebnis der Bestimmung des Urhebers nach dem autonomen Kollisionsrecht der lex fori).

könnte selbst im Anwendungsbereich der Vorschrift jegliche kollisionsrechtliche Bedeutung bestritten werden. Auszugehen wäre von der lex fori, die dann wieder zuerst ihr Kollisionsrecht zur Anwendung brächte.[241] (5.) Die Konvention regelt die Urheberschaft im Übrigen selbst, so dass eine kollisionsrechtliche Anknüpfung überhaupt nicht notwendig ist.[242] Für die letztgenannte Auffassung spricht der Wortlaut der Präambel der RBÜ, die als Ziel den Schutz der Rechte der Urheber benennt, die Anerkennung eines Urheberpersönlichkeitsrechts in Art. 6bis RBÜ sowie ein ebenfalls konventionseigener Begriff des geschützten Werkes im Sinne einer eigenpersönlichen Schöpfung.[243]

79 Ist schon die grundsätzliche Frage nach der kollisionsrechtlichen Einordnung des Inländerbehandlungsgrundsatzes schwierig zu beantworten, bietet die Frage nach der kollisionsrechtlichen Bedeutung der Konvention für das anwendbare Recht zur Bestimmung des Urhebers sowie der Schutzfähigkeit des Werkes reichen Stoff für Disput. Während früher jede nationale Rechtsordnung die Frage für sich entscheiden konnte, hat sich die Situation mit **Inkrafttreten von TRIPS** grundsätzlich geändert. Da die einschlägigen Vorschriften der RBÜ über Art. 9 Abs. 1 TRIPS als WTO/TRIPS-Recht inkorporiert werden, kommt eine **Klärung der offenen Fragen grundsätzlich über das WTO-Streitbeilegungsverfahren in Betracht** (→ Rn. 63). Schließlich, und für die Praxis wichtiger, ist auch an eine **Vorlage der entsprechenden Auslegungsfrage an den EuGH zu denken** (→ Rn. 84).

80 **cc) Kollisionsrechtliche Bedeutung der TRIPS-Inländerbehandlung und -Meistbegünstigung.** Die Frage nach der kollisionsrechtlichen Einordnung stellt sich für den Inländerbehandlungsgrundsatz in TRIPS nicht weniger als für jenen in den WIPO-Konventionen. Die Frage nach der kollisionsrechtlichen Bedeutung muss im Rahmen von TRIPS schließlich auch für die Meistbegünstigung gestellt werden.

81 Für die **Meistbegünstigungsklausel** nach Art. 4 TRIPS sind die Argumente für und wider die kollisionsrechtliche Bedeutung keine wesentlich anderen als bei der Inländerbehandlung.[244] Die Meistbegünstigung lässt sich kollisionsrechtlich so verstehen, dass stets nur die Gleichbehandlung mit dem meistbegünstigten Ausländer nach den Sachnormen des Schutzlandes begehrt werden kann. Entsprechend scheint auch die Meistbegünstigung die Festlegung des Schutzlandprinzips vorauszusetzen. Kritiker der kollisionsrechtlichen Deutung könnten dagegen auf ein **Verständnis der Meistbegünstigung** verweisen, **wonach das nationale Kollisionsrecht in die Anwendung zu integrieren ist.** Danach könnten sich „Vorteile, Vergünstigungen, Sonderrechte und Befreiungen" iSv Art. 4 TRIPS gerade auch als Folge der Anwendung der nationalen Kollisionsregeln ergeben. Eine solche Rechtsanwendung ist methodisch möglich, führt aber zu **Ergebnissen, die nicht dem Grundgedanken der Meistbegünstigung entsprechen.** Folgende Situation beleuchtet das Problem: Bestimmt etwa das Recht eines Staates den ersten Rechteinhaber in Bezug auf ein urheberrechtlich geschütztes Werk im Sinne des Universalitätsprinzips nach dem Recht des Ursprungslandes – so nach der Rspr. in den USA – und ist das Ursprungsland die USA, so wäre die originäre Zuordnung des Urheberrechts zum Arbeit- oder Auftraggeber nach der US-amerikanischen work made for hire-Doktrin – entgegen dem kontinentaleuropäischen Schöpferprinzip (vgl. § 7 UrhG) – als Vergünstigung für die USA ein möglicher Anknüpfungspunkt für die Anwendung von Art. 4 TRIPS. Auch jeder andere Arbeit- oder Auftraggeber könnte für sich das originäre Urheberrecht über Art. 4 TRIPS vor US-Gerichten sogar dann in Anspruch nehmen, wenn die US-amerikanische Anknüpfung an das Ursprungsland zu einem Recht führt, das dem Schöpferprinzip folgt. Die Sinnwidrigkeit eines solchen Ergebnisses liegt auf der Hand, denn der Arbeitnehmer und eigentliche Werkschöpfer könnte mit gleicher Berechtigung auf das Recht dieses anderen Ursprungslandes verweisen, das eben das Schöpferprinzip bevorzugt. Da das Urheberrecht nur einer Person zugewiesen werden kann, muss auch bei der Meistbegünstigung von der **Gleichbehandlung mit dem meistbegünstigten Ausländer „nach dem Sachrecht des Schutzlandes"** ausgegangen werden.

82 Art. 3 TRIPS und Art. 4 TRIPS können schließlich klarere Hinweise im Hinblick auf den **Anwendungsbereich** einer möglichen **kollisionsrechtlichen Regelung** entnommen werden

---

241 So *Drobnig* RabelsZ 40 (1976), 195; *Schack,* Zur Anknüpfung des Urheberrechts im internationalen Privatrecht, 1975, 45; Wandtke/Bullinger/*v. Welser* UrhG Vor §§ 120 ff. Rn. 11.

242 So *Boytha* GRUR Int 1983, 379 (383); wohl auch *Dietz* FS Kitagawa, 1992, 851 ff.; *Drexl,* Entwicklungsmöglichkeiten des Urheberrechts im Rahmen des GATT, 1990, 64 f.; *Nordemann/Vinck/Hertin* Art. $2/2^{bis}$ RBÜ Rn. 7; *Petry* GRUR 2014, 536 (537); *Ricketson,* The Berne Convention for the Protection of Literary and Artistic Works, 1987, Anm. 5.2; *Windisch,* Gewerblicher Rechtsschutz und Urheberrecht im zwischenstaatlichen Bereich, 1969, 61.

243 Auf einen konventionseigenen Werkbegriff verweisen insbes. *Nordemann/Vinck/Hertin* RBÜ Art. $2/2^{bis}$ Rn. 7; *Ricketson,* The Berne Convention for the Protection of Literary and Artistic Works, 1987, Anm. 5.2.

244 Nach *Fawcett/Torremans,* Intellectual Property and Private International Law, 2. Aufl. 2011, Rn. 12.68 baut der TRIPS-Grundsatz der Inländerbehandlung auf dem Schutzlandprinzip auf.

als dem Inländerbehandlungsgrundsatz nach der RBÜ. Die Vorschriften verpflichten zur Gleichbehandlung der abkommensgeschützten Personen mit den eigenen Angehörigen oder dem meistbegünstigten Ausländer „in Bezug auf den Schutz des geistigen Eigentums". In einer Fußnote zu Art. 3 TRIPS, die Bestandteil des Abkommens ist und sich ausdrücklich auch auf Art. 4 TRIPS bezieht, wird diese Formulierung konkretisiert: Danach geht es nicht nur um den „Umfang" (scope) des Schutzes, sondern auch um „Verfügbarkeit" (availability), „Erwerb" (acquisition), „Aufrechterhaltung" (maintenance) und die „Durchsetzung" (enforcement) der Rechte. Damit **unterliegen wohl auch alle Voraussetzungen der Schutzerlangung den Nichtdiskriminierungsgrundsätzen, einschließlich der Frage nach dem ersten Rechteinhaber und der Schutzfähigkeit.**[245]

Die TRIPS-Regelung der Inländer- und Meistbegünstigung weicht in einem weiteren wichti- 83
gen Punkt von der Inländerbehandlung in RBÜ und PVÜ ab: Art. 3 TRIPS und Art. 4 TRIPS schaffen einheitliche **Grundsätze für alle von TRIPS geregelten Rechte,** ob es sich um eingetragene Rechte, wie das Patentrecht, oder nicht eingetragene Rechte, wie die kraft Verkehrsgeltung geschützte Marke oder das Urheberrecht, handelt. Bei den eingetragenen Rechten steht aber die Geltung des Territorialitätsgrundsatzes und des Schutzlandprinzips außer Frage. Die Nichtdiskriminierungsklauseln können **im Bereich des Urheberrechts** dann wohl **nicht anders angewendet werden.**[246]

dd) Auslegungskompetenz des EuGH. Der Streit um die kollisionsrechtliche Bedeutung 84
der Inländerbehandlung ist bis heute nicht geklärt, weil sich keine internationale Auslegungsinstanz gefunden hat, die über die auftauchenden Fragen zentral entscheiden könnte. Zur bisher theoretisch gebliebenen Zuständigkeit des IGH → Rn. 62. Diese Situation hat sich auch (noch) nicht durch die Verfügbarkeit des WTO-Streitbeilegungsverfahrens für das TRIPS-System, vor allem soweit die RBÜ und die PVÜ inkorporiert werden, geändert. Seitdem auch die **EU als Vertragspartei** an immaterialgüterrechtlicher Abkommen gebunden ist, kommt dem Europäischen Gerichtshof die Aufgabe einer zentralen Auslegungsinstanz im Gebiet der Europäischen Union zu.[247] Der Umfang dieser Auslegungskompetenz des EuGH hängt von einigen Vorfragen ab, weshalb das Thema im Gesamtkontext der Einordnung des Konventionsrechts als EU-Recht im unmittelbar folgenden Abschnitt ausführlicher behandelt werden soll. Festzuhalten bleibt allerdings schon hier, dass der EuGH in der Rechtssache „Anheuser-Busch" im Rahmen eines Vorlageverfahrens (heute Art. 267 AEUV) erstmalig über den TRIPS-Plus-Effekt auf Vorschriften der PVÜ zugegriffen und dabei ausdrücklich Entscheidungen des WTO-Appellate Body zitiert hat.[248] Damit kann als gesichert gelten, dass der EuGH Vorlagefragen zur Auslegung der PVÜ und RBÜ im Rahmen der TRIPS-Verpflichtung annehmen wird. Zudem hat der **EuGH** in der Rechtssache **„Tod's"** – wenn auch nur in einem obiter dictum – darauf hingewiesen, dass dem Inländerbehandlungsgrundsatz der RBÜ nicht den Zweck verfolge, das anwendbare Recht zu bestimmen (→ Rn. 72).[249]

**d) Konventionsrecht als Teil der Rechtsordnung der EU. aa) Die Europäische Union 85
als Vertragspartei der Konventionen.** Während den älteren immaterialgüterrechtlichen Konventionen, insbesondere der PVÜ, der RBÜ, dem Welturheberrechtsabkommen (WUA) und dem

[245] So schon *Drexl* FS Dietz, 2001, 461 (471); Loewenheim UrhR-HdB/*Walter* § 64 Rn. 9, der der hier vertretenen Auffassung zustimmt, hält dennoch eine „vorsichtig differenzierende Anknüpfung" für möglich, schließt aber die Frage nach dem ersten Inhaber explizit aus; zweifelnd auch *Matulionytė,* Law Applicable to Copyright, 2011, 44f.

[246] So schon *Drexl* FS Dietz, 2001, 461 (471). Dennoch handelt es sich um das vergleichsweise schwächere Argument. Für die eingetragenen Rechte ließe sich nämlich argumentieren, dass das Völkerrecht die sich aus nationalem Sachrecht ergebende territoriale Begrenztheit einfach zur Kenntnis zu nehmen habe. Art. 3 und 4 TRIPS wären danach im Bereich der eingetragenen Rechte nicht notwendig als Kollisionsregeln zu verstehen, die die Schutzlandanknüpfung anordnen. Für eine vom Schutzlandprinzip abweichende Anwendung im Bereich des Urheberrechts bestünde dann sehr wohl Spielraum.

[247] Dazu erstmalig *Drexl* FS Dietz, 2001, 461 (475).

[248] EuGH Slg. 2004, I-10989 = GRUR 2005, 153 – Anheuser-Busch; es ging um die Frage der Anerkennung des Schutzes des Handelsnamens gemäß Art. 8 PVÜ als TRIPS-Verpflichtung. Zur WTO-Problematik → Rn. 63.

[249] EuGH Slg. 2005, I-5781 Rn. 32 = GRUR 2005, 755 – Tod's. Hierauf stützt sich mittlerweile auch das Schrifttum; so *Bariatti* in Bariatti, Litigating Intellectual Property Rights Disputes Cross-borger: EU Regulations, ALI Principles, CLIP Project, 2010, 63, 66; in dieser Entscheidung ging es nicht um die kollisionsrechtliche Anwendung des Urheberrechts, sondern um die Vereinbarkeit von Ausnahmen vom Inländerbehandlungsgrundsatz in der RBÜ mit dem europarechtlichen Nichtdiskriminierungsgrundsatz nach dem heutigen Art. 18 Abs. 1 AEUV.

Rom-Abkommen, nur die EU-Mitgliedstaaten angehören, ist auch die Europäische Gemeinschaft (heute: Europäische Union) – neben den Mitgliedstaaten – der WTO und damit dem TRIPS-Abkommen beigetreten. Die Europäische Union ist heute außerdem Vertragspartei des WCT und des WPPT von 1996 (→ Rn. 34)[250] sowie anderer multilateraler Abkommen des WIPO-Systems.[251] In dem Umfange, wie Art. 2 Abs. 1 TRIPS und Art. 9 Abs. 1 TRIPS alle WTO-Mitglieder zur Beachtung der PVÜ und RBÜ verpflichten, wird die **Union auch durch die PVÜ und die RBÜ zumindest völkerrechtlich gebunden.**[252] Wenn also der europäische Gesetzgeber internes Recht setzt, beispielsweise in Form von Richtlinien zur Angleichung nationalen Immaterialgüterrechts, und dieses sekundäre Recht im Widerspruch zur PVÜ oder zur RBÜ steht, verletzt er automatisch WTO-Recht (auch → Rn. 33), obwohl die Union nicht selbst den beiden WIPO-Konventionen beigetreten ist.

86 Das **Verhältnis der EU zum Rom-Abkommen** zum Schutze der verwandten Schutzrechte ist ebenfalls noch klärungsbedürftig. Der EuGH geht von **„mittelbaren Wirkungen"** des Rom-Abkommens in der Rechtsordnung der EU aus, soweit Art. 1 Abs. 1 WPPT verpflichte, die Verpflichtungen der Mitgliedstaaten aus dem Rom-Abkommen nicht zu beeinträchtigen.[253] Im Lichte dieser mittelbaren Wirkungen sieht sich der EuGH in der Lage, die Gerichte der Mitgliedstaaten darauf zu verpflichten, Sekundärrechtsakte im Lichte des Abkommens völkerrechtskonform auszulegen.[254] Damit nimmt der EuGH gleichzeitig für sich in Anspruch, das Abkommen einheitlich für die EU auszulegen (ausführlicher → Rn. 105 f.).

87 Die Mitwirkung der Europäischen Union am Abschluss immaterialgüterrechtlicher Abkommen ist in dem Maße erforderlich, wie der europäische Gesetzgeber im Rahmen der Binnenmarktpolitik von seiner Kompetenz zur Angleichung der nationalen Immaterialgüterrechte Gebrauch macht und – heute auf der Grundlage von Art. 118 AEUV – „einheitliche Rechtstitel" mit Wirkung für das gesamte Gebiet der EU schafft. Damit liegt es im **Schutzinteresse von Drittstaaten, die Europäische Union in das internationale Schutzsystem völkerrechtlich einzubinden.** Entsprechend räumten schon Art. 17 Abs. 3 WCT und Art. 26 Abs. 3 WPPT der Europäischen Gemeinschaft ohne Einschränkung das Recht ein, Vertragspartei zu werden.[255]

88 Dennoch bleibt die **unmittelbare Bindung der EU-Mitgliedstaaten an die Konventionen bedeutsam,** da diesen trotz der Gesetzgebungszuständigkeit der EU beachtlicher Gestaltungsspielraum verbleibt, sei es, dass die Europäische Union eine Materie – noch – nicht geregelt hat, oder dass das Unionsrecht den Mitgliedstaaten für die Umsetzung noch Spielraum belässt.

89 **bb) Völkerrechtliche Verpflichtung und interne Geltung.** Der Umstand, dass die Europäische Union dem **WTO-Abkommen** und seinen Annexen uneingeschränkt beigetreten ist, bedeutet nicht automatisch, dass die einschlägigen Abkommen auch in der EU von den Gerichten angewendet werden müssen.[256] Ähnlich begründen auch **Art. 18 WCT** und **Art. 27 WPPT,** wonach grundsätzlich jede Vertragspartei alle Rechte und Pflichten aus dem Abkommen zu erfüllen hat, zunächst nur völkerrechtliche Verpflichtungen.[257]

90 Die **Frage,** ob mit den immaterialgüterrechtlichen **Abkommen auch internes Recht der EU** mit einer möglichen Bindung der Organe der Union und der Mitgliedstaaten (Art. 216 Abs. 2 AEUV) erzeugen, scheint der EuGH inzwischen in sehr pauschaler Weise zu bejahen. So zog er aus dem bloßen Umstand, dass das TRIPS-Abkommen und das WPPT von der Union unterzeichnet und ratifiziert worden sind, den Schluss, dass diese Abkommen die Union nach Art. 216 Abs. 2 AEUV binden und dass diese Abkommen integraler Bestandteil der Unionsrechtsordnung geworden

---

[250] Der EuGH Slg. 2008, I-2731 = GRUR 2008, 604 – Peek & Cloppenburg, hat europäisches Sekundärrecht bereits vor Inkrafttreten dieser Abkommen für die EU im Lichte der beiden Abkommen ausgelegt; dazu auch *v. Lewinski* FS Loewenheim, 2009, 175.

[251] So im Falle des Madrider Marken-Protokolls und des Haager Abkommens über die internationale Eintragung gewerblicher Muster und Modelle (→ Rn. 36).

[252] So auch *Gaster* ZUM 2006, 8 (9) spezifisch für die RBÜ; allg. zur Bindung der EU an das Völkerrecht – wenngleich im Zusammenhang mit dem internationalen Urheberrecht – Möhring/Nicolini/*Stollwerck* IntUrhR Rn. 3 f.

[253] EuGH ECLI:EU:C:2012:140 = GRUR 2012, 593 Rn. 49 f. – Società Consortile Fonografici.

[254] EuGH ECLI:EU:C:2012:140 = GRUR 2012, 593 Rn. 49 f. – Società Consortile Fonografici.

[255] Bei den Verhandlungen zu den WIPO-Abkommen von 1996 (WCT, WPPT) war nie bezweifelt worden, dass die Europäische Gemeinschaft die Möglichkeit erhalten sollte, Vertragspartei zu werden; s. *Reinbothe/v. Lewinski,* The WIPO Treaties 1996, 2. Aufl. 2015, WCT Art. 17 Rn. 7.17.19.

[256] Allg. zur Geltung des Welthandelsrechts in der Rechtsordnung der EU s. *Weiß* in Weiß/Ohler/Bungenberg, Welthandelsrecht, 3. Aufl. 2022, Rn. 113 ff.

[257] Vgl. *Reinbothe/v. Lewinski,* The WIPO Treaties 1996, 2. Aufl. 2015, WCT Art. 17 Rn. 7.17.26. Danach war diese Verpflichtung sogar eine politische Bedingung von Drittstaaten für die Zulassung der Europäischen Gemeinschaft als Vertragspartei.

sind.[258] Dabei übergeht der EuGH, dass es sich bei den Abkommen um gemischte Abkommen der Union und der Mitgliedstaaten handelt. Die Wirkung von solchen Abkommen in der Rechtsordnung der EU hängt entscheidend von der **Abgrenzung der Zuständigkeit der Union für den Abschluss dieser Abkommen im Verhältnis zu den Mitgliedstaaten** ab.[259] Der im Schrifttum ursprünglich vertretenen Auffassung,[260] wonach die Gemeinschaft (Union) für den Abschluss von TRIPS zuständig sei und die Auslegung und Anwendung von TRIPS vollständig nach europarechtlichen Grundsätzen zu erfolgen habe, war der EuGH – auf der Grundlage der damals geltenden primärrechtlichen Zuständigkeitsverteilung – nicht gefolgt.

cc) Zuständigkeitsverteilung zwischen der Union und ihren Mitgliedstaaten. Voraussetzung dafür, dass ein völkerrechtliches Abkommen als internes Recht der EU angesehen werden kann, ist, dass das Abkommen nach der Verteilung der Außenzuständigkeit zwischen der EU und den Mitgliedstaaten als ein Abkommen der EU angesehen werden kann. Die Außenzuständigkeit der EU für immaterialgüterrechtliche Abkommen hat sich seit Abschluss des WTO/TRIPS-Abkommen im Jahre 1994 stark gewandelt. Der Vertrag von Nizza zur Änderung des EG-Vertrages, der 2003 in Kraft trat, und schließlich der seit 1.12.2009 auf der Grundlage des Lissabonner Reformvertrags geltende AEUV haben die Außenzuständigkeit der Union für das Immaterialgüterrecht schrittweise ausgedehnt. Heute kommt es nur noch auf die Regeln des AEUV an; diese Regeln finden auch Anwendung, soweit es um die Beurteilung der EU-internen Geltung älterer Abkommen geht. Im Folgenden kann daher insbesondere auf die Darstellung der Rechtslage unter Geltung des Nizzaer Vertrages verzichtet werden.[261] Für das Verständnis der Entwicklung wesentlich bleibt jedoch die Rechtslage im Jahre 1994 (→ Rn. 92). Der Schwerpunkt der folgenden Betrachtung liegt auf der Darstellung der geltenden Rechtslage (→ Rn. 93 ff.). 91

Im Gutachten 1/94[262] zur Zuständigkeit der Europäischen Gemeinschaft für den Abschluss des WTO-Abkommens trat der EuGH zunächst der Auffassung der Kommission entgegen, wonach sich aus der ausschließlichen Zuständigkeit der Gemeinschaft für die **Handelspolitik** nach dem früheren **Art. 113 EGV** (vgl. jetzt Art. 3 Abs. 1 lit. e AEUV) auch eine ausschließliche Zuständigkeit der Gemeinschaft für TRIPS ergibt.[263] Soweit das Abkommen dazu verpflichtet, den Ausländer im Inland nach bestimmten Grundsätzen zu schützen, bestand nach Ansicht des Gerichtshofs kein notwendiger Zusammenhang mit dem **Grenzübertritt von Waren und Dienstleistungen.** Eine ungeschriebene **ausschließliche Zuständigkeit** sei allenfalls gegeben, soweit die **interne Zuständigkeit bereits ausgeübt** und ein Handeln der Mitgliedstaaten nach außen die Rechtsetzung der Gemeinschaft nach innen beeinträchtigen würde.[264] Anstatt nun die einzelnen Felder des europäischen Immaterialgüterrechts zu analysieren, stellte der EuGH fest, dass im Immaterialgüterrecht nur eine Teilangleichung erfolgt sei[265] und zog daraus den Schluss auf eine **„geteilte" Zuständigkeit von Gemeinschaft und Mitgliedstaaten.** Der EuGH ließ offen, wie genau die geteilte Zuständigkeit konzeptionell zu verstehen ist.[266] **Verneint** wurde **nur die „ausschließliche" Zuständigkeit, aber nicht die Zuständigkeit der Gemeinschaft als solche.** Das Gutachten bedeutet auch für die Mitgliedstaaten eine Niederlage, weil ihnen ein „domaine réservé" der Regelungsbefugnis versagt blieb.[267] Dies war selbst für jene Bereiche überzeugend, die noch nicht vom europäischen Gesetzgeber geregelt waren, aber im Rahmen 92

---

[258] EuGH GRUR 2012, 593 Rn. 38 f. – Società Consortile Fonografici; iErg – wenn auch ohne Bezugnahme auf diese Rspr. – geht Möhring/Nicoloni/*Stollwerck* IntUrhR Rn. 7 f. von einem Verständnis des EuGH von der monistischen Theorie aus, wonach die von der EU eingegangenen Verpflichtungen auch intern ohne Transformationsakt als Völkerrecht gelten.

[259] So schon für das TRIPS-Abkommen *Drexl* GRUR Int 1994, 777 (778).

[260] *Drexl* GRUR Int 1994, 777 (779 ff.).

[261] Dazu noch → 6. Aufl. 2015, IntImmGR Rn. 91; ausf. *Kaiser,* Geistiges Eigentum und Gemeinschaftsrecht, 2004, 116 ff.

[262] EuGH Slg. 1994, I-5267.

[263] Die Kommission wollte TRIPS zugleich als Instrument zur internen Angleichung der Rechtsordnungen der Mitgliedstaaten durchsetzen.

[264] EuGH Slg. 1994, I-5267 Rn. 68.

[265] EuGH Slg. 1994, I-5267 Rn. 103.

[266] Ausführlicher *Drexl* in Beier/Schricker, From GATT to TRIPs, 1995, 18, 31 ff.; vgl. auch *Eeckhout,* External Relations of the European Union, 2. Aufl. 2011, 33 ff.; Vorsicht ist geboten bei der Deutung des Begriffs „geteilt", der sich im Deutschen iS einer Aufteilung der Zuständigkeitsbereiche und damit einer alleinigen Zuständigkeit der Gemeinschaft bzw. der Mitgliedstaaten für einzelne Bereiche verstehen ließe. Zu einem besseren Verständnis führt der englische Begriff der „joint competence", der deutlich unterstreicht, dass Gemeinschaft und Mitgliedstaaten „gemeinsam" handeln müssen.

[267] Eine solche versuchten die Mitgliedstaaten vor dem EuGH vor allem für das von TRIPS erfasste Prozessrecht zu begründen; s. *Drexl* in Beier/Schricker, From GATT to TRIPs, 1995, 18 (34).

der Binnenmarktgesetzgebung (heute Art. 114 AEUV) geregelt werden konnten. Auch hier verneinte der EuGH lediglich die ausschließliche Zuständigkeit (jetzt Art. 4 Abs. 2 lit. a AEUV)[268] und verschaffte damit gleichzeitig der Gemeinschaft die Möglichkeit, sich schon im Vorfeld einer Rechtsangleichung völkerrechtlich gegenüber Drittstaaten zu binden. Denn wenn sich die Gemeinschaft später internes Recht im bereits international geregelten Bereich setzen sollte, musste die völkerrechtliche Bindung der Gemeinschaft schon bestehen.[269] Im Lichte der Zuständigkeitsverteilung im Jahre 1994 konnte die Gemeinschaft solche völkerrechtliche Verpflichtungen aber nur im Zusammenwirken mit den Mitgliedstaaten eingehen. Dieses Ziel wurde mit der Annahme einer geteilten Zuständigkeit erreicht, die den gesamten Bereich von TRIPS abdeckte. Die geteilte Zuständigkeit verschaffte der Gemeinschaft die notwendigen völkerrechtlichen Handlungsmöglichkeiten, ohne die Mitgliedstaaten gleich zu entmündigen.

93 Die heutige Regelung der Außenzuständigkeit nach den Änderungen durch den **Lissabonner Reformvertrag** führt zu einer Rechtslage, die sich wesentlich von jener im Jahre 1994 unterscheidet.[270] Die heutige Rechtslage ist durch die folgenden drei Merkmale gekennzeichnet: (1.) Art. 207 Abs. 1 AEUV ordnet heute zur Gänze **Abkommen über die Handelsaspekte des geistigen Eigentums** der **ausschließlich Außenhandelskompetenz der EU** gemäß Art. 3 Abs. 1 lit. e AEUV zu.[271] Für solche Abkommen wird den Mitgliedstaaten jede Vertragsschlusskompetenz genommen; gleichzeitig hängt die Ausübung der Außenkompetenz der EU nicht mehr vom Vorliegen einer internen Harmonisierungszuständigkeit ab. Fraglich ist, wie der **Begriff der „Handelsaspekte"** zu verstehen ist. Dieser Begriff scheint sich an jenem der „handelsbezogenen Aspekte" des TRIPS-Abkommens anzulehnen, ist mit diesem aber nicht vollkommen identisch. Das gilt auch für die englischsprachigen Bezeichnungen. Das TRIPS-Abkommen verwendet den Begriff der „trade-related aspects"; Art. 207 Abs. 1 AEUV gebraucht jenen der „commercial aspects".[272] Dennoch spricht vor allem die historische Auslegung dafür, dass das, was aus internationaler Sicht zur Handelspolitik gehört und wofür insbesondere das TRIPS-Abkommen den Maßstab bildet, zum Begriff der „Handelsaspekte" zählt.[273] Andernfalls bliebe der Anerkennung der ausschließlichen Zuständigkeit durch den AEUV im Vergleich zur Rechtslage bei Abschluss des TRIPS-Abkommens ohne Auswirkungen. Gleichzeitig ist aber auch diese weite Auslegung nicht unproblematisch.[274] Für die Begründung einer ausschließlichen Zuständigkeit der EU würde nämlich bereits die Entscheidung genügen, eine bestimmte immaterialgüterrechtliche Frage in einem Handelsabkommen zu regeln. Die EU könnte damit ohne Beschränkung durch Art. 207 Abs. 1 AEUV ihre eigene ausschließliche Zuständigkeit herbeiführen. Die ausschließliche Zuständigkeit hinge allein von Opportunitätserwägungen der Handelsdiplomatie ab. Im Sinne einer **dynamischen Zuständigkeit** würde zudem die Europäische Union stets über die Zuständigkeit nach **Art. 207 Abs. 1 AEUV** für das **TRIPS-Abkommen in der jeweiligen Fassung** verfügen.[275] In diesem Sinne wären zu den „Handelsaspekten des geistigen Eigentums" auch die immaterialgüterrechtlichen Regelungen in den **bilateralen Handelsabkommen** zu zählen. Denn letztlich kann es nicht darauf ankommen, ob die Verschränkung mit Handelsfragen in multilateralen oder bilateralen Abkommen erfolgt. In der Rechtssache **„Daiichi Sankyo"** hat mittlerweile der EuGH eine ausschließliche Zuständigkeit der Union für das gesamte TRIPS-Abkommen bejaht.[276] Für den Begriff der „Handelsaspekte des geistigen Eigentums" verlangt der

---

[268] So ausdrücklich EuGH Slg. 1994, I-5267 Rn. 88.

[269] So schon *Drexl* in Beier/Schricker, From GATT to TRIPs, 1995, 18, 34.

[270] Hierzu *Bungenberg* EuR 2009, Beiheft 1, 195 (202).

[271] So auch GA *Kokott* vom 26.3.2009, ECLI:EU:C:2009:190 Rn. 63 – Kommission/Rat (Schlussantrag zur später zurückgenommenen Klage der Kommission gegen den Rat im Zusammenhang mit dem Beitritt Vietnams zur WTO). Da die Zuständigkeitsänderung auch für die Regelung des Dienstleistungsverkehrs gilt, stellt sich sogar die Frage, ob die Mitgliedstaaten noch Mitglieder der WTO bleiben können; s. dazu *Bungenberg* EuR 2009, Beiheft 1, 195 (204 f.).

[272] Zu den terminologischen Unstimmigkeiten s. *Tanghe* Utrecht J. Int'l & Eur. L. 32 (2016), 27 (32).

[273] So iErg auch Calliess/Ruffert/*Hahn* AEUV Art. 207 Rn. 17 f.; Grabitz/Hilf/Nettesheim/*Weiß*, Das Recht der Europäischen Union, 57. EL 2015, AEUV Art. 207 Rn. 35 f. für eine Orientierung an den Inhalten des TRIPS-Abkommens und den bilateralen Handelsabkommen.

[274] Vgl. *Kaiser*, Geistiges Eigentum und Gemeinschaftsrecht – Die Verteilung der Kompetenzen und ihr Einfluss auf die Durchsetzbarkeit der völkerrechtlichen Verträge, 2004, 120 ff., die von einer „bedenklichen" dynamischen Verweisung spricht; ebenso *Kaiser/Frick* in Busche/Stoll/Wiebe, TRIPS – Internationales und europäisches Recht des geistigen Eigentums, 2. Aufl. 2013, 33, Rn. 14 mwN.

[275] Dennoch für eine dynamische Zuständigkeit *Krajewski*, The Reform of the Common Commercial Policy, 2010, 15, https://papers.ssrn.com/sol3/papers.cfm?abstract_id=1732616 (zuletzt abgerufen am 1.4.5.2024).

[276] EuGH GRUR 2013, 1018 Rn. 49 ff. – Daiichi Sankyo; dazu *Ankersmit* Leg. Iss. Econ. Integr. 41 (2014), 195; *Straus* in Müller-Graff, Europäisches Wirtschaftsordnungsrecht, 2015, § 18 Rn. 13; *Tanghe* Utrecht J. Int'l & Eur. L. 32 (2016), 27.

EuGH zwar einen „spezifischen Bezug zum internationalen Handelsverkehr".[277] Diesen sieht der EuGH aber als gegeben an, da TRIPS in seiner Gesamtheit in den Anwendungsbereich des WTO-Streitbeilegungsmechanismus integriert ist und TRIPS-Zugeständnisse über die WTO-Abkommen hinweg zur Beilegung von Handelsstreitigkeiten eingesetzt werden können. Dieses Ergebnis ist auch im Lichte der Verfahrensregeln zum Abschluss von Abkommen über Handelsaspekte des geistigen Eigentums gerechtfertigt. Mit Inkrafttreten des Lissabonner Vertrages erfordert der Abschluss von Handelsabkommen sowohl eine qualifizierte Mehrheit im Rat als auch die Zustimmung des Europäischen Parlaments (Art. 218 Abs. 6 UAbs. 2 lit. a Ziff. v AEUV). Der Koordination mit den internen Abstimmungsregeln dient **Art. 207 Abs. 4 UAbs. 2 AEUV,** wonach der Rat über Abkommen über die handelsbezogenen Aspekte des geistigen Eigentums nur **einstimmig** abstimmen kann, wenn das Abkommen **Bestimmungen** enthält, für die bei **Annahme interner Vorschriften Einstimmigkeit erforderlich wäre.** Da jedoch der Lissabonner Vertrag nunmehr auf der Grundlage des neuen Art. 118 Abs. 1 AEUV die Schaffung einheitlicher Rechtstitel im ordentlichen Gesetzgebungsverfahren ermöglicht, wofür im Rat die qualifizierte Mehrheit reicht, kommt Art. 207 Abs. 4 UAbs. 2 AEUV nur insoweit Bedeutung zu, als die internationale Regelung die Sprachfrage bei einheitlichen Rechtstiteln betroffen ist, wofür Art. 118 Abs. 2 AEUV das Einstimmigkeitserfordernis beibehält. Nach **Art. 207 Abs. 6 AEUV** darf ein solches Abkommen schließlich **nicht zu einer Harmonisierung von Vorschriften** führen, soweit eine entsprechende **Harmonisierung durch europäisches Sekundärrecht nach den Verträgen ausgeschlossen** ist. Unter Geltung der Nizzaer Fassung des EG-Vertrages war bei dieser Formulierung vor allem an die Grenzen der Harmonisierungskompetenz im Strafrecht zu denken, was gerade für das TRIPS-Abkommen Relevanz hatte. Unter Geltung des Lissabonner Vertrages ist inzwischen zu berücksichtigen, dass Art. 83 AEUV der Union eine erweiterte Zuständigkeit zur Angleichung des Strafrechts unabhängig von der Binnenmarkkompetenz einräumt.

(2.) Die ausschließliche Außenhandelskompetenz wird durch Art. 207 Abs. 1 AEUV nun auch auf **Abkommen über „ausländische Direktinvestitionen"** erstreckt, wobei vor allem zu vermerken ist, dass im Investitionsbereich anders als für das geistige Eigentum kein Handelsbezug verlangt wird. Investitionsschutzabkommen können auch Bedeutung für das geistige Eigentum erlangen (→ Rn. 123).[278] **94**

(3.) Die frühere Bestimmung des **Art. 133 Abs. 7 EGV,** wonach durch Ratsbeschluss die Zuständigkeit der Europäischen Gemeinschaft generell auf Abkommen über geistiges Eigentum ausgedehnt werden kann, **ist unter Geltung des AEUV ersatzlos entfallen.** Dennoch muss auch unter Geltung des AEUV weiterhin zwischen Abkommen, die die Handelsaspekte des geistigen Eigentums regeln, und **anderen Abkommen des geistigen Eigentums** unterschieden werden. Jedenfalls für solche anderen Abkommen, wie insbesondere jene, die im Rahmen der WIPO abgeschlossen werden, lässt sich nicht auf Art. 207 Abs. 1 AEUV zurückgreifen, um eine ausschließliche Zuständigkeit der EU zu begründen.[279] Eine solche kann sich jedoch aus der fortgeltenden **AETR-Rspr.** ergeben,[280] die durch den Lissabonner Vertrag in **Art. 3 Abs. 2 AEUV und Art. 216 Abs. 1 AEUV** eine Kodifizierung erfahren hat.[281] Danach besteht eine **ausschließliche Zuständigkeit,** soweit der entsprechende Rechtsakt notwendig ist, damit die Union **„ihre interne Zuständigkeit ausüben kann, oder soweit er gemeinsame Regeln beeinträchtigen oder deren Tragweite verändern könnte".** Angesichts der mittlerweile sehr weit reichenden Ausübung der internen Zuständigkeit im Bereich des geistigen Eigentums ist danach auch außerhalb von Handelsabkommen ein denkbar weiter Bereich ausschließlicher Zuständigkeit der EU für den Abschluss immaterialgüterrechtlicher Abkommen anzunehmen. Dies fand eine Bestätigung sowohl in der Entscheidung des EuGH zur ausschließlichen Zuständigkeit der EU für den Abschluss des **Übereinkommens des** **95**

277 Inzwischen bestätigt durch EuGH-Gutachten 3/15 GRUR 2017, 438 Rn. 61 – Vertrag von Marrakesch; s. dazu auch Möhring/Nicolini/*Stollwerck* IntUrhR Rn. 19. Zur Diskussion möglicher inhaltlicher Konzepte für den Handelsbezug *Tanghe* Utrecht J. Int'l & Eur. L 32 (2016), 27 (32 ff.) mit einer Kritik an der offensichtlichen Auffassung des EuGH, wonach eine Schutzerhöhung per se zu einer Verbesserung der Handelsbedingungen führt.

278 Zur Kompetenz der EU für Investitionsschutzabkommen *Hinojasa-Martínez* J. World Investment & Trade 17 (2016), 86.

279 So hat auch der EuGH die ausschließliche Zuständigkeit nach Art. 207 Abs. 1 AEUV für den Abschluss des Marrakesch-Abkommens verneint. EuGH-Gutachten 3/15 GRUR 2017, 438 Rn. 60–101 – Vertrag von Marrakesch; s. dazu auch Möhring/Nicolini/*Stollwerck* IntUrhR Rn. 19.

280 EuGH Slg. 1971, 263 – AETR; s. auch *Gundel* ZUM 2007, 603 (610 f.); *Tietje* in Tietje, Internationales Wirtschaftsrecht, 2. Aufl. 2015, § 15 Rn. 33. So lässt sich etwa die Zuständigkeit für den Beitritt zum Madrider Marken-Protokoll aus dem vorherigen Erlass der Gemeinschaftsmarken-VO erklären.

281 Dazu auch *Tanghe* Utrecht J. Int'l & Eur. L 32 (2016), 27 (28).

Europarats zum Schutze der Rechte der Sendeunternehmen[282] als auch im Gutachten zum **Marrakesch-Abkommen,** das den Zugang zu veröffentlichten Werken für blinde, sehbehinderte und sonst lesebehinderte Personen erleichtern soll.[283] Der EuGH bestätigte darin, dass eine ausschließliche Kompetenz nach der AETR-Doktrin anzunehmen sei, wenn die völkerrechtlichen Verpflichtungen ein Gebiet betreffen, das vom Unionsrecht schon weitgehend erfasst ist.[284] Eine völlige Übereinstimmung mit dem vom Unionsrecht erfassten Gebieten sei dabei nicht zu verlangen.[285] Nach dieser Rspr. werden beim inzwischen erreichten Stand des Unionsrechts – abgesehen von Unklarheiten in Bezug auf strafrechtliche Regelungen[286] – kaum noch immaterialgüterrechtliche Vereinbarungen vorstellbar sein, für die keine ausschließliche Zuständigkeit angenommen werden kann. Voraussetzung ist jedenfalls, dass schon ein Mindestmaß an interner Regelung auf EU-Ebene für den fraglichen Bereich vorliegt.[287]

96 **dd) Unmittelbare Wirkung von Abkommen der EU, insbesondere TRIPS?** Soweit die EU Vertragspartei immaterialgüterrechtlicher Abkommen geworden ist und diese Abkommen zu einem Bestandteil der Rechtsordnung der EU geworden sind, muss geklärt werden, welche **Auswirkungen die Beteiligung der EU an diesen Abkommen für die Frage der unmittelbaren Anwendbarkeit** hat. Zum Begriff der unmittelbaren Anwendbarkeit → Rn. 64. An der Klärung dieser Frage besteht größtes Interesse, da in der Vergangenheit in Deutschland die WIPO-Abkommen, insbesondere die RBÜ und die PVÜ, stets als unmittelbar anwendbar angesehen wurden. In Deutschland konnte sich der Rechteinhaber traditionell auf die Vorschriften des Abkommens berufen, ohne sich auf gegebenenfalls widersprechendes nationales Recht verweisen lassen zu müssen (→ Rn. 65).

97 Nach der im Gutachten 1/94 (→ Rn. 91) angenommenen **„geteilten" Zuständigkeit** hatte der EuGH in weiteren Verfahren zu klären, ob die Frage nach der unmittelbaren Anwendung des TRIPS-Abkommens **einheitlich nach europarechtlichen Grundsätzen oder wenigstens im Einzelfall ausschließlich nach dem Verfassungsrecht der Mitgliedstaaten zu beurteilen** ist. Die konkrete Frage nach der unmittelbaren Anwendbarkeit war dem **EuGH** unter Geltung der Rechtslage vor Inkrafttreten des Nizzaer Vertrages in den beiden Rechtssachen **„Dior und Assco"** sowie **„Schieving-Nijstad"** vorgelegt geworden.[288] In der Entscheidung „Dior und Assco" anerkannte der EuGH, dass sich die **unmittelbare Anwendbarkeit von TRIPS** in bestimmten Konstellationen **nach dem Recht der Mitgliedstaaten** beurteilt.[289] Dies sei der Fall, soweit der Gemeinschaftsgesetzgeber für das betreffende Schutzrecht noch keine Rechtsvorschriften erlassen habe.[290] Entschieden wurde über zwei niederländische Vorlagen. In der ersten Vorlage („Dior") ging es um den Schutz nach dem europarechtlich angeglichenen Markenrecht der Benelux-Staaten. Für diesen Fall ging das Gericht davon aus, dass sich die unmittelbare Anwendbarkeit nur nach gemeinschaftsrechtlichen Grundsätzen beurteilte. Anders war zu entscheiden für die zweite Vorlage („Assco"), die den nicht angeglichenen wettbewerbsrechtlichen Leistungsschutz nach niederländischem Recht zum Inhalt hatte.

98 **Besteht** also im Bereich eines Immaterialgüterrechts **sekundäres Unionsrecht,** beurteilt sich die Frage nach der **unmittelbaren Anwendbarkeit ausschließlich nach europarechtlichen Grundsätzen.** Zu diesen Grundsätzen bezieht der EuGH in „Dior und Assco", „Schieving-Nijstad" sowie „Società Consortile Fonografici" einen klaren Standpunkt: **Europarechtlich ist die unmittelbare Anwendbarkeit abzulehnen.**[291] Begründet wird dies, im Anschluss an eine frühere

---

[282] EuGH ECLI:EU:C:2014:2151 = GRUR Int 2014, 1064 – Kommission und Parlament/Rat; dazu auch *Tanghe* Utrecht J. Int'l & Eur. L 32 (2016), 27 (36 f.).

[283] EuGH-Gutachten 3/15 GRUR 2017, 438 Rn. 102–130 – Vertrag von Marrakesch; s. dazu auch Möhring/Nicolini/*Stollwerck* IntUrhR Rn. 19.

[284] EuGH ECLI:EU:C:2014:2151, Rn. 70 = GRUR Int 2014, 1064 – Kommission und Parlament/Rat; EuGH-Gutachten 3/15 GRUR 2017, 438 Rn. 107 – Vertrag von Marrakesch.

[285] EuGH ECLI:EU:C:2014:2151, Rn. 69 = GRUR Int 2014, 1064 – Kommission und Parlament/Rat.

[286] *Tanghe* Utrecht J. Int'l & Eur. L 32 (2016), 27 (41 f.).

[287] So *Tanghe* Utrecht J. Int'l & Eur. L 32 (2016), 27 (42).

[288] EuGH Slg. 2000, I-11307 = GRUR 2001, 235 – Parfum Christian Dior und Assco Gerüste; Slg. 2001, I-5851 = GRUR Int 2002, 41 – Schieving-Nijstad.

[289] Hierzu auch *Kaiser/Frick* in Busche/Stoll/Wiebe, TRIPS – Internationales und europäisches Recht des geistigen Eigentums, 2. Aufl. 2013, 33, Rn. 2.

[290] EuGH Slg. 2000, I-11307 Rn. 48 = GRUR 2001, 235 – Parfum Christian Dior und Assco Gerüste.

[291] EuGH Slg. 2000, I-11307 Rn. 41–45 = GRUR 2001, 235 – Parfum Christian Dior und Assco Gerüste; Slg. 2001, I-5851 Rn. 51–53 = GRUR Int 2002, 41 – Schieving-Nijstad; GRUR 2012, 593 Rn. 46 – Società Consortile Fonografici; dazu auch *Kaiser/Frick* in Busche/Stoll/Wiebe, TRIPS – Internationales und europäisches Recht des geistigen Eigentums, 2. Aufl. 2013, 33 Rn. 39 ff.

Grundsatzentscheidung zum WTO/GATT-Recht,[292] mit der Natur und Systematik der WTO-Abkommen.[293] Die Entscheidung widerspricht der weit verbreiteten Auffassung im Schrifttum, die eine unmittelbare Anwendbarkeit der WTO-Abkommen im Allgemeinen und von TRIPS im Besonderen gefordert hatte.[294] Die Rspr. des EuGH in diesem Punkt erscheint gefestigt. Eine Diskussion über das Für und Wider der unmittelbaren Anwendbarkeit würde daher zu weit führen.[295] Für die Rechtsanwendung bleibt zu beachten, dass der EuGH ein sehr enges Verständnis von dem entwickelt hat, was unter der „unmittelbaren Wirkung" zu verstehen ist.[296] Von der „unmittelbaren Wirkung" abzugrenzen sind die Fälle der **mittelbaren Wirkung der WTO-Abkommen** (→ Rn. 101 ff.) sowie die **Pflicht der mitgliedstaatlichen Gerichte zur WTO-konformen Auslegung** (→ Rn. 105 f.).

Klärungsbedürftig ist jedoch, ob und in welcher Weise sich das Inkrafttreten des **Lissabonner Vertrages** auf die Frage nach der unmittelbaren Anwendbarkeit auswirkt. Mit seiner Entscheidung im Verfahren **„Daiichi Sankyo"** hat der EuGH nicht nur die ausschließliche Zuständigkeit der Europäischen Union für das TRIPS-Abkommen insgesamt festgestellt (→ Rn. 93), sondern gleichzeitig zum Ausdruck gebracht, dass damit kein Raum mehr bleibe für die Beurteilung der unmittelbaren Anwendbarkeit nach nationalen Grundsätzen.[297] Damit kann ein **nationales Gericht** – im Gegensatz zu den Grundaussagen des EuGH in „Dior und Assco" sowie „Schieving-Nijstad" – **nicht mehr zur unmittelbaren Anwendbarkeit des TRIPS-Abkommens nach nationalem Verfassungsrecht kommen,** denn die Frage der heutigen unmittelbaren Anwendbarkeit kann nur nach den Regeln der aktuellen Zuständigkeitsabgrenzung beurteilt werden.[298] Damit ergibt sich eine wesentliche Änderung gegenüber der Entscheidung des EuGH in der Rechtssache **„Merck Genéricos"** aus dem Jahre 2007.[299] In dieser Entscheidung hat es der EuGH dem vorlegenden portugiesischen Gericht überlassen, nach nationalen Grundsätzen zu entscheiden, ob Art. 33 TRIPS unmittelbar anwendbar ist und ob unter Berücksichtigung dieser Vorschrift der geltend gemachte Patentschutz in Portugal bereits abgelaufen war. Zur Begründung bezog sich der EuGH auf die frühere Rspr. in „Dior und Assco" unter Geltung des Amsterdamer Vertrags,[300] ohne auch nur in Erwägung zu ziehen, ob im Lichte der inzwischen in Kraft getretenen Nizzaer Fassung des EG-Vertrages und der veränderten Zuständigkeitsregelung eventuell eine andere Beurteilung geboten gewesen wäre. Tatsächlich hätte es nahegelegen, dass angesichts der umfassenden Zuständigkeit der Europäischen Gemeinschaft für Abkommen zu den handelsbezogenen Aspekten des geistigen Eigentums nach dem früheren Art. 133 Abs. 5 und 6 EGV, da sich das Abkommen im Rahmen der internen zivilrechtlichen Harmonisierungskompetenz bewegte, die unmittelbare Anwendbarkeit allein europarechtlich zu beurteilen. Der EuGH bezog sich dagegen in seiner Entscheidung allein auf den Charakter des Abkommens als „gemischtes Abkommen". Zu berücksichtigen ist jedoch, dass das vorlegende Gericht über einen Fall zu entscheiden hatte, der sich zu einem Zeitpunkt abspielte, zu dem die Nizzaer Fassung noch nicht in Kraft getreten war. Deshalb können der Entscheidung in „Merck Genéricos" wohl weder abschließende Antworten für die Frage nach der Beurteilung der unmittelbaren Anwendbarkeit unter Geltung des Nizzaer Vertrages noch gar unter Geltung des Lissabonner Vertrages entnommen werden. Im Rahmen der ausschließlichen Zuständigkeit der Union für die Handelsaspekte des geistigen Eigentums iSd AEUV ist vielmehr im Einklang mit der Rspr. des EuGH zur ausschließlichen Außenhandelskompetenz heute richtigerweise die **unmittelbare Anwendbarkeit nach europarechtlichen Grundsätzen zu verneinen.** 99

[292] EuGH Slg. 1999, I-8395 Rn. 47 = EuZW 2000, 276 – Portugal/Rat.

[293] EuGH Slg. 2000, I-11307 Rn. 42 = GRUR 2001, 235 – Parfum Christian Dior und Assco Gerüste.

[294] Nur für das TRIPS-Abkommen *Drexl* GRUR Int 1994, 777 (783 ff.); *Drexl* in Beier/Schricker, From GATT to TRIPs, 1995, 18, 37 ff.; auch später noch krit. *Groh/Wündisch* GRUR Int 2001, 497 (503).

[295] S. die ausgesprochen ausführliche Untersuchung bei *Kaiser,* Geistiges Eigentum und Gemeinschaftsrecht – Die Verteilung der Kompetenzen und ihr Einfluss auf die Durchsetzbarkeit der völkerrechtlichen Verträge, 2004, 385 ff., die zu dem Schluss kommt, dass dem Ausschluss der unmittelbaren Anwendbarkeit von TRIPS eine rechtspolitische Entscheidung des EuGH zu Grunde liegt (433).

[296] Der EuGH verwendet den Begriff der „unmittelbaren Wirkung" (direct effect), aber nicht jenen der unmittelbaren Anwendbarkeit (direct applicability).

[297] EuGH GRUR 2013, 1018 Rn. 61, 62 – Daiichi Sankyo.

[298] So hat der EuGH auch in stRspr für sich in Anspruch genommen, auf der Grundlage der ausschließlichen Außenhandelskompetenz der Gemeinschaft die Frage nach der Anwendbarkeit des GATT 1947 nur nach gemeinschaftsrechtlichen Grundsätzen zu beurteilen, obwohl das Abkommen nur von den Mitgliedstaaten abgeschlossen worden und die Gemeinschaft nie formal Vertragspartei des GATT geworden war; s. grdl. EuGH Slg. 1972, 1219 Rn. 14 ff. – International Fruit Company.

[299] EuGH Slg. 2007, I-7001 = GRUR 2008, 55 – Merck Genéricos.

[300] EuGH Slg. 2007, I-7001 Rn. 33 f. = GRUR 2008, 55 – Merck Genéricos.

100 Bis vor kurzem war fraglich, wie der EuGH die **unmittelbare Anwendbarkeit anderer immaterialgüterrechtlicher Abkommen** beurteilen würde, die die Union mittlerweile vor allem im Rahmen der WIPO abgeschlossen hat. Insoweit war durchaus die Erwartung begründet, der EuGH würde sich anders als zu TRIPS entscheiden. Die Verneinung der unmittelbaren Wirkung für TRIPS ergibt sich aus der Zugehörigkeit zum WTO-System als handelspolitischem Rechtssystem; für dieses möchte der EuGH den EU-Organen die Flexibilität des Handelns im Streitbeilegungsverfahren erhalten. Entsprechende Argumente greifen dagegen nicht für das WCT und das WPPT, für die das WTO-Streitbeilegungsverfahren nicht zur Verfügung steht. Dennoch hat der EuGH in der Rechtssache **„Società Consortile Fonografici"** die **unmittelbare Anwendbarkeit des WPPT abgelehnt.** Nach Auffassung des EuGH fehle dem WPPT schon deshalb die unmittelbare Anwendbarkeit, weil es in Art. 23 Abs. 1 WPPT die Vertragsparteien verpflichte, in Übereinstimmung mit ihren Rechtsordnungen die notwendigen Maßnahmen zu ergreifen.[301] Entsprechend hänge die Anwendung der Bestimmungen des WPPT vom Erlass weiterer Rechtsakte ab.[302] Diese Begründung kann nicht überzeugen. In Art. 23 Abs. 1 WPPT bringt das WPPT lediglich zum Ausdruck, dass das Abkommen im nationalen Recht umzusetzen ist. Diese Umsetzung kann gerade auch durch die Anerkennung der unmittelbaren Anwendbarkeit geschehen. Mit dem Hinweis auf die nationalen Rechtsordnungen nimmt Art. 23 Abs. 1 Bezug auf die nationalen Verfassungsordnungen, die unter Umständen, nämlich sofern sie der dualistischen Konzeption folgen, die unmittelbare Anwendbarkeit völkerrechtlicher Vorschriften generell ausschließen. Die Position des EuGH führt damit zu einer Situation, die im Ergebnis jener in Staaten mit dualistischem Verständnis von Völkerrecht und nationalem Recht entspricht. Besonders angreifbar ist es dabei, dass der EuGH diesen Schluss in Verkennung des Völkerrechts aus dem Abkommen selbst ableitet. Nach dieser Entscheidung ist davon auszugehen, dass der EuGH auch für andere immaterialgüterrechtliche Abkommen, die im Rahmen der WIPO abgeschlossen wurden, also insbesondere für das **WCT,** die unmittelbare Wirkung ebenfalls verneinen wird.

101 **ee) Fälle der „mittelbaren" Wirkung der WTO-Abkommen.** Der Begriff der mittelbaren Wirkung wird nicht vom EuGH selbst gebraucht. Vielmehr wurde er vom Schrifttum eingeführt[303] und soll hier übernommen werden. In Abgrenzung zur unmittelbaren Wirkung (direct effect) geht es bei der mittelbaren Wirkung (indirect effect) um Fälle, in denen für die EU geltende **Abkommen** vor dem nationalen oder europäischen Richter trotz der Ablehnung der unmittelbaren Wirkung **im Zusammenhang mit der Anwendung europäischen Sekundärrechts Berücksichtigung finden können.** Der Begriff der nur „mittelbaren" Wirkung macht deutlich, dass in diesen Fällen nicht das WTO-Recht aus sich heraus Berücksichtigung findet, sondern nur auf Grund des Vorhandenseins von Sekundärrecht, das die Berücksichtigung ermöglicht.[304]

102 Der EuGH hat in seiner Rspr. **zwei Fälle** dieser mittelbaren Wirkung anerkannt: Im ersten Fall, der für das Internationale Immaterialgüterrecht jedenfalls bislang keine Rolle spielte, verweist das Sekundärrecht ausdrücklich auf Vorschriften des internationalen Rechts.[305] Im zweiten Fall wird dem Einzelnen die **Berufung auf völkerrechtliche Vorschriften,** denen an sich die unmittelbare Wirkung fehlt, **ermöglicht, um die Rechtmäßigkeit von europäischem Sekundärrecht zu überprüfen.**[306]

103 Dieser zweite Fall, der **Inzidentkontrolle von Sekundärrecht** am Maßstab von Völkerrecht, hat offensichtlich Bedeutung für das Immaterialgüterrecht, würde doch bei entsprechend großzügiger Handhabung der Voraussetzungen eine weit reichende Überprüfung des immaterialgüterrechtlichen Sekundärrechts der EU am Maßstab von TRIPS und der inkorporierten PVÜ sowie der RBÜ ermöglicht. In weiteren Entscheidungen zog der EuGH die Voraussetzungen jedoch so eng, dass die Grundsätze der mittelbaren Wirkung im Hinblick auf den Rechtsschutz des Einzelnen wohl

---

[301] EuGH GRUR 2012, 593 Rn. 47 – Società Consortile Fonografici.

[302] EuGH GRUR 2012, 593 Rn. 47 – Società Consortile Fonografici.

[303] S. *Eeckhout* C. M. L. Rev. 34 (1997), 11 (40 ff.); *Eeckhout,* External Relations of the European Union, 2. Aufl. 2011, 314.

[304] Wegen dieses Zusammenhangs mit dem Sekundärrecht verwendet *Eeckhout,* External Relations of the European Union, 2. Aufl. 2011, 357 ff., synonym auch den Begriff des „Prinzips der Umsetzung" (principle of implementation).

[305] Grdl. EuGH Slg. 1989, 1781 Rn. 18–22 – Fediol/Kommission. In diesem Fall prüfte der EuGH, ob dem Einzelnen nach dem sog. Neuen Handelspolitischen Instrument der VO Nr. 2641/84 ein Anspruch gegen die Kommission auf Ergreifen handelspolitischer Maßnahmen gegen einen Drittstaat zusteht, weil dieser Drittstaat völkerrechtliche Verpflichtungen – hier aus dem GATT – verletzt hat.

[306] Grdl. EuGH Slg. 1991, I-2169 Rn. 28, 30 = BeckRS 2004, 77702 – Nakajima All Precision Co. Ltd./Rat. Beide Ausnahmefälle fanden jüngst eine Bestätigung in EuGH ECLI:EU:C:2015:494, Rn. 41 – Rusal Armenal; dazu *Pickett/Lux* Global Trade & Customs L. 11 (2016), 408.

weitgehend leerlaufen.[307] Diese Entwicklung verlief im Wesentlichen in zwei Schritten: In einem **ersten Schritt** wurde klargestellt, dass eine solche **Inzidentkontrolle nur dann** in Betracht kommt, wenn der **europäische Gesetzgeber zum Ausdruck gebracht hat, dass er die entsprechenden völkerrechtlichen Verpflichtungen erfüllen will.**[308] Auch soll die Inzidentkontrolle selbst dann nicht möglich sein, wenn der Verstoß des europäischen Sekundärrechts gegen das WTO-Recht bereits durch die WTO-Streitbeilegungsorgane festgestellt worden ist, der europäische Gesetzgeber im internen Recht aber zum Ausdruck gebracht hat, eine WTO-Verpflichtung nicht unbedingt übernehmen zu wollen.[309] In gleicher Weise sind **Schadensersatzansprüche Privater gegen die EU** wegen Verstoßes gegen das WTO-Recht **ausgeschlossen.**[310] So wird dem europäischen Gesetzgeber die Freiheit eingeräumt, über die Inzidentkontrolle jedenfalls ex ante zu entscheiden. Bringt er im Sekundärrecht zum Ausdruck, er wolle sich an das internationale Recht halten, lässt sich das Sekundärrecht am Maßstab des Völkerrechts überprüfen. Bedeutung hat dies gerade für den Status von TRIPS im Unionsrecht. Im Rahmen der Umsetzung von TRIPS änderte der europäische Gesetzgeber etwa die damalige **Gemeinschaftsmarken-VO** und erklärte in den Begründungserwägungen der Änderungsverordnung, dass TRIPS an einigen Stellen eine Änderung des Unionsrechts erforderlich mache, weshalb auch die besagte Verordnung angepasst werden müsse.[311]

In einem **zweiten Schritt** zerstörte der EuGH aber auch die Möglichkeit dieser Argumentation. Im Rahmen der Rechtmäßigkeitsüberprüfung der Tabak-RL 2001 aF (RL 2001/37/EG, jetzt: RL 2014/40/EU) war vor dem EuGH argumentiert worden, dass das Verbot der Verwendung von Tabakmarken, die auf eine geringere Gesundheitsschädlichkeit hinweisen – zB durch den Zusatz „light" –, gegen Art. 20 TRIPS verstoße, wonach WTO-Mitglieder die Benutzung der Marke im geschäftlichen Verkehr nicht ungerechtfertigt erschweren dürfen.[312] Der EuGH verwarf den Einwand mit einem pauschalen Hinweis auf die fehlende unmittelbare Wirkung von TRIPS nach europäischem Recht.[313] Gleichzeitig wurden die Voraussetzungen der „mittelbaren" Inzidentkontrolle konkretisiert und besonders eng definiert. Die **Inzidentkontrolle** komme **nur** dann in Betracht, **wenn der europäische Gesetzgeber „bestimmte, im Rahmen der WTO übernommene Verpflichtungen umsetzt" oder die Gemeinschaftshandlung „auf spezielle Bestimmungen der WTO-Übereinkünfte verweist".**[314] Die Tabakprodukte-RL ist aber schon kein Rechtsakt zur Umsetzung von TRIPS. Eine Inzidentkontrolle musste damit ausscheiden. Der EuGH ermöglicht damit im Ergebnis dem europäischen Gesetzgeber nicht nur im Zeitpunkt der Umsetzung die Entscheidung darüber, ob er sich an die völkerrechtlichen Vorgaben halten möchte. Er lässt es sogar zu, dass sich der europäische Gesetzgeber von einer solchen Entscheidung jederzeit wieder distanziert und sich in Widerspruch zum Völkerrecht begibt. Besonders überzeugend ist diese Rspr. nicht. So war im Falle der Tabakprodukte-RL nicht einmal klar, ob sich der europäische Gesetzgeber überhaupt Gedanken zu einem möglichen Widerspruch zu TRIPS gemacht hatte. Selbst hierauf scheint es nach Ansicht des EuGH nicht anzukommen. Eine **Inzidentkontrolle** erscheint nach dieser Rspr. **nur für jene Rechtsakte** möglich, in denen der europäische Gesetzgeber **völkerrechtliche Vorgaben umsetzt** und dabei **zum Ausdruck bringt, sich an diese Vorgaben halten zu wollen.** Kontrollierbar ist dann auch nur dieser Umsetzungsakt. **104**

ff) Pflicht zur TRIPS- und konventionskonformen Auslegung. Die grundsätzliche Verneinung der unmittelbaren Wirkung von TRIPS im unionsinternen Recht bringt freilich auch **105**

[307] Für eine nähere Analyse der Rechtsprechung s. *Stoyanov* JIEL 24 (2021), 724.

[308] EuGH Slg. 1994, I-4973 Rn. 111 = NJW 1995, 945 – Bundesrepublik Deutschland/Rat. Im konkreten Fall ging es um die Vereinbarkeit der europäischen Bananenmarkt-VO mit dem GATT 1947. Das Vorliegen der Voraussetzungen für eine mittelbare Anwendbarkeit wurde im konkreten Fall abgelehnt. Erstaunlicherweise wendet der EuGH diese Grundsätze nicht nur auf den Rechtsschutz des Einzelnen, sondern sogar auf die Nichtigkeitsklage eines Mitgliedstaates an.

[309] So EuGH Slg. 2007, I-7723 Rn. 33 ff. = BeckRS 2007, 70770 – Ikea Wholesale; so konnte Ikea keine Rückerstattung von Antidumping-Zöllen auf Bettwäsche erreichen, obwohl die Streitbeilegungsorgane der WTO festgestellt hatten, dass die zugrunde liegende europäische Antidumping-VO gegen WTO-Recht verstieß; dazu auch *De Angelis* Int'l Trade L. & Reg. 2009, 137 ff.

[310] EuGH Slg. 2008, I-6513 – FIAMM und FIAMM Technologies/Rat und Kommission; dazu auch *De Angelis* Int'l Trade L. & Reg. 2009, 140 ff.; *Hilpold* RIW 2008, 817.

[311] VO (EG) 3288/94 vom 22.12.1994, ABl. EG 1994 L 349, 83. Eine identische Formulierung findet sich in der Entscheidung des Rates vom 22.12.1994 über die Ausdehnung des Rechtsschutzes der Topographien von Halbleitererzeugnissen auf Personen aus einem Mitgliedstaat der Welthandelsorganisation, ABl. EG 1994 L 349, 201.

[312] Zur Auslegung dieser Vorschrift s. insbes. *McGrady* World Trade Rev. 3 (2004), 53, der ein positives Recht auf Benutzung bestimmter Marken auf der Grundlage von Art. 20 TRIPS verneint.

[313] EuGH Slg. 2002, I-11453 Rn. 154 = BeckRS 2004, 77482 – British American Tobacco.

[314] Auch dies wurde jüngst bestätigt in EuGH ECLI:EU:C:2015:494 Rn. 46 – Rusal Armenal.

Gefahren für die europäische Rechtsordnung mit sich. Im Grundsatz hat nämlich auch die EU ein Interesse daran, dass das interne Recht und sogar das Recht der Mitgliedstaaten WTO/TRIPS-konform gestaltet sind. Denn **völkerrechtlich haftet die Europäische Union,** die den WTO-Abkommen insgesamt beigetreten ist, **für jeden Verstoß im Rechtsgebiet der EU.**[315] Mit der Verneinung der unmittelbaren Wirkung bewahrt der EuGH der EU die diplomatische Handlungsfähigkeit nach außen, beraubt sie aber gleichzeitig eines besonders effektiven Durchsetzungsinstruments nach innen. Letzteres erkennt auch der EuGH; er hat deshalb in den drei Entscheidungen „Hermès",[316] „Dior und Assco"[317] sowie „Schieving-Nijstad"[318] eine **europarechtliche Pflicht der einzelstaatlichen Gerichte zur völkerrechtskonformen Auslegung** sogar nationalen Rechts im Lichte von TRIPS begründet.[319] Damit einher geht die **Zuständigkeit des EuGH für die Auslegung von TRIPS.**

106 Den drei Entscheidungen lagen jeweils Vorlagen niederländischer Gerichte im Hinblick auf das Verständnis von **Art. 50 Abs. 6 TRIPS,** einer Vorschrift, die den bislang in der Union **nicht angeglichenen einstweiligen Rechtsschutz** betraf, zugrunde. In „Hermès" war nach Auffassung des Gerichts nur über die Frage der Auslegung des Art. 50 Abs. 6 TRIPS zu entscheiden, „die ihm das nationale Gericht vorgelegt hat, um die niederländischen Verfahrensvorschriften unter Berücksichtigung dieses Artikels auslegen zu können".[320] Da es um die TRIPS-Konformität einer nationalen Vorschrift im europarechtlich nicht angeglichenen Bereich ging, überrascht es, dass sich der **EuGH für die Beantwortung der Vorlagefrage** für **zuständig** erklärte und zudem eine **Pflicht der nationalen Gerichte** postulierte, die **Auslegung von Art. 50 Abs. 6 TRIPS durch den EuGH zu berücksichtigen.** In einem ersten Schritt begründete der EuGH eine solche Pflicht für die Durchsetzung des TRIPS-Rechts bei der Anwendung des damaligen **Gemeinschaftsmarkenrechts.**[321] Hier leuchtet das Bedürfnis für eine Pflicht der einzelstaatlichen Gerichte zur einheitlichen Auslegung von Art. 50 Abs. 6 TRIPS unmittelbar ein. Denn ohne eine solche Pflicht könnte die Europäische Union die über TRIPS eingegangenen Verpflichtungen für die Gemeinschaftsmarke intern nicht durchsetzen. Freilich übertrug der EuGH diese Pflicht zur TRIPS-konformen Auslegung **auch auf den im Ausgangsfall alleine relevanten Schutz einer nationalen Marke** (Benelux-Marke) und begründete dies mit dem **Interesse der Gemeinschaft an einer einheitlichen Auslegung von Art. 50 Abs. 6 TRIPS** unabhängig davon, unter welchen Voraussetzungen die Vorschrift angewandt werden soll.[322] Die spätere Entscheidung in „Dior und Assco" brachte zwei weitere Konkretisierungen: Zum einen wurde die in „Hermès" noch offengelassene Frage nach der unmittelbaren Wirkung von TRIPS verneint (→ Rn. 97 f.). Der EuGH unterstrich deutlich, dass dies ohne Auswirkung auf die bereits in „Hermès" statuierte Pflicht der einzelstaatlichen Gerichte zur TRIPS-konformen Auslegung bleibe.[323] Diese Grundsätze fanden in „Schieving-Nijstad" eine Bestätigung. Die zweite wichtige Ergänzung brachte „Dior und Assco" in Bezug auf den Kreis der Immaterialgüterrechte, für die die Pflicht zur TRIPS-konformen Auslegung zu beachten ist. Während die Rechtssache „Dior", wie schon vorher „Hermès", den Schutz einer Benelux-Marke betraf, ging es in der Rechtssache „Assco" um den europarechtlich überhaupt nicht geregelten **angrenzenden lauterkeitsrechtlichen Leistungsschutz,** der in den Niederlanden auf die allgemeine **zivilrechtliche Generalklausel des Deliktsrechts** gestützt wird. Wie bereits festgestellt, beurteilte sich insoweit die unmittelbare Wirkung (Anwendbarkeit) allein nach nationalem Verfassungsrecht (→ Rn. 97). Dennoch hielt sich der EuGH für zuständig, die vorgelegte Frage nach der Auslegung des Begriffs des „Rechts des geistigen Eigentums" in Art. 50 Abs. 1 TRIPS zu beantworten. Die Pflicht zur völkerrechtskonformen Auslegung hängt also nicht davon ab, dass das TRIPS-Abkommen im konkreten Fall auch unmittelbar anwendbar ist.

107 **gg) Berücksichtigung der Auslegung von TRIPS durch die WTO-Streitbeilegungsorgane.** Eng mit der Frage nach der Pflicht zur völkerrechtskonformen Auslegung verbunden ist jene, ob dazu auch die Beschlüsse der Streitbeilegungsorgane der WTO, also der Panels und des Appelate Body, zu berücksichtigen sind. Zu dieser Frage hat der EuGH implizit in der Rechtssache **„Anheu-**

---

315 So auch der Hinweis bei *Groh/Wündisch* GRUR Int 2001, 497 (500 f.).

316 EuGH Slg. 1998, I-3603 = NJW 1999, 2103 – Hermès International.

317 EuGH Slg. 2000, I-11307 = GRUR 2001, 235 – Parfums Christian Dior and Assco Gerüste.

318 EuGH Slg. 2001, I-5851 = GRUR Int 2002, 41 – Schieving-Nijstad.

319 Ebenfalls iS einer Verpflichtung zur völkerrechtskonformen Auslegung *Stoll/Raible* in Prieß/Berrisch, WTO-Handbuch, 2003, 565 Rn. 157 f.; s. auch *Kaiser/Frick* in Busche/Stoll/Wiebe, TRIPS – Internationales und europäisches Recht des geistigen Eigentums, 2. Aufl. 2013, 33 Rn. 55 f.

320 EuGH Slg. 1998, I-3603 Rn. 35 = NJW 1999, 2103 – Hermès International.

321 EuGH Slg. 1998, I-3603 Rn. 28 = NJW 1999, 2103 – Hermès International.

322 EuGH Slg. 1998, I-3603 Rn. 32 = NJW 1999, 2103 – Hermès International.

323 EuGH Slg. 2000, I-11307 Rn. 45–47 = GRUR 2001, 235 – Parfums Christian Dior and Assco Gerüste.

ser-Busch" Stellung bezogen.[324] Im Ausgangsfall ging es um das Verhältnis zwischen dem Handelsnamen der tschechischen Brauerei Budějovický Budvar und den für die US-Brauerei Anheuser-Busch in Finnland eingetragenen Budweiser-Markenrechten. Dieser Rechtsstreit gab dem finnischen Gericht Anlass, dem EuGH Fragen zur Auslegung von Art. 16 TRIPS zum Markenrecht vorzulegen, insbesondere ob ein Handelsname ein dem Markenschutz entgegenstehendes Zeichen sein kann. Der EuGH zitierte in seiner Entscheidung mehrmalig den Beschluss des WTO Appelate Body im sog. Bacardi-Fall.[325] Damit übernahm der EuGH – wenn auch in stark gekürzter Form – die Begründung des Appellate Body für den Schutz der Handelsnamen gemäß Art. 8 PVÜ als Teil der TRIPS-Regelung.[326] So zeigt sich der EuGH jedenfalls gewillt, für die eigene Entscheidungsfindung auf die **Erkenntnisse der Streitbeilegungsorgane Bezug zu nehmen.** Dagegen lässt sich nicht feststellen, ob sich der EuGH auch rechtlich verpflichtet fühlte, der Auslegung des Appellate Body zu folgen. Im sog. EWR-Gutachten[327] hat der EuGH grundsätzlich anerkannt, dass die Gemeinschaft trotz der zentralen Auslegungskompetenz des EuGH für das Gemeinschaftsrecht[328] durchaus einem Abkommen beitreten kann, das ein internationales Gerichtssystem vorsieht. Der EuGH akzeptiert sogar, dass „die Entscheidungen dieses Gerichts für die Organe der Gemeinschaft, einschließlich des Gerichtshofes verbindlich [sind], und zwar auch dann, wenn der Gerichtshof über die Auslegung des Abkommens als Bestandteil der Rechtsordnung der Gemeinschaft zu entscheiden hat".[329] Diese Aussage ließe auch eine Bindung des EuGH an die entsprechenden Beschlüsse der Streitbeilegungsorgane zu. Zu fragen ist trotzdem, ob nicht gerade die Verneinung der unmittelbaren Anwendbarkeit des TRIPS-Abkommens auch gegen eine Bindung des EuGH an die Auslegung durch die WTO-Streitbeilegungsorgane sprechen muss.

Die Rspr. des EuGH zu TRIPS lässt sich damit wie folgt **zusammenfassen:** (1.) Die Frage der **Auslegungszuständigkeit des EuGH** für TRIPS ist **unabhängig davon** zu beurteilen, **ob** die **EU für den Abschluss von TRIPS zuständig war oder ist und TRIPS** im fraglichen immaterialgüterrechtlichen Bereich **unmittelbar anwendbar ist.** (2.) Für die Auslegungszuständigkeit ist weiterhin **nicht erforderlich, dass die EU** für das betroffene Immaterialgüterrecht eine **eigenständige Regelung getroffen** hat. Es genügt die bloße Gefahr, dass einzelstaatliche Gerichte die fragliche Bestimmung unterschiedlich auslegen. (3.) Die **einzelstaatlichen Gerichte sind verpflichtet, TRIPS unter Beachtung der Auslegungskompetenz des EuGH einheitlich auszulegen** und entsprechende Auslegungsfragen dem EuGH unter den Voraussetzungen des Art. 267 AEUV **auch vorzulegen.** Bei der Auslegung des TRIPS-Abkommens sind **Beschlüsse der WTO-Streitbeilegungsorgane zu berücksichtigen,** wobei nach derzeitigem Erkenntnisstand nicht ausgeschlossen werden kann, dass der EuGH von solchen abweicht. 108

hh) Auslegungszuständigkeit des EuGH für das übrige Konventionsrecht. Im Lichte dieser Rspr. des EuGH zur Anwendung und Auslegung von TRIPS als Teil der Rechtsordnung der EU fragt sich, ob eine ähnliche Entwicklung auch für das übrige Konventionsrecht zu erwarten ist. Im Grundsatz wird dies zu bejahen sein. Ausgesprochen völkerrechtsfreundlich zeigte sich der EuGH schon bei der **Auslegung der InfoSoc-RL** (RL 2001/29/EG) durch eine ausdrückliche Bezugnahme auf die einschlägigen urheberrechtlichen Konventionen. So legte der EuGH den **Begriff der „öffentlichen Wiedergabe"** in Art. 3 Abs. 1 InfoSoc-RL im Lichte des Art. 11 Abs. 1 RBÜ und des Art. 8 WCT[330] sowie den Begriff des **Verbreitens „in sonstiger Weise"** in Art. 4 Abs. 1 derselben Richtlinie im Lichte der einschlägigen Bestimmungen des WCT und WPPT aus.[331] Begründet hat dies der EuGH damit, dass die Richtlinie nach ihren Erwägungsgründen eine Anpassung des europäischen Rechts an das Konventionsrecht bezweckt.[332] Im Hinblick auf das WCT und das WPPT ist dies auch deshalb erstaunlich, weil diese Abkommen zum Zeitpunkt der Entscheidung 109

324 EuGH Slg. 2004, I-10989 = GRUR 2005, 153 – Anheuser-Busch.
325 US Sec. 211 Omnibus Appropriation Act of 1998, Report by the Appellate Body, 2.1.2002, WTO-Doc. WT/DS176/AB/R.
326 EuGH Slg. 2004, I-10989 Rn. 91–93 = GRUR 2005, 153 – Anheuser-Busch.
327 S. auch EuGH Slg. 1991, I-6079 – Erstes EWR-Gutachten.
328 Hierzu gehören auch die von der Gemeinschaft abgeschlossenen Abkommen; bestätigt durch EuGH Slg. 1991, I-6079 Rn. 37 f. – Erstes EWR-Gutachten.
329 EuGH Slg. 1991, I-6079 Rn. 39 f. – Erstes EWR-Gutachten.
330 EuGH Slg. 2006, I-11519 Rn. 40 ff. = GRUR 2007, 225 – SGAE; s. dazu *Rosenkranz* EuZW 2007, 238.
331 EuGH Slg. 2008, I-2731 Rn. 32 ff. = GRUR 2008, 604 – Peek & Cloppenburg. Im zugrunde liegenden Fall wurden Nachbildungen von Le Corbusier-Sesseln in einem Kaufhaus als Sitzgelegenheit für Kunden zur Verfügung gestellt. Es handelte sich um eine Vorlage des BGH. Zu den Auswirkungen dieser Entscheidung s. *v. Lewinski* FS Loewenheim, 2009, 175.
332 So EuGH Slg. 2006, I-11519 Rn. 35 = GRUR 2007, 225 – SGAE; Slg. 2008, I-2731 Rn. 31 = GRUR 2008, 604 – Peek & Cloppenburg.

von europäischer Seite zwar unterzeichnet, aber noch nicht in Kraft getreten waren. Noch einen Schritt weiter ging der EuGH in der Entscheidung **„Società Consortile Fonografici"**, in der die InfoSoc-RL nicht nur im Lichte des WPPT, sondern auch im Lichte des **Rom-Abkommens** ausgelegt wurde, obwohl die Europäische Union nicht Partei dieses Abkommens ist.[333] Begründet hat dies der EuGH mit den nur „mittelbaren Wirkungen" des Abkommens in der Rechtsordnung der EU, da die Union über Art. 1 Abs. 1 WPPT verpflichtet sei, die zwischen den Mitgliedstaaten bestehenden Pflichten nach diesem Abkommen nicht zu beeinträchtigen (auch → Rn. 86).[334] Vor allem mit der Entscheidung **„Anheuser-Busch"** dürfte die zentrale **Auslegungskompetenz für die PVÜ und die RBÜ** im Rahmen des Paris- und Bern-Plus-Effekts **vom EuGH als bestätigt gelten.**[335] Nicht zuletzt die Fragen nach dem kollisionsrechtlichen Verständnis des Inländerbehandlungsgrundsatzes der RBÜ und dessen gegenständliche Reichweite fallen damit in die Auslegungszuständigkeit des EuGH. Entsprechende Fälle wären dem EuGH vom letztinstanzlichen nationalen Gericht gemäß Art. 267 AEUV vorzulegen.[336] Eine Vorlage ist auch dann möglich und geboten, soweit es um die Anwendung der Nichtdiskriminierungsklauseln – Inländerbehandlung und Meistbegünstigung – im nicht durch Unionsrecht geregelten Bereich geht, da die Auslegung dieser Vorschriften nicht nach unterschiedlichen Kriterien erfolgen kann, je nachdem ob man sich innerhalb oder außerhalb des europarechtlich geregelten Bereichs bewegt.[337]

110 **3. Zweiseitige Staatsverträge. a) Zulässigkeit zweiseitiger Abkommen neben dem Konventionsrecht.** Bilateralen Abkommen zwischen Staaten, deren Rechtsverhältnis durch multilaterale Abkommen geregelt ist, kann insoweit Bedeutung zukommen, als sie **weitergehenden Schutz** vorsehen. **Die PVÜ und die RBÜ** räumen anderen multi- und bilateralen Vereinbarungen zwischen den Vertragsstaaten den Vorrang ein, **soweit sich kein Widerspruch ergibt** (Art. 19 PVÜ, Art. 20 RBÜ, ebenso Art. 21 Rom-Abkommen).[338] Auswirkungen hatte dies beispielsweise im **Verhältnis zwischen Deutschland und den USA** beim Schutz des Urheberrechts. Nach Art. 1 **Deutsch-amerikanisches Urheberrechtsübereinkommen** von 1892[339] war Deutschland verpflichtet, US-amerikanischen Staatsangehörigen für das deutsche Staatsgebiet volle Inländerbehandlung zu gewähren, womit die Anwendung jener Vorschriften der RBÜ ausgeschlossen wurde, die vom Inländerbehandlungsgrundsatz Ausnahmen im Sinne materieller Gegenseitigkeit vorsehen.[340] Durch die inzwischen erfolgte Schutzfristverlängerung in den USA auf 70 Jahre nach dem Tod ist diese besondere Bedeutung des bilateralen Abkommens für den wichtigsten Anwendungsfall wieder entfallen. Zu beachten ist hier auch, dass die Frage, ob der Schutzfristenvergleich erfolgt, inzwischen im Verhältnis zu Drittstaaten positiv von Art. 7 Abs. 1 Schutzdauer-RL (→ Rn. 45 mwN) beantwortet wird. Dass nun aber der Schutz nach US-Recht länger sein kann als nach deutschem Urheberrecht, führt zu keinem Anwendungsfall für das Abkommen, da schon die USA einseitig auf die Anwendung des Schutzfristenvergleichs verzichten (so ausdrücklich Sec. 104 lit. c S. 2 US Copyright Act).

111 **b) Bedeutung zweiseitiger Abkommen Deutschlands.** Hatten die von der Bundesrepublik Deutschland abgeschlossenen bilateralen Abkommen schon vor Inkrafttreten des WTO/TRIPS-Abkommens kaum noch Bedeutung, so trifft diese Aussage heute mehr denn je zu. Die WTO zählt

---

333 EuGH GRUR 2012, 593 Rn. 51 – Società Consortile Fonografici.

334 EuGH GRUR 2012, 593 Rn. 49 f. – Società Consortile Fonografici.

335 EuGH Slg. 2004, I-10989 = GRUR 2005, 153 – Anheuser-Busch.

336 Hiergegen hat der BGH möglicherweise in urheberrechtlichen Fällen nach Inkrafttreten von TRIPS verstoßen; s. vor allem BGH NJW 2003, 2828 – Sendeformat. In diesem Fall ging es um das anwendbare Recht für die Frage der Schutzfähigkeit eines Fernsehshowformats als Werk. In Bezug auf die Werkeigenschaft ist die kollisionsrechtliche Aussagekraft der Inländerbehandlung in RBÜ und TRIPS gerade zweifelhaft; → Rn. 54 ff., 62 ff. Gegen eine Verletzung der Vorlagepflicht spräche allenfalls, dass man sowohl bei Bejahung einer kollisionsrechtlichen Regelung durch den Inländerbehandlungsgrundsatz als auch bei entsprechender Verneinung – dann nach autonomem deutschem Kollisionsrecht – vom Schutzlandprinzip ausgehen würde.

337 So schon *Drexl* FS Dietz, 2001, 461 (478).

338 Anders Art. XIX WUA. Nach Art. XIX S. 1 WUA bleiben zwar ältere Abkommen bestehen, werden aber nach Art. XIX S. 2 WUA nicht angewendet, soweit sie dem WUA widersprechen. Nach Art. XVII Abs. 1 WUA gebührt jedoch der RBÜ gegenüber dem WUA immer der Vorrang.

339 Übereinkommen zwischen dem Deutschen Reich und den Vereinigten Staaten von Amerika über den gegenseitigen Schutz der Urheberrechte vom 15.1.1892, RGBl. 1892 S. 473.

340 Zu der damit sehr komplexen Situation in Bezug auf die Schutzfristen s. *Drexl* GRUR Int 1990, 35. Die Schutzfristberechnung wird vor allem durch die zwischenzeitliche Geltung des Welturheberrechtsabkommens (WUA) mit seinen ganz anderen Regeln im Hinblick auf das Verhältnis zu anderen Abkommen erschwert (→ Rn. 35). Seit dem Beitritt der USA zur RBÜ im Jahre 1988 ist das WUA aber nicht mehr im deutsch-amerikanischen Verhältnis anwendbar, so dass Art. 20 RBÜ wieder dem bilateralen Abkommen den Vorrang einräumt.

inzwischen 164 Mitglieder (Stand: 29.7.2016). Das WTO/TRIPS-Abkommen hat darüber hinaus dazu geführt, dass zahlreiche weitere Staaten den Konventionen der WIPO beigetreten sind. Bilaterale Abkommen können aber vor allem in Spezialbereichen des Immaterialgüterrechts Bedeutung erlangen, wie beispielsweise für den Schutz der **geografischen Herkunftsangaben und Ursprungsbezeichnungen.**[341] Zu erwähnen ist hierbei vor allem das 1961 in Kraft getretene **deutsch-französische Abkommen** aus dem Jahre 1960,[342] das schließlich zum Modell wurde für weitere Abkommen mit **Italien,**[343] **Griechenland,**[344] der **Schweiz**[345] und **Spanien.**[346] Ein entsprechendes Abkommen mit **Österreich**[347] wurde nur von Österreich ratifiziert und ist daher nicht in Kraft getreten. Ein älteres Abkommen besteht mit **Kuba.**[348] Diese Abkommen sind kollisionsrechtlich besonders interessant, weil sie im Hinblick auf den Schutzumfang für die im Einzelnen aufgelisteten geografischen Herkunftsangaben auf das Recht des **Ursprungslandes** verweisen. Die wohl hM erkennt hierin die Anwendung einer **Kollisionsregel,** die vom Schutzlandprinzip abweicht.[349] Insoweit stellt sich die Frage, ob diese Abkommen im Lichte des von Art. 8 Abs. 1 Rom II-VO angeordneten Schutzlandprinzips noch angewendet werden können (→ Art. 6 Rn. 40).

Nicht übersehen werden dürfen die **bilateralen Investitionsschutzabkommen,** die von der Bundesrepublik Deutschland abgeschlossen wurden. Da es sich hierbei um keine deutsche Besonderheit handelt, ist auf diese Abkommen weiter unten noch gesondert einzugehen (→ Rn. 123). **112**

c) Immaterialgüterrechtliche Bestimmungen in bilateralen Handelsabkommen jüngeren Datums. aa) TRIPS-Plus-Standards als Gegenleistung für Freihandel. Der Ausbau des multilateralen Schutzsystems hat nicht dazu geführt, dass der Abschluss bilateraler Abkommen im Bereich des Immaterialgüterrechts der Vergangenheit angehört. Ganz im Gegenteil hat das unverminderte Streben der Industrie und der Regierungen der entwickelten Staaten nach mehr Schutz ein kaum mehr überschaubares Netzwerk von Handelsabkommen entstehen lassen,[350] die sog. **TRIPS-Plus-Standards** enthalten.[351] Vorangetrieben wurden solche Abkommen vor allem durch die USA, die schon bei Abschluss des TRIPS-Abkommens einige Kompromisse hatten machen müssen und in den Folgejahren ihre eigenen Vorstellungen durch bilaterale Abkommen zu verwirklichen suchten.[352] Maßstab für die Schutzstandards in den US-amerikanischen Abkommen bildete dabei stets das intern anwendbare US-Recht.[353] Andere Staaten, wie vor allem Japan, und Zusammenschlüsse von Staaten, wie die EU und die EFTA, folgten dem US-amerikanischen Beispiel. Ausgelöst wurde ein wahrer Wettlauf um die höchsten Standards, wobei in Teilbereichen, wie bei den geografischen Herkunftsangaben, die USA und die EU darum streiten, die anderen Staaten der Welt auf die spezifisch amerikanischen bzw. europäischen Schutzkonzeptionen festzulegen.[354] Als **113**

341 Dazu etwa *Loschelder* FS Erdmann, 2002, 387.

342 Deutsch-französisches Abkommen vom 8.3.1960 über den Schutz von Herkunftsangaben, Ursprungsbezeichnungen und anderen geografischen Bezeichnungen, BGBl. 1961 II 22; dazu insbes. *Krieger* GRUR Ausl 1960, 400; *Krieger* GRUR Int 1984, 71 (74 f.).

343 Abkommen vom 23.7.1963, BGBl. 1965 II 156.

344 Abkommen vom 16.4.1964, BGBl. 1965 II 176.

345 Abkommen vom 7.3.1967, BGBl. 1969 II 138; dazu *Krieger* GRUR Int 1967, 334.

346 Vertrag vom 11.9.1970, BGBl. 1972 II 110.

347 Abkommen vom 6.10.1981.

348 Abkommen vom 22.3.1954, BGBl. 1954 II 1112.

349 *Büscher* GRUR Int 2008, 977 (981); Staudinger/*Fezer/Koos,* 2015, IntWirtschR Rn. 422; wohl auch *Loschelder* FS Erdmann, 2002, 387; aA *Sack* WRP 2008, 845 (861).

350 Die inzwischen existierenden Freihandelsabkommen lassen sich kaum mehr sinnvoll darstellen. Eine aktuelle Informationsquelle bietet die Website https://www.bilaterals.org (zuletzt abgerufen am 1.5.2024). Diese ist jedoch nicht spezifisch auf das Immaterialgüterrecht ausgerichtet.

351 Hierzu auch *Kampf* VPP-Rundbrief Nr. 2/2006, 38 (41 ff.); insbes. zur Motivation für solche TRIPS-Plus-Standards *Kampf* in Heath/Sanders, Intellectual Property and Free Trade Agreements, 2007, 87, 102 ff.

352 Für eine Bewertung der internationalen Immaterialgüterrechtspolitik vor allem der USA s. *Drexl* in Ullrich ua, TRIPS plus 20 – From Trade Rules to Market Principles, 2016, 53.

353 Spezifisch zu den urheberrechtlichen Bestimmungen in den bilateralen Abkommen der USA s. *Ginsburg/Treppoz,* International Copyright Law – U.S. and E.U. Perspectives, 2015, 43 ff.

354 Symptomatisch steht hierfür auch das von den USA initiierte WTO-Streitbeilegungsverfahren gegen die EG, mit der die USA erfolgreich die WTO-Vereinbarkeit der ursprünglichen VO (EWG) 2081/92 des Rates vom 14.7.1992 zum Schutz von geografischen Angaben und Ursprungsbezeichnungen für Agrarerzeugnisse und Lebensmittel, ABl. EG 1992 L 208, 1, in Frage stellten. Der Angriff wurde durch zwei Argumente untermauert: Zum einen wurde bemängelt, dass die Verordnung nur europäische Herkunftsangaben zur Eintragung zulasse und damit gegen den Inländerbehandlungsgrundsatz verstoße. Zum anderen – und für die USA wichtiger – wurde der unzureichende Schutz bereits eingetragener Marken gegen die Eintragung von Herkunftsangaben kritisiert. Die USA obsiegten vor dem zuständigen Panel nur in Bezug auf den ersten Punkt. Der Panel Report vom 15.3.2005 wird geführt unter EC – Protection of Trademarks

Freihandelsabkommen entbinden sie gemäß Art. XXIV:5 GATT die Vertragsparteien insbesondere von der Beachtung der GATT-Meistbegünstigungsverpflichtung.[355] Dies bedeutet, dass die Vertragsstaaten einander den freien Zugang zu den nationalen Warenmärkten gewähren können, ohne Drittstaaten entsprechende Vorteile gewähren zu müssen. Diese Handelsvergünstigung bildet den Anreiz auch für Entwicklungsländer, den entwickelten Staaten in Bezug auf TRIPS-Plus-Verpflichtungen Zugeständnisse zu machen. Dagegen befreit Art. XXIV:5 GATT nicht von der **Anwendung der Meistbegünstigungsklausel für das geistige Eigentum in Art. 4 TRIPS.**[356] WTO-Staaten, die also TRIPS-Plus-Verpflichtungen im bilateralen Verhältnis akzeptieren, müssen die entsprechenden Vergünstigungen allen WTO-Staaten einräumen. Das WTO-Recht erzeugt damit eine **multilateralisierende Wirkung** im Hinblick auf bilaterale Zugeständnisse im Bereich des geistigen Eigentums. Dies ist etwa auch für den Schutz von Angehörigen der EU-Mitgliedstaaten in Drittstaaten zu berücksichtigen. Die Abkommen der EU gehen in manchen Punkten weniger weit als jene der USA. Wegen der WTO-Meistbegünstigungsklausel bestimmt sich aber der Rechtsschutz der EU-Angehörigen in solchen Staaten stets nach dem höchsten Schutzniveau eines bilateralen Abkommens, das der betreffende Drittstaat abgeschlossen hat.[357]

114 Diese Freihandelsabkommen schaffen **keine ausdrücklichen Kollisionsregeln.** Jedoch folgen einige von ihnen mit der Aufnahme des **Inländerbehandlungs- und Meistbegünstigungsgrundsatzes** dem klassischen Regelungsmodell der multilateralen Konventionen, insbesondere des TRIPS-Abkommens.[358] Genauso wie für die multilateralen Abkommen ließe sich damit auch für die bilateralen Abkommen diskutieren, ob diese Grundsätze nicht implizite Kollisionsnormen enthalten. Die Bedeutung der Abkommen liegt jedoch in der Erhöhung des Schutzniveaus. Im Folgenden kann nur ein kurzer zusammenfassender Überblick über die einschlägigen Abkommen gegeben werden.

115 **bb) Freihandelsabkommen der USA.** Die wohl umfangreichsten immaterialgüterrechtlichen Bestimmungen finden sich in den Freihandelsabkommen der USA.[359] Eine Sonderrolle spielt hier das **Nordamerikanische Freihandelsabkommen (NAFTA),** das mit Kanada und Mexiko abgeschlossen wurde. Es entspricht dem klassischen Modell der Errichtung einer Freihandelszone durch benachbarte Staaten. Das NAFTA enthält bedeutsame Vorschriften zum geistigen Eigentum,[360] die vor allem zu Reformen des nationalen Immaterialgüterrechts in Mexiko Anlass gaben.[361] NAFTA soll durch das inzwischen unterzeichnete, aber noch nicht in Kraft getretene trilaterale **US-Canada-Mexico Agreement (USCMA)** ersetzt werden.[362] Das bilaterale Freihandelsabkommen mit **Israel** aus dem Jahre 1995 hält sich zum geistigen Eigentum noch sehr zurück und bestätigt in Art. 14 lediglich bestehende völkerrechtliche Verpflichtungen. Die Trendwende wurde eingeleitet durch die Abkommen mit **Jordanien** (2001) und **Singapur** (2003) und fand eine Fortsetzung in den Abkommen mit **Chile** (2004), mit den Ländern der Zentralamerikanischen Freihandelszone **(CAFTA)** sowie der **Dominikanischen Republik** (2004), **Australien** (2005), **Marokko** (2006), **Bahrain** (2006), **Oman** (2009), **Peru** (2009), **Panama** (2011), **Südkorea** (2012) und **Kolumbien** (2012). Ökonomisch am bedeutsamsten ist das Abkommen mit **Südkorea.** In diesem Abkommen wurde der Ausbau von TRIPS-Plus-Standards besonders weit getrieben.[363] Gleichwohl war es nur als Vorläufer zu einem viel größerem Projekt, nämlich dem **Trans-Pacific Partnership Agreement (TPPA),** gedacht, das im Februar 2016 von insgesamt 12 Staaten unterzeichnet wurde (neben den

---

and Geographical Indications for Agricultural Products and Foodstuffs, WTO-Doc. WT/DS174/R, https://www.wto.org/english/tratop_e/dispu_e/cases_e/ds174_e.htm (zuletzt abgerufen am 1.5.2024); hierzu *Raith* Int'l Trade L. & Reg. 2009, 121.

355 S. *Weiß* in Weiß/Ohler/Bungenberg, Welthandelsrecht, 3. Aufl. 2022, Rn. 641 f.

356 Die Anwendung von Art. 4 TRIPS auf die Freihandelsabkommen betont auch *Kampf* VPP-Rundbrief Nr. 2/2006, 38 (40).

357 Hierzu *Drexl* in Remiche/Kors, L'Accord ADPIC: dix ans après, 2007, 13 (34 ff.); *Drexl* in Ghidini/Genovesi, Intellectual Property and Market Power, 2008, 525, 534 f.; *Kampf* VPP-Rundbrief Nr. 2/2006, 38 (46).

358 S. zB Art. 108 f. schweizerisch-japanischen Abkommen, in Kraft getreten am 1.9.2009, https://www.mofa.go.jp/region/europe/switzerland/epa0902/agreement.pdf (zuletzt abgerufen am 1.5.2024).

359 Hierzu auch *Kampf* VPP-Rundbrief Nr. 2/2006, 38 (42). Der aktuelle Stand dieser Abkommen ist abrufbar auf der Website des US-Handelsbeauftragten unter https://www.ustr.gov/trade-agreements/free-trade-agreements (zuletzt abgerufen am 1.5.2024).

360 Dazu *Grave,* Gewerbliche Schutzrechte in Mexiko, 2001, 37 f.

361 Zum Stand der Reformen des Gewerblichen Rechtsschutzes im Jahre 2001 s. *Grave,* Gewerbliche Schutzrechte in Mexiko, 2001.

362 Agreement between the United States, the United Mexican States, and Canada, unterzeichnet am 13.12.2019, https://ustr.gov/trade-agreements/free-trade-agreements/united-states-mexico-canada-agreement/agreement-between (zuletzt abgerufen am 1.5.2024).

363 So auch der kritische Blick von *Metzger* JZ 2010, 929 (930).

USA sind dies Australien, Brunei, Chile, Japan, Kanada, Malaysia, Mexiko, Neuseeland, Peru, Singapur und Vietnam).[364] Nachdem sich die USA nach einer Entscheidung von Präsident Trump formal vom Abkommen zurückgezogen haben, ist es allerdings inzwischen als gescheitert anzusehen. Dabei gingen die Schutzbestimmungen des TPPA im Immaterialgüterrecht nochmals über das Schutzniveau der früheren bilateralen Abkommen hinaus. Schließlich entwickelte die Trump-Administration ihr eigenes Konzept von sog. **Phase One Agreements.** Diese sind als Ausdruck einer unilateral geprägten Handelspolitik durch einseitige Zugeständnisse des anderen Staates gekennzeichnet, die akzeptiert werden, um US-Handelssanktionen zu entgehen. Als erstes Abkommen dieser Art gilt das **Economic and Trade Agreement mit China.**[365] Schon in dessen ersten Kapitel findet sich ein langer Katalog von „Maßnahmen", die China in Bezug auf das Immaterialgüterrecht zu ergreifen hat. Die USA bestätigen lediglich, dass entsprechende Maßnahmen in den USA bereits existieren.

Grundlage all dieser Abkommen ist der **US Trade Promotion Authority Act** aus dem Jahre 2002. Dieses Gesetz legt unter anderem fest, dass es Ziel der US-Handelspolitik zu sein hat, in allen multi- und bilateralen Handelsabkommen Standards des Schutzes geistigen Eigentums festzuschreiben, die jenen des US-Rechts ähnlich sind.[366] Entsprechend weisen die immaterialgüterrechtlichen Kapitel der Abkommen der Vor-Trump-Ära ähnliche Grundstrukturen auf.[367] Im Einzelnen können sich jedoch erhebliche Abweichungen ergeben. In einem ersten Teil der immaterialgüterrechtlichen Bestimmungen verpflichten die Abkommen typischer Weise zum Beitritt zu oder zur Beachtung von bestimmten multilateralen Instrumenten.[368] Hierzu gehören durchaus auch bloße Empfehlungen (Recommendations) der WIPO, die über die bilateralen Abkommen also erst völkerrechtliche Verbindlichkeit erlangen.[369] Des Weiteren werden in ausführlichen Bestimmungen unter anderem das Markenrecht (unter besonderer Berücksichtigung des Verhältnisses zum Schutze der geografischen Herkunftsangaben), das Urheberrecht (mit einer Verpflichtung auf die US-amerikanische Schutzdauer, die freie Übertragbarkeit des Rechts und besonderen Verpflichtungen zum Schutze technischer Schutzmaßnahmen), das Patentrecht sowie die Rechtsdurchsetzung geregelt. Besonders problematisch sind jene Bestimmungen, die die Vertragsstaaten verpflichten, einen Exklusivitätsschutz für Daten zu gewähren, die bei den nationalen Behörden für die Zulassung von Arzneimitteln und agrochemischen Stoffen zu hinterlegen sind (sog. **data exclusivity**) (auch → Art. 6 Rn. 43). Damit wird sichergestellt, dass ein Hersteller von Generika-Arzneimitteln für die Dauer des Exklusivitätsschutzes[370] keine erleichterte Arzneimittelzulassung erlangen kann, die lediglich den Nachweis der Bioäquivalenz voraussetzt. Dieser Exklusivitätsschutz gilt unabhängig vom Patentschutz, so dass für die Dauer der Exklusivität, die mit dem Zeitpunkt der Erstzulassung beginnt, der Marktzutritt des Konkurrenten auch dann verhindert werden kann, wenn der Patentschutz bereits abgelaufen ist. Das TRIPS-Abkommen schreibt für den Schutz von solchen Marktzulassungsdaten lediglich lauterkeitsrechtlichen Schutz vor (→ Art. 6 Rn. 43). Vor allem diese Bestimmungen, die den Zugang zu Arzneimittel enorm erschweren können, werden national – vor allem in den Staaten, die solche Abkommen verhandeln – sowie international auch durch die Wissenschaft auf das Heftigste kritisiert.[371] **116**

---

364 Trans-Pacific Partnership Agreement, https://ustr.gov/trade-agreements/free-trade-agreements/trans-pacific-partnership/tpp-full-text (zuletzt abgerufen am 1.5.2024).

365 Economic and Trade Agreement between the Government of the United States and the Government of the People's Republic of China, unterzeichnet am 15.1.2020, https://ustr.gov/sites/default/files/files/agreements/phase%20one%20agreement/Economic_And_Trade_Agreement_Between_The_United_States_And_China_Text.pdf (zuletzt abgerufen am 1.5.2024).

366 Sec. 2102 (a) (4) (A) (i) (II) US Trade Promotion Authority Act.

367 S. zB Chapter 16 US Singapore Free Trade Agreement, 6.5.2003, www.ustr.gov/sites/default/files/uploads/agreements/fta/singapore/asset_upload_file708_4036.pdf (zuletzt abgerufen am 1.5.2024).

368 Eine tabellarische Aufstellung dieser Verpflichtungen in den verschiedenen FTAs findet sich bei *Kampf* in Heath/Sanders, Intellectual Property and Free Trade Agreements, 2007, 87, 107 ff.

369 Zu nennen ist hier insbes. die Joint Recommendation on the Provision of Well-Known Marks, 2000, https://www.wipo.int/edocs/pubdocs/en/marks/833/pub833.pdf (zuletzt abgerufen am 1.5.2024). Die Aufnahme dieser Empfehlung in den Pflichtekatalog dürfte auch zu einer Schutzverstärkung in den USA führen, da das Richterrecht der US-Einzelstaaten, nach denen sich der Schutz nicht eingetragener Marken beurteilt, nicht unbedingt der Empfehlung entspricht; s. *Drexl* in Remiche/Kors, L'Accord ADPIC: dix ans après, 2007, 13 (35 ff.).

370 Die früher abgeschlossenen Abkommen sehen bei Arzneimittel eine Mindestfrist von fünf Jahren vor, während die Abkommen jüngeren Datums (etwa mit Peru und Panama) nur zu einer vernünftigen (reasonable) Dauer verpflichten, die üblicherweise (normally) fünf Jahre ab Erstzulassung betragen soll.

371 *Correa* Case Western Reserve J. Int'l L 36 (2004), 79; *Correa* in Ghidini/Genovesi, Intellectual Property and Market Power, 2008, 483; *Morin* Int'l J. IP Management 1 (2006), 37 (41 ff.); *Pacón* FS Kolle und Stauder, 2005, 77 (85 ff.); *Rajkumar* Alb. L. J. Sci. & Tech. 15 (2005), 433 (460 ff.); s. auch die generelle Kritik bei *Kuanpoth* in Heath/Sanders, Intellectual Property and Free Trade Agreements, 2007, 27. Einen umfassenden

117 **cc) Bilaterale Freihandels- und Kooperationsabkommen der EU.** Sehr komplex präsentiert sich das Feld der bilateralen Abkommen der EU, die immaterialgüterrechtliche Bestimmungen enthalten.[372] Eine Kategorisierung lässt sich vor allem durch die unterschiedlichen Zielsetzungen der Abkommen erreichen. Zu unterscheiden sind danach zumindest drei Gruppen von Abkommen: (1.) Abkommen mit Staaten, die **auf den Beitritt zur EU vorbereitet werden** sollen, (2.) Abkommen, die im Rahmen der europäischen **Nachbarschaftspolitik**[373] abgeschlossen wurden und oftmals eine Alternative zum Beitritt anbieten sollen, und schließlich (3.) Abkommen mit weiteren **Drittstaaten,** einschließlich Entwicklungsländern. Geht es um die Ermittlung des Rechtsschutzes, den EU-Angehörige in Drittstaaten genießen, sollte stets geprüft werden, ob besondere handelspolitische Vereinbarungen der EU mit den betreffenden Drittstaaten bestehen und ob diese Vereinbarungen immaterialgüterrechtliche Bestimmungen enthalten. Wegen der Komplexität der mittlerweile entstandenen völkervertraglichen Verpflichtungen, die zudem einem ständigen Wandel unterworfen sind, wird im Folgenden auf eine Auflistung der Abkommen zugunsten einer Systematisierung und Charakterisierung anhand von Beispielen verzichtet.[374]

118 Bei **Staaten, die auf den Beitritt vorbereitet werden** sollen oder denen eine Option zum Beitritt angeboten wird, ist es verständlich, dass die EU zur Erreichung des Ziels verstärkter Integration im Grundsatz die **Übernahme des unionsrechtlichen Acquis** auch im Bereich des Immaterialgüterrechts verlangt. Dies galt schon für die sog. Europa-Abkommen, die mit jenen mittel- und osteuropäischen Staaten abgeschlossen wurden, die im Jahre 2004 und danach der EU beigetreten sind. Zu beachten ist, dass auch bei Abkommen der Beitrittsassoziierung regelmäßig der Grundsatz der europäischen Erschöpfung nicht auf die assoziierten Staaten erstreckt wird.[375] Der Rechteinhaber in der EU kann also den Vertrieb von Parallelimport unterbinden, auch wenn er dem Vertrieb im assoziierten Staat zugestimmt hat. Aufgrund der bestehenden Zollunion mit der EU bildet die **Türkei** einen Sonderfall. Der Türkei wurden im Rahmen der Einführung der Zollunion im Bereich des geistigen Eigentums Pflichten auferlegt, die über den unionsrechtlichen Acquis sogar noch hinausgehen.[376] Ob im Verhältnis zwischen der Türkei und der EU der Erschöpfungsgrundsatz gilt, ist zweifelhaft.[377] Für die bilateralen Assoziierungs- und Kooperationsabkommen hat der EuGH bislang die unmittelbare Wirkung im Gegensatz zum WTO-Recht stets anerkannt. Eine großzügigere Linie verfolgt die EU in ihrer **Nachbarschaftspolitik.** So verpflichtete etwa das Partnerschafts- und Kooperationsabkommen mit der Ukraine aus dem Jahre 1998 die Ukraine nur ganz allgemein, den Schutz zu verbessern und bestimmten internationalen Abkommen beizutreten.[378] Das am 1.9.2017 in Kraftgetretene Assoziierungsabkommen aus dem Jahre 2014 ändert dies grundsätzlich mit sehr weitreichenden Schutzverpflichtungen entsprechend dem unionsrechtlichen Acquis.[379]

119 Im Hinblick auf **weiter entfernt liegende Handelspartner** lassen sich zwei Phasen der Entwicklung unterscheiden. In einer **ersten Phase** zeichnete sich die Politik der EU durch eine sehr

---

Vergleich der verschiedenstern Abkommen, nicht nur der USA, die solche Regelungen zur Datenexklusivität enthalten, unternimmt *Shaikh,* Access to Medicine versus Test Data Exclusivity, 2016.

372 Hierzu auch *Kampf* VPP-Rundbrief Nr. 2/2006, 38 (44); *Kampf* in Heath/Sanders, Intellectual Property and Free Trade Agreements, 2007, 87, 115 ff. Ein jeweils relativ aktueller Stand der bilateralen Handelsabkommen ist abrufbar unter https://policy.trade.ec.europa.eu/eu-trade-relationships-country-and-region/negotiations-and-agreements_en (zuletzt abgerufen am 1.5.2024).

373 Zu unterscheiden sind hier vier Untergruppen von Staaten: (1.) die Staaten Osteuropas (Ukraine, Weißrussland, Moldawien), (2.) die Kaukasusstaaten Georgien, Armenien und Aserbaidschan, (4.) die Staaten Zentralasiens sowie (3.) die Mittelmeeranrainerstaaten. Die Abkommen mit den Mittelmeeranrainern sind als Euromed-Abkommen bekannt.

374 Der aktuelle Stand der handelspolitischen Beziehungen der EU mit Drittstaaten lässt sich ermitteln über die Webseite der Generaldirektion Trade der Kommission: https://ec.europa.eu/trade/policy/countries-and-regions/ (zuletzt abgerufen am 1.5.2024).

375 Dazu krit. *Sołtysiński* GRUR Int 1996, 316 (320 ff.).

376 Diese Pflichten ergeben sich aus Anh. 8 Beschluss des Assoziationsrates 1/95, ABl. EG 1996 L 35, 1. Danach hat ganz allgemein der immaterialgüterrechtliche Schutz in der Türkei jenem in der EU zu entsprechen, also auch, soweit keine unionsweite Regelung vorliegt. Gemäß Art. 65 Abs. 1 Beschluss 1/95 trat die Zollunion am 31.12.1995 in Kraft; hierzu auch *Drexl* Ankara L. Rev. 3 (2006), 99 (104 f.).

377 Bejahend *Pınar* GRUR Int 2004, 101 mit der hauptsächlichen Begründung, die Zollunion gehe über eine bloße Assoziierung hinaus. Dabei wird jedoch übersehen, dass sich die Zollunion von der Freihandelszone nur durch die Anwendung eines gemeinsamen Außenzolls, dh im Hinblick auf das Verhältnis zu Drittstaaten, unterscheidet. Im Innenverhältnis unterscheidet sich das Verhältnis der Türkei zur EU nicht von einer bloßen Beitrittsassoziierung mit Freiverkehrsregelung.

378 S. Art. 50 Abkommen über Partnerschaft und Zusammenarbeit zwischen den Europäischen Gemeinschaften und ihren Mitgliedstaaten und der Ukraine, ABl. EG 1998 L 49, 3.

379 Kapitel 9 (Art. 157) Assoziierungsabkommen vom 21.3.2014 zwischen der Europäischen Union und ihren Mitgliedstaaten einerseits sowie der Ukraine andererseits, ABl. EU 2014 L 161, 3.

zurückhaltende Regelung des Immaterialgüterrechts aus. Ein Beispiel hierfür bietet das Abkommen mit **Chile** aus dem Jahre 2002.[380] Art. 168 FrHAbk EU-RCH definiert in sehr allgemeiner Weise zunächst das Ziel der Gewährleistung eines adäquaten und effektiven Schutzes. Art. 169 FrHAbk EU-RCH legt sodann fest, welche Rechte unter dem Begriff des geistigen Eigentums zu verstehen sind. Erst Art. 170 FrHAbk EU-RCH enthält dann eine Liste von multilateralen Abkommen, die im Laufe eines festgelegten Zeitplans umgesetzt werden sollen. Nur in Bezug auf diese Vorschrift kann man überhaupt konkrete völkerrechtliche Schutzverpflichtungen erkennen. Substanzielle Standards finden sich nur in Annex V, der, als „Abkommen über Wein" bezeichnet, Vorschriften über den Schutz von **geografischen Herkunftsangaben für Wein** enthält (→ Art. 6 Rn. 41). Dieses Abkommen unterstreicht, welche Bedeutung dem Export der europäischen Konzeption von geografischen Herkunftsangaben schon zu einem sehr frühen Zeitpunkt beigemessen wurde. Ein entsprechendes **„Wine and Spirits Agreement"**[381] aus dem Jahre 2002 ergänzt das Handels-, Entwicklungs- und Kooperationsabkommen[382] mit **Südafrika.** Ebenso zu erwähnen ist ein Abkommen mit **Australien** über Handel mit Wein aus dem Jahre 2008.[383] Damit übernahm das Recht der geografischen Herkunftsangaben sogar eine Vorreiterrolle für die Entwicklung von substanziellen Standards des Schutzes geistigen Eigentums in bilateralen Abkommen der EU.

In der **zweiten Phase** hat sich die EU dem Beispiel der USA angeschlossen und nimmt nun **120** auch umfangreiche Verpflichtungen im Bereich des geistigen Eigentums in ihre Abkommen mit auf.[384] Entsprechendes hatte die EU zunächst für die sog. **Wirtschaftspartnerschaftsabkommen** (Economic Partnership Agreements, „EPAs"), die die Wirtschaftsbeziehungen zu den früheren Kolonien der EU-Mitgliedstaaten in Afrika, der Karibik und des Pazifiks (sog. AKP-Staaten) auf eine neue vertragliche Grundlage stellen sollen, vorgesehen. Als erstes Abkommen wurde im Jahre 2008 das Abkommen mit den karibischen Staaten, das sog. **EU-CARIFORUM EPA,** unterzeichnet.[385] Dieses Abkommen sollte zunächst auch im Hinblick auf das Immaterialgüterrecht als Modell für die weiteren Abkommen angesehen werden, die nach wie vor mit Gruppen der afrikanischen Länder und des Pazifiks verhandelt werden. In den weiteren bisher abgeschlossenen EPAs mit anderen Gruppen von AKP-Staaten zeigte sich die EU dagegen sehr viel zurückhaltender. So enthält das EPA mit den Staaten des südlichen Afrikas lediglich einige wenig weit reichende Bestimmungen zur Kooperation im Bereich des Immaterialgüterrechts, wobei wieder geografische Angaben eine besondere Rolle spielen.[386] Das EU-CARIFORUM-EPA enthält unter dem Titel IV (Handelsbezogene Fragen) ein Kapitel 2 (Innovation und geistiges Eigentum), in dem umfangreiche Vorschriften mit Schutzverpflichtungen (UAbs. 2, Art. 143 ff. EU-CARIFORUM EPA) enthalten sind, die in ihrer Struktur sehr an die Konzeption der US-amerikanischen Freihandelsabkommen erinnern. So wird jeweils zu den verschiedenen Schutzrechten vorab aufgelistet, welche multilateralen Abkommen einzuhalten sind, bevor in Einzelbestimmungen die materiellrechtlichen Standards fixiert werden. Die Einzelbestimmungen gehen vor allem im Bereich der Durchsetzung über das TRIPS-Abkommen hinaus (TRIPS-Plus). Im Vergleich zu den US-amerikanischen Abkommen sind einige Besonderheiten zu erwähnen: Das EU-CARIFORUM EPA regelt, wenig überraschend, recht ausführlich den Schutz geografischer Herkunftsangaben (Art. 143 EU-CARIFORUM EPA). Damit soll nicht nur ein europäischer Rechtsexport betrieben, sondern auch die Entwicklung eines Schutzsystems in der Karibik gefördert werden, das der Interessenlage der dortigen Länder entspricht. Schließlich beschäftigt sich eine weitere Bestimmung mit dem Schutz genetischer Ressourcen, traditionellen Wissens und der Folklore (Art. 150 EU-CARIFORUM EPA). Auf Verpflichtungen zur Einführung von Datenexklusivität („data exclusivity") hat die EU verzichtet, obwohl es entsprechenden Schutz nach der internen europäischen Rechtsordnung sehr wohl gibt (Art. 10 Abs. 1 lit. a Ziff. iii Gemein-

[380] Chile-EU Association Agreement vom 18.11.2002, in Kraft getreten am 1.2.2003; https://edit.wti.org/document/show/ebf3e929-97e7-4c81-a1e5-47b629031aba (zuletzt abgerufen am 1.5.2024).

[381] Abkommen zwischen der Europäischen Gemeinschaft und der Republik Südafrika über den Handel mit Spirituosen, ABl. EU 2002 L 28, 113.

[382] Abkommen über Handel, Entwicklung und Zusammenarbeit zwischen der Europäischen Gemeinschaft und ihren Mitgliedstaaten einerseits und der Republik Südafrika andererseits, ABl. EG 1999 L 11.

[383] Abkommen zwischen der Europäischen Gemeinschaft und Australien über den Handel mit Wein – Protokoll – Gemeinsame Erklärungen, ABl. EU 2009 L 28, 3.

[384] Hierzu *Musungu,* An Analysis of the EC Non-Paper on the Objectives and Possible Elements of an IP Section in the EC-Pacific EPA, 2007, https://www.iprsonline.org/ictsd/docs/Musungu%20Pacific%20EPA.pdf (zuletzt abgerufen am 1.5.2024); *Santa Cruz S.,* Intellectual Property Provisions in European Union Trade Agreements, 2007, https://www.files.ethz.ch/isn/92854/2007_06_Intellectual_Property_Provisions_in_European_Union_.pdf (zuletzt abgerufen am 1.5.2024).

[385] EU-CARIFORUM-EPA, ABl. EU 2008 L 289, 3.

[386] S. vor allem Art. 16 Wirtschaftspartnerschaftsabkommen zwischen der Europäischen Union und ihren Mitgliedstaaten einerseits und den SADC-WPA-Staaten andererseits, ABl. EU 2016 L 250, 3.

schaftskodex Humanarzneimittel).[387] Beachtet man schließlich, dass andere Bestimmungen desselben Kapitels zur Förderung des Technologietransfers verpflichten und sogar Maximalschutzbestimmungen enthalten (→ Rn. 50), wird deutlich, dass dieses EPA stärker auf die spezifische Situation der Entwicklungsländer eingeht als die Freihandelsabkommen der USA. Dabei muss jedoch berücksichtigt werden, dass europäische Arzneimittelhersteller aufgrund der Meistbegünstigungsverpflichtung des TRIPS-Abkommens gar nicht unbedingt darauf angewiesen sind, dass die Abkommen der EU einen Exklusivitätsschutz für Marktzulassungsdateien vorsehen. Soweit Staaten sich zu solchem Schutz gegenüber den USA verpflichtet haben, ist dieser Schutz aufgrund der Meistbegünstigungsverpflichtung nach Art. 4 TRIPS auch den europäischen Produzenten einzuräumen. Dies gilt etwa für die Dominikanische Republik, ein Land, das sowohl ein Freihandelsabkommen mit den USA abgeschlossen hat als auch zu den CARIFORUM-Staaten gehört. Vor allem angesichts der Schutzausdehnung durch TRIPS-Plus-Standards bleiben die EPAs rechtspolitisch ambivalent.

121 Trotz der Zurückhaltung gegenüber anderen AKP-Staaten hat die EU den Regelungsansatz des EU-CARIFORUM-EPA auch auf andere Entwicklungsländer übertragen. Dies gilt für das **Handelsübereinkommen mit Kolumbien und Peru,**[388] dem **Ecuador** einige Jahre später beigetreten ist,[389] sowie das **Assoziierungsabkommen mit Zentralamerika.**[390] Schon der Vergleich dieser beiden Abkommen zeigt, dass die Inhalte nahezu beliebig geraten. So enthält nur das Assoziierungsabkommen mit Zentralamerika Vorschriften zur strafrechtlichen Durchsetzung; umgekehrt wurden allein Kolumbien und Peru auf Vorschriften zum Schutz von Testdaten verpflichtet. Umfangreiche immaterialgüterrechtliche Verpflichtungen finden sich im Freihandelsabkommen mit **Südkorea,**[391] dem Comprehensive Economic and Trade Agreement (CETA) mit **Kanada,** das vor allem dieses Land zu Anpassungen seines Immaterialgüterrechts verpflichtet,[392] dem Wirtschaftspartnerschaftsabkommen mit **Japan,**[393] den Freihandelsabkommen mit **Singapur,**[394] **Vietnam**[395] und schließlich **Neuseeland.**[396] Den Abkommen mit Singapur und Vietnam kommt Bedeutung für weitere ASEAN-Staaten zu, mit denen die EU jedenfalls Verhandlungen begonnen hat (Malaysia 2010, Myanmar 2015, Thailand 2016, Indonesien 2016; Philippinen 2016). Schließlich wurde am 23.12.2023 ein neues Advanced Framework Agreement mit **Chile** unterzeichnet, dass das bisherige Freihandelsabkommen aus dem Jahre 2002 modernisieren soll. Immaterialgüterrechtliche Bestimmungen finden sich im überarbeiteten Freihandelsabkommen, das bis zur abschließenden Ratifikation bereits vorläufig anwendbar ist.[397] Umfangreiche Vorschriften zum Immaterialgüterrecht fanden Eingang in den Text eines Assoziierungsabkommens mit den **Mercosur-Staaten** vom Juni 2019,

[387] RL 2001/83/EG des Europäischen Parlaments und des Rates vom 6.11.2001 zur Schaffung eines Gemeinschaftskodexes für Humanarzneimittel, ABl. EU 2001 L 311, 67.

[388] Handelsübereinkommen vom 26.6.2012 zwischen der Europäischen Union und ihren Mitgliedstaaten einerseits sowie Kolumbien und Peru andererseits, ABl. EU 2012 L 354, 3.

[389] Mit Wirkung zum 1.1.2017 durch Beitrittsprotokoll zwischen der Europäischen Union und ihren Mitgliedsstaaten einerseits sowie Kolumbien und Peru andererseits betreffend den Beitritt Ecuadors, ABL. EU 2016 L 356, 3.

[390] Abkommen vom 22.5.2012 zur Gründung einer Assoziierung zwischen der Europäischen Union und ihren Mitgliedstaaten einerseits sowie Zentralamerika andererseits, ABl. EU 2012 L 346, 3. Während das Europäische Parlament dem Abkommen bereits im Dezember 2012 zugestimmt hat, stehen noch Ratifizierungen in mehreren Staaten Zentralamerikas und der EU aus. Seit 2013 werden die Bestimmungen über den Handel vorläufig angewandt.

[391] Freihandelsabkommen zwischen der Europäischen Union und ihren Mitgliedstaaten einerseits und der Republik Korea andererseits, ABl. EU 2011 L 127, 6.

[392] Kapitel 20 des Umfassenden Wirtschafts- und Handelsabkommens zwischen Kanada einerseits sowie der Europäischen Union und ihren Mitgliedstaaten andererseits, ABl. EU 2017 L 11, 23. Das Abkommen ist nach Ratifikation durch die EU am 21.9.2017 in Kraft getreten. Da aber noch nicht alle Mitgliedstaaten das Abkommen ratifiziert haben, steht das endgültige Inkrafttreten noch aus; s. auch das Gutachten 1/15 des EuGH, ECLI:EU:C:2017:592.

[393] Kapitel 16 des Abkommens zwischen der Europäischen Union und ihren Mitgliedstaaten einerseits und Japan über eine Wirtschaftspartnerschaft, ABl. EU 2018 L 330, 3 (in Kraft getreten am 1.2.2019).

[394] Kapitel 10 des Freihandelsabkommens zwischen der Europäischen Union und ihren Mitgliedstaaten einerseits und der Republik Singapur, ABl. EU 2019 L 294, 3 (in Kraft getreten am 21.11.2019); s. auch das Gutachten 2/15 des EuGH ECLI:EU:C:2017:376.

[395] Freihandelsabkommen der Europäischen Union mit der Sozialistischen Republik Vietnam, ABl. EU 2020 L 168, 3 (in Kraft getreten am 1.8.2020).

[396] Kapitel 18 Freihandelsabkommen der Europäischen Union mit Neuseeland, ABl. EU 2024 L 866 (in Kraft getreten am 1.5.2024).

[397] Chapter 25 Interim Agreement on Trade between the European Union and the Republic of Chile, https://policy.trade.ec.europa.eu/eu-trade-relationships-country-and-region/countries-and regions/chile/eu-chile-agreement/text-agreement_en (zuletzt abgerufen am 1.5.2024).

das bislang aber noch nicht unterzeichnet wurde.[398] Dass Verhandlungen über ein Freihandelsabkommen mit **Indien** bis zum heutigen Tage nicht abgeschlossen werden konnten, liegt vor allem daran, dass sich Indien lange weigerte, immaterialgüterrechtliche Verpflichtungen zu akzeptieren, die den nationalen Bestimmungen widersprechen.[399] Allerdings wurden Verhandlungen über ein solches Abkommen im Jahre 2021 wieder aufgenommen. Schon im Jahre 2018 konnten Verhandlungen mit **Mexiko** über ein neues Assoziierungsabkommen abgeschlossen werden, das ebenfalls umfangreiche immaterialgüterrechtliche Regelungen enthält und das bisherige Abkommen aus dem Jahre 2000 ersetzen soll.[400] Außerdem hat die EU im Jahre 2018 Verhandlungen für ein Freihandelsabkommen mit **Australien** aufgenommen.

dd) Freihandelsabkommen anderer Staaten. Es können hier nicht alle Freihandelsabkommen, die immaterialgüterrechtliche Bestimmungen enthalten, besprochen werden. Besonders hinzuweisen ist jedoch noch auf die Abkommen **Japans** und der **EFTA.** Vor allem **Japan** hat eine Politik der Vereinbarung von TRIPS-Plus-Standards entwickelt, die jener der USA in nichts nachsteht. Da das Land lange zu keinem größeren Integrationsraum gehöre, sich Japan das Ziel setzte, seine Außenhandelsposition durch ein Netz von Freihandelsbeziehungen vor allem mit asiatischen Staaten zu verbessern.[401] Freihandels- bzw. Wirtschaftspartnerschafsabkommen Japans[402] bestehen mit Singapur (2002), Mexiko (2004), Tunesien (2006), Malaysia (2006), Chile (2007), Thailand (2007), Brunei (2007), Indonesien (2007), den Philippinen (2008), der **Schweiz** (2009),[403] Vietnam (2009), Indien (2011), Peru (2011), Australien (2014), der Mongolei (2016), der **EU** (2019) und den **USA** (2020). Japan gehörte allerdings zu den ersten zehn Staaten, auf das seit 1.1.2022 das **Regional Comprehensive Economic Partnership (RCEP) Agreement** Anwendung findet. Mittlerweile gilt es neben Japan für die zehn ASEAN-Staaten, sowie China, Südkorea, Australien und Neuseeland. Es begründet damit die bislang sowohl im Hinblick auf die Bevölkerung als auch das Bruttosozialprodukt die größte Freihandelszone der Welt. Es enthält weitreichende Verpflichtungen zum Schutze des Immaterialgüterrecht.[404] Außerdem verhandelt Japan mit zahlreichen weiteren Staaten, darunter vor allem das Vereinigte Königreich, Kolumbien und die Türkei. Insgesamt gilt auch für die Abkommen Japans, dass unbedingt ein Blick in die einzelnen Abkommen zu werfen ist, um sich über den genauen Inhalt zu informieren. So geben sich die immaterialgüterrechtlichen Vorschriften im Abkommen mit Indien sehr zurückhaltend, während etwas im Abkommen mit der Schweiz auch Exklusivitätsschutz von Testdaten geregelt ist. Insbesondere das RCEP-Agreement wird dafür kritisiert, dass dessen hohen Schutzstandards sogar Innovationen in der Region behindern könnten.[405] Die **EFTA** hat mit den folgenden Partnern Abkommen[406] geschlossen: Türkei (1992), Marokko (1999), der Palästinensischen Autonomiebehörde (1999), Mexiko (2001), Kroatien (2002), Nordmazedonien (2002), Jordanien (2002), Singapur (2003), Chile (2004), Tunesien (2004); Südkorea (2006), Ägypten (2007), Libanon (2007), der Südafrikanischen Zollunion SACU (2008), Kolumbien (2008), Albanien (2010), Serbien (2011), Peru (2011), Hongkong (2012), Montenegro (2012), der Ukraine (2012), Israel (2013), den zentralamerikanischen Staaten Costa Rica und Panama (2013) sowie Guatemala (2015), dem Golfkooperationsrates (2014), Bosnien-Herzegowina (2015), Georgien (2016), den Philippinen (2018), Ecuador (2020) und Indonesien (2021).[407] Auch hier unterschieden sich die 122

---

398 S. den Entwurf für Kapitel X des Assoziierungsabkommens v. 28.6.2019, https://policy.trade.ec.europa.eu/eu-trade-relationships-country-and-region/countries-and-regions/mercosur/eu-mercosur-agreement/text-agreement_en (zuletzt abgerufen am 1.5.2024).

399 Verhandlungen werden bereits seit 2007 geführt.

400 Chapter XX EU-Mexico Association Agreement, https://policy.trade.ec.europa.eu/eu-trade-relationships-country-and-region/countries-and-regions/mexico/eu-mexico-agreement/agreement-principle_en (zuletzt abgerufen am 1.5.2024).

401 Zum aktuellen Stand s. http://www.mofa.go.jp/policy/economy/fta/ (zuletzt abgerufen am 1.5.2024).

402 Die Jahresangaben bezeichnen jeweils das Jahr des Inkrafttretens.

403 Abkommen über Freihandel und Wirtschaftliche Partnerschaft zwischen Japan und der Schweiz vom 19.2.2009, in Kraft getreten am 1.9.2009; englischer Text: https://www.mofa.go.jp/region/europe/switzerland/epa0902/agreement.pdf (zuletzt abgerufen am 1.5.2024). Das Abkommen enthält in den Art. 107–129 umfangreiche immaterialgüterrechtliche Bestimmungen, ua auch eine Verpflichtung zu einer mindestens 6jährigen Exklusivität für die Zulassungsdaten bei Arzneimitteln (Art. 121 Abs. 1).

404 Chapter 11 RCEP Agreement, https://www.mfat.govt.nz/assets/Trade-agreements/RCEP/RCEP-Agreement-Legal-Text.pdf.

405 S. die umfassende Analyse von *Yu* Vanderbilt J. Transnat'l L. 50 (2017), 673; ähnlich *Rimmer* Asia Pacific L. Rev. 32 (2024) (im Erscheinen), https://papers.ssrn.com/sol3/papers.cfm?abstract_id=4798839 (zuletzt abgerufen am 1.5.2024).

406 Zum aktuellen Stand s. https://www.efta.int/trade-relations/free-trade-network?relation=freetrade (zuletzt abgerufen am 1.5.2024).

407 Die Jahresangaben beziehen sich jeweils auf das Jahr des Inkrafttretens.

Abkommen ganz erheblich. Während etwa das Abkommen mit den Staaten des Golfkooperationsrates und vor allem das neue Abkommen mit Indien keinerlei TRIPS-Plus-Verpflichtungen enthalten, finden sich in den Abkommen mit Kolumbien und Peru sowie in einem Annex zum Abkommen mit Südkorea außerordentlich detailliert geregelte Bestimmungen zum geistigen Eigentum. Dabei sind auch TRIPS-Plus-Verpflichtungen enthalten, einschließlich eines Exklusivitätsschutzes für Testdaten für die Zulassung etwa von Arzneimitteln. Gänzlich verzichtet wurde auf immaterialgüterrechtliche Bestimmungen im Abkommen mit Kanada (2009).

123 **d) Investitionsschutzabkommen.** Ein besonders komplexes und wenig aufgearbeitetes Feld ist die Bedeutung der zahlreichen Investitionsschutzabkommen für den internationalen Schutz des geistigen Eigentums.[408] Diese Abkommen definieren den Begriff der Investition so weit, dass auch Immaterialgüterrechte erfasst werden können.[409] Zum Teil wird auf das Immaterialgüterrecht sogar ausdrücklich Bezug genommen.[410] Rechtspolitisch problematisch sind diese Abkommen unter anderem deshalb, weil sie unmittelbar Einfluss nehmen könnten auf die Frage des **Rechtsinhabers.** So ist letztlich das Projekt der OECD, ein **Multilateral Agreement on Investment** (MAI) abzuschließen, im Jahre 1998 am französischen Widerstand zu dieser Frage gescheitert.[411] Investitionsschutzabkommen schützen nämlich den Investor, der gerade im Urheberrecht nicht unbedingt mit dem originären Rechtsinhaber identisch sein muss. So droht die Entscheidung der droit d'auteur-Staaten zugunsten des Schöpferurheberrechts durch Erwägungen des Investitionsschutzes unterlaufen zu werden. Im Ergebnis wird man jedoch die bestehenden Investitionsschutzabkommen so auszulegen haben, dass sie die **Kollisionsregeln in Bezug auf die Bestimmung des Rechteinhabers nicht beeinträchtigen.** Durch die Investitionsschutzabkommen geschützt wird deshalb diejenige Person, der das Schutzrecht unter Anwendung der Regeln des internationalen Privatrechts zugewiesen ist. Trotzdem sind die Investitionsschutzabkommen im Verhältnis zu den immaterialgüterrechtlichen Abkommen nicht unproblematisch. So kann sich in der Praxis etwa die Frage stellen, ob ein einzelnes Investitionsschutzabkommen die Erteilung einer **Zwangslizenz** ausschließt, obwohl eine solche nach dem TRIPS-Abkommen zulässig wäre.[412] Im Zentrum der praktischen Anwendung stand bisher vor allem die Frage, ob die Inhaber von Tabakmarken sich gegen weit gehende **Beschränkungen der Etikettierung von Tabakprodukten** auf Investitionsschutzabkommen berufen können. Aufgeworfen werden hier schwierige Fragen zur Abwägung zwischen dem Eigentumsschutz und dem öffentlichen Interesse am Schutz der Gesundheit.[413] In zwei Aufsehen erregenden Verfahren, die das Unternehmen Philip Morris gegen die Gesetzgebung von Australien und Uruguay eingeleitet hatte,[414] lehnten die zuständigen internationalen Schiedsgerichte einen Verstoß gegen die einschlägigen Investitionsschutzabkommen ab. Im Verfahren gegen **Australien** zur Verletzung des Investitionsschutzabkommens mit Hongkong trat das Schiedsgericht schon gar nicht in die materiellrechtliche Prüfung ein,[415] sondern erklärte sich für unzuständig, da es die Klage von Philip Morris als missbräuchlich einstufte.[416] Zum Zeitpunkt, als

---

408 S. jedoch vor allem *Klopschinski,* Der Schutz geistigen Eigentums durch völkerrechtliche Investitionsschutzverträge, 2011; sowie *Grosse Ruse-Khan* ZGE 4 (2012), 1; *Grosse Ruse-Khan,* Protection of Intellectual Property in International Law, 2016, Rn. 7.03 ff.; *Hennig,* Der Schutz geistiger Eigentumsrechte durch internationales Investitionsschutzrecht, 2011; *Mercurio* J. Int'l Econ. L. 15 (2012), 871; allg. zum internationalen Investitionsschutzrecht s. *Reinisch* in Tietje, Internationales Wirtschaftsrecht, 2. Aufl. 2015, § 8; *Wegen/Raible* SchiedsVZ 2006, 225. Zum internationalen Geflecht der internationalen Investititionsschutzabkommen s. *Alschner/Skougarevskiy* JIEL 19 (2016), 561.

409 *Reinisch* in Tietje, Internationales Wirtschaftsrecht, 2. Aufl. 2015, § 8 Rn. 31; ebenso für eine Anwendung der Abkommen auf das geistige Eigentum *Kampf* VPP-Rundbrief Nr. 2/2006, 38 (45); *Kampf* in Heath/Sanders, Intellectual Property and Free Trade Agreements, 2007, 87, 121 ff.

410 So durch den dt.-chinesischen Investitionsförderungs- und -schutzvertrag aus dem Jahre 2003, s. *Braun/Schonard* RIW 2007, 561 (566). Rechte des geistigen Eigentums gehören zum Schutzgegenstand des dt. Mustervertragstextes für bilaterale Investitionsschutzabkommen; s. *Wegen/Raible* SchiedsVZ 2006, 225 (230).

411 Hierzu auch *Haedicke* GRUR Int 1998, 631.

412 Diese und andere Fragen werden angeschnitten bei *Kampf* VPP-Rundbrief Nr. 2/2006, 38 (45); zur Behandlung von Zwangslizenzen nach dem dt.-chinesischen Abkommen s. *Braun/Schonard* RIW 2007, 561 (567); *Lin* IIC 40 (2009), 152.

413 Dazu *Travieso* Revue de Droit des Affaires Internationales/Int'l Bus. L.J. 2016, 561.

414 Hierzu schon im Vorfeld der Entscheidungen *Grosse Ruse-Khan* ZGE 4 (2012), 1 (4 ff.); *Mercurio* J. Int'l Econ. L. 15 (2012), 871.

415 Dagegen wurde von australischen Gerichten die Verfassungsmäßigkeit der Regelung bejaht. S. High Court of Australia, JT International SA v. Commonwealth of Australia, 15.8.2012, Case (2012) HCA 43, IIC 44 (2013), 105.

416 Philip Morris Asia Ltd. vs. The Commonwealth of Australia, Permanent Court of Arbitration, 17.12.2015, SchiedsVZ 2016, 226 betr. Tobacco Plain Packaging Act 2011; s. Bspr. *Hepburn/Nottage,* Case Note: Phlip Morris Asia v Australia, 2016, https://papers.ssrn.com/sol3/papers.cfm?abstract_id=2842065 (zuletzt abgerufen am 1.5.2024).

Philip Morris die Kontrolle über seine australische Tochter der asiatischen Tochter mit Sitz in Hongkong unterordnete, hatte das Unternehmen die australische Plain-Packaging-Gesetzgebung bereits vorhergesehen. Insoweit ist das Schiedsgericht einem höchst illegitimen Versuch des Forum Shopping entgegengetreten.[417] Kommt man dagegen zur Anwendung durch Qualifikation des Immaterialgüterrechts als geschützte Investition,[418] ist die Frage nach der Zulässigkeit der Maßnahme nach dem Investitionsschutzabkommen zu beurteilen. Dies ist typischerweise nach den Abkommen zu bejahen, wenn die staatliche Maßnahme als gerechte und billige Behandlung – sog. **„fair and equitable treatment (FET)"-Standard** – angesehen werden kann. Dazu ist eine Abwägung zu treffen zwischen den **legitimen Erwartungen des Investors** und der **souveränen Regelungsgewalt des Staates.**[419] Im Fall der Etikettierungsvorschriften **Uruguays**[420] hat das Schiedsgericht der Regelungsgewalt des Staates den Vorrang eingeräumt.[421] Die Anerkennung markenrechtlichen Schutzes verpflichte den Staat nicht dazu, dem Inhaber jeder Form der Nutzung zu ermöglichen. Vielmehr sei es das souveräne Recht Uruguays, ohne Beschränkung durch das Markenrecht den Gesundheitsschutz durch eine Verschärfung der Etikettierungsvorschriften zu verbessern. Diese Entscheidung zeigt, dass auch Investment-Schiedsgerichte mit immaterialgüterrechtlichen Fragen umgehen können und nicht einseitig den Interessen der Investoren den Vorrang einräumen. Dies zeigt auch der dritte Fall mit Bezug zum Immaterialgüterrecht **(„Eli Lilly"),** in dem erstmalig ein patentrechtlicher Streit vor ein Investitionsschutzgericht gelangt ist. Das Gericht des International Center for Settlement of Investment Disputes (ICSID) wies in seinem abschließenden Schiedsspruch die Feststellung des US-amerikanischen Pharmaunternehmens zurück, wonach ein kanadisches Gericht durch die **Nichtigerklärung nationaler Patente** gegen die Investitionsschutzbestimmungen von NAFTA verstoßen haben soll.[422] Zur Nichtigerklärung war es gekommen, nachdem kanadische Gerichte die Anforderungen an die Patentierbarkeit verschärft hatten. Auch wenn die Rechtsprechungsänderung als solche bei Beantragung des Patents nicht vorhersehbar war, kann dieser Umstand keine berechtigte Erwartung im Sinne des Investitionsschutzrechts dahingehend begründen, dass das einmal erteilte Patent nicht für nichtig erklärt werden kann. Entsprechende Fehlerkorrekturen gehören mit zum Patentsystem.[423] Deshalb überzeugt auch die Entscheidung des Schiedsgerichts, das es ablehnte, gleichsam als weitere Instanz über die Richtigkeit von Entscheidungen nationaler Gerichte zu befinden. Ein Urteil eines nationalen Gerichts könne nur bei Vorliegen außergewöhnlicher Umstände („exceptional circumstances") angegriffen werden, was nur angenommen werden könne, wenn das Urteil unerhörtem und schockierendem Verhalten („egrigious and shocking conduct") gleichkomme.[424] In all diesen Verfahren erweist sich das Zusammenspiel verschiedener Abkommen im Schnittfeld von internationalem Investitionsschutzrecht und internationalen Immaterialgüter- und Handelsrecht als äußerst komplex. Die daraus entstehenden interessanten Rechtsfragen können hier nicht umfassend erörtert werden.[425]

---

417 In diesem Verfahren stand eine Schadensersatzforderung von 4,5 Mio. US-Dollar im Raume. Der Vollständigkeit halber ist auch darauf hinzuweisen, dass mittlerweile auch ein WTO Panel die Beschwerden verschiedener WTO-Mitglieder gegen Australien wegen Verletzung verschiedener Bestimmungen des WTO-Rechts, einschließlich Art. 20 TRIPS, abgewiesen hat; WTO Panel vom 28.6.2018, Australia – Certain Measures Concerning Trademarks, Geographical Indications and Other Plain Packaging Requirements Applicable to Tobacco Products and Packaging, WT/DS435/R, WT/DS441/R, WT/DS458/R; WT/DS467/R; s. dazu *Gögh* Leg. Iss. Econ. Integr. 46 (2019), 181; *Voon* J. World Investment & Trade L. 20 (2019), 146.

418 Dazu *Grosse Ruse-Khan,* Protection of Intellectual Property in International Law, 2016, Rn. 7.67.

419 *Grosse Ruse-Khan,* Protection of Intellectual Property in International Law, 2016, Rn. 7.32 ff.

420 Nach einigen Gesetzesänderungen durften Tabakprodukte nur noch in einer Variante – dh ohne Unterscheidung zwischen „Filter", „Gold" oder „Light" – vertrieben werden. Die Warnhinweise mussten 80% statt vorher 50% der Verpackungsfläche abdecken. Die Klagesumme belief sich auf 25 Mio. US-Dollar.

421 Philip Morris Brand Sàrl (Switzerland), Philip Morris Products S.A. (Switzerland) and Abal Hermanos S.A. (Uruguay) v. Oriental Republic of Uruguay, International Center for Settlement of Investment Disputes (ICSID) Case No. ARB/10/7, Entscheidung vom 8.7.2016, https://www.italaw.com/sites/default/files/case-documents/italaw7417.pdf (zuletzt abgerufen am 1.5.2024).

422 Ely Lilly v. Canada, International Center for Settlement of Investment Dispute (ICSID), Final Award vom 16.3.2017, ICSID Case No. UNCT/14/2, https://icsidfiles.worldbank.org/icsid/ICSIDBLOBS/OnlineAwards/C3544/DC10133_En.pdf (zuletzt abgerufen am 1.5.2024); s. *Grosse Ruse-Khan,* Protection of IP in International Law Rn. 7.39 ff.

423 Entsprechend bezeichnet *Grosse Ruse-Khan,* Protection of Intellectual Property in International Law, 2016, Rn. 7.39, die Berufung von Eli Lilly auf die Verletzung des FET-Standards als „absurd".

424 Ely Lilly v. Canada International Center for Settlement of Investment Dispute (ICSID), Final Award vom 16.3.2017, ICSID Case No. UNCT/14/2 Rn. 224, https://icsidfiles.worldbank.org/icsid/ICSIDBLOBS/OnlineAwards/C3544/DC10133_En.pdf (zuletzt abgerufen am 1.5.2024).

425 Hierzu etwa *Upreti* Global Trade & Customs J. 11 (2016), 343.

IV. Rechtsquellen des europäischen Rechts

124 **1. Einführung.** Dem europäischen Recht kommt für das heutige System des Immaterialgüterrechts eine nicht zu überschätzende Bedeutung zu, wobei vor allem das Sekundärrecht die entscheidende Rolle spielt. Der europäische Gesetzgeber bedient sich zur Regelung der beiden Instrumente der **Richtlinie** und der **Verordnung.** Als typisches Mittel der Binnenmarktpolitik nach Art. 114 AEUV verfolgt das Richtlinienrecht die **Angleichung** des Rechts der Mitgliedstaaten, wobei zu beachten ist, dass den Richtlinien die horizontale Direktwirkung zwischen Privaten fehlt. Gleichzeitig wurden in der Vergangenheit auf der Grundlage der Flexibilitätsklausel des Art. 308 EGV aF im Verordnungswege **einheitliche und unionsweite Rechte** geschaffen, die neben die nationalen Rechte treten. Durch den Übergang vom Einstimmigkeitsprinzip zum Prinzip der qualifizierten Mehrheit erleichtert Art. 118 Abs. 1 AEUV mittlerweile die Schaffung solcher Rechte. Die sekundärrechtlichen Vorschriften können im Folgenden nicht umfassend besprochen werden. Vielmehr erfolgt eine Beschränkung auf die **kollisionsrechtlichen Aspekte.** Insoweit ist zunächst die Frage zu stellen, ob auch dem **AEUV** als Teil des Primärrechts Vorgaben für das Kollisionsrecht entnommen werden können (→ Rn. 125 ff.). Daran anschließend werden einige **kollisionsrechtliche Aspekte des geltenden Sekundärrechts** behandelt (→ Rn. 128 ff.). Abschließend wird auf die Kodifizierung des Kollisionsrechts für die außervertraglichen Schuldverhältnisse durch die **Rom II-VO,** die in Art. 8 eine eigene Kollisionsnorm geschaffen hat, eingegangen (→ Rn. 164 ff.). Wie Art. 8 Rom II-VO im Rahmen der kollisionsrechtlichen Anknüpfung anzuwenden ist, wird in → Rn. 205 ff. unter VI. dargestellt.

125 **2. Primäres Kollisionsrecht im Bereich des Immaterialgüterrechts?** Eine kollisionsrechtliche Bedeutung des Primärrechts im Bereich des Immaterialgüterrechts lässt sich zwar diskutieren, ist jedoch **im Ergebnis zu verneinen.**[426] Als relevante Vorschriften des AEUV kommen die Bestimmungen über die **Grundfreiheiten** sowie das Diskriminierungsverbot des **Art. 18 AEUV** in Betracht. Versteckte Kollisionsnormen sind diesen, anders als es eine verbreitete Meinung im Internationalen Gesellschaftsrecht sieht (→ EGBGB Art. 3 Rn. 94 ff.), für das Immaterialgüterrecht nicht zu entnehmen. Damit erübrigt sich aber nicht die Notwendigkeit zu prüfen, ob die kollisionsrechtlichen Regelungen des Internationalen Immaterialgüterrechts mit den Grundfreiheiten des AEUV vereinbar sind.

126 **a) Kollisionsrechtliche Bedeutung der Grundfreiheiten?** Für die Entwicklung des europäischen Immaterialgüterrechts von besonderer Bedeutung war die Anerkennung eines **europäischen Erschöpfungsgrundsatzes** durch die Rspr. des EuGH in Auslegung der früheren Art. 30 und 36 EWGV (Art. 34 und 36 AEUV).[427] Danach erschöpft das Inverkehrbringen einer Ware in einem anderen Staat der EU das ausschließliche Verbreitungsrecht grundsätzlich auch im Inland, wenn das Inverkehrbringen im Ausland durch den inländischen Rechtsinhaber selbst oder mit dessen Zustimmung erfolgt (vgl. auch die heutige Formulierung des § 17 Abs. 2 UrhG sowie des § 24 Abs. 1 MarkenG, die zur Anwendung des Grundsatzes auch im Verhältnis zu den EWR-Staaten führen). Für die kollisionsrechtliche Deutung des europäischen Erschöpfungsgrundsatzes spricht auf den ersten Blick die vor allem bei Kollisionsrechtlern weit verbreitete **Auffassung,** wonach den **Grundfreiheiten eine Kollisionsregel zu Gunsten der Anwendung des Rechts des Herkunftslandes** entnommen werden könne, wobei manche diese Kollisionsregel wenigstens unter einen Günstigkeitsvorbehalt stellen.[428] Diese schon allgemein abzulehnende kollisionsrechtliche Deutung der Grundfreiheiten[429] kann gerade **für den europäischen Erschöpfungsgrundsatz nicht überzeugen.** Im Bereich des Urheberrechts, wo sich das Problem in besonderem Maße stellt, wird dieser Grundsatz nämlich vom EuGH ausdrücklich auf das Verbreitungsrecht begrenzt.[430] Beschränkungen des freien Warenverkehrs, die auf einer divergierenden nationalen Ausgestaltung des Immaterialgüterrechts beruhen, sind hinzunehmen.[431] Beim europäischen Erschöpfungsgrundsatz geht es folglich nur um die **Bestimmung der**

---

426 So schon *Drexl* FS Dietz, 2001, 461 (471 ff.); iErg ebenso *Schack* ZEuP 2000, 799 (814 f.).

427 Grdl. EuGH Slg. 1971, 487 – Deutsche Grammophon.

428 Letzteres ist jedenfalls erforderlich, da das Recht des Herkunftslandes nur Relevanz erlangt, soweit überhaupt eine Beschränkung der Grundfreiheiten vorliegt. Dies ist nur der Fall, wenn sich das Recht des Bestimmungslandes als ungünstiger erweist. Zu den unterschiedlichen Auffassungen → Art. 6 Rn. 45 ff.

429 So auch zB *W.-H. Roth* RabelsZ 55 (1991), 623 (667); *Sack* WRP 1994, 281 (288 f.); *Sonnenberger* ZVglRWiss 95 (1996), 3 (10 f.).

430 S. EuGH Slg. 1998, I-5171 = EuZW 1998, 700 – Foreningen af Danske Videogramdistributører (keine Erschöpfung beim Vermietrecht).

431 So auch EuGH Slg. 1988, 2605 – Warner Brothers (Vermietrecht für Videos); Slg. 1989, 79 – EMI Electrola (unterschiedliche nationale Schutzfristen).

Schranken des nationalen Urheberrechts, bei deren Anwendung eine im Ausland vorgenommene Verwertungshandlung berücksichtigt wird. Deshalb bildet auch der Grundsatz der europäischen Erschöpfung keine Ausnahme vom Territorialitätsgrundsatz.[432] Die Grundfreiheiten treffen keine Entscheidung über das anwendbare Recht.[433] Entscheidet sich das IPR, wie jetzt nach Art. 8 Abs. 1 Rom II-VO, für die Schutzlandanknüpfung (lex loci protectionis), kann es zu einer Beschränkung des freien Warenverkehrs kommen. Der europäische Erschöpfungsgrundsatz verpflichtet dann nur zur Berücksichtigung von tatsächlichen, im Ausland eingetretenen Umständen bei der Prüfung der Tatbestandsverwirklichung der nach dem Schutzlandprinzip berufenen inländischen Sachnorm. Dieser Konzeption folgt ganz zu Recht die Umsetzung des europäischen Erschöpfungsgrundsatzes in § 17 Abs. 2 UrhG und § 24 Abs. 1 MarkenG.[434] Geregelt wird die europäische Erschöpfung als Prinzip des anwendbaren deutschen Sachrechts.

b) Kollisionsrechtliche Bedeutung des Nichtdiskriminierungsgrundsatzes nach Art. 18 Abs. 1 AEUV? Näher liegend ist eine kollisionsrechtliche Deutung des Nichtdiskriminierungsgrundsatzes des Art. 18 Abs. 1 AEUV im Lichte der vom EuGH im Rahmen der sog. **„Phil Collins"-Rspr.** geforderten Anwendung auf Immaterialgüterrechte (auch → Rn. 56 ff.).[435] Der unionsrechtliche Nichtdiskriminierungsgrundsatz gleicht dem Inländerbehandlungsgrundsatz der immaterialgüterrechtlichen Konventionen, für den eine kollisionsrechtliche Bedeutung zu bejahen ist (→ Rn. 69 ff.). Die Vorschrift des Art. 18 Abs. 1 AEUV verpflichtet zur umfassenden Gleichbehandlung der Angehörigen anderer Mitgliedstaaten mit den eigenen Staatsangehörigen, wobei auch jede mittelbare Diskriminierung verboten ist. Zu einer **Diskriminierung** kann es prinzipiell auch **durch Kollisionsregeln** kommen, wenn diese für den Ausländer zu weniger günstigen Regeln als für den Inländer führen. Dies wäre insbesondere dann denkbar, wenn nationale Rechtsordnungen etwa im Urheberrecht am Recht des Ursprungslandes und nicht des Schutzlandes anknüpfen. Damit scheint Art. 18 Abs. 1 AEUV auch nationales Kollisionsrecht zu kontrollieren. Konsequent ließe sich die Vorschrift als Anordnung des Schutzlandprinzips verstehen. Dennoch ist für Art. 18 Abs. 1 AEUV die **kollisionsrechtliche Deutung** – anders als beim Inländerbehandlungsgrundsatz der Konventionen – **abzulehnen** (→ Art. 6 Rn. 100).[436] Ob sich die eine oder die andere Anknüpfung für den Ausländer als günstig erweist, hängt vom Einzelfall ab. Kollisionsregeln haben dagegen allgemein und ohne Blick auf das Ergebnis zunächst das anwendbare Recht zu bestimmen. Art. 18 Abs. 1 AEUV kann deshalb **nur auf das anwendbare Sachrecht bezogen werden.** Erst für dieses stellt sich die Frage, ob dessen Gesetzgeber gegenüber Ausländern diskriminiert. Die Vorschrift ist folglich nicht kollisionsrechtlich, sondern ausschließlich fremdenrechtlich zu verstehen. 127

3. Lokalisierung grenzüberschreitender Nutzungshandlungen in einem einzelnen Staat durch Sekundärrecht. Ziel des geltenden sekundären Immaterialgüterrechts ist im Allgemeinen nicht die kollisionsrechtliche Regelung, sondern die Angleichung des Immaterialgüterrechts in den Mitgliedstaaten und die Schaffung von europäischem Einheitsrecht im Zuge der Einführung unionsweiter Rechte (→ Rn. 124). Trotz des damit sachrechtlich geprägten Ansatzes kann sich das sekundäre Recht **kollisionsrechtlichen Fragestellungen** nicht ganz entziehen. 128

So wird das Funktionieren des Binnenmarktes insbesondere durch die gleichzeitige Anwendung einer unter Umständen größeren Zahl nationaler Rechtsordnungen, wie es dem Territorialitätsgrundsatz und der Schutzlandanknüpfung an sich entspräche, bedroht.[437] Der europäische Gesetzgeber steht hier vor der Entscheidung, ob nicht eine Konzentration auf eine anwendbare Rechtsordnung erfolgen soll. Dieses Ziel hat der europäische Gesetzgeber erstmalig durch die Einführung des **Sendelandprinzips** in der **Richtlinie über den Satellitenrundfunk und die** 129

[432] Gegen *Gaster* ZUM 2006, 8 (10). Von einer „Modifikation" des Territorialitätsgrundsatzes durch die europäische Erschöpfung spricht *Dreier* in Riesenhuber, Systembildung im europäischen Urheberrecht, 2007, 39 (46); ebenso wenig haltbar ist die Ansicht, bei der europäischen Erschöpfung werde die Rechtsordnung des Herkunftslandes auch zur Schutzlandsordnung; so *Baetzgen,* Internationales Wettbewerbs- und Immaterialgüterrecht im EG-Binnenmarkt, 2007, Rn. 495. Im Falle der europäischen Erschöpfung wird lediglich auf eine im Ausland erfolgte „Handlung" – und nicht auf das Recht eines anderen Staates – Bezug genommen, um den Rechtsschutz im Inland näher abzugrenzen. Damit fehlt es an dem für eine Kollisionsnorm charakteristischen Befehl zur Anwendung eines „nationalen Rechts".

[433] Ebenso *Beckstein,* Einschränkungen des Schutzlandprinzips, 2010, 125.

[434] So schon vorher *Drexl* FS Dietz, 2001, 461 (474).

[435] Zuletzt EuGH Slg. 2005, I-5781 = GRUR 2005, 755 – Tod's.

[436] So die wohl hM; s. ua auch *Drexl* FS Dietz, 2001, 461 (474) für das Immaterialgüterrecht; zust. etwa auch *Varimezov,* Grenzüberschreitende Rechtsverletzungen im Bereich des gewerblichen Rechtsschutzes und das anwendbare Recht, 2011, 176.

[437] Zur Beschreibung der Problematik s. auch *Henke* ZGR 12 (2020), 306 (308).

Kabelweiterverbreitung[438] erreicht, dabei aber eine **kollisionsrechtliche Festlegung bewusst vermieden.**[439] Das Sendelandprinzip soll gewährleisten, dass sich das Sendeunternehmen bei Satellitensendungen die Rechte für die öffentliche Wiedergabe über Satellit nur für den Sendestaat einräumen lassen muss und es gleichzeitig zu keiner Verletzung von Urheberrechten in den Empfangsstaaten kommen kann. Dieses Ziel wird in Art. 1 Abs. 2a Satellitenrundfunk-RL nicht durch eine gesonderte Kollisionsnorm, sondern durch die Lokalisierung der Nutzungshandlung im Sendestaat erreicht.[440] Diese **sachrechtliche Lösung** bildet sich auch in der Umsetzung in § 20a Abs. 1 UrhG ab.[441] Die Vorschrift setzt die Anwendung nationalen Rechts nach dem Schutzlandprinzip gemäß Art. 8 Abs. 1 Rom II-VO voraus. Soweit der Wortlaut der Vorschrift nicht nur die Sendung von Deutschland, sondern auch von anderen EU-Mitgliedstaaten und Vertragsstaaten des EWR aus erfasst, geschieht dies nicht im Sinne einer allseitigen Kollisionsnorm, sondern nur zu dem Zweck, einer Lokalisierung der Verwertungshandlung in Deutschland vorzubeugen. Wird von einem anderen Staat der EU oder des EWR aus gesendet und in Deutschland empfangen, scheitert die im Prinzip mögliche Berufung des Rechtsinhabers auf das deutsche Recht als Recht des Schutzlandes. Der Richter wendet zwar deutsches Recht in Form von § 20a Abs. 1 UrhG an, wird aber im zweiten Schritt eine Rechtsverletzung im Inland verneinen. Ist dagegen der **Sendestaat** ein **Drittstaat,** bleibt es beim **Schutz durch das deutsche Senderecht nach § 20 UrhG.**

130 Im Zuge der Verwirklichung des **digitalen Binnenmarktes** hat der europäische Gesetzgeber das Regelungsmodell des Sendelandprinzips inzwischen auf weitere urheberrechtliche Regelungszusammenhänge übertragen.[442] Dem erklärten Ziel, den Zugang zu digitalen Inhalten über die Grenze hinweg zu fördern,[443] dient zum einen die **RL (EU) 2019/789,** die das Ursprungslandprinzip auf die öffentliche Wiedergabe und Zugänglichmachung von Werken über **Online-Dienste von Sendeunternehmen** zur Anwendung bringt.[444] Auch in deren Anwendungsbereich reicht es aus, dass das Sendeunternehmen über die Rechte im EU-Mitgliedstaat verfügt, in dem sich die Hauptniederlassung des Unternehmens befindet.[445] Erfasst wird nicht nur das gleichzeitige Ausstrahlen von Sendungen über das Internet (sog. Simulcasting), sondern auch die zeitweise Online-Zugänglichmachung von Inhalten nach der Sendung, wie etwa über die Mediatheken von Fernsehsendern. Soweit es nicht um Hörfunk-, sondern Fernsehsendungen geht, gilt dies allerdings nur für Nachrichtensendungen und Sendungen zu aktuellem Geschehen sowie von den Sendeanstalten vollständig finanzierten Eigenproduktionen (s. Art. 3 Abs. 1 UAbs. 1 lit. b RL (EU) 2019/789). Entsprechend ausgenom-

---

438 RL 93/83/EWG vom 27.9.1993 zur Koordinierung bestimmter urheber- und leistungsschutzrechtlicher Vorschriften betreffend Satellitenrundfunk und Kabelweiterverbreitung, ABl. EG 1993 L 248, 15.

439 So die allgM, s. etwa *Neumaier,* Grenzüberschreitender Rundfunk im internationalen Urheberrecht, 2003, 13 f.; *Obergfell* in Reithmann/Martiny IntVertragsR Rn. 6.1155; *Schack* ZEuP 2000, 799 (814); *Schack* UrhR/UrhebervertragsR Rn. 1170; *Sutterer* ZUM-RD 2017, 304 (305); krit. gegenüber der sachrechtlichen Einordnung *Regelin,* Das Kollisionsrecht der Immaterialgüterrechte an der Schwelle zum 21. Jahrhundert, 1999, 262 ff.

440 So auch *Henke* ZGR 12 (2020), 306 (310), der von einem „sachrechtlichen Herkunftslandprinzip" spricht.

441 Die hier nicht näher zu erörternde Frage, ob die Konzentration der Nutzungshandlung im Sendestaat auch bei Bestimmung des deliktischen Gerichtsstandes nach Art. 7 Nr. 2 Brüssel Ia-VO zu berücksichtigen ist, hat der OGH GRUR Int 2017, 535 – Satellitenfernsehen, mit der Begründung verneint, die Richtlinie enthalte keine Regelung zur internationalen Zuständigkeit; s. dazu auch *Sutterer* in Hennemann/Sattler, Immaterialgüter und Digitalisierung, 2017, 145 (153 f.). Diese Frage muss aber noch abschließend vom EuGH geklärt werden.

442 Siehe umfassend *Henke* ZGR 12 (2020), 306.

443 S. Mitteilung der Kommission vom 6.5.2015 an das Europäische Parlament, den Rat, den Europäischen Wirtschafts- und Sozialausschuss und den Ausschuss der Regionen – Strategie für einen digitalen Binnenmarkt für Europa, COM(2015) 192 final, 6 ff.

444 Art. 3 Abs. 1 RL (EU) 2019/789 vom 17.4.2019 mit Vorschriften für die Ausübung von Urheberrechten und verwandten Schutzrechten in Bezug auf bestimmte Online-Übertragungen von Sendeunternehmen und die Weiterverbreitung von Fernseh- und Hörfunkprogrammen und zur Änderung der Richtlinie 93/83/EWG des Rates, ABl. EU 2019 L 130, 82. Zu den rechtlichen Implikationen der Ausdehnung des Sitzlandprinzips auf den Internet-Bereich s. *Hugenholtz,* The Future of Copyright Law in the Digital Single Market: extending the Satellite & Cable Diretive to services online, Zentrum für Europäisches Wirtschaftsrecht, Berichte und Vorträge Nr. 216, 9 ff. Zum ursprünglichen Vorschlag der Kommission s. *Sutterer* in Hennemann/Sattler, Immaterialgüter und Digitalisierung, 2017, 145. Zur Richtlinie s. auch *Auinger* ZUM 2019, 537; *Charissé,* ZUM 2019, 541; De Miguel Asensio, Conflict of Laws and the Internet, 2020, Rn. 4.132 ff.; *Dörr* ZUM 2019, 556; *Henke* ZGR 12 (2020), 306 (319 f.); *Hoffmann* ZUM 2019, 551; *Niebler* ZUM 2019, 545; *Skupin* ZUM 2019, 561.

445 Zur sachrechtlichen Konstruktion dieser Lösung nach der RL (EU) 2019/789 s. *Sutterer* in Hennemann/Sattler, Immaterialgüter und Digitalisierung, 2017, 145 (150 f.).

men sind also Unterhaltungssendungen, die den Sendeunternehmen durch Dritte lizenziert wurden. Generell ausgenommen sind Übertragungen von Sportveranstaltungen und der darin enthaltenen Werke (Art. 3 Abs. 1 UAbs. 1 RL (EU) 2019/789).

Zum anderen bestimmt seit 20.3.2018 die **Verordnung zur Portabilität von Online-Inhaltediensten,**[446] dass Abonnenten solche Dienste, wie von Spotify oder Netflix, auch dann nutzen können, wenn sie sich vorübergehend in einem anderen Mitgliedstaat aufhalten. Dazu begnügt sich die Verordnung nicht damit, den Dienstleister zu verpflichten, die grenzüberschreitende Nutzung vertragsrechtlich zu ermöglichen (Art. 3 Portabilitäts-VO). Um sicherzustellen, dass der Dienstleister auch über die entsprechende urheberrechtliche Berechtigung verfügt, um die geschützten Inhalte im Ausland zugänglich machen zu können, lokalisiert die Verordnung die urheberrechtlich relevanten Nutzungshandlungen ausschließlich im Mitgliedstaat des Wohnsitzes des Abonnenten (Art. 4 Portabilitäts-VO).[447] Der Diensteanbieter benötigt also nur eine Lizenz für den Wohnsitzstaat des Abonnenten und kann darauf gestützt seine Dienste auch erbringen, wenn der Abonnent sich vorübergehend in einem anderen Staat aufhält. Als **Online-Inhaltedienst** gilt nicht nur jeder audiovisuelle Mediendienst iSd Richtlinie über audiovisuelle Mediendienste (RL 2010/13/EU), sondern auch jeder sonstige Dienst, „dessen Hauptmerkmal die Bereitstellung von, der Zugang zu und die Nutzung von Werken, sonstigen Schutzgegenständen oder Übertragungen von Rundfunkveranstaltern in linearer Form oder auf Abruf ist". Im Unterschied zur RL (EU) 2019/789 erfolgt die Lokalisierung damit umfassend auch in Hinblick auf Rechte, die durch Dritte lizenziert werden, ohne dass bestimmte Inhalte ausgeschlossen werden. Allerdings ist der Anwendungsbereich auf **Abonnementdienste** beschränkt. 131

Grenzüberschreitende Sachverhalte zwischen den Mitgliedstaaten werden schließlich auch durch die **RL über das Urheberrecht im digitalen Binnenmarkt** (sog. DSM-RL) geregelt.[448] Diese Regelungen sind allesamt in den größeren Kontext von **Schrankenbestimmungen** eingebettet. So bestimmt Art. 5 Abs. 3 DSM-RL, dass die **digitale Nutzung** von Werken und sonstigen Schutzgegenständen zum Zwecke der **Veranschaulichung im Unterricht,** die vom Urheberrechtsschutz ausgenommen wird, nur in jenem Staate als erfolgt gilt, in dem die Bildungseinrichtung ihren Sitz hat.[449] In ähnlicher Weise bestimmt Art. 9 Abs. 2 DSM-RL, dass **Einrichtungen des Kulturerbes,** die **vergriffene Werke** oder sonstige Schutzgegenstände aus ihrem Bestand öffentlich gemäß Art. 8 Abs. 2 DSM-RL zugänglich machen, das Werk nur in jenem Mitgliedstaat nutzen, in dem sie ihren Sitz haben.[450] Beiden Vorschriften ist gemeinsam, dass die Schrankenbestimmungen nur **Bildungseinrichtungen und Einrichtungen mit Sitz in der EU bei** Verwertungshandlungen **mit Bezug auf das gesamte EU-Gebiet begünstigen.** Auch hier folgt der EU-Gesetzgeber einer Überwindung der Territorialität des Urheberrechts in den Mitgliedstaaten durch eine **sachrechtliche Konzentration der Nutzungshandlung in einem Staat.** 132

In der **Art. 4 Verwaiste-Werke-RL** hat schließlich der europäische Gesetzgeber eine Abweichung vom Schutzlandprinzip für die Frage der Bestimmung des **Status als verwaistes Werk** vorgesehen. Danach ist ein Werk, das in einem Staat nach den Regeln der RL als verwaistes Werk gilt, auch als solches **in allen übrigen Mitgliedstaaten anzuerkennen.** Dies hat zur Wirkung, dass gemäß Art. 6 Abs. 1 Verwaiste-Werke-RL das Werk durch privilegierte Einrichtungen iSv Art. 1 Abs. 1 Verwaiste-Werke-RL zugänglich gemacht werden kann, ohne dass das anwendbare nationale Urheberrecht verletzt wird.[451] In diesem Fall bleibt es anders als nach den Regelungen der DSM-RL (→ Rn. 132) bei der Mosaikbetrachtung im Sinne einer parallelen Anwendung verschiedener nationaler Urheberrechte. Die EU-weite Anerkennung als verwaistes Recht nimmt aber der privilegierten Einrichtung im Kontext der weiteren Richtlinienangleichung das Risiko, Rechte in anderen Mitgliedstaaten zu verletzen. 133

---

446 VO (EU) 2017/1128 vom 14.6.2017 zur grenzüberschreitenden Portabilität von Online-Inhaltediensten im Binnenmarkt, ABl. EU 2017 L 168, 1; s. auch ausf. *Eginger* ZGR 12 (2020), 329; *Henke* ZGR 12 (2020), 306 (318 f.).

447 S. auch Erwägungsgrund 23 f. Portabilitäts-VO. Zur sachrechltichen Einordnung der Lokalisierung Wandtke/Bullinger/*v. Welser* UrhG Vor §§ 120 ff. Rn. 19. *Henke* ZGR 12 (2020), 306 (311) und *Schack* UrhR/UrheberverlagsR Rn. 1043 sprechen von einer Fiktion, da die Lokalisierung des Sachverhalts in einem Mitgliedstaat nicht den tatsächlichen Gegebenheiten entspricht.

448 RL (EU) 2019/790 vom 17.4.2019 über das Urheberrecht und die verwandten Schutzrechte im digitalen Binnenmarkt, ABl. EU 2019 L 130, 92.

449 Dazu *Henke* ZGR 12 (2020), 306 (320 f.).

450 Wobei diese Schranke nur unter der Voraussetzung greift, dass es im Sitzstaat keine „repräsentative" Verwertungsgesellschaft vorhanden ist, die eine Lizenz für die Nutzung erteilen könnte; s. hierzu auch *De Miguel Asensio,* Conflict of Laws and the Internet, 2020, Rn. 4.137; *Henke* ZGR 12 (2020), 306 (321 f.).

451 S. hierzu auch *De Miguel Asensio,* Conflict of Laws and the Internet, 2020, Rn. 4.138; *Henke* ZGR 12 (2020), 306 (316 ff.).

134 **4. Kollisionsrechtliche Fragen der einheitlichen Unionsschutzrechte.** Kollisionsrechtliche Fragen ergeben sich auch aus der Anwendung von Verordnungen über einheitliche europäische Rechtstitel (sog. Unionsschutzrechte). Solche Systeme unionsweit geltenden Immaterialgüterrechte hat der europäische Gesetzgeber bisher in vier Fällen geschaffen, nämlich im Falle der **Unionsmarke,**[452] des **Gemeinschaftssortenschutzrechts,**[453] des **Gemeinschaftsgeschmacksmusterrechts**[454] sowie der **geografischen Herkunftsangaben** iSd VO (EU) 1151/2012 (früher VO (EG) 510/2006).[455] Diese Schutzrechte finden eine Ergänzung durch das **Europäische Patent mit einheitlicher Wirkung** (→ Rn. 39). Die Erteilung der Unionsmarke sowie des Gemeinschaftsgeschmacksmusters erfolgt durch das Amt der Europäischen Union für das Geistige Eigentum (EUIPO) in Alicante,[456] die Erteilung eines Gemeinschaftssortenschutzrechts durch das Gemeinschaftssortenschutzamt im französischen Angers.[457] Geografische Ursprungsbezeichnungen werden von der Kommission in ein Register eingetragen. Die einheitliche Wirkung des Europäischen Patents für das Gebiet der teilnehmenden Mitgliedstaaten wird schließlich in ein entsprechendes Register durch das Europäische Patentamt in München eingetragen (Art. 4 Abs. 1 Einheitspatent-VO; → Rn. 39 mwN). Eine Besonderheit besteht für das Gemeinschaftsgeschmacksmuster. Die Gemeinschaftsgeschmacksmuster-VO stellt für die Dauer von drei Jahren auch Schutz ohne Eintragung bereit (sog. **nicht eingetragenes Gemeinschaftsgeschmacksmuster**), soweit die materiellen Schutzvoraussetzungen vorliegen (Art. 1 Abs. 2a Gemeinschaftsgeschmacksmuster-VO). Zur kollisionsrechtlichen Anknüpfung des nicht eingetragenen Gemeinschaftsgeschmacksmusters → Rn. 28.

135 Anders als im Bereich der Angleichung nationaler Schutzrechte war der Unionsgesetzgeber bei den Unionsschutzrechten **von Anfang an gefordert, auch kollisionsrechtliche Fragestellungen zu berücksichtigen.** Bei den Unionsschutzrechten ist nämlich nicht nur die Rechtsanwendung im Verhältnis zu Drittstaaten zu bestimmen (sog. Außen-IPR). Die einschlägigen Verordnungen haben sich vor allen auch mit der **Unteranknüpfung** (sog. **Innen-IPR**)[458] zu befassen, soweit das Einheitsrecht der Verordnungen Lücken lässt und daher ein Rückgriff auf das nationale Recht der Mitgliedstaaten erforderlich wird. Die Rom II-VO stellt mit Art. 8 Abs. 1 Rom II-VO eine generelle Vorschrift zum Außen-IPR sowie mit Art. 8 Abs. 2 Rom II-VO eine solche für die Unteranknüpfung an das nationale Recht bereit. Das Verhältnis zu den bereits vorher bestehenden Kollisionsregeln in den Verordnungen zu den Einheitsrechten war dabei keineswegs klar. Mittlerweile kann jedoch als gesichert gelten, dass Art. 8 Abs. 1 und 2 Rom II-VO unbeschränkt Anwendung findet auf die verschiedenen Unionsschutzrechte (zu berücksichtigen ist, dass die Rom II-VO nicht für Dänemark gilt; → Rn. 173). Im Folgenden erfolgt daher zunächst eine Kommentierung des Außen- und Innen-IPR nach den Regeln des Art. 8 Abs. 1 und 2 Rom II-VO. Danach wird auf Besonderheiten der verschiedenen Unionsschutzrechte eingegangen.

136 **a) Das Außen-IPR der Unionsschutzrechte gemäß Art. 8 Abs. 1 Rom II-VO.** Mit **Geltung der Rom II-VO** findet sich eine unionseinheitliche Regelung des Außen-IPRs auch für die Unionsschutzrechte in **Art. 8 Abs. 1 Rom II-VO.**[459] Dies ist jedoch keineswegs selbstverständlich, da man vor Geltung der Rom II-VO für die frühere Gemeinschaftsmarken-VO (VO (EG) 207/2009) sowie die Gemeinschaftsgeschmacksmuster-VO (VO (EG) 6/2002) die Anknüpfung aus den Kollisionsnormen des **Art. 101 Abs. 2 GMV aF** sowie des nach wie vor geltenden **Art. 88 Abs. 2 Gemeinschaftsgeschmacksmuster-VO** zu entwickeln hatte. Da die GMV aF und die Gemeinschaftsgeschmacksmuster-VO keine Vorschriften zum Außen-IPR enthielten, war die Anwendung der beiden Verordnungen im Verhältnis zu Drittstaaten entsprechend der genannten Vorschriften nach den Kollisionsregeln des nationalen Rechts des zuständigen Gemeinschaftsmarken- bzw. Gemeinschaftsgeschmacksmustergerichts zu bestimmen. Dabei war es von besonderem Vorteil, dass diese Vorschriften einen Gesamtverweis auf die lex fori des zuständigen Gerichts enthielten. Dass seit der jüngsten Reform des **einheitlichen Markenrechts** vom Dezember 2015 die Anwendung im Verhältnis zu Drittstaaten ausschließlich nach Art. 8 Abs. 1 Rom II-VO zu beurteilen ist, ergibt sich schon daraus, dass **Art. 129 Abs. 2 UMV** (Unionsmarken-VO) heute

---

[452] VO (EU) 2017/1001 vom 14.6.2017 über die Unionsmarke (Kodifizierter Text), ABl. EU 2017 L 154, 1.

[453] VO (EG) 2100/94 vom 27.7.1994 über den gemeinschaftlichen Sortenschutz, ABl. EG 1994 L 258, 3.

[454] VO (EG) 6/2002 vom 12.12.2001 über das Gemeinschaftsgeschmacksmuster, ABl. EG 2002 L 3, 1.

[455] VO (EU) 1151/2012 des Europäischen Parlaments und des Rates vom 21.11.2012 über Qualitätsregelungen für Agrarerzeugnisse und Lebensmittel, ABl. EU 2012 L 343, 1.

[456] S. http://euipo.europa.eu.

[457] S. www.cpvo.europa.eu.

[458] Unterscheidung nach *Tilmann* GRUR Int 2001, 673 (674).

[459] Ebenfalls für die Anwendung von Art. 8 Abs. 1 Rom II-VO für das Außen-IPR *Sack* WRP 2008, 1405 (1408).

die kollisionsrechtliche Anknüpfung nach anderen Vorschriften voraussetzt. Anders als nach der Vorgängervorschrift soll das Unionsmarkengericht „das geltende nationale Recht" – also nicht mehr notwendig „sein" nationales Recht – anwenden (→ Rn. 145). Welches nationale Recht i.S. von Art. 129 Abs. 2 UMV im Verhältnis zu Drittstaaten gilt, ergibt sich deshalb aus Art. 8 Abs. 1 Rom II-VO.[460] Noch unverändert geblieben ist **Art. 88 Abs. 2 Gemeinschaftsgeschmacksmuster-VO.** Aber auch hier gilt im Ergebnis nichts anderes. Der Vorschrift ist bestenfalls eine klarstellende Bedeutung im Hinblick auf die Anwendung des Art. 8 Abs. 1 Rom II-VO zuzuerkennen. Denn selbst über den Gesamtverweis auf die lex fori des Gemeinschaftsgeschmacksmustergerichts nach Art. 88 Abs. 2 Gemeinschaftsgeschmacksmuster-VO gelangt man zur Anknüpfung nach Art. 8 Abs. 1 Rom II-VO für das Außen-IPR des Gemeinschaftsgeschmacksmusterrechts.

Auslegungsschwierigkeiten bereitet Art. 8 Abs. 1 Rom II-VO insoweit, als auf das **Recht eines „Staates"** verwiesen wird. *Sack* möchte wohl deshalb der Vorschrift einen Verweis auf das Recht des Mitgliedstaates entnehmen, für den der Schutz begehrt wird und zählt sodann zum Recht dieses Staates auch die Verordnungen über die Unionsschutzrechte.[461] Diese Begründung ist nicht haltbar. Sie übersieht, dass für die Unionsschutzrechte aufgrund ihrer notwendig einheitlichen und unionsweiten Geltung der Schutz nicht mehr nur für einen Staat begehrt werden kann. Die UMV stellt dies in ihrem Art. 1 Abs. 2 S. 2 aE sogar ausdrücklich klar: Die Benutzung der Marke „kann nur für die gesamte Union untersagt werden".[462] Ganz allgemein bilden Unionsschutzrechte iSd Art. 118 AEUV Schutzrechte mit einheitlicher Wirkung für eine Mehrzahl von Staatsgebieten. Sie beruhen nicht weniger auf dem Grundsatz der Territorialität als die nationalen Schutzrechte.[463] Die einschlägigen unionsrechtlichen Regelungen beanspruchen keine Geltung außerhalb des Gebiets der EU. Die UMV findet daher Anwendung, wenn Schutz für das Gebiet der EU beansprucht wird. **Schutzland** im Sinne des insoweit auslegungsbedürftigen Art. 8 Abs. 1 Rom II-VO ist daher für die Unionsschutzrechte das **Territorium der EU insgesamt** und nicht jenes der einzelnen Mitgliedstaaten.[464] 137

b) Das Innen-IPR der Unionsschutzrechte gemäß Art. 8 Abs. 2 Rom II-VO. Soweit die einheitlichen Regelungen zu den Unionsschutzrechten Lücken enthalten, nämlich vor allem im Bereich der Sanktionen, kommt Art. 8 Abs. 2 Rom II-VO für die Unteranknüpfung an das nationale Recht eine zentrale Funktion zu. Dass diese Vorschrift **nur für die Unteranknüpfung** gilt, ergibt sich schon aus dem klaren Wortlaut der Vorschrift. Sie kommt erst zum Zuge, nachdem ermittelt ist, dass die Bestimmungen über das einheitliche Unionsschutzrecht nach den Regeln über das Außen-IPR anwendbar sind und diese der Lückenfüllung bedürfen. 138

Zum **Anwendungsbereich** des Art. 8 Abs. 2 Rom II-VO besteht dennoch Klärungsbedarf. Dies gilt vor allem in Hinblick auf möglicherweise **nach Art. 27 Rom II-VO vorrangige Kollisionsnormen** in den Rechtsakten zu den Unionsschutzrechten. Nach der jüngsten Reform des einheitlichen Markenrechts vom Dezember 2015 findet sich eine möglicherweise spezielle Kollisionsnorm nur noch in **Art. 89 Abs. 1 lit. d Gemeinschaftsgeschmacksmuster-VO.** Für die Anknüpfung im Schnittfeld dieser Vorschrift zur Rom II-VO hat sich mittlerweile eine Rspr. des **BGH** sowie des **EuGH** gebildet.[465] Der BGH geht offensichtlich davon aus, dass **Art. 89 Abs. 1 lit. d Gemeinschaftsgeschmacksmuster-VO nicht durch Art. 8 Abs. 2 Rom II-VO verdrängt** wird.[466] Da Art. 89 Abs. 1 lit. d Gemeinschaftsgeschmacksmuster-VO einen Gesamtver- 139

460 So auch BeckOK MarkenR/*Grüger* UMV Art. 129 Rn. 9; *Kur* in Kur/Senftleben, European Trade Mark Law, 2017, Rn. 13.82; *Picht,* Vom materiellen Wert des Immateriellen, 2018, 516 f.

461 *Sack* WRP 2008, 1405 (1408).

462 Bestätigt durch BGH GRUR 2008, 254 Rn. 39 – THE HOME STORE. Danach ist der Unterlassungsanspruch bei einer Gemeinschaftsmarke grundsätzlich auf das gesamte Gebiet der EU zu erstrecken. Das Gericht lässt offen, ob Ausnahmen dann zu machen sind, wenn eine Verwechslungsgefahr, etwa wegen sprachlicher Besonderheiten, nur in einzelnen Staaten gegeben ist, BGH GRUR 2008, 254 Rn. 40.

463 Nicht haltbar ist deshalb die Ansicht von *Obergfell* in Reithmann/Martiny IntVertragsR Rn. 6.1061, wonach die einheitlichen Schutzrechte auf die Territorialität innerhalb der EU außer Kraft setzen.

464 AllgM, s. *Basedow* NJW 1996, 1921 (1927); *Basedow* in Basedow/Kono/Metzger, Intellectual Property in the Global Arena, 2010, 3 (26); *Drexl* in Drexl/Kur, Intellectual Property and Private International Law, 2005, 151 (174); *Ebner,* Markenschutz im internationalen Privat- und Zivilprozessrecht, 2004, 259; *Knaak* GRUR 2001, 21 (27); *Schaper* in Drexl/Kur, Intellectual Property and Private International Law, 2005, 201, 202.

465 BGH GRUR Int 2010, 1072 Rn. 57 ff. – Verlängerte Limousinen; GRUR 2012, 512 Rn. 55 ff. – Kinderwagen, s. dazu auch *Schabenberger* WRP 2010, 992 (998 f.). Schließlich ebenso EuGH ECLI:EU:C:2017:724 = GRUR Int 2017, 1120 Rn. 93 – Nintendo gegen BigBen.

466 Ob freilich die Regeln der Gemeinschaftsgeschmacksmuster-VO speziellere Kollisionsregeln iSv Art. 27 Rom II-VO enthalten, wird weder vom BGH noch dem EuGH thematisiert.

weis enthält, gelangt der BGH zur **Anwendung des Kollisionsrechts der Mitgliedstaaten** und wendet sodann **Art. 8 Abs. 2 Rom II-VO** an.[467] Dieses Vorgehen mutet auf den ersten Blick widersprüchlich an, da auf der ersten Stufe der Prüfung Art. 8 Abs. 2 Rom II-VO verdrängt werden soll, auf der zweiten Stufe dann aber doch zur Anwendung kommt. Offensichtlich vermag der BGH keinen Vorrang von Art. 89 Abs. 1 lit. d Gemeinschaftsgeschmacksmuster-VO mehr zu erkennen, soweit Art. 8 Abs. 2 Rom II-VO als Kollisionsrecht der Mitgliedstaaten im Rahmen der Kollisionsnormen der Gemeinschaftsgeschmacksmuster-VO zur Anwendung kommt. Dieser Weg scheint von der hM im Schrifttum unterstützt zu werden, die sich schon vor der Entscheidung gebildet hatte.[468] Damit erreicht der BGH die von der Rom II-VO erwünschte Konzentration auf eine Rechtsordnung jedenfalls für den Fall, dass die Verletzungshandlung in einem Mitgliedstaat erfolgt ist. Im Anknüpfungsergebnis unterscheidet sich die Kombinationslösung des BGH auch nicht von der **Gegenauffassung,** wonach **Art. 8 Abs. 2 Rom II-VO** an die Stelle der kollisionsrechtlichen Unteranknüpfungen für Sanktionen in den Rechtsakten zu den Unionsschutzrechten getreten ist und deshalb unmittelbar gilt.[469] Nach dieser Auffassung hätte Art. 88 Abs. 1 lit. d Gemeinschaftsgeschmacksmuster-VO mit Geltung der Rom II-VO jede Bedeutung verloren. Der Weg des BGH, unterstützt von der hM, ist dogmatisch unnötig kompliziert und lässt sich nur mit der Vorrangregelung in Art. 27 Rom II-VO erklären. Dies zeigt, dass der europäische Gesetzgeber gut daran täte, die Regeln zur Unteranknüpfung in den speziellen Rechtakten zu den einheitlichen Schutzrechten zugunsten einer unmittelbaren Anwendung von Art. 8 Abs. 2 Rom II-VO aufzuheben. Im Rahmen der Reform des Unionsmarkenrechts hat der europäische Gesetzgeber diesen Schritt auch tatsächlich vollzogen (→ Rn. 145). Aus praktischer Sicht erreicht man über beide Wege das Ziel der Reform der unpassenden Kollisionsregeln in den Rechtsakten über die Unionsschutzrechte.[470] Auf jeden Fall bestimmt sich das anwendbare nationale Recht nach Art. 8 Abs. 2 Rom II-VO, wovon auch der EuGH im Anwendungsbereich der Gemeinschaftsgeschmacksmuster-VO ausgeht.[471] Nicht unmittelbar behoben wird von der Kombinationslösung jedoch das Problem, dass die speziellere Kollisionsregel des Art. 89 Abs. 1 lit. d Gemeinschaftsgeschmacksmuster-VO die Möglichkeit von Verletzungshandlungen in Drittstaaten nicht zur Kenntnis nimmt. Folgt man in diesen Fällen der weiter unten (→ Rn. 142) dargestellten Mosaikbetrachtung und orientiert man sich an den Kollisionsregeln der Mitgliedstaaten, auf denen sich die Handlung auswirkt, gelingt man wiederum zur Anwendung von Art. 8 Abs. 2 Rom II-VO.

140 Außerdem ist zu berücksichtigen, dass Art. 8 Abs. 2 Rom II-VO eine Unteranknüpfung nur im **Anwendungsbereich der Rom II-VO gemäß Art. 15** ermöglicht. Die Verordnungen über Unionsschutzrechte enthalten aber auch Lücken in Bezug auf Fragen jenseits der Haftung für Rechtsverletzungen, vor allem soweit es um das Schutzrecht als **Gegenstand des Vermögens** geht. Insoweit ist auf jene Kollisionsregeln abzustellen, die sich in den einschlägigen Verordnungen zu den Unionsschutzrechten finden und weiter unten behandelt werden (→ Rn. 144 ff.).

141 Gemäß Art. 8 Abs. 2 Rom II-VO ist das Recht des Staates anzuwenden, **„in dem die Verletzung begangen wurde".** Diese Vorschrift, die sinnvollerweise auch auf drohende Handlungen zu beziehen ist,[472] entscheidet sich also für die Anwendbarkeit der **lex loci delicti commissi.** Der europäische Gesetzgeber reagiert mit dieser **Abweichung vom Schutzlandprinzip** auf den Umstand, dass Letzteres nur wieder auf das Recht der EU verweisen würde (→ Rn. 137). Das Schutzlandprinzip bildet daher keine taugliche Grundlage für die Unteranknüpfung zum Zwecke

---

467 Ähnlich folgerte schon *Zwanzger,* Das Gemeinschaftsgeschmacksmuster zwischen Gemeinschaftsrecht und nationalem Recht, 2010, 126 ff., dass sich Art. 8 Abs. 2 Rom II-VO immer dann durchsetzen müsse, wenn die spezielleren Kollisionsnormen einen Gesamtverweis enthalten.

468 *Beaumont/McEleavy,* Anton's Private International Law, 3. Aufl. 2011, Rn. 14.179; Huber/*Illmer* Rn. 17 und 25 ff.; jurisPK-BGB/*Heinze* Rn. 36 f.; *Ruhl,* Gemeinschaftsgeschmacksmuster, Kommentar, 2. Aufl. 2010, GMV Art. 89 Rn. 88. Im entsprechenden Sinne für das frühere Gemeinschaftsmarkenrecht Büscher/Dittmer/Schiwy/*Hoffrichter-Daunicht* GMV Art. 102 Rn. 12. Ebenfalls für eine Fortgeltung der Kollisionsnormen in den speziellen Rechtsakten zu den einheitlichen Schutzrechten und iS einer nur lückenfüllenden Funktion von Art. 8 Abs. 2 Rom II-VO Erman/*Hohloch* Rn. 3. Die vom BGH verfolgte Lösung wird auch im Ausland favorisiert; s. *Bariatti* in Bariatti, Litigating Intellectual Property Rights Disputes Cross-borger: EU Regulations, ALI Principles, CLIP Project, 2010, 62, 78.

469 So *Fawcett/Torremans,* Intellectual Property and Private International Law, 2. Aufl. 2011, Rn. 15.37; sowie – ohne Begründung – *Sack* WRP 2008, 1405 (1408).

470 Auch nach *Kreuzer* in Reichelt/Rechenberger, Europäisches Kollisionsrecht, 2004, 17, 43 verfolgt Art. 8 Abs. 2 Rom II-VO das Ziel, die unangemessenen Kollisionsregeln der speziellen Rechtsakte zu reformieren.

471 EuGH ECLI:EU:C:2017:724 = GRUR Int 2017, 1120 Rn. 93 – Nintendo gegen BigBen.

472 *Sack* WRP 2008, 1405 (1407).

der Lückenfüllung bei den Unionsschutzrechten.[473] Mit der **Anknüpfung an den Begehungsort** folgt der europäische Gesetzgeber der Formulierung des früheren Art. 102 Abs. 2 GMV sowie des nach wie vor geltenden Art. 89 Abs. 1 lit. d Gemeinschaftsgeschmacksmuster-VO. Insoweit kommt der Rspr. und dem Schrifttum zu diesen Vorschriften auch Relevanz für die Anwendung des Art. 8 Abs. 2 Rom II-VO zu. Nach welchen **Kriterien** jedoch der Begehungsort zu bestimmen ist, war bis zur Entscheidung des EuGH in **Nintendo gegen BigBen** im Jahre 2017 umstritten.[474] Auch die im Jahre 2014 ergangene Entscheidung des EuGH in „H. Gautzsch Großhandel" zur kollisionsrechtlichen Anknüpfung im Geltungsbereich der Gemeinschaftsgeschmacksmuster-VO hat zu dieser zentralen Frage zunächst keine Klärung gebracht.[475] Der Wortlaut lässt tatsächlich zwei alternative Auslegungen zu: Entweder man knüpft an dem Ort an, an dem die Verletzungshandlung tatsächlich vorgenommen wurde **(natürlicher Handlungsort)** oder am Ort, an dem sich die Rechtsverletzung verwirklicht hat **(tatbestandlicher Handlungsort).**[476] Für die letztere Auslegung scheint die allgemeine deliktische Anknüpfung nach Art. 4 Abs. 1 Rom II-VO zu sprechen, bei der sich der europäische Gesetzgeber bewusst für das ausschließliche Abstellen auf den Erfolgsort entschieden hat. Danach käme man aber bei Verletzungen von Unionsschutzrechten, die sich wie etwa im Falle der multiterritorialen Werbung oder des multiterritorialen Vertriebs auf mehrere Mitgliedstaaten auswirken, notwendig zu einer **Mosaikbetrachtung.** Der Richter würde gezwungen, für die Bestimmung der Sanktionen, für die es vor allem beim Unionsmarken- und Geschmacksmusterrecht beachtliche Lücken gibt, doch wieder nach dem Recht der einzelnen Mitgliedstaaten zu unterscheiden. Dies erscheint nicht nur unnötig kompliziert, sondern widerspricht fundamental der Konzeption der Unionsschutzrechte, die gerade von der Einheitlichkeit auch der Rechtsverletzung in allen Mitgliedstaaten ausgehen. Die grundsätzliche Mosaikbetrachtung tritt auch in Konflikt zu den Wertungen des Art. 8 Abs. 2 Rom II-VO. Diese Vorschrift will gerade die Beurteilung der Sanktionen nach einer einheitlichen Rechtsordnung ermöglichen.[477] Deshalb ist es sehr zu begrüßen, dass der EuGH nun in Nintendo gegen BigBen der Anknüpfung an den natürlichen Handlungsort den Vorzug gegeben hat.[478] Die Sanktionen sind einheitlich nach dem **Recht des Staates zu bestimmen, in dem die rechtsverletzende Handlung vorgenommen wurde.**[479]

Allerdings wirft diese Anknüpfung nach Art. 8 Abs. 2 Rom II-VO sogleich weitere Anwendungsprobleme auf. Der **natürliche Handlungsort** kann bei Verletzungen von Unionsschutzrechten nämlich auch **außerhalb der EU** liegen.[480] So lässt sich etwa der Warenabsatz in die EU über einen aus der Schweiz gesteuerten Internet-Auftritt mit einer Unionsmarke bewerben.[481] In diesem **142**

[473] Ausf. dazu, dass eine Schutzlandanknüpfung für diese Unteranknüpfung nicht überzeugen kann, *Zwanzger,* Das Gemeinschaftsgeschmacksmuster zwischen Gemeinschaftsrecht und nationalem Recht, 2010, 97 f. Dennoch das Schutzlandprinzip anwendend und damit das Problem verkennend BGH GRUR Int 2010, 1072 Rn. 61 – Verlängerte Limousinen (für die Zeit vor Geltung der Rom II-VO).

[474] EuGH ECLI:EU:C:2017:724 = GRUR Int 2017, 1120 Rn. 98 – Nintendo gegen BigBen.

[475] S. auch *Kur* GRUR Int 2014, 749 (758); *Kur* in Kur/Senftleben, European Trade Mark Law, 2017, Rn. 13.81. Dem EuGH war die entsprechende Frage vom BGH nicht vorgelegt worden. So auch der Hinweis bei *Hartwig* GRUR 2014, 372 (373).

[476] Im Sinne der Doppeldeutigkeit des Begriffs der „Verletzungshandlung", der im Prinzip beide Auslegungen zulässt, auch *Kur* GRUR 2014, 749 (758).

[477] Ebenso *Kur* GRUR Int 2014, 749 (759); *Kur* in Kur/Senftleben, European Trade Mark Law, 2017, Rn. 13.83.

[478] EuGH ECLI:EU:C:2017:724 = GRUR Int 2017, 1120 Rn. 98 – Nintendo gegen BigBen (unter ausdrücklicher Zurückweisung der Orientierung am Erfolgsort gemäß Art. 4 Abs. 1 Rom II-VO); iErg hatte kurz vorher schon der BGH, allerdings in zweifelhafter Anlehnung an den Wortlaut des früheren Art. 40 Abs. 1 S. 1 EGBGB, entschieden: BGH GRUR 2017, 397 Rn. 106 – World of Warcraft II; aA *Wurmnest* IPRax 2018, 480 (486), der davon ausgeht, der BGH habe die Frage als nicht relevant offengelassen, da der BGH nicht abschließend dazu Stellung nahm, ob Ansprüche auch für Rechtsverletzungen in anderen EU-Mitgliedstaaten als Deutschland begründet sind. Dem ist entgegenzuhalten, dass der BGH mit dem Hinweis auf die Möglichkeit, dass die Beklagte auch Verletzungshandlungen im Ausland begangen hat (BGH GRUR 2017, 397 Rn. 108), sich erneut eher an einer Anknüpfung am natürlichen Handlungsort orientiert.

[479] Ebenso schon vor der Entscheidung des EuGH *Kur* GRUR Int 2014, 749 (758); *Zwanzger,* Das Gemeinschaftsgeschmacksmuster zwischen Gemeinschaftsrecht und nationalem Recht, 2010, 127 f. (aber betonend, dass bei Immaterialgüterrechten nicht zwischen dem Handlungsort und Erfolgsort unterschieden werden könne). Ähnlich NK-BGB/*Grünberger* Rn. 65 f.; *Schack* FS Kropholler, 2008, 651 (658 f.); s. jetzt auch *De Miguel Asensio,* Conflict of Laws and the Internet, 2020, Rn. 5.125 f.

[480] In diesem Fall ist auch *Kur* GRUR Int 2014, 749 (758) gegen eine Anknüpfung am Begehungsort.

[481] Einer solchen Konstellation sehr nahe kam der Fall in BGH GRUR 2008, 254 – THE HOME STORE. Verklagt worden war aber nur das deutsche Tochterunternehmen einer schweizerischen Mutter. Deshalb ist der BGH dem Vortrag der Klägerin gefolgt, dass die Benutzung für die gesamte EU von Deutschland aus bestimmt worden sei und daher eine Verletzungshandlung in Deutschland vorgelegen habe.

Fall spräche der Wortlaut des Art. 8 Abs. 2 Rom II-VO zwar nicht schlechterdings gegen die Anwendung schweizerischen Rechts. Denn dieser Wortlaut setzt anders als jener des früheren Art. 102 Abs. 2 GMV sowie des nach wie vor geltenden Art. 88 Abs. 1 lit. d Gemeinschaftsgeschmacksmuster-VO nicht voraus, dass das nationale Recht eines „Mitgliedstaates" zur Anwendung kommt. Da es sich aber bei Art. 8 Abs. 2 Rom II-VO gemäß Art. 24 Rom II-VO nicht um einen Gesamtverweis, sondern einen Sachnormverweis handelt, würde in einem solchen Fall die **Anwendung des Sachrechts eines Drittstaates angeordnet,** ohne dass dessen Kollisionsrecht über das Schutzlandprinzip auf das Recht der EU zurückverweisen kann.[482] Offensichtlich hat hier der europäische Gesetzgeber übersehen, dass ein Unionsschutzrecht auch durch eine Handlung in einem Drittstaat verletzt werden kann.[483] Es zeigt sich, dass der Gesetzgeber auch mit Art. 8 Abs. 2 Rom II-VO und der Orientierung an Art. 102 Abs. 2 GMV aF eine sehr problematische Kollisionsregel geschaffen hat.[484] Besser wäre es gewesen, der europäische Gesetzgeber hätte dem Vorschlag der Hamburg Group for Private International Law Folge geleistet und hätte auf des Recht des Mitgliedstaates abgestellt, in dessen Territorium das unionsweite Recht betroffen („affected") ist.[485] Diese Regel hätte dem Marktortprinzip entsprochen, das gemäß Art. 6 Abs. 1 Rom II-VO die Anknüpfung im Bereich des Lauterkeitsrechts beherrscht. Die klare Anknüpfung an das **Recht des Handlungsortes** in Art. 8 Abs. 2 Rom II-VO ist aber de lege lata hinzunehmen. Dies gilt jedenfalls, soweit die **Handlung in einem EU-Mitgliedstaat vorgenommen** wurde. Diese Anknüpfung hat auch eindeutige Vorteile. Sie wird in aller Regel auf die Bestimmung der Sanktionen nur eine Rechtsordnung heranziehen, während gerade bei der Unionsmarke regelmäßig mehrere Staaten gleichzeitig Marktort sein werden. Die Anknüpfung unabhängig vom Marktort widerspricht auch nicht den involvierten Interessen. Allein entscheidend ist, dass die Verletzung des unionsweiten Rechts ausreichend sanktioniert wird. Hierfür sorgt die Rechtsangleichung innerhalb der EU über die Enforcement-RL (RL 2004/48/EG; → Rn. 61 mwN). Die Situation liegt grundsätzlich anders, wenn der **Handlungsort in einem Drittstaat** liegt. Dem Gedanken, man könne die Sanktionen zur Durchsetzung von Unionsschutzrechten auch nach dem Immaterialgüterrecht des Drittstaates bestimmen,[486] ist nicht zu folgen. Denn das Unionsrecht kann gerade keinen ausreichenden Rechtsschutz außerhalb des Gebiets der EU gewährleisten. Auch ist die Auffassung zweifelhaft, an die Stelle des – hier vertretenen – natürlichen Handlungsortes den tatbestandlichen Handlungsort (Erfolgsort) iSd jeweiligen Unionsrechtsaktes zu setzen.[487] Diese Auffassung würde nämlich auch in den Fällen, in denen sich ein natürlicher Handlungsort in der EU finden lässt, die Mosaikbetrachtung erforderlich machen, die der europäische Gesetzgeber mit dem Abstellen auf den Handlungsort gerade vermeiden möchte. Folglich ist der **Anwendungsbereich des Art. 8 Abs. 2 Rom II-VO teleologisch zu reduzieren.** Die Vorschrift sollte nur Anwendung finden, wenn der Staat, in dem die Verletzungshandlung vorgenommen wurde, ein Mitgliedstaat der EU ist, denn die Funktion der Vorschrift beschränkt sich auf eine Unteranknüpfung für das Territorium der EU.[488] Auf die Fälle des Handelns in einem Drittstaat wäre sodann nach klassischen kollisionsrechtlichen Prinzipien das sachnächste Recht eines Mitgliedstaates im Sinne einer Reserveanknüpfung zur Anwendung zu bringen.[489] Als sachnächstes Recht sollte das Recht jener Mitgliedstaaten angesehen werden, in dem in Bezug auf die Verletzungshandlung der Marktort zu lokalisieren ist.[490] Im Rahmen der Überprüfung nach Art. 30 Abs. 1 Rom II-

[482] Diese Gefahr erkennt auch *Basedow* in Basedow/Kono/Metzger, Intellectual Property in the Global Arena, 2010, 3 (26). In diesem Sinne nun, nämlich anders als noch in der Vorauflage, auch NK-BGB/*Grünberger* Rn. 68.

[483] Deshalb eine Gesetzeslücke annehmend Magnus/Mankowski/*Metzger* Rn. 37.

[484] Abl. auch *Tilmann* in Basedow/Drexl/Kur/Metzger, Intellectual Property in the Conflict of Laws, 2005, S. 123, 125.

[485] Hamburg Group for Private International Law RabelsZ 67 (2003), 1, vorgeschlagener Art. 6a Abs. 2 (S. 21).

[486] So scheint *Zwanzger,* Das Gemeinschaftsgeschmacksmuster zwischen Gemeinschaftsrecht und nationalem Recht, 2010, 128 f. den Verweis auf das Recht eines Drittstaates jedenfalls hinnehmen zu wollen, glaubt aber, das Problem dadurch lösen zu können, dass immer auch eine Handlung in der EU vorliegen müsse, da man andernfalls zu keiner Verletzung des einheitlichen Rechts kommen könne. Letzteres träfe nur zu, wenn man anders als hier vertreten nicht an den Ort der natürlichen Hanldung, sondern der Tatbestandsverwirklichung anknüpft.

[487] So jurisPK-BGB/*Heinze* Rn. 39 gegen die hier vertretene Auffassung.

[488] Hierauf weist auch der Vorschlag der Hamburg Group on Private International Law RabelsZ 67 (2003), 1 (22) hin. Erforderlich sei eine Unteranknüpfung, die zur Anwendung des Rechts eines „Mitgliedstaates" führt. Zur Relevanz der Vorschläge der Hamburg Group für den späteren Kommissionsvorschlag → Rn. 168.

[489] So im Grundsatz auch *De Miguel Asensio,* Conflict of Laws and the Internet, 2020, Rn. 5.128, ohne weitere Präzisierung; soll danach keine Anknüpfung möglich sein, empfiehlt der Autor die Anwendung der lex fori.

[490] Zust. Magnus/Mankowski/*Metzger* Rn. 37; iErg wohl ähnlich durch Anknüpfung am Ort des Verletzungserfolgs *Kur* in Kur/Senftleben, European Trade Mark Law, 2017, Rn. 13.85.

VO sollte Art. 8 Abs. 2 Rom II-VO entsprechend angepasst werden. Vorzuschlagen wäre folgender Wortlaut: „Bei außervertraglichen Schuldverhältnissen aus einer Verletzung von Rechtstiteln über den einheitlichen Schutz des geistigen Eigentums in der Europäischen Union ist auf Fragen, die nicht unter den einschlägigen Rechtsakt der Europäischen Union fallen, das Recht des Mitgliedstaates anzuwenden, in dem die Verletzung begangen wurde. Hat der Anspruchsgegner außerhalb der Europäischen Union gehandelt, ist das Recht des Mitgliedstaates anzuwenden, in dem eine Verletzungshandlung vorgenommen wurde, die durch die Handlung des Anspruchsgegners wesentlich veranlasst oder gefördert wurde, auf dessen Gebiet der Anspruchssteller seine Handlung ausgerichtet hat oder auf dessen Gebiet sich die Handlung des Anspruchsstellers wesentlich ausgewirkt hat.“ Ist im Sinne dieses Vorschlags die Handlung auf das Territorium mehrerer Mitgliedstaaten ausgerichtet oder wirkt sich die Handlung auf das Territorium mehrerer Mitgliedstaaten wesentlich aus, kommt es notwendig zu einer **Mosaikbetrachtung** nach dem Recht dieser Staaten.

Während die Anknüpfung am natürlichen Handlungsort die Identifikation des anwendbaren Rechts im Allgemeinen erleichtert, kommt es jedoch zu Schwierigkeiten, wenn **Verletzungshandlungen in verschiedenen Mitgliedstaaten** in Bezug auf **dasselbe unionsweit gewährte Recht** vorgenommen wurden.[491] Der EuGH hat sich in **Nintendo gegen BigBen** in einem solchen Fall dezidiert für eine **Gesamtwürdigung** des Verhaltens ausgesprochen.[492] Das Ziel des EuGH ist es, durch die Anwendung einer einheitlichen Rechtsordnung für das Gesamtverhalten das anwendbare Recht im Lichte der generellen Zielsetzung der Rom II-VO für die Parteien vorhersehbar zu machen.[493] Anzuwenden sei das Recht am „Ort, an dem die Verletzungshandlung begangen worden ist oder droht, auf die mehrere einem Beklagten vorgeworfene Handlungen zurückgehen“.[494] Damit scheint der EuGH zentral auf den **Ort der Ursprungshandlung** abzustellen, auf die sich alle weiteren Nutzungshandlungen zurückverfolgen lassen. Diese Anknüpfung konkretisierte der EuGH überdies für einzelne Aspekte das Ausgangsfalles. Geht der Vertrieb rechtsverletzender Ware auf ein Internet-Angebot zurück, komme das Recht des Ortes zur Anwendung, „an dem der Prozess der Veröffentlichung des Angebots durch den Wirtschaftsteilnehmer auf seiner Website in Gang gesetzt worden ist“.[495] Für den Fall, dass eine Ware von einem Staat in einen anderen geliefert wird, verweist der EuGH pauschal auf den Ort der Ursprungshandlung.[496] Damit scheint hinreichend klargestellt, dass nicht die Exporthandlung als solche isoliert zu betrachten ist (etwa mit der Folge der Anwendung des Rechts des Exportstaates), sondern im Sinne der geforderten Gesamtwürdigung auch insoweit das Recht des Staates, von dem aus die Online-Werbung veranlasst wurde, zur Anwendung kommt, sofern die Vertriebshandlung sich auf eine entsprechende Werbung zurückführen lässt. Im Ergebnis wird die vom EuGH geforderte Gesamtwürdigung auf die Anwendung des Rechts des Staates hinauslaufen, in dem der vermeintliche Rechtsverletzer niedergelassen ist. Für diese Lösung hatte sich bereits vorher das Schrifttum ausgesprochen.[497] Allerdings beschränkt sich die Entscheidung des EuGH auf die Frage des nach Art. 8 Abs. 2 Rom II-VO anwendbaren Rechts. Im Gegensatz zur Ansicht des BGH[498] ergibt sich aus der vom EuGH vorgenommenen Gesamtbetrachtung zum Zwecke der Bestimmung des anwendbaren Rechts kein Argument dafür, nun auch die deliktische Zuständigkeit nach Art. 125 Abs. 5 UMV auf die Unionsmarkengerichte des Staates zu konzentrieren, in dem die Ursprungshandlung vorgenommen wurde.[499] Zu Recht ist der EuGH diese Ansicht des BGH mittlerweile unter ausdrücklichem Hinweis auf die unterschiedlichen Zwecksetzungen der Regeln über das anwendbare Recht und die internationale Zuständigkeit entgegengetreten.[500] 143

c) Das Unionsmarkenrecht im Besonderen. Diese kollisionsrechtlichen Probleme mit einheitlichen Schutztiteln waren vom europäischen Gesetzgeber erstmalig bei Erlass der **Gemeinschaftsmarken-VO** zu klären.[501] Die dort verfolgte Lösung wurde später für das **Gemeinschaftsgeschmacksmuster** übernommen.[502] Im Rahmen der im Dezember 2015 implementierten 144

[491] Ausf. zum Streitstand *Zwanzger,* Das Gemeinschaftsgeschmacksmuster zwischen Gemeinschaftsrecht und nationalem Recht, 2010, 129 ff.

[492] EuGH ECLI:EU:C:2017:724 = GRUR Int 2017, 1120 Rn. 103 – Nintendo gegen BigBen.

[493] EuGH ECLI:EU:C:2017:724 = GRUR Int 2017, 1120 Rn. 102 f. – Nintendo gegen BigBen.

[494] EuGH ECLI:EU:C:2017:724 = GRUR Int 2017, 1120 Rn. 104 – Nintendo gegen BigBen.

[495] EuGH ECLI:EU:C:2017:724 = GRUR Int 2017, 1120 Rn. 108 – Nintendo gegen BigBen.

[496] EuGH ECLI:EU:C:2017:724 = GRUR Int 2017, 1120 Rn. 108 – Nintendo gegen BigBen.

[497] So insbes. *Schack* FS Kropholler, 2008, 651 (659). IE ähnlich die 7. Aufl. dieser Kommentierung.

[498] BGH GRUR 2018, 84 – Parfummarken.

[499] Im Anschluss an *Kur* GRUR 2018, 358; krit. auch *Thiering* GRUR 2018, 1185 (1200).

[500] EuGH ECLI:EU:C:2019:674 = GRUR 2019, 1047 Rn. 60 ff. – AMS Neve.

[501] Hierzu vor allem *Knaak* in Schricker/Bastian/Knaak, Gemeinschaftsmarke und Recht der EU-Mitgliedstaaten, 2006, GMV Rn. 290 ff.

[502] Ausf. zur Anknüpfung beim Gemeinschaftsgeschmacksmusterrecht *Zwanzger,* Das Gemeinschaftsgeschmacksmusterrecht zwischen Gemeinschaftsrecht und nationalem Recht, 2010.

Reform des europäischen Markenrechts hat der europäische Gesetzgeber eine **partielle Neuregelung der Kollisionsregeln in der neuen UMV** vorgenommen, so dass sich die Regelungen für die Unionsmarke und das Gemeinschaftsgeschmacksmuster nunmehr unterscheiden. Das Regelungsproblem bleibt aber dasselbe. Die unionseinheitliche Regelung der UMV enthält Lücken. Diese bestehen vor allem in Bezug auf das jeweilige Schutzrecht als **Gegenstand des Vermögens** sowie die **Sanktionen.** Zu beiden Fragenkomplexen kann sich das Bedürfnis für eine **Unteranknüpfung** an das nationale Recht eines Mitgliedstaates ergeben.

145 Auch im heutigen **Recht der Unionsmarke** bleibt **Art. 17 Abs. 1 UMV** die Zentralnorm für das anwendbare Recht. Danach bestimmt sich die Wirkung der Unionsmarke primär nach der UMV. Subsidiär, das heißt, soweit es an einer Regelung in der UMV fehlt, soll gemäß Art. 17 Abs. 1 S. 2 UMV für den Fall der Verletzung der Unionsmarke das gemäß Titel X für die Verletzung nationaler Marken geltende Recht zur Anwendung kommen. Diese Vorschrift nimmt einerseits zur Kenntnis, dass eine Lückenfüllung durch das nationale Recht notwendig ist. Art. 17 Abs. 1 S. 2 UMV enthält aber andererseits keine Kollisionsregel zu Gunsten einer bestimmten nationalen Rechtsordnung. Kollisionsregeln fanden sich vielmehr bis zum Inkrafttreten der jüngsten Markenrechtsreform in Art. 101 Abs. 2 GMV aF und Art. 102 Abs. 1 GMV aF, wobei die letztere eine vorrangige und in der Praxis nur schwer anwendbare Kollisionsregel zur Bestimmung der Sanktionen enthielt.[503] Beide Vorschriften haben im Rahmen der jüngsten Markenrechtsreform ihren kollisionsrechtlichen Charakter verloren. **Art. 129 Abs. 2 UMV** bestimmt heute, dass das Unionsmarkengericht in allen Markenfragen, die nicht durch die Verordnung erfasst werden, „das geltende nationale Recht" anwendet. Ähnlich formuliert **Art. 130 Abs. 2 UMV** für das Recht der Sanktionen. Während Art. 130 Abs. 1 UMV nur eine einheitliche Regelung für den Unterlassungsanspruch enthält,[504] begnügt sich Art. 130 Abs. 2 UMV mit dem Hinweis, dass das Unionsmarkengericht im Einzelfall zweckmäßige Maßnahmen ergreifen oder Anordnungen treffen kann, „die das anwendbare Recht vorsieht". Ob damit auch Ansprüche auf Auskunft, Schadensersatz, Vernichtung und Beseitigung abgedeckt werden sollen, ist nicht hinreichend klar, aber für die kollisionsrechtliche Anknüpfung auch ohne Belang. Jedenfalls gehen die beiden Vorschriften des Art. 129 Abs. 2 UMV und Art. 130 Abs. 2 UMV von der Geltung desselben anwendbaren Rechts aus,[505] wobei sich die Antwort auf die Frage, welches nationale Recht anwendbar ist, offensichtlich aus anderen Rechtsvorschriften (Kollisionsnormen) ergeben soll. Dass diese Vorschriften nicht etwa selbst die Anwendung der lex fori anordnen, ergibt der Vergleich zum früheren Art. 101 Abs. 1 GMV, wonach die Gemeinschaftsmarkengerichte „ihr nationales Recht einschließlich ihres internationalen Privatrechts" anzuwenden haben. Mit ähnlicher Formulierung enthält Art. 130 Abs. 1 S. 2 UMV nach wie vor eine Kollisionsnorm mit der Folge der Anwendung der lex fori, soweit dort zur Durchsetzung des Unterlassungsanspruchs bestimmt wird, dass das Unionsmarkengericht „nach Maßgabe seines innerstaatlichen Rechts" Maßnahmen trifft. Der Zweck der Neuregelung besteht darin, gegenüber **Art. 8 Abs. 1 und 2 Rom II-VO** vorrangige Kollisionsregeln in der UMV zu beseitigen. Welches Recht das „anwendbare Recht" iSv Art. 129 Abs. 2 UMV und Art. 130 Abs. 2 UMV ist, ergibt sich also aus der allgemein anwendbaren Rom II-VO. Soweit eine Unteranknüpfung für **Ansprüche auf Auskunft, Schadensersatz, Vernichtung und Beseitigung**[506] erforderlich wird, ist das anwendbare Recht nach Art. 8 Abs. 2 Rom II-VO zu ermitteln.[507]

146 Da die Rom II-VO nur Kollisionsregeln für die Beurteilung der Verletzung von Unionsschutzrechten bereitstellt, ist es konsequent, dass die Markenrechtsreform aus dem Jahre 2016 die Unteranknüpfung für die **Unionsmarke als Gegenstand des Vermögens** in **Art. 19 UMV** (sog. **Bestandsstatut**) beibehalten hat. Art. 19 UMV regelt nicht das Außen-IPR. Ebenso wenig ergibt sich in Verhältnis zu Drittstaaten das anwendbare Recht aus Art. 8 Abs. 1 Rom II-VO (→ Rn. 188 f.). Entsprechend bleibt nur der Rückgriff auf das nationale Kollisionsrecht, wobei

[503] Zum Vorrang des Art. 102 Abs. 1 GMV s. *Menebröcker/Stier* in Hasselblatt, Community Trade Mark Regulation, 2015, CTMR Art. 101 Rn. 6.

[504] Freilich regelt Art. 130 Abs. 1 UMV nicht alle Voraussetzungen des Unterlassungsanspruchs, so dass auch hier ein Rückgriff auf das nationale Recht nötig wird; dazu *Knaak* FS Tilmann, 2003, 373 f.

[505] Der BGH geht von der Anwendung des Art. 129 Abs. 2 UMV aus, wobei er die für Art. 89 Gemeinschaftsgeschmacksmuster-VO geltende Rspr. nun auch auf die UMV überträgt; GRUR 2017, 397 Rn. 105 – World of Warcraft II; zust. BeckOK MarkenR/*Grüger* UMV Art. 130 Rn. 1; *Wurmnest,* IPRax 2018, 480 (485).

[506] Zu diesen Lücken der UMV s. *Knaak* FS Tilmann, 2003, 373; *Tilmann* GRUR Int 2001, 673 (675). Die Lücke geht auf Bedenken des europäischen Gesetzgebers zurück, durch eine einheitliche Regelung in diesem Bereich in die sehr unterschiedlich geprägten nationalen Systeme vor allem des Schadensersatzrechts einzugreifen.

[507] So auch iE BGH GRUR 2017, 397 Rn. 105 f. – World of Warcraft II; s. auch BeckOK MarkenR/*Grüger* UMV Art. 130 Rn. 1.

davon ausgegangen werden kann, dass alle Mitgliedstaaten für den Bestand des Rechts und allen Aspekten des Rechts als Gegenstand des Vermögens von der Anwendbarkeit des Rechts des Schutzlandes ausgehen (für das deutsche IPR → Rn. 206). Zweifelhaft ist, ob Art. 19 UMV eine Gesamt- oder eine Sachnormverweisung zu entnehmen ist. Die besseren Gründe sprechen für eine Sachnormverweisung,[508] da die Vorschrift eine Kollisionsregel zu Unteranknüpfung bereitstellt, an der es gerade im nationalen Kollisionsrecht fehlt. Nationales Kollisionsrecht würde bestenfalls über die Schutzlandanknüpfung für das Immaterialgüterrechtsstatut wieder zur allgemeinen Anwendung des Recht der UMV führen. Auf die in Art. 19 UMV vorgesehene Unteranknüpfung ist man angewiesen, soweit die nachfolgenden Art. 20–28 UMV zu den vermögensrechtlichen Fragen wie der Übertragung, Lizenzierung oder der Belastung mit einem anderen Recht und den daran anschließenden dinglichen Wirkungen solcher Rechtsgeschäfte keine einheitliche Regelung enthalten. Art. 19 UMV normiert eine Stufenleiter der Anknüpfung, wobei primär das Recht des Mitgliedstaates zur Anwendung berufen ist, in dem der Inhaber zum maßgebenden Zeitpunkt seinen Wohnsitz oder Sitz – subsidiär seine Niederlassung – hat. Fehlt es hieran, kommt gemäß Art. 19 Abs. 2 UMV spanisches Recht als das Recht am Sitz des EUIPO zur Anwendung. Art. 19 Abs. 3 UMV sieht schließlich eine Kollisionsregel für den Fall vor, dass mehrere Personen als gemeinsame Inhaber in das Unionsregister eingetragen sind. Das Statut in Art. 19 UMV ist **wandelbar** ausgestaltet.[509] Dies bringt der Wortlaut der Verordnung dadurch zum Ausdruck, dass auf den „jeweils maßgeblichen Zeitpunkt" abgestellt wird. Die Wandelbarkeit des Statuts hat den Vorteil, dass die oft großen Portfolios an Unionsmarken eines Inhabers einem einheitlichen Recht unterliegen. Gleichzeitig begründet die Wandelbarkeit aber auch Rechtsunsicherheit vor allem im Hinblick auf den Zeitpunkt des Statutenwechsels.[510]

d) Das Gemeinschaftsgeschmacksmusterrecht im Besonderen. Im Bereich des Gemeinschaftsgeschmacksmusters findet sich in **Art. 27 Gemeinschaftsgeschmacksmuster-VO** eine Anknüpfung für dieses Recht als **Gegenstand des Vermögens,** wobei die Vorschrift dem Vorbild des Art. 19 UMV folgt (→ Rn. 146).[511] Der Bereich der **Sanktionen** ist für das Gemeinschaftsgeschmacksmuster etwas stärker vereinheitlicht als für die Unionsmarke, soweit auch die Beschlagnahme von nachgeahmten Erzeugnissen oder Materialen und Werkzeugen einheitlich geregelt wird (Art. 89 Abs. 1 lit. b und c Gemeinschaftsgeschmacksmuster-VO).[512] Dem früheren Regelungsmodell für die Gemeinschaftsmarke folgend, enthält **Art. 89 Abs. 1 lit. d Gemeinschaftsgeschmacksmuster-VO** einen Verweis auf das **Recht am Ort der Verletzungshandlung** (lex loci delicti commissi).[513] Wie auch nach Art. 8 Abs. 2 Rom II-VO kommt es dabei auf den Handlungsort an, wobei man die Anknüpfung an den natürlichen Handlungsort jener an den tatbestandlichen Handlungsort vorziehen sollte. Dies hat den Vorteil, dass eine Mosaikbetrachtung nach den verschiedenen nationalen Rechtsordnungen der EU-Mitgliedstaaten vermieden werden kann (→ Rn. 141). Auf alle **übrigen Fragen,** die von der Verordnung nicht geregelt werden, ist nach **Art. 88 Abs. 2 Gemeinschaftsgeschmacksmuster-VO** das **Recht des zuständigen Gemeinschaftsgeschmacksmustergerichts** anzuwenden. Beide Kollisionsnormen enthalten – anders als Art. 8 Abs. 2 Rom II-VO – einen **Gesamtverweis.**[514] Nach der Rspr. des BGH führt der Gesamtverweis zur mittelbaren Anwendung des Art. 8 Abs. 1 und 2 Rom II-VO, so dass letztlich die vorrangige Anwendung der Kollisionsregeln der Gemeinschaftsgeschmacksmuster-VO ohne praktische Auswirkung bleibt (→ Rn. 139). 147

Besondere Aufmerksamkeit ist der **Abgrenzung der Anwendungsbereiche der beiden Kollisionsregeln in Art. 88 Abs. 2 Gemeinschaftsgeschmacksmuster-VO sowie Art. 89** 148

[508] So auch *Picht,* Vom materiellen Wert des Immateriellen, 2018, 519 mwH.

[509] Zu den Konsequenzen eines drohenden Statutenwechsels s. umfassend *Picht,* Vom materiellen Wert des Immateriellen, 2018, 519 ff.

[510] Diese Rechtsunsicherheit ist offensichtlich vom Gesetzgeber bewusst hingenommen worden; dazu BeckOK MarkenR/*Taxhet* UMV Art. 19 Rn. 15.

[511] Zur Bestimmung des anwendbaren Rechts im Verhältnis zu Drittstaaten nach dem Recht des Schutzlandes s. Ruhl/Tokmitt/*Ruhl* Gemeinschaftsgeschmacksmuster-VO Art. 27 Rn. 6.

[512] Dazu *Zwanzger,* Das Gemeinschaftsgeschmacksmuster zwischen Gemeinschaftsrecht und nationalem Recht, 2010, 194 ff.

[513] Zur umstr. Frage, ob das nationale Recht auch darüber entscheiden kann, ob für einen Schadensersatzanspruch Verschulden zu verlangen ist, s. *Zwanzger,* Das Gemeinschaftsgeschmacksmuster zwischen Gemeinschaftsrecht und nationalem Recht, 2010, 198 ff. (bejahend). Zur Anwendung der Handlungsortanknüpfung der Verordnung s. *Zwanzger,* Das Gemeinschaftsgeschmacksmuster zwischen Gemeinschaftsrecht und nationalem Recht, 2010, 89 ff.

[514] S. nur Ruhl/Tolmitt/*Tolkmitt* Gemeinschaftsgeschmacksmuster-VO Art. 88 Rn. 6; Ruhl/Tolmitt/*Tolkmitt* Gemeinschaftsgeschmacksmuster-VO Art. 89 Rn. 67.

Abs. 1 lit. d Gemeinschaftsgeschmacksmuster-VO zu widmen. Hierzu finden sich grundsätzliche Aussagen – wenn auch mit oberflächlicher und teilweise angreifbarer Begründung – in der Entscheidung des EuGH in der Rechtssache **„H. Gautsch Großhandel"**, in der es um ein nicht eingetragenes Gemeinschaftsgeschmacksmuster ging.[515] Der EuGH zieht in der Entscheidung den Anwendungsbereich des Art. 89 Abs. 1 lit. d Gemeinschaftsgeschmacksmuster-VO denkbar eng. Zu entscheiden war über mehrere Fragenkomplexe. An erster Stelle klärte der EuGH, dass sich die **Verjährung und Verwirkung des in Art. 89 Abs. 1 lit. a Gemeinschaftsgeschmacksmuster-VO geregelten Unterlassungsanspruch** gemäß Art. 88 Abs. 2 Gemeinschaftsgeschmacksmuster-VO nach der lex fori des Gemeinschaftsgeschmacksmustergerichts richtet.[516] Der EuGH schloss aus der Feststellung, dass Art. 89 Abs. 1lit. a Gemeinschaftsgeschmacksmuster-VO die Verjährung und Verwirkung dieses Anspruchs nicht selbst regelt, unmittelbar auf die Anwendung des Art. 88 Abs. 2 Gemeinschaftsgeschmacksmuster-VO, ohne auch nur mit einem Wort die Anwendung der lex loci delicti commissi nach Art. 89 Abs. 1 lit. d Gemeinschaftsgeschmacksmuster-VO in Betracht zu ziehen. Dies erscheint im Lichte des Wortlauts der Vorschriften unausweichlich, da sich Art. 89 Abs. 1 lit. d Gemeinschaftsgeschmacksmuster-VO nur auf „andere" Sanktionen – also nicht den Unterlassungsanspruch nach Art. 89 Abs. 1 lit. a Gemeinschaftsgeschmacksmuster-VO – bezieht. Damit lässt sich aber nicht erklären, dass, wie der EuGH ferner entscheidet, auch für die **Ansprüche auf Schadensersatz sowie auf Auskunft zum Zwecke der Bestimmung des Schadens** nicht nach Art. 89 Abs. 1 lit. d Gemeinschaftsgeschmacksmuster-VO, sondern nach Art. 88 Abs. 2 Gemeinschaftsgeschmacksmuster-VO angeknüpft werden soll. Der EuGH geht sogar davon aus, dass es sich bei diesen Ansprüchen generell um keine Sanktionen iSv Art. 89 Gemeinschaftsgeschmacksmuster-VO handelt.[517] Der Hinweis des EuGH auf Erwägungsgrund 31 Gemeinschaftsgeschmacksmuster-VO ist in diesem Zusammenhang nicht nachvollziehbar. Dort wird auf das Problem aufmerksam gemacht, dass man beim nicht eingetragenen Geschmacksmuster kein entsprechendes nationales Schutzrecht finden werde, für das Sanktionen geregelt sind, und man daher auf Regeln etwa zum eingetragenen Geschmacksmuster oder des Rechts des unlauteren Wettbewerbs ausweichen müsse. Diese Notwendigkeit ergibt sich aber unabhängig davon, ob man das Recht des Begehungsortes oder der lex fori für anwendbar hält. Zur Anknüpfung nach Art. 89 Abs. 1 lit. d Gemeinschaftsgeschmacksmuster-VO kommt der EuGH schließlich aber dann doch für den **Anspruch auf Vernichtung rechtsverletzender Erzeugnisse.** Hierfür spricht aus der Sicht des EuGH, dass eine enge Beziehung zwischen der in lit. b geregelten Beschlagnahme und dem Vernichtungsanspruch besteht.[518] Der EuGH versteht offensichtlich Art. 89 Abs. 1 lit. d Gemeinschaftsgeschmacksmuster-VO als Vorschrift, die nur greift, soweit Anordnungen in einem engen Zusammenhang zum Unterlassungsanspruch oder zur Beschlagnahme stehen. Hierzu ließen sich der Anspruch auf Auskunft über den Ursprung der rechtsverletzenden Erzeugnisse sowie über den Vertriebsweg zählen genauso wie die Ansprüche auf den Rückruf verletzender Ware oder die Veröffentlichung des Urteils.[519] Dem Wortlaut dieser Vorschrift, die sich nicht nur auf drohende, sondern auch auf bereits eingetretene Verletzungen bezieht, lässt sich dieses enge Verständnis aber gerade nicht entnehmen.[520] Darüber hinaus befindet sich die weitreichende Anknüpfung an der lex fori über Art. 88 Abs. 2 Gemeinschaftsgeschmacksmuster-VO in Widerspruch zu den kollisionsrechtlichen Wertungen, die den europäischen Gesetzgeber dazu veranlasst haben, in Art. 8 Abs. 2 Rom II-VO die Anwendung des Rechts am Begehungsort anzuordnen. Ein Grund, für einzelne Ansprüche aus der Verletzung von Immaterialgüterrechten – ua vor allem für den Schadensersatzanspruch – anders anzuknüpfen, ist nicht ersichtlich. Zusätzlich ist zu berücksichtigen, dass die Handlungsortanknüpfung nach Art. 8 Abs. 2 Rom II-VO gemäß Art. 15 lit. h Rom II-VO auch für die Verjährung und Verwirkung der Ansprüche gilt. Gleichwohl schlägt sich diese rechtspolitische Kritik nicht in den praktischen Folgen der Entscheidung des EuGH nieder. Dies liegt daran, dass **Art. 88 Abs. 2 Gemeinschaftsgeschmacksmuster-VO** einen

515 EuGH ECLI:EU:C:2014:75 = GRUR Int 2014, 406 – H. Gautzsch Großhandel; hierzu auch *Hartwig* GRUR 2014, 368; *Späth* in Hasselblatt, Community Design Regulation, 2. Aufl. 2017, CDR Art. 89 Rn. 22 ff.; *Kur* GRUR Int 2014, 749 (757 ff.).

516 EuGH ECLI:EU:C:2014:75 = GRUR Int 2014, 406 Rn. 45–50 – H. Gautzsch Großhandel.

517 EuGH ECLI:EU:C:2014:75 = GRUR Int 2014, 406 Rn. 53 – H. Gautzsch Großhandel. Dagegen ging der BGH in seiner Vorlageentscheidung von einer Anwendbarkeit des Art. 89 Abs. 1 lit. d Gemeinschaftsgeschmacksmuster-VO aus. S. BGH GRUR 2012, 1253 – Gartenpavillon.

518 EuGH ECLI:EU:C:2014:75 = GRUR Int 2014, 406 Rn. 52 – H. Gautzsch Großhandel; hierzu auch *Späth* in Hasselblatt, Community Design Regulation, 2. Aufl. 2017, CDR Art. 89 Rn. 22.

519 So *Späth* in Hasselblatt, Community Design Regulation, 2. Aufl. 2017, CDR Art. 89 Rn. 23.

520 S. auch *Hartwig* GRUR 2014, 372 (373), der die Differenzierung des EuGH als „überraschend" bezeichnet.

Gesamtverweis auf die lex fori enthält. Das Gemeinschaftsgeschmacksmustergericht wendet also nur dann die Regeln seines eigenen nationalen Geschmacksmusterrechts an, sofern im Gerichtsstaat die Verletzungshandlung iSd **Art. 8 Abs. 2 Rom II-VO** zu lokalisieren ist.[521] Zur Anwendung des Art. 8 Abs. 2 Rom II-VO gelangt man in gleicher Weise über den Gesamtverweis des Art. 89 Abs. 1 lit. d Gemeinschaftsgeschmacksmuster-VO. Seit Inkrafttreten der Rom II-VO kommt es also gar nicht mehr darauf an, ob man für einen einzelnen Anspruch nach Art. 88 Abs. 2 Gemeinschaftsgeschmacksmuster-VO oder Art. 89 Abs. 1 lit. d Gemeinschaftsgeschmacksmuster-VO anknüpft.[522]

e) Das Gemeinschaftssortenschutzrecht im Besonderen. Im Bereich des **Gemeinschaftssortenschutzrechts** stellt sich die Rechtslage etwas weniger komplex dar. Im Gegensatz zur UMV enthält Art. 94 Sortenschutz-VO (VO (EG) 2100/94) auch eine Regelung des Schadensersatzanspruchs, so dass hierfür keine Unteranknüpfung an das Recht eines Mitgliedstaates erforderlich wird. Dagegen verweist Art. 97 Abs. 1 Sortenschutz-VO für den Herausgabeanspruch bei rechtswidrig erlangter Nutzung eines fremden Rechts auf das Recht des zuständigen Gerichts einschließlich der Vorschriften des IPR (Gesamtverweis). Gleiches soll nach Art. 97 Abs. 2 Sortenschutz-VO gelten für alle sonstigen Ansprüche zwischen Antragstellung und Erteilung. Nicht ausdrücklich geregelt wird, welches Recht auf Auskunfts-, Vernichtungs- und Beseitigungsansprüche angewendet werden soll. Nach Art. 97 Abs. 3 Sortenschutz-VO wird für sonstige Fragen allein das Recht der Verordnung als ausschlaggebend erklärt, die jedoch keine entsprechenden Ansprüche vorsieht. Dies würde bedeuten, dass solche Ansprüche nicht anzuerkennen wären, was jedoch in Widerspruch zur Enforcement-RL (RL 2004/48/EG; → Rn. 61 mwN) stünde, die solche Ansprüche vorsieht und auf jede Verletzung eines Rechts des geistigen Eigentums anwendbar ist, das „im Gemeinschaftsrecht" oder im nationalen Recht geregelt ist (Art. 2 Abs. 1 RL 2004/48/EG). Sollen also nach dem Willen des Gesetzgebers auch für das Gemeinschaftssortenschutzrecht entsprechende Ansprüche gewährt werden, liegt es nahe, für diese entsprechend der Anknüpfung in den ersten beiden Absätzen des Art. 97 Sortenschutz-VO zu verfahren. 149

In Art. 22 Sortenschutz-VO findet sich schließlich eine Unteranknüpfung für das Gemeinschaftssortenschutzrecht als **Gegenstand des Vermögens,** die der Stufenleiter des Art. 19 UMV (→ Rn. 146) nachgebildet ist. Zur Anwendbarkeit des Rechts des Schutzlandes im Verhältnis zu Drittstaaten nach dem Kollisionsrecht der Mitgliedstaaten → Rn. 146 zum Unionsmarkenrecht. **Subsidiär,** das heißt, wenn der Anmelder zum jeweiligen Zeitpunkt in der EU weder einen Wohnsitz, einen Sitz oder eine Niederlassung hat, kommt gemäß Art. 22 Abs. 2 Sortenschutz-VO **französisches Recht** als Recht des Staates am Sitz des Gemeinschaftssortenschutzamtes zur Anwendung. Wie im Unionsmarkenrecht ist das Bestandsstatut wandelbar ausgestaltet. 150

f) Unionsrechtlicher Schutz von geografischen Ursprungsbezeichnungen im Besonderen. Sehr rudimentär geraten sind die Regelung in der **europäischen Verordnung über geografische Ursprungsbezeichnungen für Agrarprodukte und Lebensmittel** (VO (EU) 1151/2012; früher VO (EG) 510/2006; → Rn. 134 mwN) sowie die neue Verordnung über geografische Ursprungsbezeichnungen über **handwerkliche und industrielle Erzeugnisse** (VO (EU) 2023/2411). Art. 13 VO (EU) 1151/2012 sowie Art. 40 VO (EU) 2023/2411 bestimmen nur den Umfang des Schutzes. Nach einer Regelung zu den privatrechtlichen Rechtsfolgen einer Verletzung sucht man in der VO (EU) 1151/2012 vergebens. In der jüngeren VO (EU) 2023/2411 bestimmt Art. 60 VO (EU) 2023/2411 lediglich, dass die Mitgliedstaaten wirksame, verhältnismäßige und abschreckende Sanktionen verhängen müssen. Entsprechend kommt der Regelung des Kollisionsrechts in Art. 8 Abs. 2 Rom II-VO für das Recht der geografischen Ursprungsbezeichnungen ganz besondere Bedeutung zu. Schließlich fehlt es auch an einer Regelung zu den Ursprungsbezeichnungen als Gegenstand des Vermögens. Dies erklärt sich schon daraus, dass es sich bei Ursprungsbezeichnungen um kein Individualrecht einzelner Personen handelt. Zur Einordnung dieses Schutzes als geistiges Eigentum → Art. 6 Rn. 128 ff. 151

g) Kollisionsrechtliche Fragen im Zusammenhang mit Europäischen Patenten mit einheitlicher Wirkung. Die Rechtsgrundlagen des Unionsrechts für Europäische Patente mit einheitlicher Wirkung finden sich in der VO über den einheitlichen Patentschutz **(Einheitspa-** 152

[521] Auf die Anwendung von Art. 8 Abs. 2 Rom II-VO in diesem Fall weist auch hin *Hartwig* GRUR 2014, 372 (374); Ruhl/Tolkmitt/*Tolkmitt* Gemeinschaftsgeschmacksmuster-VO Art. 89 Rn. 65. Die Anwendung der Kollisionsregeln der Rom II-VO über den Gesamtverweis des Art. 88 Abs. 2 Gemeinschaftsgeschmacksmuster-VO ist heute allgemein akzeptiert. S. *Späth* in Hasselblatt, Community Design Regulation, 2. Aufl. 2017, CDR Art. 88 Rn. 8; ebenso für den früheren Art. 101 Abs. 2 GMV *Menebröcker/Stier* in Hasselblatt, Community Trade Mark Regulation, 2015, CTMR Art. 101 Rn. 9.

[522] So iErg auch *Hartwig* GRUR 2014, 372 (373).

tent-VO)[523] sowie der VO über die auf den einheitlichen Patentschutz anzuwendenden Übersetzungsregelungen **(EPatÜbersVO).**[524] Diese Verordnungen sind zwar schon am 20.1.2013 in Kraft getreten. Ihre Geltung hing jedoch zunächst vom Inkrafttreten des **Übereinkommens über ein Einheitliches Patentgericht (EPGÜ)**[525] ab (Art. 18 Abs. 2 UAbs. 1 Einheitspatent-VO; Art. 7 Abs. 2 EPatÜbersVO). Nach Art. 89 Abs. 1 EPGÜ sollte das Übereinkommen erst in Kraft treten, wenn der dreizehnte EU-Mitgliedstaat die Ratifikations- oder Beitrittsurkunde hinterlegt hat. Hierzu hätten auch die drei Mitgliedstaaten gehören müssen, in denen es im Jahre 2012 die meisten Europäischen Patente gab. Diese drei Staaten waren Deutschland, Frankreich und das **Vereinigte Königreich.** Zwar hat das Vereinigte Königreich noch am 26.4.2018 das EPGÜ ratifiziert. Nach der Entscheidung über den Austritt aus der EU hat das Vereinigte Königreich diese jedoch wieder zurückgenommen. Die Einheitspatent-VO und die EPatÜbersVO sind zwar ursprünglich nicht für Italien in Kraft getreten, weil es sich wie Spanien aus Widerstand gegen das Übersetzungsregime weigerte, an der verstärkten Zusammenarbeit teilzunehmen. Im Jahre 2015 gab das Land aber seinen Widerstand auf und nimmt nun aufgrund eines Beschlusses des Rates am einheitlichen Patentschutz teil.[526] Zudem unterzeichnete Italien schon Anfang 2013 das EPGÜ und hat das Übereinkommen zwischenzeitlich ratifiziert. Damit bleiben **Spanien** und **Kroatien** die einzigen Mitgliedstaaten, für die die genannten EU-Verordnungen nicht in Kraft getreten sind.

153 Obwohl das EPGÜ nun am 1.6.2023 in Kraft getreten ist, steht auch heute noch nicht die **geografische Reichweite des einheitlichen Patentschutzes** abschließend fest. Nach Art. 18 Abs. 2 UAbs. 1 Einheitspatent-VO entfalten Europäische Patente nur für jene **teilnehmenden Mitgliedstaaten** einheitliche Wirkung, für die am Tage der Eintragung in das Register über einheitlichen Patentschutz das **Einheitliche Patentgericht über eine ausschließliche Zuständigkeit verfügt.** Hintergrund dieser Beschränkung ist, dass die wesentlichen Bestimmungen über die Ausgestaltung der einheitlichen Wirkung sowie der Sanktionierung von Rechtsverletzungen nicht in der Einheitspatent-VO selbst geregelt sind, sondern im EPGÜ. Diese Gestaltung diente vor allem dem vom Vereinigten Königreich verfolgten Ziel, die Zuständigkeit des EuGH für die Auslegung des einschlägigen materiellen Patentrechts zu verhindern.[527] Damit hängt die geografische Reichweite des einheitlichen Rechtsschutzes davon ab, **ob und wann das EPGÜ für einen einzelnen Staat in Kraft tritt.**[528] Einheitlicher Patentschutz ist daher gegenwärtig nur in 17 von 25 teilnehmenden Mitgliedstaaten zu erlangen.[529] Fraglich ist bislang vor allem der Beitritt Polens. Obwohl es an der verstärkten Zusammenarbeit teilnimmt, weigert sich das Land, das EPGÜ zu unterzeichnen. Nach dem Regierungswechsel im Jahre 2023 sind die Chancen für den Beitritt aber gestiegen. Grundsätzlich stellt sich die **Frage,** ob die teilnehmenden Mitgliedstaaten **zum Beitritt zum EPGÜ unionsrechtlich verpflichtet sind.** Die Einheitspatent-VO bringt zwar an verschiedenen Stellen die Bedeutung des Beitritts der an der Verstärkten Zusammenarbeit „teilnehmenden Mitgliedstaaten" zum EPGÜ für das Funktionieren des Systems zum Ausdruck, enthält aber keine ausdrückliche Verpflichtung zum Beitritt. Dagegen stützte Generalanwalt Bot in seinem Schlussantrag zur **Klage Spaniens,** in der die Rechtmäßigkeit der Einheitspatent-VO im Lichte des Primärrechts angegriffen, die Rechtmäßigkeit aber schließlich vom EuGH bestätigt wurde, eine solche Pflicht auf den **Grundsatz der loyalen Zusammenarbeit (Unionstreue)** gemäß Art. 4 Abs. 3 EUV.[530] Dabei spielte die **Kollisionsnorm des Art. 5 Abs. 3 Einheitspatent-VO** eine ganz entscheidende Rolle, die für die Ausgestaltung des einheitlichen Rechtsschutzes über die weitere Kollisionsnorm des Art. 7 Einheitspatent-VO auf das nationale Recht ver-

---

523 VO (EU) 1257/2012 des Europäischen Parlaments und des Rates vom 17.12.2012 über die Umsetzung der Verstärkten Zusammenarbeit im Bereich der Schaffung eines einheitlichen Patentschutzes, ABl. EU 2012 L 361, 1.

524 VO (EU) 1260/2012 des Europäischen Parlaments und des Rates vom 17.12.2012 über die Umsetzung der Verstärkten Zusammenarbeit im Bereich der Schaffung eines einheitlichen Patentschutzes im Hinblick auf die anzuwendenden Übersetzungsregelungen, ABl. EU 2012 L 361, 89.

525 Übereinkommen über ein Einheitliches Patentgericht, ABl. EU 2013 C 175, 1 (unterzeichnet am 19.2.2013).

526 Beschluss (EU) 2015/1753 der Kommission vom 30.9.2015 über die Bestätigung der Beteiligung Italiens und einer Verstärkten Zusammenarbeit im Bereich der Schaffung eines einheitlichen Patentschutzes, ABl. EU 2015 L 256, 19.

527 Zu den Hintergründen dieser Entscheidung im Einzelnen s. *Drexl* FS Coester-Waltjen, 2015, 361 (366).

528 S. auch *Straus* in Müller-Graff, Europäisches Wirtschaftsordnungsrecht, 2015, § 18 Rn. 78.

529 Stand 1.5.2024. Der aktuelle Stand der Ratifizierungen ist abrufbar auf der Website des Rates: http://www.consilium.europa.eu/en/documents-publications/agreements-conventions/agreement/?aid=2013001.

530 GA Bot, C-146/13, ECLI:EU:C:2014:2380, Rn. 94 und 179 f. – Spanien/Parliament und Rat (betr. EPatVO); hierzu auch *Drexl* FS Ahrens, 2016, 165 (169 f.).

weist. Ein Staat kann keinen einheitlichen und identischen Rechtsschutz für alle Europäischen Patente gewährleisten, ohne die ausschließliche Zuständigkeit des Einheitlichen Patentgerichts, und damit den einheitlichen Patentschutz anzuerkennen. Damit erscheint der Schluss auf eine Pflicht zum Beitritt zum EPGÜ nahezu unausweichlich. Würde man dieser Argumentation des Generalanwalts folgen, könnte die Kommission den Beitritt widerspenstiger Mitgliedstaaten durch Klage beim EuGH wegen Verletzung des Unionsrechts erzwingen. Der **EuGH** folgte dem Generalanwalt zwar in der Grundaussage, wonach die Einheitspatent-VO geeignet sei, einen einheitlichen Rechtsschutz iSv Art. 118 Abs. 1 AEUV zu gewährleisten.[531] Dabei bezieht er sich aber unter Übernahme des Wortlauts des Art. 5 Abs. 1 Einheitspatent-VO nur auf jene Mitgliedstaaten, „in denen das Patent einheitliche Wirkung hat".[532] Ob das Patent in einem einzelnen Staat einheitliche Wirkung hat oder nicht, hängt gemäß Art. 18 Abs. 2 UAbs. 1 Einheitspatent-VO davon ab, ob im Zeitpunkt der Eintragung der einheitlichen Wirkung das EPGÜ für diesen Staat gilt. Insoweit gewährleistet in der Tat die Verordnung einheitlichen Rechtsschutz entsprechend den Regeln des EPGÜ, aber eben nur in jenen Staaten, für die das EPGÜ gilt. Ganz anders als der Generalanwalt vermeidet der EuGH jede Aussage zum Grundsatz der loyalen Zusammenarbeit sowie zu einer daraus entstehenden Verpflichtung der Mitgliedstaaten, dem EPGÜ beizutreten. Angesichts der zentralen Stellung dieses Arguments im Schlussantrag des Generalanwalts kann dies nicht als Versehen des EuGH gewertet werden. Vielmehr lässt sich **vermuten, dass der EuGH eine solche Pflicht gerade nicht annehmen wollte.** Hierfür spricht zum einen, dass er mit keinem Wort diskutiert, ob nicht der fehlende Beitritt eines teilnehmenden Mitgliedstaates zum EPGÜ gegen die Gewährleistung der einheitlichen Wirkung spricht – wobei ein Problem auch schon darin gesehen werden könnte, dass das EPGÜ für sein Inkrafttreten die Ratifizierung durch nur 13 Mitgliedstaaten ausreichen lässt. Zum anderen zieht der EuGH eine klare Grenzlinie zwischen der Einheitspatent-VO als EU-Recht und dem EPGÜ als Abkommen ausschließlich der Mitgliedstaaten. So verwerfen die europäischen Richter den Klagegrund Spaniens, wonach das EPGÜ die Befugnisse der Union und ihrer Organe verändere, mit dem schlichten Argument, es sei nicht zuständig für Entscheidung über die Rechtmäßigkeit eines von den Mitgliedstaaten abgeschlossenen Übereinkommens.[533] Damit würde es sich nicht vertragen, wenn gleichzeitig eine unionsrechtliche Pflicht der teilnehmenden Mitgliedstaaten zum Beitritt zum EPGÜ angenommen würde.[534] Folgt man diesem Verständnis des Urteils, hätte dies weitreichende Bedeutung. Der EuGH würde hinnehmen, dass Mitgliedstaaten, obwohl sie an der verstärkten Zusammenarbeit teilnehmen und für sie die Einheitspatent-VO in Kraft getreten ist, dauerhaft dem System des einheitlichen Patentschutzes fernbleiben können.

Kollisionsnormen sind für das System des einheitlichen Patentschutzes von weitaus größerer Bedeutung als für andere einheitliche Schutzrechte. Dies gilt schon für das Europäische Patent mit einheitlicher Wirkung als **Gegenstand des Vermögens.**[535] Ganz anders als die UMV (→ Rn. 146) verzichtet die Einheitspatent-VO fast vollständig auf eine einheitliche Regelung vermögensrechtlicher Fragen, was eine weitreichende Rechtszersplitterung nach sich zieht.[536] In Art. 3 Abs. 2 UAbs. 2 Einheitspatent-VO wird lediglich bestimmt, dass das Patent nur für alle teilnehmenden Staaten beschränkt oder übertragen werden kann. Art. 3 Abs. 2 UAbs. 3 Einheitspatent-VO erlaubt die getrennte Lizenzierung für einzelne Staaten. Diese sehr rudimentäre Regelung ist als deutlicher Rückschritt in der Entwicklung der Unionsschutzrechte zu werten. Vor allem fehlt es an Bestimmungen zu sonstigen Wirksamkeitsvoraussetzungen von Rechtsgeschäften an dem Patent, einschließlich der Erforderlichkeit und der Wirkungen von Registereintragungen sowie der Wirkungen von Rechtsgeschäften in Verhältnis zu Dritten, wie beispielsweise zur Insolvenzfestigkeit von Lizenzen oder zum Sukzessionsschutz.[537] Solche Fragen sollen sich nach dem gemäß **Art. 7 Einheitspatent-VO** anwendbaren Recht bestimmen.[538] Die Anwendung dieser Vorschrift setzt zunächst die Anknüpfung nach dem Außen-IPR voraus. Die Frage, nach welchem Recht ein Patent übertragen, belastet oder lizenziert werden darf, sowie welche Wirkungen solche 154

---

531 EuGH C-146/13, ECLI:EU:C:2015:298 Rn. 51 ff. – Spanien/Parliament und Rat (betr. EPatVO).
532 EuGH C-146/13, ECLI:EU:C:2015:298 Rn. 49 – Spanien/Parliament und Rat (betr. EPatVO).
533 EuGH C-146/13, ECLI:EU:C:2015:298 Rn. 101 f. – Spanien/Parliament und Rat (betr. EPatVO).
534 So schon *Drexl* FS Ahrens, 2016, 165 (171).
535 Zur Auslegung dieses Begriffs *Müller-Stoy/Paschold* GRUR 2014, 646 (653 ff.).
536 S. die Kritik bei *Picht,* Vom materiellen Wert des Immateriellen, 2018, 538 ff.
537 Zur Abgrenzung von Art. 7 EPatVO vom Lizenzvertragsstatut s. *Bartenbach/Kunzmann* FS 200 Jahre Carl Heymanns Verlag, 2015, 329; *Müller-Stoy/Paschold* GRUR 2014, 646 (655 f.); *Tochtermann* GRUR Int 2016, 721 (722).
538 Zur Anwendung in Bezug auf den Sukzessionsschutz s. *Tochtermann,* Sukzessionsschutz im Recht des Geistigen Eigentums, 2018, 275 ff.

Rechtsgeschäfte entfalten, wird von Art. 8 Abs. 1 Rom II-VO nicht beantwortet. Europarechtlich ist diese Frage überhaupt nicht geregelt, sondern beurteilt sich nach nationalem Recht. Das nationale Kollisionsrecht wird hier typischerweise dem Schutzlandprinzip folgen (für das deutsche Kollisionsrecht → Rn. 198).[539] Die Schutzlandanknüpfung führt jedoch angesichts des hybriden Charakters des Europäischen Patents[540] mit einheitlicher Wirkung durchaus zu Schwierigkeiten.[541] Betont man den Charakter des Europäischen Patents als Bündelpatent würde man zur Anwendung des Rechts der einzelnen Mitgliedstaaten gelangen. Vorzugswürdig ist es aber, dem Ziel der Ermöglichung einer einheitlichen Verwertung des Schutzrechts zu folgen. Als Schutzland angesehen werden sollte daher das gesamte Territorium der teilnehmenden Mitgliedstaaten, in denen das Patent einheitliche Wirkung entfaltet.[542] Damit gelangt man zur Anwendung der Einheitspatent-VO sowie zur Unteranknüpfung nach Art. 7 Einheitspatent-VO, soweit es an einheitlichen Regeln fehlt.[543] Diese Unteranknüpfung sollte als **Sachnormverweisung** verstanden werden.[544] Art. 7 Einheitspatent-VO folgt mit der dort vorgesehenen Stufenleiter den Vorbildern der Verordnung zu anderen Unionsschutzrechten, also insbesondere dem Art. 19 UMV (→ Rn. 146). Ein wichtiger Unterschied besteht gleichwohl, soweit das Statut nach Art. 7 Einheitspatent-VO **unwandelbar** ausgestaltet ist.[545] Die Vorschrift stellt darauf ab, in welchem Mitgliedstaat der Anmelder zum **Zeitpunkt der Einreichung der Patentanmeldung** gemäß der Registereintragung[546] seinen Wohnsitz, den Sitz seiner Hauptverwaltung oder eine andere Niederlassung hatte. Spätere Veränderungen in diesen Anknüpfungspunkten führen also nicht zu einer Änderung des anwendbaren Rechts. Dies bewirkt in erfreulicher Weise größere Rechtssicherheit als bei anderen Unionsschutzrechten, führt aber auch dazu, dass die Patente ein und desselben Rechteinhabers durchaus unterschiedlichen Rechtsordnungen unterliegen können. Nach Art. 7 Abs. 1 lit. a Einheitspatent-VO ist primär das Recht des teilnehmenden Mitgliedstaates, in dem das Patent einheitliche Wirkung hat, anwendbar, in dem der Patentanmelder bei Anmeldung des Europäischen Patents seinen Wohnsitz bzw. den Sitz seiner Hauptniederlassung hatte. Fehlt es an einem Wohnsitz oder einer Hauptniederlassung in diesen Staaten genügt auch eine jede andere Niederlassung (Art. 7 Abs. 1 lit. b Einheitspatent-VO).[547] Wurde das Patent von mehreren beantragt, soll es gemäß Art. 7 Abs. 2 Einheitspatent-VO auf den Wohnsitz bzw. die Hauptniederlassung des an erster Stelle genannten Anmelders ankommen. Gelingt die Anknüpfung danach nicht, ist der Reihe nach auf die nachfolgend genannten Anmelder abzustellen. Hat kein Anmelder Wohnsitz oder Hauptniederlassung in einem solchem Staat, wird in gleicher Weise für die einzelnen Anmelder auf jede andere Niederlassung abgestellt. Scheitert die Anknüpfung nach Art. 7 Abs. 1 und 2 Einheitspatent-VO, soll gemäß Art. 7 Abs. 3 Einheitspatent-VO das Recht am Sitz der Europäischen Patentorganisation (München) zur Anwendung kommen.[548] Letzteres hat zur Konsequenz, dass bei Anmeldern von außerhalb des Territoriums, in dem das Patent einheitliche Wirkung hat, stets **deutsches Recht** über die vermögensrechtlichen Aspekte entscheidet. Ausdrücklich ist auch hier darauf hinzuweisen, dass Art. 7 Einheitspatent-VO durchgängig nur auf das Recht eines **teilnehmenden Mitgliedstaates** verweist, im dem das jeweilige Patent einheitliche Wirkung hat. Gemäß Art. 18 Abs. 2 UAbs. 2 Einheitspatent-VO setzt dies voraus, dass dieser Staat **dem EPGÜ beigetreten** ist (→ Rn. 153). Dies bedeutet für den Fall, dass etwa Polen dem EPGÜ fernbleibt, dass das Europäische Patent mit einheitlicher Wirkung von Anmeldern mit Wohnsitz, Sitz oder nur Niederlassung in Polen vermögensrechtlich deutschem Recht unterliegen würden.

155 Die Einheitspatent-VO postuliert in Art. 5 Abs. 1 und 2 Einheitspatent-VO zwar einheitliche Schutzwirkungen des Patents, sieht aber – mit Ausnahme einer Vorschrift zur Erschöpfung (Art. 6 Einheitspatent-VO) – davon ab, selbst den **Umfang des Schutzes** sowie die **Ausnahmen** hierzu zu regeln. Entsprechend muss die Regelung dieser Frage dem nationalen Recht überlassen blei-

---

539 *Tochtermann* GRUR Int 2016, 721 (722).

540 Ebenso den hybriden Charakter betonend *Straus* in Müller-Graff, Europäisches Wirtschaftsordnungsrecht, 2015, § 18 Rn. 74.

541 Hierzu auch *Müller-Stoy/Paschold* GRUR 2014, 646 (647 f.).

542 So auch NK-BGB/*Grünberger* Rn. 25.

543 Ebenso iErg *Müller-Stoy/Paschold* GRUR 2014, 646 (648).

544 So jurisPK-BGB/*Heinze* Rn. 12; *Picht,* Vom materiellen Wert des Immateriellen, 2018, 531.

545 S. auch *Müller-Stoy/Paschold* GRUR 2014, 646 (652).

546 Die Unrichtigkeit der Eintragung stellt aus Gründen der Rechtssicherheit die Anknüpfung nicht in Frage; dazu näher *Müller-Stoy/Paschold* GRUR 2014, 646 (652 f.).

547 Hier stellt sich die Frage, wie zu verfahren ist, wenn Niederlassungen in mehreren Staaten gegeben sind. Da der einheitliche Rechtsschutz erfordert, dass nur eine Rechtsordnung den Umfang des Patentschutzes für alle Mitgliedstaaten bestimmt, ist in pragmatischer Weise auf jene Niederlassung abzustellen, die für das Geschäft des Anmelders die größere Bedeutung hat.

548 Ausf. zu den Anknüpfungskriterien des Art. 7 EPatVO *Müller-Stoy/Paschold* GRUR 2014, 546 (550 ff.).

ben, was wiederum eine kollisionsrechtliche Anknüpfung voraussetzt. Die zentrale Kollisionsnorm für den Schutzumfang findet sich in Art. 5 Abs. 3 Einheitspatent-VO. Die Vorschrift lautet:

Art. 5 Einheitspatent-VO Einheitlicher Schutz

(1), (2) (nicht abgedruckt)

(3) Die Handlungen, gegen die das Patent Schutz nach Absatz 1 bietet, sowie die geltenden Beschränkungen sind in den Rechtsvorschriften bestimmt, die für Europäische Patente mit einheitlicher Wirkung in dem teilnehmenden Mitgliedstaat gelten, dessen nationales Recht auf das Europäische Patent mit einheitlicher Wirkung als ein Gegenstand des Vermögens nach Artikel 7 anwendbar ist.

(4) (nicht abgedruckt)

Die Kollisionsregeln des Art. 7 Einheitspatent-VO wurden soeben erklärt (→ Rn. 154). Deren Anknüpfungsregeln kommen über Art. 5 Abs. 3 Einheitspatent-VO also auch für die Bestimmung des Umfangs des einheitlichen Rechtsschutzes zur Anwendung. Zur Anwendung berufen sind jedoch nicht etwa die Bestimmungen der nationalen Patentgesetze. Die Funktion des Art. 5 Abs. 3 Einheitspatent-VO beschränkt sich vielmehr darauf, die zentrale Bestimmung des einheitlichen Rechtsschutzes nach **Art. 5 Abs. 1 Einheitspatent-VO** auszufüllen. Dies wird über die Beschränkung des geografischen Anwendungsbereichs im Zusammenspiel der Einheitspatent-VO mit dem EPGÜ möglich. Einheitlicher Rechtsschutz nach Art. 5 Abs. 1 Einheitspatent-VO lässt sich nur erlangen für das Territorium jener teilnehmenden Mitgliedstaaten, „in denen das Patent einheitliche Wirkung besitzt". Gemäß Art. 18 Abs. 2 UAbs. 2 Einheitspatent-VO setzt dies voraus, dass der teilnehmende Mitgliedstaat auch die ausschließliche Zuständigkeit des Einheitlichen Patentgerichts durch Beitritt zum EPGÜ vor Stellung des Patenterteilungsantrags akzeptiert hat und als Folge die materiellrechtlichen Bestimmungen zur Ausgestaltung des einheitlichen Rechtsschutzes im EPGÜ zur Anwendung kommen.[549] Die **Funktion der Kollisionsregel des Art. 5 Abs. 3 Einheitspatent-VO** unterscheidet sich damit grundlegend von jener des Art. 7 Einheitspatent-VO, soweit es um die vermögensrechtlichen Aspekte geht. Es geht nicht um die klassische Lösung einer Kollision nationaler Bestimmungen im Bereich der grenzüberschreitenden Anwendung, sondern ausschließlich darum, einheitliche Schutzbestimmungen aus dem Bereich des EU-Rechts herauszunehmen und dem nationalen Recht zuzuweisen, um schließlich eine Auslegungskompetenz des EuGH in Bezug auf diese Vorschriften zu verhindern.[550] Dabei hielt es der Europäische Gesetzgeber für erforderlich, den Umweg über den im Ergebnis nur formalen Verweis auf das nationale Recht zu gehen, da ein unmittelbarer Verweis auf die Bestimmungen des EPGÜ durch Art. 5 Abs. 3 Einheitspatent-VO doch auch den EuGH eher argumentieren lassen könnte, dass damit die materiellen Vorschriften des EPGÜ als Unionsrecht in die Verordnung inkorporiert würden. Die Verwendung der kollisionsrechtlichen Regelungstechnik in Art. 5 Abs. 3 Einheitspatent-VO erscheint danach als Taschenspielertrick zur Umgehung der Rechtsprechungszuständigkeit des EuGH. In seinem Urteil zur **spanischen Klage** scheint der EuGH dies dennoch akzeptiert zu haben, indem er dem europäischen Gesetzgeber die Wahl der Mittel zur Erreichung des einheitlichen Rechtsschutzes iSv Art. 118 Abs. 1 AEUV überlässt. Ausdrücklich weist er darauf hin, dass zu diesem Zweck der Gesetzgeber nicht alle Aspekte des geistigen Eigentums vollständig und erschöpfend harmonisieren müsse.[551] Indem er außerdem darauf hinweist, dass es genüge, wenn sich die Einheitlichkeit des Schutzes aus der Anwendung des nationalen Rechts ergebe,[552] macht er deutlich, dass auch das Kollisionsrecht als Mittel zur Gewährleistung einheitlichen Rechtsschutzes eingesetzt werden kann.

Über Art. 5 Abs. 3 und Art. 7 Einheitspatent-VO ist also der **einheitliche Schutzbereich** eines 156
des Europäischen Patents mit einheitlicher Wirkung nach den materiellrechtlichen Regelungen des **Übereinkommens über ein einheitliches Patentgericht** (EPGÜ) zu bestimmen. Das EPGÜ (→ Rn. 152) enthält in Art. 25 ff. EPGÜ materiellrechtliche Vorschriften über die einheitliche Ausgestaltung des Schutzumfangs. Welches Recht das Einheitliche Patentgericht anzuwenden hat, wird in Art. 24 EPGÜ vor die Klammer gezogen. Über die Bezugnahme auf die Einheitspatent-VO in Art. 24 Abs. 1 lit. a EPGÜ bildet Art. 5 Abs. 3 iVm Art. 7 Einheitspatent-VO auch die kollisionsrechtliche Grundlage für das EPG, um die materiellrechtlichen Bestimmungen der Art. 25 ff. EPGÜ anzuwenden. Die Bestimmung des Art. 24 Abs. 1 lit. b EPGÜ, wonach das Gericht das EPGÜ anzuwenden hat, ist daher nicht kollisionsrechtlich zu qualifizieren. Soweit die Einheitspatent-VO und die Art. 25 ff. EPGÜ Lücken lassen, muss nach Art. 24 Abs. 1 lit. e EPGÜ auf das nationale Recht zurückgegriffen werden.

[549] Bestätigt wird dies durch Erwägungsgrund 9 EPatVO, wonach einheitlicher Rechtsschutz durch ein Abkommen über ein Einheitliches Patentgericht gewährleistet werden soll.
[550] Besonders krit. hierzu *Drexl* FS Coester-Waltjen, 2015, 361.
[551] EuGH C-146/13, ECLI:EU:C:2015:298 Rn. 48 – Spanien/Parliament und Rat (betr. EPatVO).
[552] EuGH C-146/13, ECLI:EU:C:2015:298 Rn. 49. – Spanien/Parliament und Rat (betr. EPatVO).

Die Art. 25 ff. EPGÜ regeln den **Schutzumfang und die Schranken grundsätzlich abschließend.** Für die Anwendung nationalen Rechts bleibt kein Raum. Eine Abweichung besteht allerdings für das **Vorbenutzungsrecht.** Gemäß Art. 28 EPGÜ wird für dieses der einheitliche Rechtsschutz aufgebrochen und dem Nutzer ein solches Recht nur für das Gebiet jenes Staates gewährt, der in seinem nationalen Patentrecht ein solches Recht anerkennt. Über diese Grundsätze hinaus ist fraglich, ob Art. 5 Abs. 3 Einheitspatent-VO über den einheitlichen Patentschutz auch für die Rechtsdurchsetzung, und dabei insbesondere die Ausgestaltung von Schadensersatzansprüchen (→ Rn. 157) sowie die Erteilung von Zwangslizenzen (→ Rn. 158) gelten.

157 Die Einheitspatent-VO enthält keine spezifische Regelung über die Ausgestaltung der **Sanktionen.** In Art. 5 Abs. 1 Einheitspatent-VO wird ein **Unterlassungsanspruch** allenfalls vorausgesetzt. **Schadensersatzansprüche** werden im verbindlichen Teil der Verordnung nicht einmal angesprochen. Aus Erwägungsgrund 13 Einheitspatent-VO ergibt sich lediglich der Hinweis, dass die Regelung der Schadensersatzansprüche dem Recht der teilnehmenden Mitgliedstaaten unterliegen soll. Dieser Erwägungsgrund bildet aber keine ausreichende Grundlage für eine eigenständige Kollisionsnorm. Auch eine Anknüpfung nach Art. 5 Abs. 3 Einheitspatent-VO ist wohl abzulehnen. Einer solchen Anwendung widerspricht schon der Wortlaut der Vorschrift, der auf die Bestimmung des Schutzumfangs beschränkt ist und die Ausgestaltung des Schutzes bei Eingriffen in den Schutzumfang nicht ausdrücklich umfasst.[553] Tatsächlich war die Einführung einer neuen Kollisionsnorm in Hinblick auf die Rechtsfolgen einer Verletzung des Europäischen Patents mit einheitlicher Wirkung bei Schaffung der Verordnung auch gar nicht erforderlich. Eine solche ergibt sich nämlich schon aus **Art. 8 Rom II-VO.**[554] Dabei stellt sich die Frage, ob insoweit **Art. 8 Abs. 1 oder Abs. 2 Rom II-VO** – mit ganz unterschiedlichen Anknüpfungsergebnissen – zur Anwendung kommt. Die Antwort hierauf hängt von der dogmatischen Einordnung des Europäischen Patents mit einheitlicher Wirkung ab. Geht man davon aus, dass es sich aufgrund der Erteilung als Europäisches Patent trotz der einheitlichen Wirkung um ein **Bündel nationaler Patente** handelt, käme man über Art. 8 Abs. 1 Rom II-VO im Sinne einer **Mosaikbetrachtung** zur parallelen Anwendung all jener nationaler Rechte der teilnehmenden Mitgliedstaaten, für die Schadensersatz geltend gemacht wird. Geht man dagegen davon aus, dass trotz der Erteilung als Europäisches Patent ein **einheitliches Schutzrecht iSv Art. 118 Abs. 1 AEUV** zur Entstehung gelangt, wäre die Beurteilung des Schadensersatzanspruchs gemäß Art. 8 Abs. 2 Rom II-VO **einheitlich nach dem Recht des Handlungsortes** zu beurteilen (→ Rn. 141 ff.). Nach der Konzeption der Einheitspatent-VO lässt sich das Europäische Patent mit einheitlicher Wirkung allenfalls als **„hybrides Recht“** klassifizieren – nicht umsonst spricht der Gesetzgeber nur von einem „Europäischen Patent mit einheitlicher Wirkung“ und nicht von einem „einheitlichen Patent“. Schon aus praktischer Sicht sollte aber der Anwendung des **Art. 8 Abs. 2 Rom II-VO der Vorzug gegeben werden,** lässt sich doch über diese Vorschrift die mühsame Mosaikbetrachtung vermeiden.[555] Auch begründet sich die Zurückhaltung des europäischen Gesetzgebers gegenüber der Annahme eines einheitlichen Schutzrechts nur mit dem Anliegen, die Erteilung des Patents beim Europäischen Patentamt als Nicht-EU-Institution zu belassen und deren Erteilungsentscheidungen der Kontrolle durch die EU-Gerichte zu entziehen. Die Ausgestaltung von Sanktionen ist jedoch nicht der Phase der Erteilung zuzuordnen, sondern dem Bereich der Rechtsdurchsetzung. Im Hinblick auf die Anwendung von Art. 8 Abs. 2 Rom II-VO kann auf das zu den anderen Unionsschutzrechten Gesagte verwiesen werden (→ Rn. 138 ff.). Im Ergebnis wünschenswert wäre eine **einheitliche Regelung der Rechtsfolgen** einer Verletzung des Europäischen Patents mit einheitlicher Wirkung. Eine solche wird tatsächlich in **Art. 63 ff. EPGÜ** getroffen, wobei insbesondere auch der Unterlassungsanspruch (Art. 63 EPGÜ) und der Schadensersatzanspruch (Art. 68 EPGÜ) einer einheitlichen Regelung zugeführt werden.[556] Soweit also Staaten diesem Abkommen beitreten, erscheint der Streit um die Anwen-

---

553 JurisPK-BGB/*Heinze* Rn. 15; Magnus/Mankowski/*Metzger* Rn. 43. Auch fällt auf, dass in den Erwägungsgründen die Bestimmung von Schadensersatzansprüchen nach nationalem Recht erst nach dem in Art. 6 geregelten Erschöpfungsgrundsatz angesprochen wird. Insoweit werden Schadensersatzansprüche deutlich von der Kollisionsnorm des Art. 5 abgesetzt.

554 Dies übersieht *Osterrieth,* Patentrecht, 6. Aufl. 2021, Rn. 309, der in Bezug auf Sanktionen den Anwendungsbereich von Art. 7 EPatVO erweitern möchte, da man mangels anderer Kollisionsnormen ansonsten im „luftleeren Raum schweben“ würde.

555 Zust. *Picht,* Vom materiellen Wert des Immateriellen, 2018, 532; so auch iE jurisPK-BGB/*Heinze* Rn. 15; Magnus/Mankowski/*Metzger* Rn. 43.

556 Der Wortlaut der Art. 63 ff. EPGÜ wählt einen prozessrechtlichen Regelungsansatz, wonach das Gericht Sanktionen wie Unterlassung, Auskunft, Schadensersatz anordne. Soweit das Schrifttum die Auffassung vertritt, das EPGÜ regle insoweit kein materielles Recht, sondern nur eine Kompetenzzuweisung an das EPG, so dass für die Anspruchsbegründung auf das nationale Recht zurückzugreifen sei – so *Osterrieth,* Patentrecht, 5. Aufl. 2015, Rn. 312 für den Schadensersatzanspruch –, ist dem zu widersprechen. Das EPGÜ folgt insoweit dem für das Common Law typischen Remedy-Ansatz, bei dem nicht deutlich zwischen dem

dung von Art. 8 Abs. 1 oder 2 Rom II-VO müßig, da man über beide Wege letztlich zur Anwendung des Abkommens – entweder als das nationale Recht aller Staaten (Abs. 1) oder nur des Staates der Verletzungshandlung (Abs. 2) – gelangt.

Denkbar unklar ist die kollisionsrechtliche Anknüpfung für die Erteilung von **Zwangslizenzen.** 158
Weder die Einheitspatent-VO noch das Abkommen über das einheitliche Patentgericht gehen in ihren verbindlichen Vorschriften auf die Thematik der Zwangslizenzen ein. Dennoch kann daraus nicht der Schluss gezogen werden, dass für Europäische Patente mit einheitlicher Wirkung keine Zwangslizenzen erteilt werden können. Vielmehr ergibt sich aus Erwägungsgrund 10 Einheitspatent-VO, dass Zwangslizenzen sehr wohl erteilt werden können, aber nur nach den Bestimmungen der teilnehmenden Mitgliedstaaten für das jeweilige Staatsgebiet. Neben der Abweichung von der Einheitlichkeit des Schutzes wird damit zugleich ein kollisionsrechtlicher Grundsatz zum Ausdruck gebracht. Die Richtlinie geht insoweit von der Mosaikbetrachtung aus. Das Problem besteht darin, dass die Kollisionsnormen der Verordnung dieses Ergebnis nicht tragen. So könnte man die nationalen Bestimmungen über Zwangslizenzen zwanglos unter den Begriff der Beschränkungen nach Art. 5 Abs. 3 Einheitspatent-VO subsumieren; ebenso lässt sich die vermögensrechtliche Dimension der Beschränkung des Patentrechts durch Zwangslizenzen iSv Art. 7 Einheitspatent-VO nicht bestreiten. Aber diese Vorschriften führen gerade zur Anwendung nur eines nationalen Rechts mit Wirkung für das Gebiet aller teilnehmenden Mitgliedstaaten, was Erwägungsgrund 10 Einheitspatent-VO widerspricht. Dem europäischen Gesetzgeber ist insoweit vorzuwerfen, die Notwendigkeit der Schaffung einer klaren Kollisionsregel nicht erkannt zu haben. Danach führt also kein Weg daran vorbei, Erwägungsgrund 10 Einheitspatent-VO eine ungeschriebene Kollisionsnorm zu entnehmen, wonach für das jeweilige Staatsgebiet national beschränkte Zwangslizenzen auf der Grundlage nationalen Patentrechts erteilt werden können.

h) Ausblick. Festzuhalten bleibt, dass die überzeugendste Lösung der Problematik der Unteran- 159
knüpfung schlicht in der abschließenden Regelung vor allem aller Sanktionen in den Verordnungen zu den einheitlichen europäischen Rechtstiteln bestünde.[557] Eine solche Regelung verfolgt der europäische Gesetzgeber einst für das EU-Patent,[558] während die Gemeinschaftsgeschmacksmuster-VO aus dem Jahre 2002 in Art. 88 Abs. 2 Gemeinschaftsgeschmacksmuster-VO und in Art. 89 Abs. 1 lit. d Gemeinschaftsgeschmacksmuster-VO anschließt. Die Bestimmungen des EPGÜ zeigen, dass eine einheitliche europäische Regelung der Sanktionen für die einheitlichen Rechtstitel sehr wohl möglich ist. Nach Erlass der Enforcement-RL (RL 2004/48/EG; → Rn. 61 mwN) sollte die Vorarbeit für eine Einheitslösung eigentlich geleistet sein.

i) Exkurs: Anwendbares Recht bei Europäischen Patenten. Durch die Einführung des 160
einheitlichen Rechtsschutzes und die Schaffung eines Einheitlichen Patentgerichts entstehen enge Querverbindungen zwischen dem Unionsrecht, dem Recht des Einheitlichen Patentgerichts als nationales Recht sowie dem Recht der Europäischen Patentorganisationen (EPO). Daher bietet es sich an dieser Stelle an, auch spezifische kollisionsrechtliche Fragestellungen im Zusammenhang mit Europäischen Patenten zu erörtern. Im Folgenden geht es um zwei Fragestellungen, nämlich zum einen um das auf **Europäische Patentanmeldungen als Recht des Vermögens** anwendbare Recht sowie das anwendbare Recht auf **Europäische Patente im Zuständigkeitsbereich des Einheitlichen Patentgerichts.** Eine dritte Fragestellung, nämlich jene nach dem anwendbaren Arbeitnehmererfinderrecht bei Europäischen Patenten wird an anderer Stelle erörtert (→ Rn. 212 ff.).

In Art. 71 ff. EPÜ (Europäisches Patentübereinkommen) finden sich einheitliche Bestimmungen 161
zur **Europäischen Patentanmeldung als Gegenstand des Vermögens,** nämlich soweit es um die Übertragung, Bestellung von Rechten an der Patentanmeldung und Lizenzierung für alle oder nur einen Teil der benannten Vertragsstaaten geht. Diese Vorschriften regeln allerdings nicht alle Fragen – man denke etwa an die Wirksamkeit von Lizenzen gegenüber Dritten. Zur Lückenfüllung stellt **Art. 74 EPÜ** eine eigenständige Kollisionsnorm bereit. Danach ist **territorial zu unterscheiden.** Die Vorschrift, die als Sachnormverweis verstanden wird,[559] ordnet an, dass die vermögens-

materiellrechtlichen Anspruch und der prozessrechtlichen Anordnung unterschieden wird. Da das EPGÜ Einheitrecht schafft, wäre dieser Ansatz auch von einem deutschen Gericht zu akzeptieren und nicht aus dem Blickwinkel nationaler Rechtsdogmatik zu hinterfragen. Jedenfalls lässt sich in diese Vorschriften die materiellrechtliche Regelung „hineinlesen“. So *Tilmann* FS Köhler, 2014, 767 (768).

557 S. auch *Drexl* in Drexl/Kur, Intellectual Property and Private International Law, 2005, 174 f.

558 Erstmalig fanden sich entsprechende Vorschriften im Vorschlag für eine Verordnung des Rates über das Gemeinschaftspatent – Vom Sekretariat des Rates abgeänderter Text, Dokument 15086/03 (vom 21.11.2003), https://register.consilium.europa.eu/pdf/de/03/st15/st15086.de03.pdf (zuletzt abgerufen am 1.5.2024).

559 So in der Sache Benkard/*Grabinski* EPÜ Art. 74 Rn. 3 f.

rechtlichen Fragen für jeden einzelnen Vertragsstaat und mit Wirkung für diesen dem Recht unterliegen, das in diesem Staat für nationale Patentanmeldungen gilt. Hintergrund dieser Regelung ist die Rechtsnatur des Europäischen Patents als Bündelpatent. Obwohl das Europäische Patent auf einer einheitlichen Anmeldung beruht, wird auch die Europäische Patentanmeldung vermögensrechtlich als ein Bündel nationaler Patentanmeldungen behandelt. So erlaubt Art. 71 EPÜ die Übertragung der Patentanmeldung auch nur für einzelne Staaten.[560] Probleme tauchen jedoch auf, wenn nach Erteilung des Europäischen Patents die **einheitliche Wirkung gemäß Art. 3 Abs. 1 UAbs. 1 Einheitspatent-VO** eingetragen werden soll. Rechtsgeschäfte, die zuvor über nationale Teile der Anmeldung getroffen wurden, können die Einheitlichkeit des Europäischen Patents mit einheitlicher Wirkung möglicherweise verhindern. Während Art. 71 EPÜ die Übertragung sowie die Bestellung von Rechten an der Anmeldung für einzelne Staaten erlaubt, ist nämlich nach Art. 3 Abs. 2 UAbs. 2 Einheitspatent-VO für das erteilte Europäische Patent mit einheitlicher Wirkung die gespaltene Übertragung und Belastung gerade ausgeschlossen. Im Falle der **Übertragung** nur für einzelne Staaten kann die Folge nur sein, dass einheitlicher Schutz nicht mehr zu bekommen ist. Denn in diesem Fall wird das Europäische Patent schon getrennt für die einzelnen Staaten an unterschiedliche Personen erteilt, womit die Grundvoraussetzung einheitlichen Patentschutzes, nämlich die Erteilung eines Europäischen Patents für alle teilnehmenden Staaten nach Art. 3 Abs. 1 UAbs. 1 Einheitspatent-VO, nicht mehr gegeben ist. Im Falle der **Belastung** nur für einzelne Staaten liegen die Dinge schwieriger, da hier das Patent nach wie vor für alle teilnehmenden Staaten derselben Person erteilt wird. Dennoch ist die Folge des Ausschlusses der Erlangung einheitlichen Patentschutzes hinzunehmen. Die einheitliche Wirkung lässt sich nur herstellen, wenn territorial beschränkte Belastungen vermieden werden. Wird dennoch die Belastung nur für einen Mitgliedstaat vorgenommen, muss sich dieses Recht am Vollrecht, dem einzelnen nationalen Patent, fortsetzen; die Eintragung der einheitlichen Wirkung muss dann konsequenter Weise verweigert werden. Dem Patentinhaber ist dies zumutbar, da die Entscheidung über die territorial begrenzte Belastung bei ihm liegt. Schwierigkeiten ergeben sich außerdem im Anwendungsbereich der Kollisionsnorm des **Art. 74 EPÜ.** Hier kann die **Eintragung einheitlichen Schutzes** nach den dann greifenden Regeln des Art. 7 Einheitspatent-VO zu einem **Statutenwechsel** führen.[561] Erteilt beispielsweise der Patentanmelder noch vor Erteilung des Patents einem Dritten eine einfache Lizenz für einen Staat, der auch für einfache Lizenzen einen Sukzessionsschutz vorsieht, und wird nach Erteilung des Patents und Erlangung der einheitlichen Wirkung das Patent übertragen, kann dieser Übertragungsvorgang dennoch zum Erlöschen der Lizenz gegenüber dem Erwerber führen, wenn nämlich das nach Art. 7 Einheitspatent-VO anwendbare Recht einen solchen Sukzessionsschutz nicht kennt. Da die Anknüpfung nach Art. 7 Einheitspatent-VO auf den Zeitpunkt des Patentantrags abstellt, ist ein solches Ergebnis für den Rechtsverkehr hinnehmbar. Der Lizenznehmer muss in solchen Fällen damit rechnen, dass nach Patenterteilung die einheitliche Wirkung beantragt wird und damit der Sukzessionsschutz verloren gehen kann. Der Statutenwechsel hat gleichwohl keine Rückwirkung auf zuvor getätigte Rechtsgeschäfte.[562] Wird also noch vor Eintragung der einheitlichen Wirkung die Anmeldung oder das Europäische Patent übertragen, kann sich der Lizenzinhaber infolge des Sukzessionsschutzes auch dann noch gegenüber dem Dritterwerber auf die Lizenz berufen, wenn dieser die Eintragung zur Erlangung der einheitliche Wirkung vornehmen lässt. Besondere Auswirkungen hat der Statutenwechsel auf die **Patentvindikation.** Vor Eintragung der einheitlichen Wirkung kann die Vindikationsklage gemäß Art. 74 EPÜ jeweils gesondert für das einzelne nationale Patent erhoben werden. Dagegen lässt sich ab Eintragung der einheitlichen Wirkung nur noch einheitlich nach dem gemäß Art. 7 Einheitspatent-VO anwendbaren Recht entscheiden.[563]

162 Besondere Fragen des anwendbaren Rechts ergeben sich schließlich bei **Europäischen Patenten, die keine einheitliche Wirkung haben, aber der Jurisdiktion des Einheitlichen Patentgerichts (EPG) unterliegen.**[564] Nach Art. 3 lit. c EPGÜ (zu diesem Übereinkommen → Rn. 39, → Rn. 155 ff.) ist nämlich das EPG nicht nur für Europäische Patente mit einheitlicher Wirkung, sondern auch für alle anderen Europäischen Patente zuständig. Kollisionsrechtlich gilt für Europäische Patente Art. 8 Abs. 1 Rom II-VO; dagegen greift Art. 8 Abs. 2 Rom II-VO nicht, da es schon an

[560] Dies spricht gegen die Einordnung der europäischen Patentanmeldung als „einheitliches Vorstufen-Recht“ durch *Picht,* Vom materiellen Wert des Immateriellen, 2018, 562.

[561] So auch *Bartenbach/Kunzmann* FS 200 Jahre Carl Heymanns Verlag, 2015, 329 (333). Zum Statutenwechsel für den Fall des Vindikationsanspruchs s. *Nieder* GRUR 2015, 936 (938).

[562] Dagegen will *Nieder* GRUR 2015, 936 (939 f.), allerdings für den Fall der Patentvindikation und ohne Rücksicht auf die Problematik vorher getätigter Rechtsgeschäfte, eine ex tunc-Wirkung der Eintragung annehmen.

[563] Auch zu den prozessualen Folgen s. *Nieder* GRUR 2015, 936 (939).

[564] *Tilmann* FS Köhler, 2014, 767; *Tilmann* FS Ahrens, 2016, 451.

einem einheitlichen Rechtstitel fehlt.[565] Dies bedeutet, dass auch das EPG – unter Umständen der Mosaikbetrachtung folgend – die Rechtsverletzung jeweils nur nach dem Recht des Staates und in Bezug auf das jeweilige Territorium prüfen kann, auf das sich der Kläger iSv Art. 8 Abs. 1 Rom II-VO beruft.[566] Für Europäische Patente sieht Art. 87 Abs. 1 EPGÜ außerdem eine **siebenjährige Übergangszeit,** beginnend mit dem Inkrafttreten des EPGÜ, vor. Während dieser Frist können Verletzungs- und Nichtigkeitsklagen in Bezug auf gewöhnliche Europäische Patente sowie für die dafür erteilten Ergänzenden Schutzzertifikate unverändert auch vor den zuständigen nationalen Gerichten erhoben werden.[567] Insoweit besteht eine **parallele Zuständigkeit von EPG und dem nationalen Gericht.**[568] Schließlich erlaubt Art. 87 Abs. 3 EPGÜ dem Patentinhaber, die Zuständigkeit des EPG durch Erklärung bis einem Monat vor Ablauf der Übergangszeit durch Mitteilung an die Kanzlei des Gerichts auszuschließen.[569] Dieses **„Opt-out"** entzieht das Europäische Patent dauerhaft – das heißt auch noch nach Ablauf der Übergangsfrist – der ausschließlichen Zuständigkeit des EPG.[570] Damit nicht genug: Art. 87 Abs. 4 EPGÜ erlaubt dem Patentinhaber von der Opt-out-Erklärung auch wieder zurückzutreten. Beide Erklärungen müssen jedoch vor Erhebung der Klage zum EPG – im Falle des Art. 87 Abs. 3 EPGÜ – bzw. vor dem nationalen Gericht – im Falle des Art. 87 Abs. 4 EPGÜ – vorgenommen werden. Auswirkungen auf das anwendbare Recht haben diese Regelungen, weil von ihnen nicht nur die Gerichtszuständigkeit, sondern mittelbar auch das anwendbare Recht abhängt. Gemäß **Art. 20 Abs. 1 EPGÜ** hat nämlich das EPG zu allen Rechtsstreitigkeiten, in denen es nach den Regeln des Übereinkommens angerufen wird, die Regeln des Abkommens, also einschließlich der materiellrechtlichen Bestimmungen der Art. 25 ff. EPGÜ anzuwenden. Nach diesen Regelungen ist eindeutig, welches Recht das EPG anwendet. Höchst umstritten ist aber die Frage, **welches Recht das nationale Gericht während der Übergangsphase sowie in den Fällen des Opt-out anzuwenden hat.**[571] Angesichts der Bedeutung der Frage hat sich hierzu auch das **Preparatory Committee** geäußert und sich **gegen die Anwendung des Rechts der EPGÜ durch die nationalen Gerichte** ausgesprochen. Vielmehr sei ausschließlich das nationale Patent- und Zivilrecht anzuwenden.[572] Dafür werden vor allem zwei Gründe genannt. Zum einen verfolge das EPGÜ nicht den Zweck, das nationale Recht zu harmonisieren. Zum anderen sei es Ziel des Übereinkommens, eine einheitliche Auslegung des Rechts des EPGÜ durch das EPG selbst zu gewährleisten. Dies würde gefährdet, wenn in großem Umfang nationale Gerichte die Regeln des EPGÜ ohne Kontrolle durch das EPG zur Anwendung brächten.[573] Dem widerspricht die **Gegenansicht.** Dabei wird nicht nur darauf hingewiesen, dass Art. 83 Abs. 1 und 3 EPGÜ lediglich die Zuständigkeit regeln soll.[574] Vor allem wird materiellrechtlich argumentiert.[575]

565 JurisPK-BGB/*Heinze* Rn. 19.

566 So zu Recht Magnus/Mankowski/*Metzger* Rn. 44.

567 Zweifelhaft ist, wie weit der Anwendungsbereich dieser Ausnahmebestimmung aufgrund der terminologischen Beschränkung auf Verletzungs- und Nichtigkeitsklagen geht. Überzeugend für ein weites Verständnis *Osterrieth,* Patentrecht, 6. Aufl. 2021, Rn. 293 f.; *Schröer* GRUR Int 2013, 1102 (1104 f.), insbes. unter Einschluss von Schadensersatzklagen sowie Verfahren des einstweiligen Rechtsschutzes.

568 Insoweit besteht keine einheitliche Terminologie. *Schröer* GRUR Int 2013, 1102, verwendet anders als hier den Begriff der „alternativen" Zuständigkeit.

569 Hierfür kann insbes. sprechen, dass Patentinhaber sich in den Anfangsjahren nicht auf die wenig erprobte Gerichtsbarkeit des EPG einlassen wollen. Zu den strategischen Überlegungen der Unternehmen s. *Minssen/Lundqvist* NIR 2014, 340 (350 ff.).

570 Zu beachten ist, dass damit das Opt-out die Zuständigkeit des EPG nicht schlechterdings ausschließt; dazu auch *Nieder* GRUR 2014, 627 (631) mit dem Hinweis, das Op-out erhalte lediglich den Status quo über den Ablauf der Übergangsfrist hinaus.

571 Hierzu insbes. *Tochtermann* GRUR 2018, 337 (gegen die Anwendung der Regeln des EPGÜ). Zur praktischen Bedeutung dieser Frage s. *Nieder* GRUR 2014, 627 (ua unter besonderer Berücksichtigung der Sanktionen). Besonders bedeutsam erscheint der Unterschied in den Fällen der mittelbaren Patentverletzung. Dies liegt daran, dass Art. 26 Abs. 1 EPGÜ in Bezug sowohl auf das Gebiet der Verbreitung der Mittel, die zum Zwecke der Benutzung des Patents verwendet werden können, als auch für das Gebiet der Benutzung auf das gesamte Territorium der Vertragsmitgliedstaaten abstellt. Damit fällt es im Vergleich zu § 10 PatG, wonach sowohl die Verbreitung der Mittel als auch die Benutzung in Deutschland stattfinden muss, leichter, die Verletzung zu begründen; hierzu *Nieder* GRUR 2015, 1178; *Vissel* GRUR 2015, 619. Für die Anwendung von Art. 26 Abs. 1 EPGÜ auf Europäische Patente ohne einheitliche Wirkung durch nationale Gerichte *Nieder* GRUR 2015, 1178 (1180).

572 Preparatory Committee, Interpretative note – Consequences of the application of Article 83 UPCA, 2014, https://www.unified-patent-court.org/en/news/interpretative-note-consequences-application-article-83-upca (abgerufen am 1.5.2024).

573 So jurisPK-BGB/*Heinze* Rn. 9; *Tochtermann* GRUR 2018, 337 (339).

574 So *Nieder* GRUR 2014, 955 (956).

575 So vor allem *Tilmann* FS Köhler, 2014, 767; *Tilmann* FS Ahrens, 2016, 451; zust. *Minssen/Lundqvist* NIR 2014, 340 (346). Ohne weitere Diskussion geht *Schröer* GRUR Int 2013, 1102 (1108 f.) davon aus, das

Das wesentliche Argument ist, dass es nicht sein könne, dass der Kläger über die Wahl des Gerichts die zivilrechtliche Lage im Verhältnis zum Beklagten verändern könne.[576] Hinzu komme, dass es in der Übergangsphase durchaus denkbar ist, dass etwa der vermeintliche Verletzer eine negative Feststellungsklage vor dem EPG einreicht und sodann der Patentinhaber eine Klage wegen Verletzung vor dem nationalen Gericht erhebt. Für diesen Fall hat der EU-Gesetzgeber Art. 71c Abs. 2 Brüssel Ia-VO geschaffen, wonach die Vorschriften über die Rechtshängigkeit nach Art. 29 ff. Brüssel Ia-VO auch während der Übergangszeit nach Art. 83 EPGÜ im Verhältnis von Klagen, die zum EPG und zu den nationalen Gerichten erhoben werden, Anwendung finden.[577] Entsprechend hätte das später angerufene nationale Gericht das Verfahren auszusetzen, bis das zuerst angerufene EPG über die negative Feststellungsklage entschieden hat. Aber Art. 29 Brüssel Ia-VO setzt voraus, dass die beiden Klagen denselben Anspruch betreffen. Hier setzt die **Gegenansicht** an und argumentiert, dass insoweit das EPGÜ offensichtlich davon ausgehe, dass das EPG und das nationale Gerichte dieselben materiellrechtlichen Regelungen anwenden.[578] Anders zu verfahren und die Anwendung nationalen Rechts durch das nationale Gericht zu erlauben, komme nicht in Betracht, weil dann das Ergebnis gemäß den Zuständigkeitsregeln nach der Brüssel Ia-VO davon abhänge, wer mit seiner Klageerhebung schneller ist.[579] Obwohl über dieselbe Rechtsfrage zu entscheiden wäre, käme man zur Anwendung unterschiedlicher Rechtsvorschriften.[580] Dazwischen steht die Ansicht, die in Reaktion auf die Möglichkeiten, über die Wahl des Gerichts das anwendbare Recht zu bestimmen, den Schluss zieht, der nationale Gesetzgeber möge doch im Zusammenhang mit der Ratifizierung des EPGÜ entweder das **nationale Recht an das Recht des EPGÜ angleichen** oder jedenfalls durch eine **dynamische Verweisung auf das EPGÜ** dafür sorgen, dass auch das nationale Gericht die Regeln des EPGÜ zur Anwendung bringe.[581]

163 **Stellungnahme:** Zu folgen ist der Auffassung, wonach auch das nationale Gericht, das über Fälle zu einem Europäischen Patent ohne einheitliche Wirkung in der Übergangszeit oder nach dem Opt-out zu entscheiden hat, das **Recht des EPGÜ** zur Anwendung zu bringen hat. Das Preparatory Committee weist zwar zu Recht auf die Funktion des EPG hin, eine einheitliche Anwendung der Vorschriften des EPGÜ zu gewährleisten. Dieses Argument kann aber letztlich nicht überzeugen. Dies liegt schon daran, dass das EPGÜ zwar davon absieht, die Vertragsmitgliedstaaten zur Angleichung zu verpflichten, aber andererseits auch nicht verbietet, das Recht des EPGÜ durch eine dynamische Verweisung doch zur Anwendung zu bringen.[582] Entsprechend argumentiert auch das Preparatory Committee nur, dass es Zweck des EPGÜ sei, den Vertragsmitgliedstaaten zu „erlauben", über die nationalen Gerichte weiterhin das nationale Recht anzuwenden.[583] Gleichzeitig ist dem Preparatory Committee vorzuwerfen, dass es die Probleme, die ein Wechsel des anwendbaren Rechts durch die Gerichtswahl einer Partei zur Folge hätte, schlicht ignoriert. Diese Folgen sind nicht hinnehmbar.[584] Dies zeigt sich etwa in dem Fall, dass der Patentinhaber ein Opt-out von der ausschließlichen Zuständigkeit des EPG erklärt hat, von dieser Erklärung sodann zurücktritt und schließlich Klage wegen einer angeblichen Verletzung im Zeitraum zwischen der Opt-out-Erklärung und dem Rücktritt vor dem EPG erhebt. Soweit das EGPÜ weitergehenden Schutz vorsieht als das nationale Patentgesetz,[585] könnte die Klage vor dem EPG dazu führen, dass eine **zunächst zulässige**

---

nationale Gericht sei zur Anwendung des EPGÜ berechtigt. Die Frage für ihn ist allerdings, ob die Vorschriften über die Sanktionen wegen ihres stark prozessrechtlichen Charakters überhaupt vom nationalen Gericht angewendet werden können.

576 Vor allem *Tilmann* FS Köhler, 2014, 767 (769); *Tilmann* FS Ahrens, 2016, 451 (461).

577 Zu Art. 71c Brüssel Ia-VO s. allg. *Torremans* in Pila/Wadlow, The Unitary EU Patent System 2015, 161.

578 So *Tilmann* FS Ahrens, 2016, 451 (458 f.).

579 *Tilmann* FS Ahrens, 2016, 451 (461).

580 *Tilmann* FS Köhler, 2014, 767 (769). Dieser weist aber gleichzeitig darauf hin, dass dieses Argument nicht im Falle des generellen Opt-out nach Art. 83 Abs. 3 EPGÜ greife; *Tilmann* FS Köhler, 2014, 767 (770).

581 So auch der alternative Vorschlag von *Romandini/Hilty/Lamping* GRUR Int 2016, 554 (559 f.), die davon ausgehen, dass dem EPGÜ keine Verpflichtung zur Rechtsangleichung entnommen werden könne.

582 Dies wird auch eingeräumt von *Tochtermann* GRUR 2018, 337 (340).

583 Preparatory Committee, Interpretative note – Consequences of the application of Article 83 UPCA, 2014, Rn. 17, https://www.unified-patent-court.org/en/news/interpretative-note-consequences-application-article-83-upca (zuletzt abgerufen am 1.5.2024).

584 Ebenso krit. *Romandini/Hilty/Lamping* GRUR Int 2016, 554 (559 f.).

585 Ob dies der Fall ist, hängt natürlich von einer Einzelanalyse auch des nationalen Patentgesetzes ab. In concreto kann auch das nationale Schutzrechtssystem stärker schützen. Hinzuweisen ist insbesondere auf die größere Flexbilität des Gerichts bei Erlass einer Unterlassungsverfügung nach Art. 63 Abs. 1 EPGÜ, was dazu genutzt werden kann, unberechtigte Unterlassungsklagen insbes. von sog. Non-Practicing Entities und Inhabern von standardessenziellen Patenten abzulehnen; dazu auch *Osterrieth,* Patentrecht, 6. Aufl. 2021, Rn. 323; *Schröer* GRUR Int 2013, 1102 (1108).

Handlung nachträglich als eine Verletzung des Patents einzustufen wäre. Dieses Ergebnis würde nicht nur die Rechtssicherheit und Vorhersehbarkeit der Rechtsanwendung in Frage stellen, es würde auch fundamental rechtsstaatlichen Grundsätzen widersprechen.[586] Schließlich spricht auch der Schutz von Europäischen Patenten im **Rechtsverkehr mit Drittstaaten** gegen die Auffassung, wonach nur das EPG die materiellrechtlichen Regelungen des EPGÜ zur Anwendung bringen kann. Dies verdeutlicht folgender Fall: Einem Unternehmen mit Sitz in Spanien wird die Verletzung eines Europäischen Patents auch in Deutschland vorgeworfen. Patentinhaber ist ein französisches Unternehmen. Dieses erhebt Klage vor dem nationalen spanischen Gericht am Sitz des Beklagten gemäß Art. 4 Abs. 1 Brüssel Ia-VO. Die zwingende Zuständigkeit des nationalen Gerichts in Spanien steht außer Zweifel, da Spanien schon kein Vertragsstaat des EPGÜ ist und Spanien nach bisheriger Sachlage auch nicht beabsichtigt, dem Übereinkommen beizutreten. Nach Art. 8 Abs. 1 Rom II-VO hätte das spanische Gericht deutsches Recht anzuwenden. Ist die Übergangsfrist aber bereits abgelaufen und wurde kein Opt-out erklärt, kann keinesfalls mehr argumentiert werden, nur das EPG dürfe die Regeln des EPGÜ anwenden. Vielmehr ist die Anwendung des EPGÜ schon unionsrechtlich geboten. Dies liegt daran, dass die europäischen Kollisionsregeln einschließlich Art. 8 Abs. 1 Rom II-VO gerade den Zweck haben, dass, unabhängig davon welches nationale Gericht innerhalb der EU für die Entscheidung zuständig ist, der Fall nach denselben nationalen Regeln entschieden wird. Wenn aber schon die Gerichte von Drittstaaten die materiellrechtlichen Regeln des EPGÜ – sogar nach den Regeln des Unionsrechts verpflichtend – anzuwenden haben, lässt sich erst recht nicht das Argument halten, allein das EPG dürfe diese Regeln im Verhältnis zu den Gerichten der Vertragsmitgliedstaaten anwenden. Darüber hinaus ist zu bedenken, dass **nationale Gerichte für verschiedene Streitfragen** selbst bei Europäischen Patenten mit einheitlicher Wirkung nach Art. 32 Abs. 2 EPGÜ **zuständig** sind, soweit nämlich solche Verfahren nach Art. 32 Abs. 1 EPGÜ nicht dem EPG zugewiesen sind. Hierzu gehören etwa Lizenzvertragsstreitigkeiten, Streitigkeiten zur Vindikation des Europäischen Patents mit einheitlicher Wirkung[587] oder solche in Zusammenhang mit der dinglichen Belastung von Patenten und Insolvenzverfahren.[588] Im Rahmen solcher Streitigkeiten können durchaus auch Fragen nach der Abgrenzung des Schutzumfangs eine Rolle spielen. Dies gilt vor allem für Klagen wegen **unberechtigter Schutzrechtsverwarnung,** bei denen die Frage der Schutzrechtsverletzung im Zentrum des Rechtsstreits steht.[589] Aber auch **Lizenzverträge** werden spezifisch vor dem Hintergrund der gesetzlich eingeräumten Nutzungsrechte und unter Berücksichtigung der Schrankenbestimmungen formuliert. Die Vorstellung, dass die Parteien selbst bei Patenten, die in die ausschließliche Zuständigkeit des EPG fallen, einschließlich der Europäischen Patente mit einheitlicher Wirkung, ihre Lizenzen weiterhin vor dem Hintergrund der Ausgestaltung des Schutzumfangs durch das nationale Patentgesetz gestalten sollen, weil nämlich nur das EPG die Regeln des EPGÜ anwenden dürfe, kann nicht überzeugen. Bei Europäischen Patenten mit einheitlicher Wirkung wäre diese Anwendung nationalen Rechts in diesen Verfahren sogar als unionsrechtswidrig anzusehen, da diese Anwendung gerade die einheitliche Wirkung negiert. Schließlich können auch **Schiedsgerichte** angerufen werden, um über die Verletzung von Patenten im Zuständigkeitsbereich des EPG zu entscheiden.[590] Wird beispielsweise dem Lizenznehmer vor einem Schiedsgericht vorgeworfen, er habe das Patent außerhalb des Lizenzvertrages genutzt und dadurch das Patent verletzt, muss erst recht dann, wenn die ausschließliche Zuständigkeit des EPG im Verhältnis zum nationalen Gericht für das betreffende Patent feststeht, das Schiedsgericht den Fall nach den Regeln des EPGÜ entscheiden. Damit zeigt sich, dass nationale Gerichte und Schiedsgerichte in sehr vielen Fällen das materielle Recht des EPGÜ anzuwenden haben. Ist damit die Funktion des EPG, für die Einheitlichkeit der Anwendung des EPGÜ zu sorgen, schon grundsätzlich in Frage gestellt, spricht nichts gegen die Anwendung der Regeln des EPGÜ durch nationale Gerichte auf Europäische Patente ohne einheitliche Wirkung während der Übergangszeit und im Falle des Opt-out. Insgesamt zeigt sich mit diesem Ergebnis, wie sehr die Entscheidung, die materiellrechtlichen

---

586 Deshalb kann auch eine berechtigte Erwartung des Patentinhabers in die Anwendung der bisherigen nationalen Regeln – so jedoch *Tochtermann* GRUR 337 (340) – zu keinem anderen Ergebnis führen.

587 Die Vindikation ist als vermögensrechtliche Frage zu qualifizieren. Insofern bestimmt sich der Vindikationsanspruch gemäß Art. 7 EPatVO nach nationalem Recht. Soweit deutsches Recht berufen ist, kommt aber nicht § 8 PatG, sondern der für Europäische Patente als Spezialvorschrift geschaffene Art. II § 5 IntPatÜG zur Anwendung; dazu *Nieder* GRUR 2015, 936 (937 f.).

588 Zu solchen Fällen s. auch *Tochtermann* GRUR Int 2018, 337 (338); *Schröer* GRUR Int 2013, 1102 (1102).

589 Ohne die Gefahr von möglichen Widersprüchen zu Urteilen des EPG über die Verletzung von Patenten zu erkennen, geht *Osterrieth,* Patentrecht, 6. Aufl. 2021, Rn. 324 von der Anwendung des nationalen Recht bei Ansprüchen wegen unberechtigter Schutzrechtsverwarnung aus.

590 Art. 35 EPGÜ sieht sogar die Schaffung eines neuen Schiedsgerichts spezifisch für Streitigkeiten im Zuständigkeitsbereich des EPG vor. Die Vorschrift schließt nicht aus, dass sich die Parteien für ein anderes Schiedsgericht entscheiden.

Regelungen in das EPGÜ zu verlagern, zur Fragmentierung des Patentrechts in Europa beiträgt. Die bessere Lösung hätte darin bestanden, den einheitlichen Rechtsschutz in der Einheitspatent-VO mit einer zentralen Auslegungskompetenz des EuGH zu regeln. Für Europäische Patente ohne einheitlicher Wirkung hätte das EPGÜ immer noch diese Regeln durch eine dynamische Verweisung für anwendbar erklären können.

164 **5. Schaffung einheitlicher europäischer Kollisionsregeln durch die Rom II-VO. a) Grundsätzliches.** Der **Amsterdamer Vertrag** zur Änderung des EG-Vertrages hat in **Art. 65 lit. b EG** eine eigene **Gesetzgebungskompetenz der Gemeinschaftsorgane für das Kollisionsrecht** geschaffen; sie ist heute in **Art. 81 Abs. 2 lit. c AEUV** niedergelegt.[591] Diese Kompetenzen sind insbesondere durch die Vergemeinschaftung des Römischen Schuldvertragsübereinkommens (EVÜ) von 1980[592] durch die **Rom I-VO** sowie durch die Schaffung einer **Rom II-VO** über das auf außervertragliche Schuldverhältnisse anwendbare Recht ausgeübt worden. Mit ihrem Inkrafttreten verdrängen die beiden Verordnungen in ihrem jeweiligen Anwendungsbereich das nationale Kollisionsrecht. Ihr Ziel ist es, einheitliche Kollisionsregeln in der EU unabhängig von der internationalen Gerichtszuständigkeit zu schaffen. Damit wird vor allem das Risiko eines forum shopping durch die Wahl eines Gerichtsstandes nach der Brüssel Ia-VO mit günstigeren Kollisionsregeln ausgeschlossen.[593] Die **Rom I-VO** bildet die Rechtsgrundlage für das **Internationale Vertragsrecht im Bereich des Immaterialgüterrechts** (→ Rom I-VO Art. 4 Rn. 251 ff.). In der Rom II-VO findet sich schließlich in Art. 8 eine eigene Vorschrift zur Bestimmung des **anwendbaren Rechts auf Verletzungen von Immaterialgüterrechten,** die von der allgemeinen deliktischen Kollisionsregel des Art. 4 Abs. 1 Rom II-VO (Anknüpfung an das Recht des Eintritts des unmittelbaren Schadens) abweicht.[594] Die Rom I-VO und Rom II-VO zusammengenommen sind nicht in der Lage, für alle immaterialgüterrechtlichen Fragestellungen die Anknüpfung zu regeln.[595] Dem nationalen Kollisionsrecht verbleibt damit ein beachtlicher Anwendungsbereich (→ Rn. 196 ff.).

165 **b) Universelle Anwendung.** Dem Ziel der Schaffung einheitlicher europäischer Kollisionsregeln entsprechend stellt die Rom II-VO universell anwendbare Kollisionsregeln zur Verfügung. Nach Art. 3 Rom II-VO gelten sie auch dann, wenn sie auf das Recht eines Staates verweisen, der kein Mitgliedstaat der EU ist.

166 **c) Überblick über die immaterialgüterrechtliche Regelung.** Die Rom II-VO enthält **vier Bestimmungen,** die sich spezifisch mit dem geistigen Eigentum beschäftigen: **(1.)** Art. 8 Abs. 1 Rom II-VO bestimmt die Anknüpfung an das **Recht des Schutzlandes** (lex loci protectionis) als europäische Kollisionsregel. **(2.)** Art. 8 Abs. 2 Rom II-VO enthält eine europäische Kollisionsregel für **einheitliche europäische Rechtstitel,**[596] die eine **Unteranknüpfung** an das Recht der Mitgliedstaaten ermöglichen soll, soweit die Sekundärrechtsakte keine materiellrechtliche Regelung enthalten. Angeknüpft wird dabei an das Recht des **Ortes der Verletzungshandlung** (→ Rn. 141 ff.). **(3.)** Art. 8 Abs. 3 Rom II-VO ordnet den **Ausschluss der Rechtswahl** im Anwendungsbereich der immaterialgüterrechtlichen Anknüpfung an. **(4.)** Art. 13 Rom II-VO erklärt schließlich Art. 8 Rom II-VO auch für Ansprüche aus **Bereicherung, Geschäftsführung ohne Auftrag** und **Verschulden bei Vertragsverhandlungen** für anwendbar.

---

591 Zu den Grundlagen dieser Kompetenz → Rom I-VO Vor Art. 1 Rn. 14; *Dohrn,* Die Kompetenzen der Europäischen Gemeinschaft im IPR, 2004; *Jayme/Kohler* IPRax 2000, 454; *Kohler* ZEuS 2001, 575 zur Situation nach Inkrafttreten des Vertrages von Nizza.

592 (Römisches) Übereinkommen 80/934/EWG vom 19.6.1980 über das auf vertragliche Schuldverhältnisse anzuwendende Recht, ABl. EG 1980 L 266, 1; in Kraft getreten für die Bundesrepublik am 1.4.1991, BGBl. 1991 II 871.

593 So etwa *Boschiero* YPIL 9 (2007), 87 (89), *v. Hein* ZVglRWiss 102 (2003), 528 (533 ff.); s. jedoch auch die krit. Analyse bei *de Boer* Netherlands Int'l L. Rev. 2009, 295 (301 ff.) im Hinblick auf die Erreichung der selbstgesteckten Ziele.

594 Zur Vorgeschichte und zur Diskussion dieser Vorschrift für das Immaterialgüterrecht ausf. *Basedow/Metzger* in Trunk/Knieper/Svetlanov, Russland im Kontext der internationalen Entwicklung, 2004, 153; *Drexl* in Drexl/Kur, Intellectual Property and Private International Law, 2005, 151 ff.; eingehend zu Art. 8 Rom II-VO-Vorschlag *Kreuzer* in Reichelt/Rechberger, Europäisches Kollisionsrecht, 2004, 17, 41 ff.

595 Dies ist durchaus kritikwürdig. Zustimmung verdient der Vorschlag von *Świerczyński* Zeszyty Naukowe Uniwersytetu Jagiellońskiego Prace z Prawa Własności Intelektualnej 132 (2016), 176 zur Schaffung einer umfassenden Rom-VO für alle Aspekte des Immaterialgüterrechts.

596 Mit diesem vom Wortlaut des Art. 8 Abs. 2 abweichenden Begriff reagiert die Kommentierung auf die durch das Inkrafttreten des Lissabonner Vertrages eingetretenen Änderungen, insbes. auf das Verschwinden des Begriffs der „Gemeinschaft". Der Begriff der „einheitlichen europäischen Rechtstitel" orientiert sich am Wortlaut der neuen Kompetenzvorschrift in Art. 118 Abs. 1 AEUV.

d) Historischer Hintergrund des Art. 8 Rom II-VO. Der **Vorentwurf** der Generaldirektion Justiz und Inneres vom Mai 2002 enthielt noch keine Vorschrift für die immaterialgüterrechtliche Anknüpfung und schwieg auch im Übrigen zu den Aspekten des geistigen Eigentums. Auf diese Lücke wurde die Kommission erst im Rahmen der Konsultation durch verschiedene Stellungnahmen aufmerksam gemacht. Dabei kommt der Stellungnahme der **Hamburg Group for Private International Law** besondere Bedeutung zu.[597] Der darin enthaltene Vorschlag für eine zweigliedrige Vorschrift zum Immaterialgüterrecht mit einer Anknüpfung an das Schutzlandprinzip im ersten Absatz und einer Bestimmung des anwendbaren Rechts zur Ermöglichung einer Unteranknüpfung für gemeinschaftsweite Rechte im zweiten Absatz[598] wurde in der Substanz von der Kommission aufgegriffen und fand mit gewissen Abweichungen[599] Eingang in den Vorschlag der Kommission. Der Verordnungsvorschlag in seiner Gesamtheit stieß allerdings schon in der ersten Lesung auf erbitterten Widerstand im **Europäischen Parlament,** was sich vor allem daraus erklärte, dass britische Abgeordnete im Grundsatz dem kontinentaleuropäisch geprägten Ansatz im Kollisionsrecht kritisch gegenüberstanden (→ Art. 6 Rn. 106). Sodann schlug das Parlament in der ersten Lesung umfassende Änderungen zu verschiedenen Kollisionsnormen sowie die komplette Streichung einiger anderer vor. Zu den ganz wenigen Vorschriften, die auf keine Kritik stießen, gehörten jene zum geistigen Eigentum. Art. 8 Rom II-VO in seiner schließlich angenommenen Fassung unterscheidet sich daher nicht substanziell vom ursprünglichen Kommissionsvorschlag.[600] 167

Für die **historische Auslegung** von Art. 8 Rom II-VO bietet sich daher vor allem die Begründung des Kommissionsvorschlags und auch die Stellungnahme der Hamburg Group for Private International Law an. Gleichwohl sind die dort zu findenden Ausführungen eher spärlich und vor allem inhaltlich und dogmatisch angreifbar. Ausgangspunkt der Regelung ist, dass der europäische Gesetzgeber im Rahmen von Rom II notwendig Stellung zu beziehen hatte zur Frage der Behandlung des geistigen Eigentums. Die Verletzung von Immaterialgüterrechten als private Rechte fällt nun einmal in den Bereich der außervertraglichen Schuldverhältnisse. Rein theoretisch bestanden drei Option, zwischen denen sich der Gesetzgeber entscheiden musste: (1.) Anwendung der allgemeinen deliktischen Anknüpfungsregel der lex loci delicti commissi nach Art. 4 Abs. 1 Rom II-VO, (2.) Ausschluss der Anwendbarkeit der Verordnung auf die Verletzung von Immaterialgüterrechten oder (3.) Schaffung einer eigenen immaterialgüterrechtlichen Anknüpfung. Die Bedeutung des Art. 8 Rom II-VO liegt also primär darin, die Anwendbarkeit der allgemeinen deliktsrechtlichen Anknüpfung auszuschließen.[601] Zu begründen war aber auch die Entscheidung zugunsten der **Schutzlandanknüpfung.** Hierzu enthält **Erwägungsgrund 26** lediglich den Hinweis, Art. 8 Abs. 1 „wahre das allgemein anerkannte Prinzip der lex loci protectionis". Die Begründung im Kommissionsvorschlag fügt dem wenig Substanzielles hinzu.[602] Vielmehr irritiert diesbezüglich, dass dem Schutzlandprinzip und dem Territorialitätsprinzip eine synonyme Bedeutung beigemessen wird (zur Unterscheidung → Rn. 6 ff.). Für das Urheberrecht soll sogar gemäß diesen Prinzipien an das Recht am Ort der Verletzungshandlung angeknüpft werden. Beides widerspricht der dogmatisch korrekten sachrechtlichen Einordnung des Territorialitätsgrundsatzes sowie der dogmatisch korrekten Anwendung des Schutzlandprinzips.[603] Auch der Ausschluss der allgemeinen deliktischen Anknüpfung ist nicht ausreichend begründet. Dazu wird nur knapp ausgeführt, dass diese Anknüpfung **„nicht mit den besonderen Anforderungen im Bereich des geistigen Eigentums vereinbar erscheint".** Als wesentliches Argument für die Schutzlandanknüpfung wird vorgebracht, dass **einem Widerspruch zum Konventionsrecht vorzubeugen** sei. Dabei akzeptiert die Kommission das Argument, wonach das Schutzlandprinzip dem Konventionsrecht, insbesondere der Berner und Pariser Übereinkunft (RBÜ und PVÜ) „zugrunde liegt". Ob die Kommission davon ausgeht, dass die Schutzlandanknüpfung schon als von den Verbandsstaaten verbindlich anzuwendende Kollisionsregel von den Abkommen vorgeben wird, lässt sich dieser Formulierung nicht entnehmen. Ganz ähnlich argumentiert wird in der Stellungnahme der **Hamburg Group for Private International Law.**[604] So scheint die Kommission im Wesentlichen die Position der Ham- 168

597 Hamburg Group for Private International Law RabelsZ 67 (2003), 1.

598 Hamburg Group for Private International Law RabelsZ 67 (2003), 1 (21 ff.).

599 So stellt die Unteranknüpfung für einheitliche Schutzrechte nicht wie von der Hamburg Group vorgeschlagen auf das Recht des Staates der Auswirkung, sondern auf das Recht des Staates der Verletzungshandlung ab (→ Rn. 142).

600 Zwar besteht Art. 8 aus drei Absätzen, während der Vorschlag nur zwei Absätze umfasste. Der in Art. 8 Abs. 3 geregelte Ausschluss der Rechtswahl war jedoch schon im Vorschlag als Ausnahme in den Vorschriften zur grundsätzlich möglichen Rechtswahl enthalten.

601 So auch *Obergfell* IPRax 2005, 9 (12).

602 Begr. der Kommission zur Rom II-VO, KOM (2003) 427 endg., 23.

603 Krit. zum fehlenden kollisionsrechtlichen Verständnis auch *Adolphsen* ZZPInt 11 (2006), 137 (146).

604 Hamburg Group for Private International Law RabelsZ 67 (2003), 1.

burg Group ohne tiefer und weiter gehende Reflexion übernommen zu haben.[605] Auch in der Stellungnahme der Hamburg Group findet sich die Aussage, dass nach dem Schutzlandprinzip an den Ort anzuknüpfen sei, wo die Handlung begangen wurde. Insgesamt scheint es, dass auch die Hamburg Group von einem kollisionsrechtlichen Charakter des Territorialitätsgrundsatzes und einer Gleichsetzung des Schutzlandes mit der lex loci delicti commissi ausgegangen ist, was sich dogmatisch nicht halten lässt (→ Rn. 12, → Rn. 14). Auch zu den Konventionen argumentiert die Hamburg Group eher oberflächlich. So heißt es knapp: „International conventions on industrial property rights have affirmed the authority of the principle of territoriality." Dem wird jedenfalls für die eingetragenen Rechte niemand widersprechen. Aber soll das heißen, dass damit die PVÜ die Anwendung des Schutzlandprinzips anordnet? Tatsächlich begibt man sich mit der Argumentation zum Konventionsrecht in ein gewisses Dilemma: Unterstellt man, dass schon die Konventionen die kollisionsrechtliche Anordnung des Schutzlandprinzips enthalten, wäre die „zusätzliche" Anordnung in der Rom II-VO nicht nur überflüssig. Vielmehr wäre möglicherweise durch die kollisionsrechtliche Deutung des Territorialitätsgrundsatzes in den Konventionen sogar die Regelungsautonomie des nationalen und europäischen Gesetzgebers in Frage gestellt. Fehlt es dagegen an einer kollisionsrechtlichen Anordnung in den Konventionen, kann man sich nicht auf die Konventionen berufen, um die Entscheidung zugunsten des Schutzlandprinzips in Art. 8 Abs. 1 Rom II-VO als zwingend darzulegen.[606] Im Ergebnis erreicht Art. 8 Abs. 1 Rom II-VO jedenfalls, dass der Streit über den kollisionsrechtlichen Gehalt der Konventionen heute noch akademischer erscheinen muss als schon in der Vergangenheit. Jedenfalls lässt sich heute Art. 8 Abs. 1 Rom II-VO die Geltung des Schutzlandprinzips entnehmen. Ein Verstoß zu den Konventionen würde sich nur dann ergeben, wenn man, wie von einer Minderheit im Schrifttum vertreten (→ Rn. 77), von einer Verpflichtung der Konventionen zur Anwendung des Rechts des Ursprungslandes ausginge.

169 Überraschender Weise hat die Kommission es unterlassen, einen **Rechtsvergleich** über das Kollisionsrecht in den Mitgliedstaaten der EU vorzunehmen. Gerade im **Urheberrecht** hätte ein solcher Vergleich eine erstaunliche Vielfalt von Lösungen zutage gefördert.[607] Nicht einmal für die Ausgestaltung des Schutzes wird durchgehend nach dem Schutzlandprinzip angeknüpft. So beruft Art. 67 griechisches UrhG von 1993 umfassend für das Urheberrecht, also auch für den Schutzumfang und die Rechtsverletzung, das Recht des Ursprungslandes zur Anwendung. Andere Länder ordnen, auf das Universalitätsprinzip aufbauend, in unterschiedlichem Umfang eine Teilanknüpfung an das Recht des Ursprungslandes an. Dieses Recht ist nach portugiesischem und rumänischem IPR für alle Aspekte der Entstehung des Urheberrechts anzuwenden, während das Schutzlandprinzip über die Verletzung entscheidet. In Frankreich beurteilt die frühere Rspr. den ersten Inhaber des Urheberrechts nach dem Recht des Ursprungslandes (→ Rn. 9).[608] Es sind gerade solche Unterschiede, die für die Schaffung einer unionsweit einheitlichen Anknüpfung sprechen. Denn gerade in diesen Fällen wäre ein Zusatznutzen für das Funktionieren des Binnenmarktes durch einheitliche Kollisionsregeln zu erzielen. Eine unionseinheitliche Regelung setzt jedoch die Kenntnis der unterschiedlichen nationalen Lösungen und die ernsthafte Diskussion verschiedener Optionen voraus. Hieran fehlte es vor allem im Rahmen des Erlasses der Rom II-VO. Dieses Versäumnis schlägt sich jetzt darin nieder, dass die zum Internationalen Immaterialgüterrecht umstrittenste Frage, nämlich nach der Anknüpfung für den ersten Inhaber des Urheberrechts, nicht nur unbeachtet geblieben ist;[609] es ist nun sogar umstritten, ob Art. 8 Abs. 1 Rom II-VO diese Frage überhaupt regelt (→ Rn. 180 ff.).[610]

170 **Zusammenfassend** lässt sich damit der Gesetzgebungsgeschichte für die Auslegung der Vorschriften relativ wenig entnehmen. Der europäische Gesetzgeber hat sich **zu Recht für die Schutzlandanknüpfung** und insbesondere gegen eine Anwendung der allgemeinen deliktischen Anknüpfung entschieden. Zu den rechtspolitischen Gründen hierfür → Rn. 15 ff. Freilich ist das zugrunde

---

605 S. auch *Basedow/Metzger* in Trunk/Knieper/Svetlanov, Russland im Kontext der internationalen Entwicklung, 2004, 153 (157).

606 S. auch die ähnlichen Erwägungen bei *Boschiero* YPIL 9 (2007), 87 (94 und 99).

607 S. etwa *Boschiero* YPIL 9 (2007), 87 (100 f.); *De Miguel Asensio* in Leible/Ohly, Intellectual Property and International Private Law, 2009, 137 Rn. 11; *Drexl* FS Dietz, 2001, 461; aus dem früheren Schrifttum s. vor allem die gründliche Untersuchung bei *Siehr* UFITA 108 (1988), 9; s. auch die umfassende Rechtsvergleichung bei *Kono* in Brown/Snyder, General Reports of the XVIIIth Congress of the International Academy of Comparative Law, 2012, 393, 410 f.

608 Nach neuerer Rspr. kommt nun auch für diese Frage das Recht des Schutzlandes zur Anwendung. Dies soll sich unmittelbar aus dem Inländerbehandlungsgrundsatz der RBÜ ergeben; Cour cass. GRUR Int 2013, 955 – Fabrice X/ABC News Intercontinental = Propriétés Intellectuelles 2013, 306.

609 Dies kritisiert auch *Birkmann,* Die Anknüpfung der originären Inhaberschaft am Urheberrecht, 2009, 102 f.

610 Vorschläge für einer Verbesserung des Art. 8 waren formuliert worden von *Drexl* in Drexl/Kur, Intellectual Property and Private International Law, 2005, 151, 176.

gelegte dogmatische Verständnis der Schutzlandanknüpfung zweifelhaft. Für die schwierigen Fragen, vor allem in Bezug auf den Geltungsumfang der Schutzlandanknüpfung, lässt sich der Gesetzgebungsgeschichte nichts Substanzielles entnehmen.

e) Verhältnis zum nationalen Recht. Die Verordnung verdrängt in ihrem **Anwendungsbereich** kraft ihrer **unmittelbaren Wirkung** (Art. 288 Abs. 2 AEUV) und des allgemeinen **Vorrangs des Rechts der EU** das bislang geltende nationale Internationale Immaterialgüterrecht der Mitgliedstaaten. Der deutsche Gesetzgeber hat das **EGBGB** in einem zweistufigen Vorgehen an die Rom II-VO[611] sowie die Rom I-VO **angepasst,**[612] wobei die entsprechenden Änderungen des EGBGB zeitgleich mit den Verordnungen in Kraft traten. In erfreulicher Weise stellt Art. 3 EGBGB heute ausdrücklich klar, dass die Kollisionsregeln des EGBGB nur greifen, soweit nicht die Bestimmungen der beiden EU-Verordnungen maßgeblich sind. Zu Recht hat der deutsche Gesetzgeber im Rahmen der Anpassung an die Rom II-VO darauf verzichtet, die Kollisionsregeln des EGBGB zu den außervertraglichen Schuldverhältnissen aufzuheben.[613] Wegen des sowohl gegenständlich als auch zeitlich begrenzten Anwendungsbereichs der Verordnung,[614] kommt den Art. 38 ff. EGBGB eine wichtige Lückenfüllungsfunktion zu. Im Bereich des **Immaterialgüterrechts** sind die **Art. 40 ff. EGBGB** weiterhin **auf Altfälle anwendbar.** Insoweit wird auf die 4. Aufl. dieses Kommentars verwiesen. Inwieweit das deutsche Kollisionsrecht auch für immaterialgüterrechtliche Fälle nach dem Inkrafttreten der Rom II-VO noch Anwendung findet, hängt entscheidend vom Geltungsbereich der Anknüpfung nach Art. 8 Abs. 1 Rom II-VO ab. 171

f) Anwendungsbereich des Art. 8 Rom II-VO. Die Bestimmung des Anwendungsbereichs des Art. 8 Rom II-VO wirft zahlreiche Abgrenzungsprobleme und durchaus auch Zweifelsfragen auf. Dabei betreffen Teilaspekte die Anwendbarkeit der Verordnung im Ganzen; andere Fragestellungen betreffen spezifisch das Immaterialgüterrecht. 172

aa) Geografischer und intertemporaler Anwendungsbereich. Die Rom II-VO regelt das Kollisionsrecht für alle Mitgliedstaaten der EU. Lediglich **Dänemark** ist gemäß Art. 1 Abs. 4 Rom II-VO vom geografischen Geltungsbereich der Verordnung ausgenommen.[615] Kraft autonomer Umsetzung soll auf die Rom II-VO auch zur Bestimmung des anwendbaren Rechts innerhalb des Vereinigten Königreiches zurückgegriffen werden.[616] Unklarheiten bestehen dagegen im Hinblick auf die **intertemporale Anwendung.**[617] Diese beruhen auf der Verwendung unterschiedlicher Begriffe in Art. 31 („Inkrafttreten") und Art. 32 Rom II-VO („Geltung"). Im Schrifttum ging man überwiegend und zumeist ohne weitere Diskussion von einer Gleichsetzung dieser beiden Begriffe aus. Danach wäre die Rom II-VO auf Fälle des Schadenseintritts ab dem 11.1.2009 anzuwenden.[618] Zum Teil wird dagegen das Inkrafttreten der Verordnung nach der allgemeinen Regelung des Art. 254 Abs. 2 EGV aF (jetzt Art. 297 Abs. 1 UAbs. 3 AEUV) bestimmt. Danach wäre die Verordnung zum 19.8.2007 – 20 Tage nach Veröffentlichung im Amtsblatt – „in Kraft getreten". Sie „gilt" aber erst seit dem 11.1.2009. Nach dieser Ansicht wäre die Verordnung nach Art. 32 Rom II-VO also erst seit dem 11.1.2009 von den Gerichten anzuwenden, würde aber gemäß Art. 31 Rom II-VO Schadensfälle ab dem 19.8.2007 erfassen.[619] Allein die damit verbundene Konsequenz des 173

[611] Gesetz zur Anpassung der Vorschriften des Internationalen Privatrechts an die Verordnung (EG) Nr. 864/2007 vom 10.12.2008, BGBl. 2008 I 2402; in Kraft getreten am 11.1.2009.

[612] Gesetz zur Anpassung der Vorschriften des Internationalen Privatrechts an die Verordnung (EG) Nr. 593/2008 vom 25.6.2009, BGBl. 2009 I 1574; in Kraft getreten am 17.12.2009.

[613] So auch im Vorfeld vorgeschlagen von *Wagner* IPRax 2008, 314 (316 f.).

[614] Dazu ausf. *Wagner* IPRax 2008, 314 (316 f.).

[615] Dänemark nutzte damit die Opt-out-Möglichkeit des Art. 69 EGV aF. Nicht ausgeschlossen ist, dass in der Zukunft durch völkerrechtlichen Vertrag der Anwendungsbereich der Verordnung auf Dänemark ausgedehnt wird. Entsprechendes ist für die Brüssel Ia-VO geschehen (→ Art. 6 Rn. 213).

[616] So berichtet bei *Mansel/Thorn* IPRax 2009, 1 (22). Gemäß Art. 1 Abs. 1 gilt die Verordnung nicht unmittelbar für innerbritische Kollisionsfälle, da es an einer Verbindung zum Recht verschiedener Staaten iSd Vorschrift fehlt. Die Bedeutung dieser autonomen Umsetzung dürfte für das Immaterialgüterrecht jedoch sehr gering sein, da dieses Rechtsgebiet für das ganze Land einheitlich gesetzlich geregelt ist. Allenfalls im Hinblick auf ergänzenden Schutz durch das englische Richterrecht – etwa in Bezug auf das Passing-Off – und die Ausfüllung zivilrechtlicher Ansprüche (Schadensersatzfragen) ist es denkbar, dass es auf das interlokale Recht ankommt.

[617] S. ausf. *Bücken* IPRax 2009, 125; *Glöckner* IPRax 2009, 121; *v. Hein* ZEuP 2009, 6 (10 ff.).

[618] So *Heiss/Loacker* JBl. 2007, 613 (618); Köhler/Bornkamm/Feddersen/*Köhler* UWG Einl. Rn. 5.13; *Leible/Lehmann* RIW 2007, 721 (724); *Wagner* IPRax 2008, 314 (316); dagegen mit ausf. Begr. *Bücken* IPRax 2009, 125.

[619] So *Hartley* ICLQ 57 (2008), 899, Fn. 2; ebenfalls von zwei unterschiedlichen Zeitpunkten ausgehend *Handig* GRUR Int 2008, 24 (25). Tatsächlich scheint der englische Text eher für diese Auffassung zu sprechen. Art. 32 spricht von der „application" (Anwendung) ab dem 11.1.2009.

Statutenwechsels mit Beginn der „Geltung" spricht gegen die Unterscheidung zwischen „Inkrafttreten" und „Geltung".[620] Es ist nicht ersichtlich, dass der europäische Gesetzgeber einen solchen Statutenwechsel in Kauf nehmen wollte. Dieses Ergebnis hat inzwischen der EuGH im Rahmen einer britischen Vorlage bestätigt und festgestellt, dass die VO auf alle **„schadensbegründende Ereignisse anzuwenden ist, die ab dem 11. Januar 2009 eingetreten sind".**[621] Unklar ist schließlich, ob mit dem **„schadensbegründenden Ereignis"** die Handlung oder der Eintritt des unmittelbaren Schadens (Rechtsgutsverletzung) gemeint ist. Die hM scheint auf die Vornahme der Handlung abzustellen, da diese den Schaden iSv Art. 4 Abs. 1 Rom II-VO begründet (auch → Art. 32 Rn. 8).[622] Für das Immaterialgüterrecht ist dies bei Distanzdelikten relevant. Wird beispielsweise Werbepost versendet, die das Markenrecht verletzt, kommt es auf den Zeitpunkt des Absendens und nicht jenen des Eintreffens beim Adressaten an. Vor allem zweifelhaft ist, ab welchem Zeitpunkt **Unterlassungsansprüche** der Rom II-VO unterliegen. Unterlassungsansprüche wirken in die Zukunft und sollen einer drohenden Rechtsverletzung vorbeugen. Dabei wird aber regelmäßig auf Verstöße in der Vergangenheit zurückgegriffen, um die Gefährdungslage für die Zukunft zu begründen. Stammen frühere Verstöße aus der Zeit vor dem 11.1.2009, fragt sich, ob noch nach früherem nationalem Kollisionsrecht oder nach der Rom II-VO anzuknüpfen ist. Der **österreichische OGH** hat sich dafür ausgesprochen, die **Rom II-VO auf alle Unterlassungsansprüche anzuwenden, über die ab dem Geltungsbeginn der VO zu entscheiden ist.**[623] Hierfür spricht nicht nur, dass – wie der OGH dies begründet – im Falle des Verstoßes gegen den Unterlassungsanspruch Schadensersatz auf alle Fälle nach den Regeln der Rom II-VO zu gewähren wäre und die beiden Ansprüche nicht nach unterschiedlichen Rechtsordnungen beurteilt werden sollten. Vielmehr reicht für die Begründung nach der Anknüpfung gemäß der Rom II-VO der Hinweis, dass der Kläger einen Anspruch auf Unterlassung bestimmten Verhaltens für die Zukunft geltend macht und erst im Rahmen der Anwendung des anwendbaren Sachrechts zu bestimmen ist, ob die Voraussetzungen für einen Unterlassungsanspruch, einschließlich einer entsprechenden Gefährdung, vorliegen.

174 **bb) Zivil- und Handelssachen.** Die Rom II-VO findet gemäß Art. 1 Abs. 1 Rom II-VO nur Anwendung auf außervertragliche Schuldverhältnisse „in Zivil- und Handelssachen". Für das Immaterialgüterrecht abzugrenzen ist hierbei vor allem zur **strafrechtlichen Verantwortlichkeit.** Klar ist, dass die Rom II-VO keine Anwendung findet in Bezug auf die strafrechtlichen Sanktionen. Im Rahmen der Prüfung einer entsprechenden Straftat muss aber auch geprüft werden, ob das Schutzrecht verletzt wurde. Dies ist eine originär zivilrechtliche Fragestellung. Trotzdem geht es nach wie vor um eine Strafsache. Im Strafverfahren stellt sich die Frage nach der Verletzung auch anders als im Verletzungsprozess. Im Strafverfahren werden die Strafverfolgungsbehörden regelmäßig nach dem strafrechtlichen Territorialitätsprinzip zu prüfen haben, ob eine inländische Straftat vorliegt. Bestimmt das Strafgesetz, dass jemand, der ein Recht nach einem inländischen Gesetz zum geistigen Eigentum verletzt, sich strafbar macht, dann ergibt sich die Lokalisierung unmittelbar aus dem nationalen Gesetz (Territorialitätsgrundsatz). Eine kollisionsrechtliche Anknüpfung erübrigt sich also. Genauso wenig in den Anwendungsbereich der Verordnung fällt die **Durchsetzung geistigen Eigentums durch Verwaltungsbehörden.** Eine Verwaltungszuständigkeit für den Schutz des geistigen Eigentums besteht zB in einigen Ländern Lateinamerikas (zB Peru). Dagegen fallen urheberrechtliche Ansprüche, die von den **Verwertungsgesellschaften** im Rahmen der kollektiven Verwertung durchgesetzt werden, grundsätzlich in den Anwendungsbereich der Verordnung. Abgrenzungsprobleme entstehen allenfalls dort, wo die Aufgaben der kollektiven Verwertung einer staatlichen oder gesetzlich bestimmten Einrichtung zugewiesen sind und die Durchsetzung in einem verwaltungsförmigen Verfahren unter der Verfahrensherrschaft dieser Einrichtung erfolgt. Erst recht sind die staatliche Aufsicht und deren Akte gegenüber Verwertungsgesellschaften verwaltungsrechtlich einzuordnen und unterliegen damit nicht der Rom II-VO.

175 **cc) Außervertragliche Schuldverhältnisse; keine Geltung für erlaubte Nutzung.** Ferner gilt die Verordnung nur für außervertragliche Schuldverhältnisse.[624] Damit wird **nicht nur von den**

[620] Wie hier *Bücken* IPRax 2009, 125 (127); *v. Hein* ZEuP 2009, 6 (11); ähnlich → Art. 32 Rn. 4 *(Junker),* der aus praktischen Erwägungen die zweite Auffassung sogar als abwegig ansieht, so dass man hierüber nicht ernsthaft diskutieren könne.

[621] EuGH NJW 2012, 441 – Homawoo; dabei akzeptierte zwar der EuGH das Inkrafttreten der VO gemäß Art. 297 Abs. 1 UAbs. 3 AEUV, beschränkte aber dennoch den Beginn der Anwendung auf Schadenseintritte ab dem 11.1.2009.

[622] Zum Diskussionsstand *v. Hein* ZEuP 2009, 6 (11); im selben Sinne auch *Garcimartín Alférez* ELF 2007, 77 (81).

[623] OGH GRUR Int 2012, 468 (471) – HOBAS-Rohre – Rohrprodukte.

[624] S. auch Magnus/Mankowski/*Metzger* Rn. 23 f.

vertraglichen Schuldverhältnissen abgegrenzt, wobei davon auszugehen ist, dass bei Verstößen gegen einen Lizenzvertrag vertragliche und außervertragliche Ansprüche konkurrieren können und für beide Ansprüche jeweils gesondert anzuknüpfen ist. Im Bereich des Immaterialgüterrechts stellt sich vor allem die Frage nach der Behandlung von **gesetzlichen Vergütungsansprüchen bei „erlaubter" Nutzung.** Diese begründen auf jeden Fall Schuldverhältnisse nicht vertraglicher Art, beruhen aber nicht auf einer „unerlaubten Handlung". Art. 8 Rom II-VO gilt jedoch – soweit nicht Art. 13 Rom II-VO den Anwendungsbereich erweitert – eindeutig nur für Ansprüche aus „unerlaubten Handlungen".[625] Dies erschließt sich zwar nicht aus dem Wortlaut der Vorschrift selbst, ergibt sich aber aus der Überschrift zu Kapitel II. Art. 8 Rom II-VO beschränkt sich somit auf die Schaffung einer sonderdeliktischen Anknüpfungsregel in Abweichung von der allgemeinen deliktischen Anknüpfung in Art. 4 Rom II-VO, nach dessen eindeutigen Wortlaut nur das anwendbare Recht auf unerlaubte Handlungen geregelt wird. Soweit der Anwendungsbereich der Verordnung in Art. 1 Abs. 1 Rom I-VO weiter formuliert ist, dh ohne Begrenzung auf unerlaubte Handlungen, erklärt sich dies aus der Regelung der Ansprüche aus Bereicherung, Geschäftsführung ohne Auftrag und Verschulden bei Vertragsverhandlungen in Kapitel III. Ziel der Rom II-VO ist es also, den gesamten Bereich der zivilrechtlichen „Haftung" abzudecken, der sehr wohl über unerlaubte Handlungen hinausgeht. Neben vertraglichen Schuldverhältnissen und außervertraglicher Haftung gibt es im Immaterialgüterrecht also ein **Tertium:** Die Rom II-VO gilt nicht für Vergütungsansprüche bei erlaubter Nutzung.[626] Für diese ist nach wie vor **nach nationalem Kollisionsrecht anzuknüpfen.**

dd) Begriff des geistigen Eigentums (Qualifikation). Art. 8 Rom II-VO gilt nur für außervertragliche Schuldverhältnisse aus der Verletzung von „Rechten des geistigen Eigentums". Weder der Verordnungstext noch die Erwägungsgründe bieten eine Definition für das Vorliegen eines Rechts des geistigen Eigentums. Der Erwägungsgrund 26 erwähnt in einer nur beispielhaften Aufzählung **Urheberrechte,**[627] **verwandte Schutzrechte,** das **Schutzrecht sui generis für Datenbanken**[628] und **gewerbliche Schutzrechte.** Auslegungsbedürftig ist hier vor allem der Sammelbegriff der gewerblichen Schutzrechte.[629] Die Auslegung hat europarechtlich autonom zu erfolgen.[630] Eine mögliche Definition findet sich in **Art. 1 Abs. 2 PVÜ,** woran die EU über das TRIPS-Abkommen gebunden ist. Dort wird der Begriff des gewerblichen Eigentums durch eine sehr umfassende Aufzählung von Rechten definiert. Da diese Vorschrift auch den **unlauteren Wettbewerb** als gewerbliches Eigentum einordnet, die Rom II-VO in Art. 6 Abs. 1 und 2 Rom II-VO aber für den unlauteren Wettbewerb eine von Art. 8 Abs. 1 Rom II-VO abweichende Anknüpfung enthält, ist Art. 1 Abs. 2 PVÜ nicht geeignet, den Begriff des geistigen Eigentums für das europäische Kollisionsrecht abzugrenzen.[631] Möglich erscheint dagegen eine Orientierung an der **Rspr. des EuGH zum Begriff des gewerblichen und kommerziellen Eigentums in Art. 36 AEUV** 176

---

[625] IdS wohl auch *Leible/Engel* EuZW 2004, 7 (14) – ohne jedoch auf das spezifische Problem der Behandlung von gesetzlichen Vergütungsansprüchen einzugehen; anders dagegen Rauscher/*Unberath/Cziupka* Art. 1 Rn. 25, die auf die Freiwilligkeit des Schuldverhältnisses abstellen.

[626] So zu Recht *Sack* WRP 2008, 1405 (1410); aA *Grünberger* ZVglRWiss 108 (2009), 134 (175); *Huber/Illmer* Rn. 55; jurisPK-BGB/*Heinze* Rn. 42; Magnus/Mankowski/*Metzger* Rn. 24 f.

[627] Zur europäisch-autonomen Auslegung des Urheberrechtsbegriffs s. *Koch,* Die Qualifikation des Verlagsvertrages im internationalen Privatrecht, 2021, S. 73 ff.

[628] Spezifisch zum IPR des Datenbankschutzes, der jedoch im Vergleich zum IPR des Urheberrechts kaum Besonderheiten aufweist, s. *Moura Vicente,* La propriété intellectuelle en droit international privé, 2009, 311 ff.

[629] Generell krit. zur mangelnden Präzision dieser Aufzählung *van Engelen* Electr. J. Comp. L. 14.3 (December 2019), http://www.ejcl.org, S. 13.

[630] Grds. zur europäisch-autonomen Auslegung *Chr. Heinze* FS Kropholler, 2008, 105 (108 f.); speziell für die Rom II-VO etwa *Grünberger* ZVglRWiss 108 (2009), 134 (136 f.); *Koch,* Die Qualifikation des Verlagsvertrages im internationalen Privatrecht, 2021, 63 und 73; Rauscher/*Unberath/Cziupka/Pabst* Rn. 6. Nicht haltbar ist jedenfalls unter Geltung von Art. 8 Abs. 1 die Auffassung von *Baetzgen,* Internationales Wettbewerbs- und Immaterialgüterrecht im EG-Binnenmarkt, 2007, Rn. 137, wonach sich unter Geltung der Schutzlandanknüpfung erst auf der Ebene des Sachrechts die Frage stellt, ob überhaupt geistiges Eigentum gegeben ist. Art. 8 Abs. 1 verlangt die Qualifikation von geistigem Eigentum bereits auf der kollisionsrechtlichen Ebene. Ein Problem ergibt sich insofern, als es bisher keine europäische Qualifikationslehre gibt. *Sonnenberger* FS Kropholler, 2008, 227 schlägt insoweit eine kollisionsrechtlich-funktionale Qualifikation, wie sie in einigen europäischen IPR-Lehren (allg. zur Qualifikation → Einl. IPR Rn. 108 ff.) vertreten wird, auch für das europäische IPR vor. Die zukünftige Entwicklung wird von der Rspr. des EuGH abhängen.

[631] So auch *Grünberger* ZVglRWiss 108 (2009), 134 (140 f.); dagegen begründet OGH GRUR Int 2012, 464 (465) – alcom-international.at, die Anknüpfung für Unternehmenskennzeichen nach Art. 8 Abs. 1 Rom II-VO mit der Definition des gewerblichen Eigentums durch Art. 2 Abs. 1 PVÜ.

sowie an den Begriffsbestimmungen in anderen Unionsrechtsakten. Zu denken ist hier insbesondere an die in der **Produktpiraterie-VO**[632] enthaltene Aufzählung von Schutzrechten (Art. 2 Produktpiraterie-VO) sowie an die **Enforcement-RL** (RL 2004/48/EG; → Rn. 61), die gerade das Ziel verfolgt, für die außervertraglichen Schuldverhältnisse bei der Verletzung geistigen Eigentums das Recht der Mitgliedstaaten unter anderem im Hinblick auf die zivilrechtlichen Sanktionen zu harmonisieren. So wie schon in der Rom II-VO hat jedoch der europäische Gesetzgeber bei der Enforcement-RL von einer Legaldefinition abgesehen. Dennoch erscheint die Enforcement-RL in zweierlei Hinsicht wichtig. Die Enforcement-RL gilt zum einen auch dann, wenn Rechte des geistigen Eigentums nur im nationalen Recht der Mitgliedstaaten vorgesehen sind (Art. 2 Abs. 1 Enforcement-RL). Danach sind als Recht des geistigen Eigentums auch solche Rechte zu berücksichtigen, für die es bisher an einer unionsrechtlichen Regelung fehlt. Zu nennen sind beispielsweise die Gebrauchsmusterrechte, die nur nach dem Recht einiger Mitgliedstaaten geschützt werden. Genauso ist das **Leistungsschutzrecht für Verleger** zum geistigen Eigentum iSv Art. 8 Rom II-VO zu zählen.[633] Gleiches gilt für das **Sportveranstalterrecht,** das sich etwa im französischen Code du sport geregelt findet.[634] Der Umstand allein, dass ein entsprechender Rechtsgüterschutz in anderen Rechtsordnungen, wie zB in Deutschland, nicht anerkannt wird, oder dieses Recht im internationalen und europäischen Immaterialgüterrecht keine Erwähnung findet, spricht nicht gegen dieses Ergebnis. Denn es genügt für Art. 8 Rom II-VO, dass ein Staat einen entsprechenden Rechtsgüterschutz für immaterielle Güter vorsieht.[635] Zum anderen nimmt die Richtlinie auf die verschiedenen immaterialgüterrechtlichen Abkommen Bezug, wobei im Anwendungsbereich der PVÜ und des TRIPS-Abkommens im Verhältnis zum unlauteren Wettbewerb kollisionsrechtlich abzugrenzen ist.

177 Letztlich zu finden sind jedoch sachliche Abgrenzungskriterien. Der Gesetzgeber wollte die Kollisionsregel des Art. 8 Abs. 1 Rom II-VO für die Zukunft offen gestalten, so dass neue Schutzrechte nicht ex ante von ihrem Anwendungsbereich ausgeschlossen werden. Vor allem die erforderliche Abgrenzung zum Lauterkeitsstatut (→ Art. 6 Rn. 126 ff.) hat nicht scheidend danach zu erfolgen, welches Gesetz zur Anwendung kommt, sondern nach der Schutzrichtung der jeweiligen Vorschrift. Geht es um den Schutz der Funktionsfähigkeit des Marktes unter Berücksichtigung der Marktauswirkungen, befindet man sich im Bereich der lauterkeitsrechtlichen Regelung. Steht dagegen der **Rechtsgüterschutz** im Mittelpunkt, handelt es sich um immaterialgüterrechtlichen Schutz.[636] Dies schließt insbesondere den Schutz von **Geschäftsgeheimnissen** von der Anwendung des Art. 8 Abs. 1 Rom II-VO aus.[637] Diesbezüglich ist vielmehr die lauterkeitsrechtliche Anknüpfung nach Art. 6 Abs. 2 Rom II-VO einschlägig (→ Art. 6 Rn. 185).[638] Dass diese Abgrenzung vor allem im Bereich der Kennzeichenrechte nicht einfach ist, liegt angesichts der Nähe der Kennzeichenrechte zum Recht gegen den unlauteren Wettbewerb auf der Hand. Zu beachten ist dabei, dass es für geistiges Eigentum nicht darauf ankommt, dass ausschließliche Rechte gewährt werden. Auch dort, wo beispielsweise das Urheberrecht nur Vergütungsansprüche vorsieht, handelt es sich um den Schutz geistigen Eigentums.[639] Andererseits gehört der **angrenzende wettbewerbsrechtliche Leistungsschutz** zum Lauterkeitsrecht (→ Art. 6 Rn. 179),[640] jedenfalls in der Ausgestaltung des § 4 Nr. 3 UWG. Geschützt wird

---

[632] VO (EU) 608/2013 des Europäischen Parlaments und des Rates vom 12.6.2013 zur Durchsetzung der Rechte geistigen Eigentums durch die Zollbehörden und zur Aufhebung der VO (EG) 1383/2003 des Rates, ABl. EU 2013 L 181, 15; früher Art. 2 VO (EG) 1383/2003.

[633] Ebenso NK-BGB/*Grünberger* Rn. 31.

[634] Ebenso Magnus/Mankowski/*Metzger* Rn. 12.

[635] Ebenso NK-BGB/*Grünberger* Rn. 31.

[636] So ähnlich auch die Abgrenzung bei *De Miguel Asensio* in Leible/Ohly, Intellectual Property and International Private Law, 2009, 137 Rn. 3. Entsprechend wird im englischsprachigen Schrifttum auch das Kriterium der Anerkennung ausschließlicher Rechte verlangt; so *Torremans* EU Copyright Law Rn. 24.79 f.

[637] Bestätigt durch High Court of Justice of England and Wales – Chancery Division, Force India Formula One Team Ltd. vs. 1 Malaysia Racing Team SDN BHD and others (2012) EWHC 616 para 378 (Ch); s. auch *Beaumont/McEleavy,* Anton's Private International Law, 3. Aufl. 2011, Rn. 14.175; Magnus/Mankowski/*Metzger* Rn. 21.

[638] Bestätigt durch High Court of Justice of England and Wales – Chancery Division, Force India Formula One Team Ltd. vs. 1 Malaysia Racing Team SDN BHD and others (2012) EWHC 616 para 388 (Ch); High Court of Justice of England and Wales – Patent Court, Innovia Films Ltd. vs. Frito-Lay North America, Inc. (2012) EWHC 790 para 109 (Pat), im Hinblick auf „breach of equitable confidentiality" als Geheimnisschutz, der keinen Vertragsbruch durch den Verletzer voraussetzt.

[639] So auch NK-BGB/*Grünberger* Rn. 28; *Grünberger* ZVglRWiss 108 (2009), 134 (138); *Sack* WRP 2008, 1405 (1410); *Schack* UrhR/UrhebervertragsR Rn. 1174 für das Folgerecht. Zu beachten ist insoweit jedoch, dass es im Rahmen einer berechtigten Benutzung um keine unerlaubte Handlung geht. Entsprechend ist die Rom II-VO nicht anwendbar (→ Rn. 175).

[640] So auch NK-BGB/*Grünberger* Rn. 31; *Sack* WRP 2008, 1405 (1407).

nämlich nicht das Produktdesign als solches, sondern nur gegen Fälle der Nachahmung, von denen eine spezifisch marktstörende Wirkung ausgeht. Der Schutz von **geografischen Herkunftsangaben** gemäß VO (EU) 1151/2012 (früher VO (EG) 510/2006; → Rn. 134 mwN) und nach §§ 126 ff. MarkenG gehört zum geistigen Eigentum und ist nach Art. 8 Abs. 1 Rom II-VO anzuknüpfen (ausführlich → Art. 6 Rn. 128 ff.).[641] Entscheidend hierfür ist nicht nur die Einordnung dieses Schutzes als gewerbliches Eigentum iSv Art. 36 AEUV durch den EuGH[642] oder das europäische Sekundärrecht (Art. 2 Nr. 1 lit. d Produktpiraterie-VO; → Rn. 176 mwN), sondern vor allem die Ausgestaltung als Rechtsgüterschutz zugunsten des berechtigten Benutzers.[643] Zu den Rechten des geistigen Eigentums zählen schließlich auch die **Vorstufen des Rechtserwerbs,** vor allem im Rahmen eines Eintragungsverfahrens, soweit die zugrunde liegenden Leistungen bereits Schutz genießen. Zu denken ist hier vor allem an das **Recht aus der Erfindung, einschließlich des Rechts auf das Patent.** Zweifelhaft ist die Behandlung des **Exklusivitätsschutzes für Marktzulassungsdaten,** der sich inzwischen in den bilateralen Abkommen einiger Staaten als Teil der immaterialgüterrechtlichen Regelung eingeschlichen hat (→ Rn. 116, → Rn. 120 f.). Dieser Rechtsschutz entstammt nicht dem Immaterialgüterrecht, sondern dem Arzneimittelzulassungsrecht als Teil des Sicherheitsrechts. Geschützt wird die Investition in die Gewinnung von Daten, die die Produktsicherheit und -wirksamkeit nachweisen sollen. Wesentlich für die Qualifikation dieses Schutzes ist jedoch auch hier nicht der Standort der Regelung, sondern seine Ausgestaltung. Die Exklusivität regelt allein, ob ein Generikaproduzent sich in einem verwaltungsrechtlichen Zulassungsverfahren auf die Daten der früheren Zulassung beziehen kann. Damit geht es nicht um privatrechtlichen Eigentumsschutz, sondern um eine rein verwaltungsrechtliche Fragestellung. Entsprechend handelt es sich um kein Recht des geistigen Eigentums iSd Rom II-VO. Hieran ändert auch die Befugnis des Geschützten nichts, die Bezugnahme auf die Erstzulassung zu erlauben. Das Entscheidungsrecht des Privaten im Verwaltungsverfahren verleiht dem gewährten Schutz keinen zivilrechtlichen Charakter. Schwierig ist schließlich die Einordnung des **Schutzes indigener Ressourcen, traditionellen Wissens und von Folklore.** Dabei geht es regelmäßig um Schutz im Interesse indigener Bevölkerungsgruppen, der durch nationales Recht unterschiedlich ausgestaltet sein kann. Deshalb hängt es von der Ausgestaltung im konkreten Fall ab, ob von einem Recht des geistigen Eigentums gesprochen werden kann. Die kollektive Berechtigung allein spricht genauso wenig wie im Falle geografischer Herkunftsangaben gegen das Vorliegen geistigen Eigentums.

Ein relativ neues Phänomen im Immaterialgüter bilden sog. **Beteiligungsansprüche.** Grundla- 178
gen für solche Ansprüche finden sich an zwei Stellen der **RL (EU) 2019/790 über den digitalen Binnenmarkt** (DSM-RL). So schreibt Art. 15 Abs. 5 DSM-RL den Mitgliedstaaten verpfichtend vor, dass die Urheber einen angemessenen Anteil an den Einnahmen aus dem neuen **Presseverlegerleistungsschutzrecht** zu erhalten haben. Die Umsetzung erfolgte in Deutschland durch Anerkennung eines **Beteiligungsanspruchs der Urheber** in § 87k UrhG. Umgekehrt ermöglicht Art. 16 Abs. 1 DSM-RL den Mitgliedstaaten, einen Anspruch der Verlage auf einen **Ausgleich aus der im Rahmen von Schrankenbestimmungen erlaubten Nutzung von durch sie verlegte Werke** vorzusehen. Hiervon hat der deutsche Gesetzgeber durch Anerkennung eines gesetzlichen **Beteiligungsanspruchs der Verlage** in § 63a Abs. 2 und 3 UrhG Gebrauch gemacht. Diese Beteiligungsansprüche sind ihrer Natur nach lediglich **relative wirkende Rechte,** die in einem akzessorischen Verhältnis zu dem Verlegerleistungsschutzrechten bzw. den gesetzlichen Vergütungsansprüchen der Urheber stehen. Sie stellen damit **keine Immaterialgüterrechte iSv Art. 8 Abs. 1** dar. Hieraus resultiert gleichwohl keine Lücke im System. Da es sich um keine absoluten Rechte handelt, können sie auch nicht durch unbefugte Benutzung zu deliktischen Ansprüchen iSv Art. 8 Abs. 1 führen. Dessen ungeachtet ist aber auch für diese Rechte eine kollisionsrechtliche Anknüpfung notwendig. Wegen ihres akzessorischen Charakters sollte daher auch von der Anwendung des **Rechts des Schutzlandes** ausgegangen werden. Die Anerkennung dieser Anknüpfung bleibt aber – wie auch im Falle der gesetzlichen Vergütungsansprüche (→ Rn. 201) – dem nationalen Kollisionsrecht überlassen.

ee) Keine Geltung bei Verletzung von Persönlichkeitsrechten. Vielleicht die größte 179
Herausforderung bei Erlass der Rom II-VO, an der der Gesetzgeber auch gescheitert ist, bestand darin, eine Kollisionsnorm für die Verletzung der Privatsphäre und von Persönlichkeitsrechten zu schaffen.[644] Diesen Bereich nimmt Art. 1 Abs. 2 lit. g Rom II-VO vom Anwendungsbereich der

641 Ebenso Rauscher/*Unberath/Cziupka/Pabst* Rn. 7; *Sack* WRP 2008, 1405 (1406 f.); aA – für die lauterkeitsrechtliche Anknüpfung – *Beaumont/McEleavy,* Anton's Private International Law, 3. Aufl. 2011, Rn. 14.175; *Plender/Wilderspin,* The European Private International Law of Obligations, 2009, Rn. 22-019.

642 EuGH Slg. 1992, I-5529 Rn. 23 ff. = GRUR Int 1993, 76 – Exportur.

643 Ähnlich Magnus/Mankowski/*Metzger* Rn. 19.

644 Hierzu *Beaumont/McEleavy,* Anton's Private International Law, 3. Aufl. 2011, Rn. 14.42 ff.; *v. Hinden* FS Kropholler, 2008, 573; im Vorfeld des Erlasses *Kropholler/v. Hein* FS Heldrich, 2005, 791.

Verordnung aus. Im Verhältnis zum Begriff der Rechte des geistigen Eigentums stellt sich eine Reihe von sehr schwierigen Abgrenzungsfragen. Dabei geht es nicht allein um die Behandlung der **Urheberpersönlichkeitsrechte** (droit moral). Andere Grenzfälle bilden das **Erfinderpersönlichkeitsrecht** (Recht auf Namensnennung), die Behandlung von **Personen- und Handelsnamen** und die Behandlung der **vermögensrechtlichen Aspekte des Persönlichkeitsrechts** (im Anschluss an die US-Terminologie im Folgenden „right of publicity" genannt). Zu unterscheiden ist hier zwischen der Ausgestaltung des Rechts und der Rechtsnatur des Rechts. Rechte des geistigen Eigentums schützen sowohl die ökonomischen als auch die ideellen Interessen des Rechteinhabers. Danach handelt es sich auch bei den Urheberpersönlichkeitsrechten um Rechte, die das Urheberrecht als Recht des geistigen Eigentums ausgestalten. Anders liegt es beim **„right of publicity"**. Auch wenn ein vermögensrechtlicher Bestandteil des Persönlichkeitsrechts anerkannt wird, handelt es sich doch um die Ausgestaltung eines Persönlichkeitsrechts. Dies bedeutet, dass das „right of publicity" als die an das Persönlichkeitsrecht geknüpfte vermögensrechtliche Position kein Recht des geistigen Eigentums iSv Art. 8 Rom II-VO ist, sondern ein Persönlichkeitsrecht.[645] Die **urheberpersönlichkeitsrechtlichen Befugnisse** gehören dagegen zum Urheberrecht und fallen unter Art. 8 Rom II-VO,[646] soweit sie an ein konkretes Werk des Rechteinhabers anknüpfen (Recht auf Erstveröffentlichung, Integritätsschutz, Recht auf Urhebernennung). Genauso liegt es bei den **Persönlichkeitsrechten des ausübenden Künstlers** (vgl. Art. 5 WPPT, §§ 74 f. UrhG), soweit diese, wie beim Anspruch auf Anerkennung als ausübender Künstler und beim Entstellungsschutz, an der konkreten Darbietung ansetzen.[647] Anders liegt es beim sog. **droit de non-paternité,** das in Frankreich entgegen früherer Auffassung nunmehr auch von der Rspr. nicht mehr dem Urheberpersönlichkeitsrecht zugeschlagen, sondern – wie auch im Deutschland – als Ausprägung des allgemeinen Persönlichkeitsrechts geschützt wird.[648] Das Recht, nicht fälschlich als Urheber eines fremden Werkes ausgewiesen zu werden, ist eben gerade nicht mit einem Werk verbunden, mit dem der Anspruchsteller Urheberschutz erlangt hat. Es ist damit als Persönlichkeitsrecht einzuordnen. Das **Erfinderpersönlichkeitsrecht** – mit dem Recht, als Erfinder genannt zu werden – gehört zu den ideellen Befugnissen des Rechts aus der Erfindung und ist damit ein Recht des geistigen Eigentums.[649] Schwieriger erweist sich die Abgrenzung im Bereich des Namens und Kennzeichenrechts. Zum geistigen Eigentum wird man schon aufgrund der Erwähnung der **Handelsnamen** in der PVÜ die Namen von Unternehmen, oder – breiter – die **geschäftlichen Bezeichnungen** iSv § 5 MarkenG zählen. In diese Kategorie fällt auch die Firma nach den Bestimmungen des deutschen HGB. Anders liegt es beim **Namen der natürlichen Person,** es sei denn, dieser wird anders eingesetzt, nämlich als geschäftliche Bezeichnung oder Marke. Schwierig ist die Behandlung der **Internet-Domain-Namen,** die von manchen als eigene Kategorie von Schutzrechten behandelt werden. Geht der Streit um den Betrieb einer geschäftlichen Website, bewegt man sich ohnehin schon im Bereich der geschäftlichen Bezeichnungen; bei privaten Websites scheitert die Zuordnung zum gewerblichen Eigentum. Freilich muss man bei den Domain-Namen auch einen Blick auf die Ausgestaltung des Schutzes werfen. Der Schutz der Domain-Namen wurde in mehrere Freihandelsabkommen der USA in die Kapitel über das geistige Eigentum aufgenommen. Dort wird aber vor allem das Verhältnis zum Schutz der Kennzeichenrechte, insbesondere der Markenrechte bestimmt. Der Schutz der Domain-Namen ist zunächst ein rein faktischer. Im Anmeldeverfahren gilt der Prioritätsgrundsatz: Wer zuerst kommt mahlt zuerst. Im Wettstreit um die Berechtigung der Anmeldung ist regelmäßig das andere Kennzeichen das Recht des geistigen Eigentums. Ist im Domain-Namen der Schutzgegenstand eines Namens- oder Kennzeichenrechts enthalten (Name, Marke, geschäftliche Bezeichnung), kann der Domain-Name über dieses Schutzrecht geschützt werden. So greift der Schutz des zivilrechtlichen Namens als Teil des Persönlichkeitsschutzes, wenn die Internet-Domain über die Adressfunktion der Individualisierung einer natürlichen Person dient.

---

[645] So wohl auch *Kropholler/v. Hein* FS Heldrich, 2005, 791, die für den postmortalen Persönlichkeitsschutz einheitlich anknüpfen wollen, unabhängig davon, ob es um den Schutz ideeller Interessen oder der Vermögensinteressen geht; ebenso gegen eine immaterialgüterrechtliche Qualifikation BeckOK BGB/*Spickhoff* Rn. 2; s. auch *Basedow* in Basedow/Kono/Metzger, Intellectual Property in the Global Arena, 2010, 3 (11 f.), der darauf hinweist, dass die ALI Principles (→ Rn. 371 ff.) für dieses Recht eine lauterkeitsrechtliche Anknüpfung vorschlagen.

[646] Ebenso BeckOK BGB/*Spickhoff* Rn. 2; NK-BGB/*Grünberger* Rn. 34; Rauscher/*Unberath/Cziupka/Pabst* Rn. 7; *Sack* WRP 2008, 1405 (1406).

[647] Ebenso *Grünberger* ZVglRWiss 108 (2009), 134 (173); NK-BGB/*Grünberger* Rn. 34; der nach dem Werkbezug und dem Darbietungsbezug unterscheidet.

[648] Zur franz. Rechtslage *A. Lucas/H.-J. Lucas/Lucas-Schloetter,* Traité de la propriété littéraire et artistique, 4. Aufl. 2011, Rn. 540.

[649] Ebenso BeckOK BGB/*Spickhoff* Rn. 2; NK-BGB/*Grünberger* Rn. 34.

ff) Geltungsbereich der Anknüpfung, insbesondere Geltung für die Rechteinhaberschaft. Vielleicht die schwierigste Frage im Rahmen der Anknüpfung für das Immaterialgüterrecht ist jene nach dem Geltungsbereich der Anknüpfung nach Art. 8 Abs. 1 Rom II-VO. Dabei geht es nicht darum, ob Art. 8 Abs. 1 Rom II-VO überhaupt anzuwenden ist, sondern die Frage, ob die Schutzlandanknüpfung für alle Aspekte des Schutzes angeordnet wird. Unstreitig ist, dass Art. 8 Abs. 1 Rom II-VO neben den **Rechtsfolgen** der Verletzung[650] auch auf die Bestimmung des **Schutzumfangs,** unter Berücksichtigung der Schutzschranken, zur Anwendung kommt, da sich nach der Festlegung des Schutzumfangs zu entscheiden ist, ob überhaupt eine Verletzung vorliegt.[651] Bedeutung hat die Abgrenzung des Geltungsbereichs vor allem für das **Urheberrecht,** da bei diesem – als Ausfluss des Universalitätsprinzips – von manchen nationalen Rechtsordnungen auch in der EU (Griechenland, Portugal, Rumänien, früher auch Frankreich) für den **Bestand des Rechts** und vor allem für die **Inhaberschaft** bislang anders angeknüpft wurde (→ Rn. 169).[652] Angesichts der grundsätzlichen und praktischen Bedeutung der Problematik überrascht es, dass der Rom II-VO hierzu keine eindeutige Antwort entnommen werden kann.[653] Die **praktische Bedeutung** ist auch für **Deutschland** gegeben, obwohl die deutsche Rspr. für Bestand und Inhaberschaft des Urheberrechts schon in der Vergangenheit der Schutzlandanknüpfung gefolgt ist.[654] Zu beachten ist nämlich, dass die Kollisionsnormen der Rom II-VO nur Sachnormverweisungen enthalten (Art. 24 Rom II-VO), während man bei Anwendung der Kollisionsregeln des nationalen Rechts auch auf das IPR des Schutzlandes verwiesen wird (Art. 4 Abs. 1 EGBGB).[655] So gelangt man für die Rechteinhaberschaft zu sehr unterschiedlichen Ergebnissen, wenn beispielsweise ein deutsches Gericht aufgrund des Beklagtengerichtsstandes über eine Urheberrechtsverletzung in den USA zu entscheiden hat und Deutschland das Erstveröffentlichungsland des Werkes ist. Zwar würde sowohl nach europäischer (Art. 8 Abs. 1 Rom II-VO) als auch nach nationaler Anknüpfung, als hier in Frage kommende Anknüpfungen, für die Rechteinhaberschaft auf das US-Recht verwiesen. Nach Art. 8 Abs. 1 Rom II-VO käme aber das US-Recht ohne Berücksichtigung des dortigen Kollisionsrechts zur Anwendung. Die US-Rspr. neigt jedoch dazu, für die Bestimmung der Rechteinhaberschaft an das Recht des Ursprungslandes (lex originis) entsprechend den Kriterien der RBÜ anzuknüpfen.[656] Entsprechend würde, wenn nicht Art. 8 Abs. 1 Rom II-VO, sondern die deutsche Anknüpfungsregel einschlägig wäre, auf das deutsche Urheberrecht zurückverwiesen. Da das US-Recht der works-made-for-hire-Doktrin und das deutsche Recht dem Schöpferprinzip folgt, kommt es für die Frage, wer letztlich Urheber ist, entscheidend darauf an, ob über Art. 8 Abs. 1 Rom II-VO oder nach den nationalen Regeln angeknüpft wird. 180

Der Geltungsbereich der Kollisionsnormen der Rom II-VO wird in **Art. 15** für die Rom II-VO im Allgemeinen abgegrenzt. Aus der Formulierung der Vorschrift als **beispielhafte Aufzählung erfasster Fragen** („insbesondere") ergibt sich, dass der europäische Gesetzgeber den Kollisionsnormen der Verordnung einen **möglichst umfassenden Geltungsbereich** zuerkennen wollte. In Art. 15 lit. a wird die Geltung für „den **Grund** und den Umfang der Haftung" angeordnet. Nach Art. 15 lit. f bestimmt sich nach der Rom II-VO auch, **welche Personen einen Anspruch auf Ersatz eines persönlich erlittenen Schadens** haben. Schon aufgrund dieser umfassenden, aber aus der Sicht des Immaterialgüterrechts doch sehr unspezifischen Beschreibung des Geltungsbereichs folgert *Sack,* dass das Schutzlandprinzip auch für die Frage des Bestandes des Rechts und der ersten Rechteinhaberschaft im Urheberrecht anzuwenden sei. Dabei stützt sich *Sack* wesentlich auf Art. 15 lit. f Rom II-VO und den wohl vor allem in Art. 15 lit. a Rom II-VO zum Ausdruck gebrachten Willen des Gesetzgebers, alle Haftungsvoraussetzungen den Regeln der Verordnung zu unterwer- 181

---

650 Dazu auch Magnus/Mankowski/*Metzger* Rn. 47 unter Hinweis auf die Erforderlichkeit, von den prozeduralen Regeln der lex fori abzugrenzen.

651 Magnus/Mankowski/*Metzger* Rn. 46 f.

652 Ausdrücklich offengelassen wurde die Frage vom OGH ZUM-RD 2014, 607 (610) mit der Begr., dass sich jedenfalls aus § 34 IPRG Österreich die Schutzlandanknüpfung auch für die Frage der Inhaberschaft ergebe.

653 So auch die Kritik bei *Boschiero* YPIL 9 (2007), 87 (102 f.), die die Ansicht, wonach die Rom II-VO auf die originäre Rechteinhaberschaft nicht anzuwenden sei, als die „wahrscheinlich richtige" bezeichnet.

654 Gegen Spindler/Schuster/*Weller/Nordmeier* Rn. 4, die die Frage aus deutscher Sicht für irrelevant halten. Für Praxis wenig bedeutsam wird die Frage gehalten von jurisPK-BGB/*Heinze* Rn. 44.

655 Nach *Obergfell,* Filmverträge im deutschen materiellen und internationalen Privatrecht, 2001, 276 soll jedoch bei der Anknüpfung für die originäre Rechteinhaberschaft im Urheberecht auch nach Art. 4 EGBGB der Renvoi ausgeschlossen sein. Die Autorin geht jedoch von der Anwendung der lex origins als deutsche Anknüpfungsregel aus, mit der sich der Renvoi nicht vertragen soll. Anderes gilt, wenn man wie hier und nach hM von der Schutzlandanknüpfung ausgeht.

656 S. insbes. Itar-Tass Russian News Agency vs. Russian Kurier, Inc., 153 F. 3d 82 (2nd Cir. 1988) = GRUR Int 1999, 639 m. zust. Anm. *Schack.*

fen.[657] Diese Auffassung, wonach Art. 8 Rom II-VO vor allem auch auf die Frage der ersten Rechteinhaberschaft anzuwenden sei, wird von anderen im Schrifttum geteilt.[658] Sie stößt jedoch auf Widerspruch vor allem bei Vertretern des Universalitätsprinzips.[659] So wendet *Schack* anhand allgemeiner kollisionsrechtlicher Prinzipien ein, dass die **Vorfrage nach dem Bestand des Rechts und der Rechteinhaberschaft** streng von der Frage nach der Rechtsverletzung für die Wahl der Kollisionsnorm auch für die Anwendung der Rom II-VO auf das Immaterialgüterrecht zu unterscheiden sei.[660] Darüber hinaus wird die Auffassung, dass Art. 8 Rom II-VO nur Ansprüche aus der Verletzung von Immaterialgüterrechten regeln soll, von Autoren im In- und Ausland vertreten.[661]

182 Die Frage nach dem Geltungsumfang der Schutzlandanknüpfung in Art. 8 Abs. 1 Rom II-VO darf nicht danach beantwortet werden, ob der Territorialitäts- oder der Universalitätslehre im Urheberrecht zu folgen ist.[662] Wie bereits dargestellt wurde (→ Rn. 16 ff.), lässt sich nämlich weder naturrechtlich die zwingende Geltung des Universalitätsprinzips im Urheberrecht oder gar für andere formlose Rechte noch die zwingende Geltung des Schutzlandprinzips aus dem völkerrechtlichen Souveränitätsgrundsatz heraus begründen. Vielmehr hat der Gesetzgeber bei der Formulierung von Kollisionsnormen eine rechtspolitische Entscheidung zu treffen. Entsprechend ist die zu beantwortende Frage dahin zu konkretisieren, ob der europäische Gesetzgeber mit der Rom II-VO überhaupt eine Festlegung hinsichtlich der Anknüpfung von Bestand und Rechteinhaberschaft als Vorfragen für die Haftung bei Immaterialgüterrechten getroffen oder diese Festlegung dem nationalen Gesetzgeber belassen hat. Entsprechend handelt es sich um eine Frage nach der **Auslegung der Verordnung** (zur Lokalisierung des Vorfragenproblems bei der Auslegung allgemein → Einl. IPR Rn. 113), wobei auf den Wortlaut, den Willen des historischen Gesetzgebers und vor allem den systematischen Zusammenhang der Regelung sowie Sinn und Zweck der Regelung unter Berücksichtigung der involvierten Interessen abzustellen ist.

183 Was den **Wortlaut** der Verordnung betrifft, ist zunächst zu berücksichtigen, dass Art. 15 Rom II-VO für alle in der Verordnung enthaltenen Kollisionsregeln den Geltungsbereich abgrenzen soll. Dies ist insbesondere für die Auslegung von Art. 15 lit. a und f Rom II-VO zu berücksichtigen. Wenn Art. 15 lit. a Rom II-VO vom **Grund der Haftung** im Unterschied zu deren Umfang spricht, sind damit vor allem die Anspruchsvoraussetzungen gemeint. So bestimmt die Kollisionsnorm beispielsweise, ob Verschulden zu verlangen ist. Gleiches gilt für die Frage, ob deliktisch auch für die bloße Verursachung eines Vermögensschadens – ohne die Verletzung von Rechten oder Rechtsgütern entsprechend der deutschen „kleinen" Generalklausel des § 823 Abs. 1 BGB – gehaftet wird. Zweifelhaft ist dagegen, ob für den Fall, dass das anwendbare Recht die Verletzung von Rechten und Rechtsgütern verlangt, Art. 15 Rom II-VO mit dem „Grund" der Haftung auch den Bestand des Rechts erfasst. Würde man dies in dieser Allgemeinheit bejahen, käme man für die Frage, ob im Falle eines Verkehrsunfalls auf einer Urlaubsfahrt des Geschädigten im Ausland der Geschädigte auch Schadensersatz in Bezug auf den Pkw zu leisten ist, zu dem Schluss, dass selbst

---

657 *Sack* WRP 2008, 1405 (1407 f.).

658 *Basedow/Metzger* in Trunk/Knieper/Svetlanov, Russland im Kontext der internationalen Entwicklung, 2004, 153, 167 (inzwischen jedoch anders *Basedow* in Basedow/Kono/Metzger, Intellectual Property in the Global Arena, 2010, 3 [18]); *Grünberger* ZVglRWiss 108 (2009), 134 (160 ff.); NK-BGB/*Grünberger* Rn. 52 f.; Hoeren/Sieber/Holznagel MultimediaR-HdB/*Hoeren* Teil 7.8 Rn. 9. Dagegen hält *Obergfell* IPRax 2005, 9 (12 f.) diese Auslegung nur für möglich und sieht hierin eine besondere „Gefahr".

659 S. vor allem Wandtke/Bullinger/*v. Welser* UrhG Vor §§ 120 ff. Rn. 11 unter Hinweis darauf, dass Art. 8 Abs. 1 Rom II-VO Raum für die Anwendung des Universalitätsprinzips lasse. Nach *Obergfell* FS Martiny, 2014, 475 (478) kommt heute der Streit um das Universalitätsprinzip vor allem im Rahmen der Abgrenzung des Anwendungsbereichs des Art. 8 Abs. 1 zum Ausdruck.

660 *Schack* FS Kropholler, 2008, 651 (652 f., 663 ff.) für alle formlosen Schutzrechte. Mit der Einordnung als Vorfrage ist aber noch nicht entschieden, ob diese nach dem Kollisionsrecht der lex fori oder nach der lex causae der Hauptfrage anzuknüpfen ist. Zu dieser Frage im Rahmen der Anwendung des europäischen Kollisionsrechts, wenn dieses keine Kollisionsregel für die Vorfrage bereithält, s. *Chr. Heinze* FS Kropholler, 2008, 105 (114 f.).

661 *De Miguel Asensio* in Leible/Ohly, Intellectual Property and International Private Law, 2009, 137 Rn. 18; *De Miguel Asensio* in Kono, Intellectual Property and Private International Law, 2012, 975 Case 8; *Heiss* JBl. 2007, 613 (635 f.); Koziol/Bydlinski/Bollenberger/*Neumayr,* Kurzkommentar zum ABGB, 3. Aufl. 2010, Rn. 1; *Pertegás* in Malatesta, The Unification of Choice of Law Rules on Torts and Other Non-Contractual Obligations in Europe, 2006, 221, 239; ebenso tendenziell gegen eine Regelung der Inhaberschaft *Birkmann,* Die Anknüpfung der originären Inhaberschaft am Urheberrecht, 2009, 104, da sich der Rom II-VO nicht entnehmen lasse, dass der Gesetzgeber ohne jegliche Diskussion auch die Anknüpfung besonders umstrittener Vorfragen regeln wollte; ebenso für eine selbstständig anzuknüpfende Vorfrage BeckOGK/*McGuire,* 1.7.2023, Rn. 44; Calliess/*de la Durantaye* Rom II-VO Art. 8 Rn. 37 ff.

662 So aber Vertreter beider Auffassungen, vor allem *Grünberger* ZVglRWiss 108 (2009), 134 (160 ff.); *Schack* FS Kropholler, 2008, 651 (652 f. und 663 ff.).

für den Bestand und vor allem die personelle Zuordnung des Sacheigentums gemäß Art. 4 Abs. 1 Rom II-VO das Sachenrecht des Unfallortes zur Anwendung berufen wäre. Zwar ist keineswegs eindeutig, ob im Internationalen Deliktsrecht stets zwischen dem Deliktsstatut und einem selbstständigen Bestandsstatut zu unterscheiden ist, oder – wie im Bereich des Persönlichkeitsschutzes oder des unlauteren Wettbewerbs – überhaupt unterschieden werden kann. Jedenfalls sollte in jenen Fällen so verfahren werden, in denen es um den Schutz konkret definierter Rechtspositionen geht. Ein Beispiel bildet hierfür nicht nur die Anwendung des § 823 Abs. 1 BGB als anwendbares Sachrecht auf den beschriebenen Fall des Straßenverkehrsunfalls – mit der Folge der gesonderten Anknüpfung der Frage nach Bestand und Zuordnung des Sacheigentums nach der lex rei sitae –, sondern ganz generell die Frage nach der Verletzung von Immaterialgüterrechten, da sich hier nach allen Rechtsordnungen die Vorfrage nach dem Bestand des Rechts stellt.[663] Für die reine Wortlautauslegung des Art. 15 lit. a Rom II-VO bleibt jedenfalls festzuhalten, dass mit der Verwendung des höchst unspezifischen Begriffs „Grund der Haftung" ganz unterschiedliche Teilfragen der Haftung angesprochen sein können, bei denen höchst unterschiedliche Wertungsgesichtspunkte eine Rolle spielen.

Wenig überzeugend ist schließlich die Bezugnahme auf die Regelung des **Anspruchsinhabers** 184
in **Art. 15 lit. f Rom II-VO.**[664] Wenn dort von Personen gesprochen wird, die „Anspruch auf Ersatz eines persönlich erlittenen Schadens" haben, kann dem bei strenger Wortlautauslegung kein Hinweis auf die Erfassung der Rechteinhaberschaft im Immaterialgüterrecht entnommen werden. Die Vorschrift setzt nämlich voraus, dass jemand einen Schaden persönlich erlitten hat. Über die Kollisionsnormen der Rom II-VO ist dann zu ermitteln, ob auch eine Anspruchsberechtigung gegeben ist. Diese Vorschrift passt für den Fall eines Verkehrsunfalls, bei dem ein Unfallbeteiligter sein Leben verliert und infolgedessen ein naher Angehöriger einen Unterhaltsausfall erleidet.[665] In diesem Fall steht fest, dass der Angehörige aufgrund des Todes des Unterhaltsverpflichteten einen finanziellen Schaden erlitten hat. Die deliktische Anknüpfung nach Art. 4 Abs. 1 Rom II-VO entscheidet dann iVm Art. 15 lit. f über die Frage, ob der mittelbar geschädigte Angehörige für diesen Schaden auch Ersatz vom Unfallverursacher verlangen kann.[666] Ob der Unterhaltsanspruch jedoch überhaupt besteht, ist in diesem Beispiel keineswegs eine Tatsachen-, sondern ebenfalls eine Rechtsfrage. Der Wortlaut des Art. 15 lit. f Rom II-VO bringt deutlich zum Ausdruck, dass die Frage nach dem Bestand der Unterhaltsberechtigung kollisionsrechtlich als Vorfrage zu behandeln und anzuknüpfen ist.[667] Auch wenn der Unterhaltsanspruch eine Voraussetzung des deliktischen Anspruchs bildet, richtet sich der Bestand des Unterhaltsanspruchs nach dem Unterhaltsstatut und nicht dem Deliktsstatut. Im Bereich des Immaterialgüterrechts liegen die Dinge nicht anders. Macht in einem gerichtlichen Verfahren der Kläger geltend, sein Urheberrecht sei durch unberechtigte Nutzung durch den Beklagten verletzt worden, weshalb ihm sein Schaden zu ersetzten ist, hängt die Frage, ob der Kläger iSv Art. 15 lit. f Rom II-VO überhaupt einen Schaden erlitten hat, davon ab, dass er auch Inhaber des Urheberrechts am betreffenden Werk ist. Kollisionsrechtlich stehen also die Frage nach der Inhaberschaft in Bezug auf das Urheberrecht und jene nach dem Unterhaltsanspruch im Verhältnis zur Frage, ob deliktisch gehaftet wird, auf derselben Stufe. Es handelt sich jedenfalls nach dem Wortlaut des Art. 15 lit. f Rom II-VO in beiden Fällen um **Vorfragen, für deren Anknüpfung die Rom II-VO keine Kollisionsnormen bereithält.**[668]

Dieses Ergebnis der Wortlautauslegung muss jedoch im Lichte anderer Auslegungsgrundsätze 185
überprüft werden. Die Suche nach dem **Willen des historischen Gesetzgebers** führt hier zu keinen weiteren Erkenntnissen. Dieser hat sich nämlich mit der konkreten Fragestellung nicht auseinandergesetzt (→ Rn. 169). Auch die vorhandenen **Indizien** sind mit Vorsicht zu behandeln, da das dogmatische Verständnis von Schutzland- und Territorialitätsprinzip, das die europäische Kommission in der Begründung ihres Verordnungsvorschlags[669] zum Ausdruck gebracht hat (→ Rn. 168), angreifbar ist. Die Aussagen der Kommission können zudem unterschiedlich gedeutet werden. Wenn es etwa in der Begründung heißt, Art. 8 Abs. 1 bestätige den Grundsatz der lex loci

---

[663] Ebenso iS einer Vorfrage Rauscher/*Unberath/Cziupka/Pabst* Rn. 10.

[664] Wie hier Rauscher/*Unberath/Cziupka/Pabst* Rn. 9; iErg ebenso abl. *De Miguel Asensio* in Leible/Ohly, Intellectual Property and International Private Law, 2009, 137 Rn. 18.

[665] Für diese Konstellation wurde die Vorschrift ausweislich der Begr. des Kommissionsvorschlags zur Rom II-VO, KOM (2003) 427 endg., geschaffen. Auf diesen Fall konzentriert sich auch die Kommentarliteratur; s. zB Magnus/Mankowski/*Paloa Moreno* Art. 15 Rn. 20 f.

[666] Vgl. auch *Fischer,* Der Schutz von Know-how im deutschen materiellen und Internationalen Privatrecht, 2011, 222 f., die entsprechend Art. 15 lit. f in der Bedeutung auf die Anspruchsberechtigung mittelbar geschädigter Personen bezieht.

[667] Vgl. hierzu Rauscher/*Jakob/Picht* Art. 15 Rn. 15.

[668] Ebenso Rauscher/*Unberath/Cziupka/Pabst* Rn. 10; ebenso für des selbständige Anknüpfung von Vorfragen Fischer, Der Schutz von Know-how im deutschen materiellen und Internationalen Privatrecht, 2011, 221 ff.

[669] Begr. des Kommissionsvorschlags zur Rom II-VO, KOM (2003) 427 endg., 22 f.

protectionis bei Rechten des geistigen Eigentums, „die aufgrund innerstaatlicher Rechtsvorschriften oder internationalen Übereinkünfte bestehen", ist nicht gesagt, dass diese innerstaatlichen Rechtsvorschriften nur solche des Schutzstaates sein können bzw. dessen Kollisionsnormen im Hinblick gerade auf die Anknüpfung für die Vorfrage nach dem ersten Inhaber des Urheberrechts ausschließen sollen. Entsprechend ergibt sich aus der Definition des Territorialitätsgrundsatzes, wonach jedes Land sein eigenes Recht auf die Verletzung von in seinem Staatsgebiet „gültigen" Schutzrechten anwendet, nicht unbedingt, dass damit auch Bestand und Inhaberschaft nach dem Schutzlandprinzip beurteilt werden müssen. Schließlich unterscheidet die Kommission deutlich zwischen eingetragenen Rechten und dem Urheberrecht. Für das erteilte Patent, die eingetragene Marke und das eingetragene Muster soll das Recht des Staates über die Verletzung urteilen, „für das das Recht begründet wurde".[670] Dagegen soll für Verletzungen der Urheberrechte das Recht des Staates gelten, in dem die Verletzungshandlung begangen wurde. Im Unterschied zu den eingetragenen Rechten fehlt hier jede Bezugnahme auf die Beurteilung des Rechtsbestandes getrennt nach den verschiedenen Schutzstaaten. Anderes ergibt sich aus der Stellungnahme der **Hamburg Group for Private International Law.** Dort wird ausdrücklich ausgeführt, dass sich auch die Inhaberschaft („ownership") nach dem Recht des Schutzlandes beurteilt. Freilich findet sich diese Aussage im Abschnitt der Stellungnahme zu den gewerblichen Schutzrechten.[671] Im Abschnitt zum Urheberrecht fehlt jede Bezugnahme auf die kollisionsrechtliche Behandlung der Inhaberschaft. Die Stellungnahme spricht nur davon, dass die RBÜ für die „Verletzung" (infringement) auf dem Territorialitätsprinzip aufbaue. Richtig ist, dass sich aus diesen Quellen eindeutig ergibt, dass die Kommission mit dem Schutzlandprinzip des Art. 8 Abs. 1 Rom II-VO eine Kollision mit den kollisionsrechtlichen Grundlagen der Konventionen ausschließen wollte. Wohl nicht argumentieren lässt sich, die Kommission habe erkannt, dass die RBÜ auch für die Frage des ersten Urhebers das Territorialitätsprinzip voraussetze – dies ist wie dargestellt (→ Rn. 76 ff.) sehr viel weniger überzeugend als für den Schutzumfang –, und wollte durch Art. 8 Abs. 1 Rom II-VO deshalb auch für diese Frage eine eindeutige kollisionsrechtliche Festlegung treffen.[672] Abweichendes ergibt sich auch nicht aus Art. 14bis RBÜ. Ob diese Vorschrift nämlich einen Sachnormverweis für die Bestimmung des Inhabers bei Filmwerken auf das Recht des Schutzlandes enthält[673] oder einen Gesamtverweis, der dem Schutzland die Anknüpfung an die lex originis erlauben würde, lässt sich nämlich aus der Vorschrift nicht erschließen (→ Rn. 78). Diesbezüglich könnte in der Tat ein Gleichklang innerhalb der EU durch Schaffung einer einheitlichen Kollisionsnorm geschaffen werden. Ein Konflikt mit der RBÜ würde auch nur dann mit Sicherheit vermieden, wenn man sich für die Anknüpfung an das Recht des Schutzlandes entscheidet. Für eine entsprechende Entscheidung des Gesetzgebers würde man jedoch auch eine Auseinandersetzung mit dem Für und Wider der Schutzlandanknüpfung für die Frage des ersten Inhabers des Urheberrechts erwarten. Eine solche Auseinandersetzung hat nicht stattgefunden. Allein der Umstand, dass der europäische Gesetzgeber möglichst umfassend einheitliches Kollisionsrecht schaffen und dabei jeden Widerspruch mit der RBÜ ausschließen wollte, reicht deshalb nicht aus, um einen gesetzgeberischen Willen zugunsten des Schutzlandprinzips für die Anknüpfung auch für die Rechteinhaberschaft nachzuweisen.

186 Was den gesetzgeberischen Willen in Bezug auf **Art. 15 lit. a und f Rom II-VO** betrifft, bestätigt die historische Auslegung das bereits durch Wortlautauslegung ermittelte Ergebnis.[674] Die Erwägungsgründe der Verordnung enthalten keine Hinweise zum genaueren Verständnis des Art. 15, so dass zur Ermittlung des gesetzgeberischen Willens vor allem auf die Kommissionsbegründung abzustellen ist. In Art. 11 lit. a Rom II-VO-Kommissionsvorschlag war noch nicht die Sprache vom „Grund", sondern von den „Voraussetzungen" der Haftung. Die Begründung setzt den Begriff der „Voraussetzungen" mit den „haftungsbegründenden Voraussetzungen" gleich und zählte hierzu die Art der Haftung (verschuldensabhängig oder verschuldensunabhängig), die Definition des Verschuldens sowie das Konzept der Kausalität. Nicht erwähnt wird, dass im Falle der Haftung für die Verletzung von Rechten auch der Bestand und die Rechtezuordnung zu den „Voraussetzungen" zu zählen sein sollen. Dass der Gesetzgeber mit dem terminologischen Wechsel von „Voraussetzungen der Haftung" zu „Grund der Haftung" nun gerade diese Fragen miteinbeziehen wollte, lässt sich nicht belegen. Vom Parlament war vorgeschlagen worden, den Begriff der „Voraussetzungen" durch

[670] Hieran bleibt zu kritisieren, dass dem Territorialitätsgrundsatz eine kollisionsrechtliche Bedeutung zugesprochen wird. Richtig zu formulieren wäre, dass nach dem (sachrechtlichen) Territorialitätsgrundsatz eingetragene Rechte nur in dem Staat der Eintragung verletzt werden können. Dieses Recht ist kollisionsrechtlich „anwendbar", wenn sich der Kläger auf den Schutz im Eintragungsstaat beruft.

[671] Hamburg Group for Private International Law RabelsZ 67 (2003), 1 (21).

[672] So jedoch *Grünberger* ZVglRWiss 108 (2009), 134 (162), der auf Art. 14bis RBÜ verweist.

[673] So aber *Grünberger* ZVglRWiss 108 (2009), 134 (162).

[674] S. Vorschlag der Kommission zur Rom II-VO, KOM (2003) 427 endg., 26 f.

„Grundlage" zu ersetzen, um dem Wortlaut internationaler kollisionsrechtlicher Abkommen besser zu entsprechen.[675] Es war offenbar dieser Vorschlag der schließlich zur Verwendung des Begriffs des „Grundes" führte. Im Zentrum der Änderung standen also allein terminologische Erwägungen. Insbesondere war also keine Erweiterung des Geltungsbereichs der Verordnung mit dem Übergang von „Voraussetzungen" zu „Grund" der Haftung verbunden. Der Wortlaut des **Art. 15 lit. f Rom II-VO** entspricht dem ursprünglichen Vorschlag der Kommission in Art. 11 lit. g. Die Kommentierung der Kommission belegt, dass diese Vorschrift gerade die Fälle der Schadensersatzberechtigung mittelbar geschädigter Personen erfassen soll und nennt hierfür das auch oben verwendete Beispiel des unterhaltsberechtigten Hinterbliebenen. Zur gesonderten Anknüpfung der Vorfrage für die Unterhaltsberechtigung äußert sich die Kommission nicht. Genauso wenig lassen sich der Begründung Hinweise entnehmen, wonach mit Art. 15 lit. f Rom II-VO klargestellt werden sollte, dass die Vorfrage nach der Zuordnung verletzter Rechte in den Fällen der „unmittelbaren" Verletzung von geistigem Eigentum gesondert anzuknüpfen ist. Damit ist einerseits klar belegt, dass mit dieser Vorschrift der Gesetzgeber keine Ausdehnung des Schutzlandprinzips auf die Frage der Rechteinhaberschaft im Bereich des geistigen Eigentums angestrebt hat. Wird ein Recht des geistigen Eigentums durch die Nutzung durch einen Nichtberechtigten verletzt, ist der Rechteinhaber stets „unmittelbar" verletzt. **Für die „unmittelbare" Verletzung wurde Art. 15 lit. f Rom II-VO jedoch nicht geschaffen.**[676] Die Vorschrift wird auch nur für die mittelbare Verletzung benötigt. Im Falle der unmittelbaren Verletzung ist stets der unmittelbar Verletzte anspruchsberechtigt. Die Frage ist nur, wer im Falle der Verletzung von Rechten der „Verletzte" ist. Für die Beantwortung dieser Frage lässt sich, wie im Rahmen der Wortlautauslegung gesehen, dem Art. 15 lit. f Rom II-VO keine Festlegung entnehmen.

Der wesentliche Grund für die Ablehnung der Anwendbarkeit der Rom II-VO auf die Frage **187** der Rechteinhaberschaft ergibt sich jedoch aus **Gesamtsystematik** der kollisionsrechtlichen Regelung sowie den zu **berücksichtigenden Interessen.** Zu nennen sind **zwei zentrale Argumente:** Zum einen regelt die Rom II-VO nur die außervertraglichen Schuldverhältnisse. Die Frage nach der **Rechteinhaberschaft** stellt sich aber auch in **anderen Zusammenhängen,** wie etwa im Vertragsrecht[677] oder Erbrecht. Räumt der vermeintliche Rechteinhaber einem Verleger eine Lizenz zur Vervielfältigung und Verbreitung seines Werkes ein und bestreitet später ein Dritter die Rechteinhaberschaft, kommt es auch für den Rechtsstreit zwischen Lizenznehmer und Lizenzgeber entscheidend auf die Frage nach der Inhaberschaft an. Unstreitig lässt sich aber Art. 8 Abs. 1 Rom II-VO nicht für die Lösung des vertragsrechtlichen Konflikts zwischen den Lizenzvertragsparteien heranziehen, um die Rechteinhaberschaft zu ermitteln. Dies verhindert schon Art. 1 Abs. 1 Rom II-VO mit der Begrenzung auf außervertragliche Schuldverhältnisse. Würde man aber Art. 8 Abs. 1 Rom II-VO nur für Haftungsfragen auf die Rechteinhaberschaft anwenden, liefe man Gefahr, die Inhaberschaft je nach Art des geltend gemachten Anspruchs unterschiedlich anzuknüpfen.[678] Da im Rahmen von Lizenzvertragsverhältnissen vertragliche Ansprüche und deliktische Ansprüche aus Verletzung des Schutzrechts häufig zusammentreffen, geht es nicht an, für die beiden Fragenkomplexe die Rechteinhaberschaft unterschiedlich zu beurteilen.[679] Dieses Argument verbietet zwar dem europäischen Gesetzgeber nicht, die Schutzlandanknüpfung auch für die Rechteinhaberschaft anzuordnen. Aus der Systematik des europäischen Kollisionsrechts heraus ist jedoch davon auszugehen, dass bei Fehlen einer eindeutigen Regelung zugunsten des Schutzlandprinzips Vorfragen, die sich sowohl im Anwendungsbereich der Rom I-VO als auch der Rom II-VO stellen, nicht einer „gespaltenen" Anknüpfung unterworfen werden. Das **zweite Argument** ergibt sich aus den Übergangsproblemen, die sich aus einer Anwendung von Art. 8 Abs. 1 Rom II-VO auch auf die Inhaberschaft ergeben würden. Wie gesehen folgen einige nationale Urheberrechtsordnungen in der EU durchaus der abweichenden Anknüpfung am Recht des Ursprungslandes (heute noch Rumänien, Portugal, Griechenland). Die Anwendung von Art. 8 Abs. 1 Rom II-VO auf die Bestimmung des ersten

675 Bericht über den Vorschlag der Kommission zur Rom II-VO, KOM (2003) 427 endg., 31.

676 Dies übersieht *Sack* WRP 2008, 1405 (1409 f.).

677 Auf die Relevanz von Immaterialgüterrechten sowohl im Vertragsrecht und Deliktsrecht verweist, wenn auch nur knapp, *Schack* FS Kropholler, 2008, 651 (652), zur Begründung seiner Auffassung. Auf den begrenzten Anwendungsbereich der Rom II-VO verweisen auch BeckOGK/*McGuire,* 1.7.2023, Rn. 43; *Beckstein,* Einschränkungen des Schutzlandprinzips, 2010, 109; *Treppoz* in Dreier/Gielen/Hacon, Concise International and European IP Law, 2015, Rn. 3. NK-BGB/*Grünberger* Rn. 53 anerkennt das Argument, möchte aber bei Lizenzverträgen die Vorfrage nach der Rechteinhaberschaft nach Art. 8 Abs. 1 Rom II-VO anknüpfen.

678 So auch zust. *Picht,* Vom materiellen Wert des Immateriellen, 2018, 508.

679 Zustimmend *Koch,* Die Qualifikation des Verlagsvertrages im internationalen Privatrecht, 2021, 127; ebenso *Petz* in Verschraegen, Austrian Law – An International Perspective, 2010, 211, 244 f.

Inhabers des Urheberrechts würde für diese Staaten – und auch für jene Staaten, die die Schutzlandanknüpfung in Form eines Gesamtverweises vorgenommen haben (Deutschland) – zu einem **Statutenwechsel** führen. Zwar ist es dem Gesetzgeber unbenommen, Kollisionsregeln zu ändern. Im vorliegenden Fall würde der Statutenwechsel ohne Übergangsvorschrift aber zu einem Entzug von verfassungsrechtlich geschützten Eigentumspositionen führen. Auf diese Problematik hat der europäische Gesetzgeber im Bereich des Urheberrechts stets Rücksicht genommen. Diese Gründe sprachen insbesondere für die Angleichung der Schutzdauer entsprechend der längsten Schutzdauer in einem Mitgliedstaat. So weist der europäische Gesetzgeber im Erwägungsgrund 10 Schutzdauer-RL (→ Rn. 45 mwN) ausdrücklich darauf hin, dass der Grundsatz des **Schutzes wohl erworbener Rechte** einer Abkürzung der Schutzdauer für bereits bestehende Urheberrechte entgegenstehe. Tatsächlich wäre eine solche Abkürzung jedenfalls ohne angemessene Entschädigung verfassungsrechtlich im Lichte des Eigentumsschutzes höchst bedenklich. Nicht anders liegt es im Bereich des Kollisionsrechts. Ein Statutenwechsel im Hinblick auf die Frage der Rechtsinhaberschaft könnte die Rom II-VO allenfalls für nach Inkrafttreten der Verordnung geschaffene Werke anordnen. Da die Verordnung eine entsprechende Übergangsbestimmung aber nicht enthält, ist davon auszugehen, dass **Art. 8 Abs. 1 Rom II-VO keine Anwendung findet auf die Frage des originären Erwerbs von Immaterialgüterrechten,** was sich vor allem im Urheberrecht auswirkt. Diese Frage bleibt auch nach Inkrafttreten der Rom II-VO nach den Regeln des nationalen Kollisionsrechts anzuknüpfen,[680] sofern man davon ausgeht, dass sich nicht bereits aus den immaterialgüterrechtlichen Konventionen eine kollisionsrechtliche Festlegung ergibt.

188 Fraglich ist, ob auch für den **Bestand des Rechts** die Anknüpfung nach nationalem Kollisionsrecht erfolgen soll. Die Frage ist im Prinzip relevant für alle formlos geschützten Rechte, stellt sich aber wiederum besonders für das Urheberrecht. Es geht also etwa um die Frage, ob überhaupt ein schutzfähiger Gegenstand vorliegt. Ganz besonders ist die Frage aber für die **angrenzenden Leistungsschutzrechte** relevant. Vor allem gilt dies für jene angrenzenden Rechte, die nur von einigen Staaten anerkannt werden. So gibt es ein **Leistungsschutzrecht für Verleger** bei weitem nicht in allen Staaten. Genauso liegt es für den **sui generis-Schutz von Datenbanken,** der allein an der Investition anknüpft und nicht an der schöpferischen Eigenart von Auswahl und Anordnung der Daten. Ähnliches gilt für das eigentliche Urheberrecht in jenen Bereichen, in denen erhebliche Abweichungen etwa aufgrund sehr unterschiedlicher Anforderungen in Bezug auf die Gestaltungshöhe bestehen – so beim Schutz von Werken der angewandten Kunst. Im Bereich der Leistungsschutzrechte zeigt sich in besonderer Weise, dass sich für die Schutzentstehung nur über das Schutzlandprinzip sinnvoll anknüpfen lässt. Ebenso spricht für die Anwendung von Art. 8 Abs. 1 Rom II-VO auf den Bestand des Urheberrechts, dass es jedenfalls für diesen überzeugender ist als für die Inhaberschaft davon auszugehen, dass die RBÜ die Anwendung des Schutzlandprinzips anordnet.[681] Schließlich trifft man im Vergleich zur Frage nach der Rechteinhaberschaft bei der Beurteilung des Bestandes auf eine andere Interessenlage. Die Frage, ob ein Recht überhaupt entstanden oder gar anerkannt ist, betrifft ganz wesentlich Verkehrsinteressen im jeweiligen Staatsgebiet. Es geht eben nicht nur darum, wem ein Recht zusteht, das Dritte im Schutzstaat ohnehin zu respektieren haben, sondern um die Abgrenzung von Handlungsfreiheiten, die in einem Staatsgebiet nach einheitlichen Grundsätzen vorzunehmen ist. Diese Argumente sind allerdings allesamt von rechtspolitischer Natur. Im Raume steht nach wie vor, dass es sich bei der Frage, ob das Recht überhaupt entstanden ist, um eine **Vorfrage** handelt,[682] die vor allem auch bei vertraglichen Ansprüchen eine entscheidende Rolle spielt. Ebenso drohen in Mitgliedstaaten, die bislang für den Bestand des Urheberrechts nicht der Schutzlandanknüpfung gefolgt sind (Griechenland, Portugal), auch ein Statutenwechsel und ein möglicher Wegfall bestehender Rechte. Deshalb ist davon auszugehen, dass Art. 8 Abs. 1 Rom I-VO **nicht für den Bestand des Rechts und dessen Gültigkeit** zur Anwendung kommt.[683] Diese Frage unterliegt weiterhin der Anknüpfung durch das nationale Kollisionsrecht der Mitgliedstaaten, sofern man nicht davon ausgeht, dass schon die internationalen Konventionen zur Schutzlandanknüpfung verpflichten.

189 **Ergebnis:** Die Anknüpfung an das Recht des Schutzlandes nach Art. 8 Abs. 1 Rom II-VO erfasst den immaterialgüterrechtlichen Schutzumfang, die Anspruchsvoraussetzungen und die Ausge-

680 Ebenso *Basedow* in Basedow/Kono/Metzger, Intellectual Property in the Global Arena, 2010, 3 (18); *De Miguel Asensio* in Leible/Ohly, Intellectual Property and International Private Law, 2009, 137 Rn. 18; Huber/*Illmer* Rn. 51; Magnus/Mankowski/*Metzger* Rn. 51; *Picht,* Vom materiellen Wert des Immateriellen, 2018, 508.

681 So das Verständnis der RBÜ durch die deutsche Rspr. (→ Rn. 76).

682 So auch Magnus/Mankowski/*Metzger* Rn. 50.

683 Dies bedeutet, dass Art. 8 eine Rechtsordnung für die Frage der Verletzung von Immaterialgüterrechten bereit hält, ohne selbst zu garantieren, dass diese Rechte auch Bestand haben; so ganz zutr. der Hinweis von *Neumann* J. Priv. Int'l L. 7 (2011), 583 (584).

staltung des Anspruchs. Dagegen **gilt Art. 8 Abs. 1 Rom II-VO weder für die Anknüpfung der Rechteinhaberschaft noch den Bestand des Rechts.**[684] Hierüber entscheidet das nationale Kollisionsrecht. Dieses wird für die eingetragenen Rechte ebenfalls auf das Recht des Schutzlandes verweisen, soweit man nicht bereits davon ausgeht, dass dem Inländerbehandlungsgrundsatz der PVÜ eine entsprechende völkerrechtliche Regelung zu entnehmen ist. Für das formlos geschützte Urheberrecht hat dagegen der nationale Gesetzgeber Spielraum. Er kann sich, jedenfalls soweit man davon ausgeht, dass sich nicht bereits aus dem Inländerbehandlungsgrundsatz der RBÜ eine zwingende Anknüpfung an das Recht des Schutzlandes ergibt, auch für eine abweichende Anknüpfung an die lex originis unter Zugrundelegung des Universalitätsprinzips entscheiden.

gg) Abgrenzung zur allgemein deliktischen Anknüpfung. Art. 8 Rom II-VO schafft eine 190
ausschließliche Anknüpfungsregel für außervertragliche Schuldverhältnisse in Bezug auf Rechte des geistigen Eigentums. Damit ist eine Anknüpfung nach der **allgemein deliktischen Anknüpfung gemäß Art. 4 Rom II-VO ausgeschlossen.** Genauso wenig ist es möglich, **inländische Vorbereitungshandlungen zur Verletzung ausländischer Schutzrechte** deliktsrechtlich zu qualifizieren und nach inländischem Deliktsrecht zu sanktionieren. Entsprechenden Versuchen ist der BGH noch nach alter Rechtslage unter Anwendung der Kollisionsregeln des EGBGB in der gebotenen Klarheit entgegengetreten. In der Entscheidung **„Clinique happy"** ging es um die Klage des Inhabers einer Gemeinschaftsmarke sowie einer identischen russischen Marke gegen die Durchfuhr rechtsverletzender Waren am Flughafen Tegel.[685] Die Waren kamen aus Dubai und waren für Russland bestimmt. Da der Transit als solcher keine Benutzung der Gemeinschaftsmarke bewirkt, versuchte der Rechteinhaber Ansprüche über § 823 Abs. 2 BGB zu begründen. Als Schutzgesetz wurde auf das russische Markenrecht Bezug genommen. Der BGH war zwar grundsätzlich bereit, § 823 Abs. 2 BGB kollisionsrechtlich anzuwenden, lehnte es aber ab, russisches Markenrecht als Schutzgesetz im Sinne der Vorschrift einzuordnen. Nur solche nationalen und internationalen Rechtsvorschriften könnten als Schutzgesetze angesehen werden, die im Inland unmittelbare Geltung beanspruchen. Dies sei für das russische Markenrecht aufgrund des immaterialgüterrechtlichen Territorialitätsgrundsatzes zu verneinen.[686] Dieser Begründung mag man für die frühere Rechtslage zustimmen. Unter Geltung der Rom II-VO scheitert jedoch schon die Anknüpfung über Art. 4 Rom II-VO. Soweit der Kläger markenrechtlichen Schutz begehrt, erfolgt die Anknüpfung allein nach Art. 8 Rom II-VO. Soweit der Kläger Schutz nach europäischem Recht begehrt, wäre der Anspruch – in Übereinstimmung mit dem Anwendungsergebnis des BGH nach altem Recht – zu verneinen, da es an einer Benutzung der Unionsmarke in der EU fehlt. Dagegen könnte aber der Warentransit als Vorbereitungshandlung in Bezug auf die Einfuhr der Ware in die Russische Föderation gedeutet werden.[687]

g) Verhältnis zu den völkerrechtlichen Kollisionsnormen. Ergibt sich nach den erörterten 191
Grundsätzen (→ Rn. 172 ff.) die Anwendbarkeit der Kollisionsnormen der Rom II-VO, muss noch geprüft werden, ob die Anwendbarkeit nicht durch vorrangige völkerrechtliche Kollisionsnormen ausgeschlossen ist.[688] Dabei ist zwischen der unmittelbaren völkerrechtlichen **Bindung der EU** und jener der **Mitgliedstaaten** zu unterscheiden. Binden völkerrechtliche Bestimmungen gleichermaßen die Mitgliedstaaten und die EU, insbesondere also im Falle **gemischter Abkommen,** ist danach zu unterscheiden, ob der zu entscheidende Fall in die Regelungszuständigkeit der EU oder der Mitgliedstaaten fällt. Geht man davon aus, dass seit Inkrafttreten des Lissabonner Vertrags alle Rege-

[684] Ebenso Spindler/Schuster/*Bach* Rom II Art. 8 Rn. 7; *Bariatti* in Bariatti, Litigating Intellectual Property Rights Disputes Cross-borger: EU Regulations, ALI Principles, CLIP Project, 2010, 62, 83; *Beckstein,* Einschränkungen des Schutzlandprinzips, 2010, 108 ff.; *De Miguel Asensio,* Conflict of Laws and the Internet, 2020, Rn. 4.102 ff.; *Leistner* in Leible/Ohly, Intellectual Property and International Private Law, 2009, 97, 103 f.; *Matulionytė,* Law Applicable to Copyright, 2011, 45 ff.; *Petz* in Verschraegen, Austrian Law – An International Perspective, 2010, 211, 243 ff.; *Metzger* JZ 2010, 929 (939); *Obergfell* in Reithmann/Martiny InVertragsR Rn. 6.1060; Schricker/Loewenheim/*Katzenberger/Metzger* UrhG Vor. §§ 120 ff. Rn. 121; *Torremans* EU Copyright Law Rn. 24.90; krit. *Rosenkranz,* Open Contents, 2011, 162 f. Vgl. auch die rechtsvergleichende Untersuchung bei *Kono/Jurčys* in Kono, Intellectual Property and Private International Law, 2012, 1, 149. Dagegen möchte etwa *Koppensteiner,* Markenrecht, 4. Aufl. 2012, Rn. B 13, auch das Entstehen des Markenrechts nach Art. 8 Abs. 1 Rom II-VO beurteilen.

[685] BGH GRUR 2012, 1263 – Clinique happy.

[686] BGH GRUR 2012, 1263 Rn. 17 – Clinique happy.

[687] So auch BGH GRUR 2012, 1263 Rn. 24 – Clinique happy. In Bezug auf die Frage, ob ein Anspruch wegen Verletzung russischen Markenrechts besteht, hat der BGH zurückverwiesen. Zur Verletzung des Markenrechts im Bestimmungsland durch Warentransits in einem anderen Staat auch → Rn. 292.

[688] Allg. zum Verhältnis des europäischen Kollisionsrechts zum Völkerkollisionsrecht *Kreuzer* FS Kropholler, 2008, 129.

lungen des TRIPS-Abkommens in die ausschließliche Außenzuständigkeit der EU für die Handelsaspekte des geistigen Eigentums fallen (→ Rn. 93), wäre auch die Bindung an die PVÜ und die RBÜ über die Paris- und Bern-Plus-Regelung des TRIPS-Abkommens als europarechtliche Bindung zu qualifizieren.

192 **aa) Verhältnis zu völkerrechtlichen Bindungen nur der Mitgliedstaaten.** Die Rom II-VO enthält mit Art. 28 Rom II-VO eine ausdrückliche Regelung zum Verhältnis zu Übereinkommen der Mitgliedstaaten.[689] Diese Regelung ist begrenzt auf **„frühere"** Übereinkommen, dh solche, denen ein oder mehrere Mitgliedstaaten zum Zeitpunkt der Annahme dieser Verordnung – also zum 11.7.2007 – bereits angehört haben. Diese Abkommen sind nach Art. 28 Abs. 1 Rom II-VO weiterhin anwendbar. Im Verhältnis der Mitgliedstaaten zueinander findet jedoch gemäß Art. 28 Abs. 2 Rom II-VO allein die Rom II-VO Anwendung; es bleibt also insoweit beim Vorrang des Rechts der EU. Der Zweck des Art. 28 Rom II-VO ist eindeutig: Die Vorschrift soll sicherstellen, dass **bestehende Verpflichtungen der Mitgliedstaaten gegenüber Drittstaaten weiterhin erfüllt werden** (so auch Erwägungsgrund 36 Rom II-VO). Insgesamt verwirklicht Art. 28 Rom II-VO im Kollisionsrecht, was nach Art. 351 AEUV schon allgemein für das Verhältnis des EU-Rechts zu „früheren" völkerrechtlichen Verpflichtungen der Mitgliedstaaten gilt. Im Lichte dieses Ziels ist Art. 28 Abs. 1 Rom II-VO missverständlich formuliert. Nach dem Wortlaut wäre die Anwendung eines Übereinkommens, das bereits am 11.7.2007 zumindest für einen Mitgliedstaat galt, auch auf weitere Mitgliedstaaten anwendbar, sofern diese nachträglich beitreten. Einer solchen wortgetreuen Auslegung würde jedoch Sinn und Zweck der Verordnung, unionsweit einheitliche Anknüpfungsregeln zu verwirklichen, entgegenstehen. Daher sind „frühere" Übereinkommen nur für jene Staaten anwendbar, die zum Stichtag bereits durch das Abkommen gebunden waren (wohl im Ergebnis ebenso → Art. 28 Rn. 32). Umgekehrt resultiert aus Art. 28 Abs. 1 Rom II-VO ein Verbot, solchen Abkommen beizutreten.[690] Diese können in der Zukunft allenfalls von der EU selbst abgeschlossen werden.

193 Praktische Bedeutung für die immaterialgüterrechtliche Anknüpfung kommt Art. 28 Rom II-VO vor allem für die **bilateralen Abkommen zum Schutze der geografischen Herkunftsangaben** zu (→ Rn. 111).[691] Soweit solche – wie im Falle des Abkommens zwischen der Bundesrepublik Deutschland und Kuba sowie der Schweiz – mit Drittstaaten geschlossen wurden, wird deren Anwendbarkeit nicht durch das Inkrafttreten der Rom II-VO beeinträchtigt. Problematisch ist jedoch das Verhältnis zu jenen Abkommen, die zwischen den Mitgliedstaaten abgeschlossen wurden. So stellt sich für das Gebiet der Bundesrepublik Deutschland die Frage, ob Art. 8 Abs. 1 Rom II-VO Vorrang gegenüber den Abkommen zum Schutze geografischer Herkunftsangaben mit Frankreich, Griechenland, Italien und Spanien zukommt. Die Frage ist von besonderer Bedeutung, da diese Abkommen für die Frage, ob eine rechtmäßige Benutzung oder – umgekehrt formuliert – eine Verletzung vorliegt, auf das Recht des Ursprungslandes Bezug nehmen. Wie ausführlich dargestellt (→ Art. 6 Rn. 110) setzten diese bilateralen Abkommen die grundsätzliche Schutzlandanknüpfung in einem ersten Schritt gerade voraus. So gelangt man über die Anwendung von Art. 8 Abs. 1 Rom II-VO zur Anwendung des Rechts des Schutzlandes. Zu diesem zählen dann auch die Bestimmungen des jeweiligen unmittelbar anwendbaren Abkommens über geografische Herkunftsangaben. Soweit diese – nur – für die Maßstäbe der rechtmäßigen Benutzung auf die Produktspezifikationen des Rechts des Ursprungslandes verweisen, handelt es sich lediglich um eine abweichende Anknüpfung für die Vorfrage der rechtmäßigen Benutzung, die die grundsätzliche Anknüpfung an das Recht des Schutzlandes nicht in Frage stellt. Die **Anknüpfung an das Recht des Ursprungslandes in den bilateralen Abkommen über geografische Abkommen** ist also **mit der Schutzlandanknüpfung des Art. 8 Abs. 1 Rom II-VO vereinbar** und wird, soweit sie in Abkommen zwischen EU-Mitgliedstaaten enthalten ist, nicht gemäß Art. 28 Abs. 2 Rom II-VO durch Art. 8 Abs. 1 Rom II-VO (Vorrang der europarechtlichen Kollisionsnorm) verdrängt.

194 Nicht ausdrücklich geregelt ist die Frage des Verhältnisses der Rom II-VO zu **„späteren" Übereinkommen der Mitgliedstaaten.**[692] Im Erwägungsgrund 37 Rom II-VO wird lediglich ausgeführt, dass die Kommission einen Vorschlag für einen Rechtsakt unterbreiten wird, in dem Verfahren und Voraussetzungen zu regeln sind, unter denen die Mitgliedstaaten in „Einzel- und Ausnahmefällen" Übereinkünfte mit Drittstaaten „über sektorspezifische Fragen" aushandeln und vereinbaren dürfen, die Bestimmungen über das auf außervertragliche Schuldverhältnisse anwendbare

---

689 Allg. zu Art. 28 s. *Brière* J. D. I. 2005, 677; *Garriga* YPIL 9 (2007), 137.

690 So auch *Kreuzer* FS Kropholler, 2008, 129 (140).

691 Vgl. auch den Hinweis von *Handig* GRUR Int 2008, 24 (30) – ohne Klärung der Folgen für diese Abkommen.

692 Dagegen nimmt *Garriga* YPIL 9 (2007), 137 (146) eine „implizite" Regelung an.

Recht enthalten. Damit bringt die Verordnung zum Ausdruck, dass die Mitgliedstaaten mit dem Erlass der Rom II-VO die Zuständigkeit zum Abschluss von Übereinkommen verloren haben, soweit sie den Anwendungsbereich der Verordnung berühren.[693]

bb) Verhältnis zu völkerrechtlichen Verpflichtungen der EU. Nicht angesprochen wird von der Verordnung ihr Verhältnis zu völkerrechtlichen Kollisionsnormen, die von der **EU selbst vereinbart wurden oder jedenfalls für sie bindend** sind. Bedeutung hat dies für die Anwendung etwa des **TRIPS-Abkommens,** der **PVÜ** und der **RBÜ.** Zum Umfang der Bindung der EU an die PVÜ und die RBÜ → Rn. 33. Wie dargestellt ist die Frage, ob die Nichtdiskriminierungsklauseln dieser Abkommen, insbesondere der Inländerbehandlungsgrundsatz, Kollisionsnormen bilden, durchaus nicht eindeutig zu beantworten (→ Rn. 69 ff.). Nimmt man – wie hier vertreten – einen solchen kollisionsrechtlichen Gehalt an, bieten sich zwei Möglichkeiten zur Bestimmung des Verhältnisses zur Rom II-VO. Zum einen lässt sich mit der Rom II-VO selbst argumentieren. Übereinkommen, die von der EU abgeschlossen werden, sind **„Gemeinschaftsrechtsakte“,**[694] die gemäß **Art. 27 Rom II-VO** der Anwendung des Rom II-Abkommens vorgehen müssen (zur Rechtsfolge des Art. 27 → Art. 27 Rn. 15). Zum anderen ließe sich derselbe Grundsatz **Art. 216 Abs. 2 AEUV** entnehmen, wonach Abkommen, die die EU abgeschlossen hat, für die Organe der EU – also gerade auch den europäischen Gesetzgeber – bindend sind. Jedoch ist in diesem Zusammenhang zu beachten, dass die Anwendung dieser Übereinkommen auch voraussetzt, dass diesen nach den Grundsätzen des EU-Rechts eine **unmittelbare Wirkung** zukommt (→ Rn. 96 ff. für TRIPS). 195

V. Rechtsquellen des nationalen Rechts

1. Vorrang des internationalen und europäischen Rechts. a) Regelung des Art. 3 EGBGB. Die Anpassung des deutschen Kollisionsrecht in den Bestimmungen des EGBGB im Zuge des Erlasses der Rom I- und Rom II-VO (→ Rn. 171) führte zur erfreulichen Klarstellung des Vorrangs des europäischen Rechts unter besonderem Hinweis auf die Rom I- und Rom II-VO in Art. 3 Nr. 1 lit. a und b EGBGB. Art. 3 Nr. 2 EGBGB stellt den Vorrang unmittelbar anwendbarer völkerrechtlicher Kollisionsnormen gegenüber dem autonomen deutschen Kollisionsrecht klar. 196

b) Verbleibende Bereiche der Regelung durch das deutsche Kollisionsrecht. Vor dem Hintergrund des Art. 3 EGBGB und damit vor allem im Lichte des Geltungsumfangs der Rom I-VO und der Rom II-VO ist der verbleibende Anwendungsbereich des nationalen Kollisionsrechts zu bestimmen. Wie bereits oben ausgeführt wurde (→ Rn. 180 ff.), ist vor allem die Bestimmung des Geltungsumfangs der Anknüpfung nach Art. 8 Abs. 1 Rom II-VO mit beachtlichen Unsicherheiten behaftet. Nach der hier vertretenen Auffassung erfasst die Schutzlandanknüpfung des Art. 8 Abs. 1 Rom II-VO weder die **Bestimmung der Rechteinhaberschaft** noch die **Voraussetzungen der Entstehung und des Bestandes des Rechts,** was vor allem die formlos geschützten Rechte – mit dem Urheberrecht als wichtigstem Beispiel – betrifft.[695] 197

aa) Übertragbarkeit und Verfügungen über das Recht. In den Anwendungsbereich der **Rom I-VO** fällt lediglich die Regelung vertraglicher Schuldverhältnisse (Art. 1 Abs. 1 Rom I-VO). Im Bereich immaterialgüterrechtlicher Verträge ist zwischen **Verträgen über die bloße Nutzung (Lizenzverträge)** und **Verträge über die Übertragung von Rechten** zu unterscheiden. In beiden Fällen enthalten die Vereinbarungen auch einen schuldrechtlichen Bestandteil, soweit sie Rechte und Pflichten der Parteien regeln. Verträgen, die die Übertragung von Rechten zum Inhalt haben, kommt zudem eine dingliche Dimension zu. Gefragt werden muss, ob solche Rechte überhaupt übertragbar sind und welche Voraussetzungen das Immaterialgüterrecht an die Übertragung knüpft. Aber auch für Lizenzverträge ist zu klären, ob sie dinglich – mit Wirkung gegenüber Dritten – oder nur schuldrechtlich wirken. In Bezug auf die Rom I-VO bleibt festzuhalten, dass diese weder den 198

---

693 So auch *Garriga* YPIL 9 (2007), 137 (146). Anwendbar wäre insoweit die sog. AETR-Doktrin, wonach die Mitgliedstaaten ihre Kompetenz für Übereinkommen mit Drittstaaten einbüßen, soweit Übereinkommen der Mitgliedstaaten die interne Gesetzgebung der Union beeinträchtigen würden; s. EuGH Slg. 1971, 263 – AETR. Allg. zur Zuständigkeit der Union für den Abschluss von Abkommen zum Kollisionsrecht s. *Kreuzer* FS Kropholler, 2008, 129 (130 ff.) unter Hinweis auf die AETR-Rspr.; mittlerweile hat die AETR-Doktrin in Art. 216 Abs. 1 AEUV eine normative Festlegung erfahren.

694 Der europäische Gesetzgeber scheint bei Schaffung von Art. 27 allerdings nur an sekundärrechtliche Kollisionsnormen gedacht zu haben, s. Erwägungsgrund 35; nach *Kreuzer* in Reichelt/Rechberger, Europäisches Kollisionsrecht, 2004, 13, 54; → Art. 27 Rn. 1 soll davon auszugehen sein, dass Art. 27 de facto nur auf sekundärrechtliche Kollisionsnormen anwendbar ist.

695 Ohne Diskussion bestätigt durch LG München I BeckRS 2012, 13691 (für die urheberrechtliche Schutzfähigkeit und für die Rechteinhaberschaft), in Abgrenzung von Art. 8 Abs. 1 Rom I-VO und unter Hinweis auf die gewohnheitsrechtliche Begründung der Schutzlandanknüpfung nach deutschem Kollisionsrecht.

Bestand, die Inhaberschaft noch die Übertragung und die dingliche Wirkung des Vertrages regelt.[696] Streiten beispielsweise die Lizenzvertragsparteien darüber, ob der Lizenzgeber überhaupt **Inhaber des Rechts** war, so entscheidet die Rom I-VO nur über die vertragliche Haftung und deren Ausgestaltung, aber nicht über die Vorfrage, ob die Berechtigung tatsächlich fehlte. Für die Zuordnung des Rechts ist nach dem autonomen Kollisionsrecht des Forumstaates anzuknüpfen (Anknüpfung der Vorfrage nach den Regeln der lex fori). Genauso liegt es im Hinblick auf die **Übertragbarkeit** von Rechten. Die Rom I-VO regelt nur die Haftung für den Fall, dass die Übertragung entgegen dem Versprechen des Veräußerers scheitert (Haftung wegen Nichterfüllung). Die Übertragbarkeit des Rechts selbst unterliegt dagegen dem Immaterialgüterrechtsstatut und nicht dem Vertragsstatut;[697] die Anknüpfung für die Übertragbarkeit erfolgt auch hier nach den nationalen Kollisionsregeln.

199 An der Grenze der Regelung von Schutzumfang und Übertragbarkeit liegt das deutsche **Zweitveröffentlichungsrecht gem. § 38 Abs. 4 UrhG.** Allein aus dem Umstand, dass dieses Recht sich gegen die Einräumung einer ausschließlichen Lizenz durchsetzt, ist nicht zu schließen, dass dieses Recht als zwingendes Vertragsrecht qualifiziert werden müsste. Vielmehr anerkennt der Gesetzgeber ein unveräußerliches Recht des Urhebers, dessen zwischenstaatliche Anwendung sich nach dem Schutzlandprinzip bestimmt. Im Ergebnis wird das Recht gewährt, soweit es um die Verwertung in Deutschland geht.[698] In entsprechender Weise bestimmt sich die Anwendbarkeit der **Rückrufrechte nach §§ 41 und 42 UrhG** nach dem Schutzlandprinzip.[699]

200 Problematischer liegen die Dinge im Hinblick auf die Frage nach der **nur schuldrechtlichen oder dinglichen Wirkung von Verträgen.** Hier lässt sich daran denken, wie im Sachenrecht zwischen dem Vertragsstatut und dem Sachenrechtsstatut zu differenzieren. Dies lehnt jedenfalls die hM für das Urheberrecht (sog. **Einheitstheorie**) sogar in Deutschland ab, obwohl auch im deutschen Urheberrecht nach dem Trennungsprinzip zwischen dem schuldrechtlichen und dinglichen Geschäft unterschieden wird,[700] und knüpft für das Verfügungsgeschäft „akzessorisch" am Vertragsstatut an (auch → Rom I-VO Art. 4 Rn. 254).[701] Dies bedeutet jedoch nicht, dass die Rom I-VO die Anwendung des Vertragsstatuts für das Verfügungsgeschäft anordnet.[702] Aus der Regelung des Geltungsbereichs ergibt sich vielmehr das Gegenteil. Nach Art. 12 Abs. 1 lit. b Rom I-VO gilt die Rom I-VO zwar auch für die „Erfüllung des Vertrages". Gemeint sind damit aber nur die Modalitäten der Erfüllung, also insbesondere Ort und Zeit der Erfüllung sowie die Regelung der Gefahrtragung, aber nicht die dingliche Wirkung des Vertrages selbst. Die Frage also, ob der **Einheits- oder** der **Spaltungstheorie** zu folgen ist, ist allein vom nationalen Kollisionsrecht zu beantworten.[703] So

---

[696] So auch schon die Situation nach den früher anwendbaren Art. 27 ff. EGBGB aF, die unmittelbar nur Verpflichtungsgeschäfte regeln; s. *Zimmer,* Urheberrechtliche Verpflichtungen und Verfügungen im Internationalen Privatrecht, 2006, 65.

[697] Ebenso *Grünberger* ZVglRWiss 108 (2009), 134 (164); s. auch Art. 3:301 CLIP Principles, wonach sich die Übertragbarkeit des Rechts nach dem Recht des Schutzlandes beurteilt.

[698] Ausf. *Koch,* Die Qualifikation des Verlagsvertrages im internationalen Privatrecht, 2021, 210 ff.

[699] Dazu *Koch,* Die Qualifikation des Verlagsvertrages im internationalen Privatrecht, 2021, 226 ff.

[700] Zum Diskussionsstand s. Büscher/Dittmer/Schiwy/*Obergfell* UrhG Vor § 120 Rn. 8 ff.; *Obergfell* FS Martiny, 2014, 475 (485 f.). Im Bereich des gewerblichen Rechtsschutzes soll dagegen die Spaltungstheorie gelten; s. *Ahrens,* Gewerblicher Rechtsschutz, 2008, Rn. 39.

[701] S. etwa OLG Frankfurt GRUR 1998, 141 (142) – Mackintosh-Entwürfe; Schricker/Loewenheim/*Katzenberger/Metzger* UrhG Vor §§ 120 ff. Rn. 151 f., ausf. *Regelin,* Das Kollisionsrecht der Immaterialgüterrechte an der Schwelle zum 21. Jahrhundert, 1999, 197 ff.; aA zB *Obergfell* in Reithmann/Martiny IntVertragsR Rn. 6.1073; *Schack* FS Kropholler, 2008, 651 (667) (zugunsten der Anknüpfung an das Recht des Ursprungslandes).

[702] Wie hier *Obergfell* in Reithmann/Martiny IntVertragsR Rn. 6.1073; aA *Grünberger* ZVglRWiss 108 (2009), 134 (167), der auf die Regelung der Zession in Art. 14 Abs. 1 Rom I-VO verweist. Diese Vorschrift gilt aber nur für die Übertragung von „Forderungen gegen eine andere Person" (im Englischen „rights against another person") und folglich nicht für die Übertragung von Eigentumsrechten. So wird von der Vorschrift nur die Zession des Anspruchs auf Übertragung eines Immaterialgüterrechts geregelt, aber nicht die Übertragung des Immaterialgüterrechts an sich; ebenso mit Zurückhaltung gegenüber einer analogen Anwendung von Art. 14 Abs. 1 Rom I-VO auf die Übertragung von Immaterialgüterrechten *Mankowski* in Leible/Ohly, Intellectual Property and International Private Law, 2009, 31, 44 ff.; *Koch,* Die Qualifikation des Verlagsvertrages im internationalen Privatrecht, 2021, 174 f., sieht die Einheitstheorie im Lichte einer EU-weit einheitlichen Anwendung der Rom I-VO als verpflichtend an, da anderen Rechtsordnungen in der EU die deutsche Unterscheidung von schuldrechtlichem und dinglichem Vertrag fremd sei.

[703] So wohl iErg auch BGH GRUR 2010, 828 = GRUR Int 2010, 1088 Rn. 17 – DiSC. Allerdings ist die Begründung höchst zweifelhaft. Der BGH leitet die Anwendung des deutschen Rechts für die Übertragung einer deutschen Marke aus dem Territorialitätsprinzip ab, was schon deshalb nicht überzeugen kann, weil es sich beim Territorialitätsprinzip um einen sachrechtlichen Grundsatz handelt. Noch schwerer wiegt, dass

kann das nationale Kollisionsrecht kraft autonomer Entscheidung das Vertragsstatut gemäß der Rom I-VO auch auf Verfügungen für anwendbar erklären, um einen Gleichklang des anwendbaren Rechts für die schuldrechtliche und dingliche Seite der Transaktion zu erreichen. Festzuhalten bleibt damit, dass im Rahmen von vertraglichen Transaktionen das **nationale Kollisionsrecht** weiter über die **Rechteinhaberschaft,** den **Bestand des Rechts,** die **Übertragbarkeit von Rechten**[704] sowie die dingliche **Wirkung der Vereinbarung** entscheidet.

bb) Gesetzliche Vergütungsansprüche und Beteiligungsansprüche. Schließlich ist zu berücksichtigen, dass immaterialgüterrechtliche Fragestellungen auch außerhalb von vertraglichen und außervertraglichen Schuldverhältnissen auftreten können. Dies gilt vor allem für die erlaubten Nutzungshandlungen und die damit verbundenen **gesetzlichen Vergütungsansprüche** im Bereich des Urheberrechts sowie die urheberrechtlichen **Beteiligungsansprüche** (→ Rn. 178). Die gesetzlichen Vergütungsansprüche knüpfen an einer rechtmäßigen Nutzung an und unterliegen deshalb nicht der Anknüpfung nach Art. 8 Abs. 1 Rom II-VO (→ Rn. 175).[705] Dies gilt genauso für den Anspruch der Verlage auf Beteiligung an den Einnahmen der Urheber aus den gesetzlichen Vergütungsansprüchen (s. § 63a Abs. 2 und 3 UrhG für Deutschland). Im Falle des Anspruchs der Urheber auf Beteiligung gegen die Verlage aus dem Verlegerleistungsschutzrecht (s. § 87k UrhG) ergeben sich die Erlöse typischerweise aus der Erfüllung von Lizenzverträgen durch die Nutzer. Für all diese gesetzlich vorgesehenen Rechte und Ansprüche sollte davon ausgegangen werden, dass sich die Geltung des Rechts des Schutzlandes aus dem ungeschriebenen nationalen Kollisionsrecht ergibt. 201

cc) Sonstige vermögensrechtliche Fallkonstellationen. Zu denken ist schließlich an sonstige Konstellationen, die im weitesten Sinne dem Vermögensrecht zuzuordnen sind. So kann beispielsweise im Rahmen von Erbauseinandersetzungen die Beurteilung erforderlich werden, ob bestimmte Immaterialgüterrechte dem Erblasser zustanden und damit in den Nachlass gefallen sind. Der Bestand von Immaterialgüterrechten kann genauso eine Rolle spielen im Rahmen der Beurteilung der vermögensrechtlichen Folgen einer Ehescheidung, im Rahmen einer Insolvenzverwaltung oder in gesellschaftsrechtlichen Zusammenhängen, etwa wenn es um die Auflösung und Liquidation einer Gesellschaft geht, in deren Vermögen Immaterialgüterrechte fallen. In all diesen Zusammenhängen, in denen weder die Rom I-VO noch die Rom II-VO anwendbar ist, treten Fragen vor allem der Rechteinhaberschaft, des Bestandes und der Übertragbarkeit als Vorfragen auf. Für diese ist weiterhin das nationale Kollisionsrecht anzuwenden (→ Rn. 189). Dem nationalen Kollisionsrecht bleibt damit für die immaterialgüterrechtliche Anknüpfung ein durchaus beachtlicher Anwendungsbereich.[706] 202

2. Anknüpfungsregeln des deutschen Kollisionsrechts. a) Anwendbarkeit der allgemeinen deliktischen und vertragsrechtlichen Kollisionsregeln. Die Regelung des deutschen Kollisionsrechts enthält keine spezifischen Kollisionsnormen für das Immaterialgüterrecht. Damit waren und sind – im aufgezeigten Anwendungsbereich – die allgemeinen Kollisionsregeln des EGBGB anzuwenden. Besonders problematisch war früher die Frage nach der **deliktsrechtlichen Anknüpfung bei der Verletzung von Immaterialgüterrechten,**[707] die heute in Art. 8 Abs. 1 Rom II-VO geregelt ist. Einigkeit bestand dahingehend, dass das Schutzlandprinzip zur Anwendung zu bringen war. Allein zweifeln konnte man, ob dieses Ergebnis über die Ausweichklausel des Art. 41 Abs. 1 EGBGB oder gewohnheitsrechtlich zu begründen war. Da auch Art. 8 Abs. 1 Rom II-VO das Schutzlandprinzip zur Anwendung bringt, führte das Inkrafttreten der Verordnung für Deutschland zu keinen substanziellen Änderungen. Ähnlich liegt es im Bereich des **Vertragsrechts.** In diesem Bereich waren früher für das Immaterialgüterrecht die Art. 27 ff. EGBGB aF anzuwenden, an deren Stelle nunmehr die Rom I-VO tritt. Da die Art. 27 ff. EGBGB aF dem Europäischen Schuldvertragsübereinkommen entsprachen, sind also auch mit dem Inkrafttreten der Rom I-VO keine größeren Änderungen verbunden. 203

b) Subsidiäre Geltung von Gewohnheitsrecht. Soweit sich weder aus der Rom I- und Rom II-VO noch aus den völkerrechtlichen Abkommen noch aus den Bestimmungen des EGBGB 204

der BGH pauschal für die „Übertragung" anknüpft und nicht zwischen der Übertragbarkeit und dem Übertragungsakt unterscheidet. Ebenfalls für die Anwendung nationalen Kollisionsrechts jurisPK-BGB/*Heinze* Rn. 46.

[704] Ebenso betont Möhring/Nicolini/*Lauber-Rönsberg* KollisionsR Rn. 34, dass die Einheitstheorie die Anwendung des Schutzlandprinzips auf die Übertragbarkeit des Rechts unberührt lässt.

[705] So ganz zu Recht *Sack* WRP 2008, 1405 (1410); ebenso Calliess/*de la Durantaye* Rom II-VO Art. 8 Rn. 20.

[706] Nur zu berechtigt ist daher die Befürchtung von *Obergfell* IPRax 2005, 9 (13), der europäische Gesetzgeber könne nun nach Schaffung des Art. 8 Rom II-VO die Aufgabe der Regelung des Internationalen Urheberrecht als erledigt ansehen.

[707] → 4. Aufl. 2006, IntImmGR Rn. 117 ff.

Kollisionsnormen ableiten lassen, ist man heute wie schon früher auf eine gewohnheitsrechtliche Begründung angewiesen. Die Praxis des deutschen Kollisionsrechts wird hier von zwei Grundsätzen beherrscht. Zum einen wird umfassend für alle Fragen des Immaterialgüterrechts an das **Recht des Schutzlandes** angeknüpft. Dies gilt insbesondere auch für die Frage nach dem ersten Inhaber im Bereich des Urheberrechts. Hiervon wird zum anderen nach hM nur für die **dingliche Wirkung von Verträgen,** die das Urheberrecht zum Gegenstand haben, zugunsten des **Vertragsstatuts** abgewichen.

VI. Reichweite der Schutzlandanknüpfung

205 **1. Grundsätzliches.** Die Anknüpfung an das **Recht des Schutzlands,** die lex loci protectionis, erfolgt nach hM **für alle Fragen, die das Entstehen, den Schutzbereich sowie die Verletzung des Rechts,** einschließlich der sich daraus ergebenden Rechtsfolgen, betreffen. Dies ist außerhalb des Urheberrechts jedenfalls für die Registerrechte unumstritten. Im Bereich des Urheberrechts handelt es sich um die hM. Da Art. 8 Abs. 1 Rom I-VO die bisherige Rechtslage in Deutschland mit der Anwendung des Rechts des Schutzlandes bestätigt, kann auch für den Anwendungsbereich der europäischen Anknüpfung weiterhin auf die bisherige deutsche Praxis zurückgegriffen werden. Freilich ist zu beachten, dass die Bestimmungen der Rom II-VO **europarechtlich autonom** auszulegen sind und dass die letzte Auslegungskompetenz beim EuGH liegt.

206 **2. Entstehen des Schutzes.** Das Recht des Schutzlandes entscheidet damit über die Frage, **ob und unter welchen Voraussetzungen** sowie **nach welchem Schutzrecht** (zB Patent- oder Gebrauchsmuster; Urheberrecht für ein Werk der angewandten Kunst oder Geschmacksmuster) eine bestimmte Leistung geschützt wird. Bei anzumeldenden und registrierungsbedürftigen Rechten (zB Patenten, eingetragenen Marken, Musterrechten, Sortenschutzrechten) müssen damit neben den **materiellen Schutzvoraussetzungen** (zB Voraussetzungen der Patentfähigkeit) grundsätzlich auch die **formellen Voraussetzungen der Anmeldung, Hinterlegung und Registrierung im Schutzland erfüllt** sein. Das Recht des Schutzlandes und das für dieses Land geltende Konventionsrecht können jedoch vorsehen, dass unter Umständen auch eine Anmeldung im Ausland zur Entstehung des inländischen Schutzrechts führt (Fälle der internationalen Anmeldung und Registrierung). Bei **nicht anmelde- und registerpflichtigen Rechten,** wie dem Urheberrecht und der nicht eingetragenen Marke, richtet sich die Schutzfähigkeit ebenfalls nach dem Recht des Schutzlandes.[708] So kann in einem Staat der urheberrechtliche Schutz schon daran scheitern, dass die nach nationalem Recht für die **Werkqualität** geltenden Auforderungen nicht erfüllt sind,[709] während im anderen Staat dieselbe Leistung als schutzfähig angesehen wird.

207 **3. Sonderfragen der Rechteinhaberschaft.** Nach dem Recht des Schutzlandes ist auch zu bestimmen, wer als originärer Inhaber des Schutzrechts anzusehen ist.[710] Dies gilt insbesondere auch für die Person des Urhebers (umstr., → Rn. 15 ff., → Rn. 76 ff.). Unabhängig von der grundsätzlichen Anknüpfung an das Recht des Schutzlandes stellt sich im Zusammenhang mit der Bestimmung des ersten Inhabers die Frage, ob in den Fällen formlos geschützter Rechte nicht anders angeknüpft werden sollte, wenn die geschützte Leistung **im Rahmen eines Arbeitsverhältnisses** durch einen Arbeitnehmer hervorgebracht wird. Diese Frage stellt sich sowohl im Bereich des Erfinder- als auch des Urheberrechts. Fragen des Arbeitnehmererfinder- und des Arbeitnehmerurheberrechts bewegen sich im Grenzgebiet von Immaterialgüterrecht und Arbeitsrecht. Entsprechend ist zu klären, wie für diese Bereiche das Immaterialgüterrechtsstatut vom Arbeitsvertragsstatut abzugrenzen ist.

208 **a) Arbeitnehmererfinderrecht.** Zuerst ist es erforderlich, sich über die Teilfragen des Arbeitnehmererfinderrechts Klarheit zu verschaffen.[711] Bei Diensterfindungen ist zunächst zu klären, wer überhaupt die **Rechte an der Erfindung** erwirbt. Zu entscheiden ist, ob der Arbeitgeber ein Zugriffsrecht auf die Erfindung hat und ob gegebenenfalls dem Arbeitnehmer eine Vergütung zu zahlen ist. Diese Fragen betreffen allesamt solche des Verhältnisses von Arbeitgeber und Arbeitnehmer, so dass hier die Anwendung des **Arbeitsvertragsstatuts** angemessen erscheint.[712] Dieser Auf-

[708] LG München I BeckRS 2012, 13691 unter Hinweis auf die gewohnheitsrechtliche Begründung.

[709] So in BGH GRUR 2003, 876 – Sendeformat.

[710] So auch die dt. Rspr. zum Urheberrecht: grdl. BGHZ 136, 380 (392) – Spielbankaffaire; ebenso OLG Düsseldorf ZUM-RD 2007, 465 (467); OLG München GRUR-RR 2010, 161 f. – Bronzeskulptur; OLG Frankfurt GRUR 2014, 863 (864) – Jesus-Wachträumerin. Umfassend zur Rechtslage in Deutschland *Birkmann,* Die Anknüpfung der originären Inhaberschaft am Urheberrecht, 2009, 110 ff.

[711] Dazu etwa *Sack* FS Steindorff, 1990, 1333.

[712] So etwa *E. Ulmer,* Immaterialgüterrecht im IPR, 1975, 79 f.; vgl. auch *Martiny* in Reithmann/Martiny IntVertragsR Rn. 6.2964; Staudinger/*Fezer/Koos,* 2015, IntWirtschR Rn. 1056; *Sack* FS Steindorff, 1990, 1333 (1334) mwN.

fassung möchte die traditionell hM in Deutschland auch folgen, soweit es um das **„Recht auf das Patent"** geht (sog. **Einheitslösung**). Auch für dieses soll das Arbeitsvertragsstatut gelten (→ Rn. 210 ff.).[713] Von der Anknüpfung für das Arbeitnehmererfindungsrecht ist schließlich jene für das **Erfinderpersönlichkeitsrecht** zu unterscheiden (→ Rn. 216).

Für die Anknüpfung des „Rechts auf das Patent" ergibt sich aus **Art. 60 Abs. 1 S. 2 EPÜ** eine Teilregelung. Da es um die Inhaberschaft an einem Recht geht, kollidiert diese Vorschrift jedenfalls nicht mit Art. 8 Abs. 1 **Rom I-VO** (→ Rn. 213 ff.). Art. 60 Abs. 1 S. 2 EPÜ begründet **einheitliches Kollisionsrecht der Mitgliedstaaten der Europäischen Patentorganisation (EPO).** Die Vorschrift ist also anzuwenden, wenn ein Gericht eines Mitgliedstaates der EPO mit Fragen befasst ist, die in den Anwendungsbereich der Norm fallen. 209

aa) Grundsätzliche Geltung des Arbeitsvertragsstatuts (Einheitslösung). Rechte und Pflichten, die sich aus einer Diensterfindung ergeben, unterliegen dem **Arbeitsvertragsstatut.** Soweit das nationale Recht, wie auch in Deutschland nach dem ArbNErfG, zwingende Regeln vorsieht, wird damit das Arbeitsverhältnis ausgestaltet. Schwieriger ist sodann die Frage zu beurteilen, ob auch das **Recht auf das Patent** dem Arbeitsvertragsstatut unterliegen soll. Aus dem Recht aus der Erfindung ergibt sich das Recht auf das Patent. Meldet der Nichtberechtigte die Erfindung zum Patent an, kann der Berechtigte die Patentanmeldung vom Nichtberechtigten vindizieren.[714] Beurteilt man bezüglich Diensterfindungen die Frage, wer zur Anmeldung berechtigt sein soll, ebenfalls nach dem Arbeitsvertragsstatut, hat dies den Vorteil einer Beurteilung zusammengehöriger Fragen des Arbeitnehmererfinderrechts nach einer einheitlichen Rechtsordnung. Außerdem sorgt diese **Einheitslösung** dafür, dass ein und dieselbe Person originärer Inhaber des Patents in verschiedenen Staaten werden kann. Dennoch darf nicht übersehen werden, dass die Einheitslösung mit dem Territorialitätsdenken in einzelnen nationalen Rechtsordnungen kollidieren kann. Die Einheitslösung kann unter Umständen dazu führen, dass das Recht auf das Patent einer Person zugeordnet wird, die ein nationales Patentamt nicht als berechtigt ansieht und der die Eintragung verweigert wird. *Sack* sieht deshalb sogar jede Einheitslösung zum Scheitern verurteilt.[715] 210

Überzeugend ist folgendes Vorgehen: Zunächst ist über das Arbeitsvertragsstatut das anzuwendende Arbeitnehmererfinderrecht zu ermitteln. Anzuwenden ist hierfür Art. 8 Rom I-VO. Art. 8 Abs. 1 S. 1 Rom I-VO erlaubt generell die **Rechtswahl.** Mangels Rechtswahl unterliegt das Arbeitsverhältnis nach Art. 8 Abs. 2 Rom I-VO den Vorschriften des Rechts am **gewöhnlichen Arbeitsort.**[716] Lässt sich ein solcher nicht ermitteln, ist gemäß Art. 8 Abs. 3 Rom I-VO auf den Ort der Niederlassung abzustellen, die den Arbeitnehmer eingestellt hat. Art. 8 Abs. 4 Rom I-VO ordnet schließlich den Vorrang der Anwendbarkeit des Recht des Staates der „engste Verbindung" an.[717] Im Falle einer Rechtswahl kann gemäß Art. 8 Abs. 1 S. 2 Rom I-VO dem Arbeitnehmer nicht der durch die zwingenden Regeln des Rechts, das ohne Rechtswahl gelten würde, gewährte Schutz entzogen werden. Zu diesen Regeln sind auch die zwingenden Regeln des deutschen Arbeitnehmererfinderrechts (vgl. § 22 ArbNErfG) zu zählen.[718] Macht danach ein Arbeitnehmer, dessen gewöhnlicher Arbeitsplatz sich in Deutschland befindet, eine Erfindung, sind die zwingenden Regeln des deutschen ArbNErfG für die Verwertung der Erfindung weltweit anwendbar, wenn keine Rechtswahl getroffen wird. Eine Rechtswahl kann den Arbeitnehmer nicht schlechter stellen, als es das ArbNErfG vorschreibt. Trifft das anwendbare Recht auch eine Entscheidung über das Recht auf das Patent, wie dies nach §§ 7 und 8 ArbNErfG für den Fall der Inanspruchnahme oder Nichtinanspruchnahme der Erfindung durch den Arbeitgeber der Fall ist, gelten diese Regeln auch für das Recht auf das Patent. Nimmt also der Arbeitgeber nach deutschem ArbNErfG die Diensterfindung „unbeschränkt" in Anspruch, geht gemäß Art. 7 Abs. 1 ArbNErfG das Recht auf das Patent für alle Staaten auf den Arbeitgeber über. Soweit jedoch ein nationales Patentrecht unter Anwendung des Territorialitätsprinzips die Eintragung zugunsten des Arbeitgebers nicht vornehmen würde, ist die dingliche Berechtigung in eine schuldrechtliche Verpflichtung des Arbeitnehmers umzudeuten, die Anmeldung vorzunehmen und das Patent auf den Arbeitgeber zu übertragen.[719] 211

---

713 Vgl. *Sack* FS Steindorff, 1990, 1333 (1335) mwN.

714 So ist nach § 6 PatG dem Erfinder das Recht auf Patenterteilung zugeordnet. Die Patentvindikation ist in § 8 PatG geregelt.

715 *Sack* FS Steindorff, 1990, 1333 (1337).

716 Zu dieser Anknüpfung schon unter Geltung des EVÜ s. *Sack* FS Steindorff, 1990, 1333 (1340 ff.).

717 Zu denken wäre an den Fall der nicht nur vorübergehenden Versendung eines deutschen Arbeitnehmers durch einen deutschen Arbeitgeber ins Ausland. Art. 8 Abs. 4 ermöglicht hier die Anwendung des gemeinsamen Heimatrechts.

718 *Sack* FS Steindorff, 1990, 1333 (1343).

719 Ähnlich *Sack* FS Steindorff, 1990, 1333 (1338).

bb) Das Recht auf das Europäische Patent nach Art. 60 Abs. 1 S. 2 EPÜ.

212 **Art. 60 EPÜ Recht auf das Europäische Patent**

(1) [1]Das Recht auf das europäische Patent steht dem Erfinder oder seinem Rechtsnachfolger zu. [2]Ist der Erfinder ein Arbeitnehmer, so bestimmt sich das Recht auf das europäische Patent nach dem Recht des Staats, in dem der Arbeitnehmer überwiegend beschäftigt ist; ist nicht festzustellen, in welchem Staat der Arbeitnehmer überwiegend beschäftigt ist, so ist das Recht des Staats anzuwenden, in dem der Arbeitgeber den Betrieb unterhält, dem der Arbeitnehmer angehört.

Gemäß Art. 60 Abs. 1 S. 1 EPÜ steht das Recht auf das Europäische Patent grundsätzlich dem Erfinder zu. Für den Fall der Diensterfindung enthält Art. 60 Abs. 1 S. 2 EPÜ eine ausdrückliche Kollisionsnorm. Danach soll sich das Recht auf das Patent nach dem Recht des Staates richten, in dem der Arbeitnehmer überwiegend beschäftigt ist. Die Regelung ist **in doppelter Hinsicht beschränkt.** Zum einen trifft sie nur eine Regelung über das **Recht auf das Patent** und damit insbesondere nicht über Ausgleichsansprüche, die dem Arbeitnehmer gegenüber dem Arbeitgeber möglicherweise zustehen. Zum anderen beschränkt sich die Regelung auf das **Europäische Patent.** Wird das Patent, beim nationalen Patentamt angemeldet oder geht es um die Berechtigung im Hinblick auf den Erwerb eines Patents in einem Drittstaat, gilt Art. 60 Abs. 1 S. 2 EPÜ nicht.

213 Die Vorschrift **weicht von der Anknüpfung nach Art. 8 Rom I-VO ab.** Sie erlaubt insbesondere keine Rechtswahl zugunsten einer anderen Rechtsordnung, die möglicherweise den Arbeitnehmer sogar besserstellen würde. Dennoch liegt kein Normenkonflikt vor. Die Rom I-VO gilt nämlich nicht für die Zuordnung von Immaterialgüterrechten und damit nicht für das Recht auf das Patent. Wenn oben (→ Rn. 210) argumentiert wurde, dass auch für das Recht auf das Patent auf das Vertragsstatut abzustellen sei, geschieht dies aufgrund **autonomen deutschen Kollisionsrechts.**

214 Unklar ist, ob es sich bei Art. 60 Abs. 1 S. 2 EPÜ um einen **Sachnormverweis** oder eine **Gesamtverweisung** handelt.[720] Die Frage ist im Schrifttum umstritten. *Rüwe* vertritt eine Auslegung als Sachnormverweis.[721] Diese Auffassung hat den Nachteil, dass sie eine gespaltene Anknüpfung in Kauf nimmt.[722] So ist es möglich, dass Art. 60 Abs. 1 S. 2 EPÜ zwingend auf das Recht des Beschäftigungsorts verweist, während die Parteien durch Rechtswahl eine andere Rechtsordnung zur Anwendung berufen haben, die dem Arbeitnehmer stärkeren Schutz gewährt. Dieses „gewählte“ Recht könnte sich in Bezug auf das Recht auf das Patent in Drittstaaten durchsetzen. Folgt man dagegen der Auffassung, wonach Art. 60 Abs. 1 S. 2 EPÜ einen Gesamtverweis enthält, käme man, wenn ein EU-Mitgliedstaat Beschäftigungsort ist, zur Anwendung von Art. 8 Rom I-VO, wonach eine Rechtswahl zulässig ist, soweit dem Arbeitnehmer nicht der zwingende Schutz im Staate des gewöhnlichen Arbeitsortes entzogen wird. So erhöht die Vorschrift als Gesamtverweisung die Wahrscheinlichkeit einer einheitlichen Anknüpfung.[723] Außerdem sorgt sie dafür, dass für das Recht auf das Europäische Patent nicht anders angeknüpft wird als für das Recht auf ein nationales Patent. Nur wenn dies gewährleistet ist, kann außerdem sichergestellt werden, dass nicht unterschiedliche Personen jeweils mit eigener materieller Berechtigung ein Europäisches Patent und ein nationales Patent beantragen.

215 **cc) Mehrzahl von angestellten Erfindern.** Vor allem in Unternehmen werden Erfindungen heute nicht mehr von Einzelpersonen hervorgebracht, sondern durch große Forscherteams. Hier treten naturgemäß bei der soeben vertretenen Anknüpfung nach den Regeln von Art. 8 Rom I-VO und Art. 60 Abs. 1 S. 2 EPÜ erhebliche Schwierigkeiten auf, denn insbesondere die Anknüpfung am gewöhnlichen Arbeitsort könnte zur Rechtszersplitterung für eine einheitliche Erfindung führen, wenn, wie heute durchaus häufig, die beteiligten Forscher auf mehrere Staaten verteilt sind.[724] Trotz dieser Schwierigkeiten ist an der **Geltung des Arbeitsvertragsstatuts** festzuhalten. Im Arbeitnehmererfindungsrecht geht es primär um die Regelung der bilateralen Rechtsbeziehungen zwischen Arbeitgeber und Arbeitnehmer. Die Beteiligung weiterer Arbeitnehmer im Ausland muss sich der einzelne Arbeitnehmer nicht entgegenhalten lassen. Im Falle des Zusammenwirkens einer Mehrheit

---

720 Im Sinne einer Gesamtverweisung grdl. *Straus* GRUR Int 1984, 1 (5); zust. etwa Staudinger/*Fezer/Koos,* 2015, IntWirtschR Rn. 1056; *Sack* FS Steindorff, 1990, 1341 (1347); s. auch *Martiny* in Reithmann/Martiny IntVertragsR Rn. 6.2966.

721 *Rüwe,* Internationales Arbeitnehmererfinderprivatrecht, 2009, 68 ff.

722 So auch *Straus* GRUR Int 1984, 1 (3 f.).

723 So auch *Sack* FS Steindorff, 1990, 1333 (1349). Historisch entsprach es dem Anliegen der Vertragsstaaten, im gesamten Bereich der EPO zur Anwendbarkeit desselben Sachrechts zu kommen. Deshalb hat man auf den Beschäftigungsort abgestellt und nicht einfach pauschal auf das nach unterschiedlichen nationalen Kollisionsnormen zu bestimmende Vertragsstatut. Zu den historischen Hintergründen dieser Regelung s. *Straus* GRUR Int 1984, 1 (5 f.).

724 Ausf. *Rüwe,* Internationales Arbeitnehmererfinderprivatrecht, 2009, 81 ff.

von Arbeitnehmern in verschiedenen Staaten ist drohenden praktischen Problemen durch die **Wahl einer einheitlichen Rechtsordnung** zu begegnen, wobei sicherzustellen ist, dass den einzelnen Arbeitnehmern ausreichender vertraglicher Schutz gewährt wird. **Fehlt es an einer Rechtswahl,** kann für die Fragen, die notwendig im Verhältnis zu allen Arbeitnehmern einheitlich zu entscheiden sind, so insbesondere für das Recht auf das Patent, in angemessener Weise nach der **Stufenleiter des Art. 8 Abs. 1 Rom I-VO** verfahren werden. Abzustellen wäre primär auf das Recht, das auf alle Arbeitsverträge der Beteiligten zur Anwendung kommt. Fehlt es hieran, kann auf den gemeinsamen Arbeitsort und schließlich auf die Niederlassung des Arbeitgebers zurückgegriffen werden.

dd) Erfinderpersönlichkeitsrecht. Dem Erfinder steht nach einigen Rechtsordnungen unabhängig davon, wem das Recht auf das Patent zusteht, ein Erfinderpersönlichkeitsrecht zu. Dieses beinhaltet den Anspruch, in der Patentanmeldung und Veröffentlichung als Erfinder genannt zu werden (vgl. § 37 Abs. 1 PatG, § 63 Abs. 1 PatG). Bei diesem Recht geht es nicht zentral um die Frage der Berechtigung, sondern darum, ob ein solches Recht überhaupt anerkannt wird. Daher sollte für das Erfinderpersönlichkeitsrecht an das **Recht des Schutzlandes** angeknüpft werden.[725] Nach Art. 8 Abs. 1 Rom II-VO ist diese Anknüpfung inzwischen sogar verbindlich. Das Recht aus der Erfindung ist ein Recht des geistigen Eigentums im Sinne dieser Kollisionsnorm (→ Rn. 177). **Auch im Falle der Diensterfindung** sollte die Anknüpfung nach dem Schutzlandprinzip erfolgen und nicht das Arbeitsvertragsstatut maßgeblich sein. Beim Erfinderpersönlichkeitsrecht geht es eben nicht nur um die Regelung eines Interessenkonflikts, der sich auf das Arbeitsrecht beschränkt, sondern zentral um das Bild des Erfinders in der Öffentlichkeit. Deshalb wäre die Anknüpfung an das Vertragsstatut nicht angemessen. 216

b) Arbeitnehmerurheberrecht; insbesondere Bestimmung der Rechteinhaberschaft. Art. 8 Rom I-VO gilt auch für die Bestimmung der Rechte und Pflichten, die sich in Bezug auf Werke ergeben, die im Rahmen eines Arbeitsverhältnisses geschaffen werden. **Zweifelhaft** ist, ob – ähnlich wie im Arbeitnehmererfinderrecht – auch im Arbeitnehmerurheberrecht für die Bestimmung des **ersten Inhabers des Urheberrechts** auf das Arbeitsstatut abgestellt werden soll und nicht auf die lex loci protectionis.[726] Die Rspr. hat sich mit dieser Frage bislang nicht ausführlich befasst. Ausdrücklich, aber ohne Diskussion, Stellung bezogen hat das LG München I im Sinne der Anwendung des Rechts des Schutzlandes.[727] Soweit dieses Gericht von einer gewohnheitsrechtlichen Begründung dieser Anknüpfung im dienst- bzw. arbeitsrechtlichen Kontext ausgeht, ist dies angesichts des Fehlens klarer Aussagen in der Rspr. und grundsätzlich unterschiedlicher Auffassungen im Schrifttum zweifelhaft. In der Rspr. des BGH lässt sich am ehesten auf die Entscheidung „Spielbankaffaire" zur Frage der Anknüpfung der Urheberschaft bei Filmwerken verweisen,[728] in der das Recht des Schutzlandes für maßgeblich gehalten wurde. Bei Filmwerken ist die Mitwirkung von angestellten Urhebern denkbar, aber nicht unbedingt notwendig.[729] Dagegen sprechen für die Anwendung des Arbeitsvertragsstatuts auch auf die Bestimmung der ersten Inhaberschaft ähnliche Gründe wie im Bereich des Arbeitnehmererfinderrechts. Das Recht des Arbeitsverhältnisses erscheint besonders sachnah. Der Rechtsverkehr im Schutzstaat ist primär an einer einheitlichen Abgrenzung des Schutzumfangs interessiert, während dessen Schutz nicht verlangt, dass eine bestimmte Person das Urheberrecht originär zugewiesen bekommt.[730] Entsprechend hat schon ***Ulmer,*** der in seiner umfassenden Studie über das IPR des Immaterialgüterrechts aus dem Jahre 1975 im Grundsatz auch für die Rechteinhaberschaft im Urheberrecht das Schutzlandprinzip für richtig befunden hat, eine Ausnahme davon für den angestellten Werkschöpfer sowie die **Orientierung am Arbeitsvertragsstatut** vorgeschlagen.[731] Entsprechend entscheidet sich ein beachtlicher Teil des Schrifttums.[732] 217

Wie *Birkmann* herausgearbeitet hat,[733] scheint der Vorstellung von *Ulmer,* wonach auch dem Arbeitgeber nach ausländischem Recht unmittelbar Urheberrechte für das deutsche Staatsgebiet 218

---

[725] So auch *Sack* FS Steindorff, 1990, 1333 (1339) mwN.

[726] Umfassend *Birkmann,* Die Anknüpfung der originären Inhaberschaft am Urheberrecht, 2009, 129 ff. (zur Rechtslage in Deutschland) und 251 ff.

[727] LG München I BeckRS 2012, 13691 – mit der Folge der Anerkennung der Urheberschaft des angestellten britischen Kartographen in Bezug auf die von ihm erstellten Seekarten.

[728] BGHZ 136, 380 (387) = GRUR Int 1998, 427 – Spielbankaffaire.

[729] Vgl. auch *Birkmann,* Die Anknüpfung der originären Inhaberschaft am Urheberrecht, 2009, 129 f.

[730] Hierzu etwa auch *Klass* GRUR Int 2008, 546 (555 f.), als Vertreterin der universellen Anknüpfung, die jedoch für die Berechtigung an den Urheberpersönlichkeitsrechten abweichend an das Recht des gewöhnlichen Aufenthalts des Werkschöpfers anknüpfen möchte.

[731] *E. Ulmer,* Immaterialgüterrechte im internationalen Privatrecht, 1975, Rn. 57.

[732] *Drobnig* RabelsZ 40 (1976), 195 (203); *Pütz* IPRax 2005, 13 (14 f.); *Spoendlin* UFITA 107 (1988), 11 (24); *Regelin,* Das Kollisionsrecht der Immaterialgüterrechte an der Schwelle zum 21. Jahrhundert, 1999, 186.

[733] *Birkmann,* Die Anknüpfung der originären Inhaberschaft am Urheberrecht, 2009, 132 ff.

zugeordnet werden können, die Vorstellung zugrunde zu liegen, dass auch nach deutschem Urheberrecht ein Rechteübergang auf den Arbeitgeber bei Fehlen einer abweichenden Vereinbarung angenommen werde. Dies hat zur Konsequenz, dass *Ulmer* den Rechteerwerb nach ausländischem Urheberrecht als einen rechtsgeschäftlichen Erwerb deutet.[734] Entsprechend differenziert er zwischen der Übertragbarkeit von Rechten und der eigentlichen Übertragung, wobei sich die Übertragbarkeit nach dem Recht des Schutzlandes zu richten habe.[735] Dies würde bedeuten, dass etwa bei Geltung von US-Recht als Arbeitsvertragsstatut der Arbeitgeber, soweit nach deutschem Recht möglich, Nutzungsrechte auch in Bezug auf das Urheberrecht in Deutschland erlangt, während vor allem das Urheberpersönlichkeitsrecht beim Schöpfer verbleibt.

219 Die **konstruktiven Schwierigkeiten des Ulmerschen Ansatzes** sind gewaltig. Will man einerseits garantieren, dass dem Werkschöpfer durch das fremde Arbeitnehmerurheberrecht nicht das Urheberpersönlichkeitsrecht abhandenkommt, muss die Berechtigung des Arbeitgebers mit einem derivativen – wenn auch gesetzlichen – Erwerb begründet werden. Dies stellt aber dann gerade das originäre Urheberrecht des Arbeitnehmers in Frage und belegt, dass nach wie vor am Recht des Schutzlandes angeknüpft wird, jedenfalls soweit es um Deutschland als Schutzland geht. Würde man dagegen mit der Orientierung am Arbeitsvertragsstatut ernst machen, würde bei Anwendung fremden Arbeitnehmerurheberrechts die grundsätzliche Entscheidung des deutschen Gesetzgebers für das monistische System und den Schutz des Urheberpersönlichkeitsrechts bedroht. Man kann die Problemlage auch anders beschreiben: Wie die Argumentation von *Ulmer* deutlich aufzeigt, liegt das Problem in der **Übertragbarkeit von Rechtspositionen.** Die Übertragbarkeit von Rechten beurteilt sich aber nach richtiger und herrschender Ansicht nach der lex loci protectionis (→ Rn. 227). Wer dagegen schon die originäre Rechteinhaberschaft dem Arbeitsstatut unterwirft, das zudem gemäß Art. 8 Abs. 1 S. 1 Rom I-VO der Rechtswahlfreiheit zugänglich ist, stellt die grundsätzliche Anwendung des Rechts des Schutzlandes auf die Übertragbarkeit von Rechten des geistigen Eigentums in Frage.

220 Auch im Rahmen von Arbeitsverhältnissen sollte daher die **originäre Inhaberschaft am Urheberrecht nach der lex loci protectionis beurteilt werden.**[736] Diese Kollisionsregel ermöglicht durchaus angemessene Ergebnisse. Wird beispielsweise Schutz für Deutschland begehrt und findet auf das Arbeitsverhältnis US-Recht Anwendung, kann eine Lösung, die den vom US-Gesetzgeber mit der work-made-for-hire-Doktrin verfolgten Wertungen entspricht und die Verwerterinteressen des Arbeitgebers berücksichtigt, durch die Anerkennung – wie *Birkmann* vorschlägt[737] – einer Übertragungsvermutung erreicht werden. Problematisch daran ist, dass über die Annahme einer solchen Vermutung nicht das Kollisionsrecht der lex fori, sondern eben das auf das Arbeitsrecht anwendbare Vertragsrecht entscheidet, wonach gerade von einer originären Zuweisung an den Arbeitgeber auszugehen wäre. Trotzdem lässt sich mit der vorgeschlagenen Übertragungsvermutung arbeiten. Die Parteien gehen in den einschlägigen Fällen von einer Verwertungsbefugnis des Arbeitgebers aus. Gerade in den Fällen, in denen das Urheberrecht des Staates, dessen Recht den Arbeitsvertrag regelt, das Urheberrecht originär dem Arbeitgeber zuweist und die Parteien sich keine Gedanken über die Anwendbarkeit abweichenden fremden Rechts machten, ist es angemessen, durch großzügige Auslegung von einer möglichst weit reichenden Rechteeinräumung an den Arbeitgeber, wie es den Interessen der Parteien entspricht, auszugehen. Ein entsprechender Vorschlag findet sich in den **CLIP Principles** (→ Rn. 375 ff.).[738] Diese folgen in Art. 3:201 (1) für die Bestimmung des Rechteinhabers dem Schutzlandprinzip, ohne hiervon für das Arbeitnehmerurheberrecht abzuweichen.[739] Nach Art. 3:202 (2) soll aber, wenn eine enge Verbindung zu einem Staat besteht, der einer work-made-for-hire-Doktrin folgt, dem ökonomisch erwünschten Ergebnis dieser Doktrin durch Auslegung des zugrunde liegenden Rechtsverhältnisses und Annahme einer rechtsgeschäftlichen Rechteübertragung bzw. -einräumung entsprochen werden.[740] Diskutieren lässt sich schließlich auch

734 Tatsächlich steht auch die amerikanische work-made-for-hire-Doktrin nicht für einen „lupenreinen" originären Erwerb. Nach § 201 (b) US Copyright Act kommt es nur zum originären Erwerb beim Arbeitgeber bzw. Auftraggeber, wenn vertraglich nichts anderes bestimmt ist. Die vertragliche Dimension der US-Regelung betonen *W. Nordemann/J. B. Nordemann* FS Schricker, 1995, 473 (477 f.).

735 *E. Ulmer,* Immaterialgüterrechte im internationalen Privatrecht, 1975, Rn. 57.

736 BeckOK Urheberrecht/*Lauber-Rönsberg* UrhG Internationales Urheberrecht Rn. 41; *Birkmann,* Die Anknüpfung der originären Inhaberschaft am Urheberrecht, 2009, 258 ff.; Dreier/Schulze/*Raue* UrhG Vor § 120 Rn. 77.

737 *Birkmann,* Die Anknüpfung der originären Inhaberschaft am Urheberrecht, 2009, 265 ff.

738 European Max Planck Group on Conflict of Laws in Intellectual Property, Principles of Conflict of Laws in Intellectual Property, 2013.

739 Dagegen ist in Art. 3:201 (3) für Rechte auf ein eingetragenes Recht (rights to claim a registered right) eine Abweichung zugunsten des Vertragsstatuts vorgesehen.

740 Dazu *Drexl* in European Max Planck Group on CLIP Art. 3:201 Rn. C02; *Kur* GRUR Int 2012, 857 (864).

darüber, die amerikanische work-made-for-hire-Doktrin als Grundlage für einen gesetzlichen derivativen Erwerb anzuwenden, soweit US-Recht als Vertragsstatut zur Anwendung berufen ist.[741]

Die danach zu befürwortende Anwendung des Schutzlandprinzips zur Bestimmung des ersten Rechteinhabers im Bereich des Urheberrechts vermeidet nicht nur dogmatische und praktische Schwierigkeiten der Anknüpfung. Sie schafft auch die notwendige Rechtsklarheit vor allem dann, wenn, wie heutzutage nicht selten, eine **größere Zahl angestellter Personen in unterschiedlichen Ländern** an der Werkschöpfung beteiligt ist (zur parallelen Problematik im Patentrecht → Rn. 215). Dies gilt besonders bei der Erstellung von Computerprogrammen, aber auch bei der Produktion von Film- und Musikwerken und Werken der Architektur. Die arbeitsvertragliche Anknüpfung könnte hier für die einzelnen Werkschöpfer durchaus zu unterschiedlichen Rechtsordnungen führen und damit eine einheitliche Anknüpfung für die Frage der Inhaberschaft unmöglich machen. 221

Auch Rechtsordnungen, die wie die deutsche im Urheberrecht das Schöpferprinzip streng durchführen, nehmen zur Kenntnis, dass letztlich der Auftrag- bzw. Arbeitgeber über die Berechtigung zur Nutzung des Urheberrechts verfügen soll. Dieses Ziel wird oft durch **Regeln über den Rechtsübergang** auf der Grundlage einer cessio legis oder von Vermutungsregeln erreicht. In Bezug auf solche Regeln stellt sich die Frage, ob diese als Teil des Rechts des Schutzlandes oder der lex causae zur Anwendung kommen. Wendet man hier, was nahe läge, die lex causae an,[742] droht ein **Normenmangel** bzw. ein **Widerspruch im Anknüpfungsergebnis infolge der gespalteten Anknüpfung.** Dies wurde besonders deutlich in der Entscheidung des LG München I, in der es um die Berechtigung der Britischen Krone in Bezug auf das Urheberrecht an Seekarten ging, die von Kartographen im Staatsdienst angefertigt worden waren. Während nach britischem Recht das Urheberrecht in seinen vermögensrechtlichen Teilen dem Staat als Arbeitgeber originär zugeordnet wird, gelangte das LG München I über das deutsche Recht als Schutzland zur originären Berechtigung des Kartographen. Das Dienstverhältnis richtete sich aber nach britischem Recht, das, da es von der originären Berechtigung des Dienstherrn ausgeht, gerade keine Vorschrift wie § 43 dt. UrhG kennt, wonach der Arbeitnehmerurheber stillschweigend dem Arbeitgeber ausschließliche Nutzungsrechte einräumt.[743] Das LG München I beseitigte den „Normenmangel" auf **kollisionsrechtlichem Weg** durch **Ausdehnung der Schutzlandanknüpfung auf die Frage des Rechteübergangs.**[744] Denkbar ist aber auch eine Lösung auf der Ebene des anwendbaren Sachrechts. Diesen Weg gehen die Principles on Conflict of Laws in Intellectual Property **(CLIP Principles).** Art. 3:201 Abs. 2 CLIP Principles schlagen vor, im Rahmen der Anwendung der lex causae den Vertrag so auszulegen, dass dem Auftrag- bzw. Arbeitgeber die entsprechenden Rechte eingeräumt werden.[745] 222

c) Erfinder- und Urhebergemeinschaften. Rechte des geistigen Eigentums schützen nicht nur Leistungen, die von Einzelpersonen erbracht werden. Gerade Erfindungen beruhen heute mehr denn je auf kooperativem Zusammenwirken verschiedenster Personen und nicht selten sogar von verschiedenen Unternehmen. Auch im Bereich des Urheberrechts sind Fälle des Zusammenwirkens verschiedener Personen an der Tagesordnung. Das nationale Recht hat hier eine Reihe von Fragen zu entscheiden, die von der Zuteilung des Rechts an mehrere Personen über die juristische Konstruktion der gemeinsamen Berechtigung hin zur Regelung des Binnen- und Außenverhältnisses reichen. Kollisionsrechtlich bewegen sich diese Fragen im Schnittfeld der immaterialgüterrechtlichen, vertraglichen und gesellschaftsrechtlichen Anknüpfung. 223

Die **kollektive Berechtigung** ist als besonderer Aspekt der Berechtigung nach den Kollisionsregeln für die originäre Rechteinhaberschaft anzuknüpfen. Nach deutschem Kollisionsrecht beurteilt sich also auch die kollektive Berechtigung nach dem Recht des Schutzlandes. Das Immaterialgüterrechtsstatut ist anzuwenden für das Ob der Berechtigung einzelner Personen, die rechtliche Konstruktion der Beteiligung sowie die Höhe der Beteiligung. Dies bedeutet etwa, dass unter Geltung deutschen Rechts als lex loci protectionis das Zusammenwirken von Komponisten zur Miturheberschaft iSv § 8 UrhG führt und bei einem Lied im Verhältnis der Berechtigung des Komponisten und des Liedtexters ein zusammengesetztes Werk iSv § 9 UrhG gegeben ist. Ebenso entscheidet deutsches Recht darüber, wer in Deutschland als Miturheber eines Filmwerkes anzusehen ist. 224

[741] So *W. Nordemann/J. B. Nordemann* FS Schricker, 1995, 473 (479 f.) aufgrund der Doppelnatur der work-made-for-hire-Doktrin zwischen Regelung der Rechteinhaberschaft und Vertragsrecht.

[742] So Staudinger/*Fezer/Koos,* 2015, IntWirtschR Rn. 1126; ebenso *De Miguel Asensio* in Kono, Intellectual Property and Private International Law, 2012, 975 Case 8 für das spanische Kollisionsrecht.

[743] Vgl. LG München I BeckRS 2012, 13691.

[744] LG München I BeckRS 2012, 13691.

[745] S. insbes. *Drexl* in European Max Planck Group on CLIP Art. 3:201 Rn. C02; *Kur* GRUR Int 2012, 857 (864).

225 Von der Frage der Berechtigung ist die Regelung der **Verwaltung des Rechts** zu unterscheiden. Hier geht es insbesondere um die Entscheidungszuständigkeit in Bezug auf die Verwertung des Rechts, die interne Verteilung der Erträge sowie die Berechtigung zur Klageerhebung gegen Dritte. Da dies Fragen sind, die vorrangig die Berechtigten berühren, spricht nichts dagegen, von der Anknüpfung an das Schutzlandprinzip abzuweichen und die Verwaltung des Rechts dem Recht der rechtlichen Beziehung, die zwischen den Berechtigten besteht, zu unterwerfen. Haben sich mehrere Personen zusammengetan, um ein Musikstück zu komponieren und dieses zu verwerten, ist damit bereits ein vertragliches Band, möglicherweise eine Gesellschaft entstanden, für die sich entsprechend **vertragsrechtlich oder gesellschaftsrechtlich anknüpfen** lässt. Entsprechendes gilt für den abgeleiteten Erwerb. So richtet sich bei kollektiver Berechtigung von **Miterben** an einem Immaterialgüterrecht nicht nur der Erbanfall, sondern auch die Verwaltung des Rechts nach dem Erbstatut.

226 Schwierig bleibt damit die Behandlung derjenigen Fälle, in denen es an einer **rechtlichen Beziehung zwischen den Berechtigten fehlt.** Denkbar ist eine solche Situation in den Fällen der Zusammenarbeit im Rahmen von **parallelen Arbeitsverhältnissen.** So besteht bei Erfindungen und Werkschöpfungen im Rahmen von Arbeitsverhältnissen nur ein vertragliches Band der einzelnen Mitwirkenden mit dem Arbeitgeber, der nicht selbst Erfinder oder Urheber sein muss, aber nicht zwischen den einzelnen Miterfindern oder Miturhebern. Hier ist es angemessen, für alle Fragen, die nicht das unmittelbare Verhältnis der einzelnen Arbeitnehmer zum Arbeitgeber betreffen, sondern das Verhältnis der Miterfinder und Miturheber zueinander, etwa wenn es um die Durchsetzung des Urheberpersönlichkeitsrechts gegen Dritte geht, auf jenes Recht abzustellen, dass die engste Verbindung zum Vorgang der Erfindung oder Schöpfung aufweist. Eine Orientierung bietet hierfür die **Stufenleiter des Art. 8 Rom I-VO.** Danach wäre primär auf das Recht abzustellen, das auf alle Arbeitsverträge der Beteiligten zur Anwendung kommt, fehlt es hieran, kann auf den gemeinsamen Arbeitsort und schließlich auf die Niederlassung des Arbeitgebers zurückgegriffen werden.

227 **4. Übertragbarkeit von Rechten und dingliche Wirkung von Lizenzen.** Das Recht des Schutzlandes regelt auch die **Übertragbarkeit** von Rechten.[746] So ist für Staaten, die der monistischen Theorie eines einheitlichen Urheberrechts mit vermögens- und persönlichkeitsrechtlichen Ausprägungen folgen (zB Deutschland), die Nichtübertragbarkeit des Stammrechts zur Kenntnis zu nehmen. Dagegen erlauben Urheberrechtsordnungen, die der dualistischen Konzeption folgen (zB Frankreich), die Übertragung der Vermögensrechte mit dem Ergebnis, dass der ursprüngliche Inhaber insoweit seine Rechtsposition vollständig verliert.

228 Wie die Übertragbarkeit unterliegt auch die **Vererblichkeit** des Schutzrechts dem Recht des Schutzlandes.[747] Dagegen richtet sich die Erbfolge nach dem Erbstatut.[748] Immaterialgüter- und Erbstatut lassen sich aber nicht immer problemlos abgrenzen. Dies ist insbesondere der Fall, soweit Rechtsordnungen spezifische erbrechtliche Regeln für einzelne Immaterialgüterrechte bereithalten. So bestimmt etwa niederländisches Urheberrecht, dass Urheberpersönlichkeitsrechte durch Testament oder Vermächtnis übertragen werden können.[749] Besondere Beachtung verdient die Regelung des französischen Urheberrechts, wonach das Folgerecht notwendig auf den Erben übergeht und nicht zum Gegenstand eines Vermächtnisses gemacht werden kann.[750] Mit dieser Vorschrift hatte sich auch der EuGH in der Rechtssache **„Salvador Dalí"** zu befassen.[751] Salvador Dalí wurde bei seinem Tode von seiner Tochter als Alleinerbin beerbt. Seine Urheberrechte hatte er aber gesamtheitlich dem spanischen Staat vermacht. Jahre später wurde eines seiner Gemälde auf einer Auktion in Frankreich veräußert. Tochter und spanischer Staat stritten sich um die Berechtigung in Bezug auf das Folgerecht. Wäre auf die Frage der Wirksamkeit des Vermächtnisses spanisches Recht als Erbstatut anwendbar, stünde das Folgerecht dem spanischen Staat als Vermächtnisnehmer zu. Wäre dagegen französisches Recht als Recht des Schutzlandes zur Anwendung berufen, wäre das Vermächtnis als

[746] BGHZ 136, 380 (387) = GRUR 1999, 152 – Spielbankaffaire; OLG München GRUR-RR 2010, 161 – Bronzeskulptur; s. auch *Metzger* in Basedow/Drexl/Kur/Metzger, Intellectual Property in the Conflict of Laws, 2005, 61, 72 f.; *Grünberger* ZVglRWiss 108 (2009), 134 (164) spezifisch für das Urheberrecht; ebenso wird im Ausland angeknüpft; s. zB *De Miguel Asensio* in Kono, Intellectual Property and Private International Law, 2012, S. 975 Case 9 (für das spanische Recht).

[747] Ähnlich wie hier Loewenheim UrhR-HdB/*Walter* § 64 Rn. 36. Für die Vererblichkeit des Urheberrechts s. OLG München GRUR-RR 2010, 161 (162) – Bronzeskulptur.

[748] So zu Recht OLG München GRUR-RR 2010, 161 (162) – Bronzeskulptur. Danach wurde auf die Vererblichkeit des deutschen Urheberrechts eines in Frankreich verstorbenen französischen Urhebers deutsches Recht und auf die Erbfolge französisches Recht angewendet; s. auch OLG Düsseldorf ZUM-RD 2007, 465 (467); OLG Köln ZUM 2011, 924 – Briefe aus Petersburg.

[749] Art. 25 Abs. 2 niederl. UrhG (Auteurswet).

[750] Art. L 123-7 franz. Gesetzbuch über das geistige Eigentum (Code de la propriété intellectuelle).

[751] EuGH Slg. 2010, I-3091 = EuZW 2010, 554 – Fundación Gala-Salvador Dalí.

unwirksam zu erachten, mit der Folge, dass das Folgerecht der Tochter als Erbin zufiele. Die letztere Auffassung würde greifen, wenn man die Frage nach der Zulässigkeit eines Vermächtnisses als Frage der Übertragbarkeit qualifizieren würde. Richtig ist es dagegen, diese Frage dem Erbstatut zuzuordnen.[752] Obgleich sich die entsprechende Regelung in einer Bestimmung des französischen Urheberrechts findet, geht es materiellrechtlich um eine erbrechtliche Fragestellung. Hierfür sprechen auch die praktischen Probleme die mit der anderen Auffassung verbunden wären. Nur die hier vertretene Auffassung garantiert, dass die Wirksamkeit des Vermächtnisses im Zeitpunkt des Todes endgültig beurteilt werden kann. Dagegen könnte bei einer immaterialgüterrechtlichen Qualifikation die Wirksamkeit des Vermächtnisses und damit der Wille des Erblassers durch das Verbringen des Kunstwerks nach Frankreich torpediert werden.[753]

Das Recht des Schutzlandes findet auch Anwendung auf die **Lizenzierbarkeit** von Rechten.[754] **229**
Zum Bereich der Lizenzierbarkeit gehört insbesondere die Frage nach den **Möglichkeiten bzw. Beschränkungen des Rechteinhabers, bestimmte Nutzungsrechte zu lizenzieren.**[755] So hat die Rspr. in Deutschland in Auslegung des **§ 31 Abs. 1 S. 2 UrhG** deutliche Grenzen der Rechtsmacht des Rechteinhabers herausgearbeitet. Mit einem grenzüberschreitenden – und in seiner rechtspolitischen Bedeutung sehr weit reichenden – Fall hatte sich das **OLG München** im sog. **„MyVideo"-Verfahren** zu befassen.[756] Dabei ging es um die rechtliche Konstruktion der grenzüberschreitenden Wahrnehmung der Online-Musik-Rechte des EMI-Repertoires durch **CELAS,** einem Gemeinschaftsunternehmen der GEMA und der britischen PRS for Music.[757] Geklagt hatte MyVideo, die in Rumänien niedergelassene Betreiberin einer Online-Plattform, in die Nutzer Videos zum freien Abruf im Streaming-Verfahren einstellen konnten. Die Klägerin begehrte die Feststellung, dass sie nicht verpflichtet sei, es zu unterlassen, über ihren Online-Dienst Musikwerke, hinsichtlich derer CELAS die Rechte zur mechanischen Vervielfältigung in Anspruch nahm, zu vervielfältigen. CELAS hatte vorgetragen, dass ihr die Rechte zur mechanischen Vervielfältigung direkt von EMI zum Zwecke der grenzüberschreitenden Lizenzierung im Rahmen eines Wahrnehmungsvertrages übertragen worden waren. Die ebenfalls für die Lizenzierung von Online-Nutzungsrechten erforderlichen Rechte in Bezug auf die öffentliche Zugänglichmachung lizenzierte CELAS lediglich im Namen der GEMA und der PRS for Music, ohne dass ihr die Rechte zur Wahrnehmung eingeräumt worden waren. Das OLG bestätigte die Feststellung des LG München I,[758] wonach **CELAS kein Unterlassungsanspruch zustehe** und begründete dies damit, dass der EMI die Rechte der mechanischen Vervielfältigung nicht wirksam übertragen worden waren. Nach § 31 Abs. 1 S. 2 UrhG lasse sich das Recht der mechanischen Vervielfältigung (§ 16 UrhG) nicht vom Recht der öffentlichen Zugänglichmachung (§ 19a UrhG) abspalten, soweit es um die Online-Nutzung gehe. Die Online-Nutzung von Musikwerken setze grundsätzlich die Benutzung beider Rechte voraus.[759] Die Anwendbarkeit deutschen Urheberrechts hat das Gericht dabei überzeugend begründet.[760] Das Gericht hielt deutsches Recht als Recht des Schutzlandes nicht nur für den Unterlassungsanspruch für anwendbar, sondern auch für die **Frage, ob die „Einräumung von Nutzungsrechten mit dinglicher Wirkung gegen Dritte zulässig ist".**[761] Überdies bestätigte das Gericht den für die Annahme einer inländischen Verwertungshandlung notwendigen Inlandsbezug, da MyVideo für seine Online-Plattform die deutsche Sprache verwendete.[762] Das Gegenargument, wonach die Aufspaltung in das Recht der öffentlichen Aufführung und dem mechanischen Recht der Vervielfältigung gängiger Praxis der Verwertungsgesellschaften im angloamerikanischen Bereich entspricht,[763] ließ das Gericht nicht gelten. Soweit eine entsprechende Aufteilung der

---

752 Das wird auch von franz. Gerichten anerkannt, s. *Lucas/Lucas-Schloetter/Bernault,* Traité de la propriété littéraire et artiistique, 6. Aufl. 2017, Rn. 1581.

753 So wie hier schon *Drexl* in European Max Planck Group on CLIPS Art. 3:301 Rn. C04.

754 So ausdrücklich für das Patentrecht LG Düsseldorf BeckRS 2012, 9682.

755 OLG München ZUM 1999, 653 (655 f.) – M – Eine Stadt sucht einen Mörder; OLG Hamburg ZUM 2015, 996 Rn. 36 – Goldrapper, zur Frage, ob Verwertungsrechte an einer Tonträgeraufnahme auch ohne die Einräumung von entsprechenden Rechten an den zugrundeliegenden Werken möglich ist.

756 OLG München GRUR-RR 2011, 1 = ZUM 2010, 709.

757 Zu CELAS und seinem Geschäftsmodell *Alich* GRUR Int 2008, 996 (1001 ff.).

758 LG München I ZUM 2009, 788.

759 OLG München GRUR-RR 2011, 1.

760 OLG München GRUR-RR 2011, 1 Rn. 48.

761 Dabei zitierte das Gericht BGH GRUR 1988, 296 (298) – GEMA-Vermutung IV; *Ullrich* ZUM 2010, 311 (321).

762 OLG München GRUR-RR 2011, 1 Rn. 48.

763 An dieser Praxis der getrennten Lizenzierung der mechanischen Rechte hat auch die Einführung eines Verwertungsgesellschaftsmonopols für die mechanischen Rechte in den USA durch den Music Modernization Act aus dem Jahre 2018 nichts geändert; s. ausf. *Hieber* ZUM 2019, 161 (insbes. 172). Diese Gesetzge-

Rechte auch für das Gebiet Deutschlands erfolge, stehe deutsches Urheberrecht als Recht des Schutzlandes entgegen.[764]

230 Das Recht des Schutzlandes und nicht das Vertragsstatut sollte über die Frage nach der **dinglichen Wirkung von – einfachen und ausschließlichen – Lizenzen** entscheiden.[765] Hier geht es nämlich darum, welche Rechte in Bezug auf ein Immaterialgüterrecht überhaupt eingeräumt werden können. Da auch Interessen Dritter betroffen sind, wäre die Anwendung des Vertragsstatuts nicht angemessen. Entsprechend liegt es für die **Wirkung von Verzichtserklärungen** (→ Rn. 283).[766] Ebenso kommt das Recht des Schutzlandes zur Anwendung auf das Vorliegen von **Sukzessionsschutz** zugunsten des Lizenznehmers.[767] Von der Frage nach der dinglichen Wirkung von Lizenzen zu unterscheiden ist die Frage nach dem Recht, das für die vertragliche Begründung dinglich wirkender Lizenzen maßgeblich ist. Folgt man der in Deutschland für urheberrechtliche Verträge geltenden Einheitstheorie (→ Rn. 200), gilt auch für dieses Geschäft das Vertragsstatut.[768]

231 Bestimmungen, die die Übertragbarkeit regeln, sind abzugrenzen von **bloßen Auslegungsregeln** und **zwingenden Regeln des Vertragsrechts,** die gleichermaßen dazu gedacht sind, die schwächere Vertragspartei zu schützen. Diese Regeln unterliegen dem Vertragsstatut und nicht der Anknüpfung an das Recht des Schutzlandes. So setzt sich einerseits § 34 Abs. 1 S. 1 UrhG, wonach ein Nutzungsrecht durch den Berechtigten nur mit Zustimmung des Urhebers übertragen werden kann, als Regelung der Übertragbarkeit immer durch, wenn Rechtsschutz für Deutschland begehrt wird (Schutzlandprinzip). Dagegen hängt die Anwendung der **Zweckübertragungstheorie nach § 31 Abs. 5 UrhG,** bei der es sich um eine Auslegungsregel handelt, von der Anwendbarkeit deutschen Rechts als Vertragsstatut ab.[769] Auch die deutsche Regelung der Einräumung von Rechten an unbekannten Nutzungsarten in §§ 31a, 32c UrhG ist vertragsrechtlich zu qualifizieren.[770] Nach den Regeln der Rom I-VO ist deshalb im Grundsatz auch für die Anwendbarkeit der Regeln über die Sicherung eines Anspruchs auf angemessene Vergütung nach §§ 30, 30a UrhG das Vertragsstatut anzuwenden. Auch soweit es sich hier um zwingende Regeln des deutschen Vertragsrechts handelt, können sie durch Rechtswahl abbedungen werden. Es handelt sich nach hier vertretener Auffassung

---

bung erleichtert lediglich den Anbietern von Online-Musikdiensten die Erlangung von Lizenzen für mechanischen Rechte.

764 OLG München GRUR-RR 2011, 1 Rn. 58. Ungeachtet der Entscheidung berühmte sich CELAS auch nach der Entscheidung noch, Lizenzen für die Online-Nutzung für Deutschland erteilen zu können. Dies liegt daran, dass der Rechtsstreit zwischen den Parteien verglichen wurde, nachdem CELAS schon Revision zum BGH eingereicht hatte. An die Stelle von CELAS ist mittlerweile die SOLAR Music Rights Management Ltd. getreten, die weiterhin auf einer Kooperation der GEMA und der britischen PRS for Music beruht. Diese Entwicklung ist eine Folge des Aufkaufs von EMI durch Sony. Entsprechend lizenziert SOLAR die Rechte für die Online- und Mobilnutzung in Bezug auf das gemeinsame angloamerikanische Repertoire von Sony/ATV und EMI Music Publishing. Siehe CELAS, Sony/ATV, PRS for Music und GEMA gründen Joint Venture zur europaweiten Lizenzierung und Verwaltung von Urheberrechten bekannt, Pressemitteilung vom 18.6.2013, https://www.gema.de/de/w/gema-prs-for-music-und-stim-grunden-joint-venture-zur-europaweiten-lizenzierung-und-verwaltung-von-musikrechten (zuletzt abgerufen am 1.5.2024).

765 So auch Art. 3:301 CLIP Principles (→ Rn. 375 ff.); *Tochtermann,* Sukzessionsschutz im Recht des Geistigen Eigentums, 2018, 246 f. Entsprechend hat auch das LG Mannheim GRUR-RR 2011, 49 (50 f.) geurteilt, indem es einerseits die Wahl von US-Recht für eine streitbeilegende Vereinbarung iS eines „convenant not to sue" (pactum de non petendo) akzeptierte, andererseits aber dann doch für die Frage der Wirkung der Vereinbarung gegenüber dem Erwerber des zugrunde liegenden Patents deutsches Recht als Recht des Schutzlandes anwandte.

766 So ausdrücklich für das Patentrecht LG Düsseldorf BeckRS 2012, 9682; 2012, 9376 in Bezug auf die Wirkung von ETSI-FRAND-Erklärungen des Inhabers von standardessenziellen Patenten. Das Gericht unterwirft diese Frage für den deutschen Teil eines Europäischen Patents dem deutschen Recht als Recht des Schutzlandes, unter gleichzeitiger Verneinung des französischen Rechts als Vertragsstatut, und verwirft danach eine Drittbegünstigung der FRAND-Erklärung.

767 *Tochtermann,* Sukzessionsschutz im Recht des Geistigen Eigentums, 2018, 216 ff., dort auch zur Abgrenzung zum Vertragsstatut, nach dem zu beurteilen ist, wie das Rechtsverhältnis zwischen den beiden Parteien auszugestalten ist.

768 Unklar ist, ob der BGH in GRUR 2010, 828 Rn. 17 f. – DiSC, die Einheitstheorie für das Markenrecht verwerfen wollte, indem er pauschal von der Anwendung deutschen Rechts auf die Übertragung einer deutschen Marke sowie österreichischen und schweizerischen Rechts auf die Übertragung österreichischer und schweizerischer Marken ausging. Die Entscheidung ist insgesamt zweifelhaft, soweit der BGH die Anwendung nationalen Rechts aus dem Territorialitätsgrundsatz ableitet.

769 Das ergibt sich unmittelbar aus der Regelung des Geltungsbereichs der Rom I-VO in Art. 12 Abs. 1 lit. a Rom I-VO. Dagegen für die Anwendung des Schutzlandprinzips Dreyer/Kotthoff/Meckel/*Kotthoff* UrhG § 120 Rn. 13.

770 So *Wille* GRUR Int 2008, 389.

um keine Vorschriften, die gemäß Art. 9 Abs. 1 Rom I-VO als Eingriffsnormen Anerkennung finden können (str.; → Rn. 272).

5. Begründung von Sicherungsrechten an geistigem Eigentum. Von großer praktischer Bedeutung ist die Frage nach Bestellung von Sicherungsrechten an Rechten des geistigen Eigentums. Immaterialgüterrechte machen heutzutage für viele Unternehmen einen Großteil ihrer Vermögenswerte aus. Gleichzeitig handelt es sich um Rechte, die oft nach ganz unterschiedlichen nationalen Rechtsordnungen begründet sind. Kollisionsrechtlich stellt sich die Frage, ob **Sicherungsrechte an einem Rechteportfolio eines Unternehmens auch nach einer einheitlichen Rechtsordnung** bestellt werden können, obwohl die Rechte, die im Portfolio enthalten sind, ganz unterschiedlichen nationalen Rechtsordnungen unterliegen. 232

Aus kollisionsrechtlicher Sicht sind bei der Bestellung von Sicherungsrechten **drei Teilfragen** zu unterscheiden:[771] **(1.)** Das **Immaterialgüterstatut** wird für die Frage relevant, **ob überhaupt ein Sicherungsrecht bestellt werden kann.** Dies ergibt sich schon aus der Anwendung des Rechts des Schutzlandes auf die Übertragbarkeit des Rechts (→ Rn. 227). Die Sicherheit soll bei Eintritt des Sicherungsfalles zur Verwertung des Rechts berechtigen; die Verwertung führt zum Verlust beim bisherigen Inhaber. Deshalb kann ein Sicherungsrecht nur bestellt werden, sofern das Immaterialgüterrecht überhaupt übertragbar ist. So lässt sich kein Sicherungsrecht an einem deutschen Urheberrecht bestellen, da diesem die Übertragbarkeit fehlt. Sehr wohl kann aber der Inhaber eines deutschen Urheberrechts dinglich wirkende Nutzungsrechte zur Sicherheit einräumen. Das Recht des Schutzlandes entscheidet schließlich auch darüber, ob die wirksame Bestellung von Sicherheiten an einem eingetragenen Immaterialgüterrecht die Eintragung in das Immaterialgüterrechtsregister voraussetzt. Gleiches gilt etwa für die Frage, ob ein Lizenznehmer für die Bestellung einer Sicherheit an seiner Lizenz der Zustimmung des Lizenzgebers bedarf. **(2.)** Die zweite Frage betrifft das auf die schuldrechtliche **Sicherungsvereinbarung** anwendbare Recht.[772] Die Sicherungsvereinbarung regelt die Rechte und Pflichten von Sicherungsgeber und Sicherungsnehmer und beurteilt sich damit nach dem **Vertragsstatut.** Für diese Vereinbarung kann das anwendbare Recht gemäß Art. 3 Abs. 1 S. 1 Rom I-VO grundsätzlich frei gewählt werden. Fehlt es an einer Rechtswahl, ist die Sicherungsvereinbarung gemäß der Ausweichklausel nach Art. 4 Abs. 3 Rom I-VO regelmäßig dem Recht zu unterstellen, das auf das gesicherte Geschäft, also etwa den Kreditvertrag, zur Anwendung kommt (→ Rom I-VO Art. 4 Rn. 324).[773] **(3.)** Von der Sicherungsvereinbarung zu unterscheiden ist die **Bestellung des Sicherungsrechts und seine Wirkung gegenüber Dritten.** Diesbezüglich stellt sich die Frage, ob Sicherungsrechte an Immaterialgüterrechten nur nach dem Recht bestellt werden können, dem das Schutzrecht unterliegt, also dem Recht des Schutzlandes, oder ob ein einheitliches Statut für Kreditsicherheiten bestimmt werden kann, nachdem Sicherungsrechte für ein gemischtnationales Portfolio von Schutzrechten bestellt werden können. 233

Für die Frage nach der richtigen Anknüpfung für Sicherungsrechte an Immaterialgüterrechten sind zunächst die **einschlägigen Wertungen** offenzulegen.[774] Für eine Anknüpfung an das **Recht des Schutzlandes** spricht die Behandlung der Bestellung von Kreditsicherheiten an Sachen. Wird beispielsweise ein Grundpfandrecht zur Sicherung einer Forderung an einem Grundstück bestellt, unterliegt das Grundpfandrecht als dingliches Recht an einer Sache notwendig dem Recht, das auf das Eigentum an dem Grundstück zur Anwendung kommt (lex rei sitae). Dieser Gleichlauf scheint schon deshalb geboten, um den Publizitätserfordernissen und den Regeln des gutgläubigen Erwerbs der lex rei sitae gerecht zu werden. Das auf den belasteten Gegenstand anwendbare Recht verlangt 234

---

771 Zu den Einzelfragen s. auch *Picht,* Vom materiellen Wert des Immateriellen, 2018, 489 f.

772 Dazu insbes. auch *Picht,* Vom materiellen Wert des Immateriellen, 2018, 494 ff. Von der Sicherungsvereinbarung ist der Rechtsgrund für die zu sichernde Verbindlichkeit abzugrenzen; hierzu *Picht* 490 ff., der argumentiert, dass mangels Rechtswahl das Darlehensvertragsstatut gemäß Art. 4 Abs. 3 Rom I-VO auch dem Immaterialgüterrechtsstatut als dem Recht der offensichtlich engsten Verbindung folgen kann. Dies sei insbes. zu argumentieren, wenn das Darlehen mit Immaterialgüterrechten einer Rechtsordnung besichert wird; *Picht,* Vom materiellen Wert des Immateriellen, 2018, 491 f.

773 So insbes. der Vorschlag in Art. 3:801 Abs. 2 S. 2 CLIP Principles; s. auch Staudinger/*Magnus,* 2011, Rom I-VO Art. 4 Rn. 413; aA dagegen *Picht,* Vom materiellen Wert des Immateriellen, 2018, 501 ff., der sich insbes. für einen Gleichlauf mit dem auf das dingliche Geschäft der Sicherungsbestellung anwendbare Recht (Sicherheitsvertragsstatut) sowie das auf die als Sicherheit eingesetzte Schutzrecht anwendbare Recht (Immaterialgüterrechtsstatut) ausspricht. Dies kann jedoch, wie auch *Picht* einräumt, nicht umfassend funktionieren, wenn die beiden letzteren Statute auseinanderfallen. Er möchte in einem solchen Fall wertungsmäßig nach Einzelpflichten aus der Sicherungsabrede unterscheiden, so dass Friktionen mit den Regeln in Bezug auf das Sicherungsrecht bzw. das Schutzrecht vermieden werden.

774 Hierfür insbes. *Heinze* in European Max Planck Group on CLIP Art. 3:802 Rn. C02 f. Zu den konkreten Wertungen s. auch *Picht,* Vom materiellen Wert des Immateriellen, 2018, 570 ff.

unter Umständen für die Wirksamkeit der Belastung eine Eintragung oder verbindet mit der Eintragung die Frage nach dem gutgläubigen lastenfreien Erwerb der Berechtigung an den belasteten Gegenstand durch den Dritten. Schließlich hängt von solchen Eintragungen häufig die Priorität bei der Bestellung mehrerer Sicherungsrechte für unterschiedliche Personen ab. Zudem hilft dieser Gleichlauf auch, schwierige Qualifikationsfragen und möglicherweise auftretende Wertungswidersprüche beim Zusammentreffen unterschiedlicher anwendbarer Rechte zu vermeiden. Allerdings sprechen auch **wichtige Argumente gegen diesen Gleichlauf.** Immaterialgüterrechte wirken heute mehr denn je als Gegenstände des internationalen Wirtschaftskreislaufs. Der Umstand, dass das Vermögen global agierender Unternehmen zu einem großen Teil in Immaterialgüterrechten besteht, die ganz unterschiedlichen Rechtsordnungen unterliegen, würde bei einem kollisionsrechtlichen Gleichlauf dazu führen, dass unterschiedlichste nationale Sicherungsrechte für die verschiedenen nationalen Rechte eines Portfolios bestellt werden müssten, was wiederum die Vornahme entsprechender Kredittransaktionen erheblich erschweren würde. Außerdem ist zu berücksichtigen, dass sich Sicherungsrechte vor allem in der Insolvenz des Sicherungsgebers bewähren müssen. Aus praktischer Sicht spricht daher manches dafür, die Bestellung einheitlicher Sicherungsrechte für ein Portfolio unterschiedlicher nationaler Schutzrechte vor allem nach dem **Recht** zuzulassen, **das auf die Insolvenz anwendbar ist.**

235 Trotz der ökonomischen Bedeutung der Problematik **fehlt es an Praxis der Gerichte.** International scheint die Überzeugung vorzuherrschen, dass auch für die Frage nach dem auf Kreditsicherheiten anwendbaren Recht auf das **Recht des Schutzlandes** abzustellen ist.[775] Ausdrückliche Kollisionsnormen schon zu Kreditsicherheiten im Allgemeinen sind selten.[776] Vor allem anhand der **einheitlichen europäischen Schutzrechte** zeigt sich, dass eine Kombination der Anwendung unterschiedlicher Rechte für das Schutzrecht einerseits und das Sicherungsrecht andererseits durchaus denkbar und für solche Rechte sogar unvermeidlich ist.[777] Beispielhaft soll hierfür auf das Recht der **Unionsmarke** Bezug genommen werden. Sofern man auch für die Bestellung von Sicherungsrechten kollisionsrechtlich auf das Recht des Schutzlandes abstellt, würde man für die Unionsmarke auf das Recht der EU verwiesen, denn Schutzland ist bei den einheitlichen europäischen Schutzrechten die EU. In Bezug auf Sicherungsrechte bestimmt die UMV, dass die Marke verpfändet und zum Gegenstand eines anderen dinglichen Rechts gemacht werden kann (Art. 22 Abs. 1 UMV) und dass dies in das Unionsmarkenregister eingetragen werden kann (Art. 22 Abs. 2 UMV). Ferner bestimmt Art. 27 Abs. 1 UMV, dass Rechte an der Marke nach Art. 22 UMV vor der Eintragung Dritten, die von der Bestellung dieser Rechte nicht wussten, nicht entgegengehalten werden können. Offengelassen wird von der UMV, welche Sicherungsrechte bestellt werden können. Da es an einem Kreditsicherheitenrecht der EU fehlt, wird eine Unteranknüpfung erforderlich. Einschlägig ist hier zunächst **Art. 19 Abs. 1 lit. a UMV** (zu dieser Vorschrift ausführlich → Rn. 146). Danach wird die Marke als Teil des Vermögens entsprechend dem **Recht des Mitgliedstaates** behandelt, in dem der **Markeninhaber zum Zeitpunkt der Eintragung seinen Wohnsitz oder seinen Sitz hatte.** Fehlt es hieran, ist subsidiär auf die Niederlassung abzustellen (Art. 19 Abs. 1 lit. b UMV). Fehlt es auch an einer Niederlassung, ist spanisches Recht als Recht des Sitzes des Amtes der Europäischen Union für Geistiges Eigentum (EUIPO) anwendbar (Art. 19 Abs. 2 UMV). Danach kann etwa ein französischer Markeninhaber seine Marke als Kreditsicherheit einsetzen. Die Frage, welche Sicherungsrechte zur Verfügung stehen und welche Rechtsakte hierfür vorzunehmen sind, beurteilt sich in diesem Fall nach französischem Recht. Im Ergebnis werden in diesem Beispiel das Unionsmarkenrecht und das französische Kreditsicherheitenrecht kombiniert.

236 Im **internationalen Immaterialgüterrecht** finden sich zudem keine zwingenden Vorgaben für das auf Sicherungsrechte anwendbare Recht. In Art. 17 Abs. 9 Regulations under the Patent Law Treaty wird lediglich das Verfahren zur Eintragung von Sicherheitsrechten angesprochen.[778] Auch ergibt sich weder aus der PVÜ noch dem TRIPS-Abkommen die zwingende Anwendung des Rechts des Schutzlandes für den Einsatz von Immaterialgüterrechten als Kreditsicherheiten. Mit

---

[775] S. die rechtsvergleichenden Hinweise bei *Heinze* in European Max Planck Group on CLIP Art. 3:802 Rn. N 02; *Kono* in Brown/Snyder, General Reports of the XVIIIth Congress of the International Academy of Comparative Law, 2012, 393 (416 ff.); s. zudem die umfassende spanischsprachige Untersuchung bei *Jiménez Gómez,* Garantías reales sobre bienes inmateriales en el comercio internacional, 2020, 213 ff.

[776] Eine Ausnahme bildet Italien; hierzu *Baratti* J. Priv. Int'l L. 6 (2010), 395 (398 f.).

[777] Zust. *Picht,* Vom materiellen Wert des Immateriellen, 2018, 561; hierzu auch *Bariatti* J. Priv. Int'l L. 6 (2010), 395 (407 ff.); *Heinze* in European Max Planck Group on CLIP Art. 3:802 Rn. N03.

[778] S. https://www.wipo.int/wipolex/en/text/288773 (zuletzt abgerufen am 1.5.2024). Der Patent Law Treaty aus dem Jahre 2000, der eine Harmonisierung des Patenteintragungsverfahrens verfolgt, gilt mittlerweile für 33 Vertragsstaaten. Die EU ist dem Abkommen nicht beigetreten. Deutschland gehört zu den Unterzeichnerstaaten, hat aber bislang nicht ratifiziert.

dem auf Kreditsicherheiten anwendbaren Recht hat sich vor allem **UNCITRAL** beschäftigt und hierfür **Modellvorschriften** entwickelt.[779] Dabei ist die UNCITRAL in zwei Schritten vorgegangen. Der erste Schritt wurde mit dem im Dezember 2008 von der UN-Vollversammlung angenommen **UNCITRAL Legislative Guide on Secured Transactions 2007** getan.[780] Dieser Legislative Guide gibt Empfehlungen an die Staaten, durch deren Umsetzung die Bestellung von Sicherheiten an Vermögensgegenständen und damit der Zugang zu Krediten erleichtert werden soll. Diesem Ziel entspricht auch die im Legislative Guide enthaltene **Recommendation 208,** nach der auf die Begründung, die Wirksamkeit gegenüber Dritten und die Priorität von Sicherheiten an unkörperlichen Vermögensgegenständen das **Recht des Staates des gewöhnlichen Aufenthalts des Bestellers der Sicherheit** Anwendung finden soll.[781] Diese Anknüpfung entspricht einer weit verbreiteten Ansicht in der kollisionsrechtlichen Lehre, die sich gegen die Zulassung einer Rechtswahl mit dem Argument ausspricht, dass über eine solche die Parteien sich über gegebenenfalls involvierte Drittinteressen hinwegsetzen könnten.[782] Gleichzeitig führt die vom Legislative Guide vorgeschlagene Anknüpfung zur Anwendbarkeit einer einheitlichen Rechtsordnung. Der Legislative Guide gilt zwar grundsätzlich auch für Sicherungsrechte an geistigem Eigentum.[783] Er stellt aber auch klar, dass er nicht spezifisch für geistiges Eigentum formuliert ist und daher nicht angewendet werden soll, sofern dies zu einem Widerspruch zum nationalen oder internationalen Immaterialgüterrecht führen würde.[784] Deshalb hat die UNCITRAL ihre Arbeiten fortgesetzt. Diese mündeten in einem zweiten Schritt in die Annahme ein **Supplement on Security Rights in Intellectual Property** im Dezember 2010 durch die UN-Vollversammlung.[785] Von zentraler Bedeutung ist **Recommendation 248.** Danach wird empfohlen, dass sich die **Begründung** des Sicherungsrechts, seine **Wirkungen gegenüber Dritten** sowie **Prioritätsfragen** nach dem **Recht des Schutzlandes** richten sollen (Recommendation 248(a)). Das Schutzlandprinzip wird jedoch aufgeweicht, soweit **alternativ** auch die Bestellung von Sicherungsrechten nach dem **Recht des Sitzes des Bestellers** zugelassen wird (Recommendation 248(b)). Nach diesem Recht sollen auch die Wirkungen gegenüber Dritten – mit Ausnahme des abgesicherten Gläubigers, des Erwerbers des Immaterialgüterrechts oder von Lizenznehmern – richten. Stets nach dem Recht des Sitzes des Bestellers soll sich die **Durchsetzung und Vollstreckung** des Sicherungsrechts richten (Empfehlung 248(c)). Letzteres befördert den Gleichlauf mit dem auf die Insolvenz des Bestellers anwendbaren Recht.

Da das europäische Kollisionsrecht auf der Grundlange der Rom I-VO lediglich im Hinblick auf **237**
die Sicherungsvereinbarung Anknüpfungsregeln enthält, bleibt es dem **nationalen Kollisionsrecht** überlassen, das auf die Bestellung von Sicherungsrechten anwendbare Recht zu bestimmen.[786] Im **deutschen Kollisionsrecht** finden sich dazu keine eindeutigen Vorgaben. Entsprechend besteht für Rspr. und vor allem Schiedsgerichte[787] ausreichend Spielraum, die Empfehlungen der UNCITRAL, aber auch Vorschläge aus der Wissenschaft aufzugreifen.[788] In Hinblick auf die letzteren ist vor allem der ausformulierte Vorschlag der **European Max Planck Group on Conflict of Laws in Intellectual Property (CLIP)** zu erwähnen.[789] Dieser Vorschlag setzt sich spezifisch zum Ziel,

[779] Dazu auch *Bariatti* J. Priv. Int'l L. 6 (2010), 395 (407 ff.); *Heinze* in European Max Planck Group on CLIP Art. 3:802 Rn. N06; *Kono/Jurčys* in Kono, Intellectual Property and Private International Law, 2012, 1 (188); *Jiménez Gómez,* Garantías reales sobre bienes inmateriales en el comercio internacional, 2020, 261 ff.; *Picht,* Vom materiellen Wert des Immateriellen, 2018, 498 f.

[780] Resolution adopted by the General Assembly, 14.12.2007, https://uncitral.un.org/sites/uncitral.un.org/files/media-documents/uncitral/en/09-82670_ebook-guide_09-04-10english.pdf (zuletzt abgerufen am 1.5.2024).

[781] Recommendation 208 UNCITRAL Legislative Guide on Secured Transactions lautet wörtlich: „The law should provide that the law applicable to the creation, effectiveness against third parties and priority of a security right in an intangible asset is the law of the State in which the grantor is located.".

[782] Gegen diese Auffassung und für die Rechtswahl *Flessner* in Eidenmüller/Kieninger, The Future of Secured Credit in Europe, 2012, 336 (343).

[783] UNCITRAL Legislative Guide on Secured Transactions, Rn. 6.

[784] UNCITRAL Legislative Guide on Secured Transactions, Rn. 33.

[785] UNCITRAL Legislative Guide on Secured Transactions – Supplement on Security Rights in Intellectual Property, 2011, https://uncitral.un.org/sites/uncitral.un.org/files/media-documents/uncitral/en/10-57126_ebook_suppl_sr_ip.pdf (zuletzt abgerufen am 1.5.2024); dazu auch *Heinze* in European Max Planck Group on CLIP Art. 3:802 Rn. N 06; *Picht,* Vom materiellen Wert des Immateriellen, 2018, 564 ff.

[786] Hiervon geht auch aus *Picht,* Vom materiellen Wert des Immateriellen, 2018, 557.

[787] Zur kollisionsrechtlichen Anknüpfung durch Schiedsgerichte in immaterialgüterrechtlichen Fällen s. *Folkman/Evans* in Halket, Arbitration of International Intellectual Property Disputes, 2012.

[788] Ebenso *Jiménez Gómez,* Garantías reales sobre bienes inmateriales en el comercio internacional, 2020, 228.

[789] Art. 3:802 CLIP Principles. S. European Max Planck Group on CLIP mit Kommentierung durch *Heinze; s. auch Jiménez Goméz* S. 269 ff.; *Kur* GRUR Int 2012, 857 (867); *Picht,* Vom materiellen Wert des Immateriellen, 2018, 544 ff.

die Bestellung von Sicherungsrechten nach einer Rechtsordnung für ein internationales Portfolio von Immaterialgüterrechten soweit als möglich zu erlauben. Dies läuft, nicht unähnlich den UNCITRAL-Empfehlungen, auf eine Kombination des Rechts des Schutzlandes mit dem Personalstatut des Bestellers hinaus. Art. 3:802 CLIP Principles unterscheidet entsprechend in zwei Absätzen zwischen der Anwendung der beiden Rechte. Art. 3:802 Abs. 1 CLIP bestimmt zunächst die Gegenstände, auf die das **Recht des Staates des gewöhnlichen Aufenthalts des Bestellers der Sicherheit zum Zeitpunkt der Bestellung** Anwendung findet. Hierzu gehören alle Regeln, die die dingliche Bestellung des Sicherungsrechts sowie seine Übertragung, Bestimmungen über die Eintragung in ein Register für Kreditsicherheiten, die Frage der Akzessorietät des Sicherungsrechts zur gesicherten Forderung, die Übertragbarkeit des Sicherungsrechts sowie die Vollstreckung betreffen. In Bezug auf die Vollstreckung wird klargestellt, dass das Recht des Schutzlandes auf die Übertragung des Immaterialgüterrechts Anwendung finden soll, soweit die Vollstreckung diese Übertragung erforderlich macht. Das **Recht des Schutzlandes** soll dagegen Anwendung finden auf die das Immaterialgüterrecht selbst betreffende Fragen, einschließlich seiner Existenz, seines Schutzumfangs und insbesondere die Frage, ob für das Recht ein Sicherungsrecht bestellt werden kann, die Inhaberschaft in Bezug auf das Immaterialgüterrecht, den gutgläubigen Erwerb von Immaterialgüterrecht und Sicherungsrecht, die Anforderungen an die Registrierung des Sicherungsrechts im Immaterialgüterrechtsregister sowie alle Fragen der Priorität und der Wirkung des Sicherheitsrechts gegenüber Dritten. Mit dieser gespaltenen Anknüpfung entsteht freilich die **Gefahr von Widersprüchen.** So kann es dazu kommen, dass das Recht des Schutzlandes die Eintragung eines Sicherungsrechts nach einer fremden Rechtsordnung in das Immaterialgüterrechtsregister gar nicht zulässt. Auf diese Problematik nimmt ein dritter Absatz Rücksicht, wonach in solchen Fällen das ausländische Sicherungsrecht soweit als möglich wie das am ehesten vergleichbare Sicherungsrecht des Rechts des Schutzlandes behandelt werden soll. Leitgedanke der CLIP Principles ist eine Unterscheidung zwischen jenen Fragen, die das Immaterialgüterrecht an sich betreffen, und jenen, die sich auf das Sicherungsrecht beziehen. Damit sollen internationale Transaktionen erleichtert und ein Gleichklang mit dem auf die Insolvenz des Inhabers des Immaterialgüterrechts anwendbaren Recht erreicht werden.[790] Zu berücksichtigen ist freilich, dass der Gleichklang mit dem Insolvenzstatut verfehlt wird, wenn der Inhaber des Immaterialgüterrechts seinen gewöhnlichen Aufenthalt nach Begründung des Sicherungsrechts in einen anderen Staat verlegt. Ausdrücklich nicht geregelt wird das auf die schuldrechtliche Sicherungsabrede anwendbare Recht (Art. 3:803 CLIP Principles). Die **CLIP-Vorschläge** führen zu einer **angemessenen Berücksichtigung der involvierten Interessen** und verdienen daher Unterstützung.[791]

238 Ein Grund, weshalb sich Gerichte kaum mit Fragen des auf Sicherungsrechte für Immaterialgüterrecht anwendbaren Recht beschäftigt, liegt nicht nur darin, dass Parteien Streitigkeiten den Schiedsgerichten zuweisen, sondern auch darin, dass die Praxis relativ problemlos das Instrument der **Sicherungsübertragung** von Immaterialgüterrechten zur Absicherung von Krediten nutzen kann. Dabei unterliegt die Übertragbarkeit des Immaterialgüterrechts der lex loci protectionis (→ Rn. 227) und die Verfügung als dingliches Rechtsgeschäft nach hier vertretener Meinung (Einheitstheorie) dem auf die schuldrechtliche Sicherungsabrede anwendbaren Recht (zum Streit zwischen Einheits- und Spaltungstheorie im Urhebervertragsrecht → Rom I-VO Art. 4 Rn. 254). Dieses Mittel der Sicherungsübertragung hilft vor allem auch beim Einsatz von **einheitlichen europäischen Rechtstiteln** als Kreditsicherheiten (→ Rn. 235).

239 **6. Umfang und Dauer des Schutzes.** Das Recht des Schutzlandes definiert schließlich den Umfang des Schutzes. Hierzu gehört insbesondere die Festlegung **der dem Rechtsinhaber eingeräumten Ausschließlichkeitsrechte** und deren **Schutzbereich.** Auch die **Schranken** und die **Dauer des Schutzes** bestimmen sich nach der lex loci protectionis. Zu keinen Abweichungen von der Schutzlandanknüpfung führen die internationale oder EWR-weite Erschöpfung, der urheberrechtliche Schutzfristenvergleich (Art. 7 Abs. 8 RBÜ) oder der markenrechtliche telle quelle-Schutz (Art. $5^{\text{quinquies}}$ PVÜ). Im Hinblick auf die **Erschöpfungsfrage** entscheidet ausschließlich das Recht des Schutzlandes, ob es der rein nationalen oder der internationalen (bzw. EWR-weiten, sog. europäischen Erschöpfung) folgt. Zum Sonderfall der EWR-weiten (europäischen) Erschöpfung → Rn. 126. Nach dem Grundsatz der **internationalen Erschöpfung** führt auch das Inverkehrbringen einer Ware im Ausland zur Erschöpfung des inländischen Verbreitungsrechts, sofern das

---

[790] *Heinze* in European Max Planck Group on CLIP Art. 3:802 Rn. C04.

[791] Der Autor dieser Kommentierung war Mitglied der CLIP-Gruppe; zust. auch *Jiménez Gómez,* Garantías reales sobre bienes inmateriales en el comercio internacional, 2020, 272 (trotz der Komplexität den systematischen Ansatz betonend); *Moura Vicente* in Moura Vicente, Propriedade Intelectual, 2018, 175 (189 f.); *Picht,* Vom materiellen Wert des Immateriellen, 2018, 572 f.

Inverkehrbringen durch den inländischen Rechtsinhaber selbst oder mit dessen Zustimmung erfolgt ist. Damit kommt nicht etwa das Recht eines anderen Staates zur Anwendung; vielmehr wird für den Rechtsschutz im Inland eine im Ausland verwirklichte Handlung mit einer Rechtsfolge nach inländischem Recht belegt. So bildet die internationale Erschöpfung keine Ausnahme vom sachrechtlichen Territorialitätsgrundsatz; denn es geht allein um die Frage, ob der Weitervertrieb im Inland eine Rechtsverletzung nach inländischem Recht begründet.[792] Beim **Schutzfristenvergleich** (Art. 7 Abs. 8 RBÜ) wird der urheberrechtliche Schutz im Schutzland auf die kürzere Schutzdauer im Ursprungsland reduziert. Auch hier handelt es sich nach richtiger Ansicht um **keine Teilanknüpfung an das Recht des Ursprungslandes.**[793] Es bleibt bei der Anwendung des Rechts des Schutzlandes, wobei dem Schutzland die Möglichkeit eingeräumt wird, Werke mit einem Ursprung in einem anderen Staat fremdenrechtlich schlechter zu behandeln. Nach dem **markenrechtlichen telle quelle-Schutz** gemäß Art. 6[quinquies] PVÜ ist eine Marke, „so wie sie im Ursprungsland eingetragen ist" (telle quelle) auf Antrag auch in den anderen Verbandsstaaten einzutragen. In der Bezugnahme auf das Ursprungsland liegt keine kollisionsrechtliche Abweichung vom Schutzlandprinzip.[794] Vielmehr bestimmt die Vorschrift nur unter Bezugnahme auf einen ausländischen Sachverhalt, wie der Schutz im Schutzland beschaffen sein muss.

7. Verletzung und Rechtsfolgen. Eng mit dem Schutzbereich und den gewährten Einzelrechten hängt die Frage zusammen, ob eine bestimmte Handlung das Schutzrecht verletzt. Nicht nur diese Frage, sondern auch alle zivilrechtlichen Folgen aus der Verletzung – **Ansprüche auf Schadensersatz, Beseitigung und Unterlassung, Auskunftserteilung und Vernichtung** – unterliegen gemäß Art. 8 Abs. 1 Rom II-VO dem Recht des Schutzlandes. **240**

a) Haftung mittelbarer Verletzer. Im Immaterialgüterrecht kommt der Frage besondere Bedeutung zu, ob und unter welchen Voraussetzungen auch „mittelbare Verletzer" für eine Rechtsverletzung verantwortlich gemacht werden können. Im deutschen juristischen Sprachgebrauch ist dies als **Störerproblematik,** im englischen unter **„contributory infringement"** bekannt. Der Zugriff auf den Dritten bietet sich vor allem dann an, wenn der Schaden, der durch einen einzelnen unmittelbaren Verletzer verursacht wird, angesichts der großen Zahl von Verletzern – etwa beim Tausch von Raubkopien im Internet – gering ist und das Vorgehen gegen mittelbare Verletzer mit Gatekeeper-Funktion – wie bei den Vertreibern von File-Sharing-Software – daher größeren Erfolg verspricht. Da die Grundsätze der Haftung „mittelbar einwirkender" Personen sehr stark durch unterschiedliche Traditionen der nationalen Zivilrechtsordnungen beeinflusst werden, kommt dem Kollisionsrecht in diesem Bereich große Bedeutung zu.[795] Gemäß **Art. 15 lit. a Rom II-VO** gelten die Kollisionsnormen der Verordnung auch für die **Bestimmung der haftenden Personen.** Zweifelhaft ist in diesem Zusammenhang zunächst die Anwendbarkeit und Bedeutung von **Art. 15 lit. g Rom II-VO,** wonach die Kollisionsregeln der VO das anwendbare Recht auch über die Haftung für die von einem anderen begangene Handlung festlegen.[796] Unzweifelhaft ist diese Vorschrift anwendbar auf die gesetzliche Haftung für das Verhalten anderer, wie der Eltern für ihre Kinder oder des Geschäftsherrn für die eingesetzte Person.[797] Für die Fälle der gesetzlichen Haftung ist man auf diese Vorschrift auch angewiesen, da es an einem eigenen Verhalten – etwa der Eltern – fehlt, für das sich etwa nach Art. 4 Abs. 1 Rom II-VO anknüpfen ließe. In diesen Fällen bestimmt sich die Haftung des Dritten akzessorisch nach dem auf die Haftung des Handelnden anwendbare Recht. Dagegen spricht für die immaterialgüterrechtliche Haftung von mittelbar handelnden Personen nichts dagegen, **Art. 8 Abs. 1 Rom II-VO unmittelbar anzuwenden.** Denn die Wahl des Schutzlandes wird der auf Erfolg bedachte Rechteinhaber so treffen, dass dieses Recht die Rechtsverletzung des mittelbar Handelnden im Inland lokalisiert. Da auch für die Haftung mittelbar handelnder Personen die Lokalisierung der Verletzung auf der Ebene des Sachrechts zu erfolgen hat, entscheidet das in Anspruch genommene Schutzrechts darüber, ob die Förderhandlung eines Dritten selbstständig oder akzessorisch im Staate der Handlung des unmittelbaren Verletzers lokalisiert wird. Zum anderen **241**

---

792 So etwa auch Fezer/*Fezer/Hauck* MarkenG Einl. Rn. 403.

793 BGH GRUR Int 2014, 610 Rn. 11 – Tarzan (Anwendung des Schutzfristenvergleichs im Rahmen der Anwendung deutschen Urheberrechts als Recht des Schutzlandes); aA *Sack* WRP 2008, 1405 (1406), der von einer Weiterverweisung auf das Recht des Ursprungslandes ausgeht; ähnlich offensichtlich Dreyer/Kotthoff/Meckel/*Kotthoff* UrhG § 120 Rn. 12: iS einer Einschränkung des Schutzlandprinzips.

794 So aber *Sack* WRP 2008, 1405 (1406). Zur näheren Abgrenzung der Anwendung der Rechte des Ursprungsstaates sowie des Eintragungsstaates s. *Sack* FS Ströbele, 2019, 371.

795 Zur Beurteilung nach geltendem Kollisionsrecht s. vor allem *Savola* IIC 45 (2014), 287; s. auch *Spindler/Leistner* GRUR Int 2005, 773.

796 Ohne weitere Diskussion für die grundsätzliche Anwendbarkeit Magnus/Mankowski/*Metzger* Art. 15 Rn. 22; s. dagegen *Kur* in Kur/Senftleben, European Trade Mark Law, 2017, Rn. 13.77.

797 S. zB Magnus/Mankowski/*Wautelet* Art. 15 Rn. 22.

stellt sich die Frage, ob für die Haftung mittelbar handelnder Personen überhaupt am Recht des Schutzlandes gemäß **Art. 8 Abs. 1 Rom II-VO oder nach der allgemeinen deliktischen Kollisionsnorm nach Art. 4 Abs. 1 Rom II-VO anzuknüpfen** ist. Dies liegt daran, dass die Grundsätze der mittelbaren Haftung – wie zB im Falle des **contributory infringement** im angloamerikanischen Rechtsraum – auf der Anwendung allgemeiner Grundsätzen des Deliktsrechts (torts) beruhen.[798] Gegen die Anwendung von Art. 4 Abs. 1 Rom II-VO spricht jedoch, dass es auch bei der Haftung mittelbarer Verletzer um die Verletzung von Rechten des geistigen Eigentums iSv Art. 8 Abs. 1 Rom II-VO geht. Vorzunehmen ist eine funktionale Qualifikation. Danach kommt es nicht darauf an, ob eine nationale Rechtsordnung die Haftung mittelbarer Verletzer allgemein deliktsrechtlich oder, wie im Falle der mittelbaren Patentverletzung nach § 10 PatG, immaterialgüterrechtlich einordnet. Entsprechend ist auch für die Haftung mittelbarer Verletzer gemäß Art. 8 Abs. 1 Rom II-VO das **Recht des Schutzlandes** anzuwenden.[799] So ist die Frage, ob neben den Personen, die Raubkopien von Musik im Internet tauschen, auch die Vertreiber von File-Sharing-Software haften, durch parallele **Anwendung des Rechts der verschiedenen Abrufstaaten** (sog. Bestimmungslandprinzip) zu beurteilen (→ Rn. 310 ff.). Entsprechend ist es möglich, dass eine Haftung auch nur für das Gebiet einzelner Staaten gegeben ist (zur Frage der Begrenzung insbesondere von Unterlassungsansprüchen → Rn. 342). Dessen ungeachtet besteht ein besonderes **Bedürfnis, für die Haftung von Intermediären im Internet die Zahl der anwendbaren Rechtsordnungen zu limitieren.**[800] Anders als die unmittelbaren Verletzer haben es die Intermediäre gerade nicht in der Hand, durch die Gestaltung der Inhalte Einfluss darauf zu nehmen, wo die Inhalte einen substanziellen Absatz finden. Vorschläge für eine solche Beschränkung wurden von der European Max Planck Group on Conflict of Laws in Intellectual Property in Form der sog. CLIP Principles entwickelt (→ Rn. 375 ff.).[801]

242 **b) Ansprüche aus Bereicherung und Geschäftsführung ohne Auftrag.** Nach **früherem deutschen Kollisionsrecht** war nicht eindeutig geregelt, wie die Anknüpfung für bereicherungsrechtliche Ansprüche im Zusammenhang mit Eingriffen in Immaterialgüterrechte zu erfolgen hat. Unter Anwendung deutschen Sachrechts bringt der Anspruch aus Bereicherungsrecht den großen Vorteil der Begründung eines Anspruchs auf finanziellen Ausgleich mit sich, ohne dass es wie bei Schadensersatzansprüchen auf das Verschulden des Verletzers ankommt. Für die Fälle der Eingriffskondiktion verweist Art. 38 Abs. 2 EGBGB auf die deliktische Anknüpfung am Begehungsort (Art. 40 Abs. 1 S. 1 EGBGB). Obwohl Art. 38 Abs. 2 EGBGB gerade auch für Eingriffe in immaterielle Güter gedacht war, war es schon nach alter Rechtslage richtig, nicht die lex loci delicti commissi anzuwenden, sondern **gemäß Art. 41 Abs. 1 EGBGB von der Geltung des Schutzlandprinzips auch für den Bereicherungsanspruch** auszugehen.[802] Tatsächlich hatte auch schon die Rspr. vor der IPR-Reform des Jahres 1999 für Bereicherungsansprüche wegen Eingriffen in das Urheberrecht die lex loci protectionis angewendet.[803]

243 Nach neuer Rechtslage bringt nun **Art. 13 Rom II-VO** die entsprechende Klarstellung. Die Vorschrift schließt die Anwendung der Art. 10–12 mit ihren Anknüpfungsregeln aus ungerechtfertigter Bereicherung, Geschäftsführung ohne Auftrag und Verschulden bei Vertragsverhandlungen zugunsten des Art. 8 aus. In Bezug auf die **Geschäftsführung ohne Auftrag** hat diese Regelung Bedeutung, soweit nach nationalem Recht ein Anspruch auf Gewinnherausgabe aus den Regeln über die GoA (zB § 687 Abs. 2 BGB) abgeleitet werden kann.

244 **8. Urheberwahrnehmungsrecht. Verwertungsgesellschaften** sind **mit Mitteln des Privatrechts agierende Unternehmen.** Die Aufgabe der Verwertungsgesellschaften ist dabei eine doppelte. Zum einen sollen sie für Rechnung der Inhaber von Urheberrechten und verwandten Schutzrechten Lizenzen erteilen, Lizenzgebühren sowie Vergütungen aufgrund gesetzlicher Vergütungsansprüche einziehen und an die Rechteinhaber verteilen. Zum anderen liegt die Verteidigung

798 S. weiterführend *Dinwoodie/Dreyfuss/Kur* Int'l L. & Politics 42 (2009), 201 (216 ff.).

799 Im Ergebnis ebenso Calliess/*de la Durantaye* Rom II-VO Art. 8 Rn. 30 f.; *Leistner* in Leible/Ohly, Intellectual Property and International Private Law, 2009, 97 (104) ohne Begr.; Magnus/Mankowski/*Metzger* Rn. 49; Torremanns EU Copyright Law Rn. 24.86 f.; *Savola* IIC 45 (2014), 287 (298 f.), allerdings mit der irrigen Vorstellung, der Verletzte könne das Recht wählen, das ihm die besten Voraussetzungen für einen Schadensersatzanspruch gibt. Entsprechend hat auch das OLG München ZUM-RR 2012, 88 (91), die Haftung von Host Providern im Internet im Zusammenhang mit Urheberrechtsverletzungen das anwendbare Recht nach Art. 8 Abs. 1 bestimmt.

800 S. besonders den Hinweis von *Matulionytė* JIPITEC 2 (2011), 26 Rn. 19 f.

801 Weiterführende Überlegungen finden sich bei *Neumann,* Die Haftung der Intermediäre im Internationalen Immaterialgüterrecht, 2014 (→ Rn. 377).

802 So iErg auch *Sack* WRP 2000, 269 (286).

803 BGHZ 136, 380 = NJW 1998, 1395 – Spielbankaffaire.

der wahrgenommenen Rechte gegen Rechtsverletzungen im Aufgabenbereich der Verwertungsgesellschaften. Den Rechteinhabern stehen entsprechend dem immaterialgüterrechtlichen Territorialitätsgrundsatz ein Bündel von nationalen Rechten zu. In aller Regel werden die Rechteinhaber ihre **Weltrechte** einer nationalen Verwertungsgesellschaft einräumen. Rechteinhaber können ihre Rechte aber auch einer ausländischen Gesellschaft einräumen. Der Umstand, dass die Verfolgung von Rechtsverstößen die Finanzierung eines beachtlichen Überwachungsapparats erfordert, führt dazu, dass die Verwertungsgesellschaften regelmäßig nur die Rechte für das jeweilige eigene Staatsgebiet lizenzieren sowie gegen Rechtsverletzungen nur in diesem Gebiet vorgehen und ihre Schwestergesellschaften auf der Grundlage sog. **Gegenseitigkeitsverträge** mit der Wahrnehmung der Rechte im entsprechend anderen Staat beauftragen. Im Lichte der Möglichkeiten des Internets wird jedoch zunehmend davon ausgegangen, dass Verwertungsgesellschaften grundsätzlich auch in der Lage sind, Verstöße im Internet weltweit aufzudecken. Damit lägen die Voraussetzungen für eine grenzüberschreitende Lizenzierung vor.[804] Damit können in Bezug auf die Tätigkeit von Verwertungsgesellschaften zahlreiche grenzüberschreitende Konstellationen auftreten, in denen vor der materiellrechtlichen Beurteilung das anwendbare Recht zu ermitteln ist.

Weder im europäischen noch im nationalen Kollisionsrecht finden sich besondere gesetzliche Bestimmungen in Bezug auf das auf die kollektive Wahrnehmung von Urheberrechten anwendbare Recht. Einschlägig sind die allgemeinen Bestimmungen, so etwa Art. 8 Abs. 1 Rom II-VO, wonach sich das anwendbare Recht auf Rechtsverletzungen unabhängig davon bestimmt, ob der Anspruch vom Rechteinhaber oder von einer Verwertungsgesellschaft geltend gemacht wird. Darüber hinaus ist die Anknüpfung aber mit beachtlichen Unsicherheiten behaftet. Dies liegt vor allem an der Stellung des Urheberwahrnehmungsrechts zwischen öffentlich-rechtlicher Aufsicht und privatrechtlicher Durchsetzung sowie an der jüngst erfolgten europarechtlichen Harmonisierung. Die **RL über kollektive Rechtewahrnehmung** zentralisiert die Aufsicht nach Art. 36 Abs. 1 RL 2014/26/EU im Mitgliedstaat, in dem die Verwertungsgesellschaft ansässig ist (sog. **Sitzlandprinzip**).[805] Gleichzeitig lässt die Richtlinie nach ihren Erwägungsgründen das **Recht der gerichtlichen Zuständigkeit und das Kollisionsrecht unberührt.**[806] Die deutsche Umsetzung, die durch das **neue Verwertungsgesellschaftengesetz (VGG)** mit Wirkung zum 1.6.2016 vorgenommen wurde,[807] stellt in ähnlicher Weise klar, dass durch das Gesetz **kein Sonderkollisionsrecht** geschaffen werden soll.[808] Die Lösung kollisionsrechtlicher Problemlagen soll vielmehr auf der Grundlage bestehenden Kollisionsrechts der Praxis überlassen werden.[809] Dennoch sind, wie im Folgenden zu zeigen sein wird, das System und die Wertungen des europäischen und nationalen Rechts bei der Ermittlung des anwendbaren Rechts zu berücksichtigen. 245

a) Öffentlich-rechtliche Aufsicht und unionsrechtliches Sitzlandprinzip. Für das Urheberwahrnehmungsrecht ist danach zwischen der öffentlich-rechtlichen und der privatrechtlichen Dimension zu unterscheiden: Für die **öffentlich-rechtliche Durchsetzung** bewirken die europäische Rechtsangleichung und daran anschließend das VGG einen grundsätzlichen Systemwechsel. Während § 1 Abs. 1 WahrnG aF den Anwendungsbereich des deutschen Wahrnehmungsrechts auf die Wahrnehmung von Rechten nach dem dt. UrhG beschränkte und damit die Geltung des Territorialitätsprinzips auf das Wahrnehmungsrecht übertrug, verzichten sowohl die RL über kollektive Rechtewahrnehmung als auch §§ 1 und 2 VGG auf eine Eingrenzung des geografischen Anwen- 246

[804] Dazu schon die Empfehlung der Kommission vom 18.10.2005 für die länderübergreifende kollektive Wahrnehmung von Urheberrechten und verwandten Schutzrechten, die für legale Online-Musikdienste benötigt werden, ABl. EU 2005 L 276, 54; sowie die kartellrechtliche Entscheidung der Kommission vom 16.7.2008, COMP/C2/38.698, KOM(2008) 3435 endg. – CISAC; teilweise für nichtig erklärt durch EuG ECLI:EU:T:2013:188 = NZKart 2013, 350 = BeckRS 2013, 80774 – CISAC/Kommission.

[805] RL 2014/26/EU des Europäischen Parlaments und des Rates vom 26.2.2014 über die kollektive Wahrnehmung von Urheber- und verwandten Schutzrechten sowie die Vergabe von Mehrgebietslizenzen für Rechte an Musikwerken für die Online-Nutzung im Binnenmarkt, ABl. EU 2014 L 84, 72.

[806] Erwägungsgrund 56 RL über kollektive Rechtewahrnehmung.

[807] Art. 1 Gesetz vom 24.5.2016 zur Umsetzung der RL 2014/26/EU, BGBl. 2016 I 1190; hierzu *Gerlach* ZUM 2016, 85; *Peifer* ZUM 2014, 453; *Staats* ZUM 2016, 82.

[808] Nicht gefolgt ist der deutsche Gesetzgeber dem Vorschlag des Max-Planck-Instituts für Innovation und Wettbewerb, klare Regelungen zum geografischen Anwendungsbereich des VGG zu schaffen. Siehe auch weiterführend als hier die vom MPI unternommene Analyse der kollisionsrechtlichen Anwendung des neuen Rechts: Stellungnahme des Max-Planck-Institut für Innovation und Wettbewerb vom 14.8.2015 zum Referentenentwurf des Bundesministeriums der Justiz und für Verbraucherschutz vom 9.6.2015 für ein Gesetz über die Wahrnehmung von Urheberrechten und verwandten Schutzrechten durch Verwertungsgesellschaften, https://www.ip.mpg.de/fileadmin/ipmpg/content/stellungnahmen/mpi_stellungnahme_vgg-e_14_08_2015.pdf (zuletzt abgerufen am 1.5.2024).

[809] RegE zur Umsetzung der RL 2014/26/EU, BT-Drs. 18/7223, 71 vom 12.1.2016.

dungsbereichs. Eine solche findet sich, was das VGG betrifft, nur in einzelnen Vorschriften – so etwa für die Erlaubnispflicht in § 77 Abs. 1 VGG. Dies bedeutet, dass das **VGG grundsätzlich auch zur Anwendung kommt, wenn Verwertungsgesellschaften Rechte nach ausländischem Urheberrecht wahrnehmen.** Diese Ausdehnung des geografischen Anwendungsbereiches auf die Wahrnehmung von Rechten nach ausländischem Urheberrecht schafft die Voraussetzung für die unionsrechtlich geforderte Konzentration der öffentlich-rechtlichen Aufsicht im Sitzstaat. Auswirkungen hat das **Sitzlandprinzip** zunächst für die **Erlaubnispflicht nach § 77 VGG,** die im Grundsatz aus dem WahrnG übernommen wurde. Der europäische Gesetzgeber hat davon abgesehen, eine Erlaubnispflicht für die Mitgliedstaaten verpflichtend zu machen. Umgekehrt sind die Mitgliedstaaten aber nicht darin gehindert, eine solche für inländische Verwertungsgesellschaften weiterhin vorzusehen.[810] Die Richtlinie verfolgt lediglich eine **Mindestharmonisierung.** Nach Erwägungsgrund 9 ist es den Mitgliedstaaten grundsätzlich erlaubt, für Verwertungsgesellschaften, die in ihrem Hoheitsgebiet niedergelassen sind, strengere Regelungen vorzusehen. Dies hat zur Konsequenz, dass der deutsche Gesetzgeber einerseits in § 77 Abs. 1 VGG die Erlaubnispflicht wie bisher auf die Wahrnehmung von Rechten nach dem deutschen UrhG beschränkt, aber andererseits Verwertungsgesellschaften mit Sitz in anderen Staaten der EU und des EWR von der Erlaubnispflicht gemäß § 77 Abs. 1 VGG im Grundsatz ausnimmt.[811] Ferner gilt das Sitzlandprinzip nicht nur für die Überwachung der **Pflichten aus dem Innenverhältnis der Verwertungsgesellschaft mit den Rechteinhabern,** sondern gemäß Art. 16 der Richtlinie auch im **Außenverhältnis gegenüber Lizenznehmern.** Das Deutsche Patent- und Markenamt (DPMA) hat danach auch die Kontrolle von deutschen Verwertungsgesellschaften zur Aufgabe, soweit sie grenzüberschreitende Lizenzen für das Gebiet anderer Mitgliedstaaten der EU oder des EWR erteilen. Diese Kontrolle erfolgt gemäß Art. 36 Abs. 1 Richtlinie über kollektive Rechtewahrnehmung auf der Grundlage der deutschen Umsetzungsvorschriften, also insbesondere unter Berücksichtigung der Regelung des Abschlusszwangs nach § 34 VGG. Umgekehrt ist dem DPMA die Möglichkeit genommen, die grenzüberschreitende Lizenzierung von Rechten nach dem dt. UrhG durch Verwertungsgesellschaften, die in anderen Mitgliedstaaten ansässig sind, zu kontrollieren. Art. 37 Abs. 2 RL 2014/26/EU räumt den Behörden des Lizenzstaates lediglich die Möglichkeit ein, die Behörde des Sitzstaates über die Lizenzierungstätigkeit der Verwertungsgesellschaft zu informieren und gegebenenfalls zu ersuchen, Maßnahmen gegenüber der Verwertungsgesellschaft zu ergreifen. Diese Regelung zeigt, dass sich **im Rechtsverkehr innerhalb der EU und des EWR** der materiellrechtliche Maßstab der Aufsicht ausschließlich nach dem **Recht des Sitzstaates** richtet. Den Behörden im Tätigkeitsstaat ist jede weitere Kontrolle verboten.[812] Dieser Grundsatz spiegelt sich auch in § 76 Abs. 2 VGG wider. Dort sieht der deutsche Gesetzgeber eine Verpflichtung des DPMA vor, die Lizenzierungspraxis von Verwertungsgesellschaften, die in anderen Mitgliedstaaten ansässig sind, nach den Regeln des Sitzstaates zu überwachen. Stellt das DPMA einen Verstoß fest, kann es gemäß der Regelung in § 86 Abs. 1 VGG, die Art. 37 Abs. 2 RL 2014/26/EU umsetzt, die Behörde des Sitzstaates informieren und um ein aufsichtsrechtliches Einschreiten ersuchen.

247 Abweichungen von diesen Grundsätzen ergeben sich für die Kontrolle von **Verwertungsgesellschaften mit Sitz außerhalb der EU und der Staaten des EWR.** Dies zeigt sich zunächst in Bezug auf die **Erlaubnispflicht.** Soweit Verwertungsgesellschaften aus Drittstaaten grenzüberschreitende Lizenzen für das deutsche Territorium erteilen, bedürfen sie gemäß § 77 Abs. 1 VGG der Erlaubnis durch das DPMA; in den Genuss der Ausnahme nach § 77 Abs. 2 VGG kommen nur Verwertungsgesellschaften aus anderen Mitgliedstaaten der EU und des EWR. Dagegen hat das DPMA – im Einklang mit den Bestimmungen der Richtlinie – die **Pflichten im Innenverhältnis zu den Rechteinhabern** gemäß §§ 9 ff. VGG grundsätzlich auch zu überwachen, soweit einer deutschen Verwertungsgesellschaft Rechte für solche Drittstaaten eingeräumt werden. Für die nationalen Bestimmungen ergibt sich dies aus dem geografisch unbeschränkten Anwendungsbereich des Gesetzes nach § 1 VGG sowie der Verpflichtung des DPMA gemäß § 76 Abs. 1 VGG, die Einhaltung aller sich aus dem Gesetz ergebenden Verpflichtungen zu überwachen.[813] Dieser

---

[810] Nach Erwägungsgrund 50 RL 2014/26/EU soll es den Mitgliedstaaten grundsätzlich freistehen, zwischen einer ex ante- und einer ex post-Kontrolle zu wählen.

[811] Im Bereich gesetzlicher Vergütungsansprüche gilt die Erlaubnispflicht jedoch gemäß § 77 Abs. 1 Nr. 1 VGG auch für Gesellschaften aus anderen Mitgliedstaaten; ebenso ist eine Erlaubnis einzuholen für die Wahrnehmung von Rechten nach § 50 VGG in Bezug auf die Kabelweitersendung sowie nach § 51 VGG in Bezug auf vergriffene Werke.

[812] So auch *Staats* ZUM 2014, 470 (472).

[813] S. auch Begr. RegE, BT-Drs. 18/7223, 95, wo ausdrücklich festgestellt wird, dass im Lichte des weiten Anwendungsbereichs des VGG nunmehr auch inländische Verwertungsgesellschaften, die nur Rechte für das Ausland wahrnehmen, der nationalen Aufsicht unterliegen.

weite Anwendungsbereich des europäischen und deutschen Wahrnehmungsrechts gewährleistet einen gleichmäßigen Schutz der Rechteinhaber aus allen Mitgliedstaaten der EU und des EWR in Bezug auf die Wahrnehmung ihrer Rechte auch in Drittstaaten. Zweifel bestehen dagegen im Hinblick auf die geografische Reichweite des Gesetzes, soweit es um die **Kontrolle der grenzüberschreitenden Lizenzierungstätigkeit** im Rechtsverkehr mit Drittstaaten geht. Erteilt eine Verwertungsgesellschaft mit Sitz in einem Drittstaat Lizenzen für das deutsche Territorium, ergibt sich aus dem europarechtlichen Sitzlandprinzip weder eine Beschränkung der Kontrolle durch das DPMA noch der Anwendung des VGG. Vielmehr ist gerade im Umkehrschluss aus § 76 Abs. 2 VGG zu folgern, dass diese Tätigkeit vollständig der Kontrolle durch das DPMA unter Anwendung der Regeln des VGG unterliegt. Im umgekehrten Fall der Erteilung von Lizenzen für das Territorium eines Drittstaates durch eine inländische Verwertungsgesellschaft ist dagegen davon auszugehen, dass es zu keiner Kontrolle durch das DPMA kommt. Der Wortlaut des § 34 VGG sowie des § 76 Abs. 1 VGG scheinen zwar von einer Anwendung deutschen Rechts und einer Kontrolle durch das DPMA auszugehen. Dieses Ergebnis widerspricht aber der Schutzrichtung des europäischen und deutschen Wahrnehmungsrechts. Am Schutz der Märkte in Drittstaaten und dortiger Lizenznehmer besteht kein Interesse. Das Sitzlandprinzip des Unionsrechts soll durch Konzentration der behördlichen Aufsicht im Sitzland lediglich die Dienstleistungsfreiheit innerhalb der EU gewährleisten. Dieses Ergebnis wird bestätigt durch die Regelung der Erlaubnispflicht in § 77 Abs. 1 VGG. Sie gilt nicht für die Wahrnehmung von Rechten im Ausland durch inländische Gesellschaften. Schließlich stellt sich noch die Frage, ob bereits der Abschluss eines **Wahrnehmungsvertrages einer Verwertungsgesellschaft mit Sitz im Ausland mit einem inländischen Rechteinhaber** als Grundlage für eine aufsichtsrechtliche Kontrolle durch das DPMA ausreicht. Dies wird in der Begründung des Regierungsentwurfs bejaht.[814] Dieser Einschätzung ist jedoch entgegenzutreten. Sie würde nämlich zu einer Aufsicht durch das DPMA über die Tätigkeit aller Verwertungsgesellschaften der Welt, die einen Vertrag auch nur mit einem im Inland ansässigen Rechteinhaber geschlossen haben, führen. Dabei käme es nicht einmal darauf an, dass der ausländischen Verwertungsgesellschaft auch Rechte nach deutschem Urheberrecht anvertraut werden. Da sich in diesen Fällen der inländische Rechteinhaber bewusst auf eine ausländische Verwertungsgesellschaft einlässt, ohne hierauf angewiesen zu sein (näher → Rn. 253), besteht kein Bedürfnis, ihn durch die deutsche Aufsicht zu schützen.

b) Grundsätze der kollisionsrechtlichen Anknüpfung. Für die verschiedenen Tätigkeits- 248
felder von Verwertungsgesellschaften bedeutet dies kollisionsrechtlich Folgendes: (1.) Klagt eine Verwertungsgesellschaft wegen Verletzung eines von ihr wahrgenommenen Rechts, ist auf die Rechtsverletzung gemäß Art. 8 Abs. 1 Rom II-VO das Recht des Schutzlandes anzuwenden. In aller Regel wird eine inländische Verwertungsgesellschaft nur Rechte für das Inland geltend machen. Ein Auslandsbezug besteht hier allenfalls, soweit auch Rechte von Ausländern geltend gemacht werden. (2.) Für den Vertrag, mit dem der Rechteinhaber der Verwertungsgesellschaft Rechte zur Wahrnehmung einräumt (Wahrnehmungsvertrag), ist nach den allgemeinen Regeln der Rom I-VO anzuknüpfen. Ein Auslandsbezug ergibt sich, soweit der Rechteinhaber ausländischer Staatsangehöriger ist oder sich sein gewöhnlicher Aufenthalt im Ausland befindet. Beim Wahrnehmungsvertrag handelt es sich um einen Dienstleistungsvertrag (Geschäftsbesorgungsvertrag), so dass mangels Rechtswahl gemäß Art. 4 Abs. 1 lit. b Rom I-VO das Recht am Niederlassungsort der Verwertungsgesellschaft zur Anwendung kommt. (3.) Im Hinblick auf die Erteilung von Lizenzen an Nutzer wird bei inländischer Lizenzvergabe regelmäßig ein ausreichender Auslandsbezug fehlen. Der Umstand, dass ein Teil der lizenzierten Urheberrechte ausländischen Rechteinhabern zusteht, dürfte für einen Auslandsbezug nicht reichen. Anders liegt es jedoch dann, wenn Lizenzen grenzüberschreitend erteilt werden. In solchen Fällen ist ebenfalls nach den Regeln der Rom I-VO das auf den Lizenzvertrag anwendbare Recht zu ermitteln. (4.) Besonders anspruchsvoll gestaltet sich die Anknüpfung bei Gegenseitigkeitsverträgen zwischen den nationalen Verwertungsgesellschaften. Wird in diesen keine Rechtswahl getroffen, fällt eine Anknüpfung nach Art. 4 Rom I-VO außerordentlich schwer. Wie die Bezeichnung dieser Verträge schon zum Ausdruck bringt, verpflichten sich die Parteien gegenseitig, das Repertoire der anderen Gesellschaft im eigenen Staatsgebiet wahrzunehmen. Die Feststellung der vertragscharakteristischen Leistung muss hier scheitern, es sei denn, man stellt auf das Recht derjenigen Gesellschaft ab, die den größeren Markt bedient. Bislang sind Gegenseitigkeitsverträge jedoch nicht Gegenstand von Rechtsstreitigkeiten geworden, die zu den Gerichten gelangt wären. Juristisch haben sich vor allem die Kartellämter mit der Kontrolle solcher Verträge beschäftigt.[815]

[814] Begr. RegE, BT-Drs. 18/7223, 95.

[815] S. vor allem Kommission KOM (2008) 3435 endg. – CISAC; EuG ECLI:EU:T:2013:188 = NZKart 2013, 350 = BeckRS 2013, 80774 – CISAC (teilweise Nichtigerklärung der Entscheidung der Kommission).

249 Das Urheberwahrnehmungsrecht verschiedener Staaten zeichnet sich ferner dadurch aus, dass es nicht nur eine öffentlich-rechtliche Aufsicht einführt, sondern auch die Rechtsverhältnisse mit den Rechteinhabern und den Nutzern (Lizenznehmern) zivilrechtlich ausgestaltet. In Betracht kommt vor allem ein **zivilrechtlicher Kontrahierungszwang.** Ein Beispiel hierfür bietet gerade das deutsche Recht, das sowohl einen Kontrahierungszwang im Verhältnis zu den Rechteinhabern (§ 9 VGG; sog. **Wahrnehmungszwang**) als auch zu den Nutzern (§ 34 VGG; sog. **Abschlusszwang**) kennt. Nach Inkrafttreten des VVG sind die einschlägigen Bestimmungen ohne Beschränkung des persönlichen Anwendungsbereichs, weder im Hinblick auf den Kreis der verpflichteten Verwertungsgesellschaften noch der berechtigten Personen, formuliert worden.[816] Deshalb kommt der Frage nach dem anwendbaren Recht besondere Bedeutung zu.[817] Die Fallvariationen sind sehr vielgestaltig. So fragt sich, ob der Wahrnehmungszwang einer deutschen Verwertungsgesellschaft auch gegenüber einem ausländischen Rechteinhaber gilt, und umgekehrt, ob auch eine ausländische Verwertungsgesellschaft dem deutschen Wahrnehmungszwang unterliegen kann, wenn ein Inländer die Wahrnehmung begehrt. Schließlich stellt sich die Frage, ob die Anwendung des § 9 VGG davon abhängen soll, ob es um die Wahrnehmung von Rechten für das deutsche Territorium geht. Für den Abschlusszwang nach § 34 VVG ist entsprechend zu klären, ob dieser auch dann zur Anwendung kommt, wenn eine ausländische Gesellschaft grenzüberschreitende Rechte für die Nutzung in Deutschland oder eine inländische Gesellschaft Rechte für das Ausland lizenziert.

250 Die privatrechtliche Dimension des Wahrnehmungsrechts wird im Bereich der Europäischen Union auch durch die **RL über kollektive Rechtewahrnehmung** verstärkt. Zwar ist zur Kenntnis zu nehmen, dass Art. 36 und 37 RL 2014/26/EU über kollektive Rechtewahrnehmung lediglich die verwaltungsrechtliche Aufsicht durch nationale Behörden regeln. Daneben bestimmt die Richtlinie aber auch Rechte von Einzelpersonen, die diesen unmittelbar gegenüber den Verwertungsgesellschaften zustehen. So statuiert Art. 5 Abs. 1 RL 2014/26/EU über kollektive Rechtewahrnehmung eine Sicherstellungspflicht der Mitgliedstaaten bei der Verwirklichung der in den Absätzen 2 bis 8 niedergelegten „Rechte" der Rechteinhaber. Dieser Sicherstellungspflicht können die Mitgliedstaaten wohl nur durch Einräumung von unmittelbaren Ansprüchen sowie Mitgliedschaftsrechten der Rechteinhaber nachkommen. Entsprechend ist das Recht, sich die Verwertungsgesellschaft auszusuchen, die der Rechteinhaber mit der Wahrnehmung seiner Rechte betraut, als zivilrechtlicher Wahrnehmungszwang auszugestalten (geschehen durch § 9 VGG).[818] Dem steht nicht entgegen, dass die Behörde des Sitzstaates verwaltungsrechtliche Maßnahmen nach Art. 36 Abs. 1 RL 2014/26/EU über kollektive Rechtewahrnehmung treffen kann, sofern die Gesellschaft ihrer Kontrahierungspflicht verletzt. Entsprechendes gilt für die Ausgestaltung des Rechtsverhältnisses zwischen der Verwertungsgesellschaft und den Nutzern (Art. 16 f. RL 2014/26/EU über kollektive Rechtewahrnehmung). Auch wenn dort nicht von „Rechten" des Nutzers gesprochen wird, entspricht gerade die zivilrechtliche Ausgestaltung mit Rechten und Pflichten am besten einer wirksamen Umsetzung der Sicherstellungspflicht durch die Mitgliedstaaten.[819]

251 Da weder die RL über die kollektive Rechtewahrnehmung noch das VGG Vorgaben für die kollisionsrechtliche Anknüpfung in privatrechtlich gelagerten Fällen des Wahrnehmungsrechts enthalten, bleibt es der Praxis überlassen, hierfür die entsprechenden Grundsätze zu entwickeln. Abgesehen von ganz wenigen wissenschaftlichen Beiträgen, zu denen seit Jahren diese Kommentierung sowie eine kürzlich erschiene Dissertation[820] gehören, fehlte es lange an zentralen Wegweisungen. Mit dem Erlass der sog. **Kyoto Guidelines der International Law Association** aus dem Jahre 2020 hat sich dies merklich geändert.[821] In Guideline 27 findet sich ein formulierter Vorschlag für das Internationale Wahrnehmungsrecht, auf den sich in der Zukunft Gerichte beziehen können.[822] Guideline 27 **unterscheidet** konsequent zwischen dem Wahrnehmungs- und dem Lizenzie-

---

816 Vor allem die Aufgabe der Beschränkung des persönlichen Anwendungsbereichs wird im Schrifttum zur Kenntnis genommen; s. Wandtke/Bullinger/*Gerlach* VGG § 9 Rn. 6.

817 Zur grenzüberschreitenden Anwendung von Wahrnehmungs- und Abschlusszwang, einschließlich der kollisionsrechtlichen Aspekte, s. *Drexl* FS Vogel, 2017, 227.

818 S. auch *Drexl* FS Vogel, 2017, 227 (241 f.).

819 S. auch *Drexl* FS Vogel, 2017, 227 (248 f.).

820 *Sutterer,* Das Kollisionsrecht der kollektiven Rechtewahrnehmung, 2024.

821 ILA Committee on Intellectual Property and Private International Law, Guidelines on Intellectual Property and Private International Law („Kyoto Guidelines"), ILA Resolution 6/2020, JIPITEC 12 (2021) 86. In diesem ersten Heft des Jahres 2021 der Online-Zeitschrift JIPITEC wurden auch die Kommentierungen der Vorschriften der Komiteemitglieder veröffentlicht. Zu den Mitgliedern der Forschergruppe gehörte auch der Autor dieser Kommentierung.

822 Siehe hierzu die Kommentierung bei *Drexl* in Ancel/Binctin/Drexl/van Eechoud/Ginsburg/Kono/Lee/Matulionyte/Treppoz/Moura Vicente JIPITEC 12 (2021) 43 Rn. 80 ff., sowie *Drexl* FS Schack, 2022, 123 (129 ff.).

rungsstatut. Danach sollen gemäß Guideline 27 Abs. 2 alle Fragen, die das Verhältnis der Verwertungsgesellschaft zu den Lizenznehmern betreffen, durch das **Recht des Schutzlandes** geregelt werden **(Lizenzierungsstatut).** Dagegen optiert Guideline 27 Abs. 1 für eine Abkehr vom Schutzlandprinzip und weist das Verhältnis der Gesellschaft zu den Rechteinhabern der Regelung durch das **Recht im Staate des Sitzes der Verwertungsgesellschaft** zu **(Wahrnehmungsstatut).**[823]

c) Das Wahrnehmungsverhältnis im Besonderen. Im Zentrum der Rechte des Rechteinhabers gegenüber der Verwertungsgesellschaft steht der **Wahrnehmungszwang** (Art. 8 Abs. 2 RL 2014/26/EU über kollektive Rechtewahrnehmung; § 9 VGG). Die Anknüpfung ist hierfür nicht eindeutig geregelt. **Abzulehnen** ist zunächst eine **vertragsrechtliche Anknüpfung** nach den Regeln der Rom I-VO. Hiergegen spricht der von der Rom I-VO bestimmte Anwendungsbereich. Nach **Art. 10 Abs. 1 Rom I-VO** sieht die Verordnung zwar Kollisionsregeln für das „Zustandekommen" des Vertrages vor. Damit erfasst sind aber nur die Regeln über den Vertragsschluss und die für die Wirksamkeit des Vertrages aufgestellten Voraussetzungen. Der zivilrechtliche Anspruch auf Vertragsschluss bildet dagegen einen gesetzlichen Anspruch, der dem Vertragsschluss vorgelagert ist.[824] Darüber hinaus **scheitert eine Anknüpfung nach der Rom II-VO,** einschließlich **Art. 8 Rom II-VO.** Der Anspruch des Rechteinhabers gegen die Verwertungsgesellschaft auf Wahrnehmung resultiert nicht aus einer Haftungssituation wie von Art. 2 Abs. 1 Rom II-VO (→ Rn. 175) normiert.[825] Entsprechend kommt es auf das **nationale Kollisionsrecht** an.[826] Zu denken wäre insoweit an die **Schutzlandanknüpfung.** Hierfür sprach nach der früheren Rechtslage gemäß § 6 WahrnG aF, dass der Wahrnehmungszwang dem Inhaber des Rechts einen Anspruch auf Wahrnehmung mit dem Ziel verschaffen sollte, die Verwertung der gesetzlichen Befugnisse des Rechteinhabers nach dem UrhG zu gewährleisten.[827] Entsprechend galt der Wahrnehmungszwang auch nur für Rechte nach dem dt. UrhG.[828] Die Zugehörigkeit des Wahrnehmungszwangs zum Urheberrecht ist vor allem dort überzeugend, wo der Gesetzgeber urheberrechtliche Rechtspositionen verwertungsgesellschaftspflichtig ausgestaltet. Die immaterialgüterrechtliche Qualifikation überzeugt aber auch jenseits verwertungsgesellschaftspflichtiger Rechte, denn auch im Bereich der freien Lizenzierung soll der Wahrnehmungszwang das gesetzgeberische Programm des Urheberrechts verwirklichen helfen, dem Rechteinhaber einen angemessenen Ausgleich für die Werkschöpfung zu ermöglichen. **252**

Trotzdem erscheint die **Schutzlandanknüpfung nach heutigem Wahrnehmungsrecht nicht mehr angemessen.** Sowohl das europäische (Art. 8 Abs. 2 RL 2014/26/EU über kollektive Rechtewahrnehmung) als auch das deutsche Wahrnehmungsrecht (§ 9 VGG) verfolgen gerade das Ziel, dem Rechteinhaber die freie Wahl der Verwertungsgesellschaft unabhängig davon zu erlauben, ob es sich um die Wahrnehmung nach nationalem oder ausländischem Recht handelt. Umgekehrt besteht kein berechtigtes Bedürfnis eines Staates, den eigenen Wahrnehmungszwang über das Schutzlandprinzip auch gegenüber einer ausländischen Verwertungsgesellschaft durchzusetzen. Für Gesellschaften aus anderen Mitgliedstaaten der EU und des EWR liegt dies unmittelbar auf der Hand, denn für diese sichert gerade Art. 8 Abs. 2 RL 2014/26/EU ein ausreichend hohes Schutzniveau ab. Aber auch im Hinblick auf Verwertungsgesellschaften aus Drittstaaten sollte nichts anderes gelten, da hier Rechteinhaber den grenzüberschreitenden Wettbewerb zwischen Verwertungsgesellschaften nutzen können und somit keines besonderen Schutzes bedürfen.[829] Dies gilt insbesondere für den Wahrnehmungszwang nach § 9 VGG. Dieser rechtfertigt sich aus der starken Marktstellung der nationalen Verwertungsgesellschaft auf dem inländischen Wahrnehmungsmarkt. Über eine entsprechende Rechtsstellung verfügt dagegen die ausländische Gesellschaft gegenüber inländischen Rechteinhabern in Bezug auf die Geltendmachung von Rechten nach deutschem Urheberrecht nicht. Anders liegen die Interessen allenfalls, soweit entweder das ausländische Urheberrecht spezielle Rechte vorsieht, die dem deutschen Recht vollkommen fremd sind, oder weil es an einem Gegenseitigkeitsvertrag mit der deutschen Gesellschaft fehlt. In beiden Fällen ist auch der deutsche Rechteinhaber auf die Rechteeinräumung an die ausländische Gesellschaft angewiesen.[830] Im ersten Fall **253**

---

823 Dazu *Drexl* FS Schack, 2022, 123 (131 f.).

824 *Drexl* FS Vogel, 2017, 227 (245 f.).

825 *Drexl* FS Vogel, 2017, 227 (246).

826 *Drexl* FS Vogel, 2017, 227 (246).

827 Zum Teil wird sogar argumentiert, die Beschränkung des Wahrnehmungsrechts auf die Wahrnehmung des nationalen Rechts ergebe sich zwingend aus dem Territorialitätsgrundsatz; so *Eckel* GRUR Int 2017, 948 (948).

828 Schricker/Loewenheim/*Reinbothe,* Urheberrecht, 4. Aufl. 2010, WahrnG § 6 Rn. 2.

829 *Drexl* FS Vogel, 2017, 227 (246 f.).

830 Hierzu auch EuGH Slg. 1983, 483 = ECLI:EU:C:1983:52 – GVL. Der EuGH bestätigte die Kommissionsentscheidung, in der die Ablehnung der Wahrnehmung von Rechten der ausübenden Künstler aus anderen Mitgliedstaaten nach deutschem Urheberrecht durch die GVL als Missbrauch einer marktbeherrschenden

werden aber schon keine Rechte nach deutschem Recht wahrgenommen, so dass der Umstand, dass hier Rechte eines Inländers wahrgenommen werden, nicht ausreichen kann, um den deutschen Wahrnehmungszwang durchzusetzen. Und auch im zweiten Fall des Fehlens eines Gegenseitigkeitsvertrages ist das deutsche Regelungsinteresse eher gering, zumal die Durchsetzung des deutschen Wahrnehmungszwangs tief in die Grundstrukturen ausländischer Verwertungsgesellschaften eingreifen könnte.[831] Richtig ist es daher, für den Wahrnehmungszwang ausschließlich auf das **Recht des Staates** abzustellen, **in dem die Verwertungsgesellschaft ihren Sitz hat.**[832] Da es an einer ausdrücklichen Regelung der Anknüpfung für den Wahrnehmungszwang im europäischen und deutschen Recht fehlt, verfügt die Rspr. über ausreichende Flexibilität, diesem Vorschlag de lege lata zu folgen. Diese Anknüpfung hat überdies den Vorteil, dass sie zu einem Gleichklang des anwendbaren Rechtes bei der privatrechtlichen und öffentlich-rechtlichen Durchsetzung des Wahrnehmungsrechts im Rechtsverkehr innerhalb der EU und dem EWR führt (→ Rn. 246 f.).

254 Das **Recht des Sitzlandes** sollte auch auf den **Wahrnehmungszwang** in Bezug auf **gesetzliche Vergütungsansprüche** und **verwertungsgesellschaftspflichtige Rechte** Anwendung finden. Die Gegenansicht,[833] die sich im Grundsatz für die Anwendung des Rechts des Schutzlandes ausspricht, verweist darauf, dass Vergütungsansprüche im Rahmen von Schrankenbestimmungen und verwertungspflichtige Rechte spezifisch urheberrechtliche Ziele, wie insbesondere die Förderung des Zugangs zu Werken, verfolgen. Der Vorschlag der Gegenansicht muss aber auch konkretisieren, welcher Umstand die Wahrnehmungspflicht überhaupt auslöst. Erkennbar möchte sie es nicht allein ausreichen lassen, dass das ausländische Recht einen Wahrnehmungszwang vorsieht, denn dies ginge eindeutig zu weit, da als Folge die inländische Verwertungsgesellschaft verpflichtet würde, Gegenseitigkeitsverträge mit den Partnergesellschaften aller anderen Staaten abzuschließen, die einen Wahrnehmungszwang vorsehen.[834] So erkennt auch die Gegenansicht, die Notwendigkeit, die Geltung des Rechts des Schutzlandes einzuschränken.[835] In einem ersten Schritt, scheint diese Ansicht zu verlangen, dass sich die inländische Gesellschaft die Ansprüche und Rechte überhaupt hat einräumen lassen. Diesbezüglich ergeben sich aber schon dogmatische Bedenken, den die Frage, welcher Umstand die Wahrnehmungspflicht auslöst, wäre im Prinzip erst auf der Ebene des anwendbaren Rechts zu entscheiden. Zudem wird der Wahrnehmungszwang gerade gebraucht, wenn die Verwertungsgesellschaft den Vertragsschluss über die Wahrnehmung verweigert. Die Gegenansicht geht jedoch noch einen Schritt weiter. Sie möchte das Recht des Schutzlandes – im Sinne einer negativen Ausnahme – nicht zur Anwendung bringen, soweit die Verwertungsgesellschaft das betreffende Recht oder den Vergütungsanspruch im Schutzland „aktiv und selbständig", dh nicht über Gegenseitigkeitsverträge, wahrnimmt.[836] Damit stellt sie aber die Anwendung des ausländischen Wahrnehmungszwangs generell zur Disposition der Verwertungsgesellschaft, was wiederum unvereinbar ist mit dem Zweck des Wahrnehmungszwangs auf der Ebene des Sachrechts, die Verwertungsgesellschaft zur Wahrnehmung zu verpflichten. Umgekehrt führt die Anwendung des Rechts des Sitzstaates zu keinen Schutzlücken. Es erscheint grundsätzlich angemessen, es dem Gesetzgeber des Sitzlandes zu überlassen, ob und in welchen Fällen inländische Verwertungsgesellschaften verpflichtet sein sollen, Rechte für das Ausland wahrzunehmen. Die Regelung des deutschen Rechts in **§ 9 VGG,** wonach die Gesellschaft selbst entscheidet, für welche Gebiete es Rechte wahrnimmt, führt insoweit zu keinen Bedenken, unabhängig davon, ob es um die Wahrnehmung gesetzlicher Vergütungsansprüche oder ausschließlicher Rechte geht. In Umsetzung der VG-RL sichert § 10 VGG zudem ab, dass Rechteinhaber nicht gezwungen werden können, der Gesellschaft auch die Rechte für das Ausland einzuräumen. Dem Rechteinhaber bleibt die Möglichkeit, die Wahrnehmung im Schutzland unmit-

---

Stellung eingestuft wurde. Diese Entscheidung ist vor allem deshalb überzeugende, weil zur Zeit der Ablehnung die verwandten Schutzrechte in den Mitgliedstaaten noch nicht harmonisiert waren und verschiedene Mitgliedstaaten noch keinen Vergütungsanspruch für die Zweitverwertung der Darbietungen kannten. Als Folge davon gabe es auch kein flächendeckendes System von Gegenseitigkeitsverträgen. Ausländische Rechteinhaber waren daher auf die unmittelbare Wahrnehmung ihrer Rechte in Deutschland durch die GVL angewiesen.

831 *Drexl* FS Vogel, 2017, 227 (247).

832 So schon die Stellungnahme des MPI für Innovation und Wettbewerb Stellungnahme des Max-Planck-Institut für Innovation und Wettbewerb vom 14.8.2015 zum Referentenentwurf des Bundesministeriums der Justiz und für Verbraucherschutz vom 9.6.2015 für ein Gesetz über die Wahrnehmung von Urheberrechten und verwandten Schutzrechten durch Verwertungsgesellschaften, Rn. 30, https://www.ip.mpg.de/fileadmin/ipmpg/content/stellungnahmen/mpi_stellungnahme_vgg-e_14_08_2015.pdf (zuletzt abgerufen am 1.5.2024); s. auch *Drexl* FS Vogel, 2017, 227 (247).

833 *Sutterer,* Das Kollisionsrecht der kollektiven Rechtewahrnehmung, 2024, S. 266 ff.

834 So auch *Sutterer,* Das Kollisionsrecht der kollektiven Rechtewahrnehmung, 2024, S. 270.

835 *Sutterer,* Das Kollisionsrecht der kollektiven Rechtewahrnehmung, 2024, S. 269 ff.

836 *Sutterer,* Das Kollisionsrecht der kollektiven Rechtewahrnehmung, 2024, S. 272.

telbar durch Beauftragung der dortigen Gesellschaft zu gewährleisten. Soweit ein Recht des Sitzstaates keine entsprechenden Vorkehrungen vorsieht, ist dies hinzunehmen. Es ist nicht die Aufgabe des Kollisionsrechts, für ein generell hohes Schutzniveau der Rechteinhaber im Wahrnehmungsrecht zu sorgen. Dies sollte dem Wettbewerb der Rechtsordnungen überlassen bleiben.

Wie soeben angedeutet, regelt das europäische und deutsche Wahrnehmungsrecht nicht nur das „Ob" der Wahrnehmung (Wahrnehmungszwang), sondern auch, nach welchen Regeln das Wahrnehmungsverhältnis auszugestalten ist. Hierzu gehören etwa die Regeln über die Beendigung der Wahrnehmung nach Art. 8 Abs. 4–6 RL 2014/26/EU und § 12 VVG. Wählt der Gesetzgeber insoweit eine Ausgestaltung als **zwingendes Vertragsrecht,**[837] ist darauf zu achten, dass insoweit die Rom I-VO Geltung beansprucht. Dies ermöglicht der Verwertungsgesellschaft im Prinzip, nach Art. 3 Abs. 1 Rom I-VO ein ihr günstigeres Recht zu wählen. Fehlt es an einer Rechtswahl, gelangt man über Art. 4 Abs. 2 Rom I-VO jedenfalls zum Recht am Sitz der Verwertungsgesellschaft, die beim Wahrnehmungsvertrag die vertragscharakteristische Leitung erbringt. Insoweit käme dasselbe Recht zur Anwendung wie auf den Wahrnehmungszwang. Die Frage, ob die entsprechenden Bestimmungen in Art. 8 RL 2014/26/EU und der nationalen Umsetzungsvorschriften als Eingriffsnormen iSv Art. 9 Rom I-VO angesehen werden müssen, die sich gegen eine abweichende Rechtswahl durchsetzen, ist eher theoretischer Natur. Denn jedenfalls müsste die Aufsichtsbehörde des Sitzstaates gegen eine solche Vertragsgestaltung aufsichtsrechtlich vorgehen. Soweit den Rechteinhabern als Mitglieder und Berechtigte **besondere Mitwirkungsrechte in der Organisation der Verwertungsgesellschaft** verbürgt werden, stellt sich die Frage, ob hierüber das auf die Organisation anwendbare Statut (Gesellschaftsstatut) oder ein gesondertes **Wahrnehmungsstatut** entscheidet. Letzteres erscheint vorzugswürdig, da die Rechte, die die Richtlinie und das VGG verbürgen, nicht zur Anwendung kommen, weil sich die Verwertungsgesellschaft für eine besondere Organisationform entschieden hat, sondern weil – unabhängig von der Organisationsform – treuhänderisch Urheberrechte wahrgenommen werden. Dieses Wahrnehmungsstatut sollte unter Anlehnung an das Sitzlandprinzip, das die verwaltungsrechtliche Durchsetzung in der EU beherrscht, unter Anknüpfung an den Sitz der Verwertungsgesellschaft bestimmt werden. 255

Die **Kyoto Guidelines** folgen mit der Anerkennung eines eigenen Wahrnehmungsstatuts und der Anwendung des Rechts des Sitzstaates den dargestellten Regelungen. Guideline 27 Abs. 1 listet hierfür die verschiedenen Regelungsfragen gesondert auf, nämlich Anforderungen an die **gesellschaftsrechtliche Struktur** von Verwertungsgesellschaften sowie die gesetzliche verbürgten **Rechte des Rechteinhabers gegenüber der Verwertungsgesellschaft,** auch soweit der Rechtinhaber hierbei von einer anderen Gesellschaft vertreten wird. Für diese Rechte nennt Guideline 27 Abs. 1 b) verschiedene Beispiele: das Recht und die Bedingungen, Mitglied der Gesellschaft zu werden, das Recht und die Bedingungen die Wahrung von Rechten auf die Gesellschaft zu übertragen (also insbesondere auch die Regelung eines Wahrnehmungszwangs), die auf die Berechnung und Verteilung der Einnahmen anzuwendenden Regeln sowie das Recht und die Bedingungen auf Zugang zu Verfahren der alternativen Streitbeilegung. 256

d) Das Lizenzverhältnis im Besonderen. Soweit es um den **Abschlusszwang** im Verhältnis der Verwertungsgesellschaften zu den Nutzern (§ 34 VGG) sowie die Regelung der **Tarifkontrolle** (§§ 35 ff. VGG) geht, erscheint allein die Anknüpfung nach dem **Schutzlandprinzip** angemessen.[838] Wie beim Wahrnehmungszwang (→ Rn. 252) ist eine vertragsrechtliche Qualifikation abzulehnen.[839] Es geht um einen gesetzlichen Anspruch auf Vertragsschluss zu bestimmten Tarifkonditionen, der dem Vertragsschluss vorgelagert ist. Auch ergibt sich die Anwendung des Schutzlandprinzips nicht aus Art. 8 Abs. 1 Rom II-VO. Den beim Abschlusszwang wird kein gesetzlicher Anspruch des Inhabers des Immaterialgüterrechts geregelt, sondern gerade gegen eine Gesellschaft, die Interessen der Rechteinhaber vertritt.[840] Mangels einer europarechtlichen Kollisionsnorm ist folglich für die Begründung der Schutzlandanknüpfung auf das **nationale Kollisionsrecht** zurückzugreifen. Für die Anwendung des Schutzlandprinzips spricht, dass sich der Abschlusszwang und die Regeln über die Tarifkontrolle als rechtliche Ausgestaltung des Urheberrechts verstehen lassen. Der Abschluss- 257

---

837 Dies ist für § 12 VGG gerade zweifelhaft, da die Vorschrift lediglich bestimmt, wie die Verwertungsgesellschaften ihre Verträge zu gestalten haben. Für die Auslegung als unmittelbar geltendes Vertragsrecht spräche der Grundsatz der vollständigen Wirkung der Unionsrechts sowie die Sicherstellungspflicht nach Art. 5 Abs. 1 RL 2014/26/EU, die sich auf das „Haben" dieser Rechte bezieht.

838 S. auch *Drexl* FS Vogel, 2017, 227 (250 f.); umfassend *Sutterer,* Das Kollisionsrecht der kollektiven Rechtewahrnehmung, 2024, 348 ff.

839 Ebenso *Sutterer,* Das Kollisionsrecht der kollektiven Rechtewahrnehmung, 2024, 362 ff.; aA *Matanovac Vučković* IIC 47 (2016), 28 (53), die die Regeln der Tarifkontrolle als zwingendes Vertragsrecht einordnet und daher für eine Bestimmung des anwendbaren Rechts nach der Rom I-VO plädiert.

840 *Drexl* FS Vogel, 2017, 227 (250).

zwang und die Regeln über die Tarifkontrolle stehen den **Schranken des Urheberrechts,** für die das Schutzlandprinzip ebenfalls Geltung beansprucht (→ Rn. 239), sehr nahe. Der Abschlusszwang und die Regeln der Tarifkontrolle schränken die Ausschließlichkeit des Rechts ein, indem sie dem Rechteinhaber die Möglichkeit nehmen, mit Mitteln des Unterlassungsanspruchs eine höhere Vergütung durchzusetzen. Sie erleichtern damit den Zugang zur Werknutzung. Die praktische Bedeutung der immaterialgüterrechtlichen Qualifikation und der daraus folgenden Schutzlandanknüpfung besteht in doppelter Hinsicht. Zum einen geht es um die gesonderte **Anknüpfung einer Teilfrage, die sich gegen ein fremdes Vertragsstatut durchsetzt.** Damit können Verwertungsgesellschaften dem Abschlusszwang und der Tarifkontrolle nach den Regeln des Schutzlandes nicht entgehen, indem sie mit Nutzern die Geltung fremden Rechts vereinbaren. Auf die dogmatische Einordnung dieser Regeln als Eingriffsnormen iSd Art. 9 Rom I-VO ist man folglich nicht angewiesen. Umgekehrt beschränken sich mit der Anwendung des Schutzlandprinzips die einschlägigen §§ 34 ff. VGG auf die **Lizenzierung von Rechten für das deutsche Staatsgebiet.** Nicht erfasst wird also der Fall, dass eine deutsche Verwertungsgesellschaft Rechte für das Ausland lizenziert. Der Territorialitätsgrundsatz erlangt damit Wirkung in Bezug auf die Kontrolle der Lizenzierungspraxis der Verwertungsgesellschaften. Inländische Verwertungsgesellschaften sind nicht kraft § 34 VGG verpflichtet, Lizenzen für die Nutzung von Rechten im Ausland zu vergeben. Soweit ihnen die Wahrnehmung von Rechten für das Ausland übertragen ist, können sie sich urheberrechtlich auf die Kooperation mit den ausländischen Schwestergesellschaften auf der Grundlage von Gegenseitigkeitsverträgen (→ Rn. 248) beschränken.

258 Vor allem aber greifen der **Abschlusszwang** und die Regeln zur Tarifkontrolle damit auch **gegenüber ausländischen Verwertungsgesellschaften,** die ohne den Umweg über Gegenseitigkeitsverträge **grenzüberschreitend Lizenzen für das Inland vergeben.** Hierin liegt eine wichtige Abweichung des anwendbaren Rechts bei der privatrechtlichen Rechtsdurchsetzung im Vergleich zur verwaltungsrechtlichen Aufsicht im Rechtsverkehr mit den Staaten der EU und des EWR. Während die zuständige Behörde des Sitzstaates grundsätzlich die eigenen nationalen Umsetzungsregelungen zur Anwendung bringt, führt die kollisionsrechtliche Anknüpfung zur Anwendung des Rechts des Lizenzstaates. Die kollisionsrechtliche Anknüpfung ist hier geeignet, ein wichtiges Defizit des Systems der öffentlich-rechtlichen Aufsicht zu korrigieren. Die Anwendung der §§ 34 ff. VGG auch auf Verwertungsgesellschaften aus anderen Mitgliedstaaten der EU und des EWR ist dringend geboten, um durch eine einheitliche Anwendung des Abschlusszwangs sowie der Grundsätze der Tarifbestimmung den unverfälschten Wettbewerb auf den deutschen Lizenzmarkt sowie eine einheitliche Wahrnehmung von Vergütungsansprüchen nach deutschem UrhG unabhängig vom Sitz der Verwertungsgesellschaft sicherzustellen.[841] Von einer Anwendung des Abschlusszwangs auf alle Verwertungsgesellschaften scheint auch § 34 VGG auszugehen, der einerseits ausdrücklich von der Einräumung von „Nutzungsrechten" spricht und damit an die Konzeptionen des deutschen Urheberrechts anknüpft sowie andererseits keine Beschränkung auf inländische Verwertungsgesellschaften enthält. Schließlich ist auch die Anwendung der §§ 34 ff. VGG auf Verwertungsgesellschaften mit Sitz in anderen Mitgliedstaaten der EU und des EWR auch im Lichte der Richtlinie durchaus zulässig. Der Regelung des Sitzlandprinzips in Art. 36 Abs. 1 RL 2014/26/EU und Art. 37 Abs. 2 RL 2014/26/EU lässt sich nämlich keine ausdrückliche Aussage dahingehend entnehmen, dass den Mitgliedstaaten die Regelung der inländischen Betätigung einer Verwertungsgesellschaft mit Sitz in einem anderen Mitgliedstaat generell verboten sei. Anders als nach Art. 16 Dienstleistungs-RL[842] wird dem Tätigkeitsstaat gerade nicht die zusätzliche Kontrolle untersagt. Insoweit besteht ein deutlicher Kontrast zu anderen Richtlinien, in denen der europäische Gesetzgeber ebenfalls eine Umsetzungs- und Kontrollpflicht des Sitzstaates statuiert, aber gleichzeitig eine zweite Kontrolle durch den Empfangsstaat explizit ausschließt (s. vor allem die Regelung des Herkunftslandprinzips in Art. 3 Abs. 1 und 2 E-Commerce-RL; ebenso die Regelung des Sendelandprinzips in Art. 2 und 3 Abs. 1 RL 2010/13/EU). Auch steht einer zusätzlichen Kontrolle durch den Tätigkeitsstaat nicht notwendig Erwägungsgrund 9 RL 2014/26/EU entgegen. Danach verfolgt Teil II der Richtlinie, der das Verhältnis der Verwertungsgesellschaft zu den Rechteinhabern und den Nutzern regelt, lediglich eine Mindestharmonisierung. Mitgliedstaaten ist danach erlaubt, „über die in ihrem Hoheitsgebiete ansässigen Organisationen für die kollektive Rechtewahrnehmung" strengere Vorschriften vorzusehen. Dies schließt jedenfalls dem Wortlaut nach nicht aus, dass Mitgliedstaaten, in denen Verwertungsgesellschaften aus anderen Mitgliedstaaten tätig werden, ihr Recht zur Anwendung bringen, solange dieses Recht nicht über die Anforderungen der Richtlinie hinausgehen. Dessen ungeachtet ist aber

[841] *Drexl* FS Vogel, 2017, 227 (250 f.).; ähnlich *Holzmüller* ZUM 2014, 468 (im Vorfeld der Umsetzung der RL).

[842] RL 2006/123/EG des Europäischen Parlaments und des Rates vom 12.12.2006 über Dienstleistungen im Binnenmarkt, ABl. EG 2006 L 376, 36.

zur Kenntnis zu nehmen, dass nach der Konzeption der Richtlinie grundsätzlich die zivil- und verwaltungsrechtliche Durchsetzung selbstständig nebeneinanderstehen. So bleiben die Art. 36 und 37 RL 2014/26/EU grundsätzlich ohne Auswirkung auf die Rechtsdurchsetzung durch die Zivilgerichte. Dies wird durch Erwägungsgrund 56 RL 2014/26/EU bestätigt, wonach die Richtlinie weder das Kollisionsrecht noch die Zuständigkeit der Gerichte im internationalen Privatrecht regeln soll. Da also auch ausländische Verwertungsgesellschaften, die Rechte nach dem dt. WahrnG vergeben, den §§ 34 ff. VGG unterliegen, sind diese gemäß § 34 Abs. 1 VGG grundsätzlich zur diskriminierungsfreien Lizenzierung verpflichtet.[843]

Die **Kyoto Guidelines** folgen auch hier durch Anwendung des Rechts des Schutzlandes den soeben dargelegten Überlegungen. Das in Guideline 27 Abs. 2 niedergelegte Lizenzierungsstatut soll ausdrücklich Anwendung finden auf Vermutungen, wonach eine Verwertungsgesellschaft zur Wahrnehmung bestimmter Rechte berechtigt ist, ebenso auf den gesetzlich vorgesehenen Verwertungsgesellschaftszwang, die Fähigkeit einer Gesellschaft ohne Ermächtigung durch die Rechtinhaber, Lizenzen zu erteilen[844] oder gesetzliche Vergütungsansprüche geltend zu machen, die Verpflichtung der Gesellschaft, Lizenzen zu erteilen (Abschlusszwang) sowie die bei Lizenzerteilung einzuhaltenden Bedingungen und schließlich die an die Berechnung der Lizenzgebühren und der gesetzlichen Vergütungsansprüche gerichteten Anforderungen. 259

e) Das auf multiterritoriale Lizenzen anwendbare Recht. Die **Kyoto Guidelines** enthalten **keine ausdrückliche Regelung** zu den auf multiterritoriale Lizenzen anwendbare Recht. Dies erklärt sich damit, dass die Guidelines einen grundsätzlich globalen Ansatz verfolgen, die Regelung von Mehrstaatenlizenzen bisher aber eine Besonderheit des EU-Rechts geblieben ist (s. Titel III RL 2014/26/EU). Dennoch sollten sich die Kyoto Guidelines in Bezug auf diese Lizenzen ebenso bewähren.[845] Von zentraler Bedeutung ist insoweit Art. 30 Abs. 1 RL 2014/26/EU, wonach eine Verwertungsgesellschaft, die multiterritoriale Lizenzen für die Online-Nutzung von Musikwerken anbietet, auf Antrag einer anderen Verwertungsgesellschaft verpflichtet ist, eine Representationsvereinbarung für die Vergabe solcher Lizenzen auch in Bezug auf das Repertoire der beantragenden Gesellschaft zu schließen. Für diesen Fall ordnet Guideline 27 Abs. 1 b) (ii) die Anwendung des Rechts des Staates am Sitz der ersuchten Verwertungsgesellschaft an, da diese Regelung auch zur Anwendung kommt, soweit es um Rechte gegenüber einer Verwertungsgesellschaft geht, die durch eine andere Verwertungsgesellschaft geltend gemacht werden. Diese Anknüpfung führt für den Fall der Erteilung von Mehrstaatenlizenzen zu einer angemessenen Lösung. 260

f) Das auf die Verlagsbeteiligung anwendbare Recht. Ein besonders schwieriges kollisionsrechtliches Thema wird durch die Kollision unterschiedlicher nationaler Regelungen in Bezug auf die Verlagsbeteiligung aufgeworfen. Den Hintergrund der Debatte bildet hier die Entscheidung des **BGH in „Verlegerbeteiligung"** aus dem Jahre 2016, in der das Gericht die traditionelle pauschale Beteiligung der Verlage an den Einnahmen aus den gesetzlichen Vergütungsansprüchen auch vor dem Hintergrund europäischen Rechts für unzulässig angesehen hat.[846] Das europäische Recht lässt zwar inzwischen auf der Grundlage von **Art. 16 Abs. 1 DSM-RL** eine solche Verlagsbeteiligung wieder zu (s. auch § 63a Abs. 2 und 3 UrhG). Aber die Mitgliedstaaten sind nicht verpflichtet, diese Möglichkeit zu nutzen. Gleichzeitig können die nationalen Vorschriften, insbesondere im Hinblick auf die Beteiligungsquoten, in einem beträchtlichen Maße voneinander abweichen. Die Frage, wie in diesem Zusammenhang anzuknüpfen ist, muss sich stellen, weil Verwertungsgesellschaften nicht nur unmittelbar Urheber und Verlage vertreten, sondern über Gegenseitigkeitsverträge auch ausländische Urheber und Verlage. Dabei ist es insbesondere denkbar, dass inländische Urheber bei einem ausländischen Verlag veröffentlichen oder umgekehrt ausländische Urheber, die von einer ausländischen Verwertungsgesellschaft vertreten werden, bei einem inländischen Verlag. 261

[843] Dabei stellt sich die Frage, ob bereits die Übertragung von Rechten für das deutsche Staatsgebiet an eine ausländische Gesellschaft letztere gemäß § 34 Abs. 1 VGG zur direkten grenzüberschreitenden Lizenzierung verpflichtet. Dies ist im Grundsatz zu bejahen. Allerdings wurde schon unter Geltung des WahrnG allgemein davon ausgegangen, dass eine Verwertungsgesellschaft die Lizenzierung nach Abwägung der Interessen auch ablehnen kann. Ein Ablehnungsgrund ist vor allem dann anzuerkennen, wenn die Direktlizenzierung ein lokales Monitoring zu hohen zusätzlichen Kosten erforderlich machen würde. Dies erhält der ausländischen Gesellschaft die Möglichkeit, sich insbes. für analoge Nutzungen auf die mittelbare Wahrnehmung über Gegenseitigkeitsverträge zu beschränken. Zu den Ausnahmen vom Abschlusszwang allgemein s. Schricker/Loewenheim/*Reinbothe* WahrnG 5. Aufl., 2017, § 11 Rn. 8. Erteilt jedoch eine Gesellschaft grenzüberschreitend Lizenzen, ist die Lizenzierungspraxis grundsätzlich diskriminierungsfrei auszugestalten.

[844] Womit die Guidelines auf die im deutschen Recht auf die Fälle der erweiterten kollektiven Lizenzen Bezug nimmt, die erst die jüngste deutsche Urheberrechtsreform im Jahre 2021 ermöglicht hat.

[845] Hierzu *Drexl,* FS Schack, 2022, 123 (133).

[846] BGHZ 210, 77 = GRUR 2016, 596 – Verlegerbeteiligung.

262 Auch diese Fälle lassen sich vor dem Hintergrund der dargestellten Regeln angemessen lösen.[847] Den Ausgangspunkt der Prüfung bildet der Grundsatz, dass sich die Regeln zur Berechnung der Ausschüttung und der Verteilung nach dem Recht des Staates am Sitz jener Gesellschaft zu beurteilen haben, die die Gelder eingenommen hat und entsprechend zur Verteilung verpflichtet ist (Guideline 27 Abs. 1 lit. b Ziff. iv Kyoto Guidelines). Dies bedeutet, dass eine deutsche Gesellschaft, die Einnahmen auf der Grundlage eines gesetzlichen Vergütungsanspruchs iSv § 63a Abs. 2 oder 3 UrhG zu verteilen hat, den Verlag entsprechend den im Verteilungsplan der Gesellschaft festgelegten Quoten beteiligen wird. Wird entweder der Urheber oder der Verlag oder beide von einer ausländischen Gesellschaft vertreten, wird die deutsche Ausgangsgesellschaft die entsprechenden Anteile an die jeweiligen Schwestergesellschaften transferieren, damit schließlich Letztere an den Urheber bzw. den Verlag ausschütten können. Ein **Sonderfall** ergibt sich, wenn **Urheber und Verlag von derselben ausländischen Gesellschaft vertreten** werden. Hier stellt sich die Frage der Verlagsbeteiligung erst, wenn die Einnahmen für das betreffende Werk bereits insgesamt an die ausländische Gesellschaft weitergereicht wurden. Diese Gesellschaft wird dann nach ihrem Sitzlandrecht die Verteilung vornehmen. Werden **Urheber und Verlag von unterschiedlichen ausländischen Gesellschaften vertreten** (wie im Falle eines österreichischen Urhebers, der bei einem Schweizer Verlag veröffentlicht hat), hat die deutsche Ausgangsgesellschaft, die jeweiligen ausländischen Gesellschaften nach den inländischen Regeln und Quoten zu beteiligen. Diese Analyse zeigt, dass stets das Recht im Staate des Sitzes der Ausgangsgesellschaft abschließend über die Verlagsbeteiligung entscheidet, wenn Urheber und Verleger Verwertungsgesellschaften in verschiedenen Staaten beauftragt haben. Werden sie von derselben Gesellschaft in einem Drittstaat vertreten, entscheidet das Recht dieses Drittstaates über die Verteilung. Dieses Anknüpfungsergebnis ist angemessen. Es verhindert, dass sich weder der Urheber noch der Verlag durch die Wahl einer Verwertungsgesellschaft in einem bestimmten Staat einseitig zulasten der jeweilig anderen Partei Vorteile verschaffen kann.

VII. Allgemeine Lehren

263 Im Internationalen Immaterialgüterrecht gelten grundsätzlich die allgemeinen Lehren des Kollisionsrechts. Besondere Aufmerksamkeit verdient hier das Thema der Weiter- und Zurückverweisung sowie jenes des ordre public-Vorbehalts.

264 **1. Renvoi.** Im Unterschied zum **nationalen Kollisionsrecht,** das durch Art. 4 Abs. 1 EGBGB die Weiter- oder Zurückverweisung (Renvoi) grundsätzlich für beachtlich erklärt **(Gesamtverweisung),**[848] enthalten die Vorschriften der **Rom I-VO und Rom II-VO** nur **Sachnormverweise.** So ist gemäß Art. 24 Rom II-VO jede Rück- oder Weiterverweisung ausgeschlossen. Geht man davon aus, dass die **Inländerbehandlungsklausel** der Konventionen zugleich eine Kollisionsregel, nämlich im Sinne der Schutzlandanknüpfung enthält (str., → Rn. 69 ff.), wird auch durch diese auf das **jeweilige Sachrecht des Schutzlandes verwiesen.** Anderes würde dem Inländerbehandlungsgrundsatz widersprechen.

265 Auch wenn danach die internationalen, europäischen und nationalen Kollisionsnormen die gleiche Anknüpfungsregel enthalten (Anknüpfung an der lex loci protectionis), kann sich wegen der unterschiedlichen Behandlung des Renvoi das Anknüpfungsergebnis unterscheiden, je nachdem, ob man insbesondere die europäische oder die nationale Anknüpfungsregel für anwendbar hält. Deshalb kommt der **Abgrenzung des Anwendungsbereichs** der verschiedenen in Betracht kommenden Kollisionsnormen – vor allem in Bezug auf die Bestimmung des **ersten Inhabers im Bereich des Urheberrechts** (→ Rn. 180 ff.) – eine nicht zu unterschätzende Bedeutung zu. Folgt man der hier vertretenen Auffassung, wonach für die Rechteinhaberschaft nicht über Art. 8 Abs. 1 Rom II-VO, sondern nach nationalen Grundsätzen anzuknüpfen ist, ist ein Rück- oder Weiterverweis des Rechts des Schutzlandes zu berücksichtigen. Mit dem Renvoi ist dann zu rechnen, wenn das **Recht des Schutzlandes dem Universalitätsprinzip folgt** und die Urheberschaft einheitlich der lex originis zuweist. Wird etwa gegen einen in Deutschland ansässigen angeblichen Verletzer nach Art. 4 Abs. 1 Brüssel Ia-VO (Beklagtengerichtsstand) wegen einer Rechtsverletzung in Portugal geklagt, verweist das deutsche Kollisionsrecht für die Inhaberschaft zunächst auf das portugiesische Recht (lex loci protectionis). Da es sich nach deutschem Recht um eine Gesamtverweisung handelt, ist die Weiterverweisung des portugiesischen Rechts auf das Recht der Erstveröffentlichung (lex originis) zur Kenntnis zu nehmen. Wurde das Werk zuerst in den USA veröffentlicht, käme es zum Weiterverweis auf das US-Recht. Wurde das Werk in einem Arbeits- oder Auftragsverhältnis geschaffen, würde dieses Recht dem Arbeit- oder Auftraggeber unmittelbar das Urheberrecht zuweisen (work made

---

[847] S. hierzu auch *Drexl,* FS Schack, 2022, 123 (133 ff.) für die Regeln der Kyoto Guidelines.

[848] Vgl. auch *Regelin,* Das Kollisionsrecht der Immaterialgüterrechte an der Schwelle zum 21. Jahrhundert, 1999, 96 f., der die Schutzlandanknüpfung als Gesamtverweisung auffasst.

for hire-Doktrin). Zum Weiterverweis auf das US-Recht kommt man dagegen nicht, wenn man auch für die Frage der Urheberschaft die einschlägige Kollisionsregel der RBÜ entnimmt (zum Streitstand → Rn. 76 ff.). Dann wäre allein nach portugiesischem Recht als Recht des Schutzlandes zu entscheiden. Weitere Abweichungen der nationalen Kollisionsrechte können sich ergeben, weil nationale Rechtsordnungen Einzelfragen im Grenzbereich von Immaterialgüterstatut und Vertragsstatut **unterschiedlich qualifizieren.** Auch in solchen Fällen kann sich eine Weiter- oder Rückverweisung ergeben (näher → EGBGB Art. 4 Rn. 81 ff.).

2. Ordre public-Vorbehalt und Eingriffsnormen. Wie schon für den Renvoi ist auch für die Anwendung des ordre public-Vorbehalts sowie die Berücksichtigung von Eingriffsnormen danach zu unterscheiden, ob die Anknüpfung über die Rom I-, die Rom II-VO oder das nationale Recht erfolgt. Bei Anknüpfung über Art. 8 Abs. 1 Rom II-VO gelten ausschließlich die Regeln dieser Verordnung, dh **Art. 26 Rom II-VO** für den ordre public-Vorbehalt und **Art. 16 Rom II-VO** für die Eingriffsnormen. Nach Art. 16 Rom II-VO kann das zuständige Gericht nur Eingriffsnormen der lex fori berücksichtigen (zur Frage, ob damit der Vorschrift ein Verbot zu entnehmen ist, Eingriffsnormen von Drittstaaten zu beachten, → Art. 16 Rn. 32 ff., sowie die allgemeinen Ausführungen → Einl. IPR Rn. 310). Im Gegensatz dazu erlaubt Art. 9 Abs. 3 Rom I-VO den Gerichten auch die Berücksichtigung von Eingriffsnormen des Staates, in dem der Erfüllungsort liegt.[849] 266

a) Schutz des Urheberpersönlichkeitsrechts. In der Praxis des Immaterialgüterrechts haben Eingriffsnormen beispielsweise in Frankreich Bedeutung erlangt, wo die Gerichte nach früherer Rspr. die zwingende Geltung der einschlägigen französischen Vorschriften das Urheberpersönlichkeitsrecht des Werkschöpfers gegen die Anwendung der US-amerikanischen work-made-for-hire-Doktrin durchgesetzt haben, obgleich diese Doktrin nach der französischen Kollisionsregel der Beurteilung der Urheberschaft nach dem Recht des Ursprungslandes zur Anwendung gekommen wäre.[850] 267

b) Strafschadensersatz. Eine zentrale Frage der Anwendung des ordre public-Vorbehalts betrifft die Anwendung von Bestimmungen ausländischen Immaterialgüterrechts, die einen **Strafschadensersatz** vorsehen.[851] Der ursprüngliche Vorschlag der Kommission hatte noch in Art. 24 eine Regelung enthalten, die solchen Schadensersatz als unvereinbar mit dem europäischen ordre public eingeordnet hätte. Wegen des Widerstandes Großbritanniens verweist nun Erwägungsgrund 32 S. 2 Rom II-VO darauf, dass nach inländischem ordre public solcher Schadensersatz als unzulässig angesehen werden kann.[852] 268

c) Ordre public und Eingriffsnormen des deutschen Rechts. In Deutschland ist das Auftreten eines Konflikts zwischen der Anwendung ausländischen Rechts und dem deutschen ordre public wenig wahrscheinlich, weil bei der deutschen Anknüpfung an das Recht eines fremden Schutzlandes **in aller Regel ein ausreichender Inlandsbezug** für einen Verstoß gegen den nationalen ordre public **fehlt.** So hat der BGH nicht einmal erwogen, ob in dem Fall, in dem Werke der bildenden Kunst aus dem Inland nach Großbritannien zum Zwecke der Versteigerung verbracht wurden, die Nichtanerkennung des Folgerechts nach britischem Recht als Verstoß gegen den deutschen ordre public anzusehen ist.[853] Dagegen ist jedoch an die Einordnung von Regeln des deutschen Rechts als Eingriffsnormen zu denken. 269

aa) Deutsches Arbeitnehmererfinderrecht. Das Arbeitnehmererfinderrecht gemäß seiner Regelung im ArbNErfG gehört nach allgemeiner Ansicht weder zum deutschen ordre public noch handelt es sich um Eingriffsnormen.[854] Dem ist zuzustimmen. Unter Geltung der Rom I-VO wird der Arbeitnehmererfinder bereits ausreichend durch Art. 8 Abs. 1 S. 2 geschützt. Die zwingenden Regeln des deutschen Arbeitnehmererfinderrechts setzen sich unter den dort genannten Voraussetzungen auch gegen eine Rechtswahl durch. 270

---

849 Zu dieser Vorschrift umfassend *Freitag* IPRax 2009, 109.

850 Cour cass. GRUR Int 1992, 304 – John Huston II (zur Kolorisierung von Schwarz-Weiß-Filmen); dazu auch → Rn. 20. Nach neuerer Rspr. wird dieser komplizierte Weg überflüssig, da inzwischen auch für die Frage des Inhabers des Urheberrechts auf der Grundlage der Inländerbehandlungsklausel der RBÜ das Schutzlandprinzip zur Anwendung kommt; Cour cass. GRUR Int 2013, 955 = Propriétés Intellectuelles 2013, 306 – Fabrice X/ABC News Intercontinental. Damit ist von Hause aus gewährleistet, dass das von französischem Urheberrecht gewährte Urheberpersönlichkeitsrecht dem Werkschöpfer als Urheber nach französischem Recht zuerkannt wird.

851 Allg. zum Verhältnis Strafschadensersatz und der ordre public-Klausel der VO *Chr. Heinze* FS Kropholler, 2008, 105 (123 ff.).

852 Zur Vorsicht mahnend Magnus/Mankowski/*Metzger* Rn. 56.

853 BGHZ 126, 252 = GRUR 1994, 798 – Folgerecht mit Auslandsbezug.

854 So zB *Sack* FS Steindorff, 1990, 1333 (1345 f.).

271 **bb) Deutsches Urhebervertragsrecht.** Intensiv diskutiert wird dagegen, ob die Regeln des deutschen Urhebervertragsrechts, die dazu gedacht sind, den Urheber zu schützen, als Eingriffsnormen zu verstehen sind. Die im Vergleich zum Arbeitnehmererfinderrecht unterschiedliche Behandlung des Urhebervertragsrechts liegt darin begründet, dass sich zwingendes Urhebervertragsrecht außerhalb von Arbeitsverhältnissen und Verbraucherverträgen[855] durch Rechtswahl ausschließen lässt. Dabei ist zu berücksichtigen, dass eine Einordnung von zwingenden Regeln des Urhebervertragsrechts als Eingriffsnormen jedenfalls nicht erforderlich ist, soweit die einschlägigen Regeln die Übertragbarkeit des Rechts beschränken, denn auf die Übertragbarkeit kommt nach einhelliger Auffassung nicht das Vertragsstatut, sondern das Recht des Schutzlandes zur Anwendung (→ Rn. 227). In Bezug auf Schutzvorschriften, die nicht an einer schuldvertraglichen Regelung ansetzen, sondern an der Verfügung, vermeiden die Vertreter der Spaltungstheorie ein Unterlaufen des Schutzes, soweit sie für die Verfügung nicht das Vertragsstatut, sondern das Recht des Schutzlandes zur Anwendung bringen.[856] Gleiches gilt für die Vertreter des Universalitätsprinzips, die auf die Übertragbarkeit von Urheberrechten und die Verfügung das einheitlichen Urheberrechtsstatut (zumeist lex originis) zur Anwendung bringen wollen.[857] Auf die Einordnung als Eingriffsnormen ist man daher allenfalls angewiesen, soweit es, wie bei §§ 32, 32a UrhG,[858] um schuldvertragsrechtliche Regeln geht oder man mit der Einheitstheorie auch die Verfügung dem Vertragsstatut unterwirft und damit für die Rechtswahl öffnet. Es verwundert daher nicht, dass gerade die Vertreter der Einheitstheorie dafür plädieren, die zwingenden Regeln des Urhebervertragsrechts als Eingriffsnormen zu deuten.[859] Diese Auffassung lässt sich jedoch unter Geltung der Rom I-VO kaum halten.

272 Eingriffsnormen nach **Art. 9 Abs. 1 Rom I-VO** sind nur solche Normen, die für die **Wahrung des öffentlichen Interesses,** insbesondere der politischen, sozialen oder wirtschaftlichen Organisation des betreffenden Staates als entscheidend angesehen werden.[860] Umstritten ist, ob damit Vorschriften, die dem individuellen Schutz von Einzelpersonen in Reaktion auf eine Störung der Vertragsparität dienen, grundsätzlich als Eingriffsnormen ausscheiden.[861] Diesbezüglich ist die allerdings umstrittene und in ihrer Fortwirkung fragwürdige (→ EGBGB Art. 3 Rn. 84 ff.; → Rom I-VO Art. 9 Rn. 14; → Rom I-VO Art. 9 Rn. 28) **„Ingmar"-Entscheidung des EuGH** zu beachten,[862] der entnommen werden kann, dass Vorschriften, die zumindest **mittelbar auch dem öffentlichen Interesse dienen,** ebenfalls als Eingriffsnormen anzusehen sind.[863] In „Ingmar" hatte der EuGH ausdrücklich verlangt, den vertraglichen Schutz des Handelsvertreters, der gemäß der Han-

---

855 Vgl. Art. 6 Abs. 2 S. 2 Rom I-VO; s. auch *Drexl* in Basedow/Drexl/Kur/Metzger, Intellectual Property in the Conflict of Laws, 2005, 79; zum bisherigen nationalen Kollisionsrecht *Zimmer,* Urheberrechtliche Verpflichtungen und Verfügungen im Internationalen Privatrecht, 2006, 82 ff.

856 Ausf. Begr. bei *Zimmer,* Urheberrechtliche Verpflichtungen und Verfügungen im Internationalen Privatrecht, 2006, 142 ff.; ebenso für die Spaltungstheorie *Obergfell,* Filmverträge im deutschen materiellen und internationalen Privatrecht, 2001, 283.

857 So *Schack* UrhR/UrhebervertragsR Rn. 1149.

858 So jedenfalls *Zimmer,* Urheberrechtliche Verpflichtungen und Verfügungen im Internationalen Privatrecht, 2006, 121.

859 So vor allem *Katzenberger* FS Schricker, 1995, 225 (255 f.); ebenso Dreier/Schulze/*Dreier* UrhG Vor § 120 Rn. 55; Schricker/Loewenheim/*Katzenberger/Metzger* UrhG Vor §§ 120 ff. Rn. 165; aA etwa *Hilty/Peukert* GRUR Int 2002, 643 (649 f.); *Zimmer,* Urheberrechtliche Verpflichtungen und Verfügungen im Internationalen Privatrecht, 2006, 121 ff.

860 Diese Formulierung hat der europäische Gesetzgeber der Entscheidung des EuGH Slg. 1999, I-8453 Rn. 30 = BeckRS 2004, 76800 – Arblade entnommen. Definiert wurden damit „Polizei- und Sicherheitsgesetze" (loi de police) iSd belgischen Zivilgesetzbuches. Die Entscheidung hatte die Aussage zum Inhalt, dass auch nationale Eingriffsnormen gegen die Grundfreiheiten verstoßen können. Diese Definition des Art. 9 Abs. 1 Rom I-VO sieht *Leible,* Rom I und Rom II, 2009, 61 f. als vorbildlich für die Schaffung eines allgemeinen Teils des europäischen Kollisionsrechts an.

861 In diesem Sinne schon tendenziell *Hilty/Peukert* GRUR Int 2002, 643 (649 f.) für Art. 34 EGBGB aF; grds. gegen die Einordnung von Vorschriften zum Schutze gegen die Störung der Vertragsparität als Eingriffsnormen *Mankowski* IPRax 2006, 101 (110); *Zimmer,* Urheberrechtliche Verpflichtungen und Verfügungen im Internationalen Privatrecht, 2006, 124.

862 EuGH Slg. 2000, I-9325 = EuZW 2001, 50 – Ingmar GB; hierzu Calliess/*Renner* Rom I-VO Art. 9 Rn. 18 ff.; NK-BGB/*Doehner* Rom I-VO Art. 9 Rn. 13 f.; Reithmann/Martiny/*Freitag* Rn. 5.17; Staudinger/*Magnus,* 2011, Rom I-VO Art. 9 Rn. 40 ff.; s. die nicht weniger problematische jüngere Entscheidung des EuGH EuZW 2013, 956 – Unamar.

863 Hierzu auch Rauscher/*Thorn* Rom I-VO Art. 9 Rn. 11; *Thorn* in Ferrari/Leible, Ein neues Internationales Vertragsrecht für Europa, 2007, 129, 132 ff.; Palandt/*Thorn,* 79. Aufl. 2020, Rom I-VO Art. 9 Rn. 5; s. auch HK-BGB/*Staudinger,* 8. Aufl. 2014, Rom I-VO Art. 9 Rn. 6. Nach wohl einheitlicher Auffassung bleibt die „Ingmar"-Entscheidung auch unter Geltung der Rom I-VO relevant; so Reithmann/Martiny/*Freitag* Rn. 5.46.

delsvertreter-RL nach britischem Recht zu gewähren war, auch gegen die Wahl des Rechts eines Staates, der nicht Mitgliedstaat der EU ist – im konkreten Fall war kalifornisches Recht gewählt worden –, durchzusetzen.[864] Begründet wurde dies unter anderem damit, dass die Richtlinie nicht nur den einzelnen Handelsvertreter schütze, sondern auch zur Vereinheitlichung der Wettbewerbsbedingungen innerhalb der Gemeinschaft beitrage und die Sicherheit im Handelsverkehr stärke.[865] Regeln des Sonderprivatrechts, die eine schwächere Vertragspartei schützen sollen, eigenen sich danach nur als Eingriffsnormen, wenn sie über einen bloßen Reflex hinaus[866] ein weitergehendes Interesse der Allgemeinheit schützen.[867] Der Fall des Handelsvertreters ist mit dem des Urhebers durchaus vergleichbar. Beide werden in den relevanten Fällen freiberuflich und damit unternehmerisch tätig, so dass sie nicht bereits über das Arbeits- oder Verbrauchervertragsstatut ausreichend geschützt sind. Im Urheberrecht lässt sich leicht mit einer zumindest mittelbaren Förderung der Kultur und damit dem öffentlichen Interesse argumentieren.[868] Dennoch ist zu sehen, dass die Entscheidung in „Ingmar" ganz wesentlich durch die Verpflichtung der Mitgliedstaaten zur Richtlinienumsetzung geprägt war.[869] Im Fall der zwingenden Bestimmungen des deutschen Urhebervertragsrechts unter Geltung der Rom I-VO lag der Fall bis zur Schaffung einer europarechtlichen Verpflichtung zur Einführung zwingenden Urhebervertragsrechts durch die **RL (EU) 2019/790 über das Urheberrecht im Digitalen Binnenmarkt**[870] genau umgekehrt. Es kollidierte nicht die nach nationalem Kollisionsrecht zulässige Rechtswahl mit einer zwingenden Bestimmung des Unionsrechts, sondern es ging um die Durchsetzung von zwingenden Regeln des nationalen Rechts gegen die unionsrechtlich an sich zulässige Rechtswahl.[871] Deshalb kann die Entscheidung in „Ingmar" nicht unbedingt als Präjudiz für die Auslegung von Art. 9 Abs. 1 Rom I-VO herangezogen werden.[872] Ganz im Gegenteil enthält die Rom I-VO eine Reihe von Bestimmungen, nach denen sich zwingende Regeln des Sonderprivatrechts gegen das Prinzip der Rechtswahlfreiheit durchsetzen. Die Anerkennung noch weiterer zwingender Vorschriften des Sonderprivatrechts als Eingriffsnormen erscheint im Lichte der Entscheidung des europäischen Gesetzgebers zugunsten eines limitierenden Ansatzes problematisch.[873] Jedenfalls bei zwingenden Bestimmungen des nationalen Sonderprivatrechts, die nicht durch europäisches Sekundärrecht vorgegeben werden, ist deshalb **größte Zurückhaltung** geboten. Dafür spricht auch die generelle Zwecksetzung der Rom I-VO, einheitliches Kollisionsrecht für die gesamte EU zu schaffen.[874] Die Anerkennung von Eingriffsnormen nach Art. 9 Abs. 1 Rom I-VO stört tendenziell die Erreichung dieses Ziels, da die Berücksichtigung von

---

[864] EuGH Slg. 2000, I-9325 Rn. 21, 25 = EuZW 2001, 50 – Ingmar GB.

[865] EuGH Slg. 2000, I-9325 Rn. 23 = EuZW 2001, 50 – Ingmar GB.

[866] So BGH MMR 2015, 324 Rn. 50 – Hi Hotel II.

[867] Rauscher/*Thorn* Rom I-VO Art. 9 Rn. 11.

[868] So auch der Hinweis bei *Thorn* in Ferrari/Leible, Ein neues Internationales Vertragsrecht für Europa, 2007, 129, 134. Ein öffentliches Interesse bestreitet dagegen *Wille* GRUR Int 2008, 389 (392) für die Neuregelung der unbekannten Nutzungsarten in §§ 31a, 32c UrhG; entspr. lehnt er die Einordnung der Vorschriften als Eingriffsnormen ab. Zur vertragsrechtlichen Qualifikation der §§ 31a und 32c UrhG s. Koch, Die Qualifikation des Verlagsvertrages im internationalen Privatrecht, 2021, 201 ff. Die nach der Ingmar-Entscheidung möglicherweise bestehende Entscheidungsprärogative des nationalen Gesetzgebers wird krit. gesehen von Rauscher/*Thorn* Rom I-VO Art. 9 Rn. 12.

[869] EuGH Slg. 2000, I-9325 Rn. 21 = EuZW 2001, 50 – Ingmar GB. Entsprechend wird heute die relevante Richtlinienbestimmung als unionsrechtliche Eingriffsnorm angesehen, die nach Art. 9 Rom I-VO zu berücksichtigen ist; Staudinger/*Magnus,* 2011, Rom I-VO Art. 9 Rn. 34 und 164 f.

[870] Art. 18 ff. RL (EU) 2019/790 des Europäischen Parlaments und des Rates vom 17.4.2019 über das Urheberrecht und die verwandten Schutzrechte im digitalen Binnenmarkt, ABl. EU 2019 L 130, 92.

[871] Dagegen geht Rauscher/*Rauscher* Rom I-VO Art. 9 Rn. 12 f. von einer weit reichenden „Entscheidungsprärogative der Mitgliedstaaten" aus, die er allerdings sehr krit. sieht.

[872] Zurückhaltend auch *Thorn* in Ferrari/Leible, Ein neues Internationales Vertragsrecht für Europa, 2007, 129, 133 ff., da es dem nationalen Gesetzgeber nicht schwer fallen dürfte, Sonderprivatrecht auch mit öffentliche Interessen zu begründen; ähnlich *Mankowski* IPRax 2006, 101 (109 f.) in Kritik auf die offene Formulierung der Vorschrift. Unter Hinweis darauf, dass die Anerkennung nationaler Vorschriften als zwingende Regeln nicht einfach die Grundentscheidung der Rom I-VO zugunsten der Rechtswahlfreiheit untergraben darf, HK-BGB/*Staudinger,* 8. Aufl. 2014, Rom I-VO Art. 9 Rn. 4.

[873] So auch *Freitag* IPRax 2009, 109 (112); s. auch *Mankowski* in Leible/Ohly, Intellectual Property and International Private Law, 2009, 31, 48 f., der sich gegen eine analoge Anwendung von Art. 5 und 6 Rom I-VO auf Urheber ausspricht. Ein alternativer Weg bestünde darin, in die Rom I-VO eine Sonderanknüpfung für das Urhebervertragsrecht einzufügen. Eine solche Vorschrift wurde formuliert von *Ancel,* wiedergegeben bei *Ginsburg/Sirinelli* Columbia J. L & the Arts 39 (2015), 171 (191).

[874] Dagegen geht Rauscher/*Thorn* Rom I-VO Art. 9 Rn. 21 nur von einer Missbrauchskontrolle durch den EuGH aus, wobei der Gerichtshof den Rahmen abzustecken habe, innerhalb dessen die Mitgliedstaaten Eingriffsnormen schaffen können.

Eingriffsnormen nach Art. 9 Abs. 2 Rom I-VO nur garantiert ist, wenn die Gerichte des Staates zur Entscheidung angerufen werden, der die entsprechenden Normen erlassen hat.[875] Entsprechend sollte der Begriff der Eingriffsnorm nach Art. 9 Abs. 1 Rom I-VO eng ausgelegt werden. Dem Grundsatz der engen Auslegung ist der EuGH in der Entscheidung **„Unamar"** inzwischen sogar in Bezug auf den Schutz des Handelsvertreters auch für Art. 9 Abs. 1 Rom I-VO gefolgt, um die vollständige Wirksamkeit der Entscheidung des europäischen Gesetzgebers zugunsten der Rechtswahlfreiheit zu wahren.[876] Der EuGH hält es zwar für möglich, dass sich auch eine überschießende Umsetzung der Handelsvertreter-RL kollisionsrechtlich gegen die Entscheidung der Parteien zugunsten der Anwendung des Rechts eines anderen Mitgliedstaates durchsetzt.[877] Gleichzeitig betont aber der EuGH, dass sich aus allen Umständen ergeben müsse, dass die überschießende Umsetzung durch den nationalen Gesetzgeber vorgenommen worden sei, um ein von diesem Mitgliedstaat als wesentlich angesehenes Interesse zu schützen.[878] Ebenso sei zu berücksichtigen, dass anders als in **„Ingmar"** das durch Rechtswahl berufene Recht ein solches war, dass die Handelsvertreter-RL korrekt umgesetzt hatte.[879] Dahinter scheint sich die Aufforderung zu verbergen, doch im Rahmen einer Abwägung zu prüfen, ob nicht bereits die Richtlinie dem geschützten Interesse ausreichend entspricht.[880] Dies zeigt, dass der BGH sehr strenge Maßstäbe für die Begründung einer Abweichung von der Rechtswahlfreiheit anlegt.[881] Dies wird bestätigt durch **Erwägungsgrund 37 Rom I-VO,** wonach Eingriffsnormen nur unter „außergewöhnlichen Umständen" angenommen werden sollen; der bloß zwingende Charakter der Norm soll nicht genügen.[882] Entsprechend wird im Schrifttum etwa gefordert, dass zwingende Vorschriften des nationalen Sonderprivatrechts „vorwiegend auf die Wahrung wichtiger staatlicher Interessen ausgerichtet sein" müssen,[883] um als Eingriffsnormen Anerkennung zu finden. Bedeutung hat dies vor allem für **§ 32b UrhG** (auch → Rom I-VO Art. 4 Rn. 259). Diese Vorschrift ordnet die §§ 32 und 32a UrhG als „IPR-fest" und damit als Eingriffsnormen ein.[884] Mit Inkrafttreten der Rom I-VO ist aber nicht mehr allein die Einordnung nach dem Willen des nationalen Gesetzgebers ausschlaggebend.[885] Es kommt darauf an, ob die §§ 32 und 32a UrhG als Eingriffsnormen iSv Art. 9 Abs. 1 Rom I-VO verstanden werden können.[886] Dies ist nach den dargestellten Grundsätzen zu verneinen,[887] solange jedenfalls noch

---

875 Fremde Eingriffsnormen „können" nach Art. 9 Abs. 3 Rom I-VO nur berücksichtigt werden, wenn es sich um Eingriffsnormen des Staates handelt, in dessen Territorium die Verpflichtung erfüllt werden soll. Damit soll sichergestellt werden, dass die Durchsetzung der Norm im Ausland nicht die Erfüllung einer für wirksam befundenen Verpflichtung verhindert; dazu *Leible,* Rom I und Rom II, 2009, 64 ff.

876 EuGH ECLI:EU:C:2013:663 = EuZW 2013, 956 Rn. 48 f. – Unamar. Die Entscheidung betraf noch die Anwendung des Römischen Schuldrechtsübereinkommens. Dennoch wies der EuGH in einem obiter dictum auf die Behandlung der Frage nach Art. 9 Abs. 1 Rom I-VO hin; dazu auch Calliess/*Renner* Rom I-VO Art. 9 Rn. 20; *Gräfe/Giesa* ZVertriebsR 2014, 29; *Peschke* ZVertriebsR 2016, 144 (150). Den Grundsatz der engen Auslegung hat der EuGH später auch für Art. 16 Rom II-VO bestätigt; EuGH ECLI:EU:C:2019:84 = EuZW 2019, 134 Rn. 29 – Da Silva Martins.

877 EuGH ECLI:EU:C:2013:663 = EuZW 2013, 956 Rn. 50 – Unamar. Deshalb sogar iS einer Aufweichung der Anforderungen an eine Eingriffsnorm im Vergleich zur Entscheidung in „Ingmar" Calliess/*Renner* Rom I-VO Art. 9 Rn. 21.

878 EuGH ECLI:EU:C:2013:663 = EuZW 2013, 956 Rn. 50 – Unamar.

879 EuGH ECLI:EU:C:2013:663 = EuZW 2013, 956 Rn. 51 – Unamar.

880 So *Gräfe/Giesa* ZVertriebsR 2014, 29 (33).

881 Ebenso *Magnus* FS Coester-Waltjen, 2015, 555 (568).

882 Entsprechend möchte *Freitag* in Reithmann/Martiny IntVertragsR Rn. 5.14 Vorschriften des Privatrechts nur in „extremen Ausnahmefällen" als Eingriffsnormen anerkennen.

883 Staudinger/*Magnus,* 2011, Rom I-VO Art. 9 Rn. 62.

884 So auch *Koch,* Die Qualifikation des Verlagsvertrags in internationalen Privatrecht, 2021, 185. Bei dieser Vorschrift handelt es sich um keine deutsche Besonderheit. Auch der niederländische Gesetzgeber hat im Jahre 2015 die neuen urheberrechtlichen Regelungen IPR-fest ausgestaltet; s. dazu *Ginsburg/Sirinelli* Columbia J. L & the Arts 39 (2015), 171 (178 ff.).

885 Dagegen hebt NK-BGB/*Doehner* Rom I-VO Art. 9 Rn. 21 ausdrücklich auf die Einordnung durch den nationalen Gesetzgeber ab.

886 So auch Schricker/Loewenheim/*Katzenberger/Metzger* Vor §§ 120 ff. Rn. 165. Dies verkennen Büscher/Dittmer/Schiwy/*Obergfell* UrhG Vor § 120 Rn. 14; *Nishitani* in Ferrari/Leible, Rome I Regulation – The Law Applicable to Contractual Obligations in Europe, 2009, 51, 81; Spindler/Schindler/*Weller/Neumeier* Rom I-VO Art. 9 Rn. 16; Ferrari IntVertragsR/*Staudinger* Rom I-VO Art. 9 Rn. 30; die allein aus der Regelung des deutschen Gesetzgebers nach § 32b UrhG folgeren, dass die §§ 32, 32a UrhG als Eingriffsnormen anzuerkennen seien.

887 Ebenso und mit ausf. Begr. *Koch,* Die Qualifikation des Verlagsvertrags im internationalen Privatrecht, 2021, 184 ff.; aA Rauscher/*Thorn* Rom I-VO Art. 9 Rn. 58; Staudinger/*Magnus,* 2011, Rom I-VO Art. 4 Rn. 544 ff. (im Gegensatz zu anderen zwingenden Regeln des Urheberrechts); *Stimmel* GRUR Int 2010, 783 (790).

nicht die Regeln der Richtlinie über das Urheberrecht im Digitalen Binnenmarkt zur Anwendung kommen.[888] Aufgrund des Vorrangs der Rom I-VO vor dem nationalen Kollisionsrecht wäre daher § 32b UrhG jedenfalls einstweilen nicht anzuwenden.[889] Vor dem Hintergrund der „Ingmar"-Entscheidung des EuGH stärkt jedoch die Rechtsangleichung des Urhebervertragsrechts in der EU die Argumente für die Schlussfolgerung, dass sich das **Urhebervertragsrechts der EU-Mitgliedstaaten gegen die Wahl des Rechts eines Drittstaates durchsetzen kann.** Es bleibt zu hoffen, dass durch Vorlagefragen zum EuGH bald eine Klärung herbeigeführt wird. Für die **Zweckübertragungslehre** des dt. Urhebervertragsrechts nach § 31 Abs. 5 UrhG hat der **BGH** inzwischen den Eingriffscharakter nach dem früher anwendbaren Art. 34 EGBGB aF abgelehnt.[890] Allerdings lässt sich der Entscheidung kein Rückschluss auf das Verhältnis von § 32b UrhG zu Art. 9 Rom I-VO entnehmen. Der BGH hat seine Entscheidung auch auf einen Umkehrschluss aus § 32b UrhG gestützt. Wenn der dt. Gesetzgeber schon für einige Bestimmungen des Urhebervertragsrechts eine Regelung vorsehe, die deren Charakter als Eingriffsnorm klärt, müsse gefolgert werden, dass andere Vorschriften des Urhebervertragsrechts nicht als Eingriffsnormen qualifiziert werden können.[891]

3. Verhältnis zum Kartellrecht. Ein bedeutsames Feld der Kollision unterschiedlicher Wertungen ergibt sich im Bereich des Kartellrechts. Hierzu ist allgemein auf die Kommentierung von Art. 6 Abs. 3 Rom II-VO zu verweisen. Die folgenden Ausführungen befassen sich nur mit der Bedeutung des Kartellrechts für Fragen des Internationalen Immaterialgüterrechts. Dabei ist vor allem an **zwei Fälle** zu denken. Im ersten Fall stellt sich die Frage, ob ein internationaler **Lizenzvertrag nichtig** ist, weil er eventuell gegen das Kartellrecht eines bestimmten Staates oder des AEUV verstößt (→ Rn. 277 ff.). Im anderen Fall klagt der Rechteinhaber wegen Verletzung seines Schutzrechts. Der Beklagte wendet ein, Ansprüche bestünden nicht, da der **Rechteinhaber kartellrechtlich zur Lizenzierung verpflichtet** sei; die Gewährung einer Lizenz dürfe daher nicht abgelehnt werden (→ Rn. 274 ff.).[892] Einzugehen ist schließlich noch auf kollisionsrechtliche Fragestellungen im Zusammenhang mit **standardessenziellen Patenten** (→ Rn. 282 ff.). **273**

a) Das auf die Lizenzverweigerung anwendbare Recht. In beiden an erster Stelle genannten Fällen stellt sich die Frage, welches Recht auf die kartellrechtliche Beurteilung zur Anwendung kommt. Inzwischen leichter zu behandeln ist der Fall der kartellrechtlichen Zwangslizenz. Die Frage, ob die Verweigerung der Lizenz einen einseitigen Verstoß gegen das Kartellrecht bildet und ob der Lizenzpetent entsprechend einen Anspruch auf Lizenzerteilung hat, fällt in den Anwendungsbereich der **kartellrechtlichen Anknüpfung nach Art. 6 Abs. 3 Rom II-VO.** Der angebliche Verstoß besteht darin, dass ein kartellrechtlich gebotener Vertragsschluss verweigert wird. Entsprechend geht es um einen Fall außervertraglicher Haftung. Nach Art. 6 Abs. 3 lit. a Rom II-VO entscheidet also über die genannten Fragen das Recht des Staates, dessen Markt beeinträchtigt wird (Auswirkungsprinzip). Insbesondere, wenn das Argument der Kartellrechtswidrigkeit der Lizenzverweigerung im Verletzungsverfahren vorgebracht wird, kommt nach der Schutzlandanknüpfung gemäß Art. 8 Abs. 1 Rom II-VO und nach der kartellrechtlichen Anknüpfung gemäß Art. 6 Abs. 3 lit. a Rom II-VO dasselbe Recht zur Anwendung. Begehrt beispielsweise der Rechteinhaber Schutz für Deutschland, dann wird gemäß Art. 6 Abs. 3 lit. a Rom II-VO durch die Berufung auf das deutsche Recht gerade der Wettbewerb auf dem deutschen Markt berührt. Für die Anwendung des EU-Kartellrechts kann zwar nach Art. 6 Abs. 3 lit. b Rom II-VO von der an sich geforderten Mosaikbetrachtung für die Ausgestaltung des Anspruchs zugunsten der lex fori abgewichen werden, aber nur, soweit auch der Markt im Gerichtsstaat beeinträchtigt ist. Im Falle der Lizenzverweigerung ist dies nur der Fall, wenn auch für diesen Staat Schutz beansprucht und der vermeintliche Verletzer eine Lizenz auch für diesen Staat begehrt. Zu beachten ist, dass nicht allein das EU-Kartellrecht den Fall entscheidet. Nach Art. 3 Abs. 2 S. 2 Wettbewerbsregeln-DVO[893] kann nationales Kartellrecht strengere Maßstäbe anlegen und ein Verhalten auch dann verbieten, wenn das betreffende Verhalten nach europäischen Recht erlaubt wäre. Nach der Rspr. des BGH scheint es tatsächlich so zu sein, dass nach deutschem **274**

888 Nach Art. 26 Abs. 2 RL (EU) 2019/790 berührt die Richtlinie nicht Handlungen und Rechte, die vor dem 7.6.2021 abgeschlossen bzw. erworben wurden.

889 AA *Stögmüller* in Leupold/Glossner, Münchener Anwaltshandbuch IT-Recht, 3. Aufl. 2013, Teil 6 Rn. 251; NK-BGB/*Doehner* Rom I-VO Art. 9 Rn. 22; *Obergfell* FS Martiny, 2014, 275 (487 f.).

890 BGH GRUR 2015, 264 (267 f.) – Hi Hotel II; s. hierzu auch Möhring/Nicolini/*Lauber-Rönsberg* KollisionsR Rn. 37.

891 BGH GRUR 2015, 264 (268) – Hi Hotel II.

892 Diese Verteidigung, die regelmäßig auf Art. 102 AEUV gestützt wird, wird allg. als sog. „Euro defence" bezeichnet. Ähnlich gelagert ist der Fall, dass der Rechteinhaber zwar zur Lizenzierung bereit ist, aber angeblich überhöhte oder diskriminierende Lizenzgebühren oder Lizenzbedingungen verlangt.

893 VO (EG) 1/2003 des Rates vom 16.12.2002 zur Durchführung der in den Artikeln 81 und 82 des Vertrags niedergelegten Wettbewerbsregeln, ABl. EG 2003 L 1, 1.

Recht ein Kartellverstoß im Falle der Lizenzverweigerung leichter zu begründen ist als nach Art. 102 AEUV.[894]

275 Nach dem Kartellrechtsstatut gemäß Art. 6 Abs. 3 Rom II-VO ist auch zu beurteilen, unter welchen Voraussetzungen der **Kartellrechtsverstoß als Verteidigung gegen den Anspruch auf Unterlassung der Rechtsverletzung** vorgebracht werden kann, um schließlich die Nutzung des Schutzrechts ohne vorherige Lizenzerteilung nutzen zu können. In der **„Orange-Book"-Entscheidung** hat der BGH das Verhältnis zwischen dem Anspruch wegen Verletzung deutschen Patentrechts und den Anspruch auf Erteilung einer Lizenz auf der Grundlage deutschen Kartellrechts nach den Grundsätzen von Treu und Glauben nach § 242 BGB in Ausprägung der dolo facit-Einrede entschieden,[895] wobei der BGH freilich der möglichen Verletzung auch europäischen Kartellrechts keine Beachtung schenkte. In der **„Huawei"-Entscheidung** ist der EuGH diesem Ansatz inzwischen für die Anwendung des europäischen Kartellrechts auf den Fall eines standardessenziellen Patents, für das der Patentinhaber zuvor gegenüber einer Standardisierungsorganisation erklärt hatte, eine Lizenz zu FRAND-Bedingungen zu erteilen, entgegengetreten (dazu auch → Rn. 282). Der EuGH entwickelte ausschließlich auf der Grundlage von Art. 102 AEUV spezifisch europarechtliche und im Vergleich zu „Orange-Book" großzügigere Grundsätze zu den Voraussetzungen, unter denen ein solches Patent auch ohne vorherige Erteilung einer Lizenz genutzt werden kann.[896]

276 Die kartellrechtliche Anknüpfung kann grundsätzlich auch zur Anwendung des **Rechts eines Drittstaates** führen.[897] Wird etwa ein Unternehmen mit Sitz in Deutschland (Beklagtengerichtsstand) wegen einer Patentverletzung in der Schweiz verklagt, ist das Recht der Schweiz nicht nur auf die Frage anwendbar, ob eine Verletzung des Patents in der Schweiz (Schutzland) gegeben ist, sondern auch für die Frage, ob der Patentinhaber nach schweizerischem Kartellrecht verpflichtet ist, dem deutschen Beklagten eine Lizenz zu erteilen. In der Anordnung der Anwendung fremden Kartellrechts liegt eine revolutionäre Erneuerung, denn eine solche Anwendung war in der Vergangenheit von deutschen Gerichten nie vorgenommen worden und war wegen des angeblich öffentlich-rechtlichen Charakters des Kartellrechts auch im Schrifttum umstritten.[898]

277 **b) Das auf die Nichtigkeit von Lizenzverträgen anwendbare Recht.** Schwieriger fällt die kollisionsrechtliche Anknüpfung für die Beurteilung der Kartellrechtswidrigkeit von Lizenzverträgen. Zu denken wäre auch hier zuerst an die Anwendung von Art. 6 Abs. 3 Rom II-VO. Handelt es sich um einen Rechtsstreit zwischen den Lizenzvertragsparteien und streiten die Parteien darüber, ob der Lizenzvertrag wirksam ist, handelt es sich jedoch um einen Rechtsstreit der ein vertragliches Schuldverhältnis betrifft. Nach **Art. 10 Abs. 1 Rom I-VO** beurteilt sich auch die **Wirksamkeit des Vertrages** nach dem jeweiligen **Vertragsstatut.** Diese Anknüpfung lässt sich aber kaum mit den Wertungen der kartellrechtlichen Anknüpfung vereinbaren. So ist es denkbar, dass die Parteien für einen Lizenzvertrag, der die Verwertung von Patenten unter anderem in der EU betrifft, die Geltung schweizerischen Rechts vereinbart haben. Die Anwendung von Art. 10 Abs. 1 Rom I-VO würde es den Parteien ermöglichen, der Anwendung des europäischen Kartellrechts zu entgehen, obwohl sich der Lizenzvertrag auf das Gebiet der EU auswirkt.

278 Ist ein Gericht in der EU mit dem Rechtsstreit befasst, bieten sich zwei Möglichkeiten einer angemessenen Lösung. Zum einen ist zur Kenntnis zu nehmen, dass die **kollisionsrechtliche Anwendbarkeit des europäischen Kartellrechts** sich nicht erst aus den Vorschriften der Rom I-VO und Rom II-VO, sondern schon aus seiner **primärrechtlichen Festlegung** ergibt.[899] Diese Geltung kann durch die Rom I-VO nicht beschränkt werden. Die Art. 101 ff. AEUV enthalten zwar keine ausdrücklichen Kollisionsnormen; die kollisionsrechtliche Anwendbarkeit ergibt sich aber aus der sog. **Zwischenstaatlichkeitsklausel.** Danach ist Art. 101 Abs. 1 AEUV auf Lizenzverträge immer dann zur Anwendung zu bringen, wenn der Handel zwischen den Mitgliedstaaten beeinträchtigt ist. Die Zwischenstaatlichkeitsklausel bestimmt sowohl den Anwendungsbereich des europäischen Kartellrechts im Verhältnis zu den Mitgliedstaaten als auch im Verhältnis zu Drittstaaten. Im Verhältnis zu Drittstaaten wird die Zwischenstaatlichkeitsklausel von der **Europäischen Kommission** in ständiger Praxis im Sinne des **Auswirkungsprinzips** ausgelegt. Mit zumindest terminologischer Vorsicht gegenüber dem Auswirkungsprinzip bevorzugt der **EuGH** die **Durchführungstheorie.** Danach ist es nicht erforderlich, dass der beschränkende Lizenzvertrag im Gebiet der EU

894 Hierzu BGH GRUR 2004, 966 – Standard-Spundfass.

895 BGH GRUR 2009, 694 – Orange-Book-Standard. Da diese Voraussetzungen nicht vorlagen, konnte der BGH die Frage, ob deutsches Kartellrecht überhaupt verletzt war, offenlassen.

896 EuGH ECLI:EU:C:2015:477 = GRUR 2015, 764 – Huawei.

897 *Roth* FS Kropholler, 2008, 623 (635 f. und 637 ff.).

898 Vgl. nur *Roth* FS Kropholler, 2008, 623 (627 ff.).

899 Wohl ebenso *Stimmel* GRUR Int 2010, 783 (790).

geschlossen wurde. Es genügt die Durchführung der Beschränkung im Unionsgebiet.[900] Europäisches Kartellrecht ist deshalb jedenfalls dann im Zusammenhang mit Immaterialgüterrechten kollisionsrechtlich anwendbar, wenn es um die Lizenzierung und Ausübung von einheitlichen europäischen Rechtstiteln und nationalen Immaterialgüterrechten in den Mitgliedstaaten geht. Nicht schlechterdings ausgeschlossen ist die Anwendung europäischen Kartellrechts auch auf die Lizenzierung von Rechten in Drittstaaten, sofern sich die darin enthaltenen Beschränkungen, etwa in Form eines Exportverbots für das Gebiet der EU, auswirken.[901]

Die zweite Möglichkeit besteht in der Anwendung der Bestimmungen des europäischen Kartellrechts als **Eingriffsnormen iSv Art. 9 Abs. 1 Rom I-VO.** Diese Auslegung würde lediglich bestätigen, was sich schon aus der vorrangigen primärrechtlichen Geltung ergibt. Die kartellrechtlichen Bestimmungen des Unionsrechts sind von den Gerichten in der EU auf alle Fälle zu berücksichtigen. 279

Die Einordnung von kartellrechtlichen Bestimmungen als Eingriffsnormen hätte den Vorteil, dass damit auch dem **Kartellrecht der Mitgliedstaaten** Geltung verschafft werden kann. Dies ist dann von Interesse, wenn das europäische Kartellrecht mangels Auswirkung auf den Handel zwischen den Mitgliedstaaten nicht anwendbar ist. Soweit jedoch auch das europäische Kartellrecht gilt, ist zu berücksichtigen, dass das nationale Kartellrecht gemäß Art. 3 Abs. 2 S. 1 Wettbewerbsregeln-DVO keine Vereinbarung verbieten darf, die nach europäischem Recht erlaubt wäre. Das europäische Recht bildet insoweit einen abschließenden Prüfungsmaßstab. Auf ausschließliche Lizenzen, die regelmäßig die Rechte für das gesamte Staatsgebiet eines Mitgliedstaates betreffen und damit Dritte vom Marktzutritt ausschließen, dürfte regelmäßig der Anwendungsbereich des europäischen Kartellrechts eröffnet sein. 280

Auf besondere Schwierigkeiten der Anknüpfung stößt man bei der Frage, ob ein **Lizenzvertrag auch nach dem Kartellrecht eines Drittstaates nichtig** sein kann.[902] Streiten sich etwa die Parteien eines Lizenzvertrages, der deutschem Recht unterstellt wurde, aber die Lizenzierung eines Patents in der Schweiz zum Inhalt hat, vor einem deutschen Gericht, so stellt sich die Frage, ob der deutsche Richter eine etwaige Kartellrechtswidrigkeit der Vereinbarung nach Schweizer Recht zu berücksichtigen hätte. Im System der Rom I-VO gelangt man zu Art. 9 Abs. 3 Rom I-VO, wonach auch die Berücksichtigung von ausländischen Eingriffsnormen grundsätzlich möglich ist. Ungeachtet dieser Möglichkeit bleibt aber festzustellen, dass die Rom I-VO in Bezug auf die Berücksichtigung des Kartellrechts von Drittstaaten durch die Einordnung als bloße Eingriffsnormen weniger offen ist als die Rom II-VO.[903] Als „Kann"-Vorschrift erlaubt Art. 9 Abs. 3 Rom I-VO lediglich die Berücksichtigung fremder Eingriffsnormen, ohne den Richter zur Berücksichtigung zu verpflichten.[904] Tatsächlich ist aber kein Grund ersichtlich, weshalb im Rahmen außervertraglicher Schuldverhältnisse die Berücksichtigung von ausländischem Kartellrecht problemlos nach dem Auswirkungsprinzip möglich sein soll, für die Nichtigkeitsfolge aber nicht Entsprechendes gelten soll. Außerdem stellt die Rom II-VO in **Erwägungsgrund 23 Rom II-VO** selbst klar, dass Art. 6 Abs. 3 Rom II-VO auch für die Bestimmungen über kartellrechtswidrige Vereinbarungen zur Anwendung kommt. Dies gilt jedenfalls dann, wenn Dritte, die nicht als Parteien am Vertrag beteiligt sind, wie etwa die Abnehmer bei Preiskartellen, einen Schadensersatzanspruch geltend machen. Es ist kein Grund ersichtlich, im Hinblick auf die Berücksichtigung ausländischen Kartellrechts anders zu verfahren, wenn es um die Auswirkungen auf die Parteien selbst geht. Die Anwendung eines unterschiedlichen Maßstabes könnte vielmehr zu widersprüchlichen Ergebnissen führen: Bei einem Preiskartell, das von inländischen Unternehmen auf einem Auslandsmarkt durchgeführt wird, könnten die Opfer des Kartells in Deutschland aus der Verletzung des ausländischen Kartellrechts klagen.[905] Dagegen hinge die vertragsrechtliche Wirksamkeit des Preiskartells im Verhältnis der Kartellanten zueinander von der Berücksichtigung ausländischen Kartellrechts als Eingriffsnorm ab. Die Lösung solcher Kollisionen bestünde entweder darin, im Widerspruch zu Art. 9 Abs. 3 Rom I-VO von einer grund- 281

[900] EuGH Slg. 1988, I-5193 – Zellstoff. Zu denkbaren Fällen, die nur nach dem Auswirkungsprinzip, nicht aber nach dem Durchführungsprinzip erfasst würden, s. *Basedow,* Weltkartellrecht, 1998, 19.

[901] Vgl. EuGH Slg. 1998, I-1983 Rn. 15 ff. = EuZW 1998, 404 – Javico, zum Verbot des Parallelimports in das EU-Gebiet ohne Bezug zum Immaterialgüterrecht.

[902] Das Problem nur andeutend *Stimmel* GRUR Int 2010, 783 (790).

[903] *Roth* FS Kropholler, 2008, 623 (648) spricht hier von einer „merkwürdigen Diskrepanz".

[904] Dazu *Sonnenberger* FS Kropholler, 2008, 227 (242 f.), der davon ausgeht, dass der Forumstaat ermächtigt ist, die Kriterien für die Berücksichtigung festzulegen, was nicht mit eigenem Ermessen des Richters verwechselt werden dürfe.

[905] Dazu dass nach Art. 6 Abs. 3 lit. a ein Verbot nach ausländischem Kartellrecht anzuerkennen ist, auch wenn nach europäischem Recht kein Verbot besteht, s. *Roth* FS Kropholler, 2008, 623 (644). Dass sich nach den beiden Verordnungen für die Wirksamkeit des Vertrages und der deliktischen Haftung für dasselbe Verhalten widersprüchliche Ergebnisse einstellen könnten, erkennt auch *Roth* FS Kropholler, 2008, 623 (648 f.).

sätzlichen **Berücksichtigungspflicht** in Bezug auf das fremde Kartellrecht auszugehen[906] oder aber man dehnt die deliktische Anknüpfung des Art. 6 Abs. 3 Rom II-VO auch auf die zivilrechtlichen Wirkungen der wettbewerbsbeschränkenden Vereinbarung aus. Beide Lösungen ermöglichen, die Nichtigkeit von Lizenzverträgen nach dem Kartellrecht eines Drittstaates zu beurteilen.[907]

282 **c) Das anwendbare Recht im Zusammenhang mit FRAND-Erklärungen bei standardessenziellen Patenten.** Kollisionsrechte Fragestellungen besonderer Art tauchen im Zusammenhang mit FRAND-Erklärungen in Bezug auf standardessenzielle Patente (SEPs) auf. Technologische Standards, etwa und vor allem im Bereich der Telekommunikation, werden häufig durch **Standardisierungsorganisationen** als privatrechtliche Unternehmensvereinigungen festgelegt. Für die Implementierung solcher Standards kann der Zugang zu mehreren tausend SEPs notwendig sein. Um den Zugang und damit die Durchsetzung des Standards zu fördern, erlauben Standardisierungsorganisation die Notifizierung von SEPs, wobei der Patentinhaber aufgefordert wird, sich zur Erteilung von **FRAND-Lizenzen,** dh zu fairen, vernünftigen und nichtdiskriminierenden (fair, reasonable and non-discriminatory) Bedingungen, bereit zu erklären. Vor allem im Mobilfunkbereich würde sich angesichts der hohen Zahl von SEPs die Implementierung ganz erheblich verzögern, wenn der Nutzer vor der Implementierung stets für alle SEPs eine Lizenz erwerben müsste. So entsteht regelmäßig erst nach Implementierung Streit darüber, ob die vom Patentinhaber gestellten Bedingungen im Einklang mit der FRAND-Erklärung stehen oder ob der Nutzer überhaupt gewillt ist, eine Lizenz zu nehmen. Bei den Rechtsstreitigkeiten um SEPs geht es überdies regelmäßig um grenzüberschreitende Fallkonstellationen. Die Technologiestandards sollen typischerweise weltweit implementiert werden. Trotzdem orientieren sich die privatrechtlich organisierten Standardisierungsorganisationen, wie die IEEE (Institute of Electrical and Electronics Engineers) in den USA oder ETSI (European Telecommunications Standards Institute), mit ihrem Regelwerk am heimischen Recht, nicht zuletzt, soweit es um das Kartellrecht geht. Dagegen beabsichtigen die Nutzer, ihre Produkte (zB Mobiltelefone) weltweit zu vertreiben. Sie sind daher auf die Lizenzierung der SEPs nach allen Immaterialgüterrechtsordnungen angewiesen. In den Rechtsstreitigkeiten um SEPs kommt damit der Frage nach dem **anwendbaren Immaterialgüter-, Vertrags- und Kartellrecht** eine zentrale Bedeutung zu.[908]

283 Um zu verhindern, dass der Patentinhaber über den patentrechtlichen Unterlassungsanspruch eine unangemessene Lizenzgebühr erzwingen kann (sog. „patent hold-up"), haben sich international unterschiedliche Ansätze entwickelt. Von diesen Ansätzen hängt jeweils die kollisionsrechtliche Anknüpfung ab. Beim **kartellrechtlichen Zwangslizenzeinwand** handelt es sich nur um einen dieser Ansätze, dem vor allem im deutschen Verletzungsprozess eine zentrale Rolle zukommt. Unter welchen Voraussetzungen dieser vorgebracht werden kann, beurteilt sich nach dem Kartellrechtsstatut gemäß Art. 6 Abs. 3 Rom II-VO. Vor allem in den USA und anderen Common Law-Staaten wird dagegen eine Lösung präferiert, die den **Unterlassungsanspruch ohne Rückgriff auf das Kartellrecht nach den Grundsätzen der Equity-Lehre einschränkt** (sog. „eBay rule").[909] Auch wenn insoweit allgemeine Grundsätze des Zivilrechts zum Einsatz kommen, geht es doch um die Festlegung der Reichweite des Unterlassungsanspruchs als Sanktion für die Verletzung des Patents. Zur Anwendung kommt daher das Immaterialgüterrechtsstatut gemäß Art. 8 Abs. 1 Rom II-VO. Schließlich ist auch an eine **vertragsrechtliche Lösung** zu denken. Ein Anspruch auf Nutzung könnte sich insbesondere auch ergeben aus einem **Vertrag zugunsten Dritter,** der zwischen dem Patentinhaber und der Standardisierungsorganisation abgeschlossen wurde und der jeden potenziellen Nutzer als Dritten begünstigt. Ob die FRAND-Erklärung eine solche Drittwirkung enthält, ist nach dem anwendbaren **Vertragsstatut** festzustellen. Bei den besonders häufig streitgegenständlichen Fällen von SEPs für Mobilfunkstandards, die von **ETSI** festgelegt werden, ist zu berücksichtigen, dass die ETSI-IP-Policy die Anwendung **französischen Rechts** vorsieht.[910] Da Rechtsstreitigkeiten regelmäßig vor den Gerichten des Landes ausgefochten werden, für dessen Staatsgebiet das jeweilige Patent erteilt wurde, sind diese Gerichte in Bezug auf ETSI-Standards gehalten, französisches Recht zur Anwendung zu bringen, während es sich in Bezug auf einen Standard der US-amerikanischen

[906] So tendenziell *Roth* FS Kropholler, 2008, 623 (649).

[907] So auch schon die Auffassung zum früheren Recht vor Inkrafttreten der Rom II-VO; → 4. Aufl. 2006, IntImmGR Rn. 145. In ähnlicher Weise schon früher für eine großzügige Berücksichtigung ausländischen Kartellrechts *Heinemann,* Mélanges en l'honneur de Bernard Dutoit, 2002, 115.

[908] Zu allen drei Aspekten, auch aus kollisionsrechtlicher Sicht, s. *Fuchs* FS Ahrens, 2016, 79.

[909] Motorola Mobility v. Apple (N.D. Ill. 2012); Apple v. Motorola (Fed. Cir. 2014). Grdl. für die Einschränkung des patentrechtlichen Unterlassungsanspruchs der US Supreme Court in eBay Inc. v. MercExchange, L.L.C., 547 U.S. 388 (2006), allerdings zu einem Fall, der kein SEP betraf.

[910] Art. 12 ETSI-IPR Policy, https://www.etsi.org/images/files/ipr/etsi-ipr-policy.pdf (zuletzt abgerufen am 1.5.2024).

IEEE an US-amerikanischen Vertragsgrundsätzen orientieren müsste.[911] Die Anwendbarkeit französischen Vertragsrechts hat das LG Mannheim nicht daran gehindert, deutsches Recht in Bezug auf die Wirkungen einer ETSI-FRAND-Erklärung anzuwenden. Zum einen wurde über eine schuldrechtliche Verpflichtung hinaus eine dingliche Verzichtserklärung gefordert, die den Nutzer unmittelbar ermächtigt, das Schutzrecht zu nutzen. Über die dingliche Wirkung eines Rechtsgeschäfts in Bezug auf das Schutzrecht entscheide aber nicht das Vertragsstatut, sondern das Immaterialgüterrechtsstatut. So kam das Gericht zur Anwendung deutschen Rechts als das Recht des Schutzlandes. Deutsches Recht kenne aber keine Rechtsfigur, mit der auf die Geltendmachung von Unterlassungsansprüchen mit dinglicher Wirkung verzichtet werden könne (→ Rn. 230).[912] Abgelehnt wurde außerdem eine rein schuldrechtlicher Nutzungsbefugnis. Zum einen ergebe sich eine solche nicht aus der Anwendung französischen Rechts. Die deutschen Instanzgerichte ließen es für eine entsprechende Rechtswahl nicht ausreichen, dass der Patentinhaber im Zeitpunkt der FRAND-Erklärung seine Bindung an die ETSI-IPR Policy lediglich bestätigte.[913] Angewendet wurde sodann das deutsche Recht als das Recht am Sitz des Lizenzgebers als jener Person, die die vertragscharakteristische Leistung zu erbringen habe.[914] Nach deutschem Recht konnten die Gerichte jedoch keinen rechtsverbindlichen Willen des Patentinhabers feststellen, generell auf die Geltendmachung eines Unterlassungsanspruchs ohne Sicherung des Lizenzgebührenanspruchs zu verzichten und gleichzeitig alle Pflichten eines Lizenzgebers zu erfüllen.[915] Der FRAND-Erklärung als solcher wurde lediglich die Bedeutung einer **invitatio ad offerendum** beigemessen.[916] So erklärt sich, dass deutsche Instanzgerichte generell die kartellrechtliche Lösung vorziehen. Zu einer vertragsrechtlichen Beurteilung kommen dagegen **US-Gerichte** unter Anwendung von US-amerikanischem Vertragsrechts. Ohne überhaupt auf die Frage des anwendbaren Rechts einzugehen, ordnete ein US-Bundesgericht die FRAND-Bereitschaftserklärung gegenüber der US-amerikanischen Standardisierungsorganisation IEEE und der International Telecommunications Union (ITU) als Annahme des Angebots der Standardisierungsorganisation zum Abschluss eines Vertrages zugunsten Dritter ein. Als Inhalt des Vertrages nahm das Gericht einen Verzicht des Patentinhabers auf die Geltendmachung eines Unterlassungsanspruchs gegenüber allen denkbaren Nutzern bei gleichzeitiger Verpflichtung zur Einräumung einer Lizenz zu FRAND-Bedingungen an.[917]

4. Ausschluss der Rechtswahl. Nach Art. 8 Abs. 3 Rom II-VO ist eine Rechtswahl entsprechend der Vorschrift des Art. 14 Abs. 1 Rom II-VO ausgeschlossen. Grund hierfür ist, dass man die öffentlichen Interessen im Schutzland an der Abgrenzung der Rechte des geistigen Eigentums für zu gewichtig hielt, als dass sie sich mit der Wahl einer anderen Rechtsordnung vertragen würden.[918] Damit geht der europäische Gesetzgeber zu weit, jedenfalls soweit auch eine Rechtswahl nach Eintritt des schadensbegründenden Ereignisses ausgeschlossen wird.[919] Die Parteien können jederzeit auch einen Rechtsstreit im Rahmen der Gesetze durch Vergleich beilegen.[920] Vor allem ist nicht einzusehen, weshalb sie nicht die Möglichkeit haben sollen, nach dem Schadensereignis eine Recht- **284**

[911] Die damit drohende Rechtszersplitterung erklärt Versuche im Schrifttum, die Anwendbarkeit nationalen Vertragsrechts durch eine lex mercatoria der Standardisierung zu vermeiden, s. *Contreras* ERPL 2019, 245.

[912] So LG Mannheim InstGE 11, 9 (12) – UMTS-fähiges Mobiltelefon; InstGE 13, 65 (73 f.) – UMTS-fähiges Mobiltelefon II; LG Düsseldorf BeckRS 2012, 9376 Rn. 227 ff.; 2012, 9682 Rn. 228 ff.; zust. *Fuchs* FS Ahrens, 2016, 79 (85 ff.).

[913] LG Mannheim InstGE 11, 215 (216) – UMTS-fähiges Mobilstation; LG Düsseldorf BeckRS 2012, 9376 Rn. 239, BeckRS 2012, 9682 Rn. 240; aA *Straus* GRUR Int 2011, 469 (476 ff.).

[914] LG Düsseldorf BeckRS 2012, 9376 Rn. 241 f.; 2012, 9682 Rn. 242 f.

[915] LG Düsseldorf BeckRS 2012, 9376 Rn. 249; 2012, 9682 Rn. 250; ebenso gegen die Möglichkeit der Annahme eines Vertrages zugunsten Dritter auf der Grundlage deutschen Rechts aber für eine vorvertragliche Pflicht des Patentinhabers aus culpa in contrahendo, ein Vertragsangebot zu unterbreiten und sich auch FRAND-Verhandlungen einzulassen *Fuchs* FS Ahrens, 2016, 79 (88 ff.).

[916] LG Düsseldorf BeckRS 2012, 9376 Rn. 257; 2012, 9682 Rn. 258.

[917] Microsoft Corp. v. Mororola, Inc., 864 F.Supp.2d 1023, 1030 ff. (W.D. Wash. 2012).

[918] Zust. etwa *Buchner* GRUR Int 2005, 1004 (1007); *Heiss* JBl. 2007, 613 (636 f.); *Koch,* Die Qualifikation des Verlagsvertrages im internationalen Privatrecht, 2021, 108 f.; *Sonnentag* ZVglRWiss 105 (2006), 256 (298); *Vogeler,* Die freie Rechtswahl im Kollisionsrecht der außervertraglichen Schuldverhältnisse, 2013, 115 ff.

[919] Krit. etwa auch *Boschiero* YPIL 9 (2007), 87 (107 f.); Magnus/Mankowski/*Metzger* Rn. 54; Rauscher/*Unberath/Cziupka/Pabst* Rn. 29; ebenfalls eine diff. Lösung für möglich haltend *Pertegás* in Malatesta, The Unification of Choice of Law Rules on Torts and Other Non-Contractual Obligations in Europe, 2006, 221, 237.

[920] Jedoch wird vor allem für den Pharmabereich gegenwärtig diskutiert, ob die Streitbeilegung durch Vergleich nicht eine wettbewerbsbeschränkende Vereinbarung darstellt, jedenfalls dann, wenn der Patentinhaber durch Geldzahlung an den Generikaproduzenten diesen vom Nichtigkeitseinwand und der Markteinführung des Konkurrenzpräparats abhält.

wahl in Bezug auf die ihnen zustehenden Rechtsbehelfe zu treffen. Eine solche Rechtswahl würde das Schutzlandprinzip zur Beurteilung der Rechtsverletzung unangetastet lassen.[921] Vor allem bei Multistate-Delikten ließe sich so eine Mosaikbetrachtung vermeiden und eine Entscheidung über die weltweite Verletzung von parallelen Rechten nach einer Rechtsordnung ermöglichen. Desgleichen könnte es sinnvoll sein, eine vorgezogene Rechtswahl dann zuzulassen, wenn im Rahmen eines Lizenzvertrages Ansprüche aus Vertrag und Delikt konkurrieren.[922]

VIII. Grenzüberschreitende und Multistate-Verstöße

285 **1. Ausgangslage.** Mit der Abfassung der Pariser und Berner Übereinkunft Ende des 19. Jahrhunderts reagierte die Staatengemeinschaft auf das Bedürfnis nach internationalem Schutz des gewerblichen Eigentums und des Urheberrechts. Ohne diese Abkommen wäre es möglich gewesen, Erfindungen und urheberschutzfähige Werke ohne Zustimmung des Rechtsinhabers im Ausland zu verwerten. Der Entscheidung zu Gunsten des Schutzprinzips der **Inländerbehandlung** in den Konventionen (→ Rn. 41, → Rn. 69 ff.) liegt die **Vorstellung von der territorialen Begrenztheit der einzelnen Verwertungshandlung** zugrunde.[923] Diese Vorstellung entsprach schon zur damaligen Zeit nicht der Rechtswirklichkeit, war doch der Mehrstaatenvertrieb des Nachdrucks von Schriftwerken bereits ein bekanntes Phänomen. Heute, im Zeitalter des **grenzüberschreitenden terrestrischen Rundfunks,** des **Satellitenrundfunks** und vor allem des grenzenlosen **Internet,** fehlt es gerade in bedeutsamen Fällen der Massennutzung von Immaterialgütern an der territorialen Begrenztheit der Rechtsverletzung. Diese Entwicklungen stellen die Richtigkeit und Adäquanz der Territorialität der Schutzrechte an sich in Frage. Knüpft man auch in diesen Fällen, der Vorstellung der Territorialität folgend, am Recht des Schutzlandes an, droht vor allem bei Internet-Sachverhalten die **Anwendbarkeit einer kaum überschaubaren Zahl von Rechtsordnungen.**

286 Bei **Multistate-Verstößen beeinträchtigt** ein und dieselbe Verletzungshandlung **gleichzeitig die Verwertungsinteressen in mehreren Staaten.** Sie bilden damit einen **Unterfall der grenzüberschreitenden Verletzung** von Immaterialgüterrechten. Eine solche liegt auch dann vor, wenn die Handlung in einem Staat vorgenommen wird, die ökonomischen Auswirkungen aber nur das Territorium eines anderen Staates berühren. In all diesen Fällen stellt sich die Frage nach den Voraussetzungen der Anwendung des Rechts im Staat der tatbestandlichen Handlung sowie der Staaten der bloßen ökonomischen Auswirkung.

287 Multistate-Verstöße wurden in der Vergangenheit besonders für das **Urheberrecht** diskutiert. In verschiedenen Staaten hatten sich Gerichte vor allem mit Fällen des grenzüberschreitenden terrestrischen Rundfunks zu befassen.[924] Im Internet-Zeitalter hat die Problematik der Multistate-Verstöße auch andere Schutzrechte erreicht.[925] So stellt sich etwa für das **Patentrecht** die Frage, ob in Europa unabhängig hergestellte, nicht patentierte Computerprogramme ohne die Gefahr einer Verletzung von US-amerikanischen Software-Patenten über das Internet vertrieben werden können.[926] Die Benutzung von Patenten lässt sich vor allem über Internet dergestalt auf verschiedene Staaten verteilen, dass in keinem einzelnen Schutzstaat alle nach den Patentansprüchen für eine rechtsverletzende Nutzung erforderlichen Handlungsbestandteile lokalisiert werden können.[927] Verfahrenspatente können durch grenzüberschreitende Anwendungsvorgänge gleichzeitig das Territorium mehrerer Staaten berühren.[928] Das **Markenrecht** ist etwa bei der Verwendung von nationalen Marken als Internet-

---

[921] So erlauben sowohl die ALI Principles (→ Rn. 371 ff.) als auch die CLIP Principles (→ Rn. 375 f.) eine jeweils auf die Rechtsfolgen beschränkte Rechtswahl. Eine entsprechende nachträgliche Rechtswahl bei Verletzung von Immaterialgüterrechten wird auch von Art. 110 Abs. 2 IPRG Schweiz zugelassen; dazu *Hilty,* Urheberrecht, 2011, Rn. 442. Besonders krit. zum Ausschluss der Rechtswahl auch *van Engelen* Electr. J. Comp. L. 14.3 (December 2010), http://www.ejcl.org, S. 15. Dabei ist zu berücksichtigen, dass die Gründe für die Geltung des Territorialitätsgrundsatzes für die Rechtsfolgen einer Verletzung weniger überzeugend sind als für die Bestimmung des Schutzumfangs; dazu *Neumann* J. Priv. Int'l. L. 7 (2011), 583 (588 f.).

[922] Ebenso *Boschiero* YPIL 9 (2007), 87 (108 ff.); Art. 3.605 Abs. 2 CLIP Principles (→ Rn. 375).

[923] Anschaulich dazu *Geller* GRUR Int 2000, 659 f.

[924] BGH GRUR Int 2003, 470 – Sender Felsberg; OGH GRUR Int 1991, 920 – Tele Uno II.

[925] *Baeumer* FS Fikentscher, 1998, 903 (917 f.) zum Marken- und Patentrecht.

[926] Zum anwendbaren Patentrecht unter besonderer Berücksichtigung der Internetproblematik *Blumer,* Patent Law and International Private Law, https://www.wipo.int/edocs/mdocs/mdocs/en/wipo_pil_01/wipo_pil_01_3.pdf (zuletzt abgerufen am 5.1.2024).

[927] Zu dieser Problematik im Rahmen des Systems Eurpoäischer Patente mit einheitlicher Wirkung s. *Romandini/Kliczník* IIC 44 (2013), 524.

[928] Als Beispiele nennt hier *Haupt* GRUR 2007, 187 f. das Verfahren der digitalen Daten-Rundfunkübertragung sowie das Verfahren zur Erdgasverdichtung, das in grenzüberschreitenden Erdgasnetzen zur Anwendung gebracht wird.

Domain-Names berührt.[929] In der Rechtssache **„Hotel Maritime"**, in der es um die Kollision von nationalen Markenrechten im Zusammenhang mit der Verwendung von Internet-Domain-Names ging, hatte der BGH zum ersten Mal überhaupt zur Anwendung deutschen Immaterialgüterrechts in Bezug auf eine vom Ausland unterhaltene Website zu entscheiden.[930]

Das zentrale Problem der Behandlung von Multistate-Verstößen liegt in der **Lokalisierung der Verletzungshandlung.**[931] Zu klären sind die Voraussetzungen, unter denen für das Schutzland, auf dessen Recht sich der Anspruchsteller beruft, eine Verletzung des Immaterialgüterrechts angenommen werden kann.[932] Soll hier stets eine tatbestandliche Verletzungshandlung im Schutzstaat verlangt werden, oder genügt es, dass die Verletzungshandlung lediglich Verwertungsinteressen im Inland berührt (→ Rn. 289 ff. unter 2.)? Wird letzteres im Einzelfall bejaht, kommt es regelmäßig zur **kumulativen Anwendung mehrerer Rechtsordnungen.** Da die einzelnen Rechtsordnungen die Schutzvoraussetzungen unterschiedlich definieren, die einzelnen nationalen Rechte verschiedenen Personen zustehen können[933] und die eingeräumten Befugnisse im Ausgleich mit Drittinteressen unterschiedlich abgegrenzt werden, drohen **Wertungswidersprüche,** weil sich vor allem die Rechtsfolgen der Anwendung nationalen Rechts nicht immer auf das jeweilige nationale Territorium begrenzen lassen. Wendet der Richter das nationale Recht ohne Rücksicht auf die Rechtslage im Ausland an, besteht die **Gefahr,** dass sich dieses als das **strengste Recht durchsetzt.** So trägt die Beurteilung von Multistate-Verstößen nach nationalem Immaterialgüterrecht die **Tendenz zur extraterritorialen Anwendung** dieses Rechts in sich. Vor dem Hintergrund der soeben benannten Schwierigkeiten ist vor allem für das Internet schließlich grundsätzlich über **Alternativen für die Schutzlandanknüpfung** nachzudenken (→ Rn. 352 ff. unter 4.). 288

2. Lokalisierung der Verletzung im Schutzland. Für die Beantwortung der Frage, ob ein bestimmtes nationales Recht überhaupt anwendbar ist und ob eine einzelne Handlung das Immaterialgüterrecht in einem bestimmten Staat verletzt, ist auch bei Multistate-Verstößen nach den **allgemeinen Grundsätzen** zu verfahren. Danach liegt es zunächst am Kläger zu präzisieren, für welches Land er Schutz beansprucht (→ Rn. 12). Erst auf der Ebene des Sachrechts, nach dem der Kläger Schutz begehrt, stellt sich die Frage nach der **Lokalisierung der Rechtsverletzung im Inland.**[934] 289

a) Rechtsverletzung im Inland. aa) Beurteilung nach dem Tatbestand des Rechts des Schutzlandes. Die Frage, ob eine inländische Rechtsverletzung gegeben ist, beurteilt sich nach dem gesetzlichen Tatbestand der lex loci protectionis, auf den sich der Kläger beruft. So prüfte der **BGH** in der Rechtssache **„Sender Felsberg"** die Frage, ob die zielgerichtete grenzüberschreitende Radiosendung in französischer Sprache von Deutschland nach Frankreich das deutsche Leistungs- 290

[929] Allg. zum anwendbaren Markenrecht im Internet *Bettinger/Thum* GRUR Int 1999, 659 (672 ff.); *Dinwoodie,* Private International Aspects of the Protection of Trademarks, 2001, https://www.wipo.int/edocs/mdocs/mdocs/en/wipo_pil_01/wipo_pil_01_4.doc (zuletzt abgerufen am 1.5.2024).

[930] BGH GRUR Int 2005, 433 – Hotel Maritime (Klage der Hotelkette mit der Marke „Maritim" gegen die Verwendung des Internet Domain-Namens „hotel-maritime.dk" durch ein Hotel in Kopenhagen, dem die dänische Marke „Maritime" zustand und über dessen deutschsprachige Website Reservierungen möglich waren); zur vorausgegangenen Entscheidung des OLG Hamburg MMR 2002, 822 – hotel-maritime.dk, s. auch *Ohly* in Drexl/Kur, Intellectual Property and Private International Law, 2005, 241 ff., der darauf hinweist, dass es in dem Fall um keine Kollision von Rechtsordnungen (conflict of laws), sondern um eine Kollision von Rechten (conflict of rights) ging. Zu diesem Begründungsansatz s. auch *Beckstein,* Einschränkungen des Schutzlandprinzips, 2010, 153 ff. sowie *Glöckner/Kur* GRUR-Beil. 2014, 29 (31).

[931] So auch deutlich nach BGH GRUR Int 2005, 433 (434) – Hotel Maritime, auf der Grundlage des Territorialitätsgrundsatzes; EuGH ECLI:EU:C:2012:642 = GRUR Int 2012, 1113 Rn. 31–33 – Football Dataco/Sportradar.

[932] Abzulehnen daher die Auffassung bei *v. Ungern-Sternberg* in Schwarze, Rechtsschutz gegen Urheberrechtsverletzungen und Wettbewerbsverstöße in grenzüberschreitenden Medien, 2000, 109 (121), nach dem es um die „kollisionsrechtliche Frage der Bestimmung des Schutzlandes" geht. Zustimmungswürdig dagegen *Johannes* GRUR Int 2004, 928 (929) für das Markenrecht im Internet.

[933] So vor allem im Markenrecht, s. BGH GRUR Int 2005, 433 – Hotel Maritime.

[934] So zutr. EuGH ECLI:EU:C:2012:642 = GRUR Int 2012, 1113 Rn. 31–33 – Football Dataco/Sportradar; ebenso *Neumaier,* Grenzüberschreitender Rundfunk im internationalen Urheberrecht, 2003. 22. Unklar Staudinger/*Fezer/Koos,* 2015, IntWirtschR Rn. 930 ff., die zu einer Einschränkung der anwendbaren Rechtsordnungen durch die Übernahme der lauterkeitsrechtlichen Anknüpfungstheorien kommen wollen. Dem steht entgegen, dass das Schutzlandprinzip, das dem Kläger die Wahl des anwendbaren Rechts überlässt, die kollisionsrechtliche Beschränkung der anwendbaren Schutzrechte nicht zulässt. Es ist vielmehr nach dem Territorialitätsgrundsatz die Aufgabe eines jeden nationalen Rechts, selbst zu entscheiden, wann eine Verletzung der vom nationalen Recht gewährten Rechte vorliegt. Ähnlich jedoch wie *Fezer/Koos* auch *Metzger* IPRax 2006, 242 (246), der für eine „kollisionsrechtliche Erweiterung" der Schutzlandanknüpfung um eine de-minimis-Regel bei Multistate-Verstößen eintritt.

schutzrecht der ausübenden Künstler verletzt, ausschließlich im Lichte des Tatbestandes von § 20 UrhG, der Rechtsgrundlage für das Senderecht in Deutschland. Relevante Handlung sei danach die Ausstrahlung der Sendung an die Öffentlichkeit.[935] In der Rechtssache **„Hotel Maritime"** war zu klären, ob die Verwendung der Hotelbezeichnung „Maritime" für eine dänische Webadresse die für Hotels verwendete Marke „Maritim" in Deutschland verletzt.[936] Der **US Court of Appeals (2nd Circuit)** wendete US-amerikanisches Urheberrecht auf eine in Kanada empfangene Satellitensendung unter Auslegung des gesetzlichen Tatbestandes des öffentlichen Aufführungsrechts in Sec. 106 (4) und (5) Copyright Act an. Für eine Verwertungshandlung in den USA reiche es aus, dass der Uplink zum Satelliten von den USA aus erfolge.[937] In der Rechtssache **„Football Dataco"** hat der **EuGH** Art. 8 Abs. 1 Rom II-VO nur für die Feststellung herangezogen, dass der Inhaber eines sui generis-Datenbankrechts Schutz nach britischem Recht beanspruchte.[938] Ob und unter welchen Voraussetzungen in der Nutzung der Datenbank über das Internet auch eine „Weiterverwendung" in einem bestimmten Staatsgebiet liegt, hat der EuGH sodann durch autonome Auslegung von Art. 7 der Datenbank-RL[939] entschieden und nur unter der Voraussetzungen angenommen, dass Personen im Abrufstaat gezielt angesprochen werden sollten.[940] Umgekehrt wurde vom BGH auf der Grundlage des § 26 UrhG die Anwendbarkeit des deutschen Folgerechts auf eine Versteigerung in Großbritannien verneint, obwohl das Kunstwerk allein zum Zwecke der Versteigerung von Deutschland nach Großbritannien verbracht worden war. Zwar genüge es für die Anwendbarkeit des deutschen Rechts, wenn die Verwertungshandlung nur zum Teil in Deutschland stattgefunden habe.[941] Nach § 26 Abs. 1 UrhG komme es jedoch allein auf die „Veräußerung", dh die nach deutschen Vorstellungen rechtsgeschäftliche Eigentumsübertragung an. Die vorgelagerte Beauftragung und Besitzübertragung in Deutschland genüge nicht.[942]

291 **bb) Lokalisierung des Warenvertriebs im Besonderen.** Recht uneinheitlich wird von deutschen Gerichten die Frage behandelt, unter welchen Voraussetzungen von einer **inländischen Vertriebshandlung** und damit einer Verletzung des inländischen Verbreitungsrechts bei verschiedenen Schutzrechten ausgegangen werden kann. Diese Frage stellt sich in verschiedenen Konstellationen, so beim **Transit** (→ Rn. 292 f.), aber auch in besonders gelagerten Fällen des Warenimports (→ Rn. 295) und Warenexports (→ Rn. 296). Ganz allgemein stellt sich die Frage, wie intensiv die Beziehungen zum Schutzland sein müssen, sodass eine inländische Vertriebshandlung angenommen werden kann (auch → Rn. 297).

292 Im Falle des **Transits** liegt im Grundsatz **keine Nutzung bzw. Verletzung des inländischen Schutzrechts** vor.[943] So hat beispielsweise das OLG Koblenz eine Verletzung des deutschen Markenrechts im Sinne einer Verletzungshandlung nach § 14 Abs. 3 MarkenG, insbesondere in der Variante eines Inverkehrbringens, verneint.[944] Das Gericht berief sich dabei auf die **Rspr. des EuGH** zur Anwendung der Bestimmungen zur Warenverkehrsfreiheit gemäß der früheren Art. 28 EGV aF und Art. 30 EGV aF (Art. 34 und 36 AEUV) in Transitfällen. Nach dieser Rspr. gehöre das Verbot des Transits nicht zum spezifischen Gegenstand des Markenrechts; entsprechend könne das Verbot nicht im Lichte des früheren Art. 30 EGV (Art. 36 AEUV) gerechtfertigt werden.[945] Dem ist mit dem Argument des EuGH zuzustimmen, dass das **Markenrecht lediglich Schutz gegen die Vermarktung markenverletzender Ware gewähren soll.** Entsprechendes gilt auch für den Fall der Durchfuhr einer Ware in der EU auf dem Weg von einem Drittstaat in einen anderen Drittstaat.[946] Hierin

---

935 BGH GRUR Int 2004, 470 (471) – Sender Felsberg.

936 BGH GRUR Int 2005, 433 (434) – Hotel Maritime.

937 National Football League vs. PrimeTime 24 Joint Venture, 211 F. 3d 10, 13 (2nd Cir. 2000).

938 EuGH ECLI:EU:C:2012:642 = GRUR Int 2012, 1113 Rn. 31 f. – Football Dataco/Sportradar.

939 RL 96/9/EG des Europäischen Parlaments und des Rates vom 11.3.1996 über den rechtlichen Schutz von Datenbanken, ABl. EG 1996 L 77, 20.

940 EuGH ECLI:EU:C:2012:642 = GRUR Int 2012, 1113 Rn. 33–47 – Football Dataco/Sportradar.

941 BGHZ 126, 252 (258) – Folgerecht mit Auslandsbezug.

942 BGHZ 126, 252 (259); nur iErg zust. *Sack* FS E. Lorenz, 2004, 659 (679 f.) (krit. gegenüber dem vom BGH vorgebrachten Territorialitätsargument).

943 So auch Möhring/Nicolini/*Lauber-Rönsberg* KollisionsR Rn. 2.

944 OLG Koblenz GRUR-RR 2004, 289.

945 EuGH Slg. 2003, I-12705 Rn. 25 ff. = GRUR Int 2004, 39 – Rioglass. Das OLG Koblenz legt also § 14 MarkenG europarechtskonform aus. Es wird gleichwohl deutlich, dass das Gericht auch außerhalb des Anwendungsbereichs der Grundfreiheiten – etwa beim Transit an Flughäfen – § 14 MarkenG nicht anders auslegen würde; s. auch EuGH Slg. 2006, I-10881 Rn. 19 = GRUR 2007, 146 – Montex; dazu *Chr. Heinze/St. Heinze* GRUR 2007, 740.

946 Nach der Rspr. des EuGH GRUR Int 2012, 134 – Philips und Nokia, unterliegen solche Waren auch nicht den Grenzbeschlagnahmebestimmungen der EU. Entsprechend verneinte auch der BGH Ansprüche wegen Verletzung einer Gemeinschaftsmarke; BGH GRUR 2012, 1263 Rn. 30 – Clinique happy.

liegt keine generelle Schutzverweigerung. Der Kläger kann sich vor deutschen Gerichten sehr wohl auf das Schutzrecht des Bestimmungslandes berufen. Der Transit in Deutschland kann als Vorbereitungshandlung für den Vertrieb im Bestimmungsland angesehen werden und wird daher von dem dortigen Recht erfasst.[947] Entscheidend ist, dass die Vorbereitungshandlung auf den Vertrieb im Schutzland als inländische Handlung bezogen werden kann. Danach lässt sich auch gegen den Warentransit in einem anderen Staat vorgehen, wenn das Immaterialgüterrecht im Bestimmungsland einen vorbeugenden Unterlassungsanspruch gewährt.[948] Besteht dagegen im Bestimmungsland kein Schutz,[949] ist nicht ersichtlich, weshalb der Warentransit für sich genommen eine Rechtsverletzung darstellen sollte. Die Auffassung, wonach der bloße Warentransit nicht zum spezifischen Gegenstand des Schutzrechts gehört, bringt der EuGH auch für das **Designrecht** zur Anwendung.[950] Dies hat weitreichende Bedeutung im Bereich der Kfz-Ersatzteile. Die Gemeinschaftsgeschmacksmuster-RL[951] erlaubt zwar den Mitgliedstaaten, die solchen Schutz traditionell anerkennen, diesen beizubehalten. Die Rspr. des EuGH verbietet ihnen jedoch, rechtmäßig in einem anderen Mitgliedstaat hergestellte Ersatzteile am Transit zu hindern.

Nach der **europäischen Markenrechtsrechtsform** aus dem Jahre 2016 sind diese allgemeinen **293** Grundsätze zum Warentransit allerdings einzuschränken.[952] Nach Art. 9 Abs. 4 UMV sowie Art. 10 Abs. 6 Markenrechts-RL[953] soll eine Verletzung der Unionsmarke bzw. der nationalen Marke eines Mitgliedstaates nun auch im Falle des Warentransits vorliegen, es sei denn, es gelingt der Nachweis, dass der Inhaber der Unionsmarke bzw. der nationalen Marke in der EU im Bestimmungsstaat nicht berechtigt ist, das Inverkehrbringen der Marke zu untersagen.[954] Diese Regelung wird sich auch auf die Grenzbeschlagnahme an den Außengrenzen des Binnenmarktes auswirken, da die Grenzbeschlagnahme die Verletzung eines Rechts in der EU zur Voraussetzung hat. Dagegen fehlt es an einer entsprechenden Regelung für andere Schutzrechte wie vor allem das Gemeinschaftsgeschmacksmusterrecht oder das europarechtlich angeglichene nationale Designrecht.

Einen Rechtsschutz gegen den Warenexport hat der **EuGH** schließlich auch in einem Vertrags- **294** verletzungsverfahren gegen Dänemark bei Anwendung der VO (EU) 1151/2012[955] auf den **Schutz geografischer Ursprungsbezeichnungen** bei **Agrarerzeugnissen und Lebensmitteln** angenommen („Feta"-Fall).[956] Dabei stützte sich der EuGH einerseits auf den Wortlaut der Verordnung, die in Art. 13 Abs. 1 lit. a VO (EU) 1151/2012) jede „direkte oder indirekte kommerzielle Verwendung" der Bezeichnung ausreiche, um zu einer Verletzung zu führen. Entsprechend sei die Herstellung des entsprechenden Käses, der ausschließlich für den Export in Drittstaaten bestimmt sei, nicht vom Verbot ausgenommen.[957] Zusätzlich widersprach der EuGH der Argumentation Dänemarks, die VO dürfe nicht in einer die Marktbedingungen außerhalb der EU regelnden Weise ausgelegt werden. Dies begründete der EuGH damit, dass die Verordnung nicht nur lauterkeitsrechtlich im Verhältnis zum Verbraucher ansetze, sondern darüber hinaus auch immaterialgüterrechtlich, indem den rechtmäßigen Erzeugern angemessene Einkünfte für ihre höherwertigen Produkte verschafft werden wollen. Die Verdienstmöglichkeiten werden auch durch den Export von Waren, die nicht den Produktspezifikationen entsprechen, beeinträchtigt.[958] Diese Rechtsprechung ist auf die neue VO (EU) 2023/2411 in Bezug auf **handwirkliche und industrielle Erzeugnisse** übertragbar,[959] da sich diese in Art. 40 Abs. 1 lit. a VO (EU) 2023/2411 im Schutzbereich ebenfalls auf „jede direkte oder indirekte kommerzielle Verwendung" bezieht.

Der Fall des **Warenimports** scheint auf den ersten Blick unproblematisch zu sein. Das Betrof- **295** fensein der ökonomischen Interessen im Importstaat spricht dafür, dass dort auch das Immaterialgü-

[947] So auch klar gestellt von BGH GRUR 2012, 1263 Rn. 24 – Clinique happy.

[948] So BGH GRUR 2012, 1263 Rn. 26 – Clinique happy.

[949] So die Situation in EuGH Slg. 2006, I-10881 = GRUR 2007, 146 – Montex.

[950] In Frankreich haben Rechteinhaber versucht, auf der Durchfuhr befindliche Ersatzteile aufzuhalten. Diesen Versuchen wurde durch den EuGH ein Riegel vorgeschoben, s. EuGH Slg. 2000, I-7653 = GRUR Int 2001, 57 – Kommission/Frankreich.

[951] RL 98/71/EG vom 13.10.1998, ABl. EG 1998 L 289, 28.

[952] Hierzu *Engels* GRUR-Prax 2016, 51.

[953] RL (EU) 2015/2436 des Europäischen Parlaments und des Rates vom 16.12.2015 zur Angleichung der Rechtsvorschriften der Mitgliedstaaten über die Marken, ABl. EU 2015 L 336, 1.

[954] An dieser Berechtigung im Bestimmungsstaat fehlt es auch schon dann, wenn das dortige Markenrecht infolge eines Inverkehrbringens im Ursprungsstaat bereits erschöpft ist (internationale Erschöpfung).

[955] VO (EU) 1151/2012 des Europäischen Parlaments und des Rates vom 21.11.2012 über Qualitätsregelungen für Agrarerzeugnisse und Lebensmittel, ABl. EU 2012 L 343, 1.

[956] EuGH ECLI:EU:C:2022:561 – Kommission/Dänemark („Feta").

[957] EuGH ECLI:EU:C:2022:561 Rn. 47 – Kommission/Dänemark („Feta").

[958] EuGH ECLI:EU:C:2022:561 Rn. 59 f. – Kommission/Dänemark („Feta").

[959] Verordnung (EU) 2023/2411 des Europäischen Parlaments und des Rates vom 18.10.2023 über den Schutz geografischer Angaben für handwerkliche und industrielle Erzeugnisse, ABl. EU 2023 L 2023/2411.

terrecht verletzt ist. Dennoch gibt es Zweifelsfälle, nämlich dann, wenn kein Schutz im Exportstaat besteht und sich damit die Vertriebshandlung von einem Staat ohne Schutz in einen Staat mit Schutz erstreckt. In solchen Fällen ist es nicht fern liegend, dass sich der vermeintliche Verletzer darauf beruft, dass die Vertriebshandlung ausschließlich im Herkunftsstaat zu lokalisieren sei. Eine solche Fallkonstellation lag dem EuGH in der Rechtssache **„Donner"** vor.[960] Im konkreten Fall war ein deutscher Staatsangehöriger vor einem deutschen Strafgericht wegen Beihilfe zu einer Urheberrechtsverletzung angeklagt worden. Der Angeklagte war Geschäftsführer einer italienischen Spedition in Bologna, handelte aber im Wesentlichen von Deutschland aus. Die italienische Spedition kooperierte mit einer anderen Gesellschaft mit Sitz in Bologna, die Einrichtungsgegenstände im Bauhausstil – ua Le Corbusier-Möbel und Wagenfeld-Leuchten – über eine deutschsprachige Internetseite auch nach Deutschland vertrieb. Nach den Feststellungen des deutschen Gerichts bestand urheberrechtlicher Schutz für diese Gegenstände als Werke der angewandten Kunst nur in Deutschland, während der Schutz in Italien entweder schon ausgelaufen oder aus anderen Gründen nicht durchsetzbar war. Der italienische Hersteller stellte die verkauften Waren für deutsche Kunden in einem Auslieferungslager in Südtirol bereit, empfahl aber in seinen Allgemeinen Geschäftsbedingungen die Beauftragung der Spedition des Angeklagten. In der Revision zum BGH wandte sich der Angeklagte gegen die Verurteilung durch das Landgericht mit der Begründung, eine „Verbreitung an die Öffentlichkeit" iSv § 17 Abs. 1 UrhG setze die Übertragung des Eigentums voraus.[961] Im konkreten Fall habe die Übereignung aber auf der Grundlage italienischen Zivilrechts bereits durch Übergabe der Waren an die Spedition in Italien stattgefunden, so dass keine Verletzungshandlung in Deutschland vorliege. Die Vorlagefrage des BGH ging ua dahin, ob unter den beschriebenen Umständen eine Verbreitungshandlung iSv Art. 4 Abs. 1 InfoSoc-RL (RL 2001/29/EG) im Importstaat vorliege. In seiner Entscheidung, in der allein die Vorschrift der InfoSoc-RL ausgelegt wurde, bestätigte der EuGH, dass die Lokalisierungsfrage allein durch Auslegung des Sachrechts zu beantworten und damit nicht kollisionsrechtlich einzuordnen sei. Auch kommt der EuGH nicht auf den Gedanken, die Frage, wo die Übereignung stattgefunden hat, kollisionsrechtlich als Vorfrage zu behandeln und nach den Regeln der lex rei sitae zu beurteilen, was der Argumentation des Angeklagten entsprochen hätte. Vielmehr entwickelt der EuGH im Rahmen der Auslegung der Richtlinienbestimmung und der Voraussetzung der „Verbreitung an die Öffentlichkeit" ein unionsrechtlich autonomes Verständnis, womit der EuGH gewährleistet, dass das Verbreitungsrecht, wie es in der InfoSoc-RL niedergelegt ist, unabhängig von den unterschiedlichen Konzeptionen der Übereignung in den nationalen Zivilrechtsordnungen der Mitgliedstaaten einen identischen Gewährleistungsbereich erhält. Dabei erkennt der EuGH, dass es sich beim grenzüberschreitenden Warenvertrieb, um einen Vorgang handelt, der vom Abschluss des Kaufvertrages zur Auslieferung beim Käufer reicht und dessen Einzelelemente in verschiedenen Staaten zu lokalisieren sind.[962] Schließlich stellte sich als besonderes Problem, dass der Händler bzw. Verkäufer als Haupttäter ausschließlich in Italien gehandelt hat. Der EuGH spricht sich jedoch für die Zurechnung der im Bestimmungsland vorgenommenen Teilakte der Verbreitung an den Händler unter der Voraussetzung aus, dass der Händler **„speziell die Öffentlichkeit des Bestimmungsstaates ansprechen wollte** und ihm das **Verhalten des Dritten nicht unbekannt sein konnte".**[963] Dabei anerkannte der EuGH für den konkreten Fall das Betreiben einer deutschen Internetseite und die Zusammenarbeit mit dem Spediteur als erhebliche Indizien.[964] Die Entscheidung zeigt deutlich auf, dass jedenfalls Teilakte des Vertriebs im Bestimmungsland stattgefunden haben müssen. Das gezielte Ansprechen deutscher Kunden über das Internet genügt nicht, wenn sich solche Kunden aufgrund dieses Angebots persönlich nach Italien begeben, um dort die Waren entgegenzunehmen. In **„Donner"** dient die Bezugnahme auf das gezielte Ansprechen deutscher Kunden über das Internet nämlich allein der Zurechnung von Teilakten des physischen Warenvertriebs in Deutschland an den italienischen Händler. Fehlt es überhaupt an physischen Teilhandlungen in Deutschland, ist eine Nutzung des deutschen Urheberrechts von Hause aus abzulehnen.

296 Problematisch ist schließlich die **Einordnung des Warenexports als inländische Verbreitungshandlung.** Hierzu hat der Zweite Strafsenat des BGH[965] in einem urheberrechtlichen Fall des Exports von in Deutschland hergestellten CDs nach Bulgarien (damals noch nicht EU-Mitglied)

960 EuGH ECLI:EU:C:2012:370 = GRUR Int 2012, 766 – Donner; s. auch die abschließende Entscheidung des BGH GRUR 2013, 61 – Italienische Bauhausmöbel.

961 Entsprechendes hatte der EuGH schon vorher in Auslegung von Art. 4 Abs. 1 InfoSoc-RL (→ Rn. 109 mwN) entschieden, s. EuGH Slg. 2008, I-2731 = GRUR 2008, 604 – Peek & Cloppenburg.

962 EuGH ECLI:EU:C:2012:370 = GRUR Int 2012, 766 Rn. 26 – Donner.

963 EuGH ECLI:EU:C:2012:370 = GRUR Int 2012, 766 Rn. 27 – Donner.

964 EuGH ECLI:EU:C:2012:370 = GRUR Int 2012, 766 Rn. 29 – Donner.

965 BGH GRUR 2004, 421 – Tonträgerpiraterie durch CD-Export.

die herrschende Auffassung auch im Schrifttum[966] bestätigt, wonach in einem solchen Fall ein inländisches Inverkehrbringen iSv § 17 Abs. 1 UrhG gegeben sei, sofern nicht eine bloß konzerninterne Vertriebshandlung vorliegt.[967] Tatsächlich hatte der BGH schon vor Jahrzehnten in einem markenrechtlichen Fall entsprechend entschieden.[968] Ausdrücklich wendet sich das Gericht gegen die alternative Ansicht, wonach nur eine inländische Vorbereitungshandlung zur Verletzung des Verbreitungsrechts in Bulgarien gegeben sei.[969] Für die Ansicht des BGH spricht, dass das Versenden als Verbreitungshandlung aus der Sicht des deutschen Produzenten in Deutschland bereits abgeschlossen war. Anders liegt es tatsächlich nur im Falle des konzerninternen Exports. Deutlich wird auch eine Parallelität mit der Auslegung des Senderechts nach § 20 UrhG, bei dem es auch nicht darauf ankommen soll, ob die Sendung eine nennenswerte Zahl inländischer Zuhörer erreicht. Gleichwohl ist die Entscheidung des BGH nicht zweifelsfrei, blendet sie doch aus, dass Verwertungsinteressen in Deutschland überhaupt nicht berührt sind. Eine entsprechende Anwendung nationalen Rechts muss zumal problematisch erscheinen, wenn der **Export in einen anderen EU-Staat** erfolgt. In diesem Fall droht eine Beschränkung des freien Warenverkehrs, wenn beide Rechtsordnungen, die deutsche als Rechtsordnung des Exportstaates und jene des Importstaates, mit Schadensersatzansprüchen wegen derselben Verletzungshandlung reagieren. Ob diese Rspr. im Lichte der Rspr. des EuGH zu den Transitfällen (→ Rn. 292) noch Bestand haben kann, lässt sich deshalb bezweifeln. Auch in den Fällen wie jenem des BGH, in denen ein inländisches Unternehmen lediglich im Auftrag eines ausländischen Geschäftspartners im Inland produziert und dann exportiert, unternimmt es nicht selbst eine Vertriebshandlung. Auch wäre in urheberrechtlichen Fällen eine Auslegung des nationalen Rechts im Lichte der Normierung des Verbreitungsrechts durch Art. 4 Abs. 1 InfoSoc-RL geboten (→ Rn. 295). Tatsächlich ist das praktische Schutzbedürfnis für die Anwendung des Rechts des Exportstaates gering. Zivilrechtlich genügt dem Rechtsinhaber die Verletzung des Vervielfältigungsrechts, um ausreichenden Schutz im Inland zu erhalten.[970] Entsprechendes gilt für das Markenrecht. Dort reicht es für eine inländische Verletzung, dass eine Ware im Inland mit einer fremden Marke versehen wird, auch wenn diese Ware ausschließlich für den Export bestimmt ist.[971]

Auch im Ausland hatten Gerichte darüber zu entscheiden, ob in **Fällen mit geringem Inlandsbezug** eine inländische Vertriebshandlung gegeben ist. Ein besonders interessanter Fall lag der italienischen **Corte di Cassazione** vor.[972] Der Inhaber eines nach dem Europäischen Patentübereinkommen EPÜ erteilten europäischen Patents hatte gegen ein in Italien ansässiges Unternehmen geklagt, das Verträge über die Lieferung des patentierten Wirkstoffs vermittelte, wobei der Kläger weder im Produktionsland noch im Bestimmungsland über Patentschutz verfügte. Das italienische Gericht vertrat, nicht unähnlich der soeben erwähnten Position des BGH, eine rein formale Sichtweise und bejahte eine im Inland erfolgte Rechtsverletzung. In der Tat beschrieb Art. 1 it. PatG als damals anwendbare Vorschrift[973] die Befugnisse des Patentinhabers sehr weit. Gedeckt sei jede Handlung, mit der Nutzen aus der Erfindung gezogen werde. Dabei komme es nicht einmal darauf an, ob die zu vermittelnden Verträge tatsächlich zustande kommen.[974] Noch mehr als im vorhin erwähnten Exportfall des BGH wird in dieser Entscheidung deren grenzüberschreitende Wirkung deutlich. Jeder noch so geringe Anknüpfungspunkt für eine tatbestandliche Handlung im Inland soll reichen, um eine Nutzung des Rechts im Schutzland zu begründen. Darauf, dass inländische Verwerterinteressen überhaupt nicht berührt sind, wird nicht Rücksicht genommen. 297

cc) Tatbestandliche Handlung bei Internet-Verstößen. Den allgemeinen Grundsätzen entsprechend ist auch für Urheberrechtsverletzungen im Internet nach **§ 19a UrhG** zu klären, **ob** 298

[966] Dreier/Schulze/*Schulze* UrhG § 17 Rn. 17; Schricker/Loewenheim/*Katzenberger/Metzger* UrhG Vor §§ 120 ff. Rn. 133 ff. mwN.

[967] BGH GRUR 2004, 421 (424 f.) – Tonträgerpiraterie durch CD-Export.

[968] BGH GRUR 1957, 231 (233) – Taeschner.

[969] BGH GRUR 2004, 421 (425) – Tonträgerpiraterie durch CD-Export.

[970] In BGH GRUR 2004, 421 – Tonträgerpiraterie durch CD-Export, kam es dagegen für das Strafmaß ganz entscheidend darauf an, ob der Angeklagte nicht nur das Vervielfältigungs-, sondern auch das Verbreitungsrecht verletzt hatte.

[971] So Cour de cass. 17.1.2018 – 15-29276 – Castel frères v. Mr. X. und Ms. Y., https://www.legifrance.gouv.fr/affichJuriJudi.do?idTexte=JURITEXT000036584481 (zuletzt abgerufen am 1.5.2024) = IIC 49 (2018), 1116 (1119) (englische Übersetzung). Die für den chinesischen Markt bestimmten Weine trugen in chinesischen Schriftzeichen die lautliche Entsprechung der in Frankreich geschützten Marke CASTEL.

[972] Corte di Cassazione GRUR Int 2004, 876 – Omeprazol.

[973] Mittlerweile regelt der im Jahre 2005 in Italien erlassene Codice della proprietà industriale (Gesetzbuch über das gewerbliche Eigentum) das Patentrecht. Art. 66 Abs. 1 Codice della proprietà industriale verwendet dieselbe weite Formulierung wie die Vorgängerregelung.

[974] Corte di Cassazione GRUR Int 2004, 876 (877) – Omeprazol.

das Werk in Deutschland der Öffentlichkeit zugänglich gemacht wurde.[975] Im Anschluss an die Rspr. zum Senderecht gemäß § 20 UrhG kommt es für die Lokalisierung der Verwertungshandlung wohl nicht darauf an, in welchem Staat sich die hauptsächlich angesprochene Öffentlichkeit befindet, sondern in welchem Staat die **Verwertungshandlung** vorgenommen wurde.[976] Damit kann sich der Urheber auf § 19a UrhG jedenfalls dann berufen, wenn der Beklagte als sog. Content Provider das urheberrechtlich geschützte Werk von Deutschland aus ins Internet eingestellt hat. Dagegen kommt es nicht auf den Server-Standort an.[977] Die Lokalisierung der Internet-Nutzung im Staate der Verwertungshandlung schließt nicht aus, dass aufgrund des Betroffenseins der ökonomischen Interessen im Abrufstaat zusätzlich auch nach dortigem Recht eine Rechtsverletzung angenommen wird (→ Rn. 300 f., → Rn. 306 ff.).

299 **dd) Grenzüberschreitende Benutzung von Patenten.** Besondere Probleme der Lokalisierung können schließlich im Bereich des Patentrechts auftreten. Eine Patentverletzung setzt voraus, dass die behauptete Verletzungshandlung alle Elemente enthält, die gemäß den Patentansprüchen dem Patentinhaber vorbehalten sind. Dies bereitet keine Schwierigkeiten, solange die Nutzung von Patenten territorial begrenzt bleibt. Vor allem bei Verwendung von Telekommunikationstechnologien **und der Nutzung von Patenten in Computernetzwerken** ist es aber durchaus denkbar, dass ein Teil der Erfindung in einem Staat, der andere Teil aber in einem anderen Staat ausgeführt wird.[978] Ähnlich gelagert sind die Fälle der Nutzung eines computerimplementierten Verfahrenspatents, wenn die einzelnen Ausführungsschritte in unterschiedlichen Ländern durchgeführt werden.[979] Bleibt man hier bei der strikten Anwendung des Territorialitätsgrundsatzes, würde dies dazu führen, dass in keinem Staat das nationale Patent als verletzt angesehen werden kann, obwohl die vermeintliche Verletzungshandlung alle erforderlichen Elemente abdeckt, wenn auch nicht in einem Staate. Eine solche Fallkonstellation lag dem OLG Düsseldorf in der „Prepaid-Karten"-Entscheidung vor.[980] Geklagt hatte der Inhaber einer ausschließlichen Lizenz wegen der Verletzung des deutschen Teils eines Europäischen Patents an einem Verfahren zur Verarbeitung von im Voraus bezahlten Telefonanrufen. Die in Irland ansässige Beklagte hatte Prepaid-Telefonkarten über deutsche Vertriebsgesellschaften in Deutschland in den Verkehr gebracht, aber die Telefonanrufe auf einem Server in Irland verarbeitet. Die einzelnen Verfahrensschritte waren in Deutschland und Irland zu lokalisieren. Insgesamt werden zur Lösung solcher Fälle vier unterschiedliche Ansätze vertreten:[981] (1.) Man bleibt bei einer strengen Anwendung des Territorialitätsgrundsatzes und lehnt eine Patentverletzung nach allen in Betracht kommenden Rechtsordnungen ab.[982] (2.) Man lässt für die Verletzung die Vornahme eines Teilakts genügen, nimmt aber eine Verletzung nur in jenem Staate an, in dem die wesentlichen Elemente der Verletzungshandlung zu lokalisieren sind.[983] (3.) Man stellt ab auf den zentralen Ort der Benutzung der Erfindung entsprechend den Patentansprüchen. Handelt es sich um eine computerimplementierte Methode, wäre auf den Serverstandort abzustellen.[984] (4.) Man nimmt eine wirtschaftliche Betrachtung vor und wendet das Recht desjenigen Staates an, auf dem sich das Verhalten zielgerichtet auswirkt. Danach ist für die Anwendung des nationalen Rechts nicht entscheidend, dass die ersten Verfahrensschritte im Inland vorgenommen werden.[985] Diesem letzteren Ansatz, der auch vom OLG Düsseldorf im „Prepaid-Karten"-Fall zur Anwendung gebracht wurde,[986] ist zuzustimmen. Nicht verlangt werden sollte, dass alle erforderlichen Elemente durch die Handlung im Schutzland erfüllt werden. Diese Auffassung würde in nicht hinnehmbarer Weise Anreize zur Umgehung des Patentschutzes setzen. Die Auffassung des OLG Düsseldorf kommt in

---

[975] S. zu dieser Frage auch *Dieselhorst* ZUM 1998, 293 ff.; *Koch* CR 1999, 121 ff.; *Schack* MMR 2000, 59 ff.; Wandtke/Bullinger/*v. Welser* UrhG Vor §§ 120 ff. Rn. 19.

[976] Die Annahme einer Rechtsverletzung am Ort der Aufladehandlung des vermeintlichen Verletzers lag offensichtlich auch der Vorstellung der Staaten bei den Verhandlungen über die WIPO-Urheberrechtsverträge von 1996 zu Grunde; s. *A. Lucas* in ALAI S. 22, 32 f.

[977] Wie hier *Kalouta* in Traeger, Law as a Service – Recht im Internet- und Cloud-Zeitalter, 2013, 271 (282).

[978] Dazu *Romandini/Klicznik* IIC 44 (2013), 524 (526).

[979] *Romandini/Klicznik* IIC 44 (2013), 524 (527 f.).

[980] OLG Düsseldorf BeckRS 2010, 12415.

[981] Dazu *Romandini/Klicznik* IIC 44 (2013), 524 (531 ff.).

[982] Dies ist der Ansatz in den USA gemäß der Entscheidung in NTP, Inc. v. Research in Motion, Ltd., 418 F.3d 1282, 1318 ff. (Fed. Cir. 2005) jedenfalls im Falle von Verfahrenspatenten. Im zugrunde liegenden Fall wurde eine Verletzung des US-Patents durch das Übertragungssytem für E-Mails über ein Handheld verneint, da das beklagte Unternehmen Blackberry seinen Server in Kanada stehen hatte.

[983] *Haupt* GRUR 2007, 187 (191 ff.); *Osborne* IDEA 46 (2006), 585 (590 ff.).

[984] IdS High Court of England and Wales in Research In Motion UK Ltd v. Motorola Inc (2010) EWHC 118 (Pat).

[985] OLG Düsseldorf BeckRS 2010, 12415 – Prepaid-Karten.

[986] OLG Düsseldorf BeckRS 2010, 12415 – Prepaid-Karten.

zustimmungswürdiger Weise zur Anwendung des Rechts des Staates, in dem das Patent auf die Wettbewerbsbedingungen einwirkt. Im Vergleich dazu erlaubt sowohl das Abstellen auf den Schwerpunkt der Verletzungshandlung als auch das Abstellen auf den Server-Standort ein Forum Shopping durch den Verletzer.

b) Zusätzliche Verletzung im Staate der bloßen ökonomischen Auswirkung; Bogsch-Theorie. aa) Unangemessenheit des ausschließlichen Abstellens auf den gesetzlichen Tatbestand. Das ausschließliche Abstellen auf das Recht des Staates, in dem die tatbestandliche Verwertungshandlung vorgenommen wurde, erweist sich jedoch nicht in allen Fällen als befriedigend. Bliebe man bei der ausschließlichen Beurteilung nach dem Recht des Staates der Verwertungshandlung stehen, würde dem Verletzer bei Multistate-Verstößen in vielen Fällen die **Flucht in schutzrechtsfreie Räume,** ein Forum Shopping ohne Schranken, gestattet. Der Veranstalter terrestrischen Rundfunks kann das inländische Publikum auch über einen Sendemast unmittelbar hinter der Grenze erreichen.[987] Die Technik des Satellitenrundfunks ermöglicht den Empfang von Rundfunksendungen in einer großen Zahl von Staaten. Die Internet-Technik erlaubt dem Content Provider die freie Wahl des Handlungsortes bei weltweiter Abrufmöglichkeit. 300

Um zu verhindern, dass das nationale Recht in solchen Fällen leer läuft, nehmen die Gerichte verschiedener Staaten für sich in Anspruch, das **nationale Immaterialgüterrecht auch dann zur Anwendung zu bringen, wenn inländische Verwertungsinteressen trotz der Vornahme der eigentlichen Verwertungshandlung im Ausland betroffen** sind. Diese Lösung spricht für die **Anwendung des Rechts des Empfangs- bzw. des Abrufstaates** – als des Staates der bloßen ökonomischen Auswirkung – bei Multistate-Verstößen im Rundfunk- und Internet-Bereich **zumindest neben dem Recht des Sende- oder Eingabestaates** (Staat der tatbestandlichen Handlung). Von der Frage der Berechtigung zur Anwendung des Rechts im Empfangs-/Abrufstaat ist die Frage zu unterscheiden, ob der Empfangs- bzw. Abrufstaat nicht sogar konventionsrechtlich verpflichtet ist, etwa nach dem durch Art. 11bis RBÜ garantierten Senderecht, das eigene Recht auf grenzüberschreitende Handlungen anzuwenden.[988] 301

bb) Satellitenrundfunk.[989] Die Thematik der möglichen parallelen Anwendung des Rechts des Empfangslandes wurde erstmalig für den Satellitenrundfunk ausführlich diskutiert. In diesem Bereich wird die Anwendung des Rechts des Empfangsstaates heute mehrheitlich unter dem Stichwort der ursprünglich von *Katzenberger*[990] begründeten **Bogsch-Theorie**[991] (auch **Empfangslandtheorie**) vertreten.[992] Einzelstaatliche Gerichte sind dieser Auffassung gefolgt.[993] Im Verhältnis der **Mitgliedstaaten der EU** zueinander wird die Bogsch-Theorie im Bereich des Satellitenrundfunks freilich durch das **Sendelandprinzip** von Art. 1 Abs. 2a RL 93/83/EWG über den Satellitenrundfunk und die Kabelweiterverbreitung – umgesetzt durch § 20a Abs. 1 UrhG[994] – modifiziert (ausführlich → Rn. 129). Deutsches Urheberrecht kommt danach als Recht des Empfangslandes auf Satellitensendungen aus dem Ausland nur dann zur Anwendung, wenn der Sendestaat nicht der EU oder dem EWR angehört. 302

---

987 So die Situation in der Entscheidungen des OGH GRUR Int 1991, 920 – Tele Uno II (deutschsprachige Fernsehsendungen von Italien nach Österreich); BGH GRUR Int 2003, 470 – Sender Felsberg (französischsprachige Radiosendungen von Deutschland nach Frankreich). In beiden Fällen lagen die Gründe für die Wahl des ausländischen Senderstandorts nicht im Urheberrecht, sondern in der Unzulässigkeit privaten Rundfunks im Empfangsstaat. Zur Rechtslage in Österreich s. auch *Neumaier,* Grenzüberschreitender Rundfunk im internationalen Urheberrecht, 2003, 81 ff.

988 Dies bejaht für das Senderecht *Neumaier* UFITA 2003, 639.

989 Dazu ausf. *Neumaier,* Grenzüberschreitender Rundfunk im internationalen Urheberrecht, 2003, 37 ff.; *Ullrich,* Urheberrecht und Satellitenrundfunk, 2009, 67 ff.

990 *Katzenberger* GRUR Int 1983, 895 (913 ff.).

991 Benannt nach *Arpad Bogsch,* dem früheren Generaldirektor der World Intellectual Property Organization (WIPO); dazu auch *Neumaier,* Grenzüberschreitender Rundfunk im internationalen Urheberrecht, 2003, 24.

992 S. zB *Dietz* UFITA 108 (1988), 73 (83 ff.); *Dillenz* ZUM 1988, 361 (375); *Schricker* GRUR Int 1984, 592 (594); Schricker/Loewenheim/*Katzenberger/Metzger* UrhG Vor §§ 120 ff. Rn. 137 f.; aA *v. Ungern-Sternberg* in Schwarze, Rechtsschutz gegen Urheberrechtsverletzungen und Wettbewerbsverstöße in grenzüberschreitenden Medien, 2000, 109, 122 und 124, der von der Anwendbarkeit des Rechts im Sitzstaat des Sendeunternehmers ausgeht.

993 So vor allem in Österreich, OGH GRUR Int 1990, 537; 1992, 933 – Direktsatellitensendung III; in Deutschland wurde die Frage vom BGH zunächst offengelassen; BGHZ 136, 380 (392) – Spielbankaffaire. Bejaht hat die Anwendung des deutschen Rechts als Recht des Empfangsstaates das LG Stuttgart GRUR Int 1995, 512 (513) – Satelliten-Rundfunk (in Deutschland empfangene Satellitensendungen eines schweizerischen Veranstalters).

994 Dazu *Neumaier* Archiv PT 1998, 354.

303 **Von der Bogsch-Theorie abgewichen** ist jedoch im Jahre **2010** das **schweiz. BG,** indem es davon absah, französischsprachige Satellitenprogramme mit spezifisch auf die Schweiz abgestimmte Werbeblöcke schweiz. Urheberrecht zu unterwerfen.[995] Auf Klage der Schweizerischen Rundfunkgesellschaft (SRG), die Lizenznehmerin in Bezug auf ausgestrahlte Werke für das Gebiet der Schweiz war, wandte das Gericht zwar schweizerisches Recht als das Recht des Schutzlandes an, verneinte dann aber eine inländische Benutzungshandlung durch die Beklagte. Dabei stützte sich das Gericht auf die Regelung des Senderechts in der RBÜ, wonach davon auszugehen sei, dass die Sendung grundsätzlich im Sendeland erfolge und nicht im Empfangsland.[996] Dieses Ergebnis sah das BG auch ökonomisch als gerechtfertigt an, da schon bei der Erteilung der Lizenz zum Aussenden die Reichweite des Satelliten berücksichtigt und vom Rechteinhaber eine entsprechende Vergütung verlangt werden könne. So liegt der Zurückweisung der Bogsch-Theorie vor allem eine Analyse der in der Schweiz zu schützenden urheberrechtlichen Interessen zugrunde.[997] Hintergrund der Entscheidung ist vor allen Dingen, dass in Frankreich als dem Sendeland ausreichender Rechtsschutz bestand. Letztlich wird damit vom schweiz. Gericht das Sendelandprinzip des EU-Rechts nach der Satellitenrundfunk-RL (→ Rn. 129) autonom nachvollzogen. Dagegen wäre sehr wohl damit zu rechnen, dass das schweiz. BG bei einer Sendung aus einem Land mit niedrigem Schutzniveau anders entscheidet.[998] Damit ist vor einer zu starken Verallgemeinerung dieser Entscheidung zu warnen. Sie lässt dennoch die Frage stellen, wie umgekehrt **deutsche Gerichte über eine auf Deutschland ausgerichtete Satellitensendung mit der Schweiz als Sendestaat** entscheiden würden. Im Anschluss an die Entscheidung des schweiz. BG empfiehlt hierzu *Neumaier,* eine Verletzung zu verneinen.[999] Folgt man diesem Ansatz, würde es Rechteinhabern erschwert, auch grenzüberschreitende Märkte über den EWR hinaus, durch gesonderte länderspezifische Lizenzen aufzuspalten. Entsprechend zeichnet sich die Entscheidung des BG durch einen stark marktintegrativen Charakter aus.[1000]

304 **cc) Terrestrischer Rundfunk.** Die Bogsch-Theorie findet heute überwiegend, wenn auch nur unter besonderen Voraussetzungen, auch für den grenzüberschreitenden terrestrischen Rundfunk Anerkennung.[1001] Der **BGH** hatte bislang keinen Anlass, sich im Hinblick auf die Übernahme der Bogsch-Theorie für den terrestrischen Rundfunk in Deutschland zu äußern.[1002] Im Fall **„Sender Felsberg"** kam es auf die Bogsch-Theorie nicht an. Zu entscheiden war über die umgekehrte Situation, nämlich ob das Recht des Sendestaates trotz Ausrichtung der Sendung auf das Ausland unverändert angewendet werden kann. Trotzdem deuten Ausführungen in der Entscheidung darauf hin, dass auch der BGH die Bogsch-Theorie anerkennen würde.[1003] Wird der Senderstandort jenseits der Grenze gewählt, obwohl sich die Sendungen vor allem an das inländische Publikum wenden, liegt die Interessenlage nicht anders als beim Satellitenrundfunk. Eine analoge Anwendung des unionsrechtlichen Sendelandprinzips nach § 20a UrhG für den Bereich des terrestrischen Rundfunks wurde vom BGH in der Entscheidung „Sender Felsberg" noch abgelehnt.[1004] Hierfür sprach, dass allein für den Bereich des Satellitenrundfunks das europäische Sekundärrecht den Rechtsschutz harmonisiert hat und für den terrestrischen Rundfunk eine Flucht in schutzrechtsfreie Räume auch innerhalb der EU und des EWR zu vermeiden ist.[1005] Mittlerweile ist jedoch die Rspr. des EuGH zur Auslegung der InfoSoc-RL zu berücksichtigen. Für das Recht der öffentlichen Wiedergabe nach Art. 3 InfoSoc-RL (RL 2001/29/EG; → Rn. 34 mwN), das das Senderecht umfasst, verfolgt

[995] BGE 136 III 232; dazu *Neumaier* ZUM 2011, 36.

[996] BGE 136 III 232, 237.

[997] So *Neumaier* ZUM 2011, 36 (39).

[998] So *Neumaier* ZUM 2011, 36 (42).

[999] *Neumaier* ZUM 2011, 36 (40 ff.).

[1000] Dies sieht auch *Neumaier* ZUM 2011, 36 (40), der darauf hinweist, dass eine gesonderte Gestaltung der Verwertungskaskade für die Schweiz zur besseren ökonomischen Verwertung des Rechts nicht mehr möglich sei.

[1001] So vor allem in Österreich, OGH GRUR Int 1991, 920 – Tele Uno II; dazu *v. Ungern-Sternberg* in Schwarze, Rechtsschutz gegen Urheberrechtsverletzungen und Wettbewerbsverstöße in grenzüberschreitenden Medien, 2000, 109, 116 ff.; s. auch die US-amerikanische Entscheidung Los Angeles News Service vs. Conus Communications Co., 969 F. Supp. 579 (C.D. Cal. 1997) betr. Verletzung von US-Urheberrecht durch eine kanadische Fernsehsendung.

[1002] *v. Ungern-Sternberg* in Schwarze, Rechtsschutz gegen Urheberrechtsverletzungen und Wettbewerbsverstöße in grenzüberschreitenden Medien, 2000, 109, 118, möchte jedoch der Entscheidung des BGH GRUR 1999, 152 – Spielbankaffaire, Hinweise für eine abl. Haltung des BGH entnehmen. Tatsächlich war aber die Frage für die Entscheidung nicht relevant, da der Kläger nicht geltend gemacht hatte, auch die Rechte für Deutschland als Empfangsland zu haben.

[1003] BGH GRUR Int 2003, 470 (471 f.) – Sender Felsberg.

[1004] BGH GRUR Int 2003, 470 (472) – Sender Felsberg.

[1005] So auch der BGH GRUR Int 2003, 470 (472) – Sender Felsberg.

der EuGH eine einheitliche autonome Auslegung.[1006] Die Einheitlichkeit der Anwendung sekundären Urheberrechts erfordert, wie die Entscheidung des EuGH in „Football Dataco" zum sui generis-Datenbankschutz zeigt (ausführlich → Rn. 316), auch die Lokalisierung der sekundärrechtlichen Nutzungshandlung nach einheitlichen Grundsätzen. Entsprechend sollte in zukünftigen Fällen des grenzüberschreitenden terrestrischen Rundfunks die Frage, unter welchen Voraussetzungen eine Nutzung auch im Empfangsstaat der Sendung erfolgt, durch eine Vorlage zum EuGH über die Auslegung von Art. 3 InfoSoc-RL geklärt werden.

Auch wenn sich der BGH noch nicht ausdrücklich zur Anerkennung der Bogsch-Theorie für den terrestrischen Rundfunk geäußert hat, läge eine solche Anerkennung ganz auf seiner Linie. Hierfür spricht vor allem die Entscheidung in der Rechtssache **„Wagenfeld-Leuchte"**[1007] (ausführlich → Rn. 313).[1008] In dieser Entscheidung hat der BGH eine Verletzung des deutschen Urheberrechts sogar in einem Fall angenommen, in dem deutsche Kunden über eine ausländische Internetseite aufgefordert wurden, Nachbildungen einer Bauhauslampe, die in Deutschland als Werke der angewandten Kunst geschützt waren, in Italien zu erwerben. Die Lokalisierung der Verletzung in Deutschland wurde trotz des im Ausland vollzogenen Erwerbsgeschäfts mit dem für die Bogsch-Theorie maßgeblichen Argument des **Betroffenseins inländischer Verwerterinteressen** begründet.[1009] Wie vom EuGH inzwischen jedoch in der Rechtssache **„Donner"** (→ Rn. 295) klargestellt wurde, ist für Fälle des grenzüberschreitenden Warenvertriebs nach Vertragsanbahnung über das Internet eine Lokalisierung der physischen Vertriebshandlung durch richtlinienkonforme Auslegung der einschlägigen Bestimmung zum Verbreitungsrecht (§ 17 Abs. 1 UrhG iVm Art. 4 Abs. 1 InfoSoc-RL) vorzunehmen. 305

dd) Parallele Anwendung; keine Beschränkung auf Umgehungsfälle. Nach wie vor umstritten bleibt die **dogmatische Begründung** der Bogsch-Theorie, von der zwei praktische Fragestellungen abhängen, nämlich (1.) die Frage, ob neben dem Recht des Empfangslandes auch das **Recht des Sendestaates anwendbar bleibt** und (2.) die Frage, ob die Anwendung des Rechts des Empfangslandes auf **Umgehungsfälle** zu begrenzen ist.[1010] 306

(1.) Die Rspr.[1011] und auch fast das gesamte Schrifttum[1012] gehen davon aus, dass die Anwendung des Rechts des Empfangsstaates die **Anwendung des Rechts des Sendestaates unberührt** lässt.[1013] Deshalb schließt, wie der BGH im Fall „Sender Felsberg" entschieden hat, die vom Saarland auf Frankreich ausgerichtete Sendung französischsprachiger Radioprogramme die Anwendbarkeit deutschen Urheberrechts nicht aus. Darauf, ob die Sendung auch einem Publikum im Inland zugänglich gemacht wird, kommt es nach Auffassung des BGH nicht an.[1014] Zu einem abweichenden Ergebnis, nämlich der ausschließlichen Anwendung des Rechts des Empfangsstaates, kommt man im Einzelfall dann, wenn man wie *Katzenberger* eine Lokalisierung der Sendehandlung nicht formal am Ausstrahlen, sondern auf Grund einer **„ganzheitlichen Betrachtung des Sendevorgangs"** vertritt.[1015] Die ganzheitliche Betrachtung löst sich von der dogmatischen Einordnung des Empfangs- 307

1006 S. ua EuGH Slg. 2006, I-11519 = GRUR Int 2007, 316 Rn. 33 ff. – SGAE; ECLI:EU:C:2012:140 = GRUR Int 2012, 440 Rn. 82 ff. – SCF; ECLI:EU:C:2013:147 = GRUR Int 2013, 380 Rn. 21 ff. – ITV Broadcasting; ECLI:EU:C:2014:76 = GRUR Int 2014, 392 Rn. 24 ff. – Svensson; ECLI:EU:C:2014:110 = GRUR Int 2014, 396 Rn. 27 ff. – OSA; ECLI:EU:C:2016:644 = GRUR Int 2016, 1056 Rn. 29 ff. – GS Media.

1007 BGH GRUR Int 2007, 928 – Wagenfeld-Leuchte.

1008 Ähnlich Loewenheim UrhR-HdB/*Walter* § 64 Rn. 169.

1009 BGH GRUR Int 2007, 928 Rn. 67 – Wagenfeld-Leuchte.

1010 Zum Streitstand s. BGH GRUR Int 2003, 470 (471 f.) – Sender Felsberg. Der BGH hat eine eigene Stellungnahme zu dieser Frage mangels Erheblichkeit für den Rechtsstreit abgelehnt.

1011 BGH GRUR Int 2003, 470 (472 f.) – Sender Felsberg.

1012 So schon *Katzenberger* GRUR Int 1983, 895 (917) in seiner ursprünglichen Formulierung für die später als Bogsch-Theorie bekannt gewordene Überlegung im Bereich des Satellitenfernsehens. S. außerdem *Drexl* FS Nordemann, 2004, 429 (442 f.); *Hohloch* in Schwarze, Rechtsschutz gegen Urheberrechtsverletzungen und Wettbewerbsverstöße in grenzüberschreitenden Medien, 2000, 93, 106.

1013 Dagegen hatte sich im Verfahren „Sender Felsberg" die Vorinstanz unter fälschlicher Berufung auf die Bogsch-Theorie für die ausschließliche Anwendbarkeit französischen Rechts ausgesprochen. S. OLG Saarbrücken GRUR Int 2000, 933 (935) – Felsberg; dazu die berechtigte Kritik bei *Schack* IPRax 2003, 141, und *Schricker* EWiR § 20 UrhG 1/2000 S. 787 f.

1014 BGH GRUR Int 2003, 470 (473) – Sender Felsberg. Insoweit stimmt diese Entscheidung überein mit jener des Zweiten Strafsenats; BGH GRUR 2004, 421 – Tonträgerpiraterie durch CD-Export (auch → Rn. 296).

1015 Diese Auffassung wurde von *Katzenberger* in seinem Privatgutachten für die verklagte Radiostation im Fall Sender Felsberg vertreten; vgl. OLG Saarbrücken GRUR Int 2000, 933 (935). Seiner Auffassung haben sowohl das OLG Saarbrücken GRUR Int 2000, 933 (935) als auch der BGH GRUR Int 2003, 470 (472) – Sender Felsberg, widersprochen.

landprinzips als Antwort auf eine Umgehungsproblematik. Anstatt eine wertende Betrachtung im Lichte der involvierten Interessen von Rechteinhaber und Nutzern vorzunehmen, relativiert *Katzenberger* freilich den Begriff der Ausstrahlung,[1016] was der BGH angesichts der damit verbundenen Rechtsunsicherheit überzeugend kritisiert.[1017] Bei wertender ökonomischer Betrachtung ist der eigentliche urheberrechtlich relevante Interessenkonflikt im Fall „Sender Felsberg" zwar in Frankreich zu verorten. Dies spricht aber nur für die zusätzliche Anwendung französischen Rechts, nicht jedoch für den Ausschluss der nach § 19 UrhG normativ geforderten Anwendung deutschen Rechts.[1018] Auch für die gezielt ins Ausland ausgestrahlte Fernsehsendung macht § 19 UrhG keine Ausnahme. Deutsches Recht ist anwendbar, da es insoweit allein auf das Ausstrahlen ankommt.[1019] Der Umstand, dass daneben nach französischer lex loci protectionis eine Verletzungshandlung in Frankreich anzunehmen sein könnte, schließt die Anwendbarkeit des deutschen Rechts als lex loci protectionis nicht aus.[1020] Diese Auffassung der unveränderten Anwendung des Rechts des Sendestaates hat den praktischen **Vorteil der Vermeidung überraschender Schutzlücken.** Da das zu lösende Problem sachrechtlich einzuordnen ist, liefe der Immaterialgüterrechtsschutz leer, wenn das Recht des Sendestaates eine Rechtsverletzung mangels Verletzungshandlung im Inland verneint, ohne jedoch garantieren zu können, dass sich das Recht des Empfangsstaates zur Anwendung berufen fühlt.[1021] Zum Teil wird die parallele Anwendung des Rechts des Sendestaates auch damit begründet, dass sich die Rechtsverletzung im Sendestaat besonders effizient verfolgen lässt.[1022] Die effiziente Verfolgung hängt zwar entscheidend von der Zuständigkeit der Gerichte im Sendestaat ab; einstweiliger Rechtsschutz wird aber zusätzlich dadurch gefördert, dass die Gerichte des Sendestaates den Fall auch nach eigenem materiellem Recht beurteilen können.

308 (2.) Besonders **umstritten** ist die Frage, ob die Anwendung des Rechts des Empfangsstaates – oder der Empfangsstaaten – auf **Umgehungsfälle zu beschränken** ist. Der BGH hat es im Fall „Sender Felsberg" wegen mangelnder Relevanz der Frage für den Rechtsstreit ausdrücklich abgelehnt, Stellung zu diesem Streit zu beziehen.[1023] Für eine Begrenzung auf bloße Umgehungsfälle[1024] spricht, dass sich selbst beim terrestrischen Rundfunk das Sendegebiet nie ganz auf ein bestimmtes nationales Territorium beschränken lässt (Problem des sog. „overspill"). Dagegen liegen die Dinge beim Satellitenrundfunk und im Internet regelmäßig anders. In diesen Fällen verliert der Ort der Ausstrahlung und der Eingabe seine Relevanz für die eigentlich ökonomisch bedeutsame Werknutzung. Beide Techniken führen zur Loslösung der Werkvermittlung von jeglicher geografischer Beschränkung. Deshalb kann es beim Satellitenrundfunk und im Internet auf das Vorliegen eines Umgehungsfalles nicht ankommen. Trotz dieser Unterschiede verlangt die wohl hM auch beim grenzüberschreitenden terrestrischen Rundfunk nicht etwa das Vorliegen eines Umgehungsfalles. Vielmehr soll das Recht des Empfangsstaates schon auf jede, auf das Publikum des Empfangsstaates **gezielte Rundfunksendung** angewendet werden.[1025] Nicht zu fordern ist also, dass der Betreiber der Rundfunkstation einer ihm ungünstigen immaterialgüterrechtlichen Situation durch ein Abwandern in einen Staat mit niedrigem Schutzniveau entgehen möchte. Dass diese Ansicht richtig ist, zeigt sich an den Rechtstatsachen. Die Wahl zu Gunsten des ausländischen Senderstandorts wurde in den bislang von den Gerichten behandelten Fällen terrestrischen Rundfunks aus urheberrechtsfremden Erwägungen getroffen; vor allem reagierte man auf ein Verbot privaten Rundfunks im Empfangsstaat.[1026] Die Umgehung nur nachteiligen Medienrechts reicht aber kollisionsrechtlich nicht aus, um die Anwendung des Immaterialgüterrechts des Empfangsstaates nach den Grundsätzen der Umgehung zu begründen.[1027] Der **richtige dogmatische Weg** liegt in der **Lokalisierung**

1016 Danach kam *Katzenberger* zur ausschließlichen Anwendung franz. Rechts, weil die franz. Muttergesellschaft die Programme vorher in Frankreich erstellt und zur weiteren Ausstrahlung nach Deutschland geleitet hatte.

1017 BGH GRUR Int 2003, 470 (472) – Sender Felsberg.

1018 *Drexl* FS Nordemann, 2004, 429 (442 f.).

1019 So iErg auch für § 19 UrhG BGH GRUR Int 2003, 470 (472 f.) – Sender Felsberg.

1020 In „Sender Felsberg" standen die Rechte der ausübenden Künstler in Deutschland und Frankreich unterschiedlichen Personen zu. Die deutsche Verwertungsgesellschaft GVL konnte sich deshalb nur auf die deutsche lex loci protectionis berufen.

1021 Zum Zeitpunkt der Entscheidung des BGH war der Prozess nach franz. Recht in Frankreich lediglich anhängig. So war noch nicht endgültig geklärt, ob sich die beklagte Partei auch nach franz. Recht zu verantworten hat. S. zu diesem Verfahren auch die Vorlageentscheidung des EuGH Slg. 2005, I-7199 = GRUR 2006, 50 – Lagardère Active Broadcast.

1022 So *Schricker* EWiR § 20 UrhG 1/2000, 787 (788).

1023 BGH GRUR Int 2003, 470 (472) – Sender Felsberg, mit ausf. Hinweisen zum Streitstand.

1024 So Schricker/Loewenheim/*v. Ungern-Sternberg* UrhG Vor §§ 20 ff. Rn. 62.

1025 So ausdrücklich OGH GRUR Int 1991, 920 (923) – Tele Uno II.

1026 So OGH GRUR 1991, 920 – Tele Uno II; BGH GRUR Int 2003, 470 – Sender Felsberg.

1027 Die konkreten Gründe für die Vermeidung eines inländischen Senderstandorts übergeht die Mindermeinung, die pauschal auf eine Gesetzesumgehung abstellt; vgl. Möhring/Nicolini/*Hartmann* UrhG Vor § 120 Rn. 27.

der Verletzungshandlung auch im Empfangsstaat auf der Grundlage des insoweit als Recht des Schutzlandes zur Anwendung berufenen Sachrechts des Empfangsstaates.[1028] Diese Begründung verhindert, dass die Entscheidung zu Gunsten eines ausländischen Senderstandorts gerade aus urheberrechtsfremden Erwägungen heraus das nationale Urheberrecht leer laufen lässt. In den bisher von den Gerichten zu beurteilenden Fällen sollte vor allem sichergestellt werden, dass dem Inhaber der Urheberrechte im Empfangsstaat die ihm zustehende Vergütung nicht durch die Wahl des ausländischen Senderstandortes genommen wird.[1029]

Im **Ergebnis** ist daher beim grenzüberschreitenden **terrestrischen Rundfunk** genauso wie beim Satellitenrundfunk davon auszugehen, dass eine **Verletzungshandlung nicht nur im Sendestaat, sondern auch im Empfangsstaat gegeben sein kann.** 309

ee) Öffentliche Zugänglichmachung über das Internet. Die hier gegebene Begründung überzeugt wertungsmäßig auch bei der Benutzung von Immaterialgüterrechten im Internet.[1030] So ist also die **Bogsch-Theorie,** die für das Senderecht im Bereich des Satellitenrundfunks entwickelt wurde, **auf die Lokalisierung der Handlung der öffentlichen Zugänglichmachung nach § 19a UrhG zu übertragen.**[1031] Parallel dazu kann eine Verletzung von Immaterialgüterrechten auch in einer hohen Zahl von **Abrufstaaten** gegeben sein (Bogsch-Theorie).[1032] Um die Verwerter- und Nutzerinteressen am Abrufort berücksichtigen zu können, führt – in Anlehnung an die allgemeine Behandlung von Streudelikten (→ Art. 4 Rn. 44 f.) – kein Weg an der **Mosaikbetrachtung** vorbei.[1033] In den einschlägigen Situationen ist damit der Richter vor die schwierige Aufgabe gestellt, die Verletzung nach all jenen Rechtsordnungen zu prüfen, auf die der Kläger seine Klage stützt.[1034] Vor allem im Internet wird damit die Entwicklung von Kriterien zur **Eingrenzung der Zahl anwendbarer Rechtsordnungen** zu einer wichtigen Aufgabe.[1035] 310

Die Anwendung der Bogsch-Theorie auf Internet-Sachverhalte hat weitreichende Auswirkungen auf die Anwendung des Immaterialgüterrechts durch die Gerichte in Verletzungsfällen sowie die vertragsrechtliche Praxis. Werden etwa Musikstücke durch **Streaming** oder **Downloads** über das Internet zugänglich gemacht,[1036] sind nach der Bogsch-Theorie die nationalen Rechte weltweit berührt. Verwerter im Internet müssen sich deshalb die Weltrechte einräumen lassen.[1037] Andernfalls laufen sie Gefahr, Urheberrechte zu verletzen. Ein tragfähiges Modell für die globale Lizenzierung von Online-Rechten der Tonträgerhersteller wurde schon um die Jahrtausendwende von den natio- 311

[1028] So auch OGH GRUR Int 1991, 920 (924) – Tele Uno II: „Konsequent weitergedacht folgt aus dieser (…) Auslegung, dass eine vom Ausland intendiert nach Österreich gerichtete Sendung keine bloße „ausländische" Rundfunksendung, sondern (auch) eine „inländische" ist, so dass – wie bei einer vom Inland ausgestrahlten Rundfunksendung – die Zustimmung des Urhebers (für das Inland) erforderlich ist.".

[1029] Ebenso die übereinstimmende Situation in OGH GRUR 1991, 920 – Tele Uno II; BGH GRUR Int 2003, 470 – Sender Felsberg.

[1030] So auch *Bortloff* GRUR Int 2003, 669 (676); *Hohloch* in Schwarze, Rechtsschutz gegen Urheberrechtsverletzungen und Wettbewerbsverstöße in grenzüberschreitenden Medien, 2000, 93, 106.

[1031] So ein erheblicher Teil des Schrifttums, s. Dreyer/Kotthoff/Meckel/*Kotthoff* UrhG § 120 Rn. 22; *Hoeren/Thum* in Dittrich, Beiträge zum Urheberrecht V, 1997, S. 78 (89); *Hohloch* in Schwarze, Rechtsschutz gegen Urheberrechtsverletzungen und Wettbewerbsverstöße in grenzüberschreitenden Medien, 2000, 93, 106; Schricker/Loewenheim/*Katzenberger/Metzger* UrhG Vor §§ 120 ff. Rn. 145; *Kröger* CR 2001, 316 (323); *v. Lewinski* MMR 1998, 115 (116); *Reinbothe* GRUR Int 2001, 733 (736); *Schack* MMR 2000, 59 (63 f.); *Schønning* ZUM 1997, 34 (38); *Spindler* GRUR 2002, 105 (108 und 120); Wandtke/Bullinger/*v. Welser* UrhG Vor §§ 120 ff. Rn. 19; krit. *Regelin,* Das Kollisionsrecht der Immaterialgüterrechte an der Schwelle zum 21. Jahrhundert, 1999, 287 ff.

[1032] Dagegen nur für die Anwendung des Rechts des Staates des Uploads *Handig* GRUR Int 2007, 206 (217 f.).

[1033] So auch *Schack* MMR 2000, 59 (64).

[1034] Zu der daraus resultierenden Erhöhung der Kosten und Verlängerung der Dauer von Verletzungsprozessen s. *Trimble* Fordham Intellectual Property, Media & Entertainment L.J. 25 (2015) 339 (394). Ähnlich die Nachteile der Mosaikbetrachtung für die Rechtsdurchsetzung betonend Magnus/Mankowski/*Metzger* Rn. 28.

[1035] Zum Teil wird jedoch die Existenz eines praktischen Problems bestritten, da in der Praxis von Multistate-Fällen regelmäßig nur der Rechteinhaber einem einzelnen Staat Klage erhebt und entsprechend nur die Verletzung des Rechts in diesem Staat geltend macht; so *Christie* J. Priv. Int'l L. 17 (2017), 152 (179 f.).

[1036] Bedeutsam ist auch der Fall des Verlinkens. Geht es um die Frage, ob jemand durch das Setzen von Links im Internet das Urheberrecht an den Inhalten auf anderen Webseiten verletzt, kommt nicht nur eine Verletzung des Urheberrechts des Staates, in dem der vermeintliche Verletzer gehandelt hat, in Betracht, sondern möglicherweise auch des Recht weiterer Abrufstaaten. IdS, jedoch ohne nähere Begr., OGH GRUR Int 2016, 276 – Krone-Hit, mAnm *Walter* (Klage eines öst. Betreibers eines Online-Radiosenders gegen das Verlinken durch einen in Deutschland niedergelassenen Webseitenbetreibers wegen Verletzung öst. Rechts.

[1037] Zu den Herausforderungen für die Lizenzierung s. nur *Handig* GRUR Int 2007, 206 (214 ff.).

nalen Verwertungsgesellschaften zusammen mit der International Federation for the Phonographic Industry (IFPI) in Form eines Mustergegenseitigkeitsvertrag ausgehandelt,[1038] der auch von der EU-Kommission unter kartellrechtlichen Gesichtspunkten akzeptiert wurde.[1039] Dieses **IFPI Simulcasting Agreement,** das neben dem Simulcasting auch das reine Webcasting erfasste,[1040] beruhte gerade auf der Bogsch-Theorie, die damit auch von der Praxis der Unternehmen, den Verwertungsgesellschaften und der Kommission akzeptiert wurde.[1041] Dabei wird die Zuständigkeit für die Vergabe aller nationalen Rechte bei einer Verwertungsgesellschaft konzentriert. Für die Bestimmung des Tarifs kommen aber unverändert die Tarife in den Abrufstaaten zum Ansatz.[1042] Im Ergebnis ermöglichte IFPI Simulcasting multiterritoriale Lizenzen für die Gesamtheit der Repertoires der beteiligten Verwertungsgesellschaften im Sinne eines „One-Stop-Shops". Die Bogsch-Theorie bildet schließlich auch den Ausgangspunkt für die **Empfehlung der Kommission aus dem Jahre 2005** zur grenzüberschreitenden Lizenzierung von Online-Rechten für Musikwerke[1043] sowie für die **Richtlinie über die kollektive Rechtewahrnehmung aus dem Jahre 2014.**[1044] Der Unterschied zum IFPI Simulcasting-Modell besteht darin, dass die Kommission in der Empfehlung und der Richtlinie die Vergabe multiterritorialer Lizenzen für die Repertoires einzelner Rechteinhaber bzw. einzelner Verwertungsgesellschaften präferiert, damit Gegenseitigkeitsverträge einerseits überflüssig macht, aber andererseits auch das Ziel eines One-Stop-Shops für die Lizenzierung des Weltrepertoires aufgibt.

312 In **Deutschland** hat der **BGH erstmalig** in der Rechtssache **„Hotel Maritime"** zur Anwendung deutschen Rechts als Recht des Abrufstaates in einem Internet-Sachverhalt Stellung bezogen.[1045] Auch diese Entscheidung nutzte der BGH freilich nicht, um sich grundsätzlich zur Geltung der Bogsch-Theorie in Deutschland zu äußern. Dennoch wird deutlich, dass der BGH ein inländisches „Anbieten" als tatbestandliche Verletzungshandlung nach § 14 Abs. 3 Nr. 2 und Nr. 3 MarkenG nicht schon deshalb ausschließen möchte, weil die Marke auf einer Website mit ausländischer Webadresse (www.hotel-martime.dk) verwendet wird.[1046] Um jedoch eine uferlose Ausdehnung des Schutzes zu verhindern, verlangt der BGH – jedenfalls bei Kollisionen von Markenrechten im Internet – einen **hinreichenden wirtschaftlich relevanten Inlandsbezug,**[1047] wobei er sich ausdrücklich an den Empfehlungen der **WIPO Joint Recommendation** orientiert.[1048] Obwohl die streitgegenständliche Website in deutscher Sprache gehalten war, lehnte der BGH im Ergebnis eine Verletzung deutschen Rechts ab. Zwar werden inländische Verkehrskreise durch das Angebot angesprochen, die wirtschaftlichen Auswirkungen auf den deutschen Markeninhaber seien aber nur geringfügig.[1049]

[1038] S. *Bortloff* GRUR Int 2003, 669 (677 ff.); *Grosheide* IIC 33 (2002), 698 (709).

[1039] Entscheidung der Europäischen Kommission vom 8.10.2002, COMP/C2/38.014 – IFPI „Simulcasting", ABl. EU 2003 L 107, 58.

[1040] Simulcasting bezeichnet die gleichzeitige Ausstrahlung von terrestrischen Sendungen über das Internet. Beim Webcasting erfolgt die Zugänglichmachung nur über das Internet.

[1041] So auch *Bortloff* GRUR Int 2003, 669 (678) (als Vertreter der IFPI).

[1042] Dies setzt voraus, dass die tatsächliche Nutzung des Internets feststellbar ist. Für mögliche Berechnungsmethoden s. *Bortloff* GRUR Int 2003, 669 (680).

[1043] Empfehlung der Kommission vom 18.10.2005 für die länderübergreifende kollektive Wahrnehmung von Urheberrechten und verwandten Schutzrechten, die für legale Online-Musikrechte benötigt werden, ABl. EU 2005 L 275, 54; Corrigendum, ABl. EU 2005 L 284, 10 (Korrektur des Datums der Empfehlung).

[1044] Richtlinie 2014/26/EU des Europäischen Parlaments und des Rates vom 26.2.2014 über die kollektive Wahrnehmung von Urheber- und verwandten Schutzrechten und die Vergabe von Mehrgebietslizenzen für Rechte an Musikwerken für die Online-Nutzung im Binnenmarkt, ABl. EU 2014 L 84, 72.

[1045] BGH GRUR Int 2005, 433 (434) – Hotel Maritime.

[1046] Vgl. auch *Johannes* GRUR Int 1994, 928 (930), nachdem bereits das Wahrnehmbarmachen einer Marke im Internet genügen kann, um die Wertschätzung oder Unterscheidungskraft der Marke im Inland zu beeinträchtigen.

[1047] Zust. *Ingerl/Rohnke* MarkenG Einl. Rn. 59. Diese Regel erinnert an eine marktbezogene, fast kartellrechtliche Denkweise. Eine solche überzeugt auch im Markenrecht, soweit man das Markenrecht als Teil eines übergeordneten Marktordnungsrechts versteht; so Fezer/*Fezer/Hauck* MarkenG Einl. Rn. 412 f., die eine hinreichende Intensität („wirtschaftlich relevant") des Inlandsbezugs fordern.

[1048] WIPO Joint Recommendations Concerning Provisions on the Protection of Marks, and Other Industrial Property Rights in Signs, on the Internet (ausf. → Rn. 367 ff.). Die Entscheidung des BGH trifft sich mit dem Vorschlag von *Ohly* in Drexl/Kur, Intellectual Property and Private International Law, 2005, 241, 254 ff. Bei dem Erfordernis der wirtschaftlichen Auswirkung handelt es sich nach richtiger Ansicht um ein sachrechtliches Kriterium und keine Anknüpfungsregel, anhand dessen bestimmt wird, ob eine Verletzung im Inland vorliegt; so auch *Kur* in Basedow/Drexl/Kur/Metzger, Intellectual Property in the Conflict of Laws, 2005, 175, 179 f. (für die vom BGH zitierten WIPO Recommendation und unter Bezugnahme auf die Vorinstanz in „Hotel Maritime").

[1049] BGH GRUR Int 2005, 433 (434) – Hotel Maritime.

313 In der bereits erwähnten (→ Rn. 305) Rechtssache **„Wagenfeld-Leuchte"** war der BGH schließlich aufgefordert, zur Frage Stellung zu beziehen, ob auch Rechte der körperlichen Verwertung durch einen Internet-Auftritt im Ausland verletzt werden können.[1050] Im zugrunde liegenden Fall hatte der italienische Hersteller Nachbildungen der Bauhauslampen des Designers Wilhelm Wagenfeld über eine Website in deutscher Sprache beworben und Kunden aufgefordert, solche Lampen durch Übereignung in Italien zu erwerben. Im Gegensatz zu Italien bestand in Deutschland in Bezug auf die Leuchten urheberrechtlicher Schutz als Werke der angewandten Kunst. Somit stellte sich die Frage, ob ein **Anbieten in Deutschland** iSv § 17 Abs. 1 UrhG auch dann angenommen werden kann, wenn der eigentliche **Erwerbsvorgang im Ausland** stattfinden soll. In der Berufungsinstanz hat das OLG Hamburg dieses noch durch einen sehr restriktiven Ansatz verneint[1051] und damit begründet, dass der Vorgang der körperlichen Verwertung in Italien abgeschlossen werde. Der **BGH bejahte** dagegen im Ergebnis ein Anbieten iSv § 17 Abs. 1 UrhG und damit eine **Verletzung deutschen Urheberrechts.** Er begründet dies mit dem Argument, das Anbieten werde vom Gesetz als „eigenständige Verbreitungshandlung" eingeordnet und hänge nicht davon ab, dass auch die Veräußerung in Deutschland beabsichtigt sei.[1052] Damit allein ist aber noch nicht erklärt, dass auch ein Anbieten „in Deutschland" gegeben ist. Dies begründet der BGH mit dem Argument, dass sich das Anbieten auf der Internetseite **„auf die wirtschaftliche Verwertung des Urheberrechts im Schutzland auswirkt".**[1053] Er löst sich damit von der Feststellung der Verletzung nach Maßgabe des Rechts am Ort der Handlung und orientiert sich am Ort der Beeinträchtigung der Verwerterinteressen. Genau diese Argumentation hatte bereits den OGH in Tele Uno II dazu bewogen, für den grenzüberschreitenden terrestrischen Rundfunk die Bogsch-Theorie zu akzeptieren. Damit ist der Schluss zu ziehen, dass der BGH in der Rechtssache „Wagenfeld-Leuchte" nun auch der Sache nach die **Bogsch-Theorie anerkannt** hat. Zusätzlich bemerkenswert ist dabei, dass diese Anerkennung für einen Internet-Sachverhalt und noch dazu für Fälle der körperlichen Verwertung geschieht. Bedenken begegnet die Entscheidung jedoch aus europarechtlicher Sicht, da der dem Verfahren „Wagenfeld-Leuchte" zugrunde liegende Fall Anlass gegeben hätte, § 17 Abs. 1 UrhG im Lichte von **Art. 4 Abs. 1 InfoSoc-RL,** wonach dem Rechteinhaber die Verbreitung des Werks in beliebiger Form „durch Verkauf oder in sonstiger Weise" vorbehalten ist, auszulegen. Eine Vorlage zum EuGH hielt der BGH für nicht erforderlich.[1054] Ein Jahr später legte jedoch der EuGH im sog. **„Cassina"-Verfahren** Art. 4 Abs. 1 InfoSoc-RL im Lichte des WCT und WPPT aus und stellte fest, dass Handlungen nur dann unter den Begriff der Verbreitung „in sonstiger Weise" fallen, wenn diese „mit der Übertragung von Eigentum verbunden sind".[1055] Mit der Entscheidung des EuGH in der Rechtssache **„Donner"** (ausführlich → Rn. 295), die ebenfalls auf Vorlage des BGH, allerdings in einem Strafverfahren, erging, ist die Entscheidung des BGH in der Rechtssache „Wagenfeld-Leuchte" als überholt anzusehen. In Fortführung des Ansatzes in „Cassina" stellt der EuGH nicht auf die Lokalisierung der Internet-Werbung, sondern den Übereignungsvorgang ab. Dabei orientiert sich der EuGH aber nicht am nationalen Zivilrecht, sondern wählt eine europarechtlich autonome und einheitliche Auslegung der Richtlinie und bezieht dabei das Geschehen im Internet insoweit mit ein, als sich der Händler im Exportstaat das Handeln Dritter, insbesondere eines Spediteurs, im Importstaat zurechnen lassen muss, wenn der Händler speziell die Öffentlichkeit des Bestimmungsstaates ansprechen wollte und ihm das Verhalten des Dritten nicht unbekannt sein konnte.

314 Erwähnung verdient schließlich die Entscheidung des BGH in der Rechtssache **„Pietra di Soln",** in der deutsches Recht zum **Schutze einer geografischen Herkunftsangabe** auf das in deutscher Sprache gehaltene Internet-Angebot eines italienischen Herstellers von Keramikplatten angewendet wurde.[1056] Die Anknüpfung erfolgte freilich nicht immaterialgüterrechtlich über das Schutzlandprinzip, sondern über das lauterkeitsrechtliche **Marktortprinzip.** Deshalb lassen sich der Entscheidung keine zwingenden Rückschlüsse für den immaterialgüterrechtlichen Bereich entneh-

---

1050 BGH GRUR Int 2007, 928 – Wagenfeld-Leuchte.

1051 OLG Hamburg GRUR-RR 2005, 41 – Bauhauslampen aus Italien; dazu → 4. Aufl. 2006, IntImmGR Rn. 171.

1052 BGH GRUR Int 2007, 928 Rn. 29 – Wagenfeld-Leuchte.

1053 BGH GRUR Int 2007, 928 Rn. 31. Ähnlich schon im Vorfeld der Entscheidung und in Kritik auf die Berufungsinstanz *Gottschalk* IPRax 2006, 135 (137), der verlangt, dass das Anbieten vom Ausland aus so beschaffen sein muss, dass es „das Inland berühren soll".

1054 BGH GRUR Int 2007, 928 Rn. 37 unter Berufung darauf, dass die Verpflichtung zur Auslegung der Richtlinie im Lichte ihrer Ziele (Wahrung eines hohen Schutzniveaus) in der Rspr. des EuGH hinreichend klar gestellt sei.

1055 EuGH Slg. 2008, I-2731 Rn. 36 = GRUR 2008, 604 – Peek & Cloppenburg. Im zugrundeliegenden Fall wurden Nachbildungen von Le Corbusier-Sesseln in einem Kaufhaus als Sitzgelegenheit für Kunden zur Verfügung gestellt. Zu den Auswirkungen dieser Entscheidung s. *v. Lewinski* FS Loewenheim, 2009, 175.

1056 BGH GRUR 2007, 67 – Pietra di Soln.

men. Das OLG München[1057] hatte in der Vorinstanz – wenig überzeugend – die Anwendung deutschen Rechts noch über eine offensichtlich deliktsrechtliche Anknüpfung an das Recht des Erfolgsortes begründet.[1058] Qualifiziert man jedoch unter Anwendung von Art. 8 Abs. 1 Rom II-VO den Schutz geografischer Herkunftsangaben immaterialgüterrechtlich, dann wäre auch für eine Fallkonstellation wie in „Pietra di Soln" zu fragen, ob eine Verwertungshandlung in Deutschland aufgrund bloßer Internet-Werbung aus dem Ausland zur Anwendung kommen kann. So wäre unter Anwendung deutschen Rechts als Recht des Schutzlandes zu fragen, ob in dieser Werbung eine Nutzung iSv § 127 Abs. 1 MarkenG liegt. In Übereinstimmung mit der markenrechtlichen Regelung in § 14 Abs. 3 Nr. 2 MarkenG wird man hierfür ein Anbieten gegenüber den deutschen Verkehrskreisen ausreichen lassen. Schon das Anbieten kann zu einer Irreführung des Verkehrs iSv § 127 Abs. 1 MarkenG führen. Dies entspricht auch der Regelung des Schutzbereichs des europäischen Markenrechts. Nach Art. 10 Abs. 3 lit. b Markenrechts-RL (RL 2015/2436; → Rn. 293 mwN) fällt neben dem Inverkehrbringen auch das Anbieten von Waren, die mit der Marke gekennzeichnet sind, in den Schutzbereich der Marke.

315 Mit der Annahme einer inländischen Rechtsverletzung besonders weit gegangen ist schließlich das **LG Hamburg.**[1059] In dem Verfahren gegen Google, dem führenden US-amerikanischen Betreiber einer **Internet-Suchmaschine,** war über die urheberrechtliche Zulässigkeit der Verwendung von kleinen Fotographien und Grafiken als sog. Thumbnails, die als **Bestandteile einer Liste von Hyperlinks** verwendet wurden, zu entscheiden. Zur Anwendung deutschen Rechts kam das LG aufgrund des Schutzlandprinzips und eines Verweises auf die BGH-Entscheidung in „Sender Felsberg". Von hier begab sich das Gericht unmittelbar in die Prüfung, ob die Verwendung von Thumbnails eine Urheberrechtsverletzung begründet. Dabei übersah es, dass bei einem entsprechenden Fall, in dem das Handeln in Bezug auf das öffentliche Zugänglichmachen gemäß § 19a UrhG im Ausland stattgefunden hat, die Lokalisierung der Verletzung in Deutschland besonders zu begründen ist. Zu erklären wäre dies auch hier mit einer Übertragung der Bogsch-Theorie auf das Internet. Problematisch bleibt die Entscheidung, weil das Gericht den Fall allein nach deutschem Recht beurteilte und eine Berücksichtigung vor allem der Rechtslage in den USA[1060] ausdrücklich ablehnte, nach der ein entsprechender Gebrauch von Thumbnails jedenfalls durch die Fair Use-Ausnahme gedeckt wäre. In der Berufung und Revision haben das OLG Hamburg[1061] und der BGH[1062] anders entschieden. Wie das OLG verneint der BGH schon im Grundsatz eine Urheberrechtsverletzung nach deutschem Recht. Nach Auffassung des BGH sei davon auszugehen, dass derjenige, der in berechtigter Weise Bilder ins Internet einstelle, in die Nutzung dieser Bilder als Thumbnails im Rahmen des Betriebs einer Suchmaschine konkludent einwillige, wenn keine technischen Vorkehrungen gegen eine solche Nutzung ergriffen werden. Darauf, ob angesichts des grenzüberschreitenden Charakters der Nutzungshandlung auch gerade eine solche in Deutschland vorliege, mussten weder das OLG noch der BGH eine Antwort geben.[1063] Die Entscheidung des LG Hamburg zeigt deutlich, dass die Anwendung der Bogsch-Theorie im Internet die **Gefahr der Globalisierung eigener Rechtsvorstellungen** in sich trägt.[1064] Das **Verbot nach dem Recht nur eines Abrufstaates kann zur Unterbindung der Nutzung im Internet insgesamt führen.** Dennoch ist dem Gericht zugute zu halten, dass es das Verbot – entsprechend dem Klageantrag – darauf beschränkt hat, die streitgegenständlichen Bilder „in der Bundesrepublik Deutschland" zugänglich zu machen. Damit bleibt es dem Suchmaschinen-Betreiber überlassen, nach technischen Möglichkeiten zu suchen, bei einem Abruf ihrer Internet-Seiten von Deutschland aus das Erscheinen von Thumbnails auszuschließen. Auf die Erforderlichkeit und die Möglichkeiten der territorialen Beschränkung der Rechtsfolgen wird noch zurückzukommen sein (→ Rn. 340 ff.).

316 Inzwischen liegen auch zentrale Aussagen des **EuGH** dazu vor, wie Nutzungshandlungen im Internet zu lokalisieren sind. Diese Grundsätze entwickelt der EuGH durch Auslegung der materiellrechtlichen Bestimmungen des Sekundärrechts, also insbesondere von Richtlinien, die das nationale Recht der Mitgliedstaaten angleichen sollen. Soweit sich daher nationale Gerichte der EU-Mitglied-

---

[1057] OLG München GRUR-RR 2004, 252 – Pietra di Soln.

[1058] Zur Kritik an der Entscheidung des OLG → 4. Aufl. 2006, IntImmGR Rn. 170.

[1059] LG Hamburg BeckRS 2009, 60408; s. auch LG Hamburg GRUR-RR 2004, 313 – Thumbnails.

[1060] Dazu die Entscheidung Perfect 10 vs. Amazon.com, 487 Fd 3d. 701 (9th Cir. 2007).

[1061] OLG Hamburg BeckRS 2012, 521.

[1062] BGH GRUR 2012, 602 – Vorschaubilder II; im Anschluss an BGHZ 185, 291 = GRUR 2010, 628 – Vorschaubilder I.

[1063] S. auch die ähnliche franz. Entscheidung gegen Google mit einer grundsätzlichen Anwendung franz. Rechts *Lopez-Tarruella* in Lopez-Taruella, Google and the Law, 2012, 329 (344 ff.).

[1064] BGH GRUR 2012, 602 – Vorschaubilder II; im Anschluss an BGHZ 185, 291 = GRUR 2010, 628 – Vorschaubilder I.

staaten entsprechende Lokalisierungsfragen bei Anwendung nationalen Rechts als Recht des Schutzlandes zu beantworten haben, ist die einschlägige Rspr. des EuGH im Wege der **richtlinienkonformen Auslegung** zu berücksichtigen. Während es in der bereits besprochenen Rechtssache **„Donner"** (→ Rn. 295, → Rn. 313) um das Verbreitungsrecht in Bezug auf körperliche Vervielfältigungsstücke ging, befasste sich der EuGH in **„L'Oréal"**[1065] sowie **„Football Dataco"**[1066] mit der unmittelbaren Online-Nutzung von Markenrechten sowie des sui generis-Datenbankrechts.[1067] In **„L'Oréal"** war zu klären, ob das Feilbieten von Parfums und Kosmetika aus Drittstaaten gegenüber Kunden in der EU auf der Online-Verkaufsplattform von e-Bay als Nutzung von **Gemeinschaftsmarken bzw. von nationalen Marken der EU-Mitgliedstaaten** anzusehen ist. eBay verteidigte sich damit, dass eine Nutzung innerhalb der EU noch nicht angenommen werden könne, solange sich die Waren noch außerhalb der EU befinden. Dem ist der EuGH entgegengetreten. Für ein „Anbieten" iSd europäischen Markenrechts genüge es, wenn **sich das Angebot an Verbraucher im Schutzgebiet der Marke richte.**[1068] Dies begründet der EuGH mit der Notwendigkeit, die praktische Wirksamkeit des Markenschutzes zu gewährleisten, und greift damit gerade auf jene Begründung zurück, die nach der Bogsch-Theorie für die Anwendung des Rechts des Bestimmungslandes zusätzlich zur Anwendung des Rechts des Handlungsstaates spricht. Andererseits soll nach Ansicht des EuGH die **bloße Zugänglichkeit des Angebots im Internet nicht genügen.**[1069] Vielmehr habe das nationale Gericht anhand „relevanter Indizien" zu prüfen, ob sich das Angebot an Verbraucher im Schutzgebiet der geltend gemachten Marke richte. Bringe etwa der Anbieter auf der Internetseite zum Ausdruck, er sei **bereit, in ein bestimmtes geografisches Gebiet zu liefern,** nutze er das dortige Markenrecht.[1070] Im konkreten Verfahren schloss der EuGH aus der Nutzung der eBay-Plattform mit britischer **Internet-Adresse,** dass gerade Verbraucher im Vereinigten Königreich angesprochen werden sollten und entsprechend Gemeinschaftsmarken und britische Marken genutzt wurden.[1071] In der jüngeren **„Football Dataco"**-Entscheidung führt der EuGH diese Rspr. fort. Im Ausgangsfall berief sich das Unternehmen Football Dataco, dem die Verwertung von Information über die Fußballspiele britischer Ligen obliegt, auf ein sui generis-Datenbankrecht nach britischem Recht in Bezug auf eine Datenbank, die den kontinuierlichen Verlauf von Fußballspielen widergibt. Die Klage richtete sich gegen ein deutsches Unternehmen, das nach britischem Recht gegründeten Wettanbietern sowie solchen mit Sitz in Gibraltar über eine Internetseite Informationen über den aktuellen Verlauf britischer Fußballspiele anbot. Football Dataco trug vor, das deutsche Unternehmen kopiere Daten aus Football Datacos Datenbank und nutze diese Daten im Vereinigten Königreich, indem sie diese über das Internet dortigen Kunden zugänglich mache. Auszulegen war **Art. 7 Datenbank-RL** (RL 96/9/EG; → Rn. 290 mwN) im Hinblick auf zwei Fragen. Zum einen war zu klären, ob das Senden von Daten durch eine Person von einem Computer in einem Staate A an eine andere Person in einem Staate B eine „Entnahme" oder eine „Weiterverwendung" dieser Daten iSv Art. 7 Datenbank-RL darstellt, wenn die Person im Staate A diese Daten zuvor einer geschützten Datenbank entnommen hat. Zum anderen war zu entscheiden, ob bejahendenfalls diese Nutzung im Staate B erfolgt. Der EuGH definiert in seiner Entscheidung den Begriff der Weiterverwendung weit, nämlich in dem Sinne, dass auch das Zurverfügungstellen der Daten über das Internet erfasst wird.[1072] In Bezug auf die Lokalisierungsfrage betont der EuGH in Anschluss an die Entscheidung in „Donner" (→ Rn. 295), dass diese aufgrund „autonomer Kriterien" und damit einheitlich im Rahmen der Auslegung des Art. 7 Datenbank-RL zu erfolgen habe.[1073] Auch für diese Vorschrift lehnt es der EuGH ab, aus der bloßen Zugänglichkeit der Daten über das Internet den Schluss auf die Nutzung des Rechts im Abrufstaat zu ziehen.[1074] Vielmehr komme es auf das Vorliegen von Anhaltspunkten an, aus denen sich ergebe, dass **Personen im Schutzgebiet gezielt angesprochen werden.**[1075] Für das Ansprechen von Personen im Vereinigten Königreich spreche, dass es sich um Daten zu britischen Fußballspielen handle.[1076] Soweit die Beklagte nur Daten an Wettanbietern lieferte, die ihrerseits den Zugriff von Wettkunden unmittelbar

[1065] EuGH Slg. 2011, I-6011 = GRUR Int 2011, 839 – L'Oréal/eBay.
[1066] EuGH ECLI:EU:C:2012:642 = GRUR Int 2012, 1113 – Football Dataco/Sportradar.
[1067] Zu beiden Fällen s. auch *Treppoz* in Dreier/Gielen/Hacon, Concise International and European IP Law, 2015, Rn. 4.
[1068] EuGH Slg. 2011, I-6011 = GRUR Int 2011, 839 Rn. 61 f. – L'Oréal/eBay.
[1069] EuGH Slg. 2011, I-6011 = GRUR Int 2011, 839 Rn. 64 – L'Oréal/eBay.
[1070] EuGH Slg. 2011, I-6011 = GRUR Int 2011, 839 Rn. 65 – L'Oréal/eBay.
[1071] EuGH Slg. 2011, I-6011 = GRUR Int 2011, 839 Rn. 66 – L'Oréal/eBay.
[1072] EuGH ECLI:EU:C:2012:642 = GRUR Int 2012, 1113 Rn. 21 – Football Dataco/Sportradar.
[1073] EuGH ECLI:EU:C:2012:642 = GRUR Int 2012, 1113 Rn. 33 – Football Dataco/Sportradar.
[1074] EuGH ECLI:EU:C:2012:642 = GRUR Int 2012, 1113 Rn. 35–38 – Football Dataco/Sportradar.
[1075] EuGH ECLI:EU:C:2012:642 = GRUR Int 2012, 1113 Rn. 39 – Football Dataco/Sportradar.
[1076] EuGH ECLI:EU:C:2012:642 = GRUR Int 2012, 1113 Rn. 40 – Football Dataco/Sportradar.

auf die Internetseite der Beklagten ermöglichten, soll es nach Ansicht des EuGH für die Nutzung des britischen Rechts ausreichen, dass der Beklagten der „spezifische Verwendungszweck bekannt war oder hätte bekannt sein müssen".[1077] Und schließlich könne auch die verwendete Sprache ein Indiz für die Nutzung in einem bestimmten Land darstellen.[1078] Insgesamt lässt sich damit feststellen, dass der EuGH bei Internet-Sachverhalten die **Bogsch-Theorie faktisch anwendet,** nicht zuletzt um einen effektiven Rechtsschutz zu gewährleisten, und dabei bestrebt ist, **einheitliche Kriterien** für die Lokalisierung von Verletzungshandlungen zu entwickeln. Danach soll die **bloße Zugänglichkeit der Internetinhalte nicht genügen.**[1079] Vielmehr wird eine **gezielte, nach den Einzelumständen des Falles zu beurteilende Ausrichtung des Internetangebots auf Verbraucher im Schutzland** gefordert.[1080] Das Verfolgen eines ganzheitlichen Konzepts unterstreicht der EuGH, indem er frühere Entscheidungen zu verschiedensten Fallkonstellationen von Rechtsverletzungen im Internet verweist. Dabei greift er mit den beiden Entscheidungen zu „Pammer und Hotel Alpenhof"[1081] sowie „eDate Advertising und Martinez",[1082] zur Bestimmung des Verbrauchergerichtsstands sowie des deliktischen Gerichtsstandes bei Persönlichkeitsverletzungen nach der Brüssel Ia-VO sogar über das Immaterialgüterrecht hinaus.

317 Die Verletzung nationalen Immaterialgüterrechts durch einen ausländischen Internet-Auftritt hat auch **Gerichte anderer Staaten** beschäftigt. Hingewiesen sei hier vor allem auf eine bedeutsame Entscheidung des **kanadischen Supreme Court** aus dem Jahre **2004,**[1083] in der das Gericht in einem Rechtsstreit zwischen der kanadischen Verwertungsgesellschaft und dem kanadischen Verband der Internet-Provider über die **Vergütung für die in Kanada vorgenommenen Downloads ausländischer Musikdateien** zu befinden hatte. Da der Verwertungsgesellschaft nur die Rechte in Kanada zustanden, war die Verletzung des nationalen Urheberrechts zu begründen. Nach kanadischem Recht ergibt sich die Vergütungspflicht aus dem allgemeinen Recht der öffentlichen Mitteilung mit Mitteln der Telekommunikation (right to communicate the work to the public by telecommunication).[1084] In Übereinstimmung mit der hier vertretenen sachrechtlichen Einordnung des Territorialitätsgrundsatzes (→ Rn. 14), nimmt das Gericht in seiner Entscheidung eine Lokalisierung der Sendehandlung vor. Dabei verwirft es die Ansicht, wonach das nationale Recht allenfalls dann zur Anwendung komme, wenn die Absicht (intention) bestand, die Inhalte an Inländer zu übermitteln.[1085] Vielmehr sei im Falle der Internet-Verwertung davon auszugehen, dass die Telekommunikation sowohl im Sendeland (country of transmission) als auch im Empfangsland (country of reception) zu lokalisieren sei.[1086] Dieses Ergebnis begründet das Gericht nicht nur mit dem Wortlaut der „communication", sondern auch wertungsmäßig. Zu vermeiden sei eine Beeinträchtigung der Anwendung eigener Vorschriften in den verschiedensten Rechtsgebieten, wenn Inhalte aus dem Ausland über das Internet in das Land eindringen.[1087] Den dogmatischen Ansatzpunkt für seine Begründung findet das Gericht in der Definition der territorialen Reichweite der kanadischen Gesetzgebungsgewalt. Streng dem Territorialitätsgrundsatz folgend formuliert das Gericht ein **Verbot der extraterritorialen Anwendung kanadischen Rechts**[1088] und verlangt deshalb eine **tatsächliche und erhebliche Verbindung** zum kanadischen Territorium (sog. **„real and substantial connection test"**).[1089] Der Ort des Content Providers sei dabei nur ein Kriterium unter

[1077] EuGH ECLI:EU:C:2012:642 = GRUR Int 2012, 1113 Rn. 41 – Football Dataco/Sportradar. Insoweit zitiert der EuGH seine frühere Entscheidung in „Donner", in der er ebenfalls bei einer gestreckten Verletzungshandlung das Verhalten Dritter im Importstaat dem Händler im Exportstaat zugerechnet hat (→ Rn. 295).

[1078] EuGH ECLI:EU:C:2012:642 = GRUR Int 2012, 1113 Rn. 42 – Football Dataco/Sportradar.

[1079] So ausdrücklich EuGH ECLI:EU:C:474 = GRUR 2011, 1025 Rn. 64 – L'Oréal/eBay.

[1080] EuGH ECLI:EU:C:474 = GRUR 2011, 1025 Rn. 65 f. – L'Oréal/eBay, zum Markenrecht.

[1081] EuGH Slg. 2010, I-12527 = NJW 2011, 505 – Pammer und Hotel Alpenhof.

[1082] EuGH Slg. 2011, I-10269 = GRUR Int 2012, 47 – eDate Advertising und Martinez.

[1083] Society of Composers, Authors and Music Publishers of Canada vs. Canadian Association of Internet Providers (2004) 2 S.C.R. No. 427.

[1084] S. Sec. 3 (1) (f) Copyright Act.

[1085] Die Entscheidung erging mit der Unterstützung von acht von insgesamt neun Richtern (Begr. durch *Binnie J.*). Allein ein Richter *(Lebel J.)* vertrat die engere Ansicht und sah die Mehrheitsmeinung im Widerspruch zum Territorialitätsgrundsatz. Der wesentliche Einwand geht dahin, die Mehrheitsmeinung mache die Anwendbarkeit nationaler Rechte für Internet-Anbieter praktisch unkalkulierbar; Nr. 152 der Entscheidung.

[1086] Nr. 44 der Entscheidung.

[1087] Nr. 45 der Entscheidung. Insoweit nimmt der Supreme Court auch Bezug auf die australische Entscheidung Dow Jones & Co. vs. Gutnick (2002) HCA 56, in der der High Court of Australia Schutz wegen „defamation" gegen in den USA aufgeladene Internet-Inhalte gewährte, die in Australien heruntergeladen wurden.

[1088] Nr. 54–56 der Entscheidung.

[1089] Nr. 58–60 der Entscheidung.

anderen, die in einem flexiblen System auf den Einzelfall anzuwenden sind.[1090] Der Supreme Court fühlt sich im Einklang mit der internationalen Rechtspraxis und weist ausdrücklich auch auf die bereits erwähnte Simulcasting-Vereinbarung (→ Rn. 311) hin, die ebenfalls vom Bestimmungslandprinzip ausgeht.[1091]

Die Entscheidung des kanadischen Gerichts darf als **wegweisend** für die Anwendung nationalen Urheberrechts auf Internet-Sachverhalte **im angloamerikanischen Rechtskreis** angesehen werden. Dem Gericht geht es um das Regelungsinteresse des eigenen Staates, in dem die Verwertungsinteressen zu lokalisieren sind. In den Fällen der Multistate-Verstöße – erst recht bei Internet-Sachverhalten – ist dieser Staat nicht notwendig identisch mit dem Ort der tatbestandlichen Verwertungshandlung. Um diese Kluft zu überwinden, **berücksichtigt** der kanadische Supreme Court das **nationale Regelungsinteresse bereits bei der Auslegung der relevanten Verwertungshandlung und deren Lokalisierung,** was nach der nationalen Vorschrift durchaus vom Wortlaut getragen wird. Eine ausdrückliche Bezugnahme auf die Bogsch-Theorie, deren Grundgedanken dennoch in der Entscheidung zum Ausdruck kommen, erübrigt sich somit. Insgesamt **bleibt es auch im Internet,** das die Territorialität der Verwertung aufhebt, **bei der Vorstellung der Territorialität des Immaterialgüterrechts.** Darin liegt kein Anachronismus, sondern der berechtigte **Versuch, die Preisgabe des eigenen Regelungsinteresses im Internet-Zeitalter zu verhindern.** Dazu muss das Gericht an die Grenzen der Anwendung nationalen Rechts gehen, indem es dieses auf Handeln im Ausland zur Anwendung bringt. Das **Korrektiv** liegt in der Selbstbeschränkung bei der sog. extraterritorialen Anwendung. Gefolgt wird grundsätzlich dem **Verbot der extraterritorialen Anwendung,** das seine Verankerung im völkerrechtlichen Rücksichtnahmegebot (comity) findet. Die kanadische Entscheidung unterstreicht, dass auch im Internet zwar keine Alternative zum Territorialitätsdenken besteht. Gleichzeitig macht sie aber auch das Dilemma des Verbots der extraterritorialen Anwendung in einer Umgebung deutlich, in der die Territorialität aufgehoben ist. Zu finden sind weitere Kriterien, die den berechtigten Regelungsanspruch der Staaten eingrenzen können. 318

ff) Vervielfältigungen in Internet-Zusammenhängen. Im Internet fällt es aufgrund jüngerer Entwicklungen mittlerweile durchaus schwer, selbst Vervielfältigungshandlungen im grenzüberschreitenden Bereich zu lokalisieren. Das Problem wird vor allem virulent im Zusammenhang mit der Anwendung von **Schrankenbestimmungen des Urheberrechts,** zu denen sich die nationalen Rechtsordnungen beträchtlich unterscheiden. Im Folgenden zu diskutieren sind die Fälle des **Cloud Computing** sowie des **Internet Scraping.** 319

EU-Mitgliedstaaten, die sich für die Einschränkung des Urheberrechtsschutzes bei **Vervielfältigungen zum privaten Gebrauch** nach Art. 5 Abs. 2 lit. b InfoSoc-RL 2001/29/EG entscheiden, sind gleichzeitig verpflichtetet, den Rechtsinhabern einen gerechten Ausgleich zu gewährleisten. Nicht nur Deutschland geschieht dies durch eine **Geräte- und Speichermedienvergütung,** die auch Anerkennung durch den EuGH gefunden hat.[1092] Eine kollisionsrechtliche Problemlage entsteht jedenfalls, soweit die Speicherung nicht auf dem Endgerät des Nutzers, sondern auf einem **Cloud-Server** im Ausland vorgenommen wurde. Nach der Schutzlandanknüpfung hängt sowohl die Anwendbarkeit der Schranke als auch das Ausgleichssystem von der Lokalisierung der Vervielfältigungshandlung ab. Stellt man auf den Ort der technischen Vervielfältigung ab, wäre das Recht des Serverstandortes anwendbar. Überzeugender ist es allerdings, das **Recht des Staates anzuwenden, von dem aus der Nutzer die Speicherung auf den Server veranlasst hat.** Auf diese Weise wird ausgeschlossen, dass der Cloud-Diensteanbieter durch die Wahl eines ihm günstigen Server-Standortes einer etwaigen Vergütungspflicht zu entgehen versucht. Zudem entspricht die Anknüpfung am Handlungsort den Wertungen des europäischen Sachrechts. Nach der Rechtsprechung zu Art. 5 Abs. 2 lit. b InfoSoc-RL soll die Vergütungspflicht dazu führen, dass der Endnutzer diesen Ausgleich zumindest mittelbar finanziert.[1093] So hat der EuGH auch explizit den Schluss gezogen, dass im Falle der Abspeicherung in der Cloud die Finanzierung des Ausgleichs durch den Empfänger der Cloud-Dienstleistung zu erfolgen habe.[1094] Die Frage der **konkreten Ausgestaltung der Ver-** 320

[1090] Nr. 61 der Entscheidung.

[1091] Nr. 64 der Entscheidung.

[1092] EuGH ECLI:EU:C:2010:620 = GRUR Int. 2010, 1043 Rn. 46 – Padawan; ECLI:C:2015:144 = GRUR Int. 2015, 367 Rn. 23 – Copydan Båndkopi; ECLI:C:2016:717 = GRUR Int. 2016, 1066 Rn. 31 – Microsoft Mobile Sales International; ECLI:EU:C:2022:217 = GRUR 2022, 558 Rn. 44 – Austro-Mechana/Strata.

[1093] EuGH ECLI:EU:C:2010:620 = GRUR Int. 2010, 1043 Rn. 45 – Padawan; ECLI:C:2015:144 = GRUR Int. 2015, 367 Rn. 22 – Copydan Båndkopi; EU:C:2016:717 = GRUR Int. 2016, 1066 Rn. 30 – Microsoft Mobile Sales International.

[1094] EuGH ECLI:EU:C:2022:217 Rn. 43 – Austro-Mechana/Strata.

gütung ist dann jedoch eine Frage des anwendbaren **Sachrechts.** Allerdings sollte der nationale Gesetzgeber bei seiner Entscheidung über das Vergütungssystem die grenzüberschreitende Problemlage mitbedenken. Ein System, dass sowohl eine Vergütung in Bezug auf das zur Speicherung genutzte Endgeräte als auch auf den Cloud-Server erhebt, ist nur auf den ersten Blick lückenlos. Schon dann, wenn der Cloud-Diensteanbieter Server im Ausland unterhält, droht einer Verringerung der Vergütung für den Rechtsinhaber für Verletzungen im Inland, da Fälle des Abspeicherns von Daten im Ausland veranlasst durch die Gesamtheit der inländischen Nutzer auf der Einnahmeseite nicht berücksichtigt werden. Eine nationale Speicher- und Medienabgabe läuft damit bei Vervielfältigungen in der Cloud Gefahr, für keinen angemessenen Ausgleich zu sorgen. Dem ließe sich durch eine **Vergütungspflicht des Cloud-Diensteanbieters** begegnen. In der Entscheidung **Austro-Mechana/Strata** hat zwar der EuGH festgehalten, dass der nationalen Gesetzgeber aufgrund von Art. 5 Abs. 2 lit. b InfoSoc-RL nicht verpflichtet ist, eine solche vorzusehen.[1095] Dessen ungeachtet betont aber auch der EuGH in seiner Entscheidung die Pflicht der Mitgliedstaaten, einen angemessenen Ausgleich für die Rechtsinhaber zu garantieren der in der Höhe einen Bezug zu dem Schaden haben muss, der dem Rechtsinhaber durch die Kopie entsteht.[1096] Dieses Erfordernis lässt sich im Zusammenhang mit Cloud-Diensten sehr viel leichter durch eine Vergütungspflicht für alle Unternehmen erreichen, die Cloud-Dienste im Inland anbieten.

321 Die Rechtsordnungen weichen in besonderer Weise voneinander ab, soweit es um die urheberrechtliche Zulässigkeit des **Internet Scrapping** geht. Das europäische Recht sieht hierzu eine gesonderte Regelung für das sog. **Text und Data Mining** in Art. 3 und 4 RL (EU) 2019/790 vor.[1097] Für diese Vorschriften ist bislang noch nicht abschließend gerichtlich geklärt, ob sie auch auf die Nutzung der entsprechenden Technologie zum Zwecke der **Entwicklung von Large Language Models (LLMs) bzw. generativer künstlicher Intelligenz** (KI) Anwendung finden. Da die „kreativen" Ergebnisse der Anwendung dieser Art von KI in unmittelbaren Wettbewerb zu den von Menschen geschaffenen Werke treten, die für die Entwicklung der KI als Input benötigt werden, wird mittlerweile intensiv über eine Beteiligung der Urheber dieser Werke an der Nutzung der KI diskutiert. De lege lata stellt sich schon heute die Frage nach dem Vorliegen einer Vervielfältigung und insbes. die Anwendung einschlägiger Schrankenbestimmungen. Da die Nutzungs- und Verwertungsvorgänge im Internet von Hause aus grenzüberschreitender Natur sind, muss zunächst aber zunächst das anwendbare Recht nach Art. 8 Abs. 1 Rom II-VO ermittelt und sodann auf der Ebene des Sachrechts ermittelt werden, ob überhaupt eine urheberrechtlich relevante Nutzung im Schutzland vorliegt. Von dieser Lokalisierung hängt die Antwort auf die Frage ab, ob mit rein nationalen Regelungen den Urhebern überhaupt ein nennenswerter Vorteil verschafft werden kann, wenn durch bloße Verlagerung der KI-Entwicklung in Staaten mit niedrigerem Schutzniveau eine Urheberverletzung vermieden werden kann. Die Problemlage ist damit durchaus **vergleichbar mit jener bei Satellitensendungen,** die schließlich zur Anerkennung der **Bogsch-Theorie** in der gerichtlichen Praxis vieler Staaten geführt hat (→ Rn. 302). Während für die Lokalisierung der Nutzungshandlung im Grundsatz auf den Ort der Vervielfältigung abzustellen wäre, sollte man bei der Frage der Lokalisierung auch das Vergütungsinteresse der Urheber vorbestehender Werke im Auge behalten. Gestützt auf dem Gedanken, dass generative KI in Wettbewerb zu vorbestehenden Werken treten kann, spricht dies dafür, eine inländische Nutzungshandlung auch dann anzunehmen, wenn die **Absicht besteht, die entwickelte KI im Inland zum Einsatz zu bringen.** Für den Fall, dass generative KI – wie im Falle von ChatGPT – allgemein im Internet zur Nutzung angeboten wird, würde eine komplexe Mosaikbetrachtung erforderlich werden, bei der für das jeweilige Staatsgebiet zu entscheiden wäre, ob, erstens, das anwendbare nationale Urheberrecht, auf dessen Anwendung der Rechtsinhaber sich beruft, überhaupt eine entsprechende Lokalisierung nach der Bogsch-Theorie vornimmt, und, zweitens, das danach anwendbare Sachrecht Schutz gegen Vervielfältigungen zum Zwecke der Entwicklung der KI – unter Berücksichtigung etwaiger Schrankenbestimmungen – bietet.

322 **3. Verbot der extraterritorialen Anwendung. a) Völkerrechtlicher Ausgangspunkt und Dogmatik.** Anders als im Bereich des Kartellrechts[1098] hat sich der Begriff der extraterritorialen Anwendung im deutschen immaterialgüterrechtlichen Schrifttum bislang nicht eingebürgert.[1099] Dagegen werden die Multistate-Verstöße in den **USA** – und wie gesehen auch in **Kanada**

[1095] EuGH ECLI:EU:C:2022:217 Rn. 54 – Austro-Mechana/Strata.

[1096] EuGH ECLI:EU:C:2022:217 Rn. 49 – Austro-Mechana/Strata.

[1097] Richtlinie (EU) 2019/790 des Europäischen Parlaments und des Rates vom 17.4.2019 über das Urheberrecht und die verwandten Schutzrechte im digitalen Binnenmarkt, ABl. EU 2019 L 130, 92.

[1098] S. etwa *Wiedemann* in Wiedemann, Handbuch des Kartellrechts, 3. Aufl. 2016, § 5, S. 23 ff.

[1099] Soweit ersichtlich erstmalig für das deutsche Recht *Drexl* FS Nordemann, 2004, 429.

(→ Rn. 317 f.) – unter dem Stichwort des Verbots der extraterritorialen Anwendung diskutiert[1100] und auch von der Rspr. behandelt.[1101]

323 Zunächst kommt es darauf an, sich Klarheit über die **einschlägigen Fallkonstellationen** und die **rechtlichen Grundlagen** zu verschaffen. *Goldstein/Hugenholtz* beschreiben drei Szenarien, in denen das Problem der extraterritorialen Anwendung auftaucht:[1102] (1) Die Verletzungshandlung wird gleichzeitig in mehreren Staaten vorgenommen (Beispiel: gleichzeitiger Vertrieb rechtsverletzender Ware in verschiedenen Staaten).[1103] (2) Ein Teilakt einer Verletzungshandlung wird in einem Staat, der andere Teilakt in einem anderen Staat vorgenommen (Beispiel: grenzüberschreitender Rundfunk, grenzüberschreitender Internet-Vertrieb, Zustimmung zum ausländischen Vertrieb durch den inländischen Rechteinhaber).[1104] (3) Handlungen im Ausland führen zur Schutzversagung im Inland (Beispiel: internationale Erschöpfung).[1105]

324 Die Übernahme der Lehre vom Verbot der extraterritorialen Anwendung lässt sich für das **deutsche und europäische Immaterialgüterrecht** durchaus kontrovers diskutieren.[1106] Das Verbot wird aus dem **Völkerrecht** abgeleitet,[1107] nämlich aus dem **Grundsatz der völkerrechtlichen Rücksichtnahme** (comity) des einen Staates gegenüber der souveränen Regelung in anderen Staaten. Gegen diese völkerrechtliche Begründung spricht die Funktion des Kollisionsrechts. Im Privatrecht ist es gerade die Aufgabe des Kollisionsrechts, die Anwendung nationaler Vorschriften gegeneinander abzugrenzen. Ist einmal das anwendbare Recht ermittelt, besteht kein Grund mehr, den geografischen Anwendungsbereich nach völkerrechtlichen Grundsätzen weiter einzuschränken. Dies gilt im Ausgangspunkt auch für die Bestimmung des anwendbaren Immaterialgüterrechts nach dem Schutzlandprinzip. Es beruft den Gesetzgeber des Schutzlandes, die Lokalisierung der Schutzrechtsverletzung im Inland nach dessen autonomen Wertungen vorzunehmen und damit den sachrechtlichen Territorialitätsgrundsatz zu operationalisieren. In den grenzüberschreitenden Fällen führt dies aber dazu, dass mehrere Staaten einen Regelungsanspruch erheben können. Dies ist aus völkerrechtlicher Sicht nicht per se illegitim. Wie auch im Kartellrecht kann eine extraterritoriale Anwendung sogar geboten sein, um in grenzüberschreitenden Fällen das Leerlaufen des Schutzes zu verhindern.[1108] Deshalb geht es richtigerweise um die Frage, wie weit Staaten bei der extraterritorialen Anwendung gehen dürfen und sollen. So ist beim Verbot der extraterritorialen Anwendung die Begründung über das Völkerrecht zu relativieren. Es geht nicht darum, ob eine zu weit gehende Anwendung des nationalen Rechts das Völkerrecht verletzt. Vielmehr wird der Gedanke des völkerrechtlichen Rücksichtnahmegebots zum Zwecke der Auslegung des nationalen Immaterialgüterrechts im Sinne einer Selbstbeschränkung herangezogen.[1109] Der Forderung nach Selbstbeschrän-

---

[1100] S. nur *Austin* Columbia-VLA J. L. & the Arts 1, 23 (1999), 22; *Ginsburg* Virginia J. Int'l L. 37 (1997), 587; *Goldstein/Hugenholtz,* International Copyright, 4. Aufl. 2019, § 4.1.1, S. 88 f.

[1101] Grdl. für das US-amerikanische Urheberrecht Subafilms, Ltd. vs. MGM-Pathe Communications Co., 24 F. 3d 1088, 1098 (9th Cir. 1994). Das Gericht lehnte es in der Entscheidung ab, den in den USA ansässigen Vertreiber von Videokassetten, der sich irrtümlich für den Inhaber der Weltrechte hielt und dem weltweiten Vertrieb zugestimmt hatte, insgesamt nach US-Recht zu verurteilen. Das Verbot der extraterritorialen Anwendung wurde bestätigt durch Allarcom Pay Television, Ltd. vs. General Instrument Corp., 69 F. 3d 381 (9th Cir. 1995); zu dieser Rspr. auch *Drexl* FS Nordemann, 2004, 429 (434 f.).

[1102] *Goldstein/Hugenholtz,* International Copyright, 4. Aufl. 2019, § 3.3.3.2, S. 115 f.

[1103] Dazu Cour de cass. GRUR Int 2003, 75 – Sisro (Ablehnung der einheitlichen Anwendung franz. Rechts auf den gleichzeitigen Vertrieb der geschützten Software in mehreren Staaten).

[1104] Besonders anschaulich zu verschiedenen Fällen *Goldstein/Hugenholtz,* International Copyright, 3. Aufl. 2013, § 4.1.2, S. 91 f. Für den letzten der genannten Beispielsfälle beziehen sich *Goldstein/Hugenholtz* ausdrücklich auf die Entscheidung des 9th Cir. in Subafilms, Ltd. vs. MGM-Pathe Communications Co., 24 F. 3d 1088, 1098 (9th Cir. 1994) und ordnen diesen der größeren Fallgruppe der „mitwirkenden Verletzungshandlungen" (contributory infringement cases) zu.

[1105] Zu Recht gehen *Goldstein/Hugenholtz,* International Copyright, 3. Aufl. 2013, § 4.1.2, S. 91, davon aus, dass ein Staat, der die internationalen Erschöpfung anerkannt, nicht gegen das Verbot der extraterritorialen Anwendung verstößt, da es nur um die Festlegung der juristischen Inlandsauswirkungen einer im Ausland vorgenommenen Handlung geht.

[1106] Gegen eine Begründung der Einschränkung des Sachrechts auf völkerrechtlicher Grundlage *Beckstein,* Einschränkungen des Schutzlandprinzips, 2010, 152; s. auch *Dornis,* Trademark and Unfair Competition Conflicts, 2017, 381 ff.

[1107] So auch die Begr. in den USA, s. *Goldstein/Hugenholtz,* International Copyright, 4. Aufl. 2019, § 4.1.1, S. 88 f.

[1108] So auch für das Immaterialgüterrecht *Goldstein/Hugenholtz,* International Copyright, 4. Aufl. 2019, § 4.1.1, S. 88.

[1109] Nach *Dornis,* Trademark and Unfair Competition Conflicts, 2017, 489 ist die Rücksichtnahme auf die Interessen anderer Staaten nicht der einzige Grund für die Beschränkung der Anwendung nationalen Rechts. Es kann auch ein staatliches Eigeninteresse daran bestehen, nämlich im Sinne der Vermeidung einer strenge-

kung scheint auch der BGH in seiner **„Hotel Maritime"**-Entscheidung nachzukommen, wenn er vor einer uferlosen Ausdehnung des Schutzes nach deutschem Markenrecht bei Internetsachverhalten und der wechselseitigen Beanspruchung nationaler Markenrechte bei Kollisionen im Internet warnt.[1110] Der BGH sieht zwar von einer dogmatischen Begründung für diese Selbstbeschränkung ab.[1111] Diese Beschränkung entspricht aber dem Territorialitätsgrundsatz im Immaterialgüterrecht. Dieser Grundsatz begründet nicht nur positiv die Geltung des nationalen Rechts bei inländischen Benutzungshandlungen, sondern grenzt auch negativ die nationale Souveränität bei der Ausgestaltung des Rechtsschutzes im Inland gegen die Geltung ausländischen Rechts ab. Wenn daher im Folgenden vom Verbot der extraterritorialen Anwendung gesprochen wird, geht es um eine **Abwägung des nationalen Regelungsinteresses mit jenem anderer Staaten bei der Lokalisierung der Benutzungshandlung im Inland nach den Regeln des Rechts des Schutzlandes.** Mit anderen Worten kann eine inländische Verletzungshandlung danach nur angenommen werden, wen dem nicht legitime Regelungsinteressen anderer Staaten entgegenstehen. Dieser Sichtweise entspricht auch die Entscheidung des **BGH** in der Rechtssache **„Folgerecht mit Auslandsbezug".**[1112] Neben dem eher formalen Argument, dass die entscheidende Veräußerungshandlung nicht im Gebiet Deutschlands erfolgt ist (→ Rn. 290), verneint der BGH die Anwendbarkeit des deutschen Folgerechts auf eine Versteigerung in Großbritannien auch mit der Zuordnung des Urheberrechts zum „souveränen Wirtschaftsrecht eines Staates". Der durch das nationale Recht gewährte Schutz könne nicht auf die Rechtssphäre anderer Länder ausgedehnt werden.

325 Bei Multistate-Verstößen sind verschiedene Ebenen dieses Rücksichtnahmegebots zu unterscheiden. Auf der **ersten Ebene** geht es um die **Festlegung des Schutzbereichs des nationalen Immaterialgüterrechts mit Wirkung auch für das Ausland,** wobei wiederum Regelungen des Staates der Verletzungshandlung (unten b) und solche des Auswirkungsstaates (→ Rn. 334 ff. unter c) zu unterscheiden sind. Zu fragen ist, ob das Schutzland legitimer Weise dazu berufen erscheint, die Zulässigkeit des Handelns zu regeln. Die Frage führt zur Problematik der **Lokalisierung der Verletzungshandlung** zurück (→ Rn. 289 ff. unter 2.). Zu ermitteln sind Kriterien, nach denen eine inländische Rechtsverletzung angenommen werden darf. Auf der **zweiten Ebene** ist zu klären, ob das Recht, nach dem eine Rechtsverletzung festgestellt wurde, auch über die **Rechtsfolgen mit Wirkung für das Ausland** entscheiden kann (→ Rn. 340 ff. unter d).

326 **b) Grenzen der Annahme einer inländischen Rechtsverletzung beim Handeln im Inland.** Es begegnet im Grundsatz keinen Bedenken, wenn Staaten die Zulässigkeit des Handelns von Personen im Inland regeln, auch wenn dieses Handeln Auswirkungen auf das Ausland hat. Dem entspricht es, wenn in der Praxis der nationalen Gerichte die Verletzung des nationalen Immaterialgüterrechts an die Erfüllung des gesetzlichen Tatbestandes durch eine Handlung im Inland geknüpft wird.

327 Dieser allgemeine Grundsatz erweist sich jedoch in einigen Fallkonstellationen als konkretisierungsbedürftig. Der gesetzliche Tatbestand kann in Einzelfällen in Form einer **mehrgliedrigen Verletzungshandlung** erfüllt werden, wobei die jeweiligen Teilhandlungen in verschiedenen Staaten zu lokalisieren sind. Verlangt man in diesen Fällen, dass alle Teilhandlungen im Schutzstaat vorgenommen werden, läuft man Gefahr, dass immaterialgüterrechtlicher Schutz zur Gänze versagt wird, weil nach keiner Rechtsordnung der Schutzländer eine Lokalisierung der Verletzungshandlung möglich wäre.[1113] Deshalb geht der BGH jedenfalls im Urheberrecht zu Recht davon aus, dass für

---

ren Behandlung eigener Rechtssubjekte. Dies ist in der Tat überzeugend, soweit der Rechtsstreit im Staate des Beklagten geführt und diesem ein Rechtsverstoß nach ausländischem Recht vorgeworfen wird.

1110 BGH GRUR Int 2005, 433 (434) – Hotel Maritime (im Anschluss an das Schrifttum).

1111 Ebenso unklar *Glöckner/Kur* GRUR-Beil. 2014, 29 (34 f.), die sich dennoch für eine Beschränkung der Anwendung des Markenschutzes auf der Ebene der Anwendung des nationalen Rechts aussprechen.

1112 BGHZ 126, 252 (256) = GRUR 1994, 798 – Folgerecht mit Auslandsbezug, im Anschluss an *E. Ulmer,* Immaterialgüterrechte im Internationalen Privatrecht, 1975, S. 11, und in Widerspruch zu *Siehr* IPRax 1992, 219 (220).

1113 Vgl. die Bedenken bei *Goldstein/Hugenholtz,* International Copyright, 4. Aufl. 2019, § 4.3.3.2, S. 117 f., für den Beispielsfall, dass sowohl der Sendestaat als auch der Empfangsstaat ihr Urheberrecht auf Satellitensendungen nur zur Anwendung bringen, wenn der Uplink zum Satelliten und der Empfang im Inland stattfinden. In den USA werden solche Fälle von den Courts of Appeals unterschiedlich behandelt: iSd Erforderlichkeit auch des Empfangs in den USA: Allarcom Pay Television, Ltd. vs. General Instrument Corp., 69 F. 3d 381 (9th Cir. 1995), dagegen National Football League vs. PrimeTime 24 Joint Venture, 211 F. 3d 10, 13 (2nd Cir. 2000). Freilich lässt sich auch eine andere Lesart der zweiten Entscheidung vertreten. Die Satellitensendungen konnten nämlich sowohl in Kanada als auch in den USA empfangen werden, so dass der gesamte Tatbestand der Satellitensendung auch nach der ersten Lesart in den USA erfüllt war. Allerdings ging es im konkreten Fall nur um den Empfang in Kanada, da der US Copyright Act im Interesse der Bewohner abgelegener US-Gebiete Schutz gegenüber der Satellitenzweitverwertung ausschließt; s. dazu *Drexl* FS Nordemann, 2004, 429 (435 f.).

die Anwendung deutschen Rechts die **teilweise Ausführung der tatbestandsmäßigen Verletzungshandlung im Inland genügt** (zu patentrechtlichen Fällen → Rn. 299).[1114]

An erster Stelle ist jedoch die Frage zu klären, **welche Handlungen** überhaupt von der Norm des Rechts des Schutzlandes **tatbestandsmäßig erfasst** werden. Hier können Unsicherheiten im Hinblick auf die Auslegung der jeweiligen Norm auftreten. Für das deutsche Urheberrecht ist jedenfalls anerkannt, dass es für das **Senderecht** (§ 19 UrhG), abgesehen vom Satellitenrundfunk zwischen Staaten der EU und des EWR (→ Rn. 129), nur auf das Aussenden ankommt. Für das **Folgerecht** (§ 26 UrhG) ist auf das aus deutscher Sicht dingliche Übertragungsgeschäft abzustellen (→ Rn. 290). Noch nicht höchstrichterlich entschieden ist die Problematik der Lokalisierung der **öffentlichen Zugänglichmachung** iSd § 19a UrhG. Im Anschluss an die Linie der bisherigen Rspr., vor allem im Bereich des Senderechts, ist hier an die Handlung des behaupteten Rechtsverletzers anzuknüpfen. Zwar setzt § 19a UrhG voraus, dass die rechtsverletzenden Inhalte für Dritte zugänglich sind, die sich unter Umständen im Ausland aufhalten. Jedoch ist der Abruf der Inhalte für die Vollendung des Tatbestandes des § 19a UrhG nicht erforderlich. Da die Vorschriften der §§ 19, 19a UrhG in den europarechtlich harmonisierten Bereich des **Art. 3 InfoSoc-RL** für das **Recht der öffentlichen Wiedergabe** fallen und der EuGH hierfür eine einheitliche autonome Auslegung verfolgt, wären letztlich Fragen nach der Lokalisierung von Nutzungshandlungen für diese Rechte **vom EuGH zu beantworten.** Dies bestätigt die Entscheidung des EuGH in „Football Dataco“,[1115] die gleichwohl die Anwendung der Datenbank-RL betraf (Art. 7 Datenbank-RL; → Rn. 290 mwN). Diese Entscheidung, in der eine Lokalisierung im Abrufstaat vorgenommen wurde, spricht allerdings nicht gegen eine zusätzliche Lokalisierung im Staate der Vornahme der Benutzungshandlung. Der EuGH betonte ausdrücklich, dass diese Lokalisierung „unabhängig von einer möglichen Lokalisierung in dem Mitgliedstaat, in dem sich der Webserver des Handelnden befindet“, vorzunehmen ist.[1116] 328

Klärungsbedürftig ist schließlich die Beurteilung von **Vorbereitungshandlungen** des Rechtsverletzers und die **Haftung mitwirkender Personen.** Zwei Grundkonstellationen sollen die Problematik verdeutlichen: (1.) Der in Staat A niedergelassene Unternehmer U behauptet irrtümlich, ihm stünde auch das Immaterialgüterrecht für Staat B zu. Er lizenziert sein vermeintliches Verwertungsrecht an Unternehmer V, der ohne eigenes Verschulden rechtsverletzende Ware in B in Verkehr bringt. Haftet U nach dem Recht von A oder B? (2.) Content Provider C stellt vom Staat A aus rechtsverletzende Inhalte in das Internet. Dabei bedient er sich des Host Providers H, der vom Staat B aus tätig wird. Nach dem Recht des Staates B würde auch der Host Provider haften, nicht dagegen nach dem Recht von A. Haftet H nach dem Recht von B schon allein auf Grund der Tatsache, dass er in B gehandelt hat?[1117] 329

Goldstein/Hugenholtz sehen nach den von ihnen identifizierten Konstellationen (→ Rn. 323) den **ersten Fall** als solchen einer mehrgliedrigen Verletzungshandlung an. Dennoch befürworten sie die Entscheidung des US Court of Appeals 9th Circuit in „Subafilms“,[1118] wonach die Zustimmung des vermeintlichen, in den USA ansässigen Rechtsinhabers zum Vertrieb im Ausland nicht das US-Urheberrecht verletzt. Dem sollte auch für das deutsche und europäische Recht zugestimmt werden. Tatbestandsmäßig ist allein auf den Akt des Inverkehrbringens abzustellen. Eine Rechtsverletzung kann daher nur nach dem **Recht des jeweiligen Vertriebsstaates** angenommen werden. Dieses Ergebnis ist auch wertungsmäßig richtig. Wegen des Territorialitätsgrundsatzes können die Immaterialgüterrechte in den jeweiligen Staaten, im Urheberrecht auch wegen unterschiedlicher materiellrechtlicher und kollisionsrechtlicher Ansätze, unterschiedlichen Personen zustehen. Würde man anders entscheiden, käme man zu einer Ausdehnung der nationalen Güterzuordnung auf das Gebiet anderer Staaten. Der Beispielsfall macht deutlich, dass **nicht schlechterdings der Handlungsort des Beklagten für die Lokalisierung der Verletzungshandlung entscheidend ist.** Handelt der Beklagte durch einen Dritten, der die eigentliche tatbestandsmäßige Handlung vornimmt, so kommt es nur auf den Ort der Handlung des Dritten an. 330

Dass der **BGH** in einem entsprechenden Fall ebenfalls dieser Auffassung folgen würde, ergibt sich aus seiner Entscheidung in der Rechtssache „Folgerecht mit Auslandsbezug“. Danach soll die Vornahme von bloßen **„Vorbereitungshandlungen“** in Deutschland – im konkreten Fall die Übergabe des Kunstwerks an weitere Personen zur Ermöglichung einer Versteigerung in Großbritan- 331

[1114] BGHZ 126, 252 (258) = GRUR 1994, 798 – Folgerecht mit Auslandsbezug, im Anschluss an *Katzenberger* IPRax 1983, 158, 159 f.; *E. Ulmer,* Urheber- und Verlagsrecht, 3. Aufl. 1980, 547.

[1115] EuGH ECLI:EU:C:2012:642 = GRUR Int 2012, 1113 Rn. 33 ff. – Football Dataco/Sportradar.

[1116] EuGH ECLI:EU:C:2012:642 = GRUR Int 2012, 1113 Rn. 32 – Football Dataco/Sportradar.

[1117] Hier soll noch ausgeblendet werden, dass das Recht von B etwa deshalb anwendbar ist, weil die Inhalte auch von B aus abrufbar sind.

[1118] Subafilms, Ltd. vs. MGM-Pathe Communications Co., 24 F. 3d 1088 (9th Cir. 1994).

nien – nicht für die Anwendung deutschen Urheberrechts genügen.[1119] Dagegen ist die Rechtsprechungsansicht, wonach der **bloße Export in einen Drittstaat** zum Zwecke des dortigen Vertriebs auch eine Verbreitungshandlung in Bezug auf das inländische Recht darstellt (→ Rn. 296), im Lichte dieser Erwägungen **problematisch.** Allenfalls sollte hier wegen Verletzung des ausländischen Verbreitungsrechts gehaftet werden.

332 Entsprechend lassen sich die Fälle der **Haftung des Host Providers in Internet-Fällen** beurteilen (vgl. Beispielsfall 2, → Rn. 329).[1120] Auch hier kommt es für die Lokalisierung der Verletzungshandlung nach dem deutschen § 19a UrhG, der sich mittelbar (dazwischen tritt Art. 3 Abs. 1 InfoSoc-RL, die insoweit die Vorschriften der WIPO-Abkommen in der EU umsetzt) am Wortlaut von Art. 8 WCT und Art. 10 WPPT orientiert, allein auf den Ort des Zugänglichmachens durch den Content Provider an und nicht darauf, wo der Host Provider niedergelassen ist.

333 Ist nach den dargestellten Grundsätzen eine Haftung über die Lokalisierung der tatbestandsmäßigen Handlung nach dem Recht des Schutzlandes festzustellen, **schließt dies Wertungswidersprüche zum Recht anderer Rechtsordnungen nicht aus.** So kann das Immaterialgüterrecht im Ausland einer anderen Person zustehen, oder die ausländische Rechtsordnung erlaubt die Handlung, die nach dem inländischen Recht unzulässig ist. Solche Kollisionen sind auf der Ebene der Rechtsfolgen zu lösen (→ Rn. 340 ff. unter d).

334 **c) Grenzen der Annahme einer inländischen Verletzung nach dem Recht des Staates der bloßen ökonomischen Auswirkung.** Größere Probleme sind zu bewältigen, soweit das Recht eines Schutzlandes auch dann von einer Verletzung des eigenen Immaterialgüterrechts ausgeht, wenn die eigentliche tatbestandsmäßige Verletzungshandlung im Ausland vorgenommen wurde. Eine solche Lokalisierung der Verletzungshandlung lässt sich, wie bereits gesehen, nach der Bogsch-Theorie (→ Rn. 302 ff.) oder dem vom kanadischen Supreme Court anerkannten „real and substantial connection test" (→ Rn. 317) begründen. Im Folgenden sollen die **Kriterien** näher beleuchtet werden, die die **Anwendung eigenen Immaterialgüterrechts** auf Grund ökonomischer Auswirkungen im Inland völkerrechtlich legitim erscheinen lassen, **obwohl es an einer tatbestandsmäßigen Handlung im Inland fehlt.**[1121] Zu denken ist dabei vor allem an **quantitative Kriterien,** da die Auswirkungen auf das Inland mehr oder weniger intensiv sein können. Aus juristischer Sicht wären jedoch **qualitative Erwägungen** vorzuziehen, anhand derer eine Eingrenzung der Zahl anwendbarer Rechte, vor allem in Internet-Fällen, möglich wird.

335 Vorab sind jene unproblematischen **Fälle auszusondern,** in denen der **Beklagte** zwar **im Ausland gehandelt** hat, die **tatbestandliche Handlung aber im Inland erfolgte** (Beispiel: unzulässiges Inverkehrbringen von Ware im Inland mit Zustimmung des nur vermeintlichen Rechteinhabers mit Sitz im Ausland).[1122] Hier ist die Anwendung des Inlandsrechts problemlos möglich. Es widerspricht weder dem immaterialgüterrechtlichen Territorialitätsgrundsatz noch der völkerrechtlich zu wahrenden Souveränität anderer Staaten für deren Staatsgebiet, wenn für die Erfüllung des Tatbestandes der inländischen Rechtsverletzung ausländischen Handlungselementen Relevanz zuerkannt wird. Dass Staaten von der Erschöpfung des Immaterialgüterrechts im Inland durch ein Inverkehrbringen im Ausland (internationale Erschöpfung) ausgehen dürfen, ist unbestritten. Für den umgekehrten Fall der Verwirklichung eines Elements des inländischen Verletzungstatbestandes durch ein Handeln im Ausland hat das Gleiche zu gelten: **Wer vom Ausland aus das unzulässige Inverkehrbringen im Inland veranlasst, verletzt das Immaterialgüterrecht im Inland.** In beiden Konstellationen geht es nur um die Zuordnung von Rechten und Gütern, kurzum die Regelung des Wirtschaftsrechts, im Inland.

336 Ist dagegen eine rein **ausländische Verletzungshandlung** Gegenstand der Beurteilung, ist die Gefahr groß, dass inländische Gerichte eigenes Recht auch bei nur geringen Inlandsauswirkungen zur Anwendung bringen, um die Wertungen des eigenen Gesetzgebers durchzusetzen und den inländischen Rechteinhaber zu schützen.[1123] Ein anschauliches Beispiel für diese Gefahr bietet die Entscheidung „National Inquirer",[1124] in der das US-Distriktgericht für das südliche Florida eine Tatortzuständigkeit (sog. „subject matter jurisdiction") für die Klage gegen den britischen Verleger

---

[1119] So ausdrücklich BGHZ 126, 252 (259) = GRUR Int 1999, 1046 – Folgerecht mit Auslandsbezug.

[1120] Hierzu auch die Entscheidung des kanadischen Supreme Court (→ Rn. 317), der eine Klage gegen die Host-Provider und nicht gegen die Internet-Provider zu Grunde lag.

[1121] Hierzu auch die grundlegende Diskussion zum Auswirkungsprinzip im Bereich des Marken- und Lauterkeitsrechts bei *Dornis,* Trademark and Unfair Competition Conflicts, 2017, 494 ff.

[1122] Ebenso *Goldstein/Hugenholtz,* International Copyright, 4. Aufl. 2019, § 4.3.3.2, S. 116 f., unter Zitat der entsprechenden US-Entscheidung in GB Mktg. USA, Inc. vs. Gerolsteiner Brunnen GmbH & Co., 782 F. Supp. 763, 773 (W. D. N.Y. 1991).

[1123] So auch das Ergebnis der Analyse der US-Rspr. bei *Ginsburg* Private International Law Aspects 39.

[1124] National Inquirer, Inc. vs. News Group News, Ltd., 670 F. Supp. 962, 970 (S. D. Fla. 1987).

einer Zeitschrift mit einer Auflagenzahl von 5 Mio. Exemplaren angenommen hat, obwohl lediglich 85 Exemplare auf den US-Markt gelangt waren. Das Gericht akzeptierte zwar im Grundsatz das Verbot der extraterritorialen Anwendung, sah aber den Vertrieb von nur 0,0017% der Auflage in den USA als nicht trivial an. In den **USA** gehen Gerichte vor allem im Rahmen der sog. **root copy-Doktrin** denkbar weit. So kann etwa der Rechteinhaber auch in den USA nach US-amerikanischem Urheberrecht wegen einer **Vervielfältigungshandlung im Ausland** klagen, wenn die **Vervielfältigung auf der Grundlage einer rechtswidrig in den USA hergestellten Vorlage erfolgte.**[1125] Würde man die beiden Rechtsprechungsansätze für Rechtsverletzungen im Internet übernehmen, wäre der Anwendung von US-Recht Tür und Tor geöffnet.[1126] Da mit der Annahme einer inländischen Rechtsverletzung auch die internationale Zuständigkeit der US-Gerichte begründet ist (subject matter jurisdiction) und gleichzeitig anwendbares US-Recht in verschiedener Hinsicht – zB bei Softwarepatenten und dem Schutz technischer Schutzmaßnahmen bei der digitalen Verwertung von Urheberrechten nach dem Digital Millennium Copyright Act – die Interessen der klagenden Rechteinhaber und Verwerter stärker gewichtet als jene der Nutzer, würde ein Abwandern zumindest der ökonomisch bedeutsamen immaterialgüterrechtlichen Internet-Prozesse in die USA und mittelbar eine **Expansion des US-amerikanischen Immaterialgüterrechts** als Weltrecht im Bereich der Internet-Verwertung geistigen Eigentums drohen.[1127] Die souveräne Entscheidung anderer Staaten, die involvierten Interessen anders zu gewichten, würde faktisch unterlaufen. An dieser US-Rspr. zeigt sich, dass die formale Anerkennung des Verbots der extraterritorialen Anwendung wenig bewirkt, wenn schon geringste Verbindungen zum Inland für ausreichend erachtet werden, um Schutz nach eigenem Recht zu gewähren. Allerdings lassen sich auch andere Entscheidungen aus den USA finden, in denen sich Gerichte sehr viel zurückhaltender gegenüber der Annahme internationaler Zuständigkeit zeigten. So lehnte es das US-Berufsgericht für den 9th Circuit ab, über die Urheberrechtsverletzung eines chinesischen Unternehmens zu entscheiden, das durch die Versendung von E-Mails urheberrechtlich geschützte Logos der Klägerin verletzt haben sollte.[1128] Während die meisten der 343 Mail-Empfänger in Westeuropa ansässig waren, befanden sich nur zehn physisch in Kalifornien, dem Bezirk des erstinstanzlich angerufenen Gerichts. Auch hatte die Beklagte ihr Geschäft bisher nicht auf Kalifornien ausgedehnt. Das Urteil erging in Orientierung an ein Präjudiz des US Supreme Court in einem nicht immaterialgüterrechtlichen Fall, bei dem die Annahme der subject matter jurisdiction von einer wesentlichen Verbindung („substantial connection") zum jeweiligen Bundesstaat abhängig gemacht wurde, in dem das angerufene Gericht seinen Sitz hat.[1129]

Die Grenzen der Anwendbarkeit des Rechts im Auswirkungsstaat wurden rechtswissenschaftlich erstmals für den grenzüberschreitenden **terrestrischen Rundfunk** diskutiert. Da sich der Ausstrahlbereich technisch nie ganz auf das Gebiet einzelner Staaten begrenzen lässt, ein gewisser „overspill" also unvermeidlich ist, soll nur die auf den Empfangsstaat **gezielte Rundfunksendung** auch das Urheberrecht in diesem Staat verletzen. So brachte der österreichische OGH in nachvollziehbarer Weise auf die von knapp jenseits der Grenze zu Italien ausgestrahlten Fernsehsendungen österreichisches Urheberrecht zur Anwendung, obwohl es nach österreichischem Recht – in Übereinstimmung mit dem deutschen Recht – für das Senderecht tatbestandlich auf das Ausstrahlen ankommt.[1130] Andernfalls wäre der in Deutschland ansässige Inhaber der Rechte in Österreich schutzlos geblieben. Mit der gezielten Rundfunksendung brachte der OGH ein qualitatives Kriterium zur Bewältigung der Probleme des grenzüberschreitenden terrestrischen Rundfunks zur Anwendung, das in angemessener Weise zu einer Begrenzung der Anwendung inländischen Rechts führt. Freilich kommt auch dieses Kriterium nicht ohne **quantitative Erwägungen** aus. Der möglichen Einlassung einer beklagten Rundfunkstation, sie habe ihre Sendung nicht auf den Empfangsstaat gezielt ausgerichtet, wird man nicht folgen, wenn wesentliche Teile des inländischen Territoriums abgedeckt sind, technisch eine bessere Abgrenzung des Ausstrahlbereichs ohne weiteres durchführbar wäre und die 337

[1125] Grdl. Sheldon vs. Metro-Goldwyn Pictures, Corp., 106 F. 2d 45 (2nd Cir. 1939) (Bejahung einer Rechtsverletzung in den USA durch den Vertrieb eines rechtswidrig nach der Vorlage eines Bühnenstücks hergestellten Films); s. auch Update Art. Inc. vs. Modiin Publ'g Ltd., 843 F. 2d 67 (2nd Cir. 1988); Famous Music Corp. vs. Seeco Records, Inc., 201 F. Supp. 560 (S. D. N.Y. 1961); dazu *Ginsburg* Private International Law Aspects 37 ff. (unter Bezugnahme auf die Bedeutung dieser Rspr. für das Internet). Vgl. auch die grds. Kritik an der root copy-Rspr. bei *Austin* Columbia-VLA J. L. & Arts 23 (1998), 1.

[1126] S. etwa Playboy Ents. vs. Chuckleberry, 939 F. Supp. 1032 (S. D. N. Y. 1996). In diesem Fall wurde US-Markenrecht zur Beurteilung einer auf einem italienischen Server eingerichteten Website angewendet, nachdem italienische Gerichte eine Verletzung italienischen Markenrechts verneint hatten; krit. hierzu *Ginsburg* Private International Law Aspects 39.

[1127] So schon die Warnung bei *Drexl* FS Nordemann, 2004, 429 (437).

[1128] Axiom Foods, Inc. v. Acerchem International, Inc., 874 F.3d 1064 (9th Cir. 2017) = GRUR Int 2018, 393.

[1129] Walden v. Fiore, 134 S. Ct. 1115 (2014).

[1130] OGH GRUR Int 1991, 920 (923) – Tele Uno II.

gesendeten Programme, etwa wegen der verwendeten Sprache, auch das Publikum des Empfangsstaates ansprechen.[1131] Erforderlich ist also stets eine **Gesamtbeurteilung der Umstände des Einzelfalles.**

338 Im Bereich des **Satellitenrundfunks** ergeben sich im Vergleich zu diesen Regeln beim terrestrischen Rundfunk keine Besonderheiten. Die Vorteile der Satellitenübertragung liegen zwar gerade darin, Gebiete mehrerer Staaten abdecken zu können. Damit wird regelmäßig auch das Publikum anderer Staaten angesprochen. Welche Empfangsstaaten im Einzelnen aber berechtigterweise ihr Recht zur Anwendung bringen können, bleibt nach den obigen Grundsätzen (→ Rn. 337) zu beurteilen.

339 Komplizierter liegen die Dinge im Bereich von **Verletzungen im Internet.** Wird beispielsweise in Deutschland als dem Wohnsitzstaat des vermeintlichen Rechtsverletzers geklagt (Art. 4 Abs. 1 Brüssel Ia-VO), ist das angerufene Gericht nach den dargestellten Grundsätzen (insoweit vgl. auch → Rn. 300 ff.) gehalten, den Fall nach den unter Umständen sehr unterschiedlichen Regeln einer kaum mehr überschaubaren Anzahl von Schutzländern zu prüfen. Solange man auch im Internet am Territorialitätsgrundsatz und der Schutzlandanknüpfung festhält, wofür weiterhin gute Gründe sprechen (→ Rn. 310 ff.), kommt es besonders darauf an, wenigstens die **Zahl einschlägiger Rechtsordnungen zu begrenzen.**[1132] Als Einstieg in die Fallprüfung in der Beratungspraxis und vor Gericht sollte, wie auch in anderen Fällen, zuerst ermittelt werden, für welche Schutzländer dem Mandanten bzw. dem Kläger die verletzten Rechte zustehen (→ Rn. 12). Für diese Länder ist nach den allgemeinen Grundsätzen zu klären, ob die eingestellten **Inhalte überhaupt das inländische Publikum ansprechen sollen.** Abzustellen ist auch hier auf die **Gesamtumstände des Einzelfalles.**[1133] Verwendet der Content Provider eine im Ausland kaum gesprochene Sprache, zielen die Inhalte auch nur auf das Publikum der Staaten, in denen diese Sprache Landessprache ist. Verwendet umgekehrt ein dänisches Hotel die deutsche Sprache für seinen Internet-Auftritt, richtet sich die Verwertungshandlung auch auf deutsches Staatsgebiet.[1134] Geht es um den Vertrieb von Waren auf physischem Wege (Beispiel: Internet-Vertrieb von Büchern), gelingt eine Begrenzung auf die Rechtsordnungen derjenigen Länder, in die der Betreiber der Website zu liefern bereit ist. Nach Auffassung des **BGH** in „Hotel Maritime" (auch → Rn. 312) **genügt** selbst die **Ausrichtung der Internetseite auf deutsches Publikum nicht für die Verletzung deutschen Markenrechts.**[1135] In quantitativer Hinsicht verlangt der BGH, dass auch ein **hinreichender wirtschaftlich relevanter Inlandsbezug** vorliegt. Hieran fehle es, wenn die Auswirkungen auf die wirtschaftliche Tätigkeit des inländischen Markeninhabers nur geringfügig sind.[1136] Selbst bei Anwendung dieser strengen Grundsätze kann der **Kreis der zu berücksichtigenden Rechtsordnungen** vor allem **sehr groß** sein, wenn **Inhalte zum Download auf der Website des vermeintlichen Verletzers bereitgehalten** werden. Um hier die ökonomischen Interessen im Inland ausreichend zu schützen, hat sich auch der **kanadische Supreme Court** beim digitalen Vertrieb von Musikwerken gegen einen restriktiven Ansatz, der sich an der Absicht zur Bedienung inländischer Nutzer orientiert, entschieden und den sehr viel weiteren „real and substantial connection test" entwickelt (→ Rn. 317). Dies ist schon wegen der quantitativen Erheblichkeit der Internet-Verwertung gegenüber inländischen Nutzern verständlich. Vor allem auch im Fall des **Streaming (Internet-Radio)** führt dies aber zu einer nicht mehr überschaubaren Zahl anwendbarer Rechtsordnungen. Das **OLG München** hat deutsches Urheberrecht gegen die US-amerikanischen Betreiber einer **Internet-Videoplattform** angewendet. Freilich genügte dem Gericht nicht die bloße Abrufbarkeit der Seite. Vielmehr verlangte das Gericht einen „hinreichenden Inlandsbezug", der sich aus der Geltendmachung des Urheberrechts in Bezug auf den deutschsprachigen Film („Werner Eiskalt") ergab.[1137]

1131 S. auch *Katzenberger* GRUR Int 1983, 895 (916), mit ähnlichen Kriterien. Der OGH GRUR Int 1991, 920 (922) – Tele Uno II, musste auf diese Problematik nicht näher eingehen, da im zu entscheidenden Fall jedenfalls eine Sendung über die Grenze nach Österreich „intendiert" war.

1132 Grundsätzlich gegen Versuche der Eingrenzung nach den Kriterien der Ausgerichtetheit der Website sowie der Spürbarkeit und für eine interessengerechte Lokalisierung des Verletzungsortes *Nägele/Jacobs* ZUM 2010, 281 (285). Allerdings sind auch sie auf Kriterien der Interessenabwägung angewiesen, so dass wohl kaum nennenswerte Unterschiede im Vorgehen bestehen dürften.

1133 So zB auch *De Miguel Asensio,* Conflict of Laws and the Internet, 2020, Rn. 4.114.

1134 So im Grundsatz auch BGH GRUR Int 2005, 433 (434) – Hotel Maritime.

1135 In diesem Punkt scheint sich die „Hotel Maritime"-Entscheidung des BGH von der „L'Oréal"-Entscheidung des EuGH (→ Rn. 316) zu unterscheiden. Der EuGH stellte keine zusätzlichen quantitativen Anforderungen. Ob Unterschiede, die die Fallgestaltung betreffen, die Anwendung unterschiedlicher Kriterien ermöglicht, erscheint zweifelhaft. Es erscheint vielmehr geboten, in Fällen wie „Hotel Maritime" dem EuGH die Frage nach der Markenrechtsverletzung im Lichte der Markenrechts-RL vorzulegen.

1136 BGH GRUR Int 2005, 433 (434) – Hotel Maritime.

1137 OLG München ZUM-RR 2012, 88 (91).

Können dagegen Urheberrechte nach einer großen Anzahl von Staaten geltend gemacht werden, wird sich der Kläger in der Praxis überlegen müssen, ob sich die Geltendmachung einer Rechtsverletzung nach allen in Betracht kommenden Rechtsordnungen prozessökonomisch lohnt.

d) Begrenzung der Anwendung der lex loci protectionis auf der Rechtsfolgenseite. 340
Steht fest, dass bei einem Multistate-Verstoß nach den dargestellten Grundsätzen (oben b und c), eine Rechtsverletzung nach dem in Anspruch genommenen Recht des Schutzlandes – oder der Schutzländer – angenommen werden kann, bedeutet dies nicht schlechterdings, dass das jeweilige nationale Recht auf der Rechtsfolgenseite ohne Rücksicht auf die Auswirkungen im jeweiligen anderen Staat angewendet werden darf. Hier ist in doppelter Hinsicht **zu unterscheiden,** einerseits zwischen der Anwendung des Rechts des Staates der tatbestandlichen Verletzungshandlung und des Rechts des Staates der ökonomischen Auswirkung und andererseits zwischen Schadensersatzansprüchen und Unterlassungsansprüchen.

aa) Rechtsfolgen nach dem Recht des Staates der bloßen ökonomischen Auswirkung. 341
Begehrt etwa ein Kläger Schadensersatz nach dem Recht eines Staates im Ausstrahlbereich eines Fernsehsatelliten, der nicht Sendestaat ist, weil ihm nur für diesen Staat die Senderechte zustehen, dann kann er auch nur Ersatz für den Schaden verlangen, der in diesem Staate zu lokalisieren ist. Diese **Begrenzung des Schadensersatzanspruchs auf das jeweilige Territorium** ist die logische Konsequenz der **territorialen Begrenztheit des Schutzrechts,** die **auch auf der Rechtsfolgenseite zu berücksichtigen** ist.[1138] Entsprechend folgt auch die Praxis der jeweiligen nationalen Gerichte, soweit ersichtlich, ganz überwiegend dieser Begrenzung. Wird eine Ware weltweit vertrieben, bezieht sich die Klage aber nur auf das Verbreitungsrecht einzelner Rechtsordnungen, kann nur Schadensersatz in Bezug auf die im jeweiligen Staatsgebiet vertriebenen Vervielfältigungsexemplare verlangt werden.[1139] Diese territoriale Begrenzung des Schadensersatzanspruchs mag dazu führen, dass die Klage nach dem an sich einschlägigen Recht einzelner Staaten prozessökonomisch als wenig sinnvoll erscheint, was umgekehrt die Handhabbarkeit mancher Internet-Prozesse fördern kann.

Schwieriger gestaltet sich die Beurteilung der in der immaterialgüterrechtlichen Praxis besonders 342
bedeutsamen **Unterlassungsbegehren.** Anders als bei Schadensersatzansprüchen kann man hier nämlich nicht schlechterdings die Rechtsfolgen nach dem Recht der verschiedenen Staaten aufspalten. So kann die Einstufung einer Handlung als Rechtsverletzung nach dem Recht nur eines Empfangs- oder Abrufstaates genügen, um die grenzüberschreitende (Satelliten-)Sendung oder das Zugänglichmachen im Internet gänzlich, dh auch mit Wirkung für andere Staaten zu unterbinden. Der Rechtsinhaber erhält einen **Anreiz, sich das Land mit dem schutzstärksten Recht als Schutzland auszusuchen.** Die drastischen Auswirkungen verdeutlicht folgendes Beispiel: das Urteil des kanadischen Supreme Court aus dem Jahre 2017 in „Google v. Equustek Solutions“.[1140] In diesem Urteil bestätigte das Gericht den Erlass eines weltweit wirkenden Unterlassungsanspruch gegen Google, eine Website bei Suchanfragen zu indexieren, auf der Geschäftsgeheimnisse der Klägerin abrufbar waren. Darauf reagierte ein US Bundesgericht mit der Unterlassungsverfügung gegen der Vollstreckung des Urteil in den USA.[1141] Zur Vermeidung von Schutzlücken ist dennoch **im Grundsatz** von der **Begründetheit des Unterlassungsbegehrens nach dem Recht des Staates der bloßen ökonomischen Auswirkung** auszugehen.[1142] **Zu vermeiden** sind **Wertungswidersprüche im Verhältnis zum Recht anderer Staaten.** Wird die Handlung nach dem einschlägigen Recht anderer Staaten nicht als Verletzungshandlung angesehen oder greifen danach besondere Schrankenbestimmungen oder hat der Rechteinhaber im anderen Staat der Verwertung zugestimmt, ist besondere Sorgfalt auf die Prüfung der Frage zu legen, ob ein ausreichendes Interesse des Staates der ökonomischen Auswirkung im Hinblick auf die Durchsetzung des Verbots besteht. Dies setzt voraus, dass die Möglichkeit des Greifens von Ausnahmebestimmungen im Staat der tatbestandlichen Handlung überhaupt zur Kenntnis genommen wird. Schließlich ist auch die **territoriale Begrenzung des Unterlassungsanspruchs nicht generell ausgeschlossen.**[1143] Juristisch gesehen kann der Rechteinhaber wegen des Territorialitäts-

---

1138 Ebenso *Beckstein,* Einschränkungen des Schutzlandprinzips, 2010, 243 f.

1139 Zu dieser Fallkonstellation gehört auch der in → Rn. 336 geschilderte US-Fall National Inquirer, Inc. vs. News Group News, Ltd., 670 F. Supp. 962, 970 (S.D. Fla. 1987). Das Gericht hatte sich lediglich zur Frage der eigenen Zuständigkeit zu äußern.

1140 Google Inc v. Equustek Solutions Inc. (2017) 1 SCR 824.

1141 Google LLC v. Equustek Solutions Inc. (ND Cal., 2.11.2017).

1142 So hat der OGH GRUR Int 1991, 920 (923 f.) – Tele Uno II, dem Unterlassungsbegehren nach dem österreichischen Recht des Empfangsstaates in Bezug auf eine grenzüberschreitende Fernsehsendung ohne weitere Diskussion entsprochen.

1143 So schon im Grundsatz für die territoriale Begrenzung *Beckstein,* Einschränkungen des Schutzlandprinzips, 2010, 272.

grundsatzes ohnehin **nur Unterlassung für das jeweilige Schutzland beanspruchen.** Der Unterlassungstitel ist entsprechend zu formulieren.[1144] So bleibt es der unterlegenen Partei überlassen, durch spezifische Maßnahmen die Reichweite ihres Handelns einzuschränken.[1145] Beim grenzüberschreitenden Rundfunk kann der Ausstrahlbereich durch technische Maßnahmen oft enger gezogen werden. Dem deutschen Programmierer, der, wie im obigen Beispielsfall, fürchtet, durch den Internetvertrieb US-Patente zu verletzen, wäre anzuraten, dem territorial begrenzten Unterlassungsanspruch des US-Patentrechts durch das Abfassen der Website in anderen Sprachen als Englisch zu entsprechen oder durch technische Vorkehrungen das Aufrufen seiner Internetseite von den USA aus zu blockieren.

343 **bb) Rechtsfolgen nach dem Recht des Staates der tatbestandlichen Verletzungshandlung.** Der Territorialitätsgrundsatz spricht für die Geltung identischer Grundsätze, wenn Schadensersatz und Unterlassung nach dem Recht des Staates verlangt werden, in dem die tatbestandliche Verletzungshandlung begangen wurde. Dennoch liegen hier die Dinge etwas **komplexer.**

344 Unproblematisch sind jene Fälle, in denen sich **einzelne Verletzungshandlungen für eine Vielzahl von Staaten isolieren** lassen. Dies gelingt etwa beim gleichzeitigen Vertrieb von Waren in einer Mehrzahl von Staaten auf Grund einer einheitlichen Entscheidung des nur vermeintlichen Rechteinhabers. Das Verbreitungsrecht wird in diesem Fall jeweils gesondert für das einzelne Land verletzt; die einzelne Rechtsverletzung – das individuelle Inverkehrbringen – beschränkt sich auf das jeweilige Territorium. Das einzelne nationale Recht kann hier nur einen Schadensersatz- und Unterlassungsanspruch in Bezug auf den inländischen Vertrieb gewähren. Der Schaden im Ausland ist nach dem inländischen Recht keinesfalls ersatzfähig, weil dieser Schaden nicht durch das inländische Inverkehrbringen verursacht wurde.[1146]

345 Schwierig ist dagegen die Beurteilung von Fällen des **grenzüberschreitenden (Satelliten-)Rundfunks** und der **Internet-Delikte.** Hier wird die relevante tatbestandliche Handlung in Form des Ausstrahlens bzw. des Einstellens ins Internet nur in einem Staate verwirklicht. Die gleichzeitige Bejahung einer Verletzung im Staate der bloßen ökonomischen Auswirkung schließt die Verletzung im Staate der tatbestandlichen Handlung nicht aus (Bogsch-Theorie; → Rn. 302 ff.). **Für** die **umfassende Anwendung des Rechts des Staates der tatbestandsmäßigen Handlung,** mit der Folge, dass danach der gesamte, auch im Ausland anfallende Schaden nach diesem Recht ersatzfähig wäre, spricht, dass **keineswegs gesichert** ist, **dass auch die Länder der ökonomischen Auswirkung ihr jeweiliges Recht zur Anwendung bringen.** So droht ein teilweises Leerlaufen des Schutzes, wenn man die Rechtsfolgen auf das Staatsgebiet der tatbestandsmäßigen Handlung begrenzt. **Umgekehrt** ist aber ohne eine territoriale Begrenzung der Rechtsfolgen eine **doppelte Lizenzpflicht** zulasten des Nutzers, wenn nämlich auch der Staat der bloßen ökonomischen Auswirkungen das Handeln als Verletzung ahndet, **nicht auszuschließen.** So sollte bei der Entscheidung nach dem Recht des Staates der tatbestandlichen Handlung jedenfalls die Beurteilung des Falles nach dem Recht des Staates der bloßen ökonomischen Auswirkung berücksichtigt werden.

346 Über einen **Schadensersatzanspruch** nach deutschem Recht als Recht des Sendestaates hatte der **BGH** in der Rechtssache „Sender Felsberg" zu entscheiden.[1147] Der im Saarland stationierte Sender hatte in der Vergangenheit für seine gezielt nach Frankreich ausgestrahlten Radioprogramme Lizenzgebühren für die Rechte der ausübenden Künstler an die deutsche Verwertungsgesellschaft GVL abgeführt. Als nun auch die französische Verwertungsgesellschaft von der französischen Mutter des Senders eine Vergütung für den Empfang in Frankreich verlangte, stellte der Sender die Zahlungen an die GVL ein. Dies veranlasste nun wiederum die GVL, wegen Verletzung des Senderechts auf Schadensersatz zu klagen. Der BGH hält in seiner Entscheidung zwar das **deutsche Senderecht** für **verletzt,** obwohl deutsches Publikum nicht gezielt angesprochen wurde (→ Rn. 307), wies aber das OLG an, die **in Frankreich anfallenden Vergütungsansprüche anspruchsmindernd zu berücksichtigen.**[1148] Diese Anspruchsminderung kann zwar den Anspruch auf Null reduzieren,

---

[1144] So geschehen in LG Hamburg BeckRS 2009, 60408; zust. jurisPK-BGB/*Heinze* Rn. 33.

[1145] *Glöckner/Kur* GRUR-Beil. 2014, 29 (36) vertreten, dass in einem entsprechenden markenrechtlichen Fall ein Verstoß schon dann fehlen soll, wenn der Verpflichtete im Rahmen des Zumutbaren die Erzeugung kommerzieller Wirkungen in dem Staate vermeidet, für den der Unterlassungstitel erteilt wurde.

[1146] Vgl. Cour de cass. GRUR Int 2003, 75 – Sisro, mAnm *Bouche* GRUR Int 2003,75 (zum zeitgleichen rechtsverletzenden Vertrieb von Software in mehreren Staaten der EU). Das Gericht bestätigte die Ausgangsentscheidung der Cour d'appel, jeweils gesondert das Recht der verschiedenen Staaten und nicht einheitlich franz. Recht zur Anwendung zu bringen.

[1147] BGH GRUR Int 2003, 470 – Sender Felsberg.

[1148] BGH GRUR Int 2003, 470 (473). Angedeutet hatte sich diese vorsichtige Haltung bereits in BGHZ 136, 380 (391) – Spielbankaffaire, in der der BGH nur Schadensersatz- und Bereicherungsansprüche nach dem allein geltend gemachten Recht des Sendestaates Luxemburg zu gewähren bereit war und im Hinblick auf die Bemessung des Bereicherungsanspruchs klarstellte, dass der Anspruch nur insoweit gegeben sein könne, wie die Verletzung den Rechtsbestand des Anspruchsberechtigten im Schutzland berühre. Mit diesem Argu-

spricht dem Rechtsinhaber aber nicht grundsätzlich das Recht ab, auch Schadensersatz in Bezug auf das ausländische Publikum zu verlangen. Dabei erkennt der BGH in „Sender Felsberg", dass die Beschränkung des Schadensersatzanspruchs auch im Lichte der **Dienstleistungsfreiheit nach Art. 56 AEUV** geboten ist.[1149] Die doppelte Vergütungspflicht droht nämlich gerade bei der grenzüberschreitenden Verwertung von Immaterialgüterrechten. Freilich ist die Entscheidung nicht dahin zu verstehen, dass der BGH nur im Verhältnis zu EU-Mitgliedstaaten bereit wäre, Zahlungsansprüche nach fremdem Recht anspruchsmindernd zu berücksichtigen. Die Begrenzung des Schadensersatzanspruchs durch die Schadensersatzpflicht im Ausland ist nach den Ausführungen der Entscheidung wohl auch im Verhältnis zu jedem Drittstaat vorzunehmen.

Der BGH sah in „Sender Felsberg" auf Grund der von ihm verfolgten Lösung keinen Anlass, den EuGH anzurufen. Anders verhielt sich die französische **Cour de cassation,** zu der der Fall ebenfalls gelangt war. Die franz. Richter legten in der Rechtssache **„Lagardère"** dem **EuGH** die Frage vor, ob denn die französische Mutter die von der deutschen Tochter gezahlten Lizenzgebühren von den Lizenzgebühren abziehen dürfe, die für das französische Territorium zu zahlen sind.[1150] Die Vorlagefrage bezog sich auf die Auslegung von **Art. 8 Abs. 2 RL 2006/115/EG,**[1151] wonach für die öffentliche Wiedergabe eines Tonträgers eine **„einzige angemessene" Vergütung** zu zahlen ist. Der EuGH wählte eine Lösung, die von jener des BGH abweicht. Die Angemessenheit der Vergütung sei nach dem wirtschaftlichen Wert der Nutzung zu ermitteln.[1152] Entsprechend vertritt der EuGH eine Aufteilung der Vergütung entsprechend der Zahl der tatsächlichen und potenziellen Hörer in den verschiedenen Staaten.[1153] Damit ist deutlich zum Ausdruck gebracht, dass auch nach dem Recht des Sendestaates nicht grundsätzlich Schadensersatz für die Gesamtnutzung zugesprochen werden kann, wovon dann lediglich ein Abzug zu tätigen ist, sofern der Nutzer auch im Empfangsstaat zur Kasse gebeten wird. Vielmehr ist der Schadensersatzanspruch auch im Sendestaat entsprechend der dort anzutreffenden Hörerschaft von Hause aus zu begrenzen. **347**

Diese Berechnungsmethode des EuGH bedeutet die **klarere Lösung.** Sie erspart dem einzelstaatlichen Gericht, das über die Verletzung im Staat der tatbestandlichen Handlung zu entscheiden hat, das Abwarten von Verfahren vor ausländischen Gerichten. Freilich **übergeht sie die kollisionsrechtliche Problematik,** dass die Gerichte auch für die Staaten der bloßen ökonomischen Auswirkungen nicht unbedingt eine Verletzung – etwa nach der Bogsch-Theorie – annehmen werden. Dieses Argument greift allerdings nur außerhalb des sachlichen und geographischen Regelungsbereichs des unionsrechtlichen Immaterialgüterrechts. Im „Lagardère"-Verfahren hätte dem EuGH auch die Frage vorgelegt werden können, unter welchen Voraussetzungen bei einer grenzüberschreitenden Sendung das Senderecht nach Art. 8 Abs. 1 RL 2006/115/EG im Empfangsstaat genutzt wird. Wie gesehen (→ Rn. 316) gewährleistet die Rspr. des EuGH faktisch die Anwendung der Bogsch-Theorie über die Auslegung der Schutzbestimmungen des europäischen Immaterialgüterrechts. **348**

Auch bei **Unterlassungsansprüchen** sind Wertungswidersprüche denkbar. Im Grundsatz ist der Staat der tatbestandlichen Handlung jedoch **berechtigt,** einen **Anspruch auf Unterlassung ohne Rücksicht auf die Rechtslage im Ausland zu gewähren.** Dies gilt selbst dann, wenn in dem Staat der ökonomischen Auswirkung die entsprechende Verwertungshandlung als zulässig angesehen wird. Dem Handelnden ist es **zumutbar, sich im Staate seines Handelns über die Rechtslage zu informieren und sich die entsprechenden Rechte zu verschaffen.** **349**

Dass dennoch **im Einzelfall Rücksicht auf die Rechtslage im anderen Staat** genommen werden sollte, zeigt die Entscheidung des US Court of Appeals (2nd Circuit) in **„National Football League".**[1154] Die vom Beklagten von den USA ausgestrahlten und in Kanada von Abonnenten empfangenen Satellitenübertragungen hätten nicht gegen kanadisches Urheberrecht verstoßen.[1155] **350**

---

ment wurde eine Berücksichtigung der Kabelweiterverbreitung in Deutschland abgelehnt, da es sich insoweit allein um eine Verwertungshandlung in Deutschland handelte.

[1149] BGH GRUR Int 2003, 470 (473) – Sender Felsberg.

[1150] EuGH Slg. 2005, I-7199 = GRUR 2006, 50 – Lagardère Active Broadcast; krit. dazu *Metzger* IPRax 2006, 242.

[1151] RL 2006/115/EG vom 12.12.2006 zum Vermietrecht und Verleihrecht sowie zu bestimmten dem Urheberrecht verwandten Schutzrechten im Bereich des geistigen Eigentums (kodifizierte Fassung), ABl. EU 2006 L 376, 28.

[1152] EuGH Slg. 2005, I-7199 Rn. 50 = GRUR 2006, 50 – Lagardère Active Broadcast.

[1153] EuGH Slg. 2005, I-7199 Rn. 51 ff. = GRUR 2006, 50 – Lagardère Active Broadcast.

[1154] National Football League vs. PrimeTime 24 Joint Venture, 211 F. 3d 10 (2nd Cir. 2000) = GRUR Int 2000, 1082 (deutsche Übersetzung); dazu *Drexl* FS Nordemann, 2004, 429 (434 ff.).

[1155] Dies wird in der Entscheidung nicht näher ausgeführt. Der Beklagte hatte wohl die Zulässigkeit der Sendung nach kanadischem Recht vorgetragen, was im Prozess unwidersprochen blieb; vgl. *Patry* GRUR Int 2000, 1083 (1084).

Infolge des Sec. 119 US Copyright Act, der eine gesetzliche Lizenz für die Satellitenzweitauswertung für abgelegene Gebiete in den USA vorsieht, war auch die Sendung im Verhältnis zu US-Abonnenten nicht zu beanstanden. Dennoch gewährte der Court of Appeals den begehrten Unterlassungstitel auf der Grundlage des US Copyright Act (→ Rn. 290). Der US-Gesetzgeber habe nur inländische Zuschauer begünstigen wollen; eine Schrankenbestimmung zu Gunsten ausländischen Publikums gebe es nicht.[1156] Auch greife das vom Beklagten vorgebrachte Verbot der extraterritorialen Anwendung nicht, da mit dem Uplink zum Satelliten die tatbestandliche Handlung im Gebiet der USA vorgenommen worden sei.[1157]

351 Diese Argumentation des Court of Appeals greift freilich zu kurz. Wäre der Empfang der Sendung auf die USA begrenzt gewesen, hätte die Sendung nicht untersagt werden können. Die **Rechtsverletzung ergibt sich also erst aus dem grenzüberschreitenden Charakter der Sendung.** Entsprechend hätte das Gericht auf die vom kanadischen Gesetzgeber getroffenen Wertungen Rücksicht nehmen müssen.[1158] Die Entscheidung in „National Football League" steht für eine **uneingeschränkte Anwendung des US-Rechts** als Recht des Schutzlandes **auch im Hinblick auf die Rechtsfolgen.**[1159] Es ist davon auszugehen, dass das Gericht auch bei Schadensersatzansprüchen grundsätzlich den weltweiten Schaden für ersatzfähig halten würde, auch wenn nach dem Recht des betroffenen anderen Staates keine Rechte verletzt sind. Dies hätte, würde sich diese Rspr. in den USA allgemein durchsetzen,[1160] weit reichende Folgen für den Internet-Bereich. Rechtsinhaber könnten praktisch ohne Beschränkung und Rücksicht auf die Rechtslage in anderen Staaten ihren gesamten Schaden vor US-Gerichten nach US-Recht einklagen, sofern nur die tatbestandliche Handlung in den USA vorgenommen wurde.[1161] Aus deutscher und europäischer Sicht ist dem Urteil des US Court of Appeals (2nd Circuit) in „National Football League" nach den vorangegangenen Ausführungen nicht zu folgen.

352 **4. Aufgabe des Territorialitätsgrundsatzes im Bereich des Internet? a) Ausgangslage nach geltendem Recht.** Die dargestellten Grundsätze der parallelen Anwendung des Rechts am Handlungsort, dh an dem Ort, von dem aus Inhalte in das Internet eingestellt werden, und der Rechte der verschiedenen Abrufstaaten nach den Grundsätzen der Bogsch-Theorie (insbesondere → Rn. 300 ff.) stellen vor allem die Gerichtspraxis vor das **Problem der Berücksichtigung einer großen Zahl unterschiedlichster Rechtsordnungen.** Es verwundert daher nicht, dass nach Auswegen gesucht wird, die über die dargestellten Grundsätze hinausgehen.[1162] Dabei können zwei Lösungsansätze unterschieden werden. Der erste Ansatz besteht in der Formulierung internetspezifischer Anknüpfungsregeln für das Immaterialgüterrecht, die idealiter zur Anwendung nur einer Rechtsordnung führen würden (→ Rn. 353 ff. unten b). Der zweite Ansatz verlässt sich auf Instrumente der Selbstregulierung (unten c). Schließlich gilt es den Vorschlag von *Dinwoodie* zur Kenntnis zu nehmen, wonach Multistate-Verstöße im Internet nach einheitlichen Grundsätzen ohne Rückgriff auf eine Vielzahl anwendbarer nationaler Rechtsordnungen behandelt werden sollten.[1163] *Dinwoodie* fordert die nationalen Gerichte auf, ausgehend von den international anerkannten Regeln des geistigen Eigentums universelle Grundsätze zu entwickeln und diese zur Anwendung zu bringen. Auf eine detaillierte Behandlung dieses Vorschlags soll hier verzichtet werden. Ihm fehlt gegenwärtig wohl jede Aussicht auf Erfolg.[1164] Trotzdem handelt es sich bei diesem Vorschlag um den einzigen,

---

1156 National Football League vs. PrimeTime 24 Joint Venture, 211 F. 3d 10, 13 (2nd Cir. 2000).

1157 S. dagegen *v. Ungern-Sternberg* in Schwarze, Rechtsschutz gegen Urheberrechtsverletzungen und Wettbewerbsverstöße in grenzüberschreitenden Medien, 2000, 109, 119 f., der davon ausgeht, dass die Sendehandlung bei der Übertragung mit Direktsatelliten eigentlich im Weltraum erfolge.

1158 S. die ausf. Kritik bei *Drexl* FS Nordemann, 2004, 429 (436).

1159 Sehr viel zurückhaltender, schon was die Lokalisierung der grenzüberschreitenden Satellitensendung in den USA angeht: Allarcom Pay Television, Ltd. vs. General Instrument Corp., 69 F. 3d 381 (9th Cir. 1995).

1160 Vgl. jedoch die Entscheidung des US Supreme Court in F. Hoffmann-La Roche, Ltd. et al. vs. Empagran S. A. et al., 542 US 155 (2004), in der es das Gericht für die Begründung der Zuständigkeit von US-Gerichten für kartellrechtliche Schadensersatzklagen von ausländischen Verletzten gegen ausländische Beklagte nicht als ausreichend ansah, dass auch nicht verfahrensbeteiligte Personen in den USA durch den Verstoß geschädigt worden sind. Ob der Supreme Court in einem immaterialgüterrechtlichen Fall ähnlich urteilen würde, bleibt abzuwarten.

1161 Näher dazu *Drexl* FS Nordemann, 2004, 429 (437).

1162 S. insbes. die grundlegende Untersuchung von *Dinwoodie* William & Mary L. Rev. 51 (2009–2010), 711, der den Territorialitätsgrundsatz grundsätzlich infrage stellt; s. auch *Beckstein,* Einschränkungen des Schutzlandprinzips, 2010.

1163 So vor allem *Dinwoodie* in Basedow/Drexl/Kur/Metzger, Intellectual Property in the Conflict of Laws, 2005, 195 für das Urheberrecht; *Dinwoodie* Houston L. Rev. 41 (2004), 885 für das Markenrecht.

1164 Das Fehlen jeglicher Erfolgsaussicht räumt *Dinwoodie* in Basedow/Drexl/Kur/Metzger, Intellectual Property in the Conflict of Laws, 2005, 195, 210 auch anstandslos ein.

der mit der Aufhebung der Territorialität im Internet ernst macht und die Universalität in die Rechtsanwendung hinüberträgt.

b) Abfassung internetspezifischer Anknüpfungsregeln. Die Diskussion um die Anerkennung von Anknüpfungsregeln, die vor allem auf die Bedürfnisse der Internet-Verwertung reagieren, wird bereits seit geraumer Zeit im Schrifttum und im Rahmen nationaler und internationaler Gremien geführt. 353

aa) Diskussion möglicher Anknüpfungsregeln zur Festlegung einer einzigen anwendbaren Rechtsordnung. Die Diskussion möglicher internetspezifischer Anknüpfungsregeln kann heute im Schrifttum als sehr weit fortgeschritten angesehen werden.[1165] Die Forderung nach der Anwendung nur einer Rechtsordnung bei Rechtsverletzungen im Internet läuft auf ein Ersetzen des Territorialitätsprinzips durch das **Universalitätsprinzip** hinaus. Dabei wäre der Geltungsbereich des Universalitätsprinzips im Internet erheblich weiter zu ziehen, als dies von den Vertretern der Universalität im Bereich des Urheberrechts gefordert wird. Im Internet wären nicht nur die Fragen bezüglich der Entstehung des Rechts – insbesondere die Frage nach der Person des ersten Rechtsinhabers –, sondern **auch die Ausgestaltung des Rechtsschutzes einschließlich der Folgen der Verletzung nach einer einheitlichen Rechtsordnung zu beurteilen.** Diesem vollständigen Übergang zum Universalitätsprinzip kommt für das Internet besondere Attraktivität zu, hebt doch das Internet die territoriale Begrenzung der Verletzungshandlung gerade auf. Dennoch muss die Entscheidung für die Anwendung einer bestimmten Rechtsordnung auch im Lichte der involvierten Interessen legitimierbar sein. Da das Universalitätsprinzip insbesondere die Anwendung der verschiedenen Rechtsordnungen der Abrufstaaten ausschließen würde, muss jede dem Universalitätsprinzip verpflichtete Kollisionsregel vor allem im Lichte der **Argumente zu Gunsten der Bogsch-Theorie** überprüft werden. Ausschließlich angeknüpft werden könnte an das Recht der **Verletzungshandlung,** des **Serverstandortes,** des **Ursprungslandes** sowie das Recht der **Staatsangehörigkeit** oder des **gewöhnlichen Aufenthalts des Rechteinhabers.** Die nachfolgende Analyse zeigt jedoch, dass **keine dieser Anknüpfungsregeln überzeugen kann.** 354

Die ausschließliche Anknüpfung an das **Recht der Verletzungshandlung,** dh des Ortes der Eingabe der rechtsverletzenden Inhalte in das Internet als dem Ort der öffentlichen Zugänglichmachung (vgl. § 19a UrhG; → Rn. 298), negiert die berechtigten Gründe für die Anwendung des Rechts der Abrufstaaten, wie sie der Bogsch-Theorie zu Grunde liegen. Vor allem im Internet-Bereich ist der Ort der Verletzungshandlung ohne ökonomische Beschränkungen frei wählbar und erlaubt mit der Wahl eines Staates mit niedrigem Schutzniveau die **Umgehung der gesetzlichen Regelung im Staat der Vermarktung.**[1166] 355

Aus identischen Gründen hat auch die Anknüpfung an das **Recht des Serverstandortes** auszuscheiden. Dieser Ort ist erst recht frei wählbar und erlaubt damit nicht nur die Umgehung des Rechts am Ort der Vermarktung, sondern auch am Ort der Verletzungshandlung.[1167] 356

Im Bereich des **Urheberrechts** genießt die ausschließliche Anknüpfung am **Recht des Ursprungslandes** große Attraktivität.[1168] Auch wenn Art. 5 Abs. 4 RBÜ nur den Kreis der nach dem Inländerbehandlungsgrundsatz geschützten Werke bestimmt, findet sich in dieser Vorschrift ein internationaler Konsens für die Definition des Ursprungslandes als mögliches Anknüpfungskriterium für das Kollisionsrecht. Zudem nimmt diese Anknüpfung dem Rechtsverletzer die Möglichkeit, das anwendbare Recht durch die Wahl des Verletzungs- oder des Server-Standortes selbst zu bestimmen. Dennoch sprechen **triftige Gründe gegen** eine umfassende **Anknüpfung an das Recht des Ursprungslandes** für Internet-Fälle. Zum einen trifft diese Anknüpfung auf praktische Schwierigkeiten. Primär wird nach Art. 5 Abs. 4a RBÜ auf den Ort der Erstveröffentlichung abgestellt. Bedient man sich jedoch des Internets als Medium der Erstveröffentlichung,[1169] fällt man zurück auf die Frage, ob die Veröffentlichung allein am Ort der Eingabe erfolgt ist oder überall dort, wo 357

[1165] S. etwa *Beckstein,* Einschränkungen des Schutzlandprinzips, 2010, 305 ff.; *Ginsburg* Private International Law Aspects 36 ff.; *Intveen,* Internationales Urheberrecht und Internet, 1999; *Oppermann,* Das universelle Verständnis im Urheberrecht, 2009; *Regelin,* Kollisionsrecht der Immaterialgüterrechte, 1999; *Reindl* Mich. J. Int'l L. 19 (1998), 799.

[1166] Ähnlich wie hier *Beckstein,* Einschränkungen des Schutzlandprinzips, 2010, 315 ff.

[1167] Wie hier *Beckstein,* Einschränkungen des Schutzlandprinzips, 2010, 317 f.; *Oppermann,* Das universelle Verständnis im Urheberrecht, 2009, 118. Dagegen spricht sich *Ginsburg* Private International Law Aspects 41, für die alleinige Anwendung des Rechts am Serverstandort aus, möchte hiervon aber in den Fällen des forum shopping abweichen.

[1168] Tatsächlich für eine Anknüpfung an das Recht des Ursprungslandes für Urheberrechtsverletzungen im Internet *Bollacher,* Internationales Privatrecht, Urheberrecht und Internet, 2005, 165 ff.; *Intveen,* Internationales Urheberrecht und Internet, 1999, 146 f.

[1169] Zu dieser Praxis schon *Thum* GRUR Int 2001, 9.

die Inhalte abgerufen werden können.[1170] Die besseren Gründe sprechen für die zweite Ansicht, da in allen Abrufstaaten die Öffentlichkeit Zugang zum Werk erlangt. Damit würde in den heute wichtigen Fällen der **Internet-Veröffentlichung** die Anknüpfung an das Recht des Ursprungslandes gerade **nicht auf eine einzelne Rechtsordnung verweisen,** sondern auf alle Urheberrechte weltweit,[1171] was zur absonderlichen Folge hätte, dass für solche Werke in keinem Verbandsland der Mindestschutz der RBÜ gelten würde.[1172] Auch die subsidiäre Anknüpfung an das Recht des Ursprungslandes mit der kürzesten Schutzdauer gemäß Art. 5 Abs. 4a Hs. 2 RBÜ wird in diesen Fällen häufig nicht weiterhelfen. Zudem wäre eine solche Anknüpfung im Hinblick auf das anwendbare Recht auch wenig sinnvoll, da sich dieses Recht nur durch besonders schwachen Schutz auszeichnet. Als letzter Ausweg bliebe die subsidiäre Anknüpfung an das Recht der Staatsangehörigkeit des Urhebers (Art. 5 Abs. 4c RBÜ).[1173] Schließlich spricht aber auch **eine die Interessen wertende Betrachtung** entsprechend den im deutschen IPR dominierenden Kriterien der Rechtsbildung gegen eine Anknüpfung an das Recht des Ursprungslandes. Im Anschluss an die Überlegungen zur Bestimmung des ersten Rechteinhabers (→ Rn. 15 ff.) zeigt sich, dass diese Anknüpfung vor allem den Erstverwertern erlauben würde, das ihnen günstigste Recht nun auch im Hinblick auf den Umfang des Rechtsschutzes und die Rechtsfolgen zu wählen.[1174] Da gerade für den Bereich der Internet-Verwertung die urheberrechtlichen Schranken heute von den nationalen Rechtsordnungen recht unterschiedlich gezogen werden, liefe man **Gefahr, das den Verwertern günstigste Recht unter Vernachlässigung der Nutzer-, aber auch der Urheberinteressen zu bevorzugen.** In einer kollisionsrechtlichen Entscheidung zu Gunsten des Rechts des Ursprungslandes lägen also eine kollisionsrechtliche **Bevorzugung bestimmter Einzelinteressen** und eine **Beschränkung der souveränen Regelung des Wirtschaftsrechts in jenen Staaten, die die notwendige Interessenabwägung anders treffen** wollen. Die Entscheidung für das Recht des Ursprungslandes etabliert also gerade keinen funktionierenden Wettbewerb der Rechtsordnungen. Im Gegenteil würde dieser Wettbewerb verzerrt, indem man nur einer involvierten Gruppe, nämlich den Produzenten, die Entscheidung über das anwendbare Recht überlassen würde. Schließlich lässt sich auch **der RBÜ keine Legitimation zu Gunsten der Anwendung des Rechts des Ursprungslandes entnehmen.** In der RBÜ wird die Anknüpfung an das Recht des Ursprungslandes nur benötigt, um den subjektiven Schutzbereich des Abkommens abzugrenzen. Der Schutz wird sodann nach dem Recht des Schutzlandes und nicht nach dem Recht des Ursprungslandes gewährt. Die umfassende Anknüpfung an das Recht des Ursprungslandes widerspricht damit der konventionsrechtlichen Regelung.[1175] Zudem kommt die Anknüpfung an das Recht des Ursprungslandes **ohnehin nur für das Urheberrecht** in Betracht. Für andere Schutzrechte – etwa das Markenrecht und das Patentrecht – passt das Kriterium der Erstveröffentlichung nicht.

358 Diese Nachteile der Anknüpfung an das Recht des Ursprungslandes lassen sich bei einer **Anknüpfung an das Personalstatut des Rechteinhabers** vermeiden.[1176] Vor allem im Bereich des Urheberrechts würde eine einseitige Bevorzugung der Interessen der Verwerter, die den Ort der Erstveröffentlichung bestimmen können, unterbleiben.[1177] Freilich stößt auch diese Anknüpfung auf

---

[1170] Dass das Zugänglichmachen von Werken im Internet den Begriff des Veröffentlichens iSv Art. 3 Abs. 3 S. 1 RBÜ erfüllt, ist nicht zu bestreiten. Nach dieser Vorschrift ist es erforderlich, dass das Werk der Öffentlichkeit in einer Weise zur Verfügung gestellt wird, „die deren normalen Bedarf befriedigt"; s. *Ginsburg* Private International Law Aspects 6 f.; *Thum* GRUR Int 2001, 9 (10 f.); ebenso – wohl für den Begriff des deutschen Rechts – *Katzenberger* in Lehmann, Internet- und Multimediarecht (Cyberlaw), 1997, 219 (226). Die Schwierigkeiten der Bestimmung des Ursprungslandes im Internet unterstreicht auch *A. Lucas* in AIDE S. 22, 30 f.; *Oppermann,* Das universelle Verständnis im Urheberrecht, 2009, 120; s. auch *Süßenberger/Czychowski* GRUR 2003, 489 ff., die die Frage stellen, ob die Internet-Veröffentlichung nicht stets ein Erscheinen in Deutschland iSv § 121 Abs. 1 UrhG bewirkt, was zu uneingeschränktem Schutz in Deutschland führen würde. Im Ergebnis wird die Frage von den Autoren verneint.

[1171] S. etwa *Intveen,* Internationales Urheberrecht und Internet, 1999, 90.

[1172] Auf diese Rechte kann sich ein Urheber nur außerhalb des Ursprungslandes berufen (Art. 5 Abs. 1 RBÜ). Nach Art. 4 Abs. 3 RBÜ genießen Werke im Ursprungsland lediglich den Schutz des dortigen nationalen Rechts; s. auch *Ginsburg* Private International Law Aspects 7; *Thum* GRUR Int 2001, 9 (11).

[1173] Vgl. gleichwohl die alternativen Überlegungen für die Bestimmung des Ursprungslandes im Rahmen der RBÜ bei *Ginsburg* Private International Law Aspects 8 f.

[1174] Dies übersieht *Intveen,* Internationales Urheberrecht und Internet, 1999, 89, der unterstellt, der „Urheber" könne das Erstveröffentlichungsland bestimmen. Wie hier die Bevorzugung des Rechteinhabers kritisierend *Beckstein,* Einschränkungen des Schutzlandprinzips, 2010, 311.

[1175] Ob eine solche Anknüpfung sogar dem Inländerbehandlungsgrundsatz widerspricht, hängt von der umstrittenen kollisionsrechtlichen Deutung des Inländerbehandlungsgrundsatzes ab (→ Rn. 69 ff.).

[1176] Für eine solche Anknüpfung Wandtke/Bullinger/*v. Welser* UrhG Vor §§ 120 ff. Rn. 11 für die Bestimmung des Rechteinhabers.

[1177] So auch *Beckstein,* Einschränkungen des Schutzlandprinzips, 2010, 324.

unüberwindbare **praktische Schwierigkeiten.** Diese ergeben sich aus dem Umstand, dass schon die Bestimmung der Person des Rechteinhabers vom anwendbaren Recht abhängt. Beurteilt das zuständige Gericht diese Frage nach seinem eigenen Recht (lex fori), gelangt man zwar zur Anwendung nur einer Rechtsordnung im Internet. Da aber die verschiedenen Rechtsordnungen den Urheber vor allem im Bereich angestellter und beauftragter Urheber unterschiedlich bestimmen, würde keine internationale Entscheidungsharmonie hergestellt. Stellt man dagegen für die Bestimmung des Urhebers zum Zwecke der Ermittlung des Personalstatuts einheitlich auf das Recht des Ursprungslandes ab, ergibt sich erneut eine Bevorzugung der Interessen der Produzenten. Schließlich scheitert in den Fällen der **Miturheberschaft** – bei unterschiedlicher Nationalität der einzelnen Miturheber – eine eindeutige Anknüpfung. Noch gewichtiger sind die Argumente im Bereich der eingetragenen Immaterialgüterrechte. Hier können, wie vor allem im **Markenrecht,** Konflikte im Internet vor allem deshalb entstehen, weil kollidierende Marken in unterschiedlichen Staaten verschiedenen Personen zustehen. Ganz allgemein können die Argumente zu Gunsten einer Anknüpfung nach dem Personalstatut des Rechteinhabers die **Notwendigkeit der Anwendung der Bogsch-Theorie** nicht aus dem Weg räumen. Die Anknüpfung an das Personalstatut wäre nichts anderes als eine Notlösung. Auch sie **nimmt keine Rücksicht auf die im Rahmen der Verwertung von Immaterialgütern involvierten Verkehrsinteressen in den Abrufstaaten.**[1178]

Überzeugender als die Anknüpfung am Personalstatut des Rechteinhabers ist – für Zwecke des Urheberrechts – die Anknüpfung an das **Personalstatut des Werkschöpfers.**[1179] Der Werkschöpfer kann unabhängig davon ermittelt werden, welche Person das anwendbare Recht schließlich zum originären Rechteinhaber erklärt. Aber auch diese Anknüpfung versagt im Falle der Schöpfung eines Werks durch mehrere, wenn das Personalstatut der **Mitschöpfer** divergiert. Vor allem kann in vielen Fällen zweifelhaft sein, wer überhaupt Schöpfer ist (sog. verwaiste Werke). In solchen Fällen wäre der Rechtsverkehr angesichts der Rechtsunsicherheit über das anwendbare Recht nicht in der Lage zu erkennen, wie weit der urheberrechtliche Rechtsschutz reicht.[1180] Entsprechend beruht die Anknüpfung des Werkschöpfers an einer einseitigen Bevorzugung der Rechte des Werkschöpfers und **missachtet die im Rahmen der Verwertung von Urheberrechten involvierten Verkehrsinteressen in den Abrufstaaten.** 359

Ein weiterer und origineller Vorschlag stammt von *Beckstein.* Dieser lehnt wie hier alternative Anknüpfungsregeln ab, möchte aber trotzdem die **Schutzlandanknüpfung einschränken.**[1181] Danach bliebe es für die Beurteilung von Bestand und Rechtsinhaberschaft bei der Mosaikbetrachtung. Für die Frage aber, welches Recht über die **Rechtsverletzung** entscheidet und welche Rechtsfolgen sich daraus ergeben, soll eine **Konzentration auf eine Rechtsordnung** möglich sein. Folglich würde für die Hauptfrage der Rechtsverletzung zentral angeknüpft. Für die Vorfragen der Existenz und Berechtigung dagegen würde die Territorialität der Schutzrechte weiterhin zur Kenntnis genommen. Nationale Schutzrechte würden im Ergebnis durch fremdes Recht geschützt. Dogmatisch basiert diese Kombinationslösung in gewisser Weise auf einer Umkehr des Modells des internationalen Schutzes des Urheberrechts auf der Grundlage des Universalitätsprinzips. Während nach letzterem ein einheitlich entstandenes und einer Person zugeordnetes Urheberrecht in den verschiedenen Staaten nach lokalem Recht geschützt wird, geht es *Beckstein* um den Schutz des Bündels nationaler Rechte durch eine Rechtsordnung. Wie auch hier zum Urheberrecht vertreten (→ Rn. 20) sprechen gegen eine kombinierte Anwendung unterschiedlicher Rechtsordnungen keine grundsätzlichen Bedenken. Ein kategorisches Verbot des *dépeçage* gibt es nicht. Entsprechend möchte auch *Beckstein* auf seine Kombinationslösung nur dann verzichten, wenn die Zersplitterung zu widersprüchlichen Anwendungsergebnissen führt.[1182] Ähnlich soll die Kombinationslösung nicht zum Zuge kommen, wenn Staatsinteressen entgegenstehen.[1183] Das Verdienst *Becksteins* liegt darin, aufgezeigt zu haben, dass eine solche Kombinationslösung überhaupt denkbar ist. Die verbleibende Frage geht aber dahin, welche Rechtsordnung zur Anwendung berufen sein soll. Tatsächlich stößt sich der Vorschlag an dem wirtschaftspolitischen Interesse der Staaten, den Rechtsgüterschutz einerseits und die Freiheit zum Zugang zu immateriellen Gütern andererseits für ihr jeweiliges Staatsgebiet 360

[1178] Ebenso gegen die alleinige Anknüpfung an das Personalstatut des Urhebers *Ginsburg* Private International Law Aspects 41 f.

[1179] So insbes. *Oppermann,* Das universelle Verständnis im Urheberrecht, 2009, 119 mit einem Abstellen auf die Staatsangehörigkeit des Werkschöpfers auch in Bezug auf die Rechtsverletzung im Internet und auf der Grundlage eines naturrechtlichen Verständnisses des Urheberrechts.

[1180] IdS Wandtke/*Dietz,* Urheberrecht, 5. Aufl. 2016, Kap. 12 Rn. 46.

[1181] *Beckstein,* Einschränkungen des Schutzlandprinzips, 2010, 291 ff.

[1182] *Beckstein,* Einschränkungen des Schutzlandprinzips, 2010, 298.

[1183] *Beckstein,* Einschränkungen des Schutzlandprinzips, 2010, 301.

zu bestimmen. Beckstein möchte dieses Problem durch eine klassische deliktsrechtliche Anknüpfung lösen, indem er prinzipiell auf das Recht des Tatortes als Ort des ursächlichen Verhaltens abstellt und gleichzeitig dem Verletzten die Wahl des Rechts am Erfolgsort gestattet, soweit dieses Recht für den Anspruchsgegner vorhersehbar war.[1184] Beide Kriterien begünstigen jedoch spezifisch den vermeintlichen Verletzer bzw. den Rechteinhaber, sofern man für den Erfolgsort auf den gewöhnlichen Aufenthalt des Rechteinhabers abstellt.[1185] Am überzeugendsten ist der Vorschlag *Becksteins,* den Parteien jedenfalls die nachträgliche Rechtswahl zu erlauben,[1186] was jedoch Art. 8 Abs. 3 Rom II-VO gerade verbietet (zur Kritik an dieser Regelung → Rn. 284).

361 Im **Ergebnis** gibt es **keine wirkliche Alternative zur Anwendung der nationalen Rechte der unter Umständen zahlreichen Abrufstaaten.** Eine Lösung ist daher über eine **Eingrenzung der anwendbaren Rechtsordnungen** zu suchen.[1187] Wie oben dargestellt (→ Rn. 324) hat diese Eingrenzung bei Internet-Verstößen im Lichte des **Verbots der extraterritorialen Anwendung nationalen Immaterialgüterrechts** zu erfolgen. Bei geltender Rechtslage, die sich national etwa an der Bogsch-Theorie orientiert, bleibt jedoch die Unsicherheit groß, unter welchen Voraussetzungen das Recht eines Abrufstaates angewendet werden kann. Deshalb besteht ein Bedürfnis nach einer genaueren **rechtlichen Regelung.** Diese kann auf nationaler (europäischer) oder internationaler Ebene erfolgen.

362 **bb) Die europäische Rom II-VO und Multistate-Verletzungen im Internet.** Eine Regelung der Multistate-Problematik wäre in der Rom II-VO in Betracht gekommen.[1188] Eine **Regelung** ist jedoch **unterblieben,** ohne dass sich der Gesetzgeber auch nur Gedanken zu dieser Problematik gemacht hätte.[1189] Die Verordnung enthält damit zur wichtigsten Frage der Anwendung des Immaterialgüterrechts im grenzüberschreitenden Bereich selbst für das Verhältnis der EU-Mitgliedstaaten untereinander eine empfindliche Lücke, die angesichts der früh erfolgten Festlegung des Sendelandprinzips in der Satellitenrundfunk-RL (→ Rn. 129) überraschen muss.[1190] Zudem erweist sich als besonderer Nachteil, dass Art. 8 Abs. 1 Rom II-VO als „rigide" Kollisionsnorm ausgestaltet wurde, die gerade eine alternative Beurteilung nach der Rechtsordnung der „engeren Verbindung" entsprechend Art. 4 Abs. 3 Rom II-VO ausschließt.[1191]

363 Nach richtigem Verständnis der Schutzlandanknüpfung in Art. 8 Abs. 1 Rom II-VO kann der Vorschrift deshalb auch nicht durch Auslegung entnommen werden, dass und wie eine Begrenzung der anwendbaren Rechtsordnungen zu erreichen ist. Das Schutzlandprinzip führt eben stets zur Anwendung des in Anspruch genommenen Rechts. Es ist dann eine Frage des jeweils anwendbaren Sachrechts, ob eine Rechtsverletzung im Territorium des Schutzlandes gegeben ist. Anders als bei der Marktortanknüpfung im Lauterkeitsrecht (→ Art. 6 Rn. 201) **verträgt die Schutzlandanknüpfung kein kollisionsrechtliches Spürbarkeitskriterium.**[1192] Entsprechend hat der europäische Gesetzgeber zu Recht von der Normierung eines Spürbarkeitskriteriums in Art. 8 Abs. 1 Rom II-VO abgesehen.[1193]

364 Aus europäischer Sicht stellte sich daher die Aufgabe für den Unionsgesetzgeber, nach dem **Vorbild des Sendelandprinzips für den Satellitenrundfunk** eine **sachrechtliche Lokalisierung im Staate des Uploads** vorzunehmen. Dieser Aufgabe ist er in beschränktem Maße mit der Verabschiedung der Portabilitäts-VO sowie der RL (EU) 2019/789 – nämlich in Bezug auf

---

1184 *Beckstein,* Einschränkungen des Schutzlandprinzips, 2010, 355.

1185 Hält man dagegen den Ort der Beeinträchtigung des Rechtsgutes für relevant, gelangt man wieder zur Mosaikbetrachtung.

1186 *Beckstein,* Einschränkungen des Schutzlandprinzips, 2010, 332 ff. und 355; ähnlich der Vorschlag von *Bariatti* in Bariatti, Litigating Intellectual Property Rights Disputes Cross-borger: EU Regulations, ALI Principles, CLIP Project, 2010, 63, 72 für Multistate-Verletzungen das Verbot der Rechtswahlfreiheit aufzuheben.

1187 So etwa Dreier/Schulze/*Dreier* UrhG Vor § 120 Rn. 42.

1188 Hierzu auch *Pertegás* in Malatesta, The Unification of Choice of Law Rules on Torts and Other Non-Contractual Obligations in Europe, 2006, 221, 242 ff.

1189 Dies kritisiert auch *Frohlich* Berkeley Tech. L.J. 24 (2009), 851 (886).

1190 S. schon die diesbezügliche Kritik bei *Drexl* in Drexl/Kur, Intellectual Property and Private International Law, 2005, 151, 167 ff. mit einem Vorschlag für eine europäische Regelung.

1191 So auch der korrekte Hinweis auf das Fehlen einer „escape clause" bei *Bogdan* FS Siehr, 2000, 375 (384 f.).

1192 Ebenso jurisPK-BGB/*Heinze* Rn. 32; Rauscher/*Unberath/Cziupka/Pabst* Rn. 22; *Sack* WRP 2008, 1405 (1415); Spindler/Schuster/*Bach* Rom II Art. 8 Rn. 2; *Torremans* EU Copyright Law Rn. 24.98; ausf. zum Für und Wider eines kollisionsrechtlichen Spürbarkeitskriteriums für das Immaterialgüterrecht *Beckstein,* Einschränkungen des Schutzlandprinzips, 2010, 177 ff. Dieser möchte ein solches Kriterium gegen den Wortlaut des Art. 8 Abs. 1 Rom II-VO anerkennen; *Beckstein,* Einschränkungen des Schutzlandprinzips, 2010, 199.

1193 Dass die Vorschrift kein Spürbarkeitskriterium enthält, ist wohl allgemeine Ansicht. S. etwa Erman/*Hohloch* EGBGB Anh. Art. 42 (Art. 8 Rom II) Rn. 9; jurisPK-BGB/*Heinze* Rn. 15.

Abonnementverträge für Online-Inhaltedienste sowie die Online-Übertragung bestimmter Rundfunksendungen – nachgekommen (→ Rn. 130 f.).

cc) WIPO-Arbeitsprogramm „Intellectual Property Rights Beyond Territoriality". 365
Eine erste Möglichkeit zur Regelung des anwendbaren Rechts für das Internet-Zeitalter hätte sich bereits im Rahmen des Abschlusses der WIPO-Urheberrechtsverträge – WCT und WPPT (→ Rn. 34) – im Jahre 1996 geboten. Diese Abkommen bleiben aber im Einklang mit dem bisherigen System der Berner Konvention in der **Vorstellung von der Territorialität des Urheberrechts** verhaftet. Die Frage, welche Rechtsordnungen im Einzelnen bei Multistate-Verstößen im Internet zur Anwendung kommen dürfen, wird von den Abkommen nicht geregelt.[1194]

Dennoch erkannte die WIPO das Problem. Im Rahmen ihres Arbeitsprogramms nahm sich 366
die WIPO **Ende der 1990er Jahre** die wissenschaftliche Untersuchung der **Frage** vor, **inwieweit das vom Territorialitätsgrundsatz geprägte Urheberrecht an die Bedürfnisse der globalisierten Werkverwertung im Internet angepasst werden muss.**[1195] In einem ersten Schritt führte dieses Projekt im Jahre 1998 zur Vorlage von zwei Gutachten der Professoren *Jane Ginsburg* (New York) sowie *André Lucas* (Nantes). Diese Gutachten, die sich zu wichtigen Referenzen für spätere wissenschaftliche Arbeiten entwickelt haben, wurden Anfang 2001 im Rahmen des **WIPO Forum on Private International Law and Intellectual Property** diskutiert.[1196] Die bisherigen Arbeiten lassen offen, ob es einmal im Rahmen der WIPO oder im Rahmen des TRIPS-Abkommens zu einer Regelung des anwendbaren Rechts vor allem für die Internet-Verwertung kommen wird. Angesichts des Fehlens wirklich überzeugender Alternativen zum bisherigen Schutzlandkonzept dürfte der Weg dorthin steinig sein.

dd) WIPO Joint Recommendation Concerning Provisions on the Protection of 367
Marks, and Other Industrial Property Rights in Signs, on the Internet. Konkretere Gestalt haben die Arbeiten der WIPO zur Anwendung des Immaterialgüterrechts in Internet-Fällen im Bereich des **Kennzeichenrechts im Allgemeinen** und in Bezug auf das **Markenrecht im Besonderen** angenommen. Während ansonsten im Internationalen Immaterialgüterrecht das Urheberrecht die meisten Probleme bereitet, ist von der faktischen Aufhebung der Territorialität durch das Internet auch das Kennzeichenrecht besonders betroffen. Markenrechte werden nur territorial erteilt und stehen daher in unterschiedlichen Ländern häufig unterschiedlichen Personen zu. Werden Kennzeichen dann im Internet zum Zwecke der Werbung, oder auch als Bestandteil von Internet Domain Names verwendet,[1197] droht die **Kollision nationaler Rechte.** Während der Markeninhaber in Staat A verhindern möchte, dass der Inhaber derselben oder einer verwechslungsfähigen Marke im Staate B auch Verkehrskreise im Staate A anspricht, muss er gleichzeitig fürchten, den eigenen Internet-Auftritt durch den Markeninhaber im Staate B verboten zu bekommen. Erforderlich ist es also, die Reichweite der nationalen Markenrechte im Internet genauer abzugrenzen.

Dieses Ziel verfolgt die **WIPO Joint Recommendation Concerning Provisions on the** 368
Protection of Marks, and Other Industrial Property Rights in Signs, on the Internet aus dem Jahre 2001.[1198] Die Joint Recommendation entwickelt weder ein materielles Markenrecht für das Internet noch spezielle Kollisionsnormen noch versucht sie, das Internet zu re-territorialisieren, indem sie den Nutzern von Kennzeichen im Internet kaum erfüllbare Pflichten nach einer großen Zahl anwendbarer nationaler Rechte auferlegt.[1199] Vielmehr unternimmt sie eine Gratwanderung

---

[1194] Krit. dazu *Sterling* IIC 33 (2002), 270 (279 f.).

[1195] Dazu ausf. *Thum* GRUR Int 2001, 9.

[1196] Beiträge unter https://www.wipo.int/meetings/en/details.jsp?meeting_id=4243 (zuletzt abgerufen am 1.5.2024); zusammenfassend das Background Paper des WIPO-Sekretariats, https://www.wipo.int/edocs/mdocs/mdocs/en/wipo_pil_01/wipo_pil_01_9.pdf (zuletzt abgerufen am 1.5.2024). Dort sind auch Beiträge von Wissenschaftlern zu finden, die spezifisch auf die Probleme des Patentrechts und des Markenrechts eingehen; s. *Blumer,* Patent Law and International Private Law; *Dinwoodie,* Private International Aspects of the Protection of Trademarks; dazu auch die Kommentierung bei *Strömholm* FS Dietz, 2001, 533 (543 ff.); *Thum* GRUR Int 2001, 9.

[1197] S. nur den Fall des OLG Hamburg MMR 2000, 822 – hotel-maritime.dk; dazu *Ohly* in Drexl/Kur, Intellectual Property and Private International Law, 2005, 241, 244.

[1198] Joint Recommendation Concerning Provisions on the Protection of Marks, and Other Industrial Property Rights in Signs, on the Internet (with Explanatory Notes), adopted by the Assembly of the Paris Union for the Protection of Industrial Property and the General Assembly of the World Trade Property Organization (WIPO) on September 24 to October 3, 2001, in Drexl/Kur, Intellectual Property and Private International Law, 2005, 348 ff.; s. dazu *Dornis,* Trademark and Unfair Competition Conflicts, 2017, 225 ff.; *Kur* IIC 33 (2002), 41; *Kur* in Basedow/Drexl/Kur/Metzger, Intellectual Property in the Conflict of Laws, 2005, 175, 177 ff.; *Wichard* in Drexl/Kur, Intellectual Property and Private International Law, 2005, 257.

[1199] *Wichard* in Drexl/Kur, Intellectual Property and Private International Law, 2005, 257, 259.

zwischen der Anerkennung der territorialen Natur von Markenrechten einerseits und der Anerkennung des globalen Charakters des Internets andererseits.[1200]

369 Nach dem zentralen Grundsatz des Art. 2 Joint Recommendation soll eine Benutzung eines Kennzeichenrechts in einem Staat nur unter der Voraussetzung einer **„wirtschaftlichen Auswirkung"** (commercial effect) angenommen werden. Unter **Verzicht auf die Formulierung neuer Kollisionsregeln** versucht die Joint Recommendation eine **Eingrenzung der Annahme einer inländischen Verletzungshandlung nach den Regeln des anwendbaren Sachrechts des Schutzlandes.** Damit befindet sich die WIPO Joint Recommendation im Einklang mit der anerkannten Schutzlandanknüpfung. Der wesentliche Vorteil der Joint Recommendation liegt einmal in der Formulierung eines international anerkannten, wenn auch nicht völkerrechtlich verbindlichen Katalogs von Kriterien (Art. 3 WIPO Joint Recommendation), nach denen sich eine wirtschaftliche Auswirkung in einem bestimmten Staat feststellen lässt. Die Joint Recommendation regelt aber auch die **Ansprüche (remedies),** die sich aus einer Verletzung ergeben können. Diese sind gemäß Art. 13 Abs. 1 WIPO Joint Recommendation **im Verhältnis zu den wirtschaftlichen Auswirkungen** im jeweiligen Staatsgebiet zu bemessen. Auch im Bereich von **Unterlassungsansprüchen** geht die Joint Recommendation einen vorbildlichen Weg, indem sie in Art. 14 WIPO Joint Recommendation die zuständigen Behörden und Gerichte auffordert, sich auf Maßnahmen zu beschränken, die lediglich die wirtschaftlichen Auswirkungen im betreffenden Staatsgebiet beheben sollen. Anzustreben ist die Verhinderung einer Kollision der Kennzeichennutzung im Internet, nicht dagegen die gänzliche Untersagung der Nutzung eines Kennzeichens im Internet mit globaler Wirkung. So fordert Art. 15 Abs. 1 WIPO Joint Recommendation sogar ausdrücklich, auf Anordnungen zu verzichten, die ein faktisches Verbot der Benutzung von Kennzeichen im Internet zur Folge haben könnten.

370 Die Joint Recommendation begründet **keine völkerrechtlichen Verpflichtungen,** sondern ist als Empfehlung der Generalversammlung der Pariser und Berner Union als bloßes soft law konzipiert und auf die **faktische Harmonisierung des materiellen Immaterialgüterrechts** ausgelegt.[1201] Tatsächlich haben die vorgeschlagenen Regelungen den großen Vorteil, ohne weitere nationale Gesetzgebungsakte als Quelle der Inspiration vom nationalen Richter berücksichtigt und in der Praxis umgesetzt zu werden. Dass der **BGH** in **„Hotel Maritime"**[1202] seine Entscheidung ausdrücklich an den Prinzipien der Joint Recommendation orientiert hat (auch → Rn. 312), belegt den Erfolg des Regelungsansatzes.

371 **ee) ALI Principles.** Die Suche nach alternativen Anknüpfungsregeln im Bereich des geistigen Eigentums wird nicht zuletzt von wissenschaftlicher Seite betrieben. Aus historischer Sicht an erster Stelle zu nennen sind die **Intellectual Property Principles Governing Jurisdiction, Choice of Law, and Judgments in Transnational Disputes,** die im Auftrag des **American Law Institute (ALI)** ausgearbeitet und im Jahre 2007 von den Mitgliedern des ALI offiziell angenommen wurden.[1203] Diese sog. **ALI Principles** haben nicht nur das Potenzial, nach dem Vorbild der berühmten Restatements die Rechtspraxis in den USA oder der Schiedsgerichte[1204] zu prägen. Sie könnten auch als Grundlage für eine spätere internationale Vereinbarung in Betracht kommen.

372 Die ALI Principles formulieren Regeln, die für die Anwendung des Immaterialgüterrechts insgesamt konzipiert sind, aber doch auch gerade auf die Probleme des Internets reagieren sollen. Während nach der anerkannten Schutzlandanknüpfung die Beschränkung anwendbarer Rechtsordnungen im Internet auf der Ebene der Anwendung territorial beschränkter Sachnormen des nationalen Immaterialgüterrechts zu erreichen ist, verfolgen die Principles dasselbe Ziel über **Kollisionsregeln, die von der traditionellen Schutzlandanknüpfung abweichen.** Dabei sind die Principles durch das **amerikanische Kollisionsrechtsdenken** geprägt, das dem zuständigen Gericht weit reichenden Abwägungsspielraum bei der Bestimmung des anwendbaren Rechts einräumt.

[1200] *Wichard* in Drexl/Kur, Intellectual Property and Private International Law, 2005, 257, 259.

[1201] Ähnlich *Wichard* in Drexl/Kur, Intellectual Property and Private International Law, 2005, 257, 263.

[1202] BGH GRUR Int 2005, 233 (234) – Hotel Maritime.

[1203] ALI, Intellectual Property: Principles Governing Jurisdiction, Choice of Law, and Judgments in Transnational Disputes, 2007 (nicht online abrufbar); dazu *Dreyfuss/Beckstein* in Leible/Ohly, Intellectual Property and Private International Law, 2009, 15. Ein Vorentwurf ist abgedruckt in *Metzger* in Basedow/Drexl/Kur/Metzger, Intellectual Property in the Conflict of Laws, 2005, 233 ff.; dazu den Kommentar aus kollisionsrechtlicher Sicht: *Kessedjian* in Basedow/Drexl/Kur/Metzger, Intellectual Property in the Conflict of Laws, 2005, 19 ff. Autoren des Entwurfs sind die Professoren *Jane Ginsburg* (Columbia), *Rochelle Dreyfus* (N.Y.U.) und *François Dessemontet* (Lausanne). Zu einem früheren Entwurf vom 17.1.2003 s. *Dreyfuss/Ginsburg* CRi 2003, 33; *Kur* CRi 2003, 65.

[1204] Zur Anwendung der ALI Principles durch Schiedsgerichte *Folkman/Evans* in Halket, Arbitration of International Intellectual Property Disputes, 2012, 389, 403 ff.

Die ALI Principles **unterscheiden zwischen registrierten und anderen Rechten.** Bei Registerrechten soll generell das Recht des gewährenden Staates zur Anwendung kommen (§ 301 (1) (a) ALI Principles). Für andere Rechte entscheiden sich die Principles für das **Schutzlandprinzip.** Die lex loci protectionis soll danach zur Anwendung kommen auf die Entstehung, die Wirksamkeit, die Dauer, den Schutzumfang, die Verletzung sowie die Rechtsfolgen einer Verletzung. Klar sollte sein, dass man das Schutzlandprinzip auch für die registrierten Rechte braucht, denn allein der Umstand, dass der Kläger nicht nur in den USA, sondern auch in Europa Patente erteilt bekommen hat, kann nicht dazu führen, dass ein Richter nun auch die Rechtsverletzung in Europa nach dortigem Recht zu prüfen hat, wenn nur Schutz für die USA begehrt wird. **373**

Die Anwendung des Schutzlandprinzips führt auch nach den ALI Principles in den Fällen der **Multistate-Verstöße** zur Erforderlichkeit der Mosaikbetrachtung. Um hier zu helfen, halten die Principles eine gesonderte Regel für die Fälle des sog. **„ubiquitous infringement"** bereit, bei dem der Richter die Befugnis haben soll („may choose to apply"), von der Mosaikbetrachtung zugunsten der Anwendung einer Rechtsordnung abzuweichen (§ 321 ALI Principles).[1205] Als Beispiel für ein „ubiquitous infringement" nennt die Kommentierung Internet-Sachverhalte. Für die Anknüpfung werden eine Reihe von Kriterien genannt: (a) der Aufenthaltsort der Parteien, (b) der Schwerpunkt des Rechtsverhältnisses zwischen den Parteien, sofern ein solches besteht, (c) das Ausmaß der Betätigung und die **Investitionen der Parteien** sowie (d) der **wichtigste Markt, auf den sich die Tätigkeit der Parteien ausgerichtet** hat.[1206] Während die beiden ersten Kriterien regelmäßig nicht zu einer erfolgreichen Anknüpfung führen werden, sind die beiden letzten problematisch. Sie bevorzugen das Recht **größerer Märkte im Allgemeinen und das auf Investitionsschutz ausgerichtete US-Recht im Besonderen.** So wird auch bei den ALI Principles erkennbar, dass man bei einer Orientierung am Marktrecht Gefahr läuft, das US-Recht extraterritorial anzuwenden, wenn man auf das bedeutendste Marktrecht unter Ausschluss aller übrigen Rechtsordnungen abstellt. Schon aus diesem Grunde verdienen die ALI-Überlegungen **Kritik. Für eine internationale Vereinbarung taugen sie wohl nicht.** **374**

ff) CLIP Principles. Mit der Ausarbeitung von Grundsätzen der IPR und des IZPR im Bereich des Geistigen Eigentums, und damit sehr ähnlich dem ALI-Projekt, beschäftigte sich ein Forschungsprojekt einer europäischen Wissenschaftlergruppe, die als **European Max Planck Group on Conflict of Laws in Intellectual Property (CLIP)** firmierte, auf eine gemeinsame Initiative des MPI für internationales Privatrecht in Hamburg und des heutigen MPI für Innovation und Wettbewerb in München zurückgeht und eine Reihe von Wissenschaftlern aus anderen europäischen Ländern mit einbezog. Die seit 2004 laufenden Arbeiten wurden im Dezember 2011 offiziell abgeschlossen und die sog. **CLIP Principles** online veröffentlicht. Da schon im Sommer 2009 ein Entwurf der Principles for Conflict of Laws in Intellectual Property (CLIP Principles) der Öffentlichkeit zugänglich gemacht worden war,[1207] konnte schon frühzeitig die Diskussion auch von dritter Seite geführt werden.[1208] Anfang 2013 wurden schließlich die CLIP Principles mit umfangreicher Kommentierung auch in Buchform veröffentlicht.[1209] Ähnlich der Funktion der ALI Principles könnten die CLIP Principles von den Rechtsanwendern als Quelle der Inspiration zur Fortentwicklung des Rechts,[1210] als Grundlage für den Gesetzgeber zur Reform des nationalen Kollisionsrechts[1211] sowie als Grundlage für internationale Abkommen verwendet werden. **375**

[1205] Hierzu auch *Beckstein,* Einschränkungen des Schutzlandprinzips, 2010, 339 ff.; *De Miguel Asensio* in Leible/Ohly, Intellectual Property and International Private Law, 2009, 137 Rn. 43; *Dinwoodie/Dreyfuss/Kur* Int'l L. & Politics 42 (2009), 201 (209 ff.); *Frohlich* Berkeley Tech. L.J. 24 (2009), 851 (891 ff.); *Matulionytė* JIPITEC 2 (2011), 26 Rn. 11 ff. Dagegen gegen die Notwendigkeit einer entsprechenden Sonderanknüpfung *Christie* J. Priv. Int'l L 13 (2017), 152 (179 f.).

[1206] Wegen der daraus entstehenden Rechtsunsicherheit krit. *Christie* JPIL 2017 (13), 152 (179); dagegen verhaltend zust. *Garnett* in Austin/Christie/Kenyon/Richardson, Across Intellectual Property: Essays in Honour of Sam Ricketson, 2020, 158 (167).

[1207] Die Texte sowie Stellungnahmen der Gruppe sind abrufbar unter www.ip.mpg.de/fileadmin/ipmpg/content/clip/the_draft-clip-principles-25-03-20117.pdf (zuletzt abgerufen 1.5.2020).

[1208] S. insbes. den umfassenden Vergleich mit den ALI Principles bei *Matulionytė,* Law Applicable to Copyright, 2011, 121 ff.

[1209] European Max Planck Group on CLIP, Conflict of Laws in Intellectual Property – The CLIP Principles and Commentary; s. auch die zusammenfassende Besprechung bei *Kur* GRUR Int 2012, 857.

[1210] Die CLIP Principles haben schon in ihrer vorab veröffentlichten Version Eingang in die Rspr. der nationalen Gerichte gefunden. S. UK Supreme Court GRUR Int 2011, 1098 Rn. 94 – Lucasfilm/Ainsworth. Zur möglichen Anwendung durch Schiedsgerichte s. *Folkman/Evans* in Halket, Arbitration of International Intellectual Property Disputes, 2012, 393, 403 f. und 413 ff.

[1211] An den CLIP Principles inspiriert sich der Vorschlag zum Erlass einer eigenen Rom-Verordnung für das Immaterialgüterrecht bei *Śwerczyński* Zeszyty Naukowe Uniwersytetu Jagiellońskiego Prace z Prawa Własności Intelektualnej 132 (2016), 176 (177).

376 Die CLIP Principles folgen grundsätzlich dem Schutzlandprinzip (Art. 3:101 Principles). Dies gilt auch für Multistate-Verstöße im Internet, so dass eine Mosaikbetrachtung erforderlich wird. Mit einer gesonderten Regelung für **„ubiquitäre Medien"** (ubiquitous media), womit man sich schon terminologisch an den ALI Principles orientiert, wird jedoch eine Vorschrift vorgeschlagen, die es ermöglichen soll, von der Mosaikbetrachtung abzuweichen und einheitlich am Recht des Staates oder der Staaten anzuknüpfen, mit dem oder mit denen die engste Verbindung besteht (Art. 3:603 CLIP Principles).[1212] Mit der Beschränkung auf ubiquitäre Medien gehen die CLIP Principles jedenfalls einen vorsichtigeren Weg als die ALI Principles mit ihren sehr viel offeneren Begriff der „ubiquitären Rechtsverletzung". Von den CLIP Principles vorausgesetzt wird, dass prinzipiell eine Verletzung in allen Staaten vorliegen kann, die von dem Medium erreicht wird (sog. ubiquitous infringement). Der Staat der engsten Verbindung soll nach einem Kriterienkatalog bestimmt werden, nämlich dem gewöhnlichen Aufenthalt des Verletzers, dem Ort, von dem aus der Verletzer hauptsächlich seine Geschäfte tätigt, dem Ort, an dem die wesentlichen Aktivitäten entwickelt wurden, die zur Verletzung geführt haben und schließlich dem Ort, an dem im Verhältnis zur gesamten Verletzung substanzieller Schaden entstanden ist. Am letzten Kriterium sieht man, dass sich auch nach den CLIP Principles eine Orientierung am großen Markt nicht ganz vermeiden lässt. Doch ist es wahrscheinlicher, dass die vorgenannten Kriterien zu einer Anknüpfung führen als nach den ALI Principles. Zu berücksichtigen ist, dass Art. 3:603 CLIP Principles eine echte Kollisionsnorm darstellt, die den zuständigen Richter ermächtigt, von der Anwendung des Rechts des Schutzlandes abzusehen. Diese bedeutet, dass der Anwendung dieser Regel durch Gerichte in der EU eine Reform von Art. 8 Rom II-VO vorausgehen müsste.[1213]

377 Eine vor allem für das Internet relevante Besonderheit der CLIP Principles im Vergleich zu den ALI Principles besteht in Bezug auf die **Haftung von Hilfspersonen und Intermediären.**[1214] Bei diesen führen die Anwendung des Schutzlandprinzips und die Lokalisierung nach dem Bestimmungslandprinzip dazu, dass auch diese Personen nach einer kaum zu kontrollierenden Zahl von Staaten haften müssten. Fast noch schwerer wiegt, dass der Haftende, etwa in der Gestalt eines Internet Service Providers, ja gar keinen Einfluss darauf hat, in welchen Staaten der unmittelbar Handelnde, dem Dienste erbracht werden, Schutzgegenstände nutzen und verletzen wird.[1215] Deshalb sieht Art. 3:604(2) **CLIP Principles** eine Erleichterung vor. Danach soll sich die Haftung von dritten Personen, die Dienstleistungen erbringen und Einrichtungen zur Verfügung stellen, die von einer Mehrzahl von Nutzern für Verletzungshandlungen genutzt werden können, ausschließlich nach dem Recht des Staates richten, in dem der Schwerpunkt der Tätigkeiten dieser dritten Personen zu lokalisieren ist. Allerdings soll nach Art. 3:604(3) CLIP Principles diese Konzentration auf eine Rechtsordnung nur gelten, wenn das anwendbare Recht zumindest eine Haftung für den Fall vorsieht, dass der Dritte trotz tatsächlicher Kenntnis von der Rechtsverletzung oder Offensichtlichkeit der Rechtsverletzung nicht handelt oder der Dritte besondere Anreize für die Verletzung gesetzt hat.[1216] Eine Verfeinerung dieses Ansatzes bringt schließlich der Vorschlag von ***Neumann.***[1217] Danach soll unterschieden werden zwischen **gezielten Unterstützungshandlungen,** für die auch für die Haftung der Intermediäre nach dem Schutzlandprinzip angeknüpft werden soll, und **neutralen Ermöglichungshandlungen.**[1218] Bei letzteren sei der Zusammenhang mit der unmittelbaren Verletzung so gelockert, dass eine eigenständige Anknüpfung angesichts der fehlenden Vorhersehbarkeit des Anknüpfungsergebnisses nach dem Schutzlandprinzip wünschenswert erscheine. Anknüpfen möchte *Neumann* für diesen Fall am deliktischen Handlungsort, da damit die Haftung für den Intermediär vorhersehbar werde und er die Chance erhalte, sein Geschäftsmodell rechtskonform auszugestalten.[1219] Das Problem dieses Vorschlags liegt in der erforderlichen Abgrenzung, was Neumann durchaus einräumt.[1220]

[1212] S. auch *Dinwoodie/Dreyfuss/Kur* Int'l L. & Politics 42 (2009), 201 (209 ff.); *Kur* GRUR Int 2012, 857 (865 f.); *Kur/Ubertazzi* in Bariatti, Litigating Intellectual Property Rights Disputes Cross-borger: EU Regulations, ALI Principles, CLIP Project, 2010, 89, 123 f.; *Matulionytė* JIPITEC 2 (2011), 26 Rn. 11 ff.

[1213] So Magnus/Mankowski/*Metzger* Rom II Art. 8 Rn. 32.

[1214] S. auch *Dinwoodie/Dreyfuss/Kur* Int'l L. & Politics 42 (2009), 201 (216 ff.); *Kur* GRUR Int 2012, 857 (866 f.); *Metzger* JZ 2010, 929 (935).

[1215] So auch *De Miguel Asensio,* Conflict of Laws and the Internet, 2020, Rn. 4.123.

[1216] Entsprechende Vorschläge werden im Schrifttum als Grundlage für eine Reform des Art. 8 Abs. 1 Rom II-VO begrüßt; s. Calliess/*de la Durantaye* Rom II-VO Art. 8 Rn. 31.

[1217] *Neumann,* Die Haftung der Intermediäre im Internationalen Immaterialgüterrecht, 2014.

[1218] *Neumann,* Die Haftung der Intermediäre im Internationalen Immaterialgüterrecht, 2014, 382 ff.

[1219] *Neumann,* Die Haftung der Intermediäre im Internationalen Immaterialgüterrecht, 2014, 413 ff.

[1220] *Neumann,* Die Haftung der Intermediäre im Internationalen Immaterialgüterrecht, 2014, 402 ff.

Überdies gilt hier wie für die CLIP Principles, dass dieser Ansatz in der EU nur durch eine Reform des Art. 8 Abs. 2 Rom II-VO umgesetzt werden kann.

gg) Weitere wissenschaftliche Projekte. Den Ansätzen der ALI Principles sowie der CLIP Principles folgen zwei asiatische Projekte von wissenschaftlicher Seite, die ihrerseits entsprechende Vorschläge unterbreitet haben. Dabei handelt es sich einmal um das **Japanese Transpareny Proposal** vom Oktober 2009[1221] sowie andererseits die **Japanese-Korean Principles** (auch **Waseda Principles**) vom Oktober 2010.[1222] 378

Auch die **Kyoto Guidelines der International Law Association (ILA)** vom Dezember 2020[1223] nehmen diese Debatten zur Kenntnis und sehen in Guideline 26 Abs. 1 eine Regelung vor, die bei **ubiquitären Rechtsverstößen** eine Abweichung von der Mosaikbetrachtung zugunsten der Anwendung des Rechts des Staates oder der Staaten der engsten Verbindung zulässt. Für die Identifizierung dieser Rechtsordnung werden einige Kriterien genannt. Allerdings erlaubt Guideline 26 Abs. 2 jeder Partei den Einwand, dass die Abkehr von einer nationalen Rechtsordnung zu einem für diese Partei nachteiligen Ergebnis führen würde. Damit zeigt sich eine große Zurückhalten der Guidelines gegenüber einer zu leichtfertigen Abkehr von der Mosaikbetrachtung. Nach Guideline 26 Abs. 3 sollen die Regeln über ubiquitäre Rechtsverletzungen mutatis mutandis auch auf **sekundäre und mittelbare Rechtsverletzungen** Anwendung finden. Hier schaffen die Kyoto Guidelines ausreichend Flexibilität für die Anwendung der konkreteren Lösung nach Art. 3:604(2) **CLIP Principles** CLIP Principles (→ Rn. 377). 379

hh) Uniform Domain Name Dispute Resolution Policy (UDRP).[1224] Eine erfolgreiche sektorale Lösung von Internet-Konflikten erreicht das Uniform Domain Name Dispute Resolution Policy (UDRP) für Streitigkeiten in Bezug auf **Internet-Domain-Namen.** Beim UDRP handelt es sich um ein **internationales System der außergerichtlichen Streitbeilegung,** das von der internationalen Vergabestelle von Internet-Domain-Namen, der International Corporation for Assigned Names and Numbers (ICANN) eingerichtet wurde und dem sich jeder Empfänger einer sog. generic top-level domain (gTLDs) – zB: „.com"; „.org"; „.int"; „net", „biz", „info", „mobi" – durch **vertragliche Vereinbarung** unterwirft. Im Übrigen kommt das UDRP auch für sog. country code top-level domains (ccTLDs) zur Anwendung, soweit sich die jeweilige nationale Vergabestelle dem UDRP-System angeschlossen hat.[1225] Als Streitschlichtungsstellen fungieren verschiedene bei ICANN akkreditierte Streitbeilegungszentren, sog. Provider. Der wichtigste Provider ist das **WIPO Arbitration and Meditation Center,**[1226] das seit 1999 mit nahezu über 70.000 solcher Streitigkeiten befasst war (Stand Mai 2024). Das UDRP bietet Schutz gegen die Verwendung von Domain-Namen, die mit **Markenrechten** kollidieren. Voraussetzung ist, dass die Anmeldung und die Benutzung durch den Inhaber des Domain-Namens **bösgläubig** erfolgt (Par. 4 (a) (iii) UDRP). Die Anwendbarkeit des UDRP **schließt eine gerichtliche Durchsetzung der Markenrechte vor einzelstaatlichen Gerichten nicht aus** (Par. 4 (k) UDRP). 380

Trotz des unbestreitbaren Erfolgs bleibt die **Vorbildfunktion des UDRP** für andere Fälle von Internet-Streitigkeiten **beschränkt.** Das UDRP kann nur funktionieren, weil die beschuldigte Streitpartei mit der Registrierung bei ICANN an **national unabhängige Regeln gebunden** werden kann. Außerhalb von Domain-Name-Streitigkeiten stehen sich die Parteien einer immateri- 381

1221 Transparency Proposal on Jurisdiction, Choice of Law, Recognition and Enforcement of Foreign Judgments in Intellectual Property, in Basedow/Keno/Metzger, Intellectual Property in the Global Arena, 2010, Annex III; hierzu *Kojima/Shimanami/Nagata* in Basedow/Kono/Metzger, Intellectual Property in the Global Arena, 2010, 179.

1222 Japanese-Korean Principles of Private International Law on Intellectual Property Rights, Joined Proposal Drafted by the Members by Members of the Private International Association of Korea and Japan (Waseda University COE Project); dazu auch die englischsprachige Kommentierung in Institute of Comparative Law, Waseda University S. 125 ff.; *Kono/Jurčys* in Kono, Intellectual Property and Private International Law, 2012, 1, 31 f.

1223 ILA Committee on Intellectual Property and Private International Law, Guidelines on Intellectual Property and Private International Law („Kyoto Guidelines"), ILA Resolution 6/2020, 13.12.2020, JIPITEC 12 (2021), 86.

1224 S. https://www.icann.org/resources/pages/policy-2024-02-21-en (zuletzt abgerufen am 1.5.2024); aus dem durchaus beachtlichem Schrifttum s. Hoeren/Sieber/Holznagel MultimediaR-HdB/*Bettinger* Teil 6.2; *Maher* IIC 33 (2002), 924.

1225 Betroffen sind solche Länder, für die sich die Einführung eines eigenen Streitbeilegungssystems nicht lohnt. Im Mai 2020 war das Arbitration Center für 75 country domains zuständig. S. die Liste bei https://www.wipo.int/amc/en/domains/cctld/index.html (zuletzt abgerufen am 1.5.2024).

1226 S. https://www.wipo.int/amc/en/domains/index.html (zuletzt abgerufen am 1.5.2024).

algüterrechtlichen Streitigkeit regelmäßig ohne eine entsprechende vertragliche Bindung gegenüber. Der Streit kann hier nur durch die nationalen Gerichte und auf der Grundlage nationalen Immaterialgüterrechts entschieden werden.

Art. 9 Rom II-VO Arbeitskampfmaßnahmen

Unbeschadet des Artikels 4 Absatz 2 ist auf außervertragliche Schuldverhältnisse in Bezug auf die Haftung einer Person in ihrer Eigenschaft als Arbeitnehmer oder Arbeitgeber oder der Organisationen, die deren berufliche Interessen vertreten, für Schäden, die aus bevorstehenden oder durchgeführten Arbeitskampfmaßnahmen entstanden sind, das Recht des Staates anzuwenden, in dem die Arbeitskampfmaßnahme erfolgen soll oder erfolgt ist.

Schrifttum: s. auch Vor Art. 1; älteres Schrifttum s. 6. Aufl. 2015, Art. 9; *Balzan,* Regulations Rome I and Rome II and Maritime Law, 2014; *Basedow,* Rome II at Sea: General Aspects of Maritime Torts, RabelsZ 74 (2010), 118; *Deinert,* Arbeitskampf und anwendbares Recht, ZESAR 2012, 311; *Deinert,* International Labour Law under the Rome Conventions, 2017; *Heinze,* Der international Arbeitskampf, RabelsZ 73 (2009), 770; *Jacobs,* Das Internationale Arbeitskampfrecht des Art. 9 der Rom II-Verordnung, 2017; *Knöfel,* Internationales Arbeitskampfrecht nach der Rom II-Verordnung, EuZA 2008, 228; *Ludewig,* Kollektives Arbeitsrecht auf Schiffen des Internationalen Seeschifffahrtsregisters, 2012; *Morse,* Industrial Action in the Conflict of Laws, FS Pocar, 2009, 723; *Palao Moreno,* The Law Applicable to a Non-Contractual Obligation with Respect to an Industrial Action – A Commentary on Article 9 of the Rome II-Regulation, YbPIL 9 (2007), 115; *Siehr,* The Rome II Regulation and Specific Maritime Torts: Product Liability, Environmental Damage, Industrial Action, RabelsZ 74 (2010), 139; *Zelfel,* Der Internationale Arbeitskampf nach Art. 9 Rom II-Verordnung, 2012.

Übersicht

I. Allgemeines

1 **1. Normzweck und Entstehungsgeschichte.** Die Sonderkollisionsnorm des Art. 9, die das IPR der **Haftung bestimmter Personen für Schäden aus Arbeitskampfmaßnahmen** vereinheitlicht, genießt in ihrem Anwendungsbereich (→ Rn. 14 ff.) den **Vorrang vor Art. 4** (→ Vor Art. 4 Rn. 1). Sie wurde auf Initiative des Europäischen Parlaments erst relativ spät im europäischen Gesetzgebungsverfahren in den Verordnungstext eingefügt[1] (→ Vor Art. 1 Rn. 15). Nach dieser

[1] Ausf. *Knöfel* EuZA 2008, 228 (232 ff.); s. ferner Erman/*Stürner* Rn. 1; *Dutoit* FS Pocar, 2009, 309 (321 f.); *Fallon* in Basedow/Baum/Nishitani, Japanese and European Private International Law in Comparative Perspective, 2008, 261, 274; *v. Hein* VersR 2007, 440 (449); *Heinze* RabelsZ 73 (2009), 770 (777); *Junker* FS Schurig, 2012, 81 (93); *Morse* FS Pocar, 2009, 723; *Palao Moreno* YbPIL 9 (2007), 115 (120); *Ofner* ZfRV 2008, 13 (19); *N. Reich* EuZW 2007, 391 (393).

Vorschrift wird – unbeschadet der Anknüpfung an einen gemeinsamen gewöhnlichen Aufenthalt der Arbeitskampfbeteiligten in demselben Staat (Art. 4 Abs. 2) – grundsätzlich das Recht des Staates angewendet, in dem die Arbeitskampfmaßnahmen ergriffen wurden **(Erwägungsgrund 27).**

Die Amtliche Begründung stellt klar, dass die Sonderkollisionsnorm für Arbeitskampfmaßnahmen „die Bedingungen für die Durchführung solcher Maßnahmen nach nationalem Recht" und „die im Recht der Mitgliedstaaten vorgesehene Rechtsstellung der Gewerkschaften" unberührt lässt **(Erwägungsgrund 28).** Die Kollisionsnorm scheint in der Gerichtspraxis der Mitgliedstaaten keine herausragende Rolle zu spielen. Veröffentlicht ist eine Entscheidung eines schwedischen Gerichts, die teilweise auf Art. 9 gestützt ist, und ein Judikat eines dänischen Gerichts, das die Norm argumentationshalber heranzieht[2] (die Rom II-VO findet keine Anwendung in Dänemark, → Art. 1 Rn. 62). 2

Die Sonderkollisionsnorm des Art. 9 verkehrt den Kerngehalt des Art. 4 Abs. 1 in das Gegenteil:[3] **Art. 4 Abs. 1** beruft das Recht des Staates zur Anwendung, in dem der Schaden eintritt **(Erfolgsort).** Demgegenüber stellt **Art. 9** auf den Arbeitskampfort ab, der nichts anderes ist als ein besonderer **Handlungsort.**[4] Dieser Paradigmenwechsel innerhalb der Rom II-VO entspricht den bisher anerkannten, ungeschriebenen Grundsätzen des Internationalen Arbeitskampfrechts (→ Rn. 12). 3

Der Paradigmenwechsel rechtfertigt sich zum einen durch die Schwierigkeiten, welche die Bestimmung des Erfolgsorts bei Arbeitskämpfen mit Auslandsberührung bereitet.[5] Angesichts der **Globalisierung der Arbeitsbeziehungen** kann Arbeitnehmern bei der Planung eines Streiks oder Arbeitgebern bei der Vorbereitung einer Aussperrung nicht zugemutet werden, die Rechtsordnungen aller Staaten in Betracht zu ziehen, in denen sich die geplanten Arbeitskampfmaßnahmen negativ auf das Vermögen anderer auswirken können[6] (s. auch **Erwägungsgrund 27 S. 2 aE).** 4

Neben dieser traditionellen Begründung, die für die Anknüpfung der Arbeitskampffolgen an den Arbeitskampfort gegeben wird, lässt sich die rechtspolitische Legitimation des Art. 9 auch auf die Erwägung stützen, dass es im Arbeitskampfdeliktsrecht weit mehr auf die **Verhaltenssteuerung** als auf die **Schadensrestitution** ankommt: **Schadensersatzklagen** wegen Arbeitskampfdelikten sind selten.[7] 5

Im Vordergrund der arbeitskampfrechtlichen Forensik steht das **Unterlassungsbegehren,** und zwar regelmäßig im Verfahren des einstweiligen Rechtsschutzes. Das internationale Arbeitskampfdeliktsrecht ist eher Schadensverhütungs- als Schadensvergütungsrecht. Kollisionsrechtspolitisch legt es der – in den Unterlassungsbegehren zum Ausdruck kommende – Gedanke der Verhaltenssteuerung nahe, die eher restitutionsbezogene Anknüpfung an den Erfolgsort durch eine Anknüpfung an den Handlungsort zu ersetzen:[8] „Rechtswidrige Kampfmaßnahmen sollen dort unterbleiben, wo sie real ins Werk gesetzt wurden."[9] 6

2. Systematik und Prüfungsreihenfolge. a) Grundanknüpfung nach Art. 9. Art. 9 verweist auf das Recht des Staates, in dem die Arbeitskampfmaßnahme erfolgen soll oder erfolgt ist. Maßgebend ist folglich der **Arbeitskampfort** als der besondere Handlungsort des Arbeitskampfdelikts (→ Rn. 3). Die Haftung für Schäden aus Arbeitskampfmaßnahmen unterliegt also – in Abwei- 7

---

[2] Nachweise und Erl. bei BeckOGK/*Knöfel* Rn. 26.

[3] BeckOK BGB/*Spickhoff* Rn. 3; HK-BGB/*Dörner* Rn. 1; *Heinze* RabelsZ 73 (2009), 770 (786); *Heiss/Loacker* JBl. 2007, 613 (637); *Ivaldi/Carrea* in Queirolo/Heiderhoff, Party Autonomy in European Private (and) International Law, 2015, 39 (53); *G. Wagner* IPRax 2006, 372 (386); *R. Wagner* IPRax 2008, 314 (317).

[4] BeckOGK/*Knöfel* Rn. 7; *Zelfel,* Der Int. Arbeitskampf nach Art. 9 Rom II-Verordnung, 2012, 80; *Joubert* in Corneloup/Joubert, Le règlement communautaire „Rome II" sur la loi applicable aux obligations non contractuelles, 2008, 55 (78); *Kadner Graziano* Rev. crit. dr. int. pr. 97 (2008), 445 (495); *Knöfel* EuZA 2008, 228 (237).

[5] BeckOGK/*Knöfel* Rn. 9; *v. Hein* VersR 2007, 440 (449 f.) unter Hinweis auf EuGH Slg. 2004, I-1417 = IPRax 2006, 161 m. Aufs. *Franzen* IPRax 2006, 127 – DFDS Torline.

[6] BeckOK BGB/*Spickhoff* Rn. 3; PWW/*Schaub* Rn. 1; *Zelfel,* Der Int. Arbeitskampf nach Art. 9 Rom II-Verordnung, 2012, 85; *G. Wagner* IPRax 2006, 372 (386); *v. Hein* VersR 2007, 440 (450).

[7] Beispiel: BAG JZ 2008, 97 mAnm *Junker* = SAE 2008, 9 m. Aufs. *Konzen* SAE 2008, 1: Rechtmäßigkeit eines Unterstützungsstreiks; s. auch *Spickhoff* RabelsZ 83 (2019), 408 (410).

[8] Grdl. *Knöfel* EuZA 2008, 228 (236) unter Hinweis auf *Mankowski* FS Heldrich, 2005, 867 (885).

[9] *Knöfel* EuZA 2008, 228 (236); s. auch *Brière* Clunet 135 (2008), 31 (49); *Basedow* RabelsZ 74 (2010), 118 (132); *Garcimartín Alférez* ELF 2007, I-77 (88); *Heinze* RabelsZ 73 (2009), 770 (779); *Kadner Graziano* RabelsZ 73 (2009), 1 (59): Schwierigkeiten der Erfolgsortbestimmung; *Morse* FS Pocar, 2009, 723 (728); *Palao Moreno* YbPIL 9 (2007), 115 (124): Vorhersehbarkeit der Anknüpfung; ausf. *Zelfel,* Der Int. Arbeitskampf nach Art. 9 Rom II-Verordnung, 2012, 84 ff.; *Balzan,* Regulations Rome I and Rome II and Maritime Law, 2014.

chung von der Allgemeinen Kollisionsnorm des Art. 4 Abs. 1 – nicht dem Recht des Schadenseintrittsortes, sondern des Kampfhandlungsorts.

8 **b) Auflockerung durch Art. 4 Abs. 2.** Ebenso wie bei Art. 5, aber anders als bei Art. 7 ist bei Art. 9 eine Auflockerung der Tatortregel durch das Recht des gemeinsamen gewöhnlichen Aufenthalts der Deliktsbeteiligten möglich (Art. 9 iVm Art. 4 Abs. 2). Das ist problematisch, weil der Vorbehalt der *lex domicilii communis* zu einer kollisionsrechtlichen Aufspaltung eines einheitlichen Kampfgeschehens führen kann[10] (→ Rn. 40).

9 **c) Keine Ausweichklausel.** Eine Ausweichklausel ist dagegen, anders als bei Art. 5, aber ebenso wie bei Art. 7, nicht vorgesehen. Da es sich um eine bewusste Entscheidung des Verordnungsgebers gegen eine Ausweichklausel handelt,[11] kommt eine analoge Anwendung des Art. 4 Abs. 3 mangels Regelungslücke nicht in Betracht.[12] Damit entfällt auch die akzessorische Anknüpfung an das Statut eines erkämpften oder zu erkämpfenden Tarifvertrags.[13]

10 **d) Rechtswahl nach Art. 14.** Dem klaren Wortlaut des Art. 14 Abs. 1 und einem Umkehrschluss aus Art. 6 Abs. 4, Art. 8 Abs. 3 ist zu entnehmen, dass im Anwendungsbereich des Art. 9 eine Rechtswahl nach Art. 14 nicht ausgeschlossen sein soll. Die Wahl des Arbeitskampfdeliktsstatuts ist daher zulässig:[14] Auch wenn der Normzweck des Art. 9 eher gegen die Zulassung einer Rechtswahl spricht, liegen die Voraussetzungen einer teleologischen Reduktion des Art. 14 nicht vor[15] (→ Art. 14 Rn. 18).

11 **e) Prüfungsreihenfolge.** Ähnlich wie bei Umweltdelikten (→ Art. 7 Rn. 13) sind bei der Anknüpfung einer Haftung für Schäden aus Arbeitskampfmaßnahmen maximal drei Schritte erforderlich: Da Art. 9 die Rechtswahl nach Art. 14 nicht ausschließt, ist zunächst zu untersuchen, ob die Deliktsbeteiligten wirksam das Arbeitskampfdeliktsstatut gewählt haben **(1. Prüfungsschritt).** Liegt keine Rechtswahl vor, so richtet sich gemäß Art. 9 iVm Art. 4 Abs. 2 das Augenmerk auf die Frage, ob die Person oder Organisation, die geschädigt wurde, und die Person oder Organisation, deren Haftung geltend gemacht wird, zum Zeitpunkt des Schadenseintritts ihren gewöhnlichen Aufenthalt in demselben Staat hatten **(2. Prüfungsschritt).** Ist auch das nicht der Fall, wird das Recht des Staates angewendet, in dem die Arbeitskampfmaßnahme erfolgen soll oder erfolgt ist **(3. Prüfungsschritt).**

12 **3. Verhältnis zum deutschen Recht.** Die Maßgeblichkeit des am Ort der Arbeitskampfmaßnahme geltenden Rechts entspricht hergebrachten, zunächst ungeschriebenen Grundsätzen des deutschen IPR,[16] die sich nach der Reform von 1999 nahtlos in **Art. 40 Abs. 1 S. 1 EGBGB** einfügen ließen. Ein Unterschied ergibt sich daraus, dass Art. 9 die in **Art. 40 Abs. 1 S. 2, 3 EGBGB** enthaltene Option des Verletzten für das Recht des Erfolgsortes nicht vorsieht. Die *lex domicilii communis* (Art. 9 iVm Art. 4 Abs. 2) war auch nach **Art. 40 Abs. 2 EGBGB** vorrangig zur Anwendung berufen.

13 Nach der Rom II-VO entfällt im Anwendungsbereich des Art. 9 eine Anknüpfungskorrektur über eine Ausweichklausel, die **Art. 41 EGBGB** ermöglichte (relevant insbesondere für eine akzessorische Anknüpfung an das Statut des erkämpften oder zu erkämpfenden Tarifvertrags, Art. 41

---

10 BeckOK BGB/*Spickhoff* Rn. 3; *Junker* FS Schurig, 2012, 81 (95); ausf. *Zelfel,* Der Int. Arbeitskampf nach Art. 9 Rom II-Verordnung, 2012, 103 ff., 106: „ergibt keinen Sinn".

11 Zur Entstehungsgeschichte des Art. 9 *Knöfel* EuZA 2008, 228 (232 ff.); ausf. *Deinert,* International Labour Law under the Rome Conventions, 2017.

12 BeckOGK/*Knöfel* Rn. 61; ausf. *Jacobs,* Das Int. Arbeitskampfrecht nach Art. 9 der Rom II-Verordnung, 2017, 27 ff., 102 f.; *Heiss/Loacker* JBl. 2007, 613 (637); *Ofner* ZfRV 2008, 13 (19).

13 BeckOGK/*Knöfel* Rn. 62; *Kadner Graziano* Rev. crit. dr. int. pr. 97 (2008), 445 (495).

14 BeckOK BGB/*Spickhoff* Rn. 3; HK-BGB/*Dörner* Rn. 1; PWW/*Schaub* Rn. 4; *Zelfel,* Der Int. Arbeitskampf nach Art. 9 Rom II-Verordnung, 2012, 111; *Deinert* ZESAR 2012, 311 (312); *v. Hein* ZEuP 2009, 6 (23); *Heinze* RabelsZ 73 (2009), 770 (787); *Heiss/Loacker* JBl. 2007, 613 (624); *Morse* FS Pocar, 2009, 723; *Palao Moreno* YbPIL 9 (2007), 115 (121); *Spickhoff* RabelsZ 83 (2019), 408 (409); aA *Ofner* ZfRV 2008, 13 (20); *G. Wagner* IPRax 2008, 1 (10).

15 Zutr. *G. Wagner* IPRax 2008, 1 (10); *Deinert* ZESAR 2012, 311 (312); *Knöfel* EuZA 2008, 228 (246); *Ofner* ZfRV 2008, 13 (19).

16 *Birk* GS Kahn-Freund, 1980, 21 (36 f.); *Birk* IPRax 1987, 14 (16); *Drobnig/Puttfarken,* Arbeitskampf auf Schiffen fremder Flagge, 1989, 63; *Gamillscheg,* Int. Arbeitsrecht, 1959, 366; *Hugendubel,* Arbeitsstatut im Int. Seearbeitsrecht, 1998, 31; *Junker,* Int. Arbeitsrecht im Konzern, 1992, 476 ff.; *Puttfarken,* See-Arbeitsrecht, 1988, 27 f.; aA – Arbeitsvertragsstatut – *Rüthers* ZfA 1972, 403 (410 f.); für eine umfassende Schwerpunktermittlung *Hergenröder,* Arbeitskampf mit Auslandsberührung, 1987, 304 ff.; *Hergenröder* FS Birk, 2008, 197 (210); s. auch *Jacobs,* Das Int. Arbeitskampfrecht des Art. 9 der Rom II-Verordnung, 2017, 9 ff.; *Ludewig,* Kollektives Arbeitsrecht auf Schiffen des Int. Seeschifffahrtsregisters, 2012.

Abs. 2 Nr. 1 EGBGB).[17] Ein Unterschied von geringer praktischer Bedeutung liegt in der – durch **Art. 42 EGBGB** ausgeschlossenen, aber durch Art. 14 Abs. 1 S. 1 lit. b eröffneten – Möglichkeit der vorherigen Rechtswahl (→ Rn. 44).

II. Anwendungsbereich

14 **1. Unerlaubte Handlung.** Wie sich aus der systematischen Stellung der Vorschrift im Kap. II der Rom II-VO ergibt, gilt Art. 9 nur für außervertragliche Schuldverhältnisse **aus unerlaubter Handlung** (zum Begriff der unerlaubten Handlung → Art. 4 Rn. 20 f.). Arbeitskampfbezogene außervertragliche Schuldverhältnisse **aus anderen Rechtsgründen** – dh aus ungerechtfertigter Bereicherung, Geschäftsführung ohne Auftrag (GoA) oder Verschulden bei Vertragsverhandlungen (c.i.c.) – unterliegen den Art. 10–12.[18] **Kondiktionen** (zB die Rückforderung eines Betrags, der an die Transportarbeiter-Gewerkschaft gezahlt wurde, um ein rechtswidrig im Hafen festgehaltenes Schiff freizubekommen)[19] sind, auch wenn sie mit Deliktsansprüchen konkurrieren, nach **Art. 10** anzuknüpfen[20] (→ Art. 10 Rn. 24). **Ansprüche aus GoA** (zB wegen Notstands- und Erhaltungsmaßnahmen Dritter) sind nach **Art. 11** anzuknüpfen, **Ansprüche aus c.i.c.** (Verschulden bei Tarifvertragsverhandlungen) nach **Art. 12.**[21] Ggf. kann über die Ausweichklauseln der Art. 10 Abs. 4, Art. 11 Abs. 4 oder Art. 12 Abs. 2 lit. b ein **Anknüpfungsgleichklang** hergestellt werden.

15 **Vertragliche Schadensersatzansprüche** wegen rechtswidriger Arbeitskampfmaßnahmen, sei es im Verhältnis zwischen Arbeitgeber und Arbeitnehmer wegen der Verletzung des Arbeitsvertrags, sei es im Verhältnis zwischen Arbeitgeber und Gewerkschaft wegen der Verletzung der Friedenspflicht aus einem Tarifvertrag, sind nach den einschlägigen **Vorschriften der Rom I-VO** anzuknüpfen, insbesondere nach Art. 3, 4 und 8 Rom I-VO.[22]

16 Somit besteht, unbeschadet einer dahingehenden **Rechtswahl** nach Art. 3 Rom I-VO und der Anwendung der **Ausweichklausel** der Art. 4 Abs. 3, Art. 8 Abs. 4 Rom I-VO oder der **Auffangklausel** des Art. 4 Abs. 4 Rom I-VO, im Grundsatz **kein Anknüpfungsgleichklang** der vertraglichen mit den konkurrierenden, nach Art. 9 anzuknüpfenden deliktischen Schadensersatzansprüchen aus Arbeitskämpfen. Das ist umso bedauerlicher, als nach manchen Rechtsordnungen[23] arbeitskampfbezogene vertragliche Schutzpflichten dem Umfang nach durch den deliktsrechtlichen Schutz des Arbeitgebers begrenzt sind und Art. 9 die **akzessorische Anknüpfung deliktischer Ansprüche** an das Arbeits- oder Tarifvertragsstatut nicht vorsieht (→ Rn. 9). Helfen kann mangels einer entsprechenden Wahl des Vertragsstatuts vor allem die **akzessorische Anknüpfung vertraglicher Ansprüche** an das Arbeitskampfdeliktsstatut (Art. 4 Abs. 3, 4 und Art. 8 Abs. 4 Rom I-VO).

17 **2. Begriff der Arbeitskampfmaßnahme. a) Methode der Qualifikationsverweisung.** Art. 9 ist nur anwendbar, wenn es um die Haftung für Schäden aus (bevorstehenden oder durchgeführten) Arbeitskampfmaßnahmen geht. Die exakte Definition des Begriffs „Arbeitskampfmaßnahme" unterliegt den innerstaatlichen Vorschriften der einzelnen Mitgliedstaaten. Nur beispielhaft nennt die Rom II-VO Streikaktionen und Aussperrungen **(Erwägungsgrund 27 S. 1).** Der Begriff der Arbeitskampfmaßnahme wird daher nicht einheitlich europäisch ausgelegt, sondern durch Rückgriff auf die nationalen Rechte der Mitgliedstaaten bestimmt[24] (Qualifikationsverweisung). Der Anwendungsbereich des Art. 9 kann also je nach Mitgliedstaat variieren.[25]

---

[17] *Drobnig/Puttfarken,* Arbeitskampf auf Schiffen fremder Flagge, 1989, 41 f., 65 f.; *Franzen* IPRax 2006, 127 (129); s. auch *Zelfel,* Der Int. Arbeitskampf nach Art. 9 Rom II-Verordnung, 2012, 83.

[18] BeckOGK/*Knöfel* Rn. 29; Huber/*Illmer* Rn. 14; *Jacobs,* Das Int. Arbeitskampfrecht des Art. 9 der Rom II-Verordnung, 2017, 34 ff.; *Spickhoff* RabelsZ 83 (2019), 408 (409).

[19] Dimskal Shipping Co. v. ITF [1992] 2 A.C. 152 (H.L.); s. *Gamillscheg* FS Gnade, 1992, 755.

[20] BeckOK BGB/*Spickhoff* Rn. 1; *Zelfel,* Der Int. Arbeitskampf nach Art. 9 Rom II-Verordnung, 2012, 63; *Siehr* RabelsZ 74 (2010), 139 (151 f.); aA *Morse* FS Pocar, 2009, 723 (733).

[21] BeckOGK/*Knöfel* Rn. 29; *Zelfel,* Der Int. Arbeitskampf nach Art. 9 Rom II-Verordnung, 2012, 60; *Palao Moreno* YbPIL 9 (2007), 115 (119); s. zum deutschen Recht *Otto* Arbeitskampfrecht, 2006, § 15 Rn. 4, 23.

[22] BeckOK BGB/*Spickhoff* Rn. 1; PWW/*Schaub* Rn. 1, 2; *Zelfel,* Der Int. Arbeitskampf nach Art. 9 Rom II-Verordnung, 2012, 59; *Brière* Clunet 135 (2008), 31 (49); *Knöfel* EuZA 2008, 228 (240); s. zum deutschen Recht *Otto* Arbeitskampfrecht, 2006, § 15 Rn. 4.

[23] Zum deutschen Recht *Otto* Arbeitskampfrecht, 2006, § 15 Rn. 23.

[24] BeckOK BGB/*Spickhoff* Rn. 1; NK-BGB/*Temming* Rn. 34 f.; Calliess/*Rödl* Rn. 11 ff.; HWK/*Tillmanns* Rom I-VO Art. 8 Rn. 50; jurisPK-BGB/*Heinze* Rn. 5; PWW/*Schaub* Rn. 2; *Zelfel,* Der Int. Arbeitskampf nach Art. 9 Rom II-Verordnung, 2012, 39 ff.; *Dickinson* The Rome II Regulation Rn. 3.11, 9.19; *v. Hein* VersR 2007, 440 (450); *Knöfel* EuZA 2008, 228 (241); *Leible/Lehmann* RIW 2007, 721 (731); *Morse* FS Pocar, 2009, 723 (727); *Palao Moreno* YbPIL 9 (2007), 115 (118 f.).

[25] PWW/*Schaub* Rn. 2; *Jacobs,* Int. Arbeitskampfrecht nach Art. 9 der Rom II-Verordnung, 2017, 72 ff.; *Deinert* ZESAR 2012, 311 (313 f.); *Spickhoff* RabelsZ 83 (2009), 408 (409).

18 Während die Erwägungsgründe sonst (zB beim Begriff des familienähnlichen Verhältnisses, **Erwägungsgrund 10 S. 2**) auf das Recht des Gerichtsstaates verweisen (also eine Qualifikation *lege fori* vorschreiben), verweist **Erwägungsgrund 27 S. 1** hinsichtlich des Begriffs „Arbeitskampfmaßnahme" gerade nicht auf die *lex fori*. Anzuwenden ist daher das Recht des Staates, in dem die Arbeitskampfmaßnahmen ergriffen werden. Maßgebend ist also der Begriff der Arbeitskampfmaßnahmen nach dem Recht des Arbeitskampforts, was auf eine Qualifikation *lege causae* hinausläuft.[26]

19 **b) Europarechtlicher Hintergrund.** Die **rechtspolitische Bewertung** der Qualifikationsverweisung ist uneinheitlich. Manche betonen den Widerspruch zu dem sonst geltenden Grundsatz der autonomen Auslegung des Unionsrechts (zB **Erwägungsgründe 11 S. 2, 30 S. 1**) und halten es für bedauerlich, dass der Anwendungsbereich des Art. 9 von den Gerichten der Mitgliedstaaten unterschiedlich weit gezogen werden kann.[27] Andere halten die **Qualifikationsverweisung** auf nationales Recht angesichts der politisch heiklen Natur des Arbeitskampfbegriffs für nachvollziehbar[28] oder wegen der sachrechtlichen Inhomogenität des Arbeitskampfs in Europa sogar für unverzichtbar.[29]

20 Der in **Erwägungsgrund 27 S. 1** vorgesehenen Qualifikationsverweisung entspricht die **Viking Line-Judikatur des EuGH,** die zwar ein Unionsgrundrecht auf „Durchführung einer kollektiven Maßnahme einschließlich des Streikrechts" anerkennt,[30] wie es seit dem 1.12.2009 auch in **Art. 28 GRCh** vorgesehen ist,[31] aber hinsichtlich des Inhalts dieses Grundrechts – einschließlich der Bestimmung des Kreises der rechtmäßigen „kollektiven Maßnahmen" – auf die nationalen Rechtsordnungen der Mitgliedstaaten verweist.[32] Vor diesem Hintergrund hat es der EuGH zB in der **Laval-Entscheidung** akzeptiert, dass das schwedische Recht eine Baustellenblockade als grundsätzlich zulässige (= rechtmäßige) Arbeitskampfmaßnahme ansieht.[33]

21 **c) Konsequenzen der Qualifikationsverweisung.** Die von **Erwägungsgrund 27 S. 1** vorgeschriebene Methode der Qualifikationsverweisung wirft die Frage auf, wie anzuknüpfen ist, wenn das Recht des Arbeitskampfstaates eine bestimmte Maßnahme (zB eine Aussperrung) von vornherein **nicht als Arbeitskampfmaßnahme anerkennt.** Nimmt man die Methode der Qualifikationsverweisung ernst, so ist diese rechtspolitische Weichenstellung auch im Rahmen des Internationalen Deliktsrechts zu akzeptieren.[34]

22 Hält ein Staat die **Aussperrung** nicht nur für „verboten" oder „rechtswidrig", sondern weigert er sich schon, sie überhaupt als Arbeitskampfmaßnahme zu qualifizieren, so ist die Haftung für Schäden aus einer Aussperrung, die sich in diesem Staat ereignet, nicht nach Art. 9, sondern nach der allgemeinen Kollisionsnorm des Art. 4 anzuknüpfen.[35] Da Art. 4 Abs. 1 an den **Erfolgsort,** Art. 9 dagegen an den **Handlungsort** anknüpft, können bei der Haftung für Schäden aus einer Aussperrung – je nachdem, in welchem Staat sie sich ereignet – diametral entgegengesetzte Anknüpfungen zum Zuge kommen.

23 **d) Materielles deutsches Recht.** Das deutsche materielle Recht verwendet einen weiten Arbeitskampfbegriff, für den weder das Mittel noch das Ziel des Arbeitskampfs eine Rolle spielt, und der die Rechtmäßigkeit oder Rechtswidrigkeit eines Arbeitskampfs nicht vorwegnimmt. Danach

---

[26] Erman/*Stürner* Rn. 3; HK-BGB/*Dörner* Rn. 2; *Dickinson* The Rome II Regulation Rn. 9.19; *Zelfel,* Der Int. Arbeitskampf nach Art. 9 Rom II-Verordnung, 2012, 43 f.; *Heinze* RabelsZ 73 (2009), 770 (782); *Ofner* ZfRV 2008, 13 (19); aA – lex fori – BeckOK BGB/*Spickhoff* Rn. 1; *Knöfel* EuZA 1 (2008), 228 (241).

[27] *Leible/Lehmann* RIW 2007, 721 (731); *Morse* FS Pocar, 2009, 723 (727); *Palao Moreno* YbPIL 9 (2007), 115 (118 f.).

[28] NK-BGB/*Temming* Rn. 33; Erman/*Stürner* Rn. 3; *v. Hein* VersR 2007, 440 (450).

[29] *Knöfel* EuZA 2008, 228 (241); wohl auch *Evju* RIW 2007, 898 (908).

[30] EuGH Slg. 2007, I-10799 = EuZW 2008, 246 Rn. 43 – Viking Line.

[31] *Däubler* AuR 2008, 409 (416); *Junker* SAE 2008, 209 (215 f.); *Rebhahn* ZESAR 2008, 109 (115).

[32] EuGH Slg. 2007, I-10799 = EuZW 2008, 246 Rn. 44 – Viking Line.

[33] EuGH Slg. 2007, I-11767 = NZA 2008, 159 Rn. 91 – Laval; allg. zum Thema „Anknüpfung von Arbeitskampfdelikten und Grundfreiheiten" BeckOGK/*Knöfel* Rn. 40; *Knöfel* EuZA 2008, 228 (248 f.) mwN.

[34] BeckOK BGB/*Spickhoff* Rn. 1; NK-BGB/*Temming* Rn. 35; Calliess/*Rödl* Rn. 14; jurisPK-BGB/*Heinze* Rn. 5; *Dickinson* The Rome II Regulation Rn. 3.11, 9.19; *Knöfel* EuZA 2008, 228 (241).

[35] Ausf. *Jacobs,* Das Int. Arbeitskampfrecht des Art. 9 der Rom II-Verordnung, 2017, 72 ff.; *Zelfel,* Der Int. Arbeitskampf nach Art. 9 Rom II-Verordnung, 2012, 46 ff.; umgekehrt wären Schäden bei den in Deutschland erlaubten Flash Mob-Arbeitskämpfen nach Art. 9 anzuknüpfen; s. zum deutschen Recht BAG NZA 2009, 1347 Rn. 31, 34; *Otto* RdA 2010, 135.

ist ein **Arbeitskampf** die von der Arbeitnehmer- oder der Arbeitgeberseite bewirkte kollektive Druckausübung durch Störung der Arbeitsbeziehungen.[36]

Als **Kampfmittel der Arbeitnehmerseite** werden nach deutschem materiellen Recht nicht nur der Streik, sondern auch die Betriebsblockade, die Betriebsbesetzung und der Boykott des Arbeitgebers angesehen (ohne Präjudiz für die Frage nach der Rechtmäßigkeit oder Rechtswidrigkeit solcher Aktionen). 24

Kampfmittel der Arbeitgeberseite sind neben der Aussperrung und der Betriebsstilllegung auch Sonderzuwendungen an Arbeitnehmer („Streikbruchprämien") sowie Boykottmaßnahmen zB in Form der organisierten Nichteinstellung entlassener Streikteilnehmer[37] (ebenfalls ohne Präjudiz). 25

3. Haftung für Schäden. a) Grundsatz. Art. 9 regelt nicht die Anknüpfung des Arbeitskampfstatuts als solches, sondern lediglich die Anknüpfung bestimmter Kampffolgen, nämlich der Haftung für **Schäden aus Arbeitskampfmaßnahmen:** „Das Arbeitskampfstatut als solches bleibt ungeregelt und unvereinheitlicht. Bedarf man seiner außerhalb des deliktischen Zusammenhangs, so ist es künftig weiterhin nach den etablierten Regeln der autonomen mitgliedstaatlichen Kollisionsrechte zu ermitteln."[38] Dem Art. 9 unterfallen nicht die Delikte, die **„bei Gelegenheit" des Arbeitskampfs** begangen werden.[39] 26

Beispiel:
Während eines Streiks auf der Fähre Sylt-Røm wirft die aufgebrachte Besatzung im Hafen von Havneby (Dänemark) den Kapitän über Bord.[40]

Ganz aus dem Anwendungsbereich der Rom II-VO fallen Ansprüche auf Ersatz von Arbeitskampfschäden, die ein Staat im Rahmen der **Ausübung hoheitlicher Gewalt** (zB aufsichtsrechtliche Unterlassungen beim Fluglotsenstreik)[41] verursacht[42] **(Art. 1 Abs. 1 S. 2 iVm Erwägungsgrund 9).** 27

In Art. 9 ist nicht nur von Schäden aus durchgeführten, sondern auch von Schäden aus **bevorstehenden Arbeitskampfmaßnahmen** die Rede: Art. 9 erfasst auch den Fall, in welchem dem Arbeitgeber bereits durch die Ankündigung eines Arbeitskampfs ein Schaden entsteht (zB infolge der Stornierung von Aufträgen).[43] Die Formulierung kann ferner als eine Anspielung auf die – wesentlich praxisrelevanteren – Fälle verstanden werden, in denen ein Arbeitgeber Unterlassungsansprüche wegen bevorstehender Arbeitskampfmaßnahmen geltend macht. Ein solcher „Gesetzgebungs-Merkzettel" würde als Hinweis auf Art. 2 Abs. 2 iVm Art. 2 Abs. 3 dienen, wonach das nach Art. 9 ermittelte Recht auch für den vorbeugenden Rechtsschutz maßgebend ist. 28

b) Art. 2 Abs. 2, 3. Der Grundsatz, dass nicht das Arbeitskampfstatut als solches, sondern nur die Schadenshaftung nach Art. 9 angeknüpft wird, erfährt eine beträchtliche Erweiterung durch Art. 2 Abs. 2 iVm Art. 2 Abs. 3: Der typische Streitgegenstand des Arbeitskampfrechts ist ein – meist 29

---

[36] *Otto* Arbeitskampfrecht, 2006, § 1 Rn. 9 ff.; *Gamillscheg,* Kollektives ArbR, Bd. I, 1997, 934; *Junker* ArbR, 19. Aufl. 2020, Rn. 592; vergleichend *Dickinson* The Rome II Regulation Rn. 9.20; *Heinze* RabelsZ 73 (2009), 770 (782 f.); *Morse* FS Pocar, 2009, 723 (727, 728).

[37] *Gamillscheg,* Kollektives ArbR, Bd. I, 1997, 985 ff.; *Junker* ArbR, 23. Aufl. 2024, Rn. 593 ff.; *Otto* Arbeitskampfrecht, 2006, § 1 Rn. 10 ff.; s. speziell zum Boykott in der Seeschifffahrt (Blockade eines Schiffes im Hafen) BAG AP Nr. 6 zu § 1 TVG Form = AuR 1977, 254 (256); LAG BW AuR 1974, 316 (319); *Binkert,* Gewerkschaftliche Boykottmaßnahmen im System des Arbeitskampfrechts, 1981, 16 ff.; *Seiter,* Arbeitskampfparität und Übermaßverbot unter besonderer Berücksichtigung des „Boykotts" in der deutschen Seeschifffahrt, 1979, 27 ff., 83 ff.; *Zelfel,* Der Int. Arbeitskampf nach Art. 9 Rom II-Verordnung, 2012, 51 ff.; *Birk* AuR 1974, 289 (298); *Gamillscheg* FS Gnade, 1992, 755 (760 ff.); *Konzen* FS Molitor, 1988, 181 (183); ferner *Evju* RIW 2007, 898 (903); *Siehr* RabelsZ 74 (2010), 139 (149, 150).

[38] *Knöfel* EuZA 2008, 228 (234 f.); s. auch *v. Hein* VersR 2007, 440 (449); *Spickhoff* RabelsZ 83 (2019), 408 (409 f.); ausf. *Ludewig,* Kollektives Arbeitsrecht auf Schiffen des Int. Seeschifffahrtsregisters, 2012.

[39] BeckOK BGB/*Spickhoff* Rn. 2 aE; NK-BGB/*Temming* Rn. 51; *Dickinson* The Rome II Regulation Rn. 9.28; *Heinze* RabelsZ 73 (2009), 770 (785); *Palao Moreno* YbPIL 9 (2007), 115 (119); ausf. *Zelfel,* Der Int. Arbeitskampf nach Art. 9 Rom II-Verordnung, 2012, 63, 64.

[40] Berichtet von *Puttfarken* See-Arbeitsrecht, 1988, 25. – Anders bei dem in Frankreich üblichen sog. Bossnapping, s. *Zelfel,* Der Int. Arbeitskampf nach Art. 9 Rom II-Verordnung, 2012, 45.

[41] BGHZ 69, 128 (134 f.) = NJW 1977, 1875; BGHZ 70, 277 (279 f.) = NJW 1978, 816.

[42] *Zelfel,* Der Int. Arbeitskampf nach Art. 9 Rom II-Verordnung, 2012, 59; *Knöfel* EuZA 1 (2008), 228 (240); s. auch *Gamillscheg* FS Gnade, 1992, 755 (758 f.); Dimskal Shipping Co. v. ITF [1992] 2 A. C. 152 (H.L.).

[43] BeckOGK/*Knöfel* Rn. 34; NK-BGB/*Knöfel* Art. 2 Rn. 5; *Jacobs,* Das Int. Arbeitskampfrecht des Art. 9 der Rom II-Verordnung, 2017, 46 f.; *Spickhoff* RabelsZ 83 (2019), 408 (409); s. auch *Balzan,* Regulations Rome I and Rome II and Maritime Law, 2014.

im Verfahren des einstweiligen Rechtsschutzes geltend gemachter – **Unterlassungsanspruch** eines Arbeitgebers, der auf die **Abwehr drohender Schäden** aus (vom Arbeitgeber für rechtswidrig gehaltenen) Arbeitskampfnahmen gerichtet ist (→ Rn. 5). Ein solcher Anspruch, wie er etwa in den Ausgangsfällen der EuGH-Urteile „Viking Line"[44] und „Laval"[45] erhoben wurde, ist gemäß Art. 2 Abs. 2 iVm Art. 2 Abs. 3 nach Art. 9 anzuknüpfen.[46]

Beispiel:
Streiten die Internationale Transportarbeiter-Föderation und eine finnische Reederei vor dem Londoner High Court of Justice über ein Unterlassungsbegehren in Bezug auf Arbeitskampfmaßnahmen in einem finnischen Hafen,[47] hat das Londoner Gericht nach Art. 9 auf dieses Begehren das finnische Recht – das Recht des Orts des bevorstehenden Arbeitskampfs – anzuwenden.[48]

30 **4. Anspruchsteller und Anspruchsgegner.** Die Kollisionsnorm des Art. 9 erfasst nicht alle Ansprüche, die aus der Haftung für Schäden aus bevorstehenden oder durchgeführten Arbeitskampfmaßnahmen entstehen können. Zwar unterliegt der Kreis der potenziellen **Anspruchsteller** keinen Einschränkungen, aber als **Anspruchsgegner** kommen nur bestimmte, in Art. 9 genannte (natürliche oder juristische) Personen oder Organisationen in Betracht.

31 **a) Anspruchsteller.** Die Spezialkollisionsnorm des Art. 9 erfasst nicht nur Ansprüche der in Art. 9 genannten arbeitskampfbeteiligten Personen oder Organisationen. Vielmehr sind nach dem eindeutigen Wortlaut der Vorschrift auch **deliktische Ansprüche Dritter** wegen Schäden aus Arbeitskampfmaßnahmen von den Anknüpfungen des Art. 9 umfasst.[49] Eine Anregung der Kommission,[50] deliktische Ansprüche Dritter wegen Arbeitskampfmaßnahmen der allgemeinen Kollisionsnorm des Art. 4 zuzuweisen, hat im Text der Rom II-VO keinen Niederschlag gefunden.

Beispiel:
Streikt eine französische Eisenbahnergewerkschaft und gelangen deshalb Zulieferprodukte nicht rechtzeitig zu den deutschen Bahnkunden, bestimmt nach Art. 9 (Anknüpfung der Haftung für solche Schäden an den Ort der Arbeitskampfmaßnahme) allein das französische Recht darüber, ob die Bahnkunden die Gewerkschaft in Anspruch nehmen können.[51]

32 **b) Anspruchsgegner.** Die spezielle Kollisionsnorm des Art. 9 ist nur anzuwenden auf die Haftung „einer **Person** in ihrer Eigenschaft als Arbeitnehmer oder Arbeitgeber" und auf die Haftung „der **Organisationen,** die deren berufliche Interessen vertreten" (so der Wortlaut der Vorschrift). Art. 9 zählt folglich nur die Haftung spezifisch angeführter, im Arbeitskampf stehender Personen oder Organisationen zu seinem Anknüpfungsgegenstand. Neben kampfbeteiligten Arbeitgebern und Arbeitnehmern nennt die Vorschrift nur Arbeitnehmer- und Arbeitgeberorganisationen, so dass zB die **persönliche Haftung des Gewerkschafts- oder des Verbandsfunktionärs** für Streik- oder Aussperrungsexzesse nach der Allgemeinen Kollisionsnorm des Art. 4 anzuknüpfen ist.[52]

33 Auch **innerverbandliche Streitigkeiten** (zB zwischen einem Arbeitgeberverband und einem Mitgliedsunternehmen) über Schäden aus Arbeitskampfmaßnahmen werden, soweit sie auf deliktische – und nicht schuldvertragsrechtliche oder vereinsrechtliche – Anspruchsgrundlagen gestützt sind, nach Art. 4 angeknüpft.[53] Dieses Ergebnis ist überraschend, aber nach dem Wortlaut des Art. 9

---

[44] EuGH Slg. 2007, I-10779 = EuZW 2008, 246 – Viking Line.
[45] EuGH Slg. 2007, I-11767 = NZA 2008, 159 – Laval.
[46] BeckOGK/*Knöfel* Rn. 34; *Jacobs,* Das Int. Arbeitskampfrecht des Art. 9 der Rom II-Verordnung, 2017, 37 f.; *Deinert* ZESAR 2012, 311; *Dickinson* The Rome II Regulation Rn. 9.27; *Heinze* RabelsZ 73 (2009), 770 (784 f.); *Morse* FS Pocar, 2009, 723 (729 f.); *N. Reich* EuZW 2007, 391 (393); allg. *Deinert,* International Labour Law under the Rome Conventions, 2017.
[47] EuGH Slg. 2007, I-10779 = EuZW 2008, 246 – Viking Line.
[48] BeckOGK/*Knöfel* Rn. 33; *v. Bar/Mankowski* IPR II § 2 Rn. 370; *v. Hein* VersR 2007, 440 (442); *Heinze* RabelsZ 73 (2009), 770 (785); *N. Reich* EuZW 2007, 391 (393); s. auch LAG Baden-Württemberg AuR 1974, 316 (319) m. krit. Aufsatz *Birk* AuR 1974, 289.
[49] NK-BGB/*Temming* Rn. 48; Calliess/*Rödl* Rn. 9, 17; *v. Bar/Mankowski* IPR II § 2 Rn. 370; *Dickinson* The Rome II Regulation Rn. 9.24; *Dutoit* FS Pocar, 2009, 309 (321); aA BeckOGK/*Knöfel* Rn. 30; *Knöfel* EuZA 2008, 228 (243), der über Art. 4 Abs. 3 S. 2 an das Statut der gestörten Liefer- oder Leistungsbeziehung anknüpft.
[50] KOM(2006) 566 endg., 4.
[51] *Leible/Lehmann* RIW 2007, 721 (731); aA *Knöfel* EuZA 2008, 228 (243, 250); zum materiellen Recht *Gärtner,* Die gesetzliche Regulierung von Bahnstreiks in Frankreich, 2012; *Scharfenberg* EuZA 2014, 281.
[52] BeckOGK/*Knöfel* Rn. 28; PWW/*Schaub* Rn. 2; Erman/*Stürner* Rn. 4; *Fallon* in Basedow/Baum/Nishitani, Japanese and European Private International Law in Comparative Perspective, 2008, 261, 274; aA BeckOK BGB/*Spickhoff* Rn. 2; NK-BGB/*Temming* Rn. 43; jurisPK-BGB/*Heinze* Rn. 6; *Deinert* ZESAR 2012, 311 (313); *Dickinson* The Rome II Regulation Rn. 9.25; *Heinze* RabelsZ 73 (2009), 770 (784).
[53] BeckOGK/*Knöfel* Rn. 28.1; *Ludewig,* Kollektives Arbeitsrecht auf Schiffen des Int. Seeschifffahrtsregisters, 2012, 201.

nicht zu vermeiden. Allerdings erlaubt die Anwendung der **Ausweichklausel des Art. 4 Abs. 3** einen Gleichlauf mit dem Arbeitskampfdeliktsstatut.

III. Anknüpfungspunkte

1. Recht des Arbeitskampforts. Nach der Grundanknüpfung des Art. 9 unterliegt die Haftung bestimmter Personen oder Organisationen für Schäden, die aus Arbeitskampfmaßnahmen entstanden sind, dem Recht des Staates, in dem die Arbeitskampfmaßnahme erfolgen soll oder erfolgt ist. 34

a) Physischer Handlungsort. Grundsätzlich maßgebend ist der physische Handlungsort der Kampfmaßnahme, dh der Ort, an dem „die Arbeitskampfmaßnahmen ergriffen wurden" **(Erwägungsgrund 27 S. 2).**[54] Der Ort, an dem die Maßnahme geplant, ausgelöst und/oder gesteuert wird, spielt im Rahmen des Art. 9 ebenso wenig eine Rolle wie der Vorbereitungsort im Rahmen des Art. 40 Abs. 1 S. 1 EGBGB (→ EGBGB Art. 40 Rn. 25). Der **Arbeitskampfort** ist nicht gleichbedeutend mit dem Organisationsort.[55] Bei den Arbeitskampfmaßnahmen „Streik" (Nichtleistung der geschuldeten Arbeit) und „Aussperrung" (Verweigerung der Arbeitsmöglichkeit) ist der Arbeitskampfort in der Regel mit dem **Arbeitsort** identisch, so dass kein wirklicher Widerspruch zu denjenigen Autoren besteht, welche die Kampffolgen an den Arbeitsort anknüpfen wollen.[56] 35

b) Seearbeitskämpfe. Das praktisch wichtigste Teilgebiet des Internationalen Arbeitskampfrechts ist das Recht der Seearbeitskämpfe.[57] Da ein wirksamer Arbeitskampf auf hoher See aus praktischen Gründen in der Regel ausscheidet und die Verweigerung von Kapitänsbefehlen nach vielen Rechtsordnungen eine Straftat darstellt,[58] betreffen die Entscheidungen der Gerichte zum Seearbeitskampfrecht fast nur die Konstellation „Streik auf oder Boykott von Schiffen in fremden (bezogen auf den Flaggenstaat) Häfen."[59] 36

Während sich die früher hM für die Anknüpfung an den **Flaggenstaat** aussprach[60] (um „strike law shopping" durch Aussuchen von Häfen mit streikfreundlichem Recht so weit wie möglich zu unterbinden), präferieren die bisherigen Stellungnahmen zu Art. 9 das Recht des **Hafenstaates,** woran schon nach früherem Recht beim Schiffsboykott von Land aus kaum zu rütteln war.[61] 37

c) Transnationale Arbeitskämpfe. Der transnationale Charakter des Arbeitskampfs ist kollisionsrechtlich leicht zu bewältigen, wenn – wie vielleicht bei Montagearbeitern und Piloten einerseits sowie den Arbeitgebern andererseits – ein gemeinsamer gewöhnlicher Aufenthalt besteht **(Art. 9 iVm Art. 4 Abs. 2).** Dagegen folgt aus der Grundanknüpfung des Art. 9 an den Staat, in welchem die Arbeitskampfmaßnahme erfolgt, eine **Mosaikbetrachtung:**[62] Die Ansprüche aus Arbeitskampfdelikten werden nicht einer einheitlichen, die einzelnen Kampforte verdrängenden Schwerpunktanknüpfung unterworfen, sondern sind jeweils nach der Rechtsordnung des konkreten Arbeitskampfortes (→ Rn. 35) zu beurteilen. Ob die bisher für richtig gehaltenen Ausnahmen von diesem sog. 38

---

[54] BeckOK BGB/*Spickhoff* Rn. 3; NK-BGB/*Temming* Rn. 53; HK-BGB/*Dörner* Rn. 3; jurisPK-BGB/*Heinze* Rn. 8; *Dickinson* The Rome II Regulation Rn. 9.31; *Ludewig,* Kollektives Arbeitsrecht auf Schiffen des Int. Seeschifffahrtsregisters, 2012, 184 ff.; *Zelfel,* Der Int. Arbeitskampf nach Art. 9 Rom II-Verordnung, 2012, 80 f.; *Gräf* EuZA 2013, 430 (432); *Siehr* RabelsZ 74 (2010), 139 (149, 152).

[55] PWW/*Schaub* Rn. 3; *Heinze* RabelsZ 73 (2009), 770 (785 f.); *Knöfel* EuZA 2008, 228 (244).

[56] BeckOK BGB/*Spickhoff* Rn. 3; Erman/*Stürner* Rn. 6; Nachweise zum deutschen IPR bei *Otto,* Arbeitskampfrecht, 2006, § 13 Rn. 6.

[57] PWW/*Schaub* Rn. 3; ausf. *Knöfel* EuZA 2008, 228 (244 ff.); *Ludewig,* Kollektives Arbeitsrecht auf Schiffen des Int. Seeschifffahrtsregisters, 2012, 184 ff.; *Magnus* FS Posch, 2011, 443 (458 f.); *Zelfel,* Der Int. Arbeitskampf nach Art. 9 Rom II-Verordnung, 2012, 90 ff.; zum dt. IPR *Drobnig* BerGesVR 31 (1990), 31 (65 ff.); *Hergenröder,* Der Arbeitskampf mit Auslandsberührung, 1987, 15; *Junker,* Int. Arbeitsrecht im Konzern, 1992, § 14.

[58] Zu Ausnahmefällen „streikweiser Erzwingung der Fahrtunterbrechung" auf hoher See *Geffken,* Streikrecht der Seeleute, 1978, 92; *Großmann* AuR 1968, 225 (231).

[59] Nachweise bei *Junker,* Int. Arbeitsrecht im Konzern, 1992, § 14, 467 ff.; *Knöfel* EuZA 2008, 228 (245).

[60] Nachweise bei *Drobnig* BerGesVR 31 (1990), 31 (65 ff.); *Otto,* Arbeitskampfrecht, 2006, § 13 Rn. 17.

[61] BeckOK BGB/*Spickhoff* Rn. 3; NK-BGB/*Temming* Rn. 54; Calliess/*Rödl* Rn. 21, 31 f.; jurisPK-BGB/*Heinze* Rn. 8; *Heinze* RabelsZ 73 (2009), 770 (786); *Magnus* FS Posch, 2011, 443 (459); *Rudolf* ÖJZ 2010, 300 (305); *Rushworth/Scott* Lloyd's M. C. L. Q. 2008, 274 (284 f.); *Siehr* RabelsZ 74 (2010), 139 (149); *Sujecki* EWS 2009, 310 (317); krit. *Fallon* in Basedow/Baum/Nishitani, Japanese and European Private International Law in Comparative Perspective, 2008, 261, 274; aA – Flaggenstaat – *Brière* Clunet 135 (2008), 31 (49); *Evju* RIW 2007, 898 (903).

[62] BeckOK BGB/*Spickhoff* Rn. 3; NK-BGB/*Temming* Rn. 58; jurisPK-BGB/*Heinze* Rn. 8; Calliess/*Rödl* Rn. 26 f.; Huber/*Illmer* Rn. 33; *v. Hein* RabelsZ 73 (2009), 461 (499); *Heinze* RabelsZ 73 (2009), 770 (786); *Knöfel* EuZA 2008, 228 (237); aA HK-BGB/*Dörner* Rn. 3 aE; *Leible/Lehmann* RIW 2007, 721 (731).

Trennungsprinzip[63] auch unter der Geltung des Art. 9 Platz greifen können, ist fraglich angesichts des Wortlauts des Art. 9, der sich prima facie einer wertenden Betrachtung des Arbeitskampfortes entzieht.

Beispiel:
Ein „transnationaler" Arbeitskampf liegt bereits vor, wenn im Ausland beschäftigte **Montagearbeiter** sich dem im Inland ausgerufenen Streik gegen ihren deutschen Arbeitgeber anschließen.[64] Zu denken ist ferner an einen **Pilotenstreik,** bei welchem die Flugzeugführer einer deutschen Fluggesellschaft in verschiedenen Staaten die Arbeit niederlegen, oder an einen konzertierten Ausstand in den belgischen, französischen und spanischen Werken eines französischen Automobilherstellers.[65]

39 **2. Gemeinsamer gewöhnlicher Aufenthalt.** Die modifizierte Tatortregel des Art. 9 gilt nach ihrem Wortlaut „unbeschadet"[66] des Art. 4 Abs. 2 (zu dieser Vorschrift → Art. 4 Rn. 52 ff.). Das bedeutet: Wenn im Fall der Haftung für Arbeitskampfschäden der Geschädigte und der Ersatzpflichtige zum Zeitpunkt des Schadenseintritts ihren gewöhnlichen Aufenthalt in demselben Staat haben, wird die Anknüpfung des Art. 9 durch die Anwendung des Rechts des gemeinsamen gewöhnlichen Aufenthalts nach Art. 4 Abs. 2 verdrängt. Ein gemeinsamer gewöhnlicher Aufenthalt muss zwischen den Beteiligten der Deliktsbeziehung iSd Art. 9 bestehen; ein davon abweichender gemeinsamer gewöhnlicher Aufenthalt der Arbeitskampfgegner ist nicht anknüpfungsbegründend[67] (zum Begriff des gewöhnlichen Aufenthalts → Art. 23 Rn. 19 f.).

Beispiel:
Um den Tarifforderungen ihrer Gewerkschaft Nachdruck zu verleihen, weigert sich die in Deutschland ansässige Besatzung eines Fährschiffs gegenüber ihrer Arbeitgeberin, einer deutschen Reederei, das Schiff aus dem Hafen von Rønne (Dänemark) zu fahren. Anzuwenden ist das deutsche Recht, da die Deliktsbeteiligten ihren gewöhnlichen Aufenthalt in Deutschland haben (Art. 9 iVm Art. 4 Abs. 2, bei Ansprüchen gegen die Gewerkschaft iVm Art. 23 Abs. 1 UAbs. 1).

40 Die Anknüpfung an den gemeinsamen gewöhnlichen Aufenthalt der Deliktsbeteiligten führt bei einer **Mehrheit von Schädigern** zur kollisionsrechtlichen Aufspaltung eines einheitlichen Schadensfalls, wenn die Schädiger ihren gewöhnlichen Aufenthalt (ggf. iVm Art. 23) in verschiedenen Staaten haben.[68]

Beispiel:
Die Int. Transportarbeiter-Gewerkschaft ITF (Sitz: London) und die deutsche Gewerkschaft ver.di (Sitz: Berlin) rufen in konzertierter Aktion die deutsche Besatzung eines deutschen Schiffes, das in einem griechischen Hafen liegt, zur Arbeitsniederlegung auf.[69] Die Ansprüche des Reeders gegen die ITF unterliegen gemäß Art. 9 dem griechischen (→ Rn. 36), diejenigen gegen die Gewerkschaft ver.di dagegen dem deutschen Recht (Art. 9 iVm Art. 4 Abs. 2, Art. 23 Abs. 1 UAbs. 1). Da mangels einer Ausweichklausel (→ Rn. 9) keine Korrekturmöglichkeit besteht, ist – um die größten Ungereimtheiten zu vermeiden – jedenfalls die Frage nach der Rechtmäßigkeit des Arbeitskampfs – in Einschränkung des Art. 15 lit. a – stets nach dem Recht des Arbeitskampfortes zu beantworten (→ Rn. 45).

41 **3. Freie Rechtswahl.** Eine Rechtswahl der Deliktsbeteiligten (zur generellen Zulässigkeit der Rechtswahl im Anwendungsbereich des Art. 9 → Rn. 10) erlaubt **Art. 14 Abs. 1 S. 1** in zwei Varianten (→ Art. 14 Rn. 21 ff.): Wenn das „schadensbegründende Ereignis" bereits eingetreten ist, gestattet **lit. a** die Rechtswahl ohne weitere Zulässigkeitsvoraussetzungen (nachträgliche Rechtswahl). Anderenfalls erlaubt **lit. b** die Ausübung der Parteiautonomie nur, wenn „alle Parteien" einer „kommerziellen Tätigkeit" nachgehen (vorherige Rechtswahl). Die beiden Varianten der Rechtswahl stehen im Verhältnis der **Alternativität** (→ Art. 14 Rn. 21).

---

63 *Otto,* Arbeitskampfrecht, 2006, § 13 Rn. 10–12.

64 Zu dieser Konstellation *Otto,* Arbeitskampfrecht, 2006, § 13 Rn. 2, 9–12.

65 PWW/*Schaub* Rn. 3; *Palao Moreno* YbPIL 9 (2007), 115 (124); *Werneck* in Dorssemont/van Hoek/Jaspers, Cross-Border Collective Actions in Europe – A Legal Challenge, 2007, 75, 79; *Zelfel,* Der Int. Arbeitskampf nach Art. 9 Rom II-Verordnung, 2012, 96–99.

66 Nach dem Sprachgebrauch der Rom II-VO bedeutet „unbeschadet" den Vorrang der bezeichneten Vorschriften, während „ungeachtet" deren Nachrang ausdrückt.

67 BeckOGK/*Knöfel* Rn. 48; NK-BGB/*Temming* Rn. 59; HK-BGB/*Dörner* Rn. 1; Erman/*Stürner* Rn. 7; PWW/*Schaub* Rn. 4; *Zelfel,* Der Int. Arbeitskampf nach Art. 9 Rom II-Verordnung, 2012, 100; *v. Hein* ZEuP 2009, 6 (18); *Heiss/Loacker* JBl. 2007, 613 (637); *Leible/Lehmann* RIW 2007, 721 (731 f.); *Ofner* ZfRV 2008, 13 (18).

68 BeckOGK/*Knöfel* Rn. 50; NK-BGB/*Temming* Rn. 60 f.; *Dickinson* The Rome II Regulation Rn. 9.32; *v. Bar/Mankowski* IPR II § 2 Rn. 372; *Morse* FS Pocar, 2009, 723 (726); *Palao Moreno* YbPIL 9 (2007), 115 (121 f.); s. auch *Garcimartín Alférez* ELF 2007, I-77 (I-88), der den Nutzen von Art. 4 Abs. 2 im Fall von Auslandsentsendungen betont.

69 Nach *Otto,* Arbeitskampfrecht, 2006, § 13 Rn. 2.

a) Nachträgliche Rechtswahl. aa) Unterlassungsansprüche. Die nachträgliche Rechtswahl (Art. 14 Abs. 1 S. 1 lit. a) ist auch eröffnet, wenn eine Partei einen Unterlassungsanspruch geltend macht (Art. 2 Abs. 2). Der „Eintritt des schadensbegründenden Ereignisses" (Art. 14 Abs. 1 S. 1 lit. a) wird in diesem Fall mit der „Wahrscheinlichkeit des Schadenseintritts" gleichgesetzt (Art. 2 Abs. 3 lit. a). Da der Hauptanwendungsfall des Art. 9 der Unterlassungsanspruch einer Gewerkschaft, eines Arbeitgebers oder eines Arbeitgeberverbandes wegen drohender Arbeitskampfschäden sein wird[70] (→ Rn. 5), gibt Art. 2 Abs. 3 lit. a der Rechtswahl nach Art. 14 Abs. 1 S. 1 lit. a im Anwendungsbereich des Art. 9 breiten Raum (→ Art. 14 Rn. 25). 42

bb) Schadensersatzansprüche. Bei Schadensersatzbegehren wird die Rechtswahl *post delictum* vor allem als **Rechtswahl im Prozess** vorkommen, wobei Art. 14 Abs. 1 S. 2 an die **stillschweigende Rechtswahl** (innerhalb oder außerhalb eines Prozesses) strenge Anforderungen stellt (→ Art. 14 Rn. 36, → Art. 14 Rn. 41 f.). Die niederländische Rspr. hat sich bereits in der Vergangenheit der Rechtsfigur „stillschweigende Rechtswahl im Prozess" bedient, wenn die Parteien im Rechtsstreit über einen Seeleutestreik übereinstimmend auf der Grundlage des Hafenrechts plädierten.[71] 43

b) Vorherige Rechtswahl. Da es sich bei der Rechtswahl für Unterlassungsbegehren in der Regel um eine nachträgliche Rechtswahl handeln wird (→ Rn. 42), spielt die unter den einschränkenden Voraussetzungen des Art. 14 Abs. 1 S. 1 lit. b eröffnete vorherige Rechtswahl im Anwendungsbereich des Art. 9 kaum eine Rolle. Sie würde in der Praxis auch regelmäßig daran scheitern, dass die einschränkenden Voraussetzungen der Rechtswahl *ante delictum* nicht erfüllt sind, weil Gewerkschaften, wenn sie zum Arbeitskampf aufrufen oder einen solchen durchführen, keiner „kommerziellen Tätigkeit" nachgehen.[72] Eine akzessorische Anknüpfung an das gewählte Statut des umkämpften Tarifvertrags ist im Anwendungsbereich des Art. 9 ausgeschlossen (→ Rn. 9, → Rn. 16). 44

IV. Reichweite des Arbeitskampfdeliktsstatuts

1. Grundsatz der Statutseinheit. Die Reichweite des nach Art. 9 ermittelten Statuts bestimmt sich grundsätzlich nach Art. 15, der allgemeinen Vorschrift über den Geltungsbereich des Deliktsstatuts; das nach Art. 9 berufene Recht bestimmt danach insbesondere darüber, ob die Arbeitskampfmaßnahme als unerlaubte Handlung für den drohenden oder eingetretenen Schaden kausal ist und wen die Haftung trifft (→ Art. 15 Rn. 8 ff.). 45

Der Grundsatz der Statutseinheit wird durchbrochen, soweit es um die „Rechtswidrigkeit der Kampfmaßnahme als Kernelement der Haftung"[73] geht: **Erwägungsgrund 28** ergibt nur Sinn, wenn man ihn so auslegt, dass sich die Bedingungen für die Durchführung von Arbeitskampfmaßnahmen stets nach dem nationalen Recht des Arbeitskampfstaats (und nicht „irgendeines Staates") richten (→ Art. 16 Rn. 23).[74] 46

Diese Einschränkung des Prinzips der Statutseinheit spielt bei der Anknüpfung nach Art. 9 iVm Art. 4 Abs. 2 (→ Rn. 39) eine Rolle, deren größte Ungereimtheit sie korrigiert. Besser wäre es freilich gewesen, wenn der Verordnungsgeber ganz auf diese Anknüpfung verzichtet hätte (→ Rn. 40). 47

2. Anknüpfung von Vorfragen. Das Prinzip der selbständigen Anknüpfung von Vorfragen (→ Vor Art. 1 Rn. 33 ff.) als Durchbrechung der Statutseinheit kommt bei Sympathie- (Solidaritäts-, Unterstützungs-) Arbeitskämpfen zum Zuge: Soweit ihre Rechtmäßigkeit von der Rechtmäßigkeit eines ausländischen Hauptarbeitskampfes abhängt, ist diese Frage selbständig anzuknüpfen.[75] 48

---

[70] Zur deliktischen Qualifikation von Klagen zur Verhinderung des Eintritts von Schäden durch Arbeitskampfmaßnahmen im Rahmen des Art. 7 Nr. 2 Brüssel Ia-VO s. EuGH Slg. 2004, I-1417 = IPRax 2006, 161 – DFDS Torline; *Franzen* IPRax 2006, 127; *Hergenröder* GPR 2005, 33.

[71] Pres. Rechtbank Amsterdam 30.11.1978 Ned. Jur. 1981 Nr. 65 S. 162 mAnm *Schultz;* s. auch *Knöfel* EuZA 2008, 228 (246).

[72] *Zelfel,* Der Int. Arbeitskampf nach Art. 9 Rom II-Verordnung, 2012, 114; *Heinze* RabelsZ 73 (2009), 770 (787); *Palao Moreno* YbPIL 9 (2007), 115 (121); *G. Wagner* IPRax 2008, 1 (10); allg. *Kadner Graziano* Rev. crit. dr. int. pr. 97 (2008), 445 (454); *Leible* RIW 2008, 257 (259); *Leible/Lehmann* RIW 2007, 721 (726 f.); *Spickhoff* FS Kropholler, 2008, 671 (682 f.); aA wohl NK-BGB/*Temming* Rn. 65.

[73] *Knöfel* EuZA 2008, 228 (239).

[74] NK-BGB/*Temming* Rn. 69; jurisPK-BGB/*Heinze* Rn. 10; aA *Jacobs,* Das Int. Arbeitskampfrecht des Art. 9 der Rom II-Verordnung, 2017, 113 f.: Fall der Sonderanknüpfung von Eingriffsnormen gemäß Art. 16.

[75] *Knöfel* EuZA 2008, 228 (241 f.); *Bernitt,* Die Anknüpfung von Vorfragen im europäischen Kollisionsrecht, 2010, 207 ff.; *Jacobs,* Das Int. Arbeitskampfrecht des Art. 9 der Rom II-Verordnung, 2017, 109 ff.; s. zum deutschen Recht *Otto* Arbeitskampfrecht, 2006, § 13 Rn. 14.

49 **3. Weitere Regelungen der Rom II-VO.** Die Ausnahme zugunsten der **Sicherheits- und Verhaltensregeln** (zu diesem Begriff → Art. 17 Rn. 11 ff.) des Handlungsortes, die **Art. 17** ermöglicht, sollte bei Art. 9 keine Rolle spielen, da diese Kollisionsnorm – in Abweichung von Art. 4 Abs. 1 – bereits an den Handlungsort des Delikts anknüpft.[76] Von geringer Bedeutung dürfte daher auch der Vorbehalt des **Ordre public (Art. 26)** sein; für die Durchsetzung von **Eingriffsnormen (Art. 16)** mag es im Arbeitskampfrecht einige Beispiele geben[77] (→ Art. 16 Rn. 23; → Art. 16 Rn. 29).

Kapitel III. Ungerechtfertigte Bereicherung, Geschäftsführung ohne Auftrag und Verschulden bei Vertragsverhandlungen

Art. 10 Rom II-VO Ungerechtfertigte Bereicherung

(1) Knüpft ein außervertragliches Schuldverhältnis aus ungerechtfertigter Bereicherung, einschließlich von Zahlungen auf eine nicht bestehende Schuld, an ein zwischen den Parteien bestehendes Rechtsverhältnis – wie einen Vertrag oder eine unerlaubte Handlung – an, das eine enge Verbindung mit dieser ungerechtfertigten Bereicherung aufweist, so ist das Recht anzuwenden, dem dieses Rechtsverhältnis unterliegt.

(2) Kann das anzuwendende Recht nicht nach Absatz 1 bestimmt werden und haben die Parteien zum Zeitpunkt des Eintritts des Ereignisses, das die ungerechtfertigte Bereicherung zur Folge hat, ihren gewöhnlichen Aufenthalt in demselben Staat, so ist das Recht dieses Staates anzuwenden.

(3) Kann das anzuwendende Recht nicht nach den Absätzen 1 oder 2 bestimmt werden, so ist das Recht des Staates anzuwenden, in dem die ungerechtfertigte Bereicherung eingetreten ist.

(4) Ergibt sich aus der Gesamtheit der Umstände, dass das außervertragliche Schuldverhältnis aus ungerechtfertigter Bereicherung eine offensichtlich engere Verbindung mit einem anderen als dem in den Absätzen 1, 2 und 3 bezeichneten Staat aufweist, so ist das Recht dieses anderen Staates anzuwenden.

Schrifttum: s. auch Vor Art. 1; älteres Schrifttum s. 6. Aufl. 2015, Art. 10; *Behrens,* Bereicherungsrechtliche Mehrpersonenverhältnisse im Internationalen Privatrecht, 2011; *Busse,* Internationales Bereicherungsrecht zwischen EGBGB-Reform und „Rom II", RIW 2003, 406; *Carella,* The Law Applicable to Non-Contractual Obligations Other than Tort and Delict, in Malatesta (Hrsg.), The Unification of Choice-of-Law-Rules on Torts and Other Non-Contractual Obligations in Europe, 2006, 73; *Chong,* Choice of Law for Unjust Enrichment/ Restitution and the Rome II Regulation, Int. Comp. L. Q. 57 (2008), 863; *Finkelmeier,* Qualifikation der Vindikation und des Eigentümer-Besitzer-Verhältnisses, 2016; *G. Fischer,* Ungerechtfertigte Bereicherung und Geschäftsführung ohne Auftrag im europäischen Internationalen Privatrecht, FS Spellenberg, 2010, 151; *Legier,* Enrichissement sans cause, gestion d'affaires et culpa in contrahendo, in Corneloup/Joubert (Éd.), Le règlement communautaire „Rome II" sur la loi applicable aux obligations non contractuelles, 2008, 145; *Lüttringhaus,* Ungerechtfertigte Bereicherung in Mehrpersonenverhältnissen und die Rom II-Verordnung, ZEuP 2023, 998; *Meier,* Die Rückabwicklung gescheiterter Verträge: Neue europäische Entwicklungen, RabelsZ 80 (2016), 851; *Pitel,* Rome II and Choice of Law for Unjust Enrichment, in Ahern/Binchy (Ed.), The Rome II Regulation on the Law Applicable to Non-Contractual Obligations, 2009, 231; *Schinkels,* Bereicherungsrechtliche Qualifikation aber keine deliktsakzessorische Anknüpfung eines Rückzahlungsanspruchs aus täuschungsbedingter Überweisung (CEO-fraud) nach Art. 10 Rom II-VO, ZEuP 2018, 250; *Sendmeyer,* Die Rückabwicklung nichtiger Verträge im Spannungsfeld zwischen Rom II-VO und internationalem Vertragsrecht, IPRax 2010, 500.

Übersicht

[76] *Jacobs,* Das Int. Arbeitskampfrecht des Art. 9 der Rom II-Verordnung, 2017, 114 f.; *Spickhoff* RabelsZ 83 (2019), 408 (410).

[77] NK-BGB/*Temming* Rn. 68; *Jacobs,* Das Int. Arbeitskampfrecht des Art. 9 der Rom II-Verordnung, 2017, 113 f.

I. Allgemeines

1. Normzweck und Entstehungsgeschichte. Die Kollisionsnorm des Art. 10 regelt das Internationale Bereicherungsrecht. Die Vorschrift verdankt ihre Existenz dem Bestreben, das IPR der außervertraglichen Schuldverhältnisse vollständig zu regeln[1] (vgl. **Erwägungsgrund 29**). Die praktische Bedeutung der Kollisionsnormen für Ansprüche aus ungerechtfertigter Bereicherung ist ausweislich der publizierten Gerichtsurteile deutlich geringer als diejenige des Internationalen Deliktsrechts.[2] Art. 10 hat den **Zweck,** die Rückabwicklung einer ungerechtfertigten Vermögensverschiebung möglichst einer einzigen Rechtsordnung zuzuweisen und gleichzeitig die Entsprechung zwischen dem Hin- und Rückweg einer Bereicherung herzustellen.[3] 1

Rechtsvergleichend lässt die Verweisungsvorschrift des Art. 10, auch wenn sie anders aufgebaut ist als das deutsche IPR, durchaus Spuren des einige Jahre zuvor in Kraft getretenen deutschen Internationalen Bereicherungsrechts (Art. 38, 41 EGBGB) erkennen. Gerechtfertigt ist daher die Feststellung, dass Art. 10 „die Anknüpfungsregeln des EGBGB in eine klare und übersichtlich zusammengestellte Hierarchie bringt und auf die Wertungen des Art. 4 Abs. 1 ausrichtet".[4] Damit ist ein Gewinn an Rechtsklarheit und eine bessere Vorhersehbarkeit von Entscheidungen verbunden. 2

Im Zuge der **Entstehung** der Rom II-VO (→ Vor Art. 1 Rn. 1 ff.) sind die Kollisionsnormen für nichtdeliktische außervertragliche Schuldverhältnisse immer stärker ausdifferenziert worden.[5] Der **Vorentwurf vom 3.5.2002**[6] und der **Kommissionsentwurf vom 22.7.2003** regelten die Anknüpfung von Ansprüchen aus ungerechtfertigter Bereicherung und Geschäftsführung ohne Auftrag gemeinsam in einer einzigen Vorschrift. Als Reaktion auf Kritik im Schrifttum[7] normierte 3

---

[1] BeckOGK/*Schinkels* Rn. 3; Soergel/*Wendelstein* Rn. 1; Erman/*Stürner* Rn. 1; HK-BGB/*Dörner* Rn. 1; *Dutoit* FS Pocar, 2009, 309 (322); *G. Fischer* FS Spellenberg, 2010, 151; *Legier* in Corneloup/Joubert, Le règlement communautaire „Rome II" sur la loi applicable aux obligations non contractuelles, 2008, 145.

[2] *Wurmnest* ZVglRWiss 116 (2017), 624 Fn. 10; *Junker* NJW 2007, 3675; *Leible* in Reichelt, Europäisches Gemeinschaftsrecht und IPR, 2007, 31 (36).

[3] BeckOGK/*Schinkels* Rn. 4; BeckOK BGB/*Spickhoff* Rn. 1; Rauscher/*Picht* Rn. 1; Erman/*Stürner* Rn. 1; *Carella* in Malatesta, The Unification of Choice-of-Law Rules on Torts and Other Non-Contractual Obligations in Europe, 2006, 73 (74 f.); *v. Hein* VersR 2007, 440 (450); *Lehmann/Duczek* JuS 2012, 788; *Leible/Lehmann* RIW 2007, 721 (732); *Looschelders* IPRax 2014, 406 (408); *Nehne* IPRax 2012, 136 (137); *Pitel* in Ahern/Binchy, The Rome II Regulation on the Law Applicable to Non-Contractual Obligations, 2009, 231.

[4] *G. Wagner* IPRax 2008, 1 (11); s. ferner *G. Fischer* FS Spellenberg, 2010, 151; Hamburg Group for Private International Law RabelsZ 67 (2003), 1 (31): „The proper law of a claim in tort and the proper law of a competing claim in restitution should run parallel to avoid conflicts of characterization.".

[5] BeckOGK/*Schinkels* Rn. 3 f.; Soergel/*Wendelstein* Rn. 2; *Dutoit* FS Pocar, 2009, 309 (322); *Kadner Graziano* RabelsZ 73 (2009), 1 (66); *Rushworth/Scott* Lloyd's M. C. L. Q. 2008, 274 (285); *Sonnentag* ZVglRWiss 105 (2006), 256 (298 ff.).

[6] Ausf. *Busse* RIW 2003, 406; *Dickinson* Eur. Bus. L. Rev. 13 (2002), 369 (378); Hamburg Group for Private International Law RabelsZ 67 (2003), 1 (28 ff.); *Nourissat/Treppoz* Clunet 130 (2003), 7.

[7] *Benecke* RIW 2003, 829 (831 f.); *Fricke* VersR 2005, 726 (741); *A. Fuchs* GPR 2004, 100 (104); *Huber/Bach* IPRax 2005, 73 (80 f.); *Kreuzer* in Reichelt/Rechberger EuropKollisionsR 13 (43 ff.); *Leible/Engel* EuZW 2004, 7 (14).

der **Geänderte Vorschlag vom 21.2.2006** unterschiedliche Kollisionsnormen für das IPR der ungerechtfertigten Bereicherung (Art. 10) und der Geschäftsführung ohne Auftrag (Art. 11). Der **Gemeinsame Standpunkt vom 25.9.2006,** auf dem die Rom II-VO beruht, fügte eine weitere Kollisionsnorm für außervertragliche Schuldverhältnisse aus Verhandlungen vor Abschluss eines Vertrags hinzu (Art. 12).

4 **2. Systematik und Prüfungsreihenfolge. a) Systematik der Art. 10–13.** Für Schäden aus außervertraglichen Schuldverhältnissen, die aufgrund einer anderen Handlung als einer unerlaubten Handlung – dh aus ungerechtfertigter Bereicherung, Geschäftsführung ohne Auftrag oder Verschulden bei Vertragsverhandlungen – entstanden sind, bestehen besondere Kollisionsnormen **(Erwägungsgrund 29).** Um den rechtspolitischen Anspruch der Rom II-VO einzulösen, das Kollisionsrecht der außervertraglichen Schuldverhältnisse vollständig zu regeln, bringt Kapitel III der Rom II-VO Vorschriften über die Anknüpfung außervertraglicher Schuldverhältnisse aus ungerechtfertigter Bereicherung **(Art. 10),** Geschäftsführung ohne Auftrag **(Art. 11)** und Verschulden bei Vertragsverhandlungen **(Art. 12).** Lediglich für außervertragliche Schuldverhältnisse aus einer Verletzung von Rechten des geistigen Eigentums bleibt es – gleichgültig, in welche Unterkategorie sie fallen – bei einer Einheitsanknüpfung **(Art. 13).**

5 **b) Dreistufige Anknüpfungsleiter (Art. 10 Abs. 1–3).** Die in Art. 10 normierten Kollisionsregeln für Ansprüche aus ungerechtfertigter Bereicherung basieren auf einer dreistufigen Anknüpfungsleiter, deren Stufen den ersten drei Absätzen des Art. 10 entsprechen: Gibt es zwischen dem Schuldverhältnis aus ungerechtfertigter Bereicherung und einem zwischen den Parteien **bestehenden Rechtsverhältnis** eine enge Verbindung, so wird akzessorisch an dieses Rechtsverhältnis angeknüpft: Maßgebend ist das Statut dieses Rechtsverhältnisses **(Abs. 1).**

6 Lässt sich das anzuwendende Recht nicht durch akzessorische Anknüpfung bestimmen, ist an zweiter Stelle das Recht des **gemeinsamen gewöhnlichen Aufenthalts** zur Anwendung berufen **(Abs. 2).** Anders als beim Deliktsstatut (Art. 4 Abs. 1, 2) ist das Recht des gemeinsamen gewöhnlichen Aufenthalts (lex domicilii communis) gegenüber der Regelanknüpfung nicht vorrangig, sondern nachrangig.[8]

7 Ist weder eine akzessorische Anknüpfung an ein bestehendes Rechtsverhältnis noch die Anknüpfung an einen gemeinsamen gewöhnlichen Aufenthalt der Parteien in demselben Staat möglich, so ist auf der dritten Stufe der Anknüpfungsleiter das Recht am **Ort des Bereicherungseintritts** anzuwenden **(Abs. 3).**

8 **c) Offensichtlich engere Verbindung (Art. 10 Abs. 4).** Kumulativ zu den vorstehenden Anknüpfungen ist – ebenso wie beim Deliktsstatut (Art. 4 Abs. 3) – eine **Ausweichklausel (Abs. 4)** zu beachten:[9] Ergibt sich aus der Gesamtheit der Umstände, dass das außervertragliche Schuldverhältnis aus ungerechtfertigter Bereicherung eine offensichtlich engere Verbindung mit einem anderen als dem in Abs. 1–3 bezeichneten Staat aufweist, ist das Recht dieses anderen Staates anzuwenden. Diese Ausweichklausel soll auch im IPR der ungerechtfertigten Bereicherung die erforderliche Flexibilität ermöglichen.

9 **d) Prüfungsreihenfolge.** Art. 10 schließt die **Rechtswahl** nach Art. 14 nicht aus.[10] Daher ist vorrangig nach einer Rechtswahlvereinbarung der Beteiligten zu fragen **(1. Prüfungsschritt).** Fehlt es an einer solchen, ist die dreistufige Anknüpfungsleiter der Abs. 1–3 anzuwenden **(Prüfungsschritte 2–4).** Ist die richtige Stufe dieser Anknüpfungsleiter gefunden, muss stets ergänzend gefragt werden, ob Anlass besteht, die Ausweichklausel des Abs. 4 heranzuziehen **(Prüfungsschritt 5).**

10 **3. Verhältnis zum deutschen Recht.** Das deutsche IPR der ungerechtfertigten Bereicherung (Art. 38 EGBGB) beschränkt sich auf einen **Kernbestand an Kollisionsregeln,** die allerdings – anders als Art. 40 Abs. 1, 2 EGBGB für Ansprüche aus unerlaubter Handlung – nicht einheitlich für alle Bereicherungsansprüche galten, sondern sich nach Leistungs-, Eingriffs- und sonstigen Kon-

---

[8] BeckOGK/*Schinkels* Rn. 5; HK-BGB/*Dörner* Rn. 1; Erman/*Stürner* Rn. 1; *Fallon* in Basedow/Baum/Nishitani, Japanese and European Private International Law in Comparative Perspective, 2008, 261 (277); *Kadner Graziano* Rev. crit. dr. int. pr. 97 (2008), 445 (502); *Schinkels* ZEuP 2018, 250 (255 f.).

[9] BeckOK BGB/*Spickhoff* Rn. 11 f.; PWW/*Fehrenbacher* Rn. 2 aE; Rauscher/*Picht* Rn. 42 ff.; *Heiss/Loacker* JBl. 2007, 613 (641); *Ofner* ZfRV 2008, 13 (20); *G. Wagner* IPRax 2008, 1 (11).

[10] BeckOGK/*Schinkels* Rn. 5; Soergel/*Wendelstein* Rn. 3; *v. Bar/Mankowski* IPR II § 2 Rn. 451; *Behrens,* Bereicherungsrechtliche Mehrpersonenverhältnisse im IPR, 2011, 107; *Carella* in Malatesta, The Unification of Choice-of-Law Rules on Torts and Other Non-Contractual Obligations in Europe, 2006, 73 (82); *Dutoit* FS Pocar, 2009, 309 (323); *Pitel* in Ahern/Binchy, The Rome II Regulation on the Law Applicable to Non-Contractual Obligations, 2009, 231 (240); *Sendmeyer* IPRax 2010, 500.

diktionen unterscheiden **(gegliederte Kollisionsnorm).** Rechtspolitisch halten manche eine solche Konzeption für vorzugswürdig.[11] An die Stelle der von manchen gewünschten Gliederung nach Anknüpfungsgegenständen tritt in der Rom II-VO eine Gliederung nach Anknüpfungsmerkmalen. Dennoch bringt die Rom II-VO – trotz unterschiedlicher Konzeption – nur bescheidene Neuerungen:[12]

a) Akzessorische Anknüpfung. Die akzessorische Anknüpfung des außervertraglichen Schuldverhältnisses aus ungerechtfertigter Bereicherung an ein bestehendes Rechtsverhältnis **(Abs. 1)** ergibt sich im deutschen IPR für die Leistungskondiktion aus Art. 38 Abs. 1 EGBGB (→ EGBGB Art. 38 Rn. 6 ff.). Auch diese Vorschrift setzt voraus, dass eine auf ein Rechtsverhältnis bezogene Leistung vorliegt und eine Bereicherung eingetreten ist.[13] Für die Nichtleistungskondiktionen ergibt sich die akzessorische Anknüpfung an ein bestehendes Rechtsverhältnis aus Art. 41 Abs. 2 Nr. 1 EGBGB (→ EGBGB Art. 38 Rn. 29). 11

b) Gemeinsamer gewöhnlicher Aufenthalt. Die Anknüpfung an den gemeinsamen gewöhnlichen Aufenthalt der Parteien in demselben Staat zum Zeitpunkt des Ereignisses, das die ungerechtfertigte Bereicherung zur Folge hat **(Abs. 2),** findet sich im deutschen Recht in Art. 41 Abs. 2 Nr. 2 EGBGB, allerdings nicht – wie in der Rom I-VO – als eine der Grundanknüpfungen einer festen Kollisionsnorm, sondern als Regelbeispiel für die Anwendung der Ausweichklausel (→ EGBGB Art. 38 Rn. 30). 12

c) Ort des Bereicherungseintritts. Die Verweisung auf das Recht des Staates, in welchem die ungerechtfertigte Bereicherung eingetreten ist **(Abs. 3),** folgt im deutschen IPR nahezu wortgleich aus Art. 38 Abs. 3 EGBGB, allerdings weder für die Leistungs- noch für die Eingriffskondiktion, sondern nur für „sonstige Fälle" der ungerechtfertigten Bereicherung, dh für Fälle, in denen weder eine Leistung noch ein Eingriff in ein geschütztes Interesse vorliegt.[14] 13

d) Ausweichklausel. Die Anknüpfung an den Staat, zu welchem das außervertragliche Schuldverhältnis aus ungerechtfertigter Bereicherung eine offensichtlich engere Verbindung aufweist als zu dem Staat, auf den die Regelanknüpfungen verweisen **(Abs. 4),** hat im deutschen IPR ihr Gegenstück in Art. 41 Abs. 1 EGBGB. Es handelt sich auch bei dieser Vorschrift um eine Korrektur im Wege des Rückgriffs auf das allgemeine Prinzip der engsten Verbindung.[15] 14

4. Verhältnis zur Rom I-VO. Gemäß Art. 12 Abs. 1 lit. e Rom I-VO ist das nach der Rom I-VO auf einen Vertrag anzuwendende Recht auch maßgebend für die **Folgen der Nichtigkeit des Vertrags.** Diese Regelung ist identisch mit Art. 10 Abs. 1 lit. e EVÜ (= Art. 32 Abs. 1 Nr. 5 EGBGB aF), so dass die zu diesen Vorschriften ergangene Rspr. und Lit. (→ EGBGB Art. 38 Rn. 6 f.) weiterhin herangezogen werden kann. Danach gehören zu den „Folgen der Nichtigkeit des Vertrags" auch **Bereicherungsansprüche,** die der Rückabwicklung des Vertrags dienen.[16] Kondiktionen, mit denen die Rückabwicklung nichtiger Schuldverträge im Anwendungsbereich des Art. 1 Abs. 1, 2 Rom I-VO geltend gemacht wird, werden folglich **unmittelbar nach der Rom I-VO** angeknüpft und nicht mittelbar – dh akzessorisch – über Art. 10 Abs. 1 Rom II-VO den Anknüpfungen der Rom I-VO unterstellt (→ Rn. 22 f.). 15

II. Anwendungsbereich

1. Zivil- und Handelssache. Der Anknüpfungsgegenstand des Art. 10 bestimmt sich über den Systembegriff der ungerechtfertigten Bereicherung. Dabei ist stets zu beachten, dass die Rom II-VO nur in **Zivil- und Handelssachen** einschlägig ist (→ Art. 1 Rn. 14 ff.): Ein Anspruch wegen rechtsgrundloser Vermögensverschiebung, der sich auf Rückzahlung einer von der EU-Kommission 16

---

11 Erman/*Stürner* Rn. 1; abw. *v. Bar/Mankowski* IPR II § 2 Rn. 448 (Funktion entscheidend).

12 BeckOK BGB/*Spickhoff* Rn. 1; *G. Fischer* FS Spellenberg, 2010, 151.

13 Ausf. NK-BGB/Huber EGBGB Art. 38 Rn. 5 ff.; Beck OK BGB/Spickhoff EGBGB Art. 38 Rn. 12 ff.; Busse RIW 1999, 16 (17 ff.); Eilinghoff, Das Kollisionsrecht der ungerechtfertigten Bereicherung nach dem IPR-Gesetz von 1999, 2004, S. 189 ff.

14 Ausf. NK-BGB/Huber EGBGB Art. 38 Rn. 21 f.; Staudinger/von Hoffmann/Fuchs (2001) EGBGB Art. 38 Rn. 17; BeckOK BGB/Spickhoff EGBGB Art. 38 Rn. 19; G. Fischer IPRax 2002, 1 (6 f.).

15 NK-BGB/Wagner EGBGB Art. 41 Rn. 1; *Junker* JZ 2000, 477 (483); *von Hein* ZVglRWiss 99 (2000), 251 (274 f.); Huber JA 2000, 67 (72).

16 BeckOGK/*Schinkels* Rn. 6; BeckOK BGB/*Spickhoff* Rn. 6; Erman/*Stürner* Rn. 1 aE, 2 aE; PWW/*Fehrenbacher* Rn. 3; *Bitter* IPRax 2008, 96 (98); *G. Fischer* FS Spellenberg, 2010, 151 (155); *Leible/Lehmann* RIW 2007, 721 (732); *Leible/Lehmann* RIW 2008, 528 (531); *Sendmeyer* IPRax 2010, 500 (503); zum dt. IPR *G. Fischer* IPRax 2002, 1 (3); *Hohloch/Jaeger* JuS 2000, 1133 (1134); *Kreuzer* RabelsZ 65 (2001), 383 (406); zum früheren dt. IPR *Schlechtriem* IPRax 1995, 65; *R. Wagner* IPRax 1998, 429 (431).

in einem wettbewerbsrechtlichen Verfahren verhängten Buße richtet, fällt somit nicht in den Anwendungsbereich der Rom II-VO.[17]

17 Dagegen kann eine Ausgleichsforderung wegen Nichtbegleichung einer Park- oder Mautforderung unter Art. 10 fallen, wenn das gemeindliche oder staatliche Park- oder Mautsystem privatrechtlich organisiert ist.[18]

2. Ungerechtfertigte Bereicherung. Die Rom II-VO enthält im Hinblick auf die Vielfalt der nationalen Einzelausprägungen des Bereicherungsrechts bewusst keine Definition der außervertraglichen Schuldverhältnisse aus ungerechtfertigter Bereicherung.[19] Da die Erwägungsgründe in Bezug auf den Begriff der ungerechtfertigten Bereicherung keine Qualifikationsverweisung auf die *lex fori* oder die *lex causae* aussprechen, unterliegt dieser Begriff der **einheitlichen europäischen Auslegung** (→ Vor Art. 1 Rn. 27 ff.). Es ist somit für Art. 10 weder notwendig noch hinreichend, dass im konkreten Fall ein Bereicherungsanspruch nach §§ 812 ff. BGB bestünde.[20]

18 Irritationen entstehen daraus, dass der **Kommissionsentwurf vom 22.7.2003** außervertragliche Schuldverhältnisse aus der **Begleichung fremder Verbindlichkeiten** pauschal der Anknüpfungsregel über die Geschäftsführung ohne Auftrag (Art. 11) zuweist.[21] Das scheint aber nur eine verkürzte Wiedergabe der Problematik zu sein, die eine differenzierende Betrachtung nicht ausschließt;[22] dafür spricht auch der Wortlaut des Abs. 1 („einschließlich von Zahlungen auf eine nicht bestehende Schuld"), der einen wertungsmäßig vergleichbaren Fall ausdrücklich hervorhebt.[23]

19 Das Wesen der **Geschäftsführung ohne Auftrag** ist das fremdnützige Tätigwerden einer Person im Interessenkreis einer anderen Person. Nur soweit der Dritte, der eine Verbindlichkeit erfüllt, mit Fremdgeschäftsführungswillen im Interessenbereich des Schuldners tätig wird, ist nach der Kollisionsnorm für die Geschäftsführung ohne Auftrag (Art. 11) anzuknüpfen.[24] Bei einer „unechten" Geschäftsführung ohne Auftrag richten sich die Rückgriffsansprüche gegen den Schuldner gemäß Art. 10 nach dem Bereicherungsstatut (→ Art. 11 Rn. 11).

20 **3. Autonome Begriffsbestimmung.** Die autonome Begriffsbestimmung muss sich an der rechtsordnungsübergreifend anerkannten Funktion des Bereicherungsrechts ausrichten: Es dient dazu, rechtsgrundlos erfolgte Vermögensverschiebungen rückabzuwickeln; im Fokus steht nicht, wie beim Ausgleich von Schäden, der Vermögensnachteil des Gläubigers, sondern die **Mehrung des Schuldnervermögens,** die abgeschöpft werden soll.[25] In diesem Rahmen erfasst Art. 10 auch die bei Geschäftsunfähigen oder beschränkt Geschäftsfähigen **(Minderjährigen)** eingetretene Vermögensmehrung.[26]

21 **4. Ausgeschlossene Kondiktionen.** Vom Anwendungsbereich der Rom II-VO ausgeschlossen sind Bereicherungsansprüche wegen Ausbeutung fremder **Persönlichkeitsrechte** (Art. 1 Abs. 2 lit. g). Kondiktionen wegen Eingriffs in **Immaterialgüterrechte** unterstellt Art. 13 der Anknüpfung nach Art. 8. Keine bereicherungsrechtliche Qualifikation erfahren die Folgen der **Insolvenzanfechtung;** das Gleiche gilt für die **Gläubigeranfechtung** außerhalb der Insolvenz (→ Art. 1 Rn. 30). Die Rückabwicklung nichtiger Schuldverträge ist bereicherungsrechtlich zu qualifizieren, unterliegt aber der Rom I-VO als lex specialis (→ Rn. 22 f.).

---

[17] Vgl. zur Brüssel Ia-VO EuGH EuZW 2016, 782 – Siemens AG Österreich; *Junker* IZPR § 4 Rn. 6.

[18] AG München BeckRS 2020, 5320 Rn. 25 f.; s. zur Brüssel Ia-VO EuGH NVwZ 2021, 1283 Rn. 73 – Obala i Lučice; EuZW 2017, 686 Rn. 39 – Pula Parking; ausf. Junker IZPR § 4 Rn. 7.

[19] KOM(2003) 427 endg., 23.

[20] *v. Bar/Mankowski* IPR II § 2 Rn. 447; Erman/*Stürner* Rn. 11; Rauscher/*Picht* Rn. 9; NK-BGB/*Limbach* Rn. 4; Beispiel für einen Anspruch aus unjust enrichment nach engl. Recht: Deutsche Morgan Grenfell v. Inland Revenue Commissioners [2006] UKHL 49, [2007] AC 448 Rn. 150 ff. (Lord Walker); s. auch OGH 27.5.2015 – 6 Ob 29/15f, IPRax 2017, 515.

[21] KOM(2003) 427 endg., 24.

[22] BeckOGK/*Schinkels* Rn. 10; BeckOK BGB/*Spickhoff* Rn. 3; Rauscher/*Picht* Rn. 10; *Heiss/Loacker* JBl. 2007, 613 (641); rechtsvergleichend *Meier* RabelsZ 80 (2016), 851 (860 ff.).

[23] Ausf. Soergel/*Wendelstein* Rn. 6; s. auch *Finkelmeier,* Qualifikation der Vindikation und des Eigentümer-Besitzer-Verhältnisses, 2016, 266: Abschöpfung eines Vermögenszuwachses.

[24] Ausf. Staudinger/*Maultzsch,* 2023, Rn. 20 ff., dort auch zur Abgrenzung gegenüber dem Deliktsstatut und dem Sachstatut; s. auch *Fritsch,* Das Kollisionsrecht der Geschäftsführung ohne Auftrag, 2022, 98 ff., 103.

[25] BeckOGK/*Schinkels* Rn. 10 ff.; BeckOK BGB/*Spickhoff* Rn. 3; *v. Bar/Mankowski* IPR II § 2 Rn. 448 f.; *Dickinson* The Rome II Regulation Rn. 10.19; *Behrens,* Bereicherungsrechtliche Mehrpersonenverhältnisse im IPR, 2011, 61 ff.; zum dt. IPR OLG München IPRspr. 1998, Nr. 37, 72; *Kegel/Schurig* IPR 617; *G. Fischer* IPRax 2002, 1; *Kreuzer* RabelsZ 65 (2001), 383 (405 ff.); rechtsvergleichend *Schlechtriem,* Restitution und Bereicherungsausgleich in Europa, Bd. I, 2000, Kap. 1 Rn. 117 ff.; zum franz. Recht *Meier* RabelsZ 80 (2016), 851 (857 ff.).

[26] BeckOK BGB/*Spickhoff* Rn. 4; NK-BGB/*Limbach* Rn. 10.

III. Anknüpfungspunkte

1. Akzessorische Anknüpfung (Abs. 1). a) Vorrang des Art. 12 Abs. 1 lit. e Rom I-VO. Wenn und soweit ein außervertragliches Schuldverhältnis aus ungerechtfertigter Bereicherung die **Rückabwicklung eines nichtigen Vertrags** im Anwendungsbereich des Art. 1 Abs. 1, 2 Rom I-VO zum Gegenstand hat, ergibt sich die **Maßgeblichkeit des Vertragsstatuts** für dieses außervertragliche Schuldverhältnis aus Art. 12 Abs. 1 lit. e Rom I-VO. Die hM unterstellt nicht bloß die Folgen nichtiger Verträge, sondern – über den Wortlaut des Art. 12 Abs. 1 lit. e Rom I-VO hinaus – auch die **Folgen unwirksamer oder fehlerhafter Verträge** dem nach Art. 3 ff. Rom I-VO ermittelten Vertragsstatut (→ Rom I-VO Art. 12 Rn. 144 ff.). 22

Hinsichtlich nichtiger, unwirksamer und fehlerhafter Verträge sind daher die Art. 3 ff. iVm Art. 12 Abs. 1 lit. e Rom I-VO im Verhältnis zu Art. 10 Rom II-VO lex specialis für die Anknüpfung von Bereicherungsansprüchen.[27] Im praktischen Ergebnis wirkt sich dieser partielle Vorrang der Rom I-VO nicht aus, da über Art. 10 Abs. 1 Rom II-VO das gleiche Resultat – wenn auch über den „Umweg" einer akzessorischen Anknüpfung – erzielt würde (zur Anwendung des Art. 10 Abs. 1 lit. e EVÜ auf vor dem Anwendungsbeginn der Rom I-VO am 17.12.2009 geschlossene Verträge → Art. 28 Rn. 16 ff.). 23

b) Voraussetzungen des Abs. 1. Die akzessorische Anknüpfung nach Abs. 1 setzt voraus, dass sich das außervertragliche Schuldverhältnis aus ungerechtfertigter Bereicherung auf ein zwischen dem **Bereicherungsschuldner** und dem **Bereicherungsgläubiger** bestehendes Rechtsverhältnis bezieht, das eine enge Verbindung mit dieser ungerechtfertigten Bereicherung aufweist. Anders als auf dem Gebiet der unerlaubten Handlungen (Art. 4) ist ein zwischen den Parteien bestehendes Rechtsverhältnis im Bereich des Art. 10 nicht nur Regelbeispiel für die Ausweichklausel, sondern verbindlicher – und vorrangiger – Anknüpfungspunkt. Wie sich aus dem Wortlaut des Abs. 1 ergibt („wie ein Vertrag oder eine unerlaubte Handlung"), sind **Rechtsverhältnisse** nicht nur vertragliche, sondern auch gesetzliche Sonderbeziehungen.[28] Weil für die Rückabwicklung von Leistungen aus vertraglichen Schuldverhältnissen in der Regel die Rom I-VO maßgebend ist (→ Rn. 22 f.), erfasst Abs. 1 in der Regel Zahlungen auf vermeintliche delikts-, unterhalts- oder erbrechtliche Schuldverhältnisse.[29] 24

Beispiel:
Verkehrsunfall in Frankreich, französischer LKW-Fahrer zerstört Opel (Laufleistung 225.000 km) eines Saarländers. Die französische Versicherung zahlt irrtümlich 800 Euro zu viel, da Restwert des Opel geringer als angenommen. – Ein etwaiger Bereicherungsanspruch der Versicherung wird akzessorisch an das Statut der unerlaubten Handlung angeknüpft (Art. 10 Abs. 1) und beurteilt sich somit nach französischem Recht (Art. 4 Abs. 1).[30]

aa) Bestehendes Rechtsverhältnis. Was mit einem „bestehenden" Rechtsverhältnis gemeint ist, erschließt sich nicht unmittelbar aus dem Wortlaut des Abs. 1. Anhand der Erläuterung der Kommission[31] ergeben sich folgende Anhaltspunkte: Ein schuldvertragliches Rechtsverhältnis kann unabhängig vom (wirksamen) Vertragsschluss bestehen. Es **entsteht,** sobald sich Pflichten – dh nicht notwendig (Primär-) Leistungspflichten – für die Parteien ergeben. Es **dauert an,** solange Pflichten zwischen den Parteien fortbestehen. Damit sind vor- und nachvertragliche Verhältnisse sowie nichtige Verträge erfasst.[32] Dem erklärten Ziel der Rom II-VO, der akzessorischen Anknüpfung im 25

---

27 Ausf. Staudinger/*Maultzsch,* 2023, Rn. 11 ff.; s. auch BeckOK BGB/*Spickhoff* Rn. 6; Soergel/*Wendelstein* Rn. 6; Erman/*Stürner* Rn. 1 aE, 2 aE; *v. Bar/Mankowski* IPR II § 2 Rn. 455 ff.; *Behrens,* Bereicherungsrechtliche Mehrpersonenverhältnisse im IPR, 2011, 56 ff.; *Bitter* IPRax 2008, 96 (98); *Crawford/Carruthers* Int. Comp. L. Q. 63 (2014), 1 (14); s. zum früheren IPR (Art. 10 Abs. 1 lit. e EVÜ/Art. 32 Abs. 1 Nr. 5 EGBGB aF) *G. Fischer* IPRax 2002, 1 (3); *Hohloch/Jaeger* JuS 2000, 1133 (1134); *Pfeiffer* NJW 1999, 3674 (3675); *Spickhoff* NJW 1999, 2209 (2211).

28 KOM (2003) 427 endg., 9; LG Saarbrücken NJW-RR 2012, 885 (887); OLG Schleswig BeckRS 2021, 26848 = NZI 2021, 1064 Ls.; HK-BGB/*Dörner* Rn. 6; *Dutoit* FS Pocar, 2009, 309 (322); *G. Fischer* FS Spellenberg, 2010, 151 (152 f.); *Kadner Graziano* RabelsZ 73 (2009), 1 (66); ausf. *Lüttringhaus* ZEuP 2023, 998 (1006 ff.); abw. Erman/*Stürner* Rn. 5: „in erster Linie ein vertragliches Schuldverhältnis".

29 Staudinger/*Maultzsch,* 2023, Rn. 34 ff.; *Leible/Lehmann* RIW 2007, 721 (732); *Lehmann/Duczek* JuS 2012, 788.

30 LG Saarbrücken NJW-RR 2012, 885 (887); s. auch OLG Hamm BeckRS 2017, 136396: Überzahlung auf Forderung aus unerlaubter Handlun).

31 KOM(2003) 427 endg., 14, 24.

32 *Leible/Lehmann* RIW 2007, 721 (732); abw. zum Vorentwurf vom 3.5.2002 *Busse* RIW 2003, 406 (407); eine sprachliche Klarstellung empfahl die Hamburg Group for Private International Law RabelsZ 67 (2003), 1 (31): „a relationship previously existing *or supposed to be existing*"; dazu *Huber/Bach* IPRax 2005, 73 (80); *Nourissat/Treppoz* Clunet 130 (2003), 7 (26).

Bereich des Art. 10 möglichst große Bedeutung einzuräumen, kommt dieses **weite Begriffsverständnis** entgegen. Wie sich aus dem Wortlautvergleich von Abs. 1 mit Art. 4 Abs. 3 S. 2 („bereits" bestehendes Rechtsverhältnis) ergibt, muss das Rechtsverhältnis nicht schon vor dem Eintritt der Bereicherung bestanden haben, sondern kann auch gleichzeitig entstehen[33] (vgl. zum autonomen deutschen IPR → EGBGB Art. 41 Rn. 15).

26 Ausgehend von diesem Begriff des bestehenden Rechtsverhältnisses sind Fälle der **Leistungskondiktion** grundsätzlich nach Abs. 1 akzessorisch anzuknüpfen, soweit nicht Art. 12 Abs. 1 lit. e Rom I-VO einschlägig ist (→ Rn. 22 f.). „Bestehendes" Rechtsverhältnis meint nicht „wirksames" Rechtsverhältnis, sondern erfasst, wie das Legalbeispiel „Zahlung auf eine nicht bestehende Schuld" zeigt, auch das intendierte, aber nicht (wirksam) zustande gekommene rechtliche Verhältnis: Gegenstand des Abs. 1 sind gerade Leistungen auf vermeintliche oder unwirksame Rechtsverhältnisse.[34] Eine deliktsakzessorische Anknüpfung der **Eingriffskondiktion** ist ebenfalls möglich, weil der (schuldhafte) Eingriff in fremde Rechtsgüter die Schuldverhältnisse der unerlaubten Handlung und der ungerechtfertigten Bereicherung gleichzeitig entstehen lässt, so dass den Voraussetzungen des Abs. 1 Genüge getan ist.[35] Schließlich muss das Rechtsverhältnis **zwischen den Parteien** bestehen. Die Parteien des Schuldverhältnisses aus ungerechtfertigter Bereicherung und die Parteien der Basisbeziehung, des „bestehenden Rechtsverhältnisses", müssen dieselben sein.

27 **bb) Enge Verbindung.** Die „enge Verbindung" des bestehenden Rechtsverhältnisses mit dem außervertraglichen Schuldverhältnis kann bei Nichtleistungskondiktionen, insbesondere Eingriffs- oder Rückgriffskondiktionen, problematisch sein. Nach verbreiteter Ansicht kommen für die Eingriffskondiktion nicht nur solche deliktischen Rechtsbeziehungen in Betracht, die zeitlich vor dem Bereicherungsvorgang entstanden sind, sondern auch solche, die mit der Vermögensverschiebung zusammenfallen (→ Rn. 26). Das führt aber nur zur Anwendbarkeit des Abs. 1, wenn eine „enge Verbindung" ihre Ursache auch in tatsächlichen Gegebenheiten haben kann.[36]

Beispiel:
Das House of Lords entschied einen Fall, in welchem es um das Tankschiff „Universe Sentinel" ging. Das unter liberianischer Flagge fahrende Schiff wurde in Milford Haven durch eine Blockade der Internationalen Transportarbeiter-Gewerkschaft ITF blockiert und unter dem Druck der Blockade schließlich von den Reedern durch Zahlungen an die Gewerkschaft ausgelöst. Als das Schiff frei war, klagten die Reeder auf Rückzahlung. Das House of Lords qualifizierte die Blockade als Arbeitskampf und den Regressanspruch als einen solchen aus ungerechtfertigter Bereicherung.[37] Folgt man der bereicherungsrechtlichen Qualifikation des Rückgriffsanspruchs, was allerdings bei einheitlicher europäischer Auslegung (→ Rn. 20 f.) zweifelhaft ist (eher wäre an einen deliktischen Anspruch aus Erpressung zu denken),[38] wäre der Anspruch unter Geltung der Rom II-VO nach Abs. 1 akzessorisch an das Arbeitskampfstatut anzuknüpfen (nicht identisch mit dem Arbeitskampfdeliktsstatut, → Art. 9 Rn. 26). Die erforderliche enge Verbindung ergibt sich aus dem tatsächlichen Umstand, dass die Zahlung nur unter dem Druck des Arbeitskampfs geleistet wurde.[39]

28 **2. Gemeinsamer gewöhnlicher Aufenthalt (Abs. 2).** Fehlt es an einem Rechtsverhältnis zwischen dem Bereicherungsschuldner und dem Bereicherungsgläubiger, an das nach Abs. 1 angeknüpft werden kann, kommt die *lex domicilii communis* zum Zuge (Abs. 2).[40] **Voraussetzung** ist, dass der Bereicherte und der Entreicherte zum Zeitpunkt des Ereignisses, das die ungerechtfertigte Bereicherung zur Folge hat,[41] ihren gewöhnlichen Aufenthalt in ein und demselben Staat haben

[33] Im engl. und franz. Wortlaut des Kommissionsentwurfs vom 22.7.2003 hieß es noch „a relationship *previously* existing" und „une relation *pré*existante"; ausf. *Benecke* RIW 2003, 830 (832).

[34] Staudinger/*Maultzsch,* 2023, Rn. 37; BeckOK BGB/*Spickhoff* Rn. 6; Rauscher/*Picht* Rn. 21; *Dutoit* FS Pocar, 2009, 309 (322); *Huber/Bach* IPRax 2005, 73 (80); *Legier* in Corneloup/Joubert, Le règlement communautaire „Rome II" sur la loi applicable aux obligations non contractuelles, 2008, 145 (152).

[35] Erman/*Stürner* Rn. 7; NK-BGB/*Limbach* Rn. 21; HK-BGB/*Dörner* Rn. 6; *G. Fischer* FS Spellenberg, 2010, 151 (152 f.); *Heiss/Loacker* JBl. 2007, 613 (641); *G. Wagner* IPRax 2008, 1 (11); diff. Staudinger/*Maultzsch,* 2023, Rn. 38; aA PWW/*Fehrenbacher* Rn. 5; Rauscher/*Picht* Rn. 29; *Siehr* RabelsZ 74 (2010), 139 (151): „pre-existing relationship".

[36] Rauscher/*Picht* Rn. 28; *Behrens,* Bereicherungsrechtliche Mehrpersonenverhältnisse im IPR, 2011, 82; *Carella* in Malatesta, The Unification of Choice-of-Law-Rules on Torts and Other Non-Contractual Obligations in Europe, 2006, 73 (78); *Dutoit* FS Pocar, 2009, 309 (322); *Rudolf* ÖJZ 2010, 300 (306); *Sujecki* EWS 2009, 310 (317).

[37] Universe Tankships v. I.T.F. [1983] 1 A. C. 366 (H.L.).

[38] *Lehmann/Duczek* JuS 2012, 788; aus engl. Sicht *Dickinson* The Rome II Regulation Rn. 4.12; *Rushworth/Scott* Lloyd's M. C. L. Q. 2008, 274 (285–286).

[39] Ausf. *Siehr* RabelsZ 74 (2010), 139 (152).

[40] Ausf. Staudinger/*Maultzsch,* 2023, Rn. 50 ff.; rechtsvergleichend *Chong* Int. Comp. L. Q. 57 (2008), 863 (880 ff.).

[41] PWW/*Fehrenbacher* Rn. 2; *G. Fischer* FS Spellenberg, 2010, 151 (154); *Lehmann/Duczek* JuS 2012, 788; *Rudolf* ÖJZ 2010, 300 (306).

(zum Begriff des gewöhnlichen Aufenthalts → Art. 23 Rn. 19 f.). **Parallelvorschriften** innerhalb der Rom II-VO, die ebenfalls auf den gemeinsamen gewöhnlichen Aufenthalt der Parteien abstellen, finden sich in Art. 4 Abs. 2 (auf den Art. 5 Abs. 1 S. 1, Art. 6 Abs. 2 und Art. 9 verweisen), in Art. 11 Abs. 2 und in Art. 12 Abs. 2 lit. b, so dass im Verhältnis zu diesen Vorschriften bei Anspruchskonkurrenz der **Gleichklang der Anknüpfungen** gewährleistet ist.[42]

3. Ort des Bereicherungseintritts (Abs. 3). Kommt auch eine Anknüpfung nach Abs. 2 nicht in Betracht, beruft Abs. 3 für Ansprüche aus ungerechtfertigter Bereicherung das Recht des Staates zur Anwendung, an dem die **Bereicherung eingetreten** ist. Es kommt also nicht auf den Ort der vermögensverschiebenden Handlung an, sondern auf den Ort des Bereicherungseintritts.[43] Entscheidend ist der Ort, an dem das Vermögen des Bereicherungsschuldners eine Mehrung erfahren hat. Bei der **Verwendungskondiktion** ist das der Lageort der Sache, auf welche die Verwendung gemacht wurde, bei der **Direktkondiktion** nach unwirksamer Anweisung (→ Rn. 26) der gewöhnliche Aufenthaltsort des Begünstigten und bei rechtsgrundloser Zahlung auf ein **Bankkonto** der Sitz des kontoführenden Instituts; dass sich außerdem das Gesamtvermögen des Bereicherungsschuldners vermehrt, führt nicht zur Anwendung seines Aufenthaltsrechts.[44] 29

Die Domäne des Abs. 3 sind diejenigen Bereicherungsansprüche, mit denen typischerweise **kein bestehendes Rechtsverhältnis** der Parteien (Abs. 1) einhergeht: die Bereicherung durch Eingriff in ein geschütztes Interesse, zB durch Nutzung oder Verbrauch fremder Sachen, die Bereicherung durch Verbindung, Vermischung oder Verarbeitung von Sachen sowie die Kondiktion durch denjenigen, zu dessen Lasten eine Verfügung eines Nichtberechtigten geht (vgl. § 816 Abs. 1 BGB) oder in dessen Forderungszuständigkeit eingegriffen wird (vgl. § 816 Abs. 2 BGB).[45] Wenn kein gemeinsamer gewöhnlicher Aufenthalt der Beteiligten vorhanden ist (Abs. 2), findet in diesen und anderen Fällen – mangels Einschlägigkeit des Abs. 1 – in der Regel Abs. 3 Anwendung.[46] 30

Beispiel:
Die verwitwete Klägerin (K) hatte den Beklagten (B) im Ägyptenurlaub kennengelernt und mit ihm eine sexuelle Beziehung begonnen. In deren Verlauf überwies sie ihm von Frankreich aus, wo sie ihren gewöhnlichen Aufenthalt hat, 20.000 Euro mit unklarer Zweckbestimmung auf ein ägyptisches Konto. Nachdem B die Beziehung abgebrochen, eine Deutsche geheiratet hat und nach Bamberg gezogen ist, verlangt K vor dem LG Bamberg unter dem Gesichtspunkt der ungerechtfertigten Bereicherung das Geld zurück. – Ein etwaiger Bereicherungsanspruch unterliegt nach Abs. 3 dem ägyptischen Recht, da die behauptete Bereicherung des B in Ägypten eingetreten ist und weder ein Rechtsverhältnis noch ein domicilium communis von K und B besteht.[47]

Die Anknüpfung nach Abs. 3 gewährleistet in der Regel den **Anknüpfungsgleichklang** mit dem Statut der unerlaubten Handlung nach Art. 4 Abs. 1.[48] Der Ort des Bereicherungseintritts muss aber nicht zwangsläufig mit dem **Ort des Schadenseintritts** nach Art. 4 Abs. 1 zusammenfallen, da sich der Gewinn des Bereicherungsschuldners nicht an dem Ort niederschlagen muss, an dem die geschützte Vermögensposition des Geschädigten und Bereicherungsgläubigers verletzt wurde.[49] 31

4. Offensichtlich engere Verbindung (Abs. 4). Die Anknüpfungen der Abs. 1, 2 und 3 stehen unter dem Vorbehalt einer offensichtlich engeren Verbindung des außervertraglichen Schuldverhältnisses der ungerechtfertigten Bereicherung mit einem anderen Staat (Abs. 4). Im Interesse der 32

---

42 Rauscher/*Picht* Rn. 34; *Kreuzer* in Reichelt/Rechberger EuropKollisionsR 13 (45); *Sonnentag* ZVglRWiss 105 (2006), 256, 300.

43 Staudinger/*Maultzsch,* 2023, Rn. 57; Rauscher/*Picht* Rn. 39 ff.; *Leible/Lehmann* RIW 2007, 721 (732); *Chong* Int. Comp. L. Q. 57 (2008), 863 (882 ff.); s. zu früheren Entwürfen *Benecke* RIW 2003, 830 (832); *Busse* RIW 2003, 406 (409); *Huber/Bach* IPRax 2005, 73 (81); *Leible/Engel* EuZW 2004, 7 (14); *Nourissat/Treppoz* Clunet 130 (2003), 7 (26): „la loi de lieu de l'enrichissement et non […] la loi de lieu de l'appauvrissement"; idS zum früheren Recht *R. Wagner* EuZW 1999, 709 (714); krit. *Kropholler/v. Hein* FS Heldrich, 2005, 793 (809).

44 HK-BGB/*Dörner* Rn. 9; *G. Fischer* FS Spellenberg, 2010, 151 (154 f.), dort auch zum Bereicherungsort bei Ersparnis von Aufwendungen; *Kadner Graziano* RabelsZ 73 (2009), 1 (66 f.) zum Bereicherungsort bei Banküberweisungsketten; *Rushworth/Scott* Lloyd's M. C. L. Q. 2008, 274 (287 f.) zur Auflockerung durch Abs. 4; idS zum früheren Recht *G. Fischer* IPRax 2002, 1 (7); *Jayme* FS W. Lorenz, 2001, 315 (316); *Schlechtriem* IPRax 1987, 356 (357).

45 Zum Bereicherungsort bei einem Eingriff in die Forderungszuständigkeit HK-BGB/*Dörner* Rn. 9.

46 BeckOK BGB/*Spickhoff* Rn. 9; Staudinger/*Maultzsch,* 2023, Rn. 63; *Kadner Graziano* RabelsZ 73 (2009), 1 (66 f.).

47 LG Bamberg IPRax 2019, 329 mAnm *Jayme.*

48 BeckOK BGB/*Spickhoff* Rn. 9 aE; Rauscher/*Picht* Rn. 38; *G. Wagner* IPRax 2008, 1 (11).

49 Staudinger/*Maultzsch,* 2023, Rn. 58; *Leible/Lehmann* RIW 2007, 721 (732); *G. Fischer* FS Spellenberg, 2010, 151 (154).

einheitlichen und vorhersehbaren Rechtsanwendung ist Abs. 4 ebenso auszulegen wie der gleichlautende Art. 4 Abs. 3 S. 1 (→ Art. 4 Rn. 64 ff.). Der Korrekturmechanismus dieser „Berichtigungsklausel"[50] soll auf der einen Seite die nötige Flexibilität der Anknüpfung herstellen, aber auf der anderen Seite durch die Hürde der „offensichtlich" engeren Verbindung einer vorschnellen Verwerfung der Regelanknüpfung vorbeugen.[51]

33 Die Korrekturklausel ist daher auf eine zurückhaltende Anwendung ausgelegt, wobei sich aus Einzelfällen naturgemäß **Fallgruppen** entwickeln,[52] die vor allem im bereicherungsrechtlichen Dreiecksverhältnis relevant werden könnten. Da Abs. 1 die akzessorische Anknüpfung – als wichtigen Anwendungsfall der Auflockerung – gesondert regelt, dürften für die Berichtigungsklausel des Abs. 4 nur vereinzelte Anwendungsfälle verbleiben. Vorstellbar ist zB eine akzessorische Anknüpfung der **Tilgung fremder Schulden** an das Statut dieser Verbindlichkeit[53] (→ Rn. 22; → Art. 11 Rn. 29), wenn Abs. 1 nicht für anwendbar gehalten wird, weil das „Rechtsverhältnis" zwischen dem Bereicherungsschuldner und einem Dritten (und nicht dem Bereicherungsgläubiger) besteht.[54]

IV. Mehrpersonenverhältnisse

34 Eine spezielle Regelung für Mehrpersonenverhältnisse (Dreiecksverhältnisse) hielt der Verordnungsgeber für entbehrlich. Nach hM folgt die Rückabwicklung ungerechtfertigter Bereicherungen dem nach **Abs. 1** ermittelten **Leistungsstatut,** wenn die Vermögensmehrung einer Leistungsbeziehung zugeordnet werden kann: Maßgebend ist im Interesse des Schuldnerschutzes diejenige Rechtsbeziehung, auf die aus der **Sicht des Leistungsempfängers** geleistet wurde.[55] Soweit es um die Abwicklung der Folgen unwirksamer oder fehlerhafter Verträge geht, hat allerdings auch in Mehrpersonenbeziehungen die Anknüpfungen nach Art. 3 ff. iVm **Art. 12 Abs. 1 lit. e Rom I-VO** den Vorrang[56] (→ Rn. 22 f.).

35 **1. Freiwillige Tilgung fremder Schulden.** Wenn ein Dritter eine bekanntermaßen fremde Verbindlichkeit begleicht, kann der **Bereicherungsanspruch des Dritten gegen den Gläubiger** (Zahlungsempfänger), zB wegen Nichtbestehens der Valutaschuld, dem Statut der getilgten Forderung nach Abs. 1 nur unterstehen, wenn man sich über die Formulierung „zwischen den Parteien bestehendes Rechtsverhältnis" (Abs. 1) hinwegsetzt. In Fortschreibung der bisherigen deutschen Rechtslage[57] geht ein Teil der Lit. in der Tat den Weg der akzessorischen Anknüpfung an das Statut der getilgten Forderung gemäß **Abs. 1,**[58] während die wohl hM die fast einhellig für richtig gehaltene Anwendung des Statuts der getilgten Verbindlichkeit auf **Abs. 4** als Ausnahme von den Regelanknüpfungen nach Abs. 2, 3 stützt.[59] Der **Rückgriffsanspruch des Dritten gegen den Schuldner** der getilgten Verbindlichkeit untersteht nach der zuerst referierten Ansicht gemäß Abs. 1 ebenfalls dem Statut der Forderung, auf die geleistet wurde, während die hM den Bereicherungsrückgriff gemäß Abs. 1 dem Statut eines zwischen dem Dritten und dem Schuldner bestehenden oder angenommenen Rechtsverhältnis unterstellt.[60] Will der Dritte dagegen keine bekanntermaßen fremde,

---

50 *Kreuzer* in Reichelt/Rechberger EuropKollisionsR 13 (43).

51 BeckOGK/Schinkels Rn. 40; BeckOK BGB/Spickhoff Rn. 11; Rauscher/Picht Rn. 44; von Bar/Mankowski IPR II § 2 Rn. 477.

52 Staudinger/*Maultzsch,* 2023, Rn. 68; Behrens, Bereicherungsrechtliche Mehrpersonenverhältnisse im IPR, 2011, 104 f.

53 OLG Saarbrücken BeckRS 2020, 2943 = NZI 2020, 443 Rn. 77; Rauscher/*Picht* Rn. 47; *G. Fischer* FS Spellenberg, 2010, 151 (156 f.); *Leible/Engel* EuZW 2004, 7 (14–15).

54 Staudinger/*Maultzsch,* 2023, Rn. 69; jurisPK BGB/Otto Rn. 27; *Pitel* in Ahern/Binchy, The Rome II Regulation on the Law Applicable to Non-Contractual Obligations, 2009, 231 (252); *Benecke* RIW 2003, 830 (832); ausf. zu Abs. 4 *Chong* Int. Comp. L. Q. 57 (2008), 863 (888 ff.).

55 Staudinger/*Maultzsch,* 2023, Rn. 39; BeckOK BGB/*Spickhoff* Rn. 7; HK-BGB/*Dörner* Rn. 7; PWW/*Fehrenbacher* Rn. 3 aE; *Behrens,* Bereicherungsrechtliche Mehrpersonenverhältnisse im IPR, 2011, 163; abw. Rauscher/*Picht* Rn. 46; *G. Fischer* FS Spellenberg, 2010, 151 (160); zum dt. IPR BGH NJW 1987 = IPRax 1987, 186 mAnm *Jayme* – Anweisungsfall; *Einsele* JZ 1993, 1025 (1027); *W. Lorenz* NJW 1990, 607 (609 f.); *W. Lorenz* FS Zweigert, 1981, 199 (221 f.); *Schlechtriem* IPRax 1995, 65 (70).

56 Staudinger/*Maultzsch,* 2023, Rn. 38; BeckOGK/*Schinkels* Rn. 42; HK-BGB/*Dörner* Rn. 7 aE.

57 *Einsele* JZ 1993, 1025 (1026); vor der IPR-Reform von 1999 *Hay,* Ungerechtfertigte Bereicherung im IPR, 1978, 32; *W. Lorenz* FS Zweigert, 1981, 199 (216); *Schlechtriem* IPRax 1995, 65 (67).

58 BeckOK BGB/*Spickhoff* Rn. 7.

59 Staudinger/*Maultzsch,* 2023, Rn. 74; Rauscher/*Picht* Rn. 47; *Behrens,* Bereicherungsrechtliche Mehrpersonenverhältnisse im IPR, 2011, 280; *G. Fischer* FS Spellenberg, 2010, 151 (159); aA *Dickinson* The Rome II Regulation Rn. 10.34: Abs. 2, 3.

60 *Behrens,* Bereicherungsrechtliche Mehrpersonenverhältnisse im IPR, 2011, 279; *G. Fischer* FS Spellenberg, 2010, 151 (158 f.); *Lehmann/Duczek* JuS 2012, 788; *Leible/Lehmann* RIW 2007, 721 (732).

sondern eine vermeintlich eigene Verbindlichkeit gegenüber dem Schuldner tilgen, ist nach allg. Ansicht das Statut der vermeintlichen Verbindlichkeit gemäß Abs. 1 anwendbar.[61]

2. Bürgen- und Garantenzahlungen. Im Unterschied zu der Fallgruppe der freiwilligen Drittleistung beruht die Bürgen- oder Garantenleistung auf einer schuldrechtlichen Verpflichtung gegenüber dem Gläubiger der Hauptforderung (Bürgschafts- bzw. Sicherungsvertrag). Da die Leistung des Bürgen (Garanten) auf diesen Vertrag bezogen ist, bestimmt nach **Abs. 1** das diesen Vertrag beherrschende Recht auch darüber, ob und ggf. unter welchen Voraussetzungen eine rechtsgrundlose Zahlung oder Garantie kondiziert werden kann; eine akzessorische Anknüpfung an die Hauptschuld gemäß **Abs. 4** wird von der hM abgelehnt.[62] 36

Für den bereicherungsrechtlichen Regress des Sicherungsgebers (Bürge, Garant) gilt nach verbreiteter Ansicht die auf die Hauptverpflichtung des Schuldners anzuwendende Rechtsordnung bei unveranlasster Gewährung der Sicherheit; bei einer vom Schuldner veranlassten Gewährung der Sicherheit ist nach Abs. 1 die auf das Rechtsverhältnis des Schuldners mit dem Bürgen (Garanten) anzuwendende Rechtsordnung maßgebend.[63] 37

3. Direktansprüche gegen Versicherungen. Ein Mehrpersonenverhältnis ergibt sich auch, wenn ein Geschädigter nicht nur einen Anspruch gegen den Schädiger hat, sondern auch einen direkten Anspruch gegen dessen Versicherer (→ Art. 18 Rn. 15). Dabei ist nicht nur an den Direktanspruch des Unfallopfers gegen die Kraftfahrzeug-Haftpflichtversicherung (§ 1 PflVG) des Haftenden zu denken (§ 115 VVG),[64] sondern auch an andere spezialgesetzliche Regelungen. So sieht § 19a Abs. 2 S. 2 BNotO eine Vorleistungspflicht der Berufshaftpflichtversicherung des Notars bis zur Höhe der Mindestdeckungssumme vor, um die zeitnahe Regulierung zugunsten des Geschädigten zu gewährleisten. Stellt sich später heraus, dass die Berufshaftpflichtversicherung nicht zur Leistung an den Geschädigten verpflichtet war, entsteht uU ein Bereicherungsanspruch gegen denselben.[65] 38

Beispiel:
Ein deutscher Notar schädigt in Verletzung seiner Amtspflichten eine französische Bank und wird durch ein deutsches Gericht rechtskräftig zur Zahlung von Schadensersatz an die Bank verurteilt. Die deutsche Berufshaftpflichtversicherung des Notars zahlt den ausgeurteilten Betrag an die französische Bank. Später stellt sich heraus, dass die Versicherung ohne Rechtsgrund geleistet hat, weil die versicherungsvertraglich vorgesehene Vier-Jahres-Ausschlussfrist versäumt worden war (§ 4 Nr. 2 AVB).[66] Die deutsche Versicherung nimmt die französische Bank vor einem französischen Gericht auf Rückzahlung in Anspruch.

Da die Rom I- und Rom II-Verordnungen in Deutschland und Frankreich gleichermaßen in Geltung sind, stellt sich die kollisionsrechtliche Lage in beiden Staaten gleich dar. Eine Anknüpfung des Bereicherungsanspruchs nach Art. 12 Abs. 1 lit. e Rom I-VO (→ Rn. 22 f.) kommt nicht in Betracht, denn zwischen der Versicherung und der Bank besteht kein Vertrag. Die Cour de cassation musste sich daher letztinstanzlich mit der Frage beschäftigen, ob zwischen der Versicherung und der Bank ein **Rechtsverhältnis iSd Abs. 1** besteht. Die Vorinstanz hatte ein solches Rechtsverhältnis bejaht, allerdings offengelassen, ob es sich aus § 19a Abs. 2 S. 2 BNotO und/oder dem Haftpflichtversicherungsvertrag zwischen dem Notar und dem Versicherer ergab.[67] Damit gelangte das Berufungsgericht in dem Beispiel zum deutschen Recht. Die Cour de cassation betont dagegen den Grundsatz 39

---

[61] Rauscher/*Picht* Rn. 49; *G. Fischer* FS Spellenberg, 2010, 151 (156 f.); *Leible/Lehmann* RIW 2007, 721 (732); *Rudolf* ÖJZ 2010, 300 (306); ausf. zur Tilgung fremder Verbindlichkeiten *Behrens,* Bereicherungsrechtliche Mehrpersonenverhältnisse im IPR, 2011, 257–280.

[62] *Behrens,* Bereicherungsrechtliche Mehrpersonenverhältnisse im IPR, 2011, 23; *G. Fischer* FS Spellenberg, 2010, 151 (155, 156); zum dt. IPR *G. Fischer* IPRax 2002, 1 (8); zur Rechtslage vor der IPR-Reform von 1999 OLG Frankfurt RIW 1995, 1033; *Jochem* NJW 1977, 1011 (1012); *W. Lorenz* FS Zweigert, 1981, 199 (217); *M. Wandt* ZVglRWiss 86 (1987), 272 (303 ff.).

[63] Rauscher/*Picht* Rn. 50; ausf. zu Zahlungen auf Bürgschaften und Garantien *Behrens,* Bereicherungsrechtliche Mehrpersonenverhältnisse im IPR, 2011, 301–325; diff. Staudinger/*Maultzsch,* 2023, Rn. 79.

[64] Calliess/*Gruber* Art. 18 Rn. 22 f.; *Kronenberg* IPRax 2021, 150 (151); *Looschelders* FS Danzl, 2017, 603 (604); *Lüttringhaus* VersR 2010, 183; *Remien* FS Huber, 2020, 455 (460 f.); *Staudinger* FS Kropholler, 2008, 691 (698).

[65] BGH BeckRS 2011, 23623 Rn. 15 ff.; NJW-RR 2015, 123 Rn. 12; *Lüttringhaus* ZEuP 2023, 998 (1002).

[66] BGH DNotZ 2014, 793 Rn. 4 ff.; OLG Düsseldorf BeckRS 2019, 23146 Rn. 44; *Lüttringhaus* ZEuP 2023, 998 (1003).

[67] Cour d'appel de Metz, Chambre commerciale 30.6.2020 – n°20/00086: „Le versement litigieux, non contractuel, a donc eu lieu en raison des relations existant entre la société HDI Versicherung AG et M. K et du fait dommageable subi par la SA BPALC. Le contrat d'assurance conclu entre la société HDI Versicherung AG et M. K fait application du droit allemand, tout comme l'article 19a susvisé sur le fondement duquel le règlement a été effectué."

der Relativität vertraglicher Schuldverhältnisse und verneint die Anwendbarkeit des Abs. 1.[68] Wenn das Berufungsgericht dem folgt, kommt es nach **Abs. 3** zum französischen Recht, es sei denn, es bejaht eine Gesamtheit von Umständen, die eine offensichtlich engere Verbindung mit dem deutschen Staat begründen **(Abs. 4).**[69]

40 **4. Zahlung auf abgetretene Forderungen.** Tritt der Gläubiger einer Forderung (Zedent) diese Forderung an einen Dritten (Zessionar) ab und stellt sich nach Befriedigung des Dritten durch den Schuldner heraus, dass die getilgte Forderung in Wirklichkeit nicht bestand, richtet sich der **Bereicherungsanspruch des (vermeintlichen) Schuldners** gemäß **Abs. 1** nach dem Forderungsstatut als dem auf die Kausalbeziehung zwischen Gläubiger (Zedent) und Schuldner anzuwendenden Recht.[70] Das Recht des Abtretungsvertrags („Verpflichtungsstatut") regelt ebenfalls gemäß Abs. 1 den Bereicherungsausgleich zwischen dem Zedenten und dem Zessionar.[71]

41 **5. Vertrag zu Gunsten Dritter.** Bei einem echten Vertrag zugunsten Dritter verschafft der Hauptvertrag **(Deckungsverhältnis)** zwischen dem Schuldner und dem Gläubiger (Versprechender und Versprechensempfänger) dem Dritten (Begünstigter) ein eigenes Forderungsrecht gegen den Schuldner, das auf einer Rechtsbeziehung zum Gläubiger beruht (**Valutaverhältnis,** zB Schenkung). Liegt die Ursache für die bereicherungsrechtliche Rückabwicklung im **Deckungsverhältnis,** entscheidet nach **Abs. 1** das auf dieses Verhältnis anzuwendende Recht über die Rückabwicklung der vom Schuldner an den Dritten erbrachten Leistung, wenn man sich über die „zwischen den Parteien bestehendes Rechtsverhältnis"-Formel hinwegsetzt (→ Rn. 22).[72] Ansonsten muss dieses Ergebnis auf **Abs. 4** gestützt werden.[73] Liegt die Ursache des Bereicherungsausgleichs im **Valutaverhältnis,** so unterliegt das außervertragliche Schuldverhältnis aus ungerechtfertigter Bereicherung dem Recht, das die Vereinbarung zwischen Gläubiger und Drittem beherrscht.[74]

42 **6. Anweisungsfälle.** Entsprechend der Anknüpfung des Bereicherungsausgleichs beim Vertrag zu Gunsten Dritter gilt auch in Anweisungsfällen für die Rückforderung des Angewiesenen gegen den Anweisenden das Statut des **Deckungsverhältnisses;** die Rückforderung des Anweisenden gegen den Anweisungsempfänger beherrscht das Statut des **Valutaverhältnisses** (→ Rn. 25). Ob und ggf. unter welchen Voraussetzungen ein **Direktanspruch** (Direktkondiktion) des Angewiesenen gegen den Anweisungsempfänger besteht, ist dagegen dem Recht des gemeinsamen gewöhnlichen Aufenthalts **(Abs. 2),** hilfsweise dem Recht des Orts des Bereicherungseintritts **(Abs. 3)** zu entnehmen[75] (s. auch die Bereichsausnahme für Wechsel und Schecks gemäß Art. 1 Abs. 2 lit. c).

V. Reichweite des Bereicherungsstatuts

43 Das nach Art. 10, 14 ermittelte Bereicherungsstatut befindet über alle mit der Kondiktion zusammenhängenden Fragen, dh alle bereicherungsspezifischen Aspekte des Schuldverhältnisses,[76] insbesondere über die **Entstehung,** den **Inhalt** und die **Rechtsfolgen** des Bereicherungsanspruchs, wie zB die Erstreckung des Anspruchs auf Nutzungen oder Surrogate. Ein nicht abschließender Katalog der erfassten Gegenstände ist in **Art. 15** zu finden, der nach dem Rechtsgedanken des **Art. 2 Abs. 1** nicht nur die Rechtsfolgen einer Haftung benennt, sondern auch diejenigen einer Kondiktion (→ Art. 15 Rn. 7). Auch der **Wegfall der Bereicherung** und seine Folgen bestimmen sich nach dem Kondiktionsstatut.[77]

---

68 Cour de cassation, Première chambre civile 9.2.2022 – n°20-19.625; besprochen von *Lüttringhaus* ZEuP 2023, 998.

69 Krit. *Lüttringhaus* ZEuP 2023, 998 (1005 ff.).

70 Staudinger/*Maultzsch,* 2023, Rn. 73; Rauscher/*Picht* Rn. 51; *Behrens,* Bereicherungsrechtliche Mehrpersonenverhältnisse im IPR, 2011, 254; PWW/*Fehrenbacher* Rn. 3; s. auch, unter Geltung des Art. 12 Abs. 1 lit. e Rom I-VO, *Clausnitzer/Woopen* BB 2008, 1798 (1800); *Garcimartín Alférez* ELF 2008, I-61 (I-68); *Leible/Lehmann* RIW 2008, 528 (535); *Staudinger/Czaplinski* JA 2008, 401 (407).

71 PWW/*Fehrenbacher* Rn. 3; ausf. zum Bereicherungsausgleich bei Forderungsabtretungen *Behrens,* Bereicherungsrechtliche Mehrpersonenverhältnisse im IPR, 2011, 221–255.

72 BeckOK BGB/*Spickhoff* Rn. 8; Staudinger/*Maultzsch,* 2023, Rn. 78; *Behrens,* Bereicherungsrechtliche Mehrpersonenverhältnisse im IPR, 2011, 220; zum dt. IPR vor der Reform von 1999 *Einsele* JZ 1993, 1025 (1027); *W. Lorenz* FS Zweigert, 1981, 214 (218 f.).

73 *G. Fischer* FS Spellenberg, 2010, 151 (159).

74 BeckOK BGB/*Spickhoff* Rn. 8; PWW/*Fehrenbacher* Rn. 3; ausf. zum Bereicherungsausgleich bei Verträgen zu Gunsten Dritter *Behrens,* Bereicherungsrechtliche Mehrpersonenverhältnisse im IPR, 2011, 201–220.

75 BeckOGK/*Schinkels* Rn. 48 f.; Staudinger/*Maultzsch,* 2023, Rn. 72; HK-BGB/*Dörner* Rn. 9; wohl auch Rauscher/*Picht* Rn. 54; aA *G. Fischer* FS Spellenberg, 2010, 151 (160); ausf. zum Bereicherungsausgleich bei Anweisungslagen *Behrens,* Bereicherungsrechtliche Mehrpersonenverhältnisse im IPR, 2011, 167–199.

76 Staudinger/*Maultzsch,* 2023, Rn. 80; BeckOGK/*Schinkels* Rn. 58 f.; Erman/*Stürner* Rn. 16.

77 Rauscher/*Picht* Rn. 13; Soergel/*Wendelstein* Rn. 12; zum dt. IPR *Schlechtriem* IPRax 1995, 65 (70).

Über den **wirksamen Erwerb** eines Vermögensgegenstands entscheidet die nach den Kollisionsnormen des Forums zur Anwendung berufene Rechtsordnung, welcher der Vermögensgegenstand unterliegt. Ob demjenigen, der einen Anspruch aus Eingriffskondiktion geltend macht, das angeblich verletzte Recht zustand, ist folglich als **Vorfrage** selbständig anzuknüpfen.[78] Das Gleiche gilt für die Frage, ob ein bestimmtes Rechtsverhältnis als Rechtsgrund der Vermögensverschiebung vorliegt, und die damit zusammenhängende Thematik, welche Unwirksamkeitsgründe dieses Rechtsverhältnis annullieren können.[79] **44**

Art. 11 Rom II-VO Geschäftsführung ohne Auftrag

(1) Knüpft ein außervertragliches Schuldverhältnis aus Geschäftsführung ohne Auftrag an ein zwischen den Parteien bestehendes Rechtsverhältnis – wie einen Vertrag oder eine unerlaubte Handlung – an, das eine enge Verbindung mit dieser Geschäftsführung ohne Auftrag aufweist, so ist das Recht anzuwenden, dem dieses Rechtsverhältnis unterliegt.

(2) Kann das anzuwendende Recht nicht nach Absatz 1 bestimmt werden und haben die Parteien zum Zeitpunkt des Eintritts des schadensbegründenden Ereignisses ihren gewöhnlichen Aufenthalt in demselben Staat, so ist das Recht dieses Staates anzuwenden.

(3) Kann das anzuwendende Recht nicht nach den Absätzen 1 oder 2 bestimmt werden, so ist das Recht des Staates anzuwenden, in dem die Geschäftsführung erfolgt ist.

(4) Ergibt sich aus der Gesamtheit der Umstände, dass das außervertragliche Schuldverhältnis aus Geschäftsführung ohne Auftrag eine offensichtlich engere Verbindung mit einem anderen als dem in den Absätzen 1, 2 und 3 bezeichneten Staat aufweist, so ist das Recht dieses anderen Staates anzuwenden.

Schrifttum: s. auch Vor Art. 1; älteres Schrifttum s. 6. Aufl. 2015, Art. 11; *de Bellis,* La negotiorum gestio nel Regolamento (CE) n° 867/2007, FS Pocar, 2009, 245; *Carella,* The Law Applicable to Non-Contractual Obligations Other than Tort and Delict, in Malatesta (Hrsg.), The Unification of Choice-of-Law-Rules on Torts and Other Non-Contractual Obligations in Europe, 2006, 73; *Dornis,* Miniatur: Die Erbensuche im Kollisionsrecht – Von grenzüberschreitender „Menschenhülfe" zu internationaler Marktregulierung, ZfPW 2015, 376; *Dornis,* Das Kollisionsrecht der auftraglosen Geschäftsführung – Ein Beispiel für Materialisierung und Typisierung im modernen europäischen IPR, RabelsZ 80 (2016), 543; *G. Fischer,* Ungerechtfertigte Bereicherung und Geschäftsführung ohne Auftrag im europäischen Internationalen Privatrecht, FS Spellenberg, 2010, 151; *Fritsch,* Das Kollisionsrecht der Geschäftsführung ohne Auftrag, Diss. Marburg 2022; *Heindler,* Der unbekannte Geschäftsherr – Erbensuche in Österreich, IPRax 2016, 79; *Legier,* Enrichissement sans cause, gestion d'affaires et culpa in contrahendo, in Corneloup/Joubert (Éd.), Le règlement communautaire „Rome II" sur la loi applicable aux obligations non contractuelles, 2008, 145; *Looschelders,* Die Rechtsstellung des gewerblichen Erbensuchers im deutsch-österreichischen Rechtsverkehr, IPRax 2014, 406; *Nehne,* Die internationale Geschäftsführung ohne Auftrag nach der Rom II-Verordnung: Anknüpfungsgegenstand und Anknüpfungspunkte, IPRax 2012, 136; *Wendelstein,* Das Statut der Geschäftsführung ohne Auftrag in Nothilfefällen – „Wechselwirkungen" zwischen Kollisionsrecht und Sachrecht, GPR 2014, 46.

Übersicht

[78] *Bernitt,* Die Anknüpfung von Vorfragen im europäischen Kollisionsrecht, 2010, 228; Staudinger/*Maultzsch,* 2023, Rn. 81; BeckOK BGB/*Spickhoff* Rn. 3; Soergel/*Wendelstein* Rn. 14.

[79] Staudinger/*Maultzsch,* 2023, Rn. 82 f.; BeckOK BGB/*Spickhoff* Rn. 4; NK-BGB/*Limbach* Rn. 10; *G. Fischer* FS Spellenberg, 2010, 151.

I. Allgemeines

1 **1. Normzweck und Entstehungsgeschichte.** Art. 11 regelt das IPR der Geschäftsführung ohne Auftrag (GoA) und verdankt seine Existenz – ebenso wie Art. 10 – in erster Linie dem Verordnungsansatz, das IPR der außervertraglichen Schuldverhältnisse komplett zu kodifizieren (vgl. **Erwägungsgrund 29**); in ihrer praktischen Bedeutung bleibt die Regelungsmaterie des Art. 11 hinter derjenigen des Internationalen Deliktsrechts zurück.[1] Manche meinen, die Existenz der Vorschrift sei „der systematischen Vollständigkeit und Schönheit geschuldet".[2] Im Vordergrund des **Normzwecks** steht der Ausgleich der Interessen des Geschäftsführers und des Geschäftsherrn.[3] Sowohl die Normstruktur als auch die Formulierung des Art. 11 zeigen **Parallelen zu Art. 10.**

2 Im Verlauf der **Entstehung** der Art. 10, 11 (→ Art. 10 Rn. 3) enthielt der **Kommissionsentwurf vom 22.7.2003,** anders als der **Vorentwurf vom 3.5.2002,**[4] eine Spezialkollisionsnorm für eine GoA, die sich auf den physischen Schutz einer Person oder die Sicherstellung eines bestimmten körperlichen Gegenstands bezieht: Auf diese beiden Gegenstände der GoA sollte das Recht des Staates anzuwenden sein, in dem sich die geschützte Person oder der sichergestellte Gegenstand zum Zeitpunkt der Geschäftsbesorgung befunden haben.[5] Unter dem Eindruck der Kritik, die Abgrenzungsprobleme und damit Einbußen an Rechtssicherheit befürchtete,[6] ließ der **Geänderte Vorschlag vom 21.2.2006** diese Spezialkollisionsnorm fallen. Ferner wurde in der „allgemeinen" Kollisionsnorm für die GoA die Anknüpfung an den gewöhnlichen Aufenthalt des Geschäftsherrn **(Kommissionsentwurf vom 22.7.2003)** durch diejenige an den Ort der Geschäftsführung ersetzt.[7]

3 **2. Systematik und Prüfungsreihenfolge. a) Dreistufige Anknüpfungsleiter (Abs. 1–3).** Die in Art. 11 enthaltenen Kollisionsnormen für Ansprüche aus GoA beruhen auf einer dreistufigen Anknüpfungsleiter, die sich aus der Reihenfolge der ersten drei Absätze ergibt:[8] Existiert zwischen dem Schuldverhältnis aus GoA und einem zwischen den Parteien **bestehenden Rechtsverhältnis** eine enge Verbindung, so wird akzessorisch an diese Rechtsverhältnisse angeknüpft **(Abs. 1).** Kann das anzuwendende Recht nicht durch eine solche akzessorische Anknüpfung bestimmt werden, ist in zweiter Linie das Recht des **gemeinsamen gewöhnlichen Aufenthalts** der Parteien anzuwenden **(Abs. 2).** Ebenso wie bei Art. 10 Abs. 1, 2, aber anders als beim Deliktsstatut (Art. 4 Abs. 1, 2), ist das Statut des gemeinsamen gewöhnlichen Aufenthalts (lex domicilii communis) gegenüber der Anknüpfung nach Abs. 1 nicht vorrangig, sondern nachrangig. Kann weder akzessorisch an ein bestehendes Rechtsverhältnis noch an einen gemeinsamen gewöhnlichen Aufenthalt der Parteien in demselben Staat angeknüpft werden, ist an dritter Stelle das Recht am **Ort der Geschäftsführung** (lex loci gestionis) zur Anwendung berufen **(Abs. 3).**

4 **b) Offensichtlich engere Verbindung (Abs. 4).** Ebenso wie bei ungerechtfertigter Bereicherung (Art. 10 Abs. 4) und bei unerlaubter Handlung (Art. 4 Abs. 3) ist kumulativ zu den vorstehen-

---

[1] Soergel/*Wendelstein* Rn. 1; PWW/*Fehrenbacher* Rn. 3; *G. Fischer* FS Spellenberg, 2010, 151 (161); *Junker* NJW 2007, 3675; *Martiny* ZEuP 2015, 838 (862); *Posch* YbPIL 6 (2004), 129; *Wurmnest* ZVglRWiss 116 (2017), 624 (626); zum dt. IPR *G. Fischer* IPRax 2002, 1 (11); *Sonnenberger* Rev. crit. dr. int. pr. 88 (1999), 647 (655).

[2] *v. Bar/Mankowski* IPR II § 2 Rn. 502; idS auch jurisPK-BGB/*Backmann* Rn. 3; Rauscher/*Picht* Rn. 1.

[3] BeckOK BGB/*Spickhoff* Rn. 1; *Leible* in Reichelt, Europäisches Gemeinschaftsrecht und IPR, 2007, 31 (36); s. zur Arzthaftung *v. Domarus,* Int. Arzthaftungsrecht nach Inkrafttreten der Rom I- und Rom II-Verordnung, 2013, 76 f.; *Könning-Feil,* Int. Arzthaftungsrecht, 1992, 314.

[4] Hamburg Group for Private International Law RabelsZ 67 (2003), 1 (31 f.); *Nourissat/Treppoz* Clunet 130 (2003), 7.

[5] KOM(2003) 427 endg., 24.

[6] BeckOGK/*Schinkels* Rn. 4; *Benecke* RIW 2003, 830 (832); *A. Fuchs* GPR 2004, 100 (104); *Leible/Engel* EuZW 2004, 7 (14).

[7] *v. Hein* VersR 2007, 440 (450); *Sonnentag* ZVglRWiss 105 (2006), 256 (304).

[8] BeckOGK/*Schinkels* Rn. 5 f.; NK-BGB/*Limbach* Rn. 1; Erman/*Stürner* Rn. 2; Rauscher/*Picht* Rn. 2; *Bittmann* in Weller, Europäisches Kollisionsrecht, 2016, 153 Rn. 341; *Carella* in Malatesta, The Unification of Choice-of-Law Rules on Torts and Other Non-Contractual Obligations in Europe, 2006, 73 (76); *G. Wagner* IPRax 2008, 1 (11); *Kadner Graziano* Rev. crit. dr. int. pr. 97 (2008), 445 (501 f.); *Leible/Lehmann* RIW 2007, 721 (732).

den Anknüpfungen eine **Ausweichklausel (Abs. 4)** heranzuziehen:[9] Wenn sich aus der Gesamtheit der Umstände ergibt, dass das Schuldverhältnis aus GoA eine offensichtlich engere Verbindung mit einem anderen als dem in Abs. 1–3 bezeichneten Staat aufweist, ist das Recht dieses anderen Staates anzuwenden. Diese Ausweichklausel dient der Auflockerung der Grundanknüpfungen im Interesse der Anknüpfungsgerechtigkeit.

c) Prüfungsreihenfolge. Auch im Anwendungsbereich des Art. 11 ist vorrangig nach einer **Rechtswahl** der Beteiligten gemäß Art. 14 zu fragen[10] **(1. Prüfungsschritt).** Haben die Parteien keine Rechtswahl getroffen, wird die dreistufige Anknüpfungsleiter der Abs. 1–3 herangezogen **(Prüfungsschritte 2–4).** Ist die richtige Stufe dieser Anknüpfungsleiter gefunden, muss stets ergänzend gefragt werden, ob ein Anlass besteht, die Ausweichklausel des Abs. 4 anzuwenden **(Prüfungsschritt 5).** 5

3. Verhältnis zum deutschen Recht. Das deutsche IPR der GoA (Art. 39 EGBGB) besteht aus einer **allgemeinen Kollisionsnorm** zugunsten der *lex loci gestionis* (Art. 39 Abs. 1 EGBGB) und einer **besonderen Kollisionsnorm,** die im Fall der Tilgung fremder Verbindlichkeiten die *lex causae* zur Anwendung beruft (Art. 39 Abs. 2 EGBGB). Auf den ersten Blick scheinen folglich die Unterschiede zwischen Art. 11 Rom II-VO und Art. 39 EGBGB groß zu sein; bei genauerer Betrachtung zeigt sich jedoch – wie im Verhältnis von Art. 10 Rom II-VO und Art. 38 EGBGB (→ Art. 10 Rn. 10) – eher das Gegenteil; die Abweichungen im Anknüpfungsergebnis sind im Vergleich zum deutschen IPR noch geringer als bei Art. 10 Rom II-VO:[11] 6

Die **akzessorische Anknüpfung** an ein zwischen dem Geschäftsführer und dem Geschäftsherrn bestehendes Rechtsverhältnis **(Abs. 1)** ergibt sich aus Art. 41 Abs. 2 Nr. 1 EGBGB (→ EGBGB Art. 39 Rn. 22; → EGBGB Art. 39 Rn. 28). Die Anwendung des Statuts des **gemeinsamen gewöhnlichen Aufenthalt (Abs. 2)** folgt aus Art. 41 Abs. 2 Nr. 2 EGBGB; es handelt sich allerdings nicht um eine Grundanknüpfung, sondern um ein Regelbeispiel für die Anwendung einer Ausweichklausel[12] (→ EGBGB Art. 39 Rn. 29). Die Verweisung auf das am **Ort der Geschäftsführung (Abs. 3)** geltende Recht ergibt sich aus Art. 39 Abs. 1 EGBGB. Die **Ausweichklausel (Abs. 4)** hat ihr Gegenstück in Art. 41 Abs. 1 EGBGB. 7

Ein auf den ersten Blick bedeutsamer Unterschied zum deutschen Recht bleibt das Fehlen einer Spezialkollisionsregel für die freiwillige **Tilgung fremder Verbindlichkeiten** (Art. 39 Abs. 2 EGBGB).[13] Wenn und soweit die Anknüpfung an den Vornahmeort gemäß Abs. 3 für diese Fälle nicht passend erscheint,[14] bleibt nach der Rom II-VO eine Abhilfe im Rahmen der Ausweichklausel des Abs. 4 möglich (→ Rn. 29). 8

II. Anwendungsbereich

1. Begriff der GoA. Der Anknüpfungsgegenstand des Art. 11 wird durch den **Systembegriff der Geschäftsführung ohne Auftrag** bestimmt, der auch als *negotiorum gestio* angesprochen wird,[15] in einigen Mitgliedstaaten allerdings nur rudimentär bekannt ist.[16] Der Begriff der GoA wird weder in der Vorschrift selbst noch in den Erwägungsgründen definiert. Dennoch ist der Begriff der GoA *(negotiorum gestio, gestion d'affaires)* einheitlich europäisch auszulegen. Dabei geht es um ein international-privatrechtliches Begriffsverständnis, das den Anwendungsbereich des Art. 11 möglichst trennscharf von demjenigen des Art. 12 abhebt und insofern nur bedingt mit 9

---

[9] BeckOK BGB/*Spickhoff* Rn. 7; PWW/*Fehrenbacher* Rn. 1; Rauscher/*Picht* Rn. 32 ff.; *Fulchiron/Bidaud-Garon* Dalloz 2015, 1819; *Heiss/Loacker* JBl. 2007, 613 (642); *Leible/Lehmann* RIW 2007, 721 (732).

[10] BeckOK BGB/*Spickhoff* Rn. 2; Soergel/*Wendelstein* Rn. 11; Erman/*Stürner* Rn. 2; *v. Bar/Mankowski* IPR II § 2 Rn. 507 ff.; *Nehne* IPRax 2012, 136 (137).

[11] *G. Wagner* IPRax 2008, 1 (11); *G. Fischer* FS Spellenberg, 2010, 151 (162); krit. zum Fehlen einer Spezialregel nach dem Muster des Art. 39 Abs. 2 EGBGB *Sonnentag* ZVglRWiss 105 (2006), 256 (305).

[12] *Fritsch,* Das Kollisionsrecht der Geschäftsführung ohne Auftrag, 2022, 277 ff.; s. zu dem mit Art. 11 Abs. 2 verbundenen Verlust an Flexibilität *G. Wagner* IPRax 2008, 1 (11 f.).

[13] *Fritsch,* Das Kollisionsrecht der Geschäftsführung ohne Auftrag, 2022, 273 ff.; krit. *Sonnentag* ZVglRWiss 105 (2006), 256 (305).

[14] Staudinger/*Maultzsch,* 2023, Rn. 75; HK-BGB/*Dörner* Rn. 6; PWW/*Fehrenbacher* Rn. 6; *G. Fischer* FS Spellenberg, 2010, 151 (165); *v. Hein* VersR 2007, 440 (450); *G. Wagner* IPRax 2008, 1 (12).

[15] BeckOGK/*Schinkels* Rn. 11 ff.; *Dickinson* Eur. Bus. L. Rev. 13 (2002), 369 (378); *Heindler* IPRax 2016, 79 (80 f.); zum öst. Recht OGH IPRax 2016, 73 Rn. 33.

[16] Hamburg Group for Private International Law RabelsZ 67 (2003), 1 (30); *Bittmann* in Weller, Europäisches Kollisionsrecht, 2016, 153 Rn. 340; *G. Fischer* FS Spellenberg, 2010, 151 (163); rechtsvergleichend *Janssen* ZEuP 2007, 958.

einem materiell-rechtlichen Verständnis, wie es sich in den Mitgliedstaaten entwickelt hat, übereinstimmt[17] (→ Vor Art. 1 Rn. 27 ff.).

10 Die Begriffsmerkmale sind das (objektive) Tätigwerden in einem fremden Interessenbereich, der Fremdgeschäftsführungswille und das Fehlen eines besonderen Verpflichtungstatbestands, insbesondere eines Vertrages.[18] Der **Fremdgeschäftsführungswille** ist zu bejahen, wenn der Handelnde mit dem vorrangigen Willen *(predominant intention)* handelt, einem anderen irgendeinen Vorteil zu verschaffen.[19] Dass der Geschäftsführer dabei auch **eigene Interessen** verfolgt, schadet nur, wenn der Aufwand, der für die Verfolgung fremder Interessen getätigt wird, von der eigenen Sphäre des Geschäftsführers nicht zu trennen ist.[20]

11 Art. 11 erfasst nach hM auch Ansprüche aus **unberechtigter GoA:**[21] Die Abgrenzung zur berechtigten GoA ist auf europäischer Ebene keineswegs Allgemeingut, und sie kann sachgemäß nur auf der Ebene des materiellen Rechts erfolgen.[22] Dagegen ist die **unechte GoA,** bei der es am Fremdgeschäftsführungswillen fehlt, nach **Art. 10** anzuknüpfen, und zwar sowohl in den Fällen, in denen der Geschäftsführer das Geschäft irrtümlich für ein eigenes hält (sog. *vermeintliche Eigengeschäftsführung),* als auch in den Fällen, in denen der Geschäftsführer die Fremdheit erkennt, aber trotzdem rein eigennützig handelt (sog. *angepasste Eigengeschäftsführung).*[23]

12 Schließlich erfasst Art. 11 Ansprüche des Geschäftsführers ebenso wie Ansprüche des Geschäftsherrn. Sachlich fallen unter die Kollisionsnorm eine **Hilfeleistung** durch den Geschäftsführer ebenso wie eine **Einwirkung** auf fremde Sachen durch Nutzung, Veräußerung oder Verwendung. Erfasst ist ferner die **Rückabwicklung** von Zahlungen auf eine fremde Schuld, soweit es sich kategorial nicht um Ansprüche aus ungerechtfertigter Bereicherung, sondern um solche aus Geschäftsführung ohne Auftrag handelt[24] (zu den einzelnen Sachbereichen → Rn. 23 ff.).

13 **2. Vorrangige Staatsverträge.** Völkerrechtliche Übereinkommen gelten für eine der wichtigsten Fallgruppen der GoA, nämlich Hilfeleistungen **(Bergungsmaßnahmen)** in See- und Binnengewässern (→ Rn. 23 ff.).

III. Anknüpfungspunkte

14 **1. Akzessorische Anknüpfung (Abs. 1).** Die akzessorische Anknüpfung nach Abs. 1 hat zur **Voraussetzung,** dass das außervertragliche Schuldverhältnis aus GoA an ein zwischen den Parteien bestehendes Rechtsverhältnis anknüpft, das eine enge Verbindung mit dieser GoA aufweist. Da der Wortlaut des Art. 11 Abs. 1 insoweit mit demjenigen des Art. 10 Abs. 1 identisch ist, kann hinsichtlich der Begriffe **bestehendes Rechtsverhältnis** und **enge Verbindung** auf die Kommentierung des Art. 10 verwiesen werden (→ Art. 10 Rn. 25 ff.). Die Anknüpfung an ein **hypothetisches Vertragsstatut** (an das Recht, das anzuwenden wäre, wenn über die Geschäftsführung ein Vertrag zustande gekommen wäre) ist auch bei Art. 11 Abs. 1 nicht möglich, und zwar auch nicht über die Ausweichklausel des Art. 11 Abs. 4.[25] Zu beachten ist ferner, dass Abs. 1 nur eine akzessorische Anknüpfung an ein Rechtsverhältnis zwischen dem **Geschäftsführer** und dem **Geschäftsherrn** erlaubt. Eine akzessorische Anknüpfung an das Statut einer mit Fremdgeschäftsführungswillen

---

[17] Soergel/*Wendelstein* Rn. 3 ff.; NK-BGB/*Limbach* Rn. 4; *Fritsch,* Das Kollisionsrecht der Geschäftsführung ohne Auftrag, 2022, 104 ff.; *v. Bar/Mankowski* IPR II § 2 Rn. 505 f.; *Looschelders* IPRax 2014, 406 (408); *Wendelstein* GPR 2014, 46 (47); *Lehmann/Duczek* JuS 2012, 788 (789); *Nehne* IPRax 2012, 136 (137).

[18] LG München I IPRax 2014, 438 Rn. 23 ff.; ausf. *Fritsch,* Das Kollisionsrecht der Geschäftsführung ohne Auftrag, 2022, 99 f.; s. auch NK-BGB/*Limbach* Rn. 6; HK-BGB/*Dörner* Rn. 2; Rauscher/*Picht* Rn. 13; *G. Fischer* FS Spellenberg, 2010, 151 (163); *Nehne* IPRax 2012, 136 (137); *Wendelstein* GPR 2014, 46 (48); OGH IPRax 2016, 73 Rn. 33: „… die eigenmächtige Besorgung fremder Angelegenheiten in der Absicht, fremde Interessen zu wahren".

[19] BeckOGK/*Schinkels* Rn. 13 ff.; Soergel/*Wendelstein* Rn. 5 ff.; *Looschelders* IPRax 2014, 406 (408); rechtsvergleichend *v. Bar,* Benevolent Intervention in Another's Affairs, 2006, 101.

[20] OGH IPRax 2016, 73 Rn. 33; *Looschelders* IPRax 2014, 406 (408); zu den sog. Erbensucherfällen Soergel/*Wendelstein* Rn. 6.

[21] LG München I IPRax 2014, 438 Rn. 23; *Fritsch,* Das Kollisionsrecht der Geschäftsführung ohne Auftrag, 2022, 103 ff.; *Dickinson* The Rome II Regulation Rn. 11.7; *G. Fischer* FS Spellenberg, 2010, 151 (163); *Wendelstein* GPR 2014, 46 (48); aA NK-BGB/*Limbach* Rn. 6.

[22] BeckOGK/*Schinkels* Rn. 16 f.; Soergel/*Wendelstein* Rn. 7; *Looschelders* IPRax 2014, 406 (408).

[23] Staudinger/*Maultzsch,* 2023, Rn. 22; NK-BGB/*Limbach* Rn. 6; Rauscher/*Picht* Rn. 13; *Dickinson* The Rome II Regulation Rn. 11.05.

[24] BeckOK BGB/*Spickhoff* Rn. 3; HK-BGB/*Dörner* Rn. 2; PWW/*Fehrenbacher* Rn. 3; Rauscher/*Picht* Rn. 6 ff.; *Nehne* IPRax 2012, 136 (137).

[25] LG München I IPRax 2014, 438 Rn. 26 ff.; Erman/*Stürner* Rn. 7; NK-BGB/*Limbach* Rn. 10; Rauscher/*Picht* Rn. 16; *Dornis* ZfPW 2015, 376 (377 f.); *Looschelders* IPRax 2014, 406 (408 f.).

getilgten Verbindlichkeit, wie sie im deutschen Recht Art. 39 Abs. 2 EGBGB ermöglicht (→ Rn. 8), ist nach dem Wortlaut von Abs. 1 nur im Rahmen der Ausweichklausel des Abs. 4 möglich, wenn sich das Hindernis der fehlenden Parteiidentität in Abs. 1 nicht – wie von manchen bei Art. 10 Abs. 1 befürwortet (→ Art. 10 Rn. 22) – teleologisch beseitigen lässt (→ Rn. 21, → Rn. 29).

Die akzessorische Anknüpfung nach Abs. 1 hat den Zweck, den **Gleichklang des GoA-Statuts** mit der Anknüpfung konkurrierender Ansprüche aus anderen Rechtsverhältnissen herzustellen: Sie soll Wertungswidersprüche mit dem Statut vermeiden, das für ein Rechtsverhältnis maßgebend ist, welches zwischen den Parteien besteht.[26] Die „sonderverbindungsakzessorische Anknüpfung für nicht-deliktische außervertragliche Schuldverhältnisse"[27] kann sich im Recht der GoA insbesondere auf Rechtsverhältnisse aus Vertrag, Delikt, Sachenrecht oder Familienrecht beziehen: Eine **vertragsakzessorische Anknüpfung** der GoA greift ein, wenn der Geschäftsführer vertragliche Befugnisse überschreitet (zB ärztliche Nothilfe über das nach dem Behandlungsvertrag Geschuldete hinaus) oder wenn der Vertrag unwirksam, abgelaufen oder noch nicht in Kraft getreten ist.[28] Eine **deliktsakzessorische Anknüpfung** der GoA findet statt, wenn die Geschäftsführung im Zusammenhang mit einem deliktischen Schuldverhältnis erfolgt, indem zB der Schädiger für den Geschädigten mit Fremdgeschäftsführungswillen Leistungen erbringt, die den geschuldeten Schadensersatz überschreiten.[29] Auf dem Gebiet des Sachenrechts hatte die deutsche Rspr. mit der akzessorischen Anknüpfung eines Anspruchs aus GoA an ein **Miteigentümerverhältnis** zu tun.[30] Schließlich können Erstattungsansprüche aus GoA von Privatpersonen gegen einen unterhaltspflichtigen Angehörigen nach Abs. 1 akzessorisch an das **Unterhaltsstatut** angeknüpft werden.[31] 15

2. Gemeinsamer gewöhnlicher Aufenthalt (Abs. 2). Wenn kein Rechtsverhältnis zwischen dem Geschäftsführer und dem Geschäftsherrn besteht, an das sich nach Abs. 1 anknüpfen lässt, kommt die *lex domicilii communis* zum Zuge (Abs. 2). Diese zweite Stufe der Anknüpfungsleiter hat zur **Voraussetzung,** dass die Parteien zum Zeitpunkt des schadensbegründenden Ereignisses ihren Aufenthalt in ein und demselben Staat haben (zum Begriff des schadensbegründenden Ereignisses → Art. 31, 32 Rn. 9; zum Begriff des gewöhnlichen Aufenthalts → Art. 23 Rn. 26 f.). **Parallelnormen** der Rom II-VO, die ebenfalls den gemeinsamen gewöhnlichen Aufenthalt der Parteien für maßgebend erklären, sind Art. 4 Abs. 2 (auf den Art. 5 Abs. 1 S. 1, Art. 6 Abs. 2 und Art. 9 verweisen), Art. 10 Abs. 2 und Art. 12 Abs. 2 lit. b, so dass im Verhältnis zu diesen Anknüpfungsnormen bei Anspruchskonkurrenz der **Anknüpfungsgleichklang** garantiert ist.[32] 16

Unsicherheiten bestehen hinsichtlich des **maßgebenden Zeitpunkts,** in welchem die Parteien ihren gewöhnlichen Aufenthalt in ein und demselben Staat haben müssen: Während **Art. 10 Abs. 2** den „Eintritt des Ereignisses, das die ungerechtfertigte Bereicherung zur Folge hat", für maßgebend erklärt, stellt **Art. 11 Abs. 2** auf den „Eintritt des schadensbegründenden Ereignisses" ab. Der Kritik an dieser Divergenz[33] ist zuzugeben, dass Ansprüche aus GoA meist nicht auf Schadensersatz, sondern auf Aufwendungsersatz gerichtet sind (→ Art. 2 Rn. 4). Der Verordnungsgeber hätte deshalb bei Art. 10, 11 besser einheitlich auf den „Zeitpunkt der Begründung des außervertraglichen Schuldverhältnisses" abgestellt oder bei Art. 11 – in Parallele zu Art. 10 – den Beginn der Geschäftsführung für maßgebend erklärt.[34] Fehlerhaft ist die Formulierung des Abs. 2 jedoch nicht, denn nach **Art. 2** 17

[26] BeckOGK/*Schinkels* Rn. 21 ff.; BeckOK BGB/*Spickhoff* Rn. 4; HK-BGB/*Dörner* Rn. 3; *v. Bar/Mankowski* IPR II § 2 Rn. 511 ff.; *Brière* Clunet 135 (2008), 31 (44); *Heiss/Loacker* JBl. 2007, 613 (642); *Leible/Lehmann* RIW 2007, 721 (732); *Looschelders* IPRax 2014, 406 (408); *Nehne* IPRax 2012, 136 (138); *Ofner* ZfRV 2008, 13 (21); zum dt. IPR Begr. RegE, BR-Drs. 759/98, 20 = BT-Drs. 14/343, 9, 10.

[27] *Kreuzer* in Reichelt/Rechberger EuropKollisionsR 13 (44).

[28] Soergel/*Wendelstein* Rn. 14; *v. Domarus,* Int. Arzthaftungsrecht nach Inkrafttreten der Rom I- und Rom II-Verordnung, 2013, 78; *Dutoit* FS Pocar, 2009, 309 (323); *Rushworth/Scott* Lloyd's M. C. L. Q. 2008, 274 (288).

[29] BeckOK BGB/*Spickhoff* Rn. 4; *Kadner Graziano* RabelsZ 73 (2009), 1, 65; *Sujecki* EWS 2009, 310 (318); aA Soergel/*Wendelstein* Rn. 15.

[30] Zum dt. IPR BGH NJW 1998, 1321 = IPRax 1999, 45 m. Aufs. *Stoll* IPRax 1999, 29 = IPRspr. 1997 Nr. 60: unberechtigter Einzug von Mietforderungen im Rahmen eines dem spanischen Recht unterliegenden Miteigentumsverhältnisses.

[31] HK-BGB/*Dörner* Rn. 3; allg. zur akzessorischen Anknüpfung an familienrechtliche Verhältnisse *v. Bar/Mankowski* IPR II § 2 Rn. 514; zum dt. IPR *Sonnenberger* Rev. crit. dr. int. pr. 88 (1999), 647 (656).

[32] BeckOGK/*Schinkels* Rn. 35 ff.; Soergel/*Wendelstein* Rn. 20 f.; Rauscher/*Picht* Rn. 21 f.; *v. Bar/Mankowski* IPR II § 2 Rn. 516; *Dornis* ZfPW 2015, 376 (378); *Dutoit* FS Pocar, 2009, 309 (323); Hamburg Group for Private International Law RabelsZ 67 (2003), 1 (32); *Kreuzer* in Reichelt/Rechberger EuropKollisionsR 13 (45); *Nehne* IPRax 2012, 136 (139).

[33] *G. Wagner* IPRax 2008, 1 (11).

[34] *Kreuzer* in Reichelt/Rechberger EuropKollisionsR 13 (45).

Abs. 1 umfasst der **Begriff des Schadens** sämtliche Folgen einer Geschäftsführung ohne Auftrag (→ Art. 2 Rn. 5). Die Formulierung des Abs. 2 ist daher verordnungssystematisch korrekt, indem sie auf den Zeitpunkt abstellt, in welchem der Vorgang stattfindet, durch den GoA-Ansprüche entstehen.[35] Es geht deshalb nicht an, im Wege einer „berichtigenden Auslegung" auf denjenigen Zeitpunkt abzustellen, in dem die Aufwendungen gemacht worden sind.[36]

18 Zum Zuge kommt Abs. 2 vor allem in Fällen der **Hilfeleistung** durch den Geschäftsführer, in denen Abs. 2 den Anknüpfungsgleichklang mit einem nach Art. 4 Abs. 2 bestimmten Deliktsstatut herstellt.[37] In **Einwirkungsfällen** kann der gemeinsame gewöhnliche Aufenthalt der GoA-Beteiligten eine Rolle spielen, wenn es sich bei dem fraglichen Gegenstand um eine bewegliche Sache handelt. Bei einer GoA durch **Tilgung fremder Schulden** wird die *lex domicilii communis* unter Umständen zurücktreten, weil über die Ausweichklausel des Abs. 4 akzessorisch an das Statut der getilgten Verbindlichkeit anzuknüpfen ist (→ Rn. 21, → Rn. 29).

19 **3. Ort der Geschäftsführung (Abs. 3).** Sind auch die Voraussetzungen des Abs. 2 nicht erfüllt, so ist an den Ort anzuknüpfen, an dem die **Geschäftsführung erfolgt** ist. Angewendet wird also nicht – wie von der Kommission ursprünglich vorgeschlagen[38] – das Recht des gewöhnlichen Aufenthalts des Geschäftsherrn *(lex domicilii gestoris)*, sondern das Recht am Ort der Geschäftsführung *(lex loci gestionis)*.[39] Darin liegt eine bewusste **Abkehr vom Erfolgsortprinzip,** das nicht nur die Grundanknüpfung der unerlaubten Handlungen beherrscht (Art. 4 Abs. 1), sondern auch eine Basisanknüpfung der ungerechtfertigten Bereicherung (Art. 10 Abs. 3) darstellt (→ Art. 10 Rn. 29 ff.): Fallen Handlungs- und Erfolgsort der Geschäftsführung auseinander (weil zB die Überweisung im Land A getätigt wird, während die Tilgungswirkung im Land B eintritt), spricht der Wortlaut des Abs. 3 für den Ort der Vornahme, dh den Handlungsort, denn die Rede ist nicht von dem Staat, „in dem die Geschäftsführung *Erfolg hat*", sondern von dem Staat, „in dem die Geschäftsführung *erfolgt ist*".[40]

20 Die Anknüpfung an den Geschäftsführungsort („Vornahmeort") entspricht nicht nur dem am 1.6.1999 in Kraft getretenen Art. 39 Abs. 1 EGBGB, sondern auch der noch älteren deutschen Rspr. und Lit.[41] Schwierigkeiten bereitet diese Anknüpfung bei **sukzessiven Handlungen** in mehreren Staaten (ein verletzter Sportler wird aus dem Kleinwalsertal [Österreich] in ein deutsches Krankenhaus gebracht). In diesen Fällen sollte schon aus Gründen der Rechtssicherheit nicht auf den unter Umständen kaum zu bestimmenden **Schwerpunkt der Tätigkeit** abgestellt werden,[42] sondern auf den **Ort des Tätigkeitsbeginns,** dh den ersten Geschäftsführungsort.[43]

Beispiel:
Ein gewerblicher Erbensucher aus Wien beginnt seine umfangreichen Recherchen in österreichischen Archiven, setzt sie in Tschechien fort und stößt dort auf einen Großneffen aus Düsseldorf, der sich über die schöne Erbschaft freut, aber als knickeriger Rheinländer nichts abgeben will. – Qualifiziert man die **Erbensuche** als GoA,[44] richtet sich der Aufwendungsersatzanspruch des Erbensuchers nach dem Recht des Staates, in

---

[35] PWW/*Fehrenbacher* Rn. 1; *v. Domarus,* Int. Arzthaftungsrecht nach Inkrafttreten der Rom I- und Rom II-Verordnung, 2013, 79; *Nehne* IPRax 2012, 136 (139).

[36] BeckOK BGB/*Spickhoff* Rn. 5 aE; Rauscher/*Picht* Rn. 20; *Heiss/Loacker* JBl. 2007, 613 (642); *Kadner Graziano* RabelsZ 73 (2009), 1, 65; aA *G. Wagner* IPRax 2008, 1 (11).

[37] Rauscher/*Picht* Rn. 21; zum dt. IPR Staudinger/*v. Hoffmann/Thorn,* 2007, EGBGB Art. 39 Rn. 59.

[38] KOM(2003) 427 endg., 24; s. dazu *Kreuzer* in Reichelt/Rechberger EuropKollisionsR 13 (46).

[39] BeckOGK/*Schinkels* Rn. 39 ff.; Soergel/*Wendelstein* Rn. 23 ff.; *v. Bar/Mankowski* IPR II § 2 Rn. 517 ff.; *Fricke* VersR 2005, 726 (741); *Heiss/Loacker* JBl. 2007, 613 (643); *Leible/Engel* EuZW 2004, 7 (14); *Leible/Lehmann* RIW 2007, 721 (732); zum dt. IPR *Kreuzer* RabelsZ 65 (2001), 383 (411); krit. *Huber/Bach* IPRax 2005, 73 (81).

[40] LG München I IPRax 2014, 438 Rn. 38; HK-BGB/*Dörner* Rn. 5; NK-BGB/*Limbach* Rn. 13; *Heiss/Loacker* JBl. 2007, 613 (643); *Nehne* IPRax 2012, 136 (139 f.); aA BeckOK BGB/*Spickhoff* Rn. 6; PWW/*Fehrenbacher* Rn. 5; Rauscher/*Picht* Rn. 26; *v. Domarus,* Int. Arzthaftungsrecht nach Inkrafttreten der Rom I- und Rom II-Verordnung, 2013, 79 f.; *G. Fischer* FS Spellenberg, 2010, 151 (165); *Looschelders* IPRax 2014, 406 (409 f.).

[41] BGH NJW-RR 1990, 613 = IPRspr. 1990 Nr. 56; OLG Düsseldorf RIW 1984, 481 = IPRspr. 1982 Nr. 25; OLG Koblenz NJW 1992, 2367 = VersR 1992, 612 mAnm *M. Wandt* = IPRax 1992, 383 m. Aufs. *Brückner* IPRax 1992, 366 = IPRspr. 1991 Nr. 49; ArbG Düsseldorf IPRax 1990, 328 m. Aufs. *Junker* IPRax 1990, 308 = IPRspr. 1989 Nr. 71; *Kreuzer* RabelsZ 65 (2001), 383 (409); *Pfeiffer* NJW 1999, 3674 (3675).

[42] So aber BeckOK BGB/*Spickhoff* Rn. 6; zum dt. IPR Begr. RegE, BR-Drs. 759/98, 20 = BT-Drs. 14/343, 9; *Spickhoff* NJW 1999, 2209 (2212); offengelassen von *Pfeiffer* NJW 1999, 3674 (3675).

[43] PWW/*Fehrenbacher* Rn. 4; *v. Domarus,* Int. Arzthaftungsrecht nach Inkrafttreten der Rom I- und Rom II-Verordnung, 2013, 80; zum dt. IPR *Kreuzer* RabelsZ 65 (2001), 383 (411); *Hohloch/Jaeger* JuS 2000, 1133 (1134); Erman/*Stürner* EGBGB Art. 39 Rn. 8; Staudinger/*v. Hoffmann/Thorn,* 2007, EGBGB Art. 39 Rn. 14 aE.

[44] Ausf. LG München I IPRax 2014, 438 Rn. 23 ff.; s. auch *Looschelders* IPRax 2014, 406 (408).

dem die Erbensuche erfolgt ist **(Art. 11 Abs. 3),** womit nach hier vertretener Ansicht der **Handlungsort** gemeint ist (→ Rn. 19). Eine Suche nach dem **Schwerpunkt der Geschäftsführung** hat das Bestreben nach Rechtssicherheit gegen sich **(Erwägungsgrund 14 S. 1).** Wird mit der hM auf den **Beginn der Geschäftsführung** abgestellt,[45] kommt das materielle österreichische Recht zum Zuge.[46] Die Ansicht, die im Spezialfall der Erbensuche stets den **gewöhnlichen Aufenthalt des Erben** für maßgebend erklärt,[47] überschreitet die Grenzen zulässiger Rechtsfortbildung. Zu denken ist aber stets an die Ausweichklausel (Art. 11 Abs. 4). Wer nach Art. 11 Abs. 3 an den **Erfolgsort** der Geschäftsführung anknüpft, mag (anders als hier vertreten) zum Recht des Lageorts des Nachlasses kommen (mit Schwerpunktbetrachtung bei grenzüberschreitenden Nachlässen).[48]

4. Offensichtlich engere Verbindung (Abs. 4). Die Anknüpfungsleiter der Abs. 1–3 steht unter dem Vorbehalt einer offensichtlich engeren Verbindung des außervertraglichen Schuldverhältnisses der Geschäftsführung ohne Auftrag mit einem anderen Staat (Abs. 4). Es handelt sich um eine Parallelvorschrift zu Art. 4 Abs. 3 S. 1 und Art. 10 Abs. 3, so dass die zu diesen Vorschriften entwickelten Grundsätze herangezogen werden können (→ Art. 4 Rn. 64 ff.; → Art. 10 Rn. 32). Einen Anwendungsfall hat Abs. 4 unter anderem bei der GoA durch Tilgung fremder Verbindlichkeiten[49] (→ Rn. 29). 21

IV. Einzelne Sachbereiche

In der Praxis des IPR spielen **drei Haupttypen der GoA** eine besondere Rolle: die Hilfeleistung für andere, die Einwirkung auf fremde Güter und die Tilgung fremder Schulden.[50] 22

1. Hilfs- und Bergungsmaßnahmen. a) Staatsverträge. Für Bergungsmaßnahmen in See- und Binnengewässern gilt seit dem 8.10.2002 in der Bundesrepublik Deutschland[51] das **Internationale Übereinkommen über Bergung** (IntBergungsÜ) vom 28.4.1989.[52] Das Übereinkommen zur einheitlichen Feststellung von Regeln über die Hilfsleistung und Bergung in Seenot vom 23.9.1910 (RGBl. 1913 S. 66), vom Deutschen Reich im Jahr 1913 ratifiziert, tritt als lex anterior hinter das IntBergungsÜ zurück. 23

aa) Sachlicher Anwendungsbereich des IntBergungsÜ. Von dem Übereinkommen erfasst sind alle Handlungen oder Tätigkeiten, die unternommen werden, um Schiffen oder sonstigen Vermögensgegenständen, die sich in schiffbaren oder sonstigen Gewässern in Gefahr befinden, Hilfe zu leisten (Bergungsmaßnahmen, Art. 1 lit. a IntBergungsÜ). Von deutschen Gerichten ist das Übereinkommen auch bei Betroffenheit von Kriegs- und anderen Staatsschiffen[53] sowie auf Bergungsmaßnahmen in Binnengewässern[54] anzuwenden. Das IntBergungsÜ gilt, wenn die Parteien keine abweichende Vereinbarung treffen, auch für Maßnahmen im Rahmen eines Bergungsvertrags (Art. 6 Abs. 1 IntBergungsÜ, Art. 8 Abs. 1 S. 3 EGHGB). In der Praxis liegt Bergungsverträgen häufig das „Lloyd's Standard Form of Salvage Agreement 2000" (LOF 2000) zugrunde.[55] 24

bb) Räumlicher Anwendungsbereich des IntBergungsÜ. Als loi uniforme ist das Übereinkommen stets anzuwenden, wenn ein gerichtliches oder schiedsgerichtliches Verfahren in einem Vertragsstaat anhängig gemacht wird, das sich auf Gegenstände im sachlichen Anwendungsbereich des Übereinkommens bezieht (Art. 2 IntBergungsÜ). Auf den Flaggenstaat eines beteiligten Schiffes kommt es nicht an. Als Folge der **Inkorporierung des IntBergungsÜ** in das deutsche HGB musste 25

45 LG München I IPRax 2014, 438 Rn. 37 ff.; krit. *Looschelders* IPRax 2014, 406 (410); *Dornis* ZfPW 2015, 376 (380 ff.); s. auch *Martiny* ZEuP 2015, 838 (862).

46 Zum materiellen öst. Recht s. OGH IPRax 2016, 73 Rn. 25 ff., 40 ff.; *Heindler* IPRax 2016, 79.

47 *Dornis* ZfPW 2015, 376 (384); *Dornis* RabelsZ 80 (2016), 543 (550).

48 *Looschelders* IPRax 2014, 406 (410 f.).

49 BeckOGK/*Schinkels* Rn. 44 f.; Soergel/*Wendelstein* Rn. 30; *v. Bar/Mankowski* IPR II § 2 Rn. 525, 526.

50 S. bereits Begr. RegE, BR-Drs. 759/98, 18 = BT-Drs. 14/343, 9; *G. Fischer* IPRax 2002, 1 (11); *Kreuzer* RabelsZ 65 (2001), 383 (411); *A. Staudinger* DB 1999, 1589 (1590); Erman/*Stürner* EGBGB Art. 39 Rn. 1; Staudinger/*v. Hoffmann/Thorn,* 2007, EGBGB Art. 39 Rn. 17.

51 ZustG, BGBl. 2001 II 510; Bekanntmachung über das Inkrafttreten, BGBl. 2002 II 1202.

52 International Convention on Salvage of April 28, 1989, J. M. L. C. 20 (1989), 589 = Lloyd's M. C. L. Q. 1990, 54 = Rev. dr. unif. 1989 II, 218. Der zwischen Deutschland, Österreich und der Schweiz verbindlich vereinbarte deutsche Text ist abgedruckt bei Staudinger/*v. Hoffmann/Thorn,* 2007, EGBGB Art. 39 Rn. 25, dort auch Liste der Vertragsstaaten; s. ferner *Bahnsen,* Internationales Übereinkommen von 1989 über Bergung, 1997. Das Übereinkommen ist in Kraft getreten am 14.7.1996.

53 Deutschland hat bei der Ratifizierung des IntBergungsÜbk eine entsprechende Erklärung nach Art. 4 Abs. 2 IntBergungsÜbk abgegeben, BGBl. 2002 II 1202.

54 Deutschland hat bei der Ratifizierung des IntBergungsÜbk keinen Vorbehalt nach Art. 30 Abs. 1 lit. a IntBergungsÜbk erklärt, vgl. BGBl. 2002 II 1202.

55 Gültig seit dem 1.9.2000; Text unter http://www.lloydsagency.com (zuletzt abgerufen am 11.3.2024).

der deutsche Gesetzgeber in **Art. 8 EGHGB** eine spezielle einseitige Kollisionsnorm schaffen, um den Anwendungsbefehl des Art. 2 IntBergungsÜ umzusetzen. Danach sind die den IntBergungsÜ entsprechenden Vorschriften des HGB ohne Rücksicht auf die Regeln des Internationalen Privatrechts anzuwenden (Art. 8 Abs. 1 S. 1 EGHGB). Es handelt sich folglich um vereinheitlichtes Sachrecht, das die deutschen Gerichte ohne Rücksicht auf die Rom II-VO (→ Art. 28 Rn. 14) anzuwenden haben (vgl. auch den besonderen Gerichtsstand des § 30 ZPO).

26 **cc) Materiellrechtliche Grundsätze des IntBergungsÜ.** Das Übereinkommen beruht auf dem Grundprinzip, dass der Anspruch auf Bergelohn (Art. 13 IntBergungsÜ) einen Erfolg der Bergungsmaßnahme voraussetzt (Art. 12 IntBergungsÜ). Als Neuerung gegenüber dem Übereinkommen zur einheitlichen Feststellung von Regeln über die Hilfsleistung und Bergung in Seenot vom 23.9.1910 besteht jedoch auch bei erfolglosen Maßnahmen unter Umständen ein Anspruch auf Sondervergütung, wenn ein drohender Umweltschaden iSd Art. 1 lit. b IntBergungsÜ abgewendet oder begrenzt wurde (Art. 14 IntBergungsÜ).[56] Im Anschluss an eine Entscheidung des britischen House of Lords[57] haben Bergungsunternehmen und Versicherer die „Special Compensation P&I Club Clause" (SCOPIC-Klausel) entwickelt, die für bestimmte Leistungen im Rahmen der Bergung feste Raten vorsieht.[58]

27 **b) Rom II-VO.** Außerhalb des Anwendungsbereichs des IntBergungsÜ, zB für Aufwendungsersatz bei Nothilfeschäden oder für Ansprüche im Zusammenhang mit der Rettung von Personen, ist das auf die GoA anzuwendende Recht nach Art. 11 zu bestimmen. In Ermangelung eines bestehenden Rechtsverhältnisses zwischen den Beteiligten **(Abs. 1)** und eines gewöhnlichen Aufenthalts der Beteiligten in demselben Staat **(Abs. 2)** ist das Recht des Vornahmeortes anzuwenden **(Abs. 3),** also der Ort der Hilfeleistung bzw. der Bergungsmaßnahme[59] (zur sukzessiven Hilfeleistung in mehreren Staaten → Rn. 20).

Beispiel:[60]
Verletzt sich der Deutsche A, als er den Franzosen B in spanischen Hoheitsgewässern vor dem Ertrinken rettet, richten sich die GoA-Ansprüche von A auf Ersatz der Heilungskosten nach spanischem Recht (lex loci gestionis, **Abs. 3).** Die territoriale Anknüpfung an den Ort der Hilfeleistung bzw. der Bergung bewirkt in der Regel **Parallelität zum Deliktsstatut** (Art. 4 Abs. 1). Angesichts der weiten Verbreitung des IntBergungsÜ spielt Art. 10 bei Bergungsmaßnahmen **auf hoher See** kaum eine Rolle; wenn doch, wollen manche im Rahmen des Abs. 3 anstelle der nicht existenten lex loci gestionis an das Recht des Heimathafens des hilfsbedürftigen Schiffes anknüpfen.[61]

28 **2. Einwirkung auf fremde Sachen.** Ansprüche aus GoA wegen Einwirkung auf fremde bewegliche oder unbewegliche Sachen durch Nutzung, Veräußerung oder Verwendungen unterstehen in Ermangelung eines Rechtsverhältnisses iSd **Abs. 1** oder eines gemeinsamen gewöhnlichen Aufenthalts der Beteiligten **(Abs. 2)** gemäß **Abs. 3** dem Recht am **Ort der Einwirkung**[62] (zum Auseinanderfallen von Handlungs- und Erfolgsort der Einwirkung → Rn. 19). Solche Einwirkungen können zugleich **deliktische Ansprüche** (zB des Geschäftsherrn auf Herausgabe des Erlangten oder auf Schadensersatz) und **sachenrechtliche Ansprüche** (zB des Geschäftsführers auf Verwendungsersatz) nach sich ziehen. Soweit nicht nach Abs. 1 akzessorisch an ein bestehendes Rechtsverhältnis (zB das sachenrechtliche Eigentümer-Besitzer-Verhältnis) angeknüpft werden kann und auch nicht nach Abs. 2 oder Abs. 3 ein Anknüpfungsgleichklang hergestellt werden kann, lässt sich – nach Maßgabe aller Umstände des Einzelfalls – mit der Ausweichklausel des **Abs. 4** ein **Gleichklang der Statuten** herstellen.[63]

29 **3. Tilgung fremder Schulden. Abs. 1** ermöglicht eine akzessorische Anknüpfung an ein **Rechtsverhältnis zwischen Geschäftsführer und Geschäftsherrn,** das eine enge Verbindung

---

56 *Schwampe* VersR 2007, 1177 (1178).

57 Semco Salvage & Marine Pte. Lt. v. Lancer Navigation Co. Ltd. [1997] 1 Lloyd's Law Report 323, [1997] 2 WLR 298 (H.L.).

58 Überarbeitete Fassung gültig seit 1.9.2000, http://www.lloydsagency.com (zuletzt abgerufen am 11.3.2024).

59 So zum deutschen IPR Begr. RegE, BR-Drs. 759/98, 20 = BT-Drs. 14/343, 9; *G. Fischer* IPRax 2002, 1 (13 f.); *Kreuzer* RabelsZ 65 (2001), 383 (411); *A. Staudinger* DB 1999, 1589 (1590); Erman/*Stürner* EGBGB Art. 39 Rn. 8, 11; Staudinger/*v. Hoffmann/Thorn,* 2007, EGBGB Art. 39 Rn. 18.

60 Nach *Leible/Lehmann* RIW 2007, 721 (732); s. auch OLG Düsseldorf TranspR 2014, 234 (243).

61 Staudinger/*v. Hoffmann/Thorn,* 2007, EGBGB Art. 39 Rn. 34.

62 BeckOGK/*Schinkels* Rn. 42; Soergel/*Wendelstein* Rn. 26; Rauscher/*Picht* Rn. 10, 26; *G. Fischer* FS Spellenberg, 2010, 151 (165); zum dt. IPR Erman/*Stürner* EGBGB Art. 39 Rn. 11; Staudinger/*v. Hoffmann/Thorn,* 2007, EGBGB Art. 39 Rn. 35.

63 *G. Fischer* FS Spellenberg, 2010, 151 (165 f.); zum dt. IPR Begr. RegE, BR-Drs. 759/98, 20 = BT-Drs. 14/343, 9; *Kreuzer* RabelsZ 65 (2001), 383 (411).

mit der GoA aufweist. Bei einer GoA durch Tilgung fremder Verbindlichkeiten besteht ein solches Rechtsverhältnis häufig nicht. Fehlt es auch an einem gemeinsamen gewöhnlichen Aufenthalt der beiden GoA-Beteiligten in ein und demselben Staat **(Abs. 2),** ist nach **Abs. 3** „geschäftsführerfreundlich" an den Vornahmeort anzuknüpfen. Da der Verordnungsgeber die „geschäftsherrnfreundliche" akzessorische Anknüpfung an das Statut der getilgten Verbindlichkeit (vgl. Art. 39 Abs. 2 EGBGB) explizit verworfen hat (→ Rn. 6), wird sich in Anwendung der Rom II-VO die Frage stellen, ob diese Anknüpfung über die Ausweichklausel des **Abs. 4** sozusagen „fröhliche Urstände" feiern kann. Da eine unbesehene, generelle Korrektur einer Grundanknüpfung durch die Ausweichklausel nicht erfolgen darf (→ Art. 4 Rn. 64), ist – wie stets – im Einzelfall sorgfältig zu prüfen, ob die „Gesamtheit der Umstände" (Abs. 4) eine Anwendung des Statuts der getilgten Forderung rechtfertigt.[64]

V. Reichweite des GoA-Statuts

Die Reichweite des GoA-Statuts bestimmt sich grundsätzlich nach **Art. 15.** Danach regelt **30**
das von Art. 11 berufene Recht die **Ansprüche des Geschäftsführers** auf Aufwendungs- und Schadensersatz ebenso wie die **Ansprüche des Geschäftsherrn,** insbesondere auf Herausgabe des Erlangten und auf Schadensersatz. Allerdings werden Schuldverhältnisse deliktischer Natur, die aus der Geschäftsführung resultieren, nach Deliktskollisionsregeln angeknüpft, die insoweit nicht von Art. 11 verdrängt werden.[65] Der Anspruchskonkurrenz von GoA- und Deliktsansprüchen im materiellen Recht entspricht im IPR eine **Doppelqualifikation.** Im Rahmen des Art. 15 entscheidet das GoA-Statut über **Voraussetzungen und Inhalt** sämtlicher Ansprüche, die aus der GoA entstehen können, über die Voraussetzungen einer berechtigten GoA sowie über die Rechtsfolgen, die sich an die Unterscheidung der verschiedenen Arten der GoA knüpfen.[66]

Art. 12 Rom II-VO Verschulden bei Vertragsverhandlungen

(1) Auf außervertragliche Schuldverhältnisse aus Verhandlungen vor Abschluss eines Vertrags, unabhängig davon, ob der Vertrag tatsächlich geschlossen wurde oder nicht, ist das Recht anzuwenden, das auf den Vertrag anzuwenden ist oder anzuwenden gewesen wäre, wenn er geschlossen worden wäre.

(2) Kann das anzuwendende Recht nicht nach Absatz 1 bestimmt werden, so ist das anzuwendende Recht

a) das Recht des Staates, in dem der Schaden eingetreten ist, unabhängig davon, in welchem Staat das schadensbegründende Ereignis oder indirekte Schadensfolgen eingetreten sind, oder,

b) wenn die Parteien zum Zeitpunkt des Eintritts des schadensbegründenden Ereignisses ihren gewöhnlichen Aufenthalt in demselben Staat haben, das Recht dieses Staates, oder,

c) wenn sich aus der Gesamtheit der Umstände ergibt, dass das außervertragliche Schuldverhältnis aus Verhandlungen vor Abschluss eines Vertrags eine offensichtlich engere Verbindung mit einem anderen als dem in den Buchstaben a oder b bezeichneten Staat aufweist, das Recht dieses anderen Staates.

Schrifttum: s. auch Vor Art. 1; älteres Schrifttum s. 6. Aufl. 2015, Art. 12; *Arenas García,* La regulación de la responsabilidad precontractual en el reglamento „Roma II", Anuario Español de Derecho Internacional Privado 2007, 315; *Arnold,* Zur Reichweite des verfahrensrechtlichen Verbraucherschutzes und zur Qualifikation der Ansprüche aus culpa in contrahendo und § 823 Abs. 1 BGB iVm § 32 KWG, IPRax 2013, 141; *Behnen,* Die Haftung des falsus procurator im IPR – nach Geltung der Rom I- und Rom II-Verordnungen, IPRax 2011, 221; *Benedict,* Die culpa in contrahendo im IPR und IZPR, in Deinert (Hrsg.), Internationales Recht im Wandel, 2013, 19; *Bourdelois,* Réflexions sur le traitement des relations précontractuelles en droit international privé, FS

[64] BeckOGK/*Schinkels* Rn. 44; HK-BGB/*Dörner* Rn. 6; Rauscher/*Picht* Rn. 33; *v. Bar/Mankowski* IPR II § 2 Rn. 526; *G. Fischer* FS Spellenberg, 2010, 151 (166); zurückhaltender *Sonnentag* ZVglRWiss 105 (2006), 256 (305); für eine Anwendung des Abs. 1 *Nehne* IPRax 2012, 137 (139); *Légier* in Corneloup/Joubert, Le règlement communautaire „Rome II" sur la loi applicable aux obligations non contractuelles, 2008, 145 (163).

[65] BeckOGK/*Schinkels* Rn. 45; Soergel/*Wendelstein* Rn. 9 f.; Rauscher/*Picht* Rn. 6 aE; *Dickinson* Rome II Rn. 11.07; aA *Lehmann/Duczek* JuS 2012, 788 (789).

[66] *Ofner* ZfRV 2008, 13 (20); zum dt. IPR *Kreuzer* RabelsZ 65 (2001), 383 (411); *R. Wagner* IPRax 1998, 429 (432); Erman/*Stürner* EGBGB Art. 39 Rn. 4.

Malaurie, 2005, 107; *Carella,* The Law Applicable to Non-Contractual Obligations Other than Tort and Delict, in Malatesta (Hrsg.), The Unification of Choice-of-Law-Rules on Torts and Other Non-Contractual Obligations in Europe, 2006, 73; *d'Alessandro,* La culpa in contrahendo nella prospettiva del regolamento EC n. 44 del 2001 e del regolamento CE n. 864 del 2007 (Roma II), Riv. dir. civ. 2009, 279; *Ersoy,* Die culpa in contrahendo im europäischen Internationalen Privat- und Verfahrensrecht, 2020; *G. Fischer,* Culpa in contrahendo im europäischen Internationalen Privatrecht, FS Gunther Kühne, 2009, 689; *v. Hein,* Die culpa in contrahendo im europäischen Privatrecht: Wechselwirkungen zwischen IPR und Sachrecht, GPR 2007, 54; *Henk,* Die Haftung für culpa in contrahendo im IPR und IZPR, 2007; *Junker,* Culpa in contrahendo im Internationalen Privat- und Prozessrecht, FS Stürner, 2013, 1043; *Junker,* Vorvertragliche Haftung im deutschen und europäischen Recht, FS Köhler, 2014, 327; *Kocher,* Diskriminierende Vertragsverweigerung als vorvertragliche Pflichtverletzung – Zum internationalen Privatrecht des Diskriminierungsschutzes, FS Martiny, 2014, 411; *Kurt,* Culpa in contrahendo im europäischen Kollisionsrecht der vertraglichen und außervertraglichen Schuldverhältnisse, 2009; *Lagarde,* La culpa in contrahendo à la croisée des règlements communautaires, FS Pocar, 2009, 583; *Legier,* Enrichissement sans cause, gestion d'affaires et culpa in contrahendo, in Corneloup/Joubert (Éd.), Le règlement communautaire „Rome II" sur la loi applicable aux obligations non contractuelles, 2008, 145; *Lehmann,* Der Anwendungsbereich der Rom I-Verordnung: Vertragsbegriff und vorvertragliche Rechtsverhältnisse, in Ferrari/Leible (Hrsg.), Ein neues Internationales Vertragsrecht für Europa: Der Vorschlag für eine Rom I-Verordnung, 2007, 17; *Lehmann,* Die Zukunft der culpa in contrahendo im europäischen Privatrecht, ZEuP 2009, 693; *Lüttringhaus,* Das internationale Privatrecht der culpa in contrahendo nach den EG-Verordnungen „Rom I" und „Rom II", RIW 2008, 193; *Moura Vicente,* Precontractual Liability in Private International Law – A Portuguese Perspective, RabelsZ 67 (2003), 699; *Reuter,* Die Qualifikation der Haftung des falsus procurator im Internationalen Privatrecht, 2016; *Rieländer,* Der „Vertragsabschlussschaden" im europäischen Deliktskollisions- und Zuständigkeitsrecht, RabelsZ 85 (2021), 579; *Stoll,* Kollisionsrechtliche Fragen der Haftung für culpa in contrahendo, FS Georgiades, 2006, 941; *Volders,* Culpa in contrahendo in the Conflict of Laws, YbPIL 9 (2007), 127; *Wied,* Zivilprozessuale Qualifikationsprobleme im Spannungsfeld von Vertrag und Delikt, 2010.

Übersicht

I. Allgemeines

1 **1. Normzweck und Entstehungsgeschichte.** Art. 12 regelt das Kollisionsrecht der Ansprüche aus Verschulden bei Vertragsverhandlungen und verdankt – ebenso wie Art. 10, 11 – seine Existenz dem Wunsch des Verordnungsgebers, das IPR der außervertraglichen Schuldverhältnisse vollständig zu regeln[1] **(Erwägungsgrund 29).** Während die amtliche Überschrift des Art. 12 im deutschen Text der Rom II-VO „Verschulden bei Vertragsverhandlungen" lautet, überschreiben die englische und französische Fassung die Norm mit dem – auch in Deutschland gebräuchlichen und in Art. 2 Abs. 1 verwendeten – Begriff „culpa in contrahendo" (c.i.c.).[2] Die Vorschrift hat den

[1] *Fallon* in Basedow/Baum/Nishitani, Japanese and European Private International Law in Comparative Perspective, 2008, 261 (267); *G. Fischer* FS Kühne, 2009, 689; *Heiss/Loacker* JBl. 2007, 613 (639); *Looschelders* IPRax 2014, 406 (409); *Ofner* ZfRV 2008, 13 (20); *Rudolf* ÖJZ 2010, 300 (307); *G. Wagner* IPRax 2008, 1 (10).

[2] Zu dieser Begriffsbildung *Hartley* Int. Comp. L. Q. 57 (2008), 899 (907); *v. Hein* RabelsZ 73 (2009), 469 (500); *Lehmann/Duczek* JuS 2012, 788 (790); *Volders* YbPIL 9 (2007), 127 (129); *Légier* in Corneloup/Joubert, Le règlement communautaire „Rome II" sur la loi applicable aux obligations non contractuelles, 2008, 145 (147).

Zweck, der Stellung der c.i.c. zwischen Vertrag und Delikt[3] auch bei der IPR-Anknüpfung Rechnung zu tragen, indem, wenn eine vertragsakzessorische Anknüpfung möglich ist, das (hypothetische) **Vertragsstatut** (Abs. 1), anderenfalls eine – nach dem Vorbild des Art. 4 konstruierte – Anknüpfungsleiter nach Art des **Deliktsstatuts** (Abs. 2) zum Zuge kommt.[4] Erkennbar ist auch bei Art. 12 – wie bei Art. 10, 11 – das Streben nach systematischer Symmetrie: Das in Art. 10, 11 auf vier Absätze verteilte Anknüpfungsschema findet sich, modifiziert entsprechend dem Gegenstand der c.i.c., bei Art. 12 in Abs. 1 sowie Abs. 2 lit. a, b und c (→ Rn. 21).

Art. 12 versteht sich vor dem Hintergrund der Entscheidung des EuGH vom 17.9.2002 in der **Rechtssache Tacconi,** die in Anwendung des Brüsseler Übereinkommens (EuGVÜ) eine Klage auf Schadensersatz wegen eines ungerechtfertigten **Abbruchs von Vertragsverhandlungen** als deliktisch qualifiziert und dem Deliktsgerichtsstand des Art. 5 Nr. 3 EuGVÜ unterstellt hat.[5] Nach stRspr des EuGH war für den **Vertragsgerichtsstand** des Art. 5 Nr. 1 EuGVÜ eine „von einer Partei gegenüber einer anderen freiwillig eingegangene Verpflichtung"[6] hinreichend, aber auch notwendig: Zwar verlange Art. 5 Nr. 3 EuGVÜ nicht den Abschluss eines Vertrags, aber doch das Bestehen einer **(rechtsgeschäftlichen) Verpflichtung,** „da sich die Zuständigkeit ... nach dem Ort bestimmt, an dem die Verpflichtung erfüllt worden ist oder zu erfüllen wäre".[7] Im Wege der Auslegungskontinuität[8] gilt diese Rspr. nach dem Inkrafttreten der Brüssel I-VO am 1.3.2002 auch für Art. 5 Nr. 1, 3 Brüssel Ia-VO (Art. 7 Nr. 1, 2 Brüssel Ia-VO). 2

Nach dieser Logik fungiert der **Deliktsgerichtsstand** als Auffangtatbestand für alle Klagen, mit denen eine Schadenshaftung geltend gemacht wird und die nicht an einen Vertrag iSv Art. 7 Nr. 1 Brüssel Ia-VO anknüpfen.[9] Daraus schließt der EuGH, dass eine Klage auf Schadensersatz wegen eines ungerechtfertigten **Abbruchs von Vertragsverhandlungen** nicht vertraglicher Natur sei. Sie könne folglich nur im Gerichtsstand der unerlaubten Handlung erhoben werden:[10] Da beim Abbruch von Vertragsverhandlungen gerade kein Vertrag geschlossen wurde (und auch sonst keine freiwillig eingegangene Verpflichtung einer Partei bestehe), könne sich eine Schadensersatzpflicht „nur aus einem Verstoß gegen Rechtsvorschriften ergeben, nämlich diejenige, wonach die Parteien bei Vertragsverhandlungen nach Treu und Glauben handeln müssen".[11] Allerdings gibt der EuGH dem nationalen Gericht auf zu prüfen, ob sich aus langjährigen Beziehungen der Parteien ein **stillschweigender Vertragsschluss** ergibt, der den Abbruch von Verhandlungen als Verletzung einer Vertragsbeziehung erscheinen lässt.[12] 3

Im Verlauf der **Entstehung** der Rom II-VO spielte die c.i.c. zunächst keine Rolle: Weder der **Kommissionsentwurf vom 22.7.2003** (→ Vor Art. 1 Rn. 17 ff.) noch der **Geänderte Vorschlag vom 21.2.2006** (→ Vor Art. 1 Rn. 18 ff.) enthielten eine spezielle Anknüpfungsnorm für die vorvertragliche Haftung. Nachdem jedoch der **Entwurf der Rom I-VO** vom 15.12.2005 eine Bereichsausnahme für „Schuldverhältnisse aus Verhandlungen vor Abschluss eines Vertrags" vorsah[13] (Art. 1 Abs. 2 lit. i Rom I-VO), entstand Handlungsbedarf. Diese **Bereichsausnahme** wurde nicht 4

---

[3] *Wied,* Zivilprozessuale Qualifikationsprobleme im Spannungsfeld von Vertrag und Delikt, 2010, 62.

[4] HK-BGB/*Dörner* Rn. 1; PWW/*Schaub* Rn. 1; Rauscher/*Picht* Rn. 3; *G. Fischer* FS Kühne, 2009, 689 (690); *Junker* FS Stürner, 2013, 1043 (1056 f.); *Kadner Graziano* RabelsZ 73 (2009), 1, 64 f.; *Lehmann/Duczek* JuS 2012, 788 (790); *Spickhoff* IPRax 2009, 128 (132); *Sujecki* EWS 2009, 310 (318).

[5] EuGH NJW 2002, 3159 = EuZW 2002, 655 – Tacconi/HWS; dazu *Junker* IZPR § 6 Rn. 13; *Arnold* IPRax 2012, 141 (145); *Bitter* IPRax 2006, 96 (99); *Brière* Clunet 135 (2008), 31 (39); *Ebke* ZVglRWiss 109 (2010), 397 (434); *Gebauer* JbItalR 15/16 (2002/2003), 155 (169, 172); *Kadner Graziano* RabelsZ 73 (2009), 1 (65); *Magnus* IPRax 2010, 27 (29); *Mankowski* IPRax 2003, 127 (129); *Schmidt-Kessel* ZEuP 2004, 1019; *Stadler* FS Musielak, 2004, 569 (591); *Staudinger* AnwBl 2008, 8 (12); *Stoll* FS Georgiades, 2006, 941 (946); *Volders* YbPIL 9 (2007), 127 (130).

[6] EuGH RIW 1994, 680 – Handte/TMCS; EuZW 1999, 59 Rn. 17 = IPRax 2000, 210 = RIW 1999, 57 – Réunion Européenne/Spliethoff's; zur weiten Auslegung des Begriffs der vertraglichen Streitigkeiten durch den EuGH *Junker* IZPR § 10 Rn. 10 ff.; *Bitter* IPRax 2008, 96 (97); *Martiny* FS Schütze, 2002, 641 (648 f.).

[7] EuGH NJW 2002, 3159 = EuZW 2002, 655 Rn. 23 – Tacconi/HWS (Hervorhebung hinzugefügt).

[8] BeckOGK/*Schinkels* Rn. 18; NK-BGB/*Budzikiewicz* Rn. 11; *v. Bar/Mankowski* IPR II § 2 Rn. 531; *Bourdelois* FS Malaurie, 2005, 107; *d'Alessandro* Riv. dir. civ. 2009, 279; *Junker* FS Stürner, 2013, 1043 (1044).

[9] EuGH NJW 1988, 3088 – Kalfelis/Schröder; EuZW 1992, 447 Rn. 16 – Reichert/Dresdner Bank; dazu *Junker* IZPR § 7 Rn. 5; *Ancel* Rev. crit. dr. int. pr. 81 (1992), 714; *Gaudemet-Tallon* Rev. crit. dr. int. pr. 78 (1989), 112; *Gottwald* IPRax 1989, 272; *Schlosser* RIW 1988, 987; *Schlosser* IPRax 1993, 17.

[10] EuGH NJW 2002, 3159 = EuZW 2002, 655 Rn. 27 – Tacconi/HWS.

[11] EuGH NJW 2002, 3159 = EuZW 2002, 655 Rn. 25 f. – Tacconi/HWS; zust. *Gebauer* JbItalR 15/16 (2002/2003), 155 (171); *Junker* FS Stürner, 2013, 1043 (1054 f.); krit. *Jayme/Kohler* IPRax 2003, 485 (490); *Schmidt-Kessel* ZEuP 2004, 1019 (1032); abl. *Mankowski* IPRax 2003, 127 (135); *Stadler* FS Musielak, 2004, 569 (591): vertragliche Qualifikation.

[12] EuGH NJW 2016, 3087 Rn. 23 ff. – Granarolo/Ambrosi Emmi France.

[13] KOM(2006) 650 endg.

nur unter dem Eindruck der Tacconi-Rspr. des EuGH geschaffen (→ Rn. 2 f.),[14] sondern auch in Ansehung der französischen Dogmatik, für die eine vertragliche Haftung ohne Vertrag nicht vorstellbar ist, so dass im französischen Recht viele der deutschrechtlichen c.i.c.-Konstellationen dem Deliktsrecht zugeschlagen werden.[15]

5 Mit der Herausnahme der c.i.c. aus der Rom I-VO war der Weg frei für die Aufnahme einer Kollisionsnorm über die c.i.c. in die **Rom II-VO.**[16] Erstmals in der Entstehungsgeschichte der Rom II-VO enthielt somit der **Gemeinsame Standpunkt vom 25.9.2006** (→ Vor Art. 1 Rn. 20 f.) eine Kollisionsnorm für Schuldverhältnisse aus Verschulden bei Vertragsverhandlungen,[17] platziert im Anschluss an die Verweisungsvorschriften für Schuldverhältnisse aus „Ungerechtfertigter Bereicherung" und „Geschäftsführung ohne Auftrag". Die **Rom I-VO** verweist in ihrem **Erwägungsgrund 10** auf diese Kollisionsnorm.[18] Sie wird in der **Rom II-VO** ergänzt durch **Erwägungsgrund 30,** aus dem sich Einiges über den Verordnungsbegriff der c.i.c. und die von ihr erfassten Fallgruppen ableiten lässt (→ Rn. 14 f.).

6 **2. Standort und Qualifikation der c.i.c.** Nach der **Gesamtsystematik der Rom II-VO** lässt sich unter der Geltung des Art. 12 nicht von einer „zumindest formal deliktsrechtlichen Qualifikation"[19] der c.i.c. sprechen. Denn die Norm befindet sich nicht im Kapitel über „Unerlaubte Handlungen" (Art. 4–9), sondern in dem Kapitel für – so **Erwägungsgrund 29** – „Schäden, die aufgrund einer anderen Handlung als aus unerlaubter Handlung entstanden sind" (Art. 10–13). Wie sich auch aus Art. 2 Abs. 1 ablesen lässt, befährt das europäische Kollisionsrecht eine „dritte Spur" neben Vertrags- und Deliktskollisionsrecht.[20] Ansprüche zwischen zwei oder mehr Personen aus Verschulden bei Vertragsverhandlungen werden nunmehr einheitlich als außervertragliche Schuldverhältnisse qualifiziert.[21] Sie begründen nach dem Wortlaut und der Systematik der Rom II-VO ein außervertragliches Schuldverhältnis sui generis, auf das nach der **Binnensystematik des Art. 12** grundsätzlich das Recht des (intendierten) Vertrags – das (hypothetische) **Vertragsstatut** – anzuwenden ist (Abs. 1). Nur wenn das außervertragliche Schuldverhältnis aus c.i.c. nicht akzessorisch an einen geschlossenen oder intendierten Vertrag angeknüpft werden kann, ist eine Anknüpfungsleiter nach dem Vorbild der Allgemeinen Kollisionsnorm für das **Deliktsstatut** anzulegen[22] (Abs. 2).

7 **3. Systematik und Prüfungsreihenfolge. a) Vertragsakzessorische Anknüpfung (Abs. 1).** Art. 12 basiert auf einer strikten Trennung zwischen dem **(Regel-)Fall,** in welchem das außervertragliche Schuldverhältnis aus c.i.c. akzessorisch an den abgeschlossenen oder beabsichtigten, aber nicht zustande gekommenen Vertrag angeknüpft werden kann (Abs. 1), und den **(Ausnahme-)Fällen,** in denen eine solche Anknüpfung nicht möglich ist (Abs. 2). Die akzessorische Anknüpfung an das (hypothetische) Vertragsstatut (Abs. 1) erzielt den Anknüpfungsgleichklang mit dem Int. Vertragsrecht der Rom I-VO. Das ist besonders erstrebenswert, wenn es – ungeachtet der vorvertraglichen Pflichtverletzung – zum Vertragsschluss gekommen ist; die Anknüpfung ist aber auch interessengerecht, wenn das Vertragsstatut „hypothetisch" geblieben ist: Insofern entfaltet der

---

[14] S. *v. Hein* RabelsZ 73 (2009), 461 (500 f.): „... one of the most vivid examples of the legislator's desire to ensure consistency with the Brussels I Regulation"; s. auch *Junker* FS Stürner, 2013, 1043 (1045); ausf. *Lehmann* in Ferrari/Leible, Ein neues internationales Vertragsrecht für Europa, 2007, 17 (34 ff.).

[15] Staudinger/*Maultzsch,* 2023, Rn. 16; BeckOK BGB/*Spickhoff* Rn. 1; *Ebke* ZVglRWiss 109 (2010), 397 (434); *Kadner Graziano* RabelsZ 73 (2009), 1 (65); aus der franz. Rspr. s. CA Douai 23.9.1993, D 1993, Somm. 171 obs. *Gavardo/Lucas de Leissac.*

[16] Krit. Max Planck Institute, Comments on Rome I Proposal, RabelsZ 71 (2007), 225 (238–240).

[17] Zum Gemeinsamen Standpunkt vom 25.9.2006 *Brière* Clunet 135 (2008), 31 (51); *v. Hein* VersR 2007, 440 (450 f.); *R. Wagner* FS Kropholler, 2008, 715 (716).

[18] Zum Zusammenspiel der Rom I-VO und der Rom II-VO NK-BGB/*Budzikiewicz* Rn. 4 f.; Erman/*Stürner* Rn. 1; HK-BGB/*Dörner* Rn. 2; PWW/*Schaub* Rn. 1; Rauscher/*Picht* Rn. 7; *Arnold* IPRax 2013, 141 (145); *G. Fischer* FS Kühne, 2009, 689 (690); *v. Hein* BerGesVR 45 (2012), 369 (380 f.); *Volders* YbPIL 9 (2007), 127 (128); *Légier* in Corneloup/Joubert, Le règlement communautaire „Rome II" sur la loi applicable aux obligations non contractuelles, 2008, 145 (147 ff.).

[19] BeckOK BGB/*Spickhoff* Rn. 7; *Spickhoff* IPRax 2009, 128 (132); wie hier Erman/*Stürner* Rn. 4; PWW/*Schaub* Rn. 1; *v. Domarus,* Int. Arzthaftungsrecht nach Inkrafttreten der Rom I- und Rom II-Verordnung, 2013, 73; *v. Hein* GPR 2007, 54 (59); *Seibl* IPRax 2011, 234 (239); *Staudinger* AnwBl 2008, 8 (12); *Sujecki* EWS 2009, 310 (318).

[20] BeckOGK/*Schinkels* Rn. 3 ff.; Soergel/*Wendelstein* Rn. 6; NK-BGB/*Budzikiewicz* Rn. 2; *v. Hein* GPR 2007, 54 (59): „komplexere, dreigeteilte Konzeption"; *v. Hein* BerGesVR 45 (2012), 369 (381); *Seibl* IPRax 2011, 234 (240); s. aus englischer Sicht *Hartley* Int. Comp. L. Q. 57 (2008), 899 (907): „neither contractual nor tortious".

[21] Soergel/*Wendelstein* Rn. 6; PWW/*Schaub* Rn. 1; HK-BGB/*Dörner* Rn. 4; *v. Bar/Mankowski* IPR II § 2 Rn. 531; krit. Max Planck Institute, Comments on Rome II Proposal, RabelsZ 71 (2007), 225 (238–240).

[22] Soergel/*Wendelstein* Rn. 20; *v. Bar/Mankowski* IPR II § 2 Rn. 547; *Volders* YbPIL 9 (2007), 127 (133).

Wille zu kontrahieren Vorwirkung.[23] Eine **Wahl des Vertragsstatuts** ist somit über Abs. 1 iVm **Art. 3 Rom I-VO** auch für die c.i.c. beachtlich. Vorrang hat aber speziell für die Anknüpfung der c.i.c. eine **Rechtswahl nach Art. 14,** welche die objektive Anknüpfung nach Art. 12 verdrängt, wenn sie sich gerade (auch) auf Ansprüche aus Verschulden bei **Vertragsverhandlungen** bezieht.[24] Anders als bei Art. 10, 11 (jeweils Abs. 4) betrifft die Ausweichklausel aE von Art. 12 (hier Abs. 2 lit. c) nach ihrem Wortlaut und der Binnensystematik der Vorschrift nicht die akzessorische Anknüpfung nach Abs. 1. Im Rahmen der akzessorischen Anknüpfung nach Abs. 1 bleibt es bei den Ausweichklauseln des Art. 4 Abs. 4, Art. 5 Abs. 3 und Art. 8 Abs. 4 Rom I-VO.[25]

b) Deliktsähnliche Anknüpfung (Abs. 2). Während Abs. 1 den Gleichklang des Statuts der c.i.c. mit dem Vertragsstatut anstrebt, dient Abs. 2, dessen lit. a–c dem Art. 4 Abs. 1–3 nachempfunden sind, der Harmonisierung des Statuts der c.i.c. mit dem Deliktsstatut[26] (→ Rn. 1). Trotz des Wortlauts aE von Abs. 2 lit. a und b („oder") stehen die drei Anknüpfungen des Abs. 2 in demselben Rangverhältnis wie diejenigen des Art. 4:[27] An erster Stelle wird das Recht des **gemeinsamen gewöhnlichen Aufenthalts** zur Anwendung berufen (lit. b). Wenn keine Anknüpfung an einen gemeinsamen gewöhnlichen Aufenthalt der Parteien in demselben Staat möglich ist, so ist das Recht am **Ort des Schadenseintritts** anzuwenden (lit. a). Ebenso wie bei Art. 4[28] hat somit auch nach Art. 12 Abs. 2 die lex domicilii communis den Vorrang vor der lex loci delicti commissi (→ Art. 4 Rn. 11). Kumulativ zu den beiden vorstehenden Anknüpfungen ist die **Ausweichklausel** zu beachten (lit. c). 8

c) Prüfungsreihenfolge. Art. 10 schließt eine Rechtswahl nach Art. 14 nicht aus,[29] so dass eine (auch) für Ansprüche aus c.i.c. getroffene Rechtswahl den Vorrang hat **(Prüfungsschritt 1).** Kann das außervertragliche Schuldverhältnis aus einer Verhandlung vor Abschluss eines Vertrages vertragsakzessorisch angeknüpft werden, kommt nach Abs. 1 diese Anknüpfung zum Zuge **(Prüfungsschritt 2).** Ist das nicht der Fall, wird die dreistufige Anknüpfungsleiter des Abs. 2 – gemeinsamer gewöhnlicher Aufenthalt, Ort des Schadenseintritts, Ausweichklausel – herangezogen **(Prüfungsschritte 3 bis 5).** 9

4. Verhältnis zum deutschen Recht. Im deutschen IPR wurde eine Anknüpfungsvorschrift für Ansprüche aus Verschulden bei Vertragsverhandlungen vermisst,[30] so dass die Einführung einer europäischen Kollisionsnorm als solche weithin Zustimmung findet.[31] C.i.c. bezeichnet nach deutschem Rechtsverständnis ein gesetzliches Schuldverhältnis, das durch die **Anbahnung eines Vertrages,** insbesondere die Aufnahme von Vertragsverhandlungen, oder durch **ähnliche geschäftliche Kontakte** (zB Bankauskünfte) entsteht (§ 311 Abs. 2 Nr. 1–3 BGB). Es erzeugt verschiedenartige Pflichten (§ 311 Abs. 2 BGB iVm § 241 Abs. 2 BGB), die teils dem Vertragsrecht, teils dem Deliktsrecht nahestehen. 10

Dessen ungeachtet unterstellte eine (ältere) Lehre die Haftung wegen c.i.c. generell dem (realen oder hypothetischen) **Vertragsstatut:**[32] Da auch bei der Verletzung einer **Pflicht gegenüber jeder-** 11

[23] BeckOGK/*Schinkels* Rn. 12; Soergel/*Wendelstein* Rn. 20; Erman/*Stürner* Rn. 4; Rauscher/*Picht* Rn. 20; *Ebke* ZVglRWiss 109 (2010), 397 (434); *Kadner Graziano* RabelsZ 73 (2009), 1 (64); *Moura Vicente* RabelsZ 67 (2003), 699 (712 ff.) zu Art. 3 EVÜ.

[24] BeckOGK/*Schinkels* Rn. 9; NK-BGB/*Budzikiewicz* Rn. 46; HK-BGB/*Dörner* Rn. 1; PWW/*Schaub* Rn. 3; *Junker* FS Stürner, 2013, 1043 (1048).

[25] BeckOGK/*Schinkels* Rn. 73; PWW/*Schaub* Rn. 3 aE; *v. Hein* RabelsZ 73 (2009), 461 (501); *Volders* YbPIL 9 (2007), 127 (134); aA Erman/*Stürner* Rn. 1 aE, 4.

[26] Erman/*Stürner* Rn. 9; *Brière* Clunet 135 (2008), 31 (52); *G. Fischer* FS Kühne, 2009, 689 (690); *v. Hein* RabelsZ 73 (2009), 469 (501); *Seibl* IPRax 2011, 234 (240).

[27] BeckOGK/*Schinkels* Rn. 74; BeckOK BGB/*Spickhoff* Rn. 9; Erman/*Stürner* Rn. 2; PWW/*Schaub* Rn. 3; *G. Wagner* IPRax 2008, 1 (12); aA Rauscher/*Picht* Rn. 30 f.; *Lüttringhaus* RIW 2008, 193 (197).

[28] BeckOK BGB/*Spickhoff* Art. 4 Rn. 2; *Junker* NJW 2007, 3675 (3678); *Junker* JZ 2008, 169 (174); *Kadner Graziano* Rev. crit. dr. int. pr. 97 (2008), 445 (461); *G. Wagner* IPRax 2008, 1 (4).

[29] Staudinger/*Maultzsch,* 2023, Rn. 14; BeckOGK/*Schinkels* Rn. 9; BeckOK BGB/*Spickhoff* Rn. 7; Erman/*Stürner* Rn. 7; PWW/*Schaub* Rn. 3; *Ersoy,* Die culpa in contrahendo im europäischen Int. Privat- und Verfahrensrecht, 2020, 218; *Dutoit* FS Pocar, 2009, 309 (324); *v. Hein* VersR 2007, 440 (451); *Junker* FS Stürner, 2013, 1043 (1048).

[30] S. nur *G. Fischer* FS Kühne, 2009, 689; *Stoll* FS Georgiades, 2005, 941 (944).

[31] Soergel/*Wendelstein* Rn. 15; NK-BGB/*Budzikiewicz* Rn. 7; *v. Hein* RabelsZ 73 (2009), 461 (500 ff.); *Kadner Graziano* RabelsZ 73 (2009), 1 (63 ff.); *G. Wagner* IPRax 2008, 1 (12).

[32] *Degner,* Kollisionsrechtliche Probleme des Quasikontraktes, 1984, 260; *Kegel/Schurig* IPR § 17 V 1a, 612 f.; unreflektiert BGH NJW-RR 2005, 206 (208) = ZBB 2006, 138 (140) mAnm *Dutta;* krit. *v. Hein* GPR 2007, 54 (58); aus schweiz. Sicht *Frick,* Culpa in contrahendo – Eine rechtsvergleichende und kollisionsrechtliche Studie, 1992, 223 ff.

mann („Kaufhausfälle", → Rn. 20) die Haftung aus c.i.c. aus der Vorwirkung des abgeschlossenen oder unterbliebenen Vertrags entstehe, solle man, so die frühere Lehre, „beim Geschäftsstatut stehenbleiben und nicht teilweise ins Deliktsrecht abwandern"; daneben entscheide das Deliktsstatut, ob aus demselben Sachverhalt auch aus unerlaubter Handlung gehaftet werde (kein Gleichklang von c.i.c.- und Deliktsstatut).[33]

12 Demgegenüber hatte sich im Laufe der Zeit als hM die **Differenzierung** herausgebildet, dass bei c.i.c.-Ansprüchen wegen Verletzung vorvertraglicher **Aufklärungs- und Beratungspflichten** das Vertragsstatut, bei c.i.c.-Ansprüchen wegen Verstoßes gegen vorvertragliche **Obhuts- und Erhaltungspflichten** dagegen das Deliktsstatut zum Zuge komme.[34] Da sich diese Unterscheidung jedenfalls im Kern in Art. 12 wiederfindet, bedeutet die Ablösung des deutschen Kollisionsrechts der c.i.c. durch die Rom II-VO keinen radikalen Wandel, aber einen Gewinn an Rechtssicherheit.[35]

13 Zweifelhaft war nach deutschem IPR die Qualifikation von zwei Fallgruppen, die sich nicht in die Dichotomie von Aufklärungs- und Beratungspflichten einerseits sowie Obhuts- und Erhaltungspflichten andererseits einfügen lassen: der missbräuchliche **Abbruch von Vertragsverhandlungen,** den der EuGH im IZPR dem Deliktsgerichtsstand zuordnet,[36] und die **Haftung von Repräsentanten** (Vertretern, „Sachwaltern", Verhandlungsgehilfen oder Vermittlern) für Schäden, die der Vertragspartner ihres Auftraggebers durch ihr Verschulden erlitten hat.[37] Die erstgenannte Fallgruppe wurde überwiegend dem Vertragsstatut anheimgegeben (→ 4. Aufl. 2006, EGBGB Art. 32 Rn. 59), die Eigenhaftung von Vertretern und Sachwaltern aus c.i.c. dagegen dem Deliktsstatut[38] (→ 4. Aufl. 2006, EGBGB Art. 32 Rn. 60).

II. Anwendungsbereich

14 **1. Begriff der c.i.c.** Nach den Erwägungsgründen der Rom II-VO ist der Begriff des Verschuldens bei Vertragsverhandlungen „für die Zwecke dieser Verordnung" **autonom auszulegen (Erwägungsgrund 30 S. 1),**[39] wobei der Verordnungsgeber drei Hilfestellungen gibt:[40] Erstens schließt der Verordnungsbegriff der c.i.c. (Art. 12 iVm Art. 2 Abs. 1) die **Verletzung von Offenlegungspflichten** ebenso ein wie einen zum Schadensersatz verpflichtenden **Abbruch von Vertragsverhandlungen (Erwägungsgrund 30 S. 2).** Die Vorstellung, vom Anwendungsbereich des Art. 12 sei die Verletzung vorvertraglicher Informationspflichten generell ausgeschlossen, da sie nicht „aus Verhandlungen" vor Abschluss eines Vertrags resultierten,[41] widerspricht dem klaren Wortlaut des **Erwägungsgrunds 30.**[42] „Verhandlungen vor Abschluss eines Vertrags" (Abs. 1) ist weit zu verstehen. Art. 12 erfasst auch c.i.c.-Ansprüche aus „ähnlichen geschäftlichen Kontakten" (§ 311

---

[33] *Kegel/Schurig* IPR § 17 V 1a, 613; krit. *Stoll* FS Georgiades, 2006, 941 (944).

[34] Grdl. *Bernstein* RabelsZ 41 (1977), 281 (288); ferner *Ahrens* IPRax 1986, 355 (360); *G. Fischer* JZ 1991, 168 (173); *Kreuzer* IPRax 1988, 16 (17); *Looschelders* IPRax 1998, 296 (297); *Staudinger* AnwBl 2008, 8 (12); *Stoll* FS Ferid, 1988, 505 (512); s. auch BGH NJW 1987, 1141; OLG Frankfurt IPRax 1986, 373 (377); OLG München WM 1983, 1093; LG Kiel NJW 1989, 841; LG Braunschweig IPRax 2002, 213.

[35] *G. Fischer* FS Kühne, 2009, 689; *Stoll* FS Georgiades, 2006, 941 (944).

[36] EuGH NJW 2002, 3159 = EuZW 2002, 655 Rn. 27 – Tacconi/HWS.

[37] Aus der deutschen Rspr. BGH NJW 1983, 2696 (2697) – Eigenhaftung des Vertreters; NJW-RR 2005, 1137 (1138) – Verwalterhaftung bei pflichtwidriger Begründung einer Masseschuld.

[38] RGZ 159, 33 (54); OLG Frankfurt IPRax 1986, 373 (378); OLG Hamburg IPRspr. 1988 Nr. 34; OLG München WM 1983, 1093 (1097); *Reder,* Die Eigenhaftung vertragsfremder Dritter im IPR, 1989, 266 f.; *G. Fischer* JZ 1991, 168 (173 f.); *Hohloch* RabelsZ 56 (1992), 344 (346); *Mankowski* RIW 1994, 421 (424); *Kreuzer* IPRax 1988, 16 (20); *Stoll* FS Georgiades, 2006, 941 (952); aA – Vertragsstatut – *Ahrens* IPRax 1986, 355 (361); *Mansel* FS Schlosser, 2005, 545 (558); s. auch BGH WM 2004, 1183 (1185) – offengelassen; BGH IPRax 1988, 27 (29) – ohne Begr. Vertragsstatut; LG Düsseldorf WM 2000, 1191 (1194); grdl. zum dt. materiellen Recht *Ballerstedt* AcP 151 (1950/51), 501.

[39] BeckOGK/*Schinkels* Rn. 18; BeckOK BGB/*Spickhoff* Rn. 3; Soergel/*Wendelstein* Rn. 8; *Behnen* IPRax 2011, 221 (225); *Brière* Clunet 135 (2008), 31 (51); *Lehmann* in Ferrari/Leible, Ein neues internationales Vertragsrecht für Europa, 2007, 17 (36); *Lehmann/Duczek* JuS 2012, 788 (790); *Lüttringhaus* RIW 2008, 193 (195); *Mansel* FS Canaris, 2017, 739 (787); *Staudinger* AnwBl 2008, 8 (12); *Sujecki* EWS 2009, 310 (318); s. aus engl. Sicht *Hartley* Int. Comp. L. Q. 57 (2008), 899 (907); *Rushworth/Scott* Lloyd's M. C. L. Q. 2008, 274 (289).

[40] *Arnold* IPRax 2013, 141 (145); *Arenas García* Anuario Español de Derecho Internacional Privado 2007, 315 (330); *Brière* Clunet 135 (2008), 31 (39); ausf. *Henk,* Die Haftung für culpa in contrahendo, 2007.

[41] *Lehmann* in Ferrari/Leible, Ein neues internationales Vertragsrecht für Europa, 2007, 17 (38); *Leible/Lehmann* RIW 2007, 721 (733); ebenso iErg (aus teleologischen Erwägungen) PWW/*Schaub* Rn. 2.

[42] BeckOGK/*Schinkels* Rn. 33; BeckOK BGB/*Spickhoff* Rn. 4; Soergel/*Wendelstein* Rn. 12; HK-BGB/*Dörner* Rn. 2; Rauscher/*Picht* Rn. 48; *Wied,* Zivilprozessuale Qualifikationsprobleme im Spannungsfeld von Vertrag und Delikt, 2010, 158; *G. Fischer* FS Kühne, 2009, 689 (690); *v. Hein* VersR 2007, 440 (451); *G. Wagner* IPRax 2008, 1 (13).

Abs. 2 Nr. 3 BGB) wie zB Bankauskünften.[43] Die Frage, wann die Schwelle vom bloßen Kontakt („Informationsbesuch") zur Vertragsverhandlung überschritten wird, ist daher für die Anwendung des Art. 12 nicht ausschlaggebend.[44] Sachrechtlich dürfte im Übrigen in Frühstadien der Kontaktaufnahme der Tatbestand der c.i.c. iSd Art. 12, der die Verletzung des Integritätsinteresses nicht umfasst, kaum je zu verwirklichen sein.

Einen zweiten Anhaltspunkt für die einheitliche Auslegung des Art. 12 geben die Erwägungsgründe insofern, als die Vorschrift nur für außervertragliche Schuldverhältnisse gelten soll, die in einem **unmittelbaren Zusammenhang** mit den Verhandlungen vor Abschluss eines Vertrags stehen **(Erwägungsgrund 30 S. 3).** Somit ist in jedem Einzelfall zu prüfen, ob die Pflicht, um deren Verletzung es geht, in einem so engen Verhältnis zu dem geschlossenen oder intendierten Vertrag steht, dass sie als vertragsnah bezeichnet werden kann.[45] Drittens sollen in Fällen, in denen jemand während der Vertragsverhandlungen einen **Personenschaden** erleidet, anstelle des Art. 12 die Kollisionsnormen für unerlaubte Handlungen (Art. 4–9, 14) zur Anwendung gelangen **(Erwägungsgrund 30 S. 4);** das Gleiche muss grundsätzlich gelten, wenn eine Person während der Vertragsverhandlungen zulasten eines anderen Beteiligten einen **Sachschaden** verursacht[46] (zu einer Ausnahme → Rn. 37). Somit ist eine wichtige Fallgruppe der c.i.c. im deutschen materiellen Recht, die Verletzung von **Obhuts- und Erhaltungspflichten,** schon nach den Erwägungsgründen vom Anwendungsbereich des Art. 12 ausgenommen (→ Rn. 20). 15

2. Fallgruppen der c.i.c. Das Rechtsinstitut der c.i.c. lässt sich in Deutschland auf Rudolf v. Jhering zurückführen[47] und gilt als typisches Institut des germanischen Rechtsraums: „Culpa in contrahendo is a Continental concept, invented by German jurists".[48] Viele andere europäische Rechtsordnungen kennen die Rechtsfigur als solche nicht.[49] Mit Blick auf die Herkunft des Rechtsinstituts kann unbeschadet der gebotenen **autonomen Auslegung** (→ Rn. 14) bei der – heuristischen Zwecken dienenden – **Fallgruppenbildung** berücksichtigt werden, dass c.i.c. eine typisch deutsche Erscheinung ist. Unter der Geltung des § 311 Abs. 2, 3 BGB werden für das deutsche **materielle Recht** vier Fallgruppen herausgearbeitet (→ BGB § 311 Rn. 63 ff.), die auch für das **Kollisionsrecht** fruchtbar gemacht werden können.[50] 16

a) Verletzung von Aufklärungs- und Beratungspflichten. Eine erste Gruppe von Anwendungsfällen des Art. 12 ist die Verletzung von Aufklärungs- und Beratungspflichten, die der Verordnungsgeber unter der Bezeichnung **Verletzung der Offenlegungspflicht** dem Art. 12 zuordnet **(Erwägungsgrund 30 S. 2).**[51] Die Fallgruppe der Verletzung von Aufklärungs- und Beratungspflichten bei der Vertragsanbahnung (→ BGB § 311 Rn. 68 ff.) eröffnet den Anwendungsbereich des Art. 12 insbesondere für die Haftung bei fehlerhafter (Anlage-) Beratung durch **Finanzintermediäre** wie Anlagevermittler, Anlageberater, Banken und Versicherungen (→ BGB § 311 Rn. 112 ff.). Die **Prospekthaftung** (→ BGB § 311 Rn. 141 ff.) ist nach heutiger Auffassung dage- 17

[43] Erman/*Stürner* Rn. 12; Rauscher/*Picht* Rn. 8; *Kurt,* Culpa in contrahendo im europäischen Kollisionsrecht der vertraglichen und außervertraglichen Schuldverhältnisse, 2009, 160 ff.; *Dickinson* The Rome II Regulation Rn. 12.09 ff.; *Volders* YbPIL 9 (2007), 127 (131); *Lüttringhaus* RIW 2008, 193 (194); aA BeckOK BGB/*Spickhoff* Rn. 8.

[44] *Magnus* IPRax 2010, 27 (30); *Pfeiffer* EuZW 2008, 622 (624).

[45] *Benedict* in Deinert, Internationales Recht im Wandel, 2013, 19 (39 f.); *Carella* in Malatesta, The Unification of Choice-of-Law-Rules on Tort and Other Non-Contractual Obligations in Europe, 2006, 73 (75); *Lagarde* FS Pocar, 2009, 583 (584 f.); *Magnus* IPRax 2010, 27 (29); *Rudolf* ÖJZ 2010, 300 (307).

[46] Erman/*Stürner* Rn. 4, 13; HK-BGB/*Dörner* Rn. 2; PWW/*Schaub* Rn. 2; *v. Hein* RabelsZ 73 (2009), 461, 502; *Lehmann/Duczek* JuS 2008, 788 (790); *Leible/Lehmann* RIW 2007, 721 (733); *G. Wagner* IPRax 2008, 1 (13); mit (bedenkenswerten) Einschränkungen *G. Fischer* FS Kühne, 2009, 689 (692).

[47] *v. Jhering* JherJb. 4 (1861), 1; s. dazu *v. Bar/Mankowski* IPR II § 2 Rn. 533; *Gebauer* JbItalR 15/16 (2002/2003), 155 (156); *Lüttringhaus* RIW 2008, 193; *Volders* YbPIL 9 (2007), 127 (131).

[48] *Hartley* Int. Comp. L. Q. 57 (2008), 899 (907).

[49] *Lehmann* in Ferrari/Leible, Ein neues internationales Vertragsrecht für Europa, 2007, 17 (36); *Lehmann* ZEuP 2009, 693 (695 f.); rechtsvergleichend *v. Bar,* Gemeineuropäisches Deliktsrecht II, 1999, Rn. 475 ff.; *Gebauer* JbItalR 15/16 (2002/2003), 155 (159 ff.); *v. Hein* GPR 2007, 54 (56 f.); *Mankowski* IPRax 2003, 127 (132 f.): „nur Österreich folgt zuverlässig"; *Schmidt-Kessel* ZEuP 2004, 1019 (1024); ausf. *Nirk* RabelsZ 18 (1953), 310; *Frick,* Culpa in contrahendo – Eine rechtsvergleichende und kollisionsrechtliche Studie, 1992.

[50] BeckOK BGB/*Spickhoff* Rn. 4 ff.; Erman/*Stürner* Rn. 11, 13; HK-BGB/*Dörner* Rn. 2; Rauscher/*Picht* Rn. 41 ff.; *Kurt,* Culpa in contrahendo im europäischen Kollisionsrecht der vertraglichen und außervertraglichen Schuldverhältnisse, 2009, 109 ff.; abw. BeckOGK/*Schinkels* Rn. 31 ff.; s. auch *Henk,* Die Haftung für culpa in contrahendo im IPR und IZPR, 2007, 229 ff.; *Stoll* FS Georgiades, 2006, 941 (945).

[51] Krit. gegenüber dieser Qualifikation und die direkte Anwendung der Rom I-VO befürwortend PWW/*Schaub* Rn. 2; *Lehmann* in Ferrari/Leible, Ein neues internationales Vertragsrecht für Europa, 2007, 17 (38); *Leible/Lehmann* RIW 2007, 721 (733).

gen kein vertypter Sonderfall der c.i.c.[52] (→ Art. 1 Rn. 47 f.; → Art. 1 Rn. 55). In dieser ersten Fallgruppe kommt es, da in der Regel ein aktuelles oder hypothetisches Vertragsstatut feststellbar ist, regelmäßig zur vertragsakzessorischen Anknüpfung nach Abs. 1 (→ Rn. 25 f.).

18 **b) Abbruch von Vertragsverhandlungen.** Im Zusammenhang mit dem Fall der unzureichenden Aufklärung über vertragswesentliche Umstände bei einem wirksamen Vertragsschluss steht die fehlende Aufklärung über Wirksamkeitshindernisse bei einem nicht zur Wirksamkeit gelangten Vertrag. Beide Fälle werden auch unter der Überschrift „Verletzung von Offenlegungspflichten" diskutiert.[53] Die fehlende Aufklärung über Wirksamkeitshindernisse ist eng verknüpft mit dem Fall (schuldhafter) **Herbeiführung der Unwirksamkeit** eines Vertrags,[54] der wiederum vom grundlos-schuldhaften (unredlichen, illoyalen) **Abbruch von Vertragsverhandlungen** kaum zu trennen ist (→ BGB § 311 Rn. 173 ff.). Es kann daher nicht überraschen, dass **Erwägungsgrund 30 S. 2** zusammen mit der Verletzung von Offenlegungspflichten den Abbruch von Vertragsverhandlungen als Fallgruppe des Art. 12 nennt. Da zumindest die Haftung für das Herbeiführen der Nichtigkeit eines Vertrags in vielen Mitgliedstaaten deliktsrechtlich qualifiziert wird,[55] verwirft der Verordnungsgeber in allen diesen Fällen die unmittelbare Anwendung des Vertragsstatuts nach Art. 3 ff. iVm Art. 12 Abs. 1 lit. e Rom I-VO. Mittelbar kommt dagegen in der Regel über Abs. 1 die Vertragsanknüpfung zum Zuge (→ Rn. 27).

19 **c) Eigenhaftung von Vertretern und Sachwaltern.** Eine in § 311 Abs. 3 BGB gesondert angesprochene Fallgruppe der c.i.c. bildet die Eigenhaftung Dritter (→ BGB § 311 Rn. 185 ff.), insbesondere die Eigenhaftung von Vertretern und Sachwaltern („vertragsfremden Dritten"[56]), die nicht zu verwechseln ist mit der Haftung eines Vertreters ohne Vertretungsmacht.[57] Der **unmittelbare Zusammenhang** des außervertraglichen Schuldverhältnisses mit den Verhandlungen vor Abschluss eines Vertrags, den **Erwägungsgrund 30 S. 3** verlangt (→ Rn. 15), ist mit der hM zu bejahen.[58] Somit unterliegt auch die **Haftung von Repräsentanten** des einen Vertragspartners für Schäden, die der andere Vertragspartner durch ihr Verschulden erlitten hat, dem Anwendungsbereich des Art. 12, und zwar der deliktsähnlichen Anknüpfung nach Abs. 2 (→ Rn. 35).

20 **d) Verletzung von Obhuts- und Erhaltungspflichten.** Eine vierte Fallgruppe der c.i.c. bildet die Verletzung von Obhuts- und Erhaltungspflichten, die auch unter Verkehrssicherungspflichten (→ BGB § 311 Rn. 63 ff.) rubriziert werden. Diese Fälle werden wegen der Schwächen des deutschen Deliktsrechts der c.i.c. nach deutschem Recht zugeschlagen (→ BGB § 311 Rn. 63), um zB durch Anwendung des § 278 BGB die verfehlte Regelung der Gehilfenhaftung in § 831 BGB umgehen zu können (→ BGB § 311 Rn. 183).[59] Bekannt sind aus der deutschen Rspr. die „Linoleumrollen"-,[60] „Bananenschalen"-[61] und „Gemüseblatt"-Entscheidungen[62] („Kaufhausfälle"). Diese Fälle, in denen die **Verletzung des Integritätsinteresses** – Unversehrtheit („Integrität") von Personen und Sachen (→ Rn. 15) – durch Missachtung allgemeiner Obhuts- und Verhaltenspflich-

---

52 Rauscher/*Picht* Rn. 42; *Junker* RIW 2010, 257 (262); ausf. *Kurt,* Culpa in contrahendo im europäischen Kollisionsrecht der vertraglichen und außervertraglichen Schuldverhältnisse, 2009, 208 ff.

53 *G. Fischer* FS Kühne, 2009, 689 (692 ff.); *Stoll* FS Georgiades, 2006, 941 (947 ff.); *Wied,* Zivilprozessuale Qualifikationsprobleme, 2010, 43.

54 Rauscher/*Picht* Rn. 45; HK-BGB/*Dörner* Rn. 2: „Herbeiführung eines nichtigen Vertrags". Beispiele (Inlandsfälle): RGZ 104, 265 (267 f.) – schuldhaft herbeigeführter Dissens; BGHZ 18, 248 (252) = NJW 1955, 1916 – Nichtaufklärung über devisenrechtliches Genehmigungserfordernis; BGH NJW 1965, 812 (814) – vom Verkäufer verschuldeter Formfehler; BGHZ 92, 164 (175) = NJW 1985, 1778 – schuldhafte Nichtbeachtung einer gemeinderechtlichen Gesamtvertretung.

55 Nachw. bei *G. Fischer* FS Kühne, 2009, 689 (694); *Stoll* FS Georgiades, 2006, 941 (957).

56 HK-BGB/*Dörner* Rn. 2; *G. Fischer* FS Kühne, 2009, 689 (698). Beispiele (Inlandsfälle): BGH NJW 1983, 2696 (2697) – Eigenhaftung des Vertreters; NJW-RR 2005, 1137 (1138) – Verwalterhaftung bei pflichtwidriger Begründung einer Masseschuld.

57 *v. Bar*/Mankowski IPR II § 2 Rn. 551; *Behnen* IPRax 2011, 261 (265).

58 BeckOK BGB/*Spickhoff* Rn. 6; PWW/*Schaub* Rn. 2; *Ebke* ZVglRWiss 109 (2010), 397 (435); *Engert/Groh* IPRax 2011, 558 (568); *v. Hein* RabelsZ 73 (2009), 461 (502); *Lüttringhaus* RIW 2008, 193 (198); *Thule* ZBB 2011, 399 (405); aA Erman/*Stürner* Rn. 14.

59 *Bernstein* RabelsZ 41 (1977), 281 (286); *G. Fischer* FS Kühne, 2009, 689 (691); rechtsvergleichend *Lehmann* ZEuP 2009, 693 (696 f.); *Moura Vicente* RabelsZ 67 (2003), 699 (703 f.); *Albrecht,* Die deliktische Haftung für fremdes Verhalten im franz. und deutschen Recht, 2013.

60 RGZ 78, 239 („Haftet der Inhaber eines Warenhauses für das Verschulden seines Angestellten, der einen Kauflustigen beim Vorlegen von Waren körperlich verletzt?").

61 BGH NJW 1962, 31 – Oberschenkelhalsbruch infolge des Ausgleitens auf einer Bananenschale in der Textilabteilung eines Kaufhauses.

62 BGHZ 66, 52 = NJW 1976, 712 – Verletzung durch Ausrutschen auf einem Gemüseblatt im Supermarkt.

ten in Rede steht, werden in Rechtsordnungen mit einer weit gespannten deliktischen Generalklausel (zB im frz. Recht) nicht als Konstellationen der c.i.c. betrachtet. Sie fallen nach **Erwägungsgrund 30 S. 4** nicht in den Anwendungsbereich des Art. 12 (→ Rn. 15), der somit deutlich enger gezogen ist als der Bereich der c.i.c. des deutschen Rechts.[63] Die deutschrechtlichen Anwendungsfälle der c.i.c., die nicht von Art. 12 erfasst sind, werden ohne den „Umweg" des Abs. 2 unmittelbar nach den Deliktskollisionsnormen angeknüpft (→ Rn. 36 f.). Insofern findet nach der Rom II-VO eine Differenzierung nach der Art der Pflichtverletzung statt.[64]

III. Anknüpfungspunkte

1. Akzessorische Anknüpfung (Abs. 1). a) (Hypothetisches) Vertragsstatut. Das europäische IPR verortet die vorvertragliche Haftung in der Rom II-VO (außervertragliche Schuldverhältnisse), unterstellt sie jedoch – wenn eine Rechtswahl nach Art. 14 fehlt (→ Rn. 7, → Rn. 9) – im Wege der **akzessorischen Anknüpfung** *(rattachement accessoire)*[65] primär den Kollisionsregeln der Rom I-VO für **vertragliche Schuldverhältnisse:** Obwohl das europäische Recht die c.i.c. als außervertraglich qualifiziert (→ Rn. 6), gelangt der Rechtsanwender in erster Linie zu einer vertraglichen Anknüpfung.[66] Insoweit als die akzessorische Anknüpfung an der Spitze steht, ist Art. 12 nach seiner Systematik näher bei Art. 10, 11 (Bereicherung, GoA) als bei der Anknüpfung der unerlaubten Handlungen (vgl. Art. 4 Abs. 3 S. 2). Inhaltlich gilt das Prinzip *accesorium sequitur:*[67] Abs. 1 erklärt das Vertragsstatut für anwendbar, unabhängig davon, ob später ein Vertrag geschlossen wurde oder nicht (→ Rn. 25). Im ersten Fall wird das tatsächliche Vertragsstatut angewendet, im zweiten Fall das **hypothetische Vertragsstatut** (Abs. 1 aE).[68] 21

In beiden Fällen ist zunächst nach dem **gewillkürten Vertragsstatut** zu fragen, dh einer tatsächlichen oder hypothetischen Rechtswahl (Art. 3 Rom I-VO),[69] hilfsweise nach dem objektiven Vertragsstatut (Art. 4 Rom I-VO), was häufig auf den gewöhnlichen Aufenthalt des Erbringers der charakteristischen Leistung hinausläuft (zB nach Art. 4 Abs. 1 lit. a, b, Abs. 2 Rom I-VO). Vorrang haben auch im Rahmen der akzessorischen Anknüpfung nach Abs. 1 die Kollisionsnormen zum Schutz der **schwächeren Vertragspartei** (s. Art. 6 ff. Rom I-VO für Versicherungs-, Verbraucher- und Arbeitsverträge).[70] Zurückhaltung ist bei der Annahme einer **hypothetischen Rechtswahl** für den intendierten Vertrag geboten: Ergibt sich der Wille der Parteien, den geplanten, aber gescheiterten Vertragsschluss einer bestimmten Rechtsordnung zu unterstellen, nicht zweifelsfrei aus den vorvertraglichen Erklärungen oder aus den gesamten Umständen des Falles (vgl. Art. 3 Abs. 1 S. 1 Rom I-VO iVm Erwägungsgrund 12 Rom I-VO), kommt das **hypothetische objektive Vertragsstatut** zur Anwendung.[71] 22

In der Anknüpfungshierarchie **Vorrang vor Art. 12** beansprucht eine für das außervertragliche Schuldverhältnis aus c.i.c. getroffene **Rechtswahl nach Art. 14.** Eine solche Rechtswahl muss sich nicht auf das Schuldverhältnis aus Vertragsverhandlungen beschränken; es genügt vielmehr, dass sie 23

---

[63] BeckOGK/*Schinkels* Rn. 72 ff.; BeckOK BGB/*Spickhoff* Rn. 3; Soergel/*Wendelstein* Rn. 9; PWW/*Schaub* Rn. 2; *Behnen* IPRax 2011, 221 (225); *Ebke* ZVglRWiss 109 (2010), 397 (434); *G. Fischer* FS Spellenberg, 2010, 151 (163); *v. Hein* GPR 2007, 54 (57); *v. Hein* VersR 2007, 440 (451); *Leible/Lehmann* RIW 2007, 721 (723); *Staudinger* AnwBl 2008, 8 (13); *G. Wagner* IPRax 2008, 1 (13).

[64] *v. Bar/Mankowski* IPR II § 2 Rn. 541; *Wied,* Zivilprozessuale Qualifikationsprobleme im Spannungsfeld von Vertrag und Delikt, 2010, 158.

[65] *Volders* YbPIL 9 (2007), 127 (132); allg. *v. d. Seipen,* Akzessorische Anknüpfung und engste Verbindung im Kollisionsrecht der komplexen Vertragsverhältnisse, 1991.

[66] BeckOGK/*Schinkels* Rn. 75; BeckOK BGB/*Spickhoff* Rn. 8; Soergel/*Wendelstein* Rn. 17; Erman/*Stürner* Rn. 7; Rauscher/*Picht* Rn. 20; *Ebke* ZVglRWiss 109 (2010), 397 (434); *Kadner Graziano* RabelsZ 73 (2009), 1 (64); *Leible/Lehmann* RIW 2007, 721 (733); *Lehmann/Duczek* JuS 2012, 788 (790); *Leible/Lehmann* RIW 2008, 528 (530): „Pirouette"; *Martiny* FS Magnus 2014, 473 (487); s. auch *Bitter* IPRax 2006, 96 (100): „Umweg".

[67] *Fallon* in Basedow/Baum/Nishitani, Japanese and European Private International Law in Comparative Perspective, 2008, 261 (277).

[68] BeckOGK/*Schinkels* Rn. 75; Soergel/*Wendelstein* Rn. 18; Erman/*Stürner* Rn. 4 f.; PWW/*Schaub* Rn. 5; *v. Bar/Mankowski* IPR II § 2 Rn. 537; *v. Hein* RabelsZ 73 (2009), 461 (501); *Junker* FS Stürner, 2013, 1043 (1049); *Kocher* FS Martiny, 2014, 411 (424); *Martiny* FS Magnus 2014, 473 (487).

[69] Die Rom I-VO betrifft Verträge, die ab dem 17.12.2009 geschlossen wurden (Art. 28 Rom I-VO); das Statut vorher geschlossener Verträge wird weiterhin nach Art. 27 ff. EGBGB aF bestimmt; ausf. *Sendmeyer* IPRax 2010, 500.

[70] Erman/*Stürner* Rn. 7 aE; PWW/*Schaub* Rn. 5; *Junker* FS Stürner, 2013, 1043 (1049); *Kadner Graziano* RabelsZ 73 (2009), 1, 64; *Volders* YbPIL 9 (2007), 127 (133).

[71] Staudinger/*Maultzsch,* 2023, Rn. 61 ff.; PWW/*Schaub* Rn. 5; Rauscher/*Picht* Rn. 23; *Kocher* FS Martiny, 2014, 411 (424).

sich auch auf das nach europäischem Recht als außervertraglich zu qualifizierende Schuldverhältnis aus Vertragsverhandlungen bezieht[72] (zB in einem „Memorandum of Understanding“ vor Vertragsschluss).

24 Die Rechtswahl nach Art. 14 muss unterschieden werden von der **Rechtswahl für den** (geschlossenen oder intendierten) **Vertrag,** die über eine akzessorische Anknüpfung der c.i.c. nach Abs. 1 (iVm Art. 3 Rom I-VO) zur **Anwendung** kommt (→ Rn. 22) und deren **Wirksamkeit** sich nach der Rom I-VO beurteilt.[73] Eine Rechtswahl nach Art. 14 unterliegt dagegen nicht den **Rechtswahlbeschränkungen,** die das Int. Vertragsrecht für Beförderungs-, Verbraucher-, Versicherungs- und Arbeitsverträge vorsieht (Art. 5 Abs. 2 UAbs. 2, Art. 6 Abs. 2, Art. 7 Abs. 3 und Art. 8 Abs. 1 Rom I-VO).[74]

25 **b) Anknüpfungsgegenstände. aa) Aufklärungs- und Beratungspflichten.** Die Domäne der vertragsakzessorischen Anknüpfung nach Abs. 1 ist die Verletzung vorvertraglicher Offenlegungs- und Beratungspflichten[75] (→ Rn. 17). Dabei kann es nicht darauf ankommen, ob es im Anschluss an die Pflichtverletzung zu einem Vertragsschluss gekommen ist,[76] denn Abs. 1 bestimmt das c.i.c.-Statut „unabhängig davon, ob der Vertrag tatsächlich geschlossen wurde oder nicht“: Der **Gleichlauf** von anwendbarem Recht und internationaler Zuständigkeit muss auf der Ebene des Verfahrensrechts (Art. 7 Nr. 1, 2 Brüssel Ia-VO) hergestellt werden.[77] Im Übrigen muss die Zukunft zeigen, inwieweit die dem deutschen Juristen geläufigen Kategorien die einheitliche europäische **Abgrenzung des c.i.c.-Statuts vom Vertrags- und Deliktsstatut** determinieren können: Während nach deutschem Recht auch die Befreiung von dem nicht gewünschten Vertrag als Naturalrestitution gemäß § 249 Abs. 1 BGB eine Rechtsfolge der c.i.c. sein kann (→ BGB § 311 Rn. 209), wird in England der **Anspruch auf Vertragsaufhebung** (avoidance) wegen mangelnder vorvertraglicher Aufklärung durch den Vertragspartner als **vertragliche Streitigkeit** qualifiziert.[78] Für eine Differenzierung danach, ob Schadensersatz in Geld oder Rückabwicklung des Vertrags verlangt wird, könnte sprechen, dass diese Differenzierung im Rahmen des Art. 5 Nr. 1 Brüssel I-VO (Art. 7 Nr. 1 Brüssel Ia-VO) gilt:[79] Der **Vertragsgerichtsstand** ist für eine **Klage auf Rückabwicklung** eines Vertrags auch dann eröffnet, wenn der Grund für das Rückabwicklungsverlangen im vorvertraglichen Verhalten der anderen Partei liegt.[80]

26 **Kein Anwendungsfall** des Art. 12 liegt vor, wenn die Verletzung der Offenlegungspflicht die **Wirksamkeit des Vertrags** als solche beeinträchtigt (indem zB ein arglistiges Verschweigen von Tatsachen als Grund zur Anfechtung des Vertrags genommen wird) und es um die unmittelbaren Folgen der Unwirksamkeit geht:[81] Der aus einer Anfechtung resultierende Rückabwicklungsanspruch unterliegt nach Art. 12 Abs. 1 lit. e Rom I-VO unmittelbar dem **Vertragsstatut,** ein Anspruch des Anfechtungsgegners auf Ersatz des Vertrauensschadens dagegen unter Umständen dem **c.i.c.-Statut.** Problematisch ist auch folgende Konstellation: Nach deutschem Recht kann eine **fahrlässig falsche Auskunft** ohne intendierten Vertragsschluss als „ähnlicher geschäftlicher Kontakt“ (§ 311 Abs. 2 Nr. 3 BGB) kategorial in den Anwendungsbereich der c.i.c. fallen (→ BGB § 311 Rn. 49 f.); das englische Recht dagegen qualifiziert eine solche misrepresentation als **unerlaubte Handlung** (tort of negligence).[82] Legt man bis zu einer Klärung auf europäischer Ebene einstweilen

---

72 BeckOK BGB/*Spickhoff* Rn. 7; Staudinger/*Maultzsch,* 2023, Rn. 14; Erman/*Stürner* Rn. 7; PWW/*Schaub* Rn. 3; *v. Hein* VersR 2007, 440 (451); *Junker* FS Stürner, 2013, 1043 (1048); *Légier* in Corneloup/Joubert, Le règlement communautaire „Rome II“ sur la loi applicable aux obligations non contractuelles, 2008, 145 (149).

73 BeckOK BGB/*Spickhoff* Rn. 7; PWW/*Schaub* Rn. 4.

74 Staudinger/*Maultzsch,* 2023, Rn. 14; Erman/*Stürner* Rn. 7a; *Ersoy,* Die culpa in contrahendo im europäischen Int. Privat- und Verfahrensrecht, 2020, 218; *Junker* FS Stürner, 2013, 1043 (1048).

75 BeckOGK/*Schinkels* Rn. 33 ff.; BeckOK BGB/*Spickhoff* Rn. 3; Rauscher/*Picht* Rn. 8 aE; *v. Bar/Mankowski* IPR II § 2 Rn. 541; *Arnold* IPRax 2013, 141 (145); *Dutoit* FS Pocar, 2009, 309 (324); *Ebke* ZVglRWiss 109 (2010), 397 (434); *Magnus* IPRax 2010, 27 (29 f.); s. auch BGH VersR 2016, 342 Rn. 11.

76 *v. Hein* BerGesVR 45 (2012), 369 (381); *Rudolf* ÖJZ 2010, 300 (307); anders ist es beim Vertragsgerichtsstand des Art. 7 Nr. 1 Brüssel Ia-VO, *Arnold* IPRax 2013, 141 (145).

77 *Looschelders* VersR 2016, 344 (345) zu BGH VersR 2016, 342.

78 Agnew v. Lansförsäkringsbølagens AB [2000] 1 All E. R. 737, 745 ff. (HL); s. dazu *Martiny* FS Schütze, 2002, 641 (654); *Wied,* Zivilprozessuale Qualifikationsprobleme im Spannungsfeld von Vertrag und Delikt, 2010, 31, 75.

79 *Mankowski* IPRax 2003, 127 (128); s. zum Auslegungszusammenhang von Brüssel Ia- und Rom II-VO *Würdinger* RabelsZ 75 (2011), 102.

80 Rauscher/*Leible* Brüssel Ia-VO Art. 7 Rn. 30 aE.

81 Soergel/*Wendelstein* Rn. 12; NK-BGB/*Budzikiewicz* Rn. 27; *Lehmann/Duczek* JuS 2012, 788 (790).

82 Hedley Byrne & Co Ltd. v. Heller & Partners Ltd. [1963] 2 All E. R. 575 (HL); s. dazu *Rushworth/Scott* Lloyd's M. C. L. Q. 2008, 274 (290).

das deutschrechtliche Verständnis zugrunde, gehört schließlich – zusammen mit der mangelnden Aufklärung über vertragswesentliche Umstände (→ Rn. 17) – auch die fehlende **Aufklärung über Wirksamkeitshindernisse,** ebenso wie die **Herbeiführung der Unwirksamkeit** eines Vertrags (→ Rn. 18), in den Anwendungsbereich des Abs. 1.[83]

bb) Abbruch von Vertragsverhandlungen. Ebenso wie die Verletzung einer Offenlegungspflicht wird auch der Abbruch von Vertragsverhandlungen in **Erwägungsgrund 30 S. 2** explizit als Anwendungsfall des Art. 12 genannt (→ Rn. 14, → Rn. 18). Da sich die Verhandlungen auf einen gescheiterten Vertragsschluss beziehen, kommt in dieser Fallgruppe in der Regel nach Abs. 1 das **hypothetische Vertragsstatut** zur Anwendung;[84] eine Sonderanknüpfung nach dem Vorbild des Art. 10 Abs. 2 Rom I-VO ist nicht vorgesehen.[85] Somit besteht nach der Rechtssache Tacconi (→ Rn. 2 f.) **kein Gleichlauf** von zuständigkeits- und kollisionsrechtlicher Anknüpfung. Der wegen des **Auslegungszusammenhangs** der Brüssel Ia- und der Rom II-VO (→ Vor Art. 1 Rn. 30) geäußerten Kritik[86] wird entgegengehalten, dass im IPR und im IZPR jeweils verschiedene **Interessen** vorherrschen (sachnächstes Recht einerseits, Schutz des Beklagten andererseits), so dass ein striktes Gleichlaufprinzip ohnehin verfehlt wäre.[87] Ferner kennt die Brüssel Ia-VO nur die **Dichotomie** vertraglicher und deliktischer Ansprüche, während die Rom II-VO in Art. 10–12 ein Tertium vorsieht.[88] Da der Kläger, der Schadensersatz wegen Verhandlungsabbruchs verlangt, gerade keine freiwillig eingegangene Verpflichtung behauptet, kann für ihn nach Art. 7 Nr. 1 Brüssel Ia-VO auch kein Gerichtsstand am Erfüllungsort einer solchen Verpflichtung eröffnet sein.[89] Solange der vom EuGH zu Art. 7 Nr. 1 Brüssel Ia-VO entwickelte **Vertragsbegriff** (→ Rn. 2 f.) Bestand hat, verhilft dem Kläger weder der semantische Kunstgriff, die Haftung wegen ungerechtfertigten Abbruchs von Vertragsverhandlungen für „transaktionsspezifisch" zu erklären, noch die Anerkennung eines „Transaktionserwartungsinteresses"[90] zu einem Vertragsgerichtsstand, wobei rechtspolitisch umstritten ist, ob ein solcher Gerichtsstand überhaupt zu wünschen wäre.[91] 27

2. Anknüpfungen nach Abs. 2. a) Anknüpfungsleiter (lit. a–c). Die vordergründig außervertragliche Qualifikation der c.i.c. (→ Rn. 6) erfährt in Art. 12 eine funktionale Differenzierung: **Vertragsnahe Konstellationen** unterliegen dem Abs. 1, **vertragsferne Konstellationen** sind nach Abs. 2 anzuknüpfen:[92] Kann das anzuwendende Recht nicht nach Abs. 1 bestimmt werden, offeriert Abs. 2 eine Kaskadenanknüpfung (Anknüpfungsleiter). Sie ist Art. 4 nachempfunden und sollte, um die Abgrenzung der Anwendungsbereiche von Art. 12 und Art. 4 zu entschärfen,[93] synchron zu Art. 4 ausgelegt werden (→ Art. 4 Rn. 24 ff.). 28

aa) Ort des Schadenseintritts (lit. a). Die Anknüpfung nach lit. a ist der Sache nach eine **Rückkehr zur Tatortregel** des Art. 4 Abs. 1.[94] Es gibt allerdings eine terminologische Abweichung: 29

---

[83] HK-BGB/*Dörner* Rn. 2; Rauscher/*Picht* Rn. 45; *Stoll* FS Georgiades, 2006, 941 (947 ff.); *G. Fischer* FS Kühne, 2009, 689 (692 ff.); *Junker* FS Stürner, 2013, 1043 (1046).

[84] BeckOGK/*Schinkels* Rn. 31 ff.; BeckOK BGB/*Spickhoff* Rn. 3; Soergel/*Wendelstein* Rn. 18; Rauscher/*Picht* Rn. 43; *Kurt,* Culpa in contrahendo im europäischen Kollisionsrecht der vertraglichen und außervertraglichen Schuldverhältnisse, 2009, 127; *Stoll* FS Georgiades, 2006, 941 (950 f.); *Dutoit* FS Pocar, 2009, 309 (324); *G. Fischer* FS Kühne, 2009, 689 (695 ff.); *Junker* FS Stürner, 2013, 1043 (1045); *Rudolf* ÖJZ 2010, 300 (307).

[85] Krit. *G. Fischer* FS Kühne, 2009, 689 (697).

[86] *Jayme/Kohler* IPRax 2003, 485 (490); *Stadler* FS Musielak, 2004, 569 (591).

[87] *Arnold* IPRax 2013, 141 (143); *Brière* Clunet 135 (2008), 31 (39); *v. Hein* GPR 2006, 54 (58); *Mansel* FS Schlosser, 2005, 545 (557); *Martiny* ZEuP 2015, 838 (862); *Volders* YbPIL 9 (2007), 127 (128); allg. *Würdinger* RabelsZ 75 (2011), 102 (106); *Wied,* Zivilprozessuale Qualifikationsprobleme im Spannungsfeld von Vertrag und Delikt, 2010, 159.

[88] *v. Hein* BerGesVR 45 (2012), 369 (381).

[89] *Gebauer* JbItalR 15/16 (2002/2003), 155 (169, 172); s. den niederländischen Fall Rechtbank Midden-Nederland Locatie Utrecht 30.12.2013, Nederlands Internationaal Privaatrecht 2014, Nr. 77 (im Zusammenhang mit einem Letter of Intent).

[90] *Mankowski* IPRax 2003, 127 (135).

[91] *Stadler* FS Musielak, 2004, 569 (574); *v. Hein* GPR 2006, 54 (58); *Junker* FS Stürner, 2013, 1043 (1055); *v. Hein* BerGesVR 45 (2012), 369 (382).

[92] BeckOGK/*Schinkels* Rn. 82; Soergel/*Wendelstein* Rn. 20; NK-BGB/*Budzikiewicz* Rn. 64; *Arnold* IPRax 2013, 141 (145); *v. Hein* GPR 2007, 54 (59).

[93] BeckOK BGB/*Spickhoff* Rn. 9; PWW/*Schaub* Rn. 3, 6 aE; *v. Hein* RabelsZ 73 (2009), 461 (501); *Leible/Lehmann* RIW 2007, 721 (733); *Volders* YbPIL 9 (2007), 127 (134); *Fallon* in Basedow/Baum/Nishitani, Japanese and European Private International Law in Comparative Perspective, 2008, 261 (277).

[94] BeckOGK/*Schinkels* Rn. 87; Soergel/*Wendelstein* Rn. 27; NK-BGB/*Budzikiewicz* Rn. 75; *v. Bar/Mankowski* IPR II § 2 Rn. 556; krit. *Bourdelois* FS Malaurie, 2005, 107 (115); *Brière* Clunet 135 (2008), 31 (52).

Während nach Art. 4 Abs. 1 das Recht des Staates anzuwenden ist, „in dem der Schaden eintritt", beruft Art. 12 Abs. 2 lit. a das Recht des Staates, „in dem der Schaden eingetreten ist". Diese **sprachliche Divergenz** begründet jedoch keinen sachlichen Unterschied.[95] Vielmehr dient die Vergangenheitsform des Art. 12 Abs. 2 lit. a der Harmonisierung mit Art. 10 Abs. 3 („eingetreten ist") und Art. 11 Abs. 3 („erfolgt ist"), die aus einem unerfindlichen Grund ebenfalls eine andere Zeitform als Art. 4 Abs. 1 verwenden (zu einer weiteren Parallele von Art. 10, 11 und Art. 12 → Rn. 21). Zur Inhaltsbestimmung des Art. 12 Abs. 2 lit. a kann daher in vollem Umfang auf die Ausführungen zu Art. 4 verwiesen werden[96] (→ Art. 4 Rn. 24 ff.).

30 **bb) Gemeinsamer gewöhnlicher Aufenthalt (lit. b).** Ebenso wie bei Art. 4 hat auch bei Art. 12 die Anknüpfung an den gemeinsamen gewöhnlichen Aufenthalt der Parteien zum Zeitpunkt des Schadenseintritts (Art. 4 Abs. 2, Art. 12 Abs. 2 lit. b) den **Vorrang vor der Tatortanknüpfung** (Art. 4 Abs. 1, Art. 12 Abs. 2 lit. a).[97] Ein Wahlrecht des Geschädigten zwischen den Anknüpfungen nach lit. a und lit. b in Form einer **Alternativanknüpfung** kommt schon deshalb **nicht in Betracht,** weil ein Anknüpfungsgleichklang mit Art. 4 anzustreben ist, wo unstreitig ein Vorrang des domicilium communis vor dem locus delicti besteht[98] (→ Art. 4 Rn. 11). Die Formulierung „oder" aE von lit. a, b ist eine sprachliche Ungenauigkeit, die „korrigierender Lesart"[99] bedarf, da lit. c schon aus Gründen der Denklogik keine Alternativanknüpfung vorsehen kann. Hinsichtlich der Auslegung des Anknüpfungsmerkmals (lit. b) kann auf die Parallelvorschrift des Art. 4 Abs. 2 verwiesen werden (→ Art. 4 Rn. 52 ff.).

31 **cc) Offensichtlich engere Verbindung (lit. c).** Die Berichtigungsklausel der lit. c bezieht sich nur auf die Anknüpfungen nach Abs. 2 lit. a, b, nicht jedoch auf die Anknüpfung nach Abs. 1 (→ Rn. 7 aE). Sowohl die Anknüpfung nach lit. a (Ort des Schadenseintritts) als auch diejenige nach lit. b (gemeinsamer gewöhnlicher Aufenthalt) kann nach lit. c korrigiert werden, wenn die **Gesamtheit der Umstände** ergibt, dass das Schuldverhältnis aus c.i.c. eine offensichtlich engere Verbindung mit einem anderen Staat aufweist **(Ausweichklausel).** Im Interesse einer einheitlichen, vorhersehbaren Rechtsanwendung ist lit. c ebenso auszulegen wie der gleichlautende Art. 4 Abs. 3 S. 1 (→ Art. 4 Rn. 64 ff.). Da Abs. 1 die akzessorische Anknüpfung – als wichtigsten Anwendungsfall der Berichtigungsklausel des Art. 4 Abs. 3 – gesondert regelt, dürften für Abs. 2 lit. c kaum Anwendungsfälle verbleiben[100] (→ Art. 10 Rn. 32; → Art. 11 Rn. 21). Sieht man mit der hM die **Eigenhaftung von Vertretern und Sachwaltern** als Anwendungsfall von Abs. 2 (→ Rn. 35), kann im Einzelfall über die Ausweichklausel das Vertragsstatut zur Anwendung kommen, wenn dem haftenden Dritten das auf den Vertrag anzuwendende Recht zurechenbar ist, insbesondere weil er aktiv am Vertragsschluss beteiligt war.[101]

32 **b) Anknüpfungsgegenstände.** Die Anknüpfungen nach Abs. 2 kommen nach ihrer Eingangsformel nur zum Zuge, wenn das anzuwendende Recht nicht nach Abs. 1 bestimmt werden kann **(Subsidiarität).** Solche Fallkonstellationen lassen sich im **Zweipersonenverhältnis** kaum vorstellen:[102] In den Fällen, in denen der vorvertraglichen Pflichtverletzung ein **Vertragsschluss** nachgefolgt ist, scheidet die Anwendung des Abs. 2 im Zweipersonenverhältnis von vornherein aus, denn einen rechtsordnungslosen Vertrag kann es nach zutr. Auffassung (→ Rom I-VO Art. 3 Rn. 41) nicht geben. Es verbleiben daher für Abs. 2 nur die Fälle, in denen im Zweipersonenverhältnis ein **hypothetisches Vertragsstatut** nicht ermittelt werden kann (→ Rn. 33), in denen Ansprüche aus

[95] BeckOK BGB/*Spickhoff* Rn. 9; HK-BGB/*Dörner* Rn. 1; Erman/*Stürner* Rn. 9.

[96] Speziell zur Bestimmung des Erfolgsorts bei Distanzverhandlungen s. *G. Fischer* FS Kühne, 2009, 689 (699 f.); *Lehmann/Duczek* JuS 2012, 788 (790); allg. zum Ort des Schadenseintritts bei Vermögensschäden *Lehmann* JPIL 7 (2011), 527.

[97] BeckOGK/*Schinkels* Rn. 84; BeckOK BGB/*Spickhoff* Rn. 9; Erman/*Stürner* Rn. 1 aE, 9; HK-BGB/*Dörner* Rn. 5; PWW/*Schaub* Rn. 3; *G. Fischer* FS Kühne, 2009, 689 (699); *v. Hein* VersR 2007, 440 (451); *v. Hein* RabelsZ 73 (2009), 461 (501); *Kadner Graziano* RabelsZ 73 (2009), 1 (64); *Lehmann/Duczek* JuS 2012, 788 (790); *Ofner* ZfRV 208, 13 (21); *G. Wagner* IPRax 2008, 1 (12); aA Rauscher/*Picht* Rn. 30 f.; *Dutoit* FS Pocar, 2009, 309 (324); *Lüttringhaus* RIW 2008, 193 (197).

[98] BeckOK BGB/*Spickhoff* Art. 4 Rn. 2; *Junker* NJW 2007, 3675 (3678); *Junker* JZ 2008, 169 (174); *Kadner Graziano* Rev. crit. dr. int. pr. 97 (2008), 445 (461); *G. Wagner* IPRax 2008, 1 (4).

[99] Erman/*Stürner* Rn. 9; ebenso iErg *G. Fischer* FS Kühne, 2009, 689 (699).

[100] Erman/*Stürner* Rn. 10; *Rudolf* ÖJZ 2010, 300 (307); *Sujecki* EWS 2009, 310 (318).

[101] BeckOGK/*Schinkels* Rn. 88 f.; Soergel/*Wendelstein* Rn. 30; NK-BGB/*Budzikiewicz* Rn. 77; *v. Bar/Mankowski* IPR II § 2 Rn. 556; *G. Fischer* FS Kühne, 2009, 689 (700); ebenso iErg Rauscher/*Picht* Rn. 36; PWW/*Schaub* Rn. 6.

[102] Zutr. Erman/*Stürner* Rn. 1; PWW/*Schaub* Rn. 6; *v. Hein* GPR 2007, 54 (59); *Dutoit* FS Pocar, 2009, 309 (324): „on a du mal à envisager des cas où il ne serait pas possible de déterminer la loi applicable selon le rattachement précité".

c.i.c. aus Rat oder Auskunft **außerhalb intendierter Vertragsbeziehung** resultieren (→ Rn. 34) oder in denen es um die **Einbeziehung vertragsfremder Dritter** in die vorvertragliche Haftung geht (→ Rn. 35).

aa) Nichtermittelbarkeit des Vertragsstatuts. In einem vorvertraglichen Zweipersonenverhältnis kann Abs. 2 nur Anwendung finden, wenn kein Vertrag geschlossen wurde (→ Rn. 32) und das Recht, dem der Vertrag unterlegen hätte, nicht zu ermitteln ist. Ein halbwegs plausibles Beispiel für die Nichtermittelbarkeit des **hypothetischen Vertragsstatuts** ist der (erdachte) Fall, dass ein multinational tätiges Unternehmen mit einem Bewerber verhandelt und bei Abbruch der Verhandlungen noch nicht feststeht, in welchem Staat der gewöhnliche Arbeitsort sein soll[103] (vgl. Art. 8 Abs. 2 Rom I-VO). Der in der Lit. weiter genannte Fall, dass bei Verhandlungsabbruch feststand, dass die Parteien eine Rechtswahl treffen wollten, aber offen geblieben ist, welches Recht gewählt werden sollte,[104] ist im Rahmen des Art. 12 Abs. 1 zwanglos über das hypothetische objektive Vertragsstatut zu lösen.[105] Denkbar ist schließlich der Fall, dass „die kollisionsrechtliche Einordnung des atypisch gedachten Vertrags erst ermittelbar geworden wäre, wenn der Vertrag vollständig fertig geworden wäre".[106] 33

bb) Bloße geschäftliche Kontakte. Würde man, wie es einige Autoren vertreten,[107] die Anwendung des Abs. 2 auf die (eher theoretischen) Fälle der Nichtermittelbarkeit des hypothetischen Vertragsstatuts beschränken, wäre die praktische Bedeutung dieses Absatzes nahe Null.[108] Ein weiterer Anwendungsbereich würde dem Abs. 2 erwachsen, wenn man mit der hier vertretenen Ansicht (→ Rn. 14) auch c.i.c.-Ansprüche **aus „ähnlichen geschäftlichen Kontakten"** iSd § 311 Abs. 2 Nr. 3 BGB nach Art. 12 anknüpfen würde. In diese Kategorie fallen zB Gefälligkeitsverhältnisse mit rechtsgeschäftsähnlichem Charakter wie die Haftung für **Bankauskünfte** (→ BGB § 311 Rn. 49), aber auch die – der allgemeinen Vertrauenshaftung nahestehenden – Fälle der **Zeugnisausstellerhaftung** des alten gegenüber dem neuen Arbeitgeber.[109] Diese Fälle wurden nach früherer, zum autonomen deutschen IPR vertretener Ansicht als Haftung aus c.i.c. qualifiziert.[110] Da der Verordnungsbegriff des „Verschuldens bei Vertragsverhandlungen" der **einheitlichen europäischen Auslegung** (→ Rn. 14) unterliegt und die genannten Fälle jedenfalls im Rechtskreis des Common Law rein deliktisch qualifiziert werden (→ Rn. 26), kann erst die zukünftige Praxis zeigen, ob sich die vorgeschlagene Qualifikation durchsetzt. 34

cc) Eigenhaftung von Vertretern und Sachwaltern. Nach hM umfasst Abs. 2 die Fälle der **Repräsentantenhaftung,** in denen es einerseits an einer Vertragsbeziehung zwischen dem Repräsentanten (Vertreter, Vermittler, Sachwalter oder Verhandlungsgehilfen) und dem Geschädigten gebricht (→ Rn. 19), andererseits aber auch keine Verletzung der allgemeinen Rechts- und Gütersphäre (→ Rn. 20) einer der Parteien eines fremden Vertrags in Rede steht.[111] Ein Beispiel aus der früheren deutschen Rspr. ist der Fall des **Beiratsvorsitzenden** einer später insolvent gewordenen Publikums-KG, der sich unsauber in Kreditverhandlungen der KG mit der klagenden schweizerischen Bank eingemischt hatte.[112] Ein anderes Beispiel sind im Vorfeld eines Aktienkaufs entstandene c.i.c.-Ansprüche gegen eine Person, deren Stellung als Vertragspartner nicht bewiesen werden konnte, die aber jedenfalls als **Verhandlungsführerin** aufseiten des Vertragspartners ein unmittelbar 35

103 *Leible/Lehmann* RIW 2007, 721 (733); diskutiert bei *Junker* FS Stürner, 2013, 1043 (1050); *Rudolf* ÖJZ 2010, 300 (307).

104 *Heiss/Loacker* JBl. 2007, 613 (640); diskutiert bei *Rudolf* ÖJZ 2010, 300 (307).

105 Zutr. Rauscher/*Picht* Rn. 23; *v. Hein* RabelsZ 73 (2009), 461, 502; *G. Wagner* IPRax 2008, 1 (12).

106 Erman/*Stürner* Rn. 8; ähnliches Beispiel bei *Lehmann/Duczek* JuS 2012, 788 (790), Fall 11.

107 *Heiss/Loacker* JBl. 2007, 613 (640); *Leible/Lehmann* RIW 2007, 721 (733).

108 Erman/*Stürner* Rn. 1 – kaum wahrscheinlicher Fall; Rauscher/*Picht* Rn. 26 – marginaler Anwendungsbereich; PWW/*Schaub* Rn. 6; *v. Hein* GPR 2007, 54 (59); *Kadner Graziano* RabelsZ 73 (2009), 1, 64; *Ofner* ZfRV 2008, 13 (21); *G. Wagner* IPRax 2008, 1 (12 f.): „praktisch tot".

109 BGHZ 74, 281 (287) = JZ 1979, 785 mAnm *v. Bar* – Inlandsfall.

110 *Canaris* FS Larenz, 1983, 27, 109; *G. Fischer* JZ 1991, 168 (174); *Stoll* FS Ferid, 1988, 505 (508).

111 BeckOK BGB/*Spickhoff* Rn. 6, 8; HK-BGB/*Dörner* Rn. 5; PWW/*Schaub* Rn. 2, 6; Rauscher/*Picht* Rn. 29, 53 ff.; *Kurt,* Culpa in contrahendo im europäischen Kollisionsrecht der vertraglichen und außervertraglichen Schuldverhältnisse, 2009, 189 ff.; *Wied,* Zivilprozessuale Qualifikationsprobleme im Spannungsfeld von Vertrag und Delikt, 2010, 159 ff.; *Ebke* ZVglRWiss 109 (2010), 397 (435); *G. Fischer* FS Kühne, 2009, 689 (699); *v. Hein* RabelsZ 73 (2009), 461, 502; *Lüttringhaus* RIW 2008, 193 (198); *Pfeiffer* EuZW 2008, 622 (624); zweifelnd *Behnen* IPRax 2011, 221 (225); aA Erman/*Stürner* Rn. 14; abw. für Fälle der Gutachterhaftung BeckOGK/*Schinkels* Rn. 45 ff.; *Schinkels* JZ 2008, 272 (279), der Abs. 1 analog anwenden will.

112 OLG Frankfurt IPRax 1986, 373 – Debraco; s. dazu *Ahrens* IPRax 1986, 355; *Ebke* ZVglRWiss 109 (2010), 397 (435).

eigenes wirtschaftliches Interesse am Zustandekommen des Aktienkaufs hatte.[113] Diese unter den Verordnungsbegriff der c.i.c. zu subsumierenden Fälle (→ Rn. 19) wurden bereits nach früherem deutschen IPR dem Deliktsstatut zugeschlagen (→ Rn. 12 aE) und werden nunmehr nach Abs. 2 deliktsähnlich angeknüpft;[114] in Ausnahmefällen kann über die Ausweichklausel der lit. c das Vertragsstatut zur Anwendung kommen (→ Rn. 31).

IV. Deliktische Haftung nach Art. 4 ff., 14

36 Diejenigen Fälle, die zwar nach deutschem Recht, nicht aber nach der Rom II-VO als „Verschulden bei Vertragsverhandlungen" zu qualifizieren sind, unterliegen ohne den „Umweg" über Art. 12 Abs. 2 den deliktischen Anknüpfungsregeln, dh den Kollisionsnormen der Art. 4–9, ggf. ergänzt durch Art. 14 (Rechtswahl).[115] Es sind dies die Fälle der Verletzung von **Obhuts- und Erhaltungspflichten** („Verletzung von Integritätsinteressen"[116]), also der Verursachung von Schäden durch Missachtung allgemeiner Sorgfaltspflichten im Vorfeld eines Vertrags (→ Rn. 20). Manche nennen diese Fälle „vorvertragliche Deliktstatbestände",[117] was wegen Art. 12 Abs. 2 zu unnötiger Verwirrung führen kann. Wer im Rahmen des Art. 12 von „vertragsnahen" (Abs. 1) und „vertragsfernen" (Abs. 2) c.i.c.-Fällen spricht[118] (→ Rn. 28), müsste hier von „besonders vertragsfernen" Konstellationen reden. Ihre Abgrenzung vom „Verschulden bei Vertragsverhandlungen" iSd Art. 12 erfolgt bereits bei der Qualifikation[119] (→ Rn. 14 ff.).

37 Im vorliegenden Zusammenhang spricht **Erwägungsgrund 30 S. 4** zwar nur von **Personenschäden.** Grundsätzlich müssen aber auch Verletzungen der Integrität von Gegenständen – insbesondere **Sachschäden** – den Deliktskollisionsnormen unterliegen, da es keinen Unterschied ausmachen kann, ob bei einem vorvertraglich verursachten Sturz („Kaufhausfälle", → Rn. 20) neben der Verletzung des Körpers auch Sachen (Kleidung) beschädigt werden (→ Rn. 15). Eine Ausnahme besteht, wenn der Sachschaden beim **Ausprobieren der Kaufsache** eingetreten ist (Probefahrt in das angrenzende Ausland, dort Unfall). In solchen Fällen ist der „unmittelbare Zusammenhang" mit der Vertragsanbahnung **(Erwägungsgrund 30 S. 3)** zu bejahen und Art. 12 anzuwenden.[120]

38 Bei Anwendung der Art. 4–9 kommt eine **vertragsakzessorische Anknüpfung** der c.i.c.-Ansprüche wegen Verletzung der gebotenen Sorgfaltspflicht zum Schutz von Rechtsgütern des Verhandlungspartners nach Maßgabe der Art. 4 Abs. 3 S. 2, Art. 5 Abs. 2 S. 2 nur in Betracht, wenn man einen nach der Pflichtverletzung zustande gekommenen Vertrag als „bestehendes Rechtsverhältnis" im Sinne dieser Vorschriften ansieht.[121]

V. Reichweite des Statuts der c.i.c.

39 Gemäß **Art. 15** entscheidet das nach Art. 12, Art. 14 bestimmte Statut des außervertraglichen Schuldverhältnisses aus c.i.c. über alle mit dem Anspruch zusammenhängenden Fragen, dh über die **Voraussetzungen,** den Inhalt und die **Rechtsfolgen** einer Haftung wegen Verschuldens bei Vertragsschluss.[122] Es definiert die Informations- und Aufklärungspflichten, die Anforderungen an eine berechtigte Erwartung des Vertragsschlusses und die Bedingungen der Haftung für Hilfspersonen. Auch die Frage, ob der Vertrauensschaden oder das Erfüllungsinteresse zu ersetzen ist, beantwortet das Statut der c.i.c. (zu weiteren Einzelheiten → Art. 15 Rn. 9 ff.). Bei akzessorischer Anknüp-

---

[113] BGH IPRax 1988, 27 – Kauf von Aktien einer belgischen Spielbank; s. dazu *Kreuzer* IPRax 1988, 16; *Mansel* FS Schlosser, 2005, 545 (553).

[114] *G. Fischer* FS Kühne, 2009, 689 (698); *Wied,* Zivilprozessuale Qualifikationsprobleme im Spannungsfeld von Vertrag und Delikt, 2010, 160.

[115] BeckOGK/*Schinkels* Rn. 70 f.; BeckOK BGB/*Spickhoff* Rn. 5; Soergel/*Wendelstein* Rn. 16; *v. Bar/Mankowski* IPR II § 2 Rn. 533; *Denninger,* Grenzüberschreitende Prospekthaftung und Internationales Privatrecht, 2015, 176 ff.; *Junker* FS Stürner, 2013, 1043 (1051); *Rudolf* ÖJZ 2010, 300 (307); *Staudinger* AnwBl 2008, 8 (12); *G. Wagner* IPRax 2008, 1 (13); krit. *Magnus* IPRax 2010, 27 (30); *G. Fischer* FS Kühne, 2009, 689 (692).

[116] *Wied,* Zivilprozessuale Qualifikationsprobleme im Spannungsfeld von Vertrag und Delikt, 2010, 35.

[117] *Heiss/Loacker* JBl. 2007, 613 (640).

[118] *v. Hein* GPR 2007, 54 (59).

[119] BeckOGK/*Schinkels* Rn. 25 ff.; Soergel/*Wendelstein* Rn. 9 f.; NK-BGB/*Budzikiewicz* Rn. 20 ff.; Rauscher/*Picht* Rn. 10; PWW/*Schaub* Rn. 3; *Ebke* ZVglRWiss 109 (2010), 397 (434 f.); *Kadner Graziano* RabelsZ 73 (2009), 1 (64); *Lüttringhaus* RIW 2008, 193 (197); *G. Wagner* IPRax 2008, 1 (13); zu den Schwierigkeiten der Qualifikation *v. Hein* VersR 2007, 440 (451).

[120] Zutr. *G. Fischer* FS Kühne, 2009, 689 (692).

[121] BeckOKG/*Schinkels* Rn. 72; NK-BGB/*Budzikiewicz* Rn. 23; *G. Fischer* FS Kühne, 2009, 689 (692); *v. Hein* RabelsZ 73 (2009), 461 (501); *Heiss/Loacker* JBl. 2007, 613 (640); aA Rauscher/*Picht* Rn. 24.

[122] BeckOGK/*Schinkels* Rn. 90; Erman/*Stürner* Rn. 12.

fung nach Abs. 1 gelten für die **Anknüpfung von Vorfragen** (zB nach dem Bestand von dinglichen oder immateriellen Rechten) die allgemeinen Regeln[123] (→ Vor Art. 1 Rn. 33 ff.). Auf der Ebene des Sachrechts ist das Problem der **Anspruchskonkurrenzen** (freies Nebeneinander oder Prinzip des non-cumul)[124] zu lösen, ebenso die Frage, ob c.i.c.-Ansprüche hinter solche aus anderer Rechtsgrundlage zurücktreten.[125]

Art. 13 Rom II-VO Anwendbarkeit des Artikels 8

Auf außervertragliche Schuldverhältnisse aus einer Verletzung von Rechten des geistigen Eigentums ist für die Zwecke dieses Kapitels Artikel 8 anzuwenden.

Zur Kommentierung → Art. 8 Rn. 1 ff. 1

Kapitel IV. Freie Rechtswahl

Art. 14 Rom II-VO Freie Rechtswahl

(1) [1]Die Parteien können das Recht wählen, dem das außervertragliche Schuldverhältnis unterliegen soll:

a) durch eine Vereinbarung nach Eintritt des schadensbegründenden Ereignisses; oder

b) wenn alle Parteien einer kommerziellen Tätigkeit nachgehen, auch durch eine vor Eintritt des schadensbegründenden Ereignisses frei ausgehandelte Vereinbarung.

[2]Die Rechtswahl muss ausdrücklich erfolgen oder sich mit hinreichender Sicherheit aus den Umständen des Falles ergeben und lässt Rechte Dritter unberührt.

(2) Sind alle Elemente des Sachverhalts zum Zeitpunkt des Eintritts des schadensbegründenden Ereignisses in einem anderen als demjenigen Staat belegen, dessen Recht gewählt wurde, so berührt die Rechtswahl der Parteien nicht die Anwendung derjenigen Bestimmungen des Rechts dieses anderen Staates, von denen nicht durch Vereinbarung abgewichen werden kann.

(3) Sind alle Elemente des Sachverhalts zum Zeitpunkt des Eintritts des schadensbegründenden Ereignisses in einem oder mehreren Mitgliedstaaten belegen, so berührt die Wahl des Rechts eines Drittstaats durch die Parteien nicht die Anwendung – gegebenenfalls in der von dem Mitgliedstaat des angerufenen Gerichts umgesetzten Form – der Bestimmungen des Gemeinschaftsrechts, von denen nicht durch Vereinbarung abgewichen werden kann.

Schrifttum: s. auch Vor Art. 1; älteres Schrifttum s. 6. Aufl. 2015, Art. 14; *Basedow,* Theorie der Rechtswahl oder Parteiautonomie als Grundlage des Internationalen Privatrechts, RabelsZ 75 (2011), 32; *Berner,* Die Rechtswahl im Vertrag unter der Rom II-VO – neue Impulse aus Luxemburg, GPR 2022, 210; *Berner,* Implizite Qualifikationsvorgaben im europäischen Kollisionsrecht, RabelsZ 87 (2023), 236; *Bertoli,* Choice of Law by the Parties in the Rome II Regulation, Riv. dir. int. priv. proc. 45 (2009), 617; *de Boer,* Party Autonomy and Its Limitations in the Rome II Regulation, YbPIL 9 (2007), 19; *Boscović,* L'autonomie de la volonté dans le règlement Rome II, Dalloz 2009, 1639; *Coester-Waltjen/Coester,* Rechtswahlmöglichkeiten im Europäischen Kollisionsrecht, FS Schurig, 2012, 33; *Kadner Graziano,* Freedom to Choose the Applicable Law in Tort – Articles 14 and 4 (3) of the Rome II Regulation, in Ahern/Binchy (Ed.), The Rome II Regulation on the Law Applicable to Non-Contractual Obligations, 2009, 113; *Knöfel,* Normenmix bei Amtshaftung mit Auslandsbezug, IPRax 2021, 392; *Kroll-Ludwigs,* Die Rolle der Parteiautonomie im europäischen Kollisionsrecht, 2013; *Landbrecht,* Rechtswahl ex ante und das Deliktsstatut nach dem europäischen Kollisionsrecht (Rom I und Rom II), RIW 2010, 783; *Leible,* Rechtswahl im IPR der außervertraglichen Schuldverhältnisse nach der Rom II-Verordnung, RIW 2008, 257; *Mankowski,* Ausgewählte Einzelfragen zur Rom II-VO: Internationales Umwelthaftungsrecht, Internationales Kartellrecht, renvoi, Parteiautonomie, IPRax 2010, 389; *Maultzsch,* Parteiautonomie im Internationalen Privat- und Verfahrensrecht, in v. Hein/Rühl (Hrsg.), Kohärenz im Internationalen Privat- und Verfahrensrecht der Europäischen Union, 2016, 153; *Picht/Kopp,* Aktuelle Praxisfragen der Rechtsfragen nach den Rom I-/Rom II-Verordnungen, IPRax 2024, 16; *Pfütze,* Die Inhaltskontrolle von Rechtswahlvereinbarungen im Rahmen der Verordnungen Rom I bis III, ZEuS 2011, 35; *Rugullis,* Die antizipierte Rechtswahl in außervertraglichen Schuld-

[123] *Bernitt,* Die Anknüpfung von Vorfragen im europäischen Kollisionsrecht, 2010, 230; *Moura Vicente* RabelsZ 67 (2003), 699 (718 f.).

[124] *Spickhoff* IPRax 2009, 128 (129); *Stoll* FS Georgiades, 2006, 941 (957).

[125] BeckOGK/*Schinkels* Rn. 72; Rauscher/*Picht* Rn. 50.

verhältnissen, IPRax 2008, 319; *Rühl,* Rechtswahlfreiheit im europäischen Kollisionsrecht, FS Kropholler, 2008, 187; *Symeonides,* Party Autonomy in Rome I and II from a Comparative Perspective, FS Siehr, 2010, 513; *Thomale,* Gerichtsstands- und Rechtswahl im Kapitalmarktdelikt, RabelsZ 84 (2020), 843; *Vogeler,* Die freie Rechtswahl im Kollisionsrecht der außervertraglichen Schuldverhältnisse, 2013; *Wais,* Kollektiver Rechtsschutz und das auf unerlaubte Handlungen anwendbare Recht, IPRax 2022, 141; *Wandt,* Rechtswahlregelungen im Europäischen Kollisionsrecht, 2014.

Übersicht

I. Allgemeines

1 **1. Normzweck.** Die durch Art. 14 geschaffene Rechtswahlmöglichkeit der Parteien dient dem Zweck, „den Grundsatz der Parteiautonomie zu achten und die Rechtssicherheit zu verbessern" **(Erwägungsgrund 31).**[1] Die Rechtswahlfreiheit im IPR der außervertraglichen Schuldverhältnisse entspricht der Disponibilität außervertraglicher vermögensrechtlicher Ansprüche auf materiellrechtlicher Ebene; sie erlaubt, insbesondere zwischen kommerziell tätigen Parteien, eine verlässliche Planung für den Fall des Entstehens außervertraglicher Rechtsbeziehungen.[2]

2 Bereits die Begründung zum **Kommissionsentwurf vom 22.7.2003** (→ Vor Art. 1 Rn. 17 ff.) hatte ausgeführt, die Verordnung solle den jüngsten Entwicklungen des nationalen IPR folgen, die zu einer größeren Parteiautonomie im Recht der außervertraglichen Schuldverhältnisse tendierten; beispielhaft wurde auf Art. 42 EGBGB und Art. 6 Niederländisches IPR-Gesetz vom 1.4.2001 verwiesen.[3] Da jedoch in diesem Rechtsgebiet von der subjektiven Statutsbestimmung

[1] S. zur Genese dieses Erwägungsgrunds *R. Wagner* FS Kropholler, 2008, 715 (730); allg. *G. Wagner* IPRax 2006, 372 (387 f.); *G. Wagner* IPRax 2008, 1 (13).

[2] BeckOGK/*Rühl* Rn. 2 ff.; Staudinger/*Maultzsch,* 2023, Rn. 6 ff.; BeckOK BGB/*Spickhoff* Rn. 1; jurisPK-BGB/*Wurmnest* Rn. 2; *v. Bar/Mankowski* IPR II § 2 Rn. 72; *Chong* Int. Comp. L. Q. 57 (2008), 863 (874); *Kadner Graziano* RabelsZ 73 (2009), 1 (5); *Lehmann/Duczek* JuS 2012, 788 (793); Fleischer/Mankowski/*Mankowski,* 2023, Einl. LkSG Rn. 345; *Rushworth/Scott* Lloyd's M. C. L. Q. 2008, 274 (291); *Thomale/Murko* EuZA 2021, 40 (56 f.); *Wais* IPRax 2022, 141 (143).

[3] KOM(2003) 427 endg., 24; rechtsvergleichend *Kadner Graziano* IPRax 2004, 137 zur damaligen Rechtslage in den Niederlanden; *Leible* RIW 2008, 257 zu Österreich, Liechtenstein und der Schweiz; *Brière* Clunet

weit weniger Gebrauch gemacht werde als bei vertraglichen Schuldverhältnissen, werde das Prinzip der freien Rechtswahl – im Unterschied zur Rom I-VO – den objektiven Anknüpfungen nicht voran-, sondern nachgestellt.[4]

2. Systematik. Kapitel IV besteht aus einer einzigen Kollisionsnorm: **Art. 14 Abs. 1** erlaubt den Parteien, in den Grenzen des **Art. 14 Abs. 2, 3** das Recht zu wählen, dem das außervertragliche Schuldverhältnis unterliegen soll. Indem der europäische Gesetzgeber diese Vorschrift in ein eigenes Kapitel der Rom II-VO einstellt, macht er deutlich: Eine Rechtswahl ist im Prinzip für alle außervertraglichen Schuldverhältnisse im Anwendungsbereich der Rom II-VO zulässig; eine wirksame Rechtswahl geht grundsätzlich den Anknüpfungen der Art. 4–12 vor **(Ausnahmen: Art. 6 Abs. 4, Art. 8 Abs. 3).** 3

Durch die Hervorhebung der Rechtswahl in einem eigenen Kapitel der Rom II-VO wird die Rechtswahlfreiheit (Parteiautonomie) als eigenständiges Anknüpfungsprinzip des europäischen Internationalen Deliktsrechts und des übrigen europäischen IPR der außervertraglichen Schuldverhältnisse anerkannt.[5] Während sich die Vorschriften der Art. 4–12 als **objektive Anknüpfungen** (und das Ergebnis der Anknüpfung als „objektives Statut") bezeichnen lassen, wird die Anknüpfung des Art. 14 wegen der Willensbetätigung von Rechtssubjekten auch **subjektive Anknüpfung** (und das Ergebnis „subjektives Statut") genannt.[6] 4

3. Entstehungsgeschichte. Art. 14 hat eine wechselvolle Entstehungsgeschichte. Der „Professorenentwurf" der „Europäischen Gruppe für IPR" vom 27.9.1998 (→ Vor Art. 1 Rn. 12 f.) wollte, ebenso wie der am 1.6.1999 in Deutschland in Kraft getretene Art. 42 EGBGB, lediglich die **nachträgliche Rechtswahl** erlauben, und zwar „nachträglich" aber nicht bezogen auf den Eintritt des schädigenden Ereignisses, sondern auf das Entstehen einer Streitigkeit.[7] Diametral entgegengesetzt gestattete die EU-Kommission in ihrem **Vorentwurf vom 3.5.2002** (→ Vor Art. 1 Rn. 15 ff.) zeitlich unbeschränkt – dh vor und nach Eintritt des schädigenden Ereignisses – die Wahl des auf ein außervertragliches Schuldverhältnis anzuwendenden Rechts.[8] Die heutige Bestimmung über zwingendes Inlandsrecht (Art. 14 Abs. 2) und die Binnenmarktklausel (Art. 14 Abs. 3) waren schon in dem Vorentwurf vom 3.5.2002 enthalten.[9] 5

Der **Kommissionsentwurf vom 22.7.2003** (→ Vor Art. 1 Rn. 17 ff.) kehrte zu einer restriktiven Linie zurück und erlaubte – wie im deutschen IPR Art. 42 EGBGB – eine Rechtswahl erst „nach Eintritt des Ereignisses, durch das ein außervertragliches Schuldverhältnis entstanden ist".[10] Gegen die Beschränkung der Rechtswahlmöglichkeit auf eine Vereinbarung *post eventum* wurde insbesondere vorgebracht, der pauschale Verweis der Kommission auf den Schutz der schwächeren 6

135 (2008), 31 (58 ff.) zu Frankreich; *v. Bar/Mankowski* IPR II § 2 Rn. 71 zur Ablehnung der Rechtswahl in lateineuropäischen Staaten; *Hay* ELF 2004, I-137 (I-151) zu den USA.

4 KOM(2003) 427 endg., 24; zust. *v. Hein* 82 Tul. L. Rev. 1663, 1693 (2008); *Heiss/Loacker* JBl. 2007, 613 (622); *Leible/Lehmann* RIW 2007, 721 (726).

5 NK-BGB/*Gebauer* Art. 14 Rn. 1; Calliess/*v. Hein* Art. 14 Rn. 2; *Bollé* FS Audit, 2014, 120; *Ivaldi/Carrea* in Queirolo/Heiderhoff, Party Autonomy in European Private (and) International Law, 2015, 39; *Jayme/Zimmer* IPRax 2013, 99 (100); *Martiny* ZEuP 2013, 838 (863); *Martiny* FS Magnus, 2014, 483 (488); *Mäsch* GS Unberath, 2015, 303 (305); *Maultzsch* in v. Hein/Rühl, Kohärenz im Internationalen Privat- und Verfahrensrecht der Europäischen Union, 2016, 153 (156); *Nordmeier* IPRax 2011, 292 (295); *Steinrötter* RIW 2015, 407 (412); *Weller/Rentsch/Thomale* NJW 2015, 1909 (1911); *Wilke* GPR 2012, 334 (335).

6 *Kreuzer* in Reichelt/Rechberger EuropKollisionsR 1 (28).

7 Groupe Européen de Droit International Privé (GEDIP), Proposition pour une convention européenne sur la loi applicable aux obligations non contractuelles (Texte adopté lors de la réunion de Luxembourg du 25–27 septembre 1998), IPRax 1999, 286: „Article 8 (Liberté de choix). Les parties peuvent choisir la loi applicable à l'obligation non contractuelle par une convention postérieure à la naissance du differend. Ce choix doit être exprès. Il ne peut pas porter atteinte aux droits des tiers."; zust. *Jayme* IPRax 1999, 298; *Kreuzer* in Reichelt/Rechberger EuropKollisionsR 13 (21); für Beschränkungen der Rechtswahl ex ante auch *R. Wagner* EuZW 1999, 709 (713).

8 Art. 11 Abs. 1 Vorentwurf vom 3.5.2002 lautet: „Die Parteien können das auf ein außervertragliches Schuldverhältnis anzuwendende Recht frei wählen. Die Rechtswahl muss ausdrücklich erfolgen und darf die Rechte Dritter nicht berühren."; zust. *Busse* RIW 2003, 406 (409); Hamburg Group for Private International Law RabelsZ 67 (2003), 1 (35).

9 Kommentiert von *Dickinson* Eur. Bus. L. Rev. 13 (2002), 369 (379); Hamburg Group for Private International Law RabelsZ 67 (2003), 1 (35 f.).

10 KOM(2003) 427 endg., abgedruckt in IPRax 2005, 174 (177); zust. *Fricke* VersR 2005, 726 (738); *Huber/Bach* IPRax 2005, 73 (75); *Kreuzer* in Reichelt/Rechberger EuropKollisionsR 13 (28); *Posch* YbPIL 6 (2004), 129 (150); *Staudinger* SVR 2005, 441 (444); krit. *Benecke* RIW 2003, 830 (836); *A. Fuchs* GPR 2004, 100 (104); *v. Hein* ZVglRWiss 102 (2003), 528 (548); *Leible/Engel* EuZW 2004, 7 (15).

Partei[11] könne den kategorischen **Ausschluss der vorherigen Rechtswahl** – zu Lasten der Vorhersehbarkeit und der Rechtssicherheit – nicht begründen. Das gelte insbesondere im Verkehr zwischen zwei als gleich stark angesehenen Verhandlungspartnern wie zB in Geschäftsbeziehungen zwischen Unternehmen.

7 In der **Wissenschaft** hieß es, zwar könne auch nach dem Kommissionsvorschlag eine vorherige Rechtswahl für vertragliche Ansprüche mittelbar – über eine akzessorische Anknüpfung – für außervertragliche Ansprüche Bedeutung erlangen (→ Rn. 13 f.). Es seien aber Konstellationen vorstellbar, in denen die Parteien in keinen vertraglichen Beziehungen stünden, aber gleichwohl an einer Festlegung des Deliktsstatuts *ex ante* ein anerkennenswertes Interesse hätten.[12]

8 Diese Überlegungen fanden im Europäischen Parlament im **Verfahren der Mitentscheidung (Erste Lesung)** offene Ohren (→ Vor Art. 1 Rn. 20 ff.): Das Parlament wollte „zwischen Gewerbetreibenden mit vergleichbar starken Verhandlungspositionen" eine vorherige Rechtswahl erlauben, wenn „eine unabhängige Geschäftsbeziehung bestand".[13] Zwar erhoben sich Bedenken hinsichtlich der systematischen Stellung der Norm und der laienhaften Formulierung,[14] aber am Ende schlossen sich Kommission und Rat dem Parlamentsvorschlag der Sache nach an und verabschiedeten den heutigen Abs. 1 S. 1.

9 Da das Parlament von einigen seiner Formulierungen nicht ablassen wollte, ist der **Wortlaut des Abs. 1 S. 1 lit. b** nicht mit anderen Rechtsakten abgestimmt und auch sonst **suboptimal gelungen:** Anstatt den zur Rechtswahl *ex ante* berechtigten Personenkreis unter Bezugnahme auf den Verbraucherbegriff (nach den herkömmlichen Kategorien der Verbraucherschutz-Richtlinien) zu definieren, wird erstens mit der Formulierung „wenn alle Parteien einer kommerziellen Tätigkeit nachgehen" ein neuer, in seiner Ausdehnung unklarer Begriff eingeführt (→ Rn. 26 ff.). Zweitens ist die Terminologie des Abs. 1 S. 1 lit. b nicht mit Art. 23 Abs. 2 abgestimmt, wo von der Ausübung einer „beruflichen Tätigkeit" die Rede ist. Drittens ist das Erfordernis einer „frei ausgehandelten" Vereinbarung gemäß Abs. 1 S. 1 lit. b ein Tatbestandsmerkmal mit eingebautem Meinungsstreit (→ Rn. 43 ff.). Insgesamt ist Art. 14 in seiner „Grundtendenz begrüßenswert, doch gerät die Ausführung inhaltlich zu zurückhaltend und regelungstechnisch zu unklar".[15]

10 **4. Praktische Bedeutung.** Die praktische Bedeutung der Rechtswahl für außervertragliche Schuldverhältnisse, insbesondere der durch Abs. 1 S. 1 lit. b geschaffenen Möglichkeit der **vorherigen Rechtswahl,** ist als eher gering einzuschätzen. Erfahrungen aus dem autonomen deutschen IPR legen den Schluss nahe, dass sich das Vorkommen einer Rechtswahl *ex ante,* die speziell und nur für ein bevorstehendes außervertragliches Schuldverhältnis ausgeübt wird, empirisch nicht nachweisen lässt. Die deutsche Rspr. erkennt seit den 1960er Jahren eine Rechtswahl für ein deliktisches Schuldverhältnis an, hatte es aber nur mit Fällen der **nachträglichen Rechtswahl** zu tun,[16] in denen ausnahmslos die *lex fori* gewählt worden war. Vom 1.6.1999 bis zum 10.1.2009 war nach deutschem IPR (Art. 42 EGBGB) die Rechtswahl *ex ante* für ein außervertragliches Schuldverhältnis gesetzlich ausgeschlossen. Es gibt keinerlei Anhaltspunkte dafür, dass diese Restriktion der Praxis Schwierigkeiten bereitet hätte (→ EGBGB Art. 42 Rn. 17 ff.).[17]

11 **5. Verhältnis zum deutschen Recht.** Art. 14 unterscheidet sich vom autonomen deutschen IPR der außervertraglichen Schuldverhältnisse dadurch, dass Letzteres nur die Rechtswahl *post eventum* kennt **(Art. 42 S. 1 EGBGB).** Demgegenüber eröffnet Art. 14 Rom II-VO unter den Bedingungen des **Abs. 1 S. 1 lit. b** die Möglichkeit einer Rechtswahl vor Eintritt des schadensbegründen-

[11] KOM(2003) 427 endg., 25.

[12] *v. Hein* ZVglRWiss 102 (2003), 528 (548); ebenso iErg *A. Fuchs* GPR 2004, 100 (104); *Ebke* ZVglRWiss 109 (2010), 397 (426 f.); *Kadner Graziano* RabelsZ 73 (2009), 1 (7 ff.); *Leible* RIW 2008, 257 (258); *Mankowski* IPRax 2010, 389 (399 ff.); *Rushworth/Scott* Lloyd's M. C. L. Q. 2008, 274 (293).

[13] Art. 3 Abs. 1 S. 2 Legislative Entschließung des Europäischen Parlaments vom 6.7.2005 zu dem Vorschlag für eine Rom II-VO, KOM(2003) 427 endg. Dokument P6-TA (2005) 284 = IPRax 2006, 413.

[14] *v. Hein* VersR 2007, 440 (445); *Leible/Lehmann* RIW 2007, 721 (726); *Sonnentag* ZVglRWiss 105 (2006), 256 (277); *G. Wagner* IPRax 2006, 372 (387).

[15] Rauscher/*Picht* Rn. 5; zur Entstehungsgeschichte auch Staudinger/*Maultzsch,* 2023, Rn. 12 ff.; BeckOGK/*Rühl* Rn. 12 f.; ausf. zur Interessenlage Soergel/*Wendelstein* Rn. 3.

[16] BGHZ 42, 385 (389) = NJW 1965, 489; BGHZ 98, 263 (274) = NJW 1987, 592; BGH NJW 1974, 410; 1981, 1606 (1607); NJW-RR 1988, 534; s. dazu Soergel/*Wendelstein* Rn. 4; *Leible* RIW 2008, 257; s. auch *Kadner Graziano/Oertel* ZVglRWiss 107 (2008), 113 (143).

[17] Zur praktischen Relevanz der Rechtswahl auch Staudinger/*Maultzsch,* 2023, Rn. 2 ff.; Rauscher/*Picht* Rn. 3; Mankowski in Fleischer/Mankowski LkSG, 2023, Einl. Rn. 345 ff.; *Garcimartín Alférez* ELF 2007, I-77 (I-82); *Junker* JZ 2008, 169 (173); *Kadner Graziano* RabelsZ 73 (2009), 1 (7); *Leible/Lehmann* RIW 2007, 721 (726).

den Ereignisses.[18] Nichts Neues bringt die Regelung in **Abs. 1 S. 1 lit. a,** die dem bisherigen Art. 42 S. 1 EGBGB entspricht. Der Vorbehalt zugunsten der Rechte Dritter **(Art. 42 S. 2 EGBGB)** ist im europäischen IPR in **Abs. 1 S. 2 aE** normiert. Die weiteren Festlegungen in **Abs. 1 S. 2** (ausdrückliche oder stillschweigende Rechtswahl) und die Regelung des **Abs. 2** (reiner Inlandssachverhalt) werden im deutschen Recht aus einer analogen Anwendung des Art. 3 Rom I-VO abgeleitet (→ EGBGB Art. 42 Rn. 11 ff.; → EGBGB Art. 42 Rn. 27). Eine Neuheit war bei Verabschiedung der Rom II-VO die Binnenmarktklausel des **Abs. 3;** sie ist dem Vereinheitlichungszweck der Verordnung geschuldet.[19]

6. Verhältnis zur Rom I-VO. a) Analoge Anwendung des Art. 3 Rom I-VO. Art. 14 Rom II-VO hat eine **Parallelvorschrift in Art. 3 Rom I-VO.** Da Letztere wegen der größeren Bedeutung der subjektiven Statutsbestimmung im IPR der vertraglichen Schuldverhältnisse[20] die Rechtswahl detaillierter regelt als Art. 14 Rom II-VO, kommt – gestützt auf das Gebot einheitlicher Anwendung der beiden Verordnungen **(Erwägungsgrund 7)** – das Schließen von Regelungslücken durch analoge Anwendung des Art. 3 Rom I-VO in Betracht.[21] Das gilt insbesondere für die Teilbarkeit der Rechtswahl (**Art. 3 Abs. 1 S. 2 Rom I-VO,** → Rn. 46), die Änderbarkeit der Rechtswahl (**Art. 3 Abs. 2 Rom I-VO,** → Rn. 31) und das Statut der Rechtswahlvereinbarung (**Art. 3 Abs. 5 Rom I-VO,** → Rn. 32 f.). 12

b) Akzessorische Anknüpfung an Art. 3 Rom I-VO. Ein weiteres Bindeglied der beiden Verordnungen ist die durch Art. 4 Abs. 3 S. 2, Art. 5 Abs. 2 S. 2, Art. 10 Abs. 1, Art. 11 Abs. 1 und Art. 12 Abs. 1 eröffnete Möglichkeit einer **akzessorischen Anknüpfung** an ein Recht, das nach Art. 3 Rom I-VO für ein vertragliches Schuldverhältnis gewählt worden ist.[22] Eine solche **indirekte Rechtswahl** ist eine Vereinbarung, die nach dem erklärten („Ansprüche aus diesem Vertrag") oder durch Auslegung gewonnenen Parteiwillen nur das Vertragsstatut betreffen soll, aber im Wege einer akzessorischen Anknüpfung des Statuts des außervertraglichen Schuldverhältnisses, insbesondere nach Art. 4 Abs. 3 S. 2, mittelbar auch das außervertragliche Schuldverhältnis beherrscht.[23] 13

Beispiel:
Ein Beförderungsvertrag über eine Busreise enthält die Klausel „Ansprüche aus diesem Vertrag unterliegen dem deutschen Recht". Kann nach einem Insassenunfall das angerufene Gericht eine akzessorische Anknüpfung deliktischer Ansprüche an das gewählte Vertragsstatut vornehmen (→ Art. 4 Rn. 73), bekommt die Rechtswahl für den Vertrag auf dem Weg über Art. 4 Abs. 3 S. 2 mittelbar Bedeutung für das außervertragliche Schuldverhältnis. Während eine **direkte Rechtswahl** für deliktische Ansprüche nach Art. 14 den objektiven Anknüpfungen des Art. 4 – und damit auch der Ausweichklausel des Art. 4 Abs. 3 – vorgeht (→ Rn. 47), wird die **indirekte Rechtswahl** gerade über die objektive Anknüpfung nach Art. 4 Abs. 3 S. 2 in das Deliktsrecht transportiert.

Durch die akzessorische Anknüpfung an das gewählte Vertragsstatut kann sich ein **Wertungswiderspruch zum Verbrauchervertragsrecht** ergeben:[24] Wenn ein Unternehmer und ein Konsument eine nach Art. 3 Rom I-VO iVm Art. 6 Abs. 2 Rom I-VO wirksame Rechtswahl *ex ante* für ihr vertragliches Schuldverhältnis treffen, kann diese Rechtswahl über Art. 4 Abs. 3 S. 2 das außervertragliche Schuldverhältnis beherrschen, obwohl eine unmittelbare Rechtswahl am Merkmal „kommerzielle Tätigkeit aller Parteien" in Art. 14 Abs. 1 S. 1 lit. b scheitern würde (→ Rn. 26 ff.). 14

---

18 Ausf. zum Vergleich mit dem autonomen dt. Recht *Leible/Lehmann* RIW 2007, 721 (726); *G. Wagner* IPRax 2008, 1 (13); zum Vergleich mit dem autonomen öst. Recht *Heiss/Loacker* JBl. 2007, 613 (622).

19 BeckOGK/*Rühl* Rn. 136; BeckOK BGB/*Spickhoff* Rn. 8; Staudinger/*Maultzsch,* 2023, Rn. 103 ff.; *Vogeler,* Die freie Rechtswahl im Kollisionsrecht der außervertraglichen Schuldverhältnisse, 2013, 378 ff.; *v. Hein* VersR 2007, 440 (445); *Heiss/Loacker* JBl. 2007, 613 (623); *Leible* RIW 2008, 257 (262 f.); *Leible/Lehmann* RIW 2007, 721 (727).

20 KOM(2003) 427 endg., 25.

21 BeckOGK/*Rühl* Rn. 91; BeckOK BGB/*Spickhoff* Rn. 1 aE; Staudinger/*Maultzsch,* 2023, Rn. 77; *Nehne,* Methodik und allgemeine Lehren des europäischen Internationalen Privatrechts, 2012, 236 ff.; *Heiss/Loacker* JBl. 2007, 613 (623); *Kreuzer* in Reichelt/Rechberger EuropKollisionsR 13 (28).

22 BeckOK BGB/*Spickhoff* Rn. 1 aE; Staudinger/*Maultzsch,* 2023, Rn. 25 ff.; *Nehne,* Methodik und allgemeine Lehren des europäischen Internationalen Privatrechts, 2012, 290 ff.; *Vogeler,* Die freie Rechtswahl im Kollisionsrecht der außervertraglichen Schuldverhältnisse, 2013, 86 ff.; *Junker* NJW 2007, 3675 (3678); *Kreuzer* in Reichelt/Rechberger EuropKollisionsR 13 (21); *Staudinger* SVR 2005, 441 (444).

23 Staudinger/*Maultzsch,* 2023, Rn. 27; Calliess/*v. Hein* Rn. 28; NK-BGB/*Gebauer* Rn. 37; *Coester-Waltjen/Coester* FS Schurig, 2012, 33 (35).

24 Staudinger/*Maultzsch,* 2023, Rn. 28; NK-BGB/*Gebauer* Rn. 38; *Vogeler,* Die freie Rechtswahl im Kollisionsrecht der außervertraglichen Schuldverhältnisse, 2013, 280 ff.; *v. Hein* ZEuP 2009, 6 (21); *v. Hein* RabelsZ 73 (2009), 461 (490); *de Boer* YbPIL 9 (2007), 19 (27).

15 Die ganz hM will diesen Wertungswiderspruch korrigieren,[25] wobei der plausibelste Ansatz wäre, im Wege der teleologischen Reduktion des Art. 4 Abs. 3 S. 2 die **indirekte Rechtswahl** kraft akzessorischer Anknüpfung auszuschließen, wenn und soweit die Parteien nach Art. 14 Abs. 1 S. 1 lit. b an einer **direkten Rechtswahl** gehindert wären.[26] Der zweite Ansatz bestünde darin, den Günstigkeitsvergleich des Art. 6 Abs. 2 S. 2 Rom I-VO im Wege der analogen Anwendung im Rahmen des Art. 4 Abs. 3 S. 2 auf außervertragliche Ansprüche zu übertragen.[27] Beide Ansätze sind weit hergeholt und schon deshalb verfehlt, weil eine planwidrige Regelungslücke kaum zu begründen ist (→ Rn. 5 ff.).

II. Anwendungsbereich

16 Nach dem **Eingangssatz von Abs. 1** können die Parteien nach Maßgabe der Abs. 1–3 das Recht wählen, dem „das außervertragliche Schuldverhältnis" unterliegen soll. Aus dieser Formulierung lässt sich schließen, dass die Möglichkeit der freien Rechtswahl für alle außervertraglichen Schuldverhältnisse im Anwendungsbereich der Rom II-VO bestehen soll, soweit diese Möglichkeit nicht ausdrücklich ausgeschlossen ist.[28] Ob das abgewählte Statut des außervertraglichen Schuldverhältnisses – dh im IPR der unerlaubten Handlungen das objektive Deliktsstatut – die Rechtswahl erlaubt oder nicht, spielt keine Rolle.[29]

17 **1. Ausdrückliches Rechtswahlverbot.** Ein ausdrücklicher Ausschluss der Parteiautonomie besteht für außervertragliche Schuldverhältnisse aus unlauterem Wettbewerbsverhalten und aus einem den Wettbewerb einschränkenden Verhalten **(Art. 6 Abs. 4)**[30] sowie für außervertragliche Schuldverhältnisse aus einer Verletzung von Rechten des geistigen Eigentums **(Art. 8 Abs. 3).**[31] Von dem nach Art. 6 Abs. 1–3 und dem nach Art. 8 Abs. 1, 2 anzuwendenden Recht kann nicht durch eine Vereinbarung nach Art. 14 abgewichen werden.

Beispiele:

(1) Merkwürdig ist ein Beschluss des OLG Frankfurt, das im Eilverfahren über einen **wettbewerbsrechtlichen Unterlassungsanspruch** die im Franchise-Vertrag zwischen den Parteien enthaltene Rechtswahlklausel für unwirksam erklärt (Art. 6 Abs. 4), um anschließend eine konkludente Rechtswahl durch Prozessverhalten zu prüfen (Art. 14 Abs. 1 S. 2).[32]

(2) Ebenfalls im Verfahren des einstweiligen Rechtsschutzes verneint das LG Stuttgart im Streit über einen lauterkeitsrechtlichen Unterlassungsanspruch das Vorliegen einer konkludenten Rechtswahl im Prozess (Art. 14 Abs. 1 S. 2) und lässt die Frage offen, ob das Rechtswahlverbot des Art. 6 Abs. 4 einschlägig wäre.[33]

18 **2. Ungeschriebene Einschränkungen?** In der Lit. wird diskutiert, ob im Wege der **teleologischen Reduktion** des Art. 14 die Möglichkeit einer freien Rechtswahl für außervertragliche Schuldverhältnisse auszuschließen ist, welche die Haftung für Schäden aus Arbeitskampfmaßnahmen **(Art. 9)** zum Gegenstand haben.[34] Ein Ausschluss der Rechtswahl im Anwendungsbereich des Art. 9 ist jedoch im Hinblick auf den klaren Wortlaut des Art. 14 Abs. 1 und im Wege des Umkehrschlusses

[25] BeckOK BGB/*Spickhoff* Rn. 1; *v. Hein* ZEuP 2009, 1 (21); *Kadner Graziano* Rev. crit. dr. int. pr. 97 (2008), 445 (464 f.); *Kadner Graziano* RabelsZ 73 (2009), 1 (23); *Mankowski* IPRax 2010, 389 (402); *Vogeler,* Die freie Rechtswahl im Kollisionsrecht der außervertraglichen Schuldverhältnisse, 2013, 291.

[26] *Kadner Graziano* RabelsZ 33 (2009), 1 (21 ff.); abgeschwächt *v. Hein* ZEuP 2009, 6 (21): Berücksichtigung der Schutzbedürftigkeit der schwächeren Partei bei der Frage nach der Anwendung der Ausweichklausel.

[27] BeckOGK/*Rühl* Rn. 35; NK-BGB/*Gebauer* Rn. 38; NK-BGB/*Gebauer* Rn. 38; *Vogeler,* Die freie Rechtswahl im Kollisionsrecht der außervertraglichen Schuldverhältnisse, 2013, 280 ff.; *Berner* GPR 2022, 210 (212); *Mankowski* IPRax 2010, 389 (402).

[28] BeckOK BGB/*Spickhoff* Rn. 1; NK-BGB/*Gebauer* Rn. 39; PWW/*Schaub* Rn. 1; *Heiss/Loacker* JBl. 2007, 613 (622); *Leible* RIW 2008, 257 (258 f.); *G. Wagner* IPRax 2008, 1 (14) sub 4.

[29] BeckOK BGB/*Spickhoff* Rn. 2; zum Verhältnis zum HStVÜbk. s. *Dutoit* FS Pocar, 2009, 309 (313).

[30] BeckOGK/*Rühl* Rn. 19 f.; Rauscher/*Picht* Rn. 6 f.; *de Boer* YbPIL 9 (2007), 19 (29 f.); *B. Buchner* GRUR Int. 2005, 1004; *Handig* GRUR Int. 2008, 24 (29); *Leible* RIW 2008, 257 (259); *Mankowski* RIW 2008, 177 (192 f.); *Sack* WRP 2008, 845 (846); *Scholz* EuZW 2008, 327; für eine teleologische Reduktion in gewissen Fällen NK-BGB/*Gebauer* Rn. 40; *G. Wagner* IPRax 2008, 1 (8); krit. *v. Hein* ZEuP 2009, 6 (23).

[31] BeckOGK/*Rühl* Rn. 21 f.; NK-BGB/*Gebauer* Rn. 41; PWW/*Schaub* Rn. 6; *Vogeler,* Die freie Rechtswahl im Kollisionsrecht der außervertraglichen Schuldverhältnisse, 2013, 109 ff.; *Dutoit* FS Pocar, 2009, 309 (313); *v. Hein* 82 Tul. L. Rev. 1663, 1694 (2008); *Leible* RIW 2008, 257 (259); *G. Wagner* IPRax 2008, 1 (10); ausf. zum Ganzen Staudinger/*Maultzsch,* 2023, Rn. 17 ff.

[32] OLG Frankfurt GRUR-RR 2020, 493 Rn. 25 f. – MBST-Therapiesystem; erl. von *Picht/Kopp* IPRax 2024, 16 (17).

[33] LG Stuttgart ZVertriebsR 2021, 252 Rn. 41 – Sperrung eines Verkäuferkontos; s. dazu *Picht/Kopp* IPRax 2024, 16 (17 f.); für eine teleologische Reduktion des Art. 6 Abs. 4 jurisPK-BGB/*Wurmnest* Rn. 11; NK-BGB/*Gebauer* Rn. 40; aA Staudinger/*Maultzsch,* 2023, Rn. 19.

[34] Staudinger/*Maultzsch,* 2023, Rn. 22; *G. Wagner* IPRax 2008, 1 (10); *Ofner* ZfRV 2008, 13 (20).

aus Art. 6 Abs. 4 und Art. 8 Abs. 3 abzulehnen.[35] Das Gleiche gilt in Bezug auf die Umwelthaftung **(Art. 7),** die einige Autoren wegen überragender Gemeinwohlinteressen von der Rechtswahl ausnehmen wollen.[36]

III. Zulässigkeit der Rechtswahl

1. Kreis der wählbaren Rechte. Nach Abs. 1 S. 1 können die Parteien „das Recht" wählen, dem das außervertragliche Schuldverhältnis unterliegen soll. Einschränkungen des Kreises der wählbaren Rechte finden sich im Rechtswahl-Kapitel der Rom II-VO nicht. Die Zulässigkeit der Rechtswahl ist daher **nicht auf bestimmte Rechtsordnungen beschränkt:** Erforderlich ist weder eine räumliche oder sachliche Beziehung des außervertraglichen Schuldverhältnisses zu dem gewählten Recht noch ein besonderes Interesse der Parteien an der Anwendung des gewählten Rechts.[37] Die Parteien können daher – wie nach deutschem IPR (→ EGBGB Art. 42 Rn. 24) – ein „neutrales" Recht wählen.[38] 19

Eindeutig beantwortet die Rom II-VO auch die Frage, ob es sich bei dem gewählten Recht um ein **staatliches Recht** handeln muss oder ob die Parteien auch nichtstaatliches Recht (wie zB „Model Rules of European Private Law" oder ähnliche von sog. Experten aufgestellte Regelwerke) wählen können: Abs. 2, 3 sprechen nur vom **Recht eines Staates** („Recht dieses anderen Staates" in Abs. 2, „Recht eines Drittstaats" in Abs. 3). Auch Art. 24 geht implizit davon aus, dass es sich bei dem nach der Rom II-VO anzuwendenden Recht um das Recht eines Staates handeln muss.[39] Als Gegenstand der Rechtswahl ist daher nur staatliches Recht zugelassen[40] (→ Einl. IPR Rn. 39). 20

2. Zulässigkeit nach Abs. 1 S. 1. Die nach „lit. a" und „lit. b" gegliederten beiden Varianten des Abs. 1 S. 1 stellen **alternativ zwei Zulässigkeitskriterien** für eine Rechtswahl im IPR der außervertraglichen Schuldverhältnisse auf:[41] **Abs. 1 S. 1 lit. a** erlaubt eine Ausübung der Parteiautonomie ohne weitere Zulässigkeitsvoraussetzungen, wenn das schadensbegründende Ereignis bereits eingetreten ist. Die sog. **nachträgliche Rechtswahl** (Rechtswahl *post eventum,* auch Rechtswahl *ex post* oder, bezogen auf das außervertragliche Schuldverhältnis der unerlaubten Handlung, „Rechtswahl *post delictum*" genannt)[42] ist folglich ohne weiteres statthaft. Ist dagegen das schadensbegründende Ereignis noch nicht eingetreten, stellt **Abs. 1 S. 1 lit. b** eine besondere Zulässigkeitsvoraussetzung auf: Die Vorschrift gestattet eine **vorherige Rechtswahl** (Rechtswahl *ante eventum* bzw. *ante delictum*)[43] nur, wenn „alle Parteien" einer „kommerziellen Tätigkeit" nachgehen. 21

a) Eintritt des schadensbegründenden Ereignisses (lit. a). Die Zulässigkeit einer Rechtswahlvereinbarung nach lit. a setzt lediglich voraus, dass das schadensbegründende Ereignis bereits eingetreten ist. Auch wenn man den Wortlaut von lit. b für verfehlt hält (→ Rn. 9), kann es keinem 22

---

[35] BeckOGK/*Rühl* Rn. 24; BeckOK BGB/*Spickhoff* Art. 9 Rn. 3; Soergel/*Wendelstein* Rn. 6; *Zelfel,* Der Internationale Arbeitskampf nach Art. 9 Rom II-Verordnung, 2012, 111; *Deinert* ZESAR 2012, 311 (312); *Heinze* RabelsZ 73 (2009), 770 (787); *Heiss/Loacker* JBl. 2007, 613 (624); *Knöfel* EuZA 2008, 228 (246).

[36] *de Boer* YbPIL 9 (2007), 19 (25); *Fallon* in Basedow/Baum/Nishitani, Japanese and European Private International Law in Comparative Perspective, 2008, 261 (270); aA BeckOGK/*Rühl* Rn. 24; Soergel/*Wendelstein* Rn. 6; *Brière* Clunet 135 (2008), 31 (58); *v. Hein* ZEuP 2009, 6 (23); *Kadner Graziano* YbPIL 9 (2007), 71 (72); *Leible/Lehmann* RIW 2007, 721 (729).

[37] BeckOGK/*Rühl* Rn. 83; Soergel/*Wendelstein* Rn. 9; Erman/*Stürner* Rn. 6; Rauscher/*Picht* Rn. 36; *Coester-Waltjen/Coester* FS Schurig, 2012, 33 (37); *Leible* RIW 2008, 257 (261); *v. Hein* ZEuP 2009, 6 (21); zum dt. IPR *Freitag/Leible* ZVglRWiss 99 (2000), 101 (109); *Junker* FS W. Lorenz, 2001, 321 (337); *Rehm* DAR 2001, 531 (533); *A. Staudinger* DB 1999, 1589 (1593).

[38] Staudinger/*Maultzsch,* 2023, Rn. 36; *Ebke* ZVglRWiss 109 (2010), 397 (425); *Kadner Graziano* RabelsZ 73 (2009), 1 (6); *Vogeler,* Die freie Rechtswahl im Kollisionsrecht der außervertraglichen Schuldverhältnisse, 2013, 296 f. mwN.

[39] BeckOGK/*Rühl* Rn. 78; Staudinger/*Maultzsch,* 2023, Rn. 35; Soergel/*Wendelstein* Rn. 10; PWW/*Schaub* Rn. 2; *Bertoli* Riv. dir. int. priv. proc. 45 (2009), 617 (625); *de Boer* YbPIL 9 (2007), 19 (22); *Ebke* ZVglRWiss 109 (2010), 397 (426); *Leible* RIW 2008, 257 (261); allg. *Basedow* RabelsZ 75 (2011), 32; *Rühl* FS Kropholler, 2008, 187 (192).

[40] NK-BGB/*Gebauer* Rn. 13 f., 29; Calliess/*v. Hein* Rn. 32; *Vogeler,* Die freie Rechtswahl im Kollisionsrecht der außervertraglichen Schuldverhältnisse, 2013, 320; *v. Hein* ZEuP 2009, 6 (22); *Landbrecht* RIW 2010, 783 (785); aA *Kadner Graziano* RabelsZ 73 (2009), 1 (9 ff.); allg. *Maultzsch* in v. Hein/Rühl, Kohärenz im Internationalen Privat- und Verfahrensrecht der Europäischen Union, 2016, 153.

[41] Staudinger/*Maultzsch,* 2023, Rn. 42; *v. Bar/Mankowski* IPR II § 2 Rn. 78 ff.; *v. Hein* 82 Tul. L. Rev. 1663, 1694 (2008); *Leible/Lehmann* RIW 2007, 721 (726); *Rudolf* ÖJZ 2010, 300 (301); *Sujecki* EWS 2009, 310 (313).

[42] *Kreuzer* in Reichelt/Rechberger EuropKollisionsR 13 (28).

[43] *Leible* RIW 2008, 257 (258); *Kreuzer* in Reichelt/Rechberger EuropKollisionsR 13 (21).

Zweifel unterliegen, dass nach Wortlaut, Systematik, Entstehungsgeschichte sowie Sinn und Zweck der Vorschrift die Regelung zu lit. a (im Unterschied zu lit. b) nur die Möglichkeit der nachträglichen Rechtswahl eröffnet.[44] Der verfehlte Wortlaut des Textes zu lit. b („kommerzielle Tätigkeit") ist nicht durch analoge Anwendung der Regelung zu lit. a, sondern im Rahmen der Vorschrift in lit. b zu korrigieren (→ Rn. 29). Wenn zwischen den Parteien des außervertraglichen Schuldverhältnisses vor Eintritt des schadensbegründenden Ereignisses vertragliche Beziehungen bestanden, kommt allerdings über Art. 4 Abs. 3 S. 2 (und seine Entsprechungen in Art. 5 ff.) eine akzessorische Anknüpfung an ein gewähltes Vertragsstatut in Betracht[45] (zu dieser Möglichkeit → Rn. 13 f.). Hinsichtlich des **Begriffs** (und damit auch des für lit. a maßgebenden Zeitpunkts) **des schadensbegründenden Ereignisses** ist zwischen unerlaubten Handlungen und anderen außervertraglichen Schuldverhältnissen zu unterscheiden.

23 **aa) Unerlaubte Handlungen.** Im IPR der unerlaubten Handlungen (Art. 4–9) ist mit dem schadensbegründenden Ereignis iSd Abs. 1 S. 1, wie sich aus einem Vergleich mit Art. 4 Abs. 1 ergibt, nicht der Deliktserfolg im Sinne einer Rechtsgutverletzung gemeint, sondern die **deliktische Handlung.**[46] Fallen die deliktische Handlung und der deliktische Erfolg zeitlich auseinander, ist für den Eintritt des schadensbegründenden Ereignisses iSd Abs. 1 S. 1 der Zeitpunkt des haftungsrelevanten Verhaltens maßgebend.[47] Das kann insbesondere im IPR der **Produkthaftung** relevant werden.[48] Im Recht der **Gefährdungshaftung** ist das „schadensbegründende Ereignis" noch nicht die Eröffnung der Gefahr (also zB die Übernahme der Haltereigenschaft iSd § 7 StVG), sondern erst die Realisierung der Gefahr, also die Handlung, welche die Rechtsgutverletzung oder den (Erst-) Schaden verursacht.[49]

24 **bb) Andere außervertragliche Schuldverhältnisse.** Das zeitliche Abstellen auf das „schadensbegründende Ereignis" passt nach herkömmlicher Terminologie bei Ansprüchen aus Delikt und aus *culpa in contrahendo,* nicht aber bei Ansprüchen aus **ungerechtfertigter Bereicherung** oder **Geschäftsführung ohne Auftrag.** Bei Letzteren ist gemäß **Art. 2 Abs. 1** an die Stelle des schadensbegründenden Ereignisses dasjenige Ereignis zu setzen, das die Bereicherung (Art. 10) oder die Aufwendungen (Art. 11) verursacht hat (→ Art. 2 Rn. 5). Für die Zulässigkeit einer Rechtswahl nach lit. a ist folglich der Zeitpunkt des „bereicherungsbegründenden Ereignisses" (Art. 10) bzw. der Zeitpunkt der Übernahme der Geschäftsführung (Art. 11) entscheidend.[50]

25 **cc) Ansprüche auf Unterlassung.** Die Rom II-VO gilt auch für außervertragliche Schuldverhältnisse, „deren Entstehung wahrscheinlich ist" **(Art. 2 Abs. 2).** Folglich sind auch Ansprüche auf Unterlassung von unerlaubten Handlungen nach Art. 4–9 anzuknüpfen. In diesem Fall ist das schadensbegründende Ereignis iSd Art. 14 Abs. 1 S. 1 ein solches, dessen Eintritt wahrscheinlich ist **(Art. 2 Abs. 3 lit. a).** Bereits die **Wahrscheinlichkeit eines Schadenseintritts** eröffnet folglich in den Fällen des Art. 2 Abs. 2 die Möglichkeit einer Rechtswahl nach Art. 14 Abs. 1 S. 1 lit. a.[51]

26 **b) Kommerzielle Tätigkeit der Parteien (lit. b).** Die Zulässigkeit einer Rechtswahl nach lit. b hängt davon ab, ob „alle Parteien einer kommerziellen Tätigkeit nachgehen". Dass es am Anfang von Abs. 1 S. 1 auf **die Parteien** (englisch: *the parties*) ankommt, bei lit. b dagegen auf **alle Parteien** (englisch: *all the parties*), dürfte keinen sachlichen Unterschied begründen. Da schon bei

---

44 NK-BGB/*Gebauer* Rn. 32; Calliess/*v. Hein* Rn. 18; *Dutoit* FS Pocar, 2009, 309 (313); *v. Hein* 82 Tul. L. Rev. 1663, 1694 (2008); *Landbrecht* RIW 2010, 783 (784); *Lehmann/Duczek* JuS 2012, 788 (794); *Mankowski* IPRax 2010, 389 (399).

45 Staudinger/*Maultzsch,* 2023, Rn. 25 ff.; *Vogeler,* Die freie Rechtswahl im Kollisionsrecht der außervertraglichen Schuldverhältnisse, 2013, 280 ff.; *de Boer* YbPIL 9 (2007), 19 (27); *v. Hein* RabelsZ 73 (2009), 461 (490); *Kadner Graziano* RabelsZ 73 (2009), 1 (23); *Landbrecht* RIW 2010, 783 (785 ff.); *Mankowski* IPRax 2010, 389 (402).

46 BeckOGK/*Rühl* Rn. 57 f.; NK-BGB/*Gebauer* Rn. 18; Rauscher/*Picht* Rn. 9; *Boscović* Dalloz 2009, 1639 (1642); *Dickinson* The Rome II Regulation Rn. 13.34; *Kadner Graziano* in Ahern/Binchy, The Rome II Regulation on the Law Applicable to Non-Contractual Obligations, 2009, 113 (118); *Symeonides* FS Siehr, 2010, 513; s. auch *Kroll-Ludwigs,* Die Rolle der Parteiautonomie im europäischen Kollisonsrecht, 2013, 112.

47 BeckOK BGB/*Spickhoff* Rn. 4; PWW/*Schaub* Rn. 4; *Ofner* ZfRV 2008, 13 (22); *Rugullis* IPRax 2008, 319 (323).

48 *Spickhoff* FS Kropholler, 2008, 671 (682).

49 HK-BGB/*Dörner* Rn. 2; *Junker* JZ 2008, 169 (170); aA BeckOK BGB/*Spickhoff* Rn. 4: konkrete Gefährdung genügt.

50 BeckOGK/*Rühl* Rn. 60 ff.; Staudinger/*Maultzsch,* 2023, Rn. 49; NK-BGB/*Gebauer* Rn. 18; *Vogeler,* Die freie Rechtswahl im Kollisionsrecht der außervertraglichen Schuldverhältnisse, 2013, 239 ff.; *Junker* NJW 2007, 3675 (3676); *G. Wagner* IPRax 2008, 1 (14).

51 Vgl. *Heiss/Loacker* JBl. 2007, 613 (618).

der vorrangigen Frage nach der Anwendbarkeit der Regelung zu lit. a der Zeitpunkt des schadensbegründenden Ereignisses eine Rolle spielt (→ Rn. 22 ff.), hat die Regelung zu lit. b letztlich nur eine Zulässigkeitsvoraussetzung: die kommerzielle Tätigkeit der Parteien der Rechtswahlvereinbarung.

aa) Wortlaut der Vorschrift. Während eine nachträgliche Rechtswahlvereinbarung von jedermann getroffen werden kann, wird die Möglichkeit einer Rechtswahl vor Eintritt des schadensbegründenden Ereignisses nur solchen Parteien zugestanden, die „einer kommerziellen Tätigkeit nachgehen". Obwohl **Erwägungsgrund 31** explizit auf den „Schutz der schwächeren Partei" Bezug nimmt und die schwächere Partei im Schuldrecht nach gemeineuropäischer Terminologie der Verbraucher ist, weicht lit. a vom üblichen Verbraucherbegriff des Gemeinschaftsrechts ab, der auf die konkrete Rolle abstellt, in der gehandelt wurde.[52] **27**

Diese Abweichung besteht nicht nur in Bezug auf die **Richtlinien zum materiellen Verbraucherrecht** wie zB die RL 93/13/EWG (Art. 2 lit. c Klausel-KL), sondern auch in Bezug auf das **IPR der Verbraucherverträge** nach Art. 6 Rom I-VO. Vergleicht man den Wortlaut von lit. b mit demjenigen von Art. 6 Abs. 1 Rom I-VO und nimmt man den Wortlautunterschied ernst, so wäre im IPR der außervertraglichen Schuldverhältnisse jedem Kleingewerbetreibenden auch in seinen privaten Rechtsbeziehungen nach lit. b die Rechtswahl *ex ante* gestattet.[53] **28**

bb) Berichtigende Auslegung. Es ist jedoch kein sachlicher Grund für die eigenartige Terminologie in lit. b ersichtlich (→ Rn. 9). Insbesondere kann nicht damit argumentiert werden, dass eine Person eine unerlaubte Handlung nicht „als Verbraucher" oder „als Unternehmer" begehe.[54] Denn „einer kommerziellen Tätigkeit nachgehen" iSd lit. b müssen nicht alle Parteien des außervertraglichen Schuldverhältnisses (das bei einer Rechtswahl nach lit. b noch gar nicht entstanden ist), sondern alle Parteien der vorherigen Rechtswahlvereinbarung. Beim Abschluss eines Rechtswahlvertrags können die Parteien aber sehr wohl als Unternehmer oder als Verbraucher handeln.[55] **29**

Im Hinblick auf das Gebot einheitlicher Auslegung der IPR-Verordnungen **(Erwägungsgrund 7)** ist lit. b im Einklang mit Art. 6 Abs. 1 Rom I-VO berichtigend auszulegen und anzuwenden: Alle Parteien müssen bei Abschluss des Rechtswahlvertrags nach lit. b in Ausübung ihrer beruflichen oder gewerblichen Tätigkeit handeln und die Rechtswahlvereinbarung muss in den Bereich dieser Tätigkeit fallen[56] (vgl. den Wortlaut des Art. 6 Abs. 1 Rom I-VO). **30**

3. Änderbarkeit der Rechtswahl. Es ist keine (negative) Voraussetzung der Rechtswahl nach Abs. 1, dass die Parteien die Rechtswahlfreiheit bisher noch nicht ausgeübt haben. Zwar sagt Art. 14 nichts über die **Wandelbarkeit des gewählten Statuts.** Aber aus dem Schweigen des Verordnungsgebers ist nicht zu schließen, dass die Parteien in Bezug auf ein und dasselbe außervertragliche Schuldverhältnis nur einmal von der Parteiautonomie Gebrauch machen dürfen. Vielmehr können in entsprechender Anwendung des Art. 3 Abs. 2 Rom I-VO (vgl. **Erwägungsgrund 7**) die Parteien jederzeit vereinbaren, dass das außervertragliche Schuldverhältnis nach einem anderen Recht zu beurteilen ist als dem, das zuvor auf Grund einer früheren Rechtswahl oder auf Grund objektiver Anknüpfung maßgebend war.[57] Die einmal getroffene Rechtswahl kann also, wenn und soweit die **Voraussetzungen der lit. a oder b** erfüllt sind, bis zum Erlöschen des außervertraglichen Schuldverhältnisses aufgehoben oder geändert werden. **31**

---

[52] Staudinger/*Maultzsch,* 2023, Rn. 54: „Fremdkörper in der Terminologie des europäischen (Kollisions-) Rechts; s. auch *v. Bar/Mankowski* IPR II § 2 Rn. 83 ff.; *Vogeler,* Die freie Rechtswahl im Kollisionsrecht der außervertraglichen Schuldverhältnisse, 2013, 248 ff.; *Leible* RIW 2008, 257 (259); *Leible/Lehmann* RIW 2007, 721 (726 f.); *Mankowski* IPRax 2010, 389 (399 f.); *Ofner* ZfRV 2008, 12 (21 f.); *G. Wagner* IPRax 2008, 1 (13).

[53] *Leible/Lehmann* RIW 2007, 721 (726 f.); *G. Wagner* IPRax 2008, 1 (13).

[54] BeckOGK/*Rühl* Rn. 64 ff.; Soergel/*Wendelstein* Rn. 20; *Leible/Lehmann* RIW 2007, 721 (726); *Leible* RIW 2008, 257 (260); s. auch *Pfütze* ZEuS 2011, 35 (38).

[55] BeckOGK/*Rühl* Rn. 66; *G. Wagner* IPRax 2008, 1 (13); *Mankowski* IPRax 2010, 389 (400); *Rugullis* IPRax 2008, 319 (322).

[56] Staudinger/*Maultzsch,* 2023, Rn. 55 ff.; BeckOK BGB/*Spickhoff* Rn. 4; Soergel/*Wendelstein* Rn. 25; NK-BGB/*Gebauer* Rn. 34; *Kroll-Ludwigs,* Die Rolle der Parteiautonomie im europäischen Kollisionsrecht, 2013, 91; *Bertoli* Riv. dir. int. priv. proc. 45 (2009), 617 (623); *Dickinson* The Rome II Regulation Rn. 13.37; *v. Hein* ZEuP 2009, 6 (20); *Rushworth/Scott* Lloyd's M. C. L. Q. 2008, 274 (293); *Spickhoff* FS Kropholler, 2008, 671 (682 f.); abw. in Bezug auf den Begriff der „kommerziellen Tätigkeit" *Leible* RIW 2008, 257 (260); *Leible* in Reichelt, Europäisches Gemeinschaftsrecht und IPR, 2007, 31 (45).

[57] BeckOGK/*Rühl* Rn. 73 f.; BeckOK BGB/*Spickhoff* Rn. 4 aE; Staudinger/*Maultzsch,* 2023, Rn. 64; Soergel/*Wendelstein* Rn. 26; *Vogeler,* Die freie Rechtswahl im Kollisionsrecht der außervertraglichen Schuldverhältnisse, 2013, 338 ff.; *Kreuzer* in Reichelt/Rechberger EuropKollisionsR 13 (28); zum dt. Recht *Freitag/Leible* ZVglRWiss 99 (2000), 101 (109); *Hohloch/Jaeger* JuS 2000, 1133 (1136); *Junker* JZ 2000, 477 (478).

IV. Wirksamkeit der Rechtswahl

32 **1. Statut der Rechtswahlvereinbarung.** In Art. 14 ist nicht geregelt, nach welchem Recht sich das **Zustandekommen** und die **Wirksamkeit** der Rechtswahlvereinbarung richten, soweit die fragliche Voraussetzung weder explizit aus Art. 14 noch durch Rückgriff auf die Rom I-VO gewonnen werden kann. Nach verbreiteter Ansicht soll in Erfüllung des Einheitlichkeitsgebots gemäß **Erwägungsgrund 7** das Statut der Rechtswahlvereinbarung in Analogie zu Art. 3 Abs. 5 Rom I-VO iVm Art. 10, 11 Rom I-VO und Art. 13 Rom I-VO bestimmt werden. Somit entscheidet über das Zustandekommen und die Wirksamkeit der Rechtswahl nicht die *lex fori,* sondern – im Wege einer „Vorwirkung“ des gewählten Rechts[58] – das gewählte Recht. Maßgeblich ist die *lex causae* als Statut der Rechtswahlvereinbarung.[59]

33 Gegen eine Analogie zu Art. 3 Abs. 5 Rom I-VO iVm Art. 10, 11 Rom I-VO und Art. 13 Rom I-VO könnte sprechen, dass bei einer Rechtswahl für ein außervertragliches Schuldverhältnis **kein Gleichklang** der rechtlichen Beurteilung von Rechtswahlvertrag und Hauptvertrag hergestellt werden muss, weil das anzuknüpfende Schuldverhältnis kein vertragliches, sondern ein außervertragliches ist. Andererseits wird die Praxis jedenfalls eine vorherige Rechtswahl für ein außervertragliches Schuldverhältnis vielfach **in Kombination** mit einer solchen für ein vertragliches Schuldverhältnis vereinbaren. Unterschiedliche Maßstäbe für eine als Einheit verstandene Rechtswahl sind in diesem Fall nicht sinnvoll.[60] Auch hat die **Brüssel Ia-VO von 2012** das Statut einer Gerichtsstandsvereinbarung nicht, wie es der früher hM entsprach,[61] der *lex fori,* sondern der *lex causae* unterstellt (Art. 25 Abs. 1 S. 1 Brüssel Ia-VO); entsprechendes gilt für die Rechtswahlregelungen in den neueren IPR-Verordnungen (Art. 6 Abs. 1 Rom III-VO, Art. 22 Abs. 3 EuErbVO, Art. 24 Abs. 1 EuGüVO). Diesem Trend kann sich auch das IPR der außervertraglichen Schuldverhältnisse nicht entziehen.

34 **2. Zustandekommen der Vereinbarung.** Abs. 1 verlangt den Abschluss einer Rechtswahlvereinbarung (S. 1). Diese Vereinbarung kann ausdrücklich oder stillschweigend getroffen werden (S. 2). Welche Anforderungen an ausdrückliche oder stillschweigende Willenserklärungen im Zusammenhang mit einer Rechtswahl zu stellen sind, ist nicht unter Rückgriff auf bisherige nationale IPR-Dogmatik (→ EGBGB Art. 42 Rn. 11 ff.), sondern im Wege der autonomen europäischen Auslegung des Abs. 1 S. 2 zu ermitteln.[62]

35 **a) Ausdrückliche Vereinbarung.** Bei der ausdrücklichen Rechtswahl wird – im Gegensatz zur stillschweigenden Vereinbarung – *expressis verbis* erklärt, welcher Rechtsordnung das außervertragliche Schuldverhältnis unterliegen soll. Solche Erklärungen werfen Probleme auf, wenn sie in Formularvereinbarungen (AGB) enthalten sind[63] (→ Rn. 43 ff.).

Beispiel:
Eine bemerkenswerte Variante der AGG-Kontrolle einer Rechtswahlklausel in einem **Beförderungsvertrag** (Art. 3 Abs. 1 S. 1 Rom I-VO) am Maßstab der RL 93/13/EWG (Klausel-RL) hat das AG Köln entdeckt. Die Klausel sei unwirksam – so das Gericht –, weil sie gegen Art. 14 Abs. 1 S. 1 lit. a Rom II-VO verstoße, der mangels kommerzieller Tätigkeit aller Parteien im Streitfall nur die nachträgliche Rechtswahl zulasse. Denn sie könne dahin ausgelegt werden, dass sie auch **außervertragliche Schuldverhältnisse** erfasse.[64] Bei der Gestaltung von Rechtswahlklauseln für schuldrechtliche Verträge muss danach sorgfältig darauf geachtet werden, dass nirgends im Vertragstext Worte wie „außervertragliche Ansprüche“ oder „unerlaubte Handlung“ verwendet werden. Alternativ kann der Verwender in den Text die Klausel aufnehmen: „Die Rechtswahl gilt nicht für außervertragliche Schuldverhältnisse.“

36 **b) Stillschweigende Vereinbarung.** Nach Abs. 1 S. 2 muss die Rechtswahl, wenn sie nicht ausdrücklich erfolgt, „sich mit hinreichender Sicherheit aus den Umständen des Falles ergeben“.

[58] BeckOK BGB/*Spickhoff* Rn. 3; Staudinger/*Maultzsch,* 2023, Rn. 77; Rauscher/*Picht* Rn. 27; *v. Bar/Mankowski* IPR II § 2 Rn. 102 f.; *Bosković* Dalloz 2009, 1639 (1641); *de Boer* YbPIL 9 (2007), 19 (31); *Kadner Graziano* in Ahern/Binchy, The Rome II Regulation on the Law Applicable to Non-Contractural Obligations, 2009, 113 (120); *Pfütze* ZEuS 2011, 35 (52).

[59] BeckOGK/*Rühl* Rn. 109; PWW/*Schaub* Rn. 3; Erman/*Stürner* Rn. 10; *Huber/Bach* Rn. 16 f.; *Heiss/Loacker* JBl. 2007, 613 (623); *Kadner Graziano* RabelsZ 73 (2009), 1 (6 f.); *Leible* RIW 2008, 257 (260); *Rushworth/Scott* Lloyd's M. C. L. Q. 2008, 274 (292); *Vogeler,* Die freie Rechtswahl im Kollisionsrecht der außervertraglichen Schuldverhältnisse, 2013, 141–150.

[60] NK-BGB/*Gebauer* Rn. 28; s. auch Calliess/*v. Hein* Rn. 30.

[61] Ausf. *Gebauer* FS v. Hoffmann, 2011, 577.

[62] BeckOK BGB/*Spickhoff* Rn. 6; HK-BGB/*Dörner* Rn. 4; Rauscher/*Picht* Rn. 29; *Dickinson* The Rome II Regulation Rn. 13.21; *Vogeler,* Die freie Rechtswahl im Kollisionsrecht der außervertraglichen Schuldverhältnisse, 2013, 168 ff.; *Leible* RIW 2008, 257 (260).

[63] Zur Verwendung missbräuchlicher Klauseln in AGB BGH NJW 2009, 3371 (3372) mAnm *Czaplinsky/Staudinger;* allg. *Pfütze* ZEuS 2011, 35 (38 ff.).

[64] AG Köln BeckRS 2020, 10816 Rn. 29; krit. *Picht/Kopp* IPRax 2024, 16 (27).

Diese Voraussetzung wird in **Erwägungsgrund 31** wiederholt und mit dem Zusatz versehen, das Gericht habe bei der Prüfung, ob eine stillschweigende Rechtswahl vorliegt, den **Willen der Parteien** zu achten. Damit will der Verordnungsgeber ausdrücken, dass eine konkludente Rechtswahl nicht vom Gericht unterstellt werden darf (Absage an eine Anknüpfung an den sog „hypothetischen Parteiwillen"), sondern **tatsächliche Anhaltspunkte** für einen Rechtswahlwillen der Parteien, insbesondere für das Erklärungsbewusstsein beider Parteien, vorhanden sein müssen.[65]

Die **Beweislast** für das Vorliegen solcher Anhaltspunkte trägt die Partei, die sich auf das Vorliegen einer konkludenten Rechtswahl beruft. Obwohl der **Wortlaut von Abs. 1 S. 2** nicht nur in der deutschen, sondern auch in der englischen Sprachfassung in Bezug auf die stillschweigende Rechtswahl von demjenigen des **Art. 3 Abs. 1 S. 1 Rom I-VO** abweicht,[66] wird man im Hinblick auf das Gebot möglichst einheitlicher Auslegung und Anwendung der „Rom"-Verordnungen **(Erwägungsgrund 7)** davon auszugehen haben, dass in Bezug auf die stillschweigende Rechtswahl die Anforderungen der beiden Verordnungen identisch sind.[67] **37**

aa) Gerichtsstandsvereinbarung. Unterschiede ergeben sich bereits im Hinblick auf Gerichtsstandsvereinbarungen, die nach dem **Erwägungsgrund 12 Rom I-VO** bei der Feststellung einer stillschweigenden Rechtswahl nach Art. 3 Abs. 1 S. 2 Rom I-VO einer der zu berücksichtigenden Faktoren sein sollen. Im Rahmen des Art. 14 Abs. 1 S. 2 Rom II-VO sind die Dinge komplizierter. **38**

(1) Vorherige Vereinbarung. Vor dem Eintritt des schadensbegründenden Ereignisses braucht über die indizielle Wirkung einer Gerichtsstandsabrede nur nachgedacht zu werden, wenn alle Parteien einer kommerziellen Tätigkeit nachgehen (Abs. 1 S. 1 lit. b).[68] In diesem Fall muss in einem nächsten Schritt – wenn es an einem eindeutigen Wortlaut der Abrede fehlt – im Wege der Auslegung geprüft werden, ob die Gerichtsstandsabrede auch außervertragliche Ansprüche erfassen soll. Das ist idR nur in Bezug mit vertraglichen Ansprüchen konkurrierende, nicht jedoch in Bezug auf isolierte außervertragliche Ansprüche der Fall.[69] **39**

(2) Nachträgliche Vereinbarung. Eine Gerichtsstandsvereinbarung nach dem Eintritt des schadensbegründenden Ereignisses ist zwar ohne die Restriktion des Abs. 1 S. 1 lit. b auf ihre Tauglichkeit als Indiz für eine stillschweigende Rechtswahl zu untersuchen. Aber auch insoweit dürfte in der Praxis Zurückhaltung geboten sein: Wenn die Parteien den Eintritt eines außervertraglichen Schuldverhältnisses kennen, aber die Gerichtsstandsabrede nicht *expressis verbis* auf Ansprüche aus diesem Schuldverhältnis beziehen, kann dieser Vereinbarung schwerlich eine indizielle Wirkung für das anwendbare Recht zukommen.[70] Im anderen Fall muss man nach Gründen dafür suchen, warum die Parteien – wenn sie eine Gerichtsstandsabrede für das außervertragliche Schuldverhältnis getroffen haben – nicht auch eine explizite Rechtswahl vereinbart haben.[71] **40**

bb) Rechtswahl im Prozess. Der Hauptanwendungsfall einer stillschweigenden Rechtswahl wird auch in Zukunft – wie schon im deutschen IPR (→ EGBGB Art. 42 Rn. 13 f.) – die Rechtswahl im Prozess durch Bezugnahme beider Parteien (oder unwidersprochene Bezugnahme einer Partei) auf ein bestimmtes Recht sein.[72] Allerdings ist bei Rückschlüssen aus dem Prozessverhalten der Parteien in besonderem Maße das Gebot des **Erwägungsgrundes Nr. 31** zu beachten, den wirklichen Willen der Parteien zu erforschen: Der Richter muss überzeugt sein, dass die Bezugnahme **41**

---

65 BeckOGK/*Rühl* Rn. 101; BeckOK BGB/*Spickhoff* Rn. 6; Soergel/*Wendelstein* Rn. 33; Staudinger/*Maultzsch,* 2023, Rn. 71; *Huber/Bach* Rn. 11; *v. Bar/Mankowski* IPR II § 2 Rn. 100 f.; *Vogeler,* Die freie Rechtswahl im Kollisionsrecht der außervertraglichen Schuldverhältnisse, 2013, 189 ff.; *Spickhoff* FS Kropholler, 2008, 671 (683); *Sonnentag* ZVglRWiss 105 (2006), 256 (278); s. auch OLG Düsseldorf TranspR 2014, 234 (243).

66 Art. 3 Abs. 1 S. 2 Rom I-VO: „The choice shall be made expressly or clearly demonstrated by the terms of the contract or the circumstances of the case." Art. 14 Abs. 1 S. 1 Rom II-VO: „The choice shall be expressed or demonstrated with reasonable certainty by the circumstances of the case.".

67 NK-BGB/*Gebauer* Rn. 20; Calliess/*v. Hein* Rn. 24; Rauscher/*Picht* Rn. 29; *Wandt,* Rechtswahlregelung im Europäischen Kollisionsrecht, 2014, 126 ff.; *de Boer* YbPIL 9 (2007), 19 (23); *Leible/Lehmann* RIW 2007, 721 (727); *Leible* RIW 2008, 257 (260).

68 *Vogeler,* Die freie Rechtswahl im Kollisionsrecht der außervertraglichen Schuldverhältnisse, 2013, 201 ff.; *Heiss/Loacker* JBl. 2007, 613 (623); *Leible* RIW 2008, 257 (261).

69 Staudinger/*Maultzsch,* 2023, Rn. 73; *v. Bar/Mankowski* IPR II § 2 Rn. 101; *v. Hein* VersR 2007, 440 (445).

70 Zurückhaltend auch *Leible* RIW 2008, 257 (261).

71 BeckOGK/*Rühl* Rn. 103; Soergel/*Wendelstein* Rn. 35; PWW/*Schaub* Rn. 5; *Vogeler,* Die freie Rechtswahl im Kollisionsrecht der außervertraglichen Schuldverhältnisse, 2013, 201.

72 Zum dt. IPR OLG Köln IPRspr. 2001 Nr. 40; *Dörner* FS Stoll, 2001, 491 (492); *P. Huber* JA 2000, 67 (70); *Junker* JZ 2000, 477 (478).

der Parteien auf eine Rechtsordnung weder auf bloßer Unkenntnis der IPR-Problematik beruht noch die Vorstellung über das objektiv anwendbare Recht ausdrückt, sondern die Parteien in Kenntnis der Rechtswahlmöglichkeit eine stillschweigende Geltungserklärung in Bezug auf eine bestimmte Rechtsordnung abgeben wollen.[73]

42 Erforderlich ist ein **aktuelles Erklärungsbewusstsein** (Rechtswahlbewusstsein) beider Parteien bzw. der Personen, deren Wissen sich die Parteien zurechnen lassen müssen (zB Prozessvertreter).[74] Hat der Richter keine konkreten Anhaltspunkte für ein solches Erklärungsbewusstsein, darf er ohne Ausübung des Fragerechts und/oder ohne vorherigen richterlichen Hinweis die stillschweigende Rechtswahl nicht bejahen.[75] Die Rspr. des BGH, wonach eine Willenserklärung kein Erklärungsbewusstsein voraussetzt (sondern es ausreicht, wenn der Erklärende hätte erkennen können, dass der Empfänger eine Aussage oder ein Verhalten als Willenserklärung versteht),[76] lässt sich schon wegen **Erwägungsgrund 31** nicht auf eine Rechtswahlerklärung nach Abs. 1 S. 2 übertragen.

43 **3. „Frei ausgehandelte" Vereinbarung.** Während die Rom I-VO nur von „vereinbaren" (Art. 3 Abs. 2 S. 1 Rom I-VO) und „Einigung der Parteien" (Art. 3 Abs. 5 Rom I-VO) spricht, ist in Art. 14 Abs. 1 S. 1 lit. b von einer „frei ausgehandelten" Vereinbarung die Rede. Die ganz hM bezieht diese Formulierung im Einklang mit dem **Wortlaut** des Art. 14 Abs. 1 S. 1 und der **Systematik** sowie der **Entstehungsgeschichte** des Erfordernisses eines „freien Aushandelns" (→ Rn. 5 ff.) nur auf eine Rechtswahl nach lit. b.[77] Aus **teleologischen Gründen** ist dies zweifelhaft, denn es ist schwer einzusehen, dass eine Rechtswahl unter „kommerziell tätigen" Parteien „frei ausgehandelt" sein muss, während bei nicht kommerziell tätigen Rechtswahlparteien, zB Verbrauchern, dieses Adjektiv nicht einschlägig sein soll.[78] Man mag bezweifeln, dass ein **Verbraucher** nach Eintritt des schadensbegründenden Ereignisses so stark für die möglichen Nachteile einer Rechtswahl sensibilisiert ist, dass er keinerlei Schutz benötigt, während **Unternehmer,** die bei Vereinbarung einer Rechtswahl unter sich bleiben, durch ein Aushandelnserfordernis geschützt werden müssen. Dieses Bedenken kann indes auf sich beruhen, wenn das Erfordernis ohnehin nur narrativen Charakter hat (→ Rn. 45).

44 Die hM entnimmt dem Zusatz „frei ausgehandelt", dass eine **Rechtswahl in standardisierten Klauseln (AGB)** generell ausgeschlossen oder nur unter bestimmten Voraussetzungen (zB ernsthaft zur Disposition gestanden, gesondert unterschrieben) oder Einschränkungen (zB nicht völlig überraschend) zugelassen sei.[79] Diese Ansicht kann sich insofern auf die **Entstehungsgeschichte** der Rom II-VO berufen, als es in den Materialien heißt, es werde ausgeschlossen, „dass eine solche Rechtswahl in einem vorformulierten Vertrag *(standard contract)* festgeschrieben wird".[80] Dem ist jedoch entgegenzuhalten, dass Art. 14 Abs. 1 S. 2 eine **stillschweigende Rechtswahl** erlaubt, die per Definition nicht als „ausgehandelt" angesehen werden kann. Zum anderen würde die Möglichkeit der akzessorischen Anknüpfung gemäß Art. 4 Abs. 3 S. 2 (→ Rn. 13 f.) an einen Vertrag, für

---

[73] Zu weitgehend *Leible* RIW 2008, 257 (261), der „in der Regel" von einem Rechtswahlbewusstsein ausgehen will, wenn die Parteien übereinstimmend nach ausländischem Recht verhandeln; wie hier Staudinger/*Maultzsch,* 2023, Rn. 74; NK-BGB/*Gebauer* Rn. 25.

[74] BeckOK BGB/*Spickhoff* Rn. 6; NK-BGB/*Gebauer* Rn. 22; PWW/*Schaub* Rn. 5; *Vogeler,* Die freie Rechtswahl im Kollisionsrecht der außervertraglichen Schuldverhältnisse, 2013, 209 ff.; *v. Hein* VersR 2007, 440 (445); *Junker* JZ 2008, 169 (173); *Kadner Graziano* RabelsZ 73 (2009), 1 (7); *Leible* RIW 2008, 257 (261).

[75] BeckOK BGB/*Spickhoff* Rn. 6; Rauscher/*Picht* Rn. 31; *A. Fuchs* GPR 2004, 100 (104); *Leible* RIW 2008, 257 (261).

[76] BGH NJW-RR 2000, 1002 (1004); *Mankowski* EWiR 2000, 967; *Sandrock* JZ 2000, 1118 (1119).

[77] BeckOK BGB/*Spickhoff* Rn. 5; *Heiss/Loacker* JBl. 2007, 613 (623); *Kühne* FS Deutsch II, 2010, 817 (826); *Leible* RIW 2008, 257 (260); *G. Wagner* IPRax 2008, 1 (13).

[78] Dazu *Heiss/Loacker* JBl. 2007, 613 (623), die nur(!) bei kommerziell tätigen Parteien eine Rechtswahl durch AGB ausschließen wollen.

[79] NK-BGB/*Gebauer* Rn. 36; Calliess/*v. Hein* Rn. 27; PWW/*Schaub* Rn. 4; HK-BGB/*Dörner* Rn. 3; *Leible* RIW 2008, 257 (260); *Mankowski* IPRax 2010, 389 (400); *Garcimartín Alferez* ELF 2007, I-77 (I-86); *Rushworth/Scott* Lloyd's M. C. L. Q. 2008, 274 (283); *Rugullis* IPRax 2008, 319 (322); *Sujecki* EWS 2009, 310 (313); *Leible* RIW 2008, 257 (260): „europäische Missbrauchskontrolle"; *Heiss/Loacker* JBl. 2007, 613 (623); *Vogeler,* Die freie Rechtswahl im Kollisionsrecht der außervertraglichen Schuldverhältnisse, 2013, 275 ff.; abgeschwächt BeckOGK/*Rühl* Rn. 69; Soergel/*Wendelstein* Rn. 23; *Huber/Bach* Rn. 28; Rauscher/*Picht* Rn. 23; *v. Bar/Mankowski* IPR II § 2 Rn. 90 ff.; *v. Hein* ZEuP 2009, 6 (20); *Kühne* FS Deutsch II, 2009, 817 (826); *Kadner Graziano* RabelsZ 73 (2009), 1 (8); *Landbrecht* RIW 2010, 783 (784); *Ofner* ZfRV 2008, 13 (22); *Spickhoff* FS Kropholler, 2008, 671 (682); *Staudinger/Steinrötter* JA 2011, 241 (245); *Steinrötter* RIW 2015, 407 (412).

[80] KOM(2006) 83 endg., 3: „The wording proposed by the Commission would … exclude the possibility of such choices being imposed in standard contracts.".

den eine Rechtswahl in AGB getroffen wurde, ein „echtes" Aushandelnserfordernis ad absurdum führen.

Gerade der Vergleich mit der stillschweigenden Rechtswahl zeigt, dass das Aushandelnserfordernis **keine sinnvolle Funktion** erfüllt. Dass einseitig gestellte Rechtswahlklauseln ohne individuelle Bekräftigung des Rechtswahlwillens unwirksam sind, wird sich in der Regel bereits aus der *lex causae* ergeben (→ Rn. 33). Für Kunstgriffe wie Unterschriftserfordernisse oder signalisierte Verhandlungsbereitschaft in Anlehnung an § 310 Abs. 3 Nr. 2 BGB besteht weder ein Anhaltspunkt in der Rom II-VO noch im Verkehr zwischen Unternehmern – um den es bei Art. 14 Abs. 1 S. 1 lit. b allein geht – irgendein rechtliches Bedürfnis. Rechtswahlklauseln in AGB sind daher nicht ausgeschlossen.[81] Dem von **Erwägungsgrund 31** geforderten Schutz der schwächeren Partei wird schon dadurch Rechnung getragen, dass nur „kommerziell tätige" Parteien eine Rechtswahl *ex ante* vereinbaren können. Der Zusatz „frei ausgehandelt" hat keine darüber hinausgehende Funktion. Fälle von arglistiger Täuschung oder anderen Willensmängeln werden von der *lex causae* als Statut der Rechtswahlvereinbarung erfasst (→ Rn. 33). 45

4. Teilbarkeit der Rechtswahl. Art. 14 regelt nicht, ob bei außervertraglichen Schuldverhältnissen – ebenso wie bei vertraglichen (Art. 3 Abs. 1 S. 3 Rom I-VO) – die Rechtswahl auf einzelne Aspekte des Schuldverhältnisses beschränkt werden. Die hM erlaubt – in analoger Anwendung des Schuldvertrags-IPR – eine **gespaltene Ausübung der Rechtswahl** auch im IPR der außervertraglichen Schuldverhältnisse: In einer von **Erwägungsgrund 7** gestützten analogen Anwendung des Art. 3 Abs. 1 S. 3 Rom I-VO können die Parteien die Rechtswahl nicht nur für das ganze außervertragliche Schuldverhältnis, sondern auch für einen Teil desselben treffen.[82] Die teilweise Rechtswahl muss sich allerdings auf einen abgrenzbaren Teilbereich der Regelungsmaterie beziehen:[83] So können die Parteien zB nur für den Ersatz des immateriellen Schadens (Schmerzensgeld) eine Rechtswahl treffen und es im Übrigen beim objektiven Deliktsstatut belassen[84] (→ EGBGB Art. 42 Rn. 15). 46

V. Wirkung und Grenzen der Rechtswahl

1. Wirkung der Rechtswahl (Grundsatz). Eine zulässige (→ Rn. 19 ff.) und wirksame (→ Rn. 32 ff.) Rechtswahl verdrängt alle anderen Anknüpfungen der Art. 4–12.[85] Der systematische Standort der Rechtswahlvorschrift des Art. 14 innerhalb der Rom II-VO (im Anschluss an die objektiven Anknüpfungsregeln der Art. 4–12) ändert nichts daran, dass die **subjektive Statutsbestimmung** durch Rechtswahl den **objektiven Anknüpfungsnormen** vorgeht. Die Positionierung des Art. 14 innerhalb der Rom II-VO soll lediglich die „rechtstatsächliche Seltenheit der privatautonomen Statutsbestimmung bei außervertraglichen Schuldverhältnissen"[86] deutlich machen, nicht jedoch eine Aussage über den Rang der „Freien Rechtswahl" in der Anknüpfungshierarchie der Rom II-VO treffen (→ Rn. 1). 47

2. Innerstaatlicher Sachverhalt (Abs. 2). Abs. 2 begrenzt, ebenso wie Abs. 3, die kollisionsrechtliche Wirkung der Rechtswahl zugunsten **zwingender Bestimmungen** des materiellen Rechts.[87] Im deutschen IPR war nicht explizit geregelt, welche Wirkungen eine Rechtswahl in 48

[81] Erman/*Stürner* Rn. 9; Rauscher/*Picht* Rn. 23; *Lehmann/Duczek* JuS 2012, 788 (794); s. auch *Kroll-Ludwigs,* Die Rolle der Parteiautonomie im europäischen Kollisionsrecht, 2013, 92: bloße Missbrauchskontrolle; de lege ferenda plädieren für Abschaffung der Aushandelnsklausel jurisPK-BGB/*Wurmnest* Rn. 16 aE; NK-BGB/*Gebauer* Rn. 36 aE; zu Formerfordernissen *v. Bar/Mankowski* IPR II § 2 Rn. 107; *Coester-Waltjen/Coester* FS Schurig, 2012, 33 (44 f.).

[82] BeckOGK/*Rühl* Rn. 91; NK-BGB/*Gebauer* Rn. 31; PWW/*Schaub* Rn. 2; Rauscher/*Picht* Rn. 34; jurisPK-BGB/*Wurmnest* Rn. 6; Erman/*Stürner* Rn. 7; *Huber/Bach* Rn. 10; *v. Bar/Mankowski* IPR II § 2 Rn. 106; *Heiss/Loacker* JBl. 2007, 613 (623); *Leible* RIW 2008, 257 (260); aA Calliess/*v. Hein* Rn. 35; HK-BGB/*Dörner* Rn. 5; *Dickinson* The Rome II Regulation Rn. 13.20.

[83] BeckOK BGB/*Spickhoff* Rn. 2; *Vogeler,* Die freie Rechtswahl im Kollisionsrecht der außervertraglichen Schuldverhältnisse, 2013, 331–335; *Wandt,* Rechtswahlregelung im Europäischen Kollisionsrecht, 2014, 116; *Aubart,* Die Behandlung der dépeçage im europäischen Internationalen Privatrecht, 2013, 153; *Heiss/Loacker* JBl. 2007, 612 (623).

[84] Ausf. *Wandt,* Rechtswahlregelung im Europäischen Kollisionsrecht, 2014, 112 ff.; s. ferner *Leible* RIW 2008, 257 (260).

[85] NK-BGB/*Gebauer* Rn. 3; jurisPK-BGB/*Wurmnest* Rn. 1; *v. Hein* 82 Tul. L. Rev. 1663, 1694 (2008); *Leible* RIW 2008, 257 (259).

[86] *Kreuzer* in Reichelt/Rechberger EuropKollisionsR 13 (28); *v. Hein* ZVglRWiss 102 (2003), 528 (547).

[87] BeckOGK/*Rühl* Rn. 125 ff.; BeckOK BGB/*Spickhoff* Rn. 8; NK-BGB/*Gebauer* Rn. 44 ff.; jurisPK-BGB/*Wurmnest* Rn. 25 f.; Calliess/*v. Hein* Rn. 43; PWW/*Schaub* Rn. 8; Rauscher/*Picht* Rn. 48 ff.; *v. Bar/Mankowski* IPR II § 2 Rn. 110; *Vogeler,* Die freie Rechtswahl im Kollisionsrecht der außervertraglichen Schuldverhältnisse, 2013, 369 ff.; *Wandt,* Rechtswahlregelung im Europäischen Kollisionsrecht, 2014, 187 ff.; *Leible* in Reichelt, Europäisches Gemeinschaftsrecht und IPR, 2007, 31 (46); *G. Wagner* IPRax 2006, 372 (387).

dem Fall hat, dass der Sachverhalt – abgesehen von der Rechtswahlvereinbarung und einer etwaigen Gerichtsstandsvereinbarung – im Zeitpunkt der Rechtswahl nur mit einem Staat verbunden ist (→ EGBGB Art. 42 Rn. 27). Die hM beantwortete diese Frage mit einer analogen Anwendung des Art. 27 Abs. 3 EGBGB aF, wonach im vorgenannten Fall einer „kapriziösen Rechtswahl"[88] nur eine **materiellrechtliche Verweisung** angenommen wurde, dh die Rechtswahl nur im Rahmen der zwingenden Bestimmungen des objektiv anwendbaren Rechts ihre Wirkung entfaltete.[89] Nach der Rom II-VO ist eine solche Analogie überflüssig geworden, denn Art. 14 Abs. 2 Rom II-VO kopiert Art. 3 Abs. 3 Rom I-VO, die Nachfolgenorm des Art. 27 Abs. 3 EGBGB aF.

49 **a) Voraussetzungen.** Abs. 2 setzt voraus, dass alle Elemente des Sachverhalts zu dem Zeitpunkt, in dem das schadensbegründende Ereignis eintritt, in einem anderen Staat belegen sind als demjenigen, dessen Recht gewählt wurde (sog. **Inlandssachverhalt**). Der **maßgebende Zeitpunkt** ist nicht der Zeitpunkt der Rechtswahl (vgl. Abs. 1 S. 1), sondern der Zeitpunkt des Eintritts des schadensbegründenden Ereignisses (zur Anwendung des Art. 2 bei der Bestimmung dieses Begriffs → Rn. 25). **Elemente des Sachverhalts** sind alle nach Art. 4–12 relevanten Anknüpfungsmomente, also nicht nur der Tatort (bzw. der Ort des Eintritts der Bereicherung oder der Ort der Geschäftsführung) und der gewöhnliche Aufenthalt der Parteien, sondern alle Momente, die im Rahmen einer Ausweichklausel (zB Art. 4 Abs. 3) Bedeutung erlangen können[90] (→ Art. 4 Rn. 64 ff.). Nur die Anknüpfungsmomente zur Begründung eines **Auslandssachverhalts** heranzuziehen, die in den Kollisionsnormen der Rom II-VO ausdrücklich genannt sind (wie zB der **gewöhnliche Aufenthalt),** wäre zu eng, denn auch Kriterien, die für die Ausweichklausel herangezogen werden, können unter Umständen relevante „Elemente des Sachverhalts" sein. Das gilt für die **Staatsangehörigkeit,** nicht aber für eine **Gerichtsstandsvereinbarung,** da sie in Erwägungsgrund 15 S. 2 Rom I-VO für irrelevant erklärt wird (Auslegungsgleichklang, **Erwägungsgrund 7**).[91]

50 **b) Rechtsfolge.** Sind die Voraussetzungen des Abs. 2 erfüllt, berührt die Rechtswahl nicht die Anwendung der **zwingenden Bestimmungen** des Rechts des Staates, mit dem allein der Sachverhalt verknüpft und das zugleich das nach Art. 4–12 berufene objektive Statut des außervertraglichen Schuldverhältnisses ist. Wenn das Deliktsrecht des betreffenden Staates insgesamt als *ius cogens* angesehen wird, läuft die durch Abs. 1 gewährte Rechtswahlfreiheit faktisch leer.[92] Ansonsten kommt es zu einem **Normenmix** aus den zwingenden Bestimmungen des Staates, mit dem allein der Sachverhalt eine Verbindung aufweist, und den damit kompatiblen (zwingenden oder dispositiven) Vorschriften des gewählten Rechts.[93] Wegen weiterer Einzelheiten zur Auslegung und Anwendung des Abs. 2 kann auf die Kommentierung des – bis auf die Bestimmung des maßgebenden Zeitpunkts – wortgleichen Art. 3 Abs. 3 Rom I-VO verwiesen werden (→ Rom I-VO Art. 3 Rn. 88 ff.).

51 **3. Binnenmarktsachverhalt (Abs. 3).** Abs. 3 normiert eine – im früheren deutschen IPR naturgemäß nicht enthaltene – **Binnenmarktklausel.** Der Grundgedanke dieser Klausel ist einleuchtend: Soll das Kollisionsrecht der Rom-Verordnungen ein werthaltiger Bestandteil europäischer Integrationspolitik sein, müssen unionsrechtliche Standards gegen die gewillkürte Anwendung des Rechts eines Drittstaats geschützt werden, wenn der Sachverhalt zu diesem Drittstaat keine relevante Beziehung hat. Denn aus der Sicht der EU stellt sich ein reiner **Binnenmarktsachverhalt** nicht anders dar als aus der Sicht des einzelnen Mitgliedstaats ein reiner Inlandssachverhalt.[94] Folglich bestimmt Abs. 3, dass die Anwendung zwingenden Unionsrechts nicht durch die Wahl des Rechts eines Drittstaats verhindert werden kann, wenn es sich um einen europäischen Binnensachverhalt

---

88 *W. Lorenz* in v. Caemmerer, Vorschläge und Gutachten zur Reform des deutschen internationalen Privatrechts der außervertraglichen Schuldverhältnisse, 1983, 97 (135).

89 *G. Fischer* IPRax 2002, 1 (11); *Freitag/Leible* ZVglRWiss 99 (2000), 101 (106); *Hay* 47 Am. J. Comp. L. 633, 645 (1999); *Junker* JZ 2000, 477 (478).

90 BeckOK BGB/*Spickhoff* Rn. 8 aE; NK-BGB/*Gebauer* Rn. 47; Rauscher/*Picht* Rn. 49; aA jurisPK-BGB/*Wurmnest* Rn. 26; *Vogeler,* Die freie Rechtswahl im Kollisionsrecht der außervertraglichen Schuldverhältnisse, 2013, 376: nur die benannten Anknüpfungsmomente der Rom II-VO.

91 JurisPK-BGB/*Wurmnest* Rn. 26; *v. Hein* VersR 2007, 440 (445); *v. Hein* ZVglRWiss 102 (2003), 528 (548); *Leible* RIW 2008, 257 (262); *Leible/Lehmann* RIW 2007, 721 (727); *Sonnentag* ZVglRWiss 105 (2006), 256 (279).

92 *G. Wagner* IPRax 2008, 1 (14).

93 NK-BGB/*Gebauer* Rn. 45; jurisPK-BGB/*Wurmnest* Rn. 25; *Heiss/Loacker* JBl. 2007, 613 (623); *Leible* RIW 2008, 257 (262).

94 BeckOGK/*Rühl* Rn. 136 ff.; NK-BGB/*Gebauer* Rn. 44 ff.; jurisPK-BGB/*Wurmnest* Rn. 27 ff.; PWW/*Schaub* Rn. 9; Rauscher/*Picht* Rn. 51 ff.; *v. Bar/Mankowski* IPR II § 2 Rn. 111 f.; *Vogeler,* Die freie Rechtswahl im Kollisionsrecht der außervertraglichen Schuldverhältnisse, 2013, 378 ff.; *Wandt,* Rechtswahlregelung im Europäischen Kollisionsrecht, 2014, 191 ff.; *Leible* RIW 2008, 257 (262); *G. Wagner* IPRax 2008, 1 (14).

handelt. Die Tücke steckt bei dieser Vorschrift allerdings im Detail, weil es dem Verordnungsgeber gefallen hat, Weichenstellungen vorzunehmen, die nicht den ungeteilten Beifall der Rechtsgelehrten finden.

a) Voraussetzungen. Abs. 3 setzt voraus, dass alle Elemente des Sachverhalts (zu diesem Begriff → Rn. 49) zu dem Zeitpunkt, in dem das schadensbegründende Ereignis eintritt (zu diesem Zeitpunkt → Rn. 22 ff.), in **einem oder mehreren Mitgliedstaaten** belegen sind. „Mitgliedstaaten" iSd Rom II-VO sind alle Mitgliedstaaten der EU mit Ausnahme des **Königreichs Dänemark** (Art. 1 Abs. 4). Die **Vertragsstaaten des EWR,** die große Teile des Unionsrechts übernommen haben, zählen ebenfalls nicht zu den Mitgliedstaaten iSd Rom II-VO, sondern sind Drittstaaten. Das führt zu dem von manchen als merkwürdig empfundenen Ergebnis,[95] dass die Voraussetzungen der Binnenmarktklausel des Abs. 3 nicht erfüllt sind, wenn Elemente des Sachverhalts in Dänemark oder einem EWR-Staat belegen sind. Sind alle Elemente des Sachverhalts in nichtdänischen Mitgliedstaaten der EU belegen, kann zB das kalifornische Recht nicht mit kollisionsrechtlicher Wirkung gewählt werden (Abs. 3). Anders ist es jedoch, wenn ein für Abs. 3 relevantes Element des Sachverhalts im EU-Mitgliedstaat Dänemark oder im EWR-Mitgliedstaat Schweiz belegen ist: Dann entfällt der Schutz des Binnenmarkts nach Abs. 3, weil die Voraussetzungen der Binnenmarktklausel nicht erfüllt sind. Die Rom I-VO hat dieses erstaunliche Ergebnis zumindest in Bezug auf den Staat Dänemark korrigiert (Art. 1 Abs. 4 S. 2 Rom I-VO). Im Rahmen der Rom II-VO wird eine solche Korrektur ebenfalls vertreten.[96] 52

b) Rechtsfolge. Sind die Voraussetzungen des Abs. 3 erfüllt, berührt die Wahl des Rechts eines Drittstaats durch die Parteien nicht die Anwendung der **zwingenden Bestimmungen** des Unionsrechts. Soweit das Unionsrecht – wie insbesondere das Richtlinien-Recht – in den Mitgliedstaaten nicht unmittelbar anwendbar ist, kommt es nach der Parenthese in Abs. 3 auf den **Umsetzungsakt des Forumstaats** an. Geht es um das Verbot des Haftungsausschlusses, das in Art. 12 **Produkthaftungs-RL** vorgesehen ist,[97] muss § 14 ProdHaftG angewendet werden, wenn der Rechtsstreit vor einem deutschen Gericht anhängig ist. Das gilt auch, wenn nach Art. 5 das französische Recht das objektive – ohne die Rechtswahl anzuwendende – Produkthaftungsstatut wäre.[98] Der Vorrang der *lex fori* vor der *lex causae* lässt sich mit der Prozessökonomie rechtfertigen,[99] hat allerdings aus rechtspolitischer Sicht keine ungeteilte Zustimmung gefunden.[100] Die rechtspolitische Kritik kann für die Zwecke praktischer Rechtsanwendung auf sich beruhen, da der Wortlaut des Abs. 3 eindeutig ist und die Regelung dem Willen des Verordnungsgebers entspricht. Wegen weiterer Einzelheiten zur Anwendung und Auslegung des Abs. 3 kann auf die Kommentierung des – bis auf den maßgebenden Zeitpunkt und einen Unterschied im Satzbau – identischen Art. 3 Abs. 4 Rom I-VO verwiesen werden (→ Rom I-VO Art. 3 Rn. 99 ff.). 53

c) Verhältnis zu Abs. 2. Die Anwendungsbereiche von Abs. 2 und Abs. 3 überschneiden sich in Fällen, in denen drei Bedingungen erfüllt sind: (1) Gewählt ist das Recht eines Drittstaats, (2) alle Sachverhaltselemente sind in einem Mitgliedstaat lokalisiert, und (3) die intern zwingenden Normen dieses Mitgliedstaats basieren auf einer Richtlinie.[101] In diesen Fällen sind nach ihrem Wortlaut sowohl die Voraussetzungen von Abs. 2 als auch diejenigen des Abs. 3 erfüllt. Ist der Rechtsstreit nicht in dem vorgenannten Mitgliedstaat anhängig, kann Abs. 3 wegen seiner Verweisung auf die *lex fori* zu einer anderen Rechtsordnung führen als Abs. 2. Da Abs. 3 als die speziellere Regelung erscheint, gebührt in den vorgenannten Fällen nach der lex specialis-Regel dem Abs. 3 der Vorrang.[102] 54

4. Weitere Beschränkungen. a) Sonderanknüpfung von Eingriffsnormen (Art. 16). Neben den speziellen Rechtswahlschranken nach Abs. 2, 3 sind auch bei einer Rechtswahl die allgemeinen Anknüpfungsschranken zu beachten. Sie gelten auch für die objektive Anknüpfung 55

---

95 *Heiss/Loacker* JBl. 2007, 613 (623); *Leible* RIW 2008, 257 (263).

96 BeckOGK/*Maultzsch* Art. 16 Rn. 57; BeckOK BGB/*Spickhoff* Rn. 9; PWW/*Schaub* Rn. 9; jurisPK-BGB/*Wurmnest* Rn. 28; *Heiss/Loacker* JBl. 2007, 613 (623).

97 RL 85/374/EWG des Rates vom 25.7.1985 zur Angleichung der Rechts- und Verwaltungsvorschriften der Mitgliedstaaten über die Haftung für fehlerhafte Produkte, ABl. EG 1985 L 210, 29.

98 *Junker* NJW 2007, 3675 (3677); *Leible* in Reichelt, Europäisches Gemeinschaftsrecht und IPR, 2007, 31 (47); *G. Wagner* IPRax 2008, 1 (14).

99 *v. Hein* VersR 2007, 440 (445); s. zur (fehlenden) Bedeutung der Binnenmarktklausel für die Prospekthaftung *Steinrötter* RIW 2015, 407 (412).

100 Krit. *Huber/Bach* IPRax 2005, 73 (75); *Leible* RIW 2008, 257 (263); *Leible/Engel* EuZW 2004, 7 (15 f.); *Sonnentag* ZVglRWiss 105 (2006), 266 (279).

101 Grdl. *v. Hein* ZEuP 2009, 6 (21 f.).

102 *v. Hein* ZEuP 2009, 6 (22); *de Lima Pinheiro* Riv. dir. int. priv. proc. 44 (2008), 5 (14).

außervertraglicher Schuldverhältnisse. Zu ihnen zählt insbesondere die Sonderanknüpfung von Eingriffsnormen. Ebenso wenig wie durch die objektive Anknüpfung können die Eingriffsnormen des Forumstaats durch eine Rechtswahl verdrängt werden.[103] Wegen der Einzelheiten ist auf die einschlägige Kommentierung zu verweisen (→ Art. 16 Rn. 1 ff.).

56 **b) Sicherheits- und Verhaltensregeln (Art. 17).** Neben den Eingriffsnormen des Forumstaates bleiben die Sicherheits- und Verhaltensregeln, die am Ort und zurzeit des schadensbegründenden Ereignisses in Kraft sind, von der Rechtswahl unberührt;[104] sie sind bei der Verhaltensbeurteilung faktisch – soweit angemessen – zu berücksichtigen. Art. 17 hindert die Parteien zwar nicht per se, andere Sicherheits- oder Verhaltensvorschriften als diejenigen zu vereinbaren, die am Ort und zur Zeit des haftungsbegründenden Ereignisses gelten.[105] Das öffentliche Recht des Staates des Handlungsorts, das auch im Forumstaat über Art. 17 zu beachten ist (zB das Linksfahrgebot eines ausländischen Staates) setzt abweichenden Vereinbarungen aber enge Grenzen; die meisten dieser Regeln sind rechtswahlfest. Wegen der Einzelheiten wird auf die einschlägige Kommentierung verwiesen (→ Art. 17 Rn. 1 ff.).

57 **c) Ordre public des Gerichtsstaats (Art. 26).** Eine weitere Grenze der Rechtswahlfreiheit bildet die öffentliche Ordnung (ordre public) des Forumstaats.[106] Wegen der Einzelheiten wird auf die einschlägige Kommentierung verwiesen (→ Art. 26 Rn. 1 ff.).

VI. Rechte Dritter (Abs. 1 S. 2)

58 Ebenso wie nach dem autonomen deutschen IPR (Art. 42 S. 2 EGBGB) bleiben auch nach der Rom II-VO die **Rechte Dritter** von der Rechtswahl unberührt (Art. 14 Abs. 1 S. 2 aE). Das hat eine gespaltene kollisionsrechtliche Beurteilung des außervertraglichen Schuldverhältnisses zur Folge. Die Vorschrift findet im Recht der vertraglichen Schuldverhältnisse eine **Parallele in Art. 3 Abs. 2 S. 2 Rom I-VO.** Diese Vorschrift erfasst allerdings nur eine **nach Vertragsschluss** erfolgende parteiautonome Änderung des anzuwendenden Rechts erfasst (→ Rom I-VO Art. 3 Rn. 84).

59 **1. Anwendungsfälle.** Die meisten Anwendungsfälle der Drittschutzklausel stammen aus dem **Internationalen Deliktsrecht.**[107] Dort soll die Vorschrift vor allem den **Versicherer** schützen, um dessen Rechte nicht zu beeinträchtigen.[108] Der Versicherer kann nicht über Art. 18 in Anspruch genommen werden, wenn das von **Opfer und Schädiger** gewählte Recht, nicht aber das objektive Deliktsstatut einen Direktanspruch vorsieht.[109] Sodann soll sich eine Haftpflichtversicherung darauf verlassen können, nicht auf Grund einer Rechtswahlvereinbarung zwischen **Opfer und Schädiger** einen höheren Schadensersatz zahlen zu müssen als nach dem objektiv angeknüpften Deliktsstatut geschuldet[110] (→ Art. 18 Rn. 16). Ferner wird auch der **Schädiger** davor geschützt, dass eine Rechtswahl von **Opfer und Versicherer** seine rechtliche Position durch beeinträchtigt.[111] Schließlich folgt aus dem Vorbehalt zugunsten der Rechte Dritter, dass eine Rechtswahl zwischen dem Ersatzpflichtigen und dem Verletzten die Rechtsstellung **mittelbar Geschädigter,** die zB Ansprüche nach § 844 Abs. 2 BGB geltend machen wollen, nicht berührt[112] (→ Art. 15 Rn. 36).

---

[103] BeckOGK/*Rühl* Rn. 25; NK-BGB/*Knöfel* Rn. 4 ff.; Huber/*Fuchs* Rn. 29; *Leible/Lehmann* RIW 2007, 721 (726); *Leible* RIW 2008, 257 (263); *Remien* FS v. Hoffmann, 2011, 334 (338).

[104] BeckOGK/*Rühl* Rn. 25; BeckOK BGB/*Spickhoff* Rn. 1; Calliess/*v. Hein* Art. 17 Rn. 6; NK-BGB/*Lehmann* Art. 17 Rn. 19.

[105] BeckOGK/*Maultzsch* Art. 16 Rn. 85; NK-BGB/*Lehmann* Art. 17 Rn. 19; Calliess/*v. Hein* Art. 17 Rn. 6; *Eckert* GPR 2015, 303 (304).

[106] BeckOGK/*Rühl* Rn. 152; NK-BGB/*Schulze* Art. 26 Rn. 4; jurisPK-BGB/*Engel* Art. 26 Rn. 9; *Leible* RIW 2008, 257 (263).

[107] BeckOGK/*Rühl* Rn. 117 ff.; BeckOK BGB/*Spickhoff* Rn. 7; Staudinger/*Maultzsch,* 2023, Rn. 84; Soergel/*Wendelstein* Rn. 46 ff.; *Vogeler,* Die freie Rechtswahl im Kollisionsrecht der außervertraglichen Schuldverhältnisse, 2013, 360 ff.; *Kreuzer* in Reichelt/Rechberger EuropKollisionsR 13 (28); *Leible* RIW 2008, 257 (262); *Leible/Lehmann* RIW 2007, 721 (727); zur Anwendung des Abs. 1 S. 2 im Recht der Prospekthaftung *v. Hein* in Baum ua, Perspektiven des Wirtschaftsrechts, 2008, 371 (394 f.).

[108] KOM(2003) 427 endg., 25; NK-BGB/*Gebauer* Rn. 42; Calliess/*v. Hein* Rn. 36; jurisPK-BGB/*Wurmnest* Rn. 24; PWW/*Schaub* Rn. 7; *Kadner Graziano* RabelsZ 73 (2009), 1 (11 f.).

[109] Staudinger/*Maultzsch,* 2023, Rn. 85; NK-BGB/*Gebauer* Rn. 42; jurisPK-BGB/*Wurmnest* Rn. 24; Erman/*Stürner* Rn. 12; *Leible* RIW 2008, 257 (262).

[110] NK-BGB/*Gebauer* Rn. 42; Rauscher/*Picht* Rn. 42; *Dickinson* The Rome II Regulation Rn. 13.27; *v. Hein* VersR 2007, 440 (445); *Kreuzer* in Reichelt/Rechberger EuropKollisionsR 13 (28); *Leible* RIW 2008, 257 (262).

[111] BeckOGK/*Rühl* Rn. 120; Soergel/*Wendelstein* Rn. 47; *Gebauer* JbItalR 27 (2014), 57 (67).

[112] Rauscher/*Picht* Rn. 43; *Sonnenberger* Rev. crit. dr. int. priv. 88 (1999), 647 (661).

2. Anwendungsbereich. Manche vertreten die Ansicht, der Anwendungsbereich des Art. 14 Abs. 2 S. 2 aE sei auf die **nachträgliche Rechtswahl** zu beschränken.[113] Dem ist nicht zu folgen, denn die Interessen sind im Deliktsrecht anders gelagert als im Internationalen Schuldvertragsrecht, wo vor Vertragsschluss keine Rechte Dritter aus dem Vertrag bestehen können. Eine Rechtswahl *ante delictum* kann dagegen sehr wohl die Rechte Dritter, zB einer bereits bestehenden Haftpflichtversicherung, beeinträchtigen.[114] Im Einklang mit der hM zu der korrespondierenden Norm der Rom I-VO (→ Rom I-VO Art. 3 Rn. 84) ist auch Art. 14 Abs. 2 S. 2 aE als **Verschlechterungsverbot** auszulegen: Vor einer Besserstellung braucht der Dritte nicht geschützt zu werden, denn er kann auf sie verzichten.[115] Ob die Drittschutzklausel im **Bereicherungsrecht** (Art. 10) überhaupt praktische Bedeutung erlangen kann, wird bezweifelt.[116] Ebenso wie im **Recht der GoA** (Art. 11) kann sich im Recht der ungerechtfertigten Bereicherung unter Umständen ein Anwendungsbereich bei der Abtretung eines Anspruchs auftun, deren Wirksamkeitsvoraussetzungen sich gemäß Art. 14 Abs. 2 Rom I-VO aus dem objektiv zur Anwendung berufenen Statut ergeben. **60**

Kapitel V. Gemeinsame Vorschriften

Art. 15 Rom II-VO Geltungsbereich des anzuwendenden Rechts

Das nach dieser Verordnung auf außervertragliche Schuldverhältnisse anzuwendende Recht ist insbesondere maßgebend für

a) den Grund und den Umfang der Haftung einschließlich der Bestimmung der Personen, die für ihre Handlungen haftbar gemacht werden können;
b) die Haftungsausschlussgründe sowie jede Beschränkung oder Teilung der Haftung;
c) das Vorliegen, die Art und die Bemessung des Schadens oder der geforderten Wiedergutmachung;
d) die Maßnahmen, die ein Gericht innerhalb der Grenzen seiner verfahrensrechtlichen Befugnisse zur Vorbeugung, zur Beendigung oder zum Ersatz des Schadens anordnen kann;
e) die Übertragbarkeit, einschließlich der Vererbbarkeit, des Anspruchs auf Schadenersatz oder Wiedergutmachung;
f) die Personen, die Anspruch auf Ersatz eines persönlich erlittenen Schadens haben;
g) die Haftung für die von einem anderen begangenen Handlungen;
h) die Bedingungen für das Erlöschen von Verpflichtungen und die Vorschriften über die Verjährung und die Rechtsverluste, einschließlich der Vorschriften über den Beginn, die Unterbrechung und die Hemmung der Verjährungsfristen und der Fristen für den Rechtsverlust.

Schrifttum: s. auch Vor Art. 1; älteres Schrifttum 6. Aufl. 2015, Art. 15; *Berner,* Implizite Qualifikationsvorgaben im europäischen Kollisionsrecht, RabelsZ 87 (2023), 236; *Boskovics,* Le domaine de la loi applicable, in Corneloup/Joubert (É.), Le règlement „Rome II" sur la loi applicable aux obligations non contractuelles, 2008, 183; *Kadner Graziano/Oertel,* Ein europäisches Haftungs- und Schadensrecht für Unfälle im Straßenverkehr? – Eckpunkte de lege lata und Überlegungen de lege ferenda, ZVglRWiss 107 (2008), 113; *Mariottini,* Statutory Ceilings on Damages Under the Rome II-Regulation – Shifting Boundaries in the Traditional Dichotomy Between Substance and Procedure, Riv. dir. int. priv. proc. 48 (2012), 647; *Morse,* Substance and Procedure – Aspects of Damages in Tort in the Conflict of Laws, FS van Loon, 2013, 389; *Rauscher,* Ausländische Verkehrsunfälle im deutschen Zivilprozess, FS Becker-Eberhard, 2022, 457; *Sandrini,* Risarcimento del danno da sinistri stradale – È gia tempo di riforma per il Regulamento Roma II, Riv. dir. int. priv. proc. 49 (2013), 677; *R. Wagner/Winkelmann,* Sonderanknüpfung für Verjährungsfragen bei Straßenverkehrsunfällen nach der Rom II-VO?, RIW 2012, 277.

---

[113] *Czaplinski,* Das Internationale Straßenverkehrsunfallrecht nach Inkrafttreten der Rom II-VO, 2015, 89 ff.; *Kroll-Ludwigs,* Die Rolle der Parteiautonomie im europäischen Kollisionsrecht, 2013, 97 f.; *Kadner Graziano* RabelsZ 73 (2009), 1 (11).

[114] BeckOGK/*Rühl* Rn. 118; Staudinger/*Maultzsch,* 2023, Rn. 88; Soergel/*Wendelstein* Rn. 48; Rauscher/*Picht* Rn. 47; *v. Bar/Mankowski* IPR II § 2 Rn. 113; *Wandt,* Rechtswahlregelung im Europäischen Kollisionsrecht, 2014, 204 ff.; *Vogeler,* Die freie Rechtswahl im Kollisionsrecht der außervertraglichen Schuldverhältnisse, 2013, 362; *Bertoli* Riv. dir. int. priv. proc. 45 (2009), 617 (706).

[115] BeckOGK/Rühl Rn. 126 f.; Staudinger/*Maultzsch,* 2023, Rn. 86; Calliess/*v. Hein* Rn. 36; NK-BGB/*Gebauer* Rn. 43; jurisPK-BGB/*Wurmnest* Rn. 24; aA Rauscher/*Picht* Rn. 46; *Vogeler,* Die freie Rechtswahl im Kollisionsrecht der außervertraglichen Schuldverhältnisse, 2013, 364–368.

[116] Zum dt. IPR *G. Fischer* IPRax 2002, 1 (11); *Busse,* Internationales Bereicherungsrecht, 1998, 75.

Übersicht

I. Normzweck

1 Als **Parallelvorschrift zu Art. 12 Abs. 1 Rom I-VO** konkretisiert Art. 15 die sachliche Reichweite – den „Geltungsbereich" – des nach Art. 4–12, 14 ermittelten Rechts. Art. 15 bestimmt die Rechtsfragen, die dem Statut unterliegen, das von der jeweils relevanten Anknüpfungsregel der Art. 4–12, 14 zur Anwendung berufen ist. Die Vorschrift ist folglich keine Kollisionsnorm ieS, sondern eine kollisionsrechtliche Hilfsnorm in Gestalt einer **Qualifikationsnorm.**[1]

2 Die **kollisionsrechtliche Hilfsnorm** des Art. 15 dient, ergänzt durch Art. 22 Abs. 1, zugleich der Abgrenzung der *lex causae* (= des Statuts des außervertraglichen Schuldverhältnisses) von der *lex fori,* die insbesondere für verfahrensrechtliche Fragen maßgebend ist. Die Abgrenzung des Statuts des außervertraglichen Schuldverhältnisses von der prozessualen lex fori – Welchem Recht sind zB die Regeln der richterlichen Schadensschätzung zu entnehmen? – ist eine der von Art. 15 zu beantwortenden Grundfragen des Schuldrechts-IPR.[2]

3 Die **Gemeinsamen Vorschriften** für die Anknüpfungen der Kapitel II (Unerlaubte Handlungen, Art. 4–9), III (Ungerechtfertigte Bereicherung, Geschäftsführung ohne Auftrag und Verschulden bei Vertragsverhandlungen, Art. 10–13) und IV (Freie Rechtswahl, Art. 14) bilden den Rahmen des Art. 15. **Vier Kategorien** von Vorschriften lassen sich in **Kapitel V der Rom II-VO** unterscheiden: **Art. 15** bestimmt die Reichweite des Statuts außervertraglicher Schuldverhältnisse; die Vorschrift dient dadurch auch der Abgrenzung von Hauptfragen und Vorfragen (→ Vor Art. 1 Rn. 33 ff.). **Art. 16, 17** erlauben die Sonderanknüpfung inländischer Eingriffsnormen und die Berücksichtigung von Sicherheits- und Verhaltensregeln; sie begrenzen somit das Statut des außervertraglichen Schuldverhältnisses.

4 **Art. 18–20** regeln die Anknüpfung eines Direktanspruchs gegen einen Versicherer, eines gesetzlichen Forderungsübergangs (insbesondere auf einen Versicherer) und eines Ausgleichsanspruchs zwischen gleichrangig Verpflichteten (insbesondere Mittätern); sie tragen auf diese Weise einer Drittbeteiligung iwS Rechnung. **Art. 21, 22** betreffen Form- und Beweisfragen; sie ergänzen in Bezug auf gesetzliche Vermutungen und Beweislastregeln die Vorschrift des Art. 15 über die Reichweite des Statuts außervertraglicher Schuldverhältnisse (→ Art. 1 Rn. 60 f.).

5 Das **Vorbild des Art. 15** war Art. 10 Abs. 1 EVÜ (= Art. 32 Abs. 1 EGBGB),[3] die Vorgängernorm des Art. 12 Abs. 1 Rom I-VO. Dem Art. 15 vergleichbare Bestimmungen finden sich in Art. 8 HStVÜ (Haager Straßenverkehrsübereinkommen)[4] und in Art. 8 HProdHÜ (Haager Produkthaft-

---

[1] BeckOGK/*J. Schmidt* Rn. 2 f.; BeckOK BGB/*Spickhoff* Rn. 1; Soergel/*Pfeiffer* Rn. 1; NK-BGB/*Nordmeier* Rn. 1; jurisPK-BGB/*Engel* Rn. 2; Erman/*Stürner* Rn. 1; *Zelfel,* Der Int. Arbeitskampf nach Art. 9 Rom II-Verordnung, 2012, 115 f.; *Berner* RabelsZ 87 (2023), 236 (239); *Kreuzer* in Reichelt/Rechberger EuropKollisionsR 13 (47); *Mansel* FS Canaris, 2017, 739 (759): „Qualifikationszuweisung"; *Mansel/Kuhl* FS v. Bar, 2022, 251 (260).

[2] Soergel/*Pfeiffer* Rn. 26; Rauscher/*Picht* Rn. 1; *Boscović* in Corneloup/Joubert, Le règlement „Rome II" sur la loi applicable aux oligations non contractuelles, 2008, 183 (187 ff.); *Garcimartín Alférez* ELF 2007, I-77 (I-89); *Heiss/Loacker* JBl. 2007, 613 (645); *Mariottini* Riv. dir. int. priv. proc. 48 (2012), 647 (661 ff.); *Sandrini* Riv. dir. int. priv. proc. 49 (2013), 677 (710); Beispiele bei *v. Hein* ZEuP 2009, 6 (14); aus engl. Sicht *Morse* FS van Loon, 2003, 389 (391 ff.).

[3] *KOM(2003)* 427 endg., 25; Hamburg Group for Private International Law RabelsZ 67 (2003), 1 (27).

[4] Haager Übereinkommen vom 4.5.1971 über das auf Straßenverkehrsunfälle anzuwendende Recht, abgedruckt in der → 4. Aufl. 2006, EGBGB Art. 40 Rn. 79 unter Rückgriff auf die amtl. öst. Fassung aus dem öBGBl. 1975 Nr. 387. Authentischer franz. und engl. Text in RabelsZ 33 (1969), 342.

pflichtübereinkommen).[5] Alle diese Vorschriften folgen dem **Prinzip der einheitlichen Anknüpfung** von Voraussetzungen und Wirkungen (Rechtsfolgen) des vertraglichen (Art. 12 Abs. 1 Rom I-VO, Art. 12 Abs. 1 EVÜ, Art. 32 Abs. 1 EGBGB) bzw. des außervertraglichen Schuldverhältnisses (Art. 15 Rom II-VO, Art. 8 HStVÜ, Art. 8 HProdHÜ).[6]

Art. 15 basiert auf der Prämisse, dass **Teilfragen** des außervertraglichen Schuldverhältnisses den Sachvorschriften (Art. 24) der nach Art. 4–12, 14 ermittelten *lex causae* unterstellt werden.[7] Die Vorschrift dient, indem sie die einheitliche Anwendung der Rom II-VO sichert, der in **Erwägungsgrund 14 S. 1** hervorgehobenen Rechtssicherheit. Art. 15 hat in den Entwurfsstadien der Rom II-VO (→ Vor Art. 1 Rn. 15 ff.) nur geringfügige Veränderungen erfahren. Erläuterungen des Beispielskatalogs der lit. a–h finden sich in der Begründung des **Kommissionsentwurfs vom 22.7.2003**[8] sowie in **Erwägungsgrund 12** und **Erwägungsgrund 33.** 6

II. Anwendungsbereich

Die Regelbeispiele der lit. a–g sind zwar nach ihrem Wortlaut („Haftung", „Schaden") stark auf unerlaubte Handlungen zugeschnitten, betreffen aber – wie der gesamte Art. 15 – **alle außervertraglichen Schuldverhältnisse** iSd Art. 1 Abs. 1 und Art. 2.[9] Das erfordert bei der Anwendung des Art. 15 auf nichtdeliktische außervertragliche Schuldverhältnisse Anpassungen des Wortlauts: Nach Art. 2 Abs. 1 ist der **Begriff des Schadens** nicht im engen juristischen Sinn zu verstehen (unfreiwillige Vermögenseinbuße), sondern umfasst **sämtliche Folgen** der in Art. 2 Abs. 1 aufgezählten außervertraglichen Schuldverhältnisse, also zB bei Art. 10 den Eintritt der Bereicherung und bei Art. 11 die Entstehung von Aufwendungen des Geschäftsführers (→ Art. 2 Rn. 4 f.). Der **Begriff der Haftung** iSd Art. 15 ist bei denjenigen außervertraglichen Schuldverhältnissen, bei denen es nicht um eine Haftung geht, mit **Verpflichtung** zu übersetzen.[10] 7

III. Einheitliche Anknüpfung

1. Grundsatz. Art. 15 soll das Prinzip der einheitlichen Anknüpfung (auch **Prinzip der Statutseinheit** genannt)[11] sicherstellen und die Rechtsfragen aufführen, die durch das in Art. 4–12, 14 bezeichnete Recht geregelt werden.[12] Beides dient der **Rechtssicherheit** im Kollisionsrecht und ist erforderlich, weil einzelne Rechtsfragen (zB die Verjährung) in den Mitgliedstaaten unterschiedlich qualifiziert werden.[13] Gemäß dem Grundsatz der Statutseinheit soll das nach Art. 4–12, 14 zur Anwendung berufene Statut des außervertraglichen Schuldverhältnisses mit möglichst **umfassender Reichweite** ausgestattet sein.[14] Das ist keineswegs selbstverständlich, denn im Normsetzungsverfahren hatte noch – auf Betreiben des Europäischen Parlaments – eine gespaltene Anknüpfung von **Haftungsgrund und Haftungsfolgen** bei Personenschäden wegen Verkehrsunfällen zur Diskussion gestanden[15] (→ Art. 30 Rn. 13). 8

2. Anwendungsfälle. Basierend auf dem Grundsatz der einheitlichen Anknüpfung von Voraussetzungen und Wirkungen eines außervertraglichen Schuldverhältnisses – insbesondere von **Haftungsgrund und Haftungsfolgen** im Delikts-IPR – nennt Art. 15 die wichtigsten Ausprägungen dieses Prinzips. Wie schon die Einleitungsformel des Art. 15 deutlich macht („insbesondere"), ist eine erschöpfende Aufzählung der vom Statut des außervertraglichen Schuldverhältnisses erfassten 9

---

5 Haager Übereinkommen vom 2.10.1973 über das auf die Produkthaftpflicht anzuwendende Recht, abgedruckt in → 4. Aufl. 2006, EGBGB Art. 40 Rn. 150. Authentischer franz. und engl. Text in RabelsZ 37 (1973), 594.

6 BeckOGK/*J. Schmidt* Rn. 5 f.; NK-BGB/*Nordmeier* Rn. 2; PWW/*Schaub* Rn. 1; *Sujecki* EWS 2009, 310 (318).

7 Staudinger/*Looschelders,* 2019, Einl. IPR Rn. 1195; *Nietner,* Internationaler Entscheidungseinklang im europäischen Kollisionsrecht, 2016, 193.

8 KOM(2003) 427 endg., 25–27.

9 BeckOGK/*J. Schmidt* Rn. 4; BeckOK BGB/*Spickhoff* Rn. 1; Soergel/*Pfeiffer* Rn. 7; Erman/*Stürner* Rn. 1; NK-BGB/*Nordmeier* Rn. 1; jurisPK-BGB/*Engel* Rn. 2; Hamburg Group for Private International Law RabelsZ 67 (2003), 1; Berner RabelsZ 87 (2023), 236 (240).

10 PWW/*Schaub* Art. 11 Rn. 3; *Kreuzer* in Reichelt/Rechberger EuropKollisionsR 13 (48).

11 Erman/*Stürner* Rn. 1; NK-BGB/*Nordmeier* Rn. 2; Rauscher/*Picht* Rn. 2.

12 KOM(2003) 427 endg., 25.

13 BeckOGK/*J. Schmidt* Rn. 7 f.; NK-BGB/*Nordmeier* Rn. 2; PWW/*Schaub* Rn. 9; *v. Domarus,* Int. Arzthaftungsrecht nach Inkrafttreten der Rom I- und Rom II-Verordnung, 2013, 98; *Kadner Graziano* RIW 2007, 336; *R. Wagner/Winkelmann* RIW 2012, 277 (278).

14 KOM(2003) 427 endg., 25; *Heiss/Loacker* JBl. 2007, 613 (645).

15 Zu Recht krit. *v. Hein* VersR 2007, 440 (444); *Thiede/Ludwichowska* ZVglRWiss 106 (2007), 92 (98); *G. Wagner* IPRax 2006, 372 (379).

Rechtsfragen nicht angestrebt (und wohl auch nicht möglich). Die Auflistung in Art. 15 ist daher **nicht abschließend** (öst. „taxativ"), sondern beispielhaft („demonstrativ"),[16] nennt aber die wichtigsten Anwendungsfälle des Grundsatzes der Statutseinheit (zu weiteren Anwendungsfällen → Rn. 48).

10 **a) Haftungsgrund und -umfang, Passivlegitimation.** Das auf außervertragliche Schuldverhältnisse anzuwendende Recht umfasst den Grund und den Umfang der Haftung einschließlich der Bestimmung der Personen, die für ihre Handlungen haftbar gemacht werden können **(lit. a).**

11 **aa) Grund der Haftung.** Mit dem Begriff Grund der Haftung (englisch: *basis of liability,* frz. *conditions de la responsabilité*) sind nach den Materialien zur Rom II-VO **alle haftungsbegründenden Merkmale** gemeint, insbesondere die Art der Haftung (verschuldensunabhängig oder -abhängig), die Rechtswidrigkeit,[17] die Arten des Verschuldens (einschließlich erhöhter Sorgfaltsanforderungen wie zB nach § 10 StVO)[18] und ihre Definitionen, die Voraussetzungen des Unterlassungsdelikts sowie der Kausalzusammenhang zwischen dem schadensbegründenden Ereignis und dem Schaden.[19]

12 Dem Deliktsstatut unterliegt folglich die Frage nach der **Tatbestandsmäßigkeit** einer unerlaubten Handlung, dh nach dem Kreis der geschützten Rechtsgüter und Interessen sowie der verbotenen Verletzungshandlungen, und die Abgrenzung von Ausführungs- und Vorbereitungshandlungen. Bei der Prüfung der **Kausalität** sind die maßgebenden Kriterien (zB direkte/mittelbare Verursachung, Äquivalenz, Adäquanz, objektive Zurechnung, Rechtswidrigkeitszusammenhang) ebenfalls dem Deliktsstatut zu entnehmen.[20]

13 Für **Arbeitskampfdelikte** bestehen Besonderheiten, da der Verordnungsgeber nur die Kompetenz für das Deliktsrecht hat, nicht aber für das Arbeitskampfrecht (Art. 153 Abs. 5 AEUV): Nicht dem Deliktsstatut unterliegt bei der Anknüpfung von Arbeitskampfdelikten nach Art. 9 das materielle Koalitions- und Arbeitskampfrecht[21] **(Erwägungsgrund 28).** Auch die Rechtswidrigkeit des Arbeitskampfs – das „Kernelement der Haftung"[22] – muss in den Fällen des Art. 9 dem Arbeitskampf- und nicht dem Deliktsstatut unterliegen.[23]

14 **bb) Bestimmung der haftenden Personen.** Der „Grund der Haftung" umfasst, wie lit. a ausdrücklich hervorhebt,[24] die Bestimmung der Personen, deren Handlungen originär haftungsbegründend sein können.[25] In diese Kategorie gehört – wie schon nach deutschem IPR[26] – die **Kfz-Haltereigenschaft** bei der Gefährdungshaftung im Straßenverkehr[27] und die **Tierhaltereigenschaft** bei der Haftung für Schäden, die durch ein Tier verursacht werden (vgl. § 633 BGB). Als Unterfall der lit. a (Variante „Grund der Haftung") ist in **lit. g** die Haftung für die von einem anderen begangenen Handlungen besonders hervorgehoben (→ Rn. 39 f.). Eine Komplementärvorschrift zu lit. a ist die Regelung in **lit. f,** wonach auch die Bestimmung der Personen, die einen Anspruch auf Schadensersatz haben, dem Statut der außervertraglichen Forderung unterliegt (→ Rn. 36).

15 **cc) Deliktsfähigkeit (Schuldfähigkeit).** Im Zusammenhang mit lit. a steht eine Merkwürdigkeit der deutschsprachigen Version der Rom II-VO: Der Zusatz in Art. 15 lit. a („… einschließlich der Bestimmung der Personen, die für ihre Handlungen haftbar gemacht werden können") ist

---

[16] BeckOGK/*J. Schmidt* Rn. 9; BeckOK BGB/*Spickhoff* Rn. 2; Soergel/*Pfeiffer* Rn. 5; Erman/*Stürner* Rn. 2 aE; PWW/*Schaub* Rn. 1; Rauscher/*Picht* Rn. 5; *v. Domarus,* Int. Arzthaftungsrecht nach Inkrafttreten der Rom I- und Rom II-Verordnung, 2013, 97; *Dickinson* Eur. Bus. L. Rev. 13 (2002), 369 (377); *Heiss/Loacker* JBl. 2007, 613 (645); *Mariottini* Riv. dir. int. priv. proc. 48 (2012), 647 (661).

[17] BeckOGK/*J. Schmidt* Rn. 10 ff.; Soergel/*Pfeiffer* Rn. 16 ff.; NK-BGB/*Nordmeier* Rn. 5; PWW/*Schaub* Rn. 2; für eine selbständige Anknüpfung von Rechtfertigungsgründen *Bernitt,* Die Anknüpfung von Vorfragen im europäischen Kollisionsrecht, 2010, 163–170.

[18] Erman/*Stürner* Rn. 3a; jurisPK-BGB/*Engel* Rn. 8; *Garcimartín Alférez* ELF 2007, I-77 (I-89); *G. Wagner* IPRax 2008, 1 (15); *G. Wagner* ZEuP 2015, 869 (877).

[19] KOM(2003) 427 endg., 26.

[20] S. zum früheren dt. IPR OGHZ 4, 194 (203) = NJW 1951, 27; BGHZ 8, 288 (293 f.) = NJW 1953, 499; OLG Celle VersR 1967, 164 = IPRspr. 1966/67 Nr. 29; OLG München VersR 1974, 433.

[21] *Zelfel,* Der Int. Arbeitskampf nach Art. 9 Rom II-Verordnung, 2012, 117 ff.; *Heinze* RabelsZ 73 (2009), 770 (785); *Palao Moreno* YbPIL 9 (2007), 115 (118).

[22] *Knöfel* EuZA 2008, 228 (239).

[23] *Bernitt,* Die Anknüpfung von Vorfragen im europäischen Kollisionsrecht, 2010, 207 ff.; *Zelfel,* Der Int. Arbeitskampf nach Art. 9 Rom II-Verordnung, 2012, 119 ff.; *Heinze* RabelsZ 73 (2009), 770 (787).

[24] KOM(2003) 427 endg., 26.

[25] Engl.: „… the determination of persons who may be held liable for acts performed by them"; s. auch *Mansel/Kuhl* FS v. Bar, 2022, 251 (265 f.).

[26] LG München I IPRax 1984, 101 mAnm *Jayme.*

[27] Soergel/*Pfeiffer* Rn. 22 ff.; PWW/*Schaub* Rn. 2; Rauscher/*Picht* Rn. 9; *Heiss/Loacker* JBl. 2007, 613 (645).

praktisch wortgleich mit dem **Erwägungsgrund 12,** der „in letzter Minute“ zur Beruhigung des Europäischen Parlaments in die Verordnung aufgenommen wurde.[28] Was gemeint ist, erschließt sich aus dem englischen Originaltext dieses Erwägungsgrunds: „The law applicable should also govern the question of the capacity to incur liability in tort/delict.“ Wie schon nach dem bisherigen deutschen IPR[29] ist auch nach der Rom II-VO die Deliktsfähigkeit (Zurechnungsfähigkeit, Schuldfähigkeit) dem Deliktsstatut zu unterstellen.[30] Das Gleiche gilt für die Anknüpfung von Spezialregeln für bestimmte Deliktstypen (vgl. § 828 Abs. 2 BGB) und von Regeln über die Konsequenzen fehlender Deliktsfähigkeit, zB die Billigkeitshaftung Deliktsunfähiger (vgl. § 829 BGB).[31]

dd) Umfang der Haftung. Der Terminus „Umfang der Haftung“ in Art. 15 lit. a bezeichnet nach den Materialien zur Rom II-VO etwaige gesetzliche Haftungshöchstgrenzen und – bei einer Mehrheit von Schädigern – den Anteil jedes Schädigers am Schadensersatz.[32] Die Kürze dieser Aufzählung in den Materialien erklärt sich daraus, dass wesentliche Elemente des **haftungsausfüllenden Tatbestands** in der Aufzählung zu lit. c genannt sind, die sich mit derjenigen zu lit. a (Variante „Umfang der Haftung“) überschneidet. 16

Beispiel:
Der EuGH entnimmt der Kombination von lit. a und lit. b, dass das Deliktsstatut bei einem **Unfall eines LKW mit Anhänger** auch darüber entscheidet, ob der Halter des LKW und/oder der Halter des Anhängers dem Geschädigten gegenüber schadensersatzpflichtig ist und wie sich der insgesamt zu leistende Schadensersatz ggf. auf die beiden Halter verteilt.[33]

Eine **Zinsforderung,** die eine Nebenforderung zu einem Anspruch aus unerlaubter Handlung darstellt, richtet sich nach der deutschen Rechtsprechung zur Rom II-VO als Teil des Haftungsumfangs nach dem Deliktsstatut.[34] Die explizite oder implizite Behauptung des Klägers, dass ihm ein Zinsanspruch zustehe, ist eine Rechtsbehauptung, die keines Bestreitens bedarf. Das Gericht muss daher von Amts wegen das für den Zinsanspruch maßgebende ausländische Recht ermitteln, wenn ein Zinsanspruch geltend gemacht wird.[35] 17

Die **Kostenpauschale,** die in Schadensersatzklagen vor deutschen Gerichten nach Verkehrsunfällen standardmäßig geltend gemacht wird, unterliegt nach lit. a ebenfalls dem Deliktsstatut, so dass auch insoweit ggf. ein ausländisches Recht zum Zuge kommt. Während das ausländische Deliktsstatut über das „Ob“ der Erstattung von Kosten der Schadensabwicklung entscheidet,[36] ist die **Pauschalierung** solcher Kosten nach hM prozessrechtlich zu qualifizieren und unterliegt im deutschen Prozess somit der tatrichterlichen Schätzung nach § 287 ZPO.[37] 18

b) Haftungsausschluss und -beschränkung, Mitverschulden. Das Statut des außervertraglichen Schuldverhältnisses ist maßgebend für Haftungsausschlüsse und -beschränkungen sowie für die Beurteilung des Mitverschuldens, dh der Teilung der Haftung **(lit. b).** 19

aa) Ausschlussgründe. Die Materialien zur Rom II-VO erwähnen als mögliche Gründe für einen Haftungsausschluss höhere Gewalt, Notstand, mitwirkendes Verschulden des Geschädigten oder eines Dritten, Unzulässigkeit von Klagen zwischen Ehegatten und Haftungsprivilegien 20

---

28 Hintergründe bei *R. Wagner* FS Kropholler, 2008, 715 (730 f.).

29 BeckOK BGB/*Spickhoff* EGBGB Art. 40 Rn. 10; Erman/*Stürner* EGBGB Art. 40 Rn. 41.

30 PWW/*Schaub* Rn. 2; Rauscher/*Picht* Rn. 8; *Bernitt,* Die Anknüpfung von Vorfragen im europäischen Kollisionsrecht, 2010, 146 f.; *Dickinson* The Rome II Regulation Rn. 14.09; *Heiss/Loacker* JBl. 2007, 613 (645); *G. Wagner* IPRax 2008, 1 (15).

31 Erman/*Stürner* Rn. 3a; NK-BGB/*Nordmeier* Rn. 7; zum dt. IPR BGH NJW 2005, 356; 2007, 2113; 2008, 147; OLG Nürnberg NZV 2007, 205; *Heß/Burmann* NJW-Spezial 2007, 212; *Heß/Burmann* NJW 2008, 808 (811).

32 KOM(2003) 427 endg., 26; s. zum Haftungsumfang bei Leasing BGH NJW 2007, 3120 = NZV 2007, 610 mAnm *Heß* = r+s 2007, 436 mAnm *Lemcke;* allg. *v. Domarus,* Int. Arzthaftungsrecht nach Inkrafttreten der Rom I- und Rom II-Verordnung, 2013, 97.

33 EuGH NJW 2016, 1005 Rn. 52 f. = NZV 2016, 217 = IPRax 2017, 400 m. Aufs. *Martiny* IPRax 2017, 360; s. auch *Lehmann/Ungerer* GPR 2017, 134 – ERGO Insurance.

34 OLG Saarbrücken BeckRS 2019, 7852 Rn. 47 = IPRax 2021, 166 m. Aufs. *Kronenberg* IPRax 2021, 166; LG Saarbrücken NJW 2015, 2823 unter II 7a; LG Düsseldorf IPRspr 2011, 92; AG Frankenthal NJW-RR 2015, 544 (546).

35 OLG Celle BeckRS 2021, 15996 Rn. 43 f.: Haushaltsführungsschaden nebst Verzinsung nach franz. Recht; ausf. *Rauscher* FS Becker-Eberhard, 2022, 457 (475 f.).

36 LG Saarbrücken NJW-RR 2012, 886 unter II 3 = IPRax 2014, 180 m. zust. Aufs. *Eichel* IPRax 2014, 156; zum Ersatz vorgerichtlicher Anwaltskosten nach niederländischem, österreichischem und schweizerischem Recht *Hohloch* RabelsZ 84 (2020), 141 (143).

37 *Rauscher* FS Becker-Eberhard, 2022, 457 (474 f.) mN zur Gegenansicht.

bestimmter Personengruppen.[38] Als Haftungsbeschränkung iSd lit. b ist auch die beschränkte Haftung des Halters eines Nutztieres anzusehen (vgl. § 633 S. 2 BGB).

Beispiel:
Einen Fall der **Teilung der Haftung** iSd lit. b bejaht der EuGH, wenn ein Gespann aus LKW und Anhänger, die verschiedenen Haltern gehören, einen Unfall verursacht.[39]

21 **bb) Mitverschulden.** Der wichtigste Fall der Haftungsbeschränkung ist das Ob und Wie der Berücksichtigung eines mitwirkenden Verschuldens iSd § 254 BGB. Dass lit. b auch das Mitverschulden umfasst, ergibt sich nicht aus dem Tatbestandsmerkmal „Teilung der Haftung", denn ein Mitverschulden des Geschädigten macht diesen nicht zum Haftenden, sondern aus dem Tatbestandsmerkmal „Beschränkung der Haftung": Ein Verursachungsbeitrag des Unfallgegners von zB 40 % „beschränkt" die Haftung des anderen auf 60 %.[40] Die Regelung zu lit. b findet eine **Ergänzung in lit. h,** der gegen den Schadensersatzanspruch gerichtete Einwendungen und Einreden erfasst (→ Rn. 43).

22 **c) Haftungsausfüllender Tatbestand (Schadensrecht).** Das Vorliegen sowie die Art und die Bemessung des zu ersetzenden Schadens (engl. *damage*) oder einer anderen geschuldeten Wiedergutmachung (engl. *remedy*) ist ebenfalls dem Statut des außervertraglichen Schuldverhältnisses zu entnehmen **(lit. c).**

23 **aa) Sinn und Zweck der Regelung.** Die Vorschrift umfasst den gesamten haftungsausfüllenden Tatbestand,[41] so dass sich eine Überschneidung mit lit. a (Variante „Umfang der Haftung") ergibt (→ Rn. 16). Eine verfahrensrechtliche Qualifikation der Schadensbemessung *(quantification of damages)* ist demnach ausgeschlossen.[42] Lit. c ist nicht nur eine Absage an die Sonderanknüpfung der Haftungsfolgen (→ Rn. 8 aE) in Gestalt einer sog. „folgenorientierten Auflockerung des Deliktsstatuts",[43] sondern auch eine Absage an den englischen Ansatz, die Bemessung des Schadensersatzes nicht nach der *lex causae,* sondern nach der *lex fori* zu beurteilen.[44]

24 **bb) Keine gespaltene Anknüpfung.** Ebenso wie im deutschen IPR (→ EGBGB Art. 40 Rn. 107) gibt es folglich auch nach der Rom II-VO keine gespaltene Anknüpfung des haftungsbegründenden und des haftungsausfüllenden Tatbestands. Durch die Wortwahl „Art und Bemessung des Schadens oder der geforderten Wiedergutmachung" (lit. c) ist sichergestellt, dass auch die Frage „Naturalrestitution oder Geldersatz" und die anzuwendende **Berechnungsmethode** dem Statut des außervertraglichen Schuldverhältnisses (und nicht der *lex fori*) unterliegen.[45] Das angerufene Gericht hat die Schadensberechnung auch sonst in derselben Weise vorzunehmen wie ein Gericht im Staat der *lex causae.*[46] Ebenso wie bei Rechtsgeschäften nicht zwischen einem Vornahmestatut und einem Wirkungsstatut zu trennen ist, erfolgt auch bei unerlaubten Handlungen keine kollisionsrechtliche Trennung von Haftungsgrund und Haftungsfolgen.

25 **cc) Hintergrund der Regelung.** Die Weichenstellung der Rom II-VO zugunsten einer einheitlichen Anknüpfung von Haftungsgrund und Haftungsfolgen versteht sich nicht von selbst: Das Europäische Parlament kämpfte lange für eine Spezialregelung der Haftung bei Personenschäden, die zunächst auf kollisionsrechtlicher Ebene (Bestimmung des **Haftungsgrunds** nach dem Recht des Unfallorts, Bestimmung des **Haftungsumfangs** nach dem Recht am gewöhnlichen Aufenthaltsort des Unfallopfers),[47] später auf materiellrechtlicher Ebene (Berücksichtigung des Herkunftslands des Opfers bei der Schadensbemessung) verortet sein sollte[48] (→ Art. 30 Rn. 12 ff.). Eine gespaltene

---

[38] KOM(2003) 427 endg., 26; ausf. *Bernitt,* Die Anknüpfung von Vorfragen im europäischen Kollisionsrecht, 2010, 172 ff.; speziell zu Haftungsbeschränkungen in int. Übk. *Hartenstein* TranspR 2008, 143 (153 ff.).

[39] EuGH NJW 2016, 1005 Rn. 52 f. – ERGO Insurance/P & C Insurance.

[40] BeckOGK/*J. Schmidt* Rn. 20 ff.; Rauscher/*Picht* Rn. 10; *Boscović* in Corneloup/Joubert, Le règlement „Rome II" sur la loi applicable aux obligations non contractuelles, 2008, 183 (197); *Zwickel* IPRax 2015, 531 (533).

[41] BeckOGK/*J. Schmidt* Rn. 24 ff.; BeckOK BGB/*Spickhoff* Rn. 6; Soergel/*Pfeiffer* Rn. 33 ff.; *G. Wagner* ZEuP 2015, 869 (877); aus der Sicht des Common Law *Dickinson* The Rome II Regulation Rn. 14.18–14.32.

[42] HK-BGB/*Dörner* Rn. 4; Erman/*Stürner* Rn. 7; Rauscher/*Picht* Rn. 11; *v. Hein* ZEuP 2009, 6 (14); aA PWW/*Schaub* Rn. 4; *Hay* ELF 2007, I-137 (I-148); *Mariottini* Riv. dir. int. priv. proc. 48 (2012), 647 (652).

[43] Krit. BeckOK BGB/*Spickhoff* Rn. 6; *v. Hein* VersR 2007, 440 (444); *G. Wagner* IPRax 2006, 372 (379).

[44] *Espinella Menéndez* Revista española de seguros 2009, 727 (733); *Kadner Graziano* RabelsZ 73 (2009), 1, 68.

[45] Erman/*Stürner* Rn. 7, NK-BGB/*Nordmeier* Rn. 11; jurisPK-BGB/*Engel* Rn. 13; *Eichel* IPRax 2014, 156 (157).

[46] Rauscher/*Picht* Rn. 11; *Sandrini* Riv. dir. int. priv. proc. 49 (2013), 677 (687).

[47] S. nur *v. Hein* FS Kropholler, 2008, 553 (564); *Mariottini* Riv. dir. int. priv. prov. 48 (2012), 647.

[48] Krit. *Mankowski* RIW 2005, 481 (483); *Thiede/Ludwichowska* ZVglRWiss 106 (2007), 92 (97).

Anknüpfung auf kollisionsrechtlicher Ebene wurde vom Rat als systemwidrig abgelehnt, und für eine materiellrechtliche Lösung sah der Rat im EG-Vertrag keine Kompetenzgrundlage.[49]

dd) Ergänzung durch Erwägungsgrund 33. Der Auslöser für das Anliegen des Parlaments, das die aus England stammende Berichterstatterin mit besonderem Nachdruck vertrat,[50] waren Verkehrsunfälle auf dem Kontinent, bei deren rechtlicher Abwicklung geschädigte britische Staatsangehörige nicht die Entschädigungssummen bekommen hatten, auf die sie nach ihrem heimischen Recht einen Anspruch zu haben glaubten. Um das Parlament ruhig zu stellen, wurde im Vermittlungsverfahren – neben einem Untersuchungsauftrag an die EU-Kommission (→ Art. 30 Rn. 12; → Art. 30 Rn. 15) – der **Erwägungsgrund 33** in die Rom II-VO eingefügt.[51] Er hat die **Voraussetzung,** dass sich ein Straßenverkehrsunfall mit Personenschaden in einem anderen Staat als demjenigen ereignet, in welchem das Unfallopfer seinen gewöhnlichen Aufenthalt hat. Liegt diese Voraussetzung vor, soll – so lautet die **Rechtsfolge** – das Gericht im Rahmen des anwendbaren Deliktsstatuts alle relevanten tatsächlichen Umstände des Opfers berücksichtigen, einschließlich Vermögensverlusten, Behandlungs- und Nachsorgekosten. 26

Bei richtiger Lesart führt **Erwägungsgrund 33** nicht – in Abkehr von der ausdrücklichen gegenteiligen Regelung nach lit. c – zu einer Aufspaltung *(dépeçage)* in Haftungsgrund und Haftungsfolgen, sondern zu einer bloßen Berücksichtigung des **Auslandssachverhalts** im Rahmen der Anwendung des materiellen Rechts.[52] Deutsche Gerichte werden damit keine Schwierigkeiten haben: Ebenso wie bei der Ermittlung des merkantilen Minderwerts einer Sache oder der Entschädigung des Nutzungsausfalls die wirtschaftlichen Verhältnisse im **Wohnsitzstaat** berücksichtigt wurden,[53] haben deutsche Gerichte auch bei der Bemessung des immateriellen Schadens die Richtsätze am Ort des gewöhnlichen Aufenthalts des Verletzten beachtet.[54] In Mitgliedstaaten, die **Unfallpauschalen** („Gliedertaxe" oder sog. *baremos* in Spanien und Portugal) im Hinblick auf durchschnittliche lokale Kosten oder Bedürfnisse kennen, ist ebenfalls eine materiell-rechtliche Anpassung an den Auslandssachverhalt geboten.[55] 27

Beispiele:
(1) Nach einem Verkehrsunfall eines in Deutschland ansässigen Kraftfahrers in Polen wird für die erlittenen Verletzungen nach der polnischen *lex causae* (Art. 4 Abs. 1) ein Schmerzensgeld von höchstens 1.500 Euro gewährt, nach der deutschen *lex domicilii* mindestens ein solches von 2.000 Euro. – Das AG Frankenthal sprach 2.000 Euro zu und stützte dieses Ergebnis sowohl auf eine Preisindizierungsklausel des Deliktsstatuts (Art. 363 § 2 poln. ZGB) als auch auf **Erwägungsgrund 33.**[56] Das Ergebnis überzeugt, aber die Begründung nicht: Wenn schon das polnische Recht ein angemessenes Schmerzensgeld „auswirft", bedarf es keiner weiteren Berücksichtigung von Lebensumständen.
(2) Dagegen konnte ein US-amerikanischer Staatsbürger, der seinen Lebensmittelpunkt in Deutschland hatte, in konsequenter Anwendung der vorstehenden Grundsätze vor einem deutschen Gericht keine **Schmerzensgeldaufstockung** mit dem Argument beanspruchen, ihm müsse das Gefühl erspart bleiben, durch das „rückständige deutsche Rechtssystem" – „rückständig" wegen seines im Vergleich zu den USA weitaus geringeren Schmerzensgeldniveaus – benachteiligt zu werden,[57] denn sein Wohnsitzstaat war nicht ein Bundesstaat der USA, sondern Deutschland.

Soweit das anwendbare materielle Haftungsrecht individuelle Anpassungen pauschaler, auf der Basis von Tabellen gewährter Entschädigungen nicht erlaubt, ist jedenfalls an die Anwendung des **ordre public** (Art. 26) zu denken, wenn die Pauschale nach den Standards des Forums völlig unangemessen ist[58] (→ Art. 26 Rn. 19). 28

---

49 *R. Wagner* FS Kropholler, 2008, 715 (722 f.).
50 *Jayme/Kohler* IPRax 2005, 481 (493); *Mankowski* RIW 2005, 481 (482); *G. Wagner* IPRax 2006, 372 (379).
51 S. zu den Hintergründen *R. Wagner* FS Kropholler, 2008, 715 (723); s. ferner *v. Hein* ZEuP 2009, 6 (14); *Kadner Graziano/Oertel* ZVglRWiss 107 (2008), 113 (144).
52 Zutr. OLG Naumburg BeckRS 2015, 19835 = VersR 2016, 265 Rn. 16: keine Abkehr vom Tatortprinzip; idS auch BeckOK BGB/*Spickhoff* Rn. 6; NK-BGB/*Nordmeier* Rn. 14; Rauscher/*Picht* Rn. 12; jurisPK-BGB/*Engel* Rn. 14; *v. Hein* VersR 2007, 440 (443 f.); *Kadner Graziano* RabelsZ 73 (2009), 1 (14 ff.); *Rentsch* GPR 2015, 191 (194); *Sonnentag* ZVglRWiss 105 (2006), 256 (293–294).
53 OLG München VersR 1984, 745 (746) mAnm *Mansel.*
54 OLG Naumburg BeckRS 2015, 19835 = VersR 2016, 265 Rn. 18 ff.; s. auch BGHZ 93, 214 (218) = IPRax 1986, 108 m. Aufs. *v. Hoffmann* IPRax 1986, 90 = JZ 1985, 441 mAnm *W. Lorenz* = JR 1985, 371 mAnm *Hohloch* = IPRspr. 1985 Nr. 37; OLG Celle IPRax 1982, 203 Ls. mAnm *Jayme* = IPRspr. 1982 Nr. 26; OLG Köln VersR 1993, 977 = IPRspr. 1993 Nr. 39.
55 Allg. *Adensamer* ZVR 2006, 523; *Kadner Graziano* RabelsZ 73 (2009), 1 (16 f.); *Malatesta* Riv. dir. int. priv. proc. 42 (2006), 47 (55–58).
56 AG Frankenthal NJW-RR 2015, 544 (545 f.).
57 OLG Koblenz NJW-RR 2002, 1030 (1031) = IPRspr. 2001 Nr. 41; s. auch KG NJW-RR 2002, 1031 = IPRspr. 2001, Nr. 37.
58 *Kadner Graziano/Oertel* ZVglRWiss 107 (2008), 113 (147).

29 **ee) Anknüpfung von Vorfragen.** Unbeschadet der Regelung in lit. c sind im haftungsausfüllenden Tatbestand des Delikts **Vorfragen** zu beachten (→ Vor Art. 1 Rn. 33 ff.). ZB richtet sich zwar der **Ersatz eines Unterhaltsschadens** (vgl. § 844 Abs. 2 BGB) gemäß lit. c nach dem Deliktsstatut. Ob und in welcher Höhe jedoch ein Unterhaltsanspruch bestanden hätte, bestimmt das – als Vorfrage selbständig anzuknüpfende – Unterhaltsstatut.[59] Entsprechendes gilt zB für den **Ersatz der Beerdigungskosten** eines getöteten Unfallopfers (vgl. § 844 Abs. 1 BGB): Das Erbstatut bestimmt, wer die Kosten der Bestattung trägt; das Deliktsstatut regelt, in welchem Umfang der Schädiger dieser Person zum Ersatz der Bestattungskosten verpflichtet ist.[60]

30 **d) Unterlassungs-, Beseitigungs- und Auskunftsansprüche.** In den Geltungsbereich des nach Art. 4–12, 14 anzuwendenden Rechts gehören auch die Maßnahmen, die ein Gericht innerhalb der Grenzen seiner verfahrensrechtlichen Befugnisse zur Vorbeugung, zur Beendigung oder zum Ersatz des Schadens anordnen kann **(lit. d).**

31 **aa) Vorbeugung und Beendigung.** Mit den Maßnahmen zur **Vorbeugung des Schadens** sind Unterlassungsansprüche gemeint.[61] Maßnahmen zur **Beendigung des Schadens** (englisch: *measures to terminate damage*) sind auch Maßnahmen zur Beendigung des Fortwirkens einer Rechtsgutverletzung, also Beseitigungsanordnungen iwS.[62]

32 **bb) Ersatz des Schadens.** Mit den Maßnahmen zum **Ersatz des Schadens** (englisch: *measures to ensure the provision of compensation*) sind Gegendarstellungen angesprochen (im autonomen dt. IPR → EGBGB Art. 40 Rn. 91 ff.), die freilich wegen der Bereichsausnahme des Art. 1 Abs. 2 lit. g kaum praktische Relevanz haben. Ihre Grenze findet die Anwendung der *lex causae* auf gerichtliche Maßnahmen, wie lit. d zu Recht betont, im Verfahrensrecht des Forums.[63]

33 **e) Übertragbarkeit und Vererbbarkeit des Anspruchs.** Das Deliktsstatut entscheidet nach der Rom II-VO, ebenso wie nach dem deutschen IPR (→ EGBGB Art. 40 Rn. 106), sowohl über die vertragliche als auch über die gesetzliche Übertragbarkeit von Ansprüchen aus unerlaubter Handlung **(lit. e).**

34 **aa) Umfang des Deliktsstatuts.** Ob Ansprüche des Verletzten aus unerlaubter Handlung mit dessen Tod untergehen oder ob (und ggf. unter welchen Voraussetzungen) sie vererbbar sind, richtet sich folglich nach dem Deliktsstatut.[64] Die Vererbbarkeit behandelt die Frage, ob Ansprüche aus einem außervertraglichen Schuldverhältnis kraft gesetzlicher oder gewillkürter Erbfolge auf den oder die Erben übergehen können.[65]

Beispiel:
Der BGH hat in einem Rechtsstreit der Ehefrau und Alleinerbin des während des Berufungsverfahrens verstorbenen vormaligen Bundeskanzlers Dr. Helmut Kohl entschieden, ein Anspruch auf Geldentschädigung wegen Verletzung des Persönlichkeitsrechts durch Veröffentlichung der sog. **Kohl-Protokolle** werde erst mit Rechtskraft des Urteils vererbbar, das die Geldentschädigung zuspreche; ein nur vorläufig vollstreckbares Urteil genüge nicht.[66] – Wäre die Rom II-VO auf diesen Fall anwendbar (vgl. Art. 1 Abs. 2 lit. g), so wäre der Fall ein Anwendungsfall des Art. 15 lit. e. Ein ausländisches Erbstatut, da die Vererbbarkeit eines solchen Anspruchs zulässt,[67] würde der Witwe nicht helfen.

35 **bb) Erbstatut, Zessionsstatut.** Die **Frage der Erbberechtigung** beantwortet dagegen das Erbstatut[68] (zur Anknüpfung von Vorfragen → Vor Art. 1 Rn. 33 ff.). Ob ein Anspruch aus einem außervertraglichen Schuldverhältnis rechtsgeschäftlich übertragbar ist, bestimmt das Statut des außer-

[59] OLG Frankfurt zfs 2004, 452 (454); BeckOK BGB/*Spickhoff* Rn. 6; Rauscher/*Picht* Rn. 11; *Nordmeier* IPRax 2011, 292 (296 ff.); ausf. *Bernitt*, Die Anknüpfung von Vorfragen im europäischen Kollisionsrecht, 2010, 196–203.

[60] Beispiel nach *Junker* JZ 2008, 169 (177); ausf. *Bernitt*, Die Anknüpfung von Vorfragen im europäischen Kollisionsrecht, 2010, 203–207.

[61] BeckOGK/*J. Schmidt* Rn. 33 ff.; BeckOK BGB/*Spickhoff* Rn. 107; Soergel/*Pfeiffer* Rn. 49 ff.; Rauscher/*Picht* Rn. 13; *v. Hein* ZEuP 2009, 6 (14).

[62] PWW/*Schaub* Rn. 5; *Kreuzer* in Reichelt/Rechberger EuropKollisionsR 13 (48).

[63] NK-BGB/*Nordmeier* Rn. 17; PWW/*Schaub* Rn. 5.

[64] Zum portugiesischen Recht *Jayme/Nordmeier* IPRax 2024, 66 (67).

[65] BeckOGK/*J. Schmidt* Rn. 42; Soergel/*Pfeiffer* Rn. 54 ff.; Erman/*Stürner* Rn. 6; Rauscher/*Picht* Rn. 14.

[66] BGHZ 232, 68 = NJW 2022, 868 m. abl. Anm. *Gsell* = JZ 2022, 247 m. abl. Anm. *Schack;* dort auch allg. zur Vererbbarkeit von Schmerzensgeldansprüchen.

[67] Zum portugiesischen Recht *Jayme/Nordmeier* IPRax 2024, 66 (67).

[68] KOM(2003) 427 endg., 26; ausf. *Bernitt*, Die Anknüpfung von Vorfragen im europäischen Kollisionsrecht, 2010, 203–207.

vertraglichen Schuldverhältnisses.[69] Die **Regeln der Übertragung** selbst richten sich dagegen nach dem Zessionsstatut.

f) Anspruchsberechtigte. Das auf außervertragliche Schuldverhältnisse anzuwendende Recht ist „maßgebend für die Personen" – genauer: maßgebend für die Bestimmung der Personen –, die Anspruch auf Ersatz eines persönlich erlittenen Schadens haben **(lit. f).** 36

aa) Art des Schadens. Der Schaden, den die Anspruchsteller erlitten haben, kann **immateriell** sein, zB verursacht durch die Trauer über den Verlust eines nahen Angehörigen, oder **materiell,** zB in Gestalt eines Unterhaltsschadens der Kinder oder des Ehepartners des Verstorbenen. Nach den Materialien zur Rom II-VO muss das Deliktsstatut die Antwort auf die Frage geben, ob eine andere als die unmittelbar geschädigte Person den Ersatz eines mittelbaren Schadens verlangen kann.[70] 37

Beispiel:
Der EuGH leitet aus lit. f iVm den Materialien ab, dass ein **Schockschaden,** den jemand im Staat A beim Unfalltod eines nahen Verwandten im Staat B erlitten hat, eine mittelbare (und damit für die Anknüpfung irrelevante) Schadensfolge iSd Art. 4 Abs. 1 darstellt[71] (→ Art. 4 Rn. 39 ff.).

bb) Mittelbar Geschädigte. Die Weichenstellung der lit. f zugunsten des Deliktsstatuts betrifft somit vor allem materielle und immaterielle Einbußen von mittelbar Geschädigten.[72] Setzt die Anspruchsberechtigung nach dem Deliktsstatut ein **besonderes Rechtsverhältnis** zum Verletzten voraus (zB Ehe, Verwandtschaft), wird die Frage nach dem Bestehen dieses Rechtsverhältnisses als **Vorfrage** gesondert angeknüpft. Das gilt auch und gerade für die Frage nach der Unterhaltsberechtigung oder -verpflichtung (zur Anknüpfung von Vorfragen → Vor Art. 1 Rn. 33 ff.). 38

g) Haftung für Dritte. Dem Statut des außervertraglichen Schuldverhältnisses sind die Regeln über die Haftung für Handlungen zu entnehmen, die von einem anderen begangen wurden **(lit. g).**[73] 39

aa) Beziehung. Das für den unmittelbar Handelnden – zB den Arbeitnehmer, den Verrichtungsgehilfen oder den Aufsichtsbedürftigen (vgl. §§ 831, 832 BGB) – maßgebende Deliktsstatut entscheidet auch darüber, ob eine **andere Person** – zB der Arbeitgeber, der Geschäftsherr oder der Aufsichtspflichtige – für Handlungen des Ersttäters einstehen muss.[74] Setzt die Einstandspflicht nach dem Deliktsstatut nicht bloß eine **tatsächliche Beziehung** voraus (zB Geschäftsherr – Verrichtungsgehilfe), sondern eine **rechtliche Verbindung** (zB Eltern – Kind), wird die Frage nach dem Bestehen dieses Rechtsverhältnisses als **Vorfrage** gesondert angeknüpft[75] (→ Vor Art. 1 Rn. 33 ff.). 40

bb) Zurechnung. Auch die Frage, unter welchen Voraussetzungen das von einer natürlichen Person (zB als Organ oder als Verrichtungsgehilfe) begangene Delikt haftungsrechtlich einer **juristischen Person** (oder einer nichtrechtsfähigen Personenvereinigung) zugerechnet werden kann, beantwortet das Deliktsstatut.[76] Ob der Täter als Verrichtungsgehilfe oder Organ anzusehen ist und ob er in dieser Eigenschaft gehandelt hat, beurteilt sich ebenfalls nach dem Deliktsstatut. 41

Die Rechtsstellung des Handelnden, die ihm das Bestellungs- oder Gesellschaftsstatut zuerkennt, ist bei der Anwendung des Deliktsstatuts als **Auslandssachverhalt** zu berücksichtigen. Eine Ausnahme gilt, wenn ein Organ der Gesellschaft Pflichten verletzt, die speziell aus dieser Funktion 42

---

[69] BeckOGK/*J. Schmidt* Rn. 40 f.; NK-BGB/*Nordmeier* Rn. 18; *Huber/Bach* Rn. 17; PWW/*Schaub* Rn. 6; krit. *Heiss/Loacker* JBl. 2007, 613 (639).

[70] KOM(2003) 427 endg., 26; ausf. BeckOGK/*J. Schmidt* Rn. 43 ff.; Soergel/*Pfeiffer* Rn. 58 ff.; Rauscher/*Picht* Rn. 15; *Jayme/Nordmeier* IPRax 2024, 66 (67); für eine selbständige Anknüpfung *Kadner Graziano* RabelsZ 73 (2009), 1 (31 ff.); *Rushworth/Scott* Lloyd's M. C. L. Q. 2008, 274 (278 f.); zu Schadensersatzansprüchen mittelbar Geschädigter nach franz. Recht s. *Kreße* ZEuP 2014, 504.

[71] EuGH NJW 2016, 446 mAnm *Staudinger* = RIW 2016, 225 mAnm *Kadner Graziano* = JZ 2016, 308 mAnm *Mankowski* Rn. 26 f. – Lazar/Allianz SpA; zust. *Rieländer* RabelsZ 81 (2017), 344 (356).

[72] BeckOK BGB/*Spickhoff* Rn. 9; HK-BGB/*Dörner* Rn. 7; NK-BGB/*Nordmeier* Rn. 20; Erman/*Stürner* Rn. 18; jurisPK-BGB/*Engel* Rn. 19; *Staudinger* IPRax 2011, 229 (232); *G. Wagner* ZEuP 2015, 869 (877).

[73] Rechtsvergleichend *Albrecht,* Die deliktische Haftung für fremdes Verhalten im französischen und deutschen Recht, 2013.

[74] BeckOGK/*J. Schmidt* Rn. 47 ff.; Soergel/*Pfeiffer* Rn. 64 ff.; NK-BGB/*Nordmeier* Rn. 22; HK-BGB/*Dörner* Rn. 8; *Huber/Bach* Rn. 21 f.; Erman/*Stürner* Rn. 19; jurisPK-BGB/*Engel* Rn. 21; zur deliktischen Haftung juristischer Personen für ihre Organe s. *M. Weller* ZVglRWiss 112 (2013), 89 (98).

[75] BeckOK BGB/*Spickhoff* Rn. 10; Rauscher/*Picht* Rn. 16; zum dt. Recht RGZ 19, 382; 37, 181; BGHZ 80, 1 = VersR 1981, 458; Staudinger/*v. Hoffmann,* 2007, EGBGB Vor Art. 40 Rn. 29, 30.

[76] Rauscher/*Picht* Rn. 16; Fleischer/Mankowski/*Mankowski,* 2023, Einl. LkSG Rn. 492; zum dt. IPR BGHZ 25, 127 = NJW 1957, 1435; OLG Köln NJW-RR 1998, 756 = IPRspr. 1998 Nr. 40; Staudinger/*v. Hoffmann,* 2007, EGBGB Vor Art. 40 Rn. 31.

erwachsen. In diesem Fall richtet sich die Haftung des handelnden Organs und der Gesellschaft nach dem Gesellschaftsstatut, auch wenn die Bereichsausnahme des Art. 1 Abs. 2 lit. d (→ Art. 1 Rn. 49 ff.) nicht einschlägig ist.

43 **h) Einwendungen und Einreden, Vergleich.** Schließlich gibt das einheitliche Statut Maß für die Bedingungen des Erlöschens von Verpflichtungen (zB durch Erfüllung) sowie für die Vorschriften über Verjährung, Verwirkung und Fatalfristen **(lit. h).**

44 **aa) Erfasste Gegenstände.** Es spielt für die Regelung nach lit. h, die mit derjenigen zu lit. b korrespondiert (→ Rn. 19), keine Rolle, ob die fragliche „Bedingung" von Amts wegen oder nur auf Einrede zu berücksichtigen ist, ob sie den Anspruch vernichtet oder nur seiner Durchsetzung entgegensteht.[77] Beruht eine Einwendung oder Einrede nicht auf **Gesetz,** sondern auf Parteivereinbarung (insbesondere **Vergleich**), so ist zu unterscheiden: Ob eine Verpflichtung aus einem außervertraglichen Schuldverhältnis einem Verzicht, Erlass oder Vergleich zugänglich ist, bestimmt das Statut dieses Schuldverhältnisses. Der Vergleichs-, Erlass- oder Verzichtsvertrag als solcher unterliegt dagegen als vertragliches Schuldverhältnis der Rom I-VO.[78]

45 **bb) Hauptfall Verjährung.** Erhebliche Auswirkungen in der Praxis hat es, dass lit. h – ebenso wie das deutsche IPR[79] (→ EGBGB Art. 40 Rn. 102) – auch die Verjährung dem Deliktsstatut unterwirft, was der EuGH in seinem FTGI-Urteil noch einmal ausdrücklich bekräftigt hat.[80] Die Verjährungsfristen in den **Mitgliedstaaten** der EU reichen (für ein und dasselbe Delikt) von einem Jahr im spanischen Recht (Art. 1968 Código civil) bis zu zehn Jahren (oder mehr) im französischen Recht (Art. 2270-1 Code civil).[81] Für unangemessen wird von manchen die spanische Regelung gehalten; man sollte die Dinge aber nicht dramatisieren.[82] Disparat ist auch die Rechtslage in Bezug auf die Verjährung in **Drittstaaten.**

Beispiel:
Das Recht von Japan differenziert zB zwischen einer kurzen deliktischen Verjährungsfrist von drei Jahren ab Kenntnis von Schaden und Schädiger (Art. 724 S. 1 jap. Zivilgesetz [ZG]) und einer kenntnisunabhängigen Frist von 20 Jahren (Art. 724 S. 2 ZG),[83] bei der streitig war, ob es sich um eine Verjährungs- oder eine Ausschlussfrist handelt[84] (bedeutsam für die Möglichkeit der Hemmung oder Unterbrechung der Frist). Die am 1.4.2020 in Kraft getretene Reform des jap. ZG[85] entscheidet, was bei der Anknüpfung nach Art. 15 lit. h zu beachten ist explizit zugunsten einer verjährungsrechtlichen Qualifikation.[86]

46 **cc) Keine Alternativanknüpfung.** Nicht durchgesetzt hat sich bei Schaffung der Rom II-VO der Vorschlag, im Interesse des Opferschutzes die Verjährung nach dem **Günstigkeitsprinzip** alternativ dem Deliktsstatut oder dem des gewöhnlichen Aufenthalts des Verletzten zu unterstellen.[87] *De lege lata* ist somit in Bezug auf die Verjährung von Ansprüchen aus unerlaubter Handlung **allein das Deliktsstatut** maßgebend.[88] In besonders krassen Fällen mag ein Verstoß der ausländischen Verjährungsvorschrift gegen den **ordre public (Art. 26)** in Betracht kommen.[89] *De lege ferenda* hat die Europäische Kommission im Jahr 2011 eine Abkehr von der bisherigen Anknüpfung der Verjährung speziell bei **grenzüberschreitenden Verkehrsunfällen** erwogen, da es ungerecht sei, dass Geschädigte aus einem Mitglied-

---

77 BeckOGK/*J. Schmidt* Rn. 53 ff.; Soergel/*Pfeiffer* Rn. 68 ff.; jurisPK-BGB/*Engel* Rn. 22; NK-BGB/*Nordmeier* Rn. 23; s. auch *Gebauer* JbItalR 27 (2014), 57 (67 f.); *Staudinger/Friesen* VersR 2016, 768 (769).

78 NK-BGB/*Nordmeier* Rn. 27; HK-BGB/*Dörner* Rn. 9; Rauscher/*Picht* Rn. 17.

79 BGHZ 71, 175 (176 f.) = NJW 1978, 1426; BGH IPRax 1981, 99 m. Aufs. *E. Lorenz* IPRax 1981, 85 = IPRspr. 1980 Nr. 49b; Erman/*Stürner* EGBGB Art. 40 Rn. 60; Staudinger/*v. Hoffmann,* 2007, EGBGB Vor Art. 40 Rn. 46.

80 EuGH NJW-RR 2023, 940 Rn. 20 = VersR 2023, 848 – FTGI; zuvor nochmals krit. *Kadner Graziano* ZEuP 2021, 668 (678).

81 *Kadner Graziano* RIW 2007, 336 (337); *Kadner Graziano* RabelsZ 72 (2009), 1 (68); zum franz. Verjährungsrecht *Kleinschmidt* RIW 2008, 590; zum schweizerischen Verjährungsrecht *Krauskopf/Stoppelhaar* ZEuP 2022, 608.

82 Vgl. *Kadner Graziano* ZEuP 2021, 668: „keine Rettung in Sicht".

83 *Yamamoto,* Basic Features of Japanese Tort Law, 2019, 171–183.

84 *Baum* RabelsZ 84 (2020), 170 (172).

85 Abgedruckt in ZJapanR 45 (2018), 183 ff.; s. auch *Yamamoto* ZJapanR 45 (2018), 177.

86 *Baum* RabelsZ 84 (2020), 170 (172); *Remien* ZJapanR 47 (2019), 231; ausf. *Wrbka* ZfRV 2018, 216.

87 *Kadner Graziano/Oertel* ZVglRWiss 107 (2008), 113 (145); krit. Rauscher/*Picht* Rn. 17; *v. Hein* ZEuP 2009, 6 (14); *R. Wagner/Winkelmann* RIW 2012, 277 (281).

88 EuGH EuZW 2019, 134 Rn. 33 = VersR 2019, 822 – da Silva Martins/Dekra; BeckOGK/*J. Schmidt* Rn. 54; Rauscher/*Picht* Rn. 17; *v. Domarus,* Int. Arzthaftungsrecht nach Inkrafttreten der Rom I- und Rom II-Verordnung, 2013, 98.

89 Zu Recht zurückhaltend *Kadner Graziano* ZEuP 2021, 668 (687 f.); *Remien* FS Huber, 2020, 455 (464).

staat mit langer Verjährungsfrist nach Art. 4 Abs. 1 iVm Art. 15 lit. h den kürzeren Verjährungsfristen des Tatortrechts ausgesetzt seien.[90] Dieser Vorstoß fand wenig Resonanz.

Gegen die **Sonderanknüpfung der Verjährung** von Schadensersatzansprüchen aus (Straßen-) Verkehrsunfällen – Verjährungsregeln als Eingriffsnormen des Forumstaats **(Art. 16)** – lassen sich zahlreiche Argumente vorbringen. Schon die Prämisse der Befürworter, kurze Verjährungsfristen in der nationalen Gesetzgebung seien für inländische Situationen gedacht,[91] vermag im Zeitalter des elektronischen Rechtsverkehrs nicht zu überzeugen.[92] Für eine Fortentwicklung des Opferschutzes scheint eine Angleichung des materiellen Rechts der Verjährung besser geeignet.[93] 47

3. Ausblick. Weitere Ausprägungen des **Grundsatzes der Statutseinheit** – der einheitlichen Anknüpfung von Voraussetzungen und Wirkungen eines außervertraglichen Schuldverhältnisses (→ Rn. 8 f.) – sind **Art. 20,** wonach das Rom II-Statut auch bestimmt, inwieweit einem Gesamtschuldner, der den Gläubiger befriedigt, Regressansprüche gegen die übrigen Gesamtschuldner zustehen (→ Art. 20 Rn. 16), und **Art. 22 Abs. 1,** wonach gesetzliche Vermutungen ebenso wie Beweislastregeln dem Statut des außervertraglichen Schuldverhältnisses unterliegen (→ Art. 22 Rn. 6; → Art. 22 Rn. 11). 48

IV. Durchbrechungen der Statutseinheit

Durchbrechungen des Prinzips der Statutseinheit ergeben sich außerhalb des Art. 15 durch die selbständige Anknüpfung von Vorfragen (→ Vor Art. 1 Rn. 33 ff.), eine Teilrechtswahl der Parteien (→ Art. 14 Rn. 46), die Berücksichtigung örtlicher Sicherheits- und Verhaltensregeln (Art. 17) sowie die Sonderanknüpfung von Eingriffsnormen (Art. 16) und die Heranziehung des ordre public gemäß Art. 26[94] (zur Anwendung der ordre public-Klausel bei unzureichendem Schadensersatz → Rn. 28). 49

Art. 16 Rom II-VO Eingriffsnormen

Diese Verordnung berührt nicht die Anwendung der nach dem Recht des Staates des angerufenen Gerichts geltenden Vorschriften, die ohne Rücksicht auf das für das außervertragliche Schuldverhältnis maßgebende Recht den Sachverhalt zwingend regeln.

Schrifttum: s. auch Vor Art. 1; älteres Schrifttum 6. Aufl. 2015, Art. 16; *Arif,* Eingriffsnormen und öffentlich-rechtliche Genehmigungen unter der Rom II-VO, ZfRV 2011, 258; *Freitag,* Ausländische Eingriffsnormen vor deutschen Gerichten, NJW 2018, 430; *Fuentes Mañas,* La regla Lex Loci Delicti Commissi y normas localizadoras especiales en el reglamento „Roma", Anuario Español de Derecho Internacional Privado 2007, 341; *Gernert,* Auswirkungen des Helms-Burton-Act und die EU-Blocking-Verordnung auf europäische Verfahren, IPRax 2020, 170; *Günther,* Die Anwendbarkeit ausländischer Eingriffsnormen im Lichte der Rom I- und Rom II-Verordnungen, 2011; *Kadner Graziano,* Kurze Verjährungsfristen in grenzüberschreitenden Haftungsfällen: noch keine Rettung in Sicht (de lege lata) und fünf Lösungsoptionen (de lege ferenda), ZEuP 2021, 668; *Muir Watt,* Rome II et les „interêts gouvernementaux": Pour une lecture fonctionnaliste du nouveau règlement du conflits de lois en matière delictuelle, in Corneloup/Joubert (Éd.), Le règlement communautaire „Rome II" sur la loi applicable aux obligations non contractuelles, 2008, 129; *Remien,* Variationen zum Thema Eingriffsnormen nach Art. 9 Rom I-VO und Art. 16 Rom II-VO unter Berücksichtigung neuerer Rechtsprechung zu Art. 7 Römer Übereinkommen, FS v. Hoffmann, 2011, 334; *Remien,* Europäische Straßenverkehrsunfälle zwischen klassischem IPR, Eingriffsnormen nach Art. 16 Rom II-Verordnung und Rechtsangleichung, FS Huber, 2020, 455; *Schramm,* Ausländische Eingriffsnormen im Deliktsrecht – Ein Beitrag zu Art. 19 IPRG und Art. 12 Abs. 1 des Entwurfs einer Rom II-Verordnung, 2005.

Übersicht

[90] Europäische Kommission: „Verjährung der Schadensersatzansprüche von Opfern bei grenzüberschreitenden Verkehrsunfällen in der EU", http://www.ec.europa.eu/justice; zur Vorgeschichte KOM(2011) 274 endg., 11; *Mansel/Thorn/Wagner* IPRax 2012, 1 (8 f.); *Mansel/Thorn/Wagner* IPRax 2013, 1 (10, 11).

[91] *Kadner Graziano* ZEuP 2021, 668 (678).

[92] Ausf. *R. Wagner/Winkelmann* RIW 2012, 277; erneuter Vorstoß von *Kadner Graziano* ZEuP 2021, 668 (682 ff.).

[93] Weiterführende Vorschläge bei *Kadner Graziano* ZEuP 2021, 668 (691 ff.).

[94] BeckOGK/*J. Schmidt* Rn. 63; Soergel/*Pfeiffer* Rn. 9; *v. Bar/Mankowski* IPR I § 7 Rn. 265; ausf. Fleischer/Mankowski/*Mankowski,* 2023, Einl. LkSG Rn. 438 ff.; s. auch *Thomale/Hübner* JZ 2017, 385 (392 f.).

I. Allgemeines

1 **1. Normzweck.** Art. 16 gestattet die Anwendung der sog. **international zwingenden Vorschriften** des Staates des angerufenen Gerichts (= des Forumstaates). International zwingend sind Vorschriften, die (a) im normsetzenden Staat nicht dispositiv sind, dh nicht durch Parteivereinbarung abbedungen werden können (einfach zwingende Normen), und (b) darüber hinaus unabhängig davon, welche Rechtsordnung nach den Kollisionsnormen des IPR anzuwenden ist, nach dem Willen des Gesetzgebers den Sachverhalt oder einen Sachverhaltsteil zwingend regeln sollen (→ Rn. 14).

2 Die Überschrift der deutschen Fassung des Art. 16 bezeichnet solche Vorschriften – entsprechend der herkömmlichen Terminologie im deutschsprachigen Raum, die durch die Rom II-VO erstmals Eingang in die europäische Rechtssprache fand[1] – als **Eingriffsnormen.** Die von Art. 16 aus Gründen des öffentlichen Interesses ermöglichte **Anwendung** solcher Eingriffsnormen kann sowohl im Wege kollisionsrechtlicher **Sonderanknüpfung** als auch durch bloße **Berücksichtigung** dieser Vorschriften im Rahmen des anwendbaren materiellen Rechts – wie bei Art. 17 – geschehen (allg. → Einl. IPR Rn. 286 ff.).

3 Die Frage der Anwendung von Eingriffsnormen liegt im Schnittpunkt zwischen dem IPR und dem internationalen öffentlichen Recht (einschließlich des internationalen Strafrechts).[2] Im Rahmen des Art. 16 geht es um einen **Ausschnitt aus dieser Fragestellung,** nämlich um die Rückwirkungen öffentlich-rechtlicher Gebote und Verbote auf außervertragliche Schuldverhältnisse, die eine Verbindung zum Recht verschiedener Staaten aufweisen (Art. 1 Abs. 1).

4 **2. Entstehungsgeschichte.** Art. 16 hat eine wechselvolle Entstehungsgeschichte. Der „Professorenentwurf" der „Europäischen Gruppe für IPR" vom 27.9.1998 (→ Vor Art. 1 Rn. 12 f.) enthielt, ebenso wie die am 1.6.1999 in Deutschland in Kraft getretene IPR-Reform,[3] wohl wegen der (unterstellten) geringen Praxisrelevanz der Thematik im Recht der außervertraglichen Schuldverhältnisse[4] keine Bestimmung über die Behandlung von Eingriffsnormen im IPR der außervertraglichen Schuldverhältnisse. Der **Vorentwurf vom 3.5.2002** (→ Vor Art. 1 Rn. 15 ff.)

[1] BeckOGK/*Maultzsch* Rn. 1; BeckOK BGB/*Spickhoff* Rn. 1; Soergel/*Pfeiffer* Rn. 2; jurisPK-BGB/*Engel* Rn. 1; Erman/*Stürner* Rn. 4; *v. Bar/Mankowski* IPR II § 2 Rn. 557; *Schramm,* Ausländische Eingriffsnormen im Deliktsrecht, 2005, 5 f.; *Arif* ZfRV 2011, 258 (259); *Knöfel* RdA 2006, 269 (271); *Mankowski* IHR 2008, 133 (146).

[2] BeckOGK/*Maultzsch* Rn. 12.1; BeckOK BGB/*Spickhoff* Rn. 3; Soergel/*Pfeiffer* Rn. 4; Rauscher/*Picht* Rn. 1 ff.; Erman/*Stürner* Rn. 5; *Gernert* IPRax 2020, 170 (173); *Kadner Graziano* ZEuP 2021, 668 (682); *Kühne* FS Deutsch II, 2010, 817 (827 f.); *Rauscher* FS Becker-Eberhard, 2022, 457 (459 f.); *Remien* FS v. Hoffmann, 2011, 334 (346); *Remien* FS Huber 2020, 455 (459 f.).

[3] Gesetz zum Internationalen Privatrecht für außervertragliche Schuldverhältnisse und für Sachen vom 21.5.1999, BGBl. 1999 I 1026.

[4] PWW/*Remien* Rn. 1; *Hohloch* ZEuP 2008, 213; *G. Wagner* IPRax 2008, 1 (15).

umfasste (nur) eine Vorschrift über die Anwendung von **Eingriffsnormen des Forumstaats,**[5] die – in Anlehnung an Art. 7 Abs. 2 EVÜ (= Art. 34 EGBGB) – dem heutigen Art. 16 entsprach.[6]

Der **Kommissionsentwurf vom 22.7.2003** (→ Vor Art. 1 Rn. 17 ff.) ging einen Schritt weiter und übernahm den gesamten Art. 7 EVÜ, also auch die – im Jahr 1986 nicht in das deutsche Recht übernommene[7] – Bestimmung des Art. 7 Abs. 1 EVÜ über die Beachtung **ausländischer Eingriffsnormen.**[8] Einen Vorbehalt der Mitgliedstaaten gegen die Vorschrift über die Beachtung ausländischer Eingriffsnormen, wie ihn gegenüber Art. 7 Abs. 1 EVÜ die Bundesrepublik Deutschland, Irland, Luxemburg, Portugal und das Vereinigte Königreich erklärt haben (Art. 22 Abs. 1 lit. a EVÜ), ermöglichte weder der Kommissionsentwurf vom 22.7.2003 noch der **Geänderte Vorschlag vom 21.2.2006** (→ Vor Art. 1 Rn. 18 ff.).[9] 5

Die in der Lit. geäußerten Befürchtungen,[10] eine Vorschrift über die Beachtung **ausländischer Eingriffsnormen** werde insbesondere in Großbritannien auf Widerstand stoßen,[11] realisierten sich alsbald und führten zur Streichung der Vorschrift, weil anderenfalls keine Einigung über die Verabschiedung der Rom II-VO hätte erzielt werden können.[12] Die Kenntnis dieser Vorgeschichte des Art. 16 ist auch für den Rechtsanwender wichtig, weil es umstritten ist, welche Folgerungen aus der Nichtübernahme einer Parallelvorschrift zu Art. 7 Abs. 1 EVÜ in die Rom II-VO für die Beachtung ausländischer Eingriffsnormen zu ziehen sind (→ Rn. 32 ff.). 6

Der **Erwägungsgrund 32** erwähnt in seinem ersten Satz die Behandlung von Eingriffsnormen, gibt aber für die Lösung der Zweifelsfragen des Art. 16 keinerlei Aufschluss. Dieser Erwägungsgrund krankt ferner daran, dass der Verordnungsgeber glaubte, ordre public und Eingriffsnormen mit einer Einheitsformulierung erfassen zu können: Der Hinweis auf die „außergewöhnlichen Umstände" passt allenfalls für den ordre public, aber nicht für die Eingriffsnormen, deren Anwendung keineswegs von „außergewöhnlichen Umständen" abhängig ist. 7

3. Praktische Bedeutung. a) Allgemein. Die Behandlung von Eingriffsnormen ist in der Praxis eine **Domäne des Internationalen Vertragsrechts,**[13] wobei – wie Generalanwalt Szpunar angemerkt hat – die Intensität der wissenschaftlichen Behandlung dieses Themas die praktische Bedeutung desselben weit übertrifft.[14] Der EuGH hatte sich im Jahr 2016 mit der Anwendung von Spargesetzen aus **Griechenland** nach Art. 9 Rom I-VO auf griechische Staatsbedienstete mit gewöhnlichem Arbeitsort in Deutschland zu beschäftigten[15] und dabei auch Pflöcke für die Auslegung und Anwendung des Art. 16 Rom II-VO eingeschlagen (→ Rn. 15). 8

b) Anwendungsfälle. Das IPR-Gesetz der **Schweiz** von 1987 sieht allgemein – also ohne Beschränkung auf vertragliche Schuldverhältnisse – die Berücksichtigung fremdstaatlicher Eingriffsnormen vor (Art. 19 schweiz. IPRG), aber einschlägige Fälle zum IPR der außervertraglichen Schuldverhältnisse sind auch dort selten.[16] Im IPR der außervertraglichen Schuldverhältnisse wurde die Anwendung von Eingriffsnormen vor Schaffung der Rom II-VO nur selten – und dann meist beschränkt auf das **Kartellrecht** – als Problem wahrgenommen.[17] Mit der Schaffung des Art. 16 9

[5] Krit. Hamburg Group for Private International Law RabelsZ 67 (2003), 1 (42): „… the elimination of art. 7 (1) of the Rome Convention is a regrettable step backward".

[6] *Leible* RIW 2008, 257 (263); *Leible/Engel* EuZW 2004, 7 (16).

[7] BR-Drs. 224/1/83, 2 vom 20.6.1983; BT-Drs. 10/504, 100 vom 20.10.1983; zur Kritik an Art. 7 Abs. 1 EVÜ *Coester* ZVglRWiss 82 (1983), 1 (4).

[8] KOM(2003) 427 endg., 27.

[9] KOM(2006) 83 endg., abgedruckt in IPRax 2006, 404 (411).

[10] *Fricke* VersR 2005, 726 (738); *A. Fuchs* GPR 2004, 100 (104); *v. Hein* ZVglRWiss 102 (2003), 528 (550 f.); *Huber/Bach* IPRax 2005, 73 (82); *Kreuzer* in Reichelt/Rechberger EuropKollisionsR 13 (47); *Leible/Engel* EuZW 2004, 7 (16).

[11] Krit. aus britischer Sicht *Stone* ELF 2004, I-213 (I-214).

[12] *v. Hein* VersR 2007, 440 (446); *Leible/Lehmann* RIW 2007, 721 (726); *G. Wagner* IPRax 2008, 1 (15).

[13] Erman/*Stürner* Art. 9 Rom I-VO Rn. 11 ff.; *v. Bar/Mankowski* IPR II § 1 Rn. 924 mwN; *Junker* IPR § 15 Rn. 61 ff.; *Junker* IPRax 2000, 65; *Lagarde/Tenenbaum* Rev. crit. dr. int. pr. 97 (2008), 727 (778 f.); *Leible/Lehmann* RIW 2008, 528 (542 f.); *Magnus* IPRax 2010, 27 (41 f.); *Mankowski* IPRax 2006, 101 (109 f.); *Maultzsch* RabelsZ 75 (2011), 60 (81 ff.); *Pfeiffer* EuZW 2008, 622 (627 f.); *Thorn* in Ferrari/Leible, Ein neues internationales Vertragsrecht für Europa, 2007, 129; *G. Wagner* IPRax 2008, 1 (15).

[14] Schlussanträge GA *Szpunar* BeckRS 2016, 80665 Rn. 1 – Griechenland/Nikiforidis.

[15] EuGH NJW 2017, 141 = EuZW 2016, 940 Rn. 55 mAnm *Duden* = EuZA 2017, 241 mAnm *Maultzsch* – Griechenland/Nikiforidis; s. auch *v. Bar/Mankowski* IPR II § 1 Rn. 955 ff.; *Junker* IPR § 15 Rn. 70 f.; *Hartmann* EuZA 2017, 153 (190); *Junker* RIW 2017, 397 (405 f.).

[16] Ausf. *Schramm,* Ausländische Eingriffsnormen im Deliktsrecht, 2005, 12 ff., 45 ff.; *Nietner,* Internationaler Entscheidungseinklang im europäischen Kollisionsrecht, 2016, 278–287.

[17] Zum dt. IPR *v. Hoffmann* FS Henrich, 2000, 283; Staudinger/*v. Hoffmann,* 2007, EGBGB Vor Art. 40 Rn. 72; *Hohloch* ZEuP 2008, 213.

hat die Diskussion über die Sonderanknüpfung von Eingriffsnormen, die sich zuvor im Wesentlichen auf das Vertragsrecht konzentriert hatte, auf das Internationale Deliktsrecht übergegriffen.[18]

10 **aa) Verjährungsfristen.** Im Recht der Straßenverkehrsunfälle werden seit langem intensiv Fälle diskutiert, in denen ein Schwerverletzter auf die langen Verjährungsfristen des Heimat- und Forumstaates vertraut (zB Frankreich: 10 Jahre), und dann entsetzt feststellt, dass nach dem anwendbaren Recht (Art. 4 Abs. 1 iVm Art. 15 lit. h) seine Ansprüche verjährt sind, zB nach spanischem Recht (ein Jahr). Den Versuchen, die langen Verjährungsfristen der *lex fori* gemäß Art. 16 als Eingriffsnormen durchzusetzen,[19] hat der EuGH eine Absage erteilt.[20]

11 **bb) Lieferketten- und Umwelthaftung.** Ein neues Feld für die Diskussion über den Eingriffscharakter von Rechtsnormen des Forumstaats eröffnet sich mit dem Trend, Unternehmen zu verpflichten, in ihren Lieferketten menschenrechtliche und umweltbezogene Sorgfaltspflichten zu beachten, um Risiken vorzubeugen oder sie zu minimieren.[21] Da der Erfolgsort iSd Art. 4 Abs. 1 einer etwaigen Sorgfaltspflichtverletzung deutscher Unternehmen, aus welcher individuell geschädigte Personen privatrechtliche Ansprüche herleiten möchten, idR in Staaten wie Bangladesh, Burkina Faso oder China liegen wird, die vielleicht nicht das europäische Verständnis von Sorgfaltspflicht teilen, wurde im Vorfeld des deutschen **LkSG** vom 16.7.2021 (BGBl. 2021 I 2959) intensiv darüber diskutiert, ob und ggf. welche Regeln des deutschen Lieferkettensorgfaltspflichtenrechts einer Sonderbehandlung nach Art. 16 zugeführt werden sollten.[22] Die Gemüter haben sich diesbezüglich beruhigt, nachdem § 3 Abs. 3 LkSG unmissverständlich bestimmt, dass eine Verletzung der Pflichten aus dem LkSG keine zivilrechtliche Haftung begründet.[23] Das Gesetz enthält öffentliches Recht (Verwaltungsrecht), das nicht nach der Rom II-VO angeknüpft wird (Art. 1 Abs. 1). Ob die geplante EU-RL, deren Verabschiedung zurzeit des Manuskriptabschlusses von hellsichtigen Politikern blockiert wurde, neuen Schwung in die Sonderanknüpfung bringt, bleibt abzuwarten (→ Rn. 24).

12 **4. Verhältnis zum deutschen Recht.** Art. 16 hat im deutschen IPR der außervertraglichen Schuldverhältnisse (Art. 38–42 EGBGB) kein Gegenstück, weil der deutsche Gesetzgeber eine solche Vorschrift nicht für erforderlich hielt. Die Regelung in Art. 16 entspricht jedoch teilweise derjenigen des Art. 34 EGBGB aF (= Art. 7 Abs. 2 EVÜ) im früheren deutschen IPR der vertraglichen Schuldverhältnisse. An deren Dogmatik hätte im IPR der außervertraglichen Schuldverhältnisse angeknüpft werden können, wenn es hier einschlägige Fragestellungen gegeben hätte.

13 **5. Verhältnis zur Rom I-VO.** Die Parallelvorschrift zu Art. 16 im IPR der vertraglichen Schuldverhältnisse ist **Art. 9 Abs. 2 Rom I-VO.** Ein geringfügiger Unterschied im Wortlaut – Art. 16 spricht vom „Recht des Staates des angerufenen Gerichts", Art. 9 Abs. 2 Rom I-VO vom „Recht des angerufenen Gerichts" – ist ohne Bedeutung, denn der englische Originaltext *(law of the forum)* ist in beiden Vorschriften gleich. Ebenso wie bei der Auslegung und Anwendung des Art. 14 vielfach auf Art. 3 Rom I-VO zurückgegriffen wird (→ Art. 14 Rn. 12), darf für die Auslegung und Anwendung des Art. 16 der Wortlaut und die Interpretation des Art. 9 Rom I-VO herangezogen werden.[24] Zu dieser Vorschrift existiert – auf der Grundlage des Art. 7 EVÜ – eine ausgefeilte Dogmatik.[25] Das gilt zB für den Begriff der Eingriffsnormen in Art. 9 Abs. 1

[18] BeckOGK/*Maultzsch* Rn. 6; Rauscher/*Picht* Rn. 3; *Ebke* ZVglRWiss 109 (2010), 397 (441); *Freitag* NJW 2018, 430 (432); *A. Fuchs* GPR 2004, 100 (104); *Junker* RIW 2010, 257 (267 f.); *Kadner Graziano* RabelsZ 73 (2009), 1 (71 f.); *Kühne* FS Deutsch II, 2010, 817 (827 f.); *Remien* FS v. Hoffmann, 2011, 334; *Rudolf* ÖJZ 2010, 300 (307); *Rushworth/Scott* Lloyd's M. C. L. Q. 2008, 274 (295); für den Bereich des int. Kapitalmarktrechts *Einsele* RabelsZ 81 (2017), 781 (798 ff., 802 ff.).

[19] *Kadner Graziano* RIW 2007, 336 (337); *Kadner Graziano* RabelsZ 72 (2009), 1 (68); zurückhaltender *Kadner Graziano* ZEuP 2021, 668 (687 f.); ausf. *Remien* FS Huber, 2020, 455 (461 ff.).

[20] EuGH EuZW 2019, 134 = VersR 2019, 822 – da Silva Martins/Dekra; s. auch öst. OGH ZVR 2016, 359 (363) mAnm *Rudolf* = IPRax 2017, 507 m. Aufs. *Schaub* IPRax 2017, 521 = DAR 2016, 591 mAnm *Hauptfleisch;* allg. *Wittwer* ZVR 2016, 541 (545); Hamburg Group for Private International Law RabelsZ 67 (2003), 1 (42).

[21] Ausf. *Fleischer* CCZ 2022, 205 (209 ff.); *Mittwoch* RIW 2020, 397 (399 ff.); *Paefgen* ZIP 2021, 2006 (2010 ff.); *Rudkowski* CCZ 2020, 352; *Spindler* ZIP 2022, 765; *Strohn* ZHR 185 (2021), 629 (634 ff.).

[22] Auswahl: *Habersack/Ehrl* AcP 219 (2019), 155 (183 ff.); *Kieninger* RIW 2021, 331 (337); *Mansel* ZGR 2018, 439 (454 ff.); *Ostendorf* IPRax 2019, 297 (299); *Rudkowski* RdA 2020, 232 (240); *G. Wagner* ZIP 2021, 1095 (1104 f.); ausf. Fleischer/Mankowski/*Mankowski,* 2023, Einl. LkSG Rn. 495 ff.

[23] Zust. *Junker* ZFA 2021, 1; krit. *Kieninger* ZfPW 2021, 252; *Rühl/Knauer* JZ 2022, 105.

[24] BeckOGK/*Maultzsch* Rn. 9; BeckOK BGB/*Spickhoff* Rn. 2; NK-BGB/*Knöfel* Rn. 8; Erman/*Stürner* Rn. 5; *A. Fuchs* GPR 2004, 100 (104); *v. Hein* ZEuP 2009, 6 (24); *Heiss/Loacker* JBl. 2007, 613 (644).

[25] EuGH NJW 2017, 141 = EuZW 2016, 940 mAnm *Duden* – Griechenland/Nikiforidis; s. dazu *Hartmann* EuZA 2017, 153 (190); *Maultzsch* EuZA 2017, 241.

Rom I-VO. Diese Vorgehensweise steht in Einklang mit dem Gebot einheitlicher Anwendung der beiden Verordnungen **(Erwägungsgrund 7).**

II. Eingriffsnormen

14 **1. Begriff der Eingriffsnorm.** Der Begriff „Eingriffsnormen" in der Überschrift des Art. 16 ist eine Spezialität der deutschen Rechtsterminologie, die freilich den Gegenstand auf den Punkt bringt, denn es geht um einen „Eingriff" – bei Art. 16: des Rechts des Forumsstaates – in das auf Grund allseitiger Anknüpfungsregeln ermittelte Statut des außervertraglichen Schuldverhältnisses. Die noch im Vorentwurf vom 3.5.2002 im englischen Urtext verwendete Überschrift **Mandatory rules** (Zwingende Bestimmungen) traf nicht den Kern der Sache,[26] denn der Charakter einer Norm als innerstaatlich zwingendes Recht (ius cogens) ist nur eine notwendige, aber keine hinreichende Bedingung der in Art. 16 angesprochenen Vorschriften.[27] Die englische Überschrift von Art. 16 lautet nunmehr zutreffend **Overriding mandatory provisions,** um auszudrücken, dass es sich um „international zwingende" Bestimmungen handeln muss, die nach dem Willen des Normgebers gegen ein ausländisches, nach Art. 4–12, 14 gebildetes Statut des außervertraglichen Schuldverhältnisses durchgesetzt werden sollen (→ Einl. IPR Rn. 288).

15 **a) Begriffsdefinition des EuGH.** Nach dem autonomen deutschen IPR stellt das **Kollisionsrecht des Forums** (dh aus der Sicht des deutschen Rechtsanwenders das deutsche Recht) die Anforderungen auf, die eine „einfach" zwingende Bestimmung zu erfüllen hat, um als Eingriffsnorm qualifiziert werden zu können. Im Rahmen der Rom II-VO bestimmt dagegen das **europäische Kollisionsrecht** über die Kriterien, denen eine Eingriffsnorm genügen muss.[28] Demgemäß verweist die Begründung des Kommissionsentwurfs auf die Rspr. des EuGH.[29]

16 Nach der **Arblade-Entscheidung des EuGH** sind Eingriffsnormen „nationale Vorschriften […], deren Einhaltung als so entscheidend für die Wahrung der politischen, sozialen oder wirtschaftlichen Organisation des betreffenden Mitgliedstaats angesehen wird, dass ihre Beachtung für alle Personen, die sich im nationalen Hoheitsgebiet dieses Mitgliedstaats befinden, und für jedes dort lokalisierte Rechtsverhältnis vorgeschrieben ist".[30] Da das Unionsrecht ein integraler Bestandteil der mitgliedstaatlichen lex fori ist, gibt es nicht nur Eingriffsnormen rein **nationalen Ursprungs,** sondern auch international zwingende Vorschriften **europäischer Provenienz.**[31] Diese Vorschriften unterliegen dem gleichen Kriterium.

17 Die Mitgliedstaaten haben folglich bei der Festlegung, welche ihrer zwingenden Vorschriften als international zwingend iSd Art. 16 einzustufen sind, einen **Beurteilungsspielraum** („Vorschriften, deren Einhaltung als … entscheidend … *angesehen wird"*). Dieser Spielraum ist jedoch durch Unionsrecht begrenzt: Der Gerichtshof hat in diesem Zusammenhang ausgeführt, dass die Einstufung einer nationalen Vorschrift als Eingriffsnorm diese Vorschrift nicht von der Beachtung der Bestimmungen der **Europäischen Verträge** ausnehme. Ferner könnten die Motive, die nationalen Eingriffsnormen zugrunde liegen, „vom Gemeinschaftsrecht nur als Ausnahmen von den im Vertrag ausdrücklich vorgesehenen Gemeinschaftsfreiheiten und ggf. als zwingende Gründe des Allgemeininteresses berücksichtigt werden".[32]

---

26 Krit. daher Hamburg Group for Private International Law RabelsZ 67 (2003), 1 (42).

27 BeckOGK/*Maultzsch* Rn. 10; BeckOG BGB/*Spickhoff* Rn. 1; Rauscher/*Picht* Rn. 5; *Schramm,* Ausländische Eingriffsnormen im Deliktsrecht, 2005, 4 f.; *Arif* ZfRV 2011, 258 (261); *Fuentes Mañas* Annuario Español de Derecho Internacional Privado 2007, 341 (342 f.); *Remien* FS v. Hoffmann, 2011, 334 (335 ff.); *Remien* FS Huber, 2020, 455 (462 f.); ausf. *Benzenberg,* Die Behandlung ausländischer Eingriffsnormen im Internationalen Privatrecht, 2008, 54 ff.; *Günther,* Die Anwendbarkeit ausländischer Eingriffsnormen im Lichte der Rom I- und Rom II-Verordnungen, 2011, 83–94.

28 EuGH EuZW 2019, 134 Rn. 29 f. – da Silva Martins/Dekra; NJW 2017, 141 Rn. 41 f. – Griechenland/Nikiforidis; EuZW 2013, 956 Rn. 49 f. – Unamar; PWW/*Remien* Rn. 2; *A. Fuchs* GPR 2004, 100 (104); *Heiss/Loacker* JBl. 2007, 613 (644); *Huber/Bach* IPRax 2005, 73 (82); *Kreuzer* in Reichelt/Rechberger EuropKollisionsR 13 (47); *Mankowski* RIW 2008, 177 (181); *Sonnentag* ZVglRWiss 105 (2006), 256 (309 f.); *G. Wagner* IPRax 2008, 1 (15).

29 KOM(2003) 427 endg., 27.

30 EuGH EuZW 2000, 88 Rn. 30 = ZEuP 2001, 358 mAnm *Krebber* = ZAS 2000, 33 mAnm *Urlesberger* – Arblade.

31 BeckOGK/*Maultzsch* Rn. 28; NK-BGB/*Knöfel* Rn. 5; jurisPK-BGB/*Engel* Rn. 8; Erman/*Stürner* Rn. 6; *v. Bar/Mankowski* IPR II § 2 Rn. 559; *v. Hein* VersR 2007, 440 (451); *Remien* FS v. Hoffmann, 2011, 334 (338).

32 EuGH EuZW 2000, 88 Rn. 31 – Arblade; zur Einschränkung von Grundfreiheiten *Junker* ZfA 44 (2013), 91 (124 ff.); *Junker* EuZA 2013, 223 (226 ff.); *Kokott* FS Jaeger, 2010, 115 (126).

18 **b) Bedeutung des Art. 9 Abs. 1 Rom I-VO.** Die Rom I-VO enthält – anders als vormals Art. 7 EVÜ – eine **Definition von Eingriffsnormen,** die nicht nur formal die international zwingende Wirkung dieser Normen beschreibt, sondern auch inhaltliche Kriterien nennt. Da der einschlägige Art. 9 Abs. 1 Rom I-VO sich an der **Arblade-Entscheidung des EuGH** (→ Rn. 16) orientiert – die in der Kommissionsbegründung zum Rom II-Entwurf ausdrücklich als Vorbild für Art. 16 genannt wird[33] – ist es nach dem Erfordernis der Kohärenz bei der Anwendung der Rom I-VO und der Rom II-VO **(Erwägungsgrund 7)** geboten, als Definition von Eingriffsnormen iSd Art. 16 die Begriffsbestimmung des Art. 9 Abs. 1 Rom I-VO zu verwenden. Der EuGH hält sich nicht mit Ausführungen zur **Regelungslücke** und zum **Analogieschluss** auf, sondern stellt apodiktisch fest, dass die Auslegung des Art. 8 Abs. 1 Rom I-VO auch für Art. 16 „gilt".[34] Wie dem auch sei: Die Dogmatik des Art. 9 Abs. 1 Rom I-VO ist daher auch für Art. 16 relevant.[35]

19 **2. Beispiele von Eingriffsnormen. a) Judikatur der Mitgliedstaaten.** Abgesehen von dem durch § 185 Abs. 2 GWB berufenen **behördlichen Kartellrecht,**[36] das freilich bei einer Betroffenheit des deutschen Marktes ohne parteiautonome Abänderungsmöglichkeit (Art. 6 Abs. 4) ohnehin als Deliktsstatut zur Anwendung berufen ist (Art. 6 Abs. 3), gibt es – soweit ersichtlich – keine **deutsche Judikatur,** die in einem Haftpflichtprozess explizit inländischen Eingriffsnormen den Vorrang gegeben hätte. Das mag auch daran liegen, dass Sicherheits- und Verhaltensregeln, die nunmehr in den Anwendungsbereich des Art. 17 fallen (→ Rn. 40), im Rahmen des materiellen Rechts – ohne Rückgriff auf das Konzept der Sonderanknüpfung von Eingriffsnormen – als *local data* berücksichtigt wurden.[37]

20 Ein **spanisches Gericht** musste sich mit der Klage einer US-amerikanischen Grundstücksgesellschaft befassen, auf deren in den 1950er Jahren enteigneten Grundstücken in Kuba die spanische Meliá S.A. unter Lizenz der kubanischen Regierung zwei Hotels betrieb. Die Klägerin verlangte einen Anteil am Gewinn. Hätte das spanische Gericht nicht seine internationale Zuständigkeit verneint,[38] so wäre Title III des **Helms-Burton-Act,**[39] ins Spiel gekommen, der die gezogenen Nutzungen als Teil eines Schadensersatzanspruchs wegen Verstoßes gegen das Kuba-Embargo qualifiziert.[40] Art. 16 hätte freilich der Klägerin nicht geholfen, denn der Helms-Burton-Act ist kein Eingriffsrecht des Forumstaates, und ein spanisches Gericht ist an die entgegenstehende Blocking-Verordnung der EU gebunden.[41]

21 Ein **österreichisches Urteil,** das in der Konstellation „Verkehrsunfall in Deutschland, Unfallverursacher nicht zu ermitteln, deutsches Deliktsstatut gemäß Art. 3 HStVÜ bzw. Art. 4 Abs. 1 Rom II-VO" die Leistungspflicht des „Fachverbands der Versicherungsunternehmen Österreichs" nach dem österreichischen Verkehrsopfer-Entschädigungsgesetz (VOEG) als iSd Art. 16 international zwingend ansieht,[42] hat im Schrifttum ein gespaltenes Echo gefunden.[43] Ein Urteil des EuGH aus dem Jahr 2019, das im folgenden Beispiel erläutert wird, definiert die Anforderungen, unter die der österreichische OGH hätte subsumieren müssen.[44]

---

[33] KOM(2003) 427 endg., 27.

[34] EuGH EuZW 2019, 134 Rn. 28 – da Silva Martins/Dekra unter Berufung auf EuGH NJW 2016, 1005 Rn. 43 – ERGO Insurance; idS bereits *v. Hein* ZEuP 2009, 6 (24); *Heiss/Loacker* JBl. 2007, 613 (644).

[35] BeckOGK/*Maultzsch* Rn. 14 ff.; BeckOK BGB/*Spickhoff* Rn. 1; HK-BGB/*Dörner* Rn. 1; PWW/*Remien* Rn. 2; Erman/*Stürner* Rn. 15; *v. Bar/Mankowski* IPR II § 2 Rn. 557; *Junker* IPR § 16 Rn. 50; *Ebke* ZVglRWiss 109 (2010), 397 (441); *Garcimartín Alférez* ELF 2008, I-61 (I-77); *Junker* RIW 2010, 257 (268).

[36] Zum dt. IPR BGHZ 74, 322 = NJW 1979, 2613; KG WM 1984, 1195 (1198); allg. *Hohloch* ZEuP 2008, 213 (215); *Mankowski* RIW 2008, 177 (181).

[37] Zum dt. IPR BGHZ 42, 385 (388) = IPRspr. 1964/65 Nr. 62; BGH NJW-RR 1996, 732; OLG Koblenz NJW-RR 2005, 1048; LG Mainz NJW-RR 2000, 31 – Straßenverkehr; OLG Hamburg VersR 1970, 538 = IPRspr. 1968/69 Nr. 49 – Schiffsverkehr; OLG Hamm IPRspr. 2001 Nr. 38 – Skifahren.

[38] Jzgado de Prímera Instancia n° 24 Palma de Mallorca, 2.9.2019 – Zwischenurteil N° 153/19, referiert in IPRax 2020, 170 (171).

[39] Cuban Liberty and Democratic Solidarity Act (LIBERTAD), Pub. L. 104-114, 110 St. 785 (codified at 22 U.S.C. §§ 6021-91 [1995]).

[40] Ausf. *Gernert* IPRax 2020, 170 (176 f.).

[41] Verordnung (EG) Nr. 2271/96 des Rates vom 22.11.1996 zum Schutz vor den Auswirkungen der extraterritorialen Anwendung von einem Drittland erlassener Rechtsakte sowie von darauf beruhenden oder sich daraus ergebenden Maßnahmen, ABl. EG Nr. L 209 vom 29.11.1996.

[42] Öst. OGH ZVR 2016, 359 = DAR 2016, 591 = IPRax 2017, 507 Rn. 62–64 m. Aufs. *Schaub* IPRax 2017, 521; s. auch *Remien* FS Huber, 2020, 455 (463).

[43] Zust. *Schaub* IPRax 2017, 521 (524); krit. *v. Bar/Mankowski* IPR II § 2 Rn. 570; *Wittwer* ZVR 2016, 541 (545).

[44] EuGH EuZW 2019, 134 = VersR 2019, 822 Rn. 26 ff., 34 – da Silva Martins/Dekra.

Beispiel:
Ein Spanier verschuldet in Spanien einen Auffahrunfall, bei dem das Fahrzeug eines Portugiesen beschädigt wird. Das Fahrzeug wird nach Portugal geschleppt und dort repariert; die Dekra Claims Services Portugal SA ersetzt die Reparaturkosten. Fünfzehn Monate nach dem Unfall verklagt der Portugiese die Dekra in Portugal auf Ersatz mittelbarer Unfallschäden. Das spanische Recht, anzuwenden nach Art. 4 Abs. 1, kennt für solche Fälle eine einjährige Verjährungsfrist, die portugiesische lex fori eine dreijährige. Das portugiesische Gericht fragt, ob die dreijährige Frist als Eingriffsnorm iSd Art. 16 anzusehen sei. – Der EuGH betont, der Verordnungsgeber habe die innerstaatlichen Verjährungsvorschriften trotz ihrer großen Unterschiede dem Deliktsstatut unterstellt (Art. 15 lit. h, → Art. 15 Rn. 46). Unter diesen Umständen würde die Anwendung eines anderen Verjährungsrechts als des spanischen im Rahmen des Art. 16 das Vorliegen von besonders wichtigen Gründen wie etwa einer offensichtlichen Beeinträchtigung des Rechts auf einen wirksamen Rechtsbehelf und auf effektiven Rechtsschutz erfordern.[45]

b) Stimmen aus dem Schrifttum. Diskutiert wird, ob aus dem Bereich der **Arzneimittelhaftung** die Vorschrift des **§ 84 AMG** als deutsche Eingriffsnorm anzusprechen ist,[46] ferner diejenigen Vorschriften des **Arzneimittelpreisrechts,** die sich gegenüber der international-lauterkeitsrechtlichen Anknüpfung (Art. 6 Abs. 1) oder dem zur Anwendung berufenen Herkunftslandprinzip durchsetzen sollen.[47] Im Bereich der deliktischen **Arbeitnehmerhaftung** soll sich die Beschränkung der Außenhaftung des Arbeitnehmers aus sozialpolitischen Gründen auch gegen das Deliktsstatut durchsetzen;[48] allerdings sieht das deutsche Recht – anders als andere europäische Rechtsordnungen[49] – eine solche Beschränkung gerade nicht vor.[50] Spezialliteratur erörtert den Eingriffsnormcharakter der Regeln über die **Prospekthaftung**[51] und des **Gewaltschutzes** durch Betretungs-, Näherungs- oder Kontaktverbote[52] (vgl. Art. 17a EGBGB), soweit diese Gegenstände überhaupt in den Anwendungsbereich der Rom II-VO fallen (→ Art. 1 Rn. 37 ff.). 22

Im **Arbeitskampfrecht** (Art. 9) wird der Eingriffsnormcharakter öffentlich-rechtlicher Vorschriften über Streiknotdienstpflichten ins Gespräch gebracht,[53] die freilich im deutschen Recht nicht existieren.[54] Manche sehen die in **Erwägungsgrund 28** angeordnete Durchbrechung des Prinzips der Statutseinheit, bezogen auf das Arbeitskampfdeliktsstatut, als eine Berufung von Eingriffsnormen iSd Art. 16 an;[55] richtigerweise handelt es sich jedoch um eine bloße Verweisung der betreffenden Anknüpfungsgegenstände an das **Arbeitskampfstatut** und somit um einen Hinweis für die Abgrenzung von Arbeitskampf- und Arbeitskampfdeliktsstatut[56] (→ Art. 9 Rn. 45). Die verfassungsrechtlichen Gewährleistungen des Arbeitskampfs (Art. 9 Abs. 3 GG) würden wohl, wenn ein deutsches Gericht auf Arbeitskampfdelikte nach Art. 9 ausnahmsweise ausländisches Recht anzuwenden hat, erst auf der Ebene der ordre public-Kontrolle (Art. 26) zum Zuge kommen.[57] 23

c) Lieferketten- und Umwelthaftung. Die Diskussion um den Eingriffsnormcharakter des Lieferkettensorgfaltspflichtenrechts ist im Vorfeld der Verabschiedung des LkSG am 16.7.2021 kontrovers verlaufen (→ Rn. 11). Der **Regierungsentwurf** eines Sorgfaltspflichtengesetzes enthielt in § 15 eine Bestimmung, wonach die Pflichten des Gesetzes die zu beachtenden Sorgfaltsanforderungen im 24

---

45 EuGH EuZW 2019, 134 = VersR 2019, 822 Rn. 33 – da Silva Martins/Dekra; zust. *Arnold/Zwirlein-Forschner* GPR 2019, 262 (265 f.); *Pfeiffer* IWRZ 2019, 226; *Remien* FS Huber, 2020, 455 (461 ff.).

46 BeckOGK/*Maultzsch* Rn. 72; BeckOK BGB/*Spickhoff* Rn. 3; PWW/*Remien* Rn. 3; Rauscher/*Picht* Rn. 6; *Remien* FS Huber, 2020, 455 (463); *Spickhoff* FS Kropholler, 2008, 671 (673); ausf. *Wiedemann,* Das IPR der Arzneimittelhaftung, 1998, 95–96.

47 *v. Bar/Mankowski* IPR II § 2 Rn. 568 unter Berufung auf GmS-OBG GRUR 2013, 417 Rn. 17 zum Medikamentenkauf im Versandhandel.

48 *v. Hoffmann* FS Henrich, 2000, 283 (291 ff.); Staudinger/*v. Hoffmann,* 2007, EGBGB Vor Art. 40 Rn. 72 aE.

49 Nachw. bei Staudinger/*v. Hoffmann,* 2007, EGBGB Vor Art. 40 Rn. 29.

50 BGHZ 108, 305 (317) = NJW 1989, 3273 = AuR 1990, 164 mAnm *Gamillscheg* = EzA Nr. 24 zu § 611 BGB Gefahrgeneigte Arbeit mAnm *Rieble.*

51 *Arons* NILR 2008, 481 (484); *Einsele* ZEuP 2012, 23 (27 ff.); *Garcimartín Alférez* Law and Financial Market Review 2011, 449; *v. Hein* in Baum ua, Perspektiven des Wirtschaftsrechts, 2008, 371 (387 ff.); *Tschäpe/Kramer/Glück* RIW 2008, 657 (666); abl. BeckOGK/*Maultzsch* Rn. 75; Calliess/*v. Hein* Rn. 13.

52 NK-BGB/*Knöfel* Rn. 9; *Breidenstein* FamFR 2012, 172; s. zum Eingriffscharakter der §§ 7, 13–15 AGG *Kocher* FS Martiny, 2014, 411 (415).

53 *Knöfel* EuZA 2008, 228 (248); *Ludewig,* Kollektives Arbeitsrecht auf Schiffen des Int. Seeschifffahrtsregisters, 2012, 199 ff.; *Zelfel,* Der Int. Arbeitskampf nach Art. 9 Rom II-Verordnung, 2012, 122–125.

54 *Otto,* Arbeitskampf- und Schlichtungsrecht, 2006, § 8 Rn. 22–39.

55 BeckOGK/*Maultzsch* Rn. 73; BeckOK BGB/*Spickhoff* Rn. 3; Calliess/*v. Hein* Rn. 17; HK-BGB/*Dörner* Rn. 3; *Heinze* RabelsZ 73 (2009), 770 (788).

56 *Deinert* ZESAR 2012, 311 (314); *Zelfel,* Der Int. Arbeitskampf nach Art. 9 Rom II-Verordnung, 2012, 123.

57 *Knöfel* EuZA 2008, 228 (247); s. zum Int. Arbeitskampfrecht auch Soergel/*Pfeiffer* Rn. 24; *v. Bar/Mankowski* IPR II § 2 Rn. 566.

Rahmen außervertraglicher Haftungsansprüche zwingend und ohne Rücksicht auf das nach Internationalem Privatrecht für das außervertragliche Schuldverhältnis maßgebende Recht regeln sollten.[58] Nachdem das Gesetz vernünftigerweise jegliche außervertraglichen Haftungsansprüche ausgeschlossen hat, ist auch eine Vorschrift über den international zwingenden Charakter der Sorgfaltsanforderungen obsolet geworden. Der Vorschlag der EU-Kommission vom 23.2.2022 für eine Richtlinie über die Sorgfaltspflichten von Unternehmen im Hinblick auf Nachhaltigkeit sieht vor, dass die nationalen Rechtsvorschriften zur Umsetzung der unionsrechtlichen Vorgaben die in der Richtlinie vorgesehene Haftung international zwingend ausgestalten, dh als Eingriffsnormen iSd Art. 16.[59]

III. Eingriffsnormen des Forumstaats

25 Art. 16 legitimiert die Anwendung der Rechtsvorschriften des Forumstaats, die ohne Rücksicht auf das Recht, das für das außervertragliche Schuldverhältnis maßgebend ist, den Sachverhalt zwingend regeln. Der wichtigste **Anwendungsfall** des Art. 16 sind außervertragliche Schuldverhältnisse aus **unerlaubter Handlung.** Abgrenzungsfragen stellen sich im Grenzbereich zwischen vertraglichen und außervertraglichen Schuldverhältnissen. **Beispiel** ist die sog. **action directe,** der unmittelbare Anspruch („Direktanspruch") des Subunternehmers gegen den Hauptauftraggeber nach französischem Recht, den die Cour de cassation als international zwingend ansieht. Der Kassationshof wendet die Vertragskollisionsnormen an[60] (→ Art. 1 Rn. 35) und käme somit nach heutigem Recht zu Art. 9 Abs. 2 Rom I-VO,[61] während ein erheblicher Teil der Lit. von einem außervertraglichen Schuldverhältnis sui generis ausgeht und damit zu Art. 16 (in unmittelbarer oder analoger Anwendung) kommt.[62]

26 Der **Sachverhalt** iSd Art. 16, den die Eingriffsnorm ohne Rücksicht auf das Deliktsstatut zwingend regeln will, ist in der Regel nicht der gesamte, dem deutschen Gericht unterbreitete deliktische Sachverhalt, sondern nur ein Sachverhaltsteil, zB die Frage einer Haftungsbeschränkung.[63]

27 **1. Kollisionsrechtliche Sonderanknüpfung. a) Deutsches Deliktsstatut.** Die Durchsetzung der international zwingenden Bestimmungen der *lex fori* ist im Ergebnis unproblematisch, wenn dieses Recht zugleich das Deliktsstatut ist. Dabei spielt es für die Anwendung des Art. 16 keine Rolle, ob das Deliktsstatut durch objektive Anknüpfung (Art. 4–9) oder durch Rechtswahl (Art. 14) bestimmt wurde. Es stellt sich lediglich im Rahmen der Begründung auch für das Internationale Deliktsrecht die – im Internationalen Vertragsrecht heftig umstrittene – Frage, ob deutsche Eingriffsnormen als Bestandteil des deutschen Deliktsstatuts **(Einheits- oder Kumulationslösung)**[64] oder im Wege der Sonderanknüpfung nach Art. 16 anzuwenden sind **(Trennungslösung).**[65]

28 Da Eingriffsnormen ihren Anwendungsbereich „unilateral" vom Gesetz her bestimmen („ohne Rücksicht auf das für das außervertragliche Schuldverhältnis maßgebende Recht"), ist auch für das Kollisionsrecht der außervertraglichen Schuldverhältnisse eine **Trennungslösung** vorzuziehen.[66] Die praktische Relevanz dieser Weichenstellung hält sich in Grenzen, da auch die Vertreter einer Einheits- oder Kumulationslösung den eigenen Rechtsanwendungsbefehl der Eingriffsnorm nicht ignorieren könnten, so dass ihre Ansicht zwar vielleicht dogmatisch inkonsequent ist, aber das Ergebnis nicht beeinflusst.

---

[58] Text und Kommentar bei Fleischer/Mankowski/*Mankowski,* 2023, Einl. LkSG Rn. 513; s. dazu im Vorfeld *Rühl* BerDGIR 50 (2020), 89 (122); *G. Wagner/Arntz* in Kahl/Weller, Climate Change Litigation, 2021, 405.

[59] Ausf. Fleischer/Mankowski/*Mankowski,* 2023, Einl. LkSG Rn. 538.

[60] Cass. civ. 30.11.2007, Clunet 135 (2008), 1073 note *Perrau-Saussine;* abw. für den Direktanspruch des Transportunternehmers gegen den Empfänger Cass. com. 13.7.2010, Clunet 138 (2011), 91 note *Jault-Seseke.*

[61] Ebenso BGH NJW-RR 2015, 302 Rn. 19; *Junker* IPR § 15 Rn. 62; *Kondring* RIW 2009, 109; *Hauser* IPRax 2015, 182.

[62] BeckOGK/*Maultzsch* Rn. 7.1 mwN; *Freitag* IPRax 2016, 418 (424 f.) unter Berufung auf EuGH BeckRS 2004, 75771 Rn. 16 ff. – Handte/TCMS.

[63] BeckOGK/*Maultzsch* Rn. 34; Soergel/*Pfeiffer* Rn. 34; *Freitag* NJW 2018, 430 (432); *Fuentes Mañas* Anuario Español de Derecho Internacional Privado 2007, 341 (350); *Remien* FS v. Hoffmann, 2011, 334 (338); *Remien* FS Schmidt-Preuß, 2018, 985 (999); *Remien* FS Huber, 2020, 455 (462); *Muir Watt* in Corneloup/Joubert, Le règlement „Rome II" sur la loi applicable aux obligations non contractuelles, 2008, 129 (133).

[64] ZB *Radtke* ZVglRWiss 84 (1985), 325 (350 f.); s. zur sog. Schuldstatutslehre BeckOGK/*Maultzsch* Rn. 50.1; Soergel/*Pfeiffer* Rn. 53; *Roth* IPRax 2018, 177 (181 ff.); *Schramm,* Ausländische Eingriffsnormen im Deliktsrecht, 2005, 88.

[65] *Arif* ZfRV 2011, 258 (263 f.); *Mankowski* RIW 2008, 177 (181 f.); *Günther,* Die Anwendbarkeit ausländischer Eingriffsnormen im Lichte der Rom I- und Rom II-Verordnungen, 2011, 196–197.

[66] BeckOGK/*Maultzsch* Rn. 52; BeckOK BGB/*Spickhoff* Rn. 1; Rauscher/*Picht* Rn. 10; PWW/*Remien* Rn. 10; *Muir Watt* in Corneloup/Joubert, Le règlement „Rome II" sur la loi applicable aux obligationsnon contractuelles, 2008, 129 (134).

b) Ausländisches Deliktsstatut. Dass ausländisches Recht anwendbar ist, ist zwar keine Prämisse für das Eingreifen von Art. 16 (→ Rn. 28), aber die Durchsetzung deutscher Eingriffsnormen gegen ein ausländisches Deliktsstatut ist naturgemäß der praktisch interessantere Fall. Unter welchen Voraussetzungen eine Vorschrift des deutschen Rechts im Wege der Sonderanknüpfung gegen ein ausländisches Deliktsstatut durchgesetzt werden will, muss sich – das gehört zum Wesen und zur Definition der Eingriffsnorm – aus der Vorschrift selbst ergeben, und zwar in der Regel im Wege der Auslegung dieser Vorschrift. Erforderlich ist ergänzend die von der EuGH-Rspr. verlangte **Inlandsbeziehung des Sachverhalts.**[67] Gäbe es im deutschen Recht zB eine öffentlich-rechtliche Bestimmung über **Streiknotdienste** (→ Rn. 23), so wäre für die Anwendung dieser Vorschrift über Art. 16 ein Inlandsbezug des Sachverhalts erforderlich.[68] Die Inlandsbeziehung wäre zB gegeben, wenn entweder der Ort der Arbeitskampfmaßnahme in Deutschland läge (Streik auf einem ausländischen Schiff im deutschen Hafen) oder wenn alle Arbeitskampfbeteiligten – etwa durch Staatsangehörigkeit oder gewöhnlichen Aufenthalt – eine enge Beziehung zur Bundesrepublik Deutschland hätten (Beispiel: Streik der deutschen Besatzung eines deutschen Schiffes in einem ausländischen Hafen). 29

Das vorstehende Beispiel zeigt, warum die **Durchsetzung deutschen Eingriffsrechts** gegen ein ausländisches Deliktsstatut nach Art. 16 – selbst wenn es eine relevante deutsche Eingriffsnorm gibt – in der Praxis ein seltenes Phänomen bleiben dürfte: Die Kollisionsnormen im Bereich der außervertraglichen Haftung sind von vornherein so gefasst, dass sie in der Regel die **Steuerungsinteressen** des betroffenen Staates berücksichtigen und umsetzen.[69] Das bedeutet: Ist das deutsche Recht nach **Art. 4–9** nicht das objektive Deliktsstatut, wird es regelmäßig auch an der für eine etwaige Eingriffsnorm erforderlichen **Inlandsbeziehung** fehlen.[70] Die Rechtswahl **(Art. 14 Abs. 1),** die im Schuldvertragsrecht – zB in Gestalt der Wahl eines „neutralen" Rechts – häufiger Anlass zur Anwendung statutsfremder Eingriffsnormen gibt, hat im Recht der außervertraglichen Schuldverhältnisse geringe praktische Bedeutung (→ Art. 14 Rn. 10), so dass auch insofern nur eine kleine Einbruchstelle für Eingriffsnormen des Gerichtsstaats existiert. 30

2. Materiellrechtliche Berücksichtigung. Wie bei Art. 9 Rom I-VO[71] kommt auch im Rahmen des Art. 16 – als „Minus" zur kollisionsrechtlichen Sonderanknüpfung und von dieser dogmatisch streng zu unterscheiden[72] – eine bloß materiellrechtliche Berücksichtigung der Eingriffsnorm in Betracht, indem deren Tatbestandswirkungen im Rahmen des Deliktsstatuts auf der Ebene des Sachrechts berücksichtigt werden: Die Rom II-VO harmonisiert lediglich die Kollisionsnormen für außervertragliche Schuldverhältnisse, nicht jedoch das materielle Recht der Mitgliedstaaten einschließlich der Frage, ob und wie weit es die Berücksichtigung ausländischer Eingriffsnormen als tatsächliche Umstände erlaubt[73] (zur Konkurrenz von Art. 16 und Art. 17 → Rn. 40). Insofern gilt das zu Art. 17 Ausgeführte entsprechend (→ Art. 17 Rn. 23 f.; zur Anwendung ausländischen Sachrechts im Rahmen des deutschen Deliktsstatuts → Rn. 35). 31

IV. Eingriffsnormen anderer Staaten

1. Meinungsstand. Art. 16 betrifft nach seinem **Wortlaut** nur die Anwendung von Eingriffsnormen des Forumstaats. Eine analoge Anwendung der Vorschrift auf Eingriffsnormen anderer Staaten scheidet aus, weil die Kommission eine Regelung dieser Frage im heutigen Art. 16 in den Jahren 2002 bis 2006 explizit vorgeschlagen hatte (→ Rn. 5 ff.), dieser Vorschlag aber verworfen 32

---

67 EuGH EuZW 2000, 88 Rn. 30 – Arblade: „... nationale Vorschriften, deren Einhaltung als so entscheidend ... angesehen wird, dass ihre Beachtung für alle Personen, die sich im nationalen Hoheitsgebiet dieses Mitgliedstaats befinden, und für jedes dort lokalisierte Rechtsverhältnis vorgeschrieben ist".

68 Rauscher/*Picht* Rn. 7; *G. Wagner* RabelsZ 80 (2016), 717 (746 f.); *Remien* FS Schmidt-Preuß, 2018, 985 (999); *Fuentes Mañas* Anuario Español de Derecho Internacional Privado 2007, 341; *Muir Watt* in Corneloup/Joubert, Le règlement „Rome II" sur la loi applicable aux obligations non contractuelles, 2008, 129 (144); aA BeckOGK/*Maultzsch* Rn. 31.

69 BeckOGK/*Maultzsch* Rn. 6: Großteil der legitimen hoheitlichen Regelungsanliegen bereits in Art. 4 ff. berücksichtigungsfähig; *G. Wagner* IPRax 2008, 1 (15).

70 Implizit BeckOGK/*Maultzsch* Rn. 30; s. auch Soergel/*Pfeiffer* Rn. 13 ff.; *Fuentes Mañas* Anuario Español de Derecho Internacional Privado 2007, 341 (346 ff.); *Muir Watt* in Corneloup/Joubert, Le règlement communautaire „Rome II" sur la loi applicable aux obligations non contractuelles, 2008, 129 (133); *G. Wagner* IPRax 2008, 1 (15).

71 EuGH NJW 2017, 141 Rn. 51 – Griechenland/Nikiforidis; zust. *Duden* EuZW 2016, 943 (944); *Roth* IPRax 2018, 177 (183); krit. *Maultzsch* EuZA 2017, 241 (251).

72 BeckOGK/*Maultzsch* Rn. 32; Soergel/*Pfeiffer* Rn. 46 f.; Erman/*Stürner* Rn. 8; *Duden* EuZW 2016, 943 (943 f.); *Maultzsch* EuZA 2017, 241 (250 ff.); *Roth* IPRax 2018, 177 (183 f.).

73 BeckOK BGB/*Spickhoff* Rn. 4 aE; *Arif* ZfRV 2011, 258 (272 f.); *Remien* FS v. Hoffmann, 2011, 334 (345).

wurde (daher keine Regelungslücke), und die in Art. 16 niedergelegte strikte Anwendungsregel – wie Art. 7 Abs. 2 EVÜ zeigt – für ausländische Eingriffsnormen noch nie gegolten hat (keine Analogiefähigkeit des Art. 16).

33 Umstritten ist jedoch, welche Schlüsse aus der Entstehungsgeschichte des Art. 16 (→ Rn. 4 ff.) für die Behandlung ausländischer Eingriffsnormen zu ziehen sind. Ein **Teil der Lit.** zieht aus der Streichung der entsprechenden Vorschrift durch Parlament und Rat den Schluss, dass eine Sonderanknüpfung ausländischen Eingriffsrechts gegenüber den regulären Anknüpfungen der Rom II-VO (Art. 4–12, 14) nicht zulässig sei; die Entscheidung des Verordnungsgebers sei einer Korrektur mit interpretatorischen Mitteln nicht zugänglich.[74] Die **Gegenansicht** entnimmt dem Schweigen des europäischen Gesetzgebers nur die Zurückhaltung, die Mitgliedstaaten zur Beachtung ausländischer Eingriffsnormen zu verpflichten. Letztlich müsse das jeweilige nationale Recht darüber entscheiden, ob im IPR der außervertraglichen Schuldverhältnisse ausländische Eingriffsnormen zu beachten seien.[75]

34 **2. Stellungnahme.** Der Umstand, dass nur wenige Mitgliedstaaten gegen die geplante **Rom II-Regelung** zur Beachtung ausländischer Eingriffsnormen waren (→ Rn. 5 f.), spricht gegen ein vom Verordnungsgeber gewolltes Verbot der Anwendung oder Berücksichtigung fremdstaatlichen international zwingenden Rechts. Auf der anderen Seite hat der EuGH bei der Auslegung der realisierten **Rom I-Regelung** in Bezug auf ausländische Eingriffsnormen einen restriktiven Ansatz vertreten: Art. 9 Rom I-VO sei dahin auszulegen, dass das angerufene Gericht andere Eingriffsnormen als diejenigen seiner lex fori **(Art. 9 Abs. 2 Rom I-VO)** oder des Staates, in welchem die vertraglich begründeten Verpflichtungen zu erfüllen sind **(Art. 9 Abs. 3 Rom I-VO),** nicht als Rechtsvorschriften anwenden dürfe.[76] Dahinter steht der **Vereinheitlichungszweck** des Europäischen IPR: Das Verordnungsziel, wonach ein Schuldverhältnis in den Mitgliedstaaten möglichst einheitlich rechtlich beurteilt werden soll, verlangt eine **restriktive Auslegung** der Ausnahmevorschriften, die einen Einbruch in das einheitliche Schuldstatut erlauben.[77] Zusammen mit den Ausführungen des EuGH zur materiellrechtlichen Berücksichtigung von Eingriffsnormen[78] ergeben sich daraus drei Schlussfolgerungen.

35 **a) Materiellrechtliche Berücksichtigung.** Möglich ist die Berücksichtigung ausländischer Eingriffsnormen bei der Anwendung des nach Art. 4–9, 14 maßgebenden deutschen (→ Rn. 31) oder ausländischen Deliktsstatuts,[79] wie es der Sache nach auch Art. 17 für statutsfremde Sicherheits- und Verhaltensregeln vorsieht (→ Art. 17 Rn. 11 ff.). Umstritten ist, ob bei Maßgeblichkeit des deutschen Deliktsrechts ausländische Straftatbestände als **Schutzgesetze iSd § 823 Abs. 2 BGB** herangezogen werden können; eine verbreitete Ansicht sieht hierin eine Anwendung der fremden Normen als Rechtsnormen, was auf eine kollisionsrechtliche Sonderanknüpfung hinauslaufe.[80] Nicht möglich ist es, auf der Ebene des materiellen Rechts solchen Vorschriften Wirkung zu verleihen, die zB durch Begründung eines eigenständigen Anspruchs eine Rechtsfolge anordnen, die in der lex causae nicht vorgesehen ist.[81]

36 **b) Analoge Anwendung des Art. 7 Abs. 1 EVÜ.** Kein Weg zur kollisionsrechtlichen Sonderanknüpfung ist eine analoge Anwendung des Art. 7 Abs. 1 EVÜ, wie sie unter der Geltung des Art. 34 EGBGB für das Internationale Vertragsrecht vorgeschlagen wurde (→ 4. Aufl. 2006,

---

[74] BeckOGK/*Maultzsch* Rn. 42 f.; BeckOK BGB/*Spickhoff* Rn. 4; Soergel/*Pfeiffer* Rn. 41; NK-BGB/*Knöfel* Rn. 6; HK-BGB/*Dörner* Rn. 2; Rauscher/*Picht* Rn. 9; *v. Bar/Mankowski* IPR II § 2 Rn. 562; *Brière* Clunet 135 (2008), 31 (66); *de Lima Pinheiro* Riv. dir. int. priv. proc. 44 (2008), 5 (32); *Freitag* NJW 2018, 430 (432); *Martiny* ZEuP 2013, 838 (863); *Ofner* ZfRV 2008, 13 (23); *G. Wagner* IPRax 2008, 1 (15).

[75] PWW/*Remien* Rn. 5; *v. Hein* RabelsZ 73 (2009), 461 (506); *Heiss/Loacker* JBl. 2007, 613 (644); *Kadner Graziano* Rev. crit. dr. int. pr. 97 (2008), 445 (508); *Leible* RIW 2008, 257 (263); *Leible/Lehmann* RIW 2007, 721 (726); *Remien* FS Schmidt-Preuß, 2018, 985 (1000).

[76] EuGH NJW 2017, 151 Rn. 50 – Griechenland/Nikiforidis; zust. *Freitag* NJW 2018, 430 (432); *Maultzsch* EuZA 2017, 241 (245); krit. *Roth* IPRax 2018, 177 (186).

[77] NK-BGB/*Knöfel* Rn. 6; *Freitag* NJW 2018, 430 (432).

[78] EuGH NJW 2017, 151 Rn. 51 = EuZW 2016, 940 mAnm *Duden* = EuZA 2017, 241 mAnm *Maultzsch* – Griechenland – Nikiforidis.

[79] BeckOGK/*Maultzsch* Rn. 45; BeckOK BGB/*Spickhoff* Rn. 4; Calliess/*v. Hein* Rn. 21; Erman/*Stürner* Rn. 3; *Garcimartín Alférez* ELF 2007, I-77 (I-90); *v. Hein* ZEuP 2009, 6 (24 f.); *Heiss/Loacker* JBl. 2007, 613 (644); aA *Bittmann* in Weller, Europäisches Kollisionsrecht, 2016, Rn. 384.

[80] BeckOGK/*Maultzsch* Rn. 48; NK-BGB/*Knöfel* Rn. 6 f.; *v. Bar/Mankowski* IPR II § 2 Rn. 564; *Schramm,* Ausländische Eingriffsnormen im Deliktsrecht, 2005, 121 f.; *Freitag* NJW 2018, 430 (434); *Maultzsch* IPRax 2017, 442 (448); aA BeckOK BGB/*Spickhoff* Rn. 3; PWW/*Remien* Rn. 3; zum dt. IPR *v. Hoffmann* FS Henrich, 2000, 283 (287).

[81] BeckOGK/*Maultzsch* Rn. 48; *Schramm,* Ausländische Eingriffsnormen im Deliktsrecht, 2005, 128; zum dt. IPR *Junker* JZ 1991, 699 (700).

EGBGB Art. 34 Rn. 60 f.). Zum einen ist fraglich, ob die weiche Regelung des Art. 7 Abs. 1 EVÜ (*Gerhard Kegel:* „gefährliche Qualle")[82] dem Rechtsanwender eine wirkliche Hilfestellung gibt, und zum anderen hat der europäische Gesetzgeber exakt diese Regelung für die Rom II-VO verworfen (→ Rn. 5 f.). Schließlich wäre die entsprechende Heranziehung des Art. 7 Abs. 1 EVÜ mit der jüngeren Rspr. des EuGH nicht vereinbar[83] (→ Rn. 34).

c) Rechtsanalogie zu Art. 9 Abs. 3 Rom I-VO. Die Rom I-VO hat Art. 7 Abs. 1 EVÜ nicht fortgeschrieben, sondern in Voraussetzung und Rechtsfolge modifiziert: Auf der **Voraussetzungsseite** geht es – vereinfacht formuliert – nur um Eingriffsnormen des Erfüllungsorts; auf der **Rechtsfolgenseite** kann diesen Normen nur insoweit Wirkung verliehen werden, als sie die Erfüllung des Vertrags unrechtmäßig werden lassen (**Art. 9 Abs. 3 S. 1 Rom I-VO,** → Rom I-VO Art. 9 Rn. 125 ff.). Versucht man, diese Beschränkungen mit einiger Phantasie auf das Internationale Deliktsrecht zu projizieren, bleiben als Pendant zum Erfüllungsort des Vertrags eigentlich nur der Handlungsort des Delikts und als Gegenstück zu den rechtlichen Erfüllungshindernissen die zu beachtenden Sicherheits- und Verhaltensregeln. Sie sind jedoch Gegenstand des Art. 17, so dass eine Analogie zu Art. 9 Abs. 3 Rom I-VO nicht weiterhilft.[84] Es bleibt daher bei der materiellrechtlichen Berücksichtigung forumfremder Eingriffsnormen (→ Rn. 35). 37

V. Verhältnis zu anderen Vorschriften der Rom II-VO

1. Objektive Anknüpfungen (Art. 4–12). Die objektiven Anknüpfungen der Art. 4–12 „berühren nicht" (Art. 16) die Anwendung der Eingriffsnormen des Forumstaats; diese Eingriffsnormen haben folglich „Vorfahrt" *(Gerhard Kegel)* und können im Wege der Sonderanknüpfung oder, wenn ihnen dadurch besser Wirkung verliehen werden kann, durch materiellrechtliche Berücksichtigung im Rahmen des Statuts des außervertraglichen Schuldverhältnisses durchgesetzt werden. Die starke Orientierung der Art. 4–9 an den Steuerungsinteressen des materiellen Deliktsrechts[85] führt in der praktischen Rechtsanwendung dazu, dass die Bedeutung statutsfremder Eingriffsnormen gering ist (→ Rn. 30). 38

2. Binnensachverhalte und Binnenmarktsachverhalte (Art. 14 Abs. 2, 3). Eingriffsnormen des Gerichtsstaats setzen sich nach Art. 16 nicht nur gegenüber den objektiven Anknüpfungen der Rom II-VO durch, sondern auch gegenüber einem nach Art. 14 Abs. 1 gewählten Recht. Die Anwendung **international zwingender Vorschriften** nach Art. 16 hat den Vorrang vor der Anwendung **intern zwingender Bestimmungen** nach Art. 14 Abs. 2 (reiner Inlandssachverhalt). Umstritten ist, inwieweit Eingriffsnormen iSd Art. 9 Abs. 1 Rom I-VO[86] (→ Rn. 30) überhaupt zwingende Bestimmungen iSd Art. 14 Abs. 2 sein können.[87] Im Verhältnis von Art. 16 zu Art. 14 Abs. 3 (reiner Binnenmarktsachverhalt) ist zu beachten, dass sich (einfach) zwingendes Unionsrecht iSd Art. 14 Abs. 3 wegen des Vorrangs des Unionsrechts vor dem Recht der Mitgliedstaaten auch gegen mitgliedstaatliches Eingriffsrecht iSd Art. 16 durchsetzen kann.[88] 39

3. Sicherheits- und Verhaltensregeln (Art. 17). Art. 17 ist eine Spezialnorm für die faktische Berücksichtigung statutsfremder **Sicherheits- und Verhaltensregeln** nach Maßgabe einer Angemessenheitsprüfung, die in ihrem Anwendungsbereich dem Art. 16 vorgeht, soweit eine **forumfremde Eingriffsnorm** in Frage steht, für die keine Sonderanknüpfung, sondern ebenfalls nur eine materiellrechtliche Berücksichtigung in Betracht kommt[89] (→ Rn. 34 ff.). Wenn die forumfremde Eingriffsnorm zwar Sicherheits- und Verhaltensregeln aufstellt, aber nicht der Rechtsordnung des Staates des haftungsbegründenden Ereignisses angehört, bleibt – wie für alle forumfremden Eingriffsnormen – 40

---

82 *Kegel* Rpfleger 1987, 1 (2).

83 EuGH NJW 2017, 151 Rn. 51 = EuZW 2016, 940 mAnm *Duden* = EuZA 2017, 241 mAnm *Maultzsch* – Griechenland/Nikiforidis; abl. auch BeckOGK/*Maultzsch* Rn. 43; *Günther,* Die Anwendbarkeit ausländischer Eingriffsnormen im Licht der Rom I- und Rom II-Verordnungen, 2011, 202; aA *Heiss/Loacker* JBl. 2007, 613 (644).

84 BeckOGK/*Maultzsch* Rn. 42; BeckOK BGB/*Spickhoff* Rn. 4; NK-BGB/*Knöfel* Rn. 6; HK-BGB/*Dörner* Rn. 2; Huber/*A. Fuchs* Rn. 30; *Arif* ZfRV 2011, 258 (263); *Roth* EWS 2011, 314 (323); aA PWW/*Remien* Rn. 5; *Remien* FS v. Hoffmann, 2011, 334 (345 f.).

85 BeckOGK/*Maultzsch* Rn. 6; PWW/*Schaub* Rn. 1; *G. Wagner* IPRax 2006, 372 (374).

86 Zur Geltung des Art. 9 Abs. 1 Rom I-VO im Rahmen des Art. 16 EuGH EuZW 2019, 134 Rn. 28 – da Silva Martins/Dekra.

87 Bejahend bei individualschützendem Charakter BeckOGK/*Maultzsch* Rn. 56; abl. *Günther,* Die Anwendbarkeit ausländischer Eingriffsnormen im Lichte der Rom I- und Rom II-Verordnungen, 2011, 205.

88 BeckOGK/*Maultzsch* Rn. 58.

89 BeckOGK/*Maultzsch* Art. 17 Rn. 88; BeckOK BGB/*Spickhoff* Art. 17 Rn. 2; NK-BGB/*Lehmann* Art. 17 Rn. 20 ff.; HK-BGB/*Dörner* Rn. 1; Rauscher/*Picht* Rn. 1; PWW/*Remien* Rn. 2 aE.

die materiellrechtliche Berücksichtigung außerhalb des Art. 17 eröffnet (→ Rn. 35). Ist die Sicherheits- oder Verhaltensregel dagegen zugleich eine **forumeigene Eingriffsnorm,** so hat die kollisionsrechtliche Anwendung nach Art. 16 den Vorrang, da nicht anzunehmen ist, dass Art. 17 die Wirkung international zwingender Vorschriften des Gerichtsstaats einschränken soll.[90]

41 **4. Vorbehalt des ordre public (Art. 26).** Nach den Materialien zur Rom II-VO zeichnen sich **Eingriffsnormen** dadurch aus, dass das Gericht von vornherein sein eigenes Recht anwendet, während der **ordre public** (Art. 26) später zum Zuge kommt: Zunächst prüft das Gericht anhand seiner Kollisionsnormen, welches Recht im konkreten Fall anzuwenden ist; sodann wird, wenn Anlass besteht, untersucht, ob die Anwendung dieses Rechts zu einem mit der Wertordnung der *lex fori* nicht zu vereinbarenden Ergebnis führt.[91] International zwingende Bestimmungen iSd Art. 16 schalten den gewöhnlichen Mechanismus der Verweisung von vornherein aus; der ordre public-Vorbehalt des Art. 26 erlaubt es, das Ergebnis der Verweisung auf der Ebene des materiellen Rechts zu korrigieren.[92]

Art. 17 Rom II-VO Sicherheits- und Verhaltensregeln

Bei der Beurteilung des Verhaltens der Person, deren Haftung geltend gemacht wird, sind faktisch und soweit angemessen die Sicherheits- und Verhaltensregeln zu berücksichtigen, die an dem Ort und zu dem Zeitpunkt des haftungsbegründenden Ereignisses in Kraft sind.

Schrifttum: s. auch Art. 1; älteres Schrifttum 6. Aufl. 2015, Art. 17; *Diehl,* Die Dogmatik der „Berücksichtigung" im Internationalen Deliktsrecht, 2020; *Eckert,* Die Auslegung und Reichweite des Art. 17 Rom II-VO – Zur Bedeutung privater Standards im Wintersport als local data am Beispiel der FIS-Verhaltensregeln, GPR 2015, 303; *Harms,* Neuauflage der Datumtheorie im Internationalen Privatrecht, 2019; *v. Hein,* Die Behandlung von Sicherheits- und Verhaltensregeln nach Art. 17 der Rom II-Verordnung, FS v. Hoffmann, 2011, 139; *Maultzsch,* Statutsfremde Sicherheits- und Verhaltensregeln (Art. 17 Rom II-VO) im Spiegel wirtschaftsrechtlicher Haftungsprobleme, FS Ebke, 2021, 653; *Pfeiffer,* Datumtheorie und „local data" in der Rom II-VO – am Beispiel von Straßenverkehrsunfällen, FS Schurig, 2012, 229; *Rauscher,* Ausländische Verkehrsunfälle im deutschen Zivilprozess, FS Becker-Eberhard, 2022, 457; *Rudkowski,* Arbeitsbedingungen in den globalen Lieferketten – Verantwortung deutscher Unternehmen de lege lata und de lege ferenda, RdA 2020, 232; *G. Wagner,* Haftung für Menschenrechtsverletzungen, RabelsZ 80 (2016), 717.

Übersicht

I. Allgemeines

1 **1. Normzweck.** Art. 17 handelt von der **Berücksichtigung statutsfremder Vorschriften** und überschneidet sich insofern mit Art. 16 (→ Art. 16 Rn. 40). Die Anknüpfungen an den Erfolgs-

[90] BeckOGK/*Maultzsch* Art. 17 Rn. 87; Calliess/*v. Hein* Art. 17 Rn. 7; NK-BGB/*Lehmann* Art. 17 Rn. 20; *v. Hein* FS v. Hoffmann, 2011, 139 (144); diff. Soergel/*Pfeiffer* Rn. 8.

[91] KOM(2003) 427 endg., 27.

[92] BeckOGK/*Maultzsch* Rn. 60; Soergel/*Pfeiffer* Rn. 6 f.; Calliess/*v. Hein* Rn. 6; HK-BGB/*Dörner* Rn. 1; *Brière* Clunet 135 (2008), 31 (66); *v. Hein* RabelsZ 73 (2009), 461 (505 f.); *Junker* RIW 2010, 257 (268); *Knöfel* EuZA 2008, 229 (247); *Kreuzer* in Reichelt/Rechberger EuropKollisionsR 13 (47).

ort bei Distanzdelikten **(Art. 4 Abs. 1)** und den gemeinsamen gewöhnlichen Aufenthalt insbesondere bei Unfalldelikten **(Art. 4 Abs. 2)** können ebenso wie die Ausweichklausel des **Art. 4 Abs. 3** oder eine Rechtswahl nach **Art. 14** (oder eine Spezialanknüpfung nach Art. 5 ff.) dazu führen, dass der Handlungsort nicht im Gebiet des Staates liegt, dessen materielles Recht als Deliktsstatut zur Anwendung kommt. Der Ersatzpflichtige wird jedoch sein Verhalten in der Regel an den Sicherheits- und Verhaltensvorschriften des Handlungsorts ausrichten und nicht an denjenigen anderer Staaten. Die Berücksichtigung der Sicherheits- und Verhaltensregeln des Staates, in welchem die schädigende Handlung vorgenommen wurde, dient somit der Wahrung eines angemessenen Interessenausgleichs **(Erwägungsgrund 34).** Mit der Steuerungs- und Koordinationsfunktion des Haftungsrechts wäre es nicht zu vereinbaren, die für die Parteien maßgebenden **Sicherheits- und Verhaltensstandards** einer anderen Rechtsordnung zu entnehmen als derjenigen, die an dem Ort und zu dem Zeitpunkt des haftungsbegründenden Ereignisses gilt.[1]

Beispiel:
Das – arg strapazierte – Schulbeispiel ist der Fall, dass zwei deutsche Urlauber mit ihren Kraftfahrzeugen in England kollidieren, weil einer der beiden das Linksfahrgebot nicht beachtet hat: Deliktsstatut ist nach Art. 4 Abs. 2 das deutsche Recht; das Linksfahrgebot des englischen Straßenverkehrsrechts ist über Art. 17 zu berücksichtigen.[2]

Die Vorschrift des Art. 17 hat mit der Bestimmung des Statuts des außervertraglichen Schuldverhältnisses nichts zu tun und ist insofern **keine Kollisionsnorm,** sondern eine materiellrechtliche Hilfsnorm für die Anwendung des bereits bestimmten Statuts.[3] Die von Art. 17 erfassten Sicherheits- und Verhaltensregeln (→ Rn. 11 ff.) sind demnach nicht im Wege der Sonderanknüpfung als Rechtsnormen anzuwenden, sondern als faktische Gegebenheiten **(local data)** – Tatsachenelemente des Handlungsortsrechts – zu berücksichtigen.[4] Von einer „Durchbrechung des Prinzips der Einheitsanknüpfung"[5] außervertraglicher Schuldverhältnisse lässt sich daher nur mit der Maßgabe sprechen, dass die Normen des Einheitsstatuts (Art. 15) nicht von statutsfremden Normen verdrängt, sondern nur durch „Regeln" (→ Rn. 11) einer anderen Rechtsordnung ausgefüllt oder modifiziert werden. Die Berücksichtigung von Sicherheits- und Verhaltensregeln nach Art. 17 steht in Einklang mit neueren IPR-Kodifikationen[6] und gilt als ungeschriebene Regel im autonomen deutschen und österreichischen IPR.[7] 2

2. Entstehungsgeschichte. Das **Vorbild des Art. 17** war Art. 7 HStVÜ (Haager Straßenverkehrsübereinkommen),[8] wonach „unabhängig von dem anzuwendenden Recht bei der Bestimmung der Haftung die am Ort und zurzeit des Unfalls geltenden Verkehrs- und Sicherheitsvorschriften zu berücksichtigen" sind[9] (zum HProdHÜ → Rn. 32). Der **Kommissionsentwurf vom 22.7.2003** (→ Vor Art. 1 Rn. 17 ff.) übernahm diese Vorschrift. Dabei wurde – wegen des weiteren Anwendungsbereichs der Rom II-VO – der Begriff „Unfall" durch „Eintritt des schädigenden Ereignisses" 3

---

[1] BeckOGK/*Maultzsch* Rn. 2, 4; Calliess/*von Hein* Rn. 3; NK-BGB/*Lehmann* Rn. 6; Erman/*Stürner* Rn. 4; *v. Bar/Mankowski* IPR II § 2 Rn. 419; *G. Wagner* IPRax 2008, 1 (5); *Heiss/Loacker* JBl. 2007, 613 (637); *Rentsch* GPR 2015, 191 (194); *Staudinger* SVR 2005, 441 (444).

[2] *v. Bar/Mankowski* IPR II § 2 Rn. 420; vgl. zum früheren dt. IPR BGHZ 42, 385 (388) = NJW 1965, 489: „Es ist Sache dieses Staates zu bestimmen, wie sich die Verkehrsteilnehmer auf den Straßen seines Hoheitsgebietes zu verhalten haben. Das ergibt sich aus der Natur der Sache und ist im Interesse der Verkehrssicherheit geboten"; ferner *G. Wagner* RabelsZ 80 (2016), 717 (742 f.).

[3] BeckOGK/*Maultzsch* Rn. 2; PWW/*Schaub* Rn. 3; Rauscher/*Picht* Rn. 8; *Ebke* ZVglRWiss 109 (2010), 397 (437 f.); *Eckert* GPR 2015, 303 (305); *v. Hein* VersR 2007, 440 (446); *v. Hein* FS v. Hoffmann, 2007, 139 (141); *Kreuzer* in Reichelt/Rechberger EuropKollisionsR 13 (49); *Leible/Lehmann* RIW 2007, 721 (725); *Staudinger* SVR 2005, 441 (444); abw. *Fricke* VersR 2005, 726 (738).

[4] BeckOGK/*Maultzsch* Rn. 4; BeckOK BGB/*Spickhoff* Rn. 1; Soergel/*Pfeiffer* Rn. 4; *Diehl,* Die Dogmatik der „Berücksichtigung" im Internationalen Deliktsrecht, 2020, 143; *Harms,* Neuauflage der Datumtheorie im IPR, 2019, 27; *Dutoit* FS Pocar, 2009, 309 (325); *Eckert* GPR 2015, 303 (305); *Pfeiffer* FS Schurig, 2012, 229 (232 ff.); *Rauscher* FS Becker-Eberhard, 2022, 457 (459 f.); abw. – Sonderanknüpfung lokaler Verhaltensnormen – *G. Wagner* IPRax 2008, 1 (5).

[5] BeckOGK/*Maultzsch* Rn. 2.

[6] ZB Art. 142 Abs. 2 IPRG Schweiz; Nachweise zum portugiesischen und zum ungarischen Recht bei *Symeonides* FS Jayme, 2004, 935 (941).

[7] BGHZ 42, 385 (388) = NJW 1965, 489; *Heiss/Loacker* JBl. 2007, 613 (637).

[8] Haager Übereinkommen vom 4.5.1971 über das auf Straßenverkehrsunfälle anzuwendende Recht, abgedruckt in der → 4. Aufl. 2006, EGBGB Art. 40 Rn. 79 unter Rückgriff auf die amtl. öst. Fassung aus dem öst. BGBl. 1975 Nr. 387. Authentischer franz. und engl. Text in RabelsZ 33 (1969), 342.

[9] BeckOGK/*Maultzsch* Rn. 3; Soergel/*Pfeiffer* Rn. 2; Rauscher/*Picht* Rn. 1; *Fricke* VersR 2005, 726 (738); *Leible/Engel* EuZW 2004, 7 (16); s. zu den Unterschieden von Art. 17 Rom II-VO und Art. 7 HStVÜbk. *Dutoit* FS Pocar, 2009, 309 (325 f.); *v. Hein* FS v. Hoffmann, 2011, 139 (140).

ersetzt. Auf Anregung des Europäischen Parlaments wurden zum Zweck der Klarstellung im **Geänderten Vorschlag vom 21.2.2006** (→ Vor Art. 1 Rn. 18 ff.) die Worte „soweit angemessen als Tatsachenelement" hinzugefügt, die in der verabschiedeten Fassung des Art. 17 in die Sprachform „faktisch und soweit angemessen" gekleidet sind.[10] Auch der Entstehungsgeschichte ist somit zu entnehmen, dass es bei Art. 17 nicht um eine Sonderanknüpfung geht, sondern um die Berücksichtigung bestimmter Regeln als Tatsachenelemente **(local data)** im Rahmen des nach Art. 4–12, 14 bestimmten Statuts des außervertraglichen Schuldverhältnisses.

4 **3. Praktische Bedeutung.** Art. 17 bezieht sich nach seinem Wortlaut, der systematischen Stellung in der Rom II-VO und dem Willen des Verordnungsgebers zwar auf alle außervertraglichen Schuldverhältnisse iSd Art. 1 Abs. 1, 2 iVm Art. 2 Abs. 1.[11] Praktische Bedeutung gewinnt die Vorschrift jedoch vor allem im Recht der unerlaubten Handlungen, und hier insbesondere im **Unfallrecht,** wie schon die Herkunft der Vorschrift aus dem Haager Straßenverkehrsunfall-Übereinkommen nahe legt (zur **Produkthaftung** → Rn. 32). Da der Güterkraftverkehr ebenso wie der Luft-, Schienen- und Schiffsverkehr Gegenstand sachrechtsvereinheitlichender Übereinkommen ist (→ Art. 4 Rn. 108 ff.), ist die Domäne der Berücksichtigung statutsfremder Sicherheits- und Verhaltensvorschriften nach Art. 17 der Personenkraftverkehr auf der Straße[12] (zu weiteren Anwendungsfällen → Rn. 31 f.).

5 **4. Verhältnis zum deutschen Recht.** Der Gesetzgeber der IPR-Reform von 1999 hat auf die Normierung eines dem Art. 17 entsprechenden Berücksichtigungsgebots verzichtet, weil er es im Anschluss an die vormalige Rspr.[13] für selbstverständlich hielt, wenn sich das haftungsbegründende Geschehen – wie bei **Verkehrsunfällen** – ohne weiteres lokalisieren lasse; insoweit fehle das Regelungsbedürfnis. Dagegen lasse sich in Fällen grenzüberschreitender **Produkthaftung** oft nur schwer entscheiden, zu welcher Rechtsordnung die für die Anwendung einer Sonderregel erforderliche örtliche Beziehung bestehe.[14] In der Praxis der deutschen Gerichte, die in Unfallprozessen eine dem Art. 17 entsprechende ungeschriebene Regel anwandten, ging es ausschließlich um Fälle des „aufgelockerten Deliktsstatuts", dh Fälle, in denen – in Abweichung von der Tatortregel des Art. 40 Abs. 1 EGBGB – das Recht des gemeinsamen gewöhnlichen Aufenthalts der Unfallbeteiligten (Art. 40 Abs. 2 EGBGB) als Deliktsstatut zur Anwendung kam.[15]

II. Anwendungsbereich

6 Anzuwenden ist Art. 17 auf sämtliche außervertraglichen Schuldverhältnisse im Anwendungsbereich des Art. 1 Abs. 1, 2 iVm Art. 2 Abs. 1, dh nicht nur auf solche, die aus unerlaubten Handlungen resultieren (→ Rn. 4), und zwar unabhängig davon, nach welcher Kollisionsnorm innerhalb der Rom II-VO das Statut des außervertraglichen Schuldverhältnisses ermittelt wurde (vgl. → Rn. 1). Es handelt sich um eine klarstellende Hilfsnorm auf der Rechtsfolgenseite sämtlicher Kollisionsnormen der Art. 4–12, 14.[16] Die mangelnde Vorhersehbarkeit des anzuwendenden Rechts, insbesondere die mangelnde Vorhersehbarkeit des Erfolgsorts iSd Art. 4 Abs. 1, ist keine Anwendungsvoraussetzung des Art. 17.[17] Auch wenn das Statut, zB bei anfänglicher Rechtswahl (Art. 14 Abs. 1 S. 1 lit. b), im Zeitpunkt der Handlung oder Unterlassung feststeht, sind ggf. die Sicherheits- und Verhaltensregeln des Handlungsorts zu berücksichtigen. Zweifelsfragen des Anwendungsbereichs ergeben sich bei Art. 17 in zweifacher Hinsicht:

---

[10] BeckOGK/*Maultzsch* Rn. 63 ff.; NK-BGB/*Lehmann* Rn. 67 ff.; Calliess/*v. Hein* Rn. 30; PWW/*Schaub* Rn. 3; *v. Bar/Mankowski* IPR II § 2 Rn. 429; *v. Hein* VersR 2007, 440 (446); *Pfeiffer* FS Schurig, 2012, 229 (234); *Sonnentag* ZVglRWiss 105 (2006), 256 (310).

[11] BeckOGK/*Maultzsch* Rn. 6; BeckOK BGB/*Spickhoff* Rn. 2; NK-BGB/*Lehmann* Rn. 13; Calliess/*v. Hein* Rn. 13; *v. Bar/Mankowski* IPR II § 2 Rn. 419; *Kreuzer* in Reichelt/Rechberger EuropKollisionsR 13 (48).

[12] Hamburg Group for Private International Law RabelsZ 67 (2003), 1 (43 f.) wollte deshalb Art. 17 auf „local regulations of traffic and like conduct" (anstatt unspezifisch „Sicherheits- und Verhaltensregeln") beschränken.

[13] BGHZ 42, 385 (388) = NJW 1965, 489.

[14] Begr. RegE, BR-Drs. 759/98, 24 = BT-Drs. 14/343, 11; dazu *v. Hein* ZVglRWiss 102 (2003), 528 (551).

[15] BGHZ 57, 265 (267 f.) = NJW 1972, 387; BGHZ 87, 95 (97 f.) = NJW 1983, 1972; BGHZ 90, 294 (298) = NJW 1984, 2032; BGHZ 119, 137 (140) = NJW 1992, 3091; dazu *Junker* JZ 2000, 477 (486); *Kreuzer* RabelsZ 65 (2001), 383 (419 f.); *Looschelders* VersR 1999, 1316 (1322).

[16] BeckOK BGB/*Spickhoff* Rn. 1; Soergel/*Pfeiffer* Rn. 6; HK-BGB/*Dörner* Rn. 1; PWW/*Schaub* Rn. 3; Rauscher/*Picht* Rn. 8; *Bernitt,* Die Anknüpfung von Vorfragen im europäischen Kollisionsrecht, 2010, 165; *Eckert* GPR 2015, 303 (305); *v. Hein* FS v. Hoffmann, 2011, 139 (143); *Kreuzer* in Reichelt/Rechberger EuropKollisionsR 13 (49).

[17] *v. Bar/Mankowski* IPR II § 2 Rn. 419; *v. Hein* FS v. Hoffmann, 2011, 139 (144).

1. Anwendung auf Art. 10, 11. Außerhalb des Rechts der unerlaubten Handlungen (Art. 4–9) und des Verschuldens bei Vertragsverhandlungen (Art. 12) besteht ein denkbarer praktischer Anwendungsbereich des Art. 17 bei der **Geschäftsführung ohne Auftrag (Art. 11),** bei welcher örtliche Sicherheits- und Verhaltensstandards für die Beurteilung der Pflichten und Obliegenheiten des Geschäftsführers relevant werden können. Jedoch fehlt es bei der GoA, soweit Aufwendungsersatz in Frage steht, an einem „haftungsbegründenden Ereignis", so dass die Bezugnahme des Art. 17 auf Ort und Zeit des **haftungsbegründenden Ereignisses** ins Leere geht.[18] Das Gleiche gilt, soweit Art. 17 bei der **ungerechtfertigten Bereicherung (Art. 10),** insbesondere bei der Eingriffskondiktion, einen praktischen Anwendungsbereich hat.[19] 7

Die Erweiterungsvorschrift des Art. 2 hilft nicht, weil es dort nur um den Begriff des Schadens *(damage)* und des schadensbegründenen Ereignisses *(event giving rise to damage)* geht. Jedoch gibt es keinen einleuchtenden Grund, warum in Art. 17 – im Gegensatz zu anderen Vorschriften (zB Art. 4 Abs. 1, Art. 31) – nicht von einem **schadensbegründenden Ereignis,** sondern von einem haftungsbegründenden Ereignis *(event giving rise to the liability)* die Rede ist. Man wird daher Art. 2 auf den Begriff der Haftung in Art. 17 analog anwenden können,[20] so dass Art. 17 auch im Rahmen der Anknüpfung außervertraglicher Schuldverhältnisse aus GoA (Art. 11) und – zumindest theoretisch – aus ungerechtfertigter Bereicherung (Art. 10) zur Anwendung kommen kann (→ Art. 2 Rn. 8). 8

2. Anwendung auf Distanzdelikte. Art. 17 modifiziert nicht nur die Rechtsfolgen der allgemeinen Deliktskollisionsnorm des Art. 4, sondern betrifft auch die besonderen Deliktskollisionsnormen der Art. 5–9.[21] Allerdings ergeben sich vor allem bei Delikten aus **Produkthaftung** (Art. 5) und aus **Umweltschädigung** (Art. 7) die Anwendungsprobleme des Art. 17, die den deutschen Gesetzgeber im Jahr 1999 von der Schaffung einer expliziten Norm abgehalten (→ Rn. 5) und einige Autoren veranlasst haben, für eine Beschränkung des Art. 17 auf (Straßen-) Verkehrsregeln zu plädieren:[22] Straßenverkehrsunfälle (die „Keimzelle" der Regelung des Art. 17) sind in räumlicher Hinsicht in der Regel **Platzdelikte** und in zeitlicher Hinsicht punktuelle Ereignisse, Delikte im Anwendungsbereich der Art. 5, 7 dagegen meist **Distanzdelikte** und (zeitlich) gestreckte Tatbestände. Hier stellt sich bei einem Regelungsgefälle die Frage, ob im Interesse des Verbraucher- und des Umweltschutzes der Ort und die Zeit des haftungsbegründenden Ereignisses die richtigen Kriterien für die Anwendung von Sicherheits- und Verhaltensregeln sind.[23] Hoch politisch wird diese Frage bei **Menschenrechtsklagen.** 9

Beispiel:
In einer pakistanischen Fabrik der ortsansässigen P Ltd, die ausschließlich für das deutsche Unternehmen D fertigt, entsteht ein Brand; Menschen sterben. Der Brandschutz erfüllte die pakistanischen, nicht aber die deutschen Anforderungen. Hinterbliebene klagen in Deutschland gegen D wegen unterlassener Brandschutzmaßnahmen.[24] – Da der Tod der Angehörigen in Pakistan eingetreten ist, unterliegen deliktische Ansprüche dem **pakistanischen Recht** (Art. 4 Abs. 1), dessen Sicherheits- und Verhaltensregeln (wie zur Vereinfachung des Sachverhalts unterstellt) eingehalten wurden. Der Gedanke, dass D in Deutschland oder von Deutschland aus hätte handeln müssen, führt zu der Frage, ob und wie weit die **deutschen Brandschutzregeln** zu berücksichtigen sind (Art. 17).

Die Vorgabe, die Sicherheits- und Verhaltensregeln des Handlungsorts „soweit angemessen ... zu berücksichtigen" (Art. 17), gibt dem erkennenden Gericht einen weiten Beurteilungsspielraum (→ Rn. 28). Ebenso wenig wie im umgekehrten Fall des **Umwelt- und Verbraucherschutzes** eine generelle Nichtanwendung des Art. 17 im Wege der teleologischen Reduktion (um die schärferen Regeln des Erfolgsorts unangetastet zu lassen) verordnungskonform wäre,[25] kommt im Fall des **Menschenrechtsschutzes** eine generelle Anwendung der (in der Regel schärferen) Sicherheits- 10

[18] BeckOGK/*Maultzsch* Rn. 7; NK-BGB/*Lehmann* Rn. 13; *Kreuzer* in Reichelt/Rechberger EuropKollisionsR 13 (48).
[19] Bejahend *v. Hein* FS v. Hoffmann, 2011, 139 (157); *Rushworth/Scott* Lloyd's M. C. L. Q. 2008, 274 (292–293).
[20] BeckOGK/*Maultzsch* Rn. 7; BeckOK BGB/*Spickhoff* Rn. 2; Soergel/*Pfeiffer* Rn. 15.
[21] BeckOK BGB/*Spickhoff* Rn. 1 aE; NK-BGB/*Lehmann* Art. 5 Rn. 116 f.; PWW/*Schaub* Rn. 1; *Maultzsch* FS Ebke, 2021, 653 (657); *Rudkowski* RdA 2020, 232 (236).
[22] ZB Hamburg Group for Private International Law RabelsZ 67 (2003), 1 (43 f.).
[23] BeckOGK/*Maultzsch* Rn. 5 ff.; NK-BGB/*Lehmann* Rn. 17; Calliess/*v. Hein* Rn. 27; Rauscher/*Picht* Rn. 2; *v. Hein* FS v. Hoffmann, 2011, 139 (154 f., 156 f.); *Heiss/Loacker* JBl. 2007, 613 (637); *Kreuzer* in Reichelt/Rechberger EuropKollisionsR 13 (48 f.).
[24] Fall frei nach *G. Wagner* RabelsZ 80 (2016), 717 (719).
[25] BeckOGK/*Maultzsch* Rn. 5.4; NK-BGB/*Lehmann* Rn. 17; Calliess/*v. Hein* Rn. 27; Rauscher/*Picht* Rn. 2; *Maultzsch* FS Ebke, 2021, 653; *Rudkowski* RdA 2020, 232 (236).

und Verhaltensregeln des Handlungsorts in Betracht. Drittens ist eine schematische Anwendung der Vorschrift ausgeschlossen, wenn sie in verallgemeinerungsfähiger Weise dazu führt, dass die Grundentscheidung des Verordnungsgebers für die Anwendung des Erfolgsortsrechts nach der allgemeinen Deliktskollisionsnorm (Art. 4 Abs. 1) in ihr Gegenteil verkehrt wird.[26]

III. Voraussetzungen

11 **1. Sicherheits- und Verhaltensregeln. a) Rechtsnatur der Vorschriften.** Die Reichweite des Art. 17 hängt davon ab, welche Rechtsquellen als Sicherheits-und Verhaltensregeln anzusprechen sind. Während der Wortlaut des Art. 17 von **Regeln** spricht (englisch: *rules,* frz. *règles*), ist in **Erwägungsgrund 34** bei der Erläuterung des Begriffs „Sicherheits- und Verhaltensregeln" von **Vorschriften** die Rede (engl.: *regulations,* franz.: *réglementation*). Eine sachliche Einschränkung ergibt sich daraus nicht. Es macht keinen Unterschied, ob der **Gesetzgeber** sich entschlossen hat, einen Bereich legislativ zu erfassen, oder ob er dessen Ausgestaltung der **Rspr.** überlassen hat. Soweit Sicherheits- und Verhaltensregeln aus dem Richterrecht resultieren, zählen folglich auch sie zu den Regeln bzw. Vorschriften iSd Art. 17.[27] Es spielt auch keine Rolle, ob eine Sicherheits- und Verhaltensregel dem **öffentlichen Recht** angehört, oder ob sie als **Privatrecht** zu qualifizieren ist.[28] Da Art. 17 nach seinem Wortlaut von einer „faktischen" Berücksichtigung handelt, ist es nicht fernliegend, dass die Vorschrift auch die Berücksichtigung **außerrechtlicher Verhaltensstandards** legitimiert, wie zB eine Verkehrssitte oder Regeln des Sports, die weder Gewohnheitsrecht noch Vertragsbestandteil zwischen den Beteiligten sind. Die wohl hM überlässt es daher der nach Art. 4–12, 14 ermittelten lex causae, über die Berücksichtigungsfähigkeit statutsfremder außerrechtlicher Verhaltensstandards (und damit auch über die Abgrenzung „rechtlicher" und „außerrechtlicher" Standards) zu entscheiden[29] (zu Verwaltungsakten, insbes. **behördlichen Genehmigungen** → Art. 7 Rn. 59).

12 **b) Sicherheit und Verhalten.** Regeln über Sicherheit (englisch: *safety,* franz.: *sécurité*) und Verhalten (englisch: *conduct,* französisch: *comportement*) werden in **Erwägungsgrund 34** dahin konkretisiert, dass sich der Doppelbegriff „auf alle Vorschriften bezieht, die im Zusammenhang mit Sicherheit und Verhalten stehen, einschließlich beispielsweise der Straßenverkehrssicherheit im Falle eines Unfalls". Im Zusammenhang mit den Materialien zur Rom II-VO[30] ergibt sich daraus ein weiter Begriff, der sich gleichermaßen auf Vorgaben zum Schutz absoluter Rechtsgüter (Sicherheit) als auch auf Standards in Bezug auf Vermögensgefährdungen (Verhalten) bezieht, wie zB Verhaltensanforderungen auf den Finanzmärkten, Obliegenheit in gerichtlichen Verfahren oder wettbewerbliche Vorgaben.[31]

13 **aa) Verkehrsregeln.** Unbestrittener Kernbereich des Art. 17 sind Straßenverkehrsregeln[32] (→ Rn. 29 f.): Ist bei Straßenverkehrsunfällen das Deliktsstatut nicht das Recht des Handlungsorts, sind bei der Ermittlung verkehrsgerechten Verhaltens die örtlichen Sicherheits- und Verhaltensnormen am Ort des haftungsbegründenden Ereignisses nach Maßgabe des Art. 17 zu berücksichtigen. Diese Konstellation tritt insbesondere auf, wenn die Unfallbeteiligten ihren gewöhnlichen Aufenthalt nicht im Staat des Unfallgeschehens haben und über Art. 4 Abs. 2 die lex domicilii communis zur Anwendung gelangt (→ Rn. 5 aE). Verkehrsregeln spielen, soweit die Rom II-VO nicht durch Internationales Einheitsrecht verdrängt wird (→ Art. 4 Rn. 108 ff.), im Rahmen des Art. 17 im Luft-, Schienen- und Seeverkehr eine Rolle, ferner im Sport- und Freizeitbereich, zB bei Wander-, Ski- oder Sportbootunfällen.[33]

---

[26] Ausf. *Diehl,* Die Dogmatik der „Berücksichtigung" im Internationalen Deliktsrecht, 2020; s. auch *G. Wagner* RabelsZ 80 (2016), 717 (742 f.).

[27] KOM(2003) 427 endg., 28; BeckOGK/*Maultzsch* Rn. 19; NK-BGB/*Lehmann* Rn. 27; *Eckert* GPR 2015, 303 (306); zum dt. IPR OLG München NJW 1977, 502 (503): „natürliche Rechtsgrundsätze"; zur Konkretisierung des Sorgfaltsmaßstabs durch die Rspr. *G. Wagner* IPRax 2008, 1 (6).

[28] BeckOGK/*Maultzsch* Rn. 20; NK-BGB/*Lehmann* Rn. 28; zum dt. IPR Staudinger/*v. Hoffmann,* 2007, EGBGB Vor Art. 40 Rn. 56.

[29] BeckOGK/*Maultzsch* Rn. 21; NK-BGB/*Lehmann* Rn. 33; Calliess/*v. Hein* Rn. 19; Huber/*Bach* Rn. 13; *Dickinson,* Rome II Regulation, 2008, Rn. 15.32; *Eckert* GPR 2015, 303 (306 ff.).

[30] KOM(2003) 427 endg., 28.

[31] Ausf. BeckOGK/*Maultzsch* Rn. 37; s. auch Soergel/*Pfeiffer* Rn. 20 ff.; Calliess/*v. Hein* Rn. 12; NK-BGB/*Lehmann* Rn. 17.

[32] BeckOGK/*Maultzsch* Rn. 29; BeckOK BGB/*Spickhoff* Rn. 4; Soergel/*Pfeiffer* Rn. 43; Erman/*Stürner* Rn. 2; *Fricke* VersR 2005, 726 (738); *v. Hein* ZVglRWiss 102 (2003), 528 (551); *Heiss/Loacker* JBl. 2007, 613 (637); *Staudinger* SVR 2005, 441 (444); ausf. Nachw. zum dt. IPR Staudinger/*v. Hoffmann,* 2007, EGBGB Vor Art. 40 Rn. 57, EGBGB Art. 40 Rn. 195.

[33] BeckOGK/*Maultzsch* Rn. 34; BeckOK BGB/*Spickhoff* Rn. 4; NK-BGB/*Lehmann* Rn. 41; Rauscher/*Picht* Rn. 6; Erman/*Stürner* Rn. 2; PWW/*Schaub* Rn. 2; *Eckert* GPR 2015, 303 (306 ff.); *Pfeiffer* FS Schurig, 2012, 229 (232 ff.); ausf. zum dt. IPR Staudinger/*v. Hoffmann,* 2007, EGBGB Art. 40 Rn. 176.

Diskutiert wird die Unterscheidung von **ortsgebundenen Verkehrsregeln** (zB Rechts- und Linksfahrgebote, Vorrangregeln oder Überholverbote) und **örtlich nicht gebundenen Vorschriften** (zB Gurtanlegepflicht, Blutalkoholgrenzen oder Lenkzeiten). Bei der zweiten Kategorie soll es in der Regel bei den strengeren Vorschriften des Deliktsstatuts bleiben.[34] Unternehmen Personen, die ihren gemeinsamen gewöhnlichen Aufenthalt im Staat A haben, als Fahrgemeinschaft eine Urlaubsreise im Staat B, so werden die strengeren Blutalkoholvorschriften des Rechts von A (Deliktsstatut, Art. 4 Abs. 2) nicht von den großzügigeren Blutalkoholwerten des Rechts von B (Staat des haftungsbegründenden Ereignisses, Art. 17) verdrängt. Dem Anliegen dieser Lehre wird jedoch nicht auf der **Tatbestandsebene** Rechnung getragen, sondern über die **Angemessenheitsklausel** in Art. 17 (→ Rn. 27 f.). Im Rahmen des Tatbestandsmerkmals „Sicherheits- und Verhaltensregeln" ist nicht zwischen örtlichen („territorial wirkenden")[35] und überörtlichen (territorial nicht gebundenen) Vorschriften zu unterscheiden. 14

bb) Sonstige Vorschriften. Im Vorfeld der Rom II-VO gab es, Bezug nehmend auf die Herkunft des Art. 17 aus dem Unfallrecht (→ Rn. 3), Bestrebungen, den Tatbestand des Art. 17 auf Verkehrsregeln **(traffic rules)** zu beschränken.[36] Bei einer solchen tatbestandlichen Beschränkung, die sich nach Inkrafttreten des Art. 17 nur im Wege der teleologischen Reduktion der Vorschrift erreichen ließe, wären zwar **Verkehrsdelikte** (einschließlich zB Ski- und Sportbootunfälle im Freizeitbereich) von der Vorschrift erfasst, aber zB nicht Sicherheitsanforderungen an Produkte (Art. 5) oder Verhaltensregeln zum Umweltschutz (Art. 7).[37] 15

Für eine solche Beschränkung ließe sich zwar vorbringen, dass es widersprüchlich ist, „den Ort des schadensbegründenden Ereignisses nach Art. 4 Abs. 1 als Anknüpfungspunkt aus dem Fenster zu werfen und ihn dann durch die Tür des Art. 17 wieder hereinzulassen".[38] Diesem Anliegen kann der Rechtsanwender – zumal der Verordnungsgeber in **Erwägungsgrund 34** Straßenverkehrsunfälle nur als Beispiele anführt – aber nicht durch eine Tatbestandskorrektur Rechnung tragen, sondern nur auf der Rechtsfolgenseite, insbesondere durch die in Art. 17 geforderte **Angemessenheitskontrolle.** Sicherheits- und Verhaltensregeln iSd Art. 17 sind demnach nicht auf (Straßen-) Verkehrsdelikte beschränkt, sondern können sich bei allen außervertraglichen Schuldverhältnissen rechtsfolgenbegrenzend auswirken.[39] 16

cc) Allgemeiner Sorgfaltsmaßstab. Die Sicherheits- und Verhaltensvorschriften iSd Art. 17 umfassen nicht nur spezielle Verkehrsregeln (zB § 14 StVO: Sorgfaltspflichten beim Ein- und Aussteigen), sondern auch **allgemeine Grundregeln** wie zB im deutschen Straßenverkehrsrecht die Generalklausel des § 1 StVO und die zu ihr ergangene Rspr. Solche Regeln konkretisieren die Sorgfaltspflichten der Beteiligten. In diesem Rahmen ist auch der **allgemeine Sorgfaltsmaßstab,** den eine Rechtsordnung den ihr unterworfenen Rechtsgenossen auferlegt, insoweit von der Berücksichtigungsklausel des Art. 17 erfasst, als es darum geht, diesen Maßstab für einzelne Fallgruppen zu konkretisieren: Auch hier dient die Berücksichtigung des Ortsrechts dazu, das Vertrauen der Beteiligten in die Geltung lokaler Verhaltensstandards und das Durchsetzungsinteresse des normsetzenden Staates zu schützen.[40] Im Übrigen sind die Regeln einer Rechtsordnung über die erforderliche Sorgfalt jedoch nicht unter die Sicherheits- und Verhaltensvorschriften iSd Art. 17 zu subsumieren.[41] 17

dd) Verschuldenserfordernis und Verschuldensmaßstab. Erst recht beantworten sich die Fragen, ob eine Haftung **überhaupt Verschulden** voraussetzt und – wenn ja – welchen **Grad des Verschuldens,** nach dem gemäß Art. 4–9, 14 ermittelten Statut der unerlaubten Handlung und nicht im Wege der Berücksichtigung des Handlungsortsrechts nach Art. 17. Im Recht der unerlaubten Handlungen unterliegen Verschuldenserfordernis und Verschuldensmaßstab dem Deliktsstatut[42] (Art. 15 lit. a). Praktische Relevanz hat diese Aussage ua im Straßenverkehrsrecht, wo zB das deutsche 18

---

[34] BeckOK BGB/*Spickhoff* Rn. 4; Erman/*Stürner* Rn. 3; zum dt. IPR Staudinger/*v. Hoffmann,* 2007, EGBGB Vor Art. 40 Rn. 59.

[35] Staudinger/*v. Hoffmann,* 2007, EGBGB Vor Art. 40 Rn. 59.

[36] Hamburg Group for Private International Law RabelsZ 67 (2003), 1 (44).

[37] Krit. *v. Hein* FS v. Hoffmann, 2011, 139 (154 f., 155 f.); *A. Fuchs* GPR 2004, 100 (103); *Heiss/Loacker* JBl. 2007, 613 (637).

[38] Hamburg Group for Private International Law RabelsZ 67 (2003), 1 (43).

[39] BeckOGK/*Maultzsch* Rn. 35; Rauscher/*Picht* Rn. 2.

[40] BeckOGK/*Maultzsch* Rn. 41; NK-BGB/*Lehmann* Rn. 45; Hamburg Group for Private International Law RabelsZ 67 (2003), 1 (43); *G. Wagner* IPRax 2008, 1 (6).

[41] BeckOK BGB/*Spickhoff* Rn. 5 f.; *Eckert* GPR 2015, 303 (308); zum dt. IPR OLG Koblenz NJW-RR 2005, 1048; LG Ravensburg NZV 2008, 199 (200, 201); OLG Stuttgart VersR 2008, 934.

[42] BeckOGK/*Maultzsch* Rn. 38; BeckOK BGB/*Spickhoff* Rn. 6; NK-BGB/*Lehmann* Rn. 37; Huber/*Bach* Rn. 3; *Junker* JZ 2008, 169 (177).

Recht die **Gefährdungshaftung** (§ 7 StVG), das englische und irische Recht jedoch die **Verschuldenshaftung** vorsehen.[43] Wenn zB das deutsche Recht gemäß Art. 4 Abs. 2 das Statut der unerlaubten Handlung ist, kann der Unfallfahrer folglich nicht unter Berufung auf Art. 17 die Berücksichtigung der Verschuldensregel des Rechts des englischen Unfallorts verlangen. Aus den Materialien zur Rom II-VO ergibt sich nichts anderes: Dort spricht die Kommission lediglich den Umstand an, dass „im Rahmen der Verschuldensprüfung" das Tatortrecht berücksichtigt werden müsse.[44]

19 **2. Ort des haftungsbegründenden Ereignisses.** Auch wenn Art. 17 – entgegen der sonstigen Terminologie der Rom II-VO – vom „haftungsbegründenden Ereignis" spricht, ist der Sache nach das **schadensbegründende Ereignis** iSd Art. 2 Abs. 1, 3 gemeint (→ Rn. 7 f.). Der „Ort des haftungsbegründenden Ereignisses" iSd Art. 17 meint folglich – in der bisherigen Terminologie des Internationalen Deliktsrechts (→ EGBGB Art. 40 Rn. 23) – den **Handlungsort.**[45] Ausdrücklich nicht zur Berücksichtigung berufen hat der europäische Gesetzgeber die Sicherheits- und Verhaltensregeln des Ortes, an dem iSd Art. 4 Abs. 1 **indirekte Schadensfolgen** eintreten (→ Art. 4 Rn. 39); bei dieser Weichenstellung muss es auch bleiben.[46] Faktisch und soweit angemessen zu berücksichtigen sind nach Art. 17 folglich nur die Sicherheits- und Verhaltensregeln des **Handlungsorts.**

20 Bei **Platzdelikten** (wie in der Regel Verkehrs-, Freizeit- und Sportunfällen), bei denen Handlungs- und Erfolgsort per Definition in ein und demselben Staat liegen, kommt Art. 17 vor allem zum Zuge, wenn nach Art. 4 Abs. 2 an den gemeinsamen gewöhnlichen Aufenthalt angeknüpft oder die Tatortregel nach Art. 4 Abs. 3, Art. 14 ausgehebelt wird. In diesen Fällen hat die Berücksichtigung örtlicher Sicherheits- und Verhaltensstandards die Funktion, die Tatortanknüpfung partiell wiederherzustellen.[47]

21 Bei **Distanzdelikten** (wie zB häufig in Produkthaftungs- oder Umweltschädigungsfällen), bei denen örtliche Sicherheits- und Verhaltensregeln relevant werden können, wird Art. 4 vielfach durch Spezialkollisionsnormen (insbesondere Art. 5, 7) verdrängt. Daher lässt sich nur unter dem Vorbehalt dieser Spezialkollisionsnormen feststellen, die Berücksichtigung des Handlungsortsrechts nach Art. 17 korrigiere die Weichenstellung des Art. 4, der auf den Erfolgsort abstellt.[48]

22 **3. Zeitpunkt des haftungsbegründenden Ereignisses.** Das Abstellen auf den Zeitpunkt des haftungsbegründenden Ereignisses (zu diesem Begriff → Rn. 7 f.) bereitet keine Probleme für **Punktdelikte** (→ Rn. 9), wohl aber für **zeitlich gestreckte Tatbestände.** Bei Verkehrs-, Freizeit- oder Sportunfällen (in der Regel Punktdelikte) ist schon aus Gründen der verhaltenssteuernden Funktion der von Art. 17 erfassten Regeln unmittelbar einsichtig, dass nur auf die Regeln abgestellt werden kann, die im Zeitpunkt des schadensbegründenden Ereignisses (der Handlung) in Kraft sind.[49] In Fällen der Produkthaftung (in der Regel zeitlich gestreckte Tatbestände) ist die Fixierung des maßgebenden Zeitpunkts hingegen problematisch[50] (→ Rn. 32).

IV. Rechtsfolge

23 **1. Faktische Berücksichtigung.** Nach dem insoweit bewusst gewählten Wortlaut des Art. 17 sind die einschlägigen Sicherheits- und Verhaltensregeln nicht „anzuwenden", sondern „faktisch zu berücksichtigen"; nach der Entstehungsgeschichte der Vorschrift lässt sich das Adverb „faktisch" mit der Beschreibung „als Tatsachenelement" gleichsetzen (→ Rn. 3). Indem er zwischen der **Anwendung** von Rechtsnormen und der bloßen **Berücksichtigung** unterscheidet, will der Verordnungsgeber ausdrücken, dass das nach Art. 4–12, 14 ermittelte Statut des außervertraglichen Schuldverhältnisses als solches durch Art. 17 nicht angetastet wird („anzuwenden" sind allein die Bestimmungen dieses Statuts). Der Rechtsanwender darf die in Art. 17 bezeichneten Vorschriften lediglich, soweit angemessen (→ Rn. 27 f.), im Rahmen der Anwendung des Statuts der unerlaubten Handlung „wie ein Sachverhaltselement berücksichtigen".[51]

---

43 *Kadner Graziano/Oertel* ZVglRWiss 107 (2008), 113 (118).

44 KOM(2003) 427 endg., 28.

45 BeckOGK/*Maultzsch* Rn. 44; NK-BGB/*Lehmann* Rn. 49; *Eckert* GPR 2015, 303 (309); *v. Hein* FS v. Hoffmann, 2011, 139 (147 ff.); *Fricke* VersR 2005, 726 (738); *Huber/Bach* IPRax 2005, 73 (82); *Junker* NJW 2007, 3675 (3681).

46 *v. Hein* FS v. Hoffmann, 2011, 139 (150 f.).

47 *Eckert* GPR 2015, 303 (309); *G. Wagner* IPRax 2008, 1 (5).

48 Vgl. *G. Wagner* IPRax 2008, 1 (5); *R. Wagner* EuZW 1999, 709 (714).

49 BeckOGK/*Maultzsch* Rn. 57; NK-BGB/*Lehmann* Rn. 48; *G. Wagner* IPRax 2006, 372 (375).

50 BeckOGK/*Maultzsch* Rn. 58; *Kreuzer* in Reichelt/Rechberger EuropKollisionsR 13 (48 f.); *Leible/Engel* EuZW 2004, 7 (16); *Sonnentag* ZVglRWiss 105 (2006), 256 (311); *G. Wagner* IPRax 2008, 1 (5).

51 KOM(2003) 427 endg., 28; ausf. *Harms,* Neuauflage der Datumtheorie im IPR, 2019, 45–57.

Soweit allerdings nach Art. 17 Sicherheits- und Verhaltensregeln des Handlungsorts berücksichtigt werden (zB eine Blutalkoholgrenze von 0,5 Promille, vgl. § 24a Abs. 1 StVG), ist die Anwendung der entsprechenden Vorschrift des Deliktsstatuts (zB eine Blutalkoholgrenze von 0,3 oder 0,8 Promille) naturgemäß ausgeschlossen.[52] Auch die Heranziehung des Ortsrechts „als Tatsachenelement" *(local data)* ergibt nur Sinn, wenn eine **entgegenstehende Rechtsnorm des Deliktsstatuts verdrängt** wird.[53] Die „faktische Berücksichtigung" besagt damit im Grunde nur, dass das Statut des außervertraglichen Schuldverhältnisses als solches unangetastet bleibt und die „Berücksichtigungsregel" des Art. 17 keine strikte Rechtsanwendungsregel ist;[54] die Kriterien der Berücksichtigung oder Nichtberücksichtigung örtlicher Sicherheits- und Verhaltensregeln sind dogmatisch beim Tatbestandsmerkmal „soweit angemessen" zu verorten. Auch diese Konstruktion belegt die Nähe des Art. 17 zu US-amerikanischen Konzepten[55] (→ Rn. 27 f.). 24

2. Beurteilung des Verhaltens. a) Schädiger. Die in Art. 17 genannten Sicherheits- und Verhaltensregeln sind nach dem Wortlaut des Art. 17 zu berücksichtigen „bei der Beurteilung des Verhaltens der Person, deren Haftung geltend gemacht wird". Die Materialien zur Rom II-VO konkretisieren dieses Tatbestandsmerkmal beispielhaft dahin, dass es insbesondere um die Beurteilung des **Verschuldens** oder der Gut- oder Bösgläubigkeit des Schädigers geht.[56] Jedoch können örtliche Sicherheits- und Verhaltensstandards auch schon eine Rolle spielen, wenn die **Rechtswidrigkeit** eines Verhaltens infrage steht.[57] 25

b) Geschädigter. Keine Antwort geben die Materialien darauf, warum sich die Rechtsfolge des Art. 17 nur auf die Beurteilung des Verhaltens des Schädigers beziehen soll. Einen nachvollziehbaren Grund für eine solche Beschränkung des Art. 17 gibt es nicht: Ein etwaiges **Mitverschulden** des Geschädigten ist gemäß **Art. 15 lit. b** nach dem Deliktsstatut zu beurteilen. Verschulden und Mitverschulden sind jedoch aufeinander bezogen und müssen an denselben Sicherheits- und Verhaltensstandards gemessen werden.[58] Wenn der Autofahrer, „dessen Haftung geltend gemacht wird", dem Linksfahrgebot des lokalen englischen Rechts folgen muss, so kann für den auf derselben Straße entgegenkommenden Unfallkontrahenten, um dessen Mitverschulden es geht, schwerlich etwas anderes gelten. Art. 17 ist daher im Wege der **Analogie** auch auf das Verhalten der Person zu beziehen, die den Anspruch geltend macht.[59] Art. 17 gilt also für Schädiger und Geschädigten gleichermaßen und kann somit wie folgt gelesen werden: „Bei der Beurteilung des Verhaltens einer Person sind faktisch und soweit angemessen die Sicherheits- und Verhaltensregeln zu berücksichtigen, die an dem Ort und zu dem Zeitpunkt des haftungsbegründenden Ereignisses in Kraft sind." 26

3. Angemessenheitskontrolle. Die Entscheidung über die Berücksichtigung oder Nichtberücksichtigung der statutsfremden Sicherheits- und Verhaltensnormen fällt im Rahmen des Merkmals „soweit angemessen". Anschauungsmaterial gibt es dazu bisher vor allem bei unerlaubten Handlungen in den Bereichen der Verkehrs-, Freizeit- und Sportunfälle (→ Rn. 29 ff.). Als allgemeine Regel der Angemessenheitskontrolle möchten manche eine Art **Günstigkeitsprinzip** aufstellen, wonach lokale Sicherheits- und Verhaltensvorschriften, die das Opfer besser schützen als diejenigen des Deliktsstatuts, grundsätzlich zu berücksichtigen und ihre Nichtberücksichtigung in Ausnahmefällen besonders zu begründen sei.[60] Ein solcher Grundsatz lässt sich vielleicht deliktsspezifisch, nicht aber allgemein aufstellen. Denn das Günstigkeitsprinzip herkömmlicher deutscher Prägung (→ EGBGB Art. 40 Rn. 16; → EGBGB Art. 40 Rn. 29) mit seiner unausgesprochenen Prämisse, die Sympathie mit dem Opfer müsse auch im IPR größer sein als diejenige mit dem Täter, hat der Verordnungsgeber 27

---

[52] BeckOGK/*Maultzsch* Rn. 61; *Heiss/Loacker* JBl. 2007, 613 (637); *Huber/Bach* IPRax 2005, 73 (81 f.); *Leible/Lehmann* RIW 2007, 721 (725).

[53] Calliess/*v. Hein* Rn. 30; NK-BGB/*Lehmann* Rn. 65; *v. Hein* VersR 2007, 440 (446); *Harms,* Neuauflage der Datumtheorie im IPR, 2019, 82; *Symeonides* FS Jayme, 2004, 935 (943); *Staudinger* SVR 2005, 441 (444).

[54] Erman/*Stürner* Rn. 4; HK-BGB/*Dörner* Rn. 1; *Dutoit* FS Pocar, 2009, 309 (325); *v. Hein* FS v. Hoffmann, 2011, 139 (143); *Lehmann/Duczek* JuS 2012, 681 (685); *Rushworth/Scott* Lloyd's M. C. L. Q. 2008, 274 (294).

[55] *Symeonides* FS Jayme, 2004, 935 (941 f.); *Weintraub* FS Hay, 2005, 451.

[56] KOM(2003) 427 endg., 28.

[57] BeckOGK/*Maultzsch* Rn. 63; NK-BGB/*Lehmann* Rn. 67; BeckOK BGB/*Spickhoff* Rn. 6.

[58] Zutr. *G. Wagner* IPRax 2008, 1 (6).

[59] *G. Wagner* IPRax 2008, 1 (6); aA *Heiss/Loacker* JBl. 2007, 613 (637). Für eine Anwendung der *local data* auch auf das Mitverschulden zum dt. IPR LG Ravensburg NZV 2008, 199 (200); unklar OLG Hamm NJW-RR 2001, 1537.

[60] S. in dieser Richtung bereits *Symeonides* FS Jayme, 2004, 935 (943); zum dt. IPR vor dem 1.6.1999 *v. Bar* JZ 1985, 961 (967); nach dem 31.5.1999 Staudinger/*v. Hoffmann,* 2007, EGBGB Vor Art. 40 Rn. 59; offengelassen von BGH RIW 1979, 788 (789).

bewusst nicht übernommen[61] (→ Art. 4 Rn. 17). Der für Art. 17 einschlägige **Erwägungsgrund 34** spricht nicht von der Wahrung des Opferschutzes, sondern von der Wahrung eines angemessenen Interessenausgleichs zwischen den Parteien.

28 Es entspricht daher der hM, dass Art. 17 dem erkennenden Gericht einen **Beurteilungsspielraum** eröffnet und keinen Automatismus in Gang setzt.[62] Im Rahmen der Beurteilung spielt die **Vorhersehbarkeit** als allgemeines Angemessenheitskriterium bei **Platzdelikten** keine große Rolle, denn wer sich in den Straßenverkehr des Staates A begibt (oder in diesem Staat Sport- oder Freizeitaktivitäten entfaltet), muss damit rechnen, dass bei der rechtlichen Aufarbeitung eines deliktischen Geschehens örtliche Sicherheits- und Verhaltensregeln berücksichtigt werden („if you go to Rome, do as the Romans do"). Anders ist es bei **Distanzdelikten,** vor allem wenn es sich um **zeitlich gestreckte Tatbestände** handelt: Hier ist die Vorhersehbarkeit der nach Art. 17 einschlägigen Sicherheits- oder Verhaltensvorschrift für den Schädiger ein wichtiges Ermessenskriterium im Rahmen der gerichtlichen Angemessenheitskontrolle.[63] Hauptanwendungsfall ist das Produkthaftungsrecht (→ Rn. 32).

V. Einzelne Sachbereiche

29 **1. Delikte im Straßenverkehr.** Hauptanwendungsfall des Art. 17 ist der Straßenverkehr. Bedeutung erlangen kann Art. 17 zB hinsichtlich der zulässigen Blutalkoholwerte, der Nutzung von Mobiltelefonen während der Fahrt oder des Gebots, bei Tag das Fahrlicht einzuschalten.[64] Weitere Beispiele aus dem deutschen Straßenverkehrsrecht sind das Sichtfahrgebot des § 3 Abs. 1 S. 4 StVO, die Qualifikation des Abbiegens, Wendens und Rückwärtsfahrens als gefährliche Fahrmanöver (Art. 9 Abs. 5 StVO) und erhöhte Rücksichtnahmepflichten in verkehrsberuhigten Zonen (Art. 10 StVO). Bei der Ermittlung verkehrsgerechten Verhaltens sind nach hM, die sich auf zahlreiche Gerichtsurteile zum autonomen deutschen IPR berufen kann,[65] stets die **ortsgebundenen** straßenverkehrsrechtlichen Normen des Tatortrechts zu berücksichtigen;[66] ortsgebunden sind diejenigen Verkehrsvorschriften, die sich (wie zB Rechts- und Linksfahrgebote, Vorfahrtregeln oder Überholverbote) unmittelbar auf die Nutzung des Verkehrsraums beziehen.

30 Geteilt sind dagegen die Meinungen in Bezug auf sog. **örtlich nicht gebundene Straßenverkehrsvorschriften,**[67] die (wie zB Regeln über den Gebrauch von Sicherheitsgurten und Schutzhelmen, Alkohol- und Drogenverbote oder Lenkzeiten) sich auf das sonstige Verhalten von Fahrzeuglenkern und -insassen beziehen. Solche auch als „überörtlich"[68] oder „personenbezogen"[69] bezeichneten Sicherheits- und Verhaltensregeln wollen manche dem Deliktsstatut (insbesondere dem Recht des gemeinsamen gewöhnlichen Aufenthalts, Art. 4 Abs. 2) und nicht dem Tatortrecht entnehmen, soweit diese Vorschriften den **Schutz der Insassen** zum Ziel haben und (kumulativ) zwischen den Unfallbeteiligten vor dem Unfall eine **Sonderbeziehung** (zB beförderungsvertraglicher oder familienrechtlicher Natur) bestanden hat.[70] Sind diese beiden Voraussetzungen erfüllt, soll folglich die Berücksichtigung statutsfremden Ortsrechts nach Art. 17 mangels Angemessenheit ausscheiden.[71]

---

[61] BeckOGK/*Maultzsch* Rn. 81; Calliess/*v. Hein* Rn. 28; Rauscher/*Picht* Rn. 11; *Jayme/Kohler* IPRax 2002, 461 (470 f.); *Schaub* RabelsZ 66 (2002), 18 (64).

[62] BeckOK BGB/*Spickhoff* Art. 7 Rn. 6; Erman/*Stürner* Art. 7 Rn. 17; HK-BGB/*Dörner* Art. 7 Rn. 1; PWW/*Schaub* Art. 7 Rn. 4; *Junker* FS Salje, 2013, 243 (261); *Leible/Lehmann* RIW 2007, 721 (725); *Sonnentag* ZVglRWiss 105 (2006), 256 (310). Zur Rechtsfolge des Art. 17 auch *Mankowski* IPRax 2010, 389 (394).

[63] Erman/*Stürner* Rn. 4; HK-BGB/*Dörner* Rn. 1; *v. Hein* FS v. Hoffmann, 2011, 139 (151 f.); *Leible/Engel* EuZW 2004, 7 (16); *Sonnentag* ZVglRWiss 105 (2006), 256 (311). *G. Wagner* IPRax 2006, 372 (375); *G. Wagner* IPRax 2008, 1 (5).

[64] PWW/*Schaub* Rn. 2; *Dutoit* FS Pocar, 2009, 309 (325); *Junker* NJW 2007, 3675 (3681); *Junker* JZ 2008, 169 (177).

[65] Nachw. zum dt. IPR bei BeckOGK/*Maultzsch* Rn. 31.2; Staudinger/*v. Hoffmann,* 2007, EGBGB Vor Art. 40 Rn. 57; s. ferner OLG Koblenz NJW-RR 2005, 1048.

[66] BeckOK BGB/*Spickhoff* Rn. 4 mit dem Zusatz „alles andere wäre absurd"; Erman/*Stürner* Rn. 2; *Leible/Lehmann* RIW 2007, 721 (725).

[67] Begriff nach *Stoll* FS Lipstein, 1980, 259 (266); aufgegriffen zB von BeckOGK/*Maultzsch* Rn. 31; Staudinger/*v. Hoffmann,* 2007, EGBGB Vor Art. 40 Rn. 59; Erman/*Stürner* EGBGB Art. 40 Rn. 26.

[68] Staudinger/*v. Hoffmann,* 2007, EGBGB Vor Art. 40 Rn. 59.

[69] Erman/*Stürner* EGBGB Art. 40 Rn. 43.

[70] BeckOK BGB/*Spickhoff* Rn. 4; *de Lima Pinheiro* Riv. dir. int. priv. proc. 44 (2008), 5 (33 f.); krit. *v. Hein* FS v. Hoffmann, 2011, 139 (145 f.); *Heiss/Loacker* JBl. 2007, 613 (637); zum dt. IPR vor dem 1.5.1999 *v. Bar* JZ 1985, 961 (966).

[71] BeckOGK/*Maultzsch* Rn. 31; zum dt. IPR Staudinger/*v. Hoffmann,* 2007, EGBGB Art. 40 Rn. 195; zum dt. IPR vor dem 1.5.1999 *Stoll* IPRax 1989, 89 (92).

2. Freizeit- und Sportunfälle. Soweit es bei Freizeit- und Sportaktivitäten um Fortbewegung geht (zB Wintersport, Wassersport), gelten für diesen „Nichtstraßenverkehr"[72] die vorstehenden Grundsätze der Berücksichtigung statutsfremder Sicherheits- und Verhaltensregeln entsprechend.[73] Allerdings wird der Anwendungsbereich des Art. 17 in diesen Sachgebieten dadurch verkleinert, dass die Verkehrsregeln (meist auf Verbandsebene) international noch stärker vereinheitlicht sind als im Straßenverkehr. Bei sonstigen Sport- und Freizeitaktivitäten, zB bei der Teilnahme an einem deutschen Fußballcamp im Ausland, wird die Angemessenheitsklausel in Art. 17 zur Nichtberücksichtigung niedrigerer örtlicher Sicherheits- und Verhaltensstandards führen, wenn das Deliktsstatut nach Art. 4 Abs. 2 bestimmt wird und die Beteiligten eine geschlossene Gruppe bilden. So bestimmen sich die Aufsichtspflichten der Betreuer eines deutschen Jugendfußballcamps in Marokko allein nach deutschem Recht (Art. 4 Abs. 2), so dass die örtlichen marokkanischen Standards nicht ermittelt werden müssen, weil ihre Berücksichtigung nach Art. 17 mangels Angemessenheit von vornherein nicht in Betracht kommt.[74] 31

3. Produkthaftung. Sicherheitsstandards spielen im Rahmen der Produkthaftung eine bedeutende Rolle. Art. 9 HProdHÜ (Haager Produkthaftpflichtübereinkommen)[75] bestimmt, dass Verhaltens- und Sicherheitsbestimmungen des Landes berücksichtigt werden können, in dem das Produkt in Verkehr gebracht wurde.[76] Diese Vorschrift diente ebenfalls als Vorbild des Art. 17.[77] Somit ist nach dem Willen des Verordnungsgebers der Ort des haftungsbegründenden Ereignisses (dh der Handlungsort der unerlaubten Handlung) iSd Art. 17 in Fällen der Produkthaftung identisch mit dem Ort des Inverkehrbringens iSd Art. 9 HProdHÜ.[78] Auch der Zeitpunkt des Inverkehrbringens des Produkts ist ein angemessener Zeitpunkt für die Berücksichtigung statutsfremder lokaler Sicherheitsregeln.[79] 32

Art. 18 Rom II-VO Direktklage gegen den Versicherer des Haftenden

Der Geschädigte kann seinen Anspruch direkt gegen den Versicherer des Haftenden geltend machen, wenn dies nach dem auf das außervertragliche Schuldverhältnis oder nach dem auf den Versicherungsvertrag anzuwendenden Recht vorgesehen ist.

Schrifttum: s. auch Vor Art. 1; älteres Schrifttum s. 6. Aufl. 2015, Art. 18; *Bangert,* Der Direktanspruch im deutschen und englischen Haftpflichtversicherungsrecht, 2018; *Basedow,* Der Direktanspruch gegen den ausländischen Haftpflichtversicherer, FS Rokas, 2017, 1; *Hartenstein,* Gerichtsstand und anwendbares Recht bei Direktansprüchen gegen Versicherer, TranspR 2013, 20; *Heindler,* Der Direktanspruch bei internationalen Straßenverkehrsunfällen, IPRax 2018, 279; *Kadner Graziano/Oertel,* Ein europäisches Haftungs- und Schadensrecht für Unfälle im Straßenverkehr? – Eckpunkte de lege lata und Überlegungen de lege ferenda, ZVglRWiss 107 (2008), 113; *Kronenberg,* Einmal mehr: Negative Folgen des Auseinanderfallens von forum und ius bei Direktklagen nach Verkehrsunfällen im Ausland, IPRax 2021, 150; *Lehmann/Ungerer,* Regress unter Versicherern nach den Rom I- und Rom II-Verordnungen, GPR 2017, 134; *Looschelders,* Abwicklung internationaler Verkehrsunfälle vor deutschen und österreichischen Gerichten – unter besonderer Berücksichtigung des Direktanspruchs, FS Danzl, 2017, 603; *Malatesta,* The Law Applicable to Traffic Accidents, in Malatesta (Hrsg.), The Unification of Choice-of-Law Rules on Torts and Other Non-Contractual Obligations in Europe, 2006, 85; *Martiny,* Zur Einordnung und Anknüpfung der Ansprüche und der Haftung Dritter im Internationalen Schuldrecht, FS Magnus, 2014, 483; *Martiny,* Ausgleichsanspruch der regulierenden Kfz-Haftpflichtversicherung bei Gespannunfall im deutsch-litauischen Verhältnis, IPRax 2017, 360; *Micha,* Der Direktanspruch im europäischen Internationalen Privatrecht: Das kollisionsrechtliche System des Art. 18 Rom II-VO vor dem Hintergrund des materiellen Rechts, 2010; *Micha,* Das Direktanspruchsstatut nach dem EuGH-Urteil „Odenbreit", ZVersWiss. 2010, 579; *Papettas,* Direct Actions

72 Erman/*Stürner* EGBGB Art. 40 Rn. 26.
73 BeckOGK/*Maultzsch* Rn. 34; zum dt. IPR Staudinger/*v. Hoffmann,* 2007, EGBGB Art. 40 Rn. 176.
74 Vgl. OLG Frankfurt NJW-RR 2008, 975 zu § 823 Abs. 2 BGB; s. auch AG Bonn NJW-RR 2007, 312 – Schlitten fahren; OLG Karlsruhe NJW-RR 2008, 184 – Kinderrutsche.
75 Haager Übereinkommen vom 2.10.1973 über das auf die Produkthaftpflicht anzuwendende Recht, abgedruckt in der → 4. Aufl. 2006, EGBGB Art. 40 Rn. 150. Authentischer engl. und franz. Text in RabelsZ 37 (1973), 594.
76 BeckOGK/*Maultzsch* Rn. 47; *v. Hein* FS v. Hoffmann, 2011, 139 (155); *Heiss/Loacker* JBl. 2007, 613 (637); *Kreuzer* in Reichelt/Rechberger EuropKollisionsR 13 (48 f.); *Leible/Engel* EuZW 2004, 7 (16); *G. Wagner* IPRax 2008, 1 (5).
77 KOM(2003) 427 endg., 28.
78 BeckOGK/*Maultzsch* Rn. 48; NK-BGB/*Lehmann* Art. 5 Rn. 116; *Sammeck,* Die int. Produkthaftung nach Inkrafttreten der Rom II-VO im Vergleich zu der Rechtslage in den USA, 2017, 47.
79 NK-BGB/*Lehmann* Art. 5 Rn. 117; Calliess/*v. Hein* Rn. 11; *v. Hein* FS v. Hoffmann, 2011, 139 (155); *Heiss/Loacker* JBl. 2007, 613 (637).

Against Insurers of Intra-Community Cross-Border Traffic Accidents – Rome II and the Motor Insurance Directives, JPIL 8 (2012), 297; *Rauscher,* Ausländische Verkehrsunfälle im deutschen Zivilprozess, FS Becker-Eberhard, 2022, 457; *Riedmeyer/Bouwmann,* Unfallregulierung nach den Kraftfahrzeughaftpflicht-Richtlinien der Europäischen Union, NJW 2015, 2614; *Schaub,* Schadensregulierung bei Verkehrsunfällen mit Auslandsbezug – Regelungsgeflecht und Grenzen der Rechtsangleichung, IPRax 2017, 521.

Übersicht

I. Allgemeines

1 **1. Normzweck.** Der **Direktanspruch des Geschädigten** gegen die Haftpflichtversicherung des Schädigers ist ein wichtiger Gegenstand des Privatversicherungsrechts.[1] Kollisionsrechtlich ist zu entscheiden, welche Rechtsordnung darüber bestimmt, ob sich eine Person, der ein Schadensersatzanspruch zusteht, in Abweichung von der **Relativität des Vertragsverhältnisses** „Versicherungsvertrag" unmittelbar an den Haftpflichtversicherer ihres Schuldners wenden kann.[2] Nach der Rom II-VO beantwortet sich diese Frage im Wege der Alternativanknüpfung nach dem gemäß Art. 4–9, 14 bestimmten Deliktsstatut **(Art. 18 Alt. 1)** oder dem Recht, das auf den Versicherungsvertrag anzuwenden ist (Versicherungsstatut, **Art. 18 Alt. 2).** Wie nach deutschem IPR (Art. 40 Abs. 4 EGBGB) gilt auch nach der Rom II-VO im Interesse des Geschädigten für die Anknüpfung des Direktanspruchs das **Günstigkeitsprinzip.**[3]

2 Ebenso wie Art. 40 Abs. 4 EGBGB soll auch Art. 18 Rom II-VO die Anwendung des Deliktsstatuts im Interesse einer **schnellen und sicheren Entschädigung** des Verletzten ergänzen: Das Opfer einer unerlaubten Handlung wird bevorzugt, indem es einen Direktanspruch gegen den Haftpflichtversicherer des Ersatzpflichtigen entweder aus dem **Deliktsstatut** oder dem **Versicherungsstatut** herleiten kann. Die Anknüpfung dient dem Schutz des Geschädigten und stärkt die Prozessökonomie. Dem Versicherer entsteht durch die geschädigtenfreundliche Alternativanknüpfung insofern kein Nachteil, als er mit der Maßgeblichkeit des Versicherungsstatuts sowieso rechnen muss.[4]

---

1 Grdl. *Bangert,* Der Direktanspruch im deutschen und englischen Haftpflichtversicherungsrecht, 2018, 77 ff., 98; *Franck,* Der Direktanspruch gegen den Haftpflichtversicherer, 2017, 111 ff.; s. ferner *Armbrüster* RabelsZ 83 (2019), 894; *Heiss* VersR 2006, 1677; *Heiss* VersR 2007, 327.

2 BeckOGK/*Bisping* Rn. 2; BeckOK BGB/*Spickhoff* Rn. 1; Soergel/*Pfeiffer* Rn. 1; *Basedow* FS Rokas, 2017, 1; *Heindler* IPRax 2018, 279 (281); *Lehmann/Ungerer* GPR 2017, 134 (136); *Papettas* JPIL 8 (2012), 297 (298 ff.); ferner *Malatesta* in Malatesta, The Unification of Choice-of-Law Rules on Torts and Other Non-Contractual Obligations in Europe, 2006, 85 (94 f.).

3 BeckOGK/*Bisping* Rn. 28; Soergel/*Pfeiffer* Rn. 14; HK-BGB/*Dörner* Rn. 1; PWW/*Schaub* Rn. 1; *Micha,* Der Direktanspruch im europäischen IPR, 2010, 92 ff.; *Basedow* FS Rokas, 2017, 1 (12); *Hartenstein* TranspR 2013, 20 (22 f.); *v. Hein* VersR 2007, 440 (450); *Heiss/Loacker* JBl. 2007, 613 (638); *Junker* NJW 2007, 3675 (3681); *Junker* JZ 2008, 169 (177); *Leible/Lehmann* RIW 2007, 721 (734); *Looschelders* FS Danzl, 2014, 603 (619); *G. Wagner* IPRax 2008, 1 (15).

4 BeckOK BGB/*Spickhoff* Rn. 1; NK-BGB/*Nordmeier* Rn. 4; *v. Bar/Mankowski* IPR II § 2 Rn. 430; *Ebke* ZVglRWiss 109 (2010), 297 (440); *Heiss* VersR 2006, 185 (186); *Kreuzer* in Reichelt/Rechberger EuropKollisionsR 13 (49); *Martiny* FS Magnus, 2014, 483 (486); *Kronenberg* IPRax 2021, 150 (152); *Papettas* JPIL 8 (2012), 297 (299); *Rauscher* FS Becker-Eberhard, 2022, 457; *Remien* FS Huber, 2020, 455 (459).

2. Entstehungsgeschichte. a) Haager Übereinkommen. Art. 18 hat eine wechselvolle Entstehungsgeschichte. Die Anknüpfung des Direktanspruchs wurde erstmals im Haager Übereinkommen vom 4.5.1971 über das auf Straßenverkehrsunfälle anzuwendende Recht **(HStVÜ)**[5] geregelt. Die in Art. 9 HStVÜ vorgesehene **Anknüpfungskaskade** hat jedoch in der rechtspolitischen Diskussion über die Rom II-VO keine Rolle gespielt. Sie gilt wegen Art. 28 Abs. 1 in einer Reihe von Mitgliedstaaten, ua in der Republik Österreich, nur für Direktansprüche gegen die Kfz-Haftpflichtversicherung (§ 28 S. 1 öKHVG), nicht aber für Direktansprüche auf anderen Rechtsgebieten (zB § 166 öLuftfahrtG).[6] 3

b) Subsidiäre Anknüpfung. Die Kommission wollte im **Vorentwurf vom 3.5.2002** (→ Vor Art. 1 Rn. 15 ff.) zunächst nur die **subsidiäre Geltung** des Versicherungsstatuts im Verhältnis zum Deliktsstatut vorsehen, dh die Geltung nur für den Fall, dass das Deliktsstatut nicht die Möglichkeit vorsieht, direkt gegen den Versicherer des Verantwortlichen vorzugehen. Diese Lösung wurde zu Recht als „inkonsistent und halbherzig"[7] kritisiert: Wenn das Deliktsstatut zwar einen Direktanspruch des Geschädigten anerkennt, im konkreten Fall jedoch gesetzliche Einschränkungen die Geltendmachung des Anspruchs verhindern, wäre nach der subsidiären Anknüpfung der Rückgriff des Geschädigten auf einen einschränkungslosen Direktanspruch nach dem Versicherungsstatut versperrt. 4

c) Option des Geschädigten. Der **Kommissionsentwurf vom 22.7.2003** (→ Vor Art. 1 Rn. 17 ff.) gab den vorstehenden Bedenken nur teilweise nach: Das Recht des Geschädigten, direkt gegen den Versicherer des Ersatzpflichtigen vorzugehen, sollte grundsätzlich dem Deliktsstatut unterliegen, „es sei denn, der Geschädigte hat sich dazu entschieden, seinen Anspruch auf das auf den Versicherungsvertrag anzuwendende Recht zu stützen" (Art. 14 des Kommissionsentwurfs). Die stark an Art. 40 Abs. 1 S. 2 EGBGB erinnernde **Optionslösung** wurde kritisiert, weil sie den ggf. erforderlichen Rechtsvergleich von Delikts- und Versicherungsstatut in Bezug auf das Bestehen eines Direktanspruchs nicht dem Gericht, sondern dem Kläger aufbürdete.[8] 5

d) Alternative Anknüpfung. Der **Geänderte Vorschlag vom 21.2.2006** (→ Vor Art. 1 Rn. 18 ff.) der Kommission hat diesen Bedenken in Art. 15 letztlich Rechnung getragen: „Der Geschädigte kann direkt gegen den Versicherer des Ersatzpflichtigen vorgehen, wenn das auf das außervertragliche Schuldverhältnis oder auf den Versicherungsvertrag anzuwendende Recht eine solche Direktklage vorsieht." Damit hat der Verordnungsgeber sich für die nunmehr in Art. 18 niedergelegte echte, paritätische Alternativanknüpfung entschieden.[9] 6

3. Praktische Bedeutung. Die von Art. 18 vorausgesetzten Ansprüche des Geschädigten „direkt gegen den Versicherer des Haftenden" entstammen – unbeschadet des Art. 2 – durchwegs dem Recht der **unerlaubten Handlungen.** Daher beschränkt sich die Bedeutung der Vorschrift im Wesentlichen auf den Bereich des Kap. II der Rom II-VO. Darüber hinaus ist Art. 18, von Ausnahmekonstellationen abgesehen,[10] wie Art. 17 in gegenständlicher Hinsicht in erster Linie für **Straßenverkehrsunfälle** relevant. In räumlicher Hinsicht beschränkt sich die Relevanz des Art. 18 – anders als diejenige des Art. 17 – im Wesentlichen auf Drittstaatensachverhalte: Da die **Kraftfahrzeughaftpflicht-RL**[11] den EU-Mitgliedstaaten die Einführung eines Direktanspruchs gegen das Versicherungsunternehmen vorschreibt, hat die alternative Anknüpfung des Direktanspruchs in Binnenmarktsachverhalten nur für die Modalitäten des Direktanspruchs eine (Rand-) Bedeutung.[12] 7

---

[5] Abgedruckt in der → 4. Aufl. 2006, EGBGB Art. 40 Rn. 79 unter Rückgriff auf die amtl. öst. Fassung aus dem öst. BGBl. 1975 Nr. 387. Authentischer engl. und franz. Text in RabelsZ 33 (1969), 342.

[6] S. zum öst. Recht *Looschelders* FS Danzl, 2017, 603 (612 ff.); *Heiss/Loacker* JBl. 2007, 613 (638); *Schaub* IPRax 2017, 521 (522 ff.).

[7] Hamburg Group for Private International Law RabelsZ 67 (2003), 1 (45).

[8] *v. Hein* VersR 2007, 440 (450); *Kreuzer* in Reichelt/Rechberger EuropKollisionsR 13 (49 f.); *Huber/Bach* IPRax 2005, 73 (82); aus Gründen der Prozessökonomie zust. *A. Fuchs* GPR 2004, 100 (104).

[9] Zust. *G. Wagner* IPRax 2006, 372 (379); *v. Hein* VersR 2007, 440 (450).

[10] *Lüttringhaus* ZEuP 2023, 998 zu § 19a Abs. 2 S. 1 BNotO; *Ebke* ZVglRWiss 109 (2010), 397 (440) zur Berufshaftpflicht; ausf. zum Bestehen von Direktansprüchen in den Rechtsordnungen der Mitgliedstaaten *Micha,* Der Direktanspruch im europäischen IPR, 2010, 13–74.

[11] RL 2009/103/EG vom 16.9.2009 über die Kraftfahrzeug-Haftpflichtversicherung und die Kontrolle der entsprechenden Versicherungspflicht, ABl. EU 2009 L 263, 11; geändert durch RL (EU) 2021/2118 vom 24.11.2021 zur Änderung der RL 2009/103/EG über die Kraftfahrzeug-Haftpflichtversicherung und die Kontrolle der entsprechenden Versicherungspflicht, ABl. EU 2021 L 430, 1.

[12] BeckOGK/*Bisping* Rn. 46 ff.; HK-BGB/*Dörner* Rn. 1; PWW/*Schaub* Rn. 3 aE; *Junker* JZ 2008, 169 (177); *Lüttringhaus* VersR 2010, 183 (188); *Staudinger/Czaplinski* NJW 2009, 2249 (2251 f.); *G. Wagner* IPRax 2008, 1 (15); *G. Wagner* IPRax 2006, 372 (379).

8 **4. Verhältnis zum deutschen Recht.** Auch wenn der Wortlaut des Art. 18 nicht mit demjenigen des Art. 40 Abs. 4 EGBGB identisch ist, sind die beiden Vorschriften inhaltlich gleich. Gegenüber dem deutschen IPR hat sich daher mit dem Geltungsbeginn der Rom II-Verordnung in Bezug auf den Direktanspruch nichts geändert.[13]

9 **5. Verhältnis zur Rom I-VO.** Art. 18 findet in den Vorschriften der Rom I-VO keine Parallele. Jedoch besteht insoweit eine Verbindung des Art. 18 zur Rom I-VO, als das in Art. 18 Alt. 2 zur Anwendung berufene Versicherungsstatut nach Art. 7 Rom I-VO zu bestimmen sein kann[14] (→ Rn. 17).

10 **6. Verhältnis zur Brüssel Ia-VO. a) Rechtssache Odenbreit.** Enger ist der Zusammenhang mit **Art. 13 Abs. 2 Brüssel Ia-VO,** wonach gemäß einer Entscheidung des EuGH aus dem Jahr 2007 in der Rechtssache Odenbreit auf eine **Direktklage** gegen den Versicherer des Verantwortlichen die Gerichtsstände der Art. 10–12 Brüssel Ia-VO anzuwenden sind. Der EuGH hat weiter entschieden, dass im Fall der Haftpflichtversicherung zur Entscheidung über den Direktanspruch auch das **Wohnsitzgericht des Geschädigten** zuständig sei (Art. 13 Abs. 2 Brüssel Ia-VO iVm Art. 11 Abs. 1 lit. b Brüssel Ia-VO),[15] und durch dieses Grundsatzurteil eine lange Kontroverse beendet.[16]

11 **b) Folgen dieses Urteils.** Die fakultative internationale Zuständigkeit des Wohnsitzgerichts des Geschädigten für die **Direktklage** gegen den ausländischen Versicherer des anderen Unfallbeteiligten wird von den Unfallgeschädigten in der Praxis gern in Anspruch genommen. Diese „Gabe des EuGH"[17] wird von manchen als „Danaergeschenk"[18] betrachtet, weil beim Auslandsunfall idR das ausländische Tatortrecht anzuwenden ist (Art. 4 Abs. 1). Gutachten über Bemessungsfragen (Schmerzensgeld), die Ersatzfähigkeit von Schäden nach ausländischem Recht u.v.a.m. sind ein bedeutender Teil der Gutachtenpraxis vor deutschen Gerichten[19] (§ 293 ZPO).

12 **c) Direktklage bei Legalzession.** In einem weiteren Judikat hat der EuGH ergänzt, dass der Gerichtsstand des Art. 13 Abs. 2 Brüssel Ia-VO iVm Art. 11 Abs. 1 lit. b Brüssel Ia-VO, der dem Schutz des Schwächeren diene, nur dem Geschädigten (zB dem verletzten Unfallopfer), nicht aber dem **Zessionar** offenstehe, auf den der Direktanspruch im Wege der **Legalzession** übergegangen ist (zB der gesetzlichen Krankenversicherung des Unfallopfers).[20] Daraus wollen manche Autoren Folgerungen für den Geschädigtenbegriff des Art. 18 ableiten (→ Rn. 13). **Angehörigen** des unmittelbar Geschädigten, die aus dem Schadensereignis eigene Ansprüche, zB auf Trauerschmerzensgeld, herleiten, steht der Gerichtsstand dagegen offen.[21]

II. Anknüpfungsgegenstand

13 **1. Anspruch des Geschädigten.** Der Anknüpfungsgegenstand des Art. 18 ist ein Anspruch des Geschädigten, gleichgültig, ob er vorprozessual, außerprozessual oder im Wege der Klage geltend gemacht wird. Dass in der deutschen Fassung der amtlichen Überschrift des Art. 18 nicht – wie im Text der Vorschrift – von „Anspruch" (englisch: *claim*), sondern von „Klage" (englisch: *action*) gesprochen wird, ist lediglich eine sprachliche Ungenauigkeit. Da auch Art. 13 Abs. 2 Brüssel Ia-VO den **Begriff des Geschädigten** verwendet und diese Vorschrift ebenso wie Art. 18 dem Schutz

---

[13] BeckOK BGB/*Spickhoff* Rn. 1; Erman/*Stürner* Rn. 1; *v. Hein* ZVglRWiss 102 (2003), 528 (560); *Huber/Bach* IPRax 2005, 73 (82); *G. Wagner* IPRax 2006, 372 (379); *G. Wagner* IPRax 2008, 1 (15).

[14] EuGH EuZW 2023, 517 Rn. 20 – HUK Coburg Allgemeine Versicherung.

[15] EuGH NJW 2008, 819 mAnm *Leible* = IPRax 2008, 123 m. Aufs. *A. Fuchs* IPRax 2008, 108 = VersR 2008, 111 Rn. 26 ff. – FTBO Schadeverzekeringen/Jack Odenbreit; s. auch öst. OGH IPRax 2013, 364 m. Aufs. *Looschelders* IPRax 2013, 370 zum Gerichtsstand am Ort des schädigenden Ereignisses; LG Darmstadt IPRax 2018, 407 m. Aufs. *Looschelders* IPRax 2018, 360 zum Gerichtsstand für Klagen gegen ausl. Entschädigungsstellen und Grüne-Karte-Büros; allg. zur internationalen Zuständigkeit *Hartenstein* TranspR 2013, 20 (21 f.); *Looschelders* FS Danzl, 2017, 603 (607 ff.).

[16] S. nur BGH NJW 2007, 71 mAnm *Staudinger;* OLG Köln VersR 2005, 1721; *Backu/Naumann* VersR 2006, 760; *Heiss* VersR 2007, 27; *Herrmann* VersR 2007, 1470; *Lemor/Becker* DAR 2004, 677 (684).

[17] *Hohloch* RabelsZ 84 (2020), 141 (142); s. auch *Rauscher* FS Becker-Eberhard, 2022, 457; *Remien* FS Huber, 2020, 455 (456 f.).

[18] *Jayme* FS v. Hoffmann, 2011, 656; *Kronenberg* IPRax 2021, 150 (152); s. auch *Hohloch* RabelsZ 84 (2020), 141 (142): „kein reines Geschenk".

[19] Beispiele bei *Hohloch* RabelsZ 84 (2020), 141 (142 f.); paradigmatischer Fall: OLG Saarbrücken BeckRS 2019, 7852 = DAR 2019, 638 = IPRax 2021, 166 m. Aufs. *Kronenberg* IPRax 2021, 150.

[20] EuGH EuZW 2009, 855 = VersR 2009, 1512 Rn. 25 ff., 41 ff. = IPRax 2011, 255 m. Aufs. *Staudinger* IPRax 2011, 229 – Vorarlberger Gebietskrankenkasse.

[21] EuGH NJW-RR 2022, 1140 Rn. 55 = RIW 2022, 510 – Allianz Elementar Versicherung.

des Schwächeren dient (→ Rn. 1, → Rn. 9), wollen manche die Rspr. des EuGH (→ Rn. 9) auf das IPR übertragen. Damit kann sich ein Sozialversicherungsträger als **Zessionar** nicht auf Art. 18 berufen,[22] wohl aber ein mittelbar geschädigter **Angehöriger,**[23] ein **Erbe** des verstorbenen Unfallopfers oder ein gewillkürter Rechtsnachfolger.[24]

2. Außervertraglicher Anspruch. Nach dem Gesamtzusammenhang der Rom II-VO kann ein Anspruch iSd Art. 18 nur ein solcher sein, der vom sachlichen Anwendungsbereich der Rom II-VO gemäß Art. 1 Abs. 1, 2 umfasst ist. Generell von der Anknüpfung des Direktanspruchs nach Art. 18 ausgenommen sind vertragliche Ansprüche des Geschädigten gegen den Haftenden **(Art. 1 Abs. 1 S. 1).** Daraus folgt, dass bei vertraglichen Haftungsansprüchen des Geschädigten gegen den Haftenden Art. 18 nicht unmittelbar anwendbar ist;[25] manche halten allerdings eine **Analogie** zur Alternativanknüpfung für sachgerecht.[26] Ansprüche aus Unfällen, die im Rahmen der Ausübung hoheitlicher Rechte verursacht wurden **(Art. 1 Abs. 1 S. 2),** fallen ebenfalls nicht unter die Alternativanknüpfung des Art. 18. Bedeutung hat schließlich die Bereichsausnahme für außervertragliche Schuldverhältnisse, die sich aus Schäden durch Kernenergie ergeben **(Art. 1 Abs. 2 lit. f):** Direktansprüche nach Atomrecht (zB § 24 öAtomG) werden weiterhin nach dem autonomen Kollisionsrecht der Mitgliedstaaten angeknüpft.[27] 14

3. Direkt gegen den Versicherer. Aus dem großen Spektrum der Ansprüche des Geschädigten sind Anknüpfungsgegenstände des Art. 18 nur solche Ansprüche, die der Geschädigte (Verletzte) direkt gegen den Versicherer des Haftenden (Ersatzpflichtigen) geltend macht oder geltend machen will.[28] Im deutschen Recht bestimmt § 115 VVG, dass Direktansprüche für alle zwingend abzuschließenden Versicherungen bestehen. Zu den obligatorischen Versicherungen gehört die Kraftfahrzeug-Haftpflichtversicherung (§ 1 PflVG). Die **Kraftfahrzeughaftpflicht-RL** (→ Rn. 7) sieht vor, dass die Mitgliedstaaten einen Direktanspruch gegen die Versicherer für Geschädigte eines Unfalls mit Kraftfahrzeugen bereithalten.[29] Dem genügt § 115 VVG iVm § 1 PflVG. 15

III. Anknüpfungsalternative

1. Deliktsstatut. Nach der **Alt. 1** unterliegt das Recht des Geschädigten, unmittelbar gegen den Versicherer vorzugehen, dem auf das außervertragliche Schuldverhältnis anzuwendenden Recht, und zwar unabhängig davon, was nach dem Recht gilt, das die Vertragsparteien als auf den Versicherungsvertrag anzuwendendes Recht gewählt haben.[30] Eine Rechtswahl des Versicherungsvertragsstatuts kann nicht verhindern, dass der Geschädigte den im Deliktsstatut vorgesehenen Direktanspruch geltend macht.[31] Soweit ein Direktanspruch gegen den Versicherer des Haftenden für deliktische Ansprüche gewährt wird, kann man insofern auch von der Maßgeblichkeit des Deliktsstatuts sprechen.[32] Damit sind nicht nur die Ausprägungen der Tatortregel des Art. 4 Abs. 1 zur Anwendung 16

[22] BeckOK BGB/*Spickhoff* Rn. 5; PWW/*Schaub* Rn. 1; *Lüttringhaus* VersR 2010, 183 (189 f.); *Lüttringhaus* RabelsZ 77 (2013), 31 (44, 64 f.); *Micha* ZVersWiss. 2010, 579 (601).

[23] S. zu den Ansprüchen naher Angehöriger von Unfallopfern nach dt. materiellen Recht *A. Diederichsen* NJW 2013, 641 (647 f.); zum Hinterbliebenengeld *Jayme* IPRax 2018, 230; *Katzenmeier* JZ 2017, 869; *G. Wagner* NJW 2017, 2641.

[24] Zu Letzterem *Junker* JZ 2008, 169 (177); *Junker* IZPR § 13 Rn. 12.

[25] BeckOGK/*Bisping* Rn. 24; NK-BGB/*Nordmeier* Rn. 5; Rauscher/*Picht* Rn. 2a; aA *Hartenstein* TranspR 2013, 20 (26).

[26] NK-BGB/*Nordmeier* Rn. 7; Calliess/*Gruber* Rn. 22 f.; *v. Bar/Mankowski* IPR II § 2 Rn. 230; *Martiny* FS Magnus, 2014, 483 (499 f.); *Micha,* Der Direktanspruch im europäischen IPR, 2010, 97.

[27] *Heiss/Loacker* JBl. 2007, 613 (638); s. auch *Dutoit* FS Pocar, 2009, 306 (326).

[28] BeckOGK/*Bisping* Rn. 26 f.; *Basedow* FS Rokas, 2017, 1 (9); *Kadner Graziano/Oertel* ZVglRWiss 107 (2008), 113; *Lehmann/Ungerer* GPR 2017, 134 (136); *Malatesta* in Malatesta, The Unification of Choice-of-Law Rules on Torts and Other Non-Contractual Obligations in Europe, 2006, 85; *Martiny* IPRax 2017, 360; rechtsvergleichend *Micha,* Der Direktanspruch im europäischen IPR, 2010, 13 ff.; *Heiss/Loacker* JBl. 2007, 613 (638); *Kadner Graziano* RabelsZ 73 (2009), 1 (70).

[29] Zum Umfang dieses Anspruchs EuGH EuZW 2023, 517 mAnm *Thiede* = VersR 2023, 375 = DAR 2023, 77 – HUK Coburg Allgemeine Versicherung; BeckRS 2023, 5633 = DAR 2023, 554 mAnm *Lafontaine* – Rechtssache AR; *Looschelders* GPR 2023, 121 (123); *Makowski* GPR 2023, 217.

[30] EuGH NJW 2016, 385 Rn. 44 = EuZW 2015, 795 mAnm *Loacker* – Prüller-Frey/Brodnig; *Staudinger* NJW 2016, 468; s. auch EuGH NJW 2016, 466 – Lazar/Allianz SpA; *Gebauer* JbItalR 27 (2014), 57 (66); *Staudinger/Friesen* VersR 2016, 768 (769).

[31] *v. Bar/Mankowski* IPR II § 2 Rn. 431.

[32] LG Saarbrücken NJW 2015, 2823 (2824); AG Frankenthal BeckRS 2014, 19632; AG Geldern NJW 2011, 686 (687); Calliess/*Gruber* Rn. 18; jurisPK-BGB/*Engel* Rn. 1; PWW/*Schaub* Rn. 1; *Rauscher* NJW 2015, 3551 (3557); *Staudinger* NJW 2011, 650 (652).

berufen, sondern die Anknüpfungsvorschriften des Art. 4 Abs. 2, 3 und – soweit sachlich einschlägig – auch die Anknüpfungsvorschriften der Art. 5–9.[33] Wird das Deliktsstatut durch **Rechtswahl** nach Art. 14 bestimmt, bleiben die Rechte Dritter unberührt **(Art. 14 Abs. 1 S. 2 aE).** Die Rechtswahl wirkt nur zu Ungunsten des Versicherers, wenn er ihr zustimmt. Anderenfalls richtet sich der Direktanspruch nach dem objektiven Deliktsstatut.[34] Die Regelung soll eine **Gesetzeserschleichung** verhindern.[35]

17 **2. Versicherungsstatut.** Nach der **Alt. 2** unterliegt das Recht des Geschädigten, unmittelbar gegen den Versicherer vorzugehen, dem auf den Versicherungsvertrag anzuwendenden Recht. Das nach Alt. 2 anzuwendende Versicherungsstatut ist nach den dafür vorgesehenen Kollisionsnormen selbständig als **Vorfrage** zu bestimmen[36] (→ Vor Art. 1 Rn. 33 ff.). Das Statut des Versicherungsvertrags wird für alle Verträge, die ab dem 17.12.2009 geschlossen werden (Art. 28 Rom I-VO), nach Art. 7 Rom I-VO bestimmt.[37] Vorher geschlossene Verträge sind nach Maßgabe des Art. 34 Nr. 4 EGBGB aF gemäß Art. 7 ff. EGVVG aF oder gemäß Art. 27 ff. EGBGB aF (außerhalb des EU-Raums belegene Risiken) anzuknüpfen.

IV. Durchführung der Alternativanknüpfung

18 Art. 18 enthält eine alternative Anknüpfung im Sinne eines von Amts wegen anzuwendenden **Günstigkeitsprinzips:**[38] Der Geschädigte kann seinen Anspruch gegen den Versicherer des Haftenden geltend machen, wenn dies nach dem auf die unerlaubte Handlung oder nach dem auf den betreffenden Versicherungsvertrag anzuwendenden Recht vorgesehen ist.[39] Der Geschädigte muss sich nicht auf eines der in Betracht kommenden Rechte berufen, sondern das Gericht hat – wenn ein Direktanspruch geltend gemacht wird – das für den Geschädigten günstigere Recht **von Amts wegen** zu ermitteln. Das Gericht muss das einschlägige Deliktsstatut und das maßgebliche Versicherungsstatut auf einen Direktanspruch hin untersuchen und – je nachdem, welches Statut dem Geschädigten zu seinem Recht verhilft – das eine oder das andere anwenden.[40] Eine nur subsidiäre (hilfsweise) Heranziehung des Versicherungsstatuts und die bloße Optionslösung sind im Verordnungsgebungsverfahren verworfen worden (→ Rn. 5).

V. Reichweite des Statuts des Direktanspruchs

19 Der Anknüpfungsgegenstand ist allein das Bestehen eines *direkten* Anspruchs des Geschädigten gegen den Versicherer des Schädigers. Nach der Begründung des **Kommissionsentwurfs vom 22.7.2003** umfasst das nach Art. 18 ermittelte Statut nur das Bestehen und die Modalitäten des Direktanspruchs; in welchem Umfang der Versicherer zur Leistung verpflichtet ist, soll dagegen allein das Statut des Versicherungsvertrags bestimmen:[41] Art. 18 umfasst somit das Ob eines Direktanspruchs und seine Begrenzungen, zB durch Verjährungs- oder Verfristungsregeln; dage-

---

33 BeckOK BGB/*Spickhoff* Rn. 2; Huber/*Altenkirch* Rn. 9; *v. Bar/Mankowski* IPR II § 2 Rn. 432; *Micha,* Der Direktanspruch im europäischen IPR, 2010, 106 ff.; *Staudinger* SVR 2005, 441 (444).

34 BeckOGK/*Bisping* Rn. 33; Erman/*Stürner* Rn. 1 aE; PWW/*Schaub* Rn. 2; *Micha,* Der Direktanspruch im europäischen IPR, 2010, 138 ff.; *Leible* RIW 2008, 257 (262); *Fricke* VersR 2005, 726 (738); *v. Hein* VersR 2007, 440 (445); *Heiss/Loacker* JBl. 2007, 613 (623); *Leible/Lehmann* RIW 2007, 721 (727).

35 BeckOK BGB/*Spickhoff* Rn. 3; Rauscher/*Picht* Rn. 4; *A. Fuchs* GPR 2004, 100 (104); *Leible* RIW 2008, 257 (262).

36 EuGH NJW 2016, 385 Rn. 40 – Prüller-Frey/Brodnig; BeckOK BGB/*Spickhoff* Rn. 1; NK-BGB/*Nordmeier* Rn. 19; *v. Bar/Mankowski* IPR II § 2 Rn. 433; *Gebauer* JbItalR 27 (2014), 57 (66); *Lehmann/Ungerer* GPR 2017, 134 (135); *Martiny* IPRax 2017, 360 (364); *Staudinger/Friesen* VersR 2016, 768 (769 f.).

37 *Ebke* ZVglRWiss 109 (2010), 397 (440); *Leible/Lehmann* RIW 2008, 528 (538 ff.); *Martiny* RIW 2009, 737 (748 ff.); *Pfeiffer* EuZW 2008, 622 (627); *Remien* FS Huber, 2020, 455 (459); ausf. *Micha,* Der Direktanspruch im europäischen IPR, 2010, 141–148.

38 BeckOGK/*Bisping* Rn. 28; PWW/*Schaub* Rn. 1; *Micha,* Der Direktanspruch im europäischen IPR, 2010, 92 ff.; *Basedow* FS Rokas, 2017, 1 (12); *v. Hein* VersR 2007, 440 (450); *Looschelders* FS Danzl, 2017, 603 (619); *G. Wagner* IPRax 2008, 1 (15).

39 EuGH NJW 2016, 385 Rn. 39 – Prüller-Frey/Brodnig; *Loacker* EuZW 2015, 797 (798); *Staudinger/Friesen* VersR 2016, 768 (769 f.).

40 BeckOK BGB/*Spickhoff* Rn. 1; *Ebke* ZVglRWiss 109 (2010), 397 (440); *Micha,* Der Direktanspruch im europäischen IPR, 2010, 92; s. zu abw. Lösungen in den Entwürfen der Rom II-VO *A. Fuchs* GPR 2004, 100 (104); *Huber/Bach* IPRax 2005, 73 (82); *Kreuzer* in Reichelt/Rechberger EuropKollisionsR 13 (49).

41 KOM (2003) 427 endg., 28. „[Die Vorschrift] regelt, nach welchem Recht sich bestimmt, ob der Geschädigte gegen den Versicherer des Ersatzpflichtigen vorgehen darf. … Der Haftungsumfang des Versicherers richtet sich in jedem Fall nach dem auf den Versicherungsvertrag anzuwendenden Recht.“.

gen unterliegt der Umfang der Deckungspflicht dem Versicherungsstatut: Nur soweit nach der Police Versicherungsschutz besteht, haftet der Versicherer im Außenverhältnis zum Geschädigten.[42]

Diskutiert wird, ob sich die Maßgeblichkeit des Versicherungsstatuts allein auf die **Deckungssumme** bezieht, oder ob sie auch für **Einwendungsausschlüsse** gelten soll. In der Praxis lautet die Frage zumeist, ob der Versicherer die Möglichkeit hat, sich auch gegenüber den geschädigten Dritten darauf zu berufen, dass er gegenüber dem ersatzpflichtigen Versicherungsnehmer von der Leistung frei geworden sei.[43] Letztlich muss insoweit der Rechtsgedanke der **Vorhersehbarkeit** den Ausschlag geben: Einwendungen aus dem Versicherungsverhältnis betreffen die ureigene Beziehung von Versicherer und Versicherungsnehmer.[44] Die Interessen des Versicherers werden insoweit nur angemessen berücksichtigt, wenn ausschließlich das für ihn ohne weiteres vorhersehbare Recht – das **Versicherungsstatut** – bestimmt, ob er Einwendungen aus dem Versicherungsverhältnis auch dem geschädigten Dritten entgegenhalten kann.[45] 20

Art. 19 Rom II-VO Gesetzlicher Forderungsübergang

Hat eine Person („der Gläubiger") aufgrund eines außervertraglichen Schuldverhältnisses eine Forderung gegen eine andere Person („den Schuldner") und hat ein Dritter die Verpflichtung, den Gläubiger zu befriedigen, oder befriedigt er den Gläubiger aufgrund dieser Verpflichtung, so bestimmt das für die Verpflichtung des Dritten gegenüber dem Gläubiger maßgebende Recht, ob und in welchem Umfang der Dritte die Forderung des Gläubigers gegen den Schuldner nach dem für deren Beziehungen maßgebenden Recht geltend zu machen berechtigt ist.

Schrifttum: s. auch Vor Art. 1; älteres Schrifttum s. 6. Aufl. 2015, Art. 19; *Behrens,* Gesamtschuldnerausgleich und sonstige Regressansprüche im Europäischen Kollisionsrecht nach der Rom I-, Rom II- und EG-Unterhaltsverordnung, 2013; *Gebauer,* Legalzession zwischen Vertrags- und Deliktsstatut – Zum Quotenvorrecht des Geschädigten gegenüber dem inländischen Vollkaskoversicherer bei Klage gegen den ausländischen Haftpflichtversicherer im Inland, IPRax 2015, 331; *Lehmann/Ungerer,* Regress unter Versicherern nach den Rom I- und Rom II-Verordnungen, GPR 2017, 134; *Martiny,* Zur Einordnung und Anknüpfung der Ansprüche und der Haftung Dritter im Internationalen Schuldrecht, FS Magnus, 2014, 483; *Martiny,* Ausgleichsanspruch der regulierenden Kfz-Haftpflichtversicherung bei Gespannunfall im deutsch-litauischen Verhältnis, IPRax 2017, 360; *Staudinger/Friesen,* Regressanspruch des Haftpflichtversicherers in grenzüberschreitenden Sachverhalten, VersR 2016, 768; *Staudinger/Scharnetzki,* Regressstatut beim Innenausgleich zwischen Zwei Haftpflichtversicherern eines Gespannes – Karlsruhe locuta, causa finita, IPRax 2022, 558; *Thorn/Cremer,* Von Pannen und Privilegien – Der Regress zwischen Kfz-Haftpflichtversicherern und die gestörte Gesamtschuld aus Sicht des Kollisionsrechts, IPRax 2020, 177.

Übersicht

[42] *v. Bar/Mankowski* IPR II § 2 Rn. 434, 437 f.; *Basedow* FS Rokas, 2017, 1 (12); *Heindler* IPRax 2018, 279 (281); *Looschelders* FS Danzl, 2017, 603 (620 f.); s. auch EuGH NJW 2016, 1005 Rn. 57 f. = IPRax 2017, 400 m. Aufs. *Martiny* IPRax 2015, 360 – ERGO Insurance/P & C Insurance; LG Berlin BeckRS 2017, 128569 Rn. 16; *Lehmann/Ungerer* GPR 2017, 134; *Mansel/Thorn/Wagner* IPRax 2017, 1 (35); *Martiny* ZEuP 2018, 218 (247 f.).

[43] *Staudinger* SVR 2005, 441 (444).

[44] BeckOGK/*Bisping* Rn. 34 f.; NK-BGB/*Nordmeier* Rn. 24; *v. Bar/Mankowski* IPR II § 2 Rn. 437; *Garcimartín Alférez* ELF 2007, I-77 (I-90); *G. Wagner* IPRax 2006, 372 (374).

[45] BeckOK BGB/*Spickhoff* Rn. 4 aE; Rauscher/*Picht* Rn. 5; Calliess/*Gruber* Rn. 30 f.; NK-BGB/*Nordmeier* Rn. 25; PWW/*Schaub* Rn. 3; *Basedow* FS Rokas, 2017, 1 (13); *Looschelders* FS Danzl, 2017, 603 (624); aA *Micha,* Der Direktanspruch im europäischen IPR, 2010, 204.

I. Allgemeines

1 **1. Normzweck.** Art. 19 regelt das **Statut der Legalzession:** Die Vorschrift beantwortet die Frage, nach welcher Rechtsordnung sich ein gesetzlicher Forderungsübergang (Legalzession) richtet, wenn ein Dritter – zB eine Haftpflichtversicherung – die Forderung des Geschädigten (des Gläubigers) gegen den Schädiger (den Schuldner) befriedigt. Die Notwendigkeit einer kollisionsrechtlichen Weichenstellung folgt daraus, dass für die Legalzession zwei Anknüpfungsmöglichkeiten bestehen: Die Anknüpfung an das **Forderungsstatut,** dh das auf die außervertragliche Forderung, deren Übergang infrage steht, anzuwendende Recht (zB das Deliktsstatut), und die Anknüpfung an das **Zessionsgrundstatut,** also die Rechtsordnung, auf deren Grundlage der Dritte den Gläubiger befriedigt (zB das Versicherungsstatut).[1]

2 Art. 19 entscheidet sich für das Zessionsgrundstatut („das für die Verpflichtung des Dritten gegenüber dem Gläubiger maßgebende Recht"). Das **Interesse des Schuldners** (im Deliktsrecht: des Schädigers) an der Anwendung des Forderungsstatuts (im Deliktsrecht: des Deliktsstatuts) tritt nach den Wertungen des Art. 19 hinter das **Interesse des Dritten** an der Anwendung des Zessionsgrundstatuts zurück.[2] Ist der Dritte iSd Art. 19 ein Träger der Sozialversicherung (zB eine gesetzliche Krankenversicherung des deutschen Rechts, die einem in Italien verunglückten Versicherten Leistungen gewährt), so hat **Art. 85 VO (EG) 883/2004** als lex specialis den Vorrang vor Art. 19 (→ Rn. 23 f.).

3 **2. Praktische Bedeutung.** Art. 19 hat Praxisrelevanz in allen Fällen mit Auslandsberührung (Art. 1 Abs. 1 S. 1), in denen Anlass zu der Prüfung besteht, ob ein Anspruch aus einem außervertraglichen Schuldverhältnis im Wege der Legalzession auf einen Dritten übergeht oder übergegangen ist **(Legalzession).** Solche Fälle betreffen praktisch nur[3] außervertragliche Schuldverhältnisse aus **unerlaubter Handlung** (Art. 4–9, 14) und in diesem Rechtsgebiet vor allem die Haftung aus Unfällen (Art. 4, 14). Auf diesem Gebiet ist die praktische Bedeutung groß, weil in vielen Fällen Sach- oder Personenversicherungen zunächst den Schaden des Unfallopfers regulieren, um dann ggf. bei dem Schädiger (oder einem anderen Schädiger) oder dessen Haftpflichtversicherer Rückgriff zu nehmen. Art. 19 steht daher, ähnlich wie Art. 18, an der Schnittstelle von Delikts- und Versicherungsrecht.

4 Im deutschen Recht wird ein gesetzlicher Übergang einer Forderung aus einem außervertraglichen Schuldverhältnis zB angeordnet bei Zahlungen einer **privaten Versicherung** aus einem Versicherungsvertrag (§ 86 VVG),[4] bei Entgeltfortzahlung durch den **Arbeitgeber** (§ 6 EFZG), bei Leistungen des Dienstherrn nach **Beamtenrecht** (zB § 76 BBG)[5] und bei Leistungen von **Sozialversicherungsträgern** (§§ 115, 116 SGB X). In Fällen mit EU- oder EWR-Bezug ist allerdings bei der Frage nach dem gesetzlichen Forderungsübergang bei Leistungen von Sozialversicherungsträgern der **Vorrang der VO (EG) 883/2004** zu beachten (→ Rn. 23 f.).

5 **3. Entstehungsgeschichte.** Art. 19 basiert auf **Art. 13 Abs. 1 EVÜ.** Da Art. 13 Abs. 1 EVÜ nur die Anknüpfung der Legalzession einer **vertraglichen Forderung** regelte, musste die EU bei der Schaffung eines Rechtsinstruments für das IPR der außervertraglichen Schuldverhältnisse eine Vorschrift über die Anknüpfung der Legalzession einer **außervertraglichen Forderung** schaffen.

---

1 BeckOGK/*Hübner* Rn. 3; Soergel/*Thiede* Rn. 4 f.; Erman/*Stürner* Rn. 1; *Ebke* ZVglRWiss 109 (2010), 397 (440); *Gebauer* IPRax 2015, 331 (332); *Martiny* IPRax 2017, 360 (364); *Staudinger/Friesen* VersR 2016, 768 (770); allg. *Behrens,* Gesamtschuldnerausgleich und sonstige Regressansprüche im Europäischen Kollisionsrecht nach der Rom I-, Rom II- und EG-Unterhaltsverordnung, 2013, 158–166.

2 EuGH NJW 2016, 1005 Rn. 57 – ERGO Insurance/P & C Insurance; AG Köln IPRax 2015, 358 Rn. 27 ff.; BeckOK BGB/*Spickhoff* Rn. 1; Rauscher/*Picht* Rn. 3; *v. Bar/Mankowski* IPR II § 2 Rn. 441; *Gebauer* IPRax 2015, 331 (332); *Lehmann/Ungerer* GPR 2017, 134 (136); *Martiny* FS Magnus, 2014, 483 (496 f.); *Staudinger/Friesen* VersR 2016, 768 (770); zu dieser Wertung bereits *Wandt* ZVglRWiss 86 (1987), 272 (284).

3 *v. Bar/Mankowski* IPR II § 2 Rn. 440; s. auch Soergel/*Thiede* Rn. 12.

4 BGH NJW 1998, 3205 = IPRspr. 1998 Nr. 46; OLG Hamburg TranspR 2001, 88 = IPRspr. 2000 Nr. 31; *Wandt* ZVglRWiss 86 (1987), 278; zu prozessualen Fragen (gewillkürte Prozessstandschaft) OLG Koblenz RIW 1993, 939 = IPRax 1995, 171 m. Aufs. *Schack* IPRax 1995, 158 = IPRspr. 1993 Nr. 44.

5 Zur Anwendung entspr. niedersächsischer Vorschriften OLG Oldenburg NdsRpfl. 1984, 69 = IPRspr. 1983 Nr. 34.

Diese Vorschrift ist Art. 19, der die turbulenten Jahre der Entstehung der Rom II-VO (→ Vor Art. 1 Rn. 14 ff.) inhaltlich unverändert „überlebt" hat.[6]

4. Verhältnis zum deutschen Recht. Der deutsche Gesetzgeber hat bei der Inkorporation des EVÜ in das EGBGB im Jahr 1986 die Beschränkung des Art. 13 Abs. 1 EVÜ auf den Übergang vertraglicher Forderungen nicht nachvollzogen, sondern in **Art. 33 Abs. 3 S. 1 EGBGB aF** eine Kollisionsnorm für den Übergang von „Forderungen" geschaffen. Mit dieser Vorschrift wurde – an sich systemwidrig – in den Unterabschnitt „Vertragliche Schuldverhältnisse" (Art. 27–37 EGBGB aF) eine Norm betreffend vertragliche und außervertragliche Forderungen aufgenommen, die in der Praxis vor allem für deliktische Ansprüche Bedeutung hatte.[7] Art. 19 schließt folglich nahtlos an das deutsche IPR an, ist aber geschwätziger als Art. 33 Abs. 3 S. 1 EGBGB und lässt in der Formulierung die Eleganz und Leichtigkeit deutscher IPR-Gesetzgebung vermissen. 6

5. Verhältnis zur Rom I-VO. Art. 19 ist – trotz einiger Wortlautunterschiede[8] – die **Komplementärvorschrift zu Art. 15 Rom I-VO:**[9] Art. 19 ist die Kollisionsnorm für den gesetzlichen Übergang einer **außervertraglichen Forderung** auf einen Dritten (zB eines Deliktsanspruchs vom Geschädigten auf den Versicherer); Art. 15 Rom I-VO ist die Kollisionsnorm für den gesetzlichen Übergang einer **vertraglichen Forderung** auf einen Dritten, zB der (vertraglichen) Hauptforderung vom Gläubiger auf den Bürgen (vgl. § 774 Abs. 1 BGB). 7

Die **Abgrenzung des Anwendungsbereichs** der beiden Vorschriften erfolgt über das Merkmal vertragliches/außervertragliches Schuldverhältnis (→ Art. 1 Rn. 6, → Art. 1 Rn. 22 ff.). Als außervertragliches Schuldverhältnis iSd Art. 19 ist ein Schuldverhältnis zu verstehen, das seinen Ursprung (französisch: *sa source)* in einem der in Art. 2 Abs. 1 genannten vier Ereignisse hat.[10] 8

II. Anwendungsbereich

Art. 19 ist auf Forderungen aus einem **außervertraglichen Schuldverhältnis** anzuwenden (im Folgenden auch: „außervertragliche Forderung" oder „außervertraglicher Anspruch"). Die Abgrenzung von vertraglichen und außervertraglichen Schuldverhältnissen (→ Art. 1 Rn. 6, 22 ff.) entscheidet folglich über den Anwendungsbereich des Art. 19. Der EuGH hatte über den **Ausgleich zwischen Versicherern** zu entscheiden, wobei darüber gestritten werden kann, ob – wie der Gerichtshof meint – Art. 19 oder vielleicht doch Art. 20 die einschlägige Kollisionsnorm ist.[11] Festzuhalten ist sowohl für das Verhältnis des Art. 19 Rom II-VO zu Art. 15 Rom I-VO als auch für dasjenige von Art. 20 Rom II-VO und Art. 16 Rom I-VO, dass der EuGH die Ausgleichsbeziehung zwischen den Versicherern als außervertraglich qualifiziert.[12] 9

Beispiel:
In der Nähe von Mannheim stürzt eine litauische Zugmaschine mit Auflieger um und verursacht einen Schaden; verantwortlich ist der Fahrer des Gespanns. Der Versicherer der Zugmaschine zahlt Schadensersatz und verlangt vom Versicherer des Aufliegers hälftigen Ausgleich. – Die Generalanwältin beim EuGH plädierte für die **Anwendung der Rom I-VO,** weil der Versicherer für einen Unfall nur aufgrund des Versicherungsvertrags hafte, der nach Art. 7 Rom I-VO anzuknüpfen sei. Ergebe sich die Einstandspflicht der Versicherung aus Vertrag, sei auch der Rückgriff unter Versicherungen vertraglich zu qualifizieren.[13] Der EuGH verwarf diese gekünstelte Konstruktion und gelangte zur **Anwendung der Rom II-VO** mit dem (stärkeren) Argument, zwischen den beiden Versicherern bestehe kein Vertragsverhältnis, und ein Regressanspruch

---

6 Vorentwurf vom 3.5.2002, RabelsZ 67 (2003), 1 (Art. 15 Abs. 1); Kommissionsentwurf vom 22.7.2003, KOM(2003) 427 endg. (Art. 15 Abs. 1); Geänderter Vorschlag vom 21.2.2006, KOM(2006) 83 endg. (Art. 16).

7 S. zu dieser Art der Übernahme des Art. 13 Abs. 1 EVÜ *Jayme* IPRax 1986, 266; *Stoll* FS Müller-Freienfels, 1986, 631 (634); *Wandt* ZVglRWiss 86 (1987), 272 (277); ausf. zu Art. 33 Abs. 3 EGBGB aF *Behrens,* Gesamtschuldnerausgleich und sonstige Regressansprüche im Europäischen Kollisionsrecht nach der Rom I-, Rom II- und der EG-Unterhaltsverordnung, 2013, 80–96.

8 Art. 15 Rom I-VO: „… und ist ein Dritter verpflichtet, den Gläubiger zu befriedigen, oder hat er den Gläubiger auf Grund dieser Verpflichtung befriedigt"; Art. 19 Rom II-VO: „… und hat ein Dritter die Verpflichtung, den Gläubiger zu befriedigen, oder befriedigt er den Gläubiger auf Grund dieser Verpflichtung".

9 BeckOGK/*Hübner* Rn. 4; BeckOK BGB/*Spickhoff* Rn. 1; Soergel/*Thiede* Rn. 3; HK-BGB/*Dörner* Rn. 1; *Heiss/Loacker* JBl. 2007, 613 (638); *Martiny* FS Magnus, 2014, 483 (493).

10 EuGH NJW 2016, 1005 Rn. 46 – ERGO Insurance/P & C Insurance, unter Berufung auf EuGH EuZW 2013, 703 Rn. 32 – ÖFAB/Koot; zust. *Martiny* IPRax 2017, 360 (363); s. ferner Soergel/*Thiede* Rn. 19; Rauscher/*Picht* Rn. 7; NK-BGB/*Limbach* Rn. 4; *Gebauer* IPRax 2015, 331 (332).

11 Soergel/*Thiede* Rn. 22; *Martiny* ZEuP 2018, 218 (247 f.); *Staudinger/Friesen* VersR 2016, 768 (770).

12 EuGH NJW 2016, 1005 Rn. 36 ff. – ERGO Insurance/P & C Insurance.

13 Schlussanträge GA *Sharpston* BeckRS 2015, 81716 Rn. 38 ff.; 62.

könne sich nicht aus den von ihnen mit den Haltern der Zugmaschine bzw. des Aufliegers geschlossenen Versicherungsverträgen ergeben (Forts. des Beispiels → Rn. 17; zum neuen deutschen Recht → Rn. 22).[14]

10 Nach dem Wortlaut des Art. 19 und der Systematik der Rom II-VO bezieht sich Art. 19 nur auf außervertragliche Schuldverhältnisse im **Anwendungsbereich der Rom II-VO,** den Art. 1 Abs. 1, 2 abgrenzt. Öffentlich-rechtliche Ansprüche des Geschädigten, zB aus Staatshaftung für hoheitliche Handlungen (Art. 1 Abs. 1 S. 2), liegen außerhalb des Anwendungsbereichs des Art. 19. Dagegen spielt es für die Anwendung des Art. 19 keine Rolle, ob der fragliche gesetzliche Forderungsübergang von einem privatrechtlichen oder einem **öffentlich-rechtlichen Gesetz** (zB auf dem Gebiet der Sozialversicherung) angeordnet wird. Im letztgenannten Fall ändert sich die privatrechtliche Natur der Forderung nicht, wenn sie auf den neuen Gläubiger übergeht.[15] Der Forderungsübergang zugunsten eines öffentlich-rechtlichen Leistungserbringers verschlechtert somit die Stellung des Schuldners nicht, so dass eine kollisionsrechtliche Gleichbehandlung mit dem Forderungsübergang auf Private gerechtfertigt ist.

III. Voraussetzungen

11 **1. Verpflichtung eines Dritten.** Art. 19 setzt voraus, dass ein Dritter die Verpflichtung hat, den Gläubiger eines außervertraglichen Anspruchs zu befriedigen **(erste Variante),** oder dass der Dritte auf Grund dieser Verpflichtung den Gläubiger befriedigt (hat). Diese **zweite Variante** ist gegenüber Art. 33 Abs. 3 S. 1 EGBGB aF neu, entstammt aber – als Element redundanter Formulierung – dem Art. 13 Abs. 1 EVÜ. Sachlich bringt die zweite Variante nichts Neues.[16] Entscheidend ist, dass der Dritte vertraglich oder gesetzlich verpflichtet ist, den Gläubiger wegen seiner Forderung gegen den Schuldner zu befriedigen. Der Dritte muss also anstelle des Schuldners leisten oder geleistet haben.[17]

12 **a) Adressat der Verpflichtung.** Art. 19 sagt ebenso wenig wie Art. 15 Rom I-VO, **wem gegenüber** der Dritte verpflichtet sein muss, den Gläubiger zu befriedigen. Wie schon zum früheren Recht (Art. 13 Abs. 1 EVÜ, Art. 33 Abs. 3 S. 1 EGBGB aF) ist aus diesem Schweigen des Gesetzgebers auch für Art. 19 der Schluss zu ziehen, dass es nicht darauf ankommt, ob die Leistungspflicht des Dritten gegenüber dem Gläubiger oder gegenüber dem Schuldner besteht.[18] Soweit zB ein **Direktanspruch des Geschädigten** gegen die gegnerische Haftpflichtversicherung besteht (→ Art. 18 Rn. 7), ist die Versicherung (der „Dritte" iSd Art. 19) – auch – **gegenüber dem Gläubiger** des außervertraglichen Anspruchs zur Leistung verpflichtet. Soweit das auf den Direktanspruch nach Art. 18 anzuwendende Recht einen solchen Direktanspruch nicht gewährt, besteht die Verpflichtung des Dritten – der Versicherung – (nur) **gegenüber dem Schuldner** des außervertraglichen Anspruchs. Beide Fallkonstellationen sind von Art. 19 erfasst; in beiden Konstellationen wird folglich die Legalzession nach Art. 19 angeknüpft.[19]

13 **b) Sonderfall: Gesamtschuld.** Stehen dem Geschädigten mehrere Schädiger als Gesamtschuldner gegenüber (vgl. § 830 Abs. 1 S. 1 BGB, § 421 BGB) und befriedigt der Haftpflichtversicherer eines Gesamtschuldners den Geschädigten, wird nicht nur die sach-, sondern auch die kollisionsrechtliche Lage komplexer. Die Lösung ergibt sich aus dem **Zusammenwirken der Art. 19 und Art. 20:** Das Recht, das den Übergang der Ansprüche des Geschädigten gegen die anderen Schädiger (Gesamtschuldner) beherrscht, bestimmt sich nach **Art. 20.** Das Recht, das den Übergang der Ansprüche des Versicherungsnehmers (des Schädigers, dessen Versicherung gezahlt hat) auf die Versicherung regelt, ergibt sich aus der Anwendung des **Art. 19.** Berufen Art. 19 und Art. 20

---

14 EuGH NJW 2016, 1005 Rn. 50 – ERGO Insurance/P & C Insurance.

15 EuGH EuZW 2009, 855 Rn. 25 ff. – Vorarlberger Gebietskrankenkasse; EuZW 2004, 277 Rn. 26 ff. – Blijdenstein; s. ferner EuGH EuZW 2018, 213 Rn. 43 ff. – Hofsoe/LVM Münster (Abtretung an gewerbliche Inkassostelle); BeckRS 2017, 117663 Rn. 29 ff. – KABEG/Mutuelles du Mans (Legalzession zugunsten Arbeitgeber); ausf. zum Ganzen *Junker* IZPR § 13 Rn. 12.

16 BeckOGK/*Hübner* Rn. 23 f.; Soergel/*Thiede* Rn. 21; *Behrens,* Gesamtschuldnerausgleich und sonstige Regressansprüche im Europäischen Kollisionsrecht nach der Rom I-, Rom II- und EG-Unterhaltsverordnung, 2013, 138–142.

17 EuGH NJW 2016, 1005 Rn. 56 f. – ERGO Insurance/P & C Insurance; zust. Rauscher/*Picht* Rn. 2; *Dickinson* Rome II Rn. 14.110; zum dt. IPR *Wandt* ZVglRWiss 86 (1987), 272 (278).

18 BeckOGK/*Hübner* Rn. 27; BeckOK BGB/*Spickhoff* Rn. 1; NK-BGB/*Limbach* Rn. 7; *Micha,* Der Direktanspruch im europäischen IPR, 2010, 205; aA Rauscher/*Picht* Rn. 1, 4; *Leible/Lehmann* RIW 2008, 528 (541).

19 BeckOGK/*Hübner* Rn. 27; *v. Bar/Mankowski* IPR II § 2 Rn. 440; *Micha,* Der Direktanspruch im europäischen IPR, 2010, 217; zum dt. IPR *Wandt* ZVglRWiss 86 (1987), 272 (279).

unterschiedliche Rechtsordnungen zur Anwendung, kann es zu **Angleichungsproblemen** kommen, die auf der Ebene des materiellen Rechts gelöst werden müssen[20] (→ Einl. IPR Rn. 242 ff.).

2. Subsidiäre Verpflichtung. Art. 19 setzt weiter voraus, dass die Verpflichtung des Dritten gegenüber der Verpflichtung des Schuldners (im Deliktsrecht: des Schädigers) nachrangig (subsidiär) ist; die Verpflichtungen müssen in einem **Stufenverhältnis** stehen.[21] Dieses Erfordernis des Art. 19 ergibt sich aus den systematischen Zusammenhängen innerhalb der Rom II-VO: Bei gleichrangigen Verpflichtungen greift Art. 20 ein (→ Art. 20 Rn. 9). Die Frage der **Nachrangigkeit** oder Gleichrangigkeit beantwortet sich nach dem für die Verpflichtung des Dritten maßgebenden Recht, also nach dem Zessionsgrundstatut.[22] Die oben (→ Rn. 4) genannten Beispiele aus dem deutschen Recht sind sämtlich nachrangige (subsidiäre) Verpflichtungen des Dritten. 14

3. Fehlen einer Verpflichtung. Ist der Dritte nicht – wie Art. 19 verlangt – zur Befriedigung des Gläubigers verpflichtet, sondern befriedigt er den Gläubiger freiwillig, sieht das materielle Recht in der Regel keinen Forderungsübergang vor, so dass sich die von Art. 19 beantwortete Anknüpfungsfrage nicht stellt. Aber auch ein behaupteter Anspruchsübergang ist, wenn es an der nach Art. 19 erforderlichen Verpflichtung fehlt, nicht nach dieser Vorschrift anzuknüpfen.[23] Befriedigt eine Person die Forderung des Gläubigers, ohne dazu verpflichtet zu sein, handelt es sich häufig um einen Fall der **Geschäftsführung ohne Auftrag (Art. 11).** Hilfsweise können Ansprüche aus **ungerechtfertigter Bereicherung (Art. 10)** in Betracht kommen. 15

IV. Rechtsfolge

1. Anwendung des Zessionsgrundstatuts. Ist Art. 19 anwendbar und liegen die Voraussetzungen der Vorschrift vor, so bestimmt das für die Verpflichtung des Dritten (zB des Versicherers) gegenüber dem Gläubiger (im Deliktsrecht: dem **Geschädigten**) maßgebende Recht **(Zessionsgrundstatut),** ob und in welchem Umfang der Dritte berechtigt ist, die Forderung des Gläubigers gegen den Schuldner (im Deliktsrecht: den **Schädiger**) geltend zu machen **(Rechtsfolge des Art. 19).** Die Rechtsordnung, die den Dritten (zB den Versicherer) zur Zahlung verpflichtet, soll auch über den gesetzlichen Forderungsübergang entscheiden. Die Frage, „ob und in welchem Umfang der Dritte die Forderung … geltend zu machen berechtigt ist" (Art. 19), ist – wie sich aus der amtlichen Überschrift des Art. 19 und der Entstehungsgeschichte der Vorschrift ergibt – identisch mit der Frage, ob ein **gesetzlicher Forderungsübergang** (Legalzession) stattfindet oder stattgefunden hat.[24] Ein rechtsgeschäftlicher Forderungsübergang (Abtretung) eines außervertraglichen Anspruchs wird nicht nach Art. 19 Rom II-VO, sondern nach Art. 14 Rom I-VO angeknüpft (→ Rn. 25). 16

a) Begriff des Zessionsgrundstatuts. Das Zessionsgrundstatut ist das Recht, aus dem sich die (gegenüber wem auch immer bestehende, → Rn. 12) **Verpflichtung des Dritten** (zB des Versicherers) ergibt, den Gläubiger zu befriedigen. Die Leistungspflicht der privaten (zB Kranken-, Unfall- oder Haftpflicht-) **Versicherung** folgt aus dem Versicherungsvertrag, diejenige des den Lohn fortzahlenden **Arbeitgebers** aus dem Arbeitsvertrag und diejenige einer Beihilfe im Krankheitsfall leistenden **Behörde** aus dem Beamtenrecht (→ Rn. 4). Das Statut des Versicherungsvertrags (zB ermittelt nach Art. 7 Rom I-VO) bzw. des Arbeitsvertrags (ermittelt nach Art. 8 Rom I-VO) sowie das auf das Beamtenverhältnis anzuwendende (öffentliche) Recht sind folglich das Zessionsgrundstatut iSd Art. 19.[25] 17

---

20 Soergel/*Thiede* Rn. 21, 24 ff.; *Micha,* Der Direktanspruch im europäischen IPR, 2010, 216 f.; zum dt. IPR *Wandt* NZV 1993, 56 (57).

21 BeckOGK/*Hübner* Rn. 29; BeckOK BGB/*Spickhoff* Rn. 4; Soergel/*Thiede* Rn. 21; *Lehmann/Ungerer* GPR 2017, 134 (136); *Martiny* IPRax 2017, 360 (366); *Staudinger/Friesen* VersR 2016, 768 (770); zum dt. IPR *Stoll* FS Müller-Freienfels, 1986, 631 (656); *Wandt* ZVglRWiss 86 (1987), 272 (278).

22 Erman/*Stürner* Rn. 4; Rauscher/*Picht* Rn. 1; *Micha,* Der Direktanspruch im europäischen IPR, 2010, 210; *Staudinger/Friesen* VersR 2016, 768 (770).

23 BeckOK BGB/*Spickhoff* Rn. 4; Soergel/*Thiede* Rn. 23; *v. Bar/Mankowski* IPR II § 2 Rn. 441; *Leible/Lehmann* RIW 2008, 528 (541); ausf. *Behrens,* Gesamtschuldnerausgleich und sonstige Regressansprüche im Europäischen Kollisionsrecht nach der Rom I-, Rom II- und der EG-Unterhaltsverordnung, 2013, 147–150.

24 BeckOGK/*Hübner* Rn. 21 ff.; BeckOK BGB/*Spickhoff* Rn. 2; Rauscher/*Picht* Rn. 2; *Heiss* VersR 2006, 185 (188); *Huber/Bach* IPRax 2005, 73 (82); *Leible/Lehmann* RIW 2007, 721 (734); *Staudinger/Scharnetzki* IPRax 2022, 558 (560); *Thorn/Cremer* IPRax 2020, 177 (183); *G. Wagner* IPRax 2008, 1 (16).

25 BeckOGK/*Hübner* Rn. 24; Soergel/*Thiede* Rn. 24; *v. Bar/Mankowski* IPR II § 2 Rn. 441; *Micha,* Der Direktanspruch im europäischen IPR, 2010, 210 ff.; s. zum deutschen IPR *Stoll* FS Müller-Freienfels, 1986, 631 (633).

Beispiel:
Ein in Litauen zugelassenes und versichertes Gespann (Zugmaschine und Auflieger) fällt in Deutschland um und verletzt Personen oder beschädigt Sachen. Der Versicherer der Zugmaschine begleicht den gesamten Schaden und verlangt von dem – ebenfalls litauischen – Versicherer des Aufliegers hälftigen Ausgleich (→ Rn. 9). – Der EuGH qualifiziert diese Konstellation nicht als Gesamtschuldnerausgleich (Art. 20), sondern als Fall einer (möglichen) Legalzession im Anwendungsbereich des Art. 19.[26] Über den Regress im Wege eines gesetzlichen Forderungsübergangs („Zession") bestimmt somit das Statut, nach dem der Dritte (der Zugmaschinenversicherer) verpflichtet ist, anstelle des deliktisch Haftenden (des Zugmaschinenhalters) die Geschädigten zu befriedigen.[27] Dieses **Zessionsgrundstatut** ist das **litauische Recht,** dem der Versicherungsvertrag zwischen dem Zugmaschinenversicherer und dem Halter der Zugmaschine unterliegt (im EuGH-Fall nach Art. 7 Abs. 3 Rom I-VO iVm Art. 23 Abs. 2 Rom I-VO). Aus ihm ergibt sich die Pflicht, die Geschädigten zu befriedigen (Forts. des Beispiels → Rn. 20; zum neuen deutschen Recht → Rn. 22).

18 **b) Reichweite des Zessionsgrundstatuts.** Das Zessionsgrundstatut bestimmt nach dem Wortlaut des Art. 19 nicht nur das Ob (also die Voraussetzungen), sondern auch den Umfang einer Legalzession. Es bestimmt folglich auch, zu welchem Zeitpunkt die Forderung des Gläubigers kraft Gesetzes auf den Legalzessionar übergeht und von ihm geltend gemacht werden darf.[28] Schließt das Forderungsstatut einen Übergang der Forderung aus, während er nach dem Zessionsgrundstatut eintreten kann, setzt sich das Zessionsgrundstatut durch. Schließlich bestimmt das Zessionsgrundstatut, in welchem Ausmaß bzw. in welcher Höhe die Forderung des Gläubigers kraft Gesetzes auf den Legalzessionar übergeht und von ihm geltend gemacht werden darf. Das Forderungsstatut muss insoweit zurückstehen.[29]

Beispiel:
Ein französischer Staatsbürger wird beim Baden in portugiesischen Gewässern durch die Schiffsschraube des Motorboots eines Portugiesen schwer verletzt. Der staatliche französische Opferentschädigungsfonds FGTI zahlt sechs Jahre nach dem Ereignis eine Viertelmillion Euro Schadensersatz und verlangt aus Legalzession von dem Portugiesen und seinem Haftpflichtversicherer die Erstattung des Betrags. Die Ansprüche des Franzosen aus dem Schadensereignis sind nach portugiesischem Recht (drei Jahre) nicht aber nach französischem Recht verjährt (zehn Jahre).[30]

19 In dem Beispiel entscheidet das französische Recht als das zwischen dem Franzosen und dem Entschädigungsfonds einschlägige Recht, ob die Ansprüche des Franzosen gegen den Portugiesen und seine Versicherung im Wege der Legalzession auf den Entschädigungsfonds übergehen **(Art. 19).** Der Entschädigungsfonds kann die übergegangenen Ansprüche aber nur nach dem zwischen dem geschädigten Franzosen sowie dem portugiesischen Schädiger und seiner Versicherung maßgebenden Recht geltend machen **(Art. 19 aE).** Das portugiesische Recht als Deliktsstatut (Art. 4 Abs. 1) regelt auch die Frage der Verjährung (Art. 15 lit. h). Der Schadensersatzanspruch gegen den Portugiesen und ein etwaiger Direktanspruch gegen seine Versicherung ist somit verjährt.[31]

20 **2. Anwendung des Forderungsstatuts.** Dagegen richten sich der Inhalt der Forderung und ihre (rechtsgeschäftliche) Übertragbarkeit **(Art. 15 lit. e)** sowie der Schuldnerschutz nach dem Forderungsstatut, im Bereich der unerlaubten Handlungen also nach dem gemäß Art. 4–9, 14 ermittelten **Deliktsstatut.**[32] Diesem Statut sind auch die Einwendungen und Einreden des Schuldners zu entnehmen (zB diejenige der Verjährung).[33] Besteht eine summenmäßige **Haftungsbeschränkung** des Schädigers (Schuldners) gegenüber dem Geschädigten (Gläubiger), kann der Schädiger diese Beschränkung auch dem Zessionar entgegenhalten. Die Anwendung des Forderungsstatuts auf diese Rechtsfragen erklärt sich daraus, dass der gesetzliche Forderungsübergang die Rechtsstellung des Schuldners nicht verschlechtern darf. Der Schuldner soll kollisionsrechtlich durch den Gläubigerwechsel weder Vorteile genießen noch Nachteile erleiden.[34]

---

26 EuGH NJW 2016, 1005 Rn. 57 – ERGO Insurance/P & C Insurance.

27 *Lehmann/Ungerer* GPR 2017, 134 (136).

28 EuGH NJW 2016, 1005 Rn. 62 – ERGO Insurance/P & C Insurance; Soergel/*Thiede* Rn. 25; Rauscher/*Picht* Rn. 9; *v. Bar/Mankowski* IPR II § 2 Rn. 441; *Martiny* IPRax 2017, 369 (363 f.); *Staudinger/Friesen* VersR 2016, 768 (770).

29 BeckOGK/*Hübner* Rn. 25 ff.; Erman/*Stürner* Rn. 2; Rauscher/*Picht* Rn. 4; *Behrens,* Gesamtschuldnerausgleich und sonstige Regressansprüche im Europäischen Kollisionsrecht nach der Rom I-, Rom II- und EG-Unterhaltsverordnung, 2013, 162–166.

30 Fall nach EuGH BeckRS 2023, 422 Rn. 29 – FGTI.

31 EuGH BeckRS 2023, 422 Rn. 29 – FGTI.

32 EuGH NJW 2016, 1005 Rn. 59 ff. – ERGO Insurance/P & C Insurance.

33 AG Köln IPRax 2015, 358 Rn. 28; BeckOGK/*Hübner* Rn. 30 ff.; BeckOK BGB/*Spickhoff* Rn. 2; Rauscher/*Picht* Rn. 5; *Gebauer* IPRax 2015, 331 (332); *Heiss* VersR 2006, 185 (188); *G. Wagner* IPRax 2008, 1 (15).

34 *v. Bar/Mankowski* IPR II § 3 Rn. 442.

Beispiel:
In dem Fall des Gespannunglücks (→ Rn. 9, 17) unterliegt die Haftung des Halters oder der Halter von Zugmaschine und Anhänger gegenüber dem oder den Geschädigten nach Art. 4 Abs. 1 dem deutschen Recht **(Tatortregel),** da der unmittelbar durch den Unfall verursachte Schaden in Deutschland eingetreten ist.[35] Das deutsche Recht ist somit iSd Art. 19 das **Forderungsstatut** (während das litauische Recht das Zessionsgrundstatut ist, → Rn. 17). Daraus resultiert die Brisanz des Falles: Nach **litauischem Recht** der Kfz-Haftpflicht muss der Versicherer des Aufliegers nur für Schäden einstehen, wenn der Auflieger abgekoppelt ist. Wird er – wie im Fall des EuGH – mit der Zugmaschine verbunden, so ist allein die Versicherung des ziehenden Fahrzeugs leistungspflichtig.[36]

Nach **deutschem Recht** bildeten die Versicherer von Zugfahrzeug und Anhänger einen gesamtschuldnerischen Haftungsverbund;[37] im Innenverhältnis der Mitversicherer bestand ein Anspruch auf hälftigen Ausgleich (§ 78 Abs. 2 VVG). Der EuGH ordnete diese Regelung dem Forderungsstatut zu und nicht dem Statut des Versicherungsvertrags als Zessionsgrundstatut:[38] Unterlag das außervertragliche Schuldverhältnis des Gespannunfalls dem deutschen Recht, so musste der Geschädigte darauf vertrauen können, dass die deutschen Regeln Anwendung fanden. Dies betraf über Art. 19 den Innenausgleich der Versicherer. Der Anspruch des Zugmaschinenversicherers auf hälftigen Ausgleich war begründet.[39] 21

Mit der Neuregelung der §§ 19, 19a StVG und des § 78 VVG vom 17.7.2020[40] hat sich materiell-rechtlich die Regulierung von Schadensfällen mit Anhängern ausländischer Halter, die in ihrem Heimatland keiner Versicherungspflicht unterworfen sind, vereinfacht. Der Versicherer des Zugfahrzeugs muss, wenn er dem Versicherer des Anhängers einen Teil der Haftung zuschieben will, darlegen und beweisen, dass der Anhänger einen Verursachungsbeitrag zu dem Schaden geleistet hat.[41] IdR entfällt damit nach neuem Recht der Ausgleich zwischen den Versicherern.[42] 22

V. Regelung für die soziale Sicherheit

Für den Forderungsübergang im Zusammenhang mit Leistungen der sozialen Sicherheit gilt innerhalb der EU die **VO (EG) 883/2004** zur Koordinierung der Systeme der sozialen Sicherheit.[43] Sie geht als **lex specialis** dem Art. 19 vor. 23

Art. 85 VO (EG) 883/2004 Ansprüche der Träger

(1) Werden einer Person nach den Rechtsvorschriften eines Mitgliedstaats Leistungen für einen Schaden gewährt, der sich aus einem in einem anderen Mitgliedstaat eingetretenen Ereignis ergibt, so gilt für etwaige Ansprüche des zur Leistung verpflichteten Trägers gegenüber einem zum Schadenersatz verpflichteten Dritten folgende Regelung:

a) Sind die Ansprüche, die der Leistungsempfänger gegenüber dem Dritten hat, nach den für den zur Leistung verpflichteten Träger geltenden Rechtsvorschriften auf diesen Träger übergegangen, so erkennt jeder Mitgliedstaat diesen Übergang an.

b) Hat der zur Leistung verpflichtete Träger einen unmittelbaren Anspruch gegen den Dritten, so erkennt jeder Mitgliedstaat diesen Anspruch an.

(2) [1] Werden einer Person nach den Rechtsvorschriften eines Mitgliedstaats Leistungen für einen Schaden gewährt, der sich aus einem in einem anderen Mitgliedstaat eingetretenen Ereignis ergibt, so gelten für die betreffende Person oder den zuständigen Träger die Bestimmungen dieser Rechtsvorschriften, in denen festgelegt ist, in welchen Fällen die Arbeitgeber oder ihre Arbeitnehmer von der Haftung befreit sind.

---

35 EuGH NJW 2016, 446 Rn. 25 mAnm *Staudinger* = RIW 2016, 225 mAnm *Kadner Graziano* = JZ 2016, 308 mAnm *Mankowski* – Lazar/Allianz SpA.

36 Ausf. zum litauischen Recht *Lehmann/Ungerer* GPR 2017, 134 (135); *Martiny* IPRax 2017, 360 (361).

37 BGHZ 187, 211 = NJW 2011, 447; *Martiny* IPRax 2017, 360 (361).

38 EuGH NJW 2016, 1005 Rn. 56 ff., 61 – ERGO Insurance/P & C Insurance.

39 Ebenso iErg *v. Bar/Mankowski* IPR II § 2 Rn. 442; *Martiny* ZEuP 2018, 218 (247 f.); *Mansel/Thorn/Wagner* IPRax 2017, 1 (35); *Staudinger/Friesen* VersR 2016, 768 (770 f.); abw. *Luckhaupt* NZV 2016, 497.

40 Gesetz zur Haftung bei Unfällen mit Anhängern und Gespannen im Straßenverkehr vom 11.7.2020, BGBl. 2020 I 1653.

41 Ausf. mit Darstellung der Fallkonstellationen *Greger* MDR 2021, 1.

42 Zur alten Rechtslage BGH NJW-RR 2021, 697 = IPRax 2022, 630 m. Aufs. *Staudinger/Schernetzki* IPRax 2022, 588 = EuZW 2021, 503 mAnm *Finkelmeier* = NZV 2021, 310 mAnm *Staudinger;* NJW-RR 2023, 1146; OLG Karlsruhe BeckRS 2021, 23249 = VersR 2021, 1486.

43 VO (EG) 883/2004 des Europäischen Parlaments und des Rates vom 29.4.2004 zur Koordinierung der Systeme der sozialen Sicherheit, ABl. EU 2004 L 166, 1.

[2] Absatz 1 gilt auch für etwaige Ansprüche des zur Leistung verpflichteten Trägers gegenüber Arbeitgebern oder ihren Arbeitnehmern, wenn deren Haftung nicht ausgeschlossen ist.

(3) ...

24 Art. 85 VO (EG) 883/2004 hat zum 10.5.2010 die im Wesentlichen inhaltsgleiche Vorgängerregelung des Art. 93 VO (EWG) 1408/71 abgelöst. Die Vorschrift regelt Fälle, in denen ein **Träger der Sozialversicherung** Leistungen für einen Schaden (Invalidität, Tod) gewährt hat, der die Folge eines in einem anderen EU-Staat eingetretenen Ereignisses ist (zB eines Arbeits- oder eines Verkehrsunfalls). Erfasst sind Forderungen, die der leistende Träger gegen haftende Dritte geltend machen kann. Zwischen dem auf die Schadenersatzforderung anwendbaren Recht und dem Sozialrechtsstatut **(Recht des Trägers)** entscheidet Art. 85 VO (EG) 883/2004 zugunsten des Letzteren.[44] Es gilt insoweit das für das Verhältnis zwischen dem Gläubiger und dem leistenden Dritten maßgebende Recht **(Zessionsgrundstatut).** Dieses ist auch auf Haftungsbeschränkungen anzuwenden; der Schädiger kann sich nicht darauf berufen, dass eine Haftung nach dem Forderungsstatut ausgeschlossen wäre. Gemäß Abs. 1 ist eine *cessio legis* in allen Mitgliedstaaten anzuerkennen (→ Rom I-VO Art. 14 Rn. 20 f.).

VI. Forderungsabtretung

25 Anders als der gesetzliche Übergang von Forderungen aus außervertraglichen Schuldverhältnissen (Art. 19) ist der rechtsgeschäftliche Übergang solcher Forderungen von den Kollisionsnormen der Rom II-VO nicht erfasst.[45] Die rechtsgeschäftliche **Übertragbarkeit eines Anspruchs** auf Schadensersatz (zum Begriff des Schadens s. Art. 2 Abs. 1) richtet sich zwar nach dem Statut des außervertraglichen Schuldverhältnisses **(Art. 15 lit. e).** Das auf die **Abtretung eines Anspruchs** aus einem außervertraglichen Schuldverhältnis (= eines Anspruchs auf Schadensersatz, Art. 2 Abs. 1) anwendbare Recht bestimmt sich hingegen nach **Art. 14 Rom I-VO,** der als Anknüpfungsgegenstand allgemein die „Übertragung der Forderung" nennt und damit auch außervertragliche Forderungen einschließt[46] (→ Rom I-VO Art. 14 Rn. 18).

26 Die Vorschrift für die Legalzession in Art. 15 Rom I-VO hat dagegen nur „vertragliche" Forderungen zum Gegenstand (→ Rom I-VO Art. 15 Rn. 7). Wenn nach Auffassung des Verordnungsgebers die **rechtsgeschäftliche Abtretung** von Forderungen einheitlich und uneingeschränkt ein Gegenstand des Art. 15 Rom I-VO sein kann, stellt sich unwillkürlich die Frage, warum dies beim gesetzlichen Forderungsübergang nicht möglich war, sondern zwei gleich lautende Vorschriften – Art. 15 Rom I-VO für vertragliche und Art. 19 Rom II-VO für außervertragliche Forderungen – geschaffen werden mussten. Es ist dies eine der zahlreichen Inkonsequenzen der Römischen Verordnungen.[47] Manche hoffen diesbezüglich auf eine künftige Rom 0-VO (Allgemeiner Teil des Europäischen IPR).[48]

Art. 20 Rom II-VO Mehrfache Haftung

Hat ein Gläubiger eine Forderung gegen mehrere für dieselbe Forderung haftende Schuldner und ist er von einem der Schuldner vollständig oder teilweise befriedigt worden, so bestimmt sich der Anspruch dieses Schuldners auf Ausgleich durch die anderen Schuldner nach dem Recht, das auf die Verpflichtung dieses Schuldners gegenüber dem Gläubiger aus dem außervertraglichen Schuldverhältnis anzuwenden ist.

Schrifttum: s. auch Vor Art. 1; älteres Schrifttum 6. Aufl. 2015, Art. 20; *Behrens,* Gesamtschuldnerausgleich und sonstige Regressansprüche im Europäischen Kollisionsrecht nach der Rom I-, Rom II- und EG-Unterhaltsverordnung, 2013; *Dornis,* Contribution and Indemnification among Joint Tortfeasors in Multi-State Conflict Cases: A Study of Doctrine and the Current Law in the United States and under the Rome II-Regulation, JPIL 4 (2008), 237; *Lehmann/Ungerer,* Regress unter Versicherern nach den Rom I- und Rom II-Verordnungen, GPR 2017,

---

[44] BeckOGK/*Hübner* Rn. 41 ff.; Soergel/*Thiede* Rn. 35; NK-BGB/*Limbach* Rn. 8; s. auch PWW/*Müller* Rn. 1.

[45] BeckOGK/*Hübner* Rn. 35; Soergel/*Thiede* Rn. 16; NK-BGB/*Limbach* Rn. 9; Rauscher/*Picht* Rn. 10; *v. Bar/Mankowski* IPR II § 2 Rn. 443; *Heiss/Loacker* JBl. 2007, 613 (639).

[46] *Behrens,* Gesamtschuldnerausgleich und sonstige Regressansprüche im Europäischen Kollisionsrecht nach der Rom I-, Rom II- und EG-Unterhaltsverordnung, 2013, 133; *Leible/Lehmann* RIW 2008, 528 (541); s. auch *v. Hein* ZEuP 2009, 6 (25).

[47] *Dickinson* The Rome II Regulation Rn. 14.113; *Heiss/Loacker* JBl. 2007, 613 (639); *Leible/Lehmann* RIW 2008, 528 (542).

[48] *Lehmann/Ungerer* GPR 2017, 134 (136).

134; *Staudinger/Friesen,* Regressansprüche des Haftpflichtversicherers in grenzüberschreitenden Sachverhalten, VersR 2016, 768; *Staudinger/Scharnetzki,* Regressstatut beim Innenausgleich zwischen zwei Haftpflichtversicherern eines Gespannes – Karlsruhe locuta, causa finita, IPRax 2022, 558; *Thorn/Cremer,* Von Pannen und Privilegien – Der Regress zwischen Kfz-Haftpflichtversicherern und die gestörte Gesamtschuld aus Sicht des Kollisionsrechts, IPRax 2020, 177.

Übersicht

I. Allgemeines

1. Normzweck. Art. 20 regelt das **Statut des Innenausgleichs** zwischen mehreren, aufgrund eines außervertraglichen Schuldverhältnisses für **dieselbe Schuld** haftenden Personen. Die Vorschrift erweitert somit den Anwendungsbereich der Rom II-VO auf Regressansprüche: Anzuwenden ist das Recht, dem der getilgte Anspruch unterliegt, also das **Forderungsstatut** der getilgten Forderung.[1] Nach diesem Recht ist konsequenterweise auch die Frage zu beantworten, ob und in welchem Umfang der leistende Schuldner die Forderung des Gläubigers gegen die übrigen Schuldner erwirbt **(Legalzession).** Die Kollisionsnorm des Art. 20 erfasst also – vom deutschen materiellen Recht aus betrachtet – sowohl den Regelungsgegenstand des § 426 Abs. 1 BGB (Ausgleichungspflicht) als auch denjenigen des § 426 Abs. 2 BGB (Forderungsübergang). 1

2. Praktische Bedeutung. Art. 20 hat – wie Art. 19 – seinen Hauptanwendungsbereich im **Deliktsrecht:** Wer von mehreren in Betracht kommenden Schädigern in welchem Umfang für einen Schaden aufzukommen hat – in der Sprache der Rom II-VO: die „Bestimmung der Personen, die für ihre Handlungen haftbar gemacht werden können" – beantwortet das Deliktsstatut **(Art. 15 lit. a).** Soweit mehrere Personen solidarisch für einen Schaden haften und einer von ihnen den Anspruch des Geschädigten erfüllt, stellt sich die Frage nach dem **Regressstatut,** dh die Frage nach dem Binnenausgleich (einschließlich eines etwaigen Forderungsübergangs). Die Domäne des Art. 20 ist folglich die Bestimmung des Rechts, das auf den Innenausgleich zwischen mehreren (deliktischen) Gesamtschuldnern anzuwenden ist.[2] 2

3. Entstehungsgeschichte. Art. 20 ist ebenso wie Art. 19 aus **Art. 13 EVÜ** (Art. 33 Abs. 3 S. 2 EGBGB aF) hervorgegangen: Der Verordnungsgeber hat die für vertragliche Forderungen geltende Kollisionsnorm des Art. 13 EVÜ auf außervertragliche Forderungen übertragen und die Regelungen der beiden Absätze des Art. 13 EVÜ auf Art. 19, 20 Rom II-VO aufgeteilt. Während **Art. 13 Abs. 1 EVÜ** der Sache nach inhaltsgleich in Art. 19 Rom II-VO aufgegangen ist (→ Art. 19 Rn. 5), hat **Art. 13 Abs. 2 EVÜ** bei der Transformation in Art. 20 Rom II-VO eine Wortlautänderung erfahren: Art. 20 legt nicht nur – wie Art. 13 EVÜ[3] – das **Zessionsstatut** fest, sondern das **Regressstatut** insgesamt. 3

Die hM zum Europäischen Schuldvertragsübereinkommen interpretierte die „Dies gilt auch"-Eingangsformel des Art. 13 Abs. 2 EVÜ dahin, dass nicht nur der Übergang der getilgten Forderung, 4

[1] BeckOGK/*Huber* Rn. 7; Erman/*Stürner* Rn. 1; Rauscher/*Picht* Rn. 1; *v. Bar/Mankowski* IPR II § 2 Rn. 443; *Staudinger/Scharnetzki* IPRax 2022, 558 (559); *Thorn/Cremer* IPRax 2020, 177 (189).

[2] Öst. OGH ZVR 2016, 150 mAnm *Rudolf;* LG Berlin BeckRS 2017, 128569 Rn. 18; Rauscher/*Picht* Rn. 1; *Lehmann/Ungerer* GPR 2017, 134 (136); *Leible/Lehmann* RIW 2008, 528 (541); *Martiny* IPRax 2017, 360 (364 f.); ausf. *Behrens,* Gesamtschuldnerausgleich und sonstige Regressansprüche im Europäischen Kollisionsrecht nach der Rom I-, Rom II- und der EG-Unterhaltsverordnung, 2013, 170–174.

[3] Art. 13 EVÜ: „(1) … so bestimmt das für die Verpflichtung des Dritten maßgebende Recht, ob der Dritte die Forderung … geltend zu machen berechtigt ist. (2) Dies gilt auch, wenn mehrere Personen dieselbe vertragliche Forderung zu erfüllen haben und der Gläubiger von einer dieser Personen befriedigt worden ist".

sondern alle Fragen des Gesamtschuldnerausgleichs von der Anknüpfung erfasst würden.[4] Folgt man dieser korrigierenden Auslegung, die sich mehr am gewünschten Ergebnis als am Wortlaut des Art. 13 Abs. 2 EVÜ orientiert,[5] besteht kein sachlicher Unterschied zwischen Art. 13 Abs. 2 EVÜ und Art. 20.

5 **4. Verhältnis zum deutschen Recht.** Bei der Inkorporation des EVÜ in das EGBGB im Jahr 1986 hat der deutsche Gesetzgeber in **Art. 33 Abs. 3 S. 2 EGBGB aF** die auf vertragliche Forderungen beschränkte Regelung des Art. 13 Abs. 2 EVÜ auf alle Forderungen, also auch auf außervertragliche Forderungen ausgedehnt. Dennoch knüpft Art. 20 – anders als Art. 19 – nicht nahtlos an Art. 33 Abs. 3 EGBGB aF an, da Art. 33 Abs. 3 S. 2 EGBGB *expressis verbis* nur das **Zessionsstatut** regelt, während Art. 20 das **Regressstatut** insgesamt zum Gegenstand hat.

6 **5. Verhältnis zur Rom I-VO.** Der auf außervertragliche Forderungen bezogene Art. 20 Rom II-VO hat eine **Komplementärnorm** in dem inhaltsgleichen, auf vertragliche Forderungen bezogenen **Art. 16 S. 1 Rom I-VO.** Da Art. 20 Rom II-VO und Art. 16 S. 1 Rom I-VO als in ihren jeweiligen Anwendungsbereichen inhaltlich identisch interpretiert werden,[6] stellt sich die Frage, ob die Regelung des **Art. 16 S. 2 Rom I-VO** auf Art. 20 analog anzuwenden ist (→ Rn. 18).

II. Anwendungsbereich

7 Während Art. 19 schon nach seiner Eingangsformel auf Forderungen „auf Grund eines außervertraglichen Schuldverhältnisses" beschränkt ist, spricht Art. 20 zunächst allgemein von „Forderung" (wie in Art. 14 Rom I-VO, → Art. 19 Rn. 25). Jedoch folgt aus einem Zusatz am Ende der Vorschrift, dass sich auch der Anwendungsbereich des Art. 20 auf die Befriedigung einer **außervertraglichen Forderung** beschränkt (zum Begriff der außervertraglichen Forderung → Art. 19 Rn. 9 f.). Damit ist Art. 20 **lex specialis zu Art. 16 S. 1 Rom I-VO,**[7] der sich – anders als Art. 15 Rom I-VO – einschränkungslos auf alle Forderungen bezieht (wobei für den Anwendungsbereich der Vorschrift Art. 1 Abs. 1, 2 Rom I-VO zu beachten ist).

III. Voraussetzungen

8 **1. Mehrheit von Schuldnern.** Art. 20 setzt zunächst voraus, dass **ein Gläubiger** eine Forderung aus einem außervertraglichen Schuldverhältnis gegen **mehrere Schuldner** hat. Ob eine Schuldnermehrheit vorliegt, bestimmt sich nach dem Statut des außervertraglichen Schuldverhältnisses **(Art. 15 lit. a),** insbesondere nach dem gemäß Art. 4–9, 14 ermittelten Deliktsstatut.[8]

9 **2. Dieselbe Forderung.** Art. 20 setzt weiter voraus, dass die Schuldner für „dieselbe Forderung" haften. Diese Voraussetzung, die schon in Art. 13 Abs. 2 EVÜ enthalten war, dient der Abgrenzung von Art. 19 und 20: Während der „Dritte" iSd Art. 19 subsidiär zum Schuldner haftet (**Nachrangigkeit** der Verpflichtungen), müssen die „mehreren Schuldner" iSd Art. 20 auf gleicher Stufe verpflichtet sein (**Gleichrangigkeit** der Verpflichtungen).[9]

10 Die **Frage der Gleichrangigkeit** der außervertraglichen Verpflichtungen mehrerer Schuldner beantwortet das für die Verpflichtungen der Schuldner maßgebende Recht.[10] Unterliegen die Verpflichtungen der mehreren Schuldner verschiedenen Rechtsordnungen, so gibt – wenn nicht alle den Gleichrang bejahen – das Recht des leistenden Schuldners Maß (→ Rn. 14).

11 Der Begriff „dieselbe Forderung" meint bei Art. 19 – wie schon unter der Geltung des Art. 13 Abs. 2 EVÜ (Art. 33 Abs. 3 S. 2 EGBGB aF)[11] – nicht, dass die auf **dieselbe Leistung** oder

---

4 *Magnus* in Ferrari/Leible, Ein neues internationales Vertragsrecht für Europa, 2007, 201 (217); *Stoll* FS Müller-Freienfels, 1986, 631 (659).

5 Krit. *Wandt* ZVglRWiss 86 (1987), 272 (293).

6 BeckOGK/*Huber* Rn. 41; NK-BGB/*Limbach* Rn. 3; Erman/*Stürner* Rn. 1; *Leible/Lehmann* RIW 2008, 528 (541).

7 *Behrens,* Gesamtschuldnerausgleich und sonstige Regressansprüche im Europäischen Kollisionsrecht der Rom I-, Rom II- und EG-Unterhaltsverordnung, 2013, 167; Rauscher/*Picht* Art. 19 Rn. 6.

8 *Dornis* JPIL 4 (2008), 237; *Garcimartín Alférez* ELF 2007, I-77 (I-91); *G. Wagner* IPRax 2008, 1 (16).

9 EuGH NJW 2016, 1005 Rn. 56 f. – ERGO Insurance/P & C Insurance; BeckOGK/*Huber* Rn. 11; BeckOK BGB/*Spickhoff* Rn. 2; Rauscher/*Picht* Rn. 9; *Behrens,* Gesamtschuldnerausgleich und sonstige Regressansprüche im Europäischen Kollisionsrecht der Rom I-, Rom II- und EG-Unterhaltsverordnung, 2013, 170 ff.; *Dornis* JPIL 4 (2008), 234 (240); *Lehmann/Ungerer* GPR 2017, 134 (136); *Staudinger/Friesen* VersR 2016, 768 (770).

10 Erman/*Stürner* Rn. 5; *Dornis* JPIL 4 (2018), 237 (242); *Martiny* IPRax 2017, 360 (364); *Staudinger/Friesen* VersR 2016, 768 (770).

11 *v. Bar* RabelsZ 53 (1989), 462 (483 f.); *Wandt* ZVglRWiss 86 (1987), 272 (293).

zumindest eine gleichartige Leistung[12] gerichteten Verpflichtungen aller Gesamtschuldner **demselben Recht** unterliegen müssen.[13] „Dieselbe Forderung" iSd Art. 20 bedeutet lediglich, dass der Gläubiger nach allen Forderungsstatuten nur einmal Befriedigung seines Interesses verlangen kann und dass es sich um gleichrangige Ansprüche handeln muss.

a) Anwendungsfall Gesamtschuld. Da es sich um dieselbe Forderung handeln muss, ist der Anwendungsfall des Art. 20 die **Gesamtschuldnerschaft,** bei der mehrere Schuldner eine Leistung in der Weise zu bewirken haben, dass der Gläubiger sie nach seinem Belieben von jedem Schuldner ganz oder teilweise, insgesamt aber nur einmal fordern kann (§ 421 BGB). Angeknüpft wird der Innenausgleich der Gesamtschuldner (§ 426 Abs. 1 BGB) und der Zessionsregress (§ 426 Abs. 2 BGB). 12

Die **Teilschuldnerschaft** erfüllt nicht die Voraussetzungen des Art. 20, weil nicht alle Schuldner dieselbe Leistung zu bewirken haben, sondern jeder Schuldner nur verpflichtet ist, einen Teil der Leistung zu erbringen (§ 420 BGB).[14] Die **Schuldnergemeinschaft** fällt für Art. 19 schon deshalb aus, weil solche Gemeinschaften nicht durch außervertragliche Schuldverhältnisse iSd Art. 1 Abs. 1, 2 entstehen. 13

b) Verschiedene Rechtsordnungen. Art. 20 ist nach seinem Sinn und Zweck auch einschlägig, wenn die Verpflichtungen der Gesamtschuldner gegenüber dem Gläubiger **verschiedenen Rechtsordnungen** unterliegen:[15] Die Vorschrift erfüllt die Funktion, eine Normenkollision zu entscheiden, erst in den Fällen, in denen sich die Haftung der einzelnen Gesamtschuldner gegenüber dem Gläubiger nach **unterschiedlichen Statuten** bestimmt.[16] 14

Beispiel:
Der in Deutschland ansässige D wird auf der spanischen Insel Mallorca durch seinen deutschen Landsmann und Zimmergenossen D1 (deutsches Recht, Art. 4 Abs. 2) und den Engländer E (spanisches Recht, Art. 4 Abs. 1) in Mittäterschaft geschädigt. Maßgebend ist das Recht des leistenden Schuldners.[17] Zahlt D1, bestimmt sich gemäß Art. 20 der Zessionsregress nach deutschem Recht (und nicht nach dem spanischen Recht des Tatorts, das für die Verpflichtung des Engländers maßgebend ist). Wäre auch E ein deutscher Landsmann des D, wäre die Frage nach dem auf den Zessionsregress anwendbaren Recht leicht zu beantworten, da überhaupt nur das deutsche Recht in Betracht kommt.

3. Leistung an den Gläubiger. Art. 20 setzt schließlich voraus, dass einer der Schuldner den Gläubiger vollständig oder teilweise befriedigt hat. Während die Anknüpfungsnorm des Art. 19 die **Verpflichtung zur Gläubigerbefriedigung** genügen lässt, greift Art. 20 nach seinem Wortlaut erst ein, wenn (ganz oder teilweise) die **Erfüllung dieser Verpflichtung** eingetreten ist. Folgte man diesem Wortlaut, bestünde eine Regelungslücke bei der Anknüpfung der Frage, ob, wann und unter welchen Voraussetzungen einem Gesamtschuldner gegen die übrigen bereits vor Zahlung ein **Anspruch auf Befreiung (Freistellung)** zusteht. Diese Regelungslücke kann schwerlich anders geschlossen werden als durch entsprechende Anwendung des Art. 20, so dass das Wort „und" in dieser Vorschrift als „oder" zu lesen ist.[18] 15

IV. Rechtsfolge

1. Anwendung des Forderungsstatuts. Art. 20 beruft das Recht zur Anwendung, das auf die getilgte (oder zu tilgende) Forderung aus dem außervertraglichen Schuldverhältnis anzuwenden ist **(Forderungsstatut).** Das bedeutet: Ein **Rückgriffsanspruch** (oder in analoger Anwendung der Vorschrift ein Befreiungsanspruch) ist gegeben, wenn dasjenige Recht diese Folge kennt, das auf die eigene Verpflichtung des Gesamtschuldners gegenüber dem Gläubiger anzuwenden ist.[19] Der 16

---

[12] *Behrens,* Gesamtschuldnerausgleich und sonstige Regressansprüche im Europäischen Kollisionsrecht der Rom I-, Rom II- und EG-Unterhaltsverordnung, 2013, 170 mwN.

[13] BeckOK BGB/*Spickhoff* Rn. 3 aE; Erman/*Stürner* Rn. 5; PWW/*Müller* Rn. 2; *G. Wagner* IPRax 2008, 1 (16).

[14] NK-BGB/*Limbach* Rn. 4; Rauscher/*Picht* Rn. 10; jurisPK-BGB/*Engel* Rn. 4.

[15] BeckOGK/*Huber* Rn. 13; BeckOK BGB/*Spickhoff* Rn. 3; Erman/*Stürner* Rn. 5; *Leible/Lehmann* RIW 2007, 721 (734); s. auch *Magnus* in Ferrari/Leible, Ein neues internationales Vertragsrecht für Europa, 2007, 201 (218).

[16] PWW/*Müller* Rn. 2; *G. Wagner* IPRax 2008, 1 (16); ebenso für Art. 16 Rom I-VO *Leible/Lehmann* RIW 2008, 528 (541); aA Rauscher/*Picht* Rn. 4–6.

[17] Erman/*Stürner* Rn. 5; NK-BGB/*Limbach* Rn. 7; abw. BeckOGK/*Huber* Rn. 15–24.

[18] Rauscher/*Picht* Rn. 11; jurisPK-BGB/*Engel* Rn. 5; Huber/*Bach* Rn. 7; *Behrens,* Gesamtschuldnerausgleich und sonstige Regressansprüche im Europäischen Kollisionsrecht der Rom I-, Rom II- und EG-Unterhaltsverordnung, 2013, 174 f.; einschr. bei verschiedenen Schuldstatuten NK-BGB/*Limbach* Rn. 5 aE.

[19] NK-BGB/*Limbach* Rn. 6; Huber/*Bach* Rn. 10; *Behrens,* Gesamtschuldnerausgleich und sonstige Regressansprüche im Europäischen Kollisionsrecht der Rom I-, Rom II- und EG-Unterhaltsverordnung, 2013, 176.

Gesamtschuldner, der **als erster** an den Gläubiger leistet, kann – vorbehaltlich einer etwaigen Anwendung der Schutzklausel des Art. 16 S. 2 Rom I-VO – sicher sein, dass er zu den Bedingungen desjenigen Rechts Ausgleich erhält, nach dem er selbst geleistet hat. Der Nachteil, den ein Gesamtschuldner dadurch erleidet, dass der Gläubiger ihn zur Leistung heranzieht, erfährt eine **Kompensation** dadurch, dass der Herausgegriffene nach demselben Recht, nach dem er haftet, Rückgriff nehmen kann.[20]

17 Ob diese in der Theorie nicht von der Hand zu weisenden Überlegungen sich in der **Praxis** materialisieren, ist wegen der disparaten Anknüpfungspunkte der Rom II-VO allerdings zweifelhaft.[21] Der **Vorteil,** den die Grundanknüpfung des Art. 20 dem in Anspruch genommenen Schuldner gewährt, ist daher nicht übermäßig groß.[22]

Beispiel:
Beim Abstieg von einer österreichischen Skihütte in feucht-fröhlicher Silvesternacht wird der Deutsche D auf eisglattem Weg von seiner Ehefrau E und dem Finnen F zu Fall gebracht, denen es am angemessenen Schuhwerk mangelt. Geht man davon aus, dass auf die Haftung der E das deutsche Recht (Art. 4 Abs. 2) und auf die Haftung des F das österreichische Recht (Art. 4 Abs. 1) anzuwenden ist, so unterliegt der **Regress** des Finnen, wenn er auf den Gesamtschaden in Anspruch genommen wird, dem österreichischen (Tatort-) Recht. Eine besonderes enge Beziehung zu diesem Recht hat er nicht, abgesehen davon, dass er sich freiwillig zum österreichischen Urlaubs- und Unfallort begeben hat.

18 **2. Analoge Anwendung des Art. 16 S. 2 Rom I-VO.** Gebannt wäre die Gefahr eines **Wettlaufs der Schuldner,** wenn im Rahmen des Art. 20 die Vorschrift des Art. 16 S. 2 Rom I-VO entsprechend angewendet würde. Dann könnte sich in dem Beispiel (→ Rn. 17) die von dem Finnen rückgriffsweise in Anspruch genommene Ehefrau auf ein nach deutschem (aber nicht nach österreichischem) Recht bestehendes **Haftungsprivileg** berufen.

19 Eine **Heranziehung des Art. 16 S. 2 Rom I-VO** entspricht zwar der hM zum früheren deutschen Recht (Art. 33 Abs. 3 S. 2 EGBGB aF). Die hM billigte dem rückgriffsweise in Anspruch Genommenen den Einwand zu, dass er nach dem für seine Verpflichtung maßgebenden Recht überhaupt nicht oder jedenfalls nicht in dieser Höhe hafte.[23]

20 Im Rahmen des Art. 20 fehlt es jedoch bereits an einer Regelungslücke, da der Verordnungsgeber in Kenntnis der Problematik und des zu erwartenden Art. 16 S. 2 Rom I-VO für die Rom II-VO bewusst anders entschieden hat.[24] Anders ist es im Fall einer vertraglich/außervertraglich **gemischten Gesamtschuld.**[25] Hier scheidet eine „hinkende Anwendung" des Art. 16 S. 2 Rom I-VO in der Tat aus; der Schuldnerschutz nach dieser Vorschrift kann nur einheitlich angewendet werden.[26]

Art. 21 Rom II-VO Form

Eine einseitige Rechtshandlung, die ein außervertragliches Schuldverhältnis betrifft, ist formgültig, wenn sie die Formerfordernisse des für das betreffende außervertragliche Schuldverhältnis maßgebenden Rechts oder des Rechts des Staates, in dem sie vorgenommen wurde, erfüllt.

Schrifttum: s. Vor Art. 1, Art. 1.

---

[20] Erman/*Stürner* Rn. 3; s. zur Rom I-VO *Magnus* in Ferrari/Leible, Ein neues internationales Vertragsrecht für Europa, 2007, 202 (219 f.); *Mankowski* IPRax 2006, 101 (111); zu Art. 33 Abs. 3 S. 2 EGBGB aF BGH NJW 2007, 3564 Rn. 10 = FamRZ 2007, 1975 – Unterhaltsrecht: Gesamtschuldnerausgleich zwischen ausländischen Ehegatten.

[21] Erman/*Stürner* Rn. 5; Huber/*Bach* Rn. 10; *Leible/Lehmann* RIW 2007, 721 (734); *Leible/Lehmann* RIW 2008, 528 (541); *G. Wagner* IPRax 2008, 1 (16).

[22] NK-BGB/*Limbach* Rn. 7; *Staudinger/Scharnetzki* IPRax 2022, 558; *Thorn/Cremer* IPRax 2020, 177; s. auch *Behrens,* Gesamtschuldnerausgleich und sonstige Regressansprüche im Europäischen Kollisionsrecht der Rom I-, Rom II- und EG-Unterhaltsverordnung, 2013, 177.

[23] *Stoll* FS Müller-Freienfels, 1986, 631 (659 f.) mwN.

[24] NK-BGB/*Limbach* Rn. 4; HK-BGB/*Dörner* Rn. 1; *Heiss/Loacker* JBl. 2007, 613 (640); *Leible/Lehmann* RIW 2007, 731 (734); *Mankowski* IPRax 2006, 101 (111); aA BeckOGK/*Huber* Rn. 41 ff.; BeckOK BGB/*Spickhoff* Rn. 4; Erman/*Stürner* Rn. 4; PWW/*Müller* Rn. 3; Rauscher/*Picht* Rn. 14; *Garcimartín Alférez* ELF 2008, I-77 (I-79); *Magnus* IPRax 2010, 27 (43).

[25] Ausf. *Behrens,* Gesamtschuldnerausgleich und sonstige Regressansprüche im Europäischen Kollisionsrecht der Rom I-, Rom II- und EG-Unterhaltsverordnung, 2013, 180–197.

[26] BeckOK BGB/*Spickhoff* Rn. 5; s. auch *Martiny* IPRax 2017, 360 (364); *Kühn,* die gestörte Gesamtschuld im IPR, 2014, 180 f., 209.

I. Normzweck

Art. 21 unterwirft die Formwirksamkeit (Formgültigkeit) einer einseitigen Rechtshandlung, die ein außervertragliches Schuldverhältnis betrifft, alternativ dem Schuldstatut **(lex causae)** oder dem Recht des Vornahmeorts **(lex loci actus).** Die alternative Anknüpfung der Formwirksamkeit einer solchen Rechtshandlung soll – wie stets bei solchen Anknüpfungen – die Gefahr der Formungültigkeit verringern und die Chance der Formgültigkeit vergrößern *(favor validitatis negotii)*. Entsprechend dem Gedanken der **Alternativanknüpfung** setzt sich das der Formwirksamkeit „günstigste" der beiden Rechte durch.[1] **Vorbild des Art. 21** ist Art. 9 Abs. 4 EVÜ,[2] der ein einseitiges Rechtsgeschäft zum Gegenstand hat, das auf einen geschlossenen oder zu schließenden Vertrag bezieht. Komplementärvorschrift zu Art. 21 ist **Art. 11 Abs. 3 Rom I-VO,** der ebenso wie Art. 9 Abs. 4 EVÜ ein einseitiges Rechtsgeschäft zum Gegenstand hat, das auf einen geschlossenen oder zu schließenden Vertrag Bezug nimmt. Gegenüber dem **deutschen IPR** bringt Art. 21 keine Neuerung, da Art. 11 Abs. 1 EGBGB – anders als Art. 9 Abs. 4 EVÜ – alle Rechtsgeschäfte erfasst, also auch solche, die sich nicht auf einen geschlossenen oder zu schließenden Vertrag beziehen. Einige Autoren halten Art. 16 für überflüssig, weil sie bezweifeln, dass die Vorschrift einen **praktischen Anwendungsbereich** hat[3] (→ Rn. 4 ff.). 1

II. Voraussetzungen

1. Einseitige Rechtshandlung. Während Art. 11 Abs. 3 Rom I-VO in der deutschen Version von einem einseitigen **Rechtsgeschäft** spricht, ist in Art. 21 von einer einseitigen **Rechtshandlung** die Rede. Einen sachlichen Unterschied begründet die Variation des Wortlauts nicht, denn in den englischen Ursprungsfassungen, die auch Gegenstand der Verhandlungen im Rat bzw. Vermittlungsausschuss waren,[4] wird in beiden Verordnungen der Begriff **unilateral act** verwendet. Dieser Begriff ist autonom europäisch auszulegen und wohl – entsprechend dem schillernden englischen Begriff „act" – in einem weiten Sinne zu verstehen.[5] 2

2. Außervertragliches Schuldverhältnis. Während Art. 11 Abs. 3 Rom I-VO einen „unilateral act" zum Gegenstand hat, der sich auf einen geschlossenen oder zu schließenden Vertrag bezieht („intended to have legal effect relating to an existing or contemplated contract"), geht es in Art. 21 um einen „unilateral act", der ein außervertragliches Schuldverhältnis betrifft („intended to have legal effect and relating to a non-contractual obligation"). Das zusätzliche Wort „and", das die Version des Art. 21 im Vergleich zu derjenigen des Art. 11 Abs. 3 Rom I-VO aufweist, hat keine rechtliche Bedeutung. Ein „unilateral act" iSd Art. 21 muss sich auf ein außervertragliches Schuldverhältnis iSd Art. 1 Abs. 1, 2 beziehen; er darf nicht einen geschlossenen oder zu schließenden Vertrag betreffen.[6] 3

3. Anwendungsfälle. Die Materialien zu Art. 21 stellen fest, dass Formerfordernisse bei der Entstehung außervertraglicher Schuldverhältnisse eine **untergeordnete Rolle** spielen; jedoch sei nicht auszuschließen, dass ein solches Schuldverhältnis durch eine einseitige Handlung der einen oder der anderen Partei begründet oder beendet werde.[7] Diese Erwägungen sind wenig durchdacht: Das außervertragliche Schuldverhältnis der unerlaubten Handlung (der Hauptanwendungsfall der Rom II-VO) wird in der Praxis so gut wie immer „durch eine einseitige Handlung der einen Partei"[8] begründet. Nur hat sich – soweit aus den Kommentaren zu § 823 BGB ersichtlich – jedenfalls im materiellen deutschen Recht noch niemals die Frage nach der Formwirksamkeit dieser Handlung gestellt; ein deliktisches Schuldverhältnis kann vielmehr durch ganz formlose Handlungen 4

---

[1] BeckOK BGB/*Spickhoff* Rn. 1; NK-BGB/*Limbach* Rn. 1; Erman/*Stürner* Rn. 2; jurisPK-BGB/*Engel* Rn. 2; Soergel/*Schacherreiter/Klumpe* Rn. 3; *Dickinson* The Rome II Regulation Rn. 14.77 ff.; *Junker* IPR § 14 Rn. 14; *Bogdan* in Malatesta, The Unification of Choice-of-Law Rules on Torts and Other Non-Contractual Obligations in Europe, 2006, 33 (41); *Garcimartín Alférez* ELF 2007, I-77 (99); *Heiss/Loacker* JBl. 2007, 613 (646); *Leible/Lehmann* RIW 2007, 721 (734).

[2] KOM(2003) 427 endg., 29; *Ancel* Anuario Español de Derecho Internacional Privado 2007, 607 (612).

[3] *Kreuzer* in Reichelt/Rechberger EuropKollisionsR 13 (50); *Dickinson* The Rome II Regulation Rn. 14.80: „from an English law viewpoint, at least, the provision appears of minuscule importance"; zust. PWW/*Schaub* Rn. 1; Soergel/*Schacherreiter/Klumpe* Rn. 6 f.; aA BeckOGK/*Gebauer* Rn. 2.

[4] *R. Wagner* FS Kropholler, 2008, 715 (718).

[5] *Dickinson* The Rome II Regulation Rn. 14.80; jurisPK-BGB/*Engel* Rn. 4; NK-BGB/*Limbach* Rn. 2; Soergel/*Schacherreiter/Klumpe* Rn. 8; *Heiss/Loacker* JBl. 2007, 613 (646); aA BeckOGK/*Gebauer* Rn. 6, 7.

[6] BeckOK BGB/*Spickhoff* Rn. 2; PWW/*Schaub* Rn. 1; Erman/*Stürner* Rn. 1; Rauscher/*Picht* Rn. 5; Soergel/*Schacherreiter/Klumpe* Rn. 9; zust. BeckOGK/*Gebauer* Rn. 2.

[7] KOM(2003) 427 endg., 29.

[8] KOM(2003) 427 endg., 29.

wie zB eine Ohrfeige (öst. Watsche) zustande kommen. Literaturstimmen, die eine **Auslobung iSd §§ 657 ff. BGB** als Anwendungsfall des Art. 21 ansehen,[9] werden dem Begriff des vertraglichen Schuldverhältnisses, der nach der Rspr. des EuGH („freiwillig eingegangene Verpflichtung") auch einseitige Rechtsgeschäfte umfasst, nicht gerecht (→ Art. 1 Rn. 23; unentschieden → Rom I-VO Art. 1 Rn. 27).

5 Auch sonst ist nicht ersichtlich, welches außervertragliche Schuldverhältnis zu seiner **Begründung** einer formgebundenen einseitigen Rechtshandlung bedürftig sein könnte. Die **Beendigung** des außervertraglichen Schuldverhältnisses dürfte in der Regel einen Vertrag voraussetzen, so dass die Formwirksamkeit nach Art. 11 Rom I-VO zu beurteilen ist.[10] Das gilt nicht nur für den Beendigungstatbestand des **Vergleichs,** sondern zB auch für den **Erlass,** der nicht nur im deutschen Recht als ein Vertrag angesehen wird, der die Forderung des Gläubigers gegen den Schuldner aufhebt (§ 397 Abs. 1 BGB). Dass ein **Verzicht,** der einer vertraglichen Einigung bedarf, bei autonomer europäischer Auslegung als einseitiges Rechtsgeschäft iSd Art. 21 anzusehen sein soll,[11] bedürfte näherer Begründung. Nach der Rspr. des EuGH („freiwillig eingegangene Verpflichtung") ist für den Verzicht der Anwendungsbereich der Rom I-VO eröffnet (→ Art. 1 Rn. 23).

6 Übrig bleiben damit nur Rechtsgeschäfte (Rechtshandlungen), die ein außervertragliches Schuldverhältnis feststellen, seinen Inhalt ändern oder sich auf Ansprüche aus einem solchen Schuldverhältnis beziehen. Solche Rechtsgeschäfte sind jedoch, wie zB im deutschen Recht das formbedürftige **Schuldanerkenntnis** (§§ 780, 781 BGB) oder die nicht formbedürftige **Abtretung** (§ 398 BGB), in der Regel als Verträge anzusehen und fallen somit nicht unter Art. 21.[12] Einseitig ist lediglich ein kausales (bestätigendes, deklaratorisches) Schuldanerkenntnis, das freilich nach den bekannten Rechtsordnungen ebenso wenig wie die ebenfalls einseitige (Tatsachen-) Erklärung am Unfallort einer Form bedarf. Die **Aufrechnung** ist ebenfalls kein gutes Beispiel, da der Anwendungsbereich des Art. 17 Rom I-VO nach dem Prinzip der Regelungseinheit der beiden „Rom"-Verordnungen (jeweils **Erwägungsgrund 7**) Forderungen aller Art umfasst, also auch solche aus unerlaubter Handlung: Fernliegend ist die Annahme, dass der Verordnungsgeber für die Aufrechnung mit oder gegen Forderungen aus außervertraglichen Schuldverhältnissen eine Regelungslücke lassen wollte, die durch analoge Anwendung des Art. 17 Rom I-VO geschlossen werden muss,[13] damit nicht das autonome Kollisionsrecht der Mitgliedstaaten beim IPR der Aufrechnung fröhliche Urstände feiert, was dann – mangels Regelungslücke – Raum ließe für die Anwendung des Art. 21 auf die Formbedürftigkeit einer Aufrechnung mit oder gegen eine zB deliktische Forderung.[14] Übrig bleibt allenfalls die nach manchen Rechtsordnungen formbedürftige **Mahnung,** einen Anspruch aus einem außervertraglichen Schuldverhältnis zu erfüllen.[15]

III. Rechtsfolge

7 Art. 21 beruft zur Beurteilung der Formgültigkeit alternativ das Statut des außervertraglichen Schuldverhältnisses (Art. 4–12, 14) oder das Recht des Vornahmestaats **(Günstigkeitsprinzip).** Die in Art. 11 Abs. 3 Rom I-VO genannte dritte Variante (das Recht des Staates, in dem die Person, die das Rechtsgeschäft vorgenommen hat, zu diesem Zeitpunkt ihren gewöhnlichen Aufenthalt hatte) ist in Art. 21 nicht enthalten, weil sie ihren Ursprung im vertraglichen Verbraucherschutz hat.

Art. 22 Rom II-VO Beweis

(1) Das nach dieser Verordnung für das außervertragliche Schuldverhältnis maßgebende Recht ist insoweit anzuwenden, als es für außervertragliche Schuldverhältnisse gesetzliche Vermutungen aufstellt oder die Beweislast verteilt.

---

[9] BeckOGK/*Gebauer* Rn. 10; NK-BGB/*Limbach* Rn. 2; zutr. *Bücken,* Int. Beweisrecht im Europäischen internationalen Schuldrecht, 2016, 314.

[10] PWW/*Schaub* Rn. 1; *Kreuzer* in Reichelt/Rechberger EuropKollisionsR 13 (50).

[11] Rauscher/*Picht* Rn. 5.

[12] HK-BGB/*Dörner* Rn. 1; aA BeckOGK/*Gebauer* Rn. 10; BeckOK BGB/*Spickhoff* Rn. 2; Soergel/*Schacherreiter/Klumpe* Rn. 12.

[13] Rauscher/*v. Hein* Rom I-VO Art. 17 Rn. 7; jurisPK-BGB/*Rosch* Rom I-VO Art. 17 Rn. 4; *Junker* IPR § 15 Rn. 78; *Leible/Lehmann* RIW 2008, 528 (542); aA Staudinger/*Magnus,* 2016, Rom I-VO Art. 17 Rn. 15; *Lieder* RabelsZ 78 (2014), 809 (824).

[14] Zutr. *Bücken,* Int. Beweisrecht im Europäischen internationalen Schuldrecht, 2016, 319 f.; aA Erman/*Stürner* Rn. 2; NK-BGB/*Limbach* Rn. 2.

[15] BeckOGK/*Gebauer* Rn. 10; NK-BGB/*Limbach* Rn. 2; Erman/*Stürner* Rn. 2; Soergel/*Schacherreiter/Klumpe* Rn. 15.

(2) Zum Beweis einer Rechtshandlung sind alle Beweisarten des Rechts des angerufenen Gerichts oder eines der in Artikel 21 bezeichneten Rechte, nach denen die Rechtshandlung formgültig ist, zulässig, sofern der Beweis in dieser Art vor dem angerufenen Gericht erbracht werden kann.

Schrifttum: s. auch Vor Art. 1, Art. 1; älteres Schrifttum s. 6. Aufl. 2015, Art. 22; *Brinkmann,* Das lex fori-Prinzip und Alternativen, ZZP 129 (2016), 461; *Bücken,* Internationales Beweisrecht im Europäischen internationalen Schuldrecht, 2016; *Eichel,* Die Anwendbarkeit von § 287 ZPO im Geltungsbereich der Rom I- und Rom II-Verordnung, IPRax 2014, 156; *Morse,* Substance and Procedure – Aspects of Damages in Tort in the Conflict of Laws, FS van Loon, 2013, 389; *Staudinger,* Straßenverkehrsunfall, Rom II-Verordnung und Anscheinsbeweis, NJW 2011, 650; *Thole,* Anscheinsbeweis und Beweisverteilung im harmonisierten europäischen Kollisionsrecht – Ein Prüfstein für die Abgrenzung von lex causae und lex fori, IPRax 2010, 285; *Zwickel,* Der Anscheinsbeweis zwischen lex causae und lex fori im Bereich des französischen Straßenverkehrshaftungsrechts (Loi Badinter), IPRax 2015, 531.

Übersicht

I. Normzweck

1 Art. 22 dient der Abgrenzung des Statuts des außervertraglichen Schuldverhältnisses **(lex causae)** von dem das IZPR beherrschenden Prinzip der Anwendung der **lex fori.**[1] Die Vorschrift steht im **Zusammenhang mit Art. 1 Abs. 3,** wonach die Rom II-VO „unbeschadet der Art. 21 und 22" nicht für den Beweis und das Verfahren gilt,[2] **und mit Art. 15,** dessen Regelungen über den Geltungsbereich des anzuwendenden Rechts Art. 22 ergänzt. Vorbild des Art. 22 ist Art. 14 EVÜ,[3] dessen Regelungsgehalt Art. 22 wortgetreu in das IPR der außervertraglichen Schuldverhältnisse überträgt. In das deutsche Recht wurde Art. 14 EVÜ durch Art. 32 Abs. 3 EGBGB aF inkorporiert, der sich – wie Art. 14 EVÜ – nur auf vertragliche Schuldverhältnisse bezieht.

2 Art. 22 hat daher im autonomen deutschen IPR der außervertraglichen Schuldverhältnisse keinen Vorläufer. Parallelvorschrift zu Art. 22 ist **Art. 18 Rom I-VO,** der sich von Art. 22 nur dadurch unterscheidet, dass in Abs. 1 „vertraglich" statt „außervertraglich" und in Abs. 2 „Rechtsgeschäft" statt „Rechtshandlung" steht (zu dem letztgenannten Unterschied → Art. 21 Rn. 3). Bei der Auslegung und Anwendung des Art. 22 Rom II-VO kann daher auch auf die Kommentierung des Art. 18 Rom I-VO zurückgegriffen werden (→ Rom I-VO Art. 18 Rn. 14).

II. Anwendungsbereich

3 Während **Abs. 1** explizit auf **außervertragliche Schuldverhältnisse** iSd Art. 1 Abs. 1, 2 Bezug nimmt, spricht **Abs. 2** unspezifiziert vom Beweis einer Rechtshandlung. Jedoch ergibt sich aus dem Zusammenhang der Regelung (Bezugnahme auf Art. 21), dass sich auch Abs. 2 nur auf Rechtshandlungen bezieht, die außervertragliche Schuldverhältnisse betreffen.

III. Vermutungen und Beweislast (Abs. 1)

4 **1. Anwendung des Schuldstatuts.** Nach Abs. 1 ist das nach Art. 4–12, 14 ermittelte Statut des außervertraglichen Schuldverhältnisses (Schuldstatut, *lex causae*) insoweit anzuwenden, als es gesetzliche **Vermutungen** aufstellt oder die **Beweislast** verteilt. Abs. 1 eröffnet insoweit den

---

[1] BeckOK BGB/*Spickhoff* Rn. 1; Rauscher/*Picht* Rn. 1; PWW/*Schaub* Rn. 1; Erman/*Stürner* Rn. 3; *Bücken,* Internationales Beweisrecht im Europäischen int. Schuldrecht, 2016, 72 ff.; *Junker* IZPR § 24 Rn. 7; *Brinkmann* ZZP 129 (2016), 461 (463); *Eichel* IPRax 2014, 156; *Heiss/Loacker* JBl. 2007, 613 (646); *Staudinger* NJW 2011, 650 (651); *Zwickel* IPRax 2015, 531 (534).

[2] NK-BGB/*Knöfel* Art. 1 Rn. 57; NK-BGB/*Limbach* Rn. 1; *Bücken* Internationales Beweisrecht im Europäischen int. Schuldrecht, 2016, 507 ff.; *Rapp* ZEuP 2019, 643 (645).

[3] KOM(2003) 427 endg., 29.

Anwendungsbereich des Schuldstatuts und verdrängt das Recht des Gerichtsorts *(lex fori),* dem nach den Grundsätzen des IZPR ansonsten die Beweisfragen unterliegen.[4] Dass gesetzliche Vermutungen und Regeln der Beweislast dem Schuldstatut unterliegen, wird damit begründet, dass solche Vorschriften maßgeblich die Verteilung des **materiellen Haftungsrisikos** bestimmen.[5]

5 Wie Art. 1 Abs. 3 klarstellt, gilt für den Beweis außerhalb der von Abs. 1 aufgegriffenen Materien die *lex fori. De lege ferenda* wird vorgeschlagen, die Klarstellung in Art. 1 Abs. 3 zu streichen und die Regelung des Art. 22 Abs. 1 stattdessen zwecks besserer Sichtbarkeit in Art. 15, die Vorschrift über den Umfang des Statuts der außervertraglichen Schuldverhältnisse zu integrieren.[6] Dem **Recht des Gerichtsorts** unterliegen zB die **Beweisbedürftigkeit** einer Tatsache (dh die prozessualen Anforderungen an das Nichtbestreiten), die **Beweiswürdigung**[7] und das **Beweismaß,** dh der erforderliche Grad der richterlichen Erkenntnis von der Wahrheit einer zu beweisenden Tatsache[8] (allg. zur materiell- und verfahrensrechtlichen Qualifikation → Einl. IPR Rn. 130).

6 **2. Vermutungen (Abs. 1 Alt. 1). a) Gesetzliche Vermutungen.** Wie schon unter der Geltung des Art. 14 Abs. 1 EVÜ sind in autonom-europäischer Auslegung des Abs. 1 Alt. 1 unter dem Begriff der **gesetzlichen Vermutungen** (englisch: *presumptions of law*) solche Regeln zu verstehen, die aus bestimmten Tatsachen unmittelbare rechtliche Folgerungen ziehen, ohne dass es eines weiteren Beweises bedarf.[9] Abs. 1 erfasst folglich nach seinem Wortlaut und den Materialien insbesondere die – im Recht der außervertraglichen Schuldverhältnisse nicht eben häufigen – **Vermutungen des materiellen Rechts,** die vom Vorliegen einer Tatsache (zB einer Registereintragung) widerleglich oder unwiderleglich auf eine bestimmte Rechtsfolge schließen lassen (zB auf das Eigentum).

7 Nicht von Abs. 1 erfasst sind **rein prozessuale Vermutungen,** zB die Vermutung der Einwilligung in eine Klageänderung (vgl. § 267 ZPO), die an ein bestimmtes Prozessverhalten geknüpft ist. Solche Vermutungen des Prozessrechts unterliegen der *lex fori.*[10] Gesetzliche Vermutungen iSd Abs. 1 umfassen nicht nur solche, die in einem Gesetz im formellen Sinne niedergelegt sind, sondern auch **richterrechtlich fixierte Vermutungen,** was sich im System des Common Law rechtsquellentheoretisch von selbst versteht, in der deutschen Version des Abs. 1 aber nicht hinreichend zum Ausdruck kommt.[11]

8 **b) Tatsächliche Vermutungen.** Erhebliche Bedeutung im Recht der außervertraglichen Schuldverhältnisse haben tatsächliche Vermutungen, die – im **Unterschied zu gesetzlichen Tatsachenvermutungen** – nicht auf Gesetzen im materiellen Sinne beruhen, sondern auf der Lebenserfahrung.

Beispiel:
Die deutsche Rspr. schließt aus der Tatsache „Auffahrunfall" auf einen ungenügenden Sicherheitsabstand iSd § 4 StVO.[12] Gegen den Auffahrenden spricht insoweit der Beweis des ersten Anscheins, der nur dadurch erschüttert werden kann, dass ein atypischer Geschehensverlauf dargelegt und bewiesen wird.[13]

9 Wenn nicht das Gesetz, sondern die **Lebenserfahrung** die Grundlage der Vermutung ist, handelt es sich nicht um eine „gesetzliche Vermutung" iSd **Abs. 1 Alt. 1.** Jedoch ist ein **Anscheinsbeweis** in der Regel eine Beweislastregelung iSd **Abs. 1 Alt. 2** (→ Rn. 11 f.): Ein Anscheinsbeweis,

---

[4] BGHZ 78, 108 = NJW 1981, 126; BGH NJW 1985, 552; 1992, 438; einschr. *Coester-Waltjen,* Int. Beweisrecht, 1983, Rn. 102 ff.; *v. Bar/Mankowski* IPR I § 5 Rn. 84.

[5] *Bücken,* Internationales Beweisrecht im Europäischen int. Schuldrecht, 2016, 286; *Brinkmann* ZZP 129 (2016), 461 (481 ff.); *Thole* IPRax 2010, 285 (287); *Eichel* IPRax 2014, 156; *Morse* FS van Loon, 2013, 389 (392); *Zwickel* IPRax 2015, 531 (534).

[6] *Bücken,* Internationales Beweisrecht im Europäischen int. Schuldrecht, 2016, 507 ff.; abl. *Rapp* ZEuP 2019, 643 (645).

[7] NK-BGB/*Limbach* Rn. 2; Rauscher/*Picht* Rn. 12; *Schack* IZVR Rn. 772; MüKoZPO/*Prütting* ZPO § 286 Rn. 20; zum dt. IPR BGHZ 168, 79 Rn. 12 = NJW 2006, 3416; BGH JZ 1955, 702 (703); WM 1977, 793 (794).

[8] LG Saarbrücken NJW-RR 2012, 885; BeckOGK/*Varga* Rn. 5; *v. Bar/Mankowski* IPR II § 2 Rn. 417; *Bücken,* Internationales Beweisrecht im Europäischen int. Schuldrecht, 2016, 185 ff.; aA LG Hanau BeckRS 2012, 09924 Rn. 12; *Rapp* ZEuP 2019, 643 (644).

[9] Bericht *Giuliano/Lagarde,* BT-Drs. 10/503, 33, 68; Soergel/*Schacherreiter/Klumpe* Rn. 6; *v. Bar/Mankowski* IPR II § 2 Rn. 415.

[10] BeckOGK/*Varga* Rn. 34; Erman/*Stürner* Rn. 4; Rauscher/*Picht* Rn. 7; Soergel/*Schacherreiter/Klumpe* Rn. 7; diff. *Coester-Waltjen,* Int. Beweisrecht, 1983, Rn. 386.

[11] BeckOK BGB/*Spickhoff* Rn. 2; PWW/*Schaub* Rn. 2; Soergel/*Schacherreiter/Klumpe* Rn. 14; *Dickinson* The Rome II Regulation Rn. 14.83.

[12] BGH NJW 2012, 608 Rn. 7; 2011, 685 Rn. 7; KG NJW-RR 2014, 809 (810).

[13] OLG Hamm NZV 1993, 68; OLG Köln DAR 1995, 485; KG NJW-RR 2014, 809; *Heß/Burmann* NJW 2008, 808 (809).

der auf Wahrscheinlichkeitsbetrachtungen beruht, verschiebt den Beweisgegenstand und erleichtert dadurch die Beweislast.[14] Er unterliegt damit nach Abs. 1 Alt. 2 (Beweislastverteilung) dem Statut des außervertraglichen Schuldverhältnisses, also der *lex causae:*[15] Zwar ist das Bestehen eines Erfahrungssatzes auch mit der freien richterlichen **Beweiswürdigung** verknüpft, die stets nach der *lex fori* erfolgt. Aber der Anscheinsbeweis erschöpft sich gerade nicht in der Beweiswürdigung im konkreten Fall, sondern zielt – wie gesetzliche Vermutungen – auf abstrakte **Regelbildung.** Anscheinsbeweis und Vermutung – aus der Sicht der Gegenpartei: Gegenbeweis und Beweis des Gegenteils – liegen, oft auf einer gleitenden Skala, dicht beieinander.[16]

Beispiel:
Auffahrunfall in den Niederlanden, Anwendung der Tatortregel (Art. 4 Abs. 1) und Klage gegen den Auffahrenden in Deutschland. Nach der niederländischen *lex causae* muss der Kläger, ohne dass ihm eine Beweiserleichterung hilft, das Verschulden des Auffahrenden beweisen (Art. 6:612 As. 3 BW iVm Art. 150 Wetboek van burgerlijke Rechtsvordering). Da nach Art. 22 Abs. 1 das niederländische Recht maßgebend ist, kommt dem Kläger der Anscheinsbeweis der *lex fori* nicht zugute.[17]

Die Anwendung der *lex causae* auf den Anscheinsbeweis, die auch im Schrifttum zum IZVR nicht unumstritten ist,[18] erfährt im Anwendungsbereich der Rom II-VO eine **Einschränkung durch Art. 17:** Werden bei ausländischem Deliktsstatut zB die besonderen Anforderungen an den Rückwärtsfahrenden (§ 9 Abs. 5 StVO) als örtliche Sicherheits- und Verhaltensregel gemäß Art. 17 dem deutschen Ortsrecht entnommen, so gilt auch für den auf § 9 Abs. 5 StVO gestützten Anscheinsbeweis (Sorgfaltsverstoß des Rückwärtsfahrenden) das deutsche Recht.[19] Keine gesetzliche Vermutung iSd **Abs. 1 Alt. 1** ist die **Schadensschätzung nach § 287 Abs. 1 S. 1 ZPO:** Die Möglichkeit, das Vorliegen eines Schadens und dessen Höhe „unter Würdigung aller Umstände nach freier Überzeugung" (§ 287 Abs. 1 S. 1 ZPO) zu bestimmen, begründet weder eine rechtliche Vermutung noch eine solche auf der Grundlage der Lebenserfahrung; sie berührt auch nicht die Beweislastverteilung iSd **Abs. 1 Alt. 2.**[20] 10

Beispiel:
Autounfall in Frankreich, Anwendung der Tatortregel (Art. 4 Abs. 1), Klage in Deutschland, die nur begründet ist, wenn das Gericht die Schadenshöhe schätzen darf. Nach der französischen *lex causae* muss der Kläger die Höhe des Schadens konkret darlegen, während die deutsche *lex fori* eine Schätzung nach § 287 Abs. 1 S. 1 ZPO gestattet.[21] Da Art. 22 Abs. 1 nicht einschlägig ist, kommt das deutsche Recht zum Zuge: § 287 Abs. 1 S. 1 ZPO ist in einem Prozess vor einem deutschen Gericht auch bei ausländischem Statut des außervertraglichen Schuldverhältnisses anzuwenden.[22]

3. Beweislastverteilung (Abs. 1 Alt. 2). Die Verteilung der Beweislast (englisch: *burden of proof*) iSd Abs. 1 Alt. 2 betrifft in autonom-europäischer Auslegung des Begriffs der **Beweislast** insbesondere die Frage, wen das **Risiko der Nichterweislichkeit** einer Tatsache trifft. Diese Frage spielt im Internationalen Deliktsrecht eine große Rolle: Es macht zB einen erheblichen Unterschied, 11

[14] BeckOGK/*Varga* Rn. 43; NK-BGB/*Limbach* Rn. 2a; MüKoZPO/*Prütting* ZPO § 286 Rn. 48; HK-ZPO/*Saenger* ZPO § 286 Rn. 39; Musielak/Voit/*Foerste* ZPO § 286 Rn. 24 f.; *Thole* IPRax 2010, 285 (286); *Zwickel* IPRax 2015, 531 (534).

[15] AG Geldern NJW 2011, 686 (687); HK-BGB/*Dörner* Rn. 1 aE; Rauscher/*Picht* Rn. 8; jurisPK-BGB/*Engel* Rn. 6; Soergel/*Schacherreiter/Klumpe* Rn. 15 ff.; *Staudinger* NJW 2011, 650 (651); aA LG Saarbrücken NJW 2015, 2823 (2824); BeckOK BGB/*Spickhoff* Rn. 3; PWW/*Schaub* Rn. 2; Erman/*Stürner* Rn. 4; *Bücken,* Internationales Beweisrecht im Europäischen, int. Schuldrecht, 2016, 286; *Eichel* IPRax 2014, 156; *Thole* IPRax 2010, 285 (286 f., 289); s. auch *Morse* FS van Loon, 2013, 389; *Rapp* ZEuP 2019, 643 (645).

[16] *v. Bar/Mankowski* IPR II § 2 Rn. 416; ebenso BeckOGK/*Varga* Rn. 41; *Bücken,* Internationales Beweisrecht im Europäischen int. Schuldrecht, 2016, 245 ff.; *Staudinger* NJW 2011, 650 (651); *Wurmnest* ZVglRWiss 115 (2016), 624 (640 f.); *Zwickel* IPRax 2015, 531 (534).

[17] AG Geldern NJW 2011, 686 (687); zust. NK-BGB/*Limbach* Rn. 2a; jurisPK-BGB/*Engel* Rn. 6; Rauscher/*Picht* Rn. 8; *Bücken,* Internationales Beweisrecht im Europäischen int. Schuldrecht, 2016, 244 f.; *Gebauer* JbItalR 27 (2014), 57 (69); *Staudinger* NJW 2011, 650 (651); abl. Erman/*Stürner* Rn. 4 mwN; allg. *Morse* FS van Loon, 2013, 389.

[18] *Coester-Waltjen,* Int. Beweisrecht, 1983, Rn. 342: lex causae; *Schack* IZVR Rn. 746: lex fori.

[19] OLG Stuttgart NJW 2004, 2255.

[20] LG Saarbrücken NJW-RR 2012, 885; AG Frankenthal NJW-RR 2015, 544 (546); NK-BGB/*Limbach* Rn. 2; Rauscher/*Picht* Rn. 12; *Schack* IZVR Rn. 776; *Bücken,* Internationales Beweisrecht im Europäischen int. Schuldrecht, 2016, 185 ff.; *Eichel* IPRax 2014, 156 (158); aA LG Hanau BeckRS 2012, 09924 unter II 2b; *Coester-Waltjen,* Int. Beweisrecht, 1983, Rn. 362 ff.; *Rapp* ZEuP 2019, 643 (644); s. auch *Gebauer* JbItalR 27 (2014), 57 (69).

[21] Ausf. HK-ZPO/*Saenger* ZPO § 287 Rn. 16 ff.

[22] LG Saarbrücken NJW-RR 2012, 885; zust. *v. Bar/Mankowski* IPR II § 2 Rn. 417; zum dt. IPR BGH VersR 1987, 818.

ob der Geschädigte das Verschulden des Schädigers beweisen oder ob der Geschädigte sich exkulpieren muss. Da die **Anforderungen an die Beweislast** unmittelbar die Anspruchsdurchsetzung erleichtern oder erschweren, sind die Beweislastregeln – als Teil des anwendbaren Rechts – Gegenstand der *lex causae*[23] (allgemein → Einl. IPR Rn. 130). **Abs. 1 Alt. 2** entspricht insoweit dem anerkannten Grundsatz, wonach Vorschriften über die Beweislast nicht verfahrensrechtlich, sondern materiellrechtlich zu qualifizieren sind.[24]

12 Abs. 1 Alt. 2 umfasst die Regeln über die Verteilung der Darlegungs-, Behauptungs- und Beweisführungslast. Das Schuldstatut gilt für die **objektive Beweislast** nicht nur, wenn sich bei der Beweiswürdigung ein non liquet ergibt, sondern auch für die – mit ihr deckungsgleiche – Darlegungslast, wonach eine Partei die für sie günstigen rechtsbegründenden Tatsachen vollständig behaupten muss.[25] Entsprechend unterliegt nach Abs. 1 auch die **subjektive Beweislast** (Beweisführungslast), die bestimmt, welche Partei für im Prozess aufgestellte Behauptungen den Beweis antreten muss, dem Statut des außervertraglichen Schuldverhältnisses.[26]

IV. Zulässigkeit von Beweismitteln (Abs. 2)

13 Die deutsche Fassung des Abs. 2 spricht – ebenso wie bereits Art. 14 Abs. 2 EVÜ in seiner deutschsprachigen Version – von **Beweisarten,** meint aber der Sache nach – wie auch der Wortlaut des Art. 32 Abs. 3 S. 2 EGBGB aF belegt – in korrekter deutscher Rechtsterminologie die **Beweismittel.**[27] Die Zulässigkeit von Beweismitteln richtet sich – wovon auch **Abs. 2 Alt. 1** ausgeht, gemäß anerkannten Regeln des IZVR nach dem Recht des Gerichtsorts *(lex fori).*[28] Danach können Beweismittel auch dann nicht in den Prozess eingeführt werden, wenn das Recht des Forums sie zwar grundsätzlich kennt, aber in der gewählten Verfahrensart (zB Urkundenprozess) nicht zulässt.[29] Grundsatz macht **Abs. 2 Alt. 2** eine Ausnahme für die Formfragen, die Gegenstand des Art. 21 sind.[30] Diese Ausnahme steht wiederum unter einem Vorbehalt der *lex fori* **(Abs. 2 aE).**[31] Da praktische Anwendungsfälle des Art. 21 kaum zu finden sind (→ Art. 21 Rn. 4 ff.), kann hinsichtlich der Auslegung des Abs. 2 auf die Kommentierung des Art. 18 Abs. 2 Rom I-VO verwiesen werden (→ Rom I-VO Art. 18 Rn. 27 ff.).

Kapitel VI. Sonstige Vorschriften

Art. 23 Rom II-VO Gewöhnlicher Aufenthalt

(1) ***[1]*** **Für die Zwecke dieser Verordnung ist der Ort des gewöhnlichen Aufenthalts von Gesellschaften, Vereinen und juristischen Personen der Ort ihrer Hauptverwaltung.**
[2] **Wenn jedoch das schadensbegründende Ereignis oder der Schaden aus dem Betrieb einer Zweigniederlassung, einer Agentur oder einer sonstigen Niederlassung herrührt, steht dem Ort des gewöhnlichen Aufenthalts der Ort gleich, an dem sich diese Zweigniederlassung, Agentur oder sonstige Niederlassung befindet.**

(2) Im Sinne dieser Verordnung ist der gewöhnliche Aufenthalt einer natürlichen Person, die im Rahmen der Ausübung ihrer beruflichen Tätigkeit handelt, der Ort ihrer Hauptniederlassung.

Schrifttum: s. auch Vor Art. 1; älteres Schrifttum s. 6. Aufl. 2015, Art. 23; *Baetge,* Auf dem Weg zu einem gemeinsamen europäischen Verständnis des gewöhnlichen Aufenthalts, FS Kropholler, 2008, 77; *Dutta,* Der gewöhnliche Aufenthalt – Bewährung und Perspektiven eines Anknüpfungsmoments im Lichte der Europäisierung des Kollisisonsrechts, IPRax 2017, 139; *Heiderhoff,* Das vertrackte subjektive Element des gewöhnlichen Aufenthalts, IPRax 2019, 506; *Hilbig-Lugani,* Divergenz und Transparenz: Der Begriff des gewöhnlichen Aufenthalts der

---

[23] *Schack* IZVR Rn. 752; *Coester-Waltjen,* Int. Beweisrecht, 1983, Rn. 371.

[24] NK-BGB/*Limbach* Rn. 1; Soergel/*Schacherreiter/Klumpe* Rn. 31; *v. Bar/Mankowski* IPR II § 2 Rn. 415; *Kegel/Schurig* IPR 1059; *Morse* FS van Loon, 2013, 389 (395); *Gebauer* JbItalR 27 (2014), 57 (69).

[25] BeckOK BGB/*Spickhoff* Rn. 2; *v. Bar/Mankowski* IPR II § 2 Rn. 415; s. auch BGH WM 1977, 793 (794).

[26] Rauscher/*Picht* Rn. 10; aus engl. Sicht *Dickinson* The Rome II Regulation Rn. 14.83; aus span. Sicht *Garcimartín Alférez* ELF 2007, I-77 (I-91).

[27] BeckOK BGB/*Spickhoff* Rn. 5; NK-BGB/*Limbach* Rn. 3; HK-BGB/*Dörner* Rn. 2; Erman/*Stürner* Rn. 5; Soergel/*Schacherreiter/Klumpe* Rn. 34; *Heiss/Loacker* JBl. 2007, 613 (646).

[28] BeckOGK/*Varga* Rn. 46; PWW/*Schaub* Rn. 3; Rauscher/*Picht* Rn. 18 f.

[29] Zutr. Rauscher/*Picht* Rn. 19; Erman/*Stürner* Rn. 5; Soergel/*Schachenreiter/Klumpe* Rn. 35.

[30] BeckOK BGB/*Spickhoff* Rn. 5; *Dickinson* The Rome II Regulation Rn. 14.85, 14.86.

[31] Ausf. BeckOGK/*Varga* Rn. 65–67.

privat handelnden natürlichen Person im jüngeren EuIPR und EuZVR, GPR 2014, 8; *Rentsch,* Der gewöhnliche Aufenthalt im System des Europäischen Kollisionsrechts, 2017; *Wedemann,* Die Verortung juristischer Personen im europäischen IPR und IZVR, in v. Hein/Rühl, Kohärenz im Internationalen Privat- und Verfahrensrecht der Europäischen Union, 2016, 182.

Übersicht

I. Allgemeines

1. Systematik des Kapitels VI. Kapitel VI der Rom II-Verordnung regelt **Fragen der Verweisung,** die im autonomen deutschen Recht zum Teil der im EGBGB normierte Allgemeine Teil des IPR beantwortet (Fragen des gewöhnlichen Aufenthalts, Art. 5 Abs. 3 EGBGB; Rück- und Weiterverweisung, Art. 4 Abs. 1, 2 EGBGB; Staaten ohne einheitliche Rechtsordnung, Art. 4 Abs. 3 EGBGB; ordre public, Art. 6 EGBGB; Verhältnis zu anderen Rechtsquellen, Art. 3 EGBGB). **Vier Kategorien** von Vorschriften lassen sich unterscheiden: **Art. 23** enthält Hilfsnormen zur Konkretisierung des Anknüpfungsmerkmals „gewöhnlicher Aufenthalt". Es wird verwendet in Art. 4 Abs. 2 (auf den Art. 5 Abs. 1 S. 1, Art. 6 Abs. 2 und Art. 9 verweisen), in Art. 5 Abs. 1 S. 1 lit. a, in Art. 5 Abs. 1 S. 2, in Art. 10 Abs. 2, in Art. 11 Abs. 2 und in Art. 12 Abs. 2 lit. b der Verordnung. **Art. 24, 25** betreffen den Ausschluss der Rück- oder Weiterverweisung sowie die interlokale Rechtsspaltung. **Art. 26** normiert die ordre public-Klausel. **Art. 27, 28** behandeln das Verhältnis der Rom II-VO zu anderen Rechtsakten der Union und zu bestehenden internationalen Übereinkommen der Mitgliedstaaten (→ Vor Art. 1 Rn. 52 f.). 1

2. Normzweck des Art. 23. Der gewöhnliche Aufenthalt, meist in Gestalt des gemeinsamen („übereinstimmenden")[1] gewöhnlichen Aufenthalts der Beteiligten des außervertraglichen Schuldverhältnisses, ist **eines der wichtigsten Anknüpfungsmerkmale** der Rom II-VO.[2] Bis auf Art. 7 (Umweltschädigung), Art. 8 (Verletzung von Rechten des geistigen Eigentums) und Art. 14 (Freie Rechtswahl) verwenden alle Kollisionsnormen der Verordnung dieses Merkmal. Art. 23 enthält, anders als die Überschrift suggeriert, **keine Definition** des gewöhnlichen Aufenthalts. 2

Art. 23 regelt vielmehr, welcher Ort bei Gesellschaften, Vereinen oder juristischen Personen **(Abs. 1)** sowie bei natürlichen Personen, die eine berufliche Tätigkeit ausüben **(Abs. 2),** „als gewöhnlicher Aufenthalt gilt"[3] bzw. – genauer formuliert – an die Stelle des gewöhnlichen Aufenthalts tritt[4] (→ EGBGB Art. 5 Rn. 135). 3

Dieser Ort ist bei Gesellschaften, Vereinen und juristischen Personen grundsätzlich der **Ort der Hauptverwaltung** (Abs. 1 UAbs. 1), der in bestimmten Fällen durch den **Ort einer sonstigen Niederlassung** ersetzt wird (Abs. 1 UAbs. 2). Bei natürlichen Personen, die in Ausübung einer 4

[1] *Kadner Graziano* RabelsZ 73 (2009), 1 (18).

[2] BeckOGK/*Rass-Masson* Rn. 8; NK-BGB/*Schulze* Rn. 2; *Baetge* RabelsZ 83 (2019), 880; *Dutta* IPRax 2017, 139 (141); *v. Hein* VersR 2007, 440 (443); *Junker* NJW 2007, 3675 (3681); *Leible/Lehmann* RIW 2007, 721 (725); *Wedemann* in v. Hein/Rühl, Kohärenz im Internationalen Privat- und Verfahrensrecht der Europäischen Union, 2016, 182 (185).

[3] KOM(2003) 427 endg., 30.

[4] *Kreuzer* in Reichelt/Rechberger EuropKollisionsR 13 (51).

beruflichen Tätigkeit handeln, wird – darin liegt eine gewisse Inkonsequenz (→ Rn. 5, → Rn. 25) – stets und ausnahmslos auf den **Ort der Hauptniederlassung** verwiesen (Abs. 2).

5 **3. Entstehungsgeschichte.** Art. 23 ist eine Adaptation des Art. 4 Abs. 2 EVÜ, der durch Art. 28 Abs. 2 S. 1, 2 EGBGB aF in das deutsche Recht inkorporiert wurde. **Art. 4 Abs. 2 EVÜ** zeichnete sich dadurch aus, dass zuerst die **nicht berufliche oder gewerbliche Tätigkeit** erfasst und für diese Variante der nicht vorhandene gewöhnliche Aufenthalt einer juristischen Person durch die Hauptverwaltung ersetzt wurde (S. 1). Sodann wurde für die Variante **berufliche oder gewerbliche Tätigkeit** sowohl für natürliche als auch für juristische Personen auf die Hauptniederlassung, hilfsweise auf eine andere Niederlassung verwiesen (S. 2). **Art. 23** hat dieses in sich geschlossene und einleuchtende System in der Weise „fortentwickelt", dass die (sinnvolle) Differenzierungsmöglichkeit zwischen der Hauptniederlassung und einer anderen (sonstigen) Niederlassung bei natürlichen Personen unter den Tisch gefallen ist.

6 **4. Verhältnis zum deutschen Recht. Abs. 1** entspricht für außervertragliche Schuldverhältnisse aus unerlaubter Handlung dem deutschen IPR, das nach Art. 40 Abs. 2 S. 2 EGBGB bei Gesellschaften, Vereinen oder juristischen Personen den nicht vorhandenen gewöhnlichen Aufenthalt durch den Ort der Hauptverwaltung oder, wenn eine Niederlassung beteiligt ist, durch den Ort der Niederlassung ersetzt (→ EGBGB Art. 40 Rn. 59). **Abs. 2** hat im deutschen IPR der außervertraglichen Schuldverhältnisse keine normative Entsprechung. Auch Richterrecht gibt es insoweit nicht, da die Anknüpfung nach Art. 40 Abs. 2 S. 1 EGBGB (und entsprechenden ungeschriebenen Grundsätzen vor dem 1.6.1999) ganz überwiegend natürliche Personen betraf, die nicht in Ausübung einer beruflichen oder gewerblichen Tätigkeit handelten.[5] Selbst wenn ein Deliktsbeteiligter in Ausübung einer beruflichen oder gewerblichen Tätigkeit handelte, hätte ein deutsches Gericht die in Abs. 2 beantwortete Frage nur aufwerfen müssen, wenn der Schwerpunkt der Lebensverhältnisse (Daseinsmittelpunkt) dieser Person in einem anderen Staat lag als ihre geschäftliche Hauptniederlassung. Das war in der bisherigen Gerichtspraxis offenbar nicht der Fall (→ EGBGB Art. 5 Rn. 135).

7 **5. Verhältnis zur Brüssel Ia-VO.** Zwar unterscheidet sich die Rom II-VO insofern von der Brüssel Ia-VO, als der Anknüpfungspunkt nicht der Wohnsitz ist (vgl. Art. 4 Abs. 1 Brüssel Ia-VO), sondern der Ort des gewöhnlichen Aufenthalts.[6] Aber das Regelungsproblem, das **Art. 23 Abs. 1 UAbs. 1** zum Gegenstand hat, stellt sich auch im Rahmen der Brüssel Ia-VO: Gesellschaften, Vereinen und juristischen Personen fehlt nicht nur der gewöhnliche Aufenthalt, sondern auch der Wohnsitz. Dem Verordnungsgeber der Rom II-VO stellte sich daher die Frage, ob – übertragen auf den gewöhnlichen Aufenthalt – eine Regelung wie **Art. 63 Abs. 1 Brüssel Ia-VO** zu übernehmen sei, wonach für Gesellschaften und juristische Personen an die Stelle des Wohnsitzes der Ort des satzungsmäßigen Sitzes, der Hauptverwaltung oder der Hauptniederlassung tritt, und zwar – in Anlehnung an Art. 54 Abs. 1 AEUV – alternativ („oder").[7]

8 Der Verordnungsgeber hat zwar den gewöhnlichen Aufenthalt – in Abgrenzung zum Wohnsitz – als besonders „flexibel" herausgestellt, es jedoch aus Gründen der Rechtssicherheit verworfen, eine Alternativanknüpfung wie Art. 63 Abs. 1 Brüssel Ia-VO auf Art. 23 Abs. 1 UAbs. 1 zu übertragen.[8] Die in **Art. 23 Abs. 1 UAbs. 1** allein maßgebende Hauptverwaltung kann daher nicht – in Analogie zu Art. 63 Abs. 1 Brüssel Ia-VO – durch den satzungsmäßigen Sitz oder die Hauptniederlassung substituiert werden.[9] In Bezug auf **Art. 23 Abs. 1 UAbs.** verweist der Verordnungsgeber auf das Vorbild von **Art. 7 Nr. 5 Brüssel Ia-VO.**[10] Das hat nach **Erwägungsgrund 7** Bedeutung für die Auslegung der in beiden Vorschriften enthaltenen Begriffe „Zweigniederlassung, Agentur oder sonstige Niederlassung" (→ Rn. 15).

9 **6. Verhältnis zur Rom I-VO.** Art. 23 Rom II-VO hat eine **Parallelnorm in Art. 19 Rom I-VO,** ist aber nicht mit ihr identisch. Zwar entspricht Art. 23 Abs. 1 UAbs. 1 dem **Art. 19 Abs. 1 S. 1 Rom I-VO** und Art. 23 Abs. 2 dem **Art. 19 Abs. 1 S. 2 Rom I-VO.** Jedoch ist die Regelung des Art. 23 Abs. 1 UAbs. 2 (Zweigniederlassung, Agentur oder sonstige Niederlassung) nur auf Gesellschaften, Vereine und juristische Personen bezogen, während die parallele Regelung des **Art. 19 Abs. 2 Rom I-VO** sich auf natürliche Personen ebenso bezieht wie auf Gesellschaften,

---

5 Nachweise bei Staudinger/*v. Hoffmann,* 2007, EGBGB Art. 40 Rn. 395, 396.

6 KOM(2003) 427 endg., 30; s. dazu *Würdinger* RabelsZ 75 (2011), 102 (112).

7 Rauscher/*Staudinger* Brüssel Ia-VO Art. 63 Rn. 1.

8 KOM(2003) 427 endg., 30.

9 BeckOGK/*Rass-Masson* Rn. 10; BeckOK BGB/*Spickhoff* Rn. 2; NK-BGB/*Schulze* Rn. 7; Erman/*Stürner* Rn. 4; *G. Wagner* IPRax 2008, 1 (5).

10 KOM(2003) 427 endg., 30.

Vereine und juristische Personen:[11] Schließt eine natürliche Person im Rahmen des Betriebs einer Zweigniederlassung, Agentur oder sonstigen Niederlassung einen **Vertrag,** ist nach Art. 19 Abs. 2 Rom I-VO der Ort dieser Niederlassung maßgebend. Verursacht eine natürliche Person dagegen bei dem Betrieb einer Zweigniederlassung, Agentur oder sonstigen Niederlassung einen **Schaden,** so ist der Ort dieser Niederlassung im Rahmen der Rom II-VO unerheblich (vgl. Art. 23 Abs. 2).

II. Anwendungsbereich

Art. 23 ist als Hilfsnorm derjenigen Vorschriften der Rom II-VO anzuwenden, für die der gewöhnliche Aufenthalt einer Person eine Rolle spielt: 10
– Art. 4 Abs. 2 (Allgemeine Kollisionsnorm für unerlaubte Handlungen),
– Art. 5 Abs. 1 S. 1 (Verweis auf Art. 4 Abs. 2),
– Art. 5 Abs. 1 S. 1 lit. a (Grundanknüpfung der Produkthaftung),
– Art. 5 Abs. 1 S. 2 (Produkthaftung: Vorhersehbarkeitsklausel),
– Art. 6 Abs. 2 (Verweis auf Art. 4 Abs. 2),
– Art. 9 (Verweis auf Art. 4 Abs. 2),
– Art. 10 Abs. 2 (Ungerechtfertigte Bereicherung),
– Art. 11 Abs. 2 (Geschäftsführung ohne Auftrag) und
– Art. 12 Abs. 2 lit. b (Verschulden bei Vertragsverhandlungen).

III. Gesellschaften, Vereine und juristische Personen (Abs. 1)

1. Definition. Abs. 1 handelt von Gesellschaften, Vereinen und juristischen Personen. Diese Aufzählung ist nicht abschließend (taxativ), sondern beispielhaft (demonstrativ). Dass Art. 63 Abs. 1 Brüssel Ia-VO nur von Gesellschaften und juristischen Personen spricht (und die Vereine weglässt), bedeutet daher keinen sachlichen Unterschied.[12] Ebenso wie Art. 63 Abs. 1 Brüssel Ia-VO den Zweck hat, alle an einem Verfahren beteiligten **Prozesssubjekte** zu erfassen, die nicht schon als natürliche Personen unter die Zuständigkeitsvorschriften der Brüssel Ia-VO fallen,[13] soll Art. 23 Abs. 1 Rom II-VO eine Ersatzanknüpfung für alle diejenigen **Rechtssubjekte** bereitstellen, die nicht als natürliche Personen einen gewöhnlichen Aufenthalt haben.[14] 11

Durch diese Überlegungen zum Zweck des Abs. 1 relativiert sich die Aussage, die Begriffe der Gesellschaft, des Vereins und der juristischen Person seien autonom europäisch auszulegen: Die vorstehenden Erwägungen erschöpfen im Grunde schon die **einheitliche europäische Auslegung:** Ob eine deliktsfähige Personengesamtheit oder eine juristische Person vorliegt, ergibt sich – soweit es sich nicht, wie bei der SE, um eine Gesellschaftsform des europäischen Rechts handelt – aus dem anzuwendenden nationalen Recht **(Gesellschaftsstatut).** 12

2. Ort der Hauptverwaltung (Abs. 1 UAbs. 1). Für die Zwecke der Rom II-VO tritt grundsätzlich (Ausnahme: Abs. 1 UAbs. 2) der Ort der Hauptverwaltung an die Stelle des gewöhnlichen Aufenthalts (Abs. 1 UAbs. 1). Der **Begriff der Hauptverwaltung** ist – in Anlehnung an Art. 60 Abs. 1 lit. b Brüssel Ia-VO **(Erwägungsgrund 7)** – verordnungsautonom zu bestimmen und nicht als **Vorfrage** gesondert nach dem Gesellschaftsstatut anzuknüpfen.[15] Danach ist die Hauptverwaltung der Ort, an dem die Willensbildung und die eigentliche unternehmerische Leitung der Gesellschaft erfolgt (**effektiver Verwaltungssitz,** → Rom I-VO Art. 19 Rn. 6). 13

3. Ort der Niederlassung (Abs. 1 UAbs. 2). Wenn das schadensbegründende Ereignis oder der Schaden aus dem Betrieb einer Niederlassung „herrührt" (Abs. 1 UAbs. 2), steht – als Ausnahme von Abs. 1 UAbs. 1 – der Ort dieser Niederlassung dem Ort des gewöhnlichen Aufenthalts gleich (Abs. 1 UAbs. 2). 14

a) Begriff der (sonstigen) Niederlassung. Die in Art. 23 Abs. 1 UAbs. 2 verwendeten Begriffe „Zweigniederlassung, Agentur oder sonstige Niederlassung" entsprechen dem Art. 7 Nr. 5 15

---

[11] PWW/*Schaub* Rn. 1; Rauscher/*Picht* Rn. 5 f.; *Leible/Lehmann* RIW 2008, 528 (536); *Wedemann* in v. Hein/Rühl, Kohärenz im Internationalen Privat- und Verfahrensrecht der Europäischen Union, 2016, 182 (185).

[12] BeckOGK/*Rass-Masson* Rn. 11; BeckOK BGB/*Spickhoff* Rn. 2: „in funktionaler Betrachtung zu verstehen"; Erman/*Stürner* Rn. 4: Gesellschaftsbegriff ist weit zu fassen; Rauscher/*Picht* Rn. 2: schließt alle Rechtssubjekte ein, bei denen ein gewöhnlicher Aufenthalt nicht wie bei natürlichen Personen bestimmt werden kann.

[13] Rauscher/*Staudinger* Brüssel Ia-VO Art. 63 Rn. 1.

[14] *Kreuzer* in Reichelt/Rechberger EuropKollisionsR 13 (51).

[15] BeckOK BGB/*Spickhoff* Rn. 2; PWW/*Schaub* Rn. 2; Erman/*Stürner* Rn. 4; HK-BGB/*Dörner* Rn. 2; Rauscher/*Picht* Rn. 4; s. auch *Wedemann* in v. Hein/Rühl, Kohärenz im Internationalen Privat- und Verfahrensrecht der Europäischen Union, 2016, 182 (185).

Brüssel Ia-VO (→ Rn. 8). Gemäß **Erwägungsgrund 7** (verordnungsübergreifende Auslegung) kann daher zur Interpretation dieser Begriffe auf die Rspr. zu Art. 7 Nr. 5 Brüssel Ia-VO zurückgegriffen werden.[16] Der EuGH versteht „Niederlassung" als den Leitbegriff der Trias „Zweigniederlassung, Agentur oder sonstige Niederlassung" und definiert sie als einen **Mittelpunkt geschäftlicher Tätigkeit,** „der auf Dauer als Außenstelle eines Stammhauses hervortritt, eine Geschäftsführung hat und sachlich so ausgestattet ist, dass er in der Weise Geschäfte mit Dritten betreiben kann, dass diese, obgleich sie wissen, dass möglicherweise ein Rechtsverhältnis mit dem im Ausland ansässigen Stammhaus begründet wird, sich nicht unmittelbar an dieses zu wenden brauchen, sondern Geschäfte an den Mittelpunkt geschäftlicher Tätigkeit abschließen können, der dessen Außenstelle ist".[17] Zum Begriff der Niederlassung gehört ferner, dass die Niederlassung unter der **Aufsicht und Leitung des Stammhauses** steht.[18] Schließlich kann auch der **Rechtsschein einer Niederlassung** genügen.[19]

16 **b) Erforderlicher Niederlassungsbezug.** Abs. 1 UAbs. 2 setzt – neben dem Bestehen einer Niederlassung – weiter voraus, dass das **schadensbegründende Ereignis** (dh die Handlung, die eine Rechtsgutverletzung verursacht, → Art. 4 Rn. 36) oder der **Schaden** (= sämtliche Folgen eines außervertraglichen Schuldverhältnisses, Art. 2 Abs. 1) aus dem Betrieb der Niederlassung „herrührt" (englisch: „… arises in the course of operation of a branch, agency or any other establishment"). Erforderlich ist daher, ebenso wie bei der Anwendung des Art. 7 Nr. 5 Brüssel Ia-VO, ein **Niederlassungsbezug.**[20] Nach der Rspr. des EuGH zu Art. 7 Nr. 5 Brüssel Ia-VO weisen Rechtsstreitigkeiten über **außervertragliche Verpflichtungen** einen Niederlassungsbezug auf, wenn diese Verpflichtungen aus der Tätigkeit der Niederlassung für Rechnung des Stammhauses am Niederlassungsort entstehen.[21]

17 Während – in Einschränkung dieser Judikatur – einige Autoren **im Rahmen des Art. 7 Nr. 5 Brüssel Ia-VO** einen Niederlassungsbezug bei außervertraglichen Verpflichtungen ohne vorherige vertragliche Beziehungen mit der Niederlassung verneinen,[22] scheidet **im Rahmen des Art. 23 Abs. 1 UAbs. 2** eine solche Restriktion aus, weil die Hilfsnorm des Art. 23 Abs. 1 gerade „für die Zwecke dieser Verordnung", also für die Anknüpfung außervertraglicher Schuldverhältnisse, erlassen wurde (so die Eingangsformel der Vorschrift). Der notwendige Niederlassungsbezug liegt folglich auch vor, wenn zwischen den Beteiligten des außervertraglichen Schuldverhältnisses **keinerlei geschäftliche Beziehung** besteht.[23]

Beispiel:
Ein Angestellter der Niederlassung verursacht mit einem Kraftfahrzeug der Niederlassung einen Verkehrsunfall; ob sich der Unfall im Niederlassungsstaat oder in einem anderen Staat ereignet hat, spielt keine Rolle.[24]

18 **c) Verdrängung des Abs. 1 UAbs. 1.** Sind die Voraussetzungen des Abs. 1 UAbs. 2 erfüllt, wird die Anknüpfung an den Ort der Hauptverwaltung nach Abs. 1 UAbs. 1 vollständig verdrängt. Ein (alternativer) Rückgriff auf diese Anknüpfung ist nicht möglich; die (sonstige) Niederlassung tritt an die Stelle der Hauptverwaltung.[25]

Beispiel:[26]
Eine deutsche Bank (Ort der Geschäftsleitung: Frankfurt am Main) schickt eine Wertpapierhändlerin, die ihren gewöhnlichen Aufenthalt in Deutschland behält, vorübergehend für einige Monate in ihre Londoner Niederlassung. Dort wird sie Opfer sexueller Belästigungen durch ihre englischen Kollegen, wofür sie ihre

---

16 BeckOGK/*Rass-Masson* Rn. 20 ff.; BeckOK BGB/*Spickhoff* Rn. 3; *Kreuzer* in Reichelt/Rechberger EuropKollisionsR 13 (52); *Stone* ELF 2004, I-213 (I-217).

17 EuGH RIW 1979, 56 Rn. 12 – Somafer/Saar-Ferngas; NZA 2012, 935 Rn. 48 = EuZA 2013, 83 mAnm *Junker* – Mahamdia/Algerien; EuZW 2019, 431 Rn. 33 – Ryanair; NJW 2021, 1152 Rn. 47 – Markt24.

18 EuGH NJW 1977, 490 Rn. 20, 22 = RIW 1977, 42 mAnm *Linke* – De Bloos/Bouyer; NJW 1982, 507 Rn. 9 = IPRax 1982, 64 m. Aufs. *Linke* IPRax 1982, 46 – Blanckaert & Willems/Trost; NJW 2021, 1863 Rn. 53 ff. – CNP/Gefion Insurance; NJW-RR 2022, 1140 Rn. 28 – Allianz Elementar Versicherung.

19 EuGH NJW 1988, 625 Rn. 15 = IPRax 1989, 96 m. Aufs. *Kronke* IPRax 1989, 81 – Schotte/Parfums Rothschild; Stein/Jonas/G. Wagner Brüssel Ia-VO Art. 7 Rn. 197.

20 *Junker* IZPR § 11 Rn. 18; *Schack* IZVR Rn. 362.

21 EuGH RIW 1979, 56 Rn. 13 – Somafer/Saar-Ferngas; NJW 2021, 1152 Rn. 48 – Markt24; NJW 2021, 1863 Rn. 52 – CNP/Gefion Insurance; BeckRS 2021, 12597 Rn. 34 f. = RIW 2021, 430; HK-BGB/*Dörner* Rn. 3 aE: „wenn der den Schaden auslösende Vorgang seinen Ausgang im Organisationsbereich der Niederlassung genommen hat".

22 *Pulkowski* IPRax 2004, 543; aA zB *Rauscher/Leible* Brüssel Ia-VO Art. 7 Rn. 161.

23 Rauscher/Picht Rn. 5; BeckOGK/Spickhoff Rn. 3; PWW/Schaub Rn. 2.

24 Soergel/Ratka Rn. 15.

25 BeckOGK/*Rass-Masson* Rn. 16; PWW/*Schaub* Rn. 2; HK-BGB/*Dörner* Rn. 3; *Fricke* VersR 2005, 726 (739); *Huber/Bach* IPRax 2005, 73 (81).

26 Nach *Junker* NZA-Beil. 2/2008, 59; *Junker*, Arbeitnehmereinsatz im Ausland – Anzuwendendes Recht und Internationale Zuständigkeit, 2007, Rn. 105.

deutsche Arbeitgeberin haftbar macht. Eine Anknüpfung deliktischer Ansprüche nach Art. 4 Abs. 2 scheidet aus, da auf Seiten der Bank nicht auf die Hauptverwaltung (Art. 23 Abs. 1 UAbs. 1), sondern nach Art. 23 Abs. 1 UAbs. 2 auf die englische Niederlassung abzustellen ist. Die Anwendung deutschen Rechts kann aber nach Art. 4 Abs. 3 im Wege arbeitsvertragsakzessorischer Anknüpfung in Betracht kommen.

IV. Gewöhnlicher Aufenthalt natürlicher Personen

1. Begriff des gewöhnlichen Aufenthalts. Art. 23 enthält trotz der Überschrift „Gewöhnlicher Aufenthalt" keine verordnungsautonome Definition des Begriffs, so dass hinsichtlich des gewöhnlichen Aufenthalts natürlicher Personen auf die herkömmliche Begriffsbildung zurückzugreifen ist, die im Staatsvertragsrecht, im europäischen Recht und im deutschen Recht im Wesentlichen einheitlich erfolgt[27] (→ EGBGB Art. 5 Rn. 134 ff.). Danach hat eine natürliche Person ihren gewöhnlichen Aufenthalt in dem Staat, in dem der Schwerpunkt ihrer Lebensverhältnisse **(Daseinsmittelpunkt)** liegt[28] (→ Rom I-VO Art. 19 Rn. 11). Nach der Judikatur des EuGH zur Brüssel IIa-VO kann eine Person, die ihr Leben in zwei Mitgliedstaaten verbringt, ihren gewöhnlichen Aufenthalt nur in einem dieser Mitgliedstaaten haben; ein **doppelter gewöhnlicher Aufenthalt** ist nicht möglich.[29] Diese Aussage ist auf die Rom II-VO übertragbar. 19

Der **schlichte Aufenthalt** einer Person, der nach der Rom II-VO nicht als Anknüpfungspunkt ausreicht, wird entweder durch die **tatsächliche Dauer** (und die dadurch faktisch entstandenen Bindungen) oder durch die **voraussichtliche Dauer** des Aufenthalts und die dadurch zu erwartende Integration zu einem gewöhnlichen Aufenthalt.[30] Wer sich in einem Staat niederlassen will (zB ein Asylbewerber), kann folglich schon mit der Einreise einen gewöhnlichen Aufenthalt erwerben. In Deutschland lebende Arbeitnehmer mit ausländischer Staatsangehörigkeit und ihre Familien haben ebenso ihren gewöhnlichen Aufenthalt im Inland wie Angehörige der in Deutschland stationierten ausländischen Streitkräfte. 20

2. Ausübung einer beruflichen Tätigkeit (Abs. 2). Handelt eine natürliche Person im Rahmen der Ausübung ihrer beruflichen Tätigkeit, so tritt an die Stelle des gewöhnlichen Aufenthalts iSd Schwerpunkts der persönlichen Lebensverhältnisse (→ Rn. 19) nach Abs. 2 der **Ort der Hauptniederlassung** dieser natürlichen Person. „Handeln" (Abs. 2) ist im Sinne von „sich verhalten" zu verstehen, so dass gleichermaßen Tun und Unterlassen in Betracht kommen.[31] 21

a) Selbständige berufliche Tätigkeit. Entscheidend für die Anwendung von Abs. 2 ist, dass das außervertragliche Schuldverhältnis im Rahmen der Ausübung einer beruflichen Tätigkeit der betreffenden Partei begründet worden ist. Von Abs. 2 erfasst wird unstreitig die selbständige berufliche Tätigkeit einer natürlichen Person als Freiberufler oder Gewerbetreibender.[32] 22

Beispiel:
Ein selbständiger Handelsvertreter mit gewöhnlichem Aufenthalt in Österreich und Hauptniederlassung in Deutschland wird auf einer beruflich veranlassten Fahrt als Schädiger oder Geschädigter in einen Verkehrsunfall verwickelt; bei Anwendung der Rom II-VO wird der Ort des gewöhnlichen Aufenthalts durch den Ort der Hauptniederlassung ersetzt.

b) Unselbständige berufliche Tätigkeit. Während in Art. 14 Abs. 1 S. 1 lit. b von einer „kommerziellen Tätigkeit" die Rede ist, spricht Art. 23 Abs. 2 von einer „beruflichen Tätigkeit" einer natürlichen Person. Diese Wortwahl könnte den Schluss nahe legen, dass auch eine unselbstän- 23

---

27 BeckOK BGB/*Spickhoff* Rn. 4 aE; Erman/*Stürner* Rn. 2; *Crawford/Carruthers* Int. Comp. L. Q. 63 (2014), 1 (8); zu Differenzierungen *Baetge* FS Kropholler, 2008, 77 (78 ff.); *Dutta* IPRax 2017, 139 (142); *Heiderhoff* IPRax 2019, 506 (508 f.); ausf. *Kurth,* Der gewöhnliche Aufenthalt in Art. 4, 21 Abs. 1 EuErbVO, 2017; Vienenkötter, Der Begriff des gewöhnlichen Aufenthalts im Internationalen Familien- und Erbrecht der EU, 2017.

28 EuGH BeckRS 2011, 80648 Rn. 51 – Mercredi; NJW 2020, 2947 Rn. 45 = ErbR 2020, 710 mAnm *Mankowski* – E.E.; ausf. *Rentsch,* Der gewöhnliche Aufenthalt im System des Europäischen Kollisionsrechts, 2017, 149 ff.; *Baetge* RabelsZ 83 (2019), 880 (882 ff.); *Dutta* IPRax 2017, 139 (142); *Heiderhoff* IPRax 2019, 506 (508 f.); *Hilbig-Lugani* GPR 2014, 8 (10 ff.); zum dt. IPR BGHZ 78, 293 (295) = NJW 1981, 520; OLG Oldenburg NJW-RR 2010, 1592 (1593); OLG Brandenburg NJW-RR 2023, 1052 Rn. 18.

29 EuGH NJW 2021, 3771 Rn. 62 mAnm *Mankowski* = IPRax 2022, 526 m. Aufs. *Gössl* IPRax 2022, 489 – IB.

30 EuGH NJW 2017, 2023 Rn. 60 – WundV; BeckRS 2018, 13329 Rn. 41 – HR; NJW 2019, 415 Rn. 53 – UD; KG NJW-RR 2016, 1100 Rn. 11.

31 BeckOGK/*Rass-Masson* Rn. 25 f.; BeckOK BGB/*Spickhoff* Rn. 4; Erman/*Stürner* Rn. 6; jurisPK-BGB/*Engel* Rn. 12.

32 BeckOGK/*Rass-Masson* Rn. 27 ff.; Soergel/*Ratka* Rn. 18; Huber/*Altenkirch* Rn. 10; *Kreuzer* in Reichelt/Rechberger EuropKollisionsR 13 (52); *Leible* RIW 2008, 257 (259 f.).

dige berufliche Tätigkeit einer natürlichen Person erfasst ist.[33] Gegen die Einbeziehung von Arbeitnehmern in den Bereich des Abs. 2 sprechen jedoch die Materialien zur Rom II-VO, aus denen hervorgeht, dass der Verordnungsgeber nur natürliche Personen meint, „die eine selbständige freiberufliche oder gewerbliche Tätigkeit ausüben“[34] (wobei mysteriös bleibt, warum sich dieses nicht, wie bei Art. 4 Abs. 2 S. 2 EVÜ, im Text des Rechtsakts niedergeschlagen hat). Ferner kann man aus dem Possessivpronomen („ihrer“ Hauptniederlassung) schließen, dass die abhängige Beschäftigung vom Anwendungsbereich des Abs. 2 ausgenommen sein soll, weil der abhängig Beschäftigte nach hM keine Niederlassung haben kann.[35]

24 **c) Begriff der Hauptniederlassung.** Liegen die Voraussetzungen des Abs. 2 vor, wird der Ort des gewöhnlichen Aufenthalts der natürlichen Person durch den Ort ihrer Hauptniederlassung substituiert. Der Begriff der Hauptniederlassung ist der Gleiche wie in Art. 63 Abs. 1 lit. c Brüssel Ia-VO: Die Hauptniederlassung, die auch als **tatsächlicher Sitz** bezeichnet wird,[36] ist der tatsächliche Geschäftsschwerpunkt, dh bei herstellender Tätigkeit die zentrale Produktionsstätte und bei dienstleistungsgeprägten Tätigkeiten der Ort, an dem sich die wesentlichen Personal- und Sachmittel konzentrieren[37] (→ Rom I-VO Art. 19 Rn. 10).

25 **3. Keine Analogie zu Abs. 1 UAbs. 2.** Die Substitution des gewöhnlichen Aufenthalts durch die Hauptniederlassung gemäß Abs. 2 will nicht einleuchten, wenn das schadensbegründende Ereignis oder der Schaden aus dem Betrieb einer sonstigen Niederlassung herrührt (→ Rn. 5).

Beispiel:
Ein Anlageberater hat seine Hauptniederlassung im Staat A und eine weitere Niederlassung im Staat B; von ihm betrügerisch geschädigt wird ein Anleger, der ausschließlich mit der Niederlassung im Staat B zu tun hatte. Hier ist es schwer einzusehen, dass im Rahmen der Rom II-VO die Niederlassung im Staat B maßgebend ist, wenn die Anlageberatung durch eine Einmann-GmbH erfolgt (Abs. 1 UAbs. 2), nicht jedoch, wenn der Anlageberater ein eingetragener Einzelkaufmann ist (Abs. 2).

26 Die Bereinigung dieser Ungereimtheit durch analoge Anwendung der in Abs. 1 UAbs. 2 niedergelegten Regelung im Rahmen des Abs. 2 erscheint nicht möglich, weil sich eine **Regelungslücke** kaum begründen lässt: Zum einen wurde im Verlaufe des Verordnungsgebungsverfahrens die Bezeichnung „berufliche Niederlassung“[38] durch das Wort „Hauptniederlassung“ (englisch: *principal place of business*) ersetzt, so dass Rat und Parlament offenbar bewusst die in Abs. 2 niedergelegte Regelung treffen wollten. Zum anderen ist Art. 23 Abs. 2 in Kenntnis der jetzt in Art. 19 Abs. 1, 2 Rom I-VO enthaltenen Regelung verabschiedet worden, bei der die geschilderte Ungereimtheit nicht auftritt[39] (→ Rn. 9). Am Ende bleibt daher nur die Lösung, eine Korrektur auf der Ebene der Hauptanknüpfungen vorzunehmen, insbesondere durch Anwendung der Ausweichklauseln (vor allem Art. 4 Abs. 3).

Art. 24 Rom II-VO Ausschluss der Rück- und Weiterverweisung

Unter dem nach dieser Verordnung anzuwendenden Recht eines Staates sind die in diesem Staat geltenden Rechtsnormen unter Ausschluss derjenigen des Internationalen Privatrechts zu verstehen.

Schrifttum: s. auch Vor Art. 1; älteres Schrifttum s. 6. Aufl. 2015, Art. 24; *Junker,* Rück- und Weiterverweisung (Renvoi) nach dem Inkrafttreten der Europäischen Güter- und Erbrechtsverordnungen, FS Kronke, 2020, 209; *Mankowski,* Ausgewählte Einzelfragen zur Rom II-VO: Internationales Umwelthaftungsrecht, Internationales Kartellrecht, renvoi, Parteiautonomie, IPRax 2010, 389; *Schack,* Was bleibt vom Renvoi?, IPRax 2013, 315.

Übersicht

[33] *Heiss/Loacker* JBl. 2007, 613 (626).
[34] KOM(2003) 427 endg., 30.
[35] Erman/*Stürner* Rn. 6; Huber/*Altenkirch* Rn. 10; *Behr* GS Blomeyer, 2004, 15 (40); *Junker* NZA 2005, 199 (203); *Rauscher/Mankowski* Brüssel Ia-VO Art. 20 Rn. 48.
[36] *Rauscher/Staudinger* Brüssel Ia-VO Art. 63 Rn. 1.
[37] KOM(2003) 427 endg., 30.
[38] KOM(2003) 427 endg., 42.
[39] Gegen eine Analogie auch BeckOK BGB/*Spickhoff* Rn. 4; Soergel/*Ratka* Rn. 20; Rauscher/*Picht* Rn. 23.

I. Normzweck

Art. 24 legt fest, dass das nach der Rom II-VO anzuwendende Recht nicht die Kollisionsnormen der Rechtsordnung umfasst, auf die in Anwendung der Rom II-VO verwiesen wird. Die Vorschrift normiert folglich das **Prinzip der Sachnormverweisung,** das – im Gegensatz zur kollisionsrechtlichen Verweisung (auch Gesamtverweisung genannt) – die Beachtung einer Rück- oder Weiterverweisung (Renvoi), die durch fremdes Kollisionsrecht ausgesprochen wird, ausschließt (ausf. → EGBGB Art. 4 Rn. 109 ff.). 1

Dieser Ausschluss hat – unter Vernachlässigung des internationalen **Entscheidungseinklangs**[1] – den Zweck, im Bereich der außervertraglichen Schuldverhältnisse den **Vereinheitlichungseffekt** der Rom II-VO zu sichern und die Bestimmung des anwendbaren Rechts nicht mit der Untersuchung des Kollisionsrechts der Rechtsordnungen von **Drittstaaten** zu befrachten.[2] Es wird vertreten, dass der Aspekt des internationalen Entscheidungseinklangs auf der Tatbestandsebene der Ausweichklauseln (zB Art. 4 Abs. 3, Art. 5 Abs. 2) berücksichtigt werden sollte.[3] 2

Das in Art. 24 niedergelegte Prinzip der Sachnormverweisung lässt sich durch den hohen **Differenzierungsgrad der Art. 4 ff.** rechtfertigen: Je ausgefeilter eine kollisionsrechtliche Regelung ist, desto weniger überzeugt die Zulassung von Rück- oder Weiterverweisungen. Das Interesse, die der Kollisionsnorm zugrunde liegenden materiellen Wertungen zum Zuge kommen zu lassen, ist bei hoch differenzierten Anknüpfungsregeln tendenziell größer als das Interesse am internationalen Entscheidungseinklang.[4] 3

Art. 24 rezipiert – *mutatis mutandis* – die Vorschrift des **Art. 15 EVÜ**[5] und wurde im Verlauf des Verordnungsgebungsverfahrens nicht verändert. Die Parallelvorschrift im IPR der vertraglichen Schuldverhältnisse ist **Art. 20 Rom I-VO.** Da diese Vorschrift unter einem Vorbehalt steht („soweit in dieser Verordnung nichts anderes bestimmt ist"), ist das Internationale Vertragsrecht nunmehr – zumindest in der Theorie – renvoifreundlicher als das IPR der außervertraglichen Schuldverhältnisse. 4

II. Verhältnis zum deutschen Recht

Der deutsche Gesetzgeber, der bei der Reform durch Gesetz zum IPR für außervertragliche Schuldverhältnisse und für Sachen vom 21.5.1999 (BGBl. 1999 I 1026) auf die Ausformung differenzierter Kollisionsregeln für spezifische Deliktstypen verzichtet hat, belässt es im IPR der außervertraglichen Schuldverhältnisse hinsichtlich des Renvoi bei der allgemeinen Vorschrift des Art. 4 Abs. 1, 2 EGBGB. Damit sind bei einer **Rechtswahl** Rück- und Weiterverweisungen ausgeschlossen (Art. 4 Abs. 2 EGBGB). 5

Im Übrigen sind die Verweisungen der Art. 38 ff. EGBGB nach der Gesetzesbegründung[6] als Gesamtverweisungen anzusehen (Art. 4 Abs. 1 S. 1 EGBGB), sofern sich nicht eine Sachnormverweisung aus dem Sinn der Verweisung ergibt (Art. 4 Abs. 1 S. 1 aE). Letzteres ist für einige Anknüpfungen umstritten (→ EGBGB Art. 40 Rn. 123 ff.; → EGBGB Art. 41 Rn. 24 ff.).[7] Unter der Geltung der Rom II-VO hat sich der Streit nach Art. 24 – bis auf eine Randfrage zu Art. 14 (→ Rn. 12) – erledigt. 6

---

[1] BeckOGK/*Prinz v. Sachsen Gessaphe* Rn. 4; *Junker* FS Kronke, 2020, 209 (211); *Kreuzer* in Reichelt/Rechberger EuropKollisionsR 13 (52); *Leible/Engel* EuZW 2004, 7 (16); *de Lima Pinheiro* Riv. dir. int. priv. proc. 44 (2008), 5 (35); zust. zB *Chong* Int. Comp. L. Q. 57 (2008), 863, 897; *Dickinson* The Rome II Regulation Rn. 3.41; *A. Fuchs* GPR 2004, 100 (104); *Mankowski* IPRax 2010, 389 (398); *Rushworth/Scott* Lloyd's M. C. L. Q. 2008, 274 (280); *Schack* IPRax 2013, 315 (318); *R. Wagner* EuZW 1999, 709 (714).

[2] BeckOGK/*Prinz v. Sachsen Gessaphe* Rn. 11; BeckOK BGB/*Spickhoff* Rn. 1; Erman/*Stürner* Rn. 1; *Kadner Graziano* RabelsZ 73 (2009), 1 (75); *Mankowski* IPRax 2010, 389 (398).

[3] *v. Hein* FS Kropholler, 2008, 553 (568 f.); *v. Hein* RabelsZ 73 (2008), 461 (474).

[4] Soergel/*Boscheinen-Duursma* Rn. 11; Rauscher/*Picht* Rn. 2; *A. Fuchs* GPR 2004, 100 (104); *v. Hein* ZVglRWiss 102 (2003), 528 (551); *Heiss/Loacker* JBl. 2007, 613 (646); *Leible* in Reichelt, Europäisches Gemeinschaftsrecht und IPR, 2007, 31 (50).

[5] KOM(2003) 427 endg., 30.

[6] Begr. RegE, BR-Drs. 759/98, 14, 36 = BT-Drs. 14/343, 8, 15.

[7] S. nur *Dörner* FS Stoll, 2001, 491 (495 ff.); *v. Hein* ZVglRWiss 99 (2000), 251 (253 ff.); *Junker* JZ 2000, 477 (483); *Kreuzer* RabelsZ 65 (2001), 383 (424); allg. *Chong* Int. Comp. L. Q. 57 (2008), 863 (896).

III. Praktische Bedeutung

7 **1. Binnenmarktsachverhalt.** Da die Rom II-VO das Kollisionsrecht der Mitgliedstaaten iSd Art. 1 Abs. 4 vereinheitlicht, kann Art. 24 in Binnenmarktsachverhalten grds. nur in Bezug auf **Dänemark** Bedeutung erlangen. Eine Ausnahme bilden die Mitgliedstaaten, in denen **internationale Übereinkommen** iSd **Art. 28 Abs. 1** in Kraft sind, und zwar insbesondere das Haager Straßenverkehrsunfall-Übereinkommen (→ Art. 28 Rn. 19 ff.) und das Haager Produkthaftpflicht-Übereinkommen (→ Art. 28 Rn. 23).

8 Für die Gerichte der **Bundesrepublik Deutschland** bedeutet das in Art. 24 normierte Prinzip der Sachnormverweisung im Verhältnis zu den Vertragsstaaten der genannten Haager Übereinkommen, dass diese Übereinkommen künftig nicht mehr im Wege der Rück- oder Weiterverweisung zu beachten sind, wenn die Rom II-VO auf das Recht eines dieser Staaten verweist.[8] Für **Binnenmarktsachverhalte** wird Art. 24 also relevant im Anwendungsbereich eines internationalen Übereinkommens, das in einigen Mitgliedstaaten der EU verbindlich ist. In diesem Fall hindert Art. 24 die Gerichte der **Nichtvertragsstaaten,** die staatsvertraglichen Kollisionsnormen „mittelbar" – dh im Wege der Rück- oder Weiterverweisung – anzuwenden, wenn die Vorschriften der Rom II-VO (als *lex fori*) auf das **Recht eines Vertragsstaats** verweisen.

9 Weil Art. 24 den Renvoi ausschließt, kann ein deutsches Gericht – anders als nach dem autonomen deutschen IPR (→ Rn. 5) – ein **Haager Übereinkommen** nicht mehr anwenden, wenn das Kollisionsrecht des Forums (nunmehr die Rom II-VO) auf das Recht eines Vertragsstaats dieses Übereinkommens verweist. Die damit verbundene **Verringerung des internationalen Entscheidungseinklangs** mag man bedauern.[9] Sie ist aber eine vom Verordnungsgeber gewollte Konsequenz des Zusammenspiels von Art. 24 und Art. 28 Abs. 1.

10 **2. Drittstaatensachverhalt.** Die eigentliche Domäne des Art. 24 ist der Fall, dass die Kollisionsnormen der Rom II-VO das Recht eines Drittstaats zur Anwendung berufen.[10] Dieser Fall wird durch das in Art. 3 normierte **Prinzip der universalen Anwendung** der Rom II-VO eröffnet, wonach das Recht, auf das die Rom II-VO verweist, auch anzuwenden ist, wenn es sich nicht um das Recht eines Mitgliedstaats handelt (→ Art. 3 Rn. 6). In diesem Fall bestimmt Art. 24, dass es nicht zu einer Gesamtverweisung, sondern lediglich zu einer Sachnormverweisung kommt; ein Renvoi durch das **Kollisionsrecht des Drittstaats** ist also stets ausgeschlossen, gleichgültig, ob das Drittstaats-IPR der außervertraglichen Schuldverhältnisse in einem internationalen Übereinkommen oder im autonomen Recht dieses Drittstaats normiert ist.

IV. Sachnormverweisung

11 **1. Grundsatz.** Rück- oder Weiterverweisungen durch das Recht eines Mitgliedstaats (→ Rn. 7 ff.) oder eines Drittstaats (→ Rn. 10) sind nach Art. 24 bei **objektiver Anknüpfung** des außervertraglichen Schuldverhältnisses (Art. 4–12) ausnahmslos ausgeschlossen. Art. 4–12 stellen die engste Beziehung zwischen einem außervertraglichen Schuldverhältnis und einer Rechtsordnung her. Sehen die Kollisionsnormen dieser Rechtsordnung eine andere Anknüpfung des außervertraglichen Schuldverhältnisses vor, bleibt die Divergenz nach Art. 24 unbeachtlich. Der Vereinheitlichungszweck der Rom II-VO soll nicht durch die Anerkennung von Rück- oder Weiterverweisungen infrage gestellt werden.[11]

12 **2. Rechtswahl (Art. 14).** Im Fall der parteiautonomen Wahl des Schuldstatuts stellt sich – ebenso wie früher nach Art. 3, 15 EVÜ und heute nach Art. 3, 20 Rom I-VO – auch im Rahmen der Art. 14, 24 Rom II-VO die Frage, ob die Parteien nicht nur die **Sachvorschriften,** sondern auch das **IPR eines Staates** wählen können. Die Erwägungsgründe und die Materialien zur Rom II-VO geben für die Beantwortung dieser Frage keine Hinweise. Maßgebend ist daher – wie schon bei Art. 15 EVÜ – der **Wortlaut der Vorschrift:** In Art. 24 heißt es nur, dass bei der von der Rom II-VO vorgeschriebenen Anwendung einer bestimmten Rechtsordnung die Sachnormen unter

---

[8] Ausf. *Nietner,* Int. Entscheidungseinklang im europäischen Kollisionsrecht, 2016, 91 ff.; s. auch BeckOGK/*Prinz v. Sachsen Gessaphe* Rn. 11; BeckOK BGB/*Spickhoff* Rn. 2; Soergel/*Boscheinen-Duursma* Rn. 14; *Staudinger/Friesen* VersR 2016, 768 (769); krit. unter dem Gesichtspunkt der int. Entscheidungsharmonie *v. Hein* ZVglRWiss 102 (2003), 528 (561); diff. *Junker* FS Kronke, 2020, 209 (210); *Schack* IPRax 2013, 315 (319).

[9] BeckOGK/*Prinz v. Sachsen Gessaphe* Rn. 4; *v. Hein* ZVglRWiss 102 (2003), 528 (561); diff. *Junker* FS Kronke, 2020, 209 (210 ff.); *Leible* in Reichelt, Europäisches Gemeinschaftsrecht und IPR, 2007, 31 (51).

[10] Soergel/*Boscheinen-Duursma* Rn. 17; HK-BGB/*Dörner* Rn. 1; Rauscher/*Picht* Rn. 3; *Junker* JZ 2008, 169 (178); *Kreuzer* in Reichelt/Rechberger EuropKollisionsR 13 (52 f.); *Leible/Engel* EuZW 2004, 7 (16); *Mankowski* IPRax 2010, 389 (398).

[11] BeckOGK/*Prinz v. Sachsen Gessaphe* Rn. 3 f.; BeckOK BGB/*Spickhoff* Rn. 1.

Ausschluss des Kollisionsrechts gemeint sind. Darin liegt **kein Verbot** einer ausdrücklichen Vereinbarung auch des Kollisionsrechts bei einer Rechtswahl nach Art. 14 Abs. 1.[12] In der Praxis wird eine solche Rechtswahl freilich höchst selten vorkommen (→ EGBGB Art. 4 Rn. 113).

Art. 25 Rom II-VO Staaten ohne einheitliche Rechtsordnung

(1) Umfasst ein Staat mehrere Gebietseinheiten, von denen jede für außervertragliche Schuldverhältnisse ihre eigenen Rechtsnormen hat, so gilt für die Bestimmung des nach dieser Verordnung anzuwendenden Rechts jede Gebietseinheit als Staat.

(2) Ein Mitgliedstaat, in dem verschiedene Gebietseinheiten ihre eigenen Rechtsnormen für außervertragliche Schuldverhältnisse haben, ist nicht verpflichtet, diese Verordnung auf Kollisionen zwischen den Rechtsordnungen dieser Gebietseinheiten anzuwenden.

Schrifttum: s. auch Vor Art. 1; *Eichel,* Interlokale und interpersonale Anknüpfungen, in Leible/Unberath (Hrsg.), Brauchen wir eine Rom 0-Verordnung?, 2013, 397; *Heinze,* Bausteine eines Allgemeinen Teils des europäischen Internationalen Privatrechts, FS Kropholler, 2008, 105; *O. Meyer,* Parteiautonomie bei Mehrrechtsstaaten, RabelsZ 83 (2019), 721.

Übersicht

I. Zweck und Bedeutung der Norm

1 **Abs. 1** betrifft den Fall, dass die Kollisionsnormen der Rom II-VO auf das Recht eines Staates verweisen, in dem für verschiedene Teile des Staatsgebietes jeweils eigene Rechtsnormen gelten **(territoriale Rechtsspaltung).** Beispiele solcher Staaten sind in Europa das Königreich Spanien und das Vereinigte Königreich, außerhalb Europas die Vereinigten Staaten, Kanada, Australien und Mexiko.[1] Die Vorschrift verdrängt für die Bestimmung des Rom II-Statuts das interlokale Privatrecht dieser Staaten, indem sie die Gebietseinheiten einer Mehrrechtsordnung kollisionsrechtlich „verselbständigt" und die Verweisungen der Rom II-VO direkt auf die jeweilige Gebietseinheit richtet. Sie macht sich auf diese Weise von der Haltung des ausländischen interlokalen Rechts unabhängig (→ Rom I-VO Art. 22 Rn. 1): Liegt der Tatort im US-Bundesstaat New York, verweist Art. 4 Abs. 1 nicht „global" auf das Recht der Vereinigten Staaten, sondern direkt auf das Recht des Bundesstaats New York – das ist der Regelungsgehalt des Art. 25 Abs. 1.[2] Die Vorschrift ist eine – *mutatis mutandis* – wörtliche Übernahme des **Art. 19 Abs. 1 EVÜ**[3] (in Deutschland transformiert durch Art. 35 Abs. 2 EGBGB aF). Sie hat eine wortgleiche Entsprechung in **Art. 22 Abs. 1 Rom I-VO.**

2 **Abs. 2,** der seine Parallele in **Art. 22 Abs. 2 Rom I-VO** findet, spielt für die Bundesrepublik Deutschland keine Rolle (→ Rn. 11). Sie hatte deshalb das Vorbild des Abs. 2 aus dem Recht der vertraglichen Schuldverhältnisse, den **Art. 19 Abs. 2 EVÜ,** bei der IPR-Reform von 1986 nicht in das deutsche Recht transformiert.

II. Verhältnis zum deutschen Recht

3 Der deutsche Gesetzgeber hat bei der IPR-Reform durch Gesetz zum IPR für außervertragliche Schuldverhältnisse und für Sachen vom 21.5.1999 (BGBl. 1999 I 1026) keine Spezialkollisionsnorm

[12] Soergel/*Boscheinen-Duursma* Rn. 22; Erman/*Stürner* Rn. 2; Rauscher/*Picht* Rn. 5; aA BeckOK BGB/*Spickhoff* Rn. 2.

[1] BeckOGK/*Prinz v. Sachsen Gessaphe* Rn. 2 f.; BeckOK BGB/*Spickhoff* Rn. 2; Soergel/*Rauter* Rn. 2; Calliess/*Gebauer* Rn. 2; *Kreuzer* in Reichelt/Rechberger EuropKollisionsR 13 (53); *Leible/Engel* EuZW 2004, 7 (17).

[2] *Eichel* in Leible/Unberath, Brauchen wir eine Rom 0-Verordnung, 2013, 397 (411); *Heinze* FS Kropholler, 2008, 105 (111); *O. Meyer* RabelsZ 83 (2019), 721 (734).

[3] KOM(2003) 427 endg., 31.

für die interlokale Rechtsspaltung auf dem Gebiet der außervertraglichen Schuldverhältnisse geschaffen. Verweisen die Kollisionsnormen der Art. 38–42 EGBGB auf einen **Mehrrechtsstaat,** erfolgt die Unteranknüpfung nach der allgemeinen Vorschrift des **Art. 4 Abs. 3 EGBGB.**

4 Die deutsche Vorschrift unterscheidet sich von Art. 25 Abs. 1 Rom II-VO in einem zentralen Punkt: Wird auf das Recht eines Staates mit mehreren Teilrechtsordnungen verwiesen, bestimmt nach **Art. 4 Abs. 3 S. 1 EGBGB** grundsätzlich das Recht dieses Staates, welche Teilrechtsordnung anzuwenden ist (→ EGBGB Art. 4 Rn. 167). Eine Ausnahme von diesem Grundsatz gilt allerdings – ebenfalls nach Art. 4 Abs. 3 S. 1 EGBGB –, wenn die Kollisionsnormen des deutschen Rechts die maßgebende Teilrechtsordnung bezeichnen, was sowohl bei der Tatortregel als auch beim gewöhnlichen Aufenthalt der Fall ist (→ EGBGB Art. 4 Rn. 184).

5 Im praktischen Ergebnis ist der Unterschied zwischen Art. 25 Abs. 1 Rom II-VO und Art. 4 Abs. 3 EGBGB daher nicht sehr groß, da die Tatortregel und der gewöhnliche Aufenthalt die wichtigsten Anknüpfungspunkte der Rom II-VO sind (→ Vor Art. 1 Rn. 46). Allerdings ist die schwer verständliche Regelung des Art. 4 Abs. 3 EGBGB, vor allem auch durch ihre Verschränkung mit der Renvoi-Problematik des autonomen deutschen Kollisionsrechts (Art. 4 Abs. 1 EGBGB), ein Nest von Streitfragen (→ EGBGB Art. 4 Rn. 177 ff.), die sich in ihrer Subtilität dem praktisch denkenden Juristen nicht leicht erschließen. Art. 25 Abs. 1 Rom II-VO bringt daher einen deutlichen Gewinn an Einfachheit und Klarheit.

III. Unteranknüpfung bei Mehrrechtsstaaten (Abs. 1)

6 **1. Voraussetzungen. a) Mehrere Gebietseinheiten.** Abs. 1 setzt zunächst voraus, dass der Staat, auf dessen Recht verwiesen wird, mehrere Gebietseinheiten umfasst. Eine Gebietseinheit ist ein territorial begrenzter Teil innerhalb eines souveränen Staates. Besondere Institutionen (wie zB eigene Gesetzgebungs- und Rechtsprechungsorgane) sind für eine Gebietseinheit iSd Abs. 1 nicht zwingend erforderlich (→ Rom I-VO Art. 22 Rn. 8).

7 **b) Eigene Rechtsnormen.** Die Gebietseinheit (das Teilgebiet) des ausländischen **souveränen Staates** muss für außervertragliche Schuldverhältnisse ganz oder teilweise ihre eigenen Rechtsnormen haben. Dabei muss es sich nicht um Gesetzesrecht handeln; es genügen Rechtsregeln anderer Art (zB territorial begrenztes Richterrecht auf dem Gebiet der außervertraglichen Schuldverhältnisse). Der Anwendung des Abs. 1 steht nicht entgegen, dass im ausländischen Staat für Teilfragen einheitliches Recht gilt (zB in den USA US-amerikanisches Bundesrecht): Dann ist – soweit vorhanden – nach der einschlägigen Kollisionsnorm der Rom II-VO das einheitliche **Recht des Gesamtstaats,** im Übrigen aber (nach der einschlägigen Kollisionsnorm der Rom II-VO iVm Art. 25 Abs. 1) das **Recht der Gebietseinheit** anzuwenden. Wie bei Heranziehung des ordre public (→ Art. 26 Rn. 28 f.) kann auch nach Art. 25 Abs. 1 ein „Normenmix" zur Anwendung kommen: So kann zB bei einer Verweisung auf das spanische Recht eine Mixtur aus gesamtspanischem Recht und Regeln aus Foralrechten anzuwenden sein.[4]

8 **2. Rechtsfolge. a) Grundsatz.** Abs. 1 behandelt für die Zwecke des Kollisionsrechts jede Gebietseinheit eines Mehrrechtsstaats wie einen eigenen Staat. Die Vorschrift ordnet folglich die kollisionsrechtliche „Verselbständigung" von Gebietseinheiten an und schließt damit das interlokale Privatrecht des Staates aus, auf dessen Recht die Anknüpfungsnormen der Rom II-VO verweisen.[5] Art. 25 Abs. 1 entfaltet seine volle Wirkung im **Zusammenspiel mit Art. 24,** der das internationale Kollisionsrecht (das IPR) des ausländischen Staates ebenso ausschaltet, wie Art. 25 Abs. 1 das interlokale (Kollisions-) Recht des ausländischen Staates eliminiert.[6]

9 Damit entfallen die schwierigen Rechtsanwendungsprobleme, die sich nach deutschem IPR aus der Kombination des Prinzips der Gesamtverweisung (Art. 4 Abs. 1 EGBGB) und der Verweisung auf das interlokale Privatrecht eines ausländischen Staates (Art. 4 Abs. 3 S. 1 EGBGB) ergeben können. Beispiel: Tritt der Schaden zB in Schottland ein, gilt gemäß Art. 4 Abs. 1 schottisches Recht. Wie interlokale Konflikte im Vereinigten Königreich selbst gelöst werden, spielt keine Rolle.

10 **b) Rechtswahl (Art. 14).** Die kollisionsrechtliche „Verselbständigung" von Gebietseinheiten nach Art. 25 Abs. 1 hat Konsequenzen für eine nach Art. 14 Abs. 1 erlaubte Rechtswahl: Die Par-

---

[4] BeckOGK/*Prinz v. Sachsen Gessaphe* Rn. 10; BeckOK BGB/*Spickhoff* Rn. 2; Soergel/*Rauter* Rn. 9; Erman/*Stürner* Rn. 2; *Ebke* ZVglRWiss 109 (2010), 397 (437); *Hartley* Int. Comp. L. Q. 57 (2008), 899 (901).

[5] Erman/*Stürner* Rn. 2; PWW/*Schaub* Rn. 1; HK-BGB/*Dörner* Rn. 1; *Huber/Bach* IPRax 2005, 73 (83); *Kreuzer* in Reichelt/Rechberger EuropKollisionsR 13 (53); *Leible* in Reichelt, Europäisches Gemeinschaftsrecht und IPR, 2007, 31 (52).

[6] *Nietner,* Int. Entscheidungseinklang im europäischen Kollisionsrecht, 2016, 164 ff.; *Dickinson* The Rome II Regulation Rn. 3.41; *Leible/Engel* EuZW 2004, 7 (17).

teien können – ausdrücklich oder stillschweigend – das **Recht einer Gebietseinheit** wählen, zB das Recht Schottlands. Wenn eine auf das Recht eines Mehrrechtsstaates (zB des Vereinigten Königreichs) gerichtete Wahl nach Art. 14 Abs. 1 nicht spezifiziert ist, muss im Wege der Auslegung der Rechtswahlvereinbarung ermittelt werden, auf welche Teilrechtsordnung sich die parteiautonome Verweisung beziehen soll.[7]

IV. Interlokale Rechtskollisionen (Abs. 2)

Abs. 2 stellt klar, dass Staaten mit lokaler Rechtsspaltung nicht verpflichtet sind, die Kollisionsnormen der Rom II-VO auf interlokale Rechtskollisionen anzuwenden. Gemeint sind außervertragliche Schuldverhältnisse, die Verbindungen mit mehreren Gebietseinheiten desselben Staates (zB England und Schottland) aufweisen. Nach Abs. 2 kann der Mitgliedstaat (Art. 1 Abs. 4) autonom entscheiden, wie er die interlokale Rechtskollision auflöst und ist nicht gehalten, insoweit die Rom II-VO anzuwenden.[8] Da es in der Bundesrepublik Deutschland auf dem Gebiet der außervertraglichen Schuldverhältnisse keine lokale Rechtsspaltung gibt, spielt Abs. 2 für die Bundesrepublik Deutschland keine Rolle. **11**

Art. 26 Rom II-VO Öffentliche Ordnung im Staat des angerufenen Gerichts

Die Anwendung einer Vorschrift des nach dieser Verordnung bezeichneten Rechts kann nur versagt werden, wenn ihre Anwendung mit der öffentlichen Ordnung („ordre public") des Staates des angerufenen Gerichts offensichtlich unvereinbar ist.

Schrifttum: s. Vor Art. 1.

Übersicht

I. Allgemeines

1. Normzweck. Art. 26 normiert in Anlehnung an Art. 16 EVÜ[1] die **ordre public-Klausel** der Rom II-VO und schafft dadurch die Möglichkeit, die Anwendung ausländischen Rechts wegen Verstoßes gegen die öffentliche Ordnung des Forumstaats abzulehnen.[2] Die Vorschrift trägt nicht **1**

[7] BeckOGK/*Prinz v. Sachsen Gessaphe* Rn. 16 f.; BeckOK BGB/*Spickhoff* Rn. 3; Soergel/*Rauter* Rn. 10; Rauscher/*Picht* Rn. 7; *O. Meyer* RabelsZ 83 (2019), 721 (733); *Nietner,* Int. Entscheidungseinklang im europäischen Kollisionsrecht, 2016, 166; *Prinz v. Sachsen Gessaphe* in Deinert, Internationales Recht im Wandel, 2013, 163 (168).

[8] HK-BGB/*Dörner* Rn. 2; Erman/*Stürner* Rn. 3; *Nietner,* Int. Entscheidungseinklang im europäischen Kollisionsrecht, 2016, 166 ff.; *Christandl* JPIL 9 (2013), 219 (223); *Heiss/Loacker* JBl. 2007, 613 (646); *Junker* NJW 2007, 3675 (3681); zur Position des Vereinigten Königreichs bereits *Jayme/Kohler* IPRax 1990, 353 (358).

[1] KOM(2003) 427 endg., 31.

[2] BeckOGK/*Stürner* Rn. 2; BeckOK BGB/*Spickhoff* Rn. 1; Erman/*Stürner* Rn. 1; *v. Hein* in Baum ua, Perspektiven des Wirtschaftsrechts, 2008, 371 (395); *v. Hein* 82 Tul. L. Rev. 1663, 1694 (2008); *Kadner Graziano* RabelsZ 73 (2009), 1 (73); *Rushworth/Scott* Lloyd's M. C. L. Q. 2008, 274 (295 f.); ausf. *Mörsdorf-Schulte* ZVglRWiss 104 (2005), 192.

nur dem Umstand Rechnung, dass die Rom II-VO universale Geltung auch für **Drittstaatensachverhalte** beansprucht (Art. 3); sie ist auch deshalb erforderlich, weil das materielle Recht der außervertraglichen Schuldverhältnisse in den Mitgliedstaaten bislang nicht vereinheitlicht ist, und erheischt daher im **Binnenmarktsachverhalt** ebenfalls Anwendung.[3]

2 Die Anwendung des nach Art. 4–12, 14 ermittelten Rechts kann auch innerhalb der EU im Einzelfall zu einem Ergebnis führen, das grundlegenden Wertungen des inländischen Rechts zuwiderläuft.[4] Nach Art. 26 kann das Gericht die betreffende ausländische Rechtsnorm unangewendet lassen und die hierdurch entstehende Regelungslücke ggf. durch die *lex fori* schließen.[5] Die Vorbehaltsklausel des Art. 26 ist zurückhaltend anzuwenden. Das ergibt sich nicht nur aus dem Wortlaut („offensichtlich" unvereinbar) und den Materialien,[6] sondern auch aus dem **Erwägungsgrund 32,** wonach die Gerichte der Mitgliedstaaten (nur) „unter außergewöhnlichen Umständen" die ordre public-Klausel anwenden können.

3 **2. Entstehungsgeschichte.** Die Kodifikation des ordre public-Vorbehalts bildete einen der umstrittensten Punkte bei den Verhandlungen über die Rom II-VO.[7] Ausgelöst wurde die Kontroverse durch den **Kommissionsentwurf vom 22.7.2003** (→ Vor Art. 1 Rn. 17 ff.) der außer dem heutigen Art. 26 noch drei weitere ordre public-Vorschriften iwS enthielt.[8] Eine dieser drei weiteren ordre public-Bestimmungen war eine **spezielle Vorbehaltsklausel für Pressedelikte,**[9] die sich nach der Herausnahme außervertraglicher Schuldverhältnisse aus der Verletzung der Privatsphäre oder der Persönlichkeitsrechte aus dem Anwendungsbereich der Rom II-VO (Art. 1 Abs. 2 lit. g) erledigt hat.[10] Die Diskussion über die **beiden anderen speziellen Vorbehaltsklauseln** des Entwurfs vom 22.7.2003 beeinflusst jedoch auch heute noch die Auslegung und Anwendung des Art. 26.

4 **a) Sonderregel für Bestimmungen des Unionsrechts.** Nach einer im **Kommissionsentwurf vom 22.7.2003** vorgesehenen speziellen Vorbehaltsklausel sollte die Rom II-VO nicht die Anwendung der Bestimmungen des Unionsrechts berühren, „die der Anwendung der *lex fori* oder des in dieser Verordnung bezeichneten Rechts entgegenstehen".[11] Dieser Vorschlag beruhte auf der Vorstellung der EU-Kommission, dass die wesentlichen Grundsätze des Unionsrechts („unionsrechtlicher ordre public") nicht von dem heutigen Art. 26 geschützt seien, so dass man **zwei ordre public-Klauseln** benötige: den nationalen (= mitgliedstaatlichen) und den europäischen (= unionsrechtlichen) ordre public. Vorbehaltsklauseln, die sich allein auf das **innerstaatliche Recht** eines Staates gründeten, seien von jenen Vorbehaltsklauseln zu unterscheiden, die sich aus dem **Unionsrecht** ergäben.[12]

5 Diese Vorstellung ist jedoch irrig: Der unionsrechtliche, dh auf Europarecht beruhende (nicht: der „gemeineuropäische") ordre public ist ohne weiteres **Bestandteil des Rechts der Mitgliedstaaten:** Das Unionsrecht gilt in den Mitgliedstaaten und bildet damit ein integrales Element des mitgliedstaatlichen Rechts. Am Ende hat sich deshalb die Ansicht durchgesetzt, eine spezielle Vorbehaltsklausel zugunsten des unionsrechtlichen ordre public sei als überflüssig und irreführend ersatzlos zu streichen.[13] Im Rahmen des Art. 26 können daher auch wesentliche Grundsätze des Unionsrechts – als Bestandteil der öffentlichen Ordnung des Gerichtsstaats – der Anwendung ausländischen, insbesondere drittstaatlichen Rechts entgegenstehen.[14]

---

[3] *R. Wagner* FS Kropholler, 2008, 715 (722).

[4] *A. Fuchs* GPR 2004, 100 (105); *v. Hein* ZVglRWiss 102 (2003), 528 (549 f.); *Huber/Bach* IPRax 2005, 73 (82); *Leible/Engel* EuZW 2004, 7 (17); *Sonnentag* ZVglRWiss 105 (2006), 256 (308); *G. Wagner* IPRax 2006, 372 (388).

[5] KOM(2003) 427 endg., 31.

[6] KOM(2003) 427 endg., 31.

[7] Ausf. *v. Hein* VersR 2007, 440 (445 f.); *Jayme/Kohler* IPRax 2003, 485 (494); *G. Wagner* IPRax 2008, 1 (16); *R. Wagner* FS Kropholler, 2008, 715 (725).

[8] Krit. *v. Hein* ZVglRWiss 102 (2003), 528 (549 f.); *Huber/Bach* IPRax 2005, 73 (82); *Kreuzer* in Reichelt/Rechberger EuropKollisionsR 13 (53 ff.); zum auslandsrechtlichen Hintergrund *Kadner Graziano* RabelsZ 73 (2009), 1 (73).

[9] Art. 6 Abs. 1 Kommissionsentwurf vom 22.7.2003 lautet: „Auf außervertragliche Schuldverhältnisse, die aus einer Verletzung der Privatsphäre oder der Persönlichkeitsrechte entstanden sind, findet das Recht des Ortes des angerufenen Gerichts *(lex fori)* Anwendung, wenn die Anwendung des nach Art. 3 bezeichneten Rechts mit den wesentlichen Grundsätzen der *lex fori* in Bezug auf Meinungs- und Informationsfreiheit unvereinbar wäre.".

[10] *v. Hein* ZVglRWiss 102 (2003), 528 (558); *Junker* RIW 2010, 257 (259); *Kreuzer* in Reichelt/Rechberger EuropKollisionsR 13 (38 ff.).

[11] KOM(2003) 427 endg., 42 f. zu Art. 23 Abs. 1 dritter Spiegelstrich.

[12] KOM(2003) 427 endg., 31.

[13] *Kreuzer* in Reichelt/Rechberger EuropKollisionsR 13, 53, 55; s. auch *v. Hein* VersR 2007, 440 (451).

[14] BeckOK BGB/*Spickhoff* Rn. 2; *v. Hein* ZVglRWiss 102 (2003), 528 (550).

b) Nicht auf Ausgleich gerichteter Schadensersatz. Schließlich enthielt der **Kommissionsentwurf vom 22.7.2003** „nach dem Vorbild des Art. 40 Abs. 3 EGBGB"[15] eine spezielle ordre public-Norm mit der Überschrift „Nicht auf Ausgleich gerichteter Schadensersatz". Sie diente zur Abwehr einer über den Ausgleich des entstandenen Schadens hinausgehenden Entschädigung, insbesondere in Form eines Schadensersatzes mit **Strafcharakter** oder eines Schadensersatzes mit **abschreckender Wirkung.** Die deutsche Lit. zu diesem Vorschlag[16] spiegelt in etwa die rechtspolitische Diskussion um Art. 40 Abs. 3 EGBGB wider, die Anfang dieses Jahrhunderts geführt wurde.[17] Die Kommission stellte in der Begründung heraus, die vorgeschlagene spezielle ordre public-Klausel sei nicht gegen ein bestimmtes Rechtssystem gerichtet, sondern solle den – in zahlreichen schriftlichen Beiträgen im Laufe der Konsultation geäußerten – Bedenken Rechnung tragen, dass Rechtsvorschriften eines Drittstaates zur Anwendung gelangen könnten, die einen Anspruch auf Schadensersatz anerkennen, dessen Zweck über dem Ersatz des entstandenen Schadens hinausgeht.[18] 6

In ihrem **Geänderten Vorschlag vom 21.2.2006** (→ Vor Art. 1 Rn. 18 ff.) griff die Kommission die von deutscher Seite geäußerte Anregung auf,[19] die spezielle ordre public-Vorschrift zur Abwehr eines nicht auf Ausgleich gerichteten Schadensersatzes in die allgemeine ordre public-Klausel zu integrieren. Der heutige Art. 26 wurde folglich um einen zweiten Satz ergänzt, der wie folgt lautete: „Als mit der öffentlichen Ordnung des Staates des angerufenen Gerichts unvereinbar kann nach dieser Verordnung insbesondere ein Recht angesehen werden, das eine über den Ausgleich des entstandenen Schadens hinausgehende Entschädigung in unverhältnismäßiger Höhe zur Folge hätte."[20] 7

Dieser Vorschlag stieß im Rat auf den erbitterten Widerstand des Vereinigten Königreichs, das die besondere Vorbehaltsklausel als einen Affront gegen die in diesem Mitgliedstaat bekannten „exemplary damages" ansah.[21] Im **Gemeinsamen Standpunkt vom 25.9.2006** (→ Vor Art. 1 Rn. 20 f.) sprach sich der Rat mehrheitlich gegen jegliche Sonderregelung zum exorbitanten Schadensersatz aus,[22] während das Europäische Parlament an einer Sonderbestimmung festhielt.[23] Im **Vermittlungsverfahren,** durchgeführt vom 15.5. bis zum 25.6.2007 (→ Vor Art. 1 Rn. 23 ff.), einigten sich Rat und Parlament schließlich im Wege des Kompromisses darauf, die „Kann-Bestimmung" des Geänderten Vorschlags vom 21.2.2006 – im Wortlaut etwas ausgeschmückt – als **Erwägungsgrund 32** in die Verordnung aufzunehmen. Danach kann die Anwendung ausländischen Rechts, das zur Zahlung eines unangemessenen Schadensersatzes mit abschreckender Wirkung oder eines Strafschadensersatzes führen würde, „je nach der Rechtsordnung des Mitgliedstaats des angerufenen Gerichts" als ordre public-widrig verworfen werden[24] (→ Rn. 23 ff.). 8

3. Verhältnis zum deutschen Recht. Art. 26 iVm Erwägungsgrund 32 knüpft nahtlos an das deutsche IPR der außervertraglichen Schuldverhältnisse an: Ebenso wie nach Art. 26 Rom II-VO war auch bisher schon nach **Art. 6 EGBGB** der gemeinschaftsrechtliche (unionsrechtliche) ordre public als Bestandteil des mitgliedstaatlichen Rechts heranzuziehen (und nicht nur das – der Rechtsquelle nach – deutsche Recht).[25] Da **Erwägungsgrund 32** nicht bloß unverbindliches Motiv, sondern integraler Bestandteil der Verordnung ist, hat auch **Art. 40 Abs. 3 Nr. 1, 2 EGBGB** eine Entsprechung in der Rom II-VO gefunden[26] (zur Fortgeltung der Art. 6, 40 Abs. 3 EGBGB bei Nuklearschäden und Persönlichkeitsrechtsverletzungen → EGBGB Art. 6 Rn. 278). 9

---

[15] KOM(2003) 427 endg., 32; dazu *v. Hein* VersR 2007, 440 (445); *Kreuzer* in Reichelt/Rechberger EuropKollisionsR 13 (54): „Europäisierung einer speziellen mitgliedstaatlichen ordre public-Norm".

[16] Befürwortend *Kreuzer* in Reichelt/Rechberger EuropKollisionsR 13 (53 f.); *Fricke* VersR 2005, 726 (739); *Huber/Bach* IPRax 2005, 73 (82); *Leible/Engel* EuZW 2004, 7 (17); krit. *v. Hein* ZVglRWiss 102 (2003), 528 (549): überflüssig, weil Inhalt bereits im allgemeinen ordre public enthalten; *A. Fuchs* GPR 2004, 100 (104): zu weitgehend; abl. *Mörsdorf-Schulte* ZVglRWiss 104 (2005), 192 (254).

[17] Zu Art. 40 Abs. 3 EGBGB *Dethloff* FS Stoll, 2001, 481; *Hay* FS Stoll, 2001, 521; *Junker* RIW 2000, 241 (249); *Kropholler/v. Hein* FS Stoll, 2001, 553.

[18] KOM(2003) 427 endg., 32.

[19] *Kreuzer* in Reichelt/Rechberger EuropKollisionsR 13 (54).

[20] KOM(2006) 83 endg. = IPRax 2006, 404 (412).

[21] *Stone* ELF 2004, I-213 (I-224); zur brit. Position auch *v. Hein* VersR 2007, 440 (445); *Kadner Graziano* RabelsZ 73 (2009), 1 (73); *G. Wagner* IPRax 2006, 372 (388).

[22] ABl. EU 2006 C 289 E, 68.

[23] *v. Hein* VersR 2007, 440 (446); *R. Wagner* FS Kropholler, 2008, 715 (727).

[24] Ausf. *R. Wagner* FS Kropholler, 2008, 715 (727).

[25] *Kreuzer* in Reichelt/Rechberger EuropKollisionsR 13, 53, 55; *Leible/Lehmann* RIW 2007, 721 (734) m. Fn. 152.

[26] BeckOGK/*Stürner* Rn. 45 ff.; BeckOK BGB/*Spickhoff* Rn. 1; Erman/*Stürner* Rn. 1; *Junker* NJW 2007, 3675 (3682); *Leible/Lehmann* RIW 2007, 721 (734 f.); *G. Wagner* IPRax 2008, 1 (16).

10 **4. Verhältnis zur Rom I-VO.** Art. 26 hat eine wortgleiche Entsprechung in **Art. 21 Rom I-VO.** Auch diese Vorbehaltsklausel soll nach dem **Erwägungsgrund 37 zur Rom I-VO** nur „unter außergewöhnlichen Umständen" zur Anwendung kommen. Beide Vorschriften basieren auf Art. 14 EVÜ, und auch sonst ergeben sich zahlreiche Parallelen.[27]

II. Anwendungsbereich

11 **1. Schutznormen der Rom II-VO.** In der Rom II-VO finden sich einige Bestimmungen, die dem freien Spiel der kollisionsrechtlichen Kräfte (meist zur Durchsetzung materiell-rechtlicher Interessen) Einhalt gebieten und dadurch den praktischen Anwendungsbereich des ordre public einschränken: **Art. 7** gibt dem Geschädigten im Fall einer Umweltschädigung ein Optionsrecht, das er nach materiell-rechtlichen Erwägungen ausüben kann. **Art. 14 Abs. 2, 3** verhilft im reinen Inlands- bzw. Binnenmarktsachverhalt bestimmten zwingenden Vorschriften zum Durchbruch. **Art. 17** erlaubt die Berücksichtigung von Sicherheits- und Verhaltensregeln, die am Ort und zurzeit des schadensbegründenden Ereignisses in Kraft sind. **Art. 18** schließlich verwirklicht ein kollisionsrechtliches Günstigkeitsprinzip.

12 Die vorgenannten Vorschriften können **in der Theorie** den Anwendungsbereich des Art. 26 auch ausdehnen, zB im Hinblick darauf, dass im Fall einer Umweltschädigung die Anwendung des nach Art. 7 gewählten Rechts des Handlungsorts (anders als das nach Art. 4 Abs. 1 berufene Recht des Erfolgsortes) gegen den ordre public des Forumstaats verstoßen könnte. **In der Praxis** werden diese an materiell-rechtlichen Überlegungen ausgerichteten Vorschriften jedoch eher dazu führen, einen Widerspruch zu öffentlichen Interessen des Gerichtsstaats zu vermeiden, indem sie von vornherein kein ordre public-widrige Rechtsanwendungssituation entstehen lassen.[28]

13 **2. Verhältnis zu Eingriffsnormen.** Der innere Zusammenhang mit **Art. 16** wird bereits in **Erwägungsgrund 32** hergestellt. Die beiden Rechtsinstitute entfalten ihre Wirkung in unterschiedlichen Stadien der kollisionsrechtlichen Prüfung: Nach Art. 16 berührt die Rom II-VO nicht die Anwendung der international zwingenden Bestimmungen des Forumstaates. Es kommt insoweit nicht zu einer kollisionsrechtlichen Verweisung, sondern die Eingriffsnormen erhalten im Wege der **Sonderanknüpfung** den Vorrang vor den allseitigen Kollisionsnormen der Rom II-VO. Nach **Art. 26** kann die Anwendung des Rechts, das nach den allseitigen Kollisionsnormen der Rom II-VO ermittelt wurde, vom Gericht abgelehnt werden, wenn sie im konkreten Fall mit der öffentlichen Ordnung des Gerichtsstaats offensichtlich unvereinbar ist. Es erfolgt also erst nach der Anwendung der Art. 4–12, 14 eine Prüfung des anzuwendenden ausländischen Rechts (→ EGBGB Art. 6 Rn. 117). Diese Prüfung ist darauf gerichtet, ob das Ergebnis der konkreten Rechtsanwendung mit der öffentlichen Ordnung des Forumstaates offensichtlich unvereinbar ist[29] **(Ergebniskorrektur).**

III. Voraussetzungen

14 **1. Prüfung von Amts wegen.** Art. 26 erlaubt eine Ergebniskorrektur, wenn vor einem deutschen Gericht **Ansprüche** nach ausländischem Recht geltend gemacht oder **Einwendungen** nach ausländischem Recht vorgebracht werden. Im Verfahren muss sich eine Partei nicht auf die Anwendung des Art. 26 berufen. Der ordre public-Vorbehalt ist – wie auch nach deutschem IPR (Art. 40 Abs. 3 EGBGB) – **von Amts wegen anzuwenden**[30] (→ EGBGB Art. 40 Rn. 113 ff.). Das Europäische Parlament hatte im Verfahren der Mitentscheidung (Erste Lesung) vorsehen wollen, dass der Vorbehalt des ordre public nur auf Antrag einer Partei zu berücksichtigen sei, wenn das nach der Rom II-VO als anwendbar bestimmte Recht das Recht eines Mitgliedstaates sei.[31] Kommission und Rat hielten diesem Vorschlag zu Recht entgegen, dass es Aufgabe des Gerichts sei, über die Einhaltung der rechtlichen Grundwerte des Forumstaates zu wachen. Gerade diese Aufgabe des Gerichts könne schwerlich von einem Antrag der Parteien abhängig sein.[32]

---

[27] BeckOGK/*Stürner* Rn. 9; Soergel/*Boscheinen-Duursma* Rn. 6; Erman/*Stürner* Rn. 1; *Leible/Lehmann* RIW 2008, 528 (543).

[28] BeckOK BGB/*Spickhoff* Rn. 3; Rauscher/*Picht* Rn. 3; *Leible/Lehmann* RIW 2008, 528 (543) zu Art. 21 Rom I-VO.

[29] BeckOGK/*Stürner* Rn. 6; Soergel/*Boscheinen-Duursma* Rn. 51; Erman/*Stürner* Rn. 3; HK-BGB/*Dörner* Rn. 1; *Ebke* ZVglRWiss 109 (2010), 397 (442).

[30] BeckOGK/*Stürner* Rn. 39; BeckOK BGB/*Spickhoff* Rn. 1; *Leible* RIW 2008, 257 (263); *Leible/Lehmann* RIW 2007, 721 (734).

[31] Legislative Entschließung des Europäischen Parlaments vom 6.7.2005, P6-TA (2005) 284 = IPRax 2006, 413 (417 f.) zu Art. 24 Abs. 4.

[32] Geänderter Vorschlag vom 21.2.2006, KOM(2006) 83 endg., abgedruckt in IPRax 2006, 404 (405) (Abänderung 50); s. dazu *Leible/Lehmann* RIW 2007, 721 (734).

2. Prüfungsgegenstand. a) Ausländisches Recht. Gemäß Art. 26 kann die Anwendung einer Vorschrift „des nach der Rom II-VO bezeichneten Rechts" versagt werden. Prüfungsgegenstand ist ausländisches Recht, das **nach der Rom II-VO zur Anwendung berufen** ist. Die fraglichen Ansprüche müssen somit als privatrechtlich iSd Art. 1 Abs. 1 S. 1 (Zivil- und Handelssachen) zu qualifizieren sein.[33] Das ist auch bei einem Anspruch zwischen Privaten, der pönale Zwecke verfolgt (zB *punitive damages* in den USA, *astreinte* in Frankreich), grundsätzlich der Fall: **Erwägungsgrund 32** impliziert eine privatrechtliche Qualifikation solcher Ansprüche.[34] Eine Ausnahme ist denkbar, wenn die Entschädigungszahlung nicht dem Verletzten zukommt, sondern dem Staat oder einer sog. gemeinnützigen Organisation.[35] Die Abgrenzung ist einzelfallbezogen unter Berücksichtigung des mit der Zahlung verfolgten Zwecks vorzunehmen. 15

Beispiele:
Die Rspr. beschäftigen vor allem solche Fälle, in denen nach dem Deliktsstatut **Schmerzensgeld** zugesprochen wird, das nach britischer oder italienischer Rechtsvorstellung als unanständig gering angesehen wird.[36] Ein deutsches Gericht hatte sich demgegenüber mit der Frage zu befassen, ob eine vom österreichischen Recht vorgesehene Beteiligung eines **Erbensuchers** (GoA, Art. 11) von 30% des Nachlasswertes gegen die Garantie von Eigentum und Erbrecht verstößt (Art. 14 GG).[37] Deutsche Entscheidungen handeln von den Fragen, ob ein Anspruch auf Ersatz der Heilungskosten ohne Rücksicht darauf, ob der Verletzte sich einer Heilbehandlung unterziehen will **(fiktive Behandlungskosten),** gegen den ordre public verstößt,[38] oder ob die einjährige Verjährungsfrist des pakistanischen Rechts einen ordre public-Verstoß begründet.[39] Deliktische Ansprüche auf eine **fünffache** Maut bei Nutzung einer ungarischen Autobahn ohne Vignette soll nach dem Rechtsgedanken des Art. 40 Abs. 3 Nr. 1, 2 EGBGB gegen den deutschen ordre public verstoßen.[40]

b) Voraussetzungen oder Einwendungen. Während die spezielle Vorbehaltsklausel des deutschen Rechts (Art. 40 Abs. 3 Nr. 1, 2 EGBGB) nur Ansprüche aus unerlaubter Handlung betrifft, erfasst Art. 26 entsprechend dem weiteren Anwendungsbereich der Rom II-VO alle **Ansprüche aus außervertraglichen Schuldverhältnissen.** In der Praxis geht es vor allem um Ansprüche aus unerlaubter Handlung (s. Art. 4–9, 14).[41] Wegen des Prinzips der Einheit des Deliktsstatuts, das nicht nur die Anspruchsbegründung, sondern auch Einwendungen und Einreden des Anspruchsgegners umfasst (Art. 15), sind Kontrollgegenstände in der Regel **Ansprüche nach ausländischem Recht.** Können jedoch ausnahmsweise gegenüber einem nach deutschem Recht begründeten Anspruch **Einwendungen nach ausländischem Recht** geltend gemacht werden, oder ist sonst im Rechtsstreit ausländisches Recht anzuwenden oder zu berücksichtigen, kann Art. 26 auch bei Ansprüchen nach deutschem Recht zum Zuge kommen. Gegenüber ausländischen **Sicherheits- und Verhaltensregeln,** die nach Art. 17 zu berücksichtigen sind, spielt die ordre public-Kontrolle keine Rolle, da die inländische öffentliche Ordnung bereits in die Angemessenheitskontrolle nach Art. 17 einfließen kann (→ Art. 17 Rn. 27 f.). 16

3. Prüfungsmaßstab. Der Prüfungsmaßstab ist die öffentliche Ordnung „im Staat des angerufenen Gerichts" (Überschrift des Art. 26) bzw. „des Staates des angerufenen Gerichts" (Normtext des Art. 26). Der Kommissionsentwurf vom 22.7.2003 hatte die Formulierung „am Ort des Gerichtsstands" gewählt,[42] wobei nicht ganz klar war, ob die öffentliche Ordnung jedes Staates berufen sein sollte, in welchem ein Gerichtsstand für den geltend gemachten Anspruch gegeben ist (vgl. Art. 2 ff. Brüssel Ia-VO). Diese Formulierungsidee wurde jedoch im Verlauf des Verordnungsgebungsverfahrens verworfen: Es geht in Art. 26 um die am Ort des erkennenden Gerichts herrschenden rechtlichen Grundwertungen; die ordre public-Kontrolle hat mit dem Gerichtsstand iSd IZPR nichts zu tun.[43] 17

---

33 Insoweit zutr. *Mörsdorf-Schulte* ZVglRWiss 104 (2005), 192 (221); zum dt. IPR Staudinger/*v. Hoffmann,* 2007, EGBGB Vor Art. 40 Rn. 51–53.

34 Zum dt. IPR Begr. RegE, BR-Drs. 759/98, 28 f. = BT-Drs. 14/343, 12; Staudinger/*v. Hoffmann,* 2007, EGBGB Art. 40 Rn. 52 aE; aA *Mörsdorf-Schulte* ZVglRWiss 104 (2005), 192 (255): punitive damages unterfallen nicht dem Anwendungsbereich der Rom II-VO.

35 Zu dieser Praxis im US-amerikanischen Recht *Bungert* ZIP 1992, 1707 (1709); *Stürner/Stadler* IPRax 1990, 157 (160).

36 Cox v. ERGO Versicherung AG [2014] United Kingdom Supreme Court Reports 22; besprochen von *G. Wagner* ZEuP 2015, 869 (878 ff.); Cassazione Civile sez. III, 22.8.2013 n. 19403; besprochen von *Gebauer* JbItalR 27 (2014), 57 (70).

37 Verneinend LG München I IPRax 2014, 438 (443); zust. *Looschelders* IPRax 2014, 406 (411).

38 Verneinend BGHZ 118, 312 (331) = NJW 1992, 3096 (zu § 328 Abs. 1 Nr. 4 ZPO).

39 Verneinend OLG Hamm NJW 2019, 3527 Rn. 22 = EWiR 2019, 739 mAnm Mankowski.

40 LG München I BeckRS 2021, 1048 = NJOZ 2021, 1457 = DAR 2021, 213 Rn. 30 ff., 35.

41 *Junker* NJW 2007, 3675 (3682); *Heiss/Loacker* JBl. 2007, 613 (645); *Sack* WRP 2008, 845 (862); *G. Wagner* IPRax 2008, 1 (16).

42 KOM(2003) 427 endg., 31.

43 *Kreuzer* in Reichelt/Rechberger EuropKollisionsR 13 (53).

18 **4. Begriff der öffentlichen Ordnung.** Während Art. 6 EGBGB „wesentliche Grundsätze des deutschen Rechts" schützt,[44] ist in Art. 26 von der „öffentlichen Ordnung (ordre public)" des Forumstaats die Rede. Der Unterschied zwischen den beiden Vorschriften liegt nicht in der **Wortwahl,** sondern in der **Rechtsquelle:** Während die deutsche Rspr. die „Hüterin" des ordre public-Begriffs des Art. 6 EGBGB ist, muss bei der Auslegung und Anwendung des Art. 26 die Rspr. des EuGH beachtet werden.[45] Der Gerichtshof hat unter Geltung des EuGVÜ – übertragbar auf die Brüssel Ia-VO – erklärt, dass der Begriff der öffentlichen Ordnung ein Begriff des einzelstaatlichen Rechts sei und es „nicht Sache des Gerichtshofes ist, den Inhalt der öffentlichen Ordnung eines Vertragsstaats zu definieren", aber er habe „über die Grenzen zu wachen, innerhalb derer sich das Gericht eines Vertragsstaats auf diesen Begriff stützen darf, um der Entscheidung eines Gerichts eines anderen Vertragsstaats die Anerkennung zu versagen".[46]

19 **a) Unionsrechtliche Vorgaben.** Als Teil des Verordnungstextes unterliegt der Begriff der öffentlichen Ordnung der **Auslegung durch den EuGH.** Der EuGH legt die Grenzen fest, innerhalb derer die Mitgliedstaaten den Inhalt ihrer öffentlichen Ordnung festlegen und ausländischen Rechtsnormen unter Berufung auf den ordre public die Anwendung versagen können.[47]

20 Der ordre public umfasst in der **Rechtsprechung des EuGH** nationale Vorschriften, „deren Einhaltung als so entscheidend für die Wahrung der politischen, sozialen oder wirtschaftlichen Organisation des betreffenden Mitgliedstaats angesehen wird, dass ihre Beachtung für alle Personen, die sich im nationalen Hoheitsgebiet dieses Mitgliedstaats befinden, und für jedes dort lokalisierte Rechtsverhältnis vorgeschrieben ist".[48] Mit dem in Deutschland herrschenden Ausgleichsprinzip des Schadensersatzrechts können somit **Schadensersatzpauschalierungen** bzw. **Haftungsobergrenzen,** wie sie zB das dänische Haftungsrecht[49] oder das spanische Recht (in Gestalt des baremo)[50] vorsieht, nach Maßgabe aller Umstände des Einzelfalls unvereinbar sein.

21 **b) Unionsrechtliche Verflechtungen.** Im Verhältnis zu anderen Mitgliedstaaten ist die Handhabung des ordre public-Vorbehalts am Ziel der **europäischen Integration** auszurichten: Maßstab bleibt zwar die jeweilige (mitgliedstaatliche) *lex fori;* sie ist aber in ihren unionsrechtlichen Verflechtungen zu sehen,[51] dh im Zusammenhang mit den Grundfreiheiten des AEUV, den Grundrechten der **GRCh** und den in der EMRK verbürgten Menschenrechten.[52] Deshalb darf der nationale ordre public nicht zur Erreichung integrationswidriger Ziele (zB unter Verstoß gegen die Grundfreiheiten) eingesetzt werden.[53]

22 **5. Erforderliche Inlandsbeziehung.** Ebenso wie die allgemeine Vorbehaltsklausel des Art. 6 EGBGB und die besondere Vorbehaltsklausel des Art. 40 Abs. 3 Nr. 1, 2 EGBGB[54] verlangt auch die ordre public-Vorschrift des Art. 26 einen **hinreichenden Inlandsbezug** des Sachverhalts.[55] Die erforderliche Inlandsbeziehung liegt zB vor, wenn der Schädiger oder der Geschädigte die deutsche Staatsangehörigkeit oder seinen gewöhnlichen Aufenthalt in der Bundesrepublik Deutschland hat. Auch der Lageort des geschützten Rechtsguts kann einen Inlandsbezug begründen. Die Inlandsbeziehung des Sachverhalts und die Schwere des Verstoßes gegen die öffentliche Ordnung stehen in einem wechselseitigen Verhältnis: Je schwächer der Inlandsbezug, desto stärker muss die Abweichung von den Grundwerten des deutschen Rechts sein und umgekehrt (sog. **Relativität des ordre public**).

---

[44] Begr. RegE, BT-Drs. 10/504, 42: „Den Kernbestand der inländischen Rechtsordnung".

[45] KOM(2003) 427 endg., 31; ausf. BeckOK BGB/*Spickhoff* Rn. 2; Erman/*Stürner* Rn. 2.

[46] EuGH Slg. 2000, I-2973 Rn. 28 – Renault/Maxicar; EuZW 2012, 912 Rn. 53 – Trade Agency, EuZW 2015, 76 Rn. 47 – Lithuanian Airlines/Air Baltic; EuZW 2015, 713 Rn. 42 – Diageo Brands; EuZW 2016, 713 Rn. 54 – Meroni.

[47] Zum anerkennungsrechtlichen ordre public iSd Brüssel Ia-VO s. EuGH NJW 2000, 1853 = IPRax 2000, 406 m. Aufs. *Piekenbrock* IPRax 2000, 364 – Krombach/Bamberski; NJW 2000, 2185 = IPRax 2001, 328 m. Aufs. *Heß* IPRax 2001, 301 – Renault/Maxicar; NJW 2009, 1938 = IPRax 2010, 164 m. Aufs. *Cuniberti* IPRax 2010, 148 Rn. 27 – Gambazzi/DaimlerChrysler; EuGRZ 2009, 210 Rn. 59 – Apostolides/Orams.

[48] EuGH EuZW 2000, 88 Rn. 30 – Arblade; ausf. *Junker* IPR § 15 Rn. 61, 62.

[49] *Spickhoff* FS Kropholler, 2008, 671 (689).

[50] *Kadner Graziano/Oertel* ZVglRWiss 107 (2008), 113 (147).

[51] BeckOGK/*Stürner* Rn. 21 ff.; jurisPK-BGB/*Engel* Rn. 5; BeckOK BGB/*Spickhoff* Rn. 2; *Leible/Lehmann* RIW 2007, 721 (734).

[52] BeckOGK/*Stürner* Rn. 27 ff.; *Junker* ZfA 44 (2013), 91 (99 ff., 124 ff.); *Junker* EuZA 2013, 223; *Kreuzer* in Reichelt/Rechberger EuropKollisionsR 13 (55).

[53] BeckOK BGB/*Spickhoff* Rn. 2; *Martiny* FS Sonnenberger, 2004, 523 (533).

[54] Erman/*Stürner* EGBGB Art. 40 Rn. 2; *Dethloff* FS Stoll, 2001, 481 (484); *Junker* RIW 2000, 241 (249); *v. Hoffmann* IPRax 1996, 1 (8); *Hohloch/Jaeger* JuS 2000, 1133 (1135); *Spickhoff* NJW 1999, 2209 (2213); *A. Staudinger* DB 1999, 1589 (1592); *Vogelsang* NZV 1999, 497 (501).

[55] BeckOK BGB/*Spickhoff* Rn. 1; PWW/*Mörsdorf-Schulte* Rn. 2.

6. Nicht auf Ausgleich gerichteter Schadensersatz. Als Regelbeispiel für die Anwendung des Art. 26 nennt **Erwägungsgrund 32** den unangemessenen („exorbitanten") Schadensersatz (zur Entstehungsgeschichte dieser Regelung → Rn. 6 ff.). Unangemessen ist nach **Erwägungsgrund 32** ein Schadensersatz, der über den Ausgleich des entstandenen Schadens hinausgeht und entweder abschreckende Wirkung entfalten oder Strafzwecke erfüllen soll. So überzeugend der Ansatz des Verordnungsgebers ist, den wichtigsten Anwendungsfall der ordre public-Klausel als Regelbeispiel aufzuführen, so wenig überzeugend ist die Beschränkung auf „unangemessener Schadensersatz plus Abschreckungswirkung oder Strafzweck":[56] Wenn eine ausländische Rechtsordnung willkürlich – dh ohne erkennbaren (Abschreckungs- oder Straf-) Zweck – dem Geschädigten Ansprüche zugesteht, die über den Ausgleich des entstandenen Schadens hinausgehen, ist der mögliche ordre public-Verstoß nicht geringer. 23

Auf der anderen Seite ist auch der **deutsche Gesetzeswortlaut des** Art. 40 Abs. 3 EGBGB, der bei der Formulierung des **Erwägungsgrundes 32** Pate gestanden hat (→ Rn. 9), nicht über jeden Zweifel erhaben: Ein Anspruch, der weiter geht als zur angemessenen Entschädigung des Verletzten erforderlich (Art. 40 Abs. 3 Nr. 1 EGBGB), dient, wenn er nicht zwecklos ist, notwendigerweise anderen Zwecken als einer angemessenen Entschädigung des Verletzten (Art. 40 Abs. 3 Nr. 2 EGBGB). Entgegen den Vorstellungen des deutschen Gesetzgebers[57] lassen sich also auch die beiden Fallgruppen des Art. 40 Abs. 3 EGBGB dogmatisch nicht klar trennen.[58] 24

Es ist daher letztlich nicht auf die **Formulierungen** der speziellen ordre public-Kontrolle, sondern auf ihren Anlass und ihr **Regelungsziel** abzustellen: Zum einen soll der Fall erfasst sein, dass die ausländische Rechtsnorm zwar grundsätzlich der Entschädigung des Verletzten dient, aber durch ihre Ausgestaltung und Anwendung im konkreten Fall – zB durch eine Verdreifachung der Schadensersatzsumme **(treble damages)** – zu einer Verurteilung des Ersatzpflichtigen in exorbitanter Höhe führen würde und dadurch den Entschädigungszweck verfehlt.[59] Zum anderen soll der Fall erfasst werden, dass es der ausländischen Rechtsnorm (zB einer solchen über **punitive damages**) – neben oder anstelle einer angemessenen Entschädigung des Verletzten – in einem Maße um Bestrafung, Abschreckung oder Erziehung geht, das nach inländischen Rechtsvorstellungen nicht toleriert werden kann.[60] 25

Bei der Anwendung der vorstehenden Grundsätze im Rahmen des Art. 26 muss bedacht werden, dass die gegen Art. 24 Kommissionsentwurf vom 22.7.2003[61] (→ Rn. 6) in der Lit. geäußerte Kritik[62] den **Erwägungsgrund 32** nicht trifft: Während die deutsche Vorbehaltsklausel als „Kappungsgrenze" formuliert ist (Art. 40 Abs. 3 EGBGB: „soweit"), war Art. 24 des Kommissionsentwurfs nach seinem Wortlaut einem „alles oder nichts"-Prinzip verpflichtet, basierend auf der These, dass ein überkompensatorischer Schadensersatz mit der öffentlichen Ordnung der Gemeinschaft nicht vereinbar sei. Dass diese These nicht haltbar ist, ist vielfach dargelegt worden,[63] und zwar nicht nur unter Hinweis auf die *exemplary damages* des englischen Rechts,[64] sondern auch unter Bezugnahme auf die Rspr. des EuGH zur „wirklich abschreckenden Wirkung" von Ersatzansprüchen in Diskriminierungsfällen.[65] Art. 24 Kommissionsentwurf war nichts anderes als eine misslungene Adaptation eines richtigen, in Art. 40 Abs. 3 Nr. 1, 2 EGBGB niedergelegten Rechtsgedankens. 26

Erwägungsgrund 32 mit seiner offenen Formulierung („kann … als mit der öffentlichen Ordnung unvereinbar angesehen werden") und dem expliziten Verweis auf die Rechtsordnung des Forumstaates ist demgegenüber eine Rückkehr zu der Regelung des Art. 40 Abs. 3 Nr. 1, 2 EGBGB, so dass die zu dieser Vorschrift entwickelten Grundsätze (→ EGBGB Art. 40 Rn. 117) bei der Anwendung des Art. 26 herangezogen werden können. Danach ist der durch **Erwägungsgrund 32** konkretisierte ordre public zwar nicht gegen eine spezielle Rechtsordnung gerichtet und kann auch einschlägig sein, wenn das Recht eines Mitgliedstaats die *lex causae* des außervertraglichen 27

56 S. auch *v. Hein* 82 Tul. L. Rev. 1663, 1695 (2008): „ill-advised proposal".

57 Begr. RegE, BR-Drs. 759/98, 29 = BT-Drs. 14/343, 12.

58 *Hay* 47 Am. J. Comp. L. 633, 641 (1999); *Kropholler/v. Hein* FS Stoll, 2001, 553 (565 ff.).

59 Staudinger/*v. Hoffmann,* 2007, EGBGB Art. 40 Rn. 418; *Kreuzer* RabelsZ 65 (2001), 383 (430).

60 Staudinger/*v. Hoffmann,* 2007, EGBGB Art. 40 Rn. 419.

61 KOM(2003) 427 endg., 43, Art. 24: „Die Anwendung einer Norm des nach dieser Verordnung bezeichneten Rechts, die zur Folge hätte, dass eine über den Ausgleich des entstandenen Schadens hinausgehende Entschädigung etwa in Form eines Schadensersatzes mit Strafcharakter oder mit abschreckender Wirkung zugesprochen werden könnte, ist mit der öffentlichen Ordnung der Gemeinschaft nicht vereinbar.".

62 *A. Fuchs* GPR 2004, 100 (105); *v. Hein* ZVglRWiss 102 (2003), 528 (549 f.); *Sonnentag* ZVglRWiss 105 (2006), 256 (309); *G. Wagner* IPRax 2006, 372 (388).

63 *v. Hein* ZVglRWiss 102 (2003), 528 (550); *v. Hein* VersR 2007, 440 (445); *G. Wagner* IPRax 2006, 372 (389); *G. Wagner* IPRax 2008, 1 (16).

64 Kuddus v. Chief Constable of Leicestershire Constabulary [2002] 2 A. C. 122 (HL 2001).

65 EuGH Slg. 1984, 1891 Rn. 23 – v. Colson und Kamann; Slg. 1994, 1921 Rn. 23 – Harz.

Schuldverhältnisses ist.[66] Aber **Erwägungsgrund 32** lenkt die Aufmerksamkeit auf ein besonders sensibles Gebiet der transatlantischen Rechtsbeziehungen und macht deutlich, dass gerade gegenüber dem Haftungsrecht der US-amerikanischen Staaten eine ordre public-Kontrolle angezeigt ist:[67] „Weil Sühne und Vergeltung dem europäischen Schadensersatzrecht fremd sind und bleiben sollten, lassen sich *punitive damages* US-amerikanischer Provenienz auch dann noch als ordre public-widrig auszeichnen, wenn die Abschreckungs- und Steuerungsfunktion des Schadensersatzrechts anerkannt wird."[68]

IV. Rechtsfolge

28 **1. Lex fori als Ersatzrecht.** Führt die Anwendung einer an sich nach Art. 4–12, 14 anzuwendenden ausländischen Vorschrift zu einem Ergebnis, das mit dem ordre public des Forumstaates offensichtlich unvereinbar ist, so kann dieses Ergebnis durch **Nichtbeachtung** der betreffenden Vorschrift und – wenn erforderlich – im Wege einer Substitution durch heimische Vorschriften korrigiert werden.[69] Mit der bloßen Nichtanwendung der fremden Rechtsnorm kann es folglich sein Bewenden haben, wenn auf der Grundlage des nicht zu beanstandenden Teils der fremden *lex causae* ein ordre public-konformes Ergebnis erzielt wird. Muss jedoch an die Stelle einer ordre public-widrigen Rechtsnorm eine andere Bestimmung treten, weil sonst eine Regelungslücke entsteht, ist zuerst zu fragen, ob eine modifizierte Anwendung der ausländischen *lex causae* zu ordre public-gemäßen Ergebnissen führt. Ist das nicht der Fall, wird auf die *lex fori* als Ersatzrecht zurückgegriffen.[70]

29 **2. Höhe des Schadensersatzes.** Im Fall eines unangemessenen („exorbitanten") Schadensersatzes nach ausländischem Recht **(Erwägungsgrund 32)** bewirkt Art. 26 in erster Linie die Begrenzung der Höhe des Anspruchs („Kappungsgrenze"); nur in Extremfällen eines gänzlich zweckwidrigen Schadensersatzes kommt eine Anspruchsreduktion auf Null in Betracht. Bei der Bestimmung der **Kappungsgrenze** wird schon aus dem Wortlaut des Art. 26 („offensichtlich unvereinbar") deutlich, dass es nicht um eine strikte Begrenzung auf das Schadensersatzrecht des Forums geht.[71] Pauschal lässt sich eine Höchstgrenze nicht festlegen. Im Einzelfall ist zunächst – nach Maßgabe des ausländischen Deliktsstatuts (Art. 15 lit. a, c) – die Höhe des tatsächlich erlittenen Schadens festzustellen. Hierbei sind auch vom Deliktsstatut anerkannte Schadensposten zu berücksichtigen, die das deutsche Recht nicht vorsieht (soweit nicht auch insoweit der ordre public-Vorbehalt des Art. 26 eingreift). Auf dieser Grundlage sind die einzelnen Elemente der angeordneten Rechtsfolge(n) auf den jeweils verfolgten Zweck zu untersuchen. Haftungsfolgen, die dem deutschen Recht zwar unbekannt sind, aber Zielen dienen, die mit den Grundwertungen des deutschen Rechts vereinbar sind, verstoßen schon nach dem Wortlaut des Art. 26 nicht gegen den deutschen ordre public.[72]

Art. 27 Rom II-VO Verhältnis zu anderen Gemeinschaftsrechtsakten

Diese Verordnung berührt nicht die Anwendung von Vorschriften des Gemeinschaftsrechts, die für besondere Gegenstände Kollisionsnormen für außervertragliche Schuldverhältnisse enthalten.

Schrifttum: s. auch Vor Art. 1; älteres Schrifttum 6. Aufl. 2015, Art. 27; *Däubler,* Das Kollisionsrecht des neuen Datenschutzes, RIW 2018, 405; *Deinert,* Das Herkunftslandprinzip und seine Bedeutung für das Internationale Deliktsrecht, EWS 2006, 445; *Einsele,* Internationales Prospekthaftungsrecht: Kollisionsrechtlicher Anlegerschutz nach der Rom II-Verordnung, ZEuP 2012, 23; *v. Hein,* Die Internationale Prospekthaftung im Lichte der Rom II-Verordnung, in Baum ua (Hrsg.), Perspektiven des Wirtschaftsrechts, 2008, 371; *Lüttringhaus,* Das internationale Datenprivatrecht: Baustein des Wirtschaftskollisionsrechts des 21. Jahrhunderts, ZVglRWiss 117 (2018), 50; *Steinrötter,* Auf Onlineportale anwendbares Datenschutzrecht, EWS 2015, 82; *Steinrötter,* Zuständigkeits- und kollisions-

[66] *v. Hein* in Baum ua, Perspektiven des Wirtschaftsrechts, 2008, 371 (395); *Huber/Bach* IPRax 2005, 73 (82).

[67] S. bereits *Heini* FS Siehr, 2000, 251 (254); *v. Hoffmann* IPRax 1996, 1 (8).

[68] *G. Wagner* IPRax 2008, 1 (16 f.); idS auch *Heiss/Loacker* JBl. 2007, 613 (645): punitive damages „nicht salonfähig"; *Leible* RIW 2008, 257 (263); *Leible/Lehmann* RIW 2007, 721 (734): „Mitgliedstaaten nicht zur Verhängung von Strafschadensersatz nach anglo-amerikanischem Recht verdammt".

[69] *Heiss/Loacker* JBl. 2007, 613 (645); *Junker* NJW 2007, 3675 (3682).

[70] BeckOK BGB/*Spickhoff* Rn. 1; *v. Hein* ZEuP 2009, 6 (24); zum dt. IPR Erman/*Stürner* EGBGB Art. 6 Rn. 26.

[71] So zum dt. IPR (Art. 40 Abs. 3 EGBGB) Begr. RegE, BR-Drs. 759/98, 29 = BT-Drs. 14/343, 12.

[72] Zum dt. IPR (Art. 40 Abs. 3 EGBGB) Staudinger/*v. Hoffmann,* 2007, EGBGB Art. 40 Rn. 427, 430; *R. Wagner* IPRax 1998, 429 (433).

rechtliche Implikationen des europäischen Haftungstatbestands für fehlerhaftes Rating, ZIP 2015, 110; *R. Wagner,* Das Vermittlungsverfahren zur Rom II-Verordnung, FS Kropholler, 2008, 715.

Übersicht

I. Normzweck

Art. 27 regelt das Verhältnis der Rom II-VO zu anderen Gemeinschaftsrechtsakten (so die Überschrift) bzw. zu **Vorschriften des Gemeinschaftsrechts** (so der Normtext), die für besondere Gegenstände Kollisionsnormen im sachlichen Anwendungsbereich (Art. 1 Abs. 1, 2) der Rom II-VO enthalten. Der rechtliche Unterschied zwischen „Rechtsakten der Gemeinschaft" **(Überschrift)** und „Vorschriften des Gemeinschaftsrechts" **(Normtext)** wirkt sich in der Praxis nicht aus: Da die Gründungsverträge keine Kollisionsnormen enthalten (→ Rn. 10), regelt die Norm jedenfalls *de facto* nur das Verhältnis der Rom II-VO zu (anderem) sekundärem Unionsrecht.[1] In der englischen Ursprungsversion der Verordnung ist sowohl im Normtext als auch in der Überschrift von **„Provisions of Community law"** die Rede. Für vertragliche Schuldverhältnisse hat Art. 27 eine **Parallelnorm in Art. 23 Rom I-VO.** 1

Um „den Ausgang von Rechtsstreitigkeiten vorhersehbarer zu machen und die Sicherheit in Bezug auf das anzuwendende Recht zu fördern" **(Erwägungsgrund 6),** wäre es rechtspolitisch am besten gewesen, alle Kollisionsnormen auf dem Gebiet der außervertraglichen Schuldverhältnisse – wie es auch der Name der Rom II-VO verspricht – in der Rom II-VO zu konzentrieren (und nicht einige solcher Kollisionsnormen in andere Rechtsakte einzustreuen). Dieses Ziel ließ sich jedoch aus zwei Gründen nicht realisieren: Zum einen sind Vertreter von Handel und Wirtschaft in der Diskussion um die Rom II-VO als starke Verfechter des **Herkunftslandprinzips** aufgetreten, das sie gern im Kollisionsrecht verankern möchten.[2] Zum anderen wollen bestimmte **Interessengruppen** innerhalb der EU nicht der Generaldirektion, die für die Rom II-VO zuständig ist, das IPR der außervertraglichen Schuldverhältnisse exklusiv überlassen, sondern sich die Option offen halten, besondere Kollisionsnormen für spezielle außervertragliche Schuldverhältnisse durchzusetzen. 2

Art. 27 ist daher nicht bloß eine Bekräftigung des *Lex specialis*-Grundsatzes,[3] sondern enthält eine wichtige Weichenstellung der Rom II-VO.[4] Mit Art. 27 haben die Vertreter des **Herkunftslandprinzips** – dh die Wirtschaftslobbyisten – den Fuß in der Tür zum IPR der außervertraglichen Schuldverhältnisse.[5] Art. 27 liegt die doppelte Vorstellung zugrunde, dass besondere Kollisionsnormen für außervertragliche Schuldverhältnisse in Vorschriften des Unionsrechts künftig nicht ausgeschlossen sind und solche **Spezialkollisionsnormen** den Vorrang vor den Anknüpfungsregeln der Rom II-VO haben sollen.[6] Kritisch zur Verankerung des Herkunftslandsprinzips im Primärrecht der EU → EGBGB Art. 3 Rn. 80 ff.; zur Bedeutung für das Kollisionsrecht → Einl. IPR Rn. 41. 3

II. Interpretation durch Erwägungsgrund 35

Die Zwiespältigkeit der getroffenen Regelung kommt in **Erwägungsgrund 35** zum Ausdruck, der den Art. 27 interpretiert. Während nach **S. 1** dieses Erwägungsgrunds die Aufteilung der Kollisi- 4

[1] NK-BGB/*Eichel* Rn. 3; Rauscher/*Picht* Rn. 4 f.; jurisPK-BGB/*Engel* Rn. 10; *Kreuzer* in Reichelt/Rechberger EuropKollisionsR 13 (54).

[2] *A. Fuchs* GPR 2004, 100 (105) mwN; s. auch *Adensamer* in Reichelt, Das Herkunftslandprinzip im Europäischen Gemeinschaftsrecht, 2006, 55; *Spindler* in Baur/Mansel, Systemwechsel im europäischen Kollisionsrecht, 2002, 107.

[3] BeckOK BGB/*Spickhoff* Rn. 1; NK-BGB/*Eichel* Rn. 2; *v. Hein* VersR 2007, 440 (451) bei Fn. 188.

[4] Soergel/*Lengauer* Rn. 1; NK-BGB/*Eichel* Rn. 5; *Dutoit* FS Pocar, 2009, 309 (327 f.); *Leible/Lehmann* RIW 2007, 721 (734).

[5] Soergel/*Lengauer* Rn. 3; *v. Bar/Mankowski* IPR II § 2 Rn. 33; krit. *A. Fuchs* GPR 2004, 100 (105); *v. Hein* ZVglRWiss 102 (2003), 528 (560 f.); *Huber/Bach* IPRax 2005, 73 (82); *Leible/Engel* EuZW 2004, 7 (17); *G. Wagner* IPRax 2008, 1 (3).

[6] EuGH NJW 2016, 1005 Rn. 37 f. – ERGO Insurance/P & C Insurance; BeckOK BGB/*Spickhoff* Rn. 1; Rauscher/*Picht* Rn. 1.

onsnormen auf zahlreiche Rechtsakte sowie Unterschiede zwischen diesen Normen vermieden werden sollen, laufen die **S. 2–4** auf das Gegenteil hinaus. Besondere Brisanz hat **S. 4,** der sich auf die **E-Commerce-RL**[7] bezieht: Noch im Vermittlungsverfahren (15.5. bis 25.6.2007) hatte sich das Europäische Parlament dafür eingesetzt, dass das **Herkunftslandprinzip** in den binnenmarktrelevanten Rechtsakten die kollisionsrechtliche Prüfung nach der Rom II-VO ersetzen sollte,[8] was in der Regel unmittelbar zur Anwendung des Rechts des Anbieters geführt hätte (ausführlich → EGBGB Art. 3 Rn. 80 ff.).

5 Da der Rat auch im Vermittlungsverfahren noch für die gegenteilige Lösung – den Vorrang der kollisionsrechtlichen Prüfung – eintrat, einigte man sich im Wege des Kompromisses „ganz am Ende der Verhandlungen unter großem Zeitdruck"[9] auf den letzten Satz (S. 4) des **Erwägungsgrunds 35,** der bereits in Art. 23 Abs. 2 des **Kommissionsentwurfs vom 22.7.2003** (→ Vor Art. 1 Rn. 17 ff.) einen Vorläufer hatte.[10] Danach soll die Anwendung des nach der Rom II-VO berufenen Rechts nicht die Freiheit des Waren- und Dienstleistungsverkehrs beschränken, wie sie in den Rechtsinstrumenten der Union wie zB der E-Commerce-RL „ausgestaltet" ist. Der Sinn dieser Aussage, die eigentlich die Anwendung des Art. 27 erleichtern soll, ist alles andere als klar.[11]

III. Voraussetzungen

6 **1. Vorschriften des Gemeinschaftsrechts.** Die Vorrangregel („Rang-Kollisionsregel") des Art. 27 privilegiert Vorschriften des „Gemeinschaftsrechts", die für besondere Gegenstände Kollisionsnormen für außervertragliche Schuldverhältnisse iSd Art. 1 Abs. 1, 2 enthalten. Wie sich aus dem **Erwägungsgrund 35,** insbesondere aus dessen **S. 2,** ergibt, sind – anders als bei Art. 28 Abs. 1 – nicht nur bei Verabschiedung der Rom II-VO bestehende, sondern auch künftige Vorschriften von der Vorrangregel erfasst (→ Rn. 3).[12] Nicht zu den Vorschriften des Unionsrechts iSd Art. 27 zählen **internationale Übereinkommen,** auch wenn sie ausschließlich zwischen EU-Mitgliedstaaten gelten (Argument aus Art. 28 Abs. 2). Das EVÜ würde somit selbst dann nicht zu den „Vorschriften des Gemeinschaftsrechts" iSd Art. 27 gehören, wenn Dänemark ein Mitgliedstaat iSd Art. 28 Abs. 2 iVm Art. 1 Abs. 4 wäre. Diese Rechtslage wirkt sich bei der Anwendung des Art. 10 Abs. 1 lit. e EVÜ (= Art. 32 Abs. 1 Nr. 5 EGBGB aF) auf vor dem 17.12.2009 geschlossene Verträge aus (→ Art. 28 Rn. 16 ff.).

7 Gegenwärtige oder künftige Vorschriften des Unionsrechts iSd Art. 27 sind – neben Normen des EU-Primärrechts – die Rechtsakte des Sekundärrechts der EU, und zwar nicht nur Verordnungen, sondern auch **Richtlinien.** Das folgt zum einen aus dem Umstand, dass bislang kollisionsrechtliche Bestimmungen für besondere Sachbereiche (insbesondere des vertraglichen Schuldrechts) vorwiegend in Richtlinien enthalten sind,[13] weshalb ohne Einbeziehung von Richtlinien die Vorrangregel des Art. 27 weitgehend leerlaufen würde.[14] Zum anderen ergibt sich die Einbeziehung von Richtlinien aus der **Parallelvorschrift des Art. 23 Rom I-VO,** die sich nach ihrer Entstehungsgeschichte unstreitig auf Richtlinien bezieht.[15]

8 Allerdings fehlt – wie schon bei den Entwürfen des Art. 27 beklagt wurde[16] – in Art. 27 ein Hinweis auf das in Ausführung von Richtlinien harmonisierte innerstaatliche Recht. Daraus lässt

---

7 Richtlinie 2000/31/EG des Europäischen Parlaments und des Rates vom 8.6.2000 über bestimmte rechtliche Aspekte der Dienste der Informationsgesellschaft, insbesondere des elektronischen Geschäftsverkehrs, im Binnenmarkt, ABl. EU 2000 L 178, 1.

8 Ausf. zu diesen Vorschlägen *v. Hein* VersR 2007, 440 (451); s. auch *Deinert* EWS 2006, 445.

9 *R. Wagner* FS Kropholler, 2008, 715 (725).

10 *v. Hein* ZVglRWiss 102 (2003), 528 (560 f.): „verfestigt den Status Quo und stellt einen politischen Minimalkompromiss … dar"; *Kreuzer* in Reichelt/Rechberger EuropKollisionsR 13 (56): „höchst unklar, um nicht zu sagen obskur".

11 Soergel/*Lengauer* Rn. 9; jurisPK-BGB/*Engel* Rn. 11 f.; *v. Hein* 82 Tul. L. Rev. 1663, 1702 (2008); *R. Wagner* FS Kropholler, 2008, 715 (725); s. zum Verhältnis der E-Commerce-RL zu Art. 5 *Illmer* RabelsZ 73 (2009), 269 (309 ff.).

12 BeckOK BGB/*Spickhoff* Rn. 1; HK-BGB/*Dörner* Rn. 1; PWW/*Schaub* Rn. 1; *Leible* in Reichelt, Europäisches Gemeinschaftsrecht und IPR, 2007, 31 (48).

13 Hamburg Group for Private International Law RabelsZ 67 (2003), 1 (55); *Mankowski* IPRax 2006, 101 (113); s. auch *Sonnenberger* FS Kropholler, 2008, 232.

14 NK-BGB/*Eichel* Rn. 2; *Heiss/Loacker* JBl. 2007, 613 (616 f.); *G. Wagner* IPRax 2008, 1 (3); *Illmer* RabelsZ 73 (2009), 269 (309).

15 *Leible/Lehmann* RIW 2008, 528 (531); *Magnus* IPRax 2010, 27 (32).

16 *Kreuzer* in Reichelt/Rechberger EuropKollisionsR 13 (54) unter Hinweis auf Art. 20 EVÜ: „Dieses Übereinkommen berührt nicht die Anwendung der Kollisionsnormen für vertragliche Schuldverhältnisse auf besonderen Gebieten, die in Rechtsakten der Organe der Europäischen Gemeinschaften *oder in dem in Ausführung dieser Akte harmonisierten innerstaatlichen Recht* enthalten sind oder enthalten sein werden".

sich aber nicht schließen, dass die Vorrangregel des Art. 27 die nationalen Umsetzungsakte der Mitgliedstaaten ignoriert: Anderenfalls würde die im Vermittlungsverfahren mühsam errungene (→ Rn. 5) Bezugnahme auf die E-Commerce-RL in **Erwägungsgrund 35** ins Leere laufen, was schwerlich der Sinn des Kompromisses zwischen Parlament und Rat sein kann. Mangels anderer Anhaltspunkte bleibt nichts übrig, als die Regelungslücke in analoger Anwendung des Art. 14 Abs. 3 („gegebenenfalls in der von dem Mitgliedstaat des angerufenen Gerichts umgesetzten Form") zu schließen. Maßgebend ist also der **Umsetzungsakt des Forumstaats**[17] (zur E-Commerce-RL → Rn. 11).

2. Besondere Kollisionsnormen. Art. 27 privilegiert nur Kollisionsnormen für außervertragliche Schuldverhältnisse, die sich auf **besondere Gegenstände** beziehen. Die Kollisionsnorm darf folglich keine Geltung für das gesamte von Art. 1 Abs. 1, 2 abgegrenzte Gebiet beanspruchen, sondern nur für einen Teilbereich dieses Gebiets (zB das IPR der außervertraglichen Prospekthaftung, → Rn. 14). Diese Begrenzung folgt schon aus dem Sinn und Zweck der Rom II-VO, die Basisvorschriften für das IPR der außervertraglichen Schuldverhältnisse in der EU aufzustellen **(Erwägungsgrund 35 S. 1).** Es ist allerdings unschädlich, wenn der betreffende Rechtsakt neben Teilbereichen des Rechts der außervertraglichen Schuldverhältnisse auch andere Rechtsgebiete (zB des Vertragsschuldrechts) regelt.[18] 9

a) Primäres Unionsrecht. Nach verbreiteter Auffassung bestehen im primären Unionsrecht keine speziellen Kollisionsnormen für außervertragliche Schuldverhältnisse:[19] **Art. 101, 102 AEUV** (Kartellrecht) betreffen nur Rangkollisionsrecht, das von Art. 27 nicht berührt wird.[20] Soweit teilweise vertreten wird, dass die **Grundfreiheiten** versteckte Kollisionsnormen enthalten (→ EGBGB Art. 3 Rn. 117 ff.), können sie jedenfalls im Rahmen des Art. 27 keine Bedeutung erlangen, da es an der erforderlichen Spezialität fehlt.[21] 10

b) Sekundäres Unionsrecht. Unter den **Verordnungen,** die möglicherweise im Anwendungsbereich der Rom II-VO besondere Kollisionsnormen für besondere Gegenstände aufstellen, wird in der Lit. zum einen **Art. 35a Rating-VO** genannt,[22] der einen Haftungstatbestand einführt, auf dessen Grundlage Pflichtverletzungen von Ratingagenturen zivilrechtlich geahndet werden.[23] Zum anderen verweist die Lit. auf **Art. 3 DS-GVO,** der als einseitige, auf die verordnungsautonome Haftungsregel des Art. 82 DS-GVO verweisende Kollisionsregel angesehen wird.[24] Unter den **Richtlinien** verlangt die bereits im **Erwägungsgrund 35** erwähnte **E-Commerce-RL** (→ Rn. 4) eine besondere Beachtung.[25] 11

Im Rahmen des Art. 27 interessiert aber nur, ob Delikte im elektronischen Geschäftsverkehr gemäß Art. 3 E-Commerce-RL der Anknüpfung nach der Rom II-VO entzogen und der Anknüpfung nach dem **Herkunftslandprinzip** unterworfen sind. Im Interesse der Vermeidung von Doppelungen wird dieses Thema an anderer Stelle mitbehandelt, da die Verwendung des Herkunftslandprinzips in der E-Commerce-RL nicht nur allgemeine Fragen der Einwirkung des Unionsrechts auf das IPR aufwirft (→ EGBGB Art. 3 Rn. 80 ff.), sondern einen Schwerpunkt im Internationalen Vertragsrecht hat (→ Rom I-VO Anh. III Art. 9 Rn. 1 ff.). 12

Für die **Kraftfahrzeughaftpflicht-RL** hat der EuGH entschieden,[26] dass Art. 14 lit. b RL 2009/103/EG keine spezielle Kollisionsnorm zur Bestimmung des Rechts vorsieht, das auf eine Regressklage zwischen Versicherern anzuwenden ist. Die Richtlinie beschäftige sich lediglich mit dem räumlichen Geltungsbereich und dem Umfang des Versicherungsschutzes.[27] 13

---

[17] NK-BGB/*Eichel* Rn. 2; *Huber/Bach* IPRax 2005, 73 (75); *Leible* RIW 2008, 257 (263); *Leible/Engel* EuZW 2004, 7 (15 f.); *Sonnentag* ZVglRWiss 105 (2006), 266 (279); *G. Wagner* IPRax 2008, 1 (14).

[18] *v. Hein* in Baum ua, Perspektiven des Wirtschaftsrechts, 2008, 371 (385 f).; *Illmer* RabelsZ 73 (2009), 269 (310).

[19] Erman/*Stürner* Rn. 1; Rauscher/*Picht* Rn. 4; *Kreuzer* in Reichelt/Rechberger EuropKollisionsR 13, 54.

[20] *Zimmer,* Konkretisierung des Auswirkungsprinzips bei Hard-core-Kartellrechtsverstößen, 2013, 106–156.

[21] Calliess/Ruffert/*Epinay* AEUV Art. 18 Rn. 15–27.

[22] VO (EG) 1060/2009 vom 16.9.2009 über Ratingagenturen, ABl. EU 2009 L 302, 1.

[23] Ausf. *Steinrötter* ZIP 2015, 110; zust. *v. Bar/Mankowski* IPR II § 2 Rn. 33.

[24] Ausf. *Däubler* RIW 2018, 405 (406 ff.); *Lüttringhaus* ZVglRWiss 117 (2018), 50 (72 ff.); s. auch *Steinrötter* EWS 2015, 83 (91).

[25] EuGH NJW 2012, 137 Rn. 6 – eDate Advertising/X; zust. *Mansel/Thorn/Wagner* IPRax 2012, 1 (29 f.); *Pfeiffer* IPRax 2014, 360 (361); s. bereits *A. Fuchs* GPR 2004, 100 (105); *v. Hein* ZVglRWiss 102 (2003), 528 (560 f.); *Leible/Engel* EuZW 2004, 7 (17); *G. Wagner* IPRax 2008, 1 (3).

[26] EuGH NJW 2016, 1005 Rn. 39 ff., 42 – ERGO Insurance/P & C Insurance.

[27] Zust. *Lehmann/Ungerer* GPR 2017, 134 (135); *Martiny* IPRax 2017, 360 (361); *Staudinger/Friesen* VersR 2016, 768 (769).

14 Auch für die **Prospekt-VO** (VO (EU) 2017/1129) wird diskutiert, ob sie für einen besonderen Gegenstand des außervertraglichen Rechts Kollisionsnormen enthält.[28] Gemäß **Art. 11 Abs. 1 S. 1 Prospekt-VO** haben die Mitgliedstaaten sicherzustellen, „dass je nach Fall zumindest der Emittent oder dessen Verwaltungs-, Leitungs- oder Aufsichtsorgan, der Anbieter, die die Zulassung zum Handel an einem geregelten Markt beantragende Person oder der Garantiegeber für die Richtigkeit der in einem Prospekt und Nachträgen dazu enthaltenen Angaben haftet"; nach **Art. 11 Abs. 2 UAbs. 1 Prospekt-VO** haben sie sicherzustellen, „dass ihre Rechts- und Verwaltungsvorschriften im Bereich der Haftung für die Personen gelten, die für die in einem Prospekt enthaltenen Angaben verantwortlich sind". Jedoch scheitert die Anwendung des Art. 27 schon daran, dass der Wille des Unionsgesetzgebers zur **kollisionsrechtlichen Regelung** aus dem vorstehend wiedergegebenen Wortlaut nicht hinreichend erkennbar wird; auch eine **nachvollziehbare Anknüpfungsregel** lässt sich weder dem Wortlaut noch den Erwägungsgründen der VO (EU) 2017/1129 entnehmen.[29]

IV. Rechtsfolge

15 Soweit die Voraussetzungen des Art. 27 erfüllt sind, besteht die Rechtsfolge aus einer Vorrangregel: Die entsprechenden Vorschriften des Unionsrechts, die für besondere Gegenstände Kollisionsnormen für außervertragliche Schuldverhältnisse vorsehen, genießen Anwendungsvorrang vor den Anknüpfungsregeln der Art. 4–12, 14.

Art. 28 Rom II-VO Verhältnis zu bestehenden internationalen Übereinkommen

(1) Diese Verordnung berührt nicht die Anwendung der internationalen Übereinkommen, denen ein oder mehrere Mitgliedstaaten zum Zeitpunkt der Annahme dieser Verordnung angehören und die Kollisionsnormen für außervertragliche Schuldverhältnisse enthalten.

(2) Diese Verordnung hat jedoch in den Beziehungen zwischen den Mitgliedstaaten Vorrang vor den ausschließlich zwischen zwei oder mehreren Mitgliedstaaten geschlossenen Übereinkommen, soweit diese Bereiche betreffen, die in dieser Verordnung geregelt sind.

Schrifttum: s. auch Vor Art. 1; älteres Schrifttum s. 6. Aufl. 2015, Art. 28; *Brière,* Réflexions sur les interactions entre la proposition de règlement „Rome II" et les conventions internationales, Clunet 132 (2005), 677; *Di Meglio/Coslin,* Will the EC Regulation on the Law Applicable to Non-Contractual Obligations ever be applicable in France in Product Liability Matters?, Int. Bus. L. J. 2009, 568; *Fallon,* La relation du règlement Rome II avec d'autres règles de conflit de lois, Rev. dr. com. belge 2008, 549; *Garau/Janeda,* La convencia de una denuncia por parte de España del convenio de la haya de 1971 sobre responsabilidad civil derivada de los accidentes de circulación, Anuario Español de Derecho Internacional Privado 2007, 497; *Garriga,* Relationship Between „Rome II" and Other International Instruments – A Commentary on Article 28 of the Rome II Regulation, YbPIL 9 (2007), 137; *Staudinger,* Das Konkurrenzverhältnis zwischen dem Haager Straßenverkehrsübereinkommen und der Rom II-VO, FS Kropholler, 2008, 671; *Thiede/Kellner,* „Forum Shopping" zwischen dem Haager Übereinkommen über das auf Verkehrsunfälle anzuwendende Recht und der Rom II-Verordnung, VersR 2007, 1624; *R. Wagner/Berentelg,* Straßenverkehrsunfälle Deutscher in Nachbarstaaten, MDR 2010, 1353.

Übersicht

[28] *Benicke* FS Jayme, 2004, 25 (36); *v. Hein* in Baum ua, Perspektiven des Wirtschaftsrechts, 2008, 371 (385 f.); *v. Hein* BerGesVR 45 (2012), 369 (411); *Junker* RIW 2010, 257 (261); *Kuntz* WM 2007, 432 (433); *Mankowski* RIW 2009, 98 (116); *Tschäpe/Kramer/Glück* RIW 2008, 657 (663 ff.); allg. *Arons* NILR 2008, 481; *Einsele* ZEuP 2012, 23.

[29] *v. Hein* BerGesVR 45 (2012), 369 (411); *v. Hein* in Baum ua, Perspektiven des Wirtschaftsrechts, 2008, 371 (387); *Junker* RIW 2010, 257 (261); aA *Tschäpe/Kramer/Glück* RIW 2008, 657 (667), die über Art. 27 ein primärrechtliches Herkunftslandprinzip zur Geltung bringen wollen.

I. Normzweck

Ebenso wie Art. 27 regelt Art. 28 das Verhältnis der Rom II-VO zu Kollisionsnormen für außervertragliche Schuldverhältnisse, die nicht in der Rom II-VO enthalten sind. Während Art. 27 das Verhältnis zum übrigen Unionsrecht ieS betrifft, geht es in Art. 28 um das Verhältnis zu **kollisionsrechtlichen Staatsverträgen.**[1] **Abs. 1** erklärt den grundsätzlichen Vorrang von Staatsverträgen, denen ein oder mehrere Mitgliedstaaten am 11.7.2007, dem Zeitpunkt der Annahme der Rom II-VO, angehörten. Die Vorschrift soll es diesen Mitgliedstaaten ermöglichen, ihre internationalen Verpflichtungen zu wahren **(Erwägungsgrund 36 S. 1). Abs. 2** verkehrt den Grundsatz des Abs. 1 in sein Gegenteil, wenn an dem fraglichen Staatsvertrag ausschließlich Mitgliedstaaten iSd Art. 1 Abs. 4 beteiligt sind. Für vertragliche Schuldverhältnisse hat Art. 28 eine wortgleiche **Parallelnorm in Art. 25 Rom I-VO.** 1

II. Prämissen und Bedeutung der Vorschrift

1. Tragweite des Art. 28. Die gegenwärtige Tragweite der in Art. 28 niedergelegten Rang-Kollisionsnormen und ihre künftige Bedeutung erschließt sich aus der Vorgeschichte der Rom II-VO und der Genese des Art. 28. 2

a) Haager Übereinkommen. Ebenso wenig wie es im 20. Jahrhundert gelang, ein Übereinkommen der EWG-/EG-/EU-Mitgliedstaaten über das auf außervertragliche Schuldverhältnisse anwendbare Recht zustande zu bringen (→ Vor Art. 1 Rn. 2), war die **Haager Konferenz für Internationales Privatrecht** mit ihrem Versuch erfolgreich, eine umfassende Konvention über das auf unerlaubte Handlungen anwendbare Recht zur Zeichnung aufzulegen.[2] Der Haager Konferenz gelang es jedoch, Übereinkommen für zwei spezielle Deliktstypen, nämlich **Straßenverkehrsunfälle und Produkthaftpflichtfälle,** zur Zeichnungsreife zu bringen. 3

aa) Straßenverkehrsunfälle. Das Haager Übereinkommen vom 4.5.1971 über das auf Straßenverkehrsunfälle anzuwendende Recht **(HStVÜ)**[3] war am 11.7.2007 in 12 EU-Mitgliedstaaten in Kraft (→ Rn. 19). 4

bb) Produkthaftpflichtfälle. Das Haager Übereinkommen vom 2.10.1973 über das auf die Produkthaftpflicht anzuwendende Recht **(HProdHÜ)**[4] galt am 11.7.2007 in sechs Mitgliedstaaten (→ Rn. 23). Die Republik Österreich hat nur das HStVÜ ratifiziert,[5] die Bundesrepublik Deutschland keines der beiden Übereinkommen. An beiden Übereinkommen sind nicht nur EU-Mitgliedstaaten als Ratifikanden beteiligt, sondern auch sechs (HStVÜ) bzw. vier (HProdHÜ) Drittstaaten (→ Rn. 19, 23). 5

b) Entstehung des Art. 28. Bei der Entstehung der Rom II-VO stellte sich der EU-Kommission – später auch dem Rat und dem Parlament – die Frage, welche Vorrangregel im Verhältnis zu kollisionsrechtlichen Staatsverträgen Platz greifen sollte; eine solche Vorrangregel würde vor allem für das **HStVÜ** und das **HProdHÜ** praktische Bedeutung erlangen.[6] Die deutsche Lit. sprach sich im Interesse der europäischen Kollisionsrechtsvereinheitlichung nahezu einhellig für einen Vorrang 6

[1] Ausf. *Brière* Clunet 132 (2005), 677; *Fallon* Rev. dr. com. belge 2008, 549; *Garriga* YbPIL 9 (2007), 137; s. speziell zum HStVÜ *R. Wagner/Berentelg* MDR 2010, 1353; *Thiede/Kellner* VersR 2007, 1624; aus span. Sicht *Garau/Janeda* Anuario Español de Derecho Internacional Privado 2007, 497; zum HProdHÜ aus franz. Sicht *Di Meglio/Coslin* Int. Bus. L. J. 2009, 568; aus schweiz. Sicht *Dutoit* FS Pocar, 2009, 309 (328).

[2] Krit. *Kreuzer* in Reichelt/Rechberger EuropKollisionsR 13 (14 f.).

[3] Abgedruckt in der → 4. Aufl. 2006, EGBGB Art. 40 Rn. 79 unter Rückgriff auf die Amtl. öst. Fassung aus dem öst. BGBl. 1975 Nr. 387. Authentischer franz. und engl. Text in RabelsZ 33 (1969), 342.

[4] Abgedruckt in der → 4. Aufl. 2006, EGBGB Art. 40 Rn. 150 unter Rückgriff auf eine Übersetzung von *Joachim Schmidt-Salzer.* Authentischer franz. und engl. Text in RabelsZ 37 (1973), 594.

[5] Zur Anwendung dieses Übk. *Heiss/Loacker* JBl. 2007, 613 (617); *Rudolf* ÖJZ 2009, 300 (302); *Schaub* IPRax 2017, 521 (522 f.); *Thiede/Kellner* VersR 2007, 1624 (1625 ff.); *R. Wagner/Berentelg* MDR 2010, 1353 (1356).

[6] KOM(2003) 427 endg., 32.

der Rom II-VO aus,[7] ohne sich vertieft mit der Frage auseinanderzusetzen, ob die EU im Rahmen ihrer Rechtsetzungskompetenzen die Mitgliedstaaten verpflichten kann, bestehende kollisionsrechtliche Übereinkommen zu kündigen. Die **Kommission** sah keine solche Möglichkeit und empfahl in ihrem **Entwurf vom 22.7.2003** (→ Vor Art. 1 Rn. 17 ff.) nach dem Vorbild des Art. 21 EVÜ eine Regelung, wie sie schließlich in Art. 28 Abs. 1 verwirklicht wurde.[8]

7 In der Diskussion innerhalb des Rates sowie in der Auseinandersetzung zwischen Rat und Parlament wurde das Vorrangproblem am Beispiel seines wichtigsten Anwendungsfalls behandelt, des **Haager Straßenverkehrsunfall-Übereinkommens.**[9] Der Rat favorisierte eine einheitliche kollisionsrechtliche Regelung für die Anknüpfung außervertraglicher Schuldverhältnisse aus Straßenverkehrsunfällen. Um diese Einheitlichkeit zu erzielen, hätten sich die im Rat vertretenen Mitgliedstaaten entweder für die ausschließliche Anwendung des HStVÜ oder für die ausschließliche Anwendung der Rom II-VO entscheiden müssen. Das gelang jedoch nicht, „weil einige Mitgliedstaaten Vorbehalte gegenüber dem Haager Übereinkommen hatten und andere Staaten nicht bereit waren, ihre Mitgliedschaft bei dem Haager Übereinkommen aufzukündigen".[10]

8 Das Europäische Parlament sprach sich im **Verfahren der Mitentscheidung (Erste Lesung)** im Wege eines Kompromisses für die Verdrängung des HStVÜ aus, wenn „alle Sachverhaltselemente zurzeit des Schadenseintritts in einem oder mehreren Mitgliedstaaten belegen sind".[11] Diese „Kompromisslösung" war jedoch für den Rat nicht akzeptabel, weil ihm gerade bei Straßenverkehrsunfällen als Massenphänomenen die Anknüpfungssicherheit als besonders wichtig und eine unspezifizierte – und damit unsichere – Bezugnahme auf alle (relevanten) Sachverhaltselemente als inakzeptabel erschien.[12] Folglich blieb es am Ende bei der nunmehr in Art. 28 Abs. 1 niedergelegten Regelung, die zutreffend als „unter dem Gesichtspunkt europäischer Rechtseinheit bedauerlich, im Hinblick auf das Völkerrecht aber wohl unvermeidlich"[13] bezeichnet wird. Als „Trostpflaster" für das Europäische Parlament wird die Kommission durch **Art. 30 Abs. 1 S. 3 Ziff. ii** beauftragt, in einem Überprüfungsbericht auch die Auswirkungen des Art. 28 auf das HStVÜ zu untersuchen (→ Art. 30 Rn. 6 f.).

9 **2. Praktische Bedeutung.** Da die Bundesrepublik weder Vertragsstaat des HStVÜ noch Vertragsstaat des HProdHÜ ist, hat Abs. 1 in Bezug auf diese beiden Übk. für deutsche Gerichte **unmittelbar** keine Bedeutung; unmittelbare Relevanz für deutsche Gerichte hat Abs. 1 – allerdings lediglich für einen kurzen Zeitraum – in Bezug auf das EVÜ (→ Rn. 16 ff.). **Mittelbar** hat Abs. 1 jedoch für deutsche Gerichte erhebliche Bedeutung, weil die Vorschrift in einer Reihe von Mitgliedstaaten die genannten Haager Übereinkommen in Kraft lässt und zugleich Art. 24 die Rück- und Weiterverweisung ausschließt:

10 **Nach dem autonomen deutschen IPR** werden die Verweisungen des Art. 40 Abs. 1 S. 1, Abs. 2 EGBGB als Gesamtverweisungen angesehen[14] (→ Art. 24 Rn. 5). Die Haager Übereinkommen können daher nach dem autonomen deutschen IPR von deutschen Gerichten anzuwenden sein, wenn Art. 40 Abs. 1 S. 1, Abs. 2 EGBGB – in Altfällen – auf das Recht eines Vertragsstaats eines dieser Übereinkommen verweisen und sich die Frage stellt, ob das betreffende Übereinkommen eine Rückverweisung auf das deutsche Recht oder eine Weiterverweisung auf das Recht eines dritten Staates ausspricht.[15]

11 **Nach der Rom II-VO** gilt dagegen das Prinzip der Sachnormverweisung (Art. 24): Ein deutsches Gericht hat nach der Rom II-VO unmittelbar das Sachrecht eines fremden Staates anzuwenden, auch wenn dieser Staat eines der beiden Haager Übereinkommen ratifiziert hat und der Sachverhalt in den Anwendungsbereich dieses Übereinkommens fällt.[16] Anders als nach dem autonomen deutschen IPR kann bei Anwendbarkeit der Rom II-VO ein Haager Übereinkommen nicht mehr zur Anwendung kommen, um eine etwaige Rück- oder Weiterverweisung zu prüfen.

---

[7] ZB Hamburg Group for Private International Law RabelsZ 67 (2003), 1 (55); *v. Hein* ZVglRWiss 102 (2003), 528 (561); *Kreuzer* in Reichelt/Rechberger EuropKollisionsR 13 (58); *Leible/Engel* EuZW 2004, 7 (17); aus franz. Sicht *Nourissat/Treppoz* Clunet 130 (2003), 7 (31).

[8] KOM(2003) 427 endg., 43; zu der Kontroverse über die Formulierung *Kreuzer* in Reichelt/Rechberger EuropKollisionsR 13 (57 f.); *Leible/Engel* EuZW 2004, 7 (17); *v. Hein* VersR 2007, 440 (451).

[9] Ausf. aus Sicht eines Insiders *R. Wagner* FS Kropholler, 2008, 715 (726 f.).

[10] *R. Wagner* FS Kropholler, 2008, 715 (726).

[11] Legislative Entschließung des Europäischen Parlaments vom 6.7.2005, P6-TA (2005) 0248, Art. 25 Abs. 3, abgedruckt in IPRax 2006, 413 (418); eine solche Lösung befürwortet auch *Sonnenberger* FS Kropholler, 2008, 227 (233 f.).

[12] *R. Wagner* FS Kropholler, 2008, 715 (726); s. auch *v. Hein* VersR 2007, 440 (451).

[13] *G. Wagner* IPRax 2008, 1 (3); s. auch *Garriga* YbPIL 9 (2007), 137 (141); *Junker* NJW 2007, 3675 (3682).

[14] Begr. RegE, BR-Drs. 759/98, 14, 36 = BT-Drs. 14/343, 8, 15.

[15] Erman/*Stürner* EGBGB Art. 40 Rn. 6; Beispiel bei *Junker* JZ 2008, 169 (171).

[16] BeckOK BGB/*Spickhoff* Art. 24 Rn. 2; HK-BGB/*Dörner* Rn. 2; Erman/*Stürner* Art. 4 Rn. 22; *Junker* JZ 2008, 169 (171); *Staudinger* SVR 2005, 441 (445).

Diese Rechtsänderung erleichtert die Rechtsanwendung durch deutsche Gerichte, verringert jedoch den internationalen Entscheidungseinklang und begünstigt das **Forum Shopping** innerhalb der Gemeinschaft.[17] Die Gerichte der Vertragsstaaten (zB die österreichischen Gerichte in Bezug auf das HStVÜ) wenden weiterhin die staatsvertraglichen Kollisionsnormen an, während die Gerichte der Nichtvertragsstaaten (zB Deutschland) das anwendbare Recht nach der Rom II-VO bestimmen. 12

III. Vorrang der Staatsverträge (Abs. 1)

1. Voraussetzungen des Abs. 1. a) Internationale Übereinkommen. Die Vorrangregel („Rang-Kollisionsregel") des Abs. 1 privilegiert internationale Übereinkommen. Erfasst sind sowohl bilaterale als auch multilaterale Staatsverträge. Rechtsakte der EU, die sekundäres Gemeinschaftsrecht iSd EG-Vertrags darstellen, sind keine internationalen Übereinkommen iSd Art. 28, sondern unterliegen der Vorrangregel des Art. 27 (zur Abgrenzung → Art. 27 Rn. 6). Das **Römische Übereinkommen** (EVÜ), ist – obwohl es zum *acquis communautaire* gehört – kein Gemeinschaftsrechtsakt iSd Art. 27, sondern ein internationales Übereinkommen iSd Art. 28. Während die Rom I-VO eine Spezialvorschrift über das Verhältnis zum Übereinkommen von Rom enthält **(Art. 24 Rom I-VO),** wird das Verhältnis der Rom II-VO zum Römischen Übereinkommen – mangels einer Spezialvorschrift – durch Art. 28 geregelt (→ Rn. 16 ff.). 13

b) Kollisionsnormen für außervertragliche Schuldverhältnisse. Abs. 1 bezieht den Vorrang der Rom II-VO nur auf Übereinkommen, die Kollisionsnormen für außervertragliche Schuldverhältnisse enthalten. Der in Art. 27 normierte Zusatz „für besondere Gegenstände" fehlt in Art. 28, was sich aber in der Praxis nicht auswirkt,[18] da es allgemeine IPR-Konventionen für außervertragliche Schuldverhältnisse unter Beteiligung von EU-Mitgliedstaaten nicht gibt (→ Rn. 3). Durch die Beschränkung des Art. 28 auf **Kollisionsnormen** wird deutlich, dass Staatsverträge, die nur das **materielle Recht** (Sachrecht) der außervertraglichen Schuldverhältnisse vereinheitlichen, nicht dem Art. 28 – und damit auch nicht der Regelungssperre für die Mitgliedstaaten (→ Rn. 33) – unterfallen[19] (zu sog. gemischten Übereinkommen → Rn. 24 ff.). Sachrechtsvereinheitlichende Übereinkommen, die zB auf dem Gebiet des Transportrechts bestehen (→ Art. 4 Rn. 108 ff.), sind auf Grund ihres immanenten Anwendungsbefehls (und nicht deshalb, weil es an einer „Verbindung zum Recht verschiedener Staaten" iSd Art. 1 Abs. 1 S. 1 fehlen würde) unabhängig vom Kollisionsrecht der Rom II-VO anzuwenden (→ Art. 1 Rn. 12). 14

c) Beteiligung von Mitgliedstaaten. Schließlich gilt der Vorrang des Abs. 1 nur für Übereinkommen, denen ein oder mehrere Mitgliedstaaten (iSd Art. 1 Abs. 4) am 11.7.2007 angehört haben. „Angehören" iSd Abs. 1 bedeutet, dass das Übereinkommen zu diesem Zeitpunkt für den betreffenden Mitgliedstaat **völkerrechtlich verbindlich** sein muss. Erlangt das betreffende Übereinkommen erst durch **Ratifikation** völkerrechtliche Verbindlichkeit, muss die Ratifikation spätestens zu dem für Abs. 1 maßgebenden Stichtag (11.7.2007) erfolgt sein, da erst dadurch die völkerrechtliche Bindung des Mitgliedstaats eintritt, die Abs. 1 voraussetzt.[20] Das betrifft zB die Mitgliedstaaten Italien und Portugal, die das HProdHÜ zwar signiert, aber nicht ratifiziert haben. Dagegen kann es auf das **Inkrafttreten** des fraglichen Übereinkommens zum Stichtag nicht ankommen:[21] Da Abs. 1 es den Mitgliedstaaten ermöglichen soll, ihre völkerrechtlichen Verpflichtungen einzuhalten **(Erwägungsgrund 36 S. 1),** muss Vorrang nach Abs. 1 auch bestehen, wenn das internationale Übereinkommen für den Mitgliedstaat am 11.7.2007 völkerrechtlich verbindlich ist, aber erst später in Kraft tritt. Praktisch relevant ist dieser Fall allerdings, soweit ersichtlich, bei der Annahme der Rom II-VO nicht geworden. 15

2. Betroffene Übereinkommen. a) Römisches Übereinkommen. Abs. 1 erfasst unstreitig das Römische Übereinkommen (EVÜ), soweit es in Art. 10 Abs. 1 lit. e EVÜ eine Kollisionsnorm für bestimmte Fälle der **ungerechtfertigten Bereicherung** vorsieht[22] (→ Art. 10 Rn. 22 f.). Ent- 16

---

[17] NK-BGB/*Eichel* Rn. 3; *Brière* Clunet 132 (2005), 677 (685); *Garriga* YbPIL 9 (2007), 137; *Thiede/Kellner* VersR 2007, 1624 (1626); *R. Wagner/Berentelg* MDR 2010, 1353; krit. *v. Hein* ZVglRWiss 102 (2003), 528 (561); *v. Hein* RabelsZ 73 (2009), 461 (474).

[18] *Kreuzer* in Reichelt/Rechberger EuropKollisionsR 13 (14).

[19] Soergel/*Thiede/Lentner* Rn. 5; NK-BGB/*Eichel* Rn. 1; PWW/*Schaub* Rn. 1; *Basedow* RabelsZ 74 (2010), 118 (127 f.); *Di Meglio/Coslin* Int. Bus. L. J. 2009, 568; *Garriga* YbPIL 9 (2007), 137 (140); *R. Wagner* TranspR 2009, 103 (107 f.); ebenso für Art. 25 Rom I-VO *Leible/Lehmann* RIW 2008, 528 (531); aA *Magnus* IPRax 2010, 27 (32).

[20] *Kreuzer* in Reichelt/Rechberger EuropKollisionsR 13 (57).

[21] KOM(2003) 427 endg., 15.

[22] Soergel/*Thiede/Lentner* Rn. 13; Rauscher/*Picht* Rn. 2; *Huber/Bach* IPRax 2005, 73 (82).

gegen teilweise vertretener Ansicht[23] ist das EVÜ hingegen kein Anwendungsfall des **Abs. 2,** da das EVÜ nicht ausschließlich zwischen Mitgliedstaaten iSd Art. 1 Abs. 4 besteht, denn Dänemark ist Vertragsstaat des EVÜ.[24] Das EVÜ selbst trifft keine Regelung über sein Rangverhältnis zu EU-Verordnungen: Art. 21 EVÜ regelt nur das Verhältnis zu internationalen Übereinkommen (und nicht zu EU-Verordnungen); Art. 20 EVÜ regelt nur das Verhältnis zu sekundärrechtlichen Kollisionsnormen für vertragliche Schuldverhältnisse. Daher bleibt es im Verhältnis von EVÜ und Rom II-VO beim Vorrang des EVÜ nach Abs. 1.

17 Allerdings darf auch im Rahmen der Rom II-VO nicht unbeachtet bleiben, dass **Art. 10 Abs. 1 lit. e EVÜ** (= Art. 32 Abs. 1 Nr. 5 EGBGB aF) bei Verträgen, die ab dem 17.12.2009 (Anwendungsbeginn der Rom I-VO) geschlossen werden, durch **Art. 12 Abs. 1 lit. e Rom I-VO** abgelöst wird (Art. 24 Abs. 1 Rom I-VO iVm Art. 28 Rom I-VO). Das gilt zwar nur in Bezug auf die Mitgliedstaaten iSd Art. 1 Abs. 4 S. 1 Rom I-VO (also nicht in Bezug auf das **Königreich Dänemark**), Art. 1 Abs. 4 S. 2 Rom I-VO iVm Erwägungsgründen 45, 46 Rom I-VO. Aber trotzdem wird man wegen der *erga omnes*-Wirkung sowohl des EVÜ (Art. 2) als auch der Rom I-VO (Art. 2) den Art. 12 Abs. 1 lit. e Rom I-VO (anstelle des Art. 10 Abs. 1 lit. e EVÜ bzw. in Deutschland des Art. 32 Abs. 1 Nr. 5 EGBGB aF) bei Verträgen, die ab dem 17.12.2009 geschlossen werden (Art. 28 Rom I-VO), auch im Verhältnis zum Königreich Dänemark anwenden müssen. Umgekehrt bleibt es auch in Bezug auf diese Mitgliedstaaten für Verträge, die in der **Übergangszeit** zwischen dem Anwendungsbeginn der Rom II-VO (11.1.2009) und der Rom I-VO (17.12.2009) geschlossen werden, bei der Anwendung des Art. 10 Abs. 1 lit. e EVÜ.[25]

18 Die Begründung ergibt sich aus folgendem Gedankengang: Nach Art. 24 Abs. 1 Rom I-VO iVm Art. 2 Rom I-VO wenden die deutschen Gerichte diese Verordnung ab dem 17.12.2009 selbst dann an, wenn alle wesentlichen Sachverhaltselemente auf Dänemark oder das Vereinigte Königreich verweisen. Von diesem **erga omnes-Prinzip** kann nach Art. 28 Abs. 1 Rom II-VO iVm Art. 10 Abs. 1 lit. e EVÜ schon deshalb keine Ausnahme gemacht werden, weil es an Kriterien für eine hinreichende Beziehung des Sachverhalts zu Dänemark oder zum Vereinigten Königreich fehlt. Der Stichtag 17.12.2009 (Art. 28 Rom I-VO) bezieht sich folglich auch auf die Anknüpfung außervertraglicher Ansprüche aus ungerechtfertigter Bereicherung zur Abwicklung nichtiger Schuldverträge; maßgebender Zeitpunkt ist der Zeitpunkt des Vertragsschlusses (vgl. den Wortlaut des Art. 28 Rom I-VO).

19 **b) Haager Straßenverkehrsunfall-Übereinkommen.** Der praktisch wichtigste Anwendungsfall des Abs. 1 ist das Haager Übereinkommen vom 4.5.1971 über das auf Straßenverkehrsunfälle anzuwendende Recht[26] (HStVÜ)[27] (→ Art. 4 Rn. 119). Am 11.7.2007 war das Übereinkommen in **zwölf Mitgliedstaaten** der EU in Kraft, nämlich in Belgien, Frankreich, Lettland, Litauen, Luxemburg, den Niederlanden, Österreich, Polen, der Slowakei, Slowenien, Spanien und der Tschechischen Republik.[28] Darüber hinaus gehörten am 11.7.2007 **sechs Nichtmitgliedstaaten** der EU dem HStVÜ an, nämlich Bosnien-Herzegowina, Kroatien (der EU zum 1.7.2013 beigetreten), Mazedonien, die Schweiz, Serbien und Weißrussland.

20 Es fällt auf, dass – bis auf Dänemark – alle Anrainerstaaten der Bundesrepublik Deutschland (Polen, die Tschechische Republik, Österreich, die Schweiz, Frankreich, Luxemburg, Belgien und die Niederlande) Vertragsstaaten des Übereinkommens sind.[29] Daraus ergibt sich aus der Sicht der Betroffenen eine erhebliche **Bedeutung des HStVÜ** für Straßenverkehrsunfälle mit Auslandsberührung. Da auch das Königreich Dänemark nicht die Rom II-VO anwendet (Art. 1 Abs. 4), wird in keinem der unmittelbar an die Bundesrepublik Deutschland angrenzenden Staaten das auf die

---

[23] *v. Hein* VersR 2007, 440 (451); *Leible/Lehmann* RIW 2007, 721 (732).

[24] Zutr. *Sendmeyer* IPRax 2010, 500 (502); allg. zur Einordnung Dänemarks als Drittstaat iSd Art. 28 *Staudinger* AnwBl 2008, 8 (14); *G. Wagner* IPRax 2008, 1 (3).

[25] *Sendmeyer* IPRax 2010, 500 (503); aA *v. Hein* VersR 2007, 440 (451); *Heiss/Loacker* JBl. 2007, 613 (640); *Leible/Lehmann* RIW 2007, 721 (732).

[26] Schrifttum: *Beitzke* RabelsZ 33 (1969), 204; *Hoyer* ZVglRWiss 90 (1991), 341; *Kadner Graziano/Oertel* ZVglRWiss 107 (2008), 113 (142 f.); *W. Lorenz* RabelsZ 57 (1993), 175; *Schaub* IPRax 2017, 521; *Staudinger/Friesen* VersR 2016, 768; *Stoll* FS Kegel, 1977, 113; *Thiede/Kellner* VersR 2007, 1624; *Wandt* IPRax 1992, 259.

[27] Abgedruckt in der → 4. Aufl. 2006, EGBGB Art. 40 Rn. 79 unter Rückgriff auf die amtl. öst. Fassung aus dem öst. BGBl. 1975 Nr. 387. Authentischer franz. und engl. Text in RabelsZ 33 (1969), 342.

[28] *Adensamer* ZVR 2006, 523 (527); *Junker* JZ 2008, 169 (171); *R. Wagner* FS Kropholler, 2008, 715 (726). Aktuelle Liste der Vertragsstaaten auf der Homepage der Haager Konferenz für IPR.

[29] S. zur Anwendung des HStVÜ durch öst. Gerichte *Nordmeier* IPRax 2011, 292 (295); *Schaub* IPRax 2017, 521 (522 ff.); durch belgische Gerichte *Martiny* ZEuP 2013, 838 (865); durch litauische Gerichte *Martiny* IPRax 2017, 360 (362); allg. *Rauscher* NJW 2015, 3551 (3557).

außervertragliche zivilrechtliche Haftung aus einem Straßenverkehrsunfall anzuwendende Recht nach der Rom II-VO bestimmt, wodurch bei einem Straßenverkehrsunfall mit Bezug zu einem dieser Staaten dem Forum Shopping Tür und Tor geöffnet sind: Selbst wenn ein Straßenverkehrsunfall nur Beziehungen zu den EU-Mitgliedstaaten Deutschland und Österreich hat, müssen österreichische Gerichte das HStVÜ, deutsche Gerichte dagegen die Rom II-VO anwenden.[30]

Die **Rechtsspaltung** im Hinblick auf das auf außervertragliche Ansprüche aus Straßenverkehrsunfällen anzuwendende Recht ist erheblich, weil das HStVÜ andere Anknüpfungspunkte verwendet als die Rom II-VO:[31] ZB stellt das Haager Übereinkommen nach seinem Art. 4 lit. b auf den gemeinsamen Zulassungsort aller am Unfall beteiligten Fahrzeuge ab (sog. *lex stabuli*), während Art. 4 Abs. 2 Rom II-VO den gemeinsamen gewöhnlichen Aufenthalt der Unfallbeteiligten für maßgebend erklärt.[32] Der Geschädigte kann folglich – je nachdem, ob er in Deutschland oder in einem Vertragsstaat des HStVÜ Klage erhebt – unter Umständen Einfluss auf das anwendbare Recht nehmen. **21**

Für **deutsche Gerichte** hat das HStVÜ nach dem Inkrafttreten der Rom II-VO keinerlei Bedeutung mehr: Nach dem autonomen deutschen IPR war zumindest bei einer Anknüpfung nach Art. 40 Abs. 1 S. 1, Abs. 2 EGBGB eine Rück- oder Weiterverweisung durch das HStVÜ beachtlich, während das HStÜbk. unter der Geltung der Rom II-VO wegen Art. 24 auch im Wege einer Rück- oder Weiterverweisung nicht mehr zur Anwendung kommen kann (→ Art. 24 Rn. 8 ff.).[33] Deshalb wurde hier von einem Abdruck des HStVÜ abgesehen. **22**

c) Haager Produkthaftpflicht-Übereinkommen. Ein weiterer Anwendungsfall des Abs. 1 ist das Haager Übereinkommen vom 2.10.1973 über das auf die Produkthaftpflicht anzuwendende Recht[34] (HProdHÜ)[35] (→ Art. 5 Rn. 1). Diesem Übereinkommen gehörten am 11.7.2007 **sechs EU-Mitgliedstaaten** an, nämlich Finnland, Frankreich, Luxemburg, die Niederlande, Slowenien und Spanien.[36] Ferner war das HProdHÜ am 11.7.2007 in **vier Nichtmitgliedstaaten** der EU in Kraft, nämlich in Kroatien (der EU am 1.7.2013 beigetreten), Mazedonien, Norwegen und Serbien. Das Nebeneinander der Rom II-VO (Art. 5) und des HProdHÜ bei der Anknüpfung außervertraglicher Schuldverhältnisse aus Produkthaftung ist insofern ungut, als sowohl Art. 5 Abs. 1 Rom I-VO als auch Art. 4–6 HProdHÜ unterschiedliche Anknüpfungskaskaden enthalten.[37] In Produkthaftungsfällen müssen folglich zB französische und deutsche Gerichte jeweils hoch komplexe, aber ganz unterschiedliche Kaskadenanknüpfungen anwenden. Die Divergenz wird dadurch etwas abgemildert, dass zumindest die französischen und die österreichischen Gerichte den Parteien gestatten, durch übereinstimmende Erklärungen die Anwendbarkeit des HProdHÜ abzubedingen und auf diesem Wege die Rom II-VO zur Anwendung zu bringen.[38] Für **deutsche Gerichte** hat das HProdHÜ keinerlei Bedeutung, da es wegen Art. 24 Rom II-VO auch im Wege der Rück- oder Weiterverweisung nicht zur Anwendung kommen kann (→ Art. 24 Rn. 8 ff.). Deshalb wurde hier von einem Abdruck des HProdHÜ abgesehen. **23**

3. Gemischte Übereinkommen. In den bei Art. 4 kommentierten sachrechtsvereinheitlichenden Übereinkommen (→ Art. 4 Rn. 108 ff.), die *ratione materiae* als materielles Einheitsrecht Vorrang vor den Kollisionsnormen der Rom II-VO haben (→ Rn. 14), finden sich vereinzelt spezielle kollisionsrechtliche Vorschriften. Leitet man den Vorrang dieser Spezialkollisionsnormen vor **24**

---

30 *v. Hein* RabelsZ 73 (2009), 461 (474); *Junker* JZ 2008, 169 (170 f.); *Kadner Graziano* RabelsZ 73 (2009), 1 (26); *Staudinger* FS Kropholler, 2008, 691; *Thiede/Kellner* VersR 2007, 1624; aA *Martiny* IPRax 2017, 360 (362); zum Forum Shopping *Rauscher* FS Becker-Eberhard, 2022, 457 (460 f.).

31 Ausf. *Garau/Janeda* Anuario Español de Derecho Internacional Privado 2007, 497; *Kadner Graziano* RabelsZ 73 (2009), 1 (27 ff.); *Lehmann/Duczek* JuS 2012, 681 (686); *Thiede/Kellner* VersR 2007, 1624; *Staudinger* FS Kropholler, 2008, 691; *R. Wagner/Berentelg* MDR 2010, 1353 (1354 ff.).

32 *A. Fuchs* GPR 2004, 100 (102); zum dt. IPR OLG Frankfurt NJW 2000, 1202 m. Aufs. *Timme* NJW 2000, 3258.

33 HK-BGB/*Dörner* Rn. 2; Erman/*Stürner* Art. 4 Rn. 22; *v. Hein* RabelsZ 73 (2009), 461 (474); *Lehmann/Duczek* JuS 2012, 681 (686).

34 Schrifttum: *Drobnig,* Produktehaftung, in v. Caemmerer, Vorschläge und Gutachten zur Reform des deutschen Internationalen Privatrechts der außervertraglichen Schuldverhältnisse, 1983, 298; *v. Hein* RIW 2000, 820; *Kropholler* ZfRV 16 (1975), 256 (260); *W. Lorenz* RabelsZ 37 (1973), 317; *Stoll* FS Kegel, 1977, 113.

35 Abgedruckt in der → 4. Aufl. 2006, EGBGB Art. 40 Rn. 150 unter Rückgriff auf eine Übersetzung von *Joachim Schmidt-Salzer.* Authentischer franz. und engl. Text in RabelsZ 37 (1973), 594.

36 *Di Meglio/Coslin* Int. Bus. L. J. 2009, 568 (570 ff.); *v. Hein* VersR 2007, 440 (451); *Illmer* RabelsZ 73 (2009), 269 (311); *R. Wagner* FS Kropholler, 2008, 715 (727). Aktuelle Liste der Vertragsstaaten auf der Homepage der Haager Konferenz für IPR.

37 *v. Hein* VersR 2007, 440 (451 f.); *Junker* NJW 2007, 3675 (3682); *Illmer* RabelsZ 73 (2009), 269 (311).

38 Cass. civ. Rev. crit. dr. int. pr. 78 (1989), 68 note *Batiffol;* öst. OGH ZfRV 2003, 148; s. dazu *v. Hein* ZEuP 2009, 1 (32); *Illmer* RabelsZ 73 (2009), 269 (312); *Ofner* ZfRV 2008, 13 (16).

der Rom II-VO nicht schon aus ihrer Annexfunktion als „Anhängsel" des materiellen Einheitsrechts her,[39] ergibt sich der Vorrang dieser Spezialkollisionsregel jedenfalls aus Abs. 1, wenn dessen Voraussetzungen (→ Rn. 13–15) erfüllt sind.[40] Aus deutscher Sicht sind zwei dieser „gemischten" Staatsverträge hervorzuheben (weitere Verträge mit Vorrang vor der Rom II-VO → Art. 29 Rn. 6):

25 **a) Arrest in Seeschiffe.** Das Internationale Übereinkommen vom 10.5.1952 zur Vereinheitlichung von Regeln über den Arrest in Seeschiffe[41] (→ Art. 4 Rn. 195) bestimmt in seinem Art. 6 Abs. 1, dass das Recht des Staates, in dem ein Arrest vollzogen oder beantragt wurde, auf alle Schäden anzuwenden ist, die durch den Arrest in ein Seeschiff entstanden sind. Da Schuldner eines möglichen Anspruchs nicht der hoheitlich vollstreckende Staat ist, sondern der Antragsteller des Arrests, ist die Rom II-VO nach ihrem Art. 1 Abs. 1 an sich anwendbar. Abweichend von Art. 4 Abs. 1 muss das anzuwendende Recht jedoch nach dem Übereinkommen vom 10.5.1952 bestimmt werden (Art. 28 Abs. 1).

26 **b) Bergung auf Hoher See.** Das Internationale Übereinkommen über Bergung (IntBergungsÜ) der International Maritime Organization (IMO) vom 28.4.1989[42] (→ Art. 11 Rn. 23 ff.) bestimmt in seinem Art. 15 auch das Recht, das auf die Höhe des Bergelohnanteils anzuwenden ist. Zumeist werden Bergungen auf Grund vertraglicher Beziehungen durchgeführt, so dass der Anwendungsbereich des Art. 15 IntBergungsÜ im Recht der außervertraglichen Schuldverhältnisse gering ist (→ Art. 11 Rn. 25). Soweit jedoch mangels vertraglicher Beziehungen ein Anspruch aus Geschäftsführung ohne Auftrag gegeben ist, geht Art. 15 IntBergungsÜ in seinem sachlichen Anwendungsbereich der Rom II-VO vor (Art. 28 Abs. 1).

IV. Vorrang der Rom II-VO (Abs. 2)

27 Der grundsätzliche Vorrang staatsvertraglicher Kollisionsnormen nach **Abs. 1** wird begrenzt durch **Abs. 2,** der erst durch den **Gemeinsamen Standpunkt vom 25.9.2006** (→ Vor Art. 1 Rn. 20 f.) in Art. 28 aufgenommen wurde, um die durch Abs. 1 bewirkte Rechtszersplitterung innerhalb der EU abzumildern.[43] Danach hat die Rom II-VO Vorrang vor solchen kollisionsrechtlichen Übereinkommen, die ausschließlich zwischen zwei oder mehreren Mitgliedstaaten geschlossen sind und in den Anwendungsbereich der Rom II-VO fallen.

28 **1. Voraussetzungen des Abs. 2.** Abs. 2 setzt voraus, dass es sich um Übereinkommen im sachlichen Anwendungsbereich der Rom II-VO (Art. 1 Abs. 1, 2) handelt, die ausschließlich zwischen zwei oder mehreren Mitgliedstaaten geschlossen sind. „Geschlossen" ist gleichbedeutend mit „völkerrechtlich verbindlich".[44] Es ist somit für die Anwendung des Abs. 2 notwendig, aber auch hinreichend, dass **nur Mitgliedstaaten iSd Art. 1 Abs. 4** zu den Vertragsstaaten des fraglichen kollisionsrechtlichen Übereinkommens gehören. Zählt auch nur ein **Nichtmitgliedstaat iSd Art. 1 Abs. 4** zu den Vertragsstaaten des Übereinkommens, sind die Voraussetzungen des Abs. 2 nicht erfüllt. Dagegen ist es für Abs. 2 weder ausreichend noch erforderlich, dass die Sachverhaltselemente nur Beziehungen zu einem oder mehreren Mitgliedstaaten iSd Art. 1 Abs. 4 haben.[45] Abs. 2 analog auf Fälle anzuwenden, in denen alle Elemente des Sachverhalts in einem oder mehreren Mitgliedstaaten belegen sind,[46] verbietet sich schon deshalb, weil der Verordnungsgeber bewusst gegen eine solche Regelung entschieden hat (→ Rn. 8).[47]

29 In **zeitlicher Hinsicht** ist es dagegen nicht erforderlich, dass die Voraussetzungen des Abs. 2 zu dem in Abs. 1 in Bezug genommenen Datum (11.7.2007) vorgelegen haben. Die Voraussetzungen des Abs. 2 können daher auch **nach dem 11.7.2007** eintreten, wenn jeder der Nichtmitgliedstaaten, die das fragliche Übereinkommen ratifiziert haben (im Falle des HStVÜ zB Bosnien-Herzegowina, Kroatien, Mazedonien, die Schweiz, Serbien und Weißrussland), entweder **der EU beitritt** oder **das Übereinkommen kündigt:** Gehören auf diese Weise zu einem bestimmten Zeitpunkt alle

[39] *Basedow* RabelsZ 74 (2010), 118 (128); *R. Wagner* TranspR 2009, 103 (108).

[40] PWW/*Schaub* Rn. 1; *Ofner* ZfRV 2008, 13 (16); *G. Wagner* IPRax 2008, 1 (3).

[41] BGBl. 1972 II 172 (653).

[42] BGBl. 2001 II 510; BGBl. 2002 II 1202.

[43] PWW/*Schaub* Rn. 1; *Garcimartín Alférez* ELF 2007, I-77 (I-81); *v. Hein* VersR 2007, 440 (451); zur Anwendung auf bilaterale Abkommen zwischen Mitgliedstaaten zum Schutz geografischer Herkunftsangaben s. *Handig* GRUR Int. 2008, 24 (30).

[44] Soergel/*Thiede/Lentner* Rn. 11; *Junker* JZ 2008, 169 (171); *Thiede/Kellner* VersR 2007, 1624.

[45] Soergel/*Thiede/Lentner* Rn. 5 f.; NK-BGB/*Eichel* Rn. 4; *Thiede/Kellner* VersR 2007, 1624.

[46] *Sonnenberger* FS Kropholler, 2008, 227 (234).

[47] PWW/*Schaub* Rn. 1; *Staudinger* FS Kropholler, 2008, 691 (709); *R. Wagner* FS Kropholler, 2008, 715 (726).

Vertragsstaaten des völkerrechtlichen Übereinkommens der Gemeinschaft an, schreibt Abs. 2 vor, dass ab diesem Zeitpunkt die Rom II-VO den Vorrang erhält.[48]

Wenn – ohne dass die vorgenannten Voraussetzungen (alle Nichtmitglieder treten der EU bei und/oder kündigen das Übereinkommen) eintreten – einer der EU-Mitgliedstaaten zB das HStVÜ kündigt, ist mit dem Wirksamwerden dieser Kündigung **für ihn** die Rom II-VO auf dem betreffenden Teilgebiet anwendbar, weil **für ihn** die Voraussetzungen des Abs. 1 entfallen sind (er ist nicht mehr Vertragsstaat des Übereinkommens); Abs. 2 spielt für diesen Wechsel des anwendbaren Kollisionsrechts in einem Mitgliedstaat keine Rolle. 30

2. Rechtsfolgen des Abs. 2. Abs. 2 bestimmt als Rechtsfolge den **Anwendungsvorrang der Rom II-VO;** die völkerrechtliche Wirksamkeit des betroffenen Übereinkommens wird durch die Vorschrift nicht berührt. Weder wird den Mitgliedstaaten – wenn die Voraussetzungen des Abs. 2 vorliegen – die Pflicht auferlegt, den betreffenden Vertrag zu kündigen, noch wird die Kündigung fingiert.[49] Gehören alle Vertragsstaaten eines völkerrechtlichen Übereinkommens der Gemeinschaft an, schreibt Abs. 2 vor, dass die Rom II-VO den Vorrang erhält. Das Übereinkommen gilt völkerrechtlich weiter, läuft aber in der praktischen Anwendung leer. Die Rechtsfolgen des Abs. 2 entfallen, wenn die Voraussetzungen der Vorschrift wegfallen, zB weil ein Nichtmitglied der EU dem betreffenden Übereinkommen beitritt. Dann lebt der Anwendungsvorrang dieses Übereinkommens nach Abs. 1 wieder auf. 31

V. Künftige Übereinkommen (Erwägungsgrund 37)

Abs. 1 rekurriert auf den Umstand, dass die EU ihre Mitgliedstaaten nicht zwingen kann, bestehende kollisionsrechtliche Übereinkommen zu kündigen. Die Vorschrift verhindert, dass die Mitgliedstaaten, die zum **Zeitpunkt der Annahme der Rom II-VO (11.7.2007)** Vertragsstaaten eines konkurrierenden völkerrechtlichen Übereinkommens waren, mit der Anwendung der Rom II-VO gegen ihre völkervertraglichen Pflichten verstoßen.[50] Die Kehrseite des Abs. 1 ist, dass die Mitgliedstaaten mit der Annahme der Rom II-VO am 11.7.2007 die Kompetenz zum Abschluss neuer internationaler Übereinkommen auf dem Gebiet des IPR der außervertraglichen Schuldverhältnisse verlieren (Art. 3 Abs. 2 AEUV, Art. 216 Abs. 1 AEUV).[51] 32

Da die Mitgliedstaaten nach Annahme der Rom II-VO gehindert sind, im Anwendungsbereich der Rom II-VO bestehenden Übereinkommen beizutreten oder neue Übereinkommen zu schließen, sah sich der Verordnungsgeber zu einer Konzession veranlasst. In Erfüllung von **Erwägungsgrund 37** bestimmt seit dem 20.8.2009 die **VO (EG) 662/2009,**[52] nach welchen Verfahren und unter welchen Bedingungen die Mitgliedstaaten in Einzel- und Ausnahmefällen im eigenen Namen Übereinkommen mit Drittländern über sektorspezifische Fragen aushandeln und abschließen dürfen, die Bestimmungen über das auf außervertragliche Schuldverhältnisse anzuwendende Recht enthalten[53] (zum Verzeichnis bestehender Übereinkommen → Art. 29 Rn. 1 ff.). 33

Kapitel VII. Schlussbestimmungen

Art. 29 Rom II-VO Verzeichnis der Übereinkommen

(1) [1]Die Mitgliedstaaten übermitteln der Kommission spätestens am 11. Juli 2008 die Übereinkommen gemäß Artikel 28 Absatz 1. [2]Kündigen die Mitgliedstaaten nach diesem Stichtag eines dieser Übereinkommen, so setzen sie die Kommission davon in Kenntnis.

(2) Die Kommission veröffentlicht im *Amtsblatt der Europäischen Union* innerhalb von sechs Monaten nach deren Erhalt
i) ein Verzeichnis der in Absatz 1 genannten Übereinkommen;
ii) die in Absatz 1 genannten Kündigungen.

---

[48] NK-BGB/*Eichel* Rn. 2; Erman/*Stürner* Rn. 2; *v. Hein* VersR 2007, 440 (452); *Junker* JZ 2008, 169 (171).
[49] BeckOK BGB/*Spickhoff* Rn. 4; *G. Wagner* IPRax 2008, 1 (3).
[50] Soergel/*Thiede/Lentner* Rn. 24 f.; *Junker* JZ 2008, 169 (171); *G. Wagner* IPRax 2008, 1 (3).
[51] EuGH Slg. 2006, I-1145 Rn. 114 – Gutachten.
[52] VO (EG) 662/2009 vom 13.7.2009 zur Einführung eines Verfahrens für die Aushandlung und den Abschluss von Abkommen zwischen Mitgliedstaaten und Drittstaaten über spezifische Fragen des auf vertragliche und außervertragliche Schuldverhältnisse anzuwendenden Rechts, ABl. EU 2009 L 200, 25.
[53] Soergel/*Thiede/Lentner* Rn. 26; PWW/*Schaub* Rn. 1; *R. Wagner* NJW 2010, 1707 (1708).

Schrifttum: s. auch Vor Art. 1; *Azzi/Treppoz,* Contrefaçon et conflits de lois: Quelques remarques sur la liste des conventions internationales censées primer le règlement Rome II, Dalloz 2011, 1298.

I. Allgemeines

1 **1. Systematik des Kapitels VII.** Kapitel VII der Rom II-Verordnung umfasst **zwei Gruppen von Vorschriften: Art. 29, 30** entfalten – anders als die Art. 1–28 – keine unmittelbare horizontale Wirkung in Privatrechtsbeziehungen, sondern richten sich an die Mitgliedstaaten (Art. 29 Abs. 1) bzw. an die EU-Kommission (Art. 29 Abs. 2, Art. 30). Ihnen werden – mit Blick auf gegenwärtige Rechtsquellenkonkurrenzen **(Art. 29)** und künftige legislative Vorhaben **(Art. 30)** – bestimmte Pflichten auferlegt. Europarechtlich handelt es sich um zulässige Annexvorschriften in einer Verordnung (Art. 288 Abs. 2 AEUV), die nicht unmittelbar an die Unionsbürger adressiert sind, sondern Regeln für Mitgliedstaaten oder Organe der Union aufstellen. **Art. 31, 32** normieren den zeitlichen Anwendungsbereich der Rom II-VO und das intertemporale Kollisionsrecht (Übergangsrecht). Sie ergänzen die Bestimmungen des Art. 1 über den sachlichen und räumlichen Anwendungsbereich der Rom II-VO.

2 **2. Normzweck des Art. 29.** Die Vorschrift ist eine Hilfsnorm, die auf Art. 28 Abs. 1 Bezug nimmt. Sie richtet sich an die Mitgliedstaaten (Abs. 1) und die EU-Kommission (Abs. 2). Der Normzweck wird in **Erwägungsgrund 36 S. 2** dahingehend konkretisiert, dass der „Zugang zu den Rechtsakten" (gemeint sind die in Art. 28 behandelten internationalen Übereinkommen) vereinfacht werden soll. Das **Rechtsbedürfnis,** das die Vorschrift befriedigen soll, ist nicht besonders groß, da jedenfalls die betroffenen multilateralen Übereinkommen (→ Art. 28 Rn. 16 ff.) in der Sekundärliteratur zur Rom II-VO genannt und die Verzeichnisse der Vertragsstaaten über den Internetauftritt der Haager Konferenz für IPR zugänglich sind. Art. 29 ist die einzige Vorschrift der Rom II-VO, die vor dem 11.1.2009 anzuwenden ist (Art. 32). Sie hat eine **Parallelvorschrift in Art. 26 Rom I-VO.**

II. Pflichten der Mitgliedstaaten (Abs. 1)

3 Abs. 1 richtet sich an die Mitgliedstaaten, die Vertragsstaaten eines oder mehrerer der in Art. 28 angesprochenen Übereinkommen sind, und stellt **Informationspflichten** gegenüber der EU-Kommission auf. **S. 1** verpflichtet die betreffenden Mitgliedstaaten, die EU-Kommission davon **in Kenntnis zu setzen,** dass sie Vertragsstaaten eines oder mehrerer dieser Übereinkommen sind. Die deutsche Fassung des S. 1 („Die Mitgliedstaaten übermitteln [sic] der Kommission … die Übereinkommen …") hat gegenüber der englischen Originalfassung keine eigenständige Bedeutung, sondern ist eine verfehlte Übersetzung des englischen Worts *to notify.* **S. 2** erlegt dem betreffenden Mitgliedstaat eine Mitteilungspflicht gegenüber der EU-Kommission auf, wenn er – was vom Standpunkt der europäischen Integration aus betrachtet nicht unerwünscht ist – eines oder mehrere der in Art. 28 Abs. 1 genannten Übereinkommen kündigt.

III. Veröffentlichung im Amtsblatt (Abs. 2)

4 Abs. 2 normiert eine **Publikationspflicht** der Kommission. Missverständlich ist der deutsche Wortlaut der Vorschrift: Wie sich aus der englischen Fassung des Abs. 2 ergibt („The Commission shall publish in the *Official Journal of the European Union* within six months of receipt: (i) a list of the Conventions referred to in paragraph 1; (ii) the denunciations referred to in paragraph 1"), soll die Kommission durch Abs. 2 verpflichtet werden, die von den Mitgliedstaaten erhaltenen Informationen innerhalb von sechs Monaten nach ihrem Erhalt in ein **von der Kommission erstelltes Verzeichnis** einzugeben. Für die **Vollständigkeit** dieses Verzeichnisses trifft die Kommission keine Verantwortung.

5 Während im Kommissionsentwurf vom 22.7.2003 noch von einem „vollständigen Verzeichnis" die Rede war, hat der Geänderte Vorschlag vom 21.2.2006 das Wort „vollständig" gestrichen. Auch eine Verantwortung der Kommission für die **Richtigkeit** des Verzeichnisses besteht nicht, da sie auf die Angaben der Mitgliedstaaten angewiesen ist, die sie nicht zu prüfen, sondern nur zu publizieren hat. Das am 17.12.2010 im Amtsblatt veröffentlichte **Verzeichnis der Übereinkommen**[1] ist für den Rechtsanwender nur bedingt hilfreich, da Belgien zB seine Bindung an das HStVÜ nicht mitgeteilt hat, während andere Mitgliedstaaten Listen ihrer bilateralen Rechtshilfeverträge eingereicht haben, deren Zusammenhang mit der Rom II-VO sich nicht auf Anhieb erschließt.[2]

[1] Mitteilungen nach Art. 29 Abs. 1, ABl. EU 2010 C 343, 7.
[2] Krit. zu diesem Verzeichnis aus franz. Sicht *Azzi/Treppoz* Dalloz 2011, 1298.

IV. Mitteilung der Bundesrepublik Deutschland

Die Mitteilung der Bundesrepublik Deutschland[3] nennt als gemäß Art. 28 Abs. 1 vorrangige Staatsverträge neben den bereits erwähnten Übereinkommen vom 10.5.1952 über den **Arrest in Seeschiffe** (→ Art. 28 Rn. 25) und vom 28.4.1989 über die **Bergung auf hoher See** (→ Art. 28 Rn. 26) die Abkommen vom 29.5.1933 zur Vereinheitlichung der Regeln über die **Sicherungsbeschlagnahme von Luftfahrzeugen** (→ Art. 4 Rn. 141), vom 24.9.1968 über das Europäische Operationszentrum für **Weltraumforschung** und vom 23.8.1990 über das Europäische **Astronautenzentrum** (→ Art. 4 Rn. 146) sowie das **Europäische Patentübereinkommen** vom 5.10.1973 sowie die bilateralen Verträge mit der Schweiz vom 7.3.1967 über den **Schutz von Herkunftsangaben** und anderen geografischen Bezeichnungen[4] und vom 25.4.1977 über die **Straße zwischen Lörrach und Weil am Rhein** auf schweizerischem Gebiet (→ Art. 4 Rn. 121).[5] 6

Art. 30 Rom II-VO Überprüfungsklausel

(1) [1]Die Kommission legt dem Europäischen Parlament, dem Rat und dem Europäischen Wirtschafts- und Sozialausschuss bis spätestens 20. August 2011 einen Bericht über die Anwendung dieser Verordnung vor. [2]Diesem Bericht werden gegebenenfalls Vorschläge zur Anpassung der Verordnung beigefügt. [3]Der Bericht umfasst:

i) eine Untersuchung über Auswirkungen der Art und Weise, in der mit ausländischem Recht in den verschiedenen Rechtsordnungen umgegangen wird, und darüber, inwieweit die Gerichte in den Mitgliedstaaten ausländisches Recht aufgrund dieser Verordnung in der Praxis anwenden;

ii) eine Untersuchung der Auswirkungen von Artikel 28 der vorliegenden Verordnung im Hinblick auf das Haager Übereinkommen vom 4. Mai 1971 über das auf Verkehrsunfälle anzuwendende Recht.

(2) Die Kommission legt dem Europäischen Parlament, dem Rat und dem Europäischen Wirtschafts- und Sozialausschuss bis spätestens 31. Dezember 2008 eine Untersuchung zum Bereich des auf außervertragliche Schuldverhältnisse aus der Verletzung der Privatsphäre oder der Persönlichkeitsrechte anzuwendenden Rechts vor, wobei die Regeln über die Pressefreiheit und die Meinungsfreiheit in den Medien sowie die kollisionsrechtlichen Aspekte im Zusammenhang mit der Richtlinie 95/46/EG des Europäischen Parlaments und des Rates vom 24. Oktober 1995 zum Schutz natürlicher Personen bei der Verarbeitung personenbezogener Daten und zum freien Datenverkehr[1] zu berücksichtigen sind.

Schrifttum: s. auch Vor Art. 1; *R. Wagner,* Änderungsbedarf im autonomen deutschen Internationalen Privatrecht aufgrund der Rom II-Verordnung? Ein Überblick über den Regierungsentwurf eines Gesetzes zur Anpassung der Vorschriften des Internationalen Privatrechts an die Rom II-Verordnung, IPRax 2008, 314; *R. Wagner,* Das Vermittlungsverfahren zur Rom II-Verordnung, FS Kropholler, 2008, 715.

Übersicht

[3] ABl. EU 2010 C 343, 7; dazu *R. Wagner* NJW 2011, 1404; *Rauscher/Pabst* GPR 2011, 298 (300 f.); *Mansel/Thorn/Wagner* IPRax 2012, 1 (4).

[4] BGBl. 1969 II 139; s. dazu *Krieger* GRUR Int. 1967, 334.

[5] BGBl. 1978 II 1201; s. dazu *R. Wagner* NJW 2009, 1911 (1913); *Mansel/Thorn/Wagner* IPRax 2010, 1 (9).

[1] [Amtl. Anm.:] ABl. L 281 vom 23.11.1995, S. 31.

I. Allgemeines

1 **1. Normzweck.** Die Vorschrift erlegt der EU-Kommission gegenüber dem Europäischen Parlament, dem Rat und dem Europäischen Wirtschafts- und Sozialausschuss bestimmte Berichtspflichten auf. Dem **Bericht nach Abs. 1** sind ggf. Vorschläge zur Anpassung (dh zur Änderung) der Rom II-VO beizufügen. Der **Bericht nach Abs. 2** besteht in der Vorlage einer Untersuchung zu der durch Art. 1 Abs. 2 lit. g ausgeklammerten Materie.[2] Art. 30 ist im Zusammenhang mit **drei Erklärungen der EU-Kommission** zu lesen, die im Anschluss an die Rom II-VO im Amtsblatt der EU abgedruckt sind[3] und in die folgende Kommentierung einbezogen werden. Das Britische Institut für Internationales Recht und Rechtsvergleichung (BIICL) hat im Jahr 2021 eine Studie zur Unterstützung der Erstellung eines Berichts über die Anwendung der Rom II-Verordnung veröffentlicht, die es im Auftrag der Europäischen Kommission durchgeführt hat. Die Studie bewertet die zehnjährige Anwendung der Rom II-Verordnung in den Mitgliedstaaten und soll die Kommission bei zukünftigen Reformen anleiten.[4]

2 **2. Entstehungsgeschichte.** Die Überprüfungsklausel des Art. 30 war erstmals im **Geänderten Vorschlag vom 21.2.2006** (→ Vor Art. 1 Rn. 18 ff.) enthalten.[5] Im **Gemeinsamen Standpunkt vom 25.9.2006** (→ Vor Art. 1 Rn. 20 f.) wurde die Überprüfungsklausel leicht verändert;[6] sie erhielt im **Vermittlungsverfahren,** das vom 15.5.2007 bis zum 25.6.2007 durchgeführt wurde (→ Vor Art. 1 Rn. 21 ff.), ihre endgültige Fassung.[7] Art. 30 ist das Ergebnis einer mehrjährigen Auseinandersetzung von Kommission und Rat mit dem Europäischen Parlament,[8] auf die wegen der Bedeutung der Vorschrift für die **Zukunft der Rom II-VO** und für die **Interpretation** einiger bereits oben kommentierter Bestimmungen im Folgenden näher einzugehen ist.

3 **3. Verhältnis zur Rom I-VO.** Art. 30 Rom II-VO hat eine **Parallelvorschrift in Art. 27 Rom I-VO.** Die Berichtspflichten nach dieser Vorschrift sind ebenfalls in zwei Stufen zu erfüllen (zum 17.6.2010 und zum 17.6.2013) und beziehen sich ebenfalls auf drei Gegenstände, über die im Verordnungsgebungsverfahren „Rom I" Kontroversen bestanden.

II. Anwendung ausländischen Rechts (Abs. 1 S. 3 Ziff. i)

4 Der erste Berichtsgegenstand des Art. 30 ist eine Untersuchung darüber, welche Folgen sich aus der unterschiedlichen Art und Weise ergeben, in der die Mitgliedstaaten mit ausländischem Recht umgehen; sie wird ergänzt um eine Untersuchung darüber, inwieweit die Gerichte der Mitgliedstaaten nach der Rom II-VO ausländisches Recht in der Praxis anwenden. Dieser in **Abs. 1 S. 3 Ziff. i** niedergelegte Gegenstand ist die Reaktion auf zahlreiche Änderungsvorschläge des Europäischen Parlaments zur Frage der Anwendung ausländischen Rechts iwS.[9] Dabei ging es im Kern um die Auseinandersetzung zwischen dem **angelsächsischen Ansatz,** der das ausländische Recht als eine von der betroffenen Partei darzulegende und ggf. zu beweisende Tatfrage **(question of fact)** ansieht, und dem **kontinentaleuropäischen Ansatz,** der auch für ausländisches Recht dem Grundsatz **iura novit curia** und dem Prinzip der amtswegigen Feststellung des ausländischen Rechts folgt (vgl. § 293 ZPO).

---

2 Vorgelegt im Februar 2009 unter dem Titel „Comparative Study on the situation in the 27 Member States as Regards the Law Applicable to Non-contractual obligations Arising Out of Violations of Privacy and Rights Relating to Personality", https://ec.europa.eu/info/policies/justice-and-fundamental-rights_de; s. dazu *Mansel/Thorn/Wagner* IPRax 2011, 1 (11).

3 ABl. EU 2007 L 199, 49.

4 Die Studie ist verfügbar unter: https://op.europa.eu/en/publication-detail/-/publication/11043f63-200c-11ec-bd8e-01aa75ed71a1 (zuletzt abgerufen am 11.3.2024).

5 Art. 15 des Geänderten Vorschlags vom 21.2.2006 lautet: „Die Kommission legt dem Europäischen Parlament, dem Rat und dem Europäischen Wirtschafts- und Sozialausschuss spätestens fünf Jahre nach Inkrafttreten dieser Verordnung einen Bericht über deren Anwendung vor. Diesem Bericht sind gegebenenfalls Vorschläge zur Anpassung der Verordnung beizufügen. Bei der Abfassung ihres Berichts wird die Kommission besonders darauf achten, wie Gerichte der Mitgliedstaaten in der Praxis mit ausländischem Recht umgehen. Der Bericht wird gegebenenfalls mit Empfehlungen bezüglich der Zweckmäßigkeit eines gemeinsamen Vorgehens bei der Anwendung ausländischen Rechts versehen. „Der Bericht wird sich auch mit der Zweckmäßigkeit einer besonderen Gemeinschaftsregelung für das auf Verkehrsunfälle anwendbare Recht befassen.".

6 ABl. EU 2006 C 289E, 68; s. dazu die Mitteilung der Kommission an das Europäische Parlament vom 27.9.2006, KOM(2006) 566 endg.

7 Ausf. *R. Wagner* FS Kropholler, 2008, 715; s. auch *R. Wagner* IPRax 2008, 314.

8 *Jayme/Kohler* IPRax 2005, 481 (493); *Jayme/Kohler* IPRax 2007, 493 (494); *Junker* NJW 2007, 3675 (3676); *Mankowski* RIW 2004, 481 (482); *Mankowski* RIW 2005, 481 (482 f.).

9 Ausf. *Jayme/Kohler* IPRax 2005, 481 (493); *R. Wagner* FS Kropholler, 2008, 715 (728).

Im **Vermittlungsverfahren** zur Rom II-VO hielt der Rat den Regelungswünschen des Parlaments entgegen, das angesprochene Thema sei nicht nur eine prozessuale Frage (deren Antwort nicht in die Rom II-VO gehöre), sondern darüber hinaus ein Querschnittsproblem, so dass der richtige Standort einer Problemlösung nicht die Rom II-VO sein könne. Im Wege des Kompromisses haben sich Parlament und Rat schließlich darauf geeinigt, die Kommission die in Abs. 1 S. 3 Ziff. i genannten Untersuchungen anstellen zu lassen.[10] Zur weiteren Beruhigung des Parlaments hat die Kommission eine Erklärung abgegeben, die im Anschluss an die Rom II-VO im Amtsblatt veröffentlicht ist und wie folgt lautet:[11] 5

Erklärung der Kommission zur Behandlung ausländischen Rechts

In Anbetracht der unterschiedlichen Behandlung ausländischen Rechts in den Mitgliedstaaten wird die Kommission, sobald die Untersuchung vorliegt, spätestens aber vier Jahre nach Inkrafttreten der Verordnung Rom II eine Untersuchung zur Anwendung ausländischen Rechts in Zivil- und Handelssachen durch die Gerichte der Mitgliedstaaten unter Berücksichtigung der Ziele des Haager Programms veröffentlichen. Die Kommission ist bereit, erforderlichenfalls geeignete Maßnahmen zu ergreifen.

III. Haager Straßenverkehrsunfall-Übereinkommen (Abs. 1 S. 3 Ziff. ii)

Der zweite Berichtsgegenstand des Art. 30 ist eine Untersuchung der Folgen, die Art. 28 für das Haager Übereinkommen vom 4.5.1971 über das auf Straßenverkehrsunfälle anzuwendende Recht **(HStVÜ)**[12] hat (→ Art. 4 Rn. 119, → Art. 28 Rn. 19). Dieser in **Abs. 1 S. 3 Ziff. ii** niedergelegte Gegenstand nimmt auf Art. 28 Abs. 1 Bezug. Danach berührt die Rom II-VO nicht die Anwendung der Übereinkommen, denen ein oder mehrere Mitgliedstaaten am 11.7.2007 angehörten und die Kollisionsnormen für außervertragliche Schuldverhältnisse enthalten. Diese Konkurrenzvorschrift betrifft unter anderem das HStVÜ, das zum maßgebenden Zeitpunkt für zwölf Mitgliedstaaten galt (→ Art. 28 Rn. 19). 6

Da sich das Parlament im **Vermittlungsverfahren** mit einem gespaltenen Kollisionsrecht für außervertragliche Ansprüche aus Straßenverkehrsunfällen nicht abfinden wollte, der Rat aber keine einheitliche Lösung finden konnte (→ Art. 28 Rn. 8), wurde – als Entgegenkommen gegenüber dem Parlament[13] – die Kommission durch **Abs. 1 S. 3 Ziff. ii** beauftragt, in einem Überprüfungsbericht auf die Konkurrenz der Rom II-VO mit dem Haager Straßenverkehrsunfall-Übereinkommen einzugehen. 7

IV. Verletzung der Privatsphäre oder der Persönlichkeitsrechte (Abs. 2)

Der dritte Berichtsgegenstand des Art. 30 ist eine Untersuchung zum Bereich des auf außervertragliche Schuldverhältnisse aus der Verletzung der Privatsphäre oder der Persönlichkeitsrechte anzuwendenden Rechts **(Abs. 2).** Solche außervertraglichen Schuldverhältnisse sind nach Art. 1 Abs. 2 lit. g vom sachlichen Anwendungsbereich der Rom II-VO ausgenommen (→ Art. 1 Rn. 59). Auch diese Berichtspflicht erklärt sich aus der Auseinandersetzung von Kommission und Rat mit dem Europäischen Parlament.[14] 8

1. Vorstellungen des Europäischen Parlaments. Das Parlament hatte bereits im **Verfahren der Mitentscheidung (Erste Lesung)** eine besondere Anknüpfungsregel für die Verletzung der Privatsphäre und der Persönlichkeitsrechte vorgeschlagen,[15] die aber nicht die Billigung des Rates fand.[16] Da der Rat sich jedoch seinerseits nicht auf eine Vorschrift einigen konnte, blieb als *ultima ratio* nur der Ausschluss der Materie aus dem sachlichen Anwendungsbereich der Rom II-VO.[17] Um dem Parlament entgegenzukommen, verpflichtete der **Gemeinsame Standpunkt vom 25.9.2006** 9

---

10 *R. Wagner* FS Kropholler, 2008, 715 (728).

11 ABl. EU 2007 L 199, 49.

12 Abgedruckt in der → 4. Aufl. 2006, EGBGB Art. 40 Rn. 79 unter Rückgriff auf die amtl. öst. Fassung aus dem öBGBl. 1975 Nr. 387. Authentischer franz. und engl. Text in RabelsZ 33 (1969), 342.

13 *R. Wagner* FS Kropholler, 2008, 715 (726 f.).

14 *v. Hein* VersR 2007, 440 (442); *v. Hinden* FS Kropholler, 2008, 573 (575 f.); *Heiss/Loacker* JBl. 2007, 613 (619 ff.); *Leible/Lehmann* RIW 2007, 721 (723 f.); *G. Wagner* IPRax 2008, 1 (10).

15 Legislative Entschließung des Europäischen Parlaments vom 6.7.2005 zu dem Vorschlag für eine Rom II-VO, KOM(2003) 427 endg., Dokument P6-TA (2005), 284 = IPRax 2006, 413.

16 Zur Vorgeschichte und zu den Gründen *Benecke* RIW 2003, 830 (835); Hamburg Group for Private International Law RabelsZ 67 (2003), 1 (24); *Kreuzer* in Reichelt/Rechberger EuropKollisionsR 13 (38 ff.); *Leible* in Reichelt, Europäisches Gemeinschaftsrecht und IPR, 2007, 31 (35) *Kropholler/v. Hein* FS Heldrich, 2005, 793.

17 *v. Hinden* FS Kropholler, 2008, 573 (574); *R. Wagner* FS Kropholler, 2008, 715 (721).

die Kommission, in einem Überprüfungsbericht auch außervertragliche Schuldverhältnisse aus Persönlichkeitsrechtsverletzungen zu berücksichtigen.[18]

10 **2. Kompromiss im Vermittlungsverfahren.** Einerseits reichte dem Parlament dieses Entgegenkommen im **Verfahren der Mitentscheidung (Zweite Lesung)** nicht aus, andererseits gelang es dem Rat und dem Parlament in den engen Zeitgrenzen des **Vermittlungsverfahrens** nicht, sich auf eine besondere Anknüpfungsregel für Persönlichkeitsrechtsverletzungen zu einigen. Als Kompromiss wurde die Überprüfungsklausel insofern „verschärft",[19] als die Kommission nicht erst binnen vier Jahren nach Inkrafttreten der Verordnung, sondern schon bis 31.12.2008 die Berichtspflicht nach Abs. 2 zu erfüllen hatte. Sozusagen im Gegenzug hat die Kommission eine Erklärung abgegeben, welche die Berichtspflicht nach Abs. 2 eher verwässert als konkretisiert. Sie ist im Anschluss an die Rom II-VO im Amtsblatt veröffentlicht und lautet wie folgt:[20]

Erklärung der Kommission zur Überprüfungsklausel (Artikel 30)

Die Kommission wird auf entsprechende Aufforderung durch das Europäische Parlament und den Rat im Rahmen von Artikel 30 der Verordnung Rom II hin, bis spätestens Dezember 2008 eine Untersuchung zu dem auf außervertragliche Schuldverhältnisse aus der Verletzung der Privatsphäre oder der Persönlichkeitsrechte anwendbaren Recht vorlegen. Die Kommission wird allen Aspekten Rechnung tragen und erforderlichenfalls geeignete Maßnahmen ergreifen.

V. Personenschäden infolge von Verkehrsunfällen

11 Ein in Art. 30 nicht genannter, vierter Berichtsgegenstand ist eine Untersuchung der Probleme, mit denen EU-Ansässige bei Straßenverkehrsunfällen in einem anderen Mitgliedstaat als dem ihres gewöhnlichen Aufenthalts konfrontiert sind. Dieser in einer Erklärung der Kommission niedergelegte Gegenstand (→ Rn. 15) erklärt sich aus der Entstehungsgeschichte der Rom II-VO.

12 **1. Vorstellungen des Europäischen Parlaments.** Eines der wichtigsten Anliegen des Europäischen Parlaments im Verordnungsgebungsverfahren[21] war eine **Spezialregelung für Personenschäden,** die aus Verkehrsunfällen resultieren (wobei in einigen Dokumenten von „Verkehrsunfällen", in anderen von „Straßenverkehrsunfällen" gesprochen wird). Der Auslöser für dieses Anliegen, das von der aus England stammenden Berichterstatterin des Parlaments mit besonderem Nachdruck vertreten wurde,[22] waren einzelne Verkehrsunfälle, bei deren rechtlicher Abwicklung geschädigte britische Staatsangehörige nach dem Recht des (ausländischen) Unfallortes nicht die Entschädigungssummen erhalten hatten, die sie nach ihrem heimischen britischen Recht gewohnt waren. Dass dieses Thema brisant ist, zeigt sich daran, dass die erste **Vorabentscheidung des EuGH** zur Rom II-VO (betreffend den zeitlichen Anwendungsbereich, → Art. 31, 32 Rn. 4) in einem Rechtsstreit erging, in welchem sich das englische Unfallopfer nicht mit den im französischen Recht vorgesehenen Entschädigungssummen abfinden wollte.[23]

13 **a) Kollisionsrechtliche Lösung.** Im **Verfahren der Mitentscheidung (Erste Lesung)** sprach sich das Parlament für eine **gespaltene Anknüpfung** von Ansprüchen wegen Personenschäden infolge von Verkehrsunfällen aus. Danach sollte sich die Art und die Höhe dieser Ansprüche nach dem Recht am **gewöhnlichen Aufenthaltsort** des Geschädigten richten, es sei denn, dies wäre für das Opfer unbillig; im Übrigen sollte das **Recht des Unfallorts** anzuwenden sein.[24] Abgesehen von dem fragwürdigen Wortlaut der vorgeschlagenen Vorschrift erheben sich gegen diesen Vorschlag zahlreiche Einwände;[25] ua ist schon nicht einzusehen, warum sich das von den britischen Staatsangehörigen monierte Problem nur bei (Straßen-) Verkehrsunfällen,

---

[18] ABl. EU 2006 C 289E, 68; dazu die Mitteilung der Kommission an das Europäische Parlament vom 27.9.2006, KOM(2006) 566 endg.

[19] *R. Wagner* FS Kropholler, 2008, 715 (721).

[20] ABl. EU 2007 L 199, 49.

[21] *Malatesta* Riv. dir. int. priv. proc. 42 (2006), 47 (55); *Thiede/Ludwichowska* ZVglRWiss 106 (2007), 92 (97); *G. Wagner* IPRax 2006, 372 (379); *R. Wagner* FS Kropholler, 2008, 715 (721 ff.).

[22] S. zur Rolle der Berichterstatterin *Jayme/Kohler* IPRax 2005, 481 (493); *Mankowski* RIW 2005, 481 (482).

[23] EuGH NJW 2012, 441 = EuZW 2012, 35 – Homawoo/GMF Assurances; s. zu weiteren Fällen *Gebauer* JbItalR 27 (2014), 57 (70); *Martiny* ZEuP 2013, 838 (865); *G. Wagner* ZEuP 2015, 869 (878 ff.).

[24] Legislative Entschließung des Europäischen Parlaments vom 6.7.2005 zu dem Vorschlag für eine Rom II-VO, KOM(2003) 427 endg., Dokument P6-TA (2005) 284, abgedruckt in IPRax 2006, 413 (Art. 4 Abs. 2).

[25] S. nur *v. Hein* VersR 2007, 440 (443 f.); *Mankowski* RIW 2005, 481 (483); *R. Wagner* FS Kropholler, 2008, 715 (722 f.); *Thiede/Ludwichowska* ZVglRWiss 106 (2007), 92 (103); *G. Wagner* IPRax 2006, 372 (379).

nicht aber bei anderen Delikten stellen kann. Dementsprechend sah der Rat in dem **Gemeinsamen Standpunkt vom 25.9.2006** keinen Anlass, bei Verkehrsunfällen hinsichtlich einzelner Aspekte der Schadensabwicklung von der Grundregel des Internationalen Deliktsrechts (Art. 4 Abs. 1) abzuweichen.[26]

b) Materiellrechtliche Lösung. Als Antwort auf die Kritik des Rates favorisierte das Parlament im **Verfahren der Mitentscheidung (Zweite Lesung)** anstelle der kollisionsrechtlichen Lösung eine sachrechtliche Regelung, wonach „das befasste Gericht bei der Schadensberechnung bei Personenschäden den Grundsatz der Wiedereinsetzung in den vorigen Stand" anwenden sollte, und zwar „unter Berücksichtigung der tatsächlichen Umstände des Opfers in dem Land, in dem es seinen gewöhnlichen Aufenthalt hat".[27] **14**

2. Kompromiss im Vermittlungsverfahren. Im Vermittlungsverfahren hielt der Rat der sachrechtlichen Lösung entgegen, dass die Rom II-VO nach **Kompetenzgrundlage** und **Regelungsgegenstand** nicht in das materielle Recht der Mitgliedstaaten eingreifen könne.[28] Da das Parlament jedoch nicht von seinem Vorhaben ablassen wollte, musste ein Kompromiss geschlossen werden, der aus zwei Elementen besteht. Erstens einigten sich Parlament und Rat auf den **Erwägungsgrund 33** (→ Art. 15 Rn. 26 ff.). Zweitens gab die Kommission eine Erklärung ab, die einerseits bis Ende 2008 eine Untersuchung des Parlamentsanliegens verspricht, andererseits das vom Parlament geforderte Grünbuch zur Rechtsstellung gebietsfremder Unfallopfer nur vage in Aussicht stellt. Die Erklärung ist im Anschluss an die Rom II-VO im Amtsblatt veröffentlicht und lautet wie folgt:[29] **15**

Erklärung der Kommission zu Straßenverkehrsunfällen
In Anbetracht der unterschiedlichen Höhe des Schadenersatzes, der den Opfern von Straßenverkehrsunfällen in den Mitgliedstaaten zugesprochen wird, ist die Kommission bereit, die spezifischen Probleme zu untersuchen, mit denen EU-Ansässige bei Straßenverkehrsunfällen in einem anderen Mitgliedstaat als dem ihres gewöhnlichen Aufenthalts konfrontiert sind. Die Kommission wird dem Europäischen Parlament und dem Rat bis Ende 2008 hierzu eine Untersuchung zu allen Optionen einschließlich Versicherungsaspekten vorlegen, wie die Position gebietsfremder Unfallopfer verbessert werden kann. Diese Untersuchung würde den Weg zur Ausarbeitung eines Grünbuches bahnen.

Art. 31 Rom II-VO Zeitliche Anwendbarkeit

Diese Verordnung wird auf schadensbegründende Ereignisse angewandt, die nach ihrem Inkrafttreten eintreten.

Art. 31 regelt das internationale Kollisionsrecht **(Übergangsrecht).**[1] Da diese kollisionsrechtliche Hilfsnorm in einem integralen Zusammenhang mit Art. 32 steht, wie sich schon aus den amtlichen Überschriften der beiden Normen ergibt („Zeitliche Anwendbarkeit", „Zeitpunkt des Beginns der Anwendung"), kann Art. 31 nicht isoliert von Art. 32 kommentiert werden. Die Kommentierung des Art. 31 wird daher in diejenige des Art. 32 einbezogen. **1**

Art. 32 Rom II-VO Zeitpunkt des Beginns der Anwendung

Diese Verordnung gilt ab dem 11. Januar 2009, mit Ausnahme des Artikels 29, der ab dem 11. Juli 2008 gilt.

Schrifttum: s. auch Vor Art. 1; älteres Schrifttum s. 6. Aufl. 2015, Art. 31, 32; *Den Tandt/Verhulst,* The Temporal Scope of the Rome II Regulation after Homawoo, Eur. Rev. Priv. L. 21 (2013), 291; *Illmer,* Luxemburg locuta, causa finita! Zum zeitlichen Anwendungsbereich der Rom II-Verordnung, GPR 2012, 82.

---

26 ABl. EU 2006 C 289E, 68; dazu die Mitteilung der Kommission an das Europäische Parlament vom 27.9.2006, KOM(2006) 566 endg.; allg. *v. Hein* VersR 2007, 440; krit. *Mankowski* RIW 2005, 481 (483).

27 Änderungsantrag Nr. 22 des Europäischen Parlaments vom 18.1.2007, KOM(2007) 126 endg.

28 *R. Wagner* FS Kropholler, 2008, 715 (722 f.); s. auch *Kadner Graziano/Oertel* ZVglRWiss 107 (2008), 113 (115).

29 ABl. EU 2007 L 199, 49.

1 BeckOK BGB/*Spickhoff* Rn. 1; Erman/*Stürner* Art. 31 Rn. 1; *Behrens,* Bereicherungsrechtliche Mehrpersonenverhältnisse im IPR, 2011, 47 f.; *Deinert* ZESAR 2012, 311; *Illmer* GPR 2012, 82 (83); *Schulze* GPR 2011, 287.

Übersicht

I. Normzweck

1 Art. 32 regelt im Zusammenwirken mit Art. 31 den **zeitlichen Anwendungsbereich** der Rom II-VO und das **intertemporale Kollisionsrecht** (Übergangsrecht).[1] Die Rom II-VO unterscheidet sich insofern von dem deutschen Gesetz zum IPR für außervertragliche Schuldverhältnisse und für Sachen vom 21.5.1999 (BGBl. 1999 I 1026). Es enthielt keine ausdrückliche intertemporale Überleitungsvorschrift, so dass Art. 220 Abs. 1 EGBGB und Art. 236 § 1 EGBGB entsprechend anzuwenden waren. Die intertemporalen Kollisionsregeln der Art. 31, 32 ergänzen die Regeln der Rom II-VO über den **sachlichen** (Art. 1 Abs. 1–3) **und räumlichen Anwendungsbereich** (Art. 1 Abs. 4).

II. Maßgebender Zeitpunkt

2 Die Bestimmungen über die zeitliche Anwendbarkeit der Rom II-VO hielten manche vor der Entscheidung des EuGH vom 17.11.2011[2] für derart perplex, dass eine interpretative Beseitigung des Normenwiderspruchs fraglich sei.[3] Während die Rom I-VO nach ihrem Art. 28 auf Verträge angewandt wird, die „nach dem 17.12.2009" (18 Monate nach Unterzeichnung der Rom I-VO) geschlossen werden, wird die **Rom II-VO** nach Art. 31 auf schadensbegründende Ereignisse angewandt, die „nach ihrem Inkrafttreten" eintreten.

3 Der **Begriff des Inkrafttretens** wird indes in der Rom II-VO sonst nirgends verwendet, so dass man versucht sein könnte, diesen Begriff nach Art. 297 Abs. 1 UAbs. 3 S. 2 AEUV und aus Parallelverordnungen zu bestimmen, die ihn verwenden. Die Rom I-VO als „Parallelverordnung" zur Rom II-VO unterscheidet zwischen dem **Inkrafttreten der Verordnung** (am zwanzigsten Tag nach der Veröffentlichung im Amtsblatt der EU, Art. 29 S. 1 Rom I-VO iVm Art. 297 Abs. 1 UAbs. 3 S. 2 AEUV) und der **Geltung der Verordnung** (grundsätzlich ab 17.12.2009, Art. 29 S. 2 Rom I-VO).

4 Würde die Terminologie der Rom I-VO auf die Rom II-VO übertragen, wäre der maßgebende Zeitpunkt iSd Art. 31 („Inkrafttreten") jedenfalls nicht der 11.1.2009 (Art. 32), denn dieser Zeitpunkt würde den Beginn der „Geltung der Verordnung" markieren, die nach der Terminologie der Rom I-VO von dem „Inkrafttreten der Verordnung" zu unterscheiden ist.

5 Die deutsche Judikatur und die ganz hM haben jedoch seit jeher das Wort „Inkrafttreten" nicht auf die Goldwaage gelegt und den **11.1.2009 als den maßgebenden Zeitpunkt** iSd Art. 31 angesehen.[4] Der EuGH hat in seinem Urteil vom 17.11.2011 die Gegenansicht, die auf ein am 20.8.2007 (oder später) eingetretenes schadensbegründendes Ereignis bis zum 10.1.2009 die Art. 38 ff. EGBGB und ab dem 11.1.2009 die Art. 4 ff. Rom II-VO anwenden wollte,[5] mit knappen, aber deutlichen Worten verworfen.[6]

[1] Soergel/*Rauter* Art. 31 Rn. 3; HK-BGB/*Dörner* Rn. 1; *Bücken* IPRax 2009, 125 (126); *Den Tandt/Verhulst* Eur. Rev. Priv. L. 21 (2013), 291 (292); *Heiss/Loacker* JBl. 2007, 613 (618); *Leible/Lehmann* RIW 2007, 721 (724); *Ofner* ZfRV 2008, 13 (15).

[2] EuGH NJW 2012, 441 Rn. 24 ff. – Homawoo/GMF Assurances; zum zeitlichen Anwendungsbereich der Rom I-VO EuGH NJW 2017, 141 Rn. 25 ff. – Griechenland/Nikiforidis; *Junker* IPR § 15 Rn. 7.

[3] *Jayme/Kohler* IPRax 2007, 493 (494).

[4] BGHZ 182, 24 = NJW 2009, 3371 (3372); BGH NJW 2010, 1958; 2011, 3584 = MedR 2012, 316 mAnm *Spickhoff; Bücken* IPRax 2009, 125 (127); *Garcimartín Alférez* ELF 2007, I-77 (I-88); *v. Hein* ZEuP 2009, 6 (11); *Heiss/Loacker* JBl. 2007, 613 (618); *Hohloch* YbPIL 9 (2007), 1; *Leible/Lehmann* RIW 2007, 721 (724); *de Lima Pinheiro* Riv. dir. int. priv. proc. 44 (2008), 1 (12); *Mankowski* RIW 2008, 177; *Ofner* ZfRV 2008, 13 (15); *Sack* WRP 2008, 845 (846); *Scholz/Rixen* EuZW 2008, 327; *Sujecki* EWS 2009, 310 (313); *G. Wagner* IPRax 2008, 1 (17); *R. Wagner* IPRax 2008, 314 (316).

[5] *Glöckner* IPRax 2009, 121 (123); *Staudinger* FS Kropholler, 2008, 691 (692); *Staudinger* NJW 2011, 650; *Staudinger/Steinrötter* JA 2011, 241 (242).

[6] EuGH NJW 2012, 441 Rn. 24, 34, 37 – Homawoo/GMF Assurances; zust. *Lehmann/Duczek* JuS 2012, 681 (683); *Martiny* ZEuP 2013, 838 (864 f.); *Pabst* GPR 2013, 171 (173); *Sendmeyer* ZEuP 2013, 685;

III. Intertemporales Kollisionsrecht

6 **1. Punktuelle Schadensereignisse. a) Grundsatz.** Die Rom II-VO findet Anwendung auf **schadensbegründende Ereignisse,** die ab dem 10.1.2009 eintreten.[7] Bei **Punktdelikten,** wie zB Straßenverkehrsunfällen, und bei anderen punktuellen außervertraglichen Schuldverhältnissen kommt es darauf an, ob das den Schaden (Art. 2 Abs. 1) begründende Ereignis **vor dem 11.1.2009** oder **nach dem 10.1.2009** stattgefunden hat. Im ersten Fall gilt Altrecht, für deutsche Gerichte also das autonome Kollisionsrecht des EGBGB (Art. 38–42 EGBGB), im zweiten Fall gelten die Bestimmungen der Rom II-VO. Erfasst sind nicht, wie bisweilen ungenau formuliert wird, Schadensereignisse „nach dem 11.1.2009", sondern auch solche an diesem Tag.[8]

7 **b) Rechtswahl.** Für die intertemporale Anwendbarkeit der europäischen/deutschen Vorschriften über die Rechtswahl (Art. 14 Rom II-VO/Art. 42 EGBGB) ist nicht der Zeitpunkt der Rechtswahl maßgebend, sondern der Zeitpunkt des schadensbegründenden Ereignisses:[9] Liegt er vor dem 11.1.2009, können die Parteien auch nach dem 10.1.2009 nicht von der – im Verhältnis zum deutschen Recht (Art. 42 EGBGB) – großzügigeren Möglichkeit der Rechtswahl nach Art. 14 Gebrauch machen.[10]

8 **c) Ereignis.** Mit dem schadensbegründenden Ereignis iSd Art. 31 ist, wie sich aus einem Vergleich mit dem Wortlaut des Art. 4 Abs. 1 ergibt, nicht der Deliktserfolg im Sinne einer Rechtsgutverletzung gemeint, sondern die deliktische Handlung.[11] Fallen die deliktische Handlung und der Deliktserfolg nicht (oder nicht nur) **räumlich** auseinander (**Distanzdelikt,** → Art. 4 Rn. 26), sondern (auch) **zeitlich** (Lehrbuchbeispiel: Platzierung eines Sprengkörpers mit Zeitzünder), ist für die intertemporale Kollisionsnorm des Art. 31 der Zeitpunkt der Handlung maßgebend.

Beispiele:
Im IPR der **Produkthaftung** ist auf den Zeitpunkt des Inverkehrbringens des Produkts abzustellen.[12] Bei **Kartelldelikten** ist noch nicht die Absprache (bloße Vorbereitungshandlung), sondern erst der Beginn der Durchführung des Kartells maßgeblich.[13]

9 **d) Kondiktion und GoA.** Die Anknüpfung an das „schadensbegründende Ereignis" passt nach herkömmlichem Sprachgebrauch bei Ansprüchen aus Delikt und aus culpa in contrahendo, nicht aber bei Ansprüchen aus ungerechtfertigter Bereicherung oder Geschäftsführung ohne Auftrag. Bei Letzteren ist Art. 31, wie sich aus Art. 2 Abs. 1 ergibt, sinngemäß anzuwenden und an die Stelle des schadensbegründenden Ereignisses dasjenige Ereignis zu setzen, das die Bereicherung (Art. 10) oder die Aufwendungen (Art. 11) verursacht hat.[14]

10 Für die intertemporale Anwendbarkeit der Rom II-VO auf Bereicherungsansprüche ist es demnach maßgebend, ob sich die **vermögensverschiebende Handlung,** die zur Bereicherung führt, vor dem 11.1.2009 oder nach dem 10.1.2009 ereignet hat; nicht entscheidend ist das Datum des Eintritts der Bereicherung.[15] Bei Ansprüchen aus Geschäftsführung ohne Auftrag kommt es auf den **Beginn der Geschäftsführung** an.[16]

Beispiel:
Ein Erbensucher aus Wien macht gegen einen von ihm gefundenen Erben, einen Düsseldorfer, einen Aufwendungsersatzanspruch aus **Geschäftsführung ohne Auftrag** geltend. Die Erbensuche begann 2008. Der Schwerpunkt der Ermittlungen lag im Jahr 2010.[17] – Wer mit der hier vertretenen Ansicht (→ Art. 11

R. Wagner NJW 2012, 1333 (1336 f.); zu den Schlussanträgen des GA *Sujecki* EuZW 2011, 815; zum Vorlagebeschluss des High Court of Justice *Schulze* IPRax 2011, 287; *R. Wagner* NJW 2010, 1404 (1408).

7 BGH GRUR Int 2015, 1051 – Brustimplantate; OLG Düsseldorf BeckRS 2015, 17444; OLG Saarbrücken NJOZ 2014, 483; OLG Stuttgart BeckRS 2014, 6419; LG Saarbrücken BeckRS 2015, 12279.

8 OLG Düsseldorf BeckRS 2014, 9780 für eine Schiffskollision am 11.1.2009.

9 Soergel/*Rauter* Art. 31 Rn. 9; *Ebke* ZVglRWiss 109 (2010), 397 (423); *R. Wagner* IPRax 2008, 314 (316).

10 BeckOK BGB/*Spickhoff* Rn. 4; PWW/*Schaub* Rn. 1; *Rugullis* IPRax 2008, 319 (323).

11 BeckOK BGB/*Spickhoff* Rn. 4; Soergel/*Rauter* Art. 31 Rn. 10; HK-BGB/*Dörner* Rn. 1; *G. Wagner* IPRax 2008, 1 (17); *v. Hein* ZEuP 2009, 6 (10 ff.); *Garcimartín Alférez* ELF 2007, I-77 (I-88); *Rudolf* ÖJZ 2009, 300; *Sujecki* EWS 2009, 300 (313); aA *Leible/Lehmann* RIW 2007, 721 (724): „maßgeblicher Ersterfolg".

12 *Spickhoff* FS Kropholler, 2008, 671.

13 *Wurmnest* EuZW 2012, 933 (936); aA *Lühmann* RIW 2019, 7 (8): Zeitpunkt der Kartellabsprache.

14 Soergel/*Rauter* Art. 31 Rn. 13; HK-BGB/*Dörner* Rn. 1; *Junker* NJW 2007, 3675 (3676); *Rudolf* ÖJZ 2009, 300; *Sujecki* EWS 2009, 300 (313).

15 Soergel/*Rauter* Art. 31 Rn. 14; Rauscher/*Picht* Rn. 3; HK-BGB/*Dörner* Rn. 2; *Bücken* IPRax 2009, 125; *G. Wagner* IPRax 2008, 1 (17); aA Calliess/*Halfmeier* Rn. 6; *Ofner* ZfRV 2008, 13 (15).

16 Rauscher/*Picht* Rn. 3; NK-BGB/*Knöfel* Rn. 10; *G. Wagner* IPRax 2008, 1 (17); aA – Ereignis, das den Aufwand verursacht – Soergel/*Rauter* Art. 31 Rn. 15; Calliess/*Halfmeier* Rn. 6; s. auch LG München I IPRax 2014, 438 Rn. 22; *Looschelders* IPRax 2014, 406 (407); *Ofner* ZfRV 2008, 13 (15).

17 LG München I IPRax 2014, 438.

Rn. 20) im Rahmen des Art. 11 Abs. 3 („Staat, in dem die Geschäftsführung erfolgt ist") den Handlungsort für maßgeblich hält und bei gestreckten Tatbeständen an den **Ort des Tätigwerdens** anknüpft, muss konsequenterweise auch intertemporal auf den Beginn der Geschäftsführung abstellen.[18] Da man den Aufwendungsersatz, anders als den Schadensersatz bei Dauerdelikten (→ Rn. 13), nicht sinnvoll splitten kann, wäre in dem Beispiel die Rom II-VO insgesamt nicht anwendbar.

11 **e) Eintritt von Spät- und Folgeschäden.** Ist schon der Zeitpunkt der Rechtsgutverletzung nicht maßgebend (sondern nur derjenige der Handlung), eröffnen erst recht Folgeschäden, mittelbare Schäden und Spätschäden, die nach dem 10.1.2009 eintreten, nicht den zeitlichen Anwendungsbereich der Rom II-VO.[19] Der spätere Schadensverlauf oder der Eintritt eines Folgeschadens spielt daher für das intertemporale Kollisionsrecht des Art. 31 keine Rolle.[20]

12 **f) Gefährdungshaftung.** Bei einer Reihe von Deliktstypen, zB Straßenverkehrsunfällen, dominiert die Gefährdungshaftung (in Deutschland: § 7 StVG). Daher stellt sich die Frage, was bei Ansprüchen aus Gefährdungshaftung als schadensbegründendes Ereignis iSd Art. 31 anzusehen ist. Nach verbreiteter Ansicht ist für das intertemporale Kollisionsrecht nicht der Zeitpunkt der **Eröffnung einer Gefahr** maßgebend, sondern erst der Zeitpunkt der **Realisierung der Gefahr,** also in der Regel der Zeitpunkt der Handlung, welche die Rechtsgutverletzung oder den (Erst-)Schaden verursacht hat.[21] Folglich ist bei der Gefährdungshaftung des Fahrzeughalters nicht schon die Übernahme der Haltereigenschaft das schadensbegründende Ereignis iSd Art. 31, sondern erst die Verursachung eines konkreten Schadens.

13 **2. Zeitlich gestreckte Tatbestände.** Als zeitlich gestreckte Tatbestände sind diejenigen Fälle einzustufen, in denen die unerlaubte Handlung vor dem 11.1.2009 beginnt und nach dem 10.1.2009 fortbesteht, nicht jedoch die Fälle, in denen zwischen Handlung und Erfolg ein zeitlicher Abstand liegt. Bei **Dauerdelikten,** wie zB häufig bei Emissionsschäden (Umweltdelikten), und bei anderen zeitlich gestreckten außervertraglichen Schuldverhältnissen kann sich folglich das anwendbare Kollisionsrecht (und in der Folge unter Umständen auch das anwendbare materielle Recht) ändern **(Statutenwechsel).**[22] Bei der wichtigsten Fallgruppe – permanente **Umweltverschmutzungen** über den 10.1.2009 hinaus – dürfte allerdings im Regelfall kein Statutenwechsel eintreten, da Art. 7 Rom II-VO ebenso wie Art. 40 Abs. 1 EGBGB eine (wenn auch umgekehrte, → Art. 7 Rn. 43 ff.) Optionslösung zugunsten des Geschädigten (Verletzten) vorsieht.

14 **3. Ansprüche auf Unterlassung.** Nach **Art. 2 Abs. 2** gilt die Rom II-VO auch für außervertragliche Schuldverhältnisse, „deren Entstehen wahrscheinlich ist". In diese Kategorie gehören insbesondere Ansprüche, die auf Unterlassung gerichtet sind, zB auf Unterlassung drohender Eigentumsverletzungen oder drohender Eingriffe in den Gewerbebetrieb (→ Art. 2 Rn. 9 ff.). Da sämtliche Bezugnahmen der Rom II-VO auf ein schadensbegründendes Ereignis auch für Ereignisse gelten, „deren Eintritt wahrscheinlich ist" **(Art. 2 Abs. 3 lit. a),** muss die intertemporale Kollisionsnorm des Art. 31 auch auf Unterlassungsansprüche angewendet werden.

15 Unstreitig kommt es im Rahmen des Art. 31 nicht auf den Zeitpunkt der Geltendmachung des Unterlassungsanspruchs an. Die hM stellt auf den Zeitpunkt ab, zu dem der in Anspruch Genommene hätte handeln müssen **(Entstehung der Handlungspflicht).**[23] Bestand eine Handlungspflicht bereits vor Inkrafttreten der Verordnung, so ist eine Anwendbarkeit der Rom II-VO zu verneinen, auch wenn der Anspruch erstmals nach dem 10.1.2009 geltend gemacht wird.[24] Von dieser Regel ist eine Ausnahme zu machen im Fall einer **Gefahrerhöhung,** dh wenn sich nach Inkrafttreten der Verordnung die Wahrscheinlichkeit des Schadenseintritts vergrößert.[25]

IV. Beweislast

16 Nach einer Ansicht soll **derjenige, der sich auf die Anwendung der Rom II-VO beruft,** die Beweislast für das Vorliegen der Tatsachen tragen, welche die temporale Anwendbarkeit der

[18] AA LG München I IPRax 2014, 438 Rn. 22, das vom gleichen Ausgangspunkt her auf die „wesentlichen Geschäftsführungsakte" abstellt; konsequent *Looschelders* IPRax 2014, 406 (407 ff.).

[19] Soergel/*Rauter* Art. 31 Rn. 10; HK-BGB/*Dörner* Rn. 1; *Leible/Lehmann* RIW 2007, 721 (724).

[20] BeckOK BGB/*Spickhoff* Rn. 4; PWW/*Schaub* Rn. 1; Huber/*Illmer* Rn. 14.

[21] HK-BGB/*Dörner* Rn. 1; Rauscher/*Picht* Rn. 2; *Rudolf* ÖJZ 2009, 300; *Sujecki* EWS 2009, 310 (313); *Junker* JZ 2008, 169 (170) mwN.

[22] BeckOK BGB/*Spickhoff* Rn. 5; Soergel/*Rauter* Art. 31 Rn. 12; Huber/*Illmer* Rn. 15; Rauscher/*Picht* Rn. 2; PWW/*Schaub* Rn. 1; *v. Hein* ZEuP 2009, 6 (11); *Leible/Lehmann* RIW 2007, 721 (724); diff. Calliess/*Halfmeier* Rn. 8.

[23] HK-BGB/*Dörner* Rn. 1; PWW/*Schaub* Rn. 1; *v. Hein* ZEuP 2009, 6 (11); aA Calliess/*Halfmeier* Rn. 5.

[24] *Brand* GPR 2008, 298 (300); *Heiss/Loacker* JBl. 2007, 613 (618); *v. Hein* ZEuP 2009, 6 (11 f.); *Ofner* ZfRV 2008, 13 (15).

[25] *Heiss/Loacker* JBl. 2007, 613 (618).

Verordnung begründen (mit der Folge, dass das Altrecht gilt, wenn der Beweispflichtige den Beweis schuldig bleibt oder unsubstantiiert vorträgt).[26] Die Gegenansicht stellt den *effet utile* in Gestalt eines gesteigerten Anwendungsanspruchs einer EU-Verordnung in den Vordergrund; danach trägt derjenige, **der sich auf die Anwendung des Altrechts beruft,** die Darlegungs- und Beweislast für die Tatsachen, die dessen Anwendung stützen.[27] Die wohl hM verweist auf die Regel, dass **derjenige, der sich eines Anspruchs berühmt,** auch die anspruchsbegründenden Tatsachen darzulegen und im Bestreitensfall zu beweisen hat.[28] Folgt man der hM, so gilt: Wenn streitig ist, ob ein schadensbegründendes Ereignis vor dem 11.1.2009 oder nach dem 10.1.2009 eingetreten ist, muss das für den angeblichen Schädiger günstigere Recht angewendet werden. Auf der Ebene der Darlegungs- und Beweislast kommt es dann zu einer Umkehrung des früheren deutschen Günstigkeitsgrundsatzes, allerdings nur, soweit es um das intertemporale Deliktskollisionsrecht geht.[29]

26 HK-BGB/*Dörner* Rn. 2; *Heiss/Loacker* JBl. 2007, 613 (618); *Leible/Lehmann* RIW 2007, 721 (724).
27 NK-BGB/*Knöfel* Rn. 16.
28 BeckOK BGB/*Spickhoff* Rn. 8; Soergel/*Rauter* Art. 31 Rn. 20; Huber/*Illmer* Rn. 18; Rauscher/*Picht* Rn. 6.
29 BeckOK BGB/*Spickhoff* Rn. 8 aE.

Einführungsgesetz zum Bürgerlichen Gesetzbuche

in der Fassung der Bekanntmachung vom 21. September 1994
(BGBl. 1994 I 2494, ber. BGBl. 1997 I 1061),
zuletzt geändert durch Gesetz vom 10. Oktober 2024 (BGBl. 2024 I Nr. 306)

Erster Teil. Allgemeine Vorschriften

Zweites Kapitel. Internationales Privatrecht

Fünfter Abschnitt. Außervertragliche Schuldverhältnisse

Vorbemerkung (Vor Art. 38 EGBGB)

Schrifttum (allgemein): *Hay,* From Rule-Orientation to „Approach" in German Conflicts Law – The Effect of the 1986 and 1999 Codifications, 47 Am. J. Comp. L. 633 (1999); *Heini,* Das neue deutsche IPR für außervertragliche Schuldverhältnisse und für Sachen von 1999 im Vergleich mit dem schweizerischen IPRG, FS Siehr, 2000, 251; *Hohloch/Jaeger,* Neues IPR der außervertraglichen Schuldvserhältnisse und des Sachenrechts – Zur Neuregelung der Art. 38–46 EGBGB, JuS 2000, 1133; *Junker,* Die IPR-Reform von 1999: Auswirkungen auf die Unternehmenspraxis, RIW 2000, 241; *Kreuzer,* Die Vollendung der Kodifikation des deutschen Internationalen Privatrechts durch das Gesetz zum Internationalen Privatrecht der außervertraglichen Schuldverhältnisse und Sachen vom 21.5.1999, RabelsZ 65 (2001), 383 (grundlegend); *Schack,* Kohärenz im europäischen Internationalen Deliktsrecht, in v. Hein/Rühl (Hrsg.), Kohärenz im Internationalen Privat- und Verfahrensrecht der Europäischen Union, 2015, 279; *Sonnenberger,* La loi allemande du 21 mai 1999 sur le droit international privé des obligations non contractuelles et des biens, Rev. crit. dr. int. pr. 88 (1999), 647; *Spickhoff,* Die Restkodifikation des Internationalen Privatrechts: Außervertragliches Schuld- und Sachenrecht, NJW 1999, 2209.

Übersicht

I. Gesetzgebungsgeschichte

Die Kodifikationsgeschichte des autonomen deutschen IPR der außervertraglichen Schuldverhältnisse verlief in **vier Etappen.** Sie werden durch die Jahreszahlen 1896, 1942, 1986 und 1999 markiert. 1

1. Ursprungsfassung von 1896. In der Ursprungsfassung des EGBGB vom 18.8.1896 (RGBl. 1896 I 604) fehlten Kollisionsnormen für die ungerechtfertigte Bereicherung und die Geschäftsführung ohne Auftrag. Das Internationale Deliktsrecht fand nur durch die spezielle ordre public-Klausel (Vorbehaltsklausel) des **Art. 12** (vom 1.9.1986 bis zum 31.5.1999: **Art. 38**), die eine Haftungsbegrenzung zu Gunsten deutscher Staatsangehöriger vorsah, Eingang in die IPR-Kodifikation. 2

3 **2. Kollisionsnorm von 1942.** Seit dem 7.12.1942 galt die Verordnung über die Rechtsanwendung bei Schädigungen deutscher Staatsangehöriger außerhalb des Reichsgebiets (**RAnwVO,** Abdruck → 3. Aufl. 1998, Art. 38 Rn. 1). Die RAnwVO, die Auslandsdelikte zwischen deutschen Staatsangehörigen dem deutschen Recht unterwarf, blieb zwar in Kraft, wurde aber von der Rspr. zunehmend durch die Anknüpfung an den gemeinsamen gewöhnlichen Aufenthalt abgelöst.

4 **3. IPR-Reform von 1986.** In der „großen" IPR-Reform vom 25.7.1986 (BGBl. 1986 I 1142) blieb das IPR der außervertraglichen Schuldverhältnisse – ebenso wie das Internationale Sachenrecht – unkodifiziert. Eine Einzelfrage des IPR der gesetzlichen Schuldverhältnisse, nämlich das IPR der bereicherungsrechtlichen Rückabwicklung eines nichtigen Schuldvertrags, wurde allerdings durch **Art. 32 Abs. 1 Nr. 5** geregelt (zur fortdauernden Bedeutung dieser Regelung → Rom II-VO Art. 28 Rn. 17). Bei Fortbestand des Art. 38 aF (→ Rn. 2) verwies die Gesetzesbegründung auf Vereinheitlichungsbestrebungen in der EG (→ Rom II-VO Vor Art. 1 Rn. 5 f.), denen nicht vorgegriffen werden solle.[1]

5 Ein Entwurf des Deutschen Rates für IPR zur Neuregelung des Internationalen außervertraglichen Schuldrechts, veröffentlicht im Jahre 1983,[2] führte zwar zu einem Referentenentwurf des Bundesjustizministeriums von 1984[3] **(RefE 1984);** beides floss aber nicht in die IPR-Reform von 1986 ein. Nur in dem engen Bereich, den im IPR der ungerechtfertigten Bereicherung Art. 32 Abs. 1 Nr. 5 und im Internationalen Deliktsrecht Art. 38 (vormals Art. 12) abdeckten, existierte daher nach dem 31.8.1986 gesetzlich kodifiziertes IPR.

6 **4. IPR-Reform von 1999.** Vor dem Hintergrund der Vereinheitlichungsstrebungen in der damaligen EG (→ Rom II-VO Vor Art. 1 Rn. 10 ff.) war es erstaunlich, dass – vorbereitet durch einen **Referentenentwurf** aus dem Jahre 1993[4] **(RefE 1993)** und einen **Regierungsentwurf** aus dem Jahre 1998[5] **(RegE)** – gerade im Jahre 1999 die Kodifikation des deutschen IPR durch das Kollisionsrecht der außervertraglichen Schuldverhältnisse und des Sachenrechts arrondiert wurde. Denn parallel liefen, beschleunigt durch das Harmonisierungsgebot des Art. 65 lit. b EG-Vertrag, Bemühungen um eine Vereinheitlichung des IPR der außervertraglichen Schuldverhältnisse auf europäischer Ebene.[6] Dem wollte der deutsche Gesetzgeber bewusst vorgreifen, um durch die deutsche Kodifikation eine künftige europäische Regelung beeinflussen zu können.[7]

7 Obwohl kurz nach der Zuleitung des RegE an den Bundesrat (4.9.1998) die Legislaturperiode endete und nach der Bundestagswahl von 1998 die Parlamentsmehrheit wechselte, wurde der Entwurf durch die neue Bundesregierung am 1.2.1999 in den Bundestag eingebracht und am 25.3.1999 vom Bundestag ohne Aussprache in zweiter und dritter Lesung verabschiedet. Das Gesetz zum IPR für außervertragliche Schuldverhältnisse und für Sachen vom 21.5.1999 (BGBl. 1999 I 1026) trat am **1.6.1999** in Kraft.[8] Art. 4 IPR-ReformG hob die **RAnwVO** vom 7.12.1942 mit Wirkung zum 1.6.1999 auf; dem Anliegen der RAnwVO soll Art. 40 Abs. 2 Rechnung tragen.[9] Die spezielle ordre public-Klausel des **Art. 38 aF** (Haftungsbegrenzung zu Gunsten deutscher Staatsangehöriger) ist in die allgemeine Vorbehaltsklausel des Art. 40 Abs. 3 eingeflossen.[10]

II. Übersicht und Systematik

8 Anders als die früheren Art. 27–37, die auf dem EVÜ beruhen, enthalten die Art. 38–42 **autonomes** – dh durch Staatsverträge nicht gebundenes – **deutsches Recht.** Im Unterschied zu manchen ausländischen Kodifikationen, zB dem schweizerischen IPR-Gesetz von 1987, normiert

---

[1] Begr. RegE, BT-Drs. 10/504, 29, 34.

[2] *v. Caemmerer,* Vorschläge und Gutachten zur Reform des deutschen internationalen Privatrechts der außervertraglichen Schuldverhältnisse, 1983.

[3] Referentenentwurf eines Gesetzes zur Neuregelung des Internationalen Privatrechts (außervertragliche Schuldverhältnisse und Sachen) vom 15.5.1984 (RefE 1984), wiedergegeben bei *Basedow* NJW 1986, 2971 (2972).

[4] Referentenentwurf eines Gesetzes zur Ergänzung des Internationalen Privatrechts (außervertragliche Schuldverhältnisse und Sachen) vom 1.12.1993 (RefE 1993), abgedruckt in der → 3. Aufl. 1998, Vor Art. 38 Rn. 6; → 3. Aufl. 1998, Anh. I Art. 38 Rn. 213.

[5] RegE Gesetz zum IPR für außervertragliche Schuldverhältnisse und für Sachen vom 4.9.1998, BR-Drs. 759/98.

[6] Groupe européen de droit international privé, Proposition pour une convention européenne sur la loi applicable aux obligations non contractuelles du 27.9.1998, IPRax 1999, 286.

[7] *R. Wagner* IPRax 1998, 429 (438).

[8] Materialien: Begr. RegE, BT-Drs. 14/343. Zu den parlamentarischen Beratungen *R. Wagner* IPRax 1999, 210. Zur Vorgeschichte Begr. RegE, BT-Drs. 14/343, 6.

[9] Begr. RegE, BR-Drs. 759/98, 50 = BT-Drs. 14/343, 19.

[10] Begr. RegE, BR-Drs. 759/98, 28–30 = BT-Drs. 14/343, 12–13.

die Neuregelung nur einen **Kernbestand von Kollisionsregeln,** verzichtet auf ein ausdifferenziertes Anknüpfungssystem mit spezifischen Kollisionsnormen für einzelne Fallgruppen (zB Produkthaftung) und befindet sich damit in Einklang mit der Konzeption des EGBGB idF des IPR-Reformgesetzes von 1986 (→ Rn. 4).[11] Hinsichtlich der **Systembegriffe der Kollisionsnormen** (zB „Ansprüche aus unerlaubter Handlung", Art. 40 Abs. 1 S. 1) gilt als ungeschriebenes Prinzip, dass – in Ermangelung von Qualifikationsverweisungen auf ausländisches Recht – über die Auslegung der in deutschen Kollisionsnormen verwandten Begriffe die *lex fori* entscheidet, wobei die Auslegung *lege fori* nicht die Identität der kollisionsrechtlichen Begriffe mit denen des materiellen Privatrechts bedeutet.[12]

Der Überblick über die Regelung fördert mehrere Dreiteilungen zu Tage. Zunächst besteht insgesamt ein **dreigliedriges Anknüpfungssystem,** zusammengesetzt aus **Grundregeln** (Grundanknüpfungen), die jeweils auf festen Anknüpfungsmomenten beruhen (Art. 38–40 Abs. 2), aus einer offen formulierten **Ausweichklausel** (Art. 41) und der Möglichkeit einer nachträglichen **Rechtswahl** (Art. 42).[13] Die Grundregeln sind wiederum dreigeteilt, indem sie nach den gesetzlichen Schuldverhältnissen der ungerechtfertigten Bereicherung (Art. 38), der Geschäftsführung ohne Auftrag (GoA, Art. 39) und der unerlaubten Handlung (Art. 40) unterscheiden. Die kollisionsrechtliche Aufspaltung der außervertraglichen Schuldverhältnisse reflektiert das materielle Recht und berücksichtigt den Umstand, dass Ansprüche aus Bereicherung, GoA und Delikt konkurrieren können.[14] **9**

1. Grundanknüpfungen (Art. 38–40 Abs. 2). Wie das gesamte deutsche IPR beruhen auch die Grundregeln der Art. 38–40 Abs. 2 auf dem **Prinzip der engsten Verbindung,** das die zeitgemäße Version des Savignyschen Bildes vom „Sitz des Rechtsverhältnisses" darstellt.[15] Der Gesetzgeber beschränkt sich auf **wenige Grundregeln,** um die Flexibilität der Anknüpfungen zu erhalten. Das Internationale außervertragliche Schuldrecht steht in einem engen **Zusammenhang mit dem IPR der vertraglichen Schuldverhältnisse,** auf die es in den Grundregeln der Art. 38 Abs. 1 (Bereicherungsansprüche wegen erbrachter Leistung), Art. 39 Abs. 2 (Tilgung einer fremden Verbindlichkeit) und Art. 40 Abs. 4 Alt. 2 (Statut des Versicherungsvertrags) Bezug nimmt **(akzessorische Anknüpfungen).** **10**

2. Ausweichklausel (Art. 41). Ein Kennzeichen neuerer IPR-Kodifikationen sind Ausweichklauseln. Sie erlauben eine abweichende („berichtigende") Anknüpfung, wenn der Sachverhalt nach den gesamten Umständen eine **wesentlich engere Verbindung** zu einer anderen Rechtsordnung hat als zu derjenigen, die nach der kollisionsrechtlichen Grundregel anzuwenden wäre.[16] Die Ausweichklausel (Berichtigungsklausel) für außervertragliche Schuldverhältnisse findet sich in Art. 41. Trotz der mit ihr verbundenen Rechtsunsicherheit ist im IPR der außervertraglichen Schuldverhältnisse eine Ausweichklausel unvermeidlich, weil der Gesetzgeber darauf verzichtet hat, für besondere Fallgestaltungen – insbesondere einzelne Deliktstypen – Spezialregeln aufzustellen.[17] **11**

3. Rechtswahl (Art. 42). Die Möglichkeit einer Rechtswahl für außervertragliche Schuldverhältnisse – insbesondere aus unerlaubter Handlung – war schon vor der IPR-Reform von 1999 anerkannt.[18] Sie ist in Art. 42 normiert, der auch eine stillschweigende Rechtswahl ermöglichen soll.[19] Die nachträgliche Rechtswahl durch die (!) Parteien gemäß Art. 42 ist von der Option für das Recht des Erfolgsortes gemäß Art. 40 Abs. 1 S. 2, 3 zu unterscheiden, die einseitig vom Verletzten ausgeübt wird. **12**

4. Prüfungsreihenfolge. Die Rechtswahl nach Art. 42 steht nicht unter dem Vorbehalt einer engeren Verbindung zum Recht eines anderen Staates (Art. 41). Daraus ergibt sich für die Praxis **13**

---

[11] Begr. RegE, BR-Drs. 759/98, 14, 20 f. = BT-Drs. 14/343, 7 f., 10; s. ferner *Kreuzer* RabelsZ 65 (2001), 383 (393); *Spickhoff* NJW 1999, 2209 (2210): „hebt sich in wohltuender Weise von der Neigung ab, Regelungen im Übermaß zu treffen"; krit. *Schurig* GS Lüderitz, 2000, 699 (701): Gesetz verzichtet auf die nötigen Differenzierungen.

[12] Ausf. *Junker* IPR § 2 Rn. 37 f.; HK-BGB/*Dörner* Vor Art. 3–6 Rn. 14; Staudinger/*Mansel,* 2014, Art. 43 Rn. 2 ff.; *Lorenz* FamRZ 1993, 393 (394).

[13] Zu dieser Systematik Begr. RegE, BR-Drs. 759/98, 13 f. = BT-Drs. 14/343, 7; s. ferner *Kreuzer* RabelsZ 65 (2001), 383 (393 ff.); *Pfeiffer* NJW 1999, 3674 (3675).

[14] *Kreuzer* RabelsZ 65 (2001), 383 (394); *Sonnenberger* Rev. crit. dr. int. pr. 88 (1999), 647 (654).

[15] Ausf. *Lagarde* Rec. des Cours 196 (1986-I), 9.

[16] Ausf. *Junker* IPR § 5 Rn. 13 ff.; *Mankowski* IPRax 2003, 464; krit. zu dieser Regelungstechnik *Schurig* GS Lüderitz, 2000, 700; *Spickhoff* NJW 1999, 2209 (2210); befürwortend *Pfeiffer* NJW 1999, 3674 (3675).

[17] *Heini* FS Siehr, 2000, 251 (256 ff.); *Kreuzer* RabelsZ 65 (2001), 383 (432); s. ferner *Rauscher* NJW 2016, 3493 (3499); *Staudinger/Friesen* IPRax 2018, 366 (370).

[18] ZB BGHZ 80, 199 = IPRax 1982, 13 m. Aufs. *Kreuzer* IPRax 1982, 1.

[19] Begr. RegE, BR-Drs. 759/98, 33 = BT-Drs. 14/343, 14.

folgende Prüfungsreihenfolge: Erstens ist zu fragen, ob die Parteien eine **Rechtswahl** getroffen haben (Art. 42). Liegt keine Rechtswahl vor, ist zweitens zu prüfen, welche **Regelanknüpfung** der Art. 38–40 erfüllt ist. Drittens – und erst nach der Regelanknüpfung – ist zu untersuchen, ob Anlass besteht, von der **Ausweichklausel** des Art. 41 Gebrauch zu machen (→ Art. 41 Rn. 8).

III. Übergangsrecht (Art. 220)

14 Die Art. 38–42 sind am 1.6.1999 in Kraft getreten. Mit der Begründung, dass die Rechtsbereiche zuvor im Wesentlichen nicht durch das Gesetz, sondern durch die Rspr. geprägt wurden, hielt der Gesetzgeber eine Übergangsvorschrift für entbehrlich. Ob altes oder neues Kollisionsrecht anzuwenden sei, richte sich – so die Gesetzesbegründung – nach den **Grundsätzen des Art. 220 Abs. 1.**[20] Da Art. 220 die Übergangsvorschrift zur IPR-Reform von 1986 enthält, wird sie auf das intertemporale Kollisionsrecht der IPR-Reform von 1999 **analog** angewendet (→ 5. Aufl. 2010, Art. 220 Rn. 7). Danach bleibt das frühere, durch die Rspr. geprägte IPR auf vor dem 1.6.1999 **abgeschlossene Vorgänge** anwendbar (Art. 220 Abs. 1 analog).

15 Für die **Abgeschlossenheit** eines Vorgangs ist entgegen der hM in der Lit., jedoch im Einklang mit der Rspr. (→ 5. Aufl. 2010, Art. 220 Rn. 13) entscheidend, ob Tatsachen, die sich vor dem 1.6.1999 ereignet haben, nach den Anknüpfungsmerkmalen der neuen Kollisionsnormen ein anwendbares materielles Recht unwandelbar (definitiv) bestimmt haben (sog **kollisionsrechtliches Verständnis** des Art. 220 Abs. 1).[21] Da seit dem maßgebenden Stichtag (1.6.1999) fast 25 Jahre vergangen sind, kann für die verbleibenden Übergangsfälle verwiesen werden auf die → 4. Aufl. 2006, Vor Art. 38 Rn. 13–19.

IV. Ablösung durch die Rom II-VO

16 **1. Bedeutung der Rom II-VO.** Die „Verordnung (EG) Nr. 864/2007 des Europäischen Parlaments und des Rates über das auf außervertragliche Schuldverhältnisse anzuwendende Recht" (Rom II-VO) wurde am **11.7.2007** von den Präsidenten des Europäischen Parlaments und des Rates unterzeichnet und am **31.7.2007** im Amtsblatt veröffentlicht.[22] Die Rom II-VO enthält **Kollisionsnormen für außervertragliche Schuldverhältnisse** aus unerlaubter Handlung (Art. 4–9), ungerechtfertigter Bereicherung (Art. 10), Geschäftsführung ohne Auftrag (Art. 11) und Verschulden bei Vertragsverhandlungen (Art. 12), ergänzt durch die Möglichkeit einer Rechtswahl (Art. 14).

17 Die Kollisionsnormen der Art. 4–12, 14 Rom II-VO bilden im Zusammenwirken mit den „Gemeinsamen Vorschriften" für die genannten Anknüpfungsgegenstände (Art. 15–22 Rom II-VO) und den als „Sonstige Vorschriften" bezeichneten Hilfsnormen (Art. 23–28 Rom II-VO) eine **umfassende Kodifikation** des IPR der außervertraglichen Schuldverhältnisse, die nur noch außerhalb des zeitlichen (→ Rn. 26 ff.) oder sachlichen (→ Rn. 30 ff.) Anwendungsbereichs Raum für die Anwendung der Art. 38–42 lässt (→ Rn. 29 ff.).

18 **a) Vorrang gemäß Art. 288 Abs. 2 AEUV.** Die Rom II-VO hat allgemeine Geltung und ist in allen ihren Teilen verbindlich (Art. 288 Abs. 2 AEUV). Sie gilt ohne mitgliedstaatlichen Umsetzungsakt unmittelbar in den betroffenen Mitgliedstaaten und hat in ihrem zeitlichen und sachlichen Anwendungsbereich den **Anwendungsvorrang vor dem autonomen deutschen Recht.** Zwar handelt es sich bei der Rom II-VO um eine sog Verordnung mit eingeschränktem räumlichem Geltungsumfang, weil sie nach ihrem Art. 1 Abs. 4 nicht für das Königreich Dänemark gilt und dänische Gerichte die Verordnung folglich nicht anwenden (vgl. **Erwägungsgrund 40** Rom II-VO).

19 Die Einschränkung des räumlichen Geltungsumfangs der Rom II-VO hat für die Bundesrepublik Deutschland keine Bedeutung, da deutsche Gerichte auch in Rechtsfällen mit einer Verbindung zum Recht des Königreichs Dänemark (vgl. Art. 1 Abs. 1 S. 1 Rom II-VO) die Rom II-VO anwenden. Die von der Verordnung ausgesprochenen Verweisungen sind Sachnormverweisungen (Art. 24 Rom II-VO). Daher spielt das dänische IPR im Anwendungsbereich der Rom II-VO für deutsche Gerichte nicht einmal im Wege der Rück- oder Weiterverweisung eine Rolle (→ Rom II-VO Art. 24 Rn. 7; → Rom II-VO Art. 24 Rn. 11).

20 **b) Universelle Anwendung (Art. 3 Rom II-VO).** Nach Art. 3 Rom II-VO ist das von der Verordnung bezeichnete Recht auch anzuwenden, wenn es nicht das Recht eines Mitgliedstaats ist. Die Rom II-VO erfasst demnach als **loi uniforme** Binnenmarkt- und Drittstaatensachverhalte

---

20 Begr. RegE, BR-Drs. 759/98, 13 = BT-Drs. 14/343, 7.

21 *Pfeiffer* NJW 1999, 3674 (3675); *Rademacher* IPRax 2019,140 (141); *Spickhoff* NJW 1999, 2209 (2210 f.); ausf. zum Meinungsstand *Heß,* Intertemporales Recht, 1998, 243 ff.

22 ABl. EU 2007 L 199, 40 (48).

gleichermaßen (→ Rom II-VO Art. 3 Rn. 1). Sie hat insofern **universalen Charakter,** als sie sich nicht auf eine Regelung des Kollisionsrechts zwischen den Mitgliedstaaten der EU beschränkt.[23] Diese Regelung ist im **Zusammenhang mit Art. 1 Abs. 1 S. 1 Rom II-VO** zu lesen, wonach das außervertragliche Schuldverhältnis „eine Verbindung zum Recht verschiedener Staaten" aufweisen muss. Mit Vorbedacht ist in dieser Vorschrift von „Staaten" und nicht von „Mitgliedstaaten" die Rede.

Für die Anwendung der Rom II-VO genügt es, wenn der Sachverhalt eine Verbindung zum Recht **irgendeines ausländischen Staates** aufweist (→ Rom II-VO Art. 3 Rn. 4, 6). Für das autonome deutsche IPR bedeutet die universelle Anwendung der Rom II-VO, dass die Art. 38–42 im zeitlichen und sachlichen Anwendungsbereich der Rom II-VO nicht etwa nur in **Binnenmarktsachverhalten,** sondern „universell" auch in **Drittstaatensachverhalten** abgelöst werden, dh in Sachverhalten mit einer Verbindung zum Recht eines ausländischen Staates, der kein Mitgliedstaat iSv Art. 1 Abs. 4 Rom II-VO ist. 21

2. IPR-Anpassungsgesetz. Das Gesetz zur Anpassung der Vorschriften des Internationalen Privatrechts an die Verordnung (EG) Nr. 864/2007 (IPR-Anpassungsgesetz) vom 10.12.2008 (BGBl. 2008 I 2401) enthält keine „Umsetzung" der Rom II-VO in das deutsche Recht, da selbst eine bloße Normwiederholung dieser Verordnung nicht nur unnötig (Art. 288 Abs. 2 AEUV),[24] sondern auch unzulässig wäre **(Normwiederholungsverbot).**[25] Vielmehr hat das Gesetz – nach Vorarbeiten des Deutschen Rates für IPR[26] – drei Anpassungen des deutschen Rechts in Bezug auf die Rom II-VO vorgenommen. 22

a) Hinweisnorm des Art. 3 Nr. 1. Erstens wurde die durch den Erlass der Rom II-VO begonnene Europäisierung des IPR zum Anlass genommen, in **Art. 3 Nr. 1** den Vorrang der Rom II-VO an zentraler Stelle hervorzuheben. Diese Hervorhebung soll dazu beitragen, Fehler in der Rechtsanwendung (dh insbesondere die Anwendung der Art. 38–42 anstelle der vorrangigen Rom II-VO) durch uninformierte Gerichte zu vermeiden.[27] 23

b) Verweisung durch Art. 44. Die zweite Anpassung des deutschen Rechts an die Rom II-VO durch das IPR-Anpassungsgesetz vom 10.12.2008 betrifft **Art. 44.** Diese Vorschrift ersetzt die Verweisung auf Art. 40 Abs. 1 durch eine **Verweisung auf die** für unerlaubte Handlungen geltenden Vorschriften der **Rom II-VO** (→ Rom II-VO Art. 7 Rn. 17). Für Ansprüche aus Einwirkungen, die von einem Grundstück ausgehen (Grundstücksemissionen), soll mit Wirkung zum 11.1.2009 auf die deliktskollisionsrechtlichen Normen der Rom II-VO verwiesen werden, weil – so die Gesetzesbegründung – für weitere Regelungen außerhalb der Rom II-VO kein Bedürfnis bleibe.[28] 24

c) Einführung des Art. 46a. Die dritte Änderung des EGBGB durch das IPR-Anpassungsgesetz vom 10.12.2008 besteht in der Einführung von **Art. 46a,** dessen Zulässigkeit in **Erwägungsgrund 25** Rom II-VO explizit vorgesehen ist: Bei Umweltschädigungen sieht Art. 7 Rom II-VO ein einseitiges Wahlrecht zugunsten der geschädigten Person vor. Sie kann sich – anstelle der Regelanknüpfung an den Ort des Schadenseintritts (Art. 4 Abs. 1 Rom II-VO) – für das Recht des Staates entscheiden, in dem das schadensbegründende Ereignis eingetreten ist (→ Rom II-VO Art. 7 Rn. 43 ff.). Die zeitliche Grenze für die Ausübung dieses Wahlrechts, deren Festlegung der Europäische Gesetzgeber den Mitgliedstaaten überlassen hat, wird für Rechtsstreitigkeiten, die vor deutschen Gerichten anhängig sind, nunmehr durch Art. 46a fixiert[29] (→ Art. 46a Rn. 8 ff.). 25

3. Übergangsrecht (Art. 31, 32 Rom II-VO). Das Intertemporale Kollisionsrecht (Übergangsrecht) bestimmt, zu welchem Zeitpunkt für welche Sachverhalte die Art. 38–42 durch die Vorschriften der Rom II-VO abgelöst werden. Da Verordnungen nach Art. 288 Abs. 2 AEUV den 26

---

[23] *v. Hein* ZEuP 2009, 6 (15); *v. Hein* VersR 2007, 440 (443); *Junker* JZ 2008, 169 (170); *Junker* NJW 2007, 3675 (3677); *Leible/Engel* EuZW 2004, 7 (9); *Leible/Lehmann* RIW 2007, 721 (724); *G. Wagner* IPRax 2008, 1 (4); *G. Wagner* IPRax 2006, 372 (389).

[24] *Brand* GPR 2008, 298; *R. Wagner* IPRax 2008, 314.

[25] EuGH Slg. 1973, 101 (113) – Kommission/Italienische Republik; zu den Hintergründen dieses Verbots s. *R. Wagner* IPRax 2008, 314 (315).

[26] Die Zweite Kommission des Deutschen Rates für IPR hat sich auf ihrer Sitzung vom 10./11.8.2007 in Würzburg auf der Grundlage eines Referats von *Junker* mit dem „Entwurf eines Ersten Gesetzes zur Anpassung des IPR an Rechtsvorschriften der EG (Erstes IPR-Anpassungsgesetz)" mit der Thematik beschäftigt; das Referat und die Beschlüsse des Deutschen Rates sind nicht veröffentlicht.

[27] Begr. RegE, BT-Drs. 16/9995, 7; s. auch Erman/*Stürner* Art. 3 Rn. 6; NK-BGB/*Freitag* Art. 3 Rn. 1.

[28] Begr. RegE, BT-Drs. 16/9995, 7; s. auch NK-BGB/*v. Plehwe* Art. 44 Rn. 2; Staudinger/*Mansel,* 2015, Art. 44 Rn. 3.

[29] Begr. RegE, BT-Drs. 16/9995, 8.

Anwendungsvorrang vor konkurrierendem mitgliedstaatlichem Recht haben (→ Rn. 18), muss sich das Übergangsrecht aus der Rom II-VO ergeben. Nach **Art. 32 Rom II-VO** (amtliche Überschrift: „Zeitpunkt des Beginns der Anwendung") „gilt" diese Verordnung (mit Ausnahme des Art. 29 Rom II-VO, der sich nur an die Mitgliedstaaten und an die Kommission richtet) ab dem **11.1.2009;** dieser Tag ist auch das Datum des Inkrafttretens des IPR-Anpassungsgesetzes[30] (→ Rn. 22). Gemäß **Art. 31 Rom II-VO** (amtliche Überschrift: „Zeitliche Anwendbarkeit") wird die Verordnung „auf schadensbegründende Ereignisse angewandt, die nach ihrem Inkrafttreten eintreten".

27 **a) Maßgebender Zeitpunkt.** Da Art. 32 Rom II-VO den **Geltungsbeginn** der Verordnung markiert, die intertemporale Kollisionsnorm des Art. 31 Rom II-VO jedoch auf das **Inkrafttreten** der Verordnung abstellt, hat sich ein Meinungsstreit entwickelt. Denn nach Art. 297 Abs. 1 UAbs. 3 S. 2 AEUV ist die Rom II-VO am zwanzigsten Tag nach der Veröffentlichung im Amtsblatt der EU (→ Rn. 16), dh am 20.8.2007 in Kraft getreten. Daraus haben einige Autoren geschlossen, ungeachtet des Art. 32 Rom II-VO sei der **20.8.2007** als maßgebender Zeitpunkt iSd Art. 31 Rom II-VO anzusehen.[31] Die hM lehnt diese formaljuristische Auslegung des Art. 31 Rom II-VO mit Blick auf ihre Konsequenzen ab und geht lebensnah davon aus, dass der Verordnungsgeber den **11.1.2009** als maßgebenden Zeitpunkt iSd Art. 31 Rom II-VO ansehen wollte.[32] Nachdem sich der EuGH dieser Ansicht angeschlossen hat,[33] ist die Angelegenheit für die Praxis erledigt. Der deutsche Gesetzgeber war bereits zuvor von dieser Ansicht ausgegangen, denn sonst hätte er den Zeitpunkt des Inkrafttretens des IPR-Anpassungsgesetzes nicht auf den 11.1.2009 festgelegt (→ Rn. 22, 26).

28 **b) Schadensbegründendes Ereignis.** Für die Ablösung der Art. 38–42 durch die Rom II-VO ist in zeitlicher Hinsicht folglich entscheidend, ob das schadensbegründende Ereignis iSd Art. 31 Rom II-VO **vor dem 11.1.2009** oder **nach dem 10.1.2009** stattgefunden hat.[34] Im ersten Fall sind die Art. 38–42 anzuwenden, im zweiten Fall die Bestimmungen der Rom II-VO. Wie sich aus einem Vergleich von Art. 4 Abs. 1 und Art. 31 Rom II-VO ergibt, ist mit dem „schadensbegründenden Ereignis" nicht der Deliktserfolg im Sinne einer Rechtsgutverletzung gemeint, sondern die deliktische Handlung. Bei **Unterlassungsansprüchen** (Art. 2 Abs. 3 lit. a Rom II-VO) kommt es darauf an, ob der Eintritt des schadensbegründenden Ereignisses bereits vor dem 11.1.2009 wahrscheinlich war oder nicht.[35] Bei Ansprüchen aus **Gefährdungshaftung** ist nicht der Zeitpunkt der Eröffnung der Gefahr (Beispiel: Anschaffung eines Hundes) maßgebend, sondern der Zeitpunkt der **Realisierung der Gefahr,** also in der Regel der Zeitpunkt der Handlung oder Unterlassung, welche die Rechtsgutverletzung oder den (Erst-) Schaden verursacht hat (Beispiel: Nichtverhinderung des Hundebisses).[36] Bei zeitlich gestreckten Tatbeständen, insbesondere bei **Dauerdelikten** (zB bei Emissionsschäden im Umweltrecht) kann unter Umständen ein **Statutenwechsel** stattfinden, weil sich mit dem Übergang vom 10. auf den 11.1.2009 das anwendbare Kollisionsrecht ändert (→ Rom II-VO Art. 32 Rn. 6 ff.).

29 **4. Verbleibender Anwendungsbereich. a) In zeitlicher Hinsicht.** Die Art. 38–42 bleiben anwendbar auf außervertragliche Schuldverhältnisse aus allen schadensbegründenden Ereignissen, die **vor dem 11.1.2009** eingetreten sind (→ Rn. 28; → Rom II-VO Art. 31, 32 Rn. 5 ff.). Der Begriff des „schadensbegründenden Ereignisses" passt nach herkömmlicher Terminologie bei Ansprüchen aus unerlaubter Handlung (Art. 40), nicht aber bei Ansprüchen aus ungerechtfertigter Bereicherung (Art. 38) oder Geschäftsführung ohne Auftrag (Art. 39). Bei Letzteren tritt, wie sich aus Art. 2 Abs. 1 Rom II-VO ergibt, an die Stelle des schadensbegründenden Ereignisses dasjenige Ereignis, das die ungerechtfertigte Bereicherung (Art. 38) oder die streitgegenständlichen Ansprüche aus Geschäftsführung ohne Auftrag (Art. 39) ausgelöst hat[37] (→ Rom II-VO Art. 31, 32 Rn. 7).

---

30 BGBl. 2008 I 2401 (2402), Art. 2 Gesetz vom 10.12.2008.

31 ZB *Staudinger* FS Kropholler, 2008, 691 (692); *Staudinger/Steinrötter* JA 2011, 241 (242); *Glöckner* IPRax 2009, 121 (123); *Rushworth/Scott* Lloyd's M. C. L. Q. 2008, 274.

32 HK-BGB/*Dörner* Art. 32 Rn. 1; Erman/*Stürner* Art. 32 Rn. 1; Rauscher/*Picht* Art. 31/32 Rn. 6; *Bücken* IPRax 2009, 125; *de Lima Pinheiro* Riv. dir. int. priv. proc. 44 (2008), 5 (12); *Garcimartín Alférez* ELF 2007, I-77 (I-81); *Rademacher* IPRax 2019, 140 (141); *R. Wagner* IPRax 2008, 314 (316).

33 EuGH NJW 2012, 441 = EuZW 2012, 35 – Homawoo/GMF Assurances; dazu *Lehmann/Duczek* JuS 2012, 681 (683); *Mansel/Thorn/Wagner* IPRax 2012, 1 (27 ff.); *Pabst* GPR 2013, 171 (173).

34 PWW/*Schaub* Art. 32 Rn. 1; *v. Hein* ZEuP 2009, 6 (11); *Junker* JZ 2008, 169 (170); *G. Wagner* IPRax 2008, 1 (17).

35 HK-BGB/*Dörner* Art. 32 Rn. 1; PWW/*Schaub* Art. 32 Rn. 1; *v. Hein* ZEuP 2009, 6 (11 f.); *Heiss/Loacker* JBl. 2007, 613 (618); unklar *Ofner* ZfRV 2008, 13 (15).

36 BeckOK BGB/*Spickhoff* Art. 32 Rn. 5; Rauscher/Picht Art. 31/32 Rn. 2; v. Hein ZEuP 2009, 6 (11); *Junker* JZ 2008, 169 (170).

37 BeckOK BGB/*Spickhoff* Art. 32 Rn. 3; PWW/*Schaub* Art. 32 Rn. 1; Rauscher/*Picht* Art. 31/32 Rn. 3; *Junker* NJW 2007, 3675 (3676); *G. Wagner* IPRax 2008, 1 (17).

Bei **Dauerdelikten** und anderen zeitlich gestreckten außervertraglichen Schuldverhältnissen, die vor dem 11.1.2009 begonnen haben und über den 10.1.2009 hinaus andauern, erfolgt die Anknüpfung nach Art. 38–42 nur in Bezug auf den Schaden (verstanden iSd Art. 2 Abs. 1 Rom II-VO), der vor dem 11.1.2009 eingetreten ist (→ Rom II-VO Art. 31, 32 Rn. 10).

b) In sachlicher Hinsicht. Soweit die Art. 38–42 in zeitlicher Hinsicht (→ Rn. 29) nicht mehr anwendbar sind, kann sich die Anwendbarkeit nur daraus ergeben, dass der sachliche Anwendungsbereich der Rom II-VO Lücken aufweist. Die Rom II-VO gilt für außervertragliche Schuldverhältnisse in Zivil- und Handelssachen (Art. 1 Abs. 1 S. 1 Rom II-VO). Zwar sind die Begriffe „Zivil- und Handelssache" sowie „außervertragliches Schuldverhältnis" unionsrechtlich („einheitlich europäisch") auszulegen (→ Rom II-VO Vor Art. 1 Rn. 25 ff.), während die entsprechenden Begriffe in den Art. 38 ff. deutschrechtlich autonom ausgelegt werden. Daraus ergibt sich aber kein sachlicher Unterschied, so dass die Art. 38–42 mit Inkrafttreten der Rom II-VO hätten aufgehoben werden können.[38] Ein sachlicher Anwendungsbereich für „Neufälle" kann sich folglich nur aus dem Ausnahmenkatalog des **Art. 1 Abs. 2 Rom II-VO** ergeben. 30

aa) Schäden durch Kernenergie. Einen praktisch weniger bedeutsamen Anwendungsbereich der Art. 38 ff. (insbesondere der Art. 40–42) eröffnet der Ausnahmetatbestand des **Art. 1 Abs. 2 lit. f Rom II-VO,** wonach außervertragliche Schuldverhältnisse, die sich aus Schäden durch Kernenergie ergeben, vom Anwendungsbereich der Rom II-VO ausgenommen sind. Der Ausschluss wurde vorgeblich mit Blick auf die internationalen Nuklearhaftungskonventionen vorgenommen,[39] vielleicht aber auch, um die Verabschiedung der Rom II-VO nicht durch Auseinandersetzungen mit der internationalen Anti-Atomkraftlobby zu belasten. Denn der Ausschlusstatbestand beschränkt sich nicht auf den Bereich, der durch diese Konventionen abgedeckt ist (→ Art. 4 Rn. 92 ff.), sondern schließt das gesamte IPR der Atomhaftung vom Anwendungsbereich der Rom II-VO aus (→ Art. 4 Rn. 92 ff.). 31

bb) Verletzung der Privatsphäre oder der Persönlichkeitsrechte. Ein praktisch hoch bedeutsamer Anwendungsbereich der Art. 38 ff. (insbesondere der Art. 40–42) für „Neufälle" folgt aus dem Ausnahmetatbestand des **Art. 1 Abs. 2 lit. g Rom II-VO,** wonach außervertragliche Schuldverhältnisse aus der Verletzung der Privatsphäre oder der Persönlichkeitsrechte (einschließlich der Verleumdung) vom Anwendungsbereich der Verordnung ausgenommen sind. Dieser Ausschlusstatbestand rechtfertigt sich nicht aus sachlichen Erwägungen, sondern schlicht daraus, dass Kommission, Rat und Parlament sich im Widerstreit der Interessen nicht auf eine Kollisionsnorm einigen konnten und den Ball an die Mitgliedstaaten zurückgespielt haben.[40] 32

Dass der Ausschlusstatbestand des Art. 1 Abs. 1 lit. g Rom II-VO keine endgültige Lösung sein soll, sondern weiterhin eine Einigung über die kontroverse Materie versucht wird, ergibt sich aus der Überprüfungsklausel des Art. 30 Abs. 2 Rom II-VO (→ Rom II-VO Art. 30 Rn. 8 ff.). Art. 1 Abs. 2 lit. g Rom II-VO erfasst alle außervertraglichen Schuldverhältnisse iSd Art. 1 Abs. 1, 2 Abs. 1 Rom II-VO, also auch solche aus ungerechtfertigter Bereicherung (Art. 38) und Geschäftsführung ohne Auftrag (Art. 39). Die einschlägigen Fälle haben jedoch ihren Schwerpunkt im Recht der unerlaubten Handlung; daher wird das auf außervertragliche Schuldverhältnisse aus der Verletzung der Privatsphäre oder der Persönlichkeitsrechte (einschließlich der Verleumdung) anzuwendende Recht bei Art. 40 kommentiert (→ Art. 40 Rn. 74 ff.). 33

Art. 38 EGBGB Ungerechtfertigte Bereicherung

(1) Bereicherungsansprüche wegen erbrachter Leistung unterliegen dem Recht, das auf das Rechtsverhältnis anzuwenden ist, auf das die Leistung bezogen ist.

(2) Ansprüche wegen Bereicherung durch Eingriff in ein geschütztes Interesse unterliegen dem Recht des Staates, in dem der Eingriff geschehen ist.

(3) In sonstigen Fällen unterliegen Ansprüche aus ungerechtfertigter Bereicherung dem Recht des Staates, in dem die Bereicherung eingetreten ist.

Schrifttum: *Busse,* Internationales Bereicherungsrecht zwischen EGBGB-Reform und „Rom II", RIW 2003, 406; *G. Fischer,* Die Neuregelung des Kollisionsrechts der ungerechtfertigten Bereicherung und der Geschäftsfüh-

[38] *R. Wagner* IPRax 2008, 314 (316).

[39] *Junker* NJW 2007, 3675 (3677); *Magnus* FS Kropholler, 2008, 595 (610).

[40] *Jayme/Kohler* IPRax 2007, 493 (494); *Kadner Graziano* Rev. crit. dr. int. pr. 97 (2008), 445 (495–500); *Schack* in v. Hein/Rühl, Kohärenz im Internationalen Privat- und Verfahrensrecht der Europäischen Union, 2015, 279 (294); *R. Wagner* IPRax 2008, 314 (316); *Wendelstein* RabelsZ 83 (2019), 111 (127).

rung ohne Auftrag im IPR-Reformgesetz von 1999, IPRax 2002, 1; *G. Fischer,* Ungerechtfertigte Bereicherung und Geschäftsführung ohne Auftrag im europäischen Internationalen Privatrecht, FS Spellenberg, 2010, 151; *Jayme,* Grenzüberschreitende Banküberweisungen und Bereicherungsausgleich nach der IPR-Novelle von 1999 – eine Skizze, FS W. Lorenz, 2001, 315; *Sendmeyer,* Die Rückabwicklung nichtiger Verträge im Spannungsfeld zwischen Rom II-VO und Internationalem Vertragsrecht, IPRax 2010, 500.

Übersicht

I. Allgemeines

1 **1. Normzweck.** Entsprechend der Grundkonzeption des IPR-Reformgesetzes von 1999 (→ Vor Art. 38 Rn. 8) beschränkt sich Art. 38 auf einen **Kernbestand von Kollisionsregeln,** die allerdings – anders als Art. 40 Abs. 1, 2 für Ansprüche aus unerlaubter Handlung – nicht einheitlich für alle Ansprüche aus ungerechtfertigter Bereicherung gelten, sondern nach Leistungs-, Eingriffs- und sonstigen Kondiktionen unterscheiden (gegliederte Kollisionsnorm). Der Gesetzgeber will durch knapp gefasste Grundregeln einerseits **Rechtssicherheit** schaffen, andererseits aber auch die notwendige **Flexibilität** gewährleisten, um komplexere bereicherungsrechtliche Vorgänge befriedigend lösen zu können.[1] Art. 38 soll ferner den **Anknüpfungsgleichklang** der Bereicherungsansprüche mit konkurrierenden Ansprüchen aus Delikt und Geschäftsführung ohne Auftrag herstellen.[2]

2 **2. Anwendungsbereich.** Nach dem Konzept der (nach Kondiktionstypen) gegliederten Kollisionsnorm bestimmt sich der Anwendungsbereich des Art. 38 über den Systembegriff der **ungerechtfertigten Bereicherung,** gegliedert in Ansprüche wegen Bereicherung durch erbrachte Leistung (Abs. 1), Ansprüche wegen Bereicherung durch Eingriff in ein geschütztes Interesse (Abs. 2) und Ansprüche wegen Bereicherung in sonstigen Fällen (Abs. 3). Da es sich bei Art. 38 nicht um staatsvertragliches IPR handelt, erfolgt die **Qualifikation** dieser Systembegriffe nach der *lex fori,* wobei die Auslegung *lege fori* nicht Identität der kollisionsrechtlichen Begriffe mit denen des materiellen Privatrechts bedeutet (→ Vor Art. 38 Rn. 8). Im Bereich der **Leistungskondiktion** hat Art. 12 Abs. 1 lit. e Rom I-VO (in Altfällen Art. 31 Abs. 1 Nr. 5 EGBGB in der bis 16.12.2009 geltenden Fassung) den Vorrang (→ Rn. 6, 7).

3 **3. Systematik.** Da Bereicherungsansprüche verschiedenartige Vermögensverschiebungen ausgleichen, hat der deutsche Gesetzgeber eine nach Typen der Bereicherung gegliederte Anknüpfung geschaffen **(typologisch gegliederte Kollisionsnorm).** Der europäische Gesetzgeber konnte diese Systematik nicht in die Rom II-VO übernehmen, da sich die zugrunde liegenden Unterscheidungen in anderen Rechtsordnungen nicht finden;[3] die korrespondierende europäische Kollisionsnorm (Art. 10 Rom II-VO) ist daher nicht nach Anknüpfungsgegenständen, sondern nach Anknüpfungs-

[1] Begr. RegE, BR-Drs. 759/98, 15 = BT-Drs. 14/343, 8; s. auch BeckOGK/*Schinkels* Rn. 2 ff.; *G. Fischer* IPRax 2002, 1 (7 ff.); *Jayme* FS W. Lorenz, 2001, 315 (317–319).

[2] Begr. RegE, BR-Drs. 759/98, 15 = BT-Drs. 14/343, 8; s. auch *Kreuzer* RabelsZ 65 (2001), 383 (406); *R. Wagner* IPRax 1999, 210; *Hohloch/Jaeger* JuS 2000, 1133 (1134); *Spickhoff* NJW 1999, 2209 (2211); *Pfeiffer* NJW 1999, 3674 (3675).

[3] KOM(2003) 427 endg., 23: „Sowohl das einschlägige materielle Recht als auch die Kollisionsnormen sind in den meisten Mitgliedstaaten noch nicht völlig ausgereift.“.

merkmalen aufgebaut[4] (→ Rom II-VO Art. 10 Rn. 10). Nach ihrer Systematik beruhen die Regelanknüpfungen des Internationalen Bereicherungsrechts auf einer **Dreiteilung** des deutschen materiellen Rechts in Leistungskondiktion (Abs. 1), Eingriffskondiktion (Abs. 2) und sonstige Fälle der Bereicherung (Abs. 3).[5] Nach verbreiteter Ansicht entspricht die Dreiteilung der Kondiktionen nicht nur dem materiellen deutschen Recht, sondern soll weitgehend rechtsordnungsunabhängig sein.[6] Im ersten Fall wird akzessorisch an das Statut des Schuldverhältnisses angeknüpft, auf das hin geleistet wurde; in den beiden anderen Fällen erfolgt eine räumliche Anknüpfung an den Eingriffsort bzw. den Bereicherungsort.

4. Verhältnis zur Rom II-VO. Wenn das Ereignis, welches die ungerechtfertigte Bereicherung verursacht hat, **nach dem 10.1.2009** eingetreten ist bzw. eintritt, wird Art. 38 EGBGB im sachlichen Anwendungsbereich der Rom II-VO (→ Vor Art. 38 Rn. 30 ff.) durch **Art. 10 Rom II-VO** verdrängt (zum Vergleich der deutschen und der europäischen Kollisionsregeln → Rom II-VO Art. 10 Rn. 10 ff.). Art. 38 ist daher grundsätzlich nur (noch) anzuwenden, wenn das Ereignis, das die ungerechtfertigte Bereicherung ausgelöst hat, **vor dem 11.1.2009** eingetreten ist (Art. 31, 32 iVm Art. 2 Abs. 1 Rom II-VO). Eine Ausnahme von diesem Grundsatz bilden insbesondere Bereicherungsansprüche wegen Eingriffs in das **Persönlichkeitsrecht** (→ Rn. 20), die nach Art. 1 Abs. 2 lit. g Rom II-VO vom sachlichen Anwendungsbereich der Rom II-VO ausgenommen sind (→ Vor Art. 38 Rn. 33). 4

II. Leistungskondiktion

Die erste Fallgruppe des Art. 38 bilden die Fälle der Leistungskondiktion. Auch in Rechtsordnungen, die im materiellen Recht die Typologie der Bereicherungsansprüche oder ihre Bedeutung leugnen, werden Bereicherungen durch Leistung kollisionsrechtlich meist gesondert behandelt.[7] 5

1. Rückabwicklung nichtiger Schuldverträge. Für den wichtigsten Anwendungsfall der Leistungskondiktion, die Rückabwicklung nichtiger Schuldverträge, folgt die Maßgeblichkeit des Vertragsstatuts in **Altfällen** aus **Art. 32 Abs. 1 Nr. 5 EGBGB** in der bis zum 16.12.2009 geltenden Fassung (→ 4. Aufl. 2006, Art. 38 Rn. 6 f.).[8] Die „Altfälle" umfassen die bereicherungsrechtliche Rückabwicklung aller Verträge, die in den sachlichen Anwendungsbereich des EVÜ fallen (vgl. Art. 36 EGBGB aF) und vor dem 17.12.2009 geschlossen wurden (Art. 28, 29 Rom I-VO). 6

In **Neufällen** wird die Rückabwicklung nichtiger Schuldverhältnisse im Wege der Leistungskondiktion nach **Art. 12 Abs. 1 lit. e Rom I-VO** gemäß dem Vertragsstatut angeknüpft; insoweit wird Art. 38 EGBGB, soweit er auf „Neufälle" überhaupt noch anzuwenden ist (→ Rn. 4), durch die Anknüpfung nach Art. 3 ff. Rom II-VO verdrängt (zu Rechtsfällen mit einer Verbindung zum Recht des Königreichs Dänemark → Rom I-VO Art. 28 Rn. 14 ff.). „Neufälle" in diesem Sinne sind alle bereicherungsrechtlichen Rückabwicklungen von solchen Verträgen, die in den sachlichen Anwendungsbereich der Rom I-VO (Art. 1 Abs. 1–3 Rom I-VO) fallen und nach dem 16.12.2009 geschlossen werden oder geschlossen wurden (Art. 28, 29 Rom I-VO). 7

2. Andere Leistungskondiktionen (Abs. 1). Für Bereicherungsansprüche wegen erbrachter Leistung außerhalb des Geltungsbereichs von Art. 32 Abs. 1 Nr. 5 EGBGB (Altfälle, → Rn. 6) bzw. Art. 12 Abs. 1 lit. e Rom I-VO (Neufälle, → Rn. 7) kommt Art. 38 Abs. 1 zum Zuge. Nach seinem **Anwendungsbereich** erfasst Art. 38 Abs. 1 insbesondere Leistungen auf nichtige Verträge außerhalb des Geltungsbereichs der Art. 1 ff. Rom I-VO, Zuvielleistungen,[9] bereits erbrachte Leistungen bei 8

---

4 Vergleichend BeckOK BGB/*Spickhoff* Art. 10 Rn. 1, 6; Erman/*Stürner* Art. 10 Rn. 1; *G. Fischer* FS Spellenberg, 2010, 151.

5 Begr. RegE, BR-Drs. 759/98, 15 = BT-Drs. 14/343, 8; s. ferner *Kreuzer* RabelsZ 65 (2001), 383 (403 f.); *Hohloch/Jaeger* JuS 2000, 1133 (1134); *Pfeiffer* NJW 1999, 3674 (3675); *G. Fischer* IPRax 2002, 1 (2); *G. Fischer* FS Spellenberg, 2010, 151; *Staudinger* DB 1999, 1589.

6 *Kreuzer* RabelsZ 65 (2001), 383 (403); *Schlechtriem* IPRax 1995, 65; *Busse,* Internationales Bereicherungsrecht, 1998, 17; *Pfeiffer* NJW 1999, 3674 (3675); *Hohloch/Jaeger* JuS 2000, 1133 (1134); einschränkend *Sonnenberger* Rev. crit. dr. int. pr. 88 (1999), 647 (653); *G. Fischer* IPRax 2002, 1 (2) mwN.

7 *Busse,* Internationales Bereicherungsrecht, 1998, 17; *Kreuzer* RabelsZ 65 (2001), 383 (403); *Pfeiffer* NJW 1999, 3674 (3675); *Schlechtriem* IPRax 1995, 65.

8 BeckOGK/*Schinkels* Rn. 15; *G. Fischer* IPRax 2002, 1 (3); *Kreuzer* RabelsZ 65 (2001), 383 (406); *Spickhoff* NJW 1999, 2209 (2211); *Schlechtriem* IPRax 1995, 65; *R. Wagner* IPRax 1998, 429 (431); *Hohloch/Jaeger* JuS 2000, 1133 (1134); *Sendmeyer* IPRax 2010, 500; ebenso wohl auch Begr. RegE, BR-Drs. 759/98, 16 = BT-Drs. 14/343, 8; aA *Busse* RIW 1999, 16 (17 f.).

9 OLG Frankfurt RIW 1979, 204 = IPRspr. 1979 Nr. 153.

späterem Nichtzustandekommen eines Vertrags[10] oder rechtsgrundlose Zuwendungen, die im Hinblick auf gesetzliche Schuldverhältnisse geleistet werden (Unterhalt, deliktischer Schadensersatz uÄ).[11]

9 Nach Art. 38 Abs. 1 unterliegt der Bereicherungsanspruch dem Recht, das auf das Rechtsverhältnis anzuwenden ist, auf das geleistet wurde **(Leistungsgrundverhältnis).** Der Sache nach handelt es sich bei Art. 38 Abs. 1 um eine **akzessorische Anknüpfung** des Leistungskondiktionsstatuts *(lex condictionis)* an das Leistungsgrundstatut *(lex obligationis)*.[12]

10 Für die Anknüpfung nach Art. 38 Abs. 1 außer Betracht bleibt das für die dingliche Seite der Vermögensverschiebung (zB für einen Eigentumsübergang) maßgebende Recht. Das **Sachstatut** (Art. 43 ff.) spielt also für die Bestimmung des Statuts der Leistungskondiktion keine Rolle. Unmaßgeblich ist auch das sog **Vernichtungsstatut,** dh die Rechtsordnung, die das Rechtsverhältnis – insbesondere den Vertrag – vernichtet hat: Löst eine Eingriffsnorm (zB ein außenwirtschaftliches Verbotsgesetz) die Nichtigkeit des Vertrages aus, vollzieht sich der Bereicherungsausgleich nach dem Vertragsstatut (Art. 38 Abs. 1), nicht nach dem Recht der Eingriffsnorm (Vernichtungsstatut).

11 Der gesetzgeberische Grund für den **Vorrang des Vertragsstatuts** (allgemein: des Leistungsgrundstatuts) vor dem Sachstatut und dem Vernichtungsstatut ist die Erkenntnis, dass die Rückabwicklung gescheiterter Schuldbeziehungen auf verschiedenen Wegen vorgenommen wird: Bereicherungsansprüche treten neben spezielle Rückgewähr- und Schadensersatzansprüche. Im Interesse widerspruchsfreier Anknüpfung **(Anknüpfungsgleichklang)** sollen alle im Zusammenhang mit einem gescheiterten Schuldverhältnis entstehenden Rückabwicklungsansprüche einer einzigen Rechtsordnung unterliegen.[13]

12 **3. Mehrpersonenverhältnisse.** Eine spezielle Regelung für Mehrpersonenverhältnisse (Dreiecksverhältnisse) hielt der Gesetzgeber für entbehrlich: Die Neuregelung sei hinreichend flexibel, auch komplexe bereicherungsrechtliche Vorgänge, insbesondere im Rahmen von Dreipersonenverhältnissen, zufrieden stellend zu lösen.[14] Mehrpersonenverhältnisse sind nach dem Statut der jeweiligen Kausalbeziehung (Leistungsgrundbeziehung) rückabzuwickeln.

13 **a) Freiwillige Tilgung fremder Schulden.** Begleicht ein Dritter eine Verbindlichkeit des Schuldners, entscheidet das Statut der getilgten Schuld über alle die Verbindlichkeit betreffenden Rechtsfolgen der Zuwendung. Das betrifft insbesondere **Bereicherungsansprüche des Dritten gegen den Zahlungsempfänger** (Gläubiger), etwa wegen Nichtbestehens der Valutaschuld.[15] Befreit die Zahlung des Dritten den Schuldner von seiner Verbindlichkeit und geht die Forderung des Gläubigers nicht schon im Wege der *cessio legis* auf den Dritten über, unterliegen **Rückgriffsansprüche des Drittleistenden gegen den Schuldner** dem Statut eines zwischen dem Schuldner und dem Zahlenden bestehenden (oder angenommenen) Schuldverhältnisses.[16] Rechtsgrundlage für diese akzessorische Anknüpfung ist Art. 41 Abs. 2 Nr. 1. Besteht keine besondere Beziehung zwischen Drittleistendem und Schuldner, richten sich eventuelle Regressansprüche nach dem Recht der getilgten Schuld.[17] Auf diese Weise wird auch Gleichklang mit dem GoA-Statut gemäß Art. 39 Abs. 2 erzielt (ausführlich → 4. Aufl. 2006, Art. 38 Rn. 13).

14 **b) Bürgen- und Garantenzahlungen.** Im Unterschied zu der soeben erörterten Fallgruppe der freiwilligen Drittleistung beruht die Leistung des Bürgen oder Garanten auf einer schuldrechtlichen Verpflichtung gegenüber dem Gläubiger der Hauptforderung (Sicherungsvertrag). Da die Leistung des Bürgen oder Garanten auf diesen Vertrag bezogen ist (Art. 38 Abs. 1), bestimmt das ihn beherrschende Recht auch darüber, ob und ggf. unter welchen Voraussetzungen der **Sicherungsge-**

[10] BGH WM 1967, 1042 = IPRspr. 1966/67 Nr. 28; WM 1976, 792 (795) = IPRspr. 1976 Nr. 16; BGHZ 73, 391 (393) = NJW 1979, 1773 = IPRspr. 1979 Nr. 7; BGH IPRspr. 1980 Nr. 3.

[11] BeckOGK/*Schinkels* Rn. 16 f.; *Kreuzer* RabelsZ 65 (2001), 383 (406); *R. Wagner* IPRax 1998, 429 (431).

[12] OLG Saarbrücken EWiR 2003, 707 mAnm *Liersch* = IPRspr. 2002 Nr. 43; *Kreuzer* RabelsZ 65 (2001), 383 (405).

[13] Begr. RegE, BR-Drs. 759/98, 16 = BT-Drs. 14/343, 8; *Kreuzer* RabelsZ 65 (2001), 383 (406).

[14] Begr. RegE, BR-Drs. 759/98, 15 = BT-Drs. 14/343, 8.

[15] BeckOGK/*Schinkels* Rn. 29 f.; *Einsele* JZ 1993, 1025 (1026); *Schlechtriem,* Bereicherungsansprüche im Internationalen Privatrecht, in v. Caemmerer, Vorschläge und Gutachten zur Reform des deutschen Internationalen Privatrechts der außervertraglichen Schuldverhältnisse, 1983, 29 (77); *Hay,* Ungerechtfertigte Bereicherung im internationalen Privatrecht, 1978, 32.

[16] *Schlechtriem* IPRax 1995, 65 (67); *Einsele* JZ 1993, 1025 (1026).

[17] *v. Caemmerer* FS Rabel, Bd. I, 1954, 333 (388); *Zweigert/Müller-Gindullis,* Quasi-Contracts, I.E.C.L. Vol. III, 1974, ch. 30 section 39; das ArbG Düsseldorf IPRax 1990, 328 (331) knüpft offenbar an den Ort der Vermögensbelegenheit (Wohnsitz) des Bereicherungsschuldners an; insoweit abl. Anm. *Junker* IPRax 1990, 303 (308).

ber (Bürge, Garant) vom **Sicherungsnehmer** (Gläubiger) eine rechtsgrundlose Zahlung oder Garantie kondizieren kann. Grundsätzlich richtet sich der **Regressanspruch** des zahlenden Bürgen oder Garanten gegen den entlasteten **Hauptschuldner** ebenfalls nach dem Statut des Sicherungsvertrags. Ob der Sicherungsvertrag (Bürge – Gläubiger) oder die Hauptschuld (Gläubiger – Schuldner) fehlerhaft ist, hat für die Anknüpfung keine Bedeutung. Ist hingegen das Innenverhältnis zwischen Bürge und Hauptschuldner (zB Auftrag) fehlerhaft, gilt dessen Statut im Wege der akzessorischen Anknüpfung nach Art. 42 Abs. 2 Nr. 1 auch für den Regressanspruch des Bürgen.[18]

c) Zahlung auf abgetretene Forderungen. Der Gläubiger einer Forderung tritt diese an einen Dritten ab. Nachdem der Schuldner zur Tilgung an den Dritten gezahlt hat, stellt sich heraus, dass das **Kausalverhältnis** zwischen Gläubiger und Schuldner mangelhaft war und die Forderung in Wirklichkeit nicht bestand. In diesem Fall richtet sich der Bereicherungsanspruch des (vermeintlichen) Schuldners gegen den Zessionar oder den Zedenten nach dem **Forderungsstatut,** dh in der Regel nach dem auf die Kausalbeziehung zwischen Gläubiger (Zedent) und Schuldner anwendbaren Recht.[19] 15

d) Vertrag zu Gunsten Dritter. Beim echten Vertrag zu Gunsten Dritter gewährt der Hauptvertrag **(Deckungsverhältnis)** zwischen Schuldner und Gläubiger (Versprechender und Versprechensempfänger) dem Dritten (Begünstigter) ein eigenes Forderungsrecht gegen den Schuldner. Die Begünstigung des Dritten beruht auf einer Rechtsbeziehung zum Gläubiger (**Valutaverhältnis,** zB Schenkung). Für die bereicherungsrechtliche Rückabwicklung kommt es darauf an, welches der beiden Rechtsverhältnisse fehlerhaft ist. Liegt der Fehler im **Deckungsverhältnis,** entscheidet das hierauf anwendbare Recht auch über die Rückabwicklung der vom Schuldner an den Dritten erbrachten Leistung. Ist das **Valutaverhältnis** zwischen Versprechensempfänger (Gläubiger) und Drittem fehlerhaft, so hat das Statut des hierfür maßgeblichen Vertrages darüber zu befinden, ob und wem gegenüber der Dritte ungerechtfertigt bereichert ist.[20] 16

e) Anweisungsfälle. Wie beim Vertrag zu Gunsten Dritter ist auch bei der Rückabwicklung von Anweisungsfällen nach dem betroffenen Rechtsverhältnis zu unterscheiden. Das **Statut des fehlerhaften Rechtsverhältnisses** entscheidet auch über die Rückabwicklung erbrachter Leistungen. Liegt der Fehler im **Deckungsverhältnis** zwischen Anweisendem und Angewiesenem (zB Banküberweisungsauftrag), bestimmt das für dieses Verhältnis maßgebliche Recht auch über Rückforderungsansprüche des Angewiesenem gegenüber dem Anweisenden. Beruht die Rechtsgrundlosigkeit dagegen auf dem **Valutaverhältnis** zwischen Anweisendem und Drittem (zB Kaufvertrag), richten sich Kondiktionsansprüche des Anweisenden gegen den Dritten ebenfalls nach diesem Recht.[21] 17

In den **Fällen ohne eigene Leistungsbeziehung** zwischen dem Angewiesenen und dem Dritten ist umstritten, nach welchem Recht zu beurteilen ist, ob dem Angewiesenen im Fall einer fehlenden oder fehlerhaft ausgeführten Anweisung ein Kondiktionsanspruch gegen den Dritten zusteht. Manche befürworten die Anknüpfung an das **Statut des Valutaverhältnisses,** um den Dritten vor dem ihm unbekannten (und möglicherweise durch Rechtswahl festgelegten) Statut des Deckungsverhältnisses zu schützen.[22] Dieser Ansicht wird entgegengehalten, dem Dritten sei bekannt, dass die Zuwendung an ihn auf dem Deckungsverhältnis beruhe. Die Anwendung des hierfür maßgeblichen Rechts benachteilige ihn also nicht.[23] Eine Anknüpfung an das **Statut des Deckungsverhältnisses** würde jedoch voraussetzen, dass es sich bei der Zahlung an den Dritten um eine Leistung des Angewiesenen handelt. Das ist aber bei der fehlenden oder fehlerhaft ausgeführten Anweisung gerade nicht der Fall. Es handelt sich vielmehr um einen Fall der **sonstigen Nichtleistungskondiktion.** Nach **Art. 38 Abs. 3** ist an den **Ort des Bereicherungseintritts** anzuknüpfen. Damit ist das Recht des Ortes anwendbar, an dem der Dritte die Zuwendung empfangen hat.[24] 18

4. Verfolgungsansprüche (Weitergabekondiktion). Bei der Weitergabekondiktion fehlt es an einer direkten Leistungsbeziehung zwischen den Beteiligten. Statt dessen liegen mehrere hintereinandergeschaltete Rechtsverhältnisse vor: Der primär Leistende (und Anspruchsteller) leistet an einen **Ersterwerber,** der Eigentum und Besitz an dem Leistungsgegenstand an einen Dritten **(Zweiter-** 19

---

[18] BeckOGK/*Schinkels* Rn. 39; Erman/*Stürner* Rn. 8; NK-BGB/*Huber* Rn. 43.

[19] BeckOGK/*Schinkels* Rn. 31 ff.; *Schlechtriem* IPRax 1995, 65 (66); *Einsele* JZ 1993, 1025 (1027).

[20] BeckOGK/*Schinkels* Rn. 37, 38; NK-BGB/*Huber* Rn. 32; BeckOK BGB/*Spickhoff* Rn. 16.

[21] BeckOGK/*Schinkels* Rn. 34, 35; Staudinger/*v. Hoffmann/Fuchs,* 2007, Rn. 24; NK-BGB/*Huber* Rn. 35.

[22] *Jayme* IPRax 1987, 186 f.; *Jayme* FS W. Lorenz, 2001, 315 (318 ff.); *Busse* RIW 1999, 16 (20).

[23] *Einsele* JZ 1993, 1025 (1027); wohl auch – allerdings ohne Erörterung der bereicherungsrechtlichen IPR-Problematik – BGH NJW 1987, 1825 (1826) = IPRax 1987, 372 m. zust. Aufsatz *Schlechtriem* IPRax 1987, 356.

[24] *Einsele* JZ 1993, 1025 (1027); ebenso iErg BGH NJW 1987, 185 = IPRax 1987, 186 Ls. m. abl. Anm. *Jayme* = IPRspr. 1986 Nr. 35b.

werber) überträgt. Die Weitergabekondiktion betrifft die Frage, ob der ursprünglich Leistende von dem Zweiterwerber die Herausgabe des Bereicherungsgegenstands (oder Surrogats) verlangen kann (vgl. § 816 Abs. 1 S. 2 BGB, § 822 BGB). Eine Anknüpfung nach Art. 38 bietet eine geeignete Grundlage für die Anknüpfung, wenn das grenzüberschreitende Kettenverhältnis in einer bestimmten Rechtsordnung zu verorten ist; maßgebend ist in der Regel das Recht des Staates, in dem die Bereicherung eingetreten ist (Abs. 3).[25]

III. Eingriffskondiktion (Abs. 2)

20 Bei Bereicherungsansprüchen wegen Eingriffs in ein rechtlich geschütztes Interesse (Eingriffskondiktion) hat der Gesetzgeber auf der **Voraussetzungsseite** die Anregung aus der Praxis aufgegriffen, auch durch den Gesetzeswortlaut Eingriffe in nicht gegenständliche Güter – wie insbesondere das Persönlichkeitsrecht – zu erfassen. Art. 38 Abs. 2 spricht daher nicht vom „Eingriff in einen fremden Gegenstand" (so noch der RefE 1993), sondern vom „Eingriff in ein geschütztes Interesse".[26] Eingriffe in **Immaterialgüterrechte,** insbesondere Patente, Gebrauchs- und Geschmacksmuster, Marken oder Urheberrechte, werden allerdings von Art. 38 Abs. 2 generell nicht erfasst. Insoweit gilt weiterhin das Recht des Schutzlands.[27]

21 Auf der **Rechtsfolgenseite** der Eingriffskondiktion ist nach Art. 38 Abs. 2 nicht das Recht maßgebend, dem die Vermögensverschiebung unterliegt (bei Eigentumsänderungen an Sachen in der Regel die *lex rei sitae*), sondern „das Recht des Staates, in dem der Eingriff geschehen ist" (die *lex loci actus*). Diese Formulierung lehnt sich bewusst an die deliktische Grundanknüpfungsregel des Art. 40 Abs. 1 S. 1 an. Der Gesetzgeber will – zB bei einem Pressedelikt durch Verletzung des Persönlichkeitsrechts – einen **Anknüpfungsgleichklang** von Eingriffskondiktion und Deliktsanspruch erzielen. Zur Begründung heißt es, dass Bereicherungsansprüche in vielen Rechtsordnungen aus Deliktsansprüchen hervorgegangen seien und ihre Ablösung vom Schadensersatz in den Rechtsordnungen nicht gleichmäßig verlaufen sei.[28]

22 Da es bei nicht gegenständlichen Gütern keinen Belegenheitsort gibt, stellt Art. 38 Abs. 2 bei der Berufung der *lex loci actus* nicht auf die **Belegenheit** des Eingriffsobjektes, sondern auf den **Eingriffsort** ab.[29] In der Praxis dürfte diese Weichenstellung kaum Auswirkungen zeitigen, da es meist um Eingriffe in dingliche Rechte geht,[30] bei denen Belegenheitsort und Eingriffsort übereinstimmen (→ Rn. 21). Solche Eingriffe bestehen insbesondere in einem Rechtsverlust wegen Verbindung, Vermischung oder Verarbeitung oder in einem Rechtsverlust wegen wirksamer Verfügung eines Nichtberechtigten.[31] Die Übereinstimmung des Eingriffs- und des Belegenheitsrechts führt in der Praxis meist dazu, dass die Rechtsordnung, die dem Hersteller das Eigentum zuspricht, auch über die Ausgleichspflicht entscheidet.

23 Die Formulierung „Recht des Staates, in dem der Eingriff geschehen ist" (Abs. 2) lässt bewusst offen, ob der Eingriffsort der **Handlungsort** oder der **Erfolgsort** sein soll: Die offene Formulierung soll die einheitliche Anknüpfung von Ansprüchen aus ungerechtfertigter Bereicherung, Geschäftsführung ohne Auftrag und unerlaubter Handlung ermöglichen.[32] Dieses Ziel legt es nahe, in grenzüberschreitenden Eingriffsfällen zur Bestimmung des Eingriffsorts die Regelung des **Art. 40 Abs. 1** (einschließlich der einseitigen Statutbestimmung durch den Entreicherten) **analog** anzuwenden.[33] Auch eine Gegenäußerung der Bundesregierung zur Stellungnahme des Bundesrates im Gesetzgebungsverfahren spricht sich dafür aus, den nur auf Abschöpfung der Bereicherung gerichteten – und

---

[25] *G. Fischer* IPRax 2002, 1 (8 f.): Art. 38 Abs. 3; *Schlechtriem* IPRax 1995, 65 (69): bei § 816 Abs. 1 S. 2 BGB Anknüpfung an den Eingriffsort.

[26] Begr. RegE, BR-Drs. 759/98, 18, 22 = BT-Drs. 14/343, 9, 10; zu den Hintergründen *Schlechtriem* IPRax 1995, 65 (69); ferner *Spickhoff* NJW 1999, 2211 (2213).

[27] Begr. RegE, BR-Drs. 759/98, 18, 22 = BT-Drs. 14/343; s. auch BeckOGK/*Schinkels* Rn. 20 ff.; *Junker* RIW 2000, 241 (244); *Kreuzer* RabelsZ 65 (2001), 383 (407).

[28] Begr. RegE, BR-Drs. 759/98, 17 = BT-Drs. 14/343, 9; ausf. *Schlechtriem* IPRax 1995, 65 (67 ff.); s. auch BeckOGK/*Schinkels* Rn. 24 f.; *Kreuzer* RabelsZ 65 (2001), 383 (406 f.); *R. Wagner* IPRax 1999, 210; *Spickhoff* NJW 1999, 2209 (2213); *Hohloch/Jaeger* JuS 2000, 1133 (1134).

[29] Begr. RegE, BR-Drs. 759/98, 17 = BT-Drs. 14/343, 8; *Kreuzer* RabelsZ 65 (2001), 383 (407); *Spickhoff* NJW 1999, 2209 (2211).

[30] *Kreuzer* RabelsZ 65 (2001), 383 (407); *Schlechtriem* IPRax 1995, 65 (67); s. auch OLG Düsseldorf VersR 2000, 460 (461).

[31] BGH NJW 1960, 774 = IPRspr. 1960/61 Nr. 231; WM 1964, 83 = IPRspr. 1962/63 Nr. 172; OLG Hamburg ZIP 1983, 46 = IPRspr. 1982 Nr. 24; OLG Hamm RIW 1991, 155 (156) = IPRspr. 1989, Nr. 76; OLG Düsseldorf VersR 2000, 460.

[32] Begr. RegE, BR-Drs. 759/98, 17 = BT-Drs. 14/343, 8.

[33] BeckOGK/*Schinkels* Rn. 25; *Kreuzer* RabelsZ 65 (2001), 383 (407); *Spickhoff* NJW 1999, 2209 (2211).

somit „schwachen" – Kondiktionsanspruch kollisionsrechtlich dem auf Schadensersatz gerichteten, „stärkeren" Deliktsanspruch folgen zu lassen.[34]

IV. Sonstige Nichtleistungskondiktionen (Abs. 3)

Abs. 3 schafft einen **Auffangtatbestand** für die von Abs. 1, 2 nicht erfassten Bereicherungsfälle: Für sie ist – entsprechend der früher geübten Gerichtspraxis[35] – die Rechtsordnung des Ortes maßgebend, an dem die Bereicherung eingetreten ist. Als Beispiel für die – seltenen – Anwendungsfälle des Art. 38 Abs. 3 nennt die Gesetzesbegründung **abgeirrte Leistungen** an einen Dritten anstelle des Gläubigers (zB infolge einer falsch eingegebenen Kontonummer) oder **rechtsgrundlose Verwendungen** auf ein fremdes Gut (soweit sie nicht schon unter Art. 38 Abs. 2 fallen).[36] Der Ort, an dem die Bereicherung (Vermögensmehrung) eintritt, entspricht in den Fällen der **abgeirrten Leistung** in der Regel dem gewöhnlichen Aufenthalt (bzw. dem Sitz oder der Niederlassung) des Bereicherungsempfängers (Bereicherungsschuldners),[37] während bei der **Verwendungskondiktion** in aller Regel ein **Anknüpfungsgleichklang** mit der *lex rei sitae* eintritt.[38] 24

V. Ausnahmen von Art. 38

Die Ausnahmen von den drei Grundanknüpfungen des Art. 38 sind in Art. 41 und Art. 42 normiert. Entsprechend dem dreigliedrigen Anknüpfungssystem für alle außervertraglichen Schuldverhältnisse (→ Vor Art. 38 Rn. 9) können die objektiven **Regelanknüpfungen** des Art. 38 durch die **Ausweichklausel** des Art. 41 oder eine nachträgliche **Rechtswahl** gemäß Art. 42 verdrängt werden.[39] 25

1. Wesentlich engere Verbindung (Art. 41). Angesichts der Vielzahl bereicherungsrechtlicher Fallkonstellationen kann der Ausweichklausel des Art. 41 im Kondiktionsrecht erhebliche Bedeutung zukommen.[40] Beispielsweise soll sie nach den Vorstellungen des Gesetzgebers in **Mehrpersonenverhältnissen** (Dreiecksverhältnissen) das erforderliche Maß an Flexibilität schaffen, um den **Gegebenheiten des Einzelfalls** Rechnung zu tragen.[41] Dem steht allerdings zum Teil entgegen, dass die Anwendung des Art. 41 auf **Leistungskondiktionen** weitgehend ausgeschlossen ist (→ Rn. 28). 26

Eine Anwendung des Art. 41 scheidet von vornherein in den Fällen aus, in denen die Leistungskondiktion nicht nach Art. 38 Abs. 1, sondern nach **Art. 32 Abs. 1 Nr. 5 EGBGB** (Altfälle, → Rn. 6) bzw. nach **Art. 12 Abs. 1 lit. e Rom I-VO** (Neufälle, → Rn. 7) anzuknüpfen ist. Im letztgenannten Fall kann sich allerdings unter Umständen aus Art. 4 Abs. 3 Rom I-VO eine Ausweichmöglichkeit ergeben. 27

a) Generalklausel (Art. 41 Abs. 1). Die „General-Ausweichklausel"[42] (allgemeine Berichtigungsklausel) des Art. 41 Abs. 1 scheidet nach den Gesetzesmaterialien als Korrektur der akzessorischen Anknüpfung der **Leistungskondiktion** nach Art. 38 Abs. 1 „im Allgemeinen" aus, weil kaum ein engerer Zusammenhang denkbar ist als derjenige von Leistungskondiktions- und Leistungsgrundstatut.[43] Bei den **Nichtleistungskondiktionen** sind hingegen Fälle darstellbar, in denen die allgemeine Ausweichklausel des Art. 41 Abs. 1 zum Zuge kommt (→ 4. Aufl. 2006, Art. 38 Rn. 28). 28

b) Art. 41 Abs. 2 Nr. 1. Das Regelbeispiel des Art. 41 Abs. 2 Nr. 1 erlaubt die **akzessorische Anknüpfung** an eine Sonderbeziehung zwischen den Beteiligten, die im Zusammenhang mit dem Bereicherungsschuldverhältnis steht (Konnexität). Da für die **Leistungskondiktion** bereits Art. 38 29

34 Gegenäußerung der BReg., BT-Drs. 14/343, 22.

35 OLG Frankfurt IPRspr. 1997, Nr. 45; LG München II IPRspr. 1989 Nr. 52 Ls.; s. auch *Schlechtriem* IPRax 1995, 65 (70).

36 Begr. RegE, BR-Drs. 759/98, 18 = BT-Drs. 14/343, 9; s. auch BeckOGK/*Schinkels* Rn. 26 f.; *Schlechtriem* IPRax 1995, 65 (69); *Hohloch/Jaeger* JuS 2000, 1133 (1134); *Spickhoff* NJW 1999, 2209 (2212); *G. Fischer* IPRax 2002, 1 (6 f.).

37 Begr. RegE, BR-Drs. 759/98, 18 = BT-Drs. 14/343, 9; *Kreuzer* RabelsZ 65 (2001), 383 (408); *R. Wagner* IPRax 1998, 429 (432); s. auch *Busse* RIW 1999, 16 (18).

38 *Einsele* JZ 1993, 1025 (1031); *G. Fischer* IPRax 2002, 1 (7).

39 *Junker* RIW 2000, 241 (246); *Kreuzer* RabelsZ 65 (2001), 383 (404); *Sonnenberger* Rev. crit. dr. int. pr. 88 (1999), 647 (655).

40 *Kreuzer* RabelsZ 65 (2001), 383 (431).

41 *G. Fischer* IPRax 2002, 1 (7 ff.); *Jayme* FS W. Lorenz, 2001, 315 (317–319).

42 *Kreuzer* RabelsZ 65 (2001), 383 (433).

43 Begr. RegE, BR-Drs. 759/98, 31 = BT-Drs. 14/343, 13; zust. *Kreuzer* RabelsZ 65 (2001), 383 (431); *Busse* RIW 1999, 16 (19); *G. Fischer* IPRax 2002, 1 (3); *R. Wagner* IPRax 1998, 429 (434); aA *Staudinger* DB 1999, 1589 (1590).

Abs. 1 eine akzessorische Anknüpfung vorsieht, ist nicht zu erkennen, welche Rolle daneben Art. 41 Abs. 2 Nr. 1 spielen könnte. Anders ist es bei den **Nichtleistungskondiktionen:** Hier gestattet Art. 41 Abs. 2 Nr. 1 nicht nur die akzessorische Anknüpfung an ein vorbestehendes Schuldverhältnis, insbesondere die **vertragsakzessorische Anknüpfung,** sondern auch die Anknüpfung an ein gleichzeitig mit der Kondiktion entstehendes Schuldverhältnis aus unerlaubter Handlung, also die **deliktsakzessorische Anknüpfung.**[44]

30 **c) Art. 41 Abs. 2 Nr. 2.** Das Legalbeispiel des Art. 41 Abs. 2 Nr. 2 ermöglicht es, an den **gewöhnlichen Aufenthalt** der Beteiligten in demselben Staat im Zeitpunkt des rechtserheblichen Geschehens anzuknüpfen. Während der Wortlaut des Art. 41 Abs. 2 Nr. 2 die Anwendung auf die **Leistungskondiktion** (Art. 38 Abs. 1) ausschließt, eröffnet für die **Nichtleistungskondiktion** (Art. 38 Abs. 2, 3) die Anwendung der *lex domicilii communis* gemäß Art. 41 Abs. 2 Nr. 2 den Anknüpfungsgleichklang mit dem nach Art. 40 Abs. 2 bestimmten Deliktsstatut.[45] Für das **Verhältnis der Nr. 1 und 2 des Art. 41 Abs. 2** zueinander gilt der Grundsatz: Wo das Bereicherungsstatut akzessorisch an ein zwischen den Beteiligten bestehendes Schuldverhältnis angeknüpft wird, bleibt für die Anwendung der *lex domicilii communis* in der Regel kein Raum, da die Beziehung zu dem Schuldverhältnis enger ist.

31 **2. Nachträgliche Rechtswahl (Art. 42).** Eine Rechtswahl von Bereicherungsschuldner und -gläubiger nach Entstehung des Bereicherungsanspruchs hat den Vorrang vor den Anknüpfungen der Art. 38, 41 (→ Art. 42 Rn. 4). Soweit eine Leistungskondiktion nach Art. 32 Abs. 1 Nr. 5 EGBGB aF für Altfälle (→ Rn. 6) oder Art. 12 Abs. 1 lit. e Rom I-VO für Neufälle (→ Rn. 7) angeknüpft wird, scheidet zwar eine nachträgliche Rechtswahl nach Art. 42 aus; dasselbe Ergebnis lässt sich aber in diesen Fällen durch die Kollisionsnormen des Int. Schuldvertragsrechts (Rechtswahl) erzielen.

VI. Reichweite des Bereicherungsstatuts

32 Das nach Art. 38, 41 und Art. 42 ermittelte Bereicherungsstatut befindet über alle mit dem Bereicherungsanspruch zusammenhängenden Fragen, insbesondere über die **Entstehung,** den **Inhalt** und die **Rechtsfolgen** eines Bereicherungsanspruchs; es bestimmt ferner über das Verhältnis der Kondiktionsarten zueinander,[46] die Erstreckung des Bereicherungsanspruchs auf Nutzungen, Surrogate und Wertersatz sowie den Einfluss des Wegfalls der Bereicherung, die Saldierung einander gegenüberstehender Bereicherungsansprüche und Haftungsverschärfungen.

33 Art. 38 erfasst nicht die Anfechtung von benachteiligenden Rechtshandlungen des Schuldners. Dafür gelten spezielle Kollisionsnormen: Die **Gläubigeranfechtung** außerhalb des Insolvenzverfahrens unterliegt dem Wirkungsstatut des anzufechtenden Erwerbsvorgangs.[47] Über den **wirksamen Erwerb** eines Vermögensgegenstandes entscheidet die Rechtsordnung, welcher der Vermögensgegenstand unterliegt. Ob demjenigen, der einen Anspruch aus Eingriffskondiktion geltend macht, das angeblich verletzte Recht zustand, ist folglich als **Vorfrage** selbständig anzuknüpfen. Das soll allerdings nicht für Persönlichkeitsrechte gelten; deren Bestehen wird nach dem Bereicherungsstatut beurteilt.[48]

VII. Rück- und Weiterverweisung

34 Die Verweisungen der Art. 38 ff. sind grundsätzlich **Gesamtverweisungen,** also Verweisungen auf das IPR eines fremden Staates (Art. 4 Abs. 1 S. 1). Eine Rückverweisung auf das deutsche Recht ist folglich zu beachten und im deutschen Recht abzubrechen (Art. 4 Abs. 1 S. 2). Das autonome deutsche IPR der außervertraglichen Schuldverhältnisse steht damit in einem Kontrast zum europäischen IPR, das bei der Anknüpfung außervertraglicher Schuldverhältnisse ausnahmslos **Sachnormverweisungen** vorsieht (Art. 24 Rom II-VO) und dadurch dem Vereinheitlichungseffekt der Verordnung den Vorzug gibt vor dem internationalen Entscheidungseinklang mit den Verweisungsregeln von Drittstaaten.[49]

35 Eine Ausnahme vom Grundsatz der Gesamtverweisung besteht, wenn eine Gesamtverweisung dem **Sinn der Verweisung** widersprechen würde (Art. 4 Abs. 1 S. 1 Hs. 2). Das ist der Fall bei den

[44] *Kreuzer* RabelsZ 65 (2001), 383 (434); allg. *Kropholler* RabelsZ 33 (1969), 601 (625 ff.).

[45] Weiteres Beispiel für die Anwendung des Art. 41 Abs. 2 Nr. 2 (im Bereich der Eingriffskondiktion) bei Staudinger/*v. Hoffmann/Fuchs,* 2007, Rn. 30.

[46] BeckOGK/*Schinkels* Rn. 40; *Kreuzer* RabelsZ 65 (2001), 383 (404); *Schlechtriem* IPRax 1995, 65 (70); *R. Wagner* IPRax 1998, 429 (435).

[47] OLG Düsseldorf IPRspr. 1999 Nr. 33 = IPRax 2000, 534 (537); allg. BGH NJW 1999, 1395 (1396); beide m. Aufs. *Kubis* IPRax 2000, 501.

[48] *R. Wagner* RIW 1994, 195 (197); zum Namensschutz *Bizer,* Persönlichkeitsrechtsverletzung in sozialen Medien, 2022, 141.

[49] Ausf. *Junker* FS Kronke, 2020, 209 (211).

akzessorischen Anknüpfungen nach Art. 38 Abs. 1 (Leistungskondiktion) und Art. 41 Abs. 2 Nr. 1 (spezielle Ausweichklausel). Nach verbreiteter Ansicht sind darüber hinaus die Anknüpfungen nach der Ausweichklausel des Art. 41 Abs. 1 Sachnormverweisungen aus dem Sinn der Verweisung (Nachweise → Art. 41 Rn. 25 f.). Schließlich muss bei der Eingriffskondiktion aus dem Sinn der Verweisung des Art. 38 Abs. 2 (Gleichklang mit deliktischen Ansprüchen) auf eine Sachnormverweisung geschlossen werden, wenn auch konkurrierende deliktische Ansprüche einer Sachnormverweisung unterliegen (→ 4. Aufl. 2006, Art. 4 Rn. 28).

Eine weitere Ausnahme vom Grundsatz der Gesamtverweisung besteht nach Art. 4 Abs. 2 S. 2, **36** wenn die Parteien das anwendbare Recht durch **Rechtswahlvereinbarung** bestimmen (→ Art. 4 Rn. 72 ff.). Eine Rechtswahl nach Art. 42 ist daher eine Sachnormverweisung; gleiches muss für die Ausübung des Optionsrechts nach Art. 40 Abs. 1 S. 2, 3 gelten (→ Art. 40 Rn. 125). Soweit im Rahmen der Eingriffskondiktion (Art. 38 Abs. 2) die Konkurrenz von Handlungs- und Erfolgsort in Analogie zu Art. 40 Abs. 1 zu lösen ist (→ Rn. 16), ist folglich ebenfalls eine Sachnormverweisung anzunehmen.[50]

Insgesamt bleibt daher im Internationalen Bereicherungsrecht vom Grundsatz der Gesamtver- **37** weisung (Art. 4 Abs. 1 S. 1) wenig übrig: Im Bereich der **Leistungskondiktion** (Art. 38 Abs. 1) sind Rück- und Weiterverweisungen ebenso wenig zu beachten wie bei der Anwendung des Art. 41 Abs. 1, Abs. 2 Nr. 1 und des Art. 42. Im Bereich der **Nichtleistungskondiktionen,** die nach Art. 38 Abs. 2, 3 angeknüpft werden, können sich aus dem Gleichklang mit Deliktsansprüchen Ausnahmen vom Prinzip der Gesamtverweisung ergeben.

Art. 39 EGBGB Geschäftsführung ohne Auftrag

(1) Gesetzliche Ansprüche aus der Besorgung eines fremden Geschäfts unterliegen dem Recht des Staates, in dem das Geschäft vorgenommen worden ist.

(2) Ansprüche aus der Tilgung einer fremden Verbindlichkeit unterliegen dem Recht, das auf die Verbindlichkeit anzuwenden ist.

Schrifttum: *G. Fischer,* Die Neuregelung des Kollisionsrechts der ungerechtfertigten Bereicherung und der Geschäftsführung ohne Auftrag im IPR-Reformgesetz von 1999, IPRax 2002, 1; *G. Fischer,* Ungerechtfertigte Bereicherung und Geschäftsführung ohne Auftrag im europäischen Internationalen Privatrecht, FS Spellenberg, 2010, 151.

Übersicht

I. Allgemeines

1. Normzweck. Obwohl das Institut der Geschäftsführung ohne Auftrag (GoA) unterschiedli- **1** che Ausgleichsprobleme löst,[1] begnügt sich der Gesetzgeber – entsprechend der „minimalistischen" Grundkonzeption des IPR-Reformgesetzes von 1999 (→ Vor Art. 38 Rn. 8) – mit einer Regelan-

[50] BeckOGK/*Schinkels* Rn. 12 f.; *Kreuzer* RabelsZ 65 (2001), 383 (408); *G. Fischer* IPRax 2002, 1 (9).

[1] Begr. RegE, BR-Drs. 759/98, 18 = BT-Drs. 14/343, 9; BeckOGK/*Schinkels* Rn. 2 f.; NK-BGB/*Huber* Rn. 1 f.; *G. Fischer* IPRax 2002, 1 (11).

knüpfung (Abs. 1) und einer Ausnahme (Abs. 2). Die **Grundanknüpfung des Abs. 1** beruft das Recht des Staates, in dessen Hoheitsgebiet das Geschäft vorgenommen wurde. Damit honoriert der Gesetzgeber den Umstand, dass zum Recht des Geschäftsführungsortes (Vornahmeortes) regelmäßig die **engste Beziehung** des Sachverhalts besteht. Die **Sonderanknüpfung des Abs. 2** unterwirft Ansprüche aus der Tilgung einer fremden Verbindlichkeit dem Recht, das auf die Verbindlichkeit anzuwenden ist. Nach der Gesetzesbegründung entspricht diese **akzessorische Anknüpfung** dem materiellrechtlichen Grundsatz, dass der Regress an der Befreiung von der ursprünglichen Schuld ansetzt.[2]

2 **2. Anwendungsbereich.** Die GoA spielt in der Praxis des IPR eine geringe Rolle. Der Systembegriff, der über den sachlichen Anwendungsbereich der Kollisionsnorm entscheidet, ist die **Besorgung eines fremden Geschäfts,** das im Fall des Abs. 2 in der Tilgung einer fremden Verbindlichkeit besteht. Nach allgemeinen Regeln erfolgt die **Qualifikation** dieses Systembegriffs des autonomen deutschen IPR nach der *lex fori,* wobei die Auslegung *lege fori* nicht Identität der kollisionsrechtlichen Begriffe mit denen des materiellen Privatrechts bedeutet (→ Vor Art. 38 Rn. 8).

3 Der kollisionsrechtliche Begriff der GoA setzt in jedem Fall den **Fremdgeschäftsführungswillen** voraus. Vermeintliche Eigengeschäftsführung und Geschäftsanmaßung – im materiellen Recht in § 687 BGB geregelt – sind daher kollisionsrechtlich als unerlaubte Handlung zu qualifizieren. Verdrängt wird Art. 39 durch **Staatsverträge.** Sie gelten für eine der wichtigsten Fallgruppen der GoA, nämlich Hilfeleistung (Bergungsmaßnahmen) in See- und Binnengewässern (→ Rom II-VO Art. 11 Rn. 23 ff.). Eine besondere Anknüpfungsnorm für Ansprüche wegen Hilfeleistung auf hoher See hielt der Gesetzgeber mit Rücksicht auf diese Staatsverträge für überflüssig.[3]

4 **3. Systematik.** Art. 39 enthält **zwei Anknüpfungen:** Die Spezialregel des **Abs. 2** unterstellt Ansprüche aus der Tilgung fremder Schulden der **lex causae** (dem Schuldstatut). Es handelt sich um eine akzessorische Anknüpfung des Rechtsverhältnisses Geschäftsführer – Geschäftsherr an das Rechtsverhältnis Geschäftsherr – Dritter. Die allgemeine Regel des **Abs. 1** beruft für die sonstigen Fälle der Vornahme fremder Geschäfte – in der Praxis vor allem die Hilfeleistung für andere („Hilfsfälle") und die Einwirkung auf fremde Güter („Einwirkungsfälle") – die **lex loci gestionis** zur Anwendung, verwendet also – ebenso wie Art. 38 Abs. 2, 3, Art. 40 Abs. 1 – ein räumliches Anknüpfungskriterium.

5 **4. Verhältnis zur Rom II-VO.** Ist das Ereignis, das die streitgegenständlichen Ansprüche aus GoA ausgelöst hat, **nach dem 10.1.2009** eingetreten, wird Art. 39 EGBGB im sachlichen Anwendungsbereich der Rom II-VO (→ Vor Art. 38 Rn. 30 ff.) durch **Art. 11 Rom II-VO** verdrängt (zum Vergleich der Kollisionsregeln des Art. 39 EGBGB und des Art. 11 Rom II-VO → Rom II-VO Art. 11 Rn. 6 ff.). Grundsätzlich ist Art. 39 folglich nur (noch) anzuwenden, wenn das Ereignis, das die GoA-Ansprüche verursacht hat, **vor dem 11.1.2009** eingetreten ist (Art. 31, 32 iVm Art. 2 Abs. 1 Rom II-VO). Ausnahmen von diesem Grundsatz bilden gemäß Art. 1 Abs. 2 lit. f, g Rom II-VO GoA-Ansprüche im Zusammenhang mit **nuklearen Ereignissen** oder der **Verletzung der Privatsphäre oder der Persönlichkeitsrechte** (→ Vor Art. 38 Rn. 32 f.).

II. Grundanknüpfung (Abs. 1)

6 Gesetzliche Ansprüche aus GoA (Abs. 1: „aus der Besorgung eines fremden Geschäfts") unterliegen grundsätzlich dem Recht des Staates, in dessen Hoheitsgebiet das Geschäft vorgenommen wurde (Abs. 1). Die Anknüpfung an den Geschäftsführungsort **(Vornahmeort)** und damit die Berufung des Rechts des Geschäftsführungsortes (der *lex loci gestionis*) trägt – neben der Ermöglichung des Gleichklangs mit dem Deliktsstatut – dem Umstand Rechnung, dass zu diesem Recht meist die **engste Beziehung** des Sachverhalts besteht und es sich um ein **neutrales Recht** handelt.

7 **1. Mehrheit von Handlungsorten.** Namentlich in Fällen der Nothilfe ist es denkbar, dass sich die Geschäftsführung über mehreren Staaten erstreckt (Beispiel: ein verletzter Sportler wird aus dem Kleinwalsertal [Österreich] in ein deutsches Krankenhaus gebracht). Unstreitig darf der teleologische Zusammenhang eines Geschäfts kollisionsrechtlich nicht durch die Zuweisung zu verschiedenen Rechtsordnungen *(dépeçage)* zerrissen werden. Umstritten ist, welcher Rechtsordnung der Vorzug gegeben werden soll. Nach der Gesetzesbegründung soll der **Schwerpunkt des Sach-**

---

[2] Begr. RegE, BR-Drs. 759/98, 20 = BT-Drs. 14/343, 10; PWW/*Fehrenbacher* Rn. 1; *R. Wagner* IPRax 1998, 429 (432).

[3] Begr. RegE, BR-Drs. 759/98, 19 = BT-Drs. 14/343, 9; s. auch BeckOGK/*Schinkels* Rn. 4 f.; NK-BGB/*Huber* Rn. 3 ff.; *Kreuzer* RabelsZ 65 (2001), 383 (409 f.).

verhalts (der „Haupttätigkeitsort") ermittelt werden, um das nach Abs. 1 anwendbare Recht zu bestimmen.[4] Unter dem Aspekt der Rechtssicherheit (Wo liegt bei einem grenzüberschreitenden Krankentransport der „Schwerpunkt der Tätigkeit"?) erscheint es aber vorzugswürdig, bei fortgesetzten (sukzessiven) Handlungen in mehreren Staaten das am **Ort des Tätigkeitsbeginns** (dh am ersten Geschäftsführungsort) geltende Recht anzuwenden[5] (zur Ausweichmöglichkeit nach Art. 41 → Rn. 29).

2. Auseinanderfallen von Handlungs- und Erfolgsort. Vor allem – aber nicht nur – in der Fallgruppe der Einwirkung auf fremde Güter kommt es vor, dass Handlungs- und Erfolgsort in verschiedenen Staaten liegen (Beispiel: telefonischer Auftrag des Geschäftsführers zur Reparatur einer im Ausland belegenen Sache des Geschäftsherrn). Die Formulierung „Recht des Staates, in dem das Geschäft vorgenommen worden ist" (Abs. 1) lässt offen, ob der Handlungs- oder der Erfolgsort bevorzugt werden soll (zur entsprechenden Problematik bei der Eingriffskondiktion → Art. 38 Rn. 23). Da eine Bevorzugung des **Handlungsorts** die Gefahr einer Manipulation des anwendbaren Rechts durch den Geschäftsführer heraufbeschwören könnte, spricht mehr dafür, beim Auseinanderfallen von Handlungs- und Erfolgsort grundsätzlich dem **Erfolgsort** den Vorzug zu geben[6] (Ausnahmen sind gemäß Art. 41 Abs. 1 möglich). 8

3. Mehrheit von Erfolgsorten. Schwierig ist die Anwendung des Abs. 1, wenn Handlungs- und Erfolgsort der Geschäftsführung auseinanderfallen und der Erfolg in mehreren Staaten eintritt. Gemeinsam ist den Problemfällen der Bezug zum **Vermögen** des Geschäftsherrn (Beispiel: ein vermeintlicher Testamentsvollstrecker betreut vom Inland aus ein in mehreren ausländischen Staaten belegenes Vermögen). Die Anknüpfung der GoA-Ansprüche an den **Handlungsort**[7] hat den Einwand der Bevorzugung des Geschäftsführers und der Manipulierbarkeit des Handlungsorts gegen sich; eine Anknüpfung an den **Schwerpunkt** des Erfolgseintritts[8] (wie es manche im Internationalen Deliktsrecht beim Streudelikt befürworten) setzt sich dem Einwand mangelnder Rechtssicherheit aus (→ Rn. 7). Eine Lösung könnte darin bestehen, trotz aller Bedenken vom Handlungsort auszugehen und besonders sorgfältig nach einer **wesentlich engeren Verbindung** iSd Art. 41 zu forschen. Denn in der Praxis wird sich das Anknüpfungsproblem meist lösen durch eine **akzessorische Anknüpfung** an das Rechtsverhältnis, das die Geschäftsführung veranlasst hat (Art. 41 Abs. 2 Nr. 1). 9

III. Einzelne Sachbereiche

Der Regelung des Art. 39 liegen **drei hauptsächliche Typen** der GoA zugrunde: die Hilfeleistung für andere, die Einwirkung auf fremde Güter und die Tilgung fremder Schulden. Die dritte Fallgruppe – Tilgung fremder Verbindlichkeiten – wird in Abs. 2 gesondert angeknüpft (→ Rn. 15 f.). 10

1. Hilfsfälle. a) Allgemeines. Bei der Nothilfe will der Geschäftsführer Gefahren von anderen Personen oder fremden Sachen abwehren. Der Vornahmeort iSd Abs. 1 ist in dieser Fallgruppe allgemein der **Ort der Hilfeleistung**[9] (zur sukzessiven Hilfeleistung in mehreren Staaten und zum Auseinanderfallen von Handlungs- und Erfolgsort → Rn. 7 f.). Die territoriale Anknüpfung an den Ort der Hilfeleistung bewirkt in der Regel **Parallelität zum Deliktsstatut,** wenn das Deliktsstatut nach Art. 40 Abs. 1 bestimmt wird. Auch in den Fällen der Nothilfe ist die **nachträgliche Rechtswahl** gemäß Art. 42 durch die Beteiligten stets vorrangig zu beachten. Zur Auflockerung der Grundregel des Abs. 1 durch **Art. 41** in den Fällen der Nothilfe → Rn. 12, → Rn. 29. 11

b) Bergungsmaßnahmen. Für Bergungsmaßnahmen in See- und Binnengewässern gilt seit dem 8.10.2002 in der Bundesrepublik Deutschland[10] das **Internationale Übereinkommen über** 12

---

[4] Begr. RegE, BR-Drs. 759/98, 20 = BT-Drs. 14/343, 9; zust. *Spickhoff* NJW 1999, 2209 (2212); *R. Wagner* FS Neumayr, 2023, 907 (915).

[5] BeckOGK/*Schinkels* Rn. 17 ff.; NK-BGB/*Huber* Rn. 7 ff.; Erman/*Stürner* Rn. 7; *Kreuzer* RabelsZ 65 (2001), 383 (411); *Hohloch/Jaeger* JuS 2000, 1133 (1134); s. auch BGH BB 2004, 2707 = JuS 2005, 268 mAnm *Hohloch*.

[6] BeckOK BGB/*Spickhoff* Rn. 5; NK-BGB/*Huber* Rn. 8; *Kreuzer* RabelsZ 65 (2001), 383 (411); aA *G. Fischer* IPRax 2002, 1 (11).

[7] *Habermann,* Die Geschäftsführung ohne Auftrag im System des deutschen Internationalen Privatrechts, 1990, 125 f., 131, 328.

[8] *Wandt,* Die Geschäftsführung ohne Auftrag im Internationalen Privatrecht, 1989, 212–213.

[9] Begr. RegE, BR-Drs. 759/98, 20 = BT-Drs. 14/343, 9; zust. BeckOGK/*Schinkels* Rn. 19; PWW/*Fehrenbacher* Rn. 9; ferner *Kreuzer* RabelsZ 65 (2001), 383 (411); *G. Fischer* IPRax 2002, 1 (13 f.); *Staudinger* DB 1999, 1589 (1590).

[10] ZustG, BGBl. 2001 II 510; Bekanntmachung über das Inkrafttreten, BGBl. 2002 II 1202.

Bergung (IÜB) vom 28.4.1989.[11] Wegen der größeren Sachnähe zu Art. 11 Rom II-VO wird das IÜB in Zusammenhang mit dieser Vorschrift behandelt (→ Rom II-VO Art. 11 Rn. 23 ff.). Außerhalb des sachlichen Anwendungsbereichs des IÜB, zB für Aufwendungsersatz bei Nothilfeschäden oder für Ansprüche im Zusammenhang mit der Rettung von Personen, ist das anwendbare Recht nach Art. 39, 41 und Art. 42 zu bestimmen, soweit diese Vorschriften nicht durch die Rom II-VO verdrängt werden (→ Rn. 5): Vorbehaltlich einer nach Art. 42 zu beachtenden Rechtswahl erfolgt die Anknüpfung gemäß Art. 39 Abs. 1 an das Recht am **Ort der Vornahme der Bergungsmaßnahmen** (→ Rn. 11). Bei einer vertraglichen Beziehung zwischen den Parteien kommt die akzessorische Anknüpfung nach **Art. 41 Abs. 2 Nr. 1,** bei gemeinsamem Heimatrecht der beteiligten Schiffe die Anknüpfung nach **Art. 41 Abs. 2 Nr. 2** in Betracht.

13 2. **Einwirkungsfälle.** Einwirkungen auf fremde Sachen durch Nutzung, Veräußerung oder Verwendungen unterstehen, soweit sie Ansprüche aus GoA auslösen, nach Abs. 1 grundsätzlich dem Recht am **Ort der Einwirkung** (zum Auseinanderfallen von Handlungs- und Erfolgsort der Einwirkung → Rn. 8). Entsprechendes gilt für Einwirkungen auf fremde Rechte. Einwirkungen auf fremde Sachen können Ansprüche des **Geschäftsherrn** auf Herausgabe des Erlangten und Schadensersatz nach sich ziehen, die nicht nur aus GoA, sondern auch aus Eingriffskondiktion, Delikt und Eigentümer-Besitzer-Verhältnis begründet sein können. Ferner können aus der Einwirkung Ansprüche des **Geschäftsführers** auf Aufwendungs- oder Verwendungsersatz folgen, bei denen die GoA mit Bereicherungs- und Vindikationsansprüchen konkurriert.

14 Das kollisionsrechtliche Hauptanliegen muss es daher sein, bei der Einwirkung auf fremde Sachen möglichst einen **Gleichklang der Statuten** herzustellen. Die Gesetzesbegründung hebt zutreffend hervor, dass das Recht des Einwirkungsorts **(lex loci gestionis)** in der Regel mit dem Recht der belegenen Sache **(lex rei sitae)** gemäß Art. 43 Abs. 1 identisch ist[12] (zum Gleichklang mit dem Statut der Eingriffskondiktion gemäß Art. 38 Abs. 2 und dem Deliktsstatut gemäß Art. 40 Abs. 1 → Rn. 11). Ist das ausnahmsweise nicht der Fall, kann die Parallelität der Statuten mit Hilfe der Ausweichklausel des **Art. 41** hergestellt werden (→ Rn. 18). Eine **nachträgliche Rechtswahl** der Parteien des gesetzlichen Schuldverhältnisses hat nach Art. 42 stets den Vorrang vor den Anknüpfungen nach Art. 39, Art. 41 (→ Rn. 23).

IV. Tilgung fremder Schulden (Abs. 2)

15 Abs. 2 normiert eine gegenüber Abs. 1 speziellere Anknüpfung für den Fall, dass der Geschäftsführer freiwillig (dh ohne dazu gegenüber dem Geschäftsherrn durch Vertrag oder Gesetz verpflichtet zu sein) eine **Verbindlichkeit des Geschäftsherrn** begleicht: Der Regressanspruch des Geschäftsführers gegen den Geschäftsherrn aus GoA unterliegt nach Abs. 2 dem **Statut der getilgten Verbindlichkeit,** bei einer Verbindlichkeit aus Vertrag also dem Vertragsstatut. Es handelt sich – ebenso wie bei der Anknüpfung der Leistungskondiktion nach Art. 38 Abs. 1 – um eine **akzessorische Anknüpfung.**

16 Da mit Abs. 2 in der Regel nicht eine Leistungskondiktion gegen den Geschäftsherrn, sondern (Mehrpersonenverhältnis!) eine Rückgriffskondiktion (Art. 38 Abs. 3) konkurriert, lässt sich durch die Parallelität der Anknüpfungen des Art. 39 Abs. 2 und des Art. 38 Abs. 1 der **Anknüpfungsgleichklang** von GoA- und Kondiktionsansprüchen nicht gewährleisten. Denkbar ist eine akzessorische Anknüpfung (Art. 41 Abs. 2 Nr. 1) der Rückgriffskondiktion an das Statut der GoA (zur Anwendung des Art. 41 auf das Statut der GoA bei der Tilgung fremder Verbindlichkeiten → Rn. 18).

V. Ausnahmen von Art. 39

17 Die beiden Anknüpfungsregeln des Art. 39 können durch Art. 41 und Art. 42 verdrängt werden: Eine nachträgliche **Rechtswahl** durch den Geschäftsherrn und den Geschäftsführer hat nach Art. 42 stets den Vorrang vor den objektiven Anknüpfungen der Art. 39, Art. 41 (→ Art. 42 Rn. 4). Die **Regelanknüpfungen** des Art. 39, die mangels einer nachträglichen Rechtswahl heranzuziehen sind, können im Einzelfall durch die **Ausweichklausel** des Art. 41 korrigiert werden.[13]

---

[11] International Convention on Salvage of April 28, 1989, J. M. L.C. 20 (1989), 589 = Lloyd's M. C. L.Q. 1990, 54 = Rev. dr. unif. 1989 II, 218.

[12] Begr. RegE, BR-Drs. 759/98, 20 = BT-Drs. 14/343, 9; s. auch PWW/*Fehrenbacher* Rn. 10; *G. Fischer* IPRax 2002, 1 (12 f.).

[13] BeckOGK/*Schinkels* Rn. 5; NK-BGB/*Huber* Rn. 18; PWW/*Fehrenbacher* Rn. 13; *Kreuzer* RabelsZ 65 (2001), 383 (409); *Pfeiffer* NJW 1999, 3674 (3675); *Spickhoff* NJW 1999, 2209 (2212); *Hay* 47 Am. J. Comp. L. 633, 644 (1999).

1. Wesentlich engere Verbindung (Art. 41). Die Berichtigungsklausel des Art. 41 hat bei der Grundanknüpfung des Art. 39 Abs. 1 größere Bedeutung als bei der Spezialanknüpfung nach Art. 39 Abs. 2: Die **akzessorische Anknüpfung** an das Statut der getilgten Verbindlichkeit nach Abs. 2 schafft eine so enge Verbindung zwischen Sachverhalt und Rechtsordnung, dass eine Korrektur durch Art. 41 nur in seltenen Fällen in Betracht kommt. Die **örtliche Verknüpfung** zwischen Geschäftsführung und Rechtsordnung durch die Grundregel des Abs. 1 über den Vornahmeort, zu welchem weder der Geschäftsherr noch der Geschäftsführer eine besondere Beziehung haben muss, ist eher einer Berichtigung durch Art. 41 zugänglich. Das gilt umso mehr, als bisweilen nur die Ausweichklausel des Art. 41 einen Gleichklang mit anderen Statuten herstellen kann. **Im Einzelnen** gilt Folgendes: 18

a) Generalklausel (Art. 41 Abs. 1). Einen Anwendungsfall der „General-Ausweichklausel" zur Korrektur der **Grundanknüpfung des Art. 39 Abs. 1** sehen manche bei der Hilfeleistung auf hoher See, wenn anstelle des Vornahmeortes der Heimathafen des geretteten Schiffes den Anknüpfungspunkt bildet[14] (→ Rn. 12); richtigerweise handelt es sich jedoch um eine – bei räumlicher Anknüpfung an staatsfreies Gebiet stets erforderliche – Ersatz-Grundanknüpfung nach Art. 39 Abs. 1. Bei der **Spezialanknüpfung des Art. 39 Abs. 2** dagegen ist, ähnlich wie bei der akzessorischen Anknüpfung der Leistungskondiktion (→ Art. 38 Rn. 28), ein Anwendungsfall des Art. 41 Abs. 1 kaum denkbar. 19

b) Art. 41 Abs. 2 Nr. 1. Eine wesentlich engere Verbindung iSd Art. 41 Abs. 2 Nr. 1 spielt bei der **Grundanknüpfung nach Art. 39 Abs. 1** eine Rolle, insbesondere um einen Gleichklang des GoA-Statuts mit der Anknüpfung konkurrierender Ansprüche aus Bereicherung, Delikt oder Sachenrecht herzustellen.[15] Eine **vertragsakzessorische Anknüpfung** der GoA greift ein, wenn der Geschäftsführer vertragliche Befugnisse überschreitet (Beispiel: ärztliche [Not-] Hilfe über das nach dem Behandlungsvertrag Geschuldete hinaus) oder der Vertrag unwirksam, abgelaufen oder noch nicht in Kraft getreten ist.[16] Eine **deliktsakzessorische Anknüpfung** der GoA findet statt, wenn die Geschäftsführung im Zusammenhang mit einem deliktischen Schuldverhältnis erfolgt.[17] Auch eine akzessorische Anknüpfung gemäß Art. 41 Abs. 2 Nr. 2 an ein Miteigentümerverhältnis zwischen den Beteiligten ist denkbar,[18] ferner eine solche an ein Verwandtschafts- oder Unterhaltsverhältnis (Unterhaltsstatut) oder ein Treuhandverhältnis (Testamentsvollstrecker: Erbstatut). 20

Auch bei der **Spezialanknüpfung nach Art. 39 Abs. 2** ist eine „Auflockerung" durch Art. 41 Abs. 2 Nr. 1 möglich: Die Anknüpfung des Art. 39 Abs. 2 ist eine akzessorische Anknüpfung an das Statut der getilgten Verbindlichkeit, also an ein Rechtsverhältnis zwischen **Geschäftsherr und Gläubiger** der Verbindlichkeit. Demgegenüber erlaubt **Art. 41 Abs. 2 Nr. 1** eine akzessorische Anknüpfung an ein Rechtsverhältnis zwischen **Geschäftsführer und Geschäftsherrn;** diesem Sonderverhältnis von Geschäftsführer und Geschäftsherr kann der Vorrang vor dem Statut der getilgten Forderung zukommen. 21

c) Art. 41 Abs. 2 Nr. 2. Das Legalbeispiel des Art. 41 Abs. 2 Nr. 2 (**gewöhnlicher Aufenthalt** der Beteiligten in demselben Staat im Zeitpunkt der GoA) war für die Grundanknüpfung des Art. 39 Abs. 1 schon vor der IPR-Reform von 1999 anerkannt.[19] Zum Zuge kommt es in erster Linie in den **Hilfsfällen,** insbesondere bei sukzessiver Geschäftsführung in mehreren Staaten (→ Rn. 7) und zur Herstellung eines Anknüpfungsgleichklangs mit einem nach Art. 40 Abs. 2 bestimmten Deliktsstatut.[20] In den **Einwirkungsfällen** spielt der gemeinsame gewöhnliche Aufenthalt jedenfalls dann keine Rolle, wenn es sich bei dem „fremden Gut" um ein Grundstück handelt. Bei einer GoA durch **Tilgung fremder Schulden** (Art. 39 Abs. 2) ist die *lex domicilii communis* in der Regel unbeachtlich, da die Verknüpfung der GoA mit dem Staat des gemeinsamen gewöhnlichen Aufenthalts der Parteien in der Regel nicht wesentlich enger ist als diejenige mit dem Statut der getilgten Verbindlichkeit. 22

2. Nachträgliche Rechtswahl (Art. 42). Eine Rechtswahl von Geschäftsführer und Geschäftsherr nach Übernahme der Geschäftsführung geht den Anknüpfungen nach Art. 39, 41 vor 23

---

14 *Spickhoff* NJW 1999, 2209 (2212); *G. Fischer* IPRax 2002, 1 (14).

15 Begr. RegE, BR-Drs. 759/98, 20 = BT-Drs. 14/343, 9–10.

16 Begr. RegE, BR-Drs. 759/98, 19 = BT-Drs. 14/343, 9; s. auch BGH NJW 1998, 1321 = IPRax 1999, 45 m. Aufs. *Stoll* IPRax 1999, 29 = IPRspr. 1997 Nr. 60: unberechtigter Einzug von Mietforderungen im Rahmen eines dem spanischen Recht unterliegenden Miteigentumsverhältnisses.

17 Begr. RegE, BR-Drs. 759/98, 20 = BT-Drs. 14/343, 9–10.

18 BGH NJW 1998, 1321 (1322) = IPRax 1999, 45 m. Aufs. *Stoll* IPRax 1999, 29 = IPRspr. 1997 Nr. 60.

19 Begr. RegE, BR-Drs. 759/98, 19 = BT-Drs. 14/343, 9.

20 Zur öffentlich-rechtlichen GoA in Entführungsfällen *Dahm* NVwZ 2005, 172.

(→ Art. 42 Rn. 4). Wird nach einer Bergung oder Hilfeleistung auf hoher See die Zuständigkeit des Deutschen Seeschiedsgerichts vereinbart, entscheidet dieses Gericht auf Grund stillschweigender Rechtswahl nach deutschem Sachrecht.[21]

VI. Reichweite des GoA-Statuts

24 Das von Art. 39 berufene Recht entscheidet über die Ansprüche des **Geschäftsführers** auf Aufwendungsersatz ebenso wie über die Ansprüche des **Geschäftsherrn,** insbesondere auf Herausgabe des Erlangten und auf Schadensersatz; diese einheitliche Anknüpfung der GoA-Ansprüche ist ein wesentliches Ziel des Art. 39 Abs. 1, der auf den „neutralen“ Vornahmeort abstellt.[22] In diesem Rahmen entscheidet das GoA-Statut über Voraussetzungen und Inhalt sämtlicher Ansprüche, die aus der GoA entstehen können, die Voraussetzungen einer berechtigten GoA sowie die Rechtsfolgen, die sich an die Unterscheidung der verschiedenen Arten der GoA knüpfen.[23]

VII. Rück- und Weiterverweisung

25 Bei der vom Gesetzgeber intendierten Anwendung der allgemeinen Vorschrift des Art. 4 Abs. 1, 2[24] sind die Verweisungen der Art. 38 ff. grundsätzlich **Gesamtverweisungen,** also Verweisungen auf das IPR eines fremden Staates (Art. 4 Abs. 1 S. 1). Ein Renvoi der nach Art. 39 zur Anwendung berufenen ausländischen Rechtsordnung auf das deutsche Recht wird folglich beachtet und im deutschen Recht abgebrochen (Art. 4 Abs. 1 S. 2).

26 Eine Ausnahme vom Grundsatz der Gesamtverweisung besteht, wenn eine Gesamtverweisung dem **Sinn der Verweisung** widersprechen würde (Art. 4 Abs. 1 S. 1 Hs. 2). Das ist der Fall bei den akzessorischen Anknüpfungen nach Art. 39 Abs. 2 (Tilgung fremder Schulden) und Art. 41 Abs. 2 Nr. 1 (spezielle Ausweichklausel); diese Verweisungen sind daher Sachnormverweisungen. Das Gleiche gilt für die allgemeine Ausweichklausel des Art. 41 Abs. 1 (→ Art. 41 Rn. 25 f.). Eine weitere Ausnahme vom Grundsatz der Gesamtverweisung besteht, wenn die Parteien das anwendbare Recht durch **Rechtswahl** bestimmen (Art. 4 Abs. 2 S. 2). Eine Rechtswahl nach Art. 42 ist daher auch im Kollisionsrecht der GoA eine Sachnormverweisung.

Art. 40 EGBGB Unerlaubte Handlung

(1) [1]Ansprüche aus unerlaubter Handlung unterliegen dem Recht des Staates, in dem der Ersatzpflichtige gehandelt hat. [2]Der Verletzte kann verlangen, daß anstelle dieses Rechts das Recht des Staates angewandt wird, in dem der Erfolg eingetreten ist. [3]Das Bestimmungsrecht kann nur im ersten Rechtszug bis zum Ende des frühen ersten Termins oder dem Ende des schriftlichen Vorverfahrens ausgeübt werden.

(2) [1]Hatten der Ersatzpflichtige und der Verletzte zur Zeit des Haftungsereignisses ihren gewöhnlichen Aufenthalt in demselben Staat, so ist das Recht dieses Staates anzuwenden. [2]Handelt es sich um Gesellschaften, Vereine oder juristische Personen, so steht dem gewöhnlichen Aufenthalt der Ort gleich, an dem sich die Hauptverwaltung oder, wenn eine Niederlassung beteiligt ist, an dem sich diese befindet.

(3) Ansprüche, die dem Recht eines anderen Staates unterliegen, können nicht geltend gemacht werden, soweit sie
1. **wesentlich weiter gehen als zur angemessenen Entschädigung des Verletzten erforderlich,**
2. **offensichtlich anderen Zwecken als einer angemessenen Entschädigung des Verletzten dienen oder**
3. **haftungsrechtlichen Regelungen eines für die Bundesrepublik Deutschland verbindlichen Übereinkommens widersprechen.**

---

[21] Dt. Seeschiedsgericht VersR 1976, 855 (856); 1977, 447 = IPRspr. 1976 Nr. 26; Dt. Seeschiedsgericht VersR 1980, 42; s. auch Dt. Seeschiedsgericht VersR 1976, 550.

[22] Begr. RegE, BR-Drs. 759/98, 20 = BT-Drs. 14/343, 9; BeckOGK/*Schinkels* Rn. 22; NK-BGB/*Huber* Rn. 15.

[23] *Kreuzer* RabelsZ 65 (2001), 383 (411); *R. Wagner* IPRax 1998, 429 (432).

[24] Begr. RegE, BR-Drs. 759/98, 14, 36 = BT-Drs. 14/343, 8, 15; BeckOK BGB/*Spickhoff* Rn. 8; NK-BGB/*Huber* Rn. 25 f.; PWW/*Fehrenbacher* Rn. 14.

(4) Der Verletzte kann seinen Anspruch unmittelbar gegen einen Versicherer des Ersatzpflichtigen geltend machen, wenn das auf die unerlaubte Handlung anzuwendende Recht oder das Recht, dem der Versicherungsvertrag unterliegt, dies vorsieht.

Schrifttum: s. auch Vor Art. 38; *Dethloff,* Schmerzensgeld nach ausländischem Recht vor inländischen Gerichten, FS Stoll, 2001, 481; *Dörner,* Alte und neue Probleme des Internationalen Deliktsrechts, FS Stoll, 2001, 491; *Freitag/Leible,* Das Bestimmungsrecht des Art. 40 Abs. 1 EGBGB im Gefüge der Parteiautonomie im Internationalen Deliktsrecht, ZVglRWiss 99 (2000), 101; *Gruber,* Der Direktanspruch gegen den Versicherer im neuen deutschen Kollisionsrecht, VersR 2001, 16; *Hay,* Entschädigung und andere Zwecke – Zu Präventionsgedanken im deutschen Schadensersatzrecht, punitive damages und Art. 40 Abs. 3 Nr. 2 EGBGB, FS Stoll, 2001, 521; *Heiderhoff,* Bestimmungsrecht nach Art. 40 Abs. 1 S. 2 EGBGB und Anwaltshaftung, IPRax 2002, 366; *v. Hein,* Günstigkeitsprinzip oder Rosinentheorie?, NJW 1999, 3174; *v. Hein,* Rück- und Weiterverweisung im neuen deutschen Internationalen Deliktsrecht, ZVglRWiss 99 (2000), 251; *v. Hein,* Rechtswahlfreiheit im Internationalen Deliktsrecht, RabelsZ 64 (2000), 595; *Honorati,* La nuova disciplina tedesca delle legge applicabile al fatto illecito, Rev. dir. int. priv. proc. 2000, 323; *Huber,* Das internationale Deliktsrecht nach der Reform, JA 2000, 67; *Junker,* Das Internationale Unfallrecht nach der IPR-Reform von 1999, JZ 2000, 477; *Junker,* Das Bestimmungsrecht des Verletzten nach Art. 40 Abs. 1 EGBGB, FS W. Lorenz, 2001, 321; *Kropholler/v. Hein,* Spezielle Vorbehaltsklauseln im Internationalen Privat- und Verfahrensrecht der unerlaubten Handlungen – Weniger ist mehr, FS Stoll, 2001, 553; *Looschelders,* Abwicklung internationaler Verkehrsunfälle vor deutschen und österreichischen Gerichten – unter besonderer Berücksichtigung des Direktanspruchs, FS Danzl, 2017, 603; *Lorenz,* Zivilprozessuale Konsequenzen der Neuregelung des Internationalen Deliktsrechts: Erste Hinweise für die anwaltliche Praxis, NJW 1999, 2215; *Rademacher,* Favor laesi und renvoi: Verweisungsart bei Distanzdelikten, IPRax 2019, 140; *Schurig,* Ein ungünstiges Günstigkeitsprinzip – Anmerkungen zu einer mißlungenen Regelung des internationalen Deliktsrechts, GS Lüderitz, 2000, 699; *Sonnenberger,* Der Persönlichkeitsrechtsschutz nach den Art. 40 bis 42 EGBGB, FS Henrich, 2000, 575; *Spickhoff,* Die Tatortregel im neuen Deliktskollisionsrecht, IPRax 2000, 1; *Staudinger/Friesen,* Forum und ius bei einem Verkehrsunfall im Ausland sowie Schuldnern aus unterschiedlichen Staaten, IPRax 2018, 366; *Stoll,* Handlungsort und Erfolgsort im internationalen Deliktsrecht – Überlegungen zu Art. 40 Abs. 1 EGBGB, GS Lüderitz, 2000, 733; *Stoll,* Kollisionsrechtliche Fragen der Haftung für Culpa in Contrahendo, FS Georgiades, 2006, 941; *R. Wagner,* Handlungsortsanknüpfungen im deutschen Internationalen Privatrecht, FS Neumayr, 2023, 907; *Wendelstein,* „Menschenrechtliche" Verhaltenspflichten im System des Internationalen Privatrechts, RabelsZ 83 (2019), 111.

Übersicht

A. Allgemeines

I. Normzweck

1 **1. Grundanknüpfungen (Abs. 1, 2).** Entsprechend der Grundkonzeption des IPR-Reformgesetzes von 1999 (→ Vor Art. 38 Rn. 8) beschränkt sich auch das Int. Deliktsrecht auf einen **Kernbestand von Kollisionsregeln.** Art. 40 enthält zunächst die beiden Grundanknüpfungen („Basisanknüpfungen") für Ansprüche aus unerlaubter Handlung, nämlich die Tatortregel (Abs. 1) und die Anknüpfung an den gemeinsamen gewöhnlichen Aufenthalt (Abs. 2). Nach ihrer Konzeption handelt es sich bei Abs. 1, 2 um **klassische allseitige Kollisionsnormen** (bilaterale Anknüpfungsnormen).[1] Der Gesetzgeber verfolgt mit dieser Regelungstechnik den Zweck, durch einen „Kernbestand kollisionsrechtlicher Grundsätze",[2] ergänzt um die Ausweichklausel des Art. 41 und die Rechtswahlmöglichkeit des Art. 42, ein ebenso einfaches wie flexibles System von Anknüpfungsnormen bereitzustellen.

2 Ein stilprägendes Merkmal der Regelung liegt darin, dass sich der Gesetzgeber in **Abs. 1** für eine **Generalklausel** und gegen einen Katalog von Kollisionsnormen für einzelne Deliktstypen (zB Produkthaftung, unlauterer Wettbewerb, Umweltschädigung) entschieden hat: Maßgebend für Haftungsvoraussetzungen und -folgen ist grundsätzlich das **Recht des Tatorts,** dessen Konkretisierung für einzelne Deliktstypen der Rspr. und Lehre überlassen bleibt. Ergänzend ist die **Ausweich-**

[1] Begr. RegE, BR-Drs. 759/98, 20 = BT-Drs. 14/343, 10; *Kreuzer* RabelsZ 65 (2001), 383 (393); *Staudinger* DB 1999, 1589 (1591); *R. Wagner* IPRax 1998, 429 (432); *Heini* FS Siehr, 2000, 251; *Hay* 47 Am. J. Comp. L. 633, 638 (1999); *Sonnenberger* Rev. crit. dr. int. pr. 88 (1999), 647 (653): „éléments de rattachement formulés de manière abstraite"; BeckOGK/*Fornasier* Rn. 5 f.; BeckOK BGB/*Spickhoff* Rn. 1.

[2] Begr. RegE, BR-Drs. 759/98, 21 = BT-Drs. 14/343, 10; s. auch *Sonnenberger* FS Henrich, 2000, 575 (576); *Kreuzer* RabelsZ 65 (2001), 383 (393); *Staudinger* DB 1999, 1589 (1591); *R. Wagner* IPRax 1998, 429 (432).

klausel des Art. 41 dazu bestimmt, besonderen – typischen oder atyischen – Sachverhaltskonstellationen Rechnung zu tragen[3] und dadurch ein „hohes Maß an Flexibilität“[4] zu gewährleisten.

Diese Regelungstechnik ist nicht unumstritten: Der Bundesrat hatte in seiner Stellungnahme zum Gesetzentwurf die beiden Prüfbitten geäußert, ob es nicht wenigstens angezeigt sei, eine spezielle Kollisionsnorm für die **Produkthaftung** und eine ergänzende Norm für Ansprüche aus **Massenunfällen** zu schaffen.[5] Sowohl die Bundesregierung[6] als auch der Rechtsausschuss des Bundestags[7] haben sich, unter anderem unter Hinweis auf den „flexiblen Regelungsansatz“, gegen solche Vorschriften ausgesprochen. 3

Art. 40 Abs. 2 schließt die Tatortanknüpfung von vornherein[8] aus, wenn der Ersatzpflichtige und der Verletzte zurzeit des Haftungsereignisses ihren gewöhnlichen Aufenthalt in demselben Staat hatten. Der Gesetzgeber verfolgt damit den Zweck, vor allem – aber nicht nur – im Unfallrecht das Tatortprinzip durch das gemeinsame Recht der in einer **gemeinsamen Rechtsumwelt** lebenden Deliktsbeteiligten zu verdrängen: Unfallbeteiligte kehren nach einem Auslandsunfall regelmäßig wieder in ihr Aufenthaltsland zurück. Die Anknüpfung an den gemeinsamen gewöhnlichen Aufenthalt erleichtert in der Regel die **Abwicklung der Schadensersatzansprüche.**[9] 4

2. Vorbehaltsklausel (Abs. 3). Art. 40 Abs. 3 verfolgt in Nr. 1, 2 einerseits und Nr. 3 andererseits unterschiedliche Normzwecke. **Nr. 1, 2** sind in erster Linie eine **lex americana** mit dem Ziel, dem US-amerikanischen Schadensersatzrecht mit seinen exorbitant hohen Schmerzensgeldbeträgen und exzessiven Mehrfach- oder Strafschadensersatzsummen (multiple damages, punitive damages) Grenzen zu setzen.[10] **Nr. 1** zielt vor allem auf **multiple damages** einschließlich des Ersatzes des immateriellen Schadens (daher „Entschädigung“ statt, wie noch im Regierungsentwurf, „Ersatz des Schadens“).[11] **Nr. 2** richtet sich vorrangig gegen **punitive damages** „american style“.[12] 5

Nr. 3 schränkt demgegenüber die Anwendbarkeit ausländischen Rechts zum Schutz des Ersatzpflichtigen ein, wenn es mit den Bestimmungen eines für die Bundesrepublik Deutschland verbindlichen **völkerrechtlichen Übereinkommens** nicht in Einklang steht. Die Vorschrift ist keineswegs überflüssig: **Ebenso wie Art. 3 Nr. 2** betrifft Art. 40 Abs. 3 Nr. 2 zwar nur völkerrechtliche Verträge, die für die Bundesrepublik Deutschland in Kraft getreten sind. **Anders als Art. 3 Nr. 2** kommt Art. 40 Abs. 3 Nr. 3 aber zum Zuge, wenn die unerlaubte Handlung in einem Staat begangen wurde, der die haftungsrechtlichen Regelungen eines völkerrechtlichen Vertrags – im Gegensatz zur Bundesrepublik Deutschland – nicht ratifiziert hat.[13] 6

3. Direktanspruch (Abs. 4). Diese Vorschrift ergänzt die Anknüpfung des Deliktsstatuts im Interesse einer schnellen und sicheren Entschädigung des Verletzten.[14] Um das Opfer zu bevorzugen, kann ein Direktanspruch gegen den Haftpflichtversicherer des Ersatzpflichtigen entweder aus dem Recht hergeleitet werden, dem die unerlaubte Handlung untersteht **(Deliktsstatut),** oder aus dem Recht, dem der Versicherungsvertrag unterliegt **(Versicherungsvertragsstatut).**[15] 7

II. Anwendungsbereich

Die Vorschriften des Art. 40 gelten für **Ansprüche aus unerlaubter Handlung** (Art. 40 Abs. 1). Was unter „unerlaubter Handlung“ („Delikt“) iSd Art. 40 zu verstehen ist, ist eine Frage der Auslegung dieser Kollisionsnorm. Da Art. 40 eine Kollisionsnorm des autonomen deutschen Rechts ist, erfolgt die Qualifikation der Anknüpfungsbegriffe nach der *lex fori,* wobei die Auslegung *lege fori* nicht Identität der kollisionsrechtlichen Begriffe mit denen des materiellen Privatrechts bedeutet (→ Vor Art. 38 Rn. 8). 8

---

[3] *Kreuzer* RabelsZ 65 (2001), 383 (393).
[4] Begr. RegE, BR-Drs. 759/98, 21 = BT-Drs. 14/343, 10.
[5] Stellungnahme BR, BT-Drs. 14/343, 20.
[6] Gegenäußerung BReg., BT-Drs. 14/343, 22.
[7] Beschlussempfehlung und Bericht RA, BT-Drs. 14/654, 1; s. auch *R. Wagner* IPRax 1999, 210.
[8] Begr. RegE, BR-Drs. 759/98, 26 f. = BT-Drs. 14/343, 12; *R. Wagner* IPRax 1998, 429 (433); *Huber* JA 2000, 67 (68); *Vogelsang* NZV 1999, 497 (500).
[9] Begr. RegE, BR-Drs. 759/98, 27 = BT-Drs. 14/343, 12.
[10] *Heini* FS Siehr, 2000, 251 (254); *Kreuzer* RabelsZ 65 (2001), 383 (429); *Honsell* FS Zäch, 1999, 39.
[11] Gegenäußerung BReg., BT-Drs. 14/343, 22; *Kreuzer* RabelsZ 65 (2001), 383 (430).
[12] Zust. *Heini* FS Siehr, 2000, 251 (254); krit. aus US-amerikanischer Perspektive *Hay* FS Stoll, 2001, 521 (531).
[13] Begr. RegE, BR-Drs. 759/98, 29 = BT-Drs. 14/343, 12–13.
[14] *Kreuzer* RabelsZ 65 (2001), 383 (428); *R. Wagner* IPRax 1998, 429 (434); *Huber* JA 2000, 67 (72); *Staudinger* DB 1999, 1589 (1592); *Hohloch/Jaeger* JuS 2000, 1133 (1135 f.).
[15] Begr. RegE, BR-Drs. 759/98, 30 = BT-Drs. 14/343, 13.

9 Art. 40 verfolgt das Ziel, die außervertragliche Haftung für ein einheitliches Schadensereignis – unabhängig vom Grund der Schadenszurechnung – einem einheitlichen Statut zu unterstellen. Der Anwendungsbereich des Deliktsstatuts umfasst damit die gesamte außervertragliche Schadenshaftung.[16] Somit ist der kollisionsrechtliche **Begriff der unerlaubten Handlung** mit außervertraglicher Verantwortung für ein Schadensereignis (Haftung für zurechenbare Schädigung) gleichzusetzen.[17]

10 Zu den unerlaubten Handlungen im kollisionsrechtlichen Sinn gehören demnach alle außervertraglichen Tatbestände der **Verschuldenshaftung** und der **Gefährdungshaftung**[18] sowie der Haftung für ausnahmsweise erlaubtes schädigendes Tun. Erfasst sind alle Haftungstatbestände, die funktional dem Deliktsrecht zuzuordnen sind: Haftung von Dritten einschließlich juristischer Personen (§§ 31, 831, 832 BGB), Billigkeitshaftung (§ 829 BGB), Haftung wegen Selbsthilfe (§ 231 BGB) und vorläufigen Rechtsschutzes (zB § 945 ZPO), Schadensersatzansprüche wegen verschuldeten Verteidigungs- und Angriffsnotstands (§ 228 S. 2 BGB, § 904 S. 2 BGB) sowie Wettbewerbsverstöße.

11 Die Abgrenzung der Art. 40 ff. gegenüber den schuldvertragsrechtlichen Kollisionsnormen kann Schwierigkeiten aufwerfen: Das gilt etwa für die Qualifikation der **culpa in contrahendo.** Soweit die deutsche Rspr. Gelegenheit hatte, hat sie eine vertragliche Zuordnung vorgenommen.[19] Teile des Schrifttums befürworten ebenfalls eine „Vorwirkung" des Vertragsstatuts für die vorvertragliche Haftung.[20] Daneben scheint eine differenzierende Auffassung vorzudringen (→ 4. Aufl. 2006, Art. 32 Rn. 59). Danach sind nur transaktionsbezogene Pflichtverletzungen (etwa Verletzungen von Aufklärungs- und Beratungspflichten) vertraglich zu qualifizieren, während allgemeine Obhuts- und Fürsorgepflichten dem Deliktsstatut unterfallen.[21] Kommt es zum Vertragsschluss, ist eine akzessorische Anknüpfung der deliktischen Ansprüche an das Vertragsstatut möglich.[22] Eine vergleichbare Regelung findet sich im Europäischen IPR in Art. 12 Abs. 1 Rom II-VO (→ Rom II-VO Vor Art. 1 Rn. 18 f.).

III. Systematik

12 Entsprechend dem dreigliedrigen Anknüpfungssystem für außervertragliche Schuldverhältnisse (→ Vor Art. 38 Rn. 13) ist zuerst zu prüfen, ob die Parteien – der Verletzte und der Ersatzpflichtige – eine **nachträgliche Rechtswahl** gemäß **Art. 42** getroffen haben. Eine nachträgliche Rechtswahl geht allen anderen Anknüpfungen vor; sie kann nicht einmal durch eine wesentlich engere Verbindung gemäß Art. 41 verdrängt werden (→ Art. 42 Rn. 4).

13 Fehlt es an einer nachträglichen Rechtswahl, die nach der Gesetzesbegründung auch stillschweigend möglich ist[23] (→ Art. 42 Rn. 13 f.), hat der Rechtsanwender festzustellen, welche der beiden **Grundanknüpfungen** des Art. 40 zum Zuge kommt (→ Vor Art. 38 Rn. 13; → Art. 41 Rn. 8). Vorrangig ist die **lex domicilii communis:**[24] Hatten der Ersatzpflichtige und der Verletzte zur Zeit des haftungsbegründenden Ereignisses ihren gewöhnlichen Aufenthalt in demselben Staat, ist das Recht dieses Staates anzuwenden **(Abs. 2).** Liegt diese Voraussetzung nicht vor, ist als **lex loci delicti commissi** das Recht des Staates anzuwenden, in dem der Ersatzpflichtige gehandelt hat, es sei denn, der Handlungsort und der Erfolgsort liegen in verschiedenen Staaten und der Verletzte hat für das Recht des Erfolgsortes optiert **(Abs. 1).**

14 Die Grundanknüpfungen des Art. 40 Abs. 1, 2 stehen unter dem Vorbehalt der **wesentlich engeren Verbindung** des Sachverhalts mit dem Recht eines anderen Staates **(Art. 41 Abs. 1),** die sich insbesondere aus einer besonderen rechtlichen oder tatsächlichen Beziehung zwischen dem Ersatzpflichtigen und dem Verletzten im Zusammenhang mit der unerlaubten Handlung ergeben kann (akzessorische Anknüpfung, **Art. 41 Abs. 2 Nr. 1**).

15 Das zweite Legalbeispiel für eine wesentlich engere Verbindung, der gemeinsame gewöhnliche Aufenthalt (Art. 41 Abs. 2 Nr. 2) gilt dagegen schon nach seinem Wortlaut nicht für die unerlaubten

[16] Begr. RegE, BR-Drs. 759/98, 24 = BT-Drs. 14/343, 11; *Kreuzer* RabelsZ 65 (2001), 383 (412 f.).

[17] *Sonnenberger* FS Henrich, 2000, 575 (577); *R. Wagner* IPRax 1998, 429 (432).

[18] Begr. RegE, BR-Drs. 759/98, 24 = BT-Drs. 14/343, 11 m. Verweis auf BGHZ 80, 1 (3) = NJW 1980, 1516; ebenso BGHZ 87, 95 (97) = IPRax 1984, 30 m. Aufs. *Hohloch* IPRax 1984, 14.

[19] BGH WM 1976, 792 = IPRspr. 1976 Nr. 16; NJW 1987, 1141 = JR 1987, 201 mAnm *Dörner;* IPRspr. 1986 Nr. 34; OLG München RIW 1956, 127 = IPRspr. 1954/55 Nr. 18; OLG Hamburg IPRspr. 1964/65 Nr. 46; OLG Köln IPRspr. 1966/67 Nr. 25; OLG Frankfurt IPRax 1986, 373 m. Aufs. *Ahrens* IPRax 1986, 355.

[20] ZB *Lorenz* NJW 2000, 3305 (3307).

[21] *Bernstein* RabelsZ 41 (1977), 281 (288 f.); *G. Fischer* JZ 1991, 168; *Moura Vicente* RabelsZ 67 (2003), 699.

[22] *Stoll* FS Georgiades, 2005, 941; umfassend *Nickl,* Die Qualifikation der culpa in contrahendo im IPR, 1992.

[23] Begr. RegE, BR-Drs. 759/98, 33 = BT-Drs. 14/343, 14.

[24] Begr. RegE, BR-Drs. 759/98, 27 = BT-Drs. 14/343, 12.

Handlungen, da das *domicilium communis* nach Art. 40 Abs. 2 – anders als im Bereicherungs- und GoA-Recht (Art. 38, 39) – bereits eine vorrangige Regelanknüpfung ist (→ Rn. 13). Der Grund liegt in der besonderen praktischen Bedeutung dieser Anknüpfung bei Delikten.[25]

IV. Verhältnis zur Rom II-VO

Nachdem die Rom II-VO am 11.1.2009 in Kraft getreten ist (Art. 32 Rom II-VO), ist der **verbleibende Anwendungsbereich des Art. 40** klein (→ Vor Art. 38 Rn. 29 ff.). Die Rom II-VO hat gemäß Art. 288 AEUV allgemeine Geltung; sie ist in allen ihren Teilen verbindlich, gilt ohne mitgliedstaatlichen Umsetzungsakt unmittelbar in den betroffenen Mitgliedstaaten und hat in ihrem zeitlichen und sachlichen Anwendungsbereich den Vorrang vor dem autonomen deutschen IPR. Die Rom II-VO erfasst als *loi uniforme* Binnenmarkt- und Drittstaatensachverhalte gleichermaßen; sie beschränkt sich also nicht auf eine Regelung des Kollisionsrechts zwischen den Mitgliedstaaten der EU (Art. 3 Rom II-VO). Der Anwendungsvorrang (Art. 288 AEUV) und die universelle Anwendung (Art. 3 Rom II-VO) der Verordnung beziehen sich naturgemäß (nur) auf ihren zeitlichen und sachlichen Anwendungsbereich.[26] Art. 40 hat für den deutschen Rechtsanwender seit dem 11.1.2009 folglich in zweifacher Hinsicht noch Bedeutung: 16

1. Anwendung des Art. 40 auf Altfälle. Die Rom II-VO ist auf „schadensbegründende Ereignisse" anzuwenden, die nach ihrem Inkrafttreten eintreten (Art. 31 Rom II-VO). Als Zeitpunkt des „Inkrafttretens" iSd Art. 31 Rom II-VO nimmt der EuGH im Einklang mit der zuvor ganz hM ohne Rücksicht auf Art. 254 Abs. 1 S. 2 EG-Vertrag (heute Art. 297 AEUV) den in Art. 32 Rom II-VO genannten Zeitpunkt an, also den 11.1.2009[27] (→ Vor Art. 38 Rn. 26 f.). Für die Ablösung des Art. 40 durch die Rom II-VO ist in zeitlicher Hinsicht demnach entscheidend, ob das schadensbegründende Ereignis iSd Art. 31 Rom II-VO vor dem 11.1.2009 oder nach dem 10.1.2009 eingetreten ist. Wenn das schadensbegründende Ereignis **vor dem 11.1.2009** eingetreten ist („Altfälle"), bleibt Art. 40 anwendbar, auch wenn erst nach Jahren oder Jahrzehnten über den Schadensfall gestritten wird; das Deliktsstatut wird **unwandelbar** nach Art. 40 (ggf. iVm Art. 41, 42) angeknüpft. Eine Ausnahme gilt für diejenigen zeitlich gestreckten unerlaubten Handlungen **(Dauerdelikte),** bei denen die Verletzungshandlung vor dem 11.1.2009 begonnen hat und über den 10.1.2009 hinaus fortwirkt. In diesen Fällen ändert sich beim Übergang vom 10. auf den 11.1.2009 das anwendbare Kollisionsrecht mit der Folge, dass unter Umständen ein **Statutenwechsel** eintreten kann (→ Rom II-VO Art. 31, 32 Rn. 10). 17

Wie sich aus dem Vergleich von Art. 4 Abs. 1 und Art. 31 Rom II-VO ergibt, ist das **schadensbegründende Ereignis** iSd intertemporalen Kollisionsnorm des Art. 31 Rom II-VO nicht der Deliktserfolg im Sinne einer Rechtsgutverletzung, sondern die **deliktische Handlung.**[28] Wenn die deliktische Handlung und der deliktische Erfolg nicht (oder nicht nur) **räumlich** auseinander fallen (Distanzdelikt, → Rn. 29), sondern (auch) **zeitlich** (Lehrbuchbeispiel: Platzierung eines Sprengkörpers mit Zeitzünder), ist für die intertemporale Abgrenzung des Art. 40 von der Rom II-VO der Zeitpunkt der Handlung ausschlaggebend (→ Rom II-VO Art. 31, 32 Rn. 6). In Fällen der **Gefährdungshaftung** ist nicht der Zeitpunkt der Eröffnung der Gefahr entscheidend, sondern der Zeitpunkt der Realisierung der Gefahr (→ Rom II-VO Art. 31, 32 Rn. 9). Bei deliktischen **Unterlassungsansprüchen** kommt es entsprechend Art. 2 Abs. 3 lit. a Rom II-VO darauf an, ob der Eintritt des schadensbegründenden Ereignisses bereits vor dem 11.1.2009 wahrscheinlich war oder nicht (→ Rom II-VO Art. 31, 32 Rn. 11 f.). 18

2. Anwendung des Art. 40 auf Neufälle. Wenn das schadensbegründende Ereignis iSd Art. 31 Rom II-VO **nach dem 10.1.2009** eingetreten ist („Neufälle"), spielt Art. 40 nur noch insoweit eine Rolle, als der sachliche Anwendungsbereich der Rom II-VO für die Anwendung des autonomen mitgliedstaatlichen Deliktskollisionsrechts Raum lässt. Ebenso wie Art. 40 iVm der amtlichen Überschrift vor Art. 38 („Außervertragliche Schuldverhältnisse") regeln die Art. 4–9, 14 Rom II-VO iVm Art. 1 Abs. 1 Rom II-VO die Anknüpfung außervertraglicher Schuldverhältnisse 19

[25] *Kreuzer* RabelsZ 65 (2001), 383 (421); s. auch Begr. RegE, BR-Drs. 759/98, 27 = BT-Drs. 14/343, 12: „aus praktischen Gründen geboten".

[26] *v. Hein* ZEuP 2009, 6 (10 ff.); *Heiss/Loacker* JBl. 2007, 613 (618 ff.); *Junker* JZ 2008, 169 (170); *Junker* NJW 2007, 3675 (3676 f.); *Leible/Lehmann* RIW 2007, 721 (722 ff.); *Ofner* ZfRV 2008, 13 (14 f.).

[27] EuGH NJW 2012, 441 = EuZW 2012, 35 – Homawoo/GMF Assurances; für die zuvor hM s. nur *Hohloch* YbPIL 9 (2007), 1; *Leible/Lehmann* RIW 2007, 721 (724); *Mankowski* RIW 2008, 177; *G. Wagner* IPRax 2008, 1 (17); *R. Wagner* IPRax 2008, 314 (316); aA zB *Jayme/Kohler* IPRax 2007, 493 (494); *Staudinger* FS Kropholler, 2008, 691 (692).

[28] *G. Wagner* IPRax 2008, 1 (17); *v. Hein* ZEuP 2009, 6 (10 ff.); aA *Leible/Lehmann* RIW 2007, 721 (724): maßgeblicher Ersterfolg.

aus unerlaubter Handlung (vgl. den Wortlaut des Art. 4 Abs. 1 Rom II-VO). Auch wenn der Begriff „außervertragliches Schuldverhältnis aus unerlaubter Handlung" in der Rom II-VO einheitlich europäisch (→ Rom II-VO Vor Art. 1 Rn. 25 ff.) und der entsprechende Begriff in Art. 40 deutschrechtlich autonom (→ Rn. 8) auszulegen ist, sind sachliche Unterschiede nicht zu erkennen (→ Vor Art. 38 Rn. 23). Das gilt auch für die Haftung aus **culpa in contrahendo:** Zwar ist im deutschen Recht streitig, inwieweit sie nach den Kollisionsregeln für vertragliche oder außervertragliche Schuldverhältnisse anzuknüpfen ist (→ Rn. 11). Wenn und soweit jedoch die *culpa in contrahendo* der Anknüpfung des Art. 40 unterfällt, gilt für schadensbegründende Ereignisse, die nach dem 10.1.2009 eintreten, die Kollisionsregel des Art. 12 Rom II-VO.

20 Ein sachlicher Anwendungsbereich des Art. 40 (ggf. iVm Art. 41, 42) kann sich für „Neufälle" folglich nur aus dem **Ausnahmenkatalog des Art. 1 Abs. 2 Rom II-VO** ergeben: Zum einen eröffnet der Ausnahmetatbestand des **Art. 1 Abs. 2 lit. f Rom II-VO** einen Anwendungsbereich des Art. 40 für deliktische Schuldverhältnisse aus **Schäden durch Kernenergie,** soweit diese Schuldverhältnisse nicht von den internationalen Nuklearhaftungskonventionen erfasst sind[29] (→ Rn. 94 ff.). Zum anderen folgt aus dem Ausnahmetatbestand des **Art. 1 Abs. 2 lit. g Rom II-VO,** dass deliktische Schuldverhältnisse aus der **Verletzung der Privatsphäre oder der Persönlichkeitsrechte** (einschließlich der Verleumdung) vom Anwendungsbereich der Verordnung ausgenommen und folglich weiterhin nach Art. 40 anzuknüpfen sind[30] (→ Rn. 74 ff.).

21 **3. Vergleich der Kollisionsregeln.** Im Vergleich der Kollisionsregeln des Art. 40 (iVm Art. 41, 42) und derjenigen der Rom II-VO ergeben sich **Unterschiede,** so dass in einigen Fällen verschiedene Statuten zur Anwendung gelangen werden. Ein erster bedeutender Unterschied liegt darin, dass Art. 40 **alle Deliktstypen** erfasst, während die Rom II-VO eine Reihe von **Spezialkollisionsregeln** kennt (Art. 5–9 Rom II-VO). Diese Spezialkollisionsnormen weichen zum Teil nicht unerheblich von Art. 40, 41 ab (s. die Kommentierung der Art. 5–9 Rom II-VO). Soweit keine dieser Spezialkollisionsregeln einschlägig ist und die Generalklausel des Art. 4 Rom II-VO zur Anwendung kommt, ergibt sich ein bedeutsamer Unterschied daraus, dass nach der Tatortregel des **Art. 40 Abs. 1** bei Distanzdelikten grundsätzlich an das Recht des **Handlungsorts** anzuknüpfen ist (→ Rn. 23 ff.), während die Tatortregel des **Art. 4 Abs. 1 Rom II-VO** das Recht des **Erfolgsorts** zur Anwendung beruft (→ Rom II-VO Art. 40 Rn. 18 ff.). Ferner vollzieht Art. 4 Abs. 1 Rom II-VO eine vollständige Abkehr vom deliktsrechtlichen Günstigkeitsprinzip, während Art. 40 Abs. 1 S. 2, 3 dieses Prinzip in Form einer Option des Geschädigten aufrechterhält (→ Rn. 29 ff.). **Übereinstimmungen** bestehen bei der Anknüpfung an den gemeinsamen gewöhnlichen Aufenthalt (Art. 40 Abs. 2, Art. 4 Abs. 2 Rom II-VO) und bei der Auflockerung der starren Anknüpfungen an den Tatort bzw. an das *lex domicilii communis* durch eine Ausweichklausel (Art. 41 Abs. 1, Abs. 2 Nr. 1, Art. 4 Abs. 3 Rom II-VO; zu weiteren Übereinstimmungen und Unterschieden → Rom II-VO Art. 4 Rn. 15 ff.).

B. Tatortregel (Abs. 1)

22 Abs. 1 normiert die (gegenüber Abs. 2 nachrangige) Grundanknüpfung des Internationalen Deliktsrechts, nämlich die bereits vor dem 1.6.1999 gewohnheitsrechtlich angewendete **Tatortregel.** Sie verweist auf das Recht des Staates, in dem die unerlaubte Handlung (zu diesem Begriff → Rn. 9) begangen wurde **(lex loci delicti commissi).** Der Gesetzgeber hat am Tatortprinzip festgehalten, auch wenn gegen bestimmte Ausprägungen Bedenken erhoben worden seien; diesen Bedenken könne durch die **Auflockerungen** der Art. 40 Abs. 2, Art. 41 Abs. 1, Abs. 2 Nr. 1 Rechnung getragen werden. Im Übrigen wollte der Gesetzgeber die Tatortregel durch das Bestimmungsrecht des Verletzten nach Art. 40 Abs. 1 S. 2, 3 so ausgestalten, dass ihre praktische Anwendung erleichtert werde.[31]

I. Handlungsort (Abs. 1 S. 1)

23 Der Tatort iSd Abs. 1 ist grundsätzlich der Handlungsort: S. 1 unterstellt Ansprüche aus unerlaubter Handlung dem Recht des Staates, in dem der Ersatzpflichtige gehandelt hat **(Handlungs-**

[29] Erman/*Stürner* Rom II-VO Art. 1 Rn. 11; PWW/*Schaub* Rom II-VO Art. 1 Rn. 6; *Junker* NJW 2007, 3675 (3677); *Magnus* FS Kropholler, 2008, 595 (610); *R. Wagner* IPRax 2008, 314 (316).

[30] *Brand* GPR 2008, 298 (299 f.); *v. Hein* ZEuP 2009, 6 (13); *v. Hinden* FS Kropholler, 2008, 573; *Kadner Graziano* RabelsZ 73 (2009), 1 (59 ff.); *Leible/Lehmann* RIW 2007, 721 (723); *G. Wagner* IPRax 2008, 1 (3).

[31] Begr. RegE, BR-Drs. 759/98, 25 = BT-Drs. 14/343, 11.

ortsrecht). Bei diesem Grundsatz bleibt es auch, wenn der Deliktserfolg in einem anderen Staat eingetreten ist **(Distanzdelikt),** es sei denn, der Verletzte hat rechtzeitig (S. 3) sein Bestimmungsrecht nach S. 2 ausgeübt (→ Rn. 29 ff.). Die Anwendung des Handlungsortsrechts ist die Regel, die des Erfolgsortsrechts die Ausnahme, auf die der Verletzte sich berufen muss.[32]

1. Normzweck. Die Entscheidung für das Recht des Handlungsorts ist eine rechtspolitische Entscheidung: Wer die verhaltenssteuernde („admonitorische") Funktion des Haftungsrechts betont, wird bei der deliktsrechtlichen Anknüpfung eher den Handlungsort bevorzugen, wer den Rechtsgüterschutz – die Ausgleichsfunktion des Haftungsrechts – in den Vordergrund stellt, wird eher an den Erfolgsort anknüpfen[33] (→ Rom II-VO Art. 4 Rn. 6 f.). Aus der Gesetzesbegründung ergibt sich freilich nicht, dass der Gesetzgeber solche konzeptionellen Erwägungen angestellt hat. Sie bringt vielmehr vor, dass der Handlungsort im Regelfall im Vergleich zum Erfolgsort – oder mehreren Erfolgsorten bei nur einer Handlung – leichter zu bestimmen und einer Rechtsordnung zuzuordnen ist.[34] Die Regelung beruht somit, nicht zuletzt im Hinblick auf die Justizhoheit der Länder und deren im Bundesrat zum Ausdruck kommende Interessen auf Erwägungen der Verfahrensökonomie. 24

2. Begriff des Handlungsorts. Handlungsort ist jeder Ort, an dem jemand eine unerlaubte Handlung selbst oder durch andere, für die er nach dem Recht dieses Ortes haftet, ganz oder teilweise ausführt.[35] Orte, an denen **Vorbereitungshandlungen** durchgeführt werden, sind keine Handlungsorte iSd Tatortregel. Ob eine Vorbereitungs- oder eine (tatbestandsmäßige) Ausführungshandlung vorliegt, richtet sich nach dem Recht des Ortes, an dem sich das fragliche Verhalten abspielt. Liegt danach eine **Ausführungshandlung** vor, ist das Recht des Vornahmeortes Deliktsstatut; wertet das Recht des Vornahmeortes ein Verhalten dagegen als Vorbereitung, kommt es als Deliktsstatut nicht in Betracht.[36] 25

Bei **Unterlassungsdelikten** ist der Ort maßgebend, an dem hätte gehandelt werden müssen, um den eingetretenen Erfolg abzuwenden bzw. an dem die Pflicht zur Erfolgsabwendung bestand. Ob eine Rechtspflicht zur Erfolgsabwendung besteht und wo diese zu erfüllen ist, richtet sich nach dem Recht des Staates, in dem sich das **Bezugsobjekt der Handlungspflicht** – etwa die zu beaufsichtigende Person oder Sache – befand. Handlungsort (Unterlassungsort) ist demnach der Ort, an dem gemäß dem am Lageort des zu schützenden oder zu hütenden Rechtsguts geltenden Recht hätte gehandelt werden müssen.[37] Dieser Ort entspricht in aller Regel dem Ort der Rechtsgutverletzung. 26

Setzen Tatbestände der **Gefährdungshaftung** kein bestimmtes rechtswidriges Verhalten (zB Gewässerverunreinigung) voraus, sondern genügt eine abstrakte Gefahr, die sich realisiert hat, so existiert – wie bei Unterlassungsdelikten – ebenfalls kein Handlungsort im strengen Sinn. Daher ist in diesen Fällen an den Ort des schadenstiftenden Ereignisses anzuknüpfen,[38] dh an den Ort, an dem die Sache, für die gehaftet wird, außer Kontrolle gerät. Das ist der Ort, an dem sich die abstrakte Gefahr zu einer konkreten verdichtet hat.[39] 27

3. Mehrheit von Handlungsorten. Weist ein Delikt mehrere Handlungsorte auf und liegen diese in verschiedenen Rechtsgebieten, widerspräche die Anwendung des **Günstigkeitsprinzips** (dh eine Wahl des Geschädigten zwischen den Handlungsortsrechten) dem Ziel der Verfahrensöko- 28

---

[32] OLG Hamm IPRax 2019, 165 Rn. 22 m. Aufs. *Rademacher* IPRax 2019, 140; OLG Stuttgart IPRax 2009, 154; LAG Hamm ZGS 2007, 87; NK-BGB/*G. Wagner* Rn. 16; Erman/*Stürner* Rn. 1; PWW/*Schaub* Rn. 10; *Spickhoff* IPRax 2000, 1 (3); *Stoll* GS Lüderitz, 2000, 733 (734 f.).

[33] *v. Hein* ZVglRWiss 102 (2003), 528 (543); *Sonnentag* ZVglRWiss 105 (2006), 256 (266); *G. Wagner* IPRax 2006, 372 (374 f.); *R. Wagner* FS Neumayr, 2023, 907 (916).

[34] Begr. RegE, BR-Drs. 759/98, 26 = BT-Drs. 14/343, 11; unter Hinweis auf das Problem der Mehrheit von Handlungsorten *Kreuzer* RabelsZ 65 (2001), 383 (423); *Spickhoff* IPRax 2000, 1 (3); *Looschelders* VersR 1999, 1316 (1318); unter Hinweis auf abweichende Lösungen in anderen europäischen Staaten *Sonnenberger* FS Henrich, 2000, 575 (577 f.).

[35] BGHZ 29, 237 (239) = NJW 1959, 769; BGH WM 1957, 1047 (1049); OLG Celle NJW 1966, 302 mAnm *Dunz;* NK-BGB/*G. Wagner* Rn. 17; Erman/*Hohloch* Rn. 12; *Junker* JZ 2000, 477 (482); ausf. zum Begriff der Handlung und des Handlungsorts *Stoll* GS Lüderitz, 2000, 733; *R. Wagner* FS Neumayr, 2023, 907 (915).

[36] BGHZ 35, 329 (333 f.) = NJW 1962, 37 (38); BGH MDR 1957, 31 (33) mAnm *Pohle;* BeckOK BGB/*Spickhoff* Rn. 18; *Junker* JZ 2000, 477 (482); *Bachmann* IPRax 1998, 179 (182); *Mankowski* RabelsZ 63 (1999), 203 (263 f.).

[37] RGZ 36, 27 (28); 57, 142 (145); 150, 265 (270 f.); NK-BGB/*G. Wagner* Rn. 17; *Spickhoff* IPRax 2000, 1 (4).

[38] BGHZ 23, 65 (68) = NJW 1957, 499; BeckOK BGB/*Spickhoff* Rn. 22.

[39] OLG Saarbrücken NJW 1958, 752 (753); AG Bonn NJW 1988, 1393 (1395).

nomie, das der Gesetzgeber mit der Neuregelung verfolgt.[40] Eine analoge Anwendung des *Optionsrechts* nach Art. 40 Abs. 1 S. 2, 3 scheidet nach der Konstruktion dieses Bestimmungsrechts aus: Würde die Auswahl unter mehreren Handlungsorten von einer notwendigen Bestimmung durch den Verletzten abhängen, ginge die Anknüpfung ins Leere, wenn der Verletzte von seinem Bestimmungsrecht keinen Gebrauch macht.[41] Damit bleibt bei einer Mehrheit von Handlungsorten nur die Möglichkeit, aus den verschiedenen räumlich-persönlichen Verknüpfungen der Handlung durch wertende Konkretisierung einen Ort als **Schwerpunkt der Handlung** zu ermitteln.[42] Entsprechend ist bei einer **Mehrheit von Tätern** (oder Teilnehmern) zu verfahren: Fallen die Tatorte auseinander, so ist der Ort maßgebend, an dem der Haupttäter gehandelt hat.[43]

II. Bestimmungsrecht (Abs. 1 S. 2)

29 Die Anknüpfung des Deliktsstatuts an den Tatort bereitet keine Probleme, wenn der Handlungs- und der Erfolgsort im gleichen Rechtsgebiet liegen (sog **Platzdelikt** oder Punktdelikt; zu einer Mehrheit von Erfolgsorten → Rn. 32). Dagegen bedarf die Festlegung des Tatorts weiterer Überlegungen, wenn sich der Handlungs- und der Erfolgsort in verschiedenen Staaten befinden (sog **Distanzdelikt,** auch „gestrecktes" oder „grenzüberschreitendes" Delikt genannt). Nach S. 2 kann der Verletzte bei Distanzdelikten im Wege eines einseitigen **Bestimmungsrechts** verlangen, dass statt des Rechts des Handlungsortes das Recht des Erfolgsortes angewandt wird. Die Günstigkeitsfeststellung von Amts wegen durch das Gericht findet nicht statt. Macht der Verletzte von seinem Bestimmungsrecht keinen Gebrauch, bleibt es bei der Anwendung des Rechts des Handlungsortes (S. 1).

30 **1. Normzweck.** Die Gesetzesbegründung führt zum Zweck der Vorschrift aus, eine alternative Anknüpfung des Deliktsstatuts bei Distanzdelikten (dh die Anwendung des Günstigkeitsprinzips von Amts wegen) würde die Gerichte übermäßig belasten, weil sie – ggf. in mehreren Instanzen erneut – zwei oder sogar mehrere Rechtsordnungen daraufhin prüfen müssten, ob sie die geltend gemachten Ansprüche rechtfertigen. Dies erscheine überzogen.[44] Es wird indessen bezweifelt, ob das Ziel der Prozessökonomie zu erreichen ist.[45] Manche betrachten gerade das Günstigkeitsprinzip als effiziente Methode, um einem deutschen Gericht die Anwendung deutschen Sachrechts zu ermöglichen und ihm dadurch die Arbeit zu erleichtern:[46] Lag einer der Tatorte in Deutschland, konnte das deutsche Gericht nach dem Günstigkeitsprinzip der Klage bereits stattgeben, wenn der geltend gemachte Schadensersatzanspruch nach deutschem Recht begründet war. Nach S. 2 hat es der Verletzte in der Hand, ob er das Optionsrecht ausübt und dem deutschen Gericht dadurch die Fremdrechtsanwendung erspart.

31 **2. Erfolgsort. a) Begriff des Erfolgsorts.** Das Bestimmungsrecht nach S. 2 bezieht sich auf das Recht des Staates, in dem der Erfolg der unerlaubten Handlung eingetreten ist (Erfolgsortsrecht). Erfolgsort ist jeder Ort, an dem das Rechtsgut verletzt wird, das die Deliktsnorm schützt.[47] Orte, an denen **Verletzungsfolgeschäden** eintreten, sind keine Erfolgsorte iSd Tatortregel.[48] Eine Ausnahme besteht, wenn – wie bei der unmittelbaren primären **Vermögensschädigung** gemäß § 826 BGB – der Schadenseintritt ein Tatbestandsmerkmal ist.[49] Bei rein vermögensschädigenden Delikten kommt es auf den Belegenheitsort des betroffenen Vermögenswerts, hilfsweise

---

[40] *Looschelders* VersR 1999, 1316 (1319); *v. Hein* RIW 2000, 820 (828); ebenso iErg *Kreuzer* RabelsZ 65 (2001), 383 (423); aA Erman/*Stürner* Rn. 12; *Spickhoff* IPRax 2000, 1 (5); *Freitag/Leible* ZVglRWiss 99 (2000), 101 (134 f.).

[41] *Spickhoff* IPRax 2000, 1 (5); *v. Hein* RIW 2000, 820 (828 f.); ebenso iErg *Kreuzer* RabelsZ 65 (2001), 383 (423); *Looschelders* VersR 1999, 1316 (1319).

[42] *Kreuzer* RabelsZ 65 (2001), 383 (423); *v. Hein* RIW 2000, 820 (829); *Looschelders* VersR 1999, 1316 (1319); ausf. *Stoll* GS Lüderitz, 2000, 733 (741 ff.); aA *Spickhoff* IPRax 2000, 1 (5): sofern Anspruch nicht schon nach deutschem Recht begründet ist, Wahlbefugnis des Geschädigten; bei Nichtausübung Günstigkeitsvergleich durch das Gericht.

[43] BGHZ 184, 365 Rn. 31 = IPRax 2011, 497; NK-BGB/*G. Wagner* Rn. 17.

[44] Begr. RegE, BR-Drs. 759/98, 25 f. = BT-Drs. 14/343, 11.

[45] *Junker* RIW 2000, 241 (247); *Schurig* GS Lüderitz, 2000, 699, 704 f.; *Wandt* RabelsZ 64 (2000), 765 (767); *Pfeiffer* NJW 1999, 3674 (3675 f.); *v. Hoffmann* IPRax 1996, 1 (5); *Fuchs* JuS 2000, 879 (880).

[46] *R. Wagner* IPRax 1998, 428 (433); *Huber* JA 2000, 67 (68).

[47] *Ahrens* FS Tilmann, 2003, 739 (740 f.); *Dickinson* Eur. Bus. L. Rev. 13 (2002), 369 (374); *v. Hein* ZVglRWiss 102 (2003), 528 (542 f.); *Symeonides* FS Jayme, 2004, 935 (940).

[48] PWW/*Schaub* Rn. 11; *Junker* FS W. Lorenz, 2001, 321 (322); *Bachmann* IPRax 1998, 179 (182); *Stoll* GS Lüderitz, 2000, 733 (737).

[49] *Spickhoff* IPRax 2000, 1 (5); *Junker* FS W. Lorenz, 2001, 321 (322).

auf den Sitz des Hauptvermögens an.[50] Bei **Unterlassungsdelikten** ist der Erfolgsort dort, wo das Rechtsgut verletzt wird, zu dessen Schutz eine Schadensabwendungspflicht (Erfolgsabwendungspflicht) besteht.

b) Mehrheit von Erfolgsorten. Das Problem, wie bei mehreren Erfolgsorten zu verfahren ist, tritt vor allem bei **Verletzungen des Persönlichkeitsrechts** auf: Die Persönlichkeit eines Menschen entfaltet nach einem berühmten Wort von *Josef Kohler* „ihre Macht über die ganze Welt“:[51] Der Sozialbezug einer Person zu ihrer Umwelt sei räumlich potentiell unbegrenzt. Tritt der Erfolg – wie zB bei Delikten im Internet oder bei Pressedelikten – gleichzeitig in mehreren Staaten ein **(Streudelikt),** muss die Ausübung des Bestimmungsrechts nach S. 2 im Licht der objektiven Behandlung dieser Fälle interpretiert werden. 32

Die deutsche Rspr. folgt traditionell dem **Mosaiksystem,**[52] wonach jedes der in Betracht kommenden Erfolgsortrechte lediglich über den in seinem Rechtsgebiet entstandenen Schaden entscheidet („Parzellierung des Schadens“). Diese Mosaikbetrachtung hat nach Abs. 1 S. 1, 2 die Konsequenz, dass der Verletzte für jeden in einem bestimmten Staatsgebiet eingetretenen Schaden es bei dem Handlungsortsrecht belassen oder durch Ausübung der Option nach S. 2 das Erfolgsortsrecht zur Anwendung bringen kann. Dem Verletzten wird es nicht gestattet, unter Berufung auf S. 2 zu verlangen, dass das Recht eines der Staaten, in denen ein Schadensereignis eingetreten ist – zB die ehrverletzende Behauptung verbreitet wurde – auf sämtliche, in dem Streudelikt verbundene „Einzeldelikte“ Anwendung findet.[53] 33

Die von manchen befürchtete **Belastung der Gerichte** mit der Anwendung mehrerer Erfolgsortsrechte löst sich in der Regel über die internationale Zuständigkeit, denn nach der Rspr. des EuGH[54] entscheidet – mit Ausnahme des Gerichts am Handlungsort – jedes Gericht nur über den in seinem Gebiet eingetretenen Schaden. Klagt der Geschädigte im Handlungsortsgerichtsstand, ist es für ihn in aller Regel sinnvoller, dort den gesamten Schaden nach der *lex fori* geltend zu machen, als – bei erhöhtem Kostenaufwand und zumeist ohne zusätzlichen Nutzen – die einzelnen Erfolgsortsrechte darzulegen.[55] 34

3. Ausübung des Optionsrechts. a) Qualifikation. Umstritten ist die Rechtsnatur der dem Verletzten durch S. 2 eingeräumten Möglichkeit.[56] S. 3 spricht von einem „Bestimmungsrecht“, die Gesetzesbegründung von einem „Wahlrecht“.[57] Unbestritten handelt es sich bei der von S. 2 eingeräumten Möglichkeit („Option“),[58] anders als bei der Rechtswahl nach Art. 42, nicht um einen Vertrag zwischen dem Ersatzpflichtigen und dem Verletzten, sondern um ein **einseitiges Rechtsgeschäft** des Verletzten.[59] Folglich kann man zwar von einer **(einseitigen) Rechtswahl** sprechen,[60] aber zu den „klassischen“ Fällen einseitiger Rechtswahl (wie zB der Wahl des Namensstatuts, Art. 10 Abs. 2, 3) besteht ein Unterschied: Während eine Rechtswahl ieS die objektive Anknüpfung verdrängt, wirkt sich das Bestimmungsrecht nach S. 2 im Rahmen der objektiven Anknüpfung aus, indem an die Stelle der Verweisung auf das Handlungsortsrecht eine Verweisung auf das Erfolgsortsrecht tritt.[61] Das hat zB die Konsequenz, dass eine Anknüpfung nach Art. 40 Abs. 2 S. 2 – anders als eine Rechtswahl nach Art. 42 – unter dem Vorbehalt einer wesentlich engeren Verbindung nach Art. 41 Abs. 1, 2 Nr. 1 steht.[62] 35

---

50 *Spickhoff* IPRax 2000, 1 (5); ähnlich iErg *Stoll* GS Lüderitz, 2000, 733 (744 f.); aA – Anknüpfung an den gewöhnlichen Aufenthalt des Geschädigten – *Heini* FS Siehr, 2000, 251 (253).

51 *Kohler,* Warenzeichenrecht, 2. Aufl. 1910, 206.

52 OLG Hamburg ZUM 2008, 63 (64); LG Nürnberg-Fürth AfP 2009, 177 (178); BGHZ 131, 332 (335) = NJW 1996, 1128 = GRUR 1996, 923 m. Aufs. *Nixdorf* GRUR 1996, 842 = IPRspr. 1995 Nr. 39 – Caroline von Monaco II.

53 *Junker* FS W. Lorenz, 2001, 321 (336); *Spickhoff* IPRax 2000, 1 (5); *Stoll* GS Lüderitz, 2000, 733 (749); aA – Schwerpunktbildung – *Fuchs* JuS 2000, 879 (881).

54 EuGH NJW 1995, 1881 Rn. 30 – Shevill/Presse Alliance; NJW 2017, 3433 Rn. 31 – Bolagsupplysningen/Svensk Handel; EuZW 2021, 890 Rn. 36 ff. – Mittelbayerischer Verlag; NJW 2022, 765 Rn. 34 ff. – Gtflix Tv.

55 *Mankowski* RabelsZ 63 (1999), 203 (275 f.).

56 Ausf. zum Meinungsstreit *Junker* FS W. Lorenz, 2001, 321 (329 ff.); *Lorenz* NJW 1999, 2215; *v. Hein* NJW 1999, 3174; *Spickhoff* IPRax 2000, 1 (5 f.); *Dörner* FS Stoll, 2001, 491 (494 ff.); s. auch *Thorn* IPRax 2002, 359 (361).

57 Begr. RegE, BR-Drs. 759/98, 26 = BT-Drs. 14/343, 11.

58 *Looschelders* VersR 1999, 1316 (1318); *Spickhoff* IPRax 2000, 1 (5).

59 AllgM, s. nur *Junker* RIW 2000, 241 (247); *Kreuzer* RabelsZ 65 (2001), 383 (423).

60 *Junker* RIW 2000, 241 (248); *Kreuzer* RabelsZ 65 (2001), 383 (423).

61 OLG Hamburg ZUM 2008, 63 (65); LG Hamburg ZUM-RD 2009, 217 (219); *Dörner* FS Stoll, 2001, 491 (495).

62 Begr. RegE, BR-Drs. 759/98, 26 = BT-Drs. 14/343, 12.

36 Keine Einigkeit besteht in der Frage, ob das Bestimmungsrecht prozessrechtlich oder kollisionsrechtlich zu qualifizieren ist. Den Auslöser dieses Streits bildet S. 3. Aus der Bezugnahme auf Normen der ZPO und dem erklärten Ziel des Gesetzgebers, die Prozessökonomie zu fördern,[63] folgern manche, das Bestimmungsrecht des S. 2 habe **prozessrechtlichen Charakter.**[64] Diese Qualifikation hat die Konsequenz, dass das Optionsrecht als Prozesshandlung nur im Prozess ausgeübt werden kann, und die weitere Folge, dass deutsches Kollisionsrecht vor ausländischen Gerichten anders angewandt wird als vor deutschen Gerichten. Schließlich folgt aus einer prozessrechtlichen Qualifikation, dass die Ausübung oder Nichtausübung des Bestimmungsrechts das anwendbare Recht nur für den konkret geltend gemachten prozessualen Anspruch festlegen würde;[65] in verschiedenen Verfahren mit unterschiedlichen Streitgegenständen (zB Heilungskosten, Erwerbsausfall, Schmerzensgeld) könnte sich der Verletzte einmal so und einmal anders entscheiden. Eine derartige Kumulierung von Handlungs- und Erfolgsortsrecht zu Gunsten des Verletzten ist mit dem Normzweck des S. 2 (→ Rn. 30) nur schwer vereinbar.[66]

37 Daher sollte das Bestimmungsrecht nach S. 2 mit der hM als **kollisionsrechtliches Institut** qualifiziert werden.[67] Der Schwerpunkt des Bestimmungsrechts liegt auch in der Praxis keineswegs auf prozessualem Gebiet, denn es liegt nahe, dass die Option zu Gunsten des Rechts des Erfolgsorts – gerade bei einer Beteiligung von Haftpflichtversicherungen – auch außerprozessual ausgeübt wird. Wenn man „materielles Recht" nicht als Gegensatz zu „Kollisionsrecht", sondern als Gegensatz zu „Prozessrecht" versteht, mag man auch von einer materiellrechtlichen Qualifikation des Bestimmungsrechts sprechen; ein sachlicher Unterschied zu der hier vertretenen Ansicht besteht nicht. Das Bestimmungsrecht (Optionsrecht, Wahlrecht) nach S. 2 ist vom Rechtstyp her ein (nur) bei der Ausübung im Prozess fristgebundenes **Gestaltungsrecht.**[68] Da das Handlungsortsrecht durch das Erfolgsortsrecht ersetzt wird, kann man unter inhaltlichem Aspekt auch von einer kollisionsrechtlichen **Ersetzungsbefugnis** (facultas alternativa) sprechen[69] (ebenso bei Art. 7 Rom II-VO, → Rom II-VO Art. 7 Rn. 48 f.).

38 **b) Erklärung.** Die Ausübung des Bestimmungsrechts – das „Verlangen" (S. 2) – kann nach hier vertretener Ansicht (s. vorige Rn.) auch außerhalb des Prozesses erfolgen. Die Ausschlussfrist des S. 3 spielt nur eine Rolle, wenn das Bestimmungsrecht im Prozess ausgeübt wird. Die Erklärung ist innerhalb wie außerhalb eines Prozesses formfrei möglich; die Erklärung kann ausdrücklich oder konkludent erfolgen.[70] An eine konkludente Ausübung des Optionsrechts sind jedoch – ebenso wie an eine stillschweigende Rechtswahl nach Art. 42 (→ Art. 42 Rn. 14) – strenge Anforderungen zu stellen: Das schriftsätzliche Argumentieren mit Normen aus dem Recht des Erfolgsortes erlaubt den Schluss auf eine stillschweigende Ausübung des Bestimmungsrechts nur, wenn sich aus den Umständen zugleich ergibt, dass der Verletzte oder sein Vertreter die Wahlbefugnis nach S. 2 kannten, dh das erforderlich Erklärungsbewusstsein hatten[71] (zur Abgrenzung von Art. 40 Abs. 1 S. 2 und einer Rechtswahl nach Art. 42 → 4. Aufl. 2006, Art. 40 Rn. 38).

39 **c) Teilbarkeit.** Die Entstehungsgeschichte der Vorschrift, der Schutz des ersatzpflichtigen Erklärungsempfängers und der vom Gesetzgeber ins Spiel gebrachte Gedanke der Waffengleichheit[72] sprechen **gegen eine Teilbarkeit** der Ersetzungsbefugnis nach S. 2: Wenn das Bestimmungsrecht nur eine Modifikation des zuvor angewandten Günstigkeitsprinzips im Interesse der Prozessökonomie sein soll, muss aus dem früheren Recht auch die Absage an eine „Rosinentheorie" in das neue Recht übernommen werden.[73] Der Ersatzpflichtige hat schon wegen der Rechtsberatungskosten ein Interesse, dass unterschiedliche Streitgegenstände – zB Heilungskosten, Erwerbsausfall und Schmerzensgeld – aus ein und demselben Schadensereignis nicht mehreren Rechtsordnungen unterstehen. Der Verletzte kann von dem Bestimmungsrecht also nur hinsichtlich des gesamten aus einer unerlaubten Handlung entstandenen gesetzlichen Schuldverhältnisses

---

[63] Begr. RegE, BR-Drs. 759/98, 26 = BT-Drs. 14/343, 11.
[64] *Lorenz* NJW 1999, 2215 (2217); *Spickhoff* IPRax 2000, 1 (6); *Vogelsang* NZV 1999, 497 (502).
[65] *Lorenz* NJW 1999, 2215 (2217).
[66] *v. Hein* NJW 1999, 3174 (3175); *Dörner* FS Stoll, 2001, 491 (495).
[67] OLG Hamburg ZUM 2008, 63 (64); LG Nürnberg-Fürth AfP 2009, 177 (178); *Pfeiffer* NJW 1999, 3674 (3675 f.); *Freitag/Leible* ZVglRWiss 99 (2000), 101 (122); *Kreuzer* RabelsZ 65 (2001), 383 (423); *A. Staudinger* DB 1999, 1589 (1591); *Dörner* FS Stoll, 2001, 491 (494); *Heiderhoff* IPRax 2002, 366 (367).
[68] *v. Hoffmann* IPRax 1996, 1 (5); *v. Hein* NJW 1999, 3174 (3175); *Junker* FS W. Lorenz, 2001, 321 (334); *Kreuzer* RabelsZ 65 (2001), 383 (423).
[69] *Pfeiffer* NJW 1999, 3674 (3676).
[70] OLG Hamburg ZUM 2008, 63 (64); LG Nürnberg-Fürth AfP 2009, 177 (178).
[71] *Junker* FS W. Lorenz, 2001, 321 (336); aA *Dörner* FS Stoll, 2001, 491 (492–493).
[72] Begr. RegE, BR-Drs. 759/98, 26 = BT-Drs. 14/343, 11.
[73] *Dörner* FS Stoll, 2001, 491 (495); *Junker* FS W. Lorenz, 2001, 321 (338 f.); *v. Hein* NJW 1999, 3174.

Gebrauch machen[74] (s. zur Parallelproblematik bei Art. 7 Rom II-VO → Rom II-VO Art. 7 Rn. 52).

d) Wirksamkeit. Die materielle Wirksamkeit der Ersetzungserklärung (zB bei Willensmängeln) und die Auslegung der Erklärung richten sich nach der **lex fori,** also – vom Standpunkt des deutschen Rechtsanwenders betrachtet – nach deutschem Recht[75] (vgl. → Rom II-VO Art. 7 Rn. 53). Eine Vorwirkung der **lex causae** – des Rechts des Erfolgsorts – kommt beim Statutbestimmungsrecht nach S. 2 ebenso wenig in Betracht wie bei einer Rechtswahl nach Art. 42 (→ Art. 42 Rn. 10). 40

e) Unwiderruflichkeit der Option. Aus der Verzahnung des Bestimmungsrechts nach S. 2 mit der Präklusion nach S. 3 folgt, dass die Ausübung oder Nichtausübung des Bestimmungsrechts nach dem Präklusionszeitpunkt unwiderruflich ist; eine Korrektur kann dann nur noch durch eine – zwischen den Verfahrensbeteiligten zu vereinbarende – nachträgliche Rechtswahl gemäß Art. 42 erfolgen. Dass der Verletzte auch sonst – unabhängig von der Präklusionsvorschrift des S. 3 – an eine abgegebene Erklärung nach S. 2 gebunden ist, folgt aus der Rechtsnatur als **Gestaltungsrecht** (das sich durch seine Ausübung verbraucht) und dem Gebot des **Vertrauensschutzes:** Der Ersatzpflichtige als Erklärungsgegner darf erwarten, dass der Verletzte sich hinreichend rechts- und sachkundig macht, bevor er für das Recht des Erfolgsortes optiert; auf die Rechtsbeständigkeit der einmal ausgeübten Option muss sich der Ersatzpflichtige verlassen können. Die Ausübung des Bestimmungsrechts ist daher stets unwiderruflich.[76] 41

4. Ausschlussfrist (Abs. 1 S. 3). Die Ausübung des Bestimmungsrechts in einem **deutschen Zivilprozess** ist an enge zeitliche Grenzen geknüpft, die sich auf Vorschriften der ZPO beziehen.[77] In Bezug auf diese zeitlichen Grenzen bleibt es bei den allgemeinen Regeln der ZPO über die richterliche Hinweispflicht.[78] Da sich der eigentliche Streitstoff oftmals erst im Laufe des Verfahrens in vollem Umfang herauskristallisiert, ist der in Abs. 1 S. 3 genannte Zeitpunkt in der Praxis schnell verpasst;[79] es bleibt die Möglichkeit der **Umdeutung** der Optionserklärung in ein Angebot auf Abschluss eines Rechtswahlvertrags, dessen Annahme dem Ersatzpflichtigen freisteht. Kommt das Bestimmungsrecht nach S. 2, 3 in einem **ausländischen Zivilprozess** zum Zuge, bleibt es dem ausländischen Gericht überlassen, im Wege der Substitution den nach seinem Prozessrecht maßgebenden Zeitpunkt für die Präklusion nach S. 3 zu ermitteln.[80] 42

III. Staatsfreie und exterritoriale Gebiete

Die hohe See, die Polargebiete sowie der Luft- und Weltraum unterliegen keiner staatlichen Souveränität. Wird in diesen **staatsfreien Gebieten** eine unerlaubte Handlung begangen, versagt die Anknüpfung nach Abs. 1.[81] Wegen möglicher **Ersatzanknüpfungen** wird auf die Kommentierung der Rom II-VO verwiesen (→ Rom II-VO Art. 4 Rn. 49 f.). **Exterritoriale Gebiete** (zB Botschaftsgebäude) sind kollisionsrechtlich nicht als staatsfreies Gebiet, sondern als **inländisches Territorium** zu behandeln (→ Rom II-VO Art. 4 Rn. 51). Entsprechendes gilt – vorbehaltlich abweichender staatsvertraglicher Vereinbarung – für militärische Einrichtungen eines fremden Staates im Inland (zum NATO-Truppenstatut → Rom II-VO Art. 4 Rn. 203 ff.). 43

IV. Mehrheit von Ersatzpflichtigen oder Verletzten

Die Art. 40 ff. gehen von einem Zweipersonenverhältnis (ein Ersatzpflichtiger, ein Verletzter) als Regelfall aus. Mehrparteienverhältnisse – sei es auf Seiten der Ersatzpflichtigen oder der 44

[74] LG Hamburg ZUM-RD 2009, 217 (219); LG Nürnberg-Fürth AfP 2009, 177 (178); *v. Hein* NJW 1999, 3174; *Dörner* FS Stoll, 2001, 491 (495); *Junker* FS W. Lorenz, 2001, 321 (339).

[75] *Pfeiffer* NJW 1999, 3674 (3676); ebenso iErg *Freitag/Leible* ZVglRWiss 99 (2000), 101 (131).

[76] *Dörner* FS Stoll, 2001, 491 (494); *Pfeiffer* NJW 1999, 3674 (3676); *v. Hein* NJW 1999, 3174 (3175); aA *Freitag/Leible* ZVglRWiss 99 (2000), 101 (123 ff.); *Lorenz* NJW 1999, 2215 (2217); zur Anfechtbarkeit der Optionserklärung *Looschelders* VersR 1999, 1316 (1318); *Schurig* GS Lüderitz, 2000, 699 (704).

[77] Zu den verschiedenen prozessualen Gestaltungen Begr. RegE, BR-Drs. 759/98, 26 = BT-Drs. 14/343, 11; *Spickhoff* IPRax 2000, 1 (6 f.); *Freitag/Leible* ZVglRWiss 99 (2000), 101 (131 f.).

[78] Begr. RegE, BR-Drs. 759/98, 26 = BT-Drs. 14/343, 11; s. auch *Pfeiffer* NJW 1999, 3674 (3676); *Lorenz* NJW 1999, 2215 (2217); *Spickhoff* IPRax 2000, 1 (7 f.).

[79] Krit. *Kreuzer* RabelsZ 65 (2001), 383 (423 f.); *Schurig* GS Lüderitz, 2000, 699 (703 ff.); *Looschelders* VersR 1999, 1316 (1318).

[80] *Freitag/Leible* ZVglRWiss 99 (2000), 101 (121).

[81] Begr. RegE, BR-Drs. 759/98, 23 f. = BT-Drs. 14/343, 11.

Verletzten – hat der Gesetzgeber nicht gesondert geregelt.[82] Hier stellt sich die Frage, ob das anwendbare Recht für jede der Parteien getrennt oder für alle Parteien einheitlich zu bestimmen ist.

45 **1. Mehrere Ersatzpflichtige.** Mehrere Personen können als **Nebentäter** unabhängig voneinander Deliktstatbestände verwirklichen oder als **Tatbeteiligte ieS** (dh Täter oder Teilnehmer) eine unerlaubte Handlung begehen. Bei der „Haftung für Dritte" (→ Rn. 103) handelt es sich nicht um ein „Mehrparteienverhältnis" in diesem Sinne. Vielmehr hat hier ein Dritter (zusätzlich) für das Delikt eines anderen einzustehen.

46 **a) Unabhängige Verwirklichung mehrerer Deliktstatbestände.** Verwirklichen mehrere unabhängig voneinander je einen Deliktstatbestand gegenüber einer Person **(Nebentäterschaft),** so ist das Deliktsstatut im Verhältnis des Verletzten zu jedem einzelnen Ersatzpflichtigen grundsätzlich gesondert zu bestimmen.[83] Eine **Statutenspaltung** kann zB vorkommen, wenn der Geschädigte sein Optionsrecht nicht gegenüber allen Ersatzpflichtigen ausübt[84] oder für einzelne Ersatzpflichtige Ausnahmen von der Tatortregel eingreifen (etwa bei einem gemeinsamen gewöhnlichen Aufenthalt, Abs. 2 S. 1). Eine **Statutenkongruenz** können die Parteien durch Rechtswahl herstellen (Art. 42); mangels einer Rechtswahl hat das Gericht zu prüfen, ob eine wesentlich engere Verbindung zu einem (gemeinsamen) Recht besteht (Art. 41 Abs. 1).

47 **b) Beteiligung mehrerer an demselben Deliktstatbestand.** Verwirklichen mehrere Personen eine unerlaubte Handlung als Mittäter oder sind sie an einem Delikt als Anstifter oder Gehilfen beteiligt, so ist das Deliktsstatut ebenfalls für jedes Zweipersonenverhältnis gesondert zu bestimmen.[85] Das gilt auch für Anstifter und Gehilfen.[86] Die strafrechtliche Akzessorietät von Anstiftung und Beihilfe lässt sich nicht auf das Privatrecht (vgl. § 830 Abs. 2 BGB) und damit auch nicht auf das IPR übertragen. Allerdings ist auch in Fällen der Tatbeteiligung mehrerer nach einer engeren Verbindung des Sachverhalts mit einer bestimmten Rechtsordnung zu suchen. Liegen die Voraussetzungen des Art. 41 Abs. 1 vor (was etwa bei sehr untergeordneten Tatbeiträgen einzelner der Fall sein kann), ist das hierdurch berufene Recht einheitlich auf alle betroffenen Anspruchsverhältnisse anzuwenden **(Statutenkonzentration).**[87]

48 **2. Mehrere Verletzte.** Verletzt ein Vorgang mehrere Personen, so ist das anzuwendende Recht für die Ansprüche jedes Verletzten gegenüber dem Ersatzpflichtigen gesondert zu bestimmen. Zu einer Spaltung der **Deliktsstatute** kann es kommen, wenn die Verletzten ihr Optionsrecht nicht gleichmäßig ausüben oder für einzelne Verletzte Ausnahmen von der Tatortregel eingreifen (etwa bei gemeinsamem gewöhnlichen Aufenthalt). Die **Kongruenz der Deliktsstatute** kann von den Parteien durch Rechtswahl (Art. 42) und vom Gericht – mangels einer Rechtswahl der Parteien – durch Bejahung einer wesentlich engeren Verbindung zu einem (gemeinsamen) Recht (Art. 41 Abs. 1) hergestellt werden.

C. Gemeinsamer gewöhnlicher Aufenthalt (Abs. 2)

I. Normzweck

49 Abs. 2 enthält mit der Anknüpfung an den gemeinsamen gewöhnlichen Aufenthalt die zweite Grundanknüpfung zur Bestimmung des Deliktsstatuts, nämlich die **Domizilregel:** Anzuwenden ist das Recht des Staates, in dem sowohl der Ersatzpflichtige als auch der Verletzte zur Zeit des haftungsbegründenden Ereignisses ihren gewöhnlichen Aufenthalt hatten **(lex domicilii communis).** Die Domizilregel trägt dem Umstand Rechnung, dass nicht nur ein räumliches (Tatort), sondern auch ein persönliches Kriterium (gemeinsamer gewöhnlicher Aufenthalt) die engste Bezie-

[82] Anders zB im schweiz. IPRG: „Sind mehrere Personen an einer unerlaubten Handlung beteiligt, zB ist für jede von ihnen das anwendbare Recht gesondert zu bestimmen, unabhängig von der Art ihrer Beteiligung" (Art. 140 IPRG).

[83] AG Bonn VersR 1975, 528 (529) = IPRspr. 1974 Nr. 23.

[84] Ausf. *Freitag/Leible* ZVglRWiss 99 (2000), 101 (127 ff.).

[85] *Stoll* FS Müller-Freienfels, 1986, 631 (653).

[86] AA BGH IPRax 1983, 118 m. Aufs. *Schricker* IPRax 1983, 103 = GRUR 1982, 495 = IPRspr. 1982 Nr. 121b – Anknüpfung an das Haupttäter-Deliktsstatut.

[87] Ausf. *Rieländer* RabelsZ 81 (2017), 344 zur Rom II-VO.

hung zwischen einem Delikt und einer Rechtsordnung vermitteln kann.[88] Die Anknüpfung nach Abs. 2 gilt für sämtliche Deliktstypen.[89]

II. Abgrenzungsfragen

1. Verhältnis zur Tatortregel (Abs. 1). Während im IPR der Bereicherung und der GoA der gemeinsame gewöhnliche Aufenthalt nur über die Ausweichklausel des Art. 41 Abs. 2 Nr. 2 zum Zuge kommt, ist er im IPR der unerlaubten Handlung eine **Regelanknüpfung.** Für das Verhältnis der beiden Regelanknüpfungen des Art. 40 Abs. 1, 2 zueinander gilt: Die Anknüpfung an den gemeinsamen gewöhnlichen Aufenthalt gemäß Abs. 2 verdrängt die Anknüpfung an den Tatort gemäß Abs. 1; die Tatortregel des Abs. 1 ist die allgemeine, die Aufenthaltsanknüpfung des Abs. 2 ist die spezielle Anknüpfung.[90] Das ergibt sich nicht nur aus den Gesetzesmaterialien,[91] sondern auch aus der Entstehungsgeschichte (→ 4. Aufl. 2006, Art. 40 Rn. 52 aE), der Systematik (ein Tatort iSd Abs. 1 ist immer vorhanden, ein *domicilium communis* iSd Abs. 2 nicht immer) und aus dem Zweck der Norm („Auflockerung" der Tatortregel). 50

Die Anknüpfung an den gemeinsamen gewöhnlichen Aufenthalt nach Abs. 2 muss nicht mehr durch zusätzliche Indizien (weitere Faktoren) abgestützt werden,[92] wie es die Rspr. vor der IPR-Reform von 1999 verlangt hatte (→ 4. Aufl. 2006, Art. 40 Rn. 18). Solche Aspekte waren zB die **gemeinsame Staatsangehörigkeit** und/oder ein vor dem Schadensereignis bestehender **sozialer Kontakt** der Beteiligten (→ 3. Aufl. 1998, Art. 38 Rn. 111 ff.). Diese Kriterien spielen nach Art. 40 ff. nur im Rahmen der Ausweichklausel des Art. 41 Abs. 1 eine Rolle. Umgekehrt entfällt die Anknüpfung nach Abs. 2 ohne weiteres, wenn die Beteiligten zur Zeit des Haftungsereignisses ihren gewöhnlichen Aufenthalt in verschiedenen Staaten hatten; der gemeinsame gewöhnliche Aufenthalt lässt sich nicht durch ein anderes Kriterium ersetzen (zB die gemeinsame Staatsangehörigkeit). 51

2. Verhältnis zur Ausweichklausel (Art. 41). Die Anknüpfung nach Abs. 2 steht – ebenso wie die Tatortregel des Abs. 1 – unter dem Vorbehalt einer „wesentlich engeren Verbindung" iSd Art. 41 Abs. 1. Das bedeutet dreierlei: Erstens kann das Regelbeispiel des Art. 41 Abs. 2 Nr. 1, die **akzessorische Anknüpfung** an eine Sonderbeziehung zwischen den Beteiligten (insbesondere an einen Vertrag), nicht nur die Tatortregel des Art. 40 Abs. 1 verdrängen, sondern auch das gemeinsame Aufenthaltsrecht des Art. 40 Abs. 2. 52

Zweitens kann auch die **Generalklausel des Art. 41 Abs. 1** nicht nur die Tatortregel (Art. 40 Abs. 1), sondern auch die Aufenthaltsanknüpfung des Art. 40 Abs. 2 aushebeln.[93] Im Rahmen des Art. 41 Abs. 1 können auch die Kriterien eine Rolle spielen, die bei der „Auflockerung" der Tatortregel nach Art. 40 Abs. 2 eliminiert wurden (→ Rn. 52). Allerdings ist die Ausweichklausel des Art. 41 Abs. 1 zurückhaltend anzuwenden: Der Gesetzgeber hat auf „Verstärkungen" der Aufenthaltsanknüpfung in Art. 40 Abs. 2 verzichtet; ihr Fehlen ist daher kein Grund, mit Hilfe der Ausweichklausel des Art. 41 Abs. 1 die Regelanknüpfung des Art. 40 Abs. 2 zu korrigieren.[94] 53

Drittens kann über Art. 41 Abs. 1 auch eine **Rückkehr zum Tatortrecht** bewerkstelligt werden, wenn der gemeinsame gewöhnliche Aufenthalt eine wesentlich geringere Beziehung zum Sachverhalt aufweist als der Tatort.[95] Allerdings ist auch hier Zurückhaltung geboten: Wird zB in Deutschland prozessiert aus einem Verkehrsunfall im Inland mit Beteiligten, die ihren gewöhnlichen Aufenthalt im Ausland haben, genügt allein der inländische Tatort nicht, um über die Ausweichklausel des Art. 41 Abs. 1 heimwärts zum deutschen Recht zu streben. 54

III. Voraussetzungen (Abs. 2 S. 1)

1. Gewöhnlicher Aufenthalt. Abs. 2 setzt voraus, dass der Ersatzpflichtige und der Verletzte zur Zeit des Haftungsereignisses ihren gewöhnlichen Aufenthalt in demselben Staat hatten („gemein- 55

[88] BeckOK BGB/*Spickhoff* Rn. 33 ff.; NK-BGB/G. *Wagner* Rn. 29 f.; PWW/*Schaub* Rn. 14; *Honorati* Rev. dir. int. priv. proc. 2000, 323 (337); *Looschelders* VersR 1999, 1316 (1320).

[89] Begr. RegE, BR-Drs. 759/98, 26 f. = BT-Drs. 14/343, 12.

[90] BGH NJW 2009, 1482; OLG München NJW-RR 2002, 694; OLG Hamm NJW-RR 2001, 1537 (1538) obiter; *Junker* JZ 2000, 477 (480 f.); *Kreuzer* RabelsZ 65 (2001), 383 (420); *Staudinger* DB 1999, 1589 (1591).

[91] Begr. RegE, BR-Drs. 759/98, 20, 27 = BT-Drs. 14/343, 10, 12.

[92] LG Bonn NJW 2005, 1873; LG Ravensburg NZV 2008, 199 (200) = IPRspr. 2007 Nr. 31; *Rehm* DAR 2001, 531 (533); *Staudinger* DB 1999, 1589 (1591); *Huber* JA 2000, 67 (68); *Koch* VersR 1999, 1453 (1454); *Vogelsang* NZV 1999, 497 (500); *Hohloch/Jaeger* JuS 2000, 1133 (1135).

[93] Begr. RegE, BR-Drs. 759/98, 27 = BT-Drs. 14/343, 12; *Kreuzer* RabelsZ 65 (2001), 383 (421); *Looschelders* VersR 1999, 1316 (1321); *Huber* JA 2000, 67 (69); *Spickhoff* IPRax 2000, 1 (3); *Rehm* DAR 2001, 531 (534); *Sonnenberger* Rev. crit. dr. int. pr. 88 (1999), 647 (660).

[94] *Junker* JZ 2000, 477 (481); *Mankowski* GRUR Int. 1999, 909 (910).

[95] LG Ravensburg NZV 2008, 199 (200) = IPRspr. 2007 Nr. 31; *v. Hoffmann* IPRax 1996, 1 (6).

samer gewöhnlicher Aufenthalt“). Der Begriff des gewöhnlichen Aufenthalts wird im EGBGB, abgesehen von einer unbedeutenden Klarstellung beim gewöhnlichen Aufenthalt nicht voll geschäftsfähiger Personen in Art. 5 Abs. 3, nicht definiert.[96] Die Rspr. versteht unter dem gewöhnlichen Aufenthalt den aus den tatsächlichen Verhältnissen ersichtlichen **Lebensmittelpunkt einer Person:** Auch bei einem dreimonatigen Studienaufenthalt in Südafrika behalten die Beteiligten in der Regel ihren Lebensmittelpunkt und damit den gewöhnlichen Aufenthalt in Deutschland[97] (s. zum Begriff des gewöhnlichen Aufenthalts → Art. 5 Rn. 114 ff.).

56 **2. Ersatzpflichtiger und Verletzter.** Abs. 2 verweist auf den gemeinsamen gewöhnlichen Aufenthalt des „Ersatzpflichtigen“ und des „Verletzten“. Auf Seiten des **Anspruchsinhabers** spielt folglich der gewöhnliche Aufenthalt eines mittelbar Geschädigten (zB der Hinterbliebenen gemäß § 844 BGB) keine Rolle (zu den Konsequenzen → 4. Aufl. 2006, Art. 40 Rn. 58 aE). Auf Seiten des **Anspruchsgegners** ist ebenfalls streng auf den Wortlaut des Gesetzes abzustellen („Ersatzpflichtiger“). Wird nicht der unmittelbare Täter, sondern eine andere Person (Geschäftsherr, Anlagenbetreiber) als Ersatzpflichtiger in Anspruch genommen, kommt es auf deren gewöhnlichen Aufenthalt an.[98] Die Auflockerung der Tatortregel nach Abs. 2 kann zur Folge haben, dass die Rechtsbeziehungen zwischen dem Verletzten und mehreren Ersatzpflichtigen (Gehilfe/Geschäftsherr, Handelnder/Anlagenbetreiber) unterschiedlichen Rechtsordnungen unterliegen.[99] Eine Statutenkongruenz kann hergestellt werden, wenn die Voraussetzungen der Ausweichklausel des Art. 41 vorliegen.

57 **3. Zeitpunkt des Haftungsereignisses.** Der für Abs. 2 maßgebende Zeitpunkt ist die „Zeit des Haftungsereignisses“. Das **Haftungsereignis** iSd Abs. 2 ist der Tatbestand der unerlaubten Handlung, der den Anspruch des Verletzten gegen den Ersatzpflichtigen begründet. Fallen die Handlung und die (Rechtsgut-)Verletzung zeitlich auseinander, entscheidet der Zeitpunkt der Rechtsgutverletzung. Der Wegfall des „gemeinsamen gewöhnlichen Aufenthalts“ nach dem Haftungsereignis ist unerheblich (**Unwandelbarkeit** des nach Abs. 2 ermittelten Statuts).[100]

58 Zweifelhaft ist, ob bei **nachträglicher Begründung** eines gemeinsamen gewöhnlichen Aufenthalts eine wesentlich engere Verbindung iSd Art. 41 Abs. 1 entstehen kann, denn das Regelbeispiel des Art. 41 Abs. 2 Nr. 2 stellt ebenfalls auf den gemeinsamen gewöhnlichen Aufenthalt „im Zeitpunkt des rechtserheblichen Geschehens“ ab. Es erscheint daher systemwidrig, im Int. Deliktsrecht nach Art. 41 Abs. 1 einen nachträglich begründeten gemeinsamen gewöhnlichen Aufenthalt genügen zu lassen. Wenn andere Indizien in die Richtung des Aufenthaltsstaates weisen, kann aber der nachträglich begründete Aufenthalt ergänzend herangezogen werden.

IV. Gesellschaften (Abs. 2 S. 2)

59 Handelt es sich bei Deliktsbeteiligten um Gesellschaften, Vereine oder (andere) juristische Personen, so tritt an die Stelle des gewöhnlichen Aufenthalts iSd S. 1 der Ort, an dem sich die **Hauptverwaltung** befindet **(S. 2 Alt. 1).** Der Sitz der Hauptverwaltung ist nicht als Vorfrage gesondert nach dem Gesellschaftsstatut anzuknüpfen, sondern entsprechend dem Zweck der Anknüpfung (Erleichterung der Schadensabwicklung)[101] als Ort der tatsächlichen Verwaltung zu verstehen.[102]

60 Wenn eine Niederlassung an dem Haftungsereignis beteiligt ist, kommt es auf den Ort der **Niederlassung** an **(S. 2 Alt. 2).** Hinsichtlich des Begriffs der Niederlassung kann auf das Begriffsverständnis des Europäischen Zivilprozessrechts zurückgegriffen werden.[103] Danach ist Niederlassung jede Außenstelle eines Stammhauses, die auf Dauer angelegt ist und über eine ausreichende materielle und personelle Ausstattung verfügt, um am Rechtsverkehr teilnehmen zu können.[104]

61 Damit die Anknüpfung nach **S. 2 Alt. 2** zum Zuge kommt, muss die Niederlassung an dem Haftungsereignis **beteiligt** sein: Auf Schädigerseite muss sie an dem Haftungsereignis kausal mitge-

[96] Zu den Gründen BT-Drs. 10/504, 41.

[97] BGH NJW 2009, 1482; OLG Stuttgart NZV 2008, 406 = VersR 2008, 934 – gemeinsame Mietwagenfahrt in Südafrika, wechselseitige Haftungsbeschränkung.

[98] OLG Stuttgart NJW 2007, 1367 (1368) – Bergwandererunfall in Österreich.

[99] OLG Dresden VersR 2004, 1567 (1568); s. zum materiellen Recht *F. Müller,* Deliktische Schadensersatzansprüche von mittelbar geschädigten Personen im Falle einer tödlichen Verletzung im deutschen und amerikanischen Recht, 2009.

[100] BGHZ 87, 95 (103) = NJW 1983, 1972; Staudinger/*v. Hoffmann,* 2007, Rn. 403; NK-BGB/*G. Wagner* Rn. 30.

[101] Begr. RegE, BR-Drs. 759/98, 27 = BT-Drs. 14/343, 12.

[102] *Hay* 47 Am. J. Comp. L. 633 (638) (1999); BeckOK BGB/*Spickhoff* Rn. 34; NK-BGB/*G. Wagner* Rn. 29.

[103] EuGH EuZW 2019, 431 Rn. 33 – Ryanair; NJW 2021, 1152 Rn. 47 – Markt24; NJW 2021, 1863 Rn. 52 – CNP/Gefion Insurance.

[104] EuGH RIW 1979, 56 Rn. 12 – Somafer/Saar Ferngas; NJW 1982, 507 Rn. 9 – Blanckaert & Willems/Trost; NJW 1988, 625 Rn. 15 – Schotte/Parfums Rothschild; NZA 2012, 935 Rn. 48 – Mahamdia.

wirkt haben, auf Geschädigtenseite muss die Rechtsgutverletzung oder die Vermögensschädigung bei der Niederlassung eingetreten sein.

D. Ausnahmen von Art. 40 Abs. 1 und 2

Die Ausnahmen von den beiden Regelanknüpfungen in Art. 40 Abs. 1 und 2 finden sich in Art. 41 und 42. Nach der Systematik des Gesetzes verdrängt eine nachträgliche **Rechtswahl** gemäß Art. 42 durch den Ersatzpflichtigen und den Verletzten die objektiven Anknüpfungen der Art. 40 Abs. 1, 2, Art. 41. Die **Regelanknüpfungen** des Art. 40 Abs. 1 und 2 unterliegen ihrerseits der Korrektur durch die **Ausweichklausel** des Art. 41 Abs. 1, Abs. 2 Nr. 1.[105] 62

I. Wesentlich engere Verbindung (Art. 41)

Die IPR-Reform von 1999 folgt einem „flexiblen System" aus allgemein gehaltenen Anknüpfungsregeln (im Internationalen Deliktsrecht: Art. 40 Abs. 1, 2) und einer weitgefassten Ausweichklausel (Art. 41), die eine für den Einzelfall zufrieden stellende Lösung erlauben soll[106] (→ Rn. 1 f.). Die Vorschrift des Art. 41 ist keine bloße Hilfsnorm (Auslegungshilfe), sondern – wie sich schon aus der Formulierung ergibt („so ist jenes Recht anzuwenden") – eine **echte Kollisionsnorm:** Das Recht, das nach Art. 41 anzuwenden ist, ersetzt im Einzelfall oder in einer typischen Einzelfallgruppe das „an sich" nach Art. 40 Abs. 1, 2 maßgebende Recht. 63

Das Gericht muss Art. 41 **von Amts wegen** heranziehen (→ Art. 41 Rn. 2). Die Generalklausel des Art. 41 Abs. 1 wird in **Abs. 2** durch zwei Regelbeispiele konkretisiert, von denen für das IPR der unerlaubten Handlungen das Regelbeispiel der **Nr. 1** (akzessorische Anknüpfung) eine besondere Rolle spielt. Das Regelbeispiel der **Nr. 2** (gemeinsamer gewöhnlicher Aufenthalt) ist im Int. Deliktsrecht nicht anwendbar, da der gemeinsame gewöhnliche Aufenthalt nach Art. 40 Abs. 2 bereits eine Grundanknüpfung darstellt. 64

1. Generalklausel (Art. 41 Abs. 1). Der **Anwendungsbereich** der Generalklausel erstreckt sich auf **beide Grundanknüpfungen** des Art. 40: Nicht nur die Anknüpfung an den Tatort (Art. 40 Abs. 1), sondern auch die Anknüpfung an den gemeinsamen gewöhnlichen Aufenthalt (Art. 40 Abs. 2) entfällt, wenn der Schadensfall nach der Gesamtheit der Umstände eine wesentlich engere Verbindung mit dem Recht eines anderen Staates aufweist. 65

Im Rahmen des Art. 40 Abs. 1 betrifft die Generalklausel des Art. 41 Abs. 1 **beide Ausprägungen der Tatortregel:** Nach dem Wortlaut, der Systematik sowie dem Sinn und Zweck kann sich die Ausweichklausel des Art. 41 Abs. 1 nicht nur gegenüber dem Recht des **Handlungsorts** (Art. 40 Abs. 1 S. 1), sondern auch gegenüber dem Recht des **Erfolgsorts** durchsetzen, das der Verletzte durch sein Optionsrecht des Art. 40 Abs. 1 S. 2, 3 zur Anwendung bringt.[107] Das Gericht kann, wenn die (strengen) Voraussetzungen des Art. 41 Abs. 1 erfüllt sind, die vom Verletzten nach Art. 40 Abs. 1 S. 2, 3 ausgeübte Option korrigieren und das Recht des Handlungsorts (oder ein anderes Recht) anwenden. Umgekehrt kann der Richter unter den Voraussetzungen des Art. 41 Abs. 1 auch nach dem Präklusionszeitpunkt des Art. 40 Abs. 1 S. 3 dem Erfolgsortrecht zur Geltung verhelfen. 66

2. Art. 41 Abs. 2 Nr. 1. Als „Auflockerung" der Tatortregel kommt traditionell nicht nur der gemeinsame gewöhnliche Aufenthalt in Betracht, sondern auch die **akzessorische Anknüpfung** an eine rechtliche Sonderverbindung zwischen den Beteiligten der unerlaubten Handlung. Es hätte daher nahegelegen, in Art. 40 nicht nur eine Sonderanknüpfung zu Gunsten der *lex domicilii communis* vorzusehen (Abs. 2), sondern auch eine Sonderanknüpfung an eine rechtliche Sonderverbindung zwischen den Deliktsbeteiligten. Der Gesetzgeber hat diesen Weg nicht beschritten, sondern die akzessorische Anknüpfung an eine Sonderbeziehung als Regelbeispiel in die Ausweichklausel des Art. 41 eingestellt. 67

Dogmatisch resultiert daraus bei der objektiven Anknüpfung unerlaubter Handlungen insofern ein Unterschied, als Art. 40 Abs. 2 (gemeinsamer gewöhnlicher Aufenthalt) eine verbindliche Anknüpfungsnorm, Art. 41 Abs. 2 Nr. 1 (akzessorische Anknüpfung) dagegen nur ein unverbindli- 68

[105] *Looschelders* VersR 1999, 1316 (1321); *Rehm* DAR 2001, 531 (533 f.); *Huber* JA 2000, 67 (69).

[106] Begr. RegE, BR-Drs. 759/98, 31 = BT-Drs. 14/343, 13; *Kreuzer* RabelsZ 65 (2001), 383 (432); *Junker* JZ 2000, 477 (483); *Sonnenberger* Rev. crit. dr. int. pr. 88 (1999), 647 (657); *Hay* 47 Am. J. Comp. L. 633, 643 (1999).

[107] Begr. RegE, BR-Drs. 759/98, 31 = BT-Drs. 14/343, 13; *Dörner* FS Stoll, 2001, 491 (495); *Huber* JA 2000, 67 (69); abw. *Kreuzer* RabelsZ 65 (2001), 383 (417, 435).

ches Regelbeispiel ist.[108] **Praktisch** wird dieser Unterschied dadurch eingeebnet, dass Art. 40 Abs. 2 unter dem allgemeinen Vorbehalt der engsten Verbindung gemäß Art. 41 Abs. 1 steht, während Art. 41 Abs. 2 Nr. 1 im Rahmen des Art. 41 Abs. 1 ebenfalls durch andere, gewichtigere Kriterien verdrängt werden kann. In der praktischen Rechtsanwendung dürfte sich daher aus der vom Gesetzgeber gewählten Regelungstechnik im Vergleich zu einer „Anknüpfungstrias" kein Unterschied ergeben.

69 **a) Rechtliche Beziehung.** Eine besondere rechtliche Beziehung iSd Art. 41 Abs. 2 Nr. 1 kann sich zum einen aus einem Vertragsverhältnis, zum anderen aus einem gesetzlichen Rechtsverhältnis (insbesondere des Familienrechts) ergeben (→ Art. 41 Rn. 16 f.). Die rechtliche Beziehung muss grundsätzlich **zwischen den Beteiligten** der unerlaubten Handlung bestehen; von der Beteiligtenidentität wird eine Ausnahme gemacht, wenn der Verletzte nicht ein außenstehender Dritter, sondern in den Schutzbereich des Rechtsverhältnisses einbezogen ist (→ Art. 41 Rn. 20). Die rechtliche Beziehung muss ferner **im Zusammenhang** mit dem Schuldverhältnis der unerlaubten Handlung stehen, was die hM dahin versteht, dass das schädigende Ereignis auf der Verletzung einer Pflicht beruhen muss, die sich gerade aus der rechtlichen Sonderbeziehung ergibt[109] (→ Art. 41 Rn. 21).

70 **b) Tatsächliche Beziehung.** Eine besondere tatsächliche Beziehung iSd Art. 41 Abs. 2 Nr. 1 soll nach der Gesetzesbegründung schon aus einem **sozialen Kontakt** der Deliktsbeteiligten resultieren können;[110] genannt werden „familienähnliche Gemeinschaften" wie eine „nichteheliche Lebensgemeinschaft" oder eine „Wochenendbeziehung", ferner „Gruppenbeziehungen" wie zB „geschlossene Reisegruppen bei organisierten Busreisen" oder „Mitfahrerverhältnisse bei Gefälligkeitsfahrten".[111]

71 Die Anknüpfung an einen solchen „sozialen Kontakt" ist **abzulehnen:** Während eine rechtliche Beziehung (zB Vertrag, Ehe oder BGB-Gesellschaft) ein Statut hat, an welches nach Art. 41 Abs. 2 Nr. 1 akzessorisch angeknüpft werden kann (Vertragsstatut, Ehestatut, Gesellschaftsstatut), liegt es im Wesen einer bloß tatsächlichen Beziehung, dass es für sie kein Statut gibt (sonst wäre es eine rechtliche Beziehung). Soweit eine tatsächliche Beziehung als Anknüpfungsmoment herangezogen wird, handelt es sich meist um eine Kryptobegründung, die das wirkliche Anknüpfungskriterium verdeckt[112] (→ 4. Aufl. 2006, Art. 40 Rn. 70).

II. Nachträgliche Rechtswahl (Art. 42)

72 Eine Rechtswahlvereinbarung, die zwischen dem Verletzten und dem Ersatzpflichtigen nach der Entstehung des Anspruchs aus unerlaubter Handlung geschlossen wird, geht den Anknüpfungen der Art. 40 Abs. 1, 2, Art. 41 vor (→ Art. 42 Rn. 1 ff.).

E. Einzelne Sachbereiche

73 Das Int. Deliktsrecht der Art. 40 ff. beruht auf der Entscheidung des Gesetzgebers, nur allgemeine Anknüpfungsregeln zu kodifizieren (Art. 40 Abs. 1, 2) und auf besondere Anknüpfungsnormen für spezielle Deliktstypen, zB für die Verletzung der Privatsphäre oder der Persönlichkeitsrechte, zu verzichten.[113] Der Gesetzgeber wollte – der Grundkonzeption des EGBGB folgend – nur einen Kernbestand international-deliktsrechtlicher Regeln aufstellen (→ Rn. 1). Das **Zusammenspiel verschiedener Normen** – der Tatortregel des Art. 40 Abs. 1, der Anknüpfung an den gemeinsamen gewöhnlichen Aufenthalt gemäß Art. 40 Abs. 2 und der Ausweichklausel des Art. 41 Abs. 1, Abs. 2 Nr. 1 – soll nach der Vorstellung des Gesetzgebers die erforderliche Flexibilität gewährleisten, um die **Besonderheiten spezieller Deliktstypen** zu erfassen (→ Rn. 2). In Bezug auf die allermeisten Deliktstypen hat Art. 40 nur noch für „Altfälle" Bedeutung. Das sind schadensbegründende Ereignisse, die vor dem 11.1.2009, dem Anwendungsbeginn der Rom II-Verordnung (Art. 31, 32 Rom II-VO), eingetreten sind (→ Rn. 17 f.). Daher verdienen nur noch die beiden Deliktstypen

[108] Begr. RegE, BR-Drs. 759/98, 32 = BT-Drs. 14/343, 13; *Sonnenberger* Rev. crit. dr. int. pr. 88 (1999), 647 (660); *Hay* 47 Am. J. Comp. L. 633, 642 (1999); *Hohloch/Jaeger* JuS 2000, 1133 (1136).
[109] S. nur *Junker* JZ 2000, 477 (483); *Looschelders* VersR 1999, 1316 (1321); *Staudinger* DB 1999, 1589 (1593).
[110] Begr. RegE, BR-Drs. 759/98, 32 = BT-Drs. 14/343, 13.
[111] Staudinger/*v. Hoffmann* (2001) Art. 41 Rn. 23–25.
[112] *Junker* JZ 2000, 477 (478 f.); *Looschelders* VersR 1999, 1316 (1322 f.); *Rehm* DAR 2001, 531 (533).
[113] Begr. RegE, BR-Drs. 759/98, 21 = BT-Drs. 14/343, 10.

eine gesonderte Behandlung, bei denen Art. 40 EGBGB wegen Art. 1 Abs. 2 lit. f, g Rom II-VO auch für „Neufälle" bedeutsam bleibt.[114]

I. Persönlichkeitsschutz

Schrifttum: s. auch Vor Art. 38, Art. 40; *Ahrens,* Vermögensrechtliche Elemente postmortaler Persönlichkeitsrechte im Internationalen Privatrecht, FS Erdmann, 2002, 3; *Bizer,* Persönlichkeitsrechtsverletzung in sozialen Medien – Fragen des anwendbaren Rechts, 2022; *Brand,* Grundstock für ein europäisiertes Kollisionsrecht – Das Gesetz zur Anpassung der Vorschriften des IPR an die Rom II-VO, GPR 2008, 298; *Campiglio,* La legge applicabile alle obbligazioni extracontrattuali (con particulare riguardo alla violazione della *privacy),* Riv. dir. int. priv. proc. 2015, 857; *Dankwerts,* Persönlichkeitsrechtsverletzungen im deutschen, schweizerischen und US-amerikanischen internationalen Privatrecht – Ein Plädoyer für das Personalstatut, 1999; *Fricke,* Der Unterlassungsanspruch gegen Presseunternehmen zum Schutze des Persönlichkeitsrechts im Internationalen Privatrecht, 2003; *Heldrich,* Persönlichkeitsrechtsverletzungen im Internationalen Privatrecht, in v. Caemmerer (Hrsg.), Vorschläge und Gutachten zur Reform des deutschen internationalen Privatrechts der außervertraglichen Schuldverhältnisse, 1983, 361; *v. Hinden,* Persönlichkeitsrechtsverletzungen im Internet – Das anwendbare Recht, 1999; *v. Hinden,* Ein europäisches Kollisionsrecht für die Medien – Gedanken zur Fortentwicklung der Rom II-Verordnung, FS Kropholler, 2008, 574; *Junker,* Der Reformbedarf im Internationalen Deliktsrecht der Rom II-Verordnung drei Jahre nach ihrer Verabschiedung, RIW 2010, 257; *Knöfel,* Grenzüberschreitender Rechtsschutz gegen die Autocomplete-Funktion von Suchmaschinen, IPRax 2018, 439; *Looschelders,* Persönlichkeitsschutz in Fällen mit Auslandsberührung, ZVglRWiss 95 (1996), 48; *Meier,* Unification of Choice-of-Law Rules for Defamation Claims, JPrivIntL 2016, 492; *R. Wagner,* Das deutsche internationale Privatrecht bei Persönlichkeitsverletzungen, 1986, zugleich Diss. Konstanz 1986; *R. Wagner,* Zur Anknüpfung der Frage nach dem Bestehen von Persönlichkeitsrechten im außervertraglichen Schuldrecht, JZ 1993, 1034; *Wais,* Digitale Persönlichkeitsrechtsverletzungen und anwendbares Recht, RabelsZ 87 (2023), 77.

Auf Grund der grenzüberschreitenden Verbreitung von Informationen durch die **Massenmedien** 74 (insbes. das **Internet**) gewinnen Persönlichkeitsverletzungen an kollisionsrechtlicher Bedeutung. Auf eine Spezialkollisionsregel für diese Delikte hat der deutsche Gesetzgeber bei der IPR-Reform von 1999 (→ Vor Art. 38 Rn. 8) unter Verweis auf die allgemeinen Regeln (Art. 40 Abs. 1, 2, Art. 42) und die Ausweichklausel (Art. 41) verzichtet.[115] Damit gelten auch in diesem Bereich die Art. 40–42. Die **Rom II-VO** (→ Vor Art. 38 Rn. 16 ff.) weist insoweit eine bewusste **Regelungslücke** auf, da sich der Rat und das Europäische Parlament insbesondere wegen des hartnäckigen englischen Widerstands auf eine Kollisionsnorm für außervertragliche Schuldverhältnisse aus der Verletzung der Privatsphäre oder der Persönlichkeitsrechte nicht einigen konnten und deshalb in Art. 1 Abs. 2 lit. g Rom II-VO eine Bereichsausnahme vorgesehen haben (→ Rom II-VO Art. 30 Rn. 10 f.).

1. Tatortregel (Abs. 1). Die Bestimmung von Handlungs- und Erfolgsort iSd Art. 40 kann 75 bei grenzüberschreitenden Persönlichkeitsverletzungen, insbesondere durch Massenmedien, Schwierigkeiten bereiten. Einige Autoren lehnen die Geltung des Ubiquitätsprinzips für diese Delikte insgesamt ab. Umso größere Bedeutung erlangen daher die **Rechtswahl**[116] (Art. 42) sowie die Anknüpfung an den **gemeinsamen gewöhnlichen Aufenthalt** der Parteien (Art. 40 Abs. 2), die gegenüber der Tatortregel und ihrer eventuellen Auflockerung vorrangig zu berücksichtigen sind.[117]

a) Handlungsort. Bei der Anwendung der Tatortregel auf **Mediendelikte** lokalisiert die wohl 76 überwiegende Ansicht den Handlungsort am Sitz des Medienunternehmens. Das ist bei Presseunternehmen der Sitz des Verlags.[118] Der von manchen als Handlungsort genannte Erscheinungsort[119]

---

[114] BeckOGK/*Fornasier* Rn. 15 ff.; 105 ff.; BeckOK BGB/*Spickhoff* Rn. 36 ff., 44; NK-BGB/*G. Wagner* Rn. 40 ff., 53 ff.; PWW/*Schaub* Rn. 19.

[115] Begr. RegE, BR-Drs. 759/98, 21 f. = BT-Drs. 14/343, 10; krit. *v. Bar/Mankowski* IPR II § 2 Rn. 24; *Kreuzer* RabelsZ 65 (2001), 383 (417).

[116] Ausf. *Bizer,* Persönlichkeitsrechtsverletzung in sozialen Medien, 2022, 292 ff.

[117] Aus der neueren Rspr. zum IPR der Persönlichkeitsrechtsverletzungen s. BGH NJW 2018, 2324 – Klage gegen US-Suchmaschinenbetreiber; OLG München BeckRS 2018, 21195 – Online-Bewertung von Unternehmen; OLG Saarbrücken NJW-RR 2018, 809 – „Snippets"; OLG Köln MMR 2018, 532 – Verletzung von Persönlichkeitsrechten im Internet; OLG München MMR 2015, 850; LG Frankfurt a.M. BeckRS 2019, 13139 – Löschungsanspruch gegen Suchmaschinenbetreiber; LG Köln BeckRS 2015, 15151; 2015, 18201; ausf. *Bizer,* Persönlichkeitsrechtsverletzung in sozialen Medien, 2022, 255 ff., 262 ff.

[118] Staudinger/*v. Hoffmann,* 2007, Rn. 58; BeckOGK/*Fornasier* Rn. 44 ff.; BeckOK BGB/*Spickhoff* Rn. 42; NK-BGB/*G. Wagner* Rn. 43; PWW/*Schaub* Rn. 19; zur Brüssel Ia-VO EuGH NJW 1995, 1881 = IPRax 1997, 111 m. Aufs. *Kreuzer/Klötgen* IPRax 1997, 90 = ZZP Int. 1 (1996), 145 mAnm *Rauscher* – Shevill/ Press Alliance.

[119] BGHZ 131, 332 = NJW 1996, 1128 = GRUR 1996, 923 m. Aufs. *Nixdorf* GRUR 1996, 842 = IPRspr. 1995 Nr. 39 – Caroline von Monaco II; OLG Hamburg AfP 1998, 143 = IPRspr. 1998 Nr. 43; *Stoll* GS Lüderitz, 2000, 733 (743 f.); *G. Wagner* IPRax 2006, 372 (385).

stimmt in der Regel mit dem Verlagssitz überein. Entsprechend ist für Delikte durch Rundfunk- und Fernsehanstalten an den Sitz der Sendeanstalt anzuknüpfen.[120] Einige halten – daneben oder statt dessen – den Ort der (planmäßigen) Verbreitung oder Ausstrahlung für maßgeblich, denn dieser sei willensgesteuert und trage damit das entscheidende Merkmal des Handlungsorts in sich.[121] Wenn man jedoch schon auf das Entfalten „einer für den Schadenserfolg ursächlichen Aktivität" abstellt,[122] muss es auf den Ort ankommen, an welchem die Entscheidung über das „Inverkehrbringen" der Sendung getroffen wurde.[123] Der Schwerpunkt der Medientätigkeit liegt somit in der Regel am Sitz des Medienunternehmens;[124] der Verbreitungsort ist als Erfolgsort einzuordnen (→ Rn. 79).

77 Bei Persönlichkeitsverletzungen im **Internet** ist zu differenzieren: Der **Netzbetreiber** handelt an seinem Sitz;[125] der Standort des Servers stimmt hiermit regelmäßig überein. Sofern die Haftung des **Autors** betroffen ist, liegt der Handlungsort nicht am Standort des Servers,[126] sondern dort, wo die persönlichkeitsverletzenden Informationen in das Netz eingespeist werden.[127] Als Absendeort wird (widerleglich) der gewöhnliche Aufenthaltsort des Täters vermutet.[128]

78 Diese Anknüpfungsgrundsätze stehen im Einklang mit der **Rspr. des EuGH** zur internationalen Zuständigkeit nach Art. 7 Abs. 2 Brüssel Ia-VO bzw. den Vorgängernormen in der Brüssel I-VO und dem EuGVÜ: In der jüngsten Entscheidung sieht der Gerichtshof den **Ort des ursächlichen Geschehens** in dem Staat (Schweden), in welchem ein schwedischer Arbeitgeberverband die Firma einer in Estland ansässigen Gesellschaft in eine auf seiner Website geführte Schwarze Liste aufgenommen hat.[129] Dies deckt sich mit der Rspr. des EuGH zur internationalen Zuständigkeit der Gerichte bei der **Verletzung von Urheberrechten** im Internet: Bei einer Verletzung von Urheberrechten durch eine Veröffentlichung von Lichtbildern auf einer Website ist als ursächliches Geschehen das Auslösen des technischen Vorgangs anzusehen, der zum Erscheinen der Lichtbilder auf der Website führt. Der räumliche Bezug – so der EuGH – bestehe zu dem Ort, an welchem die Entscheidung getroffen und durchgeführt werde, die Lichtbilder auf einer bestimmten Website zu veröffentlichen.[130] Erscheint der **Ort der Einspeisung** des verpönten Inhalts in das weltweite Netz als zufällig (Beispiel: Der Geschäftsführer eines schwedischen Arbeitgeberverbands setzt die Firma eines estländischen Unternehmens bei einem Aufenthalt in London auf die Schwarze Liste seines Verbandes), so führt die **Ausweichklausel des Art. 41 Abs. 1** meist zum Staat des gewöhnlichen Aufenthalts einer natürlichen oder des Sitzes einer juristischen Person[131] (→ Rn. 87).

79 **b) Erfolgsort.** Persönlichkeitsverletzungen greifen in den sozialen Achtungsanspruch des Einzelnen ein. Der Erfolgsort liegt demnach überall dort, wo Dritte die Informationen zur Kenntnis nehmen. **Mediendelikte** treten daher regelmäßig als Streudelikte auf. Erfolgsort ist jeder Verbreitungs- oder Ausstrahlungsort.[132] Ob die Verbreitung bestimmungsgemäß erfolgte und damit für

---

120 BeckOGK/*Fornasier* Rn. 47; BeckOK BGB/*Spickhoff* Rn. 42; PWW/*Schaub* Rn. 19; *Heiderhoff* EuZW 2007, 428 (432).

121 *Schack* UFITA 108 (1988), 51 (64 ff.): Handlungsort ist nur der Verbreitungsort; zust. *Kubis,* Int. Zuständigkeit bei Persönlichkeits- und Immaterialgüterrechtsverletzungen, 1999, 121 f., 145, 178: Persönlichkeitsverletzung als „erfolgsortloses" Delikt; krit. *Mankowski* RabelsZ 63 (1999), 203 (273 f.); dezidiert aA BeckOK BGB/*Spickhoff* Rn. 42; *Sonnenberger* FS Henrich, 2000, 573 (583 f.); *Stoll* GS Lüderitz, 2000, 733 (744); *Wais* RabelsZ 87 (2023), 76 (103 ff.), die einen Erfolgsort bei Persönlichkeitsverletzungen anerkennen.

122 *v. Bar/Mankowski* IPR II § 2 Rn. 46.

123 NK-BGB/*G. Wagner* Rn. 43.

124 BeckOGK/*Fornasier* Rn. 45; Staudinger/*v. Hoffmann,* 2007, Rn. 19, 58; krit. *Sonnenberger* FS Henrich, 2000, 573 (583).

125 *v. Bar/Mankowski* IPR II § 2 Rn. 46; *Mankowski* RabelsZ 63 (1999), 203 (287); Staudinger/*v. Hoffmann,* 2007, Rn. 58.

126 BeckOK BGB/*Spickhoff* Rn. 42; Bizer, Persönlichkeitsrechtsverletzung in sozialen Medien, 2022, 149 ff., 167.

127 KG NJW 1997, 3321; LG Düsseldorf NJW-RR 1998, 979; *Bachmann* IPRax 1998, 179 (182); *Mankowski* RabelsZ 63 (1999), 203 (257 ff., 285 ff.); *v. Hinden,* Persönlichkeitsrechtsverletzungen im Internet – Das anwendbare Recht, 1999, 61 ff.; *Kadner Graziano* RabelsZ 73 (2009), 1 (59 ff.); krit. *Wais* RabelsZ 87 (2023), 76 (89 ff.).

128 *Mankowski* RabelsZ 63 (1999), 203 (265 f.); *v. Hinden,* Persönlichkeitsrechtsverletzungen im Internet – Das anwendbare Recht, 1999, 77, 221.

129 EuGH NJW 2017, 3433 Rn. 30 mAnm *Bach* = JZ 2018, 91 mAnm *Stadler* – Bolagsupplysningen/Svensk Handel.

130 EuGH GRUR 2015, 296 Rn. 24 f. – Hejduk/EnergieAgentur.NRW; s. dazu *Junker* IZPR § 11 Rn. 40; zust. *Schack* IZPR Rn. 346.

131 BeckOGK/*Fornasier* Rn. 73; *Campiglio* Riv. dir. int. priv. proc. 51 (2015), 857 (872); *Meier* JPrivIntL 2016, 492 (500).

132 BGHZ 131, 332 (335) = NJW 1996, 1128 = GRUR 1996, 923 m. Aufs. *Nixdorf* GRUR 1996, 842 = IPRspr. 1995 Nr. 39 – Caroline von Monaco II; *Looschelders* ZVglRWiss 95 (1996), 48 (77); *Spindler* ZUM 1996, 533 (557 f.); *Wais* RabelsZ 87 (2023), 76 (103).

den Verletzer vorhersehbar war, ist für die Konkretisierung des Erfolgsorts unbeachtlich.[133] Die Rechtsgutverletzung tritt durch die Kenntnisnahme eines Dritten ein, unabhängig davon, ob diese Kenntnisnahme beabsichtigt war oder nicht. Eine Eingrenzung der im Einzelfall maßgeblichen Erfolgsorte erfolgt erst in einem späteren Schritt (→ Rn. 81).

Bei Persönlichkeitsrechtsverletzungen im **Internet** liegt der Erfolgsort potenziell in jedem Land **80**
der Erde.[134] Eine im Schrifttum vertretene Ansicht will nur solche Staaten als anknüpfungserheblich anerkennen, auf die der verpönte Inhalt ausgerichtet wurde,[135] wobei das **Ausrichten der Botschaft** auf einen bestimmten Staat zum Teil im Einklang mit der Vorschrift des Art. 17 Abs. 1 lit. c Brüssel Ia-VO über die internationale Zuständigkeit in Verbrauchersachen verstanden wird, und zwar in der Auslegung, welche der EuGH diesem Kriterium gegeben hat.[136] Dem wird zu Recht entgegengehalten, dass das **Merkmal der Ausrichtung** (bei Art. 17 Abs. 1 lit. c Brüssel Ia-VO: einer geschäftlichen Tätigkeit) einem vertragsrechtlichen Regelungskontext entstamme, der vom Prinzip der Willenszurechnung beherrscht werde, während für die Zwecke des Int. Deliktsrechts die Vorhersehbarkeit entscheidend sei.[137] Gegen die Übernahme des Kriteriums der Ausrichtung in das Deliktskollisionsrecht spricht ferner, dass weder der EuGH in Anwendung des Art. 7 Nr. 2 Brüssel Ia-VO noch der BGH im Rahmen des § 32 ZPO verlangt, dass sich die beanstandete Website gezielt oder bestimmungsgemäß an Nutzer in einem bestimmten Staat richtet.[138]

Andere begrenzen die Anknüpfung an den Ort der Verwirklichung des Schadenserfolgs auf **81**
solche Staaten, in denen der umstrittene Inhalt bestimmungsgemäß abrufbar ist bzw. auf solche Staaten, in denen die Achtung des (potenziellen) Opfers gestört oder gefährdet wird: Das **bestimmungsgemäße Verbreitungsgebiet** des Mediums und die **Bekanntheit des Betroffenen** seien dafür geeignete Kriterien.[139] Dem ist entgegenzuhalten, dass sich bei Online-Medien das Verbreitungsgebiet in der Regel nicht steuern lässt; ihre Inhalte sind ohne Rücksicht auf den Willen des Täters in der Regel weltweit abrufbar. Das Kriterium der Bekanntheit ist wenig überzeugend, weil es für die Erfolgsortanknüpfung ausreichen muss, wenn der Betroffene in einem Staat durch die rechtsverletzende Publikation erst bekannt wird.[140] Der BGH verlangt im Recht der internationalen Zuständigkeit für Internetdelikte (§ 32 ZPO) einen über die bloße Abrufbarkeit der rechtsverletzenden Inhalte hinausgehenden **Inlandsbezug:** Eine Kollision des Interesses des potenziellen Geschädigten an der Achtung seines Persönlichkeitsrechts und des Interesses des potenziellen Verletzers an der freien Gestaltung seines Internetauftritts müsse nach den Umständen des konkreten Falls, insbesondere des beanstandeten Inhalts, im Inland tatsächlich eingetreten sein oder eintreten können.[141] Ein solcher Inlandsbezug durch das Entstehen einer **Interessenkollision** fehle, wenn ein russischer Geschäftsmann zwar in Deutschland seinen Wohnsitz habe und geschäftlich tätig sei, der von ihm beanstandete, in Russland eingespeiste Internetartikel aber in kyrillischer Schrift abgefasst sei, so dass sein deutsches Umfeld von dem Inhalt typischerweise keine Kenntnis nehmen könne.[142]

Der EuGH stellt zur Begründung der internationalen Zuständigkeit nach Art. 7 Abs. 2 Brüs- **82**
sel Ia-VO nicht auf eine Interessenkollision ab, sondern erweitert die von ihm entwickelte **Mosaikbetrachtung** (→ Rn. 33) um die Zuständigkeitsanknüpfung an den Interessenmittelpunkt des (potenziellen) Geschädigten: Am **Ort des Interessenmittelpunkts** kann eine Person – wie vor

---

[133] Staudinger/*v. Hoffmann,* 2007, Rn. 62; aA *Fricke,* Der Unterlassungsanspruch gegen Presseunternehmen zum Schutze des Persönlichkeitsrechts im Internationalen Privatrecht, 2003, 240 ff.; *v. Hinden,* Persönlichkeitsrechtsverletzungen im Internet – Das anwendbare Recht, 1999, 94.

[134] BeckOGK/*Fornasier* Rn. 74; BeckOK BGB/*Spickhoff* Rn. 36; NK-BGB/*G. Wagner* Rn. 45; PWW/*Schaub* Rn. 19; *v. Bar/Mankowski* IPR II § 2 Rn. 56; *Knöfel* IPRax 2018, 439 (445 f.); abl. gegenüber der Gewährung eines Optionsrechts *Wais* RabelsZ 87 (2023), 76 (88 ff.).

[135] *Heinze* EuZW 2011, 947 (948); *Roth* IPRax 2013, 215 (220 ff.); *Spindler* AfP 2012, 114; s. auch *v. Bar/Mankowski* IPR II § 2 Rn. 59 f.: deutliche und belegbare Verbindung zu dem betreffenden Staat, zB durch die Sprache des Angriffs.

[136] EuGH NJW 2011, 505 Rn. 92 f. – Hotel Alpenhof/Heller; NJW 2012, 3225 Rn. 44 f. – Mühlleitner/Yusufi; NJW 2013, 3504 Rn. 31 f. – Lokman Emrek/Sabranovic; NJW 2016, 697 Rn. 40 – Hobohm/Kampik; ausf. *Junker* IZPR § 13 Rn. 22–24.

[137] BeckOGK/*Fornasier* Rn. 77; abl. auch *v. Bar/Mankowski* IPR II § 2 Rn. 62.

[138] EuGH GRUR 2015, 296 Rn. 32 – Hejduk/EnergieAgentur.NRW; EuZW 2013, 863 Rn. 42 = IPRax 2015, 87 m. Aufs. *Grünberger* IPRax 2015, 56 – Pinckney/KDG Mediatech (Website muss nicht auf den Mitgliedstaat des angerufenen Gerichts „ausgerichtet" sein); zust. *Bizer,* Persönlichkeitsrechtsverletzung in sozialen Medien, 2022, 228 ff.; zum dt. Recht BGHZ 184, 313 Rn. 18 = NJW 2010, 1752.

[139] Vgl. *v. Bar/Mankowski* IPR II § 2 Rn. 56.

[140] BeckOGK/*Fornasier* Rn. 76, 78; *Junker* IZPR § 10 Rn. 23.

[141] BGHZ 184, 313 Rn. 20 = NJW 2010, 1152; BGHZ 191, 219 Rn. 11 = NJW 2012, 148; BGH NJW 2013, 2348 Rn. 7; OLG Köln MMR 2013, 403; s. auch BeckOGK/*Fornasier* Rn. 85.

[142] BGH NJW 2011, 2059 Rn. 12 ff.; s. dazu *Junker* IZPR § 21 Rn. 17; *v. Bar/Mankowski* IPR II § 2 Rn. 60.

den Gerichten des Orts des ursächlichen Geschehens (→ Rn. 78) – eine Klage auf Ersatz des gesamten Schadens erheben.[143] Die Begründung dieses Anknüpfungskriteriums lautet, dass der Ansehensverlust des Betroffenen durch **Inhalte einer Website** am Ort des Mittelpunkts seiner Interessen im Allgemeinen am stärksten spürbar sei; auch könnten die Gerichte des Mitgliedstaats, in dem sich der Mittelpunkt der Interessen des Geschädigten befindet, die **Auswirkungen solcher Inhalte** auf die Rechte des Geschädigten am besten beurteilen. Schließlich erfülle das Kriterium auch das Erfordernis der **Vorhersehbarkeit** der Zuständigkeitsanknüpfung.[144] Bei einer **natürlichen Person** liegt der Mittelpunkt der Interessen im Staat des gewöhnlichen Aufenthalts, es sei denn, dass andere Indizien – insbesondere die Ausübung einer Berufstätigkeit – eine besonders enge Verbindung zu einem anderen Staat vermitteln.[145] Bei einer **juristischen Person,** deren Persönlichkeitsrechte durch Veröffentlichungen im Internet verletzt werden, ist der Mittelpunkt der Interessen der Staat, an dem ihr geschäftliches Ansehen am gefestigtsten ist; das muss nicht der Sitzstaat sein.[146]

83 Während die vom BGH im Rahmen der internationalen Zuständigkeit für maßgeblich erklärte **Interessenkollision** (→ Rn. 81) an mehreren Orten und damit auch in mehreren Staaten auftreten kann,[147] liegt der vom EuGH angeführte **Interessenmittelpunkt** (→ Rn. 82) nach dem Sinn und Zweck des mit ihm begründeten Gerichtsstands nur in einem Staat.[148] Die Übernahme des erstgenannten Kriteriums in das Kollisionsrecht durch eine dahingehende Auslegung des Art. 40 Abs. 1 S. 2 („Staat, in dem der Erfolg eingetreten ist") würde in Fällen mit **Drittstaatenbezug** den Gleichlauf von int. Zuständigkeit und anwendbarem Recht herstellen; die Übernahme des zweitgenannten Kriteriums führte in **Binnenmarktfällen** zu einem Gleichlauf. Solange jedoch der EuGH neben der zuständigkeitsrechtlichen Anknüpfung an den Interessenmittelpunkt die Mosaikbetrachtung aufrechterhält, führt letztlich kein Weg vorbei an der Anwendung der Mosaiktheorie auch im Deliktskollisionsrecht[149] (→ Rn. 33).

84 Für den Verletzer bedeuten die vorstehenden Regeln zunächst ein globales Haftungsrisiko.[150] Allerdings tragen die Regeln der Internationalen Zuständigkeit erheblich zur Verminderung dieses Risikos bei: Liegen Erfolgsorte in mehreren Staaten, so gilt das Recht jedes Staates nur für die Schäden, die aus der dort eingetretenen Persönlichkeitsrechtsverletzung resultieren[151] (sog. **Mosaikbetrachtung,** → Rn. 33). Diese prozessrechtliche Beschränkung führt dazu, dass der Geschädigte im **Erfolgsortsgerichtsstand** nur dann Klage erheben wird, wenn ihm dort ein substantieller Schaden entstanden ist; klagt er im **Handlungsortsgerichtsstand,** ist der Anreiz groß, auf die Darlegung mehrerer Erfolgsortrechte zu verzichten und statt dessen den gesamten Schaden nach der *lex fori* zu liquidieren.[152]

85 Ferner steht die Ausübung des Bestimmungsrechts zu Gunsten des Erfolgsortrechts unter dem **Vorbehalt einer wesentlich engeren Verbindung** zu einer anderen Rechtsordnung (Art. 41 Abs. 1). Auf diese Weise lassen sich volumenmäßig unbedeutende Erfolgsorte ausklammern, in denen kein maßgeblicher Schaden entstanden ist und zu denen der Sachverhalt daher nur einen geringen Zusammenhang aufweist.[153] Erfolgte die Verbreitung der Informationen in bestimmten Staaten

[143] EuGH EuZW 2011, 962 Rn. 52 – eDate Advertising/X; NJW 2017, 3433 Rn. 32 – Bolagsupplysningen/Svensk Handel; EuZW 2021, 890 Rn. 36 ff. – Mittelbayerischer Verlag; NJW 2022, 765 Rn. 34 ff. – Gtflix Tv; eingeordnet von *Bizer,* Persönlichkeitsrechtsverletzung in sozialen Medien, 2022, 180 ff.

[144] EuGH EuZW 2011, 962 Rn. 48, 50 – eDate Advertising/X; NJW 2017, 3433 Rn. 33 ff. – Bolagsupplysningen/Svensk Handel.

[145] EuGH EuZW 2011, 962 Rn. 49 – eDate Advertising/X; NJW 2022, 765 Rn. 34 ff., 43 – Gtflix Tv.

[146] EuGH NJW 2017, 3433 Rn. 41 – Bolagsupplysningen/Svensk Handel; EuZW 2021, 890 Rn. 42 ff., 45 – Mittelbayerischer Verlag.

[147] Zutr. BeckOGK/*Fornasier* Rn. 87; s. auch *Junker* IZPR § 21 Rn. 17.

[148] Zweifelnd BeckOGK/*Fornasier* Rn. 87; aA jurisPK-BGB/*Wurmnest* Rn. 77; *Heß* JZ 2012, 189 (192).

[149] Zu einem abw. Vorschlag de lege ferenda *Junker* RIW 2010, 257 (259).

[150] *v. Hinden* FS Kropholler, 2008, 574 (585); *Heiderhoff* EuZW 2007, 428 (430).

[151] Wohl hM, s. zB OLG Hamburg NJW-RR 1995, 790; *Looschelders* ZVglRWiss 95 (1996), 48 (81 f.); *Mankowski* RabelsZ 63 (1999), 203 (269 ff.); *Spindler* ZUM 1996, 533 (557); *Stoll* GS Lüderitz, 2000, 733 (748); zu Art. 7 Nr. 2 Brüssel Ia-VO EuGH NJW 1995, 1881 = IPRax 1997, 111 m. Aufs. *Kreuzer/Klötgen* IPRax 1997, 90 = ZZP Int. 1 (1996), 145 mAnm *Rauscher* – Shevill/Press Alliance; EuZW 2021, 890 Rn. 42 ff., 45 – Mittelbayerischer Verlag; NJW 2022, 765 Rn. 34 ff., 43 – Gtflix Tv; für eine Mosaikbetrachtung auf kollisionsrechtlicher Ebene *Fricke,* Der Unterlassungsanspruch gegen Presseunternehmen zum Schutze des Persönlichkeitsrechts im Internationalen Privatrecht, 2003, 253, 265; dezidiert dagegen *Bizer,* Persönlichkeitsrechtsverletzung in sozialen Medien, 2022, 194 ff., 217.

[152] *Mankowski* RabelsZ 63 (1999), 203 (276); krit. *G. Wagner* RabelsZ 62 (1998), 243; BeckOK BGB/*Spickhoff* Rn. 42: „Anknüpfung an die Verbreitungsorte zum großen Teil entwertet".

[153] Begr. RegE, BR-Drs. 759/98, 31 = BT-Drs. 14/343, 13; ebenso BeckOK BGB/*Spickhoff* Rn. 42; *Spickhoff* IPRax 2000, 1 (5).

ohne die Zustimmung des Schädigers, ist dies auf **materiellrechtlicher Ebene** (Zurechenbarkeit, Verschulden) zu berücksichtigen.[154] Mit den genannten Einschränkungen dürfte auch die Mosaikbetrachtung in der Rechtsanwendungspraxis zu handhaben sein. Das gleiche Ziel verfolgen diejenigen, die zur Bestimmung des Haupterfolgsortes auf den Lebensmittelpunkt, dh den gewöhnlichen Aufenthalt des Betroffenen abheben.[155]

Macht der Geschädigte eines **inter-individuellen Delikts** von seinem Bestimmungsrecht **86** Gebrauch, ist nach Abs. 1 S. 2 das Recht des Ortes anwendbar, an dem der Betroffene die Informationen zur Kenntnis nimmt. Bei Persönlichkeitsverletzungen per E-Mail, die zwar weltweit abrufbar sind, die das Netz aber lediglich als Infrastruktur zur Individualkommunikation nutzen, ist auf den gewöhnlichen Aufenthalt des Empfängers abzustellen.[156] Insofern besteht kein Unterschied gegenüber Briefdelikten.

2. Ausweichklausel (Art. 41). Für die Ausweichklausel wird – abgesehen von der „Filterfunktion" für untergeordnete Erfolgsorte (→ Rn. 82) – regelmäßig nur ein begrenzter Anwendungsbereich verbleiben.[157] Eine vertragsakzessorische Anknüpfung von Ansprüchen aus Persönlichkeitsverletzungen gemäß Art. 41 Abs. 2 Nr. 1 ist zB denkbar, wenn das Delikt im Zusammenhang mit einem vom Betroffenen auf vertraglicher Grundlage gewährten Interview begangen wird (etwa bei absichtlicher Verfälschung der Äußerungen). Im Fall von Gesundheitsbeeinträchtigungen im medizinischen und pharmazeutischen Bereich, die das Selbstbestimmungsrecht des Patienten verletzen, kommt eine akzessorische Anknüpfung an das Statut des Behandlungsvertrags in Betracht. Familienrechtliche Sonderbeziehungen können auch für deliktische Ansprüche maßgeblich sein, wenn der Schädiger nur auf Grund dieses Sonderverhältnisses an die verletzenden Informationen gelangen konnte. Geht mit der Persönlichkeitsverletzung eine Verletzung vertraglicher Pflichten einher (etwa bei der wirtschaftlichen Verwertung postmortaler Persönlichkeitsrechte im Rahmen eines Lizenzvertrags), ist ebenfalls an eine vertragsakzessorische Anknüpfung zu denken.[158] **87**

3. Reichweite des Deliktsstatuts. Das Deliktsstatut beherrscht Ansprüche aus Persönlich- **88** keitsverletzungen grundsätzlich umfassend.[159] Das betrifft sowohl **Voraussetzungen** als auch **Rechtsfolgen** der unerlaubten Handlung (→ Rn. 101 ff.). Nicht nur die Frage nach dem **Schutz** des Persönlichkeitsrechts unterliegt damit dem Deliktsstatut, sondern auch die Frage nach dem **Bestehen und Inhalt** dieses Rechts. Dabei wird grundsätzlich nicht zwischen einzelnen Aspekten des Persönlichkeitsrechts unterschieden.[160] Geschützt ist vielmehr die Persönlichkeit des Einzelnen in ihren verschiedenen Ausprägungen, insbesondere das allgemeine Persönlichkeitsrecht, die Privatsphäre, die Ehre, das eigene Bild, das eigene Wort und der Name.

Für den bürgerlichen **Namen** gilt eine Ausnahme. Während die anderen genannten Elemente **89** des Persönlichkeitsrechts dem Einzelnen bereits auf Grund seines Menschseins zukommen, wird der Name seinem Träger durch Rechtsakt verliehen.[161] Zudem besteht im Namensrecht ein besonderes Interesse, den Gleichklang mit dem öffentlichen Namensrecht zu wahren.[162] Daher wird im Fall der Verletzung des Namensrechts die Frage nach **Bestehen und Inhalt des Namensrechts** als

---

154 BeckOK BGB/*Spickhoff* Rn. 42.

155 *Ehmann/Thorn* AfP 1996, 20 (23); *Heldrich* in v. Caemmerer, Vorschläge und Gutachten zur Reform des deutschen internationalen Privatrechts der außervertraglichen Schuldverhältnisse, 1983, 361, 377; *v. Hinden,* Persönlichkeitsrechtsverletzungen im Internet – Das anwendbare Recht, 1999, 168 ff.; *v. Hinden* FS Kropholler, 2008, 574 (590); Staudinger/*v. Hoffmann,* 2007, Rn. 26, 61.

156 *Mankowski* RabelsZ 63 (1999), 203 (272 f.).

157 Erman/*Stürner* Rn. 53; Staudinger/*v. Hofmann,* 2007, Rn. 32; NK-BGB/*G. Wagner* Rn. 33; ausf. *Bizer,* Persönlichkeitsrechtsverletzung in sozialen Medien, 2022, 262 ff., 291.

158 *Ahrens* FS Erdmann, 2002, 1 (15); s. auch – ohne kollisionsrechtliche Ausführungen – BGHZ 143, 214 = NJW 2000, 2195 = JZ 2000, 1056 mAnm *Schack* JZ 2000, 1061 – Marlene Dietrich; BGH NJW 2000, 2201 – Der blaue Engel.

159 AllgM, s. zB BGHZ 131, 332 (335) = NJW 1996, 1128 = GRUR 1996, 923 m. Aufs. *Nixdorf* GRUR 1996, 842 = IPRspr. 1995 Nr. 39 – Caroline von Monaco II; BGH NJW 1998, 2141 (2142); OLG Hamburg UFITA 60 (1971), 322 (327); OLG Köln OLGZ 1973, 330 (335) = IPRspr. 1973 Nr. 63; OLG Oldenburg NJW 1989, 400 = IPRspr. 1988 Nr. 43; LG Heidelberg IPRax 1992, 97 = IPRspr. 1991 Nr. 52; *Ahrens* FS Erdmann, 2002, 1 (6); *Sonnenberger* FS Henrich, 2000, 573 (582); *R. Wagner* JZ 1993, 1034 (1038 ff.); *R. Wagner,* Das deutsche internationale Privatrecht bei Persönlichkeitsverletzungen, 1986, 98 f.; Staudinger/*v. Hoffmann,* 2007, Rn. 54; aA – für Personalstatut – *Dankwerts,* Persönlichkeitsrechtsverletzungen im deutschen, schweizerischen und US-amerikanischen internationalen Privatrecht, 1999, 180, 187, 214; BeckOK BGB/*Spickhoff* Rn. 40.

160 *Sonnenberger* FS Henrich, 2000, 573 (582); *R. Wagner,* Das deutsche internationale Privatrecht bei Persönlichkeitsverletzungen, 1986, 56; Staudinger/*v. Hoffmann,* 2007, Rn. 56.

161 Staudinger/*v. Hoffmann,* 2007, Rn. 55.

162 *Ahrens* FS Erdmann, 2002, 1 (14); *Kropholler* IPR 317.

Vorfrage getrennt angeknüpft.[163] Soweit es um den Schutz des Namens geht, gilt wiederum das Deliktsstatut.[164] Im Fall der Namensanmaßung liegt der Tatort dementsprechend überall dort, wo der Name (angeblich) zu Unrecht geführt und dadurch das Namensrecht verletzt wird. Der Sache nach läuft dies auf die Anwendung des Rechts des Staates hinaus, für dessen Gebiet Schutz beansprucht wird („Schutzlandprinzip").[165]

90 Das Deliktsstatut gilt nicht nur für **Schadensersatzansprüche** aus Persönlichkeitsverletzungen, sondern auch für **Beseitigungs-, Widerrufs- und Unterlassungsansprüche.**[166] Besonders in Bezug auf Schmerzensgeldansprüche ist Art. 40 Abs. 3 Nr. 1, 2 zu beachten.[167] Der **Auskunftsanspruch** ist im deutschen Recht materiellrechtlich ausgestaltet (§ 242 BGB). Vergleichbare prozessrechtliche Institute des ausländischen Deliktsstatuts sind in der Regel ebenfalls materiellrechtlich zu qualifizieren (→ Einl. IPR Rn. 118). Auch **(vorbeugende) Unterlassungsansprüche** sind materiellrechtlich zu qualifizieren und unterstehen damit dem Deliktsstatut.[168] Die damit verbundenen Nachteile (keine Anwendbarkeit bei ausländischer *lex causae*)[169] sind im Interesse einer möglichst einheitlichen Qualifikation hinzunehmen. Nur so lassen sich Abgrenzungs- und Anpassungsschwierigkeiten vermeiden. Eine Ausnahme gilt lediglich für den Gegendarstellungsanspruch, der sich eindeutig von den übrigen Ansprüchen abgrenzen lässt (→ Rn. 91 ff.).

91 **4. Gegendarstellungsanspruch.** Neben den allgemeinen deliktsrechtlichen Ansprüchen (→ Rn. 87) gewähren zahlreiche Rechtsordnungen – in unterschiedlicher Ausgestaltung – dem von einer persönlichkeitsverletzenden Medienveröffentlichung Betroffenen einen Anspruch auf Gegendarstellung. Staatsvertragliches Einheitsrecht greift nicht ein. Das UN-Übereinkommen vom 31.3.1953 betreffend das internationale Gegendarstellungsrecht sieht nur eine Übermittlungspflicht der Vertragsparteien vor. Deutschland hat das Übereinkommen nicht ratifiziert.[170] In Deutschland finden sich die einschlägigen Anspruchsgrundlagen in den Landespressegesetzen (entsprechend in den Landesrundfunk- und Landesmediengesetzen sowie den einschlägigen Staatsverträgen). Eine kollisionsrechtliche Regelung fehlt. Der Kommissionsentwurf einer Rom II-VO hatte das Recht auf Gegendarstellung (oder auf gleichwertige Maßnahmen) an den Ort des Medienunternehmens anknüpfen wollen (→ Rom II-VO Vor Art. 1 Rn. 15); dieser Vorschlag konnte sich jedoch nicht durchsetzen (→ Rom II-VO Art. 30 Rn. 10).

92 Wie der Gegendarstellungsanspruch zu qualifizieren ist, wird unterschiedlich beurteilt. Teile des Schrifttums stufen den Anspruch als deliktisch oder deliktsähnlich ein. Sie sehen hierin einen **medienprivatrechtlichen Anspruch eigener Art** zum Schutz der Persönlichkeit gegen die spezifischen Beeinträchtigungen der Persönlichkeit durch Veröffentlichungen in Massenmedien. Die Gegendarstellung diene dem Interessenausgleich zwischen den Beteiligten und sei daher dem Deliktsstatut zu unterstellen.[171] Die einheitliche Qualifikation vermeide eine Aufspaltung der Ansprüche und damit verbundene Abgrenzungsschwierigkeiten, insbesondere gegenüber dem Widerrufsanspruch.[172] Nach dieser Ansicht ist das anwendbare Recht nach den Art. 40–42 zu ermitteln (im interlokalen Privatrecht analog). Der Betroffene kann den Gegendarstellungsanspruch

---

[163] Begr. RegE, BR-Drs. 759/98, 22 = BT-Drs. 14/343, 10; OLG Köln IPRspr. 1990 Nr. 46a – Schutz des Namens einer politischen Partei; *Ahrens* FS Erdmann, 2002, 1 (11); *Looschelders* ZVglRWiss 95 (1996), 48 (66 f.); *Sonnenberger* FS Henrich, 2000, 573 (582); Staudinger/*v. Hoffmann,* 2007, Rn. 55.

[164] *Heiderhoff* EuZW 2007, 428 (431).

[165] *Riegl,* Streudelikte im Internationalen Privatrecht, 1986, 96; *Schack* UFITA 108 (1988), 51 (53 f., 72). Zum Schutz von Internet Domain Names *Mankowski* RabelsZ 63 (1999), 203 (276 ff.).

[166] Begr. RegE, BR-Drs. 759/98, 21 = BT-Drs. 14/343, 10; ebenso BGH NJW 1996, 1128; *Heldrich* in v. Caemmerer, Vorschläge und Gutachten zur Reform des deutschen internationalen Privatrechts der außervertraglichen Schuldverhältnisse, 1983, 361, 372; *R. Wagner,* Das deutsche internationale Privatrecht bei Persönlichkeitsverletzungen, 1986, 68 f.; *Looschelders* ZVglRWiss 95 (1996), 48 (67); zweifelnd bzgl. des Unterlassungsanspruchs *Sonnenberger* FS Henrich, 2000, 573 (587); ausf. zum Sachrecht *Fricke,* Der Unterlassungsanspruch gegen Presseunternehmen zum Schutze des Persönlichkeitsrechts im Internationalen Privatrecht, 2003, 102–147.

[167] *Sonnenberger* FS Henrich, 2000, 573 (586).

[168] Ausf. *Fricke,* Der Unterlassungsanspruch gegen Presseunternehmen zum Schutze des Persönlichkeitsrechts im Internationalen Privatrecht, 2003, 143–145.

[169] *Sonnenberger* FS Henrich, 2000, 573 (587); zum franz. Recht *Fricke,* Der Unterlassungsanspruch gegen Presseunternehmen zum Schutze des Persönlichkeitsrechts im Internationalen Privatrecht, 2003, 145–147.

[170] UN Treaty Series Nr. 6280, Bd. 435, 192.

[171] *Heldrich* in v. Caemmerer, Vorschläge und Gutachten zur Reform des deutschen internationalen Privatrechts der außervertraglichen Schuldverhältnisse, 1983, 361, 373; *Looschelders* ZVglRWiss 95 (1996), 48 (80); BeckOK BGB/*Spickhoff* Rn. 47.

[172] BeckOK BGB/*Spickhoff* Rn. 47.

im Gerichtsstand der unerlaubten Handlung geltend machen (Art. 5 Nr. 3 Brüssel Ia-VO; § 32 ZPO).[173]

Mit der Gegenansicht ist der Gegendarstellungsanspruch als **spezifisch presse- oder medienrechtliches Institut** zu qualifizieren.[174] Er stellt keine bloße „Entschädigungsmodalität" dar, sondern ein **Pendant zur Presse- und Rundfunkfreiheit.** Die systematische Verankerung der maßgeblichen Rechtsgrundlagen in den Presse-, Rundfunk- und Mediengesetzen spiegelt diese Einordnung wider.[175] Die Art. 40–42 finden demnach keine Anwendung.[176] Statt dessen ist gesondert an den **Sitz des Medienunternehmens** anzuknüpfen. Damit richtet sich der Gegendarstellungsanspruch sowohl im interlokalen[177] als auch im internationalen Privatrecht nach dem Recht am Sitz des Medieninhabers. 93

II. Schäden durch Kernenergie

1. Allgemeines. Nach **Art. 1 Abs. 2 lit. f Rom II-VO** sind außervertragliche Schuldverhältnisse, die sich aus Schäden durch Kernenergie ergeben, vom sachlichen Anwendungsbereich der Rom II-VO ausgeschlossen (→ Rom II-VO Art. 1 Rn. 58). Der Ausschluss umfasst jeden Schadensfall, der durch Radioaktivität entsteht.[178] Dabei handelt es sich nicht nur um Fälle, in denen Strahlung beim **Betrieb einer** ortsfesten (Kernkraftwerk) oder mobilen (Reaktorschiff, Atomunterseeboot) **Nuklearanlage** austritt und dadurch einen Schaden iSd Art. 2 Abs. 1 Rom II-VO verursacht. Erfasst sind vielmehr auch Haftungsfälle, die aus der Nutzung der Radioaktivität **im medizinischen Bereich** (Radiologie) resultieren.[179] 94

Der Ausschluss der Rom II-VO bei „Schäden durch Kernenergie" (Art. 1 Abs. 2 lit. f) ist weit zu verstehen: Der Verordnungsgeber wollte durch die Bereichsausnahme nicht nur Schäden erfassen, die sich aus der **energetischen Nutzung** der Kernspaltung ergeben, sondern auch solche, die – als Strahlenschäden – zB beim **Transport von Nuklearmaterial** oder bei seiner Lagerung entstehen („nukleartypische Risiken").[180] Lediglich solche Transport- oder Lagerschäden, die keine Strahlenschäden sind und deren Entstehung oder Wirkung nicht von der Radioaktivität des transportierten oder gelagerten Materials herrührt, unterfallen nicht der Bereichsausnahme des Art. 1 Abs. 2 lit. f Rom II-VO.[181] 95

Der **Ausschlusstatbestand** des Art. 1 Abs. 2 lit. f Rom II-VO wurde zwar von der Kommission nicht nur mit den „bedeutenden wirtschaftlichen und staatlichen Interessen" auf dem Gebiet des Kernenergierechts begründet, sondern auch mit den „bestehenden staatsvertraglichen Regelungen" auf diesem Gebiet.[182] Es unterliegt aber keinem Zweifel, dass die Haftung für **Schäden aus der Kernenergie** insgesamt vom Anwendungsbereich der Rom II-VO ausgeschlossen sein soll, dh auch insoweit, als sie bisher noch nicht staatsvertraglich vereinheitlicht ist. Daraus resultiert ein fortbestehender **Anwendungsbereich der Art. 40–42** auf dem Gebiet der Haftung für Nuklearschäden.[183] 96

2. Staatsverträge. Für ortsfeste Kernenergieanlagen gilt das **(Pariser) Übereinkommen vom 29.7.1960** über die Haftung gegenüber Dritten auf dem Gebiet der Kernenergie[184] **(PÜ).** Art. 3 97

---

173 MüKoZPO/*Gottwald* Brüssel Ia-VO Art. 7 Rn. 37; Rauscher/*Leible* Brüssel I-VO Art. 7 Rn. 79; *Geimer/Schütze* Brüssel Ia-VO Art. 7 Rn. 171; *Stadler* JZ 1994, 642 (648).

174 BGH NJW 1965, 1230; 1996, 1128; 1999, 2893 (2894); *Sonnenberger* FS Henrich, 2000, 573 (588); *v. Hinden,* Persönlichkeitsrechtsverletzungen im Internet – Das anwendbare Recht, 1999, 47 ff.; *R. Wagner,* Das deutsche internationale Privatrecht bei Persönlichkeitsverletzungen, 1986, 106 ff.; Staudinger/*v. Hoffmann,* 2007, Rn. 75.

175 *Sonnenberger* FS Henrich, 2000, 573 (588).

176 Im Zusammenhang mit Persönlichkeitsverletzungen erwähnen die Materialien den Gegendarstellungsanspruch nicht; Begr. RegE, BR-Drs. 759/98, 21 f. = BT-Drs. 14/343, 10; s. auch Staudinger/*v. Hoffmann,* 2007, Rn. 75.

177 S. zB BGH NJW 1996, 1128; OLG München AfP 1969, 76; OLG Hamburg AfP 1976, 29; LG Köln AfP 1967, 57.

178 Erman/*Stürner* Rom II-VO Art. 7 Rn. 3; *Magnus* FS Kropholler, 2008, 595 (597); *Heiss/Loacker* JBl. 2007, 613 (621).

179 *Magnus* FS Kropholler, 2008, 595 (598); *R. Wagner* IPRax 2008, 314 (316).

180 KOM (2003) 427 endg., 10; s. auch *Brand* GPR 2008, 298 (299); *Fuchs* GPR 2004, 100 (101); *v. Hein* ZVglRWiss 102 (2003), 528 (541); *Heiss/Loacker* JBl. 2007, 613 (622).

181 *Magnus* FS Kropholler, 2008, 595 (598).

182 KOM (2003) 427 endg., 10; s. auch *Brand* GPR 2008, 298 (299); *R. Wagner* IPRax 2008, 314 (316).

183 *Junker* NJW 2007, 3675 (3677); *Magnus* FS Kropholler, 2008, 595 (610).

184 Zusatzprotokoll vom 28.1.1964 (BGBl. 1976 II 308); s. ferner das (Brüsseler) Zusatzübereinkommen vom 31.1.1963 zum Pariser Übereinkommen vom 29.7.1960 und das Zusatzprotokoll vom 28.1.1964 (BGBl. 1976 II 310), beide neu bekanntgemacht BGBl. 1985 II 963. Für die Bundesrepublik Deutschland in Kraft

PÜ enthält eine einheitliche Rechtsgrundlage für die Gefährdungshaftung des Inhabers einer Kernanlage für Schäden auf Grund eines nuklearen Ereignisses. Art. 6 PÜ kanalisiert diese Haftung rechtlich dergestalt, dass der Inhaber der Kernenergieanlage allein und ausschließlich nach dem PÜ haftet; alle sonstigen Ersatzansprüche sind in der Regel ausgeschlossen. Diese Haftungsregelung ist allerdings nur im Verhältnis zu Vertragsstaaten anwendbar (Art. 2). Für Fragen, die das PÜ nicht einheitlich regelt, verweist Art. 14 lit. b auf das Recht des Forumstaates iSd Art. 13. Von Bedeutung ist das zB für die Frage nach Art, Form und Umfang des Schadensersatzes (Art. 11 PÜ). Nach dem Wortlaut und der amtlichen Auslegung[185] soll Art. 14 lit. b PÜ eine Gesamtverweisung aussprechen.[186] Im staatsvertraglichen Kollisionsrecht entspricht diese Art der Verweisung zwar nicht der Regel;[187] sie erklärt sich aber aus dem begrenzten Regelungsbereich des PÜ und aus dem Interesse, gerade im Bereich der Umwelthaftung dem Geschädigten mit Hilfe des Kollisionsrechts mehrere Rechtsordnungen zur Auswahl zu stellen und so das strengste Recht zur Anwendung kommen zu lassen.[188] Für die Frage des anwendbaren Rechts ist die Art der Verweisung ohne Bedeutung, wenn das Internationale Privatrecht des Forumstaates ebenso anknüpft wie das PÜ. Im deutschen Recht ist das mit § 40 Abs. 1 AtG der Fall (→ Rn. 100).

98 Als Vertragsstaat des PÜ ist die Bundesrepublik Deutschland (wie die übrigen Vertragspartner) dem **(Wiener) Übereinkommen vom 21.5.1963** über die zivilrechtliche Haftung für Nuklearschäden[189] **(WÜ)** nicht beigetreten. Das WÜ behandelt ebenfalls die Haftung für (internationale) Nuklearschäden und insbesondere solche, die aus dem Betrieb kerntechnischer Anlagen resultieren. Während das PÜ eine regionale Regelung für die westeuropäischen Staaten darstellt (und höhere Haftungsgrenzen vorsieht), ist das WÜ als weltweite Regelung angelegt. Außer Russland (seit 2005) gehören dem WÜ ua neun EU-Staaten an.

99 Das **Deutsch-Schweizerische Atomhaftungsabkommen vom 22.10.1986** ist am 30.9.1988 in Kraft getreten und stellt die beiden Staaten so, als ob die Schweiz dem PÜ beigetreten wäre.[190] Das bilaterale Abkommen ist auf zivilrechtliche Ersatzansprüche beschränkt (Art. 8 Abk. D/CH). Die Gerichte des Ereignisstaates sind ausschließlich zuständig (Art. 3 Abs. 1 Abk. D/CH) und wenden ihr eigenes innerstaatliches materielles Recht an (Art. 4 Abk. D/CH).[191] Lässt sich der Ort des Ereignisses nicht ermitteln, kommt das Recht des Staates zur Anwendung, der die Beförderung als erster genehmigt hat (Art. 4 Abk. D/CH iVm Art. 3 Abs. 2 Abk. D/CH). Angehörige des Nachbarstaates und Personen, die dort ihren gewöhnlichen Aufenthalt haben, werden verfahrens- und materiellrechtlich wie Angehörige des Ereignisstaates behandelt (Art. 2 Abk. D/CH).

100 **3. Autonomes Recht.** Nach dem autonomen deutschen IPR sind die deutschen Sachvorschriften anwendbar, wenn nach dem PÜ deutsche Gerichte für die Klage gegen den Betreiber einer in einem **anderen Vertragsstaat** gelegenen Kernanlage zuständig sind **(§ 40 Abs. 1 AtG).** Das betrifft im Wesentlichen den Fall, dass das nukleare Ereignis während des Transports von Kernmaterial in der Bundesrepublik Deutschland eintritt und der ausländische Versender oder Empfänger nach Art. 4 PÜ haftet.[192] Sofern die Haftung des Inhabers einer inländischen Kernanlage betroffen ist, lässt sich § 40 Abs. 1 AtG entsprechend heranziehen, um den Gleichlauf zu gewährleisten. Für **Drittstaatensachverhalte** bestimmt sich das anwendbare Recht nach den allgemeinen Regeln der **Art. 40–42.** Kommt danach deutsches Recht zur Anwendung, erstreckt § 25 Abs. 4 AtG den Anwendungsbereich des PÜ auch auf diese Sachverhalte.

---

seit 7.10.1988 (BGBl. 1989 II 144); Vertragsstaaten s. BGBl. II FNB. Zu den Hintergründen s. *Magnus,* Jurisdiction and Enforcement of Judgments under the Current Nuclear Liability Regimes within the EU Member States, in Pelzer, Europäisches Atomhaftungsrecht im Umbruch, 2010, 105, 107.

[185] Exposé des Motifs Nr. 60, abgedruckt bei *Fischerhof,* Deutsches Atomgesetz und Strahlenschutzrecht, Kommentar, Bd. I, 2. Aufl. 1978, 914.

[186] Staudinger/*v. Hoffmann,* 2007, Rn. 149; *Kühne* NJW 1986, 2139 (2141); aA – für Sachnormverweisung – *Kreuzer* BerGesVR 32 (1992), 245 (258) Fn. 51; *Hohloch,* Das Deliktsstatut: Grundlagen und Grenzen des internationalen Deliktsrechts, 1984, 224.

[187] *Junker* IPR § 8 Rn. 11; *Graue* RabelsZ 57 (1993), 27; *Mäsch* RabelsZ 61 (1997), 285 (288); ausf. zum Renvoi im vereinheitlichten Kollisionsrecht *Gottschalk,* Allgemeine Lehren des IPR in kollisionsrechtlichen Staatsverträgen, 2002, 43 ff., 133, 307.

[188] *Wolf* in Wolfrum/Langenfeld, Umweltschutz durch Internationales Haftungsrecht, 1999, 353, 380.

[189] Dazu *Magnus* FS Kropholler, 2008, 595 (598 ff.).

[190] Abkommen zwischen der Bundesrepublik Deutschland und der Schweizerischen Eidgenossenschaft über die Haftung gegenüber Dritten auf dem Gebiet der Kernenergie, BGBl. 1988 II 598 und 955; s. dazu *Hohloch* IPRax 2012, 110 (118); Erman/*Stürner* Rom II-VO Art. 7 Rn. 3.

[191] Vgl. *Kreuzer* BerGesVR 32 (1992), 245 (258).

[192] *Kloepfer/Kohler,* Kernkraftwerk und Staatsgrenze, 1981, 143; Staudinger/*v. Hoffmann,* 2007, Rn. 149.

F. Reichweite des Deliktsstatuts

Das Deliktsstatut hat grundsätzlich einen umfassenden Geltungsbereich.[193] Es beherrscht **Voraussetzungen** und **Rechtsfolgen** einer unerlaubten Handlung.[194] Eine Aufspaltung des Deliktsstatuts ist möglichst zu vermeiden. Daher ist eine gesonderte Beurteilung von Einzelfragen nur zulässig, wenn sich auf andere Weise sachgerechte Ergebnisse nicht erzielen lassen (→ Rn. 109 ff.). 101

I. Elemente des Deliktsstatuts

1. Haftungsvoraussetzungen. a) Allgemeines. Dem Deliktsstatut unterliegt die Tatbestandsmäßigkeit einer unerlaubten Handlung einschließlich der Haltereigenschaft bei der Gefährdungshaftung im Straßenverkehr.[195] Ferner unterliegen dem Deliktsstatut alle Fragen der **Kausalität** (Äquivalenz, Adäquanz, objektive Zurechnung), der Rechtswidrigkeit (einschließlich der Rechtfertigungsgründe) und aller mit dem Verschulden zusammenhängenden Fragen, insbesondere Deliktsfähigkeit, Verschuldensformen, Schuldausschließungsgründe und Tatbestände der Billigkeitshaftung. Schließlich unterliegen dem Deliktsstatut die Gründe für **Ausschluss und Beschränkung der Haftung,** dh Einwendungen und Einreden; insbesondere Verzicht, Verjährung[196] (Fristen, Beginn, Gründe und Wirkungen von Unterbrechung und Hemmung; entsprechende Auslösungshandlungen, soweit sie nicht prozessualer Natur sind) und Verwirkung. 102

b) Haftpflichtige. Das Deliktsstatut entscheidet über die **Person des Haftpflichtigen** (Täter, Mittäter, Beteiligte; Unterlassende)[197] und über die Art der Haftung mehrerer (Gesamtschuld, Teilschuld, Ausgleich; → Rn. 45 ff.). Das für den unmittelbar Handelnden (zB Verrichtungsgehilfe, Schutzbefohlener) maßgebende Deliktsstatut entscheidet auch darüber, ob eine **dritte Person** (zB Geschäftsherr, Aufsichtspflichtiger) für diesen einstehen muss.[198] Auch die Frage, unter welchen Voraussetzungen Delikte von natürlichen Personen (Verrichtungsgehilfen, Organe) haftungsrechtlich **juristischen Personen** zugerechnet werden können, beurteilt sich nach dem Deliktsstatut.[199] 103

Eine Ausnahme gilt nur, wenn ein Organ der Gesellschaft Pflichten verletzt, die speziell aus dieser Funktion erwachsen. In diesem Fall richtet sich die Haftung des handelnden Organs und der Gesellschaft nach dem Gesellschaftsstatut. Dieses bestimmt damit einheitlich über den Inhalt dieser Pflichten und über die Folgen ihrer Verletzung. Konkurrierende deliktische Ansprüche sind gemäß Art. 41 Abs. 2 Nr. 1 akzessorisch an das Gesellschaftsverhältnis anzuknüpfen.[200] 104

c) Anspruchsberechtigte. Wer Anspruchsberechtigter ist, bestimmt das Deliktsstatut. Das betrifft besonders die Frage, welche Personen als **mittelbar Geschädigte** neben dem unmittelbar Verletzten (zB bei dessen Arbeitsunfähigkeit) Ansprüche geltend machen können. Setzt die Anspruchsberechtigung nach dem Deliktsstatut ein besonderes Rechtsverhältnis zum Verletzten (zB Ehe, Verwandtschaft) voraus, ist die Frage nach dem Bestehen dieses Rechtsverhältnisses als Vorfrage gesondert anzuknüpfen (→ Einl. IPR Rn. 173). 105

d) Übertragbarkeit und Vererblichkeit. Das Deliktsstatut entscheidet sowohl über die vertragliche als auch über die gesetzliche Übertragbarkeit von Ansprüchen aus unerlaubter Handlung. Die Übertragung selbst richtet sich dagegen nach dem Zessionsstatut. Ob Ansprüche des Verletzten mit dessen Tod untergehen oder (ggf. unter welchen Voraussetzungen) vererblich sind, bestimmt das Deliktsstatut. Die kollisionsrechtliche Vorfrage nach der Erbberechtigung richtet sich dagegen nach dem Erbstatut. 106

2. Rechtsfolgen der Haftung. Das Deliktsstatut bestimmt, welche Rechtsfolgen sich an eine unerlaubte Handlung knüpfen. Hierzu gehören auch Ansprüche auf Unterlassung[201] und Aus- 107

---

193 Begr. RegE, BR-Drs. 759/98, 24 f. = BT-Drs. 14/343, 11; *Sonnenberger* Rev. crit. dr. int. pr. 88 (1999), 647 (662); *Kreuzer* RabelsZ 65 (2001), 383 (419); *R. Wagner* IPRax 1998, 429 (434).

194 AllgM, s. zB BGH VersR 1960, 990 (991); Staudinger/*v. Hoffmann,* 2007, Vor Art. 40 Rn. 16.

195 LG München I IPRax 1984, 101 mAnm *Jayme.*

196 BGH NJW 2009, 1482 (1483); BGHZ 71, 175 (176 f.) = NJW 1978, 1426 = IPRspr. 1978 Nr. 21; BGH IPRax 1981, 99 m. Aufs. *E. Lorenz* IPRax 1981, 85 = IPRspr. 1980 Nr. 49b.

197 BGH IPRax 1983, 118 (119 f.).

198 Zur Haftung des Geschäftsherrn RGZ 19, 382; 37, 181; BGHZ 80, 1 = VersR 1981, 458 = IPRspr. 1981 Nr. 24.

199 BGHZ 25, 127 = NJW 1957, 1435 = IPRspr. 1956/57 Nr. 34; OLG Köln NJW-RR 1998, 756 = IPRspr. 1998 Nr. 40; Staudinger/*v. Hoffmann,* 2007, Vor Art. 40 Rn. 31.

200 *Koch* VersR 1999, 1453 (1455); Staudinger/*v. Hoffmann,* 2007, Vor Art. 40 Rn. 31.

201 S. zB BGHZ 40, 391 (394) = JZ 1964, 369 mAnm *Wengler* = IPRspr. 1962/63 Nr. 161; BGH RIW 1982, 665 (667) = IPRax 1983, 118 m. Aufs. *Schricker* IPRax 1983, 103 = IPRspr. 1982 Nr. 121b; OLG München IPRspr. 2001, Nr. 39; Staudinger/*v. Hoffmann,* 2007, Vor Art. 40 Rn. 36.

kunft.[202] Zum medienrechtlichen Anspruch auf Gegendarstellung → Rn. 91 ff. **Art und Höhe des Schadensersatzes** richten sich ebenfalls nach dem Deliktsstatut. Dies umfasst Fragen wie Naturalrestitution/Geldersatz, merkantiler Minderwert/Nutzungsausfall, Kosten der Rechtsverfolgung, immaterieller Schaden, Beerdigungskosten sowie Unterhalts- und Dienstleistungsausfall. Ebenso wie bei der Ermittlung des **merkantilen Minderwerts** oder des Nutzungsausfalls die wirtschaftlichen Verhältnisse im Wohnsitzstaat des Geschädigten zu beachten sind, müssen auch bei der Bemessung des **immateriellen Schadens** die Richtsätze am gewöhnlichen Aufenthalt des Verletzten berücksichtigt werden **(Auslandssachverhalt).**[203]

Beispiel: Ein US-amerikanischer Staatsangehöriger, der seinen Lebensmittelpunkt in Deutschland hat, kann keine Schmerzensgeldaufstockung mit dem Argument beanspruchen, ihm müsse das Gefühl erspart bleiben, durch das „rückständige deutsche Rechtssystem" mit seinem im Vergleich zu den USA weitaus geringeren Schmerzensgeldniveau benachteiligt zu werden.[204]

108 Umgekehrt setzt bei deutschem Deliktsstatut und gewöhnlichem Aufenthalt des Geschädigten in den USA der Rechtsgedanke des Art. 40 Abs. 3 Nr. 1, 2 der Berücksichtigung US-amerikanischer Entschädigungssätze Grenzen. Nach dem Deliktsstatut richtet sich ferner der **Umfang des Schadens** einschließlich des Mitverschuldens und der Vorteilsausgleichung.[205]

II. Einschränkungen des Deliktsstatuts

109 **1. Örtliche Verhaltensstandards.** Eine Einschränkung des Deliktsstatuts ergibt sich aus der Beachtung örtlicher Verkehrsregeln und Sicherheitsvorschriften.[206] Auch wenn der Handlungsort nicht im Gebiet des Deliktsstatuts liegt, haben die Beteiligten ihr Verhalten an den „ortsgebundenen Verhaltensregeln" auszurichten, die im Deliktszeitpunkt am Ort des Geschehens gelten. Erfasst sind nicht nur **Verkehrsvorschriften ieS,**[207] sondern auch solche Bestimmungen des Handlungsortrechts, die die **Verkehrssicherheit iwS** betreffen. Zu Einzelheiten → Rom II-VO Art. 17 Rn. 1 ff.

110 **2. Vorfragen.** Auch nach der IPR-Reform von 1999 sind Vorfragen nicht nach den Kollisionsnormen des Deliktsstatuts *(lex causae)* zu beurteilen, sondern nach dem Recht, das von der maßgeblichen Kollisionsnorm der *lex fori* berufen wird (→ Einl. IPR Rn. 153). So richtet sich zB die Frage, ob der Kläger Eigentümer der durch eine unerlaubte Handlung beschädigten Sache ist, nach dem **Sachstatut.** Während die Vererblichkeit des Ersatzanspruchs nach dem Deliktsstatut zu beurteilen ist,[208] entscheidet über die Frage, ob der Ersatzanspruch auch gegen die Erben des Ersatzpflichtigen geltend gemacht werden kann, das **Erbstatut.**

111 **3. Direktanspruch gegen den Haftpflichtversicherer.** Ob dem Geschädigten ein Direktanspruch gegen den Haftpflichtversicherer des Ersatzpflichtigen zusteht, richtet sich nach dem gemäß **Art. 40 Abs. 4** zu ermittelnden Recht (→ Rn. 122).

112 **4. Leistung Dritter und Regress des Drittleistenden.** Die Verpflichtung eines Dritten zum Schadensausgleich kann auf Gesetz (zB Unterhaltspflicht, Sozialversicherung) oder auf vertraglicher Grundlage beruhen (zB Versicherungsvertrag). Ob und inwieweit die Leistung des Dritten zu berücksichtigen ist (dh ob sie zu einer Entlastung des Schädigers führt, richtet sich nach dem Recht, das die Leistungspflicht des Dritten beherrscht **(Drittleistungsstatut).** Das Drittleistungsstatut ent-

---

[202] BGHZ 45, 351 (353) = WM 1966, 1014 = IPRspr. 1966/67 Nr. 3 (implizit); Staudinger/*v. Hoffmann,* 2007, Vor Art. 40 Rn. 37; BeckOK BGB/*Spickhoff* Rn. 10; aA – prozessrechtliche Qualifikation – LG Düsseldorf IPRspr. 1966/67 Nr. 185.

[203] S. zB BGHZ 93, 214 (218) = IPRax 1986, 108 m. Aufs. *v. Hoffmann* IPRax 1986, 90 = JZ 1985, 441 mAnm *W. Lorenz* = JR 1985, 371 mAnm *Hohloch* = IPRspr. 1985 Nr. 37; OLG Düsseldorf NJW 2008, 530 = NZV 2008, 147 = NJOZ 2008, 257 = IPRspr. 2007 Nr. 33.

[204] OLG Koblenz NJW-RR 2002, 1030 (1031) = IPRspr. 2001, Nr. 41; KG NJW-RR 2002, 1031 = IPRspr. 2001, Nr. 37.

[205] S. zB BGHZ 29, 237 (239) = MDR 1959, 371 m. Aufs. *Sieg* MDR 1959, 552 = IPRspr. 1958/59 Nr. 73; BGH IPRspr. 1960/61 Nr. 52; BGH IPRspr. 1962/63 Nr. 74; KG VersR 1996, 1035 = IPRspr. 1994, Nr. 56.

[206] Begr. RegE, BR-Drs. 759/98, 24 = BT-Drs. 14/343, 11; *Junker* JZ 2000, 477 (486); *Kreuzer* RabelsZ 65 (2001), 383 (419 f.); *Looschelders* VersR 1999, 1316 (1322); *Ziegert* ZfS 2000, 5 (6); *R. Wagner* IPRax 1998, 429 (434).

[207] AllgM, s. etwa BGHZ 42, 385 (388) = IPRspr. 1964/65 Nr. 62; BGH NJW-RR 1996, 732; OLG Koblenz NJW-RR 2005, 1048; LG Mainz NJW-RR 2000, 31; Staudinger/*v. Hoffmann,* 2007, Vor Art. 40 Rn. 57; s. auch OLG Düsseldorf NJOZ 2008, 606 = IPRspr. 2007 Nr. 34 – Stromschlag auf indonesischem Schiff, indonesisches Sicherheitszertifikat.

[208] BGHZ 143, 214 = NJW 2000, 2195 = JZ 2000, 1056 mAnm *Schack* JZ 2000, 1061 – Marlene Dietrich.

scheidet auch darüber, in welcher Form der Dritte bei einer Schadensverlagerung **Regress** gegenüber dem Schädiger nehmen kann. Auf diese Weise bleibt der Zusammenhang von Vorleistungspflicht und Regress gewahrt. Über den Inhalt der Forderung und den Schuldnerschutz bestimmt weiterhin das **Deliktsstatut.**[209] Ob sich der Geschädigte die Leistung des Dritten anrechnen lassen muss (zB im Wege der Vorteilsausgleichung), ist eine Frage der Schadensbemessung und richtet sich nach dem Deliktsstatut, wobei der Zweck der Drittleistung zu berücksichtigen ist.[210]

G. Besondere Vorbehaltsklausel (Abs. 3)

Abs. 3 erlaubt eine **Ergebniskorrektur,** wenn vor einem deutschen Gericht Ansprüche nach ausländischem Recht geltend gemacht werden. Während Abs. 3 Nr. 3 eher am Rande des Interesses steht, haben die Einschränkungen der Nr. 1 und 2, die sich in erster Linie gegen die Auswüchse des US-amerikanischen Schadensersatzrechts richten, Kontroversen ausgelöst.[211] **113**

I. Anwendungsbereich

Der Anwendungsbereich des Abs. 3 ist eröffnet, wenn drei Voraussetzungen erfüllt sind: Erstens muss es, wie sich aus der Entstehungsgeschichte und der Systematik des Art. 40 ergibt, um **Ansprüche aus unerlaubter Handlung** gehen.[212] Ansprüche aus anderem Rechtsgrund sind von Abs. 3 nicht erfasst. Das betrifft zB Ansprüche aus Vertrag, GoA, Bereicherung oder Sachenrecht, auch wenn sie mit deliktischen Ansprüchen konkurrieren. Bezüglich dieser Ansprüche kann jedoch Art. 6 anzuwenden sein (→ Rn. 120). **114**

Zweitens muss der deliktische Anspruch dem **Recht eines anderen Staates** unterliegen. Abs. 3 verlangt die Anwendbarkeit eines ausländischen Deliktsstatuts, gleichgültig, ob die unerlaubte Handlung im Inland oder im Ausland begangen wurde.[213] Es spielt keine Rolle, ob ausländisches Deliktsrecht nach Art. 40 Abs. 1, Art. 40 Abs. 2 oder Art. 41 zur Anwendung kommt.[214] Haben die Parteien das anwendbare Recht im Wege der Rechtswahl vereinbart, ist Art. 40 Abs. 3 mit Blick auf die geschützten öffentlichen Interessen ebenfalls anwendbar.[215] **115**

Drittens verlangt die besondere Vorbehaltsklausel des Art. 40 Abs. 3, ebenso wie die allgemeine Vorbehaltsklausel des Art. 6, einen **hinreichenden Inlandsbezug** des Sachverhalts.[216] Die erforderliche Inlandsbeziehung liegt zB vor, wenn der Ersatzpflichtige oder der Verletzte die deutsche Staatsangehörigkeit oder einen gewöhnlichen Aufenthalt in Deutschland hat. Auch der Lageort des geschützten Rechtsguts kann einen Inlandsbezug vermitteln. **116**

II. Voraussetzungen

1. Lex americana (Nr. 1, Nr. 2). Anders als es Gesetzeswortlaut und -begründung[217] nahelegen, lassen sich die beiden ersten Fallgruppen nicht klar trennen: Ein Anspruch, der weiter geht als zur angemessenen Entschädigung des Verletzten erforderlich (Nr. 1), dient, wenn er nicht zwecklos ist, notwendigerweise anderen Zwecken als einer angemessenen Entschädigung des Verletzten (Nr. 2).[218] In beiden Fallgruppen geht es letztlich darum, eine **spezielle ordre public-Kontrolle** – insbesondere gegenüber US-amerikanischen Schadensersatzregeln – zu ermöglichen. **Nr. 1** betrifft den Fall, dass die fremde Rechtsnorm zwar grundsätzlich der Entschädigung des Verletzten, aber **117**

---

209 *Wandt* ZVglRWiss 86 (1987), 272 (301); Staudinger/*v. Hoffmann,* 2007, Vor Art. 40 Rn. 42.

210 BGH VersR 1989, 54 mAnm *M. Wandt* = NJW-RR 1989, 670 = IPRspr. 1988 Nr. 41; OLG München NJW 1985, 548 = IPRspr. 1984 Nr. 28.

211 Rechtspolitisch befürwortend und einen eher weiten Anwendungsbereich bejahend *Junker* RIW 2000, 241 (249); *Hohloch/Jaeger* JuS 2000, 1133 (1135); *v. Hoffmann* IPRax 1996, 1 (8); eher krit. und zT für eine einschränkende Auslegung *Hay* FS Stoll, 2001, 521 (531); *Kropholler/v. Hein* FS Stoll, 2001, 553 (574 f.); *Dethloff* FS Stoll, 2001, 481 (489).

212 *Kreuzer* RabelsZ 65 (2001), 383 (429); Erman/*Stürner* Rn. 70.

213 Staudinger/*v. Hoffmann,* 2007, Rn. 414.

214 *Huber* JA 2000, 67 (71); Staudinger/*v. Hoffmann,* 2007, Rn. 415.

215 *Kropholler/v. Hein* FS Stoll, 2001, 553 (565).

216 AllgM, s. nur *Dethloff* FS Stoll, 2001, 481 (484); *Junker* RIW 2000, 241 (249); *v. Hoffmann* IPRax 1996, 1 (8); *Hohloch/Jaeger* JuS 2000, 1133 (1135); *Spickhoff* NJW 1999, 2209 (2213); *Staudinger* DB 1999, 1589 (1592); *Vogelsang* NZV 1999, 497 (501); Staudinger/*v. Hoffmann,* 2007, Rn. 416.

217 Begr. RegE, BR-Drs. 759/98, 29 = BT-Drs. 14/343, 12.

218 *Kropholler/v. Hein* FS Stoll, 2001, 553 (565 ff.); *Hay* 47 Am. J. Comp. L. 633, 641 (1999); BeckOK BGB/*Spickhoff* Rn. 61.

durch ihre Ausgestaltung und Anwendung im konkreten Fall – zB durch Verdreifachung der Schadensersatzsumme – zu einer Verurteilung des Ersatzpflichtigen in exorbitanter Höhe führen würde und damit den Entschädigungszweck verfehlt. **Nr. 2** erfasst vor allem die Situation, dass es der ausländischen Vorschrift – neben oder anstelle einer angemessenen Entschädigung des Verletzten – in einem Maße um Bestrafung, Abschreckung oder Erziehung geht, das nach inländischen Rechtsvorstellungen nicht toleriert werden kann.[219] Zwar sind, veranlasst auch durch europäische Einflüsse, dem neueren deutschen Schadensersatzrecht präventive und pönale Elemente nicht völlig fremd, aber in der Kritik an Art. 40 Abs. 3 Nr. 1, 2 werden diese Elemente stark übertrieben.[220]

118 **2. Staatsverträge (Nr. 3).** Der Zweck der Nr. 3 erschließt sich vor dem **Hintergrund** der in internationalen Übereinkommen enthaltenen **Haftungsbeschränkungen.** Nr. 3 erfasst den Fall, dass ein Deliktsanspruch dem Recht eines ausländischen Staates unterliegt, der – anders als die Bundesrepublik Deutschland – ein internationales Übereinkommen nicht ratifiziert hat, also **kein Vertragsstaat** ist. Die Vorschrift soll Ungleichbehandlungen mit Sachverhalten ausschließen, die sich in einem **Vertragsstaat** eines solchen Übereinkommens ereignen. Beispiele sind multilaterale völkerrechtliche Verträge auf dem Gebiet der **Kernenergie**[221] (→ Rn. 97 ff.). Mit den „haftungsrechtlichen Regelungen" iSd Nr. 3 sind vereinheitlichte Bestimmungen über Haftungsbeschränkung und Haftungskanalisierung gemeint.[222] Aus dem mit Nr. 3 verfolgten Zweck – Schutz des Ersatzpflichtigen – ergibt sich auch, dass der geltend gemachte Anspruch nur durch solche Haftungsvorschriften begrenzt wird, die **sachlich einschlägig** sind.[223] Durch einen einseitigen Anwendungsbefehl des deutschen Gesetzgebers dehnt Nr. 3 den räumlichen Anwendungsbereich eines Übereinkommens aus. Der Haftpflichtige wird so behandelt als sei der Schaden im Hoheitsgebiet eines Vertragsstaates eingetreten. Art. 40 Abs. 3 Nr. 3 ist demnach – anders als Nr. 1 und 2 – keine spezielle ordre public-Norm, sondern dient dem Schutz des Ersatzpflichtigen vor Ungleichbehandlungen mit – ansonsten gleichgelagerten – Sachverhalten, die sich in einem Vertragsstaat eines Übereinkommens ereignen.[224] Aus dem fehlenden ordre public-Bezug folgt, dass Nr. 3 – anders als Nr. 1 und 2 – durch Parteivereinbarung abdingbar ist.[225]

III. Rechtsfolge

119 Abs. 3 bezweckt in erster Linie die **Begrenzung der Höhe** deliktischer Schadensersatzansprüche („Kappungsgrenze"), kann jedoch – insbesondere bei Nr. 2, aber auch bei Nr. 3 – auch die **Haftung dem Grunde nach** von der Anwendung im Inland ausschließen. Das Wort „soweit" im Eingangssatz des Abs. 3 kann nach seinem Wortsinn auch bedeuten, dass sich der Anspruch auf Null reduziert. Wenn Abs. 3 im konkreten Fall als „Kappungsgrenze" fungiert, besteht bei Nr. 1 und 2 ein Ermessensspielraum des Gerichts: Die einschränkende Formulierung („wesentlich" in Nr. 1, „offensichtlich" in Nr. 2) macht deutlich, dass es nicht um eine enge Begrenzung auf das deutsche Schadensersatzrecht geht[226] (im Einzelnen → 4. Aufl. 2006, Art. 40 Rn. 217 f.).

IV. Verhältnis zu anderen Vorschriften

120 In seinem Anwendungsbereich geht Art. 40 Abs. 3 der allgemeinen Vorbehaltsklausel des **Art. 6** vor. Sieht man in Art. 40 Abs. 3 Nr. 2 nicht nur eine summenmäßige Begrenzung des Schadensersatzanspruchs (→ Rn. 119), kann die Vorschrift auch anzuwenden sein (und insoweit Art. 6 verdrängen), wenn die ausländische Haftungsregelung schon dem Grunde nach mit den Wertvorstellungen des deutschen Rechts in Widerspruch steht, weil sie offensichtlich anderen Zwecken als einer angemessenen Entschädigung des Verletzten dient.[227] Art. 6 ist heranzuziehen, wenn das Ergebnis der Anwendung des ausländischen Deliktsrechts aus anderen Gründen – etwa durch übermäßig scharfe Haftungsvoraussetzungen – mit wesentlichen Grundsätzen des deutschen Rechts offensicht-

[219] *Kreuzer* RabelsZ 65 (2001), 383 (430); Staudinger/*v. Hoffmann,* 2007, Rn. 419.
[220] S. zB *Hay* FS Stoll, 2001, 521 (525 ff.).
[221] (Pariser) Übereinkommen vom 29.7.1960 über die Haftung gegenüber Dritten auf dem Gebiet der Kernenergie, Bekanntmachung der Neufassung: BGBl. 1985 II 963.
[222] Begr. RegE, BR-Drs. 759/98, 29 f. = BT-Drs. 14/343, 13 verweist ua auf Art. 6 PÜ; s. auch *R. Wagner* IPRax 1998, 429 (433 f.).
[223] Begr. RegE, BR-Drs. 759/98, 29 = BT-Drs. 14/343, 12; s. auch *R. Wagner* IPRax 1998, 429 (434).
[224] Begr. RegE, BR-Drs. 759/98, 29 = BT-Drs. 14/343, 13.
[225] *Kropholler/v. Hein* FS Stoll, 2001, 553 (565); aA *Huber* JA 2000, 67 (71–72).
[226] Begr. RegE, BR-Drs. 759/98, 29 = BT-Drs. 14/343, 12.
[227] *Hohloch/Jaeger* JuS 2000, 1133 (1135); aA *Spickhoff* NJW 1999, 2209 (2213); Staudinger/*v. Hoffmann,* 2007, Rn. 430.

lich unvereinbar ist.[228] Während Art. 40 Abs. 3 ein Übermaßverbot ausspricht, kann Art. 6 das Übermaß- ebenso wie das Untermaßverbot durchsetzen.

Art. 40 Abs. 3 betrifft die Anwendung ausländischen Rechts im Erkenntnisverfahren vor deutschen Gerichten. Der **verfahrensrechtliche ordre public** – im Rahmen der Anerkennung und Vollstreckung ausländischer Entscheidungen sowie der Rechtshilfe für ausländische Gerichte – ist in anderen Bestimmungen normiert (vgl. zB Art. 34 Brüssel Ia-VO, § 328 Abs. 1 Nr. 4 ZPO, Art. 13 HZÜ, Art. 12 Abs. 1 lit. b HBÜ). Art. 40 Abs. 3 ist insofern **nicht anwendbar.**[229] Die hierin – insbesondere in Nr. 1 und 2 – zum Ausdruck kommenden Wertungen des Gesetzgebers konkretisieren aber den Begriff der öffentlichen Ordnung und lassen sich insofern unterstützend zur Auslegung der verfahrensrechtlichen Bestimmungen heranziehen. 121

H. Direktanspruch (Abs. 4)

Abs. 4 gewährt dem Verletzten einen Anspruch unmittelbar gegen den Versicherer des Ersatzpflichtigen (sog **Direktanspruch**), wenn das Deliktsstatut oder das Versicherungsvertragsstatut einen solchen Anspruch vorsieht. Praktische Bedeutung hat der Direktanspruch vor allem für die Schadensregulierung nach Verkehrsunfällen (vgl. § 3 PflVG). Da sich in der Gesetzesbegründung die Formulierung findet, der Direktanspruch könne „notfalls" aus dem Versicherungsvertragsstatut hergeleitet werden,[230] wird die Frage aufgeworfen, ob es sich um eine nur **subsidiäre Anknüpfung** handelt.[231] Das hätte zur Folge, dass stets vorrangig zu prüfen ist, ob sich ein Direktanspruch aus dem Deliktsstatut ergibt. Im Einklang mit dem Gesetzeswortlaut bejahen die Rspr. und die ganz hM jedoch eine **alternative Anknüpfung.**[232] Da Abs. 4 nach diesem Verständnis mit Art. 18 Rom II-VO übereinstimmt (→ Rom II-VO Art. 18 Rn. 8), kann wegen der Einzelheiten der Anknüpfung des Direktanspruchs auf die Kommentierung des Art. 18 Rom II-VO verwiesen werden. 122

I. Rück- und Weiterverweisung

Nach der Gesetzesbegründung[233] sind die Verweisungen der Art. 38 ff. grundsätzlich **Gesamtverweisungen** (Art. 4 Abs. 1 S. 1 Hs. 1).[234] Eine Ausnahme besteht, wenn eine Gesamtverweisung dem **Sinn der Verweisung** widersprechen würde (Art. 4 Abs. 1 S. 1 Hs. 2). Das ist bei den akzessorischen Anknüpfungen nach Art. 40 Abs. 4 Alt. 2[235] und 41 Abs. 2 Nr. 1 der Fall (→ Art. 41 Rn. 27), ebenso bei der Generalklausel des Art. 41 Abs. 1 (→ Art. 41 Rn. 25 f.). Eine weitere Ausnahme vom Grundsatz der Gesamtverweisung besteht nach Art. 4 Abs. 2 S. 2, wenn die Parteien das anwendbare Recht durch **Rechtswahl** bestimmen (→ Art. 42 Rn. 30). Für die Grundanknüpfungen des Art. 40 Abs. 1, 2 gilt: 123

I. Anknüpfung an den Handlungsort (Abs. 1 S. 1)

Die Anwendung der Tatortregel des Abs. 1 auf ein **Platzdelikt** eröffnet dem Verletzten keine Wahlmöglichkeit zwischen Handlungs- und Erfolgsortrecht. Die Anknüpfung an den Handlungsort 124

---

228 *Dethloff* FS Stoll, 2001, 481 (489); *Spickhoff* NJW 1999, 2209 (2213); *Junker* RIW 2000, 241 (249); *Hohloch/Jaeger* JuS 2000, 1333 (1335).

229 Staudinger/*v. Hoffmann,* 2007, Rn. 431 f.; ebenso zu Art. 38 aF BGHZ 88, 17 (24); BGHZ 118, 312 = NJW 1992, 3096 m. Aufs. *Koch* NJW 1992, 3073 = IPRax 1993, 310 m. Aufs. *Koch/Zekoll* IPRax 1993, 288 = ZZP 193, 79 mAnm *Schack* = ZIP 1992, 1256 m. Aufs. *Bungert* ZIP 1992, 1707 = RIW 1993, 132 m. Aufs. *Schütze* RIW 1993, 139 = JZ 1993, 261 mAnm *Deutsch* = IPRspr. 1992 Nr. 218.

230 Begr. RegE, BR-Drs. 759/98, 30 = BT-Drs. 14/343, 13.

231 Staudinger/*v. Hoffmann,* 2007, Rn. 438 unter Hinweis auf *Vogelsang* NZV 1999, 497 (501) und *R. Wagner* IPRax 1998, 429 (434).

232 BGH NJW 2016, 1648 Rn. 15; OLG Hamm IPRax 2019, 165 Rn. 21 m. Aufs. *Rademacher* IPRax 2019, 140 (141 f.); *Looschelders* FS Danzl, 2017, 603 (617); *Junker* JZ 2000, 477 (486); *Huber* JA 2000, 67 (72); *Hohloch/Jaeger* JuS 2000, 1133 (1135); *A. Staudinger* DB 1999, 1589 (1592); *Spickhoff* NJW 1999, 2209 (2212); *Ziegert* ZfS 2000, 5 (6); *Gruber* VersR 2001, 16 (19); Staudinger/*v. Hoffmann,* 2007, Rn. 439; Erman/*Stürner* Rn. 79.

233 Begr. RegE, BR-Drs. 759/98, 14, 36 = BT-Drs. 14/343, 8, 15.

234 *R. Wagner* IPRax 1998, 429 (431); *Staudinger* DB 1999, 1589 (1593); *Huber* JA 2000, 67 (72); *Junker* RIW 2000, 241 (242).

235 BeckOK BGB/Spickhoff Rn. 51; *Staudinger* DB 1999, 1589 (1593); *Junker* RIW 2000, 241 (242).

beruht in diesem Fall nicht auf besonderen materiellen Wertungen. Es besteht daher kein Anlass, entgegen dem klaren Wortlaut des Art. 4 Abs. 1 S. 1 Hs. 1 eine Sachnormverweisung anzunehmen. Die Anknüpfung eines Anspruchs aus unerlaubter Handlung nach Art. 40 Abs. 1 S. 1 ist folglich eine **Gesamtverweisung** (Art. 4 Abs. 1 S. 1 Hs. 1).[236]

II. Bestimmungsrecht des Verletzten (Abs. 1 S. 2, 3)

125 Das Bestimmungsrecht nach Abs. 1 S. 2 ist **keine einseitige Rechtswahl im engeren Sinne,** sondern wirkt sich im Rahmen der objektiven Anknüpfung aus, indem die Verweisung auf das Handlungsortsrecht durch diejenige auf das Erfolgsortsrecht ausgetauscht wird (→ Rn. 30). Bei diesem Verständnis des Abs. 1 S. 2 wäre es an sich folgerichtig, ebenso wie bei der Anwendung des Abs. 1 S. 1 (→ Rn. 124) auch bei der Anknüpfung nach Abs. 1 S. 2 einen Renvoi zuzulassen.[237] Auf der anderen Seite sind die **Interessen des Verletzten** zu berücksichtigen: Dem Verletzten wird die vom Gesetzgeber gewählte Regelungstechnik gleichgültig sein; er wird das Bestimmungsrecht im Hinblick auf ein für ihn günstiges sachliches Ergebnis ausüben.[238] Da die Modifizierung der Tatortregel die Anknüpfung praktikabler gestalten, aber nicht die Position des Geschädigten schwächen sollte, wird man in der Ausübung des Optionsrechts nach Abs. 1 S. 2 eine **Sachnormverweisung** aus dem Sinn der Verweisung sehen müssen (Art. 4 Abs. 1 S. 1 Hs. 2); der Renvoi ist folglich ausgeschlossen.[239]

III. Gemeinsamer gewöhnlicher Aufenthalt (Abs. 2)

126 Bei der Anknüpfung an den gemeinsamen gewöhnlichen Aufenthalt gemäß Abs. 2 ist kein Grund ersichtlich, von dem nach Art. 4 Abs. 1 S. 1 Hs. 1 gebotenen Prinzip der Gesamtverweisung abzuweichen[240] (zur Bejahung der Gesamtverweisung bei Art. 41 Abs. 2 Nr. 2 → Art. 41 Rn. 31). Die Verweisung nach Abs. 2 auf ein ausländisches Recht ist daher eine **Gesamtverweisung** (Art. 4 Abs. 1 S. 1 Hs. 1); eine Rück- oder Weiterverweisung ist folglich zu beachten.[241]

Art. 41 EGBGB Wesentlich engere Verbindung

(1) Besteht mit dem Recht eines Staates eine wesentlich engere Verbindung als mit dem Recht, das nach den Artikeln 38 bis 40 Abs. 2 maßgebend wäre, so ist jenes Recht anzuwenden.

(2) Eine wesentlich engere Verbindung kann sich insbesondere ergeben
1. aus einer besonderen rechtlichen oder tatsächlichen Beziehung zwischen den Beteiligten im Zusammenhang mit dem Schuldverhältnis oder
2. in den Fällen des Artikels 38 Abs. 2 und 3 und des Artikels 39 aus dem gewöhnlichen Aufenthalt der Beteiligten in demselben Staat im Zeitpunkt des rechtserheblichen Geschehens; Artikel 40 Abs. 2 Satz 2 gilt entsprechend.

Schrifttum: s. Vor Art. 38, Art. 40.

Übersicht

[236] AllgM, s. zB OLG Frankfurt NJW 2000, 1202; *Junker* JZ 2000, 477 (483); *Huber* JA 2000, 67 (73); *Rehm* DAR 2001, 531 (535); *v. Hein* ZVglRWiss 99 (2000), 251 (263).

[237] *Dörner* FS Stoll, 2001, 491 (495); *Looschelders* VersR 1999, 1316 (1324); *Rehm* DAR 2001, 531 (535); *v. Hein* ZVglRWiss 99 (2000), 251 (271); *Schurig* GS Lüderitz, 2000, 699 (709); BeckOK BGB/*Spickhoff* Rn. 51.

[238] *Kreuzer* RabelsZ 65 (2001), 383 (424 f.).

[239] *Kreuzer* RabelsZ 65 (2001), 383 (424); *Huber* JA 2000, 67 (73); *Junker* RIW 2000, 241 (242); *Freitag/Leible* ZVglRWiss 99 (2000), 101 (140 f.); *Heiderhoff* IPRax 2002, 366.

[240] AA *v. Hoffmann* IPRax 1996, 1 (7); *Huber* JA 2000, 67 (73).

[241] *Junker* JZ 2000, 477 (481 f.); *Kreuzer* RabelsZ 65 (2001), 383 (421); *Looschelders* VersR 1999, 1316 (1324); *Rehm* DAR 2001, 531 (535); *v. Hein* ZVglRWiss 99 (2000), 251 (273).

I. Allgemeines

1. Normzweck. Das IPR-Reformgesetz von 1999 legt einen Kernbestand von allgemein gehaltenen Anknüpfungen fest, die durch wenige Spezialanknüpfungen (zB Art. 39 Abs. 2) und die **Ausweichklauseln** der Art. 41, 46 aufgelockert werden; einem „ausdifferenzierten Anknüpfungssystem mit Detailregelungen" hat der Gesetzgeber eine Absage erteilt[1] (→ Vor Art. 38 Rn. 8). Art. 41 enthält die Ausweichklausel für den Unterabschnitt „Außervertragliche Schuldverhältnisse" (Art. 38–42). 1

Die Ausweichklausel des Art. 41 ermöglicht eine Korrektur der allgemein gehaltenen Anknüpfungen der Art. 38–40 Abs. 2 (daher auch: „Berichtigungsklausel"[2]), um in besonders gelagerten Fällen oder Fallgruppen **Anknüpfungsgerechtigkeit** herzustellen. Die Vorschrift ist keine bloße Hilfsnorm (Auslegungshilfe), sondern, wie sich schon aus der Formulierung ergibt („so ist jenes Recht anzuwenden"), eine **echte Kollisionsnorm.** Sie ist vom Richter **von Amts wegen** heranzuziehen.[3] 2

2. Anwendungsbereich. a) Generalklausel. Der Anwendungsbereich der Ausweichklausel des Abs. 1 erstreckt sich auf die Anknüpfungen der Art. 38–40 Abs. 2. Aus Respekt vor der Parteiautonomie unterliegt die nach Art. 42 getroffene **Rechtswahl** nicht der Korrektur durch die Ausweichklausel (→ Art. 42 Rn. 4). Bei der **Haftungsbegrenzung** gemäß Art. 40 Abs. 3 und der Anknüpfung des **Direktanspruchs** nach Art. 40 Abs. 4 Alt. 2 ist – so die Gesetzesbegründung – an die Anwendung der Ausweichklausel der Sache nach nicht zu denken,[4] wohl aber (in Korrektur des Gesetzeswortlauts nach dem Zweck und der Systematik der Regelung) bei der Anknüpfung des Direktanspruchs nach Art. 40 Abs. 4 Alt. 1. 3

Weitere Einschränkungen des Anwendungsbereichs des Art. 41 Abs. 1 ergeben sich aus dem **Sinn und Zweck** der Grundanknüpfungen. Den wichtigsten Fall nennen bereits die Gesetzesmaterialien: Bei der akzessorischen Anknüpfung der **Leistungskondiktion nach Art. 38 Abs. 1** ist der Zusammenhang mit dem Rechtsverhältnis, auf das die Leistung bezogen ist, so eng, dass sich die Berücksichtigung sonstiger Beziehungen im Rahmen des Art. 41 Abs. 1 im Allgemeinen verbietet.[5] Ähnlich ist es im Recht der GoA bei der **Spezialanknüpfung des Art. 39 Abs. 2** (→ Art. 39 Rn. 19). Nicht ausgeschlossen ist dagegen die Anwendung des Art. 41 Abs. 1 gegenüber dem Recht des Erfolgsorts, das der Verletzte durch das **Optionsrecht des Art. 40 Abs. 1 S. 2, 3** zur Anwendung bringt (→ Art. 40 Rn. 66). 4

b) Regelbeispiele. Da die Nr. 1 und 2 des Abs. 2 nur beispielhaft genannte Anwendungsfälle des Abs. 1 darstellen, teilen sie auch den Anwendungsbereich des Abs. 1. Darüber hinaus ergeben sich weitere Einschränkungen. So ist ein **Anwendungsbereich des Abs. 2 Nr. 1** bei der Anknüpfung der **Leistungskondiktion nach Art. 38 Abs. 1** nicht zu erkennen, da bereits Art. 38 Abs. 1 5

---

1 Begr. RegE, BR-Drs. 759/98, 20 = BT-Drs. 14/343, 2; BeckOGK/*Fornasier* Rn. 2 ff.; BeckOK BGB/*Spickhoff* Rn. 1; NK-BGB/*G. Wagner* Rn. 1; PWW/*Schaub* Rn. 1; *Sonnenberger* Rev. crit. dr. int. pr. 88 (1999), 647 (657); *Hay* Am. J. Comp. L. 633, 634 (1999); *Rehm* DAR 2001, 531 (534); *Looschelders* VersR 1999, 1316 (1321).

2 Erman/*Stürner* Rn. 1; *Junker* JZ 2000, 477 (483); *Kreuzer* RabelsZ 65 (2001), 383 (430).

3 BeckOK BGB/*Spickhoff* Rn. 1; NK-BGB/*G. Wagner* Rn. 5; *Sonnenberger* Rev. crit. dr. int. pr. 88 (1999), 647 (660); *v. Hein* RIW 2000, 820 (831); *Hohloch/Jaeger* JuS 2000, 1133 (1136).

4 Begr. RegE, BR-Drs. 759/98, 31 = BT-Drs. 14/343, 13.

5 Begr. RegE, BR-Drs. 759/98, 31 = BT-Drs. 14/343, 13; zust. *Kreuzer* RabelsZ 65 (2001), 383 (431); *Busse* RIW 1999, 16 (19); *G. Fischer* IPRax 2002, 1 (3); *R. Wagner* IPRax 1998, 429 (434); aA *Staudinger* DB 1999, 1589 (1590).

das Leistungskondiktionsstatut akzessorisch an das Leistungsgrundstatut anknüpft. Anders ist es dagegen im Recht der GoA bei der Spezialanknüpfung des Art. 39 Abs. 2 (→ Art. 39 Rn. 21). Schon nach dem **Wortlaut von Abs. 2 Nr. 2** muss dieses Regelbeispiel bei der Anknüpfung der **Leistungskondiktion nach Art. 38 Abs. 1** und bei der Bestimmung des **Deliktsstatuts nach Art. 40** entfallen: Bei ersterer scheidet die *lex domicilii communis* als Anknüpfung gänzlich aus, bei letzterer ist sie dagegen nach Art. 40 Abs. 2 sogar eine Grundanknüpfung. Auch im Recht der GoA ist bei der **Spezialanknüpfung des Art. 39 Abs. 2** das Legalbeispiel des Art. 41 Abs. 2 Nr. 2 irrelevant, da die Verknüpfung des GoA-Anspruchs mit dem Statut des gemeinsamen gewöhnlichen Aufenthalts nicht wesentlich enger sein kann als diejenige mit dem Statut der getilgten Verbindlichkeit. Insgesamt bleibt also für eine Anknüpfungskorrektur nach Abs. 2 Nr. 2 nur ein schmaler Anwendungsbereich (Art. 38 Abs. 2 und 3 sowie Art. 39 Abs. 1).

6 **3. Systematik.** Nach seiner Systematik enthält Art. 41 in Abs. 1 eine „General-Ausweichklausel“[6] (allgemeine Berichtigungsklausel), die Abs. 2 durch zwei Regelbeispiele konkretisiert. **Abs. 1** macht schon durch seinen Wortlaut („wesentlich engere Verbindung“) den Ausnahmecharakter des Art. 41 deutlich: Die Vorschrift setzt voraus, dass der Sachverhalt nach den Gesamtumständen mit der „normalerweise“ (dh nach Art. 38–40 Abs. 2) zur Anwendung berufenen Rechtsordnung in allenfalls geringem, mit einer anderen Rechtsordnung jedoch in wesentlich engerem Zusammenhang steht.[7] **Abs. 2** konkretisiert die Generalklausel des Abs. 1 durch zwei Regelbeispiele, die nicht abschließend gedacht sind („insbesondere“),[8] aber in der Praxis die beiden wichtigsten Anwendungsfälle ausmachen.

7 **4. Verhältnis zur Rom II-VO.** Ist das Ereignis, welches das außervertragliche Schuldverhältnis entstehen lässt, **nach dem 10.1.2009** eingetreten, wird Art. 41 EGBGB im sachlichen Anwendungsbereich der Rom II-VO durch diese Verordnung verdrängt (Art. 31, 32 Rom II-VO). Soweit keine Ausnahme vom sachlichen Anwendungsbereich der Rom II-VO besteht (→ Vor Art. 38 Rn. 32 f.), ist Art. 41 folglich nur (noch) anzuwenden, wenn das schadensbegründende Ereignis iSd Art. 31 Rom II-VO **vor dem 11.1.2009** stattgefunden hat.

II. Generalklausel (Abs. 1)

8 **1. Regel-Ausnahme-Verhältnis.** Abs. 1 erlaubt dem Rechtsanwender, von den typisierenden Anknüpfungen der Art. 38–40 Abs. 2 zu Gunsten eines Rechts abzuweichen, mit dem der zu beurteilende Sachverhalt eine wesentlich engere Verbindung aufweist. Da Abs. 1 eine **Abweichung von den Regelanknüpfungen** der Art. 38–40 Abs. 2 gestattet, ist es schon aus sachlogischen Gründen zwingend, in der Prüfungsreihenfolge zunächst das sich aus Art. 38–40 Abs. 2 ergebende Recht zu ermitteln und erst in einem zweiten Schritt eine **Anwendung der Ausnahmeklausel** des Art. 41 Abs. 1 (konkretisiert durch die Regelbeispiele des Abs. 2) zu erwägen.

9 **2. Wesentlich engere Verbindung.** Art. 41 Abs. 1 fordert eine „wesentlich engere“ Verbindung zum Recht eines anderen Staates. Danach kommt eine Korrektur der regulären Kollisionsnormen der Art. 38–40 Abs. 2 nur in Betracht, wenn evident ist, dass die Grundanknüpfungen nicht zum sachverhaltsnächsten Recht führen, weil das Kriterium der stärksten Beziehung eindeutig auf eine andere Rechtsordnung weist.[9] So kann aus zB Art. 41 Abs. 1 folgen, dass die Anknüpfung an den gemeinsamen gewöhnlichen Aufenthalt (Art. 40 Abs. 2) zu Gunsten der Tatortregel (Art. 40 Abs. 1) zurückzutreten hat.

10 **3. Typenbildung.** Zwar kann eine Korrektur nach Art. 41 Abs. 1 jeweils nur **im Einzelfall** erfolgen (Verwirklichung der individuellen Anknüpfungsgerechtigkeit), jedoch lässt sich durch **Typenbildung** Stetigkeit und Rechtssicherheit in die Anwendung des Art. 41 Abs. 1 bringen (Durchsetzung der generellen Anknüpfungsgerechtigkeit).[10] Der Gesetzgeber selbst hat insofern zur Typenbildung beigetragen, als er die beiden **wichtigsten Anwendungsfälle** des Abs. 1 in Art. 41 Abs. 2 als Regelbeispiele kodifiziert hat.

---

[6] *Kreuzer* RabelsZ 65 (2001), 383 (433); s. auch *Sonnenberger* Rev. crit. dr. int. pr. 88 (1999), 647 (660).

[7] Begr. RegE, BR-Drs. 759/98, 31 = BT-Drs. 14/343, 13; s. auch *Kreuzer* RabelsZ 65 (2001), 383 (430).

[8] Begr. RegE, BR-Drs. 759/98, 32 = BT-Drs. 14/343, 13; zust. Erman/*Stürner* Rn. 2; *Kreuzer* RabelsZ 65 (2001), 383 (430); *Hohloch/Jaeger* JuS 2000, 1133 (1136); *Looschelders* VersR 1999, 1316 (1321 f.); *Rehm* DAR 2001, 531 (534).

[9] OLG Stuttgart IPRax 2009, 154 (155) m. Aufs. *Spickhoff* IPRax 2009, 128; *Junker* JZ 2000, 477 (483); *Looschelders* VersR 1999, 1316 (1321): „nicht um jeden Preis“; *Rehm* DAR 2001, 531 (534): „nicht ohne Not“; *Hohloch/Jaeger* JuS 2000, 1133 (1136).

[10] BeckOGK/*Fornasier* Rn. 14 f.; BeckOK BGB/*Spickhoff* Rn. 2; *v. Hein* RIW 2000, 820 (831); *Spickhoff* NJW 1999, 2209 (2213); *Spickhoff* IPRax 2000, 1 (2); *Junker* JZ 2000, 477 (483); *P. Huber* JA 2000, 67 (69).

III. Regelbeispiele (Abs. 2)

1. Grundkonzept. a) Regelungstechnik. Abs. 2 nennt **zwei Fallkonstellationen,** aus denen sich eine wesentlich engere Verbindung ergeben kann. Es handelt sich weder um verbindliche noch um abschließend gedachte **Beispielsfälle:**[11] Die Praxis ist durch die Nennung der Regelbeispiele in Abs. 2 weder verpflichtet, in diesen Fällen stets von den Grundanknüpfungen abzuweichen, noch ist sie durch Abs. 2 gehindert, weitere Aspekte einzubeziehen, welche die Legalbeispiele verstärken oder abschwächen. Der Gesetzgeber sieht es in den Fällen des Abs. 2 nur als möglich an, dass die Voraussetzungen der anderweitigen engen Beziehungen erfüllt sind.[12] Der Richter muss allerdings, wenn Anlass dazu besteht, diese Möglichkeit **von Amts wegen** prüfen (→ Rn. 2). 11

b) Internes Rangverhältnis. Das Rangverhältnis der beiden Regelbeispiele des Abs. 2 lässt sich, da die Anknüpfungen des Art. 41 als „flexibles und offenes System konstruiert"[13] sind, nicht abstrakt-generell festlegen: Sind die Voraussetzungen beider Legalbeispiele erfüllt, ist von einer **Gleichrangigkeit** beider auszugehen, die auf der Grundlage des konkreten Lebenssachverhalts zu Gunsten des einen oder des anderen Legalbeispiels aufzulösen ist. Lediglich als „Faustregel" lässt sich festhalten, dass in den meisten Fällen eine Sonderbeziehung zwischen den Beteiligten (Abs. 2 Nr. 1) eine engere Verbindung zu einer Rechtsordnung herstellt als der gewöhnliche Aufenthalt der Beteiligten in demselben Staat (Abs. 2 Nr. 1),[14] so dass in der Praxis meist **Nr. 1 Vorrang** vor Nr. 2 haben dürfte. 12

c) Verhältnis zu Art. 40 Abs. 2. Das Verhältnis von Abs. 2 Nr. 1 zur Aufenthaltsanknüpfung nach Art. 40 Abs. 2 lässt sich nicht abstrakt-generell bestimmen, sondern nur auf Grund der Gesamtheit der Umstände des Einzelfalls. Dabei ist nach der Systematik der Art. 40, 41 allerdings folgendes zu beachten: Nach ihrer Stellung innerhalb der Ausweichklausel sind die beiden Regelbeispiele des Art. 41 Abs. 2 grundsätzlich gleichrangig (→ Rn. 12); im Einzelfall gebührt Art. 41 Abs. 2 Nr. 1 gegenüber Nr. 2 der Vorzug, wenn der Sachverhalt zu der „rechtlichen Beziehung" iSd Nr. 1 eine auch nur **unwesentlich engere Verbindung** aufweist als zum *domicilium communis* iSd Nr. 2. Bei einem deliktischen Schuldverhältnis ist dagegen Art. 41 Abs. 2 Nr. 1 nur einschlägig, wenn zu der „rechtlichen oder tatsächlichen Beziehung" eine **wesentlich engere Verbindung** besteht als zum *domicilium communis* iSd Art. 40 Abs. 2. 13

2. Akzessorische Anknüpfung (Nr. 1). Ebenso wie die Generalklausel des Abs. 1 korrespondiert auch das Regelbeispiel des Abs. 2 Nr. 1 nach seinem **Wortlaut** mit allen Anknüpfungen der Art. 38–40 Abs. 2. Allerdings scheidet bei der **Leistungskondiktion** (Art. 38 Abs. 1), bei welcher bereits die Grundanknüpfung akzessorisch ausgestaltet ist, die Anwendung der Nr. 1 nach dem **Sinn und Zweck** der Regelung aus (→ Rn. 5). 14

a) Besondere Beziehung. Nr. 1 erlaubt es dem Rechtsanwender, an eine besondere Beziehung zwischen den Beteiligten im Zusammenhang mit dem außervertraglichen Schuldverhältnis anzuknüpfen. Die Sonderbeziehung zwischen den Beteiligten muss bei der Entstehung des gesetzlichen Schuldverhältnisses noch nicht existieren; es genügt, wenn sie gleichzeitig mit dem gesetzlichen Schuldverhältnis entsteht (zB bei der deliktsakzessorischen Anknüpfung der Eingriffskondiktion, → Art. 38 Rn. 29 aE). Die Sonderbeziehung kann nach dem Wortlaut der Nr. 1 rechtlicher oder tatsächlicher Natur sein. 15

aa) Rechtliche Beziehung. Eine besondere rechtliche Beziehung ist in der Regel ein schuldrechtliches **Vertragsverhältnis** zwischen den Beteiligten des außervertraglichen Schuldverhältnisses.[15] Eine akzessorische Anknüpfung an das Vertragsstatut kann auch stattfinden, wenn der Vertrag internationalem Einheitsrecht unterliegt (zB CISG). Soweit Lücken des Einheitsrechts (zB nach Art. 7 Abs. 2 CISG) der Ausfüllung durch ein nationales Vertragsrecht bedürfen, gibt es ein reales (und nicht bloß hypothetisches) Vertragsstatut, an das akzessorisch angeknüpft werden kann. 16

Gesetzliche Sonderbeziehungen können zB solche des Familienrechts sein (insbesondere Verwandtschaft, Ehe).[16] Allerdings ist der innere Zusammenhang mit dem außervertraglichen 17

---

[11] Begr. RegE, BR-Drs. 759/98, 32 = BT-Drs. 14/343, 13; NK-BGB/*G. Wagner* Rn. 6 ff.; PWW/*Schaub* Rn. 5 f.; *Sonnenberger* Rev. crit. dr. int. pr. 88 (1999), 647 (660); *Hay* Am. J. Comp. L. 633, 642 (1999); *Huber* JA 2000, 65 (69); *Hohloch/Jaeger* JuS 2000, 1133 (1136).

[12] BeckOGK/*Fornasier* Rn. 17; BeckOK BGB/*Spickhoff* Rn. 2; *Kreuzer* RabelsZ 65 (2001), 383 (433).

[13] *Kreuzer* RabelsZ 65 (2001), 383 (432); s. auch *Hay* 47 Am. J. Comp. L. 633, 643 (1999); *Junker* JZ 2000, 477 (483); *Rehm* DAR 2001, 531 (534).

[14] *G. Fischer* IPRax 2002, 1 (17).

[15] Erman/*Stürner* Rn. 10; PWW/*Schaub* Rn. 5; *Hay* 47 Am. J. Comp. L. 633 (643) (1999).

[16] *v. Hoffmann* IPRax 1996, 1 (6); *Huber* JA 2000, 67 (69).

Schuldverhältnis sorgfältig zu prüfen (→ Rn. 21). So sind zB deliktische Ansprüche aus Verlöbnisbruch nach Art. 41 Abs. 2 Nr. 1 akzessorisch an das Verlöbnisstatut anzuknüpfen, nicht aber Ansprüche wegen betrügerischer Machenschaften einer Frau gegen ihren Verlobten mit dem Ziel, großzügige Geschenke zu bekommen.[17]

18 **bb) Tatsächliche Beziehung.** Die Gesetzesbegründung sieht bereits in dem **sozialen** Kontakt der Beteiligten eine tatsächliche Beziehung iSd Nr. 1, an die akzessorisch angeknüpft werden könne.[18] Im Anschluss daran werden solche tatsächlichen Beziehungen im Schrifttum insbesondere im Internationalen (Straßen-) Verkehrsrecht diskutiert (→ Rom II-VO Art. 4 Rn. 125). Genannt werden familienähnliche Gemeinschaften und sonstige Gruppenbeziehungen von der (wie auch immer definierten) „Reisegesellschaft" bis hin zu „Mitfahrerverhältnissen" bei Gefälligkeitsfahrten[19] oder gemeinsamer Sprache der Deliktsbeteiligten.[20]

19 Richtigerweise ist die Anknüpfung an solche tatsächlichen Beziehungen abzulehnen (→ Art. 40 Rn. 70; → Rom II-VO Art. 4 Rn. 76), denn sie birgt die Gefahr, dass die Grundanknüpfungen – insbesondere die Tatortregel des Art. 40 Abs. 1 – bis zur Unkenntlichkeit verwässert[21] und einem unkontrollierten „Heimwärtsstreben" der Weg bereitet wird.[22] Die Lösung folgt im Internationalen Deliktsrecht vielmehr aus Art. 40 Abs. 2: Haben die Gruppenmitglieder (zB der bei einem Verkehrsunfall auf gemeinsamer Urlaubsreise verletzte Lebenspartner, die Insassen eines verunglückten Reisebusses oder der von einem Anhalter angegriffene und verletzte Kraftfahrer) ihren **gewöhnlichen Aufenthalt** in demselben Staat, ist nach Art. 40 Abs. 2 das Recht dieses Staates anzuwenden. Ist das nicht der Fall, muss es bei der **Tatortregel** bleiben, wenn nicht die akzessorische Anknüpfung an eine **rechtliche Beziehung** zwischen den Beteiligten (zB einen Gesellschaftsvertrag) möglich ist.[23]

20 **b) Beteiligtenidentität.** Die Sonderbeziehung muss nach Nr. 1 zwischen den Beteiligten des außervertraglichen Schuldverhältnisses bestehen. Eine akzessorische Anknüpfung an eine Rechtsbeziehung, an der einer der Beteiligten des gesetzlichen Schuldverhältnisses nicht beteiligt ist, sieht Nr. 1 nicht vor.[24] Umstritten ist die Rechtslage, wenn der Verletzte nicht ein außenstehender Dritter, sondern in den **Schutzbereich** des Vertrages einbezogen ist. Hier wird man in konsequenter Fortentwicklung des materiellrechtlichen Gedankens den Dritten auch in die akzessorische Anknüpfung einbeziehen können.[25]

21 **c) Intensität des Zusammenhangs.** Die Sonderbeziehung muss nach Nr. 1 im Zusammenhang mit dem außervertraglichen Schuldverhältnis stehen; der in Nr. 2 genannte Fall ist daher kein Unterfall der tatsächlichen Beziehung iSd Nr. 1.[26] Das schädigende Ereignis muss auf der Verletzung einer Pflicht beruhen, die sich aus der Sonderbeziehung ergibt; es darf nicht bloß bei der Teilnahme am allgemeinen Verkehr eingetreten sein.[27] Nach verbreiteter Ansicht ist ein **sachlicher Zusammenhang** zwischen dem Schadensereignis und den Handlungen erforderlich, die bei Durchführung der Sonderbeziehung zwischen den Parteien vorgenommen wurden.[28]

22 **3. Gemeinsamer gewöhnlicher Aufenthalt (Nr. 2).** Anders als die Generalklausel des Abs. 1 und das Regelbeispiel des Abs. 2 Nr. 1 bezieht sich das Regelbeispiel des Abs. 2 Nr. 2 schon nach seinem **Wortlaut** nicht auf alle Anknüpfungen der Art. 38–40 Abs. 2, sondern nur auf die Fälle des Art. 38 Abs. 2, 3 und des Art. 39. Für die **Leistungskondiktion** nach Art. 38 Abs. 1 ist die Anknüpfung an den gemeinsamen gewöhnlichen Aufenthalt ausgeschlossen (zu den Gründen → Art. 38 Rn. 30). Auch für die Bestimmung des **Deliktsstatuts** kommt Abs. 2 Nr. 2 nicht zur Anwendung, da Art. 40 Abs. 2 insoweit bereits eine besondere Grundanknüpfung vorsieht. Im Recht der GoA ist Art. 41 Abs. 2 Nr. 2 bei der **Spezialanknüpfung des Art. 39 Abs. 2** nach seinem **Sinn und Zweck** ausgeschlossen (→ Rn. 5). Im Ergebnis verbleibt also für

---

[17] BGHZ 132, 105 = NJW 1996, 1411 = IPRax 1997, 187 m. Aufs. *Mankowski* IPRax 1997, 173.

[18] Begr. RegE, BR-Drs. 759/98, 32 = BT-Drs. 14/343, 13.

[19] Staudinger/*v. Hoffmann,* 2007, Rn. 23 ff.; s. auch (zu Art. 4 Abs. 3 Rom II-VO) *Rieländer* RabelsZ 81 (2017), 344 (364 ff.).

[20] LG Dresden NJW 2007, 88 (89).

[21] *Hay* 47 Am. J. Comp. L. 633, 643 (1999): „... threatens to make Art. 40 a non-rule".

[22] PWW/*Schaub* Rn. 5; *Sonnenberger* Rev. crit. dr. int. pr. 88 (1999), 647 (661); aA BeckOK BGB/*Spickhoff* Rn. 10; s. auch NK-BGB/*G. Wagner* Rn. 9: kein praktisches Bedürfnis.

[23] *Junker* JZ 2000, 477 (484); *Looschelders* VersR 1999, 1316 (1321).

[24] OLG Düsseldorf NJW-RR 2000, 833 = RIW 2000, 874 m. Aufs. *v. Hein* RIW 2000, 820.

[25] Staudinger/*v. Hoffmann,* 2007, Rn. 16; aA *Koch* VersR 1999, 1453 (1459).

[26] BeckOGK/*Fornasier* Rn. 24 ff.; aA *Busse* RIW 1999, 16 (19).

[27] BGHZ 119, 137 = IPRspr 1992 Nr. 58 = NJW 1993, 974 mAnm *Rothoeft/Rohe* = VersR 1992, 1237 mAnm *Wandt.*

[28] *Junker* JZ 2000, 477 (483); *Looschelders* VersR 1999, 1316 (1321); *A. Staudinger* DB 1999, 1589 (1593).

die Anwendung dieses Regelbeispiels nur die Durchbrechung der Anknüpfungen nach Art. 38 Abs. 2, 3 und Art. 39 Abs. 1.

Für diese Fälle enthält Nr. 2 das gleiche Anknüpfungskriterium wie Art. 40 Abs. 2, nämlich den gemeinsamen gewöhnlichen Aufenthalt der Beteiligten in demselben Staat im Zeitpunkt des rechtserheblichen Geschehens (Nr. 2 Hs. 1). Der **Begriff des gewöhnlichen Aufenthalts** ist mit demjenigen in Art. 40 Abs. 2 S. 1 identisch (→ Art. 40 Rn. 55). Bei **Gesellschaften,** Vereinen oder anderen juristischen Personen entscheidet nach Nr. 2 Hs. 2 iVm Art. 40 Abs. 2 S. 2 anstelle des gewöhnlichen Aufenthalts der Sitz der Hauptverwaltung oder der Niederlassung (→ Art. 40 Rn. 59 ff.). 23

IV. Rück- und Weiterverweisung

Die Verweisungen der Art. 38 ff. sind grundsätzlich **Gesamtverweisungen,** also Verweisungen auf das IPR eines fremden Staates (Art. 4 Abs. 1 S. 1 Hs. 1). Eine Ausnahme vom Grundsatz der Gesamtverweisung – und damit eine **Sachnormverweisung** – besteht, wenn eine Gesamtverweisung dem **Sinn der Verweisung** widersprechen würde (Art. 4 Abs. 1 S. 1 Hs. 2). Ob und wieweit die Befolgung eines Renvoi in den Fällen des Art. 41 Abs. 1, 2 Nr. 2 dem Verweisungssinn widersprechen würde, ist eine der umstrittensten Fragen der Neuregelung. 24

1. Generalklausel (Abs. 1). Viele sehen die Anwendung des Art. 41 Abs. 1 als **Sachnormverweisung** (Art. 4 Abs. 1 S. 1 Hs. 2): Nach dem Sinn der Verweisung handle es sich bei der berichtigenden Anwendung des Art. 41 Abs. 1 um eine individualisierende Statutsbestimmung, die nicht durch eine „blinde" Überantwortung an ein fremdes Kollisionsrecht wieder aufgehoben werden dürfe.[29] Die General-Ausweichklausel des Art. 41 Abs. 1 überwinde die starren Anknüpfungsregeln der Art. 38–40 Abs. 2, weil die betreffende Rechtsordnung am besten zu dem konkreten Fall passe. Diese Wertung dürfe nicht dadurch konterkariert werden, dass man über die Beachtung eines fremden Kollisionsrechts wieder zu einem anderen materiellen Recht gelange.[30] 25

Die **Gegenansicht** argumentiert, größere Sachnähe als solche könne kein Grund für die Ablehnung des Renvoi sein, da alle Kollisionsnormen auf dem Prinzip der Sachnähe (engsten Verbindung) beruhen.[31] Wäre dieses Argument stichhaltig, dürfte es jedoch niemals eine Sachnormverweisung aus dem Sinn der Verweisung geben; die Ausnahmebestimmung des Art. 4 Abs. 1 S. 1 Hs. 2 liefe leer. Die Gegenansicht ist daher abzulehnen. Die Verweisung des Art. 41 Abs. 1 ist eine Sachnormverweisung aus dem Sinn der Verweisung (Art. 4 Abs. 1 S. 1 Hs. 2). 26

2. Akzessorische Anknüpfung (Abs. 2 Nr. 1). Für die akzessorische Anknüpfung an eine zwischen den Beteiligten bestehende **rechtliche Sonderbeziehung** iSd Art. 41 Abs. 2 Nr. 1 ist der Renvoi nach allgemeiner Ansicht ausgeschlossen,[32] weil der Gesetzgeber eine koordinierte Anknüpfung von Sonderbeziehung und außervertraglichem Schuldverhältnis anstrebt[33] (Sachnormverweisung aus dem Sinn der Verweisung, Art. 4 Abs. 1 S. 1 aE). Diese Auffassung wird auch von denjenigen geteilt, die eine Anknüpfung nach Art. 41 Abs. 1 als Gesamtverweisung ansehen.[34] Zwei Spezialfragen stellen sich bei Abs. 2 Nr. 1: 27

a) Akzessorischer Renvoi. Die verbreitete Feststellung, in Fällen der akzessorischen Anknüpfung sei der Renvoi ausgeschlossen[35] (Sachnormverweisung aus dem Sinn der Verweisung), ist insofern missverständlich, als nur der „isolierte Renvoi" ausgeschlossen ist, dh die **Trennung** von Haupt- und akzessorischer Anknüpfung durch Rück- oder Weiterverweisung (Beispiel: Die Deliktsanknüpfung folgt nach Art. 41 Abs. 2 Nr. 1 der Anknüpfung des Vertrages gemäß Art. 3, 4 Rom I-VO; eine Rückverweisung durch ein danach berufenes ausländisches Recht ist nicht etwa – wegen Art. 20 Rom I-VO – nur für den Vertrags-, sondern auch für den Deliktsanspruch unbeachtlich). 28

Dagegen ist der Renvoi zu beachten, wenn ein Delikts-, Bereicherungs- oder GoA-Anspruch nach Art. 41 Abs. 2 Nr. 1 akzessorisch an ein **Hauptstatut** angeknüpft und für dieses eine Rück- oder Weiterverweisung angeordnet wird (Beispiel: eine Anknüpfung des Deliktsanspruchs an ein 29

---

29 *Kreuzer* RabelsZ 65 (2001), 383 (431) mwN.

30 NK-BGB/*G. Wagner* Rn. 4; *v. Hein* ZVglRWiss 99 (2000), 251 (275); *Huber* JA 2000, 67 (72).

31 BeckOK BGB/*Spickhoff* Rn. 12; *G. Fischer* IPRax 2002, 1 (10).

32 *v. Hein* ZVglRWiss 99 (2000), 251 (274); *Freitag/Leible* ZVglRWiss 99 (2000), 101 (139 f.); *Rehm* DAR 2001, 531 (535); *Junker* RIW 2000, 241 (242); *Junker* JZ 2000, 477 (485); *Kreuzer* RabelsZ 65 (2001), 383 (431 f.); *Huber* JA 2000, 67 (72); *Looschelders* VersR 1999, 1316 (1324); *Staudinger* DB 1999, 1589 (1593).

33 *Dörner* FS Stoll, 2001, 491 (500).

34 BeckOK BGB/*Spickhoff* Rn. 12; *G. Fischer* IPRax 2002, 1 (10); *Dörner* FS Stoll, 2001, 491 (499 f.).

35 Begr. RegE, BR-Drs. 759/98, 14 = BT-Drs. 14/343, 8.

familienrechtliches Sonderverhältnis,[36] für die nach Art. 4 Abs. 1 S. 1 der Renvoi beachtlich ist). Das Delikts-, Bereicherungs- oder GoA-Statut muss in diesem Fall den **Gleichklang** wahren und die Gesamtverweisung des Hauptstatuts nachvollziehen („akzessorischer Renvoi“).

30 **b) Tatsächliche Sonderbeziehung.** Manche meinen, bei der akzessorischen Anknüpfung an eine „tatsächliche Beziehung“ zwischen den Beteiligten (Art. 41 Abs. 2 Nr. 1) sei, anders als bei derjenigen an eine rechtliche Beziehung, kein Fall des Art. 4 Abs. 1 S. 1 Hs. 2 (Sachnormverweisung) anzunehmen, weil es an der Notwendigkeit fehle, Haupt- und akzessorisches Statut zu koordinieren.[37] Das Argument überzeugt freilich nur, wenn man – entgegen der hier vertretenen Ansicht (→ Rn. 25 f.) – bei Art. 41 Abs. 1 eine Gesamtverweisung bejaht.[38] Nach hier vertretener Ansicht ist – mit der ganz hM[39] – bei Art. 41 Abs. 2 Nr. 1 kein Unterschied zwischen rechtlicher und tatsächlicher Beziehung zu machen.

31 **3. Gemeinsamer gewöhnlicher Aufenthalt (Abs. 2 Nr. 2).** Bei der Anknüpfung an den gemeinsamen gewöhnlichen Aufenthalt (zweites Regelbeispiel der Ausweichklausel) ist die Einordnung als Gesamt- oder Sachnormverweisung ebenfalls umstritten. Für eine **Sachnormverweisung** aus dem Sinn der Verweisung (Art. 4 Abs. 1 S. 1 Hs. 2) spricht, dass nach hM (→ Rn. 25 f.) die Generalklausel des Art. 41 Abs. 1 – deren konkretisierender Anwendungsfall Abs. 2 Nr. 2 ist – als Sachnormverweisung angesehen wird.[40] Jedoch zieht eine verbreitete Ansicht nicht den Schluss von Art. 41 Abs. 1 (Sachnormverweisung) auf Abs. 2 Nr. 2, sondern bejaht zu recht eine **Gesamtverweisung,** und zwar aus zwei Gründen:[41] Erstens ist die Anknüpfung an das *domicilium communis* auch im Rahmen der Ausweichklausel keine individualisierende, sondern eine stark generalisierende (typisierende) Anknüpfung.[42] Zweitens würde es nicht einleuchten, die Berufung der *lex domicilii communis* zwar beim Deliktsanspruch nach Art. 40 Abs. 2 als Gesamtverweisung zu qualifizieren (→ Art. 40 Rn. 126), nicht jedoch beim Bereicherungs- und GoA-Anspruch nach Art. 41 Abs. 2 Nr. 2: Die vom Gesetzgeber gewählte Regelungstechnik darf nicht über die Renvoifestigkeit der Verweisung entscheiden.[43] Bei Abs. 2 Nr. 2 ist also ein Renvoi zu beachten (Art. 4 Abs. 1 S. 2).

Art. 42 EGBGB Rechtswahl

[1]Nach Eintritt des Ereignisses, durch das ein außervertragliches Schuldverhältnis entstanden ist, können die Parteien das Recht wählen, dem es unterliegen soll. [2]Rechte Dritter bleiben unberührt.

Schrifttum: s. Vor Art. 38, Art. 40.

Übersicht

[36] *v. Hein* ZVglRWiss 99 (2000), 251 (274); *Dörner* FS Stoll, 2001, 491 (500 f.).
[37] *Dörner* FS Stoll, 2001, 491 (500).
[38] So *Dörner* FS Stoll, 2001, 491 (499 f.).
[39] Nachweise bei *G. Fischer* IPRax 2002, 1 (10).
[40] Für eine Sachnormverweisung daher *Huber* JA 2000, 67 (73). Spiegelbildlich betrachtet haben die Vertreter der Gegenansicht (Art. 41 Abs. 1 als Gesamtverweisung) kein Problem, auch Abs. 2 Nr. 2 als Gesamtverweisung zu qualifizieren; explizit *Dörner* FS Stoll, 2001, 491 (500).
[41] *Kreuzer* RabelsZ 65 (2001), 383 (431 f.).
[42] *G. Fischer* IPRax 2002, 1 (10).
[43] Insoweit zutr. *Dörner* FS Stoll, 2001, 491 (500).

I. Allgemeines

1. Normzweck. Art. 42 verwirklicht das Prinzip der **Parteiautonomie** und ermöglicht es den Beteiligten des außervertraglichen Schuldverhältnisses (in Art. 42 „Parteien" genannt), das anwendbare Recht durch eine Rechtswahl zu bestimmen. Die für vertragliche Schuldverhältnisse seit jeher geltende Rechtswahlfreiheit wird durch Art. 42 auf die Anknüpfung gesetzlicher Schuldverhältnisse übertragen,[1] allerdings mit einer augenfälligen Abweichung: Anders als das IPR der vertraglichen Schuldverhältnisse erlaubt Art. 42 nach seinem Wortlaut nur die **nachträgliche Rechtswahl** (→ Rn. 16 ff.). Die nachträgliche Rechtswahl wird in der **Praxis** meist im Prozess getroffen, und zwar ganz überwiegend zu Gunsten der *lex fori,* um die Abwicklung des gesetzlichen Schuldverhältnisses zu erleichtern. Insofern liegen die Interessen anders als bei vertraglichen Schuldverhältnissen, wo die Rechtswahlvereinbarung oft zum Zwecke vorsorgender Vertragsgestaltung abgeschlossen wird.[2] 1

2. Anwendungsbereich. a) Grundsatz. Die nachträgliche Rechtswahl nach Art. 42 ist zulässig für die von Art. 38–42 erfassten gesetzlichen Schuldverhältnisse aus ungerechtfertigter Bereicherung (Art. 38), Geschäftsführung ohne Auftrag (Art. 39) und unerlaubter Handlung (Art. 40). Die **unmittelbare Rechtswahl** nach Art. 42 ist zu unterscheiden von der **mittelbaren Wahl** des außervertraglichen Statuts. Sie wird getätigt, wenn für das außervertragliche Statut eine **akzessorische Anknüpfung** stattfindet – das sind die Fälle der Art. 38 Abs. 1, Art. 40 Abs. 4 Alt. 2 und Art. 41 Abs. 2 Nr. 1 – und für das Hauptstatut, an das akzessorisch angeknüpft wird, zulässigerweise eine Rechtswahl getroffen wurde.[3] 2

b) Art. 40 Abs. 4. Bei der akzessorischen Anknüpfung des **Direktanspruchs** an das Versicherungsvertragsstatut nach **Art. 40 Abs. 4 Alt. 2** spielt eine Rechtswahl gemäß Art. 42 keine Rolle; hier kommt es darauf an, inwieweit das Internationale Versicherungsvertragsrecht die Rechtswahl zulässt. Bei der Anknüpfung des Direktanspruchs an das Deliktsstatut gemäß **Art. 40 Abs. 4 Alt. 1** ist eine Rechtswahl, die zwischen dem Verletzten und dem Ersatzpflichtigen nach Art. 42 getroffen wurde, im Verhältnis zum Versicherer des Ersatzpflichtigen nach Art. 42 S. 2 nur beachtlich, soweit die Rechtswahl die Position des Versicherers nicht nachteilig beeinflusst. Der Versicherer kann jedoch der Rechtswahl zustimmen und damit Art. 42 S. 2 abbedingen. In **analoger Anwendung** des Art. 42 können der Verletzte und der Versicherer des Ersatzpflichtigen eine Rechtswahl über das auf den Direktanspruch anzuwendende Recht treffen[4] (→ Art. 40 Rn. 122); diese Rechtswahl kann die Rechte des Ersatzpflichtigen nicht beeinträchtigen (Art. 42 S. 2 analog). 3

3. Systematik. a) Verhältnis zu Art. 38–40 Abs. 2, 41. Nach der **Binnensystematik** der Art. 38–42 geht die nachträgliche Rechtswahl gemäß Art. 42 – vorbehaltlich der Verkehrsvorschriften des Tatortrechts (→ Art. 40 Rn. 109) und des ordre public der *lex fori*[5] – den übrigen Anknüpfungsregeln für gesetzliche Schuldverhältnisse vor.[6] Insbesondere steht die nachträgliche Rechtswahl nicht unter dem Vorbehalt einer engeren Verbindung zum Recht eines anderen Staates (Art. 41),[7] so dass sie nicht nur die **Grundanknüpfungen** der Art. 38–40 Abs. 2, sondern auch die **Ausweichklausel** des Art. 41 verdrängt (zum Verhältnis des Art. 42 zu Art. 40 Abs. 4 → Rn. 3). 4

---

1 Begr. RegE, BR-Drs. 759/98, 33 = BT-Drs. 14/343, 14.

2 BeckOGK/*Fornasier* Rn. 2 ff.; BeckOK BGB/*Spickhoff* Rn. 1; Erman/*Stürner* Rn. 1; *Kreuzer* RabelsZ 65 (2001), 383 (401); *Hohloch* NZV 1988, 161 (162); *Junker* JZ 2000, 477 (478).

3 *Freitag/Leible* ZVglRWiss 99 (2000), 101 (109 ff.); *Sonnenberger* Rev. crit. dr. int. pr. 88 (1999), 647 (661); *Kreuzer* RabelsZ 65 (2001), 383 (401); *Huber* JA 2000, 67 (70); *Hohloch/Jaeger* JuS 2000, 1133 (1136); grdl. *W. Lorenz* in v. Caemmerer, Vorschläge und Gutachten zur Reform des deutschen internationalen Privatrechts der außervertraglichen Schuldverhältnisse, 1983, 97, 133–134.

4 *Gruber* VersR 2001, 16 (21); allg. zum Anwendungsbereich des Art. 42 BeckOGK/*Fornasier* Rn. 2, 3.

5 *Freitag/Leible* ZVglRWiss 99 (2000), 101 (108); *Hohloch* NZV 1988, 161 (164 f.); *Junker* JZ 2000, 477 (486).

6 Begr. RegE, BR-Drs. 759/98, 33 = BT-Drs. 14/343, 14.

7 AllgM, *Looschelders* VersR 1999, 1316 (1322); *Rehm* DAR 2001, 531 (533); *Spickhoff* NJW 1999, 2209 (2213); *Kreuzer* RabelsZ 65 (2001), 383 (401); *Hay* 43 Am. J. Comp. L. 633, 645 (1999); *v. Hein* RabelsZ 64 (2000), 595 (603).

5 Das von den Parteien gewählte Recht findet somit gerade auch dann Anwendung, wenn zu einer anderen Rechtsordnung eine – im Verhältnis zu den Grundanknüpfungen der Art. 38–40 Abs. 2 – wesentlich engere Verbindung iSd Art. 41 besteht. Da die nachträgliche Rechtswahl auf den Zeitpunkt der Entstehung des gesetzlichen Schuldverhältnisses zurückwirkt (→ Rn. 25), werden die übrigen Anknüpfungen der Art. 38–41 von Anfang an ausgeschaltet. Daher ist das Vorliegen einer Rechtswahl nach Art. 42 bei der Lösung eines Falles stets als Erstes zu prüfen (→ Vor Art. 38 Rn. 13).

6 **b) Verhältnis zu Art. 40 Abs. 3.** Nicht ganz eindeutig ist das Verhältnis des nach Art. 42 gewählten Rechts zu Art. 40 Abs. 3. Einerseits ist die **Schutzbedürftigkeit des Ersatzpflichtigen** nach Art. 40 Abs. 3 bei der Rechtswahl (Art. 42) weniger evident als bei den objektiven Anknüpfungen (Art. 40 Abs. 1, 2, Art. 41): Wer sich mit dem Verletzten nach Art. 42 S. 1 zB auf die Anwendung des Deliktsrechts von Kalifornien oder Texas einigt, muss damit rechnen, dass Strafschadensersatz (punitive damages) zur Anwendung kommt. Andererseits schützt Art. 40 Abs. 3 Nr. 1, 2 als **spezielle ordre public-Klausel** nicht nur Individualinteressen, sondern auch Gerechtigkeitsvorstellungen, die aus deutscher Sicht jeder außervertraglichen Haftung zu Grunde liegen, so dass auch das gewählte Recht unter dem Vorbehalt des Art. 40 Abs. 3 Nr. 1, 2 stehen muss,[8] ebenso wie es unter dem allgemeinen ordre public-Vorbehalt des Art. 6 steht. Art. 40 Abs. 3 Nr. 3 ist dagegen nicht rechtswahlfest (→ Art. 40 Rn. 118 aE).

7 **c) Verhältnis zur Rom I-VO.** Nach der **Gesamtsystematik** des IPR stellt sich die Frage, inwieweit **Lücken des Art. 42** in Analogie zu den wesentlichen detaillierten Regelungen des Art. 3 Rom I-VO (bis 16.12.2009: Art. 27 EGBGB) geschlossen werden können.[9] Die Gesetzesbegründung, die in der Rechtswahl für gesetzliche Schuldverhältnisse eine Extrapolation der für vertragliche Schuldverhältnisse zugelassenen Parteiautonomie sieht[10] (→ Rn. 1), legt es nahe, dass eine **Analogie zu Art. 3 Rom I-VO** (vormals Art. 27 EGBGB) nicht von vornherein ausgeschlossen sein soll. Allerdings folgt allein aus dem Umstand, dass die Rechtswahl sowohl bei Art. 3 Rom I-VO als auch bei Art. 42 EGBGB durch Vertrag erfolgt, nicht ohne weiteres, dass die gleichen Anforderungen auch im Rahmen des Art. 42 gelten.[11] Es kommt vielmehr darauf an, ob die Analogievoraussetzungen im Einzelnen vorliegen.

8 **4. Verhältnis zur Rom II-VO.** Wenn das Ereignis, welches das außervertragliche Schuldverhältnis entstehen lässt, **nach dem 10.1.2009** eingetreten ist, wird Art. 42 EGBGB im sachlichen Anwendungsbereich der Rom II-VO durch diese Verordnung, insbesondere den Art. 14 Rom II-VO, verdrängt (Art. 31, 32 Rom II-VO). Soweit keine Ausnahme vom sachlichen Anwendungsbereich der Rom II-VO Platz greift (→ Vor Art. 38 Rn. 32 f.), findet Art. 42 folglich nur Anwendung, wenn das schadensbegründende Ereignis iSd Art. 31 Rom II-VO **vor dem 11.1.2009** stattgefunden hat (zum Vergleich der beiden Regelungen → Rom II-VO Art. 14 Rn. 12).

II. Voraussetzungen der Rechtswahl

9 **1. Rechtswahlvereinbarung.** Die Rechtswahl nach Art. 42 erfolgt – anders als die Ausübung des Optionsrechts nach Art. 40 Abs. 1 S. 2, 3[12] – durch eine Vereinbarung zwischen den Parteien im Sinne eines kollisionsrechtlichen **Verweisungsvertrags;** eine einseitige Rechtswahl ist – abgesehen von der Option des Verletzten nach Art. 40 Abs. 1 S. 2, 3 – unwirksam.

10 **a) Statut der Rechtswahlvereinbarung.** Das **Zustandekommen** und die inhaltliche **Wirksamkeit** des Rechtswahlvertrags beurteilen sich nach dem deutschen Recht als der *lex fori.* Bei einer Rechtswahl für ein außervertragliches Schuldverhältnis muss kein Gleichklang der rechtlichen Beurteilung von Rechtswahlvertrag und Hauptvertrag hergestellt werden (anders als bei einer Rechtswahl für Schuld-, Ehe- oder Erbverträge). Damit entfällt ein wesentlicher Grund für die – im Vergleich zur Anwendung der *lex fori* kompliziertere – Unterstellung der Rechtswahlvereinbarung unter die *lex causae.* Es bleibt daher bei der Grundregel, dass in Ermangelung von

---

8 Staudinger/*v. Hoffmann* (2001) Art. 40 Rn. 415; *Huber* JA 2000, 67 (71 f.); ebenso iErg Erman/*Stürner* Rn. 4; einschr. *Kropholler/v. Hein* FS Stoll, 2001, 553 (565).

9 Bejahend (zu Art. 27 aF) *Kreuzer* RabelsZ 65 (2001), 393 (401); *Busse* RIW 1999, 16 (19); *Rehm* DAR 2001, 531 (533); *Staudinger* DB 1999, 1589 (1590); *Freitag/Leible* ZVglRWiss 99 (2000), 101 (107 f.); *Hay* 47 Am. J. Comp. L. 633, 645 (1999).

10 Begr. RegE, BR-Drs. 759/98, 33 = BT-Drs. 14/343, 14.

11 S. aber *Hay* 47 Am. J. Comp. L. 633, 645 (1999).

12 *Dörner* FS Stoll, 2001, 491 (495); *Junker* FS W. Lorenz, 2001, 321 (334).

Qualifikationsverweisungen über Voraussetzungen und Auslegung der Begriffe, die in deutschen Kollisionsnormen verwandt werden, das deutsche Recht entscheidet.[13]

b) Zustandekommen der Vereinbarung. aa) Formfreiheit der Rechtswahl. Der Verweisungsvertrag nach Art. 42 ist an keine Form gebunden,[14] wie auch die Gesetzesbegründung durch einen Hinweis auf die stillschweigende Rechtswahl deutlich macht.[15] 11

bb) Ausdrückliche Vereinbarung. Wie jeder Vertrag kann auch der Rechtswahlvertrag – in Ermangelung besonderer Vorschriften über die Form des Vertragsschlusses – ausdrücklich oder stillschweigend geschlossen werden. Bei der ausdrücklichen Rechtswahl wird – im Gegensatz zur stillschweigenden Vereinbarung – *expressis verbis* erklärt, welcher Rechtsordnung das außervertragliche Schuldverhältnis unterliegen soll. Eine Rechtswahl in Formularen oder **AGB** dürfte im Rahmen des Art. 42 in der Praxis nur eine Rolle spielen, wenn man entgegen dem Wortlaut der Vorschrift eine vorherige (antizipierte) Rechtswahl zulässt (→ Rn. 17 ff.). 12

cc) Stillschweigende Rechtswahl. Eine Rechtswahl der Parteien nach Art. 42 ist auch stillschweigend – durch schlüssiges Verhalten – zulässig.[16] Eine schlüssige (konkludente) Rechtswahl kann sich zB aus einer **Gerichtsstandsvereinbarung** ergeben. Der Hauptfall einer konkludenten Rechtswahl ist die **Rechtswahl im Prozess** durch Bezugnahme beider Parteien (oder unwidersprochene Bezugnahme einer Partei) auf ein bestimmtes Recht.[17] Auch eine (stillschweigende) Rechtswahl im Prozess berührt nicht die Rechte Dritter (Art. 42 S. 2), insbesondere von Haftpflichtversicherungen (→ Rn. 29). Haben sich die Deliktsbeteiligten zB anstelle des objektiv anwendbaren türkischen Rechts im Prozess stillschweigend auf das deutsche Recht geeinigt, muss die Haftpflichtversicherung einen nach deutschem Recht zugestandenen Schadensersatz nicht ausgleichen, soweit er den nach türkischem Recht bestehenden Anspruch übersteigt. 13

Wegen der einschneidenden Folgen einer Rechtswahl sind die strengen **Anforderungen des Art. 3 Abs. 1 S. 1 Rom I-VO** an eine stillschweigende Rechtswahl („… muss sich eindeutig aus den Bestimmungen des Vertrags oder aus den Umständen des Falles ergeben") im Rahmen des Art. 42 analog anzuwenden.[18] Erforderlich ist ein **Erklärungsbewusstsein** (Rechtswahlbewusstsein): Beide Parteien müssen wissen, dass eine Wahlmöglichkeit besteht. Die Bezugnahme auf eine Rechtsordnung darf weder auf bloßer Unkenntnis der IPR-Problematik beruhen noch die bloße Vorstellung über das objektiv anwendbare Recht ausdrücken, sondern muss eine entsprechende Geltungserklärung bedeuten.[19] Entgegen einer neueren Ansicht[20] lässt sich die Rspr. des BGH, wonach eine Willenserklärung gerade kein Erklärungsbewusstsein voraussetzt (sondern es ausreicht, wenn der Erklärende hätte erkennen können, dass der Empfänger die Erklärung oder das Verhalten als Willenserklärung auffasst), nicht auf die Rechtswahlerklärung übertragen.[21] 14

c) Teilbarkeit der Rechtswahlvereinbarung. Sowohl der **Wortlaut** des Art. 42 als auch der **Sinn und Zweck** der Vorschrift sprechen dafür, eine gespaltene Ausübung der Rechtswahl nach Art. 42 in den Grenzen des Art. 27 Abs. 1 S. 3 zuzulassen.[22] Daher ist es zB möglich, dass die Parteien nur für den Ersatz des immateriellen Schadens (Schmerzensgeld) eine Rechtswahl treffen und es im Übrigen beim objektiven Deliktsstatut belassen.[23] 15

2. Zeitpunkt der Vereinbarung. a) Nachträgliche Rechtswahl. Nach dem Wortlaut des Art. 42 S. 1 soll die Rechtswahl erst **nach Eintritt des Ereignisses** zulässig sein, durch das ein 16

---

13 *Dörner* FS Stoll, 2001, 491 (492); *Junker* JZ 2000, 477 (478).

14 *Dörner* FS Stoll, 2001, 491 (492); *Huber* JA 2000, 67 (70); *Rehm* DAR 2001, 531 (533).

15 Begr. RegE, BR-Drs. 759/98, 33 = BT-Drs. 14/343, 14.

16 AllgM, Begr. RegE, BR-Drs. 759/98, 33 = BT-Drs. 14/343, 14; *Rehm* DAR 2001, 531 (533); *Hohloch/Jaeger* JuS 2000, 1133 (1136); *Huber* JA 2000, 67 (70); *Staudinger* DB 1999, 1589 (1590); *R. Wagner* IPRax 1998, 429 (434); *Kreuzer* RabelsZ 65 (2001), 383 (401); *Spickhoff* NJW 1999, 2201 (2211).

17 OLG Köln IPRspr. 2001 Nr. 40; *Dörner* FS Stoll, 2001, 491 (492); *Junker* JZ 2000, 477 (478); *Huber* JA 2000, 67 (70); *Staudinger* DB 1999, 1589 (1593).

18 Zu Art. 27 Abs. 1 S. 2 aF; *Busse* RIW 1999, 16 (19); *Spickhoff* IPRax 2000, 1 (9); *Staudinger* DB 1999, 1589 (1590).

19 *Junker* FS W. Lorenz, 2001, 321 (336); *Hohloch/Jaeger* JuS 2000, 1133 (1136); *Huber* JA 2000, 67 (70); *Rehm* DAR 2001, 531 (533).

20 *Dörner* LM EGBGB 1986 Art. 27 Nr. 8; *Dörner* FS Stoll, 2001, 491 (493).

21 BGH NJW-RR 2000, 1002 (1004); *Mankowski* EWiR 2000, 967; *Sandrock* JZ 2000, 1118 (1119); *Ullmann* NJW 1995, 1139 (1140).

22 Erman/*Stürner* Rn. 8; *Freitag/Leible* ZVglRWiss 99 (2000), 101 (107 f.); *Staudinger* DB 1999, 1589 (1590); *Hohloch/Jaeger* JuS 2000, 1133 (1136).

23 Staudinger/*v. Hoffmann*, 2007, Rn. 8; *Junker* JZ 2000, 477 (479).

außervertragliches Schuldverhältnis entstanden ist. Die nachträgliche Rechtswahl ist der typische in der Praxis vorkommende Fall der Rechtswahl für ein außervertragliches Schuldverhältnis.

17 **b) Vorherige Rechtswahl.** Es ist umstritten, ob – entgegen dem Wortlaut des Art. 42 S. 1 – eine wirksame Rechtswahl auch **vor Eintritt des Ereignisses** getroffen werden kann, durch das ein außervertragliches Schuldverhältnis entsteht.[24]

18 **aa) Praxis der Rechtswahl.** Die meisten Fälle, in denen ein Bedürfnis nach vorheriger Rechtswahl entstehen könnte, lassen sich ohne Rückgriff auf Art. 42 lösen: Besteht zwischen den Beteiligten des außervertraglichen Schuldverhältnisses eine **rechtliche Sonderbeziehung,** insbesondere ein vertragliches Schuldverhältnis, wird bei der Leistungskondiktion nach Art. 38 Abs. 1 und in anderen Fällen (sonstige Kondiktionen, GoA, Delikt) nach Art. 41 Abs. 2 Nr. 1 akzessorisch an diese Sonderbeziehung angeknüpft; eine Rechtswahl für diese Sonderbeziehung erfasst mittels akzessorischer Anknüpfung auch das gesetzliche Schuldverhältnis[25] (→ Rn. 2).

19 Ein **praktisches Bedürfnis,** die vorherige Rechtswahl im Rahmen des Art. 42 anzuerkennen, besteht daher nur in Fällen, in denen Parteien, zwischen denen kein der Parteiautonomie zugängliches rechtliches Band besteht, vorsorglich für die Eventualität, dass später einmal zwischen ihnen Bereicherungs-, GoA- oder Deliktsansprüche entstehen sollten, eine Rechtswahl treffen möchten. In der deutschen **Rspr.** gibt es ein Judikat, das obiter (bejahend) zur vorherigen Rechtswahl im Internationalen Deliktsrecht Stellung nimmt; im Entscheidungsfall kam es nicht darauf an.[26]

20 **bb) Stellungnahme zum Rechtsproblem.** Den Kritikern des Gesetzeswortlauts ist darin beizupflichten, dass die Einschränkung „Nach Eintritt des Ereignisses" in Art. 42 S. 1 überraschend und befremdlich ist:[27] Vor der IPR-Reform von 1999 hat die ganz hM keinen Anstoß daran genommen, dass die Rechtswahl für ein außervertragliches Schuldverhältnis vor Eintritt des auslösenden Ereignisses erfolgen könnte.[28] Es fragt sich daher, was den Gesetzgeber bewogen hat, die Einschränkung in Art. 42 S. 1 aufzunehmen. Die Gesetzesbegründung verweist zum einen auf **praktische Erwägungen.**[29] In der Praxis ist die vorherige Rechtswahl in der Tat wenig bedeutsam (→ Rn. 19); allein die geringe Praxisrelevanz ist aber kein Grund, eine Option gesetzlich auszuschließen.

21 Aus dogmatischer Sicht gewichtiger scheint der Verweis auf den **Schutzcharakter** der außervertraglichen Schuldverhältnisse.[30] Aber auch dessen Überzeugungskraft schwindet bei näherem Hinsehen: Wenn die Privatrechtssubjekte nach materiellem Recht über den „Schutzcharakter" – gemeint ist wohl in erster Linie: des Deliktsrechts – durch vertragliche Haftungsbegrenzungen oder -ausschlüsse disponieren können, ist nicht einzusehen, warum dieser Schutzcharakter der kollisionsrechtlichen Parteiautonomie entgegenstehen sollte. Die Beschränkung des Art. 42 S. 1 auf die nachträgliche Rechtswahl ist daher ein gesetzgeberischer Missgriff.[31]

22 Methodisch lässt sich dieser Missgriff durch **Rechtsfortbildung contra legem** nicht korrigieren,[32] da die Vertragsgestaltung – wenn sie denn ein Bereicherungs-, GoA- oder Deliktsstatut im Vorhinein festlegen will – über Ausweichstrategien verfügt (→ Rn. 19): Abschluss eines materiellrechtlichen Vertrages und Rechtswahl für diesen Vertrag mit der Folge der **akzessorischen Anknüpfung** nach Art. 41 Abs. 2 Nr. 1. Folglich ist eine vorherige (antizipierte) Rechtswahl im Anwendungsbereich des Art. 42 unwirksam. Den Parteien ist es allerdings unbenommen, nach „Eintritt des Ereignisses" eine solche Rechtswahl durch erneute – auch konkludent mögliche – Willensbetätigung als nachträgliche Rechtswahl neu zu begründen.[33]

---

[24] Ausf. (bejahend) *v. Hein* RabelsZ 64 (2000), 595; *Busse* RIW 1999, 16 (19); *Freitag,* Der Einfluss des Europäischen Gemeinschaftsrechts auf das internationale Produkthaftungsrecht, 2000, 362 ff.; s. auch *Hohloch* NZV 1988, 161 (163 f.).

[25] *Freitag/Leible* ZVglRWiss 99 (2000), 101 (109 ff.); *Kreuzer* RabelsZ 65 (2001), 383 (401); *P. Huber* JA 2000, 67 (70); *Hohloch/Jaeger* JuS 2000, 1133 (1136).

[26] OLG München RIW 1996, 955 (956) = IPRax 1997, 38 (40) m. Aufs. *Huber* IPRax 1997, 22; *v. Hein* RabelsZ 64 (2000), 595 (598 f.); *C. Schmid* RIW 1996, 904.

[27] *v. Hein* RabelsZ 64 (2000), 595 (599 f.); *Freitag/Leible* ZVglRWiss 99 (2000), 101 (103).

[28] *Hohloch* NZV 1988, 161 (164); *W. Lorenz* IPRax 1985, 85 (88); *Looschelders* ZVglRWiss 95 (1996), 48 (87); *Mummenhoff* NJW 1975, 476 (479); *Mansel* ZVglRWiss 86 (1987), 1 (5).

[29] Begr. RegE, BR-Drs. 759/98, 33 = BT-Drs. 14/343, 14.

[30] *Kreuzer* RabelsZ 65 (2001), 383 (400 f.); *Hay* 47 Am. J. Comp. L. 633, 645 (1999).

[31] *v. Hein* RabelsZ 64 (2000), 595 (600, 613); *Freitag/Leible* ZVglRWiss 99 (2000), 101 (103); *Leible* FS Jayme, 2004, 485 (495); *Dörner* FS Stoll, 2001, 491 (492).

[32] *Looschelders* VersR 1999, 1316 (1322); *Rehm* DAR 2001, 531 (533); *Huber* JA 2000, 67 (69 f.); *Kreuzer* RabelsZ 65 (2001), 383 (400).

[33] *Hohloch/Jaeger* JuS 2000, 1133 (1136).

c) Änderung, Widerruflichkeit. Da Art. 42 der Parteiautonomie Raum gibt, können die Parteien eine einmal getroffene Rechtswahl bis zum Erlöschen des gesetzlichen Schuldverhältnisses jederzeit aufheben oder ändern (dagegen ist die einseitige Bestimmung des anwendbaren Rechts gemäß Art. 40 Abs. 1 S. 2, 3 unwiderruflich, → Art. 40 Rn. 41). Allerdings lässt auch die Änderung einer Rechtswahl die **Rechte Dritter** unberührt (Art. 42 S. 2). Die Rechtswahl nach Art. 42 sowie ihre Aufhebung oder Änderung ist, anders als die Ausübung des Bestimmungsrechts nach Art. 40 Abs. 1 S. 2, 3, nicht fristgebunden; eine **Ausschlussfrist** – ein letztmöglicher Zeitpunkt der Rechtswahl – ergibt sich weder aus dem Wortlaut noch aus dem Sinn und Zweck des Art. 42.[34] Die Rechtswahl ist folglich bis zum Ende der mündlichen Verhandlung in der Tatsacheninstanz statthaft. 23

3. Wählbare Rechtsordnungen. Der Kreis der wählbaren Rechtsordnungen ist unbeschränkt. Die nach Art. 42 gewählte Rechtsordnung muss keine Beziehung zum Sachverhalt aufweisen, sondern die Parteien können auch ein **„neutrales" Recht** wählen.[35] Der **Schutz Dritter** wird über Art. 42 S. 2 gewährleistet. Die Rechtswahl im Internationalen Deliktsrecht hat früher in der **Praxis** ganz überwiegend zur Vereinbarung der deutschen *lex fori* geführt.[36] Das wird auch nach Art. 42 nicht anders sein (Art. 132 schw. IPRG erlaubt von vornherein nur die Wahl der *lex fori*). 24

III. Rechtsfolgen der Rechtswahl

1. Wirkungen (Grundsatz). Die Rechtswahl wirkt regelmäßig *ex tunc.* Sie entfaltet also **Rückwirkung** auf den Zeitpunkt des Schadensereignisses. Das Gleiche gilt für einen Widerruf oder für eine Änderung der Rechtswahl.[37] Wenn die Parteien ein anderes als das nach Art. 38–40 Abs. 2, 41 objektiv anwendbare Recht wählen und die Rechtswahl nicht gleichzeitig mit „dem Ereignis" (Art. 42 S. 1) erfolgt, tritt durch die Rechtswahl ein **Statutenwechsel** ein, der auf den Zeitpunkt der Entstehung des gesetzlichen Schuldverhältnisses zurückwirkt. 25

Als **kollisionsrechtliche Verweisung** schließt die Rechtswahl nach Art. 42 das an sich kraft objektiver Anknüpfung maßgebende Statut des außervertraglichen Schuldverhältnisses (einschließlich etwaiger zwingender materiellrechtlicher Vorschriften) aus und verweist auf die Sachnormen des gewählten Rechts. Die Annahme einer kollisionsrechtlichen Verweisung hat auch die Konsequenz, dass es gleichgültig ist, ob das kraft objektiver Anknüpfung an sich anwendbare, aber abgewählte Statut des außervertraglichen Schuldverhältnisses die Rechtswahl zulässt oder nicht (→ Rn. 10). 26

2. Fehlende Auslandsberührung. Nach Art. 3 Abs. 3 Rom I-VO stellt die Rechtswahl im Internationalen Schuldvertragsrecht nur eine **materiellrechtliche Verweisung** dar, wenn der Sachverhalt – abgesehen von der Rechtswahlvereinbarung – im Zeitpunkt der Rechtswahl nur mit einem Staat verbunden ist. Die Frage, ob im Rahmen des Art. 42 eine **Analogie zu Art. 3 Abs. 3 Rom I-VO** geboten ist, hat in der Praxis geringe Bedeutung, da in der Rspr. ein einschlägiger Fall bisher noch nicht vorgekommen ist. Da auch Art. 14 Abs. 2 Rom II-VO eine entsprechende Einschränkung enthält, erscheint es vertretbar, die kollisionsrechtliche Verweisung auf Fälle mit Auslandsberührung zu beschränken. 27

3. Schutz des Schwächeren. Die Rechtswahlbeschränkungen des Internationalen Schuldvertragsrechts zum Schutz der schwächeren Partei (Verbraucher, Arbeitnehmer) wirken sich auch im IPR der außervertraglichen Schuldverhältnisse aus, wenn das Statut des außervertraglichen Schuldverhältnisses nach Art. 38 Abs. 1, Art. 39 Abs. 2 oder Art. 41 Abs. 2 Nr. 1 **akzessorisch angeknüpft** wird (→ Rn. 2, → Rn. 18). Im Rahmen des Art. 42 gibt es jedoch keine solchen Beschränkungen; durch das Erfordernis der nachträglichen Rechtswahl wird der Schutz des Schwächeren hinreichend gewährleistet. 28

IV. Rechte Dritter (S. 2)

Eine Rechtsfolgenbegrenzung der Rechtswahl insgesamt ergibt sich aus Art. 42 S. 2, wonach Rechte Dritter von der Rechtswahl unberührt bleiben. Ob diese Regelung im **Bereicherungsrecht** überhaupt praktische Bedeutung hat, ist bezweifelt worden.[38] Dort wie im **Recht der GoA** kann man sich einen Anwendungsbereich bei der Abtretung eines Anspruchs vorstellen, deren Wirksamkeitsvoraussetzungen sich aus dem objektiv zur Anwendung berufenen Statut ergeben. Der Hauptan- 29

---

34 *R. Wagner* IPRax 1998, 429 (434); *Freitag/Leible* ZVglRWiss 99 (2000), 101 (109); *Hohloch/Jaeger* JuS 2000, 1133 (1136); *Rehm* DAR 2001, 531 (533); *Staudinger* DB 1999, 1589 (1593).

35 AllgM, s. nur *Freitag/Leible* ZVglRWiss 99 (2000), 101 (107); *v. Hein* RabelsZ 64 (2000), 595 (603).

36 *Hohloch* NZV 1988, 161 (162); *Huber* JA 2000, 67 (70).

37 BeckOGK/*Fornasier* Rn. 22; BeckOK BGB/*Spickhoff* Rn. 3; NK-BGB/*G. Wagner* Rn. 11; Staudinger/*v. Hoffmann,* 2007, Rn. 14 mwN.

38 *G. Fischer* IPRax 2002, 1 (11); s. auch *Busse,* Internationales Bereicherungsrecht, 1998, 75.

wendungsbereich des Art. 42 S. 2 ist das **Deliktsrecht,** wo die Vorschrift vor allem den Versicherer schützt, dessen Rechte nicht beeinträchtigt werden sollen[39] (→ Rn. 3). Ferner ergibt sich aus S. 2, dass eine Rechtswahl zwischen dem Ersatzpflichtigen und dem Verletzten die Rechtsstellung mittelbar Geschädigter, die zB Ansprüche nach § 844 Abs. 2 BGB geltend machen wollen, nicht berührt.[40]

V. Rück- und Weiterverweisung

30 Bestimmen die Parteien das anwendbare Recht gemäß Art. 42 durch Rechtswahl, so handelt es sich um eine **Sachnormverweisung** (Art. 4 Abs. 2 S. 2). Rück- oder Weiterverweisungen durch das gewählte ausländische Recht sind unbeachtlich (Art. 4 Abs. 2 S. 1). Daher kann es sinnvoll sein, dass die Parteien nach Art. 42 ein ausländisches Recht wählen, das nach Art. 38–40 Abs. 2, Art. 41 ohnehin kraft objektiver Anknüpfung zur Anwendung berufen ist.[41] Denn die objektiven Anknüpfungen sind grundsätzlich Gesamtverweisungen (Art. 4 Abs. 1 S. 1 Hs. 1).

Siebter Abschnitt. Besondere Vorschriften zur Durchführung und Umsetzung international-privatrechtlicher Regelungen der Europäischen Union

Erster Unterabschnitt. Durchführung der Verordnung (EG) Nr. 864/2007

Art. 46a EGBGB Umweltschädigungen

Die geschädigte Person kann das ihr nach Artikel 7 der Verordnung (EG) Nr. 864/2007 zustehende Recht, ihren Anspruch auf das Recht des Staates zu stützen, in dem das schadensbegründende Ereignis eingetreten ist, nur im ersten Rechtszug bis zum Ende des frühen ersten Termins oder dem Ende des schriftlichen Vorverfahrens ausüben.

Schrifttum: *Brand,* Grundstock für ein europäisiertes Kollisionsrecht – Das Gesetz zur Anpassung der Vorschriften des IPR an die Rom II-VO, GPR 2008, 298; *v. Hein,* Europäisches Internationales Deliktsrecht nach der Rom II-Verordnung, ZEuP 2009, 6; *Junker,* Die Rom II-Verordnung: Neues Internationales Deliktsrecht auf europäischer Grundlage, NJW 2007, 3675; *Junker,* Internationale Umwelthaftung der Betreiber von Energieanlagen nach der Rom II-Verordnung, FS Salje, 2013, 243; *Kadner Graziano,* Das auf außervertragliche Schuldverhältnisse anzuwendende Recht nach Inkrafttreten der Rom II-Verordnung, RabelsZ 73 (2009), 1; *Leible/Lehmann,* Die neue EG-Verordnung über das auf außervertragliche Schuldverhältnisse anzuwendende Recht („Rom II"), RIW 2007, 721; *G. Wagner,* Die neue Rom II-Verordnung, IPRax 2008, 1; *R. Wagner,* Änderungsbedarf im autonomen deutschen Internationalen Privatrecht aufgrund der Rom II-Verordnung? Ein Überblick über den Regierungsentwurf eines Gesetzes zur Anpassung der Vorschriften des Internationalen Privatrechts an die Rom II-Verordnung, IPRax 2008, 314.

Übersicht

I. Normzweck

1 Die Vorschrift wurde durch das **IPR-Anpassungsgesetz** vom 10.12.2008 (BGBl. 2008 I 2401) in das EGBGB eingefügt. Sie ist **am 11.1.2009 in Kraft getreten** (Art. 2 IPR-Anpassungsgesetz) und enthält eine Durchführungsbestimmung zum anwendbaren Recht bei Umweltschädigungen gemäß **Art. 7 Rom II-VO,** die durch **Erwägungsgrund 25 Rom II-VO** ausdrücklich legitimiert

39 *Kreuzer* RabelsZ 65 (2001), 383 (401); *R. Wagner* IPRax 1998, 429 (434); *Looschelders* VersR 1999, 1316 (1322 f.); *Rehm* DAR 2001, 531 (533); s. auch Begr. RegE, BR-Drs. 759/98, 34 = BT-Drs. 14/343, 14; *Huber* JA 2000, 67 (70); *Sonnenberger* Rev. crit. dr. int. pr. 88 (1999), 647 (661 f.).

40 *Sonnenberger* Rev. crit. dr. int. pr. 88 (1999), 647 (661).

41 *Junker* JZ 2000, 477 (479); *Hay* 47 Am. J. Comp. L. 633, 645 (1999); *Huber* JA 2000, 67 (70).

wird (→ Vor Art. 38 Rn. 25): Art. 7 Rom II-VO gewährt bei grenzüberschreitenden Distanzdelikten (→ Rom II-VO Art. 7 Rn. 42) der geschädigten Person ein einseitiges Wahlrecht in Bezug auf das Umwelthaftungsstatut; der Verordnungsgeber stellt in **Erwägungsgrund 25 Rom II-VO** klar, dass eine zeitliche Begrenzung für die Ausübung dieses Wahlrechts statthaft ist, und überlässt die Bestimmung der zeitlichen Grenze dem Recht des Staates des angerufenen Gerichts. Dies geschieht für alle Rechtsstreitigkeiten, die in der Bundesrepublik Deutschland anhängig sind,[1] durch **Art. 46a.** Diese Vorschrift macht sich Überlegungen einer Mehrheit des Deutschen Rates für IPR zu eigen, die auf verfahrensrechtliche Waffengleichheit abstellen. Ein Vorschlag, dem Gericht zu ermöglichen, hiervon bei Vorliegen besonderer Gründe abzuweichen, fand in Art. 46a keinen Niederschlag.

II. Anwendungsbereich

Art. 46a bezieht sich nur auf das **Wahlrecht des Geschädigten nach Art. 7 Rom II-VO,** nicht jedoch auf das Bestimmungsrecht des Verletzten nach Art. 40 Abs. 1 S. 2 EGBGB.[2] Für das Bestimmungsrecht nach Art. 40 Abs. 1 S. 2 EGBGB, soweit es (noch) anzuwenden ist (→ EGBGB Art. 40 Rn. 16 ff.), gilt ausschließlich die zeitliche Ausübungsschranke des Art. 40 Abs. 2 S. 3, die allerdings bei der Schaffung des Art. 46a Pate gestanden hat, so dass sich kein sachlicher Unterschied ergibt.[3] Art. 46a teilt folglich den **sachlichen** (→ Rom II-VO Art. 1 Rn. 13 ff.) **und zeitlichen Anwendungsbereich** (→ Rom II-VO Art. 31, 32 Rn. 5 ff.) **der Rom II-VO.** Die Vorschrift ist darüber hinaus nur anwendbar, wenn der kollisionsrechtliche Sachverhalt in den speziellen sachlichen Anwendungsbereich des Art. 7 Rom II-VO fällt, dh wenn ein außervertragliches Schuldverhältnis aus einer Umweltschädigung oder einem aus einer solchen Schädigung herrührenden Personen- oder Sachschaden vorliegt (→ Rom II-VO Art. 7 Rn. 18 ff.). 2

III. Voraussetzungen

1. Wahlrechtsausübung nach Art. 7 Rom II-VO. Art. 46a setzt voraus, dass die geschädigte Person das ihr nach Art. 7 Hs. 2 Rom II-VO zustehende Optionsrecht (Wahlrecht) ausübt, ihren Anspruch auf das Recht des Staates zu stützen, in dem das schadensbegründende Ereignis eingetreten ist. Wie bei der autonomen deutschen Regelung in Art. 40 Abs. 1 S. 3 EGBGB handelt es sich bei dem Wahlrecht nach Art. 7 Hs. 2 Rom II-VO um ein **kollisionsrechtliches Gestaltungsrecht** (→ Rom II-VO Art. 7 Rn. 43). Die zu Art. 40 Abs. 1 S. 2 entwickelte prozessrechtliche Theorie (→ Art. 40 Rn. 36) ist bei Art. 7 Hs. 2 Rom II-VO nicht vertretbar.[4] Demzufolge ist auch die Durchführungsbestimmung zu Art. 7 Rom II-VO – trotz ihrer Bezugnahme auf Vorschriften der ZPO – nicht in die Zivilprozessordnung eingestellt, sondern als Art. 46a an die Spitze eines eigenständigen Abschnitts des EGBGB gesetzt worden.[5] 3

Unbeschadet der prozessualen Ausübungsschranke des Art. 46a ergeben sich die weiteren **Ausübungsbedingungen** des kollisionsrechtlichen Gestaltungsrechts, das man auch als Ersetzungsbefugnis *(facultas alternativa),* Optionsrecht oder Bestimmungsrecht bezeichnen kann (→ Rom II-VO Art. 7 Rn. 43), grundsätzlich nicht aus deutschrechtlichen Vorschriften, sondern aus der autonomen europäischen Auslegung des Art. 7 Rom II-VO (→ Rom II-VO Vor Art. 1 Rn. 27 ff.). Danach kann das Wahlrecht nicht nur **ausdrücklich,** sondern auch **konkludent** („stillschweigend") ausgeübt werden[6] (→ Rom II-VO Art. 7 Rn. 45). An eine solche stillschweigende Ausübung des Optionsrechts nach Art. 7 Rom II-VO sind jedoch die gleichen, strengen Maßstäbe anzulegen wie an eine konkludente Rechtswahl nach Art. 14 Abs. 1 S. 2 Rom II-VO (→ Rom II-VO Art. 14 Rn. 36 ff.). 4

Das Wahlrecht ist insofern **unteilbar,** als der Geschädigte sein Wahlrecht in Bezug auf ein einheitliches Schadensereignis nur **einheitlich ausüben** und nicht für verschiedene, aus ein und demselben Schadensereignis resultierende Streitgegenstände, verstanden im prozessualen Sinne, 5

---

[1] Begr. RegE, BT-Drs. 16/9995, 8.

[2] NK-BGB/*v. Plehwe* Rn. 2; HK-BGB/*Dörner* Rn. 1; PWW/*Remien* Rn. 1; *Brand* GPR 2008, 298 (301); *v. Hein* ZEuP 2009, 6 (30); s. auch *Kadner Graziano* RabelsZ 73 (2009), 1 (47); *Lehmann/Duczek* JuS 2012, 788 (793); *Lehmann/Eichel* RabelsZ 83 (2019), 77 (96); *Leible/Lehmann* RIW 2007, 721 (728); *Remien* FS Schmidt-Preuß, 2018, 985 (1000).

[3] Erman/*Stürner* Rom II-VO Art. 7 Rn. 13a; *Brand* GPR 2008, 298 (301); *Fuchs* GPR 2004, 100 (103); *v. Hein* VersR 2007, 440 (449); *Junker* NJW 2007, 3675 (3680); *R. Wagner* IPRax 2008, 314 (318); s. auch *G. Wagner* IPRax 2008, 1 (7).

[4] NK-BGB/*v. Plehwe* Rn. 2; Erman/*Stürner* Rom II-VO Art. 7 Rn. 13; *Brand* GPR 2008, 298 (301); *v. Hein* ZEuP 2009, 6 (30); *Junker* NJW 2007, 3675 (3680); *R. Wagner* IPRax 2008, 314 (318).

[5] Begr. RegE, BT-Drs. 16/9995, 8.

[6] PWW/*Brinkmann* Rn. 1; *Heiss/Loacker* JBl. 2007, 613 (633).

unterschiedlich optieren kann.[7] Er kann also zB nicht für das Schmerzensgeld nach Art. 7 Hs. 2 Rom II-VO das Recht des Handlungsortes wählen und es hinsichtlich der aus demselben Schadensereignis resultierenden Heilungskosten nach Art. 7 Hs. 1 Rom II-VO beim Recht des Erfolgsortes belassen (→ Rom II-VO Art. 7 Rn. 47). Das **Verbot der gespaltenen Ausübung** des Optionsrechts in Bezug auf ein und dasselbe Schadensereignis gilt nicht nur in ein und demselben Verfahren, sondern auch, wenn die unterschiedlichen Streitgegenstände in verschiedenen Verfahren geltend gemacht werden. Eine solche gespaltene Ausübung des Optionsrechts ist unwirksam, so dass es auf eine Fristwahrung nach Art. 46a nicht mehr ankommt.

6 Aus der Rechtsnatur des Wahlrechts als eines (kollisionsrechtlichen) Gestaltungsrechts, das sich durch die Ausübung verbraucht, folgt die **Unwiderruflichkeit der Wahlrechtsausübung**[8] (→ Rom II-VO Art. 7 Rn. 48). Hat der Geschädigte unter Beachtung des Art. 46a sein Wahlrecht nach Art. 7 Hs. 2 Rom II-VO wirksam ausgeübt, ist ein Widerruf unwirksam; der Geschädigte, der optiert hat, kann sich also nicht etwa im Rechtsmittelverfahren auf das nach Art. 7 Hs. 1 Rom II-VO zur Anwendung kommende Deliktsstatut berufen. Der unwirksame Widerruf kann jedoch unter Umständen **umgedeutet** werden in ein Angebot auf Abschluss eines Rechtswahlvertrags gemäß Art. 14 Rom II-VO, dessen konsensualer Abschluss nicht der Ausübungsschranke des Art. 46a EGBGB unterliegt.

7 Es gibt keine einheitlichen europäischen (unionsrechtlichen) Standards für die **Anforderungen an den Erklärungstatbestand** als solchen – Abgabe und Zugang der Erklärung nach Art. 7 Hs. 2 Rom II-VO, innerer (subjektiver) Erklärungstatbestand (Rechtsbindungswille) – und für die Folgen etwaiger **Willensmängel,** so dass insoweit mitgliedstaatliches Privatrecht zum Zuge kommen muss. Entsprechend dem Grundgedanken von **Erwägungsgrund 25** Rom II-VO ist für die Anforderungen an den Erklärungstatbestand nicht die *lex causae* maßgeblich (dh das hypothetische Deliktsstatut gemäß Art. 7 Hs. 2 Rom II-VO), sondern die *lex fori* (→ Rom II-VO Art. 14 Rn. 32 f.), so dass sich ein Gleichklang mit den zeitlichen Ausübungsschranken ergibt, die nach Art. 46a ebenfalls dem Recht des Gerichtsorts zu entnehmen sind (→ Rom II-VO Art. 7 Rn. 48).

8 **2. Zeitliche Ausübungsschranke (Ausschlussfrist).** Entsprechend der Öffnungsklausel in **Erwägungsgrund 25** Rom II-VO beschränkt Art. 46a die Ausübung des einseitigen Wahlrechts nach Art. 7 Hs. 2 Rom II-VO in einem gerichtlichen Verfahren auf den ersten Rechtszug, um eine Beschleunigung des Verfahrens zu erreichen.[9] Wenn ein gerichtliches Verfahren anhängig ist, kann die geschädigte Person das Wahlrecht nur im ersten Rechtszug und nur bis zum **frühen ersten Termin** (§ 275 ZPO) oder bis zu dem **Ende des schriftlichen Vorverfahrens** (§ 276 ZPO) ausüben. Hat das Gericht einen frühen ersten Termin nach § 275 ZPO bestimmt, verliert der Geschädigte sein Wahlrecht nach Art. 7 Hs. 2 Rom II-VO mit Schluss der mündlichen Verhandlung; geht das Gericht den Weg des § 276 ZPO (schriftliches Vorverfahren), erlischt das Wahlrecht mit dem Ende der Schriftsatzfrist.[10]

9 Entgegen zum Teil vertretener Ansicht[11] verstößt Art. 46a weder als „Anwaltsfalle"[12] (Überdehnung der Rechtssetzungsdelegation nach **Erwägungsgrund 25** durch den deutschen Gesetzgeber) gegen die Rom II-VO noch wegen Benachteiligung „mittelloser (dh anwaltlich nicht vertretener) Parteien"[13] gegen den verfassungsrechtlichen Grundsatz der Gleichbehandlung: Die zeitliche Grenze des Art. 46a bedeutet nicht nur eine **Entlastung der Gerichte,** sondern stellt einen **ausgewogenen Interessenausgleich** dar: Wegen des hohen Stellenwerts des Umweltschutzes im Unionsrecht *(favor naturae)* wird die geschädigte Person bei den in Art. 7 Rom II-VO genannten Umweltdelikten durch ein kollisionsrechtliches Wahlrecht begünstigt. Der Grundsatz der Waffengleichheit im gerichtlichen Verfahren verlangt, dass dem Verfahrensgegner zu einem möglichst frühen Zeitpunkt bekanntgegeben wird, nach welcher Rechtsordnung er zum Schadensersatz herangezogen wird. Der deutsche Gesetzgeber hält den in Art. 46a genannten Zeitpunkt mit Recht für angemessen.[14]

---

[7] Erman/*Stürner* Rom II-VO Art. 7 Rn. 13b; *Callies/v. Hein* Rom II-VO Art. 7 Rn. 21; Huber/*Fuchs* Rom II-VO Art. 7 Rn. 31; *v. Hein* ZEuP 2009, 6 (30); aA NK-BGB/*v. Plehwe* Rom II-VO Art. 7 Rn. 11.

[8] NK-BGB/*v. Plehwe* Rn. 3; Erman/*Stürner* Rom II-VO Art. 7 Rn. 13b; *Junker* FS Schurig, 2012, 81 (92).

[9] Begr. RegE, BT-Drs. 16/9995, 8; Erman/*Stürner* Rn. 1; PWW/*Remien* Rn. 1; HK-BGB/*Dörner* Rn. 2; *Brand* GPR 2008, 298 (301); *Junker* FS Salje, 2013, 243 (255); *R. Wagner* IPRax 2008, 314 (318).

[10] Erman/*Stürner* Rn. 2; NK-BGB/*v. Plehwe* Rn. 3; HK-BGB/*Dörner* Rn. 2.

[11] BeckOK BGB/*Spickhoff* Rn. 4 f.: europarechtliche Bedenken; NK-BGB/*v. Plehwe* Rn. 3: verfassungsrechtliche Bedenken.

[12] BeckOK BGB/*Spickhoff* Rn. 4.

[13] NK-BGB/*v. Plehwe* Rn. 3.

[14] Begr. RegE, BT-Drs. 16/9995, 8; wie hier Erman/*Stürner* Rn. 1; PWW/*Remien* Rn. 1; HK-BGB/*Dörner* Rn. 1 f.; s. zum Gebot eines angemessenen Interessenausgleichs auch *Brand* GPR 2008, 298 (301); *Leible/Engel* EuZW 2004, 7 (13); *Leible/Lehmann* RIW 2007, 721 (729); *G. Wagner* IPRax 2008, 1 (9).

3. Rechtshängigkeit in Deutschland. Die Ausschlussfrist des Art. 46a spielt nur eine Rolle, wenn und soweit Art. 7 Rom II-VO anzuwenden und ein nach dieser Vorschrift anzuknüpfender Anspruch in Deutschland rechtshängig ist. Für Ansprüche aus einem Umweltdelikt im Anwendungsbereich des Art. 7 Rom II-VO, die **nicht rechtshängig** sind, hat Art. 46a ebenso wenig Bedeutung wie für Ansprüche, die **im Ausland rechtshängig** sind.[15] Wird die Klage in Deutschland durch Prozessurteil abgewiesen und der Rechtsstreit in einem anderen Mitgliedstaat iSd Art. 1 Abs. 4 Rom II-VO anhängig gemacht, sind in diesem Prozess die dortigen Präklusionsvorschriften zu beachten, nicht aber Art. 46a. Ungeklärt ist die Rechtslage, wenn bei **konkurrierender internationaler Zuständigkeit** der Gerichte von zwei Mitgliedstaaten[16] der Kläger bei ein und demselben Schadensereignis einen Streitgegenstand in Deutschland und einen anderen in dem zweiten Mitgliedstaat anhängig macht. Folgt man der Lehre von der **Unteilbarkeit des Optionsrechts** nach Art. 7 Hs. 2 Rom II-VO (→ Rn. 5), muss eine Präklusion nach Art. 46a auch für das ausländische Verfahren Bedeutung haben (und *vice versa*). 10

IV. Rechtsfolge

1. Unwirksamkeitsfolge, Umdeutung. Da es sich bei der zeitlichen Ausübungsschranke des Art. 46a um eine **Ausschlussfrist** handelt, ist die Wahlrechtsausübung nach § 134 BGB unwirksam, wenn sie nach Art. 46a verfristet ist. Hat die geschädigte Person den in Art. 46a genannten Zeitpunkt verpasst, besteht jedoch die Möglichkeit der **Umdeutung** der verfristeten Optionserklärung in ein Angebot auf Abschluss eines Rechtswahlvertrags nach Art. 14 Rom II-VO (→ Rn. 6). Die Annahme dieses Angebots steht dem Verfahrensgegner frei. 11

2. Klagerücknahme, Prozessurteil. Aus der Prozessbezogenheit der Ausübungsschranke des Art. 46a folgt, dass eine **Klagerücknahme** nach Verfristung des Wahlrechts gemäß Art. 46a (nur zulässig mit Einwilligung des Beklagten, § 269 Abs. 1, 2 ZPO) die Präklusionsfolge des Art. 46a beseitigt; in einem neuen Prozess (vgl. § 269 Abs. 3 ZPO) läuft die Ausschlussfrist von neuem.[17] Entsprechendes gilt, wenn die Klage nach einem der in Art. 46a genannten Zeitpunkte wegen Fehlens einer Sachurteilsvoraussetzung durch **Prozessurteil** abgewiesen wird (→ Rn. 10). 12

3. Keine Bindung anderer Verfahrensbeteiligter. Die Wahlbefugnis nach Art. 7 Hs. 2 Rom II-VO steht „dem Geschädigten" zu. Geschädigter ist jeder, der in der Lage ist, wegen eines Umweltdelikts iSd Art. 7 Rom II-VO als unmittelbar oder mittelbar Verletzter einen Anspruch aus unerlaubter Handlung geltend zu machen.[18] Soweit mehrere unmittelbar und/oder mittelbar Geschädigte in ein und demselben Prozess als Kläger auftreten **(subjektive Klagenhäufung)** und jeweils eigene Ansprüche erheben, ist die Verfristung der Bestimmungsbefugnis (ebenso wie die Ausübung derselben) für jeden Kläger separat zu beurteilen. 13

---

[15] PWW/*Remien* Rn. 1; Erman/*Stürner* Rom II-VO Art. 7 Rn. 13a; *Kadner Graziano* RabelsZ 73 (2009), 1 (47); *R. Wagner* IPRax 2008, 314 (316).

[16] Bei Distanzdelikten, die Art. 7 Rom II-VO voraussetzt, ist nach Art. 7 Nr. 2 Brüssel Ia-VO die Zuständigkeit der Gerichte sowohl im Staat des Handlungsorts als auch im Staat des Erfolgsorts begründet: EuGH NJW 1977, 493 = RIW 1977, 356 mAnm *Linke* – Bier/Mines de Potasse d'Alsace; EuZW 1999, 59 – Réunion européenne/Spliethoff's; NJW 2009, 3501 Rn. 23 f. – Zuid Chemie/Philippo's Mineralenfabriek; NJW 2013, 2099 Rn. 25 – Melzer/MF Global; EuZW 2015, 584 Rn. 38 – CDC/Akzo Nobel; NJW 2017, 3433 Rn. 29 – Bolagsupplysningen/Svensk Handel.

[17] Zur Parallelproblematik bei Art. 40 Abs. 1 S. 2, 3 *Schurig* GS Lüderitz, 2000, 699 (710).

[18] Zutr. zum dt. IPR (Art. 40 Abs. 1 S. 2, 3) Erman/*Stürner* Art. 40 Rn. 14a.

Teil 7. Internationales Sachenrecht

Einführungsgesetz zum Bürgerlichen Gesetzbuche

in der Fassung der Bekanntmachung vom 21. September 1994
(BGBl. 1994 I 2494, ber. BGBl. 1997 I 1061),
zuletzt geändert durch Gesetz vom 10. Oktober 2024 (BGBl. 2024 I Nr. 306)

Sechster Abschnitt. Sachenrecht

Vorbemerkung (Vor Art. 43 EGBGB)

Schrifttum: vgl. auch bei Einl. IPR; *Akkermans,* Property Law and the Internal Market, in van Erp/Salomons/Akkermans, The Future of European Property Law, 2012, 199; *Akkermans/Ramaekers,* Free Movement of Goods and Property Law, EurLJ 19 (2013), 237; *d'Avout,* Sur les solutions du conflit de lois en droit des biens, 2006; *v. Bar,* Gemeineuropäisches Sachenrecht, Bd. I: Grundlagen, Gegenstände sachenrechtlichen Rechtsschutzes, Arten und Erscheinungsformen subjektiver Sachenrechte, 2015; *Bazinas,* The UNCITRAL Legislative Guide on Secured Transactions – Key Objectives and Fundamental Policies, Uniform Commercial Code Law Journal 2010, 123; *Basedow,* Das Prinzip der gegenseitigen Anerkennung im internationalen Wirtschaftsverkehr, FS Martiny, 2014, 243; *v. Bodungen/Böger,* Neue Regeln für den kreditfinanzierten Handel mit Ausrüstungsgegenständen für Landwirtschaft, Bauindustrie und Bergbau, WM 2017, 1241; *v. Caemmerer,* Vorschläge und Gutachten zur Reform des deutschen internationalen Privatrechts der außervertraglichen Schuldverhältnisse, 1983; *Drobnig,* Entwicklungstendenzen des deutschen internationalen Sachenrechts, FS Kegel, 1977, 141; *Drobnig,* Die gemeinschaftliche „Regelung" des Eigentumsvorbehalts, FS Heldrich, 2005, 563; *Eichholz,* Das Genfer Wertpapierübereinkommen und das deutsche sachenrechtliche Denken im Effektengiroverkehr, WM 2013, 250; Faber/Lurger (Hrsg.), Rules for the Transfer of Movables, 2008; *Faust,* Das Gesetz zur Bekämpfung von Zahlungsverzug im Geschäftsverkehr, DNotZ 2015, 644; *Freis-Janik/Stump,* Zur neuen Zahlungsverzugsrichtlinie RL 2011/7/EU, FLF 2013, 53; *Habersack,* Die Akzessorietät – Strukturprinzip der europäischen Zivilrechte und eines künftigen europäischen Grundpfandrechts, JZ 1997, 857; *Hemler,* Der Verordnungsvorschlag über das auf die Drittwirkung von Forderungsübertragungen anzuwendende Recht: Klärungen zur kollisionsrechtlichen Behandlung der Abtretung als Verfügungsgeschäft, GPR 2018, 185; *Hübner,* Ein weiterer Schritt zur Fortentwicklung des Europäischen Kollisionsrechts, ZEuP 2019, 41; *Junker,* Die IPR-Reform von 1999: Auswirkungen auf die Unternehmerpraxis – Im Blickpunkt: Außervertragliche Schuldverhältnisse und Sachenrecht, RIW 2000, 241; *Kieninger,* Mobiliarsicherheiten im Europäischen Binnenmarkt. Zum Einfluss der Warenverkehrsfreiheit auf das nationale und internationale Sachenrecht der Mitgliedstaaten, 1996; *Kieninger,* Die Zukunft des deutschen und europäischen Mobiliarkreditsicherungsrechts, AcP 208 (2008), 182; *Kieninger,* Security Rights in Movable Property in European Private Law, 2004; *Kieninger,* Perspektiven für ein Europäisches Mobiliarkreditsicherungsrecht, ZEuP 2016, 201; *Kieninger,* Gestalt und Funktion einer „Registrierung" von Mobiliarsicherungsrechten, RNotZ 2013, 216; *Kiesgen,* Ein Binnenmarkt für den Hypothekarkredit, 2004; *Kircher,* Grundpfandrechte in Europa, 2004; *Köndgen/Stöcker,* Die Eurohypothek – Akzessorietät als Gretchenfrage?, ZBB 2005, 112; *Kieninger,* Freedom of Choice of Law in the Law of Property?, EPLJ 2018, 221; *Kreuzer,* Gutachtliche Stellungnahme zum Referentenentwurf eines Gesetzes zur Ergänzung des Internationalen Privatrechts (Außervertragliche Schuldverhältnisse und Sachen) – Sachenrechtliche Bestimmungen, in Henrich, Vorschläge, 1991, 37; *Kreuzer,* Die Vollendung der Kodifikation des deutschen Internationalen Privatrechts durch das Gesetz zum internationalen Privatrecht der außervertraglichen Schuldverhältnisse und Sachen vom 21.5.1999, RabelsZ 65 (2001), 383; *Kroll-Ludwigs,* Die Rolle der Parteiautonomie im europäischen Kollisionsrecht, 2013; *Krysa/M. Lehmann,* Blockchain, Smart Contracts und Token aus der Sicht des (Internationalen) Privatrechts, Bonner Rechtsjournal 2019, 91; *Macdonald,* Transnational Secured Transactions Reform: Book IX of the Draft Common Frame of Reference in Perspective, ZEuP 2009, 745; *Mansel,* Parteiautonomie, Rechtsgeschäftslehre der Rechtswahl und Allgemeiner Teil des europäischen Kollisionsrechts, in Leible/Unberath, Brauchen wir eine Rom 0-Verordnung?, 2013, 241; *Martens,* Ein Europa, eine Privatrecht – Die Bestrebungen zur Vereinheitlichung des Europäischen Privatrechts, EuZW 2010, 527; *Martiny,* Lex rei sitae as a connecting factor in EU Private International Law, IPRax 2012, 119; *Meyer,* Einheitliches europäisches Grundpfandrecht oder Wettbewerb der Rechtsordnungen?, EuZW 2004, 389; *Müller,* Drittwirkungen der Forderungsübertragung „zum Dritten!", EuZW 2018, 522; *Pfeiffer,* Stand des Internationalen Sachenrechts nach seiner Kodifikation, IPRax 2000, 270; *Ramaekers,* European Union Property Law. From Fragments to a System, 2013; *Schladebach/Kraft,* Das Registerpfandrecht an Luftfahrzeugen, BKR 2012, 270; *Siehr,* Internationales Sachenrecht – Rechtsvergleichendes zu seiner Vergangenheit, Gegenwart und Zukunft, ZVglRWiss 104 (2005), 145; *Sonnenberger,* La loi allemande du 21 mai 1999 sur le droit international privé des obligations non contractuelles et des biens, Rev. crit. dr. int. pr. 88 (1999), 647; *Spickhoff,* Die Restkodifikation des Internationalen Privatrechts: Außervertragliches Schuld- und Sachenrecht, NJW 1999, 2209; *A. Staudinger,* Das Gesetz zum Internationalen Privatrecht für außervertragliche Schuldverhältnisse und für Sachen vom 21.5.1999, DB 1999, 1589; *Stoll,* Zur gesetzlichen Regelung des internationalen Sachenrechts in Artt. 43–46 EGBGB, IPRax 2000, 259; *Wagner,* Der Regierungsentwurf eines Gesetzes zum Internationalen Privatrecht für außervertragliche Schuldverhältnisse und für Sachen, IPRax 1998, 429; *Weber,* Die Europäischen Güterrechtsverordnungen: Eine erste Annäherung, DNotZ 2016, 659.

Übersicht

I. Internationales Sachenrecht

1 **1. Sachenrechtliches Kollisionsrecht. a) Autonomes nationales Recht.** Zum internationalen Sachenrecht im engeren Sinn gehören diejenigen Verweisungsnormen und Anwendungsnormen, die bei einer sachenrechtlich zu qualifizierenden Rechtsfrage (→ Art. 43 Rn. 11 ff.) das anwendbare materielle Recht bestimmen. Diese Normen ergeben sich aus nur wenigen Rechtsquellen. Im autonomen nationalen Recht sind in erster Linie die **Art. 43–46** zu nennen. Diese wurden mit der IPR-Neugestaltung von 1999 eingefügt, wodurch das bis dahin geltende ungeschriebene deutsche internationale Sachenrecht[1] kodifiziert worden ist.[2] Art. 43 enthält die international vorherrschende Grundregel der lex rei sitae und Regelungen zum Statutenwechsel. Besondere Anknüpfungen für Grundstücksimmissionen und Transportmittel finden sich in Art. 44 iVm Rom II-VO und in Art. 45. Schließlich enthält Art. 46 eine Ausweichklausel zur Korrektur im Einzelfall. Den Art. 43 ff. unterliegt nach § 19 AnfG auch die Anfechtbarkeit von Verfügungen.[3] Ebenfalls zum autonom-nationalen sachenrechtlichen Kollisionsrecht zählt der kürzlich neu geschaffene § 32 eWpG (→ Rn. 266i ff.) hinsichtlich Rechten an elektronischen Wertpapieren und Verfügungen über elektronische Wertpapiere.

2 **b) Harmonisiertes nationales Recht.** Daneben treten vereinzelte Kollisionsnormen des unionsweit harmonisierten nationalen Rechts, die überwiegend in Sondergesetzen geregelt sind. Zu nennen ist insbesondere **§ 17a DepotG** hinsichtlich Verfügungen über bestimmte Wertpapiere oder Sammelbestandanteile (→ Art. 43 Rn. 247 ff.). § 17a DepotG beruht auf Art. 9 Abs. 2 Finalitäts-RL vom 19.5.1998 über die Wirksamkeit von Abrechnungen in Zahlungs- sowie Wertpapierliefer- und Abrechnungssystemen[4] und soll nach der Intention des Gesetzgebers auch Art. 9 Finanzsicherheiten-RL[5] und Art. 24 Sanierungs-RL[6] umsetzen. Gleichfalls zu nennen sind **§ 54 Abs. 1 KGSG** und **§ 72 KGSG** hinsichtlich des Eigentums an rückgeführtem Kulturgut (→ Art. 43 Rn. 189 ff.), die auf Art. 13 RL 2014/60/EU[7] zurückgehen (vgl. auch → Art. 43 Rn. 184). Internationalsachenrechtliche Fragen berührt auch Art. 12 Timesharing-RL,[8] der in **Art. 46b Abs. 4** Niederschlag

[1] In der → 3. Aufl. 1998, Anh. I Art. 38 kommentiert von *Kreuzer.*

[2] IPR-Gesetz für außervertragliche Schuldverhältnisse und für Sachen vom 21.5.1999 (BGBl. 1999 I 1026). Dazu *Spickhoff* NJW 1999, 2209; *Pfeiffer* NJW 1999, 3674; *Pfeiffer* IPRax 2000, 270; *Stoll* IPRax 2000, 259; *Kreuzer* RabelsZ 65 (2001), 363; *Staudinger* DB 1999, 1589.

[3] BeckOGK/*Prütting/A. Zimmermann* Art. 43 Rn. 144; s. hierzu auch *Dostal* IHR 2019, 89 (99 f.).

[4] RL 98/26/EG des Europäischen Parlaments und des Rates vom 19.5.1998 über die Wirksamkeit von Abrechnungen in Zahlungs- sowie Wertpapierliefer- und -abrechungssystemen, ABl. EG 1998 L 166, 45.

[5] RL 2002/47/EG des Rates vom 6.6.2002 über Finanzsicherheiten, ABl. EG 2002 L 168, 43.

[6] RL 2001/24/EG vom 4.4.2001 über die Sanierung und Liquidation von Kreditinstituten, ABl. EG 2001 L 125, 15, die in Art. 24 für den engen Bereich des Banksanierungs- und Liquidationsfalles eines Kreditinstituts eine insolvenzrechtliche Kollisionsregel vorsieht.

[7] RL 2014/60/EU vom 16.2.2011 über die Rückgabe von unrechtmäßig aus dem Hoheitsgebiet eines Mitgliedstaats verbrachten Kulturgütern, ABl. EG 2014 L 159, 1; Neufassung der Vorgänger-RL 93/7/EWG.

[8] RL 2008/122/EG vom 14.1.2009 über den Schutz der Verbraucher im Hinblick auf bestimmte Aspekte von Teilzeitnutzungsverträgen, Verträgen über langfristige Urlaubsprodukte sowie Wiederverkaufs und Tauschverträgen, ABl. 2009 L 33, 10; ersetzte die RL 94/47/EG. Vgl. weiterführend zur kollisionsrechtlichen Behandlung von Timesharing-Verträgen *Leible/Leitner* IPRax 2013, 37; *Hellwig* EWS 2011, 406; *Staudinger* NZM 2011, 601; *Martiny* ZEuP 2010, 747 (767).

gefunden hat. Art. 9 Abs. 1 Zahlungsverzugs-RL sowie Erwägungsgrund 31 Zahlungsverzugs-RL[9] enthalten zumindest einen Auftrag an die Mitgliedstaaten, dafür zu sorgen, dass der Verkäufer bis zur vollständigen Zahlung sein Eigentum behält. Darin liegt zwar eine Verpflichtung zur Anerkennung mindestens des einfachen Eigentumsvorbehalts.[10] Da dies aber nur „in Einklang mit den anwendbaren nationalen Vorschriften, wie sie durch das internationale Privatrecht bestimmt werden" geschehen soll, bedurfte diese Bestimmung keiner gesonderten Umsetzung in deutsches Recht.[11]

c) Völkerrecht. Auch einschlägige staatsvertragliche Regelungen existieren nur in überschaubarer Zahl. Versteckte Verweisungsnormen enthält das **Genfer Übereinkommen** über die internationale Anerkennung von Rechten an Luftfahrzeugen vom 19.6.1948,[12] insbesondere in Art. I Abs. 1 lit. d Ziff. i LuftFzgA, Art. II Abs. 2 LuftFzgA und Art. IV Abs. 1 LuftFzgA (→ Art. 45 Rn. 5 ff.), was in §§ 103 ff. LuftRG leider nur unvollkommen zum Ausdruck gelangt. Eine versteckte Kollisionsnorm wird man auch Art. VIII WeltrV[13] entnehmen können (→ Art. 45 Rn. 10). Weder das Haager Übereinkommen über das auf Trusts anwendbare Recht und die Anerkennung von Trusts vom 1.7.1985,[14] noch das Haager Übereinkommen über das auf den Eigentumserwerb bei internationalen Käufen beweglicher Sachen anwendbare Recht vom 15.4.1958,[15] noch das Haager Übereinkommen über die auf bestimmte Rechte in Bezug auf intermediär-verwahrte Wertpapiere anzuwendende Rechtsordnung vom 5.7.2006[16] wurden bislang von der Bundesrepublik Deutschland gezeichnet. Mögliche zukünftige Projekte der Haager Konferenz auf dem Gebiet des internationalen Sachenrechts sind Übereinkommen zu vermögensrechtlichen Ansprüchen an Kulturgütern oder zu Rechtswirkungen von Eigentumsvorbehalten beim grenzüberschreitenden Warenhandel.[17] Darüber hinaus befasst sich die Haager Konferenz seit einiger Zeit auch mit IPR-Fragen zu sog. Digitalgütern (→ Rn. 345). Die bislang veröffentlichten vorläufigen Dokumente enthalten nicht weniger als zwölf mögliche Kollisionsregeln. Deren Tauglichkeit wird im Einzelnen zwar kritisch erörtert, ohne jedoch eine spezifische Präferenz zu äußern.[18] 3

d) Europäisches Recht. Soweit man im internationalen Immissionsschutzrecht eine internationalsachenrechtliche Materie erblickt, ist diese jetzt weitgehend durch eine Verweisung auf die **Rom II-VO** geregelt (Art. 44 EGBGB). Eine unmittelbare europarechtliche Regelung der Kernbereiche des sachenrechtlichen Kollisionsrechts scheint dagegen derzeit noch in weiter Ferne.[19] Die **EuErbVO**[20] enthält sich zwar jeder Regelung betreffend die Art dinglicher Rechte oder deren 4

---

9 RL 2011/7/EU vom 16.2.2011 zur Bekämpfung von Zahlungsverzug im Geschäftsverkehr, ABl. EU 2011 L 48, 1; ersetzte die RL 2000/35/EG. Zur Zahlungsverzugs-RL allg. *Oelsner* EuZW 2011, 940; *Sujecki* AnwBl 2012, 602; *Teichmann/Rojahn* ZVertriebsR 2014, 349; *v. Westphalen* BB 2013, 515; *v. Westphalen* ZRP 2013, 5; *Freis-Janik/Stumpf* FLF 2013, 53; zum Umsetzungsentwurf vgl. *Haspl* BB 2014, 771; zur Umsetzung der Zahlungsverzugs-RL *Faust* DNotZ 2015, 644; zu den kollisionsrechtlichen Auswirkungen der Zahlungsverzugs-RL *Drobnig* FS Heldrich, 2005, 563 (566).

10 *Otte* FS Jayme, Bd. I, 2004, 643 (644); zur Reichweite dieser Verpflichtung *Drobnig* in Westrik/van der Weide, Party Autonomy in International Property Law, 2011, 165 ff.

11 Eingehend (zur Vorgänger-RL 2000/35/EG) *Drobnig* FS Heldrich, 2005, 563 (569); *Schmidt-Kessel* NJW 2001, 97.

12 Weiterführend dazu *Schladebach/Kraft* BKR 2012, 270 (276); *Reuleaux/Herich* ZLW 2004, 558 (568).

13 Vertrag vom 27.1.1967 über die Grundsätze zur Regelung der Tätigkeiten von Staaten bei der Erforschung und Nutzung des Weltraums einschließlich des Mondes und anderer Himmelskörper, BGBl. 1969 II 1967. Vgl. dazu *Schladebach* NVwZ 2008, 53; *Wolter* ZaöRV 2002, 941.

14 Deutsche Übersetzung in IPRax 1987, 55; dazu *Kegel/Schurig* IPR § 17 III mwN; *Wühl* ZfRV 2013, 20 (27 ff.). Abrufbar unter https://www.hcch.net/en/instruments/conventions/full-text/?cid=59 (zuletzt abgerufen am 30.8.2024).

15 Franz. Text in RabelsZ 24 (1959), 145; https://www.hcch.net/en/instruments/conventions/full-text/?cid=32 (zuletzt abgerufen am 30.8.2024); dazu *Kegel/Schurig* IPR § 4 III, § 19 VII 1a.

16 Abgedruckt in RabelsZ 68 (2004), 757 ff.; https://www.hcch.net/en/instruments/conventions/full-text/?cid=72 (zuletzt abgerufen am 30.8.2024). Der Text stammt vom 13.12.2002, weshalb manchmal auch von diesem Datum die Rede ist. Da jedoch die ersten Unterzeichnungen am 5.7.2006 stattfanden, wurde offiziell dieses Datum gewählt.

17 *Basedow* RabelsZ 82 (2018), 922 (936).

18 S. Haager Konferenz für Internationales Privatrecht, Developments with respect to PIL implications of the digital economy, including DLT, Prel. Doc. No 4 of November 2020, https://assets.hcch.net/docs/8bdc7071-c324-4660-96bc-86efba6214f2.pdf (zuletzt abgerufen am 30.8.2024).

19 BT-Drs. 14/343, 6; Grüneberg/*Thorn* Vor Art. 43 Rn. 1; *Kieninger* IPRax 2017, 200 (204); *Jayme* IPRax 2017, 179. Zu einer möglichen Harmonisierung der Grundpfandrechte eingehend *Kircher,* Grundpfandrechte in Europa, 2004, 401 ff.; *Meyer* EuZW 2004, 389 ff.; *Martiny* IPRax 2012, 119 (124).

20 VO (EU) 650/2012 des Europäischen Parlaments und des Rates vom 4.7.2012 über die Zuständigkeit, das anzuwendende Recht, die Anerkennung und Vollstreckung von Entscheidungen und die Annahme und

Eintragung in Register (Art. 1 Abs. 2 lit. k und l EuErbVO), ordnet in Art. 31 EuErbVO aber immerhin die Anpassung dinglicher Rechte an, wenn das Recht des Staates, in dem ein vom Erbstatut vorgesehenes Recht geltend gemacht wird, ein dingliches Recht dieser Art nicht kennt (näher → Art. 43 Rn. 106 f., → Art. 43 Rn. 153 ff.). Die **EuGüVO**[21] und die **EuPartVO**[22] schließen ebenfalls die Art dinglicher Rechte und deren Eintragung in Register von ihrem Anwendungsbereich aus (Art. 1 Abs. 2 lit. g und h EuGüVO bzw. Art. 1 Abs. 2 lit. g und h EuPartVO) und sehen eine Anpassung unbekannter dinglicher Rechte an das am ehesten vergleichbare Recht vor (Art. 29 EuGüVO bzw. Art. 29 EuPartVO;[23] näher → Art. 43 Rn. 106 f.).

5 Die **EuInsVO** wurde 2015 umfassend reformiert[24] und gilt in ihrer neuen Fassung[25] seit 26.6.2017 (ausführlich → EuInsVO Art. 1 Rn. 1 ff.). Sie betrifft zwar auch sachenrechtliche Fragen, hält sich mit einer Vereinheitlichung des internationalen Sachenrechts aber zurück. Das ergibt sich daraus, dass gem. Art. 8 EuInsVO hinsichtlich dinglicher Rechte an Sachen, die sich in einem anderen Mitgliedstaat befinden, ein Sekundärinsolvenzverfahren am Lageort durchzuführen ist und Einschränkungen gem. Art. 10 EuInsVO auch bei Wirksamkeit eines Eigentumsvorbehalts bestehen.[26] Die besagten Regelungen fanden sich in der am 31.5.2002 in Kraft getretenen Verordnung noch in Art. 5 VO (EG) 1346/2000 und Art. 7 VO (EG) 1346/2000,[27] waren jedoch inhaltlich für die hier maßgeblichen Zwecke identisch. Art. 8 Abs. 2 EuInsVO enthält Ausführungen dazu, was „dingliche Rechte" iSd EuInsVO sind (näher → EuInsVO Art. 8 Rn. 1 ff.).[28] Richtigerweise stellt dies eine **EuInsVO-autonome Konkretisierung** des Begriffs „dingliches Recht" für die Zwecke der Anwendung der EuInsVO dar. Hinsichtlich der Frage, ob die genannten Kriterien erfüllt sind oder nicht, wird jedoch auf die jeweilige lex rei sitae verwiesen.[29] Dass die erwähnten Regelungen der EuInsVO in jedem Insolvenzfall ein die Art. 43 ff. verdrängendes Sonderkollisionsrecht enthielten,[30] scheint mir dagegen zu weit zu gehen.

6 Allenfalls indirekte Auswirkungen auf das internationale Sachenrecht könnte der Verordnungsvorschlag über das auf die Drittwirkung von Forderungsübertragungen anzuwendende Recht (Vorschlag Drittwirkungs-VO)[31] haben. Die Europäische Kommission geht davon aus, dass die Behandlung der sog. Drittwirkungen der Abtretung im internationalen Privatrecht bislang auch von der Rom I-VO nicht geregelt sei und sich diese Lücke negativ auf die Fortentwicklung des Kapitalbinnenmarkts auswirke.[32] Bei den dinglichen Aspekten oder der Drittwirkung einer Forderungsübertragung geht es im Allgemeinen um das Inhaberrecht an einer Forderung. Insbesondere ist zu klären, welche Voraussetzungen der Zessionar erfüllen muss, um sicherzustellen, dass er nach der Übertragung das Inhaberrecht an der Forderung auch im Verhältnis zu Dritten erwirbt. Zudem müssen Prioritätskonflikte zwischen mehreren konkurrierenden Anspruchstellern, etwa zwei Zessionaren

---

Vollstreckung öffentlicher Urkunden in Erbsachen sowie zur Einführung eines Europäischen Nachlasszeugnisses, ABl. EU 2012, L 201, 107.

21 VO (EU) 2016/1103 des Rates vom 24.6.2016 zur Durchführung einer Verstärkten Zusammenarbeit im Bereich der Zuständigkeit, des anzuwendenden Rechts und der Anerkennung und Vollstreckung von Entscheidungen in Fragen des ehelichen Güterstands, ABl. EU 2016, L 183, 1.

22 VO (EU) 2016/1104 des Rates vom 24.6.2016 zur Durchführung der Verstärkten Zusammenarbeit im Bereich der Zuständigkeit, des anzuwendenden Rechts und der Anerkennung und Vollstreckung von Entscheidungen in Fragen güterrechtlicher Wirkungen eingetragener Partnerschaften, ABl. EU 2016, L 183, 30.

23 Vgl. *Weber* DNotZ 2016, 659 (667 f.).

24 Hierzu etwa *Kindler/Sakka* EuZW 2015, 460; *Eble* NZI 2016, 115; *Reith* RdW 2015, 758; *Parzinger* NZI 2016, 63.

25 VO (EU) 2015/848 des Europäischen Parlaments und des Rates vom 20. Mai 2015 über Insolvenzverfahren (Neufassung), ABl. EU 2015 L 141, 19.

26 Vgl. dazu *Flessner* FS Drobnig, 1998, 277 ff.; *v. Hoffmann/Thorn* IPR § 12 Rn. 5. Hinsichtlich der Einzelheiten ist auf das internationale Insolvenzrecht zu verweisen (→ EuInsVO Art. 1 Rn. 1 ff.).

27 Hierzu etwa *Huber* ZZP 2001, 133 ff.; *Eidenmüller* IPRax 2001, 2 ff.; *Paulus* DStR 2005, 334.

28 Eine wortgleiche Aufzählung dinglicher Rechte findet sich in Art. 21 Abs. 2 RL 2001/24/EG vom 5.5.2006 (ABl. EU 2001 L 125, 15), deren Anwendungsbereich aber auf die Sanierung und Liquidation von Kreditinstituten beschränkt ist.

29 EuGH EU:C:2012:417 Rn. 40–42 = ZIP 2012, 1815 – ERSTE Bank Hungary; EU:C:2015:227 Rn. 27 = EuZW 2015, 429 – Lutz; EU:C:2016:804 Rn. 18 ff.= NJW-RR 2017, 240 – SCI Senior Home.

30 So aber BeckOGK/*Prütting/A. Zimmermann* Art. 43 Rn. 29.

31 Vgl. KOM (2018) 96 endg.; zum Stand des laufenden Gesetzgebungsverfahrens s. https://eur-lex.europa.eu/legal-content/DE/HIS/?uri=COM%3A2018%3A96%3AFIN (zuletzt abgerufen am 30.8.2024).

32 Auf die nach Ansicht der Europäischen Kommission bestehenden Rechtsunsicherheit bei Drittwirkungen von Forderungsübertragungen hat diese bereits im Aktionsplan zur Schaffung einer Kapitalmarktunion hingewiesen vgl. COM(2015) 468 final, 26. Vgl. zu diesem Umstand ferner COM(2016) 626 final, 7; Erwägungsgründe 6 und 11 Drittwirkungs-VO-Vorschlag; *Mankowski* IPRax 2012, 298.

bei Doppelzession oder zwischen einem Zessionar und einem Gläubiger des Zedenten, geregelt werden. Grundanknüpfung nach dem gegenwärtigen Stand des Vorschlags für eine Drittwirkungs-VO ist der gewöhnliche Aufenthalt des Zedenten.[33] Für bestimmte Arten von Forderungen soll dagegen an das Forderungsstatut angeknüpft werden. Eine Rechtswahl ist nur eingeschränkt und nur bei der Verbriefung und Emission gedeckter Schuldverschreibungen möglich.[34] Derzeit noch werden dingliche Drittwirkungen überwiegend nach dem Recht der abgetretenen Forderung angeknüpft.[35] Der Vorschlag einer Drittwirkungs-VO regelt zwar nicht unmittelbar das internationale Sachenrecht, doch lassen sich ihm für Materien in der Grauzone zwischen Schuld- und Sachenrecht – etwa in Bezug auf Finanzinstrumente, Kryptowährungen oder Daten – ggf. Inspirationen entnehmen.

Brisanter ist die Frage, welchen Einfluss das europäische Primärrecht, insbesondere der AEUV, auf das deutsche internationale Sachenrecht ausübt.[36] Zwar ist das Sachenrecht bislang nur gelegentlich – vor allem im Zusammenhang mit einzelnen Beschränkungen der Kapitalverkehrsfreiheit – in den Blickwinkel des EuGH gerückt.[37] Seine immense Relevanz für die Ausübung der **Grundfreiheiten** im Binnenmarkt ist jedoch offenkundig: Nicht nur die Übereignungstatbestände als notwendige Erfüllungsakte von Kaufverträgen, sondern vor allem auch dingliche Kreditsicherheiten sind von großer Bedeutung für den freien Verkehr von Waren und ggf. auch von Dienstleistungen sowie für die Kapitalverkehrsfreiheit[38] im Binnenmarkt. Die genannten Grundfreiheiten stellen sich in weiten Bereichen nicht nur als Diskriminierungsverbote, sondern darüber hinaus als Behinderungs- bzw. Beschränkungsverbote dar.[39] Weiterhin folgt aus dem Primärrecht auch ein positives Gebot zur effektiven **Verwirklichung des Binnenmarkts** in der EU.[40] 7

Soweit schon die Unterschiedlichkeit der nationalen Sachenrechtsordnungen[41] an sich eine gewisse Behinderung des freien Produktverkehrs darstellt, kann darin allein allerdings noch kein Verstoß gegen Primärrecht liegen, weil **Art. 345 AEUV** die privatrechtliche Eigentumsordnung in den Mitgliedstaaten unberührt lassen will. Damit ist etwa auch der Grundsatz vom numerus clausus dinglicher Rechte als solcher nicht primärrechtswidrig. Zwar mag eine Sachenrechtsharmonisierung oder die Schaffung einer eigenständigen europäischen Mobiliarsicherheit europarechtspolitisch wünschenswert sein,[42] jedoch wird sie vom AEUV nicht zwingend gefor- 8

---

33 Für einen Überblick zur geplanten Drittwirkungs-VO vgl. *Hemler* GPR 2018, 185; *Müller* EuZW 2018, 522; *Hübner* ZEuP 2019, 41 (50 ff.).

34 So der Änderungsvorschlag des Rats der EU im Rahmen der ersten Lesung, https://data.consilium.europa.eu/doc/document/ST-9050-2021-INIT/de/pdf (zuletzt abgerufen am 30.8.2024).

35 Staudinger/*Hausmann,* 2021, Rom I-VO Art. 14 Rn. 75 mwN.

36 Hierzu zunächst statt aller *v. Bar/Mankowski* IPR I § 3, 101 ff.

37 Beachte EuGH WM 1999, 946 = BeckRS 2004, 75206, wo das Verbot der Eintragung einer Fremdwährungshypothek als Verstoß gegen die Kapitalverkehrsfreiheit gewertet wurde; hierzu *Rohde* EWiR 1999, 697. In EuGH NVwZ 2002, 707 = EWiR 2002, 431 und BeckRS 2004, 76144 = EWiR 2003, 705 wird ein Verfahren der vorherigen behördlichen Genehmigung eines Grundstückserwerbs nach dem Salzburger Grundverkehrsgesetz 1997 bzw. dem Vorarlberger Grundverkehrsgesetz für unvereinbar mit der Kapitalverkehrsfreiheit erachtet; s. hierzu *Rohde* EWiR 2001, 373 bzw. EWiR 2003, 705. In Bezug auf portugiesisches Sachenrecht s. EuGH NZG 2002, 632.

38 Dazu etwa *v. Wilmowsky,* Europäisches Kreditsicherungsrecht, 1996, 77 ff.; *v. Wilmowsky* RabelsZ 62 (1998), 1 ff.; *Basedow/Remien/Wenckstern,* Europäisches Kreditsicherungsrecht, 2010.

39 Zur Warenverkehrsfreiheit vgl. zunächst die weite Formel von EuGH Slg. 1974, 837 = BeckRS 2004, 73731 – Dassonville und sodann die Einschränkung durch EuGH Slg. 1993, I-6097 = NJW 1994, 121 – Keck, wonach ein Beschränkungsverbot nur hinsichtlich produktbezogener Regelungen gilt, während bloße Verkaufsmodalitäten lediglich am Diskriminierungsverbot zu messen sind. Bezüglich der Dienstleistungsfreiheit wird etwa EuGH Slg. 1991, I-4221 = NJW 1991, 2693 – Säger und bezüglich der Freiheit des Kapital- und Zahlungsverkehrs EuGH Slg. 1995, I-361 = BeckRS 2004, 76713 – Aldo Bordessa im Sinne eines Beschränkungsverbots ausgelegt; vgl. *Fritsche* DWiR 1991, 208; *Ress* JZ 1995, 1010; *Ramaekers,* European Union Property Law, 2013, 35 ff.

40 Zur Begr. und zum möglichen Zusammenhang mit dem internationalen Sachenrecht s. *Wohlgemuth,* Vergemeinschaftung des Mobiliarsicherheitenrechts, 2005.

41 Vgl. allg. die Beiträge in Drobnig/Snijders/Zippro, Divergences of Property Law, an Obstacle to the Internal Market?, 2006; vgl. ebenso die Beiträge in Faber/Lurger, Rules for the Transfer of Movables, 2008.

42 *Kieninger* AcP 208 (2008), 182 (187 ff.); *Basedow* AcP 200 (2000), 445 (475); *Kreuzer* Mélanges v. Overbeck, 1990, 613, 637 ff.; *Kieninger,* Mobiliarsicherheiten im Europäischen Binnenmarkt, 1996, 240 ff.; *Kaufhold,* Internationales und europäisches Mobiliarsicherungsrecht, 1999, 216 ff.; *Röthel* JZ 2003, 1027 (1034); *Wohlgemuth,* Vergemeinschaftung des Mobiliarsicherheitenrechts, 2005, 267 ff.; *Meyer* EuZW 2004, 389 (391); *Walter* ZEuP 2017, 863 (889); *Flessner* FS Koziol, 2010, 125 (146); krit. *Diedrich* ZVglRWiss 104 (2005), 116 (130); vgl. zum Problemkreis auch *Stöcker,* Die „Eurohypothek", 1992; *Kiesgen,* Ein Binnenmarkt für den Hypothekarkredit, 2004; *Kircher,* Grundpfandrechte in Europa, 2004; *Stöcker* WM 2006, 1941; *Wachter* WM 1999, 49 ff.; Mortgage Credit Foundation, Basic Guidelines for a Eurohypothec, 2005; *Sigman/Kieninger*

dert.[43] Eine andere Frage ist, ob die Anknüpfung an die jeweilige lex rei sitae (Art. 43 Abs. 1), die bei Veränderung des Lageorts zu einem Statutenwechsel führt (→ Art. 43 Rn. 116; → Art. 43 Rn. 145 ff.), in Verbindung mit dem Grundsatz vom numerus clausus einen **Verstoß gegen Art. 34, 56 AEUV** bewirken kann.[44] Wird eine Sache über die Grenze verbracht, können dadurch nämlich die an ihr bestehenden dinglichen Rechte, insbesondere Kreditsicherheiten, ggf. nicht mehr unverändert weiterbestehen.[45] Kollisionsregeln auf Unionsebene, deren Regelungsgegenstand die Abmilderung dieses abrupten Statutenwechsels sind, bzw. die besondere Rechtsfolgen für den Statutenwechsel anordnen, fehlen bis dato.[46] Das weist deutliche Parallelen zu der ganz ähnlichen Frage im internationalen Gesellschaftsrecht auf, ob die Anknüpfung an den jeweiligen Sitz der Hauptverwaltung, die bei einer grenzüberschreitenden Sitzverlegung gleichfalls zu einem Statutenwechsel führt, einen Verstoß gegen Art. 54, 49 AEUV darstellt (ausführlich → Art. 3 Rn. 91 ff.; → IntGesR Rn. 111 ff.).[47] Die Problematik ist im Rahmen der Ausführungen zu Art. 43 eingehender zu erörtern (→ Art. 43 Rn. 160 ff.)

8a Zu erwähnen ist auch der jüngst veröffentlichte Verordnungsentwurf der europäischen Kommission zur Einführung des digitalen Euros.[48] Art. 5 des Entwurfs regelt zwar angeblich das „anwendbare Recht", erwähnt tatsächlich aber nur EU-Verordnungen und – obgleich diese ja eigentlich gar nicht unmittelbar anwendbar sind – EU-Richtlinien. Es ist auch unklar, ob Fragen des Sachstatuts überhaupt betroffen sind.

9 **e) Soft Law.** Sachenrechtliche Kollisionsnormen enthält auch Kapitel VIII des 2016 von UNCITRAL vorgelegten **Model Law on Secured Transactions.**[49] Insbesondere werden in den Art. 85, 87 und 89 Model Law on Secured Transactions kollisionsrechtliche Regeln betreffend Sicherungsrechte an Sachen vorgeschlagen. Bereits der UNCITRAL **Legislative Guide for Secured Transactions** von 2007[50] sieht in den Empfehlungen 203–227 des Kapitels X relativ detaillierte Regeln für den kollisionsrechtlichen Umgang mit Sicherungsrechten vor, wobei ein Teil der Regeln nur oder zumindest auch Sicherungsrechte an Sachen betrifft (insbesondere Empfehlungen 203–207, 215). Es handelt sich dabei nicht um unmittelbar anwendbares IPR.

9a Mehrere internationale Arbeitsgruppen haben sich in der letzten Zeit speziell dem auf dingliche Rechte an **Digitalgütern** anwendbaren Recht gewidmet (im Einzelnen → Art. 43 Rn. 145 ff.). So hat das **European Law Institute** (ELI) unlängst die „ELI Principles on the Use of Digital Assets

---

in Sigman/Kieninger, Cross-Border Security over Tangibles, 2007, 32 f.; *Martens* EuZW 2010, 527; *Kieninger* ZEuP 2016, 201; *Köndgen/Stöcker* ZBB 2005, 112; *Habersack* JZ 1997, 857.

43 Vgl. *Stoll* IPRax 2000, 159 (162); *Röthel* JZ 2003, 1027 (1031 ff.); anders *Wohlgemuth,* Vergemeinschaftung des Mobiliarsicherheitenrechts, 2005, 267 ff.: Binnenmarkterfordernis; *Kieninger* WM 2005, 2305; *Kieninger* WM 2005, 2353.

44 *v. Wilmowsky,* Europäisches Kreditsicherungsrecht, 1996, 94 ff., 111 ff.; *F. Zimmermann,* Mobiliar- und Unternehmenshypotheken in Europa, 2005, 214 f., 227 f.; vgl. auch schon *Wolf* WM 1990, 1941 f.; *Basedow* RabelsZ 59 (1995), 1 (43 f.); *Basedow* NJW 1996, 1921 (1922); *Basedow* FS Martiny, 2014, 243 (257); vermittelnd *Kieninger,* Mobiliarsicherheiten im Europäischen Binnenmarkt, 1996, 210 ff.; *Akkermans/Ramaekers* EurLJ 19, 237 (248); *Akkermans* in Van Erp/Salomons/Akkermans, The Future of European Property Law, 2012, 199 ff. Einen Verstoß jedenfalls durch das Kollisionsrecht verneinen *Roth* ZEuP 1994, 5 (23 ff.); *Roth* FS BGH, Bd. II, 2000, 847 (864); *Pfeiffer* IPRax 2000, 270 (276 f.); *Bruinier,* Der Einfluss der Grundfreiheiten auf das IPR, 2003, 125 ff.; wohl auch *Roth* ZEuP 1994, 5 (23 ff.); *Wohlgemuth,* Vergemeinschaftung des Mobiliarsicherheitenrechts, 2005, 112 ff., 179.

45 *Grude,* Revolvierende Globalsicherheiten in Europa, 2009, 137 ff.; allg. die Beiträge in Sigman/Kieninger, Cross-Border Security over Tangibles, 2007.

46 Im Gegensatz dazu sieht das internationale Privatrecht in der Schweiz für den Eigentumsvorbehalt etwa eine dreimonatige Frist vor, innerhalb derer den Publizitätsanforderungen der Schweizer Rechtsordnung genüge getan werden kann, vgl. dazu Ellenberger/Bunte BankR-HdB/*Welter/Summ* § 78 Rn. 24.

47 Hierzu *Röthel* JZ 2003, 1027 (1028). Vgl. etwa BGHZ 153, 185 (188 f.) = NJW 2005, 1648; BGH NJW 2011, 3372; anders bei Gesellschaften aus Drittstaaten, BGH NJW 2009, 289.

48 Proposal for a Regulation of the European Parliament and of the Council on the Establishment of the Digital Euro, COM(2023) 369 final.

49 Text: https://uncitral.un.org/sites/uncitral.un.org/files/media-documents/uncitral/en/19-08779_e_ebo ok.pdf (zuletzt abgerufen am 30.8.2024).

50 Text des Guides: https://uncitral.un.org/sites/uncitral.un.org/files/media-documents/uncitral/en/09-82670_ebook-guide_09-04-10english.pdf (zuletzt abgerufen am 30.8.2024); zu den Kollisionsnormen eingehend *Drobnig* FS Kropholler, 2008, 533 ff.; allg. zum Papier *Kieninger* WM 2005, 2353 ff.; *Lukas* ÖBA 2007, 262 ff.; Eidenmüller/Kieninger/*Kreuzer,* The Future of Secured Credit in Europe, 2. Aufl. 2012, 297 ff.; *Bazinas* Uniform Commercial Code Law Journal 2010, 123; *Holzer* NZI 2014, 337 (339 ff.); zum Entwurf eines Model Law on Secured Transactions der UNCITRAL vgl. *Holzer* NZI 2014, 337 (342 f.); rechtsvergleichend dazu auch *Robert-Tissot* IILR 2012, 234.

as Security“ veröffentlicht, welche im Schwerpunkt internationales Privatrecht betreffen.[51] Eine Arbeitsgruppe von **UNIDROIT** hat sich im Zeitraum von 2020 bis 2023 mit „Digital Assets and Private Law“ befasst.[52] Hieraus hervorgegangen sind die UNIDROIT Principles on Digital Assets and Private Law.[53]

2. Materielles internationales Sachenrecht. a) Staatsvertragliches Einheitsrecht. In einem weiteren Sinn umfasst der Begriff des internationalen Sachenrechts auch materielle sachenrechtliche Vorschriften, die entweder auf Grund ihres völker- oder europarechtlichen Ursprungs oder in anderer Hinsicht internationalen Charakter haben. Internationales Einheitsrecht enthalten etwa eine Reihe weiterer Vorschriften des **Genfer Übereinkommens** vom 19.6.1948 (→ Rn. 3). Art. II **WeltrV**[54] verbietet die Begründung absoluter Herrschaftsrechte am Weltraum und an Himmelskörpern. Das **UNESCO-Übereinkommen** über Maßnahmen zur Verhinderung der verbotenen Einfuhr, Ausfuhr und Eigentumsübertragung von Kulturgütern vom 14.11.1970 (BGBl. 2007 II 626) enthält keine unmittelbar anwendbaren sachenrechtlichen Bestimmungen, ist aber gemeinsam mit der RL 2014/60/EU im neugefassten KGSG vom 31.7.2016 (BGBl. 2016 I 1914) umgesetzt (→ Rn. 180). Von diesem Übereinkommen nicht erfasst ist der Kulturgüterschutz von unter Wasser gelegenem Kulturerbe, das dem Regime des UNESCO-Übereinkommens zum Schutz des Unterwasserkulturerbes unterliegt.[55] Es enthält jedoch weitgehend keine sachenrechtlichen Bestimmungen, insbesondere ist es auf Rohrleitungen, Kabel und Unterwasseranlagen (→ Art. 43 Rn. 109, → Art. 45 Rn. 22) nicht anwendbar. Außerdem ist Deutschland dem Übereinkommen (noch) nicht beigetreten. Die **UNIDROIT/ICAO-Übereinkommen von Kapstadt** über internationale Sicherungsrechte an beweglicher Ausrüstung vom 16.11.2001 sowie das dazugehörige Protokoll über Luftfahrzeugausrüstung vom selben Datum[56] sind am 28.4.2009 von der EU ratifiziert und von der Bundesrepublik schon länger gezeichnet worden; die Ratifizierung durch die Bundesrepublik steht aber noch aus. Ein Protokoll über Eisenbahnmaterial[57] ist inzwischen verabschiedet worden, aber noch nicht in Kraft getreten, ein weiteres über Weltraumvermögenswerte wurde auf einer Konferenz in Berlin 2012 angenommen und von Deutschland bereits unterzeichnet, jedoch noch nicht ratifiziert.[58] Jüngst verabschiedet wurde das Protokoll über die Finanzierung von Ausrüstungsgegenständen für Landwirtschaft, Bauindustrie und Bergbau (MAC-Protokoll) zum UNIDROIT-Übereinkommen von Kapstadt.[59] Zahlreiche Staatsverträge mit sachenrechtlichem Gehalt, so etwa das UNIDROIT-Übereinkommen von Ottawa über das internationale Finanzierungsleasing vom 28.5.1988,[60] das UNIDROIT-Überein- 10

[51] ELI Principles on the Use of Digital Assets as Security, 2022, https://www.europeanlawinstitute.eu/fileadmin/user_upload/p_eli/Publications/ELI_Principles_on_the_Use_of_Digital_Assets_as_Security.pdf (zuletzt abgerufen am 30.8.2024).

[52] UNIDROIT Principles on Digital Assets and Private Law.

[53] Text: https://www.unidroit.org/wp-content/uploads/2024/01/Principles-on-Digital-Assets-and-Private-Law-linked.pdf (zuletzt abgerufen am 30.8.2024).

[54] Vgl. dazu *Schladebach* NVwZ 2008, 53.

[55] Text des Übereinkommens in englischer Sprache: https://unesdoc.unesco.org/ark:/48223/pf0000126065.locale=en (zuletzt abgerufen am 30.8.2024); *Rau* ZaöRV 2001, 833.

[56] Deutsche Fassung abgedruckt in IPRax 2003, 276 ff. bzw. 289 ff.; englische Texte abgedruckt ua bei *Kronke* ZLW 2002, 147 (150 ff.); zum Übereinkommen und zum Protokoll vgl. *Kegel/Schurig* IPR § 19 VII 3 mwN; *Henrichs* IPRax 2003, 210 ff.; *Kreuzer* FS Schlechtriem, 2003, 869 ff.; *Kronke* ZLW 2002, 147 (150 ff.); *Kronke* Liber Amicorum Kegel, 2002, 33 ff.; *Bollweg/Henrichs* ZLW 2002, 186 ff.; *Otte* FS Jayme, Bd. I, 2004, 643 ff.; *Honnebier* ERPL 2002, 377; *Johner,* Das Recht der Übertragung von internationalen Sicherungsrechten an Luftfahrzeugausrüstung, 2005, 78 ff.; *Schmalenbach/Sester* WM 2005, 301 ff.; *Schladebach/Kraft* BKR 2012, 270 (276); *v. Bodungen,* Mobiliarsicherungsrechte an Luftfahrzeugen und Eisenbahnrollmaterial im nationalen und internationalen Rechtsverkehr, 2009. Zu Vorentwürfen *Kronke* RIW 6/1999, „Die erste Seite“; *Bollweg/Gerhard* ZLW 2001, 375 ff.

[57] Protokoll von Luxemburg zum Übereinkommen über internationale Sicherungsrechte an beweglicher Ausrüstung betreffend Besonderheiten des rollenden Eisenbahnmaterials vom 23.2.2007, https://www.unidroit.org/german/conventions/mobile-equipment/railprotocol.pdf (zuletzt abgerufen am 30.8.2024); dazu allg. *Traar* ZfRV 2007, 104.

[58] Text: https://www.unidroit.org/english/conventions/mobile-equipment/spaceassets-protocol-e.pdf (zuletzt abgerufen am 30.8.2024); Noch zum Protokollentwurf vgl. *Fontmichel* ZLW 2001, 526; *Creydt* IPRax 2004, 499; *Creydt,* Die Besicherung von Weltraumvermögenswerten: ein neues einheitliches internationales Sicherungsrecht und dessen Vergleich zum US-amerikanischen Mobiliarsicherungsrecht, 2007.

[59] Protokoll zu Ausrüstungsgegenständen für Landwirtschaft, Bauindustrie und Bergbau, https://www.unidroit.org/instruments/security-interests/mac-protocol-2019 (zuletzt abgerufen am 30.8.2024); *v. Bodungen/Böger* WM 2017, 1241.

[60] Inoffizielle deutsche Übersetzung und Erläuterungen bei *Dageförde,* Internationales Finanzierungsleasing, 1992, 162; engl. Version unter https://www.unidroit.org/english/conventions/1988leasing/convention-leasing1988.pdf (zuletzt abgerufen am 30.8.2024).

kommen von Rom über gestohlene oder rechtswidrig ausgeführte Kulturgüter vom 24.6.1995[61] und das UNIDROIT-Übereinkommen von Genf betreffend materiellrechtlicher Normen für intermediär verwahrte Wertpapiere vom 9.10.2009,[62] sind von der Bundesrepublik bislang nicht gezeichnet worden. Das UN-Kaufrecht (CISG), das für Deutschland am 1.1.1991 in Kraft trat, spart gemäß seinem Art. 4 lit. b sachenrechtliche Fragen aus.

11 **b) Europäisches Recht.** Forderungen nach der Schaffung genuin europäischer Mobiliar- und Immobiliarsicherungsrechte im Wege europäischen Einheitsrechts, also im Wege unmittelbar anwendbaren Verordnungsrechts, haben bislang wenig Niederschlag in konkreten Schritten seitens des europäischen Gesetzgebers gefunden.[63] Auch der im Oktober 2011 von der Europäischen Kommission vorgelegte Vorschlag für eine Verordnung über ein Gemeinsames Europäisches Kaufrecht (GEKR)[64] sparte sachenrechtliche Fragen konsequent aus und ließ sogar den Eigentumsvorbehalt unerwähnt, was sachlich kaum zu rechtfertigen war und möglicherweise die Akzeptanz des GEKR in der Praxis gefährdet hätte.[65] Der Vorschlag für ein GEKR wurde von der Kommission aufgrund nationaler Widerstände Ende 2014 allerdings ohnehin zurückgezogen. Auch auf Richtlinienebene fehlt es bislang an entsprechenden gesetzgeberischen Maßnahmen. Beispielsweise enthält die Wohnimmobilienkredit-RL[66] für Verbraucher ausschließlich spezifische Regelungen zu Verbraucherkreditverträgen und sieht keine sachenrechtlichen Bestimmungen vor.

12 **c) Nationales Recht für grenzüberschreitende Sachverhalte.** Darüber hinaus existieren nationale sachenrechtliche Vorschriften, die in ihrem Regelungsgehalt **spezifisch auf grenzüberschreitende Sachverhalte** zugeschnitten sind und insofern in einem weitesten Sinn als „internationales" Sachenrecht bezeichnet werden können. Als Beispiel können **§§ 73 ff. KGSG** genannt werden (→ Art. 43 Rn. 188). Inwieweit auch Art. 43 Abs. 3 sich in einer solchen Norm erschöpft oder darüber hinaus kollisionsrechtliche Bedeutung hat, ist umstritten (näher → Art. 43 Rn. 130 ff.; → Art. 43 Rn. 172 ff.). Im allerweitesten Sinn könnten zum internationalen Sachenrecht auch alle Rechtsvorschriften gerechnet werden, die – ohne spezifisch auf diese zugeschnitten zu sein – auch bei grenzüberschreitenden Sachverhalten zur Anwendung gelangen und unmittelbar oder mittelbar Rechte an Sachen betreffen. In dieser Bedeutung, die vor allem sog. **Eingriffsnormen** umfasst (→ Einl. IPR Rn. 286 ff.), hat der Begriff des internationalen Sachenrechts keine klaren Konturen mehr, und der Kreis der Rechtsquellen ist unüberschaubar.

13 **d) Soft Law.** Der Kernbereich des Sachenrechts gehört bislang zu den Materien, die sich einer europäischen oder gar internationalen Rechtsvereinheitlichung besonders hartnäckig widersetzt haben. Allerdings existiert durchaus internationales oder europäisches Soft Law, das sich in erster Linie als Angebot für nationale oder übernationale Gesetzgeber sieht. Zu nennen sind in diesem Zusammenhang Bücher VIII und IX des **Draft Common Frame of Reference** (DCFR),[67] die sich Fragen des Erwerbs und Verlusts des Eigentums an Mobilien, dem Schutz von Eigentum und Besitz sowie Mobiliarsicherheiten widmen. Ein jüngeres Projekt zum „Gemeineuropäischen

---

[61] Inoffizielle deutsche Übersetzung in ZVglRWiss 95 (1996), 214 ff.; deutsche Version auch unter https://www.unidroit.org/english/conventions/1995culturalproperty/translations/german.pdf (zuletzt abgerufen am 30.8.2024); dazu *Prott* ZVglRWiss 95 (1996), 188 ff.; *Kegel/Schurig* IPR § 23 X mwN; eingehende Analyse der Konvention von *B. Thorn,* Internationaler Kulturgüterschutz nach der UNIDROIT-Konvention, 2005, 79 ff.; zur Frage, ob Deutschland dem Übereinkommen beitreten soll, *Halsdorfer* IPRax 2009, 307.

[62] Text: https://www.unidroit.org/english/conventions/2009intermediatedsecurities/convention.pdf (zuletzt abgerufen am 30.8.2024); dazu auch *Keijser/Parmentier* BKR 2010, 151 (152 f.); Ellenberger/Bunte BankR-HdB/*Klanten* § 47 Rn. 116; *Kronke* WM 2010, 1625 (1626 f.); *Mülbert* ZBB 2010, 445; *Einsele* ZHR 177 (2013), 50 (63 ff.); *Einsele* WM 2005, 1109; *Eichholz* WM 2013, 250.

[63] Vgl. aber Grünbuch Hypothekarkredite in der Europäischen Union vom 19.7.2005, KOM (2005), 327 endg. Umfassend zur Vorgeschichte und zu weiteren Entwicklungen *Nasarre-Aznar/Stöcker* in Innovations in Securitisation Yearbook 2006, 111 (116 ff.).

[64] KOM (2011) 635 final.

[65] Vgl. die Erwähnung in Art. 88 GEKR des konsolidierten Textes des European Law Institute (ELI), die allerdings vermutlich noch nicht weit genug geht; Statement des ELI: https://www.europeanlawinstitute.eu/fileadmin/user_upload/p_eli/Publications/S-2-2012_Statement_on_the_Proposal_for_a_Regulation_on__a_Common_European_Sales_Law.pdf (zuletzt abgerufen am 30.8.2024).

[66] RL 2014/17/EU vom 4.2.2014, ABl. EU 2014 L 60, 34; dazu *Omlor* NJW 2017, 1633; *Fischer* ZAP 2017, 1135; *Zapf* ZEuP 2016, 656; *Rott* BKR 2015, 8.

[67] Dazu *Stagl* JbJZivRWiss 2005, 369 ff.; *Faber/Lurger,* Rules for the Transfer of Movables, 2008; *Stadler* JZ 2010, 380; *Faber* JBl. 2012, 341 (424); *Harke* GPR 2012, 292. Vgl. ferner Study Group on a European Civil Code/Research Group on the Existing EC Private Law (Acquis Group), Draft Common Frame of Reference (DCFR), Full Edition, 2009, Vol. 5, 6; Study Group on a European Civil Code, Proprietary Security in Movable Assets, 2014; *Kieninger* ZEuP 2016, 201 (210 f.); *Macdonald* ZEuP 2009, 745.

Sachenrecht"[68] will die Grundlagen für eine weitere Rechtsvereinheitlichung liefern. Detaillierter, sachlich allerdings beschränkt auf Kreditsicherheiten, sind das EBRD Model Law on Secured Transactions von 2004,[69] das bei vielen Reformen in Zentral- und Osteuropa eine maßgebliche Rolle gespielt hat,[70] sowie der 2007 vorgelegte **UNCITRAL Legislative Guide on Secured Transactions**[71] und das 2016 erschienene **UNCITRAL Model Law on Secured Transactions.** Auf deren internationalprivatrechtliche Regeln wurde in → Rn. 9 schon hingewiesen. Rechtsfragen bezüglich intermediär verwahrter Wertpapiere behandelt der **UNIDROIT Legislative Guide on Intermediated Securities,** der die Prinzipien und Regelungen des Genfer Wertpapierübereinkommens (→ Rn. 10) umsetzt.[72] Zu weiteren Arbeiten des ELI und von UNIDROIT → Rn. 9a.

II. Prinzipien

Für das internationale Sachenrecht sind die **allgemeinen Prinzipien** der Anknüpfungsgerechtigkeit im IPR maßgebend (eingehend → Einl. IPR Rn. 28 ff.). Dazu gehören etwa das Prinzip der Anwendung des sachnächsten Rechts, das sowohl den Parteiinteressen als auch Verkehrs- und Ordnungsinteressen dient, oder das Vertrauensschutzprinzip, das unter anderem zum Schutz sog. wohlerworbener Rechte zwingt. Weiterhin gehören dazu das Prinzip der Förderung des äußeren und inneren Entscheidungseinklangs sowie das Prinzip der Rechtssicherheit und Vorhersehbarkeit von Anknüpfungsergebnissen. 14

Darüber hinaus lassen sich auch einige spezifische Grundsätze benennen, die gerade für das internationale Sachenrecht charakteristisch sind. So ist ein zentrales Prinzip des internationalen Sachenrechts das der **Publizität der Anknüpfungsgründe:** Für die Ermittlung des anwendbaren Rechts kommen grundsätzlich nur solche Anknüpfungspunkte in Betracht, die auch für Außenstehende vergleichsweise leicht und eindeutig erkennbar sind, insbesondere der Lageort einer Sache oder ihre Eintragung in ein öffentliches Register. Das führt auch dazu, dass eine Rechtswahl im internationalen Sachenrecht grundsätzlich unbeachtlich bleiben muss (→ Art. 46 Rn. 18 ff.):[73] Jeder, der das Gesetz und die äußerlich sichtbaren Verhältnisse kennt, soll das anwendbare Recht möglichst zweifelsfrei ermitteln können. Das ist ein Gebot des **Verkehrsschutzes,** der gerade bei Zuordnungsfragen in besonderem Maße nach Rechtssicherheit und Rechtsklarheit verlangt.[74] Ob die Rechtswahl künftig, wie etwa im Familien- oder Erbrecht durch Rechtsakte des europäischen Gesetzgebers, auch im internationalen Sachenrecht möglich werden wird, bleibt abzuwarten.[75] 15

Ein weiteres, für das internationale Sachenrecht spezifisches Prinzip ist das der **Verträglichkeit mit dem Recht der räumlichen Umgebung** bzw. mit dem Recht, zu dessen räumlichen Anwendungsbereich die Sache in Beziehung gebracht wird: Im Interesse des Verkehrsschutzes muss es vermie- 16

---

[68] *v. Bar,* Gemeineuropäisches SachenR, Bd. I: Grundlagen, Gegenstände sachenrechtlichen Rechtsschutzes, Arten und Erscheinungsformen subjektiver Sachenrechte, 2015.

[69] European Bank for Reconstruction and Development, Model Law mit Erläuterungen in der wiederveröffentlichten Fassung von 2010 unter https://www.ebrd.com/news/publications/guides/model-law-on-secured-transactions.html (zuletzt abgerufen am 30.8.2024); dazu *Dahan/Simpson* in Kieninger, Security Rights in Movable Property in European Private Law, 2004, 98 ff.; *Dageförde* ZEuP 1998, 686.

[70] *Kieninger* RNotZ 2013, 216; *Macdonald* ZEuP 2009, 745 (749).

[71] *Kieninger* WM 2005, 2353 ff.; *Lukas* ÖBA 2007, 262 ff.; *Drobnig* FS Kropholler, 2008, 533.

[72] Für die Endfassung des Guides s. https://www.unidroit.org/instruments/capital-markets/legislative-guide (zuletzt abgerufen am 30.8.2024).

[73] Vgl. BGH NJW 1997, 461 (462) mwN; *Spickhoff* Symposium Parteiautonomie im Europäischen Internationalen Privatrecht, 2013, 29 (34 f.); *Kroll-Ludwigs,* Die Rolle der Parteiautonomie im europäischen Kollisionsrecht, 2013, 531 ff.; Grüneberg/*Thorn* Art. 43 Rn. 2; PWW/*Brinkmann* Art. 43 Rn. 6; *v. Hoffmann/Thorn* IPR § 12 Rn. 10; Staudinger/*Mansel,* 2015, Art. 43 Rn. 808 ff.; *Wagner* IPRax 1998, 429; krit. zum Ausschluss der Rechtswahl Staudinger/*Stoll,* 1996, IntSachenR Rn. 262, 282 ff.; *Stoll* IPRax 2000, 259 (264); *Einsele* RabelsZ 60 (1996), 417 (435 ff.); *Ritterhoff,* Parteiautonomie im internationalen Sachenrecht, 1999; für Auflockerungen zugunsten des Rechts des Bestimmungslandes bzw. Registerortes *Kieninger* FS Martiny, 2014, 391 (410); *Kieninger* EPLJ 2018, 221. Für europarechtlich mindestens partiell geboten hält die Eröffnung der Rechtswahlfreiheit *v. Wilmowsky,* Europäisches Kreditsicherungsrecht, 1996, 94 ff.; *v. Wilmowsky* in Oppermann/v. Wilmowsky, Integration im europäischen Zivil- und Wirtschaftsrecht, 1998, 33, 47 ff.; einer Absage an die Privatautonomie ebenfalls krit. gegenüber *Flessner* FS Koziol, 2010, 125 (145), der eine Rechtswahlfreiheit für dingliche Verfügungen über bewegliche Sachen bis an die Grenze des vorbehaltenen Vollstreckungs- und Insolzvenzrechts für geboten hält, sowie *Flessner* in Westrik/van der Weide, Party Autonomy in International Property Law, 2011, 11 (38).

[74] Zu dessen Grenzen im Hinblick auf eine im Wege eines renvoi oder allenfalls über die Ausweichklausel doch mögliche Rechtswahl *v. Hein* in Westrik/van der Weide, Party Autonomy in International Property Law, 2011, 103 (114).

[75] Vgl. etwa *Martiny* IPRax 2012, 119, der die Bedeutung der Situs-Regel betont und die mit einer Einführung der Rechtswahl im internationalen Sachenrecht verbundenen Schwierigkeiten aufzeigt.

den werden, dass ausländische Sachenrechte ganz unbekannten bzw. mit inländischen Rechtsprinzipien unvereinbaren Inhalts Anerkennung finden. Das erleichtert nicht nur den täglichen Rechtsverkehr, sondern ist auch ausgesprochen sinnvoll in Zwangsvollstreckung und Insolvenz, weil der Ort des Zugriffs auf eine Sache in der Regel mit der lex fori übereinstimmt, die das Verfahren beherrscht.

III. Art. 43–46

17 **1. Entstehungsgeschichte.** Der Sechste Abschnitt des kollisionsrechtlichen Kapitels im EGBGB wurde eingefügt durch das **Gesetz zum internationalen Privatrecht für außervertragliche Schuldverhältnisse und für Sachen** vom 21.5.1999 (BGBl. 1999 I 1026).[76] Wie viele andere Bereiche war auch das internationale Sachenrecht bei der ersten Fassung des kollisionsrechtlichen Kapitels des EGBGB ausgespart[77] und fast ein Jahrhundert lang nicht ergänzt worden. Der Deutsche Rat für internationales Privatrecht hatte 1972 Vorschläge und Gutachten zur Reform des internationalen Sachenrechts vorgelegt (*Lauterbach*-Vorschläge),[78] die unter dem Eindruck von Gutachten von *Lüderitz* (1981), *Drobnig* (1982) und *Kreuzer* (1988) erneut beraten und 1991 in einer revidierten Fassung veröffentlicht wurden (*Henrich*-Vorschläge).[79] Parallel dazu war schon 1984 ein Referentenentwurf des Bundesjustizministeriums erstellt worden,[80] dem 1993 ein weiterer folgte.[81] Nachdem das Schicksal der Entwürfe zunächst offen schien, erließ der 14. Deutsche Bundestag mit überraschender Geschwindigkeit das Gesetz vom 21.5.1999,[82] das **am 1.6.1999 in Kraft** trat.

18 Die Art. 43–46 dienen der Kodifizierung des internationalen Sachenrechts, das vor ihrem Inkrafttreten durch **ungeschriebene Rechtsgrundsätze** beherrscht wurde. Dabei hatten die Anknüpfungsregeln, die in der Praxis befolgt wurden, teilweise gewohnheitsrechtlichen Charakter, was insbesondere die sog. Situs-Regel betraf (→ Art. 43 Rn. 3). Teilweise bestand in Lit. und Rspr. aber auch bis zuletzt heftiger Streit, so vor allem darüber, in welchem Umfang die Situs-Regel Geltung beansprucht und ob und inwieweit auch andere Anknüpfungspunkte maßgeblich sein müssen.[83] Diese Streitpunkte sind durch die Kodifizierung nicht beseitigt worden (→ Rn. 23 f.).

19 Die einzige Änderung der Art. 43–46 ist bislang durch das Gesetz zur Anpassung der Vorschriften des Internationalen Privatrechts an die VO (EG) 864/2007 vom 10.12.2008 (BGBl. 2008 I 2401) erfolgt. Dieses hat die Verweisung in Art. 44 aF auf Art. 40 Abs. 1 aF durch eine Verweisung auf die Rom II-VO mit Ausnahme deren Kapitels III ersetzt. Ferner wurde Art. 44 vom Anwendungsbereich des Art. 46 ausgenommen. Damit wurde die Konsequenz daraus gezogen, dass die Rom II-VO jedenfalls die deliktsrechtliche Seite des internationalen Umwelthaftungsrechts umfassend regelt. Mit dieser Maßnahme wurden zugleich ernsthafte redaktionelle Defizite der alten Gesetzeslage beseitigt (dazu → 4. Aufl. 2006, Art. 44 Rn. 26 ff.).

20 **2. Intertemporaler Anwendungsbereich.** Wie auch für die Vorschriften über außervertragliche Schuldverhältnisse (Art. 38–42) existiert für die Art. 43–46 **keine besondere Übergangsregelung.** Der Gesetzgeber ging davon aus, dass die Kodifizierung nur eine Fixierung der in der Praxis ohnehin befolgten Anknüpfungsgrundsätze bedeute, so dass eine ausdrückliche Regelung entbehrlich erschien.[84] Diese Prämisse ist freilich unzutreffend, weil die Kodifizierung sehr wohl das frühere IPR in einzelnen Aspekten modifiziert (zB veränderte Ubiquitätsregel in Art. 44 aF iVm Art. 40 Abs. 1; Art. 44 nF iVm Rom II-VO) und im Übrigen den Spielraum möglicher Anknüpfungen deutlich verringert hat.[85] Der intertemporale Anwendungsbereich muss daher in **Analogie zu Art. 220 Abs. 1 und Art. 236 § 1** abgesteckt werden,[86] so dass die Vorschriften auf vor dem

---

[76] Zur Geschichte *Stoll* IPRax 2000, 259 ff.; *Kreuzer* RabelsZ 65 (2001), 383 (386 ff.); *Wagner* IPRax 1999, 210 ff.; *Wagner* IPRax 1998, 429; *Staudinger* DB 1999, 1589.

[77] Zu Entwürfen vgl. Staudinger/*Stoll,* 1996, IntSachenR Rn. 6 ff. mwN; eingehend auch *Hartwieg/Korkisch,* Die geheimen Materialien zur Kodifikation des deutschen Internationalen Privatrechts 1881–1896, 1973, 87 ff., 177 ff., 214, 253 f.

[78] *Lauterbach,* Vorschläge und Gutachten zur Reform des deutschen internationalen Personen- und Sachenrechts, vorgelegt im Auftrag der zweiten Kommission des Deutschen Rates für internationales Privatrecht, 1972.

[79] *Henrich,* Vorschläge und Gutachten zur Reform des deutschen internationalen Sachen- und Immaterialgüterrechts, 1991.

[80] Text abgedruckt ua bei *Basedow* NJW 1986, 2971 (2972).

[81] Abgedruckt ua in IPRax 1995, 132 f.

[82] Materialien: RegE, BT-Drs. 14/343; BT-Drs. 14/654; BR-Drs. 795/98.

[83] *v. Wilmowsky,* Europäisches Kreditsicherungsrecht, 1996, 94 ff., 117 ff.; vgl. auch zB BGH DZWiR 1997, 158 *(Mankowski)* = EWiR 1997, 209 *(Geimer)* = IPRax 1997, 411 *(Stoll)* = WiB 1997, 269 *(Otte).*

[84] BT-Drs. 14/343, 6.

[85] *Spickhoff* NJW 1999, 2209 (2210).

[86] → 5. Aufl. 2010, Art. 220 Rn. 8 ff.; Grüneberg/*Thorn* Rn. 1; PWW/*Brinkmann* Art. 43 Rn. 1; *Kegel/Schurig* IPR § 1 VII; *Spickhoff* NJW 1999, 2209 (2210); *Pfeiffer* IPRax 2000, 270 (272); *v. Bar/Mankowski* IPR I § 4, 331 ff.

1.6.1999 abgeschlossene Vorgänge nicht anwendbar sind. Die Praxis wird allerdings gut beraten sein, im Interesse der Rechtssicherheit überall dort, wo keine überragenden Gesichtspunkte des Vertrauensschutzes (→ 5. Aufl. 2010, Art. 220 Rn. 25) eine flexiblere Anknüpfung gebieten, den neuen Vorschriften inhaltlich entsprechende Entscheidungen zu treffen.

Wann ein sachenrechtlicher **Vorgang kollisionsrechtlich abgeschlossen** ist, kann nicht für alle Fälle einheitlich beantwortet werden. In aller Regel wird man davon ausgehen können, dass bei der Begründung, Übertragung, Änderung oder bei dem Erlöschen eines dinglichen Rechts der letzte Akt maßgeblich ist, der nach der zunächst anwendbaren Rechtsordnung das Recht unmittelbar entstehen, übergehen, mit verändertem Inhalt fortbestehen oder erlöschen lässt.[87] Zu einem Statutenwechsel kann es dabei insbesondere bei Dauertatbeständen wie Grundstücksimmissionen iSv Art. 44 kommen.[88] 21

Für das **innerdeutsche Kollisionsrecht** wird auf die → 4. Aufl. 2006, Rn. 18 verwiesen. 22

3. Bewertung. Ob die Art. 43–46 gegenüber dem vorherigen Rechtszustand eine nennenswerte Verbesserung mit sich brachten, kann bezweifelt werden.[89] Gründe sind eine Reihe redaktioneller Defizite (→ Art. 43 Rn. 174 ff.) sowie die mangelnde Entscheidungsfreudigkeit des Gesetzgebers. Zwar wirkt die Festschreibung der Situs-Regel mit nur wenigen, relativ klar umrissenen Ausnahmen in Art. 45 auf den ersten Blick wie ein Befreiungsschlag. Allerdings bestehen **Unvollständigkeiten** der Regelung, auf die bereits die Gesetzesmaterialien selbst hinweisen: Die Rspr. solle „im Bedarfsfall" Grundsätze für besondere Fallgruppen entwickeln.[90] Gleichfalls unvollständig ist die Regelung in Art. 43 Abs. 2, weil sie die Wirkungen ausländischer Sachenrechte im Inland (→ Art. 43 Rn. 153 ff.) offenlässt. 23

Vor allem durch die – im Vorfeld nicht unumstrittene – Einfügung des Art. 46, der in Fällen einer wesentlich engeren Verbindung eine Auflockerung der Regelanknüpfung ermöglicht, ist eine erhebliche **Unsicherheit** in die neue Rechtslage fortgetragen worden.[91] Zwar ist die erreichte Flexibilität begrüßenswert, jedoch musste die Vorschrift als Einladung an die Lit. wirken, fast alle alten Meinungsstreite unter neuem Vorzeichen auch nach der Kodifizierung weiterzuführen und das Gesetz beliebig zu korrigieren (→ Art. 46 Rn. 4 ff.). Der Gesetzgeber hätte gut daran getan, durch eine geeignetere Formulierung oder durch Regelbeispiele das Ausmaß zu verdeutlichen, in dem ein Abweichen von der Regelanknüpfung nach Art. 46 statthaft ist. 24

Art. 43 EGBGB Rechte an einer Sache

(1) Rechte an einer Sache unterliegen dem Recht des Staates, in dem sich die Sache befindet.

(2) Gelangt eine Sache, an der Rechte begründet sind, in einen anderen Staat, so können diese Rechte nicht im Widerspruch zu der Rechtsordnung dieses Staates ausgeübt werden.

(3) Ist ein Recht an einer Sache, die in das Inland gelangt, nicht schon vorher erworben worden, so sind für einen solchen Erwerb im Inland Vorgänge in einem anderen Staat wie inländische zu berücksichtigen.

Schrifttum: vgl. auch Vor Art. 43; *Basedow,* Internationales Factoring zwischen Kollisionsrecht und UNIDROIT-Konvention, ZEuP 1997, 615; *Benecke,* Abhandenkommen und Eigentumserwerb im Internationalen Privatrecht, ZVglRWiss 101 (2002), 362; *Boehm,* Herausforderungen von Cloud Computing-Verträgen: Vertragstypologische Einordnung, Haftung und Eigentum an Daten, ZEuP 2016, 358; *v. Caemmerer,* Zum internationalen Sachenrecht. Eine Miszelle, FS Zepos, Bd. II, 1973, 25; *Dinger/Goldner,* Sicherungsübereignung von Windenergieanlagen in der Ausschließlichen Wirtschaftszone, ZBB 2009, 204; *Drobnig,* Die gemeinschaftsrechtliche „Regelung" des Eigentumsvorbehalts, FS Heldrich, 2005, 563; *Drobnig,* European Conflict Rules for the mutual Recognition of Security Rights in Goods, in Westrik/van der Weide, Party Autonomy in International Property Law, 2011, 165; *Einsele,* Rechtswahlfreiheit im Internationalen Privatrecht, RabelsZ 60 (1996), 417; *Erlank,* The disconcerting exercise of finding and applying the *lex rei sitae* in Cyberspace, EPLJ 2018, 212; *Finkelmeier,* Qualifikation der Vindikation und des Eigentümer-Besitzer-Verhältnisses, 2016; *Flessner,* Rechtswahl im internationalen Sachenrecht – neue Anstöße aus Europa, FS Koziol, 2010, 125; *Flessner,* Choice of Law in International Property Law – New Encouragement from Europe, in Westrik/van der Weide, Party Autonomy in International Property Law,

[87] Vgl. *Kegel/Schurig* IPR § 1 VII mwN.
[88] *Spickhoff* NJW 1999, 2209 (2210); *Pfeiffer* IPRax 2000, 270 (272).
[89] Äußerst krit. auch *Schurig* FS Stoll, 2001, 577 ff.
[90] BT-Drs. 14/343, 14.
[91] Im Ansatz krit. auch *Spickhoff* NJW 1999, 2209 (2210); diff. *Stoll* IPRax 2000, 259, der in Art. 46 eine Möglichkeit zur Fortentwicklung des internationalen Sachenrechts erblickt.

2011, 11; *Flessner,* Dingliche Sicherungsrechte nach dem Europäischen Insolvenzübereinkommen, FS Drobnig, 1998, 277; *Freitag,* Verkauf und Zession hypothekarisch gesicherter Forderungen im Internationalen Privatrecht, RIW 2005, 25; *Geyrhalter,* Das Lösungsrecht des gutgläubigen Erwerbers, 1996; *Gottschall,* Die Besicherung von Offshore-Windkraftanlagen nach deutschem und US-amerikanischem Recht unter besonderer Berücksichtigung des anwendbaren Rechts auf Offshore-Installationen in hoheitsfreien Gebieten, 2011; *Graham-Siegenthaler,* Kreditsicherungsrechte im internationalen Rechtsverkehr, 2005; *Grolimund,* Vertrauensanknüpfung im Internationalen Privat- und Zivilverfahrensrecht, 2008; *Grude,* Revolvierende Globalsicherheiten in Europa: eine Untersuchung zur Beständigkeit der globalen Sicherungsrechte an revolvierenden Sachgesamtheiten bei innergemeinschaftlichen Grenzübertritten, 2009; *Jayme,* Transposition und Parteiwille bei grenzüberschreitenden Mobiliarsicherheiten, FS Serick, 1992, 241; *Kaufhold,* Internationales und europäisches Mobiliarsicherungsrecht: eine Analyse des gegenwärtigen Rechtszustands und der Möglichkeiten internationaler Koordinierung, 1999; *Kieninger,* Mobiliarsicherheiten im europäischen Binnenmarkt: zum Einfluss der Warenverkehrsfreiheit auf das nationale und internationale Sachenrecht der Mitgliedstaaten, 1996; *Kieninger,* Rechtswahlfreiheit im Sachenrecht?, FS Martiny, 2014, 391; *Kreuzer,* Zur Anwendung des Art. 43 Abs. 3 EGBGB, FS Bechtold, 2006, 253; *Lüderitz,* Die Beurteilung beweglicher Sachen im internationalen Privatrecht, in Lauterbach, Vorschläge und Gutachten zur Reform des deutschen internationalen Personen- und Sachenrechts, 1972, 185; *Mansel,* Gesamt- und Einzelstatut: Die Koordination von Erb- und Sachstatut nach der EuErbVO, FS Coester-Waltjen, 2015, 587; *Rakob,* Ausländische Mobiliarsicherungsrechte im Inland, 2001; *Reichert-Facilides,* Eigentumsschutz und Verwertung von Windenergieanlagen in der ausschließlichen Wirtschaftszone, WM 2011, 1544; *Ritaine,* Obligatory and Proprietary Rights: Where to Draw the Dividing Line – If at all?, in Faber/Lurger, Rules for the Transfer of Movables – A Candidate for European Harmonisation of National Reforms?, 2008, 177; *Ritterhoff,* Parteiautonomie im internationalen Sachenrecht, 1999; *Rixen,* Das Sachstatut bei internationalen Verkehrsgeschäften nach der Kodifikation des internationalen Sachenrechts, 2014; *Rupp,* The lex rei sitae and Its Neighbours – Debates, Developments, and Delineating Boundaries Between PIL Rules, EPLJ 2018, 267; *Sailer,* Gefahrübergang, Eigentumsübergang, Verfolgungs- und Zurückbehaltungsrecht beim Kauf beweglicher Sachen im IPR, 1966; *Schurig,* Statutenwechsel und die neuen Normen des deutschen internationalen Sachenrechts, FS Stoll, 2001, 577; *Schulz,* Haftung und Versicherung beim Betreiben von Windenergieanlagen, 2020; *Siehr,* Das Lösungsrecht des gutgläubigen Käufers im Internationalen Privatrecht, ZVglRWiss 83 (1984), 100; *Spickhoff,* Reichweite und Grenzen der Rechtswahl im Internationalen Schuld- und Sachenrecht, Symposium Parteiautonomie im Europäischen Internationalen Privatrecht, 2013, 29; *Spranger,* Die Rechte des Patienten bei der Entnahme und Nutzung von Körpersubstanzen, NJW 2005, 1084; *Stoll,* Der Schutz der Sachenrechte nach internationalem Privatrecht, RabelsZ 37 (1973), 357; *Swienty,* Der Statutenwechsel im deutschen und englischen internationalen Sachenrecht unter besonderer Betrachtung der Kreditsicherungsrecht, 2011; *Wenckstern,* Die englische Floating Charge im deutschen Internationalen Privatrecht, RabelsZ 56 (1992), 624; *Wendehorst,* The ALI-ELI Principles for a Data Economy, in De Franceschi/Schulze (Hrsg.), Digital Revolution – New Challenges for Law, 2019, 42; *Wiesböck,* Die lex rei sitae im IPR. Eine rechtsvergleichende Bestandsaufnahme mit rechtspolitischer Wertung, Diss. München 1974; *v. Wilmowsky,* Europäisches Kreditsicherungsrecht, 1996; *Wühl,* Der Trust im österreichischen Internationalen Privatrecht, ZfRV 2013, 20; *F. Zimmermann,* Mobiliar- und Unternehmenshypotheken in Europa, 2005, zugleich Diss. Frankfurt a.M. 2005.

Übersicht

A. Normzweck

I. Allgemeines Sachstatut (Abs. 1)

1. Anwendungsbereich. Art. 43 Abs. 1 stellt die Grundnorm des internationalen Sachenrechts dar und regelt das **allgemeine Sachstatut.** Das ist diejenige Rechtsordnung, die grundsätzlich über die Rechte an einer Sache und den großen Kreis der damit verbundenen Rechtsfragen herrscht, soweit einzelne Rechtsfragen nicht ausdrücklich einem anderen Statut zugewiesen sind. Art. 43 Abs. 1 ist grundsätzlich auf alle Sachen im Sinne des kollisionsrechtlichen Sachbegriffs (→ Rn. 11 ff.) anwendbar. Das gilt unabhängig davon, ob es sich um bewegliche oder unbewegliche Sachen handelt, ob die Sachen einen festen Lageort haben oder häufig ihren Lageort wechseln und ob der Lageort einfach oder schwer zu ermitteln ist, soweit keine vorrangige Sonderregelung für die Ermittlung des Sachstatuts existiert. 1

Eine solche **vorrangige Sonderregelung** für das Sachstatut im Ganzen, also ein besonderes Sachstatut, sieht Art. 45 Abs. 1 für bestimmte Transportmittel vor. Abweichende Verweisungen können aber auch punktueller Natur sein, dh nur bestimmte sachenrechtliche Fragen erfassen, während im Übrigen Art. 43 Abs. 1 anwendbar bleibt. Beispiele hierfür finden sich in Art. 44 hinsichtlich Ansprüchen aus Grundstücksimmissionen, in § 17a DepotG und § 32 eWpG hinsichtlich Verfügungen über bestimmte Wertpapiere oder Sammelbestandanteile (→ Rn. 246 ff.) und in § 54 Abs. 1 und § 72 KGSG hinsichtlich Eigentum an rückgeführtem Kulturgut (→ Rn. 189 ff.). Einen Sonderfall stellt die Ausweichklausel des Art. 46 dar, die dem Rechtsanwender ein Abweichen von den allgemeinen Anknüpfungsregeln im Einzelfall gestattet. Soweit speziellere Verweisungsnormen eingreifen, ist Art. 43 Abs. 1 verdrängt. 2

2. Situs-Regel. Der Gesetzgeber hat in Art. 43 Abs. 1 die sog. Situs-Regel kodifiziert, die schon vor Inkrafttreten der Art. 43–46 gewohnheitsrechtlich verfestigt[1] und auch von den allermeisten ausländischen Rechtsordnungen befolgt worden war.[2] Danach unterliegen Rechte an einer Sache dem Recht des Staates, in dem sich die Sache befindet, dh dem Recht des physischen Lageorts (lex rei sitae, lex situs, Situs-Recht, Lageortrecht, Belegenheitsrecht). Auch wenn die Situs-Regel international anerkannt ist, herrscht im jüngeren Schrifttum wieder eine rege Diskussion über mögliche Modifikationen der lex rei sitae, wie etwa die an sich nicht neue Forderung nach der Einführung der Rechtswahlfreiheit[3] oder andere Anknüpfungsmomente.[4] 3

Die grundsätzliche Herrschaft der lex rei sitae dient in erster Linie dem **Schutz des Rechtsverkehrs:** Der Staat, in dem sich die Sache befindet, ist für alle Beteiligten am einfachsten feststellbar, und die Geltung seines Rechts entspricht am ehesten ihren Erwartungen.[5] Ferner wird eine Entscheidung, die nach dem Sachrecht des Lageorts ergangen ist, dort am leichtesten **vollstreckbar** sein.[6] Im Liegenschaftsrecht sowie bei eintragungspflichtigen Mobiliarsicherheiten erleichtert sie die Führung öffentlicher **Register**[7] und ergänzt die häufig anzutreffende ausschließliche Zuständigkeit der Gerichte des Belegenheitsstaats.[8] Schließlich dient die Anknüpfung an den Lageort auf Grund ihrer Eindeutigkeit und ihrer relativen Unabhängigkeit von nationalen Systemvorstellungen auch dem internationalen **Entscheidungseinklang.**[9] 4

---

1 Aus der höchstrichterlichen Rspr. BGHZ 39, 173 (174) = NJW 1963, 1200; BGHZ 52, 239 (240) = NJW 1969, 1760; BGHZ 73, 391 (395) = NJW 1979, 1773; BGHZ 100, 321 (324) = NJW 1987, 3077; BGH NJW 1991, 1415; 1994, 2022 (2023); 1995, 58 (59); 1996, 2233 (2234); 1997, 461 (462); 1998, 1321; 1998, 3205; NJW-RR 2010, 983; BeckRS 2012, 17500; zum Zeitpunkt OLG Frankfurt a. M. NJW-RR 2018, 803; wN bei Staudinger/*Stoll,* 1996, IntSachenR Rn. 123. Zu abw. Theorien zum Geltungsgrund → 3. Aufl. 1998, Anh. I Art. 38 Rn. 13 mwN *(Kreuzer).*

2 Nachweise zum ausländischen Recht ua bei Staudinger/*Mansel,* 2015, Rn. 90; Soergel/*Lüderitz* Anh. II Art. 38 vor Rn. 1; *Kegel/Schurig* IPR § 19; *Kreuzer* RabelsZ 65 (2001), 383 (439) ff.; *Wagner* IPRax 1998, 429 (435); *Siehr* ZVglRWiss 104 (2005), 146 ff. mit rechtshistorischen Ausführungen; *d'Avout,* Sur les solutions du conflit de lois en droit des biens, 2006, 417 ff.; s. auch BT-Drs. 14/343, 15.

3 *Kieninger* EPLJ 2018, 221; *Kieninger* FS Martiny, 2014, 391.

4 Zu weiteren Alternativen zur lex rei sitae *Akkermans* EPLJ 2018, 246 (259 ff.); zur europäischen Harmonisierung des internationalen Privatrechts und den Auswirkungen auf das internationale Sachenrecht *Rupp* EPLJ 2018, 267.

5 Vgl. BT-Drs. 14/343, 15; *v. Hoffmann/Thorn* IPR § 12 Rn. 9; PWW/*Brinkmann* Rn. 6.

6 *Kegel/Schurig* IPR § 2 II, § 19 IV; krit. *Kropholler* IPR § 54 I 1.

7 *Kropholler* IPR § 54 I 1.

8 *v. Hoffmann/Thorn* IPR § 12 Rn. 9.

9 Insgesamt zur Berechtigung der Situs-Regel vgl. etwa *v. Caemmerer* FS Zepos, 1973, 25; *Kassaye,* Neuere Entwicklungen im internationalen Mobiliarsachenrecht, 1983, 14 ff.; *Junker* RIW 2000, 241 (245); *Kreuzer* RabelsZ 65 (2001), 383 (442 f.); *v. Hoffmann/Thorn* IPR § 12 Rn. 9; *Ritterhoff,* Parteiautonomie im internati-

II. Wirkung ausländischer Rechte (Abs. 2)

5 Zumindest bei beweglichen Sachen kann es leicht zu einem Wechsel des anwendbaren Rechts kommen, wenn die Sache in einen anderen Staat gelangt **(Statutenwechsel).** Das neue Sachstatut trifft dann auf eine sachenrechtliche Prägung der Sache, die unter Geltung einer anderen Rechtsordnung entstanden ist. Für diesen Fall bestimmt Art. 43 Abs. 2, dass im Ursprungsstaat entstandene Rechte an einer Sache nicht im Widerspruch zur neuen lex rei sitae ausgeübt werden können. Die Norm trifft eine Abwägung zwischen **Vertrauensschutz** auf der einen Seite, indem im Ausland erworbene Rechte als wohlerworbene Rechte auch im neuen Belegenheitsstaat anerkannt werden sollen, und **Verkehrssicherheit** auf der anderen Seite, indem der Rechtsverkehr des Belegenheitsstaats vor der Konfrontation mit ganz unbekannten dinglichen Rechten geschützt werden soll.[10]

6 Deutet man die Verweisung in Art. 43 Abs. 1 dahingehend, dass nach einem Statutenwechsel die neue lex rei sitae umfassend zur Entscheidung über alle die Sache betreffenden sachenrechtlichen Fragen berufen ist, wäre die neue lex rei sitae auch grundsätzlich frei, vor dem Statutenwechsel begründete Rechtslagen gar nicht anzuerkennen oder aber einen Widerspruch zur eigenen Sachenrechtsordnung zuzulassen oder jede Zwischenlösung zwischen beiden Extremen zu wählen. Vor diesem Hintergrund müsste sich Art. 43 Abs. 2 teilweise – soweit eine Sache vom Ausland ins Inland gelangt – als Regelung des deutschen materiellen Rechts, im Übrigen aber als Einmischung in Fragen darstellen, zu deren Beantwortung eigentlich ein ausländisches Sachenrecht berufen ist. Plausibler erscheint hingegen die Deutung, wonach Art. 43 Abs. 2 eine **temporale Spaltung** des Sachstatuts bewirkt: Über den Bestand einer bestimmten dinglichen Rechtslage, die noch im Ausgangsstaat begründet wurde, entscheidet weiterhin allein die alte lex rei sitae **(Rechtsbestandsstatut),** während die neue lex rei sitae über die Wirkungen entscheidet, die dieser dinglichen Rechtslage in der neuen rechtlichen Umwelt zukommen **(Rechtswirkungsstatut,** näher → Rn. 127 ff.).[11]

7 Unwandelbares Rechtsbestandsstatut und wandelbares Rechtswirkungsstatut stehen zueinander in einem **Spannungsverhältnis,** das durch europarechtliche Erwägungen zusätzliche Brisanz erhält (→ Rn. 160 ff.). Dieses Spannungsverhältnis aufzulösen, bleibt ausschließlich Aufgabe des jeweils berufenen Rechtswirkungsstatuts. Art. 43 Abs. 2 kann hierzu Hinweise allenfalls für die Konstellation liefern, in der deutsches materielles Sachenrecht berufen ist (näher → Rn. 153 ff.).

III. Gestreckte Tatbestände (Abs. 3)

8 Die Regelung des Art. 43 Abs. 3 betrifft ein Sonderproblem des Statutenwechsels, nämlich **gestreckte sachenrechtliche Tatbestände.** Das sind Vorgänge, die nach dem Recht des Bestimmungsstaats eine sachenrechtlich relevante Rechtsfolge nach sich ziehen und die teilweise bereits vollzogen wurden, als die Sache sich noch im Gebiet des Ursprungsstaats befand: Die Verwirklichung des sachenrechtlichen Tatbestands erstreckt sich also über einen Zeitraum, der auch den Statutenwechsel umfasst. Abs. 3 bezieht sich dabei ausdrücklich nur auf den Fall, dass eine Sache vom Ausland ins Inland gelangt, und ordnet für diesen Fall an, dass für den Rechtserwerb im Inland Schritte, die im Ausland erfolgten, wie inländische zu berücksichtigen sind.

9 Diese Anordnung enthält zunächst eine **räumliche bzw. materiellrechtliche Komponente,** die beispielsweise besagt, dass ein im Ausland für bestimmte Zeit ausgeübter Eigenbesitz bei der Berechnung der Frist, die für die im Inland eintretende Ersitzung (§ 937 Abs. 1 BGB) verstrichen sein muss, anzurechnen ist.[12] Art. 43 Abs. 3 stellt sich insoweit als – weitgehend überflüssige – Interpretationshilfe für deutsches materielles Sachenrecht dar (→ Rn. 166 ff.).

10 Wie ausschließlich aus den Gesetzesmaterialien[13] deutlich wird, hat die Vorschrift aber auch eine **zeitliche bzw. kollisionsrechtliche Komponente.** Sie soll nach der Vorstellung ihrer Verfasser nämlich auch und gerade bewirken, dass Tatbestände, die insgesamt im Ausland verwirklicht worden sind und nach dem anwendbaren ausländischen Sachenrecht nicht die gewünschte

---

onalen Sachenrecht, 1999, 55 ff.; *d'Avout,* Sur les solutions du conflit de lois en droit des biens, 2006, 420 ff.; *Martiny* IPRax 2012, 119 ff.

[10] Vgl. *Grude,* Revolvierende Globalsicherheiten in Europa, 2009, 155. Zum Erlöschen eines nach schweizer Recht möglichen, aber nach deutschem Recht unbekannten Lösungsrechts des gutgläubigen Erwerbers an gestohlenen Sachen → § 935 Rn. 21; BGH NJW 1987, 3077.

[11] So jetzt auch BGH NJW-RR 2010, 983 Rn. 21; PWW/*Brinkmann* Rn. 17; OLG Stuttgart BeckRS 2021, 20405 Rn. 15 f.; für eine Übertragung der Unterscheidung von Rechtsbestands- und Rechtswirkungsstatut auf das internationale Urheberrecht *Einsele* FS Schack, 1060 (1067 f.).

[12] PWW/*Brinkmann* Rn. 19 mwN.

[13] BT-Drs. 14/343, 16.

dingliche Rechtsfolge herbeigeführt haben, rückwirkend nach deutschem Recht beurteilt werden, wenn der Tatbestand von den Beteiligten im Hinblick auf die baldige Verbringung der Sache ins Inland vollzogen wurde. Schulbeispiel hierfür ist der nur mündlich vereinbarte Eigentumsvorbehalt an Importwaren, der nach dem Recht des Ursprungsstaats gegenüber Dritten unwirksam ist (→ Rn. 172 ff.).

B. Anknüpfungsgegenstand

I. Sache

1. Qualifikation. a) Fragestellung. Ob eine bestimmte Rechtsfrage ein Recht an einer Sache iSv Art. 43 betrifft, muss im Wege der Qualifikation geklärt werden (umfassend → Einl. IPR Rn. 108 ff.). Geht es um die Auslegung des Begriffs der „Sache" in Art. 43 Abs. 1, liegt in der Regel ein **konkretes Objekt der Lebenswelt** vor, dessen kollisionsrechtliche Sachqualität infrage steht. Problematisch in diesem Zusammenhang ist etwa die Einordnung von Daten, menschlichen Organen, Embryonen und embryonalen Stammzellen, elektrischer Energie oder fließendem Wasser. Die funktionelle Qualifikation, die bei der Einordnung ausländischer Rechtsnormen und der Auslegung sachnormbezogener Tatbestandsmerkmale maßgebend ist, führt bei diesen konkreten Objekten der Lebenswelt nicht unmittelbar zum Ziel.[14] Das zutreffende Vorgehen ist umstritten: **11**

b) Meinungsstand. aa) Strenge lex-fori-Qualifikation. Hinsichtlich der Ausfüllung des Tatbestandsmerkmals „Sache" in Art. 43 wird zum einen vertreten, sie richte sich unmittelbar nach dem deutschen materiellrechtlichen Sachbegriff, also nach § 90 BGB[15] (strenge lex fori-Qualifikation). Diese Auffassung vermag nur eingeschränkt zu überzeugen. So ist man sich heute zwar weitestgehend einig, dass der Geltungsbereich von Kollisionsnormen nur derjenigen Rechtsordnung entnommen werden kann, welcher die betreffende Kollisionsnorm entstammt, dh bei der Erstverweisung der lex fori. Die im Kollisionsrecht verwendeten Begriffe müssen aber nicht notwendig mit den Begriffen des materiellen Rechts übereinstimmen, sondern sind kollisionsrechtsautonom zu interpretieren. Schon ein Blick auf das materielle Recht (zB § 119 Abs. 2 BGB, § 434 BGB) zeigt, dass der Begriff der Sache nicht überall die gleiche Bedeutung hat, so dass eine Gleichsetzung der Sachbegriffe in § 90 BGB und in Art. 43 begründungsbedürftig erscheint. **12**

bb) Mehrfachqualifikation. Denkbar wäre es, bei jedem Phänomen, bei dem die Qualifizierung als Sache nicht gänzlich fernliegend erscheint, vorsorglich (auch) nach Art. 43 anzuknüpfen, also ggf. eine Doppel- oder Mehrfachqualifikation vorzunehmen. Ob tatsächlich eine Sache vorliegt, müsste dann die von Art. 43 Abs. 1 berufene Rechtsordnung entscheiden.[16] Diese Lösung erscheint zwar ausgesprochen einfach, weil sie den Rechtsanwender seiner Qualifikationsaufgabe zunächst ganz enthebt. Die Probleme werden in Wahrheit aber nur verschoben, weil die Qualifizierung durch das ausländische Sachstatut – etwa als „bien" iSv Art. 516 ff. Code civil oder als „Sache" iSv § 285 ABGB – wiederum qualifikationsbedürftig ist. Auch ist nicht zu verkennen, dass diese Lösung auf eine Qualifikation lege causae hinausliefe, die zu Recht allgemein abgelehnt wird: Die Anwendbarkeit von Art. 43 würde nachträglich dadurch legitimiert, dass die berufene Rechtsordnung die Rechtsfrage entsprechend qualifiziert. Die vom Anknüpfungssystem des EGBGB verfolgten Ziele würden damit nicht unbedingt erreicht. Gegebenenfalls könnten damit sogar Ergebnisse erzielt werden, die in eklatanter Weise den Systemvorstellungen des deutschen Rechts widersprechen, beispielsweise, dass etwas Person und Sache zugleich ist. **13**

c) Differenzierender Ansatz. Aus den genannten Gründen wird hier ein differenzierender Ansatz vertreten. Ausgangspunkt ist danach zwar die Qualifikation lege fori und damit die Orientierung am vergleichsweise engen **Sachbegriff des § 90 BGB.** Dieser umfasst alle körperlichen Gegenstände, dh Gegenstände, die sinnlich wahrnehmbar, von Menschen beherrschbar (insbesondere im Raume abgegrenzt), den sachenrechtlichen Rechtsinstituten (Besitz, Eigentum, Pfandrecht usw) zugänglich und schließlich weder als menschlicher Körper noch als lebende Tiere (vgl. § 90a S. 1 BGB) zu qualifizieren sind.[17] Herkömmlich werden bewegliche und unbewegliche Sachen unterschieden, jedoch kommt dieser Unterscheidung für Art. 43 ebenso wenig Bedeutung zu wie andere **14**

---

[14] Näher *Wendehorst* FS Sonnenberger, 2004, 743 (753 ff.).

[15] So Soergel/*Lüderitz* Anh. II Art. 38 Rn. 5; Grüneberg/*Thorn* Rn. 1; PWW/*Brinkmann* Rn. 8; *v. Hoffmann/Thorn* IPR § 12 Rn. 13; *Junker* IPR § 17 Rn. 5.

[16] In diese Richtung weisend, trotz Bekenntnis zur Orientierung an §§ 90 ff. BGB, Erman/*Stürner* Rn. 10.

[17] Grüneberg/*Ellenberger* BGB § 90 Rn. 1; Erman/*Schmidt* BGB § 90 Rn. 1a; *Medicus/Petersen* BGB AT Rn. 1174 ff.; Soergel/*Marly* BGB § 90 Rn. 1; Staudinger/*Stieper,* 2021, BGB Vor §§ 90 ff. Rn. 9.

Differenzierungen des deutschen materiellen Rechts, etwa jener zwischen vertretbaren und unvertretbaren Sachen. Der materiellrechtliche Sachbegriff ist aber nur in seinem **Kernbereich** geeignet, verlässlich Aufschluss darüber zu geben, was kollisionsrechtlich als Sache anzusehen ist.

15 Im Randbereich dagegen ist die materiellrechtliche Qualifikation als Sache bzw. Nicht-Sache lediglich ein wesentliches Indiz für die kollisionsrechtliche. Bei Grenzfällen führt nur eine Analyse der vom deutschen Kollisionsrecht verfolgten **Anknüpfungsinteressen** zum Ziel. Die Qualifikation erfordert danach ein Hin- und Herwandern des Blickes zwischen dem Objekt und seiner möglichen rechtlichen Behandlung einerseits und den Gründen andererseits, die den Gesetzgeber zur Anknüpfung in dem von Art. 43 Abs. 1 vorgezeichneten Sinn bewogen haben. Ist die Auslegung der vom Gesetzgeber verwendeten Sammel- und Normengruppenbegriffe (→ Einl. IPR Rn. 113) erschöpft, stellt sich der Prozess der Qualifikation ggf. als Fortbildung des Kollisionsrechts dar.

16 Danach muss man für die Einordnung als Sache iSd Art. 43 jedenfalls fordern, dass die **räumliche Belegenheit** des Objekts zu einem bestimmten Zeitpunkt an einem bestimmten Ort unmittelbar sinnlich wahrnehmbar ist, denn das ist eine Vorbedingung für die Funktionstauglichkeit der Situs-Regel; prinzipiell unzureichend ist es, dass lediglich Rechtspositionen in Bezug auf das Objekt in sinnlich wahrnehmbarer Weise an einem bestimmten Ort dokumentiert, etwa in ein Register oder in Geschäftsbücher eingetragen werden. Weiterhin muss die räumliche Belegenheit für Rechtsbeziehungen in Bezug auf das Objekt **zumindest potenziell aussagekräftig** sein; das wäre etwa bei Computerprogrammen und „Software-Eigentum" (→ Rn. 37b) zu verneinen, weil Rechtsbeziehungen in Bezug auf das Computerprogramm vollkommen durch immaterialgüterrechtliche Faktoren determiniert werden und der Speicherort irrelevant ist. Schließlich muss die Qualifizierung als Sache mit **wesentlichen Grundsätzen** des deutschen Rechts vereinbar sein, dh es darf insbesondere nicht absehbar sein, dass sich die Qualifizierung selbst nach Art. 1 Abs. 3 GG verbietet.

17 **2. Kollisionsrechtlich relevante Abgrenzung von Sache und Person. a) Tiere.** Rechte an Tieren sind entsprechend Art. 43 anzuknüpfen. Zwar unterfallen Tiere nicht dem Sachbegriff des § 90 BGB (vgl. § 90a S. 1 BGB), jedoch besagt schon **§ 90a S. 3 BGB,** dass die Vorschriften über Sachen grundsätzlich entsprechend anwendbar sind. Soweit dingliche Rechte betroffen sind, muss diese Verweisung auch auf Art. 43 ff. bezogen werden, dh sie hat auch kollisionsrechtliche Bedeutung.[18] Hinreichend gewichtige abweichende Anknüpfungsinteressen sind nicht ersichtlich.

18 **b) Natürliche Körperteile, -substanzen und -produkte. aa) Ungetrennte Teile.** Bei einer Reihe körperlicher Gegenstände stellt sich die Frage, ob sie kollisionsrechtlich als Sachen oder als untrennbare Teile der menschlichen Person zu qualifizieren sind. Zunächst können ungetrennte natürliche **Körperteile** des lebenden Menschen unter keinen Umständen als Sachen iSv Art. 43 angesehen werden, und bereits eine derartige Qualifikation wäre mit Art. 1 Abs. 1 GG, Art. 2 Abs. 1 GG unvereinbar. Soweit überhaupt einmal eine potenziell sachenrechtlich zu qualifizierende Rechtsfrage vorliegen sollte (zB im Kontext von Organhandel), wird der Sachverhalt meist vollständig durch Eingriffsnormen (zB Transplantationsgesetze) geregelt sein. Da ein Ergebnis, das eine Zuordnung von Körperteilen zu einer anderen Person als ihrem Träger vorsähe, gem. Art. 6 ohne weiteres unbeachtlich wäre, wird man im Übrigen auf eine Anknüpfung ganz verzichten können. Das Gleiche gilt für in den Körper eines neuen Trägers eingefügte **Transplantate.**[19]

19 **bb) Abgetrennte Teile.** Von weitaus größerer praktischer Bedeutung sind potenzielle absolute Herrschaftsrechte an abgetrennten natürlichen Körperteilen und Körpersubstanzen (zB Spenderorgane, Blut- und Gewebeproben), für die in der Transfusions- und Transplantationsmedizin sowie in der medizinischen Forschung ein großer Markt besteht. Soweit solche Körperteile und Körpersubstanzen ihrem ursprünglichen **Träger nicht mehr unmittelbar nutzbar** sind, dh soweit unter Berücksichtigung der objektiven medizinischen Möglichkeiten und des subjektiven Willens der Beteiligten nicht davon auszugehen ist, dass sie zur Wiedereingliederung in den Körper des Trägers oder zur sonstigen Aufrechterhaltung von dessen Körperfunktionen bestimmt sind, geht man im deutschen materiellen Recht fast einhellig von der Sachqualität iSv § 90 BGB aus.[20] Unstimmigkeiten herrschen allein hinsichtlich der Fragen, wer auf welche Weise Eigentum erwerben kann und ob und inwieweit das fortwirkende Persönlichkeitsrecht des Trägers künftige absolute Herrschaftsrechte beschränkt.[21] Die inzwischen wohl überwiegende Meinung spricht sich für einen Eigentumserwerb

---

[18] Staudinger/*Mansel*, 2015, Rn. 343.

[19] Zu dieser Gleichstellung im materiellen Recht BGB § 90 Rn. 28; Grüneberg/*Ellenberger* BGB § 90 Rn. 3.

[20] BGHZ 124, 52 (54) = NJW 1994, 127; *Brehm/Berger* SachenR 26 f.; Erman/*Schmidt* BGB § 90 Rn. 5; Soergel/*Marly* BGB § 90 Rn. 7; Grüneberg/*Ellenberger* BGB § 90 Rn. 3.

[21] Hierzu *Forkel* JZ 1974, 593 (594).

des ursprünglichen Trägers analog § 953 BGB[22] und eine persönlichkeitsrechtliche Überlagerung des Sacheigentums aus (→ BGB § 90 Rn. 26).[23]

Die materiellrechtliche Qualifizierung als Sache iSv § 90 BGB ist ein Indiz für die kollisionsrechtliche Qualifizierung als Sache iSv Art. 43 (→ Rn. 14). Damit unterliegt auch der **originäre Eigentumserwerb** prinzipiell der lex rei sitae, dh regelmäßig dem Recht des Ortes der Abtrennung. Allerdings kann in Fällen, in denen das Recht dieses Ortes dem ursprünglichen Träger den originären Eigentumserwerb versagt, je nach Sachlage ein Verstoß gegen den deutschen **ordre public** (Art. 6) vorliegen:[24] Wem irgendwo auf der Welt eine Niere entfernt wird, der sollte darauf vertrauen dürfen, dass ihm diese Niere auch sachenrechtlich zugeordnet ist. In weniger gravierenden Fällen, etwa wenn es um die Weiterverwendung von Gewebeproben für die Forschung geht, kann sich eine abweichende Entscheidung des Sachstatuts aber durchsetzen.[25] Der **derivative Rechtserwerb Dritter** (zB Blutbank, Transplantationszentrum) muss sich jedenfalls stets nach dem Sachstatut richten. 20

Eine andere Frage ist, auf welche Weise kollisionsrechtlich der Fortwirkung des **Persönlichkeitsrechts** des Trägers Rechnung getragen wird. Das Persönlichkeitsrecht wird praktisch vor allem im Kontext von Verletzungen relevant,[26] die zum Entstehen deliktischer Schadensersatz-, Beseitigungs- und Unterlassungsansprüche[27] führen. Solche Ansprüche werden dem Deliktsstatut unterstellt, welches wegen Art. 1 Abs. 2 lit. g Rom II-VO weiterhin nach Art. 40 ermittelt wird (→ Art. 40 Rn. 8 ff., → Art. 40 Rn. 72 ff.).[28] Hinsichtlich des Bestands und der Reichweite des allgemeinen Persönlichkeitsrechts wird überwiegend vertreten, dass sie gleichfalls dem **Deliktsstatut** unterstehen, also nicht gesondert als Vorfragen angeknüpft werden (näher → Art. 40 Rn. 83 ff. mwN).[29] Dem ist grundsätzlich zuzustimmen, weil die einzelnen Elemente des Haftungstatbestands sowie die Rechtsfolgen bei der Haftung für Persönlichkeitsrechtsverletzungen so untrennbar miteinander verwoben sind, dass es nicht angemessen wäre, sie ggf. nach unterschiedlichen Rechtsordnungen zu behandeln. 21

Die von der hM vorgenommene Zuordnung zum Deliktsstatut bedeutet freilich, dass eine Anknüpfung des Persönlichkeitsrechts erst in Betracht kommt, wenn eine Verletzung stattgefunden hat oder sich zumindest als möglich abzeichnet. Eine Anknüpfung persönlichkeitsrechtlicher Wirkungen an sich, also gleichsam „im Ruhezustand", wäre danach nicht denkbar, obgleich sich Fragen wie die Übertragbarkeit der Ausübungsbefugnis, das Schicksal des Persönlichkeitsrechts nach dem Tod usw durchaus gelegentlich auch ohne deliktischen Kontext stellen. Es bleibt daher kein anderer Weg, als das Persönlichkeitsrecht grundsätzlich dem **Personalstatut** des Berechtigten zu unterwerfen, das aber in einem deliktischen Kontext im weitesten Sinn vom **Deliktsstatut** verdrängt wird.[30] 22

Kommt das fortwirkende Persönlichkeitsrecht als Beschränkung dinglicher Rechte Dritter zum Tragen, etwa als Verbot der Weiterveräußerung ohne Einverständnis des Trägers oder als Verbot der Gewinnung bestimmter genetischer Daten, ist die Entscheidung zwischen einer deliktsrechtlichen, einer sachenrechtlichen oder einer personenrechtlichen Anknüpfung zu treffen. Inwieweit solche Beschränkungen ihrerseits dingliche Wirkung haben, ist allerdings wegen der Grundsätze vom Typenzwang und numerus clausus dinglicher Rechte nach deutschem materiellem Recht zweifelhaft, 23

---

22 *Hellmann,* Vorträge über das BGB, 1897, 34; *Schäfer,* Rechtsfragen zur Verpflanzung von Körper- und Leichenteilen, 1961, 46 ff.; Soergel/*Marly* BGB § 90 Rn. 7; Staudinger/*C. Heinze,* 2020, BGB § 953 Rn. 11; Staudinger/*C. Heinze,* 2020, BGB § 958 Rn. 3; Grüneberg/*Ellenberger* BGB § 90 Rn. 3; für die Gegenmeinung s. *Schünemann,* Die Rechte am menschlichen Körper, 1985, 63.

23 *Forkel* JZ 1974, 593 (595 f.); *Schünemann,* Die Rechte am menschlichen Körper, 1985, 86 ff.; *Deutsch* MDR 1985, 177 (179); *Deutsch* NJW 1986, 1974, jeweils mwN; *Deutsch* AcP 192 (1992), 173 ff.; *Püttner/Brühl* JZ 1987, 529 (532); *Laufs/Reiling* NJW 1994, 775 (776); Staudinger/*Stieper,* 2021, BGB § 90 Rn. 29 mzN; für die Gegenmeinung s. *Spranger* NJW 2005, 1084 mwN.

24 BeckOGK/*Prütting/A. Zimmermann* Rn. 76.1.

25 In der → 6. Aufl. 2015, Rn. 20 wurde unter Berufung auf Art. 46 eine alternative Ankùpfung an das Personalstatut vertreten, ähnlich *Swienty,* Der Statutenwechsel im deutschen und englischen internationalen Sachenrecht unter besonderer Betrachtung der Kreditsicherungsrecht, 2011, 47; aA Staudinger/*Mansel,* 2015, Rn. 348, der stets vom Sachstatut ausgeht.

26 Allg. zu Persönlichkeitsrechtsverletzungen im IPR *Heldrich* FS Zajtay, 1982, 215 ff.; *R. Wagner,* Das deutsche IPR bei Persönlichkeitsrechtsverletzungen, 1986; *Danckwerts,* Persönlichkeitsrechtsverletzungen im deutschen, schweizerischen und US-amerikanischen IPR, 1999; *Siehr* IPR § 19, 101–103; *Siehr* IPR § 34, 246 f.; *Sonnenberger* FS Henrich, 2000, 575 ff.; *Friedrich,* Internationaler Persönlichkeitsrechtsschutz bei unerlaubter Vermarktung, 2003.

27 Umfassend *Fricke,* Der Unterlassungsanspruch gegen Presseunternehmen zum Schutz des Persönlichkeitsrechts im IPR, 2003.

28 Anders ggf. presserechtliche Gegendarstellungsansprüche, *Sonnenberger* FS Henrich, 2000, 575 (588).

29 BGHZ 131, 332 (335) = NJW 1996, 1128; *Siehr* IPR § 19, 101.

30 Stets auf das hypothetische Deliktsstatut abstellend Staudinger/*Mansel,* 2015, Rn. 357.

zumal die Beschränkungen eher inhaberbezogen sind, dh nicht jeden Inhaber dinglicher Rechte in gleichem Umfang treffen. Diese Zweifel schlagen auf die kollisionsrechtliche Ebene durch. Wegen des starken Inhaberbezugs dürfte am überzeugendsten die Deutung sein, wonach es sich um „gewöhnliche" Unterlassungsansprüche gegen den jeweiligen Inhaber des betreffenden dinglichen Rechts handelt, die richtigerweise gleichfalls dem **Deliktsstatut** unterstehen (→ Rn. 22).[31] Eine andere Frage ist, ob das Deliktsstatut im Einzelfall nach Art. 41 Abs. 1 akzessorisch an das Personalstatut anzuknüpfen ist.[32]

24 **cc) Ausgegliederte Teile.** Soweit Körperteile oder -substanzen zur **baldigen Wiedereingliederung** bei ihrem ursprünglichen Träger bestimmt sind, etwa der zu Untersuchungszwecken entnommene Augapfel, die im Vorfeld einer Operation entnommene Eigenblutspende oder die Kultur von Rückenmarkszellen, ist ihre materiellrechtliche Qualifizierung umstritten. Die Rspr.[33] und eine starke Meinung im Schrifttum[34] ordnen sie nicht den Sachen, sondern dem Schutzgut Körper zu. Nach Auffassung des BGH soll das Gleiche sogar für Körperprodukte gelten, die zwar nicht wieder dem Körper des Trägers zugeführt werden, aber zur externen **Aufrechterhaltung seiner Körperfunktionen** dienen sollen, insbesondere für zur späteren assistierten Reproduktion entnommene Keimzellen.[35] Die Zuordnung zum Schutzgut Körper bedeutet zugleich, dass dingliche Rechte an solchen Objekten nicht denkbar sind, sondern nur Persönlichkeitsrechte, die dann ggf. Schutz durch deliktisch zu qualifizierende Unterlassungs-, Beseitigungs- und Schadensersatzansprüche erfahren.

25 Diese Zuordnung ist vor allem im Hinblick auf das deutsche Deliktsrecht und seine Schwächen vorgenommen worden, wobei man auch viel zwanglosere Konstruktionen hätte wählen können. Sie erscheint schon auf materiellrechtlicher Ebene kritikwürdig und sollte vermieden werden, unter anderem, weil sie so etwas wie Ubiquität der Person impliziert, zu grotesken Schlussfolgerungen Anlass geben kann und schwierige Abgrenzungsprobleme provoziert, etwa bei Stammzellpräparaten, die dem Körper des Trägers nur mit geringer Wahrscheinlichkeit und/oder zu einem viel späteren Zeitpunkt wieder zugeführt werden sollen. Kollisionsrechtlich muss jedenfalls ein anderer Weg beschritten werden: Da die Qualifizierung als „Körper" einen Verzicht auf die Anknüpfung dinglicher Herrschaftsrechte bedeuten würde, könnten nach ausländischen Rechtsordnungen ggf. bestehende Herrschaftsrechte aus deutscher Sicht nie Wirksamkeit entfalten, obgleich sie mit dem deutschen ordre public wohl nicht in Konflikt kämen. Daher sind solche ausgegliederten Teile und Substanzen **wie endgültig abgetrennte** zu behandeln (→ Rn. 19 ff.).[36]

26 **c) Menschlicher Leichnam.** Ein ähnliches Problem entsteht bei der kollisionsrechtlichen Behandlung des menschlichen Leichnams. Was zunächst solche menschlichen Überreste betrifft, bei denen wegen der **langen Zeitspanne,** die seit dem Tod vergangen ist, Pietätsgefühl und postmortales Persönlichkeitsrecht zurückgewichen sind (zB Moorleichen, fossile Gebeine), werden sie auch materiellrechtlich als Sachen iSv § 90 BGB qualifiziert.[37] Es dürfte daher der Unterstellung unter das Sachstatut nichts entgegenstehen.

27 Im Übrigen sollte Ähnliches gelten wie hinsichtlich abgetrennter Körperteile: Potenzielle dingliche Herrschaftsrechte am Leichnam und seinen Teilen unterstehen grundsätzlich dem **Sachstatut,** auch wenn materiellrechtlich nicht von einer Sache iSv § 90 BGB auszugehen ist und sogar künstliche Körperteile (zB Zahngold) erst mit der Abtrennung zur Sache werden.[38] Vorschriften ausländischen Sachenrechts, die eine vom materiellen deutschen Recht abweichende Regelung treffen und etwa das Eigentum am Leichnam der Krankenanstalt zuweisen, werden dabei allerdings besonders häufig am **ordre public** (Art. 6) scheitern:[39] Wer fern seines Heimatstaates zu Tode kommt, sollte wenigstens nicht Gegenstand unbekannter Aneignungsrechte oder ähnlicher Rechte werden. Ganz allge-

---

[31] *Kropholler* IPR § 53 V 4.

[32] Hierzu *Michel,* Die akzessorische Anknüpfung, 2004, 94 ff.; idS Staudinger/*Mansel,* 2015, Rn. 356.

[33] BGHZ 124, 52 (55) = NJW 1994, 127.

[34] Erman/*Schmidt* BGB § 90 Rn. 5; HK-BGB/*Staudinger* § 823 Rn. 7 mwN; Grüneberg/*Ellenberger* BGB § 90 Rn. 3; dagegen *Medicus/Petersen* BGB AT Rn. 1178; nach der faktischen Dauer der Entnahme bis zur Zurückführung diff. Staudinger/*Stieper,* 2021, BGB § 90 Rn. 31.

[35] BGHZ 124, 52 (55) = NJW 1994, 127; zur Kritik an dieser Entscheidung *Laufs/Reiling* NJW 1994, 775; *Taupitz* NJW 1995, 745 (746 f.); *Nixdorf* VersR 1995, 742 f.; Soergel/*Marly* BGB § 90 Rn. 8.

[36] Staudinger/*Mansel,* 2015, Rn. 359; hierzu eingehend *Backmann,* Künstliche Fortpflanzung und Internationales Privatrecht, 2002, 21 ff.; BeckOGK/*Prütting/A. Zimmermann* Rn. 76.

[37] Staudinger/*Stieper,* 2021, BGB § 90 Rn. 53.

[38] BGH NJW 2015, 2901 Rn. 12; OLG Hamburg NJW 2012, 1601 (1603); LAG Hamburg BeckRS 2013, 70585.

[39] BeckOGK/*Prütting/A. Zimmermann* Rn. 78.

mein sind alle denkbaren Rechtspositionen am Leichnam überlagert durch das postmortale Persönlichkeitsrecht des Verstorbenen.[40] Dieses sollte zwar grundsätzlich dem Personalstatut unterliegen, wird aber in einem deliktsrechtlichen Kontext im weitesten Sinn vom **Deliktsstatut** verdrängt (→ Rn. 22).

d) Künstliche Implantate und Prothesen. Künstliche Implantate (zB Herzschrittmacher, künstliches Hüftgelenk) und Prothesen (zB künstlicher Arm, künstliches Bein) werden im deutschen materiellen Recht während der Dauer der Verbundenheit dem Körper zugerechnet[41] und erst mit der Abtrennung wie **Sachen** behandelt.[42] Für die kollisionsrechtliche Einordnung kann jedoch ein weiterer Sachbegriff herangezogen werden, wobei das berufene Sachstatut ebenso wie das deutsche materielle Recht die Qualifizierung als Sache verneinen kann. In jedem Fall ist während der Dauer der Verbundenheit eine besonders starke persönlichkeitsrechtliche Überlagerung zu beachten und werden Ergebnisse, die einer anderen Person als dem Träger ein dingliches Herrschaftsrecht zugestehen, oft gegen den ordre public (Art. 6) verstoßen.[43] 28

e) Menschliche Embryonen. Ob und in welcher Weise menschliche Embryonen Gegenstand dinglicher Rechte sein können, wird von immer größerer praktischer Bedeutung.[44] Dass eine Einordnung von Embryonen **in vivo** als Sache weder materiellrechtlich noch kollisionsrechtlich in Betracht kommt, versteht sich von selbst, weil bereits eine entsprechende Qualifikation mit wesentlichen Grundwertungen des deutschen Rechts unvereinbar wäre. Soweit in Zusammenhang mit solchen Embryonen und Feten rechtliche Fragen auftreten, unterstehen diese dem beim geborenen Menschen jeweils sachlich einschlägigen Statut, also etwa dem Deliktsstatut (zB bei pränataler Schädigung), dem Kindschaftsstatut (zB bei Fragen der Abstammung), dem Erbstatut (zB bei der Feststellung der Erbfähigkeit) usw. 29

Komplizierter ist die Lage bei möglichen Berechtigungen hinsichtlich Embryonen **in vitro,** deren zivilrechtlicher Status schon im deutschen materiellen Recht umstritten ist. Zunächst gilt natürlich auch hier, dass etwa Fragen der Abstammung dem Kindschaftsstatut, Fragen der Erbfähigkeit dem Erbstatut usw unterliegen müssen. Darüber hinaus sind aber Fragen dinglicher Herrschaftsrechte nicht von vornherein von der Hand zu weisen, etwa wenn es um die Verwendung von Embryonen zu Forschungszwecken geht: Zwar ist eine solche Verwendung nach dem ESchG im Geltungsbereich deutschen Strafrechts untersagt, in vielen Staaten jedoch erlaubt, so dass deutsches Kollisionsrecht in diesem Zusammenhang durchaus einmal relevant werden kann. Nach den in → Rn. 16 herausgearbeiteten Grundsätzen dürfte sich das Problem auf die Frage zuspitzen, ob schon die Qualifikation als Sache iSv Art. 43 als solche mit tragenden Grundwertungen des deutschen Rechts unvereinbar ist. Das dürfte zu verneinen sein, doch ist jeweils im Einzelfall sorgfältig zu prüfen, ob nicht – hinreichender Inlandsbezug vorausgesetzt – das Ergebnis der Rechtsanwendung gegen den deutschen ordre public verstößt.[45] 30

f) Embryonale Stammzellen. Was embryonale Stammzellen betrifft, so sind diese – sofern sie nicht als totipotente Zellen selbst Embryonen sind (vgl. § 3 Nr. 4 StZG) – kollisionsrechtlich jedenfalls als **Sachen** einzustufen.[46] Dafür, sie personenrechtlich zu qualifizieren, fehlt es an einem gegenwärtigen oder künftigen Rechtsträger. Wenn überhaupt eine persönlichkeitsrechtliche Überlagerung dinglicher Herrschaftsrechte in Betracht zu ziehen ist, dann kann es sich nur um die Persönlichkeitsrechte der Keimzellspender handeln.[47] 31

3. Weitere Abgrenzungsfragen. a) Rechte. Rechte sind **keine Sachen,** und sie werden zu Sachen auch nicht dadurch, dass sie ausnahmsweise Gegenstand des gleichen Typus „dinglichen" Herrschaftsrechts sein können wie Sachen. Im deutschen materiellen Recht kennen wir dieses Phänomen beim Nießbrauch (§ 1068 BGB) und beim Pfandrecht (§ 1273 BGB), die beide nicht nur an Sachen, sondern auch an Rechten verschiedenster Art bestellt werden können. Zu Sachen 32

---

40 Hierzu eingehend *Bender* VersR 2001, 815 ff.; Staudinger/*Stieper,* 2021, BGB § 90 Rn. 41 mwN; Staudinger/*Mansel,* 2015, Rn. 365 f.

41 Statt vieler Grüneberg/*Ellenberger* BGB § 90 Rn. 3 mwN.

42 BGH NJW 2015, 2901, Rn. 11 mwN.

43 Zust. Staudinger/*Mansel,* 2015, Rn. 362.

44 Zur kollisionsrechtlichen Behandlung *Backmann,* Künstliche Fortpflanzung und Internationales Privatrecht, 2002, 61 ff.

45 Anders – Gleichbehandlung mit Embryonen in vivo – noch → 4. Aufl. 2006, Rn. 29; *Backmann,* Künstliche Fortpflanzung und Internationales Privatrecht, 2002, 74; für eine Qualifkation als Sache *Bilsdorfer* MDR 1984, 803 (804); Staudinger/*Mansel,* 2015, Rn. 368.

46 Staudinger/*Mansel,* 2015, Rn. 370.

47 Staudinger/*Stieper,* 2021, BGB § 90 Rn. 37.

werden sie auch nicht durch die Bestandteilsfiktion des § 96 BGB.[48] Bestimmendes Tatbestandsmerkmal für die Anwendung von Art. 43 ist richtigerweise nicht das absolute Herrschaftsrecht und seine dingliche oder quasi-dingliche Natur, sondern die Sache als Gegenstand des Herrschaftsrechts, weil nur körperliche Gegenstände die für Art. 43 prägende räumliche Belegenheit aufweisen (→ Rn. 16). Daher unterliegen Rechte an Forderungen dem Forderungsstatut, Rechte an Gesellschaftsanteilen dem Gesellschaftsstatut usw.[49] Das ist auch nicht anders bei Rechten, die materiellrechtlich wie Sachen behandelt werden, wie etwa im deutschen Recht die sog. grundstücksgleichen Rechte (Erbbaurecht, Bergwerkseigentum usw): Da es sich dabei seinerseits um dingliche Rechte an unbeweglichen Sachen handelt, gilt allerdings so oder so das Sachstatut. Immaterialgüter unterliegen nicht den Regeln über die Bestimmung des Sachstatuts, sondern werden kollisionsrechtlich eigenständig behandelt (zum IntImmGR → Rom II-VO Art. 8 Rn. 1 ff.).[50]

33 **b) Mehrheiten von Gegenständen.** Das **Vermögen** einer Person bzw. ein Bruchteil davon, eine Erbschaft usw, ist nach deutschem materiellem Recht nicht den Sachen gleichgestellt und kann als solches nicht Gegenstand dinglicher Rechte sein (vgl. für den Nießbrauch § 1085 BGB).[51] Dieser Ausfluss des Spezialitätsprinzips sollte auf die kollisionsrechtliche Ebene durchschlagen. Selbst wenn nach ausländischen Rechtsordnungen ein dingliches Recht an einer ganzen Vermögensmasse bestellt werden kann, ist das Recht kollisionsrechtlich in seine die einzelnen Gegenstände betreffenden Komponenten aufzuspalten. Nur soweit Sachen betroffen sind, ist jeweils das Sachstatut berufen (→ Rn. 32).

34 Keine Sache im kollisionsrechtlichen Sinn ist auch das **Unternehmen** bzw. der Gewerbebetrieb. Zwar mag es als Gegenstand von Kaufverträgen in Betracht kommen und auch im natürlichen Wortsinn an einem bestimmten Ort belegen sein. Unternehmen sind jedoch als solche nicht Gegenstand dinglicher Herrschaftsrechte, weil sie sich nicht in einer Gesamtheit von Sachen erschöpfen, sondern auch aus immateriellen Bestandteilen (Kundenstamm, Know-how usw) bestehen.[52] Dagegen sind das Betriebsgrundstück, Maschinen usw selbstredend Sachen iSv Art. 43. Zwar wird für den sog. Unternehmensnießbrauch (vgl. § 22 Abs. 2 HGB) der deutschen lex fori vertreten, dass er sich als einheitliches dingliches Recht am Rechtsobjekt Unternehmen darstelle (eingehend → BGB § 1085 Rn. 10 ff. mwN). Das ändert aber nichts daran, dass sachenrechtlich die Belastung jedes einzelnen erfassten Gegenstands erforderlich ist[53] und die „dinglichen" Auswirkungen auf die Unternehmensführung als solche so eng mit gesellschaftsrechtlichen Fragen verknüpft sind, dass sie kollisionsrechtlich dem Gesellschaftsstatut unterstehen müssen.[54] Nichts anderes kann damit auch für ausländische Rechtsinstitute wie das französische nantissement du fond de commerce[55] oder die englische floating charge[56] gelten, selbst wenn sie an typische Sachenrechte angelehnt sind.

35 Die Frage, ob ein Sachinbegriff bzw. eine **Sachgesamtheit**[57] dem kollisionsrechtlichen Sachbegriff unterfällt, ist von geringer praktischer Bedeutung. Hinsichtlich der einzelnen Teilsachen ist jeweils das Sachstatut berufen und erst dieses hat darüber zu befinden, was nun eigentlich Gegenstand des dinglichen Rechts sein kann (→ Rn. 80 ff.). Dabei ist bei der Anknüpfung von mehreren in Betracht kommenden Bezugsobjekten im Zweifel jeweils auf die kleinere Einheit abzustellen.[58] Der Fall, dass einzelne Teile einer Sachgesamtheit unterschiedlichen Sachstatuten unterliegen und die Frage nach dem Bezugspunkt daher schon bei der Erstverweisung von Bedeutung ist, dürfte praktisch ohnehin kaum vorkommen.

---

48 RGZ 83, 198 (200); RGRK-BGB/*Kregel* Rn. 10; Staudinger/*Stieper,* 2021, BGB § 90 Rn. 4; Staudinger/*Stieper,* 2017, BGB § 96 Rn. 1.

49 → 3. Aufl. 1998, Anh. I Art. 38 Rn. 210 *(Kreuzer).*

50 Vgl. etwa *Picht,* Vom materiellen Wert des Immateriellen, 2018, 489 ff., 646.

51 Soergel/*Marly* BGB Vor § 90 Rn. 10 f.; Staudinger/*Stieper,* 2021, BGB § 90 Rn. 75; BeckOGK/*Prütting/A. Zimmermann* Rn. 104.

52 Soergel/*Marly* BGB Vor § 90 Rn. 16; Staudinger/*Stieper,* 2021, BGB § 90 Rn. 81; dazu Staudinger/*Mansel,* 2015, Rn. 381 f.

53 Statt aller Grüneberg/*Herrler* BGB § 1085 Rn. 4.

54 Staudinger/*Stoll,* 1996, IntSachenR Rn. 195.

55 Hierzu näher *Sonnenberger/Dammann,* Französisches Handels- und Wirtschaftsrecht, 3. Aufl. 2007, Rn. VII 115 ff. mwN.

56 Vgl. *ter Meulen,* Die Floating Charge – ein Sicherungsrecht am Vermögen einer englischen company, 1969; *Lange* WM 1990, 701 ff.; *Wenckstern* RabelsZ 56 (1992), 624 ff.; NK-BGB/*v. Plehwe* Rn. 44 f. mwN; *Schall* KTS 2009, 69; *Schall* IPRax 2009, 209; aA etwa *Swienty,* Der Statutenwechsel im deutschen und englischen internationalen Sachenrecht unter besonderer Betrachtung der Kreditsicherungsrecht, 2011, 144, 198 ff., der nach verschiedenen Wirkungen bzw. Stadien der floating charge differenziert.

57 Zur materiellrechtlichen Behandlung im deutschen Recht *Wieling* SachenR, 2007, 23.

58 Staudinger/*Mansel,* 2015, Rn. 382.

c) Wertpapiere und Geld. Bei Wertpapieren ist zu unterscheiden zwischen dem Papier selbst und dem in ihm verbrieften Recht. Nur das Wertpapier als solches – soweit überhaupt noch materiell vorhanden – ist kollisionsrechtlich als Sache iSv Art. 43 anzusehen. Es ist aber bereits fraglich, ob und inwieweit dieses tatsächlich dem Sachstatut des Art. 43 unterliegt (näher → Rn. 200 ff.). Als Zahlungsmittel zugelassenes Geld ist kollisionsrechtlich insoweit als Sache zu qualifizieren, als es in Münzen und Scheinen verkörpert ist. Anderenfalls (Buchgeld, Netzgeld) fehlt es bereits an der sinnlich wahrnehmbaren Belegenheit an einem bestimmten Ort (→ Rn. 16). 36

d) Flüchtige Materie und Energie. Grenzfälle zwischen Sachstatut und verschiedenen Schuldstatuten – sei es Vertragsstatut, Bereicherungsstatut, Deliktsstatut usw – treten vor allem hinsichtlich **räumlich nicht abgegrenzter Materie** (zB freie Luft, fließendes Wasser, Schnee) bzw. sonstiger sinnlich wahrnehmbarer Phänomene, insbesondere **Energie** (zB Hitze, elektrischer Strom, elektromagnetische Wellen) auf. Dem Sachbegriff des § 90 BGB unterfallen sie als solche nicht, soweit sie nicht in einem Behältnis, auf einem Träger usw gespeichert sind und dann mit diesem eine Einheit bilden.[59] Aus kollisionsrechtlicher Sicht spricht aber nichts dagegen, sie als **Sachen iSv Art. 43** zu behandeln, sofern wenigstens die räumliche Belegenheit in einem bestimmten Staat festgestellt werden kann (→ Rn. 16).[60] Ordnet das Sachstatut sie gleichfalls nicht als Sachen ein, geht die Verweisung eben letztlich ins Leere, kennt das Sachstatut dagegen absolute Herrschaftsrechte an solchen Phänomenen, besteht kein Anlass, sie nicht grundsätzlich anzuerkennen. 37

e) Daten, digitale Inhalte und Token. In jüngster Zeit wurde auch in materiellrechtlicher Hinsicht die sachenrechtliche Bedeutung von Daten, digitalen Inhalten (zB Computerprogrammen) und Token (zB Bitcoin) viel diskutiert. Angesichts der wirtschaftlichen Bedeutung, welche Digitalgüter mittlerweile erlangt haben, stellt sich immer häufiger die Frage danach, wem Digitalgüter mit Wirkung erga omnes zugewiesen sind und welche Rechtsordnung über solche Wirkungen entscheidet. Der deutsche Gesetzgeber ist insoweit nunmehr ebenfalls tätig geworden und hat für bestimmte Token in § 2 Abs. 3 eWpG eine fiktive Behandlung als Sache angeordnet. Zugleich wurde in § 32 eWpG eine besondere kollisionsrechtliche Regelung für diese Token geschaffen (näher → Rn. 266a ff.). Für eine Vielzahl dieser Phänomene fehlt es bisher aber an einer spezifischen gesetzlichen Regelung. Die Frage des anwendbaren Rechts lässt sich richtigerweise nicht allgemein beantworten, sondern muss für jede einzelne Ebene und Funktion gesondert bestimmt werden (näher → Rn. 267 ff.). 38

II. Dingliche Rechte

1. Qualifikation. a) Funktionelle Qualifikation. Geht es um die Auslegung des Begriffs „Rechte an" in Art. 43 Abs. 1, steht regelmäßig ein bestimmtes in- oder ausländisches **rechtliches Phänomen** infrage, dessen kollisionsrechtliche Zuordnung nicht eindeutig ist. Diese kollisionsrechtliche Zuordnung erfolgt dann im Wege **funktioneller Qualifikation** (→ Einl. IPR Rn. 137 ff.): Es ist danach zu fragen, ob die betreffenden in- oder ausländischen Sachnormen ein Ordnungsziel verfolgen, das dem Ordnungsziel der Normen vergleichbar ist, die dem deutschen Gesetzgeber bei Erlass von Art. 43 in erster Linie vor Augen stehen mussten.[61] Die Normen, die dem Gesetzgeber vor Augen standen, sind sicherlich in erster Linie diejenigen Regelungen des deutschen Sachenrechts, die das Eigentumsrecht und die beschränkten dinglichen Rechte und wohl auch den Besitz betreffen, so dass es um deren Ordnungsziel geht. Wird die zu qualifizierende Rechtsfrage noch ohne Blick auf ein bestimmtes rechtliches Phänomen gestellt, müssen dem Fragenden zumindest gewisse Rechtswirkungen vor Augen stehen, deren funktionelle Äquivalenz zu prüfen ist.[62] 39

Hinsichtlich der funktionellen Vergleichbarkeit ausländischer rechtlicher Phänomene mit dinglichen Rechten deutschen Sachenrechts wird man jedenfalls fordern müssen, dass die Sachnormen etwas mit Formen der **Zuordnung von Sachen zu Personen mit absoluter Wirkung,** also mit Wirkung gegen einen unbestimmten Kreis von Personen (erga omnes), zu tun haben.[63] Die absolute Wirkung ist zugleich die innere Rechtfertigung für die Anknüpfung an den Belegenheitsort und die Unbeachtlichkeit einer Rechtswahl der Parteien.[64] Diese Wirkung kann unter anderem darin 40

---

59 Hierzu Staudinger/*Stieper,* 2021, BGB § 90 Rn. 8 ff.

60 Erman/*Stürner* Rn. 16; Staudinger/*Mansel,* 2015, Rn. 373 f.

61 *Kropholler* IPR § 15 II 4c; PWW/*Brinkmann* Rn. 11; Staudinger/*Mansel,* 2015, Rn. 451.

62 Zu den Schwierigkeiten der Unterscheidung zwischen schuldrechtlichen und dinglichen Rechten in den europäischen Rechtsordnungen *Ritaine* in Faber/Lurger, Rules for the Transfer of Movables, 2008, 177.

63 *Kropholler* IPR § 54 I 3; *v. Hoffmann/Thorn* IPR § 12 Rn. 17; *Ritterhoff,* Parteiautonomie im internationalen Sachenrecht, 1999, 65; Staudinger/*Mansel,* 2015, Rn. 453.

64 Der Gesetzgeber hat sich bewusst aus Verkehrsschutzgründen gegen die Möglichkeit einer Rechtswahl entschieden, vgl. Grüneberg/*Thorn* Vor Art. 43 Rn. 2; *Wagner* IPRax 1998, 429 (435); krit. *Flessner* FS

bestehen, dass andere Personen die Zuordnung zu respektieren haben und bei Verhalten, das der Zuordnung widerspricht, etwa auf Beseitigung, Unterlassung, Schadensersatz oder Herausgabe in Anspruch genommen werden können. Denn hierin zeigt sich die Eigenart des Sachenrechts im Vergleich etwa zum Schuldrecht, das eine Zuordnung nur mit relativer Wirkung gegen den oder die durch das Schuldverhältnis Gebundenen vornimmt. Weitere **Kriterien,** die für die Annahme eines dinglichen Rechts sprechen, die aber nicht immer kumulativ erfüllt sein müssen, sind die grundsätzliche Verknüpfung einer der Parteistellungen mit der Stellung als Eigentümer oder Besitzer, der Übergang des Rechts mit dem Übergang des Eigentums, die Haftung des Verpflichteten mit der Sache und beschränkt auf die Sache sowie eine Vorzugsstellung des Inhabers nach dem zugehörigen Verfahrensrecht in Zwangsvollstreckung und Insolvenz (aber → Rn. 71 ff.).

41 **b) Verhältnis zur Definition in anderen Vorschriften.** Der Begriff des „dinglichen Rechts" wird auch im **europäischen Kollisions- und Zuständigkeitsrecht** verwendet, so etwa in Art. 8 Nr. 4 Brüssel Ia-VO, Art. 24 Nr. 1 Brüssel Ia-VO, Art. 4 Abs. 1 lit. c Rom I-VO, Art. 6 Abs. 4 lit. c Rom I-VO. Eine Auflistung von Kriterien für die Annahme eines „dinglichen Rechts" enthält auch **Art. 8 Abs. 2 EuInsVO** (→ Vor Art. 43 Rn. 5), allerdings primär nur für die Zwecke der EuInsVO selbst. Genannt werden insbesondere: a) das Recht, den Gegenstand zu verwerten oder verwerten zu lassen und aus dem Erlös oder den Nutzungen dieses Gegenstands befriedigt zu werden, insbesondere aufgrund eines Pfandrechts oder einer Hypothek; b) das ausschließliche Recht, eine Forderung einzuziehen, insbesondere aufgrund eines Pfandrechts an einer Forderung oder aufgrund einer Sicherheitsabtretung dieser Forderung; c) das Recht, die Herausgabe von Gegenständen von jedermann zu verlangen, der diese gegen den Willen des Berechtigten besitzt oder nutzt; d) das dingliche Recht, die Früchte eines Gegenstands zu ziehen. Sofern solchen Bezugnahmen offenkundig die Vorstellung zu Grunde liegt, dass bestimmte Rechtspositionen materiellrechtlich der lex rei sitae unterstehen, können sie im Interesse der Widerspruchsfreiheit der Rechtsordnung und der Konformität mit dem Unionsrecht **mittelbar Hinweise** für die Konkretisierung der nationalen Situs-Regel liefern. Demgegenüber lässt sich aus Bezugnahmen, die nicht wenigstens mittelbar auf kollisionsrechtlichen Überlegungen fußen, nichts Wesentliches für die kollisionsrechtliche Rechtslage ableiten. Das betrifft etwa § 47 InsO (dingliches oder persönliches Recht, das zur Aussonderung berechtigt), §§ 49–51 InsO (Rechte hinsichtlich einer Sache, die zur abgesonderten Befriedigung berechtigen) oder § 805 Abs. 1 ZPO (Pfand oder Vorzugsrecht, das zur vorzugsweisen Befriedigung berechtigt).

42 **2. Erfasste Rechtspositionen. a) Sacheigentum.** Paradigma eines dinglichen Rechts ist das Sacheigentum, das – mit unterschiedlichen Bezeichnungen und teilweise mit unterschiedlichen Formen – in praktisch jeder Rechtsordnung als umfassendstes Herrschaftsrecht einer Person im Verhältnis zu einer Sache anerkannt wird.[65] Freilich ist auch das Sacheigentum bei näherem Hinsehen nie unbeschränkt. Für die Qualifizierung als Eigentum sollte es aber ausreichend sein, dass der Inhaber des Rechts mit der Sache im Grundsatz – dh soweit kein Ausnahmetatbestand eingreift – nach Belieben verfahren **(Zuweisungsaspekt)** und andere von der Sache ausschließen kann **(Abwehraspekt),** ferner dass keiner anderen Person hinsichtlich derselben Sache eine übergeordnete Befugnis zusteht **(Singularitätsaspekt).** Die Grenze zwischen Eigentum und beschränkten dinglichen Rechten kann verschwimmen, wenn – wie etwa in manchen Rechtsordnungen hinsichtlich Grund und Boden der Fall – das umfassendste Herrschaftsrecht, das von einem Privaten erworben werden kann, ein bloßes zeitlich unbegrenztes (zB estate in fee simple) oder gar zeitlich begrenztes (zB Landnutzungsrecht der VR China)[66] Nutzungsrecht ist. Das Gleiche gilt, wenn das Sacheigentum seinem Inhaber nicht endgültig, sondern nur vorübergehend zur Sicherheit zusteht, wie etwa beim deutschen Sicherungseigentum oder beim Eigentumsvorbehalt. Für die Qualifikation als dingliches Recht ist die Unterscheidung aber irrelevant.

43 Sacheigentum ist auch dann als „Recht an einer Sache" zu qualifizieren und nach dem Sachstatut zu beurteilen, wenn es **mehreren Personen** zusteht. Daran ändert sich auch nichts, wenn das Binnenverhältnis der Personen untereinander einer besonderen Kollisionsnorm unterliegt. So sind insbesondere die Rechte und Pflichten von Gesellschaftern untereinander, auch soweit sie die Rechte an Gegenständen des Gesellschaftsvermögens betreffen, zunächst eine Frage des Gesellschaftsstatuts als Gesamtstatut, wobei der lex rei sitae nur ein „Veto-Recht" zukommt (näher → Rn. 106 f.).

Koziol, 2010, 125 (136 ff.); *Flessner* in Westrik/van der Weide, Party Autonomy in International Property Law, 2011, 11 (23 ff.). Zu anderen Gründen für die lex rei sitae s. Staudinger/*Stoll,* 1996, IntSachenR Rn. 124 ff.

65 Vgl. zum Eigentumsbegriff in rechtsvergleichender Perspektive *Kaden* ZfRV 1961, 193 ff.

66 Art. 124 ff. chin. SachenRG, deutsche Übersetzung in *Zhou/Qi/Lohsse/Liu* Zeitschrift für Chinesisches Recht (ZChinR) 2007, 68. Zur Rechtslage vor Inkrafttreten des Sachenrechtsgesetzes s. *Wolff,* Das internationale Wirtschaftsrecht der VR China, 2000, 120 ff.; *Randolph/Jianbo,* Chinese real estate law, 2002.

Ähnlich ist es, soweit die Verhältnisse der Personen untereinander einem anderen Gesamtstatut, insbesondere dem Trust-Statut (→ Rn. 49 ff.), dem Güterrechtsstatut oder dem Erbstatut unterliegen. Das Sacheigentum und seine Ausgestaltungen und Wirkungen gegenüber Dritten unterliegen aber in jedem Fall dem Sachstatut. Das gilt richtigerweise auch für die **joint tenancy** des angloamerikanischen Rechts: Soweit deren erbrechtliche Qualifikation vertreten wird (→ Art. 25 Rn. 170),[67] kann sich das nicht auf die Wirkungen im Außenverhältnis gegenüber am Erbgang Unbeteiligten beziehen.[68]

b) „Relatives Eigentum". aa) Relativity of Titles. Manche Rechtsordnungen legen generell einen relativen Eigentumsbegriff zu Grunde. So gilt etwa im englischen Recht der Grundsatz der relativity of titles. Danach ist eine Person nicht schlechthin Eigentümer, sondern nur so lange, wie keine andere Person ein besseres Recht an der Sache nachweisen kann.[69] Das muss für die sachenrechtliche Qualifizierung unerheblich sein, weil die Bezeichnung als „relativ" hier nichts an der Wirkung erga omnes ändert und nicht etwa darauf hinweist, dass es sich nur um ein bloß relatives Recht handelt. 44

bb) Relativ unwirksamer Eigentumserwerb. In vielen Rechtsordnungen existieren Konstruktionen, wonach der Eigentumserwerb einer Person (nur) einer bestimmten anderen Person bzw. einem Kreis von Personen gegenüber unwirksam ist, so etwa im deutschen Recht im Fall einer vormerkungswidrigen Verfügung (vgl. § 883 Abs. 2 BGB). Auch diese relative Unwirksamkeit des Eigentumserwerbs vermag an der Qualifizierung der **erworbenen Position** als dingliches Recht nichts zu ändern, denn erstens bleibt der Erwerber allen anderen Personen gegenüber Berechtigter (Schwerpunktbetrachtung), und zweitens ist auch das Verhältnis zu der geschützten Person bzw. dem geschützten Personenkreis sachenrechtlicher Natur, weil es in diesem Verhältnis ja gerade um die Eigentümerposition geht. 45

Schwieriger ist die Frage, ob auch bei der **verbleibenden Rechtsposition** des Veräußerers noch von einem „Recht an einer Sache" iSv Art. 43 Abs. 1 gesprochen werden kann. Diskutiert worden ist das vor allem für die Rechtsstellung des Veräußerers bei einem nur **relativ wirksamen Eigentumsvorbehalt,** wie er nach verschiedenen Rechtsordnungen im Fall des Verstoßes gegen Form- oder Publizitätserfordernisse[70] oder bei bestimmten Waren[71] möglich ist. Viele wollen hier das Vorliegen eines dinglichen Rechts iSv Art. 43 mit der Begründung verneinen, es handele sich um ein bloß relativ wirkendes Recht.[72] 46

Diese Begründung muss kritisch hinterfragt werden. Zunächst sollte es außer Zweifel stehen, dass nur das nach Art. 43 zu bestimmende Sachstatut darüber zu befinden hat, wer in welcher Form Eigentümer der Sache ist. Insofern ist das Sachstatut also ohnehin berufen und wird zu dem Ergebnis führen, dass der Erwerber zwar nicht im Verhältnis zum Veräußerer, aber allen anderen Personen gegenüber Eigentümer wurde, wohingegen der Veräußerer zwar im Verhältnis zum Erwerber, aber sonst niemandem gegenüber noch Eigentümer ist. Infrage steht dann nur noch, welchem Statut die Rechte unterliegen, die der Veräußerer auf Grund dieser Eigentumslage gegenüber dem Erwerber geltend machen kann, insbesondere ein potenzielles Rückforderungsrecht. Für dessen (auch) **dingliche Qualifikation** spricht aber nicht nur seine untrennbare Verknüpfung mit der Eigentumslage, sondern auch, dass das bloß relativ wirkende Recht möglicherweise (zB durch nachträgliche Registrierung) in ein absolut wirkendes Recht übergehen könnte. Selbst wenn man das nicht akzeptieren wollte, müsste man das Rückforderungsrecht aber schon kraft Funktionszusammenhangs mit eigentumsrechtlichen Fragen dem Sachstatut unterstellen (→ Rn. 78 ff.).[73] 47

cc) Relativ wirksamer Eigentumserwerb. Aus ähnlichen Gründen erscheint es auch sachgerecht, die Position eines Erwerbers, der wirksam Eigentum nur oder in erster Linie im Verhältnis zum Veräußerer erworben hat, sachenrechtlich zu qualifizieren. Ein solches „relatives Eigentum" wurde teilweise beim Eigentumserwerb durch bloßen **consentement** nach französischem Recht 48

---

67 Vgl. Staudinger/*Mansel,* 2015, Rn. 255.

68 *Czermak* ZvglRWiss 87 (1988), 58 (75).

69 Ocean Estates Ltd. Vs. Pinder [1969] 2 AC 19, 24, 25 (Lord Diplock); *Megarry/Wade,* The Law of Real Property, 10. Aufl. 2024, Rn. 7–008 ff.; *Middleton* in v. Bar, Sachenrecht in Europa, Bd. I, 2000, 120.

70 ZB Italien: Art. 1524 Abs. 1 Codice civile; s. zu den Form- und Publizitätserfordernissen *Kieninger,* Mobiliarsicherheiten im Europäischen Binnenmarkt, 1996, 52 ff.; *Wood* FS Horn, 2006, 191 ff.

71 ZB Italien und Dänemark: Ware, die zur Veräußerung oder Verarbeitung bestimmt ist, s. *Kieninger,* Mobiliarsicherheiten im Europäischen Binnenmarkt, 1996, 49 f., zu den verschiedenen Anforderungen auch etwa *Drobnig* in Westrik/van der Weide, Party Autonomy in International Property Law, 2011, 165 (167 ff.).

72 So für den relativ wirksamen Eigentumsvorbehalt die → 3. Aufl. 1998, Anh. I Art. 38 Rn. 86 *(Kreuzer); Schurig* FS Stoll, 2001, 577 (586).

73 Wie hier BeckOGK/*Prütting/A. Zimmermann* Rn. 126.

angenommen.[74] Die Richtigkeit der sachenrechtlichen Qualifikation ergibt sich dort übrigens auch schon aus dem Umstand, dass auch vor der traditio durchaus schon Drittwirkungen eintreten[75] und sich die „Relativität" erst im Verhältnis zwischen konkurrierenden Erwerbern zeigt.[76]

49 **c) Equitable Ownership und Trusts. aa) Materiellrechtlicher Hintergrund.** Ein Sonderproblem der Rechtsordnungen des Common Law stellt die Qualifikation von Equitable Ownership und Trusts dar, deren Bedeutung sich nur vor dem Hintergrund der Differenzierung zwischen Law und Equity als prinzipiell getrennten Rechtskörpern erschließt.[77] Beim Trust werden die Berechtigungen hinsichtlich der zum Trust-Vermögen gehörenden Gegenstände aufgespaltet: Der Treuhänder (Trustee) ist Inhaber des Legal Title, also Eigentümer „at law", der Begünstigte (Beneficiary) dagegen Inhaber des Equitable Title, also Eigentümer „in equity".[78] Der Trust bewirkt somit die Spaltung einer Rechtsposition nach strengem Recht (Law) und Billigkeitsrecht (Equity). Die Berechtigung des Beneficiary beschränkt jene des Trustees, wobei die Beschränkung der Verfügungsgewalt nicht – wie bei der deutschen Treuhand – bloß rein schuldrechtlicher Natur ist.[79] Die größten Ähnlichkeiten bestehen noch mit der deutschen Vollrechtstreuhand.[80]

50 Die bloß schuldrechtliche oder dingliche Wirkung ist bereits im Common Law selbst umstritten.[81] Zwar gehört der Satz „equity acts in personam" zu den anerkannten Maximen, jedoch hat die Rechtsentwicklung dazu geführt, dass Equitable Interests grundsätzlich gegen jedermann wirken mit Ausnahme des gutgläubigen, entgeltlichen Erwerbers eines widersprechenden Legal Interest.[82] Ihr **dinglicher Charakter** bezogen auf das materielle Common Law wird daher inzwischen weithin anerkannt.[83] Für die Qualifikation als dingliches Recht iSv Art. 43 ist das freilich nur von indizieller Bedeutung.

51 Die Errichtung des Trusts erfolgt durch Rechtsgeschäft unter Lebenden (Living Trust) oder durch Testament (Testamentary Trust) und erfordert eine ausdrückliche (Express Trust) oder konkludente (Implied Trust) Erklärung des Treugebers.[84] Der Trust sieht die Übertragung von Vermögenswerten (Trust Property) vom Inhaber (Settlor) auf den Treuhänder (Trustee) vor, die der Trustee fortan zugunsten der Begünstigten (Beneficiaries) oder eines bestimmten Zwecks (Purpose Trust) verwaltet. Der Trustee ist bei der Vermögensverwaltung an die Vorgaben des Treugebers gebunden, die sich je nach verfolgtem Zweck am Wohl der Beneficiaries oder der Verfolgung eines Zwecks orientieren (→ IntGesR Rn. 309).[85] Die stetige Beteiligung der gleichen beteiligten Parteien ist für den Fortbestand des Trusts nicht erforderlich – darin liegt ein wesentlicher Unterscheid zur deutschen Treuhand.[86] **Resulting Trust** und **Constructive Trust** entstehen nicht kraft Rechtsgeschäft, sondern deren Begründung fußt im objektiven Recht. Sie dienen anderen Zwecken als rechtsgeschäftlich begründete Trusts.[87]

52 **bb) Ausgangspunkt: Das Trust-Statut als Gesamtstatut.** Der Trust als eigenes Rechtsgebilde unterliegt zunächst einem Trust-Statut, dem als Gesamtstatut insbesondere Fragen der wirksamen Entstehung des Trust, seiner Beendigung sowie des allgemeinen Verhältnisses der Beteiligten untereinander unterliegen (vgl. auch die Aufzählung von Rechtsfragen in Art. 8 des von Deutschland

---

74 Vgl. numehr Art. 1196 Code civil zum „effet translatif" des Vertrags.

75 *Ferid/Sonnenberger,* Das Französische Zivilrecht, 3 B 112.

76 Vgl. Art. 1198 Code civil, wonach derjenige von zwei oder mehreren konkurrierenden Erwerbern Eigentum erlangt, dem die Sache zuerst übergeben wird oder der sein Eigentum zuerst registriert, sofern er in gutem Glauben ist.

77 Andererseits zur Möglichkeit eins Trusts ohne equtiy vgl. *Swandling* ZVglRWiss 2019, 121.

78 Vgl. hierzu etwa *Czermak,* Der express Trust im internationalen Privatrecht, 1987, 16 f.; krit. zur Terminologie *Lawson/Rudden,* The Law of Property, 3. Aufl. 2002, 86 ff.

79 BGH IPRax 1985, 221 (223 f.).

80 Die Rechtsstellung des Trustee entspreche am ehesten der deutschen Vollrechtstreuhand vgl. OLG Celle BeckRS 2010, 29670.

81 Überblick bei *Kötz,* Trust und Treuhand, 35 ff.; *Middleton* in v. Bar, Sachenrecht in Europa, Bd. I, 2000, 140 f.; *Conrad,* Qualifikationsfragen des Trust im Europäischen Zivilprozessrecht, 2001, 234 ff.

82 Foskett vs. McKeown [2000] 3 All ER 97, 102 (Lord Browne-Wilkinson), 120, 122 (Lord Millet); *Kötz,* Trust und Treuhand, 33; *Halsbury's* Laws of England, 4. Aufl. 1984, Bd. 48, § 986.

83 Für das engl. Recht besonders deutlich Tinsley vs. Milligan [1993] 3 All ER 65, 86 (Lord Browne-Wilkinson).

84 *Kötz,* Trust und Treuhand, 1963, 26 ff.

85 *Zweigert/Kötz,* Einführung in die Rechtsvergleichung Band II, 1984, 290; *Coing* FS Heinsius, 1991, 79 f.

86 Staudinger/*Mansel,* 2015, Art. 43 Rn. 530 mwN.

87 Vgl. zur rechtlichen Struktur von resulting und constructive Trusts etwa *Czermak,* Der express Trust im internationalen Privatrecht, 1987, 22 ff.; ferner zu mit dem constructive Trust funktionsäquivalenten Instituten des deutschen Rechts *Bachner,* Constructive Trust, 1995; sowie zur Anknüpfung des constructive Trust nach englischen Recht *Dicey/Morris,* The Conflict of Laws, Rn. 29–026.

nicht gezeichneten Haager Übereinkommens über das auf den Trust anzuwendende Recht und seine Anerkennung vom 1.7.1985[88]). Im deutschen IPR wird hinsichtlich des Trust-Statuts nach der Art des Trust differenziert.[89] Weitgehend unbestritten ist dabei zunächst nur die einheitlich **erbrechtliche** Qualifikation des **Testamentary Trust.**[90] Die Qualifikation des nach dem Tode des Settlor fortbestehenden Living Trust ist umstritten.[91] Die Errichtung, Funktionsweise und Auflösung solcher Trusts sind vom europäischen Kollisionsrecht auf dem Gebiet des Erbrechts nicht umfasst und daher nach nationalem Kollisionsrecht zu beurteilen (vgl. Art. 1 Abs. 2 lit. j EuErbVO). Eine andere Sicht ist für den Vermögensübergang und die Bestimmung der Berechtigten geboten, die nach der EuErbVO anzuknüpfen sind.[92]

Beim **Resulting Trust** und **Constructive Trust** wird die zu lösende Rechtsfrage je nach Kontext in erster Linie vertragsrechtlich (vgl. Art. 12 Abs. 1 lit. e Rom I-VO), bereicherungsrechtlich, geschäftsführungsrechtlich oder deliktsrechtlich zu qualifizieren[93] und damit den schuldrechtlichen Anknüpfungen nach der Rom I-VO und der Rom II-VO zu unterwerfen sein.[94] Zwar scheinen beide Verordnungen auf den ersten Blick auf Trusts gerade nicht anwendbar zu sein. Die Ausschlusstatbestände in Art. 1 Abs. 2 lit. e Rom II-VO und Art. 1 Abs. 2 lit. h Rom I-VO gelten indessen nur für den durch Rechtsgeschäft errichteten Trust. Insbesondere der Wortlaut der Rom II-VO wurde im Laufe des Gesetzgebungsverfahrens angepasst, um Situationen, in denen Trusts beispielsweise zur Verhinderung einer ungerechtfertigten Bereicherung eingesetzt werden, erfasst zu wissen.[95] Auch der EuGH hat in der Rechtssache Webb vs. Webb die Rechte des Beneficiary gegen den Trustee bei einem Resulting Trust nicht als dingliches Recht iSv Art. 16 Nr. 1 lit. a EuGVÜ (Art. 24 Nr. 1 Brüssel Ia-VO) eingeordnet und eine ausschließliche Zuständigkeit am Belegenheitsort der Immobilie abgelehnt.[96] Der Gegenmeinung[97] ist allerdings zuzugeben, dass insbesondere der Constructive Trust vielfach in Situationen eingesetzt wird, in denen auch in Rechtsordnungen des Civil Law die rei vindicatio bzw. die die rei vindicatio ersetzenden Ansprüche zum Zuge kommen und eine sachenrechtliche Qualifikation daher durchaus nahe liegt. Daher spricht in meinen Augen nichts gegen eine **vorsorgliche Doppelqualifikation** (→ Einl. IPR Rn. 140 ff.), wobei wegen des Vorrangs der Rom I-VO und der Rom II-VO streng darauf zu achten ist, dass die aufgrund sachenrechtlicher Qualifikation berufene Rechtsordnung ausschließlich für genuin sachenrechtliche Fragen herangezogen wird: Würde die nach Maßgabe von Art. 43 ff. anwendbare Rechtsordnung, in der Regel also die lex rei sitae, die Rechtsfrage schuldrechtlich lösen, muss sie im Ergebnis unbeachtet bleiben (→ Rn. 57, → Rn. 79). 53

Umstritten ist seit jeher vor allem die Qualifikation des rechtsgeschäftlichen Trust **(Express Trust)** unter Lebenden (inter vivos),[98] der weder von der Rom I-VO noch der Rom II-VO geregelt wird.[99] Die Diskussion konzentriert sich meist auf die Frage, ob sich ein solcher Trust durch eine 54

---

88 Engl. und frz. Text: RabelsZ 50 (1986), 698; deutsche Übersetzung: IPRax 1987, 52; s. hierzu *Kötz* RabelsZ 50 (1986), 562 ff.

89 *Czermak,* Der express trust im internationalen Privatrecht, 1987, 118 f.; Staudinger/*Mansel,* 2015, Rn. 550; *Witthuhn,* Das internationale Privatrecht des trust, 1987, 81 ff.; für eine einheitliche Kollisionsnorm für living und testamentary trusts hingegen *Fischer-Dieskau,* Die kollisionsrechtliche Behandlung von living und testamentary trusts, 1967; ebenso auch Art. 2 Haager Übereinkommen über das auf den trust anzuwendende Recht und seine Anerkennung vom 1.7.1985.

90 LG München I IPRax 2001, 459; dazu *Schurig* IPRax 2001, 446 ff.; *Czermak,* Der express trust im internationalen Privatrecht, 1987, 120 ff.; Staudinger/*Mansel,* 2015, Rn. 255, 553; Staudinger/*Dörner,* 2007, Art. 25 Rn. 427; BeckOGK/*J. Schmidt,* Art. 1 EuErbVO Rn. 33; Erman/*Stürner* BGB, Art. 1 EuErbVO Rn. 15; BeckOGK/*Köhler,* Art. 4 Rom I-VO Rn. 425.

91 Dazu mwN *Leithold* FamRZ 2015, 709 (713).

92 *Ziegler,* Die Behandlung eines Testamentary Trust unter österreichischem Recht, 2018, 35.

93 Anders *Stevens* in Birks/Rose, Restitution and Equity, vol. 1, Resulting Trusts and Equitable Compensation, 2000, 154; *Chong* ICLQ 54 (2005), 855 ff.; allerdings schwankend *Chong* ICLQ 57 (2008), 863 (879, 894).

94 Dies wird mittlerweile auch anerkannt von *Chong* ICLQ 57 (2008), 863 ff., die allerdings die Anknüpfungen der Rom II-VO dergestalt interpretieren (eher: manipulieren) möchte, dass iErg immer die lex rei sitae anwendbar ist, ICLQ 57 (2008), 863, (879, 894 ff.).

95 Vgl. den Bericht von *Wallis* vom 27.6.2005, A6-0211/2005, und die Reaktion der Kommission, KOM (2006) 83 endg.

96 EuGH RIW 1994, 590 (591); s. hierzu *Conrad,* Qualifikationsfragen des Trust im Europäischen Zivilprozessrecht, 2001, 226 ff.

97 *Conrad,* Qualifikationsfragen des Trust im Europäischen Zivilprozessrecht, 2001, 226 ff.

98 Vgl. aus dem umfangreichen Schrifttum etwa *Czermak,* Der express trust im internationalen Privatrecht, 1987; *Wittuhn,* Das internationale Privatrecht des trust, 1987; *Conrad,* Qualifikationsfragen des Trust im Europäischen Zivilprozessrecht, 2001.

99 Die Rom I-VO aber teilweise anwenden will *de Barros Fritz,* RIW 2020, 743.

schuldrechtliche Qualifikation adäquat erfassen lässt (→ IntGesR Rn. 311 ff.),[100] oder ob die Unterstellung unter ein analog den Regeln des internationalen Gesellschafts- oder Stiftungsrechts ermitteltes Statut angemessener ist[101] (→ IntGesR Rn. 680 ff.). Teilweise wird auch eine rein sachenrechtliche Qualifikation vertreten.[102] Dabei steht einer gesellschaftsrechtlichen Anknüpfung entgegen, dass der Living Trust in funktioneller Hinsicht regelmäßig nicht den deutschen Gesellschaftsformen entspricht.[103] Eine schuldrechtliche Qualifikation lässt sich hingegen auf Grund der funktionellen Verwandtschaft des Living Trust mit der Treuhand rechtfertigen.[104] Auch das Haager Trust-Übereinkommen erklärt in seinem Art. 6 Abs. 1 das vom Begründer ausdrücklich oder stillschweigend gewählte Recht für maßgebend. Bei Fehlen einer Rechtswahl untersteht der Trust dem Recht, mit dem er die engsten Verbindungen aufweist (Art. 7 Abs. 1). Eine **vertragsrechtliche** Qualifikation scheint daher die überzeugendere zu sein.[105]

55 **cc) Abgrenzung von Trust-Statut und Sachstatut.** Das einheitliche Trust-Statut als Gesamtstatut ist zunächst zweifellos für die Voraussetzungen der Entstehung des Trust, für das grundsätzliche Verhältnis der Beteiligten untereinander und ihre wechselseitigen Rechte und Pflichten sowie für die Beendigung des Trust berufen. Das Trust-Statut muss nach richtiger, wenngleich bestrittener Ansicht aber auch solche sachenrechtlichen Vorgänge erfassen, die sich im **Innenverhältnis** zwischen Settlor bzw. Beneficiary und Trustee ereignen oder zumindest mit diesem Innenverhältnis sehr eng verknüpft sind.[106] Es ist also beim Testamentary Trust das Erbstatut, beim Resulting Trust und Constructive Trust das Vertrags-, Bereicherungs-, Geschäftsführungs- oder Deliktsstatut und beim Living Trust das Vertragsstatut, das etwa über die **Aufspaltung des Eigentums** in einen Legal Title und einen Equitable Title und die daraus folgenden Rechte des Beneficiary gegenüber dem Trustee oder über die dingliche **Surrogation im Vermögen des Treuhänders**[107] entscheidet. Die Gegenmeinung will die dingliche Seite des Living Trust gesondert von den schuldrechtlichen Beziehungen der Beteiligten angeknüpft wissen (→ IntGesR Rn. 310 ff.).[108] Einige unterstellen dann pauschal die den Trust betreffenden sachenrechtlichen Fragen nicht dem Trust-Statut, sondern der lex rei sitae.[109] Soweit das reine Innenverhältnis betroffen ist, erscheint dies aber nicht überzeugend: Die Rechte und Pflichten der Beteiligten hinsichtlich des Trust-Vermögens von vornherein einem anderen Recht zu unterstellen als die grundsätzliche Rollenverteilung der Beteiligten untereinander sowie ihre wechselseitigen Rechte und Pflichten würde einen einheitlichen Sachverhalt ohne Not zerreißen und das Trust-Statut als Gesamtstatut aushöhlen. Die lex rei sitae ist zwar insofern nicht völlig bedeutungslos, als die vom Trust-Statut geschaffene dingliche Rechtslage nicht im Widerspruch zum Belegenheitsrecht stehen darf.[110] Das ist aber keine Besonderheit des Trust, sondern gilt generell beim Aufeinandertreffen von Sachstatut und Gesamtstatut (→ Rn. 106 f.). Im Übrigen sind, soweit nur das Innenverhältnis betroffen ist, an die Feststellung eines Widerspruchs zum Belegenheitsrecht strenge Maßstäbe anzulegen.

56 Teilweise werden auch die Rechtswirkungen des nach dem Trust-Statut entstandenen Equitable Interest im **Außenverhältnis,** also im Verhältnis zu Dritten, ohne weiteres dem Trust-Statut unterstellt.[111] Das betrifft etwa das **Verfolgungsrecht** des Beneficiary, wenn ein Dritter Trust-Vermögen

[100] Hierfür *Czermak,* Der express trust im internationalen Privatrecht, 1987, 203 ff.; *Wittuhn,* Das internationale Privatrecht des trust, 1987, 120 ff.; *Martiny* in Reithmann/Martiny IntVertragsR Rn. 1.115; vgl. aus der Rspr. Etwa BGH NJW 1959, 1317.

[101] Für Gesellschaftsrecht Soergel/*Lüderitz* Nach Art. 10 Rn. 64; *Kegel/Schurig* IPR § 17 III 1; für Stiftungsrecht *Fischer-Dieskau,* Die kollisionsrechtliche Behandlung von living und testamentary trusts, 1967.

[102] OLG München FamRZ 2012, 1643 Rn. 11 unter Berufung auf *v. Hoffmann* IPR, 7. Aufl. 2002, § 12 Rn. 8.

[103] Vgl. *Czermak,* Der express trust im internationalen Privatrecht, 1987, 195 ff.

[104] Vgl. *Czermak,* Der express trust im internationalen Privatrecht, 1987, 195 ff., 203 ff.; *Wittuhn,* Das internationale Privatrecht des trust, 1987, 120 ff.; *Martiny* in Reithmann/Martiny IntVertragsR Rn. 1.115.

[105] *Martiny* in Reithmann/Martiny IntVertragsR Rn. 1.115; *Leithold* FamRZ 2015, 709 (712) mwN; *Wühl* ZfRV 2013, 20 (25).

[106] Zu diesem Ergebnis kommt letztlich auch *Czermak,* indem er auf Grund eines funktionalen Vergleichs mit der fiduziarischen Verwaltungstreuhand zu einer schuldrechtlichen Qualifikation auch der Rechtsstellung des beneficiary gelangt, diese also auch dem trust-Statut unterstellt, s. *Czermak,* Der express trust im internationalen Privatrecht, 1987, 215 ff.; Staudinger/*Mansel,* 2015, Rn. 573; aA *Leithold* FamRZ 2015, 709 (711); *Martiny* in Reithmann/Martiny IntVertragsR Rn. 1.118.

[107] Zu den Rechten des Beneficiary „following and tracing trust property" s. Foskett vs. McKeown [2000] 3 All ER 97; *Kötz,* Trust und Treuhand, 30 ff.

[108] *Czermak,* Der express trust im internationalen Privatrecht, 1987, 212 ff.

[109] S. etwa *Conrad,* Qualifikationsfragen des Trust im Europäischen Zivilprozessrecht, 2001, 32 ff.; *Martiny* in Reithmann/Martiny IntVertragsR Rn. 1.118; OLG München LSK 2012, 430414; in diese Richtung deuten auch die Art. 11 III lit. d und 15 lit. d–f Haager Trust-Übereinkommen.

[110] So auch *Czermak,* Der express trust im internationalen Privatrecht, 1987, 219.

[111] *Czermak,* Der express trust im internationalen Privatrecht, 1987, 218.

vom Trustee erwirbt, oder auch eine dingliche **Surrogation im Vermögen des Dritten.** Indessen ist dieser Schluss vom Innenverhältnis auf das Außenverhältnis alles andere als selbstverständlich: Schließlich würde man auch nicht annehmen, die Vindikation, die einer Gesellschaft gegenüber einem Dritten zusteht, oder die Verwertung der zu Gunsten der Gesellschaft verpfändeten Sache unterläge dem Gesellschaftsstatut. Konsequenterweise nimmt das Haager Trust-Übereinkommen in Art. 11 UAbs. 3 lit. d aE die Rechte und Pflichten Dritter vom Trust-Statut aus. Auch der Ausschlusstatbestand in Art. 1 Abs. 2 lit. e Rom II-VO ist auf die Beziehungen zwischen Verfügendem, Treuhänder und Begünstigtem beschränkt, so dass beispielsweise deliktische Ansprüche des Begünstigten gegenüber Dritten, die das Trust-Gut beeinträchtigen, selbst beim Express Trust durchaus nach der **Rom II-VO** zu beurteilen sein können. Für diese Auffassung spricht auch, dass nach den erklärten Zielen des europäischen Gesetzgebers die Rom II-VO mit dem Haager Trust-Übereinkommen möglichst harmonisiert werden sollte,[112] also wohl dort eingreifen soll, wo das Haager Übereinkommen noch auf nationales Kollisionsrecht verweist.

Der alte Streit um die Qualifikation der Drittwirkungen eines Equitable Interest reduziert sich nach Inkrafttreten der Rom II-VO daher auf die Frage, ob – ähnlich wie es hier ganz allgemein für den Constructive Trust vertreten wurde (→ Rn. 53) – eine vorsorgliche Doppelqualifikation stattzufinden hat oder ob es bei der schuldrechtlichen Anknüpfung nach der Rom II-VO verbleibt. Ganz abgesehen davon, dass die dinglichen Wirkungen gegenüber Dritten teilweise mithilfe eines Constructive Trust herbeigeführt werden, sprechen auch vom Ergebnis her gewichtige Gründe für die **Doppelqualifikation.** Man stelle sich etwa vor, dass Delikts- und Bereicherungsstatut nach der Rom II-VO eine Rechtsordnung ist, die den Trust nicht kennt, die fraglichen Vermögensgegenstände sich aber in einem Staat des Common Law befinden. Bliebe es bei der schuldrechtlichen Qualifikation, würde der Beneficiary der dinglichen Wirkungen seiner Equitable Interest verlustig gehen, obgleich diese nach der lex rei sitae dinglich zu qualifizieren und mühelos durchzusetzen wären. Dafür besteht kein einleuchtender Grund. Wie in → Rn. 53 erwähnt, darf die auch-dingliche Anknüpfung allerdings nicht dazu führen, dass innerhalb des berufenen Sachstatuts – etwa mit dem Argument funktioneller Qualifikation – schuldrechtliche Regelungen zum Zuge kommen: Nur wenn das Sachstatut die Rechtsposition des Beneficiary gleichfalls dinglich ausgestaltet hat, dürfen die Vorschriften angewendet werden, anderenfalls bleibt es bei dem von der Rom II-VO berufenen Schuldstatut (näher zur „kanalisierten Verweisung" → Rn. 79). Für die Rechtslage vor Inkrafttreten der Rom II-VO sei auf die → 5. Aufl. 2010, Rn. 49–58 verwiesen. 57

dd) Ähnliche Rechtspositionen in equity. Vergleichbare Grundsätze, wie sie hier für Equitable Ownership herausgearbeitet wurden, müssen auch für ähnliche, mit Drittwirkungen ausgestattete Rechtspositionen in equity gelten, etwa ein **Equitable Charge** oder **Equitable Lien.** 58

d) Andere Sondervermögensmassen. In zunehmendem Maße gehen auch Rechtsordnungen des Civil Law dazu über, **fiduziarische Rechtsverhältnisse** einzuführen bzw. zu kodifizieren, so etwa seit 2007 auch Frankreich.[113] In Ermangelung eines dualen Eigentumsbegriffs handelt es sich dabei regelmäßig – wie bei der deutschen fiduziarischen Vollrechtstreuhand – um die Übertragung vollen Eigentums auf den Treuhänder mit gewisser, obgleich sehr schwach ausgeprägter Wirkung gegenüber Dritten. Aus ähnlichen Erwägungen heraus wie bei Equitable Ownership (→ Rn. 49 ff.) müssen auch solche Formen „wirtschaftlichen" Eigentums, unbeschadet einer schuldrechtlichen Anknüpfung nach der Rom II-VO und insoweit ihre möglichen Wirkungen gegenüber Dritten betroffen sind, als dingliches Recht iSv Art. 43 Abs. 1 qualifiziert werden. Das gilt beispielsweise für die Position des **Sicherungsgebers** bei der deutschen Sicherungsübereignung,[114] sofern dem Sicherungsgeber nicht ohnehin ein Anwartschaftsrecht zusteht (→ Rn. 67). 59

Soweit insbesondere **Treuhandvermögen** eine vom übrigen Vermögen des Treuhänders zu unterscheidende Vermögensmasse bildet – so beispielsweise im französischen Recht (vgl. Art. 2011, 2025 Code civil) –, ist auch die Frage der Trennung der Vermögensmassen im Hinblick auf ihre mögliche Drittwirkung nach dem Sachstatut zu beurteilen. Keinesfalls handelt es sich dabei um eine lediglich vollstreckungs- bzw. insolvenzrechtliche Frage. In der strikten Trennung der Vermögensmassen mit allen Konsequenzen für den Zugriff dritter Gläubiger kommt nämlich gerade die für bestimmte Treuhandverhältnisse charakteristische Güterzuordnung zum Tragen, die auf der Ebene des materiellen Sachenrechts festgelegt wird.[115] 60

---

112 Vgl. etwa KOM (2006) 83 endg., 3.

113 Vgl. Art. 2011-2030, 2372-1 bis 2372-5 Code civil und näher *Sonnenberger/Dammann,* Französisches Handels- und Wirtschaftsrecht, 3. Aufl. 2008, Rn. VII 82, VII 108 ff.

114 *Ritterhoff,* Parteiautonomie im internationalen Sachenrecht, 1999, 67 f.

115 Vgl. zur Trennung der Vermögensmassen *Sonnenberger/Dammann,* Französisches Handels- und Wirtschaftsrecht, Rn. VII 108.

60a Auch **Investmentfonds** können als Sondervermögensmasse aufgefasst werden. Dabei unterliegt der zwischen der Veranlagungsgesellschaft und den Anlegern geschlossene Anlagevertrag in Ermangelung einer Rechtswahl dem Recht am Niederlassungsort der Gesellschaft (→ IntFinanzMarktR Rn. 381 ff.). Was die sachenrechtlichen Rechtspositionen im Verhältnis zu fondsfremden Dritten anbelangt, sind zum Investmentfonds gehörige Vermögensgegenstände, die den Regeln des internationalen Sachenrechts unterliegen, nach der lex rei sitae bzw. im Fall für Wertpapiere nach den für diese geltenden Grundsätze (→ Rn. 194 ff.) anzuknüpfen. Dagegen wird in der Lit. für Investmentfonds auch eine einheitliche Anknüpfung (**Investmentstatut** als Gesamtstatut) vorgeschlagen: nicht das Einzelstatut des jeweiligen Vermögensgegenstands, sondern das Sachrecht des Herkunftsstaates des Investmentfonds entscheide darüber, ob der Anlagegegenstand den Anlegern, der Verwaltungsgesellschaft oder der Verwahrstelle zuzurechnen sei.[116] Für diese Sichtweise mögen durchaus gute Argumente sprechen, doch ist sie strikt auf die sachenrechtliche Zuordnung im **Innenverhältnis** zu beschränken.

61 **e) Beschränkte dingliche Rechte.** Herrschaftsrechte an der Sache, die sich gleichsam als **Ausschnitte des Sacheigentums** darstellen, indem sie ihrem Inhaber mit Wirkung gegenüber Dritten einzelne Befugnisse geben, die normalerweise einem Eigentümer zustehen (Nutzung, Verwertung, Leistungen aus der Sache usw), sind nach deutscher Terminologie beschränkte dingliche Rechte. Beschränkte dingliche Rechte können gelegentlich – wie etwa ein Blick auf manche Dienstbarkeiten, dingliche Vorkaufsrechte oder Reallasten des deutschen Rechts zeigt – von bloß schuldrechtlich wirkenden Rechten schwer zu unterscheiden sein. Dann ist nach den in → Rn. 41 genannten Kriterien abzuwägen, ob von einer absoluten (dinglichen) Wirkung des Rechts gesprochen werden kann. Unerheblich ist jedenfalls der **Entstehungsgrund,** dh ob das Recht auf Grund eines Rechtsgeschäfts, eines Hoheitsakts oder unmittelbar kraft Gesetzes entstanden ist.

62 Danach sind beispielsweise beim **Lease** bzw. Leasehold Interest des englischen Rechts die Drittwirkungen so stark ausgeprägt, dass insgesamt eine sachenrechtliche Qualifizierung angezeigt erscheint:[117] Trotz der in den letzten Jahrzehnten zu beobachtenden „contractualisation" dieses Rechtsinstituts[118] wird der Inhaber des Lease doch als Inhaber eines Legal Estate gesehen,[119] der grundsätzlich übertragbar ist und gegenüber jedem Rechtsnachfolger des Eigentümers oder dem Inhaber eines anderen dinglichen Rechts an der Sache geltend gemacht werden kann. Das Lease steht damit dem deutschen dinglichen Wohnrecht ua[120] weitaus näher als der Grundstücksmiete.

63 Vielfach wird eine Gebrauchsüberlassung schuldrechtlich begründet und ist vom Gesetz nur mit vereinzelten Drittwirkungen ausgestattet. Ein Beispiel hierfür ist der in vielen Rechtsordnungen verankerte Grundsatz **„Kauf bricht nicht Miete"** (vgl. § 566 BGB). Die dem Mieter daraus erwachsende Rechtsposition wird zutreffend als sachenrechtlich qualifiziert und der lex rei sitae unterstellt.[121] Einzelne Drittwirkungen vermögen zwar nichts daran zu ändern, dass schuldrechtliche Verträge über die Gebrauchsüberlassung einer Sache schuldrechtlich zu qualifizieren sind und dem Vertragsstatut unterliegen. Im Verhältnis zum Vertragsstatut genießt die lex rei sitae, soweit sie punktuell berufen ist, jedoch Vorrang. Sieht also zB das Belegenheitsrecht, nicht aber das Vertragsstatut die Entstehung quasi-dinglicher Rechte vor, so setzt sie sich durch (→ Rom I-VO Art. 4 Rn. 109).[122] Die Durchsetzung anderer zwingender Mieterschutzvorschriften des deutschen Rechts ist allerdings keine Aufgabe des internationalen Sachenrechts, sondern allenfalls von Art. 9 Rom I-VO (→ Rom I-VO Art. 9 Rn. 104 ff.).

64 Auch das **Lösungsrecht** des gutgläubigen Erwerbers einer beweglichen Sache wird überwiegend als dingliches Recht qualifiziert.[123] Manche Rechtsordnungen (zB Art. 934 Abs. 2 ZGB

---

[116] *Freitag* ZHR 2020, 139 (176 f.).

[117] Staudinger/*Mansel,* 2015, Rn. 643.

[118] Vgl. *Megarry/Wade,* The Law of Real Property, 10. Aufl. 2024, Rn. 16–006; *Trenk-Hinterberger,* Internationales Wohnungsmietrecht, 1977, 22 f.

[119] Vgl. Bruton vs. London & Quadrant Housing Trust [1999] 3 W. L. R. 150, 156 ff.; Ingram vs. I. R. C. [1997] 4 All ER 395, 422.

[120] Für eine Vergleichbarkeit mit dem Erbbaurecht BFH IPRspr. 1960–61 Nr. 70, 234 f.

[121] LG Hamburg IPRspr. 1991 Nr. 40; *Mankowski* in Reithmann/Martiny IntVertragsR Rn. 22.42; Staudinger/*Mansel,* 2015, Rn. 647; BeckOGK/*Prütting/A. Zimmermann* Rn. 138.

[122] *Mankowski* in Reithmann/Martiny IntVertragsR Rn. 22.42; aA *Trenk-Hinterberger,* Internationales Wohnungsmietrecht, 1977, 158 f., der Schuldstatut und lex rei sitae gemeinsam entscheiden lassen will; in diese Richtung wohl auch Soergel/*Lüderitz* Anh. II Art. 38 Rn. 9.

[123] BGHZ 100, 321 (324 ff.) = NJW 1987, 3077; Soergel/*Lüderitz* Anh. II Art. 38 Rn. 64; Erman/*Stürner* Rn. 12; Grüneberg/*Thorn* Rn. 3; *v. Hoffmann/Thorn* IPR § 12 Rn. 19; BeckOGK/*Prütting/A. Zimmermann* Rn. 136.1; *Geyrhalter,* Das Lösungsrecht des gutgläubigen Erwerbers, 1996, 100 ff.; *Müller-Chen* AJP/PJA 2005, 273 (275); rechtsvergleichend *Siehr* ZVglRWiss 83 (1984), 100 ff.

Schweiz, Art. 2277 Code civil, Art. 464 Abs. 2 Código civil) sprechen dem gutgläubigen Erwerber einer beweglichen Sache in bestimmten Fällen zwar kein Eigentum zu, wohl aber das Recht, dem Eigentümer die Sache nur gegen Erstattung des von ihm verauslagten Kaufpreises herausgeben zu müssen. Die dingliche Natur dieses Rechts lässt sich auf unterschiedliche Weise begründen, so etwa damit, dass es die Verfolgung des Eigentums beschränke, dass es Surrogat für den Eigentumserwerb sei oder dass es gegenüber jedem Eigentümer geltend gemacht werden könne.[124] Vor allem die zuletzt genannte Begründung überzeugt, weil das „Mitwandern" des Rechts mit dem Eigentum ein wesentliches Merkmal dinglicher Rechte darstellt.

Damit sind auch viele **Zurückbehaltungsrechte** dinglicher Natur, sofern sie nicht nur einem bestimmten persönlichen Schuldner, sondern dem jeweiligen Eigentümer der Sache entgegengehalten werden können. Dies gilt beispielsweise für das Zurückbehaltungsrecht des Besitzers wegen seiner Verwendungen aus § 1000 BGB oder das Lien (at Law)[125] des englischen Rechts.[126] Auch das kaufmännische Zurückbehaltungsrecht des § 369 HGB wird in der Lit. im Hinblick auf die Drittwirkung nach § 369 Abs. 2 HGB als dinglich qualifiziert,[127] und ebenso das Zurückbehaltungsrecht nach Art. 895 ZGB Schweiz. **65**

Sehr umstritten ist die zutreffende Qualifikation von Verfolgungs-, Anhalte- und Rückholrechten des Verkäufers **(Rights-of-Stoppage,** vgl. zB Art. 71 Abs. 2 CISG, Sale of Goods Act 1979 [c54] sec 44–46).[128] Mit dem Argument allein, dass ihre Ausübung die Ware dem Zugriff der Gläubiger des Käufers entziehe,[129] lässt sich ihre dingliche Natur nicht begründen.[130] Soweit sie auf den Fall der Käuferinsolvenz beschränkt sind, bietet sich eine insolvenzrechtliche Qualifikation an, weil sie funktionell einem Aussonderungsrecht nahekommen.[131] Selbst wenn solche Rechte auch außerhalb der Insolvenz wirken würden und eine schon erfolgte Übereignung an den Käufer auch mit Wirkung für Dritte rückgängig machen sollten, was meist nicht der Fall sein wird (vgl. etwa Art. 71 Abs. 2 S. 2 CISG), wären die Rechte selbst doch nicht als „dingliche Rechte" einzuordnen.[132] Stattdessen handelt es sich bei ihnen um **Gestaltungsrechte,** die auf die dingliche Rechtslage einwirken. Anderenfalls müsste man jedenfalls in Rechtsordnungen, die nicht dem Abstraktionsprinzip folgen, eine Fülle von Anfechtungsrechten usw als „dingliche Rechte" einordnen, weil sie mit der Vernichtung des Vertrags vielfach auch den Rückfall des Eigentums auf den Verkäufer bewirken. Das wäre aber offenkundig sachwidrig. **66**

Rechte an einer Sache iSv Art. 43 können auch Vorstadien dinglicher Rechte (zB **Anwartschaftsrecht** des Vorbehaltskäufers[133]) oder vorteilhafte Teilaspekte dinglicher Rechte (zB **Buchposition**) sein, sofern sie mit gewissen Drittwirkungen ausgestattet sind oder eine solche Drittwirkung zumindest behauptet wird. Dies gilt auch, unabhängig von ihrer konkreten Rechtsnatur, für eine Vormerkung, die den Anspruch auf Vornahme dinglicher Rechtsänderungen sichert.[134] **67**

f) Besitz. Zwar ist der Besitz nach der Terminologie der deutschen materiellen lex fori an sich kein „Recht an einer Sache", sondern eine primär tatsächliche Beziehung einer Person zu einer Sache. Dennoch besteht Einigkeit darüber, dass der Besitz **von Art. 43 erfasst** sein muss.[135] Das folgt schon daraus, dass der Besitz in nahezu allen Rechtsordnungen für seinen Inhaber eine Reihe von Privilegien mit sich bringt, die gegenüber jeder dritten Person wirken (Besitzschutzansprüche, Eigentumsvermutungen ua). **68**

g) Gemischte Rechtsverhältnisse. Sehr viele Vertragsverhältnisse enthalten eine Gemengelage schuldrechtlicher und sachenrechtlicher Aspekte, so natürlich auch der Sachkauf. Daher führen auch **Timesharing-Verträge** letztlich nicht zu besonderen Qualifikationsproblemen, wenngleich **69**

---

124 Staudinger/*Mansel,* 2015, Rn. 860; so auch schon Staudinger/*Stoll,* 1996, IntSachenR Rn. 307 mwN.

125 Anders das equitable lien, das in seinen Wirkungen der mortgage weit nähersteht, statt aller *Megarry/Wade,* The Law of Real Property, 10. Aufl. 2024, Rn. 23–003.

126 Vgl. LG München I WM 1957, 1378; Staudinger/*Mansel,* 2015, Rn. 766.

127 → 3. Aufl. 1998, Anh. I Art. 38 Rn. 110 *(Kreuzer).*

128 Vgl. zu den einzelnen rights of stoppage Staudinger/*Mansel,* 2015, Rn. 919 ff.

129 Staudinger/*Stoll,* 1996, IntSachenR Rn. 311.

130 AA etwa *Sailer,* Gefahrübergang, Eigentumsübergang, Verfolgungs- und Zurückbehaltungsrecht beim Kauf beweglicher Sachen im internationalen Privatrecht, 1966, 141.

131 Vgl. *Nussbaum,* Deutsches Internationales Privatrecht, 1932, 456 f.

132 So aber → 3. Aufl. 1998, Anh. I Art. 38 Rn. 111 *(Kreuzer)* und Soergel/*Lüderitz* Anh. II Art. 38 Rn. 65, zumindest für einen Teil der Verfolgungs- und Rückrufrechte; auch Staudinger/*Mansel,* 2015, Rn. 860.

133 OLG München BeckRS 2023, 16103 Rn. 42; BeckOGK/*Prütting/A. Zimmermann* Rn. 134; jurisPK-BGB/*Teubel* Rn. 10.

134 BGH BeckRS 2024, 10658 Rn. 23.

135 LG München I WM 1963, 1355 f.; Erman/*Stürner* Rn. 29; *v. Hoffmann/Thorn* IPR § 12 Rn. 16; *Kegel/Schurig* IPR § 19 II; PWW/*Brinkmann* Rn. 12.

sich die Verknüpfung schuld-, gesellschafts- und sachenrechtlicher Elemente dort zuweilen komplizierter darstellt.[136] Das internationale Sachenrecht hat im Timesharing nur dort und nur insofern einen Anwendungsbereich, als das erworbene Nutzungsrecht nach den in → Rn. 41 genannten Kriterien dinglicher Natur ist.[137] Auch wenn – wie in der Praxis häufig der Fall – die Nutzungsrechte sich auf mehrere Immobilien beziehen, die in verschiedenen Staaten belegen sind, unterliegen sie der jeweiligen lex rei sitae.[138] Für die Bildung etwa eines eigenen Gesamtstatuts besteht bei dinglichen Timesharing-Gestaltungen kein Bedarf. Bei vereins- oder gesellschaftsrechtlichen Timesharing-Gestaltungen ist hingegen für die Anteilsübertragung als solche das Gesellschaftsstatut maßgebend.[139] Art. 46b Abs. 3 bleibt selbstredend unberührt.

70 Ähnlich liegen die Dinge beim **Finanzierungsleasing.** Auch hier sind schuldrechtliche und sachenrechtliche Aspekte sorgsam voneinander zu scheiden und jeweils getrennt anzuknüpfen. Nur die dingliche Rechtslage am Leasinggut, das ja typischerweise während der Dauer des Leasingverhältnisses gerade im Eigentum des Leasinggebers steht, ist eine Frage des Sachstatuts.[140] Problematisch kann dabei vor allem der sachenrechtliche Schutz des Leasinggebers gegenüber Dritten sein, weil manche Staaten diesen Schutz von der Beachtung bestimmter Publizitätserfordernisse abhängig machen (zB Registrierung des Crédit-Bail in Frankreich).[141] Dabei ist allerdings immer sorgsam zu prüfen, ob die Beachtung dieser Erfordernisse auch für Leasinggeber eingefordert wird, die ihren Sitz im Ausland haben.[142] Kollisionsvorschriften enthält das **UNIDROIT-Übereinkommen von Ottawa** über das internationale Finanzierungsleasing vom 28.5.1988,[143] das für eine Reihe von Staaten in Kraft getreten und daher bei einem renvoi zu beachten ist (→ Rom I-VO Art. 4 Rn. 54), jedoch von der Bundesrepublik bislang nicht gezeichnet wurde. Art. 4 Abs. 2 beruft die lex rei sitae für Fragen, die die Eigenschaft von Leasinggut als Bestandteil oder Zubehör eines Grundstücks betreffen, und Art. 7 bestimmt, welchem Recht die Rechtsposition des Leasinggebers im Fall einer Insolvenz des Leasingnehmers oder Zwangsvollstreckung in sein Vermögen unterliegt: Das soll bei Schiffen und Luftfahrzeugen das Recht des Registerorts sein, bei Ausrüstungen, die gewöhnlich grenzüberschreitend eingesetzt werden, das Recht am Ort der Hauptniederlassung des Leasingnehmers und im Übrigen die lex rei sitae.

71 **h) Erb-, familien- und gesellschaftsrechtliche Positionen.** Fraglich kann auch die Einordnung von Rechtspositionen sein, die einem Gesamtstatut entspringen, so etwa das Erbrecht (im subjektiven Sinn). Diese Frage ist nicht mit jener nach dem Verhältnis zwischen Einzelstatut und Gesamtstatut identisch (→ Rn. 106 f.): Geht es dort etwa darum, ob Erbrecht oder Sachenrecht über Voraussetzungen und Wirkungen des Eigentumsübergangs auf die Erben bestimmen, geht es an dieser Stelle darum, ob eine erbrechtliche Rechtsposition als „dingliches Recht" anzusehen und hinsichtlich ihrer **Wirkungen gegenüber Dritten** nach Art. 43 anzuknüpfen sein kann. Bei einem Konflikt zwischen der lex rei sitae und (nationalen) Kollisionsregeln ist im Zweifel von einem Vorrang der Situs-Regel auszugehen.[144] Diese Frage stellt sich etwa, wenn ein Dritter in Deutschland belegene Nachlassgegenstände unberechtigt an sich nimmt, die nach dem anwendbaren österreichischen Erbrecht noch nicht im Eigentum des Erben stehen, weil die Einantwortung noch aussteht. Ähnliche Fragen können sich im Zusammenhang mit familienrechtlichen oder gesellschaftsrechtlichen Rechtsverhältnissen ergeben.

72 Wie bereits zum Trust-Statut als Gesamtstatut vertreten (→ Rn. 52 ff.), sollte hier eine vorsorgliche **Doppelqualifikation** stattfinden, dh es ist vorsorglich auch das Lageortsrecht daraufhin zu befragen, ob es – unter Berücksichtigung einer allfälligen Substitution[145] (→ Einl. IPR Rn. 227 ff.) –

[136] Zu den einzelnen Gestaltungsformen s. Staudinger/*Mansel,* 2015, Rn. 663 f.; *Mankowski* in Reithmann/Martiny IntVertragsR Rn. 32.1 ff.

[137] Staudinger/*Mansel,* 2015, Rn. 666; → 3. Aufl. 1998, Anh. I Art. 38 Rn. 5a *(Kreuzer);* vgl. OLG Frankfurt RIW 1995, 1033.

[138] *Junker* IPRax 1998, 65 (72); Staudinger/*Mansel,* 2015, Rn. 666; *Mankowski* in Reithmann/Martiny IntVertragsR Rn. 32.57.

[139] Staudinger/*Mansel,* 2015, Rn. 667; *Mankowski* in Reithmann/Martiny IntVertragsR Rn. 32.45.

[140] *Sonnenberger* in v. Marschall, Leasingverträge im Handelsverkehr, 1980, 9, 56.

[141] Art. L313-10 mit Art. R313-4 bis 313-6, 313-10 Code monétaire et financière; s. auch Staudinger/*Mansel,* 2015, Art. 43 Rn. 658.

[142] Vgl. hierzu anschaulich frz. Cass. (Ch. Com.) Rev. crit. Dr. int. pr. 72 (1983), 450 ff.

[143] Inoffizielle deutsche Übersetzung und Erläuterungen bei *Dageförde,* Internationales Finanzierungsleasing, 1992, 162; s. zum Übereinkommen ferner *Basedow* RIW 1988, 1; *Poczobut* RabelsZ 1987, 681 ff., 725 ff.; *Martiny* in Reithmann/Martiny IntVertragsR Rn. 28.24.

[144] *Rupp* EPLJ 2018, 267 (275).

[145] Begriff nach *Lewald* Rec. Des Cours 69 (1939-III), 130 no. 55. Vgl. auch *Hug,* Die Substitution im IPR, 1983; *Mansel* FS W. Lorenz, 1991, 689 ff.; *Schulz,* Die Subsumtion ausländischer Rechtstatsachen, 1997; *van Veenroy,* Internationalprivatrechtliche Substitution, 1999; *Kropholler* IPR § 33.

die betreffende Rechtsposition als „dingliches" Recht einordnet. Das wird man beispielsweise beim Inhaber eines (subjektiven) Erbrechts nach österreichischem Recht ohne Weiteres annehmen können, entspricht doch die Stellung des noch nicht eingeantworteten Erben zumindest derjenigen eines Anwartschaftsberechtigten, so dass der Erbe auch nach deutschem Sachenrecht – und nicht nur nach österreichischem Erbrecht – gegenüber dem Dritten die Vindikation geltend machen kann.

i) Prozessuale Vorzugsrechte. Die Qualifikation als „dingliches Recht" iSv Art. 43 ist auch bezüglich **prozessualer Vorzugsrechte** (Privilegien) diskutiert worden, die insbesondere in vielen romanischen Rechtsordnungen existieren und den Inhabern bestimmter, als solcher zweifellos schuldrechtlich zu qualifizierender Rechte (zB Lohn- und Gehaltsforderungen, Entschädigungsansprüche, Ansprüche auf Ersatz von Rechtsverfolgungskosten) ein Recht auf vorzugsweise Befriedigung im Falle von Zwangsvollstreckung oder Insolvenz gewähren. Die Regelung in den einschlägigen Zivil- und Handelsrechtskodifikationen ist für die materiellrechtliche oder prozessuale Natur allenfalls von indizieller Bedeutung, aber letztlich nicht entscheidend. 73

Von der Lit. werden solche Vorzugsrechte teilweise dann als materiell-sachenrechtlich qualifiziert, wenn sie auch bei Verbringung der Sache in ein anderes Staatsgebiet **fortwirken** sollen.[146] Ob und inwieweit solche Rechte in einem anderen Staat (dh in dem in einem anderen Staat durchgeführten Verfahren) anerkannt werden, bestimmt allerdings nicht das Recht des Ursprungsstaats, sondern das im neuen Staat geltende Verfahrensrecht. Dieses hat zunächst darüber zu befinden, ob die verwendeten Rechtsbegriffe ausschließlich auf inländische Rechtsinstitute oder – was im Interesse der Europarechtskonformität vielfach näher liegt – auch auf ausländische Rechtsinstitute Bezug nehmen. So ist etwa die Frage, ob ein französisches Privilège ein „Pfand- oder Vorzugsrecht" iSv § 805 Abs. 1 ZPO darstellt, eine Frage der Auslegung von § 805 Abs. 1 ZPO. Sie wird nur dann zu bejahen sein, wenn das Recht erstens aus deutscher Sicht besteht und zweitens den von § 805 Abs. 1 ZPO ursprünglich gemeinten deutschen Rechten funktionell vergleichbar ist (Substitution, → Einl. IPR Rn. 227 ff.). Die Unterfrage, ob das Recht aus deutscher Sicht besteht, lässt sich aber nur unter Zwischenschaltung des nationalen IPR beantworten, so dass die Qualifikationsfrage sich schon vorher stellt. 74

Viele wollen Privilegien dann materiell-sachenrechtlich qualifizieren, wenn sie **Drittwirkung** haben.[147] Eine Drittwirkung kann insbesondere in einem Verfolgungsrecht (Droit-de-Suite usw) des Berechtigten für den Fall liegen, dass die Sache in die Hände eines Dritten gelangt, was allerdings nur sehr selten anerkannt wird.[148] Sofern sich die Drittwirkung **allein im Verfahren** zeigt, erscheint mir auch das fraglich.[149] Zunächst hat eine Bestimmung des französischen oder italienischen nationalen Rechts zu Wirkungen im deutschen Verfahren schlicht nichts zu sagen, weil diesbezüglich allein die lex fori herrscht, so dass der Anordnung prozessualer Drittwirkung keine Bedeutung zukommt. Sodann aber kann prozessuale Drittwirkung allein ohnehin keine materiell-sachenrechtliche Qualifikation bewirken. Wollte man dies annehmen, müssten auch sonstige prozessuale Wirkungen gegenüber Einzelrechtsnachfolgern (zB nach § 325 Abs. 1 ZPO, § 145 Abs. 2 InsO oder § 15 Abs. 2 AnfG) materiell-sachenrechtlich qualifiziert werden, was offenkundig sachwidrig wäre. 75

Daher sind Privilegien nur insoweit „Rechte an einer Sache" iSv Art. 43 Abs. 1, als sie **auch außerhalb des Verfahrens** das Recht gewähren, die Sache von einem Dritten herauszuverlangen.[150] Das ist dann allerdings keine Besonderheit prozessualer Vorzugsrechte mehr, sondern das Privileg ist eben kraft dieser materiellrechtlichen Drittwirkung nach allgemeinen Grundsätzen (→ Rn. 41) als „dinglich" zu qualifizieren. 76

j) Hoheitliche Rechte. In Bezug auf hoheitliche Rechte, insbesondere **Vorbehalts-, Heimfall- oder Aneignungsrechte,** wird eine Anknüpfung nach den Regeln des internationalen Sachenrechts prinzipiell für möglich gehalten.[151] Das erscheint zweifelhaft, was die potenzielle Qualifizierung hoheitlicher Rechte selbst als „dingliche Rechte" iSv Art. 43 betrifft: Wenn solche Rechte auf dem Territorium des Belegenheitsstaats wirken, dann nicht auf Grund einer Verweisung auf die lex rei sitae als der präsumtiv den kollisionsrechtlichen Interessen am ehesten gerecht werdenden Rechtsordnung, sondern weil das Territorium des Belegenheitsstaats zugleich ihren räumlichen Geltungsbereich bestimmt (→ Anh. Art. 46 Rn. 9). Dies wird hinsichtlich des Aneignungsrechts 77

---

[146] Staudinger/*Stoll,* 1996, IntSachenR Rn. 177. Die Kritik in der 6. Aufl. 2015, es liege gar eine petitio principii vor, hielt Staudinger/*Mansel,* 2015, Art. 43 Rn. 674 trotz ähnlichen Standpunkts in der Sache, Staudinger/*Mansel,* 2015, Rn. 676 ff., für unzutreffend.

[147] → 3. Aufl. 1998, Anh. I Art. 38 Rn. 107 *(Kreuzer);* Staudinger/*Stoll,* 1996, IntSachenR Rn. 275.

[148] Zum frz. Recht *Ferid/Sonnenberger,* Das Französische Zivilrecht, 2. Aufl. 1993, 3 D 216 mwN.

[149] So auch Staudinger/*Mansel,* 2015, Rn. 678.

[150] Zutr. Soergel/*Lüderitz* Anh. II Art. 38 Rn. 67; Staudinger/*Mansel,* 2015, Rn. 679.

[151] Näher Staudinger/*Stoll,* 1996, IntSachenR Rn. 178 ff.; diff. Staudinger/*Mansel,* 2015, Rn. 688 ff.

bei erbenlosen Nachlässen nunmehr auch von Art. 33 EuErbVO indirekt bestätigt. Davon zu unterscheiden ist freilich die Wirkung hoheitlicher Rechte als **Beschränkung** privatrechtlicher dinglicher Rechtspositionen, vor allem im Wege sog. **Eingriffsnormen** (→ Einl. IPR Rn. 286 ff.).[152]

III. Reichweite des Sachstatuts

78 **1. Konkretisierung der Reichweite.** Von der Frage, was als „Sache" und was als „Rechte an einer Sache" iSv Art. 43 Abs. 1 zu qualifizieren ist (→ Rn. 11 ff., → Rn. 39 ff.), ist als weiteres Qualifikationsproblem zu unterscheiden, welche Reichweite dem Sachstatut zukommt.[153] Gegenstand der Qualifikation bei Ermittlung der Reichweite eines Statuts sind **konkrete Rechtsfragen.** So ist etwa auf der Tatbestandsseite rasch festgestellt, dass es sich beim Eigentum an einem Kraftfahrzeug um ein Recht „an einer Sache" handelt. Damit ist aber noch nicht gesagt, ob auch die Vindikation oder der Schadensersatzanspruch, den der Eigentümer gegen den unrechtmäßigen Besitzer wegen Beschädigung des Wagens geltend machen kann, dem Sachstatut unterstehen. Zwar handelt es sich bei diesem Schadensersatzanspruch nach dem in → Rn. 41 Gesagten nicht selbst um ein Recht an einer Sache, weil ihm die absolute Wirkung fehlt. Dennoch spricht manches dafür, ihn als **Wirkung** eines dinglichen Rechts ebenfalls dem Sachstatut zu unterstellen **(Annexbereich),** und nicht etwa dem Deliktsstatut.

79 Auch bei der Zuordnung von Rechtsfragen ist es ein funktioneller Ansatz, der zum Ergebnis führt. Allerdings geht es hier nicht mehr darum, ob die fraglichen Sachnormen ein Ordnungsziel verfolgen, das dem Ordnungsziel der von Art. 43 in seinem Kernbereich erfassten Normen vergleichbar ist (→ Rn. 39), sondern vielmehr darum, wie eng der **Funktionszusammenhang** der Rechtsfrage mit einem Recht an einer Sache iSv Art. 43 ist.[154] Dieser Funktionszusammenhang ist in Beziehung zu setzen zu demjenigen Funktionszusammenhang, den die Rechtsfrage mit anderen Anknüpfungsgegenständen aufweist. Soweit es sich mit den Systemvorstellungen der deutschen lex fori verträgt, dass eine Rechtsfrage sowohl sachenrechtlich als auch deliktsrechtlich, bereicherungsrechtlich usw qualifiziert wird, ist dem Sachstatut zunächst vorsorglich die maximale Reichweite zu unterstellen. Es muss also (auch) das Sachstatut nach einer Antwort auf die gestellte Rechtsfrage untersucht werden **(Doppel- oder Mehrfachqualifikation).** Freilich dürfen dann nach dem Grundsatz der kanalisierten Verweisung[155] innerhalb des Sachstatuts nur noch diejenigen Normen herangezogen werden, die in einem hinreichend engen Funktionszusammenhang mit einem Recht an einer Sache iSv Art. 43 stehen. Dem nach Art. 43 Abs. 1 berufenen Recht dürfen also beispielsweise nicht rein deliktsrechtliche Anspruchsgrundlagen entnommen werden, für die ausschließlich die Rom II-VO und in Randbereichen Art. 40 ff. zuständig sind. Soweit es zu einer Doppel- oder Mehrfachqualifikation gekommen ist – ein Anspruch beispielsweise sowohl dinglich als auch deliktisch qualifiziert wurde –, sind etwaige Normwidersprüche im Wege der Angleichung (→ Einl. IPR Rn. 242 ff.) zu beheben.[156] Dabei gebührt dem von der Rom II-VO berufenen Recht im Interesse des europäischen Entscheidungseinklangs grundsätzlich der Vorzug.

80 **2. Rechtsfragen des Sachstatuts. a) Möglichkeit dinglicher Rechte.** Nach dem Sachstatut beurteilt sich zunächst, ob ein bestimmtes Objekt überhaupt Gegenstand (bestimmter) dinglicher Rechte sein kann, insbesondere ob es als **Sache** zu qualifizieren ist und ob es eine eigenständige Sache oder nur einen nicht sonderrechtsfähigen **Bestandteil** einer anderen Sache bzw. eine Sachgesamtheit darstellt. Was die Qualifizierung als Sache anbelangt, kann das Sachstatut die vom Kollisionsrecht getroffene Vorentscheidung (→ Rn. 11 ff.) nur entweder bestätigen oder zum Negativen hin korrigieren: Wenn bereits keine Sache iSv Art. 43 vorliegt, kommt es gar nicht erst zur Berufung des Sachstatuts.

81 Das Sachstatut regelt **Art und Typen dinglicher Rechte,** die an einer Sache entstehen können, sowie deren Verhältnis zueinander. Insbesondere entscheidet es darüber, ob unter seiner Geltung nur ein geschlossener Kanon möglicher dinglicher Berechtigungen existiert und wie sich dieser Kanon zusammensetzt.[157] Von besonderer Bedeutung ist das im Falle eines Statutenwechsels, wo das neue Sachstatut darüber zu befinden hat, ob und ggf. mit welchen Wirkungen dingliche Rechte anzuerkennen sind, die unter der Herrschaft eines fremden Sachstatuts entstanden sind

[152] Staudinger/*Mansel,* 2015, Rn. 688 ff.; BeckOGK/*Prütting/A. Zimmermann* Rn. 146 ff.
[153] Hierzu *Wendehorst* FS Sonnenberger, 2004, 743 (747 ff.).
[154] Anders *Ritterhoff,* Parteiautonomie im internationalen Sachenrecht, 1999, 65 ff.
[155] *Kropholler* IPR § 17 II.
[156] Hierzu *Siehr* IPR § 49; *Kegel/Schurig* IPR § 8.
[157] *v. Hoffmann/Thorn* IPR § 12 Rn. 15; Erman/*Stürner* Rn. 17; aus der Judikatur zB BGH WM 2008, 2302 (2304): Nichtanerkennung eines nicht eingetragenen, an einem inländischen Grundstück durch ausländischen Hoheitsakt bestellten Rechts.

(→ Rn. 153 ff.). Die Entscheidung hinsichtlich Art und Typen dinglicher Rechte kann sowohl Sachen allgemein betreffen als auch eine konkrete Sache bzw. den betroffenen Sachtypus. So ist beispielsweise dem Sachstatut zu entnehmen, ob eine Sache als res extra commercium gilt oder ob Rechte an ihr nur durch bestimmte Personen erworben werden können (zB Grundstückseigentum nur für Inländer).

Soweit es für die Anwendung einer Norm darauf ankommt, welcher **Kategorie von Sachen** 82 (zB beweglich oder unbeweglich) die betreffende Sache angehört, und in welcher Beziehung verschiedene Sachen zueinander stehen, namentlich ob es sich bei einer Sache um **Zubehör** einer anderen handelt, ist bei der Anwendung des Sachstatuts[158] Vorsicht geboten. In erster Linie muss nämlich die betreffende Sach- oder Kollisionsnorm selbst befragt werden, welche Bedeutung sie diesen Kategorien beimessen möchte und ob sie die Kategoriebildung selbst vornimmt, der eigenen Rechtsordnung überlässt oder einer fremden Rechtsordnung anheimstellt. In aller Regel wird davon auszugehen sein, dass die betreffende Norm die Kategoriebildung der eigenen Rechtsordnung überlässt, dh diese Frage wird als **Vorfrage** nicht gesondert angeknüpft.[159] Insbesondere in der Zwangsvollstreckung wird die Differenzierung zwischen beweglichem und unbeweglichem Vermögen immer der lex fori zu entnehmen sein. Ist eine Kategorie nur von schuldrechtlicher Bedeutung (zB vertretbar oder unvertretbar), entscheidet darüber das betreffende Schuldstatut. Soweit das deutsche Kollisionsrecht selbst zwischen beweglichem und unbeweglichem Vermögen differenziert, kann sich aus dem Zweck der Differenzierung etwas anderes ergeben. So nimmt etwa Art. 12 S. 2 Rücksicht auf den Geltungsanspruch des Belegenheitsrechts, so dass es angemessen erscheint, diesem auch die Qualifikation zu überlassen **(Qualifikationsverweisung,** → Art. 12 Rn. 25 ff.).

b) Änderung der dinglichen Rechtslage durch Rechtsgeschäft. aa) Grundsätze. 83 Grundsätzlich herrscht das Sachstatut auch über die Fragen nach der wirksamen rechtsgeschäftlichen Begründung eines dinglichen Rechts sowie der wirksamen Verfügung über ein bestehendes Recht, mag diese auf die Änderung, die Übertragung oder den Untergang des dinglichen Rechts gerichtet sein.[160] Insbesondere herrscht es darüber, welche **Teilschritte** erforderlich sind, um eine Änderung der dinglichen Rechtslage zu bewirken. So entscheidet das Sachstatut beispielsweise, ob das Eigentum bereits durch den Abschluss des schuldrechtlichen Geschäfts, durch eine davon zu unterscheidende dingliche Einigung oder erst durch die Kombination aus Schuldgeschäft bzw. Einigung und weiteren Akten (zB Übergabe, Eintragung) übergeht.[161]

Das Sachstatut entscheidet auch über die Möglichkeit eines **Erwerbs vom Nichtberechtigten** 84 einschließlich der Möglichkeit, einem gescheiterten Erwerb durch die Genehmigung des Berechtigten zur Wirksamkeit zu verhelfen.[162] Auch die Teilfrage der Zurechnung von Kenntnis oder Kennenmüssen dritter Personen beim Erwerb vom Nichtberechtigten untersteht richtigerweise dem Sachstatut. Das Gleiche gilt für die Frage nach dem Entstehen eines Lösungsrechts des redlichen Erwerbers einer gestohlenen Sache, was sich aber schon daraus ergibt, dass das Lösungsrecht selbst als Recht „an einer Sache" iSv Art. 43 Abs. 1 zu qualifizieren ist (→ Rn. 64).[163]

bb) Teilfragen und Vorfragen. Die Teilfragen der **Rechtsfähigkeit** des Erwerbers und der 85 **Geschäftsfähigkeit** müssen nach Art. 7 und Art. 12 gesondert angeknüpft werden.[164] Gleiches gilt für die Vertretungsmacht aufgrund einer gewillkürten Stellvertretung (Art. 8), wobei jedenfalls für Verfügungen über Grundstücke oder Rechte an Grundstücken insoweit ein Gleichlauf mit dem Sachstatut hergestellt wird (Art. 8 Abs. 6). Im Übrigen ist umstritten, wie das für die gewillkürte Stellvertretung im Rahmen der Verfügung über bewegliche Sachen und dem Verpflichtungsgeschäft

---

158 Staudinger/*Mansel,* 2015, Rn. 475; Grüneberg/*Thorn* Rn. 3.

159 Staudinger/*Mansel,* 2015, Rn. 255. So entscheidet etwa das ausländische Kollisionsrecht, soweit es zwischen beweglichen und unbeweglichen Sachen differenziert, selbst über diese Bedeutung, Grüneberg/*Thorn* Rn. 1; Erman/*Stürner* Rn. 13; Staudinger/*Mansel,* 2015, Rn. 486 f.

160 Staudinger/*Mansel,* 2015, Rn. 784; Erman/*Stürner* Rn. 17; HK-BGB/*Dörner* Rn. 2; *Kegel/Schurig* IPR § 19 m. Beispielen aus der Rspr.

161 OLG Köln NZI 2024, 370 (372) für einen Grundstückskauf nach französischem Recht.

162 BGH NJW-RR 2000, 1583; NJW 2009, 2824 Rn. 10; BeckRS 2024, 10658 Rn. 23; *Kropholler* IPR § 54 I 3d; *v. Hoffmann/Thorn* IPR § 12 Rn. 22 f.; HK-BGB/*Dörner* Rn. 2; *Benecke* ZVglRWiss 101 (2002), 362 (365).

163 BGHZ 100, 321 (324 ff.) = NJW 1987, 3077. Die Frage, ob das Lösungsrecht selbst Recht „an einer Sache" ist oder nur kraft Funktionszusammenhangs dem Sachstatut unterstellt wird, hat erhebliche praktische Bedeutung im Fall eines Statutenwechsels: Ein Recht an einer Sache wird grds. auch im neuen Belegenheitsstaat als wohlerworbenes Recht geschützt; für die Frage nach dem Erlöschen eines Lösungsrechts → Rn. 5.

164 Grüneberg/*Thorn* Rn. 4; *Kegel/Schurig* IPR § 19 II; *v. Hoffmann/Thorn* IPR § 12 Rn. 25; Staudinger/*Mansel,* 2015, Rn. 1075; idS zur Rechtsfähigkeit von juristischen Personen OLG Hamm NJW-RR 2014, 995.

maßgebliche anwendbare Recht zu bestimmen ist (→ EGBGB Art. 8 Rn. 62 ff.).[165] Darüber hinaus ist nach überwiegender Auffassung die Frage der **Vertretungsmacht** gesondert anzuknüpfen.[166] Die Entscheidung, ob Geschäftsfähigkeit erforderlich oder ob Stellvertretung zulässig ist, muss dagegen beim Sachstatut verbleiben. Ebenfalls gesondert angeknüpft werden muss die Teilfrage der **Form** eines dinglichen Rechtsgeschäfts.[167] Gemäß Art. 11 Abs. 4 ist ein Rechtsgeschäft, durch das ein Recht an einer Sache begründet oder über ein solches Recht verfügt wird, nur formgültig, wenn es die Formerfordernisse des Rechts erfüllt, das auf das seinen Gegenstand bildende Rechtsverhältnis anzuwenden ist, so dass im Umweg über Art. 11 Abs. 4 doch das Sachstatut berufen ist. Keine gesonderte Anknüpfung erfolgt dagegen für die Frage des Abhandenkommens.[168]

86 Unabhängig davon, ob die lex causae vom **Trennungsprinzip** ausgeht oder nicht, ist das Geschäft für die kollisionsrechtliche Betrachtung in einen schuldrechtlichen und einen dinglichen Teil aufzuspalten. Jeder dieser Teile wird jeweils gesondert angeknüpft und unterliegt seinem eigenen Statut.[169] Sofern das danach berufene Sachstatut die Änderung der dinglichen Rechtslage von der Wirksamkeit eines **Kausalgeschäfts** abhängig macht, stellt diese eine Vorfrage im Sinne eines präjudiziellen Rechtsverhältnisses im Tatbestand der berufenen Sachnormen (umfassend → Einl. IPR Rn. 148 ff.) dar. Diese Vorfrage ist **selbständig anzuknüpfen.**[170] Zwar wird damit eine dingliche Rechtsänderung ggf. anders beurteilt als von der lex rei sitae selbst. Andererseits wird aber auch weitgehend die Situation vermieden, dass aus der Sicht des deutschen Forums die schuldrechtliche und die sachenrechtliche Lage unterschiedlich beurteilt werden. So wäre es etwa misslich, wenn der eine Teil von deutschen Gerichten schuldrechtlich zu einer Übereignung verpflichtet werden könnte, die vom Sachenrecht gerade abgelehnt wird.

87 Nach überwiegender Auffassung wird auch ein **Besitzkonstitut** zur Begründung mittelbaren Besitzes selbständig nach der Rom I-VO bzw. der für das betreffende gesetzliche Besitzmittlungsverhältnis einschlägigen Kollisionsnorm angeknüpft,[171] und ebenso die für die Übertragung des mittelbaren Besitzes erforderliche **Forderungsabtretung.**[172] Dem mag man mit einer ähnlichen Begründung im Grundsatz zustimmen, weil es ebenfalls misslich wäre, wenn etwa der eine Teil vor deutschen Gerichten als Vermieter zu Leistungen verpflichtet werden könnte, ohne sachenrechtlich die Rechtsstellung als Besitzer bzw. Eigentümer erlangt zu haben. Allerdings ist immer sorgfältig zu prüfen, ob das anwendbare materielle Sachenrecht die Änderung der dinglichen Rechtslage tatsächlich an die Wirksamkeit des Besitzkonstituts knüpft. Soweit – wie etwa im deutschen Recht bei der Übereignung nach §§ 929, 930 BGB angenommen (→ BGB § 930 Rn. 18) – sogar ein schuldrechtlich unwirksames Rechtsverhältnis ausreichen kann, muss das respektiert werden. Auch die Frage nach einer Änderung des Besitzmittlungswillens und seiner sachenrechtlichen Bedeutung untersteht dem Sachstatut,[173] ebenso wie die Anforderungen, die an eine mit dem Besitzkonstitut verbundene dingliche Einigung gem. § 929 S. 1 BGB zu stellen sind.[174] Sofern keine Rechtswahl vorliegt, wird es im Übrigen vielfach sinnvoll erscheinen, das Besitzkonstitut über Art. 4 Abs. 3 Rom I-VO akzessorisch anzuknüpfen. Entsprechendes muss für andere **Traditionssurrogate,** wie zB Registereintragung oder Abtretung des Herausgabeanspruchs, gelten.

88 **cc) Sicherungsrechte.** Auch wenn das dingliche Recht der Sicherung einer Forderung dient, wird man die Wirksamkeit der Forderung als Vorfrage gesondert anknüpfen müssen. Selbst die Bestellung akzessorischer Sicherheiten unterliegt dem Sachstatut, welches auch über das Ausmaß der **Akzessorietät** entscheidet. Das Entstehen der **gesicherten Forderung** wird allerdings auch dann als Vorfrage selbständig angeknüpft, wenn das betreffende dingliche Sicherungsrecht akzesso-

---

165 Staudinger/*Magnus,* 2024, Art. 8 EGBGB Rn. 127.

166 *v. Hoffmann/Thorn* IPR § 12 Rn. 25; zum diesbezüglichen Streit *Kegel/Schurig* IPR § 17 V 2a; diff. Staudinger/*Mansel,* 2015, Rn. 1083 ff.

167 *v. Hoffmann/Thorn* IPR § 12 Rn. 25; Grüneberg/*Thorn* Rn. 4.

168 Zutr. *Benecke* ZVglRWiss 101 (2002), 362 (366 f.) mwN; LG Hamburg IPRspr. 2012, Nr. 71, 138, Rn. 30; missverständlich OLG Brandenburg NJW-RR 2001, 597.

169 Grüneberg/*Thorn* Rn. 4; *Kegel/Schurig* IPR § 19 II; *Kropholler* IPR § 54 I 3b; *v. Hoffmann/Thorn* IPR § 12 Rn. 21; OLG Saarbrücken BeckRS 2023, 10639 Rn. 61.

170 Grüneberg/*Thorn* Rn. 4; Erman/*Stürner* Rn. 20; Staudinger/*Mansel,* 2015, Rn. 793; HK-BGB/*Dörner* Rn. 1.

171 So eindeutig BGH NJW-RR 2010, 983, Rn. 23 ff.; MDR 2012, 1077 Rn. 14; aus der früheren Rspr. RG Recht 1911 Nr. 3475, 3476, 3497; OLG Schleswig IPRspr. 1989 Nr. 77; wohl auch BGH NJW 1989, 2542 (2544) zur elterlichen Vermögenssorge; → 3. Aufl. 1998, Anh. I Art. 38 Rn. 69 *(Kreuzer);* Staudinger/*Mansel,* 2015, Rn. 599, 600; *Kegel/Schurig* IPR § 19 II, S. 768.

172 BGH IPRspr. 2010, Nr. 82, 173, Rn. 33.

173 BGH NJW-RR 2010, 983 Rn. 23 ff.

174 BGH MDR 2012, 1077 Rn. 30.

risch ausgestaltet sein sollte und daher die Entstehung der Forderung voraussetzt.[175] Auch für das weitere Schicksal der gesicherten Forderung verbleibt es beim Forderungsstatut, während das Sachstatut darüber zu befinden hat, welche Konsequenzen sich aus dem Übergang, Erlöschen usw der Forderung ergeben (→ Rn. 90). Gesondert anzuknüpfen ist auch ein etwaiger **Sicherungsvertrag,** der aber bei Fehlen einer Rechtswahl über Art. 4 Abs. 3 Rom I-VO, bei Grundstücksgeschäften auch über Art. 4 Abs. 1 lit. c Rom I-VO, der lex rei sitae unterstellt werden kann (→ Rom I-VO Art. 4 Rn. 308).[176]

Die Übertragung dinglicher Rechte betreffen auch Fragen eines **Eigentumsvorbehalts** beim Kauf, die daher gleichfalls dem Sachstatut unterliegen. Dabei stellt sich der im Voraus vereinbarte, einfache Eigentumsvorbehalt als Einschränkung der Rechtsübertragung an den Käufer dar. Der nachträglich vereinbarte Eigentumsvorbehalt ist in der Regel eine zur Sicherheit vorgenommene Rückübertragung des Eigentums vom Käufer auf den Verkäufer nach § 930 BGB.[177] Auch Zulässigkeit und Wirkungen einer **Verarbeitungsklausel** beim gestreckten Eigentumsvorbehalt unterliegen dem Sachstatut, ebenso die Zulässigkeit eines **verlängerten Eigentumsvorbehalts** in sachenrechtlicher Hinsicht.[178] Der Übergang der Forderungen selbst sowie alle Fragen, die mit der Gültigkeit und den Voraussetzungen der Abtretung zukünftiger Forderungen verbunden sind, richten sich allerdings nach dem Zessionsstatut.[179] 89

c) Änderung der dinglichen Rechtslage kraft Gesetzes. aa) Grundsätze. Das Sachstatut regelt auch den Erwerb dinglicher Rechte **kraft Gesetzes,** beispielsweise die Ersitzung oder den Erwerb durch Verbindung, Vermischung oder Verarbeitung.[180] Entsprechendes gilt für den kraft Gesetzes eintretenden Verlust eines dinglichen Rechts oder den kraft Gesetzes eintretenden Übergang (zB wegen Übergangs der akzessorisch gesicherten Forderung) oder die inhaltliche Änderung. Darüber, ob der betreffende Vorgang auf dem Gesetz oder auf einem Rechtsgeschäft beruht, befindet in Zweifelsfällen (zB Aneignung, Dereliktion) gleichfalls das Sachstatut. Soweit familienrechtliche, erbrechtliche oder gesellschaftsrechtliche Vorgänge Auswirkungen auf die dingliche Rechtslage haben, gilt aber vorrangig das dafür maßgebliche Gesamtstatut (→ Rn. 106). 90

bb) Gesetzliche Sicherungs- und Zurückbehaltungsrechte. Von der Ausnahme des Art. 45 Abs. 2 S. 1 abgesehen, unterliegt dem **Sachstatut** nach herrschender Auffassung auch die Entstehung und das weitere Schicksal gesetzlicher Sicherungs- und dinglich wirkender Zurückbehaltungsrechte.[181] Entstehen und Schicksal der gesicherten **Forderung** unterliegen weiterhin dem **Forderungsstatut,** während das Sachstatut die Konsequenzen bestimmt, welche Übergang, Erlöschen usw der Forderung für das dingliche Recht nach sich ziehen. 91

Die Entstehung der Sicherungsrechte (allein) dem Sachstatut zu unterstellen, erscheint deswegen nicht unproblematisch, weil der Entstehungstatbestand solcher Rechte oft untrennbar verknüpft ist mit einem umfassenden **Vertragsverhältnis oder Legalschuldverhältnis** und sich in das Gleichgewicht der aus diesem Verhältnis erwachsenden Rechte und Pflichten einfügt. Sofern das Statut des Grundverhältnisses nicht mit dem Sachstatut übereinstimmt, was bei reinen Inlandsgeschäften (zB auf Grund abweichender Rechtswahl) gelegentlich, bei internationalen Verkehrsgeschäften zwangsläufig mindestens teilweise der Fall ist, kann dieses Gleichgewicht gestört werden. Praktisch besonders relevant ist das naturgemäß bei gesetzlichen Pfandrechten des Spediteurs, Frachtführers usw. Bei näherem Hinsehen erweisen sich die erzielten Ergebnisse allerdings doch als interessengerecht, wobei verschiedene Konstellationen zu berücksichtigen sind: 92

Stimmen Schuldstatut und Sachstatut zunächst noch überein und sieht dieses Recht die Entstehung eines Sicherungsrechts vor, dann bleibt das Sicherungsrecht auch dann erhalten, wenn die Sache ins Ausland verbracht wird. Den Interessen aller Beteiligten wird das gerecht: Zwar kann die 93

---

175 *Kegel/Schurig* IPR § 19 II, S. 768. Eine ganz andere Frage ist, inwieweit es etwa bei grundpfandrechtlich gesicherten Forderungen sachgerecht ist, über die Annahme einer stillschweigenden Rechtswahl oder über Art. 4 Abs. 1 lit. c Rom I-VO zu einem Gleichlauf zwischen dem auf die besicherte Forderung und dem auf das Grundpfandrecht anwendbaren Recht zu gelangen, dazu *Freitag* RIW 2005, 25 (26).

176 OLG Saarbrücken BeckRS 2013, 17783; Grüneberg/*Thorn* Rn. 3; zur alten Rechtslage vgl. *Geimer* IPRax 1999, 153; Staudinger/*Magnus,* 2002, Art. 28 Rn. 493.

177 Grüneberg/*Weidenkaff* BGB § 449 Rn. 21; Grüneberg/*Herrler* BGB § 929 Rn. 30.

178 AA BeckOK BGB/*Spickhoff* Rn. 17: Vertragsstatut.

179 BGHZ 111, 376 = NJW 1991, 637; Grüneberg/*Thorn* Rn. 3; *Basedow* ZEuP 1997, 615 (620 f.); *v. Bar/Mankowski* IPR II § 3 Rn. 60; aA *Stoll* IPRax 1991, 223 (225).

180 Staudinger/*Mansel,* 2015, Rn. 723.

181 BGH NJW 1998, 1321 (1322); BGHZ 108, 353 (355) = NJW 1990, 242; OLG Hamburg VersR 1991, 604; Staudinger/*Mansel,* 2015, Rn. 769; BeckOK BGB/*Spickhoff* Rn. 10; aA – Schuldstatut, das aber fast immer mit dem Sachstatut zusammenfalle – Staudinger/*Stoll,* 1996, IntSachenR Rn. 362 f. mwN; OLG Düsseldorf VersR 1977, 1047 (1048).

jeweilige lex rei sitae einem ihr wesensfremden Sicherungsrecht widersprechen (→ Rn. 153 ff.), aber dabei handelt es sich um ein unabweisbares Bedürfnis des **Verkehrsschutzes,**[182] und außerdem lebt das Sicherungsrecht ggf. wieder auf, wenn das Sicherungsgut in ein anderes Staatsgebiet gelangt. Fallen Schuld- und Sachstatut auseinander und sieht nur das Schuldstatut das Sicherungsrecht vor, dann entsteht dieses dennoch nur und erst dann, wenn die Ware in einen Staat gelangt, dessen Rechtsordnung ein solches Sicherungsrecht kennt. Auch das entspricht dem im internationalen Sachenrecht zentralen Gedanken des Verkehrsschutzes.

94 Problematisch ist eher der umgekehrte Fall: Kennt das ursprüngliche Sachstatut kein Sicherungsrecht, wohl aber das neue, dann entsteht ein Sicherungsrecht **mit Grenzübertritt,** wobei bei der Anwendung des Sachstatuts die ausländischem Recht unterliegende Forderung im Wege der Substitution (→ Einl. IPR Rn. 227 ff.) an die Stelle der eigentlich gemeinten inländischen Forderung treten kann. Für den Schuldner kann das eine empfindliche Überraschung sein, und der Gläubiger ist nur bedingt schutzwürdig, da er von vorneherein ein entsprechendes Schuldstatut hätte aushandeln können. Die Entstehung des Sicherungsrechts lässt sich aber mit Verkehrsschutzerwägungen rechtfertigen, weil der Gläubiger im neuen Belegenheitsstaat (Forderung und) Sicherheit auf gutgläubige Dritte übertragen könnte, die vom Recht am Absendeort oder gar vom Schuldstatut wenig wissen.

95 **d) Änderung der dinglichen Rechtslage durch Hoheitsakt.** Soweit der Übergang, die Änderung, der Untergang usw kraft **hoheitlichen Gestaltungsakts** im Zuge eines Zwangsvollstreckungs-, Vergleichs- oder Insolvenzverfahrens erfolgt, muss das Verfahrensrecht der lex fori gelten.[183] Das Gleiche gilt bei sonstigen Übertragungen dinglicher Rechte durch den Richter, so etwa in einem Verfahren über die Verteilung von Haushaltssachen. Besondere Grundsätze gelten freilich für die Enteignung und ähnliche Eingriffe (→ Anh. Art. 46 Rn. 1 ff.).

96 **e) Rangfolge dinglicher Rechte.** Auch die Rangfolge dinglicher Rechte ist grundsätzlich keine Frage derjenigen Sachstatute, unter deren Herrschaft die Einzelnen konkurrierenden Rechte entstanden sind, sondern eine Frage der jeweils **aktuellen lex rei sitae,** die bei Zugriff auf die Sache meist mit der lex fori übereinstimmt. Daher kann sich die Rangfolge bei einem Statutenwechsel ändern. Zu beachten ist allerdings, dass bei einem Konflikt zwischen Sachenrecht und **Verfahrensrecht** letzteres vorgeht, dh das Verfahrensrecht muss sich bei der Gläubigerbefriedigung usw nicht an eine nach dem kollisionsrechtlich maßgeblichen Sachstatut gegebene Rangfolge halten.[184]

97 **f) Inhalt und Wirkungen dinglicher Rechte.** Soweit die **wesentlichen** Inhalte und Wirkungen des Rechts betroffen sind, die diesem sein Gepräge geben, seinen dinglichen Charakter ausmachen und es von anderen dinglichen Rechten unterscheiden, müssen sie offenkundig gleichfalls dem Sachstatut unterliegen: Es würde keinen Sinn ergeben, zwar die Entstehung eines dinglichen Rechts nach dem Sachstatut zu beurteilen, seinen Inhalt aber einer anderen Rechtsordnung zu entnehmen, etwa den Inhalt einer nach deutschem Belegenheitsrecht entstandenen Hypothek den Regeln über die englische Mortgage. Zum Kerninhalt, der sich demgemäß nach der lex rei sitae bestimmt, können auch Rechtsvermutungen gehören, beispielsweise die Eigentumsvermutung zu Gunsten des Besitzers.[185] Das gilt freilich nicht, wenn diese Rechtsvermutungen ihren tragenden Grund in einem nicht sachenrechtlichen Rechtsinstitut finden, etwa in der Ehe.[186]

98 Vielfach besteht zwischen dem Inhaber eines dinglichen Rechts und einer anderen Person – in der Regel dem Inhaber eines gleich-, über- oder untergeordneten dinglichen Rechts – ein gesetzlich näher geregeltes **Legalschuldverhältnis,** aus dem eine Reihe wechselseitiger, ihrerseits überwiegend nur relativ wirkender Rechte und Pflichten entspringen. Soweit das Legalschuldverhältnis das dingliche Recht seinem **Inhalt nach näher konkretisiert,** wie etwa das Verhältnis zwischen Miteigentümern[187] oder zwischen dem Eigentümer und dem Inhaber einer Hypothek, eines dinglichen Wohnrechts oder eines Lease, gehört es zu den wesentlichen Inhalten und Wirkungen (→ Rn. 97). In diesen Fällen kann man an der Maßgeblichkeit des Sachstatuts nicht ernsthaft zweifeln.

99 Die Abgrenzung zum **Schuldvertragsstatut** kann allerdings umso schwieriger werden, je mehr die Parteien etwa bei der Bestellung eines beschränkten dinglichen Rechts von ihrer tatsächlichen

182 So auch Staudinger/*Stoll,* 1996, IntSachenR Rn. 277.

183 Staudinger/*Mansel,* 2015, Rn. 720.

184 Näher Staudinger/*Stoll,* 1996, IntSachenR Rn. 177.

185 BGH NJW 1994, 939 (940); 1996, 2233 (2234); RIW 2000, 704 (705 f.); OLG München BeckRS 2007, 14735; Grüneberg/*Thorn* Rn. 3; Staudinger/*Mansel,* 2015, Art. 43 Rn. 513; OLG München BeckRS 2022, 5989 Rn. 13.

186 Staudinger/*Mansel,* 2015, Rn. 517; so schon Staudinger/*Stoll,* 1996, IntSachenR Rn. 152.

187 Hierzu BGH NJW 1998, 1321 f.

oder vermeintlichen rechtsgeschäftlichen Gestaltungsfreiheit Gebrauch gemacht haben. Man wird die Grenze wohl nur anhand der Antwort auf die Frage ziehen können, ob die rechtsgeschäftlichen Gestaltungen im Falle einer Übertragung des dinglichen Rechts oder des Eigentums auch den jeweiligen Rechtsnachfolger binden würden oder nicht. Das wiederum kann nur das Sachstatut entscheiden, so dass dieses zuerst zu befragen ist. Eine Bindung des Rechtsnachfolgers wird beispielsweise bei der für die Mitglieder einer Gemeinschaft von Wohnungseigentümern geltenden Gemeinschaftsordnung meist gegeben sein.

g) Ausübung und Schutz dinglicher Rechte. aa) Hauptansprüche. Zentrale Wirkungen dinglicher Rechte sind auch die Mechanismen, mit deren Hilfe die dinglichen Rechte Dritten gegenüber ausgeübt und durchgesetzt werden. Hiervon umfasst sind insbesondere Ansprüche auf **Herausgabe, Unterlassung** und **Beseitigung** von Störungen sowie sonstige Formen petitorischen oder possessorischen Rechtsschutzes. Diese Rechtsschutzformen werden denn auch folgerichtig von der hM insgesamt dem Sachstatut unterstellt.[188] Eine Ausnahme stellt freilich Art. 44 hinsichtlich Grundstücksimmissionen dar, die aber nicht verallgemeinerungsfähig sein dürfte, sondern eher zu einem argumentum e contrario Anlass gibt.[189] 100

Probleme bereitet dabei vor allem die **Abgrenzung zum Delikts- und zum Bereicherungsstatut,** gelegentlich auch zum Geschäftsführungsstatut. Indizien dafür, dass sich ein Anspruch als spezifische Ausübung des dinglichen Rechts und damit als eine Frage des Sachstatuts darstellt, sind vor allem, dass der Anspruch ausschließlich auf den Schutz dinglicher Rechte zugeschnitten ist, dass er sich auf Gewährleistung bzw. Wiederherstellung der Integrität des dinglichen Rechts oder Zuweisung der auf Grund des Rechts zustehenden Nutzungen beschränkt und dass er unabhängig von subjektiven Voraussetzungen in der Person des Anspruchsgegners (zB Verschulden, Kenntnis) gewährt wird. Dagegen spricht es für eine schuldrechtliche Qualifikation, wenn das dingliche Recht nur ein prinzipiell durch andere Rechtspositionen – etwa Gesundheit oder Immaterialgüterrechte – austauschbares Tatbestandselement ausmacht, wenn auch Konsequenzen im übrigen Vermögen des Gläubigers (zB Folgeschäden) berücksichtigt werden und wenn in der Person des Anspruchsgegners subjektive Voraussetzungen erfüllt sein müssen.[190] 101

In einer konkreten Rechtsfrage, etwa ob Eigentümer A von Besitzer B Schadensersatz verlangen kann, sind entsprechend dem deutschen Grundsatz der Anspruchskonkurrenz freilich auch kollisionsrechtlich stets das Sachstatut, das Deliktsstatut usw parallel zu ermitteln und unabhängig voneinander zu befragen (**Doppel- oder Mehrfachqualifikation,** → Rn. 79). Entsprechend dem Grundsatz der kanalisierten Verweisung sind innerhalb des Sachstatuts dann nur diejenigen Sachnormen berufen, die sich nach den soeben (→ Rn. 101) dargestellten Kriterien als sachenrechtlich qualifizieren lassen. Seit Inkrafttreten der Rom II-VO empfiehlt sich die Doppelqualifikation auch schon deswegen, weil jede einseitig sachenrechtliche Qualifikation die Gefahr eines Verstoßes gegen europäisches Kollisionsrecht in sich birgt und streng genommen zu einer Vorlage an den EuGH nach Art. 267 AEUV nötigt. 102

Vereinzelt wird vertreten, dass die Rechtsschutzformen stets nach der **lex fori** zu beurteilen seien.[191] Begründet wird das unter anderem mit dem Ziel der Gleichbehandlung inländischer und ausländischer Rechte vor Gericht.[192] Das überzeugt nicht, weil das Kollisionsrecht ausländische Rechtsnormen unabhängig davon zur Anwendung beruft, ob diese einem Beteiligten mehr oder weniger Rechte zubilligen als das äquivalente Institut der lex fori. Stichhaltiger ist das Argument, es könne Normenmangel oder Normenhäufung auftreten, sollte das Sachstatut die verfügbaren Rechtsschutzformen deliktisch, das Deliktsstatut dagegen sachenrechtlich qualifizieren, oder umge- 103

---

[188] BGH NJW 2009, 2824 Rn. 7; OLG Braunschweig IPRspr. 1968/69 Nr. 61; KG NJW 2007, 705; OLG Brandenburg BeckRS 2014, 13060; *Kegel/Schurig* IPR § 19 II, S. 767; BeckOK BGB/*Spickhoff* Rn. 8; Staudinger/*Mansel,* 2015, Rn. 885; *Finkelmeier,* Qualifikation der Vindikation und des Eigentümer-Besitzer-Verhältnisses, 2016.

[189] AA wohl noch *v. Hoffmann* IPR, 7. Aufl. 2002, § 12 Rn. 20.

[190] Abw. *Stoll* IPRax 2000, 259 (261), der offenbar alle Ansprüche, die auf die Verletzung eines dinglichen Rechts gegründet sind, (auch) sachenrechtlich qualifiziert; noch deutlicher Staudinger/*Stoll,* 1996, IntSachenR Rn. 150 f. hinsichtlich der Eingriffskondiktion ua, allerdings noch vor Inkrafttreten von Art. 38.

[191] So vor allem *Lüderitz* in Lauterbach, Vorschläge und Gutachten zur Reform des deutschen internationalen Personen- und Sachenrechts, 1972, 185, 191; Staudinger/*Stoll,* 1996, IntSachenR Rn. 148: Besitzschutz, Staudinger/*Stoll,* 1996, IntSachenR Rn. 155: Eigentumsschutz. Zwar will *Stoll* die lex rei sitae für den Fall berufen, dass im Belegenheitsstaat geklagt wird, Staudinger/*Stoll,* 1996, IntSachenR Rn. 153, doch läuft auch das auf die lex fori hinaus.

[192] Staudinger/*Stoll,* 1996, IntSachenR Rn. 155. Auf den Prozessbezug stellt maßgeblich ab *Lüderitz* in Lauterbach, Vorschläge und Gutachten zur Reform des deutschen internationalen Personen- und Sachenrechts, 1972, 185, 191; dagegen überzeugend etwa *Kondring* IPRax 1993, 371 f.

kehrt.[193] Indessen ist kein Grund ersichtlich, zu einem systemwidrigen Notbehelf zu greifen und die lex fori zu berufen, bevor ein Angleichungsproblem tatsächlich aufgetreten ist.[194] Ob ein solches trotz richtiger Durchführung der funktionellen Qualifikation überhaupt noch auftreten kann, scheint ohnehin zweifelhaft. Denn hat man sich auf der Ebene primärer Qualifikation, dh der Auffindung der richtigen Kollisionsnorm, einmal für das Sachstatut entschieden, sind die funktionsäquivalenten Sachnormen der lex rei sitae unabhängig davon anzuwenden, ob sie innerhalb dieser Rechtsordnung einem anderen Regelungskomplex zugewiesen sind. Zudem spricht gegen die Auffassung, dass sie zu äußerst schwierigen Abgrenzungsproblemen zwischen Rechtsinhalt und Rechtsschutz nötigen würde.

104 **bb) Nebenansprüche.** Insbesondere die Vindikation wird in vielen Rechtsordnungen durch ein **Legalschuldverhältnis** zwischen Eigentümer und Besitzer flankiert, dem eine Reihe wechselseitiger Rechte und Pflichten entspringen. Dass etwa die deutschen Ansprüche auf Nutzungsherausgabe, Schadensersatz und Verwendungsersatz aus §§ 987 ff. BGB nicht selbst als dingliche Rechte qualifiziert werden können, folgt aus ihrer ausschließlich relativen Wirkung. Für diese Ansprüche ist der bisherige Anwendungsbereich der Art. 40 bzw. 43 nach Inkrafttreten der Rom II-VO **durch** Art. 1, 3, 4 und 10 **Rom II-VO abgelöst** worden.[195] Zwar gehört das Legalschuldverhältnis zwischen Eigentümer und Besitzer nicht zu den außervertraglichen Schuldverhältnissen, die in der Rom II-VO ausdrücklich genannt werden. Jedoch hat die Rom II-VO ausweislich ihres Art. 1 Abs. 1 einen umfassenderen Geltungsanspruch hinsichtlich aller außervertraglichen Schuldverhältnisse, die keinem Ausnahmetatbestand unterliegen; zudem lassen sich die Nebenansprüche der Vindikation (meist: Schadensersatz, Nutzungsherausgabe, Verwendungsersatz) funktional durchaus den europäischen Kollisionsnormen für unerlaubte Handlung, Bereicherung und Geschäftsführung zuordnen.[196] Insbesondere bei §§ 989, 990 BGB liegt auch wegen des Verschuldenserfordernisses und der funktionellen Verzahnung mit dem Deliktsrecht eine deliktsrechtliche Qualifikation nahe.[197]

105 Demgegenüber wurden vor Inkrafttreten der Rom II-VO die Ansprüche aus §§ 987 ff. BGB einer **sachenrechtlichen Qualifikation** unterzogen.[198] Dabei wurde teilweise hinsichtlich des Legalschuldverhältnisses die Rechtswahl unter der Bedingung zugelassen, dass das Recht am Lageort dies den Parteien gestattete.[199] Nunmehr würde eine Anknüpfung der Nebenansprüche nach sachenrechtlichen Grundsätzen aber aufgrund der bestehenden Rom II-VO eine Vorlagepflicht – jedenfalls für ein letztinstanzliches Gericht – nach **Art. 267 AEUV** auslösen. Wie der EuGH die Sache entscheiden wird, darf als durchaus offen bezeichnet werden. Entschärft wird das Qualifikationsproblem freilich dadurch, dass in den meisten Fällen auch die Anknüpfung nach der Rom II-VO zur Geltung des Rechts des Ortes führt, an dem die Sache zum Zeitpunkt der Vollendung des betreffenden Tatbestands belegen war.

106 **3. Verhältnis von Einzel- und Gesamtstatut.** Soweit die Vorschriften eines Gesamtstatuts – insbesondere des ehelichen **Güterrechts,** des **Erbrechts** oder des **Gesellschaftsrechts** – einen zweckgerichteten Eingriff in die Güterzuordnung vornehmen,[200] setzen sie sich grundsätzlich durch. Demgemäß findet der vom Erbrecht angeordnete Übergang des Eigentums auf den Erben statt (vgl. Art. 23 Abs. 2 lit. b, e und f EuErbVO), die sich aus dem Güterrecht ergebende Begründung oder Übertragung eines Rechts an Vermögensgegenständen ist wirksam (vgl. Erwägungsgrund 24 S. 1 EuGüVO) usw.[201] Allerdings können dingliche Rechtsfolgen, die nach einem ausländischen Gesamt-

[193] *Stoll* JZ 1995, 786; Staudinger/*Stoll,* 1996, IntSachenR Rn. 155 ff.; zurückhaltender *Stoll* IPRax 2000, 259 (261).

[194] Zutr. → 3. Aufl. 1998, Anh. I Art. 38 Rn. 31 *(Kreuzer);* zu weiteren Argumenten *Kondring* IPRax 1993, 371 (372).

[195] So auch OLG Saarbrücken NZFam 2019, 400 (402); BeckRS 2023, 10639 Rn. 58; BeckOGK/*Prütting/A. Zimmermann* Rn. 130; Grüneberg/*Thorn* Rn. 4; BeckOK BGB/*Spickhoff* Rn. 8; juris-PK-BGB/*Teubel* Rn. 13.

[196] *Finkelmeier,* Qualifikation der Vindikation und des Eigentümer-Besitzer-Verhältnisses, 2016.

[197] OLG Frankfurt WM 1995, 50 (52).

[198] BGHZ 108, 353 (355) = NJW 1990, 242; BGH NJW 1998, 1321; 2009, 2824 Rn. 7; OLG Koblenz RIW 1992, 1019 (1020); OLG Düsseldorf VersR 2000, 460 (461); Staudinger/*Mansel,* 2015, Art. 43 Rn. 609; *Kropholler* IPR § 54 I 3a; *Spickhoff* NJW 1999, 2209 (2214); aA OLG Frankfurt WM 1995, 50 (52); *Ritterhoff,* Parteiautonomie im internationalen Sachenrecht, 1999, 69 f.

[199] Staudinger/*Stoll,* 1996, IntSachenR Rn. 163; zust. BGH NJW 1998, 1321 (1322); *Kropholler* IPR § 54 I 3e; aA Staudinger/*Mansel,* 2015, Rn. 610.

[200] Erman/*Stürner* Rn. 30; *Looschelders* Rn. 40.

[201] Hierzu *Kropholler* IPR § 54 I 3e; *v. Hoffmann/Thorn* IPR § 12 Rn. 26; *v. Bar/Mankowski* IPR I § 7 Rn. 43; *Pfeiffer* IPRax 2000, 270 (271 f.); *Stoll* FS Kropholler, 2008, 247 (259); PWW/*Brinkmann* Rn. 7; Staudinger/*Mansel,* 2015, Rn. 971; *Weber* DNotZ 2016, 659 (667 f.).

statut eingetreten sind, **nicht in Widerspruch zum Sachstatut** geltend gemacht werden.[202] Nur insofern hat der oft formulierte Grundsatz „Einzelstatut geht vor Gesamtstatut"[203] eine Berechtigung. Die **EuErbVO** sieht in Art. 31 (vgl. auch Erwägungsgrund 15–19 EuErbVO) eine **Anpassung dinglicher Rechte** vor, die nach dem Erbstatut bestehen, aber in einem anderen Staat geltend gemacht werden müssen. Soweit erforderlich wird ein unbekanntes Recht[204] an das in der Rechtsordnung des anderen Staates am ehesten vergleichbare Recht angepasst, wobei die mit dem besagten dinglichen Recht verfolgten Zwecke und Interessen und die mit ihnen verbundenen Wirkungen zu berücksichtigen sind. Dieselbe Regelung enthält auch Art. 29 **EuGüVO.** Der Gesetzgeber hat im Übrigen darauf verzichtet, eine entsprechende Regelung, die in Art. 43 Abs. 1 S. 2 Referentenentwurf vom 15.5.1984 noch vorgesehen war, ins Gesetz aufzunehmen.

Letztlich wird man hier ebenso verfahren müssen wie bei dinglichen Rechten, die auf ein **107** ausländisches Sachstatut zurückzuführen sind (näher → Rn. 153 ff.). Dementsprechend entfaltet ein nach ausländischem Erbrecht begründetes **Vindikationslegat** entgegen der deutschen Systemvorstellungen nicht nur schuldrechtliche Wirkung, sondern unmittelbare dingliche Wirkung, wie der EuGH in der Rechtssache **Kubicka** entschieden hat.[205] Eine Gemeinschaft von Miteigentümern nach dem niederländischen Recht der gesetzlichen **Gütergemeinschaft** kann mit einem entsprechenden Hinweis ins Grundbuch eingetragen werden.[206] Dinglich wirkende Verfügungsbeschränkungen eines oder beider Ehegatten an im Bundesgebiet belegenen Gegenständen sind in der Regel anzuerkennen.[207] Dass der **Legalnießbrauch** des überlebenden Ehegatten nach spanischem Recht nicht zur Erbscheinserteilung führt, liegt richtigerweise nicht am deutschen Sachenrecht und an dessen Spezialitätsprinzip,[208] sondern an genuin erbrechtlichen Erwägungen.

C. Verweisung

I. Anknüpfung

1. Sache. Bezugspunkt der Anknüpfung ist stets die Sache, an der das fragliche dingliche Recht **108** bestehen soll. Ihre Individualisierung bereitet im Allgemeinen keine Probleme. In Fällen dinglicher Surrogation ist zu differenzieren: Bezieht sich die Rechtsfrage auf das ursprüngliche Rechtsobjekt, kommt es auf dessen Lageort an, bezieht sie sich dagegen auf das Surrogat, ist folgerichtig auf den Lageort des Surrogats abzustellen.[209]

2. Physischer Lageort. a) Territoriale Zuordnung. Angeknüpft wird bei Art. 43 Abs. 1 an **109** den physischen Lageort. Sofern eine Sache eine wenigstens mittelbare **Berührung zum Erdboden** hat, entscheidet die territoriale Zuordnung des Lageorts zu einem bestimmten Staatsgebiet. Verläuft die Staatsgrenze ausnahmsweise durch ein Grundstück hindurch, dürfte hinsichtlich jedes Grundstücksteils ein gesondertes Sachstatut zu ermitteln und dürften etwaige Normwidersprüche durch Angleichung zu lösen sein. Schwierig ist die Frage nach dem Lageort von Pipelines, Überseekabeln ua, die ggf. durch eine ganze Reihe von Territorien und sogar durch staatsfreies Gebiet verlaufen können. Aus einer Andeutung in Art. 114 SRÜ,[210] der auf Personen abstellt, die der Gerichtsbarkeit eines Mitgliedstaats unterstehen und Eigentümer eines Kabels oder einer Rohrleitung sind, könnte geschlossen werden, dass das Niederlassungsrecht des Betreibers gilt.[211] Das erscheint zwar kühn, ist

---

[202] *Kegel/Schurig* IPR § 19 II, S. 770; *Looschelders,* Die Anpassung im internationalen Privatrecht, 1995, 405 ff.: „Kontroll-Funktion des Einzelstatuts"; Staudinger/*Mansel,* 2015, Rn. 975. Zur Frage, ob die Anpassung zugunsten jedes Sachstatuts oder nur des Belegenheitsrechts zu erfolgen hat, s. einerseits *Mansel* FS Coester-Waltjen, 2015, 587 (594); andererseits NK-BGB/*Looschelders* EuErbVO Art. 31 Rn. 3 ff. bei B I.

[203] Vgl. etwa *Pfeiffer* IPRax 2000, 270 (271); *Kreuzer* RabelsZ 65 (2001), 383 (438); *Siehr* IPR § 38 IV 3, 274; *Thoms,* Einzelstatut bricht Gesamtstatut, 1994.

[204] Zum Streit bzgl. der Reichweite vgl. Grüneberg/*Thorn* EuErbVO Art. 31 Rn. 2; dieser Streit wurde nunmehr vum EuGH zugunsten einer engen Auslegung des Art. 1 Abs. 2 lit. k EuErbVO entschieden, vgl. EuGH EU:C:2017:755 = IPRax 2019, 58 – Kubicka.

[205] EuGH BeckRS 2017, 127607 – Kubicka; *Tereszkiewicz/Wysocka-Bar* GPR 2018, 100; *Leitzen* ZEV 2018, 311; *Rupp* EPLJ 2018, 267 (286 ff.).

[206] *Stoll* IPRax 2000, 259 (260).

[207] OLG Hamm IPRspr. 1964/65 Nr. 298; OLG Köln IPRspr. 1971 Nr. 52.

[208] So aber wohl OLG Nürnberg ZEV 2016, 510 Rn. 71 unter Berufung auf BayObLGZ 1995, 366 Rn. 47.

[209] Zust. Staudinger/*Mansel,* 2015, Rn. 384.

[210] Seerechtsübereinkommen der Vereinten Nationen vom 10.12.1982, BGBl. 1994 II 1798, ABl. EG 1998 L 179, 1.

[211] So → 3. Aufl. 1998, Anh. I Art. 38 Rn. 206 *(Kreuzer)* hinsichtlich des fast gleichlautenden Art. 28 HSÜbk (Übereinkommen über die Hohe See vom 29.4.1958, BGBl. 1972 II 1091).

im Ergebnis für Überseekabel und -rohrleitungen aber sachgerecht.[212] Bei Überlandkabeln und -rohrleitungen wird man dagegen für jeden Abschnitt gesonderte Sachstatute ermitteln und Normwidersprüche durch Angleichung lösen müssen.[213] Praktisch wird die Frage allerdings kaum relevant werden, da grenzüberschreitende Pipeline-Projekte für gewöhnlich auf der Grundlage gesonderter zwischenstaatlicher Abkommen erfolgen, in denen die Eigentumsfrage oder das anwendbare Recht dann unmittelbar geregelt ist.[214]

110 Befindet sich die Sache in einem Binnengewässer, das vom Territorium eines Staates umschlossen wird, ist dieser Staat maßgeblich. Verläuft die Staatsgrenze – wie sehr oft – durch ein Binnengewässer hindurch, kommt es auf die territoriale Zuordnung des betreffenden Gewässerteils an. Ähnlich ist auch **auf See** darauf abzustellen, ob die Sache sich in den Küsten- oder Territorialgewässern eines Staates befindet:[215] Ist die Sache auf **staatsfreiem Gebiet** lokalisiert oder ist **nicht zu ermitteln,** auf welchem Territorium sich die Sache zum fraglichen Zeitpunkt befand, sollte auf den nächstfolgenden ermittelbaren Lageort bzw. Lageort auf staatlichem Territorium abgestellt werden:[216] Diese Lösung kommt der gesetzlichen Regelung so nahe wie möglich, und im Vergleich zu der Alternative, auf den vorhergehenden Lageort abzustellen, bietet sie den Vorteil, dass ein weiterer Statutenwechsel mit den damit verbundenen Problemen erspart bleibt. Nur soweit das zu einer ganz sachfernen Rechtsordnung führt, sollte analog Art. 46 das Recht des Staates gelten, mit dem die Sache am engsten verbunden ist. Für Wasserfahrzeuge wird freilich meist ohnehin die besondere Anknüpfung nach Art. 45 Abs. 1 eingreifen (Ausnahme: Rangfolge von Sicherungsrechten, Art. 45 Abs. 2 S. 2), und für sachenrechtliche Vorgänge an Bord gelten eigene Regeln (→ Rn. 113 ff.).

111 Die gleichen Grundsätze finden auch für den **Luftraum** Anwendung: Soweit der Luftraum einem Staat als Hoheitsgebiet zugewiesen ist, muss als Lageort dieser Staat angesehen werden. Anderenfalls, bzw. wenn die Sache nicht mehr genau lokalisiert werden kann, sollte auf den nächsten ermittelbaren bzw. einem Staat zugeordneten Luftraum abgestellt werden, den die Sache passiert, hilfsweise auf die engste Verbindung. Freilich gelten auch hier meist vorrangig die besondere Anknüpfung nach Art. 45 Abs. 1 für Luftfahrzeuge (Ausnahme: Rangfolge von Sicherungsrechten, Art. 45 Abs. 2 S. 2) und die Regeln für sachenrechtliche Vorgänge an Bord (→ Rn. 113 ff.).

112 Hinsichtlich des **Weltraums** ist zu beachten, dass gem. Art. VIII WeltrV[217] ein Vertragsstaat, in dem ein in den Weltraum gestarteter Gegenstand registriert ist, die Hoheitsgewalt und Kontrolle über diesen Gegenstand behält und dass das Eigentum an in den Weltraum gestarteten Gegenständen einschließlich der auf einem Himmelskörper gelandeten oder zusammengebauten Gegenstände durch den Aufenthalt im Weltraum nicht berührt wird. Daher kommt es insoweit auf den Staat der Registrierung an.

113 **b) Sachenrechtliche Vorgänge an Bord.** Bei sachenrechtlichen Vorgängen an Bord eines Schiffes oder Flugzeugs muss differenziert werden: Solange das **Flugzeug am Boden oder das Schiff im Hafen** belegen ist, ist Lageort ausschließlich der Staat, auf dessen Territorium sich das Fahrzeug befindet.[218] Insoweit kann nichts anderes gelten als bei anderen Sachen, die eine feste Berührung mit dem Erdboden haben. Auch bei **reinem Binnenverkehr** sollte der Staat als Lageort angesehen werden, auf dessen Gewässern bzw. in dessen Luftraum der Verkehr stattfindet.[219]

114 Sobald sich das **Flugzeug in der Luft oder das Schiff auf hoher See** befindet, erscheint ein Abstellen auf das überflogene bzw. durchkreuzte Territorium aber nicht mehr sinnvoll. Anders als bei Objekten, die sich selbständig in der Luft oder auf einem Gewässer befinden, existiert hier eine

---

[212] AA BeckOGK/*Prütting/A. Zimmermann* Rn. 114: für Teile der Leitung, die sich auf staatsfreiem Gebiet befinden, Anknüpfung an das Recht des Staates, auf dessen Gebiet sich der größte (nicht hoheitsgebietsfreie) Teil der Leitung belegen ist, im Übrigen Art. 43.

[213] AA Staudinger/*Mansel,* 2015, Rn. 432, der als Belegenheitsstaat den Staat heranzieht, auf dem der längste Abschnitt der Leitung liegt.

[214] ZB Euro-Pipe-Abkommen – Abkommen vom 20.4.1993 zwischen der Bundesrepublik Deutschland und dem Königreich Norwegen über den Transport von Gas durch eine Rohrleitung vom norwegischen Festlandsockel und anderen Gebieten in die Bundesrepublik Deutschland, BGBl. 1994 II 590, das in Art. 4 Euro-Pipe-Abkommen Vereinbarungen über das anwendbare Recht enthält.

[215] Zur besonderen Problematik bei Offshore-Windenergieanlagen *Dinger/Goldner* ZBB 2009, 204 ff.; *Gottschall,* Die Besicherung von Offshore-Windkraftanlagen, 2011; *Reichert-Facilides* WM 2011, 1544 ff.; *Schulz,* Haftung und Versicherung beim Betreiben von Windenergieanlagen, 2020, 38-57.

[216] AA BeckOK BGB/*Spickhoff* Rn. 6: Analogie zu Art. 46; ebenso Staudinger/*Mansel,* 2015, Rn. 410; *Schulz,* Haftung und Versicherung beim Betreiben von Windenergieanlagen, 2020, 55 Fn. 116, 57 will auf das Recht des Staates abstellen, der den Betrieb der Anlage genehmigt hat.

[217] Vertrag vom 27.1.1967 über die Grundsätze zur Regelung der Tätigkeiten von Staaten bei der Erforschung und Nutzung des Weltraums einschließlich des Mondes und anderer Himmelskörper, BGBl. 1969 II 1967.

[218] Staudinger/*Mansel,* 2015, Rn. 437; BeckOK BGB/*Spickhoff* Rn. 6.

[219] AA Staudinger/*Mansel,* 2015, Rn. 439.

alternative Möglichkeit zur Bestimmung des Lageorts, die im Interesse der einfachen Erkennbarkeit für alle Beteiligten und der Beweisbarkeit auch genutzt werden sollte. Die hM stellt daher zutreffend auf die **Flagge bzw. das Hoheitszeichen** ab.[220] Zwar muss das Flaggenrecht nicht mit dem Herkunftsrecht nach Art. 45 Abs. 1 übereinstimmen (→ Art. 45 Rn. 50). Es ist aber für die an Bord Anwesenden, die von sachenrechtlichen Vorgängen in erster Linie betroffen sind, leichter erkennbar und entspricht eher den Erwartungen als etwa das Registerrecht.

II. Maßgeblicher Zeitpunkt

Für die Anknüpfung der Rechtsfragen, die dem Sachstatut unterstehen (→ Rn. 78 ff.), kommt es grundsätzlich auf den Zeitpunkt an, zu dem die konkret **infrage stehende Rechtsfolge** – etwa die Entstehung, die Übertragung oder der Untergang eines dinglichen Rechts oder das Auftreten einer ihm entspringenden Wirkung – eingetreten ist bzw. eingetreten sein könnte.[221] Von Art. 43 Abs. 1 berufen ist mithin das Recht des Staates, in dessen Gebiet sich die Sache zu diesem Zeitpunkt gerade befindet. 115

Die Anknüpfung an den Lageort einer Sache zum jeweiligen Betrachtungszeitpunkt hat zur Konsequenz, dass durch die bloße Verbringung in ein anderes Staatsgebiet ein **Statutenwechsel** eintritt. Die Rechte an der Sache bestimmen sich von dem entsprechenden Zeitpunkt an nach dem Recht, das am neuen Lageort gilt bzw. das nunmehr am Lageort gilt. Der Statutenwechsel gehört zu den schwierigsten Fragen des internationalen Sachenrechts. Zu den mit ihm verbundenen Fragen und Problemen eingehend (→ Rn. 124 ff.). 116

III. Umfang der Verweisung

Rück- und Weiterverweisung durch das Kollisionsrecht der lex rei sitae sind nach dem Grundsatz des Art. 4 Abs. 1 S. 1 zu beachten.[222] Art. 43 Abs. 1 stellt somit eine **Kollisionsnormverweisung** dar, so dass das am Lageort zum maßgeblichen Zeitpunkt geltende IPR zu befragen ist. Soweit in den ausländischen Kollisionsnormen eine unterschiedliche Anknüpfung für bewegliche und unbewegliche Sachen vorgesehen ist, ist die Differenzierung zwischen beiden aus der Sicht des betreffenden ausländischen Rechts vorzunehmen.[223] 117

Bei Rechten an Grundstücken ist die Anknüpfung an den Lageort international allerdings so weit verbreitet, dass ein renvoi praktisch nie in Betracht kommt.[224] Etwas anders ist dies bei beweglichen Sachen. Zwar ist auch hier die Situs-Regel **international üblich,** jedoch finden sich für eine Reihe von Fallgruppen (internationale Verkehrsgeschäfte, Verfügungen über res in transitu, sachenrechtlicher Schutz des Leasinggebers, Verfügung über Kulturgüter usw) durchaus auch Ausnahmen. Wenn in Darstellungen des internationalen Sachenrechts das Sachstatut für gewöhnlich mit dem Belegenheitsrecht gleichgesetzt wird, ist das also etwas verkürzt. 118

Im Wege eines renvoi kann den Parteien sogar die Rechtswahl eröffnet sein, sofern das Sachstatut eine solche gestattet.[225] Obgleich sich der deutsche Gesetzgeber im Interesse des Verkehrsschutzes bewusst gegen die Einführung einer Rechtswahlmöglichkeit entschieden hat, ist diese Entscheidung nicht Bestandteil des deutschen ordre public. Schwierigkeiten treten auf, wenn die Rechtswahl nur Wirkungen inter partes zeigt (zB Art. 104 Abs. 2 IPRG Schweiz): Es kommt dann letztlich – unabhängig von der Spaltung in Rechtsbestandsstatut und Rechtswirkungsstatut (→ Rn. 127 ff.) – zu einer **Spaltung** des Sachstatuts in ein Binnensachstatut und ein Außensachstatut. Auch ist denkbar, dass ein renvoi nur hinsichtlich der Wirkungen von Altrechten, dh nur hinsichtlich des Rechtswirkungsstatuts angeordnet ist, womit eine weitere Spaltung des Sachstatuts entstehen kann. 119

IV. Einzelfragen

1. Anknüpfung von Vorfragen. Zu den Vorfragen im Sinne präjudizieller Rechtsverhältnisse im Tatbestand der berufenen Sachnormen (→ Einl. IPR Rn. 148 ff.), die im internationalen Sachen- 120

---

220 Staudinger/*Mansel,* 2015, Rn. 440; Erman/*Stürner* Rn. 12; BeckOK BGB/*Spickhoff* Rn. 6.

221 BT-Drs. 14/343, 15; BGHZ 39, 173 (174) = NJW 1963, 1200; BGHZ 45, 95 (99 f.) = NJW 1966, 879; BGH WM 2009, 1484 zur Situation beim Versendungskauf; Staudinger/*Mansel,* 2015, Art. 43 Rn. 444; *Wagner* IPRax 1998, 429 (435); *Junker* RIW 2000, 241 (251); OLG München BeckRS 2022, 5989 Rn. 13; ähnlich – Vollendung des sachenrechtlichen Tatbestands – *v. Hoffmann/Thorn* IPR § 12 Rn. 7; Vollendung des zu Grunde liegenden Sachverhalts: NK-BGB/*v. Plehwe* Rn. 26; PWW/*Brinkmann* Rn. 5.

222 Grüneberg/*Thorn* Rn. 1; Erman/*Stürner* Rn. 4; *Pfeiffer* IPRax 2000, 270 (271); PWW/*Brinkmann* Rn. 5; Staudinger/*Mansel,* 2015, Rn. 1146.

223 Grüneberg/*Thorn* Rn. 1; Grüneberg/*Thorn* Vor Art. 3 Rn. 28; Erman/*Stürner* Rn. 7.

224 *Pfeiffer* IPRax 2000, 270 (271).

225 Staudinger/*Mansel,* 2015, Art. 43 Rn. 1154.

recht relevant werden können, ist bereits in ihrem jeweiligen Kontext Stellung genommen worden. Das betrifft im Einzelnen die Frage nach der Wirksamkeit des **Kausalgeschäfts,** sofern dies nach dem anwendbaren Recht über den dinglichen Rechtsübergang mitentscheidet (→ Rn. 86), die Frage nach der Wirksamkeit von **Traditionssurrogaten** (→ Rn. 87) und die Frage nach dem Bestand der **gesicherten Forderung,** wenn das betreffende dingliche Sicherungsrecht akzessorisch ausgestaltet ist und daher die Forderung voraussetzt (→ Rn. 88).

121 **2. Unteranknüpfung bei Mehrrechtsstaaten.** Wird auf das Recht eines Staates mit mehreren Teilrechtsordnungen verwiesen, bedarf es bei der Anknüpfung nach Art. 43 Abs. 1 einer weiteren Unteranknüpfung nicht, weil die maßgebliche Teilrechtsordnung – entgegen dem Anschein, den die vom Gesetzgeber gewählte Formulierung erweckt[226] – durch den Lageort **konkret bezeichnet** wird (vgl. Art. 4 Abs. 3 S. 1).

122 **3. Gutglaubensschutz.** Da die Belegenheit einer Sache über das anwendbare Sachenrecht und damit auch über die Wirksamkeit sachenrechtlicher Vorgänge entscheidet, kann sich bei Irrtümern über die tatsächliche Belegenheit der Sache die Frage stellen, ob Gutgläubige in ihrem Vertrauen auf die Anwendbarkeit einer bestimmten Rechtsordnung geschützt werden. Das ist **abzulehnen,** weil die Orientierung an den subjektiven Vorstellungen einer bestimmten Person dem internationalen Sachenrecht fremd ist.[227]

123 **4. Ordre public.** Der Vorbehalt des ordre public nach Art. 6 ist wie stets zu beachten, wird aber den nach Art. 43 Abs. 1 berufenen Sachvorschriften nur **sehr selten** entgegenstehen.[228] Das liegt daran, dass bei hinreichendem Inlandsbezug meist ohnehin deutsches Sachenrecht entweder unmittelbar anwendbar ist oder zumindest mittelbar dadurch zum Zuge kommt, dass fremde dingliche Rechte laut Art. 43 Abs. 2 nicht im Widerspruch zur deutschen Rechtsordnung ausgeübt werden können (näher → Rn. 153 ff.). Kein Verstoß ist etwa die Ermöglichung gutgläubigen Erwerbs gestohlener Sachen.[229] Denkbare verbleibende Anwendungsfälle wären Heimfallrechte oder der weitgehende Ausschluss von Privateigentum, wenn diese vor dem Hintergrund von Art. 14 GG untragbar erscheinen.

D. Statutenwechsel

I. Bedeutung eines Statutenwechsels im Sachenrecht

124 **1. Problemstellung.** Die Anknüpfung an den Lageort einer Sache hat zur Konsequenz, dass durch die bloße Verbringung der Sache in ein anderes Staatsgebiet, dh durch tatsächliche Änderung des Anknüpfungsgrundes (→ Einl. IPR Rn. 78 ff.), oder durch eine Änderung der territorialen Verhältnisse am Lageort (→ Einl. IPR Rn. 51 ff.) ein **Statutenwechsel** eintritt. Die Rechte an der Sache bestimmen sich von dem entsprechenden Zeitpunkt an nach dem Recht, das am neuen Lageort gilt bzw. das nunmehr am Lageort gilt. Ob die Veränderung des Lageorts rechtmäßig oder rechtswidrig herbeigeführt wurde, ist unerheblich,[230] und ebenso der Umstand, dass die Sache sich am Lageort nur vorübergehend oder nur zufällig befindet. Freilich können solche Punkte dafür sprechen, ausnahmsweise gem. Art. 46 von der Regelanknüpfung abzuweichen (→ Art. 46 Rn. 14).

125 Bei einem Statutenwechsel kann allerdings das neue Sachstatut die dingliche Rechtslage nicht ohne einen Blick in die Vergangenheit beantworten.[231] Vielmehr findet es die Sache bereits mit einer bestimmten sachenrechtlichen Prägung vor, die diese unter der Geltung früherer Sachstatute bekommen hat („Prägungstheorie").[232] Dass an der Sache bestehende dingliche Rechte den Statutenwechsel grundsätzlich überdauern müssen, folgt aus dem Gebot vom **Schutz wohlerworbener**

---

226 Krit. *Kreuzer* RabelsZ 65 (2001), 439 (442).

227 Vgl. *Grolimund,* Vertrauensanknüpfung im Internationalen Privat- und Zivilverfahrensrecht, 2008, 213, 370 ff., 460.

228 Staudinger/*Mansel,* 2015, Rn. 1156.

229 *v. Caemmerer* FS Zepos, 1973, 25 (26).

230 BGH NJW-RR 2010, 983 Rn. 21; Grüneberg/*Thorn* Rn. 5; Erman/*Stürner* Rn. 12; *Kreuzer* RabelsZ 65 (2001), 439 (444).

231 Illustrativ zur chronologischen Vorgehensweise *Siehr* IPR § 38 II 1, 270.

232 Ganz hM, vgl. nur etwa BGHZ 39, 173 (176 f.) = NJW 1963, 1200; BGHZ 45, 95 (97) = NJW 1966, 879; BGHZ 100, 321 (326) = NJW 1987, 3077; BGH NJW 1991, 1415 (1416); OLG Schleswig NJW 1989, 3105; OLG Köln IPRax 1990, 46. Der Begriff der „Prägung" findet sich erstmals bei *Lewald,* Das deutsche internationale Privatrecht auf Grundlage der Rechtsprechung, 1931, 184 ff.

Rechte im IPR[233] sowie aus einer Reihe weiterer Rechtsprinzipien einschließlich der auf das IPR ausstrahlenden Grundrechte nationaler und europäischer Herkunft. Auf der anderen Seite folgt aber aus der Berufung eines neuen Sachstatuts sowie allgemeiner aus dem Gebot des **Verkehrsschutzes,** dass das neue Belegenheitsrecht fortan über das sachenrechtliche Schicksal entscheidet und dabei auch zu durchaus anderen Rechtsfolgen gelangen kann als das vormals geltende Sachstatut. Zur Auflösung dieses potenziellen Spannungsverhältnisses bieten sich zwei unterschiedliche Modelle an.

2. Theorien zum Statutenwechsel. a) Theorie vom einheitlichen Sachstatut. Zunächst einmal wäre es denkbar, dass die Abwägung der unterschiedlichen Prinzipien ausschließlich durch das neue Belegenheitsrecht erfolgt. Das würde bedeuten, dass das neue Belegenheitsrecht berufen ist, die sachenrechtliche Lage **umfassend selbst zu interpretieren.** Insbesondere der Schutz wohlerworbener Rechte und die Gewährleistung hinreichenden Verkehrsschutzes lägen danach allein in der Entscheidung dieser Rechtsordnung. Sie könnte prinzipiell auch solche Vorgänge, die sich noch auf fremdem Territorium ereignet haben, bzw. solche Rechtsfolgen, die noch unter der Geltung eines anderen Sachstatuts eingetreten sind, gleichsam wieder „aufrollen", also beispielsweise die Eigentumslage an einer bestimmten Sache völlig neu ordnen. Inwieweit das neue Belegenheitsrecht von dieser Möglichkeit Gebrauch macht, würde sich nach seinem eigenen Verweisungsrecht (zum Grundsatz der Gesamtverweisung → Rn. 117 ff.) oder nach geschriebenen oder ungeschriebenen materiellrechtlichen Regeln bestimmen. Der Umstand, dass die meisten Rechtsordnungen offenbar auf ein Wiederaufrollen abgeschlossener Vorgänge verzichten, wäre danach nichts als ein Zeichen, dass sie dem Bestandsschutz großes Gewicht beimessen. Er würde nichts daran ändern, dass das neue Sachstatut prinzipiell auf eine mögliche „Re-Interpretation" von in der Vergangenheit liegenden Vorgängen geprüft werden muss. Eine Grenze für eine rückwirkende Neuordnung der dinglichen Rechtslage durch das neue Belegenheitsrecht wäre nur durch den allgemeinen **ordre public** (Art. 6) oder eine spezielle Ausprägung desselben[234] gezogen. 126

b) Theorie vom gespaltenen Sachstatut. Nach der alternativen Interpretation, der sich auch der BGH angeschlossen hat,[235] ist die Verweisung auf das Belegenheitsrecht nur eine **zeitlich begrenzte Verweisung.** Danach sei das neue Sachstatut von vornherein nur zur Beurteilung solcher Vorgänge berufen, die sich nach dem Statutenwechsel ereignet hätten, bzw. zur Beurteilung solcher Wirkungen, die sich nach dem Statutenwechsel entfalteten, während im Übrigen das alte Sachstatut berufen bliebe. Zwar müsse man es dem neuen Sachstatut möglicherweise zugestehen, bestimmte noch offene sachenrechtliche Tatbestände unter seiner Herrschaft zur Vollendung zu führen (qualifizierter Statutenwechsel Typ O-O und O-G, → Rn. 143 f., → Rn. 166 ff.). So könne etwa die zwischen den Parteien erfolgte dingliche Einigung auch dann noch zu berücksichtigen sein und mit der Übergabe den Übergang des Eigentums bewirken, wenn sie vor dem Statutenwechsel erfolge. Ein Wiederaufrollen vor dem Statutenwechsel abgeschlossener Vorgänge, etwa die Neubewertung der Eigentumslage ohne Hinzutreten eines weiteren sachenrechtlich relevanten Vorgangs, bliebe dem neuen Sachstatut aber schon deswegen verwehrt, weil es für deren Beurteilung schlicht unzuständig sei. Es kommt damit zu einer temporalen und sachlichen **Spaltung des Sachstatuts.**[236] Das Recht am neuen Lageort der Sache ist nur für einen Teil der dem Sachstatut unterfallenden Rechtsfragen berufen, und nur hinsichtlich dieses Teils ist das Sachstatut wirklich wandelbar. Dagegen bleibt das Recht am alten Lageort unwandelbar berufen, über die vor dem Statutenwechsel eingetretenen Rechtsänderungen zu befinden. 127

3. Argumente für eine Spaltung des Sachstatuts. a) Argument aus Art. 43 Abs. 2. Der gesetzgeberischen Konzeption wird viel eher die Theorie vom gespaltenen Sachstatut gerecht, was auch den Gesetzesmaterialien recht eindeutig zu entnehmen ist.[237] Denn wäre allein das neue Belegenheitsrecht für die Beurteilung selbst abgeschlossener Vorgänge zuständig, wäre jede weitere Aussage, die etwa Art. 43 Abs. 2 zur Wirkung alter Rechte im neuen rechtlichen Umfeld macht, letztlich eine **Einmischung** in die Domäne des nunmehr berufenen Sachenrechts. Ist das berufene Sachenrecht deutsches Recht, stellt das kein weiteres Problem dar, weil der Gesetzgeber nicht gehindert ist, gewisse materiellrechtliche Regelungen auch in den Art. 3–46 zu treffen und sich das bei entsprechend engem sachlichem Zusammenhang mit echten kollisionsrechtlichen Aussagen sogar 128

233 *v. Caemmerer* FS Zepos, 1973, 25 (30); *Pfeiffer* IPRax 2000, 270 (272); *Siehr* IPR § 38 II 2, 271; *v. Hoffmann/Thorn* IPR § 12 Rn. 30.

234 Zur Interpretation von Art. 43 Abs. 2 als spezieller ordre public-Vorbehalt *U. Ernst,* Mobiliarsicherheiten in Deutschland und Polen, 2005, 281 f.

235 BGH NJW-RR 2010, 983 Rn. 21.

236 Zutr. *Looschelders* Rn. 48; vgl. schon *Looschelders,* Die Anpassung im internationalen Privatrecht, 1995, 263 ff.; nunmehr auch BeckOGK/*Prütting/A. Zimmermann* Rn. 166.

237 RegE, BT-Drs. 14/343, 16.

anbieten wird. Ist das berufene Sachenrecht dagegen das Recht eines anderen Staates, bedeutete Art. 43 Abs. 2 eine potenzielle Korrektur der von diesem Recht erzielten Ergebnisse und damit entweder eine spezielle Ausprägung des ordre public-Vorbehalts[238] oder eine in Art. 43 Abs. 2 selbst enthaltene, sonderanzuknüpfende Eingriffsnorm. Eine solche Deutung wäre zwar nicht schlechthin ausgeschlossen, würde Art. 43 Abs. 2 aber doch zu einem systemwidrigen Fremdkörper im IPR machen. Denn gerade dann, wenn das neue Sachstatut eine ausländische Rechtsordnung ist, besteht für das deutsche Recht wenig Veranlassung, sich an deren Stelle zum Hüter der in ihrem Geltungsbereich bestehenden Verkehrsinteressen zu machen: Ein solcher „paternalistischer" Ansatz ist dem deutschen IPR ganz und gar fremd.

129 Bei einer Deutung, wonach das neue Belegenheitsrecht von vornherein nur für nach dem Statutenwechsel eintretende Rechtsfolgen berufen ist, ist dagegen nicht die Fortwirkung „alter" Rechtspositionen begründungsbedürftig, sondern im Gegenteil die **Modifizierung ihrer Wirkungen** durch das neue Belegenheitsrecht. Art. 43 Abs. 2 ist bei dieser Deutung daher eine überaus sinnvolle und unentbehrliche Vorschrift, macht doch erst sie deutlich, dass das neue Belegenheitsrecht hinsichtlich der Wirkungen „alter" Rechtspositionen ein Wort mitzureden hat und solche Wirkungen, die es mit der eigenen Sachenrechtsordnung für unvereinbar hält, nicht unterstützen muss.

130 **b) Argument aus Art. 43 Abs. 3.** Auch Art. 43 Abs. 3 lässt sich mit einem temporal gespaltenen Sachstatut weitaus einfacher erklären. Soweit die Vorschrift noch offene Tatbestände regeln soll, also etwa die Vollendung einer im Ausland **begonnenen Ersitzungsfrist** (zu den „Ersitzungsfällen" eingehend → Rn. 166 ff.), überzeugt die materiellrechtliche Deutung kaum, ist doch der Ort, an dem Einigung, Übergabe oder andere relevante Teilschritte vorgenommen worden sind, auch sonst für die Erfüllung sachenrechtlicher Tatbestände des deutschen materiellen Rechts irrelevant. Art. 43 Abs. 3 wäre daher eine überflüssige Norm, die im Gegenteil zu allerlei fehlgehenden Schlüssen e contrario Anlass geben könnte. Soweit Art. 43 Abs. 3 über seinen Wortlaut hinaus auch dazu dienen sollte, beispielsweise einen im Ausland an Formerfordernissen endgültig **gescheiterten Eigentumsvorbehalt** aufleben zu lassen (zu diesen „Strickmaschinenfällen" eingehend → Rn. 172 ff.), handelte es sich um eine Norm des materiellen deutschen Sachenrechts.[239] Sie würde für bestimmte Situationen ein „Wiederaufrollen" der sachenrechtlichen Lage anordnen, allerdings mit einer durchaus ungewöhnlichen Regelungstechnik: Ginge es um einen materiellrechtlichen Normbefehl, hätte es weitaus näher gelegen, die Wirksamkeit des Eigentumsvorbehalts usw für den Fall, dass die Voraussetzungen deutschen Sachenrechts erfüllt wären, schlicht anzuordnen. Im Übrigen würde sich bei dieser Deutung sofort die Frage stellen, ob Art. 43 Abs. 3 abschließend ist oder ob auch in anderen Fällen ein „Wiederaufrollen" abgeschlossener Vorgänge stattfindet.

131 Dagegen wird der – insgesamt eher missglückte (→ Rn. 174 ff.) – Art. 43 Abs. 3 zu einer sinnvollen Vorschrift, liest man ihn vor dem Hintergrund eines zeitlich gespaltenen Sachstatuts. Danach würde durch die Fiktion eines Inlandstatbestands bei bestimmten Erwerbsvorgängen auf den gesamten Vorgang **rückwirkend deutsches Recht anwendbar.**

132 **c) Praktikabilitätsargument.** Über die Argumente hinaus, die mithilfe einer Auslegung von Art. 43 Abs. 2 und 3 gewonnen wurden, spricht für das gespaltene Sachstatut auch ein Argument der Praktikabilität. Die hier bevorzugte Lösung liegt allein auf der Ebene des deutschen Kollisionsrechts, das damit alle Entscheidungen gleichsam in der Hand behält. Ist aktuelles Sachstatut eine ausländische Rechtsordnung, so muss diese nicht daraufhin überprüft werden, ob sie in der Vergangenheit unter Geltung eines anderen Sachstatuts abgeschlossene Vorgänge wieder aufrollen will oder nicht – eine Frage, zu der sich ausdrückliche Aussagen wohl nur in den wenigsten Fällen finden lassen und die daher am Ende doch wieder mit der Vermutung gelöst werden muss, dass die meisten Rechtsordnungen auf eine völlige Neubewertung abgeschlossener Vorgänge verzichten werden.

133 **4. Konsequenz: Rechtsbestandsstatut und Rechtswirkungsstatut. a) Rechtsbestandsstatut.** Nach dem Gesagten existiert bei genauem Hinsehen – in Bezug auf ein bestimmtes dingliches Recht – kein einheitliches, als solches wandelbares Sachstatut, sondern jedenfalls ein **unwandelbares** Rechtsbestandsstatut als diejenige Rechtsordnung, die über den Eintritt einer bestimmten, historisch individualisierten Änderung in der dinglichen Rechtslage zu befinden hat.[240] Die Änderung der

[238] *U. Ernst,* Mobiliarsicherheiten in Deutschland und Polen, 2005, 281 f.

[239] Vgl. *Schurig* FS Stoll, 2001, 577.

[240] BGH NJW-RR 2010, 983 Rn. 21; ähnlich *Jayme* FS Serick, 1992, 241 (244); *Looschelders* Rn. 48 spricht stattdessen vom „Entstehungsstatut". Zwar ist die Entstehung eines dinglichen Rechts der häufigste und wichtigste Fall, jedoch gibt es auch Änderungen der dinglichen Rechtslage, die sich nicht als Entstehung eines dinglichen Rechts darstellen, sondern als Erlöschen oder als Inhaltsänderung. Daher wird hier der etwas weitere – aber natürlich auch nicht optimale – Begriff des „Bestands" gewählt; *Rakob,* Ausländische Mobiliarsicherungsrechte im Inland, 2001, 2 mwN: „Begründungsstatut".

dinglichen Rechtslage kann sich in dem Entstehen, der Inhaltsänderung, der Übertragung oder dem Erlöschen eines dinglichen Rechts äußern, wobei jedem Rechtserwerb einer Person typischerweise ein entsprechender Rechtsverlust einer anderen Person gegenübersteht. Maßgeblicher Zeitpunkt für die Anknüpfung des Rechtsbestandsstatuts ist der **Zeitpunkt der Erfüllung des letzten Merkmals** des für die Rechtsänderung verantwortlichen sachenrechtlichen Tatbestands.[241]

Das gilt im Interesse des Verkehrsschutzes am Lageort auch für den Erwerb vom Nichtberechtig- **134**
ten.[242] Zwar wird für die **Genehmigung** einer an sich unwirksamen Verfügung eines Nichtberechtigten durch den Berechtigten vertreten, dass diese als sog. Hilfsgeschäft regelmäßig dem Statut des genehmigungsbedürftigen Hauptgeschäfts unterliege und daher das alte Sachstatut auch nach einem Statutenwechsel noch über die Genehmigung entscheiden müsse.[243] Dem ist jedoch zu widersprechen: Zwar wirkt die Genehmigung vielfach zurück (so auch im deutschen Recht, vgl. § 184 Abs. 1 BGB), doch wäre es mit den Verkehrsschutzinteressen im neuen Belegenheitsstaat schwerlich vereinbar, allein durch Genehmigung früherer Verfügungen die dingliche Rechtslage neu zu ordnen, wenn das neue Belegenheitsrecht eine solche Genehmigung nicht zulassen würde. Umgekehrt kommt aber eine Genehmigung nach dem neuen Belegenheitsrecht nicht in Betracht, wenn das alte Sachstatut eine solche nicht kannte und daher bereits ein negativ abgeschlossener Tatbestand vorlag („nein" bleibt „nein" → Rn. 140, → Rn. 148).

b) Rechtswirkungsstatut. Das Rechtswirkungsstatut,[244] also diejenige Rechtsordnung, die **135**
über den konkreten Inhalt und die konkreten Wirkungen bestehender dinglicher Rechte entscheidet, ist dagegen **wandelbar** ausgestaltet: Im Fall eines Statutenwechsels ist es allein das neue Sachstatut, dem fortan die Wirkungen an der Sache begründeter dinglicher Rechte zu entnehmen sind. Abzustellen ist somit bei punktuell eintretenden Wirkungen auf den Zeitpunkt ihres **Eintritts,** bei Dauerwirkungen auf den jeweiligen **Betrachtungszeitpunkt.**[245] Da der Bestand eines bestimmten Rechts natürlich nur schwer von seinem Inhalt getrennt werden kann, steht die Unwandelbarkeit des Rechtsbestandsstatuts in einem nur schwer aufzulösenden Spannungsverhältnis zur Wandelbarkeit des Rechtswirkungsstatuts (näher → Rn. 160 ff.).

Zu den Wirkungen eines dinglichen Rechts im weiteren Sinne gehören auch die Mechanismen **136**
des **Rechtsschutzes,** wie Ansprüche auf Herausgabe, auf Unterlassung oder Beseitigung von Störungen, auf Nutzungsherausgabe oder auf Schadensersatz. Bei einigen dieser Ansprüche, insbesondere bei Herausgabe- und Unterlassungsansprüchen, ist allerdings umstritten, ob maßgeblich der Zeitpunkt der ersten Entstehung ist,[246] oder aber ob sie gleichsam als Dauerwirkung auf die fortdauernde Störung reagieren und daher auf den jeweiligen Betrachtungszeitpunkt abzustellen ist, also auf den Zeitpunkt der Geltendmachung.[247] Für die grundsätzliche Maßgeblichkeit des Zeitpunkts der ersten **Entstehung** spricht, dass es dem Störer auf diese Weise verwehrt wird, durch die widerrechtliche Verbringung der Sache ins Ausland die Geltung eines anderen Rechts herbeizuführen.[248] Wird die Sache freilich im Ausland weitergegeben, etwa der gestohlene Wagen veräußert, muss das neue Sachstatut über den Herausgabeanspruch gegen den Erwerber entscheiden.

II. Erscheinungsformen

1. „Trägheitsprinzip". Der Statutenwechsel erfasst nach der hier zu Grunde gelegten Deu- **137**
tung (→ Rn. 133) nicht das Rechtsbestandsstatut. Hinsichtlich jeder einzelnen Änderung der dinglichen Rechtslage, etwa dem Entstehen, der Übertragung oder dem Erlöschen eines dinglichen Rechts, bleibt es daher bei der Anknüpfung an den Ort, an dem sich die Sache bei Eintritt der

---

241 *v. Hoffmann/Thorn* IPR § 12 Rn. 7. Meist wird die etwas abw. Formulierung gewählt, maßgeblich sei der Zeitpunkt des Eintritts der infrage stehenden Rechtsfolge, so BT-Drs. 14/343, 15; BGHZ 39, 173 (174) = NJW 1963, 1200; BGHZ 45, 95 (99 f.) = NJW 1966, 879; Staudinger/*Stoll,* 1996, IntSachenR Rn. 161; *Wagner* IPRax 1998, 429 (435); *Junker* RIW 2000, 241 (251). Diese Formulierung ist jedoch irreführend, weil ja mit Hilfe der Anknüpfung erst geprüft werden soll, ob die Rechtsfolge eingetreten ist.

242 Wie hier *v. Hoffmann/Thorn* IPR § 12 Rn. 22; aA *Mansel* IPRax 1988, 268 (271).

243 So BGH NJW-RR 2000, 1583, wo dann iErg (→ Rn. 84) nur aufgrund des ganz überwiegenden Inlandsbezugs des Sachverhalts eine „Sonderanknüpfung" und Beurteilung nach dem neuen Sachstatut vorgenommen wurde.

244 BGH NJW-RR 2010, 983 Rn. 21.

245 Hierzu *v. Hoffmann/Thorn* IPR § 12 Rn. 24.

246 So wohl LG München IPRspr 1962/63 Nr. 88; OLG Braunschweig IPRspr. 1968/69 Nr. 61; wN bei *Kondring* IPRax 1993, 371 (373) Fn. 34.

247 Dafür *Kondring* IPRax 1993, 371 (373) mwN in Fn. 37, 38; Staudinger/*Stoll,* 1996, IntSachenR Rn. 153 aE (dazu steht es freilich in Widerspruch, dass iÜ stets die lex fori für zuständig befunden wird, vgl. → Rn. 162).

248 AA Staudinger/*Mansel,* 2015, Rn. 887 mwN.

betreffenden Änderung befand. Zwar ist die Entwicklung der dinglichen Rechtslage an einer Sache damit nicht abgeschlossen, sondern stellt sich weiterhin als dynamischer Prozess dar. Sie unterliegt aber insofern einem „Trägheitsprinzip", als sie so lange unverändert bleibt, wie nicht durch Vollendung eines weiteren sachenrechtlichen Tatbestands eine erneute Änderung der dinglichen Rechtslage bewirkt wird.[249] Alle Betrachtungen zum Statutenwechsel bauen auf diesem Trägheitsprinzip auf, dh fragen einseitig danach, ob und inwieweit eine Änderung der dinglichen Rechtslage eingetreten ist: Es ist immer diese **Änderung, die begründungsbedürftig ist,** nicht der Fortbestand der bestehenden dinglichen Rechtslage.

138 **2. Sachenrechtliche Tatbestände. a) Sachenrechtliche Relevanz.** Erste Aufgabe des Rechtsanwenders ist die Identifizierung sachenrechtlich relevanter Akte. Sie setzt voraus, dass eine Änderung der dinglichen Rechtslage entweder von den Parteien intendiert oder aus sonstigen Gründen nicht ganz fernliegend war, was sich oft erst dem geschulten **Blick des Rechtsvergleichers** erschließt. So nehme man etwa an, dass ein Reisender im Ausland sein Gepäck einem Beförderungsunternehmer übergibt. Ist das ein sachenrechtlicher Tatbestand oder Teil eines solchen? Theoretisch könnte man an die „Übergabe" als (hier ersten) Teilakt einer Mobiliarübereignung nach dem Traditionsprinzip denken, jedoch wäre das ganz fernliegend, da kein Beteiligter eine Übereignung wollte oder gegenwärtig behauptet und vermutlich auch keine Rechtsordnung in einem solchen, nicht von Übereignungswillen getragenen Akt eine traditio erblicken wird. Das französische Recht bringt das etwa plakativ dadurch zum Ausdruck, dass es Besitzübertragung und Verschaffung bloßer détention provisoire unterscheidet. Sehr wohl zu denken ist dagegen an den (möglicherweise vollständigen) Entstehungstatbestand eines gesetzlichen Sicherungsrechts, weil Spediteure, Werkunternehmer, Gastwirte usw erfahrungsgemäß in vielen Rechtsordnungen gesetzliche Pfandrechte an den ihnen anvertrauten Sachen erlangen.

139 **b) Offene und abgeschlossene Tatbestände.** Ein sachenrechtlicher Tatbestand beschränkt sich gelegentlich auf einen einzigen, bei natürlicher Betrachtung unteilbaren historischen Vorgang (zB Verbindung, Vermischung, Verarbeitung). Oft setzt sich ein sachenrechtlicher Tatbestand dagegen aus verschiedenen **Teilakten** zusammen, die nicht gleichzeitig, sondern chronologisch versetzt vollzogen werden oder zumindest chronologisch versetzt vollzogen werden können (zB Einigung und Übergabe).

140 Bezogen auf einen bestimmten Zeitpunkt kann danach differenziert werden, ob ein sachenrechtlicher Tatbestand zu diesem Zeitpunkt bereits abgeschlossen oder noch offen war. Konkret ist dabei zu prüfen, ob der letzte Teilakt, der zur Vollendung des sachenrechtlichen Tatbestands und damit zur Änderung der dinglichen Rechtslage an der Sache erforderlich ist, bereits eingetreten ist **(positiv abgeschlossen)** oder endgültig nicht eingetreten ist **(negativ abgeschlossen)** oder noch aussteht **(offen).** Die Entscheidung, ob ein Tatbestand positiv oder negativ abgeschlossen oder noch offen ist, kann nicht das Kollisionsrecht, sondern immer nur das anwendbare materielle Sachenrecht treffen.[250] Dem Parteiwillen kommt dabei als solchem keine Bedeutung bei, sondern nur insoweit, als das anwendbare materielle Sachenrecht ihm Bedeutung zumisst.[251]

141 Leicht identifizieren lassen sich allein positiv abgeschlossene Tatbestände, weil sie durch den Eintritt der betreffenden **Rechtsfolge** im Sinne einer Änderung der dinglichen Rechtslage gekennzeichnet sind. Schwierig ist dagegen gelegentlich die Differenzierung zwischen negativ abgeschlossenen und noch offenen Tatbeständen, weil viele zu einer Rechtsänderung erforderliche Teilakte aus materiellrechtlicher Sicht nachholbar sind. Wurde etwa eine Besitzübertragung nicht als Übergabe iSv § 929 S. 1 BGB gewertet, weil der Betreffende weder Besitzmittler noch Besitzdiener oder sonstige Geheißperson des Erwerbers war, kann diese Übergabe doch jederzeit noch erfolgen. Im Ergebnis muss aus dem Blickwinkel des anwendbaren Rechts heraus beurteilt werden, ob zur Herbeiführung der konkreten Rechtsfolge **mindestens ein sachenrechtlich relevanter Teilakt weiterhin verwertbar** ist (offener Tatbestand) oder ob alle Teilakte wiederholt werden müssen bzw. die Herbeiführung der Rechtsfolge inzwischen unmöglich ist (negativ abgeschlossener Tatbestand). Ist also im Beispiel der fehlgeschlagenen Übergabe wenigstens die Einigung weiterhin wirksam, liegt ein offener Tatbestand vor, anderenfalls ein negativ abgeschlossener.

142 **3. Schlichte und qualifizierte Statutenwechsel.** Entsprechend der Differenzierung zwischen verschiedenen Tatbeständen (→ Rn. 139 f.) spricht man von einem **schlichten Statutenwechsel,** wenn das neue Statut auf einen sowohl aus der Sicht des alten als auch des neuen Sachstatuts

---

[249] Staudinger/*Mansel*, 2015, Rn. 1242 mwN.
[250] OLG Hamburg IPRax 2014, 541.
[251] AA *Stoll* IPRax 2000, 259 (263).

positiv oder negativ abgeschlossenen Tatbestand trifft.[252] Man kann insoweit auch von einem Statutenwechsel vom **„Typ G-G"** sprechen, wobei „G" für „(ab)geschlossen" steht. Es geht dann vor allem um die Bewertung dieser abgeschlossenen Tatbestände und ihrer nach altem Sachstatut eingetretenen Rechtsfolgen durch das neue Sachstatut, dh um die „Anerkennung" einer bestimmten dinglichen Rechtslage. Der schlichte Statutenwechsel ist Gegenstand der Regelung in Art. 43 Abs. 2.

Anderenfalls, dh sofern das alte oder das neue Sachstatut oder beide den Tatbestand als offen betrachten,[253] spricht man gerne von einem **qualifizierten Statutenwechsel.**[254] Dabei erscheint es allerdings erforderlich, zwischen unterschiedlichen Typen zu differenzieren. Hier soll im Folgenden von einem qualifizierten Statutenwechsel **„Typ O-O"** gesprochen werden, wenn ein sachenrechtlicher Tatbestand zum Zeitpunkt des Statutenwechsels aus der Sicht des alten Sachstatuts wie auch des neuen Sachstatuts noch offen war („O" = „offen"). In diesem Fall stellt sich ein abgewandeltes Anerkennungsproblem, nämlich die Frage, wie im Ausland vollzogene Teilakte eines mehraktigen sachenrechtlichen Tatbestands vom neuen Sachstatut bewertet werden. Diese Frage ist Gegenstand der Regelung in Art. 43 Abs. 3 (→ Rn. 166 ff.). **143**

Komplizierter ist die Lage dann, wenn altes und neues Sachstatut die Abgeschlossenheit oder Offenheit eines sachenrechtlichen Tatbestands unterschiedlich beurteilen. Ein qualifizierter Statutenwechsel **„Typ O-G"** liegt vor, wenn das alte Sachstatut den Tatbestand als noch offen betrachtete, das neue Sachstatut dagegen als positiv oder negativ abgeschlossen (→ Rn. 169 ff.). Dagegen soll es als qualifizierter Statutenwechsel **„Typ G-O"** bezeichnet werden, wenn das alte Sachstatut den Tatbestand als abgeschlossen ansah, das neue Sachstatut ihn dagegen als noch offen behandeln möchte (→ Rn. 172 ff.). **144**

III. Kollisionsrechtliche Behandlung des schlichten Statutenwechsels

1. Regelungsgehalt von Art. 43 Abs. 2. Die Regelung in Art. 43 Abs. 2 betrifft den Fall, dass eine Sache in ein anderes Staatsgebiet gelangt. Für diesen Fall ordnet Art. 43 Abs. 2 an, dass an der Sache bestehende dingliche Rechte nicht im Widerspruch zum neuen Belegenheitsrecht ausgeübt werden können. Man wird dieser Anordnung in jedem Fall zwei grundsätzliche Aussagen entnehmen müssen. Die Erste, gleichsam **positive Aussage** ist, dass unter einem anderen Sachstatut begründete Rechte („Altrechte") als solche den Statutenwechsel überdauern. Die andere, gleichsam **negative Aussage** ist, dass die Ausübung solcher Altrechte unter der Geltung des neuen Sachstatuts beschränkt wird. Beides ist eng mit dem grundsätzlichen Spannungsverhältnis zwischen Schutz wohlerworbener Rechte und Verkehrsschutz verbunden (→ Rn. 125; → Vor Art. 43 Rn. 14 ff.). **145**

Diese auf den ersten Blick einleuchtend wirkenden Aussagen geben bei näherem Hinsehen eine Reihe von Rätseln auf. So fällt zunächst auf, dass Art. 43 Abs. 2 nicht vom neuen Sachstatut als solchem spricht, sondern vom Recht des Staates, in dessen Gebiet die Sache gelangt ist. Dabei sind beide in den meisten Fällen identisch, können wegen der Beachtlichkeit von Rück- und Weiterverweisung gem. Art. 4 Abs. 1 S. 1 aber auch durchaus einmal auseinanderfallen: Zwar ist die Situs-Regel international verbreitet, jedoch kennen zahlreiche Staaten gerade für schwierige Fallgruppen Ausnahmen, so dass die Verweisung in Art. 43 Abs. 1 im Falle eines renvoi zu einer anderen Rechtsordnung als dem Belegenheitsrecht führen kann (→ Rn. 118 f.). Den Gesetzesverfassern dürfte diese Möglichkeit nicht bewusst gewesen sein.[255] Es spricht vieles dafür, dass entgegen dem scheinbar klaren Wortlaut des Art. 43 Abs. 2 in Wahrheit weniger der Ortswechsel, als vielmehr **jede Änderung des Sachstatuts** gemeint ist. **146**

Daran schließt sich die Frage an, ob Art. 43 Abs. 2 nur gilt, wenn das Sachstatut nach Art. 43 Abs. 1 angeknüpft wurde, oder auch im Fall einer vorrangigen Anknüpfung, insbesondere nach **Art. 45.** Vom Tatbestand her ist die Vorschrift eindeutig auf Art. 43 Abs. 1 zugeschnitten. Allerdings treten die von Art. 43 Abs. 2 geregelten Probleme – Schutz wohlerworbener Rechte auf der einen und Verkehrsschutz auf der anderen Seite – auch auf, wenn ein Statutenwechsel auf anderen Umständen als dem Verbringen der Sache in ein anderes Staatsgebiet beruht. Daher sollte man die Vorschrift auf diese Fälle **analog** anwenden: Beruht das Auseinanderfallen auf einer von Art. 43 Abs. 1 abweichenden Regelanknüpfung, ist es in der Regel das berufene Recht und nicht das Belegenheitsrecht, das den Erwartungen des Verkehrs entspricht und in dem daher Verkehrsinteressen zu schützen sind. Bei einer regelwidrigen Anknüpfung nach **Art. 46** ist im Einzelfall zu differenzieren, ob Verkehrsinteressen berührt sind. **147**

---

[252] Vgl. (ohne Einbeziehung der Sicht des neuen Sachstatuts) *Kropholler* IPR § 54 III 1; *Stoll* IPRax 2000, 259 (261 f.); etwas abw. das Begriffsverständnis von Erman/*Stürner* Rn. 18.

[253] So zutr. *Schurig* FS Stoll, 2001, 577 (583 f.).

[254] *Kropholler* IPR § 54 III 2; Staudinger/*Mansel,* 2015, Rn. 1309.

[255] Vgl. RegE, BT-Drs. 14/343, 15 f.

148 **2. Kollisionsrechtliche Grundsätze. a) „Nein" bleibt „Nein".** Ist eine bestimmte Rechtsfolge sowohl nach dem alten als auch nach dem neuen Sachstatut endgültig nicht eingetreten, dh liegt aus der Sicht beider Rechtsordnungen ein negativ abgeschlossener Tatbestand vor, dann **ändert der Statutenwechsel allein an dieser Situation nichts:**[256] Es bleibt schon wegen der Unzuständigkeit des neuen Sachstatuts bei der abschlägigen Antwort des alten Sachstatuts und damit nach dem „Trägheitsprinzip" (→ Rn. 137) bei der ursprünglichen dinglichen Rechtslage („Nein" bleibt „Nein").[257]

149 Wurde also beispielsweise in einem Staat, dessen Recht dem Traditionsprinzip folgt, lediglich die dingliche Einigung vollzogen, während die Übergabe später unterblieb, und hat mittlerweile die dingliche Einigung ihre Wirksamkeit verloren, dann erwirbt der Käufer nicht schon dadurch Eigentum, dass die Sache nachträglich in einen Staat verbracht wird, dessen Recht dem Konsensprinzip folgt:[258] Weil zum Zeitpunkt des Statutenwechsels auch die Einigung nicht mehr wirksam war, lag kein einziger verwertbarer Teilakt des sachenrechtlichen Tatbestands mehr vor und war der Tatbestand damit negativ abgeschlossen (→ Rn. 141). Obgleich die Einigung nach dem neuen Sachstatut ausgereicht hätte, den Eigentumsübergang zu bewirken, wird sie nicht „wiedererweckt".[259] Ähnlich liegt es, wenn das alte Sachstatut dem gutgläubigen Erwerber einer gestohlenen Sache kein Lösungsrecht gibt: Der sachenrechtliche Tatbestand ist mit dem letzten erforderlichen Teilakt, den Erwerber und Veräußerer zum Zwecke der Übereignung vorgenommen haben, abgeschlossen. Ein Lösungsrecht entsteht daher auch nicht dadurch, dass die Sache nachträglich in einen Staat gelangt, dessen Recht ein solches Lösungsrecht kennt.

150 **b) „Ja" wird „Ja, aber …".** Ist dagegen eine bestimmte Rechtsfolge nach altem Sachstatut zum Zeitpunkt des Statutenwechsels bereits eingetreten, insbesondere ein dingliches **Recht entstanden** (positiv abgeschlossener Tatbestand), bleibt es dabei grundsätzlich auch dann, wenn die Erwerbsvoraussetzungen nach dem neuen Sachstatut nicht gegeben sind („Ja" bleibt „Ja").[260] Auch das folgt aus der Unzuständigkeit des neuen Sachstatuts, über Vorgänge zu urteilen, die vor dem Statutenwechsel abgeschlossen wurden. Wird beispielsweise bei einem internationalen Versendungskauf Ware von einem Staat, in dem das Konsensprinzip gilt, in einen Staat geliefert, der dem Traditionsprinzip folgt, hat der Käufer schon mit der Einigung Eigentum erlangt und behält dieses auch nach dem Statutenwechsel, auch wenn nach dem neuen Sachstatut an sich die Übergabe erforderlich gewesen wäre. Dadurch wird mit kollisionsrechtlichen Mitteln Vertrauensschutz in der Form des Schutzes wohlerworbener Rechte gewährleistet.

151 Da sich jedoch die **Wirkungen** des Rechts fortan nach dem neuen Sachstatut richten, entsteht ein schwieriges Spannungsverhältnis zwischen den Normbefehlen des unwandelbar angeknüpften Rechtsbestandsstatuts und des wandelbar angeknüpften Rechtswirkungsstatuts, denn ein Recht, das nicht mehr die gleichen Wirkungen hat, ist eben auch nicht mehr das gleiche Recht („Ja" wird „Ja, aber …"). Die Auflösung dieses Spannungsverhältnisses ist nach Art. 43 Abs. 2 Aufgabe des deutschen Rechts, wenn die Sache ins Inland gelangt und damit deutsches Recht neues Sachstatut ist. Ist das neue Sachstatut ein ausländisches Recht, hat es jedoch in den **Grenzen des ordre public** (Art. 6) selbst darüber zu befinden, wie es diese Aufgabe lösen will.

152 Eine besonders drastische Form der Lösung stellt es dar, wenn das neue Sachstatut bestimmte Entstehungs- oder Erwerbsvoraussetzungen zur **Anerkennungsvoraussetzung** erhebt, so dass ein Altrecht nur unter der Bedingung weiter ausgeübt werden kann, dass es diese Voraussetzung erfüllt. Relevant sind in diesem Zusammenhang vor allem Publizitätserfordernisse, etwa die nachträgliche Registrierung eines Eigentumsvorbehalts während einer bestimmten Frist (zB Art. 102 Abs. 2 IPRG Schweiz).[261] Das deutsche publizitätslose Sicherungseigentum wurde etwa in Österreich mit der heimischen Sachenrechtsordnung unvereinbar und daher absolut unwirksam befunden.[262] Mittlerweile anerkennt jedoch der österreichische OGH ein in Deutschland besitzlos begründetes Sicherungseigentum: Ein in Deutschland an einem KfZ durch Besitzkonstitut wirksam begründetes Sicherungseigentum bleibt auch nach Verbringung über die Grenze nach Österreich wirksam.[263] Eine andere Frage ist, ob diese Praxis mit dem Primärrecht in Einklang zu bringen ist (eingehend → Rn. 160 ff.).

---

256 Grüneberg/*Thorn* Rn. 6; Staudinger/*Mansel,* 2015, Rn. 1241.

257 Formulierung nach *Raape,* Internationales Privatrecht, 5. Aufl. 1961, 596.

258 Ausdrücklich anders, aber nicht haltbar, die Erl. in Lauterbach, Vorschläge und Gutachten zur Reform des deutschen internationalen Personen- und Sachenrechts, 1972, 30.

259 Staudinger/*Mansel,* 2015, Rn. 1235.

260 Grüneberg/*Thorn* Rn. 6.

261 Staudinger/*Mansel,* 2015, Rn. 1305.

262 Vgl. Rummel/Lukas/Geroldinger/*Heindler,* ABGB-Kommentar, 4. Aufl. 2023, IPRG § 31 Rn. 36 ff.

263 OGH IPRax 2019, 548.

3. Wirkung ausländischer Rechte im Inland. a) Theorie vom „effet de purge". Wie das deutsche Recht mit ausländischen Altrechten an Sachen, die in das Bundesgebiet gelangt sind, umzugehen hat, ist Gegenstand einer Debatte, die durch europarechtliche Erwägungen (→ Rn. 160 ff.) neuen Zündstoff erhalten hat. Gleichsam die radikalste Deutung geht davon aus, das ausländische dingliche Recht werde mit Verbringung der Sache über die Grenze in ein funktionsähnliches inländisches Recht umgewandelt, und zwar mit Wirkung **auch für künftige Statutenwechsel.**[264] Dieser „Reinigungseffekt" (Effet-de-Purge)[265] des neuen Sachstatuts wird mit dem Verkehrsinteresse an klaren und festen sachenrechtlichen Verhältnissen gerechtfertigt.[266] Teilweise wird diese, heute nur selten vertretene, Haltung auch als Transposition im eigentlichen Sinn bezeichnet.[267] Der Sache nach ist sie jedenfalls **abzulehnen.**[268] Sie ist schon mit der hier zu Grunde gelegten Deutung von Art. 43 Abs. 2 (→ Rn. 128 f.) insofern nicht vereinbar, als das neue Sachstatut danach gerade eine Neubewertung von Vorgängen vornimmt, für deren Bewertung es auf Grund der temporalen Spaltung des Sachstatuts nicht zuständig ist. Im Übrigen führt sie bei konsequenter Anwendung zu ganz sinnwidrigen Ergebnissen. So müsste man etwa annehmen, dass sich ein französisches Registerpfandrecht an einem Kraftfahrzeug mit Verbringung des Wagens ins Bundesgebiet in eine deutsche Sicherungsübereignung als dem funktionsähnlichsten deutschen Rechtsinstitut umwandele und damit dann, wenn der Wagen nach Frankreich zurückgelangt, folgerichtig untergehen müsse, weil aus der Sicht des französischen Rechts die publizitätslose Sicherungsübereignung wohl auch nach Einführung der Fiducie-Sûreté[269] nicht anerkennungsfähig sein dürfte.[270] Darauf, dass die Theorie vom Reinigungseffekt auch aus europarechtlicher Sicht untragbar ist (→ Rn. 160 ff.), muss daher nicht näher eingegangen werden. 153

b) Theorie der vollen Transposition. Viel öfter findet sich dagegen die Theorie, wonach zwar mit dem Statutenwechsel eine Umwandlung in dasjenige inländische Rechtsinstitut erfolge, das dem ausländischen Recht funktionell am ähnlichsten sei,[271] diese Umwandlung das ausländische Recht jedoch nicht in seinem eigentlichen Bestand betreffe, sondern nur in seinen Wirkungen. Es behalte gleichsam **latent seine ursprüngliche Gestalt** bei, die – sofern das dingliche Recht nicht zwischenzeitlich infolge der Erfüllung eines sachenrechtlichen Tatbestands erloschen oder in seinem Inhalt verändert worden sei – wieder auflebe, sobald die Sache in den Geltungsbereich des alten Sachstatuts oder einer diesem sehr ähnlicher Sachenrechtsordnung zurückkehre.[272] So sei etwa ein besitzloses Pfandrecht – obgleich dem deutschen Recht als solches unbekannt – normalerweise wie Sicherungseigentum zu behandeln, und zwar grundsätzlich **mit allen Konsequenzen** (Drittwirkung, Übertragung, Rechtsstellung in Zwangsvollstreckung und Insolvenz usw). Dabei wird sogar in Kauf genommen, dass ausländische Rechte ggf. mit Rechtswirkungen ausgestattet werden, die diesen ursprünglich gar nicht zukamen, etwa der Pfandgläubiger als Sicherungseigentümer behandelt wird und den Herausgabeanspruch aus § 985 BGB erhält, der ihm nach dem alten Sachstatut nicht zugestanden hätte.[273] Existiert kein geeignetes inländisches Rechtsinstitut, dh wären die vorzunehmenden Modifikationen so gravierend, dass von funktioneller Äquivalenz nicht mehr gesprochen werden kann, müsste dem Recht **im äußersten Fall jede Wirkung versagt** werden. 154

Die volle Transposition führt zu „glatten" Lösungen, erleichtert die Rechtsanwendung und wird den Interessen Dritter im neuen Belegenheitsstaat in optimaler Weise gerecht. Erkauft werden diese Vorteile freilich durch einen Eingriff in das Gefüge der Rechte und Pflichten, wie sie den Parteien nach dem Rechtsbestandsstatut zustünden. Je nachdem, wie schwerwiegend dieser Eingriff ist, kann von einer Beschränkung des neuen Sachstatuts auf die Rechtswirkungen für die Zukunft nicht mehr gesprochen werden. Es liegt viel mehr ein klarer Übergriff auf die Zuständigkeit des 155

---

[264] *Kegel/Schurig* IPR § 19 III, S. 772 f.; *Ferid* IPR Rn. 7–64 f.; wN aus der älteren Lit. bei Staudinger/*Stoll,* 1996, IntSachenR Rn. 355.

[265] Ausdruck nach *Batiffol/Lagarde,* Droit international privé, Bd. II, 7. Aufl. 1983, Nr. 512, 171 f.

[266] So *Kegel/Schurig* IPR § 19 III, S. 772.

[267] So offenbar das Begriffsverständnis von Staudinger/*Stoll,* 1996, IntSachenR Rn. 355 f.; zu den unterschiedlichen Konzeptionen *Looschelders,* Die Anpassung im internationalen Privatrecht, 1995, 272 ff.

[268] Ebenso Staudinger/*Mansel,* 2015, Rn. 1263.

[269] Art. 2372-1 bis 2372-5 Code civil. Da Art. 2372-1 Abs. 1 Code civil ua auf Art. 2019 f. Code civil verweist, ist auch diese neue Sicherungsform publizitätsgebunden; vgl. *Runte* RIW 2005, 511; *Dammann/Podeur* Revue Banque 2009, 59.

[270] Dazu *Wilhelm* ZEuP 2009, 152 (167 ff.). Jedenfalls für ungeklärt halten dies *Sonnenberger/Dammann,* Französisches Handels- und Wirtschaftsrecht, Rn. IX 43 mwN in Fn. 118.

[271] *Drobnig* FS Kegel, 1977, 141 (144); *Kreuzer* RabelsZ 65 (2001), 383 (445); der Sache nach (trotz zT abw. Terminologie) auch *Junker* IPR § 17 Rn. 47 ff.; *Junker* RIW 2000, 241 (254).

[272] Grüneberg/*Thorn* Rn. 5; HK-BGB/*Dörner* Rn. 5; *v. Caemmerer* FS Zepos, 1973, 25 (32 ff.); *Pfeiffer* IPRax 2000, 270 (273).

[273] Vgl. zu Fallgestaltungen BGH NJW 1991, 1415; OLG Karlsruhe WM 2003, 584; krit. *Stoll* IPRax 2000, 259 (262).

Rechtsbestandsstatuts vor. Insbesondere ob die Konsequenz, ganz unbekannten ausländischen Rechten (zB Lösungsrecht des gutgläubigen Erwerbers) jede Wirkung zu versagen, mit dem Grundsatz der **Verhältnismäßigkeit** in Einklang zu bringen ist, darf bezweifelt werden, weil im Einzelfall Verkehrsinteressen vielleicht gar nicht beeinträchtigt sind. Die Gefahr einer Übermaßreaktion wiegt umso schwerer, wenn man die europarechtliche Dimension betrachtet (→ Rn. 161).

156 **c) Theorie der selektiven Transposition (bzw. Substitution).** Aus den genannten Gründen wird vielfach betont, dass eine volle Transposition des fremden Rechtsinstituts in ein funktionsähnliches Institut des neuen Belegenheitsrechts gar nicht stattfinde. Vielmehr könne nur jeweils **bezogen auf eine bestimmte Funktion** des fremden Rechtsinstituts entschieden werden, ob es eine ähnliche Funktion bei einem Institut des Belegenheitsrechts gebe.[274] Es sei also durchaus möglich, dass ein ausländisches Sicherungsrecht in Bezug auf die Sicherungswirkungen wie Sicherungseigentum, im Kontext gutgläubigen Erwerbs dagegen als beschränktes dingliches Recht behandelt werde.[275] Ein Registerpfandrecht kann auch dann, wenn das funktionsäquivalente deutsche Sicherungsrecht insgesamt die Sicherungsübereignung ist, hinsichtlich der Verwertung oder der Forderungsakzessorietät nach den Regeln des deutschen Faustpfands behandelt werden.[276]

157 Teilweise wird dieser Vorgang auch pauschal als „Substitution" bezeichnet.[277] Allerdings ist die Rede von „Substitution" (→ Einl. IPR Rn. 227 ff.) wohl nur dann angebracht, wenn eine Partei ihr Begehren auf eine Norm des neuen Belegenheitsrechts stützt, die ihrerseits auf ein inländisches Institut Bezug nimmt. Dagegen handelt es sich eher um selektive Transposition, wenn gerade Rechtswirkungen des ausländischen Instituts unter Bezugnahme auf ausländisches Recht geltend gemacht werden. Im Vergleich zur vollen Transposition stellt die selektive Transposition den deutlich milderen Eingriff in ausländische dingliche Rechte dar.

158 **d) Anerkennungs- bzw. Hinnahmetheorie.** Die Grenzen zwischen der vorstehend beschriebenen Auffassung selektiver Transposition und der Auffassung, wonach das ausländische dingliche Recht in seinem Bestand wie auch in den Wirkungen, die ihm nach dem Entstehungsstatut ursprünglich zukommen, anerkannt („Anerkennungstheorie"[278]) bzw. hingenommen wird[279] („Hinnahmetheorie"[280]), sind fließend. Auch die Anerkennungstheorie sucht hinsichtlich jeder einzelnen Wirkung eines dinglichen Rechts (Herausgabeanspruch, Verwertungsbefugnis, Zurückbehaltungsrecht usw) nach einer **funktionsäquivalenten Entsprechung** im neuen Sachstatut, scheut aber auch nicht davor zurück, notfalls im Wege der **Angleichung zu kreativen Lösungen** zu greifen. Selbst dem deutschen Recht an sich unbekannte Phänomene lassen sich mit einigem guten Willen durchaus aus inländischen „Versatzstücken" rekonstruieren, wie etwa ein Lösungsrecht des redlichen Erwerbers.[281] Lediglich Wirkungen, die als solche dem neuen Sachstatut gänzlich fremd sind, können nicht zur Entfaltung kommen. Das wäre anzunehmen, wenn bestimmte Maßnahmen praktisch nicht durchführbar sind (zB vom ausländischen Recht vorgesehenes Register existiert nicht), die Ausübung bestimmter Aspekte des Rechts mit zwingenden Verkehrsinteressen unvereinbar erscheint oder wenn sie gar gegen den nationalen ordre public verstößt. In jedem Einzelfall muss auf Grund einer Abwägung aller Umstände gesondert geprüft werden, ob die Hinnahme einer bestimmten Wirkung die Sicherheit des Rechtsverkehrs in der Bundesrepublik gefährden würde.[282]

---

[274] Vgl. zu diesem Ansatz *Kaufhold,* Internationales und europäisches Mobiliarsicherungsrecht, 1999, 278; *Rakob,* Ausländische Mobiliarsicherungsrechte im Inland, 2001, 30; *U. Ernst,* Mobiliarsicherheiten in Deutschland und Polen, 2005, 278 f.

[275] So die zutr. Analyse der Rspr. des BGH von *Rakob,* Ausländische Mobiliarsicherungsrechte im Inland, 2001, 30.

[276] Zu einer Fallgestaltung BGHZ 39, 173 = NJW 1963, 1200.

[277] *Rakob,* Ausländische Mobiliarsicherungsrechte im Inland, 2001, 11 ff.

[278] *U. Ernst,* Mobiliarsicherheiten in Deutschland und Polen, 2005, 264.

[279] Erman/*Stürner* Rn. 35; PWW/*Brinkmann* Rn. 17; Staudinger/*Mansel,* 2015, Rn. 1265; *v. Hoffmann/Thorn* IPR § 12 Rn. 31.

[280] Ausf. *Sonnenberger* QuGHZ 1986, 9 ff., 24 f.; abw. das Begriffsverständnis von *Junker* IPR § 17 Rn. 48 f.; *Junker* RIW 2000, 241 (254), der offenbar „Hinnahmetheorie" mit dem gleichsetzt, was hier als Transposition bezeichnet wird. Eigenwillig die Begrifflichkeit bei *Graham-Siegenthaler,* Kreditsicherungsrechte im internationalen Rechtsverkehr, 2005, 140, die in Erwägung zieht, unter der Hinnahmetheorie die Anerkennung ganz zu versagen.

[281] Vgl. BGHZ 100, 321 (326 ff.) = NJW 1987, 3077, wo die Frage aber letztlich nicht entscheidungserheblich war, weil das Lösungsrecht infolge Weiterveräußerung der gestohlenen Sache im Inland untergegangen war; zust. *Henrich* FS Heini, 1995, 207 (208 ff.); *Müller-Chen* AJP/PJA 2005, 273 (276); krit. *Benecke* ZVglRWiss 101 (2002), 362 (375 ff.); *Plutschow,* Staatliche Vorkaufsrechte im internationalen Kulturgüterschutz, 2002, 262; *Mansel* in Im Labyrinth des Rechts? Wege zum Kulturgüterschutz, 2007, 129, 152 ff.

[282] So auch *Stoll* IPRax 2000, 259 (262 f.).

e) Stellungnahme. Durch die **EuErbVO** und die **EuGüVO** hat die alte Diskussion eine neue Wendung erhalten.[283] Erwägungsgrund 15 EuErbVO bestimmt ausdrücklich, ein Mitgliedstaat solle nicht verpflichtet sein, ein dingliches Recht an einer in seinem Territorium belegenen Sache anzuerkennen. Stattdessen sieht Art. 31 (vgl. auch Erwägungsgrund 16 EuErbVO) eine **„Anpassung"** vor. Die gleiche Lösung wird von Art. 29 der beiden EuGüVO getroffen. Allerdings hindert die EuErbVO oder EuGüVO die Mitgliedstaaten nicht, fremde dingliche Rechte in weiterem Umfang anzuerkennen als von EuErbVO und EuGüVO gefordert. Die Formulierung des Art. 43 Abs. 2 wird zuweilen als Entscheidung für die Anerkennungs- bzw. Hinnahmetheorie gedeutet,[284] wenngleich die Gesetzesmaterialien eher mehrdeutig sind.[285] Im Ergebnis ist die **Anerkennungstheorie am überzeugendsten,** weil sie eine flexible Reaktion auf die Bedürfnisse der unmittelbar Beteiligten wie auch des allgemeinen Rechtsverkehrs in der konkreten Konstellation ermöglicht und die Gefahr von Übermaßreaktionen minimiert („We cross the bridge, when we come to it."). Mit der hier vertretenen Deutung eines temporal geteilten Sachstatuts (→ Rn. 127 ff.) ist letztlich sie allein vereinbar. Zwar ist sie für den Rechtsanwender schwieriger zu handhaben, doch wird dieser Nachteil durch die beruhigende Aussicht auf größtmögliche Konformität mit den Grundfreiheiten des AEUV mehr als aufgewogen. **159**

4. Primärrechtliche Dimension. a) Einfluss der Grundfreiheiten. Während weder die Unterschiedlichkeit der nationalen Sachenrechtsordnungen noch der Grundsatz vom numerus clausus dinglicher Rechte als solcher einen Verstoß gegen europäisches Primärrecht beinhalten (→ Vor Art. 43 Rn. 8), ist das Aufeinandertreffen nach dem Sachenrecht eines Mitgliedstaats begründeter dinglicher Rechte mit dem Sachenrechtssystem eines anderen Mitgliedstaats europarechtlich brisant. Das bestätigt ein Vergleich mit der ganz ähnlichen Problematik im internationalen Gesellschaftsrecht. Nach der früher in Deutschland herrschenden Sitztheorie führte der Umzug der Hauptniederlassung in einen anderen Mitgliedstaat oder die Gründung einer Zweigniederlassung in einem anderen Mitgliedstaat, die faktisch die Hauptniederlassung war, zu einem Statutenwechsel. In der von deutschen Gerichten geübten Praxis, nach ausländischem Recht gegründete Kapitalgesellschaften mit Sitz in der Bundesrepublik als Personengesellschaften zu behandeln oder ihnen gar vollends die Rechts- und Parteifähigkeit abzusprechen, wurde vom EuGH zu Recht ein eklatanter Verstoß gegen die Niederlassungsfreiheit (Art. 54, 49 AEUV) gesehen (näher → Art. 3 Rn. 93 ff.; → IntGesR Rn. 111 ff. mwN). Im internationalen Sachenrecht ist zwar nicht die Niederlassungsfreiheit, wohl aber – insbesondere hinsichtlich Mobiliarsicherheiten – die **Freiheit des Waren- und Dienstleistungsverkehrs** und die **Kapitalverkehrsfreiheit** betroffen (→ Vor Art. 43 Rn. 7 ff.). **160**

Hinsichtlich aller Grundfreiheiten sieht der AEUV eine Reihe ausdrücklicher Schranken vor, die den Schutzbereich der betreffenden Grundfreiheit präzisieren bzw. die Grundlage für eine gerechtfertigte Beschränkung oder sogar für eine Diskriminierung schaffen. Darüber hinaus ist aber seit der Entscheidung „Cassis de Dijon"[286] auch anerkannt, dass die Grundfreiheiten immanenten Schranken unterliegen bzw. ungeschriebene Rechtfertigungsgründe existieren. So kann eine Beschränkung nach der Rspr. des EuGH **gerechtfertigt** sein, wenn die Maßnahmen in nichtdiskriminierender Weise angewendet werden, aus zwingenden Gründen des Allgemeininteresses erfolgen, zur Erreichung des verfolgten Ziels geeignet sind und nicht über das erforderliche Maß hinausgehen.[287] **161**

b) Mögliche Konsequenzen. Teilweise ist vor diesem Hintergrund – gestützt auf ein, allerdings sehr fragwürdiges, primärrechtliches **Herkunftslandsprinzip**[288] (→ Einl. IPR Rn. 41 f.) bzw. eine insbesondere in der Warenverkehrsfreiheit enthaltene versteckte Kollisionsnorm (→ Einl. IPR Rn. 93) – gefordert worden, anstelle des aktuellen Belegenheitsrechts das Recht des Staates anzuwenden, in dem die Sicherheit begründet wurde. Bei internationalen Verkehrsgeschäften ist dies das **162**

---

283 *Mansel* FS Coester-Waltjen, 2015, 587 (593).

284 *Mansel* FS Coester-Waltjen, 2015, 587 (593); Staudinger/*Mansel,* 2015, Rn. 1265; dazu schon Staudinger/*Stoll,* 1996, IntSachenR Rn. 356 zum (insoweit gleichlautenden) RefE von 1993.

285 BT-Drs. 14/343, 16: „und sie mit den Wirkungen entsprechender dinglicher Rechte des Empfangsstaats ausstatten müssen sich aber inhaltlich an verwandte Sachenrechtstypen des neuen Statuts anpassen".

286 EuGH Slg. 1979, 649 = NJW 1979, 1766 – Rewe/Bundesmonopolverwaltung für Branntwein.

287 Sog „Gebhard-Formel" im Anschluss an EuGH Slg. 1995, I-4165 = NJW 1996, 579 – Gebhard, die der EuGH ua in jüngeren Urteilen zur Niederlassungsfreiheit angewendet hat. Sie wird gelegentlich etwas modifiziert bzw. präzisiert, etwa bzgl. der Frage, ob nur eine formale, oder auch eine materielle Diskriminierung schadet oder sogar eine Rechtfertigung bei diskriminierenden Maßnahmen denkbar ist, vgl. EuGH Slg. 1995, I-3955 = NJWE-MietR 1996, 67 – Svensson, zur Dienstleistungsfreiheit.

288 Vgl. dazu *Basedow* RabelsZ 59 (1995), 1 (13); *Grundmann,* Europäisches Schuldvertragsrecht, 1. Teil, 1999, Grundlagen Rn. 45; *Drasch,* Das Herkunftlandprinzip im internationalen Privatrecht, 1997, 206, 301 ff., 309 ff.

Recht des Absendestaates.[289] Das ist freilich nicht interessengerecht, weil die engeren Bindungen meist zum Bestimmungsstaat bestehen und man die Transpositions- bzw. Anpassungsprobleme vermehren würde.[290] Es ist auch europarechtlich nicht fundiert, weil die Begründung einer Sicherheit an einem bestimmten Ort in der Regel nicht auf der bewussten Entscheidung der Parteien für eine bestimmte Sachenrechtsordnung, sondern auf ganz anderen Faktoren beruht und der vielbeschworene „Wettbewerb der Rechtsordnungen"[291] im Sachenrecht daher nicht einmal funktioniert.[292]

163 Plausibler erscheint bereits die Forderung, den Parteien bei Mobiliarsicherungsgeschäften die Freiheit der **Rechtswahl** zu gewähren.[293] Allerdings muss dann ein Weg gefunden werden, den Bedürfnissen des Verkehrsschutzes im neuen Belegenheitsstaat gerecht zu werden und die Gerichte davor zu bewahren, mehr als 27 Sachenrechtsordnungen parallel anwenden zu müssen. Das Grundproblem des Spannungsverhältnisses zwischen Rechtsbestandsstatut – mag dieses auch durch Rechtswahl begründet sein – und (neuer) rechtlicher Umwelt wird damit nicht gelöst.

164 Schließlich könnte eine Konsequenz aus dem Spannungsverhältnis zwischen Grundfreiheiten und Situs-Regel auch die Einführung einer eigenständigen **europäischen Mobiliarsicherheit** im Wege einer EU-Verordnung sein. Ein solches Vorhaben wird überwiegend für europarechtspolitisch wünschenswert gehalten.[294] Eine andere Frage ist, ob sie vom Primärrecht zwingend gefordert ist. Das wurde vereinzelt im Hinblick auf das Binnenmarkterfordernis vertreten,[295] überwiegend jedoch zu Recht abgelehnt.[296]

165 **c) Bedeutung für das geltende deutsche Kollisionsrecht.** Für die Bestimmung der geltenden Rechtslage kann es nicht auf europarechtspolitische Wünschbarkeit ankommen. Danach ist gem. Art. 43 von der Situs-Regel und auch davon auszugehen, dass die Wirkungen dinglicher Rechtspositionen sich nach dem Belegenheitsrecht bestimmen. Ein anderer Befund de lege lata wäre nur dann angebracht, wenn Art. 43 durch **vorrangiges EU-Recht** verdrängt würde. Das Verdikt der Primärrechtswidrigkeit scheint indessen **haltlos** zu sein. Das lässt sich aus Art. 31 EuErbVO schließen, dem ansonsten gleichfalls Primärrechtswidrigkeit zu attestieren wäre.[297] Auch die Handhabung durch deutsche Gerichte scheint die Primärrechtskonformität nicht zu beanstanden. Zwar schwankt deren Praxis zwischen der Theorie der vollen Transposition[298] (→ Rn. 154 f.) und der Theorie der selektiven Transposition (→ Rn. 156 f.) bzw. der Hinnahmetheorie[299] (→ Rn. 158 ff.)

[289] *Furrer,* Zivilrecht im gemeinschaftsrechtlichen Kontext, 2002, 308; ebenso wohl *F. Zimmermann,* Mobiliar- und Unternehmenshypotheken in Europa, 2005, 214 f., 227 f., der zusätzlich aus Art. 3 GG ein Verbot der Inländerdiskriminierung ableitet und auf dieser Grundlage auch in Deutschland ausländische Mobliarsicherungsrechte zur Wahl stellen will.

[290] Dagegen auch *Kieninger,* Mobiliarsicherheiten im Europäischen Binnenmarkt, 1996, 126; *Kaufhold,* Internationales und europäisches Mobiliarsicherungsrecht, 1999, 288 f.; *Großerichter* FS Sonnenberger, 2004, 369 (385 f.); *Wohlgemuth,* Vergemeinschaftung des Mobiliarsicherheitenrechts, 2005, 194 f.; Staudinger/*Mansel,* 2015, Rn. 192.

[291] Hierzu eingehend *Kieninger,* Mobiliarsicherheiten im Europäischen Binnenmarkt, 1996.

[292] Zutr. *Röthel* JZ 2003, 1027 (1033).

[293] *v. Wilmowsky,* Europäisches Kreditsicherungsrecht, 1996, 149 ff.; *Flessner* FS Koziol, 2010, 125 (145); im Ansatz (allerdings eine gemeinschaftsrechtliche Verpflichtung verneinend) auch *Großerichter* FS Sonnenberger, 2004, 369 (387); krit. *Kieninger,* Mobiliarsicherheiten im Europäischen Binnenmarkt, 1996, 211; *Kieninger* ZEuP 2016, 201 (203); dagegen *Kaufhold,* Internationales und europäisches Mobiliarsicherungsrecht, 1999, 291 ff.; Staudinger/*Mansel,* 2015, Rn. 190; zu den Grenzen eingehend *Wohlgemuth,* Vergemeinschaftung des Mobiliarsicherheitenrechts, 2005, 184 ff.

[294] *Kieninger* AcP 208 (2008), 182 (187 ff.); *Basedow* AcP 200 (2000), 445 (475); *Kreuzer* Mélanges v. Overbeck, 1990, 613 (637 ff.); *Kieninger,* Mobiliarsicherheiten im Europäischen Binnenmarkt, 1996, 240 ff.; *Kaufhold,* Internationales und europäisches Mobiliarsicherungsrecht, 1999, 216 ff.; *Röthel* JZ 2003, 1027 (1034); *Wohlgemuth,* Vergemeinschaftung des Mobiliarsicherheitenrechts, 2005, 267 ff.; *Meyer* EuZW 2004, 389 (391); *Walter* ZEuP 2017, 863 (889); *Flessner* FS Koziol, 2010, 125 (146); krit. *Diedrich* ZVglRWiss 104 (2005), 116 (130); vgl. zum Problemkreis auch *Stöcker,* Die „Eurohypothek", 1992; *Kiesgen,* Ein Binnenmarkt für den Hypothekarkredit, 2004; *Kircher,* Grundpfandrechte in Europa, 2004; *Stöcker* WM 2006, 1941; *Wachter* WM 1999, 49 ff.; Mortgage Credit Foundation, Basic Guidelines for a Eurohypothec, 2005; *Kieninger* ZEuP 2016, 201; *Köndgen/Stöcker* ZBB 2005, 112; *Habersack* JZ 1997, 857.

[295] *Wohlgemuth,* Vergemeinschaftung des Mobiliarsicherheitenrechts, 2005, 267 ff., der indessen einen Verstoß gegen die Grundfreiheiten grds. ablehnt, 179 f.

[296] Vgl. *Stoll* IPRax 2000, 159 (162); *Röthel* JZ 2003, 1027 (1031 ff.).

[297] Zur Konkretisierung von Grundfreiheiten durch Sekundärrecht vgl. zB *Frenz,* HdB Europarecht, Bd. I, 2012, Rn. 85 ff., 382 ff.

[298] So zB BGH 1991, 1415 (1416): italienische Automobil-Hypothek wie Sicherungseigentum behandelt.

[299] So wohl eher BGHZ 39, 173 (176 ff.) = NJW 1963, 1200: franz. Automobil-Registerpfandrecht in der Zwangsvollstreckung nach § 805 ZPO behandelt, weil Faustpfandprinzip nicht Teil des ordre public; BGHZ 45, 95 (97): relativ wirkender Eigentumsvorbehalt nach italienischem Recht kein Verstoß gegen den ordre public.

und lässt sich vielfach nicht klar zuordnen. De facto ist man aber mit ausländischen Sachenrechten in Deutschland immer äußerst großzügig umgegangen.[300] So wurden in der Rspr. etwa US-amerikanische Maritime Liens,[301] das französische Automobil-Registerpfandrecht,[302] ein relativ wirkender italienischer Eigentumsvorbehalt,[303] publizitätslose venezolanische Schiffspfandrechte,[304] das Schweizer Lösungsrecht des redlichen Erwerbers,[305] die papiergebundene italienische Automobil-Hypothek,[306] US-amerikanische Registerpfandrechte für Privatflugzeuge,[307] das besitzlose Lien an einem Kraftfahrzeug nach US-amerikanischem Recht[308] usw „anerkannt". Jedenfalls dann, wenn man sich mit der hier vertretenen Auffassung klar für die Hinnahmetheorie entscheidet, ist trotz der Entscheidung des EuGH in „Überseering"[309] erstens schon nur eine minimale Beeinträchtigung von Grundfreiheiten und sind zweitens die Voraussetzungen einer Rechtfertigung (→ Rn. 161) erfüllt.[310]

IV. Qualifizierter Statutenwechsel

1. Kollisionsrechtliche Grundsätze. a) Qualifizierter Statutenwechsel Typ O-O. Nach der hier verwendeten Terminologie liegt ein qualifizierter Statutenwechsel Typ O-O vor, wenn ein sachenrechtlicher Tatbestand zum Zeitpunkt des Statutenwechsels aus der Sicht des alten Sachstatuts wie auch des neuen Sachstatuts noch offen war (→ Rn. 143), dh ein offener **gestreckter Erwerbstatbestand** vorliegt. So wäre es bei einem internationalen Verkehrsgeschäft, wenn altes wie neues Sachstatut vom Traditionsprinzip ausgehen und die Einigung im Ausgangsstaat, die Übergabe dagegen im Bestimmungsstaat erfolgt. Ein weiteres Schulbeispiel für diese Konstellation ist die Ersitzung, dh der Fall, dass eine Person die betreffende Sache schon in einem anderen Staat längere Zeit gutgläubig in Eigenbesitz gehabt hatte und vor Ablauf der nach dem Recht dieses Staates geltenden Ersitzungsfrist mit der Sache in einen anderen Staat umgezogen ist, nach dessen Recht die Ersitzungsfrist ebenfalls noch nicht abgelaufen war.[311] Zunächst steht fest, dass für die Vollendung des Tatbestands allein das neue Sachstatut zuständig ist.[312] Allein dieses entscheidet mithin auch über die maßgebliche Ersitzungsfrist bzw. die zum endgültigen Eigentumsübergang erforderlichen Schritte. Allerdings stellt sich die Frage, ob die im Ausland erfolgte Einigung oder die vom Besitzer bereits im Ausland „abgesessene" Zeit berücksichtigt werden kann, dh ob eine **Anrechnung** von Teilakten stattfindet, die im Ausland unter der Geltung des alten Sachstatuts vollzogen wurden. 166

Für den Fall, dass neues Sachstatut das deutsche Recht ist, ordnet **Art. 43 Abs. 3** hier an, dass in einem anderen Staat erfolgte Vorgänge „wie inländische" zu berücksichtigen sind. Diese Anordnung hat freilich nur einen gewissen **klarstellenden** Sinn, wenn man mit der hier vertretenen Auffassung (→ Rn. 127 ff.) von einer strengen temporalen Spaltung des Sachstatuts ausgeht, also annimmt, dass das neue Sachstatut zur Beurteilung vor dem Statutenwechsel erfolgter Vorgänge an sich unzuständig ist. Soweit ein Teilakt in einem Rechtsgeschäft besteht (zB dingliche Einigung), wird man Art. 43 Abs. 3 immerhin zusätzlich entnehmen dürfen, dass dieses Rechtsgeschäft im Rahmen der Anwendung deutschen Sachrechts nicht als Teilfrage bzw. Vorfrage gesondert angeknüpft werden muss: Insofern als der Auslandsbezug iSv Art. 3 Abs. 1 nur durch den Ort begründet wird, an dem sachenrechtlich relevante Vorgänge stattgefunden haben, wird er hinweggedacht und der gesamte Sachverhalt **wie ein reiner Inlandssachverhalt behandelt.**[313] Im Übrigen **beschränkt sich die Bedeutung der Vorschrift auf eine Interpretationshilfe für deutsches Sachrecht.**[314] Diese ist überflüssig, weil keine Vorschrift des deutschen materiellen Sachenrechts nach dem Ort fragt, an dem erwerbsrelevante Vorgänge stattgefunden haben.[315] 167

---

300 Eingehend *Graham-Siegenthaler,* Kreditsicherungsrechte im internationalen Rechtsverkehr, 2005, 148 ff.
301 LG Bremen IPRspr. 1960/61 Nr. 43; aA – hinsichtlich englischer maritime liens – LG München IPRspr. 1956/57 Nr. 97.
302 BGHZ 39, 173 = NJW 1963, 1200.
303 Vgl. BGHZ 45, 95 (97) = NJW 1966, 879 – allerdings wurde in BGHZ 45, 95 (100) das Ergebnis dann auf eine Vereinbarung zwischen den Parteien gestützt.
304 BGH NJW 1991, 1418.
305 Angedeutet, aber letztlich offengelassen von BGHZ 100, 321 (326) = NJW 1987, 3077.
306 BGH NJW 1991, 1415 (1416).
307 BGH NJW 1992, 362.
308 OLG Karlsruhe WM 2003, 584 f.
309 EuGH Slg. 2002, I-9919 = NJW 2002, 3614.
310 Vgl. nur *Röthel* JZ 2003, 1027 (1032).
311 Hierzu NK-BGB/*v. Plehwe* Rn. 39 mwN.
312 Deutlich etwa LG Hamburg IPRspr. 1996, Nr. 55; Staudinger/*Mansel,* 2015, Rn. 1312.
313 Beispiel bei OLG Koblenz NJW-RR 2003, 1563.
314 So in der Tat die ausschließliche Deutung bei *Kreuzer* FS Bechtold, 2006, 253 (265 ff.); HK-BGB/*Dörner* Rn. 8.
315 Allg. zur älteren Diskussion des Problems *v. Caemmerer* FS Zepos, 1973, 25 (27) mwN.

168 Art. 43 Abs. 3 ist als einseitige Kollisionsnorm ausgestaltet und greift nicht für den Fall, dass die Sache (vom Inland oder Ausland) in das Gebiet eines ausländischen Staates gelangt. Nach der Vorstellung der Gesetzesredaktoren wurde die Norm nur deswegen nicht allseitig formuliert, weil man darin einen Eingriff in ausländische Sachenrechtsordnungen vermutete.[316] Auch ganz unabhängig von Art. 43 Abs. 3 ist das neue Sachstatut allerdings frei, einen **im Ausland bereits begonnenen Rechtserwerb zu vollenden** oder auch nicht: Schließlich ist bei einem gestreckten Erwerbstatbestand die sachenrechtliche Rechtsfolge an die **Vornahme des letzten Teilakts** bzw. an den Eintritt des Fristablaufs geknüpft. Dieser Vorgang untersteht bereits der Zuständigkeit des neuen Sachstatuts. Da kaum ein materielles Sachenrecht darauf abstellen dürfte, wo genau ein bestimmter Akt vollzogen wurde, wird das Ergebnis der Rechtsanwendung bei Verbringung einer Sache ins Ausland oder über die Grenze zwischen dritten Staaten in der Praxis kaum anders aussehen als das Ergebnis bei Verbringung der Sache ins Inland. Diese Aussage ist übrigens auch gar nicht auf den „Erwerb" eines dinglichen Rechts beschränkt, sondern auf jede Erfüllung eines sachenrechtlichen Tatbestands.

169 **b) Qualifizierter Statutenwechsel Typ O-G.** Von einem qualifizierten Statutenwechsel Typ O-G soll gesprochen werden, wenn das alte Sachstatut den **gestreckten Erwerbstatbestand** als noch offen betrachtete, das neue Sachstatut dagegen als positiv oder negativ abgeschlossen (→ Rn. 144). Positiv abgeschlossen ist der Erwerbstatbestand bei einem internationalen Verkehrsgeschäft, wenn im Ausgangsstaat nur die Einigung erfolgt ist und das Recht dieses Staates vom Traditionsprinzip ausgeht, während das neue Sachstatut dem Konsensprinzip folgt.[317] Ähnlich ist es im Ersitzungsbeispiel, wenn die nach altem Sachstatut geforderte Ersitzungsfrist zum Zeitpunkt des Statutenwechsels noch nicht abgelaufen war, wohl aber die kürzere Ersitzungsfrist, die sich nach dem neuem Sachstatut ergibt, oder wenn das alte Sachstatut einen gutgläubigen Erwerb gestohlener Sachen zulässt, das neue dagegen nicht.[318]

170 Der Unterschied in der Behandlung zur Fallgruppe Typ O-O ist geringer, als es auf den ersten Blick den Anschein hat. Soweit Art. 43 Abs. 3 einschlägig ist, dh die Sache vom Ausland ins Inland gelangt, sorgt bereits diese Regelung dafür, dass der Erwerbstatbestand vollendet wird. Richtigerweise hat aber Art. 43 Abs. 3 auch hier keine konstitutive Funktion. Bei näherem Hinsehen liegt nämlich in den Beispielsfällen dadurch, dass das alte Sachstatut den Vorgang als offen betrachtete, zum Zeitpunkt des Statutenwechsels ein Schwebezustand als **sachenrechtlich relevanter Dauerzustand** vor, der auch gleichsam eine juristische Sekunde nach Eintritt unter das neue Sachstatut noch besteht und an den das neue Sachstatut daher die Rechtsfolgen knüpfen kann, die es knüpfen möchte. Im Ergebnis kommt es daher in beiden Beispielsfällen mit dem Grenzübertritt zum Eigentumserwerb,[319] sofern den einschlägigen Sachvorschriften nicht – was ganz ungewöhnlich wäre – entnommen werden kann, dass Auslandssachverhalte nicht anzurechnen sind.

171 Ein ursprünglich offener, aus der Sicht des neuen Sachstatuts aber schon lange **negativ abgeschlossener Tatbestand** liegt im Ersitzungsbeispiel vor, wenn der Besitzer zwar die milderen Anforderungen erfüllt, die das alte Sachstatut an seine Gutgläubigkeit stellt, nicht aber die strengeren des neuen Sachstatuts. Auch hier liegt aus der Sicht des alten Sachstatuts ein sachenrechtlich relevanter Dauerzustand vor, aus der Sicht des neuen Statuts aber ein Zustand, der nicht mehr in eine Ersitzung münden kann. Im Ergebnis findet die Ersitzung daher im neuen Belegenheitsstaat nicht statt. Da sich die sachenrechtliche Lage mittlerweile auch nicht geändert hat, ist es dem Besitzer jedoch unbenommen, bei Rückkehr (mit der Sache) in den Ausgangsstaat die Ersitzungsfrist zu vollenden.

172 **c) Qualifizierter Statutenwechsel Typ G-O. aa) Regelungsziel von Art. 43 Abs. 3.** Schließlich liegt ein qualifizierter Statutenwechsel Typ G-O vor, wenn das alte Sachstatut den Tatbestand als abgeschlossen ansah, das neue Sachstatut ihn dagegen als noch offen behandeln möchte (→ Rn. 144). Nach **allgemeinen Grundsätzen** ist dem neuen Sachstatut ein Wiederaufrollen abgeschlossener Vorgänge weitgehend verwehrt: Berufen ist es nur zur Beurteilung von Vorgängen, die nach dem Statutenwechsel erfolgen, bzw. von Dauerzuständen, die zum Zeitpunkt des Statutenwechsels noch andauern (→ Rn. 128 ff.).[320] Damit bleibt zwar einiger Spielraum eröffnet, durch das Aufstellen von Anerkennungsvoraussetzungen ua an einer bestehenden Rechtslage doch noch zu rütteln. Ist aber beispielsweise unter dem alten Sachstatut bereits das Eigentum vom Verkäufer auf den Käufer übergegangen, dann bedürfte es schon einer sehr außergewöhnlichen Konstruktion, um an diesem Ergebnis noch etwas zu ändern.

[316] BT-Drs. 14/343, 16; so auch Erman/*Stürner* Rn. 41.
[317] Vgl. etwa den Sachverhalt von BGH NJW 2009, 2824 Rn. 10.
[318] OLG Brandenburg BeckRS 2009, 7310.
[319] Vgl. KG NJW 1988, 341 (342); Grüneberg/*Thorn* Rn. 6; *Junker* RIW 2000, 241 (251).
[320] OLG Hamburg IPRax 2014, 541.

Ausweislich der Gesetzesmaterialien und der Vorgeschichte der Norm ist es freilich genau das, was der Gesetzgeber mit Art. 43 Abs. 3 erreichen wollte. Danach zielt die Vorschrift primär auf **internationale Verkehrsgeschäfte** ab und insbesondere auf das Problem des Eigentumsvorbehalts beim grenzüberschreitenden Warenkauf, wobei man sich am berühmten „Strickmaschinen-Fall" orientierte.[321] So kommt es häufig vor, dass ein im ursprünglichen Lagestaat mündlich vereinbarter Eigentumsvorbehalt keine oder nur relative Wirkung zwischen den Parteien entfaltet. Wird die Ware bestimmungsgemäß in das Bundesgebiet geliefert, besteht jedoch das Bedürfnis nach einer beständigeren Sicherheit. Dieses Bedürfnis soll Art. 43 Abs. 3 befriedigen, indem mit dem Grenzübertritt **rückwirkend deutsches Recht** für sämtliche Teilakte des Erwerbsvorgangs gilt. Das ist eine genuin kollisionsrechtliche Aussage.[322] 173

bb) Probleme. Diese, vom Gesetzgeber intendierte Funktion von Art. 43 Abs. 3 gibt Anlass zu einer Reihe kritischer Fragen. So erscheint es schon alles andere als selbstverständlich, dass der Eigentumsvorbehalt des Verkäufers ein „Recht an einer Sache" darstellt, wie es der **Wortlaut der Norm** nun einmal voraussetzt. Das wird zwar von vielen Autoren mit mehr[323] oder weniger[324] Begründungsaufwand vertreten. Zu überzeugen vermag es indessen nicht.[325] Es mag sein, dass der Eigentumsvorbehalt international als eigenständige Mobiliarsicherheit betrachtet wird und von seiner wirtschaftlichen Bedeutung mit Pfandrechten, Sicherungsübereignung ua konkurriert. Ebenso mag es sein, dass der unbedingte Eigentumsübergang in fast allen Rechtsordnungen die Regel ist und der bedingte die vereinbarungsbedürftige Ausnahme darstellt. Von der rechtlichen Konstruktion her stellt sich aber allenfalls der nachträglich vereinbarte Eigentumsvorbehalt nach zunächst unbedingter Übereignung als Recht des Verkäufers an der Sache dar, und ist im Übrigen ein Eigentumsvorbehalt nichts anderes als die Negation bzw. Einschränkung des Rechtserwerbs des Käufers.[326] Man wird insoweit von einem Redaktionsdefizit ausgehen können, das auf den gescheiterten Versuch zurückzuführen ist, die „Ersitzungsfälle" (→ Rn. 166 ff.) und die „Strickmaschinenfälle" in einer einzigen Vorschrift zu regeln.[327] 174

Weiterhin ist festzustellen, dass Art. 43 Abs. 3 die „Nein-bleibt-Nein"-Regel (→ Rn. 148) partiell durchbricht. Diese Durchbrechung kann **unvorhergesehene Konsequenzen** haben. Wurde etwa einer vor langer Zeit im Ausland vorgenommenen Übereignung durch Einigung und Besitzkonstitut nach damaliger lex rei sitae die Wirksamkeit versagt, könnte der Eigentumsübergang allein dadurch stattfinden, dass die Sache ins Inland gelangt. Das wäre nicht nur für die Parteien des vermeintlich unwirksamen Veräußerungsvorgangs eine Überraschung, sondern würde auch in der Zwischenzeit erfolgte sachenrechtliche Vorgänge aufstören, was sicher nicht dem Sinn und Zweck von Art. 43 Abs. 3 entspricht.[328] Vielmehr liegt ein negativ abgeschlossener Tatbestand vor, der wegen des schutzwürdigen Vertrauens der Beteiligten auch abgeschlossen bleiben sollte. Es ist nicht zu verkennen, dass dem Gesetzgeber bei der Formulierung der Vorschrift nur internationale Verkehrsgeschäfte vor Augen standen[329] und er diese weiteren Implikationen gar nicht überdacht hat. 175

Schließlich bleibt ganz unklar, wie weit die rückwirkende Ersetzung des alten durch das neue Sachstatut gehen soll, insbesondere, ob sie nur die am Erwerb des dinglichen Rechts unmittelbar Beteiligten oder **auch Dritte** betreffen soll. So ist es denkbar, dass ein Dritter die unter Eigentumsvorbehalt gelieferte Sache noch vor deren Grenzübertritt vom zunächst berechtigten, mit Wirksamwerden des Eigentumsvorbehalts aber nichtberechtigten Käufer zu erwerben versuchte: Dieser Dritte könnte – sofern die Voraussetzungen gutgläubigen Erwerbs nach §§ 932 ff. BGB nicht gegeben sind – sein im Ausland zunächst erworbenes Eigentum ggf. infolge der Anwendung von Art. 43 176

[321] BGHZ 45, 95 = NJW 1966, 879; hierzu *v. Caemmerer* FS Zepos, 1973, 25 (27 ff.); *Drobnig* FS Kegel, 1977, 141 (145 ff.); *Drobnig* in Westrik/van der Weide, Party Autonomy in International Property Law, 2011, 165 (170) jeweils mwN; ähnlich OLG Hamm NJW-RR 1990, 488; OLG Koblenz RIW 1992, 1019.

[322] Am klarsten bislang wohl gesehen von *Schurig* FS Stoll, 2001, 577 (583); Staudinger/*Mansel,* 2015, Art. 43 Rn. 1314; vgl. demgegenüber noch *Junker* RIW 2000, 241 (254); *Kreuzer* RabelsZ 65 (2001), 38 (449).

[323] *Kieninger,* Mobiliarsicherheiten im Europäischen Binnenmarkt, 1996, 38 f.; *Kaufhold,* Internationales und europäisches Mobiliarsicherungsrecht, 1999, 65 ff.; Staudinger/*Mansel,* 2015, Art. 43 Rn. 1323.

[324] *Wagner* IPRax 1998, 429 (435); *Staudinger* DB 1999, 1589 (1594); *Spickhoff* NJW 1999, 2209, 2214; *Junker* RIW 2000, 241 (254 f.); *Kreuzer* RabelsZ 65 (2001), 383 (449).

[325] So auch Soergel/*Lüderitz* Anh. II Art. 38 Rn. 97; *Stoll* IPRax 2000, 259 (263); *Schurig* FS Stoll, 2001, 577 (585 f.).

[326] *Schurig* FS Stoll, 2001, 577 (585 f.).

[327] Zutr. *Stoll* IPRax 2000, 259 (263). Zurückverfolgen lässt sich die gegenwärtige Fassung zum Gutachten von *Kreuzer* in Henrich, Vorschläge und Gutachten zur Reform des deutschen internationalen Sachen- und Immaterialgüterrechts, 1991, 97.

[328] Vgl. *Pfeiffer* IPRax 2000, 270 (273); *Schurig* FS Stoll, 2001, 577 (582).

[329] So auch die Lit., vgl. nur etwa *Kreuzer* RabelsZ 65 (2001), 383 (449 f.).

Abs. 3 wieder verlieren.[330] Solche Konstellationen wurden vom Gesetzgeber offenbar nicht gesehen. Dem Grundgedanken der gesetzlichen Regelung, insbesondere dem Prinzip vom Schutz wohlerworbener Rechte, entspricht es freilich, dass die **Rechtsstellung Dritter durch Art. 43 Abs. 3 nicht berührt** wird. Das bedeutet im Beispielsfall, dass der vom Käufer erwerbende Dritte gegenüber allen Beteiligten Eigentümer bleibt und die rückwirkende Anwendung deutschen Rechts dem Verkäufer nicht mehr zum Eigentum verhilft, weil das deutsche Recht den Eigentumserwerb des Dritten bereits als abgeschlossenen Tatbestand vorfindet. Um die Entstehung hinkenden Eigentums zu vermeiden, muss das im Verhältnis aller Beteiligten untereinander gleichermaßen gelten.

177 **cc) Erfordernis teleologischer Korrekturen.** Die aufgezeigten Probleme führen dazu, dass die gegenwärtige Fassung von Art. 43 Abs. 3 nicht aufrechterhalten werden kann, sondern umfassend teleologisch im Sinne dessen zu korrigieren ist, was der Gesetzgeber eigentlich regeln wollte.[331] Dabei sollte man auf die Aussagen zur „Anrechnung" im Ausland vollzogener Schritte (→ Rn. 166 ff.) ganz verzichten, weil ihr Aussagegehalt auch aus allgemeinen Grundsätzen folgt und sie daher entbehrlich sind. Unter Berücksichtigung von Sinn und Zweck der Vorschrift ist Art. 43 Abs. 3 folgendermaßen zu lesen: **„Ist ein sachenrechtlicher Tatbestand mit der erkennbaren Bestimmung verwirklicht worden, Wirkungen im Inland hervorzubringen, so sind für die Beurteilung des Tatbestands im Inland Vorgänge in einem anderen Staat nach deutschen Sachvorschriften zu berücksichtigen. Die Rechtsstellung Dritter bleibt unberührt."**

178 Diese Formulierung würde sowohl dem Problem des vom Wortlaut kaum gedeckten Eigentumsvorbehalts (→ Rn. 174) als auch dem Problem des Dritterwerbs (→ Rn. 176) im Sinne des Gesetzgebers gerecht. Sie würde aber auch vermeiden, dass die rückwirkende Geltung deutschen Sachenrechts auch Sachverhalte trifft, die im Interesse der Parteien und der Verkehrssicherheit negativ abgeschlossen bleiben sollen (→ Rn. 175). Freilich bedeutet dies in gewisser Weise eine Abkehr von dem Grundsatz des internationalen Sachenrechts, dass der Parteiwille für die Anknüpfung keine Rolle spielt (→ Vor Art. 43 Rn. 15). Diesen Bedenken kann man aber dadurch begegnen, dass man als **„Bestimmung"** nicht den bloß subjektiven Willen aller Beteiligten ausreichen lässt,[332] sondern fordert, dass auch Dritte auf Grund der äußerlich erkennbaren Umstände (zB Ware im grenzüberschreitenden Handel) mit einer solchen Bestimmung rechnen konnten. Soweit dann im Einzelfall noch unsachgemäße Ergebnisse entstehen, können diese – in die eine wie in die andere Richtung – über Art. 46 gelöst werden.

179 **2. Erweiterung zur allseitigen Kollisionsnorm? a) Grundgedanke.** Nach der Vorstellung der Gesetzesredaktoren wurde Art. 43 Abs. 3 nur deswegen nicht als allseitige Norm formuliert, weil man darin einen **Eingriff in ausländische Sachenrechtsordnungen** vermutete.[333] Das überzeugt nur bedingt, weil Art. 43 Abs. 3 einen Eingriff ins materielle Sachenrecht allenfalls mit seinen Aussagen zur „Anrechnung" (→ Rn. 166 ff.) bewirken kann, zumal auch die meisten ausländischen Sachvorschriften gar nicht danach differenzieren, an welchem Ort ein sachenrechtlich relevanter Teilakt vorgenommen wurde. Beschränkt auf die rein kollisionsrechtliche Aussage zur rückwirkenden Anwendung deutschen Sachrechts liegt ein Eingriff aber jedenfalls dann nicht vor, wenn man eine Rück- oder Weiterverweisung beachtet (→ Rn. 117): Zwar werden dem neuen Sachstatut ggf. Vorgänge unterstellt, auf die es gar nicht angewendet werden wollte, jedoch mag es dies selbst abwehren, indem es auf das alte Sachstatut weiterverweist.[334]

180 Damit spricht sehr vieles für eine **Erweiterung zur allseitigen Kollisionsnorm:**[335] Es besteht schon kein einleuchtender Grund, weshalb die Lieferung einer Sache nach Deutschland anders

330 Viel zu kurz gedacht *Goldt,* Sachenrechtliche Fragen des grenzüberschreitenden Versendungskaufs aus internationalprivatrechtlicher Sicht, 2002, 277 ff., der die Berührung von Drittinteressen im Wesentlichen verneint (auch wenn auf S. 182 f. der Erwerb vom Nichtberechtigten iErg doch der lex rei sitae unterstellt wird).

331 Eine teleologische Reduktion erwägt auch *Pfeiffer* IPRax 2000, 270 (273); aA – Lösung über Art. 46 – *Schurig* FS Stoll, 2001, 577 (589); sich diesem anschießend Staudinger/*Mansel,* 2015, Rn. 1327 f. Eine teleologische Reduktion in ganz anderem Sinne, nämlich auf noch offene Tatbestände, vertritt *U. Ernst,* Mobiliarsicherheiten in Deutschland und Polen, 2005, 285. *Rixen,* Das Sachstatut bei internationalen Verkehrsgeschäften nach der Kodifikation des internationalen Sachenrechts, 2014, 302 ff. will demgegenüber die Begründung des Eigentums mit Art. 46 an das Recht des Bestimmungsstaates anknüpfen, wenn dieses zugleich das Recht des zugrundeliegendes Schuldvertrages ist und zudem von den Parteien gewählt wurde. Nach BeckOGK/*Prütting/A. Zimmermann* Rn. 178 ist zu akzeptieren, dass Art. 43 Abs. 3 weitgehend eine „leere Hülle" darstellt.

332 So aber offenbar *Stoll* IPRax 2000, 259 (263).

333 BT-Drs. 14/343, 16; so auch Erman/*Stürner* Rn. 29.

334 *Schurig* FS Stoll, 2001, 577 (585).

335 Dagegen dezidiert *Kreuzer* FS Bechtold, 2006, 253 ff., ohne freilich auf die hier vorgenommene Trennung zwischen kollisionsrechtlichen und materiellrechtlichen Aussagen einzugehen; ebenso dagegen Staudinger/*Mansel,* 2015, Rn. 1316; *Junker* FS Geimer, 2017, 267 (276).

behandelt werden soll als die Lieferung in einen anderen Staat, dessen Recht gleichfalls die mündliche Vereinbarung eines Eigentumsvorbehalts mit absoluter Wirkung kennt. Daher sprechen sowohl das Gebot, wesentlich Gleiches auch gleich zu behandeln, als auch die Diskriminierungs- und Beschränkungsverbote des AEUV (→ Rn. 160 ff.) für den Ausbau von Art. 43 Abs. 3 im Wege der **Analogie.** Dem abweichenden Willen der Gesetzesredaktoren kommt dabei deswegen keine große Bedeutung zu, weil er sich nur auf die materiellrechtlichen Aussagen bezog.[336]

b) Praktische Bedeutung. Folgt man der hier vertretenen Auffassung, erübrigt sich in einer Reihe von Fallgruppen auch in größerem Umfang die Entwicklung eigener Anknüpfungsregeln über Art. 46. Das betrifft zunächst die sachenrechtliche Seite **internationaler Verkehrsgeschäfte** ganz allgemein, dh nicht nur bei Verbringung der Sache vom Ausland ins Inland (→ Art. 46 Rn. 39), wo ganz ähnliche Probleme auftreten können. Dort ermöglicht es die Analogie zu Art. 43 Abs. 3, rückwirkend das Recht des Bestimmungsstaats anzuwenden, zugleich aber im Absendestaat oder in einem Durchgangsstaat erworbene Rechte Dritter unberührt zu lassen. 181

Art. 43 Abs. 3 hilft auch bei der häufig diskutierten Fallgruppe der Übereignung eines **im Ausland abhanden gekommenen Kraftfahrzeugs** an die entschädigende Versicherung (→ Art. 46 Rn. 39). Für diese kann es – da hauptsächlich inländische Parteien betreffend – meist schon bei der direkten Anwendung von Art. 43 Abs. 3 verbleiben. Eine Übereignung nach §§ 929, 931 BGB wird man hier (nur) unter der Bedingung rückwirkend zulassen können, dass das Kraftfahrzeug nachträglich ins Inland gelangt und im Ausland kein Dritter zwischenzeitlich Eigentum erworben hat. Den berechtigten Interessen der Beteiligten, nicht erst umständlich das am Lageort der Sache – der zudem meist unbekannt ist – geltende Recht ermitteln zu müssen, wird damit ebenso Rechnung getragen wie dem Schutz des Rechtsverkehrs im jeweiligen Belegenheitsstaat. 182

Ähnlich ist die Situation bei nicht-lageortsbezogenen **Verfügungen über res in transitu** (näher → Art. 46 Rn. 40): Soweit die Parteien die Verfügung mit der nach außen erkennbaren Absicht vorgenommen haben, dass sie Rechtswirkungen im Bestimmungsstaat hervorbringen soll, ist gemäß oder analog Art. 43 Abs. 3 rückwirkend dessen Recht anwendbar, wobei zwischenzeitlich erworbene Rechte Dritter unberührt bleiben. 183

E. Kollisionsrechtlicher Kulturgüterschutz

Schrifttum: *Armbrüster,* Privatrechtliche Ansprüche auf Rückführung von Kulturgütern ins Ausland, NJW 2001, 3581; *Beck,* Die Rückgabe gestohlener und rechtswidrig ausgeführter Kulturgüter nach dem UNIDROIT-Übereinkommen 1995 und das deutsche Internationale Privatrecht, 2007; *Halsdorfer,* Privat- und kollisionsrechtliche Folgen der Verletzung von Kulturgüterschutznormen auf der Grundlage des UNESCO-Kulturgutübereinkommens 1970, 2008, zugleich Diss. Köln 2007; *Halsdorfer,* Sollte Deutschland dem UNIDROIT-Kulturgutübereinkommen 1995 beitreten?, IPRax 2009, 307; *Hirsch,* Die Bedeutung der Zusage „freien Geleits" für Kulturgüter, NJW 2001, 1627; *Kienle/Weller,* Die Vindikation gestohlener Kulturgüter im IPR, IPRax 2004, 290; *Kurpiers,* Die lex originis-Regel im internationalen Sachenrecht – Grenzüberschreitende privatrechtliche Ansprüche auf Herausgabe von abhanden gekommenem und unrechtmäßig ausgeführtem Kulturgut, Diss. Heidelberg 2005; *Pieroth/Hartmann,* Rechtswegbeschränkung zur Sicherung des Leihverkehrs mit ausländischen Kulturgütern, NJW 2000, 2129; *Planche,* Die Unesco-Konvention von 1970: Anwendung auf internationaler Ebene, KuR 2010, 143; *Prott,* Kulturgüterschutz nach der UNIDROIT-Konvention und nach der UNESCO-Konvention, ZVglRWiss 95 (1996), 188; *Rietschel,* Internationale Vorgaben zum Kulturgüterschutz und ihre Umsetzung in Deutschland, 2009; *Schneider,* Was hat die UNIDROIT-Konvention von 1995 zu bieten?, KuR 2010, 159; *Strauch,* Rechtsverhältnisse an Kulturgütern im Internationalen Sachenrecht, 2007; *UNESCO,* Conventions and Recommendations of UNESCO Concerning the Protection of the Cultural Heritage, 1983; *B. Thorn,* Internationaler Kultugüterschutz nach der UNIDROIT-Konvention, Diss. Göttingen 2005; *Weller,* The Safeguarding of Foreign Cultural Objects on Loan in Germany, KunstRSp 2009, 182; *Weller,* Brennpunkte des internationalen Kulturgüterschutzrechts: Kulturgutleihgaben ausländischer Staaten im Inland, KunstRSp 2010, 122; *Weidner,* Kulturgüter als res extra commercium im internationalen Sachenrecht, 2013; *Wiese,* Der Einfluss des EG-Rechts auf das Internationale Sachenrecht der Kulturgüter, Diss. Hamburg 2005.

I. Überblick

1. Staatsvertragliche Regelungen. Der internationale Kulturgüterschutz ist in erster Linie eine Domäne des **internationalen Öffentlichen Rechts** bzw. des Völkerrechts.[337] Zwar stehen 184

[336] BT-Drs. 14/343, 16; dies verkennt mE *Kreuzer* FS Bechtold, 2006, 253 (260).

[337] Beispiele aus dem Kriegsvölkerrecht: Art. 56 Abs. 1, 23 Haager Landkriegsordnung vom 18.10.1907 (RGBl. 1910 S. 107 bzw. 132 ff.), die im Wesentlichen aus der Haager Landkriegsordnung vom 29.7.1899 übernommen wurden; Haager Konvention zum Schutz von Kulturgut bei bewaffneten Konflikten vom 14.5.1954

Fragen des Eigentums und anderer dinglicher Rechte am Kulturgut durchaus im Vordergrund, jedoch sind Adressaten dieser Regelungswerke entweder von vornherein nur Staaten, oder aber sie betreffen das Verhältnis zwischen Privaten und Inhabern hoheitlicher Gewalt und enthalten damit keine Regelungen, die das private Sachenrecht mehr als nur peripher tangieren. Eine Darstellung dieses Rechtsgebiets würde den Rahmen einer IPR-Kommentierung deutlich sprengen, weshalb hier das Augenmerk nur auf den wenigen Rechtsquellen liegt, die mit Art. 43–46 konkurrierende bzw. diese ergänzende Bestimmungen enthalten.[338]

185 Das **UNIDROIT-Übereinkommen** von Rom über gestohlene oder rechtswidrig ausgeführte Kulturgüter vom 24.6.1995[339] hat die Bundesrepublik bislang nicht gezeichnet. Es enthält internationales Einheitsrecht, materieller wie kollisionsrechtlicher Natur, das zum großen Teil das private Sachenrecht betrifft.[340] Genuin privatrechtliche Regelungen enthalten vor allem Art. 3 (Herausgabeanspruch, Ausschlussfrist) und Art. 4 (Entschädigungsanspruch des Besitzers) hinsichtlich gestohlener Kulturgüter. In einem geringeren Maße sind privatrechtliche Fragen auch betroffen vom **UNESCO-Übereinkommen** über Maßnahmen zur Verhinderung der verbotenen Einfuhr, Ausfuhr und Eigentumsübertragung von Kulturgütern vom 14.11.1970,[341] das für die Bundesrepublik Deutschland am 29.2.2008 in Kraft getreten ist.[342] Das Übereinkommen enthält allerdings kein unmittelbar anwendbares Recht, sondern nur Ziele, zu deren Erreichung die Mitgliedstaaten sich verpflichten. Die **Haager Konvention** vom 14.5.1954 zum Schutz von Kulturgut bei bewaffneten Konflikten ist für Deutschland seit 11.11.1967 in Kraft[343] und enthält Verpflichtungen zum Schutz von Kulturgut im Kriegs- und Krisenfall, wobei der Gewährung von Sonderschutz für bestimmte Kulturgüter besonderer Stellenwert zukommt. Internationalprivatrechtliche Fragen regelt die Konvention nicht.

186 **2. Europäisches und nationales Recht.** Unmittelbar anwendbare unionsrechtliche Kollisionsnormen existieren im Bereich des Kulturgüterschutzes derzeit nicht. Eine Vorgabe für das Kollisionsrecht in den Mitgliedstaaten enthält aber Art. 13 **RL 2014/60/EU** (→ Vor Art. 43 Rn. 2; zuvor Art. 12 RL 93/7/EWG). Danach bestimmt sich die Frage des Eigentums an dem Kulturgut nach erfolgter Rückgabe nach dem Recht des ersuchenden Mitgliedstaats. Die RL 2014/60/EU ist heute – gemeinsam mit der Haager Konvention von 1954 und dem UNESCO-Übereinkommen von 1970 – im **KGSG**[344] vom 31.7.2016 (BGBl. 2016 I 1914) umgesetzt. Mit dem KGSG wurden verschiedene Gesetze auf dem Gebiet des Kulturgüterschutzes zusammengefasst und zugleich der Anwendungsbereich in maßvoller Weise erweitert. Das KGSG trat mit Wirkung vom 6.8.2016 für

---

(BGBl. 1967 II 1233, BGBl. 1971 II 1025) mit erstem (vom 14.5.1954) und zweitem Protokoll vom 26.3.1999 (BGBl. 2009 II 717, BGBl. 2012 II 54). Beispiele aus dem Friedensvölkerrecht: Art. 149, 303 SRÜ vom 10.12.1982, in Kraft für die Bundesrepublik Deutschland seit 16.11.1994 (BGBl. 1994 II 1798); UNESCO-Übereinkommen zum Schutz des Kultur- und Naturerbes der Welt vom 16.11.1972 (BGBl. 1977 II 215); Europäisches Kulturabkommen vom 19.12.1954 (BGBl. 1955 II 1128); UNESCO-Übereinkommen zum Schutz des archäologischen Kulturgutes vom 6.5.1969 (BGBl. 1974 II 1285); revidierte Fassung von La Valletta, Malta vom 16.1.1992 (BGBl. 2002 II 2709), European Treaty Series Nr. 143; UNESCO-Übereinkommen zum Schutz und zur Förderung der Vielfalt kultureller Ausdrucksformen vom 20.10.2005 (BGBl. 2005 II 234); Europäisches Übereinkommen vom 22.11.1950 über die Einfuhr von Gegenständen erzieherischen, wissenschaftlichen oder kulturellen Charakters (BGBl. 1957 II 170, 1467); Protokoll vom 26.11.1976 (BGBl. 1989 II 490, BGBl. 1990 II 162); Europäisches Übereinkommen vom 3.10.1985 zum Schutz des architektonischen Erbes Europas (BGBl. 1987 II 623); Abkommen zwischen der Regierung der Bundesrepublik Deutschland und der Regierung der Russischen Föderation über kulturelle Zusammenarbeit vom 16.12.1992 (BGBl. 1993 II 1256).

[338] Zu weiteren Einzelheiten vgl. → 3. Aufl. 1998, Anh. I Art. 38 Rn. 176 ff. *(Kreuzer)*.

[339] Text: ZVglRWiss 95 (1996), 214 ff.; vgl. hierzu *Heuer* NJW 1999, 2558 (2562); eingehende Analyse der Konvention von *B. Thorn,* Internationaler Kulturgüterschutz nach der UNIDROIT-Konvention, 2005, 79 ff.; vgl. auch *Vrellis* in Krispis/Samara-Krispi, La protection internationale des biens culturels, 2003, 17; vgl. ferner zur Konvention *Halsdorfer* IPRax 2009, 307; *Schneider* KuR 2010, 159.

[340] Dazu und zum Verhältnis zum deutschen Kollisionsrecht eingehend *Beck,* Die Rückgabe gestohlener und rechtswidrig ausgeführter Kulturgüter nach dem UNIDROIT-Übereinkommen 1995 und das deutsche Internationale Privatrecht, 2007.

[341] BGBl. 2007 II 626. Zum Übereinkommen eingehend *Halsdorfer,* Privat- und kollisionsrechtliche Folgen der Verletzung von Kulturgüterschutznormen auf der Grundlage des UNESCO-Kulturgutübereinkommens 1970, 2007; *Weber* in Schack/Schmidt, Rechtsfragen internationaler Museumspraxis, 2006, 137; *Gerstenblith/Roussin* Int. Law 2008, 729; *Fechner* in Martin/Krautzberger, Denkmalschutz und Denkmalpflege, 4. Aufl. 2017, Rn. 113 ff.; *Planche* KuR 2010, 143.

[342] Bek. vom 28.3.2008, BGBl. 2008 II 235.

[343] BGBl. 1967 II 1233; vgl. auch Protokoll zur Konvention vom 14.5.1954 zum Schutz von Kulturgut bei bewaffneten Konflikten (BGBl. 1967 II 1233, 1300); zweites Protokoll vom 26.3.1999.

[344] Grdl. Überblick bei *Bullinger/Terker* NJW 2019, 731; *Cube* NJW 2017, 787; *v. Richthofen/Lange* NJOZ 2017, 1498; *Strobl* NJOZ 2017, 810; *Elmenhorst/Heimann,* NJW 2016, 3398; *Strobl* DS 2016, 101.

die hier relevanten Fragen an die Stelle des KultGüRückG und des KultgSchG.[345] Die kollisionsrechtlichen Aussagen der RL 2014/60/EU finden sich in **§ 54 KGSG** und **§ 72 KGSG** wieder (vormals § 5 Abs. 2 KultGüRückG und § 8 KultGüRückG), die das allgemeine internationale Sachenrecht als leges speciales verdrängen (eingehend → Rn. 188 ff.). Das KGSG hat allerdings aus kollisionsrechtlicher Sicht im Vergleich zum KultGüRückG inhaltlich kaum Änderungen gebracht.

Von gewisser Bedeutung für das internationale Sachenrecht ist die rechtverbindliche Rückgabezusage für geliehene Kulturgüter aus dem Ausland, die nunmehr in **§§ 73 ff. KGSG und § 10 KGSG** geregelt ist (zuvor § 20 Abs. 3 KultgSchG). Soll ausländisches Kulturgut vorübergehend für eine Ausstellung im Bundesgebiet ausgeliehen werden, so kann die zuständige Behörde im Einvernehmen mit dem Verleiher die Rückgabe zum festgesetzten Zeitpunkt rechtsverbindlich gem. § 10 KGSG und § 73 KGSG zusagen. Gemäß § 76 Abs. 1 Nr. 1 KGSG bewirkt die Zusage, dass dem Rückgabeanspruch des Verleihers keine Rechte entgegengehalten werden können, die Dritte an dem Kulturgut geltend machen, womit auch private Rechte gemeint sind („freies Geleit"). Man wird die Vorschrift aber eher als **Eingriffsnorm,** und nicht als Kollisionsnorm auffassen müssen. 187

II. Kollisionsregeln im KGSG

1. Aufbau des Gesetzes. Die Vorgaben der RL 2014/60/EU – und in gewisser Weise auch die von Art. 13 Abs. 1 UNESCO-Übereinkommen – wurden in **zwei unterschiedlichen Kapiteln** des KGSG umgesetzt: Das sechste Kapitel (§§ 69–72 KGSG) widmet sich der Geltendmachung des öffentlich-rechtlich zu qualifizierenden Anspruchs der Länder auf Rückgabe deutschen Kulturguts gegenüber einem anderen Mitgliedstaat der Europäischen Union bzw. einem Vertragsstaat, das fünfte Kapitel (§§ 49–57 KGSG) dem umgekehrten Fall, dh der Geltendmachung eines solchen Rückgabeanspruchs durch einen anderen Mitgliedstaat bzw. Vertragsstaat. Aus der Gliederung des KGSG erklärt es sich, dass auch die Vorgabe in Art. 13 RL 2014/60/EU an zwei verschiedenen Stellen im Gesetz Eingang gefunden hat, nämlich in **§ 54 Abs. 1 KGSG** und in **§ 72 KGSG.** Der Regelungsgehalt ist letztlich identisch: Das Eigentum an Kulturgut, das nach den Bestimmungen des KGSG zurückgegeben worden ist, richtet sich nach den Sachvorschriften des ersuchenden Staats. § 54 Abs. 2 KGSG stellt ergänzend klar, dass Rechte, die aufgrund rechtsgeschäftlicher Verfügung oder durch Zwangsvollstreckung oder Arrestvollziehung erworben worden sind, der Rückgabepflicht nicht entgegenstehen. 188

§ 54 KGSG Anzuwendendes Zivilrecht

(1) Wer Eigentümer des Kulturgutes ist, das nach den Bestimmungen dieses Gesetzes in das Hoheitsgebiet eines anderen Mitgliedstaates oder Vertragsstaates zurückgegeben worden ist, bestimmt sich nach den Sachvorschriften dieses Mitgliedstaates oder Vertragsstaates.

(2) Rechte, die aufgrund rechtsgeschäftlicher Verfügung oder durch Zwangsvollstreckung oder Arrestvollziehung erworben worden sind, stehen der Rückgabepflicht nicht entgegen.

§ 72 KGSG Eigentum an zurückgegebenem Kulturgut

Wer Eigentümer des Kulturgutes ist, das unrechtmäßig ausgeführt worden ist und in das Bundesgebiet zurückgegeben worden ist, bestimmt sich nach den deutschen Sachvorschriften.

2. Anwendungsbereich. a) Art der erfassten Gegenstände. §§ 4, 8 KultGüRückG idF von 1998 bezog sich nur auf Kulturgut, das aus dem Bundesgebiet in das Hoheitsgebiet eines anderen **Mitgliedstaates der EU** zurückgegeben worden war oder umgekehrt. Bereits mit §§ 5, 9 KultGüRückG idF von 2007 wurde der Anwendungsbereich der Regelung um das Kulturgut erweitert, dessen Rückgabe aus dem Bundesgebiet in das Hoheitsgebiet eines anderen **Vertragsstaates des UNESCO-Übereinkommens** oder umgekehrt erfolgt war. Mit § 54 Abs. 1 KGSG wurde die Regelung auch auf Kulturgut erstreckt, das in das Hoheitsgebiet eines Staates zurückgegeben wurde, dessen bewegliches Kulturgut durch eine **Verordnung der EU** geschützt wird. Darüber hinaus erfasst die Vorschrift nun auch Kulturgut, das aufgrund eines **bewaffneten Konflikts** in das Bundesgebiet eingeführt und nach Beendigung des bewaffneten Konflikts an die zuständige Behörde des Herkunftsgebiets zurückgegeben wurde. Im Falle einer Annexion oder einer nicht anerkannten Sezession des Herkunftsgebiets bestimmt sich das Eigentum an dem Kulturgut nach den Sachvor- 189

[345] Art. 1 Gesetz zur Umsetzung der RL 93/7/EWG vom 15.10.1998 (BGBl. 1998 I 3162 idF BGBl. 2007 I 757, ber. 2547) und Gesetz zum Schutz deutschen Kulturgutes gegen Abwanderung idF vom 8.7.1999 (BGBl. 1999 I 1754). Hierzu *Pieroth/Hartmann* NJW 2000, 2129; *Hirsch* NJW 2001, 1627; *El-Bitar* EuZW 2005, 173; *Weller* KunstRSp 2009, 182; *Weller* KunstRSp 2010, 122.

schriften des Staates, zu dessen Staatsgebiet das Herkunftsgebiet nach den allgemeinen Regeln des Völkerrechts gehört.[346]

190 § 2 Abs. 1 Nr. 1, 10 KGSG und § 6 Abs. 1 KGSG enthalten jeweils eine nähere Eingrenzung der geschützten **Gegenstände.** Das Gesetz unterscheidet zwischen Kulturgut allgemein (§ 2 Nr. 10 KGSG), nationalem Kulturgut (§ 6 Abs. 1 KGSG) und national wertvollem Kulturgut (§ 6 Abs. 1 Nr. 1 KGSG, § 7 KGSG). Um nationales Kulturgut handelt es sich dann, wenn sich das Kulturgut im Eigentum und Bestand einer öffentlich-rechtlichen Kulturgut bewahrenden Stelle bzw. einer Stelle, die überwiegend durch Zuwendungen der öffentlichen Hand finanziert wird, befindet oder Teil einer Kunstsammlung des Bundes oder der Länder ist. Gemäß § 6 Abs. 1 Nr. 1 KGSG handelt es sich bei Kulturgut dann um national wertvolles Kulturgut, wenn der Gegenstand in das „Verzeichnis national wertvollen Kulturgutes" eingetragen wurde.

191 **b) Zeitpunkt der Einstufung als Kulturgut.** Ein Rückgabeanspruch eines **EU-Mitgliedstaates** besteht gem. § 50 Nr. 2 KGSG nunmehr auch dann, wenn die Einstufung oder Definition als nationales Kulturgut von künstlerischem, geschichtlichem oder archäologischem Wert iSd Art. 36 AEUV **erst nach der Verbringung** erfolgt. Die Richtlinienkonformität der Vorgängerbestimmung (§ 6 Abs. 1 KultGüRückG) ist bezweifelt worden, weil Art. 1 Nr. 1 erster Spiegelstrich RL 93/7/EWG (nunmehr Art. 2 RL 2014/60/EU) von Gegenständen sprach, die vor oder nach der unrechtmäßigen Verbringung in das Hoheitsgebiet eines anderen Mitgliedstaats als nationales Kulturgut eingestuft wurden.[347] Dem deutschen Gesetzgeber ist die Abweichung bei der Umsetzung der RL 93/7/EWG bewusst gewesen, jedoch hat er sie in diesem Punkt für mit den Grundfreiheiten unvereinbar,[348] die Rechtssicherheit für gefährdet und das rechtsstaatliche Prinzip der Verhältnismäßigkeit für verletzt[349] gehalten.[350] Hinsichtlich des **UNESCO-Übereinkommens** ist die Situation ähnlich, doch sind seine Vorgaben deutlich vager und daher einer Konkretisierung durch die Vertragsstaaten zugänglich. Entsprechend sind Kulturgüter ansuchender Vertragsstaaten weiterhin nur dann Schutzobjekt des Rückgabeanspruchs, wenn die Einstufung **vor der Verbringung** erfolgt ist (§ 52 Abs. 1 Nr. 3 KGSG).

192 **c) Anwendbarkeit bei anderweitiger Rückführung?** Ferner bleibt wohl umstritten, ob die rückwirkend abweichende Anknüpfung auch dann gilt, wenn das Kulturgut auf **andere Weise als durch Ersuchen** iSd KGSG in den Ursprungsstaat zurückgelangt, etwa zufällig dorthin gelangt oder freiwillig zurückgegeben wird.[351] Schon § 5 Abs. 1 KultGüRückG setzte ausdrücklich voraus, dass das Kulturgut „nach den Bestimmungen dieses Gesetzes auf Verlangen in das Bundesgebiet zurückgegeben wird", und § 9 KultGüRückG dürfte gleichfalls in diesem Lichte auszulegen gewesen sein (diesbezüglich unverändert die §§ 54, 72 KGSG). In Frage käme also lediglich eine analoge Anwendung. Gegen dieses Verständnis der Vorgängerbestimmungen wurde in der Lit. geltend gemacht, Ziel der RL 93/7/EWG sei nicht die Sicherung privater Ansprüche.[352] Dieses Argument ist im Hinblick auf die Erwägungsgründe der RL 2014/60/EU auch nach der Novellierung auf europäischer Ebene weiterhin von Gewicht. Indessen erschiene eine Unterscheidung zwischen freiwilliger und erzwungener Rückgabe willkürlich, zumal es häufig so sein wird, dass schon die Kenntnis von einem geplanten Ersuchen zur Rückgabe führen wird.[353] Daher sind § 54 Abs. 1 KGSG, § 72 KGSG auf diese Fälle **analog anzuwenden.**[354]

193 **3. Kollisionsrechtliche Bedeutung. a) Rechtslage seit dem KGSG.** Was mit der Verweisung auf das Recht des ersuchenden Staats gemeint ist, war bis zur Neufassung durch das KGSG umstritten.[355] Der Gesetzgeber will den § 54 Abs. 1 KGSG, § 72 KGSG die – hier auch schon zur

346 BT-Drs. 18/7456, 2.

347 *Mußgnug* EuR 2000, 564 (583 ff.); *Hipp*, Schutz von Kulturgütern in Deutschland, 2000, 319 f.

348 *v. Danwitz*, Gemeinschaftlicher Kulturgüterschutz im europäischen Binnenmarkt: Zu den Vorgaben des europäischen Vertragsrechts für die Richtlinie 93/7/EWG über die Rückgabe von unrechtmäßig aus dem Hoheitsgebiet eines Mitgliedstaats verbrachten Kulturgütern, Rechtsgutachten, erstattet dem Arbeitskreis deutscher Kunsthandelsverbände, 1998; ebenso *v. Preuschen* EuZW 1999, 40 ff.

349 Für insgesamt nichtig hält die RL *Eberl* NVwZ 1994, 729 (734 ff.).

350 BT-Drs. 13/10789, 1 und 8 f.

351 Vgl. zur Vorgängerbestimmung Staudinger/*Mansel*, 2015, IntSachenR Anh. II Art. 46 Rn. 20, 48.

352 *Fuchs* IPRax 2000, 281 (285); → 3. Aufl. 1998, Anh. I Art. 38 Rn. 195 *(Kreuzer)*.

353 *Siehr* RabelsZ 59 (1995), 454 (466).

354 *Siehr* RabelsZ 59 (1995), 454 (466); aA *Halsdorfer*, Privat- und kollisionsrechtliche Folgen der Verletzung von Kulturgüterschutznormen auf der Grundlage des UNESCO-Kulturgutübereinkommens 1970, 2008, 248 ff. und 263; *Halsdorfer* IPRax 2008, 395 (399).

355 *Halsdorfer*, Privat- und kollisionsrechtliche Folgen der Verletzung von Kulturgüterschutznormen auf der Grundlage des UNESCO-Kulturgutübereinkommens 1970, 2008, 262 f.; *Halsdorfer* IPRax 2008, 395 (398). Zum Theorienstreit vor der Novelle *El-Bitar*, Der deutsche und französische Kulturgüterschutz nach der Umsetzung der Kulturgüterrückgaberichtlinie, 2007, 152 ff.

Vorgängerbestimmung vertretene – Bedeutung beimessen, dass außerhalb des ersuchenden Mitgliedstaats erfolgte sachenrechtliche Vorgänge **rückwirkend** nach dem materiellen Sachenrecht des ersuchenden Mitgliedstaats beurteilt werden.[356] Der Eintritt dinglicher Rechtsänderungen außerhalb des ersuchenden Mitgliedstaats wäre damit nicht ausgeschlossen, sondern könnte sich weiterhin in den Grenzen vollziehen, in denen es auch das Recht des ersuchenden Mitgliedstaats zugelassen hätte. Die §§ 54 Abs. 1, 72 KGSG sind im Ergebnis hinsichtlich aller Vorgänge, die sich seit der unrechtmäßigen Verbringung bis zur Rückgabe ereignet haben, als **Sachnormverweisung auf die lex originis** aufzufassen.[357]

Soweit dies allerdings zu der Situation führt, dass eine strengere lex rei sitae durch die mildere lex originis ersetzt wird und damit vielleicht einem gutgläubigen Erwerb, der nach der lex rei sitae gescheitert wäre, rückwirkend zur Wirksamkeit verholfen würde, dürfte diese Lesart der Vorschrift dem **Schutzzweck** der RL 2014/60/EU und des KGSG widersprechen. Dem wird man durch eine entsprechende **teleologische Reduktion** der Vorschriften Rechnung tragen können.[358] **194**

b) Geäußerte Kritik. Bereits aus den Materialien zur Vorgänger-RL 93/7/EWG ließ sich (mit einiger Mühe) schließen, dass diese Position auch dem europäischen Gesetzgeber vorschwebte,[359] was ein schlagendes Argument für die **„kollisionsrechtliche Theorie“** darstellte. Dass eine solche Konstruktion zumindest dem deutschen internationalen Sachenrecht nicht ganz fremd ist, zeigte schon ein Blick auf Art. 43 Abs. 3 (→ Rn. 172 ff.). Vor der Neufassung im KGSG wurde dieser Ansicht allerdings teilweise entgegengehalten, dass die rückwirkende Ersetzung der lex rei sitae durch die lex originis Unsicherheiten im internationalen Kunsthandel hervorrufe. Diese Unsicherheiten wogen allerdings erstens deswegen nicht so schwer, weil schon die RL 93/7/EWG unionsweit umgesetzt war und damit unionsweit rückwirkend auf die lex originis verwiesen wurde. Zweitens sind gewisse Unsicherheiten des Eigentumserwerbs an rechtswidrig ins Ausland verbrachten Kulturgütern vom Kulturgüterschutz durchaus gewollt. Auch das Argument, dass es auf diese Weise beispielsweise möglich wäre, dass ein in Deutschland gestohlenes Kulturgut auf einer öffentlichen Auktion in London gem. §§ 932, 935 Abs. 2 BGB gutgläubig erworben würde,[360] verfing nicht: Schließlich wäre es dem deutschen Gesetzgeber unbenommen, seine materiellrechtlichen Vorschriften über den gutgläubigen Erwerb für Kulturgüter entsprechend einzuschränken. Sofern er das nicht tut und es damit in Kauf nimmt, dass Kulturgüter ungehindert im Inland zirkulieren und im Inland auch an ausländischen Kulturgütern gutgläubig Eigentum erworben werden kann, muss er sich daran auch dann festhalten lassen, wenn es um deutsche Kulturgüter im Ausland geht. **195**

c) Abweichende Theorien. Nach einer älteren Ansicht bewirkten die Vorschriften eine Negation von Rechtspositionen, die nach dem Verbringen ins Ausland am Kulturgut erworben worden wären **(„materiellrechtliche Theorie“).**[361] Eigentumsrechte, die nach der unrechtmäßigen Verbringung gemäß den Rechtsvorschriften eines anderen Staates zwischenzeitlich wirksam erworben worden seien, würden danach im ersuchenden Staat nicht anerkannt. Dagegen spricht **196**

[356] BT-Drs. 18/7456, 105. Zur Rechtslage vor der Novelle Staudinger/*Mansel,* 2015, IntSachenR Anh. II Art. 46 Rn. 46; *Jayme/Kohler* IPRax 1993, 360; *Roth* IPRax 1994, 165 (173); *Pfeiffer* IPRax 2000, 270 (278 ff.); *Kurpiers,* Die lex originis-Regel im internationalen Sachenrecht – Grenzüberschreitende privatrechtliche Ansprüche auf Herausgabe von abhanden gekommenem und unrechtmäßig ausgeführtem Kulturgut, 2005, 78 ff., 90; *Mansel,* Die Bedeutung des internationalen Privatrechts in Bezug auf das Herausgabeverlangen des Eigentümers bei abhanden gekommenen Kulturgütern, in Koordinierungsstelle für Kulturgutverluste, Im Labyrinth des Rechts? Wege zum Kulturgüterschutz, 2007, 129, 144. Vgl. Art. 2 Resolution des Institut de Droit International von 1991 (Text: IPRax 1991, 432), die generell das Recht des Herkunftsstaats für anwendbar erklärt; wohl auch *De Ceuster* Revue du Marché Unique Européen 1993, 33 (46).

[357] Zur Rechtslage vor der Novelle s. BT-Drs. 14/343, 15; *Fuchs* IPRax 2000, 281 (285); zu Art. 12 RL auch schon *De Ceuster* Revue du Marché Unique Européen 1993, 33 (46); *Siehr* RabelsZ 59 (1995), 454 (465); → 3. Aufl. 1998, Anh. I Art. 38 Rn. 195 *(Kreuzer); Jayme/Kohler* IPRax 1998, 417 (426); *Domínguez,* Conflicto de jurisdicción y de leyes en el tráfico ilícito de bienes culturales, 2007, Rn. 582; Staudinger/*Mansel,* 2015, Anh. II Art. 46 Rn. 16; aA, aber von einem anderen Grundansatz her, *Müller-Katzenburg,* Internationale Standards im Kulturgüterverkehr und ihre Bedeutung für das Sach- und Kollisionsrecht, 1995, 285. Für eine Umsetzung der RL als Gesamtverweisung auf das Recht des ersuchenden Mitgliedstaates *Wiese,* Der Einfluss des EG-Rechts auf das Internationale Sachenrecht der Kulturgüter, 2005, 257 ff.

[358] Zur RL 93/7/EWG zust. *Halsdorfer* IPRax 2008, 395 (398).

[359] Eingehend *Pfeiffer* IPRax 2000, 270 (278 ff.), auch zum Vorliegen einer Sachnormverweisung.

[360] → 3. Aufl. 1998, Anh. I Art. 38 Rn. 195 *(Kreuzer).*

[361] *Siehr* RabelsZ 59 (1995), 454 (467); *Siehr* KUR 1999, 225; *Schmeinck,* Internationalprivatrechtliche Aspekte des Kulturgüterschutzes, 1994, 196 f. mit rechtspolitischer Kritik; tendenziell auch → 3. Aufl. 1998, Anh. I Art. 38 Rn. 195 *(Kreuzer); Weidner,* Kulturgüter als res extra commercium im internationalen Sachenrecht, 2013, 279 ff.

allerdings, dass weder die RL noch die Umsetzungsgesetze den Schutz des ursprünglichen Eigentümers zum Gegenstand haben. Wie zuvor § 5 Abs. 2 KultGüRückG und nun § 54 Abs. 2 KGSG klarstellen, ist der öffentlich-rechtliche Rückgabeanspruch zwischen den Staaten von der bürgerlich-rechtlichen Eigentumslage völlig unabhängig zu sehen und soll diese nicht berühren.[362] Eine solche „privatrechtliche Sanktion" für einen Verstoß gegen ein öffentlich-rechtliches Exportverbot[363] wäre ein Novum im internationalen Kulturgüterschutz gewesen, zumal zu Gunsten gutgläubiger Erwerber nicht einmal Entschädigungszahlungen vorgesehen sind (vgl. demgegenüber Art. 4, 6 UNIDROIT-Übereinkommen, → Rn. 184). Insgesamt war diese Auffassung daher wohl **nicht zu halten.**

197 Eine andere Auffassung sah in den § 5 Abs. 1 KultGüRückG, § 9 KultGüRückG keine Abkehr von der im internationalen Sachenrecht geltenden Situs-Regel **(„öffentlich-rechtliche Theorie").**[364] Hauptargument war, dass die zivilrechtliche Eigentumsordnung der Kulturgüter in den Mitgliedstaaten und das zugehörige Kollisionsrecht durch die RL 93/7/EWG grundsätzlich nicht umgestaltet hätten werden sollen, wofür auch die Regelung in § 5 Abs. 2 KultGüRückG ins Feld geführt werden konnte. Art. 12 RL 93/7/EWG, der anders als das KultGüRückG nur vom „Recht des ersuchenden Mitgliedstaats", und nicht von „Sachvorschriften" gesprochen habe, habe nur eine Verweisung auf das Kollisionsrecht des ersuchenden Mitgliedstaats, normalerweise also auf die Situs-Regel, bezweckt. Gegen diese Auffassung sprach freilich, dass Art. 12 RL 93/7/EWG angesichts der unionsweiten Verbreitung der Situs-Regel **weitgehend überflüssig** gewesen wäre. Dieses Argument gegen die „öffentlich-rechtliche Theorie" verfängt auch weiterhin in Bezug auf Art. 13 RL 2014/60/EU.

III. Allgemeine Grundsätze

198 Soweit die besonderen Kollisionsregeln der § 54 Abs. 1 KGSG, § 72 KGSG nicht eingreifen, bleibt es bei der Geltung des allgemeinen internationalen Sachenrechts der **Art. 43–46.** Danach sind sachenrechtliche Fragen gem. Art. 43 Abs. 1 grundsätzlich der lex rei sitae unterworfen. Da der Gesetzgeber auf eine eigene Regelung für Kulturgüter ausdrücklich verzichtet hat,[365] dürfte den älteren Stellungnahmen im Schrifttum, die für eine generelle Abweichung von der Situs-Regel plädiert haben,[366] der Boden entzogen sein.[367] Auch der Kunstgriff, durch zeitliche Fixierung der Anknüpfung an den Lageort auf den Zeitpunkt des Abhandenkommens unter scheinbarer Aufrechterhaltung der Situs-Regel doch noch zur lex originis oder zumindest zur lex furti[368] zu gelangen,[369] ist nicht gangbar.

199 Freilich wird auch nach der Kodifizierung des internationalen Sachenrechts noch versucht, auf der Grundlage von Art. 46 für Kulturgüter abweichende Anknüpfungsregeln zu entwickeln.[370] Ganz abgesehen von der Frage, ob Art. 46 dafür ein geeignetes Instrument darstellt (→ Art. 46 Rn. 4 ff.), kann dieser Auffassung schon in der Sache nicht gefolgt werden.[371] Sie widerspricht nicht nur der ausdrücklich geäußerten Vorstellung der Gesetzesverfasser,[372] sondern erscheint auch in der Durchführung äußerst problematisch. Mit dem hohen Stellenwert der Verkehrssicherheit im interna-

---

362 Ebenso BT-Drs. 18/7456, 106. Zur Argumentation vor der Novelle *Fuchs* IPRax 2000, 281 (285).

363 So → 3. Aufl. 1998, Anh. I Art. 38 Rn. 195 *(Kreuzer).*

364 Zur Rechtslage vor der Novelle *Müller-Katzenburg,* Internationale Standards im Kulturgüterverkehr und ihre Bedeutung für das Sach- und Kollisionsrecht, 1995, 284 ff.; *Mußgnug* FS Bernhardt, 1995, 1240 f.; *Hipp,* Schutz von Kulturgütern in Deutschland, 2000, 290; *Wiese,* Der Einfluss des EG-Rechts auf das Internationale Sachenrecht der Kulturgüter, 2005, 259; *Siehr* ZVglRWiss 104 (2005), 145 (151 f.).

365 BT-Drs. 14/343, 15.

366 Eingehend → 3. Aufl. 1998, Anh. I Art. 38 Rn. 200 ff. mwN *(Kreuzer).*

367 Zust. KG NJW 2007, 705.

368 Zum Begriff *Mansel* IPRax 1988, 268 (271); *Kienle/Weller* IPRax 2004, 290 (291); *Mansel* in Im Labyrinth des Rechts? Wege zum Kulturgüterschutz, 2007, 129, 145 ff.

369 *Mansel* IPRax 1988, 268 (271); tendenziell auch *Jayme* in Dolzer/Jayme/Mussgnug, Rechtsfragen des internationalen Kulturgüterschutzes, 1994, 35, 50 f. mwN.

370 So insbes. von *Armbrüster* NJW 2001, 3581 (3582 ff.); *Kienle/Weller* IPRax 2004, 290 (291 f.); *Kurpiers,* Die lex originis-Regel im internationalen Sachenrecht – Grenzüberschreitende privatrechtliche Ansprüche auf Herausgabe von abhanden gekommenem und unrechtmäßig ausgeführtem Kulturgut, 2005, 68 ff., 74; 184 ff., der darüber hinaus de lege ferenda die Schaffung einer Sonderkollisionsnorm im EGBGB fordert und Vorschläge zur Präzisierung einer lex originis-Regel macht.

371 Wie hier *Schmeinck,* Internationalprivatrechtliche Aspekte des Kulturgüterschutzes, 1994, 128; *Müller-Katzenburg,* Internationale Standards im Kulturgüterverkehr und ihre Bedeutung für das Sach- und Kollisionsrecht, 1995, 232 f.; Grüneberg/*Thorn* Rn. 2; *Fuchs* IPRax 2000, 281 (284); iErg auch *Wiese,* Der Einfluss des EG-Rechts auf das Internationale Sachenrecht der Kulturgüter, 2005, 264; zum alten Recht vgl. auch schon *Jayme* ZVglRWiss 95 (1996), 158 (167); *Siehr* FS Trinkner, 1995, 703 (715).

372 BT-Drs. 14/343, 15.

tionalen Sachenrecht erscheint es unvereinbar, besondere Anknüpfungen für bestimmte Sachtypen zu entwickeln, die weder klar abgegrenzt sind (was ist alles ein „Kulturgut"?) noch über einen Kamm geschoren werden dürfen (Differenzierung zwischen rechtmäßiger und rechtswidriger Ausfuhr, zwischen verschiedenen Formen von Kulturgütern, nach dem völkerrechtlichen Kontext usw). Das richtige Instrument zur Durchsetzung internationalen Kulturgüterschutzes liegt im internationalen bzw. europäischen Einheitsrecht. Zur Vermeidung untragbarer Ergebnisse bieten einstweilen die **Sonderanknüpfung von Eingriffsnormen,**[373] die Anerkennung einer im Herkunftsstaat erlangten **sachenrechtlichen Prägung** und der Vorbehalt des **ordre public** (Art. 6) ein hinreichendes Instrumentarium.[374]

F. Wertpapierkollisionsrecht

Schrifttum: *Born,* Europäisches Kollisionsrecht des Effektengiros: Intermediatisierte Wertpapiere im Schnittfeld von Internationalem Sachen-, Schuld- und Insolvenzrecht, 2014; *Brunner,* Wertrechte – nicht verurkundete Rechte mit gleicher Funktion wie Wertpapiere, 1996; *Chun,* Cross-Border Transactions of Intermediated Securities. A Comparative Analysis of Substantive Law and Private International Law, 2012; *Dittrich,* Effektengiroverkehr mit Auslandsberührung, 2002; *Drobnig,* Vergleichende und kollisionsrechtliche Probleme der Girosammelverwahrung von Wertpapieren im Verhältnis Deutschland – Frankreich, FS Zweigert, 1981, 73; *Ege,* Das Kollisionsrecht der indirekt gehaltenen Wertpapiere, 2006; *Einsele,* Kollisionsrechtliche Behandlung von Wertpapieren und Reichweite der Eigentumsvermutung des § 1006 BGB, IPRax 1995, 163; *Einsele,* Wertpapiere im elektronischen Bankgeschäft, WM 2001, 7; *Einsele,* Die internationalprivatrechtlichen Regelungen der Finalitätsrichtlinie und ihre Umsetzung in der Europäischen Union, WM 2001, 2415; *Einsele,* Das Haager Übereinkommen über das auf bestimmte Rechte im Zusammenhang mit zwischenverwahrten Wertpapieren anzuwendende Recht, WM 2003, 2349; *Einsele,* Das UNIDROIT-Projekt zu intermediärverwahrten Wertpapieren als Konzept für eine Modernisierung des deutschen Depotrechts, WM 2005, 1109; *Einsele,* Intermediär-verwahrte Wertpapiere – Rechtsharmonisierung versus Systemneutralität, ZHR 177 (2013), 50; *Einsele,* Das Kollisionsrecht Intermediär-verwahrter Wertpapiere, EuZW 2018, 402; *Franz,* Überregionale Effektentransaktionen und anwendbares Recht – Eine kollisionsrechtliche Untersuchung mit besonderer Berücksichtigung des § 17a DepotG, 2004; *Goode,* The Hague Convention on the Law Applicable to Indirectly Held Securities: A Market-Oriented Approach to the Conflict of Laws, Symposium Kötz, 2006, 63; *Guynn/Marchand,* Transfer or pledge of securities held through depositories, in van Houtte, The law of cross-border securities transactions, 1999, 47; *Keller,* Die EG-Richtlinie 98/26 vom 19.5.1998 über die Wirksamkeit von Abrechnungen in Zahlungs- sowie Wertpapierliefer- und -abrechnungssystemen und ihre Umsetzung in Deutschland, WM 2000, 1269; *Kronke,* Das Genfer UNIDROIT-Übereinkommen über materiellrechtliche Normen für intermediär-verwahrte Wertpapiere und die Reform des deutschen Depotrechts, WM 2010, 1625; *Kronke/Berger,* Wertpapierstatut, Schadensersatzpflichten der Inkassobank, Schuldnerschutz in der Zession – Schweizer Orderschecks auf Abwegen, IPRax 1991, 316; *S. Lorenz,* Zur Abgrenzung von Wertpapierrechtsstatut und Wertpapiersachstatut im internationalen Wertpapierrecht, NJW 1995, 176; *Merkt/Rossbach,* Das „Übereinkommen über das auf bestimmte Rechte in Bezug auf bei einem Zwischenverwahrer sammelverwahrte Effekten anzuwendende Recht" der Haager Konferenz für Internationales Privatrecht, ZVglRWiss 102 (2003), 33; *Reuschle,* Das neue IPR für intermediär-verwahrte Wertpapiere, BKR 2003, 562; *Reuschle,* Grenzüberschreitender Effektengiroverkehr – Die Entwicklung des europäischen und internationalen Wertpapierkollisionsrechts, RabelsZ 68 (2004), 687; *Reuschle,* Haager Übereinkommen über die auf bestimmte Rechte in Bezug auf Intermediär-verwahrte Wertpapiere anzuwendende Rechtsordnung, IPRax 2003, 495; *Saager,* Effektengiroverkehr und Internationales Privatrecht, 2007; *Schefold,* Grenzüberschreitende Wertpapierübertragungen und Internationales Privatrecht, IPRax 2000, 468; *Schefold,* Kollisionsrechtliche Lösungsansätze im Recht des grenzüberschreitenden Effektengiroverkehrs – die Anknüpfungsregelungen der Sicherheitenrichtlinie (EG) und der Haager Konvention über das auf zwischenverwahrte Wertpapiere anwendbare Recht, FS Jayme, Bd. I, 2004, 805; *Schlaegel,* Die Finanzsicherheiten-Richtlinie (2002/47/EG) und ihre Umsetzung in das deutsche Recht, 2008; *Schwarz,* Globaler Effektenhandel, 2016; *Segna,* Bucheffekten – Ein rechtsvergleichender Beitrag zur Reform des deutschen Depotrechts, 2018; *Wust,* Die grenzüberschreitende Verbuchung von Wertpapieren – Möglichkeiten und Grenzen moderner Kollisionsnormen im Hinblick auf unterschiedliche materiellrechtliche Berechtigungen an Wertpapieren, 2011.

I. Wertpapierrechts- und Wertpapiersachstatut

1. Klassische Auffassung. a) Ausgangspunkt: Dominanz des Hauptstatuts. Wertpapiere 200
sind nach allgemeinem Verständnis Urkunden, in denen ein privates Recht dergestalt verbrieft wird,

---

[373] Dazu eingehend *Strauch,* Rechtsverhältnisse an Kulturgütern im Internationalen Sachenrecht, 2007, 145 ff., 186 ff.; für das deutsch-russische Verhältnis *Ziegler,* Russische Kapitalverkehrs- und Kulturgüterschutzbestimmungen im deutschen Internationalen Privatrecht, 2006.

[374] Eingehend *Müller-Katzenburg,* Internationale Standards im Kulturgüterverkehr und ihre Bedeutung für das Sach- und Kollisionsrecht, 1995, 234 ff.

dass zur Ausübung des Rechts die Innehabung des Papiers erforderlich ist. Insoweit als die Innehabung des Papiers betroffen ist, die sich in sachenrechtlichen Formen vollzieht, ist das internationale Wertpapierrecht ein Teilbereich des internationalen Sachenrechts. Bei Wertpapieren ist kollisionsrechtlich zunächst zwischen dem sog. Recht am Papier und dem sog. Recht aus dem Papier zu differenzieren. Nur ersteres unterliegt dem Sachstatut **(Wertpapiersachstatut),** letzteres dagegen dem Statut des verbrieften Rechts (Wertpapierrechtsstatut, **Hauptstatut**).[375] Je nachdem, ob es sich bei dem verbrieften Recht um eine Forderung (zB bei Schuldverschreibung, Wechsel, Scheck), ein Sachenrecht (zB bei Grundschuldbrief) oder um ein Mitgliedschaftsrecht (zB bei Aktien) handelt, ist Hauptstatut das Schuldstatut, das Sachstatut (lex rei sitae) oder das Gesellschaftsstatut. Bei Warenpapieren ist Hauptstatut richtigerweise das Warensachstatut, das in der Regel mit der lex rei sitae der Ware übereinstimmt.[376]

201 Nach klassischer Auffassung kommt dem Hauptstatut Dominanz zu und lebt das Wertpapiersachstatut „von der Gnade des Hauptstatuts".[377] Das Hauptstatut entscheidet bereits darüber, ob eine Urkunde die **Rechtsqualität** eines Wertpapiers besitzt und welcher Art (Inhaber-, Order-, Rektapapier) es zugehört.[378] Es entscheidet daher insbesondere, ob und inwieweit das verbriefte Rechtsverhältnis durch das Eigentum, ein beschränktes dingliches Recht oder den Besitz am Papier beeinflusst wird.[379] Beispielsweise bestimmt das Hauptstatut, ob die Verfügung über das verbriefte Recht (Veräußerung, Belastung) durch eine **sachenrechtliche Verfügung** über das verbriefende Wertpapier, durch **Zession** des verbrieften Rechts oder aber durch stufenweise Neubegründung **vertraglicher Rechtsbeziehungen** erfolgt.[380] Nur insoweit als das Hauptstatut für die Verfügung über das verbriefte Recht tatsächlich die sachenrechtliche Verfügung über das verbriefende Wertpapier für maßgeblich erklärt, kommt es überhaupt zu einem Wertpapiersachstatut. Diesem Wertpapiersachstatut unterliegt die **dingliche Rechtslage** am Papier selbst, gleichviel, ob es um rechtsgeschäftliche oder um gesetzliche Tatbestände geht.[381] Anderenfalls richten sich Fragen der Berechtigung mit Wirkung erga omnes entweder – wenn primär das verbriefte Recht als solches übertragen wird – nach dem Zessionsstatut (Art. 14 Abs. 2 Rom I-VO; zu den bestehenden Zweifelsfragen → Rom I-VO Art. 14 Rn. 10 ff.) oder aber – wenn es um die stufenweise Neubegründung vertraglicher Rechtsbeziehungen geht – nach dem Schuldvertragsstatut (Art. 3 ff. Rom I-VO).

202 Nach dieser klassischen Auffassung geht es beim Wertpapiersachstatut letztlich um die **selbständige Anknüpfung einer materiellrechtlichen Vorfrage** (→ Einl. IPR Rn. 148 ff.), die sich im Rahmen der Anwendung des berufenen Hauptstatuts stellt: Nur insoweit als das materielle Recht des Hauptstatuts für eine Rechtswirkung erga omnes auf einen sachenrechtlich zu qualifizierenden Vorgang rekurriert, insbesondere auf dingliche Rechte am Wertpapier, kommt es zur separaten sachenrechtlichen Anknüpfung.

203 **b) Bedeutung für verschiedene Wertpapiertypen. aa) Inhaberpapiere.** Das verbriefte Recht kann bei Inhaberpapieren vom jeweiligen Inhaber geltend gemacht werden. Das Recht aus dem Papier folgt dem Recht am Papier, es wird durch Übereignung der Urkunde übertragen. Erfüllt ein Wertpapier diese Voraussetzungen, was sich nach dem Hauptstatut richtet (→ Rn. 201), so unterliegen Verfügungen über das Papier dem Wertpapiersachstatut. Dieses regelt nicht nur die Rechtswirksamkeit von Übereignungen, sondern jegliche Änderung der dinglichen Rechtsverhältnisse, ob kraft Gesetzes oder kraft Rechtsgeschäfts.[382] Das Wertpapiersachstatut regelt auch die Möglichkeit des gutgläubigen Erwerbs von Inhaberpapieren.[383] Dabei führt ein gutgläubiger Erwerb des Papiers nach dem Wertpapiersachstatut auch dann zum gutgläubigen Erwerb des Rechts, wenn

[375] BGHZ 108, 353 (356) = NJW 1990, 242; zum kodifizierten IPR etwa OLG Düsseldorf NJOZ 2004, 1213; OLG Karlsruhe ZIP 2006, 1576; Grüneberg/*Thorn* Rn. 1; PWW/*Brinkmann* Rn. 9; *Schefold* IPRax 2000, 468 (469); vgl. auch BGH NJW 1994, 939 und dazu *Einsele* IPRax 1995, 163; *Lorenz* NJW 1995, 176; Langenbucher/Bliesener/Spindler/*Binder* DepotR Rn. 50; *Wust,* Die grenzüberschreitende Verbuchung von Wertpapieren – Möglichkeiten und Grenzen moderner Kollisionsnormen im Hinblick auf unterschiedliche materiellrechtliche Berechtigungen an Wertpapieren, 2011, 258 ff.

[376] RGZ 119, 215 (216); *Schnitzer,* Handbuch des internationalen Handels-, Wechsel- und Checkrechts, 1938, 351.

[377] Formulierung von *Schwarz,* Globaler Effektenhandel, 2016, 732.

[378] RGZ 119, 215 (216); *Einsele* WertpapierR 398; Staudinger/*Mansel,* 2015, Rn. 25; Grüneberg/*Thorn* Rn. 1; PWW/*Brinkmann* Rn. 9; Scherer/*Dittrich* DepotG § 17a Rn. 34; *Kranz* IPRax 2021, 139 (140).

[379] BGH NJW 1994, 939; Staudinger/*Mansel,* 2015, Rn. 24.

[380] RGZ 119, 215 (216); *Einsele* WertpapierR 398 f.; Staudinger/*Stoll,* 1996, IntSachenR Rn. 417, 424; Soergel/*Lüderitz* Anh. II Art. 38 Rn. 15; Scherer/*Dittrich* DepotG § 17a Rn. 34; *Lorenz* NJW 1995, 176 (177).

[381] *Reuschle* RabelsZ 68 (2004), 687 (705); Staudinger/*Mansel,* 2015, Rn. 29; OLG Frankfurt IPRspr. 2010, Nr. 60, 128; Langenbucher/Bliesener/Spindler/*Binder* DepotR Rn. 51.

[382] *Einsele* WertpapierR 399.

[383] RGZ 11, 52 (55); 28, 109 (111); 37, 69; 41, 152 (153); LG Stuttgart WM 1955, 1232.

die Anforderungen des Hauptstatuts nicht erfüllt sind, und umgekehrt.[384] Ebenso unterliegen dem Wertpapiersachstatut Rechtsvermutungen, wie etwa § 1006 BGB, sofern diese sich auf die dingliche Rechtslage beziehen.[385]

bb) Orderpapiere. Auch bei Orderpapieren hängt das Recht aus dem Papier zumindest grundsätzlich vom Recht am Papier ab. Sofern es sich um blanko indossierte Orderpapiere handelt, gelten die Ausführungen zu Inhaberpapieren (→ Rn. 203) entsprechend.[386] Im Übrigen gilt zwar für **Verfügungen über das Orderpapier** nach allgemeinen Grundsätzen das Wertpapiersachstatut.[387] Die Wirksamkeit dieser Verfügungen sagt jedoch – anders als bei Inhaberpapieren – noch nichts über die Frage aus, ob damit auch das Recht aus dem Papier erworben wird. Die Voraussetzungen dieses Rechtserwerbs, insbesondere, inwieweit das verbriefte Recht auf Grund des Eigentumserwerbs geltend gemacht werden kann, richten sich vielmehr wiederum nach dem Hauptstatut, und zwar unabhängig davon, ob die Verfügung ohne oder durch Indossament erfolgt.[388] **204**

Soweit über das verbriefte Recht (zB Wechselforderung) nach dem maßgeblichen Hauptstatut auch **durch Zession allein** verfügt werden kann, stellt sich zunächst die Frage, nach welchem Recht sich ein etwaiges zusätzliches Übergabeerfordernis richtet. Sicherlich muss das Hauptstatut über das Bestehen eines solchen Erfordernisses entscheiden. Ob es auch die Anforderungen, die an eine wirksame Übergabe zu stellen sind, insbesondere die zulässigen Traditionssurrogate, selbst regelt, oder ob dies eine nach dem Wertpapiersachstatut zu beurteilende Vorfrage darstellt, muss dem Hauptstatut im Wege der Auslegung entnommen werden. Im Zweifel wird man die konkreten Anforderungen dem Hauptstatut selbst entnehmen müssen. Die Konsequenzen für die dingliche Rechtslage am Papier müssen aber schon aus Verkehrsschutzgründen dem Wertpapiersachstatut unterliegen. **205**

cc) Namenspapiere (Rektapapiere). Namenspapiere sind im Gegensatz zu Inhaber- und Orderpapieren dadurch gekennzeichnet, dass eine bestimmte Person als Berechtigter bezeichnet ist. Das verbriefte Recht wird grundsätzlich nach allgemeinen Regeln (Zession) übertragen, nicht durch Übereignung der Urkunde. Die einzelnen Voraussetzungen der Zession richten sich nach dem **Statut des verbrieften Rechts.** Dieses entscheidet insbesondere, ob neben dem Übertragungsvorgang weitere besondere konstitutive Akte, wie die Übergabe des Papiers, die Anzeige an den Schuldner oder eine Umschreibung, erforderlich sind.[389] Auch muss das Hauptstatut darüber entscheiden, ob und unter welchen Voraussetzungen ein gutgläubiger Erwerb vom Nichtberechtigten möglich ist.[390] Ob die konkreten Anforderungen an eine Übergabe usw unmittelbar dem Hauptstatut zu entnehmen oder als Vorfrage gesondert nach dem Sachstatut zu bestimmen sind, ist wiederum dem Hauptstatut im Wege der Auslegung zu entnehmen, doch wird im Zweifel unmittelbar auf das Hauptstatut zurückzugreifen sein (→ Rn. 205). Ob die kollisionsrechtliche **Aufspaltung** in Hauptstatut und Wertpapiersachstatut für Namenspapiere überhaupt gelten kann, ist indessen umstritten. Dagegen wird geltend gemacht, dass Verkehrsinteressen nicht berührt werden und die Berufung der lex cartae sitae daher entbehrlich sei.[391] Daher sei im Hinblick auf die wirtschaftliche Einheit von Recht und Urkunde (→ BGB § 952 Rn. 1) und den Vorrang des verbrieften Rechts einheitlich anzuknüpfen, dh auch in sachenrechtlicher Hinsicht das Statut des verbrieften Rechts (zB Forderungsstatut beim Sparbuch) anzuwenden. Dogmatisch wird man dies mit Hilfe von Art. 46 erreichen können. Um allerdings zu ermitteln, ob das Recht am Papier tatsächlich dem Recht aus dem Papier folgt, muss das Hauptstatut erst einmal befragt werden.[392] **206**

2. Sachstatut bei einzelnen Wertpapieren. a) Fehlen spezieller Kollisionsnormen. Auch wenn das Hauptstatut die sachenrechtliche Lage für beachtlich erklärt, existiert ein Sachstatut **207**

[384] BGH NJW 1994, 939 (940 f.); *Lorenz* NJW 1995, 176 (177).

[385] *Einsele* WertpapierR 402; *Lorenz* NJW 1995, 176 (177); vgl. hierzu BGH NJW 1994, 939 (940).

[386] *Einsele* WertpapierR 400; Staudinger/*Stoll,* 1996, IntSachenR Rn. 423; Staudinger/*Mansel,* 2015, Rn. 49.

[387] BGHZ 108, 353 (356) = NJW 1990, 242; RGZ 119, 215 (216) – Konnossement; *v. Nayhauss Cormons,* Die Warenwertpapiere im Internationalen Privatrecht der Schweiz, insbesondere beim Lagervertrag, unter Berücksichtigung der Regelung in den Nachbarstaaten und internationalen Abkommen, 1977, 82 – Ladeschein; Staudinger/*Stoll,* 1996, IntSachenR Rn. 423, 370 f.

[388] Staudinger/*Stoll,* 1996, IntSachenR Rn. 423; Staudinger/*Mansel,* 2015, Rn. 50.

[389] Staudinger/*Stoll,* 1996, IntSachenR Rn. 423; Staudinger/*Mansel,* 2015, Rn. 54.

[390] Staudinger/*Mansel,* 2015, Rn. 55.

[391] → 3. Aufl. 1998, Anh. I Art. 38 Rn. 118 *(Kreuzer); Kronke/Berger* IPRax 1991, 316 (317); Staudinger/*Mansel,* 2015, Rn. 51.

[392] Für eine Aufspaltung in Hauptstatut und Wertpapiersachstatut auch bei Namenspapieren dagegen etwa noch die → 6. Aufl. 2015, Rn. 199; *Duden,* Der Rechtserwerb vom Nichtberechtigten an beweglichen Sachen und Inhaberpapieren im deutschen internationalen Privatrecht, 1934, 90 f.; Staudinger/*Stoll,* 1996, IntSachenR Rn. 413.

im klassischen Sinn nur noch, soweit Wertpapiere als einzelne sonderrechtsfähige Sachen gehalten und gehandelt werden. Das kann durchaus auch bei Effekten der Fall sein, also bei vertretbaren Wertpapieren, die sich durch gesteigerte Fungibilität und Zirkulationsfähigkeit von sonstigen Wertpapieren abheben und am Kapitalmarkt gehandelt werden. Als einzelne Wertpapiere (effektive Stücke) treten Effekten allerdings nur dann in Erscheinung, wenn sie sich überhaupt **nicht in Fremdverwahrung** oder in Sonderverwahrung **(Streifbandverwahrung)** befinden, was in der Praxis selten der Fall ist.[393]

208 Vorrangige staatsvertragliche Kollisionsnormen zur dinglichen Rechtslage an einzelnen Wertpapieren fehlen derzeit.[394] Insbesondere enthalten die Genfer Abkommen zur Vereinheitlichung des Wechsel- und Scheckrechts,[395] die mit dem **WG** und **ScheckG** in das deutsche Recht integriert worden sind, zwar eine Reihe von Kollisionsnormen hinsichtlich Handlungsfähigkeit, Formfragen usw, aber **keine Kollisionsnormen für sachenrechtliche Fragen.** Es ist durchaus umstritten, ob das Haager Übereinkommen vom 5.7.2006 über die auf bestimmte Rechte an Intermediär-verwahrten Wertpapieren anzuwendende Rechtsordnung (näher → Rn. 229 ff.) auch streifbandverwahrte Wertpapiere erfasst[396] oder nicht.[397] Diese Frage kann hier jedoch dahinstehen, weil weder die Europäische Union noch Deutschland das Übereinkommen unterzeichnet haben. Die einzigen beiden speziell auf Wertpapiere zugeschnittenen Kollisionsnormen im autonomen nationalen Recht sind § 32 eWpG und § 17a DepotG, wobei letzterer auf Verfügungen über effektive Stücke nach allgemeiner Ansicht keine Anwendung findet.[398] Das EGBGB kennt keine besondere Vorschrift für Rechte an Wertpapieren.[399]

209 **b) Berufung der lex cartae sitae.** Daher ist von der allgemeinen Regel des **Art. 43 Abs. 1** auszugehen. Über Erwerb und Verlust des Eigentums oder beschränkter dinglicher Rechte (Pfandrecht, Nießbrauch) an Wertpapieren (Zuordnungsänderungen) entscheidet grundsätzlich das Recht des Ortes, an dem die Urkunde bei Vollendung des betreffenden Tatbestands (zB Übergabe, Indossament) liegt, auf den die dingliche Rechtsänderung gestützt wird **(lex cartae sitae).**[400] Für eine Abweichung über Art. 46 besteht in der Regel keine Grundlage, zumal die unionsweite Geltung der Situs-Regel im Wertpapierkollisionsrecht auch vom europäischen Gesetzgeber vorausgesetzt wird (vgl. nur Erwägungsgrund 8 Finanzsicherheiten-RL).

210 **3. Fiktives Sachstatut bei einzelnen Wertrechten?** Sachenrechtliche Fragen haben im internationalen Wertpapierrecht seit jeher verhältnismäßig geringe Bedeutung. In jüngerer Zeit ist der Bereich der Wertpapiere überdies durch eine klare Tendenz zur **Entmaterialisierung,** dh durch einen Funktionsverlust der Verbriefung gekennzeichnet.[401] Neben dem allgemeinen Funktionsver-

[393] Nach deutschem Recht werden Effekten von den Kreditinstituten im Rahmen ihres Depotgeschäfts verwahrt (vgl. § 1 Abs. 1 S. 2 Nr. 5 KWG). Die Sonderverwahrung (Streifbandverwahrung) stellt dabei gemäß § 2 DepotG zwar scheinbar den gesetzlichen Normalfall dar, ist in der Praxis aber von der Sammelverwahrung abgelöst worden.

[394] So stehen folgende Abkommen entweder noch nicht in Kraft, wurden von Deutschland noch nicht ratifiziert oder enthalten keine international sachenrechtlichen Regelungen: UNCITRAL-Konvention über International gezogene Wechsel und Internationale Eigenwechsel vom 9.12.1988; UNIDROIT-Übereinkommen betreffend materiellrechtlicher Normen für intermediär verwahrte Wertpapiere vom 9.10.2009; zum fehlenden kollisionsrechtlichen Gehalt des UNIDROIT-Übereinkommens vgl. *Keijser/Parmentier* BKR 2010, 151 (152 f.); Ellenberger/Bunte BankR-HdB/*Klanten* § 47 Rn. 116; *Kronke* WM 2010, 1625 (1626 f.); *Einsele* ZHR 177 (2013), 50 (63); für einen Überblick über diverse Abkommen auch → 3. Aufl. 1998, Anh. I Art. 38 Rn. 117 *(Kreuzer);* Scherer/*Dittrich* DepotG § 17a Rn. 118 ff.

[395] Genfer Abkommen über Bestimmungen auf dem Gebiet des internationalen Wechselprivatrechts vom 7.6.1930, RGBl. 1933 II 377; Genfer Abkommen über Bestimmungen auf dem Gebiet des internationalen Scheckprivatrechts vom 19.3.1931, RGBl. 1933 II 537, 595.

[396] *Reuschle* IPRax 2003, 495 (498); *Einsele* WM 2003, 2349 (2350).

[397] So *Merkt/Rossbach* ZVglRWiss 102 (2003), 33 (41); *Franz,* Überregionale Effektentransaktionen und anwendbares Recht, 2004, 191.

[398] RegE, BT-Drs. 14/1539, 16; *Keller* WM 2000, 1269 (1281); *Schefold* IPRax 2000, 468 (475); *Dittrich,* Effektengiroverkehr mit Auslandsberührung, 2002, 99.

[399] *Schefold* IPRax 2000, 468 (469). Der deutsche Gesetzgeber verzichtete ausdrücklich auf eine Spezialregelung des Wertpapiersachstatuts, vgl. Begr. RegE zum 6. Abschnitt (Sachenrecht), BT-Drs. 14/343, 14; *Reuschle* RabelsZ 68 (2004), 687 (705).

[400] BGHZ 108, 353 (356) = NJW 1990, 242; *Einsele* WertpapierR 399; Erman/*Stürner* Rn. 10; Langenbucher/Bliesener/Spindler/*Binder* Depotrecht Rn. 53.

[401] Vgl. *Zöllner* FS L. Raiser, 1974, 249 ff.; *Kreuzer,* Abschied vom Wertpapier? Dokumentelose Wertbewegungen im Effekten-, Gütertransport- und Zahlungsverkehr, 1988; *Einsele* WertpapierR; *Basedow* ZEuP 1993, 100 (113) betr. Konnossement in den Hamburger Regeln; *Than* FS Schimansky, 1999, 821 ff.; *Franz,* Überregionale Effektentransaktionen und anwendbares Recht, 2004, 54 ff.; *M. Lehmann,* Finanzinstrumente, 2009.

lust der Verbriefung durch den modernen Effektengiroverkehr (→ Rn. 213 ff.) ist die Entwicklung zu beobachten, bei einzelnen Rechten ganz auf die Verbriefung zu verzichten und das Papier vollständig durch eine Buchung zu ersetzen (**Wertrechte,** Buchrechte; → BGB Vor § 793 Rn. 34 ff.). Das ist in Deutschland bei den unverbrieften Anleiheverbindlichkeiten der Europäischen Zentralbank,[402] des Bundes (§ 4 BSchuWG) und der Länder[403] der Fall, im Ausland noch in viel größerem Umfang. So ist etwa der Effektenhandel in Frankreich,[404] Spanien,[405] Italien[406] und den nordischen Staaten[407] so gut wie vollständig auf reine Buchrechte umgestellt, während Länder wie die Schweiz und die USA ein Mischsystem haben.[408]

Soweit im Effektengiroverkehr **§ 17a DepotG oder § 32 eWpG als vorrangige Spezialregelung** (→ Rn. 247 ff.) anwendbar ist, ist die Frage nach der kollisionsrechtlichen Einordnung von Wertrechten vom Gesetzgeber entschieden worden. Nur soweit bei Wertrechten, die ausnahmsweise als Einzelbuchrechte existieren, keine Spezialregelung Anwendung findet, stellt sich die Frage, ob es neben dem Statut des verbuchten Rechts noch ein **„fiktives Sachstatut"** oder „Buchstatut" gibt. Alternativ könnte die sachenrechtliche Komponente ersatzlos entfallen und insbesondere die Übertragung sich allein nach **Zessionsstatut** (Art. 14 Abs. 2 Rom I-VO) und Formstatut (Art. 11) richten bzw. über die stufenweise Neubegründung vertragsrechtlicher Rechtspositionen jeweils das **Vertragsstatut** entscheiden. Konsequent im Hinblick auf die entsprechende Situation bei Wertpapieren (→ Rn. 200 ff.) ist es wohl, das **Hauptstatut entscheiden** zu lassen, ob es Buchungsvorgänge etwa als unselbständige Formerfordernisse einer Zession betrachtet oder aber ihnen eine selbständige, dem sachenrechtlichen Verfügungsakt funktionell vergleichbare oder gar kraft gesetzlicher Fiktion gleichgestellte Rolle zuweist. Soweit Wertrechte historisch nur aus Gründen der Rationalisierung an die Stelle von echten Wertpapieren getreten sind, wird man im Zweifel letzteres annehmen dürfen. 211

Soweit bei reinen Buchrechten, die ausnahmsweise als Einzelbuchrechte existieren und auf die keine vorrangigen Spezialregelungen (→ Rn. 247 ff.) anwendbar sind, noch ein fiktives Sachstatut berufen ist (→ Rn. 211), kann es allerdings nicht wie bei klassischen Wertpapieren (→ Rn. 209) auf den Ort der körperlichen Belegenheit der Urkunde ankommen, weil eine solche nicht existiert. Vielmehr muss es stattdessen auf den Ort der Registerführung ankommen **(lex libri siti).** Ist dieser zweifelhaft, wird man auf die zu § 17a DepotG geltenden Grundsätze zurückgreifen können (→ Rn. 256). Insgesamt ist eine weitere Zersplitterung des Kollisionsrechts hintanzuhalten und man sollte sich **möglichst an der Rechtslage im Effektengiroverkehr orientieren.** 212

II. Effektengiroverkehr

1. Entwicklung zum einheitlichen Depotsachstatut. a) Immobilisierung und Entmaterialisierung. Im Regelfall werden Effekten von den Kreditinstituten heute nicht mehr in Sonderverwahrung (Streifbandverwahrung) genommen, sondern in **Sammelverwahrung** (vgl. §§ 5 ff. DepotG).[409] Es werden also Wertpapiere derselben Wertpapiergattung für sämtliche Depotkunden, die Wertpapiere dieser Gattung hinterlegt haben, in einem einheitlichen Sammelbestand verwahrt.[410] Zwar kann auch die Hausbank des einzelnen Anlegers selbst die Sammelverwahrung durchführen (sog. Haussammelverwahrung). Der stückelose Effektengiroverkehr wird jedoch letztlich nur ermöglicht durch die Immobilisierung der Wertpapierbestände in **indirekten, mehrstufigen Verwahr-** 213

402 Art. 2 Abs. 2 Gesetz zu dem Abkommen zwischen der Regierung der Bundesrepublik Deutschland und der Europäischen Zentralbank über den Sitz der Europäischen Zentralbank (BGBl. 1998 II 2995).

403 Als Beispiel für eine landesgesetzliche Regelung sei das Landesschuldenwesengesetz (LSchuWG, GS 2012 S. 72) von Schleswig-Holstein genannt; vgl. auch MüKoHGB/*Einsele* Depotgeschäft Rn. 8; Ellenberger/Bunte BankR-HdB/*Seiler/Geier* § 84 Rn. 14; EBJS/*Scherer* DepotG § 1 Rn. 12 .

404 Vgl. *Ferid/Sonnenberger,* Das Französische Zivilrecht, 2 M 402, 410, 413 f.; *Sonnenberger/Dammann,* Französisches Handels- und Wirtschaftsrecht, III. 169 ff.; *Drobnig* FS Zweigert, 1981, 73 (74 ff.).

405 Art. 5 Gesetz 24/1988 vom 28.7.1988 über den Wertpapiermarkt.

406 Art. 28 ff. Gesetzesdekret 213 vom 24.6.1998 zur Einführung des Euro.

407 Nachweise bei *Brunner,* Wertrechte – nicht verurkundete Rechte mit gleicher Funktion wie Wertpapiere, 1996, 102.

408 Rechtsvergleichender Überblick bei *Brunner,* Wertrechte – nicht verurkundete Rechte mit gleicher Funktion wie Wertpapiere, 1996, 86 ff.

409 Zur Entwicklung *Heinsius/Horn/Than,* 1976, DepotG § 5 Rn. 1 ff.; *Einsele* ZHR 177 (2013), 50 (52); MüKoHGB/*Einsele* Depotgeschäft Rn. 55 ff.; Scherer/*Dittrich* DepotG § 17a Rn. 7; Staudinger/*Mansel,* 2015, Rn. 54; *Born,* Europäisches Kollisionsrecht des Effektengiros, 2014, 38; zum deutschen Recht vgl. § 2 DepotG einerseits (Sonderverwahrung) und §§ 5 ff. DepotG andererseits (Sammelverwahrung).

410 *Einsele* WM 2001, 7; MüKoHGB/*Einsele* Depotgeschäft Rn. 47.

systemen (vgl. CSDR).[411] In Deutschland werden Effekten von der Clearstream Banking AG Frankfurt als zentraler Wertpapiersammelbank in Girosammelverwahrung genommen,[412] womit die Hausbank des Depotkunden zum Zwischenverwahrer wird (§ 5 Abs. 1 DepotG, § 3 DepotG). Eine weitere Vereinfachung und Entmaterialisierung fand statt durch die Einführung von **Globalurkunden**[413] (global shares) anstelle von Einzelurkunden, die in unterschiedlichen Formen und mit unterschiedlichen Funktionen (technische Globalurkunden, interimistische Globalurkunden, Dauerglobalurkunden usw) existieren (vgl. § 9a DepotG, § 10 Abs. 5 AktG).

214 Wenngleich sich die Sammelverwahrung als solche heute international durchgesetzt hat, ist die juristische Konstruktion in den einzelnen Rechtsordnungen sehr unterschiedlich.[414] Im deutschen Recht hat der Depotkunde einen **Miteigentumsanteil** am zentral verwahrten Sammelbestand.[415] Über diesen Miteigentumsanteil wird im Normalfall nach §§ 929 ff., 1205 ff. BGB verfügt, wobei die dogmatische Deutung im Zusammenhang mit der Umbuchung durch den Zentralverwahrer im Einzelnen umstritten ist.[416] Einem ähnlichen sachenrechtlichen System folgen etwa das österreichische und das niederländische Recht. Der sachenrechtlichen Konstruktion werden vielfach die Lösungen gegenübergestellt, die sich vor allem in den USA (securities entitlement system),[417] Belgien[418] und Luxemburg, mit Einschränkungen auch in England durchgesetzt haben. Diese pauschal als **„Treuhandlösungen"** zu betiteln[419] weist zwar in die richtige Richtung, wird aber insbesondere dem belgischen und dem luxemburgischen Modell nicht wirklich gerecht.[420] Das Securities-Entitlement-System ist dadurch gekennzeichnet, dass der Depotinhaber Ansprüche grundsätzlich ausschließlich gegen den depotführenden Zwischenverwahrer geltend machen kann.[421] In den wichtigsten Situationen, namentlich bei Zwangsvollstreckung und Insolvenz, hat er aber die Rechtsstellung eines dinglich gesicherten Gläubigers. Entsprechendes gilt, soweit in diesen Rechtsordnungen vollständig entmaterialisierte Wertrechte anerkannt werden.

215 Von diesem allgemeinen Funktionsverlust der Verbriefung zu unterscheiden ist die Entwicklung, bei einzelnen Rechten ganz auf die Verbriefung zu verzichten und das Papier vollständig durch eine Buchung zu ersetzen (**Wertrechte,** Buchrechte, → Rn. 210 ff.). Soweit dies der Fall ist, liegt eine Sache, an der Sacheigentum im klassischen Sinn begründet werden könnte, ohnehin nicht vor. In Rechtsordnungen, die im Übrigen der sachenrechtlichen Konstruktion folgen bzw. bis zur Ersetzung der Verbriefung folgten, ist die Rechtsposition des Depotinhabers derjenigen eines Eigentümers aber meist so weit angeglichen, insbesondere mit absoluter Wirkung gegenüber Dritten ausgestattet,[422] dass von einer speziellen Form des Eigentums bzw. Miteigentums gesprochen werden kann.[423] Die körperliche Übergabe bei der Übertragung wird freilich durch eine Überweisung ersetzt.[424] Für das deutsche Recht findet sich eine ausdrückliche Gleichstellungsfiktion[425] in § 6 Abs. 2 BSchuWG und diversen Landesgesetzen, wonach die Gläubiger einer Sam-

---

[411] Vgl. VO (EU) 909/2014 vom 23.7.2014 zur Verbesserung der Wertpapierlieferungen und -abrechnungen in der Europäischen Union und über Zentralverwahrer (ABl. EU 2012 L 257, 1). Zu Einzelheiten statt aller *Schwarz,* Globaler Effektenhandel, 2016, 27 ff.

[412] *Einsele* WM 2001, 2415 (2416); *Einsele* WM 2005, 1109; MüKoHGB/*Einsele* Depotgeschäft Rn. 55 f.; *Born,* Europäisches Kollisionsrecht des Effektengiros, 2014, 17 f.; näher zu Verwahrungsarten und der „Pyramide" von Depotverträgen *Merkt/Rossbach* ZVglRWiss 102 (2003), 33 (35); *Reuschle* BKR 2003, 562 f.; *Reuschle* RabelsZ 68 (2004), 687 (695 ff.); *Schwarz,* Globaler Effektenhandel, 2016, 176 ff.

[413] Eingehend *Than* FS Heinsius, 1997, 809 (812 ff.); *Einsele* ZHR 177 (2013), 50 (52); Scherer/*Dittrich* DepotG § 17a Rn. 4.

[414] Rechtsvergleichender Überblick etwa bei *Guynn/Marchand* in van Houtte, The Law of cross-border Securities Transactions, 1999, Rn. 3.08 ff.; *Schwarz,* Globaler Effektenhandel, 2016, 495 ff.

[415] Staudinger/*Mansel,* 2015, Rn. 57.

[416] Näher dazu *Einsele* WM 2001, 2415 (2416) mwN; MüKoHGB/*Einsele* Depotgeschäft Rn. 115 ff. Nach wohl überwM liegt die Übergabe in einer Umstellung des Besitzmittlungsverhältnisses durch die Clearstream AG, vgl. die Nachweise bei *Einsele* WM 2003, 2349 (2353) Fn. 26. Zu den dogmatischen Problemen im Zusammenhang mit Globalurkunden *Habersack/Mayer* WM 2000, 1678 ff.

[417] Näher *Guynn/Marchand* in van Houtte, The Law of cross-border Securities Transactions, 1999, Rn. 3.14.

[418] *Guynn/Marchand* in van Houtte, The Law of cross-border Securities Transactions, 1999, Rn. 3.13.

[419] So RegE, BT-Drs. 14/1539, 15.

[420] Zutr. *Schwarz,* Globaler Effektenhandel, 2016, 681 f., 690 f.

[421] Eingehend *Dittrich,* Effektengiroverkehr mit Auslandsberührung, 2002, 87 ff.; Scherer/*Dittrich* DepotG § 17a Rn. 11 ff.; *Schwarz,* Globaler Effektenhandel, 2016, 495 ff.

[422] *Keller* WM 2000, 1269 (1274).

[423] Näher zum franz. Recht *Drobnig* FS Zweigert, 1981, 73 (80 f.); *Brunner,* Wertrechte – nicht verurkundete Rechte mit gleicher Funktion wie Wertpapiere, 1996, 94 mwN.

[424] *Ferid/Sonnenberger,* Das Französische Zivilrecht, Rn. 2 M 413 f.

[425] Zur schwierigen dogmatischen Konstruktion etwa *Fabricius* AcP 162 (1963), 456 (463 ff.); *Kümpel/Mülbert/Früh/Seyfried,* Bank- und Kapitalmarktrecht, 6. Aufl. 2022, Rn. 18.81; *Ekkenga* in Claussen, Bank- und Kapitalmarktrecht, 6. Aufl. 2023, § 7 Rn. 9.

melschuldbuchforderung als Miteigentümer nach Bruchteilen gelten und die Übertragung und Verpfändung der Sammelschuldbuchforderung sich daher nach §§ 929 ff. BGB, §§ 1204 ff. BGB richtet;[426] die Ersetzung der Verbriefung durch eine Buchung hat daher an der juristischen Grundkonstruktion wenig geändert. Dagegen bleibt es bei Einzelschuldbuchforderungen (§ 7 BSchuWG) bei der Verfügung nach zessionsrechtlichen Grundsätzen, wenngleich § 8 BSchuWG unter bestimmten Voraussetzungen den gutgläubigen Erwerb vom Nichtberechtigten ermöglicht.[427]

b) Grenzüberschreitender Effektengiroverkehr. Da der moderne Effektenhandel sich nicht an Staatsgrenzen hält, müssen die nationalen Depotrechte Instrumente bereitstellen, um ausländische Werte einzubeziehen. Nach deutschem Recht können theoretisch auch ausländische Wertpapiere **unmittelbar** in die inländische Girosammelverwahrung einbezogen werden, sofern es sich dabei um vertretbare Wertpapiere iSv § 1 Abs. 1 DepotG handelt,[428] doch wäre dafür die Bewegung der Papiere erforderlich. Handelt es sich nicht um vertretbare Wertpapiere oder sind die Werte nicht in einer für den deutschen Handel verständlichen Sprache abgefasst, können ausländische Wertpapiere mittelbar dadurch einbezogen werden, dass für sie ein **zweitverbriefendes** Inhabersammelzertifikat von der Clearstream Banking AG ausgegeben wird. Der Anleger erwirbt an diesem Sammelzertifikat Miteigentum, in ihm sind jedoch nicht die ausländischen Rechte als solche, sondern nur der schuldrechtliche Anspruch gegen Clearstream verbrieft, so dass der Anleger hinsichtlich der ausländischen Rechte nur die Rechtsstellung eines Treugebers hat.[429] Da beide geschilderten Wege ihre Nachteile haben, ist es nach § 5 Abs. 4 DepotG den Zentralverwahrern gestattet, Wertpapiere unter bestimmten Voraussetzungen im Rahmen einer **gegenseitigen Kontoverbindung** ausländischen Verwahrern zur Verwahrung anzuvertrauen, womit ein einheitlicher Girosammelbestand aus in- und ausländischen Wertpapieren derselben Gattung entsteht (sog. heterogenes Depot).[430] **216**

Davon streng zu unterscheiden ist die sog. **Gutschrift in Wertpapierrechnung,** die in § 22 Abs. 1 DepotG nur rudimentär geregelt worden ist und ihre nähere Ausgestaltung in Nr. 12 Abs. 3 der Sonderbedingungen für Wertpapiergeschäfte (SWB) gefunden hat.[431] Danach schafft die Bank ausländische Wertpapiere im Ausland unter Erwerb des Eigentums, Miteigentums oder einer gleichwertigen Rechtsstellung an und lässt sie dort verwahren. Der Anleger erhält damit die Rechtsstellung eines Treugebers, die nach hM trotz fehlender Unmittelbarkeit der Rechtsübertragung die Anwendbarkeit von § 47 InsO und § 771 ZPO rechtfertigt.[432] **217**

c) Probleme der herkömmlichen Sichtweise. Vertreter einer herkömmlichen Herangehensweise gehen auch im Effektengiroverkehr grundsätzlich von der Aufspaltung in Wertpapierrechtsstatut (Hauptstatut) und Wertpapiersachstatut (→ Rn. 200 ff.) aus.[433] Bei papierlosen Wertrechten müsste sich eigentlich dort, wo keine ausdrückliche Gleichstellungsfiktion existiert (→ Rn. 215), die Frage stellen, ob für Verfügungen von vorneherein nur das Zessionsstatut (Art. 14 Abs. 2 Rom I-VO) und das Formstatut (Art. 11) eine Rolle spielen[434] oder ob eine „fiktiv sachenrechtliche" Qualifikation zu erfolgen hat, dh bei Anwendung von Art. 43 Abs. 1 der Lageort der Urkunde durch den Lageort des Registers ersetzt wird[435] (zu Einzelbuchrechten → Rn. 210 ff.). Diese Betrachtung wird im Effektengiroverkehr aber kaum noch angestellt, sondern die Berechtigung des Anlegers am Wertpapierbestand wird trotz wachsender Künstlichkeit der sachenrechtlichen Konstruktion normalerweise **sachenrechtlich** qualifiziert. Dies gilt überraschenderweise sogar für Rechte **218**

---

426 *Kümpel/Mülbert/Früh/Seyfried,* Bank- und Kapitalmarktrecht, 6. Aufl. 2022, Rn. 18.82; *Reuschle* RabelsZ 68 (2004), 687 (699).

427 MüKoHGB/*Einsele* Depotgeschäft Rn. 8.

428 Zu dieser Möglichkeit ausf. MüKoHGB/*Einsele* Depotgeschäft Rn. 17 ff.

429 Einzelheiten bei MüKoHGB/*Einsele* Depotgeschäft Rn. 16; *Born,* Europäisches Kollisionsrecht des Effektengiros, 2014, 53.

430 Näher *Einsele* WM 2001, 7 (13 ff.); MüKoHGB/*Einsele* Depotgeschäft Rn. 196 ff.; *Reuschle* RabelsZ 68 (2004), 687 (699 ff.); Scherer/*Dittrich* DepotG § 17a Rn. 8.

431 Zur Funktionsweise *Huber,* Bankrecht, 2001, Rn. 795 ff.; zur Anwendung des § 17a DepotG auf die Gutschrift s. MüKoHGB/*Einsele* Depotgeschäft Rn. 210.

432 *Kümpel/Mülbert/Früh/Seyfried,* Bank- und Kapitalmarktrecht, 6. Aufl. 2022, Rn. 18.82; *Than* FS Kümpel, 2003, 543 (549); *Reuschle* RabelsZ 68 (2004), 687 (701); wohl auch *Huber* BankR Rn. 798: „wirtschaftliches Eigentum"; bloß schuldrechtlich, aber insolvenzfest Scherer/*Dittrich* DepotG § 17a Rn. 9.

433 Statt aller vgl. nur Begr. RegE zu § 17a DepotG, BT-Drs. 14/1539, 15.

434 So wohl im Ausgangspunkt *Brunner,* Wertrechte – nicht verurkundete Rechte mit gleicher Funktion wie Wertpapiere, 1996, 105 f., wenngleich iErg eine irreguläre Anknüpfung an die lex tabulae befürwortet wird.

435 *Reuschle* RabelsZ 68 (2004), 687 (715).

des Anlegers in den USA und anderen Ländern mit abweichender Grundkonstruktion, obgleich danach der Anleger nur wirtschaftliches Eigentum an den Papieren erlangt (→ Rn. 214).[436]

219 Dagegen wird die Rechtsstellung des Anlegers bei einer Gutschrift in Wertpapierrechnung (→ Rn. 217), die der des Treugebers bei der fiduziarischen Treuhand entspricht, fast einhellig als rein **vertragsrechtlich** qualifiziert und der Anknüpfung der Rom I-VO unterworfen.[437] Hinsichtlich der Rechtspositionen eines Anlegers kommt es damit bei Einbeziehung ausländischer Wertpapiere sehr oft zu einer Aufspaltung des anwendbaren Rechts.

220 Die theoretische Konsequenz einer Anwendung von Art. 43 Abs. 1,[438] möglicherweise mit Auflockerungen über Art. 46[439] und bei papierlosen Wertrechten der Berufung der lex libri siti (→ Rn. 210 ff.) sowie der Rom I-VO bei Gutschriften in Wertpapierrechnung, führt im Effektengiroverkehr allerdings zu gravierenden Problemen. Auf Grund der Sammelverwahrung in heterogenen Depots (→ Rn. 216) müssen Verfügungen über Miteigentumsanteile am Sammelbestand, um international anerkannt zu sein, den **sachenrechtlichen Vorschriften aller Verwahrerstaaten** genügen.[440] Selbst bei einer Anknüpfung an den Ort des Zentralverwahrers lassen sich Aufspaltungen nicht völlig vermeiden.[441] In diesem Bereich bestehen jedoch große materiellrechtliche Unterschiede.[442] Hinzu kommt, dass die internationale Verflechtung des Effektenhandels, und insbesondere die grenzüberschreitende Bildung einheitlicher **Sammelbestände aus Wertpapieren und papierlosen Wertrechten verschiedenster Herkunft,** ein Ausmaß erreicht hat, das es nicht mehr angängig erscheinen lässt, hinsichtlich der kollisionsrechtlichen Qualifikation auf rein national bedingte Eigenheiten Rücksicht zu nehmen. Schon der Gedanke, innerhalb eines Depots möglicherweise kollisionsrechtlich zwischen Miteigentumsanteilen, Wertrechten mit Gleichstellungsfiktion, Wertrechten ohne Gleichstellungsfiktion, treuhandähnlichen ausländischen Berechtigungsformen und rein schuldvertraglichen Rechtspositionen unterscheiden zu müssen, erscheint angesichts der Realität des modernen Effektengiroverkehrs geradezu abenteuerlich.

221 **d) Bedürfnis nach einem einheitlichen Statut.** Daher wird es im Hinblick auf europarechtliche (→ Rn. 232 ff.) und staatsvertragliche (→ Rn. 229 ff.) Entwicklungen zunehmend befürwortet, bei im Effektengiro übertragbaren Wertpapieren von einem **einheitlichen Sonderstatut** auszugehen.[443] Damit wird erstens die Aufspaltung in Sachstatut, Zessionsstatut, Formstatut und Vertragsstatut je nach der Grundkonstruktion der betroffenen Berechtigungen vermieden. Zweitens wären damit Art. 43 Abs. 1 oder Art. 46, da nur das Sachstatut betreffend, von vorneherein zumindest nicht unmittelbar anwendbar und gehörte die Anknüpfung zu den unkodifizierten Bereichen des deutschen Kollisionsrechts (zur Rechtsbildung in ungeregelten Bereichen → Einl. IPR Rn. 242 ff.), soweit nicht ohnehin die Sonderregelung in § 17a DepotG oder § 32 eWpG (→ Rn. 247 ff.) greift.

222 Wie der internationale Vergleich zeigt, ist die sachenrechtliche Konstruktion der Girosammelverwahrung nur eine von mehreren, prinzipiell gleichwertigen Möglichkeiten, **Anlegerschutz** zu gewährleisten. Angesichts des Funktionsverlusts des Papiers auch bei verbrieften Rechten ist die Bedeutung der sachenrechtlichen Konstruktion auch auf die Gewährleistung des Anlegerschutzes beschränkt und hat praktisch keine Berührungspunkte mehr mit dem eigentlichen Wesen des Sachenrechts, nämlich der Regelung absoluter Herrschaftsrechte einer Person über eine Sache. Aus diesen Gründen scheint es allein sachgerecht, Berechtigungen an sammelverwahrten und im Effektengiro übertragbaren Wertpapieren und Wertrechten nicht sachenrechtlich oder schuldrechtlich (zessions- oder vertragsrechtlich) zu qualifizieren, sondern einem **einheitlichen** Wertpapierdepotstatut zu unterstellen. Um nicht den Eindruck zu erwecken, dass auch der Depotvertrag erfasst sei, wird vorgeschlagen, von **„Depotsachstatut"** zu sprechen,[444] was einiges für sich hat. Dieses

[436] So – freilich nach gründlicher Analyse der Rechtswirkungen – *Dittrich,* Effektengiroverkehr mit Auslandsberührung, 2002, 87 ff., vor allem, 94.

[437] Vgl. nur Begr. RegE zu § 17a DepotG, BT-Drs. 14/1539, 16; *Einsele* WertpapierR 593.

[438] Statt aller vgl. nur Begr. RegE zu § 17a DepotG, BT-Drs. 14/1539, 15; s. auch *Saager,* Effektengiroverkehr und internationales Privatrecht, 2007, 110 ff.

[439] Hierzu – freilich noch vor der Kodifizierung des internationalen Sachenrechts – eingehend *Einsele* WertpapierR 456 ff.

[440] *Guynn/Marchand* in van Houtte, The Law of cross-border Securities Transactions, 1999, Rn. 3.16; *Einsele* WM 2001, 2415 (2418); *Einsele* WM 2003, 2349; *Franz,* Überregionale Effektentransaktionen und anwendbares Recht, 2004, 136.

[441] *Merkt/Rossbach* ZVglRWiss 102 (2003), 33 (42); *Reuschle* BKR 2003, 562 (563); *Schefold* IPRax 2000, 468 (470).

[442] *Schefold* FS Jayme, Bd. I, 2004, 805.

[443] So – freilich noch unklar hinsichtlich der Implikationen – *Goode* in Hague Conference, Prel. Doc. No. 1, 26; *Schefold* FS Jayme, Bd. I, 2004, 805 (813); Staudinger/*Mansel,* 2015, Rn. 62; krit. *v. Bar/Mankowski* IPR I § 3 Rn. 63.

[444] *Schwarz,* Globaler Effektenhandel, 2016, 721.

Depotsachstatut hat dann unter anderem darüber zu befinden, welcher Rechtsnatur die Berechtigungen sind, die hinsichtlich des konkreten Bestands an Wertpapieren bzw. Wertrechten bestehen, ob und inwieweit sie Drittwirkung haben und wie über sie verfügt werden kann.

223 Die Anerkennung eines einheitlichen Depotsachstatuts bedeutet aber auch eine **Abkehr von der Dominanz des Hauptstatuts** (→ Rn. 200 ff.). Wegen der Verschiedenartigkeit der in einem Depot gehaltenen Papiere und damit der Vielfalt der Hauptstatute erscheint es unerträglich, die einzelnen Hauptstatute jeweils nach Existenz und dogmatischer Konstruktion von Wirkungen erga omnes zu befragen. Das Depotsachstatut ist damit nicht selbständig angeknüpfte materiellrechtliche Vorfrage (→ Rn. 202), sondern **(kollisionsrechtliche) Teilfrage** (→ Einl. IPR Rn. 160). Daher werden die **Rechtswirkungen erga omnes** einschließlich deren Änderung durch Verfügung, vollkommen unabhängig vom Hauptstatut, vom Depotsachstatut bestimmt.

224 **2. Anknüpfungsgrundsätze. a) PRIMA: Staat des maßgeblichen Intermediärs.** International dominieren derzeit zwei Anknüpfungen für das Depotsachstatut, der PRIMA-Grundsatz und der AAA-Grundsatz. Das sog. PRIMA-Prinzip („Place of the Relevant Intermediary Approach") bedeutet eine Anknüpfung an – bewusst grob gesprochen – den Staat des **maßgeblichen Intermediärs** bzw. des maßgeblichen Kontos,[445] wobei der Begriff des Intermediärs sowohl jeden Zwischenverwahrer als auch den Zentralverwahrer umfasst. Grundgedanke ist, an die Stelle des Ortes der Belegenheit der Papiere den **Ort einer bestimmten Buchung** treten zu lassen.

225 Mit dem Schlagwort vom PRIMA-Prinzip wird freilich gerne verschleiert, dass damit nicht eine konkrete Anknüpfung, sondern vielmehr ein ganzes Bündel möglicher Anknüpfungen bezeichnet wird. Insbesondere **drei Fragen** müssen beantwortet werden:

(1) Ist maßgeblicher Intermediär, wer das wirtschaftliche Vollrecht verbucht, oder wer für den Verfügenden,[446] den Verfügungsempfänger[447] oder für einen von beiden[448] bucht?
(2) Kommt es bei einer Kette gestufter Verwahrungsverhältnisse auf alle an[449] oder nur auf eines,[450] dh gibt es immer nur einen oder gleich mehrere maßgebliche Intermediäre?
(3) Ist hinsichtlich des maßgeblichen Intermediärs abzustellen auf die faktisch kontoführende Zweigstelle, auf den Sitz des Intermediärs, auf seinen Gründungsstaat oder auf die zuständige Aufsichtsbehörde? Oder kommen auch subjektive Aspekte ins Spiel, wie der Zuordnungswille des Intermediärs bzw. das für den Depotvertrag gewählte Recht?

226 **b) AAA: Depotvertragsstatut.** Gerade wegen der Schwierigkeiten, den Ort des maßgeblichen Intermediärs zu bestimmen, wurde das AAA-Prinzip („Account Agreement Approach") als Alternative zum PRIMA-Prinzip entwickelt.[451] Während die klassischen Varianten von PRIMA zumindest vorwiegend auf objektive Kriterien abstellen, die mit dem Ort des – wie auch immer definierten – maßgeblichen Intermediärs bzw. des maßgeblichen Kontos zusammenhängen, soll es nach dem AAA-Prinzip auf das Recht ankommen, das **von den Parteien der maßgeblichen Kontoverbindung gewählt** wurde. Freilich tauchen zumindest die ersten beiden Fragen, die bei jeder herkömmlichen Variante von PRIMA beantwortet werden müssen (→ Rn. 225), auch hier wieder auf.

227 Das AAA-Prinzip hat zur Konsequenz, dass das anwendbare Recht auf jeder Stufe einer Buchungskette mit größerer Sicherheit nach den **bekannten und bewährten Regeln der Rom I-VO** bestimmt werden kann. Allerdings bedeutet es auch, dass der Umfang der dinglichen Berechtigung theoretisch in der Hand der jeweiligen Parteien, praktisch jeweils in der Hand des verhandlungsstärksten Intermediärs liegt. Da Schranken der freien Rechtswahl nach der Rom I-VO kaum bestehen, würde der Rechtsverkehr ganz ohne Not mit einer Vielzahl ausländischer Rechtsordnungen belastet, was der **Sicherheit des Rechtsverkehrs abträglich** wäre: Auch die dinglichen Wirkungen einer Effektentransaktion zwischen einer in Deutschland und einer in Frankreich ansässigen Person, ja sogar zwischen zwei in Deutschland ansässigen Personen, könnte so leicht dem Recht eines U.S.-amerikanischen Bundesstaates unterliegen. Auch wenn das U.S.-amerikanische Recht dem

[445] *Schefold* FS Jayme, Bd. I, 2004, 805 (818 ff.) zu einzelnen Varianten; s. auch *Born,* Europäisches Kollisionsrecht des Effektengiros, 2014, 77; Langenbucher/Bliesener/Spindler/*Binder* DepotR Rn. 51; *Wust,* Die grenzüberschreitende Verbuchung von Wertpapieren – Möglichkeiten und Grenzen moderner Kollisionsnormen im Hinblick auf unterschiedliche materiellrechtliche Berechtigungen an Wertpapieren, 2011, 340 ff.
[446] Dafür *Reuschle* RabelsZ 68 (2004), 687 (746 ff.) speziell zum Haager Übereinkommen.
[447] *Einsele* WM 2001, 2415 (2423) zur Finalitäts-RL; *Merkt/Rossbach* ZVglRWiss 102 (2003), 33 (43) zum Haager Übereinkommen.
[448] *Einsele* WM 2003, 2349 (2354) zum Haager Übereinkommen.
[449] *Than* FS Kümpel, 2003, 543 (558); *Schefold* FS Jayme, Bd. I, 2004, 805 (809); *Einsele* WM 2003, 2349 (2354) zum Haager Übereinkommen.
[450] So dezidiert *Reuschle* RabelsZ 68 (2004), 687 (747) speziell zum Haager Übereinkommen.
[451] *Mankowski* RIW 2004, 481 (491).

jeweiligen Verfügungsempfänger letztlich vergleichbaren Schutz bieten mag,[452] liegt darin eine untragbare Verkomplizierung der Rechtslage. Diese würde sämtlichen kollisionsrechtlichen Prinzipien zuwiderlaufen und die einmal getroffene Entscheidung der Aufspaltung in ein Wertpapierrechtsstatut (Hauptstatut) und ein Wertpapiersachstatut ad absurdum führen. Hinzu kommt eine potenzielle **Vervielfachung von Statutenwechseln,** da selbst Depotverträge betreffend Konten in ein und demselben Staat unterschiedlichen Rechten unterliegen können, was unnötige **Substitutions- und Anpassungsprobleme** provoziert.[453]

228 **c) Systemanknüpfung.** Als Alternative zu PRIMA und AAA wurde verschiedentlich eine Anknüpfung an das für die Transaktion **maßgebende Wertpapierliefer- und Abrechnungssystem** (Settlement-System) vorgeschlagen.[454] Ähnlich wie auch das PRIMA-Prinzip selbst (→ Rn. 225) stellt die Anknüpfung an das Settlement-System aber nichts weiter als ein Schlagwort dar, das der Festlegung vieler entscheidender Details bedarf und bei näherem Hinsehen mehr Fragen aufwirft als es beantwortet. Vor allem **geht es an den Realitäten des Effektenhandels vorbei,** weil viele Transaktionen gar nicht über das zentrale Settlement-System laufen und normalerweise mehrere, oft verschiedenen Staaten zugeordnete Settlement-Systeme beteiligt sind.[455] Eine Systemanknüpfung würde daher die Unsicherheiten, die mit dem PRIMA- und AAA-Prinzip verbunden sind, nicht verringern, sondern vermutlich sogar deutlich verstärken.

229 **3. Internationale und europäische Vorgaben für das Kollisionsrecht. a) Haager Wertpapier-Übereinkommen.** Auf internationaler Ebene existiert neben dem Genfer UNIDROIT-Übereinkommen von 2009,[456] das allerdings nur internationales Einheitsrecht enthält und noch nicht in Kraft getreten ist, vor allem das **Haager Wertpapier-Übereinkommen** von 2006,[457] das die Vereinheitlichung der Kollisionsnormen für durch Intermediäre verwahrte Wertpapiere bezweckt.[458] Dieses trat mit 1.4.2017 in Kraft, wurde allerdings weder von der Europäischen Union noch von Deutschland bisher ratifiziert. Von der im Übereinkommen geregelten Anknüpfung soll eine breite Palette von Rechtsfragen erfasst sein (Art. 2 Abs. 1 und 2 Haager Wertpapier-Übereinkommen), darunter die Wirkung von Rechten an Wertpapieren und von Verfügungen über Wertpapiere gegenüber dem Intermediär und gegenüber Dritten, die Rangfolge konkurrierender Rechte und die Pflichten des Intermediärs gegenüber den Inhabern konkurrierender Rechte.

230 Die Hauptanknüpfung gem. Art. 4 Abs. 1 Haager Wertpapier-Übereinkommen stellt auf das von den Parteien der maßgeblichen Kontovereinbarung **gewählte Recht** ab (AAA-Prinzip, → Rn. 226), wobei nur das Recht eines Staates gewählt werden kann, in dem der maßgebliche Intermediär eine näher qualifizierte Geschäftsstelle unterhält.[459] In Ermangelung einer Rechtswahl stellt Art. 5 Haager Wertpapier-Übereinkommen eine Reihe subsidiärer Anknüpfungen bereit, die sämtlich auf den **maßgeblichen Intermediär** abstellen. Ausdrücklich unberücksichtigt bleiben soll unter anderem der Ort, an dem sich die Urkunden befinden (Art. 6 lit. b Haager Wertpapier-Übereinkommen). Dieses Anknüpfungssystem mag möglicherweise der Rechtssicherheit nicht abträglich sein und die Effizienz der Abwicklung steigern,[460] widerspricht aber der objektiven Anknüpfung in Finalitäts-RL und Finanzsicherheiten-RL an den Buchungsort (→ Rn. 232 ff.).

---

452 *Schwarz,* Globaler Effektenhandel, 2016, 870.

453 Zur Gegenauffassung eingehend *Schwarz,* Globaler Effektenhandel, 2016, 859 ff.

454 Nachweise bei *Schwarz,* Globaler Effektenhandel, 2016, 796.

455 Eingehend *Schwarz,* Globaler Effektenhandel, 2016, 797 ff.

456 UNIDROIT-Übereinkommen über materiellrechtliche Regelungen für intermediär verwahrte Wertpapiere vom 9.10.2009, https://www.unidroit.org/instruments/capital-markets/geneva-convention (zuletzt abgerufen am 30.8.2024).

457 Übereinkommen über die auf bestimmte Rechte in Bezug auf intermediär-verwahrte Wertpapiere anzuwendende Rechtsordnung vom 5.7.2006, abgedruckt in RabelsZ 68 (2004), 757 ff., https://www.hcch.net/index_en.php?act=conventions.text&cid=72 (zuletzt abgerufen am 30.8.2024). Der Text stammt vom 13.12.2002, weshalb manchmal auch von diesem Datum die Rede ist. Da jedoch die ersten Unterzeichnungen am 5.7.2006 stattfanden, wurde offiziell dieses Datum gewählt. Nachzulesen auf https://www.hcch.net/upload/outline36e.pdf (zuletzt abgerufen am 30.8.2024).

458 Zum Übk. vgl. etwa *Einsele* WM 2003, 2349 ff.; *Merkt/Rossbach* ZVglRWiss 102 (2003), 33 ff.; *Reuschle* IPRax 2003, 498 ff.; *Reuschle* RabelsZ 68 (2004), 687 (725 ff.); *Goode* Symposium Kötz, 2006, 63 ff.; *Mooney* ILM 2007, 645; *Saager,* Effektengiroverkehr und internationales Privatrecht, 2007, 167 ff.; Scherer/*Dittrich* DepotG § 17a Rn. 108 ff.; *Born,* Europäisches Kollisionsrecht des Effektengiros, 2014, 305 ff.

459 Scherer/*Dittrich* DepotG § 17a Rn. 112; rechtspolitische Kritik bei *Keller/Langner* BKR 2003, 616 (619).

460 So *Reuschle* BKR 2003, 562 (572); *Reuschle* RabelsZ 68 (2004), 687 (732) mit dem Argument, dass Buchungsvorgänge für Dritte nicht mehr erkennbar sind; *Goode* Symposium Kötz, 2006, 63 (68 ff.) – aus Gründen der eindeutigen Bestimmbarkeit und Einheitlichkeit des anwendbaren Rechts. Für eine beschränkte Rechtswahl auch *Merkt/Rossbach* ZVglRWiss 102 (2003), 33 (47).

Einer Ratifizierung des Übereinkommens durch EU-Mitgliedstaaten könnten demnach Bedenken entgegenstehen,[461] sofern sich der europäische Gesetzgeber nicht zu einer Anpassung der bestehenden Richtlinien entschließt.[462]

Als **maßgeblichen Intermediär** definiert Art. 1 Abs. 1 lit. g Haager Wertpapier-Übereinkommen denjenigen Intermediär, der das Depotkonto für den Depotinhaber führt. Damit sind freilich die kritischen Fragen (→ Rn. 225) noch nicht beantwortet. So werden hierzu denn auch bezeichnenderweise so gut wie alle Ansichten vertreten und knüpfen manche an den Depotführer des Verfügungsempfängers[463] und manche an den Depotführer des Verfügenden[464] an. Teilweise wird auch vertreten, bei Verfügungen sei das anwendbare Recht für jede Stufe der Verwahrpyramide gesondert zu bestimmen[465] und sei sogar das auf den Rechtsverlust des Verfügenden und das auf den Rechtserwerb des Verfügungsempfängers anwendbare Recht nicht notwendig identisch.[466] 231

b) Finalitäts-RL. aa) Anknüpfungsgegenstand. Art. 9 Abs. 2 Finalitäts-RL,[467] die Risiken in Zahlungs- und Wertpapierliefersystemen verringern und insbesondere die Teilnehmer an solchen Systemen vor den Auswirkungen einer Insolvenz schützen will,[468] enthält Vorgaben für die kollisionsrechtliche Behandlung von dinglichen Sicherheiten an Wertpapieren. In personeller Hinsicht ist der Anwendungsbereich des Art. 9 Abs. 2 Finalitäts-RL auf Teilnehmer (Art. 2 lit. f Finalitäts-RL) von bei der Europäischen Wertpapier- und Marktaufsichtsbehörde gemeldeten Systemen (Art. 2 lit. a Finalitäts-RL), auf Zentralbanken der Mitgliedstaaten sowie auf die EZB als Sicherungsnehmer beschränkt.[469] 232

Art. 9 Finalitäts-RL [Dingliche Sicherheiten]

(1) (nicht abgedruckt)

(2) Wird Teilnehmern, Systembetreibern oder Zentralbanken der Mitgliedstaaten oder der Europäischen Zentralbank eine dingliche Sicherheit in Form von Wertpapieren, einschließlich Rechten an Wertpapieren, gemäß Absatz 1 geleistet und ist deren Recht an diesen Wertpapieren, das auch durch einen etwaigen Bevollmächtigten, Beauftragten oder sonstigen Dritten in ihrem Namen ausgeübt werden kann, mit rechtsbegründender Wirkung in einem Register eingetragen oder auf einem Konto oder bei einem zentralen Verwahrsystem verbucht, das sich in einem Mitgliedstaat befindet, so bestimmen sich die Rechte dieser natürlichen oder juristischen Personen als dinglich gesicherte Gläubiger an diesen Wertpapieren nach dem Recht des betreffenden Mitgliedstaats.

Dem Wortlaut nach bezieht sich Art. 9 Abs. 2 Finalitäts-RL nur auf die Rechte der bezeichneten Personen aus einer geleisteten Sicherheit, lässt also offen, nach welcher Rechtsordnung sich die wirksame Begründung der Sicherheit richtet. Die Vermutung, dass es sich dabei nur um eine sprachliche Ungenauigkeit handelt, wird zwar zunächst durch Erwägungsgrund 20 Finalitäts-RL 233

[461] *Merkt/Rossbach* ZVglRWiss 102 (2003), 33 (48); *Franz,* Überregionale Effektentransaktionen und anwendbares Recht, 2004, 192 ff.; Scherer/*Dittrich* DepotG § 17a Rn. 113.

[462] *Reuschle* BKR 2003, 562 (571); das Vorgehen der Europäischen Kommission darstellend Scherer/*Dittrich* DepotG § 17a Rn. 110; *Schefold* FS Jayme, Bd. I, 2004, 805 (820 ff.), der allerdings angesichts der bestehenden Differenzen die Anpassung der Richtlinien an die Haager Konvention durch den Gemeinschaftsgesetzgeber als „fraglich" beurteilt; auch im Zweiten Konsultationspapier im Prozess der Erlassung einer neuen RL betreffend die Rechtssicherheit von Wertpapierverwahrung und -verfügung, das in den Prinzipien 14 kollisionsrechtliche Regelungen vorsieht, wird objektiv angeknüpft. Zwar soll nach Prinzip 14.1 das Recht des Staates anwendbar sein, in dem das relevante Depot geführt wird, eine Rechtswahl eröffnet dies jedoch nicht. Dazu auch *Einsele* ZHR 177 (2013), 50 (88).

[463] *Goode/Kanda/Kreuzer,* Draft Explanatory Report on the Law Applicable to Certain Rights in Respect of Securities held with an Intermediary, 2004, 14.

[464] *Reuschle* RabelsZ 68 (2004), 687 (746) ff.

[465] *Einsele* WM 2003, 2349 (2354); *Than* FS Kümpel, 2003, 543 (558); *Schefold* FS Jayme, Bd. I, 2004, 805 (820) generell zu PRIMA; *Saager,* Effektengiroverkehr und internationales Privatrecht, 199 ff.

[466] *Einsele* WM 2003, 2349 (2354); ferner zur Unvereinbarkeit des Übereinkommens mit der deutschen Rechtsordnung *Einsele* WM 2003, 2349 (2352); *Einsele* EuZW 2018, 402 (404).

[467] RL 98/26/EG des Europäischen Parlaments und des Rates vom 19.5.1998 über die Wirksamkeit von Abrechnungen in Zahlungs- sowie Wertpapierliefer- und Abrechnungssystemen, ABl. EG 1998 L 166, 45.

[468] Näher *Reuschle* BKR 2003, 564 ff.; *Reuschle* IPRax 2000, 468 (472 f.); *Reuschle* RabelsZ 68 (2004), 687 (716); Scherer/*Dittrich* DepotG § 17a Rn. 15 ff.; MüKoHGB/*Einsele* Depotgeschäft Rn. 203.

[469] Krit. zum engen Anwendungsbereich von Art. 9 Abs. 2 RL 98/26/EG *Reuschle* IPRax 2003, 495 (499); *Schefold* IPRax 2000, 468 (472); *Einsele* WM 2001, 2415 (2419 ff.); MüKoHGB/*Einsele* Depotgeschäft Rn. 203; nach Scherer/*Dittrich* DepotG § 17a Rn. 21 sprechen sich die Europäische Kommission und die Europäische Zentralbank für eine großzügige Auslegung der Anwendungsvoraussetzungen bei der Umsetzung aus.

erhärtet, wo die Rede davon ist, dass der Sicherungsnehmer „eine gültige und wirksame Sicherheit gemäß dem Recht des Mitgliedstaats hält, in dem sich das betreffende Register, Konto oder zentrale Verwahrsystem befindet". Irritierend ist dann aber, dass Erwägungsgrund 21 Finalitäts-RL ausdrücklich bestimmt, Art. 9 Abs. 2 Finalitäts-RL solle unter anderem „der uneingeschränkten Geltung der Rechtsvorschriften, die die Begebung solcher Wertpapiere oder die Begründung oder Übertragung von Eigentum oder sonstigen Rechten an diesen betreffen" und die nach allgemeinen Grundsätzen der lex cartae sitae oder dem Recht des Emissionsstaats entnommen werden, nicht vorgreifen. Vielmehr solle das von Art. 9 Abs. 2 Finalitäts-RL berufene Recht nur für die „Anerkennung und Verwertbarkeit" der Sicherheiten gelten. Das spricht deutlich dafür, dass – etwa ähnlich der Differenzierung zwischen Rechtsbegründungsstatut und Rechtswirkungsstatut im internationalen Sachenrecht (→ Rn. 133 ff.) – Art. 9 Abs. 2 Finalitäts-RL nur das für die **Rechtswirkungen der Sicherheiten** bestimmende Recht betrifft.

234 Was das Merkmal der **„rechtsbegründenden Wirkung"** der Eintragung oder Buchung betrifft, so ist angesichts der Vielfalt der juristischen Konstruktionen in den Mitgliedstaaten nicht davon auszugehen, dass dies in einem technischen Sinn gemeint ist. Es soll also nicht darauf abgestellt werden, ob der Eintragung oder Buchung im Rahmen der Transaktion konstitutive oder nur deklaratorische Bedeutung zukommt. Vielmehr dürfte dieses wie auch alle anderen Tatbestandsmerkmale in einem weiten, systemübergreifenden Sinn gemeint sein und nichts anderes aussagen, als dass die den **materiellrechtlich wirksamen Erwerb dokumentierende** Eintragung oder Buchung gemeint ist. Für dieses Verständnis spricht auch ein Vergleich mit Erwägungsgrund 19 Finalitäts-RL.

235 **bb) Anknüpfungspunkt.** Was die Verweisung betrifft, liegt eindeutig eine Variante des **PRIMA-Prinzips** vor, dh angeknüpft wird an ein als maßgeblich definiertes Konto. Art. 9 Abs. 2 Finalitäts-RL wird vielfach so gelesen, als ließe er offen, ob maßgeblich das Konto bei dem Intermediär sei, der den Rechtsverlust des Sicherungsgebers dokumentiert, oder bei demjenigen, der zu Gunsten des Sicherungsnehmers bucht.[470] Der Richtlinienwortlaut („… deren Recht …") scheint aber doch recht eindeutig darauf hinzuweisen, dass maßgeblich immer dasjenige Konto ist, aus dem sich das Recht des Sicherungsnehmers in erster Linie ergibt. Auch wird geltend gemacht, dass nicht eindeutig sei, auf welche Stufe in der Verwahrpyramide es letztlich ankomme.[471] Allerdings spricht Erwägungsgrund 19 davon, dass nur ein solches Register, Konto oder Verwahrsystem gemeint sei, das das Eigentum an den Wertpapieren bzw. den Anspruch auf Lieferung oder Übertragung derselben belege, was doch recht eindeutig auf den **unmittelbar depotführenden Zwischenverwahrer** hindeutet:[472] Zwar ist es richtig, dass sich das Eigentum unter anderem auch einmal aus einem Register bzw. Konto höherer Stufe ergeben kann,[473] jedoch wird die Absicht des Richtliniengebers hinreichend klar. ME sollte der unmittelbar depotführende Zwischenverwahrer auch dann maßgeblich sein, wenn es sich ausnahmsweise um ein sog. transparentes Verwahrsystem handelt, bei dem die Berechtigung des Sicherungsnehmers auf allen Verwahrstufen bis hin zum zentralen Settlement-System dokumentiert wird.[474] Eine nähere Regelung, wie der Ort der Konto- bzw. Registerführung zu bestimmen ist, fehlt leider.

236 Bei beschränkten dinglichen Sicherungsrechten (zB Verpfändung) ergibt sich das Recht des Sicherungsnehmers normalerweise aus einem Eintrag im Konto des Sicherungsgebers als des Inhabers des wirtschaftlichen Vollrechts.[475] Will etwa G, der auf einem Konto bei seiner Hausbank B_G ein beim Zentralverwahrer Z_G verwahrtes Depot unterhält, dem im Ausland ansässigen N eine Sicherheit an dem Depot gewähren, wird dieses normalerweise auf dem Konto des G bei B_G vermerkt. Maßgeblicher Intermediär iSv Art. 9 Abs. 2 Finalitäts-RL ist daher B_G. Streben die Parteien dagegen eine Vollrechtsübertragung an, müssen die Papiere auf das Konto umgebucht werden, das N bei seiner Hausbank B_N unterhält, die ihrerseits mit dem ausländischen Zentralverwahrer Z_N verbunden ist, dh es erfolgt eine Bewegung von Werten über die Kette G-B_G-Z_G-Z_N-B_N-N. In diesem Fall ist B_N als der für den Sicherungsnehmer unmittelbar buchende Zwischenverwahrer maßgeblicher Intermediär iSv Art. 9 Abs. 2 Finalitäts-RL. Alternativ ist es auch üblich, dass bei der für den

[470] Paradigmatisch RegE, BT-Drs. 14/1539, 16, wo offenbar davon ausgegangen wird, der nationale Gesetzgeber könne diesbezüglich frei entscheiden; ebenso *Dittrich,* Effektengiroverkehr mit Auslandsberührung, 2002, 104; implizit wohl auch *Schefold* FS Jayme, Bd. I, 2004, 805 (812).

[471] *Einsele* WM 2001, 2415 (2423).

[472] *Reuschle* RabelsZ 68 (2004), 687 (715 f.).

[473] So der Einwand von *Einsele* WM 2001, 2415 (2423).

[474] AA wohl *Schwarz,* Globaler Effektenhandel, 2016, 842, der bezogen auf die Finanzsicherheiten-RL bei transparenten Verwahrsystemen den Betreiber des zentralen Settlementssystems für maßgeblich hält.

[475] Zu den Buchungsvorgängen bei Verpfändung *Guynn/Marchand* in van Houtte, The Law of cross-border Securities Transactions, 1999, Rn. 3.02.

Sicherungsgeber unmittelbar depotführenden Bank B_G ein neues, treuhänderisch für den Sicherungsnehmer N gehaltenes Konto errichtet wird,[476] während nur sehr selten auf ein Pfandunterkonto beim unmittelbar für den Sicherungsnehmer buchenden Zwischenverwahrer umgebucht wird. Außer in dem zuletzt genannten Fall ist für die Anknüpfung dasjenige Konto maßgeblich, aus dem sich das **wirtschaftliche Vollrecht** unmittelbar ergibt.

Es ist anzunehmen, dass Art. 9 Abs. 2 Finalitäts-RL als Rechtswirkungsstatut nur eine einzige Rechtsordnung berufen, und nicht etwa auf jeder Verwahrstufe neu anknüpfen will.[477] So sind die zwischengeschalteten Intermediäre selbst dann, wenn nach dem hypothetisch anwendbaren Recht ein dinglicher Zwischenerwerb stattfinden sollte, keine „gesicherten Gläubiger". Ferner ist auf Grund des Vereinheitlichungszwecks der Finalitäts-RL davon auszugehen, dass eine **Sachnormverweisung** intendiert ist.[478] 237

c) Insolvenzrechtliche Regelungen. Weitere kollisionsrechtliche Vorgaben enthalten Art. 24 Sanierungs-RL (RL 2001/24/EG; → Vor Art. 43 Rn. 2) sowie möglicherweise auch Art. 31 Sanierungs-RL und Art. 291 Solvabilität II-RL.[479] Die kollisionsrechtliche Bedeutung der Vorschriften ist schon wegen ihres begrenzten Anwendungsbereichs gering, weil sie nur den Fall der Sanierung oder Liquidation von Kreditinstituten und deren Zweigstellen iSv Art. 1 Nr. 1 und 3 RL 2000/12/EG, von Wertpapierfirmen und deren Zweigstellen iSv Art. 4 Abs. 1 Nr. 2 VO (EU) 575/2013, sowie von Direktversicherungsunternehmen betreffen. Allerdings gelten sie nicht nur für die Bestellung von Sicherheiten, sondern ganz allgemein für die Ausübung von Eigentumsrechten und ähnlichen Rechten. Ursprünglich enthielt auch die EuInsVO in Art. 14 EuInsVO aF eine Art. 31 Sanierungs-RL und Art. 291 Solvabilität II-RL entsprechende Vorschrift, die aber in der Neufassung durch die VO (EU) 2015/848 nicht mehr auf Wertpapiere Bezug nimmt. 238

Art. 24 Sanierungs-RL Lex rei sitae

Für die Ausübung von Eigentumsrechten oder anderen Rechten an Instrumenten, deren Existenz oder Übertragung ihre Eintragung in ein in einem Mitgliedstaat geführtes Register oder Konto oder bei einer zentralen Verwahrstelle eines Mitgliedstaats voraussetzt, ist das Recht des Mitgliedstaats maßgeblich, in dem sich das Register, das Konto bzw. die zentrale Verwahrstelle befindet, in dem bzw. bei der die betreffenden Rechte eingetragen wurden.

Art. 31 Sanierungs-RL Schutz Dritter

Verfügt das Kreditinstitut durch eine nach der Einleitung einer Sanierungsmaßnahme oder der Eröffnung des Liquidationsverfahrens vorgenommene Rechtshandlung gegen Entgelt über
– einen unbeweglichen Gegenstand,
– ein Schiff oder ein Luftfahrzeug, das der Eintragung in ein öffentliches Register unterliegt, oder
– Instrumente oder Rechte an Instrumenten, deren Existenz oder Übertragung ihre Eintragung in ein in einem Mitgliedstaat geführtes Register oder Konto oder bei einer zentralen Verwahrstelle eines Mitgliedstaates voraussetzt,

so richtet sich die Wirksamkeit dieser Rechtshandlung nach dem Recht des Mitgliedstaates, in dessen Gebiet dieser unbewegliche Gegenstand gelegen ist oder unter dessen Aufsicht das Register, das Konto oder die Verwahrstelle steht.

Art. 291 Solvabilität II-RL Schutz des Dritterwerbers

Verfügt das Versicherungsunternehmen durch eine nach der Einleitung einer Sanierungsmaßnahme oder der Eröffnung des Liquidationsverfahrens vorgenommene Rechtshandlung gegen Entgelt über einen der nachstehend genannten Werte, so ist folgendes Recht anwendbar:
a) bei einem unbeweglichen Gegenstand das Recht des Mitgliedstaats, in dem dieser Gegenstand belegen ist;
b) bei einem Schiff oder einem Luftfahrzeug, das der Eintragung in ein öffentliches Register unterliegt, das Recht des Mitgliedstaats, unter dessen Aufsicht das Register geführt wird;
c) bei Wertpapieren oder anderen Geld- und Kapitalmarktpapieren, deren Existenz oder Übertragung die Eintragung in ein gesetzlich vorgeschriebenes Register oder Konto voraussetzt oder die in einer

476 *Guynn/Marchand* in van Houtte, The Law of cross-border Securities Transactions, 1999, Rn. 3.02.

477 So aber (generell beim PRIMA-Prinzip) *Than* FS Kümpel, 2003, 543 (558); *Schefold* FS Jayme, Bd. I, 2004, 805 (809).

478 *Reuschle* RabelsZ 68 (2004), 687 (719).

479 RL 2009/138/EG des Europäischen Parlaments und des Rates vom 25.11.2009 betreffend die Aufnahme und Ausübung der Versicherungs- und der Rückversicherungstätigkeit, ABl. EU 2009 L 335, 1; die Vorgängerregelung war in der (aufgehobenen) RL 2001/17/EG enthalten.

dem Recht eines Mitgliedstaats unterliegenden zentralen Verwahrstelle verwahrt werden, das Recht des Mitgliedstaats, unter dessen Aufsicht das Register, das Konto oder die Verwahrstelle steht.

239 Während Art. 24 Sanierungs-RL in den Anknüpfungsgrundsätzen mit Art. 9 Abs. 2 Finalitäts-RL im Einklang steht und diese **Anknüpfungsgrundsätze nur verallgemeinert,** werden Art. 31 Sanierungs-RL und Art. 291 Solvabilität II-RL im Sinne einer doppelten Abweichung von den kollisionsrechtlichen Vorgaben in Finalitäts-RL (→ Rn. 232 ff.) und Finanzsicherheiten-RL (→ Rn. 241 ff.) gedeutet:[480] Erstens komme es nicht mehr auf das Konto an, aus dem sich der Eintrag zugunsten des Verfügungsempfängers ergebe, sondern auf das **Konto des Verfügenden.** Zweitens komme es nicht allgemein auf dessen Lokalisierung an, sondern speziell auf das Kriterium der **zuständigen Aufsichtsbehörde.**

240 ME handelt es sich allerdings bei Art. 31 Sanierungs-RL und Art. 291 Solvabilität II-RL ebenso wie bei Art. 14 EuInsVO aF überhaupt nicht um internationales Wertpapiersachenrecht, sondern um **internationales Insolvenzrecht.** Daher beschränkt sich die Aussage auf die Wirkungen, welche die Eröffnung des Insolvenzverfahrens insbesondere auf die Verfügungsbefugnis des Gemeinschuldners hat, und auf die Anfechtbarkeit des Erwerbs dritter Personen. Diese Fragen sind zwar für den dinglichen Rechtserwerb eines Verfügungsempfängers von ausschlaggebender Bedeutung. Sie sind aber zu unterscheiden von den klassischen Fragen des Depotsachstatuts, etwa der Rechtsnatur der Berechtigung, den Formerfordernissen einer Verfügung und des konstitutiven oder deklaratorischen Charakters der Buchung.

241 **d) Finanzsicherheiten-RL. aa) Anknüpfungsgegenstand.** Auch die Finanzsicherheiten-RL (RL 2002/47/EG; → Vor Art. 43 Rn. 2) verfolgt das Ziel, bestimmte nationale Insolvenzvorschriften im Interesse einer störungsfreien Abwicklung von Finanzsicherheiten im Binnenmarkt auszuschalten.[481] Der personelle Anwendungsbereich (Art. 1 Abs. 2 Finanzsicherheiten-RL) ist bedeutend weiter als derjenige der Finalitäts-RL und schließt praktisch nur noch natürliche Personen ohne Kaufmannseigenschaft aus.[482] Die sachliche Beschränkung auf Sicherheiten gilt freilich auch hier.

Art. 9 Finanzsicherheiten-RL Internationales Privatrecht

(1) [1]Die in Absatz 2 genannten Regelungsgegenstände im Hinblick auf im Effektengiro übertragbare Wertpapiere unterliegen dem Recht des Landes, in dem das maßgebliche Konto geführt wird. [2]Der Verweis auf das Recht eines Landes ist als Sachnormverweisung zu verstehen, dh es wird jegliche Vorschrift ausgeschlossen, die für die jeweilige Rechtsfrage auf das Recht eines anderen Staates verweist.

(2) Die von Absatz 1 erfassten Regelungsgegenstände sind:
a) Rechtsnatur und dingliche Wirkung von im Effektengiro übertragbaren Wertpapieren;
b) Anforderungen an eine in jeder Hinsicht wirksame Bestellung eines Sicherungsrechts an im Effektengiro übertragbaren Wertpapieren und die Besitzverschaffung an solchen Wertpapieren sowie generell die für die absolute Wirksamkeit der Bestellung und Besitzverschaffung erforderlichen Rechtshandlungen;
c) die Frage, ob das Eigentum oder sonstige dingliche Rechte an im Effektengiro übertragbaren Wertpapieren durch das Eigentum oder sonstige dingliche Rechte eines Dritten verdrängt werden oder diesem gegenüber nachrangig sind oder ein gutgläubiger Erwerb eingetreten ist;
d) Schritte, die zur Verwertung von im Effektengiro übertragbaren Wertpapieren nach Eintritt des Verwertungs- bzw. Beendigungsfalls erforderlich sind.

Art. 2 Finanzsicherheiten-RL Begriffsbestimmungen

Für die Zwecke dieser Richtlinie gelten folgende Begriffsbestimmungen: (...)

h) „Maßgebliches Konto" ist in Bezug auf im Effektengiro übertragbare Wertpapiere, die als Finanzsicherheit gestellt werden, das Register oder Depotkonto – das auch vom Sicherungsnehmer selbst geführt werden kann –, in dem der maßgebliche Eintrag bzw. auf dem die maßgebliche Buchung erfolgt, auf Grund deren der Sicherungsnehmer die Sicherheit erlangt.

242 Erheblich breiter als in der Finalitäts-RL (→ Rn. 232 ff.) ist der Anknüpfungsgegenstand, weil eindeutig auch die Bestellung der Sicherungsrechte umfasst ist (Art. 9 Abs. 2 lit. b Finanzsicherheiten-RL) und die übrigen in Art. 9 Abs. 2 Finanzsicherheiten-RL genannten Rechtsfragen so weit reichen, insbesondere auch das Entstehen konkurrierender Rechte sowie die Rangfolge von Rechten

---

[480] Eingehend *Schwarz,* Globaler Effektenhandel, 2016, 824 f. mwN; zurückhaltender *Born,* Europäisches Kollisionsrecht des Effektengiros, 2014, 200 ff.

[481] Näher *Reuschle* RabelsZ 68 (2004), 687 (723 f.).

[482] Näher *Than* FS Kümpel, 2003, 543 (555).

mit einschließen (Abs. 2 lit. c Finanzsicherheiten-RL), dass praktisch das **gesamte Depotsachstatut** erfasst wird.

bb) Anknüpfungspunkt. Art. 9 Abs. 1 Finanzsicherheiten-RL verweist auf das Recht des Landes, in dem das maßgebliche Konto geführt wird (Art. 9 Abs. 1 S. 1 Finanzsicherheiten-RL), was als Sachnormverweisung aufzufassen ist (Art. 9 Abs. 1 S. 2 Finanzsicherheiten-RL). Keine Aussage findet sich in der Endfassung mehr zu der Frage, wie der Ort der Kontoführung genau zu bestimmen ist.[483] Angesichts der Begriffsbestimmung in Art. 2 Abs. 1 lit. h Finanzsicherheiten-RL wird bei dieser Variante des PRIMA-Prinzips noch deutlicher als bereits in der Finalitäts-RL, dass es für die Identifizierung des maßgeblichen Intermediärs auf die Buchung ankommen soll, aus der sich unmittelbar das Recht des Sicherungsnehmers ergibt. Wie schon nach der Finalitäts-RL wird man daher danach differenzieren müssen,[484] ob das Sicherungsrecht sich – wie in der Regel bei beschränkten dinglichen Sicherungsrechten iSv Art. 2 Abs. 1 lit. c Finanzsicherheiten-RL – aus dem Konto des Sicherungsgebers als Vollrechtsinhaber ergibt oder – wie bei jeder Vollrechtsübertragung iSv Art. 2 Abs. 1 lit. b Finanzsicherheiten-RL – aus dem Konto des Sicherungsnehmers[485] (→ Rn. 236). Maßgeblich ist im Ergebnis das Konto bei demjenigen Zwischenverwahrer, der unmittelbar für denjenigen bucht, der **(auch) nach der Verfügung das wirtschaftliche Vollrecht** innehat. 243

Das Recht des Landes, in dem die Buchung erfolgt, „auf Grund deren der Sicherungsnehmer die Sicherheit erlangt", entscheidet – insoweit anders als noch nach der Finalitäts-RL (→ Rn. 233) – auch bereits darüber, ob der Sicherungsnehmer überhaupt das Sicherungsrecht erworben hat. Gemeint ist die Buchung, die zumindest **faktisch das Recht des Sicherungsnehmers verlautbart.**[486] Ein Problem entsteht damit in der Schwebezeit bis zu dem Zeitpunkt, zu dem tatsächlich eine Buchung auf dem Depotkonto des Sicherungsnehmers erfolgt, und erst recht dann, wenn diese **Buchung – aus welchem Grund auch immer – ganz unterbleiben** sollte. Nach vielen Rechtsordnungen (unter anderem der deutschen) ist die Buchung für den Rechtserwerb des Sicherungsnehmers nicht konstitutiv. Es kann daher zu dem grotesken Ergebnis kommen, dass der Erwerb nach allen potenziell in Betracht kommenden Rechtsordnungen bereits eingetreten wäre, eine Rechtsordnung, nach der der Erwerb tatsächlich erfolgen soll, aber nach Art. 9 Abs. 1 Finanzsicherheiten-RL (noch) gar nicht ermittelbar ist. Man wird in diesem Fall auf den Staat abstellen müssen, in dem die **Buchung erfolgen soll bzw. hätte erfolgen sollen.** 244

Wie schon bei der Finalitäts-RL (→ Rn. 233) fehlen leider nähere Ausführungen dazu, wie der Ort des maßgeblichen Intermediärs zu bestimmen ist.[487] Eine im Entwurf zur Finanzsicherheiten-RL[488] noch enthaltene Präzisierung wurde wieder verworfen, weil man die Entwicklungen im Zusammenhang mit dem Haager Wertpapier-Übereinkommen (→ Rn. 229 ff.) abwarten wollte. Da dieses dann allerdings wider Erwarten das AAA-Prinzip zugrunde legte und nicht den PRIMA-Ansatz verfolgte, lassen sich die Anknüpfungspunkte des Haager Wertpapier-Übereinkommens nicht mehr unmittelbar für die Auslegung der Finanzsicherheiten-RL fruchtbar machen.[489] Im Ergebnis wird man auf den **Sitz der unmittelbar kontoführenden Zweigstelle** abstellen müssen. Dabei ist die kontoführende Zweigstelle nach den Angaben in den gegenüber dem Depotkunden abgegebenen Erklärungen (Auszüge usw), dem Depotvertrag sowie nach der Zuordnung zu identifizieren, die der Intermediär für Zwecke der Aufsicht oder der Rechnungslegung vorgenommen hat. Lässt sich die kontoführende Zweigstelle danach nicht ermitteln, ist hilfsweise auf den **Sitz der Hauptniederlassung des Intermediärs** abzustellen. Dagegen würde eine vorrangige Berücksichtigung des Depotvertragsstatuts[490] die bewusste Entscheidung des Richtliniengesetzgebers für das PRIMA-Prinzip ignorieren und eigenmächtig das AAA-Prinzip an seine Stelle setzen. 245

---

483 Die Finanzsicherheiten-RL hat sich im Hinblick auf die Beratungen zum Haager Wertpapier-Übereinkommen mit einer Regelung zurückgehalten und den im ursprünglichen Vorschlag vom 27.3.2001 noch enthaltenen Art. 10 Abs. 2 fallen gelassen, vgl. Begr. des Rates vom 5.3.2002 zu Art. 9 Richtlinienvorschlag, ABl. 2002 C 119 E, 20 (25); *Than* FS Kümpel, 2003, 543 (555); *Reuschle* RabelsZ 68 (2004), 687 (724). Die Verhandlungen zum Haager Übereinkommen haben seitdem eine andere Wendung genommen und in der beschlossenen Fassung findet sich keine Regelung zur Bestimmung des Ortes der Kontoführung.

484 Zu diesen beiden Möglichkeiten vgl. auch Begr. der Kommission zum Richtlinienvorschlag vom 27.3.2001, KOM (2001) 168 endg., 8.

485 Ausweislich der Materialien hat man bei der Formulierung von Art. 9 Finanzsicherheiten-RL praktisch nur an diesen Fall gedacht, vgl. Begr. der Kommission vom 27.3.2001, KOM (2001) 168 endg., 12.

486 *Ege,* Das Kollisionsrecht der indirekt gehaltenen Wertpapiere, 2006, 124; *Chun,* Cross-Border Transactions of Intermediated Seciurities, 2012, 379; *Schwarz,* Globaler Effektenhandel, 2016, 844 f.

487 Eingehend *Schwarz,* Globaler Effektenhandel, 2016, 846 ff. mwN.

488 Vorschlag vom 27.3.2001 für eine Richtlinie des Europäischen Parlaments und des Rates über Finanzsicherheiten, KOM(2001) 168 endg., dort Art. 10.

489 AA *Schwarz,* Globaler Effektenhandel, 2016, 848.

490 Dafür *Schwarz,* Globaler Effektenhandel, 2016, 875 ff.

246 **e) Weitere Entwicklungen auf EU-Ebene.** Pläne auf europäischer Ebene, das Wertpapierkollisionsrecht einer unionsweit einheitlichen Regelung zu unterziehen, sind bislang nicht in die Tat umgesetzt worden. Während in Art. 46 Zentralverwahrer-VO-Entwurf[491] noch eine Kollisionsnorm enthalten war, wurde diese im Gesetzgebungsverfahren wieder fallen gelassen. Heute findet sich in Erwägungsgrund 57 Zentralverwahrer-VO[492] nur ein Hinweis auf eine künftige übergreifende Regelung. Zum Zweck der Harmonisierung des Wertpapierkollisionsrechts, insbesondere zur Frage der Auswirkungen von Forderungsübertragungen auf Dritte, in Form einer einheitlichen **Wertpapierrechte-RL**[493] hatte die Europäische Kommission einen Entwurf für Ende 2017 angekündigt.[494] Mittlerweile hat sich die Arbeit eher auf die Drittwirkungen von Forderungszessionen fokussiert, wozu die Europäische Kommission Ende 2018 den Vorschlag einer Drittwirkungs-VO (→ Rn. 4b) vorgelegt hat. Dieser befindet sich nunmehr im ordentlichen Gesetzgebungsverfahren (Art. 294 AEUV).

247 **4. Umsetzung durch § 17a DepotG. a) Allgemeines.** Die Kollisionsnorm in **§ 17a DepotG** diente dem deutschen Gesetzgeber als Umsetzung von Art. 9 Abs. 2 Finalitäts-RL (→ Rn. 232 ff.).[495] Dabei ging er davon aus, dass die Richtlinienbestimmung trotz ihrer systematischen Stellung innerhalb der Finalitäts-RL das für die Bestellung dinglicher Sicherheiten geltende Recht generell, und nicht nur für den Insolvenzfall, betreffe.[496] Auf eine gesonderte Umsetzung[497] von Art. 9 Finanzsicherheiten-RL und Art. 24 Sanierungs-RL usw glaubte der Gesetzgeber verzichten zu können, da die bestehenden kollisionsrechtlichen Vorschriften, vor allem § 17a DepotG, den Anforderungen auch dieser Richtlinien entsprächen.[498] Das bedeutet jedenfalls, dass § 17a DepotG bei richtlinienkonformer Auslegung auch an den Vorgaben von Art. 9 Finanzsicherheiten-RL (→ Rn. 241 ff.) und Art. 24 Sanierungs-RL usw (→ Rn. 238 ff.) gemessen werden muss.[499]

§ 17a DepotG Verfügungen über Wertpapiere

Verfügungen über Wertpapiere oder Sammelbestandanteile, die mit rechtsbegründender Wirkung in ein Register eingetragen oder auf einem Konto verbucht werden, unterliegen dem Recht des Staates, unter dessen Aufsicht das Register geführt wird, in dem unmittelbar zugunsten des Verfügungsempfängers die rechtsbegründende Eintragung vorgenommen wird, oder in dem sich die kontoführende Haupt- oder Zweigstelle des Verwahrers befindet, die dem Verfügungsempfänger die rechtsbegründende Gutschrift erteilt.

248 **b) Anwendungsbereich. aa) Allgemeiner Anwendungsbereich.** Der Anwendungsbereich der Vorschrift wurde über die Vorgabe von Art. 9 Abs. 2 Finalitäts-RL hinaus in personeller Hinsicht nicht auf Systemteilnehmer, Systembetreiber und Zentralbanken beschränkt. Damit wird § 17a DepotG diesbezüglich auch der viel weiter gefassten Vorgabe in Art. 9 Finanzsicherheiten-RL gerecht und geht sogar über diese noch hinaus, weil § 17a DepotG anders als Art. 9 Finanzsicherheiten-RL auch natürliche Personen ohne Kaufmannseigenschaft erfasst. In sachlicher Hinsicht soll die Vorschrift nach dem Willen der Gesetzesverfasser auf **sammelverwahrte** Wertpapiere beschränkt sein[500] und überdies

---

491 Vorschlag für eine Verordnung des Europäischen Parlaments und des Rates zur Verbesserung der Wertpapierabrechnungen in der Europäischen Union und über Zentralverwahrer sowie zur Änderung der RL 98/26/EG, KOM (2012) 73 endg.

492 VO (EU) 909/2014 des Europäischen Parlaments und des Rates vom 23.7.2014 zur Verbesserung der Wertpapierlieferungen und -abrechnungen in der EU und über Zentralverwahrer (ABl. EU 2014 L 257, 1).

493 Dazu eingehend *Born,* Europäisches Kollisionsrecht des Effektengiros, 2014, 365 ff. mwN.

494 *Bayer/Schmidt* BB 2017, 2114 (2125); KOM (2017) 292 endg.

495 Zur Vorschrift *Keller* WM 2000, 1269 ff.; *Schefold* IPRax 2000, 468 (474 f.); MüKoHGB/*Einsele* Depotgeschäft Rn. 208–220; *Einsele* WM 2001, 7 (15); *Einsele* WM 2001, 2415 (2418 ff.); *Einsele* WM 2005, 1109 (1111); Scherer/*Dittrich* DepotG § 17a Rn. 27; Staudinger/*Mansel,* 2015, Rn. 64.

496 RegE, BT-Drs. 14/1539, 16; *Reuschle* RabelsZ 68 (2004), 687 (717).

497 Vgl. Gesetz zur Umsetzung der RL 2002/47/EG vom 6.6.2002 über Finanzsicherheiten und zur Änderung des Hypothekenbankengesetzes und anderer Gesetze vom 5.4.2004 (BGBl. 2004 I 502); dazu etwa *Kollmann* WM 2004, 1012 ff.

498 RegE, BT-Drs. 15/1853, 12; dazu auch mit Hinweis auf die Umsetzung der Sanierungs-RL Scherer/*Dittrich* DepotG § 17a Rn. 28; *Born,* Europäisches Kollisionsrecht des Effektengiros, 2014, 228 f.

499 Zwingend nur für den Bereich der Umsetzung der RL, nicht notwendigerweise auch für den überschießend geregelten Bereich, Scherer/*Dittrich* DepotG § 17a Rn. 42; vgl. *Born,* Europäisches Kollisionsrecht des Effektengiros, 2014, 230.

500 RegE, BT-Drs. 14/1539, 16; Staudinger/*Mansel,* 2015, Rn. 68; Langenbucher/Bliesener/Spindler/*Binder* DepotR Rn. 53a.

rein schuldrechtliche Berechtigungsformen, wie Gutschriften des Depotbankkunden in Wertpapierrechnung (→ Rn. 217, → Rn. 250), nicht erfassen.[501]

Der Gesetzgeber ist auch insoweit über die Vorgaben von Art. 9 Abs. 2 Finalitäts-RL und Art. 9 Finanzsicherheiten-RL hinausgegangen, als **alle Verfügungen** erfasst sind, also nicht nur die Bestellung von Sicherheiten. Allerdings spricht Art. 9 Abs. 2 Finalitäts-RL streng genommen nicht von Verfügungen, sondern von „Rechten als dinglich gesicherte Gläubiger" (→ Rn. 232), also eher von den Wirkungen des durch Verfügungen geschaffenen Rechtszustands.[502] Größer und gravierender ist die Abweichung von Art. 9 Finanzsicherheiten-RL, weil nach Art. 9 Abs. 2 Finanzsicherheiten-RL zumindest insoweit, als es für die Rechtsposition des Sicherungsnehmers von Bedeutung ist, praktisch alle dem Depotsachstatut unterliegenden Fragen nach dem maßgeblichen Konto anzuknüpfen sind (→ Rn. 242). Das muss in richtlinienkonformer Auslegung auch für § 17a DepotG gelten, dh entgegen ihrem missverständlichen Wortlaut enthält die Norm eine Anknüpfung für das **gesamte Depotsachstatut.**[503] Im Interesse der Rechtsklarheit sollte das dann nicht nur für den von den Richtlinien vorgegebenen Anwendungsbereich, sondern ganz allgemein gelten. 249

Freilich ergibt sich aus den Materialien,[504] dass Verfügungen über rein **schuldrechtliche Ansprüche,** wie Gutschriften des Depotbankkunden in Wertpapierrechnung (→ Rn. 217), von § 17a DepotG nicht erfasst sein sollen (→ Rn. 248).[505] Damit kann es zur Aufspaltung des anwendbaren Rechts kommen, wenn über ein Depot verfügt wird, in dem einige Wertpapiere sammelverwahrt und andere durch Gutschrift in Wertpapierrechnung auf dem Depotkonto verwaltet werden. Der Rechtssicherheit für die Parteien ist das in hohem Maße abträglich, weil bei jeder Verfügung analysiert werden muss, in welcher Form welche im Depot enthaltenen Wertpapiere gehalten werden, was auf den ersten Blick meist gar nicht ersichtlich ist.[506] Welchen Standpunkt diesbezüglich die zu Grunde liegenden Richtlinienbestimmungen einnehmen, ist nicht zweifelsfrei erkennbar. Allerdings entspricht es eindeutig dem Grundanliegen von Art. 9 Abs. 2 Finalitäts-RL ebenso wie von Art. 9 Finanzsicherheiten-RL, das anwendbare Recht unabhängig von Eigenheiten der nationalen Rechtsordnungen zu bestimmen. Die in fremden Rechtsordnungen verwendeten „Treuhandlösungen" (→ Rn. 214) oder das englische System müssen daher in jedem Fall erfasst sein.[507] Dann aber erscheint es mit dem Anliegen der europäischen Vorgaben nicht vereinbar, die konstruktiv so ähnliche Gutschrift in Wertpapierrechnung auszuschließen,[508] zumal damit die insbesondere von der Finanzsicherheiten-RL zu schützenden Interessen von Sicherungsnehmern in der Union gefährdet würden. 250

Daher ist – ganz im Sinne der hier vertretenen Auffassung vom einheitlichen Depotsachstatut (→ Rn. 221 ff.) – davon auszugehen, dass § 17a DepotG in **richtlinienkonformer Auslegung** auch schuldrechtliche Berechtigungen dann erfasst, wenn diese dem Anleger eine Rechtsstellung verschaffen, die den in mehreren Mitgliedstaaten üblichen schuldrechtlichen Grundkonstruktionen funktional entsprechen.[509] Gegenüber anderen vorgeschlagenen Korrekturmöglichkeiten – namentlich der Anwendung von Art. 46, der Annahme eines unkodifizierten Bereichs des Kollisionsrechts oder der Analogie[510] – scheint dies die methodisch vorzugswürdige Lösung zu sein. Nur sie löst übrigens auch zwanglos das Problem des potenziell vorrangigen Anwendungsbefehls der Rom I-VO, weil sich die von der Rom I-VO abweichende Anknüpfung dann unmittelbar aus einer speziellen unionsrechtlichen Vorschrift ergibt, die gem. Art. 23 Rom I-VO vorgeht. 251

---

501 RegE, BT-Drs. 14/1539, 16; MüKoHGB/*Einsele* Depotgeschäft Rn. 210; Baumbach/Hopt/*Kumpan* DepotG § 17a Rn. 1; NK-DepotG/*Böttcher* DepotG § 17a Rn. 2; *Reuschle* BKR 2003, 562 (564); *Reuschle* RabelsZ 68 (2004), 687 (722), allerdings mit rechtspolitischer Kritik; Staudinger/*Mansel,* 2015, Rn. 68.

502 So auch *Born,* Europäisches Kollisionsrecht des Effektengiros, 2014, 263 f.

503 *Saager,* Effektengiroverkehr und internationales Privatrecht, 2007, 150; für die Maßgeblickeit des Wertpapierrechtsstatuts MüKoHGB/*Einsele* Depotgeschäft Rn. 211; aA – Überschreiten der Grenzen richtlinienkonformer Auslegung – *Born,* Europäisches Kollisionsrecht des Effektengiros, 2014, 264 ff., insbes. 266; *Segna,* Bucheffekten, 2018, 379 ff.

504 RegE, BT-Drs. 14/1539, 16.

505 Zu dieser Analyse der Materialien MüKoHGB/*Einsele* Depotgeschäft Rn. 209 f.; *Reuschle* BKR 2003, 562 (564); *Reuschle* RabelsZ 68 (2004), 687 (722); Scherer/*Dittrich* DepotG § 17a Rn. 65; Staudinger/*Mansel,* 2015, Rn. 69.

506 Krit. auch *Reuschle* RabelsZ 68 (2004), 687 (722).

507 Eingehend *Dittrich,* Effektengiroverkehr mit Auslandsberührung, 2002, 87 ff.; Scherer/*Dittrich* DepotG § 17a Rn. 68.

508 Anders zwar *Dittrich,* Effektengiroverkehr mit Auslandsberührung, 2002, 86, aber im Wesentlichen gestützt auf den engen personellen Anwendungsbereich von Art. 9 Abs. 2 Finalitäts-RL. Die neue Lage unter Art. 9 Finanzsicherheiten-RL konnte von *Dittrich* noch nicht berücksichtigt werden.

509 Vgl. Scherer/*Dittrich* DepotG § 17a Rn. 58; krit. *Segna,* Bucheffekten, 2018, 388.

510 Unnötig kompliziert mE *Born,* Europäisches Kollisionsrecht des Effektengiros, 2014, 266 ff.

252 **bb) Der Streit um die „rechtsbegründende Wirkung".** Ihrem Wortlaut nach betrifft die Norm Verfügungen über Wertpapiere oder Sammelbestandanteile, die mit rechtsbegründender Wirkung in ein Register eingetragen oder auf einem Konto verbucht werden.[511] Das hat man teilweise so interpretiert, dass von dieser Formulierung ausschließlich Vorgänge erfasst seien, bei denen einem Registereintrag oder einer Kontobuchung **konstitutive Bedeutung** für die Änderung der dinglichen Rechtslage zukommt. Wer dieser Ansicht folgt, muss erstens in § 17a DepotG einen Zirkelschluss erblicken, denn die Frage nach der rechtsbegründenden Wirkung der Eintragung oder Buchung kann eigentlich erst nach Ermittlung der anwendbaren Rechtsordnung beantwortet werden.[512] Vor allem aber kommt man damit zu dem Ergebnis, dass angesichts der Seltenheit rechtsbegründender Eintragungen oder Buchungen in Deutschland und anderen Staaten[513] **kaum ein Anwendungsbereich** für § 17a DepotG verbliebe:[514] Im deutschen Recht ist die Buchung nämlich nur bei dem sehr seltenen Erwerb gem. § 24 Abs. 2 S. 1 DepotG konstitutiver Bestandteil des dinglichen Rechtserwerbs.[515] Für den Normalfall des Effektengiroverkehrs nimmt die hM dagegen an, dass das Eigentum schon „zeitlich früher" gem. §§ 929 ff. BGB auf den Empfänger übergehe und Eintragungen bzw. Buchungen lediglich als Verlautbarungen eines geänderten Besitzmittlungswillens der Wertpapiersammelbank zu bewerten seien. Auch rechtsbegründende Registereintragungen sind dem deutschen Recht im Zusammenhang mit Verfügungen über Wertpapiere oder Sammelbestandanteile fremd.[516]

253 Die abweichende Ansicht versucht, dieses unbefriedigende Ergebnis zu vermeiden. Das wird teilweise dadurch erreicht, dass die Kontobuchung als Äußerung des geänderten Besitzmittlungswillens iSv **§ 930 BGB** gedeutet und daher doch als konstitutiv angesehen wird.[517] Allerdings ist diese Konstruktion auf das deutsche Recht beschränkt und nicht unumstritten.[518] Schon überzeugender sind Hinweise darauf, dass der deutsche Gesetzgeber ausweislich der Gesetzesmaterialien[519] gerade den Normalfall der Verfügung im Effektengiroverkehr habe erfassen wollen,[520] dass das Adjektiv „rechtsbegründend" in Art. 9 Abs. 2 Finalitäts-RL eher auf den Registereintrag bezogen werden könne[521] und dass dieses Adjektiv nach einem Vergleich mit allen anderen Sprachversionen in der Union ohnehin nur ein Übersetzungsfehler zu sein scheine.[522] Diese Hinweise sprechen dafür, dass dem Merkmal „rechtsbegründend" bei teleologischer bzw. richtlinienkonformer Auslegung (→ Rn. 234, → Rn. 244) von § 17a DepotG **keine gesteigerte Bedeutung** zukommt.

254 Nach hier vertretener Auffassung (→ Rn. 234) ist das Merkmal der „rechtsbegründenden Wirkung" in Art. 9 Abs. 2 Finalitäts-RL unabhängig von einem Übersetzungsfehler so auszulegen, dass die den **materiellrechtlichen Erwerb dokumentierende** Eintragung oder Buchung gemeint ist. Gerade weil die juristische Konstruktion des Effektengiroverkehrs in den einzelnen Rechtsordnungen sehr unterschiedlich ist, ja sogar die juristische Konstruktion innerhalb einer Rechtsordnung vielfach umstritten und unklar bleibt, darf die Definition der maßgeblichen Buchung nicht an system- und konstruktionsgebundenen Rechtsbegriffen festgemacht werden und dürfen Rechtsbegriffe in europä-

---

511 Dazu ausf. *Franz,* Überregionale Effektentransaktionen und anwendbares Recht, 2004, 93 ff.; *Born,* Europäisches Kollisionsrecht des Effektengiros, 2014, 237 f. und 264 ff.; Staudinger/*Mansel,* 2015, Rn. 70.

512 *Einsele* WM 2001, 2415 (2421); *Einsele* WM 2005, 1109 (1111 f.); *Einsele* EuZW 2018, 402 (408); MüKoHGB/*Einsele* Depotgeschäft Rn. 212; Langenbucher/Bliesener/Spindler/*Binder* DepotR Rn. 53a.

513 Zur Umsetzung in einzelnen EU-Staaten *Einsele* WM 2001, 2415 (2419 ff.).

514 *Einsele* WM 2001, 7 (15); *Einsele* WM 2001, 2415 (2422); MüKoHGB/*Einsele* Depotgeschäft Rn. 211; *Reuschle* BKR 2003, 562 (564); *Reuschle* RabelsZ 68 (2004), 687 (720); Baumbach/Hopt/*Kumpan* DepotG § 17a Rn. 1; mindestens zweifelnd *Than* FS Kümpel, 2003, 543 (553); Langenbucher/Bliesener/Spindler/*Binder* DepotR Rn. 49.

515 Mit dem Argument, es handele sich um einen Erwerb kraft Gesetzes, will *Dittrich,* Effektengiroverkehr mit Auslandsberührung, 2002, 98 f. die Kollisionsnorm des § 17a DepotG auf Fälle wie § 24 Abs. 2 DepotG nur analog anwenden; vgl. auch MüKoHGB/*Einsele* Depotgeschäft Rn. 212 mit Bedenken hinsichtlich des Verkehrsschutzes des § 24 Abs. 2 DepotG.

516 *Schefold* IPRax 2000, 468 (475); *Reuschle* RabelsZ 68 (2004), 687 (722).

517 *Keller* WM 2000, 1269 (1281); *Schefold* IPRax 2000, 468 (475 f.).

518 Vgl. die berechtigte Kritik von *Dittrich,* Effektengiroverkehr mit Auslandsberührung, 2002, 100; MüKoHGB/*Einsele* Depotgeschäft Rn. 212.

519 RegE, BT-Drs. 14/1539, 15.

520 So zutr. *Dittrich,* Effektengiroverkehr mit Auslandsberührung, 2002, 100; *Saager,* Effektengiroverkehr und internationales Privatrecht, 2007, 141 f.; Scherer/*Dittrich* DepotG § 17a Rn. 89; *Born,* Europäisches Kollisionsrecht des Effektengiros, 2014, 239 ff.; *Segna,* Bucheffekten, 2018, 381 ff.

521 *Dittrich,* Effektengiroverkehr mit Auslandsberührung, 2002, 100; *Born,* Europäisches Kollisionsrecht des Effektengiros, 2014, 239 ff., 281 f.

522 So die tragende Argumentation von *Franz,* Überregionale Effektentransaktionen und anwendbares Recht, 2004, 101 ff.; Scherer/*Dittrich* DepotG § 17a Rn. 90, die Buchung oder Eintragung müsse nur „gesetzlich" oder „rechtmäßig" sein.

ischen Regelwerken nicht system- und konstruktionsgebunden interpretiert werden. Allein dies entspricht auch dem im internationalen Wertpapierrecht wie im allgemeinen internationalen Sachenrecht besonders wichtigen Prinzip des Verkehrsschutzes (→ Vor Art. 43 Rn. 15). Dieses gebietet es, nur an für jedermann äußerlich erkennbare, objektive Merkmale anzuknüpfen.[523] Angesichts des Erfordernisses **richtlinienkonformer Auslegung** muss das dann aber auch für § 17a DepotG gelten.[524]

c) Anknüpfungspunkt. § 17a DepotG knüpft an den Staat an, unter dessen Aufsicht das Register geführt wird, in dem unmittelbar zu Gunsten des Verfügungsempfängers die rechtsbegründende Eintragung vorgenommen wird oder in dem sich die kontoführende Haupt- oder Zweigstelle des Intermediärs befindet, die dem Verfügungsempfänger unmittelbar die rechtsbegründende Gutschrift erteilt.[525] Aus der Wortwahl des Gesetzes und den Materialien[526] wird deutlich, dass der Gesetzgeber dabei praktisch nur an eine Vollrechtsübertragung gedacht hat. In richtlinienkonformer Auslegung muss aber auch die Bestellung beschränkter dinglicher Rechte (zB Verpfändung) von § 17a DepotG erfasst sein, obgleich in diesem Fall eine „Gutschrift" im eigentlichen Sinn nicht unbedingt erfolgt, sondern ggf. nur ein Verpfändungsvermerk im Konto des Sicherungsgebers. Insgesamt wird man § 17a DepotG diesbezüglich ebenso auslegen müssen wie Art. 9 Abs. 2 Finalitäts-RL und Art. 9 Finanzsicherheiten-RL. Bei Rechten, die nur im **Konto des Verfügenden** vermerkt werden, kommt es damit auf dessen Konto an, anderenfalls auf das **Konto des Verfügungsempfängers** (→ Rn. 236, → Rn. 243). 255

Wie auch bei der Finanzsicherheiten-RL (→ Rn. 245) ist de lege lata vom PRIMA-Prinzip auszugehen und primär nach objektiven Kriterien zu lokalisieren. Danach muss man in erster Linie auf den **Sitz der unmittelbar kontoführenden Zweigstelle** abstellen. Dieser ist anhand der Depotverwahrerklärungen oder Depotauszüge, die unmittelbar gegenüber dem Depotkunden abgegeben werden,[527] nach den Angaben im Depotvertrag sowie nach der Zuordnung zu identifizieren, die der Intermediär für Zwecke der Aufsicht oder der Rechnungslegung vorgenommen hat. Lässt sich die kontoführende Zweigstelle danach nicht ermitteln, ist hilfsweise auf den **Sitz der Hauptniederlassung des Intermediärs** abzustellen. 256

Was die **Schwebezeit bis zur Buchung** zu Gunsten des Verfügungsempfängers bzw. die Situation bei Ausbleiben der Buchung betrifft, trifft § 17a DepotG keine ausdrückliche Regelung. Aus den Materialien zum Gesetz, in denen ein – im Übrigen freilich verfehlter – Vergleich zu Verfügungen über res in transitu gezogen wird,[528] lässt sich schließen, dass der Gesetzgeber für die Schwebezeit an die Heranziehung des Rechts des Landes gedacht hat, in dem die Eintragung bzw. Buchung ausweislich der Anweisung des Verfügenden erfolgen soll (→ Rn. 244). Dagegen kommt es bei anonymen Transaktionen, bei denen sich ein Verfügungsempfänger noch nicht ermitteln lässt, zunächst zu einer gespaltenen Anknüpfung. Der Rechtsverlust des Veräußerers richtet sich in diesen Fällen nach dem Intermediär des Veräußerers.[529] Dafür spricht, dass es bei der Bestimmung des Depotsachstatuts ebenso wie bei der Bestimmung des Wertpapiersachstatuts (→ Vor Art. 43 Rn. 15) maßgeblich auf die Publizität der Anknüpfungsgründe ankommt. Angeknüpft werden darf demnach nur an ein Merkmal, das für außenstehende Dritte leicht erkennbar und ermittelbar ist.[530] Erst mit der Buchung zu Gunsten des endgültigen Verfügungsempfängers, die einen nach dem Recht des Staates der Konto- bzw. Registerführung materiellrechtlich wirksamen Erwerb dokumentiert, wird dieses Recht anwendbar. Das darf freilich keineswegs dazu führen, dass für den Erwerb des endgültigen Verfügungsempfängers stets nacheinander zwei oder gar mehrere Rechtsordnungen zu prüfen wären: Das liefe dem Schutzzweck der Finalitäts-RL wie der Finanzsicherheiten-RL diametral zuwider. Vielmehr muss der **mit der abschließenden Buchung verbundene Statutenwechsel rückwirkend** eintreten, dh mit der Buchung zu Gunsten des endgültigen Verfügungsempfängers beurteilt sich der gesamte Erwerbstatbestand rückwirkend nach dem Recht des Staates, in dem das diesbezüglich maßgebliche Konto geführt wird.[531] 257

---

523 Ähnlich wohl *Schödermeier/Löber/Wortmann* in Potok, Cross Border Collateral, 2002, Nr. 12.35, Fn. 19.

524 *Born,* Europäisches Kollisionsrecht des Effektengiros, 2014, 240.

525 *Segna,* Bucheffekten, 2018, 378 mwN.

526 BT-Drs. 14/1539, 16.

527 BT-Drs. 14/1539, 16.

528 Vgl. RegE, BT-Drs. 14/1539, 16, es handele sich bei der Anknüpfung an den Staat des Empfängers um eine „zukunftsgerichtete Anknüpfung", die im internationalen Sachenrecht auch bei res in transitu vertreten werde. Diese Überlegung geht deswegen fehl, weil Bezugspunkt der Anknüpfung im internationalen Sachenrecht nicht die einzelne Verfügung ist.

529 *Schwarz,* Globaler Effektenhandel, 2016, 925.

530 So auch ausdrücklich RegE, BT-Drs. 14/1539, 16. Vgl. hinsichtlich Art. 9 Finanzsicherheiten-RL auch die Begr. der Kommission vom 27.3.2001, KOM (2001) 168 endg., 12.

531 Zum Unterschied zur international vorherrschenden stage-by-stage analysis *Schwarz,* Globaler Effektenhandel, 2016, 926 ff. mwN.

258 Wenn § 17a DepotG, jedenfalls soweit die Bestellung von Finanzsicherheiten betroffen ist, in richtlinienkonformer Auslegung eine Anknüpfung für das gesamte Depotsachstatut enthalten soll (→ Rn. 249), kann der Anknüpfungspunkt nicht nur auf die Rolle der Parteien als Verfügender oder Verfügungsempfänger bezogen sein. Vielmehr muss verallgemeinernd davon ausgegangen werden, dass es für die Bestimmung des Depotsachstatuts auf die das **bestehende wirtschaftliche Vollrecht dokumentierende Buchung** bzw. Eintragung ankommt, wobei es eben für eine Übertragung des Vollrechts im Ergebnis allein auf die **Buchung beim Empfänger** ankommt. Diesbezüglich zwischen dem von den Richtlinien vorgegebenen und dem darüber hinaus gehenden Anwendungsbereich (→ Rn. 247) von § 17a DepotG zu differenzieren, sollte im Interesse der Rechtsklarheit vermieden werden.[532]

259 **d) Kollidierende Verfügungen. aa) Kollidierende Buchungen des Vollrechts.** Streben die Parteien eine Vollrechtsübertragung an, müssen die Papiere, auf das in → Rn. 236 gebildete Beispiel bezogen, vom Konto des Sicherungsgebers G bei der Hausbank B_G im Umweg über weitere Verwahrer auf das Konto umgebucht werden, das Sicherungsnehmer N bei seiner Hausbank B_N unterhält. In diesem Fall verweist Art. 9 Finanzsicherheiten-RL auf das Recht des Landes, in dem das bei B_N geführte Depotkonto des N liegt. Bei **konkurrierenden Verfügungen** – und gerade für diesen Fall sollte Art. 9 Finanzsicherheiten-RL Rechtsklarheit schaffen! – stellt sich damit allerdings ein Problem: Hat im Beispielsfall G (oder eine andere Person) über dasselbe Depot nicht nur zu Gunsten von N, sondern zugleich auch zu Gunsten eines D verfügt, dessen Konto in einem anderen Staat belegen ist als das des N, tritt genau die Situation ein, die Art. 9 Finanzsicherheiten-RL gerade vermeiden will (vgl. Erwägungsgrund 8 Finanzsicherheiten-RL), weil beide Erwerbstatbestände unterschiedlichen Rechtsordnungen unterliegen und es damit zu unvorhersehbaren Kollisionen kommen kann.

260 Eine denkbare Lösung wäre, unter Berufung auf die im Europarecht geltende Auslegungsmaxime, Regelungen möglichst diejenige Bedeutung beizumessen, bei der das Regelungsziel am besten erreicht wird **(effet utile),** Art. 9 Finanzsicherheiten-RL iVm Art. 2 Abs. 1 lit. h Finanzsicherheiten-RL so auszulegen, dass es jedenfalls für die Wirksamkeit der Verfügung(en) selbst noch auf das Depotkonto des Sicherungsgebers G ankommt. Hätte nach diesem Recht N (und nicht D) das Vollrecht erworben und würde zu Gunsten von N auf dessen Depotkonto eine entsprechende Gutschrift gebucht, träte ein Statutenwechsel ein und käme es für alle übrigen von Art. 9 Abs. 2 Finanzsicherheiten-RL erwähnten Fragen tatsächlich auf das Recht des Staates an, in dem das Depotkonto des Sicherungsnehmers N liegt, und umgekehrt. Indessen erscheint mir eine solche teleologische Korrektur der Richtlinienvorschrift – vorbehaltlich einer entsprechenden Entscheidung des EuGH – methodisch für zu weit gehend, zumal auch durch die Anknüpfung an das Konto des Sicherungsgebers nicht alle Konkurrenzprobleme restlos beseitigt sind (→ Rn. 245).

261 Eine weitere Möglichkeit, Art. 9 Finanzsicherheiten-RL doch noch zu einem sinnvollen Gehalt zu verhelfen, besteht darin, zusätzlich einen **Prioritätsgrundsatz** hineinzulesen. Demnach führt die (nach dem dafür hypothetisch maßgeblichen Recht) zuerst wirksam gewordene Verfügung einen Statutenwechsel herbei und wirkt für alle nachfolgenden rechtsbestimmend.[533] Sobald also die Verfügung zu Gunsten von N nach dem dafür maßgeblichen Recht wirksam geworden ist, wäre damit das Wertpapierdepotstatut festgelegt und könnte ein Erwerb des D sowie aller weiteren Personen nur noch nach diesem Recht erfolgen. Auch diese Konstruktion ist aber nicht unproblematisch, weil insbesondere dann, wenn die Verfügungen zu Gunsten von N und zu Gunsten von D zeitlich nah beieinander liegen, die Rechtsunsicherheit zunächst erheblich ist. Außerdem werden die Interessen des Sicherungsnehmers D ganz auf Kosten der Interessen des Sicherungsnehmers N geopfert, obgleich nicht ersichtlich ist, dass die Finanzsicherheiten-RL einseitig nur die Interessen des N schützen will.

262 Die verbleibende Lösung wäre, ggf. eine „Verdoppelung" der Vollrechtsposition an dem betreffenden Depot in Kauf zu nehmen. Das ist zwar mit einer sachenrechtlichen Grundkonstruktion streng genommen nicht zu vereinbaren, weil es sachenrechtlich immer nur ein Vollrecht geben kann, und läuft daher letztlich auf eine **quasi-schuldrechtliche Lösung** hinaus.[534] In der Praxis lässt sie sich freilich durchaus umsetzen: Haben nach dem jeweils maßgeblichen Recht sowohl N als auch D (dinglich) wirksam erworben, hat eben N aus seiner Gutschrift einen entsprechenden Anspruch gegen B_N und D aus seiner Gutschrift einen entsprechenden Anspruch gegen B_D. Wegen der

---

532 Diesem Modell krit. gegenüberstehend, aber iErg wohl identisch, *Born,* Europäisches Kollisionsrecht des Effektengiros, 2014, 283 f.

533 Zu Recht krit. *Schwarz,* Globaler Effektenhandel, 2016, 896; *Born,* Europäisches Kollisionsrecht des Effektengiros, 2014, 133 zur Finalitäts-RL.

534 Zur Überlegenheit von schuldrechtlichen Deutungen im modernen Wertpapierrecht grdl. *Einsele* WertpapierR 392 ff. und passim.

Vertretbarkeit der Papiere sind diese Ansprüche auch in aller Regel erfüllbar. Der Schaden bleibt dann je nach der konkreten Fallkonstellation zunächst an einem der beteiligten Intermediäre hängen und kann durch schuldrechtliche Mechanismen an denjenigen weitergegeben werden, dem der Fehler unterlaufen ist.[535] Nach dieser Deutung bestimmt Art. 9 Finanzsicherheiten-RL also das **Depotsachstatut immer nur relativ** zu Gunsten eines Sicherungsnehmers, der nach dem Recht der maßgeblichen Kontoverbindung das Sicherungsrecht wirksam erworben hat.

bb) Kollidierende Sperrvermerke. Vergleichsweise einfacher ist die Situation, wenn das (beschränkte dingliche) Sicherungsrecht als Sperrvermerk auf dem Konto des Sicherungsgebers verbucht wird. Sowohl die Frage der Entstehung des Sicherungsrechts als auch alle weiteren, dem Wertpapierdepotstatut unterliegenden Fragen vor wie nach der Bestellung der Sicherheit bestimmen sich dann nach dem Recht des Landes, in dem sich das **Konto des Sicherungsgebers** befindet. Durch die Bestellung der Sicherheit kann in Bezug auf das Wertpapierdepotstatut also ohnehin kein Statutenwechsel eintreten, und die Entstehung etwaiger konkurrierender (und in gleicher Weise verbuchter) Rechtspositionen sowie die Rangfolge konkurrierender Rechte untereinander unterliegen einer einzigen Rechtsordnung. 263

cc) Kollision von Buchung des Vollrechts und Sperrvermerk. Zu einem Konkurrenzproblem kann es allerdings auch hier kommen, wenn – etwa infolge eines Buchungsfehlers – schon eine mit dem Vollrecht des Sicherungsgebers konkurrierende Rechtsposition bzw. Buchung bestand. Hatte also in dem in → Rn. 233 gebildeten Beispiel Sicherungsgeber G seinerseits von einem X erworben, der über dasselbe Depot nicht nur zu Gunsten von G, sondern auch zu Gunsten von Y verfügt hatte, konkurriert die Position des Sicherungsnehmers N mit der Position des Y. Ähnliches gilt, wenn Sicherungsgeber G dem Sicherungsnehmer N eine beschränkte dingliche Sicherheit, einem zweiten Sicherungsnehmer D dagegen das Vollrecht zur Sicherheit verschafft und die Ausbuchung auf dem Konto des G unterbleibt. Gerade in solchen Konstellationen zeigt sich die Überlegenheit der **quasi-schuldrechtlichen Lösung** (→ Rn. 243), weil weder eine teleologische Korrektur noch die Lösung über das Prioritätsprinzip wirklich weiterhilft. 264

e) Umfang der Verweisung. Die Verweisung in § 17a DepotG ist in richtlinienkonformer Auslegung als **Sachnormverweisung** zu verstehen, dh Rück- und Weiterverweisung sind ausgeschlossen. Dafür spricht nicht nur das allgemeine Regelungsziel von Finalitäts-RL und Finanzsicherheiten-RL, eine Rechtsvereinheitlichung des Kollisionsrechts in den Mitgliedstaaten zu erreichen,[536] sondern vor allem die ausdrückliche Anordnung in Art. 9 Abs. 1 S. 2 Finanzsicherheiten-RL. Abzulehnen ist die Ansicht, wonach § 17a DepotG insoweit, als diese Vorschrift in ihrem Anwendungsbereich über die Vorgaben der genannten Richtlinien hinausgeht, als partielle Gesamtnormverweisung gem. Art. 4 Abs. 1 S. 1 Hs. 1 anzusehen sei:[537] Eine solche Aufspaltung des anwendbaren Rechts würde dem Gebot der Rechtsklarheit widersprechen, ohne mit entsprechenden Vorteilen in der Sache verbunden zu sein. 265

5. Raum für allgemeine Anknüpfungen? Im von der Finalitäts-RL und der Finanzsicherheiten-RL vorgegebenen Anwendungsbereich, dh letztlich bei der Bestellung von Sicherheiten unter Beteiligung anderer als natürlicher Personen ohne Kaufmannseigenschaft, muss § 17a DepotG so ausgelegt werden, dass § 17a DepotG das gesamte Wertpapierdepotstatut nach erfolgter Bestellung der Sicherheit bestimmt (→ Rn. 248). Das gilt nach hier vertretener Auffassung sogar insoweit, als schuldrechtliche Berechtigungsformen betroffen sind, sofern diese funktional den in mehreren Mitgliedstaaten der Union üblichen „Treuhandlösungen" entsprechen (→ Rn. 249). Obgleich der Anwendungsbereich von § 17a DepotG darüber hinaus geht, erscheint es wenig sinnvoll, zwischen dem von den Richtlinien vorgegebenen und dem überschießenden Anwendungsbereich zu differenzieren (→ Rn. 248, → Rn. 255), so dass § 17a DepotG das **Wertpapierdepotstatut für sammelverwahrte und im Effektengiro übertragbare Wertpapiere insgesamt** bestimmt. Das bedeutet, dass daneben für eine Anwendung allgemeiner kollisionsrechtlicher Grundsätze weder Bedarf noch Raum verbleibt. 266

III. Elektronische Wertpapiere

1. Hintergrund und Zielsetzung. Am 10.6.2021 ist das Gesetz zur Einführung von elektronischen Wertpapieren vom 3.6.2021 (BGBl. 2021 I 1423) in Kraft getreten. Es enthält neben dem 266a

535 So *Schlaegel,* Die Finanzsicherheiten-Richtlinie (2002/47/EG) und ihre Umsetzung in das deutsche Recht, 2008, 88; zu Recht abl. nun *Schwarz,* Globaler Effektenhandel, 2016, 892 f.

536 *Keller* WM 2000, 1269 (1282); *Dittrich,* Effektengiroverkehr mit Auslandsberührung, 2002, 105; *Reuschle* RabelsZ 68 (2004), 687 (723); iErg, trotz gewisser Kritik, auch Franz, Überregionale Effektentransaktionen und anwendbares Recht, 2004, 126.

537 So aber *Reuschle* RabelsZ 68 (2004), 687 (723); wie hier Scherer/*Dittrich* DepotG § 17a Rn. 101 f.

Gesetz über elektronische Wertpapiere (eWpG) eine Reihe von Änderungen aufsichtsrechtlicher und privatrechtlicher Natur, insbesondere des Wertpapierprospektgesetzes, des Depotgesetzes, des Schuldverschreibungsgesetzes, des Kreditwesengesetzes, des Kapitalanlagegesetzbuches und des Pfandbriefgesetzes. Hintergrund des Reformvorhabens ist ein 2020 veröffentlichtes **Eckpunktepapier** über die regulatorische Behandlung von elektronischen Wertpapieren und Krypto-Token[538] und die **Blockchain-Strategie**[539] der Bundesregierung. Festzuhalten ist, dass das eWpG zunächst auf elektronische Inhaberschuldverschreibungen, einige Arten von Investmentanteilsscheinen und Pfandbriefe beschränkt war.[540] Eine Erweiterung auf Namensaktien und Inhaberaktien erfolgte erst durch das Zukunftsfinanzierungsgesetz mit Wirkung zum 1.1.2024.[541]

266b Das Hauptanliegen des eWpG ist die Schaffung rechtlicher Rahmenbedingungen, die eine Unternehmensfinanzierung durch Begebung elektronischer Wertpapiere oder Kryptowertpapiere auf Grundlage der Blockchain-Technologie ermöglichen. Die derzeit erforderliche Ausstellung einer physischen Sammelurkunde wurde zum Teil als hemmend und insgesamt unzeitgemäß empfunden. Das Gesetz sieht daher für bestimmte Wertpapiere die Möglichkeit der **Ersetzung der Urkundenausstellung durch einen elektronischen Registereintrag** vor. Wenngleich wertpapierähnliche Digitalgüter, sog. „Krypto-Token", bereits vor dem 10.6.2021 aufsichtsrechtlich erfasst wurden,[542] soll das Gesetz deren Verkehrs- und Kapitalmarktfähigkeit fördern und gleichzeitig Anlegerschutz bestmöglich gewährleisten.

266c **2. Grundzüge des eWpG. a) Allgemeines.** Ein Wertpapier kann auch als elektronisches Wertpapier begeben werden (§ 2 Abs. 1 S. 1 eWpG). Das eWpG kennt dabei zwei Arten von elektronischen Wertpapieren: Zentralregisterwertpapiere und Kryptowertpapiere. Elektronische Wertpapiere, die in einem zentralen Register eingetragen werden (§§ 12–15 eWpG), bezeichnet man gem. § 4 Abs. 2 eWpG als **Zentralregisterwertpapiere.** Zentrale Register können nur von Wertpapiersammelbanken oder einem Verwahrer, sofern der Emittent diesen ausdrücklich und in Textform dazu ermächtigt, geführt werden (§ 12 Abs. 2 eWpG). **Kryptowertpapiere** werden in einem Kryptowertpapierregister eingetragen (§§ 16–23 eWpG). Ein Kryptowertpapierregister ist ein dezentrales, fälschungssicheres Aufzeichnungssystem, in dem Daten in Zeitfolge protokolliert werden und gegen unbefugte Löschung und nachträgliche Änderung geschützt sind (§ 16 Abs. 1 eWpG). Registerführende Stelle ist, wer vom Emittenten gegenüber dem Inhaber als solche benannt wird, hilfsweise der Emittent selbst. Die Materialien zum Regierungsentwurf betonen, dass der Begriff des Kryptowertpapierregisters technikneutral gewählt ist. Es kommt lediglich auf die dezentrale Führung des Registers an, welches über die gleichen Sicherheitsstandards wie ein zentrales Register verfügen muss.[543] Nach derzeitigem Stand der Technik basieren Kryptowertpapierregister auf Distributed Ledger Technology (DLT), in der Regel einer Blockchain. Eine detaillierte Regelung zur Führung der Register, wie etwa das Festlegen technischer Anforderungen, delegieren §§ 15 und 23 eWpG an eine Rechtsverordnung von BMJV und BMF. Die Verordnung über Anforderungen an elektronische Wertpapierregister (eWpRV) wurde im Oktober 2022 veröffentlicht (BGBl. 2022 I 1882).

266d Die Begebung elektronischer Wertpapiere erfolgt gem. § 2 Abs. 1 S. 2 eWpG durch die Eintragung in ein elektronisches Register anstelle der Ausstellung einer Wertpapierurkunde.[544] Elektronische Wertpapiere gelten aufgrund der Fiktion des § 2 Abs. 3 eWpG als **Sache iSv § 90 BGB** und

[538] BMF/BMJ, Eckpunkte für die regulatorische Behandlung von elektronischen Wertpapieren und Krypto-Token, 7.2.2019, https://www.bundesfinanzministerium.de/Content/DE/Gesetzestexte/Gesetze_Gesetzesvorhaben/Abteilungen/Abteilung_VII/19_Legislaturperiode/2019-03-07-Eckpunktepapier-Wertpapiere-Krypto-Token/2019-03-07-Eckpunktepapier-regulatorische-Behandlung-elektronische-Wertpapiere-Krypto-Token.pdf?__blob=publicationFile&v=3 (zuletzt abgerufen am 30.8.2024).

[539] BMWi/BMF, Blockchain-Strategie der Bundesregierung, 2019, https://www.bmwi.de/Redaktion/DE/Publikationen/Digitale-Welt/blockchain-strategie.pdf?__blob=publicationFile&v=8 (zuletzt abgerufen am 30.8.2024).

[540] Zum Anwendungsbereich des eWpG *M. Lehmann* in Omlor/Möslein/Grundmann, Elektronische Wertpapiere, XXX, 58 ff.

[541] Art. 16 Nr. 1 Gesetz zur Finanzierung von zukunftssichernden Investitionen (Zukunftsfinanzierungsgesetz – ZuFinG) vom 11.12.2023 (BGBl. 2023 I 354).

[542] S. hierzu *Patz* BKR 2021, 725 ff.; BaFin, Zweites Hinweisschreiben zu Prospekt- und Erlaubnispflichten im Zusammenhang mit der Ausgabe sogenannter Krypto-Token, GZ: WA 51-Wp 7100-2019/0011 und IF 1-AZB 1505-2019/0003, https://www.bafin.de/SharedDocs/Downloads/DE/Merkblatt/WA/dl_wa_merkblatt_ICOs.pdf;jsessionid=BD06CB46508EE05B4F0C38FA2D7F3592.1_cid392?__blob=publicationFile&v=1 (zuletzt abgerufen am 30.8.2024).

[543] RegE zum eWpG, BT-Drs. 19/26925, 41 f., 59 f.

[544] Im Ergebnis erfolgt die Skriptur nicht in einer (phyischen) Urkunde, sondern in einem elektronischen Register.

sind rechtlich „herkömmlichen“ Wertpapieren in ihren Wirkungen gleichgestellt (§ 2 Abs. 2 eWpG). Als **Inhaber** von elektronischen Wertpapieren gilt gem. § 3 Abs. 1 eWpG derjenige, der als solcher in ein zentrales Register (§ 12 eWpG) bzw. Kryptowertpapierregister (§ 16 eWpG) eingetragen ist. **Berechtigter** ist, wer das Recht aus dem Wertpapier innehat (§ 3 Abs. 2 eWpG).

Wurde ein Wertpapier physisch (über eine Sammelurkunde oder Einzelurkunden in Sammelverwahrung) begeben, ist eine **Umwandlung** in ein elektronisches Wertpapier zulässig, sofern das elektronische Wertpapier in ein bei einer Wertpapiersammelbank geführtes zentrales Register und für das elektronische Wertpapier eine Wertpapiersammelbank als Inhaber eingetragen wird und die Emissionsbedingungen die Ersetzung nicht ausschließen oder von der Zustimmung der Berechtigten abhängig machen (§ 6 Abs. 3 eWpG). Nachdem die meisten Emissionsbedingungen zu bis dato begebenen Wertpapieren keine Regelung zu dieser Frage beinhalten, ist von einer weitgehenden Ersetzungsbefugnis deutscher Emittenten durch elektronische Wertpapiere auszugehen. Die Ersetzung eines traditionellen Wertpapiers in allen übrigen Fällen – und damit auch durch ein Kryptowertpapier – bedarf der ausdrücklichen Zustimmung durch die Berechtigten (§ 6 Abs. 4 eWpG). **266e**

b) Sammeleintragung. Elektronische Wertpapiere können gem. § 8 eWpG sowohl in Einzeleintragung als auch in Sammeleintragung geführt werden. Im Fall der Sammeleintragung ist als Inhaber im Register eine **Wertpapiersammelbank** oder ein **Verwahrer** eingetragen. Die Wertpapiersammelbank oder ein Verwahrer verwaltet die Sammeleintragung treuhänderisch für die Berechtigten, ohne selbst Berechtigter zu sein. Die Berechtigten der eingetragenen inhaltsgleichen Rechte gelten als Miteigentümer nach Bruchteilen an dem eingetragenen elektronischen Wertpapier, und der jeweilige Anteil bestimmt sich nach dem Nennbetrag der für den Berechtigten in Sammeleintragung genommenen Rechte (§ 9 eWpG). Umbuchungen bei sammeleingetragenen Zentralregisterpapieren werden – sofern das zentrale Register durch eine Wertpapiersammelbank geführt wird und als Inhaber eine Wertpapiersammelbank eingetragen ist – gem. § 12 Abs. 3 eWpG vom (herkömmlichen) **Effektengiroverkehr** (→ Rn. 213 ff.) erfasst. Bei sammeleingetragenen Kryptowertpapieren, bei denen ein Verwahrer als Inhaber eingetragen ist, besteht eine vergleichbare Regelung nicht. **266f**

c) Einzeleintragung. Im Fall der Einzeleintragung ergibt sich aus dem jeweiligen Register als Inhaber die natürliche oder juristische Person oder rechtsfähige Personengesellschaft, die das elektronische Wertpapier als **Berechtigte** hält. Diese wird bei Zentralregisterpapieren mit Klarnamen oder einer eindeutigen Kennung, bei Kryptowertpapieren stets mit einer eindeutigen Kennung eingetragen. Zusätzlich zu den allgemeinen Registerangaben (wesentlicher Inhalt des Rechts, eindeutige Kennnummer des Papiers, Identität des Emittenten, Emissionsvolumen, Nennbetrag usw.) sind im Fall der Einzeleintragung gem. § 13 Abs. 2 eWpG und § 17 Abs. 2 eWpG auch **Verfügungsbeschränkungen** zugunsten einer bestimmten Person sowie **Rechte Dritter** (zB Pfandrechte) und ggf. weitere Angaben einzutragen. **266g**

Für elektronische Wertpapiere in Einzeleintragung enthalten die §§ 24 bis 37 eWpG besondere Vorschriften über **Verfügungen.** Alle Verfügungen über elektronische Wertpapiere oder Rechte an oder aus solchen müssen im Register vermerkt werden (§ 24 eWpG). Die Übereignung erfolgt durch Einigung und Umtragung im Register (§ 25 eWpG). Zugunsten desjenigen, der auf Grund eines Rechtsgeschäfts in ein elektronisches Wertpapierregister eingetragen wird, gilt der Inhalt des elektronischen Wertpapierregisters als vollständig und richtig sowie der Inhaber als Berechtigter, es sei denn, dass dem Erwerber zum Zeitpunkt seiner Eintragung etwas anderes bekannt oder infolge grober Fahrlässigkeit unbekannt ist (§ 26 eWpG). Die meisten Verfügungsbeschränkungen sind dem Erwerber gegenüber nur wirksam, wenn sie im elektronischen Wertpapierregister eingetragen oder dem Erwerber bekannt sind. Zugunsten des Inhabers eines elektronischen Wertpapiers wird grundsätzlich vermutet, dass er für die Dauer seiner Eintragung als Inhaber Eigentümer des Wertpapiers ist (§ 27 eWpG). **266h**

3. Anwendbares Recht. a) § 32 eWpG und seine Abgrenzung zu § 17a DepotG. Für Rechte an einem elektronischen Wertpapier und Verfügungen darüber existieren **zwei alternative Kollisionsnormen:** § 32 eWpG und § 17a DepotG. Nach § 32 Abs. 1 eWpG ist § 17a DepotG die vorrangig anzuwendende Kollisionsnorm. Soweit elektronische Wertpapiere von § 17a DepotG und § 32 eWpG erfasst werden, bestimmt sich damit das anwendbare Recht grundsätzlich nach § 17a DepotG. Für den Anwendungsbereich von § 32 eWpG kommt es folglich maßgeblich auf den Anwendungsbereich des § 17a DepotG im Zusammenhang mit elektronischen Wertpapieren an. **266i**

§ 32 eWpG Anwendbares Recht

(1) Soweit nicht § 17a des Depotgesetzes anzuwenden ist, unterliegen Rechte an einem elektronischen Wertpapier und Verfügungen über ein elektronisches Wertpapier dem Recht des Staates, unter dessen

Aufsicht diejenige registerführende Stelle steht, in deren elektronischem Wertpapierregister das Wertpapier eingetragen ist.

(2) Steht die registerführende Stelle nicht unter Aufsicht, so ist der Sitz der registerführenden Stelle maßgebend. Ist der Sitz der registerführenden Stelle nicht bestimmbar, so ist der Sitz des Emittenten des elektronischen Wertpapiers maßgebend.

§ 17a DepotG Verfügungen über Wertpapiere

Verfügungen über Wertpapiere oder Sammelbestandanteile, die mit rechtsbegründender Wirkung in ein Register eingetragen oder auf einem Konto verbucht werden, unterliegen dem Recht des Staates, unter dessen Aufsicht das Register geführt wird, in dem unmittelbar zugunsten des Verfügungsempfängers die rechtsbegründende Eintragung vorgenommen wird, oder in dem sich die kontoführende Haupt- oder Zweigstelle des Verwahrers befindet, die dem Verfügungsempfänger die rechtsbegründende Gutschrift erteilt.

266j Ausweislich der Materialien (Bericht des Finanzausschusses)[545] gilt der Vorrang von § 17a DepotG „insbesondere in den Fällen, in denen das DepotG anzuwenden ist, weil eine Sammelverwahrung elektronischer Wertpapiere vorliegt, also in der Regel bei **girosammelverwahrten elektronischen Wertpapieren in Sammeleintragung** sowie bei elektronischen Wertpapieren, die in Sammeleintragung eingetragen sind und die **gem. § 9b Absatz 1 DepotG-E vom Verwahrer auf einem Depotkonto des Hinterlegers gebucht** werden." Wie sich bereits § 2 Abs. 2 eWpG entnehmen lässt, soll durch das eWpG lediglich eine zusätzliche Art von Wertpapieren geschaffen werden, auf die die Regeln für papierene Wertpapiere weitestgehend Anwendung finden.[546] Dementsprechend gelten gem. § 9 Abs. 1 S. 1 eWpG elektronische Wertpapiere in Sammeleintragung als Wertpapiersammelbestand iSd DepotG. Auf diese findet folglich **§ 17a DepotG** vorrangig Anwendung (→ IntFinMarktR Rn. 603).[547]

266k In Bezug auf einzeleingetragene elektronische Wertpapiere stellt sich die Frage, ob jedenfalls diese § 32 eWpG unterliegen, oder ob auch insoweit in bestimmten Fällen das DepotG Vorrang hat. Gemäß § 1 Abs. 1 S. 3 DepotG sind elektronische Wertpapiere prinzipiell als Wertpapiere iSd DepotG anzusehen. Der Gesetzgeber wollte § 17a DepotG nur „insbesondere" auf sammeleingetragene elektronische Wertpapiere beschränkt wissen.[548] Auch die Tatsache, dass § 32 eWpG nicht ausdrücklich auf einzeleingetragene elektronische Wertpapiere beschränkt wurde, spricht für einen gewissen Restanwendungsbereich von § 17a DepotG auch bei Einzeleintragung. Zwar ist die Sonderverwahrung gem. § 2 DepotG mit der Einzeleintragung elektronischer Wertpapiere, für deren Übertragung die §§ 24–27 eWpG spezielle, von §§ 929 ff. BGB abweichende Vorschriften bereithält, keinesfalls gleichzusetzen (→ IntFinMarktR Rn. 603). Es ist jedoch theoretisch denkbar – wenngleich praktisch nicht besonders häufig –, dass Verwahrer iSd DepotG einzeleingetragene elektronische Wertpapiere für einen Berechtigten halten. So bestimmt § 9b Abs. 2 DepotG ausdrücklich, dass dann, wenn aufgrund der §§ 7 und 8 DepotG die Auslieferung von einzelnen Wertpapieren verlangt wird, der Verwahrer die Sammeleintragung im Wertpapierregister in Höhe des auf den Hinterleger entfallenden Anteils in eine Einzeleintragung zu überführen hat, ohne dass dadurch der Anwendungsbereich des DepotG verlassen würde. Ist dies der Fall, sollte gleichfalls vom Vorrang des § 17a DepotG ausgegangen werden. Zur **Anwendung von § 32 eWpG** kommt es dagegen immer dann, wenn – wie bei einzeleingetragenen elektronischen Wertpapieren der Regelfall – die **einzeleingetragenen elektronischen Wertpapiere** nicht von einem Verwahrer iSd DepotG, sondern **unmittelbar vom Berechtigten als Inhaber** gehalten werden.

266l Die Frage, welche Bedeutung der rechtsbegründenden Wirkung der Eintragung in ein Register oder der Verbuchung auf ein Konto im Rahmen des § 17a DepotG zukommt, ist seit der Einführung des § 17a DepotG Gegenstand umfassender Diskussion (→ Rn. 252). Auch bei elektronischen Wertpapieren in Sammeleintragung gilt, dass der Eintragung in ein Register oder der Verbuchung auf ein Konto im engeren Sinne keine rechtsbegründende Wirkung zukommt.[549] Eine solche rechtsbe-

---

545 BT-Drs. 19/29372, 58.

546 BT-Drs. 19/26925, 39.

547 *Einsele* Bank- und KapitalmarktR § 9 Rn. 88; Müller/Pieper/*Müller* eWpG § 32 Rn. 3; *Schwemmer* IPRax 2022, 331 (336); *Wilke* IPRax 2021, 502 (505).

548 BT-Drs. 19/29732, 58 zählt beispielhaft nur sammeleingetragene elektronische Wertpapiere auf; BT-Drs. 19/26925, 21 betont, dass elektronische Wertpapiere in Einzeleintragung Sonderregelungen bedürfen.

549 *Skauradszun* ZfPW 2022, 56 (77); *Einsele* in Omlor/Möslein/Grundmann, Elektronische Wertpapiere, 33, 45 betont ebenfalls, dass die Übereignung von papierenen Wertpapieren in Sammelverwahrung und elektronischen Wertpapieren in Sammeleintragung den gleichen Regelungen unterliegt; *Omlor* in Omlor/Möslein/Grundmann, Elektronische Wertpapiere, 135, 153 lässt die dingliche Einigung für die Übertragung ausreichen.

gründende Wirkung ist in §§ 24, 25 eWpG nur für elektronische Wertpapiere in Einzeleintragung angeordnet.[550] Nach hier vertretener Ansicht ist mit „rechtsbegründender Wirkung" in § 17a DepotG aber die den **materiellrechtlich wirksamen Erwerb dokumentierende Eintragung** oder Buchung gemeint (→ Rn. 234, → Rn. 254), was auch bei sammeleingetragenen elektronischen Wertpapieren gelten muss.

Fraglich erscheint, ob auch bei denjenigen Wertpapieren, bei denen von einem grundsätzlichen Vorrang von § 17a DepotG auszugehen ist, ein Restanwendungsbereich für § 32 eWpG insoweit verbleibt, als § 17a DepotG seinem Wortlaut nach auf „Verfügungen" über elektronische Wertpapiere beschränkt ist, während § 32 eWpG „Rechte an und Verfügungen über" elektronische Wertpapiere zum Gegenstand hat. Damit könnte etwa für elektronische Wertpapiere in Sammeleintragung § 32 eWpG insoweit Anwendung finden, als das gleichsam „im Ruhezustand" auf Rechte an elektronischen Wertpapieren anwendbare Recht in Frage steht. Dies wäre jedoch nicht sachgerecht, da ein Recht an einem Wertpapier meist nicht ohne die Verfügungshistorie beurteilt werden kann und es höchst misslich wäre, wenn die Übereignung eines Wertpapiers nach dem Recht des Staates X, das Eigentum am Wertpapier danach jedoch nach dem Recht des Staates Y zu beurteilen wäre. Nach der hier vertretenen Ansicht (→ Rn. 266) regelt § 17a DepotG das Wertpapierdepotstatut umfassend. Damit wird § 32 eWpG **für alle von § 17a DepotG erfassten Wertpapiere vollständig verdrängt.** 266m

b) Anwendungsbereich von § 32 eWpG im Übrigen. § 32 eWpG regelt das **Wertpapiersachstatut,** das bei Kryptowerten auch als **Token-Sachstatut** bezeichnet werden kann (zum Wertpapierrechts- und Wertpapiersachstatut → Rn. 200 ff.; zum Token-Sachstatut → Rn. 317 ff.).[551] Es hat Rechte an und Verfügungen über ein elektronisches Wertpapier, nicht aber Rechte aus einem elektronischen Wertpapier zum Gegenstand.[552] Der Anknüpfungsgegenstand „Rechte an elektronischen Wertpapieren" umfasst alle rechtlichen Fragestellungen, die etwa das Eigentum oder Nießbrauch und Pfandrecht als beschränkt dingliche Rechte am elektronischen Wertpapier betreffen.[553] Der Anknüpfungsgegenstand „Verfügungen über elektronische Wertpapiere" adressiert alle rechtlichen Fragestellungen, die die Voraussetzungen und Wirkungen einer Übertragung, Belastung, Änderung und Aufhebung eines Rechts an einem elektronischen Wertpapier zum Gegenstand haben.[554] Im Übrigen gelten die Grundsätze des internationalen Wertpapierrechts, insbesondere für die trennscharfe Abgrenzung von Wertpapierrechtsstatut und Wertpapiersachstatut.[555] 266n

Wann ein elektronisches Wertpapier, das nicht unter Einhaltung der Vorschriften des eWpG begeben wurde (und das auch nicht durch einen Verwahrer als Inhaber gehalten wird, so dass vorrangig das DepotG anwendbar wäre), in den Regelungsbereich des § 32 eWpG fällt, ist eine Frage der **Qualifikation.** Dabei ist schon deswegen ein **großzügiger Maßstab** anzulegen, weil – abgesehen von § 17a DepotG – ohnehin keine konkurrierende ausdrückliche Kollisionsnorm existiert, deren Anwendungsbereich dadurch beschnitten werden könnte. Art. 43 ff. lassen sich für Rechte an elektronischen Wertpapieren nicht viel entnehmen, so dass man allemal auf ungeschriebene Kollisionsnormen verwiesen ist. Grundsätzlich wird man daher davon ausgehen müssen, dass elektronische Wertpapiere jedenfalls dann von § 32 eWpG erfasst sind, soweit sie mit nach dem eWpG begebenen Wertpapieren **funktional vergleichbar** sind.[556] Für die Einbeziehung funktional vergleichbarer Wertpapiere spricht, dass § 32 eWpG nicht als einseitige, sondern als allseitige Kollisionsnorm ausgestaltet worden ist und ausdrücklich auch Situationen (registerführende Stelle ohne Aufsicht, Sitz der registerführenden Stelle nicht zu ermitteln) erfasst, die es unter dem eWpG eigentlich gar nicht geben dürfte (→ IntFinMarktR Rn. 603).[557] Auch die kollisionsrechtliche Regelung in § 17a DepotG ist in ihrem Anwendungsbereich weiter als das DepotG im Übrigen,[558] was dafür spricht, § 32 eWpG ebenfalls einen weiteren Anwendungsbereich zuzugestehen.[559] 266o

---

550 So auch *Skauradszun* ZfPW 2022, 56 (76 f.); *Wilke* IPRax 2021, 502 (505).

551 Müller/Pieper/*Müller* eWpG § 32 Rn. 2; *Knöfel* FS v. Bar, 2022, 157 (166 f.); *Schwemmer* IPRax 2022, 331 (336); *Skauradszun* ZfPW 2022, 56 (77).

552 *Wilke* IPRax 2021, 502 (05).

553 Müller/Pieper/*Müller* eWpG § 32 Rn. 5.

554 Müller/Pieper/*Müller* eWpG § 32 Rn. 6.

555 *Schwemmer* IPRax 2022, 331 (336); *Knöfel* FS v. Bar, 2022, 157 (161).

556 *Knöfel* FS v. Bar, 2022, 157 (164); Müller/Pieper/*Müller* eWpG § 32 Rn. 4; *Wilke* IPRax 2021, 502 (505); *Schwemmer* IPRax 2022, 331 (335); *Drogemüller,* Blockchain-Netzwerke und Krypto-Token im Internationalen Privatrecht, 2023, 328 f.

557 *Knöfel* FS v. Bar, 2022, 157 (164); die Gewichtigkeit dieses Arguments wohl verneinend *Wilke* IPRax 2021, 502 (505).

558 *Mankowski* IPRax 2021, 351 (354); *Knöfel* FS v. Bar, 157 (164); *Wilke* IPRax 2021, 502 (504) jeweils mwN.

559 *Knöfel* FS v. Bar, 2022, 157 (164); *Wilke* IPRax 2021, 502 (505).

266p In einem ersten Schritt stellt sich die Frage, ob die derzeitige **sachliche Beschränkung** des Anwendungsbereichs des eWpG gem. § 1 eWpG auch den Anwendungsbereich von § 32 eWpG beschränkt, insbesondere soweit ausländische elektronische Wertpapiere betroffen sind. Auffällig ist in diesem Zusammenhang, dass die Verweisung in § 95 Abs. 3 KAGB, welche weite Teile des eWpG für Investmentanteilscheine für anwendbar erklärt, die Vorschrift des § 32 eWpG von der Verweisung ausspart. Teilweise wird vertreten, dass nach ausländischem Recht begebene nicht-schuldrechtliche elektronische Wertpapiere nicht von § 32 eWpG erfasst sein sollen.[560] Andere messen der Beschränkung des Anwendungsbereichs des eWpG für die Anwendbarkeit des § 32 eWpG auf nach ausländischem Recht begebene Wertpapiere keine Bedeutung bei (→ IntFinMarktR Rn. 603).[561] Richtigerweise wird man insoweit eher großzügig verfahren müssen, soweit im Übrigen hinreichende funktionale Vergleichbarkeit zwischen dem ausländischen Wertpapier und den vom eWpG erfassten Papieren vorliegt.

266q Auch an die funktionale Vergleichbarkeit im Übrigen wird man keine überzogenen Anforderungen stellen dürfen. Da § 32 eWpG selbst ausdrücklich den Fall erfasst, dass die registerführende Stelle nicht unter Aufsicht steht oder dass sich nicht einmal ihr Sitz ermitteln lässt, kann weder der Existenz einer Aufsichtsbehörde noch der Lokalisierbarkeit der registerführenden Stelle unverzichtbare Bedeutung zukommen. Jedenfalls sollte die Eintragung des – möglicherweise durch eine pseudonyme Kennung – eindeutig identifizierten Inhabers ebenso wie des eindeutig identifizierten Wertträgers in ein **elektronisches Register** ein maßgebliches Kriterium sein.[562] Gute Gründe sprechen dafür, dass zumindest der **Sitz des Emittenten** ermittelbar sein muss, weil sonst die Verweisung vollkommen ins Leere gehen würde. Fraglich erscheint, ob (wenn nicht die Lokalisierbarkeit so doch wenigstens) die **Identifizierbarkeit einer registerführenden Stelle** verlangt werden muss. Für eine funktionale Vergleichbarkeit kann aber jedenfalls die bloße Einordnung als Kryptowährung oder extrinsischer Token noch nicht ausreichen.[563]

266r **c) Anknüpfung nach § 32 eWpG.** § 32 eWpG verweist primär auf das Recht des Staates, unter dessen **Aufsicht die registerführende Stelle** steht, in deren Register das elektronische Wertpapier eingetragen ist. Angeknüpft wird damit akzessorisch an die internationale Aufsichtszuständigkeit über die registerführende Stelle.[564] Dies ermöglicht es, durch die Wahl einer Registerstelle, die nicht der deutschen Aufsicht unterliegt, indirekt Einfluss auf das auf elektronische Wertpapiere anwendbare Recht zu nehmen. Die internationale Aufsichtszuständigkeit im Rahmen des § 32 eWpG ergibt sich dabei nicht unmittelbar aus dem Sitz der registerführenden Stelle.[565] § 11 eWpG ordnet nur die Zuständigkeit der BaFin an, soweit das eWpG anwendbar ist.[566] Die internationale Zuständigkeit deutscher Stellen zur Aufsicht über die registerführende Stelle ergibt sich nach dem KWG und der CSDR.[567, 568]

266s Beansprucht das Aufsichtsrecht mehrerer Staaten die internationale Zuständigkeit der eigenen Aufsichtsbehörden,[569] soll deutsches Recht anzuwenden sein, wenn auch das deutsche Aufsichtsrecht die deutschen Behörden zur Aufsicht über die registerführenden Stellen als international zuständig ansieht (→ IntFinMarktR Rn. 603).[570] Ob man dies mit einer entsprechenden Heranziehung des Art. 5 Abs. 1 S. 2[571] oder mit den Eigenheiten des internationalen öffentlichen Rechts (→ IntFinMarktR Rn. 603) begründet, kann im Ergebnis dahinstehen. Soweit sich ausschließlich ausländische Aufsichtsbehörden als zuständig ansehen, wird dasjenige Recht maßgeblich sein, mit dem die regis-

560 *Wilke* IPRax 2021, 502 (505).
561 Müller/Pieper/*Müller* eWpG § 32 Rn. 4.
562 *Sickinger/Thelen* AG 2020, 862 (870); Müller/Pieper/*Müller* eWpG § 32 Rn. 4; *Wilke* IPRax 2021, 502 (505); wohl auch → IntFinMarktR Rn. 603 *(Lehmann); Knöfel* FS v. Bar, 2022, 157 (164).
563 *Schwemmer* IPRax 2022, 331 (336).
564 Müller/Pieper/*Müller* eWpG § 32 Rn. 16; *Knöfel* FS v. Bar, 2022, 157 (168); *Wilke* IPRax 2021, 502 (506).
565 So aber *Sickinger/Thelen* AG 2020, 862 (869).
566 Weitergehend aber wohl *Einsele,* Die allgemeinen privatrechtlichen Regelungen für elektronische Wertpapiere, in Omlor/Möslein/Grundmann, Elektronische Wertpapiere, S. 33, 54.
567 VO (EU) 909/2014 des Europäischen Parlaments und des Rates vom 23.7.2014 zur Verbesserung der Wertpapierlieferungen und -abrechnungen in der Europäischen Union und über Zentralverwahrer sowie zur Änderung der Richtlinien 98/26/EG und 2014/65/EU und der Verordnung (EU) Nr. 236/2012, ABl. EU 2014 L 257, 1.
568 Müller/Pieper/*Müller* eWpG § 32 Rn. 17 f.; *Knöfel* FS v. Bar, 2022, 157 (169); *Wilke* IPRax 2021, 502 (506).
569 Denkbar wäre auch, die internationale Zuständigkeit mittels einer Verallseitigung der Normen über die internationale Zuständigkeit des deutschen Aufsichtsrechts zu bestimmt; dies wird jedoch zu Recht abgelehnt, vgl. Müller/Pieper/*Müller* eWpG § 32 Rn. 26.
570 Müller/Pieper/*Müller* eWpG § 32 Rn. 32; aA *Knöfel* FS v. Bar, 2022, 157 (169).
571 *Wilke* IPRax 2021, 502 (506); Müller/Pieper/*Müller* eWpG § 32 Rn. 32.

terführende Stelle die **engste Verbindung** aufweist.[572] Dies wird regelmäßig die Behörde am Sitz der registerführenden Stelle sein.[573] Eines Rückgriffs auf § 32 Abs. 2 eWpG bedarf es in diesen Fällen nicht.[574]

Steht die registerführende Stelle nicht unter Aufsicht, so ist gem. § 32 Abs. 2 S. 1 eWpG der **Sitz der registerführenden Stelle** maßgebend. Ist der Sitz der registerführenden Stelle nicht bestimmbar, so bestimmt der **Sitz des Emittenten** des elektronischen Wertpapiers über das anwendbare Recht (§ 32 Abs. 2 S. 2 eWpG). Sitz in diesem Sinne ist für natürliche Personen der gewöhnliche Aufenthalt und für juristische Personen primär der Satzungs- und sekundär der Verwaltungssitz.[575] **266t**

d) Umfang der Verweisung. Nach hM handelt es sich mangels abweichender ausdrücklicher Regelung und sonstiger Anhaltspunkte bei der von § 32 eWpG ausgesprochenen Verweisung gem. Art. 4 Abs. 1 S. 1 um eine **Gesamtverweisung.**[576] Besonders befriedigend ist dies im Ergebnis freilich nicht, da damit ein Auseinanderfallen der sonst im Wesentlichen parallelen Verweisung in § 17a DepotG provoziert wird, welche aber als Sachnormverweisung ausgestaltet ist (→ Rn. 265). Außerdem würde die Annahme einer Gesamtverweisung angesichts der massiven Unsicherheiten, die derzeit (noch) global bei der internationalprivatrechtlichen Einordnung elektronischer Wertpapiere zu verzeichnen sind, zu einem Maß an Rechtsunsicherheit führen, das gerade bei sachenrechtlichen Fragen schwer zu akzeptieren ist. Daher sprechen im Ergebnis die besseren Argumente wohl für eine **Sachnormverweisung.** **266u**

G. Kollisionsrecht der Digitalgüter

Schrifttum: *American Law Institute and European Law Institute,* ALI-ELI Principles for a Data Economy, Vorentwurf No. 3 (Oktober 2019); *De Lima Pinheiro,* Law applicable to personal data protection on the Internet: some private international law issues, AEDIPr XVIII (2018), 163; *Drogemüller,* Blockchain-Netzwerke und Krypto-Token im Internationalen Privatrecht, 2023; *Eckhold/F. Schäfer,* § 17 Kryptowerte, Kryptowährungen und Kryptowertpapiere, in Assmann/Schütze/Buck-Heeb, Handbuch des Kapitalanlagerechts, 6. Aufl. 2024; *Erlank,* The disconcerting exercise of finding and applying the lex rei sitae in Cyberspace, European Property Law Journal 7 (2018), 212; *Financial Markets Law Committee,* Distributed Ledger Technology and Governing Law: Issues of Legal Uncertainty, 2018; *Gössl,* Internetspezifisches Kollisionsrecht, 2014; *Hanner,* Internationales Kryptowerterecht, 2022; *Klammer,* Dateneigentum – Das Sachenrecht der Daten, 2019; *Krysa/M. Lehmann,* Blockchain, Smart Contracts und Token aus der Sicht des (Internationalen) Privatrechts, Bonner Rechtsjournal 2019, 91; *M. Lehmann,* Who Owns Bitcoin? Private Law Facing the Blockchain, Minnesota Journal of Law, Science & Technology 21 (2019), 93; *M. Lehmann,* Internationales Privat- und Zivilprozessrecht, in Omlor/Link (Hrsg.), Kryptowährungen und Token, 2. Aufl. 2023, 173; *Lüttringhaus,* Das internationale Datenprivatrecht: Baustein des Wirtschaftskollisionsrechts des 21. Jahrhunderts, ZVglRWiss 117 (2018), 50; *Martiny,* Virtuelle Währungen im IPR, IPRax 2018, 553; *Ng,* Choice of law for property issues regarding Bitcoin under English law, Journal of Private International Law 15 (2019), 315; *Takahashi,* Law applicable to proprietary issues of crypto-assets, JIPL 2022, 339; *Thon,* Transnationaler Datenschutz: Das Internationale Datenprivatrecht der DS-GVO, RabelsZ 84 (2020), 24; *Wendehorst,* The ALI-ELI Principles for a Data Economy, in De Franceschi/Schulze (Hrsg.), Digital Revolution – New Challenges for Law, 2019, 42 *Wendehorst,* Kryptowerte und anwendbares Recht, in Welser (Hrsg.), Buchgeld und Bargeld, 2020, 3; *Wendehorst,* Digitalgüter im Internationalen Privatrecht, IPRax 2020, 490; *Wendehorst,* Proprietary Rights in Digital Assets and the Conflict of Laws, in Bonomi/Lehmann/Lalani (Hrsg.), Blockchain and Private International Law, 2023, 101.

I. Überblick über die Digitalgüter

1. Binäre elektrische Impulse („Daten iwS“) als Grundbaustein. Digitale Vermögenswerte – von Rohdaten bis hin zu Token – erlangen immer größere wirtschaftliche Bedeutung. Zugleich ist ihre materiellrechtliche wie kollisionsrechtliche Einordnung mit einer Reihe von Unsicherheiten behaftet.[577] Dies liegt zum einen an der Geschwindigkeit des technologischen Fortschritts und daran, dass das Recht mit dem Auftreten neuer digitaler Phänomene kaum Schritt zu halten vermag. Vor allem aber sind es die zahlreichen Grauzonen und **Gemengelagen zwischen Schuldrecht, Immaterialgüterrecht und Sachenrecht,** welche eine rechtssichere Einordnung und **267**

572 Dies wird ebenfalls teilweise auf Art. 5 Abs. 1 EGBGB gestützt, vgl. *Wilke* IPRax 2021, 502 (506); Müller/Pieper/*Müller* eWpG § 32 Rn. 32.

573 Müller/Pieper/*Müller* eWpG § 32 Rn. 32.

574 AA *Knöfel* FS v. Bar, 2022, 157 (169 f.).

575 *Wilke* IPRax 2021, 502 (507); *Knöfel* FS v. Bar, 2022, 157 (170); Müller/Pieper/*Müller* eWpG § 32 Rn. 31.

576 Müller/Pieper/*Müller* eWpG § 32 Rn. 33; *Wilke* IPRax 2021, 502 (507).

577 Überblick etwa bei *Martiny* IPRax 2018, 553 ff.

Behandlung erschweren. Dies wirkt sich insbesondere auch bei Sachverhalten mit Auslandsberührung aus.

268 Für das internationale Sachenrecht im weiteren Sinn sind vor allem all jene Phänomene relevant, welche **binäre, elektrische Impulse als Grundbaustein** (oft als „Daten" im weitesten Sinn bezeichnet) aufweisen. Diese Impulse können nur für den Augenblick als Signal existieren, etwa als ein Steuerungsimpuls für ein technisches System, oder auch persistieren, dh auf einem Medium gespeichert sein. Damit soll keineswegs ausgeschlossen werden, dass gegenwärtig auch andere Codierungsformen bestehen („analogue computing") und künftig entwickelt werden könnten („quantum computing", „bio computing" etc), auf welche die für digitale Vermögensgüter geltenden Grundsätze ebenfalls Anwendung finden können. Die praktische Bedeutung dieser anderen Codierungsformen ist derzeit jedoch noch zu gering, so dass man sich für eine Darstellung der Einfachheit halber auf „digitale" Phänomene beschränken kann.

269 Digitale Phänomene sind in allen Rechtsbereichen relevant, und zwar im materiellen Recht wie im Kollisionsrecht. So können Verträge mit digitalen Mitteln geschlossen oder Schäden durch Cyberdelikte verursacht werden. Potenziell zu einer Frage des internationalen Sachenrechts werden digitale Phänomene erst dann, wenn es um ihre **Zuordnung als reale Phänomene zu Personen mit (potenzieller) Wirkung erga omnes** geht (→ Rn. 39 ff.). Dabei ist ein Indiz für eine solche Zuordnung mit (potenzieller) Wirkung erga omnes die Existenz auf das digitale Phänomen bezogener Rechte, die nicht nur ein bestimmter Schuldner, sondern eine prinzipiell unbestimmte Anzahl von Personen zu achten haben. Solche Rechte können etwa auf Unterlassung, Zugang, Herausgabe, Portierung oder Vergütung für eine Nutzung gerichtet sein.

270 **2. Das Vier-Ebenen-Modell.** Binäre **elektrische Impulse** auf einem Medium allein (→ Rn. 272 ff.) sind für sich gesehen wertlos, und kaum jemand würde die Rechtsfrage nach ihrer Zuordnung stellen. Einen Wert erhalten sie dadurch, dass sie eine bestimmte **Information** in sich tragen (→ Rn. 278 ff.), dass sie eine bestimmte **Funktion** erfüllen (→ Rn. 299 ff.) oder ein bestimmtes Vermögensgut **repräsentieren** (→ Rn. 303 ff.). Daher liegt auch hier jeweils der Schwerpunkt der kollisionsrechtlichen Diskussion.

271 Daten als digitales Phänomen sind schwer fassbar, weil sie ein vielschichtiges Phänomen mit verschiedenen Ebenen darstellen. Diese Ebenen – und das unterscheidet Daten von den meisten anderen Gegenständen – stehen potenziell nahezu gleichberechtigt nebeneinander.[578] Die wichtigsten Ebenen sind (1) die **physische Ebene** (Daten als Datenverkörperung), (2) die **Bedeutungsebene** (Daten als codierte Information) (3) die **Gestaltungs- oder Funktionsebene** (Daten als digitale Inhalte) und (4) die **Ebene rechtlicher Zuschreibung** (Daten als Repräsentanten für Vermögenswerte). Je nachdem, auf welcher Ebene bei einem Konflikt bzw. bei einer Rechtsfrage der Schwerpunkt liegt, sind „Daten" in unterschiedlicher Weise juristisch zu qualifizieren und kommen auch unterschiedliche Kollisionsnormen zum Zuge.

II. Datenverkörperungen

272 **1. Weiter Sachbegriff.** Die größte Nähe zum Sachenrecht weist die physische Ebene von Daten (Daten als physische Manifestation auf einem Medium, Datenverkörperung) auf. Dabei ist es zunächst ebenso unstrittig wie unspektakulär, dass Daten (auch) einen Zustand des jeweiligen **Speichermediums** darstellen, dass dieses Speichermedium auch im kollisionsrechtlichen Sinne eine Sache ist und dass dingliche Rechte an ihm nach Art. 43 angeknüpft werden.[579] Wenn von Daten als Datenverkörperung gesprochen wird, ist aber nicht dies gemeint, sondern steht die separate **Sachqualität „einer Kopie"** von Daten als solcher infrage. Zwar existiert so etwas wie „eine Kopie" bei technisch korrekter Betrachtung nicht bzw. lässt sie sich nicht zuverlässig abgrenzen. Allerdings ist der Sachbegriff ein normativer Begriff und kommt es weniger auf eine naturwissenschaftlich korrekte Beschreibung als vielmehr auf die **Verkehrsanschauung** an.[580] Nach der Verkehrsanschauung gibt es aber individualisierbare „Kopien" und handelt es sich dabei sogar um ein rivales Gut, das theoretisch Gegenstand sachenrechtlicher Rechtspositionen sein kann (vgl. zum nicht-rivalen Charakter von Daten als codierter Information → Rn. 279).[581]

273 Eine separate Sachqualität von Daten ist zwar nach der derzeit hM zum deutschen materiellrechtlichen Sachbegriff (§ 90 BGB) nicht anzuerkennen (→ BGB § 90 Rn. 25 mwN). Dies ist aber nicht zwingend und auf ewig in Stein gemeißelt, da es für die Sachqualität immerhin darauf

578 Vgl. *Wendehorst* FS Koziol, 2020, 53 (54 f.) mwN.

579 BeckOGK/*Prütting/A. Zimmermann* Rn. 98; so für Kryptowerte auch *Hanner,* Internationales Kryptowerterecht, 2022, 206.

580 Statt vieler Grüneberg/*Ellenberger* BGB § 90 Rn. 1.

581 Vgl. *Klammer,* Dateneigentum – Das Sachenrecht der Daten, 2019.

ankommt, ob das Phänomen technisch beherrschbar (→ BGB § 90 Rn. 5) und einer sinnlichen Wahrnehmung zugänglich ist, mag diese auch erst durch eine technische Einrichtung ermöglicht werden (→ BGB § 90 Rn. 8). Im Übrigen gilt dies nicht für jene Rechtsordnungen, die – wie etwa das österreichische oder französische Recht[582] – von einem **weiten Sachbegriff** ausgehen, keine Körperlichkeit fordern und daher prinzipiell auch Daten bzw. ihre physische Manifestation auf einem Medium als Objekt des Sachenrechts anerkennen.[583] Das kann für die kollisionsrechtliche Beurteilung angesichts des Gebots funktional-teleologischer Qualifikation (→ Einl. IPR Rn. 118 ff.) durchaus relevant sein.

2. Anknüpfung im Kollisionsrecht. a) Belegenheit einer Datenverkörperung. Sofern ein ganz bestimmter Datenträger lokalisiert werden kann, auf den auch **lokal zugegriffen** wird, bestehen gegen die **Anknüpfung nach Art. 43** auch hinsichtlich der Datenverkörperung selbst keine durchgreifenden Bedenken. Allerdings scheitert die Lokalisierung eines bestimmten Datenträgers vielfach bei in der Cloud gespeicherten Daten.[584] Selbst wenn alle in Betracht kommenden Server in einem einzigen Staat belegen sein sollten, stellt sich doch die Frage, ob dem physischen Speicherort derartig gespeicherter Daten für die kollisionsrechtliche Betrachtung irgendwelche Bedeutung zukommen sollte. Dies ist wegen der weitgehenden Beliebigkeit des Speicherorts richtigerweise zu verneinen.[585] Daher ist auf der Grundlage von **Art. 46** nach Anknüpfungsmomenten zu suchen, welche dem Prinzip der engsten Verbindung besser gerecht werden. 274

Anstelle des Serverstandorts werden bei **ferngespeicherten – insbesondere in der Cloud gespeicherten** – Daten alternative Anknüpfungen vertreten. Dazu gehört die Anknüpfung an den Ort der Niederlassung desjenigen, der selbst oder durch Dritte Zugriff auf die Daten hat und über Mittel und Zweck ihrer Verarbeitung entscheidet (ähnlich der Person des „Verantwortlichen“ im Datenschutzrecht – der neutralere englische Begriff „Controller“ dürfte diese Person am besten charakterisieren), oder an den Ort der Niederlassung des Server-Betreibers, also insbesondere eines Cloud-Anbieters.[586] Für die primäre „Belegenheit“ von Datenverkörperungen **am Ort der Niederlassung des Daten-Controllers** spricht die Überlegung, dass Cloud-Speicherung funktional die lokale Speicherung am Ort der Niederlassung ersetzt. Allerdings können Controller bei gemeinsamer Kontrolle in verschiedenen Staaten niedergelassen sein und dennoch – wiederum nicht technisch, sondern nach der Verkehrsanschauung gesprochen – auf „dieselbe Kopie“ in der Cloud gespeicherter Daten zugreifen. Daher kommt subsidiär die Anknüpfung an den **Ort der Niederlassung des Server-Betreibers, also etwa des Cloud-Anbieters,** in Betracht,[587] für die sich auch Parallelen im internationalen Wertpapierrecht finden (→ Rn. 123 ff.). Beides kann nur gelten, sofern nicht der gesamte Sachverhalt eine deutlich engere Berührung mit einer anderen Rechtsordnung aufweist. 275

Die Anknüpfung an den Ort der Niederlassung desjenigen, der Zugriff auf die Daten hat, oder an den Ort der Niederlassung des Cloud-Anbieters, funktioniert allerdings nur bei gespeicherten Daten. Geht es nicht um gespeicherte Daten, sondern um Daten im Zustand der (grenzüberschreitenden) **Übermittlung,** soll es nach den Grundsätzen über res in transitu (→ Art. 46 Rn. 40 ff.) auf den Sitz des Empfänger-Controllers bzw. des Anbieters des Empfänger-Cloud-Servers ankommen.[588] 276

b) Reichweite des Datensachstatuts. Die Reichweite des so ermittelten Datensachstatuts ist allerdings begrenzt, und so ist es auch bislang seine praktische Bedeutung. Denn nach dem Datensachstatut können sich nur solche Rechtswirkungen richten, welche **gerade die Datenverkörpe-** 277

---

582 Zur sachenrechtlichen Qualifikation von Daten nach österreichischem Recht vgl. eingehend *Forgó* in Forgó/Zöchling-Jud, Das Vertragsrecht des ABGB auf dem Prüfstand: Überlegungen im digitalen Zeitalter, in ÖJT (Hrsg.), ÖJT 2018, Bd. II/1, Zivilrecht, 351 ff.; *Klammer,* Dateneigentum, 2019.

583 Vgl. *Klammer,* Dateneigentum – Das Sachenrecht der Daten, 2019.

584 *Boehm* ZEuP 2016, 358 (379 ff.); zur grundsätzlichen Anwendbarkeit der lex rei sitae auf die Verortung von Datenverkörperungen aufgrund des weiten Sachenbegriffs im österreichischen Recht *Klammer,* Dateneigentum, 2019, Rn. 910 f.

585 Abl. auch Part VI Vorentwurf Nr. 3 (Oktober 2019) der „ALI-ELI Principles for a Data Economy“; dazu *Wendehorst* in De Franceschi/Schulze, Digital Revolution – New Challenges for Law, 2019, 42 ff.

586 *Klammer,* Dateneigentum, 2019, Rn. 910 ff.

587 Als primäre Anknüpfung sieht dies dagegen *Klammer,* Dateneigentum, 2019, Rn. 910 ff.– die besonders häufige Anwendbarkeit US-amerikanischen Rechts auch bei sonst rein europäischen Sachverhalten (oder sogar bei sonst reinen Inlandssachverhalten) dürfte indessen kaum sachgerecht sein; vgl. zu einem ähnlichen Ergebnis (allgemeiner) *Gössl,* Internetspezifisches Kollisionsrecht, 2014, 283; für Kryptowerte stellt *Hanner,* Internationales Kryptowerterecht, 2022, 206 daher bei der Übertragung einer in der Cloud gespeicherten Wallet auf den Sitz des Walletanbieters ab.

588 Zur Anwendung der Grundsätze über res in transitu *Klammer,* Dateneigentum, 2019, Rn. 894 ff., 923 f.

rung, dh eine nach der Verkehrsanschauung individualisierbare „Kopie" von Daten, betreffen. Wenn das Datensachstatut – wie bislang wohl die meisten Rechtsordnungen – eine Sachqualität solcher Datenverkörperungen nicht anerkennt, geht die Verweisung ohnehin ins Leere. Sofern Rechtsordnungen sich allerdings zur Anerkennung entschließen, kann sich zB die **Vindikation** einer Datenverkörperung durchaus als scharfes Schwert entpuppen, da mit der Vindikation der Verkörperung natürlich auch der Informationsgehalt der Daten erlangt wird. Die weitere Entwicklung ist daher mit Spannung abzuwarten.

III. Daten als codierte Information („Daten ieS")

278 **1. Charakteristika.** Daten sind in erster Linie Träger von Information, dh von **Aussagen über die reale Welt,** einschließlich Aussagen über andere Daten. Die Aussage, dass Verbraucher V in einem bestimmten Zeitraum x-mal eine bestimmte Website besucht und dabei insgesamt y Sekunden auf einer bestimmten Nachricht verweilt hat, ist eine Information. Auch die aus dieser und weiteren Informationen abgeleitete Vorhersage, dass V mit z % Wahrscheinlichkeit an ähnlichen Nachrichten interessiert sein wird, ist eine Information. Derartige Informationen haben vielfach einen Wert, etwa für Person A, die V personalisierte Wahlwerbung zur Verfügung stellen möchte, welche Vs Interessenschwerpunkte möglichst treffsicher anspricht. Binäre elektrische Impulse sind nur dann Träger von Information, wenn **Kontext und Semantik** bekannt sind – ohne Kontext und Semantik sind binäre Impulse unverwertbar und sollten auch nicht als „Daten" ieS bezeichnet werden.

279 Eine charakteristische Eigenschaft der Informationsebene von Daten ist es, dass sie ein **nichtrivales Gut** darstellt. Nicht nur Person A kann die Informationen über V verwenden, sondern auch B, der ein Produkt vermarkten möchte, und ebenfalls C, der ein Forschungsprojekt durchführt. A, B und C können die Informationen über V parallel und auf die verschiedenste Weise nutzen, ohne dass die Informationen dadurch ihren Gebrauchswert verlieren würden (lediglich ihr Marktwert kann sinken, wenn sie zu vielen Personen zur Verfügung stehen).

280 In der modernen Datenwirtschaft erlangen Informationen ihren besonderen Wert durch die **Verknüpfbarkeit** mit anderen Informationen. So erlangt die Information, dass V in einem bestimmten Zeitraum x-mal eine bestimmte Website besucht und dabei insgesamt y Sekunden auf einer bestimmten Nachricht verweilt hat, ihren Wert meist erst durch die Verknüpfung mit vielen anderen Informationen über V. Diese können zu einem Profil von V zusammengeführt werden oder ermöglichen ad hoc-Ableitungen über Vs voraussichtliches Verhalten. Eine vermarktungsfähige Dienstleistung lässt sich daraus meist nur dann schaffen, wenn die Daten von möglichst vielen Verbrauchern zusammengeführt werden, wobei der Wert der Daten mit wachsender Datenmenge oft stärker als nur linear ansteigt **(Netzwerk- und Skaleneffekte).**

281 **2. Spezielle gesetzliche Rechtspositionen. a) Datenschutz. aa) Eigentumsähnliche Betroffenenrechte.** Soweit Daten als personenbezogene Daten qualifiziert werden können, unterfällt ihre Verarbeitung dem Datenschutzrecht. Dieses wird zwar traditionell eher dem öffentlichen Recht zugeordnet, betrifft aber auch und gerade die Rechtsverhältnisse zwischen Privaten und ist durch verschiedene Verweise in der Digitale-Inhalte-RL[589] jüngst sogar zu einem integralen Teil des Verbrauchervertragsrechts erklärt worden. Ansprüche, welche Betroffenen gegen andere private Akteure – durchaus mit Wirkung erga omnes – aus dem Datenschutzrecht erwachsen können, umfassen vor allem Ansprüche auf **Unterlassung** einer datenschutzwidrigen Datenverarbeitung bis hin zum Anspruch auf **Löschung** von Daten (zB Art. 17, 18 DS-GVO), Ansprüche auf **Korrektur** von Daten (zB Art. 16 DS-GVO) sowie Ansprüche auf **Zugang** zu Daten (zB Art. 15 DS-GVO) bis hin zum Anspruch auf Übertragung **(Portierung)** von Daten (zB Art. 20 DS-GVO).

282 Bei der Qualifikation datenschutzrechtlicher Rechtspositionen überwiegt in der Wahrnehmung der **persönlichkeitsrechtliche Charakter** und der Charakter als Abwehrrecht, so dass primär das Deliktsstatut im Vordergrund steht. Einige der Betroffenenrechte ähneln jedoch in vielen Facetten durchaus dem Eigentumsrecht. Insbesondere der Anspruch nach Art. 20 DS-GVO auf Portierung von Daten, dh darauf, dass ein Akteur, der personenbezogene Daten faktisch innehat, diese Daten einem anderen Akteur auf Verlangen des Betroffenen in einem strukturierten, gängigen und maschinenlesbaren Format übermittelt, hat deutlich **eigentumsähnliche Züge.**

283 **bb) Berührungspunkte zu Mitgliedstaaten und Drittstaaten.** Darüber, wie diese Rechte kollisionsrechtlich zu behandeln sind und inwieweit das internationale Sachenrecht hier relevant werden könnte, muss man sich allerdings oft keine vertieften Gedanken machen, weil Art. 3 DS-

---

[589] RL (EU) 2019/770 des Europäischen Parlaments und des Rates vom 20.5.2019 über bestimmte vertragsrechtliche Aspekte der Bereitstellung digitaler Inhalte und digitaler Dienstleistungen, ABl. EU 2019 L 136, 1.

GVO ihren territorialen Anwendungsbereich genau definiert. Dabei kommen alternativ das Niederlassungsprinzip und das Marktortprinzip zum Tragen.

Art. 3 DS-GVO Räumlicher Anwendungsbereich

(1) Diese Verordnung findet Anwendung auf die Verarbeitung personenbezogener Daten, soweit diese im Rahmen der Tätigkeiten einer Niederlassung eines Verantwortlichen oder eines Auftragsverarbeiters in der Union erfolgt, unabhängig davon, ob die Verarbeitung in der Union stattfindet.

(2) Diese Verordnung findet Anwendung auf die Verarbeitung personenbezogener Daten von betroffenen Personen, die sich in der Union befinden, durch einen nicht in der Union niedergelassenen Verantwortlichen oder Auftragsverarbeiter, wenn die Datenverarbeitung im Zusammenhang damit steht
a) betroffenen Personen in der Union Waren oder Dienstleistungen anzubieten, unabhängig davon, ob von diesen betroffenen Personen eine Zahlung zu leisten ist;
b) das Verhalten betroffener Personen zu beobachten, soweit ihr Verhalten in der Union erfolgt.

(3) Diese Verordnung findet Anwendung auf die Verarbeitung personenbezogener Daten durch einen nicht in der Union niedergelassenen Verantwortlichen an einem Ort, der aufgrund Völkerrechts dem Recht eines Mitgliedstaats unterliegt.

Die **künftige E-Privacy-VO**[590] dürfte in Art. 3 Abs. 1 E-Privacy-VO gleichfalls vom Marktortprinzip ausgehen und dabei eine Reihe von auf das Unionsgebiet ausgerichteten Tätigkeiten aufzählen, welche im Verhältnis zu Drittstaaten zur Anwendbarkeit der E-Privacy-VO führen. **284**

cc) Berührungspunkte zu mehreren Mitgliedstaaten. Allerdings enthält die DS-GVO keine Regelungen dazu, wie bei **Sachverhalten mit Berührungspunkten zu mehreren Mitgliedstaaten** das anwendbare nationale Datenschutzrecht zu bestimmen ist, was insbesondere im Rahmen von Öffnungsklauseln der DS-GVO relevant werden kann. Solche Öffnungsklauseln existieren etwa in Bezug auf die Einwilligungsfähigkeit Minderjähriger (Art. 8 DS-GVO), besonders sensible Kategorien personenbezogener Daten, wie Gesundheitsdaten oder biometrische Daten (Art. 9 DS-GVO), im Beschäftigungskontext (Art. 88 DS-GVO) oder im Forschungskontext (Art. 89 DS-GVO). Eine analoge Anwendung von Art. 3 DS-GVO gibt zwar erste Anhaltspunkte, führt aber deswegen nicht zum Ziel, weil der Konflikt regelmäßig gerade zwischen dem Staat der Niederlassung des Anspruchsgegners (Art. 3 Abs. 1 DS-GVO analog) und dem Marktort (Art. 3 Abs. 2 DS-GVO analog) besteht. **285**

Die internationalprivatrechtliche Dimension des **Datenkollisionsrechts** ist mittlerweile anerkannt, doch konzentriert die Diskussion sich bisher auf Schadenersatzansprüche aufgrund von Datenschutzverletzungen (vgl. Art. 82 DS-GVO).[591] Eigentumsähnliche Aspekte von Betroffenenrechten, wie sie am deutlichsten im Portabilitätsrecht zum Ausdruck gelangen, stehen noch eher im Hintergrund. Soweit die DS-GVO die Kollisionsfrage nicht explizit regelt, wird teilweise ein Rückgriff auf das allgemein geltende Kollisionsrecht befürwortet,[592] teilweise auch aufgrund des Schutzzwecks des Datenschutzrechts eine grundsätzliche Anknüpfung an den gewöhnlichen Aufenthalt des Betroffenen vertreten.[593] Eine im Vordringen befindliche Auffassung setzt dagegen richtigerweise zunächst an der DS-GVO selbst an und versucht, dieser im Wege **autonomer Auslegung** Anhaltspunkte für die kollisionsrechtliche Behandlung innereuropäischer Sachverhalte zu entnehmen.[594] Dabei wird in Erwägungsgrund 153 S. 6 DS-GVO ein Anhaltspunkt erblickt, dass das Niederlassungsprinzip (Herkunftslandprinzip) des Art. 3 Abs. 1 DS-GVO als allgemeine Kollisionsnorm zugrunde liege. De lege lata sei somit auf das Recht am Ort der Niederlassung des Verantwortlichen abzustellen,[595] wenngleich de lege ferenda eher das Marktortprinzip ausgebaut werden solle.[596] **286**

Will man Verantwortlichen in der Union nicht Unmögliches abverlangen und damit dem Wirtschafts- und Forschungsstandort Europa erheblichen Schaden zufügen, wird indessen auch de **287**

---

590 Vorschlag für eine Verordnung des Europäischen Parlaments und des Rates über die Achtung des Privatlebens und den Schutz personenbezogener Daten in der elektronischen Kommunikation und zur Aufhebung der RL 2002/58/EG (VO über Privatsphäre und elektronische Kommunikation), COM (2017) 10 final; zuletzt Rat der Europäischen Union, Mandate for negotiations with EP vom 10.2.2021, 6087/21.

591 *De Lima Pinheiro* AEDIPr XVIII (2018), 163 ff.; *Lüttringhaus* ZVglRWiss 117 (2018), 50 ff.; *Thon* RabelsZ 84 (2020), 24 ff.; s. umfassend zum Datenkollisionsrecht *Bizer,* Persönlichkeitsrechtsverletzung in sozialen Medien, 2022, 307 ff.

592 *Lüttringhaus* ZVglRWiss 117 (2018), 50 (75) passim; so wohl auch *Bizer,* Persönlichkeitsrechtsverletzung in sozialen Medien, 2022, 336 f.

593 *De Lima Pinheiro* AEDIPr XVIII (2018), 163 (183).

594 *Thon* RabelsZ 84 (2020), 24 (38 ff.).

595 *Thon* RabelsZ 84 (2020), 24 (47 f.).

596 *Thon* RabelsZ 84 (2020), 24 (59 f.).

lege ferenda bei grenzüberschreitenden Sachverhalten **innerhalb der EU am Niederlassungsprinzip (Herkunftslandprinzip) als allseitige Kollisionsnorm** kein Weg vorbeiführen. Dass damit ein race to the bottom entstehen kann und diejenigen Mitgliedstaaten die attraktivsten Standorte darstellen, die besonders weit reichende Ausnahmen vom Datenschutz vorsehen, ist dabei als Folge der versäumten Vereinheitlichung hinzunehmen.

288 Dagegen erscheint es in den Fällen, in denen die DS-GVO aufgrund einer Verweisung durch vertragsrechtliche Vorschriften in Umsetzung der RL (EU) 2019/770 (Digitale-Inhalte-RL) Anwendung findet, vorzugswürdig, einheitlich nach dem **Vertragsstatut** anzuknüpfen. Dies wird zwar nur eher selten relevant werden. Situationen, in denen sich der Unternehmer, welcher digitale Inhalte oder Dienstleistungen bereitstellt, zB auf eine forschungsspezifische Einschränkung des Portabilitätsrechts durch einen Mitgliedstaat beruft, sind aber auch nicht völlig ausgeschlossen. Im Endeffekt ist die Frage des Datenkollisionsrechts allerdings – wie Fragen der Auslegung der DS-GVO allgemein – vom EuGH zu entscheiden.

289 **dd) Berührungspunkte zu mehreren Drittstaaten.** Das Gesagte kann allerdings in Ermangelung eines bis zu einem gewissen Grad einheitlichen Datenschutzniveaus nicht unbesehen auf alle Sachverhalte mit **Bezug zu verschiedenen Drittstaaten** übertragen werden. Dies ist allenfalls dann möglich, wenn diese Drittstaaten ein im Wesentlichen ähnliches Datenschutzniveau aufweisen. Anderenfalls scheinen die besten Argumente dafür zu sprechen, **Art. 3 DS-GVO insgesamt zu einer allseitigen Kollisionsnorm auszubauen.** Das bedeutet, dass sich ein Betroffener, der etwa ein Portabilitätsrecht geltend macht, wahlweise auf das Recht des Staates der Niederlassung des Anspruchsgegners oder auf das Recht desjenigen Staates berufen kann, in dem sich der Betroffene befindet und in dem ihm im Zusammenhang mit der Datenverarbeitung Waren oder Dienstleistungen angeboten wurden oder in dem der Betroffene ein Verhalten zeigt, das vom Anspruchsgegner beobachtet wird. Auch hier wird es bei Geltendmachung innerhalb eines Vertragsverhältnisses sachgerecht sein, primär auf das **Vertragsstatut** abzustellen (→ Rn. 288).

290 **b) Freier Verkehr nicht personenbezogener Daten.** Die **VO (EU) 2018/1807**[597] betrifft den freien Verkehr nicht personenbezogener Daten innerhalb der EU. Art. 2 VO (EU) 2018/1807 erklärt international das **Marktortprinzip** für anwendbar, etwa wenn ein Cloud-Dienstleister mit Niederlassung außerhalb der EU Speicherkapazität an Nutzer innerhalb der EU zur Verfügung stellt. Die VO (EU) 2018/1807 enthält nur wenige privatrechtliche Rechtspositionen. Zwar betrifft Art. 6 VO (EU) 2018/1807 Rechte auf Datenportabilität, beschränkt sich aber auf die Förderung der Entwicklung von Verhaltensregeln im Rahmen der Selbstregulierung, und dies auch nur auf Unionsebene, so dass sich kollisionsrechtliche Probleme bei Berührung zu mehreren Mitgliedstaaten nicht primär stellen. Die meisten übrigen Vorschriften, namentlich zu Datenlokalisierungsauflagen in Art. 4 VO (EU) 2018/1807, sind eher dem öffentlichen Recht zuzuordnen. Im Übrigen scheint der in Art. 2 Abs. 2 VO (EU) 2018/1807 angesprochene Bedarf, bei gemischten Datensätzen auch die Vorgaben der DS-GVO zu beachten, dafür zu sprechen, auch in kollisionsrechtlicher Hinsicht einen **Gleichlauf mit dem Datenschutzrecht** (→ Rn. 287 f.) herzustellen.

291 Der Entwurf für ein EU-**Datengesetz**[598] enthält dagegen ein relativ starkes, eigentumsähnliches Portabilitätsrecht zugunsten der Nutzer von Daten generierenden Produkten und verbundenen Diensten. Gemäß Art. 5 des Entwurfs ist jeder Dateninhaber verpflichtet, auf Verlangen eines Nutzers oder einer im Namen eines Nutzers handelnden Partei die bei der Nutzung eines Produktes oder verbundenen Dienstes erzeugten Daten einem Dritten unverzüglich, für den Nutzer kostenlos, in derselben Qualität, die dem Dateninhaber zur Verfügung steht, und ggf. kontinuierlich und in Echtzeit bereitzustellen. Art. 1 Abs. 2 des Entwurfs enthält eine eigene Bestimmung des internationalen Anwendungsbereichs. Danach soll die VO etwa gelten für Hersteller von Produkten und Erbringer verbundener Dienste, die in der Union in Verkehr gebracht werden, und die Nutzer solcher Produkte oder Dienste, für Dateninhaber, die Datenempfängern in der Union Daten bereitstellen, für Datenempfänger in der Union, denen Daten bereitgestellt werden, und für Anbieter von Datenverarbeitungsdiensten, die Kunden in der Union Dienste anbieten.

292 **c) Geschäftsgeheimnisschutz.** Daten können auch als Geschäftsgeheimnisse geschützt sein. Der Schutz von Geschäftsgeheimnissen kann weder den Marktverhaltensregelungen des **Lauterkeitsrechts** noch den vollständigen **Immaterialgüterrechten** wie zum Beispiel dem Patent- und Markenrecht zugeordnet werden. Unterschiede zu letzteren bestehen insofern, als der Schutz von

---

[597] VO (EU) 2018/1807 des Europäischen Parlaments und des Rates vom 14.11.2018 über einen Rahmen für den freien Verkehr nicht-personenbezogener Daten in der EU, ABl. EU 2018 L 303, 59.

[598] Vorschlag für eine Verordnung des Europäischen Parlaments und des Rates über harmonisierte Vorschriften für einen fairen Datenzugang und eine faire Datennutzung (Datengesetz), COM(2022) 68 final; s. dazu auch *Ensthaler/Üge* BB 2022, 2051.

Geschäftsgeheimnissen von der tatsächlichen Geheimhaltung der Information abhängt und keine besondere Qualität der Informationen für den rechtlichen Schutz erforderlich ist; von ersteren unterscheidet sich der Schutz von Geschäftsgeheimnissen insofern, als er sich auf eine Information bezieht, die handelbar ist und regelmäßig wirtschaftlichen Wert besitzt.[599] So gesehen könnte der Geschäftsgeheimnisschutz auch als eine spezifisch **auf Unternehmen zugeschnittene Variante des Datenschutzes** gesehen werden. Vom Datenschutz unterscheidet sich der Geschäftsgeheimnisschutz allerdings insofern, als es nicht darauf ankommt, ob die Informationen in strukturierter und maschinenlesbarer Form codiert sind – rein mündliche Offenbarung würde genügen. Geschäftsgeheimnisschutz ist in Deutschland separat im GeschGehG geregelt und EU-weit durch die Geheimnisschutz-RL[600] harmonisiert worden.

Art. 4 Geheimnisschutz-RL bewirkt im Ergebnis eine **eigentümliches, quasi-dingliches Schutzkonzept** mit starken Drittwirkungen. So darf ein Geschäftsgeheimnis etwa nicht erlangen, nutzen oder offenlegen, wer es über eine andere Person erlangt hat und zum Zeitpunkt der Erlangung, Nutzung oder Offenlegung weiß oder wissen müsste, dass diese das Geschäftsgeheimnis rechtswidrig genutzt oder offengelegt hat. Auch erst nach dem Erwerb eintretende Kenntnis oder fahrlässige Unkenntnis schadet damit für die weitere Nutzung. Dogmatisch handelt es sich am ehesten um ein außervertragliches Schuldverhältnis, das nach der Rom II-VO anzuknüpfen ist (→ Rom II-VO Art. 6 Rn. 184 ff.). Allerdings stellt sich im vorliegenden Zusammenhang die Frage, nach welcher Rechtsordnung sich ein **(rechtmäßiger) Erwerb eines Geschäftsgeheimnisses** iSv Art. 3 Geheimnisschutz-RL richtet, der ebenfalls quasi-dingliche Wirkung hat, da das Geschäftsgeheimnis nach rechtmäßigem Erwerb auch an Dritte weiterveräußert werden darf. Vorzugswürdig erscheint es, diesbezüglich kein eigenes „Erwerbsstatut" zu etablieren, sondern das im Falle einer behaupteten Verletzung **hypothetisch von der Rom II-VO berufene Statut** auch insoweit heranzuziehen. 293

3. Allgemeines „Dateneigentum"? a) Ausschließlichkeitsrechte an codierter Information? In jüngster Zeit wurde die eigentumsrechtliche Bedeutung von Daten im Sinne (meist: maschinenlesbar) codierter Informationen[601] im Zustand der Speicherung auf einem beliebigen Medium oder im Zustand der Übermittlung verstärkt diskutiert (**„Dateneigentum"**, „Datenerzeugerrecht").[602] Abgesehen von der nur von sehr wenigen Autoren geführten Diskussion betreffend die physische Dimension von Daten (→ Rn. 272 ff.) konzentriert sich der Gedanke eines „Dateneigentums" oder „Datenerzeugerrechts" richtigerweise nicht auf die semantische Ebene (Informationsgehalt), sondern auf die syntaktische Ebene (Codierung). 294

Auch wenn in materiellrechtlicher Hinsicht durchgreifende Bedenken gegen die Anerkennung eines derartigen Ausschließlichkeitsrechts vorgebracht werden,[603] könnte es doch wenigstens durch ausländische Rechtsordnungen gegenwärtig oder künftig anerkannt werden, weshalb sich das Kollisionsrecht der Debatte nicht ganz entziehen kann. Allerdings kann es sich bei einem solchen „Datenei- 295

---

599 RegE zum GeschGehG, BT-Drs. 19/4724, 20.

600 RL (EU) 2016/943 des Europäischen Parlaments und des Rates vom 8.6.2016 über den Schutz vertraulichen Know-hows und vertraulicher Geschäftsinformationen (Geschäftsgeheimnisse) vor rechtswidrigem Erwerb sowie rechtswidriger Nutzung und Offenlegung, ABl. EU 2016 L 157, 1.

601 *Zech* GRUR 2015, 1151 (1153); *Zech,* Information als Schutzgegenstand, 2012, 32.

602 *Paulus* FS Karsten Schmidt, 2019, 119. Für Dateneigentum *Amstutz* AcP 218 (2018), 439 ff.; *Fezer* MMR 2017, 3; *Hoeren* MMR 2013, 486; de lege ferenda auch *Haustein,* Möglichkeiten und Grenzen von Dateneigentum, 2021. Dagegen *Dorner* CR 2014, 617; *Determann* MMR 2018, 277; *Determann* ZD 2018, 503; *Hornung/Goeble* CR 2015, 265; *Janeček* Comput. Law Secur. Rev. 34 (2018), 1039; *Kim* JIPLP 13 (2018), 154; *Kühling/Sackmann* ZD 2020, 24. Für die Einführung eines Rechts des Datenerzeugers *Zech* CR 2015, 137. *Zech* GRUR 2015, 1151; *Zech* in De Franceschi, European Contract Law and the Digital Single Market, 2016, 51 ff. Als Option erwägt dies auch die Europäische Kommission in ihrer Mitteilung „Aufbau einer Europäischen Datenwirtschaft", COM(2017) 9 final, 14; Commission Staff Working Document on the free flow of data and emerging issues of the European data economy, SWD(2017) 2 final, 33 ff.; auch die UNIDROIT Principles on Digital Assets and Private Law sehen für „digital assets" – also Informationen, die auf einem elektornischen Medium gespeichert werden, abrufbar und Gegenstand von Kontrolle sind – vor, dass an diesen Eigentumsrechte bestehen können, Principle 3 Abs. 1 UNIDROIT Principles on Digital Assets and Private Law. Für eine besitzrechtliche Herangehensweise *Hoeren* MMR 2019, 5; *Michl* NJW 2019, 2729; *Adam* NJW 2020, 2063; *Kevekordes,* Daten als Gegenstand absoluter Zuordnung, 2022. Eine solche abl. *Weiß* ZD 2020, 160.

603 Gutachten der Datenethikkommission der deutschen Bundesregierung Datenethikkommission der Bundesregierung, Gutachten der Datenethikkommission der Bundesregierung, 2019, 18; Arbeitsgruppe Digitaler Neustart, Bericht vom 15.5.2017, 10, 29 ff.; *Determann* MMR 2018, 277; *Determann* ZD 2018, 503; *Drexl,* Data Access and Control in the Digital Era, 2018, 132 ff.; *Faust* Gutachten A zum 71. DJT, 2016, 92; *Wendehorst/Schwamberger/Grinzinger* in Pertot, Rechte an Daten, 2020, 103, 116; *Yu* Tul L Rev 93 (2019) 859.

gentum" oder „Datenerzeugerrecht", soweit es sich auf die syntaktische Ebene bezieht, dem Wesen nach nur um ein neues Immaterialgüterrecht oder ein immaterialgüterrechtsähnliches Recht handeln.[604] Es sollte daher auch **nach immaterialgüterrechtlichen Grundsätzen** angeknüpft werden.

296 **b) Co-generated Data Approach.** Materiellrechtlich vielversprechender als der Ansatz am „Dateneigentum" ist wohl der **„Co-Generated Data Approach"** der von den ALI-ELI Principles for a Data Economy,[605] einem transatlantischen Projekt des European Law Institute (ELI)[606] und des American Law Institute (ALI),[607] entwickelt wurde und bereits international rezipiert wird.[608] Danach hat eine Partei, die zur Generierung von Daten beigetragen hat – sei es, weil die Daten sich auf diese Person beziehen, oder weil sie durch eine Aktivität dieser Person erzeugt wurden, oder auf andere Weise – ggf. gegenüber derjenigen Partei, die die Daten faktisch kontrolliert, bestimmte Mitsprache- und Teilhaberechte. Diese können insbesondere auf **Datenzugang** (bis hin zu voller Datenportabilität), auf **Unterlassen** einer bestimmten Datennutzung (bis hin zur Löschung), auf Korrektur von Daten oder – höchst ausnahmsweise – auf wirtschaftliche **Teilhabe** an einer mithilfe der Daten ermöglichten Wertschöpfung gerichtet sein. In ähnlicher Weise sieht nunmehr der Entwurf des europäischen Datengesetzes Zugangs- und Mitspracherechte für solche Daten vor, die im Zusammenhang mit der Nutzung von Produkten und verbundenen Diensten erzeugt werden.[609] Die Betroffenenrechte der DS-GVO stellen sich als besondere, spezialgesetzlich geregelte Ausprägungen dieser allgemeinen Datenrechte dar.

297 Soweit derartige **eigentumsähnliche Datenrechte** spezialgesetzlich geregelt sind (zB in der DS-GVO), kann auf → Rn. 283 verwiesen werden. Im Übrigen wird bei eigentumsähnlichen Datenrechten, die auf dem Co-Generated Data-Ansatz beruhen, eine vorsichtige Analogie zu diesen Vorschriften sachgerecht sein. Da es sich gerade nicht um Ausschließlichkeitsrechte handelt, sondern um Rechte, welche dem besonderen Charakteristikum von Daten als nicht-rivalem Gut gerecht werden, ist die Berufung einer einzigen anwendbaren Rechtsordnung im Sinne eines Sachstatuts nicht erforderlich. Vielmehr sollte es auf die **engste Verbindung** ankommen. Im Zweifel (Rechtsgedanke von Art. 3 DS-GVO) sollte sich eine Person dann auf ein nach dem Recht eines Staates gegebenes Datenrecht stützen können, wenn die betreffende Datenverarbeitung im Rahmen der Tätigkeiten einer Niederlassung des Anspruchsgegners in diesem Staat erfolgt, unabhängig davon, ob die Verarbeitung in diesem Staat stattfindet, oder wenn die Daten im Zusammenhang mit einer auf diesen Staat ausgerichteten Tätigkeit erhoben und verarbeitet werden.

298 Allerdings wird die Geltendmachung derartiger Datenrechte besonders häufig in einem anderen Kontext, insbesondere einem **vertragsrechtlichen Kontext,** erfolgen, und etwa bei der Klauselkontrolle oder sonstigen Inhaltskontrolle von Verträgen oder bei der Geltendmachung von Nachverhandlungspflichten im Wege ergänzender Vertragsauslegung vorgebracht werden. Soweit dies der Fall ist, sollte – wie beim im Vertragsrecht „eingebetteten" Datenschutz auch (→ Rn. 288) – an das **Vertragsstatut** angeknüpft werden.

IV. Digitale Inhalte und Dienstleistungen

299 **1. Rechte an digitalen Inhalten und Dienstleistungen.** Auch bei Software und anderen **digitalen Inhalten** (Textdateien, Bilddateien, Audio- und Videodateien usw.), die jetzt Gegenstand der RL (EU) 2019/770 (Digitale-Inhalte-RL) geworden sind, handelt es sich letztlich um Daten. Allerdings steht hier die funktionelle Ebene im Vordergrund, weshalb sowohl in materiellrechtlicher als auch in kollisionsrechtlicher Hinsicht eine gesonderte Betrachtung erforderlich ist. Soweit die Bereitstellung solcher Daten als vertragliche Leistung vereinbart wird, erfolgt die Anknüpfung nach der Rom I-VO. Soweit solche Daten zugleich Werke der Lit., Wissenschaft oder Kunst darstellen und Gegenstand einer eigenen **geistigen Schöpfung** sind, oder soweit es sich um **Computerprogramme** handelt, sind sie urheberrechtlich geschützt. Mindestens im internationalen Kontext ist

[604] AA *Amstutz* AcP 218 (2018), 439 (545 f.): analoge Anwendung des Sachenrechts.

[605] Dazu *Wendehorst* in De Franceschi/Schulze, Digital Revolution – New Challenges for Law, 2019, 42 ff.

[606] S. https://www.europeanlawinstitute.eu/principles-for-a-data-economy/ (zuletzt abgerufen am 30.8.2024).

[607] S. https://www.ali.org/projects/show/data-economy/ (zuletzt abgerufen am 30.8.2024).

[608] Gutachten der Datenethikkommission der deutschen Bundesregierung, 2019, 85 ff., https://www.bmi.bund.de/SharedDocs/downloads/DE/publikationen/themen/it-digitalpolitik/gutachten-datenethikkommission.pdf?__blob=publicationFile&v=6 (zuletzt abgerufen am 30.8.2024); Mitteilung vom 19.2.2020 der Kommission an das Europäische Parlament, den Rat, den europäischen Wirtschafts- und Sozialausschuss und den Ausschuss der Regionen, Eine europäische Datenstrategie, COM (2020) 66 final, 9, 10, 15; zur Einordnung der ALI-ELI Principles for a Data Economy s. auch *van Erp/Swinnen* Technology and Regulation, 2022, 61 ff.

[609] Art. 3–5 Vorschlag für eine Verordnung des Europäischen Parlaments und des Rates über harmonisierte Vorschriften für einen fairen Datenzugang und eine faire Datennutzung (Datengesetz), COM(2022) 68 final.

auch ein Schutz nach Patentrecht und weiteren gewerblichen Schutzrechten denkbar. Auch Datenbankwerke können unter bestimmten Umständen urheberrechtlichen Schutz genießen, wobei bei Datenbanken noch der sog. sui generis-**Schutz des Datenbankherstellers** dazukommt, bei dem es sich im Wesentlichen um ein Leistungsschutzrecht handelt. In jedem Fall unterliegen all diese Rechte den Grundsätzen des **internationalen Immaterialgüterrechts.**

Für einige Verwirrung bezüglich einer möglichen sachenrechtlichen Bedeutung von Computer- 300
programmen hat die Entscheidung des EuGH in der Rechtssache **UsedSoft**[610] gesorgt, wo eine Kopie eines Computerprogramms, hinsichtlich derer eine zeitlich unbegrenzte Lizenz erworben worden war, als „Eigentum" des Erwerbers bezeichnet wurde. Bereits die Umstände des Falles machen aber deutlich, dass ein solches **„Software-Eigentum"** nach immaterialgüterrechtlichen Grundsätzen angeknüpft werden muss, und nicht nach Art. 43: der konkrete Speicherort ist für die Rechtsbeziehungen absolut irrelevant, weil die potenziell „eigentumsrechtlichen" Aspekte vollkommen durch den Umfang der Lizenz und damit durch das Immaterialgüterrecht determiniert werden. Was die Kopie eines Computerprogramms als **konkrete Datenverkörperung** anbelangt, kann auf die diesbezüglichen Ausführungen (→ Rn. 272 ff.) verwiesen werden.

2. Auf Marktplätzen gehandeltes Gaming-Zubehör ua. Entgegen erstem Anschein sind 301
in diesem Zusammenhang auch Gaming-Zubehör und dergleichen zu nennen, welche teilweise auf Online-Marktplätzen gehandelt werden.[611] Beispielsweise haben sich **„Waffen" oder „Skins"** als Sammler- und Spekulationsobjekte etabliert, in die durchaus größere Summen investiert werden und die wie „virtuelle Waren" hin- und herübertragen werden (zB Steam-Communitymarkt). Juristisch gesehen handelt es sich meistens um einen reinen Handel mit Softwarelizenzen, der vom Rechteinhaber gestattet und ermutigt wird, um zusätzliche Gewinne zu lukrieren und die Beliebtheit eines Grundprodukts (zB Counter-Strike 2) zu steigern. Soweit sich auch hier Rechtsfragen drittwirksamer („dinglicher") Zuordnung stellen, sind diese wiederum im Kontext des **internationalen Immaterialgüterrechts** zu beantworten. Soweit allerdings derartige Objekte bereits durch ihre technische Ausgestaltung (und nicht nur infolge des Immaterialgüterrechts) rivale Güter darstellen, die nicht dupliziert werden können und die einer Person exklusiv zugewiesen sind (etwa infolge der Verwendung von Blockchain-Technologie; → Rn. 303 ff.), sind die für Token geltenden Kollisionsnormen zu beachten.

3. Sachen mit digitalen Elementen. Durch die **Warenkauf-RL**[612] wurden auf der Ebene 302
des materiellen Vertragsrechts erstmals die Konsequenzen aus der Erkenntnis gezogen, dass auch körperliche Sachen untrennbar mit digitalen Inhalten und digitalen Elementen verknüpft sind. Diese stellen sich etwa als eingebettete Software, als digitales Zubehör (zB Steuerungs-App auf dem Mobiltelefon), als Software-Updates oder als diverse digitale Dienstleistungen (zB Nutzerkonto in der Cloud, funktionsnotwendige Datendienste) dar. Insofern als diese digitalen Elemente für das Funktionieren der Sache erforderlich sind, kann sich ggf. das Eigentum an der **Sachsubstanz als „leere Hülle"** darstellen: Die Rechtsposition des Eigentümers am gesamten Produkt mit mehreren Komponenten ist nur so stark wie ihr schwächstes Glied, und dies ist in der Regel eine Dienstleistungskomponente.[613] Diesem Phänomen abzuhelfen ist allerdings nicht just das internationale Sachenrecht berufen, sondern eher das materielle Recht, und zwar vorwiegend das Vertragsrecht, einschließlich des Lizenzvertragsrechts. Eine einheitliche Anknüpfung auch der vertragsrechtlichen oder immaterialgüterrechtlichen Fragen an das Sachstatut vorzunehmen, wäre erstens wohl mit der Rom I-VO und der Rom II-VO schwer vereinbar und würde zweitens auch nicht den Interessen des Eigentümers dienen. Diesem ist nicht damit geholfen, wenn seine Rechte sich etwa mit dem Verbringen der Sache über die Grenze verändern. Es bleibt daher bei der **separaten Anknüpfung der Rechtspositionen** bezüglich der einzelnen Komponenten.

V. Digitale Repräsentationen von Vermögenswerten

1. Rivale digitale Güter und die zugrundeliegende Technologie. Daten iwS können 303
auch rivale Vermögenswerte darstellen bzw. repräsentieren, also Vermögenswerte, die nicht beliebig verdoppelt oder vervielfacht werden können, sondern einmalig vorhanden sind und grundsätzlich nur einer Person (oder mehreren Personen zu Bruchteilen oder dergleichen) in vollem Umfang

610 EuGH NJW 2012, 2565 – UsedSoft.

611 S. hierzu umfassend *Gössl,* Internetspezifisches Kollisionsrecht?, 2014.

612 RL (EU) 2019/771 des Europäischen Parlaments und des Rates vom 20.5.2019 über bestimmte vertragsrechtliche Aspekte des Warenkaufs zur Änderung der VO (EU) 2017/2394 und der Richtlinie 2009/22/EG sowie zur Aufhebung der Richtlinie 1999/44/EG, ABl. EU 2019 L 136, 28.

613 *Wendehorst,* Verbraucherrelevante Problemstellungen zu Besitz- und Eigentumsverhältnissen beim Internet der Dinge, Gutachten im Auftrag des (deutschen) BMJV, 2016; *Wendehorst* in Micklitz/Reisch/Joost/Zander-Hayat (Hrsg.), Verbraucherrecht 2.0 – Verbraucher in der digitalen Welt, 2017.

zugewiesen sein können, so dass diese Person die Vorteile aus dem Vermögenswert ziehen und andere davon ausschließen kann. Dies ist die Situation bei E-Geld und ähnlichen Phänomenen, bei **entmaterialisierten Wertrechten** (→ Rn. 210 ff.), aber auch bei elektronischen Entsprechungen herkömmlicher Traditionspapiere, wie sie etwa Gegenstand des UNCITRAL Model Law on Electronic Transferable Records **(MLETR)** geworden sind. Wenn allerdings heute von digitalen Vermögensgütern **(„Digital Assets")** die Rede ist, sind meistens eher Kryptowerte bzw. Token gemeint. Dabei handelt es sich um digitale Einheiten, die in einem meist dezentral geführten Buchungssystem gespeichert sind und übertragen sowie als Grundlage dinglicher Sicherheiten verwendet werden können. Damit Daten, die ihrem Wesen nach beliebig kopiert werden können, zu rivalen Gütern werden, bedarf es technischer Vorkehrungen, um das Problem des „double spending" in den Griff zu bekommen. Dies wird mithilfe einer Reihe **kryptographischer Verfahren** erreicht.

304 Eine der hierfür am meisten genutzten Technologien ist die Blockchain-Technologie. Eine **Blockchain** ist an sich nichts anderes als eine bestimmte Art der Abspeicherung von Datensätzen, bei welcher Datensätze (zB Daten über eine bestimmte Anzahl von Transaktionen) zu jeweils einem „Block" zusammengefasst, mittels einer kryptographischen Hash-Funktion in einen Hash verwandelt und dabei durch Einbeziehung des Hash des vorherigen Blocks untrennbar mit dem vorherigen Block verknüpft werden (daher „Block-Chain"). Wird in irgendeinem Block nachträglich auch nur die geringste Änderung vorgenommen, wird der Hash auch des letzten Blocks ein vollkommen anderer, so dass Manipulationen sofort bemerkt werden. Diese Art der Datenabspeicherung könnte theoretisch auch eine einzige Person für sich allein vornehmen. Praktisch interessant wird diese Art der Datenabspeicherung allerdings erst dadurch, dass man sie als „Distributed Ledger", also als dezentrales Buchungssystem, betreibt.

305 Blockchain ist die praktisch weitaus wichtigste sog. **Distributed Ledger Technology (DLT).** Diese Technologien zeichnen sich dadurch aus, dass bestimmte gewünschte Eigenschaften eines Buchungssystems – insbesondere Schutz gegen nachträgliche Manipulationen oder Verlust sowie Unabhängigkeit von einer zentralen Instanz – gerade dadurch erreicht werden, dass eine größere Zahl an Rechnern (sog. „Knoten", „Nodes") einen jeweils identischen Datensatz gespeichert haben. Dazu bedarf es der ständigen Synchronisation zwischen den Rechnern und eines **Konsensmechanismus,** dh eines Verfahrens, mit dessen Hilfe bei neu hinzutretenden Ereignissen (zB Transaktionen) der „richtige" Datensatz identifiziert und schließlich von allen Rechnern im Netzwerk übernommen wird. Dabei kann die Entscheidung über den „richtigen" Datensatz bei einem einzigen Rechner oder einem Konsortium von Rechnern liegen oder auch durch beliebig komplizierte Verfahren ermittelt werden. Besonders bekannt geworden ist der „Proof of Work"-Ansatz der Bitcoin-Blockchain, bei der unter Aufwand erheblicher Rechenleistung (und damit Energie) eine Aufgabe gelöst werden muss und diejenigen, die sich daran beteiligen (sog. „Miner"), mit Bitcoin entlohnt werden. Im Vordringen befindlich ist jedoch der „Proof of Stake"-Ansatz, auf dem beispielsweise die Ethereum-Blockchain basiert. Bei dieser kommt es maßgeblich auf die Anzahl an Kryptowerten an, die der jeweilige Node vorhält, was dementsprechend weniger energieintensiv ist.

306 Gegenstand der Datensätze, die auf diese Weise dezentral verbucht werden, sind zB **Transaktionen,** bei denen Werteinheiten von einem Teilnehmer des Netzwerks auf einen anderen Teilnehmer übertragen werden. Um solche Transaktionen durchführen zu können, bedarf es verschiedener **Schlüssel,** wobei jeder Teilnehmer über einen oder mehrere individuelle öffentliche Schlüssel (vergleichbar einer Kontonummer) und private Schlüssel (vergleichbar PIN und TAN) verfügt. Ist eine Transaktion durch den Konsensmechanismus validiert worden, kann sie als solche nicht mehr rückgängig gemacht werden. Um ihre Folgen wenigstens in wirtschaftlicher Hinsicht zu beseitigen, bedürfte es vielmehr einer neuen, entgegengesetzten Transaktion.

307 **a) Taxonomie der Kryptowerte.** In Bezug auf Kryptowerte wird häufig anhand des Nutzungszwecks des jeweiligen Token zwischen **Currency Token, Utility Token** und **Security Token** differenziert. Dieser Unterscheidung kommt im vorliegenden Zusammenhang jedoch wenig Bedeutung zu, und die Abgrenzung ist auch im Einzelnen verschwommen. Currency Token dienen – zumindest theoretisch, dh soweit sie nicht ohnehin nur als Spekulationsobjekt erworben werden – als Zahlungsmittel. Utility Token sind – ebenfalls theoretisch, da sie meist reines Spekulationsobjekt sind – virtuelle Gutscheine für (künftige) Produkte oder Dienstleistungen eines Unternehmens, deren Aufbau mit Hilfe des Token-Verkaufs finanziert werden. Security Token entsprechen funktional klassischen Finanzinstrumenten.

308 Der europäische Gesetzgeber verwendet in der **MiCAR**[614] für die ihr unterstellten Token den Oberbegriff des „Kryptowerts", den sie als „digitale Darstellung eines Werts oder eines Rechts, der

[614] VO (EU) 2023/1114 des Europäischen Parlaments und des Rates vom 31.5.2023 über Märkte für Kryptowerte und zur Änderung der Verordnungen (EU) Nr. 1093/2010 und (EU) Nr. 1095/2010 sowie der Richtlinien 2013/36/EU und (EU) 2019/1937, ABl. EU 2023 L 150, 40.

bzw. das unter Verwendung der DLT oder einer ähnlichen Technologie elektronisch übertragen und gespeichert werden kann" definiert (Art. 3 Abs. 1 Nr. 5 MiCAR). Inhaltlich unterscheidet die Verordnung zwischen E-Geld Token, vermögenswertereferenzierten Token, Utility Token sowie anderen Kryptowerten als vermögenswertereferenzierten und E-Geld Token. E-Geld Token sind Kryptowerte, deren Wert an eine amtliche Währung geknüpft wird (vgl. Art. 3 Abs. 7 MiCAR). Vermögenswertereferenzierte Token bezeichnen Kryptowerte, die keine E-Geld Token sind und die auf einen anderen Wert oder ein anderes Recht oder eine Kombination davon Bezug nehmen. Maßgeblich für beide Tokenarten ist, dass sie jeweils einen – wenn auch einen bei vermögenswertreferenzierten Token teilweise bedingten – Rücktauschanspruch des jeweiligen Inhabers des Token gegen den Emittenten verkörpern (Art. 39, 49 Abs. 2–4 MiCAR). Ihre Werthaltigkeit rührt dementsprechend gerade daher, dass eine hinreichend umfangreiche (Art. 37 Abs. 6 S. 2 MiCAR, Art. 54 MiCAR) Vermögensreserve vorhanden ist (Art. 36 ff. MiCAR) und der Tokeninhaber hierauf unter bestimmten Voraussetzungen zugreifen kann. Utility Token iSd MiCAR sind schließlich solche Kryptowerte, die ausschließlich dazu bestimmt sind, Zugang zu einer vom Emittenten bereitgestellten Ware oder Dienstleistung zu verschaffen (vgl. Art. 3 Abs. 1 Nr. 9 MiCAR).

Die **Geldtransfer-VO**[615] folgt den Begrifflichkeiten der MiCAR (Art. 3 Nr. 14 DLT Pilot Regime). Das **DLT Pilot Regime**[616] verwendet den Begriff des DLT-Finanzinstruments, der in Art. 2 Nr. 11, 12 DLT Pilot Regime definiert wird und auf die Definition des Finanzinstruments in der MiFID II[617] verweist. In Art. 1 Nr. 18 **5. Geldwäsche-RL**[618] verwendet der europäische Gesetzgeber den Begriff „virtuelle Währungen", die als Currency Token und intrinsische Token einzuordnen sind. **308a**

In § 1 Abs. 11 S. 4 KWG hatte sich der deutsche Gesetzgeber zunächst für den Begriff der „Kryptowerte" entschieden. Künftig regelt das KWG nur noch jene Kryptowerte, die nicht von der MiCAR umfasst sind, wozu insbesondere Finanzinstrumente iSd MiFID II zählen. Für diese Kryptowerte plant der Gesetzgeber nunmehr, den inhaltlich deckungsgleichen Begriff der **„kryptografischen Instrumente"** zu verwenden.[619] Beide Begriffe sind definiert als „digitale Darstellungen eines Wertes, der von keiner Zentralbank oder öffentlichen Stelle emittiert wurde oder garantiert wird und nicht den gesetzlichen Status einer Währung oder von Geld besitzt, aber von natürlichen oder juristischen Personen aufgrund einer Vereinbarung oder tatsächlichen Übung als Tausch- oder Zahlungsmittel akzeptiert wird oder Anlagezwecken dient und der auf elektronischem Wege übertragen, gespeichert und gehandelt werden kann." Dagegen sind Kryptowertpapiere im Sinne des eWpG (→ Rn. 266c) den Wertpapieren, die mittels Urkunde begeben werden, gleichgestellt (vgl. § 2 eWpG). Typischerweise wird es sich bei ihnen um Security Token handeln. **309**

b) Kollisionsrechtlich relevante Unterscheidung zwischen intrinsischen und extrinsischen Token. Unabhängig von den gesetzlich verwendeten Kategorien lassen sich die verschiedenen Arten von Token in grundsätzlicher Weise danach differenzieren, ob der jeweilige Token einen vom Token verschiedenen Gegenstand verkörpert.[620] **Intrinsische Token** sind solche, die einen **nur innerhalb des Buchungssystems existierenden Wert** („on-ledger asset") darstellen, auch wenn ein Tausch gegen außerhalb des Buchungssystems existierende Güter durchgeführt werden kann. Dagegen sind **extrinsische Token** solche, die einen **außerhalb des betreffenden Buchungssystems existierenden Gegenstand repräsentieren** („off-ledger asset"), seien es Forderungs- oder Mitgliedschaftsrechte gegenüber einer Person, Rechte an Sachen oder andere absolute oder relative Rechte. Der andere Gegenstand kann aber seinerseits digitaler Natur sein und theoretisch wieder auf DLT beruhen. **310**

Damit es überhaupt dazu kommt, dass Token einen außerhalb des Buchungssystems existierenden Gegenstand repräsentieren, bedarf es einer Verknüpfung dergestalt, dass eine Übertragung des **310a**

[615] VO (EU) 2023/1113 des Europäischen Parlaments und des Rates vom 31.5.2023 über die Übermittlung von Angaben bei Geldtransfers und Transfers bestimmter Kryptowerte und zur Änderung der Richtlinie (EU) 2015/849, ABl. EU 2023 L 150, 1.

[616] VO (EU) 2022/858 des Europäischen Parlaments und des Rates vom 30.5.2022 über eine Pilotregelung für auf Distributed-Ledger-Technologie basierende Marktinfrastrukturen und zur Änderung der Verordnungen (EU) Nr. 600/2014 und (EU) Nr. 909/2014 sowie der Richtlinie 2014/65/EU, ABl. EU 2022 L 151, 1.

[617] RL 2014/65/EU des Europäischen Parlaments und des Rates vom 15.5.2014 über Märkte für Finanzinstrumente sowie zur Änderung der Richtlinien 2002/92/EG und 2011/61/EU, ABl. EU 2014 L 173, 349.

[618] RL (EU) 2018/843 des Europäischen Parlaments und des Rates vom 30.5.2018 zur Änderung der Richtlinie (EU) 2015/849 zur Verhinderung der Nutzung des Finanzsystems zum Zweck der Geldwäsche und der Terrorismusfinanzierung und zur Änderung der Richtlinien 2009/138/EG und 2013/36/EU, ABl. EU 2018 L 156, 43.

[619] BT-Drs. 20/10280, 111, 164.

[620] Hoeren/Sieber/Holznagel MMR-HdB/*Möllenkamp* Teil 13.6 Rn. 39 ff.

Token auf dem Buchungssystem auch die dingliche Rechtslage in Bezug auf den repräsentierten Gegenstand verändert oder wenigstens Schritte in diese Richtung einleitet **(„Tokenisierung").** Damit erfüllen extrinsische Token idealerweise – soweit vom anwendbaren Recht anerkannt – ähnliche Funktionen wie Wertpapiere („das Recht aus dem Token folgt dem Recht am Token").[621] Ob und inwieweit ein einredefreier gutgläubiger Erwerb stattfinden kann und extrinsische Token damit die wichtigsten Vorteile von Wertpapieren aufweisen,[622] entscheidet gleichfalls das anwendbare Recht.

310b Für das Kollisionsrecht ist die Unterscheidung zwischen intrinsischen und extrinsischen Token maßgeblich. Kollisionsrechtlich liegt dem die sog. Two-Assets-Theory zugrunde, wonach zwischen dem Token einerseits sowie dem von ihm verkörperten zugrundeliegenden Vermögenswert andererseits unterschieden wird. Beide unterliegen hinsichtlich bestehender drittwirksamer Berechtigungen ihren eigenen selbstständigen Statuten – der Token dem **Tokensachstatut** und der repräsentierte Gegenstand dem **Hauptstatut** – sodass drittwirksame Berechtigungen am Token und am repräsentierten Gegenstand potenziell verschiedenen Rechtsordnungen unterliegen. Eine andere Frage ist, ob ein Auseinanderfallen der beiden Statute wünschenswert ist oder ob ein Gleichauf angestrebt werden sollte (→ Rn. 313 ff.).

311 Im Sinne der og Unterscheidung lassen sich etwa auch die in der MiCAR geregelten **Utility Token** den extrinsischen Token zuordnen, da sie dem Inhaber gegenüber einem bestimmten Emittenten einen außerhalb der Blockchain bestehenden Anspruch auf ein bestimmtes Produkt oder eine bestimmte Dienstleistung verleihen. Auch die aufgeführten **E-Geld Token** und **vermögenswertereferenzierten Token** stellen extrinsische Token dar. Beide repräsentieren einen außerhalb des Buchungssystems liegenden schuldrechtlichen Rücktauschanspruch des Inhabers des Token gegen dessen Emittenten (vgl. Art. 39, 49 Abs. 4–6 MiCAR). Diese Token stellen zwar nicht zwingend eine direkte Verkörperung eines Vermögenswerts selbst dar und sind damit nicht für sich genommen bereits werthaltig. Jedoch verkörpern sie zumindest den Rücktauschanspruch des sachenrechtlich am Token Berechtigten. Dem steht nicht entgegen, dass dem Inhaber dieser Anspruch nur unter bestimmten Voraussetzungen gewährt wird (vgl. Art. 39 Abs. 1 MiCAR für vermögenswertereferenzierte Token). Auch wenn sie sich damit möglicherweise von anderen extrinsischen Token unterscheiden, ist dieser Unterschied aus einer kollisionsrechtlichen Perspektive unbeachtlich. Andernfalls wären auch solche Token, die einen aufschiebend bedingten Anspruch verkörpern, nicht als extrinsische Token einzuordnen. Demgegenüber sind herkömmliche **Currency Token** wie zB der Bitcoin typischerweise intrinsische Token, da sie ausschließlich auf der Blockchain selbst existieren und gerade keinen bestehenden Vermögenswert oder Anspruch außerhalb der Blockchain repräsentieren. Aufgrund ihrer dezentralen Entstehung besteht insbesondere auch keine schuldrechtliche Verbindung mit einem zentralen Emittenten.

312 **2. Rolle des Hauptstatuts bei extrinsischen Token. a) Drittwirksame („dingliche") Wirkungen der Tokenisierung.** Bei extrinsischen Token ist die erste Frage diejenige nach den **Wirkungen einer Transaktion über Token auf die dingliche Rechtslage beim repräsentierten Vermögensgut.** Wird etwa das Eigentum an einem wertvollen Brillanten „tokenisiert", indem für den Brillanten ein digitaler Doppelgänger im Buchungssystem geschaffen wird, stellt sich die Frage, ob und ggf. unter welchen Bedingungen durch die Übertragung des Token vom Eigentümer des Brillanten auf einen anderen Teilnehmer am Netzwerk auch zugleich Eigentum am Brillanten übertragen wird. Inwieweit eine „Tokenisierung" überhaupt potenziell dingliche Bedeutung haben kann, muss dasjenige Statut entscheiden, welches allgemein dingliche Berechtigungen am repräsentierten Gegenstand beherrscht **(Hauptstatut).** Im konkreten Beispielsfall ist dies das nach Art. 43 Abs. 1 ermittelte Recht am Ort der Belegenheit des Brillanten, bei Forderungen entsprechend das auf die Forderung anwendbare Recht (Art. 14 Abs. 2 Rom I-VO), bei Gesellschaftsanteilen das Gesellschaftsstatut, usw.[623]

313 **b) Ablehnung dinglicher Wirkungen durch das Hauptstatut.** Das Hauptstatut kann einer „Tokenisierung" vollkommen **ablehnend** gegenüberstehen[624] und einer Transaktion im Buchungs-

---

[621] S. zur Übertragung der Grundsätze des Internationalen Wertpapierrechts auf Kryptowerte ausführlich *Hanner,* Internationales Kryptowerterecht, 2022, 213 ff.

[622] Skeptisch Assmann/Schütze/Buck-Heeb KapAnlR-HdB/*Eckhold/F. Schäfer* § 17 Rn. 38 ff.

[623] Auch der europäische Gesetzgeber betont die Maßgeblichkeit des Hauptstatuts bei extrinsischen Token, indem er in die Drittwirkungs-VO explizit auf Übertragungen von Forderungen aus Kryptowerten, nicht aber auf Kryptowerte selbst für anwendbar erklären und die Drittwirkung der Übertragung der Forderung aus dem Kryptowert dem Forderungsstatut unterstellen will, vgl. Erwägungsgrund 27bis und Art. 4 Abs. 2 lit. ba) Vorschlag für eine Verordnung des Europäischen Parlaments und des Rates über das auf die Drittwirkung von Forderungsübertragungen anzuwendende Recht, Rat der Europäischen Union, 9050/21.

[624] So wohl für das deutsche Recht Hoeren/Sieber/Holznagel MMR-HdB/*Möllenkamp* Teil 13.6 Rn. 70.

system keinerlei „dingliche" Bedeutung beimessen. Allerdings ist auch in diesem Fall zu prüfen, ob die einvernehmliche Transaktion im Buchungssystem nicht einen Austausch von mindestens konkludenten Willenserklärungen darstellt, welcher **nach den außerhalb des Buchungssystems geltenden Regeln** im Wege der Umdeutung doch dingliche Rechtswirkungen herbeiführen kann. Dies wird etwa vielfach bei Forderungszessionen der Fall sein (sofern diese nach dem Forderungsstatut nicht ausnahmsweise der Registrierung etc bedürfen), aber auch bei vielen Anteilsrechten und sogar bei körperlichen Sachen, falls das Sachstatut dem Konsensprinzip folgt. In anderen Fällen stellt der Austausch von Willenserklärungen durch einvernehmliche Durchführung einer Transaktion im Buchungssystem möglicherweise einen Teilakt der dinglichen Übertragung dar (zB die dingliche Einigung) oder kann zumindest nach dem dafür anwendbaren Recht in eine schuldrechtliche Verpflichtung umgedeutet werden. Im Beispielsfall des Brillanten könnte etwa selbst dann, wenn das Sachstatut die körperliche Übergabe für eine Übereignung erfordert, eine Umdeutung in eine Verpflichtung erfolgen, das Eigentum am Brillanten außerhalb des Buchungssystems auf herkömmliche Weise zu übertragen.

c) Anerkennung begrenzter dinglicher Wirkungen durch das Hauptstatut. Das Hauptstatut kann der Transaktion im Buchungssystem aber auch begrenzte dingliche Wirkungen zuschreiben. Das ist etwa der Fall, wenn nach dem Hauptstatut dinglich wirkende Transaktionen zwar weitgehend nach den gewöhnlichen sachenrechtlichen oder zessionsrechtlichen Regelungen vollzogen werden, aber **Publizitätsakte** (zB die Übergabe) durch eine elektronische Buchung ersetzt werden oder die elektronische Buchung ähnlich wie der Besitz eine **Vermutung** hinsichtlich der Rechtsinhaberschaft bewirkt. Die Buchung hat dann also konstitutiven Charakter, indem sie materiellrechtliche Wirkungen zeigt, den materiellrechtlich wirksamen Rechtsübergang allerdings noch nicht alleine herbeiführen kann, sondern dazu weiterer Elemente (zB dingliche Einigung, in Rechtsordnungen ohne Abstraktionsprinzip ein wirksames Kausalgeschäft, Verfügungsberechtigung des Veräußerers) bedarf. Die Lage ist insofern derjenigen beim Effektengiroverkehr vergleichbar, bei dem die Übergabe der Urkunde durch die elektronische Buchung ersetzt wird (→ Rn. 210). **314**

Als Beispiel kann etwa das **deutsche eWpG** (im Detail → Rn. 266a ff.) angeführt werden, welches in § 25 Abs. 2 eWpG anordnet, dass das Recht aus dem Wertpapier mit der Übereignung des elektronischen Wertpapiers übertragen wird. Dabei gilt gem. § 26 Abs. 1 S. 1 eWpG zugunsten desjenigen, der auf Grund eines Rechtsgeschäfts in ein elektronisches Wertpapierregister eingetragen wird, der Inhalt des elektronischen Wertpapierregisters als vollständig und richtig sowie der Inhaber als Berechtigter, es sei denn, dass dem Erwerber zum Zeitpunkt seiner Eintragung etwas anderes bekannt oder infolge grober Fahrlässigkeit unbekannt ist. Ähnlich bewirkt nach Art. 7 des **liechtensteinischen Gesetzes** über Token und VT-Dienstleister (TVTG)[625] die Verfügung über den Token die Verfügung über das durch den Token repräsentierte Recht. Tritt die Rechtswirkung allerdings nicht von Gesetzes wegen ein – etwa weil eine Registrierung erforderlich ist – so hat die durch die Verfügung über den Token verpflichtete Person durch geeignete Maßnahmen sicherzustellen, dass die Verfügung über einen Token mittelbar oder unmittelbar die Verfügung über das repräsentierte Recht bewirkt und eine konkurrierende Verfügung über das repräsentierte Recht ausgeschlossen ist. Ferner gilt gem. Art. 8 TVTG der durch das Buchungssystem ausgewiesene Verfügungsberechtigte gegenüber einem Schuldner als rechtmäßiger Inhaber des im Token repräsentierten Rechts und wird der Schuldner durch Leistung an den durch das Buchungssystem ausgewiesenen Verfügungsberechtigten befreit, es sei denn, er wusste oder hätte bei gehöriger Sorgfalt wissen müssen, dass dieser nicht rechtmäßiger Inhaber dieses Rechts ist. **315**

d) Anerkennung voller dinglicher Wirkungen durch das Hauptstatut. Theoretisch kann sich das Hauptstatut allerdings auch ganz zurücknehmen und der Transaktion im Buchungssystem **volle dingliche Wirkung** zusprechen. Danach würde sich der dinglich wirkende Rechtsübergang gänzlich nach den internen Regeln des Buchungssystems richten und ausschließlich durch die validierte Buchung selbst erfolgen, ohne Hinzutreten weiterer Elemente. Der praktische Unterschied wird vor allem dann deutlich, wenn – etwa wegen Geschäftsunfähigkeit des Veräußerers – die Transaktion nach sachenrechtlichen oder zessionsrechtlichen Regelungen an sich dinglich unwirksam ist, was bei bloß schwachen dinglichen Wirkungen den dinglichen Erwerb hindert, bei starken dinglichen Wirkungen hingegen ggf. nicht (unbeschadet schuldrechtlicher Ansprüche auf Rückabwicklung der Transaktion). **316**

3. Rolle des Token-Sachstatuts. a) Qualifikationsfragen. Während die Hauptprobleme bei Token vermutlich im Aufsichtsrecht und Anlegerschutzrecht liegen, werfen Token auch kollisi- **317**

625 Token- und VT-Dienstleister-Gesetz (TVTG) vom 3.10.2019, Liechtensteinisches Landes-GBl. 2019 Nr. 301.

onsrechtlich eine Vielzahl von Rechtsproblemen auf.[626] Soweit die schuldrechtliche Seite einer Transaktion betroffen ist, erfolgt die Anknüpfung nach der **Rom I-VO.**[627] Das gilt im Ansatz auch für sog. **Smart Contracts,** also selbst-ausführende Programme im Buchungssystem. Diese führen bei Eintreten bestimmter Bedingungen innerhalb des Buchungssystems (zB Eingang einer bestimmten Anzahl von Einheiten in Kryptowährung) oder auch außerhalb des Buchungssystems (zB Eintreffen einer Ware – setzt Schnittstellen, sog. Oracles, voraus) eine bestimmte Aktion aus. Smart Contracts können selbst Verträge darstellen (sog. echte Smart Contracts) oder außerhalb des Buchungssystems geschlossene Verträge abbilden (sog. unechte Smart Contracts) oder auch gar nicht viel mit einem Vertrag im juristischen Sinne zu tun haben.

318 Soweit die **drittwirksame („dingliche") Seite** einer bestimmten Buchungslage oder Transaktion betroffen ist, liegt dagegen eine sachenrechtliche bzw. wertpapierrechtliche Qualifikation nahe **(„Token-Sachstatut").**[628] Diese kann angesichts der stetig wachsenden Anzahl von Staaten weltweit, die Token und ähnliche digitale Vermögensgüter ausdrücklich als eine Form des Eigentums einordnen und Transaktionen über Token im Wesentlichen den Vorschriften über dingliche Verfügungen unterwerfen, auch nicht mit dem Hinweis verneint werden, nach deutschem Recht handele es sich (derzeit noch) weitgehend um bloß schuldrechtlich wirkende Abreden der Netzwerkteilnehmer untereinander bzw. gar um bloße Realakte[629] – auf eine derartige Ablehnungshaltung des deutschen materiellen Rechts gegenüber digitalen Vermögenswerten käme es erst an, wenn deutsches Recht als Token-Sachstatut berufen ist. Aufsichtsrechtlich setzt sich ohnehin die Ansicht durch, dass es sich weitgehend um Finanzinstrumente handele,[630] und auch das eWpG (→ Rn. 323) weist ganz in die Richtung einer immer stärkeren Anerkennung von Kryptowerten im deutschen materiellen Recht.

319 Auch wenn Berechtigungen an und Verfügungen über Token zumindest für die Zwecke des Kollisionsrechts richtigerweise sachenrechtlich zu qualifizieren sind, stellt sich bei einer möglichen Anwendung der Situs-Regel stets das Problem, dass – gerade bei dezentralen Buchungssystemen – eine **physische Lokalisierung nicht möglich** ist. Auch hier muss also nach angemessenen Anknüpfungen gesucht werden, welche dem Grundsatz der engsten Verbindung Rechnung tragen.[631] Generell wird auch in kollisionsrechtlicher Hinsicht eine allgemeine rechtliche Einordnung durch die **Diversität und Hybridität der Erscheinungsformen** erschwert.

320 Wichtig ist in jedem Fall zu betonen, dass zumindest aus rechtlicher Sicht die Technologie dem Recht zu folgen hat, und nicht etwa umgekehrt. Nur insoweit, als das anwendbare Recht der Technologie dingliche Rechtswirkungen zuspricht, kann es solche Rechtswirkungen geben.[632] Eine andere Frage ist, ob in dezentralen Buchungssystemen nicht **„Fakten geschaffen"** werden können, welche sich dem Einfluss staatlichen Rechts und staatlicher Organe weitgehend entziehen. Dies ist jedenfalls bei vielen Kryptowährungen, die auf dem Prinzip der Pseudonymität aufgebaut sind und bei denen sich Ansprüche gegenüber einzelnen Netzwerkteilnehmern schon faktisch kaum durchsetzen lassen, der Fall. Ausführungen zum anwendbaren Recht und zu den rechtlichen Voraussetzungen einer Verfügung sind daher stets mit gewissem Abstand zu lesen.

321 **b) Verhältnis zum Hauptstatut.** Bei **intrinsischen Token,** bei denen es weder ein repräsentiertes Recht noch ein Hauptstatut gibt, liegt es gleichsam auf der Hand, dass es der Bestimmung

---

[626] Überblick etwa bei *Martiny* IPRax 2018, 553 ff.; *Hanner,* Internationales Kryptowerterecht, 2022.

[627] S. hierzu *Drogemüller,* Blockchain-Netzwerke und Krypto-Token im Internationalen Privatrecht, 2023, 156–256; *Wendelstein* RabelsZ 86 (2022), 644.

[628] So für Kryptowerte auch *Hanner,* Internationales Kryptowerterecht, 2022, 206, 226 f. die eine solche Qualifikation aber nur für Utility- und Investment-Token vornehmen und für Currency-Token lediglich das Vertrags- und Deliktsstatut heranziehen will; so wohl auch implizit der europäische Gesetzgeber, der die Drittwirkungen der Übertragung von Kryptowerten aus dem Anwendungsbereich der Drittwirkungs-VO ausklammern will, Erwägungsgrund 16a und Art. 1 Abs. 1ab Vorschlag für eine Verordnung des Europäischen Parlaments und des Rates über das auf die Drittwirkung von Forderungsübertragungen anzuwendende Recht, Rat der Europäischen Union, 9050/21; aA *Hanner,* Internationales Kryptowerterecht, 2022, 207 ff.

[629] Vgl. etwa *Hanner,* Internationales Kryptowerterecht, 2022, 203 mwN; Assmann/Schütze/Buck-Heeb KapAnlR-HdB/*Eckhold/F. Schäfer* § 17 Rn. 29 mwN; *Kleinert/Mayer* EuZW 2019, 857 (859); immerhin als „eigentumsähnliches Verfügungsrecht" werden Token qualifiziert von Hoeren/Sieber/Holznagel MMR-HdB/*Möllenkamp* Teil 13.6 Rn. 46, um dann aber in Rn. 89 eine Verfügung über Token als bloßen Realakt zu qualifizieren; für einen „Realakt", der aber im Einzelfall Erklärungswert haben kann, und auch eine analoge Anwendung der Vorschriften über Inhaberschuldverschreibungen erwägend *Kaulartz/Matzke* NJW 2018, 3278 (3280).

[630] *Hacker/Thomale* ECFR 2018, 645 (671 ff.); *Hahn/Wilkens* ZBB 2019, 10; *Klöhn/Parhofer/Resas* ZBB 2018, 89 (102); *Spindler* WM 2018, 2109 (2112).

[631] So auch *Hanner,* Internationales Kryptowerterecht, 2022, 212 f.

[632] Eingehend *M. Lehmann* Minnesota Journal of Law, Science & Technology 21 (2019), 93 ff.

eines Token-Sachstatuts unbedingt bedarf. Nach ihm bestimmt sich, nach welchen Regeln sich eine **drittwirksame („dingliche") Übertragung des Token** im Buchungssystem oder die Einräumung eines beschränkten dinglichen Rechts, insbesondere einer **dinglichen Sicherheit, am Token selbst** richtet.

Bei **extrinsischen Token** ist die Sache weniger eindeutig und man könnte es theoretisch auch 322 bei der Anwendung des Hauptstatuts bewenden lassen. Auch hier lassen sich Hauptstatut und Token-Sachstatut allerdings voneinander abgrenzen: Entscheidet das Hauptstatut darüber, welche Wirkungen die Übertragung oder dingliche Belastung von Token für die dingliche Rechtslage am repräsentierten Recht hervorzurufen vermag, bestimmt das Token-Sachstatut die Voraussetzungen einer Übertragung oder dinglichen Belastung des Token.[633] Dass es sachgerecht sein kann, Hauptstatut und Token-Sachstatut zu trennen, zeigt sich schon für den Fall, dass extrinsische Token das Eigentum an beweglichen Sachen repräsentieren. Da sich in diesem Fall das Hauptstatut mit dem Lageort ändern würde, würde auch die Zuordnung im Buchungssystem für jeden Token potenziell einem anderen Recht folgen und zudem ständig einem Statutenwechsel und damit auch einer potenziellen Neubewertung unterliegen. Dies wäre der Rechtssicherheit innerhalb eines Buchungssystems abträglich. Diese Erwägungen entsprechen teilweise den Überlegungen, die im internationalen Wertpapierrecht zur Entwicklung weg von der Dominanz des Hauptstatuts und hin zu einem eigenen Depotsachstatut geführt haben (→ Rn. 223).

Als ein Beispiel für Regelungen, die dem Token-Sachstatut (und nicht dem Hauptstatut) 323 unterliegen, können wiederum verschiedene Vorschriften des **deutschen eWpG** (→ Rn. 266a ff.) angeführt werden. Zur Übertragung des Eigentums von elektronischen Wertpapieren in Einzeleintragung verlangt § 25 Abs. 1 eWpG, dass das elektronische Wertpapier auf Weisung des Berechtigten auf den Erwerber umgetragen wird und beide sich darüber einig sind, dass das Eigentum übergehen soll. § 26 eWpG regelt den gutgläubigen Erwerb von elektronischen Wertpapieren. Ähnlich setzt nach Art. 6 Abs. 2 des **liechtensteinischen TVTG** die Verfügung über einen Token voraus, dass die Übertragung des Token nach den Regeln des Buchungssystems abgeschlossen ist (wobei ein beschränktes dingliches Recht an einem Token auch ohne Übertragung bestellt werden kann, sofern dieses für Dritte erkennbar ist und der Zeitpunkt der Bestellung eindeutig feststeht), der Übertragende und der Übernehmende übereinstimmend erklären, die Verfügungsberechtigung am Token übertragen bzw. daran ein beschränktes dingliches Recht begründen zu wollen und der Übertragende verfügungsberechtigt ist. Art. 9 TVTG ermöglicht den gutgläubigen Erwerb von Token. Eine andere Regelungstechnik – mit ähnlicher Wirkung – verfolgt etwa Section 34-29-102 (a) Wyo. Stat. des U.S.-Bundesstaates **Wyoming,** wenn er verschiedene Typen von Token für die Zwecke dinglicher Sicherungsrechte verschiedenen klassischen Typen von „property" gleichstellt[634] und damit automatisch auch alle allgemeinen sachenrechtlichen Regelungen für anwendbar erklärt.

4. Generell denkbare Anknüpfungspunkte für das Token-Sachstatut. a) Rechtswahl. 324 **aa) Rechtswahl in Bezug auf Token oder Buchungssystem.** International wird derzeit eine Fülle verschiedener Lösungen für die Anknüpfung des Token-Sachstatuts vertreten. Dabei ist eine gewisse Tendenz in die Richtung einer primären Maßgeblichkeit der Rechtswahl zu verzeichnen, sofern eine solche Rechtswahl **eindeutig** und **für Dritte hinreichend deutlich sichtbar** getroffen wurde, so dass anzunehmen ist, dass sich jeder neue Teilnehmer am Netzwerk durch seinen Beitritt der getroffenen Rechtswahl unterwirft. Die Rechtswahl kann sowohl auf der Ebene der betreffenden Gattung an Kryptowerten als auch auf der Ebene des Buchungssystems stattfinden und bestimmt praktisch dessen „Belegenheit" **(„Elective Situs").**[635] Eine Rechtswahl auf der Ebene einer Gattung an Kryptowerten wäre tunlichst als Datensatz mit dem Token selbst zu transportieren bzw. im Blockchainprotokoll zu integrieren, könnte aber ggf. auch in Emissionsbedingungen oder einem Whitepaper, das der Tokenemission zugrunde liegt, integriert werden.[636]

---

633 Siehe zu dieser Unterscheidung auch *Drogemüller,* Blockchain-Netzwerke und Krypto-Token im Internationalen Privatrecht, 2023, 369 f.; *Hanner,* Internationales Kryptowerterecht, 2022, 219 und – mit abweichender Terminologie *Buhl* RDi 2024, 74 Rn. 16 f.

634 S. https://wyoleg.gov/NXT/gateway.dll/2022%20Wyoming%20Statutes/2022%20Titles/1975/2026?f=templates&fn=default.htm&vid=Publish:10.1048/Enu (zuletzt abgerufen am 30.8.2024).

635 Financial Markets Law Committee, Distributed Ledger Technology and Governing Law: Issues of Legal Uncertainty, 2018, 15 ff., http://fmlc.org/wp-content/uploads/2018/05/dlt_paper.pdf (zuletzt abgerufen am 30.8.2024); *Ng* Journal of Private International Law 15 (2019), 315 (332); *Spindler* Uniform Law Review 2019, 724 (734); die Möglichkeit einer Rechtswahl ebenfalls thematisierend *Schwemmer* IPRax 2022, 331 (337); *M. Lehmann* Uniform Law Review 2021, 148 (177 f.); vgl. zum Ganzen auch *M. Lehmann* in Omlor/Link, Kryptowährungen und Token, Kap. 5 Rn. 156 ff. mwN.

636 *Schwemmer* IPRax 2022, 331 (337); s. auch *Takahashi* JPIL 2022, 339 (349 f.).

325 So bestimmt sich gem. § 145a Abs. 1 S. 1 **IPRG Schweiz**[637] die Frage, ob eine Forderung durch einen Titel in der Papierform gleichwertiger elektronischer Form vertreten und mittels dieses Titels übertragen wird, primär nach dem im Titel selbst bezeichneten Recht. Auch die 2022 verabschiedeten Änderungen und Ergänzungen zum **US-amerikanischen Uniform Commercial Code (UCC)**[638] bauen in Section 12-107 ganz auf die hinreichend deutliche Rechtswahl, und zwar in der Form einer relativ komplexen Anknüpfungsleiter: In erster Linie kommt es auf eine UCC-spezifische Rechtswahl für den Token selbst an, in zweiter Linie auf eine UCC-spezifische Rechtswahl für das Buchungssystem, in dritter Linie auf eine allgemeinere Rechtswahl für den Token selbst, und in vierter Linie auf eine allgemeinere Rechtswahl für das Buchungssystem. Die **UNIDROIT** Principles on Digital Assets and Private Law enthalten auch eine Kollisionsnorm für Kryptowerte (→ Vor Art. 43 Rn. 9a).[639] Principle 5 UNIDROIT Principles on Digital Assets and Private Law sieht in erster Linie die Rechtswahl für eine Gattung von Kryptowerten selbst vor und in zweiter Linie die Rechtswahl für das Buchungssystem, wobei auch die (materiellrechtlichen Aspekte der) UNIDROIT Principles selbst als anwendbares Recht zur Wahl stehen sollen.

326 Wenngleich derzeit für viele Kryptowerte und Buchungssysteme noch keine derartige Rechtswahl getroffen wurde, besteht die Erwartung, dass die meisten Emittenten und Betreiber von Buchungssystemen sich sehr rasch anpassen werden und damit in der Zukunft fast immer ein **sicherer und eindeutiger Anknüpfungspunkt** bereitsteht. Die sonst gegen die Rechtswahl im internationalen Sachenrecht vorgebrachten Argumente würden nicht greifen, da nur eine solche Rechtswahl maßgeblich ist, welche „öffentlich" und für jeden Dritten auf den ersten Blick erkennbar ist.[640] Es bleiben freilich Bedenken hinsichtlich der rechtlichen und praktischen Umsetzung einer Rechtswahl insbesondere bei Netzwerken, bei denen der Zugang nicht reglementiert ist.[641] Insbesondere könnten durch die Wahl eines möglichst liberalen Rechts die Interessen bestimmter Parteien verletzt werden.

327 **bb) Sonstige Formen der Rechtswahl.** Nicht empfehlenswert erscheint es dagegen, ohne hinreichend deutliche Sichtbarkeit für Dritte auf die **„lex creationis"** als derjenigen Rechtsordnung abzustellen, anhand welcher der Token nach der Vorstellung ihrer Erschaffer modelliert worden ist.[642] Gegen einen Rückgriff auf diesen Anknüpfungspunkt spricht, dass es in den meisten Rechtsordnungen bisher an spezifischen Regelungen für Token fehlt und sich damit die Suche nach dem Recht, anhand dessen der Token modelliert worden ist, als äußerst schwierig gestaltet.[643] Noch weniger empfehlenswert erscheint es, eine Rechtswahl (nur) für die **jeweilige Transaktion** zuzulassen (vgl. aber in Liechtenstein Art. 3 und 4 TVTG), da dies der Sicherheit des Rechtsverkehrs und insbesondere dem Gläubigerschutz nicht zuträglich wäre.

328 **b) Objektive Anknüpfung am Token selbst. aa) Sitz des Emittenten.** Eine Reihe weiterer Anknüpfungspunkte sind objektiver Art und setzen am Token selbst an. Sofern ein Erzeuger oder Emittent existiert und identifziert werden kann, kommt eine Anknüpfung an dessen Sitz in Betracht (**L**ocation of the **I**ssuer **M**aster **A**ccount, **„LIMA"-Prinzip**).[644] So verweist § 145a Abs. 1 S. 2 **IPRG Schweiz**[645] subsidiär – wenn aus dem Titel selbst das anwendbare Recht nicht hervorgeht (→ Rn. 325) – auf das Recht des Staates, in dem der Aussteller seinen Sitz oder, wenn ein solcher fehlt, seinen gewöhnlichen Aufenthalt hat. Nach den DAPL-Prinzipien von UNIDROIT (→ Vor Art. 43 Rn. 9a) kommt in Ermangelung einer Bestimmung im Token selbst oder hilfsweise im Buchungssystem (→ Rn. 325) in Bezug auf einen digitalen Vermögenswert, für den es einen Emittenten gibt, einschließlich digitale Vermögenswerte derselben Art, für die es einen Emittenten gibt,

637 Eingefügt durch Ziff. I 3 BG vom 25.9.2020 zur Anpassung des Bundesrechts an Entwicklungen der Technik verteilter elektronischer Register, in Kraft seit 1.2.2021 (AS 2021 33; BBl. 2020 233).

638 Amendments to the Uniform Commercial Code (2022) https://www.uniformlaws.org/HigherLogic/System/DownloadDocumentFile.ashx?DocumentFileKey=966232f4-ad5a-bf37-2d29-5c2f6ee85086 (zuletzt abgerufen am 30.8.2024) vor; die Zulässigkeit einer Rechtswahl grundsätzlich ebenfalls bejahend *Hanner,* Internationales Kryptowerterecht, 2022, 216, 226.

639 Principle 5 UNIDROIT Principles on Digital Assets and Private Law.

640 Die Notwendigkeit dieses Punktes ebenfalls betonend *Hanner,* Internationales Kryptowerterecht, 2022, 216, 225.

641 *M. Lehmann* in Omlor/Link, Kryptowährungen und Token, Kap. 5 Rn. 160-163.

642 *Ng* JPIL 2019, 315 (331 f.).

643 *M. Lehmann* in Omlor/Link, Kryptowährungen und Token, Kap. 5 Rn. 166.

644 *De Vauplane* NIPR 2018, 94 (102); *Hanner,* Internationales Kryptowerterecht, 2022, 217, 220, die die Anknüpfung mittels des LIMA-Prinzips als primären Anknüpfungspunkt für Token auf einer Blockchain, die keinen Zugangsbeschränkungen unterliegt, präferiert; dies als einzige Anknüpfungsmöglichkeit voraussetzend Assmann/Schütze/Buck-Heeb KapAnlR-HdB/*Eckhold/F. Schäfer* § 17 Rn. 41.

645 In Kraft seit 1.2.2021 (AS 2021 33; BBl 2020 233).

das nationale Recht des Staates zur Anwendung, in dem der Emittent seinen satzungsmäßigen Sitz hat, sofern der satzungsmäßige Sitz des Emittenten nach außen ohne weiteres feststellbar ist.[646] Auch nach dem liechtensteinischen TVTG gelten Token ua dann als im Inland belegenes Vermögen, wenn sie durch einen Anbieter sog. „vertrauenswürdiger Technologien" (VT-Dienstleister) mit Sitz im Inland erzeugt oder emittiert werden. Eine Anknüpfung an den Sitz des Erzeugers oder Emittenten hätte den Vorteil einer einheitlichen Bestimmung des anwendbaren Rechts für eine ganze Gattung von Token.[647] Sie setzt allerdings voraus, dass dessen Identität und Sitz **für Dritte klar erkennbar** ist, was gerade bei vielen Kryptowährungen nicht unbedingt der Fall ist. Einer gesonderten Betrachtung bedürfen zudem digitale Währungen, die von Zentralbanken ausgegeben werden (Central Bank Digital Currencies – **CBDCs**). Soweit diese mittels Tokens auf einer Blockchain begeben werden, bestimmt sich das auf diese anwendbare Recht anhand des Sitzes der ausgebenden Zentralbank.[648]

bb) Hauptstatut. Allgemein kann bei **extrinsischen Token ein Gleichlauf mit dem Hauptstatut** erwogen werden.[649] Daher könnte bei Transaktionen ein dinglicher Rechtsübergang am Token nach demselben Recht zu beurteilen sein, dem auch die dinglichen Rechte am repräsentierten Vermögensgegenstand unterliegen. Hierdurch wird vermieden, dass sich „hinkende Rechtslagen" ergeben, also etwa ein Token nach dem anwendbaren Recht mit dinglicher Wirkung auf den Erwerber übertragen wurde, der vom Token repräsentierte Vermögensgegenstand aber nach dem für ihn maßgeblichen Recht beim Veräußerer verblieben ist. Das würde in vielen Fällen, wenn die neue Drittwirkungs-VO Gesetz werden sollte, allerdings auf eine primäre Anknüpfung an den Sitz des Veräußerers hinauslaufen. Diese ist bei weitgehender Anonymität oder Pseudonymität des Veräußerers indes kaum sachgerecht (→ Rn. 328). 329

c) Objektive Anknüpfung am Buchungssystem. Im Sinne eines Gleichlaufs von öffentlichem Recht und Privatrecht könnte sich das auf Token anwendbare Recht nach dem Recht desjenigen Staates richten, unter dessen **Aufsicht** das Buchungssystem steht, in welchem der Token übertragen wird.[650] So ist nach dem eWpG (→ Rn. 266a ff.) in erster Linie gem. § 32 Abs. 1 eWpG eine Anknüpfung an das Recht des Staates vorgesehen, dem die Aufsicht über die registerführende Stelle zukommt. 330

Neben dem Staat, der das DLT-System oder Teile hiervon beaufsichtigt, kann aber auch der Sitz bzw. jener der Niederlassung einer zentralen Autorität, die die **Verwaltung** des Systems übernimmt, ein tauglicher Anknüpfungspunkt sein (**P**lace of the **R**elevant **OP**erating **A**uthority/Administrator **„PROPA"-Prinzip**).[651] Ganz ähnlich hat sich auch das eWpG subsidiär in § 32 Abs. 2 S. 1 eWpG für eine Anknüpfung an den Sitz der registerführenden Stelle entschieden (→ Rn. 266a ff.). Der Emittent und ein vom Emittenten bestimmter, für die Registerführung verantwortlicher Finanzdienstleister, die nach § 4 Abs. 10 eWpG, § 16 Abs. 2 eWpG registerführende Stellen für Kryptowertpapiere sind, entsprechen dabei der verantwortlichen Stelle nach dem PROPA-Prinzip. 331

Denkbar ist aber auch die Anknüpfung an eine Stelle, die einen systemrelevanten Master-Schlüssel verwahrt (**P**rimary **R**esidence of the Private **E**ncryption **MA**ster key-holder, **„PREMA-Prinzip"**). Wieder gilt, dass sich diese Anknüpfung nur dann anbietet, wenn eine zentrale Autorität erstens existiert und zweitens **für Dritte klar erkennbar** ist. Diese Anknüpfungen eignen sich also ebenfalls nicht für alle Systeme, sondern nur für sehr transparente und relativ zentral geführte und überwachte. Beim PREMA-Prinzip kommt als Nachteil hinzu, dass mehrere Stellen einen Master-Schlüssel verwahren können. 332

d) Anknüpfung am relevanten Intermediär (PRIMA). Obgleich die Anknüpfung am Ort des relevanten Intermediärs (**P**lace of the **R**elevant **I**nter**M**ediary **A**pproach „PRIMA"-Prinzip, → Rn. 224 ff.) in ihren verschiedenen Spielarten bei intermediär verwahrten Wertpapieren ganz herrschend ist, wird diese Anknüpfung in Bezug auf Kryptowerte (jenseits der Anwendbarkeit von § 17a DepotG auf elektronische Wertpapiere, dazu → Rn. 266i ff.) erstaunlicherweise sehr selten 333

---

646 Principle 5 Abs. 1 lit. c UNIDROIT Principles on Digital Assets and Private Law.

647 *M. Lehmann* in Omlor/Link, Kryptowährungen und Token, Kap. 5 Rn. 181.

648 *Wendehorst* in Bonomi/Lehmann/Lalani, Blockchain and Private International Law, 115.

649 *Spindler* Uniform Law Review 2019, 724 (733); *Hanner,* Internationales Kryptowerterecht, 2022, 218 f., 220; s. hierzu auch *M. Lehmann* in Omlor/Link, Kryptowährungen und Token, Kap. 5 Rn. 189-189.

650 *Peach* The Modern Law Review 2017, 1073 (1106); *de Vauplane* NIPR 2018, 94 (102) für eine Anknüpfung an das Recht des Staates unter dessen Aufsicht die Blockchain steht.

651 Financial Markets Law Committee, Distributed Ledger Technology and Governing Law: Issues of Legal Uncertainty (2018), 18 ff.; *Martiny* IPRax 2018, 553 (559); *Hanner,* Internationales Kryptowerterecht, 2022, 216, 220; *Drogemüller,* Blockchain-Netzwerke und Krypto-Token im Internationalen Privatrecht, 2023, 361 f.; *Takahashi* JPIL 2022, 339 (355).

vertreten. Dies ist umso erstaunlicher, als mittlerweile ein Großteil der Kryptowerte bei Kryptoverwahrdienstleistern verwahrt wird, ohne dass der Anleger selbst unmittelbar mittels eines Schlüsselpaares über die Kryptowerte verfügen könnte. Beispielsweise verwahrte allein ein einziger Anbieter im Jahr 2021 für seine Kunden ungefähr 11,5 % der gesamten Marktkapitalisierung von Kryptowerten.[652] Verbreitet ist diese Anknüpfung allerdings bei Kryptowertpapieren, so legt auch die Schweiz in § 108a IPRG fest, dass Kryptowerte, die Aktien, Anleihen oder andere Finanzinstrumente repräsentieren und die von einem Intermediär gehalten werden, dem Recht am Ort des relevanten Intermediärs unterliegen.

334 Die geringe Verbreitung des „PRIMA"-Prinzips lässt sich jedoch mittels verschiedener Umstände begründen. So ist für Kryptowerte bereits unklar, **wer als potenziell maßgeblicher Intermediär** angesehen werden könnte.[653] § 1 Abs. 1a Nr. 6 KWG definiert als „Kryptoverwahrgeschäft" die Verwahrung, die Verwaltung und die Sicherung von Kryptowerten oder privaten kryptografischen Schlüsseln, die dazu dienen, Kryptowerte für andere zu halten, zu speichern oder darüber zu verfügen, sowie die Sicherung von privaten kryptografischen Schlüsseln, die dazu dienen, Kryptowertpapiere für andere nach § 4 Abs. 3 eWpG zu halten, zu speichern oder darüber zu verfügen. Art. 3 Abs. 1 Nr. 17 VO (EU) 1114/2023 (MiCA-VO)[654] definiert „Verwahrung und Verwaltung von Kryptowerten für Kunden" als die sichere Aufbewahrung oder Kontrolle von Kryptowerten oder der Mittel für den Zugang zu solchen Kryptowerten für Kunden, unter Umständen in Form privater kryptografischer Schlüssel." Jedenfalls ist potenziell ein relativ breites Spektrum verschiedener Dienstleistungen erfasst, die nicht unbedingt der Rolle von Verwahrern im Sinne des Effektengiroverkehrs entspricht.

335 Generell stößt die Anküpfung an Intermediäre – etwa Krypto-Börsen – auf rechtliche und faktische Bedenken. So ist ein Konto bei einer Krypto-Börse keine notwendige Voraussetzung für das Halten und Übertragen von Kryptowerten, weshalb eine Anknüpfung an den Börsen-Betreiber in manchen Fällen ins Leere gehen würde. Selbst wenn aber eine Krypto-Börse genutzt wird, **unterscheidet sich das Geschäftsmodell** der Börsen-Betreiber im Einzelnen ganz erheblich. Sie rangieren von Modellen, bei denen der Börsen-Betreiber die Kryptowerte dem Schlüsselpaar des individuellen Anlegers zuordnet und dieser daher ohne weiteres „Eigentümer" der Kryptowerte ist, bis hin zu Modellen, bei denen der Börsen-Betreiber dem Anleger lediglich schuldrechtlich zusagt, unter bestimmten Bedingungen dem Guthaben entsprechende Kryptowerte der relevanten Gattung herauszugeben bzw. zu beschaffen. Für Dritte ist es – je nach Geschäftsmodell der Krypto-Börse – gar nicht oder nur schwer erkennbar, dass Kryptowerte mittels einer Krypto-Börse gehalten werden. Dementsprechend schwierig ist es in diesen Fällen dann aber auch, den Anknüpfungspunkt zu konkretisieren.

336 **e) Anknüpfung am Inhaber. aa) Sitz des Berechtigten bzw. Verfügenden.** Diskutiert wird auch eine Anknüpfung an den **Sitz des jeweiligen Inhabers des Token,** dh an den Sitz desjenigen Netzwerkteilnehmers, der die fraglichen digitalen Vermögenswerte hält oder – im Fall von Verfügungen – überträgt oder sonst über sie verfügt (Location of Current Holder Approach).[655] Für den Spezialfall der Bestellung von Sicherheiten ist diese Anknüpfung etwa vom **European Law Institute (ELI)** vertreten worden (→ Rn. 9a).[656]

337 Wie auch bei vielen anderen Anknüpfungsmöglichkeiten, eignet sich diese Anknüpfung allerdings nicht flächendeckend. So mag sie zwar dann Vorteile bringen, wenn ein einzelner Akteur eine Vielzahl sehr verschiedener digitaler Vermögenswerte en bloc veräußert oder dinglich belastet, weil dann nicht für jeden einzelnen digitalen Vermögenswert gesondert das auf den dinglichen Rechtserwerb anwendbare Recht ermittelt werden muss. Diese Anknüpfung käme insbesondere **Sicherungs-**

[652] Coinbase Global Inc., Annual Report Pursuant to Section 13 or 15(D) of the Securities Exchange Act of 1934, 8, https://d18rn0p25nwr6d.cloudfront.net/CIK-0001679788/8e5e0508-da75-434d-9505-cba99fa00147.pdf (zuletzt abgerufen am 30.8.2024).

[653] Auf dieses Problem weisen bereits *Martiny* IPRax 2018, 553 (559) und *M. Lehmann* in Omlor/Link, Kryptowährungen und Token, Kap. 5 Rn. 183 hin.

[654] VO (EU) 1114/2023 des Europäischen Parlaments und des Rates v. 31.5.2023 über Märkte für Kryptowerte und zur Änderung der Verordnungen (EU) Nr. 1093/2010 und (EU) Nr. 1095/2010 sowie der Richtlinien 2013/36/EU und (EU) 2019/1937, ABl. EU 2023 L 150, 40.

[655] Financial Markets Law Committee, Distributed Ledger Technology and Governing Law: Issues of Legal Uncertainty (2018), 19 f.; *Ng* Journal of Private International Law 15 (2019), 315 (334 f.); *Spindler* Uniform Law Review 2019, 724 (731 f.); *Schwemmer* IPRax 2022, 331 (338); *Hanner,* Internationales Kryptowerterecht, 2022, 218, 221.

[656] Principles 3(2) und 4(2) ELI Principles on the Use of Digital Assets as Security, https://www.europeanlawinstitute.eu/fileadmin/user_upload/p_eli/Publications/ELI_Principles_on_the_Use_of_Digital_Assets_as_Security.pdf (zuletzt abgerufen am 30.8.2024).

nehmern zugute, welche ein drittwirksames Sicherungsrecht an einem Portfolio heterogener Kryptowerte erwerben wollen. Da solche Sicherungsnehmer Identität und Sitz des Sicherungsgebers typischerweise genau kennen, könnten sie sich somit auf die Geltung eines bekannten einheitlichen Rechts verlassen. Die Anknüpfung führt allerdings dann zu Rechtsunsicherheit, wenn – wie bei vielen Buchungssystemen – Identität und Sitz der Netzwerkteilnehmer überhaupt nicht oder zumindest nicht sicher bekannt sind. Diejenigen, die von einer Person erwerben, deren **Identität und Sitz sie nicht sicher kennen,** haben keinerlei Sicherheit hinsichtlich der dinglichen Wirksamkeit ihres Erwerbs.

bb) Der Lageort des privaten Schlüssels. Mit ähnlichen Argumenten wie für den Sitz des Inhabers – und insbesondere der Bündelung des anwendbaren Rechts für eine Vielzahl von Token – lässt sich auch für einen Rückgriff auf den Lageort des privaten Schlüssels, dem der jeweilige Token zugeordnet ist, als maßgeblichen Anknüpfungspunkt argumentieren.[657] Jedem Token kann damit eindeutig ein einziger privater Schlüssel zugeordnet werden, mehrere Token können aber umgekehrt einem Schlüssel zugeordnet sein. Gegen diese Anknüpfung spricht jedoch, dass diese in noch größerem Maße wandelbar und noch leichter manipulierbar ist als der Ort des gewöhnlichen Aufenthalts des Inhabers des Token. Zudem handelt es sich bei dem privaten Schlüssel um eine alphanummerische Kombination mit einer fest definierten Länge, die benötigt wird, um Token auf der Blockchain zu übertragen. Dieser kann ohne weiteres vervielfältigt werden, was zu einer Multiplizierung von Lageorten führt und eine eindeutige Bestimmung des anwendbaren Rechts mittels dieses Anknüpfungspunktes ausschließt.[658] 338

f) Sonstige Anknüpfungspunkte und Rückgriff auf die lex fori. In der Lit. werden schließlich eine Fülle weiterer Anknüpfungen genannt, so etwa die Anknüpfung an den Wohnsitz des Programmierers (**P**rimary **RES**idence of the **C**oder, **„PRESC"**-Prinzip).[659] Eine solche Anknüpfung ist indes rein zufällig, wandelbar und versagt, wenn der Programmierer unbekannt ist oder es sich um eine Gruppe von Programmierern handelt, die ihren gewöhnlichen Aufenthalt in verschiedenen Staaten haben.[660] Bei vielen Systemen – wie etwa der Bitcoin-Blockchain – werden so gut wie alle Versuche einer Anknüpfung nach den oben herausgearbeiteten Anknüpfungsmomenten scheitern, weshalb nach irgendwelchen Berührungspunkten zu einer Rechtsordnung gesucht werden muss. In der Lit. wird etwa für die Bitcoin-Blockchain aufgrund diverser Überlegungen als Ausweg eine Anknüpfung an das Recht des US-Bundesstaats Massachusetts befürwortet.[661] 339

Aufgrund dieser Schwierigkeiten wird teilweise auch dann, wenn eine gültige Rechtswahl (→ Rn. 326 ff.) nicht getroffen wurde, die Anwendung der ***lex fori* bzw. einer bestimmten Rechtsordnung oder bestimmter Rechtsvorschriften** befürwortet. Diese Lösung verfolgen nun – mit unterschiedlichen Nuancierungen – sowohl der **US-amerikanische UCC** als auch die **UNIDROIT Principles on Digital Assets and Private Law.**[662] Während der U.S.-amerikanische UCC bereits bei Fehlen einer Rechtswahl (→ Rn. 325) unmittelbar die Geltung des Rechts des District of Columbia anordnet, nehmen die UNIDROIT Principles einen Rückgriff auf die vom Forumstaat bestimmten materiellrechtlichen Rechtsvorschriften bzw. materiellrechtlich orientierten UNIDROIT Principles erst vor, wenn auch die Anknüpfung am Sitz des Emittenten (→ Rn. 328) scheitert. In letzter Konsequenz, wenn alle anderen Anknüpfungen scheitern, verweisen die UNIDROIT Principles auf das vom IPR des Forums bestimmte Recht, was wie eine Kapitulation vor der eigentlich gestellten Aufgabe wirkt. 340

5. Für deutsche Gerichte maßgebliche Anknüpfung. Eine einheitliche Anknüpfung für dingliche Berechtigungen an Token scheint angesichts der Diversität und Hybridität der gegenwärtig verwendeten Systeme derzeit schwer möglich zu sein.[663] Vorrang für Rechtsanwender in Deutsch- 341

---

657 *M. Lehmann* in Omlor/Link, Kryptowährungen und Token, Kap. 5 Rn. 177.

658 Krit. zu diesem Anknüpfungspunkt auch *Drogemüller,* Blockchain-Netzwerke und Krypto-Token im Internationalen Privatrecht, 2023, 367 f.

659 *Ng* Journal of Private International Law 15 (2019), 315 (334); Financial Markets Law Committee, Distributed Ledger Technology and Governing Law: Issues of Legal Uncertainty (2018), 22; *Hanner,* Internationales Kryptowerterecht, 2022, 218; s. zu weiteren möglichen Anknüpfungen auch *M. Lehmann* in Omlor/Link, Kryptowährungen und Token, Kap. 5 Rn. 156-194.

660 *M. Lehmann* in Omlor/Link, Kryptowährungen und Token, Kap. 5 Rn. 180; *Hanner,* Internationales Kryptowerterecht, 2022, 218 f.

661 *Ng* Journal of Private International Law 15 (2019), 315 (336 ff.).

662 So Section 12-107 (c)(5),(d) Amendments to the Uniform Commercial Code (2022) und Principle 5 Abs. 1 1 lit. d UNIDROIT Principles on Digital Assets and Private Law. Ähnlich bereits *Zimmermann* IPRax 2018, 566 (570).

663 Ebenfalls eine differenzierte Herangehensweise und eine Anknüpfungskaskade befürwortend *M. Lehmann* in Omlor/Link, Kryptowährungen und Token, Kap. 5 Rn. 193 f.; *Hanner,* Internationales Kryptowerterecht, 2022, 219 f., 222.

land haben jedenfalls die geltenden speziellen Kollisionsnormen, namentlich **§ 17a DepotG und § 32 eWpG.** Man kann allerdings auch außerhalb des unmittelbaren Anwendungsbereichs von § 17a DepotG und § 32 eWpG (→ Rn. 266a ff.) nicht die Augen davor verschließen, dass der Gesetzgeber für bestimmte extrinsische Token eine prinzipiell nachvollziehbare Anknüpfungsleiter vorgesehen hat und dass gerade angesichts einer zu beobachtenden Konvergenz von klassischen Instrumenten und Kryptowerten ein Auseinanderfallen von Anknüpfungen vermieden werden sollte. Aufgrund des teilweisen Hintergrunds in der Finanzsicherheiten-RL und der Finalitäts-RL (→ Rn. 232 ff.) konnten diese Anknüpfungen auch nicht beliebig verändert werden, ohne eine neue Zersplitterung zu provozieren. Daher sollten die § 17a DepotG und § 32 eWpG **bei ansatzweiser funktioneller Vergleichbarkeit** (→ Rn. 266o ff.) **auf sonstige Kryptowerte analog** angewendet werden, obgleich dies leider viele Auslegungsfragen aufwirft.

342 Scheidet eine analoge Heranziehung bereits existierender Kollisionsnormen aus, muss das Recht der stärksten Verbindung ermittelt werden. Hierfür bedarf es eines Anknüpfungspunktes, der für Dritte besonders klar und deutlich erkennbar ist. Schon im Sinne des internationalen Entscheidungseinklangs wird man gut beraten sein, in Anlehnung an den UCC sowie die etwa in der Schweiz getroffene Lösung und den UNIDROIT Principles vorrangig auf eine ausdrücklich getroffene und hinreichend klar erkennbare **Rechtswahl für die gesamte Gattung von Kryptowerten** abzustellen, hilfsweise auf eine ausdrücklich getroffene und hinreichend klar erkennbare **Rechtswahl für das Buchungssystem.** Führt dies zu keinem Ergebnis, sollte in Anlehnung an die Lösung in der Schweiz und nunmehr auch der UNIDROIT Principles auf den Sitz des Emittenten abgestellt werden (LIMA). Führt auch dies zu keinem Ergebnis, scheint es nicht angezeigt zu sein, die stärkste Verbindung anderweitig zu ermitteln. Stattdessen sollte im Interesse der Rechtssicherheit – wiederum nach dem Vorbild des UCC und der UNIDROIT Principles – die *lex fori* zu Anwendung kommen.

343 Die **Entwicklungen,** und insbesondere die Blockchain-Gesetzgebung in den verschiedenen Staaten, müssen sorgfältig beobachtet werden. Insgesamt ist eine nicht nur europäische, sondern idealerweise internationale Vereinheitlichung der Kollisionsnormen wünschenswert,[664] zumal erhebliche Vermögenswerte auf dem Spiel stehen und die Frage des anwendbaren Rechts angesichts der stark divergierenden Herangehensweisen der einzelnen Rechtsordnungen massive Auswirkungen auf deren Zuordnung haben kann. Die **Haager Konferenz für Internationales Privatrecht** hat sich der Thematik über die letzten Jahre hinweg angenähert. Auf der CGAP-Tagung 2021 wurde ein Dokument mit einer Tabelle erörtert, welche nicht weniger als zwölf alternative Anknüpfungspunkte und ihre jeweiligen Vor- und Nachteile detailliert auflistet.[665] Auf der CGAP-Tagung 2023 wurde bekanntgegeben, dass die Haager Konferenz in diesem Bereich eng mit UNIDROIT zusammenarbeiten und ein gemeinsamen Projekt **„HCCH-UNIDROIT Project on Law Applicable to Cross-Border Holdings and Transfers of Digital Assets"** beginnen wird.[666] Das Projekt, welches Anfang Juni 2023 mit einem Kick-off-Meeting offiziell gestartet wurde, endete bereits nach kurzer Zeit ergebnislos.[667]

Art. 44 EGBGB Von Grundstücken ausgehende Einwirkungen

Für Ansprüche aus beeinträchtigenden Einwirkungen, die von einem Grundstück ausgehen, gelten die Vorschriften der Verordnung (EG) Nr. 864/2007 mit Ausnahme des Kapitels III entsprechend.

Schrifttum: vgl. auch Vor Art. 43; *Bornheim,* Haftung für grenzüberschreitende Umweltbeeinträchtigung im Völkerrecht und im Internationalen Privatrecht, 1994; *Buschbaum,* Privatrechtsgestaltende Anspruchspräklusion im internationalen Privatrecht, 2008; *Küppers,* Grenzüberschreitende Immissionen und internationales Nachbarrecht, ZRP 1976, 260; *Lummert,* Zur Frage des anwendbaren Rechts bei zivilrechtlichen Schadensersatz- und Unterlassungsklagen wegen grenzüberschreitender Umweltbeeinträchtigungen, NuR 1982, 241; *Mansel,* Kollisionsrechtliche Koordination von dinglichem und deliktischem Rechtsgüterschutz, FS Laufs, 2005, 609; *Pfeiffer,* Öffentlichrechtliche Anlagengenehmigung und deutsches Internationales Privatrecht, in Hendler ua, Trierer Jahrbuch des

[664] Teilweise wird sogar für eine Vereinheitlichung auf der Ebene des materiellen Rechts plädiert, s. *M. Lehmann* Uniform Law Review 2021, 148 (171).

[665] HCCH, Developments with respect to PIL implications of the digital economy, including DLT, Prel. Doc. No 4 von November 2020.

[666] HCCH, Proposal for Joint Work: HCCH-UNIDROIT Project on Law Applicable to Cross-Border Holdings and Transfers of Digital Assets and Tokens, Prel. Doc. No 3C von Januar 2023, Rn. 16 ff.

[667] UNIDROIT Governing Council, Item No. 6 on the agenda: Update on other projects and exploratory work concerning the 2023-2025 Work Programm – (c) Conclusion of the exploratory work Conclusion of the exploratory work conducted on the HCCH-UNIDROIT Project on Law Applicable to Cross-Border Holdings and Transfers of Digital Assets and Tokens, C.D. (103) 13, Rn. 6 ff.

Umwelt- und Technikrechts 2000, 263; *Rest,* Neue Tendenzen im internationalen Umwelthaftungsrecht, NJW 1989, 2153; *Spickhoff,* Internationale Umweltstandards und das neue internationale Umwelthaftungsrecht, in Hendler ua, Trierer Jahrbuch des Umwelt- und Technikrechts 2000, 385; *Sturm,* Immissionen und Grenzdelikte, in v. Caemmerer, Vorschläge und Gutachten zur Reform des deutschen internationalen Privatrechts der außervertraglichen Schuldverhältnisse, 1983, 338; *Wandt,* Deliktsstatut und internationales Umwelthaftungsrecht, VersR 1998, 529; *Ch. Wolf,* Grenzüberschreitende Umweltschäden im Internationalen Privat- und Verfahrensrecht, in Wolfrum/Langenfeld, Umweltschutz durch internationales Haftungsrecht, 1999, 353; *U. Wolf,* Deliktsstatut und internationales Umweltrecht, 1995.

Übersicht

A. Normzweck

Art. 44 betrifft das internationale private Immissionsschutzrecht als wichtigsten Teilaspekt des internationalen Nachbarrechts. Die Vorschrift ist durch das Gesetz zur Anpassung der Vorschriften des IPR an die VO (EG) 864/2007 vom 10.12.2008 (BGBl. 2008 I 2401) geändert worden. Sie verweist nunmehr für Ansprüche aus Beeinträchtigungen, die von einem Grundstück ausgehen, auf die Vorschriften der Rom II-VO mit Ausnahme deren Kapitels III, also mit Ausnahme der Vorschriften über ungerechtfertigte Bereicherung, Geschäftsführung ohne Auftrag und Verschulden bei Vertragsverhandlungen. Damit bezweckt der Gesetzgeber einen **Gleichlauf zwischen Delikts- und Immissionsschutzstatut.**[1] Ein solcher Gleichlauf ist nicht nur deswegen anzustreben, weil sich im Immissionsschutz deliktsrechtliche und nachbarrechtliche Ansprüche funktionell sehr ähnlich sind und eine deliktsrechtliche Qualifikation ohnehin nahe liegt. Vielmehr sollen auch mögliche Normwidersprüche bzw. Situationen des Normenmangels oder der Normenhäufung vermieden werden, die deswegen besonders leicht auftreten können, weil privates Immissionsschutzrecht und Deliktsrecht oft miteinander verzahnt sind.[2] Ferner wird dadurch sichergestellt, dass die Ansprüche aller 1

1 BT-Drs. 16/9995, 7; zur alten Rechtslage, bei der noch auf Art. 40 Abs. 1 verwiesen wurde, BT-Drs. 14/343, 16. Die Rspr. hatte bis zur Kodifizierung des internationalen Sachenrechts zwischen deliktsrechtlichen und nachbarrechtlichen Ansprüchen differenziert und letztere der lex rei sitae unterstellt, vgl. BGH IPRspr. 1978 Nr. 40; OLG München IPRspr. 1976 Nr. 29; LG Traunstein IPRspr. 1976 Nr. 29a; LG Waldshut-Tiengen UPR 1983, 14 (15); zust. etwa *Küppers* ZRP 1976, 260 (262); *Siehr* RabelsZ 45 (1981), 377 (385 f.); *Mansel* FS Laufs, 2005, 609 (614 ff.).

2 Für einen Gleichlauf vor der Kodifikation die ganz hL, vgl. etwa *Stoll* RabelsZ 37 (1973), 357 (374); Staudinger/*Stoll,* 1996, IntSachenR Rn. 232, 235; *Sturm* in v. Caemmerer, Vorschläge und Gutachten, 1983, 338, 356; *Hager* RabelsZ 53 (1989), 293 (297); *Kreuzer* in Henrich, Vorschläge und Gutachten, 1991, 38, 147; *Lummert* NuR 1982, 241 (242); *Rest* NJW 1989, 2153 (2159); *U. Wolf,* Deliktsstatut und internationales Umweltrecht, 1995, 174 ff.; *Ch. Wolf* in Wolfrum/Langenfeld, Umweltschutz durch internationales Haftungsrecht, 1999, 353, 389.

Personen, die durch grenzüberschreitende Immissionen geschädigt werden, kollisionsrechtlich gleich behandelt werden. Insbesondere **spielt es kollisionsrechtlich keine Rolle mehr, ob die Anspruchsteller dinglich berechtigt sind oder nicht.**[3]

2 Würde sich der Normzweck von Art. 44 darin erschöpfen, ergäbe allerdings die Beschränkung auf Beeinträchtigungen, die von einem Grundstück ausgehen, keinen Sinn: Das Phänomen der Funktionsähnlichkeit und der engen Verzahnung mit dem Deliktsrecht tritt streng genommen bei jeder Beeinträchtigung dinglicher Rechte auf (zum Anwendungsbereich des Art. 44 EGBGB → Rn. 23), sodass zur Vermeidung schwieriger Qualifikations- und Angleichungsprobleme generell eine deliktsrechtliche Anknüpfung wünschenswert erscheint. Letztlich verständlich ist die Sonderregelung daher nur als **Teilregelung des internationalen Umweltrechts.** Als solche hatte sie bereits in der vor dem 11.1.2009 geltenden Fassung vor allem auch **präventiven Charakter,** weil die Einräumung des Wahlrechts nach Art. 40 Abs. 1 nicht nur generell die Haftungsrisiken für Emittenten erhöhte, sondern sie auch dazu anhielt, sich in Grenzgebieten auf die ggf. niedrigeren Toleranzschwellen des Nachbarlands einzustellen und die Emissionen zu reduzieren.[4] Da die Rom II-VO schon in der Grundanknüpfung nach Art. 4 Abs. 1 auf das Recht des Erfolgsorts verweist, ist der Anreiz, sich im Zweifel auch an strengeren Vorschriften des Auslands zu orientieren, auch nach der Neufassung gegeben. Art. 7 Rom II-VO gibt dem Geschädigten aus Gründen der Prävention[5] noch die Möglichkeit, sich alternativ zu dem nach Art. 4 Abs. 1 anwendbaren Recht für das Recht des Handlungsortes zu entscheiden.

3 Beide Regelungsziele – Gleichlauf und Prävention – wurden klassischerweise nicht als Gegensatz betrachtet, sondern vielmehr gemeinsam als Argumente für die in Art. 44 gewählte Lösung angeführt.[6] Die Ziele können aber auch miteinander in **Konflikt** geraten, weil der Anspruchsteller dann, wenn das Immissionsschutz- bzw. Nachbarrechtsstatut für ihn günstiger wäre bzw. ihm etwas zuspricht, was er über das Deliktsstatut nicht erreichen kann, gerade auch am Auseinanderfallen der Statute interessiert sein kann („Rosinenlösung"). Soweit ersichtlich, wurde dieser Aspekt vom Gesetzgeber und den ihm vorliegenden Arbeiten nicht explizit berücksichtigt. Implizit ging man aber stets davon aus, dass dem Normzweck der Prävention schon durch das früher nach Art. 40 Abs. 1 und heute in den meisten Fällen durch Art. 7 Rom II-VO gewährleistete Wahlrecht zwischen dem Recht des Handlungs- und dem des Erfolgsorts genüge getan werde. Ferner dürfe der Normzweck des Gleichlaufs nicht zu Gunsten einer noch weiter gehenden Privilegierung des Geschädigten gefährdet werden. Im Interesse des Gleichlaufs wurde es auch in Kauf genommen, dass das Wahlrecht des Geschädigten nach der Neufassung von Art. 44 nicht mehr stets gegeben ist, sondern nur noch, soweit tatsächlich Art. 7 Rom II-VO anwendbar ist.[7]

B. Anwendungsbereich

I. Vorrangige Regelungen

4 **1. Allgemeines zur Rangordnung.** Art. 44 verweist in seiner Neufassung auf die Vorschriften der Rom II-VO. Damit kann im Regelfall offenbleiben, ob eine Rechtsfrage ohnehin vom Anwendungsbereich der Rom II-VO erfasst wäre oder ob die Anwendbarkeit der Rom II-VO erst aus der Verweisung des nationalen Rechts folgt. Wichtig ist dies allerdings, wenn es um das Verhältnis zu möglicherweise vorrangigen Regelungen geht: Ist bereits die **originäre Anwendbarkeit der Rom II-VO** gegeben, so sind staatsvertragliche Regelungen nur in den Grenzen von Art. 28 Rom II-VO weiterhin anwendbar; folgt die **Anwendbarkeit der Rom II-VO erst aus Art. 44,**

---

[3] BT-Drs. 14/343, 16; *Wagner* IPRax 1998, 429 (435); *Looschelders* Rn. 1.

[4] Generell zum Wahlrecht Vorschläge und Gutachten, 1983, 6; *Sturm* in v. Caemmerer, Vorschläge und Gutachten, 1983, 338, 359; *Rest* NJW 1989, 2153 (2159); *Ch. Wolf* in Wolfrum/Langenfeld, Umweltschutz durch internationales Haftungsrecht, 1999, 353, 391. Speziell zur Rom II-VO *Junker* NJW 2007, 3675 (3680); *Wagner* IPRax 2008, 1 (9); krit. *Schurig* FS Stoll, 2001, 577 (578) wegen der faktisch einseitigen Benachteiligung deutscher Emittenten.

[5] Zur Kritik vgl. etwa die Stellungnahme des Europäischen Wirtschafts- und Sozialausschusses vom 2.6.2004, ABl. EG 2004 C 241, 1. Eingehend zur Rechtfertigung der alternativen Anknüpfung *Buschbaum,* Privatrechtsgestaltende Anspruchspräklusion im Internationalen Privatrecht, 2007, 71 ff.; zum Präventionszweck auch Staudinger/*Mansel,* 2015, Rn. 16.

[6] Vgl. ua *Sturm* in v. Caemmerer, Vorschläge und Gutachten, 1983, 338, 359; *Rest* NJW 1989, 2153 (2159); *Ch. Wolf* in Wolfrum/Langenfeld, Umweltschutz durch internationales Haftungsrecht, 1999, 353, 391; speziell zur Rom II-VO *Junker* NJW 2007, 3675 (3680); *Wagner* IPRax 2008, 1 (9).

[7] Dazu *Buschbaum,* Privatrechtsgestaltende Anspruchspräklusion im Internationalen Privatrecht, 2007, 36, 240.

haben staatsvertragliche Regelungen dagegen gem. Art. 3 Nr. 2 Vorrang (→ Rn. 40).[8] Dies lässt sich anhand des zwischen Deutschland und Österreich geschlossenen Vertrags über den Flughafen Salzburg[9] veranschaulichen. Gemäß Art. 4 Abs. 3 FlughSaVertrG ist sowohl für deliktische als auch für sachenrechtliche Ansprüche nach Wahl des Geschädigten das deutsche oder das österreichische Recht anwendbar (→ Rom II-VO Art. 7 Rn. 14). Da sowohl Deutschland als auch Österreich EU-Mitgliedstaaten sind, hat hinsichtlich deliktischer Ansprüche gem. Art. 28 Abs. 2 Rom II-VO die Rom II-VO Vorrang,[10] nicht jedoch hinsichtlich sachenrechtlicher Ansprüche. Dadurch kann es punktuell zu einem Auseinanderfallen von Delikts- und Nachbarrechtsstatut kommen.

2. Internationales Atomrecht. a) Staatsvertragliche Regelungen. aa) Pariser Übereinkommen. Unbeschadet der Frage, ob Art. 44 Beeinträchtigungen durch Kernenergie überhaupt erfasst (→ Rn. 37), wird die Regelung in diesem Bereich weitgehend durch vorrangiges Kollisionsrecht verdrängt. Staatsvertragliche Regelungen, die dem autonomen Kollisionsrecht gem. Art. 3 Nr. 2 vorgehen, enthält vor allem das Pariser Übereinkommen (PÜ) vom 29.7.1960 zur Haftung gegenüber Dritten auf dem Gebiet der Kernenergie (OECD) mit seinen zahlreichen Zusatz- und Änderungsprotokollen.[11] Art. 1–12 PÜ enthalten international vereinheitlichtes Haftungsrecht und Art. 13 Pariser Übereinkommen eine Regelung der internationalen Zuständigkeit. Zwar sind die nach dem Übereinkommen begründeten Ansprüche primär deliktsrechtlich zu qualifizieren, jedoch entspricht es dem erklärten Zweck des Übereinkommens, eine abschließende Haftungsordnung aufzustellen. Es verdrängt daher auch funktionell ähnliche Ansprüche des Nachbarrechts.[12] 5

Art. 11 PÜ iVm Art. 14 lit. b PÜ verweist hinsichtlich einiger Aspekte (Art, Form, Umfang, Verteilung des Schadensersatzes) subsidiär auf das „innerstaatliche Recht" des nach Art. 13 PÜ zuständigen Gerichts. Umstritten ist, ob diese Verweisung eine Sachnormverweisung oder eine Kollisionsnormverweisung darstellt (näher → Art. 40 Rn. 95). Mit dem Inkrafttreten des Änderungsprotokolls von 2004 wird ausdrücklich klargestellt, dass es sich bei dieser Verweisung um eine Sachnormverweisung handelt.[13] 6

bb) Wiener Übereinkommen. Dagegen ist die Bundesrepublik nicht Vertragsstaat des inhaltlich sehr ähnlichen Wiener Übereinkommens über die zivilrechtliche Haftung für nukleare Schäden (HnSWK) vom 21.5.1963 (IAEA).[14] Allerdings ist inzwischen das **Gemeinsame Protokoll** über die Anwendung des Wiener Übereinkommens und des Pariser Übereinkommens vom 21.9.1988 für die Bundesrepublik in Kraft getreten.[15] **Art. III** des gemeinsamen Protokolls nimmt eine Abgrenzung der Anwendungsbereiche beider Übereinkommen vor, die gem. Art. III Abs. 1 Gemeinsames Protokoll überschneidungsfrei zu halten sind. Damit ist Art. III Gemeinsames Protokoll eine Kollisionsnorm, die auf das jeweils anwendbare internationale Einheitsrecht verweist. Art. III Abs. 2 Gemeinsames Protokoll betrifft nukleare Ereignisse, die innerhalb einer Kernenergieanlage eintreten: In diesem Fall ist dasjenige Übereinkommen anwendbar, dessen Vertragspartei der Staat ist, in dessen Hoheitsgebiet die betreffende Anlage gelegen ist. Tritt das nukleare Ereignis außerhalb einer Kernanlage im Verlauf einer Beförderung von Kernmaterialien ein, so ist gem. Art. III Abs. 3 Gemeinsames Protokoll das Übereinkommen anwendbar, dessen Vertragspartei der Staat ist, in dessen Hoheitsgebiet die Kernanlage des nach dem jeweils zuständigen Abkommen haftenden Inhabers gelegen ist. 7

Zwar könnte aus Art. IV Abs. 1 Gemeinsames Protokoll geschlossen werden, dass deutsche Gerichte nunmehr die Art. I–XV HnSWK anzuwenden hätten, sofern Art. III Gemeinsames Protokoll auf das HnSWK verweist. Diese Situation kann aber deswegen nicht eintreten, weil deutsche Gerichte im Fall der Anwendbarkeit des HnSWK nach Art. XI HnSWK international nicht zuständig wären. 8

---

8 Zust. Staudinger/*Mansel,* 2015, Rn. 50; ebenso PWW/*Brinkmann* Rn. 1.

9 Vertrag zwischen der Bundesrepublik Deutschland und der Republik Österreich über Auswirkungen der Anlage und des Betriebs des Flughafens Salzburg auf das Hoheitsgebiet der Bundesrepublik Deutschland vom 19.12.1967, BGBl. 1974 II 13.

10 AA → Rom II-VO Art. 7 Rn. 14, vermutlich aufgrund der Überlegung, dass die Vertragsstaaten den Vertrag als ICAO-Mitgliedstaaten geschlossen haben. Der gewisse Bezug zur ICAO und ihrer Vertragsdokumente, der durch den Vertragsgegenstand und die Präambel hergestellt wird, macht den deutsch-österreichischen Vertrag selbst mE aber noch nicht zu einem Übereinkommen iSv Art. 28 Abs. 1 Rom II-VO.

11 Übereinkommen vom 29.7.1960 mit Zusatzübereinkommen vom 31.1.1963, jeweils mit Zusatzprotokoll vom 28.1.1964 (BGBl. 1976 II 310); Änderungsprotokoll vom 16.11.1982 (BGBl. 1985 II 690, BGBl. 1989 II 144, BGBl. 1995 II 657); gemeinsames Protokoll vom 21.9.1988 (BGBl. 2001 II 202, BGBl. 2001 II 786); Änderungsprotokoll vom 12.2.2004 (BGBl. 2008 II 902).

12 AA offenbar Erman/*Stürner* Rn. 3: keine vorrangigen staatsvertraglichen Regelungen.

13 *Blobel* NuR 2005, 137 (141).

14 Text mitabgedruckt in BGBl. 2001 II 207.

15 BGBl. 2001 II 202, BGBl. 2001 II 786.

9 **cc) Bilaterale Abkommen.** Ein bilaterales Abkommen im Regelungsbereich von Art. 44 stellt das zwischen Deutschland und der Schweiz geschlossene Abkommen vom 22.10.1986 über die Haftung gegenüber Dritten auf dem Gebiet der Kernenergie dar, welches am 21.9.1988 in Kraft getreten ist. Art. 4 AtHaftAbk CHE sieht eine Verweisung auf das innerstaatliche Recht der nach Art. 3 AtHaftAbk CHE zuständigen Gerichte vor. Darin wird zu Recht eine Sachnormverweisung gesehen.[16]

10 **b) Nationales Atomrecht.** Eine einseitige Kollisionsnorm für die Haftung für Nuklearschäden findet sich in **§ 40 Abs. 1 AtG.**[17] Danach bestimmt sich die Haftung des Inhabers einer Kernanlage nach den das Pariser Übereinkommen ergänzenden Vorschriften in §§ 25 ff. AtG, wenn ein deutsches Gericht nach Art. 13 des Pariser Übereinkommens zuständig ist für die Entscheidung einer Schadensersatzklage gegen den Inhaber einer Kernanlage, die in einem anderen Mitgliedstaat des Pariser Übereinkommens gelegen ist. **§ 40 Abs. 2 AtG** enthält eine Reihe von Ausnahmen zu Abs. 1, indem für verschiedene Fragen das Recht des Staates zur Anwendung berufen wird, in dem die Kernanlage belegen ist. Dabei handelt es sich bei näherem Hinsehen um sehr zentrale Fragen, unter anderem um die Frage nach der Haftung für nukleare Schäden in Drittstaaten (§ 40 Abs. 2 Nr. 2 AtG), nach dem Haftungshöchstbetrag (§ 40 Abs. 2 Nr. 5 AtG) und nach der Verjährungsfrist (§ 40 Abs. 2 Nr. 6 AtG).

11 Unter Berücksichtigung des gesetzgeberischen Anliegens, einen Gleichlauf von Immissionsschutzstatut und Deliktsstatut herbeizuführen (→ Rn. 1), wird man annehmen müssen, dass § 40 AtG eine vorrangige Sonderkollisionsnorm nicht nur gegenüber Art. 40 (die Rom II-VO ist gem. Art. 1 Abs. 2 lit. f Rom II-VO ohnehin nicht anwendbar), sondern auch hinsichtlich nachbarrechtlicher Ansprüche gegenüber Art. 44 darstellt. Ein Konflikt mit internationalem Nachbarrecht wird aber auch hier **kaum auftreten.**[18] Eine analoge Anwendung von § 40 AtG auf das Verhältnis zu Nichtvertragsstaaten scheidet aus.[19]

12 **3. Sonstige Staatsverträge.** Das internationale Übereinkommen von 1992 über die zivilrechtliche Haftung für **Ölverschmutzungsschäden**[20] ist im Anwendungsbereich von Art. 44 nur dann relevant, wenn man Art. 44 mit der hier vertretenen Auffassung (→ Rn. 22) bei Emissionen, die von einem Schiff ausgehen, analog anwendet. Art. III–VIII ÖlHaftÜbk 1992 enthalten gleichfalls international einheitliches Haftungsrecht (s. auch → Rom II-VO Art. 4 Rn. 154 ff.).[21] Unter derselben Annahme ist auch das Internationale Übereinkommen von 2001 über die zivilrechtliche Haftung für **Bunkerölverschmutzungsschäden** relevant.[22] Weitere Übereinkommen mit ähnlichem Regelungsgegenstand (zB HNS-Konvention)[23] sind entweder noch nicht in Kraft getreten oder enthalten kein unmittelbar anwendbares Umwelthaftungsrecht.[24] Für Einzelheiten zu diesen Abkommen → Rom II-VO Art. 4 Rn. 153 ff.

13 Im Übrigen existieren im Bereich des internationalen Umwelthaftungsrechts eine Reihe **bilateraler Abkommen,** die mittelbar oder unmittelbar von Bedeutung für immissionsschutzrechtliche Ansprüche sind.[25] Beispiele sind der in → Rn. 4 genannte Vertrag vom 19.12.1967 zwischen der Bundesrepublik Deutschland und der Republik Österreich über Auswirkungen der Anlage und des Betriebes des Flughafens Salzburg auf das Hoheitsgebiet der Bundesrepublik Deutschland,[26] der in Art. 4 Abs. 3 S. 1 FlughSaVertrG im Interesse von Geschädigten das Günstigkeitsprinzip statuiert, sowie das zwischen Deutschland und Dänemark geschlossene Abkommen vom 10.4.1922 zur Rege-

---

[16] *Ch. Wolf* in Wolfrum/Langenfeld, Umweltschutz durch internationales Haftungsrecht, 1999, 353, 381.

[17] Zu einem möglichen kollisionsrechtlichen Gehalt von § 25 Abs. 4 AtG s. → 3. Aufl. 1998, Art. 38 Rn. 264 *(Kreuzer)*.

[18] Zur internationalen Zuständigkeit deutscher Gerichte *Ch. Wolf* in Wolfrum/Langenfeld, Umweltschutz durch internationales Haftungsrecht, 1999, 353, 382.

[19] *Ch. Wolf* in Wolfrum/Langenfeld, Umweltschutz durch internationales Haftungsrecht, 1999, 353, 382.

[20] Übereinkommen von 1992 idF des Protokolls vom 27.11.1992 (BGBl. 1994 II 1150, BGBl. 1996 II 671, BGBl. 2002 II 943).

[21] Zum Inhalt vgl. *Langenfeld* in Wolfrum/Langenfeld, Umweltschutz durch internationales Haftungsrecht, 1999, 3, 6 ff.

[22] Gesetz zu dem Internationalen Übereinkommen von 2001 über die zivilrechtliche Haftung für Bunkerölverschmutzungsschäden (BGBl. 2006 II 578).

[23] International Convention on Liability and Compensation for Damage in Connection with the Carriage of Hazardous and Noxious Substances by Sea, Text in ILM 1996, 1415 ff.

[24] Eingehende Darstellung bei *Bornheim,* Haftung für grenzüberschreitende Umweltbeeinträchtigungen im Völkerrecht und im IPR, 1995, 49 ff.; *Langenfeld* in Wolfrum/Langenfeld, Umweltschutz durch internationales Haftungsrecht, 1999.

[25] Vgl. *Ch. Wolf* in Wolfrum/Langenfeld, Umweltschutz durch internationales Haftungsrecht, 1999, 353, 381.

[26] BGBl. 1974 II 13; vgl. hierzu BGH DVBl 1979, 226; BVerfGE 72, 66 = NJW 1986, 2188.

lung der Wasser- und Deichverhältnisse an der deutsch-dänischen Grenze,[27] das in seinem Art. 45 eine rudimentäre haftungsrechtliche Regelung vorsieht und auch das Nachbarrecht umfassen dürfte. Zu Einzelheiten → Rom II-VO Art. 7 Rn. 14; → Rom II-VO Art. 7 Rn. 17 ff.

II. Anknüpfungsgegenstand

1. Beeinträchtigende Einwirkungen. a) Weites Begriffsverständnis. Der Begriff der „beeinträchtigenden Einwirkungen" in Art. 44 ist im Interesse eines möglichst weitgehenden Gleichlaufs zwischen Delikts- und Immissionsschutzrecht **weit zu verstehen.**[28] Wegen der unterschiedlichen Zielrichtungen des materiellen Rechts einerseits und des Kollisionsrechts andererseits, insbesondere des Bedürfnisses nach einer funktionellen Qualifikation (→ Einl. IPR Rn. 118 ff.), ist der Begriff nicht auf das entsprechende Verständnis von § 906 BGB beschränkt. Dies gilt umso mehr, als der Gesetzgeber im Zuge der Neufassung von Art. 44 die Artikelüberschrift „Grundstücksimmissionen" in „Von Grundstücken ausgehende Einwirkungen" umformuliert hat.[29] Ebenso sollte es nicht durch das Kollisionsrecht, sondern erst durch das berufene Sachrecht entschieden werden, was letztlich als **„beeinträchtigend"** zu gelten hat und was nicht. Für die Subsumtion unter Art. 44 genügt es daher, dass ein Tun, Dulden oder Unterlassen gefordert wird.[30] 14

b) Erfasste Immissionen. Umfasst sind danach zunächst alle **Feinimmissionen,** wie beispielsweise Lärm, Licht, Hitze, Strahlung (radioaktive, ionisierende usw), Luftverschmutzung, Verunreinigung des Grund- oder Oberflächenwassers, Staub, Geruchsbelästigung, Funkenflug, Erschütterungen, Mikroorganismen, Insekten oder Pflanzensamen. Gleichermaßen umfasst sind aber auch **Grobimmissionen,** wie Steinschlag, Bälle, Geschosse, größere Tiere, eindringende Flüssigkeiten oder eindringende Baumwurzeln.[31] 15

Art. 44 betrifft auch Ansprüche wegen sog. **negativer Immissionen,** die dadurch gekennzeichnet sind, dass dem Anspruchsteller eine an sich erwünschte äußere Einwirkung vorenthalten wird. Beispiele sind etwa die Störung des Fernseh-, Rundfunk- oder Mobilfunkempfangs, die Störung der Zufuhr von frischer Luft, Licht, Grund- oder Oberflächenwasser oder auch das Beschädigen von Leitungen zur Versorgung mit Wasser, Strom, Gas, Wärme, Telekommunikation usw.[32] Zwar sind negative Immissionen von § 906 BGB grundsätzlich nicht erfasst. Das allein ist jedoch noch kein Argument dafür, dem Anspruchsteller schon von vornherein den Weg zu einer – möglicherweise großzügigeren – ausländischen Rechtsordnung zu verstellen. 16

Schließlich besteht auch kein Grund, **immaterielle Immissionen** vom Anwendungsbereich auszuklammern, so beispielsweise die Störung des ästhetischen oder sittlichen Empfindens[33] durch abgelagerten Unrat, Parkplätze, Mülltonnen, Komposthaufen, Campingplätze, Nacktbadebereiche, Bordellbetriebe ua. 17

c) Erfassung des Anliegerrechts? Zweifelhaft erscheint indessen, ob Art. 44 über den privatrechtlichen Immissionsschutz hinaus eine umfassende Regelung für das internationale Nachbarrecht treffen will. Es gibt nämlich eine Reihe **anliegerrechtlicher Fragen,** die nichts – oder nur bei sehr gekünsteltem Begriffsverständnis etwas – mit Immissionen zu tun haben, sondern eher den Inhalt des Grundeigentums näher bestimmen.[34] Dazu gehören insbesondere Streitigkeiten über die Grenzmarkierung, das Zaunrecht, Rechte an Überfall und Überhang, Rechtsfolgen eines Überbaus sowie Inhaltsbeschränkungen des Grundeigentums aus überwiegendem Fremdeinwirkungsinteresse, etwa Duldung eines Hausabrisses bei Feuer (vgl. § 904 BGB) oder der Anlegung eines Notwegs (vgl. §§ 917, 918 BGB). 18

Die Verweisung auf die **Rom II-VO ergibt hier wenig Sinn.**[35] Eine einheitliche Lösung für solche Rechtsfragen wird man indessen nicht finden können. Soweit es um Inhaltsbeschränkungen 19

27 RGBl. II 152; BGBl. 1954 II 717.

28 Staudinger/*Mansel,* 2015, Rn. 68.

29 BT-Drs. 16/9995, 8.

30 Staudinger/*Mansel,* 2015, Rn. 80.

31 Grüneberg/*Thorn* Rn. 1; *Looschelders* Rn. 3; HK-BGB/*Dörner* Rn. 2; NK-BGB/*v. Plehwe* Rn. 5; Erman/*Stürner* Rn. 13; PWW/*Brinkmann* Rn. 3; BeckOK BGB/*Spickhoff* Rn. 3.

32 Grüneberg/*Thorn* Rn. 1; *Looschelders* Rn. 3; BeckOK BGB/*Spickhoff* Rn. 3; Staudinger/*Mansel,* 2015, Rn. 71.

33 *Looschelders* Rn. 3; HK-BGB/*Dörner* Rn. 2; NK-BGB/*v. Plehwe* Rn. 5; PWW/*Brinkmann* Rn. 3; BeckOK BGB/*Spickhoff* Rn. 3; Erman/*Stürner* Rn. 13; Grüneberg/*Thorn* Rn. 1.

34 Zutr. → 3. Aufl. 1998, Anh. I Art. 38 Rn. 43 *(Kreuzer);* Staudinger/*Mansel,* 2015, Rn. 70; Grüneberg/*Thorn* Rn. 1; Erman/*Stürner* Rn. 13; PWW/*Brinkmann* Rn. 3; BeckOK BGB/*Spickhoff* Rn. 4.

35 → 3. Aufl. 1998, Anh. I Art. 38 Rn. 43 *(Kreuzer)* zur Rechtslage vor der Kodifizierung; zur Rechtslage vor Änderung der Verweisung in Art. 44 ebenso BeckOK BGB/*Spickhoff* Rn. 2; *Looschelders* Rn. 4; NK-BGB/*v. Plehwe* Rn. 6; aA Staudinger/*Stoll,* 1996, IntSachenR Rn. 236; *Stoll* IPRax 2000, 259 (266).

(Duldungspflichten) des Grundeigentums geht, muss das Lageortsrecht des potenziell duldungspflichtigen Grundstücks entscheiden. Rechte an Überfall bzw. Überhang bestimmen sich gemäß der Grundregel Art. 43 Abs. 1 nach dem Recht des Staates, auf dessen Territorium er vordringt.[36]

20 **2. Grundstücksbezug.** Art. 44 betrifft Ansprüche aus beeinträchtigenden Einwirkungen, soweit die Einwirkungen von einem Grundstück ausgehen, also von einer unbeweglichen Sache. Sicherlich erfüllt ist das Erfordernis, wenn die Beeinträchtigungen ihren Grund in einem bestimmten **Zustand des Grundstücks** selbst haben, dh beispielsweise in dessen geographischer Lage, Oberflächenstruktur, Qualität des Erdreichs, Grundwasserpegel, Bebauung, Bepflanzung oder Besiedlung mit Mikroorganismen oder wildlebenden Tieren. Dem gleichzustellen und davon kaum zu trennen ist eine **dauerhafte Nutzung** des Grundstücks, die diesem sein Gepräge verleiht, beispielsweise zu landwirtschaftlichen Zwecken, zu Wohnzwecken, zum Parken, zur Lagerung von Gegenständen, zur Haltung von Tieren, zur Führung eines Gewerbebetriebs usw.[37]

21 Dagegen wird vertreten, dass Art. 44 nicht Ansprüche wegen solcher Beeinträchtigungen umfasse, die ihre Ursache in **mobilen Anlagen** hätten, wie etwa in Kraftfahrzeugen.[38] Das ist schon der Sache nach in dieser Allgemeinheit nicht haltbar, weil der Betrieb von Kraftfahrzeugen auf dem Grundstück sehr wohl etwas mit dessen typischer Nutzung und Wesen zu tun haben kann (zB Lärmemissionen einer Autorennstrecke). Im Übrigen erscheint es aber auch vom Sinn und Zweck der Vorschrift her nicht geboten, den Begriff des Grundstücksbezugs eng auszulegen: Vielmehr ist Art. 44 vor dem Hintergrund seiner Funktion als Teil des internationalen Umweltrechts zu interpretieren (→ Rn. 2). Danach müssen Beeinträchtigungen durch auf einem Grundstück befindliche mobile Anlagen lediglich von einer **Natur, Intensität und Dauerhaftigkeit** sein, die ihnen bei wertender Betrachtung umweltrechtliche Relevanz verleihen.

22 Vor diesem Hintergrund kann es sogar genügen, wenn die spezifische Nutzung des Grundstücks die Emission durch mobile Anlagen provoziert, ohne dass diese Anlagen sich während des Emissionsvorgangs auf dem Grundstück befinden. Praktisch relevant ist dies etwa bei Emissionen durch **Flugverkehr** (zB Lärm, Abgase) hinsichtlich eines Flughafengrundstücks und durch **Schiffe** (zB Abwässer, Öl, aber → Rn. 12) hinsichtlich eines Hafengrundstücks, die gerade dann besonders intensiv sind, wenn sich die Fahrzeuge nicht am Boden bzw. im Hafen befinden. Sofern die Beeinträchtigungen an Natur, Dauerhaftigkeit und Intensität typische Umweltbelastungen darstellen und ein Bezug zu einem bestimmten, in räumlicher Nähe gelegenen Grundstück hergestellt werden kann (zB zu bejahen bei der Belästigung in der Einflugschneise eines Flughafens, dagegen zu verneinen bei einem Flugzeugabsturz), liegt es nahe, Art. 44 **analog anzuwenden.**[39]

23 **3. Ansprüche.** Es wird vertreten, dass Art. 44 sämtliche Ansprüche erfasse, die auf Grundstücksimmissionen beruhten. So sei es unerheblich, worauf der Anspruch gerichtet sei (zB Beseitigung, Unterlassung, Schadensersatz, Duldungsentschädigung) und wer den Anspruch geltend mache, insbesondere, ob der Anspruchsteller selbst dinglich an einem beeinträchtigten Grundstück berechtigt sei oder nicht.[40] Diese Ansicht kann sich auf eine Formulierung der Gesetzesbegründung des ursprünglichen Art. 44 stützen.[41] Die systematische Verankerung von Art. 44 im internationalen Sachenrecht macht aber deutlich, dass **nur im weiteren Sinne dingliche Ansprüche** gemeint sein können (zur Abgrenzung → Art. 43 Rn. 101). Dafür spricht auch ganz eindeutig die Vorgeschichte der Norm. Ob dieses dingliche Recht allerdings an einem anderen Grundstück oder an einer beweglichen Sache besteht, ist in der Tat unerheblich. Praktische Bedeutung hat der Streit freilich nicht, weil anderenfalls das anwendbare Recht unmittelbar nach der Rom II-VO (dh ohne Umweg über Art. 44) bestimmt wird.

24 Sofern nicht ausgeschlossen werden kann, dass der Anspruchsteller seine Ansprüche (auch) unmittelbar auf ein dingliches Recht stützt, ist **(auch) nach Art. 44 anzuknüpfen,** da der Gedanke der Anspruchskonkurrenz zwischen dinglichen und deliktsrechtlichen Ansprüchen dem deutschen Recht – und damit auch dem deutschen Kollisionsrecht – immanent ist. Auf Grund von Art. 44

[36] Zu diesen und anderen Lösungen → 3. Aufl. 1998, Anh. I Art. 38 Rn. 43 *(Kreuzer)*; Staudinger/*Mansel,* 2015, Rn. 87.

[37] Staudinger/*Mansel,* 2015, Rn. 74.

[38] Grüneberg/*Thorn* Rn. 1; aA Staudinger/*Mansel,* 2015, Rn. 75; HK-BGB/*Dörner* Rn. 1.

[39] Für direkte Anwendung NK-BGB/*v. Plehwe* Rn. 5; aA bezüglich Schiffsemissionen Staudinger/*Mansel,* 2015, Rn. 55.

[40] PWW/*Brinkmann* Rn. 2; NK-BGB/*v. Plehwe* Rn. 6; aA Staudinger/*Mansel,* 2015, Rn. 79; Grüneberg/*Thorn* Rn. 1; BeckOK BGB/*Spickhoff* Rn. 3.

[41] Die Bemerkung „Für das Kollisionsrecht kommt es also nicht darauf an, ob der Geschädigte dinglich berechtigt ist oder nicht" in BT-Drs. 14/343, 16/17 muss sich aber nicht auf den Anwendungsbereich von Art. 44 beziehen, sondern auf dessen Normzweck, dh den Gleichlauf von Deliktsstatut und Immissionsschutzstatut.

iVm der entsprechenden Kollisionsnorm in der Rom II-VO wird dann allerdings nur derjenige Normenkomplex der ausländischen Rechtsordnung berufen, der bei funktioneller Betrachtung nachbarrechtlichen Charakter hat („kanalisierte Verweisung“).[42]

Bei den Ansprüchen muss es sich stets um **privatrechtliche** Ansprüche handeln: Art. 44 ist keine Vorschrift des öffentlichen Immissionsschutz- bzw. Umweltrechts. Allerdings können Verstöße gegen Normen des öffentlichen Immissionsschutz- und Umweltrechts ggf. Ansprüche nach dem berufenen privaten Immissionsschutzrecht auslösen und sind dann insoweit kollisionsrechtlich relevant. Bei Immissionsschutzfällen ergibt sich insbesondere das schwierige Problem, welche Auswirkungen öffentlich-rechtliche Genehmigungen auf privatrechtliche Ansprüche haben.[43] Der Gesetzgeber hat diese Frage leider ungeregelt gelassen, doch muss sie im sachenrechtlichen Kontext ebenso gelöst werden wie im deliktsrechtlichen. Zu Einzelheiten → Rom II-VO Art. 7 Rn. 28 ff. 25

C. Wirkungsweise

I. Das Gleichlaufprinzip

Art. 44 verweist hinsichtlich des anwendbaren Rechts nunmehr auf die Vorschriften der Rom II-VO mit Ausnahme des Kapitels III. Damit ist das **vor der Neufassung von Art. 44** (→ Rn. 1) bestehende Problem, dass durch den Verweis auf Art. 40 Abs. 1 ein Gleichlauf zwischen Delikts- und Nachbarrechtsstatut immer dann nicht hergestellt wurde, wenn der Geschädigte das Bestimmungsrecht unterschiedlich ausübte oder wenn das anwendbare Deliktsrecht mit Hilfe von Art. 40 Abs. 2 (gemeinsamer gewöhnlicher Aufenthalt), nach Art. 41 (wesentlich engere Verbindung) oder nach Art. 42 (nachträgliche Rechtswahl) bestimmt wurde, beseitigt.[44] Hinsichtlich dieses Problems und der Möglichkeiten zu seiner Lösung bei Altfällen → 4. Aufl. 2006, Art. 44 Rn. 26–38. 26

Obgleich der deutsche Gesetzgeber insoweit nicht gebunden wäre, spricht doch das Gleichlaufprinzip dafür, die Vorschriften der Rom II-VO auch hinsichtlich nachbarrechtlicher Ansprüche im Zweifel so anzuwenden, wie sie hinsichtlich **deliktischer Ansprüche** anzuwenden sind. Nationale Gerichte unterliegen bei Zweifeln hinsichtlich der Auslegung einzelner Bestimmungen der Rom II-VO keiner Vorlagepflicht gem. Art. 267 AEUV, wenn sie diese nur über die Verweisung in Art. 44 anwenden. Sie haben aber ein **Vorlagerecht**[45] und sind gut beraten, in Zweifelsfällen davon Gebrauch zu machen. 27

II. Verweisung nach Kapiteln II und IV der Rom II-VO

1. Umweltschadensstatut. a) Voraussetzungen. In den meisten der von Art. 44 erfassten Fälle dürfte die Anwendung der Rom II-VO auf eine Anwendung von deren Art. 7 hinauslaufen. Das ist immer dann der Fall, wenn die Immissionen zu einer **Umweltschädigung** führen. Gemäß Erwägungsgrund 24 Rom II-VO soll dieser Begriff eine „nachteilige Veränderung einer natürlichen Ressource wie Wasser, Boden oder Luft, eine Beeinträchtigung seiner Funktion, die eine natürliche Ressource zum Nutzen einer anderen natürlichen Ressource oder der Öffentlichkeit erfüllt, oder eine Beeinträchtigung der Variabilität unter lebenden Organismen umfassen“. Zwar muss der streitgegenständliche Anspruch selbst nicht den Ausgleich einer Umweltschädigung zum Gegenstand haben, sondern es genügt, dass ein **Personen- oder Sachschaden** vorliegt, der infolge einer Umweltschädigung entstanden ist oder zu entstehen droht. Die nachteilige Beeinträchtigung einer natürlichen Ressource ist jedoch unverzichtbar. Hat beispielsweise die Einleitung giftiger Abwässer in einen Fluss Gesundheitsschäden bei Badegästen zur Konsequenz, während nachteilige Folgen für die Pflanzen- und Tierwelt nicht nachweisbar sind, ist dennoch der Anwendungsbereich von Art. 7 eröffnet, weil die natürliche Ressource „Wasser“ in ihrer Funktion zum Nutzen der Öffentlichkeit beeinträchtigt wurde. Erleiden die Badegäste dagegen Gehörschäden infolge einer lauten Explosion, fehlt es an der Beeinträchtigung einer natürlichen Ressource. 28

Schwierige **Abgrenzungsfragen** sind in diesem Zusammenhang vorprogrammiert. Sie können beispielsweise dann auftreten, wenn zwar auf eine natürliche Ressource eingewirkt wird, die konkret geltend gemachte Beeinträchtigung aber zu keinem Personen- oder Sachschaden führt, sondern zu einem reinen Vermögensschaden. Lässt etwa infolge von Immissionen eines Betriebs der Tourismus 29

---

42 *Kropholler* IPR § 17 II mwN.

43 Dazu Staudinger/*Mansel*, 2015, Rn. 132 f.; *Wandt* VersR 1998, 529 (533); *Pfeiffer* Jahrbuch des Umwelt- und Technikrechts, 2000, 263 ff.; vgl. ferner PWW/*Brinkmann* Rn. 5.

44 Darauf weist zu Recht hin *Spickhoff* Jahrbuch des Umwelt- und Technikrechts, 2000, 385, 388.

45 Vgl. EuGH Slg. 1990, I-03763 Rn. 32 ff., 36 – Dzodzi; für eine Vorlagepflicht bei autonomer Harmonisierung *Schnorbus* RabelsZ 65 (2001), 654 (692).

in einer Region nach und werden dadurch Betriebe der Gastronomie und Freizeitgestaltung geschädigt, sind aber echte Umweltschädigungen entweder nicht nachweisbar oder jedenfalls nicht Gegenstand der konkreten Rechtsfrage, ist die Anwendbarkeit von Art. 7 Rom II-VO unklar (näher → Rom II-VO Art. 7 Rn. 11 ff.). Diese wie auch andere Abgrenzungsfragen werden letztlich der EuGH klären müssen.

30 **b) Anwendbares Recht. aa) Allgemeine Grundsätze.** Die Anwendung von Art. 7 Rom II-VO bedeutet, dass in erster Linie das Recht des Staates maßgeblich ist, in dem der haftungsbegründende Primärschaden eingetreten ist, nach herkömmlicher Terminologie also das Recht des **Erfolgsorts** (→ Rom II-VO Art. 7 Rn. 20). Allerdings kann der Geschädigte verlangen, dass stattdessen das Recht des Staates angewendet wird, in dem das haftungsbegründende Verhalten gesetzt worden ist, also das Recht des **Handlungsorts** (zu Einzelheiten zu dessen Bestimmung → Rom II-VO Art. 7 Rn. 21 ff.).

31 Nicht zur Anwendung gelangen dagegen die Auflockerungen des Deliktsstatuts in Art. 4 Abs. 2 (gemeinsamer gewöhnlicher Aufenthalt) und Abs. 3 (offensichtlich engere Verbindung) Rom II-VO. Zu weiteren Einzelheiten, insbesondere zur Ausübung des Bestimmungsrechts durch den Geschädigten, → Rom II-VO Art. 7 Rn. 21 ff. In den von Art. 14 Rom II-VO vorgezeichneten, engen Grenzen ist dagegen eine **Rechtswahl** durch die Parteien weiterhin denkbar.

32 **bb) Ausübung des Bestimmungsrechts.** Das Bestimmungsrecht nach Art. 7 Rom II-VO kann gem. Art. 46a EGBGB nur im ersten Rechtszug bis zum Ende des frühen ersten Termins oder dem Ende des schriftlichen Vorverfahrens ausgeübt werden. Art. 7 Rom II-VO bezweckt, durch ein Wahlrecht des Geschädigten schadenspräventiv zu wirken und zur Einhaltung der jeweils niedrigeren Emissionswerte zu drängen (→ Rn. 2). Vor diesem Hintergrund mag man zwar erwägen, dem Anspruchsteller für die deliktsrechtlichen und die nachbarrechtlichen Ansprüche jeweils ein eigenes Wahlrecht zu geben, das er ggf. **unterschiedlich ausüben** und dadurch die jeweils günstigere Rechtsordnung wählen kann („Rosinenlösung"). Damit wäre aber das vom Gesetzgeber primär verfolgte Regelungsziel des Gleichlaufs ganz zu Gunsten der Schadensprävention durch Abschreckung geopfert. Dies wäre zudem eine Lösung, die faktisch einseitig zulasten deutscher Emittenten wirken würde.[46] Eine unterschiedliche Ausübung des Bestimmungsrechts für deliktsrechtliche und nachbarrechtliche Ansprüche ist dem Anspruchsteller daher nach richtiger Auffassung **zu verwehren.**[47]

33 Dogmatisch lässt sich das dadurch erreichen, dass man in Art. 44 jedenfalls für den Fall, dass das Deliktsstatut tatsächlich nach Art. 7 Rom II-VO bestimmt wird, eine **akzessorische Anknüpfung** erblickt.[48] Eine Rechtswahl wird daher nur einmalig, und zwar primär für die deliktsrechtlichen Ansprüche getroffen, womit die nachbarrechtlichen Ansprüche automatisch der gleichen Rechtsordnung unterliegen. Die abweichende Ansicht[49] will bei einer „gespaltenen" Ausübung des Bestimmungsrechts von deren Unwirksamkeit ausgehen und es bei der Anknüpfung an den Handlungsort belassen. Das erscheint unverhältnismäßig.

34 **2. Allgemeines Deliktsstatut. a) Voraussetzungen.** Zu einer Anwendung des allgemeinen Deliktsstatuts nach der Rom II-VO kommt es über Art. 44 immer dann, wenn zwar eine von einem Grundstück ausgehende Beeinträchtigung iSv Art. 44 gegeben ist, die anzuknüpfende Rechtsfrage aber keine Umweltschädigung iSv Art. 7 Rom II-VO zum Gegenstand hat und daher nur das allgemeine Deliktsstatut nach Art. 4 Rom II-VO zum Zuge kommen kann. Das gilt zum einen für positive wie negative Immissionen, die **ausschließlich Personen beeinträchtigen,** nicht aber zugleich eine natürliche Ressource, Pflanzen oder Tiere. Beispiele wären die Störung des Mobilfunk- oder Fernsehempfangs, oder – sofern nachteilige Folgen für die Tierwelt ausbleiben – regelmäßig auch Störungen durch Lärm oder Licht. Ähnlich kommt es zur Anwendung des allgemeinen Deliktsstatuts, wenn **nur künstliche Ressourcen beeinträchtigt** werden, insbesondere menschliche Bauwerke und sonstige Anlagen. Eingriffe in eine Kulturlandschaft, wie etwa Garten- und Ackerland, können aber sehr wohl die Beeinträchtigung einer natürlichen Ressource beinhalten.

35 Als unklar muss es derzeit bezeichnet werden, ob der Anwendungsbereich des allgemeinen Deliktsstatuts eröffnet ist, wenn eine nachteilige Beeinträchtigung einer natürlichen Ressource in einem **reinen Vermögensschaden** resultiert (→ Rn. 29).

---

[46] *Schurig* FS Stoll, 2001, 577 (578).

[47] So auch Grüneberg/*Thorn* Rn. 2; *Pfeiffer* IPRax 2000, 270 (274); *Looschelders* Rn. 9; NK-BGB/*v. Plehwe* Rn. 13; Staudinger/*Mansel,* 2015, Rn. 112; PWW/*Brinkmann* Rn. 4.

[48] Staudinger/*Mansel,* 2015, Rn. 112.

[49] Zur alten Rechtslage *Looschelders* Rn. 9; NK-BGB/*v. Plehwe* Rn. 13.

b) Anwendbares Recht. Das anwendbare Recht ergibt sich in erster Linie aus einer **Rechtswahl** der Parteien nach Art. 14 Rom II-VO, die allerdings in der Praxis selten vorliegen wird. Im Übrigen ist die Anknüpfungssystematik von Art. 4 Rom II-VO maßgeblich: Hatten Anspruchsteller und Anspruchsgegner zur Zeit der beeinträchtigenden Einwirkung ihren **gewöhnlichen Aufenthalt** in demselben Staat, so ist Deliktsstatut gem. Art. 4 Abs. 2 Rom II-VO das Recht dieses Staates. Dabei kommt es bei Gesellschaften, Vereinen oder juristischen Personen auf den Sitz der Hauptverwaltung bzw. der beteiligten Niederlassung an und bei beruflich handelnden Personen auf den Ort der Hauptniederlassung (Art. 23 Rom II-VO). Im Übrigen ist gem. Art. 4 Abs. 1 Rom II-VO das Recht des **Erfolgsorts** anwendbar, also das Recht des Ortes, an dem die negativen Folgen der Beeinträchtigung spürbar wurden. Besteht jedoch zu einem anderen Staat eine **wesentlich engere Verbindung,** so ist gem. Art. 4 Abs. 3 Rom II-VO das Recht dieses Staates maßgebend. Die Ausweichklausel des Art. 4 Abs. 3 Rom II-VO tritt an die Stelle der Ausweichklausel in Art. 46, die auf Art. 44 nach der Neufassung des Art. 46 nicht mehr anwendbar ist. Für Einzelheiten ist auf die Kommentierung der Rom II-VO zu verweisen. 36

3. Sonderfall: Beeinträchtigungen durch radioaktive Strahlung. Die Rom II-VO gilt gem. Art. 1 Abs. 2 lit. f Rom II-VO nicht originär für außervertragliche Schuldverhältnisse, die sich aus Schäden durch Kernenergie ergeben.[50] Die Materie wird zum größten Teil durch staatsvertragliches oder spezielles nationales Kollisionsrecht erfasst (→ Rn. 5 ff.). Soweit danach noch einzelne Lücken verbleiben und deliktsrechtliche Ansprüche nach Art. 40 ff. angeknüpft werden, stellt sich die Frage, ob Art. 44 auch insoweit auf die Anknüpfungen nach Kapitel II und Kapitel IV der Rom II-VO verweist oder ob die Vorschrift einer teleologischen Reduktion bedarf. Für eine **teleologische Reduktion** spricht das Gleichlaufprinzip und ebenso, dass Art. 44 ja auch auf Kapitel I der Rom II-VO mit den Ausnahmetatbeständen verweist und damit streng genommen ins Leere führt. Beeinträchtigungen durch radioaktive Strahlung sind daher **deliktsakzessorisch** nach Art. 40 ff. anzuknüpfen. 37

4. Umfang der Verweisung. Rück- und Weiterverweisung kommen gem. Art. 24 Rom II-VO nicht in Betracht. Beim **Ausschluss des Renvoi** hat es auch dann zu bleiben, wenn die Rom II-VO erst aufgrund einer Verweisung in Art. 44 anwendbar wird, weil ansonsten der vom Gesetzgeber intendierte Gleichlauf von Delikts- und Immissionsschutzstatut wieder gefährdet wäre. Lediglich soweit nach dem soeben (→ Rn. 37) Gesagten weiterhin auf Art. 40 ff. verwiesen wird, wird nach den Grundsätzen akzessorischer Anknüpfung dem deliktsrechtlichen Renvoi gefolgt.[51] 38

III. Einzelfragen

1. Anwendung von Kapiteln V und VI der Rom II-VO. Art. 44 verweist auf die gesamte Rom II-VO mit Ausnahme deren Kapitels III, also auch auf Kapitel V und VI. Daraus wird man schließen müssen, dass auch **allgemeines IPR** insoweit, als die Rom II-VO eine Regelung enthält, von der entsprechenden Verordnungsvorschrift verdrängt wird. Das gilt etwa für Verweisungen auf das Recht von Staaten mit mehreren Teilrechtsordnungen (vgl. Art. 25 Rom II-VO) oder den Vorbehalt des ordre public (vgl. Art. 26 Rom II-VO).[52] Soweit bislang ersichtlich, dürften damit aber keine Abweichungen in den praktischen Ergebnissen verbunden sein. Ob dies so bleibt, hängt von der künftigen Rspr. des EuGH zur Rom II-VO ab. 39

Lediglich Art. 28 Abs. 2 Rom II-VO kann von der Verweisung in Art. 44 nicht mitumfasst sein.[53] Dem deutschen Gesetzgeber darf nämlich nicht unterstellt werden, dass er sich durch den Verweis auf die Rom II-VO partiell staatsvertraglichen Verpflichtungen entziehen will, die vom Unionsrecht unberührt bleiben. Insoweit bedarf die Verweisung in Art. 44 einer teleologischen Reduktion und bleibt es beim **Vorrang völkerrechtlicher Vereinbarungen** gem. Art. 3 Nr. 2. 40

2. Anknüpfung von Vorfragen. Vorfragen, die sich bei der Anwendung des berufenen Sachrechts ergeben, sind in gleichem Maße selbständig oder unselbständig anzuknüpfen, wie dies bei deliktsrechtlichen Ansprüchen nach der Rom II-VO der Fall ist (vgl. näher → Rom II-VO Vor Art. 1 Rn. 35 ff.). 41

---

50 Grund für die Ausnahme waren die bedeutenden wirtschaftlichen und staatlichen Interessen, die durch die Kernenergie berührt werden, sowie die Existenz zahlreicher internationaler Abkommen, so die Begründung in KOM (2003) 427 endg.; dazu *Huber/Bach* IPRax 2005, 73 (74); krit. *Fuchs* GPR 2003–2004, 100 (101); *Junker* NJW 2007, 3675 (3677).

51 Staudinger/*Mansel,* 2015, Rn. 122 f.

52 Staudinger/*Mansel,* 2015, Rn. 125.

53 AA BeckOGK/*Prütting/A. Zimmermann* Rn. 20.

Art. 45 EGBGB Transportmittel

(1) [1]Rechte an Luft-, Wasser- und Schienenfahrzeugen unterliegen dem Recht des Herkunftsstaats. [2]Das ist

1. bei Luftfahrzeugen der Staat ihrer Staatszugehörigkeit,

2. bei Wasserfahrzeugen der Staat der Registereintragung, sonst des Heimathafens oder des Heimatorts,

3. bei Schienenfahrzeugen

a) der Staat der Zulassung,

b) mangels Zulassung der Staat der Registrierung oder

c) bei Registrierung in einem supranationalen Register der Staat, dem das Schienenfahrzeug in diesem Register zugeordnet ist.

(2) [1]Die Entstehung gesetzlicher Sicherungsrechte an diesen Fahrzeugen unterliegt dem Recht, das auf die zu sichernde Forderung anzuwenden ist. [2]Für die Rangfolge mehrerer Sicherungsrechte gilt Artikel 43 Abs. 1.

Schrifttum: *Bischoff,* Kriegsschiffwracks – Welches Recht gilt für Fragen des Eigentums, der Beseitigung und der Haftung?, ZaöRV 66 (2006), 455; *Böttcher,* Das Meer als Rechtsraum – Anwendbarkeit deutschen Sachenrechts auf Offshore-Windkraftanlagen und Möglichkeiten der Kreditsicherung, RNotZ 2011, 589; *Creydt,* Die Regelungen des Internationalen Privat- und Zivilverfahrensrechts in Hinblick auf das Übereinkommen über internationale Sicherungsrechte an beweglicher Ausrüstung und den dazugehörigen Protokollentwurf über Weltraumvermögenswerte, IPRax 2004, 499; *Diekamp,* Sicherungsübereignung von Offshore-Windenergieanlagen, ZBB 2004, 10; *Dinger/Goldner,* Sicherungsübereignung von Windenergieanlagen in der ausschließlichen Wirtschaftszone, ZBB 2009, 204; *Drobnig,* Vorschlag einer besonderen sachenrechtlichen Kollisionsnorm für Transportmittel, in Henrich, Vorschläge und Gutachten zur Reform des deutschen internationalen Sachen- und Immaterialgüterrechts, 1991, 13; *Grebner,* Die Rechtsstellung der Bohrinsel, AWD 1974, 75; *Henrichs,* Das Übereinkommen über internationale Sicherungsrechte an beweglicher Ausrüstung, IPRax 2003, 210; *Honnebier,* The Convention of Cape Town on International Interests in Mobile Equipment: the solution of specific European property law problems, ERPL 2002, 377; *Otte,* Weltweite Mobiliarsicherheiten bei der Verkehrsmittel- und Ausrüstungsfinanzierung – ihre Bedeutung für das internationale Sachenrecht, FS Jayme, Bd. I, 2004, 643; *Puttfarken,* The legal Status of Off-Shore Craft as Ships, in MPI Hamburg, Deutsche zivil-, kollisions- und wirtschaftsrechtliche Beiträge zum X. Internationalen Kongress für Rechtsvergleichung in Budapest, 1983, 254; *Radbruch/Zimmermann/Schartl,* Anerkennung von Pfandrechten an Luftfahrzeugen nach New Yorker Recht in der Insolvenz der deutschen Eigentümergesellschaft, NZI 2021, 805; *Regel,* Schiffsgläubigerrechte im deutschen, englischen und kanadischen internationalen Privatrecht, Diss. Bonn 1983; *Reichert-Facilides,* Eigentumsschutz und Verwertung von Windenergieanlagen in der ausschließlichen Wirtschaftszone, WM 2011, 1544; *Sundahl,* The Cape Town Convention, 2013; *Traar,* Das Protokoll von Luxemburg zum Übereinkommen über Internationale Sicherungsrechte an beweglicher Ausrüstung betreffend Besonderheiten des rollenden Eisenbahnmaterials, ZfRV 2007, 104.

Übersicht

A. Normzweck

Art. 45 enthält in seinem ersten Absatz eine **besondere Anknüpfung des Sachstatuts** für bestimmte Verkehrsmittel, dh eine Ausnahme von der Berufung der lex rei sitae durch Art. 43 Abs. 1. Die genannten Verkehrsmittel sind dadurch gekennzeichnet, dass sie rasch und häufig den Lageort wechseln, dass ihr Lageort oft nicht mit Sicherheit bestimmbar ist und dass sie sich zeitweilig auf staatsfreiem Gebiet befinden.[1] Daher erscheint für sie die Standardanknüpfung nach Art. 43 Abs. 1 an den **Lageort nicht geeignet.** Hinzu kommt, dass die in Art. 45 genannten Verkehrsmittel in aller Regel einen Herkunftsstaat haben, der unabhängig von dinglichen Rechten nach objektiven Kriterien – etwa Registrierung oder Zulassung – bestimmt werden kann, und zu dem regelmäßig eine **engere Verbindung** besteht als zum Belegenheitsstaat. Insofern verwirklicht Art. 45 zugleich den Grundgedanken von Art. 46. 1

Art. 45 Abs. 2 S. 1 enthält für einen Teil der vom Sachstatut beherrschten Rechtsfragen (→ Art. 43 Rn. 78 ff.) eine Ausnahme von der Anknüpfung an den Herkunftsstaat: Soweit die **Entstehung gesetzlicher Sicherungsrechte** an den betreffenden Fahrzeugen betroffen ist, unterliegen sie dem **Statut der gesicherten Forderung.** Nach der Vorstellung des Gesetzgebers soll dies vor allem für Schiffsgläubigerrechte[2] die Anwendung eines einheitlichen Rechts im Falle eines Wechsels des Herkunftsstaats gewährleisten, die materiellrechtliche Akzessorietät der Sicherungsrechte verwirklichen und sicherstellen, dass der Gläubiger der gesicherten Forderung unschwer beurteilen kann, ob ihm ein gesetzliches Sicherungsrecht zusteht oder nicht.[3] 2

Eine weitere Ausnahme, die sich teilweise als Unterausnahme von Art. 45 Abs. 2 S. 1 darstellt, sieht Art. 45 Abs. 2 S. 2 vor: Soweit die **Rangfolge von Sicherungsrechten** betroffen ist, gilt gem. Art. 43 Abs. 1 die jeweilige **lex rei sitae.** Dass man es insoweit jedenfalls nicht bei der lex causae belassen konnte, liegt auf der Hand, weil sonst bei Aufeinandertreffen unterschiedlicher Forderungsstatute keine einheitliche Rechtsordnung berufen sein würde. Die Entscheidung gegen das Recht des Herkunftsstaates und für die lex rei sitae soll offenbar vor allem die Zwangsvollstreckung erleichtern, weil bei Vollstreckungsversuchen die lex rei sitae meist **zugleich die lex fori** ist.[4] 3

Da Art. 45 sich als Ausnahme von Art. 43 darstellt, unterliegen alle sachenrechtlichen Vorgänge, die nicht mehr Art. 45 unterfallen, zunächst der **Standardanknüpfung des Art. 43.** Nur wenn auf Grund einer atypischen Interessenlage im Einzelfall die gewählte Anknüpfung nicht adäquat sein sollte, kann dieses Ergebnis über Art. 46 ausnahmsweise korrigiert werden. 4

B. Besonderes Sachstatut (Abs. 1)

I. Vorrangige Regelungen

1. Staatsverträge. a) Genfer Abkommen vom 19.6.1948 (LuftFzgA). aa) Anwendungsbereich. Gemäß Art. 3 Nr. 2 vorrangige staatsvertragliche Regelungen im Regelungsbereich des 5

[1] BT-Drs. 14/343, 17; *Junker* RIW 2000, 241 (245); *Kreuzer* RabelsZ 65 (2001), 383 (451).

[2] In diesen Fällen hat auch die alte Rspr. zur lex causae tendiert, vgl. OLG Hamburg VersR 1975, 826 (830); IPRax 1990, 400; LG Bremen RIW 1995, 326 (328). Übersicht bei *Regel,* Schiffsgläubigerrechte im deutschen, englischen und kanadischen internationalen Privatrecht, 1983, 13 ff., der allerdings selbst auf 157 ff. eine aA entwickelt.

[3] BT-Drs. 14/343, 18.

[4] Vgl. BT-Drs. 14/343, 18.

Art. 45 sind vor allem im **Genfer Abkommen über die internationale Anerkennung von Rechten an Luftfahrzeugen** vom 19.6.1948 enthalten. Von dem Abkommen erfasst sind nur Rechte an Fahrzeugen der zivilen Luftfahrt, nicht an Luftfahrzeugen im Militär-, Zoll- oder Polizeidienst (Art. XIII LuftFzgA). Das Abkommen erfasst nicht nur Luftfahrzeuge als solche, sondern auch Zelle, Triebwerke, Luftschrauben, Funkgeräte und alle für den Betrieb des Luftfahrzeugs bestimmten Gegenstände, unabhängig davon, ob sie mit ihm verbunden oder vorübergehend von ihm getrennt sind (Art. XVI LuftFzgA). Ferner erfasst es Ersatzteile, dh alle zu einem Luftfahrzeug gehörenden Teile, Triebwerke, Luftschrauben, Funkgeräte, Bordinstrumente, Ausrüstungen und Ausstattungsgegenstände sowie Teile dieser Gegenstände, ferner allgemein alle sonstigen Gegenstände irgendwelcher Art, die zum Einbau in ein Luftfahrzeug als Ersatz entfernter Teile bereitgehalten werden (Art. X Abs. 4 LuftFzgA).

6 **bb) Bedeutung für das IPR.** Eine **offene Kollisionsnorm** enthält Art. II Abs. 2 LuftFzgA, wonach sich die Wirkungen der Eintragung bestimmter dinglicher Rechte, namentlich des Eigentumsrechts, einer dinglichen Kaufoption des Besitzers sowie anzuerkennender vertraglicher Sicherungsrechte an Luftfahrzeugen, gleichfalls nach dem **Registerrecht** bestimmen.[5]

7 Im Übrigen lassen sich Kollisionsnormen dem Abkommen vor allem indirekt entnehmen **(versteckte Kollisionsnormen).** So verpflichten sich die Vertragsstaaten nach Art. I Abs. 1 lit. d LuftFzgA, besitzlose Pfandrechte, Hypotheken und ähnliche Rechte an einem Luftfahrzeug, die vertraglich als Sicherheit für die Erfüllung einer Schuld begründet sind, anzuerkennen, sofern sie nach dem Recht des Registerstaats wirksam entstanden und ordnungsgemäß eingetragen sind. Daraus lässt sich folgern, dass jedenfalls die Entstehung vertraglicher Sicherungsrechte dem Registerrecht unterliegt. Gemäß Art. X Abs. 1 LuftFzgA sind unter bestimmten Voraussetzungen solche Sicherungsrechte auch insoweit anzuerkennen, als sie sich nach dem Registerrecht auf Ersatzteile erstrecken. Daraus lässt sich indirekt der Schluss ziehen, dass auch die Reichweite vertraglicher Sicherungsrechte dem Registerrecht unterliegt. Art. IV Abs. 1 LuftFzgA schreibt die Anerkennung dinglicher Rechte vor, die allein durch einen schuldrechtlichen Anspruch begründet wurden, sofern dieser schuldrechtliche Anspruch wegen der Bergung des Luftfahrzeugs oder außerordentlicher, zur Erhaltung des Luftfahrzeugs unumgänglich erforderlicher Aufwendungen nach dem Recht desjenigen Staates entstanden ist, in dem die Bergungs- oder Erhaltungsmaßnahmen vorgenommen wurden. Das bedeutet der Sache nach nichts anderes als die Unterstellung bestimmter gesetzlicher Sicherungsrechte unter die lex rei sitae.

8 Das Genfer Abkommen enthält darüber hinaus zahlreiche Vorschriften über Rechte an Luftfahrzeugen, die als internationales **Einheitsrecht** qualifiziert werden können. Diese betreffen vor allem die Rangfolge dinglicher Rechte (Art. I Abs. 2, Art. IV Abs. 1, 2, Art. V LuftFzgA), die Registrierung von Rechten (Art. II, Art. III, Art. IV Abs. 3, 4, Art. IX, Art. X Abs. 2 LuftFzgA) sowie Vollstreckungsmaßnahmen (Art. VI, Art. VII, Art. VIII, Art. X Abs. 3 LuftFzgA). Sie gehen dem vom Kollisionsrecht berufenen materiellen Sachenrecht sowie dem Verfahrensrecht vor.[6]

9 **b) Weitere Staatsverträge.** Auf Grund des **Internationalen Übereinkommens über die Beschränkung der Haftung für Seeforderungen** vom 19.11.1976[7] kann es bei Errichtung eines Haftungsfonds zum Erlöschen von Schiffsgläubigerrechten, Schiffshypotheken und anderen Sicherungsrechten kommen, wenn die gesicherten Forderungen der Haftungsbeschränkung unterliegen.[8]

10 Gemäß Art. VIII WeltrV[9] behält ein Vertragsstaat, in dem ein in den Weltraum gestarteter Gegenstand registriert ist, die Hoheitsgewalt und Kontrolle über diesen Gegenstand. Satz 2 stellt klar, dass das Eigentum an in den Weltraum gestarteten Gegenständen einschließlich der auf einem Himmelskörper gelandeten oder zusammengebauten Gegenstände durch den Aufenthalt im Weltraum nicht berührt wird. Darin kann eine versteckte Verweisung auf das Recht des Registerstaats erblickt werden (→ Rn. 18).[10] Art. II WeltrV enthält darüber hinaus ein Aneignungsverbot hinsichtlich Himmelskörpern oder Teilen des Weltraums.

---

5 Staudinger/*Mansel,* 2015, Rn. 40.

6 Vgl. auch → 3. Aufl. 1998, Anh. I Art. 38 Rn. 163 ff. *(Kreuzer),* der allerdings für die Behandlung als Sachnormverweisung eintrat; Staudinger/*Mansel,* 2015, Rn. 30.

7 Übereinkommen von 1976 über die Beschränkung der Haftung für Seeforderungen vom 19.11.1976 (BGBl. 1986 II 786, 1991 II 1110) in der Fassung des Protokolls vom 2.5.1996 (BGBl. 2000 II 790). Es trat am 1.9.1987 in Kraft und ersetzte das Übereinkommen vom 10.10.1957.

8 Zu Einzelheiten vgl. → 3. Aufl. 1998, Anh. I Art. 38 Rn. 153 *(Kreuzer);* Staudinger/*Mansel,* 2015, Rn. 56.

9 Vertrag vom 27.1.1967 über die Grundsätze zur Regelung der Tätigkeiten von Staaten bei der Erforschung und Nutzung des Weltraums einschließlich des Mondes und anderer Himmelskörper, BGBl. 1969 II 1967.

10 So auch Staudinger/*Mansel,* 2015, Rn. 58.

Weitere Übereinkommen sind von der Bundesrepublik zwar gezeichnet, aber noch nicht ratifiziert. Zu nennen ist insbesondere das **Internationale Übereinkommen über Schiffsgläubigerrechte und Schiffshypotheken** vom 6.5.1993 („International Convention on Maritime Liens and Mortgages, 1993" – CMLM).[11] Es soll das nicht in Kraft getretene (Brüsseler) Übereinkommen über Vorzugsrechte und Schiffshypotheken vom 28.5.1967 ersetzen, das durch das SeeRÄndG vom 21.6.1972 in das innerdeutsche Recht eingearbeitet wurde (vgl. §§ 754 ff. HGB aF, heute §§ 596 ff. HGB).[12] Kollisionsrechtliche Regelungen enthält auch das **Protokoll Nr. 1 über die dinglichen Rechte an Binnenschiffen** zu dem Genfer Übereinkommen vom 25.1.1965 über die Eintragung von Binnenschiffen.[13] Auch das **UNIDROIT-Übereinkommen von Ottawa** über das internationale Finanzierungsleasing vom 28.5.1988 enthält Kollisionsvorschriften.[14] Dieses Übereinkommen ist für eine Reihe von Staaten in Kraft getreten und daher bei einem Renvoi zu beachten, wurde jedoch von der Bundesrepublik bislang nicht gezeichnet. Art. 7 UNIDROIT-Übereinkommen von Ottawa über das internationale Finanzierungsleasing bestimmt, welchem Recht die Rechtsposition des Leasinggebers im Fall einer Insolvenz des Leasingnehmers oder einer Zwangsvollstreckung in sein Vermögen unterliegt: Das soll bei Schiffen und Luftfahrzeugen das Recht des Registerorts sein. 11

Gleichfalls zu nennen ist das **UNIDROIT/ICAO-Übereinkommen über internationale Sicherungsrechte an beweglicher Ausrüstung** vom 16.11.2001.[15] Es wird dem dringenden Bedürfnis gerecht, an bestimmten mobilen Gegenständen der Luftfahrt, der Raumfahrt und des Eisenbahnverkehrs ein international anerkanntes und von den nationalen Rechtsordnungen weitgehend unabhängiges Sicherungsrecht zu schaffen. Es begründet damit internationales Einheitsrecht, während es sich mit eigenen kollisionsrechtlichen Aussagen zurückhält: Gemäß Art. 5 Abs. 3 UNIDROIT/ICAO-Übereinkommen ist dort, wo das Übereinkommen auf das anwendbare Recht rekurriert, diejenige Rechtsordnung gemeint, die nach dem internationalen Privatrecht des Forumstaats berufen ist. Um den spezifischen Anforderungen der jeweiligen Bereiche gerecht zu werden, sind Detailregelungen in gesonderten Protokollen über Luftfahrtausrüstung, über Weltraumeigentum und über Eisenbahnmaterial getroffen worden. Das **Protokoll über Luftfahrtausrüstung** vom 16.11.2001,[16] das Protokoll über rollendes Eisenbahnmaterial vom 23.2.2007[17] und das Protokoll über **Weltraumeigentum** vom 9.3.2012[18] sind bereits ausgearbeitet und von der Bundesrepublik gezeichnet, aber nicht ratifiziert. 12

Es existieren zahlreiche Staatsverträge bilateraler oder multilateraler Art, die das Eigentum und beschränkt dingliche Rechte an ganz bestimmten Sachen zum Gegenstand haben. Dies gilt insbesondere im Zusammenhang mit **internationalen Projekten** der Luft-, See- und Raumfahrt oder des Eisenbahnverkehrs. Nur beispielhaft genannt sei das Übereinkommen vom 29.1.1998 über Zusammenarbeit bei der zivilen internationalen Raumstation (BGBl. 1998 II 2445), die in Art. 6 Übereinkommen vom 29.1.1998 detaillierte Regelungen über das Eigentum an Elementen und Ausrüstungsgegenständen enthält. Ein weiteres Beispiel ist das Abkommen vom 20.10.1955 über die Gründung der „Eurofima" (Europäische Gesellschaft für die Finanzierung von Eisenbahnmaterial)[19] mit Sitz 13

---

[11] Text: ILM 1994, 353; UNTS Vol. 2276 S. 39; https://treaties.un.org/doc/Treaties/1993/05/19930506%2007-56%20AM/Ch_XI_D_4.pdf (zuletzt abgerufen am 30.8.2024).

[12] Vgl. dazu → 3. Aufl. 1998, Anh. I Art. 38 Rn. 142 mwN *(Kreuzer)*.

[13] Text: öst. BGBl. 1982 S. 1173, 1183; näher → 3. Aufl. 1998, Anh. I Art. 38 Rn. 142 *(Kreuzer)*.

[14] Inoffizielle deutsche Übersetzung und Erläuterungen bei *Dageförde,* Internationales Finanzierungsleasing, 1992, 162; s. zum Übereinkommen ferner *Basedow* RIW 1988, 1; *Poczobut* RabelsZ 51 (1987), 681 ff., 725 ff.; *Eckstein* FLF 1992, 56; Staudinger/*Stoffels,* 2018, LeasingR Rn. 355 f.; Text: https://www.unidroit.org/english/conventions/1988leasing/convention-leasing1988.pdf (zuletzt abgerufen am 30.8.2024).

[15] Text: https://www.unidroit.org/german/conventions/mobile-equipment/mobile-equipment.pdf (zuletzt abgerufen am 30.8.2024). Deutsche Fassung abgedruckt in IPRax 2003, 276 ff. bzw. 289 ff. Zum Abkommen und zum Protokoll vgl. *Kegel/Schurig* IPR § 19 VII 3 mwN; *Henrichs* IPRax 2003, 210 ff.; *Kreuzer* FS Schlechtriem, 2003, 869 ff.; *Kronke* ZLW 2002, 147 (150 ff.); *Kronke,* Liber Amicorum Kegel, 2002, 33 ff.; *Bollweg/Henrichs* ZLW 2002, 186 ff.; *Otte* FS Jayme, Bd. I, 2004, 643 ff.; *Johner,* Das Recht der Übertragung von internationalen Sicherungsrechten an Luftfahrzeugausrüstung, 2005, 78 ff.; zu Vorentwürfen *Kronke* RIW 6/1999, „Die erste Seite"; *Bollweg/Gerhard* ZLW 2001, 375 ff.; *Honnebier* ERPL 2002, 377 ff.

[16] Text: https://www.unidroit.org/german/conventions/mobile-equipment/mobile-equipment.pdf (zuletzt abgerufen am 30.8.2024).

[17] Text: https://www.unidroit.org/german/conventions/mobile-equipment/railprotocol.pdf (zuletzt abgerufen am 30.8.2024). Vgl. *Kegel/Schurig* IPR § 19 VII 3; NK-BGB/*v. Plehwe* Rn. 2; *Bollweg/Kreuzer* IPRax 2008, 176; *Traar* ZfRV 2007, 104.

[18] Text: https://www.unidroit.org/english/conventions/mobile-equipment/spaceassets-protocol-e.pdf (zuletzt abgerufen am 30.8.2024); *Goode,* Cape Town Convention and Space Protocol, Official Commentary, 2013; *Sundahl,* The Cape Town Convention, 2013. Zu Vorentwürfen vgl. etwa *Fontmichel* ZLW 2001, 526 ff.; *Creydt* IPRax 2004, 499 ff.

[19] BGBl. 1956 II 907 idF BGBl. 2004 II 375.

in Basel. Sofern die zwischen der Eurofima und den Eisenbahnverwaltungen der Vertragsstaaten über die Zurverfügungstellung von Eisenbahnmaterial geschlossenen Verträge dem schweizerischen Recht als dem Recht des Sitzstaats der Eurofima unterworfen werden, bleibt die Eurofima mangels ausdrücklicher anderweitiger Vereinbarung bis zur endgültigen Bezahlung des Kaufpreises Eigentümerin des betreffenden Materials, ohne dass es einer Eintragung in das Eigentumsvorbehalts-Register bedarf (Art. 3a S. 1 Übereinkommen vom 29.1.1998).

14 **2. Nationale Spezialregelungen.** Nationale Vorschriften, die Art. 45 vorgingen, sind allenfalls in **§§ 103, 104 LuftRG** enthalten. Diese enthalten jedoch nur eine etwas verkürzte Umsetzung des Genfer Abkommens (zum LuftFzgA → Rn. 5 ff.) und haben darüber hinaus keine eigenständige Bedeutung.[20] § 1 Abs. 2 SchiffRG aF ist mit Kodifizierung der Art. 43 ff. aufgehoben worden.

II. Anknüpfungsgegenstand

15 **1. Gebot teleologischer Auslegung.** Der Anwendungsbereich von Art. 45 wird so, wie er sich nach unbefangener Lektüre des Gesetzestextes erschließt, dem **Normzweck nicht immer gerecht.**[21] So wird etwa das in den Badeurlaub mitgeführte Schlauchboot zweifellos ein „Wasserfahrzeug" sein, doch will es nicht einleuchten, weshalb es kollisionsrechtlich anders zu beurteilen sein soll als die gleichfalls mitgeführte Luftmatratze. Auf der anderen Seite existieren zahlreiche Objekte – wie Raumkapseln, Weltraumstationen, Bohrinseln usw – hinsichtlich derer der Normzweck von Art. 45 in vollem Umfang griffe, ohne dass sie von der Regelung umfasst wären. Im Ergebnis sind daher die Begriffe „Luftfahrzeug", „Wasserfahrzeug" und „Schienenfahrzeug" im Wege teleologischer Auslegung zu interpretieren.

16 Die besondere Anknüpfung beruht auf der Überlegung, dass für bestimmte Fahrzeuge erstens der Lageort keinen geeigneten Anknüpfungspunkt darstellt und zweitens sich so etwas wie ein Herkunftsstaat ausmachen lässt, zu dem eine enge und verlässliche Verbindung besteht (→ Rn. 1). Als Voraussetzung für eine Sonderbehandlung von Transportmitteln ist daher zu verlangen, dass diese **unter normalen Bedingungen dem Personen- und Güterverkehr mit dem Ausland dienen können.**[22] Dagegen sollte nicht gefordert werden, dass die Fahrzeuge auch konkret im grenzüberschreitenden Verkehr eingesetzt werden:[23] Ganz abgesehen davon, dass damit der Anwendungsbereich von Art. 45, wie er sich nach dem natürlichen Verständnis des Gesetzeswortlauts ergibt, zu sehr beschnitten würde, widerspräche das dem Gebot der Rechtssicherheit. Für außenstehende Dritte ist nämlich – wie etwa bei Eisenbahnwaggons – nicht immer ohne weiteres erkennbar, ob ein Fahrzeug im Inland verbleibt oder Ländergrenzen überquert.

17 **2. Erfasste Techniken. a) Luftfahrzeuge.** Als Luftfahrzeuge iSv Art. 45 sind alle künstlichen Objekte zu qualifizieren, die geeignet sind, ohne feste Verbindung zum Erdboden oder zur Wasseroberfläche Entfernungen zu überbrücken und dabei Personen oder solche Sachen zu transportieren, die für den Betrieb des Objekts selbst nicht erforderlich sind. Das betrifft einmal alle **Flugzeuge** mit Motorbetrieb, gleich ob für die zivile Nutzung oder für militärische bzw. hoheitliche Zwecke. Ebenso darunter fallen **Segelflieger, Heißluftballons** oder **Zeppeline.** Da sie Instrumente transportieren, sind auch unbemannte Drohnen und andere **Aufklärungsflugkörper** erfasst.[24] Umstritten ist die Einordnung von Luftkissenfahrzeugen (Luftkissenboot, Luftkissenbahn usw), weil sie sich zwar ohne feste Verbindung zum Erdboden bzw. zur Wasseroberfläche bewegen, dabei aber einen sehr kleinen Höchstabstand nicht überschreiten. Bei natürlicher Betrachtung dürften sie nicht den Luftfahrzeugen, sondern den Schienen- bzw. Wasserfahrzeugen zuzuordnen sein.[25]

18 Sofern man nicht schon Art. VIII S. 1 und 2 WeltrV (→ Rn. 10) eine versteckte Verweisung auf das Sachenrecht des Registerstaats entnehmen will, müssen auch Rechte an **Weltraumgegenständen** nach Art. 45 angeknüpft werden. Der Normzweck der besonderen Anknüpfung (→ Rn. 1) greift für sie in noch stärkerem Maße als für Luftfahrzeuge.[26] Das gilt etwa für **Raumfahrzeuge** (Space Shuttles usw), **Satelliten** und bemannte oder unbemannte **Raumstationen.** Im Hinblick

[20] AA BeckOGK/*Prütting/A. Zimmermann* Art. 45 Rn. 10: vorrangig vor Art. 45 heranzuziehende Kollisionsnormen.

[21] Krit. auch *Schurig* FS Stoll, 2001, 577 (578).

[22] PWW/*Brinkmann* Rn. 2; BeckOK BGB/*Spickhoff* Rn. 2; Staudinger/*Mansel,* 2015, Rn. 79, jedoch einschr. in Staudinger/*Mansel,* 2015, Rn. 86; zum alten Recht auch Soergel/*Lüderitz* Anh. II Art. 38 Rn. 81. Dem Grundgedanken nach abw. *Drobnig* FS Kegel, 1977, 141 (145): Je stärker der Binnenbezug, desto besser ist die Anknüpfung an den Herkunftsstaat legitimiert.

[23] Insoweit übereinstimmend mit *Drobnig* FS Kegel, 1977, 141 (144 f.).

[24] Staudinger/*Mansel,* 2015, Rn. 93.

[25] Wie hier Staudinger/*Stoll,* 1996, IntSachenR Rn. 396 mwN; Staudinger/*Mansel,* 2015, Rn. 98, 118.

[26] BeckOK BGB/*Spickhoff* Rn. 4; Staudinger/*Mansel,* 2015, Rn. 96.

auf Art. I lit. d WeltRHaftÜ[27] und Art. I lit. b WeltRHaftÜ wird man in jedem Fall auch die zugehörigen **Trägerfahrzeuge** miteinbeziehen müssen.[28] Ob man die Anknüpfung hinsichtlich Weltraumgegenständen noch im Wege teleologischer Auslegung (→ Rn. 15 f.) erreichen kann oder insoweit bereits eine Analogie zu Art. 45 Abs. 1 bemühen muss, kann im Ergebnis dahinstehen.

Dagegen greift der Normzweck von Art. 45 **nicht** bei Objekten, die funktionell von den zu transportierenden Personen oder Sachen nicht abgrenzbar sind bzw. hinter diesen zurücktreten, wie insbesondere bei bloßen Gleithilfen (Fallschirme, Drachenflieger, Paragleiter usw).[29] Von Art. 45 sind solche Geräte auch schon deswegen nicht erfasst, weil sie unter normalen Bedingungen nicht dem grenzüberschreitenden Verkehr dienen (→ Rn. 16). Ebenso wenig dürften Objekte erfasst sein, die sich nur für einen verschwindend geringen Teil ihrer Gesamtlebensdauer in der Luft befinden und nicht mehr landen können, insbesondere Trägerraketen, Marschflugkörper und Geschosse jeder Art, auch wenn sie zum Transport von Sprengköpfen ua bestimmt sind.[30] Art. 45 betrifft auch nicht Rechte an Objekten, die überhaupt nicht zum Transport geeignet sind (zB Modellbauflugzeuge).[31] **19**

b) Wasserfahrzeuge. Zu den Wasserfahrzeugen iSv Art. 45 gehören zunächst alle **Seeschiffe** und **Binnenschiffe,** gleichgültig, ob sie in ein Schiffsregister eingetragen sind oder nicht. Da der Begriff des „Wasserfahrzeugs" aber deutlich weiter ist als der Begriff des Schiffes, sind auch **Boote** umfasst. Dabei ist der Zweck des Güter- oder Personentransports, für den die Boote geschaffen sind, irrelevant, so dass auch Sport- oder Vergnügungsboote umfasst sind.[32] Die Fahrzeuge müssen nicht auf der Wasseroberfläche schwimmen. Zweifellos umfasst sind daher **U-Boote.** Obgleich sie über der Wasseroberfläche schweben, sind auch **Luftkissenboote** mit eingeschlossen (→ Rn. 17). **20**

Die Grenze ist dort zu ziehen, wo solche Wasserfahrzeuge ihrer Bauart nach normalerweise nicht mehr dem Verkehr mit dem Ausland dienen können (→ Rn. 16), so dass Rechte an kleinen Schlauchbooten, kleinen Ruder- und Tretbooten, Taucherkapseln oder Flößen gem. Art. 43 Abs. 1 der lex rei sitae unterliegen. **Keine** Wasserfahrzeuge iSv Art. 45 sind jedenfalls solche schwimmenden Objekte, bei denen der Transportaspekt – auch der zu Sport- oder Vergnügungszwecken – ganz in den Hintergrund tritt und die sich bei natürlicher Betrachtung eher als Sportgeräte darstellen, so insbesondere bei Surfbrettern, Wasserski oder Wildwasserkanus.[33] **21**

Freilich muss der Begriff des „Transports" ggf. weit ausgelegt werden, wenn es sich um größere schwimmende Objekte handelt, die auch grenzüberschreitend eingesetzt zu werden pflegen. So sollten etwa Rechte an **Schwimmbaggern, Schwimmkränen** und ähnlichem schwimmendem **Off-Shore-Gerät** nach Art. 45 angeknüpft werden.[34] Bei teleologischer Interpretation des Begriffs „Wasserfahrzeug" können auch Bohrinseln oder Offshore-Windenergieanlagen einbezogen werden, sofern diese auf hoher See oder an wechselnden Orten eingesetzt werden.[35] Nicht mehr erfasst sind allerdings etwa Überseekabel, Pipelines, nicht mehr zu bewegende Windenergieanlagen oÄ (→ Art. 43 Rn. 109), weil sie ausschließlich stationär eingesetzt werden und auch bei weitestem Begriffsverständnis nichts mehr mit Fahrzeugen zu tun haben.[36] **22**

---

27 Übereinkommen vom 29.3.1972 über die völkerrechtliche Haftung für Schäden durch Weltraumgegenstände, BGBl. 1975 II 1209.

28 Staudinger/*Mansel,* 2015, Rn. 96.

29 Staudinger/*Mansel,* 2015, Rn. 92.

30 BeckOK BGB/*Spickhoff* Rn. 4; Staudinger/*Mansel,* 2015, Rn. 97.

31 Staudinger/*Mansel,* 2015, Rn. 100.

32 BT-Drs. 14/343, 17.

33 BeckOK BGB/*Spickhoff* Rn. 5; Staudinger/*Mansel,* 2015, Rn. 115 f.

34 Staudinger/*Mansel,* 2015, Rn. 85, 120.

35 Ähnlich, teilweise noch zum alten Recht, *Grebner* AWD 1974, 75 (79 f.); *Puttfarken* in MPI Hamburg, Deutsche zivil-, kollisions- und wirtschaftsrechtliche Beiträge zum X. Internationalen Kongress für Rechtsvergleichung in Budapest, 1983, 254, 260; Staudinger/*Stoll,* 1996, IntSachenR Rn. 397; → 3. Aufl. 1998, Anh. I Art. 38 Rn. 162 *(Kreuzer);* BeckOK BGB/*Spickhoff* Rn. 5; *Looschelders* Rn. 10; eher verneinend NK-BGB/*v. Plehwe* Rn. 12. Bei ständigem Betrieb in einem Küstengewässer ist dagegen gemäß Art. 43 Abs. 1 das Recht des Küstenstaats berufen, PWW/*Brinkmann* Rn. 2, vgl. *Grebner* AWD 1974, 75 (78); *Diekamp* ZBB 2004, 10 (11); ebenso bei Errichtung in der ausschließlichen Wirtschaftszone (AWZ) oder auf dem Festlandsockel, dazu ausf. *Dinger/Goldner* ZBB 2009, 204 (211); sowie *Reichert-Facilides* WM 2011, 1544 (1548 f.); *Böttcher* RNotZ 2011, 589 (591 ff.); vgl. *Wurmnest* RabelsZ 72 (2008), 236 (244 ff.); *Schulz/Gläsner* EnWZ 2013, 163 (166); *Ehlers,* Meeresfreiheit und aquitoriale Ordnung, in Erbguth, Stand und Entwicklung im Seerecht, Umweltrecht, Städtebaurecht, Raumverordnungs- und Fachplanungsrecht, 2013, 427; *Meister/Overkamp* EnWZ 2021, 71 (72 f.); die Subsumtion von Offshore Windenergieanlagen unter Art. 45 EGBGB generell ablehenend Schulz, Haftung und Versicherung beim Betreiben von Windenergieanlagen, 2020, 45-48, 56 f.

36 BeckOK BGB/*Spickhoff* Rn. 5; Staudinger/*Mansel,* 2015, Rn. 124.

23 **c) Schienenfahrzeuge.** Zu den Schienenfahrzeugen gehört alles rollende **Eisenbahnmaterial,** gleich ob es sich um Triebwagen, Personenwaggons, Güterwaggons, rollende Instandsetzungseinheiten und Baugeräte usw handelt.[37] Dabei sollte es grundsätzlich unerheblich sein, ob die betreffenden Wagen tatsächlich grenzüberschreitend eingesetzt werden, sofern sie nur allgemein dafür geeignet wären, dh auf einem zum Ausland geöffneten Schienennetz verkehren können.[38] Daher sind ohne weiteres auch Waggons von Regionalbahnen oÄ mit umfasst. Dann ist es aber auch konsequent, Straßenbahnen, U-Bahnen usw mit einzubeziehen, da diese theoretisch in territorial geteilten Städten eingesetzt oder aber vorübergehend im Ausland verwendet werden könnten. Die Grenze ist freilich dort zu ziehen, wo Fahrzeuge zwar auf Schienen verkehren, aber bei wertender Betrachtung Zubehör einer geschlossenen Anlage sind. Dies ist beispielsweise bei vielen Bahnen auf Flughäfen, Betriebsgeländen oder in Bergwerken und Vergnügungsparks der Fall. Hier besteht keine Rechtfertigung für die besondere Anknüpfung nach Art. 45.[39]

24 Der Begriff der „Schiene" ist bei teleologischer Interpretation weit auszulegen und für neue Techniken offen. In diesem Sinn sind insbesondere **Luftkissenbahnen** und **Magnetschwebebahnen** eindeutig mit umfasst.[40]

25 **d) Einbeziehung weiterer Transportmittel bzw. von Tieren?** Es fällt auf, dass Art. 45 **Straßenfahrzeuge,** insbesondere im internationalen Güterverkehr eingesetzte Lastkraftwagen, nicht erwähnt. Das beruht auf einer bewussten Entscheidung des Gesetzgebers[41] und entsprechenden Empfehlungen des Deutschen Rates für Internationales Privatrecht,[42] die im Widerspruch zu vorangegangenen Gutachten standen.[43] Begründet wird dies vor allem mit einer überwiegenden Anknüpfung an den Lageort durch ausländische Kollisionsrechte, dem Bedürfnis nach Sicherungsrechten an im Inland befindlichen ausländischen Kfz und der Gefahr der Fälschung von Kennzeichen.[44] Diese gesetzgeberische Entscheidung darf auch nicht im Umweg über Art. 46 umgangen werden (→ Art. 46 Rn. 32).[45]

26 Im Vorfeld der Gesetzgebung ist auch die Einbeziehung von Containern, LASH-Leichtern, Paletten, Wechselaufbauten oÄ erörtert worden,[46] wobei diese Gegenstände offenbar der Sache nach den Fahrzeugen zugeschlagen wurden. Ob Gesetzestext und Normzweck ein derart weites Verständnis erlauben, erscheint zweifelhaft. Dafür spricht zwar, dass solche **Transportbehälter** bestimmungsgemäß dem Güterverkehr mit dem Ausland dienen und dabei ebenso oft ihren Lageort wechseln wie Schiffe oder Eisenbahnen. Allerdings erscheint eine zuverlässige Abgrenzung zu den transportierten Gütern selbst einschließlich ihrer Verpackung nicht möglich. Auch ist der Herkunftsstaat meist schwer zu ermitteln. Daher sollte man Container usw wie Transportgut behandeln (→ Rn. 42).[47]

27 Erst recht ist eine analoge Anwendung von Art. 45 auf **Tiere,** die im Grenzgebiet leben und die Grenze häufig überschreiten, abzulehnen.[48] Für eine Analogie fehlt es sowohl an der Existenz einer Regelungslücke als auch an der Vergleichbarkeit der Interessenlage, weil der Ort des „Heimatnests" wohl kaum eine der Registereintragung vergleichbare Klarheit und Beständigkeit aufweisen wird. Von einem „Erst-recht-Schluss" auf unkontrollierbare Statutenwechsel[49] kann keine Rede sein. Wenn überhaupt, ist eine von Art. 43 abweichende Anknüpfung über Art. 46 vorzu-

---

[37] Staudinger/*Mansel,* 2015, Rn. 154.

[38] BeckOK BGB/*Spickhoff* Rn. 6; aA – eine Geeignetheit zum grenzüberschreitenden Einsatz abl. – Staudinger/*Mansel,* 2015, Rn. 86.

[39] AA Staudinger/*Mansel,* 2015, Rn. 87, 153.

[40] PWW/*Brinkmann* Rn. 2; BeckOK BGB/*Spickhoff* Rn. 6.

[41] BT-Drs. 14/343, 17; *Sonnenberger* Rev. Crit. Dr. int. Pr. 88 (1999), 647 (666); Staudinger/*Mansel,* 2015, Rn. 166 mwN; aA, Ausnahmen zulassend, BeckOK BGB/*Spickhoff* Rn. 7.

[42] Vorschläge in Henrich, Vorschläge und Gutachten zur Reform des deutschen internationalen Sachen- und Immaterialgüterrechts, 1991, 9.

[43] *Drobnig* in Henrich Vorschläge 19 ff., 34 ff.

[44] Vorschläge in Henrich Vorschläge 9.

[45] *Junker* RIW 2000, 241 (245 f.); *Junker* IPR § 17 Rn. 21 möchte nunmehr eine Auflockerung durch Art. 46 EGBGB zulassen; *C. S. Wolf,* Der Begriff der wesentlich engeren Verbindung im internationalen Sachenrecht, 2002, 150 f.; *Looschelders* Art. 45 Rn. 12; HK-BGB/*Dörner* Rn. 2; Staudinger/*Mansel,* 2015, Rn. 172. Dies wird auch von der Rspr. Respektiert; ausdrücklich LG Hamburg BeckRS 2013, 2260; implizit OLG Hamm NJOZ 2012, 984.

[46] *Drobnig* in Henrich Vorschläge 14.

[47] Staudinger/*Mansel,* 2015, Rn. 91; so auch implizit auch OLG München BeckRS 2020, 19545 Rn. 35 f. und OLG Bremen BeckRS 2021, 1399 Rn. 19.

[48] BeckOGK/*Prütting/A. Zimmermann* Art. 43 Rn. 72; BeckOGK/*Prütting/A. Zimmermann* Art. 45 Rn. 31.

[49] BeckOGK/*Prütting/A. Zimmermann* Art. 43 Rn. 72.

nehmen. Tiere sind, unabhängig von der dogmatischen Begründung, kollisionsrechtlich als Sachen einzuordnen und nach Art. 43 EGBGB anzuknüpfen (→ Art. 43 Rn. 17).[50]

3. Verwendung als Transportmittel. a) Bauwerke und Wracks. Die kollisionsrechtliche Sonderbehandlung des Art. 45 setzt nicht nur den Einsatz bestimmter Techniken voraus, sondern auch, dass das Gerät tatsächlich als Transportmittel dient. Vergleichsweise eindeutig dürften daher bloße Fahrzeugbauteile bzw. ein im Bau befindliches Fahrzeug (zB Schiffsbauwerk) **nicht** bereits als Transportmittel iSv Art. 45 einzustufen sein. Dafür spricht nicht nur die eindeutige Aussage der Gesetzesmaterialien,[51] sondern auch der allgemeine Wortsinn und vor allem der Normzweck. Ebenso eindeutig fallen Fahrzeugwracks nicht mehr unter den Begriff des Transportmittels.[52] Für Rechte an Bauwerken und Wracks gilt damit gem. Art. 43 die lex rei sitae. 28

Entscheidend für die Abgrenzung kann nicht die objektive Eignung nach allgemeinen technischen Standards sein oder die Vorstellung des Berechtigten, sondern die äußerlich erkennbare **tatsächliche Verwendung.** So kann ein Tanker, der bei Zugrundelegung moderner sicherheitstechnischer Standards nur noch zur Verschrottung freigegeben werden könnte, der von seinen Betreibern aber nach wie vor eingesetzt wird, nicht als Wrack qualifiziert werden. Umgekehrt ist ein durchaus noch funktionstüchtiger Eisenbahnwaggon, der sich nach der Insolvenz der Betreibergesellschaft als unverkäuflich erwiesen hat, von dem Zeitpunkt an nicht mehr Transportmittel, zu dem er auf einem Abstellgleis dem langsamen Verfall preisgegeben wird. Bloß **vorübergehende Unterbrechungen** der tatsächlichen Verwendung, insbesondere zu Reparatur- und Wartungszwecken oder während ungünstiger Witterungsbedingungen, sind allerdings unbeachtlich. 29

b) Umfunktionierte Fahrzeuge. Das Gleiche wie für Bauwerke und Wracks gilt für **Fahrzeugexponate** dann, wenn sie entweder gar nicht mehr als Fahrzeuge bewegt werden können (zB in einem Ausstellungsraum) oder jedenfalls normalerweise nicht mehr bewegt werden (zB Museumsschiff). Ebenfalls nicht nach Art. 45 angeknüpft werden sollten Rechte an ursprünglichen Fahrzeugen, wenn diese nicht mehr bewegt werden, sondern endgültig zu stationären **Wohn- oder Lagerzwecken** umfunktioniert wurden, wie dies etwa bei fest liegenden Haus- oder Hotelbooten der Fall sein kann.[53] Im Zweifel, insbesondere wenn eine spätere Bewegung nach der Verkehrsauffassung auch nicht ausgeschlossen erscheint, sollte zur Vermeidung ständiger Statutenwechsel allerdings nach Art. 45 angeknüpft werden. 30

c) Fahrzeuge als Handelsgüter. Schwieriger ist die Entscheidung, ob auch Rechte an jederzeit einsatzbereiten Fahrzeugen sich nach Art. 45 bestimmen, wenn diese Fahrzeuge ganz konkret nicht als Transportmittel, sondern **als Handelsgut fungieren.** Das ist von erheblicher praktischer Bedeutung, wenn Rechte an einer Segelyacht begründet oder übertragen werden sollen, die neu auf einer Bootsmesse ausgestellt oder gebraucht bis zur Weiterveräußerung aus dem Verkehr gezogen ist, insbesondere wenn die Segelyacht übereignet werden soll. 31

Jedenfalls bei neu hergestellten Fahrzeugen **bis zur ersten Inbetriebnahme** muss die lex rei sitae entscheiden. Das ist nur konsequent, wenn man auch zur Abgrenzung zwischen Bauwerken und Fahrzeugen auf die tatsächliche Verwendung als Fahrzeug abstellt (→ Rn. 29). Bei **gebrauchten Fahrzeugen** sollte dies nur gelten, sofern sie als Fahrzeug eindeutig und für jeden Dritten objektiv erkennbar aus dem Verkehr genommen sind. Indizien dafür sind etwa die Abmeldung aus öffentlichen Registern, die Entfernung von amtlichen Kennzeichen oder die dauerhafte Lagerung bei einem reinen Händler. Anderenfalls hat es zur Vermeidung häufiger Statutenwechsel bei der Anknüpfung nach Art. 45 zu bleiben. 32

4. Gegenständlicher Umfang. a) Verbundene Teile. Ob und welche mit dem Fahrzeug **fest verbundenen Teile** kollisionsrechtlich das Schicksal des gesamten Fahrzeugs teilen, ist praktisch von größtem Interesse, wenn etwa Sicherungsrechte am Triebwerk, an der Bestuhlung usw eines Luftfahrzeugs infrage stehen. Der allgemeine Grundsatz, wonach das Sachstatut auch über die Eigenschaft eines Gegenstands als sonderrechtsfähige Sache oder als wesentlicher Bestandteil einer größeren Sache entscheidet (→ Art. 43 Rn. 80), führt hier zu Schwierigkeiten. Denn wären das Triebwerk, die Bestuhlung usw sonderrechtsfähig und ihrerseits nicht als „Luftfahrzeug" usw zu qualifizieren, wäre Sachstatut insoweit gem. Art. 43 die lex rei sitae. Wären sie hingegen rechtlich untrennbarer Bestandteil des Fahrzeugs, würde sich das Sachstatut nach Art. 45 bestimmen. 33

---

50 BeckOGK/*Prütting*/*A. Zimmermann* Art. 43 Rn. 72.

51 BT-Drs. 14/343, 17; *Looschelders* Rn. 7.

52 BT-Drs. 14/343, 17; *Looschelders* Rn. 7; NK-BGB/*v. Plehwe* Rn. 12; *Bischoff* ZaöRV 2006, 455 (473 f.).

53 *Looschelders* Rn. 7; NK-BGB/*v. Plehwe* Rn. 12; BeckOK BGB/*Spickhoff* Rn. 5; Staudinger/*Mansel*, 2015, Rn. 82 f.

34 Denkbar wäre, die Frage als Qualifikationsproblem aufzufassen und eine kollisionsrechts-autonome Auslegung des Begriffs „Luftfahrzeug" usw auf der Grundlage der deutschen lex fori anzustreben. Das würde voraussichtlich zu einer Abgrenzung iSd §§ 93 ff. BGB führen. Besser dürfte es sein, den Konflikt zu Gunsten des **von Art. 45 berufenen Rechts** zu lösen, dh dieses Recht (unter Einbeziehung seines internationalen Privatrechts) entscheidet über die Qualität des Gegenstands als sonderrechtsfähig oder nicht. Die Berufung der lex rei sitae ist nicht praktikabel, da hinsichtlich mit dem Fahrzeug verbundener Teile ähnliche Gründe dagegen sprechen wie hinsichtlich des Fahrzeugs insgesamt. Das Recht des Herkunftsstaats (Art. 45 Abs. 1) bzw. der gesicherten Forderung (Art. 45 Abs. 2 S. 1) hat gegenüber der deutschen lex fori den Vorteil, dass es auch über die Reichweite dinglicher Rechte am Fahrzeug insgesamt entscheidet.[54] Kommt das von Art. 45 unter Berücksichtigung einer etwaigen Rück- oder Weiterverweisung berufene Recht zu dem Schluss, dass ein Teil nicht sonderrechtsfähig ist, bleibt es bei der Anwendung dieses Rechts. Anderenfalls wird zwar an sich gem. Art. 43 Abs. 1 die lex rei sitae berufen, jedoch sind ggf. besondere Grundsätze für Zubehör an Bord zu beachten (→ Rn. 40 f.).

35 Im Anwendungsbereich des **Genfer Abkommens** über die internationale Anerkennung von Rechten an Luftfahrzeugen vom 19.6.1948 (→ Rn. 5 ff.), das in Art. XVI LuftFzgA ausdrücklich Zelle, Triebwerke, Luftschrauben, Funkgeräte und alle für den Betrieb des Luftfahrzeugs bestimmten Gegenstände als „Luftfahrzeug" qualifiziert, muss freilich eine autonome Bestimmung der wesentlichen Bestandteile vorgenommen werden.

36 **b) Vorübergehend getrennte Teile.** Werden feste Bestandteile des Fahrzeugs vorübergehend – insbesondere zu Reparatur- und Wartungszwecken – von diesem getrennt, dann sollten möglicherweise an ihnen bestehende Rechte kollisionsrechtlich nicht anders behandelt werden als während der Zeit ihrer festen Verbundenheit.[55] Praktische Relevanz kann dies ohnehin nur für Verfügungen entfalten, die während der Zeit der Trennung getroffen werden. Für die Maßgeblichkeit des **nach Art. 45 berufenen Rechts,** das dann auch über die sachenrechtlichen Konsequenzen der Trennung entscheidet, spricht nicht zuletzt Art. XVI LuftFzgA (→ Rn. 5 ff.). Danach wird für Bestandteile ausdrücklich nicht danach unterschieden, ob sie mit dem Luftfahrzeug verbunden oder vorübergehend von ihm getrennt sind: Würde also etwa während der Zeit der Trennung ein vertragliches Sicherungsrecht nach dem Registerrecht wirksam begründet und eingetragen, müsste dieses Sicherungsrecht anerkannt werden.

37 Freilich ist nicht zu verkennen, dass darunter der Verkehrsschutz in dem Staat, in dem sich die getrennten Teile befinden, leidet. Daher kann das nach Art. 45 berufene Recht nur dann maßgeblich sein, wenn der Tatbestand der nur vorübergehenden Trennung **nach außen objektiv erkennbar** ist. Anderenfalls sind Zwischenverfügungen nach der lex rei sitae zu beurteilen.

38 **c) Ersatzteile.** Das Problem des Verkehrsschutzes stellt sich noch verstärkt bei Ersatzteilen, dh Teilen, die zum Einbau in ein Fahrzeug als Ersatz entfernter Teile bereitgehalten werden. Diesbezüglich bestimmt Art. X Abs. 1 **LuftFzgA** (→ Rn. 5 ff.), dass Rechte an Ersatzteilen für Luftfahrzeuge, die nach dem Registerrecht wirksam entstanden und eingetragen wurden, unter bestimmten Voraussetzungen in allen Vertragsstaaten anzuerkennen sind. Zu diesen Voraussetzungen gehört, dass die Ersatzteile an dafür bestimmten Stellen lagern und dass am Lagerungsplatz eine für Dritte sichtbare Bekanntmachung angebracht ist, die das Recht, Namen und Anschrift des Berechtigten sowie das Register der Eintragung angibt.

39 Trotz dieser vorrangigen Sonderregelung hat es ansonsten, dh soweit die Sonderregelung nicht greift, bei der Maßgeblichkeit der **lex rei sitae** zu verbleiben. Der Normzweck der Situs-Regel auf der einen und der besonderen Anknüpfung nach Art. 45 auf der anderen Seite lassen es ebenso wenig zu, solche Ersatzteile als „Wasserfahrzeuge" usw zu behandeln, wie sie es zulassen, Rechte an einem in der Produktion befindlichen Fahrzeug nach Art. 45 anzuknüpfen (→ Rn. 28 f.).

40 **d) Zubehör an Bord.** Hinsichtlich **nicht fest verbundenen Zubehörs an Bord** (zB Schwimmwesten), das nach dem insoweit maßgeblichen Recht des Herkunftsstaats (→ Rn. 34) kein nicht sonderrechtsfähiger Bestandteil ist, stellt sich ein ähnliches Problem wie bei verbundenen Teilen. Da es sich um eigenständige Sachen handelt, müssten Rechte an ihnen – sofern man sie nicht nach Art. 45 anknüpft – an sich gem. Art. 43 der lex rei sitae unterliegen. Da allerdings das Herkunftsrecht bzw. das Forderungsstatut auch über die Reichweite von Rechten am Fahrzeug entscheidet und sich solche Rechte vielfach auf Zubehör erstrecken werden, entsteht die Gefahr

---

[54] Staudinger/*Stoll,* 1996, IntSachenR Rn. 406; aA BeckOGK/*Prütting/A. Zimmermann* Rn. 32.

[55] AA Staudinger/*Stoll,* 1996, IntSachenR Rn. 406: ab Trennung lex rei sitae; Staudinger/*Mansel,* 2015, Rn. 90.

einer Aufspaltung des anwendbaren Rechts mit misslichen Normwidersprüchen. Bedenkt man, dass hinsichtlich des an Bord mitgeführten Zubehörs ähnliche Argumente gegen die Berufung der lex rei sitae sprechen wie hinsichtlich des Fahrzeugs insgesamt, spricht alles für eine **Anknüpfung nach Art. 45.**

Werden solche Objekte – auch nur vorübergehend – **von Bord entfernt,** kann allerdings auch die Gefahr von Normwidersprüchen nichts mehr daran ändern, dass über Rechte an ihnen fortan gem. Art. 43 die **lex rei sitae** entscheidet. Alles andere wäre mit dem Gedanken des Verkehrsschutzes nicht mehr zu vereinbaren. 41

e) Transportgüter und persönliche Habe. Transportgüter sowie persönliche Habe von Passagieren und Bordpersonal wird nicht nach Art. 45 angeknüpft, sondern nach Art. 43. Maßgeblich ist also – vorbehaltlich des Eingreifens von Art. 46 – die **lex rei sitae** unter Einschluss von deren Kollisionsrecht. Bei Transporten per Flugzeug oder Schiff sollte der Lageort allerdings nicht nach dem konkret überflogenen Staatsgebiet bzw. nach den durchfahrenen Territorialgewässern bestimmt werden. Vielmehr ist für die Zeit zwischen Start und Landung das Flugzeug bzw. Schiff wie Territorium desjenigen Staates zu behandeln, dessen Flagge bzw. Hoheitszeichen es führt (→ Art. 43 Rn. 113 f.).[56] 42

III. Reichweite des besonderen Sachstatuts

Art. 45 enthält drei unterschiedliche Kollisionsnormen: Art. 45 Abs. 1 beruft das Recht des Herkunftsstaats ganz allgemein für Rechte an den näher bezeichneten Transportmitteln, Art. 45 Abs. 2 S. 1 das Forderungsstatut für das Entstehen gesetzlicher Sicherungsrechte und Art. 45 Abs. 2 S. 2 die lex rei sitae für die Rangfolge verschiedener Sicherungsrechte. Der Anknüpfung nach Art. 45 Abs. 1 kommt insoweit eine **Auffangfunktion** zu, dh ihr unterliegen automatisch alle sachenrechtlichen Fragen, für die weder eine vorrangige staatsvertragliche Kollisionsnorm noch eine **gesonderte Anknüpfung nach Abs. 2 S. 1 oder S. 2** einschlägig ist. Dabei ist zu beachten, dass nach hier vertretener Auffassung Art. 45 Abs. 2 S. 2 auch für alle beschränkten dinglichen Rechte gilt (→ Rn. 82 f.). Im Übrigen ist hinsichtlich der vom Sachstatut allgemein betroffenen Rechtsfragen das Gleiche zu sagen wie bei Art. 43 Abs. 1, so dass auf die Ausführungen dort verwiesen werden kann (→ Art. 43 Rn. 78 ff.). 43

IV. Verweisung

1. Anknüpfungspunkt. a) Luftfahrzeuge. Bei den von Art. 45 erfassten Fahrzeugen wird das Sachstatut einheitlich nicht durch Anknüpfung an den Lageort, sondern an den Herkunftsstaat ermittelt. Dafür, welcher Staat als Herkunftsstaat eines Fahrzeugs anzusehen ist, gibt das Gesetz bestimmte Anhaltspunkte vor. Bei Luftfahrzeugen soll die **Staatszugehörigkeit** entscheiden. Diese bestimmt sich gem. Art. 17 ICAO-Abk des quasi weltweit geltenden (Chicagoer) Abkommens über die internationale Zivilluftfahrt vom 7.12.1944 (BGBl. 1956 II 411 idF BGBl. 1996 II 210) nach der Eintragung in das dafür vorgesehene öffentlich-rechtliche Register **(Matrikel, Luftfahrzeugrolle)** eines Staates. In der Bundesrepublik ist die Registrierung in § 14 LuftVZO geregelt. 44

Die daneben in manchen Staaten übliche Registrierung in privatrechtlichen Registern begründet nicht die Staatszugehörigkeit eines Luftfahrzeugs, und bei Widersprüchen entscheidet allein die **öffentlich-rechtliche** Registrierung. Der privatrechtlichen Registrierung kann allerdings als Indiz für die engste Verbindung bei nicht registrierten Fahrzeugen (→ Rn. 46) oder im Rahmen einer Unteranknüpfung (→ Rn. 64) mittelbar Bedeutung zukommen. 45

Soweit bestimmte Luftfahrzeuge entweder nicht eintragungspflichtig sind oder jedenfalls nicht eingetragen wurden, muss die Staatszugehörigkeit auf andere Weise ermittelt werden. Maßgeblich dürfte das Recht des Staates sein, mit dem das Luftfahrzeug die engste Verbindung hat.[57] Dafür wird in erster Linie der Staat in Betracht kommen, von dem aus das Luftfahrzeug **ständig eingesetzt** wird. Führt auch dies nicht zum Ziel – wie etwa bei einem von wechselnden Staaten aus eingesetzten Heißluftballon – wird im Zweifel die **Herkunft des Betreibers** den Ausschlag geben müssen. Demnach ist bei natürlichen Personen deren gewöhnlicher Aufenthalt und bei juristischen Personen oder Gesellschaften der Sitz der betroffenen Niederlassung, hilfsweise der Hauptverwaltung maßgeblich. Sollte einmal auch dies zu keinem eindeutigen Ergebnis führen, muss auf andere Weise ermittelt werden, mit welchem Staat das Luftfahrzeug **am engsten verbunden** ist. 46

---

[56] AA wohl BeckOGK/*Prütting/A. Zimmermann* Rn. 36.

[57] Im Ergebnis ebenso, wenngleich Art. 46 heranziehend, NK-BGB/*v. Plehwe* Rn. 6; Staudinger/*Mansel,* 2015, Rn. 109.

47 Bei Raumfahrzeugen und anderen **Weltraumgegenständen** (→ Rn. 18) sind die Einzelheiten zur Registrierung im WRegÜ[58] geregelt. Danach existieren für Weltraumgegenstände sowohl einzelstaatliche Register im jeweiligen Startstaat (Art. II Abs. 1 WRegÜ) als auch ein Gesamtregister beim Generalsekretär der Vereinten Nationen (Art. III Abs. 1 WRegÜ). Für die Anknüpfung muss es auf das einzelstaatliche Register ankommen.

48 **b) Wasserfahrzeuge. aa) Register.** Bei Wasserfahrzeugen soll sich der Herkunftsstaat in erster Linie nach der **Registereintragung** bestimmen. Dabei stellt sich die Schwierigkeit, dass – anders als bei Luftfahrzeugen (→ Rn. 44) – quasi weltweit geltende internationale Abkommen über die Registrierung fehlen.[59] Der 1989 von der Kommission vorgelegte Vorschlag zur Einrichtung eines europäischen Schiffsregisters (EUROS) ist nie umgesetzt worden. Die meisten Rechtsordnungen kennen mehrere einschlägige Register, so etwa das deutsche Recht das Schiffsregister nach dem SchiffRG iVm der SchRegO und der VO zur Durchführung der SchRegO, das Flaggenregister nach § 21 FlRV iVm § 3 FlRG, das Internationale Seeschifffahrtsregister (ISR)[60] sowie weitere Register geringerer Bedeutung. Maßgeblich für Art. 45 Abs. 1 S. 2 Nr. 2 ist stets dasjenige Register, in das **sachenrechtliche Eintragungen** vorgenommen werden, also insbesondere das Eigentum sowie beschränkt dingliche Rechte.[61] Zur Umregistrierung von Fracht- und Fahrgastschiffen innerhalb der Union vgl. die VO (EG) 789/2004.[62]

49 Ist ein Schiff ausnahmsweise in **verschiedenen Staaten in Register eingetragen,** die sachenrechtliche Bedeutung haben, wird teilweise auf den Ort der Erstregistrierung,[63] teilweise auf die nachrangigen Anknüpfungspunkte des Heimathafens bzw. Heimatorts abgestellt.[64] Schon wegen des möglichen Gutglaubensschutzes, der an eine Registereintragung geknüpft sein kann (→ Rn. 65), sollte man in diesem Fall nicht ohne Not auf einen Staat ausweichen, in dem keine Eintragung vorliegt. Es stehen damit nur die verschiedenen Registerstaaten zur Auswahl. Grundsätzlich sollte die zeitlich **frühere Registrierung** entscheidend sein, weil Dritte, die auf sie vertrauen, bei typisierender Betrachtung am schutzwürdigsten sind. Eine Ausnahme muss aber dann gelten, wenn die frühere Registrierung nach dem Recht des betreffenden Staates – zB anlässlich einer wirksamen Veräußerung ins Ausland – nur **versehentlich nicht gelöscht** wurde, weil einer unrichtigen Eintragung kollisionsrechtlich nicht mehr Wirkungen zukommen dürfen als einer richtigen.

50 Die von einem Schiff geführte **Flagge** ist in aller Regel mit dem Registerstaat identisch. Das muss jedoch nicht so sein, weil die meisten Rechtsordnungen die Möglichkeit einer vorübergehenden „Ausflaggung" bzw. „Einflaggung" kennen, etwa wenn der Betrieb des Wasserfahrzeugs für gewisse Zeit einem ausländischen Ausrüster überlassen wird. Aus diesem Grund hat der Gesetzgeber die Anknüpfung an den Registerstaat auch der Anknüpfung an die Flagge vorgezogen. Da die Berufung des Flaggenrechts international weit verbreitet ist,[65] kommt dieses häufig kraft Rück- oder Weiterverweisung (→ Rn. 62 f.) zur Anwendung.[66]

51 **bb) Heimathafen oder Heimatort.** Bei Wasserfahrzeugen, die nicht in sachenrechtlich relevanter Weise in ein Register eingetragen sind, wird hilfsweise an den Heimathafen oder Heimatort angeknüpft.[67] Die gesetzlichen Begriffe des Heimathafens oder Heimatorts stehen zueinander nicht in einem Rangverhältnis. Vielmehr hat sich der Gesetzgeber damit terminologisch am deutschen Sprachgebrauch orientiert, wonach bei Seeschiffen von einem Heimathafen (vgl. § 480 HGB aF),

---

58 Übereinkommen über die Registrierung von in den Weltraum gestarteten Gegenständen vom 14.1.1975 (BGBl. 1979 II 650); dazu auch Staudinger/*Mansel,* 2015, Rn. 105.

59 Für die Bundesrepublik nicht in Kraft sind das Genfer Übereinkommen vom 9.12.1930 über die Registrierung von Binnenschiffen, dingliche Rechte an diesen Schiffen und andere zusammenhängende Fragen (Textauszug bei *Makarov* Quellen II 806 f.); Genfer Übereinkommen vom 25.1.1965 über die Eintragung von Binnenschiffen, Text: öst. BGBl. 1982 Nr. 278 S. 1173 (1183) mit Prot. Nr. 1 über die dinglichen Rechte an Binnenschiffen.

60 Gesetz zur Einführung eines zusätzlichen Registers für Seeschiffe unter Bundesflagge im internationalen Verkehr vom 23.3.1989, BGBl. 1989 I 550; hierzu *Herber* Hansa 1988, 645 ff.; *Rostek* Hansa 1988, 648 ff.; *Kostka,* Zweitregister für Seeschiffe, 1992.

61 *Kreuzer* RabelsZ 65 (2001), 383 (453); *Looschelders* Art. 45 Rn. 8.

62 VO (EG) 789/2004 vom 21.4.2004 zur Umregistrierung von Fracht- und Fahrgastschiffen innerhalb der Gemeinschaft (ABl. EG 2004 L 138, 19).

63 Staudinger/*Mansel,* 2015, Rn. 132 mwN.

64 → 3. Aufl. 1998, Anh. I Art. 38 Rn. 138 *(Kreuzer).*

65 Staudinger/*Stoll,* 1996, IntSachenR Rn. 375 mwN; *Stoll* IPRax 2000, 259 (263).

66 *Stoll* IPRax 2000, 259 (266).

67 So auch schon die „Segelyacht"-Entscheidung, BGH NJW 1995, 2097 (2098) sowie, bereits unter Hinweis auf Art. 45, BGH NJW-RR 2000, 1583; ferner BeckOGK/*Prütting/A. Zimmermann* Rn. 52; BeckOK BGB/*Spickhoff* Rn. 5; Grüneberg/*Thorn* Rn. 2.

bei Binnenschiffen dagegen von einem Heimatort (vgl. § 6 BinSchG) gesprochen wird. Angesichts der ausdrücklichen Bezugnahme auf die entsprechenden Definitionen des deutschen materiellen Rechts durch die Gesetzesmaterialien[68] können diese zur Auslegung von Art. 45 Abs. 1 S. 2 Nr. 2 mit herangezogen werden.[69]

Maßgeblich ist danach der Hafen bzw. Ort, von dem aus die **Schifffahrt mit dem Wasserfahrzeug betrieben** wird (§ 6 Abs. 1 BinSchG, § 480 Abs. 1 HGB aF). Indizien dafür sind etwa, dass das Schiff diesen Ort zur Aufnahme von Passagieren und Fracht immer wieder anläuft, dass es dorthin immer wieder zu Reparatur- und Wartungszwecken verbracht wird oder dass es dort immer wieder vor Anker geht, wenn es nicht in Betrieb ist.[70] Dabei ist in erster Linie in die Vergangenheit zu blicken. Bestehen aber eindeutige Anhaltspunkte für einen dauerhaften Wechsel des Betriebsorts (zB Veräußerung), ist stattdessen eine Prognose anzustellen, an welchem Ort diese Kriterien in Zukunft erfüllt sein werden. Auf diese Weise kann ggf. schon mit der Veräußerung usw ein Statutenwechsel eintreten. Zweifelhaft erscheint, ab welcher Dauer ein nur vorübergehender Wechsel des Einsatzorts zu einem Wechsel des Heimathafens bzw. Heimatorts führt. Hier wird man nach den Umständen des Einzelfalls auf die Verkehrsauffassung abstellen müssen. **52**

Ist nach Beachtung der dargelegten Grundsätze ein Heimathafen oder Heimatort nicht eindeutig auszumachen, ist nach allgemeinen kollisionsrechtlichen Grundsätzen die **engste Verbindung** maßgeblich.[71] Dabei bietet es sich an, in Anlehnung an § 6 Abs. 2 BinSchG, aber unter Berücksichtigung kollisionsrechtlicher Vorgaben, im Zweifel auf den Ort abzustellen, an dem sich die betreffende Niederlassung, hilfsweise die Hauptverwaltung des Reeders bzw. Schiffseigners oder Ausrüsters befindet.[72] Bei natürlichen Personen sollte der Ort des gewöhnlichen Aufenthalts entscheiden. Damit kann auch ein Ort des Binnenlands als Herkunftsort des Schiffes in Betracht kommen. **53**

c) Schienenfahrzeuge. Bei Schienenfahrzeugen wird der Herkunftsstaat durch die Anknüpfungsleiter des Art. 45 Abs. 1 S. 2 Nr. 3 lit. a–c bestimmt. Der Hintergrund der Vorschrift ist durch das internationale bzw. insbesondere europäische Recht geprägt. Art. 3 ff. Anh. G COTIF[73] (ATMF) setzen zwar in allen Vertragsstaaten ein Zulassungsverfahren voraus, betreffen allerdings nur die Zulassung für den internationalen Verkehr. Innerhalb der Union ist für Eisenbahnen ein harmonisiertes Zulassungsverfahren durch das 4. Eisenbahnpaket (VO (EU) 2016/796,[74] RL (EU) 2016/797,[75] RL (EU) 2016/798[76]) und die Durchführungsverordnung VO 2018/545[77] eingeführt worden. Hiernach erteilt nunmehr die **Eisenbahnagentur der Europäischen Union (ERA)** erforderliche Genehmigungen für das Inverkehrbringen von Schienenfahrzeugen, deren Verwendungsbereich in einem oder mehreren Mitgliedstaaten liegt (Art. 21 Abs. 5–7 RL (EU) 2016/797). Bevor ein Schienenfahrzeug nach Erhalt der Genehmigung für das Inverkehrbringen erstmals verwendet werden darf, ist es auf Antrag des Halters zudem im **Europäischen Fahrzeugeinstellungsregister** iSd Art. 47 Abs. 5 RL (EU) 2016/797 einzutragen (Art. 22 Abs. 1 RL (EU) 2016/797). Dies erfolgt mittels einer **europäischen Fahrzeugnummer (EVN),** die eine entsprechende Länderkennung enthält.[78] **54**

Art. 45 Abs. 1 S. 2 Nr. 3 lit. a knüpft bezüglich des Herkunftsstaates für Schienenfahrzeuge zunächst an den **Staat der Zulassung** an. Entscheidend kann nur eine Zulassung auf Grund eines Verwaltungsverfahrens sein, das zu einer Eintragung in einem Register bzw. in einer sonstigen öffentlich-rechtlichen Datenerfassungsstelle führt und eine Rückverfolgung wichtiger Daten, wie **55**

---

68 BT-Drs. 14/343, 17.

69 IdS auch Staudinger/*Mansel,* 2015, Rn. 141.

70 Staudinger/*Mansel,* 2015, Rn. 142.

71 IdS auch Staudinger/*Mansel,* 2015, Rn. 143.

72 § 6 Abs. 2 BinSchG stellt auf den Ort ab, an dem sich die Geschäftsniederlassung, bei mehreren Niederlassungen die Hauptniederlassung und in Ermangelung einer Geschäftsniederlassung der gewöhnliche Wohnsitz des Schiffseigners befindet. Im Kollisionsrecht (vgl. nur Art. 4, 19 Abs. 2 Rom I-VO, Art. 40 Abs. 2 EGBGB) wird hingegen der Niederlassung Vorrang vor der Hauptverwaltung eingeräumt und iÜ nicht auf den Wohnsitz, sondern auf den gewöhnlichen Aufenthalt abgestellt.

73 Eisenbahnverkehr-Übereinkommen – Convention relative aux transports internationaux ferroviaires (COTIF) vom 9.5.1980 (BGBl. 1985 II 132).

74 VO (EU) 2016/796 vom 11.5.2016 über die Eisenbahnagentur der Europäischen Union und zur Aufhebung der VO (EG) Nr. 881/2004, ABl. EU 2016 L 138, 1.

75 RL (EU) 2016/797 vom 11.5.2016 über die Interoperabilität des Eisenbahnsystems in der Europäischen Union, ABl. EU 2016 L 138, 44.

76 RL (EU) 2016/798 vom 11.5.2016 über Eisenbahnsicherheit, ABl. EU 2016 L 138, 102.

77 DVO (EU) 2018/545 der Kommission vom 4.4.2018 über die praktischen Modalitäten für die Genehmigung für das Inverkehrbringen von Schienenfahrzeugen und die Genehmigung von Schienenfahrzeugtypen gemäß der Richtlinie (EU) 2016/797, ABl. EU 2018 L 90, 66.

78 Anh. 6 Durchführungsbeschluss der Kommission vom 25.10.2018, ABl. EU 2018 L 268, 53.

etwa Typ, Baujahr, Datum der letzten Instandsetzung und Eigentümer bzw. Betreiber ermöglicht.[79] Nicht genügen kann dagegen eine bloße technische Überwachung, selbst wenn diese durch eine Prüfplakette am Wagen nachgewiesen und regelmäßig durch öffentliche Stellen kontrolliert wird. Ebenso wenig kann die bloß intern relevante Zulassung und Erfassung durch eine (meist privatrechtlich organisierte) Eisenbahngesellschaft genügen.[80] Die Vorschrift stellt nicht darauf ab, für welchen Staat der Wagen zugelassen ist, sondern darauf, **in welchem Staat** die Zulassung erfolgte.[81] Eine etwaige Zulassung für den Auslandseinsatz ist daher irrelevant.[82] Sollte ein Schienenfahrzeug gleichzeitig in verschiedenen Staaten zugelassen sein, ist die zeitlich frühere Zulassung maßgeblich (vgl. → Rn. 49).[83]

56 Aufgrund der europäischen Harmonisierung beschränkt sich die Anwendung der an den Staat der Zulassung anknüpfenden Normalternative nunmehr zum einen auf **außerhalb des Geltungsbereichs des 4. Eisenbahnpakets liegende Schienenfahrzeuge.** Dies betrifft Untergrundbahnen, Straßenbahnen und solche Fahrzeuge, die ausschließlich vom Eisenbahnsystem der Union funktional getrennte örtliche Verkehrsnetze nutzen (Art. 1 Abs. 3 RL (EU) 2016/797). Zum anderen ist auch innerhalb des Anwendungsbereichs des maßgeblichen EU-Rechts eine nationale Zulassung weiterhin für solche Eisenbahnfahrzeuge möglich, deren **Verwendungsgebiet sich auf ein oder mehrere Netze im Hoheitsgebiet eines Mitgliedstaats beschränkt** (Art. 21 Abs. 8 RL (EU) 2016/797). In Deutschland ist eine Zulassung für Eisenbahnen in §§ 9 ff. EIGV[84] geregelt. Gem. § 38a EIGV erfolgt auch hier eine Registrierung im Europäischen Fahrzeugeinstellungsregister. Die Zulassungen von anderen Schienenfahrzeugen wie insbesondere U-Bahnen und Straßenbahnen richten sich demgegenüber nach den §§ 2 Abs. 1 Nr. 1, 9 Abs. 1 Nr. 1 PBefG.

57 Ist eine Zulassung im hier geforderten Sinn nicht erfolgt, ist subsidiär auf den **Staat der Registrierung** (Art. 45 Abs. 1 S. 2 Nr. 3 lit. b) abzustellen. Ist das Schienenfahrzeug in einem supranationalen Register eingetragen, ist das **Recht jenes Staates** anzuwenden, **dem das Schienenfahrzeug in diesem Register zugeordnet** ist (Art. 45 Abs. 1 S. 2 Nr. 3 lit. c). Letzteres ist insbesondere für den grenzüberschreitenden Eisenbahnverkehr innerhalb der EU relevant, bei dem die ERA die entsprechende Registrierung vornimmt. Hierbei entscheidet über den Herkunftsstaat die im Europäischen Fahrzeugeinstellungsregister eingetragene Länderkennung, die sich aus der **EVN** ergibt.[85]

58 Fehlt es dagegen sowohl an einer Zulassung als auch einer Registrierung, enthält Art. 45 keine weitere Anknüpfungsregelung. In einem solchen Fall ist letztlich auf den Staat abzustellen, mit dem das Schienenfahrzeug **am engsten verbunden** ist. Dafür ist wichtigstes Indiz der Sitz der Betreibergesellschaft bzw. des Unternehmers, der die Verantwortung für den Einsatz trägt.[86]

59 **2. Maßgeblicher Zeitpunkt. a) Allgemeiner Grundsatz.** Wie bei Art. 43 Abs. 1 ist maßgeblicher Zeitpunkt für die Anknüpfung der Zeitpunkt, zu dem die infrage stehende **Rechtsfolge** eingetreten ist bzw. eingetreten sein soll, dh der betreffende sachenrechtliche Tatbestand vollendet wurde (→ Art. 43 Rn. 115 f.).

60 **b) Schutz wohlerworbener Rechte.** Bei der Anknüpfung an den Herkunftsstaat gem. Art. 45 Abs. 1 kann es zu einem **Statutenwechsel** etwa dann kommen, wenn ein eingetragenes Luftfahrzeug oder ein registriertes Schiff in das öffentliche Register eines anderen Staates überschrieben wird, wenn ein nicht eingetragenes Luftfahrzeug oder nicht registriertes Wasserfahrzeug den Betriebsort wechselt oder wenn ein Schienenfahrzeug in einem anderen Staat zugelassen wird. Weiterhin kommt es zu einem Statutenwechsel vielfach dann, wenn der Anwendungsbereich von Art. 45 eröffnet oder verlassen wird, beispielsweise wenn aus einem Schiffsbauwerk ein Schiff oder aus einem Schiff ein Wrack wird (→ Rn. 28 ff.). Wie bei Art. 43 bleibt es dann hinsichtlich abgeschlossener sachenrechtlicher Tatbestände bei der Geltung des alten Sachstatuts (unwandelbares Rechtsbestandsstatut), während das neue Sachstatut über die **Wirkungen bestehender Rechte** entscheidet (wandelbares Rechtswirkungsstatut). Das ergibt sich richtigerweise

---

79 AA Staudinger/*Mansel,* 2015, Rn. 157, der Angaben zu Eigentümer oder Betreiber für nicht erforderlich hält.

80 Staudinger/*Mansel,* 2015, Rn. 156.

81 Staudinger/*Mansel,* 2015, Rn. 155.

82 BT-Drs. 14/343, 17.

83 Staudinger/*Mansel,* 2015, Rn. 162; BeckOGK/*Prütting/A. Zimmermann* Rn. 56.

84 Eisenbahn-Inbetriebnahmegenehmigungsverordnung vom 26.7.2018, BGBl. 2018 I 1270.

85 BeckOGK/*Prütting/A. Zimmermann* Rn. 59; juris-PK-BGB/*Teubel,* Rn. 13.

86 Grüneberg/*Thorn* Rn. 2; BeckOK BGB/*Spickhoff* Rn. 6; Staudinger/*Mansel,* 2015, Rn. 164; BeckOGK/*Prütting/A. Zimmermann* Rn. 60; *Kühl/Simsa* WM 2021, 2224 (2227); vgl. auch die Regelung in § 33 Abs. 1 IPRG Österreich.

bereits aus allgemeinen Grundsätzen, so dass dahinstehen kann, ob Art. 43 Abs. 2 auf Transportmittel analog anwendbar ist.[87]

Zur Sicherung der Inhaber dinglicher Rechte an einem **Luftfahrzeug** kann nach Art. IX LuftFzgA (→ Rn. 5 ff.) eine Überschreibung nur erfolgen, wenn die Inhaber der eingetragenen Rechte vorher befriedigt worden sind oder zugestimmt haben. Nach Art. II Abs. 3 LuftFzgA kann jeder Vertragsstaat die Eintragung eines Rechts an einem Luftfahrzeug untersagen, das nach seinen nationalen Gesetzen nicht wirksam begründet werden kann. Eine erwähnenswerte Regelung findet sich diesbezüglich in **§ 107 Abs. 1 LuftRG,** wonach ausländische Pfandrechte mit Umschreibung des Flugzeugs in die deutsche Luftfahrzeugrolle erlöschen, der Inhaber vom Eigentümer aber als Ersatz die Bestellung eines vorrangigen Registerpfandrechts nach deutschem Recht verlangen kann. 61

3. Umfang der Verweisung. Hinsichtlich der Verweisung auf das Recht des Herkunftsstaats in Art. 45 Abs. 1 ist umstritten, ob sie eine Kollisionsnormverweisung oder eine Sachnormverweisung darstellt. Für das Vorliegen einer Sachnormverweisung wird geltend gemacht, dass die Materie angesichts des LuftFzgA (→ Rn. 5 ff.) sowie möglicher künftig in Kraft tretender Übereinkommen **durch staatsvertragliche Regelungen geprägt** ist.[88] Da Verweisungen in Staatsverträgen aber in aller Regel Sachnormverweisungen sind (ausführlich → Art. 4 Rn. 109 ff.)[89] und die staatsvertraglichen Regelungen dem autonomen Kollisionsrecht vorgehen (Art. 3 Nr. 2), müsste für Teile des Anwendungsbereichs ohnehin von einer Sachnormverweisung ausgegangen werden. Damit spricht das Argument der Praktikabilität dafür, insgesamt eine Rück- und Weiterverweisung auszuschließen. 62

Soweit **Rechte an Luftfahrzeugen** betroffen sind, muss wegen des staatsvertraglichen Hintergrunds in der Tat eine Sachnormverweisung angenommen werden.[90] Innerhalb der Rechte an Luftfahrzeugen noch einmal zu differenzieren zwischen Fragen, die vom LuftFzgA geregelt sind, und ausschließlich durch Art. 45 geregelten Fragen, ist nicht angängig. Hinsichtlich aller **anderen erfassten Transportmittel** hat es aber beim Grundsatz der Kollisionsnormverweisung nach Art. 4 Abs. 1 S. 1 zu bleiben,[91] weil sich das Argument vorrangiger staatsvertraglicher Teilregelungen bei fast allen Verweisungen des EGBGB anführen ließe und im Übrigen ein Widerspruch zum Sinn der Verweisung nicht ersichtlich ist. 63

V. Einzelfragen

1. Unteranknüpfung bei Mehrrechtsstaaten. Wird auf einen Staat mit mehreren Teilrechtsordnungen verwiesen, so wird die maßgebliche **Teilrechtsordnung** meist nur bei der Anknüpfung an den Heimathafen oder Heimatort (Art. 45 Abs. 1 S. 2 Nr. 2 Alt. 2), an das Forderungsstatut (Abs. 2 S. 1) und an den Lageort (Abs. 2 S. 2 iVm Art. 43 Abs. 1) unmittelbar bezeichnet, weil die entsprechenden Register für Luft-, Wasser- und Schienenfahrzeuge meist auf nationaler Ebene geführt werden.[92] Im Übrigen ist nach Art. 4 Abs. 3 zu verfahren. 64

2. Gutglaubensschutz. Bei mehrfachen oder unwirksamen (zB gefälschten) **Registrierungen oder Zulassungen** von Fahrzeugen kann die Frage auftreten, ob gutgläubige Dritte in ihrem Vertrauen auf die Anwendbarkeit einer bestimmten Rechtsordnung geschützt werden. Bei Eintragung eines Schiffes in ein deutsches Schiffsregister wird dies analog § 16 SchiffRG vertreten.[93] Das erscheint zweifelhaft, weil die Orientierung an den subjektiven Vorstellungen einer bestimmten Person dem internationalen Sachenrecht fremd ist. Eine umfassende systematische Behandlung von Rechtsscheinstatbeständen ist im deutschen IPR noch nicht erfolgt.[94] 65

3. Ordre public. Der Vorbehalt des ordre public wird bei Anknüpfungen nach Art. 45 in ähnlichen Fallgruppen relevant werden wie bei der Anknüpfung nach Art. 43. Die Vorbehaltsklausel greift jedenfalls nicht ein bei Verletzung eines in Deutschland geltenden Publizitätsgrundsatzes, so etwa durch ein form- und ranglos bestelltes Schiffspfandrecht.[95] Im Übrigen → Art. 43 Rn. 123. 66

[87] Staudinger/*Mansel,* 2015, Rn. 78 wendet Art. 43 Abs. 2 entsprechend an.
[88] → 3. Aufl. 1998, Anh. I Art. 38 Rn. 163 *(Kreuzer).*
[89] Vgl. Erman/*Stürner* Art. 4 Rn. 2.
[90] PWW/*Brinkmann* Rn. 5.
[91] So auch Staudinger/*Stoll,* 1996, IntSachenR Rn. 399; NK-BGB/*v. Plehwe* Rn. 4.
[92] Staudinger/*Stoll,* 1996, IntSachenR Rn. 404 will hilfsweise an die Eintragung in privatrechtliche Register anknüpfen. Das erscheint mir in dieser Allgemeinheit nicht empfehlenswert, weil eine deutlich engere Verbindung zu einer anderen Teilrechtsordnung vorliegen kann.
[93] Staudinger/*Stoll,* 1996, IntSachenR Rn. 377 aE; aA nun aber Staudinger/*Mansel,* 2015, Rn. 135.
[94] S. aber *Bach* IPRax 2011, 116; *Fischer* IPRax 1989, 215.
[95] BGH NJW 1991, 1418 (1419); *Looschelders* Rn. 4.

C. Sicherungsrechte (Abs. 2)

I. Entstehung gesetzlicher Sicherungsrechte

67 **1. Gesetzliche Sicherungsrechte.** Betroffen von der besonderen Anknüpfung in Art. 45 Abs. 2 S. 1 sind ausschließlich gesetzliche Sicherungsrechte an Fahrzeugen iSv Art. 45 Abs. 1.[96] Es muss sich also um dingliche Rechte handeln, die erstens der Sicherung einer Forderung dienen und die zweitens kraft Gesetzes, also ohne gesondertes dingliches Rechtsgeschäft **allein durch Begründung der gesicherten Forderung,** entstehen.[97] Dem Entstehen ist es gleichzustellen, wenn das schon vorher entstandene Sicherungsrecht allein durch Begründung der gesicherten Forderung auf den Gläubiger übergeht. Solche Sicherungsrechte sind notwendigerweise in ihrer Entstehung, in aller Regel aber auch in ihrem weiteren Schicksal, streng akzessorisch.

68 Als Sicherungsrechte kommen Berechtigungen **unterschiedlichster Art** in Betracht, etwa Faustpfandrechte sowie besitzlose Pfandrechte und Hypotheken (dh Rechte, die eine Befriedigung aus der Sache ermöglichen), dingliche Zurückbehaltungsrechte oder auch (prozessuale) Rechte auf vorzugsweise Befriedigung in Zwangsvollstreckung und Insolvenz, sofern sie funktionell materiellrechtlichen Sicherungsrechten vergleichbar sind (→ Art. 43 Rn. 71 ff.).[98]

69 **2. Reichweite der besonderen Anknüpfung. a) Entstehung.** Dem Wortlaut von Art. 45 Abs. 2 S. 1 nach gilt die besondere Anknüpfung für die **Entstehung** gesetzlicher Sicherungsrechte. Das Forderungsstatut entscheidet demnach beispielsweise darüber, ob eine schuldrechtliche Forderung ihrer Art nach ein gesetzliches Sicherungsrecht nach sich zieht, ob dies nur an Sachen des Schuldners oder ggf. auch an schuldnerfremden Sachen geschieht, in wessen Besitz die Sache sein muss und welche weiteren Voraussetzungen erfüllt sein müssen. Das Forderungsstatut muss aber auch eine Entscheidung darüber treffen, welcher Art das Sicherungsrecht ist. Mindestens die **wesentlichen Merkmale** des Sicherungsrechts – namentlich die Frage der Besitzverhältnisse sowie der Charakter als Zurückbehaltungsrecht, Verwertungsrecht, Vorzugsrecht usw – sind damit gleichfalls dem Forderungsstatut zu entnehmen.

70 **b) Wirkungen.** Damit drängt sich die Frage auf, welches Recht für den **genauen Inhalt** und die **Ausübung** gesetzlicher Sicherungsrechte bestimmend ist. Das betrifft so praktisch relevante Fragen wie Erfassung von Zubehör, Drittwirkung des Sicherungsrechts, Sorgfaltspflichten des Gläubigers im Umgang mit der Sache, Abwendungsbefugnisse des Schuldners, Ablösungsrechte Dritter, Voraussetzungen der Verwertung, unzulässige Rechtsausübung, Umfang der Akzessorietät, Erstreckung auf weitere bzw. neue Forderungen usw.

71 Naheliegend wäre es zunächst, diesen Bereich auf Grund eines argumentum e contrario aus Art. 45 Abs. 2 S. 1 und S. 2 dem für Transportmittel maßgeblichen Sachstatut, also dem **Recht des Herkunftsstaates** nach Art. 45 Abs. 1 zu unterstellen. Die damit entstehende Gemengelage von bis zu drei verschiedenen Rechtsordnungen – Forderungsstatut für Entstehung und wesentliche Merkmale, Herkunftsrecht für genauen Inhalt und Ausübung, lex rei sitae für Rangfolge – würde aber derart schwierige Abgrenzungs- und Anpassungsprobleme heraufbeschwören, dass sie nicht mehr akzeptabel erscheint. Es kommen deshalb nur das Forderungsstatut oder die lex rei sitae in Betracht.

72 Für die **lex rei sitae** spricht, dass die akzessorische Anknüpfung nach Art. 45 Abs. 2 S. 1 eine eigentlich systemwidrige „doppelte" Ausnahme darstellt, deren Wirkungsbereich möglichst zurückgedrängt werden sollte. Durch die Möglichkeit einer Rechtswahl im Schuldvertragsrecht steht es in der Macht der Parteien, gesetzliche Sicherungsrechte nach einer Rechtsordnung entstehen zu lassen, die für außenstehende Dritte in keiner Weise erkennbar sind. Dies widerspricht dem Verkehrsschutzgedanken, der dem internationalen Sachenrecht in besonderer Weise zu Grunde liegt (→ Vor Art. 43 Rn. 15). Da das Genfer Abkommen über die internationale Anerkennung von Rechten an Luftfahrzeugen vom 19.6.1948 (→ Rn. 5 ff.) in Art. IV Abs. 1 LuftFzgA voraussetzt, dass schon die Entstehung gesetzlicher Sicherungsrechte sich nach der lex rei sitae richtet, würde man auch den Widerspruch zur staatsvertraglichen Regelung zumindest etwas entschärfen.

73 Für eine Maßgeblichkeit des **Forderungsstatuts** spricht dagegen, dass diesem Recht in der Regel auch etwaige schuldrechtliche Zusatzabreden unterstehen, die für Inhalt und Ausübung des Sicherungsrechts von Bedeutung sein können. Methodisch ist dieses Ergebnis aus Art. 45 heraus

---

[96] Sofern nicht das gesetzliche Sicherungsrecht, sondern Ansprüche aus unerlaubter Handlung im Zusammenhang mit der missbräuchlichen Ausnutzung des Rechtsschutzsystems eines anderen Staates verfahrensgegenständlich sind, ist Art. 45 nicht anwendbar; vgl. OLG Hamburg BeckRS 2019, 18529 = RdTW 2019, 343.

[97] Staudinger/*Mansel,* 2015, Rn. 205.

[98] Staudinger/*Stoll,* 1996, IntSachenR Rn. 274 f.

einfacher zu begründen, weil es sich mit einer weiten Interpretation des Begriffs „Entstehung" in Art. 45 Abs. 2 S. 1 erzielen lässt. Vor allem aber lassen sich nur auf diese Weise die erheblichen Abgrenzungsprobleme und Unsicherheiten vermeiden, die bei der Entscheidung auftreten, ob eine Frage noch zu den wesentlichen Merkmalen des Sicherungsrechts (und daher zur Entstehung) oder aber bereits zum genauen Inhalt gehört. Diese **Gründe überwiegen.**

c) Rangfolge. Für die Rangfolge gesetzlicher Sicherungsrechte ist gemäß der insoweit speziellen Regelung des **Art. 45 Abs. 2 S. 2** die Standardanknüpfung des Art. 43 Abs. 1 maßgeblich, dh zur Anwendung berufen wird die lex rei sitae.[99] Das muss auch für die Frage des gutgläubigen Erwerbs einer bestimmten Rangposition gelten. 74

d) Erlöschen. Da das Erlöschen des Sicherungsrechts nur die Kehrseite von seiner Entstehung ist, muss auch dieser Fragenkomplex dem **Forderungsstatut** unterliegen.[100] Das betrifft insbesondere die Frage, ob das Sicherungsrecht durch Zeitablauf, durch Rückgabe des Transportmittels oder durch bestimmte Zahlungen des Schuldners oder eines Dritten erlischt. 75

Anders ist dies dagegen bei der Frage eines **gutgläubig lastenfreien Erwerbs** durch Dritte. Da hier eher eine allgemeine Frage des Eigentumswechsels und seine Konsequenzen betroffen sind, sollte das nach Art. 45 Abs. 1 berufene Sachstatut entscheiden.[101] 76

3. Verweisung. a) Anknüpfungspunkt. Eine gem. Art. 3 Nr. 2 vorrangige Regelung enthält Art. IV Abs. 1 **LuftFzgA** (→ Rn. 5 ff.), der gesetzliche Sicherungsrechte für Ansprüche, die wegen der Bergung des Luftfahrzeugs oder außerordentlicher, zur Erhaltung des Luftfahrzeugs unumgänglich erforderlicher Aufwendungen entstanden sind, der lex rei sitae unterstellt (→ Rn. 7). Diese wird freilich meistens mit dem Forderungsstatut übereinstimmen. 77

Im Übrigen wird bei gesetzlichen Sicherungsrechten **akzessorisch an das Forderungsstatut** angeknüpft. Gleichgültig ist, ob die Forderung privatrechtlicher oder öffentlich-rechtlicher Natur ist und auf welche Rechtsgrundlage sie sich stützt. Ebenso gleichgültig ist, ob das Forderungsstatut auf Grund einer Rechtswahl der Parteien (Art. 3 Rom I-VO) oder auf Grund objektiver Anknüpfung (Art. 4 ff. Rom I-VO) ermittelt wird. 78

b) Maßgeblicher Zeitpunkt. Maßgeblich ist der Zeitpunkt, in dem der fragliche **Entstehungstatbestand** – also in aller Regel die Begründung der gesicherten Forderung – abschließend verwirklicht wird. Zweifelhaft erscheint, ob im Falle einer nachträglichen Rechtswahl der Parteien, etwa nach Art. 3 Abs. 2 Rom I-VO oder Art. 14 Abs. 1 lit. a Rom II-VO, auch hinsichtlich gesetzlicher Sicherungsrechte ein **Statutenwechsel** eintritt. Das wird man konsequenterweise bejahen müssen. Zwar wird dadurch der Verkehrsschutz weiter ausgehöhlt, jedoch hat der Gesetzgeber das durch die akzessorische Anknüpfung bewusst in Kauf genommen. 79

c) Umfang der Verweisung. Die akzessorische Anknüpfung an das Forderungsstatut in Art. 45 Abs. 2 S. 1 führt zu einer **Sachnormverweisung,** weil die Rück- oder Weiterverweisung hier dem Sinn der Verweisung widerspräche (vgl. Art. 4 Abs. 1 S. 1):[102] Würde man hinsichtlich der Entstehung gesetzlicher Sicherungsrechte einen eigenen Renvoi zulassen, wäre der angestrebte Gleichlauf von Forderungs- und Entstehungsstatut vereitelt. Rück- oder Weiterverweisungen können nur in dem Umfang mitverfolgt werden, wie sie für das jeweilige Forderungsstatut gelten, was wegen Art. 20 Rom I-VO aber nur selten der Fall sein wird. 80

II. Rangfolgenstatut

1. Anwendungsbereich. Die Frage der Rangfolge wird von Art. 45 Abs. 2 S. 2 in Abweichung von der Anknüpfung des allgemeinen Sachstatuts (Abs. 1) ebenso wie der Entstehung gesetzlicher Sicherungsrechte (Abs. 2 S. 1) nach Art. 43 Abs. 1 der **lex rei sitae** unterstellt. Ganz sicher betrifft diese Anknüpfung die gesetzlichen Sicherungsrechte iSv Abs. 2 S. 1. Schwieriger zu beantworten ist die Frage, ob das Rangfolgenstatut für Sicherungsrechte an Transportmitteln allgemein nach Art. 43 Abs. 1 ermittelt wird, dh ob von Art. 45 Abs. 2 S. 2 auch vertragliche Sicherungsrechte und andere beschränkte dingliche Rechte umfasst sind. 81

---

[99] Nach *Stoll* IPRax 2000, 259 (268) soll es sich dabei nur um eine formale Ordnungsvorschrift handeln, die ohne Wirkung für die materiellrechtliche Rechtslage ist. Das erscheint mir zweifelhaft, zumal offenbleibt, welches Recht denn dann über die materiellrechtliche Rangfolge entscheidet.

[100] Staudinger/*Mansel,* 2015, Rn. 208.

[101] Staudinger/*Mansel,* 2015, Rn. 210.

[102] Grüneberg/*Thorn* Art. 4 Rn. 8; *Looschelders* Rn. 3; HK-BGB/*Dörner* Art. 45 Rn. 4; *Rauscher* NJW 1988, 2151 (2154); *Pfeiffer* IPRax 2000, 270 (271) auch zur Sachnormverweisung auf Grund mittelbarer Rechtswahl; NK-BGB/*v. Plehwe* Rn. 4; iErg auch *Stoll* IPRax 2000, 259 (267); PWW/*Brinkmann* Rn. 7; BeckOK BGB/*Spickhoff* Rn. 10; Grüneberg/*Thorn* Rn. 1; Staudinger/*Mansel,* 2015, Rn. 213, 229.

82 Dem Wortlaut nach unterscheidet die Regelung nicht zwischen gesetzlichen und vertraglichen Sicherungsrechten, müsste also an sich für beide gleichermaßen Geltung besitzen.[103] Andererseits deutet die systematische Stellung unmittelbar hinter der Regelung über gesetzliche Sicherungsrechte (dh nicht in einem eigenen Absatz) darauf hin, dass nur gesetzliche Sicherungsrechte gemeint sind.[104] Für diese Interpretation finden sich auch Anhaltspunkte in den Gesetzesmaterialien.[105] Schon aus praktischen Gründen müssen aber **gesetzliche wie vertragliche Sicherungsrechte umfasst** sein.[106] Denn sobald an einem Transportmittel mindestens zwei gesetzliche Sicherungsrechte und ein vertragliches Sicherungsrecht bestehen, könnte es anderenfalls zu einer schwer aufzulösenden Kollision zweier unterschiedlicher Rechtsordnungen kommen. Nur wenn ausschließlich vertragliche Sicherungsrechte aufeinandertreffen, könnte ein Rückgriff auf das gem. Art. 45 Abs. 1 ermittelte Sachstatut Sinn haben. Indessen würde es dann durch jedes hinzukommende gesetzliche Pfandrecht zu einem Statutenwechsel kommen, was nicht sachgerecht wäre. Ferner behält auch dann, wenn nur vertragliche Sicherungsrechte bestehen, die Überlegung des Gesetzgebers Gültigkeit, dass die lex rei sitae bei Vollstreckungsakten in der Regel mit der lex fori zusammenfällt und daher am einfachsten durchsetzbar ist (→ Rn. 3).

83 Die gleichen Argumente, die für die Einbeziehung vertraglicher Sicherungsrechte genannt wurden, lassen sich aber auch ins Feld führen, um die Einbeziehung **anderer beschränkter dinglicher Rechte** zu begründen. Es ergibt schlechthin keinen Sinn, die Rangfolge dinglicher Rechte nach unterschiedlichen Rechtsordnungen zu beurteilen, weil damit das Anliegen des Gesetzgebers vereitelt würde. Daher ist die Rangfolge dinglicher Rechte in **teleologischer Extension** von Art. 45 Abs. 2 S. 2 allgemein nach der lex rei sitae zu bestimmen.

84 **2. Verweisung (Abs. 2 S. 2 iVm Art. 43 Abs. 1).** Auch hinsichtlich der Rangfolge von Sicherungsrechten enthält das Genfer Abkommen über die internationale Anerkennung von Rechten an Luftfahrzeugen **(LuftFzgA)** vom 19.6.1948 (→ Rn. 5 ff.) eine gem. Art. 3 Nr. 2 vorrangige Regelung. Absoluten Vorrang erhalten die gesetzlichen Sicherungsrechte für Ansprüche wegen Bergungsmaßnahmen bzw. außerordentlicher und zur Erhaltung des Luftfahrzeugs unumgänglicher Aufwendungen gem. Art. IV Abs. 1 LuftFzgA. Diese werden untereinander in umgekehrter Reihenfolge der Ereignisse, durch die sie entstanden sind, befriedigt (Art. IV Abs. 2 LuftFzgA). Sofern die Vertragsstaaten auch andere dingliche Rechte anerkennen, als in Art. I Abs. 1 LuftFzgA näher umschrieben, müssen diese Rechte den in Art. I Abs. 1 LuftFzgA genannten jedenfalls im Rang vorgehen (Art. I Abs. 2 S. 2 LuftFzgA). Der Vorrang vertraglicher Sicherungsrechte erstreckt sich auf alle gesicherten Beträge, für Zinsen jedoch nur mit gewissen zeitlichen Einschränkungen (Art. V LuftFzgA).

85 Soweit das LuftFzgA nicht einschlägig ist, gilt gem. Art. 45 Abs. 2 S. 2 iVm Art. 43 Abs. 1 die **lex rei sitae** (zu deren Ermittlung → Art. 43 Rn. 109 ff.).[107] Da die Rangfolge dinglicher Rechte ein Dauerzustand ist, kommt es für die Anknüpfung auf den **jeweiligen Zeitpunkt der Betrachtung** an.

86 Die Verweisung auf die lex rei sitae iSv Art. 43 Abs. 1 ist ebenso wie dort (→ Art. 43 Rn. 117 ff.) grundsätzlich als **Kollisionsnormverweisung** zu verstehen. Allerdings sollte man einer Rück- oder Weiterverweisung nur folgen, wenn damit auf eine einzige Rechtsordnung verwiesen wird. Verweist das Kollisionsrecht der lex rei sitae dagegen hinsichtlich der Rangfolge auf unterschiedliche Rechtsordnungen, widerspräche das dem Sinn der einheitlichen Verweisung in Art. 45 Abs. 2 S. 2 und muss ein solcher Renvoi unbeachtlich sein.

Art. 46 EGBGB Wesentlich engere Verbindung

Besteht mit dem Recht eines Staates eine wesentlich engere Verbindung als mit dem Recht, das nach den Artikeln 43 und 45 maßgebend wäre, so ist jenes Recht anzuwenden.

Schrifttum: *Benecke,* Abhandenkommen und Eigentumserwerb im Internationalen Privatrecht, ZVglRWiss 101 (2002), 362; *Geisler,* Die engste Verbindung im Internationalen Privatrecht, 2001; *Goldt,* Sachenrechtliche Fragen des grenzüberschreitenden Versendungskaufs aus international-privatrechtlicher Sicht, 2002; *v. Hein,* Party Autonomy

[103] So auch *Stoll* IPRax 2000, 259 (268); Staudinger/*Mansel,* 2015, Rn. 217.

[104] So dezidiert *Kreuzer* RabelsZ 65 (2001), 383 (455); wohl auch Erman/*Stürner* Rn. 9.

[105] BT-Drs. 14/343, 18 re. Sp.: „für die Rangfolge gesetzlicher Mobiliarsicherheiten".

[106] BeckOGK/*Prütting/A. Zimmermann* Rn. 81 f.

[107] Es besteht kaum ein Zweifel daran, dass vom Gesetzgeber damit – vorbehaltlich einer Rück- oder Weiterverweisung – die lex rei sitae als materiellrechtlich maßgebliche Rechtsordnung gemeint ist. Die aA, wonach es sich bei der Verweisung nur um eine „formale Ordnungsvorschrift" handele, die die materiellrechtliche Rechtslage unberührt lasse, so *Stoll* IPRax 2000, 259 (268), erscheint sehr kühn, zumal dann offenbleibt, nach welchem Recht sich die materiellrechtliche Rangfolge entscheiden soll.

in International Property Law: A German Perspective, in Westrik/van der Weide, Party Autonomy in International Property Law, 2011, 103; *Hirse,* Die Ausweichklausel im internationalen Privatrecht, 2006; *Hohloch,* Erwerb des Eigentums durch Versicherer und Eigentumserwerb an gestohlenem Pkw bei Verbringung nach Polen, JuS 2001, 609; *Looschelders/Bottek,* Die Rechtsstellung des Versicherers bei Verbringung gestohlener KfZ ins Ausland, VersR 2001, 401; *Mansel,* Normzweck und Tatbestandsstruktur des Art. 46 EGBGB, FS Heldrich, 2005, 899; *Paffenholz,* Die Ausweichklausel des Art. 46 EGBGB, 2006; *Ritterhoff,* Parteiautonomie im internationalen Sachenrecht, 1999; *C. S. Wolf,* Der Begriff der wesentlich engeren Verbindung im internationalen Sachenrecht, 2002.

Übersicht

A. Normzweck

I. Kollisionsrechtliche Ausweichklausel

1 Art. 46 ermöglicht es dem Rechtsanwender, von den Anknüpfungen der Art. 43 und Art. 45 abzuweichen, wenn eine wesentlich engere Verbindung zum Recht eines anderen Staates besteht. Der Gesetzgeber hat damit auch für das internationale Sachenrecht eine **Ausweichklausel**[1] nach dem Vorbild der inzwischen aufgehobenen Art. 28 Abs. 5 (jetzt Art. 4 Abs. 3 Rom I-VO) und Art. 41 geschaffen. Beabsichtigt war, allzu starre Anknüpfungsregeln zu vermeiden und dem Gesetz die nötige Flexibilität zu verleihen, um Einzelfallgerechtigkeit zu gewährleisten und auf atypische Interessenlagen sowie auf solche Sachverhalte adäquat reagieren zu können, die sich einer generellen Regelung entziehen. Die Ausweichmöglichkeit bezieht sich explizit auf die **Anknüpfungen der Art. 43 und Art. 45,**[2] ist allerdings nicht auf ihnen vorrangige staatsvertragliche Regelungen anwendbar.[3]

2 Die Aufnahme von Art. 46 durch den Gesetzgeber, die durch den Deutschen Rat für Internationales Privatrecht nicht empfohlen wurde,[4] hat Gefahren mit sich gebracht, weil unklar bleibt, in welchem Ausmaß die Heranziehung der Ausweichklausel Ausnahmecharakter trägt. Das Meinungsspektrum hierzu in der Lit. ist denkbar breit und die Materialien aus dem Gesetzgebungsverfahren geben nur wenig Aufschluss. Um die in Art. 43 und Art. 45 erfolgte Kodifizierung des internationalen Sachenrechts nicht zu einer leeren Hülle verkommen zu lassen, ist es dringend angeraten, von

[1] Zur Terminologie *Mansel* FS Heldrich, 2005, 899 f.; *Paffenholz,* Die Ausweichklausel des Art. 46 EGBGB, 2006, 79 ff., jeweils mwN; *Hirse,* Die Ausweichklausel im internationalen Privatrecht, 2006, 9 ff.

[2] *Sonnenberger* Rev. crit. dr. int. pr. 88 (1999), 647 (667); BeckOK BGB/*Spickhoff* Rn. 2.

[3] Erman/*Stürner* Rn. 2.

[4] *Henrich* Vorschläge 11. Empfohlen wird eine Ausweichklausel dagegen im Gutachten von *Kreuzer* in Henrich, Vorschläge und Gutachten zur Reform des deutschen internationalen Sachen- und Immaterialgüterrechts, 1991, 156 ff.

der Ausweichklausel nur sehr zurückhaltend Gebrauch zu machen und ihren Anwendungsbereich auf **extreme Ausnahmefälle** zu beschränken.[5]

II. Mögliche Funktionen

3 **1. Ergebniskorrektur im Einzelfall.** Erste und unbestreitbare Funktion von Art. 46 ist die Gewährleistung einer Korrekturmöglichkeit für den Fall, dass die Anwendung der Art. 43 und Art. 45 im konkreten Einzelfall zu einem kollisionsrechtlich gänzlich unbefriedigenden Ergebnis führen sollte.[6] Es ist dabei weder erforderlich noch hinreichend, dass sich ein Einzelfall unter eine der Fallgruppen subsumieren lässt, die zu Art. 46 diskutiert werden. Sind die Tatbestandsvoraussetzungen von Art. 46 (→ Rn. 13 ff.) erfüllt, ist die Norm auch unabhängig davon anzuwenden, ob der Einzelfall sich zur Formulierung einer Fallgruppe anbietet oder nicht.[7]

4 **2. Entwicklung neuer Anknüpfungsregeln.** Nicht selten wird Art. 46 als Freibrief oder sogar als Auftrag für Rspr. und Lehre interpretiert, im Bereich des internationalen Sachenrechts rechtsfortbildend tätig zu werden.[8] So wird es auf dieser Grundlage unternommen, insbesondere für **ganze Sachtypen,** hinsichtlich derer man die gesetzlichen Regelanknüpfungen für unbefriedigend hält, eigenständige Anknüpfungsregeln zu entwickeln.[9] Das wird etwa für Kraftfahrzeuge,[10] für sog. res in transitu,[11] für Reisegepäck[12] oder für Kulturgüter vertreten,[13] und zwar jeweils trotz einer explizit in den Gesetzesmaterialien geäußerten abweichenden Auffassung des Gesetzgebers. Auch sonstige **abstrakt-generell formulierte Regelungszusammenhänge,** so die Sicherungsübereignung im Ausland lagernder Ware,[14] der grenzüberschreitende Erwerb vom Nichtberechtigten,[15] die Übereignung im Ausland befindlicher Schiffe,[16] gesetzliche Pfandrechte des Spediteurs[17] oder gar ganz allgemein internationale Verkehrsgeschäfte[18] sollen unter Heranziehung von Art. 46 abweichenden Anknüpfungsregeln unterliegen.

---

[5] Ebenfalls streng BeckOK BGB/*Spickhoff* Rn. 2; für eine Beschränkung des Anwendungsbereichs auf seltene Ausnahmen mit jeweils unterschiedlichen Argumenten Grüneberg/*Thorn* Rn. 2; Erman/*Stürner* Rn. 5; PWW/*Brinkmann* Rn. 1; *Junker* RIW 2000, 241 (252); *Pfeiffer* IPRax 2000, 270 (274); ähnlich HK-BGB/*Dörner* Rn. 1; zum Verhältnis von Ausweichklauseln zu anderen Regelungen und Prinzipien allgemein *Hirse,* Die Ausweichklausel im internationalen Privatrecht, 2006, 61 ff.

[6] Anders freilich die Schwerpunktsetzung von *Mansel* FS Heldrich, 2005, 899 (902): Danach habe „die einzelfallbezogene Anwendung des Art. 46 noch zurückhaltender zu erfolgen als diejenige der auf Art. 46 gestützten Sonderkollisionsnormen".

[7] Anders wohl *Mansel* FS Heldrich, 2005, 899 (903), allerdings vorwiegend auf die Begründung abstellend.

[8] Vgl. nur etwa Erman/*Stürner* Rn. 5; *Stoll* IPRax 2000, 259 (269 f.); *Kreuzer* RabelsZ 65 (2001), 383 (456); *C. S. Wolf,* Der Begriff der wesentlich engeren Verbindung im internationalen Sachenrecht, 2002, 71 ff.; *Mansel* FS Heldrich, 2005, 899 (901).

[9] So *Stoll* IPRax 2000, 259 (269); *Kreuzer* RabelsZ 65 (2001), 383 (455 f.); Erman/*Stürner* Rn. 5; Staudinger/*Mansel,* 2015, Rn. 10.

[10] *Spickhoff* NJW 1999, 2109 (2114); *Geisler,* Die engste Verbindung im Internationalen Privatrecht, 2001, 334 f.; mit Einschränkungen – Kfz, die dauerhaft dem internationalen Personen- oder Güterverkehr dienen – *Pfeiffer* IPRax 2000, 270 (275); *v. Hoffmann/Thorn* IPR § 12 Rn. 42; BeckOK BGB/*Spickhoff* Art. 45 Rn. 7; BeckOK BGB/*Spickhoff* Art. 46 Rn. 8; tendenziell auch *Goldt,* Sachenrechtliche Fragen des grenzüberschreitenden Versendungskaufs aus international-privatrechtlicher Sicht, 2002, 323; zu Recht zweifelnd dagegen *Junker* RIW 2000, 241 (245 f.); *Junker* IPR § 17 Rn. 21, der nur eine Auflockerung durch Art. 46 EGBGB zulassen will; *C. S. Wolf,* Der Begriff der wesentlich engeren Verbindung im internationalen Sachenrecht, 2002, 150 f.; *Looschelders* Art. 45 Rn. 12; PWW/*Brinkmann* Rn. 3.

[11] BeckOK BGB/*Spickhoff* Rn. 8; *Kegel/Schurig* IPR § 19 VI, S. 774 f., allerdings ohne Art. 46 zu nennen; *Staudinger* DB 1999, 1589 (1593); *Geisler,* Die engste Verbindung im Internationalen Privatrecht, 2001, 334; beschränkt auf bestimmte Verfügungen auch *Junker* RIW 2000, 241 (252); *Kropholler* IPR § 54 IV; *v. Hoffmann/Thorn* IPR § 12 Rn. 39 f.; bei Vorliegen eines zusätzlichen Indizes auf das Bestimmungsortsrecht auch *C. S. Wolf,* Der Begriff der wesentlich engeren Verbindung im internationalen Sachenrecht, 2002, 106 f.

[12] *C. S. Wolf,* Der Begriff der wesentlich engeren Verbindung im internationalen Sachenrecht, 2002, 137 ff.; tendenziell auch *v. Hoffmann/Thorn* IPR § 12 Rn. 12; NK-BGB/*v. Plehwe* Rn. 10.

[13] *Armbrüster* NJW 2001, 3581 (3582); *Kienle/Weller* IPRax 2004, 290 (292); aA *Stoll* IPRax 2000, 259 (269).

[14] *Stoll* IPRax 2000, 259 (265); zu Recht abl. *Dörner* LM Art. 7 ff. Nr. 63 (Bl. 7–7R); *Junker* RIW 2000, 241 (253); *Geisler,* Die engste Verbindung im Internationalen Privatrecht, 2001, 334; *C. S. Wolf,* Der Begriff der wesentlich engeren Verbindung im internationalen Sachenrecht, 2002, 135: „niemals Fallgruppe des Art. 46"; ebenso abl. OLG Saarbrücken BeckRS 2013, 17783.

[15] *C. S. Wolf,* Der Begriff der wesentlich engeren Verbindung im internationalen Sachenrecht, 2002, 107 ff.

[16] *Stoll* IPRax 2000, 259 (267).

[17] *Stoll* IPRax 2000, 259 (270).

[18] Für eine schuldrechtsakzessorische Anknüpfung *Kreuzer* RabelsZ 65 (2001), 383 (456).

Insgesamt nimmt man sich damit die Freiheit heraus, nahezu unbeirrt durch die 1999 erfolgte Kodifizierung die schon vorher vertretenen Standpunkte weiter zu verfolgen. Die früheren Meinungsstreitigkeiten und Unklarheiten wurden dadurch in die aktuelle Rechtslage hineingetragen. Auch wenn sich manche Hinweise in den Gesetzesmaterialien finden lassen,[19] wonach der Gesetzgeber selbst von der Unvollständigkeit und Ergänzungsbedürftigkeit der Art. 43–45 ausging (→ Vor Art. 43 Rn. 23), so spricht doch nichts dafür, die Ergänzungen auf Art. 46 zu stützen. Denn erstens würde dies einer **Missachtung des Normbefehls entsprechen,** wie er sich aus dem Wortlaut von Art. 46 unter Berücksichtigung des Inhalts ergibt, der dem Gedanken der „engsten Verbindung" als Maxime der Normbildung (→ Einl. IPR Rn. 29 ff.) seit den Anfängen des Kollisionsrechts gegeben wurde. Zweitens und vor allem aber bedeutet das eine **Entwertung der Kodifizierung** des internationalen Sachenrechts, die zu einer bloßen „Merkzettelgesetzgebung" degradiert würde.[20] **5**

Zweifellos ist eine in Bahnen fester Fallgruppen bzw. typisierten Sachverhalten verlaufende Anwendung von Art. 46 besser als eine Kette unsystematischer Einzelfallentscheidungen. Die Vergangenheit hat aber gezeigt, dass ohne eine klare gesetzliche Regelung in den kritischen Fallgruppen äußerste Unklarheit über die gebotene Anknüpfung herrschte, so dass von Rechtssicherheit keine Rede sein konnte. Eine Rechtsfortbildung im Bereich des internationalen Sachenrechts ist natürlich nicht ausgeschlossen, muss sich aber in den anerkannten Bahnen der **Methodenlehre** (Analogie, teleologische Reduktion, teleologische Extension) bewegen,[21] setzt also insbesondere eine planwidrige Unvollständigkeit des Gesetzes (Gesetzeslücke) voraus.[22] **6**

3. Korrektur von Redaktionsfehlern. Die Ausweichklausel in Art. 46 dient nach Ansicht verschiedener Autoren auch dazu, die verbleibenden Unzulänglichkeiten und Redaktionsversehen, die sich in Art. 43 und 45 finden, zu korrigieren. Insbesondere wurde vorgeschlagen, auf diesem Wege der Regelung für gestreckte Erwerbstatbestände in **Art. 43 Abs. 3** zu einem sinnvollen Gehalt zu verhelfen (→ Art. 43 Rn. 177 f.)[23] oder den Umfang der Verweisung in **Art. 44 aF** auf das internationale Deliktsrecht zu erweitern.[24] **7**

Wirklich zu überzeugen vermag die Heranziehung von Art. 46 in solchen Fällen nicht, weil es ja regelmäßig nicht die engere Verbindung des konkreten Sachverhalts mit einer anderen Rechtsordnung ist, die den Korrekturbedarf hervorruft, sondern die Verfehlung mehr oder weniger abstrakter Regelungsziele des Gesetzgebers. So wird etwa in Immissionsfällen der Sachverhalt mit der nach Art. 40 Abs. 1 berufenen Rechtsordnung meist enger verbunden sein als mit einer davon abweichenden, nach Art. 40 Abs. 2 oder Art. 42 berufenen Rechtsordnung. Sofern das im **Einzelfall** einmal anders ist, steht einer Korrektur über Art. 46 freilich nichts im Wege (→ Rn. 3). **8**

4. Versagen der Regelanknüpfung. Gelegentlich führt die Regelanknüpfung nicht zu einer sachfernen Rechtsordnung, sondern **ins Leere.** Das kann bei Art. 45 deswegen der Fall sein, weil sich die Staatszugehörigkeit eines Luftfahrzeugs, der Heimatort eines Wasserfahrzeugs oder der Zulassungsstaat eines Schienenfahrzeugs nicht ermitteln lässt bzw. weil diese Anknüpfungspunkte (noch) nicht existieren. Auch die Standardanknüpfung nach Art. 43 Abs. 1 kann dann ins Leere gehen, wenn sich die betreffende Sache auf staatsfreiem Gebiet befindet. Für solche Fälle wird vertreten, dass gemäß bzw. analog Art. 46 diejenige Rechtsordnung berufen wird, mit der die Rechtsfrage die engste Verbindung aufweist.[25] **9**

Eine unmittelbare Anwendung von Art. 46 in dieser Situation scheidet aus, weil es ja gerade kein Recht gibt, das „nach den Artikeln 43 und 45 maßgebend wäre", wie es das Gesetz ausdrücklich fordert. Infrage kommt also in der Tat nur eine Analogie. Diese scheint aber **nicht gerechtfertigt** zu sein, weil es an der Vergleichbarkeit der Sach- und Interessenlage fehlt. Art. 46 ist nämlich für Fälle geschaffen, in denen sich die Anknüpfungen der Art. 43 und Art. 45 als schlechthin unpassend erweisen und daher eine ganz eigene Anknüpfung unter Abwägung aller Umstände des Einzelfalls angezeigt ist. In den Fällen, in denen die Regelanknüpfung ins Leere geht, ist aber vielfach schon mit einer leicht modifizierten Handhabung dieser Regelanknüpfung geholfen. So wird es sich in **10**

---

19 BT-Drs. 14/343, 14.

20 Paradigmatisch *Armbrüster* NJW 2001, 3581 (3582), der zur kollisionsrechtlichen Behandlung von Kulturgütern die positivrechtlichen Grundlagen praktisch nicht erwähnt (nicht einmal §§ 4, 8 KultGüRückG aF, heute §§ 52, 58 ff. KGSG) und sich stattdessen unter Berufung auf Art. 46 für befugt erklärt, rechtsschöpfend tätig zu werden.

21 Zutr. *Spickhoff* NJW 1999, 2209 (2210); aA *Mansel* FS Heldrich, 2005, 899 (902).

22 So wohl auch NK-BGB/*v. Plehwe* Rn. 5: „verdeckte Gesetzeslücken".

23 *Schurig* FS Stoll, 2001, 577 (589).

24 BeckOK BGB/*Spickhoff* Rn. 9; BeckOK BGB/*Spickhoff* Art. 44 Rn. 5; *Pfeiffer* IPRax 2000, 270 (274); *Geisler,* Die engste Verbindung im Internationalen Privatrecht, 2001, 334; *C. S. Wolf,* Der Begriff der wesentlich engeren Verbindung im internationalen Sachenrecht, 2002, 146 f.

25 So wohl BeckOK BGB/*Spickhoff* Rn. 4; NK-BGB/*v. Plehwe* Art. 45 Rn. 3.

vielen Fällen des Art. 45 eher anbieten, zunächst auf eine flexiblere Definition des Herkunftsstaats und hilfsweise auf die Standardanknüpfung des Art. 43 Abs. 1 zurückzugreifen. Auch bei Art. 43 kann es angeraten sein, das anwendbare Recht lieber in Anlehnung an ein vergangenes oder künftiges Lageortsrecht zu ermitteln, um eine unnötige Häufung von Statutenwechseln zu verhindern. Methodisch ist daher eine **Analogie zu Art. 43 und Art. 45** zunächst überzeugender als eine Analogie zu Art. 46.[26] Lässt sich auf diese Weise eine befriedigende Lösung nicht finden, wird aber letztlich nichts anderes übrig bleiben, als auf die engste Verbindung abzustellen. Dafür ist die Analogie zu Art. 46 dann in der Tat naheliegend, wenngleich methodisch nicht zwingend[27] (zur Nichtermittelbarkeit von Anknüpfungstatsachen → Einl. IPR Rn. 303 ff.).

11 **5. Durchsetzung europarechtlicher Vorgaben.** Schließlich wird Art. 46 auch herangezogen, um europarechtswidrige Ergebnisse zu vermeiden, die sich aus dem Anknüpfungssystem des internationalen Sachenrechts[28] oder auf Grund der verspäteten Umsetzung von Richtlinien[29] ergeben könnten. Auch das bedeutet aber eine Zweckentfremdung von Art. 46[30] und eine Umkehr der Normenhierarchie. Sie hat jedenfalls dann zu unterbleiben, wenn hinreichende Korrekturmöglichkeiten im Wege **europarechtskonformer Auslegung** oder – im Fall der verspäteten Umsetzung – der ausnahmsweisen Direktwirkung von Richtlinien bestehen.[31] Nur soweit dies nicht der Fall ist, mag die Heranziehung von Art. 46 der schonendste Eingriff sein, wobei man sich aber darüber im Klaren sein muss, dass man dabei Art. 46 selbst europarechtskonform korrigiert.[32] Ob dafür auch tatsächlich ein Bedarf besteht, insbesondere ob die Kombination von Situs-Regel, Statutenwechsel und geschlossenem Typenkanon sachenrechtlicher Mobiliarsicherheiten mit der Freiheit des Waren- und Dienstleistungsverkehrs unvereinbar ist, muss freilich bezweifelt werden (→ Art. 43 Rn. 160 ff.).

B. Wirkungsweise

I. Voraussetzungen

12 **1. Anwendungsbereich.** Die Anwendbarkeit von Art. 46 setzt voraus, dass sich die **Regelanknüpfung aus Art. 43 und Art. 45** ergibt. Dagegen ist Art. 46 zumindest unmittelbar nicht anwendbar, wenn an sich eine andere autonome, europarechtliche oder staatsvertragliche Kollisionsnorm einschlägig wäre. Zwar ist eine entsprechende Anwendung nicht von vorneherein ausgeschlossen, sofern die Voraussetzungen einer Analogie vorliegen. Bei den wenigen derzeit infrage kommenden Kollisionsnormen wird eine Analogie allerdings schon daran scheitern, dass sie auf EU-Richtlinien und Staatsverträge zurückgehen und diese Regelwerke ihrerseits keine entsprechende **Öffnungsklausel** zu Gunsten nationalen Rechts vorsehen.[33]

13 **2. Wesentlich engere Verbindung. a) Sachferne des berufenen Rechts.** Art. 46 kann nur unter drei Voraussetzungen korrigierend herangezogen werden, die kumulativ erfüllt sein müssen.[34] Die erste Voraussetzung ist, dass die Regelanknüpfung nach Art. 43 oder Art. 45 zur Anwendbarkeit einer **extrem sachfernen Rechtsordnung** führen würde.[35] Dieses Tatbestandsmerkmal lässt sich zwar nicht unmittelbar dem Wortlaut des Art. 46 entnehmen, wohl aber seinem Sinn und Zweck sowie dem Anliegen des Gesetzgebers, die Heranziehung der Vorschrift auf außergewöhnliche Situationen zu beschränken.

14 Insbesondere das Kriterium des häufigen Wechsels des Lageorts und das damit einhergehende Element der **Zufälligkeit,** das dem Lageort zu einem bestimmten Zeitpunkt somit innewohnt,

[26] Vgl. *Diekamp* ZBB 2004, 11 (21 f.): zB in der Ausschließlichen Wirtschaftszone (AWZ) gelegener Windenergieanlagen.

[27] So wendet *Looschelders* überzeugend ein, in diesen Fällen sei die engste Verbindung die Hauptanknüpfung, *Looschelders* Rn. 11.

[28] BeckOK BGB/*Spickhoff* Art. 43 Rn. 4.

[29] *Pfeiffer* IPRax 2000, 270 (275).

[30] NK-BGB/*v. Plehwe* Rn. 2.

[31] So schon → 4. Aufl. 2006, ErgBd. Rn. 10; die Kritik von *Mansel* FS Heldrich, 2005, 899 (903) ist daher unbegründet.

[32] Abl. auch, allerdings mich fälschlicherweise für die Gegenansicht zitierend, PWW/*Brinkmann* Rn. 2; Staudinger/*Mansel,* 2015, Rn. 17; sowie *Mansel* FS Heldrich, 2005, 899 (903), wonach allein bei der ggf. europarechtswidrigen Kollisionsnorm anzusetzen sei.

[33] *Mansel* FS Heldrich, 2005, 899 (903 f.).

[34] Mit etwas anderer Herangehensweise BeckOGK/*Prütting/A. Zimmermann* Rn. 13, die die Vereinbarkeit mit den Grundwertungen wohl aber im Rahmen der Sachnähe zu einem anderen Recht berücksichtigen wollen.

[35] BT-Drs. 14/343, 19; NK-BGB/*v. Plehwe* Rn. 3; PWW/*Brinkmann* Rn. 2.

kann zur Einstufung der berufenen Rechtsordnung als sachfern beitragen. Weiterhin kann die Sachferne auch darauf gründen, dass das Rechtsverhältnis, um dessen Anknüpfung es geht (→ Rn. 24), Rechtswirkungen nur zwischen bestimmten Personen **(inter partes)** hervorbringt, die ihrerseits praktisch keine Verbindungspunkte mit der berufenen Rechtsordnung haben.[36] Dagegen ist die grundsätzliche Berechtigung der Regelanknüpfung – insbesondere der Anknüpfung an den Lageort – nicht infrage zu stellen. Der Gesetzgeber hat sich nun einmal dafür entschieden, dass die lex rei sitae normalerweise die sachnächste Rechtsordnung für die Beurteilung sachenrechtlicher Zusammenhänge darstellt und dass der Lageort der Sache andere mögliche Anknüpfungspunkte, wie die Staatsangehörigkeit der Beteiligten, ihren gewöhnlichen Aufenthalt, das für den Schuldvertrag gewählte Recht usw verdrängt.[37]

Das Merkmal extremer Sachferne darf **nicht** durch Überlegungen der **Opportunität** ersetzt **15**
werden, etwa wenn die Vorschriften, die nach der Regelanknüpfung berufen wären, nur mit großem Aufwand oder gar nicht ermittelbar sind, oder wenn das Ergebnis ihrer Anwendung für die Beteiligten unbefriedigend oder mit wesentlichen Grundsätzen des deutschen Rechts unvereinbar erscheint: Für die Lösung solcher Ausnahmefälle, die an sich nichts mit der kollisionsrechtlichen Sachferne des berufenen Rechts zu tun haben, sind eigene Strategien entwickelt worden (zur Nichtermittelbarkeit → Einl. IPR Rn. 303 ff.; zum ordre public → Art. 6 Rn. 1 ff.).

b) Sachnähe eines anderen Rechts. aa) Allgemeine Anforderungen. Zweitens muss eine **16**
wesentlich engere Verbindung mit einem anderen Recht vorliegen, dh ein anderes Recht muss **erheblich sachnäher** sein.[38] Die Bestimmung und Wertung der kollisionsrechtlich relevanten Interessen, die der Gesetzgeber in den Art. 43 und 45 typisierend vorgenommen hat, wird damit auf den Einzelfall verlagert. Bei der sachnäheren muss es sich um eine konkrete Rechtsordnung handeln. Nicht ausreichend ist dagegen, dass mehrere denkbare Rechtsordnungen existieren, von denen keine vollends zu befriedigen vermag bzw. die sich in ihrer Sachnähe nur geringfügig unterscheiden.[39]

Normalerweise liegt eine wesentlich engere Verbindung nur dann vor, wenn **fast alle potenzi-** **17**
ellen Anknüpfungspunkte in eine Richtung weisen. Dabei kann es nicht auf den Wunsch oder die Rechtsmeinungen der Beteiligten ankommen. Vielmehr sind die **objektiv feststellbaren** Umstände und ihre Gewichtung entscheidend (näher → Einl. IPR Rn. 30). Diese, für die Ermittlung der engeren (engsten) Verbindung im internationalen Privatrecht allgemein geltende Aussage, erhält im internationalen Sachenrecht wegen der gebotenen Publizität der Anknüpfungsgründe (→ Vor Art. 43 Rn. 15) eine gesteigerte Bedeutung. Bezogen auf die Regelanknüpfung nach Art. 43 Abs. 1 kommen dafür beispielsweise in Betracht: der gewöhnliche Lageort der Sache, ihr künftiger Lageort, der Ort der Registrierung eines Rechts, aber auch der gewöhnliche Aufenthalt der Parteien, ihre Staatsangehörigkeit, das Statut des Kausalgeschäfts, das Statut des Sicherungsvertrags, das Statut der gesicherten Forderung oder der Geschäftsort.[40] Auch dann wird eine Abweichung bei Immobilien aber praktisch kaum relevant werden.[41]

bb) Sonderproblem: Rechtswahl. Umstritten ist, ob eine abweichende Rechtswahl der Par- **18**
teien eine wesentlich engere Verbindung begründen kann. Weitgehend kreist diese Diskussion freilich um ein Scheinproblem: So dürfte zunächst gesichert sein, dass eine Rechtswahl **allein** zur Annahme einer engeren Verbindung nicht ausreichen kann, weil der Gesetzgeber sich bewusst gegen die Möglichkeit einer Rechtswahl im internationalen Sachenrecht und für eine rein objektive Anknüpfung entschieden hat.[42] Auch Art. 46 ändert nichts am Grundanliegen des internationalen Sachenrechts, dass jeder, der das Gesetz und die objektiven Verhältnisse kennt, das anwendbare Recht möglichst zweifelsfrei ermitteln können soll (→ Vor Art. 43 Rn. 15 f.). Umgekehrt hindert eine entsprechende Rechtswahl natürlich nicht die Berufung einer Rechtsordnung, wenn zu dieser

---

36 *Pfeiffer* IPRax 2000, 270 (274).

37 Anders wohl *Kegel/Schurig* IPR § 13 II, S. 439, die die Anknüpfung an die gemeinsame Staatsangehörigkeit als von Art. 41 und Art. 46 umfasst sehen.

38 PWW/*Brinkmann* Rn. 2.

39 Zust. *Mansel* FS Heldrich, 2005, 899 (904); Staudinger/*Mansel,* 2015, Rn. 31.

40 S. auch die Übersicht bei Staudinger/*Mansel,* 2015, Rn. 35.

41 *Sonnenberger* Rev. crit. dr. int. pr. 88 (1999), 647 (667); Staudinger/*Mansel,* 2015, Rn. 94; PWW/*Brinkmann* Rn. 3.

42 Zutr. OLG Hamm NJOZ 2012, 984; OLG Bremen BeckRS 2021, 13995 Rn. 19; OLG München BeckRS 2023, 16103 Rn. 43; *Junker* RIW 2000, 241 (251 f.); *Pfeiffer* IPRax 2000, 270 (274); *Wohlgemuth,* Vergemeinschaftung des Mobiliarsicherheitenrechts, 2005, 52; *v. Hein* in Westrik/van der Weide, Party Autonomy in International Property Law, 2011, 103 (113); anders wohl *Ritterhoff,* Parteiautonomie im internationalen Sachenrecht, 1999, 332; *Stoll* IPRax 2000, 259 (265); vgl. zur Rechtslage vor der Kodifizierung auch schon BGH NJW 1997, 461 (462).

Rechtsordnung schon **unabhängig** von der Rechtswahl eine engere Verbindung iSv Art. 46 gegeben ist (→ Rn. 16 f.).

19 Ebenfalls dürfte gesichert sein, dass eine Rechtswahl der Parteien insofern **mittelbar** zur Annahme einer engeren Verbindung beitragen kann, als sie gem. Art. 3 Rom I-VO das Statut eines relevanten schuldrechtlichen Rechtsgeschäfts (Kausalgeschäft, Sicherungsvertrag, gesicherte Forderung usw) bestimmt und dieses Statut seinerseits bei der Abwägung zu berücksichtigen ist (→ Rn. 17). Haben die Parteien auch eine Rechtswahl für die sachenrechtlichen Rechtsfolgen getroffen, aber abweichend von der Rechtswahl für ein relevantes schuldrechtliches Rechtsgeschäft, dürfte die Annahme einer wesentlich engeren Verbindung schon daran scheitern, dass ein wichtiger potenzieller Anknüpfungspunkt in eine andere Richtung weist (→ Rn. 17).

20 Wirklich relevant kann die Streitfrage damit nur werden, wenn eine Rechtswahl speziell für das sachenrechtliche Rechtsverhältnis vorliegt und die übrigen potenziellen Anknüpfungspunkte relativ eindeutig, aber nicht eindeutig genug in dieselbe Richtung weisen, so dass die Rechtswahl **abwägungsentscheidend** wäre. Das könnte etwa gegeben sein, wenn der deutsche und im Bundesgebiet ansässige Hersteller einer Ware, die in Frankreich hergestellt wird und dort zum Zweck des Weiterverkaufs lagert, die Ware einem gleichfalls deutschen und im Bundesgebiet ansässigen Unternehmer zur Sicherung einer Forderung übereignet, die dem Unternehmer gegen die deutsche Tochterfirma des Herstellers zusteht, und beide zugleich die Geltung deutschen Sachenrechts vereinbaren: Hier weisen zwar die Staatsangehörigkeit der Beteiligten und ihr gewöhnlicher Aufenthalt auf das deutsche Recht hin, jedoch ist die Belegenheit der Waren in Frankreich nicht nur zufällig, so dass auch ein klarer Bezug zum französischen Sachenrecht gegeben ist. Die Rechtswahl muss in solchen Fällen – entgegen verbreiteter Ansicht[43] – **bei der Abwägung unbeachtlich** bleiben.[44] Denn die Situation, dass viele Anknüpfungspunkte in die gleiche Richtung wie die Rechtswahl weisen, manche (mindestens die Regelanknüpfung!) aber auch in eine andere Richtung, ist wohl statistisch gesehen der häufigste Fall, für den der Gesetzgeber die Möglichkeit einer Rechtswahl bewusst abgelehnt hat.

21 Allerdings wird eine solche sachenrechtliche Rechtswahl ggf. in eine schuldrechtliche Vereinbarung umzudeuten sein, sofern das für die schuldrechtlichen Verhältnisse maßgebliche Recht eine solche Umdeutung zulässt. Tritt also etwa im Beispielsfall (→ Rn. 20) der Sicherungsfall ein, kann die (nach französischem Recht unwirksame) Sicherungsübereignung in Verbindung mit der Rechtswahl ggf. in die schuldrechtliche Verpflichtung umgedeutet werden, das Sicherungsgut dem Sicherungsnehmer zu übereignen oder ihm anderweitig den Wert des Sicherungsguts zukommen zu lassen. Die genaue dogmatische Konstruktion einer solchen schuldrechtlichen Vereinbarung hängt natürlich immer von den Umständen des Einzelfalls ab. Auf diesem Weg kann bei Rechtsfragen, die ausschließlich inter partes Relevanz erlangen, einer Rechtswahl doch zu gewisser Wirksamkeit verholfen werden, ohne dadurch an den Grundprinzipien des internationalen Sachenrechts rühren zu müssen. Im **Annexbereich** der Reichweite des Sachstatuts (→ Art. 43 Rn. 78), etwa soweit Ansprüche auf Schadensersatz oder Nutzungsherausgabe betroffen sind, ist auf diese Weise so gut wie volle Rechtswahlfreiheit eröffnet.

22 **c) Vereinbarkeit mit Grundwertungen.** Die dritte Voraussetzung ist die Vereinbarkeit mit den vom Gesetzgeber in den Art. 43 und 45 getroffenen Grundwertungen des internationalen Sachenrechts. Insbesondere darf die regelwidrige Anknüpfung nach Art. 46 nicht zu einer Gefährdung des **Verkehrsschutzes** führen, weil dessen Gewährleistung zu den tragenden Prinzipien des deutschen internationalen Sachenrechts gehört (→ Vor Art. 43 Rn. 15 f.).[45] Danach ist die Heranziehung von Art. 46 umso eher möglich, je mehr sich die betroffenen Rechtswirkungen auf das Verhältnis inter partes beschränken lassen, während schon die potenzielle Gefährdung von Interessen Dritter, die auf die Regelanknüpfung vertrauen könnten, einen Rückgriff auf die Ausweichklausel normalerweise verbietet.

23 Weiterhin darf eine Auslegung der Art. 43 und Art. 45 nicht ergeben, dass der Gesetzgeber es hinsichtlich einer ganzen Fallgruppe, in die sich die konkrete Rechtsfrage in vollem Umfang einreihen lässt, bei der Regelanknüpfung bewenden lassen will. So darf insbesondere die Heranziehung von Art. 46 im Einzelfall nicht die grundsätzliche **Berechtigung der Regelanknüpfung** infrage

[43] *Stoll* IPRax 2000, 259 (264 f.); *v. Hoffmann/Thorn* IPR § 12 Rn. 10 ff.; Staudinger/*Mansel,* 2015, Rn. 38; eher zurückhaltend Grüneberg/*Thorn* Rn. 3; BeckOK BGB/*Spickhoff* Rn. 3 sowie PWW/*Brinkmann* Rn. 2; *Kropholler* IPR § 54 VI.

[44] Wie hier NK-BGB/*v. Plehwe* Rn. 5; *Paffenholz,* Die Ausweichklausel des Art. 46 EGBGB, 2006, 114 f.; BeckOGK/*Prütting/A. Zimmermann* Art. 43 Rn. 33; tendenziell auch *Junker* RIW 2000, 241 (252); *Looschelders* Rn. 8.

[45] *Pfeiffer* IPRax 2000, 270 (274); *Geisler,* Die engste Verbindung im Internationalen Privatrecht, 2001, 334; *Looschelders* Rn. 7; *Mansel* FS Heldrich, 2005, 899 (906); Staudinger/*Mansel,* 2015, Rn. 40.

stellen, weil der Sachverhalt nicht durch mehr Merkmale gekennzeichnet ist, als der Gesetzgeber bei der Schaffung der Regelanknüpfung auch bereits bedacht haben muss (→ Rn. 14). Vielmehr muss eine außergewöhnliche Interessenlage vorliegen, die der Gesetzgeber bei seinen Erwägungen, die zur Schaffung der Regelanknüpfung geführt haben, nicht berücksichtigen konnte.[46]

3. Sachlicher Bezugspunkt. Bezugspunkt der genannten drei Voraussetzungen (→ Rn. 13 ff.) muss immer die **konkrete Rechtsfrage** sein.[47] Allein dies entspricht dem Wesen von Art. 46 als einer Ausweichklausel im Einzelfall (→ Rn. 3). Verlangt also etwa der deutsche Eigentümer eines Lkw, den der gleichfalls deutsche unrechtmäßige Besitzer für Transporte in Italien genutzt hat, Ersatz dieser Nutzungen, ist Bezugspunkt der Anspruch auf Nutzungsersatz. Hinsichtlich dieses Anspruchs wird vieles für die Anwendung deutschen Rechts (§§ 987, 990 BGB) auf Grund von Art. 46 sprechen. 24

Dagegen wäre es zu viel verlangt, würde man generell die Frage des Eigentums am Lkw zum Bezugspunkt erklären, oder gar alle sachenrechtlichen Fragen, die sich auf diesen Lkw beziehen. Auf diese Weise ließe sich die Heranziehung von Art. 46 niemals rechtfertigen, weil etwa gesetzliche Sicherungsrechte, die wegen Vorgängen in Italien entstehen könnten, sich zum Schutz des italienischen Rechtsverkehrs nicht nach deutschem Recht richten dürfen. Das gesamte Sachstatut kann auch schon deswegen nicht gemeint sein, weil sich Art. 46 auch auf Art. 45 Abs. 2 S. 1 bezieht, der aber gerade nicht das Sachstatut zur Anwendung beruft. Dafür, wenigstens eine einheitliche Lösung für alle das Eigentum betreffenden Fragen zu fordern, spricht zwar das Argument des inneren Entscheidungseinklangs. Der Entscheidungseinklang wird aber schon dadurch hinreichend gewahrt, dass das **Eigentum als Vorfrage** bei der Anwendung des nach Art. 46 berufenen Sachrechts (zB § 987 BGB) selbständig angeknüpft wird und sich in diesem Zusammenhang die Frage, ob von der Regelanknüpfung abzuweichen ist, ganz neu stellt. Verbleibende Ungereimtheiten sind im Interesse der Einzelfallgerechtigkeit zu akzeptieren. 25

4. Zeitlicher Bezugspunkt. In zeitlicher Hinsicht muss auf denjenigen **Zeitpunkt** abgestellt werden, der auch bei der Regelanknüpfung zu Grunde zu legen wäre. Daher muss letztlich bei jedem sachenrechtlich potenziell erheblichen Vorgang geprüft werden, welches Sachenrecht – auch unter Berücksichtigung von Art. 46 – gerade anwendbar wäre und ob nach diesem Recht eine sachenrechtliche Rechtsfolge eingetreten ist (→ Art. 43 Rn. 115 f.).[48] Eine erst später eingetretene engere Verbindung iSv Art. 46 ändert daran nichts mehr.[49] 26

Nach einem **Statutenwechsel** ist immer zusätzlich zu prüfen, ob und inwieweit das neue Sachstatut die vorgefundene sachenrechtliche Prägung übernimmt (→ Art. 43 Rn. 150 ff.). Auch insoweit ergeben sich keine Besonderheiten. Zu fragen bleibt in diesem Zusammenhang nur noch, ob sich ein Statutenwechsel, also ein Wechsel des gesamten Sachstatuts, auch allein aus Art. 46 ergeben kann, wenn nachträglich eine engere Verbindung entsteht. Das ist zu verneinen, weil Art. 46 immer nur vor dem Hintergrund einer konkreten Rechtsfrage geprüft werden kann (→ Rn. 24), aber nicht gleichsam abstrakt das Sachstatut bestimmt. Nach dem BGH kann Art. 46 jedoch dazu führen, dass trotz eines Lageortwechsels und grundsätzlichen Statutenwechsels das Recht des ursprünglichen Lageortes weiterhin anwendbar bleibt, weil nach wie vor eine engere Verbindung zum Recht des ursprünglichen Lageortes besteht.[50] 27

II. Rechtsfolgen

Die Heranziehung von Art. 46 bewirkt, dass die konkrete Rechtsfrage (→ Rn. 24) nicht nach der von der Regelanknüpfung berufenen Rechtsordnung, sondern im **Einzelfall** von derjenigen Rechtsordnung beantwortet wird, zu der die wesentlich engere Verbindung besteht (→ Rn. 16). Sie präjudiziert nicht, wie eine ähnliche Rechtsfrage später unter veränderten Rahmenbedingungen angeknüpft wird. 28

Umstritten ist, ob die Verweisung nach Art. 46 eine Sachnorm- oder eine Kollisionsnormverweisung darstellt, dh ob die Annahme einer Kollisionsnormverweisung dem Sinn der Verweisung gem. Art. 4 Abs. 1 S. 1 widerspricht[51] oder nicht.[52] Für eine Kollisionsnormverweisung kann geltend 29

---

46 Ähnlich *v. Hoffmann/Thorn* IPR § 2 Rn. 54, wonach zu prüfen sei, ob der Gesetzgeber für den entsprechenden Sachverhalt eine abw. Lösung getroffen hätte.

47 Zust. *Mansel* FS Heldrich, 2005, 899 (904 f.); ähnlich Staudinger/*Mansel,* 2015, Rn. 34.

48 Mir unklar *Mansel* FS Heldrich, 2005, 899 (906), wonach Art. 46 auch eine engere Verbindung in zeitlicher Hinsicht erfasse.

49 Staudinger/*Mansel,* 2015, Rn. 39.

50 BGH NJW-RR 2010, 983 Rn. 21.

51 So Grüneberg/*Thorn* Art. 4 Rn. 7 mwN; Grüneberg/*Thorn* Vor Art. 43 Rn. 2; PWW/*Mörsdorf* Art. 4 Rn. 15; *Siehr* FS Sonnenberger, 2004, 667 (671): alle Ausweichklauseln seien „renvoi-feindlich".

52 HK-BGB/*Dörner* Rn. 1, Art. 4 Rn. 10; BeckOK BGB/*Spickhoff* Rn. 10.

gemacht werden, dass eine bloße Ausweichklausel – also eine kollisionsrechtliche Verlegenheitslösung – keine stärkere Verweisung beinhalten sollte als die Regelanknüpfung.[53] Dieses Argument mag für solche Ausweichklauseln stichhaltig sein, die herangezogen werden, weil die primär vorgesehenen Anknüpfungspunkte nicht zum Erfolg führen, insbesondere ins Leere gehen (ebenso → Art. 4 Rn. 32). Es überzeugt aber nicht in Fällen wie dem vorliegenden, wo das deutsche Kollisionsrecht auf Grund einer Würdigung aller im Einzelfall maßgeblichen Interessen eine ganz bestimmte Rechtsordnung für am sachnächsten und geeignetsten hält. Denn diese materielle Wertung würde bei einem Renvoi – der vermutlich wieder zur lex rei sitae führen würde! – durchkreuzt. Daher enthält Art. 46 eine **Sachnormverweisung,** dh Rück- oder Weiterverweisungen auf eine andere Rechtsordnung sind unbeachtlich.[54]

III. Fallgruppen

30 **1. Störungsabwehr und Folgeansprüche.** Sofern das reguläre Sachstatut nicht ohnehin durch Anknüpfung an den Lageort bestimmt wird, wie bei Transportmitteln iSv Art. 45 Abs. 1, können über Art. 46 Besitzschutzansprüche und andere Formen der **Störungsabwehr** nach der lex rei sitae gegeben sein,[55] sofern die Störung am Lageort erfolgt und nicht die Mehrzahl der denkbaren Anknüpfungspunkte auf den Herkunftsstaat weist. Dem Verkehrsschutz (→ Rn. 22) steht das nicht entgegen, weil der Störer sich bei der Beeinträchtigung fremder dinglicher Rechte generell auf die lex rei sitae einstellen muss. Die Auffassung, die Rechtsschutzformen bei Störung dinglicher Rechte mit Hilfe von Art. 46 der lex fori unterstellen möchte,[56] erscheint dagegen sehr bedenklich, weil die internationale Zuständigkeit am Gerichtsort auch durch Umstände begründet werden kann, die mit Sachnähe nicht viel zu tun haben (zB Streitgenossenschaft, rügelose Einlassung).[57]

31 Eine relativ großzügigere Handhabung von Art. 46 ist bei **schuldrechtlichen Folgeansprüchen** dinglicher Rechte angezeigt, namentlich bei solchen auf Schadensersatz oder Nutzungsherausgabe, sofern der Sachverhalt im Übrigen sehr eng mit einer anderen Rechtsordnung als dem Sachstatut verbunden ist. So wird man im in → Rn. 24 gebildeten Beispielsfall den Anspruch auf Nutzungsherausgabe wohl regelwidrig deutschem Recht unterstellen dürfen, weil die Tatsache, dass der Lkw zufällig in Italien (und nicht etwa in Deutschland oder Frankreich) genutzt wurde, für die kollisionsrechtlichen Interessen ganz irrelevant ist und alle anderen denkbaren Anknüpfungspunkte auf das deutsche Recht verweisen. Zwar gilt auch hier, dass Dritte – insbesondere potenzielle Zessionare – das Forderungsstatut möglichst zweifelsfrei ermitteln wollen, doch spräche dieses Argument gegen alle Ausweichklauseln schlechthin, also auch gegen Art. 4 Abs. 3 Rom II-VO.

32 **2. Transportmittel. a) Anwendungsbereich von Art. 45.** Teilweise wird vertreten, für **Kraftfahrzeuge,** insbesondere für Lkw internationaler Speditionsunternehmen, generell oder zumindest regelmäßig von der lex rei sitae abzuweichen und diese Fahrzeuge kollisionsrechtlich den von Art. 45 erfassten Transportmitteln gleichzustellen.[58] Dass Art. 45 Straßenfahrzeuge ausklammert, beruht aber auf einer bewussten Entscheidung des Gesetzgebers[59] und entsprechenden Empfehlungen des Deutschen Rates für Internationales Privatrecht,[60] die im Widerspruch zu vorangegangenen Gutachten standen[61] und denen man daher ein erhöhtes Maß an kritischer Reflexion unterstellen darf. Begründet wurde die Entscheidung vor allem mit einer überwiegenden Anknüpfung an den Lageort durch ausländische Kollisionsrechte, dem Bedürfnis nach Sicherungsrechten an im Inland befindlichen ausländischen Kraftfahrzeugen und der Gefahr der Fälschung von Kennzeichen.[62] Die-

---

53 In diese Richtung *Sonnentag,* Der Renvoi im Internationalen Privatrecht, 2001, 179.

54 Ebenso → Art. 4 Rn. 32; Grüneberg/*Thorn* Vor Art. 43 Rn. 2; Erman/*Stürner* Rn. 3, Art. 43 Rn. 4; *v. Hoffmann/Thorn* IPR § 12 Rn. 27; *Kreuzer* RabelsZ 65 (2001), 383 (455); *Siehr* FS Sonnenberger, 2004, 667 (671); Staudinger/*Hausmann,* 2019, Art. 4 Rn. 125; NK-BGB/*v. Plehwe* Rn. 2; PWW/*Brinkmann* Rn. 1; Staudinger/*Mansel,* 2015, Rn. 43.

55 *Kropholler* IPR § 54 VI.

56 *Stoll* IPRax 2000, 259 (261); vgl. auch schon Staudinger/*Stoll,* 1996, IntSachenR Rn. 155 ff.

57 Entgegen *Stoll* IPRax 2000, 259 (261) ist die Rechtsausübung am Gerichtsort kein Umstand, der eine enge Verbindung begründen kann, weil die enge Verbindung schon bei Entstehung des Rechts gegeben sein muss.

58 BeckOK BGB/*Spickhoff* Art. 45 Rn. 7; BeckOK BGB/*Spickhoff* Art. 46 Rn. 8; *Spickhoff* NJW 1999, 2109 (2114); *Geisler,* Die engste Verbindung im Internationalen Privatrecht, 2001, 334 f.; mit Einschränkungen auch *Pfeiffer* IPRax 2000, 270 (275); *v. Hoffmann/Thorn* IPR § 12 Rn. 42.

59 BT-Drs. 14/343, 17; *Sonnenberger* Rev. Crit. Dr. int. Pr. 88 (1999), 647 (666); so implizit auch OLG München BeckRS 2022, 5989 Rn. 14.

60 *Henrich* Vorschläge 9.

61 *Drobnig* in Henrich Vorschläge 19 ff., 34 ff.

62 *Henrich* Vorschläge 9.

ses Anliegen des Gesetzgebers – mag man es nun für berechtigt halten oder nicht – darf nicht im Umweg über Art. 46 umgangen werden (→ Rn. 23).[63]

b) Sicherungsrechte. Anwendungsbeispiele für Art. 46 im Zusammenhang mit Transportmitteln sind dagegen bei einer **sachwidrigen Rechtswahl** im Kontext von Art. 45 Abs. 2 S. 1 denkbar.[64] Vereinbart etwa der deutsche Zeitcharterer eines deutschen Schiffes mit dem deutschen Lieferanten von Bunkeröl die Geltung niederländischen Rechts zu dem Zweck, zulasten des Schiffseigners ein Schiffsgläubigerrecht entstehen zu lassen,[65] dann kann unter Heranziehung von Art. 46 ausnahmsweise von der Regelanknüpfung an das Forderungsstatut abgewichen werden. 33

Ferner erscheint eine Abweichung von der Regelanknüpfung in dem schon in der Gesetzesbegründung[66] genannten Fall erwägenswert, dass die Statute der durch dingliche Rechte an einem Transportmittel iSv Art. 45 gesicherten Forderungen **übereinstimmend eine andere Rangfolge** vorsehen als die gem. Art. 45 Abs. 2 S. 2 iVm Art. 43 Abs. 1 berufene lex rei sitae.[67] Die Befürchtung, dass dadurch Gläubigerinteressen gefährdet werden könnten,[68] ist freilich nicht von der Hand zu weisen. Insbesondere besteht die Gefahr, dass es infolge von Wechseln im Bestand der Sicherungsrechte zu überraschenden Statutenwechseln kommt.[69] Im Ergebnis wird man im Hinblick auf die Grundwertungen des Gesetzes (→ Rn. 23) Art. 46 daher in solchen Fällen nur heranziehen dürfen, wenn das Transportmittel oft seinen Lageort wechselt und daher ein schützenswertes Vertrauen in die Geltung einer bestimmten lex rei sitae ohnehin nicht bestehen kann. 34

3. Auf anderes Umfeld gerichtete Verfügung. a) Im Ausland belegene Sachen. Wird eine Sache übereignet oder belastet, die sich nicht nur ganz vorübergehend im Ausland (bzw. in Staat A) befindet, ist die Motivation der Parteien aber aus einem Inlandssachverhalt erwachsen und weist der Sachverhalt im Übrigen Berührungspunkte nur mit dem Inland (bzw. mit Staat B) auf, wollen viele die Verfügung über Art. 46 inländischem Recht (bzw. dem Recht des Staates B) unterstellen. Das wird etwa für die Übereignung im Ausland befindlicher **Schiffe,**[70] bei der Sicherungsübereignung im Ausland **lagernder Ware,**[71] oder bei der Übereignung eines im Ausland abhanden gekommenen Kraftfahrzeugs an die entschädigende **Versicherung** (vgl. A.2.10.3 AKB 2008) vorgeschlagen.[72] Grundüberlegung ist dabei, dass die Parteien mit der Verfügung Rechtswirkungen vor allem im Inland herbeiführen wollen. 35

Soll damit die dingliche Rechtslage mit Wirkung **erga omnes** geändert werden, ist diese Ansicht **abzulehnen.**[73] Zwar mag es für die Parteien misslich sein, wenn im Ausland lagernde Ware nicht oder nur unter Beachtung umständlicher Publizitätserfordernisse als Kreditunterlage verwendet werden kann, weil die lex rei sitae eine form- und publizitätslose Mobiliarsicherheit nicht kennt. Ebenso misslich mag es für die Versicherung sein, wenn sie sich des Eigentums am mittlerweile 36

---

[63] *Junker* RIW 2000, 241 (245 f.); *Junker* IPR § 17 Rn. 21 möchte nunmehr eine Auflockerung durch Art. 46 EGBGB zulassen; *C. S. Wolf,* Der Begriff der wesentlich engeren Verbindung im internationalen Sachenrecht, 2002, 150 f.; *Looschelders* Art. 45 Rn. 12; *Paffenholz,* Die Ausweichklausel des Art. 46 EGBGB, 2006, 160 f.; Staudinger/*Mansel,* 2015, Rn. 49; Staudinger/*Mansel,* 2015, Art. 45 Rn. 172; im Ausgangspunkt auch NK-BGB/*v. Plehwe* Rn. 7, wenngleich für eine „widerlegbare Vermutung für eine wesentlich engere Verbindung des Fahrzeugs zum Zulassungsstaat" plädierend; im Ergebnis auch OLG Hamm BeckRS 2018, 36558 Rn. 40 und OLG Hamburg BeckRS 2021, 3635 Rn. 10.

[64] *Stoll* IPRax 2000, 259 (268).

[65] So das Beispiel von *Stoll* IPRax 2000, 259 (267) unter Berufung auf *Herber,* Seehandelsrecht, 1990, 412.

[66] BT-Drs. 14/343, 18.

[67] *Wagner* IPRax 1998, 429 (437); *Spickhoff* NJW 1999, 2209; *Kropholler* IPR § 54 V 2; *Geisler,* Die engste Verbindung im Internationalen Privatrecht, 2001, 335; NK-BGB/*v. Plehwe* Art. 45 Rn. 11; aA *Stoll* IPRax 2000, 259 (268), allerdings auf der Grundlage seiner Deutung von Art. 45 Abs. 2 S. 2 als bloß formale Ordnungsvorschrift, die die materiellrechtliche Rangfolge unberührt lasse.

[68] *Pfeiffer* IPRax 2000, 270 (276); *C. S. Wolf,* Der Begriff der wesentlich engeren Verbindung im internationalen Sachenrecht, 2002, 155 f.

[69] Anschaulich *Pfeiffer* IPRax 2000, 270 (276).

[70] *Stoll* IPRax 2000, 259 (267).

[71] *Stoll* IPRax 2000, 259 (265).

[72] Vgl. zum § 13 Abs. 7 AKB aF *Stoll* IPRax 2000, 259 (263); *Pfeiffer* IPRax 2000, 270 (275); *Kreuzer* RabelsZ 65 (2001), 383 (456); *Looschelders/Bottek* VersR 2001, 401 (402); *Looschelders* Rn. 21; NK-BGB/*v. Plehwe* Rn. 8; PWW/*Brinkmann* Rn. 3; BeckOGK/*Prütting/A. Zimmermann* Rn. 63; tendenziell *v. Hoffmann/Thorn* IPR § 12 Rn. 12; *Paffenholz,* Die Ausweichklausel des Art. 46 EGBGB, 2006, 174; einschr. *Hohloch* JuS 2001, 609; Grüneberg/*Thorn* Rn. 3.

[73] So für die Sicherungsübereignung auch *Dörner* LM Art. 7 ff. Nr. 63 (Bl. 7–7R); *Junker* RIW 2000, 241 (253); *Geisler,* Die engste Verbindung im Internationalen Privatrecht, 2001, 334; *C. S. Wolf,* Der Begriff der wesentlich engeren Verbindung im internationalen Sachenrecht, 2002, 135; *Benecke* ZVglRWiss 2002, 362 (369 ff.); unklar OLG Brandenburg NJW-RR 2001, 597; nun auch OLG Saarbrücken BeckRS 2013, 17783.

wiedergefundenen Kfz nicht sicher sein kann, weil die lex rei sitae die Übereignung mittels Abtretung des Herausgabeanspruchs (vgl. § 931 BGB) möglicherweise nicht vorsieht. Solche Opportunitätserwägungen können die Anwendung von Art. 46 aber nicht rechtfertigen (→ Rn. 15). Die Frage, wem das Eigentum an einer Sache zusteht, betrifft den innersten Kern der vom Sachstatut geregelten Rechtsfragen: Diesbezüglich hat sich der Gesetzgeber bewusst für die Situs-Regel und gegen andere Anknüpfungsmöglichkeiten entschieden. Würde man es erlauben, dass sich ein Wechsel des Eigentums für Dritte am Lageort äußerlich unerkennbar und im Widerspruch zur lex rei sitae vollzieht, wäre der **Verkehrsschutz** im Belegenheitsstaat ausgehöhlt (→ Rn. 22). So könnte etwa ein Dritter vor Ort die Ware vom Sicherungsgeber oder den Wagen, der – ein praktisch häufiger Fall! – in Wahrheit gar nicht abhandengekommen war, vom Versicherungsnehmer erwerben wollen. Müsste dieser Dritte damit rechnen, dass sich die dingliche Rechtslage an der Sache auf eine Weise geändert hat, wie sie dem Recht vor Ort ganz und gar fremd ist, wäre das Grundanliegen des internationalen Sachenrechts vereitelt.

37 Denkbar ist daher von vorneherein nur eine Lösung, wonach sich die dingliche Rechtslage **inter partes** nach dem Recht der engsten Verbindung, die dingliche Rechtslage im Verhältnis zu Dritten dagegen nach wie vor nach der lex rei sitae bestimmt. Die Konsequenz wäre eine Aufspaltung des Sachstatuts und die Entstehung **hinkenden Eigentums.**[74] Zwar enthalten die Gesetzesmaterialien eine dunkle Bemerkung, wonach Art. 46 ausnahmsweise eine Abweichung von der Regelanknüpfung „im Hinblick auf den Willen der Parteien (nur) für ihre Beziehungen untereinander“[75] gestatten könne. Man wird dieser Bemerkung aber nicht entnehmen können, dass der Gesetzgeber in größerem Umfang hinkende dingliche Rechte in Kauf nehmen wollte mit allen fast unübersehbaren kollisionsrechtlichen und materiellrechtlichen Folgeproblemen, die das mit sich bringt.

38 Es bleibt daher dabei, dass sich die Übereignung oder Belastung im Ausland belegener Sachen nach der **lex rei sitae** richtet. Den Interessen der Parteien lässt sich vielfach ohnehin durch eine großzügige (ggf. auch analoge) Anwendung von **Art. 43 Abs. 3** Rechnung tragen. So wird man etwa bei der Übereignung des gestohlenen Kraftfahrzeugs an die Versicherung annehmen dürfen, dass die Verfügung mit der erkennbaren Bestimmung getroffen wird, Rechtswirkungen für den Fall herbeizuführen, dass der Wagen wieder ins Inland gelangt: In diesem Fall ist etwa die Abtretung des Herausgabeanspruchs iSv § 931 BGB für den sachenrechtlichen Erwerb der Versicherung in vollem Umfang anzurechnen, jedoch bleiben zwischenzeitlich erworbene Rechte Dritter unberührt (→ Art. 43 Rn. 182).

39 **b) Internationale Verkehrsgeschäfte.** Bestätigt wird das gefundene Ergebnis durch einen Vergleich mit internationalen Verkehrsgeschäften. Darunter versteht man gängigerweise Geschäfte, bei denen sich entweder der Veräußerer verpflichtet, dem Erwerber die Ware von einem Staat in einen anderen zu liefern (internationaler Versendungskauf), oder aber zumindest für den Veräußerer erkennbar ist, dass der Erwerber die Ware in ein anderes Staatsgebiet transportieren will.[76] In dieser Fallgruppe ging schon die hM vor der Kodifizierung weitgehend[77] von einer **sukzessiven Geltung der Belegenheitsrechte** aus,[78] obgleich es den Parteien in der Regel vor allem darauf ankommen wird, dingliche Rechtswirkungen im Bestimmungsstaat hervorzubringen. Durch den Verzicht auf eine abweichende Anknüpfung für diese praktisch äußerst wichtige Fallgruppe sowie durch die Regelung in **Art. 43 Abs. 3** hat der Gesetzgeber sich nunmehr gleichfalls zu dieser Lösung bekannt (näher → Art. 43 Rn. 172 ff.). Einer Heranziehung von Art. 46 in dieser Fallgruppe, etwa um einer Rechtswahl der Parteien zur Geltung zu verhelfen, dürfte damit der Boden entzogen sein,[79] zumal die Tatbestandsvoraussetzungen von Art. 46 mangels eindeutig engerer Verbindung gar nicht gegeben sind.[80] Jedenfalls mit der hier vertretenen Erweiterung von Art. 43 Abs. 3 zur allseitigen Kollisions-

---

[74] Zutr. *Dörner* LM Art. 7 ff. Nr. 63 (Bl. 7–7R); *Junker* RIW 2000, 241 (253); *Looschelders* Rn. 14. Relevant war das etwa im „Konserven-Fall“, BGH NJW 1997, 461.

[75] BT-Drs. 14/343, 19.

[76] Vgl. etwa → 3. Aufl. 1998, Anh. I Art. 38 Rn. 72 *(Kreuzer);* Staudinger/*Stoll,* 1996, IntSachenR Rn. 288.

[77] Eine gewisse systemwidrige Ausnahme war die Irrelevanz der Rechtsordnungen von Durchgangsländern, vgl. etwa → 3. Aufl. 1998, Anh. I Art. 38 Rn. 72 *(Kreuzer);* Staudinger/*Stoll,* 1996, IntSachenR Rn. 289, jeweils mwN.

[78] Eingehend → 3. Aufl. 1998, Anh. I Art. 38 Rn. 72 mwN *(Kreuzer).*

[79] Wie hier etwa *Looschelders* Rn. 14 f.; *v. Hoffmann/Thorn* IPR § 12 Rn. 37 f.; ganz aA → 3. Aufl. 1998, Anh. I Art. 38 Rn. 74 *(Kreuzer); Kreuzer* RabelsZ 65 (2001), 383 (456) – schuldvertragsakzessorische Anknüpfung der Übereignung mit Hilfe der Ausweichklausel; *Goldt,* Sachenrechtliche Fragen des grenzüberschreitenden Versendungskaufs aus international-privatrechtlicher Sicht, 2002, 321 ff. – Rechtswahl bzgl. Eigentumsübergang; *Rixen,* Das Sachstatut bei internationalen Verkehrsgeschäften nach der Kodifikation des internationalen Sachenrechts, 2014, 302 ff.

[80] Zutr. *Looschelders* Rn. 15; NK-BGB/*v. Plehwe* Rn. 6.

norm besteht für Art. 46 bei internationalen Verkehrsgeschäften auch keinerlei praktisches Bedürfnis mehr (→ Art. 43 Rn. 181).

c) Res in transitu. Wieder etwas anders liegen die Dinge bei Verfügungen über Sachen, die sich zum Zeitpunkt der Verfügung auf dem (internationalen) Transport befinden **(res in transitu)** sowie bei **Transportbehältern** (→ Rn. 39).[81] Im Unterschied zum Fall des internationalen Verkehrsgeschäfts (→ Rn. 39) erfolgt der Transport der Ware mittels Transportbehälter nicht im Hinblick auf die fragliche Verfügung bzw. das zugehörige Kausalgeschäft, sondern die Verfügung wird getroffen, während sich die Ware samt dem Transportbehälter ohnehin auf dem Transport befindet.[82] Der Unterschied zum Fall im Ausland belegener Sachen (→ Rn. 35 ff.) ist darin zu sehen, dass der Lageort der Sachen zu einem bestimmten Zeitpunkt von ganz vorübergehender Natur, eher zufällig und vielfach rückblickend gar nicht mehr genau ermittelbar ist. Dabei handelt es sich allerdings um einen nur **graduellen Unterschied.** **40**

Im Grundsatz besteht bei res in transitu und Transportbehältern das gleiche Dilemma wie bei für längere Zeit im Ausland lagernden Waren: Wollte man auch mit Wirkung gegenüber Dritten, die vielleicht auf die Geltung des jeweiligen Belegenheitsrechts vertrauen, Änderungen der sachenrechtlichen Rechtslage nach einem anderen Recht als der lex rei sitae zulassen, wäre der Verkehrsschutz gefährdet. Wollte man dagegen die Änderung der sachenrechtlichen Rechtslage nur im Verhältnis der Verfügenden untereinander bzw. nicht im Verhältnis zu schutzwürdigen Dritten annehmen, entstünde die Gefahr hinkenden Eigentums (→ Rn. 37). So ist es denn auch – soweit dieser Fall überhaupt bedacht wird – so gut wie unbestritten, dass **lageortsbezogene Verfügungen** in jedem Fall dem regulären Sachstatut unterliegen müssen.[83] **41**

Bei anderen Verfügungen über res in transitu will die Mehrheit der Autoren dagegen Abweichungen von der Situs-Regel zulassen.[84] Was die Abweichung – im Unterschied zur Fallgruppe in → Rn. 35 ff. – so verlockend erscheinen lässt, ist zunächst die viel geringere Zeitspanne, für die die Ware sich an einem bestimmten Ort befand, und damit die viel **geringere Wahrscheinlichkeit,** mit der Dritte auf die Geltung eines bestimmten Sachstatuts vertraut haben und schutzwürdig sind: Ist die Ware einmal sicher am Bestimmungsort eingetroffen und sind unterwegs offenkundig weder lageortsbezogene Verfügungen noch Hoheitsakte zu Gunsten Dritter erfolgt, warum soll es dann für eine in der Ferne über die Ware getroffene Verfügung auf das Recht des Staates ankommen, dessen Gebiet die Ware zum fraglichen Zeitpunkt zufällig gerade durchrollte? Hinzu kommt die **Zufälligkeit** des jeweiligen Belegenheitsorts, der meist mit dem übrigen Sachverhalt keine weiteren Berührungspunkte hat. Vor allem aber kann der dem internationalen Sachenrecht immanente **Gedanke des Verkehrsschutzes** – der sonst regelmäßig für die lex rei sitae spricht – hier ausnahmsweise gerade die Abweichung von der lex rei sitae rechtfertigen. Denn würde man auch andere als lageortsbezogene Verfügungen dem jeweiligen Belegenheitsrecht unterstellen, könnte ggf. später im Bestimmungsstaat eine solche Unsicherheit über das die Verfügungen beherrschende Recht und damit über die Person des Berechtigten bestehen, dass der Verkehrsschutz im Bestimmungsstaat erheblich beeinträchtigt sein würde. **42**

Ob diese Gedanken gerade zur Anwendung von Art. 46 führen, bleibt allerdings zu bezweifeln. Denn in den meisten Fällen wird **keine Rechtsordnung ersichtlich** sein, mit der der Sachverhalt eindeutig die engste Verbindung aufweist.[85] So ist es symptomatisch, dass vor der Kodifizierung des internationalen Sachenrechts als Anknüpfungspunkte unter anderem vertreten wurden:[86] der Wohnsitz des (bisherigen) Eigentümers, der Absendeort, der Bestimmungsort, das gewählte Recht, das **43**

---

81 Ausf. → 3. Aufl. 1998, Anh. I Art. 38 Rn. 126 ff. mwN *(Kreuzer);* s. für die Frage des für Transportbehälter maßgeblichen Sachstatuts auch OLG München BeckRS 2020, 19545 Rn. 36 f. und OLG Bremen BeckRS 2021, 13995 Rn. 19.

82 Staudinger/*Stoll,* 1996, IntSachenR Rn. 365 f.; *C. S. Wolf,* Der Begriff der wesentlich engeren Verbindung im internationalen Sachenrecht, 2002, 91 f.

83 *Junker* RIW 2000, 241 (252); *Kropholler* IPR § 54 IV; *v. Hoffmann/Thorn* IPR § 12 Rn. 40; *Looschelders* Rn. 16; zu wN vgl. → 3. Aufl. 1998, Anh. I Art. 38 Rn. 126 *(Kreuzer);* Staudinger/*Mansel,* 2015, Rn. 57.

84 BeckOK BGB/*Spickhoff* Rn. 8; PWW/*Brinkmann* Rn. 3; Erman/*Stürner* Art. 45 Rn. 12; HK-BGB/*Dörner* Rn. 1; Grüneberg/*Thorn* Rn. 3; *Kegel/Schurig* IPR § 19 IV, S. 774 f. (unabhängig von Art. 46); *Staudinger* DB 1999, 1589 (1593); *Geisler,* Die engste Verbindung im Internationalen Privatrecht, 2001, 334; *C. S. Wolf,* Der Begriff der wesentlich engeren Verbindung im internationalen Sachenrecht, 2002, 106 f.; *Looschelders* Rn. 18; im Wesentlichen auch *Junker* RIW 2000, 241 (252); *Kieninger* FS Martiny, 2014, 391 (410); *Kropholler* IPR § 54 IV; *v. Hoffmann/Thorn* IPR § 12 Rn. 39 f.; Staudinger/*Mansel,* 2015, Rn. 54.

85 Das kann man auch nicht mit der Überlegung abtun, auf Grund einer (kurzen und mehrdeutigen) Bemerkung in den Gesetzesmaterialien sei bei res in transitu ein weiterer Gestaltungsspielraum gegeben, so aber *Looschelders* Rn. 17.

86 Nachweise → 3. Aufl. 1998, Anh. I Art. 38 Rn. 127 ff. *(Kreuzer).*

Statut des Kausalgeschäfts, bei Verwendung von Warenpapieren (Konnossement, Ladeschein, Seefrachtbrief usw) zusätzlich die lex cartae sitae oder das Dokumentstatut (dessen Anknüpfung seinerseits umstritten ist) sowie beliebige Kombinationen daraus, wie etwa die verfügungsgünstigste Rechtsordnung. Auch heute ist diese Meinungsvielfalt keineswegs beseitigt. Überwiegend wird der Bestimmungsort genannt,[87] aber es finden sich auch geradezu abenteuerlich vage Lösungen,[88] sofern man sich nicht ganz auf eine Aufzählung aller denkbaren Möglichkeiten beschränkt.[89] Am plausibelsten erscheint die Anknüpfung an den Bestimmungsort, weil auf diese Weise wenigstens ein weiterer Statutenwechsel vermieden wird. Jedoch steht der Bestimmungsort vielfach nicht fest, lässt sich nicht klar bestimmen oder ändert sich nachträglich.

44 Daher ist es sachgerechter, bei res in transitu grundsätzlich von der Situs-Regel auszugehen.[90] Dabei ist jedoch zu beachten, dass das endgültige Sachstatut nur zur Beurteilung solcher Vorgänge berufen wird, die sich nach dem letzten Statutenwechsel ereignet haben (→ Art. 43 Rn. 127). Unbefriedigende Fälle mögen sich teilweise mit einer analogen Anwendung von **Art. 43 Abs. 3** lösen lassen,[91] soweit die Parteien der Verfügung diese mit der nach außen erkennbaren Absicht vorgenommen haben, dass sie Rechtswirkungen im Bestimmungsstaat hervorbringen soll (→ Art. 43 Rn. 177, 183). Im Übrigen muss in Fällen, in denen sich der Belegenheitsort der Sache zum Zeitpunkt der Verfügung tatsächlich **nicht ermitteln** lässt, eine flexible Lösung im Einzelfall gefunden werden (zur Nichtermittelbarkeit von Anknüpfungstatsachen → Einl. IPR Rn. 303 f.). In dieser Situation mag der Rückgriff auf eine analoge Anwendung des Art. 46 dann nahe liegen (→ Rn. 10).

45 **d) Gruppeninterne Verfügungen.** Als Anwendungsbeispiel von Art. 46 werden ferner gruppeninterne Verfügungen genannt.[92] Von den vorgenannten Fallgruppen unterscheiden sie sich dadurch, dass die Parteien selbst sich bei **Vornahme der Verfügung am Lageort** befinden, im Übrigen aber in einer anderen rechtlichen Umwelt agieren. Man denke etwa an den Fall, dass der deutsche Reisende, dem auf einer Reise durch die Bourgogne die Urlaubskasse gestohlen wurde und der deswegen ein privates Darlehen beim deutschen Reiseleiter aufnehmen musste, dem Reiseleiter zur Sicherheit seine Uhr übereignen möchte. Das Bundesverwaltungsgericht hat auf diese Fallgruppe ferner in einem Sachverhalt Bezug genommen, in dem das auf private Gegenstände von in einem Auslandseinsatz befindlichen Soldaten anwendbare Recht zu bestimmen war.[93]

46 Eine allgemeine Ausnahme gruppeninterner Verfügungen von der Situs-Regel ist nicht möglich,[94] und ein Abweichen verbietet sich insbesondere bei einer Relevanz für dritte Personen vor Ort.[95] Soweit **Drittinteressen offenkundig nicht berührt** sind, mag sich die Anwendung von Art. 46 freilich im Einzelfall aufdrängen. Die praktische Relevanz solcher Fälle dürfte äußerst gering sein.

47 **4. Gesetzliche Sicherungsrechte im internationalen Warenverkehr.** Vertreten wird eine Abweichung von der Regelanknüpfung im Wege über Art. 46 weiterhin bei manchen gesetzlichen Sicherungsrechten, die in Zusammenhang mit internationalen Verkehrsgeschäften stehen. Dies gilt insbesondere bei gesetzlichen Pfandrechten des **Spediteurs oder Frachtführers,** aber auch des Werkunternehmers, wenn die reparierte Sache in einen anderen Staat verbracht wird: Dieser sachenrechtliche Sachverhalt soll am engsten mit dem zugehörigen Schuldstatut verbunden sein.[96]

48 Dabei ist zu bedenken, dass ein solches Sicherungsrecht – wenn es denn einmal wirksam entstanden ist – auch nach der Regelanknüpfung grundsätzlich erhalten bleibt, soweit es nicht der Sachenrechtsordnung des neuen Belegenheitsstaats widerspricht (→ Art. 43 Rn. 150 ff.). Bei dem

---

[87] *Looschelders* Rn. 18; *v. Hoffmann/Thorn* IPR § 12 Rn. 39; *Kropholler* IPR § 54 IV; *Junker* RIW 2000, 241 (252); *Geisler,* Die engste Verbindung im Internationalen Privatrecht, 2001, 334; *C. S. Wolf,* Der Begriff der wesentlich engeren Verbindung im internationalen Sachenrecht, 2002, 106 f.; Grüneberg/*Thorn* Rn. 3; NK-BGB/*v. Plehwe* Rn. 9; PWW/*Brinkmann* Rn. 3; *Paffenholz,* Die Ausweichklausel des Art. 46 EGBGB, 2006, 155 (diff.).

[88] So etwa *Kegel/Schurig* IPR § 19 IV (Rechtswahl, Vorstellungen der Parteien oder Konnossementstatut).

[89] BeckOK BGB/*Spickhoff* Rn. 8; unentschlossen auch *Staudinger* DB 1999, 1589 (1593).

[90] So noch Palandt/*Heldrich,* 67. Aufl. 2008, Art. 43 Rn. 9.

[91] Vgl. auch die Andeutung in BT-Drs. 14/343, 14.

[92] *Kropholler* IPR § 54 VI; *v. Hoffmann/Thorn* IPR § 12 Rn. 12; *Pfeiffer* IPRax 2000, 270 (275); *Kreuzer* RabelsZ 65 (2001), 383 (456); *Looschelders* Rn. 20; NK-BGB/*v. Plehwe* Rn. 10; Staudinger/*Mansel,* 2015, Rn. 60; *Paffenholz,* Die Ausweichklausel des Art. 46 EGBGB, 2006, 179.

[93] BVerwG BeckRS 2019, 28251 Rn. 30.

[94] Diff. auch *C. S. Wolf,* Der Begriff der wesentlich engeren Verbindung im internationalen Sachenrecht, 2002, 144 f.

[95] Zutr. *Pfeiffer* IPRax 2000, 270 (275); *v. Hoffmann/Thorn* IPR § 12 Rn. 12.

[96] Staudinger/*Stoll,* 1996, IntSachenR Rn. 277; *Stoll* IPRax 2000, 259 (270).

Veto-Recht des neuen Belegenheitsrechts muss es aber in jedem Fall bleiben,[97] so dass der praktische Unterschied gering ist.[98] Er wirkt sich nur dann und so lange aus, wie die Ware noch keinen Staat passiert hat, dessen Rechtsordnung ein solches Sicherungsrecht kennt, und das Sicherungsrecht daher nach der Situs-Regel allein noch nicht entstanden ist. Ein unabweisbares kollisionsrechtliches Bedürfnis, dem Spediteur usw in solchen Fällen über Art. 46 zu einem Sicherungsrecht zu verhelfen, ist indessen nicht zu erkennen.[99]

5. Reisegepäck und persönliche Habe. Einen Anwendungsbereich für Art. 46 sehen viele in der dinglichen Rechtslage an Reisegepäck und ähnlicher persönlicher Habe.[100] Ein gewisses, wenngleich sehr geringes praktisches Bedürfnis dafür besteht allenfalls bei gruppeninternen Verfügungen (→ Rn. 45 f.). Dass die Sachenrechtsordnung eines Reiselandes dem Reisenden sein Eigentum am Gepäck oder der persönlichen Kleidung absprechen würde, ist äußerst unwahrscheinlich. Wo dies ausnahmsweise einmal der Fall sein sollte (etwa bei illegal ausgeführten exotischen Tieren), wird die Rechtslage ohnehin durch Eingriffsnormen beherrscht. Insgesamt scheint die Bildung einer eigenen Fallgruppe **nicht angezeigt.**[101] 49

6. Verbringung während laufenden Rechtsstreits. Eine Sonderkonstellation lag in dem vom BGH entschiedenen Fall vor, in dem sich Sachen ursprünglich im Inland befanden, dann aber aufgrund eines in erster Instanz nach deutschem Sachstatut (zu Unrecht) bejahten Vindikationsanspruchs und eines unter Anwendung deutschen Sachrechts erlangten vorläufig vollstreckbaren Titels ins Ausland verbracht worden sind.[102] Der BGH hat diese Verbringung ins Ausland für unbeachtlich erklärt und über Art. 46 weiterhin deutsches Sachenrecht angewendet. Der Entscheidung ist zuzustimmen, weil durch einen (ex post betrachtet zu Unrecht erlassenen) vorläufigen Titel und seine Vollstreckung keine Änderung der sachenrechtlichen Rechtslage herbeigeführt werden darf mit der Konsequenz, dass der später aufgehobene Titel zur selbsterfüllenden Prophezeiung wird und seine Vollstreckung gerade die materiellrechtliche Rechtslage herbeiführt, die ursprünglich fälschlich angenommen worden war. 50

7. Kulturgüter. Auch für Kulturgüter wird vertreten, im Wege über Art. 46 eigene, sachgerechtere Anknüpfungsgrundsätze zu entwickeln.[103] Der Gesetzgeber hat allerdings die Situs-Regel in Verbindung mit den besonderen, speziell für Kulturgüter erlassenen Kollisionsnormen für ausreichend erachtet.[104] Lösungen für davon nicht erfasste Einzelfälle sind daher primär nicht über Art. 46,[105] sondern über eine sachgerechte Fortentwicklung der **Sondervorschriften** zu suchen (→ Art. 43 Rn. 184 ff.).[106] 51

Anh. Art. 46 EGBGB: Enteignungsrecht im IPR

Schrifttum: vgl. auch bei Einl. IPR; *Andrae,* Staatliche Eingriffe in Eigentumsverhältnisse – insbesondere Enteignungen, 1990; *Andrae/Steding,* Das Bodenreformurteil des BVerfG und der Versuch seiner Demontage, WiR 1992, 135; *Armbrüster/Jopen,* Besteuerungsmaßnahmen der DDR und das Enteignungskollisionsrecht der Bundesrepublik Deutschland, ROW 1989, 332; *Baade,* Die Anerkennung im Ausland vollzogener Enteignungen, JahrbIntR 5 (1954), 132; *Banz,* Völkerrechtlicher Eigentumsschutz durch Investitionsschutzabkommen, 1988; *Behrens,* Multinationale Unternehmen im Internationalen Enteignungsrecht der Bundesrepublik Deutschland, 1980; *Behrens,* Der ausländische Enteignungsstaat als Bürgschaftsgläubiger des Enteigneten, IPRax 1989, 217; *Beitzke,* Probleme der Enteignung im Internationalprivatrecht, FS Raape, 1948, 93; *Beitzke,* Nochmals zur Konfiskation von Mitgliedschaftsrechten, JZ 1956, 673; *Böckstiegel,* Enteignungs- oder Nationalisierungsmaßnahmen gegen ausländische Kapitalgesellschaften, BerGesVR 13 (1974), 7; *Bogdan,* Expropriation in private international law, 1975; *Coing,* Zur

[97] So auch Staudinger/*Stoll,* 1996, IntSachenR Rn. 277.

[98] Zutr. → 3. Aufl. 1998, Anh. I Art. 38 Rn. 105 *(Kreuzer).*

[99] Für die Maßgeblichkeit der lex rei sitae auch BeckOK BGB/*Spickhoff* Rn. 8.

[100] *C. S. Wolf,* Der Begriff der wesentlich engeren Verbindung im internationalen Sachenrecht, 2002, 137 ff.; *v. Hoffmann/Thorn* IPR § 12 Rn. 12 (Ausnahme bei Bezug zum Lageort); NK-BGB/*v. Plehwe* Rn. 10.

[101] Ähnlich wohl *Paffenholz,* Die Ausweichklausel des Art. 46 EGBGB, 2006, 178 f.; Staudinger/*Mansel,* 2015, Rn. 61; zust. BeckOGK/*Prütting/A. Zimmermann* Rn. 49.

[102] BGH NJW-RR 2010, 983 Rn. 21; zust. PWW/*Brinkmann* Rn. 2; unter Hinweis auf das Vorliegen einer Umgehungskonstellation ebenfalls zust. BeckOK BGB/*Spickhoff* Rn. 1; abl. Grüneberg/*Thorn* Rn. 3; Staudinger/*Mansel,* 2015, Rn. 98.

[103] Besonders dezidiert *Armbrüster* NJW 2001, 3581 (3582); *Kurpiers,* Die lex originis-Regel im internationalen Sachenrecht – Grenzüberschreitende privatrechtliche Ansprüche auf Herausgabe von abhanden gekommenem und unrechtmäßig ausgeführtem Kulturgut, 2005, 68 ff. (74).

[104] BT-Drs. 14/343, 15.

[105] KG NJW 2007, 705; eingehend *Strauch,* Rechtsverhältnisse an Kulturgütern im Internationalen Sachenrecht, 2007, 93 ff., 232.

[106] *Stoll* IPRax 2000, 259 (269).

Nationalisierung in Frankreich, WM 1982, 378; *Dahm,* Zum Problem der Anerkennung im Inland durchgeführter völkerrechtswidriger Enteignungen im Ausland, FS Kraus, 1964, 67; *Deren,* Internationales Enteignungsrecht, 2015; *Dolzer,* Eigentum, Enteignung und Entschädigung im geltenden Völkerrecht, 1985; *Drobnig,* Extraterritoriale Reflexwirkungen ostzonaler Enteignungen, RabelsZ 18 (1953), 659; *Ebenroth,* Code of Conduct – Ansätze zur vertraglichen Gestaltung internationaler Investitionen, 1987, Rn. 786 ff.; *Ebenroth/Karuth,* „Wiedervereinigung" zwangsweise aufgespaltener Warenzeichen durch die Treuhandanstalt?, DB 1993, 1657; *Einsele,* Rest- bzw. Spaltgesellschaft auch bei Entschädigung, RabelsZ 51 (1987), 603; *Fickel,* Enteignungsrecht und Internationales Privatrecht, AWD 1974, 69; *Fickel,* Zur Entwicklung des Enteignungskollisionsrechts, AWD 1974, 584; *Herdegen,* Internationales Wirtschaftsrecht, 13. Aufl. 2023; *Kassaye,* Neuere Entwicklungen im internationalen Mobiliarsachenrecht, Diss. Hamburg 1983; *Kegel,* Probleme des internationalen Enteignungs- und Währungsrechts, 1956; *Kegel/Seidl-Hohenveldern,* Zum Territorialitätsprinzip im internationalen öffentlichen Recht, FS Ferid, 1978, 233; *Koppensteiner,* Enteignungs- oder Nationalisierungsmaßnahmen gegen ausländische Kapitalgesellschaften, BerGesVR 13 (1974), 65; *Kreuzer,* Habent sua fata horologia. Zur Vorfrage der Anerkennung fremdstaatlicher Steuervollstreckungsakte, IPRax 1990, 365; *Lederer,* Die internationale Enteignung von Mitgliedschaftsrechten: unter besonderer Berücksichtigung der französischen Enteignungen 1982, 1989; *Lederer,* Erfasst die Enteignung von Aktionären durch den Sitzstaat der AG die Aktien einer 100%igen ausländischen Tochter?, IPRax 1994, 145; *Mann,* Nochmals zu völkerrechtswidrigen Enteignungen vor deutschen Gerichten, FS Duden, 1977, 287; *Mann,* Völkerrechtswidrige Enteignungen vor nationalen Gerichten, NJW 1961, 705; *Meessen,* Die Verstaatlichung des Kupferbergbaus in Chile vor deutschen Gerichten, AWD 1973, 177; *Petersmann,* Die Nationalisierung der chilenischen Kupferindustrie als Problem des internationalen Wirtschaftsrechts, WiR 1973, 274; *Polter,* Auslandsenteignungen und Investitionsschutz, 1975; *Rudolf,* Territoriale Grenzen der staatlichen Rechtssetzung, BerGesVR 11 (1973), 7; *Schricker,* Altes und Neues zur Enteignung von Markenrechten, GRUR 1977, 434; *Seidl-Hohenveldern,* Internationales Konfiskations- und Enteignungsrecht, 1952; *Seidl-Hohenveldern,* Die Verstaatlichung von Kupferbergbaubetrieben in Chile, AWD 1974, 421; *Seidl-Hohenveldern,* Völkerrechtliche Erwägungen zum französischen Verstaatlichungsgesetz von 1982, 1983, 49; *Staker,* Public International Law and the lex situs Rule in Property Conflicts and Foreign Expropriations, Brit. Yb. Int. L. 1987, 151, 234–250; *Stoll,* Neuere Entwicklungen im internationalen Enteignungsrecht, in Rechtsfragen des vereinten Deutschland, herausgegeben von der Juristischen Gesellschaft Osnabrück-Emsland iVm dem Fachbereich Rechtswissenschaften der Universität Osnabrück, 1992, 77; *Stoll,* Forderungsenteignung auf besatzungshoheitlicher Grundlage und Territorialitätsprinzip, IPRax 2003, 433; *Teich,* Die Spaltungstheorie ist herrschende Meinung in der deutschen Rechtsprechung und Literatur, WM 1976, 1322; *A. Troller,* Internationale Zwangsverwertung und Expropriation von Immaterialgütern, Basel 1955; *Vannod,* Fragen des Internationalen Enteignungs- und Konfiskationsrechts, 1959; *Wilhelms,* Zum Restitutionsausschluss bei Enteignung im Rahmen der Bodenreform in der Sowjetischen Besatzungszone Deutschlands, ZOV 2010, 65; *Wilhelms,* Der Bodenreform-Beschluss des Bundesverfassungsgerichts und die Forderung nach Unumkehrbarkeit der „Enteignungen", ZOV 2010, 206; *Wilhelms,* Die Flucht in das Besatzungsrecht, ZOV 2012, 178; *Wölker,* Die Nationalisierungen in Frankreich 1981/1982, ZaöRV 43 (1983), 213; *Wohlgemuth,* Internationales Privat- und Völkerrecht: Das Schahvermögen in Deutschland, JuS 1981, 519; *Wuppermann,* Internationale Enteignung im Brennpunkt nationaler richterlicher Nachprüfung, AWD 1973, 505.

Übersicht

A. Einführung

I. Internationales Enteignungsrecht

1. Begriff und Funktion. Das sog. internationale Enteignungsrecht (IER) beantwortet die Frage, ob und ggf. unter welchen Voraussetzungen die privatrechtlichen Folgen fremdstaatlicher Enteignungen im Inland anzuerkennen sind.[1] Diese Frage stellt sich regelmäßig als **Vorfrage** bei Anwendung einer sachenrechtlichen, deliktsrechtlichen usw Norm des berufenen materiellen Rechts, bei der es auf die Berechtigung einer Person hinsichtlich eines bestimmten Vermögenswerts ankommt. Der Begriff des IER ist dabei äußerst irreführend, weil er eine funktionelle Parallelität zu internationalem Sachenrecht, internationalem Vertragsrecht usw suggeriert, die tatsächlich nicht besteht:[2] Das Recht des enteignenden Staates wird nicht „angewandt", sondern die durch die Enteignung geschaffene Eigentumslage als Rechtstatsache wird hingenommen oder auch nicht.[3] Der Begriff ist aber inzwischen so weit verbreitet,[4] dass er hier beibehalten werden soll. 1

Obgleich die Anerkennung fremder Hoheitsakte an sich dem Bereich des internationalen öffentlichen Rechts zuzuordnen ist,[5] fungiert das IER daher als Sondergebiet des innerstaatlichen IPR.[6] Der Grund dafür, dass ein Staat trotz seiner Souveränität die Folgen fremdstaatlicher Hoheitsakte anerkennt, liegt in seinem Interesse an **internationaler Ordnung:**[7] Es könnte zu einer erheblichen Belastung der zwischenstaatlichen Beziehungen führen, wenn ein Staat nach Belieben Entscheidungen träfe, die zu der Entscheidung des Enteignungsstaates in Widerspruch stehen.[8] 2

Die Regeln des IER gelten auch für das interlokale[9] und galten für das früher sog. interzonale Privatrecht, dh im **Verhältnis zur ehemaligen DDR.**[10] In den ersten Jahren nach 1945 stand das interzonale Enteignungsrecht in der deutschen Gerichtspraxis sogar durchaus im Vordergrund. Seit der Herstellung der staatlichen Einheit Deutschlands (3.10.1990) ist an die Stelle der Problematik der ultraterritorialen Anerkennung von Enteignungsakten, die von 1945 bis 1949 in der damaligen Sowjetischen Besatzungszone (SBZ) und von 1949 bis 1989 durch das Regime der ehemaligen DDR vorgenommen worden waren, die Frage der Rechtswirksamkeit dieser Akte getreten. Soweit die Enteignungen in der SBZ vor 1949 betroffen sind, schließt Art. 41 Einigungsvertrag iVm Nr. 1 der Gemeinsamen Erklärung zur Regelung offener Vermögensfragen vom 15.6.1990[11] Rückgängigmachung oder Ausgleich kategorisch aus. Hinsichtlich der Eigentumsänderungen, die nach 1949 in der DDR vorgenommen wurden, trifft das VermG iVm EALG eine allgemeine Ausgleichsregelung. Beide Problemkomplexe haben nur vereinzelte Berührungspunkte zum IER.[12] 3

---

1 Nicht Gegenstand des IER sind Enteignungen ausländischen Vermögens durch inländische Hoheitsmaßnahmen, → 3. Aufl. 1998, Anh. III Art. 38 Rn. 2 *(Kreuzer).*

2 *v. Bar/Mankowski* IPR I § 4 Rn. 130.

3 Statt aller *Stoll* IPRax 2003, 433 (434).

4 Vgl. etwa BVerfG NJW 1991, 1597 (1599); s. auch *Deren,* Internationales Enteignungsrecht, 2015.

5 Im Ergebnis zB → Einl. IPR Rn. 323; *Schurig,* Kollisionsnorm und Sachrecht, 1981, 164; *Kegel/Schurig* IPR § 23 I, II; *Ebenroth/Karuth* DB 1993, 1657 (1659) Fn. 43.

6 Staudinger/*Mansel,* 2015, Rn. 4; *v. Bar/Mankowski* IPR I § 4 Rn. 130; BVerfG BeckRS 2013, 58563 Rn. 21.

7 BVerfGE 84, 90 (124) = NJW 1991, 1597.

8 *Kegel/Schurig* IPR § 2 IV; *Kegel/Schurig* IPR § 23 I 2.

9 BGH MDR 1961, 309; RGZ 102, 251 (252 f.); *Kegel/Schurig* IPR § 23 II 2; Staudinger/*Mansel,* 2015, Rn. 72.

10 BGHZ 1, 109 (111 f.) = NJW 1951, 400; BVerfG NJW 1991, 1597 (1600); BGH NJW 1989, 1352 (dazu BVerfG NJW 1992, 1816 und *Kreuzer* IPRax 1990, 365); BGH NJW 2002, 2389; NJW-RR 2006, 1091 (1092); *Armbrüster/Jopen* ROW 1989, 332; *Raape/Sturm* IPR § 66 III; Grüneberg/*Thorn* Art. 43 Rn. 15; Staudinger/*Mansel,* 2015, Rn. 73; vgl. auch *Andrae,* Staatliche Eingriffe in Eigentumsverhältnisse – insbesondere Enteignungen, 1990, 25 ff., Fn. 79 f. mwN zur Lehrmeinung in der ehem. DDR.

11 Zu deren Reichweite vgl. BGH WM 2002, 1447 (1449 f.).

12 Statt aller *v. Bar/Mankowski* IPR I § 4 Rn. 140.

4 **2. Anwendung durch Zivilgerichte.** Die Anerkennung einer fremdstaatlichen Enteignung[13] ist als öffentlich-rechtliche Vorfrage (→ Rn. 1) hinsichtlich der Inhaberschaft eines streitigen Rechts vom Prozessgericht inzident zu prüfen und zu entscheiden. Bedenken unter dem verfassungsrechtlichen Gesichtspunkt der Gewaltenteilung bestehen nach dem Grundgesetz nicht, weil der Exekutive kein Beurteilungsmonopol hinsichtlich der Anerkennung oder Nichtanerkennung fremdstaatlicher Enteignungen zukommt.[14] Die Anerkennungsbefugnis deutscher Gerichte ergibt sich aus deren allgemeiner und insbesondere internationaler **Zuständigkeit** zur Entscheidung privatrechtlicher Streitigkeiten, sofern die ultraterritoriale Wirksamkeit einer fremdstaatlichen Enteignung entscheidungserheblich ist.[15]

5 **3. Praktische Bedeutung.** Enteignungen mit Auslandsberührung haben deutsche Gerichte immer wieder beschäftigt.[16] Größere Bedeutung haben sie zuerst infolge des Ersten Weltkriegs erlangt. Zwischen den beiden Weltkriegen waren vor allem sowjetrussische Enteignungen Gegenstand von Rechtsstreitigkeiten in Deutschland und anderen westlichen Staaten.[17] Im Anschluss an den Zweiten Weltkrieg führten insbesondere die sog. Feindvermögensmaßnahmen gegen deutsche Auslandsvermögen während und nach dem Krieg sowie die Enteignung vertriebener deutscher Staatsangehöriger zu gerichtlichen Auseinandersetzungen im Inland. Sonderprobleme ergaben sich aus Enteignungsmaßnahmen in der damaligen sowjetisch besetzten Zone[18] und in der DDR (→ Rn. 3). Der Komplex der **Kriegsfolgen** und der Folgen der **Diktaturen** sowohl des Dritten Reichs als auch der DDR ist bis heute noch nicht abgeschlossen.[19] Zwischenzeitlich hatten auch Maßnahmen zur Nationalisierung von Produktionsmitteln und Bodenschätzen in Entwicklungsländern,[20] aber auch in Frankreich[21] besondere praktische Bedeutung. Als Ausläufer der **Nationalisierungswellen** haben vor allem der „Bremer Tabakstreit"[22] und der „Chile-Kupferfall"[23] die deutsche Rspr. beschäftigt. Im Übrigen hat vor allem die Enteignung von Rechten an Unternehmen praktische Bedeutung erlangt. Seit dem letzten Weltkrieg versuchen daher die Industriestaaten vermehrt, ihre ausländischen Kapitalinvestitionen insbesondere durch bilaterale Investitionsschutzabkommen zu sichern (→ Rn. 8).

---

13 Zur US-amerikanischen Act of State-Doktrin s. *Ebke* IPRax 1991, 148; *Pirrwitz* RIW 1989, 96; *Staker* Brit. Yb. Int. L. 1987, 151 (234–250); *Ambrosch-Keppeler,* Die Anerkennung fremdstaatlicher Enteignungen, 1991, 124 ff.; *Mann* FS Duden, 1977, 287 (303) Fn. 70; *Berentelg,* Die Act of State-Doktrin als Zukunftsmodell für Deutschland?, 2009.

14 RGRK-BGB/*Wengler* § 25 Fn. 54.

15 So die stRspr; vgl. schon *L. v. Bar,* Theorie und Praxis des IPR, Bd. II, 1889, 685; aA *Einsele* RabelsZ 51 (1987), 603 (628 f.): Anerkennung nur auf Grund völkerrechtlichen Vertrags betr. die konkrete Enteignung.

16 Vgl. *v. Bar/Mankowski* IPR I § 4 Rn. 133–140.

17 Vgl. etwa RGZ 129, 98; KG JW 1925, 1300 mAnm *Wohl;* JW 1928, 1232 mAnm *Rabinowitsch; Crisolli* JR 1928, 288 ff.; *Mückenberger* JW 1931, 781 ff.; *Rheinstein* RabelsZ 8 (1934), 277 (294); *Wilhelms* ZOV 2010, 65; *Wilhelms* ZOV 2010, 206; *Wilhelms* ZOV 2012, 178.

18 Überblick über die Enteignungen in dem vom Bundesministerium für Gesamtdeutsche Fragen herausg. Werk: Die Enteignung in der sowjetischen Besatzungszone und die Verwaltung des Vermögens von nicht in der Sowjetzone ansässigen Personen, 3. Aufl. 1962. Zu Enteignungen im Zeitraum 1945–1990 allg. vgl. auch *Klüsener,* Rechtsstaat auf dem Prüfstand, 2011.

19 Vgl. etwa nur aus jüngerer Zeit wieder BGH NJW 2002, 2389; WM 2013, 234; NJW 2013, 1236; wN bei *v. Bar/Mankowski* IPR I § 4 Rn. 140.

20 Vgl. „U. S. Department of State Report on Nationalisation, Expropriation, and Other Takings of United States and Certain Foreign Properties since 1960", teilweise abgedruckt in International Legal Materials 11 (1972), 84 ff.; *Behrens* RabelsZ 37 (1973), 394 (395); vgl. auch *Petersmann* WiR 1973, 274 (277 f.); *Seidl-Hohenveldern,* Investitionen in Entwicklungsländern, 1963, 63 ff. Zu libyschen Nationalisierungen *v. Mehren-Kourides* Am. J. Int. L. 75 (1981), 476. Zu den einschlägigen Schiedssprüchen zB *Alt* ÖZöffR 35 (1985), 265; *Catronis* RIW 1982, 19. Zum Geiselbefreiungsabkommen Iran/USA *Riesenfeld* IPRax 1982, 125.

21 *v. Breitenstein* RIW 1982, 149; *Burdeau,* Die französischen Verstaatlichungen, 1983; *Coing* WM 1982, 378; *Lederer,* Die internationale Enteignung von Mitgliedschaftsrechten, 1989, 19 ff.; *Wölker* ZaöRV 43 (1983), 213; *Seidl-Hohenveldern,* Völkerrechtliche Erwägungen zum französischen Verstaatlichungsgesetz, 1983, 49.

22 „Bremer Tabakstreit": Klage von in Indonesien enteigneten niederl. Tabakplantagen-Gesellschaften auf Herausgabe von aus ihren Pflanzungen stammendem Tabak, der in die BRD geliefert worden war: LG Bremen AWD 1959, 105 mAnm *Seidl-Hohenveldern;* OLG Bremen IPRspr. 1958–59 Nr. 7 A (Berufung).

23 „Chile-Kupfer-Fall": Versuch von enteigneten US-amerikanischen Aktionären einer chilen. Kupferminengesellschaft, von Chile in die BRD geliefertes Kupfer in Hamburg beschlagnahmen zu lassen: LG Hamburg RabelsZ 37 (1973), 578 f.; LG Hamburg IPRspr. 1974 Nr. 135. Vgl. hierzu insbes. *Seidl-Hohenveldern* AWD 1974, 421 mwN der Lit. in Fn. 2, 11 (20); seither *Mann* FS Duden, 1977, 287; *Bernstein* FS Reimers, 1979, 229 ff.; *Bernstein* FS Zweigert, 1981, 37 ff. Der Streit wurde durch einen Vergleich beigelegt, vgl. International Legal Materials 14 (1975), 135 ff.

II. Rechtsquellen

1. Völkerrecht. a) Völkervertragsrecht. Eine völkerrechtlich begründete Pflicht zur Anerkennung ausländischer Enteignungen kann sich aus einer entsprechenden (ausdrücklichen oder konkludenten) Vereinbarung in **Staatsverträgen** ergeben.[24] Das Völkerrecht steht solchen Verträgen nicht entgegen, sondern erlaubt den Verzicht eines Staates auf private Rechte seiner Staatsangehörigen.[25] 6

Spezielle **mehrseitige** Staatsverträge über die Anerkennung fremdstaatlicher Enteignungsmaßnahmen oder allgemein fremder Hoheitsakte fehlen. Auch eigentumsschützende Staatsverträge (vgl. zB Art. 1 Abs. 1 EMRKZusProt),[26] aus deren Verletzung die Nichtigkeit von vertragswidrigen Enteignungsmaßnahmen gefolgert werden könnte, wurden von Deutschland nicht gezeichnet. Das (Washingtoner) Übereinkommen vom 18.3.1965 zur Beilegung von Investitionsstreitigkeiten zwischen Staaten und Angehörigen anderer Staaten (BGBl. 1969 II 369) enthält lediglich Verfahrensbestimmungen ohne Sachnormen. Nunmehr gibt es jedoch multinationale Regeln für den Investitionsschutz, die auch Bestimmungen über die Zulässigkeit von Enteignungen enthalten.[27] Völkerrechtliche Pflichten zur Hinnahme von Eingriffen in deutsches Vermögen im Zusammenhang mit dem Zweiten Weltkrieg[28] haben heute im Wesentlichen nur noch historische Bedeutung.[29] 7

Zwischen der Bundesrepublik und einer Reihe von Staaten bestehen **bilaterale** Ausgleichsabkommen, die zum Teil einen ausdrücklichen Verzicht auf Einwendungen gegen Eingriffe des Vertragsstaats in deutsches Vermögen, mithin eine entsprechende völkervertragliche Anerkennung enthalten.[30] In Freundschafts-, Handels-, Niederlassungs- und Schifffahrtsverträgen finden sich nicht selten Klauseln über die Rechtmäßigkeitsvoraussetzungen von Enteignungen[31] oder über die Inländerbehandlung.[32] Die zahlreichen bilateralen Verträge über die gegenseitige Förderung und den gegenseitigen Schutz von Kapitalanlagen,[33] welche die Bundesrepublik abgeschlossen hat, enthalten 8

---

[24] BGHZ 32, 256 (259) = NJW 1960, 1569; BGHZ 62, 340 (344 f.) = NJW 1974, 1944; *Seidl-Hohenveldern,* Internationales Konfiskations- und Enteignungsrecht, 1952, 140 ff. mwN.

[25] BGH IPRspr. 1960–61 Nr. 61; ArchVR 1965, 331 (335); KG IPRspr. 1964–65 Nr. 213; *Stöcker* WM 1965, 730 (731). Die im Hinblick auf Art. 14 Abs. 3 GG relevante Frage, ob das Ratifizierungsgesetz selbst eine Enteignung darstellt, stellt sich in der Rechtswirklichkeit nicht, da alle einschlägigen Abkommen die Vorgaben des GG beachten; aA *Einsele* RabelsZ 51 (1987), 603.

[26] Zum völkerrechtlichen Eigentumsschutz im Allgemeinen vgl. zB *Ipsen,* Völkerrecht, 6. Aufl. 2014, § 34 Rn. 41 ff.

[27] Weltbank-Richtlinien für die Behandlung von Auslandsinvestitionen (Text: ICSID-Review-Foreign Investment Law Journal –, Fall 1992, 297); NAFTA (Text: I.L.M 1993, 289 ff., 605 ff.); Energie-Charta-Vertrag (Text: ILM 33 [1995], 360 ff.); zu dieser Entwicklung s. *Karl* RIW 1994, 809 (812).

[28] Teil VI Art. 2, 3 (Pariser) Vertrag vom 23.10.1954 zur Regelung aus Krieg und Besatzung entstandener Fragen (Überleitungsvertrag) BGBl. 1955 II 405; dazu Soergel/*v. Hoffmann* Anh. III Art. 38 Rn. 83 ff. mzN; s. schon Art. 297d Versailler Friedensvertrag.

[29] Zum deutschen Auslandsvermögen im Krieg *Kegel/Schurig* IPR § 23 II 5 und vor allem Soergel/*v. Hoffmann* Anh. III Art. 38 Rn. 79 ff. mzN.

[30] So zB Art. 16 Abs. 2 deutsch-niederländischer Finanzvertrag vom 8.4.1960 (BGBl. 1963 II 629) und Art. 1 Zusatz-Abkommen vom 14.5.1962, BGBl. 1963 II 663; vgl. dazu ferner BVerfGE 29, 348 = DÖV 71, 829; BVerfGE 45, 83 = NJW 1977, 2029; BGH WM 1975, 670; *Féaux de la Croix* WM 1971, 438; *Treviranus* ZaöRV 1963, 536; Art. 1, 12 deutsch-österreichischer Vertrag vom 15.6.1957, BGBl. 1958 II 129; mit Protokoll vom 22.2.1973, BGBl. 1974 II 1214; vgl. dazu BGH WM 1959, 1397; 1960, 347; 1973, 491; *Kegel/Seidl-Hohenveldern* FS Ferid, 1978, 233 (251 f.); Art. 10 Abs. 1 deutsch-schweizerisches Abkommen vom 26.8.1952 (BGBl. 1953 II 15); dazu BVerfGE 6, 290; BGHZ 32, 256 = NJW 1960, 1569; OLG Düsseldorf IPRspr. 1958–59 Nr. 23. Vgl. ferner Art. 24 deutsch-italienisches Abkommen vom 2.6.1961 (BGBl. 1963 II 668); dazu *Féaux de la Croix* WM 1963, 1242.

[31] ZB Art. 4 deutsch-ägyptisches Abkommen vom 28.4.1980 (BGBl. 1982 II 284); Art. 6 Abs. 4 deutsch-dominikanischer Vertrag vom 23.12.1957 (BGBl. 1959 II 1468); Art. 5 Ziff. 3–5 deutsch-griechischer Vertrag vom 18.3.1960 (BGBl. 1962 II 1505); Art. 3 deutsch-honduresisches Abkommen vom 14.12.1978 (BGBl. 1979 II 403); Ziff. 1 lit. d, e deutsch-indisches Abkommen vom 15.10.1964 (BAnz. 1964 Nr. 235); Art. 9 Abs. 2 deutsch-iranischer Vertrag vom 17.2.1929 (RGBl. 1930 II 1002), mit Protokoll vom 11.4.1954 (BGBl. 1955 II 829); Art. 6 Nr. 4 deutsch-italienischer Vertrag vom 21.11.1957 (BGBl. 1959 II 949); Art. 7 deutsch-kolumbianischer Vertrag vom 23.7.1892 (RGBl. 1894 S. 471), dazu Entscheidung des Rates vom 18.12.1978 (78/1030) zur Genehmigung der Verlängerung bis 31.12.1980 (ABl. EG 1978 L 362, 13); Art. 14 Abs. 3, 4 deutsch-spanischer Vertrag vom 23.4.1970 (BGBl. 1972 II 1041); Art. V Nr. 4 deutsch-amerikanischer Vertrag vom 29.10.1954 (BGBl. 1956 II 487).

[32] Art. 10 und 11 deutsch-französischer Vertrag vom 27.10.1956 (BGBl. 1957 II 1661).

[33] Vgl. dazu vor allem *Alenfeld,* Die Investitionsförderungsverträge der Bundesrepublik Deutschland, 1971, insbes. das dort auf 175 ff. abgedruckte, von der Bundesrepublik den Verhandlungen zu Grunde gelegte Muster eines Investitionsförderungsvertrags; *Banz,* Völkerrechtlicher Eigentumsschutz durch Investitionsschutzabkommen, 1988; *Ebenroth,* Code of Conduct, 1987, Rn. 830 ff.

durchweg mehr oder weniger übereinstimmende Klauseln über Nichtdiskriminierung und über Rechtmäßigkeitsvoraussetzungen für hoheitliche Eingriffe im Hoheitsgebiet eines Vertragsstaats in Vermögenswerte von Staatsangehörigen und Gesellschaften der anderen Vertragspartei.

9 **b) Völkergewohnheitsrecht.** Den allgemeinen Regeln des Völkerrechts, die gem. Art. 25 GG im Inland unmittelbar gelten und den innerstaatlichen Gesetzen vorgehen, lässt sich zur Anerkennung fremdstaatlicher Enteignungsakte wenig entnehmen. Zwar existiert im allgemeinen Völkerrecht ein Grundsatz, wonach Hoheitsakte als solche – unabhängig von ihrem selbstgesetzten Geltungsanspruch – nicht über das Hoheitsgebiet des anordnenden Hoheitsträgers hinaus wirken.[34] Dieses **völkerrechtliche Territorialitätsprinzip**[35] bedeutet aber lediglich, dass staatliche Hoheitsakte ultraterritoriale Wirkungen nur kraft Anerkennung seitens des betreffenden Gebietsstaats zu entfalten vermögen, wobei diese Anerkennung auf staatsvertraglicher oder autonomer Grundlage erfolgen kann.[36] Im Übrigen existieren zwar völkergewohnheitsrechtliche Grundsätze über die Rechtmäßigkeit, insbesondere die Entschädigungspflicht von Enteignungen. Ein Verstoß gegen diese Grundsätze stellt jedoch die Wirksamkeit eines sonach völkerrechtswidrigen Enteignungsakts noch nicht in Frage.[37]

10 Ob und ggf. unter welchen Voraussetzungen die Staaten Enteignungen und andere Hoheitsakte fremder Staaten anerkennen, stellt das Völkerrecht **grundsätzlich frei.**[38] Das völkerrechtliche Territorialitätsprinzip trifft hierzu keine Aussage.[39] Völkergewohnheitsrechtlich besteht weder ein Anerkennungsgebot[40] noch ein Anerkennungsverbot[41] für fremdstaatliche Enteignungen. Letzteres besteht auch nicht für völkerrechtswidrige Enteignungen,[42] da das Völkerrecht hierfür als einzige Sanktion eine Entschädigungspflicht gegenüber dem Schutzstaat des Enteigneten vorsieht.[43]

11 **2. Autonom-innerstaatliches Recht.** Blendet man einzelne Regelungen des Besatzungsrechts[44] aus, die weitgehend nur noch von historischem Interesse sind, existieren auch keine geschriebenen Grundsätze zur Anerkennung fremdstaatlicher Enteignungen im rein innerstaatlichen Recht. Auch im Zuge der Kodifizierung des internationalen Sachenrechts durch das Gesetz zum internationalen Privatrecht für außervertragliche Schuldverhältnisse und für Sachen[45] vom 21.5.1999 (BGBl.

---

[34] Unstr.; zB BGHZ 25, 127 (132) = NJW 1957, 1435; BGHZ 25, 134 (140) = NJW 1957, 1433; BVerwG LKV 2008, 125 Rn. 22; *Kegel/Seidl-Hohenveldern* FS Ferid, 1978, 233 (234); *Beitzke* WBVR I, 1960, 504; *Rudolf* BerGesVR 11 (1973), 7 (11); *Raape/Sturm* IPR § 66 I 2.

[35] Dazu insbes. *Vogel,* Der räumliche Anwendungsbereich der Verwaltungsrechtsnorm, 1965, 11 ff.; Staudinger/*Mansel,* 2015, Rn. 6 ff.

[36] Statt vieler *Paulick* FS Raschhofer, 1977, 181 (183 f.); *Beitzke* JZ 1956, 673 (674).

[37] LG Bremen AWD 1959, 105; LG Hamburg AWD 1973, 164; vgl. *Behrens,* Multinationale Unternehmen im Internationalen Enteignungsrecht der Bundesrepublik Deutschland, 1980, 48 f. mwN; *Böckstiegel* BerGesVR 13 (1974), 7 (38 f.); *Meessen* AWD 1973, 177 (179); *Fickel* AWD 1974, 584 (586); *v. Bar/Mankowski* IPR I § 4 Rn. 145.

[38] BVerwG LKV 2008, 125 Rn. 22; *Behrens,* Multinationale Unternehmen im Internationalen Enteignungsrecht der Bundesrepublik Deutschland, 1980, 31 mwN; ferner *Kegel/Seidl-Hohenveldern* FS Ferid, 1978, 233 (244); *Baade* JahrbIntR 1954, 132 (135); *Böckstiegel* BerGesVR 13 (1974), 7 (38 f.); *Meessen* AWD 1973, 177 (179); *Herdegen,* Internationales Wirtschaftsrecht, 13. Aufl. 2023, § 20 Rn. 16.

[39] Im Ergebnis ebenso *Koppensteiner* BerGesVR 13 (1974), 72; *Stöcker* WM 1966, 746 (750) Fn. 25; s. auch *Frank* RabelsZ 34 (1970), 56 (59).

[40] *Bogdan,* Expropriation in private international law, 1975, 92 f.; *Polter,* Auslandsenteignungen und Investitionsschutz, 1975, 91; *Dahm* FS Kraus, 1964, 67 (74 f.) mwN; *Mann* FS Duden, 1977, 287 (302); *Böckstiegel* BerGesVR 13 (1974), 7 (38) mwN; *Geck* WBVR I, 1960, 55: Hoheitsakte; *Ipsen,* Völkerrecht, 6. Aufl. 2014, § 34 Rn. 62; aA die kommunistische Doktrin, vgl. *Lunz,* IPR AT, 1961, 216; wN bei *Münch* Rec. des Cours 1959 III 412 (482); für völkerrechtsgemäße Enteignungen auch *Verzijl* ZaöRV 19 (1958), 531 (545).

[41] *Bogdan,* Expropriation in private international law, 1975, 93; *Baade* JahrbIntR 1954, 132 (134 ff.); *Behrens* RabelsZ 37 (1973), 394 (418); *Jaenicke* BerGesVR 7 (1967), 77, 119 mwN; *Seidl-Hohenveldern* AWD 1974, 421 (426); Staudinger/*Mansel,* 2015, Rn. 69.

[42] So zB aber *Mann* FS Duden, 1977, 287 (300 ff.); wN bei *Bogdan,* Expropriation in private international law, 1975, 93 Fn. 52; *Meng,* Extraterritoriale Jurisdiktion im öffentlichen Wirtschaftsrecht, 1994, 95 Fn. 398.

[43] ZB BGHZ 9, 34 (44 f.) = NJW 1953, 542; OLG Bremen IPRspr. 1958–59 Nr. 7 A; LG Hamburg IPRspr. 1973 Nr. 112b; *Baade* JahrbIntR 1954, 132 (133); *Raape/Sturm* IPR § 66 II 1b; *Ebenroth/Karuth* DB 1993, 1657 (1659); *v. Bar/Mankowski* IPR I § 4 Rn. 145. Zu den unsicher gewordenen völkerrechtlichen Grundsätzen statt aller *Dolzer* Am. J. Int. L. 75 (1981), 553.

[44] KRG Nr. 5 vom 30.10.1945 ABIKB S. 27 und insbes. Art. 1 Abs. 1a AHKG Nr. 63 iVm Art. 3 AHKG Nr. 63 vom 31.8.1951, AHKBl. S. 1107; aufrechterhalten durch Teil VI Art. 2 Überleitungsvertrag (BGBl. 1955 II 405); dazu BVerfGE 41, 126 = NJW 1976, 1491; Soergel/*v. Hoffmann* Anh. III Art. 38 Rn. 80 ff. mwN.

[45] Zur Geschichte *Stoll* IPRax 2000, 259 ff.; *Kreuzer* RabelsZ 65 (2001), 383 (386 ff.); *Wagner* IPRax 1999, 219 ff.

1999 I 1026) ist das IER nicht berücksichtigt worden. Es bleibt daher insoweit bei den ungeschriebenen Grundsätzen.

III. Anerkennungsgrundsätze

1. Grundstruktur. Die inzidente Anerkennung einer fremdrechtlichen Enteignung hängt von drei Voraussetzungen ab, die kumulativ erfüllt sein müssen. Die erste Voraussetzung ist das Vorliegen eines geeigneten **Anerkennungsgegenstands,** dh einer durch einen fremden Hoheitsträger vollzogenen Enteignung. Im Übrigen gehen so gut wie alle Stimmen davon aus, dass die Anerkennung zweitens von der Erfüllung eher formeller Voraussetzungen abhängt, die sich unter dem Begriff der **Enteignungskompetenz** zusammenfassen lassen. Drittens müssen gewisse materielle Voraussetzungen, die ein Mindestmaß an **Rechtmäßigkeit** der Enteignung sicherstellen, erfüllt sein. Die konkrete Ausgestaltung dieser Voraussetzungen ist allerdings nach wie vor in hohem Maße kontrovers. 12

2. Der Streit um das Territorialitätsprinzip. a) Wesen des Territorialitätsprinzips. Es besteht weitgehend Einigkeit, dass die für die Zwecke der inzidenten Anerkennung zu fordernde Enteignungskompetenz des Enteignungsstaats ihre Grundlage in einer bestimmten Nähebeziehung zwischen dem enteignenden Hoheitsträger und dem enteigneten Vermögen findet. Die ganz hM geht diesbezüglich vom sog. **Territorialitätsprinzip** als ungeschriebenem Bestandteil des deutschen IER aus, das inzwischen auch vom Bundesverfassungsgericht gebilligt wurde.[46] Es besagt in seinem Kern, dass fremdstaatliche Enteignungen anzuerkennen sind, soweit sie Vermögensgegenstände betreffen, die sich im Hoheitsgebiet des Enteignungsstaats befinden (intraterritoriale Enteignungen).[47] Das Territorialitätsprinzip hat damit eine positive und eine negative Aussage:[48] Positiv bedeutet es, dass intraterritoriale fremdstaatliche Enteignungen grundsätzlich anerkannt werden (**positives** Territorialitätsprinzip),[49] und negativ bedeutet es, dass ultraterritorialen Enteignungen grundsätzlich die Anerkennung versagt wird, sofern die Verpflichtung zur Anerkennung nicht staatsvertraglich übernommen wurde (**negatives** Territorialitätsprinzip).[50] 13

Richtigerweise ist das Territorialitätsprinzip, dessen systematische Zuordnung umstritten bleibt,[51] als eine Sondernorm des IPR zu verstehen.[52] Es ist weder mit dem völkerrechtlichen Territorialitätsprinzip (→ Rn. 10) zu verwechseln[53] noch mit der internationalsachenrechtlichen Verweisung auf die lex rei sitae (Art. 43 Abs. 1), wenngleich zwischen diesen Grundsätzen natürlich Querverbindungen bestehen. Im IER geht es um die **Hinnahme einer Rechtstatsache,**[54] und nicht – wie bei der Situs-Regel – um die Anwendung ausländischen Enteignungsrechts oder – wie beim völkerrechtlichen Territorialitätsprinzip – um die Wirkungen der Enteignung im Sinne einer zu befolgenden bzw. zu vollziehenden Regelung. 14

---

[46] BVerfGE 84, 90 (124) = NJW 1991, 1597.

[47] RGZ 107, 94 (98 f.); OGHZ 1, 386 (390); BGHZ 56, 66 (69) = NJW 1971, 1514; BGHZ 62, 340 (343) = NJW 1974, 1944; BGH WM 1977, 730 (732); KG NJW 1988, 341 (343); s. auch BGHZ 95, 256 (265) = NJW 1985, 2897; BGH NJW 2002, 2389; NJW-RR 2006, 1277 Rn. 12; *Kegel/Schurig* IPR § 23 II 1; BeckOK BGB/*Spickhoff* Art. 46 Rn. 11; Erman/*Stürner* Anh. Art. 46 Rn. 12; Grüneberg/*Thorn* Art. 43 Rn. 12; Staudinger/*Kindler* IntGesR Rn. 962 mwN; Staudinger/*Mansel,* 2015, Rn. 6.

[48] Vgl. zB *Seidl-Hohenveldern* AWD 1974, 421 (426); *Seidl-Hohenveldern,* Völkerrechtliche Erwägungen zum französischen Verstaatlichungsgesetz, 1983, 49, 54, 57; *v. Bar/Mankowski* IPR I § 4 Rn. 135; Staudinger/*Mansel,* 2015, Rn. 47 ff. bzw. 45 f.; *Deren,* Internationales Enteignungsrecht, 2015, 62.

[49] BVerfGE 84, 90 (123 f.) = NJW 1991, 1597; BGHZ 25, 134 (143) = NJW 1957, 1433; BGHZ 39, 220 (227) = NJW 1963, 1541 – Waldes-Koh-i-noor; BGH NJW 2002, 2389; OLG Hamburg OLGR 2005, 448; LG Braunschweig IPRspr. 1990 Nr. 158 – DDR; LG Hamburg RabelsZ 37 (1973), 579 (581); Soergel/*v. Hoffmann* Anh. III Art. 38 Rn. 1 mwN in Fn. 4; Staudinger/*Mansel,* 2015, Rn. 47 ff.; *v. Bar/Mankowski* IPR I § 4 Rn. 135; *Lüderitz* IPR Rn. 12, 328.

[50] Vgl. etwa BGHZ 5, 35 (37) = NJW 1952, 540; BGHZ 12, 79 (84) = NJW 1954, 796; BGHZ 13, 106 = NJW 1954, 1195; BGHZ 17, 209 (212) = NJW 1955, 1151; BGHZ 25, 134 (140) = NJW 1957, 1433; BGHZ 32, 256 (259) = NJW 1960, 1569; BGHZ 62, 340 (343) = NJW 1974, 1944; BGHZ 104, 240 (244) = NJW 1988, 2173; BGH NJW-RR 2006, 1091 (1092); sowie die in der vorigen Fn. genannten.

[51] Der Streit hat keine praktische Relevanz. Für völkerrechtliche Zuordnung zB BGHZ 5, 27 (34 f.) = NJW 1952, 1012; für internationalverwaltungsrechtliche Zuordnung zB BGHZ 31, 367 (372) = NJW 1960, 1101; BGHZ 39, 220 (227) = NJW 1963, 1541 – Waldes-Koh-i-noor; für internationalprivatrechtliche Zuordnung zB BGHZ 2, 218 (222) = NJW 1963, 1541; BGHZ 7, 302 (304) = NJW 1953, 19; für Verankerung in mehreren dieser Rechtsgebiete zB BGHZ 25, 134 (143) = NJW 1957, 1433; BGH WM 1958, 557 (560); *Kuhn* WM 1956, 2.

[52] Staudinger/*Mansel,* 2015, Rn. 15.

[53] Missverständlich daher OGHZ 1, 386 (390); BGHZ 5, 27 (34 f.) = NJW 1952, 1012; BGHZ 12, 79 (83 f.) = NJW 1954, 796; BGHZ 25, 134 (143) = NJW 1957, 1433.

[54] Statt aller *Stoll* IPRax 2003, 433 (434).

15 Das negative Territorialitätsprinzip (→ Rn. 13) soll seine **Rechtfertigung** in der Wahrung der Gebietssouveränität des von einer fremdstaatlichen Enteignung betroffenen Belegenheitsstaats[55] sowie im Schutz inländischer Gläubiger und Schuldner vor fremdhoheitlichen Eingriffen[56] finden. Das positive Territorialitätsprinzip (→ Rn. 13) wird vor allem mit dem Interesse an der friedlichen internationalen Ordnung[57] oder damit begründet, dass jeder Staat in der Ausgestaltung seiner Wirtschaftsordnung frei sei und eine völlige Ignorierung von hieraus fließenden Enteignungsmaßnahmen durch das Ausland diesem Grundsatz widersprechen würde.[58]

16 **b) Abweichende Lösungsmodelle.** Das Territorialitätsprinzip sieht sich erheblicher Kritik ausgesetzt.[59] Die wichtigsten abweichenden Lösungsvorschläge lassen sich in drei Ansätze zusammenfassen:[60] Eine traditionelle, teilweise aber auch in jüngerer Zeit noch vertretene Auffassung qualifiziert die Enteignung als einen Tatbestand des Eigentumserwerbs bzw. Eigentumsverlusts, der – zumindest soweit das Sacheigentum betroffen ist – als sachenrechtlicher Vorgang der internationalprivatrechtlich maßgeblichen **lex rei sitae** (Art. 43 Abs. 1) unterliegt.[61] Diese Ansicht vermag nicht zu überzeugen.[62] Die kollisionsrechtlich relevanten Interessen und Wertungen, namentlich das Prinzip von der Maßgeblichkeit der engsten Verbindung, stehen in keinerlei innerem Zusammenhang mit der Rechtsentziehung durch einen öffentlich-rechtlichen, der iustitia distributiva verpflichteten Hoheitsakt. Im Übrigen fallen Enteignungsstatut und internationalprivatrechtliche lex causae nicht einmal immer bei Sachen, geschweige denn bei unkörperlichen Vermögensgegenständen (zB Forderungen) zusammen.[63]

17 Eine andere Auffassung will – in Anlehnung an US-amerikanische Lehren – die Anerkennungsfrage prinzipiell unabhängig vom Territorialitätsprinzip mit Hilfe einer offenen Abwägung der widerstreitenden **„policies"** beantworten (Governmental-Interest-Ansatz),[64] sieht in diesem Vorschlag aber „bislang mehr ein Programm als eine Methode".[65] Auch diese Ansicht ist als Entscheidungsgrundlage nicht verwertbar, weil sie keine Rechtssicherheit gewährleistet und die Gerichte dazu einlädt, die Anerkennungsfrage durch Rückgriff auf politische Ansichten und Opportunitätserwägungen zu beantworten.

18 Die einzige ernst zu nehmende Alternative zum Territorialitätsprinzip liegt daher in einer dritten, im Vordringen befindlichen Auffassung, die insbesondere für ultraterritoriale Enteignungen die Entwicklung **eigenständiger Anerkennungsregeln** propagiert.[66] So hat etwa *Behrens* hinsichtlich der Enteignung von Gesellschaftsvermögen folgenden Katalog von Anerkennungskriterien aufgestellt: 1. Rechtmäßigkeit nach dem Recht des enteignenden Staates; 2. extraterritorialer Geltungsanspruch des Enteignungsgesetzes; 3. enger territorialer Bezug des enteigneten Vermögens zum Enteignungsstaat; 4. Effektuierung der Enteignung im Enteignungsstaat; 5. Fungibilität oder Homo-

---

[55] BGH WM 1966, 221 (223) mwN; *Mann* NJW 1961, 705; *Seidl-Hohenveldern* Friedenswarte 1956, 1 (10), vgl. aber *Deren,* Internationales Enteignungsrecht, 2015, 107.

[56] RGZ 129, 98 (105).

[57] LG Hamburg IPRspr. 1973, Nr. 112b; *Kegel,* Probleme des internationalen Enteignungs- und Währungsrechts, 1956, 9; *Kegel/Seidl-Hohenveldern* FS Ferid, 1978, 233 (242); *Meessen* AWD 1973, 177 (180).

[58] *Beemelmans* WM 1966, 670 (675); vgl. auch *Behrens,* Multinationale Unternehmen im Internationalen Enteignungsrecht der Bundesrepublik Deutschland, 1980, 36 f.: Gegenseitigkeitsinteresse.

[59] *Behrens,* Multinationale Unternehmen im Internationalen Enteignungsrecht der Bundesrepublik Deutschland, 1980, 13 ff.; *Koppensteiner* BerGesVR 13 (1974), 65 (69, 72 ff.); *Beemelmans* WM 1966, 670 (672); *Fickel* AWD 1974, 584 ff.; *Frank* RabelsZ 34 (1970), 56 (59); *Lederer,* Die internationale Enteignung von Mitgliedschaftsrechten, 1989, 122 ff.; *Lederer* IPRax 1994, 145; *Stöcker* WM 1966, 746 (749) Fn. 25; *Wuppermann* AWD 1973, 505 (507 ff.); *Deren,* Internationales Enteignungsrecht, 2015, 304 ff. lediglich für die Anwendung auf dingliche Rechte. Gegen Auflockerungen des Territorialitätsprinzips *v. Bar/Mankowski* IPR I § 4 Rn. 141 ff.

[60] Zu weiteren Ansätzen *Beemelmans,* Die gespaltene Gesellschaft, 1963, 14 ff.

[61] *Vannod,* Fragen des Internationalen Enteignungs- und Konfiskationsrechts, 1959, 36 ff.; *Wiesböck,* Die lex rei sitae im internationalen Privatrecht, 1974, 45; *Münch* JahrbIntR 1960, 84 (87); *Vogel* FS Raape, 1948, 203 (215).

[62] Im Ergebnis ebenso *Beitzke* FS Raape, 1948, 93 (94); *Koppensteiner* BerGesVR 13 (1974), 65 (80); *Neuhaus* WM 1966, 134 (136); *Schurig,* Kollisionsnorm und Sachrecht, 1981, 164; Staudinger/*Mansel,* 2015, Rn. 1; vgl. auch *Stoll,* Neuere Entwicklungen im internationalen Enteignungsrecht, in Rechtsfragen des vereinten Deutschland, 1992, 90 ff.

[63] Näher Staudinger/*Stoll,* 1996, IntSachenR Rn. 199 mwN.

[64] *Fickel* AWD 1974, 69 (71 ff.); *Fickel* AWD 1974, 584 ff.

[65] *Fickel* AWD 1974, 69 (75).

[66] Insbes. → 3. Aufl. 1998, Anh. III Art. 38 Rn. 16 ff. *(Kreuzer); Behrens,* Multinationale Unternehmen im Internationalen Enteignungsrecht der Bundesrepublik Deutschland, 1980, 20 f. in Weiterentwicklung der Ansätze von *Rudolf* BerGesVR 11 (1973), 7 (40 f.) und *Koppensteiner* BerGesVR 13 (1974), 65 (81 ff., 95).

genität des ausländischen Enteignungsrechts mit dem deutschen; 6. Gegenseitigkeit. *Kreuzer* nimmt einen Rückgriff auf die Wertungen des § 328 ZPO vor, der zwar nicht entsprechend angewendet wird, dem aber gewisse Mindestvoraussetzungen entnommen werden, die erfüllt sein müssen, damit eine ausländische Entscheidung im Inland Anerkennung findet.[67] Diese seien die internationale Zuständigkeit des entscheidenden Organs, die Vereinbarkeit der Entscheidung mit den Grundwertungen der lex fori und die Verbürgung der Gegenseitigkeit. Die Intraterritorialität des entschiedenen Sachverhalts sei keine eigenständige Anerkennungsvoraussetzung, sondern ein Element zur Begründung der internationalen Enteignungszuständigkeit. Der Ansatz *Kreuzers* steht im Gesamtzusammenhang mit der Frage, ob und unter welchen Voraussetzungen ausländische Hoheitsakte anzuerkennen sind bzw. im Inland Wirkung entfalten können.

c) Stellungnahme. Der Kritik am Territorialitätsprinzip ist zuzugeben, dass der Topos von der „Territorialität" nicht geeignet ist, die der Hinnahme fremdstaatlicher Enteignungen zu Grunde liegenden Wertungen aufzudecken und offen anzusprechen. Es handelt sich um ein rein formelles Kriterium, das materiellen Gehalt erst durch seine internationale Anerkennung und die daraus folgende Eignung erhält, Rechtssicherheit und internationale Ordnung zu gewährleisten.[68] Durch den Begriff der Intraterritorialität wird eine Rationalität der Entscheidungsfindung und eine Legitimität suggeriert, die das Kriterium tatsächlich nicht zu gewährleisten vermag. Die Dichotomie von Intraterritorialität und Ultraterritorialität verdeckt im Übrigen, dass es vor inländischen Gerichten immer um die Anerkennung im Inland, also um ultraterritoriale Wirkungen geht.[69] Insgesamt dient das Kriterium daher eher der **Verschleierung** als der Klärung. 19

Auch wenn sich der materielle Gehalt des Territorialitätsprinzips letztlich erst kraft seiner internationalen Konsensfähigkeit und seiner langjährigen Bewährung als Hüter internationaler Ordnung und Ausdruck wechselseitigen Respekts der Völkerrechtssubjekte erschließt, bleibt dieser materielle Gehalt aber doch nicht von der Hand zu weisen. Die internationale Akzeptanz des Territorialitätsprinzips ebenso wie seine Bestätigung durch die verfassungsgerichtliche Rspr. verleihen ihm einen gewohnheitsrechtlichen Status, so dass man es nicht einfach übergehen kann. Zumindest müssen sehr starke Argumente vorliegen, die beweisen, dass die Anwendung des Territorialitätsprinzips in Verbindung mit dem stets erforderlichen materiellen Korrektiv (→ Rn. 12) zu unakzeptablen Ergebnissen führt. Zudem muss ein tragfähiges und eindeutig besseres Alternativkonzept präsentiert werden. 20

Beides ist mit den bislang vorliegenden Vorschlägen aber noch nicht geschehen. Insbesondere der Rückgriff auf § 328 ZPO scheint schon dogmatisch nicht überlegen zu sein, da der Urteilsanerkennung – die ja immer im Hinblick auf die Vollstreckung erfolgt – andere Prinzipien zu Grunde liegen und zudem das horizontale Verhältnis zwischen Privaten nicht mit dem vertikalen Verhältnis zwischen enteignendem Staat und Betroffenem vergleichbar ist.[70] Im Übrigen gehört die Anerkennung ausländischer Hoheitsakte, die nicht als gerichtliche Entscheidung qualifiziert werden können, zu den wenig geklärten Fragen des deutschen internationalen Verwaltungsrechts. Auch die von *Behrens* entwickelten Kriterien (→ Rn. 18) scheinen nicht durchgehend sachgerecht zu sein. So geht insbesondere eine „révision au fond" der ausländischen Enteignungsentscheidung zu weit, weil sie dazu nötigen müsste, schwierige, teilweise politisch motivierte Entscheidungsstrukturen nachzuverfolgen und ggf. materiell-privatrechtlich eine Rechtsfolge anzunehmen, die keinerlei Aussicht auf faktische Durchsetzbarkeit hat. Das Prinzip der Gegenseitigkeit ist in der Handhabung schwierig, weil es regelmäßig an einer entsprechenden Erfahrungsgrundlage fehlt. 21

Anzumerken ist schließlich, dass die Entscheidung für oder gegen das Territorialitätsprinzip als solches die angelegten Entscheidungsmaßstäbe keinesfalls abschließend präjudiziert. So wird etwa eine Prüfung der Rechtmäßigkeit der Enteignung nach dem Landesrecht des Enteignungsstaats durchaus von Autoren vertreten, die im Übrigen auf der Basis des Territorialitätsprinzips argumentieren.[71] Auch werden unter dem Stichwort „Auflockerungen des Territorialitätsprinzips"[72] Lösungen erörtert, mit deren Hilfe sich alle Ergebnisse herbeiführen ließen, an denen den Vertretern der Gegenansicht gelegen ist, namentlich die begrenzte Anerkennung auch ultraterritorialer Enteignungen. Das Problem liegt also in den einzelnen Sachfragen begründet und sollte auch dorthin verlagert werden. Angesichts des inzwischen verfestigten **normativen Geltungsanspruchs** des Territorialitätsprinzips (→ Rn. 20) scheint es nicht angezeigt, auf gänzlich abweichender Grundlage zu arbeiten. 22

---

67 → 3. Aufl. 1998, Anh. III Art. 38 Rn. 16 *(Kreuzer); Kreuzer* IPRax 1990, 365.
68 BVerfG NJW 1991, 1597 (1600); aA *Deren,* Internationales Enteignungsrecht, 2015, 160.
69 Zutr. → 3. Aufl. 1998, Anh. III Art. 38 Rn. 17 *(Kreuzer).*
70 Soergel/*v. Hoffmann* Anh. III Art. 39 Rn. 6 Fn. 11.
71 Vgl. etwa Soergel/*v. Hoffmann* Anh. III Art. 39 Rn. 6 Fn. 23.
72 *v. Bar/Mankowski* IPR I § 4 Rn. 144 ff., 149 ff., freilich iErg krit.

23 **3. Anerkennung ultraterritorialer Enteignungen?** Eine der entscheidenden Sachfragen lautet mithin, ob unter bestimmten Voraussetzungen auch ultraterritoriale Enteignungen anerkannt werden können, dh ob das negative Territorialitätsprinzip (→ Rn. 13) in bestimmten Fällen eingeschränkt werden muss. Diesbezügliche Vorschläge laufen regelmäßig darauf hinaus, nicht nur die Gebietshoheit, sondern in begrenztem Umfang **auch die Personalhoheit** des Enteignungsstaats für dessen Enteignungskompetenz als genügend anzusehen. Ist die Personalhoheit des Enteignungsstaats über den Enteigneten gegeben, werden als ausreichend etwa eine „genügend enge Verbindung"[73] bzw. ein „enger territorialer Bezug"[74] des Vermögens zum Enteignungsstaat genannt. Teilweise wird bei Staatsangehörigen des Enteignungsstaates eine Enteignung extraterritorialer Vermögenswerte sogar schlechthin[75] oder jedenfalls zur Sicherung vor dem Zugriff einer feindlichen Macht[76] für zulässig erachtet. Teilweise wird auch danach differenziert, ob enteignete Vermögensgegenstände als Zubehör einer Wirtschaftseinheit (zB Unternehmen) oder aber als isolierte Einzelgegenstände (ut singuli) erfasst werden: Im ersten Fall solle die Personalhoheit allein die internationale Enteignungszuständigkeit für den Sitzstaat begründen,[77] im letzten Fall sei fallgruppenbezogen nach einzelnen Kategorien von Enteignungsobjekten zu differenzieren.[78]

24 Die Anerkennung ultraterritorialer Enteignungen stellt sich auf der Grundlage des Territorialitätsprinzips als Enteignung seitens des Anerkennungsstaats dar.[79] Denn vermochte die Enteignungsentscheidung als solche, dh als zu befolgender und ggf. zu vollstreckender Rechtsakt, auf Grund des völkerrechtlichen Territorialitätsprinzips (→ Rn. 9) außerhalb des Hoheitsgebiets des Enteignungsstaats keine Wirkungen zu entfalten, ist es erstmals der Anerkennungsstaat, der ihr solche Wirkungen beimisst. Dass dies im Rahmen eines zivilgerichtlichen Verfahrens erfolgt und nicht notwendig in einem auf Herausgabe lautenden Urteil mündet, ist dafür unerheblich (→ Rn. 35). Wenn dem aber so ist, dann ist auch **Art. 14 Abs. 3 GG** eröffnet,[80] dessen Anforderungen (Enteignung zum Wohle der Allgemeinheit, gesetzliche Grundlage, Junktimklausel) außerhalb staatsvertraglicher Verpflichtungen, deren Vereinbarkeit mit dem GG allerdings immer kritisch zu prüfen ist,[81] vergleichsweise offenkundig nicht gegeben sind. Daher ist die inzidente Anerkennung ultraterritorialer Enteignungen durch deutsche Zivilgerichte zumindest nach gegenwärtig geltender Verfassungs- und Gesetzeslage ausgeschlossen.

25 **4. Nichtanerkennung intraterritorialer Enteignungen. a) Vorbehalt des ordre public.** Es besteht Einigkeit, dass das positive Territorialitätsprinzip (→ Rn. 13) der Einschränkung bedarf, dh dass nicht jede intraterritoriale Enteignung anerkennungsfähig ist. Die auch insoweit vom BVerfG[82] bestätigte hM sieht die Grenze der Anerkennung intraterritorialer Enteignungen ausschließlich im Vorbehalt des **deutschen ordre public,** soweit dieser nicht durch vorrangige staatsvertragliche Verpflichtungen ausgeschlossen wurde (→ Rn. 8).

26 Dass dabei unmittelbar Art. 6 herangezogen wird,[83] erscheint freilich dogmatisch bedenklich, weil es bei der Tätigkeit deutscher Zivilgerichte keinesfalls um die Anwendung ausländischen Enteignungsrechts geht (→ Rn. 14), sondern um die Hinnahme fremdstaatlich gesetzter Rechtswirkungen als Ausgangspunkt und Grundlage einer Entscheidung nach der kollisionsrechtlich berufenen Privatrechtsordnung. Anders als von Art. 6 gefordert geht es nicht um die Korrektur eines Anwendungsergebnisses im engeren Sinn. Prüfungsgegenstand ist richtigerweise nicht die Frage, ob die Enteignung selbst mit

---

73 *Koppensteiner* BerGesVR 13 (1974), 65 (81 ff., 95 f.) für Mitgliedschaftsrechte.

74 → 3. Aufl. 1998, Anh. III Art. 38 Rn. 21 *(Kreuzer); Behrens,* Multinationale Unternehmen im Internationalen Enteignungsrecht der Bundesrepublik Deutschland, 1980, 87, 88 f.; *Rudolf* BerGesVR 11 (1973), 7 (40 f., 45); *Koppensteiner* BerGesVR 13 (1974), 65 (95); krit. dazu *Seidl-Hohenveldern,* Völkerrechtliche Erwägungen zum französischen Verstaatlichungsgesetz, 1983, 49, 60 f.

75 *M. Wolff,* Private International Law, 2. Aufl. 1950, Nr. 501; *Seidl-Hohenveldern,* Völkerrechtliche Erwägungen zum französischen Verstaatlichungsgesetz, 1983, 179 ff., 184 f., 188 f.: soweit angemessene Entschädigung geleistet und mit dem ordre public des Belegenheitsstaats vereinbar; anders wohl *Seidl-Hohenveldern* FS Kegel, 1977, 265 (284).

76 Staudinger/*Stoll,* 1996, IntSachenR Rn. 205: als Ausnahmefall; s. ferner *Stoll,* Neuere Entwicklungen im internationalen Enteignungsrecht, in Rechtsfragen des vereinten Deutschland, 1992, 90 ff., 94 f.

77 → 3. Aufl. 1998, Anh. III Art. 38 Rn. 31 *(Kreuzer);* für Gesellschaften ebenso iErg *Behrens,* Multinationale Unternehmen im Internationalen Enteignungsrecht der Bundesrepublik Deutschland, 1980, 88 f.; s. auch *Koppensteiner* BerGesVR 13 (1974), 65 (83 f.); aA die hM, generell: Territorial- vor Personalhoheit.

78 → 3. Aufl. 1998, Anh. III Art. 38 Rn. 31 *(Kreuzer); Koppensteiner* BerGesVR 13 (1974), 65 (95); vgl. auch *Wölker* ZaöRV 43 (1983), 213 (297 ff.).

79 BGHZ 62, 340 (345) = NJW 1974, 1944; BGH NJW 1966, 696; IPRspr. 1975 Nr. 121.

80 BGH NJW 1963, 1541 (1542); ebenso *v. Bar/Mankowski* IPR I § 4 Rn. 149.

81 Dazu vgl. *Einsele* RabelsZ 51 (1987), 603 ff.

82 BVerfG NJW 1991, 1597 (1600).

83 So ausdrücklich BVerfG NJW 1991, 1597 (1600).

wesentlichen Grundsätzen des deutschen Rechts vereinbar ist, was im Hinblick auf die vergleichsweise strengen Voraussetzungen von Art. 14 Abs. 3 GG sehr oft zu verneinen wäre, sondern die Frage, ob eine etwaige Unvereinbarkeit der Enteignung mit wesentlichen Grundsätzen des deutschen Rechts so gravierend ist, dass sie die intraterritorial wirksam **geschaffene Eigentumslage erfasst** und diese daher in einem deutschen Gerichtsverfahren nicht mehr zu Grunde gelegt werden darf.

Dass das eine genuine und berechtigte Ordre-public-Frage ist, wird nicht bestritten. Jedoch erscheint eine Analogie zu Art. 6 oder ein Rückgriff auf den **allgemeinen Ordre-public-Vorbehalt,** wie er in einer ganzen Reihe von Regelungen (zB § 328 Abs. 1 Nr. 4 ZPO) zum Ausdruck kommt und international anerkannt ist, dogmatisch sauberer zu sein. Konkret bedeutet das, dass die Wertungen des deutschen Rechts, insbesondere die Grundrechte, unmittelbar und unabhängig von Art. 6 als Prüfungsmaßstab herangezogen werden, wie es in Rspr.[84] und Lit.[85] auch teilweise vertreten wird. An den praktischen Ergebnissen ändert das freilich nichts. 27

b) Innerstaatliches Recht des Enteignungsstaats. Vielfach wird als weitere materielle Anerkennungsvoraussetzung formuliert, dass die Enteignung mit dem Verfassungsrecht[86] oder gar mit dem einfachen Gesetzesrecht[87] des enteignenden Staates vereinbar sein muss. Hinsichtlich dieses Kriteriums ist Vorsicht geboten. Es kann nicht darum gehen, dass deutsche Zivilgerichte sich gleichsam in die Lage der ausländischen Exekutive oder Legislative versetzen und etwa nachprüfen, ob die vorgegebenen – vielfach stark politisch eingefärbten – Zwecksetzungen zur Förderung des Allgemeinwohls tatsächlich berechtigt waren oder nicht: Damit wären alle Überlegungen zur Hinnahme fremdstaatlicher Enteignungen im Interesse der „internationalen Ordnung" (→ Rn. 15) hinfällig. Vielmehr geht es darum, dass deutsche Gerichte keine Veranlassung zur Anerkennung einer Maßnahme haben, die auch vor Gerichten des enteignenden Staates nicht zu halten wäre. So wird zutreffend die Einschränkung gemacht, dass ein Verstoß gegen das innerstaatliche Recht des Enteignungsstaats nur dann und insoweit beachtlich ist, als der Betroffene ihn **auch vor den Gerichten des enteignenden Staates** mit gewisser Aussicht auf Erfolg geltend machen könnte.[88] Selbstverständlich ist auch in jedem Fall zu prüfen, ob die Enteignungsmaßnahme den fraglichen Vermögensgegenstand überhaupt erfassen will.[89] 28

c) Weitere materielle Anerkennungsvoraussetzungen? Gegner des Territorialitätsprinzips (→ Rn. 18) wollen positive Anerkennungsvoraussetzungen materieller Art formulieren, die einen Rückgriff auf Art. 6 weitgehend überflüssig machen.[90] So wird vereinzelt die **Völkerrechtmäßigkeit** der Enteignung generell[91] als selbständige, dh unabhängig vom Ordre-public-Vorbehalt zu prüfende Anerkennungsvoraussetzung aufgestellt.[92] Andere[93] wollen aus einer Gesamtschau der bilateralen **Staatsvertragspraxis**[94] (→ Rn. 8) sowie neueren multilateralen Regeln[95] allge- 29

---

84 Vgl. ausdrücklich ohne Prüfung BVerfGE 84, 90 (124); dazu *Andrae/Steding* WiR 1992, 135; vgl. aber auch zB BGHZ 39, 220 (231) = NJW 1963, 1541 – Waldes-Koh-i-noor; KG JW 1928, 1232 zu Art. 153 WRV.

85 Staudinger/*Mansel,* 2015, Rn. 60 f.; s. auch *Dahm* FS Kraus, 1964, 67 (92 ff.); *Deren,* Internationales Enteignungsrecht, 2015, 190.

86 OLG Bremen IPRspr. 1958–59 Nr. 7 A; *Behrens,* Multinationale Unternehmen im Internationalen Enteignungsrecht der Bundesrepublik Deutschland, 1980, 38 f. bzw. 87: intra- bzw. ultraterritoriale Enteignung; *Teich* WM 1976, 1322 (1325); RGRK-BGB/*Wengler* § 25e, 650; Soergel/*v. Hoffmann* Anh. III Art. 38 Rn. 23; Staudinger/*Mansel,* 2015, Rn. 49.

87 LG Braunschweig IPRspr. 1990 Nr. 158 (DDR); *Behrens,* Multinationale Unternehmen im Internationalen Enteignungsrecht der Bundesrepublik Deutschland, 1980, 38 bzw. 87: intra- bzw. extraterritoriale Enteignung; *Andrae/Steding* WiR 1992, 135 (137); *Ferid* IPR §§ 7-124, 7–132; *Kegel/Schurig* IPR § 23 II 3; RGRK-BGB/*Wengler* § 25e, 650; Staudinger/*Mansel,* 2015, Rn. 49; aA wohl *Neumeyer,* Internationales Verwaltungsrecht, Bd. IV, 1936, 159.

88 OLG Bremen IPRspr. 1958–59 Nr. 7A; Soergel/*v. Hoffmann* Anh. III Art. 38 Rn. 23; Staudinger/*Mansel,* 2015, Rn. 49; *Neumayer* RabelsZ 23 (1958), 573 (578 ff.); *Deren,* Internationales Enteignungsrecht, 2015, 167.

89 BGH NJW 1958, 745; Soergel/*v. Hoffmann* Anh. III Art. 38 Rn. 23 mwN.

90 Im Ergebnis zB ebenso *Beitzke* JZ 1956, 673 (674).

91 Für Besatzungsmächte sind Art. 46 ff. Haager Landkriegsordnung von 1907 zu beachten; Staudinger/*Mansel,* 2015, Rn. 52; aA Soergel/*v. Hoffmann* Anh. III Art. 38 Rn. 18, 22.

92 *Mann* NJW 1961, 705 (707); *Veith/Böckstiegel,* Der Schutz von ausländischem Vermögen im Völkerrecht, 1962, 224; wohl auch *Petersmann* WiR 1973, 274 (275, 303 f.).

93 So vor allem → 3. Aufl. 1998, Anh. III Art. 38 Rn. 35 ff. *(Kreuzer).*

94 Vgl. zB Art. 3 deutsch-indonesischer Vertrag vom 8.11.1968 (BGBl. 1970 II 492); Überblick über die einzelnen Rechtmäßigkeitsvoraussetzungen bei *Banz,* Völkerrechtlicher Eigentumsschutz durch Investitionsschutzabkommen, 1988, 74 ff.; s. ferner *Karl* RIW 1994, 809 (812); allgemein zur bilateralen Vertragspraxis *Khalil* ICSID Review – Foreign Investment Law Journal –, Fall 1992, 339 ff.

95 Vgl. zB Art. 1110 NAFTA; Art. 13 Energie-Charta-Vertrag (BGBl. 1997 II 5); wN bei *Karl* RIW 1994, 809 (812).

meine Grundsätze über die Anerkennung einer fremdstaatlichen intraterritorialen Enteignung herausfiltern. Im Ergebnis werden als Anerkennungsvoraussetzungen unter anderem genannt: Enteignung im allgemeinen Interesse; gegen angemessene Entschädigung; in nicht diskriminierender Weise; Nachprüfbarkeit in einem ordentlichen Rechtsverfahren; Gegenseitigkeit.

30 Richtigerweise sollten weitere Einschränkungen **nicht** gemacht werden. Die meisten der genannten Kriterien werden im Rahmen der Ordre-public-Prüfung ohnehin angesprochen. Die dogmatische Verortung dort hat den Vorteil, dass eine flexible Abwägung unter Berücksichtigung aller Umstände des Einzelfalls, namentlich des Inlands- und Gegenwartsbezugs, möglich ist.

B. Anerkennung fremdstaatlicher Enteignungen

I. Vorliegen einer Enteignung

31 **1. Enteignungsfähiges Objekt.** Die Grundsätze des IER sind nur dann zu prüfen, wenn sich aus der Sicht der deutschen Gerichte eine enteignungsrelevante Frage stellt, die eine öffentlich-rechtliche Vorfrage bei Anwendung des vom deutschen Kollisionsrecht berufenen materiellen (privaten) Rechts (→ Rn. 1) ist. Eine enteignungsrelevante Frage entsteht nur dann, wenn es sich bei der infrage stehenden Rechtsposition um ein enteignungsfähiges Recht handelt. Damit muss die Enteignungsfähigkeit gleichfalls aus der Sicht des deutschen Kollisionsrechts beurteilt werden.[96]

32 Als **Gegenstand** einer Enteignung kommen insbesondere das Eigentum sowie sonstige dingliche Rechte an beweglichen und unbeweglichen Sachen, Anteilsrechte an Gesellschaften und andere Arten von Beteiligungen, Ansprüche auf Geld oder Leistungen von wirtschaftlichem Wert, Immaterialgüterrechte, Know-how, öffentlich-rechtliche Konzessionen usw infrage.[97] Der bürgerliche Name ist dagegen nicht enteignungsfähig.[98] Enthalten Marken,[99] Ausstattungsrechte[100] oder Firmenbezeichnungen[101] den Familiennamen des Alleininhabers oder eines Teilhabers des Unternehmens, so können sie wegen dieser personenrechtlichen Prägung aus der Sicht des deutschen Rechts nicht enteignet werden. Eine Prüfung des IER kann dann entfallen. Demgegenüber sind Urheberrechte trotz ihrer personenrechtlichen Prägung enteignungsfähig, selbst wenn das Recht nach dem Urheberrechtsstatut nicht übertragbar sein sollte.[102] Enteignungsfähig sind nach überwiegender Meinung auch nicht personenrechtlich bestimmte Firmenbezeichnungen.[103]

33 **2. Enteignung.** Im Sinne des IER bedeutet „Enteignung" die aus wirtschafts- oder allgemeinpolitischen Gründen erfolgende, gänzliche oder teilweise (finale) Entziehung oder wirkungsgleiche Beschränkung jeglichen Vermögenswerts oder Vermögensrechts (unmittelbar) durch einen ausländischen Staat, dh ein hoheitlicher Eingriff in die privatrechtliche Rechtszuständigkeit.[104] Die völkerrechtliche Anerkennung des Enteignerstaats ist dabei nicht erforderlich, so lange die enteignende Stelle zum Zeitpunkt der Maßnahme Staatsgewalt beansprucht und tatsächlich ausge-

[96] So wohl auch implizit BGHZ 17, 209 (214) = NJW 1955, 1151; BGHZ 39, 220 (234) = NJW 1963, 1541 – Waldes-Koh-i-noor; dezidiert, allerdings den BGH anders interpretierend, → 3. Aufl. 1998, Anh. III Art. 38 Rn. 27 *(Kreuzer);* für Maßgeblichkeit des Enteignungsstatuts Soergel/*v. Hoffmann* Anh. III Art. 38 Rn. 25.

[97] Vgl. Art. 8 Muster-Investitionsförderungsvertrag der BRD, abgedruckt bei *Alenfeld,* Die Investitionsförderungsverträge der Bundesrepublik Deutschland, 1971, 175, 177; ebenso *v. Bar/Mankowski* IPR I § 4 Rn. 132.

[98] BGHZ 39, 220 (234) = NJW 1963, 1541 – Waldes-Koh-i-noor; *Duden* FS Raape, 1948, 113 (121); *Vogel* FS Raape, 1948, 203 (215) mwN in Fn. 57.

[99] *Bussmann* GRUR 1950, 93 (96, 105) – Firmenmarke; *E. Ulmer* GRUR 1949, 63 (69); *Raape/Sturm* IPR § 67 VII a.

[100] Vgl. *Raape/Sturm* IPR § 67 VII a.

[101] BGHZ 17, 209 (214) = NJW 1955, 1151; BGH NJW 1963, 1543; *Schricker* GRUR 1977, 434 (435) mwN; *E. Ulmer* GRUR 1949, 63 (69); *Raape/Sturm* IPR § 67 VII a – auch abgeleitete Firma; *Harmsen* NJW 1947/48, 694 (Anm.).

[102] *Schack,* Zur Anknüpfung des Urheberrechts im internationalen Privatrecht, 1979, 76; Soergel/*v. Hoffmann* Anh. III Art. 38 Rn. 25, 52.

[103] BGHZ 17, 209 (214) = NJW 1955, 1151; ebenso *Spiecker,* Die Rechtsfähigkeit und das Firmenrecht juristischer Personen in der deutschen Rechtsprechung zum interlokalen Privatrecht seit 1945, 1952, 112 ff.; *Schricker* GRUR 1977, 434 (435); *v. Gamm,* Warenzeichengesetz, 1965, Rn. 40; *Raape/Sturm* IPR § 67 VII b; grds. gegen Enteignungsfähigkeit *Ficker,* Grundfragen des deutschen interlokalen Rechts, 1952, 123 ff. mwN.

[104] OLG Hamburg NordÖR 2005, 431 Rn. 7; → 3. Aufl. 1998, Anh. III Art. 38 Rn. 20 *(Kreuzer);* zust. *v. Bar/Mankowski* IPR I § 4 Rn. 132; Staudinger/*Mansel,* 2015, Rn. 26.

übt hat.[105] Für ein besetztes Land kann die Besatzungsmacht als Inhaber der tatsächlichen Gewalt handeln.[106] Unerheblich für die Qualifizierung als Enteignung ist, ob diese durch Gesetz (Legalenteignung) oder durch einen hoheitlichen Einzelakt (Administrativenteignung),[107] ob mit angemessener Entschädigung oder ohne eine solche („Konfiskation")[108] erfolgt.[109] Ebenso ist unerheblich, ob es sich um die Enteignung von Einzelgegenständen (Individualenteignung) oder um die Enteignung von Unternehmen, Wirtschaftszweigen oder ganzen Volkswirtschaften handelt. Die Bezeichnung oder rechtstechnische Form der Maßnahme (Nationalisierung, Sozialisierung, Verstaatlichung, Vergesellschaftung, Überführung in Gemeineigentum usw) spielt keine Rolle.[110] So können zB auch administrative Zwangszessionen Enteignungen darstellen.[111] Das Vorliegen einer Enteignung unmittelbar kraft Gesetzes oder durch Verwaltungsakt ist lediglich für die Behandlung dieser öffentlich-rechtlichen Vorfrage im Inland insofern von Bedeutung, als es im ersten Teil um Anwendung ausländischen öffentlichen Rechts bzw. um seine Berücksichtigung als Faktum geht, während es sich im zweiten Fall um die Frage der Anerkennung eines ausländischen Verwaltungsakts handelt. In den sachlichen Voraussetzungen ergeben sich keine praktisch relevanten Unterschiede. Der Enteignungskompetenz als Voraussetzung eines behördlichen Enteignungsakts entsprechen die Anwendungs- bzw. Berücksichtigungskriterien für Legalenteignungen (→ Rn. 38 ff.); die Ordre-public-Maßstäbe (→ Rn. 57 ff.) sind gleich zu gewichten.

Als Enteignung im Sinne des IER sind auch **wirkungsgleiche Beschränkungen** der Verwaltung, des Gebrauchs oder der Nutzung von Vermögensrechten anzusehen.[112] Hierunter fällt jede hoheitliche Maßnahme, die in ihren wirtschaftlichen Auswirkungen einer Entziehung gleichkommt.[113] Als derartige Beschränkungen, die als (verschleierte) Enteignungen zu werten sein können, kommen insbesondere in Betracht:[114] administrative Unterstellung von Unternehmen oder anderen Kapitalanlagen unter öffentliche Aufsicht (Verwalter, Treuhänder, Liquidator usw);[115] Entziehung oder Minderung der Verfügungsmacht;[116] Beschlagnahme, wenn sie nicht nur eine vorläufige Maßnahme darstellt, sondern nach Zweck und/oder Dauer auf eine definitive Entziehung hinausläuft.[117] Der BGH[118] spricht hier zum Teil von „enteignungsähnlichen" Eingriffen, ohne daran abweichende Rechtsfolgen zu knüpfen. Ferner können die Belastung von Vollrechten (zB Nießbrauchbestellung), Devisen- und Währungsbestimmungen,[119] Steuervorschriften[120] oder der Widerruf von Konzessionen als Enteignungen anzusehen sein. 34

Auch rechtsentziehende oder -beschränkende **Hoheitsakte der Justiz** können im Einzelfall als Enteignung zu qualifizieren sein,[121] so etwa Vermögensstrafen,[122] Leistungsurteile,[123] Zwangs- 35

---

105 BGH IzRspr. 1960–61 Nr. 3; *Ferid* IPR § 7-130; *Kegel/Schurig* IPR § 23 II 3; Staudinger/*Mansel,* 2015, Rn. 48.

106 BGHZ 25, 134 (140) = NJW 1957, 1433; *Ebenroth/Karuth* DB 1993, 1657 (1659).

107 Vgl. zB *Beemelmans,* Die gespaltene Gesellschaft, 1963, 8 ff.; eingehend *Schweizer,* Internationale Rechtsprobleme bei der Enteignung von Mitgliedschaftsrechten an juristischen Personen, 1979, 39 ff. mwN; *Beitzke* FS Raape, 1948, 93 f.; *Schricker* GRUR 1977, 434 (436); Staudinger/*Mansel,* 2015, Rn. 26.

108 Vgl. etwa *Seidl-Hohenveldern,* Internationales Konfiskations- und Enteignungsrecht, 1952, 5; *Stöcker* WM 1966, 746; *v. Bar/Mankowski* IPR I § 4 Rn. 149. Krit. zum Sprachgebrauch *Ferid* IPR § 7-122; *Kegel/Schurig* IPR § 23 II 2; Staudinger/*Mansel,* 2015, Rn. 24.

109 *Ferid* IPR § 7-122; *Kegel/Schurig* IPR § 23 II 2; Staudinger/*Mansel,* 2015, Rn. 24.

110 BGH AG 1972, 350 (351); Staudinger/*Kindler* IntGesR Rn. 953; Staudinger/*Stoll,* 1996, IntSachenR Rn. 202; Staudinger/*Mansel,* 2015, Rn. 27.

111 *Seidl-Hohenveldern,* Internationales Konfiskations- und Enteignungsrecht, 1952, 158.

112 *Alenfeld,* Die Investitionsförderungsverträge der Bundesrepublik Deutschland, 1971, 111, 113 mwN.

113 Vgl. die Nachweise aus der Vertragspraxis bei *Alenfeld,* Die Investitionsförderungsverträge der Bundesrepublik Deutschland, 1971, 113; *Banz,* Völkerrechtlicher Eigentumsschutz durch Investitionsschutzabkommen, 1988, 80; *Herdegen,* Internationales Wirtschaftsrecht, 13. Aufl. 2023, § 20 Rn. 1, 5; s. auch BGHZ 104, 240 (245) = NJW 1988, 2173; BGH NJW 1989, 1352 (1353); KG NJW 1988, 341 (343).

114 Vgl. *Alenfeld,* Die Investitionsförderungsverträge der Bundesrepublik Deutschland, 1971, 114 mN.

115 Vgl. auch Staudinger/*Mansel,* 2015, Rn. 27.

116 BGHZ 31, 367 (373) = NJW 1960, 1101; *Beemelmans,* Die gespaltene Gesellschaft, 1963, 9; *Kegel/Schurig* IPR § 23 II 2; *Seidl-Hohenveldern* BB 1953, 837 (838) mwN.

117 BGH AG 1972, 350 (353); *Raape/Sturm* IPR § 66 I 1.

118 So BGHZ 32, 97 (100) = NJW 1960, 1052.

119 *Kegel,* Probleme des internationalen Enteignungs- und Währungsrechts, 1956, 37 f.

120 BGH NJW 1989, 1352 (1353) – DDR; KG NJW 1988, 341 (343 f.) – DDR; *Seidl-Hohenveldern,* Internationales Konfiskations- und Enteignungsrecht, 1952, 154 ff.; *Böckstiegel* BerGesVR 13 (1974), 7 (43).

121 BGH AG 1972, 350 (351); KG IPRspr. 1962–63 Nr. 55; *Armbrüster/Jopen* ROW 1989, 332 (336); aA Staudinger/*Kindler* IntGesR Rn. 953; verfehlt OLG Oldenburg BB 1954, 326 m. krit. Anm. *Patschke.*

122 BGH IPRspr. 1960–61 Nr. 1b; *Beitzke* FS Raape, 1948, 93 (105); *Böckstiegel* BerGesVR 13 (1974), 7 (43).

123 BGHZ 42, 1 = NJW 1964, 1620 – DDR.

vollstreckungsmaßnahmen,[124] Verfallerklärung von Patenten,[125] Eröffnung des Insolvenzverfahrens,[126] Bestellung von Betreuern, Pflegern, Verwaltern[127] oder Treuhändern,[128] Änderungen des Erbrechts nach dem Erbfall, Aufhebung von juristischen Personen (zB einer Stiftung).[129] Entsprechendes gilt für Justizakte, die unmittelbare Konsequenzen aus Enteignungen ziehen.[130] Soweit Hoheitsakte der Justiz dagegen der Durchsetzung des Privatrechts oder der Ahndung kriminellen Unrechts dienen, richtet sich ihre Anerkennung nicht nach IER, sondern nach den dafür vorgesehenen Regeln.[131]

36 **Keine** Enteignung stellt die allgemeine Beschränkung von Rechten unter dem Gesichtspunkt der sozialen Bindung des Eigentums dar.[132] Die Abgrenzung zur Enteignung ist fließend und kann nur im Einzelfall auf Grund einer wertenden Abwägung aller Umstände vorgenommen werden.[133] Auch rein privatrechtliche Rechtshandlungen, wie die Aufrechnung durch eine mehrheitlich von einem ausländischen Staat gehaltene Gesellschaft, stellen keine Enteignungen dar[134] und dürfen diesen nicht unter Berufung auf eine wirtschaftliche Betrachtungsweise gleichgestellt werden.[135]

37 **3. Vollzug.** Eine anerkennungsfähige Enteignung ist nicht schon in deren Anordnung, sondern erst in deren Vollzug zu sehen.[136] Danach liegt der Vollzug bei zum Sachbesitz berechtigenden Rechten in der Besitzergreifung,[137] bei Grundstücken zusätzlich in der Umbuchung.[138] Bei Forderungen erwägt der BGH, die Zahlungsaufforderung durch einen neuen Gläubiger, die Klageerhebung, das Leistungsurteil und die Zahlung[139] bzw. die in irgendeiner Weise erfolgte Inanspruchnahme auf Zahlung[140] als Vollzug anzusehen. Letztlich muss es für die Beurteilung, ob der Enteignungstatbestand vollendet ist oder nicht, aber auf das **Recht des Enteignungsstaats** ankommen.[141] Die Beweislast, dass ein Gegenstand erst nach Vollzug der Enteignung aus dem Enteignungsstaat in die Bundesrepublik gelangt ist, obliegt dem durch die Enteignung Begünstigten.[142]

II. Enteignungskompetenz

38 **1. Belegenheit des Vermögenswerts.** Auf der Grundlage des Territorialitätsprinzips (→ Rn. 13 ff.) kommt es für die Anerkennungsfähigkeit einer fremdstaatlichen Enteignung wesentlich auf die Belegenheit des Vermögenswerts[143] an. Maßgeblich ist daher, ob der zu enteignende Vermögensgegenstand zum Zeitpunkt der Enteignung innerhalb oder außerhalb des Hoheitsgebiets des Enteignerstaats zu lokalisieren war. Da das deutsche Recht hinsichtlich der Formulierung der

[124] Vgl. (für DDR-Steuervollstreckungsakte einschr.) BGH NJW 1989, 1352; zu diesem Fall *Armbrüster/Jopen* ROW 1989, 332; *Kreuzer* IPRax 1990, 365.

[125] LG Braunschweig IPRspr. 1971 Nr. 144.

[126] *Seidl-Hohenveldern,* Internationales Konfiskations- und Enteignungsrecht, 1952, 156 ff.; *Würdinger* SJZ 1950, 81 (90). Die Konkurseröffnung dient jedoch in der Regel ausschließlich den Gläubigern des Gemeinschuldners, vgl. BGHZ 95, 256 (265) = NJW 1985, 2897.

[127] Zur Nichtanerkennung der Forderungsabtretung durch das verwaltete Unternehmen *Seidl-Hohenveldern* BB 1953, 837 mwN.

[128] *Seidl-Hohenveldern* BB 1953, 837 mwN.

[129] Vgl. LG Kiel WM 1958, 1167; s. auch BGH WM 1966, 221 (222 f.).

[130] BGH AWD 1963, 22; NJW 1989, 1352 (1353); KG NJW 1988, 341 (343) – DDR; OLG Düsseldorf WM 1964, 131 (DDR).

[131] Soergel/*v. Hoffmann* Anh. III Art. 38 Rn. 11 mwN auch zur aA.

[132] Vgl. hierzu *Birke,* Die Konfiskation ausländischen Privatvermögens im Hoheitsbereich des konfiszierenden Staates nach Friedensvölkerrecht, 1960, 7 ff.

[133] *Böckstiegel,* Die allgemeinen Grundsätze des Völkerrechts über Eigentumsentziehung, 1963, 37 ff.

[134] Unglücklich in der dogmatischen Konstruktion daher BGHZ 104, 240 (244 f.) = NJW 1988, 2173; vgl. auch *Deren,* Internationales Enteignungsrecht, 2015, 64.

[135] Vgl. auch *Behrens* IPRax 1989, 217 (220); *Schwung* RIW 1989, 482 (483); *Sonnenberger* EWiR 1988, 675 (676); BeckOK BGB/*Spickhoff* Art. 46 Rn. 15.

[136] StRspr, vgl. BGHZ 42, 1 (2) = NJW 1964, 1620; BGH LM BGB § 242 (Cd) Nr. 49; WM 1957, 1001; IPRspr. 1976 Nr. 4; Staudinger/*Mansel,* 2015, Rn. 48; *Seidl-Hohenveldern,* Internationales Konfiskations- und Enteignungsrecht, 1952, 38 ff. mwN auch zur Gegenansicht; *Andrae/Steding* WiR 1992, 135 (137); *Kuhn* WM 1958, 946 (948) mwN; aA *Kegel/Schurig* IPR § 23 II 2.

[137] BAG IPRspr. 1958–59 Nr. 29; s. auch *Kegel/Schurig* IPR § 23 II 2.

[138] BAG IPRspr. 1958–59 Nr. 29.

[139] BGHZ 23, 333 (336 ff.) = NJW 1957, 628.

[140] BGH WM 1957, 1001 (1002).

[141] → 3. Aufl. 1998, Anh. III Art. 38 Rn. 26 *(Kreuzer); Raape/Sturm* IPR § 66 Fn. 8; vgl. Staudinger/*Mansel,* 2015, Rn. 49.

[142] BGH WM 1955, 1318 (1319).

[143] Staudinger/*Mansel,* 2015, Rn. 29.

Anerkennungsvoraussetzungen außerhalb staatsvertraglicher Verpflichtungen grundsätzlich frei ist (→ Rn. 10), richtet sich auch die Frage der Belegenheit nach deutschem IER.[144] Nach hM bestimmt sich die Belegenheit im Sinne des IER nach der **tatsächlichen Zugriffsmöglichkeit** auf den Enteignungsgegenstand.[145] Der an Sachen entwickelte Begriff der Belegenheit passt nicht bei unkörperlichen Vermögensgegenständen (zB Forderungen, Mitgliedschaftsrechten) und bildet insoweit nicht mehr als eine Hilfskonstruktion.[146]

2. Fallgruppen. a) Rechte an Sachen und Aneignungsrechte. aa) Allgemeiner Grundsatz. Das Eigentum an **beweglichen und unbeweglichen Sachen** ist nach hM dort belegen, wo sich die Sachen im Zeitpunkt des Enteignungsvollzugs[147] (→ Rn. 37) tatsächlich befinden und damit dem hoheitlichen Zugriff ausgesetzt sind.[148] Das Gleiche gilt für beschränkte dingliche Rechte[149] und für Aneignungsrechte, insbesondere hinsichtlich Boden- und Meeresschätzen (Öl, Erdgas, Erze, Fische usw). Daher kann beispielsweise eine Hypothek als solche nur dann wirksam enteignet werden, wenn das belastete Grundstück im Enteignungsstaat liegt[150] und ein Fischereirecht nur dann, wenn das Gewässer zum Territorialgewässer des Enteignungsstaats gehört. 39

Intraterritoriale fremdstaatliche Enteignungen bleiben grundsätzlich auch dann wirksam, wenn die enteignete Sache nachträglich in das **Bundesgebiet** gelangt.[151] Demgemäß ist die Herausgabeklage des Enteignungsbenachteiligten gegen den Enteignungsbegünstigten bzw. dessen Rechtsnachfolger in der Regel abzuweisen[152] und nur ausnahmsweise – vorbehaltlich gutgläubigen Erwerbs – zuzulassen, wenn die ausländische Enteignung gegen den ordre public verstößt.[153] 40

bb) Rechte an Transportmitteln. Umstritten ist, ob diese Grundsätze auch bei Transportmitteln wie Luft-, Wasser- und Schienenfahrzeugen gelten (vgl. Art. 45). Manche wollen ausschließlich auf den physischen Lageort abstellen und halten einen etwa hiervon verschiedenen Registerort insoweit für belanglos.[154] Dagegen wird auch vertreten, dass die Enteignungskompetenz beim Staat der Registrierung bzw. des gewöhnlichen Standorts liege.[155] Die besseren Argumente sprechen für eine „Belegenheit" im Registerstaat, weil solche Transportmittel häufig ihren physischen Lageort wechseln und im Nachhinein vielfach gar nicht mehr klar zu ermitteln ist, ob und in welchem Hoheitsgebiet sie sich zu einem bestimmten Zeitpunkt befanden. Diese Erwägungen haben den Gesetzgeber im internationalen Sachenrecht zu einer besonderen Anknüpfung des Sachstatuts bewogen (→ Art. 45 Rn. 1). Auch zur Konkretisierung der erfassten Gegenstände kann Art. 45 entsprechend herangezogen werden (→ Art. 45 Rn. 17 ff.). 41

b) Forderungen. aa) Grundpositionen. Die Belegenheit von **Geldforderungen** ist nach hM grundsätzlich in Anlehnung an den Rechtsgedanken von § 23 S. 2 ZPO nach dem Wohnsitz (bei natürlichen Personen) oder Sitz (bei juristischen Personen und Gesellschaften ohne eigene 42

---

144 BGHZ 17, 74 (76) = NJW 1955, 868; BGHZ 25, 134 (139) = NJW 1957, 1433; BGH WM 1961, 423 (424); 1963, 81 (84); *Riehle,* Markenrecht und Parallelimport, 1968, 150; *Paulick* FS Raschhofer, 1977, 181 (183); *Coing* WM 1982, 378 (383); *Kuhn* WM 1956, 1210 (1211) mwN.

145 OLG Frankfurt IPRspr. 1962–63 Nr. 164; OLG München IPRspr. 1958–59 Nr. 59; *Riehle,* Markenrecht und Parallelimport, 1968, 150.

146 So zB BGHZ 5, 35 (38) = NJW 1952, 1012 – DDR.

147 *M. Wolff,* Private International Law, 2. Aufl. 1950, 181, 195 f.; *Teich* WM 1976, 1322 (1324); Soergel/*v. Hoffmann* Anh. III Art. 38 Rn. 27, 37.

148 BGH WM 1972, 394 (396) obiter; *Behrens,* Multinationale Unternehmen im Internationalen Enteignungsrecht der Bundesrepublik Deutschland, 1980, 26 mwN; *Ferid* IPR § 7-144.

149 Statt aller *Drobnig* RabelsZ 18 (1953), 659 (663).

150 BGH NJW 1952, 420 – Hypothek; *Teich* WM 1976, 1322 (1324); *Ferid* IPR § 7-144; *Kegel/Schurig* IPR § 23 II 4; Staudinger/*Mansel,* 2015, Rn. 37.

151 BGH NJW 1989, 1352 – DDR; KG NJW 1988, 341 (342 ff.) – DDR; OLG Hamburg JZ 1951, 444; LG Hamburg IPRspr. 1974 Nr. 135; LG Hildesheim SJZ 1948, 143; OLG Hamburg NordÖR 2005, 431 Rn. 11; *Behrens* RabelsZ 37 (1973), 394 (427, 432); *Meessen* AWD 1973, 177 (181); *Ferid* IPR § 7-128, § 7-140; Soergel/*v. Hoffmann* Anh. III Art. 38 Rn. 27; Staudinger/*Mansel,* 2015, Rn. 50.

152 So grds. die deutsche Rspr. hinsichtlich der von der Sowjetregierung nach 1917 enteigneten und dann im Ausland veräußerten Kunstschätze – Nachweise bei *Seidl-Hohenveldern,* Internationales Konfiskations- und Enteignungsrecht, 1952, 13 ff., 50 f. – und überwiegend auch bzgl. der Enteignungen nach 1945 – Nachweise bei *Seidl-Hohenveldern,* Internationales Konfiskations- und Enteignungsrecht, 1952, 51.

153 So nahezu ausnahmslos die deutsche Rspr. nach 1945 hinsichtlich des im Osten konfiszierten deutschen Privatvermögens, insbes. persönliche Gebrauchsgegenstände; OLG Hamburg NordÖR 2005, 431 Rn. 12; vgl. LG Kassel NJW 1947/48, 628; KG NJW 1988, 341 (343) – DDR; aufgehoben durch BGH NJW 1989, 1352; *Raape/Sturm* IPR § 66 II 1 und III 2; Staudinger/*Mansel,* 2015, Rn. 58.

154 *Raape/Sturm* IPR § 66 I 4; Soergel/*v. Hoffmann* Anh. III Art. 38 Rn. 37.

155 → 3. Aufl. 1998, Anh. III Art. 38 Rn. 51 *(Kreuzer).*

Rechtspersönlichkeit) des Schuldners zu bestimmen.[156] Die Maßgeblichkeit des Wohnsitzes bzw. Sitzes wird auch darauf gestützt, dass an diesem Ort auf die Person bzw. das Vermögen des Schuldners zwecks Liquidierung des in der Forderung steckenden wirtschaftlichen Werts eingewirkt werden könne.[157] Danach sind Staatsangehörigkeit und Wohnsitz des Gläubigers[158] ebenso wenig von Belang wie Erfüllungsort[159] oder Gerichtsstand.[160] Für die Zwecke des IER ohne Relevanz ist auch das Schuldstatut.[161] Ansprüche auf **Herausgabe von Sachen** sind dagegen am Lageort der Sache zu lokalisieren.[162]

43 Maßgeblicher Zeitpunkt ist der Zeitpunkt der Enteignung.[163] Verlegt der Schuldner nach der Enteignung seinen Wohnsitz bzw. Sitz in das **Bundesgebiet,** so ist der Enteignungsbegünstigte dennoch als Gläubiger anzuerkennen.[164]

44 Ein Teil des Schrifttums sieht demgegenüber Forderungen nicht nur am Wohnsitz bzw. Sitz des Schuldners, sondern auch überall dort belegen, wo ein Zugriff auf Schuldnervermögen möglich ist.[165] Nach dieser **Spaltungstheorie** wird die Enteignung einer Forderung lediglich für das im jeweiligen Enteignungsstaat belegene Schuldnervermögen anerkannt.[166] Die Forderungsenteignung wirke nur für den Rechtsverkehr im enteignenden Staat,[167] während dem bisherigen Gläubiger der Zugriff auf das außerhalb des Enteignungsstaats belegene Schuldnervermögen verbleibe. Die Spaltungstheorie ist abzulehnen, weil sie eine nicht gerechtfertigte Ausweitung des Territorialitätsbegriffs zur Folge hat. Keinesfalls darf sie dazu führen, dass eine hypothekarisch gesicherte Forderung allein wegen der Belegenheit des Grundstücks von der Enteignung erfasst wird.[168]

45 Demgegenüber wird auch eine **rein materiellrechtliche Lösung** vertreten,[169] wonach dem Schuldner schlicht wegen der faktischen Gefahr einer doppelten Inanspruchnahme ein Leistungsverweigerungsrecht zuzugestehen sei; verklage der Altgläubiger den Schuldner in Deutschland auf Leistung, solle dies dennoch möglich sein, wenn er ihm im Hinblick auf eine mögliche Inanspruchnahme durch den Neugläubiger im Enteignungsstaat Sicherheit leiste. Von der hier vertretenen (→ Rn. 49) Lösung unterscheidet sich diese Auffassung vor allem dadurch, dass sie bei Forderungen sowohl den Gedanken der „Belegenheit" als auch den der „Anerkennung" ablehnt.

46 **bb) Besondere Fallgruppen.** Die hM sieht eine Forderung, die im Betrieb einer Zweigniederlassung eines Unternehmens entstanden ist (sog. **Filialschuld**),[170] als am Sitz der Hauptniederlassung belegen und damit nur dort enteignungsfähig an.[171] Andere lokalisieren derartige Forderungen am Sitz der Zweigniederlassung.[172] Ausnahmsweise lokalisiert auch die hM eine Filialschuld am

---

156 RGZ 77, 250 (252); 140, 340 (343); OGHZ 1, 386 (390 f.) – DDR; BGHZ 2, 218 (222 f.) = NJW 1951, 652; BGHZ 104, 240 (244) = NJW 1988, 2173; BGH NJW 2002, 2389; NJW-RR 2006, 1091 (1093); BAG IPRspr. 1972 Nr. 142; *Ebenroth* JZ 1988, 75 (88); Staudinger/*Kindler* IntGesR Rn. 1011; krit. *Deren,* Internationales Enteignungsrecht, 2015, 309.

157 Vgl. *Riehle,* Markenrecht und Parallelimport, 1968, 150 f.; *Vannod,* Fragen des Internationalen Enteignungs- und Konfiskationsrechts, 1959, 61.

158 Soergel/*v. Hoffmann* Anh. III Art. 38 Rn. 39; aA LG Tübingen JZ 1961, 450 (451 f.) auf Schuldner- *und* Gläubigerwohnsitz abstellend; vgl. hierzu *Lüderitz* JZ 1961, 443 ff.; *Plassmann* JZ 1962, 17 ff.; s. auch *Deren,* Internationales Enteignungsrecht, 2015, 229.

159 Statt aller Soergel/*v. Hoffmann* Anh. III Art. 38 Rn. 39 mwN.

160 Soergel/*v. Hoffmann* Anh. III Art. 38 Rn. 39; für Banken-Filialschuld aA BGH NJW 1951, 652; 1955, 1065 jeweils zur DDR.

161 *Raape/Sturm* IPR § 67 I 1; aA *Batiffol/Lagarde,* Droit International Privé, Bd. 2, 7. Aufl. 1983, Nr. 543. Zur Rechtslage in Frankreich *v. Breitenstein* RIW 1982, 149 (154).

162 *Raape/Sturm* IPR § 67 I 1; wohl auch BGHZ 23, 333 (336 f.) = NJW 1957, 628; *Beitzke* JR 1951, 705 f.

163 BGH BB 1955, 433 – DDR; WM 1977, 730 (732); NJW 2002, 2389; *Junker* in Jayme/Furtak, Der Weg zur deutschen Rechtseinheit, 1991, 191, 192; *Raape/Sturm* IPR § 67 I 1; aA wohl BGH NJW 1955, 1065; 1957, 628; WM 1957, 1001.

164 LG Hamburg NJW 1957, 505; Junker in: Jayme/Furtak, Der Weg zur deutschen Rechtseinheit, 1991, 191, 192.

165 So insbes. BGHZ 32, 256 (261) = NJW 1960, 1569; *Lüderitz* JZ 1961, 443 (444); *Ferid* IPR § 7-145 f.; *Kegel/Schurig* IPR § 23 II 4; BeckOK BGB/*Spickhoff* Rn. 18; Erman/*Stürner* Anh. Art. 46 Rn. 2; s. auch BGH WM 1972, 394 (395 f.); offengelassen von BGH IPRspr. 1977, Nr. 4; dahingestellt BGH NJW 2002, 2389; NJW-RR 2006, 1091 (1093).

166 ZB *Kegel* FS Seidl-Hohenveldern, 1988, 256; s. auch BGH NJW 1967, 36; WM 1972, 394 (396).

167 *Lüderitz* JZ 1961, 443 (444); *Kegel* FS Seidl-Hohenveldern, 1988, 256; *Kegel/Schurig* IPR § 23 II 4.

168 BGH NJW 2002, 2389; NJW-RR 2006, 1091 (1092 f.); aA offenbar BeckOK BGB/*Spickhoff* Rn. 18.

169 *Deren,* Internationales Enteignungsrecht, 2015, 251 ff., 309 f.

170 Gesetzliche Sondervorschriften bestehen für die Regelung der aus der Spaltung des Deutschen Reiches entstandenen Fragen, dazu Soergel/*v. Hoffmann* Anh. III Art. 38 Rn. 45 f. mwN.

171 RGZ 130, 23 (25); Soergel/*v. Hoffmann* Anh. III Art. 38 Rn. 45 mwN.

172 *M. Wolff,* Private International Law, 2. Aufl. 1950, 181, 196 f.

Sitz der Filiale, wenn die Haftung für die Forderung auf das Vermögen der Filiale beschränkt ist. Angenommen wird dies etwa bei **Bankkonten**[173] (sog. Prinzip der Filialdeckung).[174] Die meisten Staaten unterwerfen von Gesetzes wegen ausländische Versicherer, die mit Hilfe inländischer Zweigniederlassungen in ihrem Staatsgebiet tätig werden, hinsichtlich des inländischen **Versicherungsbestandes** der inländischen Hoheitsgewalt. Hieraus folgert die hM, dass die zum Inlandsbestand der Zweigniederlassung gehörenden Forderungen gegen den Versicherer auch der Hoheitsgewalt des Staates der Zweigniederlassung unterliegen, mithin im Sinne des IER dort belegen sind.[175]

Die für Forderungen und dingliche Rechte unterschiedlichen Grundsätze über die Belegenheit führen bei **hypothekarisch gesicherten** Forderungen nach hM zu uneinheitlichen Enteignungswirkungen, wenn von den Enteignungsgegenständen (Forderung, Hypothek) nur einer im Enteignungsstaat belegen ist.[176] Teilweise wird hier erwogen, auch für die Enteignung der Forderung nicht auf den Wohnsitz des Schuldners, sondern die Belegenheit des belasteten Grundstücks abzustellen.[177] Dies ist jedoch abzulehnen, da so der Enteignungsstaat in einen fremden Machtbereich eingreifen würde.[178] 47

Liegen die ständigen Aufenthaltsorte von Hauptschuldner und Bürgen in verschiedenen Rechtsgebieten, so fällt danach die Belegenheit von Haupt- und **Bürgschaftsforderung** auseinander. Das kann dazu führen, dass die Enteignung der Hauptforderung anzuerkennen ist, jene der Bürgschaftsforderung aber nicht, und umgekehrt (Vorrang des Territorialitätsprinzips vor dem Akzessorietätsgrundsatz).[179] Auch in anderen Fällen, in denen mehrere für eine Forderung haften, führt der enteignungsbedingte Ausfall der Zugriffsmöglichkeit des Altgläubigers auf einen der Schuldner nicht dazu, dass jenem der Zugriff auf das im Bundesgebiet belegene Vermögen eines anderen Schuldners verwehrt ist[180] **(Garantie, Gesamtschuldnerschaft).** 48

cc) Folgewirkungen. Ob und ggf. welche Rückwirkungen eine Enteignung von Schuldner oder Gläubiger bzw. die sich daraus ergebenden Folgen – insbesondere eine mögliche Doppelinanspruchnahme – auf bestehende Schuldverhältnisse hat, ist keine Frage des IER, sondern des anwendbaren Sachrechts. Sie beantwortet sich daher nach dem jeweiligen **Schuldstatut.**[181] Das gilt auch für die Inanspruchnahme eines Bürgen, der sich für eine Schuld seiner ausländischen Einmanngesellschaft verbürgt hatte, wenn die Anteile des Bürgen an der Hauptschuldnerin enteignet worden sind.[182] 49

c) Immaterialgüterrechte. aa) Allgemeine Grundsätze. Geistige Güter sind universal verwertbar, jedoch als Ausschlussrechte nur territorial auf Grund einer Gewährung oder Anerkennung eines bestimmten Staates für dessen Hoheitsgebiet oder auf Grund einer Gewährung oder Anerkennung durch die Europäische Union für das Unionsgebiet geschützt.[183] Diese Schutzrechte können nur vom schutzgewährenden Hoheitsträger, nicht von einem anderen Staat entzogen oder geändert werden.[184] Nur der Schutzstaat hat die Einwirkungsmacht. In diesem Sinn sind Immaterialgüterrechte im Schutzland „belegen". 50

Anerkannt ist das etwa für **gewerbliche Schutzrechte,** die nach hM im Gesamtgebiet des jeweiligen Gewährleistungsstaates „belegen" sind[185] und nur von diesem mit Wirkung für das 51

[173] BGHZ 2, 218 (222 ff.) = NJW 1951, 652; OLG Hamburg MDR 1947, 26; 1948, 244; *E. Ulmer* SJZ 1947, 239 (243). Anders – Belegenheit am Sitz der Zentrale – RGZ 96, 161 (162); 108, 210 (211); 109, 357 (362); 116, 330 (332).

[174] Hierzu allg. *Seidl-Hohenveldern,* Internationales Konfiskations- und Enteignungsrecht, 1952, 94 ff.

[175] BGHZ 9, 34 (39 ff.) = NJW 1953, 942; BGHZ 17, 74 (76 ff.) = NJW 1955, 868; RG JW 1921, 245.

[176] BGHZ 1, 109 (113 f.) = NJW 1951, 400; BGHZ 12, 79 (84) = NJW 1954, 796; vgl. auch Soergel/*v. Hoffmann* Anh. III Art. 38 Rn. 47–49.

[177] BGH NJW 1952, 420; MDR 1954, 286 (287); WM 1959, 199 (200 ff.); 1969, 1348 (1349); zuletzt BGH NJW 2002, 2389; *Martiny* in Reithmann/Martiny IntVertragsR Rn. 3.285.

[178] *Kegel/Schurig* IPR § 23 II 4; so auch BGH NJW 2002, 2389. Zur Rechtslage eingehender *Stoll* IPRax 2003, 433 (435 f.).

[179] BGHZ 32, 97 (101) = NJW 1960, 1052; vgl. auch BGHZ 31, 168 (171 ff.) = NJW 1960, 189; BGH WM 1972, 394 (396). Aus der Lit. zB *Drobnig* RabelsZ 18 (1953), 659 (678 ff.); *Ebenroth* JZ 1988, 75 (88); *Raape/Sturm* IPR § 67 I 2e; Grüneberg/*Thorn* Art. 43 Rn. 12; Soergel/*v. Hoffmann* Anh. III Art. 38 Rn. 50.

[180] BGHZ 5, 35 (37) = NJW 1952, 540; *Beitzke* JZ 1960, 90; *Drobnig* RabelsZ 18 (1953), 659 (684); *Raape/Sturm* IPR § 67 I 2e: Gesamtschuld; s. auch Staudinger/*Kindler* IntGesR Rn. 1019.

[181] Soergel/*v. Hoffmann* Anh. III Art. 38 Rn. 30 ff. mzN.

[182] Unzutr. in der dogmatischen Begr. daher BGHZ 104, 240 = NJW 1988, 2173; für die Anwendung von § 242 BGB zutr. die Vorinstanzen sowie *Behrens* IPRax 1989, 217 (222); *Schwung* RIW 1989, 482 (483); *Sonnenberger* EwiR 1988, 675 (676).

[183] Vgl. eingehend *E. Ulmer* RabelsZ 41 (1977), 479 ff.

[184] Ähnlich *Beitzke* FS Raape, 1948, 94 (108); *E. Ulmer* GRUR 1951, 355 (359); *Hubmann,* Gewerblicher Rechtsschutz, 5. Aufl. 1988, § 6 I 2b; Soergel/*v. Hoffmann* Anh. III Art. 38 Rn. 52 mwN.

[185] BGHZ 18, 1 (8 f.) = NJW 1955, 1435 – Hückel; OLG Düsseldorf NJW 1950, 470 (471) – Olympia; *Riehle,* Markenrecht und Parallelimport, 1968, 156 mzN; *Bussmann* GRUR 1950, 93 (99); BGHZ 17, 209 (213) =

Hoheitsgebiet des Schutzstaates enteignet werden können.[186] Das bedeutet, dass identische Marken[187] des Enteignungsbenachteiligten außerhalb des Enteignungsstaats[188] von der Enteignung nicht ergriffen werden, sondern weiterhin dem Enteignungsbenachteiligten zustehen.[189] Dies gilt auch für den Fall der Enteignung der Marke im Ursprungsland, da jedenfalls aus der Sicht des IER keine Abhängigkeit der Auslandsmarke von der Ursprungsmarke besteht.[190] Auch Ausstattungsrechte[191] können vom Schutzstaat für sein Gebiet[192] enteignet werden.[193] Selbiges muss wohl auch bei der Enteignung von durch das Markenrecht geschützten Warenformen gelten.[194]

52 Auch bei **Urheberrechten** handelt es sich um territorial auf das jeweilige Schutzland beschränkte Rechte. Enteignungen wirken daher nach hM nicht über das Gebiet des jeweiligen Schutzlandes hinaus.[195] So war etwa das kraft des staatlichen Außenhandelsmonopols der UdSSR bestehende Verfügungsverbot für Urheber auf das Territorium der UdSSR beschränkt.[196] Eine Enteignung kann insbesondere auch in der Aufhebung der Schutzfrist oder der Auferlegung einer Zwangslizenz liegen.[197] Die für Urheberrechte geltenden Regeln sind entsprechend auf **Verlagsrechte** anzuwenden.[198]

53 Obwohl das Firmenrecht grundsätzlich als universales Recht angesehen wird, wird die **Firma** im IER als territorial beschränktes Recht behandelt. Dementsprechend wirkt die im Ursprungsland zusammen mit dem zugehörigen Unternehmen erfolgte Enteignung der Firma nicht über den Enteignungsstaat hinaus.[199] Unter welchen Voraussetzungen im Fall der Enteignung (auch) des Unternehmens das Recht zur Firmenführung im enteignungsfreien Ausland fortbesteht, richtet sich nach den Sachvorschriften des jeweiligen ausländischen Schutzlandes.[200] Bruchfrei ergibt sich die

---

NJW 1955, 1151 – Heynemann; Benkard/*Scharen,* 11. Aufl. 2015, PatG § 13 Rn. 22; *Schricker* GRUR 1977, 434 (438); *Seidl-Hohenveldern* GRUR Int 1958, 112 f.; *Hubmann,* Urheber- und Verlagsrecht, 8. Aufl. 1995, § 10 II 3; *v. Gamm,* Warenzeichengesetz, 1965, Einf. Rn. 37.

186 BAG IPRspr. 1958–59 Nr. 29; OLG Hamburg BB NJW 1947/48, 693 (694) – Knäckebrot; *Riehle,* Markenrecht und Parallelimport, 1968, 162; *Bussmann* GRUR 1950, 93 (99); *v. Godin* BB 1953, 46 f.; *Baumbach/Hefermehl,* Warenzeichenrecht und Internationales Wettbewerbs- und Zeichenrecht, Einl. Rn. 73. Die bzgl. gewerblicher Schutzrechte aA von LG Hamburg IzRspr. 1945–53 Nr. 414 – aufgehoben: OLG Hamburg IzRspr. 1945–53 Nr. 414 B; *Wilcke* SJZ 1950, 558; *Lutz* GRUR 1948, 84 (90); *Paterna* MDR 1948, 462; *Paterna* MDR 1949, 673 betreffen Besonderheiten des deutsch-deutschen Verhältnisses nach dem Zweiten Weltkrieg und sind deshalb nicht ohne weiteres verallgemeinerungsfähig. Entsprechendes gilt mit Rücksicht auf den Versailler Vertrag für den deutsch-französischen Schiedsgerichtshof, MuW 1922/23, 11 – Mumm.

187 Nach aA soll die Marke internationalenteignungsrechtlich ausschließlich am Sitz des Unternehmens, *W. Lewald* in Deutsche Landesreferate zum 3. Int. Kongress für Rechtsvergleichung, London, 1950, 416, 443, oder am Wohnsitz des Berechtigten liegen, *Troller,* Internationale Zwangsverwertung und Expropriation von Immaterialgütern, 1955, 86 f., 102, 106 f., 142, 146; *Beil* BB 1948, 592.

188 Nachweise aus der Rspr. zur enteignungsbedingten Spaltung der reichsdeutschen Warenzeichen nach dem Zweiten Weltkrieg bei *Riehle,* Markenrecht und Parallelimport, 1968, 153 Fn. 44, 45.

189 Vgl. zB BGHZ 34, 345 (347 f.) = NJW 1961, 1205 – DDR; s. ferner die Nachweise aus der Rspr. zum „Chartreuse-Fall" bei *Riehle,* Markenrecht und Parallelimport, 1968, 151 f., insbes. Fn. 40; *Schricker* GRUR 1977, 434 (439).

190 RGZ 69, 1 (6 ff.) – Chartreuse; BGHZ 39, 220 (228) = NJW 1963, 1541 – Waldes-Koh-i-noor; *Schricker* GRUR 1977, 434 (438); *E. Ulmer* GRUR 1949, 63 mwN.

191 Nach alter Rechtslage galten Warenformen nur als Ausstattungen gemäß § 25 WZG als geschützt, zum Begriff des Ausstattungsrechts s. *Baumbach/Hefermehl,* Warenzeichenrecht und Internationales Wettbewerbs- und Zeichenrecht, 12. Aufl. 1985, Einl. Rn. 25.

192 Zur Spaltung von Ausstattungsrechten infolge der deutschen Teilung BGHZ 39, 220 (233) = NJW 1963, 1541 – Waldes-Koh-i-noor; *v. Gamm,* Warenzeichengesetz, 1965, Rn. 39 mwN.

193 BGHZ 39, 220 (233) = NJW 1963, 1541 – Waldes-Koh-i-noor; OLG Hamburg NJW 1947/48, 693 – Knäckebrot; *v. Gamm,* Warenzeichengesetz, 1965, Rn. 39; aA *Bussmann* GRUR 1950, 93 (97 f.).

194 Seit Umsetzung der Richtlinie 89/104/EWG ist der Schutz von Warenformen (vormals nur Schutz als Ausstattung als Warenzeichen nach § 25 WZG) durch das MarkenG anerkannt, s. BeckOK MarkenR/*Kur* MarkenG § 3 Rn. 40.

195 OLG München IPRspr. 1958–59 Nr. 59; *Schack,* Zur Anknüpfung des Urheberrechts im internationalen Privatrecht, 1979, 76 ff.; *Hirsch/Ballin* UFITA 21/22 (1956), 196 ff., insbes. 212, zu Unrecht eine Enteignung erst nach Veröffentlichung für möglich haltend; *Peukert,* Urheberrecht, 19. Aufl. 2023, § 47 Rn. 5; aA wohl *E. Ulmer* SJZ 1948, 439 (447): keine Enteignungsfähigkeit.

196 Vgl. BGHZ 64, 183 (189) = NJW 1975, 1220 – August Vierzehn.

197 Vgl. *Schack,* Zur Anknüpfung des Urheberrechts im internationalen Privatrecht, 1979, 78 ff.

198 *Bussmann/Pietzcker/Kleine,* Gewerblicher Rechtsschutz und Urheberrecht, 1962, § 11 II; *E. Ulmer,* Urheber- und Verlagsrecht, 3. Aufl. 1980, § 13 I 2.

199 BGHZ 39, 220 (234) = NJW 1963, 1541 – Waldes-Koh-i-noor.

200 Zur Firmenfortführung nach bundesdeutschem. Recht bei Enteignung von Firma und Unternehmen in der DDR *v. Gamm,* Warenzeichengesetz, 1965, Rn. 40.

territoriale Beschränkung für die bei → IntGesR Rn. 240 vertretene Auffassung, die das Firmenrecht als staatlich begrenztes Ordnungsrecht ansieht.

bb) Folgen der deutschen Einigung. Im Einigungsvertrag wurden die am 3.10.1990 bestehenden gewerblichen Schutzrechte[201] zunächst mit den alten territorialen Schutzgebietsbeschränkungen (Bundesrepublik bzw. DDR) aufrechterhalten,[202] wobei eine spätere gesamtdeutsche gesetzliche Regelung vorbehalten blieb.[203] Diese erfolgte in §§ 1, 4 ErstrG und § 5 ErstrG. Danach wurden die in beiden Teilen Deutschlands bis dahin nur territorial beschränkt geltenden gewerblichen Schutzrechte auf das jeweils andere Gebiet erstreckt. Soweit es infolge der Erstreckung zu Kollisionsfällen kommt, normiert § 30 Abs. 1 ErstrG für **Warenzeichen und Marken** ein Zustimmungserfordernis, wonach ein erstrecktes Zeichen im Erstreckungsgebiet grundsätzlich nur mit Zustimmung des Inhabers des betroffenen Zeichens benutzt werden darf (sog. eingeschränkte Ausschließlichkeitslösung).[204] Für **Enteignungsfälle** lässt § 30 Abs. 2 Nr. 2 ErstrG das Zustimmungserfordernis entfallen, wenn der Inhaber des erstreckten Zeichens glaubhaft macht, dass ihm bezüglich des anderen Zeichens (oder bezüglich des Unternehmens, zu dem das andere Zeichen gehört) ein Rückübertragungsanspruch[205] nach dem VermG zusteht. Die Regelung des § 30 ErstrG gilt gem. § 31 ErstrG entsprechend auch für Kollisionen von Warenzeichen oder Marken mit sonstigen Kennzeichenrechten. 54

d) Wertpapiere. Im IER wird die für Wertpapiere charakteristische Verknüpfung von Urkunde und verbrieftem Recht durch die hM gelöst. Danach gelten für das Papier die IER-Regeln über das Sacheigentum (→ Rn. 39 ff.), für das verbriefte Recht jene über Forderungen (→ Rn. 42 ff.). Eine Enteignung ergreift somit das Papier als solches, wenn es im Enteignungsstaat tatsächlich belegen ist.[206] Das verbriefte Recht wird dagegen nur dann von der Enteignung erfasst, wenn es nach den für Rechte der verbrieften Art geltenden allgemeinen IER-Regeln auf dem Hoheitsgebiet des Enteignungsstaats „belegen" ist.[207] Danach kann insbesondere das verbriefte Recht auch ohne Urkunde (zB Grundpfandrecht ohne Brief) enteignet werden.[208] Notfalls sind die Urkunden für kraftlos zu erklären und neu auszustellen.[209] 55

e) Gesellschaftsanteile. Die Enteignung von Gesellschaften bzw. Gesellschaftsanteilen wird in diesem Kommentar im Zusammenhang mit dem internationalen Gesellschaftsrecht behandelt, → IntGesR Rn. 956 ff. 56

III. Rechtmäßigkeit der Enteignung

1. Kriterien. Gemäß der hier vertretenen Auffassung (→ Rn. 25 ff.) ist unter Heranziehung des **Ordre- public**-Vorbehalts als allgemeinem Rechtsgrundsatz oder unter Bemühung einer Analogie zu Art. 6 zu prüfen, ob eine etwaige Unvereinbarkeit der Enteignung mit wesentlichen Grundsätzen des deutschen Rechts so gravierend ist und einen so engen Bezug zu Deutschland aufweist, dass sie die als solche intraterritorial wirksam geschaffene Eigentumslage erfasst und diese Eigentumslage daher in einem deutschen Gerichtsverfahren nicht mehr zu Grunde gelegt werden darf. 57

Prüfungsmaßstäbe sind insbesondere die einschlägigen Grundrechte,[210] die sich aus Art. 3, 14, 15, 103 GG usw ergeben, sowie weitere wesentliche Grundsätze des deutschen Rechts (eingehend 58

---

201 Vgl. *Knaak* GRUR Int 1993, 18; *Stögmüller,* Deutsche Einigung und Urheberrecht, 1994.

202 Anlage I Kap. III Sachgebiet E Abschnitt II Nr. 1, § 3 Abs. 1 S. 1; BGBl. 1990 II 885, 961.

203 Anlage I Kap. III Sachgebiet E Abschnitt II Nr. 1, § 13; BGBl. 1990 II 885, 962; anders – Regelung im Einigungsvertrag selbst – bei Urheber- und Leistungsschutzrechten.

204 Zur Alternative, der sog. Koexistenzlösung, s. § 26 ErstrG (für sog. technische Schutzrechte) sowie *Niederleithinger* MittPat. 1991, 125 (127 f.).

205 Dazu iE *Papier/Dippel* GRUR 1991, 639.

206 ZB OLG Celle IPRspr. 1964–65 Nr. 186; RGRK-BGB/*Pikart,* 12. Aufl. 1979, BGB § 929 Rn. 130 mwN.

207 KG WM 1955, 1328 (1329); NJW 1961, 1214; LG Mainz WM 1957, 38 – Wertpapierbereinigung; *Kuhn* WM 1956, 2; *Kegel/Schurig* IPR § 23 II 4; Staudinger/*Mansel,* 2015, Rn. 88; aA – Recht am Lageort des Inhaber- oder Orderpapiers belegen – RGZ 107, 44 (46 f.); OLG Stuttgart NJW 1955, 1154 f.; abl. auch *Mann* RabelsZ 27 (1962/63), 1, 45 ff. mwN.

208 *Beitzke* JR 1951, 705 (708); vgl. auch Staudinger/*Mansel* Anh. Art. 43 Rn. 89.

209 Soergel/*v. Hoffmann* Anh. III Art. 38 Rn. 78 mwN.

210 BGHZ 31, 168 (172) = NJW 1960, 189 zu Art. 14 GG, DDR; BGHZ 104, 240 (244) = NJW 1988, 2173 zu Art. 14 GG; BGH NJW 1989, 1352 (1353) zu Art. 3 GG, DDR; KG NJW 1988, 341 (343 f.) zum Rechtsstaatsprinzip, Art. 14 GG, DDR; OLG Hamburg MDR 1951, 560 zu Art. 14 GG; VersR 1953, 226 (227) zu Art. 3 GG; OLG Nürnberg NJW 1950, 228 (229) zu Art. 14 GG; LG Braunschweig IPRspr. 1990 Nr. 158 – obiter, DDR; aus der Lit. zB *Behrens,* Multinationale Unternehmen im Internationalen Enteignungsrecht der Bundesrepublik Deutschland, 1980, 54 ff.; *Seidl-Hohenveldern* AWD 1974, 421 (426);

→ Art. 6 Rn. 137 ff.). Infrage kommen vor allem die staatsvertraglichen[211] und die gem. Art. 25 GG Bestandteil des innerdeutschen Rechts gewordenen völkergewohnheitsrechtlichen Voraussetzungen für die Rechtmäßigkeit von Enteignungen.[212] Dazu gehören das Allgemeinwohlerfordernis sowie die Gebote der Nichtdiskriminierung, der Entschädigung und der Gewährung rechtlichen Gehörs. Entsprechend den allgemeinen Grundsätzen (→ Art. 6 Rn. 64 f.) nimmt die hM einen Verstoß gegen den ordre public auch bei einer Enteignung nur dann an, wenn diese im Entscheidungszeitpunkt eine hinreichend starke örtliche Beziehung zur deutschen Rechtsordnung **(Inlandsbeziehung)** aufweist.[213]

59 Ferner ist einer Enteignung die Anerkennung zu versagen, wenn und insoweit als sie mit dem innerstaatlichen Recht des enteignenden Staates nicht zu vereinbaren ist und der Betroffene dies **auch vor den Gerichten des enteignenden Staates** mit gewisser Aussicht auf Erfolg geltend machen könnte.[214] Darüber hinaus ist in jedem Fall zu prüfen, ob die Enteignungsmaßnahme den fraglichen Vermögensgegenstand überhaupt erfassen will.[215] Weitergehende Anerkennungsvoraussetzungen sind dagegen nicht zu machen.

60 **2. Fallgruppen. a) Unvereinbarkeit mit wesentlichen Grundsätzen.** Ein Verstoß gegen wesentliche Grundsätze des deutschen Rechts wird beispielsweise für den Fall der **Entschädigungslosigkeit** (vgl. Art. 14 Abs. 3 GG) bejaht.[216] Die entschädigungslose Enteignung wird auch nicht dadurch anerkennungsfähig, dass ein Dritter – etwa der Heimatstaat oder eine Investitionsversicherung – Kompensationsleistungen erbringt,[217] denn diese sollen dem Enteigneten, und nicht dem Enteignungsbegünstigten zugutekommen.

61 Ein Verstoß wird gleichfalls für den Fall einer deutsche Staatsangehörige **diskriminierenden** Sondergesetzgebung,[218] für Enteignungen von Gegenständen des persönlichen Gebrauchs,[219] für Enteignungen als **Sanktion** einer „Republikflucht" aus der ehemaligen DDR[220] und zum Zwecke des Mauerbaus nach dem Verteidigungsgesetz der DDR von 1961[221] oder für die Enteignung von Betriebsvermögen, soweit der Enteignungsbenachteiligte den Besitz behalten hat oder sich wieder verschaffen konnte, bejaht.[222]

Ferid IPR § 7-139; *Herdegen,* Internationales Wirtschaftsrecht, 13. Aufl. 2023, § 20 Rn. 2. Krit. zur Prüfung an Grundrechten *Stoll,* Neuere Entwicklungen im internationalen Enteignungsrecht, in Rechtsfragen des vereinten Deutschland, 1992, 89 f. Zum Prüfungsmaßstab der EMRK in der europäischen Wirtschaftsordnung s. *Basedow/Bulst* FS Schmidt, 2006, 3 ff.

[211] AA – kein Art. 30, jetzt Art. 6 – bei bloßer Verletzung von Investitionsschutzabkommen – *Wohlgemuth* JuS 1981, 519 (523).

[212] OLG Bremen IPRspr. 1958–59 Nr. 7 A; LG Bremen AWD 1959, 105; LG Hamburg RabelsZ 37 (1973), 579 (581). Näher *Behrens,* Multinationale Unternehmen im Internationalen Enteignungsrecht der Bundesrepublik Deutschland, 1980, 51 ff.; *Coing* WM 1982, 378 (381); *Ebenroth/Karuth* DB 1993, 1657 (1659); *Meessen* AWD 1973, 177 (179) mwN in Fn. 15; *Herdegen,* Internationales Wirtschaftsrecht, 13. Aufl. 2023, § 20 Rn. 2; *Mußgnug* Kunst und Recht 1985, 15 (27 f.) zum Kulturgüterschutz; *Wölker* ZaöRV 43 (1983), 213 (302); *Schütz,* Der internationale ordre public, 1984, 151; *Seidl-Hohenveldern,* Internationales Konfiskations- und Enteignungsrecht, 1952, 49, 55; Staudinger/*Mansel,* 2015, Rn. 21, 210 mwN; aA *Dahm* FS Nikisch, 1958, 153 (180 f.); *Kimminich* JZ 1971, 485 (486): „Rechtslehre … fast einhellig"; *Mann* NJW 1961, 705 (710).

[213] BGHZ 104, 240 (243) = NJW 1988, 2173; KG NJW 1988, 341 (343) – DDR; OLG Hamburg NordÖR 2005, 431; LG Hamburg RabelsZ 37 (1973), 579; *Beitzke* RabelsZ 15 (1949/50), 145 (147); *Ebenroth/Karuth* DB 1993, 1657 (1659 f.); *Meessen* AWD 1973, 177 (180); *Wohlgemuth* JuS 1981, 519 (523); *Raape/Sturm* IPR § 66 II 1c.

[214] OLG Bremen IPRspr. 1958–59 Nr. 7A; Soergel/*v. Hoffmann* Anh. III Art. 38 Rn. 23; Staudinger/*Mansel,* 2015, Rn. 49.

[215] BGH NJW 1958, 745 (DDR); Soergel/*v. Hoffmann* Anh. III Art. 38 Rn. 23 mwN.

[216] BGHZ 104, 240 (245) = NJW 1988, 2173; BGH WM 1962, 466 (468); KG NJW 1988, 341 (343) – DDR – aufgehoben durch BGH NJW 1989, 1352 –; *Beitzke* RabelsZ 15 (1949/50), 145 (146); *Ferid* IPR § 7-141, 58 (diff.). Zur Nationalisierung in Frankreich vgl. *Coing* WM 1982, 378 (380); *Wölker* ZaöRV 43 (1983), 213 (273 ff.). Gegen jegliche Einschränkung der Anerkennung wegen Entschädigungslosigkeit *Andrae,* Staatliche Eingriffe in Eigentumsverhältnisse – insbesondere Enteignungen, 1990, 16.

[217] *Seidl-Hohenveldern* RIW 1985, 413 (414 f.).

[218] OLG Hamburg VersR 1953, 228 (229); OLG München MDR 1952, 425; *Beitzke* RabelsZ 15 (1949/50), 145 (146); *Seidl-Hohenveldern,* Internationales Konfiskations- und Enteignungsrecht, 1952, 49, 55; Staudinger/*Stoll,* 1996, IntSachenR Rn. 210.

[219] Soergel/*v. Hoffmann* Anh. III Art. 38 Rn. 24 mwN.

[220] BGH JR 1965, 258; Soergel/*v. Hoffmann* Anh. III Art. 38 Rn. 24.

[221] KG NJ 1999, 95.

[222] Soergel/*v. Hoffmann* Anh. III Art. 38 Rn. 24 mwN; aA *Seidl-Hohenveldern,* Internationales Konfiskations- und Enteignungsrecht, 1952, 15 f.

62 **Völkerrechtswidrigkeit** als solche genügt für einen Verstoß gegen wesentliche Grundsätze des deutschen Rechts noch nicht.[223] Die Umstände, die zur Völkerrechtswidrigkeit führen, können aber selbstredend zugleich einen Verstoß gegen wesentliche Grundsätze des deutschen Rechts darstellen. Im Übrigen ist die Völkerrechtswidrigkeit ein Faktor, der beim Urteil der Unvereinbarkeit Berücksichtigung findet.

63 **b) Inlandsbeziehung.** Eine genügende Binnenbeziehung wird beispielsweise angenommen, wenn der Enteignete **Deutscher** ist[224] oder kraft Staatsvertrags Anspruch auf entsprechende Inländerbehandlung hat.[225] Das Diskriminierungsverbot in Art. 18 AEUV hat die deutsche Rspr. bisher noch nicht dazu veranlasst, EU-Angehörige hinsichtlich der Binnenbeziehung wie Deutsche zu behandeln.[226] Im Ergebnis wurde eine Verletzung des ordre public bisher nur (aber dann auch nahezu ausnahmslos)[227] bejaht, wenn eine entschädigungslose Enteignung Deutsche betraf,[228] nicht dagegen, wenn die Enteignungsbenachteiligten Ausländer waren.[229]

64 Die internationale Zuständigkeit deutscher Gerichte wird nicht als genügende Inlandsbeziehung angesehen.[230] Umstritten ist, ob die **Belegenheit** des Enteignungsobjekts im Inland genügt[231] oder nicht.[232] Richtigerweise dürfte zu differenzieren sein, ob die Belegenheit nur zufällig und von kurzer Dauer ist oder ob sie eine signifikante Beziehung zum Bundesgebiet indiziert. Die Löschung und Weiterverarbeitung der Ware im Inland wird wohl als ausreichende Binnenbeziehung erachtet.[233] Ein hinreichender Inlandsbezug wurde für den Fall verneint, dass die enteigneten Altberechtigten an landwirtschaftlich genutzten Grundstücken, Bodenschätzen, Aneignungsrechten unter anderem Rechte an Früchten und Produkten im weitesten Sinn geltend machten, wenn diese ins Inland gelangen.[234]

65 Enteignungen, die persönliche Interessen des Urhebers verletzt haben, ist nach wohl hM die Inlandsanerkennung zu versagen, soweit **Rückwirkungen auf das Inland** bestehen.[235]

IV. Rechtsfolgen

66 Sofern die Voraussetzungen für die Anerkennung einer fremdstaatlichen Enteignung gegeben sind, ist die **Vorfrage** (→ Rn. 1) nach dem hinsichtlich des fraglichen Vermögenswertes Berechtig-

---

223 AA *Mann* FS Duden, 1977, 287 (292, 293); *Stoll* BerGesVR 4 (1961), 131 (144); wie hier wohl LG Braunschweig IPRspr. 1990 Nr. 158 (DDR); Staudinger/*Mansel,* 2015, Rn. 59; *Stoll,* Neuere Entwicklungen im internationalen Enteignungsrecht, in Rechtsfragen des vereinten Deutschland, 1992, 86; zweifelnd *Seidl-Hohenveldern* AWD 1974, 421 (427).

224 KG NJW 1988, 341 (343) – DDR; *Ebenroth/Karuth* DB 1993, 1657 (1660); *Raape/Sturm* IPR § 66 II 1c; *Deren,* Internationales Enteignungsrecht, 2015, 209.

225 BGHZ 39, 220 (232) = NJW 1963, 1541 – Waldes-Koh-i-noor.

226 LG Bremen AWD 1959, 105 mAnm *Seidl-Hohenveldern;* iErg ebenso OLG Bremen IPRspr. 1958–59 Nr. 7 A; vgl. auch *Seidl-Hohenveldern,* Internationales Konfiskations- und Enteignungsrecht, 1952, 49, 56; aA *Dahm* FS Kraus, 1964, 67 (92 ff.) zu Art. 7 EWGV, Art. 1 EMRKZusProt.

227 Anders wohl nur OLG Hamburg IzRspr. 1945–53 Nr. 7 A; LG Hildesheim SJZ 1948, 143.

228 BGHZ 31, 168 (172) = NJW 1960, 189 – DDR; KG NJW 1988, 341 (343) – DDR, aufgehoben durch BGH NJW 1989, 1352; OLG Hamburg IPRspr. 1952–53 Nr. 36; OLG München IPRspr. 1950–51 Nr. 5; OLG Nürnberg SJZ 1950, 277 (278); LG Kassel NJW 1947/48, 628.

229 OLG Bremen IPRspr. 1958–59 Nr. 7 A; OLG Nürnberg IzRspr. 1945–53 Nr. 4; OLG Oldenburg IzRspr. 1945–53 Nr. 8 B; LG Bremen AWD 1959, 105; LG Hamburg RabelsZ 37 (1973), 579; vgl. aber die obiter-Bemerkung in BGH WM 1962, 466 (468) sowie BGHZ 104, 240 (244) = NJW 1988, 2173 – iranischer Staatsangehöriger. Die frz. Rspr. gibt der Vindikationsklage der Enteignungsbenachteiligten bei entschädigungsloser Enteignung ohne Rücksicht auf die Staatsangehörigkeit statt: Nachweise bei *Baade* JahrbIntR 3 (1954), 132 (139) Fn. 56.

230 LG Bremen AWD 1959, 105 f.; *Wuppermann* AWD 1973, 505 (508); *Deren,* Internationales Enteignungsrecht, 2015, 208.

231 So OLG Frankfurt IzRspr. 1960–61 Nr. 1 A; offengelassen von OLG Bremen IPRspr. 1958–59 Nr. 7 A; KG NJW 1988, 341 (343) – DDR; aus der Lit. zB *Baade* JahrbIntR 3 (1954), 132 (140); *Beitzke* FS Raape, 1948, 108; *Mann* FS Duden, 1977, 287 (291); *Seidl-Hohenveldern* AWD 1974, 421 (427); Staudinger/*Mansel,* 2015, Rn. 63. Für das schweiz. Recht *Vannod,* Fragen des Internationalen Enteignungs- und Konfiskationsrechts, 1959, 49 mwN.

232 So ganz überwiegend die ältere Rspr., zB OLG Hamburg JZ 1951, 444 f.; OLG Oldenburg BB 1954, 326; LG Bremen AWD 1959, 105; LG Hamburg IPRspr. 1973 Nr. 112 B; aus der Lit. *Behrens* RabelsZ 37 (1973), 394 (431 ff.); *Dahm* FS Kraus, 1964, 67 (91); *Raape/Sturm* IPR § 66 II 1c.

233 *Petersmann* WiR 1973, 274 (302) Fn. 56.

234 LG Bremen AWD 1959, 105; OLG Bremen IPRspr. 1958–59 Nr. 7 A (Berufung); „Chile-Kupfer-Fall": RabelsZ 37 (1973), 574 (578, 579); IPRspr. 1974 Nr. 135.

235 *Hubmann,* Gewerblicher Rechtsschutz, 5. Aufl. 1988, § 10 III 2; s. auch *Schack,* Zur Anknüpfung des Urheberrechts im internationalen Privatrecht, 1979, 79.

ten zu Gunsten des Enteignungsbegünstigten und zulasten des Enteigneten zu beantworten. Die Anerkennung hat indessen keinerlei Auswirkungen darauf, wie der künftige Erwerb gleicher oder ähnlicher Gegenstände zu beurteilen ist. So hindert etwa die Enteignung das enteignete Unternehmen nicht, neue Marken-, Warenzeichen[236] oder technische Schutzrechte[237] zu erwerben.

67 Die Nichtanerkennung fremdstaatlicher Enteignungen hat zur Folge, dass dem Enteignungsakt als rechtlichem Nullum für den inländischen Rechtsverkehr keine Rechtswirkung zukommt. Der Enteignungsbenachteiligte hat aufgrund der hier vertretenen Ansicht seine Stellung als Berechtigter nicht verloren. Die Nichtanerkennung erstreckt sich auch auf daraus resultierende Rechtslagen[238] und Rechtshandlungen, die die Enteignung ausnutzen. Dies gilt beispielsweise für den Neuerwerb der Marke bzw. des Warenzeichens eines enteigneten Unternehmens nach Ablauf der Schutzfrist.[239]

---

236 BGH NJW 1963, 1543.

237 OLG Frankfurt DB 1967, 1367 – DDR.

238 BGH WM 1966, 221 (222 f.); Soergel/*v. Hoffmann* Anh. III Art. 38 Rn. 29.

239 BGHZ 39, 220 (229 ff.) = NJW 1963, 1541 – Waldes-Koh-i-noor, IR-Marke; Soergel/*v. Hoffmann* Anh. III Art. 38 Rn. 29.

Internationales Wirtschaftsrecht

Teil 8. Internationales Handels- und Gesellschaftsrecht [Kaufleute, Juristische Personen und Gesellschaften]

Schrifttum (allgemein) bis 1998: *Assmann* in Großkommentar zum AktG, 4. Aufl. 1992, Einleitung, Rn. 517 ff.; *Batiffol/Lagarde* DIP I Rn. 190 ff.; Behrens (Hrsg.), Die Gesellschaft mit beschränkter Haftung im internationalen und europäischen Recht, 2. Aufl. 1997; *Beitzke,* Juristische Personen im Internationalprivatrecht und Fremdenrecht, 1938; *Bungert,* Das Recht ausländischer Kapitalgesellschaften auf Gleichbehandlung im deutschen und US-amerikanischen Recht, 1994; *Ebenroth,* Die verdeckten Vermögenszuwendungen im transnationalen Unternehmen, 1979; *Ebenroth,* Unternehmensrecht und internationales Privatrecht, FS Meier-Hayoz, 1982, 101; *Ebenroth/Messer,* Das Gesellschaftsrecht im neuen schweizerischen IPRG, ZSchweizR 108 (1989), II, 49; *Ebenroth/Sura,* Transnationale Unternehmen und deutsches Mitbestimmungsgesetz, ZHR 144 (1980), 610; *Folsom/Gordon/Spanogle,* International Business Transactions, 1986; *Grasmann,* System des internationalen Gesellschaftsrechts, 1970; *Großfeld,* Praxis des internationalen Privat- und Wirtschaftsrechts, 1975; *Großfeld,* Internationales und Europäisches Unternehmensrecht, 2. Aufl. 1995; *Grundmann,* Deutsches Anlegerschutzrecht in Internationalen Sachverhalten – vom internationalen Schuld- und Gesellschaftsrecht zum internationalen Marktrecht, RabelsZ 54 (1990), 283; *Kaligin,* Das Internationale Gesellschaftsrecht der BRepD, DB 1985, 1449; *Koppensteiner,* Internationale Unternehmen im deutschen Gesellschaftsrecht, 1971; *Korner,* Das Kollisionsrecht der Kapitalgesellschaften in den Vereinigten Staaten von Amerika unter besonderer Berücksichtigung der Pseudo-Foreign Corporations, 1988; *Loussouarn/Bredin,* Droit de commerce international, 1969; *Loussouarn/Bourel,* Droit international privé, 5. Aufl. 1996, Nr. 707 ff.; *Lutter,* Europäisches Unternehmensrecht, 4. Aufl. 1996; *F. A. Mann,* Bemerkungen zum internationalen Privatrecht der Aktiengesellschaft und des Konzerns, FS Barz, 1974, 219; *Perrin,* La reconnaissance des sociétés étrangères et ces effets, 1969; *Sandrock,* Die multinationalen Unternehmen im Internationalen Privatrecht, BerGesVR 18 (1978), 169; *Sandrock,* Ein amerikanisches Lehrstück für das Kollisionsrecht der Kapitalgesellschaften, RabelsZ 42 (1978), 227; *Sandrock,* Die Konkretisierung der Überlagerungstheorie in einigen zentralen Einzelfragen – ein Beitrag zum internationalen Gesellschaftsrecht, FS Beitzke, 1979, 669; *Sandrock,* Die Bedeutung des Gesetzes zur Neuregelung des Internationalen Privatrechts für die Unternehmenspraxis, RIW 1986, 841; *Schurig,* Der Anlauf zu einem Paradigmenwandel im internationalen Gesellschaftsrecht, FS Coester-Waltjen, 2015, 745; *Schwartz,* Zur Konzeption der Rechtsangleichung in der EWG, FS Hallstein, 1966, 474; *Staehelin,* Zu Fragen der AG im schweizerischen IPR, 1972; *H. P. Westermann,* Das Gesellschaftsrecht in der Methodendiskussion um das internationale Privatrecht, ZGR 1975, 68; *Wiedemann,* Internationales Gesellschaftsrecht, FS Kegel, 1977, 187; *Zimmer,* Internationales Gesellschaftsrecht, 1996.

Schrifttum (allgemein) seit dem Centros-Urteil 1999: *Bayer/Schmidt,* Aktuelle Entwicklungen im Europäischen Gesellschaftsrecht (2004–2007), BB 2008, 454; *Bayer/Schmidt,* Grenzüberschreitende Sitzverlegung und grenzüberschreitende Restrukturierungen nach MoMiG, Cartesio und Trabrennbahn, ZHR 173 (2009), 735; *Braun/Engert/Hornuf,* Unternehmensgründungen unter dem Einfluss des Wettbewerbs der Gesellschaftsrechte, ZHR 177 (2013), 131; *Clausnitzer,* Die Novelle des Internationalen Gesellschaftsrechts, NZG 2008, 321; Eidenmüller (Hrsg.), Ausländische Kapitalgesellschaften im deutschen Recht, 2004; *Eidenmüller,* Gesellschaftsstatut und Insolvenzstatut, RabelsZ 70 (2006), 474; *Eidenmüller,* Recht als Produkt, JZ 2009, 641; *Franz,* Internationales Gesellschaftsrecht und deutsche Kapitalgesellschaften im In- und Ausland, BB 2009, 1250; *Freitag,* Der Wettbewerb der Rechtsordnungen im Internationalen Gesellschaftsrecht, EuZW 1999, 267; *Gössl,* Internationales Privat- und Gesellschaftsrecht, in Jung/Krebs/Stiegler (Hrsg.), Gesellschaftsrecht in Europa, 2018, 717; *Grundmann,* Ausbau des Informationsmodells im Europäischen Gesellschaftsrecht, DStR 2004, 232; *v. Halen,* Das Gesellschaftsstatut nach der Centros-Entscheidung des EuGH, 2001; *v. Hein,* Gesellschaftsrecht, internationales, in Basedow/Hopt/Zimmermann, Handwörterbuch des Europäischen Privatrechts, Bd. I, 2009, 739; Hirte/Bücker (Hrsg.), Grenzüberschreitende Gesellschaften, 2. Aufl. 2006; *Kieninger,* Wettbewerb der Privatrechtsordnungen im Europäischen Binnenmarkt, 2002; *Kindler,* Der Wegzug von Gesellschaften in Europa, Der Konzern 2006, 811; *Kindler,* Die Begrenzung der Niederlassungsfreiheit durch das Gesellschaftsstatut, NJW 2007, 1785; *Kindler,* GmbH-Reform und internationales Gesellschaftsrecht, Die AG 2007, 721; *Kindler,* Welche Anknüpfungspunkte sollte ein künftiges internationales Gesellschaftsrecht verwenden?, in Sonnenberger, Vorschläge und Berichte zur Reform des europäischen und deutschen internationalen Gesellschaftsrechts, 2007, 389; *Kindler,* Die Abgrenzung von Gesellschafts- und Insolvenzstatut, in Sonnenberger, Vorschläge und Berichte zur Reform des europäischen und deutschen internationalen Gesellschaftsrechts, 2007, 497; *Kindler,* Ende der Diskussion um die sogenannte Wegzugsfreiheit, NZG 2009, 130; *Kindler,* Internationales Gesellschaftsrecht 2009: MoMiG, Trabrennbahn, Cartesio und die Folgen, IPRax 2009, 189; *Kindler,* Brennpunkte der GmbH-Reform – die MoMiG-GmbH im Wettbewerb mit der Britischen Limited, FS Buchner, 2009, 426; *Kindler,* Einführung in das neue IPR des Wirtschaftsverkehrs, 2009, 159; *Kindler,* Keine Flucht aus der Unternehmensmitbestimmung durch Einsatz von EU-Scheinauslandsgesellschaften, Symposium Winkler v. Mohrenfels, 2013, 147; *Lanzius,* Anwendbares Recht und Sonderanknüpfungen unter der Gründungstheorie, 2005; *Lutter/Bayer/Schmidt,* Europäisches Unternehmensrecht, 6. Aufl. 2017; Lutter (Hrsg.), Europäische Auslandsgesellschaften in Deutschland, 2005; *Münkner,* Internationales Genossenschaftsrecht, FS Beuthien, 2009, 349; Sandrock/Wetzler (Hrsg.), Deutsches Gesellschaftsrecht im Wettbewerb der

Rechtsordnungen, 2004; Süß/Wachter (Hrsg.), Handbuch des internationalen GmbH-Rechts, 3. Aufl. 2016; *Weller,* Europäische Rechtsformwahlfreiheit und Gesellschafterhaftung, 2004; *Weller,* Die Rechtsquellendogmatik des Gesellschaftskollisionsrechts, IPRax 2009, 202; *Zimmer,* Fragen zum internationalen Gesellschaftsrecht, in Sonnenberger, Vorschläge und Berichte zur Reform des europäischen und deutschen internationalen Gesellschaftsrechts, 2007, 371; Wegen/Spahlinger/Barth (Hrsg.), Gesellschaftsrecht des Auslands, Loseblatt, 2013 ff.; *Weller,* Unternehmensmitbestimmung für Auslandsgesellschaften, FS Hommelhoff, 2012, 1275.

Übersicht

A. Einleitung: Gegenstand und Nachbargebiete des Internationalen Gesellschaftsrechts

I. Gegenstand des Internationalen Gesellschaftsrechts

Gegenstand des internationalen Gesellschaftsrechts ist zunächst die **Ermittlung des auf gesellschaftsrechtliche Fragen anwendbaren Rechts.** Das internationale Gesellschaftsrecht liefert – im Sinne eines „Gesellschaftskollisionsrechts" – die Anknüpfungsmomente (Anknüpfungspunkte), anhand derer in Fallgestaltungen mit Auslandsberührung (Art. 3 EGBGB) die Rechtsordnung zu ermitteln ist, mit der eine Personenvereinigung am engsten verbunden ist.[1] Dieser Grundgedanke der Anknüpfung – Ermittlung des räumlich festen Rechts – gilt jedenfalls insoweit, als das Gesellschaftsstatut die Rechtsordnung ist, in deren Geltungsbereich die Gesellschaft ihren tatsächlichen Verwaltungssitz hat („Sitztheorie", → Rn. 379 ff.). Die unter dem Einfluss des Europarechts jedenfalls seit Mitte 2004 auch von der Rspr. für den innergemeinschaftlichen Rechtsverkehr praktizierte Anknüpfung an den Gründungs- und Registrierungsort der Gesellschaft („Gründungstheorie", → Rn. 317 ff.) wird teilweise als Ausdruck einer anderen Philosophie verstanden, die eine möglichst weitreichende **Anerkennung** von Gesellschaften nach Maßgabe eines weitverstandenen „Herkunftslandprinzips"[2] sowie einen „Wettbewerb der Rechtsordnungen" anstrebe.[3] Hierbei handelt es sich freilich nicht um ein auf das internationale Gesellschaftsrecht beschränktes Spezialproblem, sondern um ein weiterreichendes Methodenproblem. Dieses hat – übrigens auch im Gesellschaftsrecht (→ Rn. 278 ff.) – tiefere, auch historische Hintergründe und es hat zu einer durch europarechtliche 1

[1] Es geht – wie auch sonst im IPR – um die Ermittlung des „räumlich besten" Rechts; *Kegel/Schurig* IPR § 2 I; andere Akzentsetzung bei Staudinger/*Großfeld,* 1998, IntGesR Rn. 11, der deutlich für eine Materialisierung des internationalen Gesellschaftsrechts votiert, und für den das Gesellschaftskollisionsrecht „die Wertungen aus dem nationalen Bereich in den internationalen fortführt".

[2] Krit. hierzu mit Recht → Einl. IPR Rn. 41; abl. mzN ferner *Mansel* RabelsZ 70 (2006), 651 (673 f.); dafür, dass im EU-Primärrecht kein derartiges Prinzip existiert s. nur *Mankowski,* Stichwort „Herkunftslandprinzip", in Basedow/Hopt/Zimmermann, Handwörterbuch des Europäischen Privatrechts, Bd. I, 2009, 825, 826.

[3] Dazu grdl. *Kieninger,* Wettbewerb der Privatrechtsordnungen in Europa, 2002; *Eidenmüller* in Eidenmüller Ausl. KapGes. § 1 Nr. 10 ff. sowie 9 ff.

Überlegungen neu belebten allgemeinen Diskussion der iprechtlichen Methode geführt (ausführlich → EGBGB Art. 3 Rn. 92 f.). Auf die dortige Analyse und ihre Ergebnisse wird verwiesen. Danach kann, soweit ein Übergang zur Anknüpfung an den Gründungs- bzw. Registrierungsort stattfindet, dies auch im Rahmen der allgemein im deutschen IPR verankerten verweisungsrechtlichen Methode erfolgen. Europarechtlich ist kein Methodenwechsel geboten.

2 Neben der Ermittlung des auf Gesellschaften anwendbaren Rechts geht es im internationalen Gesellschaftsrecht darum, den **Anknüpfungsgegenstand einzugrenzen,** dh festzulegen, welche gesellschaftsbezogenen Vorgänge und Verhältnisse der Anknüpfungsnorm unterfallen und folglich nach der maßgeblichen Rechtsordnung, dem „Gesellschaftsstatut", zu beurteilen sind (Qualifikation).

3 In subjektiver Hinsicht ist der **Anknüpfungsgegenstand weiter** zu verstehen **als im Sachrecht:** Die Anknüpfungsregeln des internationalen Gesellschaftsrechts gelten für alle „organisierten Personenzusammenschlüsse und organisierten Vermögenseinheiten" (vgl. Art. 150 Abs. 1 IPRG Schweiz), dh für alle rechtsfähigen Gebilde wie Kapitalgesellschaften (→ Rn. 244 ff.), Vereine (→ Rn. 648 ff.), Stiftungen (→ Rn. 651 ff.), Öffentliche Unternehmen (→ Rn. 881) usw; einbezogen sind darüber hinaus alle vergleichbaren, nicht in allen Rechtsordnungen rechtsfähigen Gebilde (zB Personengesellschaften, → Rn. 250 ff.).[4] Unerheblich ist, ob dabei eine gewerblich-unternehmerische oder eine ideelle Zielsetzung besteht.

4 Das deutsche Kollisionsrecht hat für die Anknüpfung dieser Gebilde **keine gesetzliche Regelung** getroffen (anders das IPR zahlreicher ausländischer Rechtsordnungen; → Rn. 474 ff.). Selbst die frühere Regelung in Art. 10[5] betraf mit der Anerkennung der Rechtsfähigkeit von ausländischen rechtsfähigen Vereinen im Inland nur einen eng begrenzten Sonderfall; die Bestimmung wurde durch § 30 Abs. 1 Nr. 4 VereinsG (BGBl. 1964 I 593) aufgehoben. Auch das am 1.9.1986 in Kraft getretene Gesetz zur Neuregelung des Internationalen Privatrechts vom 25.7.1986 (BGBl. 1986 I 1142)[6] brachte keine Kollisionsnormen über juristische Personen und Handelsgesellschaften.[7] Art. 37 Nr. 2 EGBGB aF, der das Gesellschaftsrecht vom Anwendungsbereich der Art. 27 ff. EGBGB aF ausschloss, übernahm Art. 1 Abs. 2 lit. e EVÜ.[8] Der Grund für diese Nichtregelung lag darin, dass die im EGBGB bisher nicht behandelten Sachgebiete Gegenstand von Vereinheitlichungsbestrebungen innerhalb der EU sind oder waren.[9] Diese Bestrebungen haben zu dem Brüsseler EWG-Übereinkommen über die gegenseitige Anerkennung von Gesellschaften und juristischen Personen (Convention sur la reconnaissance mutuelle des sociétés et personnes morales) vom 29.2.1968[10] geführt (→ Rn. 67). Es ist von Belgien, der BRepD,[11] Frankreich, Italien und Luxemburg ratifiziert worden, aber wegen der gescheiterten Ratifizierung durch die Niederlande nie in Kraft getreten.[12] Auch die – für ab dem 18.12.2009 geschlossene Schuldverträge anwendbare – Rom I-VO enthält in Art. 1 Abs. 2 lit. f Rom I-VO eine Bereichsausnahme zugunsten des Gesellschaftsrechts; das Gleiche gilt für die ab 11.1.2009 anwendbare Rom II-VO über das auf außervertragliche Schuldverhältnisse anzuwendende Recht (Art. 1 Abs. 2 lit. d Rom II-VO).[13]

5 Zur Anknüpfung des Personalstatuts ist deshalb für Gesellschaften und gesellschaftsrechtliche Rechtsgeschäfte jeder Art das autonome IPR maßgebend. Im deutschen autonomen internationalen

---

[4] Staudinger/*Großfeld*, 1998, IntGesR Rn. 14.

[5] Vgl. dazu Staudinger/*Raape*, 9. Aufl. 1931, EGBGB Art. 10 Anm. I 1.

[6] Vgl. dazu *Basedow* NJW 1986, 2971; *Bernhardt* DB 1986, 2009; *Böhmer* RabelsZ 50 (1986), 646; *Jayme* IPRax 1986, 265; *Sandrock* RIW 1986, 841.

[7] BT-Drs. 10/504, 29; *Ferid* IPR Rn. 5-53; *Sandrock* RIW 1986, 841; *Bernhardt* DB 1986, 2009 (2010); krit. zu dem Regelungsverzicht *Stoll* IPRax 1984, 1 (4).

[8] Vgl. dazu *Bernhardt* DB 1986, 2009 (2011 ff.); *Jayme* IPRax 1986, 265 (266).

[9] BT-Drs. 10/504, 29; *Hausmann* in Reithmann/Martiny IntVertragsR Rn. 6.1.

[10] Abgedruckt bei *Jayme/Hausmann*, 10. Aufl. 2000, Nr. 21; BGBl. 1972 II 370; deutsches Zustimmungsgesetz vom 18.5.1972 (BGBl. 1972 II 369); s. auch das am 3.6.1971 unterzeichnete Protokoll betreffend die Auslegung des Abkommens durch den EuGH, BGBl. 1972 II 858, deutsches Zustimmungsgesetz BGBl. 1972 II 857; zur Entstehungsgeschichte *Nobel*, Europäisierung des Aktienrechts, 1974, 91.

[11] Zustimmungsgesetz vom 18.5.1972 (BGBl. 1972 II 369).

[12] In den Niederlanden ist das parlamentarische Verfahren zur Ratifizierung am 19.4.1972 durch einen Gesetzesentwurf zur Genehmigung des Übereinkommens eingeleitet, aber nicht abgeschlossen worden. Gemäß Art. 13, 14 tritt das Übereinkommen erst nach Ratifizierung durch alle Unterzeichnerstaaten in Kraft. Ein Inkrafttreten des Übereinkommens ist jedoch nicht mehr zu erwarten, da die Verhandlungen zwischen den Mitgliedstaaten zur Anpassung des Vertrages wegen des Beitritts neuer Mitglieder abgebrochen worden sind, vgl. *Timmermans* RabelsZ 48 (1984), 1 (39 ff.); *o. Verf.*, Die Arbeiten des Bundesministeriums der Justiz in der Europäischen Gemeinschaft 1985 (Auszug aus dem vom BMJ herausgegebenen und im BAnz. 1986, Beil. 84a, veröffentlichten Bericht) ZIP 1986, 674 (677 ff.).

[13] *Kindler* IPRax 2009, 189 (192).

Gesellschaftsrecht herrscht nach wie vor kraft **Gewohnheitsrechts** die sog. **Sitztheorie;**[14] die Gesellschaft unterliegt danach derjenigen Rechtsordnung, die „am Ort ihres tatsächlichen Verwaltungssitzes gilt" (ausführlich → Rn. 379 ff., → Rn. 420 ff.).[15] Diese Kollisionsregel hat der BGH **im Urteil Trabrennbahn vom 27.10.2008 eindrucksvoll bestätigt** und sie wurde auch **weder durch** die Neufassung der § 4a GmbHG, § 5 AktG im Zuge des **MoMiG 2008**[16] **noch durch** die Neufassung von § 706 BGB im Zuge des **MoPeG 2021 aufgehoben.**[17] Auch das **BVerfG** folgt für die Beurteilung der Staatszugehörigkeit der Sitztheorie.[18] Spätestens seit dem 5.7.2004 –

---

14 Aus der Rspr.: BGHZ 25, 134 (144) = NJW 1957, 1433; BGHZ 51, 27 (28) = NJW 1969, 188; BGHZ 53, 181 (183) = NJW 1970, 998 mAnm *Langen;* BGHZ 78, 318 (334) = NJW 1981, 522; BGHZ 97, 269 (272) = NJW 1986, 2194; BGH NJW 1992, 618; BGHZ 118, 151 (167) = NJW 1992, 2026; BGH NJW 1993, 2744 (2745); 1994, 939 (940); 1995, 1032; 1996, 54 (55); BGHZ 134, 116 (118) = NJW 1997, 657 (658); BGH NZG 2000, 926 unter B 2a = RIW 2000, 555 mAnm *Kindler* RIW 2000, 649; BGHZ 151, 204 (206) = NJW 2002, 3539 = IPRax 2003, 62 mAnm *Kindler* IPRax 2003, 41; BGHZ 153, 353 (355) = NJW 2003, 1607 = BB 2003, 810 mAnm *Kindler;* implizit auch BGHZ 154, 187 (188 f.) = NJW 2003, 1461 (Abkehr von der Sitztheorie nur für Gesellschaften, die nach dem Recht eines anderen Mitgliedstaats gegründet worden sind und dort ihren Satzungssitz haben); BGH NJW 2003, 2609; NJW-RR 2004, 1618 = RIW 2004, 787 für Nichtanwendung der Sitztheorie im Verhältnis zu den USA allein wegen des hier maßgeblichen Staatsvertrags; NJW 2004, 3706 = ZIP 2004, 2095 (2096); NZG 2005, 44 = IPRax 2005, 340 m. Aufs. *Stürner* IPRax 2005, 305 = DNotZ 2005, 141 mAnm *Thölke* = DStR 2004, 2113 mAnm *Goette* unter II 1a aE; BGHZ 178, 192 = NJW 2009, 289 – Trabrennbahn; BGH NZG 2009, 1106 = DStR 2009, 2017 Rn. 5; ZIP 2009, 2385 = BeckRS 2009, 28205 für Ltd. nach dem Recht von Singapur mit Verwaltungssitz in Deutschland; NZG 2010, 712 Rn. 15 für Verein nach schweizerischem Recht mit Verwaltungssitz in Deutschland; BGHZ 190, 242 = NJW 2011, 3372 Rn. 16; BGH NZG 2016, 1187 Rn. 13 für Stiftung nach österreichischem Recht; BFH DNotZ 2019, 788 Rn. 25; BayObLGZ 1985, 272 – Landshuter Druckhaus Ltd. I; BayObLGZ 1992, 113 (115); 1998, 195 = IPRax 1999, 364 mAnm *Behrens* IPRax 1999, 323; BayObLG DB 2003, 819 (820) = RIW 2003, 387; BayObLGZ 2002, 413 = NZG 2002, 290 mAnm *Leible/Hoffmann* NZG 2002, 259 betr. Nicht-EU-Gesellschaften; BayObLGZ 2004, 24 = DNotZ 2004, 725 (726) mAnm *Thölke* = GmbHR 2004, 490 mAnm *Stieb;* OLG München NJW 1986, 2197; OLG Nürnberg WM 1985, 259 = IPRax 1985, 342; OLG Koblenz RIW 1986, 137; OLG Hamburg NJW 1986, 2199; RIW 1988, 816; OLG Frankfurt IPRax 1986, 373; OLG Saarbrücken NJW 1990, 647; OLG Oldenburg NJW 1990, 1422; OLG Frankfurt NJW 1990, 2204; OLG Zweibrücken NJW 1990, 3092; OLG Frankfurt OLGZ 1991, 467 (469) = ZIP 1991, 1105; BayObLGZ 1992, 113; OLG Düsseldorf NJW-RR 1995, 1124; OLG Stuttgart RIW 1996, 153 = IPRax 1995, 397; OLG Hamm RIW 1997, 236 (237); KG DB 1997, 1124 (1125); OLG Brandenburg NJW-RR 1999, 543; OLG Düsseldorf JZ 2000, 203 mAnm *Ebke;* OLG Brandenburg RIW 2000, 728 = NJW-RR 2001, 29; OLG Hamm NJW 2001, 2183 = IPRax 2001, 343 mAnm *Mansel;* OLG Düsseldorf NZG 2001, 506; LAG Bln RIW 2001, 373 = DStR 2002, 869 mAnm *Haas;* LG Stuttgart NJW-RR 2002, 463 = NZG 2002, 240; OLG München ZIP 2002, 2132; OLG Zweibrücken NZG 2003, 537 (538) für Nicht-EU-Gesellschaften; AG Hamburg NJW 2003, 2835 (2836); OLG Frankfurt IPRax 2004, 56 (57 f.) implizit für Nicht-EU-Gesellschaften; KG NJW-RR 2004, 331 (333) für Nicht-EU-Gesellschaften; OLG Düsseldorf DB 2004, 128 (129); Hamburg NZG 2007, 597 für Isle of Man; OLG München EuZW 2021, 955 (brit. Ltd. seit dem Brexit); OLG Stuttgart BeckRS 2022, 8208 Rn. 23 = EWiR 2022, 421 mAnm *Weiss* (nach dem Recht der Cayman Islands gegründete Gesellschaft mit effektivem Verwaltungssitz im US-Bundestaat New York); zum gewohnheitsrechtlichen Charakter der Sitztheorie *Weller* IPRax 2009, 202 (207) mwN; ferner *Bungert* EWS 1993, 17 (18); *Braun* RIW 1995, 499 (500); *Kronke* IPRax 1998, 375; Soergel/*Lüderitz* EGBGB Anh. Art. 10 Rn. 8; Erman/*Stürner* Rom I-VO Art. 37 Rn. 22; ferner *Rehm* in Eidenmüller Ausl. KapGes. § 2 Rn. 87 ff. mit der „rechtspolitischen" Forderung eines allgemeinen Übergangs zur Gründungstheorie; BeckOK BGB/*Mäsch* EGBGB Art. 12 Rn. 2; anders noch *Beitzke* ZHR 127 (1965), 1 (13).

15 BGHZ 97, 269 (271) = NJW 1986, 2194.

16 Gesetz zur Modernisierung des GmbH-Rechts und zur Bekämpfung von Missbräuchen vom 23.10.2008, BGBl. 2008 I 2026; zur kollisionsrechtlichen Irrelevanz der zitierten Vorschriften s. BGHZ 178, 192 = NJW 2009, 289 – Trabrennbahn Rn. 22 im Anschluss an *Kindler* Die AG 2007, 721 (725 f.); wie hier auch *Schurig* FS Coester-Waltjen, 2015, 745 (747); *W.-H. Roth* FS Hoffmann-Becking, 2013, 965 (979); MüKoGmbHG/*Weller* GmbHG Einl. Rn. 384 f.; *Weller* IPRax 2017, 167 (171); Henssler/Strohn/*Servatius* IntGesR Rn. 37; Urteilsabdruck von BGHZ 178, 192 auch in NJW 2009, 289 mAnm *Kieninger* = DStR 2009, 59 mAnm *Goette* = DNotZ 2009, 385 mAnm *Thölke* = IPRax 2009, 259 m. Aufs. *Weller* IPRax 2009, 202 ff.; dazu *Kindler* IPRax 2009, 189 (190); nachfolgend BGH ZIP 2009, 2359; BGHZ 190, 242 Rn. 16 = NJW 2011, 3372; BGH NZG 2017, 347 Rn. 20; für Deutung der § 4a GmbHG, § 5 AktG als einseitige Gründungsanknüpfung Grigoleit/*Wicke,* 2013, AktG § 5 Rn. 12; *Verse* ZEuP 2013, 458 (466 f.) m. Fn. 32.

17 Gesetz zur Modernisierung des Personengesellschaftsrechts (MoPeG) vom 10.8.2021, BGBl. 2021 I 3436; zur kollisionsrechtlichen Irrelevanz von § 706 BGB s. *Kindler* ZfPW 2022, 409 (414 f.); aA *Wertenbruch* NZG 2023, 1343 (1346).

18 BVerfG NJW 2018, 2392 Rn. 28 f. betr. USA; dazu *Hasenstab* IWRZ 2019, 3.

Umschwenken des II. Zivilsenats des BGH zur EU-bedingten Gründungsanknüpfung – ist daneben allerdings eine **zweite Anknüpfungsregel** getreten, wonach Gesellschaften, die nach dem Recht eines anderen **EU-Mitgliedstaates** gegründet worden sind *und* dort ihren Satzungssitz haben, nach Maßgabe ihres **Gründungsrechts** im Inland rechts- und parteifähig sind[19] (→ Rn. 67 ff., → Rn. 123 ff.). Die **Verwaltungssitzanknüpfung** wird in einer Reihe von gesetzlichen Vorschriften **als selbstverständlich bestehend vorausgesetzt** (Art. 2 Gesetz vom 18.5.1972 zum EWG-Anerkennungsübereinkommen 1968 (→ Rn. 67 f.), § 1 BörsZulV, § 13d Abs. 3 HGB,[20] § 1 Abs. 1 UmwG).[21] Ferner beherrscht sie **gesellschaftsrechtliche Begleitmaterien** wie das **Insolvenzrecht** (Art. 3 Abs. 1 EuInsVO) und weithin das **Aufsichtsrecht** (§ 33 Abs. 1 S. 1 Nr. 6 KWG, § 17 Abs. 1 KAGB, § 7 Nr. 34 VAG, letztere Vorschrift auch iVm § 1 Abs. 1 Nr. 1 VAG) sowie das Steuerrecht (§ 1 Abs. 1 KStG iVm § 10 AO).[22] Sie begründet den **allgemeinen Gerichtsstand** nach Art. 60 Brüssel Ia-VO sowie nach § 17 ZPO[23] und sie ist die **Regelanknüpfung im europäischen internationalen Vertragsrecht** (Art. 4 UAbs. 1 Rom I-VO iVm Art. 19 Abs. 1 UAbs. 1 Rom I-VO.[24]

6 Das so ermittelte Personal- oder Gesellschaftsstatut regelt grundsätzlich **einheitlich** die gesellschaftsrechtlichen Beziehungen vom Beginn bis zum Ende der Organisation; es bestimmt – wie der BGH formuliert –, unter welchen Voraussetzungen die Gesellschaft „entsteht, lebt und vergeht".[25] Abweichend davon kommen aber – auch in Bezug auf EU-ausländische Gesellschaften – eine Reihe gesellschaftsrechtlicher Sonderanknüpfungen in Betracht. Dies gilt vor allem unter dem Blickwinkel des Gläubigerschutzes, den der EuGH als zwingenden Grund des Allgemeininteresses anerkennt[26] (→ Rn. 79 ff.; ausführlich → Rn. 392 ff., → Rn. 408 ff.).

II. Fremdenrecht

7 Die gesellschaftskollisionsrechtliche Anknüpfung hängt eng mit der Wahl des Kontrollkonzepts zusammen. Der im vorigen Jahrhundert begonnene Streit um die Anknüpfungsmerkmale (zur Gründungsanknüpfung innerhalb der EU → Rn. 67 ff., → Rn. 388 ff.) für die Bestimmung des Personalstatuts hat sich in der Gegenwart auf zwei Grundpositionen beschränkt **(Gründungs- und Sitztheorie).** Die Gründungstheorie entnimmt das Personalstatut dem Recht des Staates, in dem die Gesellschaft gegründet wurde und ihren Satzungssitz hat (zur Gründungstheorie → Rn. 317 ff., einschließlich ihrer Modifikationen → Rn. 345 ff.).[27] Demgegenüber bestimmt nach der Sitztheorie der tatsächliche Sitz der Hauptverwaltung einer Gesellschaft das Personalstatut (→ Rn. 379 ff., 458 ff.).

8 Die **Gründungstheorie** eröffnet mit der subjektiven Wahlfreiheit der Gründer praktisch **jedes Gesellschaftsrecht der Erde** zur wirtschaftlichen Betätigung. Damit haben sich die Notwendigkeiten für die Ausformung der Gründungstheorie zu den Zeiten ihrer historischen Entwicklung verändert. Früher wurde sie für die Kolonialgesellschaften in England entwickelt, weil sie es ermöglichte, die Gesellschaft im vertrauten Rechtskreis zu gründen und dann den Sitz in die Kolonien zu verlegen, ohne dass Zweifel an der Rechtsfähigkeit dieser Gesellschaft im Ausland geltend gemacht werden konnten. Diese Wertung wird den heutigen Bedingungen nicht gerecht, da sie es zulässt, ausländische Gesellschaften mit laxerem Personalstatut im Inland anzusiedeln und im Vergleich zu inländischen

---

[19] BGHZ 154, 185 = NJW 2003, 1461 (VII. ZS) – Überseering; BGH NJW 2005, 1648; NZG 2005, 974; 2011, 273 Rn. 16; BGHZ 190, 242 Rn. 17 f. = NJW 2011, 3372; mittelbar auch schon BGH NZG 2004, 1001 unter II. 1 = RIW 2004, 787 m. Aufs. *Ebke* RIW 2004, 740 = BB 2004, 1868 mAnm *Melbert* – Delaware.

[20] IdF des Gesetzes vom 22.7.1993, BGBl. 1993 I 1282; zur Bestätigung der Sitztheorie durch diese Vorschrift s. *Kindler* NJW 1993, 3301 (3304); *Bungert* AG 1995, 489 (490 f.); s. auch Soergel/*Lüderitz* EGBGB Anh. Art. 10 Rn. 7.

[21] Vgl. *Großfeld/Piesbergen* FS Mestmäcker, 1996, 881; *W. H. Roth* in Wouters/Schneider, Current Issues of Cross Bordes Establishment of Companies in the European Union, 1995, 29, 35.

[22] Vgl. zum Aufsichtsrecht *Schuster* in Hirte/Bücker GrenzübGes § 14 Rn. 1 ff.; zum Steuerrecht *Schiessl* in Hirte/Bücker GrenzübGes § 18 Rn. 6 ff.

[23] OLG Köln ZIP 2007, 935 = IPRax 2007, 530 m. Aufs. *Thole* IPRax 2007, 519.

[24] Näher zu Art. 19 Rom I-VO *Mansel* FS Prütting, 2018, 51.

[25] BGHZ 25, 134 (144) = NJW 1957, 1433; s. auch Staudinger/*Großfeld,* 1998, IntGesR Rn. 16, 42 und schon RG JW 1884, 271 Nr. 24.

[26] EuGH ECLI:EU:C:1999:126 Rn. 35 ff. = NJW 1999, 2027 – Centros; ECLI:EU:C:2002:632 Rn. 92 = NJW 2002, 3614 – Überseering; ECLI:EU:C:2003:512 Rn. 135 = NJW 2003, 3331 – Inspire Art; vgl. als Beispiel einstweilen LG München I RIW 2000, 61 (62) = IPRax 2001, 137 mAnm *Thorn* IPRax 2001, 102 = EWiR 2000, 127 m. KurzKomm. *Kowalski;* zu diesem Urteil auch *Borges* NZG 2000, 106 ff.

[27] Zur Identität von Satzungssitz und Gründungsrecht vgl. *Neumayer* ZVglRWiss 83 (1984), 129 (137); *Ebenroth/Eyles* DB-Beil. Heft 2/1988, 13 ff.; *Ebenroth/Eyles* DB 1989, 363 (368).

Wettbewerbern mit einem regelungsärmeren ausländischen Organisationsstatut zu operieren. Zum heutigen Stellenwert der Gründungstheorie und zu den Nachteilen und Gefahren der Scheinauslandsgesellschaften → Rn. 319 ff.

Wenn dem gegenüber in neuerer Zeit für einen generellen Übergang zur Gründungstheorie plädiert wird, damit das deutsche Gesellschaftsrecht im **„Wettbewerb der Rechtsordnungen"** besser bestehe, dann kann hiervor nur **gewarnt** werden.[28] So ist absehbar, dass etwa geringere Gründungskosten vor allem **kapitalschwache Einzelunternehmer (necessity entrepreneurs)** anziehen werden.[29] Die notorische **Frühsterblichkeit** der – unter dem vermeintlichen Wettbewerbsdruck der Limited 2008 eingeführten – „Unternehmergesellschaft (haftungsbeschränkt)" (§ 5a GmbHG)[30] gibt hiervon beredtes Zeugnis ab.[31] Auch der Reformvorschlag des Deutschen Rates für IPR und der Referentenentwurf des BMJ zur Kodifikation des internationalen Gesellschaftsrechts weisen daher nach der hier vertretenen Auffassung (aA → EGBGB Art. 3 Rn. 90) insoweit in die falsche Richtung (näher → Rn. 543 ff.).[32] Jedenfalls im Verhältnis zu Nicht-EU-Staaten kann es einen solchen Wettbewerb schon deshalb nicht geben, weil nur auf EU-Ebene die Möglichkeit besteht, einer Flucht in die laxesten Anforderungen bei der Gesellschaftsgründung („societas shopping")[33] durch Rechtsangleichung entgegen zu wirken.[34] Und nur im Verhältnis zu EU-Staaten kann das **„Informationsmodell"**, auf das der EuGH die Sitztheoriestaaten sowie die Gläubiger und Geschäftspartner EU-ausländischer Briefkastengesellschaften vertröstet,[35] einen begrenzten Ersatz für materielle Schutzlücken bieten.[36] Denn Träger dieses Modells sind die Registerpublizität sowie die Geschäftsbriefpublizität, wie sie Art. 14 ff., 28a ff. GesR-RL vorsehen (→ Rn. 29 ff.). Hinzu kommt, dass nach der Rspr. des EuGH die **Niederlassungsfreiheit** einen **Beitrag zur Errichtung eines gemeinsamen Marktes** leisten soll.[37] Welchen Beitrag hierzu eine Gesellschaft leisten kann, die ihren tatsächlichen Verwaltungssitz im Inland und ihren Satzungssitz in einem ausländischen Drittstaat hat, ist nicht erkennbar,[38] wovon selbst der EU-Gesetzgeber in Erwägungsgrund 36 RL (EU) 2019/2121 ausgeht.[39] Und auch die prozessuale Geltendmachung von Ansprüchen gegenüber 9

[28] Krit. *Roth/Kindler,* The Spirit of Corporate Law, 2013, 3 ff., 18 ff.; zurückhaltend gegenüber der Idee eines Wettbewerbs der Rechtsordnungen/Gesetzgeber auch *Clausnitzer* NZG 2008, 321 f.; *Kieninger* ZEuP 2004, 685 (692 f.); *Kieninger,* Wettbewerb der Privatrechtsordnungen im Europäischen Binnenmarkt, 2002, 177 ff., 184 ff. zu den fehlenden Rahmenbedingungen für einen Wettbewerb des Gesellschaftsrechts in Europa; anders dann aber *Kieninger* RabelsZ 73 (2009), 607 (621 f.) für universale Gründungsanknüpfung; krit. auch *Mankowski* RIW 2004, 481 (486 f.); *Weller,* Europäische Rechtsformwahlfreiheit und Gesellschafterhaftung, 2004, 74 f.; *Forsthoff* in Hirte/Bücker GrenzübGes § 2 Rn. 86; befürwortend demgegenüber BeckOGK/*Großerichter/Zwirlein-Forschner,* 1.12.2021, IPR Internationales Gesellschaftsrecht – Allgemeiner Teil Rn. 104; *Eidenmüller* FS Heldrich, 2005, 581 ff.; *Eidenmüller* in Eidenmüller Ausl. KapGes. § 1 Rn. 10 ff. und schon *Eidenmüller* ZIP 2002, 2233 (2237, 2244); JZ 2003, 526 (528); 2009, 641; *Braun/Eidenmüller/Engert/Hornuf* ZHR 177 (2013), 131 ff.; *Freitag* EuZW 1999, 267 ff.; *van Hulle* EWS 2000, 521 (522 f.); zusammenfassend *Habersack/Verse* EuropGesR § 3 Rn. 31 ff.

[29] *Roth/Kindler,* The Spirit of Corporate Law, 2013, 39 f.; zur Gefahr der Frühsterblichkeit derartiger Unternehmen *Braun/Eidenmüller/Engert/Hornuf* ZHR 177 (2013), 131 (146 f.) bei Fn. 41.

[30] IdF des Gesetzes zur Modernisierung des GmbH-Rechts und zur Bekämpfung von Missbräuchen (MoMiG) vom 23.10.2008, BGBl. 2008 I 2026; krit. zur Einführung der UG unter diesen Vorzeichen *Kindler* FS Buchner, 2009, 426.

[31] *Seebach* RNotZ 2013, 261 (265); aA *Bayer/Hoffmann* NZG 2012, 887.

[32] Insoweit abl. zum Vorschlag des Deutschen Rates daher *Kindler* in Sonnenberger Vorschläge und Berichte 5 = *Sonnenberger/Bauer* RIW-Beil. 4/2006, 1, 2; krit. auch *Altmeppen* GmbHG § 4a Rn. 28; *Roth* FS Westermann, 2008, 1345 (1352); *Schurig* FS Coester-Waltjen, 2015, 745 (750 ff.).

[33] *Hirte* ZInsO 2003, 833 (835).

[34] Grüneberg/*Thorn* EGBGB Anh. Art. 12 Rn. 9; *Ebke* JZ 2003, 927 (930).

[35] EuGH ECLI:EU:C:1999:126 Rn. 36 = NJW 1999, 2027 – Centros; ECLI:EU:C:2003:512 Rn. 135 = NJW 2003, 3331 – Inspire Art; näher dazu *Grundmann* FS Lutter, 2000, 61 ff.; *Grundmann* DStR 2004, 232; *Grundmann* ZIP 2004, 2401 (2406 ff.); *Grohmann* EWS 2007, 540 ff.

[36] Zu der Gefahr, dass dabei zentrale Schutzanliegen des Gesellschaftsrechts auf der Strecke bleiben, vgl. *Ebke* JZ 2003, 927 (930); *Bayer* BB 2003, 2357 (2363 f.); Koch AktG § 1 Rn. 32; *D. Paulus,* Außervertragliche Gesellschafter- und Organwalterhaftung im Lichte des Unionskollisionsrechts, 2013, Rn. 164 ff.; abw. *Kieninger* ZEuP 2004, 685 (703) mit dem überraschenden Argument, dass dies heute schon im Verhältnis zum US-Bundesstaat Delaware sowie zu Liechtenstein hingenommen werde.

[37] EuGH ECLI:EU:C:1979:34 Rn. 18; dazu *Kindler* NZG 2003, 1086 (1088).

[38] So iÜ auch *Kieninger* ZEuP 2004, 685 (692).

[39] Nur wenn „die Gesellschaft den Ort ihrer tatsächlichen Verwaltung oder den Ort ihrer wirtschaftlichen Tätigkeit in dem Mitgliedstaat hat, in dem die Gesellschaft bzw. die Gesellschaften […] registriert werden soll/sollen, so kann die zuständige Behörde dies als Anzeichen dafür ansehen, dass keine Umstände vorliegen, die zu einem Missbrauch oder Betrug führen."

Nicht-EU-ausländischen Gesellschaften sowie deren vollstreckungsrechtliche Durchsetzung sind – anders als innerhalb der EU – kaum rechtlich abgesichert.[40]

10 Die Erstreckung der Gründungsanknüpfung auf Drittstaaten-Gesellschaften ist ferner deshalb abzulehnen, weil seit der Kodifizierung der **Binnenmarktklauseln** im europäischen internationalen Vertrags- und Deliktsrecht (Art. 3 Abs. 4 Rom I-VO; Art. 14 Abs. 3 Rom II-VO) bei Binnenmarktsachverhalten nicht einmal inter partes eine vom zwingenden Unionsprivatrecht abweichende Rechtswahl erlaubt ist. Im internationalen Gesellschaftsrecht – wo naturgemäß sogar Drittinteressen berührt sind – sollte dies erst recht gelten.[41] Schon vor Verabschiedung der genannten Verordnungen hatte der EuGH **zwingendem Richtlinien-Privatrecht** der EU **gegenüber drittstaatlichem Recht Vorrang** einräumt. Vorausgesetzt ist dafür nach der – 2013 vom EuGH bestätigten – **Ingmar-Entscheidung vom 9.11.2000** nur, dass die in Rede stehenden Normen (1) der Niederlassungsfreiheit dienen, sie (2) einen unverfälschten Wettbewerb im Binnenmarkt schützen und (3) der Sachverhalt einen starken EU-Bezug aufweist.[42] Dass (1) das Richtlinien-Gesellschaftsrecht der EU (→ Rn. 28 ff.) der Niederlassungsfreiheit dient, ergibt sich schon aus dessen Ermächtigungsgrundlage in Art. 50 Abs. 2 lit. g AEUV. Dass (2) die gesellschaftsrechtlichen Richtlinien zur Wettbewerbsgleichheit der Unternehmen in der EU beitragen sollen, war und ist einer der Grundgedanken der Rechtsangleichung auf diesem Gebiet überhaupt.[43] Und dass (3) bei tatsächlichem Verwaltungssitz der Gesellschaft in einem EU-Mitgliedstaat ein starker Unionsbezug gegeben ist, zeigt schon die Verwendung der Hauptverwaltung der Gesellschaft als Anknüpfungsmerkmal in Art. 54 Abs. 1 AEUV. In derartigen Situationen – also zB bei einer nach dem Recht von Sambia gegründeten Gesellschaft mit Hauptverwaltung in Deutschland –[44] erscheint es im Interesse der Rechtsanwendung nicht sinnvoll, grundsätzlich das drittstaatliche Gesellschaftsrecht anzuwenden, für die zahlreichen durch das Europäische Richtlinienrecht zwingend geregelten Fragen aber – wegen der Ingmar-Entscheidung des EuGH – auf die nationalen Durchführungsbestimmungen hierzu (welche?) abzustellen.[45] Mit Blick auf die Begründung zur SE-VO (→ Rn. 42 ff.) dürfte ein hier relevanter Unionsbezug sogar schon bei Vorhandensein einer Niederlassung in einem Mitgliedstaat gegeben sein, von wo aus die Gesellschaft ihre Geschäfte betreibt (ohne dass es sich dabei um die Hauptniederlassung handeln müsste);vgl. Erwägungsgrund 23 SE-VO betr. die SE-Beteiligungsfähigkeit von Gesellschaften ohne Hauptverwaltung in der EU. Insgesamt sprechen mithin, jedenfalls **de lege lata,** die besseren Gründe dafür, nicht durch Einführung einer Gründungsanknüpfung auch für den außereuropäischen Raum in einen globalen Wettbewerb der Gesellschaftsrechte einzutreten.[46] Europarechtlich ist Derartiges nicht gefordert. Der Florida-Entscheidung des BGH vom 29.1.2003, die diese Position auch nach Überseering[47] bestätigt,[48] ist daher in diesem Punkt mit Nachdruck beizupflichten.[49] Auf einem anderen Blatt steht, wie durch eine Umgestaltung des *Sachrechts* – insbesondere der GmbH – die Attraktivität des deutschen Gesellschaftsrechts für ausländische Investoren gesteigert

---

[40] So zutr. *Weller,* Europäische Rechtsformwahlfreiheit und Gesellschafterhaftung, 2004, 74 f. m. Hinweis auf Brüssel I-VO, Zustellungs-VO, Beweisaufnahme-VO und EuInsVO; *v. Halen,* Das Gesellschaftsstatut nach der Centros-Entscheidung des EuGH, 2001, 278; zu theoretisch *Kieninger* RabelsZ 73 (2009), 607 (623 f.), die die Schwierigkeiten des Gläubigers bei der Widerlegung der von der Rspr. angenommenen Verwaltungssitzbelegenheit am Satzungssitz (→ Rn. 474 ff.) unterschätzt, vgl. nur OLG Köln IPRax 2007, 530 = ZIP 2007, 935; dazu *Thole* IPRax 2007, 519.

[41] *Kindler* IPRax 2009, 189 (190).

[42] EuGH ECLI:EU:C:2000:605 Rn. 24, 25 = NJW 2001, 2007 – Ingmar GB = BB 2001, 9 mAnm *Kindler* = IPRax 2001, 225 mAnm *Jayme* IPRax 2001, 190; zu den – weit über das Vertragsrecht hinausführenden – Konsequenzen auch *Wendehorst* in Langenbucher, Europarechtliche Bezüge des Privatrechts, 2. Aufl. 2008, § 7 Rn. 43; *Kindler* IPRax 2009, 189 (190); *Clausnitzer* NZG 2008, 321 (322); andere Einschätzung des Urteils bei *Kieninger* RabelsZ 73 (2009), 607 (623); Bestätigung durch EuGH EuZW 2013, 956 Rn. 37 ff. – Unamar; dazu *Mankowski* EWiR 2014, 11.

[43] *Timmermans* RabelsZ 48 (1984), 1 (14); *Schwartz* FS Hallstein, 1966, 474 (478 ff.); *Habersack/Verse* EuropGesR § 3 Rn. 31.

[44] Fallgestaltung in BayObLG DB 2003, 819 = RIW 2003, 387; ferner BGH ZIP 2009, 2385 – Singapur.

[45] So iErg zB auch *Mankowski* RIW 2004, 481 (484) m. Fn. 64.

[46] *Kindler* IPRax 2009, 189 (190); *Kindler* Die AG 2007, 721 (726); *Clausnitzer* NZG 2008, 321 f.; wie hier ferner *Mankowski* RIW 2004, 481 (484) m. Fn. 64; *Ebke* JZ 2003, 927 (930); *Bayer* JZ 2003, 927 (930); *Bayer* BB 2003, 2357 (2364); *Kindler* NJW 2003, 1073 (1079); *Großerichter* DStR 2003, 159 (168); *Weller,* Europäische Rechtsformwahlfreiheit und Gesellschafterhaftung, 2004, 73 ff.; *Kieninger* ZEuP 2004, 685 (702 f.); *Eidenmüller* JZ 2003, 526 (528); *Leible/Hoffmann* RIW 2002, 925 (935 f.); *Behrens* IPRax 2003, 193 (206).

[47] EuGH ECLI:EU:C:2002:632 = NJW 2002, 3614 – Überseering.

[48] BGHZ 153, 353 (355) = NJW 2003, 1607 = BB 2003, 810 mAnm *Kindler;* nachfolgend auch BGH NZG 2004, 1001 = RIW 2004, 787 m. Aufs. *Ebke* RIW 2004, 740 = BB 2004, 1868 mAnm *Mellert.*

[49] Vgl. auch die gleichlautende OLG-Rspr. seit 2002, → Rn. 5.

werden kann,[50] desgleichen, wie **de lege ferenda** bei einer künftigen gesetzlichen Regelung des IPR zu verfahren ist (→ EGBGB Art. 3 Rn. 123).[51]

Durch verschiedene Korrektive, Einschränkungen und Modifikationen der Gründungstheorie sollen die **Schutzdefizite und Wettbewerbsverzerrungen** vermieden werden, die mit dieser Anknüpfungsregel einhergehen (→ Rn. 378 ff., → Rn. 390 ff.). Dagegen will die Sitztheorie die Flucht in laxere Gesellschaftsstatute[52] und Eingriffe ausländischer Unternehmen in die inländische Arbeits-, Wirtschafts- und Sozialstruktur von vornherein verhindern, indem sie neben dem subjektiven Anknüpfungsmerkmal der Gründung zusätzlich an den effektiven Verwaltungssitz anknüpft und damit an die Gesellschaft die Forderung stellt, ihren Sitz im Gründungsland zu nehmen und zu behalten.[53] 11

Die **Entscheidung zwischen Sitz- und Gründungstheorie** hängt von komplexen, nationalen wie internationalen **wirtschafts- und ordnungspolitischen Wertungen** ab.[54] Bestehen schon im nationalen Bereich Schwierigkeiten, die wirtschaftliche Macht von Großunternehmen zu kontrollieren, so vervielfachen sich diese Probleme im internationalen Rahmen, wo durch gezielte Beeinflussung der Anknüpfungstatsachen (effektiver Verwaltungssitz, Gründungsort und -recht, Satzungssitz usw) lästige Regelungen vermieden werden können. Aus der Sicht des Gesetzgebers stellt sich die Frage, wieviel Gestaltungsautonomie das internationale Gesellschaftsrecht gewähren soll; hier liegt der Bezug zum Kontrollkonzept. In Abkehr von der Sitztheorie wäre es theoretisch nämlich durchaus denkbar, die freie autonome Gestaltung im internationalen Gesellschaftsrecht mit einer extensiven **fremdenrechtlichen** Zulassungs-, Genehmigungs- und **Aufsichtspraxis** zu verbinden.[55] So steht etwa die kollisionsrechtlich liberale Haltung des englischen Rechts (Gründungstheorie) einer Sitzverlegung ins Ausland nicht entgegen, wohl aber unter Umständen das Erfordernis einer öffentlich-rechtlichen Zustimmung.[56] Dies zeigt, dass internationales Gesellschaftsrecht und Fremdenrecht in der Wirkungsweise eng zusammenhängen.[57] 12

In der EU bestehen insoweit freilich nur eingeschränkt rechtspolitische Spielräume. Fremdenrecht und internationales Gesellschaftsrecht (Letzteres gemeinsam mit dem hierdurch zur Anwendung berufenen inländischen Vorschriften) sind hier wegen Art. 54 AEUV weitgehend gleich zu werten. 13

---

50 Inwieweit dies dem Gesetzgeber durch das MoMiG geglückt ist, erscheint zweifelhaft, *Kindler* FS Buchner, 2009, 426 ff.; *Kindler* NJW 2008, 3249 ff.

51 Vgl. *Behrens* IPRax 2003, 193 (207); *Mankowski* RIW 2004, 481 (486 f.); *Eidenmüller* in Eidenmüller Ausl. KapGes. § 1 Rn. 24 ff.; dies wäre allerdings Aufgabe des Gesetzgebers, rechtsstaatlich bedenklich daher OLG Rostock OLG-NL 2004, 28 (29 f.): laxere Handhabung der Kapitalaufbringungsregeln des GmbH-Rechts mit Blick auf „Überseering" (Inlandssachverhalt).

52 Der Ausdruck „race of laxity" geht auf Justice Brandeis in seiner dissenting opinion in Ligget Co. vs. Lee, 288 US 517 (548) zurück; s. auch *Merkt* RabelsZ 59 (1995), 545 (549 ff.) zum Deregulierungswettrennen der amerikanischen Bundesstaaten auf dem Gebiet des Gesellschaftsrechts; *Solomon/Palmiter,* Corporations, 1994, 332 ff.

53 Vgl. *Ebenroth,* Die verdeckten Vermögenszuwendungen im transnationalen Unternehmen, 1979, 368; *Rabel* IPR II 38: „The requirement of domicil is additional to that of incorporation and does not by any means replace it".

54 Vgl. *Ebenroth,* Die verdeckten Vermögenszuwendungen im transnationalen Unternehmen, 1979, 375; *Ebenroth,* Konzernkollisionsrecht im Wandel außenwirtschaftlicher Ziele, 1978, 26 ff.; *Großfeld,* Internationales und Europäisches Unternehmensrecht, 2. Aufl. 1995, D § 1.

55 Vgl. zB die früheren britischen Kolonien, die im Anschluss an ihr früheres Mutterland die Gründungstheorie vertreten, dafür aber exzessive fremdenrechtliche Kontrollen für ausländische Wirtschaftsunternehmen vorsehen. Zu den Einzelheiten hoheitlicher Befugnisse im englischen Gesellschaftsrecht vgl. *H. Richter,* Die Rechtsstellung ausländischer Kapitalgesellschaften in England, 1980, 147 ff.; *Pennington/Gansen,* Die Gründung einer Tochtergesellschaft in Großbritannien, in Lutter, Die Gründung einer Tochtergesellschaft im Ausland, 3. Aufl. 1995, 281, 283 f.; *Hahn/Svoboda* GmbHR 1984, 85; *Höfling,* Das englische internationale Gesellschaftsrecht, 2002, 167 ff.; *Rehm* in Eidenmüller Ausl. KapGes. § 10 Rn. 72 ff. Zu den Korrekturen der Gründungstheorie nach US-amerikanischem Recht vgl. *Ebenroth/Einsele* ZVglRWiss 87 (1988), 217; für einen umfassenden Überblick über das US-amerikanische Fremdenrecht für Kapitalgesellschaften *Bungert,* Das Recht ausländischer Kapitalgesellschaften auf Gleichbehandlung im deutschen und US-amerikanischen Recht, 1994, 89 ff.; *Kieninger,* Wettbewerb der Privatrechtsordnungen im Europäischen Binnenmarkt, 2002, 109 ff. zu outreach statutes sowie qualification statutes; zum englischen Recht *Ebenroth/Eyles* DB 1990, 413 (416 ff.); zum schweiz. Recht vgl. *Ebenroth/Messer* ZSchweizR 108 (1989), II, 49, 74 ff.

56 Vgl. EuGH ECLI:EU:C:1988:456 Rn. 3, 5 = NJW 1989, 2186 – Daily Mail; zur Zustimmung als „minus" gegenüber einer rigiden Sitzanknüpfung *Sack,* Diskussionsbeitrag, in v. Bar, Europäisches Gemeinschaftsrecht und Internationales Privatrecht, 1991, 208.

57 Das kann so weit führen, dass in Staatshandelsländern mit zugelassener Beteiligung von Ausländern an Gemeinschaftsunternehmen das Fremdenrecht die wirtschaftliche Betätigung allein regelt, weil das Gesellschaftsrecht keine autonome Gestaltung zulässt.

Die Vorschrift stellt hinsichtlich der **Niederlassungsfreiheit** die nach dem Recht eines Mitgliedstaates gegründeten Gesellschaften mit Sitz in der Gemeinschaft natürlichen Personen gleich, die Angehörige eines Mitgliedstaates (Art. 20 AEUV) sind. Daraus folgte schon seit jeher, dass der Niederlassung und auch der Sitzverlegung ausländischer juristischer Personen **keine fremdenrechtlichen Genehmigungserfordernisse** im Inland etwa zur Aufnahme eines Gewerbes **entgegengehalten** werden (allgemein zum Verhältnis des EU-Rechts zum IntGesR → Rn. 28 ff., → Rn. 67 ff.; → EGBGB Art. 3 Rn. 90 ff.).[58] Damit geht das herrschende Verständnis der EuGH-Rspr. seit 1999[59] einher, wonach die Niederlassungsfreiheit in bestimmten Grenzen als **Freiheit für den Import ausländischer Gesellschaftsformen ins Inland** zu deuten ist.[60]

14 Die Gestaltungsautonomie im internationalen Gesellschaftsrecht wird auch von den **unterschiedlichen Interessen einzelner Staaten** bestimmt. So verordnen Staaten, die ausländisches Kapital anziehen wollen, nicht nur laxe Devisenkontrollen, sondern folgen der Gründungstheorie, um den Bestand ihrer steuerbegünstigten Holding- und Domizilgesellschaften nicht zu gefährden; dahinter steht etwa das Interesse an der Vereinnahmung von **Gründungsgebühren** (incorporation fees) und periodischen **Konzessionssteuern** (franchise taxes).[61] Hinzu kommen **Standesinteressen** der im Gesellschaftsrecht spezialisierten Berater in diesen Staaten.[62] Eine rechtsvergleichende Bewertung der verschiedenen Anknüpfungstheorien muss den jeweils zu Grunde liegenden politischen Zielsetzungen Rechnung tragen; die Gründungstheorie verliert bei näherer Betrachtung dann viel von ihrem liberalen Glanz.

III. Internationales Unternehmensrecht und IPR

15 **1. Begriffsvielfalt.** Für die Kontrolle wirtschaftlicher Macht von Großunternehmen ist national und international vorgeschlagen worden, das Gesellschafts- zu einem Unternehmensrecht[63] weiterzuentwickeln. In Deutschland erörterte die am 9.5.1972 konstituierte Unternehmensrechtskommission in ihrem am 18.12.1979 überreichten Bericht neben dem **Konzernrecht** und der **Publizität** die **Unternehmensverfassung,**[64] ohne freilich zu einer einheitlichen Gewichtung und Bewertung des Verhandlungsgegenstands zu gelangen.

16 Über die drei genannten Einzelthemen hinaus, die in der rechtspolitischen Diskussion im Vordergrund standen, kann das Unternehmensrecht als wissenschaftliche Kategorie nahezu sämtliche Rechtsgebiete umfassen, die mit dem Betrieb eines Unternehmens zusammenhängen. Nach *Lutter*[65] zählen zum (Europäischen) Unternehmensrecht die folgenden Sachbereiche: das Gesellschaftsrecht im engeren Sinne, die Anerkennung von Gesellschaften ausländischen Rechts, das Niederlassungsrecht des AEUV, die supranationalen Gesellschaftsformen, Arbeitnehmerbelange und Mitbestimmung, Sicherung des Wettbewerbs (insbesondere durch Fusionskontrolle), Sonderfragen der Kreditinstitute und anderer Finanzinstitute, Börse und Börsenzulassung, die Besteuerung von Unternehmen. Noch weiter geht *Großfeld.*[66] Über die von *Lutter* angesprochenen

---

58 Vgl. dazu ECLI:EU:C:1986:308 Rn. 12 = NJW 1987, 571 – Segers; ECLI:EU:C:1988:456 – Daily Mail; ECLI:EU:C:1990:257 = NJW 1991, 2221 – Factortame I; ECLI:EU:C:1991:320 = EuZW 1991, 764 – Factortame II; Slg. 1990, I-4585 – Factortame III; näher zu den Factortame-Entscheidungen des EuGH s. *Klinke* ZGR 1993, 1 (16 ff.).

59 EuGH ECLI:EU:C:1999:126 = NJW 1999, 2027 – Centros; ECLI:EU:C:2002:632 = NJW 2002, 3614 – Überseering; ECLI:EU:C:2003:512 = NJW 2003, 3331 – Inspire Art.

60 Besonders deutlich BGHZ 154, 185 (189 f.) = NJW 2003, 1461 – Überseering; BGH RIW 2004, 935 (937) sub A I 3 = NJW 2004, 3706 – British Virgin Islands.

61 Beides zusammengenommen macht etwa im US-Bundesstaat Delaware im langjährigen Durchschnitt über 15% der gesamten Staatseinnahmen aus! Dazu *Merkt* RabelsZ 59 (1995), 545 (553); in dieses Bild passt die Präambel eines Gesetzes des US-Bundesstaats Delaware vom 31.12.1963: „Das günstige Klima, das Delaware traditionell für Gesellschaften geschaffen hat, ist eine wesentliche Einkommensquelle für den Staat …", Kap. 218 (1963), 54 Delaware Law 724; dazu *Großfeld,* Internationales und Europäisches Unternehmensrecht, 2. Aufl. 1995, D § 1 III 2; ferner *v. Halen,* Das Gesellschaftsstatut nach der Centros-Entscheidung des EuGH, 2001, 278; *Kieninger,* Wettbewerb der Privatrechtsordnungen im Europäischen Binnenmarkt, 2002, 177 f.; *Weller,* Europäische Rechtsformwahlfreiheit und Gesellschafterhaftung, 2004, 74.

62 *Merkt* RabelsZ 59 (1995), 545 (554); *Kieninger,* Wettbewerb der Privatrechtsordnungen im Europäischen Binnenmarkt, 2002, 179 ff.

63 Die Lit. zum Unternehmensrecht und zur Unternehmensordnung ist unübersehbar geworden; vgl. dazu nur *Raiser/Veil,* Recht der Kapitalgesellschaften, 6. Aufl. 2015, § 6 mwN.

64 BMJ, Bericht über die Verhandlung der Unternehmensrechtskommission, 1980, 100 ff.; vgl. auch *Kirchner* Ökonomische Analyse des Unternehmensrechts. Ein Forschungsansatz, in Boettcher/Herder-Dorneich/Schenk/Schmidtchen, Ökonomische Systeme und ihre Dynamik, 1992, 137, 145.

65 *Lutter,* Europäisches Unternehmensrecht, 4. Aufl. 1996, 4.

66 *Großfeld,* Internationales und Europäisches Unternehmensrecht, 2. Aufl. 1995.

Gebiete hinaus bezieht er etwa völkerrechtliche Fragen, Probleme der Unternehmensbewertung, das (kollektive und individuelle) Arbeitsrecht, das Verfahrensrecht (einschließlich Schiedsverfahrensrecht), sämtliche Eingriffsnormen (→ Einl. IPR Rn. 307 ff. und für das Schuldvertragsrecht Art. 9 Rom I-VO), Marktregelungen (Zulassung zum Gewerbebetrieb, Außenwirtschaftsrecht), das Währungsrecht, Insolvenzrecht, Enteignungsrecht und Grundrechtsschutz, Recht der Auslandsinvestitionen und internationale Standards (Verhaltenskodizes) in seine Darstellung des Unternehmensrechts ein.

Andere bevorzugen eine engere Umschreibung. So besteht nach *Herdegen*[67] das internationale Unternehmensrecht aus den Teilgebieten internationales Gesellschaftsrecht, internationales Wettbewerbsrecht, internationales Insolvenzrecht und internationales Steuerrecht. Noch enger ist der Unternehmensrechtsbegriff von *Zimmer,* der nur solche Normen unternehmensrechtlich qualifiziert, „die die Privatautonomie der Eigentümer und der von ihnen eingesetzten Geschäftsführer zu Gunsten solcher Anliegen beschränken, die außerhalb des klassischen gesellschaftsrechtlichen Beziehungsdreiecks (Gesellschafter/Verwaltung/Gläubiger) stehen".[68] Das Gesellschaftsrecht (einschließlich Konzernrecht) ist nach dieser Systematisierung nicht Teil des Unternehmensrechts. Unternehmensrechtlich sollen Fragen der Publizität der Rechnungslegung und die arbeitnehmerische Unternehmensmitbestimmung zu qualifizieren sein.[69] 17

2. Kollisionsrechtliche Bedeutung des Begriffes „Internationales Unternehmensrecht". Weit verstanden ist das Unternehmensrecht als Anknüpfungsgegenstand für das IPR ungeeignet, da sich die räumliche Geltung der aufgeführten Normbereiche herkömmlicherweise aus ganz unterschiedlichen Anknüpfungspunkten ergibt.[70] Zum Teil handelt es sich hierbei nicht einmal um Vorschriften privatrechtlicher Natur.[71] Anknüpfungsgegenstand des internationalen Gesellschaftsrechts als Teil des IPR sind indessen allein die „Rechtsverhältnisse der Gesellschaft", genauer: alle als gesellschaftsrechtlich zu qualifizierenden Rechtsfragen.[72] 18

Ob die anzuknüpfende Rechtsfrage dem „Unternehmensrecht" in dem einen oder anderen Sinne zuzuordnen ist, ergibt für ihre kollisionsrechtliche Behandlung nichts, weil es an einer einheitlichen Kollisionsnorm für das „Unternehmensrecht" fehlt. Es hat sich bislang kein „internationales Unternehmensrecht" als kollisionsrechtliche Ergänzung des – ohnehin diffusen – sachrechtlichen Unternehmensrechts herausgebildet. Eindrucksvoll zeigt dies bereits die von einem engen Unternehmensrechtsbegriff ausgehende Untersuchung von *Zimmer.*[73] Diesem Autor geht es unter anderem darum, das Verhältnis des Gesellschaftskollisionsrechts zum internationalen Kapitalmarktrecht und zum internationalen Unternehmensrecht neu zu bestimmen.[74] Für die von ihm dem internationalen Unternehmensrecht[75] zugewiesenen Gebiete der Unternehmensmitbestimmung und der Rechnungslegung sowie Registerpublizität gelangt er zu insgesamt vier verschiedenen Anknüpfungspunkten.[76] Von einem internationalen Unternehmensrecht als Rechtsanwendungsrecht für unternehmensrechtliche Normen kann daher mangels einer einheitlichen Anknüpfungsregel als verbindendes Merkmal noch nicht gesprochen werden. Zur Veranschaulichung mag der Begriff Verwendung finden. 19

3. Recht der internationalen Unternehmen. Zu eigenständigen Rechtsregeln führen weiterhin auch nicht die Versuche, die besondere rechtliche Stellung grenzüberschreitend strukturierter Unternehmen herauszuarbeiten. Es handelt sich dabei um Unternehmen mit mehreren betrieblichen 20

---

67 *Herdegen,* Internationales Wirtschaftsrecht, 12. Aufl. 2020, §§ 16–19.

68 *Zimmer* IntGesR 132, 136; ähnlich *Raiser/Veil,* Recht der Kapitalgesellschaften, 6. Aufl. 2015, § 6 Rn. 3: „Relativierung der Eigentümerherrschaft".

69 *Zimmer* IntGesR 136.

70 Ebenso Staudinger/*Großfeld,* 1998, IntGesR Rn. 9; stark diff. auch *Vischer* FS F. A. Mann, 1977, 639 (647 ff.).

71 Insoweit zutr. *Behrens* RabelsZ 52 (1988), 498 (514), der die iprechtliche Diskussion von „kollisionsrechtlichen Problemen wirtschaftsrechtlicher Materien" entlasten will.

72 Vgl. BGH NJW 1996, 54 (55): „falls (sich) ergeben sollte, dass die Vereinbarung der Parteien gesellschaftsrechtlich zu qualifizieren ist, bestimmt sich das anwendbare Recht (…) nach dem internationalen Gesellschaftsrecht"; vgl. auch BGH NJW 1995, 1032; BGHZ 78, 318 (334) = NJW 1981, 522.

73 *Zimmer* IntGesR, 1996.

74 *Zimmer* IntGesR 27 ff., 31 f. zur Qualifikation.

75 *Zimmer* IntGesR 131 ff.

76 Für die unternehmerische Mitbestimmung zum Arbeitsort (*Zimmer* IntGesR 190), für allgemeine, nicht kapitalmarkt- oder zulassungsgebundene Rechnungslegungsvorschriften zum Gesellschaftsstatut (*Zimmer* IntGesR 179 ff.), für kapitalmarktrechtliche Pflichten zur laufenden Veröffentlichung von Rechnungsunterlagen zum Börsenort (*Zimmer* IntGesR 183), für niederlassungsgebundene Publizitätspflichten (zB § 325a HGB) zum tatsächlichen Inlandssitz eines Unternehmens, sei er Verwaltungssitz oder Zweigniederlassung (*Zimmer* IntGesR 184 ff.).

Einheiten in verschiedenen Staaten.[77] Auch hier ist kein eigenes Rechtsgebiet im Entstehen begriffen, sondern derart gestaltete Unternehmen sind lediglich der „Sachverhalt" *(Koppensteiner)*,[78] der aus der Sicht des Gesellschaftsrechts und des IPR zu würdigen ist. Meist bedeutet der Begriff internationales (multinationales, transnationales) Unternehmen in diesem Zusammenhang, dass grenzüberschreitende Gesellschaftsbeteiligungen vorliegen; man kann dann auch von einem **internationalen Konzern** sprechen.[79]

21 Diese Erscheinung weist zunächst einige **gesellschaftskollisionsrechtliche Besonderheiten** auf, die aber nicht hier – bei der Darstellung der „Nachbargebiete" des internationalen Gesellschaftsrechts – zu behandeln sind, sondern als zentraler Bestandteil des internationalen Gesellschaftsrechts selbst (→ Rn. 660 ff.).[80] Darüber hinaus ergeben sich für internationale Konzerne aber auch einige **sachrechtliche Besonderheiten,** zB das Problem der Zulassung grenzüberschreitender Unternehmensverträge (→ Rn. 672 ff.), die sich aber noch nicht zu einem eigenen Rechtsgebiet verselbstständigt haben.[81]

IV. Internationales Kapitalmarktrecht

Schrifttum: ausführlich s. IntFinMarktR; *Ahrens,* Wer haftet statt der zusammengebrochenen Abschreibungsgesellschaft? – Zur Sachwalterhaftung im Kollisionsrecht, IPRax 1986, 355; Assmann/Schütze/Bück-Heeb (Hrsg.), Handbuch des Kapitalanlagerechts, 5. Aufl. 2020; *Einsele,* Kapitalmarktrechtliche Eingriffsnormen – Bedarf die Rom I-Verordnung einer Sonderregel für harmonisiertes europäisches Recht?, IPRax 2012, 481; *Einsele,* Kapitalmarktrecht und Internationales Privatrecht, RabelsZ 81 (2017), 781; *Engel,* Internationales Kapitalmarktdeliktsrecht, 2019; *Fontana,* Finanzmarktdelikte im internationalen Verfahrensrecht. Ist der Handlungsort der bessere Erfolgsort?, RIW 2021, 285; *v. Hein,* Zur Kodifikation des europäischen Übernahmekollisionsrechts, ZGR 2005, 528; *v. Hein,* Internationale Zuständigkeit und anwendbares Recht bei grenzüberschreitendem Kapitalanlagebetrug, IPRax 2006, 460; *M. Lehmann,* Vorschlag für eine Reform der Rom II-Verordnung im Bereich der Finanzmarktdelikte, IPRax 2012, 399; *Veil* (Hrsg.), Europäisches und deutsches Kapitalmarktrecht, 3. Aufl. 2022.

22 **1. Begriff.** Zum Internationalen Kapitalmarktrecht in erster Linie → IntFinMarktR Rn. 1 ff., → IntFinMarktR Rn. 28 ff. An dieser Stelle ist nur auf gewisse Berührungspunkte des Kapitalmarktrechts mit dem Gesellschaftsrecht einzugehen. Das Kapitalmarktrecht, geregelt vor allem im BörsG und WpHG, umfasst die Funktionsbedingungen und Regulative des Marktes, auf dem Kapitalanlagen unter anderem in Form von Gesellschaftsbeteiligungen angeboten werden.[82] Dies bedingt eine rege **Wechselwirkung mit dem Gesellschaftsrecht,** namentlich bei folgenden Fragen:[83]

- ob neben Aktien auch sonstige Mitgliedschaftsrechte (etwa GmbH- oder KG-Beteiligungen) an der Börse gehandelt werden können,[84]
- ob und welche neuen Finanzierungsinstrumente für Kapitalgesellschaften das Recht bereitstellen soll,[85]
- ob die klassischen Schutzaufgaben des Gesellschaftsrechts – zB Anlegerschutz, Minderheitenschutz, Schutz gegen feindliche Übernahmen – kapitalmarktrechtlich zu bewältigen sind.

23 In der Rechtsanwendung knüpft das Kapitalmarktrecht häufig an **gesellschaftsrechtliche Voraustatbestände** an, zB wenn für die Mitteilungspflichten nach § 33 WpHG (früher §§ 21 ff. WpHG aF)[86] auf die gesellschaftsrechtlichen Beteiligungsverhältnisse abgestellt wird oder wenn die Übernahme-RL das Pflichtangebot an den gesellschaftsrechtlichen „Kontrollerwerb" bindet (Art. 5 Übernahme-RL).[87] Für Gesellschaften, die an einer Börse außerhalb ihres Sitz- oder Gründungsstaates notiert sind, ist in solchen Konstellationen fraglich, inwieweit das dortige Kapitalmarktrecht das Gesellschaftsstatut verdrängt.[88]

---

77 *Koppensteiner,* Internationale Unternehmen im deutschen Gesellschaftsrecht, 1971, 32.

78 *Koppensteiner,* Internationale Unternehmen im deutschen Gesellschaftsrecht, 1971, 29 ff.; ähnlich *Großfeld* ZGR 1987, 504 (520): „ohne eigenständige Rechtsform".

79 *Sandrock* BerGesVR 18 (1978), 169 (174 ff.).

80 Zur Einordnung des Konzernkollisionsrechts als Teilgebiet des internationalen Gesellschaftsrechts s. auch *Zimmer* IntGesR 136.

81 Vgl. *Koppensteiner,* Internationale Unternehmen im deutschen Gesellschaftsrecht, 1971, 189 ff.

82 Für Kapitalanlagen in anderer Form vgl. *Veil* in Veil Kapitalmarktrecht § 8 S. 121 ff.

83 Vgl. *Veil* in Veil Kapitalmarktrecht § 6 Rn. 13 ff.; ferner schon *Wiedemann* BB 1975, 1591 (1596 ff.); *Hopt* ZHR 141 (1977), 389 ff.; *Schwark* FS Stimpel, 1985, 1087; *Lutter* FS Zöllner, 1998, 363.

84 Hierzu GroßkommAktG/*Assmann* AktG Einl. Rn. 493 ff.; *K. Schmidt* JZ 1994, 771.

85 Überblick bei *Zimmer* IntGesR 106 ff.; GroßkommAktG/*Assmann* AktG Einl. Rn. 470 ff.

86 Erl. bei MüKoAktG/*Bayer* WpHG § 33 Rn. 1 ff.; *Veil* in Veil Kapitalmarktrecht § 20 Rn. 24 ff.

87 Hierzu *Kindler/Horstmann* DStR 2004, 866.

88 Vgl. OLG Celle WM 1992, 1703 (1706) = WuB II A. § 124 AktG Nr. 1.93 mAnm *Werner* = IPRspr. 1992 Nr. 25: US-amerikanisches Anlegerschutzrecht kein Gesetz iSd § 243 Abs. 1 AktG.

24 Ein besonders eindringliches Beispiel für grenzüberschreitende **Eingriffe in Verfassung und Struktur der gelisteten Gesellschaften** bietet das US-amerikanische Kapitalmarktrecht, wenn es etwa unabhängig vom Gesellschaftsstatut und neben diesem von ausländischen Gesellschaften Jahresabschlüsse nach US-amerikanischen Rechnungslegungsgrundsätzen, die angemessene Gewährung von Stimmrechten an die Aktionäre, eine Kontrolle des Aktienkaufs durch die Verwaltung und dgl. mehr verlangt.[89] Vorläufiger Schlusspunkt der expansiven Tendenz des US-amerikanischen Kapitalmarktrechts ist der **Sarbanes-Oxley-Act** vom 30.7.2002. Danach besteht für Gesellschaften mit Börsennotierung in den USA die Pflicht zur Einrichtung eines Prüfungsausschusses beim Aufsichtsrat[90] (→ Rn. 308).

25 Dennoch sind die **Regelungsziele** beider Rechtsmaterien **verschieden.** Das Gesellschaftsrecht bezweckt den Interessenausgleich im „Beziehungsdreieck" Gesellschafter/Verwaltung/Gläubiger sowie teilweise auch innerhalb dieser Gruppierungen.[91] Das Kapitalmarktrecht will demgegenüber in erster Linie die Funktionsfähigkeit des Kapitalmarkts gewährleisten (näher → IntFinMarktR Rn. 13 ff.).[92] Der Individualschutz von Anlegern ist hierfür – neben hoheitlichen Sanktionen, Strafen, Zwangsgeldern (vgl. Art. 15 MAR; früher § 20a WpHG,[93] §§ 38 f. WpHG, § 264a StGB usw) und dergleichen – nur *ein* Instrument. Dies zeigt sich schon daran, dass der Verstoß gegen Kapitalmarktrecht nicht in jedem Fall zivilrechtlich sanktioniert ist.[94] Die EU-Kommission hat 2020 einen umfassenden **Aktionsplan für eine Kapitalmarktunion** veröffentlicht.[95]

26 **2. Kapitalmarktkollisions- und Verfahrensrecht.** Ein **Kapitalmarktkollisionsrecht** muss **unabhängig vom Gesellschaftskollisionsrecht** diesem Regelungsziel Rechnung zu tragen. Zu welchen Anknüpfungspunkten dies führt, ist allerdings weithin umstritten. Eine einheitliche kapitalmarktrechtliche Kollisionsnorm gibt es bislang nicht und es kann sie angesichts der unterschiedlichen Regelungsbereiche dieses Rechtsgebiets auch nicht geben.[96] Zu erwägen ist allerdings eine einheitliche Kollisionsnorm wenigstens für die außervertragliche (deliktische) Haftung bei unerlaubten Handlungen auf dem Finanzmarkt, wie sie der Deutsche Rat für IPR vorgeschlagen hat.[97] Auch das Emittentenstatut kann in Betracht kommen, etwa für Schadensersatzansprüche wegen unterlassener Ad-hoc-Mitteilungen (Art. 4 Abs. 3 Rom II-VO).[98] Eine bereichsspezifische **Kollisionsnorm für institutionelle Anleger und Vermögensverwalter** findet sich in § 134a Abs. 2 AktG, die auf den aufsichtsrechtlichen Zugriff der BRepD abstellt.[99] Das zwingende **Bezugsrecht** nach § 186 AktG findet kraft **kapitalmarktrechtlicher Qualifikation** auch bei einer Auslandsgesellschaft mit inländischem Verwaltungssitz Anwendung.[100] Im Übrigen finden sich nur vereinzelt in den Vorschriften Anhaltspunkte zur Bestimmung von deren internationalem Anwendungsbereich. Wegen aller Einzelheiten ist auf die im **Abschnitt IntFinMarktR** für die Zulassung von Wertpapieren zum Handel,

---

89 Vgl. *Baums* FS Raisch, 1995, 211 (212 f.); zu Entwicklungstendenzen bei Auslandsnotierungen deutscher Gesellschaften *Schiereck* AG 1997, 362 ff.

90 Dazu *Buxbaum* IPRax 2003, 78 ff.; *Kamann/Simpkins* RIW 2003, 183 ff.; *Kersting* ZIP 2003, 233 (236); *Kersting* ZIP 2003, 2010 ff.; ferner *Altmeppen* ZGR 2004, 390 ff.; *A. Schäfer* ZGR 2004, 416 ff.

91 Vgl. *Zimmer* IntGesR 132.

92 Vgl. *Assmann* in Assmann/Schütze KapitalanlageR-HdB § 1 Rn. 22 ff.

93 Zur Ersetzung des § 88 BörsG aF durch § 20a WpHG aF mit dem Vierten Finanzmarktförderungsgesetz vom 21.6.2002 (BGBl. 2002 I 2010) s. *Fleischer* NJW 2002, 2977 (2978 f.); zur späteren Kodifikation der Kursmanipulation in Art. 15 MAR *Weber* NJW 2017, 991 (994).

94 *Mülbert,* Aktiengesellschaft, Unternehmensgruppe und Kapitalmarkt, 2. Aufl. 1996, 152, s. auch 109 ff.; anders wohl *Hopt,* der Individualschutz und Funktionsschutz als ein „System kommunizierender Röhren" charakterisiert hat: *Hopt,* Der Anlegerschutz im Recht der Banken, 1975, 52, vgl. auch 334 ff.; mit ähnlicher Tendenz *Koch/Schmidt* BFuP 1981, 231 (237); *Zimmer* IntGesR 44; zur Anwendbarkeit deutschen Insider-Strafrechts in internationalen Fällen *Kondring* WM 1998, 1369. Näher → IntFinMarktR Rn. 598 ff.

95 Aktionsplan zur Kapitalmarktunion, KOM(2020), 590 final; State of the Union 2021, S. 4, abrufbar unter https://ec.europa.eu/commission/presscorner/api/files/document/print/en/speech_21_4701/SPEECH_21_4701_EN.pdf. Vgl. auch das Arbeitsprogramm der Kommission, Mitteilung an das Europäische Parlament, den Rat, den Europäischen Wirtschafts- und Sozialausschuss und den Ausschuss der Regionen, COM(2021), 720 final; zum Aktionsplan s. *Veil,* Deutsches und Europäisches Kapitalmarktrecht, 3. Aufl. 2022, S. 25 f.; zuvor *Clausnitzer* GmbHR 2016, R380 mit Verweis auf KOM (2016) 710 final.

96 *Junker* RIW 2010, 257 (260 ff.) zu einer Reform der Rom II-VO; zurückhaltend auch *Einsele* IPRax 2012, 481 ff. im Hinblick auf eine mögliche Reform der Rom I-VO.

97 Regelungsvorschlag in IPRax 2012, 470; dazu *M. Lehmann* IPRax 2012, 399 ff.; *Steinrötter* RIW 2015, 407 (413 f.); *Einsele* RabelsZ 81 (2017), 781 (786 ff.); monographisch *Engel,* Internationales Kapitalmarktdeliktsrecht, 2019.

98 OLG Stuttgart BeckRS 2022, 8208 Rn. 25.

99 Näher *Brellochs* ZHR 185 (2021), 319 (331 ff.).

100 *Hirte* FS Priester, 2007, 221 (229 f.).

die Prospektpflicht und Prospekthaftung, die besonderen kapitalmarktrechtlichen Publizitätspflichten, das Investmentrecht, die Übernahmeangebote, das Insiderrecht, das Verbot der Marktmanipulation, die Pflichten von Wertpapierdienstleistern sowie die Finanztermingeschäfte erläuterten Anknüpfungen und ihre ordnungs- und transaktionsrechtliche Bedeutung zu verweisen.

27 Bei der Bestimmung der **internationalen Gerichtszuständigkeit** auf dem Gebiet des Finanzmarktdeliktsrechts kann die **Marktortanknüpfung nicht überzeugen,** geht es hier doch darum, Wertungsgesichtspunkte wie den Beklagtenschutz, den Anlegerschutz sowie die Sach- und Beweisnähe des Forums gegeneinander abzuwägen. Zu Art. 7 Nr. 2 Brüssel Ia-VO hat der EuGH in der Rs. „Kronhofer" zunächst eine rein negative Entscheidung hinsichtlich einer Lokalisierung des Erfolgsortes an der „Vermögenszentrale" des vermeintlich Geschädigten getroffen, ohne Hinweise für dessen positive Bestimmung zu geben.[101] Nachfolgenden Urteilen lässt sich hingegen entnehmen, dass die Erfolgsortbestimmung nach Ansicht des **EuGH** bei reinen Vermögensschäden im Finanzmarktrecht anhand einer **Schwerpunktbetrachtung** zu erfolgen habe.[102] Folgt man dem, so vermögen „spezifische Gegebenheiten" des Falles wie die **Belegenheit des Vermögens** oder (in Prospekthaftungsfällen) die **Notifizierung des streitgegenständlichen Prospektes** am Wohnsitz des vermeintlich Geschädigten es oft nahelegen, dort eine Zuständigkeit anzunehmen.[103] Die Rspr. des **EuGH** schwankt und schien **2021 wieder stärker auf den Marktort** als deliktischen Erfolgsort abzustellen.[104]

V. Europäisches Gesellschaftsrecht

Schrifttum bis 2002: s. 7. Aufl. 2018.

Schrifttum ab 2003 (EU-Aktionsplan Modernisierung des Gesellschaftsrechts 2003): *Benedettelli,* Diritto societario europeo e internationale, 2017; *Bormann/König,* Der Weg zur Europäischen Privatgesellschaft, RIW 2010, 111; *Fleischer,* Europäisches Konzernrecht, ZGR 2017, 1; Geens/Hopt (Hrsg.), The European Company Law Action Plan Revisited, 2010 (besprochen von *Kindler* WM 2010, 1574); *Grundmann,* Europäisches Gesellschaftsrecht, 2. Aufl. 2011 (besprochen von *Kindler* NZG 2011, 1180; Replik *Grundmann* NZG 2012, 419); *Habersack/Verse,* Europäisches Gesellschaftsrecht, 5. Aufl. 2019; *Habersack,* Europäisches Gesellschaftsrecht im Wandel – Bemerkungen zum Aktionplan der EG-Kommission betreffend die Modernisierung des Gesellschaftsrechts und die Verbesserung der Corporate Governance in der Europäischen Union, NZG 2004, 1; *Hopt,* Europäisches Gesellschaftsrecht – Der Aktionsplan und die ersten Durchführungsmaßnahmen, FS Röhricht, 2005, 235; *Hopt,* Konzernrecht: Die europäische Perspektive, ZHR 171 (2007), 199; *Hopt,* Europäisches Übernahmerecht, 2013; *Hopt,* Europäisches Gesellschaftsrecht im Lichte des Aktionsplans der Europäischen Kommission vom Dezember 2012, ZGR 2013, 165; *Kindler,* Kapitalgesellschaftsrechtliche Durchgriffshaftung und EU-Recht, FS Säcker, 2011, 393; *Kindler,* Transparenz und Nachhaltigkeit. Transparenz und Mobilität: konfligierende Regelungsziele im Europäischen Gesellschaftsrecht?, DNotZ-Sonderheft zum 29. Deutschen Notartag Berlin 2016, 75; *Kindler,* The Single-Member Limited Liability Company (SUP) – A Necessary Reform of EU Law on Business Organizations?, 2016; *Kindler/Horstmann,* Die EU-Übernahmerichtlinie – Ein „europäischer" Kompromiß, DStR 2004, 866; Kindler/Lieder (Hrsg.), European Corporate Law. Article-by-Article Commentary, 2021; *Kindler/Roth,* The Spirit of Corporate Law, 2013; *Kumpan/Pauschinger,* Entwicklung des europäischen Gesellschaftsrechts, EuZW 2023, 446; *Kraakman/Armour/Davies/Enriques/Hansmann/Hertig/Hopt/Kanda/Rock,* The Anatomy of Corporate Law, A Comparative and Functional Approach, 2. Aufl. 2009; *Leible,* Warten auf die Sitzverlegungsrichtlinie, FS G. H. Roth, 2011, 447; *Luttermann,* Neue Bilanzrichtlinie: Europäisches Bewertungsrecht in prozessualer Praxis, NZG 2013, 1128; *Maul/Lanfermann/Eggenhofer,* Aktionsplan der Europäischen Kommission zur Reform des europäischen Gesellschaftsrechts, BB 2003, 1289; *Maul/Teichmann/Wenz,* Der Richtlinienvorschlag zur grenzüberschreitenden Verschmelzung von Kapitalgesellschaften, BB 2003, 2633; *Pluskat,* Der neue Entwurf für eine europäische Verschmelzungsrichtlinie, EWS 2004, 1; *Neye,* Die Regelung der grenzüberschreitenden Sitzverlegung – eine ungelöste Aufgabe des europäischen Gesetzgebers, FS Schwark, 2009, 231; *G. H. Roth/Kindler,* The Spirit of Corporate Law. Core Principles of Corporate Law in Continental Europe, 2013; *J. Schmidt,* BB-Gesetzgebungs- und Rechtsprechungsreport zum Europäischen Unternehmensrecht 2022/2023, BB 2023, 1859; *Schön,* Das System der gesellschaftsrechtlichen Niederlassungsfreiheit nach VALE, ZGR 2013, 333; *Teichmann,* Europäische GmbH am Scheideweg: Supranationale Rechtsform oder harmonisierte Einpersonengesellschaft?, ZRP 2013, 169; *Teichmann/Götz,* Metamorphosen des Europäischen Gesellschaftsrechts: SUP, Company Law Package und SPE 2.0, ZEuP 2019, 260; *Vicari,* Company Laws of the EU, 2020.

---

101 EuGH ECLI:EU:C:2004:364 = NJW 2004, 2441 – Kronhofer; dazu *v. Hein* IPRax 2005, 17.

102 Näher *Fontana* RIW 2021, 285.

103 Krit. mit guten Gründen aber *Fontana* RIW 2021, 285, der im Hinblick auf den grundsätzlich gebotenen Beklagtenschutz und die meist fehlende Sach- und Beweisnähe des Gerichts im Anlegerstaat für die teleologische Reduktion des forum delicti commissi auf den Staat des Handlungsortes plädiert; Beispiel für den Handlungsort als Zuständigkeitskriterium: OLG Stuttgart BeckRS 2022, 8208 Rn. 24 (Schadensersatzklage wegen unterlassener Ad-hoc-Mitteilungen).

104 EuGH ECLI:EU:C:2021:377 = NJW 2021, 1938 – Vereniging van Effectenbezitters ./. BP plc; dazu *Mansel/Thorn/Wagner* IPRax 2022, 97 (116).

Schrifttum zur SE: *Bachmann,* Das auf die insolvente Societas europaea (SE) anwendbare Recht, FS v. Hoffmann, 2011, 36; *Brandt/Scheifele,* Die Europäische Aktiengesellschaft und das anwendbare Recht, DStR 2002, 547; *Casper,* Der Lückenschluss im Statut der Europäischen Aktiengesellschaft, FS P. Ulmer, 2003, 51; *Ebert,* Das anwendbare Konzernrecht der Europäischen Aktiengesellschaft, BB 2003, 1854; *Eidenmüller/Engert/Hornuf,* Vom Wert der Wahlfreiheit: Eine empirische Analyse der Societas Europaea als Rechtsformalternative, AG 2009, 845; *Fleischer,* Supranationale Gesellschaftsformen in der Europäischen Union, ZHR 174 (2010), 385; *Habersack,* Das Konzernrecht der deutschen SE, ZGR 2003, 724; Habersack/Drinhausen (Hrsg.), SE-Recht, 3. Aufl. 2022; *Jaecks/Schönborn,* Die Europäische Aktiengesellschaft, das Internationale und das Deutsche Konzernrecht, RIW 2003, 254; *Teichmann,* Die Einführung der Europäischen Aktiengesellschaft, ZGR 2002, 383; *J. Wagner,* Die Bestimmung des auf die SE anwendbaren Rechts, NZG 2002, 985.

1. Rechtsangleichung. Die praktische Bedeutung nationalen Gesellschaftskollisionsrechts in Fallgestaltungen mit Berührung zu anderen EU-Mitgliedstaaten hängt vom Stand der europaweiten Rechtsangleichung und Rechtsvereinheitlichung im Gesellschaftsrecht ab. Im Idealfall vollständiger Identität der Gesellschaftsrechtssysteme träte die Kollisionsfrage in den Hintergrund.[105] Gleichzeitig kann nach dem **Inspire Art-Urteil** in der **Anwendung angeglichenen Rechts** – jedenfalls dann, wenn die zu Grunde liegende Richtlinie primärrechtskonform ist[106] – **keine Beschränkung der Niederlassungsfreiheit** einer statutsfremden Gesellschaft liegen.[107] Denn die betroffene Gesellschaft muss überall in der Union mit der Anwendung dieser Regeln rechnen.[108] Im **Einfamilienhaus-Fall** hat dies der **BGH** zutreffend – am Beispiel der Geschäftsbriefpublizität nach Art. 26 GesR-RL – festgestellt.[109] Zudem wird es hier in der Regel an der Entscheidungsrelevanz iSv Art. 267 AEUV des angeblichen Gemeinschaftsrechtsverstoßes fehlen.[110] Zum Einfluss der Rechtsangleichung auf die kollisionsrechtliche Beurteilung → Rn. 39 f., → Rn. 351 f. Auf dem Gebiet des Gesellschaftsrechts sind vier Regelungsebenen zu unterscheiden: 28

- die Angleichung der nationalen Gesellschafts- und Unternehmensrechte durch Richtlinien (→ Rn. 29 ff.),[111]
- die Schaffung von Unternehmensformen des Unionsrechts (→ Rn. 41 ff.); auch bei deren Vollzug gilt die GRCh;
- der Versuch, die kollisionsrechtlichen Probleme der Sitzverlegung, der grenzüberschreitenden Verschmelzung und der Anerkennung von Gesellschaften durch völkerrechtliche Übereinkommen gemäß dem früheren Art. 293 EG-Vertrag (→ Rn. 67 ff.) zu lösen, und
- der Einfluss der EU-Grundfreiheiten auf das mitgliedstaatliche internationale Gesellschaftsrecht (→ Rn. 79 ff.).

a) Überblick. Auf der Grundlage von Art. 50 Abs. 2 lit. g AEUV sind im Zeitraum von 1968–1989 insgesamt **neun Angleichungsrichtlinien der ersten Generation** auf dem Gebiet des engeren Gesellschaftsrechts ergangen und in innerstaatliches Recht umgesetzt worden.[112] In dieser ersten Phase der europäischen Rechtsangleichung war es das rechtspolitische Ziel der Kommission, **Wettbewerbsverzerrungen** zwischen den Mitgliedstaaten **zu beseitigen,** die durch Regelungsgefälle im Gesellschaftsrecht bedingt waren.[113] Dabei standen die möglichst vollständige Angleichung des Aktienrechts und die Unternehmenspublizität im Vordergrund.[114] Einige der Richtlinien der ersten Generation wurden in der am 20.7.2017 in Kraft getretenen **Richtlinie (EU) 2017/1132 über bestimmte Aspekte des Gesellschaftsrechts (GesR-RL)** neu kodifiziert. Dies gilt 29

---

[105] *Sack* JuS 1990, 352; *Sonnenberger* JZ 1998, 982 (984).

[106] *Kindler* NZG 2003, 1086 (1087) zu Fn. 12.

[107] EuGH ECLI:EU:C:2003:512 Rn. 58 = NJW 2003, 3331 – Inspire Art: „Bestimmungen, deren Vereinbarkeit mit der (…) Richtlinie nicht in Frage gestellt worden ist, können nicht als Behinderung der Niederlassungsfreiheit angesehen werden"; *Kindler* FS Säcker, 2011, 393 (399); ferner *Schall* FS Meilicke, 2010, 651 (664 f.) zur Vermögensbindung.

[108] *Leible* ZGR 2004, 531 (542) am Beispiel einheitlicher Mindestkapitalanforderungen.

[109] BGH NJW 2007, 1529 Rn. 11 – Einfamilienhaus m. Aufs. *Kindler* NJW 2007, 1785 = IPRax 2008, 42 m. Aufs. *Brinkmann* IPRax 2008, 30; dazu auch *Altmeppen* ZIP 2007, 889; *Schanze* NZG 2007, 533; *D. Paulus,* Außervertragliche Gesellschafter- und Organwalterhaftung im Lichte des Unionskollisionsrechts, 2013, Rn. 156.

[110] Ziff. 7 der EuGH-Hinweise zum Vorabentscheidungsverfahren, NJW 1997, 1765.

[111] Zur Bindung der mitgliedstaatlichen Gerichte und Behörden an die GRCh auch beim Vollzug angeglichenen Gesellschaftsrechts EuGH IStR 2013, 922 Rn. 71–76 – Texdata; dazu *Kuntze-Kaufhold* GmbHR 2013, R369 f.; ferner EuGH ECLI:C:2017:197 = BB 2017, 652 Rn. 57 ff. – Manni.

[112] Einen Überblick zum Stand der Richtlinienumsetzung in den einzelnen Mitgliedstaaten bietet die Internetseite der EU-Kommission: http://ec.europa.eu; zu neuesten Entwicklungen *J. Schmidt* BB 2023, 1859; umfassend Kindler/Lieder (Hrsg.), European Corporate Law. Article-by-Article Commentary, 2021.

[113] *Habersack/Verse* EuropGesR § 3 Rn. 31.

[114] *Habersack/Verse* EuropGesR § 4 Rn. 5 f.

für die Publizitäts-RL, die Kapitalschutz-RL, die Verschmelzungs-RL, die Spaltungs-RL, die Zweigniederlassungs-RL und die Richtlinie über die Verschmelzung von Kapitalgesellschaften aus verschiedenen Mitgliedstaaten.[115] Nach dem derzeitigen Stand der Rechtsangleichung sind folgende **Richtlinien aus dieser Zeit** in deutsches Recht umgesetzt:[116]
- die Erste Richtlinie von 1968 (RL 68/151/EWG – „Publizitäts-RL 1968“);
- die Zweite Richtlinie von 1976 (RL 77/91/EWG – „Kapital-RL 1978“);
- die Dritte Richtlinie von 1978 (RL 78/855/EWG – „Aktiengesellschaften-Verschmelzungs-RL 1978“), die hauptsächlich den Minderheitenschutz bei der Verschmelzung von Gesellschaften verbessert;
- die Vierte Richtlinie von 1978 (RL 78/660/EWG – „Bilanz-RL 1978“), nachfolgend aufgegangen in der RL 2013/34/EU (Bilanz-RL);
- die Sechste Richtlinie von 1982 (RL 82/891/EWG – „Spaltungs-RL“) mit den hauptsächlichen Regelungszwecken des Anlieger- und Gläubigerschutzes;
- die Siebente Richtlinie von 1983 (RL 83/349/EWG – „Konzernabschluss-RL 1983“), nachfolgend aufgegangen in der RL 2013/34/EU (Bilanz-RL);
- die RL 90/604/EWG von 1990 mit Erleichterungen für kleinere und mittlere Gesellschaften bei der Rechnungslegung;
- die Elfte Richtlinie von 1989 über die Offenlegung von Zweigniederlassungen (RL 89/666/EWG – „Zweigniederlassungs-RL“);
- die Zwölfte Richtlinie von 1989 über die Zulässigkeit der Einpersonen-GmbH (RL 89/667/EWG – „Einpersonen-Gesellschafts-RL 1989“).

30 In der **zweiten Richtliniengeneration (seit 2004)** sind umgesetzt:
- die Richtlinie von 2004 betreffend Übernahmeangebote (RL 2004/25/EG – „Übernahme-RL“);
- die Richtlinie von 2005 über die Verschmelzung von Kapitalgesellschaften aus verschiedenen Mitgliedstaaten (RL 2005/56/EG – „Kapitalgesellschaften-Verschmelzungs-RL“);
- die Richtlinie von 2006 über Abschlussprüfungen (RL 2006/43/EG – „Abschlussprüfer-RL“);
- die Richtlinie von 2007 über die Ausübung bestimmter Rechte von Aktionären in börsennotierten Gesellschaften, geändert 2017 (RL 2007/36/EG – „Aktionärsrechte-RL“).

31 **Bezüge zur Niederlassungsfreiheit** weist dieses Rechtsangleichungsprogramm der EU insofern auf, als Art. 50 Abs. 2 lit. g AEUV hierfür die primärrechtliche Ermächtigungsgrundlage darstellt, worauf auch bei der Auslegung richtliniengebundenen nationalen Rechts zu achten ist.[117] Soweit deutsches Recht die Umsetzung von EU-Richtlinien darstellt, sind ferner die **Grundrechte nach der GRCh** zu beachten.[118]

32 **b) Zweigniederlassungs-RL.** Für grenzüberschreitende Konstellationen ist zunächst die Zweigniederlassungs-RL vom 22.12.1989 hervorzuheben.[119] Sie verpflichtet alle AGen, KGaAen und Gesellschaften mbH zur handelsrechtlichen **Publizität** bestimmter Urkunden und Angaben über Zweigniederlassungen, die sie in einem anderen Mitgliedstaat errichten. Die Richtlinie zielt darauf ab, die in der Publizitäts-RL und im EU-Bilanzrecht für Kapitalgesellschaften vorgesehenen Publizitätspflichten auf Zweigniederlassungen im EU-Ausland auszudehnen. Damit sollten diejenigen Unternehmen, die sich in einem anderen Mitgliedstaat durch **Zweigniederlassungen** betätigen, denen **gleichgestellt** werden, die dies in Form von **Tochtergesellschaften** tun.[120] Seit 20.7.2017 ist die Zweigniederlassungspublizität in **Art. 28a ff. GesR-RL** geregelt.

33 Der **Begriff der Zweigniederlassung** ist in der Richtlinie nicht definiert. Einigkeit besteht insoweit aber darüber, dass von einer Zweigniederlassung nur bei Vorliegen eines auf gewisse Dauer angelegten und sowohl in sachlicher als auch in personeller Hinsicht entsprechend ausgestatteten Geschäftsbetriebs gesprochen werden kann; dazu gehört insbesondere eine Geschäftsleitung, die befugt ist, im Namen der Gesellschaft Rechtsgeschäfte vorzunehmen. Insoweit deckt sich dies mit dem Begriff der Zweigniederlassung, wie ihn der EuGH zu Art. 5 Nr. 5 EuGVÜ entwickelt hat.[121]

---

115 Dazu *Kindler* DNotZ-Sonderheft 2016, 75 (76 f.).

116 Einzelnachweise → 8. Aufl. 2021, Rn. 29 ff.

117 Vgl. BGHZ 110, 47 (69) = NJW 1990, 982.

118 EuGH NZA 2014, 193 = ZIP 2014, 287 Rn. 43 – Association de médiation sociale usw; BB 2014, 112 = IStR 2013, 922 Rn. 71–76 – Texdata; dazu *Kuntze-Kaufhold* GmbHR 2013, R 369 f.

119 RL 89/666/EWG, ABl. EG 1989 L 395, 36; hierzu *Habersack/Verse* EuropGesR § 5 Rn. 42 ff.

120 *Kindler* NJW 1993, 3301 (3302); zum gleichlautenden Anliegen der sekundären Niederlassungsfreiheit (Art. 49 Abs. 1 S. 2 AEUV) s. *Schön* RabelsZ 64 (2000), 1 (10, 14); zur steuerlichen Gleichbehandlung von Zweigniederlassungen von Gesellschaften aus anderen Mitgliedstaaten mit inländischen Gesellschaften EuGH ECLI:EU:C:1999:216 = NZG 1999, 708 – Royal Bank of Scotland mAnm *Luttermann* NZG 1999, 706.

121 EuGH ECLI:EU:C:1978:205 = RIW 1979, 56 – Somafer; abw. vom handelsrechtlichen Niederlassungsbegriff kann eine Niederlassung im kompetenzrechtlichen Sinne aber auch am Sitz einer rechtlich selbstständigen Tochtergesellschaft bestehen, vgl. *Kindler* FS Ulmer, 2003, 305 (319 f.).

Nach der Rspr. des **EuGH** kann es sich bei der „Zweigniederlassung" auch um die **einzige Niederlassung** – und damit der Sache nach um die Hauptniederlassung – einer Gesellschaft handeln; nicht erforderlich ist nämlich, dass sie im Staat ihres Satzungssitzes überhaupt irgendeine Geschäftstätigkeit entfaltet.[122] Der **EuGH** versteht die Richtlinie als **abschließende Regelung,** was die in ihr bestimmten Offenlegungspflichten angeht.[123] Für Kredit- und Finanzinstitute ist eine besondere Banken-Zweigniederlassungs-RL ergangen.[124]

Die Zweigniederlassungs-RL wurde mit Wirkung zum 1.11.1993 durch Art. 1–5 Gesetz vom 22.7.1993 (BGBl. 1993 I 1282) in deutsches Recht umgesetzt (zu Einzelheiten → Rn. 894 ff.).[125] **34**

c) Richtlinie über die grenzüberschreitende Verschmelzung. Nach zwei vorangegangenen Anläufen (1985, 1997)[126] hat die Kommission am 18.11.2003 den erneuten Vorschlag einer **Richtlinie über die grenzüberschreitende Verschmelzung von Kapitalgesellschaften aus verschiedenen Mitgliedstaaten** vorgelegt.[127] Auf ihm beruht die **RL 2005/56/EG**[128] vom 26.10.2005 (→ Rn. 747 ff. mwN; seit 20.7.2017 Art. 118 ff. GesR-RL). Der Rechtsangleichung auf diesem Gebiet standen jahrzehntelang vor allem mitbestimmungsrechtliche Hindernisse entgegen.[129] Die Regelung der grenzüberschreitenden Verschmelzung wendet sich in erster Linie an **kleine und mittlere Unternehmen (KMU),** für die ein grenzüberschreitender Zusammenschluss in Form einer SE (→ Rn. 42 ff.) zu aufwändig ist. Deshalb steht dieses Instrument sowohl AGen wie Gesellschaften mbH offen (Art. 118, 119 Nr. 1 GesR-RL), ferner – nach Art. 9 Abs. 1 lit. c Ziff. ii SE-VO iVm Art. 10 SE-VO – die SE. Umgesetzt wurde die Richtlinie in der BRepD mit dem Zweiten Gesetz zur Änderung des UmwG vom 19.4.2007 (BGBl. 2007 I 542), dessen Kernstück die neu eingefügten §§ 122a ff. UmwG aF waren, seit **1.3.2023** aufgegangen in **§§ 305 ff. UmwG** (ausführlich → Rn. 769 ff.).[130] **35**

Das **Verschmelzungsverfahren** entspricht weitgehend dem der **SE-VO** (zu ihr → Rn. 42 ff.). Regelungstechnisch knüpft die Richtlinie an die bereits harmonisierte innerstaatliche Verschmelzung an. Nach Art. 4 Abs. 1 lit. b RL 2005/56/EG (heute Art. 121 Abs. 1 lit. b GesR-RL) unterliegt jede an einer grenzüberschreitenden Verschmelzung beteiligte Gesellschaft im Hinblick auf den Verschmelzungsvorgang den Bestimmungen des für sie maßgebenden innerstaatlichen Rechts (im deutschen Recht das UmwG, das AktG sowie das GmbHG). Dies gilt unter anderem für die Einberufung und Durchführung der Versammlung der Gesellschafter, für den Schutz von Minderheitsgesellschaftern und für den Gläubigerschutz. **36**

Die **Mitbestimmung** regelt Art. 16 RL 2005/56/EG (heute Art. 133 GesR-RL). Dieser lehnt sich weitgehend an die Mitbestimmungsregelung bei der **SE** (→ Rn. 42 ff.) an. Danach müssen im Fall einer aus einer grenzüberschreitenden Verschmelzung hervorgehenden Gesellschaft mit Sitz in einem Mitgliedstaat A die Arbeitnehmer in Betrieben dieser Gesellschaft, die sich in anderen Mitgliedstaaten B usw befinden, die gleichen Mitbestimmungsrechte haben wie die im Mitgliedstaat A beschäftigten Arbeitnehmer.[131] Vorrangig gilt eine im Verhandlungsweg getroffene Mitbestimmungsvereinbarung zwischen den beteiligten Gesellschaften und den Arbeitnehmern. Scheitert eine Verhandlungslösung, so greift eine Auffangregelung ein, die sich am höchsten Niveau der Mitbestim- **37**

---

122 EuGH ECLI:EU:C:1999:126 Rn. 17 = NJW 1999, 2027 – Centros; ECLI:EU:C:2003:512 Rn. 95 ff. = NJW 2003, 3331 – Inspire Art; ebenso OLG Zweibrücken NZG 2003, 537 (538); KG NJW-RR 2004, 331 (333) re. Sp. = NZG 2004, 49; dazu *Behrens* IPRax 2004, 20 (24); *Rehm* in Eidenmüller Ausl. KapGes. § 2 Rn. 53 f.

123 EuGH ECLI:EU:C:2003:512 Rn. 65 ff. = NJW 2003, 3331 – Inspire Art; *Rehm* in Eidenmüller Ausl. KapGes. § 2 Rn. 78 ff.

124 RL 89/117/EWG vom 13.2.1989, ABl. EG 1989 L 44, 40.

125 *Kindler* NJW 1993, 3301 ff.; *Seibert* DB 1993, 1705 ff.; *Bärwaldt/Schabacker* AG 1996, 461 ff. zur Geschäftsbriefpublizität nach Art. 26 GesR-RL.

126 Dazu *Habersack/Verse* EuropGesR § 7 Rn. 52.

127 KOM (2003), 703 (01), vgl. Mitt. EuZW 2003, 738; dazu *Maul/Teichmann/Wenz* BB 2003, 2633; *Pluskat* EWS 2004, 1; *Bayer* BB 2004, 1 (9); *Eidenmüller* JZ 2004, 24 (32 f.); *Wenglorz* BB 2004, 1061; *Halász-Kloster* DStR 2004, 1324.

128 Dazu *Habersack/Verse* EuropGesR § 7 Rn. 52 ff. mwN; *Oechsler* NZG 2006, 161 ff.

129 *Lutter,* Europäisches Unternehmensrecht, 4. Aufl. 1996, 257 f.; *Schwarz* DStR 1994, 1694 (1698); für weitere Einzelheiten *Däubler* DB 1988, 1850 ff. *Ganske* DB 1985, 581 ff.; *Behrens, Kronke* und *Lutter* ZGR 1994, 1 ff.; zu steuerrechtlichen Problemen *Kraft/Bron* RIW 2005, 641.

130 Dazu *Frenzel* RIW 2008, 12 ff.; zur Umsetzung im Ausland *Vorpeil* RIW 2008, 131 (145) für UK; *Fischer* RIW 2009, 435 (437) für Spanien; *Inwinkl/Schneider* RIW 2008, 4 ff. für Österreich.

131 EuGH ECLI:EU:C:2013:408 = EuZW 2013, 662 = AG 2013, 592 – Kommission/Niederlande m. Aufs. *Forst* AG 2013, 588; dazu auch *Morgenroth/Salzmann* NZA-RR 2013, 449; *Bauckhage-Hoffer/Rupietta* EWS 2012, 417.

mung in einer der beteiligten Gesellschaften orientiert; Umsetzung in das deutsche Recht durch das MgVG vom 28.12.2006 (BGBl. 2006 I 3332).[132]

38 **d) Unternehmensmobilität in der EU – RL (EU) 2019/2121.** Den **Durchbruch für die Unternehmensmobilität** für EU-Kapitalgesellschaften brachte die RL (EU) 2019/2121 zur Änderung der RL (EU) 2017/1132. Sie ist am 1.1.2020 in Kraft getreten und musste von den Mitgliedstaaten bis zum 31.1.2023 in nationales Recht umgesetzt werden.[133] Mit der RL (EU) 2019/2121 wird unter anderem ein neuer EU-Rechtsrahmen für grenzüberschreitende Spaltungen (Titel II Kapitel IV GesR-RL nF) und für grenzüberschreitende Formwechsel (Titel II Kapitel I GesR-RL; die deutsche Fassung bezeichnet diese Maßnahme als „Umwandlung") geschaffen. Die Legaldefinition der „grenzüberschreitenden Umwandlung" in Art. 86b Nr. 2 GesR-RL nF erfasst dabei – im Einklang mit dem zweifelhaften Polbud-Urteil des EuGH (→ Rn. 108) auch den grenzüberschreitenden Formwechsel in Form der **isolierten Satzungssitzverlegung.** Der im Zuge des Rechtssetzungsverfahrens vom EP-Rechtsausschuss unternommene Versuch, das Erfordernis der Ausübung einer „wirklichen wirtschaftlichen Tätigkeit" (genuine economic activity) auf unbestimmte Zeit einzuführen,[134] ist dabei gescheitert; die Niederlassungsfreiheit wird so zur **Rechtswahlfreiheit.** Im Rahmen einer **Missbrauchskontrolle** ist immerhin vorgesehen, dass im Wegzugsstaat keine Vorabbescheinigung erteilt werden darf, wenn die Umstrukturierung missbräuchlichen, betrügerischen oder kriminellen Zwecken dient (vgl. Art. 86m Abs. 8 GesR-RL, Art. 127 Abs. 8 GesR-RL, Art. 160m Abs. 8 GesR-RL; zu Missbrauch und Betrug → Rn. 393 f.).[135] Auch beinhaltet der Gesellschafter- und Gläubigerschutz den **Fortbestand der Gerichtszuständigkeit im Wegzugsstaat** (unter anderem Art. 86i Abs. 5 GesR-RL nF, Art. 86j Abs. 4 GesR-RL, Erwägungsgrund 24 RL (EU) 2019/2121). Die Umsetzung in das deutsche Recht erfolgte mit Verspätung zum **1.3.2023** durch das **UmRUG** (§§ 305 ff. UmwG; → Rn. 762 ff.).

39 **e) Kollisionsrechtliche Bedeutung des angeglichenen Rechts.** Die **Richtlinien** enthalten selbst keine Anweisungen mit iprechtlichem Inhalt, sondern **beschränken sich** im Unterschied zu anderen Richtlinien (→ EGBGB Art. 3 Rn. 75 ff.) **auf Sachrechtsangleichung.** Erwägungsgrund 3 RL (EU) 2019/2121 weist das IPR sogar ausdrücklich den Mitgliedstaaten zu („Mangels Vereinheitlichung im Unionsrecht fällt die Definition der Anknüpfung, die für das auf eine Gesellschaft anwendbare nationale Recht maßgeblich ist, gemäß Art. 54 AEUV in die Zuständigkeit jedes einzelnen Mitgliedstaats."). Trotzdem wurde vereinzelt vertreten, das Rechtsangleichungsprogramm der Gemeinschaft begrenze die Anwendbarkeit der im deutschen IPR anerkannten Sitztheorie. Zu den verschiedenen Anknüpfungstheorien → Rn. 309 ff. Soweit die Rechtsangleichung auf der Ebene des Sachrechts verwirklicht sei, müsse im Rahmen der EU das Gründungsprinzip zum Zuge kommen.[136] Dieser Ansatz begegnet zwar schon deshalb Bedenken, weil er zu einer kollisionsrechtlichen Statutenspaltung führt. Einzelne Regelungsbereiche werden damit aus ihrem Funktionszusammenhang gerissen und schwierigen Anpassungsproblemen ausgesetzt. Das angeglichene und das nicht angeglichene innerstaatliche Recht sollten daher denselben Anknüpfungsregeln unterliegen (→ Rn. 351 f.).

40 Dennoch lässt sich die kollisionsrechtliche Bedeutung des angeglichenen Rechts vor dem Hintergrund der neueren Rspr. des EuGH seit 1999 kaum leugnen. So folgt zum einen aus der – 2013 vom EuGH bestätigten – **Ingmar-Entscheidung** – und den auf der gleichen Linie liegenden **Binnenmarktklauseln** der Rom I-VO und der Rom II-VO (→ Rn. 10) –, dass das angeglichene Recht jedenfalls dann gegenüber **Gesellschaften in der Rechtsform eines Nicht-EU-Staates** anzuwenden ist, wenn ein **starker Unionsbezug** besteht. Bei inländischem Verwaltungssitz oder einer sonstigen Niederlassung im Inland, von der eine Geschäftstätigkeit ausgeht (vgl. Erwägungsgrund 23 SE-VO; → Rn. 42 ff.), ist ein solcher starker Unionsbezug gegeben. Im Interesse der Einheitlichkeit des Gesellschaftsstatuts ist es jedenfalls bei inländischem Verwaltungssitz von Briefkastengesellschaften nicht-EU-ausländischer Rechtsform zweckmäßig, die Gesellschaft insgesamt dem

[132] Zu Gestaltungsfragen *Götze/Winzer/Arnold* ZIP 2009, 245; *Schubert* ZIP 2009, 791; statistische Angaben in AG 2013, R180.

[133] ABl. EU 2019 L 321, 1; dazu *Bayer/Schmidt* BB 2019, 1922 (1925 f.); *Luy* NJW 2019, 1905; *Habersack* ZHR 182 (2018), 495; *Kumpan/Pauschinger* EuZW 2019, 357 (358 f.); zur Vorgeschichte → 8. Aufl. 2021, Rn. 58 ff.

[134] A8-0002/2019; ähnlich BR, BR-Drs. 179/18(B) Rn. 7. Für ein „genuine link"-Erfordernis auch *Bormann/Stelmaszczyk* ZIP 2019, 353 (361 f.); *Hushahn* VGR 24 (2019), 171 (185); *Wicke* DStR 2018, 2703 (2705).

[135] Zur Missbrauchskontrolle *Schön,* FS Krieger, 2020, 879, *Teichmann* ZGR 2022, 376 sowie *Löbbe* ZHR 187 (2023), 498 (535 ff.); monographisch *K. Spiegl,* Missbrauchskontrolle im Rahmen der EU-Umwandlungsrichtlinie, 2024.

[136] *Grothe,* Die „ausländische Kapitalgesellschaft und Co.", 1989, 193 ff.; dazu *Drobnig* in v. Bar, Europäisches Gemeinschaftsrecht und IPR, 1991, 185, 196; ähnlich auch *Roth* RabelsZ 55 (1991), 623 (649).

inländischen Gesellschaftsrecht zu unterstellen, dh unter Einschluss der **nicht** auf EU-Richtlinien beruhenden Materien. Ingmar-Entscheidung und Binnenmarktklauseln liefern damit starke Argumente für ein Festhalten an der Verwaltungssitzanknüpfung im Rechtsverkehr mit Drittstaaten.[137] Kollisionsrechtliche Bedeutung besitzt das angeglichene Recht ferner vor dem Hintergrund der seit 1999 ergangenen Rspr. zur Niederlassungsfreiheit von EU-Briefkastengesellschaften.[138] Denn in der **Anwendung angeglichenen Rechts** liegt nach dem Inspire Art-Urteil[139] **kein Eingriff in die Niederlassungsfreiheit** (→ Rn. 28).

2. Supranationale Unternehmensformen des Unionsrechts (Art. 352 AEUV). a) Europäische Wirtschaftliche Interessenvereinigung (EWIV). Auf der Grundlage von Art. 308 EG-Vertrag idF vom 2.10.1997 (früher Art. 235 EG-Vertrag, seit 1.12.2009 Art. 352 AEUV) hat der Ministerrat die Verordnung über die Schaffung einer **Europäischen Wirtschaftlichen Interessenvereinigung (EWIV)** vom 25.7.1985[140] erlassen, die in der BRepD am 1.1.1989 in Kraft getreten ist (zur EWIV → BGB Vor § 705 Rn. 22 f. mN).[141] Damit wurde erstmalig eine supranationale europäische Gesellschaftsform bereitgestellt, wenngleich ihrem Aktionsradius enge Grenzen gesteckt sind. Sie dient ausschließlich der Koordination der wirtschaftlichen Tätigkeit ihrer Mitglieder und darf weder an deren Stelle treten noch eigene Gewinnerzielungsabsichten verfolgen. Eine Beschäftigung von mehr als 500 Arbeitnehmern ist ihr ebenso verwehrt wie Aktivitäten an Kapitalmärkten. Der Konzeption nach handelt es sich um eine juristische Person, für deren Verbindlichkeiten die Mitglieder jedoch persönlich haften. Ob dieses europäische Rechtsinstitut einen attraktiven Rahmen für eine Intensivierung der europaweiten Unternehmenskooperation bieten wird, erscheint angesichts der starken Einschränkungen zweifelhaft; bis Juli 2011 wurden europaweit nur knapp über 2.100 EWIV gegründet.[142] In **Deutschland** waren am 1.1.2023 **381 EWIV** registriert.[143] Ergänzend zur EWIV-VO unterliegt die Gesellschaft dem innerstaatlichen Recht des Sitzmitgliedstaats (Art. 2 Abs. 1 EWIV-VO iVm Art. 12 EWIV-VO). Dabei handelt es sich um eine Sachnormverweisung.[144] Zur Kaufmannseigenschaft → Rn. 169. 41

b) Europäische Aktiengesellschaft (SE). aa) Rechtsquellen und Grundzüge der sachrechtlichen Regelung. Nach einer wechselvollen Vorgeschichte[145] hat der Rat mit der am 8.10.2001 erlassenen **VO über das Statut der Europäischen Gesellschaft (SE-VO)**[146] eine weitere supranationale Unternehmensform geschaffen. Die hiermit zusammenhängenden Fragen der Arbeitnehmerbeteiligung regelt eine gleichfalls am 8.10.2001 verabschiedete Richtlinie.[147] VO und RL sind am 8.10.2004 in Kraft getreten. Das deutsche **Gesetz zur Einführung der Europäischen Gesellschaft (SEEG)** vom 22.12.2004 (BGBl. 2004 I 3675) ist am 29.12.2004[148] in Kraft getre- 42

137 Auch aus diesem Grund sehr zu begrüßen daher: BGHZ 178, 192 = NJW 2009, 289 mAnm *Kieninger* = DStR 2009, 59 mAnm *Goette* = DNotZ 2009, 385 mAnm *Thölke* = IPRax 2009, 259 m. Aufs. *Weller* IPRax 2009, 202 ff. – Trabrennbahn; dazu *Kindler* IPRax 2009, 189 (190); ferner *Balthasar* RIW 2009, 221; *Gottschalk* ZIP 2009, 948; *Hellgardt/Illmer* NZG 2009, 94; *Lieder/Kliebisch* BB 2009, 338. Nachfolgend BGH ZIP 2009, 2385 = BeckRS 2009, 28205 – Ltd. nach dem Recht von Singapur mit Verwaltungssitz in Deutschland; obiter BGHZ 190, 242 Rn. 16 = NJW 2011, 3372; OLG Düsseldorf GRUR-RS 2016, 03039 Rn. 49.

138 EuGH ECLI:EU:C:1999:126 = NJW 1999, 2027 – Centros; ECLI:EU:C:2002:632 = NJW 2002, 3614 – Überseering; ECLI:EU:C:2003:512 = NJW 2003, 3331 – Inspire Art.

139 EuGH ECLI:EU:C:2003:512 Rn. 58 = NJW 2003, 3331 – Inspire Art: „Bestimmungen, deren Vereinbarkeit mit der (…) Richtlinie nicht in Frage gestellt worden ist, können nicht als Behinderung der Niederlassungsfreiheit angesehen werden".

140 ABl. EG 1985 L 199, 1; *Habersack/Verse* EuropGesR § 11.

141 Deutsches Ausführungsgesetz vom 14.4.1988, BGBl. 1988 I 514.

142 Vgl. *Lutter/Bayer/Schmidt,* Europäisches Unternehmensrecht, 6. Aufl. 2017, § 40 Rn. 3; *Hopt* ZGR 2013, 165 (198).

143 *Bayer/Lieder/Hoffmann* GmbHR 2023, 709.

144 EuGH ECLI:EU:C:1997:634 Rn. 22 S. 2 = NJW 1998, 972 – European Information Technology Observatory, zum Firmenrecht der EWIV: „*Inhaltliche Anforderungen* können folglich gemäß Art. 2 Abs. 1 EWIV-VO durch das im Mitgliedstaat des Sitzes der Vereinigung anwendbare *innerstaatliche Recht* aufgestellt werden" (Hervorhebung nicht im Original); zum Charakter von Art. 2 Abs. 1 EWIV-VO als Sachnormverweisung auch *Chr. Teichmann* ZGR 2002, 383 (398) m. Fn. 79.

145 *Habersack/Verse* EuropGesR § 13 Rn. 1.

146 VO (EG) 2157/2001 über das Statut der Europäischen Gesellschaft, ABl. EG 2001 L 294, 1.

147 RL 2001/86/EG zur Ergänzung des Statuts der Europäischen Gesellschaft hinsichtlich der Beteiligung der Arbeitnehmer, ABl. EG 2001 L 294, 22; zur unternehmerischen Mitbestimmung in der SE *Habersack* JbItalR 21 (2009), 19 ff.; *Habersack* ZHR 171 (2007), 613 ff.; ferner etwa *Henssler* FS Ulmer, 2003, 193; *Teichmann* ZIP 2014, 1049.

148 Materialien: BT-Drs. 15/3405; BT-Drs. 15/4053; BT-Drs. 15/4075.

ten.[149] Hauptbestandteile des SEEG sind das **SE-Ausführungsgesetz (SEAG)** mit den gesellschaftsrechtlichen Bestimmungen und das **SE-Beteiligungsgesetz (SEBG)** zur Arbeitnehmermitbestimmung.[150] Die SE hat sich in Deutschland – vor allem aus Gründen der Mitbestimmung – zu einem Erfolgsmodell entwickelt; zum **1.1.2023** gab es hierzulande **905 Gesellschaften.**[151] Im Jahr 2010 hat die EU-Kommission ihren Bericht über die Anwendung der SE-VO vorgelegt, wonach unter anderem gerade die Rechtsanwendungsfragen (Art. 9 SE-VO) die Praxis vor komplexe Herausforderungen stellen.[152]

43 Das **Sachrecht** der SE ist in diesem Kommentar nur in **Grundzügen** darzustellen.[153] Die SE ist eine **Handelsgesellschaft,** deren Kapital in **Aktien** zerlegt ist (Art. 1 Abs. 2 S. 1 SE-VO). Sie besitzt **Rechtspersönlichkeit** (Art. 1 Abs. 3 SE-VO). Die **Gründung** ist in vier Varianten möglich (Art. 2 SE-VO), denen jeweils der grenzüberschreitende Bezug innerhalb der EU gemeinsam ist: (1) durch **Verschmelzung** von Aktiengesellschaften, die nach dem Recht eines Mitgliedstaates gegründet worden sind und die ihren Sitz und ihre Hauptverwaltung in der Gemeinschaft haben, wenn mindestens zwei der zu verschmelzenden Gesellschaften dem Recht verschiedener Mitgliedstaaten unterliegen; (2) im Wege der Gründung einer **Holding-SE** durch AGen und/oder Gesellschaften mbH, die nach dem Recht eines Mitgliedstaates gegründet worden sind und ihren Sitz und ihre Hauptverwaltung in der Gemeinschaft haben, wenn mindestens zwei von ihnen dem Recht unterschiedlicher Mitgliedstaaten unterliegen;[154] (3) im Wege der Gründung einer **Tochter-SE** durch Gesellschaften iSv Art. 54 Abs. 2 AEUV sowie juristische Personen des öffentlichen oder privaten Rechts, die nach dem Recht eines Mitgliedstaats gegründet worden sind und ihren Sitz sowie ihre Hauptverwaltung in der Gemeinschaft haben, wenn mindestens zwei von ihnen dem Recht verschiedener Mitgliedstaaten unterliegen;[155] (4) durch formwechselnde **Umwandlung** einer Aktiengesellschaft, die nach dem Recht eines Mitgliedstaats gegründet worden ist und ihren Sitz sowie ihre Hauptverwaltung in der Gemeinschaft hat, in eine SE, wenn sie seit mindestens zwei Jahren eine dem Recht eines anderen Mitgliedstaats unterliegende Tochtergesellschaft hat. Daneben tritt als weitere Variante noch die Gründung einer Tochter-SE durch eine bereits bestehende SE (Art. 3 Abs. 2 SE-VO).[156]

44 Jede SE verfügt über eine Hauptversammlung der Aktionäre (Art. 38 lit. a SE-VO). Im Übrigen eröffnet die VO den Gesellschaften die Möglichkeit, in der Satzung zwischen dem **„dualistischen System"** einer Trennung von Aufsichts- und Leitungsorgan (Aufsichtsrat und Vorstand) und dem **„monistischen System"** eines einheitlichen Verwaltungsorgans zu wählen (Art. 38 lit. b SE-VO).[157] Kaum Regelungen enthält die SE-VO zu den mitgliedschaftlichen Rechten und Pflichten der Aktionäre, zu Ausgestaltung und Übertragung der Aktien, zu Satzungs- und Strukturänderungen, zum Konzernrecht (vgl. Erwägungsgrund 16 SE-VO) sowie zur Auflösung und Nichtigkeit der Gesellschaft.[158] Insoweit – sowie hinsichtlich weiterer vereinzelter Regelungslücken bei den sonstigen Bestimmungen[159] – greift das subsidiär anwendbare Recht ein (→ Rn. 46 ff.).

---

[149] Zum Gesetzgebungsverfahren *Ihrig/J. Wagner* BB 2004, 1749; *Neye* BB 2004, 1973; ferner DAV-Stellungnahme NZG 2004, 75; *Nagel* NZG 2004, 833; *Niklas* NZA 2004, 1200 zur Umsetzung der Arbeitnehmerbeteiligungs-RL.

[150] Ob daneben Raum für die subsidiäre Anwendung des MitbestG oder des DrittelbG verbleibt, ist str., vgl. Habersack/Drinhausen/*Schürnbrand,* SE-Recht, 2. Aufl. 2016, SE-VO Art. 9 Rn. 29.

[151] *Bayer/Lieder/Hoffmann* GmbHR 2023, 709 (718).

[152] KOM(2010) 676 endg.; die Rechtsanwendungsfragen der SE wurden schon früh als „lawyer's paradise" bezeichnet: *P. Sanders* in Schmitthoff, The Harmonisation of European Conmpany Law, 1973, 83, 89, zitiert nach *Fleischer* ZHR 174 (2010), 385 (424).

[153] Zur SE s. nur *Habersack/Drinhausen,* SE-Recht, 2. Aufl. 2016; *Habersack/Verse* EuropGesR § 13; *Lutter/Bayer/Schmidt,* Europäisches Unternehmensrecht, 6. Aufl. 2017, § 41; Rechtsprechungsübersicht: *Bungert/Gotsche* ZIP 2013, 649 ff.; zu Umsetzungsarbeiten in den Mitgliedstaaten vgl. Baums/Cahn (Hrsg.), Die Europäische Aktiengesellschaft – Umsetzungsfragen und Perspektiven, 2004; empirisch und rechtspolitisch *Braun/Eidenmüller/Engert/Hornuf* AG 2009, 845; zu Reformfragen *Hopt* ZGR 2013, 165 (195 ff.).

[154] Gleichgestellt ist der Fall, dass mindestens zwei der beteiligten Gesellschaften seit mindestens zwei Jahren eine dem Recht eines anderen Mitgliedstaats unterliegende Tochtergesellschaft oder eine Niederlassung in einem anderen Mitgliedstaat haben; näher *Stöber* AG 2013, 110.

[155] Gleichgestellt ist wiederum der Fall, dass mindestens zwei der beteiligten Gesellschaften seit mindestens zwei Jahren eine dem Recht eines anderen Mitgliedstaats unterliegende Tochtergesellschaft oder eine Niederlassung in einem anderen Mitgliedstaat haben.

[156] Vgl. zu den Gründungsvarianten die grafische Darstellung bei *Ebert* BB 2003, 1854 (1855).

[157] Vergleichbare Wahlmöglichkeiten enthalten auch das franz. Aktienrecht (Art. 225-57 C. comm. 2000) sowie das it. Aktienrecht (Art. 2380 ff. c.c.); vgl. zu Frankreich *Hirte* NZG 2002, 1 (5); *Chr. Teichmann* ZGR 2002, 383 (448 ff.); zu Italien *Steinhauer* EuZW 2004, 364 f.

[158] Krit. zum fragmentarischen Charakter der SE-VO *Habersack/Verse* EuropGesR § 12 Rn. 2.

[159] Nach Einschätzung von *Lutter* BB 2002, 1 (3) regelt die SE-VO allenfalls ein Drittel der einschlägigen Fragen.

Bezüglich der **räumlichen Anwendungsvoraussetzungen** der SE-VO gilt: Der **Sitz** der SE muss in der Europäischen Union liegen, und zwar in dem Mitgliedstaat, in dem sich die **Hauptverwaltung** befindet (Art. 7 S. 1 SE-VO). Die Gründung einer **„Briefkasten-SE"** mit Hauptverwaltung außerhalb des Staates des Satzungssitzes ist damit **ausgeschlossen.** Der Sache nach liegt darin eine **Entscheidung für die Sitztheorie,**[160] was auch aus Erwägungsgrund 27 SE-VO deutlich wird. Danach lässt die in der SE-VO enthaltene „Regelung des tatsächlichen Sitzes" das innerstaatliche Recht unberührt.[161] Zugleich zeugt diese Aussage vom Respekt des EU-Gesetzgebers vor den unterschiedlichen Anknüpfungsmerkmalen im internationalen Gesellschaftsrecht der Mitgliedstaaten.[162] Die Mitgliedstaaten können vorschreiben, dass eine in ihrem Hoheitsgebiet eingetragene SE Sitz und Hauptverwaltung sogar am selben Ort haben muss (Art. 7 S. 2 SE-VO); die **Sitzverlegung** regelt Art. 8 SE-VO.[163] Das englische „Companies House" hat im Februar 2019 Regelungen zu SE-Eintragungen mit EU-Bezug erlassen (**„harter Brexit";** → Rn. 485 ff.):[164] **(1)** Nach dem Brexit können SE nicht mehr in Großbritannien eingetragen werden. **(2)** SE, die bereits registriert sind, können vor dem Austrittsdatum bestimmte Umwandlungsmaßnahmen ergreifen. Eine SE kann in eine UK-PLC umgewandelt werden, wenn sie mindestens zwei Jahre registriert war und mindestens zwei Jahresabschlüsse vorliegen. Die Umwandlung muss vor dem Austrittsdatum abgeschlossen sein. In Großbritannien eingetragene SE können vor dem Austrittsdatum ihren Sitz in einen EU Mitgliedstaat verlegen. **(3)** Eine am Austrittsdatum (1.1.2021 gemäß dem Austrittsabkommen) in Großbritannien eingetragene SE wird automatisch in eine UK-SE umgewandelt und kann anschließend aufgelöst oder in eine PLC umgewandelt werden. 45

bb) Subsidiäre Anwendbarkeit mitgliedstaatlichen Rechts. Auf Grund der zahlreichen Regelungslücken ist die SE jeweils stark durch eine subsidiär anwendbare mitgliedstaatliche Rechtsordnung geprägt. Von einer „deutschen SE", einer „französischen SE", einer „englischen SE" usw zu sprechen, erscheint nicht übertrieben.[165] Das nationale Recht kommt zum Zug, wenn die betreffende Frage weder in der SE-VO selbst (Art. 9 Abs. 1 lit. a SE-VO)[166] noch in der Satzung der konkreten SE (Art. 9 Abs. 1 lit. b SE-VO)[167] geregelt ist. Für diesen Fall enthält **Art. 9 Abs. 1 lit. c SE-VO** eine **Kollisionsnorm,**[168] die durch § 1 SEAG konkretisiert werden soll; letztere Vorschrift hat wegen des Vorrangs der SE-VO freilich nur deklaratorischen Charakter.[169] Dass es sich bei Art. 9 Abs. 1 lit. c SE-VO um eine iprechtliche Kollisionsnorm und nicht um eine „Form der Lückenfüllung" sui generis handelt,[170] wird schon daran deutlich, dass auf Grund der Verweisungsvorschriften nicht „nationales Recht" schlechthin anzuwenden ist,[171] sondern eine Auswahl aus **verschiedenen** in Betracht kommenden mitgliedstaatlichen Rechtsordnungen zu treffen ist.[172] 46

Nach Art. 9 Abs. 1 lit. c SE-VO unterliegt die SE in Bezug auf die nicht oder nur teilweise in der VO geregelten Bereiche 47

– den Rechtsvorschriften, die die Mitgliedstaaten in Anwendung der speziell die SE betreffenden „Gemeinschaftsmaßnahmen" erlassen,

---

160 *Schulz/Geismar* DStR 2001, 1078 (1079); aA *Hirte* NZG 2002, 1 (4); krit. *de Diego* EWS 2005, 448.

161 Die englische Fassung spricht von real seat arrangement, die franz. von régime du siège réel.

162 Schlussanträge GA *Colomer* NZG 2002, 16 Rn. 69 m. Fn. 49 – Inspire Art; *Kindler* NJW 2003, 1073 (1075).

163 Näher *Ringe,* Die Sitzverlegung der Europäischen Aktiengesellschaft, 2006; *Casper/Weller* NZG 2009, 681; *de Lousanoff* FS Spiegelberger, 2009, 604.

164 *Eberhardt* RIW 2019, 352; *Eberhardt* RIW 2021, 292 (293).

165 *Lutter* BB 2002, 1 (3); anschaulich *Zimmer* RabelsZ 67 (2003), 298 (309): Die SE fahre „unter 25 verschiedenen Flaggen"; ferner *Menjucq,* Droit international et européen des sociétés, 2001, Rn. 98: „la SE sera une société anonyme européenne à variation nationale".

166 Zu deren Auslegung und Rehtsfortbildung Habersack/Drinhausen/*Schürnbrand,* SE-Recht, 2. Aufl. 2016, SE-VO Art. 9 Rn. 11 ff.

167 Zur Satzungsstrenge in der SE-VO s. Habersack/Drinhausen/*Schürnbrand,* SE-Recht, 2. Aufl. 2016, SE-VO Art. 9 Rn. 51; *Habersack* AG 2006, 345 (348).

168 Zu ihr *Schwarz,* Europäisches Gesellschaftsrecht, 2000, Rn. 1094 ff.; *Schwarz* ZIP 2001, 1847 (1849); *Brandt/Scheifele* DStR 2002, 547; *J. Wagner* NZG 2002, 984; *Casper* FS Ulmer, 2003, 51 ff.; *C. Schäfer* NZG 2004, 785 f.; speziell zum anwendbaren Konzernrecht *Jaecks/Schönborn* RIW 2003, 254; *Ebert* BB 2003, 1854.

169 Habersack/Drinhausen/*Schürnbrand,* SE-Recht, 2. Aufl. 2016, SE-VO Art. 9 Rn. 7; zu § 1 SEAG vgl. DAV-Stellungnahme NZG 2004, 75 f., 957.

170 So indessen *Casper* FS Ulmer, 2003, 51 (65); ihm folgend *C. Schäfer* NZG 2004, 785 (787); wie hier *Chr. Teichmann* ZGR 2002, 383 (396): einseitiges Rechtsanwendungsrecht.

171 Vgl. *Casper* FS Ulmer, 2003, 51 (65).

172 *J. Wagner* NZG 2002, 985 (987) m. Fn. 18; *Brandt/Scheifele* DStR 2002, 547; *v. Bar/Mankowski* IPR I § 3 Rn. 82.

– dem Aktienrecht des Sitzmitgliedstaats,
– den Satzungsbestimmungen im Rahmen der nach dem Aktienrecht des Sitzmitgliedstaats gewährten Satzungsautonomie.

48 Neben diese **Generalverweisungsvorschrift** treten eine Fülle von **Spezialverweisungsvorschriften,** zB Art. 5 SE-VO (Kapitalerhaltung und -änderung, Wertpapiere), Art. 15 Abs. 1 SE-VO (Gründung im Allgemeinen), Art. 51 SE-VO (Organhaftung), Art. 53 SE-VO (Hauptversammlung); Art. 63 SE-VO (Auflösung, Liquidation, Zahlungsunfähigkeit, Zahlungseinstellung und ähnlicher Verfahren[173]).[174] Diese Spezialverweisungen genießen Anwendungsvorrang vor Art. 9 Abs. 1 lit. c SE-VO.[175]

49 Die SE-VO verlangt verschiedentlich von den Mitgliedstaaten ein gesetzgeberisches Tätigwerden **(Verpflichtungen);** Beispiele: Art. 8 Abs. 14 UAbs. 3 SE-VO; Art. 12 Abs. 1 SE-VO; Art. 19 UAbs. 2 S. 2 SE-VO; Art. 64 SE-VO). An anderen Stellen ermächtigt sie zur Rechtssetzung **(Ermächtigungen);** Beispiele: Art. 2 Abs. 5 SE-VO; Art. 8 Abs. 5 SE-VO, Art. 8 UAbs. 2 SE-VO, Art. 14 UAbs. 1 SE-VO; Art. 12 Abs. 4 UAbs. 2 SE-VO; Art. 19 UAbs. 1 SE-VO; Art. 21 SE-VO; Art. 24 Abs. 2 SE-VO; Art. 31 Abs. 2 UAbs. 2 SE-VO. Dabei handelt es sich nach Auffassung einiger Autoren um **versteckte Kollisionsnormen** (allgemein → Einl. IPR Rn. 93 ff.).[176] Denn sobald der mitgliedstaatliche Gesetzgeber seiner Rechtssetzungsverpflichtung oder -ermächtigung entsprochen habe, wirke die Verpflichtung oder Ermächtigung als Verweisung. Dieses Verständnis der Regelungsaufträge und -optionen ist zwar für sich betrachtet kollisionsrechtsdogmatisch einleuchtend. Es lässt sich indessen **nicht mit Art. 9 Abs. 1 lit. c Ziff. i SE-VO in Einklang** bringen. Danach unterliegt die SE – in Ermangelung einer Regelung in der VO selbst oder in einer von ihr zugelassenen Satzungsbestimmung (Art. 9 Abs. 1 lit. a, b SE-VO) – „den Rechtsvorschriften, die die Mitgliedstaaten in Anwendung der speziell die SE betreffenden Gemeinschaftsmaßnahmen erlassen". Damit sind nicht nur die in Ausführung der SE-Richtlinie erlassenen nationalen Bestimmungen auf dem Gebiet des Arbeitsrechts gemeint (im deutschen Recht das SEBG).[177] Vielmehr fallen **auch die nationalen Ausführungsbestimmungen auf dem Gebiet des Gesellschaftsrechts,** die die SE-VO vorschreibt oder zulässt, unter Art. 9 Abs. 1 lit. c Ziff. i SE-VO. Dies ergibt zunächst der Wortlaut der Bestimmung, da auch die SE-VO selbst eine – und zwar die hauptsächliche – speziell die SE betreffende „Gemeinschaftsmaßnahme" ist. Bestätigt wird dies durch Art. 9 Abs. 2 SE-VO. Danach müssen die von den Mitgliedstaaten eigens für die SE erlassenen Rechtsvorschriften mit den für Aktiengesellschaften maßgeblichen Richtlinien in Einklang stehen. Gemeint sind damit alle bisher verabschiedeten gesellschaftsrechtlichen Richtlinien (→ Rn. 29 ff.), da diese sich durchweg auf die Aktiengesellschaft beziehen.[178] Der systematische Standort dieser Regelung deutet darauf hin, dass auch im unmittelbar vorangehenden **Abs. 1** des Art. 9 SE-VO (neben den arbeitsrechtlichen) die **gesellschaftsrechtlichen** Ausführungsbestimmungen zur SE-VO gemeint sind.[179] Da es gesellschaftsrechtliche Ausführungsbestimmungen **nur** auf der Grundlage der hier interessierenden speziellen Regelungsverpflichtungen und -ermächtigungen geben kann,[180] würde Art. 9 Abs. 1 lit. c Ziff. i SE-VO im Gesellschaftsrecht völlig leer laufen, wenn man mit der hier abgelehnten Auffassung bereits in diesen Regelungsverpflichtungen und -ermächtigungen der VO versteckte (Gesellschafts-)Kollisionsnormen mit Anwendungsvorrang vor Art. 9 Abs. 1 lit. c Ziff. i SE-VO sehen wollte.[181]

---

173 Dazu *Bachmann* FS v. Hoffmann, 2011, 36.

174 Insgesamt enthält die SE-VO 84 Verweisungsvorschriften dieser Art; *Brandt/Scheifele* DStR 2002, 547.

175 *Brandt/Scheifele* DStR 2002, 547 (553); *J. Wagner* NZG 2002, 984 (987); *Casper* FS Ulmer, 2003, 51 (57); Habersack/Drinhausen/*Schürnbrand,* SE-Recht, 2. Aufl. 2016, SE-VO Art. 9 Rn. 8.

176 So *Schwarz,* Europäisches Gesellschaftsrecht, 2000, Rn. 958, 1112; *Brandt/Scheifele* DStR 2002, 547 (553).

177 So aber *J. Wagner* NZG 2002, 985 (989).

178 Dies gilt auch für die 12. RL unter den Voraussetzungen von Art. 6 RL 89/667/EWG (→ Rn. 48); aA *Schwarz* ZIP 2001, 1847 (1849), der nur die ausschließlich für AGen geltenden Richtlinien der Vorschrift des Art. 9 Abs. 2 SE-VO zuordnet.

179 So auch *o. V.* ZIP 2001, 1889 (1890): „Einfügung des neuen Art. 9 Abs. 2 SE-VO, der im Zusammenhang mit Art. 9 Abs. 1 lit. c Ziff. i SE-VO zu lesen ist".

180 *Chr. Teichmann* ZIP 2002, 1109: „Der nationale Gesetzgeber kann eigene Akzente nur dort setzen, wo ihm die VO dafür Raum lässt."; ähnlich *Chr. Teichmann* ZGR 2002, 383 (399, 401).

181 Wie hier Habersack/Drinhausen/*Schürnbrand,* SE-Recht, 2. Aufl. 2016, SE-VO Art. 9 Rn. 9; ferner (aber ohne nähere Begr.) ausdrücklich *Menjucq,* Droit international et éuropeen des sociétés, 2001, Rn. 98: „dispositions nationales qui seront spécifiquement adoptées, en application du *règlement* communautaire" (Hervorhebung nicht im Original); *Blanquet* ZGR 2002, 20 (50) zu Fn. 45; *Nagel* NZG 2004, 833 (834); ohne Beschränkung auf die Durchführungsbestimmungen zur SE-RL ferner *Malatesta* Riv. dir. int. priv. proc. 2002, 613 (617); *Chr. Teichmann* ZGR 2002, 383 (399 f.) – insofern im Widerspruch zum eigenen Standpunkt, wonach in den Regelungsverpflichtungen und -ermächtigungen versteckte Kollisionsnormen zu sehen seien; *C. Schäfer* NZG 2004, 785 (787).

Sämtliche Kollisionsnormen der SE-VO sind **Sachnormverweisungen.**[182] Dies ergibt sich bereits vielfach aus dem Wortlaut der Vorschriften, zB wenn Art. 4 Abs. 3 SE-VO auf „Rechtsvorschriften eines Mitgliedstaats, die ein höheres gezeichnetes Kapital für Gesellschaften vorsehen," verweist (weitere Beispiele: Art. 13 SE-VO; Art. 15 Abs. 1 SE-VO; Art. 47 Abs. 1 UAbs. 1 SE-VO; Art. 49 Hs. 2 SE-VO; Art. 51 SE-VO; Art. 52 UAbs. 1 lit. b, UAbs. 2 SE-VO; Art. 53 SE-VO; Art. 54 Abs. 1 S. 1, Abs. 2 SE-VO; Art. 57 SE-VO; Art. 59 Abs. 1 SE-VO; Art. 61 SE-VO; Art. 62 Abs. 1 und 2 SE-VO).[183] Dass es sich darüber hinaus aber auch in allen übrigen Fällen um Sachnormverweisungen handelt, entspricht dem Willen der Urheber der VO, wie er in **Erwägungsgrund 9 SE-VO** seinen unmissverständlichen Niederschlag gefunden hat. Danach verweist die SE-VO zur Lückenfüllung „auf das **Aktienrecht** des Sitzmitgliedstaats". Anders als durch Sachnormverweisungen wäre das erklärte Ziel der VO, eine „juristische Einheitlichkeit" (Erwägungsgrund 6 SE-VO) der SE-Unternehmen zu schaffen, nicht zu erreichen; eine Zwischenschaltung des mitgliedstaatlichen Kollisionsrecht wäre damit nicht zu vereinbaren.[184] Dies entspricht ersichtlich auch der Rechtsauffassung des EuGH, der die – funktionsgleiche – Verweisungsnorm in Art. 2 Abs. 1 EWIV-VO (die Vorschrift verweist wie Art. 9 Abs. 1 lit. c SE-VO auf das Recht am Sitz der Gesellschaft) ohne nähere Begründung als Sachnormverweisung anwendet (→ Rn. 41).[185] Die Verweisung zielt gleichermaßen auf mitgliedstaatliches **Gesetzesrecht** wie **Richterrecht,**[186] und sie wirkt **„dynamisch",** dh sie bringt das mitgliedstaatliche Recht in seiner – nach dortigen intertemporalen Regeln – jeweils gültigen Fassung zur Anwendung.[187] 50

cc) Die Generalverweisung auf das Recht des Sitzstaates (Art. 9 Abs. 1 lit. c SE-VO). (1) Voraussetzungen. Die Generalverweisung auf das Recht des Sitzstaates durch Art. 9 Abs. 1 lit. c SE-VO findet unter drei Voraussetzungen statt:[188] **(1)** Eröffnung des sachlichen Geltungsbereichs der SE-VO; **(2)** Fehlen einer Spezialverweisung; **(3)** Vorliegen einer Regelungslücke innerhalb des Geltungsbereichs. Was zunächst den **sachlichen Geltungsbereich** der SE-VO angeht **(1),** so erstreckt sich dieser auf **alle aktienrechtlichen Fragen der SE.**[189] Deutlich wird dies unter anderem aus Erwägungsgrund 6, wonach die VO „Struktur und Funktionsweise" der SE regeln soll, ferner aus der in Erwägungsgrund 9 angesprochenen Verweisung auf das „Aktienrecht" des Sitzmitgliedstaates. Nähere Anhaltspunkte geben die in der SE-VO selbst behandelten Sachbereiche, wie sie vor allem in den **Titelüberschriften** zum Ausdruck kommen. Danach unterliegen dem sachlichen Geltungsbereich der SE-VO Materien wie etwa das Wesen der SE, die Rechtspersönlichkeit,[190] die Haftungsfragen bei der SE in Gründung, der Sitz, die Firma, ferner die Bereiche Kapitalverfassung, Gründung und Organverfassung, Sitzverlegung, Umwandlung in eine AG nationalen Rechts.[191] Auch die Zulässigkeit und die Wirkung schuldrechtlicher Gesellschaftervereinbarungen gehört hierher.[192] Trotz des vollständigen Regelungsverzichts beim sachlichen **Konzernrecht** zählen die Urheber der VO dieses Gebiet offenbar zum – abstrakt definierten – Geltungsbereich der VO; anders lässt sich der in Erwägungsgrund 15 SE-VO angenommene Rechtsanwendungsbefehl nicht erklären. Danach bestimmt sich der Minderheiten- und Drittschutz im Konzern nach dem Gesellschaftsstatut des beherrschten Unternehmens.[193] In den Geltungsbereich der VO fallen schließlich auch Fragen 51

---

182 Habersack/Drinhausen/*Schürnbrand,* SE-Recht, 2. Aufl. 2016, SE-VO Art. 9 Rn. 8, 34; *Brandt/Scheifele* DStR 547, 553; *Schwarz,* Europäisches Gesellschaftsrecht, 2000, Rn. 1112; zu Art. 9 Abs. 1 lit. c SE-VO auch *Jaecks/Schönborn* RIW 2003, 253 (257) nach Fn. 39.

183 *J. Wagner* NZG 2002, 985 (987).

184 *J. Wagner* NZG 2002, 985 (987, 989); ebenso *Blanquet* ZGR 2002, 20 (50); *Chr. Teichmann* ZGR 2002, 383 (395).

185 EuGH ECLI:EU:C:1997:634 Rn. 22 S. 2 = NJW 1998, 972 – European Information Technology Observatory.

186 *Brandt/Scheifele* DStR 2002, 547 (553); *Hirte* NZG 2002, 1 (2 f.); *Jaecks/Schönborn* RIW 2003, 253 (254); *Chr. Teichmann* ZGR 2002, 383 (398 f.); *J. Wagner* NZG 2002, 985 (987); *Casper* FS Ulmer, 2003, 51 (68 f.).

187 *Brandt/Scheifele* DStR 2002, 547 (553); *J. Wagner* NZG 2002, 985 (987).

188 *Casper* FS Ulmer, 2003, 51 (65 ff.).

189 Vgl. schon *v. Caemmerer* FS Kronstein, 1967, 171 (195); *Lindacher* in Lutter, Die Europäische Aktiengesellschaft, 2. Aufl. 1978, 1, 5 ff.; iErg nicht anders *Brandt/Scheifele* DStR 2002, 547 (550 f.), wenngleich dort die Notwendigkeit einer gemeinschaftsrechtlichen Qualifikation betont wird; ferner *J. Wagner* NZG 2002, 985 (988): „alle gesellschaftsrechtlichen Fragen".

190 Anders offenbar *Brandt/Scheifele* DStR 2002, 547 (550) unter 3.5.2 mit Hinweis auf Erwägungsgrund 29 SE-VO, die aber die zentrale Bedeutung der Rechtspersönlichkeit für die europaweit einheitlichen Betätigungsmöglichkeiten der SE verkennen.

191 Vgl. die Aufzählung bei *J. Wagner* NZG 2002, 985 (988).

192 *Hirte* DStR 2005, 700 (703); Habersack/Drinhausen/*Schürnbrand,* SE-Recht, 2. Aufl. 2016, SE-VO Art. 9 Rn. 27.

193 Habersack/Drinhausen/*Schürnbrand,* SE-Recht, 2. Aufl. 2016, SE-VO Art. 9 Rn. 31; LG München I BeckRS 2011, 19892 = ZIP 2011, 1511; zum Konzernrecht der SE näher *Habersack* ZGR 2003, 724; *Jaecks/Schönborn* RIW 2003, 254; *Ebert* BB 2003, 1854.

der Arbeitnehmerbeteiligung. Denn Art. 9 Abs. 1 lit. c Ziff. i SE-VO verweist auf die von den Mitgliedstaaten erlassenen Durchführungsbestimmungen zur Arbeitnehmerbeteiligungs-RL.[194]

52 **Negativ** stellt Erwägungsgrund 20 SE-VO klar, dass „andere Rechtsbereiche" wie das Steuerrecht, Wettbewerbsrecht, der gewerbliche Rechtsschutz und das Konkursrecht nicht in den Geltungsbereich der VO fallen. Diese **Aufzählung** ist freilich nur **exemplarisch.**[195] Nicht zum Gesellschaftsrecht zählen ferner das Handelsrecht[196] sowie das gesamte Aufsichtsrecht (zB das Kapitalmarktrecht[197] und die Bankenaufsicht).[198] Insoweit bewendet es bei den für diese Materien maßgeblichen Kollisionsnormen.[199] Nach der zum Einheitsrecht eingeführten Begrifflichkeit geht es hier um die Schließung **„externer Lücken"** (→ CISG Art. 7 Rn. 10).[200]

53 Auf das **Fehlen von Spezialverweisungen** – → Rn. 51 unter (2) – ist hier nicht erneut einzugehen (→ Rn. 47 f.).

54 Bei der dritten Anwendungsvoraussetzung – dem Vorliegen einer **Regelungslücke** (→ Rn. 51) unter **(3)** – unterscheidet Art. 9 Abs. 1 lit. c SE-VO zwischen Bereichen, die überhaupt nicht und solchen, die bloß hinsichtlich einzelner Aspekte geregelt werden. Zu Ersteren zählt etwa das Konzernrecht (→ Rn. 44, → Rn. 51), zu Letzteren zB die organschaftliche Vertretung der AG als Teilaspekt der in Art. 39, 43 SE-VO geregelten Geschäftsführung (vgl. dazu im deutschen Recht § 41 SEAG).[201] Der Sinn dieser Abstufung bleibt allerdings dunkel, da die Regelungslücken aus beiden Kategorien nach den selben Regeln zu schließen sind (→ Rn. 56 ff.). Daher verzichtet etwa Art. 7 Abs. 2 CISG auf eine entsprechende Unterscheidung. Weil die Regelungslücken innerhalb des Geltungsbereichs der SE-VO (→ Rn. 51) auftreten, kann man hier von **„internen Lücken"** sprechen (→ CISG Art. 7 Rn. 10).

55 Ohne weitere Schwierigkeiten lässt sich meist das Vorliegen eines von vornherein nicht geregelten Bereichs feststellen (→ Rn. 44 aE). Dagegen erfordert die Lückenfeststellung hinsichtlich eines – an sich – geregelten Teilbereichs zunächst eine Auslegung der in Rede stehenden Vorschriften. Denn die Auslegung bestimmt zugleich den Regelungsumfang einer Vorschrift.[202] Hier gelten die allgemeinen – hier nicht näher darzustellenden – Auslegungsregeln des sekundären Unionsrechts.[203]

56 **(2) Verweisungsziel.** Art. 9 Abs. 1 lit. c SE-VO benennt drei verschiedene Verweisungsziele, die zueinander in einem Rangverhältnis stehen.[204] Nach Art. 9 Abs. 1 lit. c Ziff. i SE-VO sind **an erster Stelle** die **Rechtsvorschriften** zur Anwendung berufen, „die die Mitgliedstaaten **in Anwendung der speziell die SE betreffenden Gemeinschaftsmaßnahmen erlassen".** Gemeinschaftsmaßnahmen iSv Art. 9 S. 1 lit. c Ziff. i SE-VO sind sowohl die SE-VO selbst wie die SE-Richtlinie (→ Rn. 49). Ein Anknüpfungsmerkmal enthält Art. 9 S. 1 lit. c Ziff. i SE-VO nicht. Insoweit ist daher – entsprechend Art. 9 Abs. 1 lit. c Ziff. ii, Ziff. iii SE-VO – auf den **Sitz der Gesellschaft** abzustellen (zum Sitzbegriff → Rn. 45). Denn es ist anzunehmen, dass hier ein kollisionsrechtlicher Gleichlauf mit dem durch diese Vorschriften zur Anwendung berufenen Aktienrecht gewollt ist. Dafür spricht schon, dass die Ausführungsbestimmungen zur SE-VO, soweit es um die Ausnutzung mitgliedstaatlicher Rechtssetzungsermächtigungen geht (→ Rn. 49), vor dem Hintergrund des jeweiligen nationalen Aktienrechts erlassen werden.

57 **An zweiter Stelle** kommt das **Aktienrecht des Sitzstaates** der SE zum Zuge, und zwar in seiner jeweils geltenden Fassung (dynamische Verweisung).[205] Dabei ist dem Wortlaut („…

[194] *J. Wagner* NZG 2002, 985 (988).

[195] Umfassend zu den von der Verweisung nicht erfassten Materien des allgemeinen Verkehrsrechts Habersack/Drinhausen/*Schürnbrand,* SE-Recht, 2. Aufl. 2016, SE-VO Art. 9 Rn. 28.

[196] *Casper* FS Ulmer, 2003, 51 (66) mit einer Unterausnahme für das Firmenrecht, Art. 11 SE-VO.

[197] *Casper* FS Ulmer, 2003, 51 (66).

[198] *Brandt/Scheifele* DStR 2002, 547 (551) zum KWG.

[199] Vgl. zum Wettbewerbsrecht sowie zum gewerblichen Rechtsschutz sowie zum Insolvenzrecht die Erl. in diesem Band; unrichtig *Brandt/Scheifele* DStR 2002, 547 (551) zu Fn. 53: außerhalb des „Regelungsbereiches" gelange das mitgliedstaatliche Recht des Sitzstaates „ohne weiteres" zur Anwendung.

[200] *Schlechtriem,* Internationales UN-Kaufrecht, 4. Aufl. 2007, Rn. 33.

[201] *Habersack/Verse* EuropGesR § 12 Rn. 28.

[202] *J. Wagner* NZG 2002, 985 (988) m. Fn. 37.

[203] Vgl. insoweit nur *J. Wagner* NZG 2002, 985 (988) m. Fn. 38; *Casper* FS Ulmer, 2003, 51 (54 ff.) auch zum Analogieschluss, zum Rückgriff auf allgemeine Rechtsgrundsätze und zum Umgehungsverbot; allg. zur Auslegung von Sekundärrecht *W. H. Roth* EWS 2005, 385.

[204] *Brandt/Scheifele* DStR 2002, 547 (555); *J. Wagner* NZG 2002, 985 (989).

[205] Beispiel: BAG NZG 2023, 1235 Rn. 24 zum Wahlverfahren für Arbeitnehmervertreter bei Umwandlung mitbestimmter AG in SE; *Lutter/Bayer/Schmidt,* Europäisches Unternehmensrecht, 6. Aufl. 2017, § 41 Rn. 26; Habersack/Drinhausen/*Schürnbrand,* SE-Recht, 3. Aufl. 2022, SE-VO Art. 9 Rn. 42. Ob das mitgliedstaatliche Recht SE-spezifisch auszulegen ist, ist str.: Habersack/Drinhausen/*Schürnbrand,* SE-Recht, 2. Aufl. 2016, SE-VO Art. 9 Rn. 43 ff.; unrichtig KG DNotZ 2012, 791: Einstufung einer österreichischen SE als GmbH.

Rechtsvorschriften, … die … Anwendung finden würden.") eine Verweisung auf das Recht eines bestimmten Mitgliedstaates nicht eindeutig zu entnehmen. Rein semantisch betrachtet scheint sich die Bestimmung auf eine **Gleichstellung** der SE mit AGen, die nach dem Recht des Sitzstaates gegründet wurden, zu beschränken. Sinn und Zweck der SE-VO und der Vergleich mit den Einzelverweisungen spricht indessen dafür, Art. 9 Abs. 1 lit. c Ziff. ii SE-VO als **Sachnormverweisung** auf das Aktienrecht des Sitzstaates zu betrachten (→ Rn. 50). **Anknüpfungspunkt** ist dabei nicht der tatsächliche Verwaltungssitz, sondern der **Satzungssitz** der SE.[206] Dass die SE-VO mit dem Anknüpfungspunkt des „Sitzstaates" (Art. 9 Abs. 1 lit. c Ziff. ii SE-VO) den Satzungssitz meint, ergibt sich aus Art. 7, 64 SE-VO, wo dieser Begriff dem der Hauptverwaltung gegenübergestellt wird.[207] Zwar spricht Erwägungsgrund 27 SE-VO die „für die SE gewählte Regelung des tatsächlichen Sitzes" an und verbindet damit die Erklärung, weder dem mitgliedstaatlichen Recht noch künftigem Unionsrecht vorgreifen zu wollen. Daraus ergibt sich jedoch kein Argument für eine Verwaltungssitzanknüpfung im technischen Sinne.[208] Dass die SE-VO ein Hauptanliegen der Sitztheorie grundsätzlich verfolgt – die Anwendung des am tatsächlichen Verwaltungssitz der Gesellschaft geltenden Rechts (→ Rn. 45) – ergibt sich vielmehr mittelbar aus dem Sachrecht. Denn nach Art. 7 S. 1 SE-VO muss der Sitz der SE in dem Mitgliedstaat liegen, in dem sich die Hauptverwaltung befindet. Wird die Hauptverwaltung in einen anderen Staat verlegt, so hat der Staat des Satzungssitzes einzuschreiten (Art. 64 SE-VO). Das aber setzt voraus, dass dessen Recht (nach wie vor) anwendbar ist.

An dritter Stelle verweist Art. 9 Abs. 1 lit. c Ziff. iii SE-VO auf die **Bestimmungen der** 58 **Satzung** der SE, und zwar „unter den gleichen Voraussetzungen, wie im Falle einer nach dem Recht des Sitzstaates der SE gegründeten Aktiengesellschaft". Dieses Verweisungsziel überrascht auf den ersten Blick, werden doch die Bestimmungen der Satzung bereits in Art. 9 Abs. 1 lit. b SE-VO zur Anwendung berufen (→ Rn. 46). Dort geht es allerdings nur um die durch die VO selbst ausdrücklich angeordneten oder gestatteten Satzungsbestimmungen. Verpflichtenden Charakter haben insoweit die Vorschriften der Art. 40 Abs. 3 S. 1 SE-VO, Art. 43 Abs. 2 S. 1 SE-VO, Art. 46 Abs. 1 SE-VO, Art. 48 Abs. 1 SE-VO; ermächtigenden Charakter – im Sinne einer Einräumung von Satzungsautonomie – besitzen die Vorschriften der Art. 40 Abs. 2 S. 2 SE-VO, Art. 43 Abs. 3 S. 2 SE-VO, Art. 47 Abs. 1 UAbs. 1 SE-VO, Art. 50 Abs. 1 und 2 SE-VO, Art. 55 Abs. 1 Hs. 2 SE-VO.[209] Diese Satzungsklauseln liegen allesamt innerhalb des durch die VO geregelten Bereichs. Demgegenüber betrifft die hier interessierende Vorschrift des Art. 9 Abs. 1 lit. c Ziff. iii SE-VO **Satzungsklauseln im Bereich von internen Regelungslücken** (→ Rn. 54). Für diesen Bereich stellt die Bestimmung klar, dass die im Aktienrecht des Sitzstaates bestehenden Spielräume für die Satzungsgeber auch für die diesem Recht unterliegende SE gelten.[210] Weil die Zulassung von Satzungsregeln aber ohnehin durch die – bereits in Art. 9 Abs. 1 lit. c Ziff. ii SE-VO zur Anwendung berufenen (→ Rn. 57) – Rechtsvorschriften für Aktiengesellschaften erfolgt (vgl. im deutschen Recht § 23 Abs. 5 AktG), ist Art. 9 Abs. 1 lit. c Ziff. iii SE-VO überflüssig.[211]

c) Europäische Genossenschaft (SCE). Auf der Grundlage von Art. 308 EG-Vertrag 59 (Art. 352 AEUV) hat der Ministerrat am 22.7.2003 die **VO über das Statut der Europäischen Genossenschaft (Societas Cooperativa Europaea, SCE)** erlassen (SCE-VO).[212] Wie im Falle

---

206 Sachrechtlich besteht bei der deutschen SE hier kein Gestaltungsspielraum für die Satzungsgeber. Nach § 2 SEAG hat die Satzung als Sitz den Ort zu bestimmen, wo die Verwaltung geführt wird; dies entspricht Art. 7 S. 2 SE-VO, vgl. die DAV-Stellungnahme in NZG 2004, 75 (76); 2004, 957.

207 *Zimmer* RabelsZ 67 (2003), 298 (309 f.); aA *Hausmann* in Reithmann/Martiny IntVertragsR Rn. 6.191: effektiver Verwaltungssitz; ebenso *Menjucq,* Droit international et éuropeen des sociétés, 2001, Rn. 99; *Malatesta* Riv. dir. int. priv. proc. 2002, 613 (619); *Ebert* BB 2003, 1854 (1857).

208 So aber *Ebert* BB 2003, 1854 (1857): „Die europäische Sitztheorie der SE-VO".

209 *Brandt/Scheifele* DStR 2002, 547 (555).

210 Für die deutsche SE gilt daher § 23 Abs. 5 AktG, vgl. Habersack/Drinhausen/*Schürnbrand,* SE-Recht, 2. Aufl. 2016, SE-VO Art. 9 Rn. 54.

211 *Blanquet* ZGR 2002, 20 (48); zum Ganzen auch *J. Wagner* NZG 2002, 985 (989); *Casper* FS Ulmer, 2003, 51 (71); *Menjucq,* Droit international et éuropeen des sociétés, 2001, Rn. 107.

212 VO (EG) 1435/2003 vom 22.7.2003 über das Statut der Europäischen Genossenschaft (SCE), ABl. EG 2003 L 207, 1. Die SCE-VO wurde mit Billigung des EuGH auf Art. 308 EG-Vertrag (heute Art. 352 AEUV) gestützt, wobei der EuGH eine Verabschiedung als Richtlinie ausdrücklich ausschloss: EuGH ECLI:EU:C:2006:277 Rn. 44 = EuZW 2006, 380 – Europäisches Parlament/Rat der EU; dazu *Lutter/Bayer/Schmidt,* Europäisches Unternehmensrecht, 6. Aufl. 2017, § 42 Rn. 1; dazu Schulze (Hrsg.), Europäische Genossenschaft (SCE), 2004; s. ferner *Schulze* NZG 2004, 792; *Vieweg* GS Blomeyer, 2004, 525 ff.; *Krebs* EWS 2012, 407 zur Gründung durch Rechtsformwechsel; zum internationalen Genossenschaftsrecht *Münkner* FS Beuthien, 2009, 349; Angaben zur tatsächlichen Verbreitung bei *Bayer/Schmidt* BB 2014, 1219.

der SE wird die VO durch eine Richtlinie über die Beteiligung der Arbeitnehmer flankiert.[213] Verordnung und Richtlinie sind am 18.8.2006 in Kraft getreten, gemeinsam mit dem deutschen Begleitgesetz.[214] In Art. 1 ff. SCE-VO enthält die SCE-VO zunächst allgemeine Vorschriften über das Wesen der SCE, Mindest- und Grundkapital, Satzung, Sitz und Mitgliedschaft. Wie die SE-VO (→ Rn. 45) beruht sie auf dem Prinzip der **Verwaltungssitzanknüpfung** („Sitztheorie"); deutlich wird dies aus Erwägungsgrund 14 und Art. 6, 7 SCE-VO. Die weiteren Hauptteile sind der Gründung (Art. 17 ff. SCE-VO) und dem Aufbau der SCE (Art. 36 ff. SCE-VO), der Ausgabe von Wertpapieren (Art. 64 SCE-VO) und der Verwendung des Betriebsergebnisses (Art. 65 ff. SCE-VO) sowie dem Jahresabschluss (Art. 68 ff. SCE-VO) und der Auflösung (Art. 72 ff. SCE-VO) gewidmet. Europaweit gab es am 20.7.2016 nur 31 SCE,[215] in Deutschland existierten zum 15.7.2023 insgesamt 25 SCE.[216]

60 Die genannten Materien regelt die SCE-VO indessen nur bruchstückhaft. Nach dem Muster der SE-VO (→ Rn. 42 ff.) bestimmt sie an vielen Stellen, dass die **Mitgliedstaaten** besondere **Vorschriften für SCE mit Sitz im jeweiligen Staat** erlassen dürfen oder müssen, oder dass auf die SCE diejenigen Regelungen anzuwenden sind, die im Sitzstaat für die Genossenschaften nationalen Rechts gelten. Verschiedentlich verweist die VO auch auf das mitgliedstaatliche Recht für Kapitalgesellschaften. Im Übrigen enthält die SCE-VO in Art. 8 Abs. 1 eine **Generalverweisung** auf das mitgliedstaatliche Recht. Die Regelung entspricht im Wesentlichen der des Art. 9 Abs. 1 SE-VO (→ Rn. 46 ff.).

61 **d) Europäischer grenzübergreifender Verein (ECBA).** Die Vorarbeiten zur Einführung einer Verordnung über das **Statut eines Europäischen Vereins** reichen bis in das Jahr 1991 zurück. Der damalige Verordnungsvorschlag[217] wurde 1993 und 2002 überarbeitet,[218] im März 2006 aber dann endgültig zurückgezogen[219] (→ BGB Vor § 21 Rn. 200). Die EU-Kommission hat am 5.9.2023 einen **Vorschlag für eine Richtlinie** zu nicht gewinnorientiert grenzüberschreitend tätigen Vereinen vorgelegt.[220] Die RL soll Hürden bei der grenzüberschreitenden Tätigkeit abbauen und zugleich die neue Rechtsform des **„europäischen grenzübergreifenden Vereins (ECBA)"** schaffen. Insbesondere die **Anerkennung der Rechtspersönlichkeit** soll für die durch den Vorschlag erfassten Vereine in der EU einheitlich gewährleistet werden. Hinsichtlich der nicht durch den Vorschlag geregelten Aspekte sollen die EU-Mitgliedstaaten die Europäischen Vereine den nationalen nicht-gewinnorientierten Vereinen gleich behandeln.

62 **e) Statut einer europäischen Stiftung (FE).** Kaum vorangekommen sind die Bemühungen um das **Statut einer Europäischen Stiftung (Fundatio Europaea, FE).** Zunächst hatte die Kommission in ihrem Aktionsplan Gesellschaftsrecht aus dem Jahr 2003 vorgeschlagen, eine Machbarkeitsstudie zur Einführung einer entsprechenden Verordnung zu erstellen. Kurz darauf hat das European Foundation Centre[221] einen Vorschlag für eine Verordnung unterbreitet (Januar 2005). Die Machbarkeitsstudie liegt seit Februar 2009 vor. Ebenfalls im Jahr 2009 führte die Kommission eine Konsultation über das Statut einer europäischen Stiftung durch.[222] In der Folge hat die Kommission am 8.2.2012 einen **Verordnungsvorschlag** vorgelegt, der darauf abzielt, die grenzüberschreitende gemeinnützige Betätigung innerhalb der EU zu erleichtern. Die geplante FE ist eine supranationale Rechtsform für gemeinnützige Zwecke (Art. 5 des Vorschlags), die in allen Mitgliedstaaten der EU voll rechts- und handlungsfähig ist (Art. 9 f. des Vorschlags). Der Vorschlag beinhaltet eine weitgehende Vereinheitlichung der FE; die Verweisung auf das nationale Recht in den nicht geregelten Bereichen soll viel seltener erfolgen als im Recht der SE.[223]

---

213 RL 2003/72/EG vom 22.7.2003 zur Ergänzung des Statuts der Europäischen Genossenschaft hinsichtlich der Beteiligung der Arbeitnehmer, ABl. EG 2003 L 207, 25.

214 Gesetz zur Einführung der europäischen Genossenschaft und zur Änderung des Genossenschaftsgesetzes vom 19.5.2006, BGBl. 2006 I 1911; näher *Schaffland/Korte* NZG 2006, 253 ff.; *Keßler* BB 2006, 1693 ff.

215 *Bayer/Schmidt* BB 2016, 1923; zuvor *Krebs* EWS 2012, 407 (408) mit Verweis auf www.libertas-institut.com.

216 *Schmidt* BB 2023, 1859 (1872).

217 Verordnungsvorschlag in KOM (1991), 273.

218 KOM (1993), 252; Rat der EU 14791/02.

219 ABl. EG 2006 C 64, 5; dazu *Vieweg* FS Werner, 2009, 275.

220 Proposal for a Directive of the European Parliament and of the Council on European cross-border associations, COM (2023), 516; dazu *J. Schmidt* NZG 2023, 1245; *Wöffen* ZIP 2023, 2186.

221 S. www.efc.be; näher *Weitemeyer* FS Werner, 2009, 288.

222 Dazu IP/09/270; näher becklink 276107 vom 17.2.2009.

223 Näher *Cranshaw* DZWIR 2013, 299; *Schiffer* BB 2012, 457; *Weitemeyer* NZG 2012, 1001; *Richter/Gollan* ZGR 2013, 551; zusf. *Verse* EuZW 2013, 336 (341); *Hopt* ZGR 2013, 165 (199 f.); *Bayer/Schmidt* BB 2014, 1219 (1220).

f) Statut einer europäischen Privatgesellschaft (SPE). Das Europäische Parlament hat am 10.3.2009 mit großer Mehrheit das Statut der Europäischen Privatgesellschaft (Societas Privata Europaea – SPE) befürwortet.[224] Damit sollte eine neue europäische Rechtsform geschaffen werden, die die **Wettbewerbsfähigkeit von KMU** erhöhen soll. Für größere Unternehmen ist die SE gedacht, die bereits mit der VO (EG) 2157/2001 geschaffen wurde (→ Rn. 42 ff.). Das Projekt kam nur stockend voran. Die schwedische Ratspräsidentschaft ist am 4.12.2009 mit ihrem Kompromissvorschlag zu Mindestkapital und Mitbestimmung im Rat gescheitert, und nachfolgende Bemühungen waren bis jetzt nicht von Erfolg gekrönt; die EU-Kommission hat den VO-Vorschlag zurückgezogen.[225] 63

VI. Niederlassungsfreiheit in der EU und Internationales Gesellschaftsrecht

Schrifttum bis 2007: s. 7. Aufl. 2018.

Schrifttum seit 2008 (MoMiG, Cartesio-Urteil 2008): *Bayer/Schmidt,* Das Vale-Urteil des EuGH: Die endgültige Bestätigung der Niederlassungsfreiheit als „Formwechselfreiheit", ZIP 2012, 1481; *Bollacher,* Keine Verletzung der Niederlassungsfreiheit durch nationale Beschränkungen des Wegzugs von Gesellschaften, RIW 2009, 150; *Böttcher/Kraft,* Grenzüberschreitender Formwechsel und tatsächliche Sitzverlegung, NJW 2012, 2701; *Clausnitzer,* Deutsches Firmenrecht versus Europäisches Gemeinschaftsrecht, DNotZ 2008, 484; *Däubler/Heuschmid,* Cartesio und MoMiG – Sitzverlagerung ins Ausland und Unternehmensmitbestimmung, NZG 2009, 493; *Drygala,* Europäische Niederlassungsfreiheit vor der Rolle rückwärts?, EuZW 2013, 569; *Enriques/Zorzi,* Armonizzazione e arbitraggio normativo nel diritto societario europeo, Rivista delle società 2016, 775; *Fischinger-Corbo,* Cherry-Picking-System im Rahmen der Niederlassungsfreiheit, EuZW 2024, 203; *Gausing/Mäsch/Peter,* Deutsche Ltd., PLC und LLP: Gesellschaften mit beschränkter Lebensdauer? – Folgen eines Brexits für pseudo-englische Gesellschaften mit Verwaltungssitz in Deutschland, IPRax 2017, 49; *Hennrichs* ua, Die Niederlassungsfreiheit der Gesellschaften in Europa. Eine Analyse der Rechtsprechung des EuGH und ein Plädoyer für eine Neuorientierung, WM 2009, 2009; *Herrler,* Gewährleistung des Wegzugs von Gesellschaften durch Art. 43, 48 EG nur in Form der Herausumwandlung, DNotZ 2009, 484; *Jung,* Die Niederlassungsfreiheit von Schweizer Gesellschaften bei Sitzwahl und Sitzverlegung im Europäischen Wirtschaftsraum, EuZW 2012, 863; *Kieninger,* The Law Applicable to Corporations in the EC, RabelsZ 73 (2009), 607; *Kindler,* Verwaltungssitzverlegung und Wegzugsfreiheit: das EuGH-Urteil im Fall „Cartesio", Status: Recht 2009, 9; *Kindler,* Kap. 7 – Sitzverlegung, in Goette/Habersack, Das MoMiG in Wissenschaft und Praxis, 2009, 233; *Kindler,* „Cadbury Schweppes": Eine Nachlese zum internationalen Gesellschaftsrecht (zugleich Besprechung von *G.H. Roth,* Vorgaben der Niederlassungsfreiheit für das Kapitalgesellschaftsrecht, 2010), IPRax 2010, 272; *Kindler,* Unternehmensmobilität nach „Polbud": Der grenzüberschreitende Formwechsel in Gestaltungspraxis und Rechtspolitik, NZG 2018, 1; *Knop,* Die Wegzugsfreiheit nach dem Cartesio-Urteil des EuGH, DZWiR 2009, 147; *Mörsdorf,* Beschränkung der Mobilität von EU-Gesellschaften im Binnenmarkt – eine Zwischenbilanz, EuZW 2009, 97; *D. Paulus,* Außervertragliche Gesellschafter- und Organwalterhaftung im Lichte des Unionskollisionsrechts, 2013; *G. H. Roth,* Briefkastengründungen und Golden Shares, in G. H. Roth/Hilpold, Der EuGH und die Souveränität der Mitgliedstaaten, 2008, 427; *G. H. Roth,* Die deutsche Initiative zur Kodifizierung der Gründungstheorie, FS Westermann, 2008, 1345; *G. H. Roth,* Die Grundfreiheiten in der Rechtsprechung des EuGH, FS Honsell, 2009, 67; *G. H. Roth,* Vorgaben der Niederlassungsfreiheit für das Kapitalgesellschaftsrecht, 2010; *Sonnenberger,* Etat de droit, construction européenne et droit des sociétés; Rev. crit. 2013, 101; *Steinke,* Die Übertragbarkeit der Keck-Rechtsprechung des EuGH auf die Niederlassungsfreiheit, 2009; *Teichmann,* Gesellschaftsrecht im System der Europäischen Niederlassungsfreiheit, ZGR 2011, 639; *Teichmann,* Der grenzüberschreitende Formwechsel ist spruchreif: das Urteil des EuGH in der Rs. Vale, DB 2012, 2085; *Weller/Benz/Thomale,* Englische Gesellschaften und Unternehmensinsolvenzen in der Post-Brexit-EU, NJW 2016, 2378; *Wyckaert/Jenné,* Corporate Mobility, in Geens/Hopt, Die European Company Law Action Plan Revisited, 2010, 287, 306 ff.; *Zimmer/Naendrup,* Das Cartesio-Urteil des EuGH: Rück- oder Fortschritt für das internationale Gesellschaftsrecht?, NJW 2009, 545.

1. Angleichung des Gesellschaftskollisionsrechts. a) Abkommen gemäß Art. 293 EG-Vertrag aF. Auf der Grundlage von Art. 293 EG-Vertrag aF (früher Art. 220 EG-Vertrag) haben die damaligen EWG-Mitgliedstaaten mit dem Übereinkommen vom 29.2.1968 über die gegenseitige 64

[224] Dazu und zum Folgenden *Philipp* EuZW 2009, 277 f.; Kurzdarstellungen ferner bei *Fischer zu Cramburg* NZG 2009, 217; *Lehne* GmbHR 2009, R 145 f.; ausf. *Anzinger* BB 2009, 2606; *Bormann/König* RIW 2010, 111; *Ehricke* KSzW 2010, 6; *Hennrichs* NZG 2009, 921; *Jakob/Studen* ZHR 174 (2010), 61; *Jung* DStR 2009, 1700; *Krejci* FS Hüffer, 2010, 501; *Kuck* Der Konzern 2009, 131 ff.; *Neye* FS Hüffer, 2010, 717; *Ries* NZG 2009, 1052; *Teichmann* RIW 2010, 120 speziell zur SPE als ausländische Tochtergesellschaft; *Teichmann/Limmer* GmbHR 2009, 537; zum Verordnungsentwurf vom 25.6.2008 – KOM (2008) 396 – s. *Bücker* ZHR 173 (2009), 281 ff.; *Hadding/Kießling* WM 2009, 145 ff.; *Hommelhoff/Teichmann* DStR 2008, 925 ff.; *Hommelhoff/Teichmann* GmbHR 2008, 897 ff.; *Hügel* ZHR 173 (2009), 309 ff.; *Maul/Röhricht* BB 2008, 1574 ff.; *Mock* Der Konzern 2008, 539 ff.; *Peters/Wüllrich* NZG 2008, 807 ff.; monographisch *Steiner,* Societas Privata Europaea. Perspektiven einer neuen supranationalen Rechtsform, 2009.

[225] ABl. EU 2018 C 233, 7; *Bayer/Schmidt* BB 2018, 2562 (2566); zu den Aussichten für eine „Wiederbelebung der SPE" *Bayer/Schmidt* BB 2019, 2178 (2183); → 8. Aufl. 2021, Rn. 95 ff.

Anerkennung von Gesellschaften und juristischen Personen[226] einen Versuch zur **Kombination von Gründungs- und Sitztheorie** übernommen. Das Übereinkommen **gilt als gescheitert,** da eine Ratifizierung durch die Niederlande nicht mehr zu erwarten ist[227] und mit den seit 1973 der Gemeinschaft neu beigetretenen Staaten Verhandlungen über einen Beitritt zu diesem Übereinkommen offenbar gar nicht erst aufgenommen wurden.[228]

65 Zu Einzelfragen des Entwurfs, die nur noch historisches Interesse haben, → 3. Aufl. 1999, Rn. 40.

66 **b) Entwurf eines Übereinkommens über die internationale Verschmelzung von AGen.** Von einer seit 1965 tätigen Arbeitsgruppe unter der Leitung von *Goldman* wurde 1973 ein Entwurf für ein Übereinkommen über die internationale Verschmelzung von AGen vorgelegt.[229] Der Entwurf hat sich durch die RL 2005/56/EG über die internationale Verschmelzung (→ Rn. 35 ff.) erledigt.

67 **c) Handlungsbefugnisse der EU.** Der AEUV enthält die wichtigsten Rechtsgrundlagen für die Angleichung des Gesellschaftsrechts in der Gemeinschaft (Art. 50 Abs. 2 lit. g AEUV), die Einführung europäischer Gesellschaftsformen (Art. 114, 115, 352 AEUV) und die Schaffung von Kollisionsnormen (Art. 81 Abs. 2 lit. c AEUV). Eine materielle Schranke für die Kompetenzausübung ergibt sich aber in allen Fällen aus dem in **Art. 5 EUV** geregelten **Subsidiaritäts- und Verhältnismäßigkeitsprinzip.**

68 Die Bestimmung lautet wie folgt:

Art. 5 EUV [Subsidiaritäts- und Verhältnismäßigkeitsgrundsatz]

(1) [1]Für die Abgrenzung der Zuständigkeiten der Union gilt der Grundsatz der begrenzten Einzelermächtigung. [2]Für die Ausübung der Zuständigkeiten der Union gelten die Grundsätze der Subsidiarität und der Verhältnismäßigkeit.

(2) [1]Nach dem Grundsatz der begrenzten Einzelermächtigung wird die Union nur innerhalb der Grenzen der Zuständigkeiten tätig, die die Mitgliedstaaten ihr in den Verträgen zur Verwirklichung der darin niedergelegten Ziele übertragen haben. [2]Alle der Union nicht in den Verträgen übertragenen Zuständigkeiten verbleiben bei den Mitgliedstaaten.

(3) *[1]* Nach dem Subsidiaritätsprinzip wird die Union in den Bereichen, die nicht in ihre ausschließliche Zuständigkeit fallen, nur tätig, sofern und soweit die Ziele der in Betracht gezogenen Maßnahmen von den Mitgliedstaaten weder auf zentraler noch auf regionaler oder lokaler Ebene ausreichend verwirklicht werden können, sondern vielmehr wegen ihres Umfangs oder ihrer Wirkungen auf Unionsebene besser zu verwirklichen sind.

[2] [1]Die Organe der Union wenden das Subsidiaritätsprinzip nach dem Protokoll über die Anwendung der Grundsätze der Subsidiarität und der Verhältnismäßigkeit an. [2]Die nationalen Parlamente achten auf die Einhaltung des Subsidiaritätsprinzips nach dem in jenem Protokoll vorgesehenen Verfahren.

(4) *[1]* Nach dem Grundsatz der Verhältnismäßigkeit gehen die Maßnahmen der Union inhaltlich wie formal nicht über das zur Erreichung der Ziele der Verträge erforderliche Maß hinaus.

[2] Die Organe der Union wenden den Grundsatz der Verhältnismäßigkeit nach dem Protokoll über die Anwendung der Grundsätze der Subsidiarität und der Verhältnismäßigkeit an.

69 Der Vorschrift liegt ein **abgestuftes System der Kompetenzabgrenzung** im Verhältnis der Union zu den Mitgliedstaaten zu Grunde.[230] Mit dem in Abs. 1 und 2 enthaltenen Prinzip der

---

[226] BGBl. 1972 II 370, abgedruckt bei *Jayme/Hausmann,* 10. Aufl. 2000, Nr. 21; deutsches Zustimmungsgesetz vom 18.5.1972, BGBl. 1972 II 369; s. auch das am 3.6.1971 unterzeichnete Protokoll betreffend die Auslegung des Abkommens durch den EuGH BGBl. 1972 II 858, deutsches Zustimmungsgesetz BGBl. 1972 II 857; zu Entstehungsgeschichte und Grundzügen des Übereinkommens s. *Beitzke* ZHR 127 (1964/65), 1 ff.; *Drobnig* ZHR 129 (1967), 93 ff.; *Nobel,* Europäisierung des Aktienrechts, 1974, 91 ff.; *Sandrock* BerGesVr 18 (1978), 169 (204 ff.); für eine Einschätzung aus heutiger Sicht *Mansel* RabelsZ 70 (2006), 651 (670 f.).

[227] Die Niederlande haben das Abkommen bisher nicht ratifiziert, gemäß Art. 13, 14 tritt das Übereinkommen erst nach Ratifizierung durch alle Unterzeichnerstaaten in Kraft.

[228] Zum Scheitern des Abkommens *Timmermans* RabelsZ 48 (1984), 1 (39 f.); *Sandrock/Austmann* RIW 1989, 249 (251 f.); *Bariatti/Benedettelli* it. IPRG Art. 25 Anm. 9 m. Fn. 113, Nuove leggi civ. comm. 1996, 1143 f.; *Kreuzer* EuZW 1994, 73 (74); zur „Anerkennung" von Gesellschaften nach dem Abkommen grdl. *Mansel* RabelsZ 70 (2006), 651 (670).

[229] EG Bull.-Beil. 13/73; abgedruckt bei *Lutter,* Europäisches Gesellschaftsrecht, 2. Aufl. 1984, 315 ff.; vgl. dazu *Koppensteiner* RabelsZ 39 (1975), 405 ff.

[230] Calliess/Ruffert/*Calliess* EUV/AEUV, 5. Aufl. 2016, EUV Art. 5 Rn. 6 ff.; zum Gesellschaftsrecht *Schön* ZGR 1995, 1 (2 f.); grds. zu den Grenzen der Rechtssetzungskompetenz der Gemeinschaft auf dem Gebiet des Privatrechts *W.-H. Roth* EWS 2008, 401 ff.; *Honsell* ZIP 2008, 621 ff.

„begrenzten Einzelermächtigung" wird die grundsätzlich gegebene Allzuständigkeit der Mitgliedstaaten anerkannt; die EU muss für ihr Tätigwerden eine besondere Rechtsgrundlage anführen. *Ob* die EU sodann aber von einer solchen Handlungsermächtigung Gebrauch machen darf, unterliegt nach Abs. 3 weiteren Einschränkungen nach Maßgabe des „Subsidiaritätsprinzips" und nach Abs. 4 dem „Verhältnismäßigkeitsprinzip".

Beim **Subsidiaritätsprinzip** handelt es sich um eine **Grundregel der Kompetenz*ausübung*** der EU.[231] Danach ist die Union gehalten, ihr Handeln auf sämtlichen Gebieten außerhalb ihrer ausschließlichen Zuständigkeit durch gesteigerte Effektivität im Verhältnis zu einem alternativen Tätigwerden der Mitgliedstaaten zu rechtfertigen. Stellt sich auch nach einem solchen Effektivitätsvergleich das Tätigwerden der EU als zulässig dar, so schränkt Abs. 4 den Umfang des Handelns der Union unter dem Gesichtspunkt der Verhältnismäßigkeit weiter ein. 70

Während das Prinzip der begrenzten Einzelermächtigung (Art. 5 Abs. 1 und 2 EUV) und der allgemeine Grundsatz der Verhältnismäßigkeit (Art. 5 Abs. 4 EUV) bereits vor dem Vertrag über die Europäische Union vom 7.2.1992[232] zum Kernbestand der gemeinschaftsrechtlichen Kompetenzordnung gerechnet werden konnten, brachte die Einführung des **Subsidiaritätsprinzips** (Art. 5 Abs. 3 EUV) eine **substanzielle Neuerung** gegenüber dem bisherigen Rechtszustand.[233] 71

Mit dem Subsidiaritätsprinzip haben die Mitgliedstaaten bewusst ein Gegengewicht zur Erweiterung der Kompetenzen der EU durch den Unionsvertrag sowie zur gegenständlichen Erweiterung des Mehrheitsprinzips gemäß Art. 95 und 251 EG-Vertrag iVm Art. 205 Abs. 2 EG-Vertrag aF geschaffen.[234] Den **Stellenwert des Subsidiaritätsprinzips** verdeutlicht das **Maastricht-Urteil des BVerfG** vom 12.10.1993, wenn dort die Vereinbarkeit der neuen Unionsverfassung mit dem Grundgesetz maßgeblich unter Hinweis auf das Subsidiaritätsprinzip festgestellt wird.[235] Das **Lissabon-Urteil** vom 30.6.2009 unterstreicht das Subsidiaritätsprinzip erneut.[236] 72

Was das **internationale Gesellschaftsrecht** angeht, so fehlte es jedenfalls bis zur Überseering-Entscheidung des EuGH[237] an einer **Handlungsermächtigung** der Gemeinschaft iSv Art. 5 Abs. 1 EUV (früher Art. 5 EG-Vertrag). Zwar war die Gemeinschaft schon seit der am 1.5.1999 in Kraft getretenen Revision des EG-Vertrags durch den Vertrag von Amsterdam zur „Förderung der Vereinbarkeit der in den Mitgliedstaaten geltenden Kollisionsnormen" zuständig (Art. 65 lit. b EG-Vertrag, seit 1.12.2009 Art. 81 Abs. 2 lit. c AEUV).[238] Und schon 1988 war der Gerichtshof in Daily Mail von der grundsätzlichen Möglichkeit ausgegangen, dass die auf Grund des unterschiedlichen Gesellschaftskollisionsrechts der Mitgliedstaaten bestehenden Probleme „einer Lösung im Wege der Rechtssetzung" zugänglich sind.[239] Bis Überseering war eine Handlungsermächtigung der Gemeinschaft dennoch zweifelhaft. Denn Art. 293 EG-Vertrag aF schloss nach bisherigem Verständnis für seinen Geltungsbereich – unter anderem die gegenseitige Anerkennung von Gesellschaften und die Beibehaltung der Rechtspersönlichkeit bei Verlegung des Sitzes von einem Staat in einen anderen – eine Rechtssetzung durch die Gemeinschaft selbst aus.[240] Mit Blick auf das spätere Verständnis des Art. 293 EG-Vertrag aF, wie es der EuGH in Überseering entwickelt hat, sind diese Zweifel indessen ausgeräumt.[241] In jener Entscheidung hat sich der **EuGH** eindeutig **gegen** die im Verfahren von der deutschen, spanischen und italienischen Regierung sowie zuvor bereits in der deutschen Literatur[242] vertretene Auffassung ausgesprochen, wonach Art. 293 EG-Vertrag aF eine **Rechtssetzungssperre** zu Gunsten der Mitgliedstaaten enthielt.[243] Vielmehr sehe Art. 293 EG-Vertrag aF ein Ausweichen auf eine Zusammenarbeit der Mitgliedstaaten auf völkervertraglicher Ebene überhaupt nur für den Fall vor, dass andere Maßnahmen nicht zum Erfolg führen.[244] Vor dem Hintergrund der geschwun- 73

---

231 BVerfGE 89, 155 (210 f.) = NJW 1993, 3047 – Maastricht; dazu *Lambers* EuR 1994, 229 (230).

232 BGBl. 1992 II 1251; zum Inkrafttreten s. Bek. vom 19.10.1993, BGBl. 1993 II 1947.

233 Nachweise hierzu bei *Schön* ZGR 1995, 1 (3); näher Calliess/Ruffert/*Calliess* EUV/AEUV, 5. Aufl. 2016, EUV Art. 5 Rn. 20 ff.

234 *Schön* ZGR 1995, 1 (3).

235 BVerfGE 89, 155 (188 ff., 209 ff.) = NJW 1993, 3047.

236 BVerfG NJW 2009, 2267 Ls. 4 und Rn. 238 ff., 304 ff. = RIW 2009, 537.

237 EuGH ECLI:EU:C:2002:632 = NJW 2002, 3614 – Überseering.

238 *Jayme/Kohler* IPRax 1999, 401.

239 EuGH ECLI:EU:C:1988:456 Rn. 23 = NJW 1989, 2186 – Daily Mail.

240 Vgl. EuGH ECLI:EU:C:2002:632 Rn. 24 ff. = NJW 2002, 3614 – Überseering (Argumentation der dt., span. und it. Reg.).

241 Anders noch *Kindler* NJW 2003, 1073 (1074) nach Fn. 18.

242 ZB *Kindler* NJW 1999, 1993 (1997).

243 EuGH ECLI:EU:C:2002:632 Rn. 53 ff. = NJW 2002, 3614 – Überseering; vgl. schon die Schlussanträge in NZG 2002, 16 Nr. 42 mAnm *Eidenmüller* ZIP 2002, 82 (83).

244 *Leible/Hoffmann* RIW 2002, 925 (927); *Großerichter* DStR 2003, 159 (164); *Großerichter* FS Sonnenberger, 2004, 369 (376).

denen Bedeutung des Art. 293 EG-Vertrag entfallen auch etwaige hieraus ableitbare Bedenken unter dem Gesichtspunkt des Subsidiaritätsprinzips (Art. 5 Abs. 3 EUV).[245]

74 Dennoch ist **Art. 293 EG-Vertrag aF** für eine (denkbare) Modifizierung des internationalen Gesellschaftsrechts durch EG-Sekundärrecht nicht völlig ohne Bedeutung. Die Vorschrift ist nämlich nicht nur aus dem Blickwinkel der niederlassungsberechtigten Unionsbürger und der diesen gleichgestellten Gesellschaften zu betrachten, sondern auch vom **Standpunkt der Mitgliedstaaten** aus. Diese haben durch Beitritt zur Europäischen Gemeinschaft auf Hoheitsrechte verzichtet. Insofern ist zu beachten, dass Art. 293 EG-Vertrag aF seinem materiellen Gehalt nach für die dort genannten Materien ein **Einstimmigkeitserfordernis** statuierte. Dies ist bei primärrechtlichen Regelungen – also zB Art. 49, 54 AEUV in Gestalt von deren Auslegung durch den EuGH – gewahrt, nicht aber bei sekundärrechtlichen EU-Maßnahmen, die auf Art. 50 Abs. 1, 2 lit. g AEUV (Gesellschaftsrecht), Art. 81 Abs. 2 lit. c AEUV (IPR) oder Art. 114 Abs. 1 AEUV (Verwirklichung des Binnenmarktes) gestützt und gegen den Willen mindestens eines Mitgliedstaates erlassen werden. In all diesen Fällen genügt eine qualifizierte Mehrheit im Ministerrat (Art. 238 Abs. 2 AEUV iVm Art. 294 AEUV).[246] Dies würde dem Rechtsgedanken des Art. 293 EG-Vertrag aF widersprechen. Die Vorschrift wurde zwar zum 1.12.2009 aufgehoben, doch zeigt die **Erklärung von Laeken zur Zukunft der EU,** dass der Vertrag von Lissabon gerade „nicht zu einer schleichenden Ausuferung der Zuständigkeiten der Union" führen darf, sondern bloß „die Vereinfachung der bestehenden Verträge ohne inhaltliche Änderungen" zum Gegenstand hat.[247] Deshalb kommen als **Rechtsgrundlage für eine gesellschaftskollisionsrechtliche Richtlinie oder Verordnung** grundsätzlich nur Art. 115 Abs. 1 AEUV (Rechtsangleichung im Binnenmarkt) oder Art. 352 AEUV (Notzuständigkeit) in Betracht.[248]

75 Nach Art. 5 Abs. 3 EUV dürfen die Maßnahmen der Gemeinschaft nicht über das für die Erreichung der Ziele des Vertrages erforderliche Maß hinausgehen. Zweifelhaft ist, ob das hier kodifizierte **Verhältnismäßigkeitsprinzip** eine gesellschaftskollisionsrechtliche Totalregelung auf der Ebene des Sekundärrechts zulassen würde. Denn **zur Erreichung** der für das Gesellschaftsrecht relevanten **Vertragsziele** – wie der Verwirklichung der Niederlassungsfreiheit (Art. 3 Abs. 3 EUV, früher Art. 3 Abs. 1 lit. c EG-Vertrag) – genügt es grundsätzlich, **die durch das** zur Anwendung berufene **Sachrecht hervorgerufenen Integrationshemmnisse zu beseitigen,** wo sie im Einzelfall auftreten mögen. Als Beispiel dient die Verwaltungssitzverlegung ins Inland (Fall Überseering),[249] wenn dort das deutsche materielle Gesellschaftsrecht nach Statutenwechsel die zugezogene EU-ausländische Gesellschaft als rechts- und parteifähige Personengesellschaft anerkennt.[250] Dass das **Vertragsziel** der Gewährleistung von **Niederlassungsfreiheit** eine **bestimmte kollisionsrechtliche Anknüpfung nicht zwingend erfordert** – und nicht gebietet –, war selbst nach der Überseering-Entscheidung des EuGH noch die vorherrschende Auffassung im Schrifttum.[251] Dem schien

---

[245] Anders noch *Kindler* NJW 2003, 1073.

[246] Calliess/Ruffert/*Kluth* EUV/AEUV, 5. Aufl. 2016, EUV Art. 294 Rn. 9.

[247] Bull. EU 12-2001 I.27 = SN 300/1/01 REV 1 (DE) S. 19 ff., 22, 23. Diesen Hinweis verdanke ich Herrn Kollegen *Christoph Vedder,* Universität Augsburg; dazu *v. Bogdandy/Schil* in Grabitz/Hilf/Nettesheim, Das Recht der Europäischen Union, 50. EL 2013, EUV Art. 4 Rn. 2; zur Ablehnung einer Kompetenzerweiterung auf kaltem Wege auch *Kindler* IPRax 2010, 44 ff.

[248] Anders dazu *Sonnenberger* Rev. crit. 2013, 101 (111): Art. 81 Abs. 2 lit. a AEUV; → EGBGB Art. 3 Rn. 29 ff.; zu einer EU-VO vgl. zuletzt den Vorschlag von *L. Hübner* ZGR 2018, 149.

[249] EuGH ECLI:EU:C:2002:632 = NJW 2002, 3614 – Überseering.

[250] BGHZ 151, 204 = NJW 2002, 3539 = IPRax 2003, 62 mAnm *Kindler* IPRax 2003, 41.

[251] *Altmeppen* NJW 2004, 97 (98 f.); *Altmeppen/Wilhelm* DB 2004, 1083 (1084, 1085 f.); *Ballarino* Rev. crit. dr. int. pr. 2003, 373 (374): „principe … de l'indifférence du droit communautaire aux règles nationales de conflit"; *Bitter* WM 2004, 2190 (2192): „keine Vorgaben über den konkreten kollisionsrechtlichen Weg"; *Forsthoff* DB 2002, 2471 (2474): „die Niederlassungsfreiheit macht keine unmittelbaren Vorgaben, wie das nationale Recht die international-privatrechtliche Anknüpfung vorzunehmen hat"; *Großerichter* DStR 2003, 159 (166): „nicht gezwungen, zur Gründungsanknüpfung überzugehen"; *Großerichter* FS Sonnenberger, 2004, 369 (375 ff., 380): „nicht als Vorgabe des Gemeinschaftsrechts statuiert"; *Heidenhain* NZG 2002, 1141 (1143): „der Vertrag enthält insoweit keinerlei Vorgaben"; *Kindler* IPRax 2003, 175 (177) (bei *Rehberg* Tagungsbericht); *Kindler* NJW 2003, 1073 (1076 ff.); *Knapp* DNotZ 2003, 85 (91 f.): Überseering „kein Votum für oder gegen die Gründungstheorie oder die Sitztheorie"; *J. Koch* JuS 2004, 755 (756); *Martin/Ehlers* in Sandrock/Wetzler, Deutsches Gesellschaftsrecht im Wettbewerb der Rechtsordnungen, 2004, 1, 14 f.: „Maßgeblich ist nur, ob das auf der Grundlage des Kollisionsrechts zur Anwendung gelangende materielle Recht eine Beschränkung der Niederlassungsfreiheit enthält."; *Neye* EWiR 2002, 1003 (1004): Überseering enthalte kein „generelles Verdikt über die Sitztheorie"; *W.H. Roth* IPRax 2003, 117 (120 f.): „überlässt es der EuGH weiterhin den Mitgliedstaaten, den die Niederlassungsfreiheit beeinträchtigenden Zustand entweder auf der Ebene des Sachrechts oder durch das Kollisionsrecht zu bereinigen"; *Schanze/Jüttner* AG 2003, 661 (665): „fernliegend"; *Weller,* Europäische Rechtsformwahlfreiheit und Gesellschafter-

die **Einschätzung** etwa des **belgischen Gesetzgebers** zu entsprechen, der zwei Jahre nach Überseering sogar ein neues IPR-Gesetz in Kraft gesetzt hat, wonach das Gesellschaftsstatut im Wege der **Verwaltungssitzanknüpfung** zu bestimmen ist, und zwar auch gegenüber nach dem AEUV niederlassungsberechtigten Auslandsgesellschaften (Art. 110 IPRG-BE aF).[252] Und auch im Schrifttum aus anderen Mitgliedstaaten gibt es nach wie vor Stimmen, die nach Überseering ganz selbstverständlich an einer grundsätzlichen Verwaltungssitzanknüpfung festhalten.[253] Zu weit ginge der europäische Gesetzgeber deshalb mit einer generellen Angleichung der iprechtlichen Kollisionsregel, weil davon auch integrationsindifferente – oder jedenfalls weniger integrationsrelevante – Ausschnitte des Gesellschaftsstatuts betroffen wären. Ausweislich der Begründung zum Vorentwurf für eine Vierzehnte gesellschaftsrechtliche Richtlinie (1997) deckt sich dies mit dem Rechtsstandpunkt der Kommission. Danach ist eine Angleichung auf der Ebene des Sachrechts im Vergleich zu einer Harmonisierung der Anknüpfungskriterien die „weniger einschneidende Maßnahme (…), deren Wirkung stärker begrenzt ist".[254] Das **Gesellschaftskollisionsrecht der Mitgliedstaaten** der EU genießt sonach **Subsidiaritätsschutz** nach Art. 5 EUV.

d) Deutscher Referentenentwurf zum Internationalen Gesellschaftsrecht 2008 und Vorschläge aus der Wissenschaft. Auf nationaler Ebene hat der **Deutsche Rat für IPR** am 9.2.2006 eine Reform des internationalen Gesellschaftsrechts auf EU- oder mitgliedstaatlicher Ebene vorgeschlagen.[255] Dieser Vorschlag bildete die Grundlage für einen **Referentenentwurf** aus dem Hause des BMJ vom 8.1.2008, der die Kodifikation des Gesellschaftskollisionsrechts in Art. 10 ff. EGBGB vorsieht.[256] Der Entwurf verwendet als grundsätzliches Anknüpfungsmerkmal den Registrierungsort einer Gesellschaft und folgt damit einer Variante der **Gründungstheorie.**[257] Er ist aus 76

haftung, 2004, 42; *Wernicke* EuZW 2002, 758 (760): „eine Herleitung der Gründungstheorie aus dem EG-Vertrag wäre … schon im Hinblick auf die Gleichwertigkeit von Satzungssitz, Hauptverwaltung und Hauptniederlassung nach dem EG-Vertrag unzulässig"; *Zimmer* BB 2003, 1 (4) unter III 2a aE; **aA** *Eidenmüller* ZIP 2002, 2233 (2240); anders noch *Eidenmüller* ZIP 2002, 82 (84) unter dem Eindruck der Schlussanträge in der Sache „Überseering" (NZG 2002, 16 = ZIP 2002, 75); ferner etwa *Behrens* IPRax 2003, 193 (206): „Gesellschaften sind im Staat ihrer Niederlassung nach dem Gründungsrecht zu behandeln"; *Kieninger* RabelsZ 73 (2009), 607 (611 f.); *Sandrock* BB 2003, 2588; *Lagarde* Rev. crit. d. dr. int. priv. 2003, 524 (531) f. (Anm. zu EuGH ECLI:EU:C:2002:632 = NJW 2002, 3614 – Überseering); für ein kollisionsrechtliches Verständnis von Art. 49, 54 AEUV (früher Art. 43, 48 EG-Vertrag) auch → 5. Aufl. 2010, Einl. IPR Rn. 140 f.

252 Code de droit international privé (2004), in Kraft seit 1.10.2004, Text und Materialien unter www.ipr.be; vgl. dazu den Bericht des RA des belgischen Senats vom 20.4.2004 (3-27/7), 193 ff., 204: „puisque l'article 110 se rattache à l'etablissement principal, …, la société sera régie par le droit belge" (so *Wautelet* in Bezug auf eine nach engl. Recht gegründete Gesellschaft mit Verwaltungssitz in Belgien); dazu auch *Watté* Clunet 2006, 851 ff.; krit. *Kieninger* RabelsZ 73 (2009), 607 (611 f.). Mit Gesetz vom 23.3.2019 hat Belgien den Wechsel zur Gründungstheorie vollzogen; die Neufassung von Art. 110 IPRG bestimmt seither: „La personne morale est régie par le droit de l'Etat où se situe son siège statutaire."; dazu *Autenne/Jonet* Revue internationale du droit des affaires 2020, 39.

253 *Menjucq* JCP 2003, II, 1033; krit. dazu *Weller,* Europäische Rechtsformwahlfreiheit und Gesellschafterhaftung, 2004, 86 f.

254 Begr. vom 22.4.1997, Ziff. V, ZIP 1997, 1721 (1722). Die gleiche Tendenz ergibt sich aus Erwägungsgrund 21 Übernahme-RL (→ Rn. 51), Erwägungsgrund 27 SE-VO (→ Rn. 76) sowie aus Erwägungsgrund 14 SCE-VO (→ Rn. 91).

255 Text und Vorarbeiten bei *Sonnenberger/Bauer* RIW-Beil. Heft 4/2006; Sonnenberger (Hrsg.), Vorschläge und Berichte zur Reform des europäischen und deutschen internationalen Gesellschaftsrechts. Vorgelegt im Auftrag der 2. Kommission des Deutschen Rates für IPR, Spezialkommission internationales Gesellschaftsrecht, 2007; zur Einsetzung der Spezialkommission näher *Bauer* IPRax 2004, 275 (277); zum Vorschlag *G. H. Roth* RdW 2007, 206; *G. H. Roth* FS Westermann, 2008, 1345 ff.; *G. H. Roth* in Roth/Hilpold, Der EuGH und die Souveränität der Mitgliedstaaten, 2008, 427, 451 f.; *Schurig* FS Coester-Waltjen, 2015, 745 (750 ff.).

256 Dazu *Kindler* Status:Recht 2008/2, 68 ff.; ferner *Bayer/Schmidt* ZHR 173 (2009), 735 (772 ff.); *Bollacher* RIW 2008, 200 ff.; *Clausnitzer* NZG 2008, 321 ff.; *Clausnitzer* DNotZ 2008, 484 ff. krit. mit Blick auf die mögliche Anwendung drittstaatlichen Firmenrechts im Inland; *Franz/Laeger* BB 2008, 678 ff.; *Franz* BB 2009, 1250 (1255 ff.); *Kieninger* RabelsZ 73 (2009), 607 (620 ff.); *Knof/Mock* GmbHR 2008, R 65 f.; *Köster* ZRP 2008, 214 zur Mitbestimmung; *Kußmaul/Lutz/Ruiner* DB 2008, 451 ff. (betriebswirtschaftlich); *D. Paulus,* Außervertragliche Gesellschafter- und Organwalterhaftung im Lichte des Unionskollisionsrechts, 2013, Rn. 215 ff.; *Altmeppen* GmbHG § 4a Rn. 28, 29 ff.; *Roth,* Vorgaben der europäischen Niederlassungsfreiheit für das Kapitalgesellschaftsrecht, 2010, bes. 41 ff. m. Bespr. *Kindler* IPRax 2010, 272; ferner *Rotheimer* NZG 2008, 181 ff.; *Schneider* BB 2008, 566 ff.; *R. Wagner/Timm* IPRax 2008, 81 ff.

257 Zu den verschiedenen Anknüpfungsmomenten der Gründungstheorie *Hoffmann* ZVglRWiss 101 (2002), 283 ff.

diesem Grunde nicht unumstritten. Politische Widerstände gründen vor allem auf der Befürchtung, die Gründungsanknüpfung würde den bisher deutschen Gesellschaften die Flucht aus der unternehmerischen **Mitbestimmung** ermöglichen.[258] Andere Stimmen befürchten Wettbewerbsnachteile für deutsche Unternehmen aufgrund der vorgeschlagenen gesellschaftsrechtlichen Qualifikation des **Firmenrechts** und befürworten insofern die Fortgeltung der Sitztheorie, auch aufgrund des ordnungsrechtlichen Charakters der Vorschriften über die Firma.[259] Eine Reihe von grundsätzlichen Bedenken wurde gegen die vorgeschlagene Gründungsanknüpfung auch bei **Nicht-EU-Gesellschaften** vorgetragen.[260]

77 Hinzukommt, dass sich das **legislatorische Umfeld** für eine Kodifikation der Gründungsanknüpfung auch innergemeinschaftlich seit 2006 deutlich **verändert** hat. Konnte man Anfang 2006 noch annehmen, die EuGH-Rspr. seit Centros (→ Rn. 86 ff.) habe „die bisher in zahlreichen EU/EWR-Staaten praktizierte Anknüpfung an den effektiven Verwaltungssitz insgesamt in Frage gestellt",[261] so lässt sich diese Aussage vor dem Hintergrund der Urteile **Cadbury Schweppes/VALE** (Ausgrenzung rein künstlicher Auslandsgründungen von der Niederlassungsfreiheit)[262] und **Cartesio** (Bestätigung kollisionsrechtlicher Regelungsspielräume der Mitgliedstaaten; → Rn. 99 f.)[263] nicht mehr aufrecht erhalten. Auf der Ebene des **Sachrechts** hat sich zudem gezeigt, wie wenig verlässlich der sekundärrechtliche Rahmen ist, der allein eine innergemeinschaftliche Gründungsanknüpfung hinnehmbar erscheinen lassen könnte: So hat die **Europäische Kommission** in einer Mitteilung vom 10.7.2007 Maßnahmen zur Vereinfachung der Rahmenbedingungen für EU-Unternehmen auf diesen Gebieten vorgestellt.[264] Die Pläne sahen den **Abbau** und die **Beseitigung** als überholt oder überzogen betrachteter **„Verwaltungsvorschriften"** vor. Dies betraf zunächst die **vollständige Aufhebung gesellschaftsrechtlicher Richtlinien,** die nach Einschätzung der Kommission[265] vorwiegend inländische Konstellationen betreffen (wie inländische Unternehmenszusammenschlüsse oder -spaltungen, Kapital von Aktiengesellschaften und Einzelgesellschaften mit beschränkter Haftung; Richtlinien Nr. 2, 3, 6, 12), sowie die Aufhebung bestimmter in den gesellschaftsrechtlichen Richtlinien vorgesehener Auskunftspflichten.[266] Vor allem dieses letzte Stichwort zeigt, dass damit ein Rückbau des vom EuGH zur Rechtfertigung der weitgehenden Niederlassungsfreiheit propagierten „Informationsmodells" (→ Rn. 9, → Rn. 93, → Rn. 207, → Rn. 342 f.) angestrebt war.[267] Erst ein Beschluss des Europäischen Parlaments vom 21.5.2008 gebot der Kommission hier Einhalt.[268] Auch vor dem Hintergrund einer drohenden vollständigen „Deregulierung" des europäischen Gesellschaftsrechts erscheint ein Wechsel zur Gründungsanknüpfung derzeit daher nicht angezeigt.[269]

78 Die **Kodifikation des internationalen Gesellschaftsrechts** durch eine EU-Verordnung wäre ein bedeutender Gewinn an Rechtssicherheit; mit Recht hat daher das Europäische Parlament mit

---

258 *Däubler/Heuschmid* NZG 2009, 493 ff.; dazu auch *Weller* FS Hommelhoff, 2012, 1274; *Kindler* FS Winkler v. Mohrenfels, 2013, 147.

259 *Clausnitzer* DNotZ 2008, 484 ff.; *Clausnitzer* NZG 2008, 321 ff.

260 *Kindler* Status:Recht 2008, 68; Kurzüberblick bei *Kindler* in Sonnenberger Vorschläge und Berichte 389, 390; *G. H. Roth* FS Westermann, 2008, 1345 ff.; umfassende Kritik bei *G. H. Roth,* Vorgaben der europäischen Niederlassungsfreiheit für das Kapitalgesellschaftsrecht, 2010, 41 ff.; *Altmeppen* GmbHG § 4a Rn. 28.

261 So die Begr. zum Vorschlag der Spezialkommision Internationales Gesellschaftsrecht beim Deutschen Rat für IPR, in *Sonnenberger/Bauer* RIW-Beil. Heft 4/2006, 1 (8); auch in *Sonnenberger* Vorschläge und Berichte 21.

262 Dazu treffend *G. H. Roth,* Vorgaben der europäischen Niederlassungsfreiheit für das Kapitalgesellschaftsrecht, 2010, 12 ff., 15 ff., 47 ff.; zu Cadbury Schweppes → Rn. 97 f.

263 *Kindler* IPRax 2009, 189 (190 ff.); auch hierzu bedenkenswert *G. H. Roth,* Vorgaben der europäischen Niederlassungsfreiheit für das Kapitalgesellschaftsrecht, 2010, 12 ff.

264 Mitteilung „über ein vereinfachtes Unternehmensumfeld in den Bereichen Gesellschaftsrecht, Rechnungslegung und Abschlussprüfung", KOM (2007) 394 endg.

265 Darauf, dass der Kommission für den gesamten Vorstoß „kaum ausreichend entscheidungsrelevante Informationen" zur Verfügung standen, weisen zutr. *Knorr* ua BB 2007, 2111 (2116) hin.

266 Zusammenfassend *Fischer zu Cramburg* NZG 2007, 619; vgl. auch *Knorr* ua BB 2007, 2111 ff.; *Bayer/J. Schmidt* BB 2008, 454 (457 f.).

267 Dass dazu im Grunde *sämtliche* gesellschaftsrechtlichen Richtlinien zählen – und nicht nur die vom EuGH herangezogenen (4. und 7. RL), weist *Grundmann* nach, ZIP 2004, 2401 (2406 f.); sehr krit. zu dieser Initiative daher mit Recht *Maul* Status:Recht 2007, 273 (274); *Teichmann* Status:Recht 2007, 272; *Bayer/J. Schmidt* BB 2008, 454 (458).

268 Bezeichnend *Fischer zu Cramburg* NZG 2007, 940: „Europäisches Parlament lehnt vollständige Abschaffung gesellschaftsrechtlicher Richtlinien ab".

269 Ebenso *G. H. Roth,* Vorgaben der europäischen Niederlassungsfreiheit für das Kapitalgesellschaftsrecht, 2010, 51 f.

Beschluss vom 14.6.2012 die Kommission aufgefordert, einen entsprechenden Regelungsvorschlag auszuarbeiten.[270] Diskussionsvorschläge für eine Neuregelung des internationalen Gesellschaftsrechts haben in neuerer Zeit ferner *Wetzler*[271] und *Trost*[272] vorgelegt. Zu einem EU-Gesellschaftskollisionsrecht gibt es außerdem Vorschläge im Schrifttum.[273] Frühere Reformvorhaben der ILA und der Haager Konferenz (→ 3. Aufl. 1999, Rn. 410 f.) sind gescheitert. Die **GEDIP** hat am 18.9.2016 einen auf der Gründungstheorie basierenden Regelungsvorschlag verabschiedet, der unter anderem im Hinblick auf die im übrigen EU-Kollisionsrecht vorherrschende Verwaltungssitzanknüpfung (→ Rn. 383) verfehlt erscheint.[274]

2. Rechtsprechung des Europäischen Gerichtshofs zur Niederlassungsfreiheit von 79 Gesellschaften. a) Rechtsgrundlagen und Ausübungsformen der Niederlassungsfreiheit; Abgrenzung zur Kapitalverkehrsfreiheit. Nach Art. 49 AEUV sind Beschränkungen der freien Niederlassung von Staatsangehörigen – und Gesellschaften, Art. 54 AEUV[275] – eines Mitgliedstaats im Hoheitsgebiet eines anderen Mitgliedstaats nach Maßgabe der Art. 50–55 AEUV verboten. Der AEUV definiert den **Begriff der Niederlassung** nicht. Der EuGH versteht darunter eine **„tatsächliche Ansiedlung (der betreffenden Gesellschaft) und die Ausübung einer wirklichen wirtschaftlichen Tätigkeit".**[276] Die Bedeutung der Niederlassungsfreiheit für das Internationale Gesellschaftsrecht gehört zum umfassenderen Thema der Bedeutung des EU-Primärrechts, insbesondere der Marktfreiheiten, für das IPR. Dabei geht es einerseits darum, ob sich aus dem EU-Primärrecht unmittelbar iprechtliche Kollisionsnormen ergeben, andererseits um die Vereinbarkeit des mitgliedstaatlichen IPR mit dem EU-Primärrecht (→ EGBGB Art. 3 Rn. 88 ff.). Nach Art. 52 EG-Vertrag aF sollten die Beschränkungen der freien Niederlassung von Staatsangehörigen eines Mitgliedstaates im Hoheitsgebiet eines anderen Mitgliedstaates stufenweise aufgehoben werden. Mit Art. 43 EG-Vertrag idF vom 2.10.1997 – seit 1.12.2009 Art. 49 AEUV – sind Beschränkungen dieser Art verboten. Die Niederlassungsfreiheit natürlicher Personen wird in Art. 54 Abs. 1 AEUV auf Gesellschaften iSd Art. 54 Abs. 2 AEUV erstreckt, soweit diese nach dem Recht eines Mitgliedstaates gegründet sind und ihren satzungsmäßigen Sitz, ihre Hauptverwaltung oder ihre Hauptniederlassung innerhalb der Gemeinschaft haben. Inhaltlich verbietet Art. 49 Abs. 1 S. 1 AEUV Beschränkungen der freien Niederlassung, dh der geschäftlichen Sitznahme, von Staatsangehörigen eines Mitgliedstaates im Hoheitsgebiet eines anderen Mitgliedstaates **(primäre Niederlassungsfreiheit);** Art. 49 Abs. 1 S. 2 AEUV verbietet Beschränkungen der Gründung von Agenturen, Zweigniederlassungen oder Tochtergesellschaften durch Angehörige eines Mitgliedstaats, die im Hoheitsgebiet eines anderen Mitgliedstaats ansässig sind **(sekundäre Niederlassungsfreiheit).** Dagegen unterfällt ein Beteiligungserwerb der **Kapitalverkehrsfreiheit** nur dann, wenn eine Gesellschaft eine Beteiligung an einer anderen Gesellschaft hält, die ihr keinen **sicheren Einfluss auf die Entscheidungen** der anderen Gesellschaft verschafft und es ihr nicht ermöglicht, deren Tätigkeiten zu bestimmen.[277] Diese Grundsätze sind zwar im **Rechtsverkehr mit EWR/EFTA-Staaten** formell nicht verbindlich, jedoch wegen der im gesamten EWR anzustrebenden Rechtshomogenität hierauf zu übertragen.[278] Die Frage, ob

270 2012/2669, RSP Nr. 11; *Sonnenberger* Rev.crit. 2013, 101 (112); zur weiteren rechtspolitischen Entwicklung *Mansel/Thorn/Wagner* IPRax 2020, 97 (99).

271 *Wetzler* in Sandrock/Wetzler, Deutsches Gesellschaftsrecht im Wettbewerb der Rechtsordnungen, 2004, 129, 184 ff.

272 *Trost,* Faktische Sitzverlegung unter Sitz- und Gründungstheorie im Vergleich, 2003.

273 *Zimmer* RabelsZ 67 (2003), 298; *L. Hübner* ZGR 2018, 149.

274 S. http://www.gedip-egpil.eu/documents/Milan%202016/GEDIPs%20Proposal%20on%20Companies.pdf (zuletzt abgerufen am 18.2.2020); dazu *Kieninger* IPRax 2017, 200 (202 f.); *Kohler* IPRax 2017, 323; *v. Hein* Liber Amicorum Kohler, 2018, 551.

275 Hierunter fallen BGB-Gesellschaften, Personenhandelsgesellschaften, Genossenschaften und sonstige juristische Personen des öffentlichen und privaten Rechts, soweit sie einen Erwerbszweck verfolgen; zu eng *Leible/Hoffmann* RIW 2002, 925 (933 f.).

276 EuGH NJW 2012, 2715 Rn. 34 – VALE, mit Verweis auf EuGH ECLI:EU:C:2006:544 Rn. 54 – Cadbury Schweppes; dazu *Kindler* EuZW 2012, 888 (891).

277 EuGH ECLI:EU:C:2010:622 Rn. 47 ff. = NZG 2011, 183 – Idryma Typou mAnm *Möslein;* dazu *Kindler* FS Säcker, 2011, 393; *Schmidt* EWiR 2010, 693; zuvor EuGH ECLI:EU:C:2006:544 Rn. 31 = NZG 2006, 835 – Cadbury Schweppes = IStR 2006, 670 mAnm *Körner;* EWS 2009, 371 Rn. 34 – Alpha; IStR 2009, 691 Nr. 47 – Glaxo Wellcome; ferner EuGH ECLI:EU:C:2012:481 Rn. 23 = EuZW 2012, 751 – Marianne Scheunemann.

278 OLG Frankfurt IPRax 2004, 56 mAnm *Baudenbacher/Buschle* IPRax 2004, 26; BGHZ 164, 148 = NJW 2005, 3351 – Liechtenstein = RIW 2005, 945 mAnm *Leible/Hoffmann;* dazu *Weller* ZGR 2006, 748; *Weller* IPRax 2009, 202 (206); *Hausmann* in Reithmann/Martiny IntVertragsR Rn. 6.41 zu Norwegen, Island, Liechtenstein; anders offenbar LG Nürnberg DB 2003, 2765.

Art. 49 AEUV die Anwendbarkeit der Verwaltungssitzanknüpfung („Sitztheorie", → Rn. 5) verdrängt, wird seit Mitte der Achtzigerjahre des vergangenen Jahrhunderts außerordentlich kontrovers beurteilt.[279] Während sich nach Ablauf der Übergangszeit im Anschluss an die grundlegende Entscheidung „Reyners"[280] ein umfassendes Fallrecht zur Niederlassungsfreiheit natürlicher Personen entwickelt hat,[281] sind zum Niederlassungsrecht von Gesellschaften erst seit Mitte der Achtzigerjahre des vergangenen Jahrhunderts einige Entscheidungen ergangen, aus denen die mitgliedstaatlichen Gerichte Konsequenzen für das Gesellschaftskollisionsrecht gezogen haben.

80 **b) Leitentscheidungen.** Für den aktuellen Stand der Rechtsentwicklung ist als älteste Entscheidung das **Urteil Segers vom 10.7.1986**[282] von Interesse.[283] Es betraf einen Sachverhalt im Grenzbereich zwischen primärer und sekundärer Niederlassungsfreiheit.[284] Dort hatte ein niederländischer Staatsangehöriger sein Einzelhandelsunternehmen in eine juristische Person umgewandelt, indem er eine private limited company englischen Rechts gründete und das niederländische einzelkaufmännische Unternehmen zur **Zweigniederlassung** dieser Gesellschaft deklarierte, bei der sich **alle Geschäftsaktivitäten** der englischen Gesellschaft konzentrierten. Diese Vorgehensweise führte dazu, dass der niederländische Staatsangehörige als gleichzeitiger Geschäftsführer der englischen Gesellschaft in Bezug auf die Gewährung staatlicher Krankenversicherungsleistungen vom niederländischen Versicherungsträger abschlägig beschieden wurde, während Geschäftsführer niederländischer Gesellschaften ohne weiteres in den Genuss dieser staatlichen Leistungen gelangten. Der EuGH sah hierin eine **Verletzung der Gesellschaft in ihren Rechten aus Art. 58 EG-Vertrag aF** (Art. 48 idF vom 2.10.1997 = Art. 54 AEUV), da die Diskriminierung ihres Personals in Bezug auf den sozialen Schutz die Niederlassungsfreiheit mittelbar einschränke.[285] Dass die englische Gesellschaft keinerlei Tätigkeiten in Großbritannien entfalte, stehe dem nicht entgegen, da Art. 58 EG-Vertrag von Gesellschaften nur verlange, dass sie nach den Vorschriften eines Mitgliedstaates gegründet seien und ihren satzungsmäßigen Sitz, ihre Hauptverwaltung oder Hauptniederlassung innerhalb der Gemeinschaft hätten.[286]

81 Einen vorläufigen Endpunkt hatte die Debatte um die Vereinbarkeit nationaler Beschränkungen der Niederlassungsfreiheit mit Art. 58 EG-Vertrag durch die **Daily Mail-Entscheidung vom 27.9.1988**[287] erfahren. Eine englische Investmentholdinggesellschaft beabsichtigte aus Steuergründen, ihre Geschäftsleitung (central management and control), das nach damaligem englischen Recht einzige Anknüpfungsmerkmal zur Begründung der steuerlichen Ansässigkeit in Großbritannien,[288] in die Niederlande zu verlegen. Eine solche Transaktion bedurfte damals der Genehmigung des Treasury Departments.[289] Mit der Vorabentscheidung über die Vereinbarkeit dieser steuerrechtlichen Wegzugsschranke mit Art. 58 EG-Vertrag aF (Art. 48 EG-Vertrag idF vom 2.10.1997 = Art. 54 AEUV) befasst, hat der EuGH die Niederlassungsfreiheit als Prüfungsmaßstab herangezogen, obwohl sich die englische Gesellschaft **gegen ihren Heimat- bzw. Inkorporationsstaat** zur Wehr setzte und der zur Entscheidung anstehende Sachverhalt sich

279 Näher → 3. Aufl. 1999, Rn. 358.

280 EuGH ECLI:EU:C:1974:68 = NJW 1975, 513 – Reyners.

281 Wegweisend EuGH ECLI:EU:C:1995:411 = NJW 1996, 579 – Gebhard.

282 EuGH ECLI:EU:C:1986:308 = NJW 1987, 571; dazu *Ebenroth/Eyles* DB-Beil. Heft 2/1988, 11; *Ebenroth/Eyles* DB 1989, 363 (370 f.); *Cath* YbEL 1986, 247 (259 f.) und *Grothe,* Die „ausländische Kapitalgesellschaft & Co.", 1989, § 7 B III 2b.

283 Vgl. zu den früheren Entscheidungen Fearon (EuGH ECLI:EU:C:1984:335 = NJW 1985, 2891) und Kommission/Frankreich (EuGH ECLI:EU:C:1986:37 = NJW 1987, 569) → 3. Aufl. 1999, Rn. 360 f.

284 Vgl. *Ebenroth/Eyles* DB 1989, 363 (370) mit umfassender Stellungnahme.

285 EuGH ECLI:EU:C:1986:308 (2388) Rn. 15 = NJW 1987, 571.

286 EuGH ECLI:EU:C:1986:308 (2388) Rn. 16 = NJW 1987, 571; problematisch im Hinblick auf die fehlende Voraussetzung der (tatsächlichen) „Ansässigkeit" iSv Art. 49 Abs. 1 S. 2 AEUV (= Art. 43 Abs. 1 S. 2 EG-Vertrag idF vom 2.10.1997, bis dahin Art. 52 Abs. 1 S. 2 EG-Vertrag) sowie den Umstand, dass der Sache nach ein sanktionsloser Statutenwechsel durch Auswechslung des Unternehmensträgers ohne Veränderung des örtlichen Bezugs zu beiden Staaten vorlag; vgl. *Ebenroth/Eyles* DB 1989, 363 (371).

287 EuGH ECLI:EU:C:1988:456 = NJW 1989, 2186 = JZ 1989, 384 mAnm *Großfeld/Luttermann* = IPRax 1989, 381 mAnm *Behrens* IPRax 1989, 354 = RIW 1989, 304 mAnm *Sandrock/Austmann* RIW 1989, 249 = DB 1989, 269 mAnm *Ebenroth/Eyles* DB 1989, 363 und 413; zu dieser Entscheidung auch *Sack* JuS 1990, 352 ff.; *Hausmann* in Reithmann/Martiny IntVertragsR Rn. 6.13; vgl. dazu ferner den Vorlagebeschluss des britischen High Court of Justice, Queen's Bench Division, Rs. Regina vs. Her Majesty's Treasury ex parte Daily Mail and General Trust plc, [1987] 2 C. M. L. R. 1.; *Ratka/Wolfbauer* ZfRV 2009, 57.

288 Vgl. *Ebenroth/Eyles* DB 1989, 363 (368 f.); *K. Schmidt* II RIW 1988, 832 f.

289 Section 482 (1) (a) Income and Corporation Taxes Act 1970; aufgehoben durch Section 105 (6) Finance Act 1988; s. dazu *Ebenroth/Eyles* DB 1989, 363 (369, 374).

nicht unter die Problematik von Diskriminierungsverbot und Inländergleichbehandlung einordnen ließ.[290] Gleichwohl sei das Genehmigungserfordernis nach englischem Recht mit der Niederlassungsfreiheit vereinbar, denn **Existenzgrundlage** von Gesellschaften mit eigener Rechtspersönlichkeit seien beim derzeitigen Stand des Gemeinschaftsrechts die **Rechtsordnungen der einzelnen Mitgliedstaaten,** die im Hinblick auf die Anknüpfungsmerkmale zur Bestimmung des Personalstatuts und die steuerrechtlichen und privatrechtlichen Rechtsfolgen einer Sitzverlegung erheblich voneinander abwichen **(sog. „Geschöpftheorie", stRspr).**[291] Die **Gleichstellung der Anknüpfungsmerkmale** des Satzungssitzes, der Hauptverwaltung und -niederlassung in Art. 58 Abs. 1 EG-Vertrag aF (Art. 48 Abs. 1 EG-Vertrag idF vom 2.10.1997 = Art. 54 AEUV) zeige, dass der EU-Vertrag diesen Unterschieden in den mitgliedstaatlichen Rechtsordnungen Rechnung trage und die Bestimmung der Anknüpfungspunkte bei Gesellschaften sowie die Möglichkeit und Folgen der grenzüberschreitenden Sitzverlegung als Probleme ansehe, die nicht de lege lata durch Art. 58 EG-Vertrag aF (Art. 48 EG-Vertrag idF vom 2.10.1997 = Art. 54 AEUV) gelöst seien, sondern de lege ferenda zum Gegenstand einer Harmonisierungsrichtlinie oder eines Übereinkommens nach Art. 220 EG-Vertrag aF (Art. 293 EG-Vertrag idF vom 2.10.1997) gemacht werden müssten.[292] Insoweit hatte die Daily Mail-Entscheidung, auch wenn sie sich nur mit der europarechtlichen Verträglichkeit **steuerlicher Wegzugsschranken** befasst, Aussagekraft sowohl für **internationalprivatrechtliche** Beschränkungen der Sitzverlegung einerseits als auch für **Zuzugsschranken** andererseits. Denn in der Entscheidung kommt – so jedenfalls die bis Überseering (→ Rn. 90 ff.) herrschende Interpretation – ein Vorrang nationalen Kollisions- und Sachrechts in allen gesellschaftsrechtlichen Regelungsbereichen zum Ausdruck, in denen eine Harmonisierung gemäß Art. 54 Abs. 3 lit. g EG-Vertrag aF oder Art. 220 dritter Spiegelstrich EG-Vertrag aF (Art. 44 Abs. 2 lit. g EG-Vertrag, Art. 293 dritter Spiegelstrich EG-Vertrag, jeweils idF vom 2.10.1997; seit 1.12.2009 Art. 50 Abs. 2 lit. g AEUV) noch nicht hinreichend fortgeschritten ist.[293] Vorrangig obliegt dem **nationalen Recht** namentlich die Festlegung der **Voraussetzungen für die Verknüpfung einer Gesellschaft mit dem Recht eines Mitgliedstaates.**[294]

Diesen Standpunkt hat der EuGH nachfolgend in zwei weiteren Entscheidungen zum englischen Fischereistreit mittelbar bestätigt.[295] Das **Urteil Jaderow Ltd. vom 14.12.1989**[296] betraf Beschränkungen bei der Registrierung im britischen Fischereifahrzeugregister, die sich gegen den Zugang spanischer Fischereigesellschaften zu diesem Register und damit gegen die „Ausplünderung" der britischen Fangquoten durch unter britischer Flagge segelnde Unternehmen aus Spanien richteten. Das britische Recht verlangte unter anderem, dass das Schiff vom Vereinigten Königreich aus 82

[290] EuGH ECLI:EU:C:1988:456 Rn. 16 = NJW 1989, 2186 – Daily Mail mit der Begründung, das gegenüber dem Aufnahmestaat bestehende Niederlassungsrecht erweise sich als inhaltsleer, wenn Art. 52, 58 EG-Vertrag aF (Art. 49, 54 AEUV) nicht auch ein Verbot gegenüber dem Heimat- bzw. Inkorporationsstaat begründeten, die Niederlassungsfreiheit seiner Staatsangehörigen oder Gesellschaften zu beschränken; aA noch EuGH ECLI:EU:C:1984:335 Rn. 8 = NJW 1985, 2891 – Fearon. Für ein in Art. 52 ff. EG-Vertrag aF (Art. 49 ff. AEUV) enthaltenes Verbot nichtdiskriminierender Beschränkungen *Steindorff* EuR 1988, 19 (21 ff.); *Behrens* RabelsZ 52 (1988), 498 (521 f.); *Grothe,* Die „ausländische Kapitalgesellschaft & Co.", 1989, § 7 D II 3b; aA *Wohlfarth/Everling/Glaesner/Sprung,* Die Europäische Wirtschaftsgemeinschaft, Kommentar zum Vertrag, 1960, EG-Vertrag aF Art. 52 Anm. 2; s. auch *Ebke* ZGR 1987, 245 (258); *Ebenroth/Eyles* DB-Beil. Heft 2/1988, 15 (mangelnde Bestimmtheit des Beschränkungsverbots).

[291] EuGH ECLI:EU:C:1988:456 Rn. 19, 20 = NJW 1989, 2186 – Daily Mail; ausdrücklich bestätigt durch EuGH ECLI:EU:C:2011:785 Rn. 26 = NZG 2012, 114 – National Grid Indus; ECLI:EU:C:2008:723 Rn. 104 = NJW 2009, 569 – Cartesio; ECLI:EU:C:2012:440 Rn. 27, 31, 51 = NJW 2012, 2715 – VALE Építési; im Schrifttum s. *Kindler* EuZW 2012, 888 (891); *Verse* ZEuP 2013, 458 (461); *Weller/Rentsch* IPRax 2013, 530 (535); *W.-H. Roth* FS Hoffmann-Becking, 2013, 965 (972 ff.).

[292] EuGH ECLI:EU:C:1988:456 Rn. 21–23 = NJW 1989, 2186 – Daily Mail; so bereits *Ebenroth/Eyles* DB-Beil. Heft 2/1988, 12 f.; ebenso *Ebke* ZGR 1987, 245 (250 ff.); s. auch *Großfeld* IPRax 1986, 351 (352 f.) zu Art. 220 EG-Vertrag.

[293] Vgl. *Ebenroth/Eyles* DB 1989, 363 (372); *Großfeld/Luttermann* JZ 1989, 386 (387); BayObLGZ 1998, 195 = DB 1998, 2318 (2319) = RIW 1998, 966 = IPRax 1999, 364 mAnm *Behrens* IPRax 1999, 323; OLG Hamm RIW 1997, 874 = IPRax 1998, 363 mAnm *Bechtel* IPRax 1998, 348 = ZIP 1997, 1696 mAnm *Neye* = WiB 1997, 1242 mAnm *Mankowski.*

[294] *Ebenroth/Auer* JZ 1993, 373 (375) in Anm. zu BayObLGZ 1992, 113.

[295] So die Einschätzung von *Großfeld/König* RIW 1992, 433 (435); *Ebenroth/Auer* GmbHR 1994, 16 (20); *Ebenroth/Auer* DNotZ 1993, 191 (196); *Thode* EWiR 1992, 785 (786); *Ebke* WuB II C. § 3 GmbHG Nr. 11992, 1293, 1296; *Kindler* RabelsZ 62 (1998), 195 (209); *S. Schmidt* DZWiR 1992, 448 (451); im Grundsatz auch *V. Kruse,* Sitzverlegung von Kapitalgesellschaften innerhalb der EG, 1997, 206.

[296] EuGH ECLI:EU:C:1989:651 – Jaderow.

operieren musste.[297] Der EuGH vermochte darin beim damaligen Stand des Gemeinschaftsrechts keinen Verstoß gegen die Niederlassungsfreiheit oder sonstiges EU-Recht zu erblicken.[298] Die Rechtsunterschiede auf dem Gebiet der Fischerei berechtigten die Mitgliedstaaten zur Festlegung nationaler Bedingungen, die freilich selbst nicht gegen den EU-Vertrag verstoßen dürften; doch sei das Erfordernis einer wirtschaftlichen Beziehung zum Vereinigten Königreich in Gestalt der dargestellten Beschränkungen durch das System der nationalen Fangquoten gerechtfertigt.[299] Im **Factortame II-Urteil vom 25.7.1991** ging es wiederum um den Zutritt zu einem britischen Register für Fischereifahrzeuge.[300] Ein britisches Gesetz von 1988 machte eine Registereintragung davon abhängig, dass das Fahrzeug „im britischen Eigentum steht".[301] Bei Gesellschaften sollte dies nur dann der Fall sein, wenn die Gesellschaft (1) im Vereinigten Königreich eingetragen ist, (2) dort ihren Hauptsitz (principal place of business) hat, und (3) deren Anteilseigner und Geschäftsführer zu mindestens 75% britische Staatsangehörige sind.[302] Wiederum hielt der EuGH in Anlehnung an die Daily Mail-Formel[303] fest, „beim gegenwärtigen Stand des Gemeinschaftsrechts" sei es grundsätzlich Sache der Mitgliedstaaten, die Staatszugehörigkeitsmerkmale von Schiffen festzulegen.[304] Als EU-rechtswidrig beanstandete der Gerichtshof nur das Staatsangehörigkeitserfordernis (3), nicht aber das Verwaltungssitzkriterium (2).[305]

83 In die gleiche Richtung weisen nachfolgende Entscheidungen zum territorialen Geltungsbereich innerstaatlichen Medienrechts. Das Urteil **TV10 SA vom 5.10.1994** nimmt ohne weiteres an, dass eine Sendeanstalt als „inländisch" behandelt werden darf, wenn sie im Gebiet des betreffenden Staates eine Niederlassung unterhält,[306] und auch diese Entscheidung wird man als Bestätigung von Daily Mail werten können.[307] Dass der Gerichtshof die Niederlassung in einem Mitgliedstaat als legitimes Aufgreifkriterium betrachtet, hat er schließlich bei der Abgrenzung der „Rechtshoheit" der nationalen Medienbehörden iSv Art. 2 Abs. 1 Fernseh-RL[308] aF (heute Art. 2 RL 2010/13/EU) deutlich gemacht. In dem Vertragsverletzungsverfahren **Kommission/Vereinigtes Königreich und Nordirland vom 10.9.1996** hat der Gerichtshof hierfür ebenfalls den Begriff der **Niederlassung** (iSd Art. 59 Abs. 1 EG-Vertrag aF = Art. 49 Abs. 1 idF vom 2.10.1997 = Art. 56 AEUV) zu Grunde gelegt; die **Rechtshoheit** bestehe gegenüber allen in dem betreffenden Mitgliedstaat **ansässigen Sendeanstalten.**[309] Diesen Standpunkt hat der EuGH in der **VT4 Ltd.-Entscheidung vom 5.6.1997** bekräftigt.[310]

84 Aus heutiger Sicht – dh mit Blick auf die Rechtfertigung von Beschränkungen der Niederlassungsfreiheit –[311] erscheint darüber hinaus noch das Urteil **Kommission/Italien vom 6.6.1996 (SIM)** von besonderem Interesse.[312] Danach ist es eine mit der sekundären Niederlassungsfreiheit nicht zu vereinbarende Beschränkung, wenn ein Mitgliedstaat die Tätigkeit als Wertpapiermakler solchen Unternehmen vorbehält, die ihren Hauptsitz im Inland haben und über ein bestimmtes Anfangskapital verfügen. Der EuGH erkannte zwar die **„Solvenz der Marktteilnehmer"** als ein **berechtigtes rechtspolitisches Anliegen** der Mitgliedstaaten an.[313] Dieser Gesichtspunkt ist mithin bei der Prüfung einer Rechtfertigung von Beschränkungen der Niederlassungsfreiheit durch mitgliedstaatliche Vorschriften zu berücksichtigen. In der – in concreto allerdings nicht verwende-

[297] Gleichgestellt waren die Isle of Man sowie die Kanalinseln, EuGH ECLI:EU:C:1989:651 (4536) Rn. 5.

[298] EuGH ECLI:EU:C:1989:651 Rn. 27 – Jaderow.

[299] EuGH ECLI:EU:C:1989:651 Rn. 26 – Jaderow.

[300] EuGH ECLI:EU:C:1991:320 = EuZW 1991, 764 = RIW 1991, 779 – Factortame II.

[301] Vgl. EuGH ECLI:EU:C:1991:320 Rn. 5 – Factortame.

[302] EuGH ECLI:EU:C:1991:320 Rn. 6 – Factortame.

[303] Vgl. EuGH ECLI:EU:C:1988:456 Rn. 25 = NJW 1989, 2186 – Daily Mail.

[304] EuGH ECLI:EU:C:1991:320 Rn. 13, 17 – Factortame.

[305] EuGH ECLI:EU:C:1991:320 Rn. 30 – Factortame; bestätigt in EuGH ECLI:EU:C:1997:565 Rn. 17 = EuZW 1998, 256 – Kommission/Griechenland.

[306] Vgl. EuGH ECLI:EU:C:1997:565Rn. 20–21 = RIW 1994, 981 = EuZW 1995, 60 – Kommission/Griechenland, zur niederländischen „Mediawet" idF von 1987.

[307] Vgl. *Merkt* RabelsZ 59 (1995), 545 (563).

[308] RL 89/552/EWG vom 3.10.1989, ABl. EG 1989 L 298, 23.

[309] EuGH ECLI:EU:C:1996:314 Rn. 42 = EuZW 1996, 725 – Kommission/Vereinigtes Königreich und Nordirland.

[310] EuGH ECLI:EU:C:1997:284 Rn. 18 = EuZW 1998, 91 – Vlaamse Gemeenschap; gleiche Einschätzung bei *Ebke* RabelsZ 62 (1998), 195 (209 f.).

[311] Dazu insbes. EuGH ECLI:EU:C:2003:512 Rn. 106 ff., 133 ff. = NJW 2003, 3331 – Inspire Art.

[312] EuGH ECLI:EU:C:1996:221 = EuZW 1996, 571 = IStR 1996, 401 – SIM; dazu *Luby* Clunet 1997, 567 f.; *Kindler* NJW 1999, 1993 (1999); *Kindler* NJW 2003, 1073 (1078); *Kindler* NZG 2003, 1086 (1089); *Schumann* DB 2004, 743 (744).

[313] EuGH ECLI:EU:C:1996:221 Rn. 23 – SIM.

ten – Diktion des Urteils „Kraus“[314] bedeutet dies, dass hierin ein **zwingender Grund des Allgemeininteresses** liegt, der eine **Beschränkung** der Niederlassungsfreiheit rechtfertigen kann. Die Rechtfertigung der durch die Vorschriften über das Anfangskapital geschaffenen Beschränkung ließ der EuGH aber im SIM-Fall letztlich **an der Erforderlichkeit**[315] **scheitern:** Anstatt ein Anfangskapital zu verlangen, könne der Mitgliedstaat die Geschäftstätigkeit von Unternehmen im Inland nämlich davon abhängig machen, dass sie **finanzielle Garantien zur Deckung der dort getätigten Geschäfte** stellen.[316]

Zulässig wäre mithin eine als **Berufsregel** ausgestaltete gesetzliche Vorschrift, wonach ausländische Gesellschaften nur dann zum inländischen Geschäftsbetrieb zugelassen werden, wenn sie bei einer inländischen Amtsstelle – zB beim Insolvenzgericht am Sitz der inländischen Zweigniederlassung (Art. 3 Abs. 1, 2 EuInsVO 2015) – **Sicherheiten** für die Erfüllung der Gesellschaftsverbindlichkeiten in angemessener Höhe **hinterlegen** oder in anderer Form Sicherheit leisten.[317] Soweit es um Berufsregeln geht, unterfällt die **Ausnutzung von Regelungsgefällen** zwischen den Mitgliedstaaten **nicht** der **Niederlassungsfreiheit.**[318] Eine unzulässige Diskriminierung liegt in dem Sicherheitenerfordernis schon deshalb nicht, weil der EuGH den betroffenen Mitgliedstaat sonst nicht auf diese Maßnahme verwiesen hätte.[319] Jedenfalls in besonders insolvenzgefährdeten Wirtschaftsbereichen (zB im Bausektor) sowie in kapitalintensiven Branchen (Banken, Versicherungen)[320] wird gegen eine **generelle Pflicht zur Sicherheitenbestellung** nichts einzuwenden sein, ebenso wenn diese den vom EuGH als besonders schutzbedürftig eingestuften öffentlichen Gläubigern[321] oder Gläubigern auf Grund gesetzlicher Schuldverhältnisse, bei denen das Informationsmodell des EuGH (→ Rn. 9, → Rn. 93, → Rn. 207, → Rn. 342 f.) von vornherein versagt,[322] zugute kommt. Auch eine Sicherheitenbestellung für einen pauschalen Verfahrenskostenbeitrag zur Vermeidung masseloser Insolvenzen dürfte durch die „SIM-Entscheidung“ des EuGH gedeckt sein,[323] und erst recht eine Zwangsversicherung nach dem Vorbild von § 59n BRAO[324] oder wenigstens zu Gunsten von Deliktsgläubigern.[325] **85**

Im **Centros-Urteil vom 9.3.1999** erstreckte der EuGH die (sekundäre) **Niederlassungsfreiheit** erstmals ausdrücklich auf **Briefkastengesellschaften.**[326] Ein dänisches Ehepaar hatte bei einem Besuch in England seine private ltd. company nach englischem Recht gegründet und als Satzungssitz die Anschrift eines dort ansässigen Freundes verwendet. Die Gesellschaft wurde in England und Wales in das Handelsregister eingetragen. Dabei war von vornherein geplant, dass die Gesellschaft ausschließlich Geschäfte allein in Dänemark betreiben solle. Zu diesem Zweck beantragte sie die Eintragung einer Zweigniederlassung in Dänemark. Der EuGH betrachtete dieses Unternehmenskonzept in Anlehnung an das Urteil Segers (→ Rn. 80) als legitime Ausübung der Niederlassungs- **86**

---

[314] EuGH ECLI:EU:C:1993:125 Rn. 32 – Kraus = EuZW 1993, 322; bestätigt ua durch EuGH ECLI:EU:C:2003:512 Rn. 133 = NJW 2003, 3331 – Inspire Art.

[315] Zu diesem Merkmal vgl. nochmals EuGH ECLI:EU:C:2003:512 Rn. 133 = NJW 2003, 3331 – Inspire Art und schon EuGH ECLI:EU:C:1999:126 Rn. 34 = NJW 1999, 2027 – Centros.

[316] EuGH ECLI:EU:C:1996:221 Rn. 23 – SIM.

[317] *Kindler* NJW 2003, 1073 (1078); vgl. zu einer entsprechenden Regelung im japanischen Recht *Oda* RabelsZ 69 (2005), 47 (93 f.).

[318] EuGH ECLI:EU:C:1999:126 Rn. 26, 27 = NJW 1999, 2027 – Centros; dazu → Rn. 118; zu Berufsregeln ferner *Rehberg* in Eidenmüller Ausl. KapGes. § 7 Rn. 5 ff.

[319] Vgl. nochmals EuGH ECLI:EU:C:1996:221 Rn. 23 – SIM; nachfolgend auch EuGH ECLI:EU:C:1999:126 Rn. 37 S. 2 = NJW 1999, 2027 – Centros; Schlussanträge GA *Colomer* NZG 2003, 262 Rn. 150 – Inspire Art; dies verkennt *Schumann* DB 2004, 743 (744).

[320] Insoweit ein besonderes Schutzbedürfnis einräumend auch *Schumann* DB 2004, 743 (744).

[321] EuGH ECLI:EU:C:1999:126 Rn. 37 S. 2 = NJW 1999, 2027 – Centros; ECLI:EU:C:2003:512 Rn. 92 = NJW 2003, 3331 – Inspire Art (Schutzinteressen des Fiskus).

[322] *Eidenmüller* in Eidenmüller Ausl. KapGes. § 3 Rn. 38 ff.

[323] AA *Bitter* WM 2004, 2190 (2192), der einen Verfahrenskostenbeitrag der Geschäftsführer und/oder Gesellschafter EU-ausländischer Gesellschaften ablehnt.

[324] *Grunewald/Müller* NJW 2005, 465 (468).

[325] *Eidenmüller* FS Heldrich, 2005, 581 (590).

[326] EuGH ECLI:EU:C:1999:126 = NJW 1999, 2027 m. Aufs. *Kindler* NJW 1999, 1993 = RIW 1999, 447 mAnm *Cascante* und Aufs. *Sonnenberger/Großerichter* RIW 1999, 721 = IPRax 1999, 360 mAnm *Behrens* IPRax 1999, 323 = NZG 1999, 298 mAnm *Leible* = JZ 1999, 669 mAnm *Ebke* JZ 1999, 656 und *Ulmer* JZ 1999, 662 = EuZW 1999, 216 mAnm *Freitag* EuZW 1999, 267 = ZIP 1999, 438 m. Aufs. *G. H. Roth* ZIP 1999, 861 und *Werlauff* ZIP 1999, 867 = EWS 1999, 140 mAnm *Geyrhalter* EWS 1999, 201 = BB 1999, 809 mAnm *Sedemund/Hausmann* = DB 1999, 625 mAnm *Meilicke* = EWiR 1999, 259 m. KurzKomm. *Neye* = DNotZ 1999, 593 mAnm *Lange;* ferner *Höfling* DB 1999, 1206; *Görk* GmbHR 1999, 793; *W.-H. Roth* ZGR 2000, 311; *W.-H. Roth* ZIP 2000, 1597; *Timme/Hülk* JuS 1999, 1055; *Bungert* DB 1999, 1841; *Zimmer* ZHR 164 (2000), 23.

freiheit. Daher durften die dänischen Registerbehörden die Gesellschaft nicht dem inländischen Gesellschaftsrecht unterwerfen. Mit der Begründung, die Gesellschaft beabsichtige – unter Umgehung der dänischen Mindestkapitalerfordernisse – in Wirklichkeit, in Dänemark nicht eine Zweigniederlassung, sondern einen Hauptsitz zu errichten, hatte man ihr die Eintragung einer Zweigniederlassung in Dänemark verwehrt. Ein Mitgliedstaat – so der EuGH –,[327] der die Eintragung der Zweigniederlassung einer Gesellschaft verweigert, die in einem anderen Mitgliedstaat, in dem sie ihren Sitz hat, rechtmäßig errichtet worden ist, aber keine Geschäftstätigkeit entfaltet, verstößt gegen Art. 49, 54 AEUV (früher Art. 43, 48 EG-Vertrag), wenn die Zweigniederlassung es der Gesellschaft ermöglichen soll, ihre gesamte Geschäftstätigkeit im Staat der Zweigniederlassung auszuüben, ohne dort eine Gesellschaft zu errichten und damit die dortigen Errichtungserfordernisse für Gesellschaften zu umgehen. Die Begründung zu dieser Entscheidung ist in verschiedener Hinsicht bemerkenswert. So stellt hier der EuGH ausdrücklich darauf ab, dass aus der Sicht des Zweigniederlassungsstaates – dh nach Maßgabe von dessen IPR – eine EU-ausländische Gesellschaft vorlag.[328] Die mitgliedstaatlichen Gerichte könnten im Einzelfall bei „missbräuchlichem oder betrügerischem Verhalten" der Betroffenen diesen die Berufung auf Gemeinschaftsrecht verwehren.[329] Die gezielte Ausnutzung von Regelungsunterschieden im Gesellschaftsrecht – nicht aber bei Regelungen zur Berufsausübung – sei freilich von der Niederlassungsfreiheit gedeckt, sodass hierin nicht bereits ein Missbrauch erblickt werden könne.[330] Der Umstand, dass eine Gesellschaft im Registrierungsstaat keine Geschäftstätigkeit entfalte, vielmehr ihre Tätigkeit allein im Staat der Zweigniederlassung ausübe, sei daher weder Missbrauch noch Betrug, heißt es weiter im Anschluss an das Urteil Segers.[331]

87 Die **wesentliche Beschränkung** der Niederlassungsfreiheit der Gesellschaft sieht der EuGH in den **Mindestkapitalerfordernissen** des Zweigniederlassungsstaates, deren Umgehung die Behörden dieses Staates verhindern wollten.[332] Daher legt das Gericht einen weiten Begriff der Beschränkung zu Grunde. Beschränkungscharakter haben alle „nationalen Maßnahmen, die die Ausübung der durch den EG-Vertrag garantierten Grundfreiheiten behindern oder weniger attraktiv machen können".[333] Die **Rechtfertigung** von Beschränkungen – hier: der Mindestkapitalerfordernisse – prüft der Gerichtshof anhand von **vier Voraussetzungen:** (1) Sie müssen in nichtdiskriminierender Weise angewandt werden, (2) sie müssen zwingenden Gründen des Allgemeininteresses entsprechen, (3) sie müssen zur Erreichung des verfolgten Zieles geeignet sein, (4) und sie dürfen nicht über das hinausgehen, was zur Erreichung dieses Zieles erforderlich ist.[334] Diesen **„Vier-Konditionen-Test"** hat der Gerichtshof auch in der nachfolgenden Entscheidung Inspire Art (→ Rn. 93 f.) zu Grunde gelegt.[335] In Anwendung dieser Grundsätze ergab sich für den Gerichtshof im Fall Centros keine Rechtfertigung der **beschränkenden Wirkung der Mindestkapitalerfordernisse** des Zweigniederlassungsstaates. Das Vorgehen dieses Staates sei schon **nicht geeignet** – vgl. soeben (3) –, den **Gläubigerschutz** zu verwirklichen, weil die Zweigniederlassung bei Geschäftstätigkeit der Gesellschaft auch im Staat der Hauptniederlassung nämlich eingetragen worden wäre, obwohl die inländischen Gläubiger in diesem Fall ebenso gefährdet gewesen wären („konsequente Zielverfolgung").[336] Zudem fehlte es nach Auffassung des EuGH an der (4) **Erforderlichkeit** der Maßnahme. Denn zum einen sei den Gläubigern auf Grund der „gemeinschaftsrechtlichen Schutzvorschriften der Vierten und der Elften gesellschaftsrechtlichen Richtlinie (→ Rn. 29) bekannt, dass die Gesellschaft nicht dem inländischen Recht unterliege" (**„Informationsmodell"**, → Rn. 9, 93, 207, 342 f.);[337] außerdem sei mit Blick auf die öffentlichen Gläubiger als mildere Maßnahme denkbar, dass diese rechtlich die Möglichkeit erhalten könnten, sich die erforderlichen **Sicherheiten** einräumen zu lassen.[338] Mit Letzterem ist offenbar der Erlass nationaler Gesetze gemeint, die eine Gesellschaft zur Stellung von Sicherheiten gegenüber öffentlichen Gläubigern

---

[327] EuGH ECLI:EU:C:1999:126 Rn. 39 und Urteilsspruch – Centros.

[328] EuGH ECLI:EU:C:1999:126 Rn. 4: „Nach dänischem Recht ist die Centros als private ltd. company als eine ausländische Gesellschaft mit beschränkter Haftung anzusehen".

[329] EuGH ECLI:EU:C:1999:126 Rn. 25 – Centros.

[330] EuGH ECLI:EU:C:1999:126 Rn. 26, 27 – Centros.

[331] EuGH ECLI:EU:C:1999:126 Rn. 29 m. Verweis auf EuGH ECLI:EU:C:1986:308 Rn. 16 = NJW 1987, 571 – Segers.

[332] EuGH ECLI:EU:C:1999:126 Rn. 32 – Centros.

[333] EuGH ECLI:EU:C:1999:126 Rn. 34 unter Berufung auf EuGH ECLI:EU:C:1993:125 Rn. 32 – Kraus = EuZW 1993, 322 – Kraus; ECLI:EU:C:1995:411 Rn. 37 = NJW 1996, 579 – Gebhard; stRspr, s. EuGH ECLI:EU:C:2013:412 Rn. 33 = EuZW 2013, 664 – Impacto Azul; dazu *M. Lehmann* LMK 2013, 352735.

[334] Wie vorige Fn.

[335] EuGH ECLI:EU:C:2003:512 Rn. 133 = NJW 2003, 3331 – Inspire Art.

[336] EuGH ECLI:EU:C:1999:126 Rn. 35 – Centros.

[337] EuGH ECLI:EU:C:1999:126 Rn. 36 – Centros.

[338] EuGH ECLI:EU:C:1999:126 Rn. 37 – Centros.

verpflichten.[339] Denn als schlichter Hinweis auf die – auch für öffentliche Gläubiger bestehende – Vertragsfreiheit ergibt diese Aussage schon deshalb keinen Sinn, weil hierin von vornherein keine Beschränkung liegen würde. Zugleich knüpft die Centros-Entscheidung hier an das Urteil SIM (→ Rn. 84 f.) an, in dem bereits festgehalten wurde, dass die Bestellung von Sicherheiten funktionsäquivalent zu Mindestkapitalerfordernissen ist, gleichzeitig aber die Gesellschaft weniger stark belastet.

Das Urteil hat im Schrifttum ein **zwiespältiges Echo** hervorgerufen. Teilweise wurde vertreten, der EuGH habe der Verwaltungssitzanknüpfung mit dieser Entscheidung den „Garaus" gemacht.[340] Tragend war dabei der Gedanke, dass sich in der Begründung der Entscheidung kein Anhaltspunkt für eine Differenzierung zwischen Gründungstheorie-Staaten und Sitztheorie-Staaten finde; mit dem Grundsatz der einheitlichen Geltung des Gemeinschaftsrechts in allen Mitgliedstaaten sei es nicht zu vereinbaren, gleichgelagerte Sachverhalte unterschiedlich zu behandeln, je nachdem, welches Kollisionsrecht im Gerichtsstaat gelte.[341] Der Umstand, dass das Urteil die Daily Mail-Entscheidung (→ Rn. 99) nicht einmal erwähnt hat, wurde von diesen Autoren nicht als Bestätigung der Kollisionsrechtsneutralität des Primärrechts verstanden, sondern durch den Hinweis gerechtfertigt, dass es dort um die primäre Niederlassungsfreiheit gegangen sei, während die Centros-Entscheidung die sekundäre Niederlassungsfreiheit zum Gegenstand gehabt habe.[342] 88

Bei Licht besehen, ergaben sich aus Centros **keine Einschränkungen für das Kollisionsrecht** der Sitztheoriestaaten.[343] Wer im Nachhinein – dh vor dem Hintergrund von Überseering[344] und Inspire Art[345] – behauptet, es sei schon damals „klar ersichtlich" gewesen, dass der EuGH entschlossen war, die Niederlassungsfreiheit ohne Rücksicht auf innerstaatliches Kollisionsrecht auszubauen,[346] stellt das Urteil in einen Gesamtzusammenhang, den es 1999 nicht gab. Vor dem Hintergrund von Daily Mail (→ Rn. 81) war vielmehr die Annahme nahe liegend, die Centros-Entscheidung sei für Sitztheoriestaaten überhaupt nicht einschlägig. Denn aus der Sicht eines Sitztheoriestaates war die Gesellschaft nicht rechtmäßig errichtet, mangels Erfüllung der dort geltenden Erfordernisse. Dass Centros auf den kollisionsrechtlichen Standpunkt des Zweigniederlassungsstaates als Staat des tatsächlichen Verwaltungssitzes abstellte, wurde bereits vermerkt (→ Rn. 86). Mit Recht haben die deutschen Gerichte deshalb zunächst – trotz Centros – ihren kollisionsrechtlichen Standpunkt nicht geändert.[347] 89

Im Fall **Überseering** (Urteil vom 5.11.2002)[348] – ging es um eine niederländische GmbH (Besloten Vennootschap, B.V.), die ihren Verwaltungssitz von den Niederlanden nach Deutschland 90

---

339 Vgl. insoweit die englische Textfassung EuGH ECLI:EU:C:1999:126 Rn. 37 – Centros: „making it possible in law for public creditors to obtain the necessary guarantees".

340 So wörtlich *Meilicke* DB 1999, 627; ebenso *Freitag* EuZW 1999, 267 (269): „damit bleibt auch dem deutschen Gesellschaftsrecht … nur noch die Aufgabe der Sitztheorie"; *Sedemund/Hausmann* BB 1999, 809 (810): Kehrtwendung gegenüber Daily Mail; *Werlauff* ZIP 1999, 867 (875): Centros als „Epitaph für das Hauptsitzkriterium"; *Behrens* IPRax 1999, 323 (326): „damit ist die Sitztheorie im Anwendungsbereich des Gemeinschaftsrechts … ihrer kollisionsrechtlichen Bedeutung entkleidet"; *Sandrock* BB 1999, 1337: „Fall der Sitztheorie"; *Neye* EWiR 1999, 259 (260): der EuGH habe „der deutschen Rechtsprechung, jedenfalls soweit es um die Anerkennung EU-ausländischer Gesellschaften geht, den Boden entzogen"; *W. H. Roth* ZIP 1999, 861 (867): „Schlag gegen die Sitztheorie"; *Kieninger* ZGR 1999, 724 (746): „der Sitztheorie den Boden entzogen".

341 *Forsthoff* EuR 2000, 167 (177).

342 *Zimmer* ZHR 164 (2000), 23 (33).

343 *Kindler* NJW 1999, 1993 (1997); *Sonnenberger/Großerichter* RIW 1999, 721 (722) zu Fn. 10, 726 f.; *Lange* DNotZ 1999, 599 (606 f.); *Timme/Hülk* JuS 1999, 1055 (1058); *W.-H. Roth* ZGR 2000, 311 (313, 327); *W.-H. Roth* ZIP 2000, 1597 (1599); *Süß* NotBZ 2001, 77 (79); *Rammeloo,* Corporations in Private International Law, 2001, 319: „any assumption that, following Centros, the real seat theory is no longer acknowledged under the EC Treaty is doubtful", auch 260 f.; tendenziell auch *Bungert* DB 1999, 1841 (1843 f.); *Ebke* JZ 1999, 656 (660 f.); *Görk* GmbHR 1999, 793 (796); *Flessner* ZEuP 2000, 1 (4).; in neuerer Zeit BeckOGK/*Großerichter/Zwirlein-Forschner,* 1.12.2021, IPR Internationales Gesellschaftsrecht – Allgemeiner Teil Rn. 138.

344 EuGH ECLI:EU:C:2002:632 = NJW 2002, 3614 – Überseering.

345 EuGH ECLI:EU:C:2003:512 = NJW 2003, 3331 – Inspire Art.

346 So *Kieninger* ZEuP 2004, 685 (687).

347 OLG Brandenburg NJW-RR 2001, 29 = EWiR 2001, 67 m. KurzKomm. *W. Müller;* ebenso die Vorinstanz LG Potsdam RIW 2000, 145 = IPRax 2001, 134 mAnm *Thorn* IPRax 2001, 102; OLG Zweibrücken NJW-RR 2001, 341 = RIW 2001, 373; OLG Hamm NJW 2001, 2183 = IPRax 2001, 343 mAnm *HPM;* OLG Düsseldorf NJW 2001, 2184 = IPRax 2001, 343 mAnm *HPM;* LG Stuttgart NJW-RR 2002, 463; unnötige Polemik hierzu bei *Kieninger* ZEuP 2004, 685 (688): „Verweigerungshaltung".

348 EuGH ECLI:EU:C:2002:632 = NJW 2002, 3614 – Überseering m. Aufs. *Kindler* NJW 2003, 1073; ferner zu dieser Entscheidung *Behrens* IPRax 2003, 197; *Ebke* JZ 2003, 927; *Eidenmüller* ZIP 2002, 2233; *Forsthoff* DB 2002, 2471; *Großerichter* DStR 2003, 159; *Heidenhain* NZG 2002, 1141; *Kersting* NZG 2003, 9; *Knapp* DNotZ 2003, 85; *Lagarde* Rev. crit. dr. int. pr. 2003, 508 (524); *Leible/Hoffmann* RIW 2002, 925; *Menjucq*

verlegt hatte. In Rede stand damit die primäre Niederlassungsfreiheit der Gesellschaft (Art. 49 Abs. 1 S. 1 AEUV, Art. 54 AEUV). In fehlerhafter Anwendung deutschen Sachrechts hatte der VII. Zivilsenat des BGH **der zugezogenen Gesellschaft die Rechts- und Parteifähigkeit abgesprochen,** die Vereinbarkeit dieser Aussage mit der Niederlassungsfreiheit jedoch dem EuGH zur Vorabentscheidung nach Art. 267 AEUV (früher Art. 234 EG-Vertrag) unterbreitet.[349] Unzutreffend war der Rechtsstandpunkt des VII. Zivilsenat deshalb, weil schon zum damaligen Zeitpunkt weithin anerkannt war, dass die Auslandsgesellschaft bei einer Verwaltungssitzverlegung ins Inland zwar einem Statutenwechsel zum deutschen Recht unterliegt, dass damit aber keineswegs ein Existenzverlust einhergeht. Die zuziehende Gesellschaft ist vielmehr nach Maßgabe des neuen Statuts als deutsche Personengesellschaft rechts- und parteifähig.[350] Diesen Standpunkt hat der II. Zivilsenat noch während des Überseering-Vorlageverfahrens ausdrücklich bestätigt.[351] Diese Entscheidung wurde aber weder vom Gerichtshof zur Kenntnis genommen, noch hat der vorlegende VII. Zivilsenat sie zum Anlass genommen, seinen Vorlagebeschluss aufzuheben. Nach dem EuGH-Urteil Überseering verstößt es „gegen die Art. 43 EG-Vertrag und 48 EG-Vertrag [seit 1.12.2009 Art. 49, 54 AEUV], wenn einer Gesellschaft, die nach dem Recht eines Mitgliedstaats, in dessen Hoheitsgebiet sie ihren satzungsmäßigen Sitz hat, gegründet worden ist und von der nach dem Recht eines anderen Mitgliedstaats angenommen wird, dass sie ihren tatsächlichen Verwaltungssitz dorthin verlegt hat, in diesem Mitgliedstaat die Rechtsfähigkeit und damit die Parteifähigkeit vor seinen nationalen Gerichten für das Geltendmachen von Ansprüchen aus einem Vertrag mit einer in diesem Mitgliedstaat ansässigen Gesellschaft abgesprochen wird“ (Ls. 1). Die Niederlassungsfreiheit verpflichte den Zuzugsstaat, „die Rechtsfähigkeit und damit die Parteifähigkeit zu achten, die diese Gesellschaft nach dem Recht ihres Gründungsstaats besitzt“ (Ls. 2). In der Begründung führte der EuGH unter anderem aus, dass Art. 293 EG-Vertrag für die dort genannten Sachbereiche – wie die gegenseitige Anerkennung von Gesellschaften und die Beibehaltung der Rechtspersönlichkeit bei Verlegung des Sitzes von einem Staat in einen anderen – keinen Rechtsetzungsvorbehalt zu Gunsten der Mitgliedstaaten begründe.[352] Dem Urteil Daily Mail (→ Rn. 81) sei nicht zu entnehmen, dass bei Verlegung des Verwaltungssitzes einer Gesellschaft in einen anderen Mitgliedstaat die Anerkennung der Rechtspersönlichkeit durch den Zuzugsstaat außerhalb des Regelungsbereichs der Niederlassungsfreiheit liege.[353] Die **Weigerung** der Gerichte des Zuzugsstaates, die Gesellschaft als **rechts- und parteifähig zu behandeln,**[354] stelle eine **Beschränkung der Niederlassungsfreiheit** dar, die der Überseering B.V. „als Gesellschaft niederländischen Rechts“ zukomme.[355] Eine Rechtfertigung dieser Beschränkung hat der Gerichtshof nicht näher geprüft; da die Beschränkung einer „Negierung“ der Niederlassungsfreiheit gleich komme, schieden alle denkbaren Rechtfertigungsgründe a limine aus.[356] Weil im Fall Überseering die primäre Niederlassungsfreiheit in Rede stand, hat der EuGH auf Centros (→ Rn. 86 ff.) nur marginal Bezug genommen.[357]

JCP 2003, II, 1033; *Rehberg* IPRax 2003, 175 (Tagungsbericht); *Hausmann* in Reithmann/Martiny IntVertragsR Rn. 6.19 ff.; *W.-H. Roth* IPRax 2003, 117; *Sandrock* ZVglRWiss 102 (2003), 447; *Schanze/Jüttner* AG 2003, 30; *Weller* IPRax 2003, 207; *Weller* IPRax 2003, 324; *Wernicke* EuZW 2002, 758; *Zimmer* BB 2003, 1; *Zimmer* RabelsZ 67 (2003), 298 (307).

349 Vgl. den Vorlagebeschluss BGH RIW 2000, 555 mAnm *Kindler* RIW 2000, 649 = IPRax 2000, 423 mAnm *Behrens* IPRax 2000, 384 = ZIP 2000, 967 mAnm *W.-H. Roth* ZIP 2000, 1597 = DB 2000, 1114 mAnm *Forsthoff* DB 2000, 1109 = BB 2000, 1106 mAnm *Zimmer* BB 2000, 1361 = GmbHR 2000, 715 mAnm *Meilicke* GmbHR 2000, 693 = NZG 2000, 926 mAnm *Jaeger* NZG 2000, 918 und *Bechtel* NZG 2001, 21; vgl. auch die Entscheidung der Vorinstanz OLG Düsseldorf JZ 2000, 203 mAnm *Ebke*.

350 *Kindler* RIW 2000, 649 (650 f.); *Altmeppen* DStR 2000, 1061 (1063); tendenziell auch *Forsthoff* DB 2000, 1109 f.; *Zimmer* BB 2000, 1361 (1365); nachfolgend auch *Kindler* FS W. Lorenz, 2001, 343 ff.

351 BGHZ 151, 204 = NJW 2002, 3539 = IPRax 2003, 62 mAnm *Kindler* IPRax 2003, 41; ebenso auch schon OLG Frankfurt NZG 2002, 294 Ls. 3 = NJW-RR 2002, 605; nachfolgend BGHZ 178, 192 – Trabrennbahn = NJW 2009, 289 mAnm *Kieninger* = DStR 2009, 59 mAnm *Goette* = DNotZ 2009, 385 mAnm *Thölke* = IPRax 2009, 259 m. Aufs. *Weller* IPRax 2009, 202 ff.; dazu *Kindler* IPRax 2009, 189 (190); ferner *Balthasar* RIW 2009, 221; *Gottschalk* ZIP 2009, 948; *Hellgardt/Illmer* NZG 2009, 94; *Lieder/Kliebisch* BB 2009, 338; nachfolgend BGH ZIP 2009, 2385 = BeckRS 2009, 28205 – Ltd. nach dem Recht von Singapur mit Verwaltungssitz in Deutschland.

352 EuGH ECLI:EU:C:2002:632 Rn. 52 ff. = NJW 2002, 3614 – Überseering; zu diesem Aspekt → Rn. 108.

353 EuGH ECLI:EU:C:2002:632 Rn. 61–73 = NJW 2002, 3614 – Überseering.

354 Die Entscheidung BGHZ 151, 204 = NJW 2002, 3539 hat der Gerichtshof – wie im Text ausgeführt – ignoriert.

355 EuGH ECLI:EU:C:2002:632 Rn. 78 ff., besonders 80, 81 = NJW 2002, 3614 – Überseering.

356 EuGH ECLI:EU:C:2002:632 Rn. 83–93 = NJW 2002, 3614 – Überseering.

357 EuGH ECLI:EU:C:2002:632 Rn. 58, 75 = NJW 2002, 3614 – Überseering, allg. zur Anwendbarkeit der Vorschriften über die Niederlassungsfreiheit.

Das Urteil wurde **im Schrifttum überwiegend dahin verstanden,** dass es – mindestens – für die Frage der Rechts- und Parteifähigkeit von EU-Auslandsgesellschaften einen **Wechsel zur Gründungsanknüpfung** erzwinge. Das nationale Kollisionsrecht des Zuzugsstaates sei daran gehindert, einen Statutenwechsel anzuordnen; es habe vielmehr die Auslandsgesellschaft als solche hinzunehmen (→ EGBGB Art. 3 Rn. 110).[358] Dies soll sich zum einen daraus ergeben, dass der EuGH für die Inanspruchnahme der Niederlassungsfreiheit „zwingend die Anerkennung der Gesellschaften durch alle Mitgliedstaaten" voraussetzt, in denen sie sich niederlassen wollen.[359] Außerdem betone der Gerichtshof an anderer Stelle, die B.V. habe „auf Grund der Art. 43 und 48 EG-Vertrag [seit 1.12.2009 Art. 49, 54 AEUV] das Recht, als Gesellschaft niederländischen Rechts in Deutschland von ihrer Niederlassungsfreiheit Gebrauch zu machen"[360] und ihre Existenz hänge „untrennbar mit ihrer Eigenschaft als Gesellschaft niederländischen Rechts" zusammen, sodass die Anordnung eines Statutenwechsels und die Verpflichtung zur Neugründung im Zuzugsstaat „der Negierung der Niederlassungsfreiheit" gleichkäme.[361] Mit diesen Aussagen erkläre der EuGH die Sitztheorie selbst, nicht bloß ihre sachrechtlichen Auswirkungen für unvereinbar mit der Niederlassungsfreiheit. Insbesondere genüge die in BGHZ 151, 204[362] vorgenommene Anerkennung der Scheinauslandsgesellschaft als rechts- und parteifähige Personengesellschaft inländischen Rechts den vom EuGH aufgestellten Anforderungen nicht.[363] Keine Einigkeit besteht innerhalb dieser Meinungsgruppe bei der Frage, ob der AEUV (bis 30.11.2009: EG-Vertrag) selbst eine Kollisionsnorm mit Anwendungsvorrang vor dem innerstaatlichen Kollisionsrecht enthält,[364] oder ob der AEUV allenfalls Vorgaben für das mitgliedstaatliche Kollisionsrecht enthält.[365] 91

Dieser Einschätzung kann **nicht beigetreten** werden.[366] Im ersten Ls. des Urteils ist nur von der Rechts- und Parteifähigkeit als den materiellen Requisiten der Ausübung der Niederlassungsfreiheit die Rede, nicht vom Kollisionsrecht.[367] Im Fall Überseering bestanden zwei Möglichkeiten zur Vermeidung des Verlustes von Rechts- und Parteifähigkeit der zuziehenden Gesellschaft: **(1)** die Annahme von Rechts- und Parteifähigkeit nach dem (niederländischen) Gründungsstatut; **(2)** die Annahme von Rechts- und Parteifähigkeit nach dem (deutschen) Gesellschaftsrecht als Recht des effektiven Verwaltungssitzes nach Statutenwechsel. Dass dieser zweite Weg, wie ihn BGHZ 151, 204[368] vorgezeichnet hat, EU-rechtswidrig sein sollte, kommt im ersten Ls. des Überseering-Urteils auch nicht andeutungsweise zum Ausdruck. Zwar trifft es zu, dass der Gerichtshof feststellt, die Niederlassungsfreiheit erzwinge die „Anerkennung" der in Art. 54 AEUV (früher Art. 48 EG-Vertrag) aufgeführten Gesellschaften,[369] und die Gesellschaft genieße das Recht, „als Gesellschaft 92

---

358 *Leible/Hoffmann* RIW 2002, 925 (928 f.); *Leible/Hoffmann* ZIP 2003, 925 (926); *Eidenmüller* ZIP 2002, 2233 (2238); *Behrens* IPRax 2003, 193 (200 f.); *Hausmann* in Reithmann/Martiny IntVertragsR Rn. 6.36; Grüneberg/*Thorn* EGBGB Anh. Art. 12 Rn. 6; *Sonnenberger* FS Lagarde, 2005, 753; anders Literaturstimmen, → Rn. 110 mwN.

359 EuGH ECLI:EU:C:2002:632 Rn. 59.

360 EuGH ECLI:EU:C:2002:632 Rn. 80.

361 EuGH ECLI:EU:C:2002:632 Rn. 81.

362 Abdruck auch in NJW 2002, 3539 und IPRax 2003, 62 mAnm *Kindler* IPRax 2003, 41; bestätigt durch BGHZ 178, 192 – Trabrennbahn = NJW 2009, 289 mAnm *Kieninger* = DStR 2009, 59 mAnm *Goette* = DNotZ 2009, 385 mAnm *Thölke* = IPRax 2009, 259 m. Aufs. *Weller* IPRax 2009, 202 ff.; dazu *Kindler* IPRax 2009, 189 (190); ferner *Balthasar* RIW 2009, 221; *Gottschalk* ZIP 2009, 948; *Hellgardt/Illmer* NZG 2009, 94; *Lieder/Kliebisch* BB 2009, 338; nachfolgend BGH ZIP 2009, 2385 = BeckRS 2009, 28205 – Ltd. nach dem Recht von Singapur mit Verwaltungssitz in Deutschland.

363 So noch *Binz/Mayer* GmbHR 2003, 249 (255); *Ebke* JZ 2003, 925 (928); *Bayer* BB 2003, 2357 (2362); *Schulz* NJW 2003, 2705 (2706); *Weller* IPRax 2003, 324 (326); *Meilicke* GmbHR 2003, 793 (799 ff.); *Wertenbruch* NZG 2003, 618 ff.; *Kersting* NZG 2003, 9; *Schanze/Jüttner* AG 2003, 30 (32 f.).

364 *Leible* ZGR 2004, 531 (534); *Leible/Hoffmann* RIW 2002, 925 (928); *Leible/Hoffmann* ZIP 2003, 925 (926): „europarechtliche Gründungstheorie"; *Behrens* IPRax 2003, 193 (204 f.); *Eidenmüller* in Eidenmüller Ausl. KapGes. § 3 Rn. 1; *Eidenmüller* ZIP 2002, 2233 (2241); *Eidenmüller* JZ 2004, 24 (25); *Schanze/Jüttner* AG 2003, 661 (666); *Spindler/Berner* RIW 2003, 949 (954 f.).

365 In diesem Sinne BGHZ 154, 185 (190) = NJW 2003, 1461 – Überseering; ferner *Rehm* in Eidenmüller Ausl. KapGes. § 2 Rn. 70 f.; *Veit/Wichert* AG 2004, 14 (15 f.); *Knapp* DNotZ 2003, 85 (88); *Kieninger* ZEuP 2004, 685 (692): Gründungstheorie als Teil des „deutschen Kollisionsrechts".

366 Vgl. zum Folgenden *Kindler* NJW 2003, 1073 (1076 ff.).

367 Mit Recht weist *W.-H. Roth* IPRax 2003, 117 (120) darauf hin, dass der EuGH nach dem Vorlagebeschluss überhaupt nicht die Frage zu beantworten hatte, ob die Anknüpfung an den Verwaltungssitz mit der kollisionsrechtlichen Rechtsfolge des Statutenwechsels im Widerspruch zu Art. 49, 54 AEUV (früher Art. 43, 48 EG-Vertrag) steht; diesen Aspekt betonend auch *Großerichter* DStR 2003, 159 (165 f.); *Heidenhain* NZG 2002, 1141 (1143); *Hirte* EWS 2002, 573; iErg auch *Kohler* IPRax 2003, 401 (409) nach Fn. 53.

368 Abdruck auch in NJW 2002, 3539 = IPRax 2003, 62 mAnm *Kindler* IPRax 2003, 41.

369 EuGH ECLI:EU:C:2002:632 Rn. 60.

niederländischen Rechts" im Zuzugsstaat von der Niederlassungsfreiheit Gebrauch zu machen.[370] Dem ist aber entgegenzuhalten, dass diese Erwägungen des EuGH[371] letztlich bloß in die Feststellung münden, die **Rechtsfähigkeit der Gesellschaft** sei anzuerkennen. Art. 293 EG-Vertrag zeigte nun mit aller Deutlichkeit, dass dies etwas völlig anderes ist als die Anerkennung der Gesellschaft insgesamt. Die Bestimmung unterschied nämlich zwischen der gegenseitigen **Anerkennung der Gesellschaften in toto und der Beibehaltung der Rechtspersönlichkeit** bei Sitzverlegung. Letztere ist ein Minus zur Anerkennung insgesamt und kommt überhaupt nur aus der Sicht eines Mitgliedstaates in Betracht, dessen IPR einen Statutenwechsel zum neuen Sitzrecht anordnet.[372] Nach dem zweiten Ls. muss der Zuzugsstaat die Rechtsfähigkeit „achten", die die Gesellschaft nach dem Recht ihres Gründungsstaats besitzt. Auch diese Aussage darf indessen nicht isoliert betrachtet werden. Die dazugehörige Frage im Vorlagebeschluss („gebietet es die Niederlassungsfreiheit, die Rechtsfähigkeit nach dem Recht des Gründungsstaates zu beurteilen?") war nämlich nur für den Fall gestellt, dass das Sachrecht des Zuzugsstaates die Rechts- und Parteifähigkeit der zuziehenden Gesellschaft verneint und dies als Verstoß gegen die Niederlassungsfreiheit zu bewerten sein sollte. Wegen BGHZ 151, 204[373] trifft dies für die Bundesrepublik Deutschland als Sitztheoriestaat nicht zu.[374] Das **Gründungsstatut** ist daher **nur bei Wegfall der Rechts- und Parteifähigkeit** nach dem Recht des Zuzugsstaates EU-rechtlich **maßgeblich.**[375] Die Rspr. hat dennoch nach Überseering nur noch selten an der Sitztheorie im Verhältnis zu EU-Staaten festgehalten,[376] immerhin aber auch der II. (gesellschaftsrechtliche) Senat des BGH im Luxemburg-Urteil vom 2.6.2003, wenn dort die Nichtgeltung der Sitztheorie im Verhältnis zu EU-Staaten bloß „unterstellt" wird.[377] Zum belgischen IPRG 2004 (in der bis 2018 geltenden Fassung) → Rn. 77.

93 Im **Urteil Inspire Art vom 30.9.2003** stand erneut die schon im Fall Centros (→ Rn. 86 ff.) zu prüfende sekundäre Niederlassungsfreiheit im Mittelpunkt, ferner die Vereinbarkeit bestimmter mitgliedstaatlicher Vorschriften mit der Zweigniederlassungs-RL (zu ihr → Rn. 32 ff.).[378] Prüfungsgegenstand war das niederländische Gesetz über formal ausländische Gesellschaften (WFBV).[379] Danach bestehen gewisse **Mindestanforderungen für Auslandsgesellschaften,** die ihre Geschäftstätigkeit vollständig oder beinahe vollständig in den Niederlanden entfalten und daneben keine tatsächliche Bindung an den Gründungsstaat haben (Art. 1 WFBV). Sie betreffen **Offenlegungspflichten,** das **Mindestkapital** und die persönliche **Haftung der Geschäftsführer bei Nichterfüllung dieser Mindestanforderungen.** Der **EuGH** hielt einige der Offenlegungspflichten für **unvereinbar** mit der – von ihm insoweit als abschließende Regelung erachteten – **Zweigniederlassungs-RL.**[380] Außerdem behinderten das Mindestkapitalerfordernis und

---

[370] EuGH ECLI:EU:C:2002:632 Rn. 81 f. Dies betonen *Leible/Hoffmann* RIW 2002, 925 (928).

[371] EuGH ECLI:EU:C:2002:632 Rn. 84.

[372] Vgl. schon *Beitzke* ZHR 127 (1965), 1 (24).

[373] Abdruck auch in NJW 2002, 3539 = IPRax 2003, 62 mAnm *Kindler* IPRax 2003, 41.

[374] Näher *Kindler* NJW 2003, 1073 (1077); zust. *Hirte* in Hirte/Bücker GrenzübGes § 1 Rn. 5: „europarechtlich unbedenklich".

[375] Wie hier auch *Ahrens* RNotZ 2003, 32 (36 ff.); *Wernicke* EuZW 2002, 758 (760); *Neye* EWiR 2002, 1003 (1004), *W. H. Roth* IPRax 2003, 117 (120 ff.); sehr deutlich *Lipstein* FS Jayme, Bd. I, 2004, 527 (529): „Countries are free to apply the law of incorporation or that of the seat, provided that the previous status and capacity of legal entity … is recognised upon a change of seat."; *C. Schäfer* NZG 2004, 785 (788) re. Sp.; iErg auch *Altmeppen* NJW 2004, 97 (98 f.); *Altmeppen* NJW 2005, 1911 (1913); anders aber *Altmeppen/Wilhelm* DB 2004, 1083 (1089), wonach Anerkennung und gesellschaftsrechtliche Binnenfragen sich nach dem Gründungsstatut richten sollen, Fragen des Gläubigerschutzes indessen nach dem Recht des Staates des effektiven Verwaltungssitzes.

[376] LG Frankental NJW 2003, 762 = BB 2003, 542 mAnm *Leible/Hoffmann;* AG Hamburg NJW 2003, 2835 (2836), OLG Düsseldorf DB 2004, 128 (129); ebenso das BMJ-Schreiben vom 18.11.2002 (zitiert bei LG Frankental NJW 2003, 762).

[377] BGH NJW 2003, 2609 = RIW 2003, 877; wegen der zwischenzeitlich erfolgten Hinwendung zur Gründungstheorie bei der Beurteilung EU-ausländischer Gesellschaften → Rn. 13, → Rn. 123 ff.

[378] EuGH ECLI:EU:C:2003:512 = NJW 2003, 3331 = NZG 2003, 1064 – Inspire Art mAnm *Kindler* NZG 2003, 1086; ferner zu dieser Entscheidung *Altmeppen* NJW 2004, 97; *Bayer* BB 2003, 2357; *Behrens* IPRax 2004, 20; *Binge/Thölke* DNotZ 2004, 21; *Bonanni* GmbHR 2003, 1235; *Eidenmüller* JZ 2004, 24; *Eidenmüller/Rehm* ZGR 2004, 159; *Kieninger* ZEuP 2004, 685; *Leible/Hoffmann* EuZW 2003, 677; *Maul/Schmidt* BB 2003, 2297; *Muir Watt* Rev. crit. dr. int. pr. 2004, 151 (173 ff.); *Menjucq* Bulletin Joly des Sociétés 2003, 1296; *Sandrock* BB 2003, 2588; *Sandrock* BB 2004, 897; *Schanze/Jüttner* AG 2003, 661; *Spindler/Berner* RIW 2003, 949; *Spindler/Berner* RIW 2004, 7; *Ulmer* NJW 2004, 1201; *Wachter* GmbHR 2004, 88; *Wachter* GmbHR 2004, 1254; *Weller* DStR 2003, 1800; *Ziemons* ZIP 2003, 1913; *Zimmer* NJW 2003, 3585.

[379] Wet op de formeel buitenlandse vennootschappen vom 17.12.1997; deutsche Übersetzung bei Schlussanträge GA *Alber* NZG 2003, 262 Rn. 2 = DB 2003, 377.

[380] EuGH ECLI:EU:C:2003:512 Rn. 55 ff., 69, 72 Ls. 1 – Inspire Art.

die hieran anknüpfende Geschäftsführerhaftung nach dem inländischen Recht die Ausübung der **Niederlassungsfreiheit** einer nach EU-ausländischem Recht gegründeten Gesellschaft; für die Inanspruchnahme der Niederlassungsfreiheit sei es ohne Bedeutung, dass eine Gesellschaft in einem Mitgliedstaat nur errichtet wird, um sich in einem anderen Mitgliedstaat geschäftlich zu betätigen. Abgesehen vom Fall des Betruges seien die Gründe für eine derartige gesellschaftsrechtliche Konstruktion aus niederlassungsrechtlicher Sicht irrelevant.[381] Bei der Prüfung einer möglichen Rechtfertigung dieser Beschränkungen wandte das Gericht erneut den schon aus Centros (→ Rn. 86 ff.) bekannten **Vier-Konditionen-Test** an.[382] Er verwies erneut auf die schon in Centros betonte Möglichkeit des **Selbstschutzes** der Gläubiger, auch auf Grund der in der Vierten und Elften Richtlinie enthaltenen **Offenlegungspflichten** („Informationsmodell").[383] Ebenfalls im Anschluss an Centros wiederholte der EuGH in Inspire Art seine Auffassung, die Ausnutzung des gesellschaftsrechtlichen Regelungsgefälles zwischen den Mitgliedstaaten sei eine Ausübungsform der Niederlassungsfreiheit.[384] Bemerkenswert – und in der Diskussion meist übersehen – ist aber auch die weitere Aussage, dass in der **Anwendung angeglichenen Rechts** – jedenfalls dann, wenn die zu Grunde liegende Richtlinie primärrechtskonform ist[385] – **keine Beschränkung der Niederlassungsfreiheit** einer statutsfremden Gesellschaft liegt.[386] Denn die betroffene Gesellschaft muss überall in der Union mit der Anwendung dieser Regeln rechnen.[387]

Das Urteil wurde im **Schrifttum** als erneute Bestätigung eines kollisionsrechtlichen Ansatzes des EuGH bewertet. Das Gericht begnüge sich – über Überseering hinausgehend – nicht mit der schlichten Anerkennung der Gesellschaft durch den Zuzugsstaat,[388] sondern verlange deren umfassende Behandlung nach dem Gründungsstatut **(kollisionsrechtliches Herkunftslandprinzip); jede Durchbrechung des Gesellschaftsstatuts** beschränke die Niederlassungsfreiheit der Gesellschaft und **bedürfe** deshalb der **Rechtfertigung.**[389] Derart weitreichende Schlussfolgerungen lassen sich dem Urteil indessen an keiner Stelle entnehmen.[390] Nach Ls. 2 des Urteils Inspire Art ist es den Mitgliedstaaten lediglich verboten, die Ausübung der von Art. 49 Abs. 1 S. 2 AEUV (früher Art. 43 Abs. 1 S. 2 EG-Vertrag) gewährten Freiheit zur Errichtung einer **Zweigniederlassung** von der Beachtung inländischer Vorschriften zur **Gesellschaftsgründung** abhängig zu machen.[391] Ein generelles kollisionsrechtliches Herkunftslandprinzip hat der EuGH indessen erst 1997 abgelehnt,[392] und Inspire Art hat sich nicht – ebenso wenig wie Centros oder Überseering – von dieser Aussage distanziert. Statt dessen übernimmt der EuGH in Inspire Art, wie schon in Centros, den **Standpunkt des mitgliedstaatlichen IPR** – hier: Art. 1 WFBV (→ Rn. 93) –, es handele sich um eine **ausländische Gesellschaft.**[393] Als Fortführung der Überseering-Doktrin lässt sich Inspire Art schon deshalb nicht begreifen, weil auf das erstge- 94

381 EuGH ECLI:EU:C:2003:512 Rn. 95 ff., 102 – Inspire Art.

382 EuGH ECLI:EU:C:2003:512 Rn. 131 ff., 133 – Inspire Art.

383 EuGH ECLI:EU:C:2003:512 Rn. 135 – Inspire Art.

384 EuGH ECLI:EU:C:2003:512 Rn. 137 f. – Inspire Art.

385 *Kindler* NZG 2003, 1086 (1087) zu Fn. 12.

386 EuGH ECLI:EU: C: 2003:512 Rn. 58 = NJW 2003, 3331 – Inspire Art: „Bestimmungen, deren Vereinbarkeit mit der (…) Richtlinie nicht in Frage gestellt worden ist, können nicht als Behinderung der Niederlassungsfreiheit angesehen werden"; *Kindler* FS Säcker, 2011, 393 (399); ferner *Schall* FS Meilicke, 2010, 651 (664 f.) zur Vermögensbindung.

387 *Leible* ZGR 2004, 531 (542) am Beispiel einheitlicher Mindestkapitalanforderungen.

388 Vgl. EuGH ECLI:EU:C:2003:512 Rn. 99 – Inspire Art.

389 *Leible/Hoffmann* EuZW 2003, 677 (681 f.) m. Hinweis auf EuGH ECLI:EU:C:2003:512 Rn. 99 ff.; *Zimmer* NJW 2003, 3585 (3591) unter III 1 – Inspire Art; *Behrens* IPRax 2004, 20 (25); *Eidenmüller* JZ 2004, 24 (25): „durch Art. 43 EG und Art. 48 EG gebotene Gründungsanknüpfung"; dazu auch nachfolgende Fn.; *Eidenmüller* in Eidenmüller Ausl. KapGes. § 3 Rn. 6 f.; für ein kollisionsrechtliches Herkunftslandprinzip als Ausfluss der Niederlassungsfreiheit auch *Weller* IPRax 2009, 202 (205).

390 *Kindler* NZG 2003, 1086 (1088 f.); gegen ein kollisionsrechtliches Verständnis von „Inspire Art" und der vorangehenden Rspr. auch *Veit/Wichert* AG 2004, 14 (15 f.); *Spindler/Berner* RIW 2004, 7 (8 f.); *Eidenmüller/Rehm* ZGR 2004, 159 (166): „Der EuGH gibt in seiner Rspr. also keine Kollisionsnorm vor" (Diese Aussage ist mE mit *Eidenmüller* JZ 2004, 24 (25) [vorige Fn.] nicht zu vereinbaren; sie besagt geradezu deren Gegenteil); *Rehm* in Eidenmüller Ausl. KapGes. § 2 Rn. 66 ff., 70.

391 Der EuGH beschreibt den inkriminierten Sachverhalt wie folgt: „Die Gründung einer Zweigniederlassung in den Niederlanden durch eine (EU-ausländische) Gesellschaft unterliegt somit bestimmten Vorschriften, die in diesem Staat für die Gründung einer Gesellschaft mit beschränkter Haftung gelten", EuGH ECLI:EU:C:2003:512 Rn. 101 – Inspire Art.

392 EuGH ECLI:EU:C:2011:685 Rn. 53 ff. = NJW 2012, 137 – eDate Advertising; dazu *Kohler/Seyr/Puffer-Mariette* ZEuP 2013, 329 ff.

393 EuGH ECLI:EU:C:2003:512 Rn. 22 – Inspire Art; *Kindler* NZG 2003, 1086 (1089); zur – insoweit gleichgelagerten – Problematik bei Centros vgl. *Sonnenberger/Großerichter* RIW 1999, 721 (726); → Rn. 121.

nannte Urteil nur am Rande Bezug genommen wird.[394] Eine Bezugnahme auf eine von der hM in Überseering hineingelesene „europarechtliche Gründungstheorie" ist an keiner Stelle erkennbar. Nur eine Parallele zu Überseering fällt auf: Hier wie dort liegt die **Beschränkung** nicht schlechthin in der Anwendung des Rechts des Staates des effektiven Verwaltungssitzes/der Geschäftstätigkeit, sondern – Inspire Art Ls. 2 – in bestimmten, dort enthaltenen **belastenden Rechtsfolgen** wie dem **Mindestkapitalerfordernis** und der **Geschäftsführerhaftung bei Verstoß gegen Offenlegungs- und Kapitalaufbringungsvorschriften.**[395] Diese sachlich begrenzte Reichweite der Niederlassungsfreiheit hat der EuGH zwölf Jahre später im Fall Kornhaas (→ Rn. 107) ausdrücklich bestätigt.[396] Wichtig ist diese Feststellung mit Blick auf Literaturstimmen, die jede Durchbrechung des ausländischen Gesellschaftsstatuts als rechtsfertigungsbedürftige Beschränkung der Niederlassungsfreiheit werten wollen, da für die Gesellschaft hierdurch kostenintensive Anpassungsmaßnahmen erforderlich würden.[397] In Wirklichkeit missbilligt der EuGH allein eine Verdoppelung der gesellschaftsrechtlichen Gründungsanforderungen, erhebt aber keine Einwände gegen die Anwendung tätigkeitsbezogener gesellschaftsrechtlicher Vorschriften sowie nicht-gesellschaftsrechtlicher Regelungen auf EU-Briefkastengesellschaften.[398]

95 Das **Urteil SEVIC vom 13.12.2005**[399] leitet aus den Vorschriften über die Niederlassungsfreiheit (Art. 43 Abs. 1 S. 1 AEUV iVm Art. 54 AEUV) ab, dass die Eintragung von **Hereinverschmelzungen** ausländischer Gesellschaften nach Deutschland durch deutsche Gerichte nicht verweigert werden darf. In dem zugrunde liegenden Fall hatte eine deutsche AG (SEVIC) mit einer AG des luxemburgischen Rechts (SVC) einen Verschmelzungsvertrag geschlossen. Danach sollte SVC auf SEVIC verschmolzen werden, dh SVC sollte ohne Liquidation erlöschen und ihr Vermögen als Ganzes auf die deutsche Gesellschaft übergehen (vgl. seit 1.3.2023 für Kapitalgesellschaften § 305 Abs. 2 UmwG iVm § 2 Nr. 1 UmwG, §§ 4 ff., 20 UmwG; → Rn. 762 ff.). Diese Hereinverschmelzung (seit 1.3.2023: § 318 UmwG) war nach Auffassung des deutschen Registergerichts nicht eintragungsfähig, da § 1 UmwG Verschmelzungen nur zwischen inländischen Rechtsträgern gestatte. Auf Vorlage des LG Koblenz[400] verwarf der EuGH diese Argumentation als EU-rechtswidrig. Das Urteil zeigt einmal mehr, dass der EuGH – wie auch schon im Fall Überseering – die **Mitgliedstaaten** längst **nicht mehr als Herren des EG-Vertrags betrachtet.**[401] Denn sonst hätte er Art. 293 EG-Vertrag berücksichtigt, wonach die grenzüberschreitende Verschmelzung von Gesellschaften einer staatsvertraglichen Regelung zwischen den Mitgliedstaaten bedurfte und gerade nicht qua Interpretation aus den Grundfreiheiten abzuleiten ist. Der EuGH hat hier erneut eine gute Gelegenheit zur richterlichen Zurückhaltung vertan. Dies gilt gerade auch mit Blick auf die – wenige Wochen vor dem Urteil verabschiedete – RL 2005/56/EG über internationale Verschmelzungen (→ Rn. 35 ff.). Das EuGH-Urteil schafft hier ein eigenständiges, im EU-Primärrecht wurzelndes Regime der grenzüberschreitenden Verschmelzung, das man getrost als „wilde Verschmelzung" bezeichnen kann. Probleme ergeben sich hieraus zB im Hinblick auf in den beteiligten Rechtsordnungen festgelegte unterschiedliche Zeitpunkte für den Vermögensübergang auf die aufnehmende Gesellschaft: Für die wilde Verschmelzung fehlt eine dem Art. 12 S. 1 RL 2005/56/EG (heute Art. 129 S. 1 GesR-RL) entsprechende Kollisionsnorm.[402]

---

[394] Und zwar in EuGH ECLI:EU:C:2003:512 Rn. 103 – Inspire Art, wenn dort die Aussage aus EuGH ECLI:EU:C:2002:632 Rn. 62 – Überseering bestätigt wird, aus Daily Mail (→ Rn. 81) ergebe sich allein die Zulässigkeit von Wegzugsbeschränkungen.

[395] Art. 4 Abs. 4 WFBV (ndl. Gesetz über formal ausländische Gesellschaften); dazu EuGH ECLI: EU: C: 2003:512 Rn. 99–101 – Inspire Art; wie hier *Spindler/Berner* RIW 2004, 7 (8): „Sind die *Gläubigerschutzregeln* etwa vergleichbar oder gar strenger als diejenigen des Gründungsstaats, ergibt sich eine Einschränkung der Niederlassungsfreiheit" (Hervorhebung durch den Verf.); aA *Leible/Hoffmann* EuZW 2003, 677 (681).

[396] EuGH ECLI:EU:C:2015:806 Rn. 24 = NJW 2016, 223 = EuZW 2016, 155 – Kornhaas m. Aufs. *Kindler* EuZW 2016, 136 – Kornhaas; dazu *Schall* ZIP 2016, 289; *Verse/Wiersch* EuZW 2016, 330 (331).

[397] So *Eidenmüller* in Eidenmüller Ausl. KapGes. § 3 Rn. 6.

[398] *Weller* DStR 2003, 1800 (1803) m. Fn. 38 f.

[399] EuGH ECLI:EU:C:2005:762 = NJW 2006, 425 – SEVIC = BB 2006, 11 mAnm *Schmidt/Maul* = RIW 2006, 140 mAnm *Paal;* dazu *Kindler* Der Konzern 2006, 811 (818 ff.); ferner *Bayer/J. Schmidt* ZIP 2006, 210; *Behrens* EuZW 2006, 65; *Bungert* BB 2006, 53; *Doralt* IPRax 2006, 572; *Hoffmann/Leible* RIW 2006, 161; *Kappes* NZG 2006, 101; *Kieninger* EWS 2006, 49; *Kuntz* IStR 2006, 224; *Leible/Hoffmann* RIW 2006, 161; *Lutter/Drygala* JZ 2006, 770; *Meilicke/Rabback* GmbHR 2006, 123; *Mucciarelli* Giur. comm. 2006, II, 417; *Oechsler* NJW 2006, 812; *Sedemund* BB 2006, 519; *Siems* EuZW 2006, 135; *Teichmann* ZIP 2006, 355.

[400] LG Koblenz WM 2003, 1990 = NZG 2003, 1124 f.

[401] So auch schon im Urteil Überseering (→ Rn. 90 ff.), EuGH ECLI:EU:C:2002:632 Rn. 52–60 = NJW 2002, 3614 – Überseering.

[402] *Kindler* Der Konzern 2006, 811 (819) zu OGH IPRax 2004, 128; zu diesem Fall auch *Schenk-Scheibeck* RIW 2004, 673 (675); *Teichmann* ZIP 2006, 355 (361) m. Fn. 68; *Paefgen* IPRax 2004, 132 ff.; nach der

Auch in der Sache ist **„SEVIC" nicht haltbar:** Der EuGH selbst betrachtet als **Schutzgut der Niederlassungsfreiheit** mit Recht die tatsächliche **Teilnahme der betroffenen Wirtschaftsbeteiligten am Wirtschaftsleben des Aufnahmestaates.**[403] Derartiges strebte die luxemburgische Gesellschaft aber nicht an, da sie mit der Verschmelzung nämlich ihre Existenz aufgibt (vgl. § 20 Abs. 1 Nr. 2 UmwG; Art. 3 Abs. 1 RL 78/855/EWG, heute Art. 89 Abs. 1 GesR-RL – „corporate suicide").[404] Es bleibt am Ende also nur noch ein Wirtschaftsbeteiligter übrig, nämlich die aufnehmende deutsche Gesellschaft. Allenfalls *deren* Niederlassungsfreiheit hätte also in Rede stehen können. Diese Gesellschaft will aber überhaupt keine Niederlassung in einem anderen Mitgliedstaat errichten und tut das auch nicht. Der EuGH begibt sich deshalb argumentativ auf eine rechtspolitische Ebene, wenn es in dem Urteil weiter sinngemäß heißt, grenzüberschreitende Verschmelzungen *an sich* seien schützenswerte Ausübungsformen der Niederlassungsfreiheit.[405] Damit postuliert das Gericht eine **abstrakte, trägerlose Niederlassungsfreiheit.**[406] Für **Wegzugsfälle** hat **SEVIC keine Bedeutung,**[407] wie spätestens seit Cartesio (→ Rn. 99) feststeht. Ein Teil der Fragen hat sich für EU-Kapitalgesellschaften seit der Umsetzung der RL 2005/56/EG (→ Rn. 747 ff.) erledigt (§§ 305 ff. UmwG; früher §§ 122a ff. UmwG). 96

Die längst überfällige **Kurskorrektur hin zu einer stärkeren Berücksichtigung der Regelungsinteressen des Verwaltungssitzstaates** deutet sich sodann im **Urteil Cadbury Schweppes vom 12.9.2006** an.[408] Dort ging es um eine britisch-irische Steuergestaltung. Zu beurteilen war die Gründung einer EU-ausländischen Gesellschaft (in Irland in einer speziellen Steuerschutzzone), für die das Steuerrecht am Sitz der Muttergesellschaft (Großbritannien) dieser bestimmte Steuernachteile auferlegt. Das britische Steuerrecht will der Mutter die Gewinne der Auslandstochtergesellschaft zurechnen, wenn und weil diese nur deswegen im Ausland gegründet wurde, um Gewinne dorthin zu verlagern und so von einer niedrigeren Besteuerung zu profitieren. Die Muttergesellschaft versteht die Auslandsgründung als Ausübung ihrer Niederlassungsfreiheit, die Gewinnzurechnung mithin als Beschränkung der Grundfreiheit. Bemerkenswert ist, dass der **EuGH** – wenn auch erst auf der Rechtfertigungsebene – den Schutz der **Niederlassungsfreiheit hier verneint:** Die **Auslandsgründung** sei hier eine **rein künstliche – dh jeder wirtschaftlichen Realität bare – Gestaltung,** wenn es im Satzungssitzstaat an Geschäftsräumen, Personal und Mobiliar fehle.[409] Dass eine Gesellschaft in dem Mitgliedstaat, in dem sie ihren Sitz hat, keine Geschäftstätigkeiten entfaltet und ihre Tätigkeit ausschließlich in einem anderen Mitgliedstaat ausübt, hatte der EuGH in Centros (→ Rn. 86 ff.) noch als von der Niederlassungsfreiheit umfasst angesehen.[410] 97

Das Urteil **Cadbury Schweppes** liegt damit **auf einer Linie mit** dem Urteil **Eurofood** vom 2.5.2006, wo der EuGH für das Sekundärrecht (Art. 3 EuInsVO 2015) ebenfalls die präsumtive Missbräuchlichkeit von Briefkastengesellschaften annimmt.[411] Primärrechtlich kann man 98

---

zitierten Richtlinienvorschrift bestimmt sich der Zeitpunkt der Wirksamkeit der Verschmelzung nach dem Gesellschaftsstatut der aus der Verschmelzung hervorgehenden Gesellschaft.

403 EuGH ECLI:EU:C:2005:762 Rn. 17, 18 = NJW 2006, 425 – SEVIC; ähnlich auch nachfolgend EuGH ECLI:EU:C:2006:544 Rn. 53 f. = NZG 2006, 835 – Cadbury Schweppes.

404 Vgl. auch Schlussanträge GA ZIP 2005, 1227 Rn. 20 – SEVIC; → Rn. 791, → Rn. 857; ferner Scholz/*Westermann* GmbHG Anh. § 4a Rn. 78: zweifelhaft, ob Selbstaufgabe von Niederlassungsfreiheit erfasst.

405 EuGH ECLI:EU:C:2005:762 Rn. 19 = NJW 2006, 425 – SEVIC; bestätigt in EuGH ECLI:EU:C:2012:440 Rn. 24 = NJW 2012, 2715 – Vale; krit. *Kindler* EuZW 2012, 888 (890).

406 Treffende Analyse bei *Teichmann* ZIP 2006, 355 (356) Fn. 17, 358; *Schön* ZGR 2013, 333 (342) billigt die Argumentation des EuGH im Rahmen einer diffusen „Gesamtschau sowohl der beteiligten Gesellschafter und Gesellschaften".

407 Näher *Kindler* Der Konzern 2006, 811 (819 f.).

408 EuGH ECLI:EU:C:2006:544 = NZG 2006, 835 – Cadbury Schweppes = IStR 2006, 670 mAnm *Körner* = EWiR 2006, 679 m. KurzKomm. *Jungbluth;* dazu auch *G. H. Roth* FS Honsell, 2009, 67 (76 f.); *G. H. Roth,* Vorgaben der europäischen Niederlassungsfreiheit für das Kapitalgesellschaftsrecht, 2010, 12 ff. (bespr. von *Kindler* IPRax 2010, 272); *G. H. Roth* EuZW 2010, 607; *Verse* ZEuP 2013, 458 (471 f.).

409 EuGH ECLI:EU:C:2006:544 Rn. 51, 55, 67 = NZG 2006, 835 – Cadbury Schweppes.

410 EuGH ECLI:EU:C:1999:126 Rn. 29 = NJW 1999, 2027 – Centros m. Aufs. *Kindler* NJW 1999, 1993; dass Cadbury Schweppes sich in diesem Punkt von Centros distanziert, vertritt mit beachtlichen Gründen *G. H. Roth,* Vorgaben der europäischen Niederlassungsfreiheit für das Kapitalgesellschaftsrecht, 2010, 12 ff. (zust. *Kindler* IPRax 2010, 272 ff.); *G. H. Roth* FS Honsell, 2009, 67 (76 f.); aA *Schön* ZGR 2013, 333 (360), der die Briefkastengesellschaften als „im Binnenmarkt gewollt und akzeptiert" ansieht; zu *Schön* näher → Rn. 833 im Zusammenhang mit der Sitzverlegung.

411 EuGH ECLI:EU:C:2006:281 = NZI 2006, 360 – Eurofood; näher → EuInsVO 2015 Art. 3 Rn. 18 ff.; vgl. EuGH NZI 2006, 360 Rn. 34 f.: „Folglich lässt sich bei der Bestimmung des Mittelpunkts der hauptsächlichen Interessen einer Schuldnergesellschaft die vom Gemeinschaftsgesetzgeber zugunsten ihres satzungsmäßigen Sitzes aufgestellte widerlegliche Vermutung nur entkräften, wenn objektive und für Dritte feststellbare Elemente belegen, dass in Wirklichkeit die Lage nicht derjenigen entspricht, die die Verortung am genannten

Cadbury Schweppe" nur als eine **„erhebliche Einschränkung der Feststellungen in den Urteilen Centros und Inspire Art"** verstehen, wie Generalanwalt *Poiares Maduro* in seinen Schlussanträgen in der Rs. Cartesio (→ Rn. 99 f.) zutreffend formuliert,[412] ferner tendenziell auch Generalanwalt *Yves Bot* in der Rs. Dickinger.[413] Man wird in der Tat die Cadbury Schweppes-Doktrin, wonach die Mitgliedstaaten einen bloß fiktiven Auslandsbezug jedenfalls unter dem Gesichtspunkt der Niederlassungsfreiheit nicht respektieren müssen, ohne Weiteres auf das Gesellschaftsrecht beziehen dürfen. Denn der hier getroffenen Inhaltsbestimmung der Niederlassungsfreiheit ist nichts zu entnehmen, was ihre Beschränkung auf steuerrechtliche Fragestellungen rechtfertigen könnte; im Gegenteil beginnt der EuGH seine diesbezügliche Aussage sogar mit einer Bezugnahme auf Centros.[414] **Entgegen BGHZ 190, 242**[415] erscheint es schon im Hinblick auf die einheitliche Geltung und Anwendung des EU-Rechts[416] ferner widersinnig, nur dem Herkunftsmitgliedstaat die Berufung auf den realen Niederlassungsbegriff zu gestatten, nicht aber dem hauptbetroffenen Aufnahmestaat: Wenn eine Gesellschaft sich gegenüber ihrem Registrierungsstaat mangels tatsächlicher Ansiedlung nicht auf die Niederlassungsfreiheit berufen kann, dann kann sie auch gegenüber anderen Mitgliedstaaten keinen Anspruch auf Anerkennung haben.[417] Das Urteil Cadbury Schweppes hinsichtlich des dort verwendeten realen Niederlassungsbegriffs nachfolgend mehrfach vom EuGH bestätigt.[418]

99 Durch das **Urteil Cartesio vom 16.12.2008**[419] wurden die Hoffnungen auf einen Ausbau der Niederlassungsfreiheit zu einer voraussetzungslosen Rechtswahlfreiheit weiter gedämpft. Erneut hat der EuGH hier seine liberale Linie korrigiert und es **abgelehnt,** die **Niederlassungsfreiheit** von Gesellschaften auf den **Wegzug** in Gestalt einer Verwaltungssitzverlegung zu erstrecken. Der Sitzstaat darf diese Maßnahme nach seinem Gesellschaftsrecht verhindern, ohne hierdurch Grundfreiheiten der Gesellschaft zu verletzen.[420] Der Verwaltungssitz ist für den Gerichtshof der „wahre Sitz" (siège réel),[421] und dass eine mitgliedstaatliche Rechtsordnung diesen als Anknüpfungsmerkmal für Gesellschaften oder sogar als sachrechtliches Erfordernis verwendet, ist aus EU-Sicht nicht zu beanstanden (näher → Rn. 92). Schon in den Urteilen Cadbury Schweppes und Eurofood war angeklungen, dass **Briefkastengesellschaften per se rechtsmissbräuchlich** sein können, und Generalanwalt *Poiares Maduro* hat dies im Cartesio-Verfahren aufgegriffen (→ Rn. 98).[422] Im zugrundeliegenden Sachverhalt hatte Cartesio – eine KG ungarischen Rechts[423] – beim ungarischen Registergericht beantragt, die Verlegung ihres Verwaltungssitzes nach Italien zu bestätigen und die Sitzangabe im Handelsregister entsprechend zu ändern.[424] Dieser Antrag wurde abgelehnt, weil eine nach ungarischem Recht gegründete Gesellschaft ihren Sitz nicht unter Beibehaltung des ungarischen Rechts als Gesellschaftsstatut ins Ausland verlegen

---

satzungsmäßigen Sitz widerspiegeln soll. – Dies könnte insbesondere bei einer „Briefkastenfirma" der Fall sein, die im Gebiet des Mitgliedstaats, in dem sich ihr satzungsmäßiger Sitz befindet, keiner Tätigkeit nachgeht.".

412 Schlussanträge GA *Poiares Maduro* NZG 2008, 498 Rn. 29 = ZIP 2008, 1067.

413 Schlussanträge GA *Yves Bot* ECLI:EU:C:2011:582 Rn. 67 = EuZW 2011, 842 – Dickinger; dazu *Reich* EuZW 2011, 454 (455).

414 EuGH ECLI:EU:C:2006:544 Rn. 52 = NZG 2006, 835 – Cadbury Schweppes; gleiche Einschätzung bei *G.-H. Roth,* Vorgaben der europäischen Niederlassungsfreiheit für das Kapitalgesellschaftsrecht, 2010, 12 ff.; zust. *Kindler* IPRax 2010, 272 ff.

415 BGHZ 190, 242 Rn. 19–21 = NJW 2011, 3372 – gegen *Kindler* NZG 2010, 576 (578).

416 Schwarze/Becker/Hatje/Schoo/*Hatje,* EU-Kommentar, 3. Aufl. 2012, EUV Art. 4 Rn. 28 ff.

417 So *König/Bormann* NZG 2012, 1242 f.; *G. H. Roth* ZIP 2012, 1744 f.; *Böttcher/Kraft* NJW 2012, 2703; *Kindler* EuZW 2012, 888 (892); aA *Drygala* EuZW 2013, 569 (573); *Verse* ZEuP 2013, 458 (472) mit Verweis auf *Teichmann* DB 2012, 2085 Fn. 12; *Kieninger* BB 2011, 2832.

418 EuGH ECLI:EU:C:2011:582 Rn. 35 = EuZW 2011, 841 – Dickinger; ECLI:EU:C:2012:440 Rn. 34 = NJW 2012, 2715 – Vale; näher *Kindler* EuZW 2012, 888 (891).

419 EuGH ECLI:EU:C:2008:723 = NJW 2009, 569 – Cartesio = EuZW 2009, 75 mAnm *Pießkalla* = DStR 2009, 121 mAnm *Goette;* dazu *Kindler* IPRax 2009, 189 (190 ff.); ferner *Bayer/Schmidt* ZHR 173 (2009), 735; *Bollacher* RIW 2009, 150; *Frenzel* EWS 2009, 158; *Frobenius* DStR 2009, 487; *Hennrichs/Pöschke/von der Laage/Klavina* WM 2009, 2009; *Herrler* DNotZ 2009, 484; *Hoffmann/Leible* BB 2009, 58; *Knop* DZWiR 2009, 147; *Kußmaul/Ruiner* EWS 2009, 1; *Mörsdorf* EuZW 2009, 97; *Paefgen* WM 2009, 529; *Sethe/Winzer* WM 2009, 536; *Teichmann* ZIP 2009, 393; *Verse* ZEuP 2013, 458 (461 f.); *Zimmer/Naendrup* NJW 2009, 545; *Borg-Barthet* IntCompLQuart 2009, 1020.

420 EuGH ECLI:EU:C:2008:723 Rn. 124 = NJW 2009, 569 – Cartesio.

421 EuGH ECLI:EU:C:2008:723 Rn. 105, 108 = NJW 2009, 569 – Cartesio.

422 Das ist auch der Standpunkt des EP (→ Rn. 833 aE zur Sitzverlegung).

423 Zur Erstreckung der Niederlassungsfreiheit auf Personengesellschaften *Leible/Hoffmann* BB 2009, 58 f.

424 EuGH ECLI:EU:C:2008:723 Rn. 23 = NJW 2009, 569 – Cartesio.

kann.[425] Im gesellschaftsrechtlichen Teil des Urteils hatte der EuGH vier umständlich formulierte Vorlagefragen des Regionalgerichts Szeged[426] zu beantworten, die im Kern eine mögliche Wirkung der Niederlassungsfreiheit als Wegzugsfreiheit betreffen.

Zunächst **bestätigt das Cartesio-Urteil** – ebenso wie nachfolgend National Grid Indus[427] **100**
und Vale[428] – die im Schrifttum teilweise als **„Geschöpftheorie"** bespöttelte Grundaussage des Urteils **Daily Mail:** Danach besitzt eine nach nationalem Recht gegründete Gesellschaft jenseits dieser Rechtsordnung, die ihre Gründung und Existenz regelt, keine Realität.[429] Auch die Feststellung in Daily Mail (→ Rn. 81), dass der EG-Vertrag die IPR-Unterschiede und die unterschiedliche Regelung der Sitzverlegung in den Mitgliedstaaten hinnimmt, wird im Urteil Cartesio bekräftigt.[430] Und im Anschluss an Überseering (→ Rn. 90 ff.) stuft Cartesio die genannten Punkte als niederlassungsfreiheitsresistent ein.[431] Das nationale Recht bestimmt, ob überhaupt ein Rechtssubjekt besteht, das sich auf die Niederlassungsfreiheit berufen kann;[432] nicht etwa ist – umgekehrt – die Rechtssubjektivität von der Niederlassungsfreiheit gewährleistet, wie manche dies dem Urteil Überseering entnommen haben (näher → Rn. 90 ff.).[433] Auch der Literaturmeinung, wonach die Art. 49, 54 AEUV (früher Art. 43, 48 EG-Vertrag) kollisionsrechtlichen Charakter hätten,[434] erteilt der Gerichtshof eine klare Absage: Jeder Mitgliedstaat kann selbst die Anknüpfung bestimmen, die eine Gesellschaft aufweisen muss, um seinem innerstaatlichen Recht zu unterliegen.[435] Das gilt auch für einen späteren Wegfall der Anknüpfungstatsache wie etwa eines inländischen Verwaltungssitzes. Das mitgliedstaatliche **IPR darf** hieran einen **Statutenwechsel knüpfen,** dh die Gesellschaft aus der bis dahin für sie maßgeblichen Rechtsordnung entlassen.[436] Dies ist etwa der Standpunkt des deutschen Rechts.[437] Damit bestätigt der EuGH die von ihm in stRspr betonte **Kollisionsrechtsneutralität des AEUV.**[438] In diesem Punkt deckt sich Cartesio mit der zwei Monate zuvor ergangenen Grunkin Paul-Entscheidung:[439] Danach verletzt es zwar das in Art. 21 AEUV (früher Art. 18 EG-Vertrag) gewährleistete Freizügigkeitsrecht des Namensträgers, wenn der Zuzugsmitgliedstaat es – aufgrund

---

425 EuGH ECLI:EU:C:2008:723 Rn. 24 = NJW 2009, 569 – Cartesio.

426 ZIP 2006, 1536; dazu *Kindler* Der Konzern 2006, 811 (815); Vorlagefragen auch in EuGH ECLI:EU:C:2008:723 Rn. 40 = NJW 2009, 569 – Cartesio.

427 EuGH ECLI:EU:C:2011:785 Rn. 26 = NZG 2012, 114 – National Grid Indus; dazu *Schall/Barth* NZG 2012, 414; *Verse* ZEuP 2013, 458 (463 ff.); nachfolgend EuGH ECLI:EU:C:2012:521 = EuZW 2012, 947 = EWiR 2012, 681 – Kommission/Portugal m. KurzKomm. *Behme.*

428 EuGH ECLI:EU:C:2012:440 Rn. 28 = NJW 2012, 2715 – Vale; näher *Kindler* EuZW 2012, 888 (891).

429 EuGH ECLI:EU:C:2008:723 Rn. 24, 99 ff., 104 = NJW 2009, 569 – Cartesio, mit Verweis auf EuGH ECLI:EU:C:1988:456 Rn. 19 = NJW 1989, 2186 – Daily Mail; als „Geschöpftheorie" bezeichnet von *Rehm* in Eidenmüller Ausl. KapGes. § 2 Rn. 61 f.; ferner *Frenzel* EWS 2008, 130 (133): „Geschöpfthese"; *Steinrötter* GPR 2012, 119; *W.-H. Roth* FS Hoffmann-Becking, 2013, 965 (972 ff.).

430 EuGH ECLI:EU:C:1988:456 Rn. 105 f. = NJW 2009, 569 mit Verweis auf EuGH ECLI:EU:C:1988:456 Rn. 20 f. = NJW 1989, 2186 – Daily Mail.

431 EuGH ECLI:EU:C:1988:456 Rn. 107 f. = NJW 2009, 569 – Daily Mail mit Verweis auf EuGH ECLI:EU:C:2002:632 Rn. 69 = NJW 2002, 3614 – Überseering; so schon *Kindler* NJW 1999, 1993 (1997) zum Urteil EuGH ECLI:EU:C:1999:126 = NJW 1999, 2027 – Centros.

432 EuGH ECLI:EU:C:1988:456 Rn. 109 = NJW 2009, 569 – Daily Mail.

433 S. auch schon *Kindler* RIW 2000, 649 (651 f.); *Kindler* IPRax 2003, 41 (43); *Kindler* NJW 2003, 1073.

434 *Leible/Hoffmann* ZIP 2003, 925 (926); *Eidenmüller* ZIP 2002, 2233 (2241); *Behrens* IPRax 2003, 193 (204 f.); anders der hier vertretene Standpunkt (→ Rn. 137 ff.).

435 EuGH ECLI:EU:C:1988:456 Rn. 110 S. 1 = NJW 2009, 569 – Daily Mail: „Ein Mitgliedstaat kann somit sowohl die Anknüpfung bestimmen, die eine Gesellschaft aufweisen muss, um als nach seinem innerstaatlichen Recht gegründet angesehen werden und damit in den Genuss der Niederlassungsfreiheit gelangen zu können, als auch die Anknüpfung, die für den Erhalt dieser Eigenschaft verlangt wird."; andere Deutung dieser Passage bei *Weller* IPRax 2009, 202 (205 f.).

436 EuGH ECLI:EU:C:1988:456 Rn. 110 S. 2 = NJW 2009, 569 – Daily Mail: „Diese Befugnis umfasst die Möglichkeit für diesen Mitgliedstaat, es einer Gesellschaft seines nationalen Rechts nicht zu gestatten, diese Eigenschaft zu behalten, wenn sie sich durch die Verlegung ihres Sitzes in einen anderen Mitgliedstaat dort neu organisieren möchte und damit die Anknüpfung löst, die das nationale Recht des Gründungsmitgliedstaats vorsieht.".

437 *Kindler* IPRax 2009, 189 (199).

438 Zur Kollisionsrechtsneutralität – im Zusammenhang mit einem Verwaltungssitz bei der Hereinumwandlung – *W.-H. Roth* FS Hoffmann-Becking, 2013, 965 (981) sowie Erwägungsgrund 3 RL (EU) 2019/2121; eingehend *D. Paulus,* Außervertragliche Gesellschafter- und Organwalterhaftung im Lichte des Unionskollisionsrechts, 2013, Rn. 186, 196.

439 EuGH ECLI:EU:C:2008:559 = NJW 2009, 135 – Grunkin Paul; zur Kollisionsrechtsneutralität als Grundsatz des Primärrechts *Mansel/Thorn/Wagner* IPRax 2013, 1 (3): „Anknüpfungshoheit der Entstehungsrechtsordnung"; zuletzt EuGH ECLI:EU:C:2013:412 Rn. 35 = EuZW 2013, 664 – Impacto Azul; dazu *M. Lehmann* LMK 2013, 352735.

des nach seinem IPR anwendbaren Sachrechts – ablehnt, den in einem anderen Mitgliedstaat nach dortigem Recht eingetragenen Nachnamen in das Familienbuch einzutragen. Dem Zuzugsstaat steht es aber – genau wie bei der Rezeption des Überseering-Urteils (→ Rn. 90 ff.) – frei, ob er den EuGH-Vorgaben von vorneherein durch Anwendung ausländischen Rechts (kollisionsrechtliche Lösung) oder durch Anpassung seines Sachrechts (sachrechtliche Lösung) entsprechen will.[440]

101 Das **Urteil National Grid Indus vom 29.11.2011**[441] beschäftigt sich mit nicht-gesellschaftsrechtlichen Wegzugsbeschränkungen. Eine niederländische B.V. hatte ihren Verwaltungssitz von den Niederlanden nach England verlegt; diese Maßnahme war nach beiden beteiligten Rechtsordnungen gesellschaftsrechtlich wirksam, allerdings verlangte der niederländische Fiskus von der B.V. eine Wegzugssteuer. Der EuGH bekräftigte seine Aussagen in Cartesio zur **grundsätzlichen Zulässigkeit von Wegzugshindernissen.** Danach kann ein Mitgliedstaat die Anknüpfung bestimmen, (1) die eine Gesellschaft aufweisen muss, um als nach seinem innerstaatlichen Recht gegründet angesehen werden und damit in den Genuss der Niederlassungsfreiheit gelangen zu können, als auch (2) die Anknüpfung, die für den Erhalt dieser Eigenschaft verlangt wird.[442] Mit aller Deutlichkeit überantwortet der EuGH allein dem Herkunftsmitgliedstaat die „Bestimmung der Voraussetzungen, deren Erfüllung ein Mitgliedstaat von einer nach seinem Recht gegründeten Gesellschaft verlangt, damit diese ihre Eigenschaft als Gesellschaft dieses Mitgliedstaats nach der Verlegung ihres tatsächlichen Verwaltungssitzes in einen anderen Mitgliedstaat behalten kann."[443] Sonstige – nicht-gesellschaftsrechtliche – Wegzugshindernisse sind dagegen rechtfertigungsbedürftige Beschränkungen.[444]

102 Die Einstufung von nicht-gesellschaftsrechtlichen Wegzugshindernissen als Beschränkung erstreckt sich nach Inspire Art freilich nicht auf angeglichenes Recht (→ Rn. 28, → Rn. 93 aE) und auch nicht auf mitgliedstaatliches Recht, das durch EU-Kollisionsrecht zur Anwendung berufen wird (→ Rn. 401). Kein Anhaltspunkt findet sich im Urteil National Grid Indus, dass nunmehr zwischen Herkunftsstaaten mit Verwaltungssitzanknüpfung (und/oder einem inländischen Verwaltungssitz als sachrechtlichem Erfordernis) und solchen mit Satzungssitzanknüpfung zu unterscheiden wäre. Letztere sollen sich nach *Verse* auch hinsichtlich gesellschaftsrechtlicher Wegzugshindernisse vor Art. 49 AEUV rechtfertigen müssen.[445] Dieser Standpunkt ist mit Rn. 31 S. 1 des Urteils unvereinbar (niederlassungsrechtliche Indifferenz der „Voraussetzungen, deren Erfüllung ein Mitgliedstaat von einer nach seinem Recht gegründeten Gesellschaft verlangt, damit diese ihre Eigenschaft als Gesellschaft dieses Mitgliedstaats nach der Verlegung ihres tatsächlichen Verwaltungssitzes in einen anderen Mitgliedstaat behalten kann.").

103 Das **Urteil VALE vom 12.7.2012**[446] betrifft wiederum die **Sitztrennung,** dh die Frage, inwieweit die Niederlassungsfreiheit den Gesellschaften eine Trennung des tatsächlichen Sitzes vom Satzungssitz erlaubt. In den zuvor entschiedenen Sitzverlegungsfällen[447] ging es darum, ob die Niederlassungsfreiheit Gesellschaften, die nach dem Recht eines Mitgliedstaats gegründet wurden, das Recht gewährt, ihren tatsächlichen Sitz unter Wahrung der inländischen Rechtsform in einen anderen Mitgliedstaat zu verlegen. Der EuGH verfolgte hier bislang einen zweispurigen Ansatz:[448] Der Aufnahmestaat muss die zuziehende Gesellschaft anerkennen,[449] wobei die hM diese Vorgabe

---

440 Näher *Mansel/Thorn/R. Wagner* IPRax 2009, 1 (2 ff.).

441 EuGH ECLI:EU:C:2011:785 = NZG 2012, 114 – National Grid Indus; dazu *Schall/Barth* NZG 2012, 414; *Verse* ZEuP 2013, 458 (463 ff.); *Weller* FS Blaurock, 2013, 497 (519 f.).

442 EuGH ECLI:EU:C:2011:785 Rn. 26 f. = NZG 2012, 114 – National Grid Indus mit Verweis auf EuGH ECLI:EU:C:2008:723 Rn. 110 = NJW 2009, 569 – Cartesio; dazu *Kindler* IPRax 2009, 189 (190 ff.).

443 EuGH ECLI:EU:C:2011:785 Rn. 31 = NZG 2012, 114 – National Grid Indus.

444 Zutr. *Weller* FS Blaurock, 2013, 497 (520).

445 *Verse* ZEuP 2013, 458 (463 f.); ähnlich *W.-H. Roth* FS Hoffmann-Becking, 2013, 965 (971): Daily Mail sei damit überholt; so auch *Mörsdorf* EuZW 2012, 296 (297 f.).

446 EuGH ECLI:EU:C:2012:440 = NJW 2012, 2715 = EuZW 2012, 621 – Vale mAnm *Behrens;* näher *Kindler* EuZW 2012, 888; dazu die weiteren Stellungnahmen von *Bayer/Schmidt* ZIP 2012, 1481; *Behme* NZG 2012, 936; *Bollacher* RIW 2012, 717; *Böttcher/Kraft* NJW 2012, 2701; *Jaensch* EWS 2012, 353; *Mansel/Thorn/Wagner* IPRax 2013, 1 (2–6); *Messenzehl/Schwarzfischer* BB 2012, 2072; *Mörsdorf/Jopen* ZIP 2012, 1398; *G. H. Roth* ZIP 2012, 1744; *G. H. Roth* FS Torggler, 2013, 1023; *W.-H. Roth* FS Hoffmann-Becking, 2013, 965; *Sonnenberger* Rev. crit. 2013, 101 (110 f.) in Fn. 19; *Teichmann* DB 2012, 2085; *Verse* ZEuP 2013, 458 (476 ff.); *M.-Ph. Weller* LMK 2012, 336113; *M.-Ph. Weller/Rentsch* IPRax 2013, 530; *Wicke* DStR 2012, 1756; zu einer Vale-Konstellation nachfolgend OLG Nürnberg NZG 2014, 349 mAnm *Stiegler* = DNotZ 2014, 150 mAnm *Hushahn* =IPRax 2015, 163 m. Aufs. *Hübner* IPRax 2015, 134.

447 Urteile Überseering (→ Rn. 90 ff.) und Cartesio (→ Rn. 99 f.); keine Sitzverlegungsfälle – sondern Briefkastengründungsfälle ohne Mobilitätskomponente – betreffen die Urteile Centros (→ Rn. 86 ff.) und Inspire Art (→ Rn. 93 f.).

448 Zutr. insoweit *Mörsdorf/Joppen* ZIP 2012, 1398.

449 EuGH ECLI:EU:C:2002:632 = NJW 2002, 3614 – Überseering.

kollisionsrechtlich als Verpflichtung der Mitgliedstaaten zur Anwendung des Gründungsrechts versteht.[450] Dagegen darf der Herkunftsstaat nach dem Urteil Cartesio (→ Rn. 99 f.) als Voraussetzung für die Beibehaltung der inländischen Rechtsform das Fortbestehen eines tatsächlichen Sitzes im Inland verlangen und damit den nach seinem Recht gegründeten Gesellschaften den rechtsformwahrenden Wegzug zu verwehren („Geschöpftheorie").[451] Ebenfalls nach Cartesio (obiter dictum) soll es aber unvereinbar mit der Niederlassungsfreiheit sein, wenn der Herkunftsstaat die umzugswillige Gesellschaft daran hindert, sich in eine Gesellschaftsform des Aufnahmestaats umzuwandeln, **soweit dies nach dessen Recht möglich ist.**[452] Offen blieb seinerzeit, ob und inwieweit neben dem Herkunftsstaat auch der Aufnahmestaat im Zusammenhang mit einer grenzüberschreitenden Satzungssitzverlegung Verpflichtungen aus der Niederlassungsfreiheit unterliegt. Für EU-Kapitalgesellschaften sind derartige Fälle seit Umsetzung der Art. 86a ff. GesR-RL in den Mitgliedstaaten gesetzlich geregelt, sodass es insoweit keines Rückgriffs auf die VALE-Grundsätze bedarf (im deutschen Recht §§ 333 ff. UmwG; → Rn. 39; → Rn. 801 ff.).

Gegenstand des Urteils VALE war zum einen die niederlassungsrechtliche Beurteilung einer nationalen Regelung, die zwar für inländische Gesellschaften die Möglichkeit eines Formwechsels („Umwandlung") vorsieht, aber den Formwechsel einer dem Recht eines anderen Mitgliedstaats unterliegenden Gesellschaft in eine inländische Gesellschaft mittels Gründung der letztgenannten Gesellschaft nicht zulässt.[453] Der EuGH nimmt insoweit die Unvereinbarkeit des mitgliedstaatlichen Rechts mit Art. 49, 54 AEUV an.[454] Wie in SEVIC (→ Rn. 95 f.) bleibt dunkel, wer in dem zugrundeliegenden Fall – nach Erlöschen der übertragenden Gesellschaft – Träger der Niederlassungsfreiheit ist;[455] Art. 54 AEUV schützt nur Gesellschaften, nicht die von ihnen getätigten Maßnahmen in einer „Gesamtschau"[456] oder deren „Rechtsträger".[457] In diesem Zusammenhang bekräftigt der EuGH den schon im Urteil Cadbury Schweppes (→ Rn. 97 f.) zu Grunde gelegten **realen Niederlassungsbegriff,** der die tatsächliche Ausübung einer wirtschaftlichen Tätigkeit mittels einer festen Einrichtung im Aufnahmemitgliedstaat auf unbestimmte Zeit voraussetzt.[458] Darin liegt – über die spezifisch umwandlungsrechtliche Fallgestaltung hinaus – die eigentlich grundsätzliche Bedeutung der Entscheidung.[459] Ferner fragte das mitgliedstaatliche Gericht, ob der Aufnahmemitgliedstaat das für einen solchen Vorgang maßgebende innerstaatliche Recht festlegen darf und somit die Bestimmungen seines nationalen Rechts über innerstaatliche Umwandlungen anwenden darf, die – wie die Anforderungen an die Erstellung einer Bilanz und eines Vermögensverzeichnisses – die Gründung und die Funktionsweise einer Gesellschaft regeln.[460] Der EuGH bejaht diese kollisions- und sachrechtliche Regelungsbefugnis der Mitgliedstaaten auf dem Gebiet des Gründungs- und Umwandlungsrechts von Gesellschaften.[461] An einem diesbezüglichen Erfordernis des ungarischen Sachrechts – Abschluss des neuen Gesellschaftsvertrags *vor* der Löschung des übertagenden Rechtsträgers – **scheiterte im Fall Vale letztlich die Sitzverlegung.**[462] Hinsichtlich der Anwendung des 104

---

450 BGHZ 154, 185 Ls. = NJW 2003, 1461.

451 EuGH ECLI:EU:C:2008:723 Rn. 110 Rn. 110 = EuZW 2009, 75 – Cartesio mAnm *Pießkalla;* krit. zur Geschöpftheorie *Rehm* in Eidenmüller Ausl. KapGes. § 2 Rn. 61 f.; *Steinrötter* GPR 2012, 119 ff.; eingehend *W.-H. Roth* FS Hoffmann-Becking, 2013, 965 (972 ff.).

452 EuGH ECLI:EU:C:2008:723 Rn. 112 = EuZW 2009, 75 – Cartesio.

453 EuGH ECLI:EU:C:2012:440 Rn. 23 = NJW 2012, 2715 – Vale.

454 EuGH ECLI:EU:C:2012:440 Rn. 41 und Ls. 1 = NJW 2012, 2751 – Vale.

455 Krit. *Kindler* EuZW 2012, 888 (890) zu EuGH ECLI:EU:C:2012:440 Rn. 24 = NJW 2012, 2715 – Vale; ebenso *Sonnenberger* Rev. crit. 2013, 101 (110) Fn. 19: „La question de savoir si la société Vale avait survécu à sa radiation du registre du commerce, condition de fait logique pour qu'une transformation puisse avoir lieu, reste dans l'ombre.".

456 *Schön* ZGR 2013, 333 (342).

457 Innovativ insoweit *Weller/Rentsch* IPRax 2013, 530 (531): Adressat der Niederlassungsfreiheit sei „nicht die Gesellschaft in ihrer konkreten Organisationsform, sondern *deren Rechtsträger,* der im Rahmen der Umwandlung gerade identitätswahrend fortbesteht". Hervorhebung nicht im Original.

458 EuGH ECLI:EU:C:2012:440 Rn. 24 f. = NJW 2012, 2715 – Vale, mit Verweis auf EuGH ECLI:EU:C:2006:544 Rn. 54 = EuZW 2006, 633 – Cadbury Schweppes; zu Cadbury Schweppes → Rn. 97 f.; ferner *Teichmann* ZGR 2011, 639 (671 ff.); gegen die Deutung des Vale-Urteils im Sinne eines realen Niederlassungsbegriffs aber *Mansel/Thorn/Wagner* IPRax 2013, 1 (5) Fn. 51.

459 *G. H. Roth* ZIP 2012, 1744 f.; *Böttcher/Kraft* NJW 2012, 2701 (2704).

460 EuGH ECLI:EU:C:2012:440 Rn. 42 = NJW 2012, 2715 – Vale.

461 EuGH ECLI:EU:C:2012:440 Rn. 29, 62 und Ls. 2 = NJW 2012, 2715 – Vale; zutr. daher OLG Nürnberg NZG 2012, 468 Rn. 63 f. = IPRax 2013, 179 m. Aufs. *Bartels* IPRax 2013, 153; dem OLG zust. auch *Mansel/Thorn/Wagner* IPRax 2013, 1 (4); *W.-H. Roth* FS Hoffmann-Becking, 2013, 965 f.

462 Oberster Gerichtshof von Ungarn 29.11.2012 – Gfv. VII.30.277/2012/4; dazu *Nagy* IPRax 2013, 582; *Weller/Rentsch* IPRax 2013, 530 (536). Das Urteil zeigt, dass in Wirklichkeit kein Formwechsel vorlag, sondern eine Art Vermögensübertragung im Wege der Gesamtrechtsnachfolge (vgl. im deutschen Recht

Rechts des Zuzugsstaates macht der EuGH einen **doppelten Vorbehalt:** Der Äquivalenzgrundsatz und der Effektivitätsgrundsatz des Unionsrechts verwehrten es dem Aufnahmemitgliedstaat – hier: Ungarn –, **(1)** bei einem grenzüberschreitenden Formwechsel die **Eintragung** der den Formwechsel beantragenden Gesellschaft als „Rechtsvorgängerin" zu **verweigern,** wenn eine solche Eintragung der Vorgängergesellschaft im Handelsregister beim innerstaatlichen Formwechsel vorgesehen ist, und **(2)** sich zu weigern, den von den Behörden des Herkunftsmitgliedstaats ausgestellten **Dokumenten** im Verfahren zur Eintragung der Gesellschaft gebührend Rechnung zu tragen.[463]

105 Die nähere Urteilsanalyse[464] ergibt **zwei Kernaussagen: (1)** Nach Art. 49, 54 AEUV muss der Zuzugsstaat eine grenzüberschreitende Sitzverlegung unter gleichzeitiger **Umwandlung in eine Rechtsform des Zuzugsstaats zulassen,** sofern sein Recht einen inländischen Formwechsel kennt. Es gilt insoweit der Grundsatz der Gleichbehandlung der formwechselwilligen Inlands- und Auslandsgesellschaften.[465] Voraussetzung hierfür ist eine **tatsächliche Ansiedlung der betreffenden Gesellschaft und die Ausübung einer wirklichen wirtschaftlichen Tätigkeit im Zuzugsstaat.**[466] Der Zuzugsstaat darf auf diesen Vorgang die Bestimmungen über den innerstaatlichen Formwechsel einschließlich der Gründungsvorschriften anwenden. Einstweilen führt im Fall der Beteiligung einer deutschen Gesellschaft für die Verfahrensschritte nach hiesigem Recht eine entsprechende Anwendung der §§ 190 ff. UmwG zu sachgerechten Ergebnissen, soweit nicht ohnehin eine Kapitalgesellschaft vorliegt (§§ 333 ff. UmwG; → Rn. 39; → Rn. 801 ff.). Dies gilt für den Herein- und den Hinausformwechsel. Für die Zusammenarbeit mit den betroffenen ausländischen Registerbehörden bietet sich eine ergänzende Heranziehung der Regelungen über die grenzüberschreitende Verschmelzung oder den Formwechsel supranationaler Rechtsformen wie der SE an. **(2)** Es gibt keine Niederlassungsfreiheit ohne Niederlassung. Das Urteil VALE hebt die vielfach aus Centros und Inspire Art abgeleitete Regel auf, wonach eine Gesellschaft die Niederlassungsfreiheit in der Union ausüben könne, sobald sie einmal nach dem Recht eines Mitgliedstaats wirksam gegründet ist. Uneingeschränkt geht das seit VALE nur noch, wenn die Gesellschaft in ihrem Gründungsstaat den Niederlassungsbegriff erfüllt.[467] Für die Überseering-Fälle (Zuzug durch Verwaltungssitzverlegung) ist aus VALE abzuleiten, dass die hierdurch herbeigeführte Sitztrennung die Gesellschaft ihrer Niederlassungsfreiheit beraubt.

106 Nach dem **Urteil Impacto Azul vom 20.6.2013**[468] liegt in dem Ausschluss gebietsfremder Muttergesellschaften von der gesamtschuldnerischen Haftung gegenüber Gläubigern ihrer Tochtergesellschaften keine Beschränkung der Niederlassungsfreiheit. Es liegt eine – unbedenkliche – Inländerdiskriminierung vor. Hintergrund ist eine Vorschrift des portugiesischen Rechts, welche eine gesamtschuldnerische Haftung von Muttergesellschaften gegenüber den Gläubigern ihrer Tochtergesellschaften nur für Muttergesellschaften mit Sitz in Portugal vorsieht. Wichtig ist das Urteil ferner, weil es – einmal mehr – die **Kollisionsrechtsneutralität** der Niederlassungsfreiheit betont und diese Aussage ausdrücklich auf das **internationale Konzernrecht** erstreckt.[469]

107 Auch das **Urteil Kornhaas vom 15.10.2015**[470] steht in einer Reihe von Entscheidungen des EuGH zur Sitztrennung. Der EuGH bestätigt damit, dass Vorschriften des Staates des effektiven Verwaltungssitzes und COMI, die den Marktzugang als solchen nicht behindern, sondern bloß die Tätigkeit der bereits marktzugehörigen EU-ausländischen Gesellschaft regeln **(„Tätigkeitsausübungsregeln"), keine Beschränkung der Grundfreiheiten** darstellen. Das Kornhaas-Urteil überträgt diesen Grundsatz – am Beispiel des Insolvenzrechts – erstmals auf die Nie-

---

§§ 174 ff. AktG); zur gesellschaftsrechtlichen Einordnung des Sachverhalts vgl. *Kindler* EuZW 2012, 888 (889 f.) m. Fn. 25; anders *Neye* EWiR 2014, 45 (46): danach hat der ungarische Oberste Gerichtshof am Ende die Eintragung in Ungarn scheitern lassen, weil wegen der zeitlichen Lücke keine Identität der beiden Gesellschaften festgestellt werden konnte.

[463] EuGH ECLI:EU:C:2012:440 Rn. 62 und Ls. 2 = NJW 2012, 2715 – Vale; speziell zur Dokumentenanerkennung im Fall Vale s. *Mansel/Thorn/Wagner* IPRax 2013, 1 (4 f.); zum Äquivalenz- und Effektivitätsgrundsatz ferner *Weller/Rentsch* IPRax 2013, 530 (534 f.).

[464] *Kindler* EuZW 2012, 888 ff.

[465] Treffend *Mansel/Thorn/Wagner* IPRax 2013, 1 (4).

[466] Zum realen Niederlassungsbegriff – neben *Kindler* EuZW 2012, 888 ff. – auch *Mansel/Thorn/Wagner* IPRax 2013, 1 (4 f.).

[467] AA *Drygala* EuZW 2013, 569 (572) mN.

[468] EuGH ECLI:EU:C:2013:412 = EuZW 2013, 664 – Impacto Azul; dazu *M. Lehmann* LMK 2013, 352735; *Teichmann* ZGR 2014, 45; *Bayer/Schmidt* BB 2014, 1227.

[469] EuGH ECLI:EU:C:2013:412 Rn. 65 = EuZW 2013, 664 – Impacto Azul.

[470] EuGH ECLI:EU:C:2015:806 = NJW 2016, 223 = Rev. crit. 2016, 544 mAnm *Nabet* = EuZW 2016, 155 m. Aufs. *Kindler* EuZW 2016, 136 – Kornhaas; dazu *Bombe,* Die Abgrenzung von Gesellschafts- und Insolvenzstatut im Lichte des Konrhaas-Urteils des EuGH, 2023; *Schall* ZIP 2016, 289; *Weller/Thomale* FS Pannen, 2017, 259; *Mock* in Fleischer/Thiessen, Gesellschaftsrechts-Geschichten, 2018, 729 ff.

derlassungsfreiheit. – Den **Schutzbereich der Niederlassungsfreiheit** (Art. 49, 54 AEUV) **begrenzt** das Urteil **auf** das Recht auf **Fortbestand der Rechtsfähigkeit nach einer grenzüberschreitenden Verwaltungssitzverlegung**[471] und auf **Fortgeltung der Mindestkapitalanforderungen**[472] im Zuzugsstaat. Dagegen sind die Gesellschaft und ihre Organmitglieder nicht gegen die Anwendung der im Zuzugsstaat geltenden Tätigkeitsausübungsregeln geschützt.[473] Darunter fallen eine Reihe von Haftungstatbeständen des Insolvenzrechts (selbst bei kodifikatorischer Verortung in einem gesellschaftsrechtlichen Gesetz) sowie die Geschäftsleiter- und Gesellschafterhaftung beim Verstoß gegen Ausschüttungssperren.[474] Insgesamt führt die Kornhaas-Entscheidung zu einer **signifikanten Einschränkung schon des Schutzbereichs der Niederlassungsfreiheit,** die weit über den entschiedenen Fall hinausgeht. Eine Beschränkung iSd Art. 49 AEUV liegt nicht schon dann vor, wenn die Anwendung einer nationalen Vorschrift in irgendeiner Form geeignet ist, die Ausübung der Freiheit „weniger attraktiv" zu machen. Der **neue Beschränkungsbegriff** umfasst vielmehr nur diejenigen **Hindernisse im Zuzugsstaat, die den Marktzugang als solchen erschweren.**[475] Auf diese Weise ermöglicht der EuGH den Mitgliedstaaten in weitem Umfang die Anwendung des Rechts des Verwaltungssitzes und – damit einhergehend – den Gleichlauf mit dem Insolvenzstatut.[476]

Wie im Fall Vale[477] (→ Rn. 103 ff.) geht es im **Urteil Polbud vom 25.10.2017**[478] um die **108**
Sitztrennung, und zwar aus Sicht des Wegzugsstaates (seit 1.3.2023 für EU-Kapitalgesellschaften in §§ 333 ff. UmwG geregelt; → Rn. 39; → Rn. 801 ff.). Zugrunde lag eine **isolierte Satzungssitzverlegung – dh ohne gleichzeitige Verlegung des effektiven Verwaltungssitzes –** von einem EU-Staat in einen anderen. Laut EuGH fällt diese Maßnahme unter die Niederlassungsfreiheit, und zwar als Recht einer nach dem Recht eines Mitgliedstaats gegründeten Gesellschaft auf Umwandlung (Formwechsel) in eine dem Recht eines anderen Mitgliedstaats unterliegende Gesellschaft, soweit die Voraussetzungen des Rechts des Zuzugsmitgliedstaats eingehalten sind und das kollisionsrechtliche Anknüpfungsmerkmal erfüllt ist, das in diesem anderen Mitgliedstaat für die Verbundenheit einer Gesellschaft mit seiner nationalen Rechtsordnung erforderlich ist.[479] Damit sind die sachrechtlichen Voraussetzungen des Zuzugsstaates (im deutschen Recht § 197 UmwG) genauso gemeint wie das IPR des Zuzugsstaates. Das kollisionsrechtliche Anknüpfungsmerkmal darf der Zuzugsmitgliedstaat frei bestimmen.[480] Die isolierte Satzungssitzverlegung in einen der Gründungstheorie folgenden Zuzugsstaat ist daher laut EuGH von der Niederlassungsfreiheit gedeckt. Mit dieser Maßgabe versteht der EuGH die Niederlassungsfreiheit als **Rechtsformwahlfreiheit** (→ Rn. 10, → Rn. 121). Dass im Staat des Satzungssitzes keine Geschäftstätigkeit ausgeübt werden muss, hatte der EuGH schon in Centros[481] behauptet; hierauf nimmt das Urteil Polbud ausdrücklich Bezug.[482] Auch gehe aus den Urteilen Daily Mail und

[471] EuGH ECLI:EU:C:2015:806 Rn. 23 = NJW 2016, 223 = EuZW 2016, 155 m. Aufs. *Kindler* EuZW 2016, 136 – Kornhaas.

[472] EuGH ECLI:EU:C:2015:806 Rn. 24 = NJW 2016, 223 = EuZW 2016, 155 m. Aufs. *Kindler* EuZW 2016, 136 – Kornhaas.

[473] EuGH ECLI:EU:C:2015:806 Rn. 28 = NJW 2016, 223 = EuZW 2016, 155 m. Aufs. *Kindler* EuZW 2016, 136 – Kornhaas; gleiche Einschätzung bei *Enriques/Zorzi* Rivista delle società 2016, 775 (784) Fn. 31: „La Corte [afferma] che tale libertà riguarda, sostanzialmente, solo la capacità della società […] e poche altre condizioni per la regolare costituzione della società."; *Mankowski* NZG 2016, 281 (284 f.); manche Autoren sehen das Ende der Briefkastengesellschaften gekommen: *Nabet* Rev. crit. 2016, 551 (555): „Cet arrêt sonne donc peut-être le glas du paradis pour les sociétés offshore et leurs dirigeants.".

[474] EuGH ECLI:EU:C:2015:806 = NJW 2016, 223 = EuZW 2016, 155 m. Aufs. *Kindler* EuZW 2016, 136 – Kornhaas.

[475] Ebenso *Verse/Wiersch* EuZW 2016, 330 (331).

[476] Zu den Vorteilen des Gleichlaufs von Gesellschafts- und Insolvenzstatut *Kindler* ZHR 179 (2015), 330 (370 ff.).

[477] EuGH ECLI:EU:C:2012:440 = NJW 2012, 2715 = EuZW 2012, 621 – Vale mAnm *Behrens;* näher *Kindler* EuZW 2012, 888.

[478] EuGH ECLI:EU:C:2017:804 Rn. 45 ff. = NZG 2017, 1308 mAnm *Wachter* – Polbud; dazu *Kindler* NZG 2018, 1; *Schall* ZfPW 2018, 176; *Korch/Thelen* IPRax 2018, 248; *Picciau* Riv. soc. 2018, 270; *Bernasconi* Riv. dir. int. priv. proc. 2018, 635; *Mucciarelli* Riv. soc. 2018, 1327; *Boggio* Giur. It. 2018, 887; *Pinardi* Foro it. 2018, IV, 232.

[479] EuGH ECLI:EU:C:2017:804 Rn. 33 = NZG 2017, 1308 mAnm *Wachter* – Polbud; dazu *Kindler* NZG 2018, 1.

[480] EuGH ECLI:EU:C:2017:804 Rn. 34 = NZG 2017, 1308 mAnm *Wachter* – Polbud; dazu *Kindler* NZG 2018, 1.

[481] EuGH ECLI:EU:C:1999:126 Rn. 17 = NJW 1999, 2027 – Centros.

[482] EuGH ECLI:EU:C:2017:804 Rn. 38 = NZG 2017, 1308 mAnm *Wachter* – Polbud; dazu *Kindler* NZG 2018, 1; BeckOGK/*Großerichter/Zwirlein-Forschner,* 1.12.2021, IPR Internationales Gesellschaftsrecht – Allgemeiner Teil Rn. 148.

Cartesio **kein Gebot der Sitzeinheit** hervor.[483] Zudem könne der Gründungsmitgliedstaat die betroffene Gesellschaft nicht ua dadurch am grenzüberschreitenden Formwechsel hindern, dass er hierfür Voraussetzungen aufstellt, die strenger als diejenigen sind, die in diesem Mitgliedstaat für den innerstaatlichen Formwechsel gelten, etwa in Gestalt eines Liquidationserfordernisses.[484]

109 **Kritik:** Die vom EuGH als ausreichend erachtete bloße Registerpräsenz im Zuzugsstaat verfehlt ersichtlich das von der Niederlassungsfreiheit verfolgte Ziel der Marktintegration (→ Rn. 9, → Rn. 121, → Rn. 324),[485] ganz abgesehen davon, dass Adressat der Niederlassungsfreiheit allein der Zuzugsstaat ist (Art. 49 AEUV). Das Urteil überschreitet daher die Grenzen zulässiger Rechtsfortbildung. Auch die weitere Aussage, dass die Sitzverlegung nicht zur Auflösung nach dem Recht des Wegzugsstaates führen dürfe,[486] ist vor dem Hintergrund der Regelung der Sitzverlegung in Art. 8 SE-VO nicht zu halten. Nach der SE-VO führt die Sitzverlegung nur deshalb nicht zur Auflösung (Art. 8 Abs. 1 SE-VO), weil die SE-VO auf dem Prinzip der Sitzeinheit beruht (Art. 7, 64 SE-VO) und weil die Sitzverlegung nach Art. 8 SE-VO an eine Reihe von weiteren Gläubigerschutzvorkehrungen gekoppelt ist (Verlegungsplan und -bericht, zweistufiges grenzüberschreitendes Registerverfahren, Fortbestand der Gerichtspflichtigkeit im Wegzugsstaat). Den EU-Gesetzgeber hat dergleichen Kritik nicht beeindruckt. In Art. 86a ff. GesR-RL wurde 2019 der Hinausformwechsel geregelt (in deutsches Recht umgesetzt durch §§ 333 ff. UmwG; → Rn. 39; → Rn. 801 ff.).

110 **3. Stellungnahme. a) Wesentlicher Inhalt der Niederlassungsfreiheit von EU-Gesellschaften.** Der derzeitige Umfang der Niederlassungsfreiheit von EU-Gesellschaften lässt sich den Leitsätzen der in → Rn. 86 ff. dargestellten EuGH-Urteile entnehmen. Dabei ist zwischen der primären und der sekundären Niederlassungsfreiheit zu trennen (→ Rn. 79). Im Rahmen der **primären Niederlassungsfreiheit** ist eine EU-ausländische Gesellschaft durch die Gerichte und Behörden anderer Mitgliedstaaten als rechts- und parteifähig zu behandeln, wenn sie **(1)** nach dem Recht eines anderen Mitgliedstaates wirksam gegründet worden ist, **(2)** zumindest ihren Satzungssitz in diesem Mitgliedstaat hat, **(3)** nach ihrem Gründungsrecht als juristische Person ausgestaltet ist und **(4)** ihr vom Gründungsrecht nicht anlässlich ihres Wegzugs die Rechtspersönlichkeit wieder aberkannt worden ist (Überseering).[487] Die Rechts- und Parteifähigkeit ist nur in den Fällen zwingend dem Gründungsrecht zu entnehmen, in denen ein sonstiges, nach dem Kollisionsrecht des Forums anwendbares Sachrecht diese Fähigkeiten verneint; im Übrigen ist es EU-rechtlich nicht geboten, das Gründungsrecht für die Beurteilung dieser Fähigkeiten anzuwenden (→ Rn. 107).[488] Im Rahmen der **sekundären Niederlassungsfreiheit** sind die nach dem Recht eines EU-Staates gegründeten und bestehenden Gesellschaften berechtigt, in anderen Mitgliedstaaten Zweigniederlassungen iSd Art. 28a ff. GesR-RL zu errichten (Centros),[489] und zwar ohne dass sie hierbei das Sachrecht des Zweigniederlassungs-Staates über die **Gründung** von Gesellschaften beachten müssten (Inspire Art).[490] Die beiden genannten Ausübungsformen der Niederlassungsfreiheit stehen nur solchen Gesellschaften offen, die ihren effektiven Verwaltungssitz oder ihre schwerpunktmäßige Geschäftstätigkeit in ihrem Gründungsstaat haben. Seit dem Urteil **Cadbury Schweppes** (→ Rn. 97 f.) steht fest, dass ein bloß **fiktiver Bezug zum Gründungsstaat** – Fehlen von Personal, Geschäftsräumen und Einrichtungen im Gründungsstaat – vom Staat der tatsächlichen Niederlassung **nicht beachtet** werden muss.[491] Entgegen *Schön* ist das kein „Zustand (…), der als solcher im Binnenmarkt gewollt und akzeptiert ist",[492] sondern ein starkes Indiz für Rechtsmissbrauch, näher → Rn. 833 (Sitzverlegung).

111 **b) Abgrenzung.** Aus der Niederlassungsfreiheit neuer Prägung folgt **keine unbegrenzte Mobilität** von Gesellschaften bzw. Gesellschaftsformen innerhalb der EU. Zum fragmentarischen Charakter der neuen Grundsätze → EGBGB Art. 3 Rn. 122 ff. So besagt die EuGH-Rspr. nichts

[483] EuGH ECLI:EU:C:2017:804 Rn. 42 = NZG 2017, 1308 mAnm *Wachter* – Polbud; dazu *Kindler* NZG 2018, 1.
[484] EuGH ECLI:EU:C:2017:804 Rn. 43 = NZG 2017, 1308 mAnm *Wachter* – Polbud; dazu *Kindler* NZG 2018, 1.
[485] *W.-H. Roth* FS Hoffmann-Becking, 2013, 965 (990): „bloße Registereintragung kein Niederlassungsvorgang", auch 992; *Mörsdorf/Jopen* ZIP 2012, 1398 (1399); zutr. die eingehende Kritik s. von *Fischinger-Corbo* EuZW 2024, 203.
[486] EuGH ECLI:EU:C:2017:804 Rn. 59, 64 = NZG 2017, 1308 mAnm *Wachter* – Polbud; dazu *Kindler* NZG 2018, 1.
[487] EuGH ECLI:EU:C:2002:632 Ls. 1; zusammenfassend *Leible/Hoffmann* ZIP 2003, 925 (926).
[488] EuGH ECLI:EU:C:2002:632 Ls. 2 – Überseering; *Kindler* NJW 2003, 1073 (1077); ECLI:EU:C:2015:806 Rn. 24 = NJW 2016, 223 – Kornhaas.
[489] EuGH ECLI:EU:C:1999:126 – Centros.
[490] EuGH ECLI:EU:C:2003:512 Ls. 2 – Inspire Art.
[491] EuGH ECLI:EU:C:2006:544 Rn. 51, 55, 67 f. = NZG 2006, 835 – Cadbury Schweppes.
[492] *Schön* ZGR 2013, 333 (360).

für die Ausgestaltung einseitiger mitgliedstaatlicher Gesellschaftskollisionsnormen, dh Verweisungen auf das heimische Recht, soweit es um die **Gründung** der Gesellschaft geht. Denn Träger der Niederlassungsfreiheit sind nur bereits (nach dem Recht eines Mitgliedstaates) gegründete Gesellschaften.[493] Daher kann etwa das deutsche internationale Gesellschaftsrecht weiterhin an der **Verwaltungssitzanknüpfung** festhalten (→ Rn. 5), soweit es um die **Anwendbarkeit des inländischen Rechts** für Gesellschaftsgründungen geht. Dies ergibt sich auch aus dem Urteil Cartesio.[494] Ferner sind die Mitgliedstaaten frei darin, auf sachrechtlicher Ebene für die Gründung von Gesellschaften **Satzungssitz und Verwaltungssitz im Inland** zu verlangen. Spiegelbildlich folgt hieraus, dass bei **Verlagerung** eines dieser Merkmale **ins Ausland** – Satzungssitzverlegung und/oder Verwaltungssitzverlegung – das innerstaatliche Gesellschaftsrecht die Auflösung der Gesellschaft anordnen darf,[495] zB aber auch das innerstaatliche Kollisionsrecht einen Statutenwechsel zum neuen – ausländischen – Sitzrecht.[496] Dieser Zustand hat sich erst durch die Sachrechtsangleichung für EU-Kapitalgesellschaften geändert, die die EU mit der RL (EU) 2019/2121 (→ Rn. 38) vorgegeben hat (im deutschen Recht §§ 305–345 UmwG). Bedeutsamste Folge aus dem Fehlen eines kollisionsrechtlichen Charakters der neuen Niederlassungsfreiheit ist, dass die Mitgliedstaaten frei darin sind, zuziehende EU-ausländische Kapitalgesellschaften heimischen **Kapitalgesellschaften** – etwa durch eine Ergänzung des Sachrechts – gleichzustellen.[497]

Die Gesellschaft **begünstigende Vorschriften** des Sitzrechts oder des Rechts des Staates der schwerpunktmäßigen Geschäftstätigkeit können auf EU-ausländische Gesellschaften angewandt werden, ohne dass hierin eine Beschränkung der Niederlassungsfreiheit liegt (zB § 105 Abs. 2 HGB). Bei die Gesellschaft **belastenden Vorschriften** steht nach Inspire Art lediglich fest, dass Vorschriften betr. die **Gründung** von Gesellschaften außer Anwendung zu bleiben haben; Raum besteht dagegen für die Anwendung gesellschaftsrechtlicher Vorschriften, die sich auf die Tätigkeit der Gesellschaft oder Verhalten von Gesellschaftern und Organpersonen beziehen.[498] Gedeckt ist ferner die Anwendung nicht-gesellschaftsrechtlicher Regelungen (str.). Darunter fallen die Gesellschafter- und Organhaftung nach Delikts- sowie Insolvenzrecht,[499] sowie inländische Vorschriften, die EU-Auslandsgesellschaften zur Sicherheitsleistung verpflichten (Urteile SIM, Centros; → Rn. 84 f., → Rn. 86 ff.). **112**

Aus der Niederlassungsfreiheit ergibt sich nichts für die Behandlung von Gesellschaften, die nach dem Recht eines **Drittstaates** gegründet worden sind.[500] Derartige Gesellschaften unterliegen bei inländischem Verwaltungssitz nach wie vor unstreitig dem inländischen Recht.[501] Sie kommen auch nicht über eine Anerkennung durch einen anderen Mitgliedstaat in den Genuss der Niederlassungsfreiheit. Einen „Europäischen Pass" für Drittstaats-Gesellschaften gibt es nicht. Zur rechtspolitischen Frage eines generellen Übergangs zur Gründungsanknüpfung → Rn. 9 ff. **113**

c) Niederlassungsfreiheit keine Kollisionsnorm. Der Gehalt der Niederlassungsfreiheit neuer Prägung erschöpft sich mithin in einem **Verbot** der Anwendung **bestimmter sachrechtlicher Beschränkungen.** Entgegen der hM lassen sich der Rspr. des EuGH zur Niederlassungsfreiheit von **114**

---

493 *Leible/Hoffmann* RIW 2002, 930 (932); *Teichmann* ZIP 2009, 393 (399) nach Fn. 56.

494 EuGH ECLI:EU:C:2008:723 Rn. 110 = NJW 2009, 569 – Cartesio.

495 OLG Brandenburg DB 2005, 604; BayObLGZ 2004, 24 = DNotZ 2004, 725 mAnm *Thölke* = GmbHR 2004, 490 mAnm *Stieb* = EWiR 2004, 375 m. KurzKomm. *Wachter* = NZG 2004, 1116 m. Hinweis auf die Bestätigung von Daily Mail durch ua EuGH ECLI:EU:C:2003:512 Rn. 103 – Inspire Art; aA *W. H. Roth* FS Heldrich, 2005, 973 ff.

496 *Zimmer* ZHR 168 (2004), 355 (360 f.).

497 EuGH ECLI:EU:C:2012:440 Rn. 30 = NJW 2012, 2715 – Vale; näher *Kindler* EuZW 2012, 888; *Eidenmüller/Rehm* ZGR 2004, 159 (165 f.); *Rehm* in Eidenmüller Ausl. KapGes. § 2 Rn. 70; implizit auch *W.-H. Roth* IPRax 2003, 117 (123) zu Fn. 65; grdl. bereits *Knobbe/Keuk* ZHR 154 (1990), 325 (335); deutlich *Mansel* RabelsZ 70 (2006), 651 (673 f.): „… nicht vorgeschrieben, … das Gründungsrecht anzuwenden …".

498 *Weller* DStR 2003, 1800 (1803 f.) m. zutr. Hinweis auf das Beispiel der Durchgriffshaftung wegen Vermögensvermischung wegen deren Verschuldenskomponente.

499 *Kindler* BB-Special 6/2004 Europarecht, 1; eingehend *Kindler* FS Jayme, 2004, 409 ff. (415 ff.); *Weller* DStR 2002, 1800 (1804).

500 BGHZ 178, 192 = NJW 2009, 289 – Trabrennbahn, mAnm *Kieninger* = DStR 2009, 59 mAnm *Goette* = DNotZ 2009, 385 mAnm *Thölke* = IPRax 2009, 259 m. Aufs. *Weller* IPRax 2009, 202 ff.; dazu *Kindler* IPRax 2009, 189 (190); ferner *Balthasar* RIW 2009, 221; *Gottschalk* ZIP 2009, 948; *Hellgardt/Illmer* NZG 2009, 94; *Lieder/Kliebisch* BB 2009, 338; nachfolgend BGH ZIP 2009, 2385 = BeckRS 2009, 28205 – Ltd. nach dem Recht von Singapur mit Verwaltungssitz in Deutschland. Gleichgestellt sind allerdings EWR-Gesellschaften, → Rn. 111.

501 BGHZ 153, 353 (355) = NJW 2003, 1607 = BB 2003, 810 mAnm *Kindler;* Koch AktG § 1 Rn. 31 ff.; BayObLG RIW 2003, 387 = DB 2003, 819 zur Behandlung einer nach dem Recht von Sambia gegründeten Briefkastengesellschaft als inländische Personengesellschaft; BGHZ 190, 242 = NJW 2011, 3372 Rn. 16; offengelassen noch in BGH NVwZ-RR 2006, 28 (29) unter I 1b =TranspR 2005, 74.

Gesellschaften indessen weder zwingende Vorgaben für das mitgliedstaatliche internationale Gesellschaftsrecht entnehmen,[502] noch gar findet sich im AEUV selbst eine Kollisionsnorm mit Anwendungsvorrang[503] vor dem mitgliedstaatlichen internationalen Gesellschaftsrecht.[504] Dies hat der EuGH spätestens im **Urteil Cartesio** unmissverständlich klargestellt, wenn er dort das Gesellschaftskollisionsrecht auf die sekundärrechtliche Ebene verweist und als Gegenstand möglicher EU-Rechtsetzung einordnet.[505] Erwägungsgrund 3 RL (EU) 2019/2121 bestätigt diese Einordnung.[506] Für den Gewährleistungsbereich der Niederlassungsfreiheit hat der EuGH die Anknüpfung des Gesellschaftsstatuts an den tatsächlichen Verwaltungssitz weder als EU-widrig verworfen noch durch Schaffung einer primärrechtlichen Kollisionsnorm verdrängt. Gegenstand des Verdikts des EuGH ist in keinem Fall die Anwendung des Sitzrechts schlechthin, sondern die dort enthaltenen **belastenden Rechtsfolgen,** insbesondere dass der zuziehenden Gesellschaft „die Rechtsfähigkeit abgesprochen" werde[507] (→ Rn. 94 aE, → Rn. 112). Auf der gleichen Linie liegt das **Urteil Kornhaas** (→ Rn. 107).[508]

115 Eine **Aussage zum internationalen Gesellschaftsrecht** der Mitgliedstaaten wäre schon aus institutionellen Gründen **unzulässig.** Nach Art. 267 AEUV sind Gegenstand des Vorabentscheidungsverfahrens lediglich Fragen der Auslegung und Gültigkeit von **Unionsrecht.** Es ist nicht Aufgabe des EuGH, innerstaatliches Recht auszulegen[509] oder gar dieses mit kassatorischer Wirkung für nichtig zu erklären.[510] Ist mithin ein bestimmtes Ergebnis der Anwendung innerstaatlichen Rechts EU-rechtswidrig, so wie dies zB der erste Ls. des Überseering-Urteils (→ Rn. 90 ff.) bezüglich des Verlustes von Rechts- und Parteifähigkeit bei Verwaltungssitzverlegung annimmt, so bleibt es deshalb dem einzelnen Mitgliedstaat überlassen, wie er dieses Ergebnis vermeidet (→ Rn. 92).[511] Auch für eine versteckte Kollisionsnorm des EU-Primärrechts ist daher kein Raum.[512]

116 Ferner ist zu bedenken, dass die vorlegenden Gerichte in den Fällen Centros, Überseering und Inspire Art den EuGH überhaupt nicht danach gefragt haben, ob die Anknüpfung des Gesellschaftsstatuts oder bestimmter Vorschriften des Gesellschaftsstatuts an den Verwaltungssitz (Sitztheorie) im Widerspruch zu Art. 49, 54 AEUV (früher Art. 43, 48 EG-Vertrag) steht. Auch deshalb kann den drei EuGH-Urteilen keine dahin lautende Aussage entnommen werden.[513]

---

502 So aber BGHZ 154, 185 (190) = NJW 2003, 1461 – Überseering: „das erfordert es, die Klägerin *nach deutschem internationalen Gesellschaftsrecht* hinsichtlich ihrer Rechtsfähigkeit dem Recht des Staates zu unterstellen, in dem sie gegründet worden ist"; *Kieninger* ZEuP 2004, 685 (692): Gründungstheorie jetzt Teil des „deutschen Kollisionsrechts", nach Fn. 53; zutr. demgegenüber *St. Huber* in Kronke/Melis/Kuhn, Handbuch Internationales Wirtschaftsrecht, 2. Aufl. 2017, 1320 Rn. 112: „Der EuGH gibt nicht vor, welche kolisionsrechtlichen Voraussetzungen für die Gründung einer Gesellschaft gelten …".

503 EuGH ECLI:EU:C:1964:66 – Costa/ENEL.

504 So aber *Leible/Hoffmann* RIW 2002, 925 (930 ff.); *Leible/Hoffmann* ZIP 2003, 925 (926): „eigenständige europäische Kollisionsnorm"; *Leible* ZGR 2004, 531 (534); ähnlich *Thomale* NZG 2011, 1290 (1293); wie im Text hingegen die wohl hM, zB *W. H. Roth* FS Heldrich, 2005, 973 (977) nach Fn. 26; *Wendehorst* FS Heldrich, 2005, 1071 (1086); ferner *Ebke* RIW 2004, 740 (742); *Eidenmüller* ZGR 2004, 159 (166); *Ulmer* NJW 2004, 1201 (1205); *Schanze/Jüttner* AG 2003, 661 (665). Nach aA ist zwar Art. 54 AEUV (früher Art. 48 EG-Vertrag) keine Kollisionsnorm, wohl aber hat der EuGH im Überseering-Urteil im Anschluss an diese Vorschrift eine gegenständlich beschränkte versteckte Kollisionsnorm abgeleitet, was zwar nicht zwingend, wohl aber möglich war, nachdem die Gemeinschaft Kompetenz für das IPR erhalten hat: *Weller* IPRax 2009, 202 (204 f.).

505 EuGH ECLI:EU:C:2008:723 Rn. 108 = NJW 2009, 569 – Cartesio; zu dieser Interpretation von Cartesio *Sonnenberger* Rev. crit. 2013, 101 (109 f.): „les problèmes du droit international privé ne se résolvent pas par les dispositions du droit européen sur la liberté d'établissement…"; nachfolgend zB EuGH ECLI:EU:C:2011:785 Rn. 26 f. = NZG 2012, 114 – National Grid Indus; dazu *Weller* FS Blaurock, 2013, 497 (519 f.); EuGH ECLI:EU:C:2012:440 Rn. 29, 51 = NJW 2012, 2715 – Vale; näher *Kindler* EuZW 2012, 888.

506 „Mangels Vereinheitlichung im Unionsrecht fällt die Definition der Anknüpfung, die für das auf eine Gesellschaft anwendbare nationale Recht maßgeblich ist, gemäß Artikel 54 AEUV in die Zuständigkeit jedes einzelnen Mitgliedstaats."

507 EuGH ECLI:EU:C:2002:632 Rn. 62 = NJW 2002, 3614 – Überseering; deutlich *Mansel* RabelsZ 70 (2006), 651 (674): „Den Mitgliedstaaten der EG wird durch die Garantie der Niederlassungsfreiheit nur ein materiellrechtliches Ergebnis vorgegeben.".

508 *Schall* ZIP 2016, 289 (291).

509 EuGH ECLI:C:1977:190 Rn. 20; *Oppermann,* Europarecht, 2. Aufl. 1999, Rn. 758.

510 EuGH ECLI:EU:C:1984:44 Rn. 6 – Jongeneel Kaas; *Streinz,* Europarecht, 6. Aufl. 2003, Rn. 198.

511 Ebenso Schlussanträge GA *Colomer* NZG 2002, 16 Rn. 16 = ZIP 2002, 75 – Überseering; dazu – und zum Folgenden – *Kindler* NJW 2003, 1073 (1076).

512 Für die Annahme einer versteckten Kollisionsnorm in Zuzugskonstellationen aber *Weller* IPRax 2009, 202 (205).

513 *W.-H. Roth* IPRax 2003, 117 (120); iE auch *Großerichter* DStR 2003, 159 (165 f.); *Heidenhain* NZG 2002, 1141 (1143); *Hirte* EWS 2002, 573; *Kindler* NJW 2003, 1073 (1076); *Kohler* IPRax 2003, 401 (409) nach Fn. 53.

Dass in der EuGH-Rspr. kein generelles Verdikt über die Verwaltungssitzanknüpfung enthalten ist, ergibt sich überdies daraus, dass das **(sekundäre) Unionsrecht** selbst vielfach diese Regel zu Grunde legt. So wird man dem EuGH kaum unterstellen können, das erst im Oktober 2001 verabschiedete **SE-Statut** mit der dort enthaltenen Entscheidung für die Sitztheorie (→ Rn. 42 ff., → Rn. 44) mittelbar für primärrechtswidrig zu erklären.[514] Eine Verwaltungssitzanknüpfung findet sich ferner in der **EWIV-VO** von 1985 (→ Rn. 41) sowie in der – nach Überseering verabschiedeten – **SCE-VO** (→ Rn. 59). Dem Grundsatz, dass Hauptverwaltung und Satzungssitz übereinstimmen müssen, folgt ferner das europäische Recht der **Bankenaufsicht.** So müssen die Mitgliedstaaten nach Art. 13 Abs. 2 RL 2013/36/EU verlangen, dass die **Hauptverwaltung** eines Kreditinstituts in dem Mitgliedstaat gelegen ist, in dem es seinen satzungsmäßigen Sitz hat (weitere Beispiele → Rn. 383).[515] Mit Blick auf das innerstaatliche Aufsichtsrecht ist in diesem Zusammenhang das Urteil TV10 SA vom 5.10.1994 hervorzuheben; dort hat der Gerichtshof angenommen, dass eine Sendeanstalt als „inländisch" behandelt werden darf, wenn sie im Gebiet des betreffenden Staates eine Niederlassung unterhält (→ Rn. 83). Auf dieses Urteil hat der EuGH zB in Centros Bezug genommen.[516] Und schließlich ist auf die Verortung der **Insolvenzeröffnungszuständigkeit** am Mittelpunkt der hauptsächlichen Interessen nach Art. 3 EuInsVO 2015 hinzuweisen, womit bei Gesellschaften nichts anderes als der effektive Verwaltungssitz gemeint ist (→ Rn. 383).[517] Auf diesen sekundärrechtlichen Text nimmt der EuGH in Cadbury Schweppes mittelbar Bezug, wenn er die Regelungsinteressen des Verwaltungssitzstaates unter Verweis auf das Urteil Eurofood in Schutz nimmt (näher → Rn. 97 f.; vgl. auch → Rn. 5). **117**

Ein weiteres grundsätzliches Bedenken gegen ein gesellschaftskollisionsrechtliches Verständnis der Entscheidungs-Trilogie Centros/Überseering/Inspire Art ergibt sich aus Art. 54 Abs. 1 AEUV.[518] Danach sind die **Anknüpfungsmerkmale** des satzungsmäßigen Sitzes, der Hauptverwaltung und der Hauptniederlassung **gleichrangig.** Der EuGH hat dies in Daily Mail ausdrücklich betont;[519] diese Aussage wurde in Centros und in Überseering bestätigt.[520] Dabei hat der Gerichtshof die **Parallele** zum Anknüpfungsmerkmal der **Staatsangehörigkeit bei natürlichen Personen** hervorgehoben.[521] Dass die Gleichachtung der Sitzvarianten schon gedanklich eine europarechtliche Kollisionsnorm ausschließt, folgt schlicht daraus, dass ohne eine Festlegung von Haupt- und Hilfsanknüpfung die Sitzvarianten des Art. 54 Abs. 1 AEUV auf *mehr als eine* Rechtsordnung verweisen, wenn Satzungssitz, Sitz der Hauptverwaltung und/oder Hauptniederlassung einer Gesellschaft in verschiedenen Mitgliedstaaten belegen sind. **Gerade in Kollisionsfällen** vermag Art. 54 Abs. 1 AEUV mangels eines Rangverhältnisses seiner Anknüpfungsmerkmale eine **eindeutige Zuordnung** mithin **nicht zu leisten.**[522] Dann aber muss die Frage der kollisionsrechtlichen Zuordnung einer Gesellschaft bei den Mitgliedstaaten liegen. Dass die einzelnen Mitgliedstaaten dabei ein und dieselbe Gesellschaft – je nach IPR – einem anderen Recht unterstellen, nimmt der AEUV hin, ebenso wie er dies im Hinblick auf natürliche Personen hinnimmt, **118**

---

514 So iE auch *C. Schäfer* NZG 2004, 785 (787 f.); *W.-H. Roth* IPRax 2003, 117 (125); aA *Ziemons* ZIP 2003, 1913 (1918): Primärrechtswidrigkeit der SE-VO.

515 Dazu *Kindler* in Gesellschaftsrechtliche Vereinigung, Gesellschaftsrecht in der Diskussion 1999, 2000, 87, 106 f.; ferner *V. Kruse,* Sitzverlegung innerhalb der EG, 1997, 207.

516 EuGH ECLI:EU:C:1999:126 Rn. 24 = NJW 1999, 2027 – Centros; *Kindler* NJW 1999, 1993 (1997).

517 EuGH ECLI:EU:C:2011:671 = NZI 201, 990 – Interedil mAnm *Mankowski;* ECLI:EU:C:2011:838 Rn. 32 – Rastelli = NZG 2012, 150 = NZI 2012, 147 mAnm *Mankowski;* zuletzt EuGH ECLI:EU:C:2016:374 Rn. 34 = BeckRS 2016, 81277 – Leonmobili, dazu *Bayer/Schmidt* BB 2016, 1923 (1932); zum Gleichlauf von COMI und Verwaltungssitz ferner *Weller* FS Blaurock, 2013, 497 (506); *Weller/Harms/Rentsch/Thomale* ZGR 2015, 361 (369); *Fehrenbach* GPR 2016, 282 (288) mzN; zuvor schon AG Duisburg NZG 2003, 1167 f.; *U. Huber* FS Gerhardt, 2004, 397 (405 f.); *P. Huber* ZZP 114 (2001), 133 (141); *Borges* ZIP 2004, 733 (737): „Synonym"; *Vallender* KTS 2005, 286; *Benedettelli* Riv. dir. int. priv. proc. 2004, 510; *Eidenmüller* in Eidenmüller Ausl. KapGes. § 9 Rn. 11; *Eidenmüller* NJW 2004, 3455.

518 Zum Folgenden *Kindler* NJW 1999, 1993 (1996 ff.).

519 EuGH ECLI:EU:C:1988:456 Rn. 21 = NJW 1989, 2186 – Daily Mail.

520 EuGH ECLI:EU:C:1999:126 Rn. 20 = NJW 1999, 2027 – Centros; ECLI:EU:C:2002:632 Rn. 57 = NJW 2002, 3614 – Überseering.

521 Vgl. EuGH ECLI:EU:C:2002:632 Rn. 57 = NJW 2002, 3614 – Überseering: „dass diese Gesellschaften das Recht haben, ihre Tätigkeit in einem anderen Mitgliedstaat auszuüben, wobei ihr satzungsmäßiger Sitz, ihre Hauptverwaltung oder ihre Hauptniederlassung, ebenso wie die Staatsangehörigkeit bei natürlichen Personen, dazu dient, ihre Zugehörigkeit zur Rechtsordnung eines Mitgliedstaates zu bestimmen".

522 Dies betont mit Recht *Nachbaur,* Niederlassungsfreiheit. Geltungsbereich und Reichweite des Art. 52 EGV im Binnenmarkt, 1999, 28; wie im Text auch *Mansel* RabelsZ 70 (2006), 651 (674).

die ebenfalls – im Falle der Mehrstaatigkeit – aus Sicht der einzelnen Mitgliedstaaten ein verschiedenes Personalstatut besitzen.[523] Bestätigt wird diese Sichtweise durch Art. 24 Nr. 2 Brüssel Ia-VO (früher Art. 22 Nr. 2 Brüssel I-VO, verabschiedet nach Centros): Die Vorschrift ordnet für eine Reihe besonders wichtiger gesellschaftsrechtlicher Klagen die ausschließliche Zuständigkeit der Gerichte des Sitz-Mitgliedstaates an, und bei der Bestimmung des Sitzes hat das angerufene Gericht die Vorschriften „*seines* Internationalen Privatrechts" anzuwenden.[524]

119 Und schließlich spricht auch das – inzwischen ersetzte – **Subsidiaritätsprotokoll** zum Vertrag von Amsterdam vom 2.10.1997[525] gegen die Annahme, der EuGH habe mit den Urteilen Centros/Überseering/Inspire Art primärrechtliches Kollisionsrecht „geschaffen" bzw. zwingende Vorgaben für mitgliedstaatliches Kollisionsrecht formuliert. Denn nach diesem Protokoll wäre eine subsidiaritätsrelevante **Rechtsprechungsänderung** – seit Daily Mail (→ Rn. 81) – **besonders zu kennzeichnen** gewesen.[526] Aus gegebenem Anlass haben die Mitgliedstaaten dort alle Gemeinschaftsorgane dazu verpflichtet, „bewährte nationale Regelungen sowie Struktur und Funktionsweise der Rechtssysteme der Mitgliedstaaten" besonders zu achten (Nr. 7 der Protokollerklärung). Dieses Subsidiaritätsprotokoll hat auch das BVerfG im **Lissabon-Urteil** mit Recht besonders hervorgehoben.[527] Wenn in Nr. 4 und 9 der Protokollerklärung nur der Kommission ausdrücklich aufgegeben wurde, sämtliche Rechtssetzungsvorhaben unter dem Aspekt des Subsidiaritätsprinzips zu begründen, so wird man dies erst recht vom Gerichtshof erwarten dürfen. Zu den **hergebrachten und bewährten Institutionen des innerstaatlichen Rechts** gehört nun fraglos auch die spätestens seit 1873 in Kontinentaleuropa verwurzelte **Sitzanknüpfung** im internationalen Gesellschaftsrecht.[528] Dieser Anknüpfungsregel hingen bei Gründung der Gemeinschaft sogar sämtliche Mitgliedstaaten an.[529] Geht man einmal davon aus, dass der EuGH die spätestens seit dem Vertrag von Amsterdam gebotene Entscheidungstransparenz ernst nimmt, dann ist die Einschätzung nicht haltbar, die Rspr. seit Centros bedeute das Ende der Sitztheorie. Wer Centros/Überseering/Inspire Art als Aufgabe von Daily Mail – und damit als Einbruch in das innerstaatliche IPR der Sitztheorie-Staaten wertet, unterstellt dem EuGH eine verdeckte Ausweitung des AEUV (früher: EG-Vertrag) im Wege der Auslegung – eine im Hinblick auf das Maastricht-Urteil des BVerfG[530] weitreichende Feststellung (→ Rn. 120 ff.).

120 **d) Verfassungsrechtliche Unverbindlichkeit einer EU-primärrechtlichen Gründungsanknüpfung.** Auch aus verfassungsrechtlichen Gründen ergeben sich aus den Entscheidungen Centros/Überseering/Inspire Art keine verbindlichen Vorgaben für das innerstaatliche (deutsche) Kollisionsrecht, weder für den deutschen Gesetzgeber bei der Kodifizierung des deutschen internationalen Gesellschaftsrechts noch für die deutschen Gerichte bei dessen Rechtsfortbildung. Das **BVerfG** judiziert in ständiger Rspr. bis in die jüngste Zeit, dass nationale **Zustimmungsgesetze** zu Staatsverträgen der BRepD – hier: zum EWG-Vertrag vom 25.3.1957[531] – **spätere wesentliche Änderungen des Staatsvertrages nicht mehr decken.** Denn demokratisch legitimiert (Art. 38 GG) ist das Zustimmungsgesetz nur insoweit, als die Rechte und Pflichten der BRepD im Staatsvertrag – hier: im AEUV – für den Gesetzgeber voraussehbar umschrieben sind. Die Unionsorgane – mithin auch der EuGH – bleiben für die Erweiterung ihrer Befugnisse auf Vertragsänderungen angewiesen, die von den Mitgliedstaaten vorgenommen und verantwortet werden.[532] Entscheidend ist dies unter anderem gerade für das im Primärrecht angelegte Integrationsprogramm und seine Handlungsermächtigungen.[533] Hierzu heißt es im Maastricht-Urteil wörtlich: „Würden etwa europäische Ein-

---

523 So unterliegt zB ein deutsch-österreichischer Doppelstaater aus deutscher Sicht dem deutschen Recht (Art. 5 Abs. 1 S. 2 EGBGB), aus österreichischer Sicht dem österreichischen Recht (§ 9 Abs. 1 S. 2 öIPR-Gesetz); ebenso Art. 19 Abs. 3 S. 2 it. IPRG; wie hier iErg auch *Wernicke* EuZW 2002, 758 (760) Fn. 364.

524 Zutr. *Zimmer* ZHR 168 (2004), 355 (361); ebenso iErg schon *Kindler* in Gesellschaftsrechtliche Vereinigung, Gesellschaftsrecht in der Diskussion 1999, 2000, 87, 107 f. noch zum Entwurf der Brüssel I-VO.

525 Protokoll über die Anwendung der Grundsätze der Subsidiarität und der Verhältnismäßigkeit, BGBl. 1998 II 387, 434 f.; ersetzt durch das dem Vertrag von Lissabon angehängte Protokoll Nr. 2 über die Anwendung der Grundsätze der Subsidiarität und der Verhältnismäßigkeit, ABl. EG 2007 C 306, 150; dazu Calliess/Ruffert/*Calliess,* EUV/AEUV, 5. Aufl. 2016, EUV Art. 5 Rn. 26 mit Textabdruck S. 2997.

526 Zum Folgenden *Kindler* NJW 1999, 1993 (1998).

527 BVerfG NJW 2009, 2267 Rn. 305 = RIW 2009, 537 – Vertrag von Lissabon.

528 Vgl. Art. 128 des belgischen Gesetzes über die Handelsgesellschaften von 1873; dazu *Großfeld,* Europäisches und Internationales Unternehmensrecht, 2. Aufl. 1995, D § 1 II.

529 *Großfeld,* Europäisches und Internationales Unternehmensrecht, 2. Aufl. 1995, D § 1 II.

530 BVerfGE 89, 155 = NJW 1993, 3047.

531 Zustimmungsgesetz vom 27.7.1957, BGBl. 1957 II 753, in Kraft seit 1.1.1958.

532 BVerfG NJW 2010, 3422 Rn. 55 – Mangold.

533 BVerfGE 89, 155 = NJW 1993, 3047 Ls. 5 – Maastricht; BVerfGE 58, 1 (37) = NJW 1982, 507 – Eurocontrol; BVerfGE 68, 1 (98 f.) = NJW 1985, 603 – Pershing 2; BVerfG NJW 2009, 2267 Rn. 236, 238 ff. – Vertrag von Lissabon; allg. zum Rangverhältnis zwischen nationalem Recht und Europarecht Callies/Ruffert/*Ruffert* AEUV Art. 1 Rn. 16 ff.

richtungen oder Organe (zB der EuGH) den EU-Vertrag in einer Weise handhaben oder fortbilden, die von dem Vertrag, wie er dem deutschen Zustimmungsgesetz zu Grunde liegt, nicht mehr gedeckt werden, so wären die daraus hervorgehenden Rechtsakte im deutschen Hoheitsbereich nicht verbindlich."[534] Diese Aussage gilt gerade auch für die **Frage,** unter welchen Voraussetzungen die **Rechtsfortbildung durch den EuGH** noch von der **Integrationsermächtigung** des Art. 24 Abs. 1 GG aF (seit 1992 Art. 23 Abs. 1 GG) **gedeckt** ist: Der mit der Funktionszuweisung des Art. 19 Abs. 1 S. 2 EUV verbundene **Rechtsprechungsauftrag des EuGH endet** dort, wo eine **Auslegung** der Verträge nicht mehr nachvollziehbar und daher **objektiv willkürlich** ist. Überschreitet der EuGH diese Grenze, ist sein Handeln vom Mandat des Art. 19 Abs. 1 S. 2 EUV iVm. dem Zustimmungsgesetz nicht mehr gedeckt, sodass seiner Entscheidung das gem. Art. 23 Abs. 1 S. 2 iVm. Art. 20 Abs. 1 und 2 und Art. 79 Abs. 3 GG erforderliche Mindestmaß an demokratischer Legitimation fehlt.[535]

Nach diesen Grundsätzen wäre eine in der Niederlassungsfreiheit verankerte oder hierdurch den Mitgliedstaaten vorgegebene Gründungsanknüpfung für das Gesellschaftsstatut **verfassungsrechtlich unverbindlich.** Sie würde im Ergebnis eine **internationalgesellschaftsrechtliche Rechtswahlfreiheit** begründen, die mit dem **ursprünglichen Verständnis der Niederlassungsfreiheit,** so wie es dem Zustimmungsgesetz zum EWG-Vertrag von 1957 zu Grunde lag (→ Rn. 120), **nichts mehr gemein** hat. Dies ergibt sich in historischer Perspektive schon daraus, dass alle sechs ursprünglichen EWG-Mitgliedstaaten im internationalen Gesellschaftsrecht seinerzeit die Verwaltungssitzanknüpfung praktizierten.[536] Aus deren Perspektive lag es mit Sicherheit außerhalb jeder Erwartung, dass der Europäische Gerichtshof zu einem späteren Zeitpunkt aus der Niederlassungsfreiheit der Gesellschaften für die Gesellschafter die Möglichkeit herleiten würde, das am Verwaltungssitz geltende Recht durch Auslandsgründung zu umgehen.[537] Dass es eines Tages im Belieben der Gesellschaftsgründer stehen würde, einen rein innerstaatlichen Sachverhalt zu einem Sachverhalt mit Gemeinschaftsbezug zu erklären und sich hierdurch eine **voraussetzungslose Rechtswahlmöglichkeit qua Niederlassungsfreiheit** zu eröffnen, war nicht zu erwarten.[538] Vielmehr war Art. 293 EG-Vertrag (Art. 220 EG-Vertrag aF) der eindeutige Beleg dafür, dass die Mitgliedstaaten Fragen des internationalen Gesellschaftsrechts nicht als durch die Niederlassungsfreiheit geregelt angesehen haben; dass der EuGH Art. 293 EG-Vertrag in seiner Rspr. seit 1999 relativiert, ist EU-rechtlich hinzunehmen (→ Rn. 108 f.), besagt aber nichts zum – verfassungsrechtlich maßgeblichen – **Erwartungshorizont des Gesetzgebers des Zustimmungsgesetzes** zum EWGV von 1957. Danach war die **Niederlassungsfreiheit die Garantin eines ökonomischen Standortwettbewerbs** zwischen den Mitgliedstaaten; sie sollte die wirtschaftliche Verflechtung innerhalb des gemeinsamen Marktes fördern.[539] Demgemäß hatte der EuGH noch im Fall „Auer" ausdrücklich festgehalten, dass die **Niederlassungsfreiheit** einen **Beitrag zur Errichtung eines gemeinsamen Marktes** leisten soll.[540] Davon würde sich eine kollisionsrechtlich verstandene Niederlassungsfreiheit radikal verabschieden, weil sie statt einer ökonomischen Standortwahlfreiheit eine voraussetzungslose Rechtswahlfreiheit schaffen würde.[541] Die Niederlassungsfreiheit diente so nicht mehr der Intensivierung des ökonomischen 121

---

534 BVerfGE 89, 155 (195, 210) = NJW 1993, 3047 (3052).

535 Vgl. BVerfGE 154, 17 LS 2 = NJW 2020, 1647 Rn. 110 ff. – EZB-Staatsanleihekaufprogramm; BVerfGE 75, 223 (240 f.) = NJW 1988, 1459 (1461 f.) – Kloppenburg.

536 Vgl. nochmals *Großfeld,* Praxis des internationalen Privat- und Wirtschaftsrechts, 1975, D § 2 I.

537 So aber fast wörtlich EuGH ECLI:EU:C:1999:126 Rn. 7, 18, 26 f., 38 = NJW 1999, 2027 – Centros; ECLI:EU:C:2003:512 Rn. 95 ff., 137 ff. = NJW 2003, 3331 – Inspire Art; zur Rechtsumgehung auch *Kindler* NJW 1999, 1993 (1999).

538 Treffende Beschreibung bei *Muir Watt* Rev. crit. dr. int. pr. 2004, 151 (173, 177): Der EuGH „permet donc aux fondateurs des sociétés de transformer une situation purement interne en situation intracommunautaire" (Anm. zu EuGH ECLI:EU:C:2003:512 = NJW 2003, 3331 – Inspire Art); ähnlich *Koppensteiner* in Gesellschaftsrechtliche Vereinigung, Gesellschaftsrecht in der Diskussion 1999, 2000, 151, 163 f.; zur Niederlassungsfreiheit als Freiheit der Standortwahl – nicht der Rechtswahl – s. *W.-H. Roth* FS Hoffmann-Becking, 2013, 965 (975, 992) mit Verweis auf *Kieninger,* Wettbewerb der Privatrechtsordnungen im Europäischen Binnenmarkt, 2002, 143, 159.

539 *Kindler* NJW 1999, 1993 (2000); *Fischinger-Corbo* EuZW 2024, 203 (206 ff.).

540 EuGH ECLI:EU:C:1979:34 Rn. 18 – Auer; dazu schon *Kindler* in Gesellschaftsrechtliche Vereinigung, Gesellschaftsrecht in der Diskussion 1999, 2000, 87, 105 f.; *Kindler* NZG 2003, 1086 (1088); gleichsinnig *Leible* in Martiny/Witzleb, Auf dem Weg zu einem Europäischen Zivilgesetzbuch, 1999, 53, 63: „Marktintegration".

541 Gegen ein Verständnis der Niederlassungsfreiheit als Rechtswahlfreiheit auch *W.-H. Roth* FS Hoffmann-Becking, 2013, 965 (992).; dafür zB BeckOGK/*Großerichter/Zwirlein-Forschner,* 1.12.2021, IPR Internationales Gesellschaftsrecht – Allgemeiner Teil Rn. 145.

Wettbewerbs bei möglichst gleichförmigen rechtlichen Rahmenbedingungen, sondern einem „Wettbewerb der Rechtsordnungen".[542]

122 Eine derartige **juristisch-virtuelle Mobilitätsgarantie** hat mit der **ursprünglichen Idee des Binnenmarktes nichts** mehr **zu tun.**[543] Niederlassungsfreiheit bedeutet nach herkömmlichem Verständnis nicht, dass die mitgliedstaatlichen Gerichte verpflichtet wären, Inlandssachverhalte nach ausländischem Recht zu beurteilen, nur weil einige der Beteiligten (die Gesellschafter) dies so bestimmt haben. Soweit wollten die Mitgliedstaaten nicht einmal im internationalen Schuldvertragsrecht gehen, wo Drittinteressen naturgemäß – anders als im Gesellschaftsrecht – kaum betroffen sind (vgl. Art. 3 Abs. 3 EVÜ, früher Art. 27 Abs. 3 EGBGB aF);[544] **Art. 3 Abs. 3 Rom I-VO, Art. 14 Abs. 2 Rom II-VO** bestätigen diesen Standpunkt. Auch deshalb wäre der mit einem kollisionsrechtlichen Verständnis der Niederlassungsfreiheit verbundene **Bedeutungswandel** dieser Rechtsfigur – von der Stärkung der Marktintegration zu einem Motor des Wettbewerbs der Rechtsordnung – **als wesentliche Änderung eines Staatsvertrags** iSd Rspr. des BVerfG einzustufen.[545] **Praktische Konsequenz** ist eine **abstrakte Normenkontrolle** nach Art. 100 Abs. 1 GG, bezogen auf das Zustimmungsgesetz zum EUV.[546]

123 **4. Rezeption der EuGH-Rechtsprechung durch deutsche Gerichte. a) Partieller Übergang zur Gründungstheorie bei EU- und sonstigen EWR-Gesellschaften.** Auch wenn die EuGH-Rspr. seit „Centros" sonach weder EU-rechtliches Gesellschaftskollisionsrecht geschaffen hat noch mitgliedstaatliches Gesellschaftskollisionsrecht in bestimmter Form erzwingt (→ Rn. 110 ff.), sind die Mitgliedstaaten frei darin, ihr Gesellschaftskollisionsrecht unter dem Eindruck dieser Rspr. neu zu ordnen.[547] In Deutschland hat die Anknüpfung des Gesellschaftsstatuts an den tatsächlichen Verwaltungssitz gewohnheitsrechtlichen Charakter (→ Rn. 5). Es handelt sich mithin um eine Regel, die von einer lang andauernden tatsächlichen Übung und von der Überzeugung der Beteiligten getragen ist, durch Einhaltung dieser Übung bestehendes Recht zu befolgen.[548] Die Geltung von Gewohnheitsrecht endet – außer bei Erlass eines abweichenden Gesetzes – durch Bildung von entgegenwirkendem Gewohnheitsrecht,[549] ferner auch schon durch Wegfall der Rechtsüberzeugung.[550]

124 Angesichts der zahlreichen Literaturstimmen, die – stark vereinfacht – jedenfalls für die kollisionsrechtliche Beurteilung EU-ausländischer Gesellschaften das Gründungsrecht heranziehen (→ EGBGB Art. 3 Rn. 119),[551] und die seit Sommer 2004 in diesem Punkt übereinstimmende Rspr. mehrerer Zivilsenate des BGH, darunter der II. (gesellschaftsrechtliche) Senat, arbeitet die Praxis grds. für das gesamte Gesellschaftsstatut bei EU-ausländischen Gesellschaften nunmehr mit der **Gründungstheorie.** Die das bisherige Gewohnheitsrecht tragende lang andauernde Übung ist damit insoweit weggefallen, ferner die diese Übung tragende Rechtsüberzeugung.[552] Freilich lässt sich derzeit noch nicht sagen, dass die neue Regel gewohnheitsrechtlichen Charakter hätte.

125 Eingeleitet hat den Wechsel zur Gründungstheorie der **VII. Zivilsenat** des BGH in seinem abschließenden Urteil in der Sache **Überseering** vom 13.3.2003. Nach der dort aufgestellten Regel

---

542 So im Ansatz zutr. *Kieninger* ZEuP 2004, 685 (692 f.), die aber die verfassungsrechtliche Dimension dieses von ihr erkannten Bedeutungswandels der Niederlassungsfreiheit nicht sieht.

543 *W.-H. Roth* FS Hoffmann-Becking, 2013, 965 (992): „Indessen gewährt die Niederlassungsfreiheit nur die Freiheit der Standortwahl, nicht aber die Freiheit der Wahl eines bestimmten Gesellschaftsstatuts."; zutr. insoweit auch *Kieninger,* Wettbewerb der Privatrechtsordnungen in Europa, 2002, 145. Eine „wirtschaftliche Verflechtung" zwischen den Mitgliedstaaten ergibt sich hier allenfalls auf dem Markt für Rechtsdienstleistungen (vgl. *Eidenmüller* in Eidenmüller Ausl. KapGes. § 1 Rn. 15), den zu fördern aber nicht das Anliegen der Niederlassungsfreiheit ist; gegen ein „cherry picking" auch *Fischinger-Corbo* EuZW 2024, 203.

544 Hierzu *Kindler* RIW 1987, 660 (661); *Kindler* VGR 1999, 105 f.

545 Dies belegen nicht zuletzt die drastischen Formulierungen, mit denen die EuGH-Rspr. in den Fällen Centros, Überseering und Inspire Art im Schrifttum gekennzeichnet wurde, vgl. zB *Weller* DStR 2004, 1218: „revolutionäre EuGH-Entscheidungen"; *Bitter* WM 2004, 2190: „die drei Gewitter des EuGH"; *Ulmer* KTS 2004, 291: Centros/Überseering/Inspire Art als „drei Hammerschläge"; vgl. auch *Perrone* Rivista delle società 2001, 1292 (1297): „ridefinizione nel contenuto della libertà di stabilimento", usw.

546 BVerfGE 52, 177 (199, 201 f.) = NJW 1980, 519; BeckOK GG/*Morgenthaler* GG Art. 100 Rn. 14.

547 Dass dies nicht notwendigerweise zur Kodifizierung einer Gründungsanknüpfung führen muss, zeigt das Beispiel Belgiens (→ Rn. 110); krit. *Kieninger* RabelsZ 73 (2009), 607 (611 f.).

548 BGH NJW-RR 2001, 1208 (1209) mwN; → Einl. BGB Rn. 74 ff.

549 BGHZ 37, 219 (224) = NJW 1962, 2054.

550 BGHZ 44, 346 (349) = NJW 1966, 833.

551 S. etwa *Behrens* IPRax 2004, 20; *Eidenmüller* JZ 2004, 24; *Leible/Hoffmann* EuZW 2003, 677; *Sandrock* BB 2004, 897; *Zimmer* ZHR 168 (2004), 355 (360); *Zimmer* NJW 2003, 3585; Grüneberg/*Thorn* EGBGB Anh. Art. 12 Rn. 6 ff.

552 Im Übrigen behält die Sitztheorie ihren gewohnheitsrechtlichen Charakter: *Weller* IPRax 2009, 202 (207).

ist eine nach dem Recht eines anderen Mitgliedstaates wirksam gegründete Gesellschaft hinsichtlich ihrer Rechtsfähigkeit dem Recht dieses Staates zu unterstellen, wenn sie dort ihren satzungsmäßigen Sitz hat.[553] Das Ende der Sitztheorie für EU-Auslandsgesellschaften war damit freilich noch nicht endgültig besiegelt.[554] Die zunächst bestehenden Zweifel, ob sich die anderen Zivilsenate des BGH und die Instanzgerichte dem anschließen würden[555] – der gesellschaftsrechtliche Senat des BGH ließ die Frage noch im Juni 2003 im Verhältnis zu Luxemburg offen[556] und die Instanzgerichte hielten zum Teil an der Sitztheorie auch im innergemeinschaftlichen Verkehr fest[557] –, sind spätestens seit der **Delaware-Entscheidung des gesellschaftsrechtlichen Senats vom 5.7.2004** ausgeräumt. Denn dort wird die Überseering-Entscheidung des VII. Zivilsenats[558] zustimmend zitiert.[559] Danach ist im Geltungsbereich des deutsch-amerikanischen Freundschaftsvertrages[560] das **Personalstatut einer Gesellschaft grundsätzlich das Recht am Ort ihrer Gründung.** Dies gelte hinsichtlich der Rechts- und Parteifähigkeit der Gesellschaft sowie auch in Bezug auf die Haftung der Gesellschafter für die Gesellschaftsverbindlichkeiten. Insofern – und darin liegt der Schulterschluss mit dem VII. Zivilsenat – gelte hier „Ähnliches wie im Geltungsbereich der Niederlassungsfreiheit nach dem EG-Vertrag":[561] Die in einem Vertragsstaat nach dessen Vorschriften wirksam gegründete Gesellschaft ist in einem anderen Vertragsstaat – unabhängig von dem Ort ihres tatsächlichen Verwaltungssitzes – in der Rechtsform anzuerkennen, in der sie gegründet wurde.[562] Diese Grundsätze hat der BGH 2005 auch für **EFTA-Gesellschaften** übernommen.[563] Für **EU-ausländische Gesellschaften** ist die **Gründungsanknüpfung** inzwischen ständige BGH-Rspr., und zwar auch bei inländischem Verwaltungssitz und im Grundsatz für das gesamte Gesellschaftsstatut.[564]

b) Geltungsbereich des Gründungsrechts. Seither verwendet die deutsche Rspr. für nach 126
dem Recht eines EU-Mitgliedstaates gegründete Gesellschaften mit Satzungssitz im Gründungsstaat eine neue Kollisionsregel. Sie besagt, dass jedenfalls **für die Beurteilung der Rechts- und Parteifähigkeit**[565] **sowie der Gesellschafter- und Geschäftsführerhaftung für Gesellschaftsverbindlichkeiten**[566] prinzipiell das **Gründungsrecht** Anwendung findet. Das soll auch dann gelten,

553 BGHZ 154, 185 (190) = NJW 2003, 1461; zur Anwendung der Gründungstheorie auf EU-Auslandsgesellschaften MüKoGmbHG/*Weller* GmbHG Einl. Rn. 350 ff.

554 Vgl. *Eidenmüller* JZ 2003, 526: „Das letzte Wort in dieser kollisions- und europarechtlichen Debatte ist damit aber wohl noch nicht gesprochen"; zurückhaltend auch *Leible/Hoffmann* ZIP 2003, 925 (929) vor IV.

555 *Merkt* RIW 2003, 458 (459 f.); *Kindler* NZG 2003, 1086 (1088); *Kindler* NJW 2003, 1073 (1077); *Altmeppen/Wilhelm* DB 2004, 1083 (1087 f.); *Altmeppen* NJW 2004, 97 (99 f.).

556 BGH NJW 2003, 2609 unter II 1: „Der Senat kann … unterstellen, dass zu Lasten der Bekl. nicht die sog. „Sitztheorie" gilt".

557 LG Frankenthal NJW 2003, 762; AG Hamburg NJW 2003, 2835 (2836); OLG Düsseldorf DB 2004, 128 (129).

558 BGHZ 154, 185 = NJW 2003, 1461.

559 BGH NJW-RR 2004, 1618 unter II 1 = RIW 2004, 787 m. Aufs. *Ebke* RIW 2004, 740 = BB 2004, 1868 mAnm *Melbert,* auch zum Folgenden.

560 Zum IntGesR im deutsch-amerikanischen Rechtsverkehr → Rn. 291 ff.

561 An dieser Stelle Verweis auf EuGH ECLI:EU:C:2002:632 = NJW 2002, 3614 – Überseering; ECLI:EU:C:2003:512 = NJW 2003, 3331 – Inspire Art; BGHZ 154, 185 = NJW 2003, 1461 – Überseering.

562 So nachfolgend ausdrücklich der II. ZS in NJW 2004, 3706 (3707).

563 BGHZ 164, 148 = NJW 2005, 3351 – Liechtenstein = RIW 2005, 945 mAnm *Leible/Hoffmann;* dazu *Weller* ZGR 2006, 748; *Weller* IPRax 2009, 202 (206).

564 BGH NJW 2005, 1648 zur Handelndenhaftung = RIW 2005, 542 mAnm *Leible/Hoffmann* = NZG 2005, 508 mAnm *Lehmann* = BB 2005, 1016 mAnm *Wand* = DB 2005, 1047 mAnm *Ressos* = EWiR 2005, 431 m. KurzKomm. *Bruns;* dazu *Kindler* JZ 2006, 178; ferner *Eidenmüller* NJW 2005, 1618; *Wachter* DStR 2005, 1817; implizit BGH NJW 2007, 1529 – Einfamilienhaus (zur Rechtsscheinhaftung) m. Aufs. *Kindler* NJW 2007, 1785 = IPRax 2008, 42 m. Aufs. *Brinkmann* IPRax 2008, 30; dazu auch *Altmeppen* ZIP 2007, 889; *Schanze* NZG 2007, 533; BGHZ 172, 200 = NJW 2007, 2328 – Hochbau aller Art (Gewerbeverbot gegen Ltd.-Geschäftsführer); dazu *Eidenmüller/Rehberg* NJW 2008, 28; *Bauer/Großerichter* NZG 2008, 253; implizit BGHZ 178, 192 – Trabrennbahn (schweizerische Gesellschaft) = NJW 2009, 289 mAnm *Kieninger* = DStR 2009, 59 mAnm *Goette* = DNotZ 2009, 385 mAnm *Thölke* = IPRax 2009, 259 m. Aufs. *Weller* IPRax 2009, 202 ff.; dazu *Kindler* IPRax 2009, 189 (190); ferner *Balthasar* RIW 2009, 221; *Gottschalk* ZIP 2009, 948; *Hellgardt/Illmer* NZG 2009, 94; *Lieder/Kliebisch* BB 2009, 338; BGH ZIP 2009, 2385 Rn. 4 = BeckRS 2009, 28205; NStZ 2010, 632 Rn. 7 = EWiR 2010, 761 m. KurzKomm. *Rubel/Nepomuck;* BGH NJW 2011, 844 Rn. 16 – Eigenkapitalersatz; BGHZ 190, 242 Rn. 17 f. = NJW 2011, 3372; BGH NJW 2011, 3784 Rn. 22 = IPRax 2012, 251 m. Aufs. *Wedemann;* NJW 2013, 3656 Rn. 11; in der obergerichtlichen Rspr. zB OLG Karlsruhe DNotZ 2018, 910 Rn. 16; OLG München BeckRS 2018, 15460 Rn. 52; OLG Düsseldorf BeckRS 2018, 26389 Rn. 60.

565 BGHZ 154, 185 = NJW 2003, 1461; BGH NJW-RR 2004, 1618; NJW 2004, 3706 (3707) unter A I 3; LG Berlin ZIP 2004, 2380 mAnm *Ries.*

566 BGH NJW-RR 2004, 1618 zur Gesellschafterhaftung; NJW 2005, 1648 zur Geschäftsführerhaftung.

wenn die Gesellschaft ihren Sitz nach Deutschland verlegt, dessen IPR an den effektiven Verwaltungssitz anknüpft: Ein Statutenwechsel soll hier ausscheiden; ebenso im Ergebnis → EGBGB Art. 3 Rn. 119, allerdings mit anderer (europarechtlicher) Begründung. Da diese Regel ihre Legitimation aus der Niederlassungsfreiheit herleitet,[567] beansprucht sie außerhalb von deren Schutzbereich keine Geltung. Soweit das am inländischen Verwaltungssitz geltende Gesellschaftsrecht also schon gar nicht als Beschränkung iSv Art. 49 AEUV (früher Art. 43 EG-Vertrag) zu werten ist oder ein Rechtfertigungsgrund eingreift, bewendet es deshalb bei der Sitztheorie; einer Sonderanknüpfung bedarf es nicht.[568] Die Einzelheiten der neuen Anknüpfungsregel für EU-ausländische Gesellschaften werden im Abschnitt C (→ Rn. 388 ff.) behandelt. Die mit der Gestaltungsfreiheit verbundenen **Haftungsrisiken** (auch für Berater) sind noch nicht ausgelotet.[569]

B. Kaufmannseigenschaft und Anknüpfung handelsrechtlicher Vorschriften

Schrifttum: vor → Rn. 1; *Balser/Pichura,* Zweigniederlassungen ausländischer Kapitalgesellschaften in Deutschland, 1958; *v. Bar,* Kollisionsrechtliches zum Schuldbeitritt und Schuldnerwechsel, IPRax 1991, 197; *Baur,* Zum Namensschutz im deutschen internationalen Privatrecht unter besonderer Berücksichtigung des Schutzes des Handelsnamens, AcP 167 (1967), 535; *Bokelmann,* Zur Entwicklung des deutschen Firmenrechts unter den Aspekten des EG-Vertrages, ZGR 1994, 325; *Bumeder,* Die inländische Zweigniederlassung ausländischer Unternehmen im deutschen Register- und Kollisionsrecht, Diss. München 1971; *Busch/Müller,* Das Internationale Privatrecht des Gläubigerschutzes bei Vermögens- bzw. Unternehmensübertragung, ZVglRWiss 94 (1995), 157; *v. Caemmerer,* Die Vollmacht für schuldrechtliche Geschäfte im deutschen Internationalen Privatrecht, RabelsZ 24 (1959), 201; *Edlbacher,* Namensrecht, 1978; *Edlich,* Die Zweigniederlassung als Organisationsform, 1966; *Eidenmüller/Rehberg,* Rechnungslegung von Auslandsgesellschaften, ZVglRWiss 105 (2006), 427; *Ekkenga,* Offene Fragen zur Rechnungslegung einer in Deutschland ansässigen Private Company Limited by Shares, FS des Fachbereichs Rechtswissenschaft zum 400jährigen Gründungsjubiläum der Justus-Liebig-Universität Gießen, 2007, 395; *Ficker,* Internationales Handelsrecht, in Schlegelberger, Rechtsvergleichendes Handwörterbuch für das Zivil- und Handelsrecht des In- und Auslandes, Bd. IV, 1933; *Freitag,* Die Rom-Verordnungen und die §§ 25–28 HGB – Revolution des Sachrechts durch Evolution des Kollisionsrechts, ZHR 174 (2010), 429; *Girsberger,* Übernahme und Übergang von Schulden im schweizerischen und deutschen IPR, ZVglRWiss 88 (1989), 31; *Großfeld,* Internationales Bilanzrecht/Internationale Rechnungslegung, AG 1997, 433; *Hagenguth,* Die Anknüpfung der Kaufmannseigenschaft im internationalen Privatrecht, Diss. München 1981; *Hartenstein,* Kaufmann, in Schlegelberger, Rechtsvergleichendes Handwörterbuch für das Zivil- und Handelsrecht des In- und Auslandes, Bd. IV, 1933; *Hennrichs,* Bilanz- und steuerrechtliche Aspekte der sog. Scheinauslandsgesellschaften, FS Horn, 2006, 387; *Knieper/Jahrmarkt,* Zweigniederlassung, Zweigbüro, Filiale, Nebenbetrieb, 1972; *Köbler,* Rechtsfragen der Zweigniederlassung, BB 1969, 845; *Lamsa,* Allgemeinbegriffe in der Firma einer inländischen Zweigniederlassung einer EU-Auslandsgesellschaft, IPRax 2008, 239; *Lamsa,* Die Firma der Auslandsgesellschaft, 2010; *Leible,* Vollmachtsanknüpfung bei inländischen Zweigniederlassungen ausländischer Gesellschaften, IPRax 1997, 133; *Merkt,* Der internationale Anwendungsbereich des deutschen Rechnungslegungsrechts, ZGR 2017, 460; *Möller,* Europäisches Firmenrecht im Vergleich, EWS 1993, 22; *Möller,* Neues zum europäischen Firmenrecht im Vergleich, EWS 1997, 340; *Müller,* Die Vollmacht im Auslandsgeschäft – ein kalkulierbares Risiko?, RIW 1979, 377; *Portale,* Gesellschaft mit beschränkter Haftung ohne Stammkapital und Einzelkaufmann mit (betrieblichem) Sondervermögen, FS Kaissis, 2012, 777; *Rabel,* Vertretungsmacht für obligatorische Rechtsgeschäfte, RabelsZ 3 (1929), 807; *Rehbinder,* Publizität und Auslandsbeziehungen – Eine rechtsvergleichende Skizze, FG Kronstein, 1967, 203; *Rinne,* Zweigniederlassungen ausländischer Unternehmen im deutschen Kollisions- und Sachrecht, 1998; *Rolin,* De la détermination de la qualité de commerçant et ses conséquences en droit international privé, Rev. dr. int. pr. 1906, 28; *Sandrock,* Anknüpfung von handels- und gesellschaftsrechtlichen Vorschriften zur Rechnungslegung und Publizität (Thesenpapier), in Sonnenberger, Vorschläge und Berichte zur Reform des europäischen und deutschen internationalen Gesellschaftsrechts, 2007, 563; *M. Schäfer,* Das Vollmachtsstatut im deutschen IPR – einige neuere Ansätze in kritischer Würdigung, RIW 1996, 189; *Schnitzer,* Handbuch des Internationalen Handels-, Wechsel- und Checkrechts, 1938; *Schön,* EU-Auslandsgesellschaften im deutschen Handelsbilanzrecht, FS Heldrich, 2005, 391; *Schumann,* Die englische Limited mit Verwaltungssitz in Deutschland: Buchführung, Rechnungslegung und Strafbarkeit wegen Bankrotts, ZIP 2007, 1189; *Sonnenberger,* Vorschlag zur Rechnungslegung und Erläuterung (Arbeitspapier), in Sonnenberger, Vorschläge und Berichte zur Reform des europäischen und deutschen internationalen Gesellschaftsrechts, 2007, 551; *Sonnenberger,* Revidierter und geänderter Vorschlag zur Rechnungslegung und Erläuterung (Arbeitspapier) in Sonnenberger, Vorschläge und Berichte zur Reform des europäischen und deutschen internationalen Gesellschaftsrechts, 2007, 575; *Thorn,* Der Unternehmer in

[567] Vgl. BHGZ 154, 185 = NJW 2003, 1461 Ls.: „Eine Gesellschaft, die unter dem Schutz der im EG-Vertrag garantierten Niederlassungsfreiheit steht …".

[568] *Kindler* EuZW 2016, 136 (139) insbes. zur Geschäftsleiter- und Gesellschafterhaftung beim Verstoß gegen Ausschüttungssperren; allgemein *Eidenmüller* in Eidenmüller Ausl. KapGes. § 3 Rn. 122; *Rehm* in Eidenmüller Ausl. KapGes. § 2 Rn. 86 aE; aA *Leible/Hoffmann* ZIP 2003, 925 (928 f.).

[569] *Dierksmeier* BB 2005, 1516; *Grütters* BB 2005, 1523.

Kollisionsrecht, FS K. Schmidt, 2009, 871; *Tiedemann,* Die Haftung aus Vermögensübernahme im internationalen Recht, 1995; *van Venrooy,* Die Anknüpfung der Kaufmannseigenschaft im deutschen Internationalen Privatrecht, 1985; *Wachter,* Notwendigkeit eines Zweigniederlassungszusatzes bei inländischer Zweigniederlassung einer englischen plc?, BB 2005, 1289; *Wagner/Mann,* Die Kaufmannseigenschaft ausländischer Parteien im Zivilprozess, IPRax 2013, 122; *Wedemann,* Der Begriff der Gesellschaft im IPR. Neue Herausforderungen durch den entrepreneur individuel á responsabilité limitée, RabelsZ 75 (2011), 541; *Weis,* Rechnungslegungspflichten von EU-Scheinauslandsgesellschaften im Land ihrer tatsächlichen wirtschaftlichen Betätigung, 2009; *Zimmer,* Anknüpfung von Vorschriften zur Rechnungslegung und Publizität, in Sonnenberger, Vorschläge und Berichte zur Reform des europäischen und deutschen internationalen Gesellschaftsrechts, 2007, 545.

I. Grundlegung

1. Kaufmannseigenschaft im Sachrecht. Die Eigenschaft einer Gesellschaft oder einer natürlichen Person als „Kaufmann" ist im deutschen Recht an verschiedenen Stellen bedeutsam. Die Bandbreite reicht vom klassischen Handelsrecht des HGB über das Bürgerliche Recht (§ 7 S. 2 HPflG, § 7 MaBV, Art. 1 Abs. 3 CISG), das Bilanzrecht (§ 3 Abs. 1 Nr. 5 PublG), das Umwandlungsrecht (§§ 152 ff. UmwG), das Wirtschaftsrecht (§§ 16, 42 DepotG, § 99 WpHG, § 172 VAG), bis hin zu durch die deutsche Vereinigung bedingten Sondergesetzen (§ 1 Abs. 2 Nr. 4, 5 DM-BilanzG,[570] § 11 Abs. 1 Unternehmensrückgabeverordnung 1991[571]) und zum Verfahrensrecht (§ 29 Abs. 2 ZPO, § 38 Abs. 1 ZPO, § 95 Abs. 1 Nr. 1 GVG, § 109 Abs. 1 Nr. 3 GVG, § 101 WpHG).[572] Vereinzelt hat der Kaufmannsbegriff auch im Strafrecht Bedeutung (§ 283 Abs. 1 Nr. 6 StGB). Im ausländischen Recht kann die Kaufmannseigenschaft mit einer **Beschränkung der Haftung auf das betriebliche Sondervermögen** verbunden sein, zB beim entrepreneur individuel à responsabilité limitée des französischen Rechts.[573] 127

Trotz der grundsätzlichen Beibehaltung des Kaufmannsbegriffs im HRefG 1998[574] dürfte der **Kaufmannsbegriff** sich **rechtspolitisch** allerdings auf dem **Rückzug** befinden.[575] Dies zeigen zum einen die neuen – mit dem SchuldRModG in das BGB überführten – Verbraucherschutzgesetze, die zum Zwecke der **Erweiterung der Privatautonomie** nicht mehr den „Kaufmann" von ihrem Anwendungsbereich (teilweise) ausnehmen (so etwa noch § 8 AbzG, § 24 S. 1 Nr. 1 AGBG idF von 1976, BGBl. 1976 I 3317). Statt dessen ist die geschützte Vertragspartei stets **„Verbraucher"**, womit Kaufleute negativ ausgegrenzt sind. Denn der Verbraucher bewegt sich kraft der Legaldefinition in § 13 BGB außerhalb einer gewerblichen oder selbstständigen beruflichen Tätigkeit (vgl. § 310 Abs. 3 BGB – AGB-Recht; § 312b BGB, früher § 312 Abs. 1 BGB aF – Haustürgeschäfte; § 312c Abs. 1 BGB – Fernabsatzverträge; §§ 358 f. BGB – verbundene Verträge; § 474 Abs. 1 BGB – Verbrauchsgüterkauf; § 481 Abs. 1 BGB – Teilzeitwohnrechte; § 491 Abs. 1 BGB – Verbraucherdarlehensvertrag; § 1031 Abs. 5 ZPO – Schiedsvereinbarung). Wer – andererseits – **gewerblich oder selbstständig** handelt, ist **„Unternehmer"** (§ 14) und als solcher besonderen Pflichten und Beschränkungen in seiner Vertragsfreiheit gegenüber Verbrauchern unterworfen (vgl. die soeben angeführten Vorschriften sowie zB § 312i BGB (früher § 311e Abs. 1 BGB aF) – elektronischer Geschäftsverkehr).[576] Auf die Ausübung eines Gewerbes stellte auch der Gesetzgeber des HRefG verschiedentlich ab, wie etwa die Neufassung der § 1 Abs. 2 DepotG und § 15a Abs. 2 GewO zeigt,[577] ferner die Einführung der seinerzeitigen §§ 37d, 37e WpHG aF durch das 4. FinanzmarktfördG 2002 vom 21.6.2002 (BGBl. 2002 I 1310, 2316).[578] Die **Tendenz** geht also dahin, nicht mehr auf einen Status („Kaufmann"), sondern eine **Tätigkeit („Betreiben eines Gewerbes")** abzuheben, wenn es darum geht, den Anwendungsbereich von **Sonderprivatrecht** einzugrenzen. Dem ist auf kollisionsrechtlicher Ebene Rechnung zu tragen (→ Rn. 149). In der Sache besteht kein Unterschied, weil die **Kaufmannseigenschaft** selbst **tätigkeitsbezogen** ist (§ 1 Abs. 1 HGB).[579] 128

Auch im **ausländischen Sachrecht** kann der Kaufmann oder Unternehmer auftreten (zB in §§ 1 ff. öUGB; Art. L121-1 ff. Code de commerce), wenngleich zahlreiche Staaten der Erde kein eigenständiges Handelsrecht kennen (zB Italien, die Niederlande, Schweiz, Großbritannien). 129

---

570 IdF von Art. 25 HRefG, BGBl. 1998 I 1474.

571 BGBl. 1991 I 1542; § 11 idF von Art. 26 HRefG, Gesetz vom 22.6.1998, BGBl. 1998 I 1474.

572 Zur Kaufmannseigenschaft ausländischer Parteien im Zivilprozess s. *Wagner/Mann* IPRax 2013, 122.

573 Näher zum franz. Recht *Wedemann* RabelsZ 75 (2011), 541; *Kort* AcP 193 (1993), 452; rechtsvergleichend *Portale* FS Kaissis, 2012, 777; s. ferner die Nachweise bei *Wedemann* RabelsZ 75 (2011), 543 Fn. 2.

574 BGBl. 1998 I 1474; vgl. hierzu Begr. RegE, BR-Drs. 340/97, 22 f.

575 Staub/*Oetker* Einl. HGB Rn. 22.

576 Zur Rechtsstellung des „Unternehmers" im Kollisionsrecht *Thorn* FS K. Schmidt, 2009, 871.

577 Vgl. Art. 2 Nr. 1, 12 Nr. 1 und 15 Nr. 1 HRefG 1998, BGBl. 1998 I 1474.

578 Dazu *Weber* NJW 2003, 18 (23); *Fleischer* NJW 2002, 2977; *Schäfer/Lang* BKR 2002, 197.

579 Vgl. Begr. RegE des HRefG, BR-Drs. 340/97, 47 zum AGBG; BR-Drs. 340/97, 81 f. zum DepotG; EBJS/*Kindler* HGB § 1 Rn. 9.

130 Für das deutsche wie das ausländische Recht gleichermaßen gilt, dass sich die Normierung eines **Sonderprivatrechts für Kaufleute aus unterschiedlichen Sachgesichtspunkten** ergibt, die teilweise in den Einzelnormen nebeneinander vertreten sind. Das deutsche Handelsrecht etwa beruht zum Teil darauf, dass an die Geschäftserfahrung von Kaufleuten erhöhte Anforderungen gestellt werden, zum Teil beruht es auf der Erwägung, dass der kaufmännische Verkehr im gesteigerten Maß auf Flexibilität, Schnelligkeit, Einfachheit und Rechtssicherheit angewiesen sei.[580] Im Einzelnen führt dies zur Erweiterung des Spielraums der Privatautonomie, zur Erleichterung des Rechtsverkehrs durch gesteigerten Verkehrs- und Vertrauensschutz sowie durch formlosen Abschluss und rasche Abwicklung von Rechtsgeschäften und zu gesteigerten Sorgfaltspflichten und -obliegenheiten.

131 Hinzu kommen ordnungsrechtliche Zielsetzungen wie etwa bei der Registerpflichtigkeit (vgl. § 14 HGB), im Firmenrecht (vgl. § 37 Abs. 1 HGB) und auf dem Gebiet der Rechnungslegung (vgl. §§ 331–335 HGB). Schon diese **Normzweckvielfalt** im Sonderrecht der Kaufleute spricht **gegen ein einheitliches Sonderkollisionsrecht** der kaufmannsbezogenen Rechtsnormen oder auch nur der „Handelsgeschäfte" (vgl. §§ 343 ff. HGB).[581]

132 Die **kaufmannsbezogenen Vorschriften unterstehen** daher **kollisionsrechtlich** den **unterschiedlichsten Statuten.**[582] Die Handelsgeschäfte gehören im IPR zum internationalen Vertragsrecht (Art. 3 ff. Rom I-VO), Prokura und Handlungsvollmacht unterliegen dem Vollmachtsstatut (Art. 8), die unselbstständigen kaufmännischen Hilfspersonen (§§ 59 ff. HGB) unterstehen dem internationalen Arbeitsrecht (Art. 8 Rom I-VO), die Handelsgesellschaften bilden den Anknüpfungsgegenstand des internationalen Gesellschaftsrechts (insbesondere → Rn. 244 ff.) und die sog. kaufmännischen Grundpflichten (Registeranmeldung, Firmenberechtigung, Rechnungslegung) unterstehen als Öffentliches Recht von vornherein nicht dem IPR.

133 **2. Einheitliche Anknüpfung.** Anzustreben ist freilich ein einheitlicher Anknüpfungspunkt für die in den verschiedenen sonderrechtlichen Bestimmungen enthaltene **Kaufmannseigenschaft.** Anderenfalls bestünde die Gefahr, dass die Kaufmannseigenschaft ein und derselben Person innerhalb derselben Fallprüfung einmal zu bejahen und einmal zu verneinen ist.[583]

134 Eine **einheitliche kollisionsrechtliche Betrachtung** ist auch hinsichtlich der **Rechtssubjekte** geboten, um deren Kaufmannseigenschaft es geht. Unabhängig davon, welcher Anknüpfungspunkt für die Kaufmannseigenschaft als maßgeblich erachtet wird (→ Rn. 138 ff.), besteht heute weithin Einigkeit darin, dass für Gesellschaften und natürliche Personen die gleiche Regel zu gelten hat.[584] Für die Verwendung gleicher Anknüpfungspunkte spricht nicht zuletzt die Möglichkeit der Umwandlung unter Beteiligung von Einzelkaufleuten (im deutschen Recht die § 3 Abs. 2 Nr. 2 UmwG, §§ 124, 152 UmwG). Hier wäre es misslich, sollte der neue Rechtsträger allein auf Grund gewandelter Anknüpfungspunkte – zB nunmehr der gewerblichen Niederlassung anstatt Wirkungsstatut – die Kaufmannseigenschaft verlieren oder erwerben.

135 **3. Mittelbare Bedeutung der Kaufmannseigenschaft.** Zu beachten ist, dass sich die Kaufmannseigenschaft eines oder mehrerer Beteiligter als Tatbestandsmerkmal bisweilen oft nur mittelbar zur Prüfung stellt. In zahlreichen Vorschriften erscheint der Begriff des Kaufmanns nicht, namentlich im Vierten Buch des HGB, wo man den **Kaufmann als Partei von „Handelsgeschäften"** antrifft (vgl. §§ 347, 349, 350, 352, 354, 354a HGB usw). In diesen Fällen gelangt man über die Begriffsbestimmung des § 343 HGB und die Vermutung des § 344 HGB zur Kaufmannseigenschaft und damit zu den nachstehend behandelten Anknüpfungsfragen.[585] Der gleichen Methodik folgt das franz. Handelsrecht mit dem dort objektiv am „acte de commerce" ausgerichteten Begriff des commerçant (Art. L121-1 Code de commerce). Das deutsche Handelsrecht kennt keine „objektiven" Handelsgeschäfte, an denen auch ein Nichtkaufmann beteiligt sein könnte.[586]

---

[580] Dazu und zum Folgenden s. nur *Kindler* Grundkurs Handels- und Gesellschaftsecht, 10. Aufl. 2024, § 1 Rn. 11 ff.

[581] Ebenso *v. Bar/Mankowski* IPR II § 6 Rn. 54 ff.

[582] Zust. Staub/*Oetker* Einl. HGB Rn. 77 ff.; ferner *Schumann* ZIP 2007, 1189.

[583] *Ebenroth* ZHR 149 (1985), 704 (705 f.) gegen *van Venrooy,* Die Anknüpfung der Kaufmannseigenschaft, 1985.

[584] Soergel/*Kegel* EGBGB Anh. Art. 12 Rn. 15; *van Venrooy,* Die Anknüpfung der Kaufmannseigenschaft im deutschen Internationalen Privatrecht, 1985, 46 f.; Staudinger/*Großfeld,* 1998, IntGesR Rn. 326 ff.; wohl auch schon *Fikentscher* MDR 1957, 71 (73) nach Fn. 25; anders *Heymann/Horn* HGB, 2. Aufl. 1995, Einl. III Rn. 4: die Kaufmannseigenschaft von Gesellschaften unterliege stets dem Gesellschaftsstatut.

[585] Beispiele: LG Hamburg IPRspr. 1958/59 Nr. 22 zu § 1027 Abs. 2 ZPO aF; *van Venrooy,* Die Anknüpfung der Kaufmannseigenschaft im deutschen Internationalen Privatrecht, 1985, 30 zu § 354 HGB.

[586] Staub/*Oetker* Einl. HGB Rn. 19 ff.; anders noch Art. 271 ADHGB; vgl. *Staub* ADHGB, 5. Aufl. 1897, ADHGB Vor Art. 271–273.

II. Anknüpfungsgrundsätze

1. Kaufmanneigenschaft als Teilfrage. Nach der kollisionsrechtlichen Dogmatik handelt es sich bei der Kaufmanneigenschaft um eine **Teilfrage.** Denn die Kaufmanneigenschaft ist niemals isoliert zu prüfen, sondern stets nur im Zusammenhang mit einer anderen Rechtsfrage – der sog. Hauptfrage. Sie ist tatbestandliche Voraussetzung einer handelsrechtlichen Norm (zB § 353 HGB) und – im Gegensatz etwa zur Geschäftsfähigkeit (Art. 7) – nicht durch gesetzgeberische Entscheidung verselbstständigt. Zum Begriff der Teilfrage → Einl. IPR Rn. 171. **136**

In der Regel unterliegt die Teilfrage dem auf die Hauptfrage anwendbaren Recht (→ Einl. IPR Rn. 171).[587] Diese Regel würde im vorliegenden Zusammenhang etwa dann zum Kaufmannsbegriff des deutschen Rechts (§§ 1 ff. HGB) führen, wenn deutsches Recht Wirkungsstatut ist, also wenn zB ein Schuldvertrag dem deutschen Recht unterliegt (Art. 3 ff. Rom I-VO) und ein Anspruch auf Fälligkeitsverzinsung gemäß § 353 HGB in Betracht kommt. Trotz dieser klaren dogmatischen Ausgangslage ist die Anknüpfung der Kaufmanneigenschaft im deutschen IPR traditionell umstritten.[588] **137**

2. Ort der gewerblichen Niederlassung? Nach einer älteren Auffassung in der Literatur stellt die Kaufmanneigenschaft einen selbstständigen Anknüpfungsgegenstand dar, der stets unabhängig von dem auf die Hauptfrage anwendbaren Recht („Wirkungsstatut") nach dem Recht der Niederlassung der betroffenen Person zu beurteilen sei; dabei wird offenbar durchgängig eine **Sachnormverweisung** auf diese Rechtsordnung angenommen.[589] Auch vereinzelte Gerichtsentscheidungen weisen in diese Richtung.[590] Dabei wird der Ort der gewerblichen Niederlassung **definiert** als der Ort, wo die berufliche **Tätigkeit** tatsächlich ausgeübt wird, wo sich die **betrieblichen Einrichtungen** befinden, wo das **Personal** arbeitet und wohin sich die **Kunden** wenden.[591] Der Niederlassungsbegriff erfordert darüber hinaus, dass der Geschäftsbetrieb auf eine **gewisse Dauer** angelegt ist, eine äußere Einrichtung (Geschäftsraum) aufweist und selbstständig geführt wird.[592] **138**

Dieser **Mittelpunkt der Unternehmung**[593] als kollisionsrechtlicher Anknüpfungspunkt ist das **Ergebnis zweier** grundsätzlich verschiedener **Ansätze.** Zum Teil geht das Schrifttum von einer Beurteilung der **Interessenlage aus der Sicht des durch die Geschäftsaufnahme betroffenen Staates** aus.[594] Die Erhaltung der internen Ordnung, zB durch den Erlass von Berufsausübungsregeln, könne nur dem Staat vorbehalten bleiben, in dem das Gewerbe ausgeübt werde. Mit diesen Berufsausübungsregeln sei die Bestimmung der Kaufmanneigenschaft untrennbar verbunden.[595] Dieser mehr von der territorialen Verknüpfung des Gewerbebetriebes mit einer bestimmten Rechtsordnung ausgehenden Argumentation steht eine eher personale Anknüpfungsbegründung gegenüber, die die gewerbliche Niederlassung als das **reale Domizil** des Kaufmanns bezeichnet.[596] Die Kaufmanneigenschaft ist danach eine das Persönlichkeitsrecht im weiteren Sinne betreffende Frage, die allerdings nicht durch die Staatsangehörigkeit, sondern allein durch die Rechtsordnung am Ort der gewerblichen Niederlassung geregelt wird.[597] Der natürliche Ort für die Bewertung dieses speziellen kaufmännischen Persönlichkeitsrechts sei der Ort, an dem der Gewerbetreibende seine Grundpflichten wie zB registerrechtliche Eintragung, Buchführung und Bilanz zu erbringen habe.[598] **139**

---

587 *v. Hoffmann/Thorn* IPR § 6 Rn. 46.

588 Umfassend dazu *Wedemann* RabelsZ 75 (2011), 541 (557 ff.); zu den früher hierzu vertretenen Anknüpfungen (Gründungsstatut, Staatsangehörigkeit, Domizil) → 8. Aufl. 2021, Rn. 177 ff.

589 → 2. Aufl. 1990, Rn. 51 ff., 56; *Kegel/Schurig* IPR § 17 IV 4; *Wolff* IPR 149; Soergel/*Kegel* EGBGB Anh. Art. 12 Rn. 15; *Hagenguth,* Die Anknüpfung der Kaufmanneigenschaft im internationalen Privatrecht, 1981, 251 ff., 314 f., 363; weiterhin *Ficker* RvglHWB IV 462; *Frankenstein* IPR II 408, 409; *Rabel* IPR II 184; *Hübner* NJW 1980, 2606; *Reichert/Facilides* VersR 1978, 482 Fn. 13; Staub/*Brüggemann,* 4. Aufl. 1983, HGB Vor § 1 Rn. 30; Düringer/Hachenburg/*Geiler* Allg. Einl. HGB Anm. 16; iErg ebenso *v. Gierke/Sandrock* HandelsR/WirtschaftsR I 63.

590 LG Hamburg IPRspr. 1958/59 Nr. 22 (Kaufmanneigenschaft einer franz. Genossenschaft in Anwendung franz. Rechts geprüft und – entgegen § 17 Abs. 2 GenG – abgelehnt); OLG München NZG 2013, 546: wohl nur ergänzend, da in erster Linie auf die Vergleichbarkeit einer italienischen mit einer deutschen GmbH abgestellt wird (Substitution im Rahmen der §§ 6 Abs. 1 HGB, 13 Abs. 3 GmbHG).

591 *Hagenguth,* Die Anknüpfung der Kaufmanneigenschaft im internationalen Privatrecht, 1981, 165; *Surville/Arthuys,* Droit international privé, 1895, 497.

592 *Hagenguth,* Die Anknüpfung der Kaufmanneigenschaft im internationalen Privatrecht, 1981, 166.

593 Zum Begriff *Ficker* RvglHWB IV 462.

594 *Diena,* Trattato di diritto commerciale internazionale, Bd. I, 1900, 100 ff.; *Pillet,* Principes de droit international privé, 1903, 556 Fn. 1; *Surville/Arthuys,* Droit international privé, 1895, 497; *Rolin* Rev. dr. int. pr. 1906, 28.

595 *Diena,* Trattato di diritto commerciale internazionale, Bd. I, 1900, 100.

596 *Ficker* RvglHWB IV 462.

597 *Ficker* RvglHWB IV 462.

598 *Ficker* RvglHWB IV 462; *Frankenstein* IPR II 408; *Walker* IPR 138; Düringer/Hachenburg/*Geiler* HGB Allg. Einl. Anm. 16.

140 Ergänzend wird argumentiert, das angestrebte Ziel einer **Gleichbehandlung aller Gewerbetreibenden** könne sach- und interessengerecht allein durch die Anknüpfung an die Niederlassung erreicht werden.[599] Die Interessen des Kaufmanns seien durch die **Vorhersehbarkeit und vermutete Kenntnis der eigenen Rechtsordnung** hinreichend berücksichtigt.[600] Diejenigen des Vertragspartners würden nicht einseitig zurückgesetzt, denn die Kaufmannseigenschaft wirke im Sinne der Begründung zusätzlicher Pflichten (Verkürzung der Rügepflicht etc) nur zu Lasten des Kaufmanns.[601] Der Vertragspartner werde selbst nur dann als Kaufmann behandelt, wenn er nach dem von ihm vorhersehbaren Recht seiner Niederlassung als Kaufmann behandelt wird.[602]

141 Die Anknüpfung an die Niederlassung ist **abzulehnen.** Soweit hierfür ordnungspolitische Überlegungen angeführt werden, so wird dabei die Bestimmung des territorialen Anwendungsbereichs der einzelnen ordnungsrechtlichen Vorschrift mit der des persönlichen Anwendungsbereichs („Kaufmann") vermengt. Wer Kaufmann iSd Rechtsordnung ist, in deren Geltungsbereich die gewerbliche Niederlassung unterhalten wird, unterliegt zwar auf Grund der im internationalen öffentlichen Recht anerkannten Anknüpfung an diesem Ort den ordnungsrechtlichen Bestimmungen des Niederlassungsstaates. Dass diese in persönlicher Hinsicht an die Kaufmannseigenschaft anknüpfen, bedeutet aber nicht, dass die Kaufmannseigenschaft dieses Personenkreises auch in anderen Zusammenhängen nur nach dem Recht des Niederlassungsstaates beurteilt werden könnte. Gleiches gilt für die öffentlich-rechtlich eingefärbten „Grundpflichten" des Kaufmanns (Registeranmeldung, Firmenberechtigung, Rechnungslegung, → Rn. 132, → Rn. 139).

142 Richtig ist zwar, dass der Niederlassungsstaat im Regelfall durch die unternehmerische Betätigung am stärksten betroffen sein wird, und darin liegt ein gewichtiges Argument für die Sitzanknüpfung im internationalen Gesellschaftsrecht (→ Rn. 379 ff.). Dem **Sonderrecht der „Kaufleute"** liegt indessen – im Unterschied zum Gesellschaftsrecht – **kein einheitlicher Normzweck** zu Grunde;[603] die einzelnen Rechtsinstitute unterliegen daher auch ganz unterschiedlichen kollisionsrechtlichen Qualifikationen (→ Rn. 132).

143 **3. Normzweck der einzelnen handelsrechtlichen Vorschriften?** Nach *van Venrooy* bestimmt der **Zweck der** einzelnen handelsrechtlichen **Sachnorm** den Anknüpfungspunkt für die Rechtsordnung, nach der die Kaufmannseigenschaft zu beurteilen ist.[604] Demgemäß unterstellt er dem Recht am Niederlassungsort die § 346 HGB, § 354 HGB, § 355 Abs. 1 HGB, § 358 HGB, § 366 Abs. 1 HGB, § 369 Abs. 1 S. 1 HGB; der lex causae die § 347 Abs. 1 HGB, §§ 348, 349, 350, 352, 353, 362, 368 Abs. 1 HGB, § 369 Abs. 1 S. 1 HGB.

144 Der Normzwecklehre ist **nicht** zu folgen. Sie formt **kein einheitliches Anknüpfungskriterium** für die Kaufmannseigenschaft (→ Rn. 133 f.) und kann sogar dazu führen, dass innerhalb eines Falles die Kaufmannseigenschaft eines Beteiligten einmal zu bejahen und anschließend wieder zu verneinen ist.[605] Verkannt wird dabei zudem, dass der Zweck der Sachnorm zwar für deren Qualifikation (und Anknüpfung) Bedeutung hat, nicht aber notwendigerweise für die kollisionsrechtliche Behandlung der dort enthaltenen Teilfrage der Kaufmannseigenschaft.

145 **4. Maßgeblichkeit des Wirkungsstatuts. a) Herleitung.** Ein Teil der Lehre trat seit jeher für eine **unselbstständige Anknüpfung** der Kaufmannseigenschaft nach dem Wirkungsstatut ein.[606]

---

599 *Ebenroth/Sura* RabelsZ 43 (1979), 315 (338 f.).

600 *v. Bar/Mankowski* IPR II § 6 Rn. 57 („Orientierungssicherheit für die zu beurteilende Person").

601 Zu den mit der Anwendung von Handelsrecht verbundenen „Lasten" für den Betreffenden vgl. *Henssler* ZHR 161 (1997), 13 (19).

602 → 2. Aufl. 1990, Rn. 53 gegen *Hagenguth,* Die Anknüpfung der Kaufmannseigenschaft im internationalen Privatrecht, 1981, 178, der Bedenken im Hinblick auf einen einseitigen Interessenschutz zu Gunsten des Kaufmanns äußert.

603 Dass das „Handelsrecht" überwiegend das Außenverhältnis betrifft, spricht entgegen Staudinger/*Großfeld,* 1998, IntGesR Rn. 329 nicht schon per se gegen eine Anknüpfung an die Niederlassung; von diesem Argument wäre ansonsten ja auch das Gesellschaftsrecht betroffen, soweit es die Außenbeziehungen der Gesellschaft und der Gesellschafter regelt.

604 *van Venrooy,* Die Anknüpfung der Kaufmannseigenschaft im deutschen Internationalen Privatrecht, 1985, 27 ff.

605 *Ebenroth* ZHR 149 (1985), 704 (705 f.); abl. auch *v. Bar/Mankowski* IPR II § 6 Rn. 57.

606 Vgl. zB *L. v. Bar,* Theorie und Praxis des Internationalen Privatrechts, Bd. 2, 2. Aufl. Neudruck 1966, 130 ff.; *Neuhaus* IPR 346; *Nußbaum* IPR 211; Staub/*Hüffer,* 4. Aufl. 1983, HGB § 13b aF Rn. 15; *Kaligin* DB 1985, 1449 (1454); *Birk* ZVglRWiss 79 (1980), 281; *Jayme* ZHR 142 (1978), 105 (115 ff.); *Häuselmann* WM 1994, 1693 (1695); *Hartenstein* RvglHWB IV, 1933, Kaufmann, 726; RGRK-BGB/*Wengler* S. 856 Fn. 48; Staudinger/*Großfeld,* 1998, IntGesR Rn. 326; Soergel/*Lüderitz* EGBGB Anh. Art. 10 Rn. 46 in Fn. 38; GroßkommAktG/*Assmann* AktG Einl. Rn. 599; in neuerer Zeit HCL/*Behrens/Hoffmann* GmbHG Allg. Einl. Rn. B 98; Erman/*Stürner* EGBGB Art. 7 Rn. 11; wohl auch *Herber/Czerwenka* CISG, 1991,

Danach ist etwa bei vertraglichen Beziehungen (vgl. §§ 343 ff. HGB; §§ 343 ff. UGB für Österreich) für die Kaufmannseigenschaft dieselbe Rechtsordnung maßgeblich, die nach dem Schuldstatut (Art. 3 ff. Rom I-VO) über das in Rede stehende Rechtsverhältnis entscheidet. Die Mehrzahl der Gerichtsentscheidungen ist dem gefolgt.[607] Dies gilt auch für die Bestimmung der Unternehmereigenschaft im Verbraucherrecht (§ 14).[608]

Die Notwendigkeit und Folgerichtigkeit dieser unselbstständigen Anknüpfung erhellt schon daraus, dass der **Kaufmannsbegriff** in den verschiedenen ausländischen Rechtsordnungen **uneinheitlich, teilweise** sogar **überhaupt nicht** Verwendung findet. Das deutsche Handelsrecht könnte daher bei selbstständiger Anknüpfung leerlaufen oder andererseits auf Personen anwendbar sein, für die es nicht gelten will.[609] Auch ist es widersprüchlich, die Geltung einer bestimmten, für ein Rechtsverhältnis berufenen Rechtsordnung zu begrenzen, indem man die hier verwendeten Rechtsbegriffe inhaltlich durch eine andere Rechtsordnung bestimmen lässt.[610] **146**

Auf die Tatsache, dass es in vielen ausländischen Rechtsordnungen die Figur des Kaufmanns überhaupt nicht gibt, hatte auch der Gesetzgeber der **Börsengesetznovelle 1989** vom 11.7.1989 (BGBl. 1989 I 1412) abgestellt. Nach § 53 BörsG aF waren Börsentermingeschäfte zwischen Kaufleuten generell verbindlich. Für diesen Personenkreis ging der Gesetzgeber davon aus, dass im Hinblick auf hier gegebene besondere Geschäftserfahrung ein Schutzbedürfnis nicht vorliege.[611] Den Kaufleuten stand weder der Differenzeinwand noch der Termineinwand zu (§ 58 BörsG aF). **147**

Termingeschäftsfähig waren **Kaufleute mit Sitz oder Hauptniederlassung im Ausland,** für die eine Eintragung in inländische Register nicht erfolgt (§ 53 Abs. 1 S. 1 Nr. 3 BörsG aF). Bezweckt war damit eine „materielle Gleichstellung von Inländern und Ausländern" bezüglich der Termingeschäftsfähigkeit.[612] Die Kaufmannseigenschaft war auch im Rahmen von § 53 Abs. 1 S. 1 Nr. 3 BörsG aF nach den §§ 1 ff. HGB zu beurteilen, wobei eine Eintragung nicht erforderlich war. Unerheblich war auch, ob das ausländische Recht den Kaufmannsbegriff anders fasst oder einen solchen überhaupt nicht kennt.[613] **148**

Zur Notwendigkeit der Einbeziehung auslandsansässiger Kaufleute in den Kreis der termingeschäftsfähigen Personen hieß es in der **Regierungsbegründung zur Börsengesetznovelle 1989:**[614] „Die Regelung berücksichtigt, dass ausländische Kaufleute, die als juristische Personen oder Gesellschaften keinen Sitz oder als Einzelkaufmann keine Hauptniederlassung im Inland haben, als solche hier nicht in das Register eingetragen werden können. Da es in vielen ausländischen Rechtsordnungen den Begriff des Kaufmanns nicht gibt, soll maßgeblich sein, ob es sich aus der Sicht des deutschen Rechts um eine Person oder Gesellschaft handelt, die entweder eine vollkaufmännische Tätigkeit ausübt oder als Formkaufmann iSd § 6 HGB anzusehen ist." **149**

Diese Erwägungen treffen auch nach der Neuregelung der Materie in den seinerzeitigen §§ 37d ff. WpHG („Finanztermingeschäfte") durch das 4. Finanzmarktförderungsgesetz vom 21.6.2002 (BGBl. 2002 I 1310, 2316) im Jahre 2002 zu (jetzt §§ 99 f. WpHG). Danach können sich gewerbliche Vertragspartner bei Termingeschäften nicht auf den Spieleinwand nach § 762 BGB **150**

Art. 78 Rn. 7 und Staudinger/*Magnus,* 2012, CISG Art. 78 Rn. 16, beide zu § 352 HGB; Schwark/*Zimmer,* Kapitalmarktrechts-Kommentar, 5. Aufl. 2020, WpHG § 101 Rn. 9.

607 KG IPRspr. 1966/67 Nr. 190: die Gesellschaft sei auch deshalb Kaufmann, weil sie sich „wie eine Handelsgesellschaft deutschen Rechts nach §§ 6, 1 Abs. 2 Nr. 7 HGB betätigt hat"; OLG München NJW 1967, 1326 (1328) betr. USA, § 377 HGB; LG Bonn IPRax 1983, 243: italienisches Unternehmen als Kaufmann iSv § 95 Nr. 1 GVG angesehen; OLG Düsseldorf NJW-RR 1995, 1184 betr. US-amerikanische „Incorporation" als Kaufmann iSd § 6 Abs. 1 HGB, § 25 HGB behandelt; wohl auch OLG München NZG 2013, 546: italienische GmbH im Wege der Substitution als Kaufmann iSv § 95 Nr. 1 GVG angesehen (mit insoweit überflüssigem Hinweis auf den „Geschäftssitz" der Gesellschafts in Italien).

608 BGH NJW 2004, 3039 (3040): Unternehmereigenschaft – iSv § 661a BGB – des Geschäftsführers einer franz. S.A.R.L. nach § 14 Abs. 1 BGB beurteilt; dazu *Thorn,* FS K. Schmidt, 2009, 871.

609 Staudinger/*Großfeld,* 1998, IntGesR Rn. 327; rechtsvergleichend *Jayme* ZHR 142 (1978), 105 (115) Fn. 57a.

610 *Neuhaus* IPR 346; ähnlich *Schnitzer,* Handbuch des Internationalen Handels-, Wechsel- und Checkrechts, 1938, 40; *L. v. Bar,* Theorie und Praxis des Internationalen Privatrechts, Bd. 2, 2. Aufl. Neudruck 1966, 130 Fn. 2, meint, dass die Verwendung des Begriffs „Kaufmann" im HGB als Kurzform nur für diejenigen gewerblichen Tätigkeiten steht, die nach der Definition des HGB den Kaufmannsbegriff ausfüllen; ebenso *Martiny* in Reithmann/Martiny IntVertragsR Rn. 3.123 f.

611 BT-Drs. 11/4177, 18 = ZIP 1989, 337; vgl. BGHZ 133, 200 (205) = NJW 1996, 2795.

612 BT-Drs. 11/4177, 19 = ZIP 1989, 337 (338).

613 Baumbach/Hopt, 33. Aufl. 2008, BörsG aF § 53 Rn. 5; *Schäfer* ZIP 1989, 1103 (1104); *Kümpel* WM 1989, 1485 (1486); *Assmann* FS Heinsius, 1991, 1 (14); *Schwennicke* WM 1997, 1265 (1267); Beispiel: OLG Düsseldorf NJW-RR 1995, 1124 (1126); anders *Horn* ZIP 1990, 2 (15), der den deutschen Kaufmannsbegriff offenbar nur dann anwenden will, wenn das ausländische Recht kein eigenständiges Handelsrecht kennt.

614 BR-Drs. 11/4177, 19 = ZIP 1989, 337 (338).

berufen (→ BGB § 762 Rn. 10 ff.). Allerdings wird dieser Personenkreis in § 99 WpHG nicht mehr anhand des Kaufmannsbegriffs selbst abgegrenzt, sondern anhand von dessen Merkmalen. Verbindlich sind Finanztermingeschäfte danach, wenn „mindestens ein Vertragsteil ein Unternehmen ist, das gewerbsmäßig oder in einem Umfang der einen in kaufmännischer Weise eingerichteten Geschäftsbetrieb erfordert, Finanztermingeschäfte abschließt“ (→ Rn. 128 aE).[615] Dass mit den derart bezeichneten Unternehmen auch solche mit Sitz im Ausland gemeint sind, liegt darin begründet, dass eine sachliche Abweichung zu § 53 Abs. 1 S. 1 Nr. 3 BörsG aF hier nicht beabsichtigt war.[616]

151 Den in → Rn. 149 wiedergegebenen Überlegungen lässt sich eine **Entscheidung des Gesetzgebers** zu Gunsten der Beurteilung der Kaufmannseigenschaft nach dem **Wirkungsstatut** entnehmen.[617] Für diese Lösung spricht nicht nur die Vermeidung der schon aufgeführten Schwächen der sonstigen in Literatur und Rspr. vertretenen Anknüpfungsregeln (→ Rn. 138 ff.). Die lex causae-Anknüpfung geht auch dem Grundproblem einer jeden Abspaltung von Teilfragen aus dem Wege: der Gefahr von Wertungswidersprüchen zwischen dem Statut der Hauptfrage und dem Statut der Teilfrage, indem diese zur Vorfrage erhoben und einer eigenständigen kollisionsrechtlichen Anknüpfung unterzogen wird. Zu den Begriffen der Teil- und Vorfrage → Einl. IPR Rn. 171. Fast zwangsläufig entstehen solche Wertungswidersprüche, lässt man die für die Hauptfrage maßgebliche Rechtsordnung – zB das Vertragsstatut – zu Gunsten eines selbstständig angeknüpften und hiervon verschiedenen „kaufmännischen Personalstatuts“ zurücktreten, wo immer es um die Kaufmannseigenschaft eines Beteiligten geht. Die Rechtsvergleichung zeigt, dass die Kaufmannseigenschaft – wo sie überhaupt Bedeutung hat (→ Rn. 129) – weder als Begriff noch hinsichtlich der Folgen einheitlich Verwendung findet.

152 Nicht einleuchten will es, dass – bei getrennter Anknüpfung – gegenüber einem Vertragspartner aus einer Rechtsordnung ohne eigenständigen Kaufmannsbegriff keine Vorschrift des Handelsrechts des Wirkungsstatuts Anwendung finden könnte, obwohl der Betreffende ein Gewerbe ausübt (vgl. § 1 Abs. 2 HGB).[618] Umgekehrt ist es ungereimt, das Handelsrecht des Wirkungsstatuts auf Personen anzuwenden, die nur nach ihrem „kaufmännischen Personalstatut“, nicht aber nach dem Wirkungsstatut als Kaufleute anzusehen sind.[619]

153 Widersprüchlich ist es ferner, bei doppelt gegebener Kaufmannseigenschaft handelsrechtliche Regelungen des Wirkungsstatuts anzuwenden, die im „Kaufmannsstatut“ keine Entsprechung haben. Von vornherein konsequenter ist es hier, auf den Kaufmannsbegriff eines gesonderten „Kaufmannsstatuts“ keine Rücksicht zu nehmen. Paradigmatisch für Rechtsfolgendivergenzen beim Kaufmannsbegriff ist etwa das Bürgschaftsrecht: so ist nach deutschem Recht die Bürgschaft als Handelsgeschäft formfrei, im Übrigen besteht Formzwang (§ 766 BGB, § 350 HGB). Im spanischen Recht ist es genau umgekehrt: dort besteht der Formzwang nur im Handelsverkehr (Art. 1258 Código civil; Art. 52, 440 Código de comercio).[620]

154 Insgesamt ist es deshalb **misslich,** dem Handelsrecht einer bestimmten Rechtsordnung den **Kaufmannsbegriff aus einer anderen Rechtsordnung „vorzuschalten“.**[621] Begriff *und* Rechtsfolgen der Kaufmannseigenschaft sind ein und derselben Rechtsordnung zu entnehmen. Anderenfalls würde ein einheitlicher Lebenssachverhalt durch die Unterstellung unter verschiedene Rechtsordnungen „willkürlich zerrissen“, und Anpassungsprobleme wären die unvermeidliche Folge.[622] Nur die Maßgeblichkeit des Wirkungsstatuts vermeidet eine solche inkongruente Vorschaltlösung (→ EGBGB Art. 7 Rn. 77).[623]

---

615 Zur Gewerblichkeit als Hauptmerkmal des Kaufmannsbegriffs vgl. nochmals EBJS/*Kindler* HGB § 1 Rn. 9 ff.

616 Vgl. die Gesetzgebungsmaterialien in BT-Drs. 14/8017, 94–96 zu §§ 37d, 37e WpHG aF; vgl. auch *Fleischer* NJW 2002, 2977.

617 Ebenso – beiläufig – schon GroßkommAktG/*Assmann* AktG Einl. Rn. 599 Fn. 259: „verallgemeinerungsfähig“; wie im Text auch Staub/*Oetker* HGB Einl. Rn. 87; *Schumann* ZIP 2007, 1189 (1190); *Wedemann* RabelsZ 75 (2011), 541 (558).

618 So aber iErg *v. Bar/Mankowski* IPR II § 6 Rn. 57.

619 So gehören zB nach Art. 4 Abs. 2 japanisches HGB Teile der Urproduktion zum Handelsrecht, vgl. *Ishikawa/Leetsch,* Das japanische Handelsrecht in deutscher Übersetzung, 1988; Beispiel nach *v. Bar* IPR II (1. Aufl. 1991) Rn. 612 Fn. 27 – das Beispiel bezieht sich auf den Kaufmannsbegriff des deutschen Rechts vor der Reform durch das HRefG 1998.

620 Dazu *Fischer/Fischer,* Spanisches Handels- und Wirtschaftsrecht, 2. Aufl. 1994, 217; zu den historischen Gründen dieser Unterscheidung s. *Raisch,* Die Abgrenzung des Handelsrechtes vom bürgerlichen Recht als Kodifikationsproblem im 19. Jh., 1962, 65 f.

621 *Martiny* in Reithmann/Martiny IntVertragsR Rn. 3.123 f.; gegen eine selbstständige Anknüpfung auch → EGBGB Art. 7 Rn. 69.

622 Vgl. *v. Hoffmann/Thorn* IPR § 6 Rn. 44.

623 So iErg auch *Rehberg* in Eidenmüller Ausl. KapGes. § 5 Rn. 13 ff.; *Foerste* ZBB 2001, 483 (486) zu Bürgschaften iSv § 108 Abs. 1 ZPO.

b) Deutsches Recht als Wirkungsstatut. Hauptanliegen der unselbstständigen Anknüpfung ist es, den von §§ 1 ff. HGB umschriebenen Personenkreis („Kaufleute") gleichen rechtlichen Regelungen zu unterwerfen. Unterscheidungen anhand des Ortes der gewerblichen Niederlassung (→ Rn. 138 ff.) oder der ratio der Sachnorm (→ Rn. 143 f.)[624] ist damit eine Absage erteilt. Solche Unterscheidungen wären auch im Hinblick auf die Leitgedanken des Handelsrechts nicht einsichtig. 155

So hängt die besondere **Geschäftserfahrung** einer Person nicht von den genannten Umständen ab, sondern schon viel eher von der **Tätigkeit,** der die Person gewöhnlich nachgeht, zB dem Betrieb eines Gewerbes (vgl. § 1 HGB). Soweit mithin das Sonderrecht der Kaufleute – wie etwa § 350 HGB – durch Verzicht auf Schutznormen der besonderen Geschäftserfahrung dieses Personenkreises Rechnung trägt, liegt die Maßgeblichkeit des Kaufmannsbegriffs des HGB ohne weiteres nahe. Denn der Kaufmannsbegriff bestimmt eben jenen tendenziell nicht schutzbedürftigen – weil erfahrenen – Personenkreis.[625] 156

Für die Maßgeblichkeit der §§ 1 ff. HGB spricht hier auch, dass es keinen Unterschied machen kann, ob die Rechtsordnung diesen Personenkreis anhand eines – näher definierten – Status („Kaufmann") oder anhand bestimmter Tätigkeiten (zu den „actes de commerce" → Rn. 135) eingrenzt. Mit Recht macht *Martiny*[626] darauf aufmerksam, dass eine Sonderanknüpfung auch dann kaum in Betracht zu ziehen wäre, wenn eine Rechtsordnung bestimmte Tätigkeiten – ohne Verwendung des Kaufmannsbegriffs – schlicht beschreiben und besonderen Regeln unterwerfen würde. 157

Aber auch soweit unser Handelsrecht anderen Leitgedanken als der soeben behandelten Erweiterung der Privatautonomie folgt, sollte es nur auf den Kaufmannsbegriff des HGB ankommen. Dies gilt für den **besonderen Verkehrs- und Vertrauensschutz** und für die **gesteigerten Sorgfaltspflichten und -obliegenheiten** (→ Rn. 130) ebenso wie für die teilweise **öffentlich-rechtlich eingefärbten Kaufmannspflichten** (Registeranmeldung, Firmenführung, Rechnungslegung, → Rn. 132). Auch in diesem Zusammenhang mag die Auslandsansässigkeit eines Beteiligten oder eine sonstige Berührung mit einer ausländischen Rechtsordnung bei der Anknüpfung der Hauptfrage bedeutsam sein, nicht aber bei der Bestimmung der Kaufmannseigenschaft im Rahmen des als anwendbar bereits festgestellten deutschen Rechts. Für die Maßgeblichkeit des Kaufmannsbegriffs des HGB auch in diesem Zusammenhang spricht hier wiederum die mit der Börsengesetznovelle 1989 unter anderem angestrebte „materielle Gleichstellung von Inländern und Ausländern" (→ Rn. 148), die auch den früheren §§ 37d ff. WpHG 2002 zu Grunde liegt (→ Rn. 150). Denn eine Ungleichbehandlung auslandsansässiger Beteiligter ist auch vor dem Hintergrund der übrigen Handelsrechtszwecke sachlich nicht zu rechtfertigen. 158

c) Ausländisches Recht als Wirkungsstatut. Ist ausländisches Recht Wirkungsstatut, so verbleibt es bei dessen **Maßgeblichkeit auch für die Beurteilung der Kaufmannseigenschaft** eines Beteiligten.[627] Ist etwa nach öst. Recht zu prüfen, ob ein französischer Gewerbetreibender formlos wirksam ein Bürgschaftsversprechen abgeben konnte (→ Rn. 121) oder Mängel der Kaufsache unverzüglich zu rügen hatte (vgl. Art. 12 Abs. 2 Rom I-VO), so ist es dem öst. Recht zu überlassen, ob es in diesen Personen „Unternehmer" im Sinne seines Handelsrechts (§§ 1 ff., 377 UGB) oder einer anderen nach öst. IPR maßgeblichen Rechtsordnung sieht.[628] Hier den franz. Kaufmannsbegriff dem öst. HGB vorzuschalten, ist aus deutscher Sicht nicht veranlasst. – Wo das ausländische Gesellschaftsstatut die Kaufmannseigenschaft eines Gesellschafters erfordert, bestimmt es auch über diese (→ Rn. 560). Auch bei ausländischem Wirkungsstatut – etwa als Vertragsstatut – sind nach dem **lex fori-Prinzip** des IZVR die **§§ 1 ff. HGB** anzuwenden, soweit es für das **deutsche Prozessrecht** auf die Kaufmannseigenschaft ankommt (zB bei § 95 GVG).[629] 159

III. Kaufmannseigenschaft ausländischer Gebilde (Substitution)

Die Prüfung der Kaufmannseigenschaft ausländischer Gebilde bei Anwendung (inländischer) Sachnormen ist ein Fall der Substitution:[630] Die zur Entscheidung berufene Sachnorm steht fest (zB 160

---

624 Zu weiteren früher vertretenen Anknüpfungslehren → 8. Aufl. 2021, Rn. 177 ff.

625 Staudinger/*Großfeld,* 1998, IntGesR Rn. 327; ebenso *G. Fischer* DZWiR 1994, 126 (127) in Anm. zu OLG Naumburg DZWiR 1994, 123 = WM 1994, 906.

626 *Martiny* in Reithmann/Martiny IntVertragsR Rn. 3.123 f.

627 Staudinger/*Großfeld,* 1998, IntGesR Rn. 331.

628 Ebenso *v. Bar* IPR II (1. Aufl. 1991) Rn. 611 mit dem gleichen Beispiel; *van Venrooy,* Die Anknüpfung der Kaufmannseigenschaft im deutschen Internationalen Privatrecht, 1985, 8 ff., 14.

629 *Wagner/Mann* IPRax 2013, 122 (125) mit unberechtigter Kritik an OLG München NJW-RR 2013, 412 (das OLG hatte die Kaufmannseigenschaft beider Parteien im Rahmen des § 95 GVG zutr. nach §§ 1 ff. HGB geprüft).

630 Staudinger/*Großfeld,* 1998, IntGesR Rn. 332 ff.; GroßkommAktG/*Assmann* AktG Einl. Rn. 599 Fn. 259; *Rehberg* in Eidenmüller Ausl. KapGes. § 5 Rn. 14; Staub/*Oetker* Einl. HGB Rn. 89; ausf. Staub/*Koch/Harnos* HGB § 13d Rn. 10 ff.

§ 350 HGB), aber ein Tatbestandsmerkmal dieser Norm (die Kaufmannseigenschaft) ist in einem ausländischen Staat verwirklicht. Dann ist fraglich, ob die fremde Rechtserscheinung der an sich in Bezug genommenen inländischen substituiert werden darf, dh an deren Stelle den Tatbestand der inländischen Sachnorm ausfüllen darf (allgemein → Einl. IPR Rn. 247 ff.).[631] Dabei geht es nicht mehr um eine kollisionsrechtliche Prüfung (welches Recht findet Anwendung?), sondern um die zutreffende Auslegung des zur Anwendung berufenen Sachrechts.

161 **1. Einzelkaufmann.** Soweit die Kaufmannseigenschaft einer auslandsansässigen natürlichen Person in Rede steht, ist unmittelbar auf die Begriffsbestimmungen in §§ 1 ff. HGB abzustellen. Das Gleiche gilt für Gebilde, die keinem deutschen Formkaufmann vergleichbar sind (→ Rn. 164 ff.), wie zB liechtensteinische Treuunternehmen. Für den wichtigsten Fall – den **Kaufmann kraft Gewerbebetriebs** (§ 1 Abs. 2 HGB) – ist mithin danach zu fragen, ob der Betreffende ein gewerbliches Unternehmen betreibt, das nach Art und Umfang einen in kaufmännischer Weise eingerichteten Geschäftsbetrieb erfordert.[632] Diese Frage stellt sich auch dann, wenn die Kaufmannseigenschaft des **Gesellschafters einer Personenhandelsgesellschaft** in Rede steht.[633] Insoweit auch auf das ausländische Gesellschaftsstatut abzustellen, wäre sachlich nicht gerechtfertigt. Denn die Kaufmannseigenschaft des Gesellschafters ist hier nicht für dessen gesellschaftsrechtliche Stellung bedeutsam, sondern für dem inländischen Recht unterliegende Drittbeziehungen (Beispiel: Anwendbarkeit von § 350 HGB auf ein Bürgschaftsversprechen des Gesellschafters).[634]

162 Der **Kaufmann kraft Eintragung** (§§ 2 und 5 HGB) erwirbt diese Eigenschaft in der hier vorausgesetzten Fallsituation naturgemäß durch Eintragung in einem entsprechenden **ausländischen Register.** Dabei muss es sich um eine dem deutschen Handelsregister funktional vergleichbare Einrichtung handeln.[635] Unschädlich ist es, wenn das Register – anders als nach § 8 HGB – nicht von den Gerichten, sondern etwa von den Industrie- und Handelskammern geführt wird, wie zB in Italien seit 1996.[636] Kein Fall des § 5 HGB liegt vor, wenn eine Auslandsgesellschaft mit ihrer inländischen Zweigniederlassung im Handelsregister eingetragen ist.[637] Denn die Kaufmannseigenschaft eines Gebildes ist für alle in- und ausländischen Niederlassungen einheitlich zu beurteilen.[638] Eine abweichende Rechtslage im Hinblick auf die Zweigniederlassung ergibt sich nur bei ganz bestimmten, gesetzlich eng umschriebenen Einzelfragen (zB § 30 Abs. 3 HGB – Firma der Zweigniederlassung; § 50 Abs. 3 HGB, Niederlassungsprokura).

163 Zuweilen kam es nach dem bis zum 30.6.1998 geltenden Handelsrecht auf die Einstufung als „Minderkaufmann" (§ 4 HGB aF) an.[639] Soweit dies auch nach dem genannten Datum bedeutsam sein sollte (→ EGBGB Art. 170 Rn. 3 ff.), so sind hierfür die Merkmale des § 4 Abs. 1 HGB aF auch für ausländische Einzelunternehmen heranzuziehen. Schwierigkeiten bereitet dabei freilich, dass ausländische Rechtsordnungen vergleichbare Figuren häufig nicht kennen.[640]

164 **2. Handelsgesellschaften.** Handelsgesellschaften besitzen die Kaufmannseigenschaft. Dies folgt aus § 6 Abs. 1 HGB. Welche Gesellschaften zu den Handelsgesellschaften zählen, bestimmt das Gesetz an anderer Stelle. Gebilde, die keinem deutschen Formkaufmann vergleichbar sind

---

[631] Allg. *Kropholler* IPR § 33.

[632] Zum Sachrecht EBJS/*Kindler* HGB § 1 Rn. 9 ff.

[633] Nach deutschem Handelsrecht sind OHG-Gesellschafter sowie persönlich haftende Gesellschafter einer KG Kaufleute, da sie die Geschäfte der Gesellschaft „betreiben", BGHZ 45, 282 (284) = NJW 1966, 1960. Kommanditisten besitzen die Kaufmannseigenschaft grds. nicht, BGHZ 45, 282 (285); zusammenfassend Hopt/*Roth* HGB § 105 Rn. 19 ff.; KKRD/*Roth* HGB § 1 Rn. 23.

[634] Vgl. BGH NJW 1980, 1572 (1574); 1982, 569 (570).

[635] Vgl. *Schlechtriem* FS Duden, 1977, 571 (580); Staub/*Oetker* Einl. HGB Rn. 88.

[636] Zum ital. Handelsregister *Kindler* ItHWiR, 2. Aufl. 2014, § 2 Rn. 22 ff.

[637] So aber *Rehberg* in Eidenmüller Ausl. KapGes. § 5 Rn. 15.

[638] Dass § 5 HGB für eine niederlassungsbezogene Kaufmannseigenschaft von Gesellschaften bedeutsam sein könnte, wurde im handelsrechtlichen Schrifttum bisher noch nicht einmal erörtert, EBJS/*Kindler* HGB § 5 Rn. 1 ff.; EBJS/*Pentz* HGB § 13 Rn. 1 ff.

[639] Das HRefG vom 22.6.1998 (BGBl. 1998 I 1474) hat den Begriff des Minderkaufmanns aufgegeben, ohne dass freilich die hierfür maßgeblichen Merkmale ihre Bedeutung verloren hätten: Gewerbebetrieben, die einen in kaufmännischer Weise eingerichteten Gewerbebetrieben nicht erfordern (vgl. § 1 Abs. 2 HGB idF von 1998), steht es frei, die Kaufmannseigenschaft kraft Eintragung zu erwerben (§ 2 HGB idF von 1998). Über eine besondere Rechtsstellung verfügen diese neuen „Kann-Kaufleute" nach neuem Recht allerdings nicht.

[640] Nach *Möller* EWS 1993, 22 (23) gibt es im europäischen Umfeld allein nach griechischem Recht einen „Minderkaufmann". Ergänzend ist noch auf den „piccolo imprenditore" des italienischen Rechts hinzuweisen, *Kindler* ItHWiR, 2. Aufl. 2014, § 2 Rn. 5.

(→ Rn. 149 ff.), wie zB liechtensteinische Treuunternehmen, sind unter den Voraussetzungen des § 1 HGB Istkaufmann (→ Rn. 161 ff.).

a) Kapitalgesellschaften. Nach §§ 3, 278 Abs. 3 AktG, § 13 Abs. 3 GmbHG gelten die **deutsche AG, die KGaA und die GmbH** als Handelsgesellschaften. Über Art. 9 Abs. 1 lit. c SE-VO findet § 3 AktG auch auf die **deutsche SE** Anwendung (→ Rn. 51), welche daher Handelsgesellschaft ist. Die genannten Vorschriften bestimmen damit den Kaufmannsbegriff des § 6 Abs. 1 HGB, was die Kapitalgesellschaften angeht. Für die Grobabgrenzung zu den Personengesellschaften (→ Rn. 164 f.) sind folgende Merkmale entscheidend: Geschäftsführung, Haftung, Übertragbarkeit der Anteile, Gewinnzuteilung, Kapitalaufbringung, Gewinnverteilung.[641] Ob eine **ausländische Gesellschaft** als AG, KGaA oder GmbH iSd §§ 3, 278 Abs. 3 AktG, § 13 Abs. 3 GmbHG angesehen werden kann, hängt davon ab, inwieweit dieses Gebilde auf Grund seiner Struktur dem in Betracht gezogenen Gesellschaftstyp des deutschen Rechts im Wesentlichen gleicht.[642] Nach allgemeiner Meinung ist mithin wie generell bei der Substitution die **Gleichartigkeit** der fremden Rechtserscheinung das entscheidende Kriterium (→ Einl. IPR Rn. 247 ff.; vgl. auch § 34 Abs. 1 SGB I: „Entsprechung").[643] Dabei kann es auch auf die Ausgestaltung des Gesellschaftsvertrages im Einzelfall ankommen.[644] Nach diesen Grundsätzen ist zB eine **private company limited by shares des britischen Rechts („Ltd.") einer deutschen GmbH vergleichbar**[645] und **eine US-amerikanische „Inc" (Incorporated) einer deutschen AG.**[646] 165

Einen wichtigen **Anhaltspunkt** für die Gleichwertigkeit gibt die **Bezeichnung durch das ausländische Recht,** weil sie Hinweise auf die systematische Einordnung und damit auf die Gesellschaftsverfassung liefert. Daran hat sich die Rspr. immer wieder orientiert.[647] Weitere Kriterien liefert die **Vermögens- und Haftungsordnung;** ist die Einordnung als AG oder GmbH zweifelhaft, so ist zu Gunsten der AG zu entscheiden.[648] Obwohl den §§ 3, 278 Abs. 3 AktG, § 13 Abs. 3 GmbHG keine gesellschaftsrechtlichen Richtlinien der EU zu Grunde liegen, wird man im **Kreise der Rechtsordnungen der Mitgliedstaaten** von der „Gleichwertigkeit" der in den einzelnen **Richtlinien** angesprochenen Kapitalgesellschaftstypen des innerstaatlichen Rechts ausgehen dürfen. Demgemäß finden sich die ausländischen Entsprechungen der AG, der KGaA und der GmbH in **Anh. II GesR-RL** in deren aktueller Fassung (→ Rn. 29).[649] 166

---

641 Zu Einzelheiten OFD Frankfurt a. M. RIW 2009, 96.

642 BGH NZG 2019, 775 Rn. 11; OLG München NJW-RR 2013, 412 betr. it. s.r.l.; RFH IPRspr. 1935–44 Nr. 34 Ls.; BFH BStBl. II 1992 S. 720 mAnm *Knobbe-Keuck* DB 1992, 2070; RIW 1993, 165; *Weller/Harms/Rentsch/Thomale* ZGR 2015, 361 (381 f.); *Großfeld/Luttermann* IPRax 1993, 229; vgl. allg. *F. A. Mann* LQRev. 79 (1963), 252; *Ferid* GRUR Int 1973, 472; Staudinger/*Großfeld,* 1998, IntGesR Rn. 333; ebenso Art. 7 Abs. 1 Zweigniederlassungs-RL bzw. Art. 36 Abs. 1 GesR-RL (→ Rn. 32 ff.); eingehend Staub/*Koch/Harnos* HGB § 13e Rn. 6 ff.

643 *Kropholler* IPR § 33 II 2.

644 Vgl. das BMF-Schreiben RIW 2004, 474 zur Einordnung einer nach dem Recht eines US-Bundesstaates gegründeten Limited Liability Company (LLC); Zusammenfassung auch in ZIP-aktuell 2004 Nr. 101.

645 BGH NZG 2021, 1564 Rn. 23.

646 BFH NZG 2021, 1659 Rn. 14.

647 RGZ 117, 215 (217 f.) – Eskimo Pie: „Corporation" nach dem Recht des US-Bundesstaates Delaware als Entsprechung einer deutschen AG angesehen; KG IPRspr. 1966/67 Nr. 190, 618 (623): „Corporation Limited" als GmbH behandelt; OLG München NJW 1967, 1326 (1328) (Vollkaufmannseigenschaft einer nicht näher bezeichneten „rechtsfähigen Gesellschaft der optischen Industrie der USA" gemäß § 6 Abs. 2 HGB angenommen); BayObLGZ 1985, 272 (276 f.) = IPRax 1986, 161; BayObLGZ 1986, 61 (65) = NJW 1986, 3029 = IPRax 1986, 368 (beide zur Vergleichbarkeit einer englischen private ltd. mit der GmbH); OLG Saarbrücken NJW-RR 1989, 828 (829) = IPRspr. 1988 Nr. 162 (societé anonyme aus dem franz. Rechtskreis als AG eingestuft); OLG Düsseldorf NJW-RR 1995, 1184 (US-amerikanische „Incorporation" als AG angesehen); BayObLG NJW 1999, 654 (655) (US-amerikanische „Company" als AG behandelt); OLG München NZG 2013, 346 (italienische società a responsabilitata als GmbH eingestuft); BFH NZG 2023, 39 Rn. 11 (kroatische doo der deutschen GmbH gleichgestellt); in der Lit. vgl. Staudinger/*Großfeld,* 1998, IntGesR Rn. 333; *Lauterbach/Beitzke,* Vorschläge und Gutachten zur Reform des deutschen internationalen Personen- und Sachrechts, 1972, 94, 100 sowie die tabellarische Übersicht bei *Möller* EWS 1997, 340 (342); *Möller* GmbHR 1994, R 18 (EU-Staaten nach damaligem Stand) und GmbHR 1998, R 87 (Finnland, Norwegen, Österreich und Osteuropa); vergleichende Zusammenstellung auch in der Verfügung der OFD Koblenz RIW 1997, 1066.

648 Staub/*Koch/Harnos* HGB § 13e Rn. 9 mzN; Beispiel für eingehende rechtsvergleichende Prüfung: IPG 1975 Nr. 14 (Köln; niederländische B.V.).

649 Vgl. *Kindler* NJW 1993, 3301 (3303 f.) zu ausländischen Gesellschaftstypen in richtliniengebundenen Vorschriften des HGB (§§ 13f, 13g HGB idF von 1993); s. auch MüKoHGB/*Krafka* HGB § 13d Rn. 9 ff.; eingehend zu den einer inländischen GmbH entsprechenden ausländischen Gesellschaften Süß/Wachter (Hrsg.), Handbuch des internationalen GmbH-Rechts, 3. Aufl. 2016; Wegen/Spahlinger/Barth (Hrsg.), Gesellschaftsrecht des Auslands, 2016; für eine Kurzdarstellung ausländischer Kapitalgesellschaftstypen vgl.

167 Die einer AG, GmbH oder KGaA gleich zu achtende ausländische Kapitalgesellschaft ist „Handelsgesellschaft" – und damit Kaufmann (§ 6 Abs. 1 HGB) – auch dann, wenn sie einen **nichtwirtschaftlichen Geschäftsbetrieb** zum Gegenstand hat. Nach *Brüggemann* soll es sich bei der nicht gewerblichen Kapitalgesellschaft indessen um eine Eigentümlichkeit des deutschen Rechts handeln, „deren Überspitzung für die kollisionsrechtliche Betrachtung besser auf den allgemeinen Typus des Idealvereins zurückgeführt zu werden verdient".[650] Zu den Grundmerkmalen der Kapital- „Handelsgesellschaft" nach deutschem Recht gehört aber gerade, dass es auf den Gegenstand des Unternehmens nicht ankommt. Alle – auch ausländische – Kapitalgesellschaften besitzen deshalb die Kaufmannseigenschaft, wenn die ausländische Rechtsordnung die jeweilige Gesellschaftsform auch für nicht gewerbliche Unternehmen eröffnet.

168 **b) Personengesellschaften.** Die **OHG** und die **KG** sind Handelsgesellschaften iSd § 6 Abs. 1 HGB. Dies ergibt sich aus der Überschrift des Zweiten Buches des HGB. Wesensmerkmal dieser Gesellschaftsformen ist, dass sie – anders als Kapitalgesellschaften – von vornherein nur zum Betrieb eines Gewerbes, für die Verwaltung eigenen Vermögens oder zur gemeinsamen Ausübung Freier Berufe errichtet werden können (§ 105 Abs. 1 HGB, § 107 HGB, § 161 HGB). Dies ist bei einem Strukturvergleich mit verwandten Gesellschaftstypen des ausländischen Rechts zu berücksichtigen.[651] Soweit danach eine offene Handelsgesellschaft oder Kommanditgesellschaft auch zu anderen Zwecken errichtet und betrieben werden kann (Art. L 210-1 Abs. 2 Code de commerce 2000),[652] so können diese Gesellschaften dem jeweils terminologisch entsprechenden Gesellschaftstyp des deutschen Rechts nicht gleichgestellt werden. Sie können folglich bei Anwendung einer deutschen Sachnorm, die die Kaufmanneigenschaft voraussetzt, nicht substituiert werden. Es fehlt insoweit an der „Gleichartigkeit" (→ Rn. 165). Die Kaufmannseigenschaft kann sich freilich unmittelbar aus §§ 1 ff. HGB ergeben, dh ohne den Umweg über § 6 Abs. 1 HGB.

169 Als Personenhandelsgesellschaft ist auch die **deutsche EWIV** einzustufen (→ Rn. 41);[653] sie unterliegt subsidiär dem Recht der OHG (§ 1 EWIVAG).[654] Für die **ausländische EWIV** ist darauf abzustellen, welchem Gesellschaftstyp sie nach dortigem Recht subsidiär zugeordnet ist.[655]

170 **3. Genossenschaften.** Genossenschaften sind keine Handelsgesellschaften iSd § 6 Abs. 1 HGB. Sie gelten jedoch gemäß § 17 Abs. 2 GenG unmittelbar als Kaufleute. Für die Gleichartigkeitsprüfung sind die allgemeinen Grundsätze (→ Rn. 165 ff.) maßgeblich, dh das ausländische Gebilde ist auf seine Vereinbarkeit mit den Wesensmerkmalen der Genossenschaft des deutschen Rechts hin zu überprüfen.[656] Zur SCE → Rn. 59 f.

171 **4. Versicherungsverein auf Gegenseitigkeit.** Nach § 172 VAG gelten für den (großen) VVaG die Vorschriften des Ersten Buches, des ersten Abschnitts des Dritten Buches und des Vierten Buches des HGB über Kaufleute „außer den §§ 1 bis 7 HGB" entsprechend, soweit das VAG nichts anderes vorschreibt (zu den kleinen Vereinen s. § 210 VAG). Auch für dieses Gebilde sind Maßstab der Gleichwertigkeitsprüfung die Wesensmerkmale des VVaG nach dem deutschen VAG.

IV. Anknüpfung einzelner handelsrechtlicher Vorschriften

172 Es gibt kein eigenständiges „Handelskollisionsrecht" im Sinne eines Rechtsanwendungsrechts für das HGB (→ Rn. 132).[657] Statt dessen ist jeweils für die Einzelne handelsrechtliche Norm die

den Überblick bei *Reithmann/Hausmann* IntVertragsR Rn. 6.197 ff. zu Belgien, England, Frankreich, Italien, den Niederlanden, Österreich, Portugal, Spanien, Polen, Russland, der Tschechischen Republik, der Slowakischen Republik, Ungarn, Liechtenstein, der Schweiz, Japan und den USA, jeweils mN; zu diesem Ansatz ferner OLG Nürnberg NZG 2014, 349 (350) mAnm *Stiegler* = DNotZ 2014, 150 mAnm *Hushahn* = IPRax 2015, 163 m. Aufs. *Hübner* IPRax 2015, 134 – französische Sàrl als GmbH eingestuft.

[650] Staub/*Brüggemann,* 4. Aufl. 1983, HGB Vor § 1 Rn. 45 unter Berufung auf *Hallstein,* Die Aktienrechte der Gegenwart, 1931, 73 ff.

[651] Vgl. für Anhaltspunkte OFD Frankfurt a. M. RIW 2009, 96; Beispiel: BFH NZG 2017, 592 Rn. 56 (engl. General Partnership als deutsche Personenhandelsgesellschaft iSd § 6 Abs. 1 HGB, §§ 238 ff. HGB eingestuft).

[652] Früher Art. 1 Abs. 2 franz. Gesetz Nr. 66–537 vom 24.7.1966 über die Handelsgesellschaften.

[653] EBJS/*Kindler* HGB § 6 Rn. 18 f.; LG Bonn EuZW 1993, 550 (551).

[654] Näher Staub/*Ulmer* HGB Vor § 105 Rn. 38 ff.; s. auch EuGH ECLI:EU:C:1997:634 = EuZW 1998, 117 – European Information Technology Observatory; zur weitgehenden Maßgeblichkeit des innerstaatlichen Rechts für die Gestaltung der Firma der EWIV.

[655] Länderüberblick bei *Müller-Guggenberger/Schotthöfer,* Die europäische wirtschaftliche Interessenvereinigung – eine Darstellung aus rechtsvergleichender Sicht, 1995.

[656] Unrichtig daher LG Hamburg IPRspr. 1958/59 Nr. 22 (Kaufmannseigenschaft im Rahmen des § 1027 Abs. 2 ZPO aF nach franz. Sitzrecht der Genossenschaft verneint); zur Abgrenzung von Kapitalgesellschaften und Genossenschaften s. IPG 1976 Nr. 18 (Hamburg); zum internationalen Genossenschaftsrecht *Münkner* FS Beuthien, 2009, 349.

[657] Zutr. Staub/*Oetker* Einl. HGB Rn. 80; *Rehberg* in Eidenmüller Ausl. KapGes. § 5 Rn. 12.

Zuordnung zu einem kollisionsrechtlichen Statut zu prüfen (Qualifikation). Die einzige Kollisionsnorm des HGB findet sich in § 13d Abs. 3 HGB; sie betrifft das Verfahrensrecht in Registersachen (näher → Rn. 911).[658] Gelegentlich haben sich eigenständige Anknüpfungsregeln herausgebildet, zB für die Haftung aus Firmenfortführung gemäß §§ 25 und 27 HGB (→ Rn. 220 ff.).

1. Handelsmündigkeit. Für die Handelsmündigkeit beschränkt geschäftsfähiger oder geschäftsunfähiger natürlicher Personen bestehen **im internationalen Vergleich unterschiedliche Regelungen.** Nach deutschem Recht ist zum selbstständigen Betrieb eines Erwerbsgeschäfts die Ermächtigung durch den gesetzlichen Vertreter mit Genehmigung des Vormundschaftsgerichts erforderlich (§ 112 BGB). Auch Minderjährige können nach deutschem Recht die Kaufmannseigenschaft erwerben.[659] Nach französischem und italienischem Recht erwirbt der Minderjährigen durch Heirat erweiterte bzw. volle Geschäftsfähigkeit (Emanzipation nach Art. 413-1 C. c. franz.; Art. 390 C.c. it.). Maßgeblich ist hierfür das Heimatrecht des Minderjährigen (Art. 7 Abs. 2 S. 2 EGBGB; → EGBGB Art. 7 Rn. 79 ff.). Für die Handelsmündigkeit ergeben sich daraus aber ganz verschiedene Rechtsfolgen: Im französischen Recht schließt Art. L122-2 C. comm. franz. 2000 die Kaufmannsstellung auch des emanzipierten Minderjährigen ausdrücklich aus. Im italienischen Recht kann der emanzipierte Minderjährige – ähnlich wie nach § 112 BGB – ein Handelsunternehmen mit gerichtlicher Genehmigung betreiben (Art. 397 C. c. it.); die Unternehmereigenschaft des Minderjährigen richtet sich nach den allgemeinen Vorschriften (Art. 2082, 2195 C. c. it.). 173

Als **Anknüpfungspunkt** der Handelsmündigkeit kommt zunächst das **Ortsrecht des jeweils zu beurteilenden Rechtsgeschäfts** in Betracht. Historisch findet sich eine solche Anknüpfung in Art. 58 des zwischenzeitlich aufgehobenen italienischen Handelsgesetzbuches von 1882.[660] Die lex loci contractus-Regel führt indessen zu ganz erheblichen **praktischen Schwierigkeiten.** So müsste der Minderjährige die Erfordernisse der verschiedenen Rechtsordnungen, in denen er ein Rechtsgeschäft abschließt, erfüllen. Ist etwa bei einem Minderjährigen ein Akt formaler Gestattung erforderlich, wie zB eine gerichtliche Entscheidung, so wird die Beeinträchtigung der Schnelligkeit und Leichtigkeit des Rechtsverkehrs bei dieser Anknüpfung besonders offenkundig.[661] Daneben ergeben sich Bedenken aus dem Gesichtspunkt der Umgehung des Minderjährigenschutzes. Ist am Ort der Niederlassung zur Wirksamkeit eines bestimmten Rechtsgeschäfts durch einen minderjährigen Kaufmann die Genehmigung des Vormundschaftsgerichts erforderlich, so kann dies durch Verlagerung des Abschlussortes umgangen werden. ZB sieht Art. 397 Abs. 3 C. c. it. keine Beschränkung für den minderjährigen Kaufmann vor.[662] Eine Anknüpfung nach Maßgabe der lex loci contractus-Regel findet daher **kaum mehr Anhänger.**[663] Aus den genannten Gründen werden im Schrifttum hauptsächlich die Anknüpfung an die gewerbliche Niederlassung und an die Staatsangehörigkeit des Minderjährigen vertreten. 174

Für eine Anknüpfung an die **gewerbliche Niederlassung** wird geltend gemacht, der sachlichrechtliche Zusammenhang zwischen der Kaufmannseigenschaft und der Handelsmündigkeit erfordere eine „Wertungsharmonie" der beiden Rechtsbegriffe.[664] Deshalb sei die Handelsmündigkeit ebenso wie die Kaufmannseigenschaft an den Ort der Niederlassung anzuknüpfen. **Verkehrsschutz- und Ordnungsinteressen des Staates der Niederlassung** verlangten es, dass sich der Minderjährige auf die Erfordernisse einrichtet, die diese Rechtsordnung zur Erlangung der Handelsmündigkeit aufstellt. Nur dann würden die Geschäftspartner davor bewahrt, von ortsfremdem Recht überrascht zu werden. Schließlich würde durch eine Anknüpfung an den Ort der Niederlassung die Chancengleichheit zwischen Inländern und Ausländern gewahrt, da eine Begünstigung des Ausländers nach seinem Heimatstatut nicht zum Tragen komme. 175

Die Anknüpfung an die gewerbliche Niederlassung ist abzulehnen. Vielmehr ist die Handelsmündigkeit mit der hM[665] als **Erweiterung der Geschäftsfähigkeit** anzusehen. Sie unterfällt 176

658 MüKoHGB/*Krafka* HGB § 13d Rn. 24.

659 EBJS/*Kindler* HGB § 1 Rn. 60 ff.

660 Der Codice di commercio wurde 1942 durch den Codice civile ersetzt, vgl. *Kindler,* Einführung in das italienische Recht, 3. Aufl. 2022, § 8 Rn. 1 ff.

661 *Hagenguth,* Die Anknüpfung der Kaufmannseigenschaft im internationalen Privatrecht, 1981, 106.

662 So besonders deutlich *Hagenguth,* Die Anknüpfung der Kaufmannseigenschaft im internationalen Privatrecht, 1981, 106.

663 Ausnahmen sind *Raape* IPR 170 f.; *Zitelmann* IPR II 74.

664 → 2. Aufl. 1990, Rn. 59 unter Berufung auf *Wolff* IPR 105; dieser Wertung folgt offenbar auch das bulgarische IPRG 2005 in Art. 52, wenn dort das Recht des Staates berufen wird, in dem die Person als Kaufmann eingetragen ist, hilfsweise das Recht der Hauptniederlassung, Text in RabelsZ 71 (2007), 470.

665 *Hagenguth,* Die Anknüpfung der Kaufmannseigenschaft im internationalen Privatrecht, 1981, 108 f.; *L. v. Bar,* Theorie und Praxis des Internationalen Privatrechts, Bd. 2, 2. Aufl. Neudruck 1966, 131; *Ficker* RvglHWB IV 463; *Frankenstein* IPR II 404; *Wolff* IPR 113; *v. Bar* IPR II (1. Aufl. 1991) Rn. 35; wohl auch RGRK-BGB/*Wengler* S. 563.

grundsätzlich der Kollisionsnorm des Art. 7 Abs. 2 S. 1 EGBGB und untersteht somit dem durch den gewöhnlichen Aufenthalt bestimmten Heimatrecht des Minderjährigen. Nur so werden Ungereimtheiten der Anknüpfung an die Niederlassung, die durch die Eröffnung einer Niederlassung im Ausland mit der Folge der Geltung unterschiedlichen Rechts für die allgemeine Geschäftsfähigkeit und die Handelsmündigkeit entstehen, vermieden; Wertungswidersprüche dieser Art wären misslich, da die entsprechenden Regelungen in jeder Rechtsordnung aufeinander abgestimmt sind.[666] Eine Ausnahme zum Schutz gutgläubiger Geschäftspartner – wie im franz. IPR[667] – erscheint freilich erwägenswert. Art. 12 könnte hierfür analog herangezogen werden.

177 Beruht die Handelsmündigkeit auf dem **rechtsgestaltenden Akt eines fremden Gerichts,** wie zB im Falle des Art. 397 C. c. it. (→ Rn. 173), so ist diese Entscheidung nach Maßgabe des § 108 FamFG im Inland **anzuerkennen.**[668]

178 **2. Registeranmeldung.** Das deutsche Handelsrecht bestimmt verschiedentlich eine zwangsgeldbewehrte (§§ 14, 335 HGB) Pflicht zur Anmeldung bestimmter Rechtstatsachen beim Handelsregister.[669] Diese Anmeldungspflichten sind **öffentlich-rechtlich zu qualifizieren;**[670] Aufgreifkriterium ist der **Ort der kaufmännischen Niederlassung** (vgl. §§ 105, 377 Abs. 1 FamFG und im Sachrecht zB § 13d Abs. 1 HGB aE, § 29 HGB aE, § 106 Abs. 1 HGB).[671] Jedenfalls soweit es um gesellschaftsrechtliche Anmeldepflichten geht, deckt sich dies mit dem effektiven Verwaltungssitz der Gesellschaft (zu diesem Anknüpfungspunkt → Rn. 421 ff.). Unterhält ein Kaufmann mit Sitz oder Hauptniederlassung im Ausland eine **inländische Zweigniederlassung,** so ist diese bei dem örtlich zuständigen Registergericht anzumelden.[672] Dies folgt aus § 13d Abs. 1 HGB. Anders als in der streitigen Gerichtsbarkeit (§ 21 ZPO; → Rn. 194) genügt hierfür nicht schon der bloße Anschein einer inländischen Zweigniederlassung.[673] Denn die Eintragung von in Wirklichkeit nicht bestehenden Zweigniederlassungen gehört nicht zu den Aufgaben der Registergerichte. Für die Registeranmeldung von Zweigniederlassungen im Übrigen → Rn. 894 ff.

179 **3. Zweigniederlassung. a) Begriff.** Zweigniederlassungen sind von der Hauptniederlassung **räumlich getrennte, unter deren Oberleitung stehende, jedoch wirtschaftlich und organisatorisch verselbstständigte Betriebsteile.** Sie stellen eine Zwischenform zwischen der Bildung eigenständiger Unternehmen und bloßer Abteilungen eines Unternehmens dar.[674] Notwendig für das Vorliegen einer Zweigniederlassung ist eine gewisse Selbstständigkeit und ein eigenständiges Auftreten im Rechtsverkehr.[675] Trotz ihrer Selbstständigkeit bildet die Zweigniederlassung zusammen mit dem Hauptgeschäft einen **Geschäftsbetrieb derselben Rechtspersönlichkeit.**[676] Eine Bereichsausnahme enthält § 53 Abs. 1 KWG für Zweigniederlassungen ausländischer Kreditinstitute; sie werden (nur) zum Zwecke ihrer Abwicklung als rechts- und parteifähig behandelt.[677] Zur Regelung der Zweigniederlassung in §§ 13 ff. HGB ausführlich → Rn. 894 ff.

---

[666] *Hagenguth,* Die Anknüpfung der Kaufmannseigenschaft im internationalen Privatrecht, 1981, 107 f.

[667] *Sonnenberger/Dammann* FrHWiR, 3. Aufl. 2008, Rn. IX 24.

[668] Vgl. *Althammer* IPRax 2009, 381 (387).

[669] Überblick bei *Kindler,* Grundkurs Handels- und Gesellschaftsrecht, 10. Aufl. 2024, § 3 Rn. 1 ff.; Staub/*Koch/Harnos* HGB § 8 Rn. 35 ff.; Staub/*Koch/Harnos* HGB § 14 Rn. 4.

[670] *Rehberg* in Eidenmüller Ausl. KapGes. § 5 Rn. 73; Staub/*Koch/Harnos* HGB § 14 Rn. 8.

[671] Ebenso zur Rechtslage vor Inkrafttreten des FamFG am 1.9.2009 schon Staub/*Brüggemann,* 4. Aufl. 1983, HGB Vor § 1 Rn. 30; Soergel/*Lüderitz* EGBGB Anh. Art. 10 Rn. 46; allg. zur territorialen Anknüpfung im internationalen öffentlichen Recht BGHZ 31, 367 (371) = NJW 1960, 1101; *Kegel/Schurig* IPR § 23 I 2 aE.

[672] Staub/*Koch/Harnos* HGB § 13d Rn. 46; BayObLGZ 85, 272 (278) = WM 1985, 1202 (1204) = EWiR 1985, 697 = IPRax 1986, 161 mAnm *Großfeld* IPRax 1986, 145; im Anschluss hieran MüKoHGB/*Krafka* HGB § 13d Rn. 21.

[673] So aber ohne Begr. und m. unzutr. Berufung auf Staudinger/*Großfeld,* 1998, IntGesR Rn. 1024 ff. *Rehberg* in Eidenmüller Ausl. KapGes. § 5 Rn. 72.

[674] Staub/*Koch/Harnos* HGB § 13d Rn. 16 ff.; MüKoHGB/*Krafka* HGB § 13 Rn. 4 ff.; näher *Voigt,* Das Handelsrecht der Zweigniederlassung, 2010.

[675] *Rehberg* in Eidenmüller Ausl. KapGes. § 5 Rn. 20; *Kögel* DB 2004, 1763 (1764).

[676] BayObLGZ 1985, 272 (281 f.) = IPRax 1986, 161; BGHZ 4, 62 (65); BFH BStBl. II 1993 S. 63 (66) = IStR 1992, 27 = RIW 1992, 956: „unselbstständiger Teil des Gesamtunternehmens"; RGZ 107, 44 (45 f.); 130, 23 (25) = IPRspr. 1930 Nr. 49 (S. 117); RG IPRspr. 1929 Nr. 20 (S. 34); OLG Karlsruhe IPRspr. 1977 Nr. 126, S. 389 (391); LG München I IPRspr. 1958/59 Nr. 24 (S. 79 f.); OLG Düsseldorf RIW 1996, 776; *Balser/Pichura,* Zweigniederlassungen ausländischer Kapitalgesellschaften in Deutschland, 1958, 25 f.; Staub/*Koch/Harnos* HGB § 13d Rn. 20 ff.; Staudinger/*Großfeld,* 1998, IntGesR Rn. 976; *Schön* FS Heldrich, 2005, 391 (393); ebenso OGH IPRax 1997, 126 (127) mAnm *Leible* IPRax 1997, 133.

[677] Vgl. BGHZ 53, 383 (385 ff.) = NJW 1970, 1187; HessLAG/M ZIP 1994, 1626 (1627) = EWiR 1994, 967.

Handelt es sich bei der inländischen „Zweigniederlassung" der Gesellschaft **in Wirklichkeit** um die **Hauptniederlassung,** so ist zu unterscheiden: Bei **EU-ausländischen Gesellschaften** kann die Zweigniederlassung sogar die **einzige tatsächliche Niederlassung** der Gesellschaft sein; als „Hauptniederlassung" gilt der **Satzungssitz.**[678] Denn der EuGH legt den Begriff der Zweigniederlassung – in formaler Betrachtung – nicht nur primärrechtlich (Art. 49 Abs. 1 S. 2 AEUV), sondern auch im Rahmen der Art. 28a ff. GesR-RL denkbar weit aus.[679] Dass in derartigen Fällen die Zweigniederlassungspublizitätspflicht (im deutschen Recht §§ 13d ff., 325a HGB) eingreift, ist auch sachlich geboten. Denn bei einer tatsächlich im Inland belegenen Hauptniederlassung (die von der Gesellschaft bloß als Zweigniederlassung ausgegeben wird) sind inländische Interessen sogar noch viel stärker betroffen als bei einer inländischen Zweigniederlassung im herkömmlichen Sinne.[680] Deshalb ist auch für die Einstufung der inländischen Tätigkeit EU-ausländischer Briefkastengesellschaften als Zweigniederlassung nicht erforderlich, dass diese den für eine Zweigniederlassung normalerweise erforderlichen Organisationsgrad (→ Rn. 179) besitzt. Derartige Gesellschaften sind schon wegen des überwiegenden Informationsinteresses des inländischen Publikums den Eintragungs- und Offenlegungspflichten nach §§ 13d ff., 325a HGB unterworfen; bedeutsam ist dies vor allem für Objektgesellschaften und Beteiligungs- bzw. Akquisitionsvehikel ohne erkennbaren Geschäftsbetrieb.[681] Allerdings greift in diesen Fällen die **Cadbury Schweppes-Regel:** Wenn es im Satzungssitzstaat an Geschäftsräumen, Personal und Mobiliar fehlt, muss die Gesellschaft Beschränkungen der Niederlassungsfreiheit hinnehmen (→ Rn. 97 f.). 180

Bei **Gesellschaften in drittstaatlicher Rechtsform** mit **Verwaltungssitz im Inland** liegt keine Zweigniederlassung vor, sondern eine Hauptniederlassung. Nach Maßgabe der Sitztheorie findet auf sie deutsches Gesellschaftsrecht Anwendung.[682] Eine Eintragung des inländischen Verwaltungssitzes als Zweigniederlassung iSd §§ 13d ff. HGB scheidet deshalb aus.[683] 181

b) Kollisionsrechtliche Behandlung. aa) Anknüpfung an den Ort der Zweigniederlassung? Die Unabhängigkeit und Eigenständigkeit der Zweigniederlassung hinsichtlich ihrer Teilnahme am Rechtsverkehr wird im Schrifttum zum Teil als Begründung für eine **selbstständige Anknüpfung** an den Ort der Zweigniederlassung angeführt.[684] Aus § 13d Abs. 1 HGB (früher § 13b Abs. 1 HGB), der Zweigniederlassungen eines ausländischen Unternehmens im Inland der Eintragungspflicht unterwirft (→ Rn. 178), wird die Maßgeblichkeit dieses Anknüpfungsgrundsatzes ebenfalls hergeleitet.[685] Weiter spreche für eine Anknüpfung an den Ort der Zweigniederlassung, dass der inländische Verkehr oft die ausländische Inhaberschaft nicht erkennen könne.[686] 182

Die Kollisionsregel, die an den Ort der Zweigniederlassung anknüpft, misst indessen einseitig der räumlichen und faktischen Trennung von Haupt- und Zweigniederlassung eine entscheidungserhebliche Bedeutung bei. Der rechtlichen und wirtschaftlichen Unselbstständigkeit der Zweigniederlassung (→ Rn. 179) schenkt sie keine Beachtung.[687] § 13d Abs. 1 HGB (früher § 13b Abs. 1 HGB) ist eine Bestimmung des Fremdenrechts, die das Personalstatut unberührt 183

---

678 EuGH ECLI:EU:C:1999:126 Rn. 17 = NJW 1999, 2027 – Centros; ECLI:EU:C:2003:512 Rn. 95 ff. = NJW 2003, 3331 – Inspire Art; vgl. auch BGH NJW 2005, 1648 (1649 f.) unter II 2c; OLG Zweibrücken NZG 2003, 537; KG NZG 2004, 49 = NJW-RR 2004, 331; *Behrens* IPRax 2004, 20 (24); *Rehm* in Eidenmüller Ausl. KapGes. § 2 Rn. 53 f.; *Rehberg* in Eidenmüller Ausl. KapGes. § 5 Rn. 18.

679 Vgl. *Leible/Hoffmann* EuZW 2003, 677 (679); *Rehm* in Eidenmüller Ausl. KapGes. § 2 Rn. 82; *Rehberg* in Eidenmüller Ausl. KapGes. § 5 Rn. 16.

680 *Kindler* NJW 2003, 1073 (1078); *Leible* ZGR 2004, 531 (550 f.).

681 Wie hier *Binge/Thölke* DNotZ 2004, 21 (24); *Hirsch/Britain* NZG 2003, 1100 (1101); *Leible/Hoffmann* EuZW 2003, 677 (680); aA *Rehberg* in Eidenmüller Ausl. KapGes. § 5 Rn. 22.

682 BGHZ 178, 192 = NJW 2009, 289; BGHZ 151, 204 = NJW 2002, 3539 = IPRax 2003, 62 mAnm *Kindler* IPRax 2003, 41; → Rn. 5; zur sachrechtlichen Behandlung derartiger Gesellschaften → Rn. 452 ff.

683 BayObLGZ 1998, 195 = NZG 1998, 936; *Kindler* NJW 1999, 1993 f.

684 *Hagenguth,* Die Anknüpfung der Kaufmannseigenschaft im internationalen Privatrecht, 1981, 179 ff.; *Mamelock,* Die juristische Person im internationalen Privatrecht, 1900, 290; *Wolff* IPR 113; *Zitelmann* IPR I 599 will der wirtschaftlichen Selbstständigkeit der Zweigniederlassung Rechnung tragen. Durch Bildung eines Sondervermögens soll sie haftungsrechtlich verselbstständigt werden.

685 *Hagenguth,* Die Anknüpfung der Kaufmannseigenschaft im internationalen Privatrecht, 1981, 182.

686 *Hagenguth,* Die Anknüpfung der Kaufmannseigenschaft im internationalen Privatrecht, 1981, 181; *Zitelmann* IPR I 599; für ein besonderes Zweigniederlassungsstatut auch *Bumeder,* Die inländische Zweigniederlassung ausländischer Unternehmen im deutschen Register- und Kollisionsrecht, 1971, 115 ff.

687 Vgl. *K. Schmidt* HandelsR § 4 III 2; *Edlich,* Die Zweigniederlassung als Organisationsform, 1966, 11 ff.; *Knieper/Jahrmarkt,* Zweigniederlassung, Zweigbüro, Filiale, Nebenbetrieb, 1972, 21 f.; vgl. auch Art. 160 schweiz. IPRG.

lässt.[688] Eine kollisionsrechtliche Wertung kann daher aus dieser Bestimmung nicht hergeleitet werden.

184 Probleme, die aus der mangelnden Transparenz der ausländischen Inhaberschaft resultieren können, machen ein Anknüpfen an den Ort der Zweigniederlassung nicht notwendig. Denn Vorschriften, die eine Eintragungspflicht der Zweigniederlassung unter der Firma der Hauptniederlassung in das inländische Handelsregister vorsehen (vgl. §§ 13d ff. HGB), machen die Inhaberschaft für den inländischen Rechtsverkehr erkennbar.

185 Manche Staaten unterwerfen Zweigniederlassungen vollständig der heimischen Rechtsordnung, sofern der Mittelpunkt ihrer Geschäftsbeziehungen im Inland liegt. Noch weitergehend unterstellt etwa Art. 160 IPRG Schweiz Zweigniederlassungen ausländischer Gesellschaften den in der Schweiz geltenden Regeln.[689] Aus diesem Rechtsvergleich kann aber nicht die Maßgeblichkeit des Rechts am Ort der Zweigniederlassung hergeleitet werden, da es sich dabei um Schutzvorschriften mit fremdenrechtlichem Charakter handelt. Zum deutschen Fremdenrecht → Rn. 882 ff., → Rn. 894 ff.

186 Insgesamt ist daher eine **selbstständige Anknüpfung,** die zu einem besonderen „Zweigniederlassungsstatut" für die Beurteilung ihrer Teilnahme am Rechtsverkehr führt, **abzulehnen.** Gegen ein weit reichendes Sonderstatut für die Rechtsverhältnisse der Zweigniederlassung spricht auch die **investitionspolitische Überlegung,** dass Unternehmen, die sich auf dem internationalen Markt betätigen, Zweigniederlassungen in Staaten außerhalb ihres Hauptsitzes nur errichten werden, wenn sie – anders als bei Gründung einer Tochtergesellschaft – in möglichst weitem Umfang mit der Anwendung ihres Gesellschaftsstatuts rechnen können; hinzu kommt der Gesichtspunkt der **Reziprozität:** Für die bestmögliche Wahrung der außenwirtschaftlichen Interessen deutscher Unternehmen ist eine auslandsfreundliche Kollisionsrechtsbildung für Zweigniederlassung ausländischer Unternehmen – im Wege der vorleistend reziproken Kollisionsrechtsbildung – förderlich.[690]

187 **bb) Maßgeblichkeit des Statuts der Hauptniederlassung.** Aus der rechtlichen Unselbstständigkeit der Zweigniederlassung folgt statt dessen die Maßgeblichkeit des Statuts der Hauptniederlassung.[691] Die Zweigniederlassung bildet zusammen mit der Hauptniederlassung das Unternehmen ihres Rechtsträgers[692] und deshalb beurteilen sich die ihre Teilnahme am Rechtsverkehr betreffenden Fragen nach der für diesen Rechtsträger maßgeblichen Rechtsordnung (→ Rn. 162 zur Kaufmannseigenschaft). Handelt es sich hierbei um eine Gesellschaft, so unterliegt deren inländische Zweigniederlassung dem ausländischen Gesellschaftsstatut.[693]

188 **c) Rechtsstellung. aa) Grundsatz.** Aus der rechtlichen Unselbstständigkeit ergeben sich eine Reihe von Konsequenzen für die Rechtsstellung der Zweigniederlassung. So ist **Schuldner von Verbindlichkeiten** nicht die Zweigniederlassung, sondern der ausländische Unternehmensträger.[694] Auch Freizeichnungsklauseln in Gesellschaftsverträgen vermögen hieran nichts zu ändern.[695] Erwirbt die ausländische Gesellschaft unter der Firma ihrer Zweigniederlassung (vgl. § 30 Abs. 3 HGB) eine **Gesellschaftsbeteiligung,** so wird allein sie Gesellschafterin und nicht ihre Zweigniederlassung;

---

[688] *Ebenroth* Anm. zu OLG München EWiR 1986, 1105 (1106); vgl. auch BayObLGZ 1985, 272 (277) = IPRax 1986, 161; *Wiedemann* EWiR 1986, 697; zur fremdenrechtlichen (registerrechtlichen) Behandlung der Zweigniederlassung näher → Rn. 894 ff.

[689] *Ebenroth/Messer* ZSchweizR 108 (1989), II, 49, 93 ff.; ähnlich Art. 236 PGR idF von 1997; hierzu *Appel* RabelsZ 61 (1997), 510 (541) und allg. zum IntGesR von Liechtenstein *Kohler* IPRax 1997, 309 (310 f.); s. den Gesetzestext des PGR idF von 1997 in RabelsZ 61 (1997), 557 ff. sowie in IPRax 1997, 369 ff.

[690] Umfassend – und grdl. – idS *Rinne,* Zweigniederlassungen ausländischer Unternehmen im deutschen Kollisions- und Sachrecht, 1998, besonders 77 ff.

[691] So die hM, BayObLGZ 1985, 272 (277 ff.) = IPRax 1986, 161; *Kaligin* DB 1985, 1449 (1450); *Frankenstein* IPR II 409; *Meili,* Lehrbuch des internationalen Konkursrechts, 1902, 255; *Rabel* IPR II 137 ff.; HCL/*Behrens/Hoffmann* GmbHG Allg. Einl. Rn. B 164; Staudinger/*Großfeld,* 1998, IntGesR Rn. 977; RGRK-BGB/*Wengler* IPR 856 Fn. 43; Staub/*Koch/Harnos* HGB § 13d Rn. 20.

[692] RGZ 38, 403 (406); 107, 44 (45 f.); 116, 330 (332); BGHZ 4, 62 (65) = NJW 1952, 182; OLG Karlsruhe IPRspr. 1977 Nr. 126; *Balser/Pichura,* Zweigniederlassungen ausländischer Kapitalgesellschaften in Deutschland, 1958, 10; MüKoHGB/*Krafka* HGB § 13d Rn. 11; Staub/*Koch/Harnos* HGB § 13d Rn. 20.

[693] Staudinger/*Großfeld,* 1998, IntGesR Rn. 977.

[694] RGZ 107, 44 (45 f.); 116, 330 (332); OLG Karlsruhe IPRspr. 1977 Nr. 126, S. 389 (391); LG Frankfurt a. M. IPRspr. 1929 Nr. 50 (S. 70 f.); OLG Düsseldorf RIW 1996, 776; vgl. dazu Staudinger/*Großfeld,* 1998, IntGesR Rn. 976; *Hausmann* in Reithmann/Martiny IntVertragsR Rn. 6.179; Soergel/*Lüderitz* EGBGB Anh. Art. 10 Rn. 54.

[695] IPG 1974 Nr. 13, S. 121 (124, 126); Staudinger/*Großfeld,* 1998, IntGesR Rn. 976.

daher ist die erworbene Beteiligung auch nicht bei der Zweigniederlassung einzutragen.[696] Die deutsche Zweigniederlassung einer ausländischen juristischen Person kann als Berechtigte im **Grundbuch** eingetragen werden.[697] Ferner kommt in Betracht, dass eine Zweigniederlassung, die in einem anderen Staat errichtet ist als die Hauptniederlassung, nach dem Recht ihres eigenen Sitzes rechtsfähig ist.[698] Die **Wechsel- und Scheckfähigkeit** richtet sich grundsätzlich nach dem ausländischen Heimatrecht des Unternehmensträgers (Art. 91 Abs. 1 S. 1 WG, Art. 60 Abs. 1 S. 1 ScheckG); für Wechsel und Schecks, die im Betrieb der inländischen Zweigniederlassung gezeichnet werden, ist jedoch die Wechsel- bzw. Scheckfähigkeit nach deutschem Recht ausreichend (Art. 91 Abs. 2 WG, Art. 60 Abs. 2 ScheckG).[699] Der Umfang der **organschaftlichen Vertretungsmacht** ist nach dem Statut des Unternehmensträgers zu beurteilen.[700]

bb) Sonderanknüpfungen. Nicht maßgeblich ist das Statut des Unternehmensträgers für die Beurteilung der **Kaufmannseigenschaft.** Insoweit kommt allerdings nicht das Ortsrecht der Zweigniederlassung zum Zuge (→ Rn. 182 ff.), sondern das jeweilige **Wirkungsstatut** (→ Rn. 145 ff.). Zu einer Anknüpfung der Kaufmannseigenschaft an den Ort der Zweigniederlassung kommt es insoweit nur dann, wenn die Bestimmung des Wirkungsstatuts selbst an die Zweigniederlassung anknüpft (so zB in Art. 19 Abs. 2 Rom I-VO; Art. 23 Abs. 1 UAbs. 2 Rom II-VO). Die **organschaftliche Vertretungsmacht** beurteilt sich zwar grundsätzlich nach dem Statut des Unternehmensträgers (→ Rn. 188; eingehend → Rn. 530). Doch ist zu Gunsten unkundiger Dritter die materielle Registerpublizität nach § 15 HGB anzuwenden, wenn Beschränkungen der Vertretungsmacht, die zwar nach dem Gesellschaftsstatut, nicht aber nach deutschem Recht bestehen, im deutschen Handelsregister nicht gemäß §§ 13d ff. HGB eingetragen sind.[701] Dies folgt aus § 13d Abs. 3 HGB. Im Unterschied zur organschaftlichen Vertretungsmacht unterliegt die **Vollmacht des Prokuristen** für den Betrieb einer inländischen Zweigniederlassung (vgl. § 50 Abs. 3 HGB – Niederlassungsprokura) dem Vollmachtsstatut (zu Art. 8 → Rn. 231 ff.). Für die **Firma** der Zweigniederlassung → Rn. 212 ff. **189**

Besonderen Regeln folgt ferner die **Buchführungs- und Rechnungslegungspflicht.** Letztere richtet sich – hinsichtlich inländischer Zweigniederlassungen – nach inländischem Recht.[702] Dies gilt für alle der Zweigniederlassung zuzurechnenden Geschäftsvorgänge und Vermögensgegenstände.[703] Die Maßgeblichkeit des Rechts am Ort der Zweigniederlassung kraft Territorialanknüpfung folgt aus dem **öffentlich-rechtlichen Charakter des Handelsbilanzrechts.** Dieser ergibt sich vor allem aus dem gemeinwohlorientieren – mehrfach auch vom EuGH betonten – **Normzweck,** für **jedermann** einsehbare **Informationsgrundlagen** zur Beurteilung eines Unternehmens zu schaffen,[704] ferner aus den umfangreichen staatlichen Möglichkeiten, die Einhaltung der Rechnungslegungsvorschriften zu überwachen und bei Mängeln **Zwangsmaßnahmen** zu ergreifen (§§ 331 ff. HGB; § 283 Abs. 1 Nr. 5–7 StGB, § 283b StGB; § 35 GewO – Gewerbeuntersagung wegen Unzuverlässigkeit).[705] Sachrechtliche Sondervorschriften für inländische Zweigniederlassun- **190**

---

[696] OLG Celle NJW-RR 2000, 701 = NZG 2000, 248; OLG Bremen NZG 2013, 144 = EWiR 2013, 151 m. Kurzkomm. *Wachter.*

[697] OLG München NZG 2013, 558.

[698] RG IPRspr. 1934 Nr. 12 = JW 1934, 2845 mAnm *Boesebeck* = ZIR 50, 351 für England; OLG Köln WM 1961, 183 (184) aE für Niederlande.

[699] Staub/*Koch/Harnos* HGB § 13d Rn. 45; zur Wechselfähigkeit von Gesellschaften → Rn. 559.

[700] BGHZ 32, 256 (258); 178, 192 Rn. 24 f. = NJW 2009, 289 – Trabrennbahn; OLG Hamburg IPRspr. 1932 Nr. 14; Staub/*Koch/Harnos* HGB § 13d Rn. 31.

[701] *Hausmann* in Reithmann/Martiny IntVertragsR Rn. 6.225; Staudinger/*Großfeld,* 1998, IntGesR Rn. 1030.

[702] BFH NZG 2017, 592 Rn. 56; *Merkt* ZGR 2017, 460 (470 f.); Staub/*Hüffer,* 4. Aufl. 2000, HGB § 238 Rn. 24; *Häuselmann* WM 1994, 1693 (1695); Hopt/*Merkt* HGB § 238 Rn. 10; MüKoHGB/*Krafka* HGB § 13d Rn. 18; EBJS/*Pentz* HGB § 13d Rn. 21; *Schumann* ZIP 2007, 1189 (1190); umfassend *Weis,* Rechnungslegungspflichten von EU-Scheinauslandsgesellschaften im Land ihrer tatsächlichen wirtschaftlichen Betätigung, 2009; aA Staub/*Koch/Harnos* HGB § 13d Rn. 45; *Hennrichs* FS Horn, 2006, 387 (394 f.), der – nach der von ihm vertretenen gesellschaftsrechtlichen Qualifikation (391) folgerichtig – das Gesellschaftsstatut des ausländischen Rechtsträgers für anwendbar erachtet.

[703] Vgl. *Kögel* DB 2004, 1763 (1764) zu Fn. 10; *Kindler* in Sonnenberger Vorschläge und Berichte 282, 285.

[704] EuGH ECLI:EU:C:1997:581 Rn. 19 ff. = NJW 1998, 129 = JZ 1998, 193 mAnm *Schön* – Daihatsu; Slg. 2004, I-8667 Ls. 1 und Rn. 29 ff. = NZG 2005, 39 – Springer; für öffentlich-rechtlichen Charakter auch *Sonnenberger* in Sonnenberger Vorschläge und Berichte 575 f. (aber dennoch für Gründungsanknüpfung, 576 f.); aA *Merkt* ZGR 2017, 460 (466): Die Rechnungslegung diene dem Individualschutz einer Vielzahl von betroffenen Privaten.

[705] Grdl. zum Subordinationsverhältnis zwischen Kaufmann und Staat im Bilanzrecht *Icking,* Die Rechtsnatur des Handelsbilanzrechts, 2000; besprochen von *Oechsle* DZWiR 2001, 173; *Großfeld* JZ 2000, 1152; nicht berücksichtigt bei *Rehberg* in Eidenmüller Ausl. KapGes. § 5 Rn. 108; für eine gesellschaftsrechtliche Qualifikation demgegen über *Eidenmüller/Rehberg* ZVglRWiss 105 (2006), 427 (432 f., 442), allerdings mit dem

gen ausländischer Kredit- und Versicherungsunternehmen enthalten § 53 Abs. 2 Nr. 2 KWG, §§ 61 ff., 67 ff. VAG.

191 Soweit das **Hauptunternehmen** dem Recht eines **Nicht-EU-Staates** untersteht, steht einer derartigen Sonderanknüpfung der inländischen Buchführungs- und Rechnungslegungspflichten auch nicht die **Zweigniederlassungspublizität nach Art. 28a ff. GesR-RL** (im deutschen Recht §§ 13d ff. HGB, → Rn. 894 ff.) entgegen. Art. 38 Abs. 1 S. 1 GesR-RL bestimmt zwar im Grundsatz, dass die Rechnungslegungspublizität an der Zweigniederlassung sich auf die Unterlagen erstreckt, die nach dem Gesellschaftsstatut erstellt, geprüft und offen gelegt worden sind. Jedoch können die Mitgliedstaaten nach Art. 38 Abs. 1 S. 2 GesR-RL die **Erstellung und Offenlegung einer zweigniederlassungsbezogenen Rechnungslegung** verlangen, wenn das Hauptunternehmen – wie meist bei drittstaatlichen Gesellschaften – nicht nach Maßgabe der EU-Bilanz-RL 2013/34/EU (→ Rn. 234 ff.) oder in gleichwertiger Form bilanziert.[706] Diese Mitgliedstaatenoption hat indessen **keinen abschließenden Charakter.** Abschließend ist die EU-Zweigniederlassungspublizität nach dem Urteil Inspire Art nur im Hinblick auf solche mitgliedstaatlichen Regelungen, die EU-angehörige Gesellschaften belasten (→ Rn. 93).[707] Ausdrücklich abgelehnt hat es der EuGH, die besonderen Rechnungslegungspflichten für drittstaatliche Gesellschaften in Art. 5 des niederländischen Sondergesetzes über die Scheinauslandsgesellschaften[708] auf ihre Vereinbarkeit mit dem Unionsrecht hin auch nur zu prüfen.[709] Auch außerhalb des Anwendungsbereichs von Art. 38 Abs. 1 S. 2 GesR-RL stehen einer mitgliedstaatlichen Kollisionsregel keine EU-rechtlichen Bedenken entgegen, wenn diese für die inländische Zweigniederlassung zur Anwendung von darauf bezogenen Buchführungs- und Rechnungslegungspflichten führt.

192 Diese gegenständlich – auf die Tätigkeit der inländischen Zweigniederlassung begrenzte – Buchführungs- und Rechnungslegungspflicht (→ Rn. 191) gilt **auch für Zweigniederlassungen EU-ausländischer Gesellschaften.**[710] Einer territorialen Anknüpfung der Buchführungs- und Rechnungslegungspflicht steht insbesondere nicht Art. 31 GesR-RL bzw. § 325a HGB entgegen. Nach diesen Vorschriften beschränkt sich die Pflicht zur Offenlegung gegenüber dem Registergericht der Zweigniederlassung auf diejenigen Rechnungsunterlagen, die nach dem Recht des Mitgliedstaates, dem die Gesellschaft unterliegt, erstellt, geprüft und offengelegt worden sind. Zu **Adressaten und Inhalt** der Rechnungslegungspflicht selbst besagt diese Vorschrift jedoch nichts.[711] Im Gegenteil spricht die von der Richtlinie (Erwägungsgründe 14 f. GesR-RL) angestrebte **Gleichbehandlung von Tochtergesellschaften und Zweigniederlassungen** für eine eigenständige Verpflichtung zur Rechnungslegung der Zweigniederlassung[712] (auch → Rn. 895, → Rn. 950 f.).

193 Eine Sonderanknüpfung von Buchführungs- und Rechnungslegungspflichten, die sich auf die Tätigkeit von Zweigniederlassungen von EU-ausländischen Gesellschaften beziehen, ist im Übrigen nicht deshalb als unzulässige Beschränkung der Niederlassungsfreiheit (Art. 49, 54 AEUV) zu werten, weil sie – mangels **Offenlegungspflicht** – als Instrument des Gläubigerschutzes ungeeignet wäre.[713]

---

taktischen Hintergedanken (S. 452 f.), auf diesem Wege zu einer rechtfertigungsbedürftihen Beschränkung der Niederlassungsfreiheit zu gelangen; salomonisch *Ekkenga* FS Universität Gießen, 2007, 395 (402): Doppelqualifikation als zugleich gesellschafts- *und* öffentlich-rechtlich; ebenso *Sandrock* in Sonnenberger Vorschläge und Berichte 563, 565; eigenständiger Ansatz bei *Hennrichs* FS Horn, 2006, 387 (391): „öffentliches Gesellschaftsrecht".

706 Zu Einzelfragen der Gleichwertigkeit *Eidenmüller/Rehberg* ZVglRWiss 105 (2006), 427 (449 ff.); *Schumann* ZIP 2007, 1189 (1193).

707 EuGH ECLI:EU:C:2003:512 Rn. 69 = NJW 2003, 3331 – Inspire Art.

708 Deutscher Text in den Schlussanträgen GA *Alber* NZG 2003, 262 (263) Rn. 2.

709 EuGH ECLI:EU:C:2003:512 Rn. 53 f. = NJW 2003, 3331 – Inspire Art.

710 So die hM, Staub/*Hüffer*, 4. Aufl. 2000, HGB § 238 Rn. 24; *Häuselmann* WM 1994, 1693 (1695); Hopt/*Merkt* HGB § 238 Rn. 9; MüKoHGB/*Krafka* HGB § 13d Rn. 17; EBJS/*Pentz* HGB § 13d Rn. 21; *Schumann* ZIP 2007, 1189 (1190); umfassend *Weis*, Rechnungslegungspflichten von EU-Scheinauslandsgesellschaften im Land ihrer tatsächlichen wirtschaftlichen Betätigung, 2009; aA *Riegger* ZGR 2004, 510 (516); *Rehberg* in Eidenmüller Ausl. KapGes. § 5 Rn. 99; *Schön* FS Heldrich, 2005, 391 (393 ff.).

711 MüKoHGB/*Fehrenbach* HGB § 325a Rn. 13; *Rehberg* in Eidenmüller Ausl. KapGes. § 5 Rn. 110; unrichtig *Riegger* ZGR 2004, 510 (516).

712 AA *Eidenmüller/Rehberg* ZVglRWiss 105 (2006), 427 (441), die aber maßgebliche Judikatur nicht zur Kenntnis nehmen (EuGH ECLI:EU:C:1999:438 Rn. 42 ff. = NZG 1999, 1044; ECLI:EU:C:2006:129 Rn. 15 = NZG 2006, 357 – CLT-UFA) und unbehelflich auf die Einschränkung der Teilkonzernabschlusspflicht nach § 291 HGB hinweisen: Ein Argument für die Freistellung von der Verpflichtung zum Jahresabschluss kann daraus schon deshalb nicht abgeleitet werden, weil Konzernabschlüsse eine wesentlich geringere Informationsdichte als Einzelabschlüsse aufweisen, vgl. nur Staub/*Kindler* HGB Vor § 290 Rn. 3 und die Erleichterungen bzw. Weglassungen nach § 298 Abs. 2 und 3 HGB, § 303 HGB.

713 So aber – unter Ausblendung des gesamten übrigen Sanktionsapparates des Bilanzrechts – die Argumentation bei *Rehberg* in Eidenmüller Ausl. KapGes. § 5 Rn. 111; zur „Eignung" einer Maßnahme als Teil des „Vier-

Denn die Offenlegungspflichten sind nicht das einzige Instrument der Effektuierung von Buchführungs- und Rechnungslegungspflichten (→ Rn. 190 zum Ordnungswidrigkeiten-, Straf- und Gewerberecht). Eine übermäßige Belastung – im Sinne der vom EuGH vorgenommenen Verhältnismäßigkeitsprüfung (→ Rn. 87, → Rn. 93) – entsteht für die Gesellschaft schon deshalb nicht, weil sie ohnehin zur Erstellung einer deutschen Steuerbilanz verpflichtet ist (§ 5 Abs. 1 EStG, § 140 AO) und die wahlweise daneben bestehende Möglichkeit einer Anpassung des ausländischen Abschlusses an die inländischen Vorgaben im Rahmen einer **Überleitungsrechnung** (§§ 60, 61 EStDV) die Gesellschaft kostenmäßig sogar **noch mehr belasten** würde.[714] Immerhin gestattet das deutsche Steuerrecht ausnahmsweise die Verlagerung der Buchführung ins Ausland.[715]

Im **Zivilprozess** besitzt die Zweigniederlassung regelmäßig **keine Parteifähigkeit.**[716] Entscheidend ist die Parteifähigkeit des verfahrensbeteiligten Unternehmensträgers (allgemein → Rn. 536). Gleiches gilt für die Prozessfähigkeit (→ Rn. 538). Der **Unternehmensträger** kann jedoch am Sitz der Zweigniederlassung **verklagt** werden (§§ 21, 23 ZPO;[717] Art. 7 Nr. 5 Brüssel Ia-VO),[718] und zwar auch beim bloßen Anschein einer Zweigniederlassung. Der äußere Eindruck entscheidet.[719] Äußerst gläubigerfeindlich ist die Rspr. des BGH, wonach die Niederlassung im **Zeitpunkt der Einreichung der Klage** noch bestehen muss.[720] Dies eröffnet betrügerisch handelnden Auslandsunternehmen die Möglichkeit, sich der Gerichtspflichtigkeit im Staat der Niederlassung schlicht durch Schließung der Niederlassung zu entziehen. Auch die inländische Geschäftsanschrift der Zweigniederlassung (§ 13d Abs. 2 HGB) verhilft dem Gläubiger nicht zu einem Gerichtsstand, sondern erleichtert nur die Zustellung von Schriftstücken.[721] Allerdings muss derjenige, der sich nach außen hin als Gewerbetreibender ausgibt und den Rechtsschein hervorruft, er unterhalte als solcher ein besonderes Geschäftslokal, dorthin gerichtete **Zustellungen gegen sich gelten lassen.**[722] Soweit es um die Zweigniederlassung betreffende Rechtsverhältnisse geht, kann der ausländische Unternehmensträger unter der **Firma der inländischen Zweigniederlassung** klagen und verklagt werden (§ 17 Abs. 2 HGB).[723] Ein **Klägergerichtsstand** an der inländischen Zweigniederlassung besteht grundsätzlich **nicht,** auch nicht im inländischen Mahnverfahren (§ 689 Abs. 2 ZPO).[724] Wegen der besonderen Verselbstständigung von Zweigniederlassungen ausländischer **Versicherungsgesellschaften** (§§ 61 ff., 67 ff. VAG) besteht jedoch für Versicherungsgesellschaften mit Sitz im Ausland ein allgemeiner Gerichtsstand iSd §§ 17, 689 Abs. 2 S. 1 ZPO an der inländischen Niederlassung.[725] 194

4. Firma. Das internationale Firmenrecht bestimmt das auf firmenrechtliche Fragen mit Auslandsberührung anwendbare Recht.[726] Es umfasst das Recht der Firmenberechtigung (→ Rn. 196 ff.) und das Recht der Haftung bei Firmenfortführung (→ Rn. 220 ff.). Dagegen ist die Pflicht zur Firmenanmeldung öffentlich-rechtlicher Natur (→ Rn. 220). Auch der Firmenschutz als Teilgebiet des internationalen Immaterialgüterrechts ist an dieser Stelle nicht zu behandeln (→ Rom II-VO Art. 8 Rn. 1 ff.).[727] 195

Konditionen-Tests" zur Rechtfertigung von Beschränkungen der Niederlassungsfreiheit → Rn. 87, → Rn. 93.

714 Vgl. *Maul/Schmidt* BB 2003, 2297 (2298 f.); *Hirsch/Britain* NZG 2002, 1100 (1103); *Binge/Thölke* DNotZ 2004, 21 (31 f.); *Ekkenga* FS Universität Gießen, 2007, 395 (404 f.); aA *Rehberg* in Eidenmüller Ausl. KapGes. § 5 Rn. 112 f.; *Eidenmüller/Rehberg* ZVglRWiss 105 (2006), 427 (438 f.); *Schön* FS Heldrich, 2005, 391 (395); *Sandrock* in Sonnenberger Vorschläge und Berichte 563, 572; vgl. auch *Schumann* ZIP 2007, 1189 (1192), der die von ihm angenommene Doppelbelastung sachrechtlich vermeiden will, im Wege der „Anerkennung" der ausländischen Rechnungslegung durch das HGB.

715 *Dörfler* ua BB 2009, 586 f. zu § 146 AO.

716 BGHZ 4, 62 = NJW 1952, 182; BGHZ 53, 383 (385) = NJW 1970, 1187.

717 Als hinreichenden Inlandsbezug sieht BGH NJW 2013, 386 schon einen inländischen Wohnsitz des Klägers an, dazu *Köchel* IPRax 2014, 312.

718 BGH NJW-RR 2021, 777, dazu *Mandl* IPRax 2023, 440; BGH NJW 1987, 3081 = IPRax 1989, 166 mAnm *Samtleben* IPRax 1989, 148 (150); OLG Düsseldorf RIW 1996, 776 (777).

719 LG Bad Kreuznach EWiR 2005, 251 m. KurzKomm. *Mankowski.*

720 BGH NJW-RR 2007, 1570 = RIW 2007, 873 = IPRax 2008, 128 mAnm *Staudinger* IPRax 2008, 107.

721 *Kindler* IPRax 2009, 189 ff.; *Hirte/Burmester* FS G.H. Roth, 2011, 257.

722 OLG Frankfurt NJOZ 2002, 2726 = DB 2003, 41. Zur Maßgeblichkeit des Rechts des Empfangsmitgliedstaates für die Zustellung vgl. Art. 7 Zustellungs-VO.

723 OGHZ 2, 143 (145 f.); BGHZ 4, 62 (65) = NJW 1952, 182; MüKoHGB/*Krafka* HGB § 13 Rn. 19; Staudinger/*Großfeld,* 1998, IntGesR Rn. 976 unter Berufung auf BGH BB 1978, 130 = NJW 1978, 321.

724 BGH NJW 1991, 110 m. zust. Anm. *Busl* IPRax 1992, 20; Soergel/*Lüderitz* EGBGB Anh. Art. 10 Rn. 54.

725 BGH NJW 1979, 1785.

726 Umfassend *Lamsa,* Die Firma der Auslandsgesellschaft, 2011.

727 Zur dogmatischen Einordnung des Firmenschutzes s. auch *v. Bar/Mankowski* IPR II § 7 Rn. 202; *Lamsa* IPRax 2008, 239 (243) betr. internationales Deliktsrecht.

196 **a) Qualifikation.** Firmenrecht, soweit es die Firmenberechtigung regelt (vgl. §§ 17–24 HGB), ist **Ordnungsrecht.**[728] Dies gilt gleichermaßen für das Firmennamensrecht wie für das Firmenordnungsrecht im engeren Sinne.[729] Die Ordnungsfunktion des Firmenrechts zeigt sich materiell in den Grundsätzen der Firmenwahrheit, Firmenbeständigkeit, Firmenunterscheidbarkeit und Firmeneinheit.[730] Zur Durchsetzung dieser Grundsätze hat das Registergericht von Amts wegen tätig zu werden (§ 37 Abs. 1 HGB).

197 Substanz und Sanktionsmechanismen des Firmenordnungsrechts sprechen deshalb **gegen eine privatrechtliche Qualifikation.** Zumindest missverständlich ist es daher, wenn die Rspr. das Firmenrecht dem „Gesellschaftsstatut"[731] oder „Personalstatut"[732] oder gar dem „Heimatrecht"[733] zuweist; dies deutet auf eine gesellschaftsrechtliche Qualifikation hin.[734] Wesentliche Grundsätze des Firmenrechts (vgl. § 18 Abs. 2 HGB, §§ 22, 23 HGB) gelten indessen für Gesellschaften wie einzelkaufmännische Unternehmen gleichermaßen. Gegen eine gesellschaftsrechtliche Qualifikation spricht zudem die immaterialgüterrechtliche Komponente des Firmenrechts, die auch in dem markenrechtlichen Schutz der Firma als gesellschaftliche Bezeichnung (§§ 5, 15 MarkenG) ihren Ausdruck findet.[735]

198 **b) Anknüpfung.** Die hier vertretene ordnungsrechtliche Qualifikation bedingt eine **gebietsbezogene Anknüpfung der Firmenberechtigung.** Die Berechtigung zur Führung einer Firmenbezeichnung bestimmt sich mit der hM in Rspr.[736] und Lit.[737] deshalb nach dem **Recht am Ort der Niederlassung.** Diese Anknüpfungsregel gilt für Einzelkaufleute wie für Handelsgesellschaften.[738] Für **EU-ausländische Gesellschaften mit Verwaltungssitz im Inland** liegt darin keine unzulässige Beschränkung ihrer Niederlassungsfreiheit. Denn die Berufung auf das liberalere Firmenrecht des Gründungsstaates ist insoweit rechtsmissbräuchlich. Sie dient der Umgehung mitgliedstaatlicher Berufsausübungsregeln.[739] Jedenfalls seit dem **Urteil Cadbury Schweppes** (→ Rn. 97 f.)

---

[728] *Kindler* NJW 2003, 1073 (1079); *Ebert/Levedag* GmbHR 2003, 1337 (1339); *Borges* ZIP 2004, 733 (736); Staub/*Burgard* HGB Vor § 17 Rn. 65: „öffentlich-rechtliche Implikation"; *Canaris* HandelsR § 11 Rn. 42: „Institutionenschutz"; Röhricht/v. Westphalen/Haas/*Röhricht* Einl. HGB Rn. 28.

[729] Zur Unterscheidung *Canaris* HandelsR §§ 10, 11.

[730] Vgl. *Canaris* HandelsR § 11, der daran erinnert (→ § 11 Rn. 1), dass man früher von „Firmenpolizeirecht" sprach.

[731] BayObLGZ 1986, 61 (64) = NJW 1986, 3029; OLG München NZG 2007, 824 (825); Staub/*Koch/Harnos* HGB § 13d Rn. 22; gegen eine gesellschaftsrechtliche Qualifikation mit guten Gründen *Schünemann,* Die Firma im internationalen Rechtsverkehr, 2016.

[732] RGZ 117, 215 (218) – Eskimo Pie; BGH NJW 1971, 1522 (1523).

[733] BGH NJW 1958, 17 f. = JZ 1958, 241 (242) mAnm *Steindorff* JZ 1958, 243.

[734] Für eine gesellschaftsrechtliche Qualifikation Staudinger/*Großfeld,* 1998, IntGesR Rn. 319; EBJS/*Zimmer* HGB Anh. § 17 Rn. 29; *Leible/Hoffmann* EuZW 2003, 677 (680) m. Fn. 31; *Hirsch/Britain* NZG 2003, 1100 (1102 f.), die aber inländisches Lauterkeits- und Markenrecht anwenden wollen; *Geyerhalter/Gäßler* NZG 2003, 409 (412) (wegen des engen Zusammenhangs mit der Gründung, was aber nicht überzeugt, weil dies für eine Fülle von Rechtsmaterien außerhalb des Gesellschaftsrechts gilt); *Eidenmüller/Rehm* ZGR 2004, 159 (183); *Rehberg* in Eidenmüller Ausl. KapGes. § 5 Rn. 28 ff., 30, die aber eingestehen, dass das Firmenrecht vielfach öffentliche Anliegen verfolge, die eine Sonderanknüpfung anhand der gewerblichen Niederlassung rechtfertigen.

[735] Zum immaterialgüterrechtlichen Einschlag der Firma vgl. EuGH ECLI:EU:C:2004:717 = EuZW 2005, 114 = EWS 2004, 552 Nr. 91 ff. – Budweiser (Handelsname als geistiges Eigentum); *Fezer* ZHR 161 (1997), 52 (55); *Kindler* Grundkurs Handels- und Gesellschaftsrecht, 10. Aufl. 2024, § 4 Rn. 15.

[736] RGZ 82, 167; 100, 182 (185 f.); 109, 213; 117, 215 (218) = JW 1927, 3045 mAnm *Allfeld* und *Rosenthal;* BGH NJW 1958, 17 f. = JZ 1958, 240 (241) mAnm *Steindorff* JZ 1958, 243; BGH NJW 1971, 1522 (1523); BGHZ 75, 172 (176) = NJW 1980, 522; KG IPRspr. 1934 Nr. 13; OLG Hamburg IPRspr. 1958/59 Nr. 43; WRP 1960, 189 (190); BayObLGZ 1986, 61 (64) = NJW 1986, 3029; OLG Hamm NJW-RR 1987, 990 = DB 1987, 1245; OLG Düsseldorf NJW-RR 1995, 1184 (1186); LG Aachen NZG 2007, 600 = IPRax 2008, 270 mAnm *Lamsa* IPRax 2008, 239; unrichtig LG Gießen GmbHR 1990, 352 = IPRspr. 1990 Nr. 248: es handele sich um eine „in der Bundesrepublik *gegründete* Gesellschaft".

[737] Vgl. zB Staub/*Burgard* HGB Vor § 17 Rn. 65; *Clausnitzer* NZG 2008, 321 (323); *Franz* BB 2008, 1250 (1253); früher schon *Beitzke,* Juristische Personen im Internationalprivatrecht und Fremdenrecht, 1938, 171; *Edlbacher,* Namensrecht, 1978, 46; *Ficker* RvglHWB IV 464; *Ficker* JZ 1953, 730; *Kegel/Schurig* IPR § 17 V 3; Düringer/Hachenburg/*Geiler* Allg. Einl. HGB Rn. 17 sub bb; KKRD/*Roth* HGB § 17 Rn. 26; Soergel/*Kegel* EGBGB Anh. Art. 12 Rn. 12; Staudinger/*Großfeld,* 1998, IntGesR Rn. 319 f.

[738] Wie hier *Borges* ZIP 2004, 733 (736) Fn. 52; *Ebert/Levedag* GmbHR 2003, 1337 (1339); *Rehberg* in Eidenmüller Ausl. KapGes. § 5 Rn. 31 (im Rahmen der von ihnen auch für EU-Briefkastengesellschaften befürworteten Sonderanknüpfung); für die Verwendung gleicher Anknüpfungspunkte auch *Kegel/Schurig* IPR § 17 V 3; Soergel/*Kegel* EGBGB Anh. Art. 12 Rn. 12; iErg ferner Hirte in Hirte/Bücker GrenzübGes § 1 Rn. 56 aE.

[739] Zutr. *Rehberg* in Eidenmüller Ausl. KapGes. § 5 Rn. 41; *Lamsa* IPRax 2008, 239 (244 f.); *Lamsa,* Die Firma der Auslandsgesellschaft, 2011; vgl. hierzu EuGH ECLI:EU:C:1999:126 Rn. 24, 26 = NJW 1999, 2027 –

dürfte dies für reine Briefkastengesellschaften ohne jeden realen Bezug zum Registerstaat feststehen. Soweit das **Recht des Gründungsstaates den Kaufmann genauso stark belastet** wie das Recht am Verwaltungssitz, liegt im Übrigen schon gar **keine Beschränkung** in dessen Anwendung; dies hat der **BGH** gerade zum Rechtsformzusatz nach Art. 4 Publizitäts-RL (heute Art. 26 GesR-RL) festgestellt.[740] Von einer Territorialanknüpfung des Firmenrechts geht im Übrigen auch der EU-Gesetzgeber aus, wie die Durchbrechung dieses Prinzips in Art. 48 RL 2009/65/EG[741] zeigt. Danach können OGAW für die Ausübung ihrer Tätigkeit in der EU die Bezeichnung nach dem Recht ihres Herkunftsstaates verwenden; nur bei Verwechslungsgefahr können die Staaten des Vertriebs einen erläuternden Zusatz zu der Bezeichnung vorschreiben. Aus dem Urteil Inspire Art (→ Rn. 93 f.) ergibt sich ebenfalls nichts gegen eine Anknüpfung an die Niederlassung. Danach sind die inländischen Gläubiger durch den Umstand hinreichend gewarnt, dass eine Gesellschaft als Auslandsgesellschaft und nicht als Inlandsgesellschaft auftritt.[742] Das mitgliedstaatliche Recht muss daher im Sinne einer **effektiven Ausgestaltung** des vom EuGH propagierten **Informationsmodells** (→ Rn. 9, → Rn. 93, → Rn. 342) befugt sein, den **Auslandsgesellschaften** ein eindeutiges Auftreten als solche vorzuschreiben.[743] Dass eine Auslandsgesellschaft als solche auftritt, ist freilich auch nach inländischem Firmenrecht geboten. Im Übrigen ist anerkannt, dass zur Konkretisierung **beschränkungsrechtfertigender Allgemeininteressen Art. 7 UMV** herangezogen werden kann.[744]

Die Rspr. gelangte für Gesellschaften trotz abweichender Qualifikation der Firmenberechtigung 199
(→ Rn. 197) bisher zum gleichen Ergebnis, wenn als Gesellschaftsstatut das Sitzrecht herangezogen wurde (Sitztheorie, → Rn. 379 ff., → Rn. 420 ff.). Zu Abweichungen gegenüber der hier vertretenen Auffassung kommt es indessen bei EU-ausländischen Gesellschaften mit inländischem Verwaltungssitz (→ Rn. 452 ff.), ferner bei Gesellschaften, die auf Grund staatsvertraglicher Kollisionsnorm (→ Rn. 284 ff., → Rn. 387) anzuerkennen sind. Für diese Unternehmen führt die hier vertretene gebietsbezogene Anknüpfung trotz ausländischen Gesellschaftsstatuts zur Maßgeblichkeit deutschen Firmenrechts.[745]

Wo die so ermittelte Rechtsordnung die Firmenfähigkeit von der **Kaufmannseigenschaft** 200
abhängig macht (so zB § 17 Abs. 1 HGB), so ist diese ebenfalls nach dem Statut der Firmenberechtigung zu beurteilen (zur Maßgeblichkeit des Wirkungsstatuts für die Kaufmannseigenschaft → Rn. 145 ff.). Dagegen unterliegt die **Rechtsfähigkeit** dem Personalstatut (Art. 7 Abs. 1 EGBGB für natürliche Personen, → EGBGB Art. 7 Rn. 15 ff.; für Gesellschaften → Rn. 512 ff.).[746]

Abzulehnen ist die singuläre Auffassung von *J. F. Baur,* wonach das **Firmenschutzstatut** 201
auch für die Namens- und Firmenberechtigung maßgeblich sein soll.[747] Nur diese einheitliche Anknüpfung von Firmenschutz und Firmenberechtigung sei notwendig und geeignet, eine rechtliche Gleichstellung von Ausländern und Inländern zu bewirken.[748] Darüber hinaus würden Schwierigkeiten bei der Abgrenzung von Entstehung und Schutz des Handelsnamens vermieden, wie sie durch die in den Rechtsordnungen unterschiedlichen Ausfüllungen der Begriffe Priorität, Verwechslungsgefahr, Schutzfähigkeit etc entstehen könnten.[749] Die Geltendmachung inländischer Namensschutzrechte erfordere zwingend, dass die Elemente dieses Schutzrechts, also zB der Begriff „Handelsname" durch die inländische Rechtsordnung ausgefüllt werden.[750] Diese begriffslogische Verknüpfung ist jedoch nicht nachweisbar. Sie beruht konstruktiv auf der Anknüpfung des Firmenschutzes an den Verletzungsort und der – grundsätzlich sinnvollen –

Centros; aA Staub/*Burgard* HGB Vor § 17 Rn. 53: aus der Niederlassungsfreiheit folge die Maßgeblichkeit des Gründungsrechts auch für die Firma; ebenso LG Aachen NZG 2007, 600 = IPRax 2008, 270 m. insoweit abl. Anm. *Lamsa* IPRax 2008, 239.

740 BGH NJW 2007, 1529 Rn. 11 – Einfamilienhaus m. Aufs. *Kindler* NJW 2007, 1785 = IPRax 2008, 42 m. Aufs. *Brinkmann* IPRax 2008, 30; dazu auch *Altmeppen* ZIP 2007, 889; *Schanze* NZG 2007, 533.

741 ABl. EG 2009 L 302, 32, ber. ABl. EU 2010 L 269, 27 (früher RL 85/611/EWG).

742 EuGH ECLI:EU:C:2003:512 Rn. 135 = NJW 2003, 3331 – Inspire Art.

743 So im Ansatz auch *Leible/Hoffmann* EuZW 2003, 677 (680 f.), die aber eine Verpflichtung zu Nationalitätshinweisen in der Firma als Beschränkung der Niederlassungsfreiheit betrachten (→ Rn. 248 ff.).

744 *Lamsa* IPRax 2008, 239 (244 f.) mit Verweis auf EuGH ECLI:EU:C:1999:230 Rn. 25 – Chiemsee; ferner *Lamsa* EWiR 2008, 377 (378) zu OGH ecolex 2008, 237.

745 So zB LG Aachen NZG 2007, 600 = IPRax 2008, 270 mAnm *Lamsa,* wo das deutsche Sachrecht aber an Art. 49, 54 AEUV (früher Art. 43, 48 EG-Vertrag) gemessen wird; vgl. auch Art. 10 FrHSchV D-USA; hierzu OLG Hamm WRP 1991, 497; 1992, 354 = IPRspr. 1991 Nr. 155; iErg auch *Rehberg* in Eidenmüller Ausl. KapGes. § 5 Rn. 41.

746 Vgl. BayObLGZ 1986, 61 (63 f.) = NJW 1986, 3029.

747 *Baur* AcP 167 (1967), 535 (557).

748 *Baur* AcP 167 (1967), 535 (556).

749 *Baur* AcP 167 (1967), 535 (552); sympathisierend auch Soergel/*Kegel* EGBGB Anh. Art. 12 Rn. 13.

750 *Baur* AcP 167 (1967), 535 (553).

Annahme, dass Firmenberechtigung und Firmenschutz nicht durch zwei unterschiedliche Rechtsordnungen beurteilt werden sollten.[751] Sie übersieht aber auch die Schwierigkeiten, die die Maßgeblichkeit des Verletzungsortsrechts hinsichtlich des Eintragungszwanges der Rechtsordnungen, in denen der Einzelkaufmann von seinem Firmenrecht Gebrauch macht, mit sich bringt.[752]

202 **c) Einzelfragen. aa) Firmenwahrheit und -unterscheidbarkeit.** Die inländischen Anforderungen an die Firmenwahrheit und -unterscheidbarkeit (§§ 18, 30 HGB) haben Auslandsgesellschaften mit gewerblicher Niederlassung im Inland nach der hier formulierten Anknüpfungsregel (→ Rn. 198) ohne weiteres zu erfüllen. Dafür spricht auch, dass so ein **kollisionsrechtlicher Gleichlauf** mit den Regeln zur **Bekämpfung irreführender Firmenbezeichnungen** nach §§ 1 ff. UWG, § 5 Abs. 2 MarkenG, § 15 Abs. 2 MarkenG hergestellt werden kann, da diese meist an die inländische gewerbliche Niederlassung als Verletzungsort anknüpfen werden. Eine Beschränkung der Niederlassungsfreiheit von EU-ausländischen Gesellschaften mit Verwaltungssitz im Inland liegt hierin nicht;[753] jedenfalls kann Art. 7 UMV als Maßstab für eine etwa als erforderlich erachtete Rechtfertigungsprüfung[754] herangezogen werden.[755]

203 **bb) Rechtsformzusätze.** Im Interesse des **Verkehrsschutzes** muss die Firma beschränkt haftender Verbände einen Zusatz enthalten, aus dem die Rechtsform der Gesellschaft und die Haftungsbeschränkung hervorgehen (vgl. § 19 Abs. 2 HGB, § 4 GmbHG, § 4 AktG). Diese Verpflichtung zur Führung eines Rechtsformzusatzes gilt auch für Auslandsgesellschaften mit Verwaltungssitz im Inland.[756] Die einschlägigen Vorschriften des inländischen Rechts sind im Wege der Substitution (→ Rn. 160 ff.) auf die entsprechenden Gesellschaftstypen des ausländischen Rechts anzuwenden.[757] In **Abgrenzung** dazu gilt für die **Rechtsscheinhaftung** wegen Fortlassung eines vorgeschriebenen Rechtsformzusatzes eine andere Kollisionsregel: Diese Haftung richtet sich nach dem Recht des **Ortes, an dem der Rechtsschein entstanden** ist und sich ausgewirkt hat.[758]

204 Auch der **Inhalt des Rechtsformzusatzes** folgt aus dem **inländischen Firmenrecht.**[759] Grundsätzlich ist die Rechtsform danach **vollständig und in der Originalsprache** zu bezeichnen.[760] **Abkürzungen** der ausländischen Rechtsform sind unzulässig, weil sie **nicht allgemein verständlich** sind. Das Erfordernis der Allgemeinverständlichkeit von Rechtsformabkürzungen ergibt sich aus § 19 Abs. 1 HGB, § 4 AktG, § 4 GmbHG. Für die Allgemeinverständlichkeit kommt es naturgemäß auf den Verständnishorizont des Publikums am inländischen Ort der gewerblichen Niederlassung an. Anderenfalls könnte der Rechtsformzusatz seine **Warnfunktion**[761] nicht erfüllen.[762] Dass Abkürzungen ausländischer Unternehmensformen außerhalb des Verständnishorizonts eines durchschnittlichen inländischen Verkehrsteilnehmers liegen, folgt schon daraus, dass ausländische Unternehmensformen bereits in der Langfassung den meisten Verkehrsteilnehmern nichts sagen werden. Im Unterschied zur Abkürzung kann die Langfassung aber immerhin eine gewisse Warnfunktion entfalten. Hinzu kommt, dass zahlreiche Abkürzungen nicht einmal die Zuordnung des Unternehmens zu einer bestimmten Rechtsordnung erlauben.[763]

---

751 Vgl. demgegenüber die in → Rn. 232 vorgenommene Unterscheidung.

752 Soergel/*Kegel* EGBGB Anh. Art. 12 Rn. 13 f.; Staudinger/*Großfeld,* 1998, IntGesR Rn. 319.

753 *Rehberg* in Eidenmüller Ausl. KapGes. § 5 Rn. 41.

754 So der Standpunkt des OLG München NZG 2007, 824 (825); LG Aachen NZG 2007, 600 = IPRax 2008, 270 mAnm *Lamsa* IPRax 2008, 239.

755 *Lamsa* IPRax 2008, 239 (244 f.); *Lamsa* EWiR 2008, 377 (378); näher MüKoHGB/Heidinger HGB Vor § 17 Rn. 32 ff.

756 *Ulmer* JZ 1999, 662 (663); *Kindler* NJW 2003, 1073 (1079); AG Bad Segeberg NZG 2005, 762 (764) (keine Verschleierung der Rechtsform); näher *Päßler,* Das Gebot zur Führung des Rechtsformzusatzes im Kapitalgesellschaftsrecht, 2017; dazu *Bachmann* ZHR 182 (2018), 603.

757 *Rehberg* in Eidenmüller Ausl. KapGes. § 5 Rn. 52 m. zutr. Hinweis auf Art. 1 Abs. 1 S. 2 Kapital-RL 1977; zu ihr → Rn. 32 ff.

758 BGH NJW 2007, 1529 Rn. 9 – Einfamilienhaus m. Aufs. *Kindler* NJW 2007, 1785 = IPRax 2008, 42 m. Aufs. *Brinkmann* IPRax 2008, 30; dazu auch *Altmeppen* ZIP 2007, 889; *Schanze* NZG 2007, 533; monographisch *Pässler,* Das Gebot zur Führung des Rechtsformzusatzes im Kapitalgesellschaftsrecht, 2017; auch → Rn. 637.

759 AA *Rehberg* in Eidenmüller Ausl. KapGes. § 5 Rn. 52: Gründungsrecht.

760 *Ulmer* JZ 1999, 662 (663); *Kindler* NJW 2003, 1073 (1079); aA *Rehberg* in Eidenmüller Ausl. KapGes. § 5 Rn. 54: Zulässigkeit der im Herkunftsstaat üblichen Abkürzungen.

761 EuGH ECLI:EU:C:1999:126 Rn. 36 = NJW 1999, 2027 – Centros; ECLI:EU:C:2003:512 Rn. 135 = NJW 2003, 3331 – Inspire Art.

762 Denn was das konkret angesprochene Publikum nicht verstehen kann, ist zur Individualisierung des Unternehmensträgers ungeeignet (im Anschluss an Staub/*Hüffer,* 4. Aufl. 1983, HGB § 17 Rn. 9).

763 Dies gilt für S. A., S. A. R. L., GmbH, Ltd.; vgl. *Leible/Hoffmann* EuZW 2003, 677 (680).

In Centros hat der EuGH aber gerade auf das Auftreten „als Gesellschaft englischen Rechts" abgestellt, nicht schlechthin auf das Auftreten als Auslandsgesellschaft.[764] Denn nur so lässt sich feststellen, ob die Gesellschaft überhaupt den Durchführungsbestimmungen zur Bilanz-RL 1978 und zur Zweigniederlassungs-Publizität nach Art. 28a ff. GesR-RL unterliegt, womit der EuGH aber gerade sein „Informationsmodell" (→ Rn. 9, → Rn. 93, → Rn. 387) begründet.[765]

Mangels Allgemeinverständlichkeit unterliegen ausländische Gesellschaften mit inländischem Verwaltungssitz somit einem **Verbot,** im Inland **abgekürzte Rechtsformzusätze** zu verwenden.[766] Auch soweit davon EU-ausländische Gesellschaften betroffen sind, verstößt dies nicht gegen höherrangiges Recht. Eine unzulässige Diskriminierung liegt schon deshalb nicht vor, weil die **Niederlassungsfreiheit kein Recht auf Irreführung** des Publikums beinhaltet,[767] und der EuGH selbst beim insoweit vergleichbaren wettbewerbsrechtlichen Irreführungsschutz nach der RL 84/450/EWG (heute RL 2006/114/EG) auf den **Verständnishorizont eines durchschnittlichen Rezipienten im jeweiligen Mitgliedstaat** abstellt.[768] 205

cc) Nationalitätshinweise. Nach hM sind ausländische Firmenbezeichnungen unter **Hinweis auf das Herkunftsland des Unternehmensträgers** zu verwenden.[769] Aus § 13e Abs. 2 S. 5 Nr. 4 HGB folgt nichts anderes.[770] Denn dort geht es nur um die Angabe des anwendbaren Rechts bei der Handelsregisteranmeldung (→ Rn. 939), nicht um das Firmenrecht, wie schon die systematische Stellung der Vorschrift im Abschnitt „Handelsregister" – und nicht im Abschnitt „Handelsfirma" – des Ersten Buches des HGB zeigt. Außerdem hat die Auslandsgesellschaft ohnehin ihre **Rechtsform** zum Handelsregister anzugeben (§ 13e Abs. 2 S. 5 Nr. 2 HGB), und zwar nach dem Recht und der Sprache des Heimatstaates. Denn eine von einer bestimmten nationalen Rechtsordnung losgelöste Rechtsform gibt es nicht.[771] Die gleiche Verpflichtung ergibt sich ohnehin bei der Pflichtangabe der Rechtsform nach den Durchführungsbestimmungen zur Verbraucherrechte-RL (Art. 5 Abs. 1 lit. b RL 2011/83/EU, Art. 6 Abs. 1 lit. b–d RL 2011/83/EU). im deutschen Recht Art. 246 § 1 Abs. 1 Nr. 1 EGBGB (Angabe der „Identität" des Anbieters, sogar mit Registereintragungsnummer). 206

Für **EU-ausländische Gesellschaften mit Verwaltungssitz im Inland** liegt darin **keine Beschränkung der Niederlassungsfreiheit.** Denn der EuGH sieht in einer **offenen, transparenten Firmierung** der EU-ausländischen Gesellschaft („Informationsmodell"; → Rn. 9, 93, 207, 342 f.) den entscheidenden Grund, weshalb **materielle Gläubigerschutzvorschriften** (zB ein Mindestkapital der Gesellschaft) **nicht erforderlich** sein sollen.[772] Hinzu kommt, dass nach Auffassung des EuGH nicht einmal bilanzielle Offenlegungspflichten geeignet sein sollen, die wettbewerbliche Stellung der betroffenen Gesellschaften zu beeinflussen.[773] Dann muss dies erst recht für Nationalitätshinweise in der Firma gelten.[774] Die Verpflichtung hierzu ist daher – mangels Wettbewerbsrelevanz – **keine die Unternehmen belastende Rechtsfolge** (→ Rn. 112). Andererseits ist auch ein **Geheimhaltungsinteresse** der Unternehmen hier **nicht ersichtlich.** Hinzu kommt, dass die Annahme einer Beschränkung der Niederlassungsfreiheit durch derartige 207

---

764 EuGH ECLI:EU:C:1999:126 Rn. 36 = NJW 1999, 2027 – Centros; ebenso EuGH ECLI:EU:C:2003:512 Rn. 135 = NJW 2003, 3331 – Inspire Art.

765 Insoweit zutr. *Rehberg* in Eidenmüller Ausl. KapGes. § 5 Rn. 62.

766 *Ulmer* JZ 1999, 662 (663); *Kindler* NJW 2003, 1073 (1079); aA *Rehberg* in Eidenmüller Ausl. KapGes. § 5 Rn. 54; Staub/*Koch/Harnos* HGB § 13d Rn. 28.

767 Vgl. zur „Lauterkeit des Handelsverkehrs" als Schranke der Niederlassungsfreiheit EuGH ECLI: EU: C: 2003: 512 Rn. 140 = NJW 2003, 3331 – Inspire Art; ferner *Forsthoff* in Hirte/Bücker GrenzübGes § 2 Rn. 49: Betrügereien nicht Teil des Wirtschaftslebens iSv Art. 2 EG.

768 EuGH ECLI:EU:C:2000:8 Rn. 29 = NJW 2000, 1173 – Lifting Creme; dazu *Lettl* GRUR Int 2004, 85 (87 f.).

769 OLG Saarbrücken NJW 1990, 647 (648) = IPRax 1990, 324 (325) re. Sp.; MüKoHGB/*Krafka* HGB § 13d Rn. 19; *Ulmer* JZ 1999, 662 (663); *Paefgen* DB 2003, 487 (490); *Kindler* NJW 2003, 1073 (1079); *Wessel/Zwernemann,* Die Firmengründung, 6. Aufl. 1994, Rn. 374; *Kögel* Rpfleger 1993, 8 (10); aA LG Göttingen NZG 2006, 274 Ls. = NotBZ 2006, 34 (35); Staub/*Koch/Harnos* HGB § 13d Rn. 29; Staub/*Burgard* HGB Vor § 17 Rn. 61.

770 So aber EBJS/*Zimmer* HGB Anh. § 17 Rn. 30.

771 EBJS/*Pentz* HGB § 13e Rn. 74; vgl. auch EuGH ECLI:EU:C:1988:456 Rn. 19 = NJW 1989, 2186 – Daily Mail; ECLI:EU:C:2002:632 Rn. 61 ff., 67 = NJW 2002, 3614.

772 EuGH ECLI:EU:C:1999:126 Rn. 36 = NJW 1999, 2027 – Centros; ECLI:EU:C:2003:512 Rn. 135 = NJW 2003, 3331 – Inspire Art; → Rn. 9, → Rn. 93; so iE auch *Rehberg* in Eidenmüller Ausl. KapGes. § 5 Rn. 59, 62.

773 EuGH ECLI:EU:C:2004:552 Rn. 53 = NZG 2005, 39 = ZIP 2004, 2134 – Springer.

774 Gleiche Einschätzung bei *Rehberg* in Eidenmüller Ausl. KapGes. § 5 Rn. 58, wonach die Nationalität jedenfalls für Vertragspartner mit Verbrauchereigenschaft kein Auswahlkriterium sein wird.

Nationalitätshinweise in einem nicht zu rechtfertigenden Widerspruch mit den durch das Unionsrecht selbst vorgeschriebenen Nationalitätshinweisen für bestimmte Waren stünde.[775]

208 Auch ein Verstoß gegen **Sekundärrecht** ist nicht erkennbar. Nach Art. 37 lit. c GesR-RL erstreckt sich zwar nur die Offenlegungspflicht für Nicht-EU-Gesellschaften unter anderem auf „das Recht des Staates, dem die Gesellschaft unterliegt" (im deutschen Recht § 13e Abs. 2 S. 5 Nr. 4 HGB, → Rn. 216, → Rn. 939). Diese Verpflichtung betrifft jedoch den Inhalt der Registeranmeldung, wie aus Art. 37 GesR-RL iVm Art. 36 GesR-RL sowie Art. 16 GesR-RL deutlich wird. Dass eine derartige Verpflichtung für EU-Gesellschaften fehlt – vgl. die insoweit abschließende Regelung in Art. 30 GesR-RL –, rechtfertigt deshalb nicht den Gegenschluss, das Erfordernis eines Nationalitätshinweises in der Firma der EU-Gesellschaft widerspreche der Richtlinie.[776] Firmenrechtliche Fragen sind ebenso wenig wie die Rechnungslegung (→ Rn. 192) Gegenstand der GesR-RL; die Firma gehört lediglich zu den Gegenständen der Offenlegung (Art. 30, 37 GesR-RL). Selbst wer dies bestreitet,[777] kommt nicht an der Erkenntnis vorbei, dass ein Nationalitätshinweis sogar noch einen geringeren informatorischen Wert besitzt – und damit einen geringeren potenziellen Eingriff in die wettbewerbliche Stellung der betroffenen Unternehmen (→ Rn. 217) – als die nach Art. 30 Abs. 1 lit. c Zweigniederlassungs-RL, Art. 36 Zweigniederlassungs-RL ohnehin verpflichtende Angabe des Registers der Hauptniederlassung. Eine über die Richtlinie hinausgehende Offenlegungspflicht ist daher auch unter diesem Gesichtspunkt nicht festzustellen.[778]

209 Dabei erfordert das EU-rechtliche **Diskriminierungsverbot** (Art. 18 AEUV) nicht, auch Gesellschaften inländischen Rechts zur Aufnahme eines Nationalitätshinweises in die Firma zu verpflichten.[779] Denn das Diskriminierungsverbot steht sachlich gerechtfertigten Unterscheidungen nicht entgegen. Insoweit ist bedeutsam, dass **bei Inlandsgesellschaften kein Bedürfnis für einen Nationalitätshinweis** besteht. Das inländische Publikum kann aus dem Ort der inländischen Handelsregistereintragung (Art. 21 GesR-RL) sowie aus dem Fehlen eines ausländischen Nationalitätshinweises ohne weiteres auf die Zugehörigkeit der Gesellschaft zum inländischen Recht schließen. Gleichermaßen ausgeprägte Geographiekenntnisse dürfte das inländische Publikum mit Blick auf die übrigen EU-Staaten im Durchschnitt nicht besitzen. **Unzulässig** wären nur die Gesellschaft **herabsetzende Zusätze** wie „formal ausländische Gesellschaft",[780] „Briefkastengesellschaft", „Scheinauslandsgesellschaft" usw,[781] **nicht aber** etwa Pflichtangaben über einen **inländischen Verwaltungssitz.** Daran hat der Rechtsverkehr schon deshalb ein legitimes Interesse, weil EU-ausländische Gesellschaften mit inländischem Verwaltungssitz in stärkerem Maße dem inländischen Recht unterliegen als solche ohne inländischen Verwaltungssitz.[782]

210 **dd) Firmeneinheit.** Der territorialen Anknüpfung unterliegt auch der – auf der **Identifizierungsfunktion** der Firma fußende – Grundsatz der Firmeneinheit. Danach können Handelsgesellschaften nur **Träger eines einzigen Unternehmens** sein und damit auch **nur eine Firma** führen.[783] Dies gilt auch für **EU-Auslandsgesellschaften mit Verwaltungssitz im Inland.** Denn die hiermit verbundene Begrenzung der Firmengestaltung ist als bloße **Niederlassungsmodalität**[784] keine Beschränkung der Niederlassungsfreiheit.[785] Durchbrochen wird der Grundsatz der Firmeneinheit lediglich im Hinblick auf die Firma der Zweigniederlassung (vgl. § 30 Abs. 3 HGB,

---

[775] Vgl. EuGH ECLI:EU:C:2002:633 = NJW 2002, 3609 – „Markenqualität aus deutschen Landen"; dazu *Leible* EuZW 2003, 25 (26) unter 2. aE.

[776] So aber *Leible/Hoffmann* EuZW 2003, 677 (680); *Brand* JR 2004, 89 (94); *Wachter* NotBZ 2004, 41 (43).

[777] So aber *Leible/Hoffmann* EuZW 2003, 677 (680); *Brand* JR 2004, 89 (94); *Wachter* NotBZ 2004, 41 (43).

[778] Ähnlich *Rehberg* in Eidenmüller Ausl. KapGes. § 5 Rn. 63.

[779] AA *Rehberg* in Eidenmüller Ausl. KapGes. § 5 Rn. 66.

[780] EuGH ECLI:EU:C:2003:512 = NJW 2003, 3331 – Inspire Art.

[781] *Rehberg* in Eidenmüller Ausl. KapGes. § 5 Rn. 66 f.

[782] Zur EG-Konformität dieser Unterscheidung innerhalb der EU-Auslandsgesellschaften vgl. nur *Eidenmüller* in Eidenmüller Ausl. KapGes. § 3 Rn. 24; *Rehberg* in Eidenmüller Ausl. KapGes. § 5 Rn. 41.

[783] BGHZ 67, 166 (167 ff.) = NJW 1976, 2163; Koch AktG § 4 Rn. 7; für eine territoriale Anknüpfung der Firmeneinheit iE auch *Rehberg* in Eidenmüller Ausl. KapGes. § 5 Rn. 41, 44 (da das Firmenrecht insoweit eine Eingriffsnorm enthalte).

[784] Vgl. EuGH ECLI:EU:C:1993:905 = NJW 1994, 121 – Keck; bestätigt ua durch EuGH ECLI: EU: C:2004:181 Rn. 37 = EuZW 2004, 439 – Karner; zur Bedeutung dieser Rspr. für eine teleologische Reduktion des Schutzbereichs der Niederlassungsfreiheit s. *Kindler* NJW 1999, 1993 (2000) zu Fn. 116; *Habersack,* Europäisches Gesellschaftsrecht, 3. Aufl. 2006, § 3 Rn. 5 ff.; *Ulmer* NJW 2004, 1201 (1207); *Eidenmüller* in Eidenmüller Ausl. KapGes. § 3 Rn. 10 ff.

[785] So auch *Rehberg* in Eidenmüller Ausl. KapGes. § 5 Rn. 45, wo mit Recht darauf hingewiesen wird, dass den Unternehmen die Verwendung unterschiedlicher „Ladenbezeichnungen" (gemeint sind wohl Geschäftsbezeichnungen) freisteht.

§ 50 Abs. 3 HGB), aber auch insoweit ist der mitgliedstaatliche Gesetzgeber in der Ausgestaltung frei (vgl. Art. 30 Abs. 1 lit. d GesR-RL).

ee) Firmenbeständigkeit. Im Interesse des **Erhalts** des in der Firma verkörperten **Wertes** (vgl. § 266 Abs. 2 A. I. 2 HGB – Aktivseite) darf der **Firmenkern** eines Unternehmens trotz eines Wechsels des Namens oder der Person des Inhabers (oder eines Gesellschafters) in bestimmten Fällen beibehalten werden (im deutschen Recht §§ 21, 22, 24 HGB – Grundsatz der Firmenbeständigkeit).[786] Als Einschränkung des Grundsatzes der Firmenwahrheit (→ Rn. 212) unterliegen auch die Regeln über die Firmenbeständigkeit dem Recht am **Ort der gewerblichen Niederlassung** des Unternehmens.[787] Für **EU-ausländische Gesellschaften mit Verwaltungssitz im Inland** liegt hierin **keine unzulässige Beschränkung der Niederlassungsfreiheit:** Soweit das inländische Recht weitergehende Durchbrechungen des Grundsatzes der Firmenwahrheit zulässt als das Gesellschaftsstatut, liegt schon gar keine die Gesellschaft belastende Rechtsfolge (→ Rn. 93) und damit keine Beschränkung der Niederlassungsfreiheit vor. Ist das inländische Recht hingegen strenger, so ist dies jedenfalls als bloße Niederlassungsmodalität gerechtfertigt (→ Rn. 210 aE). Das Gleiche gilt für Beschränkungen der Firmenfortführung im Interesse des Verkehrsschutzes (§ 23 HGB) und des Persönlichkeitsschutzes (§ 21 Abs. 1 HGB aE, § 24 Abs. 2 HGB).[788] 211

ff) Inländische Zweigniederlassungen. Die Firmenberechtigung der inländischen Zweigniederlassung eines ausländischen Unternehmens ist in zwei Schritten zu prüfen.[789] Zunächst muss die Zulässigkeit der Firma der **Hauptniederlassung** nach dortigem Recht (→ Rn. 198) geklärt werden. Dabei stellt sich noch nicht die Frage, ob die Firma des ausländischen Unternehmens dem inländischen Firmenrecht genügt und eine solche Firma nach inländischem Recht zulässig wäre. 212

Ist die Firma der Hauptniederlassung nach **dortigem Recht** wirksam **gebildet** worden, so hat das Registergericht in einem zweiten Prüfungsschritt zu untersuchen, ob diese Firma nach **inländischem Firmenrecht** zur Bildung der Firma der inländischen Zweigniederlassung **benutzt** werden darf.[790] Sachrechtlich ist hierfür insbesondere erforderlich, dass die Firma im Inland keine Verwechslungsgefahr hervorruft, die Firmenwahrheit (§ 18 Abs. 2 HGB) respektiert wird[791] und dass deutlich wird, dass es sich um die Firma einer Zweigniederlassung handelt („Zweigstellenzusatz").[792] Das gilt auch dann, wenn Haupt- und Zweigniederlassung die gleichen Firmen führen.[793] **Den Zweigniederlassungscharakter des Unternehmens geheim zu halten,** ist auch vor dem Hintergrund der Niederlassungsfreiheit **nicht** durch legitime Interessen des Unternehmensträgers **gerechtfertigt.**[794] Außerdem müssen inländische Zweigniederlassungen ausländischer Unternehmen Art und Umfang des Geschäftsbetriebes und die Verhältnisse des Geschäftsinhabers erkennen lassen.[795] Solche Hinweise müssen in deutscher Sprache erfolgen.[796] Ein Widerspruch zur Regelung der Zweigniederlassungs-Publizität liegt hierin nicht, weil diese bloß die Offenlegung der Firma betrifft (Art. 30 Abs. 1 lit. d GesR-RL und Art. 37 lit. g GesR-RL), nicht aber deren Bildung.[797] 213

Teilweise wird vertreten, die inländische Zweigniederlassung eines ausländischen Unternehmens könne ihre Firma nach dem maßgeblichen ausländischen Recht bilden. Diese Meinung[798] kann sich zwar auf den Grundsatz der Firmeneinheit berufen, wenn argumentiert wird, die inländische 214

---

786 Unberührt bleibt auch in diesen Fällen die Verpflichtung zur Führung eines wahrheitsgemäßen Rechtsformzusatzes nach § 19 Abs. 1 HGB, § 4 AktG, § 4 GmbHG.

787 AA *Rehberg* in Eidenmüller Ausl. KapGes. § 5 Rn. 46: Maßgeblichkeit des Gesellschaftsstatuts.

788 *Rehberg* in Eidenmüller Ausl. KapGes. § 5 Rn. 47.

789 Zum Folgenden s. MüKoHGB/*Krafka* HGB § 13d Rn. 16 ff. sowie *Bokelmann* ZGR 1994, 325 (328 ff.).

790 OLG München NZG 2011, 157; 2007, 824; KG NZG 2008, 80; 2004, 614; Staub/*Koch/Harnos* HGB § 13d Rn. 72; *Beitzke,* Juristische Personen im Internationalprivatrecht und Fremdenrecht, 1938, 172; *Wolff* IPR 113; Staudinger/*Großfeld,* 1998, IntGesR Rn. 321.

791 Hierzu BayObLGZ 1986, 61 (64) = NJW 1986, 3029; MüKoHGB/*Krafka* HGB § 13d Rn. 18; Staudinger/*Großfeld,* 1998, IntGesR Rn. 321; Staub/*Hüffer,* 4. Aufl. 1983, HGB § 13b aF Rn. 14.

792 Anders OLG Düsseldorf NZG 2017, 624; *Ebert/Levedag* GmbHR 2003, 1337 (1338); *Wachter* GmbHR 2003, 1254 (1256); vgl. auch die Begr. RegE zum Entwurf des Durchführungsgesetzes zur Zweigniederlassungs-RL (→ Rn. 32 ff.), BT-Drs. 12/3908, 15; MüKoHGB/*Krafka* HGB § 13d Rn. 18.

793 Anders LG Frankfurt a. M. BB 2005, 1297 mAnm *Wachter* BB 2005, 1289.

794 AA offenbar *Rehberg* in Eidenmüller Ausl. KapGes. § 5 Rn. 68; *Wachter* BB 2005, 1289 (1290).

795 *Wolff* IPR 113; aA *Rehberg* in Eidenmüller Ausl. KapGes. § 5 Rn. 27: Verstoß gegen die Zweigniederlassungs-RL (die aber – s. sogleich im Text – die Firmenbildung selbst nicht regelt).

796 Staudinger/*Großfeld,* 1998, IntGesR Rn. 321.

797 AA *Rehberg* in Eidenmüller Ausl. KapGes. § 5 Rn. 27; anders dann *Eidenmüller/Rehberg* ZVglRWiss 105 (2006), 427 (438): die RL beschränke sich auf die Publizität bestimmter Inhalte, lege die Inhalte selbst aber nicht fest.

798 Staub/*Koch/Harnos* HGB § 13d Rn. 22.

Zweigniederlassung sei Teil der ausländischen Gesellschaft und könne als solche keine abweichende Firma führen. Diese Autoren korrigieren jedoch eine Firmenbildung der Zweigniederlassung aus dem ausländischen Gesellschaftsstatut anschließend anhand des zwingenden inländischen Rechts.[799] Da das Firmenrecht insgesamt zwingend ist, erscheint demgegenüber eine unmittelbare Anknüpfung an den Sitz der Zweigniederlassung die einfachere und für den inländischen Rechtsverkehr interessengerechtere Lösung.

215 **gg) Beteiligung an inländischen Gesellschaften.** Beteiligt sich ein ausländisches Unternehmen in zulässiger Weise (→ Rn. 520 ff.) an einer inländischen Gesellschaft, so richtet sich die Firmenberechtigung dieser Gesellschaft nach inländischem Recht. Besonderheiten bestehen wiederum – wie im Fall der Zweigniederlassung (→ Rn. 212 ff.) – auf sachrechtlicher Ebene: Ausländische Gesellschaftszusätze sind in der Firma inländischer Personengesellschaften nur im Falle des § 19 Abs. 2 HGB zulässig, im Übrigen – insbesondere bei inländischen Kapitalgesellschaften – aber unzulässig.[800] Die deutsche Zweigniederlassung eines ausländischen Unternehmens kann freilich unter ihrer Firma *als Gesellschafterin* im deutschen Handelsregister eingetragen werden.[801]

216 **hh) Ordre public.** Ein Konflikt mit der deutschen öffentlichen Ordnung (Art. 6 EGBGB) ist nach der hier vertretenen territorialen Anknüpfung des Rechts der Firmenberechtigung an den Niederlassungsort (→ Rn. 198 ff.) nur noch im Hinblick auf die Firmenführung durch auslandsansässige Unternehmen vorstellbar. Dabei wird eine für die ordre public-Relevanz erforderliche **Inlandsbeziehung** (→ EGBGB Art. 6 Rn. 199 ff.) nicht schon in jedem Falle eines Firmengebrauchs gegenüber dem inländischen Handelsverkehr vorliegen (zB nicht schon bei Verwendung des Firmenbriefkopfes in der Korrespondenz mit inländischen Geschäftspartnern).[802]

217 **Inhaltlich** kommt ein ordre public-Verstoß nur bei **offensichtlicher Unvereinbarkeit mit wesentlichen Grundsätzen des deutschen Rechts** in Betracht, insbes. bei Unvereinbarkeit mit den Grundrechten des GG (näher bei Art. 6 EGBGB). Nimmt man diesen Maßstab ernst, so kann es nicht bei der früher hM bleiben, wonach die inländischen Grundsätze der Firmenwahrheit und Firmenklarheit schlechthin Bestandteil der inländischen öffentlichen Ordnung sind und sich stets gegenüber ausländischem Firmenrecht durchsetzen.[803] Bei genauerer Betrachtung steht auch die hierfür herangezogene instanzgerichtliche Rspr. nicht auf diesem Standpunkt. Die einschlägigen Urteile[804] gehen vielmehr meist ohne weiteres von der Anwendbarkeit deutschen Firmenrechts aus, sodass sich die ordre public-Frage von vornherein nicht stellt.[805]

218 Lediglich in BayObLGZ 1986, 61 (64)[806] heißt es, die Führung einer ausländischen Firma im Inland dürfe nicht gegen den ordre public (Art. 30 EGBGB aF = Art. 6 EGBGB aF) und auch nicht gegen den Grundsatz der Firmenwahrheit (§ 18 Abs. 2 HGB) verstoßen. Offenbar rechnet das Gericht den Grundsatz der Firmenwahrheit also nicht zur deutschen öffentlichen Ordnung. Auch dies ist unzutreffend. Die **Redlichkeit im Geschäftsverkehr,** wie sie nicht nur § 18 Abs. 2 HGB, sondern zB auch das gesamte UWG von dem Gewerbetreibenden verlangt, zählt zu den **wesentlichen Grundsätzen des deutschen Rechts** iSd Art. 6 S. 1 EGBGB.[807]

219 Entscheidend ist – und dieses Tatbestandsmerkmal wurde in der bisherigen Diskussion selten eigens angesprochen –, ob ein **erheblicher Verstoß** gegen die Grundsätze der Firmenwahrheit und Firmenklarheit im Sinne des deutschen Rechts vorliegt.[808] Dies ist nicht schon immer dann der Fall, wenn vom zwingenden inländischen Recht (hier: § 18 Abs. 2 HGB) abgewichen

---

[799] Staub/*Koch/Harnos* HGB § 13d Rn. 22.

[800] Näher *Bokelmann* ZGR 1994, 331 (339 f.); Hopt/*Hopt* HGB § 17 Rn. 50; *Rehberg* in Eidenmüller Ausl. KapGes. § 5 Rn. 53.

[801] OLG Bremen NZG 2013, 144 = EWiR 2013, 151 m. Kurzkomm. *Wachter.*

[802] Für Einzelfälle des Firmengebrauchs s. Hopt/*Hopt* HGB § 37 Rn. 2 und etwa BGHZ 75, 172 (176 ff.) = NJW 1980, 522.

[803] Staudinger/*Großfeld,* 1998, IntGesR Rn. 320; *Wolff* IPR 113; wohl auch KKRD/*Roth* HGB § 17 Rn. 26; *Kögel* DB 2004, 1763 (1765) re. Sp.

[804] KGJ 42, 160; LG Hagen NJW 1973, 2162 = IPRspr. 1973 Nr. 22; BayObLGZ 1972, 277 = NJW 1972, 2185 – Rohé; BayObLGZ 1978, 62 (65 f.) = AG 1978, 349 – Celdis; BayObLGZ 1986, 61 (64) = IPRax 1986, 368 mAnm *Großfeld* IPRax 1986, 351 = NJW 1986, 3029; BayObLGZ 1986, 351 (361 f.) = WM 1986, 1557; OLG Hamm NJW-RR 1987, 990 = DB 1987, 1245; OLG Köln DtZ 1991, 27 (28); OLG Stuttgart WRP 1991, 525 (526); OLG Hamm WRP 1992, 354 (355).

[805] Den ordre public einer ausländischen Rechtsordnung hat das deutsche Gericht grds. nicht zu wahren (nur → EGBGB Art. 6 Rn. 74 ff.).

[806] Abdruck auch in NJW 1986, 3029; OLG München NZG 2007, 824 (825); Staub/*Koch/Harnos* HGB § 13d Rn. 22; → Rn. 239.

[807] *Lamsa* IPRax 2008, 239 (244 f.).

[808] *Kögel* DB 2004, 1763 (1765) bei Fn. 24; zur Erheblichkeit des ordre public-Verstoßes → Art. 6 Rn. 78.

wird.[809] Nur eklatante ordre public-Verstöße werden nicht hingenommen. Deshalb waren etwa reine Phantasiefirmenbezeichnungen (Verstoß gegen § 18 Abs. 2 HGB aF) nicht zu beanstanden.[810] Die im Jahre 1998 erfolgte Liberalisierung des Firmenrechts (§ 18 HGB nF)[811] hat gezeigt, dass das Verbot von Phantasiebezeichnungen nicht zum Kernbestand des zwingenden deutschen Firmenrechts gehörte und abweichendes ausländisches Recht deshalb nicht wesentlich gegen deutsche Gerechtigkeitsvorstellungen verstieß.

d) Haftung aus Firmenfortführung und Vermögensübernahme. aa) Firmenfortführung. Ein Wechsel des Unternehmensträgers kann sich nach deutschem Recht durch Veräußerung, Vererbung oder Einbringung des (einzelkaufmännischen) Unternehmens in eine Handelsgesellschaft vollziehen (vgl. §§ 25–28 HGB).[812] Wird hierbei die bisherige Firma beibehalten, so entscheidet das **Recht am Ort der gewerblichen Niederlassung** als Firmenstatut (→ Rn. 198 ff.) über den Übergang von Rechten und Pflichten aus dem Handelsgeschäft,[813] und zwar unabhängig von der Rechtsform der beteiligten Unternehmensträger.[814] Auf das Gesellschaftsstatut der beteiligten Unternehmen kommt es auch beim **Anteilskauf** (share deal) nicht an.[815] § 25 HGB erfasst sachrechtlich nur den Unternehmenswechsel im Wege der **Vermögensübertragung** (asset deal); in diesen Fällen sind Veräußerer und Erwerber **nach Art. 8 Nr. 1 Brüssel Ia-VO gerichtspflichtig.**[816] 220

Findet nach diesen Anknüpfungsgrundsätzen deutsches Recht Anwendung, so ist auch die **Kaufmannseigenschaft** des Veräußerers – als Voraussetzung für das Vorliegen eines „Handelsgeschäfts" – nach deutschem Recht zu prüfen (zur Kaufmannseigenschaft als unselbstständige Teilfrage → Rn. 136, → Rn. 145 ff.).[817] Da für die Haftung aus §§ 25, 27 HGB unerheblich ist, ob die fortgeführte Firma selbst zulässig ist,[818] ob Zusätze fehlen oder geboten wären[819] oder ob die notwendige Einwilligung des Veräußerers vorliegt (vgl. § 22 HGB), kommt auch eine Sonderanknüpfung der **Firmenberechtigung** (→ Rn. 196 ff.) nicht in Betracht; allenfalls führt auch sie nach der hier vertretenen Anknüpfungsregel (Ort der gewerblichen Niederlassung, → Rn. 198) zum deutschen Recht. Die §§ 25 und 28 HGB und bis zu seiner Aufhebung § 419 BGB aF kommen daher immer dann zur Anwendung, wenn die Niederlassung des kaufmännischen Unternehmens im Gebiet der BRepD liegt, unabhängig vom Heimatrecht der am Unternehmenswechsel Beteilig- 221

809 Zurückhaltend auch Staub/*Burgard* HGB Vor § 17 Rn. 57, 59 f.; s. allg. BGH NJW 1992, 3101 und → EGBGB Art. 6 Rn. 55 mwN.

810 *Bokelmann* ZGR 1994, 325 (335 f.).

811 IdF des HRefG 1998, BGBl. 1998 I 1474; hierzu BR-Drs. 340/97, 52 ff.

812 Zur Rechtslage in anderen Staaten *Domke,* Die Veräußerung von Handelsgeschäften. Ein rechtsvergleichender Beitrag zur Lehre von kaufmännischen Unternehmen, 1922 (Nachdruck 1970); *Koumantos,* Erwerberhaftung bei Unternehmensveräußerungen. Rechtsvergleichende Studien zur Verdinglichung des Gläubigerrechts, 1955; *Merkt* RIW 1995, 533 (534 ff.); teilweise rechtsvergleichend auch *Eisemann* AcP 176 (1976), 487 ff.; *Meier* ZVglRWiss 84 (1985), 54 ff.; *Tiedemann,* Die Haftung aus Vermögensübernahme im internationalen Recht, 1995; zu USA und Frankreich s. *Busch/Müller* ZVglRWiss 94 (1995), 157 (169 f.); zu Frankreich *Sonnenberger* FrHWiR, 2. Aufl. 1991, Rn. IV 9 und OLG Hamm RIW 1999, 621 (622 f.); zu Italien *Kindler* ItHWiR, 2. Aufl. 2014, § 2 Rn. 15 ff.; s. iÜ etwa § 1419 ABGB, Art. 181 OR, Art. 2558 C. c. it.

813 HM, BGH NZG 2014, 511 Rn. 13; dazu *Kramme* IPRax 2015, 225; RGZ 60, 296 (297); RG BöhmsZ 15, 305 (306 ff.); 22, 558 (559 f.); OLG Hamm RIW 1999, 621 (622) (implizit); tendenziell auch OGH IPRax 2015, 541 Rn. 22 m. Aufs. *M. Lehmann* IPRax 2015, 495; wie im Text auch *Bachmeier/Englich* RIW 2022, 421 (422); *Ficker* RvglHWB IV 464; *Nußbaum* IPR 210; *Wolff* IPR 154; *Göthel* in Reithmann/Martiny IntVertragsR Rn. 33.79; Staub/*Brüggemann,* 4. Aufl. 1983, Einl. HGB Rn. 43; Düringer/Hachenburg/*Geiler* HGB Allg. Einl. Anm. 17 sub cc; *Frankenstein* IPR II 412 will nur sekundär an die Niederlassung anknüpfen; unklar *Neuhaus* IPR 135 Fn. 391; aus neuerer Zeit s. *v. Hoffmann* IPRax 1989, 175; *v. Bar* IPRax 1991, 197 (199); *Tiedemann,* Die Haftung aus Vermögensübernahme im internationalen Recht, 1995, 74 f.; *Busch/Müller* ZVglRWiss 94 (1995), 157 (178); *Meyer-Sparenberg* WiB 1995, 849 (854 f.); *Mankowski* EWiR 1996, 29 (30); *Picot/Land* DB 1998, 1601 (1604); *Freitag* ZHR 174 (2010), 429; in der Rspr. s. OLG Düsseldorf NJW-RR 1995, 1184 (m. unzutr. Begr.) = EWiR 1996, 29 *(Mankowski).*

814 *Schnelle* RIW 1997, 281 (285); aA *Rehberg* in Eidenmüller Ausl. KapGes. § 5 Rn. 50 (gesellschaftsrechtliche Qualifikation und Gründungsanknüpfung).

815 *Rehberg* in Eidenmüller Ausl. KapGes. § 5 Rn. 48; missverständlich *Busch/Müller* ZVglRWiss 94 (1995), 157 (179): „regelmäßig wird die Anknüpfung deshalb zum Gesellschaftsstatut der veräußernden Gesellschaft führen." Die Maßgeblichkeit derselben Rechtsordnung beruht lediglich auf der Verwendung ähnlicher Anknüpfungspunkte für das Statut der Haftung aus Firmenfortführung und das Gesellschaftsstatut.

816 *Bachmeier/Englich* RIW 2022, 421.

817 Zutr. insoweit OLG Düsseldorf NJW-RR 1995, 1184 = EWiR 1996, 29 *(Mankowski),* wo die Kaufmannseigenschaft des Veräußerers – eine ausländische Gesellschaft – nach § 6 Abs. 1 HGB geprüft wurde.

818 BGHZ 22, 234 (237) = NJW 1957, 179.

819 BGH NJW 1986, 582; OLG Frankfurt NJW 1980, 1397; OLG Bremen NJW-RR 1989, 424.

ten.[820] Die genannten Vorschriften sind keine Eingriffsnormen iSd Art. 9 Rom I-VO bzw. Art. 16 Rom II-VO, sondern Teil eines vom Forderungsstatut getrennten Statuts der Haftung aus Firmenfortführung oder Vermögensübernahme.[821]

222 Im Schrifttum hat *Freitag* die Anwendung der **Erwerberhaftung** nach §§ 25–28 HGB in internationalen Sachverhalten wegen des Inkrafttretens der Rom I-VO und der Rom II-VO neu bewertet.[822] Dabei geht es um Konstellationen, bei denen die Statute der im Betrieb des Handelsgeschäfts begründeten Verbindlichkeiten und Forderungen und das an die Belegenheit des Betriebs anknüpfende Statut der Erwerberhaftung auseinanderfallen. Im Ausgangspunkt zutreffend betrachtet *Freitag* die Erwerberhaftung (§ 25 Abs. 1 S. 1 HGB) und den Schuldnerschutz (§ 25 Abs. 1 S. 2 HGB) getrennt. Hinsichtlich des **Schuldnerschutzes** – befreiende Wirkung der Zahlung des Schuldners an den Erwerber auch bei fehlender Forderungsabtretung – befürwortet *Freitag* die Anwendung des **Forderungsstatuts** Das liegt wegen des Erlöschens der Forderung nahe (Art. 12 Abs. 1 lit. d Rom I-VO, Art. 15 lit. h Rom II-VO) und entspricht auch dem Rechtsgedanken des Art. 14 Abs. 2 Rom I-VO (Schuldnerschutz nach Maßgabe des Forderungsstatuts).[823] Der Schuldnerschutz nach § 25 Abs. 1 S. 2 HGB greift danach nur bei Maßgeblichkeit des deutschen Rechts als Forderungsstatut ein, also zB – vorbehaltlich einer abweichenden Rechtswahl – bei einer im Betrieb begründeten Kaufpreisforderung gegen einen auslandsansässigen Käufer (Art. 4 Abs. 1 lit. a Rom I-VO). Hinsichtlich der **Erwerberhaftung** befürwortet *Freitag* zwar die traditionelle und auch hier in → Rn. 220 f. vertretene Anknüpfung an die Niederlassung des kaufmännischen Unternehmens;[824] er will aber – im Sinne eines Gleichlaufs mit dem Statut des Schuldnerschutzes – die Erwerberhaftung nach **§ 25 Abs. 1 S. 1 HGB sachrechtlich auf solche Verbindlichkeiten beschränken, die dem deutschen Recht unterliegen.**

223 Der von *Freitag* vorgeschlagenen sachrechtlichen Beschränkung der Haftung nach § 25 Abs. 1 S. 1 HGB auf solche Verbindlichkeiten, die dem deutschen Recht unterliegen, ist **nicht zu folgen.** Wegen der zweifelhaften rechtspolitischen Berechtigung der Erwerberhaftung nach § 25 HGB verdient zwar jeder Versuch von deren Begrenzung Sympathie.[825] Dabei kann aber nicht sachgerecht nach dem kollisionsrechtlichen Statut der Verbindlichkeit unterschieden werden. Die Gläubiger des Veräußerers sind nicht deshalb weniger schutzwürdig, weil ihre Forderung einem ausländischen Schuldstatut unterliegt. Das kollisionsrechtliche Statut der Verbindlichkeit ist im Lichte keiner der zu § 25 HGB vertretenen Normzwecke[826] von Bedeutung. Hinzukommt, dass die von *Freitag* vorgeschlagene Beschränkung wegen der **Regelanknüpfung an den gewöhnlichen Aufenthalt** bei den wichtigsten Vertragstypen (Art. 4 Abs. 1 lit. a, b, e, f, Abs. 2 Rom I-VO) und an den Schadensort im internationalen Deliktsrecht (Art. 4 Abs. 1 Rom II-VO) typischerweise auslandsansässige Gläubiger treffen würde, deren **Diskriminierung** freilich EU-rechtlichen Bedenken unterliegt (Art. 18 AEUV).[827] Auch ein Verstoß gegen die Warenverkehrsfreiheit (Art. 34 AEUV) kommt in Betracht, wenn ein Staat Forderungen der in seinem Hoheitsgebiet ansässigen Gläubiger typischerweise besser behandelt als Forderungen von im EU-Ausland ansässigen Gläubigern (→ Rn. 106).[828]

224 **bb) Vermögensübernahme.** Den gleichen Anknüpfungsregeln unterliegt im Grundsatz die Haftung aus Vermögensübernahme (vgl. im deutschen Recht § 419 BGB aF[829]). Sie ist von einer Fortführung der Firma unabhängig; kollisionsrechtlich ist deshalb die **Belegenheit des Haftungssubstrats** im Zeitpunkt der Übernahme maßgeblich (→ Rom I-VO Art. 15 Rn. 31, → Rom I-VO Art. 15 Rn. 32 ff.).[830] Damit wird meist ein kollisionsrechtlicher Gleichlauf zur Haftung aus

---

820 BGH NZG 2014, 511 Rn. 13; dazu *Kramme* IPRax 2015, 225; zur kollisionsrechtlichen Irrelevanz des Heimatrechts schon RG JW 1905, 320 (321); *Frankenstein* IPR II 271; *Nußbaum* IPR 210 Fn. 7.

821 Vgl. OGH IPRax 2015, 541 Rn. 19 ff.; aA *M. Lehmann* IPRax 2015, 497 (498 f.).

822 *Freitag* ZHR 174 (2010), 429.

823 Staudinger/*Hausmann*, 2016, Rom I-VO Art. 14 Rn. 42.

824 *Freitag* ZHR 174 (2010), 429 (446); so zuletzt BGH NZG 2014, 511 Rn. 13; dazu *Kramme* IPRax 2015, 225.

825 *Kindler*, Grundkurs Handels- und Gesellschaftsrecht, 9. Aufl. 2019, § 5 Rn. 32.

826 *Kindler*, Grundkurs Handels- und Gesellschaftsrecht, 9. Aufl. 2019, § 5 Rn. 29 ff.

827 Zu denken ist dabei an die Fallgruppe der versteckten Diskriminierung durch Anknüpfung an den Wohnsitz, EuGH ECLI:EU:C:2003:456 Rn. 13; auch juristische Personen können sich auf Art. 18 AEUV berufen: EuGH Slg. 1993, I-5145 Rn. 30.

828 Vgl. ECLI:EU:C:2013:412 Rn. 35 = EuZW 2013, 664 – Impacto Azul (Niederlassungsfreiheit); dazu *M. Lehmann* LMK 2013, 352735.

829 Ersatzlos aufgehoben mit Wirkung vom 31.12.1998 durch Art. 33 Nr. 16 EGInsO.

830 *Busch/Müller* ZVglRWiss 94 (1995), 157 (177 ff., 181); *Kegel/Schurig* IPR § 18 VII 3; *Frankenstein* IPR II 271; *Picot/Land* DB 1998, 1601 (1604); OLG Hamm RIW 1999, 621 (622); wohl auch BGH NJW 1981, 2642 (2643), wonach das für die Vermögensübertragung maßgebliche Recht die Übernehmerhaftung bestimmt. Ob eine Vermögensübertragung (Übereignung) erfolgte, beurteilt sich nach dem Belegenheitsrecht der davon betroffenen Gegenstände, vgl. → Art. 43 Rn. 83 ff.; *Bruch*, Erwerberhaftung kraft Gesetzes

Firmenfortführung (→ Rn. 220) erzielt und vorhandene Wertungszusammenhänge zwischen den beiden Instituten bleiben bestehen.[831] Probleme entstehen, wenn die einzelnen **Vermögensstücke in verschiedenen Ländern** belegen sind. Nach der Belegenheitsregel würden verschiedene Rechtsordnungen über die Haftung aus Vermögensübernahme entscheiden. Denkbar ist dann, dass nach einer der anzuwendenden Rechtsordnungen die Haftung bejaht wird, nach einer anderen hingegen nur eingeschränkt oder überhaupt nicht gehaftet wird.[832] Hier liegt die Lösung im Sachrecht: Das Belegenheitsstatut des Haftungssubstrats bleibt maßgeblich, aber eine von dieser Rechtsordnung angeordnete Haftung ist auf das in ihrem Geltungsbereich belegene Vermögen begrenzt. Der Übernehmer haftet sonach nach Maßgabe der Rechtsordnung jedes dieser Staaten pro rata des dort belegenen Vermögens.[833] Gehören zu dem Handelsgeschäft auch **ausländische Zweigniederlassungen,** die in Staaten belegen sind, deren Rechtsordnung eine vom Statut der Hauptniederlassung abweichende Regelung enthält, so wird die Haftung für die in der Zweigniederlassung begründeten Verbindlichkeiten nach dortigem Recht beurteilt.[834]

Andere Anknüpfungsregeln, die den Gleichlauf mit der Anknüpfung der Haftung aus Firmenfortführung aufgeben, sind **abzulehnen.** Gegen die **Maßgeblichkeit des Forderungsstatuts**[835] spricht schon, dass die Haftung im Hinblick auf das in einem Staat belegene Vermögen einheitlich beurteilt werden muss.[836] Auch gibt es entgegen dem BGH[837] keinen kollisionsrechtlichen Grundsatz des Inhalts, dass „der Gläubiger gegen dritte Personen aus seiner Forderung keine anderen Rechte (hat) als diejenigen, die ihm von der Rechtsordnung zuerkannt werden, der seine Forderungen gegen den Schuldner unterliegt". Wie *Tiedemann*[838] nachgewiesen hat, gibt es im IPR zahlreiche Anknüpfungen einer Dritthaftung (zB des Bürgen, des Gesellschafters, des Vertreters ohne Vertretungsmacht usw), die zu für den Gläubiger günstigeren Regelungen führen, als sie das Statut der Hauptverbindlichkeit enthält. Außerdem trat die Haftung aus § 419 BGB aF ex lege ein, wohingegen das Forderungsstatut im Regelfall vertragliche Ansprüche des Gläubigers gegen den Vermögensveräußerer zum Inhalt haben wird.[839] – Teilweise wird vertreten, dass das **Statut des schuldrechtlichen Übernahmevertrages** zwischen dem Veräußerer und dem Erwerber auch über den Gläubigerschutz durch § 419 BGB aF oder funktionsgleiche Vorschriften des ausländischen Rechts bestimmen solle.[840] Dagegen spricht schon die zwingende Natur der Haftung des Übernehmers (vgl. § 419 Abs. 3 BGB aF). Die für den schuldrechtlichen Übernahmevertrag bestehende Parteiautonomie (Art. 3 Rom I-VO) bezieht sich nicht auf zwingende Vorschriften zum Schutze Dritter.[841] – Schließlich **überzeugt** auch eine Anknüpfung an den **gewöhnlichen Aufenthalt des Veräußerers nicht.**[842] Zwar ist diese Anknüpfungstatsache leicht feststellbar und sie führt zu einem einheitlichen Statut.[843] Sie steht aber in **keinem Zusammenhang** zum – auch kollisionsrechtlich beachtlichen – **Normzweck der Vermögensübernahmehaftung.** Diese Haftung ist vermögens- und nicht personenbezogen. Sie betrachtet Schulden als Lasten des Vermögens, die bei dessen Übertragung mit 225

bei Unternehmens- und Vermögensveräußerung, 1962, 190 ff.; *Göthel* in Reithmann/Martiny IntVertragsR Rn. 33.76.

831 Für eine einheitliche Anknüpfung der Haftung aus Firmenfortführung und Vermögensübernahme jedenfalls bei Unternehmensübertragungen auch *Busch-Müller* ZVglRWiss 94 (1995), 157 (181).

832 Näher *Göthel* in Reithmann/Martiny IntVertragsR Rn. 33.77 f.

833 *Kegel/Schurig* IPR § 18 VII 3; *Göthel* in Reithmann/Martiny IntVertragsR Rn. 33.77 f.; *Bruch,* Erwerberhaftung kraft Gesetzes bei Unternehmens- und Vermögensveräußerung, 1962, 195 f.; *Schwind* FS v. Caemmerer, 1978, 756 ff.; *Picot/Land* DB 1998, 1601 (1604).

834 *Frankenstein* IPR II 412; ebenso Düringer/Hachenburg/*Geiler* HGB Allg. Einl. Rn. 17 sub cc.

835 MM, zB OLG Koblenz IPRax 1989, 175; wN → Rom I-VO Art. 15 Rn. 35.

836 *Schnelle* RIW 1997, 281 (283); wie hier iErg auch *Ebenroth/Offenloch* RIW 1997, 1 (7 f.);OGH IPRax 2015, 541 Rn. 29 ff. m. Aufs. *M. Lehmann* IPRax 2015, 495.

837 BGHZ 78, 318 (322) = NJW 1981, 522 zur Gläubigeranfechtung.

838 *Tiedemann,* Die Haftung aus Vermögensübernahme im internationalen Recht, 1985, 89; hierzu *Schnelle* RIW 1997, 281 (283).

839 Auf diesen Unterschied macht *v. Hoffmann* aufmerksam, IPRax 1989, 175, Anm. zu OLG Koblenz 7.4.1988, BeckRS 1988, 07434; aA *Busch/Müller* ZVglRWiss 94 (1995), 157 (166 f.).

840 So *Girsberger* ZVglRWiss 88 (1989), 31 (42), nicht aber – entgegen *Schnelle* RIW 1997, 281 (282) – BGH NJW 1981, 2642 (2643), wo das dingliche Geschäft zwischen dem Veräußerer und dem Übernehmer gemeint ist; zutr. *Göthel* in Reithmann/Martiny IntVertragsR Rn. 33.77 f.

841 Näher *Busch/Müller* ZVglRWiss 94 (1995), 157 (160 f.); *Schnelle* RIW 1997, 281 (283).

842 So *v. Hoffmann* IPRax 1989, 175; *Ebenroth/Offenloch* RIW 1997, 1 (8).

843 *v. Hoffmann* IPRax 1989, 175; *Tiedemann,* Die Haftung aus Vermögensübernahme im internationalen Recht, 1985, 58, 120 ff.; für das Aufenthaltsrecht des Veräußerers bei Übertragung nichtgewerblichen Vermögens auch *Busch/Müller* ZVglRWiss 94 (1995), 157 (168 f.) – allerdings nur für den Fall, dass das Aufenthaltsrecht zugleich Forderungsstatut ist.

übergehen müssen.[844] Dieser Normzweck spricht für die hier (→ Rn. 224) befürwortete Anknüpfung an die Belegenheit des Haftungssubstrats.[845]

226 **cc) Unternehmenswechsel im Erbgang.** Die handelsrechtliche Erbenhaftung im Falle der Geschäftsfortführung (vgl. § 27 HGB) unterliegt dem **Recht am Ort der gewerblichen Niederlassung.**[846] Die generelle Geltung des Erbstatuts für die Erbenhaftung (vgl. im deutschen Recht § 1967 BGB)[847] wird insoweit verdrängt. Daraus folgt namentlich, dass eine nach dem anwendbaren Erbrecht bestehende Beschränkung der Erbenhaftung (s. im deutschen Recht die §§ 1973, 1975 ff., 1990, 2013 BGB) den Erben nicht vor einer Inanspruchnahme aus § 27 HGB schützt. Die Begründung einer **eigenständigen Haftungsgrundlage ohne Rücksicht auf erbrechtliche Beschränkungen** ist gerade der Normzweck des § 27 HGB.[848] Selbst bei – hier abgelehnter – erbrechtlicher Qualifikation unterliegt § 27 HGB – in Durchbrechung des Erbstatuts – der Belegenheitsanknüpfung nach Art. 30 EuErbVO. Nach dieser Kollisionsnorm sind auf die Rechtsnachfolge von Todes wegen besondere Regelungen im Recht eines Staates, in dem sich bestimmte unbewegliche Sachen, Unternehmen oder andere besondere Arten von Vermögenswerten befinden, anzuwenden, die die Rechtsnachfolge von Todes wegen in Bezug auf jene Vermögenswerte ua aus „wirtschaftlichen Erwägungen" beschränken oder berühren; vorausgesetzt ist, dass sie nach dem Recht dieses Staates unabhängig von dem auf die Rechtsnachfolge von Todes wegen anzuwendenden Recht anzuwenden sind. Dies ist bei § 27 HGB der Fall. Die firmenrechtliche Erbenhaftung setzt tatbestandlich allerdings voraus, dass der Betreffende Erbe ist. Über diese Vorfrage entscheidet nicht das Recht am Ort der gewerblichen Niederlassung, sondern das Erbstatut (zu dessen Bestimmung s. Art. 20 ff. EuErbVO und Art. 25 EGBGB).

227 **dd) Öffentliche Ordnung.** Die Geltung der Belegenheitsregel für den Fall der Einbringung eines Handelsgeschäfts in eine OHG oder KG (vgl. § 28 HGB) wird nach einer im Schrifttum zum Teil vertretenen Auffassung abgelehnt, soweit es um den Übergang der Forderungen des bisherigen Einzelkaufmanns auf die Handelsgesellschaft geht.[849] Sind von diesem Vorgang inländische Schuldner betroffen und fehlt in der Rechtsordnung des ausländischen Niederlassungsstaates eine dem § 28 Abs. 1 S. 2 HGB entsprechende Vorschrift, so soll gleichwohl die Anwendung dieser Bestimmung aus Art. 6 EGBGB (öffentliche Ordnung) gerechtfertigt sein. Im Ergebnis führt diese Auffassung zu einer Ungleichbehandlung der ausländischen Schuldner, indem sie die Frage des Forderungsübergangs von der Zufälligkeit einer dem § 28 Abs. 1 S. 2 HGB entsprechenden Regelung abhängig macht. Im Übrigen werden Gläubiger und Schuldner der Gesellschaft, weil nur § 28 Abs. 1 HGB Anwendung finden soll, nach möglicherweise unterschiedlichem Recht behandelt. Das erscheint insbesondere dann fragwürdig, wenn der Schuldner der neu gegründeten Gesellschaft zugleich aus einem anderen Rechtsverhältnis auch deren Gläubiger ist.

228 **5. Prokura und Handlungsvollmacht. a) Anknüpfung an die Niederlassung des vertretenen Unternehmens.** Besondere handelsrechtliche Vollmachten (Prokura, Handlungsvollmacht) können sowohl von Einzelkaufleuten wie von Handelsgesellschaften erteilt werden (vgl. im deutschen Recht § 48 Abs. 1 HGB).[850] Eine gesetzliche Regelung der iprechtlichen Anknüpfung von Vollmacht und Vertretungsmacht enthält seit 17.6.2017 Art. 8 EGBGB (vgl. Art. 1 Abs. 2 lit. g Rom I-VO). Soweit es an einer **Rechtswahl** fehlt (Art. 8 Abs. 1 EGBGB),[851] nimmt Art. 8 Abs. 5 EGBGB grds. eine territoriale **Anknüpfung** vor, und zwar am Gebrauchsort der Vollmacht.[852] Dies führt regelmäßig zum Recht des Landes, in dem das Vertretergeschäft vorgenommen werden soll (sog. Wirkungsland).[853] Für kaufmännische Vollmachten wird häufig eine konkludente Rechtswahl in

[844] Vgl. BGHZ 122, 297 (301) = NJW 1993, 1851: Aktivvermögen als „natürliche Grundlage" des Kredits einer Person; *Wilburg* FS Larenz, 1973, 661 (663 f.).

[845] Krit. zur Aufenthaltsanknüpfung auch *Schnelle* RIW 1997, 281 (283).

[846] *Freitag* ZHR 174 (2010), 429 (435) m. Fn. 22, 446.

[847] Zu dieser kollisionsrechtlichen Einordnung der Erbenhaftung s. Art. 23 Abs. 2 lit. g EuErbVO.

[848] *Kindler,* Grundkurs Handels- und Gesellschaftsrecht, 10. Aufl. 2024, § 5 Rn. 50 ff.; KKRD/*Roth* HGB § 27 Rn. 1.

[849] *Nußbaum* IPR 207 Fn. 1, 267 Fn. 4 aE; dagegen RG BöhmsZ 18, 163 (164).

[850] Für einen Gesamtüberblick zu den prokurafähigen Unternehmen s. Hopt/*Merkt* HGB § 48 Rn. 1.

[851] Zur Zulässigkeit der Rechtswahl → EGBGB Art. 8 Rn. 12 ff.; zum früheren Recht *Schäfer* RIW 1996, 189 (190 f.); *Hausmann* in Reithmann/Martiny IntVertragsR Rn. 6.389 ff.

[852] Zur Entwicklung → 6. Aufl. 2015, Vor Art. 11 Rn. 145 ff.; monographisch *N. Heinz,* Das Vollmachtsstatut, 2011; zur Reform *v. Hein* IPRax 2015, 578; *Spickhoff* RabelsZ 80 (2016), 481; *Rademacher* IPRax 2017, 56.

[853] *Spickhoff* RabelsZ 80 (2016), 481 (515 ff.); zum früheren Recht BGH BeckRS 2016, 19990 Rn. 51 = ZIP 2016, 2496; BGHZ 158, 1 (6) = NJW 2004, 1315 (1316) mzN; iErg auch BGH NJW 1996, 1053, allerdings ohne IPR-Prüfung (zu § 179 BGB); unrichtig OLG Koblenz RIW 1996, 151 (152) = DB 1995, 2472, wonach auch die organschaftliche Vertretungsmacht dem Recht des Wirkungslandes unterstehen soll.

Betracht kommen, von der der Drittkontrahent über die Registereintragung in Kenntnis gesetzt wird (→ EGBGB Art. 8 Rn. 85).

Abweichend hiervon sind **kaufmännische Vollmachten von in der Geschäftsleitung des Unternehmens tätigen Personen** im Regelfall Kraft konkludenter Rechtswahl im Gleichlauf mit dem Gesellschaftsstatut an den **Ort des Unternehmenssitzes** anzuknüpfen.[854] Für **Prokuristen** hat dies der **BGH** noch vor In-Kraft-Treten von Art. 8 EGBGB in NJW 1992, 618 erstmals **ausdrücklich entschieden** und hierbei die gleichen Anknüpfungsmerkmale wie zur Bestimmung des Gesellschaftsstatuts verwendet.[855] Ein derartiger Gleichlauf rechtfertigt sich aus der besonders **engen Verbindung** kaufmännisch Bevollmächtigter mit der Rechtsordnung, die für die **organschaftliche oder** für die **gesetzliche Vertretung** des Unternehmensträgers maßgeblich ist. Diese Verbindung zeigt sich schon im Gegenstand der Vollmacht, der im Regelfall auf unternehmensbezogene Geschäfte (vgl. § 49 Abs. 1 HGB) beschränkt ist. Hinzu kommt die Überlegung, dass Prokuristen und Handlungsbevollmächtigte meist im Rahmen einer längerfristigen Anstellung mit einem bestimmten räumlichen Schwerpunkt – eben dem Sitz des Unternehmens – tätig sind.[856] Die gleichen Erwägungen sprechen für die Anknüpfung der **Handlungsvollmacht (§ 54 HGB)** an die Niederlassung des vertretenen kaufmännischen Unternehmens.[857] Zum selben Ergebnis kommt man über die objektive Anknüpfung nach Art. 8 Abs. 3 EGBGB. 229

Abgesehen von den genannten tatsächlichen Umständen, die auf den Sitz des Unternehmens hindeuten, ist freilich von noch größerem Gewicht für das Vorliegen einer konkludenten Rechtswahl, dass die Prokura **mit der organschaftlichen oder gesetzlichen Vertretung** des Unternehmensträgers auch **rechtlich mehrfach verflochten** ist. Dies zeigt sich zunächst bei der **Erteilung der Prokura;** diese Rechtshandlung wird häufig einem gesetzlichen Vertreter der Gesellschaft zustehen (so im deutschen Recht gemäß § 48 Abs. 1 HGB). Zudem ist die **Ausübung der Prokura** nicht selten in Gesamtvertretungsregelungen eingebunden (vgl. im deutschen Recht § 125 Abs. 3 HGB, § 78 Abs. 3 AktG, § 25 Abs. 2 GenG). Der Umfang der Vertretungsmacht des Prokuristen richtet sich in diesen Fällen nicht nach der Prokura, sondern nach der Vertretungsmacht des organschaftlichen Vertreters.[858] Es wäre misslich, wenn bei der Prüfung der wirksamen Erteilung handelsrechtlicher Vollmachten und deren Umfangs mehrere Rechtsordnungen heranzuziehen wären.[859] Die vom BGH unter der früheren Gesetzeslage vorgegebene Anknüpfungsregel[860] trägt auch **Drittinteressen** hinreichend Rechnung. Die im Gleichlauf mit der gesellschaftsrechtlichen Kollisionsregel vorgenommene Anknüpfung an den Ort der Hauptverwaltung der vertretenen Gesellschaft setzt den Dritten in den Stand, sich – durch Einsichtnahme im Handelsregister – leicht und zuverlässig über die anwendbare Rechtsordnung und damit über Bestand und Umfang der Vollmacht zu vergewissern.[861] 230

b) Ausnahmen. aa) Einzelkaufleute. Für die von einem Einzelkaufmann erteilte kaufmännische Vollmacht ist bei fehlender Rechtswahl (Art. 8 Abs. 1 EGBGB) das **Recht am Ort der gewerblichen Niederlassung** maßgeblich. Gleichlaufüberlegungen greifen hier nicht, da es kein gesondertes Statut für die gesetzliche Vertretung des Einzelkaufmanns im Bereich seines unternehmerischen Handelns gibt. 231

bb) Unkundige Dritte. Es bleibt bei der Gebrauchsortanknüpfung (→ Rn. 228), wenn der Dritte die für das Statut der kaufmännischen Vollmacht maßgeblichen **Anknüpfungstatsachen** 232

---

854 Dazu → EGBGB Art. 8 Rn. 84.

855 BGH NJW 1992, 618 = JZ 1992, 579 mAnm *v. Bar* = EWiR 1991, 1167 m. KurzKomm. *Schlechtriem* = IPRspr. 1991 Nr. 28; zust. Soergel/*Lüderitz* EGBGB Anh. Art. 10 Rn. 101; *Hausmann* in Reithmann/Martiny IntVertragsR Rn. 6.389 f.

856 S. schon BGH JZ 1963, 167 (168) = LM Art. 11 Nr. 4, wo es hieß, dass Vollmachtsstatut „in Fällen, in denen der Bevollmächtigte seine charakteristische Berufstätigkeit von einer ständigen Niederlassung aus ausübt, das Recht dieses Ortes" sei.

857 BGH NJW 2015, 2584 Rn. 46.

858 BGHZ 62, 166 (170) = NJW 1974, 1194; wN bei Koch AktG § 78 Rn. 17.

859 Deshalb für eine Gleichstellung von Prokura und gesetzlicher Vertretungsmacht bereits *Raape* IPR, 5. Aufl. 1961, 502; *Rabel* RabelsZ 3 (1929), 807 (834 f.).

860 BGH NJW 1992, 618; → Rn. 271.

861 HM; für eine Anknüpfung der Prokura an den Unternehmenssitz im Hinblick auf die Möglichkeit der Einsichtnahme im Handelsregister des vertretenen Unternehmens schon *v. Gierke/Sandrock* S. 66; *Müller* RIW 1979, 377 (378); *Ebenroth* JZ 1983, 821 (824); iErg auch EGBGB Vor Art. 11 Rn. 60 *(Spellenberg); Kegel/Schurig* IPR § 17 V 2a; Soergel/*Lüderitz* EGBGB Anh. Art. 10 Rn. 101; Staub/*Joost* HGB Vor § 48 Rn. 54; *Hausmann* in Reithmann/Martiny IntVertragsR Rn. 6.411 ff.; s. ebenso schon *Rabel* RabelsZ 3 (1929), 807 (811) (allerdings mit der Begr., die Prokura sei der organschaftlichen Vertretungsmacht wegen ihres standardisierten Umfangs gleichzustellen).

nicht kennt (Art. 8 Abs. 5 EGBGB).[862] Dies folgt aus **Verkehrsschutzerwägungen** und dürfte internationaler Standard sein.[863] Wer etwa über den Registrierungsort einer Gesellschaft getäuscht wird,[864] kann sich auch für die Gültigkeit und den Umfang kaufmännischer Vollmachten auf das Recht des Wirkungslandes berufen. Das Gleiche gilt bei Unkenntnis des Ortes der Niederlassung eines Einzelkaufmanns (→ Rn. 232). Entgegen *Kegel,* der für einen Redlichkeitsschutz analog Art. 12 S. 1 plädiert,[865] rechtfertigt die **Unkenntnis des maßgeblichen Rechts** indessen noch **keine Abweichung von der Anknüpfung an das Gesellschaftsstatut bzw. an die Niederlassung.**[866]

233 **cc) Filialprokura.** Beschränkt sich die Vertretungsmacht des Prokuristen auf den Betrieb einer Zweigniederlassung außerhalb des Staates des Gesellschaftsstatuts des Unternehmensträgers (vgl. § 50 Abs. 3 HGB), so fehlt es an einem signifikanten Bezug seiner Tätigkeit zum Gesellschaftsstatut des Unternehmensträgers (→ Rn. 229 ff.). Soweit eine Prokura für die inländische Zweigniederlassung eines ausländischen Unternehmens erteilt ist, unterliegt sie deshalb Kraft konkludenter Rechtswahl (Art. 8 Abs. 1 EGBGB) hinsichtlich Bestand und Umfang den §§ 48 ff. HGB.[867]

234 **6. Rechnungslegung, Rechnungslegungspublizität und Abschlussprüfung. a) Begriffsklärung und iprechtliche Qualifikation.** Zur handelsrechtlichen Rechnungslegung gehören die Führung der Handelsbücher, die Aufstellung des Inventars und die Inventur, die Erstellung des Jahresabschlusses sowie die Aufbewahrung der Handelsbücher und sonstigen Aufzeichnungen.[868] Das Recht der Rechnungslegung ist **öffentliches Recht;** es dient der Dokumentation und dem **Gläubigerschutz durch Selbstkontrolle** des Kaufmanns.[869] Eine gesellschaftsrechtliche Qualifikation scheidet deshalb aus.[870] **Mit dem BFH** sind die **§§ 238 ff. HGB handelsrechtlich zu qualifizieren** und auf alle ausländischen Gebilde anzuwenden, die aufgrund eines Typenvergleichs (→ Rn. 164 ff.) die Kaufmannseigenschaft nach §§ 1 ff. HGB besitzen und im Inland ihren effektiven Verwaltungssitz haben oder eine Zweigniederlassung unterhalten.[871]

235 Die anderslautende hM[872] schließt von der Zweckmäßigkeit einer einheitlichen Anknüpfung auf die gesellschaftsrechtliche Qualifikation. Dabei wird übersehen, dass die Qualifikation anhand der Funktion der in Rede stehenden Norm zu erfolgen hat (→ Einl. IPR Rn. 109 ff.) und die Funktion der Rechnungslegungsvorschriften gerade nicht in einem individuellen Interessenausgleich zwischen einzelnen Gesellschaftern, der Gesellschaft und Gläubigern besteht. Ein – durchaus sinnvoller – Gleichlauf mit dem Gesellschaftsstatut kann auch durch die Verwendung gleich lautender Anknüpfungspunkte erreicht werden (→ Rn. 239 ff.). Gegen eine gesellschaftsrechtliche Qualifikation der Rechnungslegung spricht schließlich die **Rechtsformneutralität** zahlreicher Rechnungsle-

---

[862] Vgl. zum Fall der Unkenntnis des Orts der Niederlassung (als dem nach bisher hM maßgeblichen Anknüpfungskriterium) unter früherem Recht *Ebenroth* JZ 1983, 821 (824); Staub/*Joost* HGB Vor § 48 Rn. 54.

[863] Ebenso etwa Art. 60 Abs. 1 S. 1 it. IPRG 1995, Art. 39 Abs. 3 port. ZGB und Art. 11 Abs. 2 lit. a des Haager Stellvertretungsübereinkommens vom 14.3.1978, RabelsZ 43 (1979), 176; vgl. auch Art. 1 Abs. 2 UNCITRAL-KÜbk; zusammenfassend hierzu *Kindler* RabelsZ 61 (1997), 227 (279 f.) und grdl. bereits *v. Caemmerer* RabelsZ 24 (1959), 201 (207).

[864] So im Fall BGH NJW-RR 2002, 1309 = EWiR 2003, 13 m. KurzKomm. *Pfeiffer* – „Analysis III.-GmbH".

[865] *Kegel/Schurig* IPR § 17 V 2a.

[866] Wie hier wohl auch Staub/*Joost* HGB Vor § 48 Rn. 54; zur Beachtlichkeit von Rechtsunkenntnis bei Art. 12 EGBGB → EGBGB Art. 12 Rn. 54; → Rom I-VO Art. 13 Rn. 70 ff.

[867] Ebenso Staub/*Koch/Harnos* HGB § 13d Rn. 32; *Hausmann* in Reithmann/Martiny IntVertragsR Rn. 6.395; iErg auch OGH öWBl. 1996, 36 (37) = IPRax 1997, 126 (127) m. zust. Anm. *Leible* IPRax 1997, 133 (135); *Wachter* BB 2005, 1289 f.

[868] Vgl. im dt. Recht die §§ 238 f., 240 f., 242 ff. und 264 ff., 257 ff. HGB; Überblick bei Staub/*Hüffer,* 4. Aufl. 1983, HGB Vor § 238 Rn. 1.

[869] Grdl. *Icking,* Die Rechtsnatur des Handelsbilanzrechts, 2000 (besprochen von *Großfeld* JZ 2000, 1152 f. sowie *Oechsle* DZWiR 2001, 173 ff.); *Weis* Rechnungslegungspflichten; Staub/*Hüffer,* 4. Aufl. 1983, HGB Vor § 238 Rn. 1; *Crezelius* ZGR 1999, 252 (255 ff.); *Ripert/Roblot,* Droit commercial, Bd. I, 16. Aufl. 1996, Rn. 433; *Kindler* in Sonnenberger Vorschläge und Berichte 271; für Teilbereiche auch *Zimmer* in Sonnenberger Vorschläge und Berichte 545, 548; wN → Rn. 232.

[870] Ähnlich *Canaris* HandelsR § 12 Rn. 15 ff., der die §§ 238 ff. HGB nicht als „normales Handelsrecht" ansieht: Handelsrecht sei nur das Sonder*privat*recht der Kaufleute; *Merkt* ZGR 2017, 460 (467): Zwingendes Handelsrecht; *Kindler* Grundkurs Handels- und Gesellschaftsrecht, 10. Aufl. 2024, § 1 Rn. 9; hybrider Ansatz bei *Hennrichs* FS Horn, 2006, 387 (391): „öffentliches Gesellschaftsrecht"; zur Qualifikation auch → Rn. 190.

[871] BFH NZG 2017, 592 Rn. 56.

[872] ZB *Luttermann* IPRax 2012, 55 (59); *Eidenmüller/Rehberg* ZVglRWiss 105 (2006), 427 (432 f., 442) mN; *Schön* FS Heldrich, 2005, 391 (395); *Hennrichs* FS Horn, 2006, 387 (392); *Wolff* IPR 117; Staudinger/*Großfeld,* 1998, IntGesR Rn. 362; *Zimmer* IntGesR 183; Staub/*Zimmer* HGB § 325 Rn. 59; *Arenas García*s RIW 2000, 590 (591) zu Fn. 15 m. unzutr. Verweis auf Art. 1 Bilanz-RL 1978.

gungsvorschriften, die in ihrem persönlichen Anwendungsbereich „für alle Kaufleute" Geltung beanspruchen (vgl. §§ 238–263 HGB): sie richten sich an Einzelkaufleute, Handelsgesellschaften, Genossenschaften und VVaG gleichermaßen (zur Kaufmannseigenschaft ausländischer Gebilde → Rn. 160 ff.).[873] Dem Prinzip der Rechtsformneutralität folgt auch der BFH, indem er die außersteuerlichen Buchführungspflichten (§ 140 AO) auf in- wie ausländische Buchführungspflichten gleichermaßen bezieht.[874]

Eine **gesellschaftsrechtliche Qualifikation** der Rechnungslegung **folgt** schließlich auch **nicht aus den einschlägigen EU-Richtlinien.** Zwar hat jeder Mitgliedstaat nach Art. 22 Bilanz-RL 2013/34/EU jedem „seinem Recht unterliegenden Unternehmen" unter bestimmten Voraussetzungen die Erstellung einer Konzernrechnungslegung vorzuschreiben.[875] Weshalb daraus ein Verbot für die **Mitgliedstaaten** folgen soll, auch die *nicht* ihrem Recht unterliegenden Gesellschaften mit inländischen Rechnungslegungspflichten zu belegen, bleibt allerdings dunkel. Wenig Aufschluss gibt hier im Übrigen die Rspr. des EuGH. Danach können sich die Gläubiger EU-ausländischer Gesellschaften zwar unter anderem auf die Schutzbestimmungen der Bilanz-RL 1978 berufen.[876] Der EuGH lässt dabei aber offen, welche mitgliedstaatlichen Durchführungsbestimmungen zu der genannten Richtlinie Anwendung finden sollen. Im Interesse einer Effektuierung des vom Gerichtshof propagierten Informationsmodells (→ Rn. 9, → Rn. 93, → Rn. 207, → Rn. 342 f.) spricht sogar vieles dafür, die im Staat der Niederlassung geltenden Durchführungsbestimmungen heranzuziehen, da diese dem dortigen Publikum am besten geläufig sein werden. 236

Öffentlich-rechtlich zu qualifizieren ist weiterhin die von der Rechnungslegung zu unterscheidende, zwangsgeldbewehrte allgemeine **Rechnungslegungspublizität** (§§ 325 ff. HGB; §§ 1 ff. PublG[877]).[878] Sie umfasst – nach deutschem Recht – die Offenlegung des Jahresabschlusses nebst weiterer gesetzlich bestimmter Unterlagen durch Einreichung zum Handelsregister und Bekanntmachung. Auch insofern scheidet eine gesellschaftsrechtliche Qualifikation aus, weil die **Offenlegung nicht** – oder jedenfalls nicht vorrangig – **Individualschutz** bezweckt, wie auch der **EuGH** mehrfach betont hat (→ Rn. 190).[879] Eine kapitalmarktrechtliche Qualifikation[880] verkennt, dass die Offenlegungspflichten jedenfalls nicht allein dem Individualschutz von Anlegern und dem Kapitalmarktfunktionsschutz dienen.[881] 237

Das Recht der **Abschlussprüfung** schließlich entzieht sich einer einheitlichen Qualifikation. Soweit Straf-, Bußgeld- und Zwangsgeldandrohungen bestehen,[882] liegt eine **öffentlich-rechtliche** bzw. **eingriffsrechtliche Qualifikation** nahe, ist allerdings nicht zwingend (→ Rom I-VO Art. 9 Rn. 21). Für die Beurteilung von Haftungsfragen (vgl. § 323 HGB) kommen verschiedene Statute in Betracht (näher → Rn. 241). 238

b) Anknüpfung. aa) Rechnungslegung und Rechnungslegungspublizität. Trotz der Erfolge der europäischen Rechtsangleichung auf dem Gebiet der Rechnungslegung[883] bleibt die Rechtswahlfrage wegen der unterschiedlichen nationalen Ausprägung der Rechnungslegungsvorschriften bedeutsam.[884] Die hier – **mit dem BFH** – befürwortete öffentlich-rechtliche Qualifikation (→ Rn. 234 ff.) bedingt eine **Anknüpfung** von Rechnungslegung und Rechnungslegungspublizität an den **Ort der kaufmännischen Niederlassung;** diese Anknüpfungsregel gilt für 239

---

[873] Ebenso iErg wohl *Großfeld* AG 1997, 433 (440 f.); dezidiert mit Blick auf die Rechtsformneutralität auch *Weller* NJW 2006, 1642 f.; *Schumann* ZIP 2007, 1189 (1190).

[874] BFH NJW 2019, 1479 Rn. 15 ff. betr. liechtensteinische AG.

[875] Darauf stellt *Arenas García* (RIW 2000, 590 (591) zu Fn. 15) ab.

[876] EuGH ECLI:EU:C:1999:126 Rn. 36 = NJW 1999, 2027 – Centros; ECLI:EU:C:2003:512 Rn. 135 = NJW 2003, 3331– Inspire Art.

[877] Gesetz über die Rechnungslegung von bestimmten Unternehmen und Konzernen vom 15.8.1969, BGBl. 1969 I 1189, ber. BGBl. 1970 I 1113.

[878] Staub/*Hüffer,* 4. Aufl. 1983, HGB Vor § 238 Rn. 2: unternehmensrechtliche Qualifikation; EuGH ECLI:EU:C:1997:581 Rn. 22 = NJW 1998, 129 – Daihatsu; dazu *Schön* JZ 1998, 193.

[879] EuGH ECLI:EU:C:1997:581 Rn. 19 ff. = NJW 1998, 129 – Daihatsu; dazu *Schön* JZ 1998, 193; EuGH ECLI:EU:C:2004:552 Ls. 1 und Rn. 29 ff. = NZG 2005, 39 – Springer; für öffentlich-rechtlichen Charakter auch *Sonnenberger* in Sonnenberger Vorschläge und Berichte 575 f. (aber dennoch für Gründungsanknüpfung, 576 f., wenngleich nur de lege ferenda und nur für die handelsrechtliche Rechnungslegung, 44); ferner → Rn. 256.

[880] Hierfür *Grundmann* RabelsZ 54 (1990), 283 (292 ff.); de lege ferenda auch *Rehbinder* FG Kronstein, 1967, 203 (228 ff., 233); GroßkommAktG/*Assmann* AktG Einl. Rn. 605 ff.

[881] Zutr. Kritik bei *Zimmer* IntGesR 119 f., 179 f.; Staub/*Zimmer* HGB § 325 Rn. 57.

[882] Vgl. im deutschen Recht §§ 331 ff. HGB.

[883] Staub/*Kindler,* 6. Aufl. 2021, HGB Vor § 290 Rn. 13 ff.

[884] *Großfeld,* Europäisches und Internationales Unternehmensrecht, 2. Aufl. 1995, F § 1 III.

Einzelkaufleute wie Handelsgesellschaften und sonstige Kaufleute gleichermaßen.[885] Sie trifft auch für **EU-ausländische Gesellschaften mit Verwaltungssitz im Inland** zu. Eine solche Gesellschaft unterliegt kraft Substitution allen Pflichten eines inländischen Kaufmanns betreffend Rechnungslegung und Publizität.[886] Die obigen Ausführungen zur Rechtfertigung der Anwendung inländischen Rechnungslegungs- und Offenlegungsrechts bei inländischen Zweigniederlassungen (→ Rn. 192 f.) gelten hier erst recht, da der Inlandsbezug noch stärker ist. Richtig ist zwar, dass auch ohne Handelsregisteranmeldung in diesen Fällen eine Zweigniederlassung im Sinne der Elften Richtlinie vorliegt.[887] Der abschließende Charakter der **EU-Zweigniederlassungs-Publizität** (→ Rn. 93 zu Inspire Art) steht dem indessen nicht entgegen, da Art. 28a ff. GesR-RL **lediglich Offenlegungspflichten** normieren, nicht aber primäre Rechnungslegungspflichten.[888]

240 **bb) Abschlussprüfung.** Eine Abschlussprüfung sieht das deutsche Recht zwingend nur für Kapitalgesellschaften vor (vgl. §§ 316 ff. HGB). Gegenstand der Prüfung ist die Einhaltung der gesetzlichen und gesellschaftsvertraglichen Vorschriften (Art. 34, 35 Bilanz-RL; § 317 Abs. 1 S. 2 HGB, § 321 Abs. 1 S. 2 HGB). Die für die Abschlussprüfung maßgebliche Rechtsordnung entscheidet zunächst über das Ob und Wie der Prüfung, sowie ferner darüber, wer als Abschlussprüfer berufen werden kann und wie dabei vorzugehen ist (im deutschen Recht s. §§ 318, 319 HGB).[889] Die insoweit maßgebliche **öffentlich-rechtliche Qualifikation** (→ Rn. 238) bedingt wiederum eine **Anknüpfung** an den **Verwaltungssitz der Gesellschaft.**[890] Diese Anknüpfung führt zu derjenigen Rechtsordnung, die auf Grund der Sitztheorie als Gesellschaftsstatut zum Zuge kommt (→ Rn. 420 ff.), also zu einem **Gleichlauf mit dem Gesellschaftsstatut.** Im Gegensatz zur gesellschaftsrechtlichen Qualifikation der Abschlussprüfung[891] wird mit der hier vertretenen öffentlich-rechtlichen bzw. eingriffsrechtlichen Anknüpfung der Abschlussprüfung aber auch sichergestellt, dass Gesellschaften ausländischen Rechts mit Inlandssitz, wie sie im Falle von EU-Gesellschaften sowie auf Grund staatsvertraglicher Kollisionsnormen existieren können (→ Rn. 387, → Rn. 388 ff.), dem deutschen Recht und damit den §§ 316 ff. HGB und nicht dem ausländischen Gesellschaftsrecht und dessen Abschlussprüfungsrecht unterliegen. Zu konzernrechtlichen Inkompatibilitätstatbeständen → Rn. 704.

241 Eine **Haftung der Abschlussprüfer** kann sich aus mehreren Statuten ergeben.[892] Dabei ist grundlegend zwischen Ansprüchen der geprüften Gesellschaft gegen den Abschlussprüfer und solchen prüfungsvertragsfremder Dritter gegen den Prüfer zu unterscheiden.[893] Stellt man auf den Sinn und Zweck der Haftungsregelung des **§ 323 HGB als Schutzvorschrift zu Gunsten der Gesellschaft** ab, die eine ordnungsgemäße Prüfung sicherstellen soll, so kann hierfür nur das **Personalstatut** in Frage kommen. Da jedoch § 323 HGB andere Haftungsgrundlagen wie den Prüfungsvertrag oder deliktische Haftungstatbestände unberührt lässt, können sich Inhalt und Umfang der Haftung des Abschlussprüfers daneben nach dem **Vertragsstatut** bzw. nach der **lex loci delicti commissi** bestimmen. Dritte (zB Gesellschafter) können Ansprüche aus Delikt, vertraglichen oder „vertragsähnlichen" Schuldverhältnissen geltend machen. Dementsprechend ist kollisionsrechtlich – nach Maßgabe der Rom I-VO und der Rom II-VO – anzuknüpfen.

242 **c) Konzernrechnungslegung und Konzernprüfung.** Schwierigkeiten können sich bei der Konzernrechnungslegung und Konzernprüfung ergeben, wenn eine ausländische Muttergesellschaft mit inländischer Tochtergesellschaft geprüft wird. Die Prüfung der Muttergesellschaft hat dann den Regelungen des Personalstatuts dieser Gesellschaft zu folgen. Enthält das Personalstatut keine gesetzlich normierte Regelung und werden Bilanzierungsgrundsätze von Berufsorganisationen entwickelt, so hat die Konzernprüfung der ausländischen Muttergesellschaft die inländische Tochtergesellschaft nach den mehr oder weniger konkretisierten Bilanzierungsgrundsätzen des

885 BFH NZG 2017, 592 Rn. 56; ebenso iErg *Merkt* ZGR 2017, 460 (469); *Großfeld* AG 1997, 433 (440 f.); *Häuselmann* WM 1994, 1693 (1695); und schon Staub/*Brüggemann/Oetker,* 4. Aufl. 1983, HGB Vor § 1 Rn. 30, 31; *Sonnenberger/Dammann* FrHWiR, 3. Aufl. 2008, Rn. IX 25.

886 *Ebert/Levedag* GmbHR 2003, 1337 (1339); ebenso – für die Rechnungslegungspublizität – *Kindler* NJW 2003, 1073 (1078).

887 *Schön* FS Heldrich, 2005, 391 (396 f.).

888 Vgl. *Rehberg* in Eidenmüller Ausl. KapGes. § 5 Rn. 110; aA *Schön* FS Heldrich, 2005, 391 (398): keine weitergehenden Anforderungen an Zweigniederlassungen „und ihre Publizität".

889 Vgl. Staudinger/*Großfeld,* 1998, IntGesR Rn. 366 zur Reichweite des Statuts der Abschlussprüfung.

890 So iErg auch *Merkt* ZGR 2017, 472.

891 Hierfür Staudinger/*Großfeld,* 1998, IntGesR Rn. 366; → 2. Aufl. 1990, Rn. 346; *Kaligin* DB 1985, 1449 (1454); *Eidenmüller/Rehberg* ZVglRWiss 105 (2006), 427 (445 f.).

892 MüKoHGB/*Ebke* HGB § 323 Rn. 171 ff.; *Ebke* ZVglRWiss 109 (2010), 397.

893 MüKoHGB/*Ebke* HGB § 323 Rn. 146; *Merkt* ZGR 2017, 460 (472).

Auslandes einzubeziehen; die Bilanzierungsgrundsätze für die inländische Tochtergesellschaft und ihre Prüfung sind jedoch dem Personalstatut der inländischen Gesellschaft zu entnehmen.[894]

7. Verfahrensrecht. Im deutschen Verfahrensrecht beurteilt sich die Kaufmannseigenschaft eines Beteiligten anhand der §§ 1 ff. HGB. Dies folgt aus der Maßgeblichkeit des Wirkungsstatuts (→ Rn. 145 ff.). Dies gilt etwa im Hinblick auf § 95 Nr. 1 GVG,[895] § 29 Abs. 2 ZPO, § 38 Abs. 1 ZPO, § 1027 Abs. 2 ZPO aF,[896] § 17 Abs. 2 HGB[897] und § 101 WpHG.[898] 243

C. Personal- und Kapitalgesellschaften

Schrifttum (allgemein): vor → Rn. 1, → Rn. 67, → Rn. 127; *Bache,* Der internationale Unternehmensvertrag nach deutschem Kollisionsrecht, 1969; *Bausback,* Der dingliche Erwerb inländischer Grundstücke durch ausländische Gesellschaften, DNotZ 1996, 254; *Bayer,* Auswirkungen der Niederlassungsfreiheit … auf die deutsche Unternehmensmitbestimmung, AG 2004, 534; *Bayer,* Übertragung von GmbH-Geschäftsanteilen im Ausland nach der MoMiG-Reform, GmbHR 2013, 897; *Behr,* Ausländische Inhaberaktien und § 1006 BGB: Ein Beitrag zum Anwendungsbereich gesetzlicher Eigentumsvermutungen, FG Sandrock, 1995, 159; *Behrens,* Rechtsfragen im chilenischen Kupferstreit, Eine Fallstudie, RabelsZ 37 (1973), 394; *Behrens,* Abschnitt E III Gesellschaftsrecht, in Dauses, Handbuch des EU-Wirtschaftsrechts, Stand: 2017; *Behrens,* Sonderanknüpfungen im internationalen Gesellschaftsrecht, in Sonnenberger, Vorschläge und Berichte zur Reform des europäischen und deutschen internationalen Gesellschaftsrechts, 2007, 401; *Behrens,* Formerfordernisse im Internationalen Gesellschaftsrecht, in Sonnenberger, Vorschläge und Berichte zur Reform des europäischen und deutschen internationalen Gesellschaftsrechts, 2007, 535; *Beitzke,* Kollisionsrechtliches zur Deliktshaftung juristischer Personen, FS Mann, 1977, 107; *Beitzke,* Einige Bemerkungen zur Rechtsstellung ausländischer Gesellschaften in deutschen Staatsverträgen, FS M. Luther, 1976, 1; *Berg,* Die GmbH im Strudel der Sitztheorie?, GmbHR 1997, 1136; *Bernstein,* Erwerb und Rückerwerb von GmbH-Anteilen im deutsch-amerikanischen Rechtsverkehr, ZHR 140 (1976), 414; *Bernstein/Koch,* Internationaler Konzern und deutsche Mitbestimmung, ZHR 143 (1979), 522; *Birk,* Die multinationalen Korporationen im internationalen Arbeitsrecht, BerGesVR 18 (1978), 263; *Bleckmann,* Zur Dogmatik des Niederlassungsrechts im EWGV, WiVerw 1987, 119; *Bogler,* Gesellschafts- und Gesellschafterhaftung bei Auseinanderfallen von Gründungs- und Sitzstaat, DB 1991, 848; *Brödermann,* Der europäische GmbH-Gerichtsstand, ZIP 1996, 491; *Bungert,* Internationales Gesellschaftsrecht und Europäische Menschenrechtskonvention, EWS 1993, 17; *Bungert,* Entwicklungen im internationalen Gesellschaftsrecht Deutschlands, AG 1995, 489; *Bungert,* Zum Nachweis des effektiven Verwaltungssitzes der ausländischen Kapitalgesellschaft: Das Vorurteil der Briefkastengesellschaft, IPRax 1998, 339; *Däubler,* Mitbestimmung und Betriebsverfassung im IPR, RabelsZ 39 (1975), 444; *Debatin,* Die grenzüberschreitende Sitzverlegung von Kapitalgesellschaften, GmbHR 1991, 164; *Drobnig,* Das internationale Gesellschaftsrecht nach der Privatisierung der Wirtschaft in den osteuropäischen Ländern, in v. Bar, Perspektiven des Internationalen Privatrechts nach dem Ende der Spaltung Europas, 1993, 111; *Drucker,* Companies in Private International Law, Int. Comp. L. Q. 1968, 28; *Dutta,* Form follows function? – Formfragen bei Schuldverträgen über ausländische Gesellschaftsanteile, RIW 2005, 98; *Ebenroth,* Konzernleitungs- und Konzernbildungskontrolle – ein Beitrag zu den Kompetenzen von Vorstand und Hauptversammlung, 1987; *Ebenroth,* Neuere Entwicklungen im deutschen internationalen Gesellschaftsrecht, JZ 1988, 18 und JZ 1988, 75; *Ebenroth,* Ausländische Investitionen und EG-Integration, FS Rebmann, 1989, 729; *Ebenroth/Bippus,* Der deutsch-sowjetische Investitionsschutzvertrag, RIW-Beil. Nr. 5/89, 1; *Ebenroth/Eyles,* Der Renvoi nach der Novellierung des deutschen Internationalen Privatrechts, IPRax 1989, 1; *Ebenroth/Eyles,* Die innereuropäische Verlegung des Gesellschaftssitzes als Ausfluss der Niederlassungsfreiheit?, DB 1989, 363 und DB 1989, 413; *Ebenroth/Hopp,* Die ausländische Kapitalgesellschaften-KG, JZ 1989, 883; *Ebenroth/Sura,* Das Problem der Anerkennung im Internationalen Gesellschaftsrecht, RabelsZ 43 (1979), 315; *Ebenroth/Wilken,* Kollisionsrechtliche Einordnung transnationaler Unternehmensübernahmen, ZVglRWiss 90 (1991), 235; *Eidenmüller,* Die Reichweite des Gesellschaftsstatuts, in Sonnenberger, Vorschläge und Berichte zur Reform des europäischen und deutschen internationalen Gesellschaftsrechts, 2007, 469; *Eidenmüller/Rehm,* Gesellschafts- und zivilrechtliche Folgeprobleme der Sitztheorie, ZGR 1997, 89; *Erdmann,* Ausländische Staatsangehörige in Geschäftsführungen und Vorständen deutscher

894 Einzelheiten hierzu sowie im Zusammenhang mit der Regelung des § 291 HGB → Rn. 747 ff.; ferner *Merkt* ZGR 2017, 460 (471).

895 LG Bonn IPRax 1983, 243 mAnm *E. J.;* OLG München IPRax 1989, 42; NZG 2013, 346 = NJW-RR 2013, 412; näher *Wagner/Mann* IPRax 2013, 122; ferner *van Venrooy,* Die Anknüpfung der Kaufmannseigenschaft im deutschen Internationalen Privatrecht, 1985, 47 f.

896 → Vor Rom I-VO Art. 1 Rn. 76; → Vor Rom I-VO Art. 1 Rn. 85; *Schack* IZVR Rn. 276, 439; *van Venrooy,* Die Anknüpfung der Kaufmannseigenschaft im deutschen Internationalen Privatrecht, 1985, 48 f.; HdB-IZVR/*Kropholler* Rn. 500; OLG Saarbrücken NJW-RR 1989, 828 = IPRspr. 1988 Nr. 162 zu § 38 Abs. 1 ZPO; BGH WM 1970, 1050 (1052) = RIW 1970, 417 = IPRspr. 1970 Nr. 133: öst. Aktiengesellschaft als „Vollkaufmann" iSd § 1027 Abs. 2 ZPO aF.

897 OLG Hamburg OLGRspr. 3, 274; Soergel/*Kegel* EGBGB Anh. Art. 12 Rn. 14.

898 Schwark/*Zimmer,* Kapitalmarktrechts-Kommentar, 5. Aufl. 2020, WpHG § 101 Rn. 9.

GmbHs und AGs, NZG 2002, 503; *Ernst,* Neue Rechtsprechung zum „Ort der Geschäftsleitung", WM 1963, 5; *v. Falkenhausen,* Durchgriffshaftung mit Hilfe der Sitztheorie des Internationalen Gesellschaftsrechts, RIW 1987, 818; *Fedke,* Verwaltungssitz und Rechtsfähigkeit inländischer Personengesellschaften bei Auslandsbezug, ZIP 2019, 799; *Ferid,* Zur Behandlung von Anteilen an Personengesellschaften beim zwischenstaatlichen Erbgang, FS A. Hueck, 1959, 343; *Fikentscher,* Probleme des internationalen Gesellschaftsrechts, MDR 1957, 71; *Fingerhut/Rumpf,* MoMiG und die grenzüberschreitende Sitzverlegung, IPRax 2008, 90; *G. Fischer,* Verkehrsschutz im internationalen Vertragsrecht, 1990 (§ 11); *G. Fischer,* Haftung für Scheininlandsgesellschaften, IPRax 1991, 100; *Franzen,* Niederlassungsfreiheit, internationales Gesellschaftsrecht und Unternehmensmitbestimmung, RdA 2004, 257; *Goette,* Auslandsbeurkundungen im Kapitalgesellschaftsrecht, FS Boujong, 1996, 131 = DStR 1996, 709; *Großfeld,* Multinationale Korporationen im Internationalen Steuerrecht, BerGesVR 18 (1978), 73; *Großfeld,* Einige Grundfragen des Internationalen Unternehmensrechts, 1987; *Großfeld/Beckmann,* Rechtskultur und Internationales Gesellschaftsrecht – Die kulturelle Bedingtheit des internationalen Gesellschaftsrechts, ZVglRWiss 91 (1992), 351; *Großfeld/Berndt,* Die Übertragung von deutschen GmbH-Anteilen im Ausland, RIW 1996, 625; *Großfeld/Erlinghagen,* Internationales Unternehmensrecht und deutsche unternehmerische Mitbestimmung, JZ 1993, 217; *Großfeld/Piesbergen,* Internationales Gesellschaftsrecht in der Diskussion, FS Mestmäcker, 1996, 881; *Grothe,* Die „ausländische Kapitalgesellschaft & Co.", 1989; *Grunewald/Müller,* Ausländische Rechtsberatungsgesellschaften in Deutschland, NJW 2005, 465; *Niederer* in Gutzwiller/Niederer, Beiträge zum Haager Internationalprivatrecht 1951, Arbeiten aus dem juristischen Seminar der Universität Freiburg (Schweiz), Band 7, 1951; *Haas,* Die Betätigungsfreiheit ausländischer Kapitalgesellschaften im Inland, DB 1997, 1501; *Hadari,* The Choice of National Law Applicable to the Multinational Enterprise and the Nationality of Such Enterprise, Duke L. J. 1974, 1; *Hamel,* Die Verlegung des Sitzes juristischer Personen ins Ausland, RabelsZ 2 (1928), 1002; *Hammen,* Zweigniederlassungsfreiheit europäischer Gesellschaften und Mitbestimmung der Arbeitnehmer auf Unternehmensebene, WM 1999, 2487; *Hausmann,* Doppelter Sitz von Kapitalgesellschaften nach deutschem Gesellschaftsrecht und internationalem Privatrecht, in Hausmann/van Raad/Raupach/Veelken, Steuergestaltung durch doppelt ansässige Gesellschaften, 1989, 13; *Heberlein,* Die internationalprivatrechtliche Stellung der Handelsgesellschaften in Gesetzgebung und Staatsverträgen, Diss. Zürich 1933; *Heidenhain,* Ausländische Kapitalgesellschaften mit Verwaltungssitz in Deutschland, NZG 2002, 1141; *Heini,* Zum neuesten Urteil des Schweizerischen Bundesgerichtes über das Personalstatut juristischer Personen, IPRax 1992, 405; *Heyers,* Beschränkungen der Rechts- und Handlungsfähigkeit juristischer Personen im internationalen Privatrecht, Diss. Köln 1956; *Heymann,* Die nicht eingetragene Gesellschaft mit beschränkter Haftung im deutsch-ausländischen Rechtsverkehr, JherJb 74/75 (1924/25), 408; *St. Huber,* Kooperations- und Gesellschaftsrecht – Internationales Privatrecht der Unternehmensträger, in Kronke/Melis/Kuhn (Hrsg.), Handbuch Internationales Wirtschaftsrecht, 2. Aufl. 2017, 1305; *U. Huber,* Zum Aktienerwerb durch ausländische Tochtergesellschaften, FS Duden, 1977, 137; *Kaplan,* Foreign Corporations and Local Corporate Policy, 21 Vand. L. Rev. (1968), 433; *Kersting,* Das Audit Committee nach dem Sarbanes-Oxley-Gesetz …, ZIP 2003, 2010; *Kieser,* Die Typenvermischung über die Grenze – Ein Beitrag zum internationalen Gesellschafts- und Insolvenzrecht, 1988; *Kindler,* Die Abgrenzung von Gesellschafts- und Insolvenzstatut, in Sonnenberger, Vorschläge und Berichte zur Reform des europäischen und deutschen internationalen Gesellschaftsrechts, 2007, 497; *Kindler,* Geschäftsanteilsabtretungen im Ausland. Die kollisionsrechtliche Anknüpfung des Beurkundungserfordernisses nach § 15 Abs. 3 GmbHG, 2010; *Kindler,* Keine Geltung des Ortsstatuts für Geschäftsanteilsabtretungen im Ausland, BB 2010, 74; *Kindler,* Zuständigkeitsfragen beim Binnenstreit in der Auslandsgesellschaft, NZG 2010, 576; *Koch,* Freie Sitzwahl für Personenhandelsgesellschaften, ZHR 173 (2009), 101; *König,* Die internationalprivatrechtliche Anknüpfung von Syndicated Loan Agreements, 1983; *Kösters,* Rechtsträgerschaft und Haftung bei Kapitalgesellschaften ohne Verwaltungssitz im Gründungsstaat, NZG 1998, 241; *Kötz,* Zur Anerkennung der Rechtsfähigkeit nach liechtensteinischem Recht gegründeter juristischer Personen, GmbHR 1965, 69; *Kreuzer,* Grenzüberschreitende Restrukturierung von Gesellschaften im Gemeinsamen Markt, EuZW 1994, 73; *Kronke,* Schweizerische AG & Co. KG – Jüngste Variante der „ausländischen Kapitalgesellschaft und Co.", RIW 1990, 799; *Kronke,* Mehrstufiger grenzüberschreitender Konzern und mitbestimmter Aufsichtsrat, IPRax 1995, 377; *Kronke,* Deutsches Gesellschaftsrecht und grenzüberschreitende Strukturänderungen, ZGR 1994, 26; *Kröll,* Beurkundung gesellschaftsrechtlicher Vorgänge durch einen ausländischen Notar, ZGR 2000, 111; *Kröll/Kropholler,* Auslandsbeurkundungen im Gesellschaftsrecht, ZHR 140 (1976), 394; *Langefeld/Wirth,* Rechtsfragen des internationalen Gemeinschaftsunternehmens – Joint Venture, RIW 1990, 1; *Latty,* Pseudo-Foreign Corporations, 65 Yale L. J. (1955/56), 137; *Lehmann,* Fällt die Sitztheorie jetzt auch international?, RIW 2004, 816; *Leitzen,* Die GmbH mit Verwaltungssitz im Ausland, NZG 2009, 728; *Löber,* Beurkundung von Gesellschafterbeschlüssen einer deutschen GmbH vor spanischen Notaren, RIW 1989, 94; *E. Lorenz,* Die Grundsätze des deutschen internationalen Betriebsverfassungsrechts, FS W. Lorenz, 1991, 441; *Luchterhandt,* Deutsches Konzernrecht bei grenzüberschreitenden Konzernverbindungen, 1971; *Lüer,* Sitzverlegung einer inländischen Aktiengesellschaft ins Ausland, Liber amicorum Kegel, 2002, 83; *Lütschg,* Fragen des internationalen Kartellrechts, 1939; *Lutter,* Kapital, Sicherung der Kapitalaufbringung und Kapitalerhaltung in den Aktien- und GmbH-Rechten der EWG, 1964; *Lutter,* Mitbestimmungsprobleme im internationalen Konzern, FS Zweigert, 1981, 251; *Lutter,* Umstrukturierung von Unternehmen über die Grenze: Versuch eines Resümees, ZGR 1994, 87; *Mann,* Zum Problem der Staatsangehörigkeit juristischer Personen, FS M. Wolff, 1952, 271; *Menke,* Beurkundungspflicht von Verträgen über den Verkauf oder die Abtretung ausländischer Geschäftsanteile?, BB 2004, 1807; *Merkt,* Das Europäische Gesellschaftsrecht und die Idee des „Wettbewerbs der Gesetzgeber", RabelsZ 59 (1995), 545; *Michalski,* Grundzüge des internationalen Gesellschaftsrechts, NZG 1998, 762; *Mock,* Die actio pro socio im Internationalen Privat- und Verfahrensrecht,

RabelsZ 72 (2008), 264; *Chr. Möllers,* Internationale Zuständigkeit bei der Durchgriffshaftung, 1987; *Moeremans,* Die Durchgriffshaftung bei Kapitalgesellschaften, Diss. Münster 1989; *Moeremans,* Internationales Privatrecht und Durchgriffshaftung in Argentinien, RIW 1989, 778; *Moser,* Personalstatut und Außenverhältnis der Aktiengesellschaft, FG Bürgi, 1971, 283; *H.-F. Müller,* Haftung bei ausländischen Kapitalgesellschaften mit Inlandssitz, ZIP 1997, 1049; *R. Müller,* Kollisionsrechtliche Probleme der Durchgriffslehre bei Kapitalgesellschaften, Diss. Frankfurt 1974; *Neu,* Der Trust im italienischen Recht – eine rechtsvergleichende Untersuchung vor dem Hintergrund des Haager Trust-Übereinkommens, 2018; *Panthen,* Der „Sitz"-Begriff im Internationalen Gesellschaftsrecht, 1988; *Patzina,* Rechtlicher Schutz ausländischer Privatinvestoren gegen Enteignungsrisiken in Entwicklungsländern, 1981; *Prager,* Grenzen der deutschen Mitbestimmung (inklusive Betriebsverfassung) im deutsch-schweizerischen Unternehmensrecht, 1979; *Rehbinder,* Sitzverlegung ins Inland und Rechtsfähigkeit ausländischer juristischer Personen, IPRax 1985, 324; *Reichert/Weller,* Geschäftsanteilsübertragung mit Auslandsberührung, DStR 2005, 250 und DStR 2005, 292; *Rixen/Böttcher,* Erfahrungsbericht über eine transnationale Verschmelzung, GmbHR 1993, 572; *Runge/Schäfer,* Die Bedeutung der Ansässigkeit von Kapitalgesellschaften für das Steuerrecht, IWB 1987, 547; *Ryan,* International Bank loan syndications and participations, in Rendell, International Financial Law, lending, capital transfers and institutions, 1980, 25; *Schilling,* Die ausschließliche internationale Zuständigkeit für gesellschaftsrechtliche Streitigkeiten vor dem Hintergrund der Niederlassungsfreiheit, IPRax 2005, 208; *Seidl-Hohenveldern,* The Impact of Public International Law on Conflict of Law Rules on Corporations, Rec. des Cours 1968 I, 1; *v. der Seipen,* Zur Bestimmung des effektiven Verwaltungssitzes im internationalen Gesellschaftsrechts, IPRax 1986, 91; *Serick,* Zur Anerkennung der liechtensteinischen Treuunternehmen in Deutschland, RabelsZ 23 (1958), 624; *Süss,* Sitzverlegung juristischer Personen vom Inland ins Ausland und umgekehrt, FS H. Lewald, 1953, 603; *Schervier,* Beurkundung GmbH-rechtlicher Vorgänge im Ausland, NJW 1992, 593; *Schiedermair,* Der ausländische Geschäftsführer einer GmbH, FS Bezzenberger, 2000, 393; *Claudia Schmidt,* Der Haftungsdurchgriff und seine Umkehrung im internationalen Privatrecht, 1993; *Schnitzer,* Die Treuhand (Der Trust) und das internationale Privatrecht, GS Marxer, 1963, 53; *Schohe,* Die Haftung juristischer Personen für ihre Organe im internationalen Privatrecht, 1991; *Schwander,* Das Statut der internationalen Gesellschaft, SZIER 2002, 57; *Schwark,* Globalisierung, Europarecht und Unternehmensmitbestimmung im Konflikt, AG 2004, 173; *Steiger,* Grenzüberschreitende Fusion und Sitzverlegung von Kapitalgesellschaften innerhalb der EU nach spanischem und portugiesischem Recht, 1997; *v. Steiger,* Die einfache Gesellschaft im internationalen Privatrecht, SchwJbIntR XIV 1957, 17; *Teipel,* Die Bedeutung der lex fori im internationalen Gesellschaftsrecht, FG Sandrock, 1995, 125; *Ulrich,* Regeln des internationalen Privatrechts über die Haftung des Gesellschafters oder der Verwaltung einer Kapitalgesellschaft, Diss. Göttingen 1972; *Vischer,* Bemerkungen zur Aktiengesellschaft im internationalen Privatrecht, SchwJbIntR 1960, 49; *Vischer,* Die Wandlung des Gesellschaftsrechts zu einem Unternehmensrecht, FS Mann, 1977, 639; *Wachter,* Ausländer als GmbH-Gesellschafter und -Geschäftsführer, ZIP 1999, 1577; *Wachter,* Existenz- und Vertretungsnachweise bei der englischen Private Limited Company, DB 2004, 2795; *G. Wagner,* Grundprobleme der Parteifähigkeit, ZZP 117 (2004), 305; *Weiss/Seifert,* Der europarechtliche Rahmen für ein „Mitbestimmungserstreckungsgesetz", ZGR 2009, 542; *Weller,* Internationale Zuständigkeit für mitgliedschaftsbezogene Klagen nach der Brüssel I-VO, ZGR 2012, 606; *R. Werner,* Der Nachweis des Verwaltungssitzes ausländischer juristischer Personen, 1998; *Wessel/Ziegenhain,* Sitz- und Gründungstheorie im internationalen Gesellschaftsrecht, GmbHR 1988, 423; *Woite,* Die Vereinbarung abweichender Rechtsordnungen zwischen Gesellschaftern einer GmbH, NJW 1965, 2140; *Young,* Foreign Companies and other Corporations, 1912; *v. Zitzewitz,* Die Vereinbarkeit internationaler Vertragskonzerne mit dem Mitbestimmungsgesetz 1976, 1979.

I. Anknüpfungsgegenstand

Schrifttum (zu Personengesellschaften und nicht rechtsfähigen Vermögensmassen): *Appel,* Reform und Kodifikation des Liechtensteinischen Internationalen Privatrechts, RabelsZ 61 (1997), 510; *Bach,* Deutsche Fusionskontrolle bei inlandswirksamen Auslandszusammenschlüssen, WuW 1997, 291; *Basedow,* Entwicklungslinien des internationalen Kartellrechts, NJW 1989, 627; *Coing,* Die Treuhand kraft privaten Rechtsgeschäfts, 1973; *Coing,* Die rechtsgeschäftliche Treuhand im deutschen internationalen Privatrecht, ZfRV 1974, 81; *Coing,* Übernahme des Trusts in unser IPR?, FS Heinsius, 1991, 79; *Czermak,* Der express trust im internationalen Privatrecht, 1986; *Delorme,* Konsortial- und Emissionsgeschäft, 2. Aufl. 1971; *Ebenroth,* Das Vertragsrecht der internationalen Konsortialkredite und Projektfinanzierungen, JZ 1986, 731; *Ebenroth,* Zu den Grenzen der Besteuerung von Banken im Eurokreditgeschäft, JZ 1984, 905; *Ebenroth,* Fusionskontrolle bei Auslandszusammenschlüssen mit mittelbarem Inlandsbezug, DB 1984, 597; *Ebenroth,* Das Verhältnis zwischen joint-venture-Vertrag, Gesellschaftssatzung und Investitionsvertrag, JZ 1987, 265; *Friehe,* Die Unterbeteiligung bei Personengesellschaften, 1974; *Göthel,* Joint Ventures im russischen internationalen Privatrecht, 1999; *Grundmann,* Der Treuhandvertrag, 1997; *Hinsch/Horn,* Das Vertragsrecht der internationalen Konsortialkredite und Projektfinanzierungen, 1985; *Hofheinz,* Die Kartellbindung bei internationalen Kartellen, 1939; *Hopt,* Emission, Prospekthaftung und Anleihetreuhand im internationalen Recht, FS W. Lorenz, 1991, 413; *Horn,* Das Recht der internationalen Anleihen, 1972; *Kötz,* Trust und Treuhand, 1963; *Kötz,* Zur Anknüpfung des unter Lebenden errichteten trust, IPRax 1985, 205; *Kronstein,* Das Recht der internationalen Kartelle, 1967; *Martinek,* Das internationale Kartellprivatrecht, 1987; *G. Meier,* Grundstatut und Sonderanknüpfung im IPR des liechtensteinischen Gesellschaftsrechts, 1979; *Pirrung,* Zur Ratifikation des Trust-Übereinkommens, FS Heldrich, 2005, 925; *Schneider,* Anstalt und Treuunternehmen des liechtensteinischen Rechts als Unternehmensformen für Sitz- und Holdinggesellschaften, 1970; *Scholze,* Das Konsortialgeschäft der deutschen Banken, Halbbd. 1–2,

1973; *Schön,* Die Personengesellschaft im europäischen Gesellschaftsrecht, ZHR 187 (2023), 123; *Schücking,* Das IPR der Banken-Konsortien, WM 1996, 281; *Schurr,* Der Trust im Fürstentum Liechtenstein, FS G.H. Roth, 2011, 765; *Schwartz,* Deutsches Internationales Kartellrecht, 1962; *Siemers/Müller,* Offshore-Trusts als Mittel zur Vermögensnachfolgeplanung?, ZEV 1998, 206; *Vischer,* Die internationalen Kartellvereinbarungen im schweizerischen Privatrecht, in Schweizerische Beiträge zum 4. Internationalen Kongreß für Rechtsvergleichung, 1954, 91; *Walden,* Das Kollisionsrecht der Personengesellschaften, 2001; *Wertenbruch,* Sitz, Gesellschaftsstatut und nationale sowie internationale Gerichtsstände der Personengesellschaft nach MoPeG, NZG 2023, 1343; *Wilske/Meyer,* Der Trust als Kläger im deutschen Zivilprozess, ZIP 2012, 459; *Wittuhn,* Trusts und Eigentum, ZEV 2007, 419.

244 **1. Gleichbehandlung von herkömmlichen juristischen Personen und rechtsfähigen Personengesellschaften.** Die Beantwortung der Frage, wie gesellschaftsrechtlich relevante Sachverhalte iprechtlich anzuknüpfen sind, erfordert zunächst eine Begriffsbestimmung des Anknüpfungsgegenstandes. Dabei zeigt sich, dass eine **gleichartige kollisionsrechtliche Behandlung** aller juristischen Personen, sonstigen rechtsfähigen Personenvereinigungen und nicht rechtsfähigen Vermögensmassen weitgehend sinnvoll und geboten ist.[899]

245 Zu unterscheiden ist allerdings im **Personengesellschaftsrecht** zwischen den (nach hM) keine eigene Rechtspersönlichkeit aufweisenden Gesellschaften zB des HGB, also der OHG und der KG, und den sonstigen Personenzusammenschlüssen mit Rechtspersönlichkeit. Erstere sind nach einhelliger Auffassung in Lehre[900] und Rspr.[901] internationalprivatrechtlich im Hinblick auf die Ermittlung des sie regierenden Personalstatuts den juristischen Personen gleichgestellt.[902] Diese Gleichstellung führt dazu, dass zwischen niederlassungsberechtigten Gesellschaften (sei es kraft AEUV oder eines bilateralen Übereinkommens) und sonstigen Gesellschaften zu unterscheiden ist. Erstere unterliegen weithin dem Gründungsrecht, letztere dem Recht an ihrem effektiven Verwaltungssitz (grundsätzlich zur gespaltenen Anknüpfung → Rn. 5). Ein genereller Übergang zur **Gründungstheorie für alle Personengesellschaften** in Anlehnung an § 4a GmbHG, § 5 AktG (freie Wahl des Verwaltungssitzes)[903] kommt schon deshalb **nicht in Betracht,** weil die genannten Vorschriften keinen kollisionsrechtlichen Gehalt haben, ebenso wenig wie § 706 BGB [2024] (→ Rn. 5).

246 Die Begründung für eine kollisionsrechtliche Gleichstellung der Personenhandelsgesellschaften mit den herkömmlichen juristischen Personen stützt sich im Wesentlichen auf die folgenden Argumente. Beide Gesellschaftsformen weisen gemeinsame relevante Wesenszüge auf,[904] nämlich die Entstehung durch Rechtsgeschäft und die Erfüllung ähnlicher Funktionen, dh der Zusammenschluss zur gemeinschaftlichen Erreichung eines bestimmten Zweckes.[905] Geltend gemacht wird schließlich

---

[899] *Wiedemann* GesR II § 2 IV 2 vor a; grds. aA *Walden,* Das Kollisionsrecht der Personengesellschaften, 2001, 110 ff., der Kapital- und Personengesellschaften unterschiedlich anknüpfen will, insbes. tauge der Gläubigerschutz nur bei den Kapitalgesellschaften als Legitimationsbasis für eine Sitzanknüpfung; für eine Anküpfung des Einzelunternehmers mit beschränkter Haftung nach Maßgabe des Gesellschaftskollisonsrechts *Wedemann* RabelsZ 75 (2011), 541.

[900] Vgl. statt vieler *Hausmann* in Reithmann/Martiny IntVertragsR Rn. 6.155 f.; *Göthel* in Reithmann/Martiny IntVertragsR Rn. 24.7; ferner *Grasmann,* System des internationalen Gesellschaftsrechts, 1970, Rn. 1138 ff.; *G. Meier,* Grundstatut und Sonderanknüpfung im IPR des liechtensteinischen Gesellschaftsrechts, 1979, 10 f.; *Lauterbach/Beitzke,* Vorschläge und Gutachten zur Reform des deutschen internationalen Personen- und Sachrechts, 1972, 94, 122 f.; *Ferid* FS A. Hueck, 1959, 345; *Rabel* IPR II 101; Grüneberg/*Thorn* EGBGB Anh. Art. 12 Rn. 22; Staudinger/*Großfeld,* 1998, IntGesR Rn. 746; *Kegel/Schurig* IPR § 17 III 1; *Ahrens* IPRax 1986, 355 (357); *Lange* IPRax 1998, 438 (440); insoweit auch Soergel/*Lüderitz* EGBGB Anh. Art. 10 Rn. 64; jedoch soll das Recht gelten, unter dem die Personengesellschaft auftritt, insbesondere das Recht des Ortes einer etwaigen Firmeneintragung, hilfsweise das Recht des Ortes, an dem sie ihren tatsächlichen Sitz hat.

[901] BGH LM HGB § 105 Nr. 7 = IPRspr. 1952/53 Nr. 20, S. 44 (56); WM 1959, 1110; NJW 1967, 36; 1999, 1871 für engl. Partnership; NJW 2004, 3706 (3708) m. Ls. 2, implizit; RGZ 36, 392 (393); OLG Frankfurt IPRspr. 1985 Nr. 21 = IPRax 1986, 373 mAnm *Ahrens* IPRax 1986, 357; KG NJW 1989, 3100 (3101); OLG Düsseldorf DB 1994, 2492 = RIW 1995, 53 = IPRspr. 1994 Nr. 26, S. 67 (68); OLG Frankfurt RIW 1998, 807; OLG Karlsruhe NZG 2001, 748 (749) für OHG.

[902] *Nußbaum* IPR 206 bezeichnet dies als Quasi-Personalstatut für nicht rechtsfähige Handelsgesellschaften.

[903] Hopt/*Roth* HGB § 106 Rn. 8; Staub/*Koch/Harnos* HGB § 13 Rn. 46 f.; *Verse* ZEuP 2013, 458 (467 f.).

[904] BGH LM HGB § 105 Nr. 7 = IPRspr. 1952/53 Nr. 20, S. 44 (56); NJW 1967, 36 (38); RGZ 36, 172 (177); *Grasmann,* System des internationalen Gesellschaftsrechts, 1970, 1138; *Ficker* in Schlegelberger RvglHWB IV Abschnitt X § 6, 470; zur historischen Entwicklung *Großfeld* RabelsZ 38 (1974), 344 ff.; *Frankenstein* IPR II 335.

[905] In vielen Beziehungen gelten ganz ähnliche Regelungen, etwa die, dass Gesellschafter an den Gegenständen des Gesellschaftsvermögens ebenso wenig Anteile haben wie die Mitglieder einer juristischen Person; vgl. *Grasmann,* System des internationalen Gesellschaftsrechts, 1970, 1138; *Nitschke,* Die körperschaftlich strukturierte Personengesellschaft, 1970, 108, 403.

auch, dass eine gemeinsame Behandlung Abgrenzungsschwierigkeiten vermeidet, die sich daraus ergeben können, dass in einigen Rechtsordnungen Personenhandelsgesellschaften rechtlich ohnehin die Qualität einer juristischen Person haben (→ Rn. 281 f., → Rn. 512).[906]

Zwar können sich gegen diese Argumentation Bedenken insbesondere aus dem weniger strikten und weitgehend dispositiven Charakter der die Personengesellschaft und ihre Rechtsverhältnisse regelnden Normen[907] des deutschen Rechts ergeben und auch daraus, dass mit der Aktiengesellschaft eine juristische Person Leitbild der wesentlichen Lehren zum internationalen Privatrecht gewesen ist.[908] Ernsthafte Zweifel stehen einer Gleichbehandlung jedoch nicht entgegen. Der Grund dafür liegt in der **Gemeinsamkeit bestimmender Wesensmerkmale.** So haben beide Organisationsformen nicht nur eine vergleichbare, dh nach außen hin erkennbare innere Struktur und Organisation, in deren Bereich die Vertretung und Geschäftsführung geregelt ist,[909] sondern darüber hinaus werden als Folge dieser Struktur **Rechtsverhältnisse der Gesellschaft zu Dritten,** dh Außenverhältnisse, begründet, sodass die **Teilnahme am Rechtsverkehr in vergleichbarer Weise erfolgt.**[910] Damit bestehen keine relevanten Sachverhaltsunterschiede, die unter dem auch iprechtlich geltenden verfassungsrechtlichen Gleichbehandlungsgrundsatz[911] eine Verschiedenheit der Verweisungsregel zu rechtfertigen vermögen. Das entspricht auch den Bemühungen um eine Vereinheitlichung der Grundlagen des IPR, denen es entgegenlaufen würde, die Frage der Qualität der Rechtspersönlichkeit von dem zufälligen Umstand des Ortes abhängig zu machen, unter dessen jeweils geltendem Recht diese Frage ohne sachliche Gründe unterschiedlich beantwortet sein kann.[912] 247

Eine kollisionsrechtliche **Gleichbehandlung von herkömmlichen juristischen Personen und Personenhandelsgesellschaften** muss in der Konsequenz zu einer Gleichbehandlung solcher Personenvereinigungen führen, die relevante Sachverhaltsunterschiede nicht aufweisen, die also wesensgleich oder -ähnlich sind.[913] Dabei wird man zwischen Erwerbsgesellschaften und Organisationsformen, die ideellen Zwecken dienen, nicht differenzieren können. Als relevantes Wesensmerkmal lässt sich indessen das einer nach außen erkennbaren inneren Organisation und das der Teilnahme am Rechtsverkehr als eigenständiges Rechtssubjekt feststellen. Gemeinsam ist solchen **Organisationsformen mit „Außenwirkung“,** dass Verkehrsschutzinteressen zu berücksichtigen sind, wenn sich der Interessen- und Personenzusammenschluss nicht in der Begründung einzelner obligatorischer Rechte und Pflichten der Mitglieder im Verhältnis zueinander (inter partes) erschöpft.[914] 248

Auch eine **BGB-Gesellschaft** ist daher für die Bestimmung des Anknüpfungskriteriums mit den Kapitalgesellschaften, dh juristischen Personen, gleich zu behandeln, sofern es sich **nicht** um eine **reine Innengesellschaft** (§§ 740 ff. BGB) handelt.[915] Schuldvertragliche Beziehungen, die sich 249

---

906 *Heberlein,* Die internationalprivatrechtliche Stellung der Handelsgesellschaften in Gesetzgebung und Staatsverträgen, 1933, 6; *Grasmann,* System des internationalen Gesellschaftsrechts, 1970, 1140; *Rabel* IPR II 94 f.; *Sonnenberger/Dammann,* FrHWiR, 3. Aufl. 2008, Rn. III 47; *Wolff* IPR 114. Das gilt sogar für die zivilrechtliche Gesellschaft; *Ferid/Sonnenberger,* Das Französische Zivilrecht, 2. Aufl. 1986, Rn. 2 L 17 ff., 128 ff.; für Italien s. *Kindler,* Italienisches Handels- und Wirtschaftsrecht, 2. Aufl. 2014, § 4 Rn. 21: „Rechtssubjektivität“; *Kindler,* Einführung in das italienische Recht, 3. Aufl. 2022, § 18 Rn. 9; zur rechtsfähigen Personengesellschaft (§ 705 Abs. 2 Var. 1 BGB) als Unterfall der juristischen Person im deutschen Recht (MM) s. *Kindler* ZfPW 2022, 409.

907 Vgl. *Lauterbach/Beitzke,* Vorschläge und Gutachten zur Reform des deutschen internationalen Personen- und Sachrechts, 1972, 94, 122 zu Fn. 35; *Ficker* in Schlegelberger RvglHWB IV Abschnitt X § 6; krit. dazu Staudinger/*Großfeld,* 1998, IntGesR Rn. 751.

908 *Großfeld* RabelsZ 38 (1974), 344 (366 ff.); für Parteiautonomie im internationalen Personengesellschaftsrecht daher *Walden,* Das Kollisionsrecht der Personengesellschaften, 2001, 110 ff.; krit. auch *Fedke* ZIP 2019, 799.

909 *Lewald* IPR, 1931, 54; Staudinger/*Großfeld,* 1998, IntGesR Rn. 746.

910 *Grasmann,* System des internationalen Gesellschaftsrechts, 1970, 1138, 1143; die GmbH & Co. KG wird bei rechtsvergleichend-funktionaler Qualifikation häufig als juristische Person anzusehen sein; dazu allg. *Kindler* ZHR 157 (1993), 1 (17 ff.); s. bereits *Bernstein/Schultze-v. Lasaulx* ZGR 1976, 33 (35).

911 *Grasmann,* System des internationalen Gesellschaftsrechts, 1970, 1143; *Beitzke* JuS 1966, 139 (145); → Einl. IPR Rn. 45.

912 *Grasmann,* System des internationalen Gesellschaftsrechts, 1970, 1140; *Vischer* SchwJbIntR 1964, 275.

913 Vgl. *Ebenroth* JZ 1984, 905 (906) mwN; iErg auch *Grasmann,* System des internationalen Gesellschaftsrechts, 1970, 1181; Staudinger/*Großfeld,* 1998, IntGesR Rn. 746.

914 *Kegel/Schurig* IPR § 17 III 1.

915 *Hausmann* in Reithmann/Martiny IntVertragsR Rn. 6.156; *Ebenroth* JZ 1987, 265 (266); *Lauterbach/Beitzke,* Vorschläge und Gutachten zur Reform des deutschen internationalen Personen- und Sachrechts, 1972, 94, 123; *Grasmann,* System des internationalen Gesellschaftsrechts, 1970, 1144 ff.; *Kegel/Schurig* IPR § 17 III 1; Soergel/*Lüderitz* EGBGB Anh. Art. 10 Rn. 64; Staudinger/*Großfeld,* 1998, IntGesR Rn. 752; ferner *Schücking* WM 1996, 281 (286) speziell zu Innenkonsortien; zum Begriff der Innengesellschaft → BGB § 705 Rn. 213 ff.; aA wohl OLG Karlsruhe NZG 2001, 748 (749) (Statut der Außen-GbR nach Art. 27, 28 EGBGB bestimmt; seit 17.12.2009 Art. 3 und 4 Rom I-VO).

mangels einer nach außen erkennbaren Organisation nicht als Außengesellschaft qualifizieren lassen, unterliegen dem Schuldvertragsstatut und werden daher, soweit das auf den Vertrag anzuwendende Recht nicht nach Art. 3 Rom I-VO vereinbart worden ist, nach Art. 4 Rom I-VO angeknüpft. Danach unterliegt der Vertrag dem Recht des Staates, mit dem er die engsten Verbindungen aufweist.[916]

250 **2. Einzelfälle.** Die Überprüfung der Praktikabilität der gegebenen Abgrenzung soll nun anhand einiger typischer Personenvereinigungen vorgenommen werden. Dabei ist hinsichtlich einer undifferenzierenden Behandlung von OHG, Kartellen, Trust, Gewerkschaften, Verbänden und Interessengemeinschaften sowie Syndikaten Vorsicht geboten,[917] denn die hier exemplarisch aufgeführten Personenzusammenschlüsse können, auch wenn sie unter einem gemeinsamen Oberbegriff geführt werden, durchaus unterschiedlich strukturiert sein, was zu einer kollisionsrechtlich unterschiedlichen Behandlung führen muss.

251 **a) Internationale Konsortien.** Besonders deutlich wird die Notwendigkeit einer differenzierenden Betrachtungsweise für die kollisionsrechtliche Behandlung internationaler Konsortien. Dabei handelt es sich um **Gelegenheitsgesellschaften** vornehmlich im internationalen Bank- und Finanzierungsgeschäft mit gemeinsamem wirtschaftlichen Zweck, der sich auf die Durchführung eines oder mehrerer Einzelgeschäfte beziehen kann, um eine unvertretbare Übernahme von Risiken einzuschränken.[918] Das erhebliche Wachstum der Off-shore-Finanzmärkte mit ihren Regelungsdefiziten gegenüber der nationalstaatlichen fremdenrechtlichen Bankenaufsicht hat die Internationalisierung des Konsortialgeschäfts begünstigt. Die kollisionsrechtliche Behandlung bei der Beteiligung inländischer Konsorten ist bislang nicht näher untersucht worden. So wird fast einhellig ohne nähere Diskussion davon ausgegangen, dass es sich bei der Anknüpfung im Wesentlichen um einen **Unterfall des Kollisionsrechts für schuldrechtliche Verträge** handele.[919] Die im nationalen Gesellschaftsrecht vertretene Qualifikation, es handele sich in der Regel um **Gesellschaften bürgerlichen Rechts** (→ BGB Vor § 705 Rn. 35 ff.),[920] steht dazu im Widerspruch. So wird im internationalen Bereich von *Slater*[921] geprüft, ob ein Bankenkonsortium als GbR qualifiziert werden könnte. Hierbei handele es sich nicht nur um eine rechtstechnische Nebensächlichkeit. Vielmehr würde die Annahme einer GbR zu einer unterschiedlichen steuerlichen Behandlung führen.

252 Die frühere Unterscheidung zwischen Außen- und Innenkonsortium[922] ist zwar selbst im nationalen Bereich inzwischen weitgehend überholt (→ BGB Vor § 705 Rn. 61 f., wo diese Unterscheidung nur noch für Anlagenbau-Konsortien getroffen wird), der Rechtscharakter des Zusammenschlusses kann jedoch, abhängig vom konkreten Geschäft, unterschiedlich sein. Schließen sich internationale Banken unter der Leitung eines mit Geschäftsführungsbefugnis und Vertretungsmacht ausgestatteten Konsortialführers im Inland für Übernahme und Platzierung von Wertpapieren zusammen (sog. **Emissionskonsortium;** → BGB Vor § 705 Rn. 52 ff.), so ist das Rechtsverhältnis zwischen ihnen als **Außengesellschaft** zu qualifizieren[923] und kollisionsrechtlich wie eine solche zu behandeln.

253 Eine **Ausnahme** bilden dagegen solche internationale Konsortien, bei denen nur eine interne Absprache über die Risiko- und Gewinnverteilung besteht und die die verhandelnde Bank im

---

[916] BGH NZG 2015, 1073 Rn. 12 (akzessorische Anknüpfung einer Ehegatteninnengesellschaft an das Ehegüterstatut) = IPRax 2016, 287 m. Aufs. *Wedemann* IPRax 2016, 252; NJW 2009, 1482 Rn. 10; 2004, 3706 (3708) m. Ls. 2; BGH NJW 2015, 2581 Rn. 12; OLG Brandenburg BeckRS 2023, 29402 Rn. 21 (alle zur stillen Beteiligung); OLG Hamburg NJW-RR 2001, 1012 (1013 f.); OLG Frankfurt RIW 1998, 807 (808); vgl. auch *Ebenroth* JZ 1987, 265 (266) sowie *Jülicher* ZEV 2001, 469 (473 f.) zur Joint Tenancy; *Pfeiffer* IPRax 2003, 233 (235).

[917] Vgl. bereits die Zusammenstellung bei *Ballerstedt* JuS 1963, 260 ff.

[918] Zum Sachrecht näher → BGB Vor § 705 Rn. 51 ff.; zur praktischen Bedeutung gerade der internationalen *Banken*konsortien *Schücking* WM 1996, 281 (285).

[919] *Horn,* Das Recht der internationalen Anleihen, 1972, 481; vgl. dazu den Besprechungsaufsatz von *Ebenroth* JZ 1986, 731; gleicher Ansicht *Howard* Euromoney January 1972, 18 (20), Nowland Realty Co. vom IRS, 47 F. 2d. 1018, 1019; *van Hecke* Droit et pratique du commerce international 3 (1977), 497 (498); *Turner* Euromoney March 1974, 28 (29); *Wood,* Law and Practice of International Finance, 1980, 1; *Hopt* FS W. Lorenz, 1991, 413 (416); *Schücking* WM 1996, 281 (287 f.).

[920] RGZ 56, 206 (210) (für Emissionskonsortium); vgl. auch *Horn* JBl. 1987, 409 (412); *Hinsch/Horn,* Das Vertragsrecht der internationalen Konsortialkredite und Projektfinanzierungen, 1985, 156 f., 174 ff.

[921] *Slater* J. B. L. 1982, 173 (183).

[922] Auch „stilles Konsortium", vgl. *Scholze,* Das Konsortialgeschäft der deutschen Banken, Halbbd. 1–2, 1973, 23; *Delorme,* Konsortial- und Emissionsgeschäft, 2. Aufl. 1971, 22.

[923] BGHZ 118, 83 (99) = NJW 1992, 2222.

eigenen Namen abschließt. Da es sich hier um **reine Innengesellschaften** handelt, kommt es zur in → Rn. 249 erörterten schuldvertraglichen Anknüpfung.[924]

Dieselben Grundsätze gelten auch für internationale **Kreditkonsortien,** bei denen der Banken- **254** zusammenschluss der Finanzierung und Risikoverteilung eines größeren lang- oder kurzfristigen Kreditbedarfs dient.[925] Auch hier handelt es sich um eine Innengesellschaft (→ BGB Vor § 705 Rn. 58). Einen Unterfall hierzu bilden die internationalen **syndicated loan agreements.** Das sind Kredite, die aus unterschiedlichen wirtschaftlichen und politischen Gründen von einer Gruppe von Kreditgebern zur Deckung eines größeren Finanzierungsbedarfs zur Verfügung gestellt werden.[926] Regelmäßig, aber nicht notwendig immer, sind auf Seiten der Kreditgeber ausschließlich international tätige Banken beteiligt. Für die Form der Kreditgewährung sind zwei Grundtypen zu unterscheiden:[927] **(1)** Die Hausbank des Kreditnehmers deckt den Kreditbedarf selbst ab und versucht danach, Anteile an der Kreditsumme (Beteiligungsquote) an Interessenten zu verkaufen, wobei bestimmte Garantien für die Bonität des Schuldners und die Betreuung des Kredits während der Laufzeit von dieser Bank übernommen werden.[928] **(2)** In der anderen Fallkonstellation wird der Kredit erst gewährt, nachdem es der Hausbank gelungen ist, zu den vereinbarten Konditionen eine Gruppe von Kreditgebern zusammenzubringen.[929] Während der Laufzeit des Kredits tritt die Hausbank als Manager oder lead-bank für das Konsortium auf.[930]

Dabei ergeben sich für das internationale Gesellschaftsrecht keine Schwierigkeiten im Falle **255** einer körperschaftlichen Organisationsform; hier wird die einschlägige Rechtsordnung analog der für die Außengesellschaft ermittelten Grundsätze bestimmt. Schwierig ist dagegen die Beurteilung solcher Fälle, die in Ermangelung einer hinreichend nach außen erkennbaren Organisation und Vertretung nach dem **Schuldstatut** gemäß Art. 3, 4 Rom I-VO anzuknüpfen sind. Soweit mangels ausdrücklichem oder stillschweigendem Parteiwillen das auf den Vertrag anzuwendende Recht nicht nach Art. 3 Rom I-VO vereinbart worden ist, unterliegt der Vertrag nach Art. 4 Abs. 2 Rom I-VO dem Recht des Staates, in dem die Partei, welche die charakteristische Leistung zu erbringen hat, im Zeitpunkt des Vertragsabschlusses ihre Hauptverwaltung (Art. 19 Abs. 1 UAbs. 1 Rom I-VO) hat. Widerlegt wird diese Vermutung aber nach Art. 4 Abs. 3 Rom I-VO, wenn der Kreditvertrag selbst eine Rechtswahlklausel enthält. In diesem Fall bestimmt die dort für maßgeblich erklärte Rechtsordnung zugleich über das Verhältnis der Konsorten zueinander. Dafür spricht entscheidend die enge Beziehung dieses Verhältnisses zum Kreditvertrag.[931]

Eine reine Innengesellschaft liegt hingegen im Falle einer internationalen **Unterbeteiligung** **256** an einem Kreditkonsortium (auch Unterkonsortium) vor.[932] Die iprechtliche Behandlung erfolgt daher nach dem Schuldstatut.[933]

Einen Unterfall des Kreditkonsortiums bilden die **internationalen Stillhaltekonsortien** mit **257** inländischen Beteiligten. Es handelt sich dabei um Gelegenheitsgesellschaften, bei denen sich Gläubiger, in diesem Fall Banken und andere, zB Rohstofflieferanten, eines in Liquidationsschwierigkeiten

---

924 *Schücking* WM 1996, 281 (286).

925 *Delorme,* Konsortial- und Emissionsgeschäft, 2. Aufl. 1971, 34, 35; *Scholze,* Das Konsortialgeschäft der deutschen Banken, Halbbd. 1–2, 1973, 100 ff.

926 *Ebenroth* JZ 1984, 905 (906); *König,* Die internationalprivatrechtliche Anknüpfung von Syndicated Loan Agreements, 1983, 15 ff.; *Armstrong* 23 Bus. Law. (1968), 689; *Baughn/Walker,* The Banker's Handbook, 1978, 829; *Ryan* in Rendell, International Financial Law, lending, capital transfers and institutions, 1980, 25.

927 *Ebenroth* JZ 1984, 905 (906); *König,* Die internationalprivatrechtliche Anknüpfung von Syndicated Loan Agreements, 1983, 17; *Armstrong* 23 Bus. Law. (1968), 689 (690); *Howard* Euromoney January 1972, 18; *Ryan* in Rendell, International Financial Law, lending, capital transfers and institutions, 1980, 32 ff.

928 *Ebenroth* JZ 1984, 905 (906); *König,* Die internationalprivatrechtliche Anknüpfung von Syndicated Loan Agreements, 1983, 17; *Armstrong* 23 Bus. Law. (1968), 689 (690); *Ryan* in Rendell, International Financial Law, lending, capital transfers and institutions, 1980, 34 f.

929 *Howard* Euromoney January 1972, 18 (20 f.); *Ebenroth* JZ 1984, 905 (906); *Hinsch/Horn,* Das Vertragsrecht der internationalen Konsortialkredite und Projektfinanzierungen, 1985, 24 ff.; vgl. hierzu *Ebenroth* JZ 1986, 731 (732); *König,* Die internationalprivatrechtliche Anknüpfung von Syndicated Loan Agreements, 1983, 17.

930 *Ebenroth* JZ 1984, 905 (906).

931 *Schücking* WM 1996, 283; *Martiny* in Reithmann/Martiny IntVertragsR Rn. 17.7; zur objektiven Anknüpfung des Vertragsstatuts nach der Rom I-VO s. *Kindler,* Einführung in das neue IPR des Wirtschaftsverkehrs, 2009, 19 ff.

932 BGH MDR 1965, 554; *Delorme,* Konsortial- und Emissionsgeschäft, 2. Aufl. 1971, 23; *Friehe,* Die Unterbeteiligung bei Personengesellschaften, 1974, 20 f.; *Herold,* Das Kreditgeschäft der Banken, 1959, 190; *Scholze,* Das Konsortialgeschäft der deutschen Banken, Halbbd. 1–2, 1973, 24 f.; → BGB Vor § 705 Rn. 92 ff.

933 Vgl. *Grasmann,* System des internationalen Gesellschaftsrechts, 1970, 1144; *v. Steiger* SchwJbIntR 1957, 17 (23); Staudinger/*Großfeld,* 1998, IntGesR Rn. 772; *Schücking* WM 1996, 281 (286).

geratenen Schuldners über die Bedingungen der Rückzahlung von ihnen gewährter Kredite einigen.[934] Eine Qualifizierung solcher Zusammenschlüsse als Außengesellschaft erscheint fraglich, wenn die getroffenen Absprachen lediglich zu einem koordinierten Vorgehen führen, denn die Frage nach dem Bestehen einer Außengesellschaft lässt sich nicht allein mit dem Hinweis auf Außenwirkungen solcher Absprachen beantworten, sondern nur mit Hilfe der Feststellung, ob das Konsortium als solches, vertreten durch die Konsortialführerin, nach außen in Erscheinung getreten ist. Das ist dann der Fall, wenn die Konsortialführerin die neuen Bedingungen mit dem Schuldner mit Rechtswirkung für das Konsortium aushandelt, dh zu erkennen gibt, dass sie für die Gesamtheit der Gläubiger spricht und die einzelvertraglichen Beziehungen entsprechend modifiziert werden. Maßgeblich für die kollisionsrechtliche Anknüpfung ist damit die Vertretungsregelung des Konsortiums, die sich aus dem Konsortialvertrag unter Berücksichtigung der tatsächlichen Umstände ergibt.[935]

258 In gleicher Weise sind sog. **internationale Sanierungskonsortien** zu qualifizieren. Noch weniger als im Falle des internationalen Stillhaltekonsortiums ist hier jedoch denkbar, dass eine Gesellschaft entstanden ist, die dem Schuldner gegenüber nicht als solche in Erscheinung tritt. Dabei wäre die mangelnde Geheimhaltung, etwa die Kenntnis Dritter von der Existenz einer Innengesellschaft, nicht gleich bedeutend mit einem gemeinschaftlichen Auftreten nach außen, also der Existenz einer Außengesellschaft.[936] Eine Vermutung für das Bestehen einer Außengesellschaft lässt sich auch nicht aus der Kenntnis Dritter ableiten.[937] Im Falle einer Mehrheit von internationalen Gläubigern mit gleichartigem Sicherungsinteresse besteht jedoch für die kollisionsrechtliche Qualifikation eine Vermutung für einen Zusammenschluss zu einer Interessen- und Zweckgemeinschaft, da eine schuldrechtliche Qualifikation zu einem unkoordinierten Vorgehen einzelner Gläubiger führen könnte.

259 **b) Stimmrechtspools.** Dagegen sind internationale Stimmrechtspools, wenn sie die Mitglieder lediglich zur gemeinsamen Ausübung des ihnen zustehenden Stimmrechts verpflichten, kollisionsrechtlich als **Innengesellschaften** zu qualifizieren. Diese Formen der Interessenverbindung sind dann wie schuldrechtliche Verträge zwischen den einzelnen Mitgliedern anzuknüpfen.[938] Zum Einfluss des Statuts des Beteiligungsunternehmens selbst → Rn. 565 f.

260 **c) Internationale Kartelle.** Gesellschaftsverträge oder einzelne Klauseln hierin können wettbewerbswidrige Absprachen iSd § 1 GWB darstellen.[939] Dies bedingt gesellschaftsrechtliche Folgeprobleme, wie etwa die Frage nach der Gesamtnichtigkeit des Gesellschaftsvertrages (§ 139 BGB)[940] sowie etwaige Verpflichtungen zu einer Vertragsanpassung.[941] Wechselwirkungen zwischen Wettbewerbsrecht und Gesellschaftsrecht zeigen sich weiter auf dem Gebiet der Unternehmenszusammenschlüsse. „Inlandswirksame" Zusammenschlüsse unter Beteiligung ausländischer Unternehmen unterliegen in bestimmten Grenzen der inländischen Fusionskontrolle (§§ 35 ff. GWB).[942] Bei der rechtlichen Beurteilung **internationaler Kartelle** als grenzüberschreitende[943] Vereinbarungen von Unternehmen, die geeignet sind, die Wettbewerbsverhältnisse zu beeinträchtigen, stellt sich somit neben der Frage nach dem anwendbaren Wettbewerbsrecht (§ 185 Abs. 2 GWB, Art. 6 Abs. 3 Rom II-VO)[944] vor allem das Problem der iprechtlichen Anknüpfung solcher Vereinbarungen bzw. der Innen- und möglichen Außenverhältnisse des Kartells.[945]

261 Das deutsche Internationale Kartellrecht beurteilt die **wettbewerbsrechtliche Zulässigkeit** wettbewerbsbeschränkender Verhaltensweisen nach dem **Auswirkungsprinzip** (§ 185 Abs. 2 GWB).[946] Danach findet das inländische Wettbewerbsrecht auf solche Wettbewerbsbeschränkungen

---

[934] Zum Stillhaltekonsortium → BGB Vor § 705 Rn. 60.

[935] BGHZ 12, 308 (315) = NJW 1954, 1159; BGH WM 1960, 863 (864); DNotZ 1966, 502 (503).

[936] BGH WM 1960, 863 (865); → BGB Vor § 705 Rn. 60.

[937] BGHZ 12, 308 (316) = NJW 1954, 1159; BGH WM 1960, 863 (864); DNotZ 1966, 502 (503).

[938] → BGB Vor § 705 Rn. 68 ff.; zum Kooperationsvertrag → Rom I-VO Art. 4 Rn. 329; ferner *Göthel* in Reithmann/Martiny IntVertragsR Rn. 24.1 ff.

[939] Vgl. BGHZ 68, 6 (10) = NJW 1977, 804 mAnm *Ulmer;* → BGB Vor § 705 Rn. 65; *Bunte* WuW 1997, 857.

[940] Vgl. BGH NJW 1994, 1651 – Pronuptia II.

[941] Allg. zur Wechselwirkung von KartellR und GesR s. *K. Schmidt* GesR § 1 II 5c.

[942] BGHZ 74, 322 = NJW 1979, 1788; *Ebenroth* DB 1984, 597 ff.; *Göthel* in Reithmann/Martiny IntVertragsR Rn. 24.1 ff.; *Bach* WuW 1997, 291 ff.; zum räumlich relevanten Markt s. BGHZ 160, 321 = NJW 2004, 3711 – Melitta.

[943] *Ebenroth,* Code of Conduct, 1987, Rn. 328 ff., 335 ff., 385 ff.; *Martinek,* Das internationale Kartellprivatrecht, 1987.

[944] Vgl. dazu *Ebenroth,* Code of Conduct, 1987, Rn. 328 ff.; → IntWettbR/IntKartellR Rn. 1 ff.; *Basedow* NJW 1989, 627 ff.

[945] Zum Sachrecht → Vor § 705 Rn. 65 ff.

[946] Am 5.12.2013 hat das Bundeskartellamt den Entwurf des Merkblatts „Inlandsauswirkungen in der Fusionskontrolle" für eine öffentliche Konsultation vorgelegt. Das Merkblatt soll die Prüfung erleichtern, ob ein

Anwendung, die sich im Inland auswirken, ohne Rücksicht darauf, wo sie veranlasst worden sind. Das Auswirkungsprinzip findet seinen Ursprung im Antitrustrecht der USA[947] und hat ebenso wie in das GWB auch in die Kartellrechte zahlreicher anderer Staaten Eingang gefunden.[948] Ihm folgt auch die **Kodifizierung des internationalen Kartelldeliktsrechts** in Art. 6 Abs. 3 Rom II-VO.[949]

Die Anknüpfung des hier allein interessierenden **zivilrechtlichen Innen- und Außenverhältnisses des internationalen Kartells** hat sich nach der **Rechtsform** der zu beurteilenden Zusammenschlüsse zu richten.[950] Zwar dient die Bezeichnung Kartell als Oberbegriff einer typisierten Art von Kooperation, deren gemeinsames Merkmal in der Kartellbindung liegt.[951] Gleichwohl können sich hinsichtlich der rechtlichen Struktur- und Organisationsform erhebliche Unterschiede ergeben, die eine differenzierende Behandlung erfordern. Diese Notwendigkeit wird zum Teil in der Literatur mit dem Hinweis auf den Charakter der internationalen Kartellabrede als Vertrag sui generis geleugnet, denn ein schlichtes synallagmatisches Austauschverhältnis liege nicht vor.[952] Danach beruhen alle Kartelle unabhängig von der konkreten Form ihrer Organisation auf einer solchen Abrede, können also einheitlich behandelt werden, müssen aber iprechtlich eine vom gewöhnlichen Schuldvertrag abweichende Behandlung erfahren.[953] Dabei müsse anders als bei den reinen synallagmatischen Verträgen auch die Rückwirkung der Vereinbarung auf den Markt angemessen berücksichtigt werden.[954] Eine solche Anknüpfung ohne Berücksichtigung der jeweiligen Organisationsform wird jedoch den sich daraus ergebenden unterschiedlichen Drittinteressen nicht hinreichend gerecht, sodass an der sog. körperschaftlichen Lösung festzuhalten ist. **262**

In der einfachen oder niederen Stufe[955] eines internationalen Kartells, dh bei einer lediglich vertraglichen Abmachung ohne organisatorische Verselbstständigung (zB in Form von Preisabsprachen, Zuteilung von Vertriebs- und Absatzgebieten etc, **Marktinformationsverfahren**[956] hat die Anknüpfung darauf abzustellen, ob hier ein reines Innenverhältnis begründet wird oder ob eine Teilnahme am allgemeinen Rechtsverkehr erfolgt. Letzteres ist regelmäßig bei den Marktinformationsverfahren schon vom Sinn und Zweck der Einrichtung der Informationsstellen her zu verneinen. Anzuknüpfen ist daher insoweit nicht nach den Regeln des internationalen Gesellschafts-, sondern des internationalen Schuldvertragsrechts.[957] **263**

Denkbar ist aber auch, dass einem **Kartell** eine feste körperschaftliche oder körperschaftsähnliche Struktur zugewiesen wird, zB in Form einer Genossenschaft oder einer GmbH.[958] Das auf diesen Verband anwendbare Recht ist dann nach den allgemeinen Regeln zu ermitteln (→ Rn. 262). **264**

Zusammenschluss ausreichende Auswirkungen in Deutschland hat, um die Anforderungen der Inlandsauswirkungsklausel in § 185 Abs. 2 GWB zu erfüllen und eine Anmeldepflicht auszulösen; dazu *Slobodenjuk* BB 2013, 3074; näher → IntWettbR/IntKartellR Rn. 1 ff.; BKartA Die AG 2007, 833.

947 Zur Entwicklung in der amerikanischen Rspr. vgl. die Nachweise bei *Ebenroth,* Code of Conduct, 1987, Rn. 336 Fn. 20; *Zimmer* in Turcon/Zimmer, Grundlagen des US-amerikanischen Gesellschafts-, Wirtschafts-, Steuer- und Fremdenrechts, 1994, 61 ff., 92 ff.; *Huber* ZGR 1981, 510 (511 f.).

948 Vgl. *Ebenroth,* Code of Conduct, 1987, Rn. 336 unter Hinweis auf die abweichende Rechtslage in Großbritannien in Fn. 22; für die Schweiz s. Art. 136 Abs. 1 schweiz. IPRG.

949 Näher *Mankowski* RIW 2008, 177 ff.; → IntWettbR/IntKartR Rn. 76 ff.

950 So *Lütschg,* Fragen des internationalen Kartellrechts, 1939, 80 f.; *Schwartz,* Deutsches Internationales Kartellrecht, 1962, 93; wohl auch *Zschokke,* Die Rechtsstellung der internationalen Kartelle, 1936, 20; abw. *Hofheinz,* Die Kartellbindung bei internationalen Kartellen, 1939, 77; ihm folgend *Vischer* Schweizerische Beiträge zum 4. Internationalen Kongreß für Rechtsvergleichung, 1954, 91 (97 f.); *Kronstein,* Das Recht der internationalen Kartelle, 1967, 265 f. (ohne Beleg); unumstritten ist indessen, dass nur *eine* Rechtsordnung für die Beurteilung des gesamten Rechtsverhältnisses maßgebend sein kann, dass also eine einheitliche Anknüpfung notwendig ist; vgl. *Vischer* Schweizerische Beiträge zum 4. Internationalen Kongreß für Rechtsvergleichung, 1954, 91 (95).

951 So auch *Hofheinz,* Die Kartellbindung bei internationalen Kartellen, 1939, 96 ff.; *Vischer* Schweizerische Beiträge zum 4. Internationalen Kongreß für Rechtsvergleichung, 1954, 91 (98).

952 *Kronstein,* Das Recht der internationalen Kartelle, 1967, 266; *Zschokke,* Die Rechtsstellung der internationalen Kartelle, 1936, 27; s. zum Rechtscharakter der Kartellabsprache auch *Wiedemann* GesR I 718 ff.

953 *Kronstein,* Das Recht der internationalen Kartelle, 1967, 266; *Kronstein,* The Law of the International Cartels, 1973, 243 f.

954 *Zschokke,* Die Rechtsstellung der internationalen Kartelle, 1936, 27; wohl auch *Kronstein,* Das Recht der internationalen Kartelle, 1967, 266.

955 So bezeichnet von *M. Wolff,* Die Rechtsgrundlagen der internationalen Kartelle, 1929, 44; auch *Vischer* Schweizerische Beiträge zum 4. Internationalen Kongreß für Rechtsvergleichung, 1954, 91 (93).

956 BGH NJW 1975, 788; 1987, 1821; *Immenga/Mestmäcker/Zimmer* GWB § 1 Rn. 390 ff.

957 Vgl. *Hausmann* in Reithmann/Martiny IntVertragsR Rn. 25.158.

958 Nach *Vischer* Schweizerische Beiträge zum 4. Internationalen Kongreß für Rechtsvergleichung, 1954, 91 (93, 97) sog. Kartelle höherer Stufe; *Schnitzer,* Handbuch des internationalen Privatrechts II, 1957–1958, 749.

265 Schließlich gibt es daneben noch eine dritte Gruppe von Fällen, die nicht in einer der genannten Kategorien unterzubringen sind, gleichwohl aber nach außen hin tätig werdende Organisationseinheiten darstellen. Das sind insbesondere **Syndikate,** die der Bildung gemeinsamer Beschaffungs- und/oder Vertriebs- und Absatzeinrichtungen dienen; auch gemeinsame Abrechnungsstellen sind denkbar, die nicht in Form einer juristischen Person organisiert sind.[959] In allen diesen Fällen bleibt es bei der körperschaftlichen Lösung.

266 Für die iprechtliche Behandlung wird entgegen dem Vorstehenden zum Teil vertreten, dass allein eine einheitliche, nicht nach der jeweiligen Rechtsform des Kartells differenzierende Anknüpfung sachgerechte Ergebnisse zu erbringen vermag.[960] Zum einen vermeide dies Schwierigkeiten bezüglich der Abgrenzung zwischen den einzelnen, oft zufällig gewählten Rechtsformen, für die es international gültige Kriterien noch nicht gebe,[961] zum anderen trete die Rechtsform hinter dem gemeinsamen Wesensmerkmal der Kartellbindung zurück. Aus diesem Grunde eigne sich die Kartellbindung als Anknüpfungspunkt für alle Kartelle, die dementsprechend nach den Regeln des Schuldstatuts anzuknüpfen seien.[962]

267 Eine diesem Vorschlag folgende Behandlung aller Kartellformen begegnet in zweierlei Hinsicht Bedenken. Zum einen kann die Behauptung der Zufälligkeit der gewählten Rechtsform[963] nicht bewiesen werden. Auszugehen ist vielmehr davon, dass die unternehmerische Entscheidung für eine bestimmte Rechtsform von der Abwägung der damit verbundenen rechtlichen und wirtschaftlichen Konsequenzen getragen wird, zB in steuerrechtlicher Hinsicht. Eine Gleichbehandlung lässt iprechtlich diese Entscheidung leer laufen. Zum anderen hält auch die behauptete Unzulässigkeit der Abgrenzungskriterien zwischen Kartellen niederer und höherer Ordnung[964] einer genaueren Betrachtung nicht stand. Praktikable und international gültige Abgrenzungskriterien zur Unterscheidung von Verträgen und körperschaftlichen Organisationsformen sind durchaus vorhanden (→ Rn. 249, → Rn. 250 ff.).

268 **d) Treuhand und trust. aa) Begriff und Qualifikation.** Gemeinsames Merkmal rechtsgeschäftlicher **Treuhandverhältnisse** – unter Einschluss des **trust** – ist es, dass der Treugeber dem Treuhänder Vermögensrechte überträgt oder ihm diesbezüglich eine sonstige Rechtsmacht einräumt, ihn aber in der Ausübung dieser Rechtsmacht gegenüber Dritten nach Maßgabe einer schuldrechtlichen Treuhandvereinbarung im Innenverhältnis beschränkt; das rechtliche und das wirtschaftliche Eigentum an einer Vermögensmasse fallen auseinander (→ GwG § 3 Abs. 3).[965] Demgegenüber kann auch eine solche Vereinbarung die Verfügungsbefugnis des Treuhänders nicht mit dinglicher Wirkung beschränken (vgl. § 137 S. 1 BGB).[966] Die schuldrechtliche **Treuhandvereinbarung** ist – mangels gleichgerichteter Interessen der Beteiligten – im Regelfall **kein Gesellschaftsverhältnis;** die Treuhand ist entweder eigennützig (Sicherungstreuhand) oder fremdnützig (Verwaltungstreuhand), dient indessen nicht der Verwirklichung gemeinsamer Interessen.[967]

269 Auch bei der kollisionsrechtlichen Behandlung der Treuhand ist zwischen der schuldrechtlichen Treuhandvereinbarung (Sicherungsabrede, Geschäftsbesorgungsvertrag) und der dinglichen Übertragung einzelner Vermögensgegenstände als Treugut zu trennen.[968] Die dingliche Seite der Treuhand

---

[959] Zur Einkaufskooperation zB Immenga/Mestmäcker/*Zimmer* GWB § 1 Rn. 233 ff.

[960] *Kronstein,* Das Recht der internationalen Kartelle, 1967, 265 ff., offenbar ohne Trennung von kartellrechtlicher Zulässigkeit und Rechtsverhältnissen des Kartells; *Kronstein,* Das Recht der internationalen Kartelle, 1967, 244.

[961] *Vischer* Schweizerische Beiträge zum 4. Internationalen Kongreß für Rechtsvergleichung, 1954, 91 (97).

[962] *Vischer* Schweizerische Beiträge zum 4. Internationalen Kongreß für Rechtsvergleichung, 1954, 91 (98); gegen die Parteiautonomie als primäre Anknüpfung im Rahmen der Geltung des Schuldstatuts *Hofheinz,* Die Kartellbindung bei internationalen Kartellen, 1939, 84.

[963] *Vischer* Schweizerische Beiträge zum 4. Internationalen Kongreß für Rechtsvergleichung, 1954, 91 (84).

[964] *Vischer* Schweizerische Beiträge zum 4. Internationalen Kongreß für Rechtsvergleichung, 1954, 91 (97), der die Unzulänglichkeiten der von ihm aufgeführten Abgrenzungskriterien jedoch nicht nachweist.

[965] *Wilske/Meyer* ZIP 2012, 459 (460); zum trust *Witthun* ZEV 2007, 419; umfassend zur anknüpfung nach deutschem IPR *Neu,* Der Trust im italienischen Recht, 2018, § 13.

[966] *Henssler* AcP 196 (1996), 37 (66); RGZ 153, 369; BGHZ 11, 43 = NJW 1954, 190; BGH NJW 1968, 1471 m. krit. Anm. *Kötz;* BB 1982, 890 (891) = WM 1982, 482; ein neuartiges Konzept schuldrechtlichen Drittschutzes hat *Grundmann* § 7 zur Diskussion gestellt; krit. hierzu *Henssler* AcP 196 (1996), 37 (68 f.).

[967] Zum (möglichen) Treuhandcharakter der Unterbeteiligung an einem Gesellschaftsanteil s. BGH NJW 1994, 2886 (2887) und hierzu *Henssler* AcP 196 (1996), 37 (43 f.) sowie *Armbrüster,* Die treuhänderische Beteiligung an Gesellschaften, 2001.

[968] *Coing,* Die Treuhand kraft privaten Rechtsgeschäfts, 1973, 209 ff.; ebenso *Coing* ZfRV 1974, 81 ff. (85, 87); *v. Bar/Mankowski* IPR II § 7 Rn. 162 und wohl auch BGH WM 1984, 1125 (1128) unter III 2c (insoweit nicht in NJW 1984, 2762) = IPRax 1985, 221 mAnm *Kötz* IPRax 1985, 205; hierzu auch Soergel/*Lüderitz* EGBGB Anh. Art. 10 Rn. 64 Fn. 6; *Graue* FS Ferid I, 1978, 151 ff.; s. auch BGH NJW 1959, 1317; WM 1968, 1170.

unterliegt – wegen der hiervon betroffenen Drittinteressen (vgl. § 137 S. 1 BGB) – zwingend den dafür maßgeblichen eigenen Statuten. Für die Übereignung von Sachen ist sonach das Sachstatut maßgeblich (→ Art. 43 Rn. 1 ff.), für die Forderungsabtretung das Zessionsstatut (Art. 14 Abs. 2 Rom I-VO; → Rom I-VO Art. 14 Rn. 22 ff.) und für die Übertragung von Gesellschaftsanteilen das Gesellschaftsstatut (→ Rn. 561 ff.).[969]

Die differenzierende kollisionsrechtliche Qualifikation gilt auch für den rechtsgeschäftlichen **living trust** des **anglo-amerikanischen Rechts**[970] und des hieran angelehnten **liechtensteinischen Rechts** (Art. 897–932 PGR).[971] Diese Rechtsfigur ist zwar im Europäischen Zivilprozessrecht anerkannt (Art. 7 Nr. 6 Brüssel Ia-VO), findet aber in der deutschen Rechtsdogmatik keine Entsprechung[972] und sollte deshalb in ihre schuldrechtlichen und dinglichen Bestandteile aufgegliedert werden (→ Rom I-VO Art. 1 Rn. 84). Daher ist der **trustee Inhaber des Treuguts** und folglich diesbezüglich **prozessführungs- und verfügungsbefugt.**[973] Soweit der trust im anglo-amerikanischen Recht ehegüter- und erbrechtliche Funktionen erfüllt,[974] kommt eine entsprechende Qualifikation und Angleichung in Betracht (→ EuErbVO Art. 1 Rn. 29). 270

bb) Anknüpfung. Zu unterscheiden ist zwischen der Treuhandabrede im Allgemeinen und dem trust. Schuldrechtliche Treuhandpflichten unterliegen bei der **Treuhandabrede** den Art. 3 ff. Rom I-VO; insoweit ändert sich wenig im Vergleich zur bisherigen Rechtslage (Anwendbarkeit der Art. 27 ff. EGBGB aF).[975] Dies bedeutet zunächst, dass den Parteien des Treuhandvertrages hinsichtlich seiner schuldrechtlichen Aspekte **Rechtswahlfreiheit** zusteht, unter Beachtung von deren **verbraucherrechtlichen Grenzen** (Art. 3, 6 Rom I-VO).[976] 271

Dieser Lösung folgen auch das – von der BRepD nicht ratifizierte – Haager trust-Übereinkommen in Art. 6 Abs. 1 S. 1 HTÜ[977] und das liechtensteinische IPR seit 1997.[978] Aus deutscher Sicht ist von Art. 1 Abs. 2 lit. h Rom I-VO auszugehen, wonach die Gründung von trusts sowie die dadurch geschaffenen Rechtsbeziehungen zwischen den Verfügenden, den Treuhändern und den Begünstigten ausdrücklich vom Anwendungsbereich der Verordnung ausgenommen sind. Einen wortgleichen Anwendungsausschluss enthielt bereits Art. 1 Abs. 2 lit. g EVÜ, doch hatte der deutsche Gesetzgeber diesen 1986 bewusst nicht in Art. 37 EGBGB aF übernommen. Daher erfolgte die Anknüpfung der **schuldrechtlichen Treuhandpflichten beim living trust** nach hM analog[979] 272

---

969 Näher *Willemer,* Grenzüberschreitende Treuhandverhältnisse an GmbH-Anteilen, 2008; zu Treuhandbeteiligungsverträgen *Mock* ZEuP 2020, 672 (682 ff.).

970 OLG Celle BeckRS 2010, 29670; dazu *Wilske/Meyer* ZIP 2012, 459; *v. Bernstorff* RIW 2007, 641; *Czermak,* Der express trust im internationalen Privatrecht, 1986, 182 ff.; *Martiny* in Reithmann/Martiny IntVertragsR Rn. 1.118; *Siemers/Müller* ZEV 1998, 206 (208); *J. Hermann* ZvglRWiss. 2018, 260.

971 Zum Trust im Fürstentum Liechtenstein *Schurr* FS G. H. Roth, 2011, 765.

972 BGH WM 1984, 1125 (1128); *Coing* FS Heinsius, 1991, 79 (81 f.).

973 OLG Celle BeckRS 2010, 29670; BFH NJW 1958, 766 (767); zur Stellung allein des trustee als Prozesspartei ferner OLG Frankfurt BeckRS 1998, 16154; zu beiden Urteilen *Wilske/Meyer* ZIP 2012, 459 (461).

974 Beispiel: BFH BStBl. III 1958 S. 79 (81) = NJW 1958, 766 (767 f.); dazu *Wilske/Meyer* ZIP 2012, 459 (460 f.).

975 BGH NJW-RR 1995, 766 = IPRspr. 1995 Nr. 201; OLG Hamm RIW 1994, 513 (516) = IPRax 1996, 33 mAnm *D. Otto* IPRax 1996, 22; ebenso *Kötz* IPRax 1985, 205 (206); monographisch zum IPR des Trust *Neu,* Der Trust im italienischen Recht, 2018, 62 ff.

976 EuGH ECLI:EU:C:2019:827 Rn. 34 ff. = LMK 2019, 422737 mAnm *Mankowski* = BeckRS 2019, 23104 – Verein für Konsumenteninformation/TVP; dazu *Rieländer* IPRax 2020, 224; *Mock* ZEuP 2020, 672 zuvor schon BGH IPRspr. 1968/69 Nr. 160 (S. 403) = WM 1968, 1170 (1172); OLG Frankfurt IPRspr. 1988 Nr. 13, S. 22 (26) = AG 1988, 267 = EWiR 1988, 587 m. KurzKomm. *Ebenroth; Kötz* IPRax 1985, 205 (206); *Martiny* in Reithmann/Martiny IntVertragsR Rn. 1.114 ff.; *Siemers/Müller* ZEV 1998, 206 (207 f.); ebenso das schweiz. Bundesgericht: BGE 96 II 79 (1970) = Annuaire suisse de droit international 1971, 223 mAnm *Vischer* = Clunet 1976, 695 mAnm *Lalive* = (schweiz.) Journal des Tribunaux 1971, I, 329 mAnm *Reymond.* Ebenso Cour d'Appel Paris D. 1972, 122 mAnm *Malaurie* = Clunet 1973, 207 mAnm *Loussouarn* = Gaz. Pal. 1970. 1. 313 mAnm *R. S.*

977 Haager Übk. über das auf den trust anzuwendende Recht und seine Anerkennung vom 1.7.1985, abgedruckt in RabelsZ 50 (1986), 698 und in IPRax 1987, 55; hierzu *Kegel/Schurig* IPR § 17 III 2 und etwa *Coing* FS Heinsius, 1991, 85 ff., *Luzzatto* Riv. dir. int. priv. proc. 1999, 773; *Pirrung* FS Heldrich, 2005, 925; *Steinebach* RIW 1986, 1; zur Ratifikation durch die Schweiz mit Wirkung seit dem 1.7.2007 s. *Jakob/Gauthey Ladner* IPRax 2008, 453 ff.; *Wagner* ua RIW 2006, 651 (654); zur Geltung in den Niederlanden Art. 142 NWB Buch 10 (IPRax 2013, 584).

978 Vgl. Art. 930 Abs. 1 S. 1 liecht. PGR, abgedruckt in RabelsZ 61 (1997), 561 und in IPRax 1997, 371; hierzu *Appel* RabelsZ 61 (1997), 510 (536); zur Schweiz s. Kassationsgericht Zürich SZIER 2000, 367 (369 f.) mAnm *Schwander* SZIER 2000, 373.

979 *Martiny* in Reithmann/Martiny IntVertragsR Rn. 1.114 ff.

Art. 27 ff. EGBGB aF.[980] Diese Vorschriften wurden freilich zum 17.12.2009 aufgehoben, und zwar ohne dass man zugleich das auf den trust anwendbare autonome Kollisionsrecht normiert hätte.[981] Für die Schließung der so entstandenen **Regelungslücke** dürften ein Rückgriff auf das unkodifizierte IPR aus der Zeit vor dem 1.9.1986[982] ebenso ausscheiden wie eine analoge Anwendung der aufgehobenen Art. 27 ff. EGBGB. Allein sachgerecht erscheint es, insoweit eine „Verweisung" des autonomen IPR auf die Rom I-VO anzunehmen, und zwar über deren sachlichen Anwendungsbereich hinaus. Dafür spricht die Kontinuität zur bisherigen Rechtslage, wonach die autonomen EVÜ-Inkorporations-Vorschriften (Art. 27 ff. EGBGB aF) trotz der Nichterstreckung des EVÜ selbst auf den trust (Art. 1 Abs. 2 lit. g EVÜ) anzuwenden waren. Somit besteht **auch beim living trust die schuldrechtliche Rechtswahlfreiheit** nach Art. 3 Rom I-VO. Ein Verstoß gegen das Unionsrecht liegt darin nicht, weil die VO insoweit nicht als Unionsrecht angewendet wird, sondern „überschießend" als ein vom autonomen IPR für anwendbar erklärter Normtext.[983]

273 Fehlt es an einer Rechtswahl, so ist beim – hier interessierenden – fremdnützigen Treuhandvertrag[984] diejenige Rechtsordnung maßgeblich, mit der der Vertrag die engste Verbindung aufweist (Art. 4 Rom I-VO).[985] Dafür wird es auf den Ort der Treuhandverwaltung (Art. 4 Abs. 1 lit. b Rom I-VO), den Sitz des Treuhänders (Art. 4 Abs. 2 Rom I-VO), die Belegenheit des Treuhandvermögens (Art. 4 Abs. 1 lit. c Rom I-VO) sowie sonstige Rechtsbeziehungen zwischen den Parteien ankommen, die eine akzessorische Anknüpfung nahe legen (Art. 4 Abs. 3 Rom I-VO; zB ein Konzernverhältnis).[986] Deuten diese Anknüpfungstatsachen in verschiedene Rechtsordnungen, so ist wie folgt zu verfahren: Im **Regelfall** tritt die Vermutung zu Gunsten des Sitzrechts des Treuhänders (Art. 4 Abs. 2 Rom I-VO) hinter die Beziehung zu dem **Ort, an dem die Verwaltung geführt wird und an dem das Treugut belegen ist,** zurück (Art. 4 Abs. 1 lit. b und c Rom I-VO).[987] Diese Anknüpfung führt im Regelfall zum **Gleichlauf mit dem für die dingliche Rechtsübertragung maßgeblichen Statut** und vermeidet komplizierte Abgrenzungsfragen.

274 Abweichend hiervon führt eine **konzernrechtliche Beherrschung** des Treuhänders durch den Treugeber zur akzessorischen Anknüpfung an das **Konzernstatut,** dh an das Sitzrecht der beherrschten Gesellschaft[988] (näher → Rn. 660 ff.).

275 **e) Treuunternehmen.** Ähnlich der Anknüpfung des Gesellschaftsstatuts gestaltet sich hingegen die kollisionsrechtliche Behandlung der sog. Treuunternehmen. Für diese dem amerikanischen **business trust** ähnliche Form der Treuhänderschaft ist kennzeichnend, dass der Treunehmer zu Gunsten des Treugebers mit dem von diesem erhaltenen Kapital zum Betrieb eines kaufmännischen Unternehmens verpflichtet wird.[989] Dieser im Verhältnis zur einfachen Treuhand **erhöhte Organisationsgrad** durch die Vermögensdynamisierung hat eine Verlagerung des Schwerpunktes auf das zu verwaltende Vermögen zur Folge, wodurch der **Ort des Geschäftsbetriebs des Treuunternehmens** zum entscheidenden Anknüpfungskriterium wird.[990] Eine Anknüpfung an den Ort der Verwaltung des Treugutes bzw. den Ort der Erfüllung des Treuhandvertrages kommt nur in den Fällen in Betracht, in denen Drittinteressen – gemeint sind nicht die beneficiaries – nicht betroffen sein können.[991] Das gilt beispielsweise für den Fall eines Sparkassentrusts, wenn ein Bankinstitut vom Treugeber zur Verwaltung eines Kontoguthabens zu Gunsten der beneficiaries verpflichtet wird. Die

[980] Nach aA gelten die bisherigen Grundsätze – dh das unkodifizierte IPR aus der Zeit vor dem 1.9.1986 (Inkrafttreten des IPRG vom 25.7.1986, BGBl. 1986 I 1142) – weiter; so *Jayme* IPRax 1986, 265 (266) ausdrücklich zum trust.

[981] Gesetz zur Anpassung der Vorschriften des IPR an die Verordnung (EG) Nr. 593/2008, BGBl. 2008 I 1574.

[982] Vgl. *Jayme* IPRax 1986, 265 (266).

[983] Vgl. zur analogen Problematik in Italien (Verweisung von Art. 57 IPRG auf das EVÜ über dessen Anwendungsbereich hinaus) *Kindler* RabelsZ 61 (1997), 227 (234 ff., 277 ff.).

[984] Zur Anknüpfung von schuldrechtlichen Sicherungsabreden (eigennützige Treuhand) → EGBGB Art. 43 Rn. 88.

[985] Vgl. zum autonomen Recht BGH NJW-RR 1995, 766 = IPRspr. 1995 Nr. 201; OLG Hamm RIW 1994, 513 (516) = IPRax 1996, 33 mAnm *D. Otto* IPRax 1996, 22; ebenso *Kötz* IPRax 1985, 205 (206).

[986] Vgl. nochmals *Kötz* IPRax 1985, 205 (206); *Martiny* in Reithmann/Martiny IntVertragsR Rn. 1.114 ff.

[987] So noch zum EGBGB Soergel/*Lüderitz* EGBGB Anh. II Art. 38 Rn. 58.

[988] Vgl. OLG Hamburg MDR 1976, 402 = IPRspr. 1974 Nr. 11 A; OLG Frankfurt IPRspr. 1988 Nr. 13, S. 22 (25) = AG 1988, 267 m. zust. KurzKomm. *Ebenroth* EWiR 1988, 587 f.

[989] *Kötz,* Trust und Treuhand, 1963, 72; *Wyler* ZSR 56 (1937), 346 ff.; allg. *Reimann,* Einführung in das US-amerikanische Privatrecht, 2. Aufl. 2004, § 44, 3.

[990] *G. Meier,* Grundstatut und Sonderanknüpfung im IPR des liechtensteinischen Gesellschaftsrechts, 1979, 158; anders *Rabel* IPR II 14, der auf den Ort des Sitzes des Verwalters abstellt, aber nur den nicht vergleichbaren Fall eines „charitable trust" untersucht.

[991] Ähnlich *G. Meier,* Grundstatut und Sonderanknüpfung im IPR des liechtensteinischen Gesellschaftsrechts, 1979, 150, der als Zweck die Verwaltung des Vermögens herausstellt.

Notwendigkeit einer abweichenden Beurteilung der Treuunternehmen ergibt sich schon aus deren Zweck, selbsthandelnd am Rechtsverkehr teilzunehmen und dadurch eine Vielzahl unterschiedlicher Rechtsbeziehungen zu Dritten zu begründen.[992] Gleichgültig ist, ob das Treuunternehmen eigene Rechtspersönlichkeit hat (uneigentliches Treuunternehmen) oder nicht (eigentliches Treuunternehmen).[993] In beiden Fällen handelt es sich um ein verselbstständigtes Rechtssubjekt, das unter einer Firma am Rechtsverkehr teilnimmt.[994]

f) Anstalt. Den Kollisionsnormen des internationalen Gesellschaftsrechts unterliegt weiterhin die **private Anstalt.**[995] Da der Gründer einer Anstalt die bestimmende Person ist, die auf die Verwaltung maßgeblichen Einfluss hat und Instruktionen erteilen kann,[996] kann das zu einer Nichtanerkennung der Rechtsfähigkeit bei effektivem Verwaltungssitz im Inland führen.[997] Für den Hauptfall, die **Anstalt liechtensteinischen Rechts,**[998] besteht diese Gefahr wegen der auf den EWR zu erstreckenden[999] Niederlassungsfreiheit nach Art. 49, 54 AEUV (→ Rn. 78 ff., → Rn. 123 ff.) indessen nicht; auch „Anstalten" sind – da rechtlich verselbstständigt – **niederlassungsberechtigt** iSv Art. 54 AEUV. Im Gegensatz zum Treugeber, der nach Gründung des Treuunternehmens aus seiner bestimmenden Funktion ausscheidet,[1000] besteht beim Gründer einer **Anstalt** die Gefahr eines Haftungsdurchgriffs, der sich nach dem Personalstatut der Anstalt richtet (→ Rn. 591 ff.). 276

g) Vereine und Stiftungen. Vereine und Stiftungen unterliegen als rechtsfähige Verbände ebenfalls den Kollisionsnormen des internationalen Gesellschaftsrechts (zu Einzelheiten → Rn. 648 ff.). 277

II. Sog. Anerkennungsproblematik

Schrifttum (allgemein): zum deutsch-US-amerikanischen Rechtsverkehr vor → Rn. 291; *Behrens,* Der Anerkennungsbegriff des internationalen Gesellschaftsrechts, ZGR 1978, 499; *Drobnig,* Skizzen zur internationalprivatrechtlichen Anerkennung, FS v. Caemmerer, 1978, 687; *Ebenroth/Auer,* Grenzüberschreitende Verlagerung von unternehmerischen Leitungsfunktionen im Zivil- und Steuerrecht, RIW-Beil. Nr. 1/1992, 1; *Ebenroth/Bippus,* Die staatsvertragliche Anerkennung ausländischer Gesellschaften in Abkehr von der Sitztheorie, DB 1988, 842; *Ebenroth/Bippus,* Führen bilaterale Investitionsförderungsverträge zu einer Abkehr vom Sitzprinzip?, RIW 1988, 336; *Ebenroth/Sura,* Das Problem der Anerkennung im internationalen Gesellschaftsrecht, RabelsZ 43 (1979), 315; *Eule,* Die Entscheidungen des EuGH und des BGH in Sachen „Überseering BV" – eine peinliche Blamage für die beteiligten Juristen!?, ZNotP 2004, 56; *Griebel,* Einführung in den Deutschen Mustervertrag über die Förderung und den gegenseitigen Schutz von Kapitalanlagen von 2009, IPRax 2010, 414; *Großfeld,* Die Anerkennung der Rechtsfähigkeit juristischer Personen, RabelsZ 31 (1967), 1; *Großfeld,* Zur Geschichte der Anerkennungsproblematik bei Aktiengesellschaften, RabelsZ 38 (1974), 344; *Großfeld,* Die Entwicklung der Anerkennungstheorien im Internationalen Gesellschaftsrecht, FS Westermann, 1974, 199; *Lehner,* Die steuerliche Ansässigkeit von Kapitalgesellschaften, RIW 1988, 201; *Mansel,* Anerkennung als Grundprinzip des Europäischen Rechtsraums, RabelsZ 70 (2006), 651; *Zimmer,* Grenzüberschreitende Rechtspersönlichkeit, ZHR 168 (2004), 355.

1. Begriff der „Anerkennung" im autonomen Kollisionsrecht. a) Verwendungsformen des Anerkennungsbegriffs. Im internationalen Gesellschaftsrecht findet der Begriff Aner- 278

[992] *G. Meier,* Grundstatut und Sonderanknüpfung im IPR des liechtensteinischen Gesellschaftsrechts, 1979, 159.
[993] *G. Meier,* Grundstatut und Sonderanknüpfung im IPR des liechtensteinischen Gesellschaftsrechts, 1979, 158; vgl. auch *Serick* RabelsZ 23 (1958), 626.
[994] *Beck,* Kommissionsbericht zum Treuunternehmen, 1928, 3; iErg ebenso *Schneider,* Anstalt und Treuunternehmen des liechtensteinischen Rechts als Unternehmensformen für Sitz- und Holdinggesellschaften, 1970, 82; *Fleischer ua* WM 2023, 1809; *Reich/Lorenz* ZEV 2023, 809.
[995] So zur Anstalt liechtensteinischen Rechts BGH WM 1979, 692 (693) = IPRspr. 1979 Nr. 5; BGHZ 78, 318 = NJW 1981, 522 = IPRax 1981, 130 mAnm *Großfeld* IPRax 1981, 116; BGHZ 97, 269 = NJW 1986, 2194; ferner etwa *Fleischer ua* WM 2023, 1809; *Unkrüer* RIW 1998, 205; → Rn. 348, → Rn. 375, → Rn. 476.
[996] *Schneider,* Anstalt und Treuunternehmen des liechtensteinischen Rechts als Unternehmensformen für Sitz- und Holdinggesellschaften, 1970, 89; *Schönle* NJW 1965, 1115.
[997] Vgl. BGHZ 53, 181 (183) = NJW 1970, 998; BFH IPRspr. 1992 Nr. 24 = RIW 1992, 867 mAnm *Ebenroth/Auer* RIW 1992, 998 = IPRax 1993, 248 mAnm *Großfeld/Luttermann* = DB 1992, 2067 mAnm *Knobbe-Keuk;* AG Hamburg AWD 1965, 71; Staudinger/*Großfeld,* 1998, IntGesR Rn. 173 f.
[998] Zum Sachrecht umfassend *Fleischer/Götz/Stemberg* WM 2023, 1809, 1853.
[999] BGHZ 164, 148 = NJW 2005, 3351 – Liechtenstein = RIW 2005, 945 mAnm *Leible/Hoffmann;* dazu *Weller* ZGR 2006, 748; *Weller* IPRax 2009, 202 (206); ebenso Vorinstanz OLG Frankfurt IPRax 2004, 56 m. Aufs. *Baudenbacher/Buschle* IPRax 2004, 26; aA noch LG Nürnberg DB 2003, 2765.
[1000] *Schneider,* Anstalt und Treuunternehmen des liechtensteinischen Rechts als Unternehmensformen für Sitz- und Holdinggesellschaften, 1970, 91.

kennung in vielfältiger[1001] und oft nicht sehr differenzierter Weise[1002] Verwendung, was zu einer erheblichen inhaltlichen Unschärfe beiträgt.[1003] Diese wird durch ungenaue europarechtliche Verwendung (→ EGBGB Art. 3 Rn. 124 ff.) zusätzlich verstärkt. Unter **Anerkennung** wird nach **hM** nicht nur die **Anknüpfung des Personalstatuts** als Bestimmung der für die Rechtsverhältnisse der Gesellschaft maßgeblichen Rechtsordnung verstanden,[1004] sondern darüber hinaus auch die Frage nach **Bestehen und Rechtsfähigkeit** einer im Ausland gegründeten Gesellschaft im Inland.[1005] Der Begriff findet außerdem noch Verwendung im Fremdenrecht für die Zulassung ausländischer Unternehmen zum Geschäftsbetrieb im Inland.[1006] Darüber hinaus wird in Staatsverträgen die Anerkennung von ausländischen Gesellschaften im Inland behandelt (→ Rn. 284 ff.).

279 **b) Kollisionsrechtliche Bedeutung der Anerkennung.** Das vermeintliche Problem der Anerkennung im Internationalen Gesellschaftsrecht liegt auf kollisionsrechtlicher Ebene.[1007] Hier standen sich traditionell zwei Auffassungen gegeneinander. Nach der **heute überwundenen sog. Anerkennungslehre** besteht die Notwendigkeit einer gesonderten Anerkennung ausländischer juristischer Personen.[1008] Dagegen verneint die hM die Bedeutung eines gesonderten Rechtsinstitutes der Anerkennung.[1009]

280 Die Lösung des Meinungsstreits ergibt sich aus dem Sinn des Begriffs „Anerkennung" im Internationalen Gesellschaftsrecht. Gemeint ist die Hinnahme einer Gesellschaft so, wie sie sich aus der Anwendung ausländischen Rechts ergibt, das durch die allseitig verweisende Kollisionsnorm

---

[1001] Vgl. die eingehende Darstellung bei *Drobnig* ZHR 129 (1967), 93 (108 ff.); *Drobnig* FS v. Caemmerer, 1978, 688 Fn. 2 zu Recht krit. zur Sprachverwirrung, die sich aus „der Inflation des Anerkennungsbegriffs" ergeben hat; vgl. ferner *Beitzke,* Juristische Personen im Internationalprivatrecht und Fremdenrecht, 1938, 46 ff.; *Großfeld* RabelsZ 38 (1974), 344 (349 ff.); *Ebenroth,* Die verdeckten Vermögenszuwendungen im transnationalen Unternehmen, 1979, 334 ff.; *Behrens* ZGR 1978, 499; *Ebenroth/Bippus* NJW 1988, 2137; historisch *Zimmer* ZHR 168 (2004), 355 (356 ff.) zu den USA, England, Belgien, Frankreich, Österreich, Niederlande, Italien, Deutschland.

[1002] Das beklagt *Beitzke,* Juristische Personen im Internationalprivatrecht und Fremdenrecht, 1938, 46.

[1003] *Ebenroth,* Die verdeckten Vermögenszuwendungen im transnationalen Unternehmen, 1979, 334; *Grasmann,* System des internationalen Gesellschaftsrechts, 1970, 187; vgl. auch *Drobnig* ZHR 129 (1967), 93 (105 ff.), der einen „reichlich konfusen Sprachgebrauch" feststellt; ähnlich *v. der Seipen* IPRax 1986, 91 (93) Fn. 16; zum aktuellen Streitstand *v. Bismarck,* Grenzüberschreitende Sitzverlegung, 2005, 40 ff.

[1004] *Ebenroth,* Die verdeckten Vermögenszuwendungen im transnationalen Unternehmen, 1979, 334 ff.; *Drobnig* FS v. Caemmerer, 1978, 687 (690); *Wiedemann* FS Kegel, 1977, 193; *Fikentscher* MDR 1957, 72; *Ebenroth/Sura* RabelsZ 43 (1979), 315 (316); *Makarov* IPR 115 f.; *Raape* IPR 199 ff.

[1005] *Mansel* RabelsZ 70 (2006), 651 (670); *Großfeld,* Praxis des internationalen Privat- und Wirtschaftsrechts, 1975, 26 Fn. 1; *Großfeld* FS H. Westermann, 1974, 199 Fn. 2; *Großfeld* RabelsZ 31 (1967), 1 (3); *Großfeld,* Internationales und Europäisches Unternehmensrecht, 2. Aufl. 1995, D § 3 I; Staudinger/*Großfeld,* 1998, IntGesR Rn. 163; *Beitzke* FS M. Luther, 1976, 1 (12); *Grasmann,* System des internationalen Gesellschaftsrechts, 1970, 63; *Luchterhandt,* Deutsches Konzernrecht bei grenzüberschreitenden Konzernverbindungen, 1971, 5 f.; *Sandrock* BerGesVR 18 (1978), 169 (246 f.); *Niederer* in Gutzwiller/Niederer, Beiträge zum Haager Internationalprivatrecht 1951, Arbeiten aus dem juristischen Seminar der Universität Freiburg (Schweiz) Band 7, 1951, 107 (151 f.).

[1006] So verwendet *Behrens* ZGR 1978, 499 (500) den Begriff „fremdenrechtliche Anerkennungsnorm"; auch *Wiedemann* GesR I § 14 2a, S. 778 verwendet den Begriff der Anerkennung im Fremdenrecht; *Ebenroth/Bippus* NJW 1988, 2137 (2138 ff.); *Ebenroth/Sura* RabelsZ 43 (1979), 315 (316); wohl auch Staudinger/*Großfeld,* 1998, IntGesR Rn. 169, der von der Verschiebung einer ehemals fremdenrechtlichen zu einer kollisionsrechtlichen Frage spricht.

[1007] *Ebenroth,* Die verdeckten Vermögenszuwendungen im transnationalen Unternehmen, 1979, 336 f.; *Grasmann,* System des internationalen Gesellschaftsrechts, 1970, 63; Staudinger/*Großfeld,* 1998, IntGesR Rn. 169; *G. Meier,* Grundstatut und Sonderanknüpfung im IPR des liechtensteinischen Gesellschaftsrechts, 1979, 170 ff.; *Behrens* ZGR 1978, 499 (507); *v. Bismarck,* Grenzüberschreitende Sitzverlegung, 2005, 44.

[1008] So zB *Grasmann,* System des internationalen Gesellschaftsrechts, 1970, 63; *Beitzke* FS Luther, 1976, 1 (12); *Sandrock* BerGesVR 18 (1978), 169 (246 ff.); Staudinger/*Großfeld,* 1998, IntGesR Rn. 177 ff.; *Luchterhandt,* Deutsches Konzernrecht bei grenzüberschreitenden Konzernverbindungen, 1971, 5 f. sowie *Niederer* in Gutzwiller/Niederer, Beiträge zum Haager Internationalprivatrecht 1951, Arbeiten aus dem juristischen Seminar der Universität Freiburg (Schweiz) Band 7, 1951, 151 f.; zu Widerlegung dieser Lehre → 8. Aufl. 2021, Rn. 320 ff.

[1009] HCL/*Behrens/Hoffmann* GmbHG Allg. Einl. Rn. B 141; zuvor schon *Beitzke,* Juristische Personen im Internationalprivatrecht und Fremdenrecht, 1938, 47 f.; *Hausmann* in Hausmann/van Raad/Raupach/Veelken, Steuergestaltung durch doppelt ansässige Gesellschaften, 1989, 14; *Koppensteiner,* Internationale Unternehmen im deutschen Gesellschaftsrecht, 1971, 108; *Drobnig* FS v. Caemmerer, 1978, 690; *Drobnig* in v. Bar, Europäisches Gemeinschaftsrecht und IPR, 1991, 185, 189 f.: „unnötiger Zwischenschritt"; *Wiedemann* FS Kegel, 1977, 193; *Wiedemann* GesR I § 14 2b, S. 780 f.; *Wengler* Ann. Inst. Dr. int. 51, Bd. I, 1965, 300; *Ebenroth/Bippus* NJW 1988, 2137 (2142); *v. Bismarck,* Grenzüberschreitende Sitzverlegung, 2005, 44.

berufen ist.[1010] Die **maßgebliche Rechtsordnung** bestimmt das Personalstatut der Gesellschaft und regelt grundsätzlich umfassend und abschließend **alle** das Innen- und Außenverhältnis der Gesellschaft betreffenden **Rechtsbeziehungen** (einschließlich der Rechtsfähigkeit als Frage des Personalstatuts, → Rn. 512 ff.),[1011] sodass eine darüberhinausgehende, eigenständige Anerkennungsproblematik nicht besteht.[1012] Mit der hM (→ Rn. 278) ist daher unter der **Anerkennung** einer Gesellschaft die **Bestimmung ihres Personalstatuts** zu verstehen.

Die sog. Anerkennungsproblematik darf nicht mit der Frage der „Anerkennung" ausländischer Gesellschafts*typen* durch inländisches Sachrecht gleichgestellt werden.[1013] Rechtsfähigkeit im Inland genießen **auch** solche **Gesellschaften ausländischen Rechts,** die **keinem vergleichbaren Typ des deutschen Rechts** entsprechen.[1014] Ist eine Gesellschaft nach ihrem ausländischen Personalstatut rechtsfähig, so ist die Rechtsfähigkeit im Inland auch dann zu beachten, wenn das inländische Recht einem entsprechenden Gebilde keine Rechtsfähigkeit zuerkennt.[1015] **281**

Bedeutung hat dies für Personenhandelsgesellschaften des romanischen Rechtskreises (→ Rn. 512),[1016] für den business trust (→ Rn. 275)[1017] und den charitable trust.[1018] Umgekehrt gilt, dass ein schon nach seinem Gesellschaftsstatut nicht rechtsfähiger Gesellschaftstyp auch im Inland keine Rechtsfähigkeit besitzen kann, eine solche also nicht im Wege der „Anerkennung" erwerben kann.[1019] **282**

c) Zulassung zum Gewerbe. Die öffentlich-rechtliche Genehmigung des Gewerbebetriebes ausländischer Gesellschaften durch einen Träger hoheitlicher Gewalt ist von der kollisionsrechtlichen Anerkennungsproblematik zu trennen.[1020] Die fremdenrechtliche Zulassung setzt die rechtliche Existenz einer Gesellschaft, dh ihre „Anerkennung" (→ Rn. 278 ff.) gerade voraus (vgl. § 15 Abs. 2 S. 2 GewO).[1021] **283**

2. Staatsvertragliche „Anerkennung" von Gesellschaften. a) Verhältnis zum autonomen Kollisionsrecht. Nach Art. 3 Nr. 2 EGBGB gehen Regelungen in völkerrechtlichen Vereinbarungen, soweit sie unmittelbar anwendbares innerstaatliches Recht geworden sind, dem autonomen IPR vor. Bilaterale und multilaterale Staatsverträge[1022] enthalten nun oft auch eine Vorschrift über die „gegenseitige Anerkennung von Gesellschaften", derzufolge die mit einem Vertragsstaat **284**

1010 *Ebenroth,* Die verdeckten Vermögenszuwendungen im transnationalen Unternehmen, 1979, 336; *Perrin,* La reconnaissance des sociétés étrangères et ces effets, 1969, 10, der allerdings nicht ausdrücklich von der Anwendung der „ausländischen" Rechtsfähigkeit, sondern mehrdeutig von einer „prise en considération par l'ordre juridique reconnaissant" spricht; zutr. auch HCL/*Behrens/Hoffmann* GmbHG Allg. Einl. Rn. B 141: Anerkennung sei die „Folge der Anwendung des maßgeblichen Gesellschaftsstatuts"; *Schwander* SZIER 2002, 57 (61).

1011 BGHZ 78, 318 (334) = NJW 1981, 522; BGH NZG 2004, 1001 unter II 1 (Anerkennung der Gesellschaft „als solcher"); *Ebenroth,* Die verdeckten Vermögenszuwendungen im transnationalen Unternehmen, 1979, 337; *E. Wolff* FS M. Wolff, 1952, 394; *Behrens* ZGR 1978, 499 (511); *Ebenroth/Sura* RabelsZ 43 (1979), 315 (316); *Kegel/Schurig* IPR § 17 II 2 sprechen von einer Beherrschung der juristischen Person durch das Recht des Heimatstaates „in voller Breite".

1012 *Ebenroth,* Die verdeckten Vermögenszuwendungen im transnationalen Unternehmen, 1979, 337; *Behrens* ZGR 1978, 499 (511); iErg auch *Drobnig* FS v. Caemmerer, 1978, 690 (692); *Drobnig* ZHR 129 (1967), 109 (112); *Drobnig* DB 1967, 1207; *V. Kruse,* Sitzverlegung von Kapitalgesellschaften innerhalb der EG, 1997, 19; ebenso *Wiedemann* GesR I § 14 2a, S. 778 ff.

1013 Staudinger/*Großfeld,* 1998, IntGesR Rn. 194.

1014 *Beitzke* ZHR 127 (1965), 1 (6); *Grasmann,* System des internationalen Gesellschaftsrechts, 1970, 128; Staudinger/*Großfeld,* 1998, IntGesR Rn. 195.

1015 Soergel/*Lüderitz* EGBGB Anh. Art. 10 Rn. 17; Staudinger/*Großfeld,* 1998, IntGesR Rn. 196; *Hausmann* in Reithmann/Martiny IntVertragsR Rn. 6.126 f.

1016 RFH IPRspr. 1935–44 Nr. 34–36; *Rabel* IPR II 105 f.; *Wolff* IPR 114 f.; *Beitzke,* Juristische Personen im Internationalprivatrecht und Fremdenrecht, 1938, 62 f.; *Beitzke* FS Luther, 1976, 1 (15 ff.).

1017 Hierzu auch *Peiner* RIW 1983, 593.

1018 Näher *Graue* FS Ferid I, 1978, 151 ff.; *Coing* FS Heinsius, 1991, 82.

1019 *Hausmann* in Reithmann/Martiny IntVertragsR Rn. 6.128.

1020 RGZ 83, 367 (370); HCL/*Behrens/Hoffmann* GmbHG Allg. Einl. Rn. B 140; *Ebenroth/Bippus* NJW 1988, 2137 (2139 ff.); *Lanzius,* Anwendbares Recht und Sonderanknüpfungen unter der Gründungstheorie, 2005, 197 ff.; zur Unterscheidung zwischen IPR und Fremdenrecht allg. → Rn. 882 ff.; → Einl. IPR Rn. 328.

1021 *Behrens* ZGR 1978, 499 (512); *Ebenroth/Bippus* NJW 1988, 2137 (2140); *Panthen,* Der „Sitz"-Begriff im Internationalen Gesellschaftsrecht, 1988, 31; *V. Kruse,* Sitzverlegung von Kapitalgesellschaften innerhalb der EG, 1997, 14.

1022 Zu den Auswirkungen der EG-Integrationsmaßnahmen für die Freundschafts-, Handels- und Schifffahrtsverträge, die Handels- und Niederlassungsabkommen sowie die Investitionsschutzverträge der BRepD vgl. *Ebenroth* FS Rebmann, 1989, 737 ff.

auf Grund bestimmter Merkmale verknüpften Gesellschaften von dem anderen Vertragsstaat – häufig unter dem Vorbehalt des ordre public – als rechtmäßig bestehend anerkannt werden.[1023] Ob diesen staatsvertraglichen Regelungen, die als lex specialis das nationale Kollisionsrecht der Vertragsstaaten verdrängen (Art. 3 EGBGB; → EGBGB Art. 3 Rn. 182 ff.),[1024] deklaratorische oder konstitutive Bedeutung zukommt, hängt davon ab, ob die im Staatsvertrag bestimmten Anknüpfungsmerkmale von den Anknüpfungsmerkmalen der nationalen Kollisionsrechte in den Vertragsstaaten abweichen.[1025] Teilweise stellen diese zwischenstaatlichen Abkommen auf „Gesellschaften, die im Gebiet des einen Vertragsstaates ihren Sitz haben und nach dessen Gesetzen zu Recht bestehen", ab. Unter „Sitz" ist hierbei der **Verwaltungssitz** zu verstehen;[1026] allerdings hat der **Deutsche Mustervertrag über die Förderung und den gegenseitigen Schutz von Kapitalanlagen** von 2009 für künftige Verhandlungen hiervon Abstand genommen und in Art. 1 Nr. 3a Mustervertrag für die Bestimmung der Staatszugehörigkeit von juristischen Personen und Gesellschaften auf die **Gründungstheorie** abgestellt.[1027] Eine ordnungsgemäße Errichtung im Sinne einer Übereinstimmung von Ort des Verwaltungssitzes und des Gründungsrechtes ist durch staatsvertragliche Bestimmungen dieser Art nicht gefordert; vielmehr genügt es, wenn der Sitzstaat die nach dem Recht eines dritten Staates gegründete Gesellschaft im Wege der Weiterverweisung anerkennt.[1028] Für die BRepD haben staatsvertragliche Regelungen dieser Art lediglich **deklaratorische Bedeutung,** denn Gesellschaften, die nach dem Recht des Verwaltungssitzstaates wirksam bestehen, werden nach deutschem Kollisionsrecht ohnehin als bestehend anerkannt.[1029] Grund dafür ist, dass die früher maßgebliche Auffassung von der Begrenzung der Existenz von Gesellschaften auf das Territorium des Gründungsstaates[1030] als veraltet anzusehen ist.[1031] Die Anerkennung in Staatsverträgen kann daher heute regelmäßig nur die Selbstverständlichkeit zum Inhalt haben, dass Gesellschaften im Rahmen der ihnen von ihrem Heimatstaat verliehenen Rechte in der BRepD auftreten und handeln können.

285 Nicht um die staatsvertragliche Anerkennung im obigen Sinne geht es bei **Gesellschaften,** die nach dem **AEUV niederlassungsberechtigt** sind (allgemein → Rn. 78). Insbesondere ist Art. 54 AEUV keine „Anerkennungsnorm" in diesem Sinne.[1032] Denn die Behandlung einer nach EU-ausländischem Recht gegründeten Gesellschaft als rechtsfähig im Inland kann – wie in → Rn. 92,

[1023] So etwa die Formulierung in Art. 25 Abs. 5 FrHSchV D-USA; vgl. ferner die Zusammenstellung bei *Lewald* IPR, 1931, 52 ff., der das deutsch-holländische Abkommen über die gegenseitige Anerkennung von Aktiengesellschaften vom 11.2.1907 (RGBl. 1908, 65) als viel befolgtes Beispiel darstellt. Zu den von der BRepD abgeschlossenen Staatsverträgen → Rn. 286 ff.

[1024] Speziell zum Gesellschaftsrecht geht *Weller* IPRax 2009, 202 (204) von einer konstitutiven Wirkung des Art. 3 Nr. 2 EGBGB aus.

[1025] Auch in der Sache ist die Hintanstellung bloß deklaratorischer Staatsverträge im Interesse der Erleichterung der faktischen Rechtsanwendung gerechtfertigt. Die lex specialis-Regel (→ EGBGB Art. 3 Rn. 172) gebietet nämlich nicht, im Geltungsbereich eines Staatsvertrages stets dessen Kollisionsnormen anstelle des inhaltsgleichen autonomen Rechts anzuwenden, *v. Bar/Mankowski* IPR I § 3 Rn. 99; *Kegel/Schurig* IPR § 1 IV 1a, S. 12 f.; Grüneberg/*Thorn* EGBGB Art. 3 Rn. 8; krit. zur hier getroffenen Unterscheidung zwischen deklaratorischen und konstitutiven Staatsverträgen *Rehm* in Eidenmüller Ausl. KapGes. § 2 Rn. 10 in Fn. 20.

[1026] Vgl. Staudinger/*Großfeld,* 1998, IntGesR Rn. 208 wN; insoweit zutr. *Rehm* in Eidenmüller Ausl. KapGes. § 2 Rn. 10 in Fn. 20 m. berechtigter Kritik gegen *Eule* ZNotP 2004, 56, der genau dies verkennt, vgl. ZNotP 2004, (58 f.); zum Begriff des Verwaltungssitzes → Rn. 421 ff.

[1027] *Griebel* IPRax 2010, 414 (416) m. Fn. 23, Textabdruck in IPRax 2011, 206, abrufbar unter http://www.iilcc.uni-koeln.de/fileadmin/institute/iilcc/Dokumente/matrechtinvest/VIS_Mustervertrag.pdf (zuletzt abgerufen am 4.4.2014).

[1028] Vgl. Staudinger/*Großfeld,* 1998, IntGesR Rn. 208 im Anschluss an *Melchior* IPR 476 f.; zur Weiterverweisung → Rn. 472 ff.

[1029] Vgl. Staudinger/*Großfeld,* 1998, IntGesR Rn. 208 wN; ferner *Beitzke* FS Luther, 1976, 3; *Ebenroth/Bippus* DB 1988, 842 (843); *Großfeld* RabelsZ 31 (1967), 1 (11); *Ferid* IPR Rn. 5-58; *Geßler/Eckardt* AktG § 1 Rn. 73. Ob eine staatsvertragliche Regelung, die auf ein rechtmäßiges Bestehen nach dem Recht des Heimatstaates (Sitzstaat) abstellt, für einen Vertragsstaat, der kollisionsrechtlich nicht an den Sitz, sondern den Ort der Inkorporation anknüpft, konstitutive Wirkung hat, hängt davon ab, ob die Anerkennungsfrage im Staatsvertrag abschließend geregelt sein soll oder ob hinsichtlich Gesellschaften, die nicht unter die staatsvertragliche Anerkennungsgarantie fallen, das Kollisionsrecht des Anerkennungsstaates ergänzende Anwendung findet (Auslegungsfrage).

[1030] *Beale,* A Treatise on the Conflict of Laws II, 1935, 765 ff.; grdl. Chief Justice *Taney* in Bank of Augusta v. Earle, 38 U. S. (13 Pet.) 519 (1839), bes. S. 586 ff.; dazu *Zimmer* ZHR 168 (2004), 355 (356).

[1031] So auch *Drobnig* FS v. Caemmerer, 1978, 689 ff., insbes. S. 692; krit. zur Territorial Theory *Rabel* IPR II 126; *Ehrenzweig-Jayme,* Private International Law II, 1973, 230 sowie namentlich *Latty* 65 Yale L. J. 137, 139 (1955–1956); s. auch *Walker* 50 Am. J. In. L. 373, 375 f. (1956).

[1032] So aber *Behrens* IPRax 1999, 323 (324) in Auseinandersetzung mit dem Centros-Urteil des EuGH, EuGH ECLI:EU:C:1999:126 = NJW 1999, 2027; → Rn. 86 ff.

→ Rn. 105 ff. ausgeführt – auch in Anwendung inländischen Sachrechts erfolgen.[1033] Für das **Rangverhältnis** zwischen dem AEUV und den mit einzelnen Mitgliedstaaten abgeschlossenen zweiseitigen Staatsverträgen gilt, dass Letztere durch den AEUV überlagert werden.[1034] Daraus folgt zB, dass – wie im Fall Überseering – eine niederländische Gesellschaft, die mangels Verwaltungssitz in den Niederlanden nach dem deutsch-niederländischen Vertrag vom 11.2.1907[1035] nicht anerkennungsfähig ist,[1036] in Deutschland als rechtsfähig behandelt werden muss.[1037]

b) Staatsverträge mit kollisionsrechtlicher Bedeutung.[1038] Vorbehaltlich Art. 49, 54 AEUV (→ Rn. 285) haben die folgenden auf der Gründungstheorie basierenden Abkommen für das Internationale Gesellschaftsrecht der BRepD **konstitutive Bedeutung** (→ Rn. 284):[1039] **286**
- Art. 3 lit. j Londoner Abkommen über deutsche Auslandsschulden vom 27.2.1953;[1040]
- Art. 15 Abs. 2 Niederlassungsvertrag zwischen der BRepD und **Spanien** vom 23.4.1970;[1041]
- Art. 25 Abs. 5 FrHSchV D-USA – Freundschafts-, Handels- und Schiffahrtsvertrag zwischen der BRepD und den **Vereinigten Staaten von Amerika** vom 29.10.1954[1042] (→ Rn. 291 ff.).

Auch einige **Kapitalschutzabkommen** können – vorbehaltlich Art. 49, 54 AEUV (→ Rn. 285) – für das Kollisionsrecht der BRepD **konstitutive Bedeutung** haben. In diesen Verträgen werden als „deutsche Gesellschaften" solche Gesellschaften bezeichnet, die nach den deutschen Gesetzen zu Recht bestehen und ihren Sitz (Verwaltungssitz) in der BRepD belegen haben, während für die Gesellschaften des Vertragspartners ausreichend ist, dass sie in Übereinstimmung mit den dort geltenden Gesetzen gegründet und errichtet, eventuell auch registriert wurden.[1043] Diese vertraglichen Bestimmungen bedeuten für das deutsche Internationale Gesellschaftsrecht aber keine Abkehr vom Sitzprinzip. Die BRepD ist nur verpflichtet, die **Gesellschaften des Vertragspartners** anzuerkennen, wenn diese ihren **Sitz im Ausland** belegen haben – unabhängig davon, welcher Anknüpfungstheorie der Sitzstaat folgt. In diesem Rahmen sind die vertraglichen Bestimmungen konstitutiver Natur.[1044] Befindet sich dagegen der effektive Verwaltungssitz der Gesellschaft des Vertragspartners in der BRepD, dann wird in Anwendung der vertraglich vorbehaltenen Regelungen des deutschen Internationalen Gesellschaftsrechts die Anerkennung verwehrt.[1045] Eine **eingeschränkt konstitutive Bedeutung** für das deutsche Internationale Gesellschaftsrecht[1046] haben daher die einseitig der Gründungstheorie folgenden Abkommen mit den nachstehend aufgeführten Staaten: **Antigua** und **Barbuda** auf Grund Vertrag vom 5.11.1998;[1047] **Bolivien** auf Grund Vertrag vom 23.3.1983;[1048] **287**

[1033] Zutr. *Mansel* RabelsZ 70 (2006), 651 (674 f.); *v. Bismarck,* Grenzüberschreitende Sitzverlegung, 2005, 48; allg. Hirte in Hirte/Bücker GrenzübGes § 1 Rn. 5: „europarechtlich unbedenklich".

[1034] *Rehm* in Eidenmüller Ausl. KapGes. § 2 Rn. 12.

[1035] RGBl. 1908 S. 65, wieder in Kraft auf Grund Bek. vom 29.2.1952, BGBl. 1952 II 435.

[1036] Für Anerkennungsfähigkeit aber unrichtig *Eule* ZNotP 2004, 56, der das Verwaltungssitz-Erfordernis verkennt; hiergegen zutr. *Rehm* in Eidenmüller Ausl. KapGes. § 2 Rn. 10 m. Fn. 20.

[1037] BGHZ 154, 185 = NJW 2003, 1461 – Überseering; zu diesem Fall → Rn. 90 ff.

[1038] Die in → Rn. 286 ff. angeführten Niederlassungsverträge und Investitionsschutzabkommen sind auf dem Stand vom 12.4.2022 (IPRax 2022, 425); s. allg. BGBl. II FNB jeweils zum 31.12., Sachgebiet VI 10 (Investitionsförderung).

[1039] Allg. Staudinger/*Großfeld,* 1998, IntGesR Rn. 210; *Ebenroth/Bippus* DB 1988, 842 (843 f.).

[1040] BGBl. 1953 II 331; in Kraft für die BRepD seit 16.9.1953, BGBl. 1953 II 556; vgl. auch § 33 Abs. 2 Nr. 6 des Gesetzes zur allgemeinen Regelung durch den Krieg und den Zusammenbruch des Deutschen Reiches entstandener Schäden (Allgemeines Kriegsfolgengesetz) vom 5.11.1957, BGBl. 1957 I 1747; dazu OLG Düsseldorf IPRspr. 1973 Nr. 121 = WM 1974, 619; *R. Werner,* Der Nachweis des Verwaltungssitzes ausländischer juristischer Personen, 1998, 24.

[1041] BGBl. 1972 II 1041; in Kraft seit 26.11.1972, BGBl. 1972 II 1557; zum kollisionsrechtlichen Charakter dieses Staatsvertrages s. *Sandrock* RIW 2006, 658 ff.; *Ebenroth/Bippus* DB 1988, 842 (843); Staudinger/*Großfeld,* 1998, IntGesR Rn. 209; Soergel/*Lüderitz* EGBGB Anh. Art. 10 Rn. 13; ferner *Steiger* RIW 1999, 169.

[1042] BGBl. 1956 II 487; in Kraft seit 14.7.1956, BGBl. 1956 II 763.

[1043] Vgl. die Beispiele bei *Ebenroth/Bippus* RIW 1988, 336 (338); vgl. auch Art. 1 Nr. 3 lit. a des Deutschen Mustervertrages von 2009, IPRax 2011, 206, abrufbar unter http://www.iilcc.uni-koeln.de/fileadmin/institute/iilcc/Dokumente/matrechtinvest/VIS_Mustervertrag.pdf; dazu *Griebel* IPRax 2010, 414 (416).

[1044] *Ebenroth/Bippus* RIW 1988, 336 (339 ff.); Soergel/*Lüderitz* EGBGB Anh. Art. 10 Rn. 12.

[1045] *Ebenroth/Bippus* RIW 1988, 336 (341 ff.) und Staudinger/*Großfeld,* 1998, IntGesR Rn. 224.

[1046] Vgl. auch Staudinger/*Großfeld,* 1998, IntGesR Rn. 224.

[1047] BGBl. 2000 II 858; in Kraft seit 28.2.2001, BGBl.2001 II 247 (Anerkennung von Gesellschaften aus Antigua und Barbuda, wenn Hauptunternehmen dort gegründet und Unternehmen direkt oder indirekt von Staatsangehörigen dieses Staates kontrolliert wird).

[1048] BGBl. 1988 II 255; in Kraft seit 9.11.1990, BGBl. 1991 II 1041. Der Vertrag vom 23.3.1987 wurde am 13.5.2013 vom Plurinationalen Staat Bolivien gekündigt. Nach seinem Art. 14 Abs. 2 ist der Vertrag mit Ablauf des 13.5.2014 außer Kraft getreten (BGBl. II 123).

Bosnien und **Herzegowina** auf Grund Vertrag vom 18.10.2001;[1049] **Brunei Darussalam** auf Grund Vertrag vom 30.3.1998;[1050] **Burkina Faso** auf Grund Vertrag vom 22.10.1996;[1051] **China** auf Grund Vertrag vom 1.12.2003;[1052] **Dominica** auf Grund Vertrag vom 1.10.1983;[1053] **Ghana** auf Grund Vertrag vom 24.2.1995;[1054] **Guyana** auf Grund Vertrag vom 6.12.1989;[1055] **Honduras** auf Grund Vertrag vom 21.3.1995;[1056] **Hongkong** auf Grund Vertrag vom 31.1.1996;[1057] **Indien** auf Grund Vertrag vom 10.7.1995;[1058] **Indonesien** auf Grund Vertrag vom 14.5.2003;[1059] **Irland** auf Grund Vertrag vom 12.5.1930;[1060] **Jamaika** auf Grund Vertrag vom 24.9.1992;[1061] **Jemen** auf Grund Vertrag vom 2.3.2005;[1062] **Jugoslawien** auf Grund Vertrag vom 10.7.1989;[1063] **Kambodscha** auf Grund Vertrag vom 15.2.1999;[1064] **Kamerun** auf Grund Vertrag vom 29.5.1962;[1065] **Katar** auf Grund Vertrag vom 14.6.1996;[1066] **Kongo** s. Zaïre; **Korea** auf Grund Vertrag vom 4.2.1964;[1067] **Kuba** auf Grund Vertrag vom 30.4.1996;[1068] **Kuwait** auf Grund Vertrag vom 30.3.1994;[1069] **Lesotho** auf Grund Vertrag vom 11.11.1982;[1070] **Liberia** auf Grund Vertrag vom 12.12.1961;[1071] **Malaysia** auf Grund Vertrag vom 22.12.1960;[1072] **Mali** auf Grund Vertrag vom 28.5.1977;[1073] **Mauritius** auf Grund Vertrag vom 25.5.1971;[1074] **Nepal** auf Grund Vertrag vom 20.10.1986;[1075] **Oman** auf Grund Vertrag vom 30.5.2007;[1076] **Pakistan** auf Grund Vertrag vom 25.11.1959;[1077] **Papua-Neuguinea** auf Grund Vertrag vom 12.11.1980;[1078] **Rumänien** auf Grund Vertrag vom 12.10.1979;[1079] **Senegal** auf Grund Vertrag vom 24.1.1964;[1080] **Singapur** auf Grund Vertrag vom 3.10.1973;[1081]

[1049] BGBl. 2004 II 314, in Kraft seit 11.11.2007, BGBl. 2007 II 1992; nach Art. 1 Nr. 3 des Abkommens gilt die Verwaltungssitzanknüpfung.

[1050] BGBl. 2004 II 40; in Kraft seit 15.6.2004, BGBl. 2004 II 1096.

[1051] BGBl. 1998 II 1457; in Kraft seit 25.7.1998, BGBl. 1998 II 1457; mit Protokoll in Kraft seit 21.11.2009, BGBl. 2009 II 1235.

[1052] BGBl. 2005 II 732; in Kraft seit 11.11.2005, BGBl. 2006 II 119; näher *Braun/Schonard* RIW 2007, 561 (564 ff.).

[1053] BGBl. 1985 II 1170; in Kraft seit 11.5.1986, BGBl. 1986 II 730.

[1054] BGBl. 1997 II 2055; in Kraft seit 23.11.1998, BGBl. 1998 II 2960.

[1055] BGBl. 1993 II 938; in Kraft seit 9.3.1994, BGBl. 1994 II 614.

[1056] BGBl. 1997 II 2064; in Kraft seit 27.5.1998, BGBl. 1998 II 2320.

[1057] BGBl. 1997 II 1848; in Kraft seit 19.2.1998, BGBl. 1998 II 687.

[1058] BGBl. 1998 II 619; in Kraft seit 13.7.1998, BGBl. 1998 II 2265. Das Abkommen vom 10.7.1995 wurde am 3.6.2016 von der Republik Indien gekündigt. Nach seinem Art. 15 ist das Abkommen mit Ablauf des 3.6.2017 außer Kraft getreten (BGBl. II 128).

[1059] BGBl. 2005 II 514; das Abkommen vom 14.5.2003 wurde am 23.5.2016 von der Republik Indonesien gekündigt. Nach seinem Art. 14 Abs. 1 ist das Abkommen mit Ablauf des 1.6.2017 außer Kraft getreten (BGBl. II 124).

[1060] RGBl. 1931 II 115; in Kraft seit 21.12.1931, RGBl. 1931 II 692.

[1061] BGBl. 1996 II 58; in Kraft seit 12.1.1997, BGBl. 1997 II 732.

[1062] BGBl. 2007 II 87; es gilt der Vertrag vom 21.5.1974, BGBl. 1975 II 1246 in Kraft seit 19.12.1978, BGBl. 1978 II 90.

[1063] BGBl. 1990 II 350; in Kraft seit 25.10.1990, BGBl. 1991 II 1042; dieser Vertrag wird im Verhältnis zur Bundesrepublik Jugoslawien weiter angewendet, BGBl. 1997 II 961.

[1064] BGBl. 2001 II 487; in Kraft seit 14.4.2002, BGBl. 2002 II 1532.

[1065] BGBl. 1963 II 991; in Kraft seit 21.11.1963, BGBl. 1963 II 1537.

[1066] BGBl. 1998 II 628; in Kraft seit 19.1.1999, BGBl. 1999 II 81. Dieser Vertrag enthält für Gesellschaften des Staates Katar eine Verknüpfung von Gründungs- und Kontrolltheorie (Staatsangehörigkeit der Gesellschafter).

[1067] BGBl. 1966 II 841; in Kraft seit 15.1.1967, BGBl. 1967 II 736.

[1068] BGBl. 1998 II 746; in Kraft seit 22.11.1998, BGBl. 1998 II 2961.

[1069] BGBl. 1997 II 166; in Kraft seit 15.11.1997, BGBl. 1997 II 1987.

[1070] BGBl. 1985 II 14; in Kraft seit 17.8.1985, BGBl.1985 II 889.

[1071] BGBl. 1967 II 1537; in Kraft seit 22.10.1967, BGBl. 1967 II 2337.

[1072] BGBl. 1962 II 1064; teilweise in Kraft seit 6.7.1963, BGBl. 1963 II 1153; Geltung im gesamten Staatsgebiet von Malaysia seit 2.9.1966, BGBl.1966 II 885.

[1073] BGBl. 1979 II 77; in Kraft seit 16.5.1980, BGBl. 1980 II 695.

[1074] BGBl. 1973 II 615; in Kraft seit 27.8.1973, BGBl. 1973 II 1511.

[1075] BGBl. 1988 II 262; in Kraft seit 7.7.1988, BGBl. 1988 II 619.

[1076] BGBl. 2008 II 512, noch nicht in Kraft getreten; es gilt der Vertrag vom 25.5.1979, BGBl. 1985 II 354; in Kraft seit 4.2.1986, BGBl. 1986 II 460.

[1077] BGBl. 1961 II 793; in Kraft seit 28.4.1962, BGBl. 1962 II 172.

[1078] BGBl. 1982 II 389; in Kraft seit 3.11.1983, BGBl.1983 II 723.

[1079] BGBl. 1980 II 1157; in Kraft seit 10.1.1981, BGBl. 1981 II 8; außer Kraft getreten am 12.12.1998, BGBl. 1998 II 11, vgl. den nachfolgenden Vertrag vom 25.6.1996 unter → Rn. 313.

[1080] BGBl. 1965 II 1391; in Kraft seit 16.1.1966, BGBl. 1966 II 108.

[1081] BGBl. 1975 II 49; in Kraft seit 1.10.1975, BGBl. 1975 II 1781; dazu BGH ZIP 2009, 2385 Rn. 4.

Slowenien auf Grund Vertrag vom 10.7.1989;[1082] **Somalia** auf Grund Vertrag vom 27.11.1981;[1083] **Sri-Lanka** auf Grund Vertrag vom 7.2.2000;[1084] **Sta. Lucia** auf Grund Vertrag vom 16.3.1985;[1085] **St. Vincent und die Grenadinen** auf Grund Vertrag vom 25.3.1986;[1086] **Sudan** auf Grund Vertrag vom 7.2.1963;[1087] **Swasiland** auf Grund Vertrag vom 5.4.1990;[1088] **Tansania** auf Grund Vertrag vom 30.1.1965;[1089] **Tschad** auf Grund Vertrag vom 11.4.1967;[1090] **Zaïre** auf Grund Vertrag vom 18.3.1969;[1091] **Zentralafrikanische Republik** auf Grund Vertrag vom 23.8.1965.[1092]

c) Staatsverträge ohne kollisionsrechtliche Bedeutung. Für die BRepD von lediglich **deklaratorischer Natur** sind – vorbehaltlich Art. 49, 54 AEUV (→ Rn. 285) – die folgenden, an den tatsächlichen Sitz der Gesellschaft anknüpfenden staatsvertraglichen Regelungen: 288

- Art. 11 Protokoll zum Freundschafts-, Handels- und Schiffahrtsvertrag zwischen der BRepD und der **Dominikanischen Republik** vom 23.12.1957;[1093]
- Art. 6 Abs. 1 Niederlassungs- und Schiffahrtsvertrag zwischen der BRepD und der **Französischen Republik** vom 27.10.1956;[1094]
- Art. 14 Niederlassungs- und Schiffahrtsvertrag zwischen der BRepD und **Griechenland** vom 18.3.1960;[1095]
- Art. 4 Niederlassungsabkommen zwischen dem Deutschen Reich und dem **Iran** vom 17.2.1929;[1096]
- Art. 33 Freundschafts-, Handels- und Schiffahrtsvertrag zwischen der BRepD und der **Italienischen Republik** vom 21.11.1957;[1097]
- Art. 1 Abkommen über die gegenseitige Anerkennung von Aktiengesellschaften zwischen dem Deutschen Reich und dem **Königreich Niederlande** vom 11.2.1907;[1098]
- Art. 5 Niederlassungsabkommen zwischen dem Deutschen Reich und der **Türkei** vom 12.1.1929.[1099]

Das Übereinkommen vom 5.5.2020 zur Beendigung bilateraler Investitionsschutzverträge zwischen den Mitgliedstaaten der Europäischen Union ist für die Bundesrepublik Deutschland am 9.6.2021 in Kraft getreten.[1100] **Abkommen über die Förderung und den gegenseitigen Schutz von Kapitalanlagen,** die Gesellschaften mit Sitz in einem Vertragsstaat als Gesellschaften der Vertragspartner definieren und demgemäß – vorbehaltlich Art. 49, 54 AEUV (→ Rn. 285) – keine Abweichung von den Regeln des deutschen Internationalen Gesellschaftsrechts enthalten, bestehen seitens der BRepD mit folgenden Staaten: **Afghanistan** auf Grund Vertrag vom 19. und 20.4.2005;[1101] **Ägypten** auf Grund Vertrag vom 16.6.2005;[1102] **Äthiopien** auf Grund Vertrag vom 19.1.2004;[1103] **Albanien**

1082 BGBl. 1990 II 350; in Kraft getreten am 25.10.1990, BGBl. 1991 II 1042; außer Kraft getreten am 18.7.1998 gemäß Abs. 7 des Protokolls zum Vertrag vom 28.10.1993 (→ Rn. 313).

1083 BGBl. 1984 II 778; in Kraft seit 15.2.1985, BGBl.1985 II 558.

1084 BGBl. 2002 II 296; in Kraft seit 16. 12004, BGBl. 2004 II 104; der Vertrag vom 8.11.1963 (BGBl. 1966 II 909; in Kraft seit 7.12.1966, BGBl. 1966 II 1526) trat am 16.1.2004 außer Kraft.

1085 BGBl. 1987 II 13; in Kraft seit 22.7.1987, BGBl. 1987 II 436.

1086 BGBl. 1987 II 774; in Kraft seit 8.1.1989, BGBl. 1989 II 766.

1087 BGBl. 1966 II 889; in Kraft seit 24.1.1967, BGBl. 1967 II 908.

1088 BGBl. 1993 II 956; in Kraft seit 7.8.1995, BGBl. 1995 II 902.

1089 BGBl. 1966 II 873; in Kraft seit 12.7.1968, BGBl. 1968 II 584.

1090 BGBl. 1968 II 221; in Kraft seit 23.11.1968, BGBl. 1968 II 1095.

1091 BGBl. 1970 II 509; in Kraft seit 22.7.1971, BGBl. 1971 II 1099.

1092 BGBl. 1967 II 1657; in Kraft seit 21.1.1968, BGBl. 1968 II 48 (Anerkennung zentralafrikanischer Gesellschaften, die wirksam gegründet sind und durch zentralafrikanische Staatsangehörige oder von zentralafrikanischem Kapital kontrolliert werden).

1093 BGBl. 1959 II 1468, in Kraft seit 3.6.1960, BGBl. 1960 II 1874.

1094 BGBl. 1957 II 1661, in Kraft seit 24.7.1959, BGBl. 1959 II 929.

1095 BGBl. 1962 II 1505, in Kraft seit 23.5.1963, BGBl. 1963 II 912.

1096 RGBl. 1930 II 1002 (1006), wieder in Kraft seit 4.11.1954, BGBl. 1955 II 829.

1097 BGBl. 1959 II 949, in Kraft seit 19.11.1961, BGBl. 1961 II 1662; unrichtig daher LG Hamburg EuZW 1991, 188 (191) = IPRax 1991, 400 mAnm *Reinhart* IPRax 1991, 376, wo der deutsch-italienische Handelsvertrag als Kollisionsnorm in Betracht gezogen wird.

1098 RGBl. 1908, 65, wieder in Kraft auf Grund Bekanntmachung vom 29.2.1952, BGBl. 1952 II 435.

1099 RGBl. 1927 II 76, 454, wieder in Kraft auf Grund Bekanntmachung vom 29.5.1952, BGBl. 1952 II 608; eine Verwaltungssitzanknüpfung ergibt sich aus Art. 8 Abs. 4 Kapitalschutzabkommen vom 20.5.1962, BGBl. 1965 II 1193, in Kraft seit 16.12.1965, BGBl. 1965 II 1631.

1100 BGBl. 2021 II 3, 4, 599.

1101 BGBl. 2005 II 101; noch nicht in Kraft getreten.

1102 BGBl. 2007 II 94; in Kraft seit 22.11.2009; BGBl. 2009 II 1242.

1103 BGBl. 2005 II 743; in Kraft seit 4.5.2006, BGBl. 2006 II 445.

auf Grund Vertrag vom 31.10.1991;[1104] **Algerien** auf Grund Vertrag vom 11.3.1996;[1105] **Angola** auf Grund Vertrag vom 30.10.2003;[1106] **Argentinien** auf Grund Vertrag vom 13.8.1993;[1107] **Armenien** auf Grund Vertrag vom 21.12.1995;[1108] **Aserbaidschan** auf Grund Vertrag vom 22.12.1995;[1109] **Bahrain** auf Grund Vertrag vom 5.2.2007;[1110] **Bangladesh** auf Grund Vertrag vom 6.5.1981;[1111] **Barbados** auf Grund Vertrag vom 2.12.1994;[1112] **Belarus** auf Grund Vertrag vom 2.4.1993;[1113] **Benin** auf Grund Vertrag vom 29.5.1978;[1114] **Botswana** auf Grund Vertrag vom 23.5.2000;[1115] **Brasilien** auf Grund Vertrag vom 21.9.1995;[1116] **Bulgarien** auf Grund Vertrag vom 12.4.1986;[1117] **Burundi** auf Grund Vertrag vom 10.9.1984;[1118] **Chile** auf Grund Vertrag vom 21.10.1991;[1119] **Costa Rica** auf Grund Vertrag vom 13.9.1994;[1120] **Ecuador** auf Grund Vertrag vom 21.3.1996 (bis 22.5.2018);[1121] **Elfenbeinküste** auf Grund Vertrag vom 27.10.1966;[1122] **El Salvador** auf Grund Vertrag vom 11.12.1997;[1123] **Estland** auf Grund Vertrag vom 12.11.1992;[1124] **Gabun** auf Grund Vertrag vom 15.9.1998;[1125] **Georgien** auf Grund Vertrag vom 25.6.1993;[1126] **Griechenland** auf Grund Vertrag vom 27.3.1961;[1127] **Guatemala** auf Grund Vertrag vom 17.10.2003;[1128] **Guinea** auf Grund Vertrag vom 8.11.2006;[1129] **Haïti** auf Grund Vertrag vom 14.8.1973;[1130] **Iran** auf Grund Vertrag vom 17.8.2002;[1131] **Israel** auf Grund Vertrag vom 24.5.1976;[1132] **Japan** auf Grund Vertrag vom 20.7.1927;[1133] **Jordanien** auf Grund Vertrag vom 13.11.2007;[1134] **Kap Verde** auf Grund Vertrag vom 18.1.1990;[1135] **Kasachstan** auf Grund Vertrag vom 22.9.1992;[1136] **Kenia** auf Grund Vertrag

---

1104 BGBl. 1994 II 3720; in Kraft seit 18.8.1995, BGBl. 1995 II 903.

1105 BGBl. 2002 II 286; in Kraft seit 30.5.2002, BGBl. 2002 II 1571.

1106 BGBl. 2005 II 708; in Kraft seit 1.3.2007, BGBl. 2007 II 653.

1107 BGBl. 1993 II 1244; in Kraft seit 8.11.1993, BGBl.1993 II 2036.

1108 BGBl. 2000 II 46; auf Grund Vertrag vom 4.8.2000, BGBl. 2000 II 1087.

1109 BGBl. 1998 II 567; in Kraft seit 29.7.1998, BGBl. 1998 II 2316.

1110 BGBl. 2008 II 494; noch nicht in Kraft.

1111 BGBl. 1984 II 838; in Kraft seit 22.7.1978, BGBl. 1978 II 889.

1112 BGBl. 1997 II 2047; in Kraft seit 11.5.2002, BGBl. 2002 II 1198.

1113 BGBl. 1996 II 85; in Kraft seit 23.9.1996, BGBl. 1996 II 2598; der Vertrag vom 13.6.1989 zwischen der BRepD und der UdSSR, BGBl. 1990 II 342, in Kraft getreten am 5.8.1991, BGBl. 1991 II 951, ist im Verhältnis zwischen der BRepD und Belarus am 23.9.1996 außer Kraft getreten, BGBl. 1996 II 2598.

1114 BGBl. 1985 II 2; in Kraft seit 18.7.1985, BGBl. 1985 II 876.

1115 BGBl. 2002 II 278; in Kraft seit 6.8.2007, BGBl. 2007 II 1074.

1116 BGBl. 1998 II 602; noch nicht in Kraft getreten.

1117 BGBl. 1987 II 743; in Kraft seit 10.3.1988, BGBl. 1988 II 376.

1118 BGBl. 1985 II 1162; in Kraft seit 9.12.1987, BGBl. 1987 II 817.

1119 BGBl. 1998 II 1427; in Kraft seit 25.7.1998, BGBl. 1998 II 1427.

1120 BGBl. 1997 II 1830; in Kraft seit 24.3.1998, BGBl. 1998 II 775.

1121 BGBl. 1998 II 610, in Kraft seit 12.2.1999, BGBl. 1999 II 113; dort auch zum Außer-Kraft-Treten der Vorgängerübereinkunft vom 28.5.1965, BGBl. 1966 II 825; in Kraft getreten am 30.11.1966, BGBl. 1966 II 1522. Der Vertrag vom 21.3.1996 wurde am 22.5.2017 von der Republik Ecuador gekündigt. Nach seinem Art. 12 Abs. 2 ist der Vertrag mit Ablauf des 22.5.2018 außer Kraft getreten (BGBl. II 127).

1122 BGBl. 1968 II 61; in Kraft seit 10.6.1968, BGBl. 1968 II 529.

1123 BGBl. 2000 II 673; in Kraft seit 15.4.2001, BGBl. 2001 II 502.

1124 BGBl. 1996 II 66; in Kraft seit 12.1.1997, BGBl. 1997 II 732.

1125 BGBl. 2001 II 478; in Kraft seit 4.7.2007, BGBl. 2007 II 1057.

1126 BGBl. 1998 II 576; in Kraft seit 27.9.1998, BGBl. 1998 II 2776.

1127 BGBl. 1963 II 216; in Kraft seit 15.7.1963, BGBl. 1963 II 914.

1128 BGBl. 2005 II 725; in Kraft seit 29.10.2006, BGBl. 2006 II 1348.

1129 BGBl. 2008 II 487, das Abkommen ist nach seinem Art. 13 Abs. 1 am 14.8.2014 in Kraft getreten. Nach Art. 13 Abs. 3 des Abkommens ist der Vertrag vom 19.4.1962 zwischen der Bundesrepublik Deutschland und der Republik Guinea über die Förderung von Kapitalanlagen (BGBl. 1964 II 145, 146; 1965 II 408) mit Ablauf des 13.8.2014 außer Kraft getreten (BGBl. II 128).

1130 BGBl. 1975 II 101; in Kraft seit 1.12.1975, BGBl. 1975 II 2230.

1131 BGBl. 2004 II 55; in Kraft seit 23.6.2005 BGBl. 2005 II 769; das Abkommen vom 11.11.1965 (BGBl. 1967 II 2549; in Kraft seit 6.4.1968, BGBl. 1968 II 171) trat am 21.1.2004 außer Kraft. Beachte daneben Art. 4 des Niederlassungsabkommens vom 17.2.1929, → Rn. 333.

1132 BGBl. 1978 II 209; noch nicht in Kraft getreten. Dieser Vertrag enthält für israelische Gesellschaften eine Verknüpfung von Sitz- und Kontrolltheorie (Wohnsitz der Gesellschafter).

1133 RGBl. 1927 II 1087; in Kraft seit 17.4.1928, RGBl. 1928 II 238.

1134 BGBl. 2009 II 469, in Kraft seit 28.8.2010, BGBl. 2010 II 818.

1135 BGBl. 1993 II 947; in Kraft seit 15.12.1993, BGBl. 1994 II 56.

1136 BGBl. 1994 II 3730; in Kraft seit 10.5.1995, BGBl. 1995 II 695; der Vertrag vom 13.6.1989 zwischen der BRepD und der UdSSR, BGBl. 1990 II 342, in Kraft getreten am 5.8.1991, BGBl. 1991 II 951, ist im Verhältnis zwischen der BRepD und Kasachstan mit In-Kraft-Treten des Vertrages vom 22.9.1992 (am 10.5.1995) außer Kraft getreten, BGBl. 1994 II 3730.

vom 3.5.1996;[1137] **Kirgisien** auf Grund Vertrag vom 28.8.1997;[1138] **Kongo** auf Grund Vertrag vom 21.9.1965;[1139] **Kroatien** auf Grund Vertrag vom 21.3.1997;[1140] **Laos** auf Grund Vertrag vom 9.8.1996;[1141] **Lettland** auf Grund Vertrag vom 20.4.1993;[1142] **Libanon** auf Grund Vertrag vom 18.3.1997;[1143] **Libyen** auf Grund Vertrag vom 15.10.2004;[1144] **Litauen** auf Grund Vertrag vom 28.2.1992;[1145] **Madagaskar** auf Grund Vertrag vom 1.8.2006;[1146] **Marokko** auf Grund Vertrag vom 31.8.1961;[1147] **Malta** auf Grund Vertrag vom 17.9.1974;[1148] **Mauretanien** auf Grund Vertrag vom 8.12.1982;[1149] **Mazedonien** auf Grund Vertrag vom 10.9.1996;[1150] **Mexiko** auf Grund Vertrag vom 25.8.1998;[1151] **Moldau** auf Grund Vertrag vom 28.2.1994;[1152] **Mongolei** auf Grund Vertrag vom 26.6.1991;[1153] **Mosambik** auf Grund Vertrag vom 6.3.2002;[1154] **Namibia** auf Grund Vertrag vom 21.1.1994;[1155] **Nicaragua** auf Grund Vertrag vom 6.5.1996;[1156] **Niger** auf Grund Vertrag vom 29.10.1964;[1157] **Nigeria** auf Grund Vertrag vom 28.3.2000;[1158] **Palästina**[1159] auf Grund Vertrag vom 10.7.2000;[1160] **Panama** auf Grund Vertrag vom 2.11.1983;[1161] **Paraguay** auf Grund Vertrag vom 11.8.1993;[1162] **Peru** auf Grund Vertrag vom 30.1.1995;[1163] **Philippinen** auf Grund Vertrag vom 18.4.1997;[1164] **Polen** auf Grund Vertrag vom 10.11.1989;[1165] **Portugal** auf Grund Vertrag vom 16.9.1980;[1166] **Ruanda** auf Grund Vertrag vom 18.5.1967;[1167] **Rumänien** auf Grund Vertrag vom 25.6.1996;[1168] **Russische Föderation** auf Grund Vertrag vom 13.6.1989 mit der ehemaligen UdSSR;[1169] **Sambia** auf Grund Vertrag vom 10.12.1966;[1170] **Saudi-Arabien** auf Grund Vertrag vom

---

1137 BGBl. 1998 II 585; in Kraft seit 7.12.2000, BGBl. 2000 II 1561.

1138 BGBl. 2005 II 699; in Kraft seit 16.4.2006, BGBl. 2006 II 466.

1139 BGBl. 1967 II 1733; in Kraft seit 14.10.1967, BGBl. 1967 II 2367.

1140 BGBl. 2000 II 653; in Kraft seit 28.9.2000, BGBl. 2000 II 1331.

1141 BGBl. 1998 II 1466; in Kraft seit 25.7.1998, BGBl. 1998 II 1466.

1142 BGBl. 1996 II 94; in Kraft seit 9.6.1996, BGBl. 1996 II 1052. Das Übereinkommen vom 5.5.2020 zur Beendigung bilateraler Investitionsschutzverträge zwischen den Mitgliedstaaten der Europäischen Union (BGBl. 2021 II 3, 4) ist für die Republik Lettland am 28.2.2021 sowie für die Bundesrepublik Deutschland am 9.6.2021 in Kraft getreten (BGBl. 2021 II 599). Nach Art. 2 Abs. 1 des Übereinkommens wurde der Vertrag vom 20.4.1993 zwischen der Bundesrepublik Deutschland und der Republik Lettland über die Förderung und den gegenseitigen Schutz von Kapitalanlagen (BGBl. 1996 II 94, 95; 1996 II 1052) mit Wirkung vom 9.6.2021 beendet (BGBl. II 1026).

1143 BGBl. 1998 II 1439; in Kraft seit 25.7.1998, BGBl. 1998 II 1439.

1144 BGBl. 2009 II 462; in Kraft seit 14.7.2010, BGBl. 2010 II 916.

1145 BGBl. 1997 II 176; in Kraft seit 27.6.1997, BGBl. 1997 II 2148.

1146 BGBl. 2008 II 478; in Kraft seit 17.10.2015; BGBl. 2015 II 1006.

1147 BGBl. 1967 II 1641; in Kraft seit 21.1.1968, BGBl. 1968 II 8.

1148 BGBl. 1975 II 1237; in Kraft seit 14.12.1975, BGBl. 1975 II 137 (alternativ: Geschäftssitz oder Eintragung).

1149 BGBl. 1985 II 22; in Kraft seit 26.4.1986, BGBl. 1986 II 623.

1150 BGBl. 2000 II 646; in Kraft seit 17.9.2000, BGBl. 2001 II 160.

1151 BGBl. 2000 II 866; in Kraft seit 23.3.2001, BGBl. 2001 II 175.

1152 BGBl. 1997 II 2072 mit Änderungsprotokoll vom 26.8.2003, BGBl. 2005 II 523; in Kraft seit 15.6.2005, BGBl. 2005 II 569.

1153 BGBl. 1996 II 50; in Kraft seit 23.6.1996, BGBl. 1996 II 2598.

1154 BT-Drs. 15/1845; noch nicht in Kraft getreten.

1155 BGBl. 1997 II 186; in Kraft seit 21.12.1997, BGBl. 1997 II 2227.

1156 BGBl. 1998 II 637; in Kraft seit 19.1.2001, BGBl. 2001 II 160.

1157 BGBl. 1965 II 1402; in Kraft seit 10.1.1966, BGBl. 1966 II 54 (Anerkennung der Gesellschaften von Niger, wenn Satzungssitz, Hauptverwaltung oder Hauptniederlassung in Niger belegen sind).

1158 BGBl. 2000 II 716; noch in Kraft getreten.

1159 Abkommen zwischen der BRepD und der Palästinensischen Befreiungsorganisation zugunsten der Palästinensischen Behörde vom 10.7.2000.

1160 BGBl. 2005 II 526; noch nicht in Kraft getreten.

1161 BGBl. 1987 II 2; in Kraft seit 10.3.1989, BGBl. 1989 II 217.

1162 BGBl. 1997 II 2080; in Kraft seit 3.7.1998, BGBl. 1998 II 1666.

1163 BGBl. 1997 II 197; in Kraft seit 1.5.1997, BGBl. 1997 II 2212.

1164 BGBl. 1998 II 1448; in Kraft seit 25.7.1998, BGBl. 1998 II 1448.

1165 BGBl. 1990 II 606; in Kraft seit 24.2.1991, BGBl. 1991 II 1049 mit Änderungs- und Ergänzungsprotokoll vom 14.5.2003, BGBl. 2005 II 535; in Kraft seit 28.10.2005, BGBl. 2005 II 1204; außer Kraft getreten mit Ablauf des 18.10.2019; Mitt. in IPRax 2019, 272.

1166 BGBl. 1982 II 56; in Kraft seit 23.4.1983, BGBl. 1983 II 539.

1167 BGBl. 1968 II 1260; in Kraft seit 28.2.1969, BGBl. 1969 II 191.

1168 BGBl. 1998 II 645; in Kraft seit 12.12.1998, BGBl. 1999 II 11.

1169 BGBl. 1990 II 342; in Kraft getreten am 5.8.1991, BGBl. 1991 II 951; der Vertrag gilt im Verhältnis zwischen der BRepD und der Russischen Föderation fort, BGBl. 1992 II 1016; dazu OLG Köln NJOZ 2004, 788 = IPRax 2004, 251 m. Aufs. *Kröll* IPRax 2004, 223 ff.

1170 BGBl. 1968 II 33; in Kraft seit 25.8.1972, BGBl. 1972 II 1018.

29.10.1996;[1171] **Sierra Leone** auf Grund Vertrag vom 8.4.1965;[1172] **Simbabwe** auf Grund Vertrag vom 29.9.1995;[1173] **Slowakei** auf Grund Vertrag vom 2.10.1990 mit der ehemaligen Tschechoslowakei;[1174] **Slowenien** auf Grund Vertrag vom 28.10.1993;[1175] **Südafrika** auf Grund Vertrag vom 11.9.1995;[1176] **Syrien** auf Grund Vertrag vom 2.8.1977;[1177] **Tadschikistan** auf Grund Vertrag vom 27.3.2003;[1178] **Thailand** auf Grund Vertrag vom 24.6.2002;[1179] **Timor-Leste** auf Grund Vertrag vom 10.8.2005;[1180] **Togo** auf Grund Vertrag vom 16.5.1961;[1181] **Trinidad und Tobago** auf Grund Vertrag vom 8.9.2006;[1182] **Tschechische Republik** auf Grund Vertrag vom 2.10.1990 mit der ehemaligen Tschechoslowakei;[1183] **Tunesien** auf Grund Vertrag vom 20.12.1963;[1184] **Turkmenistan** auf Grund Vertrag vom 28.8.1997;[1185] **Türkei** auf Grund Vertrag vom 20.5.1962;[1186] **Uganda** auf Grund Vertrag vom 29.11.1966;[1187] **Ukraine** auf Grund Vertrag vom 15.2.1993;[1188] **Ungarn** auf Grund Vertrag vom 30.4.1986;[1189] **Uruguay** auf Grund Vertrag vom 4.5.1987;[1190] **Usbekistan** auf Grund Vertrag vom 28.4.1993;[1191] **Venezuela** auf Grund Vertrag

---

1171 BGBl. 1998 II 593; in Kraft seit 8.1.1999, BGBl. 1999 II 57.

1172 BGBl. 1966 II 861; in Kraft seit 10.12.1966, BGBl. 1966 II 1564.

1173 BGBl. 1997 II 1839; in Kraft seit 14.4.2000, BGBl. 2000 II 643.

1174 BGBl. 1992 II 294; in Kraft getreten am 2.8.1992, BGBl. 1992 II 934; der Vertrag gilt im Verhältnis zwischen der BRepD und der Slowakischen Republik fort, BGBl. 1993 II 762. Das Übereinkommen vom 5.5.2020 zur Beendigung bilateraler Investitionsschutzverträge zwischen den Mitgliedstaaten der Europäischen Union (BGBl. 2021 II 3, 4) ist für die Bundesrepublik Deutschland am 9.6.2021 (BGBl. 2021 II 599) sowie für die Tschechische Republik am 10.12.2021 in Kraft getreten. Nach Art. 2 Abs. 1 des Übereinkommens wurde der Vertrag vom 2.10.1990 zwischen der Bundesrepublik Deutschland und der Tschechischen und Slowakischen Föderativen Republik über die Förderung und den gegenseitigen Schutz von Kapitalanlagen im Verhältnis zwischen der Bundesrepublik Deutschland und der Tschechischen Republik (BGBl. 1992 II 294, 295; 1992 II 934; 1993 II 762) mit Wirkung vom 10.12.2021 beendet. Der Vertrag war im Verhältnis zwischen der Bundesrepublik Deutschland und der Slowakischen Republik bereits mit Wirkung vom 9.6.2021 beendet worden (BGBl. 2021 II 1025) (BGBl. 2021 II 129).

1175 BGBl. 1997 II 2088; in Kraft seit 18.7.1998, BGBl. 1998 II 1733.

1176 BGBl. 1997 II 2098; in Kraft seit 10.4.1998, BGBl. 1998 II 903. Der Vertrag vom 11.9.1995 wurde am 23.10.2013 von der Republik Südafrika gekündigt. Nach seinem Art. 13 Abs. 2 ist der Vertrag mit Ablauf des 22.10.2014 außer Kraft getreten (BGBl. II 123).

1177 BGBl. 1979 II 422; in Kraft seit 20.4.1980, BGBl. 1980 II 602.

1178 BGBl. 2005 II 538, in Kraft seit 25.5.2006, BGBl. 2006 II 548.

1179 BGBl. 2004 II 48, in Kraft seit 20.10.2004, BGBl. 2004 II 1520; der Vertrag vom 13.12.1961 (BGBl. 1964 II 687; in Kraft seit 10.4.1966, BGBl. 1966 II 368) trat am 20.10.2004 außer Kraft.

1180 BGBl. 2007 II 109; noch nicht in Kraft getreten.

1181 BGBl. 1964 II 154; in Kraft seit 21.12.1964, BGBl. 1965 II 39.

1182 BGBl. 2008 II 503; noch nicht in Kraft getreten.

1183 BGBl. 1992 II 294; in Kraft getreten am 2.8.1992, BGBl. 1992 II 934; der Vertrag galt im Verhältnis zwischen der BRepD und der Tschechischen Republik fort, BGBl. 1993 II 762. Das Übereinkommen vom 5.5.2020 zur Beendigung bilateraler Investitionsschutzverträge zwischen den Mitgliedstaaten der Europäischen Union (BGBl. 2021 II 3, 4) ist für die Bundesrepublik Deutschland am 9.6.2021 (BGBl. 2021 II 599) sowie für die Tschechische Republik am 10.12.2021 in Kraft getreten. Nach Art. 2 Abs. 1 des Übereinkommens wurde der Vertrag vom 2.10.1990 zwischen der Bundesrepublik Deutschland und der Tschechischen und Slowakischen Föderativen Republik über die Förderung und den gegenseitigen Schutz von Kapitalanlagen im Verhältnis zwischen der Bundesrepublik Deutschland und der Tschechischen Republik (BGBl. 1992 II 294, 295; 1992 II 934; 1993 II 762) mit Wirkung vom 10.12.2021 beendet [BGBl. II 129].

1184 BGBl. 1965 II 1377; in Kraft seit 6.2.1966, BGBl. 1966 II 53.

1185 BGBl. 2000 II 664; in Kraft seit 19.2.2001, BGBl. 2001 II 228.

1186 BGBl. 1965 II 1193; in Kraft seit 16.12.1965, BGBl. 1965 II 1631; vgl. neben der dort vorgesehenen Verwaltungssitzanknüpfung aber auch das Niederlassungsabkommen vom 12.1.1927, → Rn. 333.

1187 BGBl. 1968 II 449; in Kraft seit 29.8.1968, BGBl. 1968 II 785.

1188 BGBl. 1996 II 75; in Kraft seit 29.6.1996, BGBl. 1996 II 2597; der Vertrag vom 13.6.1989 zwischen der BRepD und der UdSSR, BGBl. 1990 II 342, in Kraft getreten am 5.8.1991, BGBl. 1991 II 951, ist im Verhältnis zwischen der BRepD und der Ukraine am 29.6.1996 außer Kraft getreten, BGBl. 1996 II 75, 2597.

1189 BGBl. 1987 II 438; in Kraft seit 7.11.1987, BGBl. 1987 II 700. Das Übereinkommen vom 5.5.2020 zur Beendigung bilateraler Investitionsschutzverträge zwischen den Mitgliedstaaten der Europäischen Union (BGBl. 2021 II 3, 4) ist für Ungarn am 29.8.2020 sowie für die Bundesrepublik Deutschland am 9.6.2021 in Kraft getreten (BGBl. 2021 II 599). Nach Art. 2 Abs. 1 des Übereinkommens wurde der Vertrag vom 30.4.1986 zwischen der Bundesrepublik Deutschland und der Ungarischen Volksrepublik über die Förderung und den gegenseitigen Schutz von Kapitalanlagen (BGBl. 1987 II 438, 439; 1987 II 700) mit Wirkung vom 9.6.2021 beendet (BGBl. II 1025).

1190 BGBl. 1988 II 272; in Kraft seit 29.6.1990, BGBl. 1990 II 697.

1191 BGBl. 1997 II 2106; in Kraft seit 23.5.1998, BGBl. 1998 II 1160.

vom 14.5.1996;[1192] **Vereinigte Arabische Emirate** auf Grund Vertrag vom 21.6.1997;[1193] **Vietnam** auf Grund Vertrag vom 3.4.1993.[1194]

d) Meistbegünstigungsklauseln in Staatsverträgen. Diskutiert wird, ob Meistbegünstigungsklauseln in den in → Rn. 286 ff. aufgeführten Staatsverträgen kollisionsrechtlich wirken.[1195] Eine derartige Klausel enthält zB Art. 7 Abs. 4 FrHSchV D-USA mit den Vereinigten Staaten von Amerika (→ Rn. 286; ausf. → Rn. 291 ff.). Der typische Regelungsgehalt derartiger Klauseln besteht darin, dass der Vertragsstaat wirtschaftlich genauso behandelt wird wie der bestbehandelte Dritte.[1196] Später abgeschlossene Staatsverträge eines Vertragsteils aus demselben Sachbereich mit einem Dritten entfalten dann eine begünstigende Wirkung für den anderen Vertragsteil. Die dem Dritten eingeräumten Rechte kommen auch dem „meistbegünstigten Staat" aus dem *zuvor* abgeschlossenen Staatsvertrag zugute, wenn dort eine Meistbegünstigungsklausel enthalten ist.[1197] 289

Bei näherer Betrachtung zeigt sich indessen, dass eine **derartige Reflexwirkung** in den hier relevanten Fallgestaltungen **ausscheidet.** Denn zum einen kommt eine international-gesellschaftsrechtliche Gründungsanknüpfung kraft Meistbegünstigungsklausel von vornherein nicht in Betracht, wenn der zuerst abgeschlossene Staatsvertrag ausdrücklich die Anerkennungspflicht auf Gesellschaften mit tatsächlichem Sitz im Vertragsstaat beschränkt, so wie dies in den in → Rn. 288 aufgeführten Staatsverträgen der Fall ist. Diese Regel geht dann als lex specialis der Meistbegünstigungsklausel vor, weil die Vertragsauslegung ergibt, dass beide Vertragsstaaten eine Anknüpfung nach Maßgabe der Sitztheorie wollten.[1198] Auf der anderen Seite gehen Meistbegünstigungsklauseln im Hinblick auf die Anerkennungsfrage ohnehin ins Leere, wenn staatsvertraglich – wie etwa im Verhältnis zu den Vereinigten Staaten – die Gründungsanknüpfung vereinbart wurde.[1199] Die Meistbegünstigungsklausel bezieht sich hier von vornherein nur auf anerkannte Gesellschaften.[1200] 290

3. Anerkennung von Gesellschaften im deutsch-US-amerikanischen Rechtsverkehr.

Schrifttum:[1201] *Berndt,* Die Rechtsfähigkeit US-amerikanischer Kapitalgesellschaften im Inland, JZ 1996, 187; *Bungert,* Deutsch-amerikanisches internationales Gesellschaftsrecht, Staatsvertragliche Festschreibung der Überlagerungstheorie?, ZVglRWiss 93 (1994), 117; *Bungert,* Zur Rechtsfähigkeit US-amerikanischer Kapitalgesellschaften ohne geschäftlichen Schwerpunkt in den USA, WM 1995, 2125; *Bungert,* Rechtliche Auswirkungen der „domestication" in einer deutschen GmbH in den USA nach deutschem Gesellschaftsrecht, RIW 1999, 109; *Bungert,* Sitzanknüpfung für Rechtsfähigkeit von Gesellschaften gilt auch nicht mehr im Verhältnis zu den USA, DB 2003, 1043; *Dammann,* Amerikanische Gesellschaften mit Sitz in Deutschland, RabelsZ 68 (2004), 607; *Douven,* US-Gesellschaften mit Hauptverwaltungssitz in Deutschland im deutschen Recht, NZG 2007, 7; *Ebenroth/Bippus,* Die Anerkennungsproblematik im Internationalen Gesellschaftsrecht am Beispiel des Freundschafts-, Handels- und Schiffahrtsvertrages zwischen der Bundesrepublik Deutschland und den Vereinigten Staaten von Amerika vom 29.10.1954, NJW 1988, 2137; *Ebenroth/Kemner/Willburger,* Die Auswirkungen des genuine-link-Grundsatzes auf die Anerkennung US-amerikanischer Gesellschaften in Deutschland, ZIP 1995, 972; *Ebenroth/Willburger,* Die Organträgerfähigkeit US-amerikanischer Kapitalgesellschaften im deutschen Körperschaftsteuerrecht, RIW-Beil. Nr. 3/1995, 1; *Ebke,* Gesellschaften aus Delaware auf dem Vormarsch: Der BGH macht es möglich, RIW 2004, 740; *Ebke,* Überseering und Inspire Art: Auswirkungen auf das Internationale Gesellschaftsrecht aus der Sicht von Drittstaaten, in Sandrock/Wetzler, Deutsches Gesellschaftsrecht im Wettbewerb der

[1192] BGBl. 1998 II 653; in Kraft seit 16.10.1998, BGBl. 1998 II 2688.

[1193] BGBl. 1998 II 1474; in Kraft seit 25.7.1998, BGBl. 1998 II 1474.

[1194] BGBl. 1997 II 2116, in Kraft seit 19.9.1998, BGBl. 1998 II 2376.

[1195] *Rehm* in Eidenmüller Ausl. KapGes. § 2 Rn. 22 ff.; *Dammann* RabelsZ 68 (2004), 607 (629 ff.).

[1196] *Roesner,* Die Meistbegünstigungsklausel in den bilateralen Staatsverträgen der BRepD, 1964; *Kramer* RIW 1989, 473 ff.; vgl. zur aktuellen Praxis der ICSID-Schiedsgerichte in diesem Zusammenhang *Happ* SchiedsVZ 2005, 21 (23 f.).

[1197] *Verdross/Simma,* Universelles Völkerrecht, 3. Aufl. 1984, § 763; *Rehm* in Eidenmüller Ausl. KapGes. § 2 Rn. 23.

[1198] *Rehm* in Eidenmüller Ausl. KapGes. § 2 Rn. 25.

[1199] Dies erklärt, weshalb etwa BGHZ 153, 353 (357 f.) = NJW 2003, 1607 die Meistbegünstigungsklausel für deutsch-amerikanische Fälle überhaupt nicht herangezogen hat; wie hier auch *Rehm* in Eidenmüller Ausl. KapGes. § 2 Rn. 26.

[1200] *Eidenmüller* ZIP 2002, 2233 (2244) m. Fn. 73; aA *Schanze/Jüttner* AG 2003, 30 (36); unklar *Dammann* RabelsZ 68 (2004), 607 (629 ff., 631): Anspruch von Nicht-EU-Gesellschaften auf Zuerkennung der Rechtsfähigkeit analog „Überseering", es sei denn „bei wesentlichen Unterschieden" zwischen dem Gründungsrecht und den „Anforderungen" für Gesellschaften aus der EU.

[1201] Neuere Lit.: *Drouven* NZG 2007, 7 ff.; *Schurig* FS Hay, 2005, 369; *Seelinger,* Gesellschaftskollisionsrecht und Transatlantischer Binnenmarkt, 2010. Zum US-amerikanischen Sachrecht für Gesellschaften vgl. *v. Hein,* Die Rezeption US-amerikanischen Gesellschaftsrechts in Deutschland, 2008, bespr. von *Kindler* ZHR 174 (2010), 149; *Bungert,* Gesellschaftsrecht in den USA, 3. Aufl. 2003; *Göthel* RIW 2007, 570 ff.; *Göthel,* US-amerikanisches Gesellschaftsrecht, 2. Aufl. 2006; *Reiss/Schneider* RIW 2007, 10 ff.; speziell zu Delaware *Papmehl* ZVglRWiss 101 (2002), 200 ff.; www.state.de.us.

Rechtsordnung, 2004, 101, 109; *Göthel,* Delaware bestätigt Gründungstheorie und schützt „Pseudo-Foreign Corporations“, RIW 2006, 41; *Hay,* On the Road to a Third American Restatement of Conflicts Law, IPRax 2022, 205; *Höft,* Identitätswahrende Sitzverlegung – gesellschafts- und steuerrechtliche Beurteilung der Verwaltungssitzverlegung einer „US-corporation“ in die Bundesrepublik Deutschland, 1992; *Schurig,* Das deutsch-amerikanische internationale Gesellschaftsrecht im Fahrwasser des europäischen?, FS Hay, 2005, 369; *Seelinger,* Gesellschaftskollisionsrecht und Transatlantischer Binnenmarkt, 2010; *M. Stürner,* Zur Anerkennung US-amerikanischer Gesellschaften in Deutschland, IPRax 2005, 305; *M. Stürner,* US-amerikanische Scheinauslandsgesellschaften im deutschen IPR, FS Ebke, 2021, 965; *M. J. Ulmer,* Die Anerkennung US-amerikanischer Gesellschaften in Deutschland, IPRax 1996, 100; *Walker,* Provisions on Companies in United States Commercial Treaties, 50 Am. J. Int. L. 373 (1956).

291 **a) Staatsvertragliches Kollisionsrecht.** Praktisch von herausragender Bedeutung ist die besondere Regelung der Anerkennung von Gesellschaften im deutsch-amerikanischen Rechtsverkehr durch den FrHSchV D-USA vom 29.10.1954 (→ Rn. 286).

Art. 25 FrHSchV D-USA [Definitionen]

5. [1]Der Ausdruck „Gesellschaften" in diesem Vertrag bedeutet Handelsgesellschaften, Teilhabergesellschaften sowie sonstige Gesellschaften, Vereinigungen und juristische Personen; dabei ist es unerheblich, ob ihre Haftung beschränkt oder nicht beschränkt und ob ihre Tätigkeit auf Gewinn oder nicht auf Gewinn gerichtet ist. [2]Gesellschaften, die gemäß den Gesetzen und sonstigen Vorschriften des einen Vertragsteils in dessen Gebiet errichtet sind, gelten als Gesellschaften dieses Vertragsteils; ihr rechtlicher Status wird in dem Gebiet des anderen Vertragsteils anerkannt.

292 Dabei handelt es sich nach zutreffender hM um eine einfachgesetzliche[1202] **Kollisionsnorm,** keine bloß fremdenrechtliche Regelung.[1203] Dafür spricht schon der Wortlaut von Art. 25 Abs. 5 S. 2 FrHSchV D-USA, mit der dort niedergelegten völkerrechtlichen Verpflichtung der Vertragsstaaten zur Anerkennung von Gesellschaften des jeweils anderen Vertragsstaats. Wie dargelegt (→ Rn. 280) ist nach dem heutigen Stand der Kollisionsrechtsdogmatik unter Anerkennung die Hinnahme einer Gesellschaft zu verstehen, und zwar so, wie sie sich aus ihrem kollisionsrechtlich ermittelten Personalstatut ergibt. In der Festlegung des persönlichen Anwendungsbereichs dieser Regel durch Art. 25 Abs. 5 S. 1 FrHSchV D-USA („Gesellschaften, die gemäß den Gesetzen und sonstigen Vorschriften des einen Vertragsteils in dessen Gebiet errichtet sind“) liegt zugleich der einzige kollisionsrechtlich maßgebliche **Anknüpfungspunkt: der Gründungsakt.**[1204]

293 Für eine kollisionsrechtliche Einordnung der Vorschrift sprechen auch ihre systematische Stellung im Vertrag sowie die Auslegung anderer Vertragsbestimmungen. Art. 7 FrHSchV D-USA gewährt mit gewissen Einschränkungen allen amerikanischen Gesellschaften **Inländergleichbehandlung** für jede Art von gesellschaftlicher Tätigkeit. Die Bestimmung regelt die Niederlassung

---

1202 BVerfG NJW 2018, 2392 Rn. 41; dazu *Hasenstab* IWRZ 2019, 3.

1203 BGH NZG 2005, 44: „staatsvertragliche Kollisionsnorm“ = BB 2004, 2595 mAnm *Elsing* = DNotZ 2005, 141 mAnm *Thölke* = JZ 2005, 298 mAnm *Ebke;* implizit auch BGH NJW-RR 2004, 1618 = BB 2004, 1868 mAnm *Melbert* = RIW 2004, 787 mAnm *Ebke* RIW 2004, 740 = JZ 2005, 303 mAnm *Rehm;* BGHZ 159, 94 (100 f.) = NJW 2004, 2523 (2524); BGHZ 153, 353 (356) – Grundsatzurteil = NJW 2003, 1607 = BB 2003, 810 mAnm *Kindler* = RabelsZ 68 (2004), 770 mAnm *Dammann* RabelsZ 68 (2004), 607 = RIW 2003, 473 m. Aufs. *Merkt* RIW 2003, 458 = DB 2003, 818 m. Aufs. *Bungert* DB 2003, 1043 = WuB N Art XXV FHSV 1.03 mAnm *Jestädt;* BGH NJW-RR 2002, 1359 (1360); iErg auch BFH RIW 2003, 627 (629 f.) = NZG 2003, 646 (US-Gesellschaft mit tatsächlicher Geschäftsleitung im Inland als Organträgerin einer deutschen GmbH); ebenso die hM im Schrifttum: Grüneberg/*Thorn* EGBGB Anh. Art. 12 Rn. 23; HCL/*Behrens/Hoffmann* GmbHG Allg. Einl. Rn. B 217; *Ebenroth/Bippus* DB 1988, 842 (843); *Ebenroth/Bippus* NJW 1988, 2137 (2141); *Ebenroth/Auer* RIW-Beil. Nr. 1/1992, 9 f.; *Ebenroth/Offenloch* RIW 1997, 1 (2); *Ebenroth/Willburger* RIW-Beil. Nr. 3/95, 6; *Hausmann* in Hausmann/van Raad/Raupach/Veelken, Steuergestaltung durch doppelt ansässige Gesellschaften, 1989, 13, 36 f.; *Bungert* DB 2003, 1043 (1045); *Bungert* WM 1995, 2125 (2126); *Bausback* DNotZ 1996, 254 (257); *Haas* DB 1997, 1501 (1503); *Kropholler* IPR § 55 I 1; *Hausmann* in Reithmann/Martiny IntVertragsR Rn. 6.59; *Sörensen/Neveille* 6 Colum. J. Eur. L. 323, 326 (2000); zweifelnd Staudinger/*Großfeld,* 1998, IntGesR Rn. 210; *Dammann* RabelsZ 68 (2004), 607 (626 f.); *Rehm* in Eidenmüller Ausl. KapGes. § 2 Rn. 13; *Leible* in Hirte/Bücker GrenzübGes § 10 Rn. 7 f.; *M. Stürner* IPRax 2005, 305 (306).

1204 HM, s. vorige Fn.; aA *Kegel/Schurig* IPR § 17 II 5c, S. 588 f.: Sitztheorie; *Berndt* JZ 1996, 187 (189); *Ebke* RabelsZ 62 (1998), 195 (209 f.); *Ebke* RIW 2004, 740 (742) (aber mit dem Eingeständnis, dass es sich hier letztlich um eine rechtsquellentheoretische Frage „ohne weitere Folgen“ handelt, wenn man – wie dieser Autor – dem Staatsvertrag immerhin die Vorgabe an das *innerstaatliche* Kollisionsrecht entnimmt, an die Gesellschaftsgründung anzuknüpfen); OLG Hamm NJOZ 2002, 2723 = GmbHR 2003, 302 (Verwaltungssitzanknüpfung, da Staatsvertrag ohne kollisionsrechtlichen Gehalt); OLG München ZIP 2002, 2132 (Verwaltungssitzanknüpfung; Staatsvertrag nicht erwähnt).

und den Aufenthalt von amerikanischen Gesellschaften im Inland sowie deren Zulassung zur Erwerbstätigkeit; sie entspricht in der Wirkungsweise dem Fremdenrecht, da die Eigenschaft als ausländische Gesellschaft bestimmte rechtliche Konsequenzen nach sich zieht.[1205] Dies zeigt sich deutlich in der Erläuterung des Art. 7 FrHSchV D-USA in Nr. 9 des Protokolls.[1206] Dort wird festgehalten, dass Art. 7 FrHSchV D-USA die Vertragspartei nicht verpflichtet, Staatsangehörige und Gesellschaften des anderen Vertragsteils zur Ausübung eines Gewerbebetriebs im Inland zuzulassen, wenn diese nicht die nach den gesetzlichen Vorschriften allgemein bestehenden Anforderungen erfüllen. Daher trifft auch die Auffassung, Nr. 9 des Protokolls lege für amerikanische Gesellschaften mit effektivem Verwaltungssitz in der BRepD zwingend die Maßgeblichkeit der Sitztheorie fest, nicht zu.[1207] Mit der typisch fremdenrechtlichen Rechtsfigur der „Zulassung" eröffnet Nr. 9 des Protokolls den Vertragsstaaten lediglich die Möglichkeit, Gesellschaften des anderen Vertragsteils die Ausübung ihrer Geschäfte zu untersagen, wenn diese nicht die Rechtsvorschriften des Gastlandes beachten.[1208]

Bestätigung findet die hier vertretene kollisionsrechtliche Einordnung schließlich in einem historischen Vergleich des FrHSchV D-USA mit dem Vertrag zwischen dem deutschen Reich und den Vereinigten Staaten von Amerika vom 8.8.1923.[1209] Jener Vertrag hatte in Art. 12 FrHSchV D-USA für die Anerkennung der Gesellschaften des anderen Vertragsteils noch eine Hauptniederlassung im Gründungsstaat gefordert. Demgegenüber begnügt sich Art. 25 Abs. 5 FrHSchV D-USA mit der wirksamen Gründung der Gesellschaft nach den Rechtsvorschriften einer Vertragspartei. Schon zur damaligen Regelung war allerdings anerkannt, dass es sich hierbei um eine Kollisionsnorm handelte.[1210] **294**

b) Anknüpfung des Gesellschaftsstatuts. Nach Art. 3 Nr. 2 EGBGB geht völkervertragliches IPR dem autonomen IPR vor (näher → EGBGB Art. 3 Rn. 182 ff.). Maßgeblicher Anknüpfungspunkt für das internationale Gesellschaftsrecht im deutsch-US-amerikanischen Verhältnis ist sonach – in Abkehr von der Sitzanknüpfung nach autonomem IPR (→ Rn. 379 ff.) – die **Gründung nach dem Recht eines Einzelstaates der USA.**[1211] Eine solchermaßen wirksam gegründete und noch bestehende Gesellschaft ist in Deutschland nach Maßgabe ihres US-amerikanischen Personalstatuts als **rechtsfähig** zu behandeln, gleichgültig, wo ihr effektiver Verwaltungssitz liegt.[1212] Eine **Rück- oder Weiterverweisung** durch US-amerikanisches innerstaatliches Kollisionsrecht (vgl. Art. 4 Abs. 1 EGBGB) ist im Anwendungsbereich des FrHSchV D-USA **unbeachtlich,** da die Vertragsstaaten gerade eine Kollisionsrechtsvereinheitlichung gewollt haben.[1213] **295**

c) Reichweite der Anerkennung. Gegenständlich erfasst die Anerkennung – dh der Geltungsbereich des Personalstatuts (→ Rn. 280) – die gesamte rechtliche Ausgestaltung der Gesellschaft **296**

[1205] *Ebenroth/Auer* RIW-Beil. Nr. 1/1992, 9; BayObLG NJW 1999, 654 (655 f.) noch zu § 26 KostO; vgl. auch BGHZ 153, 353 (357 f.), wo Art. 7 Staatsvertrag besonders betont wird; gleichsinnig BGH NZG 2004, 1001.

[1206] BGBl. 1956 II 502 (503).

[1207] So aber *Lehner* RIW 1988, 201 (208).

[1208] Hierbei handelt es sich etwa um industrielle Sicherheitsnormen, Umweltschutzvorschriften, Rechnungslegungsvorschriften und dergleichen; vgl. *Ebenroth* 24 The International Lawyer 459, 467 (1990); *Ebenroth/Auer* RIW-Beil. Nr. 1/92, 9 f. mit weiteren Argumenten für die hier vertretene Auffassung; zur Inländerbehandlung auch *Dammann* RabelsZ 68 (2004), 607 (627 ff.).

[1209] RGBl. 1925 S. 795; hierzu *Ebenroth/Bippus* NJW 1988, 2137 (2144).

[1210] Näher *Bungert* ZVglRWiss 93 (1994), 117 (135 f.) unter Bezugnahme auf RGZ 117, 215 (217 f.) – Eskimo Pie Corporation; s. auch *Ebenroth/Auer* RIW-Beil. Nr. 1/1992, 9; zum historischen Vergleich ferner *Dammann* RabelsZ 68 (2004), 607 (626 f.).

[1211] So die zu → Rn. 337 zitierten BGH-Urteile; ferner *Göthel* RIW 2006, 41 (44 f.) wN; s. auch OLG Stuttgart BeckRS 2022, 8208 Rn. 23 = EWiR 2022, 421 mAnm *Weiss;* OLG Zweibrücken NJW 1987, 2168; OLG Celle WM 1992, 1703 = IPRspr. 1992 Nr. 25; OLG Düsseldorf NJW-RR 1995, 1124 = IPRax 1996, 124 mAnm *M. J. Ulmer* IPRax 1996, 100; hierzu auch *Ebenroth/Kemner/Willburger* ZIP 1995, 972; *Bungert* WM 1995, 2125; *Berndt* JZ 1996, 187; *Großfeld/Piesbergen* FS Mestmäcker, 1996, 881 (886 ff.); s. auch *Ebenroth/Willburger* EWiR 1995, 583 und *Nasall* WuB IV. B Art. 37 1.95; ferner OLG Düsseldorf NJW-RR 1995, 1184 m. KurzKomm. *Mankowski* EWiR 1996, 29; OLG Düsseldorf RIW 1996, 859; IPG 1980/81 Nr. 12 (Köln); für wN der Lit. s. → Rn. 337 sowie *Mankowski* EWiR 1996, 29 (30); *M. J. Ulmer* IPRax 1996, 100 f.; vgl. auch BFH DStR 1992, 322 = RIW 1992, 338; RIW 2003, 627 (629 f.).

[1212] So ausdrücklich BGH NZG 2004, 1001 zu einer US-amerikanischen Inc. „mit Verwaltungssitz im Gebiet der BRepD"; OLG Stuttgart BeckRS 2022, 8208 Rn. 23 = EWiR 2022, 421 mAnm *Weiss;* LG Bochum GRUR Int 2013, 810; im Grundsatz zutr. auch *Bungert* DB 1995, 963 (966); aber → Rn. 345 ff. (genuine link-Erfordernis).

[1213] *Bungert* ZVglRWiss 93 (1994), 117 (147); allg. zum Ausschluss von Rück- und Weiterverweisung bei staatsvertraglichen Kollisionsnormen → EGBGB Art. 4 Rn. 109 ff.

im Innen- und Außenverhältnis. Sie erstreckt sich mit anderen Worten auf **alle als gesellschaftsrechtlich zu qualifizierenden Rechtsfragen** (zum Umfang des Gesellschaftsstatuts → Rn. 489 ff.).[1214] Dies ergibt sich schon aus der Verwendung des Begriffs „rechtlicher Status" in Art. 25 Abs. 5 S. 2 FrHSchV D-USA.[1215] Außerdem ist nur bei diesem Normverständnis die Einheitlichkeit des Gesellschaftsstatuts gewährleistet.[1216] Soweit demgegenüber vertreten wird, der Staatsvertrag bestimme im deutsch-amerikanischen Verhältnis nur ein besonderes „Rechtsfähigkeitsstatut" und für alle übrigen gesellschaftsrechtlichen Fragen verbleibe es beim innerstaatlichen Kollisionsrecht,[1217] so ist dem aus den genannten Gründen nicht zu folgen.

297 **d) Sitzverlegung. aa) Zuzug.** Entgegen der früheren Auffassung des BFH[1218] entscheidet die auf Grund der staatsvertraglich vorgegebenen Gründungsanknüpfung ermittelte Rechtsordnung auch über die sachrechtlichen Zulässigkeitserfordernisse und Konsequenzen einer Sitzverlegung. Dies folgt aus der uneingeschränkten Maßgeblichkeit des Gründungsrechts (→ Rn. 296). US-amerikanische Gesellschaften können daher unter Beibehaltung ihres Gesellschaftsstatuts **ihren effektiven Verwaltungssitz in die BRepD verlegen,** wenn das maßgebliche einzelstaatliche Gesellschaftsrecht hierin keinen Liquidationstatbestand sieht.[1219] Dies ist derzeit offenbar in keinem Bundesstaat der Fall.[1220] Sofern es sich bei der US-amerikanischen Gesellschaft nicht um eine Scheinauslandsgesellschaft handelt (→ Rn. 300 ff.), ist ihr zudem der **Hereinformwechsel** in Gestalt der **Satzungssitzverlegung** möglich, und zwar im selben Umfang wie einer EU-ausländischen Gesellschaft (→ Rn. 753 ff., → Rn. 809 ff.).[1221]

298 Gegen die Zulässigkeit einer Sitzverlegung nach Maßgabe der obigen Grundsätze wird eingewandt, dass Art. 25 Abs. 5 FrHSchV D-USA sich zum Problem der Sitzverlegung nicht verhält. Vielmehr würde der systematische Standort der Vorschrift nahelegen, dass sich ihr Wirkungskreis nur auf übliche Betätigungsformen im Gebiet des anderen Vertragsteils erstrecke, zB auf die Errichtung von Zweigniederlassungen.[1222] Diese Kritik vermag nicht zu überzeugen. Wie dargelegt (→ Rn. 280), bezieht sich die „Anerkennung" nicht auf einzelne gesellschaftsrechtliche Fragen oder Vorgänge, sondern auf das **gesamte Gesellschaftsstatut.** Hierzu zählt **auch** die sachrechtliche Beurteilung der **Sitzverlegung.**

299 **bb) Wegzug.** Spiegelbildlich folgt daraus, dass sich die **Sitzverlegung** einer in Deutschland ansässigen und nach deutschem Recht gegründeten Gesellschaft **in die USA** nach deutschem Gesellschaftsrecht beurteilt. Hier gelten die allgemeinen Regeln (→ Rn. 297 f., → Rn. 833 ff.); der FrHSchV D-USA verpflichtet die Parteien jeweils nur im Verhältnis zu den Gesellschaften des *anderen* Vertragsteils, nicht im Verhältnis zu den der eigenen Rechtsordnung unterliegenden Gesellschaften. Daher ergibt sich aus dem Vertrag **keine „Wegzugsfreiheit"** für Gesellschaften, so wie dies in §§ 333 ff. UmwG im Zusammenhang mit der Niederlassungsfreiheit nach dem AEUV geregelt wird (→ Rn. 39; → Rn. 801 ff.).[1223] Eine „domestication" in den USA ist keine Sitzverlegung.[1224]

1214 Vgl. BGH NZG 2005, 44; 2004, 1001: „das Personalstatut"; ausdrücklich anerkannt hat das die Rspr. bislang für die Rechts- und Parteifähigkeit (BGHZ 153, 353 = NJW 2003, 1607; BGH NZG 2005, 44) sowie für die Gesellschafterhaftung (BGH NZG 2004, 1001); zu Letzterem *Leyendecker* RIW 2008, 273 ff.

1215 HM; s. OLG Düsseldorf NJW-RR 1995, 1124; *Beitzke* FS Luther, 1976, 10; *Ferid* IPR Rn. 5-58; *Ebenroth/Bippus* NJW 1988, 2137 (2142); *Ebenroth/Auer* RIW-Beil. Nr. 1/1992, 9; *Ebenroth* 24 The International Lawyer 459, 468 f. (1990); *Wiedemann* GesR I § 14 II 2c aa; *Hausmann* in Reithmann/Martiny IntVertragsR Rn. 6.59; *Wessel/Ziegenhain* GmbHR 1988, 423 (431); *Höft,* Identitätswahrende Sitzverlegung – gesellschafts- und steuerrechtliche Beurteilung der Verwaltungssitzverlegung einer „US-corporation" in die Bundesrepublik Deutschland, 1992, 60; IPG 1980/81 Nr. 12, S. 91 (92) (Köln).

1216 *Ebenroth/Bippus* NJW 1988, 2137 (2142).

1217 So (ohne Begr.) BFH DStR 1992, 322; zust. Staudinger/*Großfeld,* 1998, IntGesR Rn. 219 f.; ebenso (implizit) *Ebke* IPRax 1982, 18 f.; *Großfeld/Erlinghagen* JZ 1993, 217 (224 f.); *Dammann* RabelsZ 68 (2004), 607 (631 ff., 638) (Beschränkung auf Rechts-, Geschäfts- und Handlungsfähigkeit); eingehend *Bungert* ZVglRWiss 93 (1994), 117 (139 ff.).

1218 BFH DStR 1992, 322; aufgegeben von BFH NZG 2003, 646 = RIW 2003, 627 mAnm *Kleinert/v. Xylander.*

1219 *Hausmann* in Hausmann/van Raad/Raupach/Veelken, Steuergestaltung durch doppelt ansässige Gesellschaften, 1989, 28; *Höft,* Identitätswahrende Sitzverlegung – gesellschafts- und steuerrechtliche Beurteilung der Verwaltungssitzverlegung einer „US-corporation" in die Bundesrepublik Deutschland, 1992, 47 ff.; *Ebenroth/Willburger* RIW-Beil. Nr. 3/1995, 6 f.

1220 Vgl. die Darstellung der Auflösungsgründe bei *Bungert,* Gesellschaftsrecht in den USA, 3. Aufl. 2003, 119 ff.

1221 *Zwirlein* ZGR 2017, 114 (123 ff.).

1222 *Dötsch* DB 1989, 2296 (2297); *Debatin* GmbHR 1991, 164 (168).

1223 AA *Ebke* RIW 2004, 740 (743); zur – fehlenden – Wegzugsfreiheit unter dem EG-Vertrag/AEUV (soweit nicht §§ 333 ff. UmwG anwendbar sind) s. BayObLGZ 2004, 24; OLG Brandenburg DB 2005, 604; → Rn. 99 f.

1224 *Bungert* RIW 1999, 109 ff.

e) Schranken der Anerkennung. aa) Fehlende tatsächliche Verbindungen zum Staat des Gründungsrechts („genuine link"). Einer in den USA gegründeten Gesellschaft ist abweichend von Art. 25 Abs. 5 S. 2 FrHSchV D-USA in der BRepD die Anerkennung zu versagen, wenn die Gesellschaft keine tatsächlichen Beziehungen zu den USA hat und ihre sämtliche Geschäftstätigkeit in der BRepD entfaltet. Eine solche **Scheinauslandsgesellschaft** („Pseudo-Foreign-Corporation") unterliegt der Sitzanknüpfung nach dem autonomen deutschen internationalen Gesellschaftsrecht. Diese Anerkennungsschranke folgt aus dem völkerrechtlichen „genuine link"-Erfordernis.[1225] 300

Danach kann ein Staat sich nur dann auf die Staatsangehörigkeit einer natürlichen Person berufen, wenn zu ihr eine **originäre und effektive Verbindung** besteht, während eine nur formale Beziehung insoweit nicht genügt.[1226] Diese Regel ist nach hM auf juristische Personen zu übertragen.[1227] Hierfür spricht schon, dass die „genuine link Doktrin" zur Begrenzung des Personenkreises entwickelt wurde, für den ein Staat diplomatischen Schutz geltend machen kann (→ EGBGB Art. 5 Rn. 18) und diplomatischer Schutz gleichermaßen bei Verletzung von Freundschafts-, Handels- und Schifffahrtsverträgen für juristische Personen in Betracht kommt. Wird etwa einer Gesellschaft entgegen Art. 25 Abs. 5 S. 2 FrHSchV D-USA die Anerkennung versagt, so kann jeder Vertragsstaat gemäß Art. 27 FrHSchV D-USA iVm Nr. 24 Protokoll zu diesem Vertrag[1228] nach erfolglosen diplomatischen Konsultationen den IGH anrufen.[1229] 301

Die „genuine link"-Regel ist **Völkergewohnheitsrecht** und geht gemäß Art. 25 S. 2 GG den auf einfachgesetzlicher Ebene stehenden Handels- und Niederlassungsverträgen (vgl. Art. 59 Abs. 2 GG) vor.[1230] Hiergegen hat *Bungert* vorgetragen, bei dem „genuine link"-Erfordernis handele es sich nicht um Völkergewohnheitsrecht und selbst wenn, dann stelle die Regel im Verhältnis zum Völkervertragsrecht eine gleichrangige Rechtsquelle dar, die als lex specialis hinter dem FrHSchV D-USA zurückzutreten habe.[1231] Diese Kritik vermag gegenüber dem hier vertretenen Standpunkt indessen nicht zu überzeugen. Wie *Ebenroth/Bippus* dargelegt haben,[1232] betrifft die Abgrenzung der territorialen Reichweite der Regelungsbefugnis innerstaatlichen Rechts elementare Grundlagen der völkerrechtlichen Staatengemeinschaft und schon deshalb handelt es sich bei dem „genuine link"-Erfordernis um Völkergewohnheitsrecht; dies entspricht auch weithin der völkerrechtlichen Lehre.[1233] Zudem wird das von *Bungert* angesprochene Rangverhältnis zwischen Völkergewohnheits- und Völkervertragsrecht im vorliegenden Zusammenhang nicht bedeutsam, weil der FrHSchV D-USA insoweit nicht von allgemeinen Völkerrechtsgrundsätzen abweicht. Weder findet sich eine ausdrückliche Regelung des Inhalts, dass das Gründungsrecht auch bei Fehlen jeglichen Bezugs zu dieser Rechtsordnung maßgeblich sein soll, noch lässt sich dies dem Vertragstext im Wege der 302

[1225] OLG Düsseldorf NJW-RR 1995, 1124 im Anschluss an *Ebenroth/Bippus* DB 1988, 842 (844 ff.) und *Ebenroth/Bippus* NJW 1988, 2137 f.; grds. zust. *Ebenroth/Willburger* EWiR 1995, 583 f. und *Ebenroth/Kemner/Willburger* ZIP 1995, 972 ff.; *Ebenroth/Offenloch* RIW 1997, 1 (2); *Bausback* DNotZ 1996, 254 (258); *Weller* IPRax 2017, 167 (170); umfassend zu US-amerikanischen Scheinauslandsgesellschaften im deutschen IPR *M. Stürner,* FS Ebke, 2021, 965; ebenso in der franz. Rspr. Cass. civ. Clunet 1987, 80 mAnm *Niboyet/Hoegy* und hierzu *Großfeld* AG 1996, 302 (306) zur gleich lautenden Bestimmung in Art. 14 Abs. 5 des französisch-amerikanischen Niederlassungsabkommens; zurückhaltend *Ebke* RIW 2004, 740 (743); *Rehm* in Eidenmüller Ausl. KapGes. § 2 Nr. 28 ff.; *Dammann* RabelsZ 68 (2004), 607 (644 ff.); *M. Stürner* IPRax 2005, 305 (307); abl. *Kropholler* IPR § 55 I 3d; *Paal* RIW 2005, 735; offengelassen in BGH NZG 2004, 1001 (II. ZS); 2005, 44 f. (I. ZS); dagegen hat der VIII. ZS das obige Urteil des OLG Düsseldorf ohne jede Einschränkung zust. zitiert, BGHZ 153, 353 (356), was auf eine Übernahme des genuine link-Erfordernisses hindeutet, *Kindler* BB 2003, 812.

[1226] *Großfeld* RIW 1972, 537 (539); *Ebenroth/Kemner/Willburger* ZIP 1995, 972; vgl. auch Staudinger/*Großfeld,* 1998, IntGesR Rn. 1054; *Großfeld,* Europäisches und Internationales Unternehmensrecht, 2. Aufl. 1995, C § 1 II 1.

[1227] HM, s. *Großfeld* RIW 1972, 537 (538 f.); *Wengler* NJW 1970, 1473 (1477); *Ebenroth/Bippus* DB 1988, 842 (844); *W. Meilicke* BB-Beil, Nr. 9/95, 17; *Großfeld/Erlinghagen* JZ 1993, 217 (220).

[1228] BGBl. 1956 II 487 (500, 504).

[1229] *Ebenroth/Kemner/Willburger* ZIP 1995, 972 (974); insoweit zust. *Dammann* RabelsZ 68 (2004), 607 (645) m. Fn. 139.

[1230] Hierzu schon *Großfeld* BerGesVR 18 (1978), 73 (132 f.); *Ebenroth/Bippus* DB 1988, 842 (844 f.); *Ebenroth/Kemner/Willburger* ZIP 1995, 972 (974 f.); *W. Meilicke* BB-Beil. Nr. 9/95, 17.

[1231] *Bungert* WM 1995, 2125 (2128 ff.); eingehend schon *Bungert* ZVglRWiss 93 (1994), 117 (153, 154 f.); zust. *M. J. Ulmer* IPRax 1996, 100 (101).

[1232] *Ebenroth/Bippus* DB 1988, 842 (844 f.).

[1233] *C. Gloria* in K. Ipsen, Völkerrecht, 7. Aufl. 2018, § 23 Rn. 88: „Allgemeines Prinzip des Völkerrechts"; *Verdross/Simma,* Universelles Völkerrecht, 3. Aufl. 1984, § 1193, S. 789; s. auch *Bleckmann,* Die völkerrechtlichen Grundlagen des Internationalen Kollisionsrechts, 1992, 36 f., 46 f.; *Ziegenhain,* Extraterritoriale Rechtsanwendung und die Bedeutung des „genuine-link"-Erfordernisses, 1992, 4 und schon BVerfGE 1, 322 (328) = NJW 1952, 777: „nähere tatsächliche Beziehung".

ergänzenden Auslegung entnehmen.[1234] Im Zweifel ist Völkervertragsrecht vielmehr nach Maßgabe des allgemeinen Völkerrechts – hier: unter Beachtung des „genuine link"-Erfordernisses – auszulegen (Art. 31 Abs. 3 lit. c WVRK).[1235] Selbst wenn man insoweit eine Regelungslücke des FrHSchV D-USA annehmen wollte, so wäre die „genuine link"-Regel ergänzend heranzuziehen.[1236] Dieses Ergebnis steht nicht im Widerspruch zu der in → EGBGB Art. 5 Rn. 18 getroffenen Feststellung, dass dem für völkerrechtliche Zwecke vom IGH[1237] in der Nottebohm-Entscheidung entwickelten „genuine link"-Erfordernis nichts für die iprechtlichen Anknüpfungen des nationalen Gesetzgebers entnommen werden kann. Im hier interessierenden Zusammenhang geht es nur um die Heranziehung einer völkergewohnheitsrechtlichen Regel zur Auslegung bzw. Ergänzung einer völkervertraglichen Norm. Eine allgemeine Aussage über eine iprechtliche Funktion des völkerrechtlichen „genuine link"-Erfordernisses ist damit nicht verbunden.

303 Inhaltlich ist dem „genuine link"-Erfordernis im Regelfall schon dann Genüge getan, wenn Gründungsakt und Satzungssitz auf eine bestimmte Rechtsordnung hindeuten, es sei denn, diese Anknüpfungstatsachen wären – wie im Fall Cadbury Schweppes (→ Rn. 97 f.) – rein fiktiv und zu Umgehungszwecken geschaffen worden.[1238] Eine solche **Rechtsumgehung** (→ Einl. IPR Rn. 303 ff.) ist im vorliegenden Zusammenhang zu vermuten, wenn keine weiteren Beziehungen tatsächlicher Art zum Gründungsstaat ersichtlich sind und es sich hierbei um einen **notorischen Oasenstaat** handelt. Anhaltspunkte für die Einstufung eines Landes als Oasenstaat ergeben sich aus einschlägigen Erkenntnissen der Finanzverwaltung.[1239] Widerlegt ist diese Vermutung aber bereits bei Vorhandensein US-amerikanischer Mitgesellschafter, bei organisatorischer Präsenz in den USA (effektiver Verwaltungssitz; Geschäftsleitung iSd § 1 KStG, § 10 AO; Zweigniederlassung)[1240] oder bei auch nur geringen geschäftlichen Aktivitäten in den USA, zB bei Vertragsabschlüssen mit US-amerikanischen Partnern. Hierbei sind keine allzu strengen Anforderungen zu stellen.[1241] Denn das „genuine link"-Erfordernis darf als Missbrauchsgrenze nur in extrem gelagerten Ausnahmefällen zur Korrektur der staatsvertraglich festgelegten Gründungsanknüpfung führen.[1242] Die Missbrauchsgrenze wäre etwa überschritten, wenn ein in Deutschland lebender Deutscher im Staat Delaware/USA eine Einmann-Gesellschaft gründet, „die dort nichts hat und nichts tut".[1243] Das „genuine link"-Prinzip verlangt in keinem Fall, dass Beziehungen gerade zum jeweiligen Gründungsbundesstaat bestehen; ein Bezug zum Gesamtstaat (USA) als Vertragsstaat des FrHSchV D-USA genügt.[1244]

304 **bb) Öffentliche Ordnung.** Der FrHSchV D-USA enthält zwar keinen ausdrücklichen ordre public-Vorbehalt. Auch aus Nr. 9 des Protokolls zu dem Vertrag[1245] ergibt sich kein Vorbehalt zu

---

[1234] So aber iErg *Bungert* WM 1995, 2125 (2133); *Bungert* DB 1995, 963 (966); gegen *Bungert* mit Recht *Ebenroth/Kemner/Willburger* ZIP 1995, 972 (974) Fn. 24.

[1235] BVerfGE 46, 342 (361 f.) = NJW 1978, 485 Ls. 3; *Verdross/Simma,* Universelles Völkerrecht, 3. Aufl. 1984, § 780, S. 494.

[1236] Vgl. nur Henssler/Strohn/*Servatius* IntGesR Rn. 27.

[1237] IGH ICJ-Rep. 1955, 4 (22 f.).

[1238] *Ebenroth/Bippus* DB 1988, 842 (845) wN; *Höft,* Identitätswahrende Sitzverlegung – gesellschafts- und steuerrechtliche Beurteilung der Verwaltungssitzverlegung einer „US-corporation" in die Bundesrepublik Deutschland, 1992, 54, der das „genuine link"-Erfordernis als Rechtsmissbrauchsgrenze versteht.

[1239] Vgl. KG NJW-RR 1997, 1127 (1129) unter Hinweis auf die gleich lautenden Erlasse der Finanzministerien der Bundesländer aus dem Jahre 1994 betreffend Grundstücksgeschäfte mit ausländischen Briefkastengesellschaften, zB in BB 1994, 927 (Brandenburg), DB 1994, 1163 f. (Baden-Württemberg), wo auch einzelne US-Bundesstaaten (zB Delaware und Wyoming) aufgeführt sind; vgl. die vollständige Länderliste bei *Braun* RIW 1995, 499; zust. *Luttermann* EWiR 1997, 513 (514); krit. hierzu *Bruski* IStR 1994, 473. Die zwischenzeitliche Aufhebung dieser Erlasse (BB 1995, 2517) beruhte nicht auf Zweifeln an den Erkenntnissen der Finanzverwaltung, sondern auf einer Kompetenzüberschreitung gegenüber den Grundbuchämtern, vgl. BFH RIW 1996, 85 (86) mAnm *Braun* und den Erlass der Senatsverwaltung für Finanzen Berlin DStR 1997, 1452; krit. *Schuck* BB 1998, 616 ff.

[1240] *Ebenroth/Bippus* DB 1988, 842 (845 f.).

[1241] BGH NZG 2005, 44 f. betr. Telefonanschluss in den USA, Marken- und Softwarelizenzverträge mit amerikanischen Partnern; NZG 2004, 1001 betr. Aktiendepot in den USA; BGHZ 159, 94 = NJW 2004, 2523 betr. US-Gesellschaft Mitglied der New Yorker Börse; BGH NJW-RR 2002, 1359 betr. Farmbetrieb in den USA.

[1242] *Ebenroth/Kemner/Willburger* ZIP 1995, 972 (973): „die geringste wirtschaftliche oder gesellschaftliche Aktivität (im) Gründungsstaat"; insofern zutr. auch *Bungert* ZVglRWiss 93 (1994), 117 (155); *Bungert* WM 1995, 2125 (2130 f.); zu streng daher iErg OLG Düsseldorf NJW-RR 1995, 1124 (Brokervertrag mit US-amerikanischem Unternehmen soll nicht genügen) sowie *M. J. Ulmer* IPRax 1996, 100 (102) und insoweit noch *Ebenroth/Bippus* DB 1988, 842 (846) (Einbettung in die soziale Struktur des Gründungsstaates).

[1243] So plastisch *Kegel/Schurig* IPR § 17 II 5c, S. 589, vom Standpunkt der Sitztheorie aus.

[1244] Ebenso (ohne Begr.) *Bungert* WM 1995, 2125 (2130).

[1245] BGBl. 1956 II 502 (503).

Gunsten der öffentlichen Ordnung; diese Regelung hat lediglich fremdenrechtlichen Charakter.[1246] Trotz Fehlens eines ordre public-Vorbehalts im FrHSchV D-USA greift im deutsch-amerikanischen Verhältnis der **innerstaatliche deutsche ordre public** (Art. 6 EGBGB) ein, soweit dieser mit dem ordre public des anderen Vertragsteils (USA) **übereinstimmt.**[1247] Die Eingriffsschwelle für die Vorbehaltsklausel ergibt sich folglich aus der „Schnittmenge" der jeweiligen innerstaatlichen deutschen bzw. US-amerikanischen ordre public-Regelungen. Die anders lautende hM[1248] versteht zweiseitige Staatsverträge offenbar generell dahin, dass die Vertragsstaaten hierin im Zweifel auch die Anwendung **gemeinsamer** fundamentaler Grundprinzipien ausschließen, soweit diese nicht im Vertrag selbst Berücksichtigung gefunden haben. Dies dürfte indessen im Regelfall kaum gewollt sein, da man Verträge zur Überwindung von Differenzen und nicht zur Beseitigung von Gemeinsamkeiten abschließt. Im Allgemeinen dürfte die Unterstellung eher fern liegen, dass eine Vertragspartei die Gesellschaften der anderen Vertragspartei in einem weitergehenden Umfang anerkennt als diese andere Vertragspartei selbst dies tut.[1249]

Inhaltlich kommt als Kern gemeinsamer deutsch-amerikanischer Rechtsüberzeugungen wohl in erster Linie das **Verbot des Rechtsmissbrauchs** in Betracht,[1250] nicht aber etwa das Erfordernis eines festen Mindestkapitals bei der Kapitalgesellschaft[1251] oder die Durchgriffshaftung.[1252] Eine rechtsmissbräuchliche Gestaltung kann vorliegen, wenn die Gründung der Gesellschaft in einem US-Bundesstaat nach dortigem Recht allein zu dem Zweck erfolgte, das strengere Gesellschaftsrecht anderer Staaten zu umgehen, zB bei Vorliegen eines bloßen Firmenmantels ohne jede Geschäftstätigkeit oder sonstigen Bezugspunkt zu den USA.[1253] **305**

cc) Nichtanerkennung in den USA? Vertreten wird, dass eine US-amerikanische Gesellschaft nur dann in Deutschland anzuerkennen sei, wenn auch die USA selbst diese als dort wirksam gegründet ansehen.[1254] Dies überzeugt im Ergebnis, soll doch kein Vertragsstaat zur Anerkennung von Gesellschaften verpflichtet sein, die nicht einmal der andere Vertragsstaat als rechtmäßig errichtet ansieht (→ Rn. 304 aE).[1255] In der hier vorausgesetzten Fallgestaltung – US-Gesellschaft mit effektivem Verwaltungssitz in der BRepD – handelt es sich indessen genau besehen nicht um eine Begrenzung der staatsvertraglich begründeten Anerkennungspflicht. Denn Art. 25 Abs. 5 S. 2 FrHSchV D-USA ist schon tatbestandlich nicht einschlägig, wenn die US-Gesellschaft nicht „gemäß den Gesetzen und sonstigen Vorschriften" des US-amerikanischen Gründungsstaats errichtet wurde.[1256] **306**

Ein Anerkennungshindernis ergibt sich in diesem Zusammenhang schließlich auch nicht aus dem US-amerikanischen „pseudo-foreign corporation"-Konzept.[1257] Danach können gewisse zwingende Regeln des Tätigkeitsstaates für das Innenverhältnis von Gesellschaften abweichend vom Gründungsrecht Anwendung finden (→ Rn. 328).[1258] Der Eingriff in das Gründungsrecht berührt aber nie die Wirksamkeit der Gründung der Gesellschaft selbst oder ihre Anerkennung; hierfür bleibt es bei der Maßgeblichkeit des Gründungsrechts.[1259] **307**

1246 *Ebenroth/Bippus* NJW 1988, 2137 (2143 f.); *Ebenroth/Auer* RIW-Beil. Nr. 1/1992, 9; *Bungert* WM 1995, 2125 (2126 f.).

1247 OLG Düsseldorf NJW-RR 1995, 1124; *Ebenroth/Bippus* DB 1988, 843 (847); *Ebenroth/Kemner-Willburger* ZIP 1995, 972 (975); unentschieden *Bausback* DNotZ 1996, 254 (258).

1248 → EGBGB Art. 6 Rn. 40; BeckOK BGB/*Lorenz* EGBGB Art. 6 Rn. 7; *M. J. Ulmer* IPRax 1996, 100 (102); *Dammann* RabelsZ 68 (2004), 607 (647 ff.).

1249 *Ebenroth/Auer* RIW-Beil. Nr. 1/1992, 12.

1250 *Ebenroth/Kemner/Willburger* ZIP 1995, 972 (975); *M. J. Ulmer* IPRax 1996, 100 (102), hilfsweise für den Fall, dass man – was er ablehnt – einen gemeinsamen ordre public als Anerkennungsschranke ansieht; aA *Bungert* WM 1995, 2125 (2127 f.).

1251 Zutr. OLG Hamburg RIW 1988, 816; *Bungert* AG 1995, 489 (495).

1252 *Claudia Schmidt,* Der Haftungsdurchgriff und seine Umkehrung im internationalen Privatrecht, 1993, 103 ff.; *Bungert* VersR 1995, 518; aA *Teipel* FG Sandrock, 1995, 125 (133 f.); auch → Rn. 615 aE.

1253 *Ebenroth/Kemner/Willburger* ZIP 1995, 972 (975), wo zutr. darauf hingewiesen wird, dass es in solchen Fällen zugleich an einer tatsächlichen Verbindung zu den USA iSd „genuine link"-Erfordernisses (→ Rn. 345 ff.) fehlen wird.

1254 *Ebenroth/Bippus* DB 1988, 842 (846 f.); *Ebenroth/Bippus* NJW 1988, 2137 f.; *Ebenroth/Auer* RIW-Beil. Nr. 1/1992, 12; *Ebenroth/Willburger* EWiR 1995, 583 (584); *Ebenroth/Kemner/Willburger* ZIP 1995, 972 (974).

1255 Ebenso *M. J. Ulmer* IPRax 1996, 100 (101).

1256 Zutr. *M. J. Ulmer* IPRax 1996, 100 (101); vgl. den Wortlaut der Vorschrift in → Rn. 291.

1257 So noch *Ebenroth/Bippus* DB 1988, 842 (846 f.); distanziert *Ebenroth/Kemner/Willburger* ZIP 1995, 972 (974) Fn. 24.

1258 Einzelheiten bei *Bungert* ZVglRWiss 93 (1994), 117 (126 ff.); *Sandrock* RabelsZ 42 (1978), 227 (246 ff.).

1259 *Latty* 65 Yale L. J. 137, 145 ff. (1955/56); *Sandrock* RabelsZ 42 (1978), 227 (246); *Bungert* ZVglRWiss 93 (1994), 117 (148).

308 **dd) Unternehmensverfassung und Mitbestimmung.** Deutsche Gesellschaften mit Börsennotierung in den USA unterliegen teilweise weitgehenden Eingriffen in ihre Unternehmensverfassung; so verpflichtet das US-amerikanische Kapitalmarktrecht zB zur Einrichtung eines Prüfungsausschusses beim Aufsichtsrat (näher → Rn. 24). Eine unzulässige Beschränkung der nach dem FrHSchV D-USA gewährleisteten Anerkennung der Gesellschaft – dh eine Missachtung ihres rechtlichen Status (→ Rn. 296) – ist darin nicht zu sehen.[1260] Denn US-amerikanische Gesellschaften sind diesen Regelungen in gleicher Weise unterworfen, sodass kein Verstoß gegen den Grundsatz der Inländergleichbehandlung (→ Rn. 293) vorliegt. Umgekehrt ist aber auch eine Erstreckung der unternehmerischen Mitbestimmung nach dem MitbestG oder dem DrittelbG auf inlandsansässige US-Gesellschaften unbedenklich.[1261]

III. Anknüpfung des Personalstatuts – Grundlagen

309 Die Bestimmung der für die Rechtsverhältnisse der juristischen Person maßgeblichen Rechtsordnung **(Personalstatut)**[1262] ist eine der am längsten kontrovers diskutierten Fragen des internationalen Gesellschaftsrechts.[1263] Im Wesentlichen beschränkt sich dieser schon im vorigen Jahrhundert begonnene Streit, für den sich im Gesetz eine Lösung nicht finden lässt, heute auf die Diskussion von **Gründungs- und Sitztheorie.**[1264] Daneben kommt anderen Theorien,[1265] mit Ausnahme der sogleich zu behandelnden **Kontrolltheorie,** nur im Rahmen einer auf Vollständigkeit bedachten Bestandsaufnahme Bedeutung zu.[1266]

310 Die im Völkerrecht angesiedelte **Kontrolltheorie** gelangt insbesondere in Krisen- und Kriegszeiten zu einer gewissen Bedeutung. Diese auf die Staatsangehörigkeit der hinter der juristischen Person stehenden natürlichen Person abstellende Ermittlung des Personalstatuts[1267] hatte eine besondere Bedeutung bei den sog. **Feindhandelsklauseln.** Dabei ging es um die Feststellung des nationalen Interesses, das mittels der juristischen Person verfolgt wurde.[1268] In krisenfreien Zeiten spielt die Kontrolltheorie für die Ermittlung des Personalstatuts von Gesellschaften im internationalen **Investitionsschutzrecht** eine gewisse Rolle;[1269] im Übrigen hat ihre Bedeutung stark abgenommen. So hat der Internationale Gerichtshof in der Barcelona Traction-Entscheidung einem Rechtsschutzbegehren, das der Staat Belgien zum diplomatischen Schutze belgischer Gesellschafter einer kanadischen Gesellschaft vor Eingriffen des Gastlandes Spanien eingelegt hatte, den Erfolg versagt, da zum Schutze der kanadischen Gesellschaft lediglich der Staat Kanada berufen sei.[1270]

1260 So (ohne Begr.) *Kersting* ZIP 2003, 2010 (2016).

1261 Zutr. *Weiss/Seifert* ZGR 2009, 542 (576 ff.).

1262 Auch die Bezeichnungen „Gesellschaftsstatut", „lex societatis" und „statut de la société" sind üblich; vgl. zur Terminologie *Grasmann,* System des internationalen Gesellschaftsrechts, 1970, 8.

1263 *Ebenroth,* Die verdeckten Vermögenszuwendungen im transnationalen Unternehmen, 1979, 343; *Ebenroth/Sura* RabelsZ 43 (1979), 315 (323); so auch Staudinger/*Großfeld,* 1998, IntGesR Rn. 18.

1264 *Ebenroth,* Konzernleitungs- und Konzernbildungskontrolle, 1987, 70 ff.; *Ebenroth,* Die verdeckten Vermögenszuwendungen im transnationalen Unternehmen, 1979, 343; *Ebenroth/Sura* RabelsZ 43 (1979), 315 (323); Staudinger/*Großfeld,* 1998, IntGesR Rn. 18; *Großfeld,* Internationales und Europäisches Unternehmensrecht, 2. Aufl. 1995, D § 1 I; *Sandrock* BerGesVR 18 (1978), 169 (180); *Grasmann,* System des internationalen Gesellschaftsrechts, 1970, 83 ff.; GroßkommAktG/*Assmann* AktG Einl. Rn. 534; aus neuerer Zeit *Wiedemann* GesR II § 1 IV, S. 43 ff.; *Teersteegen,* Kollisionsrechtliche Behandlung ausländischer Kapitalgesellschaften im Inland, 2002, 14 ff.; *Weller,* Europäische Rechtsformwahlfreiheit und Gesellschafterhaftung, 2004, 11 ff.; *v. Bismarck,* Grenzüberschreitende Sitzverlegung von Kapitalgesellschaften in Europa, 2005, 30 ff.; *Lanzius,* Anwendbares Recht und Sonderanknüpfungen unter der Gründungstheorie, 2005, 27 ff., 111 ff.; *Jüttner,* Gesellschaftsrecht und Niederlassungsfreiheit, 2005, 17 ff.; umfassend zu den unterschiedlichen Anknüpfungsprinzipien und den jeweils zugrundeliegenden Wertungen auch BeckOGK/*Großerichter/Zwirlein-Forschner,* 1.12.2021, IPR Internationales Gesellschaftsrecht – Allgemeiner Teil Rn. 37 ff.; im ausländischen Schrifttum etwa *Menjucq,* Droit international et européen des sociétés, 2001, Rn. 14 ff.; *Rammelo,* Corporations in Private International Law – A European Perspective, 2001, 9 ff.

1265 Vgl. statt aller die Zusammenstellung bei *Grasmann,* System des internationalen Gesellschaftsrechts, 1970, 88 ff.

1266 Vgl. *Grasmann,* System des internationalen Gesellschaftsrechts, 1970, 88 ff.

1267 Vgl. BGHZ 134, 67 (70) = NJW 1997, 744 Ls. = IPRax 1998, 483 mAnm *Seidl-Hohenveldern* IPRax 1998, 467; *Grasmann,* System des internationalen Gesellschaftsrechts, 1970, 95; *Großfeld,* Internationales und Europäisches Unternehmensrecht, 2. Aufl. 1995, D § 7; *Batiffol/Lagarde* IPR I Rn. 195 ff.

1268 Beispiele für die Anwendung der Kontrolltheorie bei *Wiedemann* GesR I § 15 I 1a, S. 826; vgl. auch *Großfeld,* Internationales und Europäisches Unternehmensrecht, 2. Aufl. 1995, D § 7.

1269 Näher *Karl* RIW 1994, 809 (817); 1998, 432 (434).

1270 Barcelona Traction, Light and Power Co. Ltd., I. C. J. Rep. 1970, 3 ff.; vgl. dazu *Ebenroth,* Code of Conduct, 1987, Rn. 166, 909.

Kein Anwendungsbeispiel für die Kontrolltheorie als kollisionsrechtliche Anknüpfungsregel ist auch der 1973 vom argentinischen OGH entschiedene **Swift de la Plata-Fall;** dort ging es um die sachrechtliche Frage der konzernrechtlichen Beherrschung als Grundlage einer Durchgriffshaftung der ausländischen Muttergesellschaft (→ Rn. 726). Einen sachrechtlichen Hintergrund hatte auch das EuGH-Urteil vom 29.6.1999.[1271] Zur Prüfung stand dort ein belgisches Gesetz an, das für die Verleihung der Rechtspersönlichkeit an bestimmte Vereinigungen verlangt, dass ein belgisches Mitglied dem Vorstand angehört oder eine Mindestanzahl von Mitgliedern die belgische Staatsangehörigkeit besitzt. Der EuGH sah darin ein Verstoß gegen das EU-rechtliche Diskriminierungsverbot (Art. 18 AEUV). Der kollisions- und fremdenrechtlich schon besetzte Begriff „Kontrolltheorie" sollte in diesen Zusammenhängen besser vermieden werden.[1272] 311

Dies gilt auch für den Versuch von *Schanze/Jüttner,* das Zusammenspiel von Niederlassungsfreiheit, Herkunftsrecht und Recht des Niederlassungsstaates mit dem Begriff der **„Europarechtlich moderierten Kontrolltheorie"** zu kennzeichnen.[1273] Denn dort geht es nicht um die Beherrschung der Gesellschaft als Anknüpfungsmerkmal zur Bestimmung des Gesellschaftsstatut, sondern um die **Reichweite mitgliedstaatlicher Kontrollbefugnisse** gegenüber niederlassungsberechtigten Gesellschaften. 312

In Anlehnung an die Kontrolltheorie wird weiterhin im Anschluss an die Entscheidung des Europäischen Gerichtshofs vom 6.11.1984[1274] vorgeschlagen, zur Bestimmung des EU-Niederlassungsrechts (Art. 49, 54 AEUV) statt auf die Gesellschaft auf die hinter dem Personenzusammenschluss stehenden natürlichen Personen abzustellen.[1275] Diese Betrachtungsweise trennt nicht hinreichend klar zwischen den Rechten der Gesellschaft und der Gesellschafter. Art. 54 AEUV gewährt nämlich allein den Gesellschaften und nicht den Gesellschaftern ein Recht auf Niederlassung.[1276] Das Recht von Gesellschaften aus einem Drittstaat, Niederlassungen in der EU zu gründen, schließt nicht notwendigerweise Aufenthaltsrechte der Drittstaatsangehörigen ein.[1277] 313

Für das internationale **Insolvenzrecht** hat der EuGH **der Kontrolltheorie** – in Gestalt der „mind-of-management-Theorie" – bei der Bestimmung des hauptsächlichen Interessenmittelpunktes von Konzernuntergesellschaften (Art. 3 Abs. 1 EuInsVO 2015) zu Recht eine **klare Absage** erteilt.[1278] 314

Ob in der Kontrolltheorie insgesamt ein verallgemeinerungsfähiges Korrektiv zur Vermeidung von Missbräuchen gesehen werden kann, ist äußerst zweifelhaft, da Fälle, in denen eine Publikumsgesellschaft oder Aktiengesellschaft in Streubesitz in Rede steht, sowie Fälle, in denen die Gesellschafter verschiedene Nationalitäten haben, praktisch nicht zu lösen sind.[1279] Die Diskussion kann sich daher heute auf die Gründungs- und Sitztheorie beschränken, ohne Gefahr zu laufen, den Vorwurf der Unvollständigkeit zu begründen.[1280] Schlagwortartig lässt sich die Gründungstheorie als Anknüpfung an den nach dem Willen der Gründer maßgeblichen Sitz der Gesellschaft, also den Ort der Gründung, charakterisieren. Nach der Sitztheorie ist vor allem die Rechtsordnung des effektiven, tatsächlichen Verwaltungssitzes der Gesellschaft entscheidend.[1281] 315

1271 EuGH ECLI:EU:C:1999:335 = WM 1999, 2319 = EWS 1999, 310 – Kommission/Belgien.

1272 Anders aber *Großfeld,* Internationales und Europäisches Unternehmensrecht, 2. Aufl. 1995, D § 7 III 1 und *Moeremans* RIW 1989, 778 (781 ff.).

1273 *Schanze/Jüttner* AG 2003, 30 (36); 661, 665; ferner *Jüttner,* Gesellschaftsrecht und Niederlassungsfreiheit, 2005, 139.

1274 EuGH ECLI:EU:C:1984:335 = NJW 1985, 2891 – Fearon.

1275 So wohl *Großfeld,* Grundfragen des Internationalen Unternehmensrechts, 1987, 18 ff.; *Ebke* ZGR 1987, 245 (253); ferner BayObLGZ 1986, 351 (360) = WM 1986, 1557 (1560) = RIW 1987, 52 – Landshuter Druckhaus Ltd. III. In diesem Sinne eindeutig *Bleckmann* WiVerw 1987, 119 (120) (Kontrolltheorie als ergänzendes Kriterium zur Auslegung von Art. 58 EGV aF = Art. 54 AEUV).

1276 Calliess/Ruffert/*Böhmer* AEUV Art. 54 Rn. 6; *Eyles,* Das Niederlassungsrecht der Kapitalgesellschaften in der EG, 1991, 88 f.; missverständlich EuGH ECLI:EU:C:1999:126 Rn. 27 = NJW 1999, 2027 – Centros; dazu *Kindler* NJW 1999, 1993 (1995 f.).

1277 *Ebenroth* FS Rebmann, 1989, 729 (735); *Eyles,* Das Niederlassungsrecht der Kapitalgesellschaften in der EG, 1991, 88; *V. Kruse,* Sitzverlegung von Kapitalgesellschaften innerhalb der EG, 1997, 63.

1278 EuGH ECLI:EU:C:2006:281 Rn. 36 = NZI 2006, 360 – Eurofood; zu den Ausprägungen der Kontrolltheorie im internationalen Insolvenzrecht *Mankowski* RIW 2005, 561 (576); näher → EuInsVO 2015 Art. 3 Rn. 19, 30 ff.

1279 *Ebenroth/Eyles* DB-Beil. Heft 2/1988, 13; *Teersteegen,* Kollisionsrechtliche Behandlung, 2002, 49.

1280 *Ebenroth,* Die verdeckten Vermögenszuwendungen im transnationalen Unternehmen, 1979, 343; *Sandrock* BerGesVR 18 (1978), 169 (180); iErg auch *Makarov* IPR 114; *Wiedemann* GesR I § 14 II 1a aa, S. 783 zu Fn. 3; GroßkommAktG/*Assmann* AktG Einl. Rn. 535; *Großfeld/Beckmann* ZVglRWiss 91 (1992), 351 (357).

1281 So auch Staudinger/*Großfeld,* 1998, IntGesR Rn. 20 f.; weniger deutlich *Seidl-Hohenveldern* Rec. des Cours 1968 I 107 (Rn. 194).

316 Die **deutsche Rspr.** folgte seit jeher der **Sitztheorie.**[1282] Doch wird diese Regel derzeit nur noch für **Gesellschaften ohne** staatsvertraglich vereinbarte **Niederlassungsrechte** herangezogen (→ Rn. 113).[1283] Seit 2004 unterzieht die Rspr. – vor dem Hintergrund der seit 1999 ergangenen EuGH-Urteile zur Niederlassungsfreiheit (→ Rn. 78 ff.) – **EU-ausländische Gesellschaften** einer **Gründungsanknüpfung** (→ Rn. 5), ebenso Gesellschaften aus dem übrigen **EWR**[1284] und Gesellschaften, die unter dem **Schutz** bilateraler **Staatsverträge** stehen (→ Rn. 286 f., → Rn. 291 ff.).[1285] Das **Schrifttum** bietet ein uneinheitliches Bild. Soweit die Rspr. die Gründungsanknüpfung praktiziert, insbesondere also im Hinblick auf EU-ausländische Gesellschaften sowie etwa US-amerikanische Gesellschaften, wird dies ganz überwiegend gebilligt,[1286] jedenfalls aber hingenommen (→ Rn. 123 ff.).[1287] Streitig ist allerdings, inwieweit diese Auslandsgesellschaften auch bei inländischem Verwaltungssitz dem Gründungsrecht unterliegen. Die eine Seite des Meinungsspektrums bildet hier eine Art kollisionsrechtlicher **„Käseglocken-Theorie“,** wonach die Gesellschaft grundsätzlich nicht nur ihr gesamtes Gesellschaftsrecht, sondern auch das angrenzende allgemeine Zivilrecht sowie das Insolvenzrecht mit sich führt.[1288] Der entgegengesetzte Extremstandpunkt besagt, dass das **Recht des Gründungsstaates lediglich** über die wirksame **Gesellschaftsgründung** und über das gesellschaftsrechtliche **Innenverhältnis** entscheidet, hingegen der gesamte, weit verstandene „Gläubigerschutz“ sowie die unternehmerische Mitbestimmung dem Recht am tatsächlichen Verwaltungssitz unterliege.[1289] Dazwischen stehen differenzierende Modelle, wonach das im Prinzip maßgebliche ausländische Gründungsrecht durch bestimmte Sonderanknüpfungen des inländischen Gesellschaftsrechts zurückgedrängt wird,[1290] ferner durch kraft Art. 6 EGBGB anwendbares inländisches Gesellschaftsrecht[1291] sowie durch neben das ausländische Gesellschaftsstatut tretende Vorschriften des inländischen Zivil- und Insolvenzrechts.[1292] Hinsichtlich der **Gesellschaften ohne staatsvertragliche Niederlassungsberechtigung** befürwortet das Schrifttum überwiegend die Beibehaltung der Sitztheorie.[1293]

1282 Das RG folgte der Sitztheorie seit Beginn dieses Jahrhunderts; RG JW 1904, 231; 1934, 28 (45); RGZ 77, 19 (22); 83, 367 (369 f.); 92, 73 (76); 117, 215 (217); 159, 33 (42, 46); zur geschichtlichen Entwicklung s. *Luchterhandt,* Deutsches Konzernrecht bei grenzüberschreitenden Konzernverbindungen, 1971, 12 ff., umfassende Nachweise zur Rspr. des BGH und der Instanzgerichte seit 1945 → Rn. 5 mwN.

1283 BGHZ 178, 192 – Trabrennbahn = NJW 2009, 289 mAnm *Kieninger* = DStR 2009, 59 mAnm *Goette* = DNotZ 2009, 385 mAnm *Thölke* = IPRax 2009, 259 m. Aufs. *Weller* IPRax 2009, 202 ff.; dazu *Kindler* IPRax 2009, 189 (190); ferner *Balthasar* RIW 2009, 221; *Gottschalk* ZIP 2009, 948; *Hellgardt/Illmer* NZG 2009, 94; *Lieder/Kliebisch* BB 2009, 338; nachfolgend BGH ZIP 2009, 2385 = BeckRS 2009, 28205 – Ltd. nach dem Recht von Singapur mit Verwaltungssitz in Deutschland.

1284 BGHZ 164, 148 = NJW 2005, 3351 = RIW 2005, 945 mAnm *Leible/Hoffmann* – Liechtenstein; dazu *Weller* ZGR 2006, 748; *Weller* IPRax 2009, 202 (206); zuvor schon OLG Frankfurt IPRax 2004, 56 m. Aufs. *Baudenbacher/Buschle* IPRax 2004, 26.

1285 Anschaulich *Weller* IPRax 2003, 324 (325): „gespaltene Kollisionsnorm“; *W.-H. Roth* FS Heldrich, 2005, 973 (977): „Existenz zweier Kollisionsnormen im deutschen internationalen Gesellschaftsrecht“.

1286 Vgl. aus dem überbordenden Schrifttum nur *Baudenbacher/Buschle* IPRax 2004, 26 (27); *Bayer* BB 2003, 235 (236); *Behrens* IPRax 2004, 20 (25); *Bitter* WM 2004, 2190; *Brand* JR 2004, 89 (91); *Ebke* JZ 2003, 927; *Eidenmüller* JZ 2003, 526 (527); *Forsthoff* in Hirte/Bücker GrenzübGes § 2 Rn. 1 ff.; *Freitag* EuZW 1999, 267; *Grundmann,* Europäisches Gesellschaftsrecht, 2004, Rn. 768; *Grundmann* FS Raiser, 2005, 81 (84 f.); *Hausmann* in Reithmann/Martiny IntVertragsR Rn. 6.38; *Kieninger* ZEuP 2004, 685 (688 f.); *Leible/Hoffmann* ZIP 2003, 925 (927 ff.); *Lutter* BB 2003, 7 (9); *Merkt* RIW 2003, 458 (459); *Rehm* JZ 2005, 304 f.; *Schulz/Sester* EBS 2002, 5 (45, 52); *Spindler/Behrler* RIW 2003, 949 (951); *Weller* IPRax 2003, 324 (326).

1287 Der in NZG 2003, 1086 (1089) vertretene Standpunkt – Maßgeblichkeit der Sitztheorie auch gegenüber EU-ausländischen Gesellschaften – ist damit überholt, soweit es um Vorschriften des Sitzrechts mit Beschränkungscharakter geht (→ Rn. 388 ff.).

1288 *Sandrock* in Sandrock/Wetzler, Deutsches Gesellschaftsrecht im Wettbewerb der Rechtsordnungen, 2004, 33, 41 f., 52.

1289 *Altmeppen* NJW 2004, 97; *Altmeppen/Wilhelm* DB 2004, 1083 (1088 ff.).

1290 So etwa *Ulmer* JZ 1999, 662 (665); *Kindler* NJW 2003, 1073 (1078) mwN; *Ulmer* NJW 2004, 1201 (1208 f.); LG Stuttgart NJW-RR 2002, 463 (466).

1291 Vgl. *Paefgen* DB 2003, 487 (489 ff.); *Paefgen* ZIP 2004, 2253 (2258 f.); *Riegger* ZGR 2004, 510 (523 f.); *Schumann* DB 2004, 743 (745).

1292 *Kindler* NZG 2003, 1086 (1089 f.); *Kindler* FS Jayme, 2004, 409 ff.; wN zu diesem Ansatz bei *Bitter* WM 2004, 2190 (2191) in Fn. 29.

1293 Nachweise → Rn. 9; ferner *Kindler* NJW 2003, 1073 (1079); *Bayer* BB 2003, 2357 (2363 f.); *Ebke* JZ 2003, 927 (930); *Ebke* in Sandrock/Wetzler, Deutsches Gesellschaftsrecht im Wettbewerb der Rechtsordnungen, 2004, 109, 128; *Forsthoff* in Hirte/Bücker GrenzübGes § 2 Rn. 86; *Großerichter* DStR 2003, 159 (168); *Hausmann* in Reithmann/Martiny IntVertragsR Rn. 6.46; Grüneberg/*Thorn* EGBGB Anh. Art. 12 Rn. 9; Koch AktG § 1 Rn. 32; *Kindler* NJW 2003, 1073 (1079); *Kindler* FS Jayme, 2004, 409 (410); *Mankowski* RIW 2004, 481 (486 f.); *W.-H. Roth* FS Heldrich, 2005, 973 (977); *Weller* IPRax 2003, 324 (328); *Weller,*

Gerade vor dem Hintergrund der seit 1999 erstarkten Gründungstheorie ist es wichtig, sich über die kollisionsrechtlichen Grundlagen dieser Anknüpfungsregel – und ihrer Ableger – Klarheit zu verschaffen.

1. Gründungstheorie (Inkorporationstheorie). a) Entwicklungsgeschichte. Die Entwicklung der Gründungstheorie im 18. Jahrhundert in England geht im Wesentlichen auf die wirtschaftlichen **Bedürfnisse** dieser damaligen **Groß- und Kolonialmacht** zurück. Dem Bedürfnis eines möglichst effektiven Schutzes der überseeischen Wirtschaftsaktivitäten folgend, war man bestrebt, die Gründer einer Gesellschaft weder vom Rechtlichen noch vom Tatsächlichen her irgendwelchen Zwängen zu unterwerfen. Das Konzept der Gründungstheorie ermöglichte es, Gesellschaften nach heimischem Recht zu inkorporieren und sie gleichzeitig am Ort der tatsächlichen Geschäftstätigkeit dem Schutz dieses Rechts zu unterstellen.[1294] Damit war eine Verlegung des effektiven Verwaltungssitzes mit einer garantierten Rechtssicherheit für die Handelsgesellschaften möglich und die Durchsetzung der wirtschaftlichen Interessen des Heimatstaates gewährleistet.[1295] 317

Die Gründungstheorie ist daher heute insbesondere im anglo-amerikanischen Rechtskreis vorherrschend, wenngleich auch dort Kritik grundsätzlicher Art nicht ausgeblieben ist.[1296] Die Gründungstheorie gilt ferner im Grundsatz in den Niederlanden (Art. 118 Buch 10 NBW; → Rn. 475) und in der Schweiz (Art. 154 IPRG Schweiz; → Rn. 476); allerdings werden die Interessen schweizerischer Gläubiger hinsichtlich der Handelndenhaftung (Art. 159 IPRG Schweiz) und bei der Sitzverlegung (Art. 162 f. IPRG Schweiz) geschützt. Auf der Gründungstheorie beruhen ferner Art. 25 IPRG 1995 Italien (→ Rn. 475) und das japanische Recht (→ Rn. 476); beide Rechtsordnungen setzen freilich das eigene materielle Gesellschaftsrecht gegenüber dem ausländischen Gründungsrecht durch, wenn die Gesellschaft ihren effektiven Verwaltungssitz im Inland hat. 318

b) Heutiger Stellenwert; „europarechtliche Gründungstheorie". Für die Gründungstheorie in ihrer klassischen Form – dh unabhängig von den neuerdings anzutreffenden Versuchen einer dogmatischen Rechtfertigung aus der Niederlassungsfreiheit nach Art. 49, 54 AEUV – finden sich auch im deutschen Schrifttum zahlreiche Anhänger.[1297] Hauptargument ist dabei, dass die Gründungstheorie ein probates und einheitlich anwendbares Kriterium für eine **unzweideutige Ermittlung des Personalstatuts** anbiete, da das Land der Inkorporation durch die Gründungsdokumente und ihre Registrierung **leicht feststellbar** ist.[1298] Der Rechtssicherheit diene 319

Europäische Rechtsformwahlfreiheit und Gesellschafterhaftung, 2004, 74 f. dezidiert auch *Wiedemann* GesR II § 1 IV 1b bb, S. 50 zu Fn. 138 und § 1 IV 3, S. 56 nach Fn. 161.

1294 Vgl. *Großfeld* FS H. Westermann, 1974, 199 (200 ff.); *Großfeld* RabelsZ 31 (1967), 1 (3, 42).

1295 *Ebenroth,* Konzernleitungs- und Konzernbildungskontrolle, 1987, 71 f.; *Ebenroth,* Die verdeckten Vermögenszuwendungen im transnationalen Unternehmen, 1979, 354; *Großfeld* FS H. Westermann, 1974, 199 (200 ff.); Staudinger/*Großfeld,* 1998, IntGesR Rn. 31.

1296 Vgl. aus neuerer Zeit *v. Hein,* Die Rezeption US-amerikanischen Gesellschaftsrechts in Deutschland, 2008, 120 ff., bespr. von *Kindler* ZHR 174 (2010), 149; *Hay* IPRax 2022, 205 (211); ferner *Ebenroth,* Konzernleitungs- und Konzernbildungskontrolle, 1987, 72; *Großfeld,* Internationales und Europäisches Unternehmensrecht, 2. Aufl. 1995, D § 1 III 2; *Großfeld,* Praxis des internationalen Privat- und Wirtschaftsrechts, 1975, 51 f.; *Vagts* 18 Am. J. Comp. L. 863, 864 (1970); *Conard,* Corporations in Perspective, 1976, 15 f.; Staudinger/*Großfeld,* 1998, IntGesR Rn. 31; *Ehrenzweig,* A Treatise on Conflict of Laws, 1962, 411 ff.; *Korner,* Das Kollisionsrecht der Kapitalgesellschaften in den Vereinigten Staaten von Amerika unter besonderer Berücksichtigung der Pseudo-Foreign Corporations, 1988, 129 ff.; unkrit. aber *Reese* 30 Am. J. Comp. L. 145 f. (1982) und *Leflar,* American Conflicts Law, 1968, 597; *Drucker* Int. Comp. L. Q. 17 (1968), 28 (29 f.); eingehend *Merkt* RabelsZ 59 (1995), 545 (554 ff.).

1297 *Kieninger* IPRax 2017, 200 (201 ff.); HCL/*Behrens/Hoffmann* GmbHG Allg. Einl. Rn. B 48 ff.; *Eidenmüller* ZIP 2002, 2233 (2240); *Eidenmüller* JZ 2003, 526 (528) nach Fn. 20; *Leible* in Hirte/Bücker GrenzübGes § 10 Rn. 9; *Leible/Hoffmann* RIW 2002, 925 (935 f.); *Leible/Hoffmann* ZIP 2003, 925 (930); *Rehm* JZ 2005, 304 (306); *Rehm* in Eidenmüller Ausl. KapGes. § 2 Rn. 87 ff.; *Sandrock* ZVglRWiss 102 (2003), 447 (450 nach Fn. 3); *Zimmer* ZHR 168 (2004), 355 (365), wenngleich nicht unter ausdrücklicher Aufgabe der von ihm 1996 vorgelegten „Kombinationslehre" (→ Rn. 414 ff.).

1298 Vgl. statt vieler *Grasmann,* System des internationalen Gesellschaftsrechts, 1970, 472; *Koppensteiner,* Internationale Unternehmen im deutschen Gesellschaftsrecht, 1971, 121; *G. Meier,* Grundstatut und Sonderanknüpfung im IPR des liechtensteinischen Gesellschaftsrechts, 1979, 36 f.; *Mann* FS M. Wolff, 1952, 271 (282 f.); *Vischer* SchwJbIntR 1960, 49 (51); aus neuerer Zeit *Leible/Hoffmann* RIW 2002, 925 (935) zu Fn. 87; *Eidenmüller* JZ 2003, 526 (528) nach Fn. 20; *Rehm* JZ 2005, 304 (306); *Rehm* in Eidenmüller Ausl. KapGes. § 2 Rn. 89; *Lauterbach/Beitzke,* Vorschläge und Gutachten zur Reform des deutschen internationalen Personen- und Sachrechts, 1972, 115 hält dies zwar nicht für den entscheidenden, wohl aber für einen wesentlichen Vorteil. Das wird allerdings auch von den Vertretern der Sitztheorie nicht bestritten, vgl. *Ebenroth,* Die verdeckten Vermögenszuwendungen im transnationalen Unternehmen, 1979, 355; *Großfeld* RabelsZ 31 (1967), 1 (22); vgl. ferner *Staehelin,* Zu Fragen der AG im schweizerischen IPR, 1972, 44, der außerdem auf den Vorteil einer Entscheidungsharmonie hinweist.

es auch, wenn bei Erfüllung der Normativbestimmungen des Gründungsstaates die Gesellschaft rechtsfähig ist, unabhängig davon, ob sie ihren effektiven Verwaltungssitz im Inkorporationsstaat habe und/oder beibehalte.[1299] Dabei wird jedoch **übersehen, dass die Gründungstheorie** auf dem beschriebenen historischen Hintergrund insbesondere **kapitalstarken und expandierenden Investoren entgegenkommt,** weil das Risiko eines wirtschaftlichen Engagements zB durch laxe Haftungsvorschriften oder weitgefasste Vorschriften über die Kapitalaufbringung ausgeglichen wird. Die Interessen der unmittelbar betroffenen Rechtsordnung werden dagegen nicht ausreichend berücksichtigt.[1300] Wirtschaftlich schwächere Staaten müssen auch noch gegen diesen juristischen Nachteil ankämpfen.[1301]

320 Schließlich verweisen die Befürworter der Gründungstheorie auf Gesichtspunkte **juristischer Logik.** Wenn die Anerkennung einer juristischen Person voraussetze, dass diese nach ihrem Personalstatut rechtsfähig sei, so müsse die Anknüpfung zum Recht des Staates führen, der dem Gebilde die Rechtsfähigkeit verliehen habe.[1302] Nur eine bestimmte nationale Rechtsordnung könne einer juristischen Person die Rechtspersönlichkeit verschaffen, sei es durch konstitutiven Verleihungsakt oder durch ein System von Normativbestimmungen. In keinem Falle vollziehe sich die Entstehung der juristischen Personen im rechtsfreien Raum; daher müsse die juristische Person bei ihrer Gründung zwingend dem am Ort der Zuerkennung der Rechtspersönlichkeit (Inkorporationsstaat) geltenden Recht unterstellt werden.[1303] Wenn feststünde, dass die juristische Person nur nach dem Recht ihrer Inkorporation entstehen könne, so müsse dieses Recht auch in Zukunft unabänderlich ihr Gesellschaftsstatut bleiben.[1304] Es sei nicht nachvollziehbar, wie Gesellschaften trotz fehlender Eintragung im Handelsregister eines bestimmten Landes der betreffenden Rechtsordnung unterstellt würden.[1305] Richtig ist hieran lediglich die Grundannahme, dass sich die Entstehung einer Gesellschaft nicht im rechtsfreien Raum vollzieht und daher auch eine juristische Person als solche nur existiert, wenn und solange sie diejenigen sachrechtlichen Voraussetzungen erfüllt, die die iprechtlich maßgebliche Rechtsordnung für die Entstehung eigener Rechtspersönlichkeit aufstellt. Indessen kann **jeder Staat frei** darüber **entscheiden,** anhand welcher Anknüpfungspunkte die iprechtlich maßgebliche Rechtsordnung zu ermitteln ist.[1306] Die Festlegung des Anknüpfungspunktes ist **keine Frage der Rechtslogik,** sondern der **rechtspolitischen Entscheidung** des innerstaatlichen IPR.[1307]

321 Neben diese Gründungstheorie klassischer Prägung ist im Schrifttum zu den EuGH-Urteilen seit Centros (→ Rn. 86 ff.) ein weiterer Begründungsstrang getreten, der sich selbst als **„europarechtliche Gründungstheorie"** versteht.[1308] Dabei interessiert an dieser Stelle nicht deren normhierarchische Verortung – EU-Primärrecht oder mitgliedstaatliches IPR (→ Rn. 110 ff.) –, sondern allein die kollisionsrechtsdogmatische Herleitung. Hierzu findet sich im Schrifttum ein mehr oder weniger ungeordnetes Sammelsurium diffuser rechtspolitischer Erwägungen, deren Leitmotiv eine inhaltlich neu definierte Niederlassungsfreiheit nach Art. 49, 54 AEUV ist. Diese Grundfreiheit sei der Hebel, mit dem der EuGH einen – wünschenswerten, weil wohlstandsför-

[1299] So zB *Koppensteiner,* Internationale Unternehmen im deutschen Gesellschaftsrecht, 1971, 122 f.; *G. Meier,* Grundstatut und Sonderanknüpfung im IPR des liechtensteinischen Gesellschaftsrechts, 1979, 37; *Knobbe-Keuk* ZHR 154 (1990), 325 (327); krit. *Goldschmidt* in ILA Report of the Forty-Ninth Conference, 1960, 75 f.

[1300] *Ebenroth,* Die verdeckten Vermögenszuwendungen im transnationalen Unternehmen, 1979, 355; *Großfeld* FS H. Westermann, 1974, 199 (203).

[1301] *Ebenroth,* Die verdeckten Vermögenszuwendungen im transnationalen Unternehmen, 1979, 355, 376; wohl auch Staudinger/*Großfeld,* 1998, IntGesR Rn. 44.

[1302] *Fikentscher* MDR 1957, 71 (72).

[1303] *Niederer* in Gutzwiller/Niederer, Beiträge zum Haager Internationalprivatrecht 1951, Arbeiten aus dem juristischen Seminar der Universität Freiburg (Schweiz) Band 7, 1951, 107, 124.

[1304] *Niederer* in Gutzwiller/Niederer, Beiträge zum Haager Internationalprivatrecht 1951, Arbeiten aus dem juristischen Seminar der Universität Freiburg (Schweiz) Band 7, 1951, 107, 124.

[1305] *Neumayer* ZVglRWiss 83 (1984), 129 (146); für die Maßgeblichkeit des Gründungsrechts als Folge der juristischen Logik s. ferner *Goldman* RabelsZ 31 (1967), 201 (204 ff.); *Fischer* SchwJbIntR 1960, 49 (52); *Grasmann,* System des internationalen Gesellschaftsrechts, 1970, 479, 481 ff.; vgl. auch *Schnitzer* GS Marxer, 1963, 53 (94).

[1306] Wie hier *Rabel* IPR II 32; *Großfeld* RabelsZ 31 (1967), 1 (3 ff.); ebenso erst 2019 der EU-Gesetzgeber in Erwägungsgrund 3 RL (EU) 2019/2121: „Mangels Vereinheitlichung im Unionsrecht fällt die Definition der Anknüpfung, die für das auf eine Gesellschaft anwendbare nationale Recht maßgeblich ist, gemäß Artikel 54 AEUV in die Zuständigkeit jedes einzelnen Mitgliedstaats".

[1307] *Grothe,* Die „ausländische Kapitalgesellschaft & Co.", 1989, § 6 A III 1.

[1308] Begriff wohl erstmals bei *Leible/Hoffmann* RIW 2002, 925 (930 f.); ausf. HCL/*Behrens/Hoffmann* Allg. Einl. GmbH Rn. B 51 f.; *Teichmann* ZGR 2011, 639 (679 ff.); vgl. auch Lit. vor → Rn. 99; beeindruckende Fundamentalkritik bei *Schurig* FS Coester-Waltjen, 2015, 745 (750 ff.).

dernden – **„Wettbewerb der Gesellschaftsrechte in Europa"** eingeleitet habe.[1309] Daneben steht die Behauptung, der EuGH habe mit seinem Überseering-Urteil[1310] in Anlehnung an die Rspr. zur Warenverkehrsfreiheit[1311] und zur Dienstleistungsfreiheit[1312] ein **„kollisionsrechtliches Herkunftslandprinzip"** auch für das internationale Gesellschaftsrecht aufgestellt, welches eine Gründungsanknüpfung erzwinge.[1313] Außerdem diene allein die Gründungstheorie der vom AEUV angestrebten **„Marktöffnung"** und **„wirtschaftlichen Integration"**.[1314]

Eine **Legitimation** für eine **Gründungsanknüpfung** des Gesellschaftsstatuts ergibt sich aus all dem **nicht.** Zunächst ist schon nicht erwiesen, dass **Wettbewerb** stets – betrachtet man das Ganze – zu einer Vermehrung von Wohlstand führt. Zur Betrachtung des Ganzen gehört im vorliegenden Zusammenhang insbesondere, sich die Interessen der vom Handeln der Gesellschaft und deren Mitgliedern betroffenen Außenstehenden zu vergegenwärtigen. Dies sind zunächst die Gesellschaftsgläubiger, die Arbeitnehmer, Verbraucher, Wettbewerber usw. Für diesen Personenkreis („stakeholders") ergibt sich zwangsläufig das klassische Problem der **negativen externen Effekte** von Wettbewerb: gemeint sind damit in der ökonomischen Theorie die negativen Wirkungen von Entscheidungen – hier: der Wahl eines bestimmten Gesellschaftsrechts – auf Unternehmen oder Personen, die an dieser Entscheidung nicht beteiligt waren.[1315] Wichtigster Fall sind die negativen externen Effekte eines **mangelnden Kapitalschutzes** in der gewählten Rechtsordnung für **ungesicherte Gläubiger,** dh unfreiwillige Gläubiger und solche Vertragsgläubiger, die sich wegen ihrer wirtschaftlich schlechten Position keine Kreditsicherheiten ausbedingen konnten **(„non-adjusting creditors").**[1316] Dabei geht es nicht so sehr um die Aufbringung eines bestimmten Mindestkapitals, als vielmehr den Kapitalschutz durch **Ausschüttungssperren,** welcher – was vielfach verkannt wird – von der Normierung eines gesetzlichen Mindeststammkapitals völlig unabhängig ist.[1317] Für **ungesicherte Gläubiger** ergibt sich auch aus dem vom EuGH aufgestellten sog. **„Informationsmodell"** (→ Rn. 9, → Rn. 93, → Rn. 207, → Rn. 342 f.) **keinerlei Schutzwirkung.**[1318] Im Einzelfall sind die negativen externen Effekte einer Rechtswahl auf den genannten Personenkreis beschränkt; betrachtet man aber den **institutionellen Wettbewerb** als Wettbewerbskreislauf, so treten derartige Effekte auch dann ein, wenn keine Abwanderungsentscheidung getroffen wird, weil sich die beteiligten Rechtsordnungen insgesamt in eine Abwärtsspirale begeben.[1319] Diese Bedenken hat auch die deutsche Rspr. im Anschluss an Centros 322

[1309] So der Titel des Beitrags von *Eidenmüller* ZIP 2002, 2233 zu EuGH ECLI:EU:C:2002:632 = NJW 2002, 3614 – Überseering; nachfolgend *Eidenmüller* JZ 2003, 526 (529); *Eidenmüller/Rehm* ZGR 2004, 159 (185); *Eidenmüller* in Eidenmüller Ausl. KapGes. § 2 Rn. 10 ff.; *Eidenmüller* FS Heldrich, 2005, 581 ff.; ansatzweise auch *Behrens* IPRax 2003, 193 (206) nach Fn. 121 und S. 207 re. Sp.; Hirte in Hirte/Bücker GrenzübGes § 1 Rn. 94; *Bayer* BB 2003, 2357 (2365 f.); *Leible/Hoffmann* EuZW 2003, 677 (682); zutr. – aber folgenlose – Kritik bei *Kieninger* ZEuP 2004, 685 (693 f.).

[1310] S. vorige Fn.

[1311] EuGHECLI:EU:C:1979:42 Rn. 14 – Cassis de Dijon; dazu *Brand* JR 2004, 89 (91).

[1312] EuGH ECLI:EU:C:1986:463 Rn. 27 ff., 34 ff. = NJW 1987, 572 – Versicherungsurteil; nachfolgend bestätigt zB durch EuGH ECLI:EU:C:2003:270 Rn. 68 = NJW 2003, 2298 – Übernahme von Krankheitskosten im EU-Ausland.

[1313] *Leible/Hoffmann* RIW 2002, 925 (936); *Eidenmüller* ZIP 2002, 2233 (2241); *Eidenmüller* JZ 2003, 526 (528) zu Fn. 16; *Eidenmüller* JZ 2004, 242 (245); *Eidenmüller* in Eidenmüller Ausl. KapGes. § 3 Rn. 43 ff.; unvereinbar damit aber *Eidenmüller/Rehm* ZGR 2004, 159 (165 f.): „Da nicht die Sitztheorie als solche, sondern die Anwendung des Sachrechts zur Verweigerung der Rechtsfähigkeit führt, kann ein Mitgliedstaat auch an sachrechtlichen Schrauben in einer Weise drehen, die das europarechtlich gebotene Ergebnis erreicht, …" (→ Rn. 13 aE).

[1314] So *Behrens* IPRax 2003, 193 (206) nach Fn. 121.

[1315] Hierzu *Behrens* FS Drobnig, 1998, 491 (504); *Koenig* ua EWS 1999, 401 (403 f.); *Kieninger,* Wettbewerb der Privatrechtsordnungen im Europäischen Binnenmarkt, 2002, 69; grdl. *Kirchner* FS Immenga, 2004, 607; krit. auch *Schurig* FS Coester-Waltjen, 2015, 745 (750 ff.).

[1316] Hierzu etwa *Bebchuk* 105 Harv. L. Rev. 1437, 1489 (1992); *Kieninger,* Wettbewerb der Privatrechtsordnungen in Europa, 2002, 71; speziell zur Schutzbedürftigkeit dieser „non-adjusting creditors" s. *Eidenmüller* KTS 2009, 137 (141) m. Verweis auf *Bebchuk/Fried* 105 Yale L. J. (1996), 857 (882 ff.); *Bebchuk/Fried* 82 Cornell Law Review (1997), 1279 (1295 ff.); ferner *Eidenmüller* JZ 2009, 641 (649 f.).

[1317] Zutr. insoweit *Altmeppen* NJW 2004, 97 (102); *Altmeppen/Wilhelm* DB 2004, 1083 (1088 f.); *Bitter* WM 2004, 2190 (2195); *Kindler* EuZW 2016, 136 (139).

[1318] AllgM, *D. Paulus,* Außervertragliche Gesellschafter- und Organwalterhaftung im Lichte des Unionskollisionsrechts, 2013, Rn. 164 ff.; ferner *Schanze/Jüttner* AG, 2003, 661 (663); *Spindler/Berner* RIW 2003, 949 (954); *Eidenmüller* in Eidenmüller Ausl. KapGes. § 3 Rn. 39 ff.; *Fleischer* in Lutter, Europäische Auslandsgesellschaften S. 49, 104; sowie schon *Fleischer* ZGR 2001, 1 (16 ff.).

[1319] *Kieninger,* Wettbewerb der Privatrechtsordnungen in Europa, 2002, 70; am Beispiel der kartellrechtlichen Fusionskontrolle auch *Möschel* AG 1998, 561 (564 f.).

mit Recht hervorgehoben.[1320] Beachtliche negative externe Effekte eines derartigen Wettbewerbs der Rechtsordnung würden sich darüber hinaus für die **Justiz** derjenigen Staaten ergeben, deren Rechtsordnungen in diesem Wettbewerb weniger häufig gewählt werden. Wer Einblick in die auslandsrechtliche Praxis an deutschen Untergerichten hat, kann die Warnung von *Ulmer* vor einer **Überforderung der Justiz** nur unterstreichen: eine breitflächige, gesicherte Anwendung von ausländischem Gesellschaftsrecht scheitert an grundlegenden Voraussetzungen wie ausländische Rechtsliteratur (deren Anschaffungen die Möglichkeiten der Justiz jedenfalls zurzeit erheblich übersteigt), hinreichenden rechtsvergleichenden Vorarbeiten im deutschen Schrifttum wie nicht zuletzt an fehlenden Kenntnissen in ausländischer Rechtssprache bei den Richtern.[1321] Hinzu kommt, dass ein derartiger Wettbewerb der Gesetzgeber **durch das Binnenmarktziel** (Art. 3 Abs. 3 EUV) in keiner Weise vorgegeben ist (→ Rn. 121 f.).[1322] Insbesondere kommt die Niederlassungsfreiheit entgegen – Generalanwalt La Pergola[1323] nicht als Grundlage von Rechtswahlfreiheit – und damit eines institutionellen Wettbewerbs der Rechtsordnungen – in Betracht.[1324] Denn in den Urteilen seit Centros (→ Rn. 86 ff.) war ja gerade die Frage, ob die Niederlassungsfreiheit überhaupt eingreift. Mit Recht hatte deshalb schon *Steindorff* darauf aufmerksam gemacht, dass die Maßgeblichkeit der Art. 49, 54 AEUV sich nicht mit einem Wahlrecht (und dem Wettbewerb der Rechtsordnungen) begründen lässt, wo doch – umgekehrt – das Wahlrecht aus der Niederlassungsfreiheit folgen soll.[1325] Zum Wettbewerb der Rechtsordnungen auch → Rn. 9.

323 Ebenso wenig trägt kollisionsrechtsdogmatisch der Hinweis auf ein allgemeines EU-rechtliches **Herkunftslandprinzip.**[1326] Die Existenz eines solchen – kollisionsrechtlich verstandenen – Prinzips hat der **EuGH** vor noch nicht allzu langer Zeit **ausdrücklich verneint,** und zwar sowohl für die Dienstleistungsfreiheit[1327] wie für die Warenverkehrsfreiheit[1328] und das allgemeine Diskriminierungsverbot.[1329] Gleiches gilt für das Sekundärrecht.[1330] Im Privatrecht fehlt es diesem Prinzip ohnehin an einem vertretbaren Geltungsgrund.[1331] Das Scheitern der europäischen Dienstleistungs-RL – in diesem Punkt[1332] – belegt zudem, dass das Herkunftslandprinzip auch rechtspolitisch auf

[1320] BGH NZG 2000, 926 (927) – Vorlagebeschluss „Überseering"; LG Stuttgart NZG 2002, 240 (242): „race to the bottom"; dazu auch *Altmeppen* GmbHG § 4a Rn. 31; *Happ/Holler* DStR 2004, 730 f.; dazu → Rn. 351 ff.

[1321] *Ulmer* NJW 2004, 1201 (1202); insoweit zutr. auch *Altmeppen* NJW 2004, 97 (99), aber offenbar ohne Berücksichtigung von § 293 ZPO; *Schurig* FS Coester-Waltjen, 2015, 745 (753 f.).

[1322] Eingehend *Kieninger,* Wettbewerb der Privatrechtsordnungen in Europa, 2002, 33 ff., 375 ff., 383 f.

[1323] Schlussanträge in der Rs. Centros Nr. 20 EuGH ECLI:EU:C:1999:126.

[1324] So deutlich *Kieninger,* Wettbewerb der Privatrechtsordnungen in Europa, 2002, 356 f.; *W.-H. Roth* FS Hoffmann-Becking, 2013, 965 (992).

[1325] Treffend *Steindorff* JZ 1999, 1140 (1142): petitio principii; ebenso *Behrens* IPRax 2000, 384 (389): „aber dieser Wettbewerb der Rechtsordnungen ist nur eine Folge der Niederlassungsfreiheit und kein von Art. 43 und Art. 48 EG unmittelbar angestrebter Zweck"; gleichsinnig *Koppensteiner* in Gesellschaftsrechtliche Vereinigung, Gesellschaftsrecht in der Diskussion 1999, 2000, 151, 164 f.; vgl. seit 1.12.2009 Art. 49, 54 AEUV.

[1326] *Mansel* RabelsZ 70 (2006), 651 (673 f.) mwN; bemerkenswert ist schon, dass *Leible/Hoffmann* (RIW 2002, 925 (936) zu Fn. 92) in diesem Zusammenhang auf eine Studie verweisen, in der *Leible* selbst zu dem Schluss kommt, dass ein Herkunftslandprinzip kollisionsrechtlichen Inhalts im EG-Primärrecht nirgends auszumachen ist: *Leible* in Nordhausen, Neue Entwicklungen in der Dienstleistungs- und Warenverkehrsfreiheit, 2002, 71, 84 (unter V.); für ein kollisionsrechtliches Herkunftslandprinzp als Ausfluss der Niederlassungsfreiheit *Weller* IPRax 2009, 202 (205); ähnlich *W.-H. Roth* EWS 2011, 311 (324) (die Niederlassungsrechtsprechung seit Centros sei dem Herkunftslandprinzip „verwandt"); dafür, dass im EG-Primärrecht kein derartiges Prinzip existiert s. dagegen *Mankowski* in Basedow/Hopt/Zimmermann, Handwörterbuch des europäischen Privatrechts, Bd. I, 2009, 825, 826.

[1327] EuGH ECLI:EU:C:1997:231 – „Einlagensicherungssysteme" = EuZW 1997, 436 = RIW 1997, 607 Nr. 64: „da es sich nicht um ein im Vertrag verankertes Prinzip handelt"; dazu → EGBGB Art. 3 Rn. 80 ff.; *Sonnenberger* RIW 2004, 321 (322); ferner *Leible* in Nordhausen, Neue Entwicklungen in der Dienstleistungs- und Warenverkehrsfreiheit, 2002, 57 f.

[1328] EuGH ECLI:EU:C:1994:261 = EuZW 1994, 467 = GRUR Int 1994, 614 Nr. 23 – Ideal Standard (grundsätzliche Maßgeblichkeit des Rechts des Einfuhrstaates); über Herkunftslandprinzip und Kollisionsrecht aus dieser Perspektive auch *Ohly* GRUR Int. 2001, 899 sowie *Spindler* IPRax 2003, 412 (415) zu Fn. 34.

[1329] EuGH ECLI:EU:C:2005:418 = NJW 2005, 3269 Rn. 24 ff., 35 – Tod's.; dazu *Mansel* RabelsZ 70 (2006), 651 (673) in Fn. 100.

[1330] EuGH ECLI:EU:C:2011:685 Rn. 53 ff. = NJW 2012, 137 – eDate Advertising.; dazu *Kohler* ua ZEuP 2013, 329 ff.

[1331] Treffend *Sonnenberger* RIW 2004, 321 (322).

[1332] FAZ Nr. 78 vom 5.4.2005 S. 12: „Parlamentsberichterstatterin streicht Herkunftslandprinzip – Europäische Abgeordnete will bei der Öffnung der Dienstleistungsmärkte auf Harmonisierung setzen"; s. auch die Mitt. in EuZW 2005, 258 und schon *Sonnenberger* RIW 2004, 321 (322); ferner *Kindler* in Rossi, The European Services Directive – Impacts on the Italian and German Legal Orders, 2012, 43 ff.

dem Rückzug ist. Auch das **Urteil Kornhaas** (→ Rn. 107) erteilt dem Herkunftslandprinzip eine klare Absage.[1333]

324 Immerhin abstrakt im Rahmen des telos der Niederlassungsfreiheit bewegt sich die Behauptung von *Behrens,* die Gründungstheorie diene der **Marktöffnung und wirtschaftlichen Integration.**[1334] Denn dass die Niederlassungsfreiheit einen Beitrag zur Errichtung eines gemeinsamen Marktes leisten soll – sie soll „die gegenseitige wirtschaftliche und soziale Durchdringung auf dem Gebiet der selbständigen Erwerbstätigkeit innerhalb der Gemeinschaft zu fördern" – hat der EuGH ausdrücklich anerkannt.[1335] Allerdings trifft die Aussage von *Behrens* **allenfalls für den** – hier nicht relevanten – **Markt für Rechtsdienstleistungen rund um EU-Briefkastengesellschaften** zu.[1336] Hinsichtlich der übrigen binnenmarktbezogenen Geschäftstätigkeit ist durch nichts belegt, dass diese bei Briefkastengesellschaften ein größeres Volumen besitzt als bei Gesellschaften, die der Rechtsordnung ihres Sitzstaates angehören.

325 Kann nach allem schon die kollisionsrechtsdogmatische Verwurzelung der Gründungsanknüpfung in der Niederlassungsfreiheit nicht gelingen, so verfängt auch ein hierauf aufbauender Gedanke ihrer Verfechter nicht, aus dem sich ein weiteres Argument für die Sinnhaftigkeit der Gründungsanknüpfung im Allgemeinen – nicht staatsvertraglich beeinflussten – internationalen Gesellschaftsrecht ergeben soll: Vorgetragen wird, im Interesse der **Einheitlichkeit des Kollisionsrechts** seien auch die nicht staatsvertraglich privilegierten Gesellschaften nach ihrem Gründungsrecht zu beurteilen; anderenfalls drohe „Überkomplexität"[1337] und das IPR werde auch auf diesem Gebiet zum „Irrgarten".[1338] Dem ist nicht nur wegen des brüchigen dogmatischen Fundaments der „europarechtlichen Gründungstheorie" selbst (→ Rn. 321 ff.) und aus den in → Rn. 9 f. dargelegten sachlichen Bedenken zu widersprechen. Auch das Schreckensbild vom überkomplexen Kollisionsrecht scheint weit überzeichnet, wenn man sich vor Augen hält, dass nur zwei Gruppen von Gesellschaften auseinander zu halten sind und dass dies anhand der – aus der Geschäftsbriefpublizität und dem Internetauftritt sofort ersichtlichen – Angabe des Handelsregisters unschwer möglich ist.[1339] Dass dieser angeblich komplexe Kollisionsrechtszustand innerhalb der EU Investitionen von und Vertragsschlüssen mit drittstaatlichen Unternehmen abträglich sein soll,[1340] ist durch nichts belegt und gehörte auch in der Vergangenheit nicht zu den Hauptsorgen der EU-Wirtschaftspolitik.

326 **c) Nachteile und Gefahren – Scheinauslandsgesellschaften („Pseudo-Foreign Corporations").** Dem unbestreitbaren Vorteil der Gründungstheorie, das Personalstatut schnell und einfach bestimmen zu können und die Nichtigkeit von gegründeten Gesellschaften zu vermeiden, kommt wegen schwerwiegender und durchschlagender Bedenken keine tragende Bedeutung zu.[1341] Eine volle Ausschöpfung der durch die Gründungstheorie eröffneten Möglichkeiten kann nämlich dazu führen, dass die Gründer einer juristischen Person eine Rechtsordnung wählen, in deren Rahmen der Schutz nationaler und individueller Interessen deutlich schwächer ausgeprägt ist als in der Rechtsordnung des Staates, in dem sie ihre wesentlichen Aktivitäten entfalten.[1342] Damit gilt ein Recht, „in dessen Gebiet

---

1333 Zutr. *Schall* ZIP 2016, 289 (291) zu EuGH ECLI:EU:C:2015:806 = NJW 2016, 223 – Kornhaas.

1334 *Behrens* IPRax 2003, 193 (206) nach Fn. 121.

1335 EuGH ECLI:EU:C:1979:34 Rn. 18 – Auer; dazu schon *Kindler* in Gesellschaftsrechtliche Vereinigung, Gesellschaftsrecht in der Diskussion 1999, 2000, 87, 105 f.; *Koppensteiner,* Internationale Unternehmen im deutschen Gesellschaftsrecht, 1971, 163; *Kindler* NZG 2003, 1086 (1088); das Zitat stammt aus dem Urteil Cadbury Schweppes, EuGH ECLI:EU:C:2006:544 = NZG 2006, 835 Rn. 53, dazu → Rn. 97 f.

1336 Mittelbar räumt dies *Behrens* selbst ein, wenn er der Sitztheorie unterstellt, allein die Standesinteressen der – mit internationalen Fallgestaltungen überforderten – am Verwaltungssitz tätigen Berater zu schützen, IPRax 2003, 193 (206) re. Sp.

1337 *Behrens* IPRax 2003, 193 (205 f.).

1338 *Leible/Hoffmann* RIW 2002, 925 (935) zu Fn. 84; ähnlich *Rehm* in Eidenmüller Ausl. KapGes. § 2 Rn. 88: „Gemengelage"; für einheitliche Anwendung der Gründungstheorie schon *Sandrock* BB 1999, 1337 (1341 f.).

1339 Zutr. *v. Halen,* Das Gesellschaftsstatut nach der Centros-Entscheidung des EuGH, 2001, 276: Die Differenzierung zwischen einem Sachverhalt mit und ohne Bezug zur EG sei den Rechtsanwendern auf Grund des allgemeinen Anwendungsvorranges des Gemeinschaftsrechts ohnehin in allen Rechtsgebieten vertraut; *Weller* IPRax 2009, 202 (207); *Schurig* FS Coester-Waltjen, 2015, 745 (748 f.).

1340 So die Annahme von *Zimmer* ZHR 168 (2004), 355 (365).

1341 *Ebenroth,* Die verdeckten Vermögenszuwendungen im transnationalen Unternehmen, 1979, 355 ff.; *Wiedemann* FS Kegel, 1997, 193 (197); GroßkommAktG/*Assmann* AktG Einl. Rn. 543; *Hausmann* in Reithmann/Martiny IntVertragsR Rn. 6.9; iErg auch *Bache,* Der internationale Unternehmensvertrag nach deutschem Kollisionsrecht, 1969, 34.

1342 *Bache,* Der internationale Unternehmensvertrag nach deutschem Kollisionsrecht, 1969, 34; *Ebenroth,* Die verdeckten Vermögenszuwendungen im transnationalen Unternehmen, 1979, 356; *Ebenroth/Sura* RabelsZ 43 (1979), 315 (328 f.); *Korner,* Das Kollisionsrecht der Kapitalgesellschaften in den Vereinigten Staaten von Amerika unter besonderer Berücksichtigung der Pseudo-Foreign Corporations, 1988, 78 f.; Staudinger/

der zu regelnde Tatbestand nicht hineinreicht".[1343] Die Möglichkeit der Schädigung der Interessen von Gesellschaftsgläubigern ist gegeben, wenn die „gewählte" Rechtsordnung keine Normen über die Kapitalaufbringung und -erhaltung enthält oder wenn gesetzliche Vorschriften über die Behandlung verdeckter Gewinnausschüttungen fehlen.[1344] Die „Wahl" eines den Gründern/Mehrheitsgesellschaftern genehmen Gesellschaftsstatuts wird damit zu einem **Rechtsgeschäft zu Lasten Dritter** und gerade die vom Gesellschaftsrecht geschützten Drittinteressen sprechen prinzipiell gegen die kollisionsrechtliche Beachtlichkeit der Willensentscheidung der Gründer/Mehrheitsgesellschafter in Anlehnung an die für bloß relative Rechtsverhältnisse anerkannte Parteiautonomie (Art. 3 Rom I-VO, Art. 14 Rom II-VO).[1345] Aus diesem Grund überzeugt auch der Ansatz nicht, die rechtliche Struktur der Gesellschaft als ein **Netzwerk von Verträgen** zu begreifen und die darin immanente Gestaltungsfreiheit auf die Ebene des Kollisionsrechts zu übertragen.[1346]

327 Schon die genannten, der Gründungstheorie per se anhaftenden Nachteile im Hinblick auf Gläubiger- und Minderheitsaktionärsinteressen und den Gedanken der Rechtssicherheit im Allgemeinen sind der angeblich gewachsenen Flexibilität allein wegen nicht hinnehmbar. Noch schwerer fallen aber die sehr viel weiterreichenden Bedenken aus dem Gesichtspunkt der **Umgehung nationaler Ordnungsvorschriften,** wie zB des Mitbestimmungsgesetzes[1347] oder des deutschen Konzernrechts mit dem Schutz von Minderheitsaktionären ins Gewicht.[1348] Für das kollisionsrechtlich der Gründungstheorie anhängende **Großbritannien** stellt sich dieses Problem kaum, da das englische Gesellschaftsrecht in sehr viel stärkerem Maße durch staatliche Eingriffs- und Aufsichtsbefugnisse geprägt ist als etwa das deutsche Gesellschaftsrecht.[1349] Englische Gerichte wenden dieses durch öffentlich-rechtliche Züge gekennzeichnete Gesellschaftsrecht weitgehend auch auf ausländische Gesellschaften an, soweit diese eine hinreichende Verbindung zu Großbritannien aufweisen.[1350] Ein durch privatrechtliche Normativbedingungen bestimmtes Gesellschaftsrecht, wie es in den Staaten des Kontinents vorherrschend ist, kann nur dann seine Schutzwirkungen entfalten, wenn alle in diesem Staate ansässigen Gesellschaften diesen Normativbedingungen unterworfen sind. Dies lässt sich auch anhand der Rechtsentwicklung in den **Vereinigten Staaten von Amerika** belegen (→ Rn. 328 ff.).

328 Wären die Gesellschaftsrechtssysteme gleichwertig und damit austauschbar,[1351] so könnten verschiedene Ausprägungen bei materiell gleichem Interessenschutz für die Gründungstheorie

---

Großfeld, 1998, IntGesR Rn. 52; *Hausmann* in Reithmann/Martiny IntVertragsR Rn. 6.9; ebenso iErg *Wiedemann* FS Kegel, 1997, 193 (197); das scheint *Vischer* SchJbIntR 1960, 49 (54) zu übersehen, wenn er die Tatsache der Inkorporierung als notwendige „Connection" ausreichen lassen will.

[1343] So *Kegel/Schurig* IPR § 17 II 1, S. 573.

[1344] *Ebenroth,* Die verdeckten Vermögenszuwendungen im transnationalen Unternehmen, 1979, 356; *Ebenroth/Sura* RabelsZ 43 (1979), 315 (329).

[1345] Ebenso schon *Großfeld* RabelsZ 31 (1967), 1 (28 ff.); GroßkommAktG/*Assmann* AktG Einl. Rn. 538; *Ebenroth/Auer* GmbHR 1994, 16 (19); ferner etwa *Merkt,* Festgabe Sandrock, 1995, 135 (150 f.); *Einsele* RabelsZ 60 (1996), 417 (424) für Kapitalgesellschaften; für Parteiautonomie hingegen *Zimmer* IntGesR 222 sowie *Grasmann,* System des internationalen Gesellschaftsrechts, 1970, 512 ff.; eingeschränkt auch *Weller* IPRax 2017, 167 (169).

[1346] *Roth/Kindler,* The Spirit of Corporate Law, 2013, 3 ff. gegen *Kraakman/Armour/Davies/Enriques/Hansmann/Hertig/Hopt/Kanda/Rock,* The Anatomy of Corporate Law, 2. Aufl. 2009, 19 f.; ferner *G. H. Roth* FS Torggler, 2013, 1023 (1025).

[1347] Dazu *Rehberg* in Eidenmüller Ausl. KapGes. § 6 Rn. 3 ff.; *Müller-Bonanni* in Hirte/Bücker GrenzübGes § 13; *Bücker* in Hirte/Bücker GrenzübGes § 3 Rn. 27; *Zimmer* in Lutter, Europäische Auslandsgesellschaften in Deutschland, 2005, 365, 369 ff.

[1348] *Ebenroth,* Konzernkollisionsrecht im Wandel außenwirtschaftlicher Ziele, 1978, 15; *Ebenroth,* Die verdeckten Vermögenszuwendungen im transnationalen Unternehmen, 1979, 356; GroßkommAktG/*Assmann* AktG Einl. Rn. 538; *Koppensteiner,* Internationale Unternehmen im deutschen Gesellschaftsrecht, 1971, 130 hält solche Gefahren für unmaßgeblich.

[1349] *Höfling,* Das englische internationale Gesellschaftsrecht, 2002, 167 ff., 172; vgl. *Großfeld,* Grundfragen des Internationalen Unternehmensrechts, 1987, 14; *Ebenroth/Eyles* DB-Beil. Nr. 2/1988, 8. Zu den Einzelheiten hoheitlicher Befugnisse im englischen Gesellschaftsrecht vgl. *Ebenroth/Eyles* DB 1989, 413 (416 f.); *H. Richter,* Die Rechtsstellung ausländischer Kapitalgesellschaften in England, 1980, 147 ff.; *Schmitthoff,* The Harmonisation of European Conmpany Law, 1973, 189 f.; *Hahn/Swoboda* GmbHR 1984, 86; *Triebel/Hodgson/Kellenter/Müller,* Englisches Handels- und Wirtschaftsrecht, 2. Aufl. 1995, Rn. 561 f.

[1350] *Höfling,* Das englische internationale Gesellschaftsrecht, 2002, 167 ff., 172; *Großfeld,* Internationales und Europäisches Unternehmensrecht, 2. Aufl. 1995, D § 1 IV; *Großfeld,* Grundfragen des Internationalen Unternehmensrechts, 1987, 18 und *Ebenroth/Eyles* DB-Beil. Nr. 2/88, 14; *Ebenroth/Eyles* DB 1989, 413 (417); aus der englischen Rspr. vgl. in Re F. H. Lloyd (Holdings) plc [1985] Palmer's Company Cases 268 (Ch. D.); wN der Rspr. bei *Dine* J. B. L. 1988, 77; s. auch *Triebel/Hodgson/Kellenter/Müller,* Englisches Handels- und Wirtschaftsrecht, 2. Aufl. 1995, Rn. 1190 f. (Registeranmeldung und Firmenrecht).

[1351] So *Koppensteiner,* Internationale Unternehmen im deutschen Gesellschaftsrecht, 1971, 131; wohl auch *Grasmann,* System des internationalen Gesellschaftsrechts, 1970, 64a; ähnlich *Bungert* AG 1995, 489 (492): „favor

sprechen.[1352] Das hat jedoch *Latty*[1353] mit seiner Darstellung der „Pseudo-Foreign-Corporations" widerlegt. Dabei handelt es sich um eine ursprünglich auf den US-amerikanischen Rechtskreis begrenzte Praxis der Gesellschaftsgründung, die im Wesentlichen darauf gerichtet war, die liberale gesellschaftsrechtliche Gesetzgebung des US-Bundesstaates Delaware[1354] durch eine dortige Inkorporation der Gesellschaft und eine entsprechende Festlegung des statutarischen Sitzes auszunutzen. Die wirtschaftliche Betätigung wird dabei von einem abweichenden effektiven Verwaltungssitz gesteuert.[1355] Nicht beabsichtigte Auswüchse[1356] dieser Praxis unter der Herrschaft der Gründungstheorie mussten in der Folgezeit durch die US-amerikanische Rspr. wegen Unbilligkeit, Unfairness und Ungerechtigkeit korrigiert werden.[1357] Dabei wurde das Gründungsrecht des Staates Delaware zu Gunsten des Sitzrechts zurückgedrängt.[1358] Daneben enthalten die Verfassungen und einfachen Gesetze der Einzelstaaten häufig allgemeine und spezielle Gleichbehandlungsregelungen, wonach foreign corporations keine größeren Privilegien und Vorrechte genießen sollen als inländische Gesellschaften.[1359] Im Hinblick auf Scheinauslandgesellschaften („pseudo-foreign corporations") haben **einige Bundesstaaten** Gesetze erlassen, die das Sitzrecht berufen. Nach diesen **outreach statutes** unterliegen die inneren Verhältnisse einer corporation teilweise dem Recht des gesetzgebenden Staates, wenn die Gesellschaft unter anderem überwiegend in dessen Gebiet geschäftlich tätig ist.[1360]

Während es sich bei den Konfliktsfällen in den USA um eine binnenstaatliche Kollision von **329**
Gesellschaftsrechten handelt, für die der Bundesgesetzgeber selbst durch Ausschöpfung anderer Kom-

internationalis"; krit. dazu *Großfeld,* International Encyclopedia of Comparative Law, Bd. 13, Kap. 4 S. 6 ff.; Staudinger/*Großfeld,* 1998, IntGesR Rn. 53; *Großfeld/Beckmann* ZVglRWiss 91 (1992), 351 (363 f.); *Großfeld,* Internationales und Europäisches Unternehmensrecht, 2. Aufl. 1995, D § 1 V; in letzterem Sinne auch *Ebenroth/Einsele* ZVglRWiss 87 (1988), 217 (246 f.).

1352 *Leible/Hoffmann* RIW 2002, 925 (936).

1353 *Latty* 65 Yale L. J. (1955/56), 137; s. hierzu auch *Baraf* 33 Brooklyn L. Rev. (1967), 219; *Cary* 83 Yale L. J. (1973/74), 643; *Hadari* Duke L. J. 1974, 1; *Jennings* 23 Law and Contemporary Problems (1958), 193; *Kaplan* 21 Vand. L. Rev. (1968), 433; *Mattes* 63 Cal. L. Rev. (1975), 463; *Reese/Kaufmann* 58 Col. L. Rev. (1958), 1118.

1354 Besonders deutlich der US-amerikanische Richter *Brandeis* Ligget v. Lee, 288 U. S. S. 17, 559, der von einem „Wettrennen nicht um Sorgfalt, sondern um Laxheit" spricht; dazu *Kieninger,* Wettbewerb der Privatrechtsordnungen in Europa, 2002, 67 f.; in diese Richtung zielt auch *Vischers* Vorwurf des „Geschäfts mit dem internationalen Privatrecht", vgl. *Vischer* SchwJbIntR 1960, 49 (58) Fn. 8; vgl. *Großfeld,* Internationales und Europäisches Unternehmensrecht, 2. Aufl. 1995, D § 1 III 2; hierzu auch *Merkt* RabelsZ 59 (1995), 545 (560) sowie eingehend *Merkt/Göthel,* US-amerikanisches Gesellschaftsrecht, 2. Aufl. 2006, Rn. 18 ff. Die sog. „Flucht nach Delaware" wird in den USA durch die „internal affairs rule" (Lehre von den Innenbeziehungen) unterstützt, nach der das Gründungsrecht auf die Innenbeziehungen von corporations selbst dann anzuwenden ist, wenn der Errichtungsstaat keine Berührung zu der Gesellschaft hat; näher *Hay* IPRax 2022, 205 (211); *Göthel* RIW 2000, 904; *Göthel* RIW 2009, 342, insbes. zu Delaware; zum Gesellschaftsrecht von Delaware vgl. auch *Fleischer* in Lutter, Europäische Auslandsgesellschaften in Deutschland, 2005, 49, 68 ff.; *Rehm* in Eidenmüller Ausl. KapGes. § 11 Rn. 1 ff.; *Hatzis/Schoch* RIW 1992, 539 ff.; zum aktuellen Rechtszustand *Göthel* RIW 2009, 342 ff. und www.state.de.us/corp.

1355 *Ebenroth,* Die verdeckten Vermögenszuwendungen im transnationalen Unternehmen, 1979, 357; *Großfeld* RabelsZ 31 (1967), 1 (42 ff.); *Großfeld,* Aktiengesellschaft, Unternehmenskonzentration und Kleinaktionär, 1968, 167 ff.; *Wiethölter,* Interessen und Organisation der Aktiengesellschaft im amerikanischen und deutschen Recht, 1961, 151 ff.; *Kaplan* 21 Vand. L. Rev. (1968), 433 (436 ff.); *Latty* 65 Yale L. J. (1955/56), 137 f.

1356 So *Conard,* Corporations in Perspective, 1976, 15 f.

1357 Vgl. Western Airlines Inc. v. Sobieski, 191 Cal. App. 2d 339 (1961); State v. Iowa Southern Utilities Co., 2 N. W. 2d 372 (1942); *Conard,* Corporations in Perspective, 1976, 13 f.; *Kaplan* 21 Vand. L. Rev. (1968), 433 (437); vgl. *Ebenroth,* Konzernleitungs- und Konzernbildungskontrolle, 1987, 72 f.; *Großfeld,* Internationales und Europäisches Unternehmensrecht, 2. Aufl. 1995, D § 1 III 3; *Sandrock* RabelsZ 42 (1978), 227 (249) Fn. 101; wN der Rspr. bei *Korner,* Das Kollisionsrecht der Kapitalgesellschaften in den Vereinigten Staaten von Amerika unter besonderer Berücksichtigung der Pseudo-Foreign Corporations, 1988, 147 ff. und *Ebenroth/Einsele* ZVglRWiss 87 (1988), 217 (222 ff.) sowie *Bungert* ZVglRWiss 93 (1994), 117 (126 ff.); *Göthel* RIW 2000, 904 (907 f.).

1358 Vgl. Western Airlines Inc. v. Sobieski, 191 Cal. App. 2d 339 (1961); State v. Iowa Southern Utilities Co., 2 N. W. 2d 372 (1942); vgl. *Großfeld,* Internationales und Europäisches Unternehmensrecht, 2. Aufl. 1995, D § 1 III 3; *Göthel* RIW 2000, 904 (907 f.).

1359 Vgl. *Ebenroth/Einsele* ZVglRWiss 87 (1988), 217 (218 ff.); s. dazu auch *Korner,* Das Kollisionsrecht der Kapitalgesellschaften in den Vereinigten Staaten von Amerika unter besonderer Berücksichtigung der Pseudo-Foreign Corporations, 1988, 203 ff.

1360 Näher *Kieninger,* Wettbewerb der Privatrechtsordnungen in Europa, 2002, 109 ff.; *Göthel* RIW 2000, 904 (908); *Göthel,* US-amerikanisches Gesellschaftsrecht, 2. Aufl. 2006, Rn. 193 ff.; *Hay* IPRax 2022, 205 (211 f.).

petenzen (zB SEC)[1361] und durch Bundesgesetze (zB Börsengesetze) einen Ausgleich des Missbrauchs zu Lasten von Anlegern,[1362] Gläubigern und Arbeitnehmern schaffen kann und so die Folgen der Anwendung der Gründungstheorie abzumildern vermag, treten im internationalen Bereich mangels bundesstaatlicher Ausgleichskompetenz die Probleme der Gründungstheorie deutlicher zu Tage. Beredtes Zeugnis hiervon geben – für Europa – die in den Jahren vom dem Wechsel zur Gründungtheorie bis zum Erlass des MoMiG vermehrt auftretenden Fälle der **Insolvenz von EU-Briefkastengesellschaften.**[1363]

330 Im kontinental-europäischen Rechtskreis stellt sich die Problematik der **„Oasenländer" vom Typ Delaware** in modifizierter Form, wenn man an Gesellschaftsgründungen in Ländern wie **Liechtenstein,**[1364] **Andorra, Liberia, Panama, Curaçao, Bahamas, den britischen Kanalinseln**[1365] oder den **Bermudas** denkt und die Tatsache einer wirtschaftlichen Betätigung ausschließlich in den hoch entwickelten Industriestaaten mit ausgewogenen und interessengerechten Rechtssystemen berücksichtigt.[1366] In derartigen Konstellationen wird **Ziel der Gründung** häufig sein, die jeweils strengere Rechtsordnung zu unterlaufen und die Einhaltung hinderlicher Rechtsvorschriften zu vermeiden,[1367] so wie dies etwa die Centros-Gründer offen eingeräumt haben.[1368] Zu den wirtschaftlichen Beweggründen der Sitztrennung näher → Rn. 833.

331 Aus allem wird deutlich, dass eine reine Gründungstheorie zu Ergebnissen führt, die im Interesse des **Gleichbehandlungsgebots** durch Elemente der Sitztheorie korrigiert werden müssen.[1369] Mit dem Argument, dass die Gründungstheorie auch der rechtlichen Logik entspreche (→ Rn. 320), wenn an den rechtlichen Schwerpunkt angeknüpft wird, kann diesem überwiegenden Nachteil nicht begegnet werden.

332 Die Existenz solcher Problemfälle wird allerdings von den Gründungstheoretikern zum Teil schlicht verschwiegen,[1370] zum Teil durch die Suche nach geeigneten Korrektiven zu mildern versucht. Angesichts der **Nachteile und Gefahren** kann der gleichwohl von den Vertretern der Gründungstheorie immer wieder betonte Vorteil einer unbegrenzten Sitzverlegung ohne Änderung des Personalstatuts nicht überzeugen. Denn die angebliche Mobilität internationaler Gesellschaften[1371] und die damit einhergehende Belebung der internationalen Wirtschaftsbeziehungen[1372] wird erkauft durch die von den Scheinauslandsgesellschaften ausgehenden Gefahren. So ist der vermeintlich entscheidende und bei flüchtiger Betrachtung auch einleuchtende Vorteil größerer Rechtssicherheit[1373] durch die ein für allemal verbindliche Gründung in einem beliebigen Staat bei näherer

---

1361 *Göthel* RIW 2000, 904 (908).

1362 Vgl. dazu *Ebenroth/Einsele* ZVglRWiss 87 (1988), 217 (227 ff.).

1363 AG Hamburg NJW 2003, 2835 – Doppelböden; dazu *Kindler* FS Jayme, 2004, 409 ff.; AG Duisburg NZG 2003, 1167; AG Köln NJW-RR 2004, 1055 = ZIP 2004, 471; AG Düsseldorf ZIP 2004, 866; AG Mönchen-Gladbach NZG 2004, 1016; AG Siegen NZG 2005, 92; AG Offenburg NZG 2005, 92; in der ausländischen Rspr.: C. A. Versailles ZIP 2004, 377; Trib. Parma ZIP 2004, 1220 und 2295; High Court Leeds ZIP 2004, 963; High Court Dublin ZIP 2004, 1223; LG Klagenfurt NZI 2004, 677.

1364 Zur liechtensteinischen Gesellschaft vgl. BGHZ 78, 318; dazu *Großfeld* IPRax 1981, 116; *Großfeld,* Internationales und Europäisches Unternehmensrecht, 2. Aufl. 1995, D § 5 II; BGHZ 97, 269 = NJW 1986, 2194 zur Verlegung des Verwaltungssitzes in die BRepD; s. dazu Anm. *Großfeld* EWiR 1986, 627; zu Liechtenstein als Oasenstaat s. ferner Staudinger/*Großfeld,* 1998, IntGesR Rn. 53 sowie *Fleischer ua* WM 2023, 1809; *Sturm,* Das neue IPR Liechtensteins, in Reichelt, Ludwig Boltzmann Institut für Europarecht – Vorlesungen und Vorträge, Heft 2, 1997, 1 ff., 21; s. auch *Wagner* RIW 2008, 773 ff. zu den (derzeit 50.000!) lichtensteinischen Stiftungen; → Rn. 476.

1365 Zu Steuerabkommen mit den Kanalinseln aber *Börner* RIW 2009, 227.

1366 *Ebenroth,* Die verdeckten Vermögenszuwendungen im transnationalen Unternehmen, 1979, 358; *Ebenroth,* Konzernkollisionsrecht im Wandel außenwirtschaftlicher Ziele, 1978, 15 f.; Staudinger/*Großfeld,* 1998, IntGesR Rn. 53.

1367 *Ebenroth,* Die verdeckten Vermögenszuwendungen im transnationalen Unternehmen, 1979, 358.

1368 EuGH ECLI:EU:C:1999:126 Rn. 16, 18 = NJW 1999, 2027– Centros.

1369 Vgl. Art. 156 ff. Schweiz. IPRG, BBl. 1988 I 5; ferner BGE 108 II 398 ff., das bei einem nur fiktiven Sitz trotz grundsätzlichen Bekenntnisses zur Gründungstheorie an den tatsächlichen Sitz anknüpft; dazu *Heini* IPRax 1984, 166; vgl. auch *Ebenroth/Messer* ZSchweizR 108 (1989), II. 49, 77 ff.

1370 So scheint *Grasmann,* System des internationalen Gesellschaftsrechts, 1970, 326, 426, 1073, der Auffassung zu sein, dass es sich hier um ein nur US-amerikanisches Problem handelt, weit ab vom kontinentaleuropäischen Rechtskreis; auch *Mann* FS M. Wolff, 1952, 271 (284 f.), verschließt sich diesen Argumenten.

1371 Besonders betont von *Grasmann,* System des internationalen Gesellschaftsrechts, 1970, 476 ff.

1372 *Koppensteiner,* Internationale Unternehmen im deutschen Gesellschaftsrecht, 1971, 123; s. ferner *Behrens* ZGR 1994, 1 (7); *Bungert* AG 1995, 489 (499 ff.); *Knobbe-Keuk* ZHR 154 (1990), 325 ff.; *Kropholler* IPR § 55 I 2b; *V. Kruse,* Sitzverlegung von Kapitalgesellschaften innerhalb der EG, 1997, 29; *Neumayer* ZVglRWiss 83 (1984), 129 (139).

1373 Vgl. die Erl. bei Staudinger/*Großfeld,* 1998, IntGesR Rn. 55.

Betrachtung gerade der entscheidende und auch von den Vertretern der Gründungstheorie als solcher erkannte Nachteil,[1374] der zur **Anwendung des regelungsärmsten Rechts** mit allen aufgezeigten Konsequenzen führt.[1375]

d) Notwendigkeit eines Korrektivs. Der Notwendigkeit einer restriktiven Anwendung der liberalen Gründungstheorie folgend, werden von den meisten Vertretern verschiedene rechtliche Wege aufgezeigt, die einer **missbräuchlichen Wahl des Personalstatuts** entgegenwirken sollen,[1376] und auch die „europarechtliche Gründungstheorie" (→ Rn. 321 ff.) findet ihre Grenzen bei den rechtlichen Standortbedingungen des Sitzstaates,[1377] der öffentlichen Ordnung iSv Art. 52 AEUV,[1378] zwingenden Gründen des Allgemeininteresses[1379] sowie Missbrauch und Betrug[1380] (→ Rn. 392 ff.). **333**

aa) Ordre public. Von einigen Gründungstheoretikern wird die Anwendung des ordre public vorgeschlagen.[1381] Dabei geht man traditionell davon aus, dass die Voraussetzungen des Art. 6 EGBGB erfüllt sind, wenn die Motive der Wahl des Gesellschaftsstatuts nicht vom Gesetzeszweck gedeckt sind, dh die Wahl des Gründungsrechts **Umgehungszwecken** dient.[1382] **334**

Dieser Ansatz lässt die bei allen Generalklauseln auftretenden erheblichen Schwierigkeiten bei der inhaltlichen Ausfüllung ungelöst[1383] und **verlagert das Problem** in das allgemeine internationale Privatrecht.[1384] Eine eindeutige dogmatische Einordnung gelingt nicht. Die Frage nämlich, ob die hier mitberührte Problematik der Gesetzesumgehung ein eigenständiges Rechtsinstitut ist oder vom ordre public mit erfasst wird, wird bewusst offen gelassen.[1385] Richtiger Ansicht nach wird ein Verstoß gegen den ordre public angenommen, wenn das konkrete Ergebnis der Anwendung von Auslandsrecht von der deutschen Rechtsordnung nicht gebilligt wird (→ EGBGB Art. 6 Rn. 126 ff.). **335**

So wäre zB eine Gründung nach ausländischem Recht wegen Verstoßes gegen den ordre public dann nicht wirksam, wenn die gesellschaftsrechtlichen **Gläubigerschutz- und Mitgliederschutzrechte** in den Vorschriften des Gründungsstaates **im krassen Widerspruch zu** dem sich aus der deutschen Rechtsordnung ergebenden **„Gerechtigkeitsgefühl"** stehen.[1386] Die Gründungstheore- **336**

[1374] Das ergibt die Tatsache, dass korrigierend eingegriffen werden muss, vgl. *Grasmann,* System des internationalen Gesellschaftsrechts, 1970, 506a; *Koppensteiner,* Internationale Unternehmen im deutschen Gesellschaftsrecht, 1971, 129 ff.; *Niederer* in Gutzwiller/Niederer, Beiträge zum Haager Internationalprivatrecht 1951, Arbeiten aus dem juristischen Seminar der Universität Freiburg (Schweiz) Band 7, 1951, 127 ff.; *Staehelin,* Zu Fragen der AG im schweizerischen IPR, 1972, 83 ff.

[1375] So *Conard,* Corporations in Perspective, 1976, 16; Staudinger/*Großfeld,* 1998, IntGesR Rn. 56; GroßkommAktG/*Assmann* AktG Einl. Rn. 538, 543.

[1376] *Grasmann,* System des internationalen Gesellschaftsrechts, 1970, 506a; *Koppensteiner,* Internationale Unternehmen im deutschen Gesellschaftsrecht, 1971, 129 ff.; *Niederer* in Gutzwiller/Niederer, Beiträge zum Haager Internationalprivatrecht 1951, Arbeiten aus dem juristischen Seminar der Universität Freiburg (Schweiz) Band 7, 1951, 127 ff.; *Staehelin,* Zu Fragen der AG im schweizerischen IPR, 1972, 83 ff.; *Vischer* SchwJbIntR 1960, 49 (55 f.); vgl. auch *Neuhaus* IPR 207.

[1377] *Forsthoff* in Hirte/Bücker GrenzübGes § 2 Rn. 38 f. in Anlehnung an EuGH ECLI:EU:C:1993:905 = NJW 1994, 121 – Keck; dazu auch *Eidenmüller* in Eidenmüller Ausl. KapGes. § 3 Rn. 10 ff.

[1378] EuGH ECLI:EU:C:2003:512 Rn. 131 = NJW 2003,– Inspire Art.

[1379] EuGH ECLI:EU:C:2003:512 Rn. 133 = NJW 2003, 3331 – Inspire Art; *Eidenmüller* in Eidenmüller Ausl. KapGes. § 3 Rn. 20 ff.; *Forsthoff* in Hirte/Bücker GrenzübGes § 2 Rn. 53 ff.

[1380] EuGH ECLI:EU:C:2003:512 Rn. 136 = NJW 2003, 3331 – Inspire Art; *Forsthoff* in Hirte/Bücker GrenzübGes § 2 Rn. 46 ff.; *Eidenmüller* in Eidenmüller Ausl. KapGes. § 3 Rn. 73 ff.

[1381] *Koppensteiner,* Internationale Unternehmen im deutschen Gesellschaftsrecht, 1971, 132; *Serick* RabelsZ 23 (1958), 626 (632); *Vischer* SchwJbIntR 1960, 49 (57); s. iÜ schon *Kötz* GmbHR 1965, 69 (70) und *Neumayer* ZVglRWiss 83 (1984), 129 (141) und *Deville* RIW 1986, 298; sehr zurückhaltend HCL/*Behrens/Hoffmann* GmbHG Allg. Einl. Rn. B 214 f.; zur Schweiz *Sturm* IPRax 2012, 188 f.

[1382] So *Koppensteiner,* Internationale Unternehmen im deutschen Gesellschaftsrecht, 1971, 132, der dann die Anwendung des Gründungsrechts aber nicht generell verweigern will; großzügiger im Hinblick auf EU-ausländische Gesellschaften aber *Paefgen* DB 2003, 487 (489 ff.); *Paefgen* ZIP 2004, 2253 (2258 f.).

[1383] *Ebenroth,* Die verdeckten Vermögenszuwendungen im transnationalen Unternehmen, 1979, 359; *Ebenroth,* Konzernkollisionsrecht im Wandel außenwirtschaftlicher Ziele, 1978, 16; *Nußbaum* IPR § 10 I, S. 61.

[1384] *Ebenroth,* Die verdeckten Vermögenszuwendungen im transnationalen Unternehmen, 1979, 359; *Ebenroth,* Konzernkollisionsrecht im Wandel außenwirtschaftlicher Ziele, 1978, 16; krit. im Hinblick auf den zu engen Anwendungsbereich des Art. 6 hingegen *Zimmer* IntGesR 220; *Grothe,* Die „ausländische Kapitalgesellschaft & Co.", 1989, § 6 A IV 1.

[1385] *Koppensteiner,* Internationale Unternehmen im deutschen Gesellschaftsrecht, 1971, 132; hierzu → Einl. IPR Rn. 303 ff.

[1386] BGHZ 56, 180 (191 f.) = NJW 1971, 1519; vgl. auch *Lauterbach/Beitzke,* Vorschläge und Gutachten zur Reform des deutschen internationalen Personen- und Sachrechts, 1972, 128.

tiker bleiben mit der schlichten Verneinung der rechtlichen Existenz infolge der Anwendung des ordre public eine Antwort auf die eigentlichen Probleme schuldig.[1387]

337 Soweit – mit *Koppensteiner* – in die einzelfallbezogenen Wertungen Erwägungen, „die für Sitztheorie vernünftigerweise geltend gemacht werden können",[1388] einfließen sollen, eine generelle Nichtigkeit bei Verstoß gegen den ordre public aber abgelehnt wird, so vermag auch dieser Ansatz nicht zu überzeugen. Hier bleibt die Frage nach der rechtlichen Behandlung eines Gesellschaftstorsos, der sich etwa aus der Unwirksamkeit einer gegen das deutsche Mitbestimmungsgesetz verstoßenden Vorstandsbestellung (Geschäftsführungsbestellung) ergeben kann, unbeantwortet.

338 Letztendlich erweist sich die **Vorbehaltsklausel** des Art. 6 EGBGB auch **infolge** ihrer **Unbestimmtheit** als Korrektiv zur Vermeidung von Missbräuchen **wenig geeignet.** So ist etwa der – zwischenzeitlich erledigte[1389] – Streit darum, ob Einzelpersonen, Anstalten und Treuunternehmen des liechtensteinischen Rechts[1390] gegen den deutschen ordre public verstoßen,[1391] ein Beispiel dafür, dass der Rückgriff auf die Vorbehaltsklausel eher Fragen aufwirft als sie einer Lösung zuführt.[1392] Die Rspr. versagt aus Gründen des ordre public die Anerkennung ausländischer juristischer Personen nur in krassen Ausnahmefällen.[1393] Gerade im Bereich des Internationalen Gesellschaftsrechts kommt es darauf an, im Interesse der Rechtssicherheit ein verlässliches und vorhersehbares Abgrenzungskriterium zu setzen. Existenzielle Rechtsfolgen, wie etwa die Wirksamkeit einer Haftungsbeschränkung auf das Gesellschaftskapital, dürfen nicht von der Schwere der Auswirkungen einer Umgehung nationaler Ordnungsvorschriften im Einzelfall abhängig gemacht werden.[1394]

339 Der mitgliedstaatliche ordre public wird **auch im Rahmen der „europarechtlichen Gründungstheorie"** (→ Rn. 321 ff.) **als Korrektiv** zum Gründungsrecht **diskutiert,**[1395] insbesondere beim Durchgriff,[1396] beim Kapitalschutz[1397] und bei der materiellen Unterkapitalisierung.[1398] Darauf ist jeweils im Sachzusammenhang einzugehen (vor allem → Rn. 591 ff., → Rn. 623 ff.). Zum Wandel des nationalen ordre public unter dem Einfluss europäischer Entwicklungen → EGBGB Art. 6 Rn. 168 ff. Von allgemeinem Interesse ist nur, dass gegenüber dem EU-ausländischen Gesellschaftsrecht keine höhere ordre public-Schwelle anzulegen ist als gegenüber drittstaatlichem Gesellschaftsrecht. Selbstverständlich ist dies, wenn man – wie hier (→ Rn. 114 ff.) – von einer kollisionsrechtlichen Indifferenz der Niederlassungsfreiheit oder jedenfalls der verfassungsrechtlichen Unverbindlichkeit einer „europarechtlichen Gründungstheorie" (→ Rn. 120 ff.) ausgeht. Gleiches gilt aber auch dann, wenn man die Gründungsanknüpfung auf der Ebene des innerstaatlichen Kollisionsrechts ansiedelt (→ Rn. 123 ff.).[1399] Denn der AEUV berührt insoweit den ordre-public-Vorbehalt des betreffenden Staates nicht (str., → EGBGB Art. 6 Rn. 170). Dies deckt sich mit der Lage im sekundärrechtlichen EU-Kollisionsrecht (vgl. Art. 21 Rom I-VO und Art. 26 Rom II-VO; → EGBGB Art. 6 Rn. 170) und im EU-Zivilverfahrensrecht (Art. 45 Abs. 1 lit. a Brüssel Ia-VO, Art. 33 EuInsVO 2015).[1400]

[1387] *Ebenroth,* Die verdeckten Vermögenszuwendungen im transnationalen Unternehmen, 1979, 359.

[1388] *Koppensteiner,* Internationale Unternehmen im deutschen Gesellschaftsrecht, 1971, 132 f.

[1389] OLG Frankfurt IPRax 2004, 56 mAnm *Baudenbacher/Buschle* IPRax 2004, 26; BGHZ 164, 148 = NJW 2005, 3351 – Liechtenstein = RIW 2005, 945 mAnm *Leible/Hoffmann;* dazu *Weller* ZGR 2006, 748; *Weller* IPRax 2009, 202 (206); dazu → Rn. 78 und HCL/*Behrens/Hoffmann* GmbHG Allg. Einl. Rn. B 154.

[1390] Für Schrifttumsnachweise zum liechtensteinischen Unternehmensrecht s. *Hausmann* in Reithmann/Martiny IntVertragsR Rn. 6.326; ferner die Nachweise → Rn. 375 und unter www.liechtenstein.li.; umfassend *Fleischer ua* WM 2023, 1809.

[1391] Vgl. hierzu OLG Frankfurt NJW 1964, 2355 f.; OLG Stuttgart NJW 1965, 1139; AG Hamburg RIW 1965, 177 f.; LAG BW IPRspr. 1966/67 Nr. 18 (S. 63); grdl. *Serick* RabelsZ 23 (1958), 624 (634 f.); *Großfeld* IPRax 1981, 116 (117); *Sturm* IPRax 2012, 188 f. zu BGE 135 III 614.

[1392] Der BGH hat – soweit ersichtlich – bislang in keinem Fall einer liechtensteinischen Einpersonenanstalt oder einem Treuunternehmen die Anerkennung wegen Verstoßes gegen den ordre public versagt; vgl. BGHZ 78, 318 = NJW 1981, 522; BGHZ 97, 269 = NJW 1986, 2194; BGH WM 1979, 692; NJW 1980, 1567 = JZ 1980, 649 mAnm *Ebke/Neumann;* NJW-RR 1995, 766 = IPRspr. 1995 Nr. 201, alle zur Einzelpersonenanstalt; NJW 1977, 1637 (1638) zum Treuunternehmen.

[1393] OLG Düsseldorf ZEV 2010, 528 = IPRax 2012, 433 Rn. 61 ff.: Steuerhinterziehung als Hauptzweck einer Liechtensteinischen Stiftung.

[1394] Vgl. *Ebenroth/Eyles* DB-Beil. 2/88, 18 zum Sonderproblem der grenzüberschreitenden Typenverbindung.

[1395] Allg. *Paefgen* DB 2003, 487 (489 ff.), *Paefgen* ZIP 2004, 2253 (2258 f.); HCL/*Behrens/Hoffmann* GmbHG Allg. Einl. Rn. B 154 f.

[1396] *Riegger* ZGR 2004, 510 (523 f.); *Ulmer* JZ 1999, 662 (665).

[1397] *Schumann* DB 2004, 743 (745).

[1398] HCL/*Behrens/Hoffmann* GmbHG Allg. Einl. Rn. B 1214 aE, befürwortend im Hinblick auf AG Hamburg NJW 2003, 2835 – Doppelböden.

[1399] BGHZ 154, 185 (190) = NJW 2003, 1461 – Überseering.

[1400] Zum Verfahrensrecht ebenfalls *Martiny* FS Sonnenberger, 2004, 523 (528 ff.).

bb) Rechtsumgehung. Als weiteres Korrektiv wird zum Teil[1401] geltend gemacht, dass Gesetzesumgehungen die Grenze für die Anerkennung der Rechtsfähigkeit der Gesellschaften bilden. Dabei wird häufig übersehen, dass zwischen dem ordre public-Verstoß und einer Rechtsumgehung streng zu unterscheiden ist (→ Einl. IPR Rn. 303 ff.).[1402] Die Frage, ob eine Rechtsumgehung vorliegt, bezieht sich – wie bei den Missbrauchsklauseln des europäischen internationalen Umwandlungsrechts (Art. 86m Abs. 8 GesR-RL, Art. 127 Abs. 8 GesR-RL, Art. 160m Abs. 8 GesR-RL; → Rn. 38) – auf die **Motive** für die Wahl des Gründungsrechts.[1403] Liegt der **Zweck** der Gründung unter gerade dem gewählten Recht in der **Umgehung steuer-, gesellschafts- oder arbeitsrechtlicher Vorschriften,** so muss von einer zu missbilligenden und daher **missbräuchlichen Rechtswahl** gesprochen werden. Freilich stehen die Gründungstheoretiker auch hier ohne überzeugende Lösung den Problemen gegenüber, die sich aus der Notwendigkeit des Nachweises des subjektiven Tatbestandsmerkmals „Absicht“ ergeben.[1404] Die Tauglichkeit dieses Korrektivs wird damit zweifellos stark eingeschränkt.[1405] Aus diesem Grunde fordert *Niederer,* fraudulösen Gesellschaftsgründungen vorzubeugen, indem „den betreffenden Gesellschaften die Vorteile aus der Hand geschlagen werden“.[1406] Allerdings bleibt auch er die Antwort darauf schuldig, welche Rechtsfolge eintreten soll, wenn die im Ausland wirksam gegründete juristische Person die von ihm vorgeschlagene Sicherstellung im Inland nicht erbringt. 340

Immerhin sieht auch der EuGH für rein **fiktive Ansiedlungen** die Figur der **kollisionsrechtlichen Rechtsumgehung** zur Bekämpfung des missbräuchlichen Einsatzes von EU-Briefkastengesellschaften, vgl. das Urteil **Cadbury Schweppes** vom 12.9.2006 (→ Rn. 97 f.) und nachfolgend etwa **EuGH vom 26.2.2019 zur Hinzurechnungsbesteuerung** bei Zwischeneinkünften mit Kapitalanlagecharakter im Drittstaatenfall.[1407] Zwar lag auch schon im Centros-Sachverhalt (→ Rn. 86 ff.) der klassische Fall einer kollisionsrechtlichen Rechtsumgehung vor;[1408] die Gesellschaftsgründer hatten dies auch offen bekannt.[1409] Indessen vertrat der EuGH – vor dem Hintergrund eines bemerkenswerten rechtskulturellen Selbstverständnisses – damals noch die Auffassung, dass die Niederlassungsfreiheit Rechtsumgehungen legitimiere.[1410] 341

cc) „Volenti non fit iniuria“. Auch wird vertreten, der Grundsatz „volenti non fit iniuria“ liefere einen geeigneten Ansatzpunkt für die sachgerechte **Berücksichtigung der Gläubigerinte-** 342

1401 *Koppensteiner,* Internationale Unternehmen im deutschen Gesellschaftsrecht, 1971, 132; *Niederer* in Gutzwiller/Niederer, Beiträge zum Haager Internationalprivatrecht 1951, Arbeiten aus dem juristischen Seminar der Universität Freiburg (Schweiz), Bd. 7, 1951, 127 f., insbes. S. 144; *Meier/Boeschenstein* SchweizJZ 1975, 361; vgl. dazu auch den Report des Committee on International Company Law in ILA Report of the Forty-Ninth Conference 1960, 88 f.; s. auch *Neumayer* ZVglRWiss 83 (1984), 129 (138 f.); *Perrin,* La reconnaissance des sociétés étrangères et ces effets, 1969, 102 ff., 148 ff.; OLG Düsseldorf WM 1995, 808 (811) und Ls. 1.

1402 *Kegel/Schurig* IPR § 14 VII 3, S. 494; besonders deutlich auch *Sturm* IPRax 2012, 188 f.

1403 *Niederer* in Gutzwiller/Niederer, Beiträge zum Haager Internationalprivatrecht 1951, Arbeiten aus dem juristischen Seminar der Universität Freiburg (Schweiz) Band 7, 1951, 143 ff.; *Nußbaum* IPR § 11 III, S. 75; → Einl. IPR Rn. 303 ff.

1404 *Niederer* in Gutzwiller/Niederer, Beiträge zum Haager Internationalprivatrecht 1951, Arbeiten aus dem juristischen Seminar der Universität Freiburg (Schweiz) Band 7, 1951, 147, der vor allem auch auf die Frage der Beweislast hinweist; *Meier/Boeschenstein* SchweizJR 1975, 361 meint, ein lückenloser Beweis könne hier nicht gefordert werden.

1405 *Niederer* in Gutzwiller/Niederer, Beiträge zum Haager Internationalprivatrecht 1951, Arbeiten aus dem juristischen Seminar der Universität Freiburg (Schweiz) Band 7, 1951, 151.

1406 *Niederer* in Gutzwiller/Niederer, Beiträge zum Haager Internationalprivatrecht 1951, Arbeiten aus dem juristischen Seminar der Universität Freiburg (Schweiz) Band 7, 1951, 151 f.

1407 EuGH ECLI:EU:C:2019:136 Rn. 80 ff. = DStR 2019, 489 – X GmbH gegen Finanzamt Stuttgart – Körperschaften.

1408 *Kindler* NJW 1999, 1993 (1999); *Kegel/Schurig* IPR § 14 IV, S. 486; *Schurig* Liber amicorum Kegel, 2002, 199 ff.

1409 Vgl. EuGH ECLI:EU:C:1999:126 Rn. 16, 18 = NJW 1999, 2027 – Centros.

1410 EuGH ECLI:EU:C:1999:126 = NJW 1999, 2027 – Centros, vgl. dort den Ls. sowie in den Gründen etwa Rn. 18 S. 1: „Dass die Eheleute B. die Centros im Vereinigten Königreich zu dem Zweck gegründet haben, das dänische Recht über die Einzahlung eines Mindestkapitals zu umgehen, …, ändert ebenfalls nichts daran, dass die Gründung einer Zweitniederlassung in Dänemark durch diese britische Gesellschaft unter die Niederlassungsfreiheit … fällt“; ähnlich auch Rn. 23 ff., 27 der Entscheidungsgründe und in EuGH ECLI:EU:C:2003:512 Rn. 98 = NJW 2003, 3331 – Inspire Art; zust. *Eidenmüller* in Eidenmüller Ausl. KapGes. § 3 Rn. 92 ff.; treffend – aber unkrit. – *Sandrock* ZVglRWiss 102 (2003), 447 (462): „statute shopping“; eingehend *Benecke,* Gesetzesumgehung im Zivilrecht, 2004 (auch zum IntGesR); dass Cadbury Schweppes sich in diesem Punkt von Centros distanziert, vertritt mit beachtlichen Gründen *G. H. Roth,* Vorgaben der europäischen Niederlassungsfreiheit für das Kapitalgesellschaftsrecht, 2010, 12 ff.; *G. H. Roth* FS Honsell, 2009, 67 (76 f.); näher *Kindler* IPRax 2010, 272 ff.

ressen.[1411] Der – vorleistende oder sonst kreditgewährende – Gläubiger wisse nämlich, dass er es mit einer ausländischen Gesellschaft zu tun habe und er begebe sich daher willentlich des Schutzes der heimischen Rechtsordnung.[1412] Derselbe Gedanke liegt der – drei Jahrzehnte später hochtrabend als „Informationsmodell" charakterisierten – Argumentation des EuGH zu Grunde, ein materieller Gläubigerschutz nach Maßgabe des Sitzrechts stelle eine „nicht erforderliche" Beschränkung der Niederlassungsfreiheit der Gesellschaft dar; da die Gesellschaft als Auslandsgesellschaft auftrete, sei den Gläubigern bekannt, dass sie nicht dem inländischen Recht unterliege.[1413]

343 Hier wird zum einen ein Rechtfertigungsgrund, noch dazu in Form eines selbstständigen Rechtssatzes, zur Ausfüllung des Tatbestandsmerkmals der Anknüpfung eingesetzt, was schon **methodisch fragwürdig** ist.[1414] Darüber hinaus wird dabei – gemessen an der Realität des Geschäftslebens und der sozialen Gegebenheiten – das **Willenselement überschätzt.** Dass das **Informationsmodell für vertragliche Kleingläubiger ohne Verhandlungsmacht unzulänglich** ist, liegt auf der Hand;[1415] Gleiches gilt selbstredend für **unfreiwillige Gesellschaftsgläubiger,** zB solche aus **Delikt,** und **nicht anpassungsfähige Vertragsgläubiger** („un-adjusting creditors").[1416] Das beste Beispiel dafür, dass die Offenlegung der rechtlichen Verhältnisse einer Gesellschaft allein noch keinen hinreichenden Drittschutz gewährleistet, bietet das Europäische Gesellschaftsrecht selbst: Art. 50 Abs. 2 lit. g AEUV und die meisten der hierzu getroffenen sekundärrechtlichen Maßnahmen beruhen nämlich evident auf der Einsicht, dass bloße Informationsmöglichkeiten über die Verhältnisse der Gesellschaften noch nicht den erforderlichen Drittschutz gewährleisten.[1417]

344 **e) Zusammenfassung.** Den konzeptionsbedingten Fehlerquellen, die auf einer einseitigen Privilegierung der Gründerinteressen beruhen, begegnen die Gründungstheoretiker mit Korrektiven,[1418] die die Probleme nicht lösen, sondern lediglich in andere Bereiche verlagern.

345 **2. Modifikationen der Gründungstheorie.** Über die bereits dargestellten Korrektive hinaus versuchen einige Vertreter der Gründungstheorie[1419] die Kritik zu einer Modifikation der Gründungstheorie auszuarbeiten. Sie gehen zwar grundsätzlich vom **Gründungsrecht** aus, **ergänzen** dieses jedoch durch eine partielle Anwendung von **Vorschriften anderweitig betroffener Rechtsordnungen.**[1420]

346 **a) Eingeschränkte Gründungstheorie.** Nach der von *Behrens* vertretenen eingeschränkten Gründungstheorie unterliegt die Gesellschaft grundsätzlich der Rechtsordnung, nach welcher sie

---

[1411] *Koppensteiner,* Internationale Unternehmen im deutschen Gesellschaftsrecht, 1971, 130; ebenso *Neumayer* ZVglRWiss 83 (1984), 129 (142 f.); krit. dazu *Großfeld* RabelsZ 31 (1967), 1 (25 f.) und *Grothe,* Die „ausländische Kapitalgesellschaft & Co.", 1989, § 6 A V.

[1412] So schon *van Hecke* Ned. T. Int. R. 8 (1961), 223 (228); dazu *Großfeld* RabelsZ 31 (1967), 1 (24).

[1413] EuGH ECLI:EU:C:1999:126 Rn. 36 = NJW 1999, 2027 – Centros; ECLI:EU:C:2003:512 Rn. 135 = NJW 2003, 3331 – Inspire Art; zum „Informationsmodell" grdl. *Grundmann* FS Lutter, 2000, 61 (66 ff.); *Grundmann* DStR 2004, 232; *Grundmann* ZIP 2004, 2401 (2406 ff.); ferner *Eidenmüller* in Eidenmüller Ausl. KapGes. § 3 Rn. 33 ff.; *Eidenmüller/Rehm* ZGR 2004, 159 (170 ff.); *Eidenmüller* JZ 2004, 24 (27 f.); *Forsthoff* in Hirte/Bücker GrenzübGes § 2 Rn. 81 ff.; vgl. auch Hirte in Hirte/Bücker GrenzübGes § 1 Rn. 14 Fn. 28: „Transparenzansatz"; *Martin/Ehlers* in Sandrock/Wetzler, Deutsches Gesellschaftsrecht im Wettbewerb der Rechtsordnungen, 2004, 1, 23 ff.: „Der verständige Gläubiger"; *Grohmann* EWS 2007, 540.

[1414] Vgl. dazu *Ebenroth,* Die verdeckten Vermögenszuwendungen im transnationalen Unternehmen, 1979, 360.

[1415] *Fleischer* in Lutter, Europäische Auslandsgesellschaften in Deutschland, 2005, 49, 104 m. Hinweisen auf die einschlägige US-amerikanische Diskussion bereits zu Beginn der 90iger Jahre des vergangenen Jahrhunderts; ferner auch *Schanze/Jüttner* AG 2003, 661 (663); *Spindler/Berner* RIW 2003, 949 (954); *Eidenmüller* in Eidenmüller Ausl. KapGes. § 3 Rn. 39 ff.

[1416] *Fleischer* in Lutter, Europäische Auslandsgesellschaften in Deutschland, 2005, 49, 104; *Eidenmüller* in Eidenmüller Ausl. KapGes. § 3 Rn. 39; speziell zur Schutzbedürftigkeit dieser „non-adjusting creditors" s. *Eidenmüller* KTS 2009, 137 (141) m. Verweis auf *Bebchuk/Fried* 105 Yale L. J. (1996), 857 (882 ff.); *Bebchuk/Fried* 82 Cornell Law Review (1997), 1279 (1295 ff.); ferner *Eidenmüller* JZ 2009, 641 (649 f.).

[1417] Zutr. *Koppensteiner* in Gesellschaftsrechtliche Vereinigung, Gesellschaftsrecht in der Diskussion 1999, 2000, 151, 167 f., insoweit in Widerspruch zu seiner in → Rn. 387 referierten Ansicht.

[1418] Zu Recht spricht *Großfeld* in Staudinger/*Großfeld,* 1998, IntGesR Rn. 56 von einer „Korrektur im zweiten Zugriff".

[1419] HCL/*Behrens/Hoffmann* GmbHG Allg. Einl. Rn. B 48 ff.; *Sandrock* BerGesVR 18 (1978), 169 (199 ff.).

[1420] Vgl. Art. 156 ff. schweiz. IPRG; hierzu auch BGE 108 II 398 ff. mAnm *Heini* IPRax 1984, 166 sowie BGE 117 II 494 ff. mAnm *Heini* IPRax 1992, 405; Staudinger/*Großfeld,* 1998, IntGesR Rn. 158; *Ebenroth* FS Meier-Hayoz, 1982, 101 (122); *Ebenroth,* Konzernleitungs- und Konzernbildungskontrolle, 1987, 72 f. und *Ebenroth/Messer* ZSchweizR 108 (1989), II, 49, 77 ff; zu den Modifikationen der Gründungstheorie eingehend auch BeckOGK/*Großerichter/Zwirlein-Forschner,* 1.12.2021, IPR Internationales Gesellschaftsrecht – Allgemeiner Teil Rn. 49 ff.

gegründet worden ist.[1421] Doch sei anzuerkennen, dass es **schützenswerte Interessen außerhalb des Gründungsstaates** geben könne; daher könne im Einzelfall die Anwendung von Schutznormen aus einer Rechtsordnung erforderlich sein, die den zu schützenden Interessen näher steht als das Gründungsrecht.[1422] Hierfür bedürfe es allerdings jeweils einer „kollisionsrechtspolitisch" eingehend zu begründenden **Sonderanknüpfung,** für die grundsätzlich **drei** unterschiedliche **Normgruppen** des Sachrechts in Betracht kommen sollen:[1423] **(1)** Normen außerhalb des Gesellschaftsrechts, **(2)** gesellschaftsrechtliche Eingriffsnormen[1424] und **(3)** international zwingende Normen des Gesellschaftsrechts zum Schutz des Rechtsverkehrs, der Gläubiger und der Gesellschafter. Soweit **EU-ausländische Gesellschaften** betroffen seien, bedürfe jede dieser Sonderanknüpfungen – als Beschränkung der Niederlassungsfreiheit – zusätzlich einer Rechtfertigung nach dem Vier-Konditionen-Test des EuGH,[1425] wobei der Begriff der Beschränkung weit zu verstehen sei, dh ohne teleologische Reduktion auf Marktzugangshindernisse.[1426] Als **Anknüpfungsmerkmal** dieser Sonderanknüpfungen sei nicht der Verwaltungssitz der Gesellschaft, sondern der – jeweilige – **Ort der geschäftlichen Betätigung** der Gesellschaft heranzuziehen, dh – je nach Statut – der Vornahmeort, Handlungsort oder Marktort.[1427] Als Anwendungsfälle derartiger Sonderanknüpfungen erörtert *Behrens* den Verkehrsschutz, die Finanzverfassung, die Durchgriffshaftung und die Insolvenzverschleppungshaftung.[1428]

Diesem Lösungsansatz liegt zunächst ein überzogenes Verständnis des Instituts der Sonderanknüpfung zu Grunde: Bei der Sonderanknüpfung geht es darum, einzelne Teilfragen **aus dem betreffenden Statut** herauszulösen und diese einem anderen Anknüpfungsmoment zuzuweisen (→ Einl. IPR Rn. 307 ff.).[1429] Auch **Eingriffsnomen** unterliegen einer Sonderanknüpfung (→ Einl. IPR Rn. 307 ff.; → Rom I-VO Art. 9 Rn. 1 ff.). Anders liegt der Fall aber bei Rechtsinstituten, die von vorneherein – kraft Qualifikation – einem *anderen* Anknüpfungsgegenstand zuzuordnen sind (Vertrag, Bereicherung, Delikt, Insolvenz usw). Besonderer kollisionsrechtlicher Rechtfertigungsgründe für deren Anwendbarkeit neben dem Gesellschaftsstatut bedarf es nicht, und zwar auch nicht bei einer ggf. vorliegenden staatsvertraglichen Privilegierung der Gesellschaft (→ Rn. 146 ff.). Diese nicht-gesellschaftsrechtlichen Rechtsinstitute sind ohne weiteres kraft der für sie einschlägigen kollisionsrechtlichen Verweisungen (zB Art. 3 ff. Rom I-VO, Art. 4 ff., 10 ff. Rom II-VO; Art. 7 EuInsVO 2015; § 335 InsO) anwendbar.[1430] **347**

Derartige **nicht-gesellschaftsrechtliche Vorschriften** können ferner unter dem Gesichtspunkt der Niederlassungsfreiheit von Gesellschaften auch **keine rechtfertigungsbedürftige Beschränkung** darstellen.[1431] Das hat der **BGH** im **Einfamilienhaus-Urteil** ausdrücklich festgestellt[1432] und folgt **348**

[1421] HCL/*Behrens/Hoffmann* GmbHG Allg. Einl. Rn. B 48, wonach dafür bei Kapitalgesellschaften der Ort der Registereintragung maßgeblich sei, der durch den Satzungssitz bestimmt werde; relativierend zur Bedeutung des Satzungssitzes im Rahmen der Gründungsanknüpfung *Hoffmann* ZVglRWiss 101 (2002), 283.

[1422] HCL/*Behrens/Hoffmann* GmbHG Allg. Einl. Rn. 59 m. Verweis auf *Knobbe-Keuk* ZHR 154 (1990), 325 (345 ff.); MHLS/*Leible* GmbHG Syst. Darst. 2 Rn. 9.

[1423] HCL/*Behrens/Hoffmann* GmbHG Allg. Einl. Rn. B 63 ff., 69 ff.; zu den Sonderanknüpfungen auch *Behrens* in Sonnenberger Vorschläge und Berichte 401 ff.

[1424] Die es aber nach *Behrens* nicht geben soll, HCL/*Behrens/Hoffmann* GmbHG Allg. Einl. Rn. B 65; Beispiele aber bei *Weller* IPRax 2017, 167 (174 f.).

[1425] HCL/*Behrens/Hoffmann* GmbHG Allg. Einl. Rn. 73; zum Vier-Konditionen-Test Rn. 118, 124.

[1426] HCL/*Behrens/Hoffmann* GmbHG Allg. Einl. Rn. B 13.

[1427] Vgl. für Einzelheiten HCL/*Behrens/Hoffmann* GmbHG Allg. Einl. Rn. B 75; anders noch Hachenburg/*Behrens* GmbHG, 8. Aufl. 1989, Allg. Einl. Rn. 128: Die Verwendung des Verwaltungssitzes iSd Sitztheorie sei als Anknüpfungsmerkmal für die Sonderanknüpfung zwingender Schutznormen hinzunehmen.

[1428] HCL/*Behrens/Hoffmann* GmbHG Allg. Einl. Rn. B 93 f., B 103 ff., B 112 ff., B 128 ff.

[1429] Vgl. auch *v. Hoffmann/Thorn* IPR § 6 Rn. 43.

[1430] Näher *Kindler* IPRax 2009, 189 (192).

[1431] HM, *Bayer* BB 2003, 2357 (2364 f.); *Kindler* NZG 2003, 1086 (1090); *Weller* DStR 2003, 1800 (1804); *Kersting/Schindler* RdW 2003, 621 (625); *Meilicke* GmbHR 2003, 1271 (1272); *Schumann* DB 2004, 743 (745 f.); *Ziemons* ZIP 2003, 1913 (1917) m. Fn. 35; *Hausmann* in Reithmann/Martiny IntVertragsR Rn. 6.170; *Horn* NJW 2004, 893 (899); *Ulmer* NJW 2004, 1201 (1205, 1207 f.); *Kuntz* NZI 2005, 424 (427); *Wilhelm* ZHR 167 (2003), 520 (540); BGH NJW 2005, 1648 (1650) unter III.; AG Bad Segeberg NZG 2005, 762 (763); aA *Sandrock* in Sandrock/Wetzler, Deutsches Gesellschaftsrecht im Wettbewerb der Rechtsordnungen, 2004, 33, 41 f.; *Eidenmüller* in Eidenmüller Ausl. KapGes. § 3 Rn. 8, 68 der aber zB einräumt, dass eine deliktische Handelndenhaftung nach Inlandsrecht niederlassungsrechtlich regelmäßig unbedenklich ist; ferner *Kiethe* RIW 2005, 649 (654 f.) mN; *Kieninger* RabelsZ 73 (2009), 607 (614 f.); *Behrens* in Sonnenberger Vorschläge und Berichte 401, 421 ff.

[1432] BGH NJW 2007, 1529 Rn. 11 im Anschluss an 4. Aufl. 2006, Rn. 413 ff. (hier → Rn. 398 ff.) – Einfamilienhaus m. Aufs. *Kindler* NJW 2007, 1785 = IPRax 2008, 42 m. Aufs. *Brinkmann* IPRax 2008, 30; dazu auch *Altmeppen* ZIP 2007, 889; *Schanze* NZG 2007, 533; *D. Paulus,* Außervertragliche Gesellschafter- und Organwalterhaftung im Lichte des Unionskollisionsrechts, 2013, Rn. 156.

im Übrigen schon aus Art. 49 Abs. 2 AEUV,[1433] ferner aus den einschlägigen EuGH-Urteilen, die sich allesamt allein auf die gesellschaftsrechtliche Behandlung der Gesellschaft selbst so wie ihrer Mitglieder und Organe beziehen. So geht es in **Centros** um das Recht des Einzelnen zur Errichtung von Gesellschaften in demjenigen Mitgliedstaat, dessen **gesellschaftsrechtliche Vorschriften** den Gründern die größte Freiheit lassen (gesellschaftsrechtliches „Statute-shopping").[1434] Auch in **Überseering** war allein die **Rechts- und Parteifähigkeit der Gesellschaft** Gegenstand der Betrachtung.[1435] Hinzukommt, dass für fast alle angrenzenden Rechtsbereiche inzwischen **Kollisionsrecht auf der Ebene des EU-Sekundärrechts** besteht. Dies gilt für das internationale Insolvenzrecht, das internationale Vertragsrecht, sowie das internationale Privatrecht der außervertraglichen Schuldverhältnisse (zu Nachweisen → Rn. 339). Diese Kollisionsnormen tragen ihre **EU-rechtliche Rechtfertigung in sich,** wie **BGH NJW 2011, 3784** zutreffend feststellt.[1436] So ist etwa die EuInsVO 2015 schon nach ihrem Erwägungsgrund 3 für die Verwirklichung des Binnenmarktzieles erforderlich.[1437] Mit der Schaffung sekundärrechtlicher Kollisionsnormen, die auf innerstaatliches Recht der Mitgliedstaaten verweisen, zeigt der EU-Gesetzgeber zugleich, dass er Rechtsunterschiede auf dieser Ebene nicht als Verstoß gegen die Niederlassungsfreiheit wertet.[1438] Jedenfalls ist das sekundärrechtliche Kollisionsrecht bei der Prüfung der Rechtfertigung einer etwaigen Beschränkung zu berücksichtigen.[1439]

349 Einen allzu weiten Beschränkungsbegriff legt *Behrens* auch im Hinblick auf die EuGH-Rspr. zur Warenverkehrs- und Dienstleistungsfreiheit zu Grunde. Es ist fast einhellige Meinung, dass – im Sinne einer Konvergenz der Grundfreiheiten – nur **Marktzugangshindernisse**[1440] als Beschränkungen der Niederlassungsfreiheit in Betracht kommen.[1441] Im vorliegenden Zusammenhang wären dies nur solche Anpassungserfordernisse, die eine EU-ausländische Gesellschaft aus Anlass ihres Grenzübertritts (zB ein Zwang zu Satzungsänderungen)[1442] oder im Zeitpunkt ihrer Gründung als originäre Briefkastengesellschaft bezüglich ihrer rechtlichen Verfasstheit zu erfüllen hätte (zB betreffend Mindestkapital und Kapitalaufbringung),[1443] **nicht** aber später eingreifende **Tätigkeitsausübungsregeln oder bloße Marktrückzugsregeln.**[1444] Die Notwendigkeit zu bloßen Verhaltensanpassungen – zB mit Blick auf Haftungsregeln – fällt demgegenüber von vornherein nicht unter das Beschränkungsverbot.

350 Und schließlich vermag auch die **Vielfalt von Anknüpfungsmerkmalen** unter dem Leitmotiv des „Ortes der geschäftlichen Betätigung" nicht zu überzeugen, die *Behrens* für die einzelnen Sonderanknüpfungen aufführt. Soweit es sich dabei schon gar nicht um gesellschaftsrechtliche Vorschriften handelt, liegt von vornherein keine Sonderanknüpfung im eigentlichen Sinne vor (→ Rn. 347),

---

[1433] *Ulmer* NJW 2004, 1201 (1207 f.).

[1434] EuGH ECLI:EU:C:1999:126 Rn. 27 = NJW 1999, 2027 – Centros; wortgleich EuGH ECLI: EU: C:2003:512 Rn. 138 = NJW 2003, 3331 – Inspire Art; *Sandrock* BB 2003, 2588 (2589).

[1435] EuGH ECLI:EU:C:2002:632 = NJW 2002, 3614 Ls. 1 – Überseering.

[1436] BGH NJW 2011, 3784 Rn. 39; näher *Wedemann* IPRax 2012, 226 (228 ff.); *Rehm* in Eidenmüller Ausl. KapGes. § 2 Rn. 79: „starke Wirksamkeitsvermutung"; speziell zur EuInsVO 2000 *Ulmer* NJW 2004, 1201 (1207) Fn. 57; *Huber* in Lutter, Europäische Auslandsgesellschaften in Deutschland, 2005, 307, 355; wohl auch *Forsthoff* in Hirte/Bücker GrenzübGes § 2 Rn. 75; aA *Kieninger* RabelsZ 73 (2009), 607 (614 f.).

[1437] Vgl. *Ulmer* NJW 2004, 1201 (1207) Fn. 57; *Huber* in Lutter, Europäische Auslandsgesellschaften in Deutschland, 2005, 307, 355; wohl auch *Forsthoff* in Hirte/Bücker GrenzübGes § 2 Rn. 75.

[1438] Zutr. KG NZG 2004, 614 (616) mit Blick auf Art. 2 Abs. 1 EWIV-VO; dazu → Rn. 73 aE; wie hier auch *Wedemann* IPRax 2012, 226 (231) (Konkretisierungsbefugnis des EU-Gesetzgebers bezüglich des Schutzbereichs der Grundfreiheiten).

[1439] *Forsthoff* in Hirte/Bücker GrenzübGes § 2 Rn. 72.

[1440] EuGH ECLI:EU:C:1995:126 Rn. 37 = NJW 1995, 25 (41) – Alpine Investments („cold calling"); bestätigt durch EuGH ECLI:EU:C:2003:272 Rn. 60 = NJW 2003, 2663 – Goldene Aktien IV; EuGH ECLI:EU:C:2003:273 Rn. 46 = NJW 2003, 2666 – Goldene Aktien V; dazu *Spindler* RIW 2003, 850 (853); grdl. EuGH ECLI:EU:C:1993:905 = NJW 1994, 121 – Keck.

[1441] EuGH ECLI:EU:C:2010:622 Rn. 56 = NZG 2011, 183 – Idryma Typou; dazu *Kindler* FS Säcker, 2011, 393 ff.; *Kindler* NJW 1999, 1993 (2000) zu Fn. 116; *Habersack/Verse* EuropGesR § 3 Rn. 5 ff.; *Schanze/Jüttner* AG 2003, 661 (666 f.); *Spindler/Berner* RIW 2003, 949 (955); *Eidenmüller* in Eidenmüller Ausl. KapGes. § 3 Rn. 10 ff.; *Forsthoff* in Hirte/Bücker GrenzübGes § 2 Rn. 38; *Fleischer* in Lutter, Europäische Auslandsgesellschaften in Deutschland, 2005, 49, 98 ff.; *Jarass* EuR 2000, 705 (711 f.); *Haus/Cole* JuS 2003, 561 (564); aA HCL/*Behrens/Hoffmann* GmbHG Allg. Einl. Rn. 9.

[1442] Vgl. den Fall „Überseering", EuGH ECLI:EU:C:2002:632 = NJW 2002, 3614; vgl. auch → Rn. 61 sub (3) zur geplanten Sitzverlegungsrichtlinie.

[1443] Vgl. den Fall „Inspire Art", EuGH ECLI:EU:C:2003:512 = NJW 2003, 3331.

[1444] Zu den beiden letztgenannten Kategorien vgl. *Weller,* Europäische Rechtsformwahlfreiheit und Gesellschafterhaftung, 2004, 202 ff., 205 ff.; *Weller* IPRax 2017, 167 (176); *Huber* in Lutter, Europäische Auslandsgesellschaften in Deutschland, 2005, 307, 348 ff. zur Insolvenzantragspflicht; *Ekkenga* FS Universität Gießen, 2007, 395 (403 f.) zur Rechnungslegung.

und daher greifen die jeweils normierten Anknüpfungsmerkmale ein.[1445] Hingegen sollten gesellschaftsrechtliche Vorschriften der Anknüpfung an den Verwaltungssitz als Kristallisationspunkt der gesellschaftsbezogenen Interessen unterliegen. Nur so gelangt man zu einem einheitlichen „Gesellschaftsstatut II"[1446] und vermeidet eine Vielzahl von subsidiär maßgeblichen Rechtsordnungen je nach Ort der geschäftlichen Betätigung.[1447] Zudem wahrt nur eine **Verwaltungssitzanknüpfung** den weitgehenden **Gleichlauf mit dem Insolvenzstatut** (Art. 3 Abs. 1 und Art. 7 EuInsVO 2015) und folgt damit der Einschätzung des EU-Gesetzgebers, dass am Verwaltungssitz die hauptsächlichen Interessen der Schuldnergesellschaft zusammenlaufen, nicht am Satzungssitz.[1448]

Eine eingeschränkte Gründungstheorie vertritt auch *Grothe* im Hinblick auf solche Gesellschaften, die sich auf die Niederlassungsfreiheit nach Maßgabe von Art. 49 ff., 54 AEUV berufen können.[1449] Für diese Gesellschaften soll Art. 54 Abs. 1 AEUV grundsätzlich die Maßgeblichkeit des Gründungsrechts erzwingen, allerdings – vor dem Hintergrund der von ihm an sich befürworteten Sitztheorie –[1450] nur soweit, als dies für eine effektive Wahrnehmung des Rechts auf freie Niederlassung erforderlich sei.[1451] Diese Einschränkung präzisiert *Grothe* dahin, dass sich die Maßgeblichkeit des Gründungsrechts (1) auf diejenigen Rechtssätze beziehe, die über Bestand und Rechtssubjektsqualität von Gesellschaften entscheiden und darüber hinaus (2) auf das gesamte gemäß Art. 50 Abs. 2 lit. g AEUV angeglichene Gesellschaftsrecht (zu den gesellschaftsrechtlichen Richtlinien → Rn. 28 ff.).[1452] Im Übrigen solle die nach der Sitztheorie zu ermittelnde Rechtsordnung zur Anwendung kommen.[1453] 351

Dieser – schon 1989 vorgebrachte – Ansatz hat vor dem Hintergrund der EuGH-Rspr. seit 1999 (→ Rn. 86 ff.) wieder eine gewisse Aktualität gewonnen. Er entspricht der Grundlinie der deutschen Rspr. seit 2004, das Gründungsrecht anzuwenden, soweit dies staatsvertraglich geboten ist, im Übrigen aber an der Sitztheorie festzuhalten (→ Rn. 126). Hinsichtlich des ersten Normkomplexes – betreffend Bestand und Rechtssubjektsqualität von Gesellschaften – deckt sich der Vorschlag von *Grothe* mit der herrschenden Interpretation des Überseering-Urteils (→ Rn. 90, → Rn. 123 ff.): Eine EU-ausländische Gesellschaft ist im Inland hinsichtlich der genannten Merkmale nach ihrem Heimatrecht zu beurteilen. Hinsichtlich des zweiten Normkomplexes – des angeglichenen Gesellschaftsrechts des Gründungsstaates – vermag die Maßgeblichkeit des Gründungsrechts nicht zu überzeugen. Zum einen ist sie EU-rechtlich nicht geboten, weil – wie auch der **BGH** erkannt hat[1454] – **in der Anwendung des angeglichenen Rechts eines anderen Mitgliedstaates kein Eingriff in die Niederlassungsfreiheit** liegen kann (→ Rn. 39 f.). Außerdem trägt *Grothe* sämtliche Zweifel im Zusammenhang mit der Auslegung angeglichenen Gesellschaftsrechts in die Rechtsanwendungsfrage hinein, wenn er nur diejenigen Sätze des innerstaatlichen Rechts, die auf gesellschaftsrechtlichen EU-Richtlinien beruhen, als Bestandteil des Gründungsrechts anwenden will.[1455] Denn für EU-*widriges* innerstaatliches Gesellschaftsrecht im Angleichungsbereich einer Richtlinie kann dies nicht gelten; dessen Anwendbarkeit ist schlechterdings nicht aus Art. 49 ff. AEUV herzuleiten. Folglich wäre in Zweifelsfällen[1456] schon bei der iprechtlichen Prüfung häufig ein Vorabentscheidungsverfahren (Art. 267 AEUV) durchzuführen. 352

Eine eingeschränkte Gründungstheorie vertritt unter dem Eindruck des Centros-Urteils des EuGH (Rn. 86) auch *v. Halen.*[1457] In den **persönlichen Anwendungsbereich** der von diesem Autor entwickelten Anknüpfungslehre sind nur **Gesellschaften aus EU-Staaten** einbezogen; für sonstige 353

1445 Parteiautonomie bzw. engste Verbindung im Vertragsrecht, Schuldstatut bzw. Eingriffsort/Ort des Bereicherungseintritts im Bereicherungsrecht, Tatort im Deliktsrecht, Gerichtszuständigkeit im Insolvenzrecht.

1446 Treffend *Bitter* WM 2004, 2190 (2200).

1447 Wie *Behrens* tendenziell für den Gläubigerschutz aber auch *Sandrock* in Sandrock/Wetzler, Deutsches Gesellschaftsrecht im Wettbewerb der Rechtsordnungen, 2004, 33, 61 f.: Vornahmeort.

1448 Zu diesem Gleichlaufgedanken vgl. *U. Huber* FS Gerhardt, 2004, 397 (405 f.); *B. Kübler* FS Gerhardt, 2004, 527 (552); s. auch die EuGH-Vorlagen Supreme Court of Ireland NZI 2004, 505 und dazu EuGH Slg. 2006, I-3854 = NZI 2006, 360 – Eurofood; BGH NZG 2004, 197 = IPRax 2004, 429 mAnm *Weller* IPRax 2004, 412 und dazu EuGH ECLI:EU:C:2006:39 = NZI 2006, 153 – Staubitz-Schreiber; näher *Kindler* IPRax 2006, 114.

1449 *Grothe,* Die „ausländische Kapitalgesellschaft & Co.", 1989, § 7, S. 125 ff.

1450 Vgl. *Grothe,* Die „ausländische Kapitalgesellschaft & Co.", 1989, § 6, S. 109 ff.

1451 *Grothe,* Die „ausländische Kapitalgesellschaft & Co.", 1989, § 7 E VI 2, S. 193.

1452 *Grothe,* Die „ausländische Kapitalgesellschaft & Co.", 1989, § 7 E VI 2, S. 193; ebenso *Ulmer* JZ 1999, 662.

1453 *Grothe,* Die „ausländische Kapitalgesellschaft & Co.", 1989, § 7 E VI 2, S. 193 f.

1454 BGH NJW 2007, 1529 Rn. 11 – Einfamilienhaus m. Aufs. *Kindler* NJW 2007, 1785 = IPRax 2008, 42 m. Aufs. *Brinkmann* IPRax 2008, 30; dazu auch *Altmeppen* ZIP 2007, 889; *Schanze* NZG 2007, 533.

1455 So *Grothe,* Die „ausländische Kapitalgesellschaft & Co.", 1989, § 7 E VI 2, S. 193.

1456 Hierzu zB *Kindler* ZGR 1998, 35 (41 ff.).

1457 *v. Halen,* Das Gesellschaftsstatut nach der Centros-Entscheidung des EuGH, 2001.

Gesellschaften verbleibt es bei der Verwaltungssitzanknüpfung.[1458] Eine **sachliche Einschränkung** der Gründungsanknüpfung im Rahmen der EU befürwortet *v. Halen* im Hinblick auf den Schutz der Regelungsinteressen des Verwaltungssitzstaates bei bestimmten **gesellschaftsrechtlichen Teilfragen.**[1459] Insoweit könne sich der Sitzstaat stets auf das Vorliegen zwingender Allgemeininteressen im Sinne der Rechtfertigungsprüfung durch den EuGH[1460] berufen.[1461] Vor der Diskussion dieser Teilfragen schichtet *v. Halen* eine Reihe von nicht-gesellschaftsrechtlichen Haftungstatbeständen ab, die er den dafür jeweils maßgeblichen Kollisionsnormen zuweist (Haftung aus Delikt, Vertrag, Rechtsschein, cic und Sachwalterstellung).[1462] Im Anschluss an *Grothe* (Rn. 348 f.) erachtet er ferner die europäisch angeglichenen Sachbereiche des inländischen Gesellschaftsrecht als nicht sonderanknüpfungsfähig.[1463] Im Einzelnen soll sich das Verwaltungssitzrecht jedoch in folgenden Punkten gegen das Gründungsrecht durchsetzen: Registerpflicht;[1464] Mindestkapital, Kapitalaufbringung und Kapitalerhaltung bei der GmbH;[1465] Gesellschafterhaftung bei Vermögensvermischung und Unterkapitalisierung;[1466] unternehmerische Mitbestimmung.[1467]

354 Mit der Unterscheidung zwischen staatsvertraglich geschützten Gesellschaften und solchen, bei denen dies nicht der Fall ist, liegt *v. Halen* auf der **Linie der Rspr.,**[1468] die dies ebenfalls annimmt (→ Rn. 123 ff., → Rn. 316 aE). Beizupflichten ist *v. Halen* auch mit Blick auf die von ihm befürwortete **Abschichtung** nicht-gesellschaftsrechtlicher Fragen: diese Anknüpfungsgegenstände unterliegen weder der gesellschaftskollisionsrechtlichen Norm, noch bedarf ihre Anwendung – als Tätigkeitsausübungsregel beziehungsweise Marktaustrittsregel – der europarechtlichen Rechtfertigung (→ Rn. 349). Dass das EU-angeglichene Gesellschaftsrecht des Verwaltungssitzstaates indessen sonderanknüpfungsunfähig sein soll, vermag nicht zu überzeugen (→ Rn. 352). Auf die einzelnen durch *v. Halen* behandelten gesellschaftsrechtlichen Teilfragen ist im Zusammenhang einzugehen (→ Rn. 489 ff.). Fest steht aber auf jeden Fall auf Grund der – nach der Veröffentlichung von *v. Halen* ergangenen – Inspire Art-Entscheidung des EuGH, dass die Mindestkapitalanforderungen des Verwaltungssitzstaates auf dort effektiv ansässige EU-Auslandsgesellschaften nicht angewendet werden dürfen.[1469]

355 **b) Überlagerungstheorie.** *Sandrock* bezeichnete die von ihm in den siebziger Jahren des vergangenen Jahrhunderts entwickelte „Überlagerungstheorie" als eine **Variante der Gründungstheorie,** die im Wesentlichen auf eine **Trennung** von **Gründung und Anerkennung** einerseits **und Personalstatut,** den Innen- und Außenbeziehungen der Gesellschaft, andererseits abstellt.[1470] Im Prinzip gilt dabei nur ein Statut, nämlich das des Gründungsstaates, jedoch verdrängen zwingende Vorschriften des Sitzstatuts die entsprechenden Vorschriften des Gründungsstatuts, wenn unmittelbare privatrechtliche Interessen an der Gesellschaft eine rechtliche und wirtschaftliche Einbuße erleiden.[1471] Unter dem Eindruck der EuGH-Rspr. seit Centros (→ Rn. 86 ff.) hat *Sandrock* zwischenzeitlich eine „Schrumpfung der Überlagerungstheorie"[1472] festgestellt und seine Lehre neu

---

[1458] *v. Halen,* Das Gesellschaftsstatut nach der Centros-Entscheidung des EuGH, 2001, 275 ff., 279; auch für Gesellschaften unter dem Schutz bilateraler Staatsverträge soll die Gründungsanknüpfung gelten, zB im Verhältnis zu den USA, 32; dazu → Rn. 291 ff.

[1459] *v. Halen,* Das Gesellschaftsstatut nach der Centros-Entscheidung des EuGH, 2001, 230 ff., 234 ff.

[1460] EuGH ECLI:EU:C:1999:126 Rn. 32 ff. = NJW 1999, 2027 – Centros.

[1461] *v. Halen,* Das Gesellschaftsstatut nach der Centros-Entscheidung des EuGH, 2001, 235 Fn. 142.

[1462] *v. Halen,* Das Gesellschaftsstatut nach der Centros-Entscheidung des EuGH, 2001, 235; in der Folge auch die Insolvenzverschleppungshaftung, 246 f.

[1463] *v. Halen,* Das Gesellschaftsstatut nach der Centros-Entscheidung des EuGH, 2001, 235 f.

[1464] *v. Halen,* Das Gesellschaftsstatut nach der Centros-Entscheidung des EuGH, 2001, 237, 259.

[1465] *v. Halen,* Das Gesellschaftsstatut nach der Centros-Entscheidung des EuGH, 2001, 240, 260 ff.

[1466] *v. Halen,* Das Gesellschaftsstatut nach der Centros-Entscheidung des EuGH, 2001, 242 f.

[1467] *v. Halen,* Das Gesellschaftsstatut nach der Centros-Entscheidung des EuGH, 2001, 251, 268.

[1468] Vgl. zu EU-Gesellschaften BGHZ 154, 185 = NJW 2003, 1461 – Überseering; BGH NJW 2004, 3706 (3707); 2005, 1648; zum übrigen EWR BGHZ 164, 148 = NJW 2005, 3351 – Liechtenstein = RIW 2005, 945 mAnm *Leible/Hoffmann;* dazu *Weller* ZGR 2006, 748; *Weller* IPRax 2009, 202 (206); zu US-Gesellschaften BGHZ 153, 353 = NJW 2003, 1607 = BB 2003, 810 mAnm *Kindler;* BGH RIW 2005, 147 = NZG 2005, 44; zu drittstaatlichen Gesellschaften BGHZ 153, 353 (355) = NJW 2003, 1607; BayObLG RIW 2003, 387 = DB 2003, 819.

[1469] EuGH ECLI:EU:C:2003:512 = NJW 2003, 3331 Ls. 2 – Inspire Art; zutr. *Lanzius,* Anwendbares Recht und Sonderanknüpfungen unter der Gründungstheorie, 2005, 135.

[1470] *Sandrock* BerGesVR 18 (1978), 169 (191, 202); *Sandrock* FS Beitzke, 1979, 669 (690 ff.); *Sandrock* RabelsZ 42 (1978), 227 (246 ff.); *Sandrock/Austmann* RIW 1989, 249 (252 f.); vgl. auch Art. 156 ff. schweiz. IPRG sowie Art. 4 des EWG-Übereinkommens vom 29.2.1968 (→ Rn. 67).

[1471] Vgl. *Sandrock* ZVglRWiss 102 (2003), 447 (449 ff.).

[1472] So der Titel seines Beitrags in ZVglRWiss 102 (2003), 447 ff.

konzipiert, dh radikal vereinfacht.[1473] Danach werden EU-angehörige Gesellschaften **voll umfänglich** von ihrem **Gründungsrecht** als Gesellschaftsstatut beherrscht.[1474] Jede hiervon abweichende Anwendung des am Verwaltungssitz geltenden Rechts sei – wegen des damit verbundenen Zwangs zur Anpassung an dieses Recht – ein rechtfertigungsbedürftiger Eingriff in die Niederlassungsfreiheit der Gesellschaft.[1475] Eine solche Rechtfertigung – anhand Art. 52 AEUV, wegen Missbrauchs der Niederlassungsfreiheit oder aus zwingenden Gründen des allgemeinen Wohls[1476] – komme für keine einzige Vorschrift des deutschen Gesellschaftsrechts abstrakt gesehen in Betracht; dies gelte gleichermaßen für die Bestimmungen zum Schutz von Gläubigern, Gesellschaftern, abhängigen Gesellschaften und Arbeitnehmern im Rahmen der unternehmerischen Mitbestimmung.[1477] Eine **Überlagerung** könne sich **nur im Einzelfall** unter besonderen Umständen ergeben.[1478] Als Beispiele nennt *Sandrock* die Gesellschafterhaftung nach der Aschenputtel-Limited-Entscheidung des AG Hamburg[1479] und nach der Bremer Vulkan-Rspr. des BGH („Existenzvernichtungshaftung"),[1480] ferner die gesellschaftsrechtliche Haftung der Organmitglieder eines herrschenden Unternehmens im Konzern.[1481] Stets stehe eine Überlagerung aber unter dem Vorbehalt eines **„Subsidiaritätsprinzips":** Im Gründungsrecht dürfe sich keine Norm finden, die dem Anspruchssteller denjenigen Rechtsschutz gewähren würde, den er im konkreten Fall begehrt.[1482] Als **Anknüpfungsmerkmal** habe auch in diesen seltenen Ausnahmefällen der Verwaltungssitz ausgedient; abzustellen sei auf den inländischen „Vornahmeort", der das „Geschäftsstatut" festlege, das über den Gläubigerschutz bestimme.[1483] Zur weiteren Vereinfachung seines Modells schlägt *Sandrock* außerdem vor, auch **angrenzende Fragen des allgemeinen Zivilrechts sowie des Insolvenzrechts** nach dem Gründungsrecht der Gesellschaft zu beurteilen,[1484] und dies alles soll auch für Gesellschaften ohne staatsvertraglich garantierte Niederlassungsfreiheit gelten.[1485]

Was *Sandrock* hier vorlegt, ist längst keine – auch keine „geschrumpfte" – Überlagerungstheo- 356
rie mehr, sondern eine **ins Extreme getriebene Gründungstheorie.** Überspitzt könnte man auch von einer Art **„Käseglocken-Theorie"** sprechen,[1486] weil die Auslandsgesellschaft danach

[1473] S. zum Folgenden *Sandrock* ZVglRWiss 102 (2003), 447 ff.; *Sandrock* BB 2003, 2588 f.; *Sandrock* in Sandrock/Wetzler, Deutsches Gesellschaftsrecht im Wettbewerb der Rechtsordnungen, 2004, 33 ff.; *Sandrock* BB 2004, 897 ff.; *Sandrock* AG 2004, 57 ff. speziell zur unternehmerischen Mitbestimmung.

[1474] *Sandrock* BB 2003, 2588.

[1475] *Sandrock* ZVglRWiss 102 (2003), 447 (456) m. Verweis auf *Schanze/Jüttner* AG 2003, 30 (34); so auch *Eidenmüller* in Eidenmüller Ausl. KapGes. § 3 Rn. 6.

[1476] Vgl. EuGH ECLI:EU:C:2003:512 Rn. 131 ff. = NJW 2003, 3331 – Inspire Art.

[1477] *Sandrock* BB 2003, 2588 (2589).

[1478] So *Sandrock* ZVglRWiss 102 (2003), 447 (462) unter Berufung auf GA *Alber* NZG 2003, 262 Rn. 115 ff. – Inspire Art; s. auch EuGH ECLI:EU:C:1999:126 Rn. 25 = NJW 1999, 2027 – Centros; ECLI:EU:C:2002:632 Rn. 92 = NJW 2002, 3614 – Überseering.

[1479] AG Hamburg NJW 2003, 2835 – Doppelböden; dazu *Sandrock* ZVglRWiss 102 (2003), 447 (463); *Kindler* FS Jayme, 2004, 409.

[1480] BGHZ 173, 246 = NJW 2007, 2689 – TRIHOTEL; zur Anknüpfung *Kindler* IPRax 2009, 189 (193); *Weller* ZIP 2007, 1681 (1686 f.); nachfolgend BGHZ 179, 344 = NJW 2009, 2127 – Sanitary (Eingriffshaftung allein nach § 826 BGB); näher → Rn. 591 ff. und zum Sachrecht → BGB § 826 Rn. 132 ff.; zuvor BGHZ 149, 10 = NJW 2001, 3622; BGH NZG 2005, 214 = ZIP 2005, 250; *Sandrock* ZVglRWiss 102 (2003), 447 (484 ff.) m. Verweis auf *Eidenmüller* ZIP 2002, 2233 (2242); *Weller* IPRax 2003, 207; *Hirte* EWS 2002, 573 (574); ebenso *Sandrock* in Sandrock/Wetzler, Deutsches Gesellschaftsrecht im Wettbewerb der Rechtsordnungen, 2004, 33, 53 ff.

[1481] *Sandrock* in Sandrock/Wetzler, Deutsches Gesellschaftsrecht im Wettbewerb der Rechtsordnungen, 2004, 33, 56 ff.

[1482] *Sandrock* in Sandrock/Wetzler, Deutsches Gesellschaftsrecht im Wettbewerb der Rechtsordnungen, 2004, 33, 37 f. unter Berufung auf *W.-H. Roth* IPRax 2003, 117 (125) re. Sp.; iErg auch *Eidenmüller* in Eidenmüller Ausl. KapGes. § 3 Rn. 30 ff., 45 ff., aber unter dogmatischer Verortung auf der Stufe der vom EuGH vorgenommenen Erforderlichkeitsprüfung; Anklänge einer Subsidiaritätsbetrachtung auch bei EuGH ECLI:EU:C:1981:314 Rn. 17 = NJW 1982, 1203 – Webb, zur Dienstleistungsfreiheit.

[1483] *Sandrock* in Sandrock/Wetzler, Deutsches Gesellschaftsrecht im Wettbewerb der Rechtsordnungen, 2004, 33, 61 f.

[1484] *Sandrock* in Sandrock/Wetzler, Deutsches Gesellschaftsrecht im Wettbewerb der Rechtsordnungen, 2004, 33, 41 f., 52: „das Sitzrecht hat … dem Gründungsrecht in seiner Gesamtheit – also einschließlich seiner delikts- und insolvenzrechtlichen Normen – den Vortritt zu lassen"; insoweit übereinstimmend *Spindler/Berner* RIW 2004, 7 (10 ff.) mit der These von der Gründungsanknüpfung aller „quasigesellschaftsakzessorischen Vorschriften" (zu Existenzvernichtungshaftung, Insolvenzverschleppungshaftung, c.i.c.).

[1485] So schon *Sandrock* BB 1999, 1337 (1341 f.) (aus Vereinfachungsgründen); *Sandrock* ZVglRWiss 102 (2003), 447 (450) m. Fn. 3.

[1486] In Anlehnung an *W. Weber* GRUR Int. 1983, 26 (29) zum internationalen Wettbewerbsrecht; vgl. BGH IPRax 1983, 118 mAnm *Schricker* IPRax 1983, 103 – Domgarten-Brand; wie hier auch BeckOGK/

nicht nur ihr gesamtes Gesellschaftsrecht, sondern – für den Gläubigerschutz – auch das damit zusammenhängende Zivil- und Insolvenzrecht an den Ort des effektiven Verwaltungssitzes mitbringt (→ Rn. 316). Von dem dort geltenden Recht wären die Gesellschafter sowie ihre Mitglieder und Organpersonen durch diese kollisionsrechtliche Käseglocke weitgehend abgeschirmt.

357 Dieser Ansatz ist schon deshalb abzulehnen, weil er die in → Rn. 326 ff. dargestellten **Nachteile und Gefahren der Gründungstheorie** sogar noch **verschärft:** Zu einer Überlagerung des Gründungsrechts durch das Sitzrecht kommt es hier im praktischen Ergebnis überhaupt nicht mehr; der Bestand an **überlagerungsfähigen Normen** wird **auf Null geschrumpft.** Dabei geht *Sandrock* bereits in seiner Grundannahme fehl, dass jede Anwendung von Sitzrecht schlechthin ein rechtfertigungsbedürftiger Eingriff in die Niederlassungsfreiheit sei (→ Rn. 348 f.). Als untauglich erweist sich auch der einzige, den inländischen Gläubigern angebotene Rettungsanker einer Anwendbarkeit bestimmter Schutzvorschriften „im Einzelfall". Denn damit lässt sich kein subsumtionsfähiges Abgrenzungskriterium verbinden; zudem steht diese These im offenen Widerspruch zu der damit verbundenen Grundregel, diese Vorschriften kämen an sich nach ihrem telos von vornherein nicht für eine Durchbrechung des Gründungsrechts in Betracht.[1487] Ferner ist der von *Sandrock* postulierte Subsidiaritätsvorbehalt zu Gunsten des Gründungsrechts kaum aus der Rspr. des EuGH herzuleiten: Eine vereinzelte Entscheidung zur Dienstleistungsfreiheit aus 1981[1488] ist nicht verallgemeinerungsfähig,[1489] und ausweislich der nachfolgenden Rspr. bedeutet der Umstand, dass ein Mitgliedstaat weniger strenge Vorschriften erlässt als ein anderer Mitgliedstaat, nicht, dass dessen Vorschriften automatisch mit dem EU-Recht unvereinbar sind.[1490] Gegen das von *Sandrock* postulierte Subsidiaritätsprinzip spricht auch eine Bewertung der Interessenlage der Parteien: Der mit dem Subsidiaritätsprinzip verbundene, erhebliche **Prüfungs- und Rechtsvergleichungsaufwand für den Gläubiger**[1491] **übertrifft den angeblichen Anpassungsaufwand für die Gesellschaft**[1492] nämlich um ein Vielfaches.[1493] Für EU-angeglichenes Recht des Sitzstaates scheidet ein derartiger Subsidiaritätsvorbehalt schon deshalb aus, weil in dessen Anwendung überhaupt keine Beschränkung der Niederlassungsfreiheit liegt; nicht einmal ein Vorabentscheidungsersuchen im Haftungsprozess kommt hier – mangels Entscheidungsrelevanz iSv Art. 267 AEUV – in Betracht (→ Rn. 39).[1494] Letzteres gilt auch mit Blick auf nicht angeglichene Rechtsbereiche.[1495]

358 Was weiterhin die Abkehr vom Verwaltungssitz als Anknüpfungsmerkmal und stattdessen die Maßgeblichkeit einer **Vielzahl von „Vornahmeorten"** mit der Begründung der einzelnen Haftungsverhältnisse anbelangt, ist auf die dazu schon im Zusammenhang mit dem Ansatz von *Behrens* vorgebrachte Kritik zu verweisen (→ Rn. 350). Hinzukommt, dass der Begriff des Vornahmeortes bereits anderweitig besetzt ist (→ EGBGB Art. 11 Rn. 124 ff.; → EGBGB Art. 26 Rn. 52; → EGBGB Art. 39 Rn. 6 ff.) und schon deshalb zur Anknüpfung des von *Sandrock* nicht näher umrissenen „Geschäftsstatuts" nicht taugt.

359 Auch sachlich greift das von *Sandrock* vorgeschlagene Gesellschaftsstatut **zu weit,** wenn darin das **gesamte gläubigerschützende Zivilrecht,** insbesondere das Delikts- und Insolvenzrecht enthalten sein soll. Für diese Regelungsbereiche existiert bereits ein ausdifferenziertes System an Kollisionsregeln, das inzwischen fast vollständig „vergemeinschaftet" wurde (→ Rn. 348 aE).

Großerichter/Zwirlein-Forschner, 1.12.2021, IPR Internationales Gesellschaftsrecht – Allgemeiner Teil Rn. 66.1.

1487 Allenfalls ein verfahrensmäßiger Vorteil für Gläubiger – aber wohl nicht in der *Sandrock* vorschwebenden Form – ergibt sich aus dem Vorbehalt der Einzelfallentscheidung: Der EuGH entscheidet im Vorlageverfahren nämlich weder über Sachverhaltsfragen noch über die Auslegung *und Anwendung* innerstaatlichen Rechts (vgl. nur Ziffer 7 der vom Gerichtshof veröffentlichen Hinweise zum Vorlageverfahren, NJW 1997, 1765). Daher besteht bei einer Einzelfallentscheidung im hier behandelten Sinne keine Vorlagepflicht.

1488 EuGH ECLI:EU:C:1981:314 Rn. 17 aE = NJW 1982, 1203 (1204) – Webb.

1489 So aber *Eidenmüller* in Eidenmüller Ausl. KapGes. § 3 Rn. 46 m. Hinweis auf ein angebliches „Anerkennungs- bzw. Herkunftsprinzip"; zu dessen Nichtexistenz → Rn. 348.

1490 EuGH ECLI:EU:C:1995:126 Rn. 50 f. = NJW 1995, 2541 – Alpine Investments („cold calling"); ebenso EuGH ECLI:EU:C:2004:453 Rn. 48 = EuZW 2004, 600 – Zedernholz.

1491 Dies einräumend auch *Paefgen* ZIP 2004, 2253 (2259).

1492 *Sandrock* ZVglRWiss 102 (2003), 447 (456); *Eidenmüller* in Eidenmüller Ausl. KapGes. § 3 Rn. 8.

1493 Gegen die Beachtlichkeit des Gründungsrechts daher zutr. auch *Altmeppen/Wilhelm* DB 2004, 1083 (1087 f.); *Borges* ZIP 2004, 733 (741 f.); *Ulmer* NJW 2004, 1201 (1208 f.).

1494 BGH NJW 2007, 1529 Rn. 11 – Einfamilienhaus, m. Aufs. *Kindler* NJW 2007, 1785 = IPRax 2008, 42 m. Aufs. *Brinkmann* IPRax 2008, 30; dazu auch *Altmeppen* ZIP 2007, 889; *Schanze* NZG 2007, 533.

1495 So zutr. in der Tendenz *Huber* in Lutter, Europäische Auslandsgesellschaften in Deutschland, 2005, 307, 355 zur Insolvenzantragspflicht („nicht unbedingt geboten").

Hier mag in einzelnen Fragen eine akzessorische Anknüpfung (Art. 4 Abs. 3 Rom I-VO, Art. 4 Abs. 3 Rom II-VO, Art. 41 Abs. 2 EGBGB) an das Gesellschaftsstatut in Betracht kommen,[1496] nicht aber generell.

Nicht zu folgen ist schließlich dem Vorschlag von *Sandrock,* auch die nach dem Recht eines Drittstaates gegründeten Gesellschaften in gleichen Umfang wie staatsvertraglich geschützte Gesellschaften dem Gründungsrecht zu unterstellen. Damit geht *Sandrock* noch über die von *Behrens* vertretene eingeschränkte Gründungstheorie hinaus, wonach immerhin im Verhältnis zu diesen Gesellschaften ein geringerer Rechtfertigungsbedarf für Sonderanknüpfungen bestehen soll.[1497] Zu den generellen Bedenken der Erstreckung der Gründungsanknüpfung auf Drittstaaten → Rn. 9 f. **360**

c) Differenzierungstheorie. Die Verbindung von größtmöglicher Gestaltungsfreiheit im gesellschaftsinternen Bereich und optimalem Schutz von Drittinteressen ist das erklärte Ziel der Vertreter der Differenzierungstheorie.[1498] Ihnen zufolge muss Personalstatut der Gesellschaft nicht notwendig einheitlich sein. Für das **Innenverhältnis** soll **Parteiwahl** zulässig sein. Es gelte insoweit das Gründungsstatut, denn das Interesse der Gründer, dieses Recht selbst zu bestimmen, sei grundsätzlich anerkennenswert.[1499] Für das **Außenverhältnis** sei der **Verkehrs- und Drittgünstigkeitsgrundsatz** maßgeblich. Nach *Grasmann* ist das Vornahme-,[1500] Wirkungs-[1501] oder unter Umständen auch das Organisationsstatut[1502] der geeignete Anknüpfungspunkt. *Moser* will bei der Bestimmung des für die Außenverhältnisse maßgeblichen Statuts nicht nach dem Drittgünstigkeitsprinzip vorgehen, weil das zu kaum überwindbaren Schwierigkeiten führe und der Praktikabilität entgegenstehe.[1503] Für die Außenverhältnisse der Gesellschaften sei daher das Recht des Tätigkeitsortes, dh das Orts- bzw. Sachstatut, nicht zuletzt auch wegen der dadurch verbesserten Konkurrenzfähigkeit heranzuziehen.[1504] **361**

Eine **neuartige Form der Differenzierungstheorie**[1505] hat *Altmeppen* unter dem Eindruck der EuGH-Rspr. zur Niederlassungsfreiheit seit Centros (→ Rn. 86 ff.) entwickelt. Nach dieser **„Europarechtlichen Differenzierungstheorie"** beschränkt sich bei EU-Gesellschaften die Anwendung des Rechts des Gründungsstaates auf die mit den Grundlagen der Gesellschaft zusammenhängenden Fragen (Entstehung, Verfassung, Erlöschen, Umwandlung). Im Übrigen soll bei inländischem Verwaltungssitz das deutsche Gesellschaftsrecht gelten,[1506] und zwar die jeweils für die entsprechende Gesellschaftsform des deutschen Rechts geltenden Vorschriften (zur Substitution → Rn. 160 ff.). Eine niederländische B.V. oder eine englische Ltd. mit inländischem Verwaltungssitz würde danach dem GmbH-Recht unterliegen, unter anderem im Hinblick auf die Insolvenzverschleppungs- und Existenzvernichtungshaftung, die Kapitalerhaltungshaftung,[1507] das Kapitalersatzrecht und das Konzernrecht. Insoweit gehe es nicht um die Verfassung der Gesellschaft, sondern um Verhaltenspflichten für Gesellschafter und Organpersonen.[1508] **362**

Noch einen Schritt weiter geht *Staehelin,* der auch für die Außenverhältnisse den Grundsatz der Parteiwahl anwenden will und nur hilfsweise auf das Sach- oder Wirkungsstatut zurückgreift,[1509] dabei aber ebenfalls das Verkehrs- oder Drittgünstigkeitsprinzip wegen der dadurch eingeschränkten Rechtssicherheit ausschließen will.[1510] **363**

1496 Vgl. *Sonnenberger* in v. Caemmerer, Vorschläge und Gutachten zur Reform des deutschen internationalen Privatrechts der außervertraglichen Schuldverhältnisse, 1983, 464 ff.; *Ahrens* IPRax 1986, 355 (358) zur Deliktshaftung von Gesellschaftsorganen.

1497 Vgl. HCL/*Behrens/Hoffmann* GmbHG Allg. Einl. Rn. B 74.

1498 *Grasmann,* System des internationalen Gesellschaftsrechts, 1970, 625, 977 ff.; *Staehelin,* Zu Fragen der AG im schweizerischen IPR, 1972, 48 ff., 52 ff.; *Moser* FG Bürgi, 1971, 283, 286 ff.

1499 *Grasmann,* System des internationalen Gesellschaftsrechts, 1970, 977; vgl. ferner die Begr. von *Staehelin,* Zu Fragen der AG im schweizerischen IPR, 1972, 52 ff.; ebenso in der gleich lautenden Konzeption bei der US-amerikanischen „Internal Affairs Rule", *Hay* IPRax 2022, 205 (211); *Göthel* RIW 2000, 904; *R. Buxbaum* FS Kegel, 1987, 75.

1500 *Grasmann,* System des internationalen Gesellschaftsrechts, 1970, 759 ff.

1501 *Grasmann,* System des internationalen Gesellschaftsrechts, 1970, 745 ff.

1502 *Grasmann,* System des internationalen Gesellschaftsrechts, 1970, 766 ff.

1503 *Moser* FG Bürgi, 1971, 283, 295 ff.

1504 *Moser* FG Bürgi, 1971, 283, 295.

1505 Zutr. Einordnung bei HCL/*Behrens/Hoffmann* GmbHG Allg. Einl. Rn. B 62.

1506 *Altmeppen* NJW 2004, 97 (99 ff.); *Altmeppen/Wilhelm* DB 2004, 1083 (1086 f.); ferner *Altmeppen* FS Röhricht, 2005, 3 (11 ff.); *Altmeppen* NJW 2005, 1911 (1913).

1507 In modifizierter Form vgl. *Altmeppen* NJW 2004, 97 (102 f.).

1508 Vgl. *Altmeppen* NJW 2004, 97 (100) nach Fn. 33.

1509 *Staehelin,* Zu Fragen der AG im schweizerischen IPR, 1972, 61 f.

1510 *Staehelin,* Zu Fragen der AG im schweizerischen IPR, 1972, 59.

364 Die Differenzierungslehre in ihren klassischen drei Varianten *(Grasmann/Moser/Staehelin)* ist abzulehnen. Allen drei Varianten ist zunächst jene **dogmatische Schwäche** eigen, die sich aus dem Nebeneinander zweier Rechtsordnungen als notwendige Folge ergibt (→ Rn. 355 ff.). Auch die Vertreter der Differenzierungstheorie übersehen, dass einzelne Regelungsbereiche aus dem Gesellschaftsrecht nicht aus ihrem **Funktionszusammenhang** gerissen und in ein anderes Normensystem implementiert werden können, das einen Ausgleich und die Koordinierung der betroffenen Interessen unter Umständen gänzlich anders löst. Regelungen von Innen- und Außenverhältnis hängen in starkem Maße voneinander ab, wie zB der Ausschluss der Aktionäre von der Geschäftsführung und die nicht eintretende Haftung für die abgeschlossenen Rechtsgeschäfte zeigt.[1511] In noch viel stärkerem Maße als bei der Überlagerungstheorie steht der Richter hier vor dem Problem der **„Statutenkumulierung“**[1512] als Normfall.

365 Die Differenzierungstheorie **verkennt** aber auch die eigentliche **Problemlage,** wenn sie das **Interesse der Gesellschaftsgründer an** der Bestimmung des **Gründungsstatuts als grundsätzlich anerkennenswert** auffasst. Bei den eigentlichen Problemfällen, den Scheinauslandsgesellschaften („Pseudo-Foreign-Corporations“), sind gerade die hinter der Auswahl des Gründungsrechts stehenden Motive zu missbilligen (→ Rn. 833).[1513] Zudem ist die Behauptung *Grasmanns* von der Förderung weltweiter Handelsbeziehungen durch die Aufspaltung des Gesellschaftsstatuts[1514] nicht zu beweisen, steht doch die Gesellschaft nach seiner Lehre vor dem Problem, die Vorschriften aller Staaten zu beachten, mit denen sie geschäftliche Verbindungen unterhält und ihr Handlungsermessen nach der strengsten Rechtsordnung auszurichten.[1515] Das kann nur einen genau entgegengesetzten Effekt auslösen. Wenn *Staehelin* auch für die Außenverhältnisse primär die von den Parteien gewählte Rechtsordnung heranziehen will, so übersieht er, dass von einer echten Parteiautonomie nur in wenigen Fällen ausgegangen werden kann.[1516] Die Differenzierungstheorie führt zu einer möglichen Ungleichbehandlung von in- und ausländischen Gesellschaftsgläubigern.[1517]

366 Diese Kritik richtet sich nicht in gleicher Weise gegen die von *Altmeppen* entwickelte **„Europarechtliche Differenzierungstheorie“** (→ Rn. 362). Zunächst hält dieser Autor mit Recht an der Verwaltungssitzanknüpfung außerhalb bestehender Staatsverträge (→ Rn. 9 f., → Rn. 316) fest. Zudem reflektiert die von ihm angenommene Unterscheidung für EU-Gesellschaften zwischen den strukturbezogenen „Grundlagen“ der Gesellschaft und dem verhaltensbezogenen Gläubigerschutzrecht – mehr intuitiv, aber in der Sache zutreffend – die auf der Linie der EuGH-Rspr. zur Warenverkehrs- und Dienstleistungsfreiheit im Schrifttum entwickelte Trennung zwischen Marktzugangshindernissen und bloßen Tätigkeitsausübungsregeln bzw. Marktaustrittsregeln (→ Rn. 349). Dass erstere Normengruppe dem Gründungsrecht zu entnehmen ist, nimmt die neuere deutsche Rspr. zum internationalen Gesellschaftsrecht ohne weiteres an (→ Rn. 123 ff.). Dass für die zweite Normengruppe der Verwaltungssitz als Anknüpfungsmerkmal gelten soll,[1518] wird dem Grundanliegen

---

[1511] *Ebenroth,* Die verdeckten Vermögenszuwendungen im transnationalen Unternehmen, 1979, 366; *Koppensteiner,* Internationale Unternehmen im deutschen Gesellschaftsrecht, 1971, 110; *Ebenroth/Sura* RabelsZ 43 (1979), 315 (337); *Lauterbach/Beitzke,* Vorschläge und Gutachten zur Reform des deutschen internationalen Personen- und Sachrechts, 1972, 138; *Ulmer/Habersack/Behrens* GmbHG Allg. Einl. Rn. B 60; Staudinger/*Großfeld,* 1998, IntGesR Rn. 67 f.; krit. auch *Vagts* 18 Am. J. Com. L. 863, 864 (1970) sowie *Kropholler* IPR § 55 I 4.

[1512] So *Lauterbach/Beitzke,* Vorschläge und Gutachten zur Reform des deutschen internationalen Personen- und Sachrechts, 1972, 133; auch Staudinger/*Großfeld,* 1998, IntGesR Rn. 64; *Kaligin* DB 1985, 1449 (1450).

[1513] Treffend *Kegel/Schurig* IPR § 17 II 1, S. 574: „Wenn Sitz und Satzung auseinander gehen, ist meist etwas faul“, dem folgt in der Sache Erwägungsgrund 36 RL (EU) 2019/2121; grds. aA HCL/*Behrens/Hoffmann* GmbHG Allg. Einl. Rn. B 33.

[1514] *Grasmann,* System des internationalen Gesellschaftsrechts, 1970, 29 ff.; vgl. auch *Staehelin,* Zu Fragen der AG im schweizerischen IPR, 1972, 52.

[1515] Die Notwendigkeit der Beachtung zahlreicher verschiedener Rechtsordnungen wird allg. kritisiert, vgl. *Ebenroth,* Die verdeckten Vermögenszuwendungen im transnationalen Unternehmen, 1979, 365; *Ebenroth,* Konzernkollisionsrecht im Wandel außenwirtschaftlicher Ziele, 1978, 32; *Ebenroth/Sura* RabelsZ 43 (1979), 315 (337); *Sandrock* ZVglRWiss 71 (1969), 234; *v. Halen,* Das Gesellschaftsstatut nach der Centros-Entscheidung des EuGH, 2001, 232; HCL/*Behrens/Hoffmann* GmbHG Allg. Einl. Rn. B 60; Staudinger/*Großfeld,* 1998, IntGesR Rn. 67.

[1516] IÜ scheint *Staehelin* selbst die Gründung einer inländischen Tochtergesellschaft für die beste Lösung zu halten und kommt damit der Sitztheorie sehr nahe, vgl. *Staehelin,* Zu Fragen der AG im schweizerischen IPR, 1972, 54 f.

[1517] Dazu krit. *Koppensteiner,* Internationale Unternehmen im deutschen Gesellschaftsrecht, 1971, 111; *Wiedemann* FS Kegel, 1977, 197 (199); *Wiedemann* GesR I § 14 II 1b bb, S. 790.

[1518] *Altmeppen* NJW 2004, 97 (100, 104) unter V. 2.

der Sitztheorie als realer Anknüpfungsregel gerecht.[1519] Die Verwerfungen der Statutenkumulierung (→ Rn. 364) fallen hier nicht durchschlagend ins Gewicht, weil kaum ein anderer Weg zur angemessenen Berücksichtigung der Schutzinteressen des Verwaltungssitzstaates gangbar erscheint. Dass diese „Europarechtliche Differenzierungstheorie“ als Gesellschaftsstatut II (→ Rn. 350) das jeweils der EU-Auslandsgesellschaft typologisch entsprechende Regelwerk des deutschen Rechts heranzieht, ist nicht zu kritisieren. Auch des juristischen Protektionismus ganz unverdächtige Stimmen bescheinigen dem Verwaltungssitzstaat das Recht zu einer „sachrechtlichen Gleichstellung im Ausland gegründeter mit inländischen Kapitalgesellschaften“.[1520] Die Schwierigkeiten der „Europarechtlichen Differenzierungstheorie“ liegen bei den Einzelfragen: Die Verwaltungssitzanknüpfung ist nur für diejenigen Sachnormen des Sitzrechts EU-konform, in deren Anwendung keine – oder eine gerechtfertigte – Beschränkung der Niederlassungsfreiheit liegt.[1521]

d) Entscheidung nach Fallgruppen. Die Grundidee der 1977 von *Wiedemann* entwickelten Lehre bestand darin, an den **wirtschaftlichen Schwerpunkt** der Gesellschaft anzuknüpfen.[1522] Damit sollte das Recht des Staates, „dessen Bürger von dem Leben der Gesellschaft und ihres Unternehmens am stärksten betroffen werden“, zur Anwendung kommen. Hierzu unterschied er **drei Fallgruppen:**[1523] 367

1. Für nach deutschem Recht errichtete Gesellschaften gelte das deutsche Recht, solange sich zumindest der zulässige Satzungssitz in der BRepD befindet.
2. Für die nach dem Recht eines Mitgliedstaates errichteten Gesellschaften sei das Gründungsrecht maßgeblich, „zumindest wenn ihre Tätigkeit in tatsächlicher und dauerhafter Verbindung mit der Wirtschaft eines Mitgliedstaates steht“.[1524]
3. Bei Gesellschaften, die nach sonstigem ausländischen Recht inkorporiert sind, sei Gründungsrecht anzuwenden, wenn deren wirtschaftlicher Schwerpunkt im Ausland liegt, dagegen gelte inländisches Recht wenn sich der wirtschaftliche Schwerpunkt in der BRepD befindet.

Unter dem **Eindruck der EuGH-Rspr.** seit Centros (→ Rn. 86 ff.) bildet *Wiedemann* **seit 2004 nur noch zwei Fallgruppen:**[1525] 368

1. Für außerhalb der EU begründete Gesellschaften gilt die Sitztheorie. Die Abwehr – so *Wiedemann* mit Recht – von Scheinauslandsgesellschaften, mit deren Hilfe zwingendes inländisches Recht zur Publizität, zur Kapitalsicherung und zur Mitbestimmung umgangen werden soll, ist und bleibt eine legitime Aufgabe des nationalen Kollisionsrechts.
2. Für innerhalb der EU gegründete – und diesen durch Staatsverträge gleichgestellte – Gesellschaften gilt das Gründungsrecht.

Kritik verdient der neue Ansatz von Wiedemann allein mit Blick auf die unter 2. angesprochene Fallgruppe.[1526] Hier soll sich nach *Wiedemann*[1527] die EU-bedingte Anerkennung nicht nur auf die Rechts- und Parteifähigkeit erstrecken, sondern das gesamte Gesellschaftsrecht des Herkunftslandes zur Anwendung bringen; Durchbrechungen des Gesellschaftsstatuts anhand inländischer, gesellschaftsrechtlicher Gläubigerschutzbestimmungen schließt *Wiedemann* kategorisch aus. Damit geht *Wiedemann* **zu weit,** da **auch gesellschaftsrechtliche Normen** des Sitzstaates **als** bloße **Tätigkeitsausübungsregel oder Marktaustrittsregel rechtfertigungsfrei** sein können[1528] und im Übrigen der EuGH auch für echte Marktzugangshindernisse eine Rechtfertigung nach dem Vier-Konditionen-Test nicht a limine ausschließt.[1529] Und wenn *Wiedemann* die „Sonderanknüpfungen“ des inländischen Vertrags-, Bereicherungs- und Deliktsrechts sowie das territorial anzuknüpfende inländische Insolvenzrecht (unter Einschluss der insolvenzrechtlich zu qualifizierenden Existenzver- 369

[1519] Unverständlich ist allerdings, weshalb dann nach *Altmeppen/Wilhelm* DB 2004, 1083 (1089) der Begriff „Sitztheorie“ insoweit aufgegeben werden sollte.

[1520] So wörtlich *Eidenmüller/Rehm* ZGR 2004, 159 (165 f.); ebenso *Rehm* in Eidenmüller Ausl. KapGes. § 2 Rn. 70; *W. H. Roth* IPRax 2003, 117 (123) nach Fn. 64.

[1521] Auch insoweit zutr. *Altmeppen* NJW 2004, 97 (100) zu Fn. 32; *Eidenmüller* in Eidenmüller Ausl. KapGes. § 3 Rn. 122. Darauf ist im Sachzusammenhang näher einzugehen (→ Rn. 392 ff., → Rn. 407 ff.).

[1522] *Wiedemann* GesR I § 14 II 2, S. 791 ff.; *Wiedemann* FS Kegel, 1977, 197.

[1523] *Wiedemann* FS Kegel, 1977, 197; zust. *Wenckstern* FS Drobnig, 1998, 465 (475 ff.) hinsichtlich der ersten Fallgruppe.

[1524] *Wiedemann* FS Kegel, 1977, 197 (202).

[1525] Vgl. *Wiedemann* GesR II § 1 IV 3a nach Fn. 161, S. 56.

[1526] Zur Kritik an der ursprünglichen Lehre von *Wiedemann* → 3. Aufl. 1999, Rn. 301 ff.

[1527] *Wiedemann* GesR II § 1 IV 3c, S. 61, auch zum Folgenden.

[1528] Vgl. nur *Weller,* Europäische Rechtsformwahlfreiheit und Gesellschafterhaftung, 2004, 205 ff.; *Fleischer* in Lutter, Europäische Auslandsgesellschaften in Deutschland, 2005, 49, 98 f.; *Eidenmüller* in Eidenmüller Ausl. KapGes. § 3 Rn. 68.

[1529] EuGH ECLI:EU:C:2003:512 = NJW 2003, 3331 Rn. 106 ff. – Inspire Art; speziell zu gesellschaftsrechtlichen Marktzugangshindernissen *Eidenmüller* in Eidenmüller Ausl. KapGes. § 3 Rn. 18 ff., 102 ff.

nichtungshaftung) neben dem ausländischen Gesellschaftsstatut zum Zuge kommen lassen will, so trifft dies in der Sache zu, nur handelt es sich nicht um – nur unter erschwerten Voraussetzungen zulässige (→ Einl. IPR Rn. 307 ff.) – „Sonderanknüpfungen", sondern um eigenständige Verweisungsbefehle der für die jeweiligen Statute maßgeblichen Kollisionsnormen (→ Rn. 347).

370 e) **Kombinationslehre.** Ähnlich wie *Wiedemann* (→ Rn. 367 ff.) befürwortet *Zimmer* im Rahmen seiner „Kombinationslehre"[1530] eine **einheitliche Anknüpfung** des Gesellschaftsstatuts.[1531] Bei Verschiedenheit von Sitz- und Gründungsstaat trennt er anhand einer – vom Sitzstaat aus gesehen – „substantiellen Auslandsbeziehung" zwischen zwei Fallgruppen.[1532] In einer **ersten Fallgruppe,** gekennzeichnet durch **fehlenden Auslandsbezug,** bestehe kein schützenswertes Interesse der Parteien, dh der Gesellschafter, den intern zwingenden Normen[1533] des **Sitzrechts** auszuweichen; eine abweichende „Rechtswahl" sei als „materiellrechtliche Gestaltung innerhalb der vom anwendbaren Recht zugelassenen Dispositionsspielräume" zu behandeln. In einer **zweiten Fallgruppe,** gekennzeichnet durch eine **substanzielle Auslandsbeziehung,** sei im Prinzip das Gründungsrecht als Gesellschaftsstatut heranzuziehen. Herausgearbeitet werden sonach die für die Eingrenzung dieser zweiten Fallgruppe maßgeblichen Umstände:[1534] der gewöhnliche, nicht aber der schlichte Aufenthalt eines Gesellschafters im Ausland;[1535] rechtsgeschäftliche Auslandsbeziehungen (zB Liefer-, Bezugs- oder Arbeitsverträge) erheblichen Umfangs;[1536] schließlich – im Hinblick auf dort potenziell gegebene deliktsrechtliche Verantwortlichkeiten – der Staat, in dem die Gesellschaft eine Niederlassung unterhält.[1537]

371 Fallen diese Umstände nachträglich weg, so wird den Gesellschaftern die Rechtswahlbefugnis mit Wirkung ex nunc entzogen: Nach der **Kombinationslehre** ist das **Gesellschaftsstatut wandelbar;** die „Gesellschaft mit Auslandsberührung" wird zur Scheinauslandsgesellschaft und unterliegt fortan der Sitzanknüpfung.[1538]

372 Dogmatischer Ausgangspunkt der Kombinationslehre ist der Gedanke der **Parteiautonomie,** den *Zimmer* für das internationale Gesellschaftsrecht grundsätzlich ohne weiteres übernehmen will, offenbar in Anlehnung an die Vertreter der Gründungstheorie.[1539] Dieser Ausgangspunkt rechtfertigt es, die Kombinationslehre als Modifikation der Gründungstheorie einzuordnen.[1540] Modifiziert wird die reine Gründungstheorie in Anlehnung an die **Schranken,** die das **internationale Vertragsrecht** als klassische Domäne der Parteiautonomie der Rechtswahlbefugnis setzt. *Zimmer* sieht in diesem Zusammenhang Art. 3 Abs. 3 Rom I-VO (früher Art. 27 Abs. 3 EGBGB) als Ausdruck eines allgemeinen kollisionsrechtlichen Prinzips an, wonach **Rechtswahlfreiheit** nur in **Sachverhalten mit Bezug zu mindestens zwei Staaten** besteht.[1541]

373 Ein Nachteil der Kombinationslehre liegt zunächst darin, dass sie in der von *Zimmer* gebildeten zweiten Fallgruppe (→ Rn. 370) der Gründungsanknüpfung Raum gibt und damit insofern denselben Bedenken ausgesetzt ist wie die Gründungstheorie als solche (→ Rn. 326 ff.). In mehrfacher Hinsicht unbefriedigend erscheint zudem die von *Zimmer* vorgeschlagene Grenzziehung zur ersten Fallgruppe, dh zum Anwendungsbereich der Sitztheorie in gesellschaftsrechtlichen Binnensachver-

---

[1530] *Zimmer* IntGesR 220 ff.; hierzu die Besprechungen von *Assmann* AG 1997, 144; *Bungert* WM 1997, 2233 ff.; *Mankowski* DZWir 1997, 216 mit Replik von *Zimmer* DZWiR 1997, 396.

[1531] *Zimmer* IntGesR 232 f.

[1532] Zusammenfassend *Zimmer* IntGesR 239 (auch zum Folgenden).

[1533] Zum Begriff → Rom I-VO Art. 3 Rn. 97.

[1534] Hierzu *Zimmer* IntGesR 226 ff.; entgegen der Überschrift auf S. 226 („Konkretisierung des Merkmals der ausschließlichen Verbundenheit mit einem Staat") geht es hier also nicht um die Beschreibung der Sachverhalte ohne Auslandsberührung (vgl. Art. 3 Abs. 3 Rom I-VO), sondern – positiv – darum, „ob die Auslandsbeziehungen das Bild der Gesellschaft (zumindest mit-)prägen, sodass es gerechtfertigt erscheint, den Parteien die Befugnis zur Rechtswahl zu geben", 230.

[1535] *Zimmer* IntGesR 228.

[1536] *Zimmer* IntGesR 228; *Bungert* WM 1997, 2233 (2235) macht auf die Parallele zu der in den USA für die Identifizierung von Scheinauslandsgesellschaften verwendeten „doing business"-Regel aufmerksam; hierzu auch *Bungert* DB 1994, 1457.

[1537] *Zimmer* IntGesR 230 unter Hinweis auf die denkbare Verletzung von Verkehrssicherungspflichten, Umwelthaftungsstandards und die Gebäudehaftung.

[1538] *Zimmer* IntGesR 225 f. unter Berufung auf *Lauterbach/Beitzke,* Vorschläge und Gutachten zur Reform des deutschen internationalen Personen- und Sachrechts, 1972, 94, 116 ff., 118.

[1539] *Zimmer* IntGesR 222; vgl. etwa *Grasmann,* System des internationalen Gesellschaftsrechts, 1970, 512 ff., 521; HCL/*Behrens/Hoffmann* GmbHG Allg. Einl. Rn. B 48; hierzu krit. → Rn. 326.

[1540] Insoweit zutr. *Mankowski* DZWir 1997, 216 (217); HCL/*Behrens/Hoffmann* GmbHG Allg. Einl. Rn. B 60.

[1541] Vgl. *Zimmer* IntGesR 223 f.; s. auch *v. Bar/Mankowski* IPR II § 1 Rn. 204; *Kindler* RIW 1987, 660 (661) (alle noch zu Art. 27 Abs. 3 EGBGB).

halten analog Art. 3 Abs. 3 Rom I-VO (früher Art. 27 Abs. 3 EGBGB). Sie ist – zu Gunsten der Gründungsanknüpfung – zu großzügig und verwendet zu unbestimmte Kriterien.

Zu großzügig ist das Abstellen auf „schwache" Verbindungsmerkmale wie Gesellschafterwohnsitz und schuldrechtliche Beziehungen zum Ausland deshalb, weil schon zu Art. 3 Abs. 3 Rom I-VO (früher Art. 27 Abs. 3 EGBGB) anerkannt ist, dass Binnensachverhalte nicht anhand irgendwelcher Umstände, sondern anhand der für die **objektive Anknüpfung** maßgeblichen Momente zu definieren sind: Weist keines der im Rahmen des Art. 4 Rom I-VO (früher Art. 28 EGBGB) zu berücksichtigenden Merkmale auf einen anderen Staat, so ist ein reiner Inlandsvertrag gegeben (→ Rom I-VO Art. 3 Rn. 88).[1542] Überträgt man diese Grundsätze auf das internationale Gesellschaftsrecht, wo für die objektive Anknüpfung grundsätzlich allein der Verwaltungssitz der Gesellschaft maßgeblich ist (Sitztheorie; → Rn. 379 ff.),[1543] so stellt bereits jede Gesellschaft mit Inlandssitz einen Binnensachverhalt iSd dem Art. 3 Abs. 3 Rom I-VO (früher Art. 27 Abs. 3 EGBGB) zu Grunde liegenden Grundsätze dar und alle sonstigen „schwachen" Auslandsbeziehungen sind kollisionsrechtlich ohne Bedeutung. Konsequent befolgt, müsste somit die von *Zimmer* für Binnensachverhalte befürwortete Anlehnung an Art. 3 Abs. 3 Rom I-VO (früher Art. 27 Abs. 3 EGBGB) zur Sitztheorie in Reinform führen. Statt dessen begnügt sich *Zimmer* mit einem Auslandsbezug auf Grund „schwacher",[1544] dh für die objektive Anknüpfung indifferenter Kontakte, um einen Binnensachverhalt auszuschließen. Dabei haben aber im internationalen Gesellschaftsrecht diejenigen Gesichtspunkte, die für eine Beschränkung der Parteiautonomie sprechen, sogar noch größeres Gewicht als im internationalen Schuldvertragsrecht. Dies folgt aus der Notwendigkeit, Drittinteressen und Interessen von Mitgesellschaftern auch kollisionsrechtlich angemessen zu berücksichtigen.[1545] **374**

Weiterhin dürften die für den Ausschluss von Inlandssachverhalten angebotenen Kriterien auch kaum justiziabel sein. Dieser Vorwurf gilt nicht gegenüber dem Gesellschafterwohnsitz, wohl aber für die Formel, bei den schuldrechtlichen Auslandsbeziehungen der Gesellschaft komme es darauf an, ob diese „das Bild der Geschäftstätigkeit der Gesellschaft (zumindest mit-)prägen".[1546] Verfügt demnach etwa eine Vertriebsgesellschaft mit Inlandssitz, die sich ausschließlich mit der Einfuhr der von der ausländischen Muttergesellschaft hergestellten Erzeugnisse befasst, über parteiautonomiebegründende Auslandsbeziehungen? Oder sollte man hier allein die Tätigkeit am inländischen (Absatz-)markt, im Einzelnen die schuldrechtlichen Beziehungen zu den dort ansässigen Abnehmern als „prägend" ansehen? Wertungsfragen dieser Art dürfen die Rechtswahlfrage nicht belasten, vor allem weil Drittinteressen eine in ihren Ergebnissen stärker vorhersehbare Anknüpfungsregel erfordern. **375**

Dies leitet über zu einem letzten Einwand. *Zimmer* gelangt beim Wegfall substanzieller Auslandsbeziehungen zur **Wandelbarkeit** des Gesellschaftsstatuts, da er ab diesem Zeitpunkt zwingend die Sitzanknüpfung eingreifen lässt (→ Rn. 371).[1547] Bedenklich ist nicht die Wandelbarkeit des Gesellschaftsstatuts als solche; auch die Sitztheorie nimmt sie im Falle einer Sitzverlegung hin (→ Rn. 833 ff.). Indessen erscheint problematisch, dass der Wegfall relevanter Auslandsbeziehungen – im Gegensatz zu einer Sitzverlegung – für Dritte selten erkennbar sein wird.[1548] Dies gilt etwa für den Fall, dass einzelne Gesellschafter ihren Wohnsitz im Inland nehmen.[1549] **376**

Insgesamt vermag daher auch die von *Zimmer* entwickelte Kombinationslehre die Schwächen der Gründungstheorie (→ Rn. 326 ff.) nicht in kollisionsrechtlich überzeugender Weise auszuräumen. **377**

1542 BGH NJW-RR 2024, 140 Rn. 17; *Kropholler* IPR § 40 IV 3a, § 52 II 5 Fn. 50; Soergel/*v. Hoffmann* EGBGB Art. 27 Rn. 87 ff.; *v. Hoffmann/Thorn* IPR § 10 Rn. 30; weiterführende Kritik bei *D. Paulus,* Außervertragliche Gesellschafter- und Organwalterhaftung im Lichte des Unionskollisionsrechts, 2013, Rn. 209; *Ostendorf* IPRax 2018, 630.

1543 *Zimmer* selbst folgt außerhalb der von ihm eingeräumten Parteiautonomie der Sitztheorie, → Rn. 414; anders jetzt offenbar unter dem Eindruck der neueren EuGH-Rspr., Rn. 419 aE.

1544 „Schwach" iSd Unterscheidung bei BGH NJW-RR 2024, 140 Rn. 22 ff.

1545 So *Zimmer* selbst: *Zimmer* IntGesR 223; *Einsele* RabelsZ 60 (1996), 417 (424); *Schurig* FS Coester-Waltjen, 2015, 745 (752).

1546 So *Zimmer* IntGesR 228 zu rechtsgeschäftlichen Auslandsbeziehungen; ganz ähnlich soll es bei gesetzlich begründeten Haftungsrisiken darauf ankommen, „ob die Auslandsbeziehungen das Bild der Gesellschaft (zumindest mit-)prägen, sodass es gerechtfertigt erscheint, den Parteien die Befugnis zur Rechtswahl zu geben", *Zimmer* IntGesR 230; wie hier *R. Werner,* Der Nachweis des Verwaltungssitzes ausländischer juristischer Personen, 1998, 19; Staudinger/*Großfeld,* 1998, IntGesR Rn. 71; krit. auch *Eidenmüller* in Eidenmüller Ausl. KapGes. § 1 Rn. 9.

1547 *Zimmer* IntGesR 225 f.

1548 Vgl. zum Verwaltungssitz *Wolff,* Private International Law, 2. Aufl. 1950, 297 f.: „the main administrative centre can hardly be kept secret"; hierzu Staudinger/*Großfeld,* 1998, IntGesR Rn. 46.

1549 Krit. insoweit auch *Bungert* WM 1997, 2233 (2235).

378 Aus EU-rechtlicher Sicht ist gegen die Lehre von *Zimmer* eingewandt worden, sie unterstelle EU-ausländische Gesellschaften ohne substanzielle Auslandsbeziehung (→ Rn. 370) dem inländischen Recht und dies verstoße gegen das neue Verständnis der Niederlassungsfreiheit.[1550] Die Kritik beruht auf der Annahme, dass nach der Kombinationslehre eine Gesellschaft nach Art der „Überseering B.V." – EU-ausländische Gesellschaft mit Verwaltungssitz im Inland – dem deutschen Recht unterliegt. Diese Annahme ist unzutreffend.[1551] Vielmehr stellt *Zimmer* die Anwendung des am Verwaltungssitz geltenden Rechts unter die aus der Rspr. zur Warenverkehrs- und Dienstleistungsfreiheit bekannten Vorbehalte des Allgemeininteresses, der Erforderlichkeit und Verhältnismäßigkeit sowie der Gleichbehandlung.[1552] Und für den – in seiner Monographie von 1996 soweit ersichtlich noch nicht behandelten Fall – einer ursprünglichen **EU-Briefkastengesellschaft** vertritt *Zimmer* unter dem Eindruck von Inspire Art[1553] ebenfalls eine **liberale Linie:** Gründern aus der Bundesrepublik stünden für ihre Unternehmen im Prinzip alle in der EU offerierten Gesellschaftsformen zur Verfügung.[1554] Zudem befürwortet *Zimmer* den Ausbau der Niederlassungsfreiheit zur allgemeinen Wegzugsfreiheit,[1555] und all dies soll auch im Verhältnis zu Drittstaaten gelten.[1556] Der **Kombinationslehre** verbleibt damit ohnehin **kein praktischer Anwendungsbereich** mehr, weshalb sich die Kritik aus EU-rechtlicher Sicht erübrigt. Als theoretisch interessantes Modell wurde sie hier dennoch vermerkt.

379 **3. Sitztheorie.** Die im deutschen IPR – als Grundsatz – etablierte Sitztheorie (→ Rn. 5, → Rn. 316) wurde im 19. Jahrhundert in Belgien[1557] und Frankreich[1558] entwickelt. Das RG folgte der Sitztheorie seit Beginn des 20. Jahrhundert (→ Rn. 316); die heutige Rspr. bezieht sie auf Gesellschaften deutschen Rechts[1559] sowie solche ausländische Gesellschaften, die weder unter dem Schutz des AEUV (→ Rn. 388 ff.) noch eines bilateralen – konstitutiven – Staatsvertrages (→ Rn. 286 f.) stehen.[1560] Tragendes Element und zugleich wesentlicher Unterschied zur Gründungstheorie ist die Anknüpfung des Gesellschaftsstatuts an den **effektiven Verwaltungssitz** der Gesellschaft. Damit muss neben einer wirksamen, in Übereinstimmung mit den einschlägigen Vorschriften des Gründungsstaates erfolgten Gründung eine zusätzliche Bedingung erfüllt sein. Zur Erlangung der Rechtsfähigkeit ist es erforderlich, dass die juristische Person auch ihren Verwaltungssitz im Land der Inkorporation hat.[1561] Die Rechtsordnung des Staates, in dem sich dieser Sitz befindet, ist für die Beurteilung maßgebend, ob eine ordnungsgemäße Gründung vorliegt. Der Sitztheorie liegt die Annahme eines **einheitlichen Gesellschaftsstatuts** zu Grunde (Einheitstheorie). Daher beurteilen sich alle gesellschaftsrechtlichen Verhältnisse grundsätzlich nach dem so bestimmten Gesellschaftsstatut (→ Rn. 6, → Rn. 364).[1562] Die Sitztheorie gilt damit für Gesell-

---

[1550] *Sandrock* BB 1999, 1337 (1342) m. Verweis auf EuGH ECLI:EU:C:1999:126 Rn. 18 = NJW 1999, 2027 – Centros; ferner *Lanzius,* Anwendbares Recht und Sonderanknüpfungen unter der Gründungstheorie, 2005, 141; HCL/*Behrens/Hoffmann* GmbHG Allg. Einl. Rn. B 60 aE.

[1551] *Zimmer* IntGesR 202 ff., 207: „muss bei einem Umzug von Gesellschaften innerhalb der Gemeinschaft die gesellschaftsrechtliche Kontrolle der Personenvereinigung durch das GesR des Herkunftslandes ausreichen".

[1552] *Zimmer* IntGesR 207.

[1553] EuGH ECLI:EU:C:2003:512 = NJW 2003, 3331 – Inspire Art.

[1554] *Zimmer* NJW 2003, 3585 (3587) nach Fn. 18.

[1555] *Zimmer* NJW 2003, 3583 (3592).

[1556] *Zimmer* ZHR 168 (2004), 355 (365): „Die liberale Gründungstheorie sollte daher einheitlich für Gesellschaften aus der Gemeinschaft und aus anderen Staaten gelten".

[1557] Art. 128, 129 belg. Gesetz über die Handelsgesellschaften von 1873; hierzu *Großfeld,* Internationales und Europäisches Unternehmensrecht, 2. Aufl. 1995, D § 1 II 1; übernommen in Art. 110 Abs. 1 belg. IPRG vom 16.7.2004, www.ipr.be (→ Rn. 110).

[1558] Grdl. Cass. civ. 20.6.1870, S. 1870 I. 373; hierzu *Batiffol/Lagarde* IPR I Rn. 193; *Pohlmann,* Das französische internationale Gesellschaftsrecht, 1988, 46 ff.; zum heutigen Rechtszustand s. *Kindler* FS Säcker, 2021, 249; *Sonnenberger/Dammann* FrHWiR, 3. Aufl. 2008, Rn. IX 67; ferner *Lagarde* Rev. crit. dr. int. pr. 2003, 524 (525) in Fn. 2 zu EuGH ECLI:EU:C:2002:632 = NJW 2002, 3614 – Überseering.

[1559] BayObLG NJW-RR 2004, 836; OLG Brandenburg DB 2005, 604 = FGPrax 2005, 78 = ZIP 2005, 489.

[1560] BGHZ 153, 353 (355) = NJW 2003, 1607 = BB 2003, 810 mAnm *Kindler;* BayObLG RIW 2003, 387 = DB 2003, 819; BFH DNotZ 2019, 788 Rn. 27.

[1561] *Ebenroth,* Konzernleitungs- und Konzernbildungskontrolle, 1987, 70 f.; *Ebenroth,* Die verdeckten Vermögenszuwendungen im transnationalen Unternehmen, 1979, 368; *Ebenroth,* Konzernkollisionsrecht im Wandel außenwirtschaftlicher Ziele, 1978, 19; *Rabel* IPR II 101; *Staehelin,* Zu Fragen der AG im schweizerischen IPR, 1972, 32; *Ebenroth/Sura* RabelsZ 43 (1979), 315 (322); *Großfeld,* Internationales und Europäisches Unternehmensrecht, 2. Aufl. 1995, D § 1 II; *Großfeld* RabelsZ 31 (1967), 1 (32); BGHZ 97, 269 (271 f.) = NJW 1986, 2194; *Vischer* SchwJbIntR 1960, 49 (53); *Neuhaus* Grundbegriffe S. 207; vgl. auch Soergel/*Lüderitz* EGBGB Anh. Art. 10 Rn. 8 f.

[1562] Staudinger/*Großfeld,* 1998, IntGesR Rn. 16, 42; *Großfeld,* Internationales und Europäisches Unternehmensrecht, 2. Aufl. 1995, D § 1 II 5.

schaften mit **Verwaltungssitz im Inland** ebenso wie für solche mit **Verwaltungssitz im Ausland.**[1563] Eine Gesellschaft ausländischen Rechts kann im Inland nicht wirksam gegründet werden. Eine im Inland gegründete Gesellschaft inländischen Rechts mit Verwaltungssitz im Ausland kann unter Umständen dann als wirksam gegründet angesehen werden, wenn der Sitzstaat der Gründungstheorie folgt.[1564]

Die Sitzanknüpfung trägt dem **Schutzinteresse des am meisten betroffenen Staates** Rechnung.[1565] Darin liegt ihre innere Rechtfertigung. Denn der Sitz ist der „Mittelpunkt, von dem die Tätigkeit der juristischen Person ausgeht" *(Kegel).*[1566] Dass der Staat, in dessen Hoheitsgebiet sich der effektive Verwaltungssitz einer Gesellschaft befindet, am meisten betroffen ist, folgt aus dem Umstand, dass im Regelfall „mehr Direktoren, leitende Angestellte, Begünstigte, Anteilseigner und Gläubiger im Sitzstaat leben werden als in irgendeinem anderen Staat".[1567] Zwar mag es zutreffen, dass im Zuge der fortschreitenden Internationalisierung des Wirtschaftslebens jetzt häufiger Fälle auftreten, in denen der Gesellschaftssitz nicht mehr auf die hauptbetroffene Rechtsordnung hindeutet. Entgegen *Behrens*[1568] beruht die Sitztheorie aber nicht auf der Annahme, dass der wirtschaftliche Schwerpunkt einer Gesellschaft „durchweg" dort liegt, wo sich ihr Verwaltungssitz befindet. Die Sitztheorie begnügt sich vielmehr damit, dass dies in der weit überwiegenden Mehrzahl der Fälle so ist.[1569] Liegt es ausnahmsweise anders, ist dies im Interesse einer **typisierenden Kollisionsrechtsanwendung** hinzunehmen. **380**

Innerhalb bestimmter Wahrscheinlichkeitsgrenzen darf eine **typisierende Rechtsregel** – hier: die **Verwaltungssitzanknüpfung** im internationalen Gesellschaftsrecht – mit unwiderleglichen Tatsachenvermutungen arbeiten. Fraglich ist allenfalls, ab welchem Grad der Fehlerwahrscheinlichkeit eine willkürliche Ungleichbehandlung vorliegt.[1570] Davon kann mit Blick auf die Sitztheorie keine Rede sein, soweit dieser die Annahme zugrundeliegt, dass der **wirtschaftliche Schwerpunkt einer Gesellschaft an** ihrem **Verwaltungssitz** liegt. Unbehelflich ist daher der von *Behrens* vorgebrachte Einwand, in der heutigen, weltoffenen Wirtschaft könne dies nicht mehr ohne weiteres angenommen werden.[1571] Dies zeigt der vergleichende Blick auf das gesamte gesellschaftsnahe **Auf-** **381**

[1563] OLG Hamburg IPRspr. 1977 Nr. 5 (S. 17 ff.); *Ebenroth/Sura* RabelsZ 43 (1979), 315 (328); Staudinger/*Großfeld,* 1998, IntGesR Rn. 84 ff.; *Panthen,* Der „Sitz"-Begriff im Internationalen Gesellschaftsrecht, 1988, 90.

[1564] Grdl. hierzu *Ebenroth/Eyles* DB-Beil. 2/1988, 6 ff.; s. auch *Grothe,* Die „ausländische Kapitalgesellschaft & Co.", 1989, § 5 A III 3a; weitere Einzelheiten zum Personalstatut bei Firmengründungen und Sitzverlegungen unter Berücksichtigung von Rück- und Weiterverweisungen nach Art. 4 → Rn. 472 ff., → Rn. 811 ff.

[1565] HM, BGH NJW 1967, 36 (38); RIW 2000, 555 (556) m. Aufs. *Kindler* RIW 2000, 649 (Vorlagebeschluss „Überseering") = NZG 2000, 926; OLG Nürnberg IPRax 1985, 342 mAnm *Rehbinder* IPRax 1985, 324; BayObLGZ 1992, 113 (115); BayObLG DB 1998, 2318 (2319); KG NJW-RR 1997, 1127 (1128); *Raape* IPR, 5. Aufl. 1961, S. 198; *Großfeld* RabelsZ 31 (1967), 3 (22 f., 46); BeckOGK/*Großerichter/Zwirlein-Forschner,* 1.12.2021, IPR Internationales Gesellschaftsrecht – Allgemeiner Teil Rn. 84; Staudinger/*Großfeld,* 1998, IntGesR Rn. 21, 41 f., 72; *Wiedemann* GesR I § 14 II 1, S. 784; *Ebenroth/Sura* RabelsZ 43 (1979), 315 (338); *Ebenroth* JZ 1988, 18 (22); Scholz/*Westermann* GmbHG, 9. Aufl. 2000, Einl. Rn. 84, 86; *Hausmann* in Reithmann/Martiny IntVertragsR Rn. 6.4, 7.9 f.; *W. H. Roth* in Wouters/Schneider, Current Issues of Cross Bordes Establishment of Companies in the European Union, 1995, 29, 31; *Kübler,* Gesellschaftsrecht, 5. Aufl. 1998, § 34 II 1a; *D. Paulus,* Außervertragliche Gesellschafter- und Organwalterhaftung im Lichte des Unionskollisionsrechts, 2013, Rn. 123 ff.; *Kindler* NZG 2003, 1086 (1089); aA *Behrens* RabelsZ 52 (1988), 498 (512 f.); HCL/*Behrens/Hoffmann* GmbHG Allg. Einl. Rn. B 29 (in Verkennung der Tatsache, dass die allermeisten Gesellschaften vorwiegend national tätige KMU sind).

[1566] *Kegel/Schurig* IPR § 17 II 1, S. 572.

[1567] *Großfeld* RabelsZ 31 (1967), 1 (22 f.) im Anschluss an *Note* Harv. L. Rev. 74 (1960/61), 1429 ff. (1432); ebenso *Fischer* IPRax 1991, 100 (102) (in Bezug auf Gläubiger); *Arenas Garcia* RIW 2000, 590 (591); mit dieser Einschätzung spricht sich seit 2022 auch *Eidenmüller* für den effektiven Verwaltungssitz als Anknüpfungspunkt aus, s. *Eidenmüller,* Shell Shock: In Defence of the ‚Real Seat Theory' in International Company Law (abrufbar unter: https://blogs.law.ox.ac.uk/business-law-blog/blog/2022/03/shell-shock-defence-real-seat-theory-international-company-law): „[…] a company should serve the interests of all its stakeholders, including society at large, and the connecting factor in a conflict of laws analysis which bests reflects this approach is the ‚real seat theory'. This is the place where a company's creditors, employees and society at large look to in their dealings with the business."

[1568] *Behrens* RabelsZ 52 (1988), 498 (512 f.); HCL/*Behrens/Hoffmann* GmbHG Allg. Einl. Rn. B 29; ihm folgend *Haas* DB 1997, 1501 (1503 f.), der sich allerdings (dort Fn. 54) zu Unrecht auf GroßkommAktG/*Assmann* AktG Einl. Rn. 539 beruft.

[1569] Vgl. Staudinger/*Großfeld,* 1998, IntGesR Rn. 46; *v. Halen,* Das Gesellschaftsstatut nach der Centros-Entscheidung des EuGH, 2001, 277.

[1570] Treffend – in anderem Zusammenhang – *Marotzke* JZ 2010, 592, 600 mit Verweis auf BVerfG NZM 2005, 350 Rn. 12; BVerfG NVwZ-RR 2005, 844; BFH NJW 2006, 3661.

[1571] So aber HCL/*Behrens/Hoffmann* GmbHG Allg. Einl. Rn. B 29 und schon *Behrens* RabelsZ 52 (1988), 513 ff.

sichtsrecht sowie das **Insolvenz- und Zivilprozessrecht.** Diese Rechtsgebiete **knüpfen** sämtlich **real an** und gehen damit ersichtlich vom Gegenteil aus:

382 Dass eine **Gesellschaft vor allem und im Regelfall am Markt ihres Verwaltungssitzes tätig** ist und deshalb dort die relevanten Schutzinteressen zu lokalisieren sind, ist die eindeutige Prämisse des europäischen Bank-, Investment- und Versicherungsaufsichtsrechts (→ Rn. 110). So müssen die Mitgliedstaaten sicher stellen, dass sich bei Wertpapierfirmen, bei denen es sich um juristische Personen handelt, die gemäß dem für sie geltenden einzelstaatlichen Recht einen satzungsmäßigen Sitz haben, die Hauptverwaltung im gleichen Mitgliedstaat befindet wie dieser Sitz; und Art. 5 Abs. 4 RL 2004/39/EG (verabschiedet fünf Jahre nach Centros; → Rn. 86) bestätigte diese Grundsätze für die Beaufsichtigung der Wertpapierfirmen (heute Art. 5 Abs. 4 RL 2014/65/EU).[1572] Dabei geht es um die **Verhinderung von Aufsichtsabitrage,** und zwar dadurch, dass es die Mitgliedstaaten nicht hinnehmen, wenn ein Kreditinstitut offensichtlich die Rechtsordnung eines bestimmten Mitgliedstaats nur zum Zwecke der Zulassung und der laufenden Beaufsichtigung (anhand eines vermeintlich permissiveren Standards) wählen, seine überwiegende Geschäftstätigkeit jedoch in einem anderen Mitgliedstaat ausübt (→ Rn. 110).[1573] Das **Prinzip der Sitzlandbindung** gilt ferner im **Investmentrecht,** wie Art. 3 RL 2009/65/EG zeigt. Danach ist ein „Organismus für gemeinsame Anlagen in Wertpapieren" (OGAW) in demjenigen Mitgliedstaat als ansässig anzusehen, in dem sich der satzungsmäßige Sitz der Verwaltungsgesellschaft oder der Investmentgesellschaft befindet; die Mitgliedstaaten müssen verlangen, dass sich die Hauptverwaltung in dem Mitgliedstaat des satzungsmäßigen Sitzes befindet. Verwaltungsgesellschaften dürfen die Mitgliedstaaten nur Zulassungen erteilen, wenn sich ihre Hauptverwaltung und ihr Sitz in ein und demselben Mitgliedstaat befindet (Art. 5a Abs. 1 lit. d RL 2009/65/EG; vgl. im deutschen Recht § 17 Abs. 1 KAGB).[1574] Kapitalverwaltungsgesellschaften unterliegen bei inländischer Hauptverwaltung der Erlaubnispflicht (§ 17 Abs. 1 KAGB). Im **Versicherungsrecht** müssen die Mitgliedstaaten nach der 2002 neu gefassten, konsolidierten RL 2002/83/EG (heute Solvabilität II-RL) verlangen, dass sich bei Versicherungsunternehmen die Hauptverwaltung im gleichen Mitgliedstaat befindet wie ihr Sitz (früher Art. 6 Abs. 3 RL 2002/83/EG, heute Solvabilität II-RL).

383 Besonders bedeutsam aber ist die **Insolvenzeröffnungszuständigkeit am hauptsächlichen Interessenmittelpunkt** der Schuldnergesellschaft nach Art. 3 Abs. 1 S. 1 EuInsVO 2015, denn damit ist nichts anderes als der **effektive Verwaltungssitz** gemeint.[1575] Das Insolvenzrecht ist mit dem Gesellschaftsrecht vielfach verwoben,[1576] wie nicht zuletzt die zahlreichen iprechtlichen Qualifikationsfragen im Grenzbereich zwischen den beiden Statuten belegen (zB Eigenkapital ersetzende Darlehen, Existenzvernichtungshaftung, Organhaftung für Insolvenzverschleppung sowie Masseschmälerung usw). Hinter der realen Anknüpfungsregel des internationalen Insolvenzrechts steht ersichtlich die **Einschätzung des europäischen Gesetzgebers,** dass **im Staat des effektiven Verwaltungssitzes** die **Mehrzahl der Gläubiger** des insolventen Unternehmens ansässig sein wird.[1577] Die Urheber des deutschen Gesetzes zur Neuregelung des internationalen Insolvenzrechts 2003 teilen diese Einschätzung.[1578] Auch das **allgemeine IZPR knüpft real an:** Für Klagen gegen eine ausländische Gesellschaft, die ihren satzungsmäßigen Sitz im Ausland hat, sind deutsche Gerichte international analog **§ 17 ZPO** zuständig, wenn der tatsächliche Verwaltungssitz in Deutschland liegt.[1579] Auch für **§ 110 ZPO** kommt es auf den effektiven Verwaltungssitz an (→ Rn. 890). Das

[1572] Vgl. im deutschen Recht § 33 Abs. 1 S. 1 Nr. 6 KWG und zum Ganzen *Schuster* in Hirte/Bücker GrenzübGes § 14 Rn. 11 ff.

[1573] Näher *Schuster* in Hirte/Bücker GrenzübGes § 14 Rn. 13.

[1574] Zum Ganzen *Schuster* in Hirte/Bücker GrenzübGes § 14 Rn. 21 ff.

[1575] EuGH ECLI:EU:C:2011:671 Ls. 3 = NZI 201, 990 mAnm *Mankowski* – Interedil; Slg. I 2011, I-13211 Rn. 32 = NZG 2012, 150 = NZI 2012, 147 mAnm *Mankowski* – Rastelli; zuletzt EuGH ECLI:EU:C:2016:374 Rn. 34 = BeckRS 2016, 81277 – Leonmobili; dazu *Bayer/Schmidt* BB 2016, 1923 (1932); zum Gleichlauf von COMI und Verwaltungssitz ferner *Weller* FS Blaurock, 2013, 497 (506); *Weller/Harms/Rentsch/Thomale* ZGR 2015, 361 (369); *Weller* IPRax 2017, 167 (175); *Fehrenbach* GPR 2016, 282 (284); zuvor schon AG Duisburg NZG 2003, 1167 f.; *U. Huber* FS Gerhardt, 2004, 397 (405 f.); *P. Huber* ZZP 114 (2001), 133 (141); *Borges* ZIP 2004, 733 (737): „Synonym"; *Vallender* KTS 2005, 286; *Benedettelli* Riv. dir. int. priv. proc. 2004, 510; *Eidenmüller* in Eidenmüller Ausl. KapGes. § 9 Rn. 11; *Eidenmüller* NJW 2004, 3455; zuletzt *D. Paulus,* Außervertragliche Gesellschafter- und Organwalterhaftung im Lichte des Unionskollisionsrechts, 2013, Rn. 417.

[1576] Vgl. nur *K. Schmidt* GesR § 11 VI.

[1577] *Laukemann* RIW 2005, 104 m. Fn. 6; das gilt auch im Rahmen der EuInsVO 2015, *Kindler* KTS 2014, 25 (32 f.).

[1578] Vgl. Begr. RegE ZIP 2002, 2331: „Das Insolvenzverfahren soll regelmäßig in dem Mitgliedstaat eröffnet und durchgeführt werden, in dem aller Voraussicht nach sich die Masse des schuldnerischen Vermögens und *der Großteil der Gläubiger* befinden werden", Hervorhebung nicht im Original.

[1579] OLG Köln IPRax 2007, 530 m. Aufs. *Thole* IPRax 2007, 519 = ZIP 2007, 935.

Gleiche gilt im Anwendungsbereich der **Brüssel Ia-VO** (Art. 63 Abs. 1 lit. b und c Brüssel Ia-VO). Die vorgenannten, bis in die jüngste Zeit hinein erlassenen Regelungen auf europäischer und nationaler Ebene bestätigen somit die Grundannahme der Sitztheorie, dass sie dem Schutzinteresse des am meisten betroffenen Staates am besten Rechnung trägt. In Gegensatz dazu steht die Grundthese der „neuen" Niederlassungsfreiheit in der EG, wonach es eine von den realen Gegebenheiten losgelöste Freiheit zur Wahl des liberalsten Gesellschaftsrechts in der Gemeinschaft geben sollte.[1580]

Die Sitztheorie verschafft dem am meisten betroffenen Staat ein **Wächteramt** darüber, welche Gesellschaftsformen in seinem Hoheitsbereich zugelassen sind.[1581] Mit dieser Anknüpfung wird verhindert, dass laxere ausländische Regelungen inländische gesellschaftsrechtliche Statuten unterlaufen können. Darin läge nicht nur im Vergleich zu den nach inländischem Recht organisierten Gesellschaften eine Wettbewerbsverzerrung. Darüber hinaus könnten sich Gesellschafter, Gläubiger und Arbeitnehmer um die Sicherung ihrer durch das inländische Sachrecht eingeräumten Rechtspositionen gebracht sehen. Wenn Vertreter der Gründungstheorie insoweit versuchen, durch Anwendung des ordre public-Grundsatzes (→ Rn. 334 ff.)[1582] oder im Rahmen von Sonderanknüpfungen[1583] inländisches Recht für anwendbar zu erklären, so nähern sie sich im Ergebnis der Sitztheorie an.[1584] **384**

Der **sachliche Unterschied** zwischen Sitz- und Gründungstheorie, der die Wesensunterschiede beider Lösungsansätze deutlich macht, lässt es daher auch nicht gerechtfertigt erscheinen, die Sitztheorie lediglich als eine Variante der Gründungstheorie zu beurteilen, nur weil beide für die Anerkennung der rechtlichen Existenz einer Gesellschaft eine wirksame Inkorporation voraussetzen.[1585] Der entscheidende Unterschied zwischen Sitz- und Gründungstheorie besteht gerade in der **Versagung des kapitalgesellschaftsrechtlichen Haftungsprivilegs,** wenn nicht die einschlägigen Gründungsvorschriften des Sitzstaates erfüllt sind.[1586] **385**

Dagegen führt die Missachtung der Gründungsvorschriften des Sitzstaates – jedenfalls bei Verwaltungssitz im Inland – nicht zur automatischen Sanktion der Versagung der Rechtsfähigkeit. Denn der unter falschem Recht gegründete Verband ist nach inländischem Sachrecht durchaus rechtlich selbstständig (als OHG oder GbR),[1587] nur eben verbunden mit der persönlichen Haftung der Gesellschafter für die Gesellschaftsverbindlichkeiten (→ Rn. 452 ff. zum „Handeln unter falschem Recht"). **386**

IV. Die Anknüpfung des Personalstatuts – Fallgruppen

1. Gesellschaften unter dem Schutz zweiseitiger Staatsverträge. Eine Reihe von zweiseitigen Staatsverträgen (Art. 3 Nr. 2 EGBGB) verpflichtet die BRepD, die nach dem Recht des anderen Vertragsteils gegründeten Gesellschaften auch dann anzuerkennen, wenn sich der effektive Verwaltungssitz der Gesellschaft nicht in dem betreffenden Staat befindet. Insoweit gilt mithin nicht die Sitztheorie (→ Rn. 379 ff.), sondern die Gründungstheorie (→ Rn. 317 ff.). Das Personalstatut einer Gesellschaft richtet sich im Verhältnis zu diesen Staaten grundsätzlich nach dem Recht des Staates, in dem die Gesellschaft gegründet wurde.[1588] Eine Rück- oder Weiterverweisung kommt nicht in Betracht (→ EGBGB Art. 4 Rn. 99 f. zum Renvoi bei Staatsverträgen). **387**

2. Gesellschaften unter dem Schutz der Niederlassungsfreiheit nach dem AEUV. a) Die Gründungsanknüpfung und ihre Grenzen. EU-ausländische Gesellschaften, die unter **388**

[1580] So EuGH ECLI:EU:C:1999:126 Rn. 27 = NJW 1999, 2027 – Centros; ECLI:EU:C:2003:512 Rn. 138 = NJW 2003, 3331 – Inspire Art.

[1581] Staudinger/*Großfeld,* 1998, IntGesR Rn. 41.

[1582] Vgl. *Koppensteiner,* Internationale Unternehmen im deutschen Gesellschaftsrecht, 1971, 132; *Kötz* GmbHR 1965, 69.

[1583] Vgl. Art. 156 ff. schweiz. IPRG, BBl. 1988 I 5; vgl. auch BGE 108 II 398 ff., das bei einem nur fiktiven Sitz trotz grundsätzlichen Bekenntnisses zur Gründungstheorie an den tatsächlichen Sitz anknüpft. Zum schweizer IPRG vgl. *Ebenroth/Messer* ZSchweizR 1989, II, 49.

[1584] *Ebenroth* FS Meier-Hayoz, 1982, 101 (131 ff.); Staudinger/*Großfeld,* 1998, IntGesR Rn. 42.

[1585] So aber *Rabel* IPR II 38; *Großfeld* RabelsZ 31 (1967), 1 (32); *Bungert* ZVglRWiss 93 (1994), 117 (123).

[1586] BGHZ 178, 192 Rn. 23 – Trabrennbahn = NJW 2009, 289 mAnm *Kieninger* = DStR 2009, 59 mAnm *Goette* = DNotZ 2009, 385 mAnm *Thölke* = IPRax 2009, 259 m. Aufs. *Weller* IPRax 2009, 202 ff.; dazu *Kindler* IPRax 2009, 189 (190); ferner *Balthasar* RIW 2009, 221; *Gottschalk* ZIP 2009, 948; *Hellgardt/Illmer* NZG 2009, 94; *Lieder/Kliebisch* BB 2009, 338; anderer Akzent noch in der → 3. Aufl. 1999, Rn. 315.

[1587] BGHZ 178, 192 Rn. 23 = NJW 2009, 289 – Trabrennbahn (vorige Fn.).

[1588] Zuletzt etwa BGH NZG 2005, 44 = JZ 2005, 298 mAnm *Ebke* = DNotZ 2005, 141 mAnm *Thölke* = BB 2004, 2595 mAnm *Elsing* (USA); Einzelheiten → Rn. 286 f.; speziell für das Verhältnis zu den USA Rn. 333 ff.; zu den Staatsverträgen im Rechtsquellensystem des Gesellschaftskollisionsrechts auch *Weller* IPRax 2009, 202 (204, 206).

dem Schutz der Niederlassungsfreiheit nach Art. 49, 54 AEUV stehen, unterliegen – vorbehaltlich einer Rück- oder Weiterverweisung (Art. 4 Abs. 1 EGBGB) – nach der Rspr. dem an ihrem Satzungssitz geltenden Recht, sofern dieser im Geltungsbereich derjenigen Rechtsordnung belegen ist, nach der die Gesellschaft gegründet wurde (allgemein → Rn. 123 ff.).[1589] Verdrängt werden hierdurch aber nur solche Vorschriften des nach dem autonomen IPR anwendbaren Gesellschaftsrechts, die geeignet sind, als Beschränkung der durch die Art. 49, 54 AEUV garantierten Niederlassungsfreiheit zu wirken (→ Rn. 126).[1590] Das EuGH-Urteil **Kornhaas** vom 15.10.2015 **begrenzt** den Schutzbereich der **Niederlassungsfreiheit** (Art. 49, 54 AEUV) auf das Recht auf Fortbestand der **Rechtsfähigkeit** und auf Fortgeltung der **Mindestkapitalanforderungen** im Zuzugsstaat.[1591]

389 Der **Schutzbereich** der Niederlassungsfreiheit ist daher zunächst einmal **in sachlicher Hinsicht** begrenzt. Denn die Anwendung einer ganzen Reihe von Vorschriften des Verwaltungssitzstaates stellt von vorne herein keine Beschränkung iSv Art. 49 Abs. 1 AEUV dar (→ Rn. 392 ff.) oder ist jedenfalls als solche gerechtfertigt (→ Rn. 407, → Rn. 408 ff.). Da die **Reichweite dieser Kollisionsregel durch den Schutzbereich der Niederlassungsfreiheit begrenzt** ist,[1592] greift außerhalb dieses Schutzbereichs – wie selbst prominente Befürworter eines Ausbaus der Niederlassungsfreiheit zu einer voraussetzungslosen Rechtswahlfreiheit einräumen – wieder die allgemeine Kollisionsnorm des deutschen internationalen Gesellschaftsrechts ein, dh die Sitztheorie.[1593] **Außerhalb des Schutzbereichs der Niederlassungsfreiheit** liegen zunächst die **inländischen Gesellschaften,** dh Gesellschaften, die der Rechtsordnung des Verwaltungssitzstaates unterliegen.[1594] Art. 49, 54 AEUV stehen Rechtsvorschriften eines Mitgliedstaats nicht entgegen, die es einer nach dem nationalen Recht dieses Mitgliedstaats gegründeten Gesellschaft verwehren, ihren Verwaltungssitz in einen anderen Mitgliedstaat zu verlegen und dabei ihre Eigenschaft als Gesellschaft des nationalen Rechts des Mitgliedstaats, nach dessen Recht sie gegründet wurde, zu behalten (Urteil **Cartesio,** → Rn. 99 f.).[1595]

390 Der Verwaltungssitzanknüpfung unterliegen auch **Schein-EU-Gesellschaften,** dh Gesellschaften mit Satzungssitz in der Gemeinschaft, aber ohne tatsächliche und dauerhafte Verbindung zur Wirtschaft eines Mitgliedstaates.[1596] Für eine derartige Verbindung ist es allerdings ausreichend, dass die Gesellschaft in einem Mitgliedstaat eine Niederlassung hat, von der aus sie ihre Geschäfte betreibt.[1597] Die Niederlassungsfreiheit greift ferner dann **nicht** ein, wenn bereits **im Zeitpunkt der Gesellschaftsgründung der effektive Verwaltungssitz im Inland** belegen war, mithin faktisch kein Zuzug der Gesellschaft erfolgte. In diesen Fällen der künstlichen Briefkastengründung **fehlt jede Mobilitätskomponente.**[1598] Die gegenteilige obergerichtliche Rspr. ist jedenfalls nicht

---

1589 BGHZ 154, 185 = NJW 2003, 1461 – Überseering; BGH NJW 2004, 3706 (3707); OLG Düsseldorf BeckRS 2018, 26389 Rn. 60; *Freitag* ZHR 184 (2020), 139 (148).

1590 *Mansel* RabelsZ 70 (2006), 651 (672).

1591 *Kindler* EuZW 2016, 136 (139) unter Verweis auf EuGH ECLI:EU:C:2015:806 Rn. 23, 24 = NJW 2016, 223 – Kornhaas.

1592 Vgl. nochmals BGHZ 154, 185 = NJW 2003, 1461 Ls. 1: „Eine Gesellschaft, *die unter dem Schutz der im EG-Vertrag garantierten Niederlassungsfreiheit steht*" (Hervorhebung nicht im Orginal); ferner zB BGH NJW 2011, 3784 Rn. 22: „Nach den Entscheidungen des EuGH in den Sachen Centros, Überseering und Inspire Art ist es allgemeine Auffassung geworden, dass sich das Gesellschaftsstatut solcher Gesellschaften, die in einem Mitgliedstaat der europäischen Gemeinschaft gegründet worden sind, nicht nach dem Verwaltungssitz, sondern nach dem Gründungsort richten, *weil nur so die europarechtlich verbürgte Niederlassungsfreiheit gewährt werden kann";* näher → Rn. 123 ff.

1593 *Eidenmüller* in Eidenmüller Ausl. KapGes. § 3 Rn. 122 nach Fn. 165; noch deutlicher *Rehm* in Eidenmüller Ausl. KapGes. § 2 Rn. 86 zu Inspire Art: „Dem Sitzstaat ist es … unbenommen, in seiner Rechtsordnung akzeptierte Sanktionsmechanismen anzuwenden, die dem *Kernbereich des Gesellschaftsstatuts* zuzuordnen sind, selbst wenn diese dem Gründungsrecht der Gesellschaft nicht entnommen werden können." (Hervorhebung nicht im Original); ebenso *Ekkenga* FS Universität Gießen, 2007, 395 (404) zu den Rechnungslegungspflichten.

1594 Vgl. EuGH ECLI:EU:C:2002:632 Rn. 70 = NJW 2002, 3614 – Überseering.

1595 Für das deutsche Sachrecht seit Aufhebung der § 4a Abs. 2 GmbHG, § 5 Abs. 2 AktG durch das MoMiG vom 23.10.2008 (BGBl. 2008 I 2026) nicht mehr von Bedeutung; vgl. *Kindler* IPRax 2009, 189 (197 ff.); *Kindler* in Goette/Habersack, Das MoMiG in Wissenschaft und Praxis, 2009, 233, 243 ff.

1596 Vgl. das Allgemeine Niederlassungsprogramm, ABl. 1962 Nr. 2, 36; ferner *Lenz/Ehrhardt,* EG-Vertrag, 2. Aufl. 1999, Art. 48 Rn. 4; *Bleckmann,* Europarecht, 6. Aufl. 1997, Rn. 1619; aA Calliess/Ruffert/*Bröhmer* AEUV Art. 54 Rn. 7 mwN.

1597 Vgl. Erwägungsgrund 23 SE-VO sowie Art. 2 Abs. 5 SE-VO; aA offenbar BGH NJW 2004, 3706 (3707) (britische Gesellschaft mit Verwaltungssitz in Hongkong nur deshalb dem britischen Recht unterstellt, weil das IPR des Verwaltungssitzes das britische Gründungsrecht für maßgeblich erklärt).

1598 *Kindler* NJW 2003, 1073 (1078); *Kindler* EuZW 2012, 888 (890); *G. H. Roth* ZIP 2012, 1744 f.; *Binz/Mayer* GmbHR 2003, 249 (256); *W.-H. Roth* IPRax 2003, 117 (126); *Forsthoff* DB 2002, 2471 (2475); *Kieninger* ZGR 1999, 724 (728 ff.); *Zimmer* ZHR 164 (2000), 23 (40 f.); *Franz/Laeger* BB 2008, 678 (681);

EU-rechtlich geboten.[1599] Die Behandlung der ursprünglichen Scheinauslandsgesellschaft nach ihrem Gründungsrecht folgt weder aus dem Urteil Überseering[1600] noch aus dem Urteil Inspire Art.[1601] Zwar hat der EuGH in Inspire Art festgehalten, dass „es für die Anwendung der Vorschriften über die Niederlassungsfreiheit ohne Bedeutung ist, dass eine Gesellschaft in einem Mitgliedstaat nur errichtet wurde, um sich in einem zweiten Mitgliedstaat niederzulassen, in dem die Geschäftstätigkeit im Wesentlichen oder ausschließlich ausgeübt werden soll".[1602] Diese Aussage betrifft jedoch nur die – hier nicht interessierende – sekundäre Niederlassungsfreiheit, in deren Rahmen die inländische Registerpublizität nach der 11. Richtlinie gewahrt ist.[1603] – Konterkariert wird die Verweisung auf das Gründungsrecht ferner in Fällen der **Rückverweisung** (Art. 4 Abs. 1 S. 2 EGBGB), dh wenn das IPR des Gründungsstaates seinerseits der Sitztheorie anhängt und die am – in einem anderen Staat belegenen – Verwaltungssitz geltende Rechtsordnung zur Anwendung beruft. Hier entzieht das Gründungsrecht selbst der Gesellschaft die Anerkennung; dies verstößt nicht gegen die Niederlassungsfreiheit.[1604]

b) Nachweis der Anknüpfungstatsache. Während der Verwaltungssitz als Anknüpfungsmerkmal der Sitztheorie eine Reihe von Beweisfragen aufwirft (→ Rn. 432 ff.), trifft dies für den Satzungssitz als Anknüpfungsmerkmal der Gründungstheorie nicht zu. Der Satzungssitz ist einfach urkundlich nachzuweisen, zB durch Vorlage eines **Handelsregisterauszuges** aus dem betreffenden Mitgliedstaat[1605] oder durch die **Bescheinigung eines örtlichen Notars.**[1606] Im Grundstücks- und Gesellschaftsrecht können die erforderlichen Nachweise grundsätzlich nur durch öffentliche Urkunden erbracht werden (§ 29 GBO, § 12 HGB).[1607] Zwar ist insofern der freie Kapitalverkehr beschränkt (Art. 63 Abs. 1 AEUV), der unter anderem auch Immobilieninvestitionen von Gebietsfremden im Inland erfasst.[1608] Bestimmten EU-ausländischen Gesellschaften wären Investitionen in deutsche Immobilien nicht möglich, müssten sie die erforderlichen Nachweise in der Form des § 29 GBO erbringen. Dies ist aber gerechtfertigt, da das EU-Kollisionsrecht nicht in das nationale Registerwesen eingreift (arg. Art. 1 Abs. 2 lit. l EuErbVO mit Erwägungsgrund 18 EuErbVO). 391

c) Durchbrechungen des Gründungsrechts durch Vorschriften des Sitzstaates ohne Beschränkungscharakter. Die Niederlassungsfreiheit schützt nicht vor der Anwendung des Rechts des Sitzstaates, soweit darin schon keine Beschränkung iSv Art. 49 AEUV liegt. Insoweit greift bei gesellschaftsrechtlichen Vorschriften mithin die Verwaltungssitzanknüpfung,[1609] bei nicht-gesell- 392

Franz BB 2009, 1250 (1251); *Teichmann* DB 2012, 2087: „die Gründung einer Briefkastengesellschaft ist kein unionsrechtlich geschützter Vorgang"; aA *Eidenmüller* ZIP 2002, 2233 (2243 f.); *Leible/Hoffmann* ZIP 2003, 926 (929); *Weller* IPRax 2003, 324 (327); *Schön* ZGR 2013, 333 (352 f.); *Sonnenberger* FS Lagarde, 2005, 757; *Verse* ZEuP 2013, 458 (473).

[1599] Vgl. BayObLGZ 2002, 413 = NZG 2003, 290 unter II 2b; OLG Zweibrücken NZG 2003, 537 (538) unter II 2d sowie im Ls.

[1600] So das BayObLG BayObLGZ 2002, 413 = NZG 2003, 290 unter II 2b; Zweibrücken NZG 2003, 537 (538) unter II 2d sowie im Ls. mit Verweis auf BGH NJW 2002, 3614 Rn. 80, 81, 93, 95 – Überseering, die dazu aber nichts besagen.

[1601] Auf „Inspire Art" beruft sich zB HCL/*Behrens/Hoffmann* GmbHG Allg. Einl. Rn. 342.

[1602] EuGH ECLI:EU:C:2003:512 Rn. 95 = NJW 2003, 3331 – Inspire Art; ähnlich schon EuGH ECLI: EU: C:1986:308 Rn. 16 = NJW 1987, 571 – Segers; ECLI:EU:C:1999:126 Rn. 17 = NJW 1999, 2027 – Centros.

[1603] *Forsthoff* in Hirte/Bücker GrenzübGes § 2 Rn. 25. Zur Unterscheidung zwischen primärer und sekundärer Niederlassungsfreiheit → Rn. 111.

[1604] Vgl. EuGH ECLI:EU:C:2002:632 Rn. 61 ff., 70 = NJW 2002, 3614 – Überseering; ECLI:EU:C:2003:512 Rn. 102 f. = NJW 2003, 3331 – Inspire Art; Slg. 2008, I-9641 Rn. 124 = NJW 2009, 569 – Cartesio; *Leible/Hoffmann* RIW 2003, 925 (931); BayObLGZ 2004, 24; OLG Brandenburg ZIP 2004, 489; it. Kassationshof 23.1.2004, Nr. 1244, Riv. dir. int. priv. proc. 2004, 1381; gegen derartige „Wegzugssperren" aber *Forsthoff* in Hirte/Bücker GrenzübGes § 2 Rn. 19 ff.; *Rehm* in Eidenmüller Ausl. KapGes. § 2 Rn. 57; *W.-H. Roth* FS Heldrich, 2005, 973.

[1605] Vgl. zum online-Zugriff auf die Handelsregister in der EU die Zusammenstellung bei *Wachter* GmbHR 2004, R 29.

[1606] *Wachter* DB 2004, 2795 (2799).

[1607] Vgl. für Einzelheiten *Wachter* DB 2004, 2795 (2800 ff.); meist wird es dabei zugleich um den Nachweis der Existenz der Gesellschaft so wie der Vertretungsverhältnisse gehen, vgl. hierüber zu zahlreichen Rechtsordnungen *Hausmann* in Reithmann/Martiny IntVertragsR Rn. 6.197 ff.

[1608] KG FGPrax 2012, 236 = ZIP 2012, 1560 Ls. mit Verweis auf Anh. I Art. 1 RL 88/361/EG und EuGH ECLI:EU:C:2010:216 = EuZW 2010, 461 – Mattner.

[1609] *Schall* ZIP 2016, 289 (292); *Eidenmüller* in Eidenmüller Ausl. KapGes. § 3 Rn. 122; *Jahn,* Die Anwendbarkeit deutscher Glubigerschutzvorschriften bei einer EU-Kapitalgesellschaft mit Sitz in Deutschland, 2014.

schaftsrechtlichen Vorschriften die jeweils einschlägige Kollisionsnorm. Einer Sonderanknüpfung bedarf es nicht (→ Rn. 126).

393 **aa) Immanente Schranken der Niederlassungsfreiheit.** Eine Beschränkung scheidet zunächst in Fällen aus, denen der Schutzbereich der Niederlassungsfreiheit überhaupt nicht eröffnet ist, weil sich die Gesellschaft **in missbräuchlicher oder betrügerischer Weise** auf das Gründungsrecht beruft.[1610] Hier entfällt die Anwendbarkeit der Niederlassungsfreiheit von vorne herein; Betrug und Missbrauch erweitern nicht erst auf einer nachgelagerten Prüfungsstufe (→ Rn. 407, → Rn. 408 ff.) den Rechtfertigungsspielraum der Mitgliedstaaten. Denn derartige Verhaltensweisen sind nicht Teil des von der Union nach Art. 3 EUV zu fördernden **Wirtschaftslebens** (so noch wörtlich früher Art. 2 EG-Vertrag)[1611] und schon deshalb nicht durch die Niederlassungsfreiheit geschützt.[1612] Dabei gilt nach stRspr des EuGH, dass „nationale Gerichte eine *innerstaatliche Rechtsvorschrift*[1613] anwenden, um zu beurteilen, ob ein sich aus dem Gemeinschaftsrecht ergebendes Recht missbräuchlich ausgeübt wird".[1614] Diese Gemengelage gemeinschaftsrechtlicher und mitgliedstaatlicher Maßnahmen mag man bedauern,[1615] sie entspricht aber der hier unmittelbar einschlägigen EuGH-Rspr., wonach „eine missbräuchliche Entziehung der Anwendung des nationalen Rechts" eine Berufung auf die Niederlassungsfreiheit ausschließt.[1616] Dem folgen auch das europäische Umwandlungsrecht mit den dort normierten **Missbrauchsklauseln für grenzüberschreitende Verschmelzungen, Spaltungen und Formwechsel** (Art. 86m Abs. 8 GesR-RL, Art. 127 Abs. 8 GesR-RL, Art. 160m Abs. 8 GesR-RL; → Rn. 38) sowie die deutschen Umsetzungsvorschriften (§§ 316 Abs. 3, 329 S. 1, 343 Abs. 3 UmwG).

394 Der Sache nach wird dies im Urteil **Cadbury Schweppes** gerade für Briefkastengesellschaften festgestellt, wenngleich der EuGH dort den fiktiven Charakter der Ansiedlung am Satzungssitz erst auf der Rechtfertigungsebene untersucht.[1617] Auf der gleichen Linie liegen **EuGH vom 26.2.2019 zur Hinzurechnungsbesteuerung** bei Zwischeneinkünften mit Kapitalanlagecharakter im Drittstaatenfall[1618] und die Rspr. zum Missbrauchsbegriff auf der Ebene des Sekundärrechts.[1619] Dass das Institut des Rechtsmissbrauchs aus dem Blickwinkel des Primärrechts wie des Sekundärrechts als eine „gedankliche Einheit" zu sehen ist, wird daran deutlich, dass sich der EuGH in seinen Urteilen zum Sekundärrecht auf seine eigene Judikatur zum Missbrauch von Grundfreiheiten bezieht und

[1610] EuGH ECLI:EU:C:1999:126 Rn. 24 = NJW 1999, 2027 – Centros; ECLI:EU:C:2003:512 Rn. 136 = NJW 2003, 3331 – Inspire Art; ECLI:EU:C:2017:804 Rn. 33, 39, 60 = NZG 2017, 1308 mAnm *Wachter* – Polbud; dazu *Hushahn* VGR 2018, 2019, 171 (184); *Kindler* NZG 2018, 1; *Schall* ZfPW 2018, 176; *Korch/Thelen* IPRax 2018, 248; *Picciau* Riv. soc. 2018, 270; zum Folgenden auch *D. Paulus,* Außervertragliche Gesellschafter- und Organwalterhaftung im Lichte des Unionskollisionsrechts, 2013, Rn. 166 ff.

[1611] Art. 3 EUV meint mit dem Unionsziel des wirtschaftlichen Wohlergehens der Völker der Union nichts anderes: Calliess/*Ruffert* EUV Art. 3 Rn. 23.

[1612] Zur Bedeutung von Art. 3 EUV (früher Art. 2 EG-Vertrag) für die Bestimmung der Reichweite der Grundfreiheiten *Forsthoff* in Hirte/Bücker GrenzübGes § 2 Rn. 49; vgl. zur Ansiedelung des Missbrauchs bereits auf der Tatbestandsebene auch GA *La Pergola* in der Rs. Centros, EuGH ECLI:EU:C:1999:126, 1477: „Die Prüfung, ob die konkrete Ausübung eines Rechts missbräuchlich ist oder nicht bedeutet mit anderen Worten nichts anderes als die inhaltliche Tragweite des Rechts selbst zu ermitteln"; *Schön* FS Wiedemann, 2002, 1271 (1290 ff.); aA – Rechtfertigungsebene – *Eidenmüller* in Eidenmüller Ausl. KapGes. § 3 Rn. 73 ff.

[1613] Hervorhebung nicht im Orginal.

[1614] EuGH ECLI:EU:C:1998:222 Rn. 21 = NZG 1998, 462 – Kefalas; EuGH ECLI:EU:C:2000:150 Rn. 44 = NZG 2000, 534– Diamantis; zu dieser Rspr. etwa *Klinke* ZGR 2002, 163 (181 ff.); *Fleischer* JZ 2003, 865 (868).

[1615] *Fleischer* JZ 2003, 865 (873 f.); *Kieninger* ZEuP 2004, 685 (698).

[1616] EuGH ECLI:EU:C:1999:126 Rn. 24 = NJW 1999, 2027 – Centros; ECLI:EU:C:2003:512 Rn. 98, 136, 139 = NJW 2003, 3331; dazu *Forsthoff* in Hirte/Bücker GrenzübGes § 2 Rn. 50.

[1617] EuGH ECLI:EU:C:2006:544 Rn. 52 ff., 68 = NZG 2006, 835 – Cadbury Schweppes = IStR 2006, 670 mAnm *Körner* = EWiR 2006, 679 m. KurzKomm. *Jungbluth;* dazu auch *G.H. Roth* FS Honsell, 2009, 67 (76 f.); *G.H. Roth,* Vorgaben der europäischen Niederlassungsfreiheit für das Kapitalgesellschaftsrecht, 2010, 12 ff.; *Kindler* IPRax 2010, 272; *Sedemund* BB 2006, 2118; *Kleinert* GmbHR 2006, 1049. Zu diesem Urteil → Rn. 97 f.

[1618] EuGH ECLI:EU:C:2019:136 Rn. 80 ff. = DStR 2019, 489 – X GmbH gegen Finanzamt Stuttgart – Körperschaften.

[1619] Vgl. EuGH ECLI:EU:C:2004:209 = NJW 2004, 1647 – Freiburger Kommunalbauten, wonach die Missbräuchlichkeit einer bestimmten AGB-Klausel iSv Art. 4 RL 93/13/EWG vor allem anhand der Folgen zu würdigen ist, die die Klausel im Rahmen des auf den Vertrag anwendbaren Rechts haben kann, was eine – dem EuGH verwehrte – Prüfung *des nationalen Rechtssystems* mit einschließt, EuGH NJW 2004, 1647 Rn. 21, 22. Nicht ersichtlich ist, welche Gründe einer Übertragung dieser Aussage auf gesellschaftsrechtliche Gestaltungen entgegenstehen sollten.

umgekehrt.[1620] Ein gutes **Beispiel** liefert das **Steuerrecht:** so kann eine Gesellschaft zum Zwecke der Steuerhinterziehung und damit missbräuchlich gegründet worden sein. Eine missbräuchliche Gründung liegt etwa dann nahe, wenn die Gesellschafter ihre **Kapitaleinkünfte aus der Beteiligung nicht bei der Einkommensteuer angegeben** haben.[1621]

Betrug: Ein Hinweis, **welches Verhalten betrügerisch** in diesem Sinne wäre, findet sich im Centros-Urteil:[1622] Danach können die Mitgliedstaaten alle geeigneten Maßnahmen treffen, um Betrügereien zu verhindern oder zu verfolgen; dies gilt gegenüber der Gesellschaft wie auch gegenüber den Gesellschaftern, wenn diese sich mittels der Errichtung der Gesellschaft ihren Verpflichtungen gegenüber inländischen Gläubigern entziehen möchten.[1623] Tatbestandlich sind damit **alle Fälle der fraudulösen Gläubigerschädigung** erfasst.[1624] Auf die „Erforderlichkeit" der Maßnahme kommt es nicht an, weil hier schon der Schutzbereich des Beschränkungsverbots nicht eröffnet ist.[1625] **Auch die Gesellschafter und Geschäftsführer von EU-ausländischen Gesellschaften unterliegen daher – bei entsprechender kollisionsrechtlicher Verweisung durch Art. 4 Rom II-VO – den zu § 826 BGB anerkannten Haftungsgrundsätzen,**[1626] so zB in den Fällen der Vollstreckungsvereitelung und bei der sog. GmbH-Staffette (zum Sachrecht → BGB § 826 Rn. 163 f.), bei der Sanierungsvereitelung durch Gesellschafter (→ BGB § 826 Rn. 169 f.), bei Ausplünderung der Gesellschaft durch ihre Gesellschafter („Existenzvernichtung"),[1627] bei der Wahrnehmung von Geschäftschancen der Gesellschaft durch deren Gesellschafter und/oder Geschäftsführer (→ BGB § 826 Rn. 211). In all diesen Fällen ist die **Auslandgesellschaft lediglich ein deliktisches Werkzeug,** das der Täter für die Gläubigerschädigung einsetzt. Dies klingt auch im Centros-Urteil des EuGH an.[1628] Erste Entscheidungen unter Berufung auf Rn. 38 der Entscheidungsgründe von Centros betreffen ferner die Lohnschiebung[1629] sowie die Gesellschafterhaftung wegen offensichtlicher Unterkapitalisierung.[1630] Auch die Fälle des Eingehungsbetruges (Täuschung des Vertragspartners über die Liquiditäts- und/oder Vermögenslage der Gesellschaft[1631] sowie die Täuschung über das Gesellschaftsstatut[1632]) gehören hierher.[1633] 395

Missbrauch: Hinsichtlich des **Missbrauchs** steht jedenfalls negativ fest, dass allein die gezielte **Ausnutzung eines gesellschaftsrechtlichen Regelungsgefälles** zwischen dem Gründungsstaat und dem Sitzstaat **nicht** zu beanstanden ist,[1634] und zwar bis Cadbury Schweppes nicht einmal bei alleiniger Geschäftstätigkeit im Sitzstaat.[1635] Wenn allerdings eine Gesellschaft nur mit einer **fiktiven Ansiedlung** zusammenhängt, die keine wirkliche wirtschaftliche Tätigkeit im Hoheitsgebiet des Aufnahmemitgliedstaats entfaltet, so ist die Gründung dieser beherrschten ausländischen Gesellschaft als eine rein künstliche Gestaltung anzusehen. Darin liegt nach dem **Urteil Cadbury Schweppes** ein **Missbrauch der Niederlassungsfreiheit,** insbesondere – wie der EuGH formuliert – bei einer 396

1620 *Schön* FS Wiedemann, 2002, 1271 (1273) mN; dies verkennt *Kieninger* ZEuP 2004, 685 (698) Fn. 85; wie im Text *Kindler* NZG 2003, 1086 (1089).

1621 BFH NZG 2019, 747 Rn. 37.

1622 EuGH ECLI:EU:C:1999:126 Rn. 24 = NJW 1999, 2027 Rn. 38 – Centros.

1623 So ausdrücklich EuGH ECLI:EU:C:1999:126 Rn. 38 = NJW 1999, 2027 – Centros.

1624 *Fleischer* in Lutter, Europäische Auslandsgesellschaften in Deutschland, 2005, 49, 102.

1625 AA *Fleischer* JZ 2003, 865 (870); *Eidenmüller* in Eidenmüller Ausl. KapGes. § 3 Rn. 116.

1626 *Kindler* IPRax 2009, 189 (192); *Wachter* DStR 2005, 1821; Gesamtüberblick bei *Kiethe* NZG 2005, 333; aus niederlassungsrechtlicher Sicht *Schall* ZIP 2016, 289 (292 ff.).

1627 BGHZ 173, 246 = NJW 2007, 2689 – TRIHOTEL; zur Anknüpfung *Kindler* IPRax 2009, 189 (193); zum fehlenden Beschränkungscharakter einer Gesellschafterhaftung aus dem Gesichtspunkt der Existenzvernichtung s. *Kindler* FS Säcker, 2011, 393 ff.; näher → Rn. 596 ff.; zum Sachrecht → BGB § 826 Rn. 103 f.

1628 EuGH ECLI:EU:C:1999:126 Rn. 39 = NJW 1999, 2027 – Centros: „mittels der Errichtung der Gesellschaft"/„par le biais de la constitution d'une société"/„by means of the formation of the company".

1629 LG München I RIW 2000, 61 (62) = NZG 1999, 1234; zust. *Borges* NZG 2000, 106 (107).

1630 LG Stuttgart NZG 2002, 240 (242 f.) = NJW-RR 2002, 463; zum fehlenden Beschränkungscharakter einer Gesellschafterhaftung aus dem Gesichtspunkt der Unterkapitalisierung s. *Kindler* FS Säcker, 2011, 393 ff.; *Schall* ZIP 2016, 289 (294).

1631 Lutter/Hommelhoff/*Kleindiek* GmbHG § 43 Rn. 58; BGH NJW 1989, 292 (293).

1632 BGH NJW-RR 2002, 1209 = RIW 2002, 953 – Analysis III-GmbH.

1633 AA *Eidenmüller* in Eidenmüller Ausl. KapGes. § 4 Rn. 30.

1634 EuGH ECLI:EU:C:1999:126 Rn. 26, 27 = NJW 1999, 2027 – Centros; ECLI:EU:C:2003:512 Rn. 137, 138 = NJW 2003, 3331 – Inspire Art; zum Konzept des „Rechtsmissbrauchs" im Europäischen Umwandlungsrecht eingehend *Teichmann* ZGR 2022, 376; *Löbbe* ZHR 187 (2023), 498 (535 ff.); monographisch *K. Spiegl,* Missbrauchskontrolle im Rahmen der EU-Umwandlungsrichtlinie, 2024; zuvor *Schön* FS Krieger, 2020, 879.

1635 EuGH ECLI:EU:C:1999:126 Rn. 29 = NJW 1999, 2027 – Centros; ECLI:EU:C:2003:512 Rn. 139 = NJW 2003, 3331 – Inspire Art.

Gesellschaft, die eine „Briefkastenfirma" oder eine „Strohfirma" ist.[1636] Dass gerade die **Sitztrennung** ein **Indiz für Missbrauch** ist, zeigt der EU-Gesetzgeber wenngleich Erwägungsgrund 36 RL (EU) 2019/2121 dies umgekehrt formuliert: „Falls das grenzüberschreitende Vorhaben dazu führen würde, dass die Gesellschaft den Ort ihrer tatsächlichen Verwaltung oder den Ort ihrer wirtschaftlichen Tätigkeit in dem Mitgliedstaat hat, in dem die Gesellschaft bzw. die Gesellschaften nach dem grenzüberschreitenden Vorhaben registriert werden soll/sollen, so kann die zuständige Behörde dies als Anzeichen dafür ansehen, dass keine Umstände vorliegen, die zu einem Missbrauch oder Betrug führen."

397 Grundsätzlich gilt, dass die mitgliedstaatlichen Gerichte im Einzelfall das missbräuchliche Verhalten der Betroffenen auf der Grundlage objektiver Kriterien bewerten, um ihnen – bejahendenfalls – die Berufung auf die Niederlassungsfreiheit zu verwehren.[1637] Dabei scheitert die Anwendung inländischen Rechts auf EU-ausländische Gesellschaften, ihre Mitglieder und Organpersonen als Maßnahme der Missbrauchsbekämpfung dann nicht an der Niederlassungsfreiheit, wenn (1) im Tatbestand an ein nachgewiesenes, konkret missbräuchliches Verhalten angeknüpft wird und (2) die Rechtsfolge sich darauf beschränkt, die durch das Verhalten verletzten Interessen zu schützen.[1638] Diesen Vorgaben genügen die **Vorschriften des inländischen Deliktsrechts** grundsätzlich; gegen ihre Anwendung sprechen daher – in Ermangelung einer Beschränkung – keine Bedenken aus Art. 49, 54 AEUV.[1639] Gleiches gilt für die als Missbrauch der juristischen Person konzipierten Haftungsfiguren der materiellen Unterkapitalisierung und des existenzvernichtenden Eingriffs.[1640] Missbrauch liegt ferner vor, wenn ein Marktbürger mit der Gründung einer Auslandsgesellschaft das Ziel verfolgt, die **Berufsausübungsregeln** des Sitzstaates zu umgehen,[1641] zB die gesellschaftsrechtlichen **Amtsunfähigkeitsgründe** im Rahmen der Organbestellung (§ 6 Abs. 2 GmbHG, § 76 Abs. 3 AktG).[1642] In derartigen Fällen kommt eine Eintragung der inländischen Zweigniederlassung mit der betreffenden Person als ständigem Vertreter iSv § 13e Abs. 2 S. 5 Nr. 3 HGB nicht in Betracht.[1643] Gleichfalls ist die Berufung auf das Trennungsprinzip nach Maßgabe des EU-ausländischen Rechts erfolglos, wenn etwa eine Auslandsgesellschaft zur **Umgehung eines Wettbewerbs- oder Vertretungsverbots in der Person ihres Gesellschafters** gegründet wird,[1644] oder wenn die **Auslandsgesellschaft als alleiniger Schuldenträger** (Aschenputtel-Gesellschaft) im Rahmen einer fraudulösen Betriebsaufspaltung eingesetzt wird.[1645] Missbräuchlich handelt im Einzelfall ferner ein Gesellschafter, der die **Vermögensabgrenzung** zur Gesellschaft durch falsche oder unzureichende Buchführung **verschleiert** („Waschkorblage"),[1646] der die Gesellschaft von vornherein völlig

[1636] EuGH ECLI:EU:C:2006:544 Rn. 51 ff., 68 = NZG 2006, 835 – Cadbury Schweppes = IStR 2006, 670 mAnm *Körner* = EWiR 2006, 679 m. KurzKomm. *Jungbluth;* dazu auch *G.H. Roth* FS Honsell, 2009, 67 (76 f.); *G.H. Roth,* Vorgaben der europäischen Niederlassungsfreiheit für das Kapitalgesellschaftsrecht, 2010, 12 ff.; *Kindler* IPRax 2010, 272; *Sedemund* BB 2006, 2118; *Kleinert* GmbHR 2006, 1049. Zu diesem Urteil → Rn. 97 f.

[1637] So sinngemäß EuGH ECLI:EU:C:1999:126 Rn. 25 = NJW 1999, 2027 – Centros.

[1638] *Forsthoff* in Hirte/Bücker GrenzübGes § 2 Rn. 52; *Spindler/Berner* RIW 2004, 7 (9) m. Fn. 13.

[1639] Umfassend *Schall* ZIP 2016, 289 (292 ff.); zuvor *Forsthoff* in Hirte/Bücker GrenzübGes § 2 Rn. 52 aE; *Zimmer* NJW 2003, 3585 (3589): Durchgriffshaftung als Missbrauch im Einzelfall; *Bayer* BB 2003, 2357 (2364 f.); iErg auch *Eidenmüller* in Eidenmüller Ausl. KapGes. § 3 Rn. 68: „niederlassungsrechtlich regelmäßig unbedenklich; *Ulmer* NJW 2004, 1201 (1207): „sicherster Hafen"; *Borges* ZIP 2004, 733 (741): „von vornherein kein Eingriff in die Niederlassungsfreiheit".

[1640] *Borges* ZIP 2004, 733 (741 f.); zum fehlenden Beschränkungscharakter einer Gesellschafterhaftung aus dem Gesichtspunkt der Unterkapitalisierung s. *Kindler* FS Säcker, 2011, 393 ff.

[1641] EuGH ECLI:EU:C:1999:126 Rn. 26 = NJW 1999, 2027 – Centros; ECLI:EU:C:2003:512 Rn. 136 = NJW 2003, 3331 – Inspire Art.

[1642] BGHZ 172, 200 Rn. 13 ff. = NJW 2007, 2328 (unter Berufung auf → 4. Aufl. 2006, Rn. 558) – Hochbau aller Art; dazu *Eidenmüller/Rehberg* NJW 2008, 28; *Bauer/Großerichter* NZG 2008, 253; OLG Zweibrücken NZG 2003, 537 (538); *Eidenmüller* in Eidenmüller Ausl. KapGes. § 3 Rn. 100; *Knapp* DNotZ 2003, 85 (89); *Schanze/Jüttner* AG 2003, 661 (669); *Brand* JR 2004, 89 (92).

[1643] AG Westerwede RIW 2001, 67 (68); aA noch *Kindler* NJW 1993, 3301 (3305), aber für den Fall, dass die Auslandsgesellschaft ihren Verwaltungssitz *im Gründungsstaat* hat; aA auch OLG Oldenburg GmbHR 2002, 29 = RIW 2001, 863 mit Hinweis auf die Gesetzesbegr. zu §§ 13d ff. HGB, wo aber ebenfalls noch von einem *ausländischen* Verwaltungssitz des Hauptunternehmens ausgegangen wurde; wie im Text hingegegen *Seifert* RIW 2001, 68 (69) re. Sp.

[1644] Vgl. BGH DStR 2005, 485 = ZIP 2005, 296; *Brand* JR 2004, 89 (92) zu Fn. 52.

[1645] AG Hamburg NJW 2003, 2385 (2386); *Bayer* BB 2003, 2357 (2364 f.); *Kindler* NZG 2003, 1086 (1090); *Sandrock* ZVglRWiss 102 (2003), 447 (463); *Weller* DStR 2003, 1800 (1803); *Weller* IPRax 2003, 520 (523 f.); dies billigend hingegen *Eidenmüller* in Eidenmüller Ausl. KapGes. § 3 Rn. 102; zum Kollisionsrecht *Kindler* FS Jayme, 2004, 409.

[1646] *Zimmer* NJW 2003, 3585 (3588 f.); *Weller* DStR 2003, 1800 (1804); anders wiederum *Eidenmüller* in Eidenmüller Ausl. KapGes. § 3 Rn. 103; zum Sachrecht BGHZ 125, 366 = NJW 1994, 1801.

unzureichend mit Eigenkapital ausstattet (materielle Unterkapitalisierung),[1647] der ihr **in der Krise Vermögen entzieht** (Existenzvernichtungshaftung)[1648] oder der eine EU-Auslandsgesellschaft als **unterkapitalisiertes Prozessvehikel** einsetzt.[1649]

bb) Nicht-gesellschaftsrechtliche Vorschriften. Keine Durchbrechung des Gesellschaftsstatuts liegt vor, soweit auf die Auslandsgesellschaft sowie deren Mitglieder oder Organpersonen **nicht-gesellschaftsrechtliche Vorschriften angewandt werden, die kraft anderer Kollisionsnormen zum Zuge kommen.** Sie verdrängen das Gesellschaftsstatut nicht, sondern finden **neben dem Gesellschaftsstatut** Anwendung. Dass insoweit **keine Beschränkung der Niederlassungsfreiheit** vorliegt, hat der **BGH** in der **Einfamilienhaus-Entscheidung** mit Recht festgehalten.[1650] Dies folgt aus den einschlägigen EuGH-Urteilen, aus Art. 49 Abs. 2 AEUV, vor allem aber daraus, dass diese anderen Kollisionsnormen fast allesamt selbst auf der Ebene des EU-Sekundärrechts angesiedelt sind (mit Ausnahme unter anderem der Rechtsscheinhaftung[1651]), näher → Rn. 348.[1652] Auf die einzelnen nicht-gesellschaftsrechtlichen Vorschriften wird im Zusammenhang mit der Abgrenzung des Gesellschaftsstatuts von anderen Statuten (→ Rn. 616 ff.) eingegangen. Die Vorschriften des inländischen Deliktsrechts fallen darüber hinaus aus den in → Rn. 397 dargelegten Gründen nicht unter den Beschränkungstatbestand. **398**

Gegen den hier vertretenen Standpunkt wird zum Teil **eingewandt,** die „rechtliche Einkleidung" einer Vorschrift könne nicht entscheidend sein,[1653] auch eine solche „Wirksammachung eigenen Rechts" bedürfe der Rechtfertigung,[1654] eine iprechtliche „Umqualifizierung" könne das EU-Recht nicht ausschalten,[1655] jedenfalls nicht solche Qualifizierungen, die das Gesellschaftsstatut „gezielt verengen".[1656] Eine „formale Flucht in Inspire Art-freie Zonen" mit den Instrumenten der „begriffsjuristischen Methode"[1657] könne nicht gelingen.[1658] Teilweise wird hier sogar einer taktischen Qualifikation, dh einer **gezielten Erweiterung** des Gesellschaftsstatuts das Wort geredet.[1659] Ein eindrucksvolles **Negativbeispiel** einer solchen taktischen Qualifikation liefern zB *Eidenmüller/Rehberg,* wenn sie ein europarechtliches Verbot zusätzlicher **Rechnungsle-** **399**

1647 *Kindler* NZG 2003, 1086 (1090); *Zimmer* NJW 2003, 3585 (3588 f.); *Borges* ZIP 2004, 733 (742); *Altmeppen* NJW 2004, 97 (100); LG Stuttgart NZG 2002, 240 (242 f.) = NJW-RR 2002, 463 (466 f.); aA *Eidenmüller* in Eidenmüller Ausl. KapGes. § 3 Rn. 134; *Forsthoff/Schulz* in Hirte/Bücker GrenzübGes § 15 Rn. 65; zum Sachrecht OLG Köln NZG 2004, 1009 = ZIP 2005, 322 (AG mit einem Grundkapital von 50.000 Euro soll Investitionen in Höhe vom 30.000.000 Euro tätigen); grds. BGHZ 176, 204 = NJW 2008, 2437 – GAMMA (Rn. 21 aE).

1648 BGHZ 173, 246 = NJW 2007, 2689 – TRIHOTEL; zur Anknüpfung *Kindler* IPRax 2009, 189 (193); zum fehlenden Beschränkungscharakter einer Gesellschafterhaftung aus dem Gesichtspunkt der Existenzvernichtung s. *Kindler* FS Säcker, 2011, 393 ff.; näher → Rn. 619 ff.; zuvor BGHZ 149, 10 = NJW 2001, 3622 – Bremer Vulkan; BGH NZG 2005, 214; grdl. *Weller,* Europäische Rechtsformwahlfreiheit und Gesellschafterhaftung, 2004; *G. H. Roth* NZG 2003, 1081 (1085); *Zimmer* NJW 2003, 3585 (3588 f.); *Horn* NJW 2004, 893 (899); *Goette* DStR 2005, 197 (200 f.); eingehend hierzu *Forsthoff/Schulz* in Hirte/Bücker GrenzübGes § 15 Rn. 68 ff.; → Rn. 621 ff., 647, 698.

1649 *Weller* DStR 2003, 1800 (1803); für Schweden Högstadomstolen vom 11.12.2014, RIW 2015, 732 f. *(Grebeler);* aA *Eidenmüller* in Eidenmüller Ausl. KapGes. § 3 Rn. 106.

1650 BGH NJW 2007, 1529 Rn. 10 – Einfamilienhaus: „Die durch Verletzung der Pflicht zur Führung des Firmenzusatzes begründete Rechtsscheinhaftung knüpft nicht an die Verletzung spezifischer Organpflichten an und untersteht *schon aus diesem Grund* nicht dem Gesellschaftsstatut; *daher* ist auch die Niederlassungsfreiheit nach Art. 43, 48 EG insoweit nicht berührt (zutr. *Kindler* in MünchKommBGB IntGesR Rn. 630, 413 ff.)"; dazu *Kindler* NJW 2007, 1785; Abdruck auch in IPRax 2008, 42 m. Aufs. *Brinkmann* IPRax 2008, 30; dazu auch *Altmeppen* ZIP 2007, 889; *Schanze* NZG 2007, 533; *Kindler* FS Säcker, 2011, 393 (397); *D. Paulus,* Außervertragliche Gesellschafter- und Organwalterhaftung im Lichte des Unionskollisionsrechts, 2013, Rn. 156; gleichsinnig BGH NZG 2019, 710 Rn. 26, 36 = LMK 2019, 418573 mAnm *Mankowski; Rapp* IPRax 2020, 131 (135); offensichtlich übersehen von *Kieninger* RabelsZ 73 (2009), 607 (614 f.).

1651 Wie vorige Fn.

1652 *Mankowski* NZG 2016, 281 (285) nach Fn. 62; aA *Eidenmüller* in Eidenmüller Ausl. KapGes. § 3 Rn. 8 f.

1653 *Eidenmüller* in Eidenmüller Ausl. KapGes. § 3 Rn. 8; *Eidenmüller* JZ 2004, 24 (25).

1654 *Zimmer* NJW 2003, 3585 (3592).

1655 *Spindler/Berner* RIW 2004, 7 (9); *Brand* JR 2004, 89 (93); HCL/*Behrens/Hoffmann* GmbHG Allg. Einl. Rn. B 53; *Forsthoff/Schulz* in Hirte/Bücker GrenzübGes § 15 Rn. 60.

1656 NK-BGB/*Hoffmann* EGBGB Anh. Art. 12 Rn. 109.

1657 Beide Zitate von *K. Schmidt* ZHR 168 (2004), 493 (499).

1658 So tendenziell auch *Bitter* WM 2004, 2190 (2191 f.); *Schön* Konzern 2004, 162 (163); *Schön* ZHR 168 (2004), 268 (293).

1659 So ausdrücklich *Forsthoff* in Hirte/Bücker GrenzübGes § 2 Rn. 78; *Forsthoff/Schulz* in Hirte/Bücker GrenzübGes § 15 Rn. 20; *Mock/Schildt* in Hirte/Bücker GrenzübGes § 16 Rn. 17.

gungspflichten im Zweigniederlassungsstaat annehmen und deshalb(!) diese Pflichten gesellschaftsrechtlich qualifizieren.[1660]

400 Diese **Kritik** beruht auf einer **Fehlvorstellung über den iprechtlichen Qualifikationsvorgang.**[1661] Die Zuweisung einer Sachnorm zu einer bestimmten Kollisionsnorm erfolgt durch Auslegung der Kollisionsnorm anhand einer **funktionalen Betrachtungsweise:** Die Funktionen des kollisionsrechtlichen Anknüpfungsgegenstands (Gesellschaftsstatut, Insolvenzstatut, Deliktsstatut usw) und der zu qualifizierenden Sätze des Sachrechts werden verglichen (→ Einl. IPR Rn. 86 ff.). Dabei kommt es nicht auf den kodifikatorischen Standort der Sachnorm an,[1662] sondern auf deren **Normzweck.** Dieser ist kein beliebig zu vergebendes äußeres Merkmal, vergleichbar einer rubrica legis, sondern anhand einer **objektiv-teleologischen Betrachtung** zu ermitteln. Teilweise ist die Qualifikation sogar **gesetzlich vorgegeben,** wie zB in Art. 7 Abs. 2 EuInsVO 2015. Für eine manipulative, taktisch inspirierte Qualifikation zu Gunsten des einen oder anderen Statuts ist daher von vornherein kein Raum. Dies gilt umso mehr, als das **EU-Recht selbst** die wichtigsten Qualifikationsfragen entscheidet, diese also gerade nicht durch nationale Gesetzgeber oder Gerichte nach rechtspolitischem Gutdünken geregelt werden können. Zu verweisen ist hier erneut namentlich auf Art. 7 EuInsVO.

401 Der zuletzt angesprochene Aspekt zeigt zugleich, dass in der **Anwendung nicht-gesellschaftsrechtlicher Vorschriften** der Mitgliedstaaten **kraft EU-sekundärrechtlicher Verweisungsbefehle keine Beschränkung der Niederlassungsfreiheit** liegen kann. Das hat zwischenzeitlich auch **BGH NJW 2011, 3784** anerkannt.[1663] Denn das EU-Kollisionsrecht beachtet selbst binnenmarktbezogene, primärrechtskonforme Ziele (vgl. zB Erwägungsgründe 3, 5 EuInsVO 2015; → Rn. 348 aE) und konkretisiert damit den sachlichen Anwendungsbereich der Grundfreiheiten.[1664] Dass den Richtlinien zumindest eine Hinweisfunktion bei der Auslegung der Grundfreiheiten zukommt, ist in der Rspr. des EuGH anerkannt.[1665]

402 In der Sache ging es dem EuGH ursprünglich um die Freiheit der Wahl eines möglichst liberalen *Gesellschaftsrechts,*[1666] **seit** dem Urteil **Kornhaas** allerdings beschränkt auf die **kapitalbezogenen Gründungsanforderungen.**[1667] Dass diese Rechtswahlfreiheit aber auch angrenzende Materien mit einschließen soll (so die „Käseglocken-Theorie", → Rn. 316, → Rn. 356), wird zudem keiner Stelle der einschlägigen Urteile erkennbar, ebenso wenig ein expansives Verständnis des Gesellschaftsstatuts. Stattdessen setzt das **EU-Recht** in dem für den Gläubigerschutz wichtigsten Grenzbereich einen genau **umgekehrten Akzent:** Nach einhelliger Auffassung ist nämlich das in Art. 7 EuInsVO 2015 umrissene **Insolvenzstatut möglichst weit** zu fassen, um im Interesse eines reibungslosen Funktionierens des Binnenmarkts (Erwägungsgrund 1 EuInsVO 2015) eine auch kollisionsrechtlich einheitliche Behandlung aller Gläubiger sicherzustellen. **Qualifikationszweifel** sind daher **zu Gunsten des Insolvenzstatuts** zu lösen.[1668] In der Anwendung der so ermittelten mitgliedstaatlichen Vorschriften des Insolvenzrechts auf eine EU-Auslandsgesellschaft liegt keine Beschränkung von deren Niederlassungsfreiheit.[1669] – Generell gilt für Qualifikationsfragen, dass das vor dem Inspire Art-Urteil vom 30.9.2003 erschienene Schrifttum nur bedingt herangezogen werden kann.[1670] Denn

---

[1660] *Eidenmüller/Rehberg* ZVglRWiss 105 (2006), 427 (452) unter VI.1. und 453 unter VI.2.: „Kollisionsrechtlich ist dem durch die Qualifikation der Rechnungslegung als gesellschaftsrechtlich zu entsprechen …".

[1661] Krit. zu jeder „taktischen" Qualifikation auch *Kuntz* NZI 2005, 424 (427) l. Sp.; allg. → Einl. IPR Rn. 86 ff.; *Korherr,* Funktional-teleologische Qualifikation und Gläubigerschutz, 2019, 74; grdl. *Gebauer* FS Kronke, 2020, 813 ff.

[1662] *Weller/Hübner* NJW 2016, 225: „unerheblich"; *Schall* ZIP 2016, 289 (290); unrichtig *Bitter* WM 2004, 2190 (2192); insoweit zutr. demgegenüber *Zimmer* ZHR 168 (2004), 355 (366 f.); *Hirte/Mock* ZIP 2005, 474 (475) zur Insolvenzantragspflicht; allg. → Einl. IPR Rn. 122.

[1663] BGH NJW 2011, 3784 Rn. 39; dazu *Wedemann* IPRax 2012, 226 (229 f.).

[1664] Zutr. *Ulmer* KTS 2004, 291 (295 f.).

[1665] EuGH ECLI:EU:C:2003:272 Rn. 52 = NJW 2003, 2663 – Goldene Aktien; Slg. 2003, I-4641 Rn. 39 = NJW 2003, 2666; *Weller,* Europäische Rechtsformwahlfreiheit und Gesellschafterhaftung, 2004, 206.

[1666] EuGH ECLI:EU:C:1999:126 Rn. 27 = NJW 1999, 2027 – Centros; ECLI:EU:C:2003:512 Rn. 138 = NJW 2003, 3331 – Inspire Art; zutr. *M. Fischer* ZIP 2004, 1477 (1478), der eine „auf das Gesellschaftsstatut bezogene Rspr. des EuGH" konstatiert; *Weller,* Europäische Rechtsformwahlfreiheit und Gesellschafterhaftung, 2004, 65 f.; vgl. auch → Rn. 348.

[1667] EuGH ECLI:EU:C:2015:806 Rn. 24 f. = NJW 2016, 223 – Kornhaas; *Bombe,* Die Abgrenzung von Gesellschafts- und Insolvenzstatut im Lichte des Kornhaas-Urteils des EuGH, 2023; *Schall* ZIP 2016, 289 (295).

[1668] *Schack* IZVR, 3. Aufl. 2002, Rn. 1087; tendenziell auch *Menjucq,* Droit international et européen des sociétés, 2001, Rn. 326: „Application extensive d'une même loi".

[1669] EuGH ECLI:EU:C:2015:806 Rn. 28 = NJW 2016, 223 – Kornhaas; so auch schon *Ulmer* KTS 2004, 291 (295 f.); *Bitter* ZHR 176 (2012), 578; *Thole,* Gläubigerschutz durch Insolvenzrecht – Anfechtung und verwandte Regelungsinstrumente in der Unternehmensinsolvenz, 2010, 880 ff.

[1670] Insoweit zutr. *Forsthoff/Schulz* in Hirte/Bücker GrenzübGes § 15 Rn. 4.

die gesellschaftsrechtliche Qualifikation eines Rechtssatzes beruhte häufig auf der selbstverständlichen Prämisse, dass damit das Recht des hauptbetroffenen Staates zum Zuge kommen würde.[1671] Diese Prämisse ist nach dem Wechsel der deutschen Rspr. zur Gründungsanknüpfung (→ Rn. 123 ff.) weggefallen. Auch eine Mehrfachqualifikation kann bei näherer Betrachtung einzelner Rechtsinstitute sachgerecht sein.[1672]

cc) Tätigkeitsausübungsregeln. Ohne Beschränkungscharakter sind ferner solche Vorschriften des Sitzstaates, die den Marktzugang als solchen nicht behindern, sondern bloß die Tätigkeit der – bereits **marktzugehörigen** – EU-ausländischen **Gesellschaft** regeln. Insoweit gilt nur das allgemeine Diskriminierungsverbot des Art. 18 AEUV.[1673] Dies folgt aus der – wegen der Konvergenz der Grundfreiheiten[1674] – auf die Niederlassungsfreiheit übertragbaren EuGH-Rspr. zur Warenverkehrs- und Dienstleistungsfreiheit (→ Rn. 349). **403**

Tätigkeitsausübungsregeln stellen keine Anforderungen an die Struktur der Gesellschaft vor deren Marktzugang – wie zB die Mindestkapitalerfordernisse nach dem WFBV –,[1675] sondern sie knüpfen an das **tatsächliche und rechtsgeschäftliche Handeln der Gesellschaft, ihrer Mitglieder und Organpersonen** nach bereits erfolgtem Marktzugang an.[1676] Diese Vorschriften greifen überhaupt nur in Fällen, in denen die Gesellschaft durch Sitznahme in dem betreffenden Staat unter Beweis gestellt hat, dass sie in deren Anwendung keinen Umstand sieht, der die Ausübung der Niederlassungsfreiheit aus ihrer Sicht hätte behindern oder weniger attraktiv machen können.[1677] Hierzu gehört zunächst das **allgemeine Verkehrsrecht** des Niederlassungsstaates, dh die juristischen Standortbedingungen, dem auch die dort ansässigen Inländer unterworfen sind (Art. 49 Abs. 2 AEUV). Dies umfasst insbesondere die **kollisionsrechtlich anderweitig anzuknüpfenden Bereiche des Vertragsrechts sowie das Recht der außervertraglichen Haftung,**[1678] ferner – wie auch der EuGH im Urteil Kornhaas anerkannt hat – das Insolvenzrecht.[1679] Hier ist die Niederlassungsfreiheit schon tatbestandlich nicht einschlägig.[1680] Zur Statutenabgrenzung → Rn. 616 ff., → Rn. 620 ff., → Rn. 640 ff. **404**

Als Tätigkeitsausübungsregel kommen aber **auch gesellschaftsrechtliche Vorschriften** in Betracht, die keine Anforderungen an die Struktur der Gesellschaft stellen, sondern bloß das **Verhalten der Gesellschafter und der Organpersonen** im Einzelfall sanktionieren.[1681] Bedeutung hat dies insbesondere für den gesamten Gläubigerschutz, wenn man die davon betroffenen Institute überhaupt gesellschaftsrechtlich – und zwar allein gesellschaftsrechtlich[1682] – qualifizieren will.[1683] Gleichfalls hierher gehört die **Handelndenhaftung** analog § 11 Abs. 2 GmbHG, § 41 Abs. 1 AktG, wenn die Auslandsgesellschaft keine inländische Zweigniederlassung errichtet bzw. dort ihre **Publi-** **405**

1671 So zB 3. Aufl. 1999, Rn. 479 ff., 486 ff. zu Haftungsfragen.

1672 *Kindler* FS Jayme, 2004, 409; *Fleischer* in Lutter, Europäische Auslandsgesellschaften in Deutschland, 2005, 49, 81 ff.; *D. Paulus,* Außervertragliche Gesellschafter- und Organwalterhaftung im Lichte des Unionskollisionsrechts, 2013, Rn. 212 ff.

1673 *Kindler* EuZW 2016, 136; *Forsthoff* in Hirte/Bücker GrenzübGes § 2 Rn. 39.

1674 Dazu *W.-H. Roth* GS Knobbe-Keuk, 1997, 729 (740 ff.); *Kindler* NJW 1999, 1993 (2000); *Schön* FS Wiedemann, 2002, 1271 (1291); *Schanze/Jüttner* AG 2003, 661 (667); *Spindler/Berner* RIW 2004, 7 (10 f.); *Weller,* Europäische Rechtsformwahlfreiheit und Gesellschafterhaftung, 2004, 202 ff.; *K. Schmidt* in Lutter, Europäische Auslandsgesellschaften in Deutschland, 2005, 15, 26; *Fleischer* in Lutter, Europäische Auslandsgesellschaften in Deutschland, 2005, 49, 98 ff.; grdl. *Steinke,* Die Übertragbarkeit der Keck-Rechtsprechung des EuGH auf die Niederlassungsfreiheit, 2009.

1675 Vgl. EuGH ECLI:EU:C:2003:512 Rn. 99 ff. = NJW 2003, 3331 – Inspire Art.

1676 Insofern zutr. Unterscheidung bei *Eidenmüller* in Eidenmüller Ausl. KapGes. § 3 Rn. 16 f. zwischen korporativ wirkenden und bloß tätigkeitsbezogenen Vorschriften.

1677 Formulierung in Anlehnung an EuGH ECLI:EU:C:2003:512 Rn. 133 = NJW 2003, 3331 – Inspire Art zum Beschränkungsbegriff; stRspr, EuGH ECLI:EU:C:2013:412 Rn. 33 = EuZW 2013, 664 – Impacto Azul; dazu *M. Lehmann* LMK 2013, 352735.

1678 *Fleischer* in Lutter, Europäische Auslandsgesellschaften in Deutschland, 2005, 49, 99; *Paefgen* ZIP 2004, 2253 (2255); *Schanze/Jüttner* AG 2003, 661 (669 f.); *Ulmer* NJW 2004, 1201 (1205); *Forsthoff* in Hirte/Bücker GrenzübGes § 2 Rn. 45; *Weller,* Europäische Rechtsformwahlfreiheit und Gesellschafterhaftung, 2004, 66.

1679 EuGH ECLI:EU:C:2015:806 Rn. 28 = NJW 2016, 223 – Kornhaas.

1680 *Weller/Hübner* NJW 2016, 225 zu EuGH ECLI:EU:C:2015:806 Rn. 28 = NJW 2016, 223 – Kornhaas.

1681 Zur Durchgriffshaftung EuGH ECLI:EU:C:2010:622 Rn. 56 – Idryma Typou = NZG 2011, 183; dazu *Kindler* FS Säcker, 2011, 393 (396); allg. *Schall* ZIP 2016, 289 (291 f.).

1682 Zur Mehrfachqualifikation *Kindler* FS Jayme, 2004, 409; *Fleischer* in Lutter, Europäische Auslandsgesellschaften in Deutschland, 2005, 49, 81 ff.

1683 So folgerichtig – auf der Grundlage einer allein gesellschaftsrechtlichen Qualifikation – *Altmeppen* NJW 2004, 97 (100 ff., 104) unter V.III, zur Insolvenzverschleppungshaftung, Existenzvernichtungshaftung, Kapitalerhaltungs- und Kapitalersatzrecht, Konzernrecht; ebenso *Weller,* Europäische Rechtsformwahlfreiheit und Gesellschafterhaftung, 2004, 65 f.

zitätspflichten nicht erfüllt, zB auch beim Auftreten einer inländischen „GmbH".[1684] Klassische Tätigkeitsausübungsregeln stellen die **Rechnungslegungspflichten** dar.[1685]

406 **dd) Marktrückzugsregeln.** Am Beispiel des Verbots des Vermögensabzugs in der Krise der Gesellschaft (Existenzvernichtungshaftung)[1686] hat *Weller* die Kategorie der Marktrückzugsregeln entwickelt, die zwar – als Desinvestitionshindernisse – Beschränkungscharakter haben sollen, deren Anwendung aber unter erleichterten Voraussetzungen gerechtfertigt sei.[1687] Mit der Kategorie der Marktrückzugsregeln hat *Weller* einen wichtigen Normkomplex im Schnittfeld des Gesellschafts- und Insolvenzrechts funktional zutreffend erfasst. Allerdings fällt die Anwendung der betreffenden Bestimmungen von vornherein nicht unter das Beschränkungsverbot der Art. 49, 54 AEUV. Denn die davon betroffenen Verhaltensweisen stellen sich als **Rechtsmissbrauch im Einzelfall** dar und können schon deshalb dem Recht des Aufnahmestaates unterworfen werden (→ Rn. 393 ff.). Dies gilt auch, soweit eine Haftung aus § 826 BGB eingreift (→ Rn. 395, → Rn. 398 ff.).[1688] Jedenfalls wird die Freiheit zur Unternehmensneugründung bzw. Sitzverlegung durch die potenzielle Gesellschafterhaftung im Falle einer späteren Krise der Gesellschaft nicht berührt.[1689] Hinzu kommt, dass eine Anwendung der Marktrückzugsregeln im Einzelfall ja gerade voraussetzt, dass sich die Gesellschaft zu einem früheren Zeitpunkt zum Marktzugang entschlossen hat und dabei die – potenziell anwendbaren – Marktrückzugsregeln gerade nicht als Marktzugangshindernis[1690] angesehen hat.

407 **d) Rechtfertigung von Beschränkungen aus Gründen der Öffentlichen Ordnung.** Nach Art. 52 AEUV sind Sonderregeln für Ausländer mit deren Niederlassungsfreiheit vereinbar, wenn sie aus Gründen der öffentlichen Ordnung, Sicherheit oder Gesundheit gerechtfertigt sind. Die Bestimmung bezieht sich auf offen diskriminierende Vorschriften des inländischen Rechts, dh des **Fremdenrechts.** Dabei beurteilt sich die Staatszugehörigkeit der Gesellschaft nach dem Satzungssitz.[1691] Dieser Rechtfertigungstatbestand hat derzeit keine praktische Bedeutung.[1692] Zum Fremdenrecht → Rn. 882 ff.

408 **e) Rechtfertigung von Beschränkungen durch zwingende Gründe des Allgemeininteresses.** Bejaht man für bestimmte Vorschriften des Sitzstaates das tatbestandliche Vorliegen einer Beschränkung – und nur dann (→ Rn. 392 ff.) –, so stellt sich sogleich die Anschlussfrage, ob die Beschränkung gerechtfertigt ist. Dies beurteilt sich nach dem Vier-Konditionen-Test des EuGH (→ Rn. 87, → Rn. 93).

409 **aa) Nicht diskriminierende Anwendung.** Die hier interessierenden Regelungen des Zivil- und Gesellschaftsrechts gelten regelmäßig unterschiedslos für Inlands- wie Auslandsgesellschaften. Eine offene Diskriminierung wird daher selten vorliegen. Versteckte Diskriminierungen sind nicht schlechthin verboten, sondern können durch zwingende Gründe des Allgemeininteresses gerechtfertigt sein.[1693]

[1684] Die Gesellschaft unterläuft dann das sog. Informationsmodell des EuGH, wonach die Behandlung als Auslandsgesellschaft gerade an die Registerpublizität der Zweigniederlassung geknüpft ist, vgl. EuGH ECLI:EU:C:2003:512 Rn. 135 = NJW 2003, 3331 – Inspire Art; anders BGH NJW 2005, 1648; dazu *Kindler* JZ 2006, 178; *Kindler* IPRax 2009, 189 (201); → Rn. 496 f., → Rn. 962 ff.

[1685] *Ekkenga* FS Universität Gießen, 2007, 395 (403 f.); zu deren Anknüpfung → Rn. 190 f., → Rn. 234 ff.

[1686] BGHZ 173, 246 = NJW 2007, 2689 – TRIHOTEL; zur Anknüpfung *Kindler* IPRax 2009, 189 (193); *Weller* ZIP 2007, 1681 (1686 f.); näher → Rn. 619 ff.; zuvor BGHZ 149, 10 = NJW 2001, 3622 – Bremer Vulkan; BGH NZG 2005, 214.

[1687] *Weller,* Europäische Rechtsformwahlfreiheit und Gesellschafterhaftung, 2004, 204, 205 ff.; *Weller/Hübner* NJW 2016, 225 zu EuGH ECLI:EU:C:2015:806 = NJW 2016, 223 – Kornhaas; *Weller* IPRax 2017, 167 (176).

[1688] *Kindler* FS Säcker, 2011, 393 (401); zur Konkurrenz gesellschafts- und deliktsrechtlicher Ansprüche beim „existenzvernichtenden Eingriff" vgl. BGH NZG 2005, 214 (215) = ZIP 2005, 250; zum fehlenden Beschränkungscharakter einer Gesellschafterhaftung aus dem Gesichtspunkt der Existenzvernichtung *Kindler* FS Säcker, 2011, 393 ff.

[1689] Zutr. *Huber* in Lutter, Europäische Auslandsgesellschaften in Deutschland, 2005, 307, 348 zur Insolvenzverschleppungshaftung der Geschäftsführer; tendenziell auch *Lutter,* Europäisches Unternehmensrecht, 4. Aufl. 1996, 299, der mit Recht bezweifelt, ob unterschiedliche Auflösungs- und Liquidationsvorschriften der Niederlassungsfreiheit überhaupt entgegenstehen können; dafür, dass die Existenzvernichtungshaftung eine ordnungsgemäße Auflösung bzw. Liquidation sicherstellen soll vgl. BGH NZG 2002, 914.

[1690] IS der Definition nach EuGH ECLI:EU:C:2003:512 Rn. 133 = NJW 2003, 3331 – Inspire Art.

[1691] EuGH ECLI:EU:C:1999:126 Rn. 20 = NJW 1999, 2027 – Centros.

[1692] *Eidenmüller* in Eidenmüller Ausl. KapGes. § 3 Rn. 19; *Forsthoff* in Hirte/Bücker GrenzübGes § 2 Rn. 54.

[1693] EuGH ECLI:EU:C:1993:848 Rn. 18 = EuZW 1994, 61– Spotti.

bb) Allgemeininteresse. Die Beschränkung muss weiterhin zwingenden Gründen des Allgemeininteresses entsprechen. Insoweit besitzen die Mitgliedstaaten einen erheblichen Spielraum zur Definition ihrer Schutzanliegen. Insbesondere ist **nicht Voraussetzung** für die Anerkennung als zwingendes Allgemeininteresse, dass das angeführte Schutzgut auch auf **Unionsebene** anerkannt und verteidigt wird.[1694] Dies entspricht der Judikatur des EuGH[1695] und ist auch eine logische Notwendigkeit. Denn der Rechtfertigungsspielraum für die Mitgliedstaaten kann nicht umso weiter sein, je umfassender die Union selbst Allgemeinwohlinteressen verfolgt. Umgekehrt wäre es widersinnig, den Mitgliedstaaten umso weniger Spielraum für die Verwirklichung von Allgemeininteressen zu lassen, als die diesbezüglichen Unionskompetenzen fehlen bzw. nicht ausgeübt werden.[1696] **410**

Negativ steht fest, dass die Verfolgung rein wirtschaftlicher Gründe, die Schaffung gleicher Wettbewerbsbedingungen, die Vermeidung von Vorteilen und administrative Erfordernisse keine zwingenden Allgemeininteressen bilden.[1697] Demgegenüber sind die typischen Regelungsanliegen des Gesellschaftsrechts – sowie zum Teil des angrenzenden Zivil- und Insolvenzrechts – als zwingende Allgemeininteressen anerkannt; dies gilt für den **Schutz** von **Gläubigern,**[1698] den Schutz von **Minderheitsgesellschaftern,**[1699] den Schutz von **Arbeitnehmern,**[1700] sowie ferner die Erhaltung der **Lauterkeit des Handelsverkehrs**[1701] und die Wirksamkeit von **Steuerkontrollen.**[1702] Hinzu kommt unter dem Gesichtspunkt des Allgemeininteresses noch der Verkehrsschutz, wie schon die Publizitäts-RL (→ Rn. 29) zeigt.[1703] Diesen Schutzanliegen lässt sich – abstrakt – das gesamte Gesellschafts-, Zivil- und Insolvenzrecht zuordnen. Auch der Schutz der Öffentlichkeit vor unzuverlässigen Gewerbetreibenden gehört laut BGH hierher, sofern man diese Fälle nicht ohnehin bereits als Missbrauch einstuft.[1704] **411**

cc) Geeignetheit. Dass eine mitgliedstaatliche Maßnahme oder Regelung EU-rechtlich anerkannte Allgemeininteressen verfolgt, rechtfertigt ihre Anwendung allerdings noch nicht per se. Hinzukommen muss die spezifische Eignung, das verfolgte Ziel auch tatsächlich zu erreichen. Dabei steht den Mitgliedstaaten ein gewisser **Prognosespielraum** zu.[1705] Der Gerichtshof hat in diesem Zusammenhang anerkannt, dass das angestrebte Ziel nicht etwa vollständig erreicht werden muss.[1706] Hier gilt kein allzu strenger Maßstab.[1707] An der Geeignetheit fehlt es etwa dann, wenn die Erreichung des Ziels **sehr ungewiss** ist[1708] oder der Mitgliedstaat das Ziel nicht „kohärent und systematisch“ verfolgt.[1709] **412**

Bei dem zuletzt genannten Punkt überschreitet der Gerichtshof freilich nicht selten die Grenze zur **Einschätzungsprärogative des mitgliedstaatlichen Gesetzgebers.**[1710] So ist etwa die durch den Gerichtshof in Centros getroffene Feststellung, an der Eignung einer bestimmten Maßnahme – hier: Nichteintragung einer Zweigniederlassung – fehle es unter Gläubigerschutzgesichtspunkten **413**

[1694] So aber *Hammen* WM 1999, 2487 (2494 f.); *Hammen* EuZW 1996, 460 (462); im vorliegenden Zusammenhang auch *Ebke* JZ 2003, 927 (937).

[1695] Vgl. zB EuGH ECLI:EU:C:1991:76 = EuZW 1991, 352 = DB 1991, 2284 – nationales Kulturerbe.

[1696] Insoweit zutr. *Forsthoff* in Hirte/Bücker GrenzübGes § 2 Rn. 55.

[1697] Nachweise zur Rspr. bei *Forsthoff* in Hirte/Bücker GrenzübGes § 2 Rn. 56; *Eidenmüller* in Eidenmüller Ausl. KapGes. § 3 Rn. 22.

[1698] EuGH ECLI:EU:C:1999:126 Rn. 35 ff. = NJW 1999, 2027 – Centros; ECLI:EU:C:2002:632 Rn. 92 = NJW 2002, 3614 – Überseering; ECLI:EU:C:2003:512 Rn. 135 = NJW 2003, 3331– Inspire Art.

[1699] EuGH ECLI:EU:C:2002:632 Rn. 92 = NJW 2002, 3614 – Überseering; vgl. insoweit auch Art. 50 Abs. 2 lit. g AEUV.

[1700] EuGH ECLI:EU:C:2002:632 Rn. 92 = NJW 2002, 3614 – Überseering; näher *Heuschmid/Ulber* NZG 2016, 102; *Teichmann* ZIP 2016, 899; EuGH ECLI:EU:C:2017:562 – Erzberger.

[1701] EuGH ECLI:EU:C:2003:512 Rn. 132, 140 = NJW 2003, 3331 – Inspire Art.

[1702] EuGH ECLI:EU:C:2003:512 Rn. 140 = NJW 2003, 3331 – Inspire Art.

[1703] HCL/*Behrens/Hoffmann* GmbHG Allg. Einl. Rn. B 16.

[1704] BGH NZG 2019, 775 Rn. 49 ff. (EuGH-Vorlage; aufgehoben durch BGH NZG 2021, 702); *Eidenmüller/Rehberg* NJW 2008, 28 (30) zu BGHZ 172, 200 Rn. 18 ff. = NJW 2007, 2328 – Hochbau aller Art; dazu → Rn. 396 f.

[1705] Vgl. Streinz/*Müller-Graff* AEUV Art. 49 Rn. 94.

[1706] EuGH ECLI:EU:C:1980:83 Rn. 19 = NJW 1980, 2010 – Debauve.

[1707] *Forsthoff* in Hirte/Bücker GrenzübGes § 2 Rn. 79 aE; *Eidenmüller* in Eidenmüller Ausl. KapGes. § 3 Rn. 26.

[1708] EuGH ECLI:EU:C:1995:463 Rn. 109 = NJW 1996, 505 – Bosman; *Eidenmüller* in Eidenmüller Ausl. KapGes. § 3 Rn. 25.

[1709] So wörtlich EuGH ECLI:EU:C:2003:597 Rn. 67 = NJW 2004, 139 – Gambelli; dazu auch *Forsthoff* in Hirte/Bücker GrenzübGes § 2 Rn. 79; *Eidenmüller* in Eidenmüller Ausl. KapGes. § 3 Rn. 26; einschr. mit Recht *Rossi* in Koch/Rossi, Kodifikation in Europa, 2012, 149 ff.

[1710] Zu dieser vgl. EuGH ECLI:EU:C:1999:514 Rn. 34 ff. = EuZW 2000, 151 – Zenatti; Slg. 2004, I-11987 Rn. 51 ff. = EuZW 2005, 216 – EU-Wood-Trading; allg. *Forsthoff* in Hirte/Bücker GrenzübGes § 2 Rn. 68 f.

bereits deshalb, „da die Zweigniederlassung in Dänemark eingetragen worden wäre, wenn die Gesellschaft eine Geschäftstätigkeit im Vereinigten Königreich ausgeübt hätte, obwohl die dänischen Gläubiger in diesem Fall ebenso gefährdet gewesen wären“,[1711] ein inakzeptabler Eingriff in diese Einschätzungsprärogative. Denn durch die Tätigkeit von Scheinauslandsgesellschaften, die in die einheimische Volkswirtschaft voll integriert sind, wird der inländische Rechtsverkehr regelmäßig ungleich stärker berührt als durch Auslandsgesellschaften mit Verwaltungssitz im Gründungsstaat.[1712]

414 **dd) Erforderlichkeit.** Schwerpunkt der Rechtfertigkeitsprüfung ist die Erforderlichkeit. Auch insoweit räumt der EuGH den Mitgliedstaaten allerdings eine gewisse **Einschätzungsprärogative** ein; es ist Sache der mitgliedstaatlichen Gerichte, zu überprüfen, ob die in nationalen Rechtsvorschriften enthaltenen Beschränkungen außer Verhältnis zu den mit ihnen verfolgten Zielen stehen.[1713] Speziell bei der Niederlassungsfreiheit von EU-ausländischen Gesellschaften wird die Erforderlichkeit der Anwendung des Sitzrechts vor allem im Hinblick auf die Möglichkeit des **Selbstschutzes** für Gesellschafter und Dritte diskutiert, ferner im Vergleich zum **Schutz durch das Gründungsrecht** der Gesellschaft sowie in Anbetracht der Möglichkeit des Sitzstaates, ein **milderes Mittel** einzusetzen:[1714]

415 **(1) Selbstschutz.** Die Möglichkeit des **Selbstschutzes** sieht der EuGH für Gläubiger, Minderheitsgesellschafter und Arbeitnehmer deshalb als gegeben an, weil diese Personengruppen wegen des Auftretens der Gesellschaft **als Auslandsgesellschaft** hinreichend gewarnt seien und die insoweit relevanten Informationen nach der Bilanz-RL (→ Rn. 29) und der Art. 28a GesR-RL zur Zweigniederlassungspublizität (→ Rn. 32 ff.) – gemeint sind offenbar deren mitgliedstaatliche Durchführungsbestimmungen – offen zu legen seien.[1715] Bei näherer Betrachtung – zu grundsätzlicher Kritik → Rn. 342 f. – steht das Selbstschutzargument der Anwendbarkeit des Sitzrechts indessen kaum entgegen. Denn es trägt letztlich **nur gegenüber wirklich verständigen Gläubigern,**[1716] dh Vertragspartnern, die gut informiert sind, über Geschäftserfahrung verfügen und rational kalkulieren und zudem über vielfältige anderweitige Abschlussmöglichkeiten verfügen. In allen anderen Fällen – bei den sog. **non-adjusting creditors** – versagt der Selbstschutzgedanke.[1717] Daraus folgt zugleich, dass der **Selbstschutzgedanke** in den Fällen der **Innenhaftung** von Gesellschaftern und Organmitgliedern gegenüber der Gesellschaft **nicht trägt,** weil die Innenhaftung letztlich der **Gesamtheit** der Gläubiger zugute kommt, ferner auch in den Fällen des insolvenzrechtlichen Gesamtschadens (im deutschen Recht § 92 InsO). Hier kann man nicht sinnvoll zwischen Gläubigern mit Selbstschutzmöglichkeiten und solchen ohne derartige Möglichkeiten unterscheiden.

416 **(2) Ausländisches Gründungsrecht.** Umstritten ist, welcher Stellenwert dem **Gläubigerschutz nach ausländischem Gründungsrecht** im Rahmen der Erforderlichkeitsprüfung zukommt. Die wohl **hM** will den Gläubigerschutz nach Gründungsrecht hier im Ergebnis berücksichtigen.[1718] Dabei gibt es freilich Abstufungen hinsichtlich der Intensität. Einige Autoren stellen ein allgemeines Subsidiaritätsprinzip auf, wonach für die Normen des Sitzstaates nur dort Raum

---

[1711] EuGH ECLI:EU:C:1999:126 Rn. 35 = NJW 1999, 2027 – Centros.

[1712] Insoweit zutr. *Eidenmüller* in Eidenmüller Ausl. KapGes. § 3 Rn. 26; zum Mindestkapital *Eidenmüller* in Eidenmüller Ausl. KapGes. § 2 Rn. 28.

[1713] EuGH ECLI:EU:C:1999:514 Rn. 37 = EuZW 2000, 151 – Zenatti; nahezu wortgleich EuGH ECLI: EU: C:2004:810 Rn. 53 = EuZW 2005, 216 – EU-Wood-Trading.

[1714] *Eidenmüller* in Eidenmüller Ausl. KapGes. § 3 Rn. 30 ff.; *Forsthoff* in Hirte/Bücker GrenzübGes § 2 Rn. 60 ff.

[1715] EuGH ECLI:EU:C:1999:126 Rn. 36 = NJW 1999, 2027 – Centros; ECLI:EU:C:2003:512 Rn. 135 = NJW 2003, 3331 – Inspire Art.

[1716] Vgl. zu diesem Begriff *Martin/Ehlers* in Sandrock/Wetzler, Deutsches Gesellschaftsrecht im Wettbewerb der Rechtsordnungen, 2004, 1 ff.

[1717] Zutr. insoweit *Eidenmüller* in Eidenmüller Ausl. KapGes. § 3 Rn. 42. Zu dieser Gläubigergruppe grdl. *Bebchuk* 105 Harv. L. Rev. 1437, 1489 (1992); *Kieninger,* Wettbewerb der Privatrechtsordnungen in Europa, 2002, 71; speziell zur Schutzbedürftigkeit dieser „non-adjusting creditors“ s. *Eidenmüller* KTS 2009, 137 (141) m. Verweis auf *Bebchuk/Fried* 105 Yale L. J. (1996), 857 (882 ff.); *Bebchuk/Fried* 82 Cornell Law Review (1997), 1279 (1295 ff.); ferner *Eidenmüller* JZ 2009, 641 (649 f.).

[1718] So etwa *Weller* ZIP 2007, 1681 (1689) bei der kollisionsrechtlichen Einordnung des TRIHOTEL-Urteils, BGHZ 173, 246 = NJW 2007, 2689; mit Blick auf die Insolvenzantragspflicht *v. Hase* BB 2006, 2141; zuvor schon *Behrens* IPRax 2003, 199 (206); *Eidenmüller* in Eidenmüller Ausl. KapGes. § 3 Rn. 45 ff.; *Eidenmüller/Rehm* ZGR 2004, 159 (181); *Kieninger* ZEuP 2004, 685 (699); *Paefgen* ZIP 2004, 2253 (2257); *W.-H. Roth* IPRax 2003, 117 (125); *Sandrock* in Sandrock/Wetzler, Deutsches Gesellschaftsrecht im Wettbewerb der Rechtsordnungen, 2004, 33, 37 f.; *Schön* ZHR 168 (2004), 268 (293) m. Fn. 108; *Schulz/Sester* EWS 2003, 545 (551); *Spindler/Berner* RIW 2004, 7 (14); *Fleischer* in Lutter, Europäische Auslandsgesellschaften in Deutschland, 2005, 49, 104 ff.; tendenziell wohl auch *Bayer* BB 2004, 1 (4).

besteht, wo das Gründungsrecht im Einzelfall keinen Rechtsschutz gewährt.[1719] Andere schlagen vor, das Gründungsrecht insgesamt in die rechtsvergleichende Betrachtung einzubeziehen, also zB auch eine Substitution des gesellschaftsrechtlichen Gläubigerschutzes durch aufsichtsrechtliche Instrumentarien gelten zu lassen.[1720] Und schließlich gibt es Stimmen innerhalb der hM, die für die Anwendung inländischer Gläubigerschutzregeln eine Schutzlücke im Gründungsrecht verlangen,[1721] die durch eine umfassende rechtsvergleichende Analyse zu ermitteln sei.[1722] Die **Gegenauffassung** verzichtet auf einen Vergleich der inländischen Gläubigerschutzbestimmungen mit jenen des Gründungsrechts[1723] und beurteilt die Erforderlichkeit von Schutzmaßnahmen allein aus der Sicht des inländischen Rechts.[1724]

Der zuletzt wiedergegebenen Auffassung ist beizutreten. Für einen – beim Erforderlichkeitsmerkmal verankerten – generellen Vorrang des Gründungsrechts gibt es in der Entscheidungskette Centros/Überseering/Inspire Art (→ Rn. 86 ff.) keine Anhaltspunkte.[1725] Die Rechtslage nach dem Gründungsrecht wird dort nicht berücksichtigt. Im Gegenteil bedeutet nach der stRspr des EuGH der Umstand, dass ein Mitgliedstaat weniger strenge Vorschriften erlässt als ein anderer Mitgliedstaat, keineswegs, dass dessen Vorschriften unverhältnismäßig – dh nicht erforderlich – sind.[1726] Jede andere Betrachtung würde auf ein umfassendes kollisionsrechtliches Herkunftslandprinzip hinauslaufen,[1727] dessen Existenz der EuGH aber gerade verneint (→ Rn. 323).[1728] Letztlich erweist sich die Frage der bloß subsidiären Geltung inländischen Rechts bei Schutzdefiziten im Gründungsrecht als ein **Scheinproblem.** Denn die Gefahr einer Haftung nach inländischem Recht kann schon gar nicht eine Niederlassung im Inland „behindern oder weniger attraktiv machen",[1729] **wenn nach dem Gründungsrecht die gleiche Haftungsgefahr** besteht.[1730] Dies hat auch der **BGH** im **„Einfamilienhaus-Urteil"** hervorgehoben.[1731] Besteht sie nicht, ist die Haftung nach inländischem Recht erforderlich und damit als Beschränkung gerechtfertigt. Eine dritte Möglichkeit ist nicht ersichtlich.[1732] 417

(3) Mildere Maßnahmen. Erforderlich ist eine mitgliedstaatliche Maßnahme oder Regelung nach dem Centros-Urteil des EuGH schließlich nur dann, wenn der betreffende Mitgliedstaat **keine mildere Maßnahme** hätte treffen können, die die Niederlassungsfreiheit weniger beeinträchtigt.[1733] Als eine solche mildere Maßnahme kann dem Mitgliedstaat nicht generell die **kollisionsrechtliche Verweisung** auf das ausländische Gründungsrecht angesonnen werden. Denn allein die Existenz 418

[1719] *Sandrock* in Sandrock/Wetzler, Deutsches Gesellschaftsrecht im Wettbewerb der Rechtsordnungen, 2004, 38.

[1720] *Eidenmüller* in Eidenmüller Ausl. KapGes. § 3 Rn. 50; *Fleischer* in Lutter, Europäische Auslandsgesellschaften in Deutschland, 2005, 49, 104 ff., 108.

[1721] *Behrens* IPRax 2003, 199 (206); *Kieninger* ZEuP 2004, 685 (699); *Spindler/Berner* RIW 2004, 7 (14); *Eidenmüller* RabelsZ 70 (2006), 474 (488); *Hofmeister* FS Eisenhardt, 2007, 421 (438 f.).

[1722] *Spindler/Berner* RIW 2004, 7 (14); *Brand* JR 2004, 89 (94).

[1723] *Altmeppen/Wilhelm* DB 2004, 1083 (1088); *Altmeppen* NJW 2004, 97 (101); *Altmeppen* NJW 2005, 1911 (1913); *Borges* ZIP 2004, 733 (741 f.); *Ulmer* NJW 2004, 1201 (1208 f.).

[1724] *Ulmer* NJW 2004, 1201 (1208 f.).

[1725] Zutr. *Borges* ZIP 2004, 733 (741) nach Fn. 124; *Kindler* FS Säcker, 2011, 393 (399).

[1726] Grdl. EuGH ECLI:EU:C:1995:126 Rn. 50 f. = NJW 1995, 2541 – Alpine Investments; nachfolgend zB EuGH ECLI:EU:C:2004:453 Rn. 48 = EuZW 2004, 600 – Schreiber.

[1727] Dies einräumend *Eidenmüller* in Eidenmüller Ausl. KapGes. § 3 Rn. 45 f.

[1728] Vgl. nochmals *Borges* ZIP 2004, 733 (741); jüngst etwa EuGH ECLI:EU:C:2011:685 Rn. 53 ff. = NJW 2012, 137 – eDate Advertising; dazu *Kohler/Seyr/Puffer-Mariette* ZEuP 2013, 329 ff.

[1729] Zum Beschränkungsbegriff im vorliegenden Zusammenhang EuGH ECLI:EU:C:2003:512 = NJW 2003, 331 Rn. 133 – Inspire Art; die Formulierung entspricht der stRspr: EuGH ECLI:EU:C:2013:412 Rn. 33 = EuZW 2013, 664 – Impacto Azul; dazu *M. Lehmann* LMK 2013, 352735.

[1730] Zutr. weist *U. Huber* in Lutter, Europäische Auslandsgesellschaften in Deutschland, 2005, 307, 355 darauf hin, dass in derartigen Fällen auch eine Entscheidungserheblichkeit der Rechtsfrage iSv Art. 267 AEUV (Vorlagepflicht) nicht gegeben ist.

[1731] BGH NJW 2007, 1529 Rn. 11 – Einfamilienhaus: „Die Niederlassungsfreiheit wird aber auch nicht etwa dadurch unzulässig tangiert, dass eine bei Weglassung des Firmenzusatzes drohende Rechtsscheinhaftung die O. L. B.V. indirekt zur Beachtung deutschen Firmenrechts zwingen könnte; denn ein dem deutschen Recht entsprechender, auf die Haftungsbeschränkung hinweisender Firmenzusatz („GmbH") ist … auch nach niederländischem Recht … zwingend vorgeschrieben."; dazu *Kindler* NJW 2007, 1785; Abdruck auch in IPRax 2008, 42 m. Aufs. *Brinkmann* IPRax 2008, 30; dazu auch *Altmeppen* ZIP 2007, 889; *Schanze* NZG 2007, 533.

[1732] Zutr. *Ulmer* NJW 2004, 1201 (1208); *Altmeppen* NJW 2005, 1911 (1913); *D. Paulus,* Außervertragliche Gesellschafter- und Organwalterhaftung im Lichte des Unionskollisionsrechts, 2013, Rn. 156.

[1733] EuGH ECLI:EU:C:1999:126 Rn. 37 = NJW 1999, 2027 – Centros; auch schon zB EuGH ECLI: EU: C:1996:221 Rn. 23 = EuZW 1996, 571 – SIM; → Rn. 116 aE.

und Anwendbarkeit ausländischen Rechts, welches dieselben Schutzanliegen wie die zu prüfende inländische Regelung verfolgt, macht das ausländische Recht noch nicht zum milderen Mittel, sodass die Erstreckung inländischen Rechts auf zuziehende Auslandsgesellschaften nicht „erforderlich" wäre. Dies folgt aus der in → Rn. 417 dargestellten Rspr., wonach die Durchsetzung höherer mitgliedstaatlicher Schutzstandards nicht allein deshalb ausgeschlossen ist, weil in einem anderen Mitgliedstaat keine oder weniger strenge Schutzvorschriften gelten.[1734]

419 Auf der Ebene des **Sachrechts** des Sitzstaats können zwar in Einzelfragen anderweitige gesetzliche Regelungen in Betracht kommen, die keine persönliche Haftung von Gesellschaftern und/oder Organpersonen beinhalten. So verweist der EuGH die Mitgliedstaaten zB darauf, den öffentlichen Gläubigern durch Gesetz die Möglichkeit zu geben, sich die erforderlichen Sicherheiten einräumen zu lassen.[1735] Eine derartige Maßnahme ist für die Gesellschaft gewiss weniger belastend als die Versagung der Eintragung einer Zweigniederlassung,[1736] nicht aber weniger belastend als die persönliche Haftung etwa von Gesellschaftern oder Organpersonen gegenüber Dritten. Denn im Haftungsfall sieht sich die Gesellschaft automatisch den Regressforderungen seitens der in Anspruch genommenen Gesellschafter und/oder Organpersonen ausgesetzt.[1737] Dasselbe gilt für weitere Maßnahmen (→ Rn. 85), die die Gesellschaft sofort – dh unmittelbar bei Markteintritt – betreffen, und nicht erst im später vielleicht eintretenden Haftungsfall. Bemerkenswert ist, dass auch die Vertreter der „europarechtlichen Gründungstheorie" (→ Rn. 321 ff.) eine deliktische Handelndenhaftung als mildestes Mittel anerkennen.[1738] Bedeutung hat dies weiterhin für die Fälle der gezielten Vermögensaushöhlung in der Krise der Gesellschaft, bei denen regelmäßig neben dem gesellschaftsrechtlichen Institut der Existenzvernichtungshaftung auch § 826 BGB eingreift.[1739]

420 **3. Sonstige Gesellschaften.** Für Gesellschaften, die weder bilateralen Staatsverträgen kollisionsrechtlichen Inhalts (→ Rn. 387) noch dem AEUV unterliegen (→ Rn. 388 ff.), ist das Gesellschaftsstatut weiterhin nach der Sitztheorie (→ Rn. 379 ff.) zu bestimmen.[1740] Dies gilt auch für die überseeischen Länder und Hoheitsgebiete iSv Anh. II AEUV (ÜLG). Die ÜLG sind nicht Teil des Gebiets der EU, sondern sind nach der Rspr. des EuGH im Verhältnis zur EU als Drittstaaten zu behandeln, weshalb die Grundfreiheiten auf Gesellschaften der ÜLG generell keine Anwendung finden.[1741]

421 **a) Bestimmung des relevanten Sitzes. aa) Tatsächlicher Sitz der Hauptverwaltung.** Das zentrale Problem der Sitztheorie liegt in der Definition sachgerechter Kriterien für die inhaltliche Ausfüllung des Sitzbegriffes und in seiner konkreten Bestimmung.[1742] Als interessen- und sachge-

---

[1734] *Forsthoff* in Hirte/Bücker GrenzübGes § 2 Rn. 62 m. Verweis auf EuGH ECLI:EU:C:1995:126 = NJW 1995, 2541 – Alpine Investments.

[1735] EuGH ECLI:EU:C:1999:126 Rn. 37 = NJW 1999, 2027 – Centros.

[1736] EuGH ECLI:EU:C:1999:126 Rn. 37 = NJW 1999, 2027 – Centros.

[1737] Vgl. *Kindler* NJW 2003, 1073 (1078) Fn. 73.

[1738] *Eidenmüller* in Eidenmüller Ausl. KapGes. § 3 Rn. 68; dazu, dass – bei zutr. Analyse – die Anwendung inländischen Deliktsrechts aus einer Reihe von Gründen schon gar nicht als Beschränkung der Niederlassungsfreiheit anzusehen ist, → Rn. 392 ff.

[1739] BGHZ 173, 246 = NJW 2007, 2689 – Trihotel; zur Anknüpfung *Kindler* IPRax 2009, 189 (193); zum fehlenden Beschränkungscharakter einer Gesellschafterhaftung aus dem Gesichtspunkt der Existenzvernichtung s. *Kindler* FS Säcker, 2011, 393 ff. *Weller* ZIP 2007, 1681 (1686 f.); nachfolgend BGHZ 179, 344 = NJW 2009, 2127 – Sanitary (Eingriffshaftung allein nach § 826 BGB); näher → Rn. 619 ff.; zum Sachrecht → BGB § 826 Rn. 103 ff.; vgl. auch schon BGH NZG 2005, 214 (215) mwN; zu dieser Rechtsprechungslinie und ihrer Bedeutung für das IntGesR *Kindler* BB-Special 6/2004, 1. Zum Erfordernis der kollisionsrechtlichen Anwendbarkeit des § 826 BGB → Rn. 395, → Rn. 398 ff., → Rn. 404.

[1740] BGHZ 178, 192 = NJW 2009, 289– Trabrennbahn; dazu *Kindler* IPRax 2009, 189 (190); KG BeckRS 2024, 5131 Rn. 29; *Weller* FS Blaurock, 2013, 497 (501); zur Sitztheorie MüKoGmbHG/*Weller* GmbHG Einl. Rn. 320 ff.; NZG 2017, 347 Rn. 20; näher *L. Hübner,* Kollisionsrechtlichhe Behandlung von Gesellschaften aus „nicht-privilegierten" Drittstaaten, 2011; *Jung* EuZW 2012, 863.

[1741] EuGH BeckRS 2004, 74644 Tz. 29: „Andererseits sind die ÜLG zwar assoziierte Länder und Gebiete mit besonderen Beziehungen zur Gemeinschaft, sie gehören dieser aber nicht an, sondern befinden sich ihr gegenüber in der gleichen Lage wie Drittländer."; KG BeckRS 2024, 5131; OLG München NJOZ 2023, 1303; BeckOGK/*Großerichter/Zwirlein-Forschner,* 1.12.2021, IPR Internationales Gesellschaftsrecht – Allgemeiner Teil Rn. 115 ff.

[1742] *Ebenroth,* Die verdeckten Vermögenszuwendungen im transnationalen Unternehmen, 1979, 369; *Ebenroth,* Konzernkollisionsrecht im Wandel außenwirtschaftlicher Ziele, 1978, 19; *Hausmann* in Reithmann/Martiny IntVertragsR Rn. 6.72 ff.; *Grasmann,* System des internationalen Gesellschaftsrechts, 1970, 104; *Luchterhandt,* Deutsches Konzernrecht bei grenzüberschreitenden Konzernverbindungen, 1971, 7 ff.; *Niederer* in Gutzwiller/Niederer, Beiträge zum Haager Internationalprivatrecht 1951, Arbeiten aus dem juristischen Seminar der Universität Freiburg (Schweiz), Bd. 7, 1951, 125; *Wiedemann* FS Kegel, 1977, 197; Staudinger/*Großfeld,*

rechte Lösung hat sich die Anknüpfung an den Ort der tatsächlichen Willensbildung herausgebildet. Das ist **nicht der Ort des Satzungssitzes, sondern der Ort, an dem die Verwaltung tatsächlich geführt wird.**[1743] Darunter ist nicht der Ort der internen Willensbildung zu verstehen. Die Beschlussfassung von Verwaltungsorganen etwa am Ferienort des Vorsitzenden kann nicht zu einer Veränderung des Sitzes führen. Es kommt entscheidend darauf an, wo dieser Beschluss nach außen erkennbar wird. Diese Erkennbarkeit liegt in der Umsetzung des Beschlusses in Handlungen durch die dem Organ nachgeordneten Abteilungen.[1744]

Der **effektive Verwaltungssitz** (siège social, place of effective connection) ist daher nach hM „der **Ort, wo die grundlegenden Entscheidungen der Unternehmensleitung effektiv in laufende Geschäftsführungsakte umgesetzt werden**" (*Sandrock*'sche Formel).[1745] Maßgeblich ist hierbei regelmäßig der **Tätigkeitsort der für das Tagesgeschäft zuständigen Mitglieder des Verwaltungsorgans.**[1746] Von dort aus werden die Weisungen hinsichtlich der Geschäftsleitung erteilt, von dort aus übt das Verwaltungsorgan die Kontrolle über die Gesellschaft aus.[1747] Für die Lokalisierung des Tätigkeitsorts der Verwaltungsmitglieder kommt es grundsätzlich nicht auf deren privaten Wohnsitz als solchen an, sondern auf den Ort, an dem Vorstands- oder Aufsichtsratssitzungen abgehalten oder Verträge mit Dritten regelmäßig abgeschlossen werden.[1748] Dass die Gesellschaft an jenem Ort über eine angemessene Personal- und Sachausstattung verfügt, ist nicht zwingend erforderlich.[1749] Denn die gesetzlichen Vertreter der Gesellschaft sind völlig frei darin, die Geschäftstätigkeit der Gesellschaft in eigener Person und unter Inanspruchnahme eigener Personal- oder Sachausstattung auszuüben.[1750] Fehlende Ausstattung ist allerdings ein Indiz gegen das Bestehen eines effektiven Verwaltungssitzes an dem betreffenden Ort.[1751] 422

Stellt man auf den Ort der **Geschäftsführung** ab, so müssten andere Anhaltspunkte ausscheiden, die auf den Ort der bloß faktischen Ausführung von Geschäftsführungsentscheidungen hindeuten. Daher kommt eine Anknüpfung an den Sitz bloßer Betriebs- oder Produktionsstätten nicht in Betracht. Dort wird die unternehmerische Entscheidung nicht getroffen, sondern nur exekutiert.[1752] 423

1998, IntGesR Rn. 46. Zur Auslegung des Verwaltungssitzbegriffes vgl. auch *Grothe,* Die „ausländische Kapitalgesellschaft & Co.", 1989, § 5 A III b aa; umfassend *Kieser,* Die Typenvermischung über die Grenze, 1988, 22 ff.; *Panthen,* Der „Sitz"-Begriff im Internationalen Gesellschaftsrecht, 1988, 292 ff.

1743 *Ebenroth,* Konzernleitungs- und Konzernbildungskontrolle, 1987, 70 f.; *Hausmann* in Reithmann/Martiny IntVertragsR Rn. 6.72; so schon *Isay,* Die Staatsangehörigkeit der juristischen Person, 1907, 93; *Wiedemann* FS Kegel, 1977, 195.

1744 So Staudinger/*Großfeld,* 1998, IntGesR Rn. 227 mwN im Anschluss an OLG Hamburg IPRspr. 1974 Nr. 11 A (S. 48) = MDR 1976, 402.

1745 BGHZ 97, 269 (272) = NJW 1986, 2194 im Anschluss an *Sandrock* FS Beitzke, 1979, 669 (683); BGH NJW 2009, 1610 Rn. 11; NJW-RR 2010, 250 Rn. 8; NZG 2017, 1229; ferner OLG Frankfurt IPRspr. 1984 Nr. 21: „Der Schwerpunkt des körperschaftlichen Lebens der Gesellschaft"; OLG München NJW 1986, 2197 (2198); BayObLGZ 1985, 272 (279) = IPRax 1986, 161 mAnm *Großfeld* IPRax 1986, 145 = RIW 1986, 295 mAnm *Deville;* OLG Hamm NJW-RR 1995, 469 (470); OLG Köln IPRax 2007, 530 unter II 2b bb = ZIP 2007, 935; dazu *Thole* IPRax 2007, 519; LG Essen NJW 1995, 1500 = IPRax 1996, 120 mAnm *Jayme* IPRax 1996, 87; KG BeckRS 2024, 5131 Rn. 29; AG Berlin-Kreuzberg BeckRS 2022, 27006 Rn. 22 ff.; *Ebenroth,* Konzernleitungs- und Konzernbildungskontrolle, 1987, 70 f.; *Ebenroth,* Die verdeckten Vermögenszuwendungen im transnationalen Unternehmen, 1979, 370; *Ebenroth,* Konzernkollisionsrecht im Wandel außenwirtschaftlicher Ziele, 1978, 20; *Ebenroth/Sura* RabelsZ 43 (1979), 315 (323 f.); *Ebenroth/Eyles* DB-Beil. 2/1988, 5; *Raape* IPR 196; Soergel/*Lüderitz* EGBGB Anh. Art. 10 Rn. 8; *Hausmann* in Reithmann/Martiny IntVertragsR Rn. 6.72.

1746 BayObLGZ 1985, 272 (279 f.) = IPRax 1986, 161 mAnm *Großfeld* IPRax 1986, 145 = RIW 1986, 295 mAnm *Deville;* OLG Hamm NJW-RR 1995, 469 (470); OLG Köln DB 1999, 38 (39) = NZG 1999, 269; ähnlich OLG München BeckRS 2010, 18320 = IPRax 2011, 267 (gewöhnlicher Aufenthalt der gesetzlichen Vertreter); Staudinger/*Großfeld,* 1998, IntGesR Rn. 228.

1747 *Hausmann* in Reithmann/Martiny IntVertragsR Rn. 6.73; zu den Einzelmerkmalen des Verwaltungssitzes auch *Fedke* ZIP 2019, 799 (802 ff.).

1748 *Kegel/Schurig* IPR § 17 II 1; *Hausmann* in Reithmann/Martiny IntVertragsR Rn. 6.73; OLG Hamburg RIW 1988, 816; OLG München NJW-RR 1995, 703 (704); OLG Hamm RIW 1997, 236 (237); s. aber BGH NZG 2017, 1229, 1230: privater Wohnsitz maßgeblich bei Fehlen anderweiligt Geschäftsräume.

1749 BGH IPRspr. 1986 Nr. 19, insoweit nicht in BGHZ 97, 269 = NJW 1986, 2197; OLG Hamm NJW-RR 1995, 469 (471); BFH RIW 1999, 633 = NZG 1999, 947 betr. Wohnung des Geschäftsführers, Baucontainer.

1750 Vgl. OLG Hamm NJW-RR 1995, 469 (471).

1751 Vgl. OLG Düsseldorf WM 1995, 808 (810): Gesellschaft nicht einmal in der Lage, Anschrift und Fernsprechanschluss im Gründungsstaat zu benennen; BayObLG NZG 2002, 828 (829); OLG Celle IPRax 2003, 252 (258) = ZIP 2002, 2168: keine Kommunikation mit der benannten Adresse möglich; LG München I NZG 2002, 92; BFH IStR 2002, 707 (708).

1752 BayObLGZ 1985, 272 (280) = IPRax 1986, 161 mAnm *Großfeld* IPRax 1986, 145 = RIW 1986, 295 mAnm *Deville; G. Meier,* Grundstatut und Sonderanknüpfung im IPR des liechtensteinischen Gesellschafts-

Betriebsstätten sind weisungsgebunden. Ihre unternehmenspolitischen Funktionen werden fremdbestimmt und sind dabei der bestimmenden Gesellschaft zuzurechnen. Dies gilt auch im Hinblick auf solche Betriebsstätten, die sich als Betriebsmittelpunkt (lieu d'exploitation) darstellen.[1753] Auch die Ausführung untergeordneter Verwaltungstätigkeiten der Gesellschaft (Buchhaltung, Steuerangelegenheiten usw) begründet an dem betreffenden Ort keinen Verwaltungssitz.[1754]

424 Die **Einzelmerkmale** des Begriffs „tatsächlicher Verwaltungssitz" werden anhand der **lex fori** bestimmt, dh im Verfahren vor deutschen Gerichten nach deutschem Recht.[1755] Dagegen kommt es nicht darauf an, was diejenige Rechtsordnung, nach deren Gesetzen die Gesellschaft gegründet worden ist („Gründungsrecht"), unter dem Verwaltungssitz versteht. Würde man darauf abstellen, so könnte das Gründungsrecht durch eine liberale Umschreibung des Verwaltungssitzes den Schutzzweck der Sitztheorie – Anwendung des Rechts desjenigen Staates, der von der Gesellschaft am stärksten betroffen ist (→ Rn. 380) – unterlaufen.

425 Diese Grundsätze sind auch für die Bestimmung des Personalstatuts von konzernverbundenen Gesellschaften heranzuziehen. Für die Anknüpfung von **Holding- und Konzernobergesellschaften** lässt sich der effektive Verwaltungssitz ohne Schwierigkeiten bestimmen, wenn man vom Gesellschaftszweck ausgeht. Hält eine Gesellschaft nur noch Beteiligungen, so bildet der effektive Verwaltungssitz das Zentrum, an dem die Entscheidungen über diese Beteiligungen getroffen und umgesetzt werden.[1756] Die Umsetzung kann durch Weisung auf Grund eines Beherrschungsvertrages erfolgen, wenn ein Vorstandsmitglied der Holding- oder Konzernobergesellschaft die Verwaltung einer Untergesellschaft anweist. Hat das Verwaltungsorgan der Obergesellschaft bei faktischen Konzernbeziehungen eine Maßnahme getroffen, so liegt die Umsetzung darin, dass einzelne Mitglieder diesem Beschluss zur Wirksamkeit verhelfen wollen. Das kann durch rein tatsächliche wie auch durch rechtliche Einflussnahme auf den Aufsichtsrat oder die Gesellschafterversammlung der Untergesellschaft erfolgen. Dabei kommt es allein auf den Ort der Entscheidungsumsetzung nach außen, den effektiven Sitz der Holding- oder Konzernobergesellschaft an. Der Ort der Entscheidungsauswirkung bei der Tochtergesellschaft ist in diesem Zusammenhang unbeachtlich. Ausländische Produktionsschwerpunkte als selbstständige Gesellschaften oder Betriebsstätten können an dieser Betrachtung nichts ändern.[1757] Gründungsort und Verwaltungssitz müssen übereinstimmen.[1758]

426 Für die Ermittlung des Gesellschaftsstatuts der **Konzernuntergesellschaft** ist ebenfalls der Ort maßgeblich, an dem die **Geschäftsführungs- und Vertretungsorgane dieser Gesellschaft** tätig sind; auf den Verwaltungssitz der Obergesellschaft kommt es nicht an.[1759] Dieses gilt auch dann, wenn die Obergesellschaft die Untergesellschaft konzernrechtlich beherrscht, da hier die Entscheidungen in der Obergesellschaft durch die Organe der Untergesellschaft vollzogen werden (vgl. § 308 AktG).[1760] Die EU-Niederlassungsfreiheit steht einer solchen mitgliedstaatlichen Kollisionsregel nicht entgegen.[1761] Zur Konzerninsolvenz → Rn. 721 ff.

---

rechts, 1979, 78; *Lauterbach/Beitzke,* Vorschläge und Gutachten zur Reform des deutschen internationalen Personen- und Sachrechts, 1972, 108; *Sandrock* FS Beitzke, 1979, 669 (677 ff.); Staudinger/*Großfeld,* 1998, IntGesR Rn. 226; *Picot/Land* DB 1998, 1601 (1606); s. schon RGZ 92, 73 (74) allerdings mit der unzutr. Begr., der Betrieb sei mangels Rechtsfähigkeit als Anknüpfungspunkt nicht in Betracht zu ziehen: Die Rechtsfähigkeit ist ein Merkmal des Anknüpfungsgegenstandes, iE der Gesellschaft, nicht des Anknüpfungsmoments.

1753 Gegen die Verwendung des „lieu d'exploitation" als Anknüpfungspunkt bereits Cass. civ. 20.6.1870, S. 1870.1.373; hierzu *Batiffol/Lagarde* IPR I Rn. 193; der liechtensteinische Gesetzgeber hat dieses Merkmal im Zuge der IPR-Reform 1997 aufgegeben, vgl. Art. 232 PGR idF von 1997; hierzu *Appel* RabelsZ 61 (1997), 510 (534 ff.); *Kohler* IPRax 1997, 309 (310 f.); Gesetzestexte in RabelsZ 61 (1997), 558; IPRax 1997, 369; zum früheren Recht → 2. Aufl. 1990, Rn. 182.

1754 LG Essen NJW 1995, 1500 (1501) = IPRax 1996, 120 mAnm *Jayme* IPRax 1996, 87 = IPRspr. 1994 Nr. 15; *Hausmann* in Reithmann/Martiny IntVertragsR Rn. 6.73; Grüneberg/*Thorn* EGBGB Anh. Art. 12 Rn. 3.

1755 Staudinger/*Großfeld,* 1998, IntGesR Rn. 226; anders der Vorschlag in Geneva Subcommittee Am. J. Int. L. 1928 Supp. 204 Art. 3 Rn. 1.: Definition des Verwaltungssitzes nach dem Recht des statutarischen Sitzes.

1756 Vgl. *Kaligin* DB 1985, 1449 (1450).

1757 *Luchterhandt,* Deutsches Konzernrecht bei grenzüberschreitenden Konzernverbindungen, 1971, 46 ff.; *Sandrock* FS Beitzke, 1979, 679; vgl. iÜ → Rn. 660 ff.

1758 *Sandrock* FS Beitzke, 1979, 679.

1759 BGH WM 1979, 692 (693); *Koppensteiner,* Internationale Unternehmen im deutschen Gesellschaftsrecht, 1971, 124; *Wiedemann* FS Kegel, 1977, 197; Staudinger/*Großfeld,* 1998, IntGesR Rn. 231; *Hausmann* in Reithmann/Martiny IntVertragsR Rn. 6.78; *Kegel/Schurig* IPR § 17 II 1, S. 576 m. Fn. 118.

1760 OLG Karlsruhe NZG 2018, 757 Rn. 35; zuvor schon OLG Hamburg IPRspr. 1974 Nr. 11 A = MDR 1976, 402; OLG Frankfurt AG 1988, 267 = IPRspr. 1988 Nr. 13 = EWiR 1988, 587 m. KurzKomm. *Ebenroth* (zum Vertragskonzern); Staudinger/*Großfeld,* 1998, IntGesR Rn. 230 f.

1761 EuGH ECLI:EU:C:2013:412 Rn. 35 („Im Hinblick auf die fehlende Harmonisierung der Regelungen betreffend Unternehmensgruppen auf Unionsebene ist festzustellen, dass die Mitgliedstaaten grundsätzlich

Für eine weitere **Präzisierung** des Begriffs „Verwaltungssitz" kann zur Ausräumung des Vorwurfs der Unschärfe[1762] auf steuerrechtliche Grundsätze zu § 1 Abs. 1 KStG und § 10 AO zurückgegriffen werden.[1763] Diese Vorschriften enthalten die Tatbestandsmerkmale **„Geschäftsleitung"** und **„geschäftliche Oberleitung".** Hierunter wird der Ort verstanden, an dem die grundlegenden Entscheidungen der Unternehmensleitung getroffen werden.[1764] Ausschlaggebend hierfür ist, wo die Willensbildung des Leitungsorgans erfolgt,[1765] wobei eine temporäre Ortsveränderung selbstredend nicht zu berücksichtigen ist.[1766] Wo der Wille vollzogen wird, wo die ausführenden Organe tätig werden, ist dagegen unerheblich. Es kommt nicht darauf an, wo die Weisungen der Geschäftsleitung ihre Wirksamkeit entfalten, sondern darauf, wo sie erteilt worden sind.[1767] Dieser Ort ist eindeutig zu bestimmen. Somit erweist sich das steuerrechtliche Kriterium der Willensbildung der maßgebenden Organe der Gesellschaft auch zur inhaltlichen Bestimmung des internationalgesellschaftsrechtlichen Anknüpfungsmoments „effektiver Verwaltungssitz" als geeignet.[1768] 427

Das **Fehlen eines** effektiven **Verwaltungssitzes** ist nach der Sitztheorie **ausgeschlossen.**[1769] Die bloße Schwierigkeit, den Verwaltungssitz festzustellen, rechtfertigt kein Ausweichen auf andere Anknüpfungsmerkmale wie zB den Registrierungsort.[1770] 428

bb) Geschäftstätigkeit mit überwiegendem Bezug zu einer Rechtsordnung. Die Rspr. hat verschiedentlich darauf abgestellt, **auf welches Staatsgebiet die Geschäftstätigkeit** einer Gesellschaft hauptsächlich **abzielt.** So soll etwa nach dem OLG Frankfurt (1. Zivilsenat) eine Abschreibungsgesellschaft, deren wesentliche Aufgabe die Kapitalbeschaffung im Inland ist, ihren 429

weiterhin für die Bestimmung des auf eine Verbindlichkeit eines verbundenen Unternehmens anwendbaren Rechts zuständig sind.") = EuZW 2013, 664 – Impacto Azul.

1762 *Grasmann,* System des internationalen Gesellschaftsrechts, 1970, 359 ff.; *Mann* FS M. Wolff, 1952, 284; *Niederer* in Gutzwiller/Niederer, Beiträge zum Haager Internationalprivatrecht 1951, Arbeiten aus dem juristischen Seminar der Universität Freiburg (Schweiz), Bd. 7, 1951, 125; ebenso *Goodhart* in ILA Report of the Fourty-Sixth Conference, 1954, 384.

1763 BayObLGZ 1985, 272 (279 f.); *Ebenroth,* Die verdeckten Vermögenszuwendungen im transnationalen Unternehmen, 1979, 369 f.; *Luchterhandt,* Deutsches Konzernrecht bei grenzüberschreitenden Konzernverbindungen, 1971, 23 ff.; *Ebenroth/Eyles* DB-Beil. 2/1988, 5; *Ebenroth/Sura* RabelsZ 43 (1979), 315 (323); *Debatin* GmbHR 1991, 164 f.; zurückhaltend jetzt Staudinger/*Großfeld,* 1998, IntGesR Rn. 180 f., 229; zum Begriff der Geschäftsleitung (§ 10 AO, § 1 Abs. 1 KStG) s. *Schiessl* in Hirte/Bücker GrenzübGes § 18 Rn. 6 ff.; *Schaumburg,* Internationales Steuerrecht, 2. Aufl. 1998, §§ 6.3 ff.; *Michalski* NZG 1998, 762; aA *Kieser,* Die Typenvermischung über die Grenze, 1988, 56 ff. und *Panthen,* Der „Sitz"-Begriff im Internationalen Gesellschaftsrecht, 1988, 280, 285, die darauf hinweisen, dass keine aktuelle eigenständige BFH-Rspr. zu diesen Begriffen vorliege, sondern dass Finanzgerichte und -verwaltung umgekehrt Anleihen bei der iprechtlichen Lit. und Rspr. machen; vgl. etwa den Erlass des Finanzministeriums BW vom 15.10.1985, DStR 1985, 180 sowie BFH BStBl. II 1992 S. 972 (973) = RIW 1992, 867 mAnm *Ebenroth/Auer* RIW 1992, 998 = IPRax 1993, 248 mAnm *Großfeld/Luttermann* IPRax 1993, 229. Diese tatsächlich vorliegende Tendenz spricht jedoch nicht gegen die grds. gegebene Möglichkeit, für den Begriff des „effektiven Verwaltungssitzes" im IntGesR auf im Steuerrecht entwickelte Grundsätze zurückzugreifen; vgl. aber *Raupach* in Hausmann/van Raad/Raupach/Veelken, Steuergestaltung durch doppelt ansässige Gesellschaften?, 1988, 63 ff.

1764 Vgl. statt aller BFH BStBl. II 1991 S. 554 = BB 1991, 1322; RIW 1998, 254 (255); 1999, 633 = NZG 1999, 947; IStR 2002, 707.

1765 Vgl. *Young,* Foreign Companies and other Corporations, 1912, 149; *Schwimann* GesRZ 1981, 412.

1766 *Ebenroth/Sura* RabelsZ 43 (1979), 315 (324).

1767 *Schaumburg,* Internationales Steuerrecht, 2. Aufl. 1998, § 6.4 unter Berufung auf BFH DStR 1995, 488 = BB 1995, 288; s. ferner BFH RIW 1998, 254 (255); von diesem Ort muss nicht notwendig eine werbende Tätigkeit der Gesellschaft ausgehen, vgl. *Gurski* WM 1963, 1089 (1090); ebenso *Ernst* WM 1963, 5 (6).

1768 Zwar können in atypisch gelagerten Sachverhalten die Geschäftsleitung bzw. geschäftliche Oberleitung nicht mit dem effektiven Verwaltungssitz des IntGesR übereinstimmen; solche Abweichungen können aber die grds. gegebene Übereinstimmung der Begriffe des IntGesR und des Steuerrechts nicht tangieren. AA *Grasmann,* System des internationalen Gesellschaftsrechts, 1970, 351; *Kieser,* Die Typenvermischung über die Grenze, 1988, 64 ff.; *Neumayer* ZVglRWiss 83 (1984), 129 (145). Zu den atypischen Fallgestaltungen vgl. *Ebenroth/Eyles* DB-Beil. 2/1988, 5.

1769 Gleiches gilt im Steuerrecht: jedes Unternehmen hat einen Ort der Geschäftsleitung iSv § 10 AO, BFH RIW 1999, 633 (634) = NZG 1999, 947.

1770 HM, *Kindler* EWiR 1999, 1081 (1082) (gegen OLG Frankfurt NZG 1999, 1097 = RIW 1999, 783); *v. Halen,* Das Gesellschaftsstatut nach der Centros-Entscheidung des EuGH, 2001, 277; *Borges* RIW 2000, 167 (170); *Thorn* IPRax 2001, 102 (108); *Freitag* NZG 2000, 357; *Bechtel* NZG 2001, 21 f.; Grüneberg/*Thorn* EGBGB Anh. Art. 12 Rn. 3; *Hausmann* in Reithmann/Martiny IntVertragsR Rn. 6.76; vgl. zu angeblich sitzlosen Gesellschaften auch *Lange,* Virtuelle Unternehmen, 2001, 281 ff.

Sitz im Inland haben.[1771] Gleiches soll nach Auffassung des OLG Oldenburg für eine Handelsgesellschaft gelten, die „nach dem anfänglichen Plan der Gründer ihre Tätigkeiten nur in der BRepD entfalten sollte und entfaltet hat".[1772] Eine Gesellschaft, deren Zweck darauf gerichtet ist, Gelder von gebietsfremden Kapitalanlegern in einem bestimmten Land – hier: der Schweiz – anzulegen, soll nach Auffassung des 5. Zivilsenats des OLG Frankfurt dort ihren tatsächlichen Sitz haben.[1773] Hört eine Ltd. mit Sitz in England dort auf zu bestehen, weil sie im Companies House gelöscht wird, so besteht sie nach einem Urteil des OLG Celle im Falle einer Fortsetzung ihrer Geschäftstätigkeit in Deutschland hier als Personengesellschaft fort.[1774]

430 Entgegen den Formulierungen in den einschlägigen Urteilen folgt aus dem Bezug der Geschäftstätigkeit zu einem bestimmten Land nicht, dass sich dort auch der effektive Verwaltungssitz der Gesellschaft befindet. Insoweit trifft der Befund von *Lüderitz* zu, dass sich die Rspr. zwar zur Sitztheorie bekenne, aber nicht immer nach ihr handele.[1775] Der Sache nach verwendet die Rspr. in diesen Fällen ein vom tatsächlichen Sitz der Hauptverwaltung verschiedenes Anknüpfungsmerkmal, vergleichbar etwa dem „Hauptgegenstand des Unternehmens" (oggetto principale dell'impresa) iSv Art. 25 Abs. 1 S. 2 IPRG 1995 Italien[1776] oder dem „wirtschaftlichen Schwerpunkt" iSd früher von *Wiedemann* vertretenden fallgruppenorientierten Anknüpfung (→ Rn. 367 ff.). Zwar trifft es zu, dass sich auch diese Anknüpfungsmerkmale mit der Sitztheorie in dem Bestreben einig wissen, der Rechtsordnung des am meisten betroffenen Staates (→ Rn. 380 f.) zur Anwendung zu verhelfen.[1777] Im Unterschied zur Sitzanknüpfung führt eine Lokalisierung der Geschäftstätigkeit indessen kaum zu vorhersehbaren Ergebnissen.[1778] Deutlich wird dies etwa an den beiden erwähnten Entscheidungen des OLG Frankfurt, die – bei gleichem Ausgangspunkt – zu diametral entgegengesetzten Anknüpfungsergebnissen kommen: Im Fall des 1. Zivilsenats soll es auf den Ort der Kapitalsammlung beim Publikum ankommen,[1779] im Fall des 5. Zivilsenats auf den davon verschiedenen Ort, an dem dieses Kapital einer Geldanlage zugeführt werden soll.[1780]

431 **cc) Relevanter Zeitpunkt.** Das nach der Sitztheorie bestimmte Gesellschaftsstatut ist **wandelbar.**[1781] Mit einer Verlegung des Verwaltungssitzes in einen anderen Staat ändert sich – vorbehaltlich einer Rückverweisung durch das dortige IPR (→ Rn. 482) – das anwendbare Recht und es kommt zum Statutenwechsel (allgemein → Einl. IPR Rn. 78 ff.). Hiergegen wendet sich *Thölke.*[1782] Nach der von diesem Autor entwickelten „Entstehungssitztheorie" soll unbeweglich an den Verwaltungssitz im Zeitpunkt der Entstehung der Gesellschaft angeknüpft werden.[1783] Hierdurch sollen die Unsicherheiten über die Rechtsfolgen von Verwaltungssitzverlegungen (→ Rn. 833 ff.) ausgeräumt werden.[1784] Dieser Ansicht ist nicht zu folgen. Verlegt eine nach ausländischem gegründete Gesellschaft ihren **Verwaltungssitz ins Inland,** so verhindert die Entstehungssitztheorie einen Statutenwechsel und die Gesellschaft besteht als Scheinauslandsgesellschaft im Inland fort. Diese Konstellation ist nur im Hinblick auf staatsvertraglich niederlassungsberechtigte Gesellschaften (EU-Gesellschaften; US-Gesellschaften und weiteren Gesellschaften unter dem Schutz bilateraler Staatsverträge kollisionsrechtlichen Inhalts) hinzunehmen (→ Rn. 123 ff.). Bei anderen drittstaatlichen Gesellschaften (→ Rn. 9 f.) besteht dafür kein Anlass. Verlegt eine nach inländischem Recht gegründete Gesellschaft ihren **Verwaltungssitz ins Ausland,** so würde eine Fortgeltung des inländischen Rechts einen Sachverhalt erfassen, der

[1771] OLG Frankfurt IPRax 1986, 373 (374) mAnm *Ahrens* IPRax 1986, 355 = IPRspr. 1985 Nr. 21; ebenso OLG Celle IPRax 2003, 252 (258) = ZIP 2002, 2168.

[1772] OLG Oldenburg NJW 1990, 1422; ebenso – zeitlich nachfolgend – KG NJW 1989, 3100 (3101).

[1773] OLG Frankfurt NJW 1990, 2204 (2205) = IPRax 1991, 403 mAnm *Großfeld/König* IPRax 1991, 379 = EWiR 1990, 827 m. KurzKomm. *Ebenroth.*

[1774] OLG Celle NZG 2012, 738 = IPRax 2013, 572 m. Aufs. *Weller/Rentsch* IPRax 2013, 530.

[1775] Soergel/*Lüderitz* EGBGB Anh. Art. 10 Rn. 8.

[1776] Hierzu *Kindler* RabelsZ 61 (1997), 227 (283 f.); Gesetzestext in RabelsZ 61 (1997), 350; IPRax 1996, 360.

[1777] Vgl. *Wiedemann* FS Kegel, 1977, 126.

[1778] Krit. auch *Zimmer* IntGesR 238, der der Rspr. „erhebliche Unsicherheiten" bescheinigt.

[1779] OLG Frankfurt IPRax 1986, 373.

[1780] OLG Frankfurt NJW 1990, 2204; vgl. auch die Kritik von *Ahrens* IPRax 1986, 355 (357).

[1781] BGHZ 97, 269 (271 f.) = NJW 1986, 2194 = EWiR 1986, 627 m. KurzKomm. *Großfeld;* BGHZ 151, 204 (207) = NJW 2002, 3539 = IPRax 2003, 62 m. Aufs. *Kindler* IPRax 2003, 41: Ltd. nach dem Recht der Kanalinsel Jersey gegründet, nach Verwaltungssitzverlegung ins Inland als rechtsfähige Personengesellschaft dt. Rechts behandelt; *v. Bar/Mankowski* IPR II § 7 Rn. 138 ff.

[1782] *Thölke,* Die Entstehungssitztheorie, 2003.

[1783] *Thölke* Die Entstehungssitztheorie, 2003, 8, 242 f., 295 ff.; *Binge/Thölke* DNotZ 2004, 21 (29 f.); ähnlich auch schon *Emde* BB 2001, 902 (903).

[1784] *Binge/Thölke* DNotZ 2004, 21 (29 f.); s. auch *Thölke,* Die Entstehungssitztheorie, 2003, 296 f. zu Missbrauchsfällen.

mit der inländischen Rechtsordnung keine signifikante Verbindung (→ Rn. 380) mehr aufweist.[1785] Der Gewinn an Rechtssicherheit muss gegenüber diesen kollisionsrechtlichen Nachteilen zurückstehen, zumal im Verhältnis zu Gründungstheoriestaaten der Entscheidungseinklang auf Grund der Rückverweisung auf inländisches Recht (→ Rn. 473) gewahrt ist.

b) Beweislast und Beweiserleichterungen. Die in der Sitzanknüpfung vorgesehene Verweisung auf das Recht am tatsächlichen **Verwaltungssitz** der Gesellschaft setzt voraus, dass dessen **Vorhandensein und** seine **Belegenheit nachgewiesen** bzw. ermittelt werden. Sind diese Anknüpfungstatsachen nicht festzustellen, so kann die Verweisung auf das Sitzrecht nicht eintreten.[1786] Keinesfalls geht es an, einen derartigen Verband ohne weiteres als parteifähig und als durch diejenigen natürlichen Personen vertreten anzusehen, die nach dem Selbstverständnis der Organisation und den tatsächlichen Verhältnissen befugt sind, für das Gebilde zu handeln.[1787] 432

aa) Maßgeblichkeit der lex fori. Beweislastverteilung und Beweiserleichterungen richten sich, was die Ermittlung des tatsächlichen Verwaltungssitzes der Gesellschaft angeht, ausschließlich nach deutschem Recht. Zwar ist für das Sachrecht anerkannt, dass die dort normierten Beweislastregeln materiellrechtlicher Natur sind und daher der lex causae zu entnehmen sind.[1788] Für internationale Schuldverhältnisse bestimmen dies Art. 18 Rom I-VO und Art. 22 Rom II-VO ausdrücklich. Sachrechtliche Beweislastregeln einer ausländischen lex causae regieren jedoch nicht in das *Kollisionsrecht* des Forums hinein. Sie können sich schon deshalb nicht auf Anknüpfungstatsachen erstrecken, weil das anwendbare Recht im Stadium der IPR-Prüfung noch nicht feststeht.[1789] Ebenso wenig wie der Sitzbegriff selbst dem – hypothetischen – Gesellschaftsstatut zu entnehmen ist (→ Rn. 421 f.), kann das IPR des Forums die Beweislastverteilung bei der Ermittlung der relevanten Anknüpfungstatsachen aus der Hand geben. Gleiches gilt für die der Beweiswürdigung zuzurechnenden Beweiserleichterungen (tatsächliche Vermutung und Anscheinsbeweis; Freibeweis), die der beweisbelasteten Partei zum Nachweis des tatsächlichen Verwaltungssitzes zugestanden werden.[1790] Letzteres betrifft namentlich die von der Rspr. teilweise verwendete Vermutung, dass sich der Verwaltungssitz einer Gesellschaft auf dem Gebiet des Gründungsstaates befinde. 433

Zweifelhaft ist, welche Partei für die Tatsachen, die den effektiven Verwaltungssitz in einem bestimmten Staat begründen, darlegungs- und beweispflichtig ist. Zur Beantwortung dieser Frage ist grundsätzlich danach zu unterscheiden, ob in dem jeweiligen Verfahren der Beibringungs- oder der Amtsermittlungsgrundsatz gilt.[1791] 434

bb) Nachweis des Verwaltungssitzes im Zivilprozess. Im Zivilprozess unter Beteiligung von Gesellschaften ausländischen Rechts wird regelmäßig der **Beibringungsgrundsatz** herrschen. Hiernach können die Parteien – in den Grenzen der prozessualen Wahrheitspflicht – frei darüber entscheiden, welchen Tatsachenstoff sie dem Gericht unterbreiten. Dies gilt auch hinsichtlich der Partei- und Rechtsfähigkeit, mithin der iprechtlichen Hauptstreitpunkte in Prozessen der hier vorausgesetzten Art. 435

Hinsichtlich der **Parteifähigkeit** findet eine Amtsprüfung statt,[1792] nicht aber eine Amtsermittlung der relevanten Tatsachen (§ 56 ZPO); auch insoweit verbleibt es beim **Beibringungsgrundsatz.**[1793] Gleiches gilt hinsichtlich des anwendbaren Rechts; das deutsche IPR ist in Fällen mit Auslandsberührung von Amts wegen zu beachten und anzuwenden.[1794] Die die **aktive Parteifähigkeit** begründenden Tatsachen hat im Zivilprozess grundsätzlich der **Kläger zu bewei-** 436

1785 Treffend *Kegel/Schurig* IPR § 17 II 1, 573: „Anwendung eines Rechts, in dessen Gebiet der zu regelnde Tatbestand nicht hineinreicht".

1786 Zum Folgenden *R. Werner,* Der Nachweis des Verwaltungssitzes ausländischer juristischer Personen, 1998; *Travers,* Der Beweis des Anknüpfungskriteriums „tatsächlicher Sitz der Hauptverwaltung" im Internationalen Gesellschaftsrecht, 1998; *Bungert* IPRax 1998, 339; grundsätzlich *Seibl,* Die Beweislast bei Kollisionsnormen, 2009.

1787 So für den Verwaltungsprozess aber BVerwG NVwZ 2004, 887 = NJW 2004, 2768 Ls.

1788 BGHZ 42, 385 (388 f.) = NJW 1965, 489; Soergel/*Kronke* EGBGB Anh. IV Art. 38 Rn. 137; *Coester-Waltjen,* Internationales Beweisrecht, 1983, Rn. 371; *Schack* IZVR Rn. 674; *Martiny* in Reithmann/Martiny IntVertragsR Rn. 3.176 ff.

1789 Vgl. auch *Bungert* DB 1995, 963 (967).

1790 Vgl. allg. *Schack* IZVR Rn. 667 ff., 675; *v. Bar/Mankowski* IPR II § 7 Rn. 131; wenn die hM demgegenüber tatsächliche Vermutungen der lex causae zuordnet (vgl. → Rom I-VO Art. 18 Rn. 21 ff.), so bezieht sie sich dabei – soweit ersichtlich – an keiner Stelle auf den Nachweis von *Anknüpfungs*tatsachen.

1791 *Schack* IZVR Rn. 624.

1792 BGHZ 134, 116 (117 f.) = NJW 1997, 657; BGHZ 159, 94 = NJW 2004, 2523.

1793 MüKoZPO/*Lindacher* ZPO § 56 Rn. 2; Zöller/*Vollkommer* ZPO § 56 Rn. 4; *Haas* DB 1997, 1501 (1505).

1794 BGH NJW 1996, 54 m. KurzKomm. *Geimer* EWiR 1995, 1187.

sen.[1795] Da sich die Parteifähigkeit nach dem Personalstatut der Gesellschaft beurteilt (→ Rn. 536), dh nach einer bestimmten Rechtsordnung, hat der Kläger zunächst diejenigen Tatsachen zu beweisen, die die iprechtliche Anwendbarkeit dieser Rechtsordnung begründen.[1796] Bei Geltung der Sitztheorie ist nachzuweisen, dass sich der tatsächliche Sitz der Hauptverwaltung der klagenden Gesellschaft im Geltungsbereich dieser Rechtsordnung befindet.[1797] Für eine solche Beweislastverteilung spricht nicht nur die allgemeine prozessuale Regel, dass der Anspruchsteller die rechtsbegründenden Tatsachen zu beweisen hat,[1798] sondern darüber hinaus auch der Umstand, dass der Prozessgegner regelmäßig keinen Einblick in die innere Struktur der klagenden Gesellschaft hat.[1799]

437 Diese Beweislastregel legt auch die **Rspr.**[1800] zu Grunde, wenngleich vereinzelt – nicht aber nach der Rspr. des BGH[1801] – bei der Prüfung der aktiven Parteifähigkeit eine **tatsächliche Vermutung** dahingehend angenommen wird, **dass sich der effektive Verwaltungssitz in dem Staat befinde, nach dessen Recht die Gesellschaft erkennbar organisiert sei.** Hierfür soll vorrangig der Satzungssitz bzw. der registrierte Sitz maßgeblich sein.[1802] Indessen findet eine solche Vermutung **keine Stütze in der Wirklichkeit:** Wurde die Gesellschaft in einem Staat gegründet, der der **Gründungstheorie** folgt, so bestand für sie zu keinem Zeitpunkt die rechtliche Notwendigkeit, ihren effektiven Verwaltungssitz in diesem Staat zu nehmen. Für eine Vermutung der Übereinstimmung von Sitz- und Gründungsrecht fehlt hier von vornherein jede Grundlage.[1803] Abzulehnen ist eine solche Vermutung aber auch bei Gründung der Gesellschaft in einem Staat, der seinerseits der **Sitztheorie** folgt. Hier musste die Gesellschaft zwar im Zeitpunkt der Gründung einen effektiven Verwaltungssitz im Gründungsstaat errichten. Indessen beweist die Gründungsurkunde nur die Abgabe der dort beurkundeten Erklärung, nicht aber deren inhaltliche Richtigkeit, mithin das Bestehen eines tatsächlichen Verwaltungssitzes im Gründungsstaat.[1804] Außerdem ist aus den Gründungsurkunden naturgemäß keine Vermutung gegen eine später vorgenommene Sitzverlegung in einen Drittstaat herzuleiten.[1805]

[1795] KG BeckRS 2024, 5131 zur Parteifähigkeit einer in HongKong ansässigen BVI-Gesellschaft; Zöller/*Vollkommer* ZPO § 56 Rn. 9.

[1796] Vgl. zur Beweislast in Bezug auf Anknüpfungstatsachen allg. *Lüderitz* IPR Rn. 280: Wird eine Anknüpfungstatsache nicht bewiesen, so trifft der Nachteil denjenigen, der sich auf sie beruft; zur Ermittlung des Verwaltungssitzes im Wege des Freibeweises s. freilich OLG München NJW-RR 1995, 703 = IPRspr. 1994 Nr. 16.

[1797] OLG Hamm NJOZ 2002, 2723 (2726) = GmbHR 2003, 302; *Leible* in Hirte/Bücker GrenzübGes § 10 Rn. 23; der Nachweis des Verwaltungssitzes in einem Drittstaat führt dann zum Ziel, wenn dieser eine Weiterverweisung auf die als Gesellschaftsstatut herangezogene Rechtsordnung anordnet, wie zB im Falle der Schweiz, vgl. OLG Frankfurt NJW 1990, 2204 (2205) = IPRax 1991, 403 mAnm *Großfeld* IPRax 1991, 379 = EWiR 1990, 827 m. KurzKomm. *Ebenroth;* OLG Stuttgart BeckRS 2022, 8208 Rn. 23 = EWiR 2022, 421 mAnm *Weiss* (nach dem Recht der Cayman Islands gegründete Gesellschaft mit effektivem Verwaltungssitz im US-Bundestaat New York).

[1798] Hierzu BGHZ 113, 222 (224 f.) = NJW 1991, 1052; BLAH/*Hartmann* ZPO Anh. § 286 Rn. 4.

[1799] *Großfeld,* Grundfragen des Internationalen Unternehmensrechts, 1987, 13; Staudinger/*Großfeld,* 1998, IntGesR Rn. 237; *Großfeld/Piesbergen* FS Mestmäcker, 1996, 881 (882); *Ebenroth/Eyles* DB-Beil. 2/1988, 5 ff.; idS bereits *Großfeld,* Grundfragen des Internationalen Unternehmensrechts, 1987, 14; *Ebenroth/Bippus* JZ 1988, 676 (681); *Fischer* IPRax 1991, 100 (103); *Hausmann* in Reithmann/Martiny IntVertragsR Rn. 6.75; *Luttermann* EWiR 1997, 513 (514).

[1800] OLG München NJW-RR 1995, 703 f. = IPRspr. 1994 Nr. 16; OLG Hamm RIW 1997, 236 (237); LG Stuttgart IPRax 1991, 118 (119) mAnm *Fischer* IPRax 1991, 101; LG Essen NJW 1995, 1500 = IPRax 1996, 120 mAnm *Jayme* IPRax 1996, 87.

[1801] Vgl. BGH NJW 2003, 2609 (2610) unter II.2.d: Satzungssitz begründet nicht einmal die Vermutung von „geschäftlichen Aktivitäten" in dem betreffenden Staat; ebenso OLG Hamm NJOZ 2002, 2726 = GmbHR 2003, 302.

[1802] LG Rottweil IPRax 1986, 110 (111) mAnm *v. der Seipen* IPRax 1986, 91 (Vermutung angenommen, aber in casu widerlegt); OLG Jena DB 1998, 1178; *Leible* in Hirte/Bücker GrenzübGes § 10 Rn. 33; eine tatsächliche Vermutung kommt dem Beweispflichtigen zustatten, ändert indessen die Beweislastverteilung nicht, vgl. BLAH/*Hartmann* ZPO § 286 Rn. 14; zum vorliegenden Zusammenhang s. auch Soergel/*Lüderitz* EGBGB Anh. Art. 10 Rn. 9.

[1803] OLG Hamm NJOZ 2002, 2723 (2726) = GmbHR 2003, 302; vgl. *Großfeld,* Grundfragen des Internationalen Unternehmensrechts, 1987, 13; *Ebenroth/Bippus* JZ 1988, 676 (681).

[1804] Zum Beweisumfang öffentlicher Urkunden vgl. allg. Musielak/*Huber* ZPO § 415 Rn. 5; ferner *Langhein* Rpfleger 1996, 45 (47 f.).

[1805] Zur Zeitperspektive eingehend *Ebenroth/Bippus* JZ 1988, 676 (681); *R. Werner,* Der Nachweis des Verwaltungssitzes ausländischer juristischer Personen, 1998, 55; abwegig LG Berlin DNotI-Report 1998, 73 (Bejahung der Vertretungsbefugnis hinsichtlich einer Gesellschaft niederländischen Rechts auf Grund eines drei Jahre alten Registerauszugs).

Das von *Bungert* vorgetragene Argument, der hier abgelehnte Erfahrungssatz sei dem grenzüberschreitenden Wirtschaftsverkehr förderlich,[1806] verkennt Herkunft und Rechtfertigung prozessualer Beweiserleichterungen. Diese beruhen auf der Beobachtung bestimmter Gesetzmäßigkeiten in der Wirklichkeit, nicht auf rechtspolitischen Zielvorstellungen. Letztlich geht es den Befürwortern der hier abgelehnten Vermutungsregel auch allein um ein rechtspolitisches Ziel, nämlich darum, der Gründungstheorie durch die Hintertür Eingang in das deutsche internationale Gesellschaftsrecht zu verschaffen.[1807] Dem ist auch im vorliegenden Zusammenhang mit *Großfeld* entgegenzutreten.[1808] Mit einer solchen Vermutung zu arbeiten, würde bedeuten, die Sitztheorie selbst zur Disposition zu stellen.[1809] **438**

Im Gegenteil ist jedenfalls bei Gesellschaften mit Satzungssitz in einem **notorischen Oasenstaat** (→ Rn. 303, → Rn. 330) im Zweifel anzunehmen, dass dieser Sitz nicht der tatsächliche ist.[1810] Häufig steht hier schon die Anzahl der in dem betreffenden Land domizilierten Gesellschaften außer jedem Verhältnis zur Einwohnerzahl.[1811] **439**

Eine entsprechende Anwendung des § 50 Abs. 2 ZPO aF kam bis zum 31.12.2023 zur Begründung der aktiven Parteifähigkeit ebenfalls nicht in Betracht.[1812] Zum 1.1.2024 fiel § 50 Abs. 2 ZPO ersatzlos weg. Der mit dieser Vorschrift bezweckten Klarstellung, dass der nicht rechtsfähige Verein nicht nur passiv, sondern auch aktiv parteifähig ist, bedarf es seit dem MoPeG nicht mehr. Denn nach § 54 Abs. 1 BGB [2024] sind der nicht eingetragene Verein ohne Rechtspersönlichkeit und der nicht konzessionierte Wirtschaftsverein ohne Rechtspersönlichkeit entweder dem eingetragenen Verein gleichgestellt und insoweit rechts- und damit parteifähig oder die Rechts- und Parteifähigkeit ergibt sich aus der Verweisung auf das Recht der Gesellschaft bürgerlichen Rechts, die ihrerseits nach § 705 Abs. 2 BGB [2024] rechts- und damit parteifähig ist. **440**

Für die **Beweislastverteilung** hinsichtlich der die **Rechts(un)fähigkeit** begründenden Tatsachen kommt es darauf an, welche Partei hieraus – für sich – günstige Rechtsfolgen herleitet.[1813] Wer die Rechtsfähigkeit oder Rechtsunfähigkeit einer Gesellschaft nach Maßgabe einer bestimmten Rechtsordnung behauptet, hat folglich zu beweisen, dass die Gesellschaft ihren tatsächlichen Verwaltungssitz im Geltungsbereich dieser Rechtsordnung hat.[1814] Die Problematik hat auf Grund der **Anerkennung ausländischer Kapitalgesellschaften mit inländischem Verwaltungssitz als inländische Personengesellschaft**[1815] an Bedeutung verloren. Drei Fallgruppen sind zu unterscheiden: **441**

(1) Rechtsfähigkeit im Aktivprozess. Im Aktivprozess hat die ausländische Gesellschaft entweder diesen Nachweis regelmäßig im Rahmen des Nachweises der Parteifähigkeit (→ Rn. 436 ff.) erbracht oder aber die Klage ist – wegen Parteiunfähigkeit der Gesellschaft – bereits unzulässig und eine Prüfung der Rechtsfähigkeit unterbleibt deshalb. Eine eigenständige Prüfung der Anknüpfungstatsachen, die zu der die Rechtsfähigkeit begründenden Rechtsordnung führen, war daher nur dann veranlasst, wenn die Parteifähigkeit – bis 31.12.2023 – aus § 50 Abs. 2 Hs. 2 ZPO aF folgte (Wider- **442**

1806 Vgl. *Bungert* DB 1995, 963 (964): „anerkennungsfreundlich"; „zeitgemäß"; ferner *Bungert* IPRax 1998, 339 (345); ähnlich auch OLG Hamm WM 1995, 456 (459) zum Grundbuchverfahren.

1807 Vgl. *Hausmann* in Reithmann/Martiny IntVertragsR Rn. 6.74: „eine gewisse Konzession an die Gründungstheorie"; *Zimmer* IntGesR 217 konstatiert eine „nicht unbedeutende Modifikation" der Sitztheorie.

1808 *Großfeld/Piesbergen* FS Mestmäcker, 1996, 881 (884); abl. weiterhin Staudinger/*Großfeld,* 1998, IntGesR Rn. 237; *Kegel/Schurig* IPR § 17 II 1; *Hausmann* in Reithmann/Martiny IntVertragsR Rn. 6.75; *Ebenroth/Bippus* JZ 1988, 676 (681); GroßkommAktG/*Assmann* AktG Einl. Rn. 547; *Kieser,* Die Typenvermischung über die Grenze, 1988, 111 Fn. 343.

1809 Warnend mit Recht *Großfeld/Piesbergen* FS Mestmäcker, 1996, 881 (884).

1810 Wie hier *Kegel/Schurig* IPR § 17 II 1; *Großfeld/Piesbergen* FS Mestmäcker, 1996, 881 (885); *R. Werner,* Der Nachweis des Verwaltungssitzes ausländischer juristischer Personen, 1998, 93.

1811 Im Fürstentum Liechtenstein waren Ende 2014 41.249 Unternehmen verschiedener Rechtsformen eingetragen, bei rd. 37.000 Einwohnern, *J. Wagner* RIW 2015, 702.

1812 Vgl. BGHZ 109, 15 (17) = NJW 1990, 186; BLAH/*Hartmann* ZPO § 50 Rn. 24; *G. Wagner* ZZP 117 (2004), 305 (363 f.).

1813 Allg. gilt, dass der Anspruchsteller die rechtsbegründenden Tatsachen zu beweisen hat, der Anspruchsgegner die rechtshindernden, rechtsvernichtenden und rechtshemmenden Tatsachen, vgl. BGHZ 113, 222 (224 f.) = NJW 1991, 1052; ferner schon *Ebenroth/Eyles* DB-Beil. 2/1988, 6.

1814 Insoweit zutr. BGHZ 97, 269 (263) = NJW 1986, 2194 = EWiR 1986, 627 m. KurzKomm. *Großfeld.*

1815 BGHZ 151, 204 = NJW 2002, 3539 = IPRax 2003, 62 m. Aufs. *Kindler* IPRax 2003, 41; BGHZ 178, 192 Rn. 23 – Trabrennbahn = NJW 2009, 289 mAnm *Kieninger* = DStR 2009, 59 mAnm *Goette* = DNotZ 2009, 385 mAnm *Thölke* = IPRax 2009, 259 m. Aufs. *Weller* IPRax 2009, 202; dazu *Kindler* IPRax 2009, 189 (190); ferner *Balthasar* RIW 2009, 221; *Gottschalk* ZIP 2009, 948; *Hellgardt/Illmer* NZG 2009, 94; *Lieder/Kliebisch* BB 2009, 338; BayObLG RIW 2003, 387 = DB 2003, 819; OLG Köln IPRax 2007, 530 = ZIP 2007, 935 mAnm *Thole* IPRax 2007, 519; zum Problem schon *Kindler* FS Lorenz, 2001, 343.

klage uÄ; → Rn. 440 aE). Auf eine Vermutung der Übereinstimmung von Gründungsrecht und Sitzrecht kann sich die ausländische Gesellschaft in diesem Zusammenhang ebenso wenig berufen wie im Hinblick auf den Nachweis der Parteifähigkeit (→ Rn. 437).

443 **(2) Rechtsfähigkeit im Passivprozess.** Gelegentlich stellt sich die Frage nach der Rechtsfähigkeit einer Auslandsgesellschaft auch im Passivprozess. Es kommt vor, dass der Kläger die Rechtsfähigkeit der Gesellschaft mit dem Ziel bestreitet, einen von der beklagten Gesellschaft vorgenommenen Rechtserwerb zu Fall zu bringen.[1816] Der BGH hat in einer solchen Fallgestaltung angenommen, „dass der Kläger für die behauptete Rechtsunfähigkeit der Beklagten beweispflichtig ist".[1817] Diese Aussage trifft im Kern zu, weil die Rechtsunfähigkeit des Gegners hier ein anspruchsbegründendes Merkmal ist, zB bei einem Anspruch auf Grundbuchberichtigung; die Richtigkeitsvermutung des Grundbuchs erstreckt sich nicht auf die Rechtsfähigkeit des Eingetragenen (→ BGB § 891 Rn. 10). Gegenüber dem BGH ist freilich daran zu erinnern, dass **Beweisgegenstand** nicht die Rechtsfähigkeit/Rechtsunfähigkeit eines Prozessbeteiligten ist, sondern dies **nur eine Tatsache** sein kann.[1818] Gemeint war deshalb in BGHZ 97, 269 (273), dass der Kläger diejenigen **Anknüpfungstatsachen** zu beweisen habe, die die Anwendbarkeit der Rechtsordnung begründen, aus der sich die Rechtsunfähigkeit der Beklagten ergeben soll. Wer die Rechtsunfähigkeit einer Gesellschaft nach Maßgabe des deutschen Rechts – wegen BGHZ 178, 192 (Trabrennbahn) wird dies aus Gründen des Sachrechts allerdings selten erfolgreich sein – behauptet, hat daher einen tatsächlichen Verwaltungssitz der Gesellschaft im Geltungsbereich der deutschen Rechtsordnung nachzuweisen (→ Rn. 402). Dabei wird dem Kläger kein Negativbeweis abverlangt:[1819] **Beweisgegenstand** ist nicht das Fehlen eines Verwaltungssitzes im Gründungsstaat, sondern – positiv – das **Vorhandensein eines Verwaltungssitzes im Inland.** Beweiserleichterungen kann hier keine Seite für sich in Anspruch nehmen. Gegen einen Verwaltungssitz im Inland spricht nicht schon ein Satzungssitz im Ausland. Dieser Umstand ist als Anknüpfungsmerkmal gleichermaßen untauglich wie als tatsächliches Indiz für das Vorhandensein eines effektiven Verwaltungssitzes in dem betreffenden ausländischen Staat (→ Rn. 474; zur Kritik an der Gründungstheorie → Rn. 317 ff.). Für einen Verwaltungssitz im Inland spricht andererseits aber auch nicht die bei Oasenstaaten geltende Faustregel, dass sich der Verwaltungssitz nicht in dem betreffenden Land befindet (→ Rn. 439); denn damit ist noch nichts positiv darüber gesagt, wo sich der Verwaltungssitz befindet.

444 **Misslingt** dem Kläger der **Nachweis** eines tatsächlichen Verwaltungssitzes im Inland, so findet **keine Verweisung** auf deutsches Gesellschaftsrecht statt (→ Rn. 432). Auf eine nach deutschem Recht gegebene Rechtsunfähigkeit der Beklagten kann sich der Kläger somit nicht berufen. Dies folgt aus der Beweislast des Klägers für das Vorliegen der ihm günstigen (Anknüpfungs-)tatsache eines Verwaltungssitzes im Inland (→ Rn. 436).[1820] Überflüssig und irreführend ist deshalb in diesem Zusammenhang der weitere Hinweis des BGH auf eine Vermutung zu Gunsten des tatsächlichen Verwaltungssitzes im Gründungsstaat.[1821] Eine Vermutung zum Nachteil der ohnehin beweisbelasteten Partei ergibt keinen Sinn. Kritisch anzumerken ist weiterhin, dass im vorliegenden Zusammenhang die aufgestellte Vermutung jeder tatsächlichen Grundlage entbehrt (→ Rn. 437) und obendrein auch keine Stütze in den vom BGH[1822] hierfür herangezogenen Entscheidungen findet.[1823] Dass der weitere Hinweis des BGH obendrein irreführend ist,

---

[1816] So in BGHZ 97, 269 (271 ff.) = NJW 1986, 2194: Klage auf Grundbuchberichtigung; die passive Parteifähigkeit der Gesellschaft besteht hier unabhängig von deren Rechtsfähigkeit, BGHZ 97, 269 (270 f.); ähnlich in BGHZ 53, 181 = NJW 1970, 998 mAnm *Langen:* Klage auf Grundbuchberichtigung gegen den Rechtsnachfolger einer Scheinauslandsgesellschaft.

[1817] BGHZ 97, 269 (273) = NJW 1986, 2194.

[1818] Vgl. nur BLAH/*Hartmann* ZPO Vor § 284 Rn. 17 ff.

[1819] Anders *Großfeld* EWiR 1986, 627 (628), KurzKomm. zu BGHZ 97, 269 = NJW 1986, 2194; s. auch *Großfeld/Piesbergen* FS Mestmäcker, 1996, 881 (884): „probatio diabolica".

[1820] Vgl. nochmals *Lüderitz* IPR Rn. 280.

[1821] BGHZ 97, 269 (273) = NJW 1986, 2194: „Sollte sich ein Verwaltungssitz in der BRepD nicht feststellen lassen, so wäre bei Zugrundelegung dieses Sitzes in Liechtenstein von der dort anerkannten Rechtsfähigkeit der Beklagten auszugehen".

[1822] BGHZ 97, 269 (273) = NJW 1986, 2194.

[1823] In BGHZ 25, 134 (144) = NJW 1957, 1558 heißt es nur, dass eine ausländische, nach den Gesetzen des *Heimatstaates* mit Rechtsfähigkeit ausgestattete Organisation auch im Inland als juristische Person anzuerkennen ist; dass Heimatstaat der Gründungsstaat sein soll, ist dort aber nicht gesagt. In BGH NJW 1980, 1567 = JZ 1980, 649 mAnm *Ebke/Neumann* – insoweit nicht in BGHZ 76, 375 (376) – ist von einer Vermutung, dass Gründungs- und Sitzstaat übereinstimmen, ebenfalls nicht die Rede. Aus der ferner herangezogenen Entscheidung RGZ 83, 367 ergibt sich sogar das Gegenteil, wenn dort (369 f.) dem bloß „nominellen Sitz" einer Gesellschaft jede rechtliche Bedeutung abgesprochen wird.

zeigt sich in der instanzgerichtlichen Judikatur. Dort hat man eine Beweispflicht des Prozessgegners der Gesellschaft hinsichtlich des Verwaltungssitzes auch für den umgekehrten Fall angenommen, in dem das Vorhandensein eines tatsächlichen Verwaltungssitzes im Gründungsstaat nicht dem Prozessgegner der Gesellschaft, sondern der Gesellschaft bzw. den für Gesellschaftsschulden in Anspruch genommenen Dritten günstig war.[1824]

Die **Rechtsunfähigkeit** kann im Passivprozess der Gesellschaft auch als **rechtshinderndes Merkmal** in Erscheinung treten. Die Gesellschaft könnte etwa einwenden, mangels Rechtsfähigkeit sei sie nicht Partei des streitgegenständlichen Schuldvertrages geworden.[1825] Indessen ist der Gesellschaft der Einwand des fehlenden Verwaltungssitzes in einem bestimmten Staat und damit die Berufung auf die eigene Rechtsunfähigkeit nach dem Grundsatz des „venire contra factum proprium" regelmäßig versagt.[1826] Zum gleichen Ergebnis gelangt man durch die Anwendung von Rechtsscheingrundsätzen. Wer als juristische Person im Inland auftritt, muss sich, soweit der Verkehr auf den Bestand der Gesellschaft vertraut hat, den solchermaßen erzeugten Rechtsschein entgegen halten lassen.[1827] Das Auftreten als juristische Person wird sich – bei ordnungsgemäßer Geschäftsbriefpublizität[1828] – ohne weiteres nachweisen lassen. 445

(3) Prozess gegen Dritte. Meist wird die Frage nach der Rechtsfähigkeit einer ausländischen Gesellschaft in **Haftungsprozessen gegen Gesellschafter und/oder Organmitglieder** sowie sonstige „Handelnde" gestellt. Die Beklagten wenden hier regelmäßig ein, passivlegitimiert sei allein die Gesellschaft, was wiederum der Kläger unter Hinweis auf deren fehlende Rechtsfähigkeit bestreitet.[1829] Die obergerichtliche Rspr. ist auch in diesen Fällen wiederholt ohne nähere Begründung von der Vermutung ausgegangen, dass sich der effektive Verwaltungssitz im Gründungsstaat befinde und die Rechtsfähigkeit der Gesellschaft sich vorbehaltlich einer Rück- oder Weiterverweisung (→ Rn. 472 ff.) nach dem so ermittelten Sitzrecht beurteile.[1830] 446

Diese Betrachtungsweise ist schon im Ansatz verfehlt. Die **Rechtsunfähigkeit** der – prozessfremden – Gesellschaft ist **keine tatbestandliche Voraussetzung der Haftung von Gesellschaftern und/oder Handelnden,** sondern ergibt sich wie diese aus der fehlenden Eintragung im zuständigen Register (vgl. § 41 Abs. 1 S. 1 AktG, § 11 Abs. 1 GmbHG, § 13 GenG). Auch hier geht es um den Nachweis des tatsächlichen Verwaltungssitzes. Ein tatsächlicher Verwaltungssitz im Inland ist die iprechtliche Voraussetzung für die Anwendung des deutschen Gesellschaftsrechts, auf dessen Haftungsregeln (zB § 54 Abs. 2 BGB, §§ 721 ff. BGB, § 126 HGB, § 41 Abs. 1 S. 2 AktG, § 11 Abs. 2 GmbHG) sich der Kläger beruft.[1831] Wer aus deutschem Gesellschaftsrecht Ansprüche herleitet, hat – nach allgemeinen Regeln (→ Rn. 432 ff.) – auch hier die für die Anwendbarkeit dieser Rechtsordnung maßgeblichen Anknüpfungstatsachen – den tatsächlichen Verwaltungssitz der Gesellschaft in der BRepD – zu beweisen. Die von einem Teil der Rspr. aufgestellte Vermutung zu Gunsten eines tatsächlichen Verwaltungssitzes im Gründungsstaat (→ Rn. 437, → Rn. 444) ist bei dieser ohnehin gegebenen Beweislastverteilung bedeutungslos (→ Rn. 444) und zudem sachlich nicht zu begründen (→ Rn. 437). Es gelten dieselben Grundsätze wie beim Beweis des Inlandsitzes im Zusammenhang mit der Rechtsunfähigkeit einer beklagten Scheinauslandsgesellschaft (→ Rn. 443 ff.). Auf sachrechtlicher Ebene ist auch hier wieder zu beachten, dass Auslandskapitalgesellschaften mit inländischem Verwaltungssitz im Anwendungsbereich der Sitztheorie dem deutschen Personengesellschaftsrecht unterliegen (→ Rn. 402, → Rn. 452 ff.). 447

cc) Nachweis des Verwaltungssitzes im handelsregisterlichen Eintragungsverfahren. Im handelsregisterlichen Eintragungsverfahren herrscht der Amtsermittlungsgrundsatz (§ 26 448

1824 Vgl. OLG München NJW 1986, 2197 (2198); OLG Oldenburg NJW 1990, 1422; OLG Düsseldorf WM 1995, 808 (810), alle zum Haftungsprozess gegen Dritte; ebenso OLG Hamm WM 1995, 456 (458 f.) (grundbuchrechtliches Eintragungsverfahren).

1825 Vgl. *Grasmann,* System des internationalen Gesellschaftsrechts, 1970, 833; *Eidenmüller/Rehm* ZGR 1997, 89 (92).

1826 *Großfeld,* Grundfragen des Internationalen Unternehmensrechts, 1987, 14; Staudinger/*Großfeld,* 1998, IntGesR Rn. 240; Soergel/*Lüderitz* EGBGB Anh. Art. 10 Rn. 9.

1827 OLG Nürnberg WM 1985, 259 = IPRax 1985, 342 mAnm *E. Rehbinder* IPRax 1985, 324; vgl. auch BGH NJW 1996, 1053 (1054).

1828 Vgl. Art. 26 GesR-RL (früher Art. 4 Publizitäts-RL; → Rn. 30) und die entsprechenden nationalen Durchführungsbestimmungen; im deutschen Recht die §§ 80, 268 Abs. 4 AktG, §§ 35a, 71 Abs. 5 GmbHG.

1829 Typisch insoweit OLG Düsseldorf WM 1995, 808 (809 f.).

1830 OLG München NJW 1986, 2197 (2198); OLG Oldenburg NJW 1990, 1422; OLG Düsseldorf WM 1995, 808 (810); zust. *Bungert* DB 1995, 963 mit Fehlzitat *Lüderitz* in Fn. 10; *Fischer* IPRax 1991, 100 (103) mit Fehlzitat *Lüderitz* in Fn. 56; offenlassend OLG Frankfurt NJW 1990, 2204.

1831 Die Gesellschafter- und Handelndenhaftung unterliegt grds. dem Gesellschaftsstatut (→ Rn. 614 ff., 635 ff.); zur haftungsrechtlichen Beurteilung von Scheinauslandsgesellschaften nach deutschem Sachrecht (→ Rn. 456 ff.).

FamFG). Die **Amtsermittlung bezieht sich auch auf Existenz und Belegenheit des tatsächlichen Verwaltungssitzes der Gesellschaft** (arg. § 13h Abs. 2 S. 3 HGB).[1832] Allerdings trifft den **Antragsteller** die **verfahrensrechtliche Last,** an der Aufklärung des Sachverhalts durch Angabe der ihm bekannten Beweismittel **mitzuwirken.**[1833] Da die deutschen Registergerichte keine Amtsermittlung im Ausland betreiben können, obliegt dem Anmelder der Nachweis derjenigen tatsächlichen Umstände, die für eine Anerkennung der Rechtsfähigkeit der Gesellschaft im Inland sprechen.[1834] Demzufolge ist dem Registergericht etwa bei **Anmeldung einer inländischen Zweigniederlassung** einer ausländischen Gesellschaft (vgl. § 13d HGB), deren Verwaltungssitz im Geltungsbereich derjenigen Rechtsordnung nachzuweisen, aus der sich die Rechtsfähigkeit der Gesellschaft ergeben soll.[1835] Wird für eine in der BRepD registrierte Gesellschaft die **Änderung des Gesellschaftsvertrages** oder eine **Änderung bei den vertretungsbefugten Personen** angemeldet, so hat das Registergericht die Wirksamkeit der zu Grunde liegenden Gesellschafterbeschlüsse zu prüfen.[1836] Festzustellen ist in diesem Zusammenhang namentlich die Gesellschaftereigenschaft der an dem Beschluss mitwirkenden Personen.[1837] Handelt es sich bei dem Gesellschafter um eine juristische Person ausländischen Rechts, so ist deren Rechtsfähigkeit im Inland zu prüfen, da hiervon Gesellschaftereigenschaft und somit auch die Wirksamkeit des der Anmeldung zu Grunde liegenden Gesellschafterbeschlusses abhängt.[1838]

449 Wiederum gilt, dass der Anmelder dem Registergericht den **Verwaltungssitz** des als juristische Person organisierten Gesellschafters **nachzuweisen** hat, und zwar im Geltungsbereich der als Gesellschaftsstatut in Betracht kommenden Rechtsordnung. Zu den Fällen der Maßgeblichkeit der Gründungstheorie qua Staatsvertrag sowie der Weiterverweisung → Rn. 284 ff., → Rn. 387, → Rn. 388 ff., → Rn. 472 ff. Eine Nachweispflicht entsteht nicht erst bei begründeten Zweifeln.[1839] Unabhängig davon kann das Registergericht in Ausübung seiner Amtsermittlungspflicht ein Gutachten der Industrie- und Handelskammer zum behaupteten Auslandssitz der Gesellschaft einholen (§ 380 FamFG; § 23 S. 2 HRV).[1840] Bevor die Industrie- und Handelskammer – etwa über die Auslandsvertretungen des DIHT – Erkundigungen über die dortige Personal- und Sachausstattung sowie effektiv getätigte Umsätze einholt, wird es nahe liegen, Erhebungen zur **inländischen** Geschäftstätigkeit der vertretungsberechtigten Personen der Gesellschaft anzustellen. Liegt der Schwerpunkt der Geschäftstätigkeiten dieser Personen eindeutig im Inland, so dürfte dies gegen den behaupteten Verwaltungssitz der Gesellschaft im Ausland sprechen.[1841] Gleiches gilt, wenn die Gesellschaft zeitgleich mit der ausländischen Gründung eine inländische Zweigniederlassung zum Handelsregister anmeldet,[1842] im (behaupteten) Sitzstaat keine Kommunikationsmittel vorhanden sind[1843] oder überhaupt nur eine inländische Adresse und Telefonnummer angegeben wird.[1844]

450 **dd) Nachweis des Verwaltungssitzes im grundbuchrechtlichen Eintragungsverfahren.** Im Unterschied zum handelsregisterlichen Eintragungsverfahren unterliegt das grundbuchrechtliche Eintragungsverfahren nicht dem Amtsermittlungsgrundsatz.[1845] Im Rahmen des materiellen

---

[1832] Vgl. OLG Hamm NJW-RR 1997, 167 (168); zur umfassenden Prüfungspflicht des Gerichts s. auch BayObLG NJW 1999, 654 (656).

[1833] Vgl. *Bumiller/Harders/Schwamb* FamFG § 26 Rn. 2.

[1834] BayObLGZ 1985, 272 (278) Ls. 3 mwN = WM 1985, 1204; s. auch in IPRax 1986, 161 (165) – insoweit nicht in BayObLGZ 1985, 272 (282); hierzu *Großfeld* IPRax 1986, 145 ff.; *Deville* RIW 1986, 298 ff.; *Wiedemann* EWiR 1985, 697 f.

[1835] BayObLGZ 1985, 272 Ls. 3 = WM 1985, 1204; BayObLG DB 1998, 2318 = NZG 1998, 936.

[1836] Vgl. MüKoHGB/*Krafka* HGB § 8 Rn. 60.

[1837] KG NJW-RR 1997, 1127 (1128) = DZWiR 1997, 332 mAnm *Thümmel* = EWiR 1997, 513 m. KurzKomm. *Luttermann; Altmeppen* GmbHG § 39 Rn. 15.

[1838] Zutr. Ansatz des KG NJW-RR 1997, 1127 (1128) = DZWiR 1997, 332 mAnm *Thümmel* = EWiR 1997, 513 m. KurzKomm. *Luttermann*.

[1839] Anders aber KG NJW-RR 1997, 1127 (1129) = DB 1997, 1124 betr. Zweifel bei geringer Kapitalausstattung oder Sitz in einem Oasenstaat.

[1840] Handelsregisterverordnung vom 12.8.1937, abgedruckt bei MüKoHGB/*Krafka* HGB § 8 Anh. II. Zum Aufgabenkreis der Industrie- und Handelskammern s. IHKG vom 18.12.1956, BGBl. 1956 I 920 = *Sartorius* I Nr. 818.

[1841] Vgl. OLG Hamm WM 1995, 456 (459 f.); OLG Köln IPRax 2007, 530 = ZIP 2007, 935, dazu *Thole* IPRax 2007, 519; LG Marburg NJW-RR 1993, 222; vgl. aber auch LG Hagen IPRax 1983, 35.

[1842] OLG Oldenburg NJW 1990, 1422.

[1843] OLG Düsseldorf IPRax 1996, 128.

[1844] OLG Frankfurt NJW 1990, 2204; LG Marburg NJW-RR 1993, 222; LG Stuttgart IPRax 1991, 118; vgl. auch *R. Werner,* Der Nachweis des Verwaltungssitzes ausländischer juristischer Personen, 1998, 95.

[1845] *Demharter* GBO § 1 Rn. 46; *Bausback* DNotZ 1996, 254 (263 f.).

Konsensprinzips (§ 20 GBO) hat sich das Grundbuchamt freilich von der Rechtsfähigkeit der an einem Vorgang Beteiligten zu überzeugen.[1846] Als „andere" Eintragungsvoraussetzung iSd § 29 Abs. 1 S. 2 GBO bedarf die Rechtsfähigkeit der Beteiligten grundsätzlich des **Nachweises durch öffentliche Urkunden.**[1847] Die Nachweiserleichterung des § 32 GBO findet in Bezug auf Gesellschaften ausländischen Rechts nach einhelliger Auffassung nur Anwendung, wenn die Gesellschaft in der BRepD eine ordnungsgemäß eingetragene Zweigniederlassung (§§ 13d ff. HGB) unterhält.[1848] In allen anderen Fällen hat die Gesellschaft ihren tatsächlichen Verwaltungssitz im Geltungsbereich derjenigen Rechtsordnung nachzuweisen, aus der sie ihre Rechtsfähigkeit herleitet.[1849] Zwar ist insofern der freie Kapitalverkehr beschränkt (Art. 63 Abs. 1 AEUV), der ua auch Immobilieninvestitionen von Gebietsfremden im Inland erfasst.[1850] Bestimmten EU-ausländischen Gesellschaften wären Investitionen in deutsche Immobilien nicht möglich, müsste er die erforderlichen Nachweise in der Form des § 29 GBO erbringen. Dies ist aber gerechtfertigt, da das EU-Kollisionsrecht nicht in das nationale Registerwesen eingreift (arg. Art. 1 Abs. 2 lit. l EuErbVO mit Erwägungsgrund 18 EuErbVO).

Problematisch ist, dass sich die Beweiskraft einer nach § 29 Abs. 1 S. 2 GBO hierfür beizubringenden öffentlichen Urkunde nicht auf tatsächliche Verhältnisse wie den Verwaltungssitz in einem bestimmten Staat erstreckt (→ Rn. 437).[1851] Ausländische öffentliche Urkunden[1852] über gesellschaftsrechtliche Verhältnisse sind nur dann von Bedeutung, wenn das deutsche IPR die Maßgeblichkeit ausländischen Gesellschaftsrechts anordnet, was aber den Nachweis eines effektiven Verwaltungssitzes in der betreffenden Rechtsordnung gerade voraussetzt. Zur Überwindung von Nachweisschwierigkeiten auf Grund der begrenzten Beweiskraft öffentlicher Urkunden erachtet es die Rspr. als ausreichend, wenn das Grundbuchamt den erforderlichen Nachweis „anderer" Eintragungsvoraussetzungen auf Grund freier Beweiswürdigung der Eintragungsunterlagen als geführt ansieht.[1853] Das OLG Hamm geht in diesem Zusammenhang im Anschluss an BGHZ 97, 269 (→ Rn. 443 f.) für das grundbuchrechtliche Eintragungsverfahren von einem allgemeinen Erfahrungssatz des Inhalts aus, dass eine nach ausländischem Recht gegründete Kapitalgesellschaft ihren effektiven Verwaltungssitz in ihrem Gründungsstaat hat.[1854] Ein solcher Erfahrungssatz hat indessen hier ebenso wenig eine Berechtigung wie im Zivilprozess oder im handelsregisterlichen Eintragungsverfahren (→ Rn. 437, → Rn. 448 f.).[1855] 451

c) Handeln unter falschem Recht – Scheinauslandsgesellschaften im deutschen Sachrecht. aa) Fehlende Rechtsfähigkeit als juristische Person. Untersteht eine nach ausländischem Recht gegründete Gesellschaft nach Maßgabe der Sitztheorie dem deutschen Gesellschaftsrecht, so liegt ein Fall des „Handelns unter falschem Recht" vor (allgemein → Einl. IPR Rn. 243 ff.).[1856] Im Vordergrund des praktischen Interesses stehen sog. **Scheinauslandsgesellschaften** („Pseudo-Foreign Corporations"), dh Gesellschaften ausländischer Rechtsform mit tatsächlichem Verwaltungssitz auf dem Gebiet der BRepD. Die **rechtliche Einordnung** dieser Gebilde ist nach Maßgabe des Sitzrechts, bei Verwaltungssitz in der BRepD mithin **nach deutschem Recht** vorzunehmen.[1857] Diese Vorgehensweise als **„Wechselbalgtheorie"** zu karikie- 452

[1846] BayObLGZ 2002, 413 = NZG 2003, 290 m. Aufs. *Leible/Hoffmann* NZG 2003, 259; OLG Hamm WM 1995, 456 (457) = NJW-RR 1995, 469 (470); ebenso *Braun* RIW 1995, 499 (501); vgl. auch BFH RIW 1996, 85 (86) mAnm *Braun.*

[1847] BayObLGZ 2002, 413 = NZG 2003, 290 m. Aufs. *Leible/Hoffmann* NZG 2003, 259; OLG Hamm WM 1995, 456 (458); *Braun* RIW 1995, 499 (501); *Bausback* DNotZ 1996, 254 (264 f.).

[1848] OLG Hamm WM 1995, 456 (458) = NJW-RR 1995, 469; *Hausmann* in Reithmann/Martiny IntVertragsR Rn. 6.184; Staub/*Hüffer,* 4. Aufl. 1983, HGB § 9 Rn. 25 aE; *Haas* DB 1997, 1501 (1505).

[1849] Zur Geltung der Gründungstheorie kraft Staatsvertrages und zu den Fällen der Weiterverweisung → Rn. 284 ff., → Rn. 387, → Rn. 388 ff., → Rn. 472 ff.

[1850] KG FGPrax 2012, 236 = ZIP 2012, 1560 Ls. mit Verweis auf Anh. I Art. 1 RL 88/361/EG und EuGH ECLI:EU:C:2010:216 = EuZW 2010, 461 – Mattner.

[1851] S. auch *Braun* RIW 1995, 499 (501).

[1852] Zum Erfordernis einer Legalisation solcher Urkunden im Grundbuchverfahren vgl. *Demharter* GBO § 29 Rn. 50 ff.

[1853] *Demharter* GBO § 29 Rn. 63, 64; OLG Hamm WM 1995, 456 (458); LG Traunstein DNotI-Report 1998, 72; *Eidenmüller/Rehm* ZGR 1997, 99 (110).

[1854] OLG Hamm NJW-RR 1995, 469 (470 f.) = DB 1995, 137 mAnm *Bungert* DB 1995, 963 = BB 1995, 446 mAnm *Schuck;* ebenso LG Traunstein DNotI-Report 1998, 72; hierzu *Demharter* GBO § 29 Rn. 64.

[1855] Krit. zum Standpunkt des OLG Hamm auch *Großfeld/Piesbergen* FS Mestmäcker, 1996, 881 (884).

[1856] Allg. Staudinger/*Großfeld,* 1998, IntGesR Rn. 426.

[1857] BGHZ 151, 204 = NJW 2002, 3539 = IPRax 2003, 62 m. Aufs. *Kindler* IPRax 2003, 41; BGHZ 178, 192 Rn. 23 = NJW 2009, 289 – Trabrennbahn; dazu *Kindler* IPRax 2009, 189 (190); OLG Frankfurt NJW-RR 2002, 605 (606) = NZG 2002, 294 (295); BayObLG DB 2003, 819 = RIW 2003, 387; OLG Köln IPRax 2007, 530 m. Aufs. *Thole* IPRax 2007, 519 = ZIP 2007, 935; OLG Hamburg NZG 2007, 597;

ren,[1858] wird der Ernsthaftigkeit des Problems nicht gerecht. Bei der Transposition des ausländischen Gebildes ist vorrangig der Bereich des inländischen Sachrechts anzuwenden, der die Rechtsbeziehungen und Rechtsverhältnisse für **vergleichbare inländische Korporationsformen** regelt.[1859] Dieser Vergleich der Gesellschaftstypen muss auf die Struktur der jeweiligen Korporation abstellen, die sich zB aus der Haftung der Anteilseigner, der Übertragbarkeit von Mitgliedschaftsrechten, der Ausgestaltung von Geschäftsführungs- und Vertretungsbefugnissen, Bilanz- und Publizitätspflichten etc, ergeben kann.[1860] Die bloße **Bezeichnung** des Gesellschaftstyps durch das ausländische Recht ist lediglich **Hinweis** auf die Struktur und die daraus resultierende systematische Einordnung, keinesfalls aber ist sie maßgeblich für die Klassifizierung selbst (→ Rn. 166).[1861] Da völlige Kongruenz meist nicht vorliegen wird, gleichwohl aber Schutz- und Ordnungsinteressen des Betätigungslandes betroffen sind, muss für eine Gleichbehandlung eine Übereinstimmung der typussignifikanten Merkmale ausreichen.[1862]

453 Unter Zugrundelegung dieser Maßstäbe ergibt sich für **körperschaftlich strukturierte Organisationen** eine typologische Einordnung als Verein, AG, GmbH oder Genossenschaft. Nach den dafür jeweils maßgeblichen Vorschriften des deutschen Rechts ist das Gebilde im Regelfall **nicht rechtsfähig,** da es an der konstitutiven **Eintragung in einem deutschen Register fehlt** (vgl. § 21 BGB, § 41 Abs. 1 AktG, § 11 Abs. 1 GmbHG, § 13 GenG).[1863] Freilich ist die Gesellschaft nicht im Ganzen nichtig; sie ist im Regelfall – ebenso wie bei der rein nationalen Rechtsformverfehlung[1864] – als Personengesellschaft rechtlich verselbstständigt oder es liegt ein einzelkaufmännisches Unternehmen in individueller Rechtsträgerschaft vor (→ Rn. 456 ff.).[1865]

454 Dagegen **scheidet** eine Einstufung als – rechts- und parteifähige – **Vorgesellschaft aus,** weil der Wille der Gründer von vornherein nicht auf die Errichtung und Eintragung einer juristischen Person deutschen Rechts gerichtet war.[1866]

Staudinger/*Großfeld,* 1998, IntGesR Rn. 435; *v. Bar/Mankowski* IPR II § 7 Rn. 138; *K. Schmidt* ZGR 1999, 20 (24); *Kindler* NJW 1999, 1993 (1994 f.); *Kindler* RIW 2000, 649 (650); *Kindler* RIW 2000, 649 (650); *Kindler* FS W. Lorenz, 2001, 343 (346 ff.); *Kindler* NJW 2003, 1073 (1076); *Kindler* NZG 2003, 1086 (1089); *v. Halen,* Das Gesellschaftsstatut nach der Centros-Entscheidung des EuGH, 2001, 279 f.; Grüneberg/*Thorn* EGBGB Anh. Art. 12 Rn. 5.

[1858] *Goette* in Gesellschaftsrechtliche Vereinigung, Gesellschaftsrecht in der Diskussion 2007, Bd. 13, 2008, 5; *Weller* IPRax 2009, 202 (207), *Weller* FS Goette, 2011, 583 ff.; *Paefgen* DZWiR 2003, 441; *Steinrötter* GPR 2012, 119 ff.

[1859] Vgl. Staudinger/*Großfeld,* 1998, IntGesR Rn. 435; *Weller* IPRax 2017, 167 (172).

[1860] Allg. zum Typenvergleich bei Handelsgesellschaften → Rn. 164 ff.; ferner *Ferid* GRUR Int 1973, 472; *Mann* L. Q. Rev. 79 (1963), 527 ff.; Staudinger/*Großfeld,* 1998, IntGesR Rn. 332 ff.; zum Vergleich von niederländischer B.V. mit deutscher AG und GmbH IPG 1975 Nr. 14 (S. 131 ff.); KG niederländischen Rechts und Handelsgesellschaft deutschen Rechts IPG 1970 Nr. 10 (S. 110 ff.); ausf. zum Vergleich von indischer Cooperative Society mit deutscher Genossenschaft IPG 1976 S. 221 ff.

[1861] OLG Kiel IPRspr. 1931 Nr. 14 (S. 28); OLGE 5, 101; *Lauterbach/Beitzke,* Vorschläge und Gutachten zur Reform des deutschen internationalen Personen- und Sachrechts, 1972, 100; *Großfeld,* Basisgesellschaften im internationalen Steuerrecht, 1974, 62, 68; Staudinger/*Großfeld,* 1998, IntGesR Rn. 333.

[1862] RGZ 82, 367; *Vogel,* Der räumliche Anwendungsbereich der Verwaltungsnorm, 1965, 139.

[1863] BGHZ 53, 181 (184) = NJW 1970, 998 mAnm *Langen;* BGHZ 97, 269 (272) = NJW 1986, 2194; BGHZ 151, 204 (207) = NJW 2002, 3539 = IPRax 2003, 62 m. Aufs. *Kindler* IPRax 2003, 41: „Weigerung, ihre Rechts- und Parteifähigkeit anzuerkennen"; BGHZ 153, 353 (355) = NJW 2003, 1607 = BB 2003, 810 mAnm *Kindler;* OLG München NJW-RR 1995, 703 (704); OLG Frankfurt NJW-RR 2002, 605 = NZG 2002, 294; OLG Jena NJW-RR 2002, 970 = NZG 2002, 571; insoweit zutr. auch OLG München ZIP 2002, 2132 (2133); LG Köln RIW 1987, 54 = GmbHR 1986, 314 = IPRspr. 1985 Nr. 23; LG Stuttgart IPRax 1991, 118 mAnm *Fischer* IPRax 1991, 100; BFH RIW 1992, 867 mAnm *Ebenroth/Auer* RIW 1992, 998 = IPRax 1993, 248 mAnm *Großfeld/Luttermann* IPRax 1993, 229 = DB 1992, 2067 mAnm *Knobbe-Keuk;* Staudinger/*Großfeld,* 1998, IntGesR Rn. 426, 427.

[1864] Hierzu *Jahnke* ZHR 146 (1982), 595 (602 ff.).

[1865] OLG Celle GWR 2022, 382 = BeckRS 2022, 23288 Rn. 8 = GmbHR 2022, 1258 mAnm *Wachter* = EWiR 2022, 710 mKurzkomm. *Stiegler;* LSG Nordrhein-Westfalen BeckRS 2022, 32423 Rn. 20 ff.; *Großfeld* RabelsZ 31 (1967), 1 (33) mN; Staudinger/*Großfeld,* 1998, IntGesR Rn. 432; *Ebenroth,* Konzernkollisionsrecht im Wandel außenwirtschaftlicher Ziele, 1978, 26; *v. Bar/Mankowski* IPR II § 7 Rn. 139; *Wiedemann* GesR I § 14 II 1; *Girsberger* SZIER 2004, 559 (578).

[1866] Staudinger/*Großfeld,* 1998, IntGesR Rn. 434 (auch unter Hinweis auf die unangemessene Rechtsfolge der Haftungsbeschränkung auf das Einlagekapital); *Wiedemann* GesR I § 14 II 1a dd; *v. der Seipen* IPRax 1986, 91 (94); *v. Falkenhausen* RIW 1987, 818 (820); *Grothe,* Die „ausländische Kapitalgesellschaft & Co.", 1989, § 6 C IV 1; *Eidenmüller/Rehm* ZGR 1997, 89 (91); *Haas* DB 1997, 1501; *Müller* ZIP 1997, 1049 (1050); vgl. auch BGHZ 152, 290 = NJW 2003, 429: „unechte Vorgesellschaft" bei fehlender Eintragungsabsicht; LG Stuttgart NJW-RR 2002, 463 (464); anders aber *Lauterbach/Beitzke,* Vorschläge und Gutachten zur Reform des deutschen internationalen Personen- und Sachrechts, 1972, 94, 116; *Bechtel* IPRax 1998, 348 (349).

Auch eine Anwendung der Grundsätze über die **fehlerhafte Gesellschaft** kommt **nicht** in Betracht, weil vorliegend nicht die Auswirkungen rechtsgeschäftlicher Mängel des Errichtungsakts zu beurteilen sind,[1867] sondern es bereits am äußeren Verbandstatbestand fehlt. Überdies ist anerkannt, dass die Lehre von der fehlerhaften Gesellschaft gegenüber wichtigen Interessen der Allgemeinheit zurückzutreten hat, die ausnahmsweise eine ex tunc-Nichtigkeit des Gesellschaftsvertrages geboten erscheinen lassen (→ BGB § 705 Rn. 331 ff.). Da die Sitztheorie auch den Gesellschafter- und Drittschutz in der Gründungsphase gewährleisten soll, kommt eine de facto-Anerkennung im Wege des Hinausschiebens des Nichtigkeitszeitpunktes bis zur Geltendmachung von Gründungsmängeln nicht in Betracht.[1868] 455

bb) Rechtliche Einordnung der Scheinauslandsgesellschaft und Gesellschafterhaftung. Welchem Unternehmenstypus die Scheinauslandsgesellschaft zu unterstellen ist, hängt zunächst von der **Zahl der Gesellschafter** ab. Wird ein Handelsgewerbe mit effektivem Verwaltungssitz in Deutschland von einem **Einzelkaufmann** unter Benutzung einer ausländischen Gesellschaftsform betrieben, so haftet er für die abgeschlossenen Geschäfte persönlich und unbeschränkt.[1869] Betreibt der „Alleingesellschafter" kein Handelsgewerbe, so haftet er als Nichtkaufmann ebenfalls persönlich und unbeschränkt.[1870] Diese Grundsätze gelten zB für eine **UK-Limited mit Alleingesellschafter und Verwaltungssitz in Deutschland** nach Ablauf des Brexit-Übergangszeitraums (31.12.2020; → Rn. 485 ff.).[1871] 456

Besteht der Verband aus **mehreren Personen** und ist er typologisch als **Personengesellschaft** einzuordnen (zB eine nicht-EU(EWR)staatliche partnership englischen oder eine societé en nom collectif französischen Typs),[1872] so liegt bei Betrieb eines Handelsgewerbes iSv § 1 Abs. 2 HGB ohne weiteres eine OHG deutschen Rechts vor.[1873] Die Gesellschafterhaftung folgt dann aus § 126 HGB.[1874] Das gilt auch dann, wenn eine EU-ausländische Gesellschaft in ihrem Heimatregister gelöscht wird und ihre Geschäftstätigkeit in Deutschland handelsgewerblich fortsetzt.[1875] Bei Vorliegen einer KG[1876] kann sich der Kommanditist mangels Eintragung der Gesellschaft in das Handelsregister nicht auf die gesellschaftsvertraglich vereinbarte Beschränkung seiner Haftung berufen (§ 176 HGB). 457

Die Praxis ist indessen meist mit **mehrgliedrigen, körperschaftlich strukturierten Verbänden** ausländischen Rechts konfrontiert. Im Vordergrund stehen eine nicht-EG-(EWR-)staatliche Unternehmensformen liechtensteinischer Typologie sowie die ltd. company englischen und die BV niederländischen Typs. Die rechtliche Einordnung des Gebildes hängt vom **objektiven Verbandszweck** ab. Der Wille der Beteiligten ist für die Ermittlung der maßgeblichen Rechtsform unbeachtlich (→ BGB § 705 Rn. 28).[1877] 458

Werden **ideelle Zwecke** (§ 21 BGB) verfolgt, so ist ein solches Gebilde nach hM als Verein ohne Rechtspersönlichkeit zu behandeln (§ 54 Abs. 1 S. 1 BGB).[1878] Bei solchen Idealvereinen ohne 459

[1867] Zur fehlerhaften Gesellschaft → BGB § 705 Rn. 306 ff.

[1868] Staudinger/*Großfeld,* 1998, IntGesR Rn. 431 ff.; GroßkommAktG/*Assmann* AktG Einl. Rn. 563; *v. Falkenhausen* RIW 1987, 818 (820); *Müller* ZIP 1997, 1049 (1050).

[1869] BGH NZG 2017, 347 Rn. 22; LG Berlin NZG 2023, 706 (Ltd. nach Brexit); OLG Frankfurt NJW 1964, 2355 (2356) = GmbHR 1965, 69 Ls. mAnm *Kötz;* OLG Hamburg NJW 1986, 2199; OLG Düsseldorf DB 2004, 128 (129); BFH NZG 2002, 103 (104) = DB 2002, 2180; vgl. auch BGHZ 53, 181 (184) = NJW 1970, 998 mAnm *Langen,* zur „Einzelpersonenanstalt" liechtensteinischen Rechts; *Ebenroth,* Die verdeckten Vermögenszuwendungen im transnationalen Unternehmen, 1979, 373; *Ebenroth/Sura* RabelsZ 43 (1979), 315 (341); Staudinger/*Großfeld,* 1998, IntGesR Rn. 441; *v. Falkenhausen* RIW 1987, 818 (820); *Grothe,* Die „ausländische Kapitalgesellschaft & Co.", 1989, § 6 C IV 2; *Bogler* DB 1991, 848 (850); *Müller* ZIP 1997, 1049 (1052 f.).

[1870] *Bogler* DB 1991, 848 (850).

[1871] LG Berlin NZG 2023, 706; OLG München EuZW 2021, 955; BGH NZG 2021, 702.

[1872] Zur Haftungsverfassung in der Personengesellschaft s. den rechtsvergleichenden Überblick bei *Zimmer* IntGesR 374 ff.

[1873] BGH NZG 2017, 347 Rn. 22; BFH DNotZ 2019, 788 Rn. 27.

[1874] BGH ZIP 2009, 2385 Rn. 5.

[1875] OLG Celle NZG 2012, 738 = IPRax 2013, 572 m. Aufs. *Weller/Rentsch* IPRax 2013, 530.

[1876] Vgl. OLG Nürnberg WM 1985, 259 = IPRax 1985, 342 mAnm *Rehbinder* IPRax 1985, 324.

[1877] Grdl. BGHZ 22, 240 (244 f.) = NJW 1957, 218 – Rohfaser; s. auch Staudinger/*Großfeld,* 1998, IntGesR Rn. 441.

[1878] RG JW 1904, 231 (232); *Großfeld* RabelsZ 31 (1967), 1 (33) Fn. 179; *Heymann* JherJb 74/75 (1924/25), 408 (416); Staudinger/*Großfeld,* 1998, IntGesR Rn. 435; *Grothe,* Die „ausländische Kapitalgesellschaft & Co.", 1989, § 6 C IV 1; *Fischer* IPRax 1991, 100; entgegen *Müller* ZIP 1997, 1049 (1050 f.) tritt die hM also nicht dafür ein, auch körperschaftlich strukturierte Verbände mit erwerbswirtschaftlicher Zweckbestimmung als nichtrechtsfähige Vereine zu behandeln; zur Reform des § 54 BGB vgl. *Bachmann* NZG 2020, 612 (618).

Rechtspersönlichkeit (§ 54 BGB) haftet nach heutiger Auffassung das Vereinsvermögen, nicht aber das einzelne Mitglied persönlich.[1879]

460 Meist sind **Verbände mit erwerbswirtschaftlicher Zwecksetzung** (vgl. § 22 BGB) zu beurteilen.[1880] Sie unterliegen dem **Personengesellschaftsrecht** (§ 54 Abs. 1 S. 2 BGB).[1881] Denn ein Verein ohne Rechtspersönlichkeit, der ein **Handelsgewerbe** iSv § 1 Abs. 2 HGB[1882] betreibt, ist in Wirklichkeit eine OHG.[1883] Die OHG wird gemäß § 123 Abs. 1 S. 2 HGB mit ihrer Geschäftsaufnahme im Inland wirksam.[1884] Dabei ist der Wille der Beteiligten unbeachtlich, es genügt, dass die objektiven Voraussetzungen gegeben sind.[1885] Mit der Sitznahme im Inland bzw. der Sitzverlegung ins Inland unter Aufnahme des Geschäftsbetriebs tritt die unbeschränkte und persönliche Haftung aller Gesellschafter ein (§ 126 HGB).[1886] Die Haftung aus § 126 HGB erfasst rechtsgeschäftliche wie gesetzliche Verbindlichkeiten der Gesellschaft.[1887] Die Gründung der Gesellschaft als Kapitalgesellschaft ausländischen Rechts offenbart zwar den rechtsgeschäftlichen Willen der Gründer, die Haftung auf das Gesellschaftsvermögen zu begrenzen. Indes steht der Drittwirksamkeit einer solchen Vereinbarung § 126 S. 2 HGB entgegen.[1888] Zulässig sind allein Haftungsbeschränkungsabreden zwischen dem Gesellschafter und dem Gläubiger, auch in Gestalt einer zu Gunsten des Gesellschafters getroffenen Vereinbarung zwischen der Gesellschaft und dem Gläubiger.[1889] Das bloße Auftreten als Kapitalgesellschaft ausländischen Rechts genügt hierfür freilich nicht.[1890]

461 Betreibt der nicht rechtsfähige Verein **kein Handelsgewerbe** iSd § 1 HGB, so ist das Gebilde als **Gesellschaft bürgerlichen Rechts** einzustufen.[1891] In diesem Fall haften die GbR-Gesellschafter nach § 721 BGB persönlich und gesamtschuldnerisch für die Verbindlichkeiten der Gesellschaft.[1892]

[1879] *Wertenbruch* JZ 2023, 78 (88); *Fischer* IPRax 1991, 100.

[1880] So zu einer schweizerischen AG mit Verwaltungssitz im Inland BGHZ 178, 192 – Trabrennbahn = NJW 2009, 289 mAnm *Kieninger* = DStR 2009, 59 mAnm *Goette* = DNotZ 2009, 385 mAnm *Thölke* = IPRax 2009, 259 m. Aufs. *Weller* IPRax 2009, 202 ff.; dazu *Kindler* IPRax 2009, 189 (190); ferner *Balthasar* RIW 2009, 221; *Gottschalk* ZIP 2009, 948; *Hellgardt/Illmer* NZG 2009, 94; *Lieder/Kliebisch* BB 2009, 338.

[1881] BGHZ 22, 240 (245) = NJW 1957, 218 – Rohfaser; BGHZ 91, 148 (153) = NJW 1984, 2164; grdl. *Heymann* JherJb 74/75 (1924/25), 408 (422); *Wiedemann* FS Kegel, 1977, 197; *Bogler* DB 1991, 848 (850); Staudinger/*Großfeld,* 1998, IntGesR Rn. 441.

[1882] IdF des HRefG 1998, BGBl. 1998 I 1474; dazu EBJS/*Kindler* HGB § 1 Rn. 42 ff.

[1883] *Wertenbruch* JZ 2023, 78 (88); BGH NZG 2017, 347 Rn. 22; OLG Düsseldorf DB 2004, 128 (129); OLG Frankfurt NJW-RR 2002, 605; OLG München ZIP 2002, 2132 (2133), aber unter Verkennung der Anwendbarkeit des FrHSchV D-USA; BayObLG DB 2003, 819 (820) = RIW 2003, 387; zur internrechtlichen Rechtsformverfehlung BGHZ 22, 240 (244) = NJW 1957, 218 – Rohfaser (entschieden zu einem als „GmbH" betriebenen Unternehmen, dessen Registereintragung nie beabsichtigt war); BGH NZG 2004, 663 (Haftung nach § 126 HGB in der unechten Vor-GmbH); OLG Jena NZG 2002, 571 = NJW-RR 2002, 970; *Wiedemann* FS Kegel, 1977, 197; *Ebenroth/Sura* RabelsZ 43 (1979), 315 (340); Staudinger/*Großfeld,* 1998, IntGesR Rn. 440.

[1884] OLG München ZIP 2002, 2132 (2133); BGHZ 22, 240 (242) = NJW 1957, 218 – Rohfaser; BGH NZG 2004, 663; *Ebenroth,* Die verdeckten Vermögenszuwendungen im transnationalen Unternehmen, 1979, 373; *Ebenroth,* Konzernkollisionsrecht im Wandel außenwirtschaftlicher Ziele, 1978, 22; *Ebenroth/Sura* RabelsZ 43 (1979), 315 (340); Staudinger/*Großfeld,* 1998, IntGesR Rn. 435; *Großfeld,* Zivilrecht als Gestaltungsaufgabe, 1977, 53; *Wiedemann* FS Kegel, 1977, 197; *Wiedemann* GesR § 14 II 1a dd.

[1885] BGHZ 10, 91 (97) = NJW 1953, 1217; BGHZ 22, 240 (245) = NJW 1957, 218; *Ebenroth,* Die verdeckten Vermögenszuwendungen im transnationalen Unternehmen, 1979, 373; *Ebenroth/Sura* RabelsZ 43 (1979), 315 (340); Staudinger/*Großfeld,* 1998, IntGesR Rn. 441; allg. → BGB § 705 Rn. 22.

[1886] BGH ZIP 2009, 2385 Rn. 5; *Kindler* NJW 1999, 1993 (1995); *Kindler* IPRax 2003, 41 (43); *Kindler* FS W. Lorenz, 2001, 343 (352 ff.); *Kindler* NJW 2003, 1073 (1078); grdl. *Heymann* JherJb 74/75 (1924/25), 408 (422); *Ebenroth,* Die verdeckten Vermögenszuwendungen im transnationalen Unternehmen, 1979, 373; *Ebenroth/Sura* RabelsZ 43 (1979), 315 (341); *v. Falkenhausen* RIW 1987, 818 (820); *Fischer* IPRax 1991, 100 (101); *Bogler* DB 1991, 848 (851); *Zimmer* IntGesR 303; *Eidenmüller/Rehm* ZGR 1997, 89 (91); *Müller* ZIP 1997, 1049 (1050 f.); vgl. auch BGHZ 22, 240 (246) = NJW 1957, 218 – Rohfaser; OLG Jena NZG 2002, 571 = NJW-RR 2002, 970.

[1887] Staub/*Habersack* HGB § 128 Rn. 10.

[1888] LG Stuttgart NJW-RR 2002, 463 (464); *Heymann* JherJb 74/75 (1924/25), 408 (422 f.); *Müller* ZIP 1997, 1049 (1052).

[1889] Staub/*Habersack* HGB § 128 Rn. 16.

[1890] *Heymann* JherJb 74/75 (1924/25), 408 (423 f.); *Eidenmüller/Rehm* ZGR 1997, 89 (103); *Müller* ZIP 1997, 1049 (1052); vgl. auch *Beuthin* ZIP 1996, 305 (317).

[1891] BGH NZG 2017, 347 Rn. 22; LG Stuttgart NJW-RR 2002, 463 (464); Staudinger/*Großfeld,* 1998, IntGesR Rn. 440; Soergel/*Lüderitz* Rn. 8 Fn. 33; *Bogler* DB 1991, 848 (850); *Eidenmüller/Rehm* ZGR 1997, 89 (91); *Müller* ZIP 1997, 1049 (1051); *Haas* DB 1997, 1501 f.; *Werner* NZG 1999, 387 (388).

[1892] BGHZ 146, 341 = NJW 2001, 1056 Ls. 3; BGHZ 154, 88 = NJW 2003, 1445 zu Verbindlichkeiten aus gesetzlichen Schuldverhältnissen; *Kindler* FS W. Lorenz, 2001, 343 (352 ff.); allg. → BGB § 714 Rn. 5 f.

cc) Handelndenhaftung. Bei körperschaftlicher Struktur des Gebildes haften – neben den Gesellschaftern – die dafür Handelnden persönlich und gesamtschuldnerisch. Im Falle einer ideellen Zwecksetzung des Verbandes folgt dies ohne weiteres aus § 54 Abs. 2 BGB.[1893] Für alle übrigen Fälle leitet die Rspr. eine Haftung der handelnden Personen aus einer Analogie zu § 41 Abs. 1 S. 2 AktG, § 11 Abs. 2 GmbHG ab;[1894] sie kann sich hierfür auf die fast einhellige Auffassung im Schrifttum berufen.[1895] Nach den genannten Vorschriften soll Gläubigern, die im Gründungsstadium in Rechtsbeziehungen zu der Gesellschaft treten, ein Schuldner zur Verfügung gestellt werden, **wenn die Entstehung der juristischen Person scheitert (Sicherungsfunktion).**[1896] Dieser Normzweck mag zwar für nationale Sachverhalte wegen der Schuldnereigenschaft der Vorgesellschaft sowie der Unterbilanzhaftung und Verlustdeckungspflicht der Gesellschafter fragwürdig geworden sein,[1897] rechtfertigt sich in Fällen der vorliegenden Art aber schon im Hinblick auf die tatsächlichen Schwierigkeiten, die regelmäßig mit der Rechtsverfolgung gegenüber den Gesellschaftern einer „Auslandsgesellschaft" verbunden sind, namentlich wegen der fehlenden Registerpublizität im Inland.[1898] Erst recht entfällt die Handelndenhaftung nicht schon deshalb, weil daneben die persönliche Haftung der Gesellschafter gegeben ist (→ Rn. 456 ff.). Denn die Handelndenhaftung soll dem Gläubiger mindestens einen unbeschränkt haftenden Gesellschafter verschaffen, solange die Kapitalaufbringung noch nicht registergerichtlich überprüft wurde.[1899] Dieser Schutzzweck besteht erst recht, wenn die Gesellschafter – wie hier – eine ordnungsgemäße Kapitalaufbringung von vornherein überhaupt nicht beabsichtigen. 462

Vor dem Hintergrund der – 2013 vom EuGH bestätigten – **Ingmar-Entscheidung des EuGH** und des Rechtsgedankens der **Binnenmarktklauseln** des sekundärrechtlichen europäischen IPR in Art. 3 Abs. 4 Rom I-VO und Art. 14 Abs. 3 Rom II-VO (→ Rn. 10) ist die Handelndenhaftung der genannten Personen sogar **EU-rechtlich geboten.** Denn sie ist in Art. 7 GesR-RL (→ Rn. 29) zwingend geregelt (wie auch in Art. 16 SE-VO) und bei effektivem **Verwaltungssitz** der Gesellschaft im Inland weist der Sachverhalt einen **starken Unionsbezug** auf. 463

Die § 41 Abs. 1 S. 2 AktG, § 11 Abs. 2 GmbHG bilden darüber hinaus einen **Anreiz zur ordnungsgemäßen Gründung** – im Falle der Sitzverlegung: Umgründung (§§ 333 Abs. 2 Nr. 1, 197 UmwG) – nach Maßgabe des Sitzrechts (Druckfunktion).[1900] Wegen dieses weiteren Normzwecks der Handelndenhaftung lässt sich gegen eine Analogie zu den genannten Vorschriften nicht einwenden, die Gläubiger seien wegen der ihnen bekannten Verwendung der ausländischen Rechtsform nicht schutzwürdig.[1901] Die Handelndenhaftung ist keine Rechtsscheinhaf- 464

[1893] Staudinger/*Großfeld,* 1998, IntGesR Rn. 440.

[1894] BGH ZIP 2009, 2385 = BeckRS 2009, 28205 Rn. 5 – Ltd. nach dem Recht von Singapur mit Verwaltungssitz in Deutschland; OLG Hamburg NJW 1986, 2199; KG NJW 1989, 3100 (3101); OLG Oldenburg NJW 1990, 1422 (1423); OLG Düsseldorf WM 1995, 808 (809); OLG Celle IPRax 2003, 252 (257 f.); LG Köln RIW 1987, 54 (55) = GmbHR 1986, 314 (315) = IPRspr. 1985 Nr. 23; LG Marburg NJW-RR 1993, 222 (223) = RIW 1994, 63; LG Stuttgart NJW-RR 2002, 463 (466 f.).

[1895] Grdl. *Heymann* JherJb 74/75 (1924/25), 408 (419); ferner *Kötz* GmbHR 1965, 69 f. (Anm. zu OLG Frankfurt NJW 1964, 2355); *Großfeld* RabelsZ 31 (1967), 1 (33); Staudinger/*Großfeld,* 1998, IntGesR Rn. 443; *Ebenroth/Sura* RabelsZ 43 (1979), 315 (341); *Ebenroth/Eyles* DB-Beil. 2/1988, 8 f.; *Ebenroth/Wilken* JZ 1991, 1061 (1062); *Grothe,* Die „ausländische Kapitalgesellschaft & Co.", 1989, § 6 C IV 3; *Fischer* IPRax 1991, 100 (102); *Berndt* JZ 1996, 187 (188); *Eidenmüller/Rehm* ZGR 1997, 89 (99 ff.); *Haas* DB 1997, 1501 (1506); Scholz/*K. Schmidt* GmbHG § 11 Rn. 100; *Großerichter* DStR 2003, 159 (160).

[1896] RGZ 159, 33 (44); BGH NJW 1961, 1016; BGHZ 53, 210 (214) = NJW 1970, 806; *Ebenroth/Sura* RabelsZ 43 (1979), 315 (341).

[1897] Vgl. Koch AktG § 41 Rn. 19; BGHZ 134, 333 = NJW 1997, 1507 mAnm *Altmeppen.*

[1898] Staudinger/*Großfeld,* 1998, IntGesR Rn. 443; *Fischer* IPRax 1991, 100 (102); *Ebenroth/Wilken* JZ 1991, 1061 (1062); *Grothe,* Die „ausländische Kapitalgesellschaft & Co.", 1989, § 6 C IV 3; bemerkenswert HCL/*Behrens/Hoffmann* GmbHG Allg. Einl. Rn. B 229 für EU-ausländische Gesellschaften mit inländischem Verwaltungssitz, wenn diese keine Zweigniederlassung nach §§ 13d ff. HGB unterhalten; LG Köln RIW 1987, 54 (55) = GmbHR 1986, 314 = IPRspr. 1985 Nr. 23; s. iÜ FinG Hessen RIW 1991, 353 (354) = DB 1991, 1908: „lückenlose Anonymität" der Gesellschafter nach liechtensteinischem Recht; hierzu *Großfeld,* Internationales und Europäisches Unternehmensrecht, 2. Aufl. 1995, D § 5 II 2. Diesen Zusammenhang zwischen der Handelndenhaftung und dem Fehlen der Registerpublizität verkennt BGH NJW 2005, 1648; dazu *Kindler* JZ 2006, 178; *Kindler* IPRax 2009, 189 (201); → Rn. 496 ff., → Rn. 962 ff.

[1899] Scholz/*K. Schmidt* GmbHG § 11 Rn. 100; *Ebenroth/Wilken* JZ 1991, 1061 (1062) unter Berufung auf BGHZ 80, 182 (184) = NJW 1981, 1452; BGHZ 91, 148 (152) = NJW 1984, 2164.

[1900] Staudinger/*Großfeld,* 1998, IntGesR Rn. 443, 444; *Grothe,* Die „ausländische Kapitalgesellschaft & Co.", 1989, § 6 C IV 3; *Fischer* IPRax 1991, 100 (102); *Ebenroth/Wilken* JZ 1991, 1061 (1062); *Berndt* JZ 1996, 187 (188).

[1901] So aber *Müller* ZIP 1997, 1049 (1053).

tung. Daher ist die individuelle Schutzwürdigkeit des Gläubigers im Einzelfall bedeutungslos. Im Gegenteil besteht kein Anlass, die Handelnden vor einer Haftung analog § 41 Abs. 2 S. 2 AktG, § 11 Abs. 2 GmbHG zu schützen; sie werden meist die Gesellschaft und die Gründer in Regress nehmen können (vgl. § 670 BGB).[1902]

465 Der **haftende Personenkreis** umfasst nicht nur die **Organmitglieder** sowie sonstige Handelnde, die wie Organe auftreten **(faktische Organe).**[1903] Das besondere Rechtsverfolgungsinteresse des Gläubigers (→ Rn. 499) gebietet es darüber hinaus, auch bloß **rechtsgeschäftlich bestellte Vertreter** in die Handelndenhaftung einzubeziehen (Prokuristen, Bevollmächtigte uÄ).[1904] Vorausgesetzt ist hinsichtlich des zuletzt genannten Personenkreises allerdings, dass es sich hierbei aus der Sicht des Gläubigers um **selbstständige Entscheidungsträger** der Gesellschaft handelt. Damit scheidet eine Handelndenhaftung solcher Personen aus, bei denen erkennbar war, dass (und für wen) sie als Untervertreter handelten. Dies gilt etwa für subalterne Angestellte sowie außenstehende Interessenvertreter wie zB Rechtsanwälte mit Singularvollmacht.[1905]

466 Soweit demgegenüber vereinzelt vertreten wird, die Haftung sei nicht aus einer Analogie zu § 41 Abs. 1 S. 2 AktG, § 11 Abs. 2 GmbHG, sondern zu § 179 BGB herzuleiten, so ist dem nicht zu folgen.[1906] Zwar erfasst § 179 BGB auch den Fall, dass jemand im Namen einer nicht vorhandenen Person vertragliche Vereinbarungen trifft (→ BGB § 179 Rn. 11). Indessen wird beim Handeln für ein inexistentes Unternehmen ausländischer Rechtsform der wahre Unternehmensträger verpflichtet.[1907] Ein solcher ist vorliegend in Gestalt einer natürlichen Person, eines nicht rechtsfähigen Vereins oder einer Personengesellschaft vorhanden (→ Rn. 456 ff.). Da § 179 BGB nicht bezweckt, dem Gläubiger einen zusätzlichen Schuldner neben dem Unternehmensträger zu verschaffen, scheidet eine falsus procurator-Haftung handelnder Personen aus.[1908] Zudem laufen die subjektiven Voraussetzungen der Haftungsbeschränkung in § 179 Abs. 2 BGB und des Haftungsausschlusses in § 179 Abs. 3 BGB den besonderen Verkehrsschutzbedürfnissen des internationalen Geschäftslebens und der mit der Sitztheorie verbundenen Sanktionswirkung des Haftungsregimes des Gesellschaftsstatuts zuwider.[1909] Zur Handelndenhaftung bei **Verweigerung der Zweigniederlassungspublizität** → Rn. 496 f., → Rn. 962 ff.

467 **d) Vereinbarkeit der Sitztheorie mit höherrangigem Recht. aa) EU-Recht, zweiseitige Staatsverträge.** Zur Vereinbarkeit der Sitztheorie der **Niederlassungsfreiheit** nach dem AEUV → Rn. 78 ff., 388 ff., im Rahmen zweiseitiger Staatsverträge → Rn. 387. Ergänzend zu den Ausführungen zum EU-Recht ist noch darauf hinzuweisen, dass die **Kapitalverkehrsfreiheit** nach Art. 63, 65 AEUV im vorliegenden Zusammenhang nur eine untergeordnete Rolle spielt. Zwar zählt die grenzüberschreitende Beteiligung an Personen- und Kapitalgesellschaften grundsätzlich zum Kapitalverkehr.[1910] Träger der Kapitalverkehrsfreiheit ist jedoch der einzelne Gesellschafter, nicht die Gesellschaft selbst. Außerdem tritt die Kapitalverkehrsfreiheit hinter der Niederlassungsfreiheit zurück, sobald die Beteiligung einen gewissen Einfluss auf die Entscheidungen der Gesellschaft verleiht und es dem Gesellschafter möglich wird, die Tätigkeit der Gesellschaft zu bestimmen.[1911] Wo die Kapitalverkehrsfreiheit dennoch eingreift, unterliegt sie

---

[1902] Vgl. Koch AktG § 41 Rn. 26.

[1903] Vgl. Koch AktG § 41 Rn. 20 zu Binnensachverhalten.

[1904] OLG Hamburg NJW 1986, 2199; KG NJW 1989, 3100 (3101): „Direktor" einer ltd. Company englischen Rechts; OLG Oldenburg NJW 1990, 1422: „secretary" einer englischen Ltd.; OLG Düsseldorf WM 1995, 808: „secretary" einer Delaware-Gesellschaft; LG Köln RIW 1987, 54 = GmbHR 1986, 314 = IPRspr. 1985 Nr. 23: „Direktor" einer englischen plc; LG Hamburg RIW 1990, 1020: „Vice President" einer englischen Corporation Ltd.; LG Marburg NJW-RR 1993, 222 (223): „Generalbevollmächtigter" einer nach dem Recht von Gibraltar gegründeten Gesellschaft; *Fischer* IPRax 1991, 100 (102); *Ebenroth/Wilken* JZ 1991, 1061 (1062); Staudinger/*Großfeld,* 1998, IntGesR Rn. 443.

[1905] *Fischer* IPRax 1991, 100 (102); *Eidenmüller/Rehm* ZGR 1997, 89 (101).

[1906] Vgl. idS *v. Falkenhausen* RIW 1987, 818 (820); Soergel/*Lüderitz* EGBGB Anh. Art. 10 Rn. 8; LG Stuttgart IPRax 1991, 118 m. abl. mAnm *Fischer* IPRax 1991, 100 (102 f.).

[1907] BGH NJW 1996, 1053.

[1908] *Fischer* IPRax 1991, 100 (103); *Ebenroth/Wilken* JZ 1991, 1061 (1062); *Eidenmüller/Rehm* ZGR 1997, 89 (100); *Müller* ZIP 1997, 1049 (1054).

[1909] *Fischer* IPRax 1991, 100 (103); *Ebenroth/Wilken* JZ 1991, 1061 (1062); *Eidenmüller/Rehm* ZGR 1997, 89 (100); Staudinger/*Großfeld,* 1998, IntGesR Rn. 444.

[1910] EuGH ECLI:EU:C:2002:632 Rn. 77 = NJW 2002, 3614 – Überseering; Slg. 2003, I-4581 Rn. 53 = NJW 2003, 2663 – Goldene Aktien IV; Slg. 2003, I-4641 Rn. 40 = NJW 2003, 2666 – Goldene Aktien IV; dazu *Spindler* RIW 2003, 850 (852).

[1911] EuGH ECLI:EU:C:2002:632 Rn. 77 = NJW 2002, 3614 – Überseering; EuGH ECLI:EU:C:2023:568 Rn. 42 = EuZW 2023, 810 m. Anm. *Reinhold* = RIW 2023, 652 m. Anm. *Sommer* – Xella; unklar demgegenüber EuGH ECLI:EU:C:2003:272 Rn. 53 = NJW 2003, 2663 – Goldene Aktien IV, wonach die

denselben Beschränkungen wie die Niederlassungsfreiheit.[1912] Zur Kapitalverkehrsfreiheit auch → Rn. 508.

bb) MRK. Die MRK steht der Sitztheorie nach ganz einhelliger Auffassung nicht entgegen.[1913] Dies ist offenbar auch der Standpunkt des EuGH, der im Überseering-Urteil[1914] auf die anderslautende Stellungnahme des Generalstaatsanwalts in den Schlussanträgen[1915] mit keinem Wort eingeht. Ebenso sieht es der **BGH.**[1916] 468

cc) GATS. Diskutiert wird, ob das General Agreement on Trade in Services (GATS)[1917] insoweit kollisionsrechtlich bedeutsam ist, als es den Marktzugang fremder Dienstleistungserbringer gewährt und somit auch deren Anerkennung verlangt. Art XXVIII (m) Ziff. i GATS bestimmt, dass die Zurechnung juristischer Personen zu einem Vertragsstaat anhand der Gründung unter dessen Recht erfolgt, wobei in irgendeinem WTO-Mitgliedstaat eine erhebliche Geschäftstätigkeit ausgeübt werden muss.[1918] Nach Auffassung von *Hoffmann* ergibt sich hier eine Verbindung zum Gesellschaftskollisionsrecht aus der auch niederlassungsrechtlichen Bedeutung des Abkommens, das sich nach Art I Abs. 2 lit. c GATS unter anderem auf die Erbringung von Dienstleistungen mittels „kommerzieller Präsenz" (Modus 3) bezieht.[1919] Soweit in diesem Modus nach Art XVI GATS Marktzugangsverpflichtungen begründet würden,[1920] könnten die Mitglieder nach Art XVI Abs. 2 lit. e GATS die Wahl „bestimmter Arten rechtlicher Unternehmensformen" nicht beschränken. Daraus soll folgen, dass eine Gesellschaft, die nach Art XXVIII (m) Ziff. i GATS[1921] einem WTO-Mitgliedstaat zuzurechnen ist und die im Inland von einem GATS-Recht auf Marktzugang in Modus 3 Gebrauch machen will, weder die Gründung eines inländischen Tochterunternehmens vorgeschrieben noch die Dienstleistungserbringung unter der Rechtsform des Heimatrechts verweigert werden darf. Da die Staatszugehörigkeit der Gesellschaft anhand der Gründungstheorie erfolge, gebe es im GATS keine Grundlage für die Entziehung von Handelsvorteilen, nur weil die Gesellschaft bei Errichtung ihrer „kommerziellen Präsenz" im Inland zugleich ihre Hauptverwaltung im Inland genommen hat. 469

Bei näherer Analyse zeigt sich, dass eine derartige **Verbindung zum internationalen Gesellschaftsrecht nicht besteht.** So fehlt es bereits von vornherein an der unmittelbaren Anwendbarkeit des GATS. Die Rechtslage ist hier nicht anders als zu Zeiten des Allgemeinen Zoll- und Handelsabkommens („General Agreement on Tariffs and Trade" – GATT) vom 30.10.1947,[1922] welches in der Folge durch das GATT 1994 ersetzt wurde.[1923] Nach der insoweit eindeutigen Rspr. des EuGH ist das GATT **nicht unmittelbar anwendbar.**[1924] Zudem hat der EuGH festgehalten, dass das WTO-Übereinkommen, zu dessen Anhängen auch das GATT gehört, für die Gemeinschaftsorgane rechtlich unverbindlich ist.[1925] Zur Begründung bezieht sich der EuGH auf den Ratsbeschluss Nr. 94/800[1926] wonach das WTO-Übereinkommen einschließlich seiner Anhänge **nicht** so angelegt ist, dass es unmittelbar **vor den Rechtsprechungsorga-** 470

Kapitalverkehrsfreiheit die Möglichkeit einschließt, sich an der Verwaltung einer Gesellschaft und an deren Kontrolle zu beteiligen; ähnlich EuGH ECLI:EU:C:2005:350 Rn. 33 = NZG 2005, 631 – Kommission Italien; EuGH ECLI:EU:C:2006:544 Rn. 31 = NZG 2006, 835 – Cadbury Schweppes = IStR 2006, 670 mAnm *Körner;* EWS 2009, 371 Rn. 34 – Alpha; IStR 2009, 691 Rn. 47 – Glaxo Wellcome; überzeugende Abgrenzung zwischen den beiden Grundfreiheiten anhand der Leitbilder des Unternehmer-Gesellschafters und des Anleger-Gesellschafters dem gegenüber bei *Schön* RabelsZ 64 (2000), 1 (11 f.).

1912 StRspr, EuGH ECLI:EU:C:2002:326 Rn. 55 f. = NZG 2002, 632 – Kommission Portugal; ECLI:EU:C:2002:327 Rn. 55 = NJW 2002, 2305 – Kommission Frankreich; ECLI:EU:C:2003:272 Rn. 86 = NJW 2003, 2663 – Goldene Aktien IV; dazu *Spindler* RIW 2003, 850 (852); *Habersack/Verse* EuropGesR § 3 Rn. 28.

1913 Diff. *Ebke* FS Thode, 2005, 593 (608 f.).

1914 EuGH ECLI:EU:C:2002:632 = NJW 2002, 3614 – Überseering.

1915 Schlussanträge GA *Colomer* ZIP 2002, 75 Rn. 57 f.

1916 BGHZ 178, 192 Rn. 18 = NJW 2009, 289 – Trabrennbahn; *Weller* IPRax 2009, 202 (206).

1917 BGBl. 1994 II 1643.

1918 Allg. hierüber *Ohler* in Weiß/Herrmann, Welthandelsrecht, 2003, Rn. 848.

1919 *Krause,* Auswirkungen des Welthandelsrechts auf das internationale Kollisionsrecht, 2008, 188 ff., 225 ff.

1920 Hierzu näher *Ohler* in Weiß/Herrmann, Welthandelsrecht, 2003, Rn. 872 ff.

1921 Vgl. den Wortlaut der Bestimmung bei *Lehmann* RIW 2004, 816 (817).

1922 BGBl. 1951 II 173, zuletzt geändert am 7.2.1969, BGBl. 1969 II 1192.

1923 ABl. EG 1994 L 336, 11; näher *Herdegen,* Int. Wirtschaftsrecht, 12. Aufl. 2020, § 10 Rn. 26 ff.

1924 EuGH ECLI:EU:C:1994:367 Rn. 110 = NJW 1995, 945 – Marktorganisation für Bananen; Henssler/Strohn/*Servatius* IntGesR Rn. 21.

1925 EuGH ECLI:EU:C:1999:574 = EuZW 2000, 276 – Portugal/Rat.

1926 Beschluss Nr. 94/800/EG vom 22.12.1994 über den Abschluss der Übereinkünfte im Rahmen der multilateralen Verhandlungen der Uruguay-Runde …, ABl. EG 1994 L 336, 1.

nen der Gemeinschaft und der Mitgliedstaaten angeführt werden kann.[1927] Hinzukommt, dass das GATT auf die Regelung der internationalen Handelsbeziehungen beschränkt ist (vgl. Art II Abs. 1 WTO-Übereinkommen)[1928] und allgemeine zivilrechtliche Fragen wie die Anerkennung von juristischen Personen im Ausland hierzu nicht gehören.[1929] Anders als der frühere EG-Vertrag (Art. 293 EG-Vertrag aF) enthält das GATT nicht einmal die Aufforderung an die Mitgliedstaaten, Verhandlungen über die Anerkennung von Gesellschaften aufzunehmen. Neben diese allgemeinen Einwände tritt der **begrenzte Normzweck** von Art XXVIII (m) GATS, der sich lediglich darin erschöpft, eine **Begriffsbestimmung** für die juristische Person eines anderen Mitgliedstaates zu liefern; von einer Pflicht zur Anerkennung der Rechtsfähigkeit juristischer Personen ist dort nicht andeutungsweise die Rede. Und schließlich begründet Art XXVIII (m) GATS auch keine subjektiven Rechte der dort genannten juristischen Personen.[1930] Auch deshalb kann sich eine Auslandsgesellschaft vor Gerichten und Behörden von WTO-Staaten nicht auf die Anwendung ihres Gründungsrechts berufen.[1931] Dies ist auch der **Standpunkt des BGH.**[1932] Insgesamt bestätigt sich für das internationale Gesellschaftsrecht die allgemeine Feststellung, dass das GATT und das WTO-Übereinkommen für das IPR nur geringe Bedeutung haben. Gleiches gilt für investitionsschutzrechtliche Abkommen wie das CETA- sowie das EU-UK-Abkommen und perspektivisch auch für künftige Investitionsschutzabkommen der EU wie das derzeit verhandelte EU-China Comprehensive Agreement on Investment.[1933]

471 **dd) GG.** Ebenso wenig ist ein Verstoß der Sitztheorie gegen das GG erkennbar. *Meilicke* macht hierfür geltend, die Sitztheorie könne als einfaches Recht nicht den persönlichen Anwendungsbereich von Art. 19 Abs. 3 GG („**inländische** juristische Personen") festlegen.[1934] Indessen ist dies im Hinblick auf natürliche Personen auch nicht anders: Wer in den Genuss der als „Bürgerrechte" ausgestalteten Grundrechte (Art. 8, 9(!), 11, 12, 16 GG) kommt, bestimmt gemäß Art. 116 Abs. 1 GG das StAG als einfaches Gesetz. *Meilicke* beanstandet weiter, dass die Sitztheorie Gesellschaften ausländischen Rechts mit Sitz im Inland die Grundrechtsfähigkeit verschaffe.[1935] Dieser Standpunkt ist verfassungsrechtlich überholt, soweit es um EU-Gesellschaften geht. Diese Gesellschaften sind wegen Art. 18 AEUV schon bei hinreichendem Inlandsbezug grundrechtsfähig, dh wenn sie in Deutschland tätig werden und hier gerichtspflichtig sind bzw. klagen können.[1936] Im Übrigen wird die verfassungsrechtliche Lage von *Meilicke* verkannt. **Inländereigenschaft iSd Art. 19 Abs. 3 GG** kommt einer sonstigen juristischen Person nur dann zu, wenn sie ihren tatsächlichen Verwaltungssitz im Gebiet der BRepD hat *und* nach deutschem Recht gegründet ist.[1937]

V. Bestimmung des Personalstatuts unter Berücksichtigung von Rück- und Weiterverweisungen

472 **1. Grundlagen.** Als allseitige Kollisionsregeln können die Sitztheorie (→ Rn. 379) und die Gründungsanknüpfung im Geltungsbereich des AEUV (→ Rn. 388) eine Einschränkung durch Rück- oder Weiterverweisung gemäß Art. 4 EGBGB erleiden.[1938] Diese Vorschrift ist auch im

[1927] EuGH ECLI:EU:C:1999:574 Rn. 48 = EuZW 2000, 276 – Portugal/Rat; krit. *Lehmann* RIW 2004, 816 (820), der die EuGH-Rspr. nicht für die nach deutschem Verfassungsrecht zu beurteilende Frage heranziehen will, inwieweit das GATT als völkerrechtlicher Vertrag unmittelbar anwendbar ist.

[1928] BGBl. 1994 II 1625.

[1929] Dies einräumend *Lehmann* RIW 2004, 816 (823).

[1930] *Ohler* in Weiß/Herrmann, Welthandelsrecht, 2003, Rn. 847.

[1931] Vgl. erneut *Lehmann* RIW 2004, 816 (821); wie hier *Weller* IPRax 2009, 202 (206).

[1932] BGHZ 178, 192 Rn. 17 = NJW 2009, 289 – Trabrennbahn, im Anschluss an → 4. Aufl. 2006, Rn. 481 f.

[1933] AA *Renner/Kindt* RabelsZ 86 (2022), 787; BeckOGK/*Großerichter/Zwirlein-Forschner,* 1.12.2021, IPR Internationales Gesellschaftsrecht – Allgemeiner Teil Rn. 26 ff.

[1934] *Meilicke* BB-Beil. 2/1995, 6.

[1935] *Meilicke* BB-Beil. 2/1995, 6.

[1936] BVerfG NJW 2011, 3428 Rn. 68 ff. = EWiR 2011, 809 m. KurzKomm. *Müller;* dies gilt nicht für US-Gesellschaften, BVerfG NJW 2018, 2392 Rn. 40 ff.; dazu *Hasenstab* IWRZ 2019, 3; vgl auch *Rauber,* Zur Grundrechtsberechtigung fremdstaatlich beherrschter juristischer Personen. Art. 19 Abs. 3 GG unter dem Einfluss von EMRK, EU-GRCh und allgemeinem Völkerrecht, 2019.

[1937] BVerfG GRUR 2023, 549 Rn. 103; NVwZ 2008, 670 (671); Staudinger/*Großfeld,* 1998, IntGesR Rn. 1043; *Ehlers,* Die Grundrechtsberechtigung ausländischer juristischer Personen, 2024.

[1938] BGH NJW 2004, 3706 (3707); OLG Frankfurt NJW 1990, 2204 (nach dem Recht von Panama gegründete Gesellschaft mit effektivem Verwaltungssitz in der Schweiz) = RIW 1990, 583 mAnm *Schütze* 671 = EWiR 1990, 827 m. KurzKomm. *Ebenroth* = IPRax 1991, 403 mAnm *Großfeld/König* IPRax 1991, 379; OLG Hamm WM 1995, 456 (458); OLG Düsseldorf GRUR-RS 2016, 03039 Rn. 52 (nach schweizer Recht gegründete Gesellschaft mit effektivem Verwaltungssitz in den USA); OLG Stuttgart BeckRS 2022, 8208 Rn. 23 = EWiR 2022, 421 mAnm *Weiss* (nach dem Recht der Cayman Islands gegründete Gesellschaft

internationalen Gesellschaftsrecht zu beachten.[1939] Nach Art. 4 Abs. 1 S. 1 EGBGB ist eine Verweisung des deutschen internationalen Privatrechts auf das Recht eines ausländischen Staates als Verweisung auf dessen Kollisionsrecht aufzufassen (IPR-Verweisung), sofern dies nicht dem Sinn der Verweisung widerspricht. Zur Auslegung dieser Einschränkungsklausel → EGBGB Art. 4 Rn. 28 ff.[1940] Diese „Sinn-Klausel" greift im Rahmen der Verweisung auf das Gründungsrecht durch zweiseitige Staatsverträge (→ Rn. 387) ein. Verweist das (Kollisions-)Recht des anderen Staates auf deutsches Recht zurück, was im Einzelfall einer sorgfältigen Prüfung bedarf,[1941] so finden die deutschen Sachnormen Anwendung (Art. 4 Abs. 1 S. 2 EGBGB). Auch der Grundsatz der Weiterverweisung erfährt in Art. 4 Abs. 1 S. 1 EGBGB insoweit eine gesetzliche Regelung, als eine Gesamtverweisung auf ausländisches Kollisionsrecht anerkannt wird. Die Frage, ob die Verweisung des ausländischen Kollisionsrechts auf das Recht eines dritten Staates ihrerseits als Sachnorm- oder IPR-Verweisung aufzufassen ist, wurde vom Gesetzgeber hingegen bewusst offen gelassen.[1942] Die Frage lässt sich nicht generell beantworten, sondern hängt maßgeblich davon ab, ob das Kollisionsrecht des ausländischen Staates, auf das Art. 4 Abs. 1 S. 1 EGBGB verweist, seinerseits von einer IPR- oder einer Sachnormverweisung ausgeht (näher → EGBGB Art. 4 Rn. 53 ff.).[1943]

Eine **Rück- oder Weiterverweisung** kommt zum einen immer dann in Betracht, wenn das ausländische IPR (→ Rn. 474 ff.) ein **anderes Anknüpfungsmerkmal** verwendet als das inländische. **(1)** Im Geltungsbereich der **Sitztheorie** (→ Rn. 379 ff.) ist dies der Fall, wenn sich der Verwaltungssitz außerhalb des Gründungsstaates befindet und der Staat des Verwaltungssitzes der Gründungstheorie folgt.[1944] Folgt der Verwaltungssitzstaat hingegen kollisionsrechtlich ebenfalls der Sitztheorie, so tritt keine Rück- oder Weiterverweisung ein; das ausländische internationale Gesellschaftsrecht nimmt die durch die inländische Kollisionsregel ausgesprochene Verweisung an.[1945] **(2)** Im Geltungsbereich der EU-rechtlichen **Gründungsanknüpfung** (→ Rn. 388 ff.) kommt es zur Rück- oder Weiterverweisung, wenn sich der Verwaltungssitz außerhalb des Gründungsstaates befindet und der Gründungsstaat der Sitztheorie folgt. Folgt der Gründungsstaat hingegen kollisionsrechtlich der Gründungstheorie, so tritt keine Rück- oder Weiterverweisung ein; auch hier nimmt das ausländische internationale Gesellschaftsrecht die durch die inländische Kollisionsregel ausgesprochene Verweisung an. **(3)** Unabhängig hiervon kommt im Verhältnis zu Sitz- wie Gründungstheoriestaaten eine Rück- oder Weiterverweisung bei **abweichender Qualifikation** in Betracht.[1946] 473

2. Ausländisches internationales Gesellschaftsrecht. Kommt sonach – abgesehen von den soeben erwähnten Fällen der abweichenden Qualifikation – eine Rück- oder Weiterverweisung 474

---

mit effektivem Verwaltungssitz im US-Bundestaat New York); KG BeckRS 2024, 5131 (nach dem Recht der British Virgin Islands gegründete Gesellschaft mit effektivem Verwaltungssitz in HongKong); *Ferid* FS Hueck, 1959, 343 (346); Staudinger/*Großfeld,* 1998, IntGesR Rn. 107 ff.; Soergel/*Lüderitz* EGBGB Anh. Art. 10 Rn. 76 mN zur früheren Rspr.; GroßkommAktG/*Assmann* AktG Einl. Rn. 555 ff.; Erman/*Stürner* Rom I-VO Art. 1 Rn. 27; *Hausmann* in Reithmann/Martiny IntVertragsR Rn. 6.79 ff.; *Ebenroth/Eyles* DB-Beil. 2/1988, 6 ff.; *Ebenroth/Eyles* IPRax 1989, 1 (8 f.).

1939 Näher *Ebenroth/Eyles* DB-Beil. 2/1988, 7; *Ebenroth/Eyles* IPRax 1989, 1 (9), jeweils unter Hinweis auf die Gesetzessystematik.; umfassend zu Rück- und Weiterverweisung auch BeckOGK/*Großerichter/Zwirlein-Forschner,* 1.12.2021, IPR Internationales Gesellschaftsrecht – Allgemeiner Teil Rn. 157 ff.

1940 Ferner etwa *Ebenroth/Eyles* IPRax 1989, 1 (9 ff.).

1941 Vgl. *Ebenroth/Eyles* DB-Beil. 2/1988, 6 ff.

1942 Vgl. dazu Begr. RegE, BT-Drs. 10/504, 38.

1943 Die mehrfache Weiterverweisung wird von *v. Hoffmann/Thorn* IPR § 6 Rn. 104 und OLG Köln NJW 1980, 2646 zur Rechtslage vor Inkrafttreten von Art. 4 EGBGB grds. für zulässig erachtet; unrichtig *Kösters* NZG 1998, 241 (244) Fn. 36. Beispiel: BGH NJW 2004, 3706 (3707): britische Gesellschaft mit Verwaltungssitz in Hongkong nur deshalb dem britischen Recht unterstellt, weil das IPR des Verwaltungssitzes das britische Gründungsrecht für maßgeblich erklärt.

1944 *Ebenroth/Eyles* IPRax 1989, 1 (9); *Hausmann* in Reithmann/Martiny IntVertragsR Rn. 6.79; *Kaligin* DB 1985, 1449 (1450 f.); *Kropholler* IPR § 55 I 3c; *Zimmer* IntGesR 306; Beispiele: OLG Frankfurt NJW 1990, 2204; OLG Düsseldorf GRUR-RS 2016, 03039 Rn. 52, beide zu einer nach schweizer Recht gegründeten Gesellschaft mit effektivem Verwaltungssitz in der Schweiz; OLG Stuttgart BeckRS 2022, 8208 Rn. 23 = EWiR 2022, 421 mAnm *Weiss* (nach dem Recht der Cayman Islands gegründete Gesellschaft mit effektivem Verwaltungssitz im US-Bundestaat New York).

1945 *Ebenroth/Eyles* IPRax 1989, 1 (9).

1946 BGH NJW 1994, 939 (940) = ZEV 1994, 113 mAnm *Ebenroth/Lorz* (sachenrechtliche Qualifikation des Aktienerwerbs durch schweiz. IPR); *Behr* FG Sandrock, 1995, 159 (161); aA *Merkt,* Internationaler Unternehmenskauf, 1997, Rn. 324; zur Rück- und Weiterverweisung bei Qualifikationsdifferenzen allg. → EGBGB Art. 4 Rn. 70 ff.

in Frage, so erfordert die kollisionsrechtliche Prüfung aus deutscher Sicht, die im Staat des verwiesenen Rechts geltende Kollisionsregel zu ermitteln.[1947] Dabei entbindet der nachfolgende Überblick nicht von einer sorgfältigen Prüfung des ausländischen internationalen Gesellschaftsrechts im Einzelfall.[1948]

475 Der **Gründungstheorie** folgen innerhalb der EU und des übrigen EWR unter anderem: **Belgien** (Art. 110 IPRG [idF von 2019],[1949] **Bulgarien** (Art. 56 IPRG 2005),[1950] **England,**[1951] **das (geplante) französische IPRG nach dem Entwurf vom März 2022 (Art. 85, 86 Projet de code de droit international privé),**[1952] **Kroatien** (Art. 19 IPRG 2017),[1953] das Fürstentum **Liechtenstein** (Art. 232 PGR idF von 1997),[1954] die **Niederlande** (Art. 118 Buch 10 NBW),[1955] **Rumänien** (Art. 2571 ZGB 2009),[1956] **die Tschechische Republik** (Art. 30 Abs. 1 IPRG)[1957] und **Ungarn** (Art. 22 IPRG 2017 zu den juristischen Personen).[1958] **Italien** folgt der Gründungsanknüpfung als einseitige Kollisionsnorm, beschränkt auf Gesellschaften mit Auslandssitz und geschäftlichem Schwerpunkt im Ausland. Gesellschaften mit Inlandssitz oder geschäftlichem Schwerpunkt im Inland unterliegen der Sitzanknüpfung (Art. 25 Abs. 1 IPRG

[1947] Vgl. Abdruck und Übersetzung ausländischer IPR-Gesetze bei Riering (Hrsg.), IPR-Gesetze in Europa, 1997; Kropholler ua (Hrsg.), Außereuropäische IPR-Gesetze, 1999; Nachweise der Erkenntnismittel des ausländischen IPR s. Staudinger/*Hausmann,* 2019, Anh. Art. 4 EGBGB; zum ausländischen Gesellschaftskollisionsrecht auch BeckOGK/*Großerichter/Zwirlein-Forschner,* 1.12.2021, IPR Internationales Gesellschaftsrecht – Allgemeiner Teil Rn. 68 ff. (Gründungstheoriestaaten), Rn. 89 ff. (Sitztheoriestaaten), sowie Gerner-Beuerle/Mucciarelli/Schuster/Siems (Hrsg.), The Private International Law of Companies in Europe, 2020, bespr. von Kindler RabelsZ 84 (2020), 901.

[1948] Eine gute Einstiegshilfe bietet hier die internationale Linksammlung des Deutschen Notarinstituts, www.dnoti.de; vgl. auch die Länderberichte in Süß/Wachter (Hrsg.), Handbuch des internationalen GmbH-Rechts, 3. Aufl. 2016; Jung/Krebs/Stiegler (Hrsg.), Gesellschaftsrecht in Europa, 2018; Wegen/Spahlinger/Barth (Hrsg.), Gesellschaftsrecht des Auslands, Loseblatt, 2013 ff.

[1949] Mit Gesetz vom 23.3.2019 hat Belgien den Wechsel zur Gründungstheorie vollzogen; die Neufassung von Art. 110 IPRG bestimmt seither: „La personne morale est régie par le droit de l'Etat où se situe son siège statutaire."; dazu *Autenne/Jonet* Revue internationale du droit des affaires 2020, 39. Zur Vorgängerregelung (Sitztheorie) *Pertegas* IPRax 2006, 59 f.; *Veestraeten* Status:Recht 2008, 69; Art. 197 Gesetz über die Handelsgesellschaften (= IX. Titel im Ersten Buch des Handelsgesetzbuches); *Benoit/Noury* in Balzarini/Carcano/Mucciarelli, I gruppi di società, 1996, 137, 145 f. (besprochen von *Kindler* ZGR 1997, 449 ff.).

[1950] Dt. Text in RabelsZ 71 (2007), 471; dazu *Zidarova* RabelsZ 71 (2007), 398 (417 ff.).

[1951] Bank of Ethiopia v. National Bank of Egypt (1937) Ch. 513; Banco di Bilbao v. Sancha (1938) 2 K. B. 176; Carl Zeiss Stiftung v. Rayner & Keeler Ltd. (No. 3) (1970) Ch. 506, 544; High Court (Chancery Division), Urteil vom 19.4.2011, Re Eurodis Texim Electronics S.A., [2011] EWHC 1025 (Ch) = RIW 2012, 199 *(Vorpeil);* hierzu *Richter,* Die Rechtsstellung ausländischer Kapitalgesellschaften in England, 1980; *Stiegler* ZGR 2017, 312 (352); *Rehm* in Eidenmüller Ausl. KapGes. § 10 Rn. 32; *Smart* J. B. L. 1990, 126 ff.; *Hoffmann* ZVglRWiss 101 (2002), 283 (287 ff.).

[1952] Projet de code de droit international privé. Rapport du groupe de travail preside par Jean-Pierre Ancel, Mars 2022, 35 ff.

[1953] Deutscher Text in IPRax 2019, 353; dazu *Jessel-Holst* IPRax 2019, 345 (346).

[1954] *Appel* RabelsZ 61 (1997), 510 (532 ff.); *Kohler* IPRax 1997, 309 (310 f.); Gesetzestext in RabelsZ 61 (1997), 558; IPRax 1997, 369.

[1955] Staatsblad van het Koninkrijk der Nederlanden Nr. 272/2011; deutsche Fassung in IPRax 2013, 584; RabelsZ 78 (2014), 615; dazu *Struiken* RabelsZ 78 (2014), 592; früher: Wet Conflictenrecht Corporaties 1998, dazu BGH NVwZ-RR 2006, 28; ferner *Kramer* IPRax 2007, 54 (57); *Charisius,* Das niederländische Internationale Privatrecht, 2001; *Hoffmann* ZVglRWiss 101 (2002), 283 (301 ff.); ebenso die niederländischen Antillen, vgl. *Wassermeyer* IStR 1997, 27 (29).

[1956] In Kraft seit 1.10.2011 (dazu DNotI-Report 2011, 174; *Süß* ZEV 2012, 588), Text in Rev. crit. 2012, 459; zuvor geregelt in Art. 40 Abs. 1 IPRG 1992, abgedruckt in RabelsZ 58 (1994), 534 ff.; näher *Capatina* RabelsZ 58 (1994), 467 (489 ff.); *Aden* RIW 2008, 700 (703).

[1957] *Dobiáš* RIW 2012, 671 (674 f.); *Bohata* WiRO 2011, 353; dt. Text der Vorläuferbestimmung (§ 22 HGB) in IPRax 2007, 166; dazu *Pauknerová* IPRax 2007, 162 ff.

[1958] Dt. Text in RabelsZ 82 (2018), 1004 (1010) = IPRax 2018, 306 m. Aufs. *Csehi* IPRax 2018, 298; dazu *Szabados* RabelsZ 82 (2018), 973 (989 f.); *Szabados* Rev. crit. 2019, 87 (99); zum früheren Recht vgl. das IPRG 1979 in IPRax 2014, 91; vgl. auch die dt. Übersetzung von *Schweisguth* in Brunner/Schmid/Westen in Wirtschaftsrecht der Osteuropäischen Staaten (WIOS), Ungarn, IV 2a; dazu *Burián* in Heun/Lipp, Europäisierung des Rechts: Deutsch-Ungarisches Kolloquium Budapest 2007, Göttinger Juristische Schriften, Bd. 5, 2008, 95 ff., 104. Im Fall Cartesio (→ Rn. 99 f.) ging es um die nach ungarischem Sachrecht unzulässige Verwaltungssitzverlegung einer Personengesellschaft, nicht um die Einordnung Ungarns als „Sitztheoriestaat", vgl. *Neye* EWiR 2006, 459 zum Vorlagebeschluss in ZIP 2006, 1536; für das seit 1.1.2018 anwendbare neue ungarische IPRG vgl. IPRax 2018, 306 m. Aufs. *Csehi* IPRax 2018, 298; *Szabados* RabelsZ 2018, 972; *Szabados* Rev. crit. 2019, 87 (99).

1995).[1959] Im Verhältnis zu Italien kommt daher eine Rückverweisung nicht in Betracht, eine Weiterverweisung auf das italienische Recht als Gründungsrecht nur bei Sitz in einem der Gründungstheorie folgenden Drittstaat (zB der Schweiz).[1960]

Außerhalb des EU/EWR-Bereiches folgen der Gründungstheorie unter anderem: **Armenien** (Art. 1272 ZGB),[1961] die **Dominikanische Republik** (Art. 37 IPRG 2014),[1962] **Guatemala,**[1963] **Hongkong,**[1964] **Japan,**[1965] **Kanada,**[1966] **Mexiko,**[1967] **Namibia** (Companies Act 28 of 2004 – zweifelhaft),[1968] **Panama** (Art. 20–25 IPRG 2014),[1969] **Russische Föderation** (Art. 1202 f. ZGB),[1970] die **Schweiz** (Art. 154 IPRG),[1971] **Tunesien** (Art. 43 Abs. 2 IPRG 1998),[1972] die **Ukraine,**[1973] **Uruguay,**[1974] **die USA**[1975] und **Venezuela** (Art. 20 IPRG 476

[1959] Hierzu *Kindler* RabelsZ 61 (1997), 227 (281 ff.); *Moor,* Das italienische internationale Gesellschaftsrecht, 1997; Reformvorschläge bei *Bariatti* Riv. dir. int. priv. proc. 2011, 650 ff.

[1960] Der deutsch-italienische Handelsvertrag von 1957 ist kollisionsrechtlich ohne Bedeutung (→ Rn. 333); unrichtig LG Hamburg RIW 1990, 1015 (1017) = EuZW 1991, 188 (191) = IPRax 1991, 400 mAnm *Reinhart* IPRax 1991, 376.

[1961] Dt. Text in IPRax 2009, 98.

[1962] Die deutsche Übersetzung des dominikanischen IPR-Gesetzes ist abrufbar unter https://www.iprax.de/de/dokumente/online-veroeffentlichungen/; näher *Samtleben* IPRax 2021, 484 (488), wobei sich nach Art. 9 des dominikanischen Gesellschaftsgesetzes Dritte auf den Satzungssitz berufen können; sie müssen sich diesen aber nicht entgegenhalten lassen, wenn der tatsächliche Sitz davon abweicht.

[1963] Art. 220, 352 HGB; dazu *Samtleben* ZVglRW 120 (2021), 335 (342).

[1964] In Anlehnung an das englische Recht, vgl. *Wesley-Smith,* The Sources of Hongkong Law, 1994, 91 ff.; BGH NJW 2004, 3706 (3707): britische Gesellschaft mit Verwaltungssitz in Hongkong dem britischen Recht unterstellt, weil das IPR des Verwaltungssitzes das britische Gründungsrecht für maßgeblich erklärt; KG BeckRS 2024, 5131 Rn. 31.

[1965] *Großfeld/Yamauchi* AG 1985, 22; eine gesetzliche Regelung hat auch das IPRG vom 21.6.2006 (deutsch in IPRax 2007, 560) nicht gebracht, *Nishitani* IPRax 2007, 552 (557); dazu *Schwittek,* Internationales Gesellschaftsrecht in Japan, 2015; vgl. auch *Kaiser* RIW 2009, 257 (258); *Sandrock,* Japanische Gesellschaften mit Verwaltungssitz in Deutschland, in Großfeld, Probleme des deutschen, europäischen und japanischen Rechts … (vgl. IPRax 2007, 492), 2006, 85 ff.; ferner *Yamauchi* ZVglRWiss 109 (2009), 42.

[1966] *Castel,* Canadian Conflict of Laws, 7. Aufl. (Loseblatt), Chapter 25; dies gilt im Grundsatz auch für die Provinz Quebec, vgl. Art. 3083 Abs. 2 Code civil, abgedruckt in RabelsZ 60 (1996), 327 (328); hierzu *Groffier* Rev. crit. 81 (1992), 584, 596 f. sowie *Glenn* RabelsZ 60 (1996), 231 (238); aus der deutschen Rspr. vgl. BGH WM 1984, 1125 (1128) = IPRax 1985, 221 mAnm *Kötz* IPRax 1985, 205 (insoweit nicht in NJW 1984, 2762); OLG Stuttgart NJW 1974, 1627 (1628) m. zust. Anm. *Cohn* NJW 1975, 499; *Blümcke,* Das internationale Gesellschaftsrecht von Kanada, 2001.

[1967] *Frisch Philipp* ua, Derecho internacional privado y derecho procesal internacional, México 1993, 171 ff.

[1968] OLG Frankfurt BeckRS 2018, 10738 Rn. 88 ff.

[1969] Código de Derecho Internacional Privado de la República de Panamá, Gaceta Oficial Digital Nr. 27530 vom 8.5.2014; ferner Art. 18 und 24 Gesetz vom 7.10.2015, RabelsZ 82 (2018), 136; dazu *Montenegro* FS Ancel, 2018, 113; *Samtleben* IPRax 2015, 465 (468 f.); *Samtleben* RabelsZ 82 (2018), 52 (119 ff.).

[1970] Abgedruckt in IPRax 2002, 327; RabelsZ 67 (2003), 345 f.; dazu *Sadikov* RabelsZ 67 (2003), 318 (330); *Mayer/Breig* ZEuP 2006, 829 (839 f.); *Gernert* IPRax 2021, 319 (320 f.); zur 2013 eingeführten Sonderanknüpfung der Gesellschafter- und Organhaftung nach russischem Recht s. *Heeg* RIW 2014, 425 (427); *Verschraegen/Heindler* IPRax 2014, 451 (455 f.); ferner zur „internationalen Gesellschaft" nach dem Gesetz Nr. 290-F vom 3.8.2018 *Wedde* RIW 2019, 346 (348).

[1971] BGE 112 II 494, 500 f.; 117 II 494 mAnm *Heini* IPRax 1992, 405 f.; BGE 128 III 346 = SZIER 2003, 289 mAnm *Schwander;* Kassationsgericht Zürich vom 20.8.1999, SZIER 2000, 367 (370, 371); OLG Frankfurt NJW 1990, 2204; *Ebenroth/Messer* ZSchwR 108 (1989), II, 49 (55 ff.); *Schwander* SZIER 2002, 57; *Hoffmann* ZVglRWiss 101 (2002), 283 (303 ff.); *Giersberger/Schramm* SJZ 2004, 90; *Straub* IPRax 1997, 58 (62); zu den Ausnahmen (fraus legis; Ausweichklausel, ordre public) *Sturm* IPRax 20212, 188 in Anm. zu BGE 135 III 614.

[1972] Abgedruckt in IPRax 1999, 292.

[1973] IPRG vom 23.6.2005; vgl. IPRax 2006, Heft 1 S. VII; vgl. die englischsprachige Kurzdarstellung des Gesetzesinhalts *Dovgert* YbPIL 2005, 131.

[1974] Art. 33–37 IPRG 2020; dazu *Samtleben/Idiarte* RabelsZ 85 (2021), 811 (839).

[1975] §§ 302, 296, 297 Restatement (Second) of Conflict of Laws, 1971; dazu *Hay* IPRax 2022, 205 (211 f.); *L. Schmidt* RIW 2016, 718 f. mwN; *Göthel* RIW 2006, 41; *v. Hein* Die Rezeption US-amerikanischen Gesellschaftsrechts in Deutschland, 2008, 120 ff., bespr. von *Kindler* ZHR 174 (2010), 149; *Göthel,* US-amerikanisches Gesellschaftsrecht, 2. Aufl. 2006, Rn. 183 ff.; *Rehm* in Eidenmüller Ausl. KapGes. § 11 Rn. 24; OLG Stuttgart BeckRS 2022, 8208 Rn. 23 = EWiR 2022, 421 mAnm *Weiss* (nach dem Recht der Cayman Islands gegründete Gesellschaft mit effektivem Verwaltungssitz im US-Bundestaat New York, welcher der Gründungstheorie folgt).

1998).[1976] Die **Volksrepublik China** hat in Art. 14 IPRG 2011 als allseitige Kollisionsnorm die Gründungsanknüpfung normiert, ergänzt um die Möglichkeit, bei abweichendem tatsächlichen Hauptniederlassungsort das Recht dieses Staates zur Anwendung zu bringen.[1977] Weiterhin findet sich die Gründungsanknüpfung bei den in der OAS-Konvention vom 8.5.1979 (Montevideo) über das internationale Privatrecht der Handelsgesellschaften[1978] und in der OAS-Konvention vom 24.5.1984 (La Paz) über Rechtsfähigkeit und Geschäftsfähigkeit juristischer Personen im internationalen Privatrecht[1979] zusammengeschlossenen **lateinamerikanischen Staaten.**[1980]

477 Der **Sitztheorie** folgen innerhalb der EU und des übrigen EWR unter anderem: **Dänemark,**[1981] **Frankreich,**[1982] **Griechenland** (Art. 10 ZGB),[1983] **Luxemburg,**[1984] **Österreich** (§ 10 IPRG),[1985] **Polen** (Art. 17 IPRG 2011),[1986] **Portugal,**[1987] **Slowenien** (Art. 17 Abs. 3 IPRG)[1988] und **Spanien** (vgl. Art. 6 und 7 GmbHG 1995).[1989]

[1976] Abgedruckt in IPRax 1999, 196; RabelsZ 64 (2000), 358; dazu *Hernández/Bretón* IPRax 1999, 194 (195); *de Maekelt* RabelsZ 64 (2000), 299 (326 f.).

[1977] Textabdruck deutsch/englisch in IPRax 2011, 199; einführend *Weidi Long* IPRax 2012, 273; ferner Art. 16 Interpretation OVG (IPRax 2014, 214) und dazu *Xue Tong* IPRax 2014, 206 (211); näher Liu/Zhang (Hrsg.), Chinese Private International Law, 2021.

[1978] Abgedruckt in RabelsZ 44 (1980), 382 f.; zum Ratifikationsstand und für Schrifttumsnachweise vgl. RabelsZ 56 (1992), 101 f.

[1979] Abgedruckt in RabelsZ 56 (1992), 142 ff.; zum Ratifikationsstand und für Schrifttumsnachweise vgl. RabelsZ 56 (1992), 108 f.

[1980] Die Kollisionsnorm findet sich jeweils in Art. 2 der genannten Übereinkommen; näher *Samtleben* RabelsZ 56 (1992), 1 (7 ff.) und aus mexikanischer Sicht hierzu *Frisch Philipp* ua, Derecho internacional privado, 1993, 171 ff.; www.oas.org.

[1981] Aber Anwendung der Gründungstheorie bei Kapitalgesellschaften: *Hoffmann* ZVglRWiss 101 (2002), 283 (306 f.); *Ring/Olsen-Ring* in Süß/Wachter, Handbuch des internationalen GmbH-Rechts, 3. Aufl. 2016, Länderbericht Dänemark Rn. 147 ff.

[1982] *Niboyet/de Geouffre/de la Pradelle* Droit international privé, 7. Aufl. 2020, no. 1210; Art. L 210-3 Code de com. (früher Art. 3 Nr. 1 Gesetz No. 66/537 vom 24.7.1966 über die Handelsgesellschaften sowie Art. 1837 C. c.); Cass. civ. 21.12.1987, Rev. soc. 1988, 398 mAnm *Synet;* Cass.ass.plén. 21.12.1990, Bull. 1990.23 No. 12.; C. A. Paris vom 7.3.2001, Riv. soc. 2001, 1328 (großzügige Vermutung zu Gunsten des Satzungssitzes); dazu *Kindler* FS Säcker, 2021, 249; *Stiegler* ZGR 2017, 312 (356); *Kieninger* RabelsZ 73 (2009), 607 (611 f.); *Guyon* ZGR 1991, 218 (222); *Laborde* FS Déruppe, 1991, 49 (52); *Batiffol/Lagarde* IPR I Rn. 193 ff.; *Loussouarn/Bourel* Droit international privé, 5. Aufl. 1996, Rn. 707; *Beguin* Rev. soc. 1996, 513 (515 f.); *Lagarde* Rev. crit. 2003, 524 (525) m. Fn. 2; *Menjucq,* Droit international et européen des sociétés, 2001, Rn. 218; *Sonnenberger/Dammann* FrHWiR, 3. Aufl. 2008, Rn. VIII 67; OLG Hamburg IPRax 1995, 391 = NJW-RR 1995, 191; zur Anerkennung von Auslandsgesellschaften *Bouderhem* Rev. Dr. aff. Int. 2018, 35.

[1983] *Papadimopoulos* RIW 2014, 344 (348 f.); *Tzakas* GmbHR 2014, 243 (244); OLG Hamburg BeckRS 2019, 18529 Rn. 46.

[1984] Art. 159 Gesetz über die Handelsgesellschaften vom 10.8.1915; OLG Jena DB 1998, 1178 = IPRax 1998, 364 mAnm *Bechtel* IPRax 1998, 348; *Putz* in Hirte/Bücker GrenzübGes § 8 Rn. 32; *Putz* in Hirte/Bücker GrenzübGes § 9 Rn. 14 mit großzügiger Vermutung zu Gunsten des Satzungssitzes sowie Möglichkeit zur „Domizilierung"; *Teichmann* in Montalenti/Notari (Hrsg.), Diritto societario europeo: quo vadis?, 2023, 175 (198); *Cuniberti,* Droit International Privé Luxembourgeois, Volume 1, Conflit de lois, Théorie générale, Obligations, biens, sociétés, 2020.

[1985] Vgl. öOGH NZG 2022, 1072 mAnm *Thomale;* öWBl. 1996, 36 (37) = IPRax 1997, 126 mAnm *Leible* IPRax 1997, 133; *Stiegler* ZGR 2017, 312 (350); *Koppensteiner* GmbHG, 2. Aufl. Wien 1999, *Lurger* IPRax 2001, 346.

[1986] Art. 17 IPRG 2011 (IPRax 2011, 609); dazu *Wowerka* IPRax 2011, 299 (300 f.); *Pazdan* IPRax 2012, 77 (79) unter V.2; früher Art. 9 § 2 IPRG 1965; *Jara/Schlichte* RIW 2006, 106 ff.

[1987] Art. 3 Gesetz über die Handelsgesellschaften vom 2.9.1986, deutsche Übersetzung in IPRax 1987, 46 *(Jayme); Steiger,* Grenzüberschreitende Fusion und Sitzverlegung von Kapitalgesellschaften innerhalb der EU nach spanischem und portugiesischem Recht, 1997, 260 ff.; *Stieb* GmbHR 2004, 494; allg. *Marques dos Santos,* Estudos de direito da nacionalidade, Coimbra 1998, 45 ff.; *Rathenau* RIW 2023, 6 (10).

[1988] Abgedruckt in IPRax 2003, 164; RabelsZ 66 (2002), 748; aA *Rudolf* IPRax 2003, 158 (160) (Gründungstheorie).

[1989] Vgl. *Cabanas Trejo/Vestweber* ZVglRWiss 95 (1996), 444 (446); *Keil* in Behrens, Die Gesellschaft mit beschränkter Haftung im internationalen und europäischen Recht, 2. Aufl. 1997, Rn. E 51; *Steiger,* Grenzüberschreitende Fusion und Sitzverlegung von Kapitalgesellschaften innerhalb der EU nach spanischem und portugiesischem Recht, 1997, 157 ff.; *Farando Miguel* Riv. soc. 1998, 1591 (1594 f.) mwN; vgl. auch *Stücker,* Das spanische internationale Gesellschaftsrecht, 1999; *Krupski* ZVglRWiss 96 (1997), 406; *Sandrock* RIW 2006, 658 ff.

Außerhalb des EU/EWR-Bereiches folgen der Sitztheorie zB: **Argentinien,**[1990] **Australien,**[1991] die **Volksrepublik China** (§ 14 IPRG),[1992] der **Iran,**[1993] die **Republik Mazedonien** (Art. 116 Abs. 3 IPRG 2007),[1994] das **Fürstentum Monaco** (vgl. Art. 1 Abs. 4 und Art. 6 Nr. 5 IPRG 2017),[1995] **Montenegro** (Art. 19 Abs. 2 IPRG 2013),[1996] das **Sultanat Oman** (Art. 11 Abs. 2 ZGB),[1997] **Südkorea**[1998] und die **Türkei.**[1999] **478**

3. Bestimmung des Personalstatuts bei Gesellschaftsgründungen. a) Grundlagen. Bereits bei Gründung einer Gesellschaft – dh bei **Sachverhalten ohne Mobilitätskomponente** – ist häufig das Kollisions- und Sachrecht mehrerer Staaten zu beachten, und zwar immer dann, wenn der Verwaltungssitz der Gesellschaft außerhalb des Gründungsstaates liegt. Dabei sind drei Fallgestaltungen getrennt zu betrachten (→ Rn. 480 ff.), wobei auf die Vorgaben der Niederlassungsfreiheit nach dem AEUV jeweils im Sachzusammenhang eingegangen wird. Das so ermittelte Personalstatut gibt dabei zunächst nur Aufschluss darüber, nach welchem nationalen Gesellschaftsrecht sich die Organisation und Rechtsform der Gesellschaft sowie ihre Innen- und Außenbeziehungen beurteilen. Hinsichtlich zahlreicher Einzelheiten des Gründungsaktes (Gründungsvorvertrag, Formfragen, Eintragung der Gesellschaft, etc) ist im Hinblick auf andere kollisionsrechtliche Regelungen (etwa das Formstatut in Art. 11) sowie fremdenrechtliche Bestimmungen (etwa §§ 13d ff. HGB) eine differenzierte Betrachtungsweise geboten (Einzelheiten → Rn. 452 ff.). Die **grenzüberschreitende Sitzverlegung** wird in → Rn. 833 ff. als Unterfall der Unternehmensmobilität erläutert. **479**

b) Gesellschaften mit inländischem Verwaltungssitz. Eine Gesellschaft mit inländischem Verwaltungssitz kann **nicht nach ausländischem Recht gegründet** sein. Erfolgt die Gründung dennoch nach fremdem Recht, so ist diese unwirksam und das so geschaffene Gebilde erlangt keine Rechtsfähigkeit als ausländische juristische Person, sondern bloß als Personengesellschaft deutschen Rechts oder als einzelkaufmännisches Unternehmen in individueller Rechtsträgerschaft (→ Rn. 452 ff.).[2000] Dabei ist es ohne Belang, ob der Staat, nach dessen Recht die Gesellschaft gegründet wurde, kollisionsrechtlich der Sitz- oder der Gründungstheorie folgt.[2001] Allein der durch die Existenz der Gesellschaft am meisten berührte Staat des effektiven Verwaltungssitzes ist zur Entscheidung über das Personalstatut der Gesellschaft berufen. Zur Meistbetroffenheit → Rn. 380. Ist dies die BRepD oder ein anderer kollisionsrechtlich auf das Sitzerfordernis abstellender Staat (→ Rn. 477 f.), so bedeutet dies für die Gesellschaft, dass sie die Rechtsform eines im Gastland verfügbaren Gesellschaftstyps annehmen muss. Dies gilt – wie dargelegt – **auch für EU/EWR-ausländische Gesellschaften** (→ Rn. 389 f., allerdings str.). Will man für diese Gesellschaften auch bei inländischem Verwaltungssitz **im Gründungszeitpunkt** das ausländische Recht anwenden,[2002] so kommt es im Verhältnis zu EU-Sitztheorie-Staaten (→ Rn. 477) zur Rückverweisung auf deutsches Gesellschaftsrecht mit den in → Rn. 452 ff. dargestellten Rechtsfolgen („Handeln unter falschem Recht"). **480**

[1990] *Menicocci* Riv. dir. int. priv. proc. 2005, 1035 (1042) mit Verweis auf das Gesetz Nr. 19.550 über die Gesellschaften; dazu *Samtleben* IPRax 2016, 289; *Fernandez Arroyo* RabelsZ 80 (2016), 130.

[1991] Corporations Act 2001 sec. 5 (1) bis (3), (7), www.comlaw.gov.au/; allg. zum IPR *Nygh* RabelsZ 58 (1994), 727 (741).

[1992] Text in Riv. dir. int. priv. proc. 2011, 256 (engl.); *Cammerer* RIW 2011, 230 (233); *Pissler* RabelsZ 76 (2012), 1 (17).

[1993] *Khatib/Shahidi/Engelhardt* WiB 1997, 1232.

[1994] Deutscher Text in IPRax 2008, 158; dazu *Jessel-Holst* IPRax 2008, 154 (156).

[1995] Näher *Briére* Clunet 2018, 53; ferner Rechtsgutachten *Kindler* im Verfahren LG München I Az. 5 HK O 15088/15; aA LG München I IPRax 2021, 285 Rn. 24 und LS 2 (Gründungstheorie; unter zweifelhafter Berufung auf von der Klägerin vorgelegter unveröffentlichter Rspr.); *Wietzorek* IPRax 2021, 307 (311 ff.).

[1996] Deutscher Text in IPRax 2014, 556 mit Einführung *Jessel-Holst* IPRax 2014, 553.

[1997] Deutscher Text in IPRax 2014, 373.

[1998] § 16 S. 2 IPRG 2001; dt. Text in IPRax 2007, 479.

[1999] Art. 8 Abs. 4 IPRG 1982; *Hirsch/Tekinalp,* Das türkische Aktien- und GmbH-Recht, 2. Aufl. 1992, 114 ff.

[2000] BGHZ 151, 204 = NJW 2002, 3539 = IPRax 2003, 62 m. Aufs. *Kindler* IPRax 2003, 41; BGHZ 153, 353 (355) = NJW 2003, 1607 = BB 2003, 810 mAnm *Kindler;* OLG Celle NZG 2023, 23 = EWiR 2022, 710 mAnm *Stiegler* = GmbHR 2022, 1258 mAnm *Wachter* = GWR 2022, 382 [*Bachmeier/Kimmel*]; LSG Nordrhein-Westfalen BeckRS 2022, 32423 Rn. 20 ff.; OLG Zweibrücken RIW 2001, 373 (374) = NJW-RR 2001, 342; BayObLG DB 2003, 819 (820) = RIW 2003, 387; *Hausmann* in Reithmann/Martiny IntVertragsR Rn. 6.87.

[2001] *Ebenroth/Eyles* DB-Beil. 2/1988, 6; s. auch *Hausmann* in Hausmann/van Raad/Raupach/Veelken, Steuergestaltung durch doppelt ansässige Gesellschaften, 1989, 24.

[2002] So zB *Eidenmüller* ZIP 2002, 2233 (2243 f.); *Leible/Hoffmann* ZIP 2003, 926 (929); *Weller* IPRax 2003, 324 (327); *Sonnenberger* FS Lagarde, 2005, 757; *Schön* ZGR 2013, 333 (350 ff.).

481 **c) Gesellschaften mit ausländischem Verwaltungssitz.** Hat eine **nach dem Recht eines ausländischen Staates gegründete Gesellschaft** dort ihren effektiven Verwaltungssitz, so wird sie in der BRepD als wirksam gegründet angesehen. Dies folgt aus der Sitztheorie (→ Rn. 379 ff.). Hat sie dort nicht ihren effektiven Verwaltungssitz, sondern lag dieser schon im Gründungszeitpunkt in der BRepD, so gilt → Rn. 480. Lag der Verwaltungssitz bei Gründung in einem dritten Staat, so gilt → Rn. 484. Hat eine **nach deutschem Recht gegründete Gesellschaft** ihren anfänglichen effektiven Verwaltungssitz im Ausland, so ist danach zu unterscheiden, ob der ausländische Staat kollisionsrechtlich der Gründungs- oder der Sitztheorie folgt;[2003] auf die EU-Niederlassungsfreiheit kann sich eine inländische Gesellschaft nicht berufen[2004] (→ Rn. 482 f.).

482 Folgt der ausländische Staat kollisionsrechtlich der **Gründungstheorie** (→ Rn. 475 f.), so liegt hierin eine verbindliche **Rückverweisung** mit der Folge, dass eine nach deutschem Recht gegründete Gesellschaft trotz ihres ausländischen Verwaltungssitzes auch von der BRepD als wirksam gegründet anzusehen ist.[2005] Das gilt auch bei Verwaltungssitz in EU-Staaten, die zwar grundsätzlich der Sitztheorie folgen (→ Rn. 477), gegenüber EU-ausländischen Gesellschaften – hier: einer deutschen Gesellschaft – aber die Gründungsanknüpfung anwenden. Die Rückverweisung ergibt sich jeweils aus Art. 4 Abs. 1 S. 1 EGBGB.[2006] Bei **Kapitalgesellschaften** führt sie zu § 4a GmbHG, § 5 AktG,[2007] wonach ein inländischer Verwaltungssitz sachrechtlich nicht erforderlich ist.[2008] Auch bei einem ausländischen Verwaltungssitz ist die Gesellschaft **nach deutschem Sachrecht wirksam errichtet iSd § 9c GmbHG, § 38 AktG.** Probleme können sich hier aber etwa bei der Bestellung eines auslandsansässigen Geschäftsführers (→ Rn. 531) oder im Hinblick auf die Verlagerung der Buchführung ins Ausland ergeben (→ Rn. 193). Bei **Personenhandelsgesellschaften** besteht dagegen im Sachrecht keine freie Sitzwahl.[2009] Jedenfalls scheitert eine Handelsregistereintragung im Inland am Fehlen eines international und örtlich zuständigen Gerichts. Denn die Zuständigkeit besteht am „Sitz“ (§ 106 Abs. 1 HGB, § 105 FamFG) und damit ist nach § 106 Abs. 2 Nr. 1b HGB der Verwaltungssitz gemeint.[2010] Das gilt im Ergebnis auch bei einer „ausländischen Kapitalgesellschaft und Co. KG“ (→ Rn. 524 f.).[2011]

483 Folgt der ausländische Verwaltungssitzstaat hingegen seinerseits der **Sitztheorie** (→ Rn. 477 f.), kommt es zu keiner Rückverweisung. Die Gründung beurteilt sich nach dortigem Gesellschafts-

---

2003 *Ebenroth/Eyles* DB-Beil. 2/1988, 6; *Ebenroth/Eyles* IPRax 1989, 1 (8 ff.); *Hausmann* GS Blomeyer, 2004, 579 (594).

2004 EuGH ECLI:EU:C:2002:632 Rn. 70 = NJW 2002, 3614 – Überseering; dazu *Kindler* NJW 2003, 1073 (1075) zu Fn. 33; bestätigt durch EuGH ECLI:EU:C:2008:723 Rn. 107–110 = NJW 2009, 569 = EuZW 2009, 75 mAnm *Pießkalla* = DStR 2009, 121 mAnm *Goette* – Cartesio; dazu *Kindler* IPRax 2009, 189 (190 ff.); ferner *Bollacher* RIW 2009, 150; *Frenzel* EWS 2009, 158; *Frobenius* DStR 2009, 487; *Hennrichs* ua WM 2009, 2009; *Herrler* DNotZ 2009, 484; *Hoffmann/Leible* BB 2009, 58; *Knop* DZWiR 2009, 147; *Kußmaul/Ruiner* EWS 2009, 1; *Mörsdorf* EuZW 2009, 97; *Paefgen* WM 2009, 529; *Sethe/Winzer* WM 2009, 536; *Teichmann* ZIP 2009, 393; *Zimmer/Naendrup* NJW 2009, 545; BayObLGZ 2004, 24 = NZG 2004, 1116 = EWiR 2004, 375 m. KurzKomm. *Wachter* = DNotZ 2004, 725 mAnm *Thölke* = GmbHR 2004, 490 mAnm *Stieb* = DStR 2004, 1224 m. Aufs. *Weller* DStR 2004, 1218; OLG Brandenburg FGPrax 2005, 78 = ZIP 2005, 489; aA *W.-H. Roth* FS Heldrich, 2005, 973; *W.-H. Roth* in Lutter, Europäische Auslandsgesellschaften in Deutschland, 2005, 379; *Forsthoff* in Hirte/Bücker GrenzübGes § 2 Rn. 20 ff., alle mwN.

2005 BGH WM 1969, 671 (672) = IPRspr. 1968/69 Nr. 256 betr. OHG deutschen Rechts mit Sitz in der Tschechoslowakei; *Kaligin* DB 1985, 1449 (1450 f.) zum Rechtszustand vor Inkrafttreten des IPR-Neuregelungsgesetzes vom 25.7.1986, BGBl. 1986 I 1142; Staudinger/*Großfeld,* 1998, IntGesR Rn. 94, 107 ff.; *Hausmann* in Reithmann/Martiny IntVertragsR Rn. 6.91; *Ebenroth/Eyles* DB-Beil. 2/1988, 6; *Hausmann* in Hausmann/van Raad/Raupach/Veelken, Steuergestaltung durch doppelt ansässige Gesellschaften, 1989, 27.

2006 *Ebenroth/Eyles* DB-Beil. 2/1988, 6; *Ebenroth/Eyles* IPRax 1989, 1 (9); *Hausmann* in Reithmann/Martiny IntVertragsR Rn. 6.91.

2007 Nach Aufhebung der § 4a Abs. 2 GmbHG, § 5 Abs. 2 AktG durch das MoMiG vom 23.10.2008 (BGBl. 2008 I 2026) kann der Verwaltungssitz frei gewählt werden; vgl. *Kindler* IPRax 2009, 189 (197 ff.) mwN; *Kindler* in Goette/Habersack, Das MoMiG in Wissenschaft und Praxis, 2009, 233, 243 ff.; RegE MoMiG, BT-Drs. 16/6140, 29.

2008 *Kindler* IPRax 2009, 189 (199); *Kindler* in Goette/Habersack, Das MoMiG in Wissenschaft und Praxis, 2009, 233, 250 f.; anders noch *Kindler* Der Konzern 2006, 811 (815 f.); ferner *Leitzen* NZG 2009, 728; zur sachrechtlichen Qualifikation des § 4a GmbHG auch *Henke,* Verwaltungssitzverlegung von Gesellschaften mit beschränkter Haftung aus Deutschland und Südafrika und deren kollisionsrechtliche Folgen, 2013; *Schurig* FS Coester-Waltjen, 2015, 745 (747).

2009 BGH WM 1957; 999, 1000; 1969, 293 (294); Oetker/*Lieder* HGB § 106 Rn. 17; KKRD/*Kindler* HGB § 106 Rn. 2; krit. *Koch* ZHR 173 (2009), 101 ff.

2010 Oetker/*Lieder* HGB § 106 Rn. 17; *Stiegler* ZGR 2017, 312 (322); abl. *Koch* ZHR 173 (2009), 101 (114 f.); vgl. aber auch BGH WM 1969, 671 (672).

2011 *Ebenroth/Hopp* JZ 1989, 883 (887 f.).

recht.[2012] Aus dessen Sicht liegt ein „Handeln unter falschem Recht" vor (→ Rn. 452 ff.). Häufig wird es daher an der nach ausländischem Recht erforderlichen Registereintragung im Sitzstaat fehlen.[2013] Die Eintragung in ein deutsches Handelsregister kommt in keinem Fall in Betracht. Fehlt es an einem inländischen Satzungssitz, so kann ein Registerverfahren schon mangels Zuständigkeit (§ 14 AktG, § 7 Abs. 1 GmbHG; § 105 FamFG) nicht stattfinden.[2014] Aber auch bei inländischem Satzungssitz kann eine Registereintragung nicht erfolgen, wenn der tatsächliche Sitz der Hauptverwaltung der Gesellschaft im Ausland liegt. Denn auf Grund der Sitzanknüpfung liegt ein Gebilde ausländischen Rechts vor, dem der Zugang zum inländischen Handelsregister verwehrt ist.[2015] Dies folgt im Umkehrschluss aus §§ 13d ff. HGB, die das deutsche Handelsregister nur für **Zweigniederlassungen** von Gesellschaften ausländischen Rechts öffnen, nicht aber für diese selbst. Gegen den hier vertretenen Standpunkt kann nicht eingewandt werden, die Sitztheorie diene lediglich Abwehrinteressen der BRepD, die eine solch weitreichende Wirkung nicht erforderten.[2016] Die Sitztheorie soll auch international einer einheitlichen Entscheidung dienen, die dann nicht gewährleistet wäre, wenn eine Gesellschaft, die von dem am meisten betroffenen Staat noch nicht einmal als wirksam gegründet angesehen wird, gegen den Willen dieses Staates gleichwohl von der BRepD anerkannt wird.[2017] Die durch § 4a GmbHG, § 5 AktG idF des **MoMiG** vom 23.10.2008 (BGBl. 2008 I 2026) geschaffene **freie Sitzwahl bei Kapitalgesellschaften geht hier ins Leere,** weil das deutsche Gesellschaftsrecht schon kollisionsrechtlich nicht anwendbar ist. Mit Recht hat es der **BGH** im Fall Trabrennbahn **abgelehnt,** die genannten Vorschriften als **Abschaffung der Sitztheorie** zu interpretieren.[2018] Im **Personenhandelsgesellschaftsrecht** kommt eine freie Sitzwahl ohnehin nicht in Betracht (→ Rn. 475).

d) Nach ausländischem Recht gegründete Gesellschaften mit Sitz in einem anderen ausländischen Staat. Praktisch bedeutsam ist im Verhältnis zu Gründungstheoriestaaten (→ Rn. 475 f.) auch die kollisionsrechtliche **Weiterverweisung.** Sie kommt in Betracht, wenn eine nach ausländischem Recht gegründete Gesellschaft ihren effektiven Verwaltungssitz in einem anderen ausländischen Staat hat.[2019] In diesem Fall ist die Gesellschaft – vorbehaltlich dessen, dass der Gründungsstaat ihr weiterhin Rechtsfähigkeit zugesteht – auch in der BRepD anzuerkennen, wenn dies gemäß Art. 4 Abs. 1 S. 1 EGBGB als verbindliche Weiterverweisung auf das Recht des Inkorporationsstaates zu werten ist.[2020] Hingegen ist die Anerkennung zu versagen, wenn im Sitzstaat die Sitztheorie Anknüpfungsregel ist (→ Rn. 477 f.), und zwar wiederum (→ Rn. 480) unabhängig davon, ob der Staat, nach dessen Recht die Gesellschaft gegründet ist, sie anerkennt oder nicht.[2021] 484

2012 *Großfeld* RabelsZ 31 (1967), 1 (12, 47); *Batiffol/Lagarde* IPR I Rn. 193-1.

2013 Vgl. zum franz. Gesellschaftsrecht *Sonnenberger/Dammann* FrHWiR, 3. Aufl. 2008, Rn. III 46 zu Art. 1842 C. c. fr.; zum it. Gesellschaftsrecht vgl. *Kindler,* Einführung in das italienische Recht, 3. Aufl. 2022, § 18 Rn. 13 zu Art. 2331, 2475 C. c. it.; zu Portugal instruktiv *Stieb* GmbHR 2004, 494.

2014 BGHZ 19, 102 (105 f.) = NJW 1956, 183; BGHZ 29, 320 (328) = NJW 1959, 1126; vgl. bereits RGZ 107, 94 (97) und zum Ganzen Koch AktG § 5 Rn. 5; aA *Grasmann,* System des internationalen Gesellschaftsrechts, 1970, 215.

2015 OLG Zweibrücken NJW 1990, 3092 = EWiR 1990, 947 m. KurzKomm. *Bokelmann* = IPRax 1991, 406 mAnm *Großfeld/König* IPRax 1991, 380; ebenso das spanische Recht, vgl. *Steiger,* Grenzüberschreitende Fusion und Sitzverlegung von Kapitalgesellschaften innerhalb der EU nach spanischem und portugiesischem Recht, 1997, 164.

2016 So aber *Wiedemann* GesR I § 14; *Berg* GmbHR 1997, 1136 (1138).

2017 *Ebenroth/Eyles* DB-Beil. 2/1988, 6; vgl. auch §§ 23, 80 S. 2 BGB; hierzu Staudinger/*Großfeld,* 1998, IntGesR Rn. 87.

2018 BGHZ 178, 192 Rn. 22 = NJW 2009, 289 – Trabrennbahn, im Anschluss am *Kindler* Die AG 2007, 721 (725 f.); vertiefend *Kindler* IPRax 2009, 189 (197 ff.); *Weller* IPRax 2017, 167 (171); nachfolgend BGH ZIP 2009, 2359; NZG 2017, 347 Rn. 20.

2019 *Ebenroth/Eyles* DB-Beil. 2/1988, 6; Staudinger/*Großfeld,* 1998, IntGesR Rn. 97 ff., 107 ff.

2020 RGZ 117, 215 (217) – Eskimo Pie (Gründungsstaat Delaware, Sitzstaat Kentucky); BGH WM 1984, 1125 (1128) = IPRax 1985, 221 mAnm *Kötz* IPRax 1985, 205; NJW 2004, 3706 (3707); NVwZ-RR 2006, 28 (29) = TranspR 2005, 74 (Gründungsstaat Panama, Sitzstaat Niederlande); OLG Stuttgart BeckRS 2022, 8208 Rn. 23 = EWiR 2022, 421 mAnm *Weiss* (nach dem Recht der Cayman Islands gegründete Gesellschaft mit effektivem Verwaltungssitz im US-Bundestaat New York); OLG Hamburg BeckRS 2019, 18529 Rn. 47 (Gründungsstaat Marshall Islands, Sitzstaat Griechenland); OLG Stuttgart NJW 1974, 1627 = IPRspr. 1974 Nr. 7 (Gründungsstaat Liberia, Sitzstaat Bahamas bzw. Kanada); OLG Hamburg RIW 1988, 816; OLG Frankfurt NJW 1990, 2204 = EWiR 1990, 827 m. KurzKomm. *Ebenroth* = RIW 1990, 583 mAnm *Schütze* RIW 1990, 674 = IPRax 1991, 403 mAnm *Großfeld/König* IPRax 1991, 379, alle zur früheren, durch die Novellierung von 1986 aber nicht berührten Rechtslage; ferner *Ebenroth/Eyles* DB-Beil. 2/1988, 6; *Ebenroth/Eyles* IPRax 1989, 1 (9); Staudinger/*Großfeld,* 1998, IntGesR Rn. 108 f.; *v. Bar/Mankowski* IPR II § 7 Rn. 297 ff.; HCL/*Behrens/Hoffmann* GmbHG Allg. Einl. Rn. B 25.

2021 Staudinger/*Großfeld,* 1998, IntGesR Rn. 108; *Ebenroth/Eyles* DB-Beil. 2/1988, 6; HCL/*Behrens/Hoffmann* GmbHG Allg. Einl. Rn. B 25; aA *v. Bar/Mankowski* IPR II § 7 Rn. 297 ff.

Die Annahme einer Weiterverweisung steht unter den gleichen Vorbehalten wie die Rückverweisung.

485 **4. Sonderfälle. a) Austritt des Sitzstaates aus der Europäischen Union („Brexit").** Seit dem Austritt des Vereinigten Königreichs aus der Europäischen Union (Brexit) mit Wirkung vom 31.1.2020 ist das Vereinigte Königreich kein Mitgliedstaat der EU mehr. Ohne eine Übergangsregelung wäre das Unionsrecht (und damit auch die EU-Niederlassungsfreiheit) seitdem nach dem Rechtsgedanken von Art. 50 Abs. 3 EUV im Vereinigten Königreich nicht mehr unmittelbar anwendbar. Zur Vermeidung eines solchen „Hard Brexit" sieht Art. 126 AuA (Austrittsabkommen zwischen der EU und dem Vereinigten Königreich vom 17.10.2019, in Kraft getretenen am 1.2.2020) einen **am 31.12.2020 abgelaufenen Übergangszeitraum** vor, während dem das Unionsrecht gemäß Art. 127 AuA grds. – sofern im Abkommen nichts anderes bestimmt ist – „für das Vereinigte Königreich sowie im Vereinigten Königreich" weitergilt. Der in Art. 127 und 66 lit. a AuA ausgesprochene Rechtsanwendungsbefehl zugunsten der Fortgeltung des Unionsrechts im Vereinigten Königreich bedurfte nach dem Brexit einer Umsetzung im nationalen britischen Recht. Entsprechend hat das britische Parlament im Dezember 2019 und Januar 2020 ein innerstaatliches Brexit-Umsetzungsgesetz – die sog. European Union (Withdrawal Agreement) Act 2020) beschlossen. Das deutsche Brexit-Übergangsgesetz (BrexitÜG) ist demgegenüber bereits am 3.4.2019 im Bundesgesetzblatt veröffentlicht und am 1.2.2020 – zeitgleich mit dem Austrittsabkommen – in Kraft getreten (§ 4 Abs. 1 BrexitÜG). § 1 BrexitÜG sieht unter anderem vor, dass das Vereinigte Königreich „während des Übergangszeitraums […] im Bundesrecht vorbehaltlich der in § 2 BrexitÜG genannten Ausnahmen […] als Mitgliedstaat der Europäischen Union" gilt.

486 Der **Brexit** hatte weitreichende **gesellschaftsrechtliche Folgen.**[2022] Zum Datum seiner Wirksamkeit – am **1.1.2021** (Art. 50 Abs. 3 EUV; → Rn. 485) – trat ein **Statutenwechsel** bei solchen **Gesellschaften** ein, die ihren **Satzungssitz im Vereinigten Königreich,** ihren **Verwaltungssitz** hingegen **in der BRepD** oder einem anderen Sitzheorie-Staat (→ Rn. 477) hatten.[2023] Diese Gebilde erfuhren – in Ermangelung abweichender staatsvertraglicher Regelungen iSd Art. 50 Abs. 2 EUV – eine Umwandlung in Personengesellschaften deutschen Rechts mit der Folge der unbeschränkten persönlichen **Haftung** der Gesellschafter (→ Rn. 181, → Rn. 854) und der **Registerpflichtigkeit nach § 106 HGB.**[2024] Dies gilt auch für Verbindlichkeiten aus der Zeit, als die Gesellschaft noch unter dem Schutz der Niederlassungsfreiheit im Inland operieren konnte und als Kapitalgesellschaft ausländischen Rechts lediglich mit ihrem Gesellschaftsvermögen haftete.[2025] Aus Sicht der Gesellschafter waren die **rechtzeitige Verschmelzung auf eine deutsche Kapitalgesellschaft** (zu § 319 UmwG/§ 122m UmwG aF → Rn. 769, → Rn. 861) oder der Formwechsel in eine irische Ltd. zu erwägen. Auch die Verlegung des effektiven Verwaltungssitzes kam in Betracht, und zwar (1) in den Gründungsstaat oder (2) in einen Staat, dessen IPR der Gründungstheorie folgt (→ Rn. 475 f.).[2026] **Europäische Aktiengesellschaften** mit Satzungssitz im Vereinigten Königreich sind vom Brexit selbst dann betroffen, wenn ihr Verwaltungssitz im Vereinigten Königreich liegt. Denn der Fortfall der Geltung der SE-VO führt aus deutscher Sicht zu einer zwangsweisen Umwandlung in eine Gesellschaftsform des rein nationalen englischen Rechts (PLC).

487 **Seit 1.1.2021** können sich die dem britischen Recht unterliegenden Gesellschaften **nicht mehr** auf die **Niederlassungsfreiheit** nach Art. 49, 54 AEUV berufen.[2027] Soweit in der Lit.

2022 Zu den Folgen des „Brexit" für das internationale Gesellschaftsrecht (in Ermangelung einer ausdrücklichen Regelung der gegenseitigen Anerkennung der Rechtsfähigkeit) s. *Reuter* GPR 2022, 97; Zöller/*Althammer* ZPO § 50 Rn. 32; *Mansel/Thorn/Wagner* IPRax 2020, 97 (99 f.); *Grzeszick/Verse* NZG 2019, 1129; *Luy* DNotZ 2019, 484; *Mohamed* ZVglRWiss 2018, 189; *Mansel/Thorn/Wagner* IPRax 2019, 85 (87 ff.); *Lieder/Bialluch* NJW 2019, 805; *J. Schmidt* ZIP 2019, 1093; *Gernert* IPRax 2019, 365; zuvor schon *Freitag/Korch* ZIP 2016, 1361; *Mayer* BB 2016, 1731; *Bode/Bron* GmbHR 2016, R129; *Hess* IPRax 2016, 409 (417 f.); *Weller/Thomale/Benz* NJW 2016, 2378; *Seggewiße/Weber* GmbHR 2016, 1302; *Teichmann/Knaier* IWRZ 2016, 243; *Stiegler* in Kramme/Baldus/Schmidt-Kessel, Brexit. Privat- und wirtschaftsrechtliche Folgen, 2. Aufl. 2020, 329 ff.; *Gausing/Mäsch/Peter* IPRax 2017, 49; *Lieder/Bialluch* NotBZ 2017, 165 (mit Umwandlungsrecht); *Gätsch/Zwirlein/Großerichter* NZG 2017, 1041.

2023 *Seggewiße/Weber* GmbHR 2016, 1302.

2024 OLG Celle NZG 2023, 23 = EWiR 2022, 710 mAnm *Stiegler* = GmbHR 2022, 1258 mAnm *Wachter* = GWR 2022, 382 [*Bachmeier/Kimmel*]; LSG Nordrhein-Westfalen BeckRS 2022, 32423 Rn. 20 ff.; LG Berlin NZG 2023, 706 (Ltd. nach Brexit); ebenso aus österreichischer Sicht öOGH BeckRS 2022, 15284; *Seggewiße/Weber* GmbHR 2016, 1302 (1303) für Bestandsschutz analog Art. 7 EGBGB *Mäsch* ua IPRax 2017, 49 (54 f.).

2025 BGHZ 151, 204 = NJW 2002, 3539 = IPRax 2003, 62 mAnm *Kindler* IPRax 2003, 41; *Freitag/Korch* ZIP 2016, 1361 (1363 ff.); *Hess* IPRax 2016, 409 (418).

2026 *Seggewiße/Weber GmbHR 2016, 1302 (1304).*

2027 BGH NZG 2021, 702 Rn. 9 = EWiR 2021, 423 mAnm. *Lieder/Bialluch* = GmbHR 2021, 486 mAnm *Knaier;* dazu auch *Schollmeyer* NZG 2021, 692; *Zwirlein-Forschner* IPRax 2021, 357; KG GWR 2024, 181; OGH NZG 2022, 1072 mAnm *Thomale;* LSG NRW BeckRS 2022, 32423.

demgegenüber versucht wurde, aus dem am 1.5.2021 in Kraft getretenen **Handels- und Kooperationsabkommen** zwischen der EU und dem Vereinigten Königreich[2028] – namentlich aus Art. 128 HandelsAbk EU/UK (Marktzugang), Art. 129 HandelsAbk EU/UK (Inländergleichbehandlung) und Art. 130 HandelsAbk EU/UK (Meistbegünstigung) – abzuleiten, dass diese Gesellschaften **weiterhin** in den Genuss der **Niederlassungsfreiheit** kommen würden,[2029] ist dem **nicht zu folgen.** Die genannten Bestimmungen betreffen allein die Erleichterung von Investitionen. Eine Pflicht der EU bzw. ihrer Mitgliedstaaten zur Anerkennung von Gesellschaften des Vereinigten Königreiches im Sinn der Gründungstheorie ist daraus nicht zu folgern. Deutlich wird dies ua aus Art. 124 lit. k Ziff. ii HandelsAbk EU/UK zur **Begriffsbestimmung der „juristischen Person einer Vertragspartei".** Auf Seiten des Vereinigten Königreiches erfordert dies eine juristische Person, „die nach dem Recht des Vereinigten Königreichs gegründet oder errichtet ist *und im Gebiet des Vereinigten Königreichs materielle Geschäftstätigkeiten ausübt*". Zudem stellt der Vorbehalt im Anh. 19 Nr. 1 zu lit. a HandelsAbk EU/UK klar, dass eine „Behandlung, die nach dem AEUV juristischen Personen gewährt wird, die nach dem Recht der Union oder eines Mitgliedstaats gegründet wurden und ihren satzungsmäßigen Sitz, ihre Hauptverwaltung oder ihre Hauptniederlassung innerhalb der Union haben, einschließlich solcher, die in der Union von Investoren des Vereinigten Königreichs errichtet wurden, […] juristischen Personen, die außerhalb der Union niedergelassen sind, sowie Zweigniederlassungen oder Repräsentanzen dieser juristischen Personen, einschließlich Zweigniederlassungen oder Repräsentanzen juristischer Personen des Vereinigten Königreichs, nicht gewährt [wird]."[2030]

b) Souveränitätswechsel. Die Übernahme der Herrschaft über das Gebiet, in dem der Verwaltungssitz einer Gesellschaft liegt, durch einen anderen Staat, zB infolge von Gebietsabtretungen oder einer „dismembratio",[2031] kann zu einem Statutenwechsel führen (→ Einl. IPR Rn. 51 ff.).[2032] Dies gilt freilich nur dann, wenn das „alte" Gesellschaftsrecht durch ein neues ersetzt wird,[2033] wie zB für das Gebiet der ehemaligen DDR mit dem Inkrafttreten des bundesdeutschen Gesellschaftsrechts am 3.10.1990.[2034] Die auftretenden Probleme sind denen bei echten, internationalen Sitzverlegungen vergleichbar.[2035] Häufig werden Überleitungsvorschriften vom Erwerberstaat erlassen, um Anpassungsschwierigkeiten zu überwinden. Zu Sitzverlegungen aus einem als Kriegsfolge abgetretenen Gebiet in das Mutterland (Rückwanderung) → 3. Aufl. 1999, Rn. 409. Zur Behandlung von Gesellschaften bei Auflösung eines Staates und Neubildung von Nachfolgestaaten → Einl. IPR Rn. 51 ff. 488

VI. Umfang des Personalstatuts

1. Allgemeines. Der Regelungsbereich des Personalstatuts umfasst grundsätzlich **alle gesellschaftsrechtlichen Verhältnisse.**[2036] Nur wer einer der Modifikationen der Gründungstheorie 489

2028 Abkommen über Handel und Zusammenarbeit zwischen der Europäischen Union und der Europäischen Atomgemeinschaft einerseits und dem Vereinigten Königreich Großbritannien und Nordirland andererseits, ABl. 2021 EU L 149, 10; dazu *Kübek ua* Handels- und Kooperationsantrag EU/GB, 2022.

2029 *Schmidt* EuZW 2021, 613 (615 ff.); *Zwirlein-Forschner* IPRax 2021, 357 (360 f.).

2030 Vgl. Anhang SERVIN-1 Nr. 10 des (vorläufigen) Handels- und Kooperationsabkommens v. 24.12.2020 – ABl L 444/2020 vom 31.12.2020; ebenso OLG München NZG 2021, 1518 = ZVertriebsR 2022, 45 mAnm *Flohr* = BB 2021, 2447 mAnm *Otte-Gräbener* = RIW 2021, 839 mAnm *Hausmann* = EuZW 2021, 955 mAnm *Habighorst* = NJW-Spezial 2021, 656 [*Leuering*] = GWR 2021, 451 [*Ostermaier*]; dazu auch *Thomale/Lukas* IPRax 2023, 162; öOGH NZG 2022, 1072 Rn. 26. Zum Abkommen auch *Peers* Common Market Law Review 2022, 49; BMF-Schreiben v. 30.12.2020, DStR 2021, 113.

2031 Zum Zerfall Jugoslawiens als dismembratio vgl. OGH RIW 1997, 1044 (1045) mAnm *Seidl-Hohenveldern* = IPRax 1999, 178 mAnm *Schweisfurth/Blöcker* IPRax 1999, 187.

2032 Staudinger/*Großfeld*, 1998, IntGesR Rn. 706; *Busse* IPRax 1998, 155 (160); OLG Nürnberg IPRspr. 1950/51 Nr. 13 = NJW 1952, 109; BGH NJW 1967, 36. Führt der neue Staat sein Gesellschaftsrecht mit Rückwirkung ein, so kann der rückwirkenden Anwendung des neuen Rechts Art. 6 EGBGB entgegenstehen.

2033 Vgl. *Mann* Freundesgabe Hengeler, 1972, 196; Staudinger/*Großfeld*, 1998, IntGesR Rn. 706 f.; vgl. allg. *Ebenroth* BerGesVR 35 (1996), 235, (280 ff.).

2034 Art. 8 EVertr.; *Ebenroth/Wilken* JZ 1991, 1116 (1122); zur teilweisen Fortgeltung des DDR-Rechts vgl. die Kommentierungen in der → 4. Aufl. 2006, Art. 231 ff.; *Ebenroth* BerGesVR 35 (1996), 235 (295 ff.).

2035 *Beitzke*, Juristische Personen im Internationalprivatrecht und Fremdenrecht, 1938, 190; *Mann*, Freundesgabe Hengeler, 1972, 196; Staudinger/*Großfeld*, 1998, IntGesR Rn. 707.

2036 RGZ 83, 367; 153, 200; BGHZ 25, 134 (144) = NJW 1957, 1433; *Koppensteiner*, Internationale Unternehmen im deutschen Gesellschaftsrecht, 1971, 116; *Beitzke* ZHR 127 (1964/65), 1 (10); *Ebenroth/Sura* RabelsZ 43 (1979), 315 (317); *Wahle* RabelsZ 2 (1928), 149 (150); HCL/*Behrens/Hoffmann* GmbHG Allg. Einl. Rn. B 58; Soergel/*Lüderitz* EGBGB Anh. Art. 10 Rn. 16 ff.; Staudinger/*Großfeld*, 1998, IntGesR Rn. 16,

folgt, kommt notwendigerweise zur Ablehnung eines einheitlichen, umfassenden Personalstatuts.[2037] Bei Anwendung der Sitztheorie oder der Gründungstheorie in Reinform regelt das **Gesellschaftsstatut Außen- und Innenverhältnisse** der Korporation abschließend.[2038] Das folgt aus dem **Funktionszusammenhang** der gesellschaftsrechtlichen Normen, die Außen- und Innenverhältnisse der Gesellschaft bestimmen.[2039] Die einheitliche Regelung vermeidet somit Anpassungsprobleme (→ Einl. IPR Rn. 262 ff.), die sich aus einer Aufspaltung des **Gesellschaftsstatuts** ergeben.

490 Das **Gesellschaftsstatut** gilt deshalb grundsätzlich für die Entstehung der Korporation, ihre Rechtsfähigkeit, die innere Verfassung, die internen Beziehungen zwischen der Gesellschaft und ihren Mitgliedern und deren Beziehungen untereinander, für die Vertretung nach außen und die Haftung, und schließlich auch für die Auflösung, Abwicklung und Beendigung der Gesellschaft.[2040] Gesonderten Anknüpfungsregeln, die selbstverständlich zu einer anderen Rechtsordnung führen können, unterliegen das allgemeine Zivil- sowie das Insolvenzrecht.[2041]

491 Ausnahmen vom Grundsatz der Geltung des Personalstatuts sind allerdings gegenüber dem Gründungsrecht eher zu rechtfertigen als gegenüber dem Recht des tatsächlichen Verwaltungssitzes. Denn letztere Rechtsordnung steht den durch das Gesellschaftsrecht zu schützenden Drittinteressen näher als das allein von den Gesellschaftern bestimmte Gründungsrecht (→ Rn. 380 ff.). Auch im Verhältnis zu EU-Gesellschaften kann sich daher eine Durchbrechung des ausländischen Gesellschaftsstatuts durch inländisches Gesellschaftsrecht ergeben, soweit dessen Anwendung EU-rechtlich keine – oder eine gerechtfertigte – Beschränkung der Niederlassungsfreiheit darstellt (→ Rn. 388 ff.).[2042]

492 **2. Gründungsvorgänge.** Bei der Gründung muss hinsichtlich der verschiedenen Schritte, die dieser Vorgang umfasst, differenziert werden.[2043] Dabei unterliegen dem Gesellschaftsstatut auch die Meldepflichten nach dem Geldwäschegesetz (§ 20 GwG).[2044]

493 **a) Gründungsvorvertrag.** Für den Gründungsvorvertrag gilt nach hM das schuldrechtliche **Vertragsstatut,**[2045] weil hier lediglich die Rechte und Pflichten inter partes in Rede stehen; eine Teilnahme am Rechtsverkehr als Gesellschaft kann in diesem Stadium noch nicht hinreichend konkretisiert werden. Haben die Parteien **keine Rechtswahl** getroffen, so gilt in der Regel **das die künftige juristische Person regelnde Recht** (Art. 3 Abs. 1 S. 2 Rom I-VO).[2046] Eine abweichende Meinung[2047] will dieses Recht zwingend entscheiden lassen, weil es sich um eine Vereinbarung über Erfordernisse der vorgesehenen Gründung handle, deren Inhalt und Zulässigkeit sich nur aus dem Statut der zu gründenden Gesellschaft ergeben könne. Dabei wird übersehen, dass es sich bei dem Gründungsvorvertrag keinesfalls um eine Wirksamkeitsvoraussetzung der Gründung selbst handelt, sondern allein um die schuldrechtliche Verpflichtung, eine Gesellschaft in Übereinstimmung mit den entsprechenden gesetzlichen Bestimmungen zu gründen (→ BGB Vor § 705 Rn. 25). –

249; vgl. auch den Entwurf des International Company Law Committee in ILA, Report of the Forty-Seventh-Conference 1956, 373; rechtspolitisch zur Reichweite des Gesellschaftsstatuts *Eidenmüller* in Sonnenberger Vorschläge und Berichte 469 ff.; näher zum Umfang des Personalstatuts auch BeckOGK/*Großerichter/Zwirlein-Forschner,* 1.12.2021, IPR Internationales Gesellschaftsrecht – Allgemeiner Teil Rn. 194 ff.

[2037] Staudinger/*Großfeld,* 1998, IntGesR Rn. 16; besonders deutlich *Grasmann,* System des internationalen Gesellschaftsrechts, 1970, 63; abw. (aber ohne Begr.) *Wiedemann* GesR I § 14 IV pr., S. 812; vgl. iÜ dazu → Rn. 390 ff.

[2038] HCL/*Behrens/Hoffmann* GmbHG Allg. Einl. Rn. B 80; *Kegel/Schurig* IPR § 17 II 2; Staudinger/*Großfeld,* 1998, IntGesR Rn. 249.

[2039] *Ebenroth* FS Meyer-Hayoz, 1982, 101 (106 ff.); *Loussouarn/Bredin,* Droit de commerce international, 1969, Nr. 324, S. 370 und Nr. 363, S. 428; *R. Müller,* Kollisionsrechtliche Probleme der Durchgriffslehre bei Kapitalgesellschaften, 1974, 87; *Wiedemann* FS Kegel, 1977, 198; Staudinger/*Großfeld,* 1998, IntGesR Rn. 249; *Rehm* in Eidenmüller Ausl. KapGes. § 4 Rn. 37; *Weller* DStR 2003, 1800 (1803).

[2040] Vgl. die Auflistung in RGZ 73, 366 (367); *Kaligin* DB 1985, 1449 (1451); ferner Art. 155 des schweiz. IPRG, dazu *Ebenroth/Messer* ZSchweizR 108 (1989) II, 49 (76 f.); s. auch Art. 25 Abs. 2 it. IPRG, hierzu *Kindler* RabelsZ 61 (1997), 225 (281 ff.).

[2041] Vgl. BGH NJW 2005, 1648 (1650).

[2042] Vgl. zum Spielraum für die Anwendung deutschen Gesellschaftsrechts allg. *Forsthoff* in Hirte/Bücker GrenzübGes § 2 Rn. 34 ff.; *Eidenmüller* in Eidenmüller Ausl. KapGes. § 4 Rn. 1 ff.

[2043] Zur Haftung sog. Gründungsagenturen in internationalen Fällen *Knöfel* RIW 2011, 389.

[2044] *Schaub* DStR 2017, 1438; *Kieninger* ZfPW 2018, 121.

[2045] BGH WM 1975, 387 = IPRspr. 1975 Nr. 6; RG IPRspr. 1931 Nr. 11; dahingestellt in BGH WM 1969, 291 (292); *Wolff* IPR 117 f.; Soergel/*Lüderitz* EGBGB Anh. Art. 10 Rn. 25; Staudinger/*Großfeld,* 1998, IntGesR Rn. 257; HCL/*Behrens/Hoffmann* GmbHG Allg. Einl. Rn. B 88.

[2046] RG IPRspr. 1933 Nr. 5; Soergel/*Lüderitz* EGBGB Anh. Art. 10 Rn. 25; offengelassen in BGH WM 1969, 787 = IPRspr. 1968/69 Nr. 23.

[2047] MüKoAktG/*Heider* AktG Einl. Rn. 133; GroßkommAktG/*Assmann* AktG Einl. Rn. 572.

Die **Haftung** nach den Grundsätzen über das **betriebsbezogene Geschäft** in diesem Stadium[2048] ist dem jeweiligen Geschäftsstatut zu entnehmen, das nach Art. 12 EGBGB analog anzuknüpfen ist.[2049] Ist danach aus einem betriebsbezogenen Geschäft als Rechtsträger des Unternehmens eine Personengesellschaft verpflichtet („Vorgründungsgesellschaft"), so richtet sich die Haftung von deren Gesellschaftern nach dem Statut dieses Verbandes. Ist die Vorgründungsgesellschaft selbst niederlassungsberechtigt nach dem AEUV, so findet deren Gründungsrecht Anwendung (→ Rn. 245), anderenfalls das am Verwaltungssitz geltende Recht.

b) Errichtung der Gesellschaft. Die **materiellen Wirksamkeitserfordernisse** der Errichtung der Gesellschaft ergeben sich aus dem **Gesellschaftsstatut.**[2050] Diese Anknüpfung ist zwingend, denn nur das Gesellschaftsstatut kann zur Beurteilung des Mindestinhalts des Gesellschaftsvertrages bzw. der Satzung und der Eintragungsvoraussetzungen herangezogen werden.[2051] Besonders deutlich wird die Notwendigkeit dieser Verknüpfung bei der Frage, ob die Gesellschaft ihrer Natur nach einem Gesellschaftstyp der betreffenden Rechtsordnung entspricht.[2052] Zu den Gründungsvorgängen, die ebenfalls nach dem Personalstatut beurteilt werden, gehört der Erwerb von Mitgliedsrechten, wie zB die Übernahme und Zeichnung von Gesellschaftsanteilen.[2053] Das gilt auch für Willensmängel und deren Anfechtung bei diesen Vorgängen,[2054] die Haftung der Gründer gegenüber der Gesellschaft,[2055] soweit diese nicht deliktsrechtlich zu qualifizieren ist,[2056] sowie für etwaige Staatsangehörigkeitserfordernisse bei den Gründungsgesellschaftern.[2057] Für die Haftungsfragen, die sich im Zusammenhang mit der Einbringung von Geschäftsbetrieben in die zu gründende Gesellschaft stellen, gilt das Recht am Ort der Belegenheit des Gesellschaftsvermögens.[2058] Die Geltung der lex rei sitae ergibt sich insbesondere aus einer sachgerechten Berücksichtigung der Interessen der Gläubiger des eingebrachten Betriebes.[2059] 494

c) Eintragung. Eintragungstermin, Inhalt und Rechtsfolgen der Eintragung richten sich nach dem **Gesellschaftsstatut.**[2060] Für das Eintragungsverfahren gilt die lex fori. In allen EU-Mitgliedstaaten, nach deren Rechtsvorschriften die Gesellschaftsgründung nicht öffentlich beurkundet werden muss, erfolgt eine vorbeugende Verwaltungs- oder gerichtliche Gründungsprüfung (Art. 10 GesR-RL). Dabei folgt die internationale Zuständigkeit der deutschen Registergerichte aus dem inländischen Satzungssitz der Gesellschaft (vgl. § 7 GmbHG, §§ 14, 36 AktG), hilfsweise aus dem inländischen effektiven Verwaltungssitz.[2061] Die Gründungsvorgänge werden mit der Eintragung in das Handelsregister abgeschlossen. Das Registergericht hat bei Eintragung in das deutsche Handelsregister auch festzustellen, ob die Gesellschaft ordnungsgemäß errichtet wurde und der **effektive Verwaltungssitz** sich im Inland befindet bzw. mit Aufnahme der Geschäfte im Inland befinden soll.[2062] Liegt der effektive Verwaltungssitz im Ausland, so muss – soweit nicht eine Rückverweisung zum Zuge kommt (→ Rn. 472 ff.) – die Eintragung mangels Anwendbarkeit des deutschen Sachrechts verweigert werden.[2063] Das Registergericht muss Ermittlungen grundsätzlich aber nur anstel- 495

[2048] Vgl. im deutschen Recht BGHZ 91, 148 (152) = NJW 1984, 2164; BGH NJW 1998, 1645; für das englische Recht *Rehm* in Eidenmüller Ausl. KapGes. § 10 Rn. 12.

[2049] LG München I NZG 2000, 106 mAnm *Borges* = EWiR 2000, 127 m. KurzKomm. *Kowalski* = IPRax 2001, 137 m. Aufs. *Thorn* IPRax 2001, 102.

[2050] RGZ 92, 74; Grüneberg/*Thorn* EGBGB Anh. Art. 12 Rn. 6; Staudinger/*Großfeld,* 1998, IntGesR Rn. 258.

[2051] Staudinger/*Großfeld,* 1998, IntGesR Rn. 426.

[2052] Nur dann kann von einer wirksamen Entstehung ausgegangen werden, RGZ 77, 19; BGHZ 53, 181 (184); OLG Frankfurt NJW 1964, 2355; LG Rottweil IPRax 1986, 110.

[2053] OLG Celle IPRspr. 1950/51 Nr. 126; OLG München IPRspr. 1929 Nr. 23; LG Hannover IPRspr. 1950/51 Nr. 12a; *Wolff* IPR 118; Staudinger/*Großfeld,* 1998, IntGesR Rn. 259.

[2054] OLG München IPRspr. 1929 Nr. 23; *Wolff* IPR 118; Staudinger/*Großfeld,* 1998, IntGesR Rn. 259.

[2055] Staudinger/*Großfeld,* 1998, IntGesR Rn. 259.

[2056] Vgl. BGH NJW 2005, 1648 (1650) zur deliktsrechtlichen Handelndenhaftung in der Auslandsgesellschaft (unter III.).

[2057] Zu derartigen Erfordernissen nach Art. 22 Gesellschaftsgesetz der VAE *Keimer/Kleinheyer* RIW 2015, 205 f.

[2058] RG Recht 11 (1907) Nr. 91 S. 68, Nr. 238 S. 135; *Bruch,* Erwerberhaftung kraft Gesetzes bei Unternehmens- und Vermögensveräußerung, 1962, 147; *Grasmann,* System des internationalen Gesellschaftsrechts, 1970, 1030.

[2059] So *Grasmann,* System des internationalen Gesellschaftsrechts, 1970, 1029, 1031.

[2060] Staudinger/*Großfeld,* 1998, IntGesR Rn. 260.

[2061] BayObLG DStR 2004, 1224; BayObLGZ 1965, 294 (299 ff.) unter II. = NJW 1965, 2254 = IPRspr. 1964/65 Nr. 28; *Weller* FS Blaurock, 2013, 497 (510).

[2062] Staudinger/*Großfeld,* 1998, IntGesR Rn. 264; vgl. iÜ ausf. → Rn. 426 f.; BGHZ 53, 181 (184); OLG Hamburg IPRspr. 1977 Nr. 5; OLG Frankfurt NJW 1964, 2355; *Raape* IPR 197; Kölner Komm AktG/*Kraft* AktG § 5 Rn. 3; Scholz/*Emmerich* GmbHG § 3 Rn. 4 ff.

[2063] AA HCL/*Behrens/Hoffmann* GmbHG Allg. Einl. Rn. B 53 ff. B 91 (bei kollisionsrechtlicher Deutung der § 4a GmbHG, § 5 AktG iSd Gründunsanknüpfung); wie hier aber BGHZ 19, 102 (105) = NJW 1956,

len, wenn es begründete Bedenken gegen die Annahme eines inländischen Verwaltungssitzes hat.[2064] Die falsche Eintragung bewirkt keine Heilung, sie ist vielmehr von Amts wegen zu löschen, da sie wegen des Fehlens einer wesentlichen Voraussetzung unzulässig war (§ 395 FamFG).[2065]

496 **d) Vorgesellschaft und Handelndenhaftung.** Die echte Vorgesellschaft unterliegt dem Statut der in Aussicht genommenen Gesellschaft.[2066] Nach dieser Rechtsordnung bestimmt sich auch die Haftung der für die Vorgesellschaft Handelnden (§ 41 Abs. 1 S. 2 AktG, § 11 Abs. 2 GmbHG).[2067] Das Schuldstatut kann hier nicht gelten. Das folgt schon daraus, dass die Frage der Haftung eines für die Vorgesellschaft Handelnden nicht durch eine andere Rechtsordnung beantwortet werden kann als die Frage, ob es sich um eine Gründungs- oder Vorgesellschaft handelt.[2068] Die unechte Vorgesellschaft (bei der eine Eintragungsabsicht nie bestand oder nach Gründung aufgegeben wurde) ist Personengesellschaft oder einzelkaufmännisches Unternehmen[2069] (→ Rn. 453 f.) und unterliegt im erstgenannten Fall den für Personengesellschaften maßgeblichen Anknüpfungsregeln (→ Rn. 244 ff.).

497 Umstritten ist, ob eine **ausländische Kapitalgesellschaft mit inländischem Verwaltungssitz** den Haftungsregeln über die Vorgesellschaft zu unterwerfen ist, wenn die Gesellschaftsorgane es entgegen §§ 13d ff. HGB – bzw. anderen mitgliedstaatlichen Durchführungsbestimmungen zur Zweigniederlassungs-Publizität nach Art. 28a ff. GesR-RL (→ Rn. 32 ff.) – **unterlassen** haben, die Zweigniederlassung der Gesellschaft zum Handelsregister des Verwaltungssitzstaates **anzumelden** (näher → Rn. 962 ff.). Relevant wird diese Frage für Gesellschaften, die trotz inländischen Verwaltungssitzes nach ausländischem Gründungsrecht zu beurteilen sind, dh Gesellschaften unter dem Schutz bilateraler Staatsverträge (→ Rn. 387) sowie vor allem EU-ausländische Gesellschaften (→ Rn. 123 ff., → Rn. 388 ff.). Der **BGH** hat im **Urteil vom 14.3.2005**[2070] eine **Handelndenhaftung** analog § 41 Abs. 1 S. 2 AktG, § 11 Abs. 2 GmbHG für diese Konstellation – englische ltd. mit Verwaltungssitz in der BRepD aber ohne eingetragene Zweigniederlassung – **verneint.** Das Zwangsgeld nach § 14 HGB sei die einzige Sanktion, die das deutsche Recht hier vorsehe.

498 Die Entscheidung ist **abzulehnen.** Publizitätsverweigerer können sich nicht auf ihre Niederlassungsfreiheit nach dem AEUV berufen. Tragendes Argument der **EuGH-Rspr.** zur Niederlassungsfreiheit von EU-Briefkastengesellschaften ist gerade der Umstand, dass die **Gläubiger** der Gesellschaft **durch die EU-Zweigniederlassungspublizität** (→ Rn. 497) **geschützt seien.**[2071] Zu diesem Schutz („Informationsmodell", → Rn. 9, → Rn. 93, → Rn. 207, → Rn. 342 f.) gehört, dass der Zweigniederlassungsstaat „geeignete Maßregeln" ergreifen muss, um die Offenlegungspflichten ausländischer Gesellschaften durchzusetzen (Art. 40 GesR-RL). Eine solche geeignete Maßregel ist das vom BGH angeführte Zwangsgeldverfahren schon wegen seiner notorischen Ineffizienz nicht,[2072] vor allem aber wegen der fehlenden Antragsbefugnisse für Gläubiger und Dritte, ein derartiges Verfahren in Gang zu bringen. So hat der EuGH selbst mehrfach die enge Begrenzung des Kreises der Antragsteller im früheren Sanktionssystem der Bilanzpublizität nach dem HGB als

---

183; BGHZ 29, 320 (328) = NJW 1959, 1126; RGZ 107, 97; OLG Dresden OLG Rspr. 38, 27; *Raape* IPR 197; Staudinger/*Großfeld,* 1998, IntGesR Rn. 264; abw. *Grasmann,* System des internationalen Gesellschaftsrechts, 1970, 215; *Kaligin* DB 1985, 1449 (1451).

2064 *Raape* IPR 197.

2065 Staudinger/*Großfeld,* 1998, IntGesR Rn. 264.

2066 BGH IPRspr. 1966/67 Nr. 14; RG IPRspr. 1935–44 Nr. 47; BayObLGZ 1965, 294; OLG München IPRspr. 1966/67 Nr. 15; OLG Nürnberg IPRspr. 1966/67 Nr. 17; KG NJW 1989, 3100; Cass. Riv. dir. int. priv. proc. 2011, 194; Staudinger/*Großfeld,* 1998, IntGesR Rn. 257, 261; HCL/*Behrens/Hoffmann* GmbHG Allg. Einl. Rn. B 88; rechtsvergleichend *Roth/Kindler,* The Spirit of Corporate Law, 2013, 48.

2067 RGZ 159, 33 (42 ff.); BayObLGZ 1965, 294 (299 ff.); LG München I NZG 2000, 106 mAnm *Borges* = EWiR 2000, 127 m. KurzKomm. *Kowalski* = IPRax 2001, 137 m. Aufs. *Thorn* IPRax 2001, 102; Grüneberg/*Thorn* EGBGB Anh. Art. 12 Rn. 6; Scholz/*Westermann* GmbHG Anh. § 4a Rn. 99; Staudinger/*Großfeld,* 1998, IntGesR Rn. 257; aA wohl OLG München IPRspr. 1929 Nr. 22; rechtsvergleichend zur aktienrechtlichen Handelndenhaftung *Heller* RIW 2010, 139.

2068 Ähnlich auch Scholz/*Westermann* GmbHG Anh. § 4a Rn. 99.

2069 BGHZ 134, 333 = NJW 1997, 1507; BGHZ 152, 290 = NJW 2003, 429.

2070 BGH NJW 2005, 1648 = RIW 2005, 542 mAnm *Leible/Hoffmann* = NZG 2005, 508 mAnm *Lehmann* = BB 2005, 1016 mAnm *Wand* = DB 2005, 1047 mAnm *Ressos* = EWiR 2005, 431 m. KurzKomm. *Bruns;* dazu *Kindler* JZ 2006, 178; ferner *Eidenmüller* NJW 2005, 1618; *Wachter* DStR 2005, 1817 ebenso OLG Hamm NZG 2006, 826; AG Bad Segeberg NZG 2005, 762 (764); der Rspr. zust. Staub/*Koch/Harnos* HGB § 13d Rn. 37; zutr. Kritik am BGH bei *Leible/Hoffmann* RIW 2005, 544.

2071 EuGH ECLI:EU:C:1999:126 Rn. 36 – Centros; ECLI:EU:C:2003:512 Rn. 135 = NJW 2003, 3331 – Inspire Art; eingehend *Wachter* DStR 2005, 1817.

2072 *Roth/Kindler,* The Spirit of Corporate Law, 2013, 167 f.; *Jansen* GmbHR 1998, 1; *Gernoth* BB 2004, 837; *Wachter* DStR 2005, 1819 f.; Staub/*Koch/Harnos* HGB § 13d Rn. 59 ff.

unzureichend unter Drittschutzgesichtspunkten beanstandet.[2073] Für das reine Amtsverfahren nach § 14 HGB, §§ 388 ff. FamFG muss dies erst recht gelten, zumal hierdurch – mit der Erzwingung der Anmeldung der Zweigniederlassung – erst die Grundlage für die Bilanzpublizität der Zweigniederlassung geschaffen wird, auf die der EuGH zur Herleitung der Niederlassungsfreiheit ebenfalls entscheidend abstellt.[2074] Als geeignete Maßnahme erscheint demgegenüber gerade die Handelndenhaftung analog § 41 Abs. 1 S. 2 AktG, § 11 Abs. 2 GmbHG. Denn sie soll nach ihrem Normzweck auf ihre Adressaten vor allem **Druck** ausüben, möglichst unverzüglich die Anmeldung zur **Eintragung zu veranlassen.**[2075] Dieses Regelungsanliegen findet sich auch im europäischen Gesellschaftsrecht (Art. 7 GesR-RL; Art. 16 Abs. 2 SE-VO, → Rn. 42 ff.).

Vor diesem Hintergrund kann sich die EU-Auslandsgesellschaft ebenso wenig wie die für sie Handelnden gegenüber einer Inanspruchnahme nach § 41 Abs. 1 S. 2 AktG, § 11 Abs. 2 GmbHG analog auf ihre Niederlassungsfreiheit berufen. Die genannten Vorschriften kommen kraft **Verwaltungssitzanknüpfung** zum Zuge (→ Rn. 379 ff., → Rn. 389). Weil der Haftungstatbestand nicht die Struktur der Gesellschaft betrifft, ist schon der **Beschränkungsbegriff nicht erfüllt** (→ Rn. 374, → Rn. 405). Hinzu kommt, dass sich **rechtsmissbräuchlich** verhält (→ Rn. 396 f.), wer die ausschließliche Anwendung des Gründungsrechts unter Berufung auf die Niederlassungsfreiheit einfordert, gleichzeitig die hierfür vorausgesetzte Offenlegung nach dem „Informationsmodell" (→ Rn. 9, → Rn. 93, → Rn. 207, → Rn. 342 f.)[2076] aber verweigert. Selbst wenn man eine Beschränkung der Niederlassungsfreiheit der EU-Gesellschaft auf Grund der Haftung der für sie Handelnden annehmen wollte, wäre dies nach dem Vier-Konditionen-Test des EuGH (→ Rn. 408 ff.) **gerechtfertigt: (1)** Auch die für eine **Inlandsgesellschaft** Handelnden unterliegen mangels Offenlegung einer Eigenhaftung, sodass keine Diskriminierung vorliegt.[2077] **(2)** In dem mit der Offenlegung der Zweigniederlassung verfolgten Gläubiger- und Verkehrsschutz[2078] liegt ein zwingender Grund des Allgemeininteresses. **(3)** Die Handelndenhaftung ist geeignet, ihre Adressaten zur Handelsregisteranmeldung der Zweigniederlassung zu veranlassen; von einer Druckfunktion dieses Haftungstatbestands geht ersichtlich auch der europäische Gesetzgeber selbst aus (→ Rn. 533). **(4)** Die Haftung ist schließlich erforderlich, da Selbstschutzmechanismen nicht ersichtlich sind, das ausländische Gründungsrecht den Fall nicht regelt und ein milderes, gleichermaßen effizientes Mittel fehlt (→ Rn. 962 ff.). 499

3. Formfragen. Formfragen iprechtlicher Natur treten auf, **wenn** ein **formbedürftiger** gesellschaftsrechtlicher **Vorgang außerhalb des Staates des Gesellschaftsstatutes** stattfindet. Dies kann etwa die Feststellung und Änderung des Gesellschaftsvertrages, die Abhaltung der Gesellschafterversammlung, umwandlungsrechtliche Maßnahmen, die Übertragung von Gesellschaftsanteilen, die Übernahme einer erhöhten Stammeinlage oder den Abschluss von konzernrechtlichen Unternehmensverträgen betreffen. Auch die – nach deutschem Recht zu beglaubigenden – Vollmachten für die Gründung einer Kapitalgesellschaft oder für die Abgabe von Übernahmeerklärungen im Rahmen von Kapitalerhöhungen, Übernahmeerklärungen selbst sowie Handelsregisteranmeldungen werden häufig im Ausland erteilt, abgegeben bzw. unterschrieben, sodass sich die Frage der Formwirksamkeit aus deutscher Sicht stellt.[2079] Hierbei sind jeweils zwei Aspekte getrennt zu prüfen. Zunächst geht es darum, die Rechtsordnung zu bestimmen, der die maßgeblichen Formvorschriften zu entnehmen sind. In Betracht kommen das Gesellschaftsstatut und/oder das Recht des Vornahmeortes (zur Anknüpfung → Rn. 501 ff.). Hält man allein das Gesellschaftsstatut für maßgeblich, so kommt es darauf an, ob die dort vorgesehene Form auch durch Vorgänge in einem anderen Staat gewahrt wird (→ Rn. 509). **Sachrecht:** Nach der RL (EU) 2019/1151[2080] sind die EU-Mitglied- 500

[2073] EuGH ECLI:EU:C:1997:581 Rn. 22 = NJW 1998, 129 – Daihatsu; dazu *Schön* JZ 1998, 193; EuGH ECLI:EU:C:1998:441 = NZG 1998, 902 – Kommission/Deutschland.

[2074] Vgl. nochmals EuGH ECLI:EU:C:1999:126 Rn. 36 – Centros; ECLI:EU:C:2003:512 Rn. 135 = NJW 2003, 3331 – Inspire Art.

[2075] Näher → BGB § 54 Rn. 54 ff.; dass die Anmeldung der Gesellschaftsgründung zu einer konstitutiven Eintragung führt (§ 11 Abs. 1 GmbHG), die Anmeldung der Zweigniederlassung hingegen nur zu einer verlautbarenden, ist aus Sicht des informationssuchenden Publikums nicht von Belang, aA *Hofmeister* FS Eisenhardt, 2007, 421 (426 f.).

[2076] EuGH ECLI:EU:C:1999:126 Rn. 36 = NJW 1999, 2027 – Centros; ECLI:EU:C:2003:512 Rn. 135 = NJW 2003, 3331 – Inspire Art.

[2077] Zutr. *Leible/Hoffmann* RIW 2005, 545; aA Staub/*Koch/Harnos* HGB § 13d Rn. 37, der aber die hier vorliegende Konstellation unzutr. mit der Errichtung einer inländischen Zweigniederlassung – statt mit der Gesellschaftsgründung – vergleicht.

[2078] Erwägungsgrund 16 GesR-RL (früher Erwägungsgrund 6 Zweigniederlassungs-RL; → Rn. 32 ff.); zu den Urteilen Centros und Inspire Art → Rn. 86 ff.

[2079] Zur Rspr. in diesem Problemkreis *Beckmann/Winter* ZIP 2023, 1729.

[2080] RL (EU) 2019/1151 des Europäischen Parlaments und des Rats vom 20.6.2019 zur Änderung der RL (EU) 2017/1132 im Hinblick auf den Einsatz digitaler Werkzeuge und Verfahren im Gesellschaftsrecht, ABl. EU 2019 L 186, 80.

staaten verpflichtet, die Möglichkeit der **Online-Gründung** von GmbH – auch **vom EU-Ausland aus** – einzuführen (Art. 13g GesR-RL), vgl. im deutschen Recht § 2 Abs. 3 GmbHG.[2081]

501 **a) Anknüpfung.** Es ist umstritten, ob Formvorschriften zwingend durch das Gesellschaftsstatut bestimmt werden, oder ob alternativ dazu auch auf die Einhaltung der Formvorschriften des Rechts des Vornahmeortes abgestellt werden kann. Letztere Betrachtungsweise wird von einem Teil des Schrifttums unter Hinweis auf den Wortlaut von Art. 11 Abs. 1 EGBGB vertreten (→ EGBGB Art. 11 Rn. 172 ff.).[2082] Dem ist ein Teil der oberlandesgerichtlichen Rspr. gefolgt,[2083] und dem II. Zivilsenat des BGH zufolge „spricht viel für die Richtigkeit" der Ansicht, die die alternative Wahrung der Ortsform auch für gesellschaftsrechtliche Vorgänge ausreichen lässt.[2084] Daran ist richtig, dass es nach Art. 11 Abs. 1 EGBGB für die Formwirksamkeit eines Rechtsgeschäfts genügt, wenn entweder die Formerfordernisse des Wirkungsstatuts – hier: des Gesellschaftsstatuts – oder diejenigen des Ortsrechts (locus regit formam actus) erfüllt sind. Zudem ist lediglich in Art. 11 Abs. 4 EGBGB eine ausdrückliche Einschränkung der alternativen Maßgeblichkeit des Ortsrechts enthalten.[2085] Diese Regelung scheint nur für die dort genannten Rechtsgeschäfte die Anwendung des Ortsrechts zu Gunsten der alleinigen Maßgeblichkeit des Wirkungsstatuts auszuschließen.[2086] Allerdings kann die Regel locus regit actum dann nicht eingreifen, wenn das Ortsrecht ein Rechtsgeschäft der fraglichen Art nicht kennt und eine Form daher überhaupt nicht zur Verfügung stellt (Formenleere).[2087]

502 Eine weniger stark vertretene Meinung im Schrifttum nimmt den gegenteiligen Standpunkt ein und erklärt für **alle** gesellschaftsrechtlichen Vorgänge stets und ausschließlich die Formvorschriften des Gesellschaftsstatuts für anwendbar.[2088] Wenn hierfür geltend gemacht wird, dass die nach deutschem Gesellschaftsrecht formbedürftigen Akte tief in die Struktur der Gesellschaft eingreifen und über den Kreis der unmittelbar Beteiligten hinausgehen,[2089] so vermag dies in dieser Allgemeinheit nicht zu überzeugen, denn für alle Gesellschaftstypen sind formbedürftige Vorgänge denkbar, bei denen diese Gesichtspunkte nicht auf der Hand liegen.[2090]

503 Die **hM** will die **Ortsform** jedenfalls **für solche Rechtsgeschäfte ausschließen, die sich unmittelbar auf die Verfassung einer Gesellschaft oder juristischen Person beziehen.**[2091]

2081 Näher *Kindler/Jobst* DB 2019, 1550; *Bayer/Schmidt* BB 2019, 1922.

2082 S. ferner *Adamski,* Form der Rechtsgeschäfte und materielle Interessen im IPR, 1979, 12; *Blumenwitz* DNotZ 1968, 739 f.; *Bokelmann* NJW 1972, 1730 ff.; *Müller-Gindullis* RabelsZ 38 (1974), 644; *Stephan* NJW 1974, 1598; *Wuppermann* RIW/AWD 1974, 356; *Mann* ZHR 138 (1974), 448 (452); *Bernstein* ZHR 140 (1976), 414; *Reuter* BB 1998, 116 (118 f.); *Sick/Schwarz* NZG 1998, 540 (542); *Wiedemann* GesR I § 14 IV 2b, S. 820; Soergel/*Kegel* EGBGB Art. 11 Rn. 24; Soergel/*Lüderitz* EGBGB Anh. Art. 10 Rn. 56; Staudinger/*Winkler v. Mohrenfels,* 2019, EGBGB Art. 11 Rn. 281 f.; *v. Hoffmann/Thorn* IPR § 10 Rn. 6; HCL/*Behrens/Hoffmann* GmbHG Allg. Einl. Rn. B 188; *Dutta* RIW 2005, 98 (100); *Kröll* ZGR 2000, 111 (115); aus der Rspr. vgl. RGZ 160, 225 (229).

2083 OLG Düsseldorf NZG 2011, 388 = RIW 2011, 329 m. abl. Aufs. *Kindler* RIW 2011, 257 = IPRax 2011, 395 m. zust. Aufs. *G. Schulze;* ferner *Olk* NZG 2011, 381; zuvor schon BayObLGZ 1977, 242 (244 ff.) = NJW 1978, 500 = IPRspr. 1977 Nr. 7b; OLG Stuttgart DNotZ 1981, 451 = IPRspr. 1981 Nr. 10a; OLG Frankfurt WM 1981, 946 (947 f.) = DNotZ 1982, 186 (187, 188); OLG Düsseldorf NJW 1989, 2000; OLG Köln RIW 1989, 565; OLG München BB 1998, 119 = RIW 1998, 147 (bestätigt durch Nichtannahmebeschluss des BGH vom 25.11.1998 – VIII ZR 41/98, nv); vgl. auch OLG Hamburg DB 1993, 132 f. (offengelassen); OLG Stuttgart NZG 2001, 40 (43) = RIW 2000, 629.

2084 BGHZ 80, 76 (78) = NJW 1981, 1160; bestätigt in BGH WM 1989, 1221 (1224) = NJW-RR 1989, 1259; NZG 2005, 41 (42) = RIW 2005, 144 (III. ZS.); nicht aufgegriffen in BGH NJW 2014, 2026.

2085 So insbes. *Wiedemann* GesR I § 14 IV II b, S. 821 zur gleichlautenden Bestimmung des Art. 11 Abs. 2 EGBGB aF.

2086 *Ferid* IPR Rn. 5-98, 4; Grüneberg/*Thorn* Art. 11 Rn. 20.

2087 RGZ 120, 225 (229): GmbH-Geschäftsanteilsabtretung in der Schweiz, als es dort die GmbH noch nicht gab; OLG Stuttgart NZG 2001, 40: keine Vergleichbarkeit der GmbH mit der US-amerikanischen Rechtsform der closed corporation; HCL/*Behrens/Hoffmann* GmbHG Allg. Einl. Rn. B 188.

2088 Staudinger/*Großfeld,* 1998, IntGesR Rn. 467 ff.; *Großfeld/Berndt* RIW 1996, 625 (630) für die Verpflichtung zur Übertragung von GmbH-Anteilen; *H. Schmidt* DB 1974, 1216 (1217); *Brambring* NJW 1975, 1255; *Geimer* DNotZ 1981, 406 (408); vgl. ferner *Winkler* NJW 1972, 981; 1973, 222; 1974, 1032; de lege ferenda auch *Hommelhoff* Deutscher Notartag 1989, 104 (112); *Löber* RIW 1989, 94 (95 f.); aus der Rspr. vgl. OLG Karlsruhe RIW 1979, 567 (568); OLG Hamm IPRspr. 1974 Nr. 11 (S. 41 ff.); ferner OGH IPRax 1990, 242 mAnm *Kralik* IPRax 1990, 255; OLG München NJW-RR 1993, 998; hierzu auch *Schütze* DB 1992, 1970.

2089 So etwa Staudinger/*Großfeld,* 1998, IntGesR Rn. 468.

2090 Zutr. *Goette* DStR 1996, 709 (710); HCL/*Behrens/Hoffmann* GmbHG Allg. Einl. Rn. B 189.

2091 In neuerer Zeit *Forschner* MittBayNot 2022, 429 (430; *Heckschen* DB 2018, 685 m. Fn. 12; zuvor schon ZB *Ebenroth/Wilken* JZ 1991, 1061 (1064); *Kropholler* ZHR 140 (1976), 394 (402); *Kropholler* IPR § 41 III 7; *Beitzke* FS Hallstein, 1966, 14 (23); *Mann* ZHR 138 (1974), 448 (453); *Rothoeft* FS Esser, 1975, 121 ff.;

Dies betrifft die Gründung, Umwandlung einschließlich Formwechsel und die Satzungsänderung.[2092] Dem ist beizutreten. Zwar bestimmt Art. 11 Abs. 4 EGBGB[2093] eine Ausnahme von der Geltung des Ortsstatuts seinem Wortlaut nach nur für Rechtsgeschäfte, durch die ein Recht an einer Sache begründet wird oder über ein solches Recht verfügt wird. Eine weitere Ausnahme von der Maßgeblichkeit der Ortsform bestimmt Art. 11 Abs. 5 Rom I-VO[2094] für Verträge, die ein dingliches Recht an einem Grundstück oder ein Recht zur Nutzung eines Grundstücks zum Gegenstand haben. Für gesellschaftsrechtliche Vorgänge findet sich hingegen keine ausdrückliche Regelung. Eine analoge Anwendung der Ausnahmen vom Ortsstatut rechtfertigt sich indessen aus einer identischen Interessenlage.[2095] Auch gesellschaftsrechtliche Vorgänge betreffen häufig die dingliche Zuordnung von Vermögensgegenständen. Durch die Begründung einer gesellschaftsrechtlichen Organisationsform werden Vermögenszuständigkeiten geändert und Sondervermögen geschaffen. Das öffentliche Interesse, eigentlicher Grund der Ausnahme vom Ortsstatut,[2096] ist hier in gleicher Weise wie bei Grundstücksgeschäften betroffen. Aus der analogen Anwendung von Art. 11 Abs. 4 EGBGB folgt daher die Formunwirksamkeit von gesellschaftsrechtlichen Rechtsgeschäften, wenn sie nicht den Formvorschriften des Personalstatuts entsprechen.

Die vorgenannten Grundsätze gelten nicht ohne weiteres bei Verträgen, die die **Übertragung von Gesellschaftsanteilen** an einer GmbH oder die **Verpflichtung zur Übertragung von solchen Anteilen** (→ Rn. 561 ff.) zum Gegenstand haben.[2097] Denn Vorgänge dieser Art betreffen die Verfassung der Gesellschaft nicht. Für die Übertragung von Gesellschaftsanteilen und die schuldrechtliche Verpflichtung hierzu soll nach einer Auffassung Art. 11 Abs. 1 EGBGB daher uneingeschränkt Anwendung finden;[2098] der Beurkundungszwang nach § 15 Abs. 3, 4 GmbHG sei als 504

HCL/*Behrens/Hoffmann* GmbHG Allg. Einl. Rn. B 189; *Goette* DStR 1996, 709 (711); GroßkommAktG/*Assmann* AktG Einl. Rn. 613; Koch AktG § 23 Rn. 10; GroßkommAktG/*Röhricht* AktG § 23 Rn. 48; *Lichtenberger* DNotZ 1986, 644 (653 f.); *Schervier* NJW 1992, 593 (594); *Kröll* ZGR 2000, 111 (115 f.); *Eidenmüller* in Eidenmüller Ausl. KapGes. § 4 Rn. 5, alle mN; *Dignas,* Die Auslandsbeurkundung von gesellschaftsrechtlichen Vorgängen, 2004, 163 ff., 185; in der Rspr. OLG Hamburg WM 1993, 1186 = IPRax 1994, 291 m. krit. Anm. *v. Bar/Grothe* IPRax 1994, 269 (Hauptversammlung im Ausland; → Rn. 567); LG Augsburg WiB 1996, 1167 mAnm *Zimmer* = GmbHR 1996, 941 mAnm *van Randenborgh* GmbHR 1996, 909 und mAnm *Kallmeyer* GmbHR 1996, 910 = EWiR 1996, 937 m. KurzKomm. *Wilken* = NJW-RR 1997, 420 für Verschmelzungsvertrag; LG Kiel BB 1998, 120 = EWiR 1998, 215 m. KurzKomm. *Horn/Kröll;* wN bei Staudinger/*Winkler v. Mohrenfels,* 2019, EGBGB Art. 11 Rn. 290.

2092 Zur Gründung KG NJW 2018, 1828 Rn. 15 = IPRax 2019, 69 m. Aufs. *Tietz* IPRax 2019, 36; dazu *Heckschen* DB 2018, 685; *J. Weber* MittBayNot 2018, 215; zur Verschmelzung KG DStR 2018, 2533; AG Charlottenburg GWR 2016, 96 mAnm *Berninger* = EWiR 2016, 593 m. Kurzkomm. *Schodder;* HCL/*Behrens/Hoffmann* GmbHG Allg. Einl. Rn. B 190; *Becker* NotBZ 2016, 321.

2093 Die Rom I-VO erfasst nur „Schuldverhältnisse", keine sachenrechtlichen Geschäfte.

2094 Die Vorläuferbestimmung in Art. 11 Abs. 4 EGBGB aF wurde durch das IPR-Anpassungsgesetz vom 25.6.2009 (BGBl. 2009 I 1574) aufgehoben.

2095 OLG Karlsruhe RIW 1979, 568; *Kropholler* ZHR 140 (1976), 394 (402); HCL/*Behrens/Hoffmann* GmbHG Allg. Einl. Rn. B 189; *Goette* DStR 1996, 709 (710); *Ebenroth/Wilken* JZ 1991, 1061 (1064).

2096 So *L. v. Bar,* Das internationale Privat- und Strafrecht, 1892, 203 f.

2097 Dazu *Kindler,* Geschäftsanteilsabtretungen im Ausland, 2010; *Kindler* BB 2010, 74 (zu LG Frankfurt a. M. NJW 2010, 683 = BB 2009, 2500 mAnm *Krause* = NZG 2009, 1353 mAnm *Böttcher* = IPRax 2011, 398 m. Aufs. *Schulze* IPRax 2011, 365); *Göthel/Graminsky* BB 2020, 514 (518 ff.); *Mankowski* NZG 2010, 201; praktisch bedeutsam: die Übertragung deutscher GmbH-Geschäftsanteile in der Schweiz. Dazu – mit Blick auf die zum 1.1.2008 dort eingeführte einfache Schriftform für die Abtretung von „Stammanteilen" an einer schweizerischen GmbH (Art. 785 Abs. 1 revOR) – zB *Engel* DStR 2008, 1593; *Müller-Chen* IPRax 2008, 45; *Saenger/Scheuch* BB 2008, 65; *Weller* Der Konzern 2008, 253; *Witt* ZGR 2009, 872 (879 f.); *Laeger* BB 2010, 2647.

2098 So (in einem konstruierten Fall: Juve Rechtsmarkt 05/11, 92) OLG Düsseldorf NJW 2011, 1370 = RIW 2011, 329 m. Aufs. *Kindler* RIW 2011, 257 = IPRax 2011, 395 m. Aufs. *Schulze* IPRax 2011, 365 = BB 2011, 785 mAnm *Stabenau* = NZG 2011, 388 mAnm *Olk;* dazu auch *Götze/Mörtel* NZG 2011, 727; BGH NZG 2005, 41 (42) = RIW 2005, 144 obiter dictum; RGZ 88, 227 (231); 160, 225 (231); KG IPRspr. 1932 Nr. 18; BayObLGZ 1977, 242 (244 ff.) = NJW 1978, 500 = IPRspr. 1977 Nr. 7b; OLG Frankfurt WM 1981, 946; OLG München DB 1998, 125 (126) = BB 1998, 119 = RIW 1998, 147 = EWiR 1998, 309 m. KurzKomm. *Mankowski;* OLG Stuttgart NZG 2001, 41 = RIW 2000, 629; LG Koblenz IPRspr. 1970 Nr. 144; *Mankowski* NZG 2010, 201 (207); BeckOGK/*Großerichter/Zwirlein-Forschner,* 1.12.2021, IPR Internationales Gesellschaftsrecht – Allgemeiner Teil Rn. 241; aA – für die Geltung der Form des Personalstatuts – OLG Karlsruhe OLGE 31 (1901), 263; LG Stuttgart IPRspr. 1976 Nr. 5 A; LG München I DNotZ 1976, 501; RFH IPRspr. 1932 Nr. 17; IPRspr. 1958/59 Nr. 35 (S. 141); nicht entschieden BGH IPRspr. 1968/69 Nr. 23; im Schrifttum sprechen sich für die Anwendung von Art. 11 EGBGB aus: *Abrell* NZG 2007, 60; HCL/*Behrens/Hoffmann* GmbHG Allg. Einl. Rn. B 194; *Böttcher/Blasche* NZG 2006, 766; *Dutta* RIW 2005, 98 (100) *Mann* NJW 1955, 1177; *Müller-Chen* IPRax 2008, 45; *Peters* DB 2010, 97; *Goette*

Formerfordernis zu qualifizieren. Diese Betrachtungsweise berücksichtigt indessen nicht den – über die klassischen Formzwecke[2099] hinausgreifenden – Sinn und Zweck der Regelung des § 15 GmbHG. Die Vorschrift dient nämlich nur in zweiter Linie der Beweissicherung bzw. -erleichterung und dem Übereilungsschutz.[2100] Der Beurkundungszwang hängt primär eng mit den spezifischen gesellschaftsrechtlichen Interessen zusammen und erfüllt eine wichtige gesellschaftsrechtliche Funktion. Der Gesetzgeber wollte durch § 15 Abs. 3 und 4 GmbHG sicherstellen, dass **GmbH-Anteile nicht Gegenstand des freien Handelsverkehrs** werden und hat deswegen die Veräußerung erschwert.[2101] Der Beurkundungszwang muss deshalb auch als **Abgrenzungskriterium gegenüber der Aktiengesellschaft** betrachtet werden, sodass ihm **rechtsformprägende, typenschützende Funktion** – vergleichbar einem Kernbereich unentziehbarer Strukturelemente – zukommt.[2102] Die Form der Übertragung von Gesellschaftsanteilen an deutschen Gesellschaften mbH ist damit verbindlich und unabhängig vom Ort der Vornahme des Geschäfts durch das **Gesellschaftsstatut** (§ 15 Abs. 3 und 4 GmbHG) geregelt.[2103] Der Beurkundungszwang ist nicht als Formerfordernis iSv Art. 11 EGBGB, sondern als materiell-inhaltliche Vorschrift des Gesellschaftsrechts – hilfsweise wegen der Sperrwirkung gegenüber dem Kapitalmarkt und des seit 2008 bestehenden Nebenziels der Geldwäschebekämpfung als **Eingriffsnorm**[2104] – zu qualifizieren. Entgegen *Weller* spricht dagegen auch nicht der Grundsatz, dass Formfragen im Interesse des favor negotii gesondert angeknüpft werden:[2105] Ob es sich bei § 15 Abs. 3 und 4 GmbHG überhaupt um Formvorschriften iSd IPR handelt, ist ja gerade die Frage.

505 Die hier befürwortete **gesellschaftsrechtliche Qualifikation** gilt **seit Einführung der notariell bestätigten Gesellschafterliste** als Grundlage eines redlichen Anteilerwerbs durch das **MoMiG** vom 23.10.2008 (BGBl. 2008 I 2026) erst recht (vgl. §§ 16, 40 GmbHG).[2106] Denn durch die Möglichkeit des gutgläubigen Erwerbs ist die Bedeutung der notariellen Mitwirkungspflichten bei der Geschäftsanteilsabtretung (§ 15 GmbHG) und der Einreichung der Gesellschafterliste zum Handelsregister (§ 40 Abs. 2 GmbHG) gestiegen. Dies führt dazu, dass *unabhängig vom Ort der Vornahme des Rechtsgeschäfts* eine notarielle Beurkundung der Abtretungsvereinbarung erforderlich ist. Die notarielle Beurkundung gehört somit nach der Konzeption des MoMiG-Gutglaubensschutzes (§ 16 Abs. 3 GmbHG) zu den unverzichtbaren Grundsätzen des deutschen GmbH-Rechts, weil sie

---

DStR 1996, 709 (711); *Goette* MittNotRhNotK 1997, 1 (3 f.); Staudinger/*Großfeld,* 1998, IntGesR Rn. 491 – aufgegeben durch *Großfeld/Berndt* RIW 1996, 625 (630); *Kropholler* IPR § 41 III 7; *Kröll* ZGR 2000, 111 (125); *Reichert/Weller* DStR 2005, 250 (254); *Saenger/Scheuch* BB 2008, 65 (66 ff.); *Weller* Der Konzern 2008, 253 (255); *Odendahl* RIW 2014, 189 (193 f.); Kauf und Übertragung von Anteilen an ausländischen „Quasi-GmbH" behandelt *Albers* GmbHR 2011, 1266.

2099 Zu diesen *Mankowski* JZ 2010, 662.

2100 *Koppensteiner,* Internationale Unternehmen im deutschen Gesellschaftsrecht, 1971, 167; *Ebenroth/Wilken* JZ 1991, 1061 (1065); *Großfeld/Berndt* RIW 1996, 625 (628).

2101 BGHZ 141, 207 (211 f.) = NJW 1999, 2594; BGH NZG 2006, 590 Rn. 3; *Kindler* RIW 2011, 257 (258 f.); *Kindler,* Geschäftsanteilsabtretungen im Ausland, 2010, 2 f.; früher schon RG JW 1903 Nr. 28 S. 11 (12); *Meier-Reimer* BB 1974, 1232; *Jakobs* MittRhNotK 1985, 57 (60); *Schlüter* FS Bartholomeyczk, 1973, 365; *Nußbaum* IPR 93; Staudinger/*Großfeld,* 1998, IntGesR Rn. 494; *Ebenroth/Wilken* JZ 1991, 1061 (1065); *Großfeld/Berndt* RIW 1996, 625 (629); *Rehm* in Eidenmüller Ausl. KapGes. § 4 Rn. 49.

2102 *Ebenroth/Wilken* JZ 1991, 1061 (1065); Staudinger/*Großfeld,* 1998, IntGesR Rn. 493; *Großfeld/Berndt* RIW 1996, 625 (629).

2103 *Kindler* BB 2010, 74 (76) mwN; *Mauch* EWiR 2010, 79 (80); Saenger/Inhester/*Pfisterer* GmbHG § 15 Rn. 68; *Bayer* GmbHR 2013, 897 (904–908); früher schon KG IPRspr. 1932 Nr. 18; LG Stuttgart IPRspr. 1976 Nr. 5 A; LG Koblenz IPRspr. 1970 Nr. 144; *Großfeld/Berndt* RIW 1996, 625 (630) (insoweit gegen Staudinger/*Großfeld,* 1998, IntGesR Rn. 491, wonach die Ortsform für das Verpflichtungsgeschäft ausreichen soll); *Rehm* in Eidenmüller Ausl. KapGes. § 4 Rn. 49; *Reithmann* NZG 2005, 873 f.; *Reithmann* GmbH 2009, 699; abw. *Maier-Reimer* BB 1974, 1232 (1233); HCL/*Behrens/Hoffmann* GmbHG Allg. Einl. Rn. B 194; *Eidenmüller* in Sonnenberger Vorschläge und Berichte 469, 491; → EGBGB Art. 11 Rn. 172 ff.; *König/Goette/Bormann* NZG 2009, 881 (883).

2104 *Kindler* RIW 2011, 257 (259 f.); den Zusammenhang zwischen der Bekämpfung der Geldwäsche und dem Gesellschaftsrecht scheint inzwischen auch die EU-Kommission zu sehen, vgl. (wenngleich krit.) *Hopt* ZGR 2013, 165 (180); zur Verschärfung der Geldwäschebestimmungen im Zuge der RL (EU) 2015/849 s. *Bayer/Schmidt* BB 2017, 2114 (2119). Zu § 20 GwG *Schaub* DStR 2017, 1438.

2105 *Weller* Der Konzern 2008, 253 (255).

2106 Zur GmbH-Gesellschafterliste einführend *Kindler* NJW 2008, 3249 (3252); zum Folgenden namentlich *König/Goette/Bormann* NZG 2009, 881 (883 ff.); *Kindler,* Geschäftsanteilsabtretungen im Ausland, 2010, 23 ff.; *Kindler* BB 2010, 74; *Kindler* RIW 2011, 257 (260); *Möstl,* Geschäftsanteilsübertragungen deutscher GmbHs im Ausland, 2024; zu kurz greift *Weller* Der Konzern 2008, 253 (258 ff.), der die 2008 reformierten §§ 16, 40 GmbHG nur unter dem Blickwinkel einer Substitution durch in der Schweiz vorgenommene Handlungen untersucht; wie im Text tendenziell LG Frankfurt a. M. NJW 2010, 683 mAnm *Pilger.*

die Richtigkeit der Gesellschafterliste als Grundlage für den gutgläubigen Erwerb bei der Anteilsabtretung sicherstellt.[2107] Sie muss sich deshalb auch kollisionsrechtlich gegenüber einem ausländischen Ortsrecht im Interesse der Rechtssicherheit und des Verkehrsschutzes durchsetzen. Zu erreichen ist dies am ehesten über eine gesellschaftsrechtliche Qualifikation. Zur Substitution bei der Auslandsbeurkundung → Rn. 509.

Selbst bei – unterstellter – Qualifikation als Formerfordernis kommt eine Ersetzung der notariellen Beurkundung durch eine mildere Form des Vornahmeortes nicht in Betracht. Dies folgt wahlweise aus der Analogie zu den sachenrechtlichen Verfügungen (Art. 11 Abs. 4 EGBGB; → Rn. 503), der Doppelqualifikation von § 15 Abs. 3 GmbHG als Formvorschrift *und* gesellschaftsrechtliche Vorschrift,[2108] ferner dem eingriffsrechtlichen Normcharakter des § 15 Abs. 3 GmbHG.[2109] Die gesellschaftsrechtliche Qualifikation von Formvorschriften für die Anteilsübertragung gilt im Übrigen **auch bei ausländischem Gesellschaftsstatut.** Ob und welcher Form die Übertragung des Anteils an einer ausländischen Gesellschaft oder die Begründung einer Verpflichtung dazu unterworfen ist, beurteilt sich demgemäß allein nach dem maßgeblichen ausländischen Gesellschaftsrecht; § 15 GmbHG findet keine Anwendung.[2110] 506

Diskutiert wird, ob die europarechtliche **Niederlassungsfreiheit** die Anwendung der Formvorschriften des **Gesellschaftsstatuts** auf Schuldverträge über Geschäftsanteile EU-ausländischer Gesellschaften erzwingt.[2111] Sind die Formvorschriften des Schuldstatuts oder des Ortsrechts (Art. 11 EGBGB) strenger als die des Gesellschaftsstatuts, so könnte eine Beschränkung der Niederlassungsfreiheit der Gesellschaft vorliegen. Dagegen spricht aber, dass die Formpflichtigkeit eines Schuldvertrages, der einen Gesellschafter zur Übertragung eines Geschäftsanteils an einer EU-ausländischen GmbH verpflichtet, die Gesellschaft selbst nicht daran hindert, ihre Niederlassungsfreiheit in den Ausübungsformen des Art. 49 Abs. 1 AEUV wahrzunehmen. Erschwernisse bei der Veränderung der Gesellschafterstruktur berühren die Rechtsstellung der Gesellschaft selbst nicht.[2112] 507

Auch der Anwendungsbereich der europarechtlichen **Kapitalverkehrsfreiheit** ist nicht eröffnet. Zwar sind nach der EuGH-Rspr. zumindest diejenigen Erscheinungen des Kapitalverkehrs von Art. 63 AEUV erfasst, die im Anh. I RL 88/361/EG[2113] aufgeführt sind.[2114] Den Kauf von Geschäftsanteilen wird man häufig als „Beteiligung an bereits bestehenden Unternehmen zur Schaffung oder Aufrechterhaltung dauerhafter Wirtschaftsbeziehungen" im Sinne des Richtlinienanhangs betrachten können, wenngleich das dort genannte subjektive Merkmal gewisse Beweisschwierigkeiten in der Praxis mit sich bringen dürfte. Da die auf Grund der Formpflichtigkeit erhöhten Transaktionskosten einen Investor von einer Investition in eine EU-ausländische GmbH abhalten könnten, könnte die Kapitalverkehrsfreiheit als Beschränkungsverbot[2115] hier berührt sein. Dagegen spricht aber entscheidend das EuGH-Urteil im Fall „British Airport Authority". Dort hatte das Gericht die „Mechanismen des privaten Gesellschaftsrechts" bzw. Beschränkungen „aus einer normalen Anwendung des Gesellschaftsrechts" ausdrücklich vom Schutzbereich der Kapitalverkehrsfreiheit 508

2107 Dazu auch *Gerber* EWiR 2011, 255 (256) gegen OLG Düsseldorf NJW 2011, 1370.

2108 Eine Doppelqualifikation wäre hier *schon deshalb* geboten, weil sich jedenfalls nicht ernstlich vertreten lässt, die von § 15 Abs. 3 GmbHG *auch* verfolgten klassischen Formzwecke würden das materielle Anliegen der Vorschrift (Handelsbeschränkung) völlig in den Hintergrund drängen. Im Gegenteil: Nach BGH NJW 1996, 3338 (3339) unter II 1e soll „das Formerfordernis in *erster* Linie den Handel mit GmbH-Geschäftsanteilen erschweren und *daneben* den Beweis erleichtern." (Hervorhebung durch den Verfasser); ebenso BGH WM 2008, 875 Rn. 14 = ZIP 2008, 876: Beschränkung des Handels mit GmbH-Anteilen als gegenüber der Beweiserleichterung *vorrangiger* Normzweck (zu § 15 Abs. 4 GmbHG).

2109 Der Eingriffsnormcharakter folgt aus der kapitalmarktsteuernden Funktion des § 15 Abs. 3 und 4 GmbHG; zu dieser *Bungert* DZWiR 1993, 494 (497); ebenso öOGH IPRax 1990, 252 (253) zur Parallelvorschrift des § 76 öGmbHG mit dem Hinweis von *Kralik* IPRax 1990, 254, dass hiervon gleichermaßen das Verpflichtungs- wie das Erfüllungsgeschäft betroffen sind. Näher *Kindler,* Geschäftsanteilsabtretungen im Ausland, 2010, 20 ff., 36 ff.; *Schirmer* RIW 2017, 571 zu Österreich.

2110 OLG München NJW-RR 1993, 998 = DZWiR 1993, 512 mAnm *Bungert* DZWiR 1993, 494 = EWiR 1993, 691 m. KurzKomm. *Günther;* vgl. bereits KG IPRspr. 1932 Nr. 18; *Rehm* in Eidenmüller Ausl. KapGes. § 4 Rn. 50; *Menke* BB 2004, 1807 (1810); obiter dictum aber für Anwendbarkeit von § 15 GmbHG auf die Übertragung ausländischer GmbH-Anteile aber BGH NZG 2005, 41 (42) = RIW 2005, 144; zust. *Fröhlich* NZG 2021, 820; *Dutta* RIW 2005, 98; aA auch OLG Celle NJW-RR 1992, 1126 (1127); hierzu *Großfeld/Berndt* RIW 1996, 625 (627); zum Ganzen ferner *Martis* ZfPW 2023, 83; iSd BGH-Entscheidung auch Staudinger/*Winkler v. Mohrenfels,* 2019, EGBGB Art. 11 Rn. 289.

2111 Dazu *Dutta* RIW 2005, 98 (102 f.); *Adensamer* wbl. 2004, 508 (517).

2112 Insoweit zutr. *Dutta* RIW 2005, 98 (102 f.).

2113 RL 88/361/EG vom 24.6.1988, ABl. EG 1988 L 178, 5.

2114 EuGH ECLI:EU:C:1995:451 Rn. 34 = EuZW 1996, 192 – Sanz de Lera ua.

2115 EuGH ECLI:EU:C:2002:326 Rn. 45 = NZG 2002, 632 – Kommision/Portugal.

ausgenommen.[2116] Nach der hier in → Rn. 504 f. vertretenen kollisionsrechtlichen Qualifikation des Beurkundungszwangs als Vorschrift des Gesellschaftsrechts kann sich die Situation allerdings von vornherein nicht ergeben, dass die Übertragung EU-ausländischer Gesellschaftsanteile hierunter fällt. Zur Kapitalverkehrsfreiheit auch → Rn. 467.

509 **b) Beurkundung durch ausländische Notare.** Nach §§ 1, 11a S. 3, 12 BNotO sind notarielle Amtstätigkeiten auf dem Gebiet der BRepD Notaren vorbehalten, die von den Landesjustizverwaltungen zum Notar bestellt sind.[2117] Die **Inlandsbeurkundung durch einen ausländischen Notar ist unzulässig.** Findet hingegen ein **formbedürftiger Vorgang außerhalb des Staates des Gesellschaftsstatuts** statt, so fragt sich, ob hierbei die Form des Gesellschaftsstatuts gewahrt wurde. Das Problem stellt sich gleichermaßen bei der Inlandsbeurkundung betreffend Gesellschaften ausländischen Rechts[2118] wie bei der Auslandsbeurkundung betreffend Gesellschaften deutschen Rechts. In der erstgenannten Fallgestaltung ist aus dem Blickwinkel der ausländischen Formvorschrift heraus zu prüfen, ob die Vornahme des Rechtsgeschäfts im Inland zur Formwirksamkeit führt.[2119] In der zweiten Fallgestaltung ist aus der Sicht des deutschen Rechts für die Formwirksamkeit der Beurkundung erforderlich, dass die ausländische Beurkundung hinsichtlich des Beurkundungsvorgangs und des Beurkundungsorgans einer Beurkundung durch einen deutschen Notar **gleichwertig** ist.[2120]

510 Dies ist entgegen **BGH NJW 2014, 2026** im Hinblick auf **GmbH-Geschäftsanteilsabtretungen** wegen der **Mitwirkung des deutschen Notars** im Interesse der Richtigkeitsgewähr der Gesellschafterliste (§ 16 Abs. 3 GmbHG, § 40 Abs. 2 GmbHG) und im Hinblick auf die steuerlichen Beistandspflichten der deutschen Notare (§ 54 Abs. 1 EStDV) nicht der Fall.[2121] Außerdem ist die Belehrungspflicht des deutschen Notars gemäß § 17 Abs. 1 BeurkG zwingend,[2122] da auch § 17 Abs. 2a BeurkG durch den BGH[2123] als zwingend angesehen wurde. Der zwingende Charakter folgt aus dem Regelungszusammenhang: § 17 Abs. 2a BeurkG ist eine Soll-Vorschrift, die für den Notar unbedingte Amtspflichten begründet. § 17 Abs. 1 und Abs. 2a BeurkG sind identisch als Soll-Vorschriften ausgestaltet. Dabei handelt es sich um ein **Substitutionsproblem** (→ Einl. IPR Rn. 247 ff.) und nicht um eine spezifisch gesellschaftskollisionsrechtliche Problematik, sodass auf die Kommentierung des Art. 11 EGBGB zu verweisen ist (→ EGBGB Art. 11 Rn. 82 ff.). Unabhängig von der Substitionseignung der Auslandsbeurkundung kann jedenfalls entgegen BGH NJW 2014, 2026 sachrechtlich eine von einem ausländischen Notar unterzeichnete **Gesellschafterliste** iSd § 40 GmbHG durch das dt. Registergericht **zurückgewiesen** werden.[2124] Abzulehnen ist daher auch die Entscheidung des KG vom 24.1.2018, wonach sogar die Beurkundung der **Gründung einer deutschen GmbH durch einen Schweizer Notar** mit Amtssitz im Kanton Bern jedenfalls dann

[2116] EuGH ECLI:EU:C:2003:273 Rn. 48 = NJW 2003, 2666 – Goldene Aktien V; zutr. auch insoweit *Dutta* RIW 2005, 98 (103); aA *Reichert/Weller* DStR 2005, 250 (254) mwN.

[2117] BGH NJW 2016, 3034 mAnm *Waldhoff.*

[2118] Zu Beurkundungserfordernisse nach deutschem GmbH-Recht bei Verkauf und Abtretung von Anteilen an ausländischen Gesellschaften s. *Olk* NJW 2010, 1639.

[2119] Anders *Merkt* ZIP 1994, 1417 (1419 ff.), der aber entgegen der hier vertretenen Ansicht nicht von der alleinigen Maßgeblichkeit des Personalstatuts ausgeht.

[2120] BGH NJW 2020, 1670 Rn. 7; zu § 130 AktG BGHZ 203, 68 Rn. 16 ff. = NJW 2015, 336 = DNotZ 2015, 207 mAnm *Hüren* = EWiR 2015, 3 m. Kurzkomm. *Kiem/Reutershahn;* BGHZ 80, 76 (78) = NJW 1981, 1160; OLG Hamm IPRspr. 1974 Nr. 11 (S. 43); OLG Stuttgart NZG 2001, 40 (45); DStR 2000, 1704 mAnm *Hergeth;* übersehen in BGH NJW-RR 2000, 273 (schweizer Notar beurkundet Geschäftsanteilsverkauf betr. deutsche GmbH) = IStR 2000, 601 mAnm *Hergeth* = EWiR 2000, 487 m. KurzKomm. *Berner;* OLG Frankfurt EWiR 2005, 727. Näher HCL/*Behrens/Hoffmann* GmbHG Allg. Einl. Rn. B 141 f.; *Benecke* RIW 2002, 280; *Brambring* NJW 1975, 1256; *Dignas* GmbHR 2005, 139 krit. zur Schweiz; *Gätsch/Schulte* ZIP 1999, 1953; *Großfeld,* Basisgesellschaften im internationalen Steuerrecht, 1974, 62; *Kröll* ZGR 2000, 111 (125 ff.); *Mann* NJW 1985, 1177; *Pilger* BB 2005, 1285 (1287 ff.) abl. zur Schweiz; *Reithmann* GmbHR 2009, 699; *Winkler* NJW 1972, 985; *Weller* Der Konzern 2008, 253 (257 ff.) zum schweizerischen Kanton Basel-Stadt; *N. Bauer* BB 2012, 593 ff.: unwirksame Beurkundungen nach Schweizer Recht; *Hasselmann* ZIP 2010, 2486 ff.

[2121] So tendenziell LG Frankfurt a. M. BB 2009, 2500 mAnm *Krause;* zu diesem Urteil näher *Kindler* BB 2010, 74; anders OLG Düsseldorf DNotZ 2011, 447 m. abl. Anm. *Kindler* RIW 2011, 257; für eine strenge Gleichwertigkeitsprüfung *Bayer* GmbHR 2013, 897 (911 ff.); zu § 54 EStDV *Heinze* NZG 2017, 371; *Kindler,* Geschäftsanteilsabtretung im Ausland, 2010, 37.

[2122] *Heinze* DStR 2018, 2536.

[2123] BGH BeckRS 2013, 04610.

[2124] *Kindler* RIW 2011, 257 (261); tendenziell auch LG Frankfurt a. M. IPRax 2011, 398; grdl. OLG München NZG 2013, 340; *Wicke* DB 2013, 1099; näher *Heckschen* BB 2014, 462; zur Substitution *Weller* IPRax 2017, 167 (172).

die Anforderungen nach § 2 Abs. 1 GmbHG erfüllen soll, wenn die Niederschrift in Gegenwart des Notars den Beteiligten vorgelesen, von ihnen genehmigt und eigenhändig unterschrieben worden ist.[2125] Dasselbe gilt für die Entscheidung des KG vom 26.7.2018 zur **Beurkundung eines Verschmelzungsvorgangs durch einen Schweizer Notar** (§§ 6, 13 UmwG).[2126]

c) Substitution inländischer Formerfordernisse bei Präsenz- und Online-Beglaubigung durch ausländische Notare. Für die Gleichwertigkeit der von einer ausländischen Urkundsperson vorgenommenen Online-Beglaubigung kommt es **nicht** auf die **Vergleichbarkeit mit** der **Präsenzbeglaubigung** nach § 40 BeurkG an. Maßgeblich ist stattdessen die Gleichwertigkeit des ausländischen Online-Verfahrens mit der Online-Beglaubigung einer qualifizierten elektronischen Signatur nach § 40a BeurkG bzw. – wie von § 2 Abs. 2 S. 2 GmbHG verlangt – mit der ausschließlichen Möglichkeit einer elektronischen Beurkundung nach Maßgabe der §§ 16a ff. BeurkG.[2127] **Abzulehnen** ist daher der Standpunkt des **OLG Celle,** wonach die von einem **österreichischen** Notar in einem **Online-Verfahren** nach österreichischem Recht vorgenommene Beglaubigung einer Gründungsvollmacht das Formerfordernis nach deutschem Gesellschaftsrecht erfüllt.[2128] Kollisionsrechtlich unterliegt die notarielle Beurkundung oder Beglaubigung einer Gründungsvollmacht durch einen ausländischen Notar wegen der Beziehung zur Verfassung der Gesellschaft dem Geschäftsstatut, während das Ortsstatut ausgeschlossen ist.[2129] Eine ausländische **Präsenzbeglaubigung** erfüllt das deutsche Beglaubigungserfordernis allenfalls dann, wenn die ausländische Urkundsperson die Anerkennung der Unterschrift höchstpersönlich vorgenommen hat. Eine **Substitution durch eine ausländische Online-Beglaubigung kommt** nur in Betracht, wenn auch das deutsche Recht für die zu beglaubigende Erklärung überhaupt ein Online-Verfahren zur Verfügung stellt. Zudem ist ein ausländisches Online-Verfahren nur dann gleichwertig, wenn es die **Sicherheitsanforderungen** des nach § 78p Abs. 1 BNotO von der **Bundesnotarkammer** betriebenen **Videokommunikationssystems** erfüllt. Danach ist ein **zweistufiges Identifizierungsverfahren** unter Verwendung einer eID mit Sicherheitsniveau „hoch" durchzuführen, mit einem Lichtbildabgleich durch Auslesung des elektronischen Lichtbildes und dem Betrieb des Videokommunikationssystems durch eine staatliche Stelle oder eine der hoheitlichen Verwaltung zuzurechnenden Kammer wie der einer Notarkammer. Diesen Maßstäben genügt etwa das **österreichische Online-Beglaubigungsverfahren** nicht.[2130] Eine **elektronische Gründungsvollmacht** kann in Form einer Ausfertigung nach **§ 49 BeurkG** durch einen deutschen Notar in das GmbH-Gründungsverfahren eingeführt werden.[2131] 511

4. Rechtsfähigkeit. a) Grundsatz. Das **Personalstatut** der Korporation bestimmt im Grundsatz, ob, wann und in welchem Umfang die Gesellschaft Rechtsfähigkeit erlangt hat.[2132] Der 512

2125 KG NJW 2018, 1828 Rn. 20 ff. = IPRax 2019, 69 m. Aufs. *Tietz* IPRax 2019, 36; dazu *Heckschen* DB 2018, 685 (687 ff.); *J. Weber* MittBayNot 2018, 215; *Wicke* GmbHR 2018, 380 f.

2126 KG DStR 2018, 2533.

2127 *Lieder* ZIP 2023, 1923 (1927); Koller/Kindler/Drüen/*Roth/Stelmasczcyk* HGB § 12 Rn. 3k; *Schäuble* BWNotZ 2024, 70; *Deck* NZG 2024, 430.

2128 OLG Celle NZG 2023, 1087 = ZIP 2023, 1950.

2129 *Lieder* ZIP 2023, 1923 (1924); Koller/Kindler/Drüen/*Roth/Stelmasczcyk* HGB § 12 Rn. 3k.

2130 *Lieder* NZG 2022, 1043 (1050 f.) zu § 2 der österreichischen Verordnung über Maßnahmen zur Sicherstellung der Integrität von im notariellen Bereich verwendeten elektronisch unterstützten Identifikationsverfahren (Notar-E-Identifikations-Verordnung – NEIV), öBGBl. II, Nr. 1/2019; abrufbar unter: https://www.ris.bka.gv.at/eli/bgbl/II/2019/1; geändert durch Verordnung der Bundesministerin für Justiz, mit der die Verordnung über Maßnahmen zur Sicherstellung der Identität von im notariellen Bereich verwendeten elektronisch unterstützten Identifikationsverfahren geändert wird, öBGBl. II, Nr. 185/2020; abrufbar unter: https://www.ris.bka.gv.at/eli/bgbl/II/2020/185; dazu auch *Strauß* DNotZ 2022, 429 (432); *Knaier* FS Heidinger, 2023, 257 (264); Koller/Kindler/Drüen/*Roth/Stelmasczcyk* HGB § 12 Rn. 3k.

2131 Näher *Lieder* ZIP 2023, 1923 (1932); Koller/Kindler/Drüen/*Roth/Stelmasczcyk* HGB § 12 Rn. 3k.

2132 BGHZ 25, 134 (144) = NJW 1957, 1433; BGHZ 53, 181 (183) = NJW 1970, 998 mAnm *Langen;* BGHZ 78, 318 (334) = NJW 1981, 522; BGHZ 97, 269 (271) = NJW 1986, 2194; BGHZ 128, 41 (44) = DtZ 1995, 250; BGH NJW 1998, 2452; NZG 2000, 1025 = RIW 2000, 555 m. Aufs. *Kindler* RIW 2000, 649 (Vorlagebeschluss Überseering); BGHZ 151, 204 = NJW 2002, 3539 = IPRax 2003, 62 mAnm *Kindler* IPRax 2003, 41; BGHZ 153, 353 (355) = NJW 2003, 1607 = BB 2003, 810 mAnm *Kindler;* BGHZ 154, 185 = NJW 2003, 1461 – Überseering; BGHZ 159, 94 (100 f.) = NJW 2004, 2523; BGH NJW-RR 2004, 1618 = RIW 2004, 787 m. Aufs. *Ebke* RIW 2004, 740 = JZ 2005, 303 mAnm *Rehm;* NZG 2005, 44 = JZ 2005, 302 mAnm *Ebke* = RIW 2005, 147; NJW 2005, 1648; NVwZ-RR 2006, 28; BGHZ 178, 192 Rn. 19 = NJW 2009, 289– Trabrennbahn; BGH NJW 2013, 3656 Rn. 11; BayObLGZ 2002, 413 = NZG 2003, 290 mAnm *Leible/Hoffmann* NZG 2003, 259 zur Grundbuchfähigkeit; dazu auch *Thomale* RIW 2023, 169 (am Beispiel der fehlenden Rechtsfähigkeit der caymanischen ELP); *Leible* in Hirte/Bücker GrenzübGes § 10 Rn. 42 ff.; *Behrens* IPRax 2003, 204; BFH IPRspr. 1968/69 Nr. 15; OLG Nürnberg IPRax 1985,

Nachweis darüber ist anhand der vom Gesellschaftsstatut vorgeschriebenen Errichtungsurkunden und Registerbescheinigungen grds. im Original zu führen (vgl. § 438 ZPO).[2133] Die unter dem jeweiligen Personalstatut erworbene Rechtsfähigkeit gilt im Inland selbst dann weiter, wenn das Rechtsgebilde nach deutschem Recht nicht rechtsfähig wäre.[2134] Bedeutung hat dies für die Personenhandelsgesellschaften des romanischen Rechtskreises (→ Rn. 246, → Rn. 282) und etwa die Gesellschaft bürgerlichen Rechts nach französischem Recht.[2135] Zum Teil wurde früher entgegen der hM die Fähigkeit, Träger von Rechten und Pflichten zu sein, unter einer hilfsweisen Einbeziehung von Wirkungs- und Vornahmestatut beantwortet.[2136] Diese Auffassung ist heute wegen Art. 1 Abs. 2 lit. f Rom I-VO jedenfalls für die von der Gesellschaft abgeschlossenen Verträge nicht mehr vertretbar. Die genannte Vorschrift bestätigt insgesamt die gesellschaftsrechtliche Qualifikation der Rechtsfähigkeit von Gesellschaften.[2137] Die **Grundrechtsberechtigung** ausländischer juristischer Personen beurteilt sich nach inländischem Verfassungsrecht.[2138]

513 Mit einer Gründungsurkunde allein kann der erforderliche **Nachweis** der – fortbestehenden – **Existenz und Rechtsfähigkeit** einer ausländischen Gesellschaft nicht geführt werden, denn in der Zwischenzeit können Veränderungen eingetreten sein. Daher wird zB bei US-amerikanischen Gesellschaften zum Nachweis ihrer Existenz im Allgemeinen die Vorlage eines certificate of good standing des Secretary of State als erforderlich angesehen.[2139]

514 **b) Einschränkungen – ultra vires-Lehre.** Eine wesentliche Einschränkung erfährt der Grundsatz der Maßgeblichkeit des Personalstatuts für den **Umfang der Rechtsfähigkeit** natürlicher Personen durch Art. 13 Rom I-VO/Art. 12 S. 1 EGBGB. Im Interesse des **Verkehrsschutzes** beschränkt diese Vorschrift die in Art. 7 Abs. 1 S. 1 EGBGB verankerte Regel, wonach sich die Rechtsfähigkeit einer natürlichen Person nach dem Personalstatut richtet. Art. 13 Rom I-VO/Art. 12 S. 1 EGBGB schützen das Vertrauen auf die nach dem Recht des Abschlussortes bestehende Rechtsfähigkeit einer natürlichen Person, deren Personalstatut einem anderen Recht unterliegt. Diese Regelungen sind im Hinblick auf **Beschränkungen** der Rechtsfähigkeit juristischer Personen wegen der insoweit identischen Interessenlage entsprechend anzuwenden (differenzierend → Rom I-VO Art. 13 Rn. 44 f.).[2140] Somit ist eine aus dem Gesellschaftsstatut der ausländischen Gesellschaft sich ergebende Beschränkung der Rechtsfähigkeit dann unbeachtlich, wenn nach dem Recht des Abschlussortes eine solche Beschränkung in Bezug auf vergleichbare Gesellschaftsformen des dortigen Rechts nicht besteht und der Vertragspartner die fehlende Rechtsfähigkeit weder kannte noch kennen musste.[2141] Diese Kollisionsregel ist allseitig anzuwenden, dh sie betrifft gleichermaßen die Inlandstätigkeit ausländischer Gesellschaften wie die Auslandstätigkeit inländischer Gesellschaften, schließlich auch Sachverhalte mit Berührung ausschließlich zu zwei ausländischen Staaten.[2142] Sie ist unionsrechtskonform, schon wegen der Parallelregelung in Art. 13 Rom I-VO (→ Rn. 398) und

---

342; OLG Saarbrücken NJW 1990, 3092; LG Hannover RIW 1983, 617; *Kegel* RabelsZ 32 (1958), 624 (628); *Raape* IPR 201 ff.; *Wolff* IPR 114; HCL/*Behrens/Hoffmann* GmbHG Allg. Einl. Rn. B 92; Soergel/*Lüderitz* EGBGB Anh. Art. 10 Rn. 17; *v. Bar/Mankowski* IPR II § 7 Rn. 168; GroßkommAktG/*Assmann* AktG Einl. Rn. 573; Staudinger/*Großfeld,* 1998, IntGesR Rn. 167, 265; *Zimmer* IntGesR 246 f.; allg. auch *Leible* in Hirte/Bücker GrenzübGes § 10 Rn. 1 ff.; *Hirte* FS Priester, 2007, 221 (222 f.).

2133 KG NZG 2005, 758 = ZIP 2005, 989; zu Existenznachweisen ferner *Göthel/Graminsky* BB 2020, 514 (520 f.).

2134 *Beitzke,* Juristische Personen im Internationalprivatrecht und Fremdenrecht, 1938, 9; Staudinger/*Großfeld,* 1998, IntGesR Rn. 265; *Hausmann* in Reithmann/Martiny IntVertragsR Rn. 6.127 ff.

2135 Vgl. nur *Sonnenberger/Dammann* FrHWiR, 3. Aufl. 2008, Rn. III 46; *Ferid/Sonnenberger,* Das Französische Zivilrecht, 2. Aufl. 1986, Rn. 2 L, 17 ff., 128 ff.

2136 *Beitzke,* Juristische Personen im Internationalprivatrecht und Fremdenrecht, 1938, 123; *Grasmann,* System des internationalen Gesellschaftsrechts, 1970, 855, 872; *Heyers,* Beschränkungen der Rechts- und Handlungsfähigkeit juristischer Personen im internationalen Privatrecht, 1956, 67, 72; *Zitelmann* IPR II 110.

2137 Näher → 5. Aufl. 2010, Rn. 564 f.

2138 BVerfGE 129, 78 Rn. 68 ff. = NJW 2011, 3428.

2139 OLG Köln NZG 2013, 754.

2140 OLG Düsseldorf IPRspr. 1964/65 Nr. 21; Staudinger/*Großfeld,* 1998, IntGesR Rn. 268, 276; Grüneberg/*Thorn* EGBGB Anh. Art. 12 Rn. 11; *v. Bar/Mankowski* IPR II § 7 Rn. 169; *v. Hoffmann/Thorn* § 7 Rn. 29; *Zimmer* IntGesR 255; *Hausmann* in Reithmann/Martiny IntVertragsR Rn. 6.157; *G. Fischer,* Verkehrsschutz im internationalen Vertragsrecht, 1990, § 11; *Eidenmüller* in Eidenmüller Ausl. KapGes. § 4 Rn. 6; **aA** OLG Stuttgart NJW 1974, 1627 (1628) = IPRspr. 1974 Nr. 7; OLG Nürnberg WM 1985, 259; OLG Bremen OLGR 1997, 49 betr. jugoslawisches Staatsunternehmen; hierzu BGH NJW 1998, 2452 (2453) (Anwendung von Art. 12 EGBGB offengelassen); Soergel/*Lüderitz* EGBGB Anh. Art. 10 Rn. 20; iErg auch HCL/*Behrens/Hoffmann* GmbHG Allg. Einl. Rn. B 93, 94.

2141 GroßkommAktG/*Assmann* AktG Einl. Rn. 576.

2142 Staudinger/*Großfeld,* 1998, IntGesR Rn. 269; *Zimmer* IntGesR 252, 264.

wegen der für die Gesellschaft damit verbundenen Erleichterung der Teilnahme am Rechtsverkehr.[2143]

Mit einer entsprechenden Anwendung von Art. 12 S. 1 EGBGB/Art. 13 Rom I-VO begegnet man insbesondere der Nichtigkeitsfolge, die sich nach der im anglo-amerikanischen Rechtskreis entwickelten sog. **ultra vires-Lehre** für Geschäftsabschlüsse außerhalb der satzungsmäßigen Bestimmung des Geschäftsgegenstandes zwingend ergibt.[2144] Gegenüber Gesellschaften, die dem **Recht eines EU-Mitgliedstaates** unterliegen, dürfte der Verkehrsschutz analog Art. 13 Rom I-VO/ Art. 12 S. 1 EGBGB **selten praktisch** werden, da Art. 9 GesR-RL Rechtsfähigkeitsbeschränkungen im nationalen Gesellschaftsrecht weitgehend beseitigt hat.[2145] **515**

Tatbestandlich setzen Art. 12 S. 1 EGBGB/Art. 13 Rom I-VO voraus, dass sich beide Parteien beim Abschluss des Rechtsgeschäfts in dem Staat befinden, in dem das Rechtsgeschäft abgeschlossen wird. Dies ist beim Handeln durch eine **Zweigniederlassung** in dem betreffenden Staat stets zu bejahen,[2146] bei Distanzgeschäften hingegen zu verneinen.[2147] Im Übrigen kommt es auf den Aufenthaltsort des Vertreters der Gesellschaft im Zeitpunkt des Vertragsschlusses an (arg. Art. 11 Abs. 3 EGBGB). **516**

In subjektiver Hinsicht ist zu beachten, dass die Berufung auf eine Rechtsfähigkeit nach dem Recht des Vornahmestaates ausscheidet, wenn der Geschäftsgegner die Überschreitung der nach dem Personalstatut bestehenden Beschränkungen kennt oder diese fahrlässig verkennt.[2148] Freilich schadet nicht schon das Wissen, mit einer Gesellschaft ausländischen Rechts zu kontrahieren.[2149] **517**

c) Besondere Rechtsfähigkeiten. aa) Allgemeines. Der Begriff besondere Rechtsfähigkeiten umschreibt die Voraussetzungen, unter denen bestimmte einzelne Rechte und Pflichten erworben werden können (→ EGBGB Art. 7 Rn. 19 f.). Insoweit ist die allgemeine Rechtsfähigkeit, also die Frage, ob eine Korporation überhaupt Träger von Rechten und Pflichten sein kann, eingeschränkt. **518**

Für die Feststellung derartiger besonderer Rechtsfähigkeiten ist selten allein die Rechtsordnung maßgebend, die der Gesellschaft die allgemeine Rechtsfähigkeit verliehen hat (Personalstatut). Zu berücksichtigen sind häufig das Wirkungsstatut oder das Recht des Ortes der Belegenheit der Sache, die Gegenstand des Rechtsgeschäfts ist.[2150] Diese Statute können alternativ oder kumulativ zur Anwendung kommen.[2151] Bei der Frage, ob besondere Rechtsfähigkeiten unter einer bestimmten Rechtsordnung erworben werden können, ist jedoch deren Reichweite stets unter Berücksichtigung von Sinn und Zweck der Vorschriften zu überprüfen.[2152] Positiv-rechtlich können solche Beschränkungen in Rechtsverordnungen gemäß Art. 86 EGBGB für den Erwerb von Rechten durch juristische Personen mit Auslandssitz festgelegt werden. Dies gilt nicht für Gesellschaften aus Mitgliedstaaten der EU.[2153] In → Rn. 520 ff. werden der Erwerb von Anteilsrechten an anderen Gesellschaften einschließlich der Komplementärstellung in einer deutschen KG behandelt, ferner die Wechsel-, Anleihe-, und Organfähigkeit sowie die Grundbuchfähigkeit. Zur Deliktsfähigkeit → Rn. 620 f.; zur Insolvenzfähigkeit → EuInsVO 2015 Art. 7 Rn. 55 ff.; zum Grundrechtsschutz für ausländische juristische Personen → Rn. 471. **519**

[2143] So zutr. HCL/*Behrens/Hoffmann* GmbHG Allg. Einl. Rn. B 94.

[2144] Vgl. zur Utra-vires-Lehre *Zimmer* IntGesR 241 ff.; Staudinger/*Großfeld,* 1998, IntGesR Rn. 273; *Hausmann* in Reithmann/Martiny IntVertragsR Rn. 6.214; *Lembeck* NZG 2003, 956 (963 f.); *Rehm* in Eidenmüller Ausl. KapGes. § 10 Rn. 16 f. für England; *Rehm* in Eidenmüller Ausl. KapGes. § 11 Rn. 20 f. für Delaware; umfassend *Heinz,* Die englische Limited, 2004, 120 ff.

[2145] Vgl. Soergel/*Lüderitz* Rn. 9, EGBGB Anh. Art. 10 Rn. 19; *Hausmann* in Reithmann/Martiny IntVertragsR Rn. 6.215.

[2146] Staudinger/*Großfeld,* 1998, IntGesR Rn. 269.

[2147] Staudinger/*Großfeld,* 1998, IntGesR Rn. 269; *Zimmer* IntGesR 255 ff.

[2148] BGH NJW 1998, 2452 (2453); näher *Zimmer* IntGesR 259 ff.

[2149] *Kegel/Schurig* IPR § 17 II 2; *Ferid* IPR Rn. 5-30, 4; aA iErg OLG Hamburg IPRspr. 1932 Nr. 14 (S. 35) und wohl auch Soergel/*Lüderitz* EGBGB Anh. Art. 10 Rn. 20.

[2150] *Wolff* IPR 118; Staudinger/*Großfeld,* 1998, IntGesR Rn. 299; *Hausmann* in Reithmann/Martiny IntVertragsR Rn. 6.136; HCL/*Behrens/Hoffmann* GmbHG Allg. Einl. Rn. B 77; nur auf das Wirkungsstatut stellt → Art. 7 Rn. 18 sowie anscheinend *Kegel/Schurig* IPR § 17 II 2 ab; ebenso *Wiedemann* GesR I § 14 IV 1a, S. 813 und *Kaligin* DB 1985, 1449 (1452).

[2151] Vgl. *Ebenroth/Eyles* DB-Beil. 2/1988, 18 f.; *Wolff* IPR 118; Staudinger/*Großfeld,* 1998, IntGesR Rn. 299.

[2152] *W. W. Schmidt,* Grundrechte und Nationalität juristischer Personen, 1966, 70 ff.; *Schnitzer,* Handbuch des Internationalen Handels-, Wechsel- und Checkrechts, 1938, 116; Staudinger/*Großfeld,* 1998, IntGesR Rn. 300.

[2153] Art. 86 EGBGB idF des Gesetzes vom 23.7.1998, BGBl. 1998 I 1886 (mit Aufhebung von Art. 88 EGBGB); schon bisher verstießen Art. 86, 88 EGBGB gegen Art. 12, 43 EGV, vgl. OLG Frankfurt IPRax 1992, 314 (317) mAnm *Bungert* IPRax 1992, 296; Staudinger/*Großfeld,* 1998, IntGesR Rn. 298.

520 **bb) Erwerb von Anteilsrechten an anderen Gesellschaften.** Zu den besonderen Rechtsfähigkeiten zählt die Fähigkeit zum Erwerb von Anteilsrechten an anderen Gesellschaften. Durch das Erwerbsgeschäft werden sowohl die Rechtsordnung der Gesellschaft, an der die Beteiligung angestrebt wird **(Zielgesellschaft),** als auch die Rechtsordnung der Gesellschaft, die eine Beteiligung zu erwerben beabsichtigt **(Erwerbergesellschaft),** betroffen. Daher sind für die Frage der Zulässigkeit eines solchen Erwerbsgeschäfts die **Personalstatute beider Gesellschaften** maßgebend.[2154]

521 Da die **Beteiligungsfähigkeit** einen Teilbereich der inneren Verfassung der **Zielgesellschaft** betrifft,[2155] ist die rechtliche Möglichkeit des Erwerbs von Anteilen **(passive Beteiligungsfähigkeit)** zunächst nach deren **Personalstatut** zu beurteilen.[2156] Dabei können sich Erwerbsbeschränkungen aus den gesellschaftsrechtlichen Vorschriften ergeben. So kann zB eine nicht im Gesellschaftsregister eingetragene GbR (→ § 707a) oder ein entsprechendes ausländisches Gebilde nicht Gesellschafter einer deutschen OHG sein (→ BGB § 705 Rn. 233). Wohl aber können sich ausländische Gesellschaften an einer deutschen AG beteiligen. Zu berücksichtigen sind daneben kartellrechtliche Erwerbsverbote[2157] als Teil des ausländischen öffentlichen Rechts. Verbietet das Personalstatut der Gesellschaft einen Erwerb von Anteilen durch eine andere juristische Person, so ist damit über die Zulässigkeit des Erwerbs entschieden, ohne dass es auf die Rechtslage nach dem Personalstatut der Erwerbergesellschaft (→ Rn. 522 f.) noch ankäme.[2158] Denn es wäre sinnwidrig, eine Beteiligung anzunehmen, wenn schon das Personalstatut der Zielgesellschaft diese nicht anerkennt.[2159] Gegenüber Beschränkungsnormen nach dem Statut der Zielgesellschaft besteht nach allgM **kein Verkehrsschutz.** Denn das Wirksamkeitshindernis besteht hier – anders als in Art. 13 Rom I-VO/Art. 12 S. 1 EGBGB vorausgesetzt – nicht in der Person eines der Vertragspartner, sondern bei der den **Gegenstand** des Erwerbs bildenden Gesellschaft.[2160]

522 Eine Beurteilung des Anteilserwerbs nach dem **Personalstatut der Erwerbergesellschaft** ist – in einem weiteren Prüfungsschritt – nur erforderlich, wenn der Erwerb der Gesellschafterstellung nach dem Personalstatut der Zielgesellschaft überhaupt zulässig ist (→ Rn. 484).[2161] Bei der Prüfung der Wirksamkeit des Beteiligungserwerbs ist die **aktive Beteiligungsfähigkeit** der Erwerbergesellschaft als **kollisionsrechtliche Teil- (besser Vor-)frage** zu behandeln, die analog Art. 7 Abs. 1 S. 1 EGBGB selbstständig anzuknüpfen und daher nach dem Personalstatut der Erwerbergesellschaft zu beurteilen ist. Dass auf diesem Wege zugleich die Durchsetzbarkeit der Gesellschafterhaftung im ausländischen Sitzstaat erleichtert wird, spricht zwar ebenfalls für die hier vertretene Auffassung, bildet aber nicht den inneren Grund für die Maßgeblichkeit des Personalstatuts der Erwerbergesellschaft.[2162]

523 Ist der Erwerbergesellschaft nach ihrem Personalstatut verboten, sich als Aktionär oder Komplementär an einer anderen Gesellschaft zu beteiligen, wie dies zB das schweiz. Obligationenrecht in

---

[2154] BayObLGZ 1986, 61 (66, 70) = NJW 1986, 3029; LG Saarbrücken RIW 1991, 865 = IPRspr. 1990 Nr. 24; LG Stuttgart RIW 1993, 848 (850) = EWiR 1993, 917 m. KurzKomm. *Ebenroth* = IPRax 1994, 293 mAnm *Großfeld/Johannemann* IPRax 1994, 271 = IPRspr. 1993 Nr. 22; offengelassen von OLG Saarbrücken NJW 1990, 647 = JZ 1989, 904 mAnm *Ebenroth/Hopp* JZ 1989, 883 = IPRax 1990, 324 mAnm *Großfeld/Strotmann* IPRax 1990, 298; *Ebke* ZGR 1987, 245 (265 f.); Staudinger/*Großfeld*, 1998, IntGesR Rn. 303 ff.; *v. Bar/Mankowski* IPR II § 7 Rn. 171 ff.; HCL/*Behrens/Hoffmann* GmbHG Allg. Einl. Rn. B 95; wN bei *Straub* IPRax 1997, 58 Fn. 6; *Michalski* NZG 1998, 762 (763); *Leible* in Hirte/Bücker GrenzübGes § 10 Rn. 37; aA – nur die Rechtsordnung sei maßgebend, die sich aus dem Wirkungsstatut ergibt – *Grasmann*, System des internationalen Gesellschaftsrechts, 1970, 889; *Bokelmann* BB 1972, 1426 (1427); *Wiedemann* GesR I § 14 IV 1a, S. 813; *Grothe*, Die „ausländische Kapitalgesellschaft & Co.", 1989, § 8 B II 2, S. 204 f.

[2155] Nach *Grasmann*, System des internationalen Gesellschaftsrechts, 1970, 891 ff. geht es hierbei im Wesentlichen um die Frage der inneren Ausgestaltung der Gesellschaft, an der die Beteiligung erworben werden soll.

[2156] Staudinger/*Großfeld*, 1998, IntGesR Rn. 304 f.; *Zimmer* IntGesR 207 f.; *Schmidt/Hermesdorf* RIW 1990, 707 (708); *Leible* in Hirte/Bücker GrenzübGes § 10 Rn. 38.

[2157] *Grasmann*, System des internationalen Gesellschaftsrechts, 1970, 891b; vgl. dazu allg. *Bär*, Kartellrecht und IPR, 1965, 315 ff.; *Großfeld* BerGesVR 18 (1978), 73 (141); ferner → Rn. 301 ff.; Staudinger/*Großfeld*, 1998, IntGesR Rn. 305.

[2158] *Grasmann*, System des internationalen Gesellschaftsrechts, 1970, 890 f.; Staudinger/*Großfeld*, 1998, IntGesR Rn. 304.

[2159] Im Ergebnis ebenso Staudinger/*Großfeld*, 1998, IntGesR Rn. 305 im Anschluss an *Lalive* Ann. Inst. Dr. int. 1975, 177.

[2160] *Zimmer* IntGesR 268; *G. Fischer*, Verkehrsschutz im internationalen Vertragsrecht, 1990, § 11 V 1, S. 253.

[2161] Staudinger/*Großfeld*, 1998, IntGesR Rn. 306; OLG Saarbrücken NJW 1990, 647 = IPRax 1990, 324 mAnm *Großfeld/Strotmann* IPRax 1990, 298; iErg auch *Zimmer* IntGesR 267; *Leible* in Hirte/Bücker GrenzübGes § 10 Rn. 39.

[2162] So aber Staudinger/*Großfeld*, 1998, IntGesR Rn. 306; *Grasmann*, System des internationalen Gesellschaftsrechts, 1970, 890, 891.

Art. 552, 594 Abs. 2 OR für juristische Personen bestimmt,[2163] so ist sorgfältig zu prüfen, ob das Verbot auch die Beteiligung an der im Einzelfall betroffenen Gesellschaftsform ausländischen Rechts erfassen soll.[2164] Bejahendenfalls ist der Erwerb der Gesellschaftsbeteiligung unzulässig bzw. unwirksam. Auch ein Redlichkeitsschutz analog Art. 13 Rom I-VO/Art. 12 S. 1 EGBGB (→ Rn. 514 ff.) kommt dann nicht in Betracht, da hinsichtlich der Erwerbsverbote eine Erkundigungsobliegenheit des anderen Teils besteht.[2165]

cc) Grenzüberschreitende Grundtypenvermischung (Auslandsgesellschaft & Co.). Ob eine **ausländische Kapitalgesellschaft Komplementärin in einer deutschen KG** sein kann, bestimmt das deutsche Recht als Personalstatut der KG (→ Rn. 484). Die **sachrechtliche Zulässigkeit der Komplementärstellung einer ausländischen Kapitalgesellschaft (so die hM)** ist danach umstritten.[2166] Nach dem EU-Gesellschaftsrecht ist diese Gestaltung jedenfalls nicht verboten, wie Art. 1 Abs. 1 lit. b Bilanz-RL zeigt (→ Rn. 29). Zwar kennt auch das deutsche Recht Formen zulässiger Typenvermischung inländischer Gesellschaftsformen, zB GmbH & Co. KG. Für deren Zulässigkeit waren jedoch in erster Linie steuerrechtliche Erwägungen von Bedeutung.[2167] **Gesellschaftsrechtliche Bedenken** bestehen deshalb, weil neben die schon nach nationalem Recht nicht einfach zu bewältigende **Grundtypenvermischung** zusätzlich das Problem einer **Statutenvermischung** durch die teilweise Geltung ausländischen Rechts tritt.[2168] Es erschwert den Rechtsverkehr über das zumutbare Maß hinaus, wenn Klarheit über die Vertretungs- und Haftungsverhältnisse nur unter Berücksichtigung auch des ausländischen Rechts mit der erforderlichen Sicherheit hergestellt werden kann.[2169] Lässt man auch ausländische Gesellschaften als persönlich haftende Gesellschafter in einer deutschen **Personengesellschaft** zu, so wird durch die damit verbundene Normenvermischung auch gegen den Grundsatz der Einheitlichkeit des Gesellschaftsstatuts (→ Rn. 489 f.) verstoßen. Eine einheitliche Anknüpfung ist nämlich ausgeschlossen, wenn ein weiteres Statut gerade für die Beurteilung des wesensbestimmenden Elements der KG herangezogen werden muss.[2170] Die Zulässigkeit einer solchen Kombination ist daher abzulehnen. Dass sich neben der Anerkennung der im Ausland erworbenen Rechtsfähigkeit eine „besondere Rechtsfähigkeit" im Sinne der Komplementärfähigkeit aus dem Steuerrecht ergebe,[2171] ist mit der Konzern-Rspr. 524

2163 *Ebenroth/Hopp* JZ 1989, 883 (890); *Großfeld/Strotmann* IPRax 1990, 298 (299), alle gegen OLG Saarbrücken NJW 1990, 647; dem OLG Saarbrücken zust. hingegen *Kronke* RIW 1990, 799 (801 f.); *Straub* IPRax 1997, 58 (59 ff.); *Leible* in Hirte/Bücker GrenzübGes § 10 Rn. 39.

2164 *Zimmer* IntGesR 268.

2165 *Zimmer* IntGesR 262 f., 268 f. im Anschluss an *G. Fischer,* Verkehrsschutz im internationalen Vertragsrecht, 1990, § 11 V 1, S. 253 f.

2166 Für die Zulässigkeit → BGB § 705 Rn. 80; ferner die überwiegende Rspr., zuletzt OLG Düsseldorf NZG 2019, 1423; LG Bonn NZG 2018, 1423; OLG Köln NJW-Spezial 2013, 368 (369) = NZG 2013, 754, wo nur die Eintragung der Beteiligung am fehlenden Existenznachweis scheiterte; OLG Bremen NZG 2013, 144 = EWiR 2013, 151 m. Kurzkomm. *Wachter;* OLG Frankfurt DNotZ 2008, 860; grdl. BayObLGZ 1986, 61 (66) = NJW 1986, 3029; OLG Saarbrücken NJW 1990, 647 = JZ 1989, 904 mAnm *Ebenroth/Hopp* JZ 1989, 883 = IPRax 1990, 324 mAnm *Großfeld/Strotmann* IPRax 1990, 298 = RIW 1990, 831 mAnm *Kronke* RIW 1990, 799 = DNotZ 1990, 194 mAnm *Ebenroth/Auer* DNotZ 1990, 139; OLG Stuttgart WM 1995, 928 (930) = IPRax 1995, 397 mAnm *Kronke* IPRax 1995, 377; OLG Frankfurt NZG 2006, 830; OLG Dresden NZG 2008, 265 = EWiR 2007, 663 m. KurzKomm. *Heckschen* (Eintragung scheiterte nur an fehlenden Vertretungsnachweisen für die ausländische Komplementärgesellschaft); LG Bielefeld NZG 2006, 504; *Graewe/Hippeli* RIW 2016, 405 (406); Hopt/*Roth* HGB Anh. § 177a Rn. 11; *Grothe,* Die „ausländische Kapitalgesellschaft & Co.", 1989, 332; *v. Bar* JZ 1989, 186; *Rehm* in Eidenmüller Ausl. KapGes. § 4 Rn. 51 ff.; *Teichmann* ZGR 2014, 220 ff.; *Koziczinski* FS Dolf Weber, 2016, 229; aA AG Bad Oeynhausen GmbHR 2005, 692 = EWiR 2005, 541 m. abl. KurzKomm. *Wachter; Ebenroth/Hopp* JZ 1989, 883 (889); *Ebke* ZGR 1987, 245 ff.; Staudinger/*Großfeld,* 1998, IntGesR Rn. 536 ff.; *Hausmann* in Reithmann/Martiny IntVertragsR Rn. 6.138; *Ebenroth/Wilken* JZ 1991, 1014 (1020 f.); *Ebenroth/Hopp* JZ 1989, 883 (889); *Kieser,* Die Typenvermischung über die Grenze, 1988, 112 ff.; rechtsvergleichend *Schaper,* Selektion und Kombination von Gesellschaftsformen im institutionellen Wettbewerb, 2012; *Höhne,* Die Ltd. & Co. KG, 2011.

2167 Vgl. dazu statt aller Hopt/*Roth* HGB Anh. § 177a Rn. 2; Staudinger/*Großfeld,* 1998, IntGesR Rn. 540.

2168 Staudinger/*Großfeld,* 1998, IntGesR Rn. 542; *Großfeld* IPRax 1986, 351 (352); *Großfeld,* Einige Grundfragen des Internationalen Unternehmensrechts, 1987, 19; *Ebke* ZGR 1987, 245 (267 ff.); *Ebenroth/Eyles* DB-Beil. 2/1988, 16 f.

2169 Vgl. zum Problem der Typenvermischung bei der GmbH & Co. KG *Ebke* ZGR 1987, 245 (267 ff.); *Ebenroth/Eyles* DB-Beil. 2/1988, 16 ff.; *Kieser,* Die Typenvermischung über die Grenze, 1988, 245.

2170 Vgl. dazu Staudinger/*Großfeld,* 1998, IntGesR Rn. 544; *Großfeld/Piesbergen* FS Mestmäcker, 1996, 881 (885 f.).

2171 Vgl. § 5 Abs. 2 Nr. 3 Kapitalverkehrsteuergesetz, aufgehoben durch Gesetz vom 22.2.1990, BGBl. 1990 I 266 (281); hierzu *Zimmer* IntGesR 208 f.

nicht zu vereinbaren. Im Supermarkt-Beschluss hat der BGH jeden Rückschluss vom Steuer- auf das Gesellschaftsrecht wegen des „zweckbedingten Unterschiedes" ausdrücklich abgelehnt.[2172] Damit überhaupt deutsches KG-Recht Anwendung findet, muss die **KG** ihren **Verwaltungssitz in Deutschland** haben; dies folgt aus der für Gesellschaften des deutschen Rechts maßgeblichen Sitztheorie (→ Rn. 5, → Rn. 423 ff.). Eine Rückverweisung kommt zwar grundsätzlich in Betracht, löst aber nicht das sachrechtliche Problem, dass die KG einen Verwaltungssitz im Inland haben muss (→ Rn. 475).[2173]

525 Soweit eine Gesellschaft **nach dem AEUV niederlassungsberechtigt** ist (→ Rn. 110 ff., → Rn. 388 f.), können – abweichend von → Rn. 524 – gegen die Zulässigkeit einer **„Typenvermischung über die Grenze"** keine Einwendungen mehr erhoben werden, und zwar auch dann, wenn die in einem anderen Mitgliedstaat gegründete Komplementärin ihren effektiven Verwaltungssitz ins Inland verlegt.[2174] Hat allerdings der einzige Komplementär einer deutschen KG seinen tatsächlichen Verwaltungssitz im EU-Ausland und besteht der Unternehmensgegenstand der Komplementärgesellschaft allein in der Beteiligung und der Übernahme der Geschäftsführung der deutschen KG, so liegt auch der **Verwaltungssitz der KG im EU-Ausland.**[2175] Wegen der kollisionsrechtlichen Verwaltungssitzanknüpfung (→ Rn. 5, → Rn. 420 ff.) ist dann **deutsches Sachrecht nicht anwendbar.**[2176] Eine KG mit Verwaltungssitz im Ausland kann in diesem Fall nach geltendem deutschen Recht nicht – auch nicht bei einer Rückverweisung durch das IPR des Verwaltungssitzstaates (→ Rn. 475) – wirksam errichtet und in das Handelsregister eingetragen werden.[2177] Seit Cartesio (→ Rn. 99 f.) ist auch nicht mehr zu bestreiten, dass diese Rechtslage mit der Niederlassungsfreiheit vereinbar ist. Die Gründung einer deutschen KG mit anfänglichem Verwaltungssitz im EU-Ausland fällt nicht unter die Niederlassungsfreiheit.[2178] Dies gilt für Gesellschaften unter dem Schutz sonstiger Staatsverträge (→ Rn. 387) entsprechend.

526 **dd) Wechsel- und Scheckfähigkeit.** Die Wechselfähigkeit einer Gesellschaft wird gemäß Art. 91 WG durch deren Personalstatut bestimmt.[2179] Diese Regelung ist zwar ausdrücklich nur für die passive Wechselfähigkeit getroffen. Das Recht am Ort des effektiven Verwaltungssitzes gilt aber über Art. 7 auch für die aktive Wechselfähigkeit.[2180] Das Gleiche gilt für die Scheckfähigkeit nach Art. 60 ScheckG.[2181] Für Zweigniederlassungen → Rn. 188.

527 **ee) Anleihefähigkeit.** Dagegen beurteilt sich die Fähigkeit von Gesellschaften, Inhaberschuldverschreibungen in Verkehr zu bringen, die sog. Anleihefähigkeit, nicht nach dem Personalstatut.[2182] Es entscheidet hierüber die **Rechtsordnung des Staates, nach dessen Recht und in dessen Hoheitsgebiet die Papiere in Verkehr gebracht werden.** Das ist notwendig, um den Interessen des durch die Emission betroffenen inländischen Rechtsverkehrs gerecht zu werden.[2183] Dennoch ist das Gesellschaftsstatut nicht vollkommen unbeachtlich, namentlich dann, wenn die Gesellschaften nach ihrem Personalstatut nicht anleihefähig sind. Dabei ist der Sinn und Zweck der Versagung der

---

2172 BGHZ 105, 324 (339) = NJW 1989, 295; *Ebenroth/Wilken* JZ 1991, 1014 (1020); Staudinger/*Großfeld,* 1998, IntGesR Rn. 542.

2173 Vgl. *Mülsch/Nohlen* ZIP 2008, 1358 (1362).

2174 OLG Frankfurt NZG 2006, 830; LG Bielefeld NZG 2006, 504; *Teichmann* ZGR 2014, 220 (224 f.); *Rehm* in Eidenmüller Ausl. KapGes. § 4 Rn. 51 f., auch zur Möglichkeit, hierdurch eine mitbestimmte Leitung der Komplementärgesellschaft zu vermeiden; *Werner* GmbHR 2005, 288; anders AG Bad Oeynhausen GmbHR 2005, 692 = EWiR 2005, 541 m. abl. KurzKomm. *Wachter;* gegen eine EU-primärrechtliche Verbürgung der Grundtypenvermischung mit beachtlichen Gründen ferner *Klöhn/Schaper* ZIP 2013, 49 (53 ff.).

2175 *Mülsch/Nohlen* ZIP 2008, 1358 (1362) speziell zur englischen Ltd. & Co. KG und zur luxemburgischen S.á r. l. & Co. KG.

2176 Für eine Gründungsanknüpfung auch bei den Personengesellschaften *Verse* ZEuP 2013, 458 (468), der § 4a GmbHG, § 5 AktG kollisonsrechtlich deutet (abl. dazu → Rn. 5) und auf die für den Rechtsverkehr weniger gefährlichen Personengesellschaften erstrecken will.

2177 AA *Thiermann* ZIP 2011, 988.

2178 Anders vor Cartesio noch *Mülsch/Nohlen* ZIP 2008, 1358 (1359 f.).

2179 Baumbach/Hefermehl/*Casper* WG Art. 91 Rn. 2; IPG 1971 Nr. 15 (S. 105 ff.); IPG Staudinger/*Großfeld,* 1998, IntGesR Rn. 312; *Leible* in Hirte/Bücker GrenzübGes § 10 Rn. 40.

2180 Baumbach/Hefermehl/*Casper* WG Art. 91 Rn. 1.

2181 Vgl. auch *Kaligin* DB 1985, 1449 (1452); Staudinger/*Großfeld,* 1998, IntGesR Rn. 312.

2182 *Grasmann,* System des internationalen Gesellschaftsrechts, 1970, 873 ff.; *Wiedemann* GesR I § 14 IV 1c, S. 818 Fn. 30; Staudinger/*Großfeld,* 1998, IntGesR Rn. 313; speziell zu Optionsanleihen ausländischer Gesellschaften *Mankowski* AG 1998, 11; anders offenbar BGHZ 133, 200 (206 f.) = NJW 1996, 2795 für Maßgeblichkeit des Gesellschaftsstatuts.

2183 *Grasmann,* System des internationalen Gesellschaftsrechts, 1970, 876 f.; *Kaligin* DB 1985, 1449 (1452); OLG Karlsruhe ZIP 1996, 123 (126) = IPRspr. 1995 Nr. 43, S. 79 (80).

Anleihefähigkeit im Inland (Heimatstatut) zu berücksichtigen.[2184] Soll lediglich der inländische Wertpapierverkehr geschützt werden, so kann die Zubilligung der Anleihefähigkeit unter dem Wirkungsstatut nicht durch das Personalstatut der Gesellschaft abweichend beurteilt werden.[2185] Dabei ist im Zweifel von einer territorial begrenzten Geltung solcher Verbote auszugehen.[2186] Der **Anleihevertrag** selbst unterliegt kollisionsrechtlich der Rom I-VO.[2187]

ff) Organfähigkeit. Die Frage der Organfähigkeit von juristischen Personen[2188] wird zunächst durch das **Personalstatut der Gesellschaft** beantwortet, in der die **Organstellung** übernommen werden soll.[2189] Kommt danach deutsches Recht zur Anwendung, so ergibt sich aus § 76 Abs. 3 AktG und § 100 Abs. 1 AktG, dass eine juristische Person weder Vorstands- noch Aufsichtsratsmitglied noch Abwickler einer anderen Gesellschaft sein kann.[2190] Das gilt auch für ausländische juristische Personen.[2191] Beachtlich ist daneben das Personalstatut der Gesellschaft, der die Organstellung übertragen werden soll. Das ergibt schon die Notwendigkeit, die Durchsetzung etwaiger haftungsrechtlicher Ansprüche, die aus der Organstellung erwachsen können, mit zu berücksichtigen.[2192] Verbietet das Heimatstatut nicht nur für alle Korporationen die Organstellung an einer inländischen Gesellschaft, sondern geht der Schutzbereich der entsprechenden Vorschriften soweit, dass inländischen Korporationen eine Organstellung schlechthin, also auch im Ausland, verboten sein soll, obgleich das ausländische Recht diese zulassen würde,[2193] dann entscheidet das Heimatstatut die Frage einer solchen besonderen Rechtsfähigkeit verbindlich.[2194] 528

gg) Grundbuchfähigkeit. Eine **Auslandsgesellschaft** kann als Eigentümerin oder sonstige dinglich Berechtigte[2195] in das Grundbuch eingetragen werden, wenn sie aus der Sicht des deutschen Rechts **rechtsfähig** ist.[2196] Dabei ist für die Grundbuchfähigkeit einer Auslandsgesellschaft **nicht erforderlich,** dass nach ausländischem Recht eine **umfassende Rechtsfähigkeit** der Gesellschaft besteht. Da das Gesetz auch eine auf bestimmte Bereiche (wie etwa den Erwerb von Grundstücken) beschränkte Teilrechtsfähigkeit vorsehen kann, genügt es vielmehr, wenn die ausländische Gesellschaft selbst Trägerin von Rechten an Grundstücken sein kann.[2197] Bei der Grundbuchfähigkeit handelt es sich um eine **weitere Eintragungsvoraussetzung iSd § 29 Abs. 1 S. 2 GBO,** unabhängig davon, ob die dingliche Einigung über den Eigentumsübergang wirksam war. Die Rechtsfähigkeit der Gesellschaft muss nach § 29 Abs. 1 S. 2 GBO grundsätzlich durch öffentliche Urkunden nachgewiesen werden, soweit § 32 GBO iVm § 21 BNotO für ausländische juristische Personen und Handelsgesellschaften nicht gilt (→ Rn. 530).[2198] Demnach muss im Eintragungsverfahren der 529

2184 *Grasmann,* System des internationalen Gesellschaftsrechts, 1970, 877; Staudinger/*Großfeld,* 1998, IntGesR Rn. 313; *Leible* in Hirte/Bücker GrenzübGes § 10 Rn. 41.

2185 *Grasmann,* System des internationalen Gesellschaftsrechts, 1970, 877; unklar, wie eine abw. Beurteilung durch das Personalstatut zu berücksichtigen ist, Staudinger/*Großfeld,* 1998, IntGesR Rn. 313.

2186 *Grasmann,* System des internationalen Gesellschaftsrechts, 1970, 138 Fn. 13 und Staudinger/*Großfeld,* 1998, IntGesR Rn. 313.

2187 EuGH ECLI:EU:C:2016:205 Rn. 53 = NZG 2016, 513 – KA Finanz = IPRax 2016, 589 m. Aufs. *Hübner* IPRax 2016, 553 = EuZW 2016, 339 mAnm *Stiegler* = EWiR 2016, 521 m. Kurzkomm. *Pluskat;* dazu *Bayer/Schmidt* ZIP 2016, 841.

2188 Umfassender Rechtsvergleich zur Organstellung juristischer Personen bei *Fleischer* RIW 2004, 16.

2189 *Grasmann,* System des internationalen Gesellschaftsrechts, 1970, 890; Staudinger/*Großfeld,* 1998, IntGesR Rn. 310; *Leible* in Hirte/Bücker GrenzübGes § 10 Rn. 35.

2190 Vgl. zur abw. Rechtslage in Frankreich Art. L 225-20 C. com. zur Geschäftsleitung („Une personne morale peut être nommée administrateur"), Art. 225-76 C. com. zum Aufsichtsrat (früher Art. 91, 135 Gesetz No. 66–537 vom 24.7.1966 über die Handelsgesellschaften); *Lutter* NJW 1967, 1153 (1157).

2191 So Staudinger/*Großfeld,* 1998, IntGesR Rn. 310; aA *Grasmann,* System des internationalen Gesellschaftsrechts, 1970, 891.

2192 *Grasmann,* System des internationalen Gesellschaftsrechts, 1970, 890; Staudinger/*Großfeld,* 1998, IntGesR Rn. 306, 310.

2193 Zur Frage der internationalen Reichweite der Vorschriften vgl. *Grasmann,* System des internationalen Gesellschaftsrechts, 1970, 138 Fn. 13; für § 76 Abs. 3 AktG und § 100 Abs. 1 AktG kann eine derartige Reichweite nicht angenommen werden, Staudinger/*Großfeld,* 1998, IntGesR Rn. 310.

2194 Staudinger/*Großfeld,* 1998, IntGesR Rn. 310.

2195 Zur Grundbucheintragung einer Zwangshypothek zugunsten einer Auslandsgesellschaft *Kruis* IPRax 2006, 98.

2196 Dazu und zum Folgenden BayObLGZ 2002, 413 = NZG 2003, 290 mAnm *Leible/Hoffmann* NZG 2003, 259 = IPRax 2003, 244 mAnm *Behrens* IPRax 2003, 193. Zur Grundbuchfähigkeit von Auslandsgesellschaften auch *Leible* in Hirte/Bücker GrenzübGes § 10 Rn. 42 ff.; *Hirte* FS Priester, 2007, 221 (223); *Kruis* IPRax 2006, 98.

2197 BGH NZG 2017, 546 = IPRax 2019, 258 m. Aufs. *Kindler/Paulus* IPRax 2019, 229.

2198 Näher zur notariellen Einsichtnahme in das ausländische HReg BeckOK BNotO/*Sander,* 8. Ed. 1.8.2023, BNotO § 21 Rn. 13.

Nachweis für alle Voraussetzungen erbracht werden, von denen die Anerkennung der Rechtsfähigkeit der Gesellschaft als ausländischer juristischer Person im Inland abhängt. Bei Transposition in eine GbR (→ Rn. 452 ff.)[2199] kommt eine Eintragung nach § 47 Abs. 2 GBO[2200] in Betracht.[2201] Zwar ist insofern der freie Kapitalverkehr beschränkt (Art. 63 Abs. 1 AEUV), der ua auch Immobilieninvestitionen von Gebietsfremden im Inland erfasst.[2202] Bestimmten EU-ausländischen Gesellschaften wären Investitionen in deutsche Immobilien nicht möglich, müsste sie die erforderlichen Nachweise in der Form des § 29 GBO erbringen. Dies ist aber gerechtfertigt, da das EU-Kollisionsrecht nicht in das nationale Registerwesen eingreift (arg. Art. 1 Abs. 2 lit. l EuErbVO mit Erwägungsgrund 18 EuErbVO).

530 **5. Geschäftsfähigkeit, Vertretung der Gesellschaft. a) Grundsatz; Nachweise.** Die **Organstellung** einer Person ist nach dem Gesellschaftsstatut zu beurteilen,[2203] ferner die Frage, welches Organ in welchem Umfang die Gesellschaft **zu vertreten berechtigt** ist.[2204] So bestimmt das Gesellschaftsstatut vor allem darüber, ob einzelne Gesellschafter von der Vertretung ausgeschlossen sind, ob sie die Gesellschaft einzeln oder nur gemeinsam vertreten können oder müssen, ob der Umfang ihrer Vertretungsmacht durch den Gesellschaftszweck begrenzt ist und ob sie zum Selbstkontrahieren befugt sind.[2205] Im Falle der grenzüberschreitenden **Grundtypenvermischung** (→ Rn. 524 f.) kann für eine KG die Befreiung der persönlich haftenden Gesellschafterin und ihrer Organe vom Verbot des Selbstkontrahierens auch dann in das Handelsregister eingetragen werden, wenn Komplementärin eine nach englischem Recht gegründete und registrierte Limited ist.[2206] Der **Nachweis der Vertretungsmacht** muss zweifelsfrei und mit zeitnah erstellten Urkunden erbracht werden,[2207] wobei die **Bescheinigung** der Vertretungsberechtigung **durch** einen **deutschen Notar**

2199 BGHZ 178, 192 = NJW 2009, 289 – Trabrennbahn mAnm *Kieninger* = DStR 2009, 59 mAnm *Goette* = DNotZ 2009, 385 mAnm *Thölke* = IPRax 2009, 259 m. Aufs. *Weller* IPRax 2009, 202 ff.; dazu *Kindler* IPRax 2009, 189 (190); ferner *Weller* IPRax 2017, 167 (172); *Lieder/Kliebisch* BB 2009, 338; BGH NZG 2017, 347, Rn. 22.

2200 Ab 1.1.2024 idF des MoPeG v. 10.8.2021, BGBl. I 3436.

2201 Vgl. BayObLGZ 2002, 413 = NZG 2003, 290, wo dies lediglich mit Blick auf die (seinerzeit) fehlende Grundbuchfähigkeit der GbR abgelehnt wurde.

2202 KG FGPrax 2012, 236 = ZIP 2012, 1560 Ls. mit Verweis auf Anh. I Art. 1 RL 88/361/EWG und EuGH ECLI:EU:C:2010:216 = EuZW 2010, 461 – Mattner.

2203 BGH BeckRS 2014, 15813 Rn. 45 f. = RIW 2015, 307 = EWiR 2014, 667 m. Kurzkomm. *Mankowski;* KG BeckRS 2024, 5131 Rn. 32.

2204 BAG NZI 2013, 758 Rn. 40 mN; BGH NZG 2012, 1192 Rn. 27; 2011, 907 Rn. 13 = IPRax 2013, 579 m. Aufs. *Spellenberg* IPRax 2013, 545; zuvor schon BGHZ 32, 256 (258); 40, 197; BGH NJW 1965, 1664; WM 1984, 1125 (1127) – insoweit nicht in NJW 1984, 2762 = IPRax 1985, 221 mAnm *Kötz* IPRax 1985, 205; NJW 1992, 618 = EWiR 1991, 1167 m. KurzKomm. *Schlechtriem* (m. unzutr. Terminologie; vgl. *v. Bar* JZ 1992, 581); BGH NJW 1993, 2744 (2745) = IPRspr. 1993 Nr. 27 (Amtshaftung des Notars bei fehlerhafter Prüfung der Vertretungsmacht); BGHZ 128, 41 (44) = DtZ 1995, 250; BGH NJW 2003, 3270; BGHZ 178, 192 Rn. 24 f. = NJW 2009, 289 – Trabrennbahn; KG BeckRS 2024, 5131; OLG Frankfurt NZG 2015, 707 = EWiR 2015, 441 mAnm *Just;* NZG 2006, 830 (831); OLG Celle NZG 2006, 273; OLG Hamm ZIP 2006, 1947 (1950); OLG Dresden NZG 2008, 265 (266); *Leible* in Hirte/Bücker GrenzübGes § 10 Rn. 48; Staub/*Koch/Harnos* HGB § 13d Rn. 31; ausf. *Niemann,* Die rechtsgeschäftliche und organschaftliche Stellvertretung und deren kollisionsrechtliche Einordnung, 2004; Grüneberg/*Thorn* EGBGB Anh. Art. 12 Rn. 13; Staudinger/*Großfeld,* 1998, IntGesR Rn. 278; für das liecht. IPR enthalten Art. 235 Abs. 6, 237b PGR idF von 1997 eine Sonderanknüpfung, dazu *Appel* RabelsZ 61 (1997), 512 (538); *G. Meier,* Grundstatut und Sonderanknüpfung im IPR des liechtensteinischen Gesellschaftsrechts, 1979, 254 ff., 264 ff. zum bisherigen Recht; zur Sonderanknüpfung nach Art. 158 schweiz. IPRG vgl. *Ebenroth/Messer* ZSchweizR 108 (1989) II, 49 (83 ff.); *Zimmer* IntGesR 254 f.; zur Frage der Befugnisse eines Insolvenzverwalters bei Eröffnung des Insolvenzverfahrens → EuInsVO 2015 Art. 7 Rn. 94 f.; vgl. als Arbeitshilfe zum ausländischen Recht die Übersichten bei *Hausmann* in Reithmann/Martiny IntVertragsR Rn. 6.197 ff.; *Klein* FS Rhein. Notarkammer, 1999, 279; für den Online-Zugriff auf ausländische Handelsregister → Rn. 30.

2205 Vgl. BGH NJW 1992, 618; OLG Düsseldorf RIW 1995, 325 (326); OLG München ZIP 2005, 1826; *Leible* in Hirte/Bücker GrenzübGes § 10 Rn. 48.

2206 OLG Frankfurt NZG 2006, 830.

2207 Zur Ltd. OLG Düsseldorf FGPrax 2019, 261; OLG Dresden NZG 2008, 265 = EWiR 2007, 663 m. KurzKomm. *Heckschen;* vgl. auch KG NZG 2005, 758 (Existenznachweise bei der Ltd.); OLG München NZG 2010, 515 (im Zweifel Alleinvertretungsberechtigung der im Handelsregister als vertretungsberechtigt ausgewiesenen Personen). In Betracht kommt nach OLG Schleswig NJW-RR 2013, 1063 (1064) bei einer *englischen Gesellschaft* zB die Vorlage einer aktuellen Vertretungsbescheinigung eines englischen Notars als sicherste Nachweismöglichkeit, ferner eine Bescheinigung des Companies House, falls nur ein Direktor vorhanden ist. Andererseits ist für den Nachweis der Vertretungsbefugnis der directors einer englischen Ltd. eine Bescheinigung des deutschen Notars entsprechend § 21 BNotO nicht ausreichend, wenn dieser seine Erkenntnisse nur durch die Einsichtnahme in das beim Companies House geführten Register erworben hat,

als Nachweis gegenüber dem Grundbuchamt jedenfalls dann gemäß § 21 BNotO ausreicht, wenn der Notar Einsicht in ein ausländisches, dem deutschen HReg funktionsäquivalentes Register genommen hat.[2208] Demgegenüber beurteilt sich die rechtsgeschäftlich begründete Vertretungsmacht nach dem Vollmachtsstatut (→ EGBGB Art. 8; zu den kaufmännischen Vollmachten → Rn. 228 ff.). Insoweit sind Art. 13 Rom I-VO/Art. 12 S. 1 EGBGB nicht heranzuziehen (→ Rom I-VO Art. 13 Rn. 43). Der schuldrechtliche **Anstellungsvertrag** zwischen der Organperson und der Gesellschaft unterliegt dem Vertragsstatut (→ Rn. 616; → Rom I-VO Art. 8 Rn. 24).[2209]

Die **Bestellung einer Person als Organmitglied** ist ein körperschaftlicher Akt und unterliegt **531** als solcher dem **Gesellschaftsstatut.** Das Gesellschaftsstatut entscheidet grundsätzlich ferner über die Eignung einer Person als Geschäftsführer, auch soweit es um die Bestellung von Ausländern geht.[2210] Eine sachrechtliche Frage ist es dabei, ob auch ein **Nicht-EU-Ausländer** trotz fehlender Einreisemöglichkeit seine gesetzlichen Aufgaben als GmbH-Geschäftsführer erfüllen kann. Bei deutschem Gesellschaftsstatut bedarf es auf Grund der Neufassung des § 4a GmbHG durch das MoMiG vom 23.10.2008 (BGBl. 2008 I 2026)[2211] vor der Eintragung keiner Überprüfung des Registergerichts zu der Frage, ob die Gesellschaft überwiegend im Ausland oder im Inland tätig sein wird. Denn nach der genannten Vorschrift ist sogar ein ausländischer Verwaltungssitz zulässig; erst recht gilt dies für einen auslandsansässigen Geschäftsführer.[2212] Soweit es allerdings um **Bestellungsverbote** nach Art der § 6 Abs. 2 GmbHG, § 76 Abs. 3 AktG geht, die an bestimmte Vorstrafen sowie Berufs- bzw. Gewerbeverbote anknüpfen,[2213] folgt aus der Niederlassungsfreiheit der Gesellschaft nach dem AEUV (→ Rn. 78 ff., → Rn. 388 ff.) nicht die alleinige Maßgeblichkeit des Gründungsrechts. Es ist daher den im Inland ansässigen EU-Auslandsgesellschaften verwehrt, Personen zu Geschäftsführern bzw. Vorständen zu bestellen, die eine derartige Position in einer entsprechenden Gesellschaft des inländischen Rechts auf Grund der genannten Vorschriften nicht einnehmen könnten.[2214] Denn eine **missbräuchliche Umgehung** seiner Berufsausübungsregeln muss der Sitzstaat nicht hinnehmen (→ Rn. 396 f.).[2215] Zu einer Durchbrechung des ausländischen Personalstatus kommt es auch iRd. Babypausenregelungen des § 38 Abs. 3 GmbHG, § 84 Abs. 3 AktG bei Tätigkeit des Geschäftsleiters im Inland.[2216] Für die Bestellung eines Organs durch das Gericht (§ 29 BGB; § 85 AktG) gilt ebenfalls das Personalstatut.

Hinsichtlich der **Förmlichkeiten des Vertretungsnachweises** gegenüber dem deutschen **532** **Handelsregister** gilt § 12 HGB.[2217] Gegenüber dem deutschen **Grundbuchamt** muss im Falle der Umschreibung des Eigentums auf eine ausländische juristische Person deren Existenz, Erwerbsfähigkeit sowie die **Vertretungsmacht der für sie Handelnden** nach § 29 GBO durch öffentliche Urkunden nachgewiesen werden. Dabei kann die Bescheinigung nach § 32 GBO nicht von einem ausländischen Notar und nicht unter Bezugnahme auf nicht näher bezeichnete Unterlagen erfol-

---

KG DNotZ 2012, 604; OLG Düsseldorf NZG 2015, 199; OLG München NZG 2015, 1437; anzuerkennen ist hingegen eine auf Einsicht in das inländische Handelsregister der Zweigniederlassung gestützte Bescheinigung nach § 21 BNotO, KG BeckRS 2013, 6388 = ZIP 2013, 973; zu Einzelheiten *Pfeiffer* Rpfleger 2012, 240 ff.; *Göthel/Graminsky* BB 2020, 514 (520 f.).

2208 OLG Schleswig MittBayNot 2022, 448.

2209 Zum IPR der GmbH-Geschäftsführerverträge *Harbarth/Nordmeier* IPRax 2009, 393.

2210 Vgl. zum deutschen Sachrecht insoweit *Erdmann* NZG 2002, 503; *Heßeler* GmbHR 2009, 759; *M. Schiedermair* FS Bezzenberger, 2000, 393; *Wachter* ZIP 1999, 1577; *Wachter* NotBZ 2001, 233; zur Zulässigkeit der Geschäftsführerbestellung eines EU-Ausländers im Inland s. EuGH ECLI:EU:C:1998:205 = NZG 1998, 809 – Clean Car; zur notariellen Belehrung von im Ausland weilenden GmbH-Geschäftsführern s. § 8 Abs. 3 S. 2 GmbHG.

2211 Dazu *Kindler* IPRax 2009, 189 (193 ff.); *Leitzen* NZG 2009, 728.

2212 OLG Düsseldorf NZG 2009, 679 = EWiR 2009, 573 m. KurzKomm. *Lamsa;* OLG München NZG 2010, 157 mAnm *Ries* NZG 2010, 298 = EWiR 2010, 247 m. KurzKomm. *Schodder;* Staub/*Koch/Harnos* HGB § 8 Rn. 115; anders noch *Kindler,* Einführung in das neue IPR des Wirtschaftsverkehrs, 2009, 187 f. und die Rspr. zum GmbH-Recht vor dem MoMiG, wie zB OLG Celle NZG 2007, 633; näher *Altmeppen* GmbHG § 6 Rn. 33 ff.

2213 Zur Ausweitung der Bestellungsverbote durch das MoMiG *Wachter* in Goette/Habersack, Das MoMiG in Wissenschaft und Praxis, 2009, 1, 42 ff.; *Wachter* in Römermann/Wachter, GmbH-Beratung nach dem MoMiG, GmbHR-Sonderheft Oktober 2008, 5, 11 f.; rechtsvergleichend zu England *Möser* ZVglRWiss 2011, 324.

2214 So auch *Rehm* in Eidenmüller Ausl. KapGes. § 7 Rn. 24, allerdings de lege ferenda.

2215 BGHZ 172, 200 Rn. 13 ff. = NJW 2007, 2328 – Hochbau aller Art; dazu *Eidenmüller/Rehberg* NJW 2008, 28; *Bauer/Großerichter* NZG 2008, 253; ebenso schon iErg *Lanzius,* Anwendbares Recht und Sonderanknüpfungen unter der Gründungstheorie, 2004, 204 ff., 207 f. (Anwendbarkeit inländischen Rechts als „erforderliche" – und daher gerechtfertigte – Beschränkung der Niederlassungsfreiheit).

2216 *Wedemann* NZG 2024, 707.

2217 Vgl. näher die Kommentierungen zu dieser Vorschrift sowie *Pfeiffer* Rpfleger 2012, 240.

gen.[2218] Können die Anforderungen des § 29 Abs. 1 S. 2 GBO wegen des Inhalts des ausländischen Rechts nicht vollständig erfüllt werden, muss sich das Grundbuchamt zwar mit den danach möglichen Nachweisen begnügen, darf aber im Interesse der Sicherheit des Grundstücksverkehrs und der Gewährleistung der Richtigkeit des Grundbuchs verlangen, dass der Antragsteller sämtliche nach dem ausländischen Recht bestehenden Möglichkeiten ausschöpft, mögen sie in dem jeweiligen Staat im innerstaatlichen Rechtsverkehr auch unüblich sein.[2219] Zwar ist durch diese Erfordernisse der freie Kapitalverkehr beschränkt (Art. 63 Abs. 1 AEUV), der ua auch Immobilieninvestitionen von Gebietsfremden im Inland erfasst.[2220] Bestimmten EU-ausländischen Gesellschaften wären Investitionen in deutsche Immobilien nicht möglich, müssten sie die erforderlichen Nachweise in der Form des § 29 GBO erbringen. Dies ist aber gerechtfertigt, da das EU-Recht nicht in das nationale Registerwesen eingreift (arg. Art. 1 Abs. 2 lit. l EuErbVO mit Erwägungsgrund 18).

533 **b) Beschränkungen der Vertretungsmacht der Organmitglieder.** Beschränkungen, etwa durch Schriftformerfordernisse oder die Notwendigkeit der Mitwirkung eines anderen gesetzlichen oder rechtsgeschäftlichen Vertreters, verstoßen nicht gegen die Vorbehaltsklausel des Art. 6 EGBGB;[2221] in Betracht kommen aber ein Verstoß gegen Art. 49, 63 AEUV,[2222] sowie – im Geltungsbereich des europäischen Gesellschaftsrechts – ein Verstoß gegen Art. 9 Abs. 2 GesR-RL.[2223] Problematisch ist ferner, ob die Vertretungsbefugnis ihrem Umfang nach hinter der für Organe vergleichbarer juristischer Personen nach deutschem Recht zurückbleibt.[2224] Durfte der inländische Vertragspartner davon ausgehen, dass die ausländische Gesellschaft durch ihren Vertreter wirksam verpflichtet werden konnte, dann gilt auch hier aus Gründen des Verkehrsschutzes der **Rechtsgedanke aus Art. 13 Rom I-VO/Art. 12 S. 1 EGBGB** (→ EGBGB Art. 12 Rn. 29; → Rom I-VO Art. 13 Rn. 41 ff.).[2225] Solche Beschränkungen der Vertretungsmacht von Organen kennt auch das deutsche Recht für Vereine gemäß § 26 Abs. 1 S. 3 BGB (→ BGB § 26 Rn. 30 ff.) und bei allen Formen der Gesamtvertretung im Sinne der Beschränkung der Ausübung der Vertretungsmacht (§ 124 Abs. 1 HGB, § 78 Abs. 2 S. 1 AktG), die allerdings erst nach außen Wirkungen entfalten können, wenn sie in das entsprechende Register eingetragen sind (§§ 68, 70 BGB, § 15 HGB). Eine derartig formalisierte Überprüfungsmöglichkeit wird der inländische Rechtsverkehr regelmäßig zwar nicht wahrnehmen können, selbst wenn sie das jeweilige Personalstatut der ausländischen Gesellschaft vorschreibt. Bestehende Beschränkungen sind aber dennoch unter den weiteren tatbestandsmäßigen Voraussetzungen des Art. 13 Rom I-VO/Art. 12 S. 1 EGBGB hinzunehmen.[2226] Die inländischen Registervorschriften müssen indessen erfüllt sein, wenn eine inländische Zweigniederlassung besteht.[2227]

534 **c) Anscheins- oder Duldungsvollmacht; Vertretung ohne Vertretungsmacht.** Das Vollmachtstatut ist maßgeblich für die Frage, ob eine Anscheinsvollmacht oder Duldungsvollmacht vorliegt.[2228] Entscheidend ist daher, **wo** der **Rechtsschein** einer Bevollmächtigung durch das vermeintliche Organ **entstanden** ist **und** sich **ausgewirkt** hat, da der Geschäftsgegner an diesem Ort die Möglichkeit hat, Umfang und Wirksamkeit der Vollmacht zu überprüfen (→ EGBGB Art. 8 Rn. 148 ff.). Die Frage, ob ein von einem Organ ohne oder auf Grund Überschreitung der Vertretungsmacht abgeschlossenes Rechtsgeschäft Rechtsfolgen für die Gesellschaft zu begründen vermag,

---

2218 OLG München NZG 2015, 1437.

2219 OLG Jena NZG 2018, 908 = EWiR 2018, 651.

2220 KG FGPrax 2012, 236 = ZIP 2012, 1560 Ls. mit Verweis auf Anh. I Art. 1 RL 88/361/EWG und EuGH ECLI:EU:C:2010:216 = EuZW 2010, 461 – Mattner.

2221 KG IPRspr. 1929 Nr. 14, S. 34 (36 f.); zu gesellschaftsrechtlichen Zustimmungserfordernissen bei Bürgschaften, Garantien und Patronatserklärungen französischer Aktiengesellschaften vgl. *Dilger/Hugger* RIW 1990, 879; Cass. com. RIW 2000, 948 mAnm *Sonnenberger/Großerichter/Rageade;* zum russischen Recht *Boes* RIW 2008, 841.

2222 Vgl. Nr. 8 der Mitt. der EG-Kommission „über bestimmte rechtliche Aspekte von Investitionen innerhalb der EU", ABl. EG 1997 C 220, 15; Zusammenfassung in DB 1997, 2264.

2223 *Lutter,* Europäisches Unternehmensrecht, 4. Aufl. 1996, 55 f., 102 f.; vertiefend *Kindler* FS Lutter, 2000, 483.

2224 *G. Meier,* Grundstatut und Sonderanknüpfung im IPR des liechtensteinischen Gesellschaftsrechts, 1979, 257.

2225 Staub/*Koch/Harnos* HGB § 13d Rn. 31; dagegen *Eidenmüller* in Eidenmüller Ausl. KapGes. § 4 Rn. 4.

2226 *Wiedemann* GesR I § 14 IV 2a, S. 820; HCL/*Behrens/Hoffmann* GmbHG Allg. Einl. Rn. B 93, 94; Staudinger/*Großfeld,* 1998, IntGesR Rn. 281.

2227 *Bumeder,* Die inländische Zweigniederlassung ausländischer Unternehmen im deutschen Register- und Kollisionsrecht, 1971, 51 ff.

2228 BGHZ 43, 21 (27); BGH IPRspr. 1968/69 Nr. 19b (S. 44); OLG Saarbrücken IPRspr. 1968/69 Nr. 19a; umfassend zum Verkehrsschutz im internationalen Gesellschaftsrecht *M. Lehmann* FS G. Fischer, 2010, 237; zur Anknüpfung der rechtsgeschäftlichen Stellvertretung allg. → EGBGB Vor Art. 11 Rn. 45 ff.; *Ebenroth* JZ 1983, 821 ff.

entscheidet grundsätzlich das Recht am Ort der Vornahme des Geschäfts.[2229] Einschränkend hat der **BGH** hierzu mit **Urteil vom 20.7.2012** festgehalten, die Rechtsscheinhaftung der Gesellschaft für das Handeln ihres Organs, das seine Vertretungsbefugnis bei einem Distanzgeschäft überschreitet, richte sich „jedenfalls" dann nach der an dem Ort der Abgabe der Willenserklärung geltenden Rechtsordnung, *wenn diese zugleich über die organschaftliche Vertretungsmacht entscheidet.*[2230] Für die Möglichkeit einer Haftung des vollmachtlosen Vertreters muss daneben aber auch das Gesellschaftsstatut herangezogen werden, wenn der Dritte sich im Rahmen des hier geltenden Verkehrsgünstigkeitsprinzips auf diese für ihn günstigere Rechtsordnung beruft.[2231]

d) Repräsentantenhaftung der Gesellschaft. Ob eine von einem Organmitglied begangene, zum Schadensersatz verpflichtende Handlung auch zur Haftung der Gesellschaft selbst führt (vgl. im deutschen Recht § 31 BGB), beurteilt sich nach der Rechtsordnung, die über die Haftung des Organmitglieds bestimmt (näher → Rn. 620 f.). 535

6. Partei- und Prozessfähigkeit. a) Parteifähigkeit. Die – vom Kläger zu beweisende[2232] – Parteifähigkeit einer Gesellschaft wird im deutschen Zivilprozessrecht gemäß § 50 ZPO grundsätzlich mit der Rechtsfähigkeit verknüpft. Durchbrochen wird dieser Grundsatz jedoch in § 11 Abs. 1 S. 2 InsO (Verein ohne Rechtspersönlichkeit), wonach im Interesse der wirksamen Rechtsverfolgung auch bestimmte nichtrechtsfähige Gebilde mit **passiver Parteifähigkeit** ausgestattet sind.[2233] Die traditionelle Auffassung und mit ihr die überwiegende Rspr. geht vom Grundsatz des § 50 ZPO aus und bestimmt die Parteifähigkeit von ausländischen Gesellschaften anhand der Kollisionsnormen für die Rechtsfähigkeit. Da sich diese nach dem Personalstatut richtet, sind ausländische Gesellschaften nach dieser Auffassung immer dann parteifähig, wenn sie nach ihrem Personalstatut Rechtsfähigkeit besitzen.[2234] Dieser Umweg über die Verweisung des § 50 ZPO vermag jedoch gerade problematische Fälle nicht zu lösen. Ist nämlich die Gesellschaft nach ihrem Heimatstatut zwar parteifähig, aber nicht rechtsfähig, so hätte das eine verbindliche Aussage auch über die Parteifähigkeit vor einem deutschen Gericht zur Folge. Das kann aber vom Gesetzgeber nicht gewollt sein, wie sich aus den vielfachen Durchbrechungen des Grundsatzes der Verknüpfung von Partei- und Rechtsfähigkeit ergibt.[2235] 536

Richtiger erscheint es demgegenüber, mit der heute hM die **Parteifähigkeit unmittelbar nach dem Personalstatut der Gesellschaft zu beurteilen.**[2236] Dafür spricht die Parallele zu § 55 ZPO sowie die erleichterte Durchsetzung eines Urteils im Heimatstaat der Gesellschaft, da der Vollstreckungstitel bereits die aus dortiger Sicht richtige Partei bezeichnet.[2237] Eine subsidiäre Begründung der Parteifähigkeit aus der Rechtsfähigkeit ist damit freilich nicht ausgeschlossen. Der Einwand von *G. Wagner,* hier werde – wegen der fehlenden Vollstreckungsmöglichkeit im Heimat- 537

2229 *Kaligin* DB 1985, 1449 (1452); *Lauterbach/Beitzke,* Vorschläge und Gutachten zur Reform des deutschen internationalen Personen- und Sachrechts, 1972, 121; implizit wohl auch BGH NJW 1996, 1053.

2230 BGH ZIP 2012, 1908 Rn. 28 ff.

2231 *Grasmann,* System des internationalen Gesellschaftsrechts, 1970, 40; Staudinger/*Großfeld,* 1998, IntGesR Rn. 285. Teilweise wird auch das Geschäfts- oder Deliktsstatut für maßgeblich erklärt, vgl. → Vor Art. 11 Rn. 271.

2232 KG GWR 2024, 181.

2233 BGHZ 159, 94 = NJW 2004, 2523 zur Darlegungslast für nachträglichen Wegfall der passiven Parteifähigkeit; KG ZIP 2010, 204 (Restgesellschaft).

2234 BGH NJW 1965, 1666 (1667) = JZ 1965, 580 = IPRspr. 1964/65 Nr. 4; BGHZ 154, 185 (190) = NJW 2003, 1461 – Überseering; BGHZ 159, 94 (100 f.) = NJW 2004, 2523; KG NZG 2014, 901; OLG Frankfurt NJW 1990, 2204 = RIW 1990, 583 mAnm *Schütze* RIW 1990, 674 = IPRax 1991, 403 mAnm *Großfeld/König* 379 = EWiR 1990, 827 m. KurzKomm. *Ebenroth;* OLG Düsseldorf IPRax 1993, 412 (413) = NJW-RR 1993, 999; OLG Frankfurt NZG 1999, 1097 = EWiR 1999, 1081 m. KurzKomm. *Kindler;* dazu auch *Haack* RIW 2000, 56 f. = GmbHR 1999, 1254 mAnm *Borges* = IPRax 2001, 132 m. Aufs. *Thorn* IPRax 2001, 102 (106 ff.); LG Berlin DB 2004, 2628 = NZG 2004, 1014; *Grasmann,* System des internationalen Gesellschaftsrechts, 1970, 856; *Lauterbach/Beitzke,* Vorschläge und Gutachten zur Reform des deutschen internationalen Personen- und Sachrechts, 1972, 98; zuletzt etwa *Weller* IPRax 2009, 202 (204).

2235 Ebenso Staudinger/*Großfeld,* 1998, IntGesR Rn. 292.

2236 So in der Rspr. schon BGHZ 51, 27 (28); BGH NJW 1999, 1817 = IPRax 2000, 21 m. Aufs. *H. Roth* IPRax 2000, 11 betr. englische partnership; BGHZ 153, 353 (358) = NJW 2003, 1607 = BB 2003, 810 mAnm *Kindler;* BGH NZG 2004, 1001; BAGE 19, 164 = IPRspr. 1966/67 Nr. 51; OLG Frankfurt IPRspr. 1933 Nr. 4; OLG Köln WM 1961, 183 (184); OLG Koblenz RIW 1986, 137 = IPRspr. 1985 Nr. 22; OLG Zweibrücken NJW 1987, 2168 = IPRspr. 1986 Nr. 122; KG BeckRS 2014, 08803; OLG Karlsruhe DNotZ 2018, 910 Rn. 14 betr. irische general partnership; grdl. *Pagenstecher* ZZP 64 (1951), 249 (262); Staudinger/*Großfeld,* 1998, IntGesR Rn. 292; *Schack* IZVR Rn. 530; MüKoGmbHG/*Weller* GmbHG Einl. Rn. 414.

2237 *Schack* IZVR Rn. 530.

land – der nexus zwischen Vermögensträgerschaft, Parteifähigkeit und Zwangsvollstreckung zerrissen,[2238] verfängt demgegenüber nicht. Denn für den Gläubiger können sich durchaus Vollstreckungsmöglichkeiten im Inland oder in einem Drittstaat ergeben, wo es auf die Haltung des Prozessrechts des Personalstatuts der Schuldnergesellschaft nicht ankommt. – Parteifähig sind daher auch solche Gesellschaften, die nach ihrem Personalstatut bloß rechtsfähig sind, nicht aber Verfahrenssubjekt sein können.[2239] Parteifähig sind somit Gesellschaften, die nach ihrem Personalstatut entweder parteifähig oder rechtsfähig (oder beides) sind.[2240] Ferner besteht die Möglichkeit, die Parteifähigkeit über eine analoge Anwendung von Art. 13 Rom I-VO/Art. 12 S. 1 EGBGB anzunehmen.[2241] Die passive Parteifähigkeit folgt unmittelbar aus dem deutschen Verfahrensrecht (→ Rn. 440).[2242] Wird eine in Deutschland verklagte Auslandsgesellschaft nach Rechtshängigkeit im Gründungsstaat gelöscht und verliert sie dadurch ihre Rechtsfähigkeit, so ist sie nicht mehr rechts- und parteifähig, mit der Folge der Verfahrensunterbrechung nach §§ 239, 241, 249 ZPO.[2243]

538 **b) Prozessfähigkeit.** Die Fähigkeit einer Gesellschaft, Prozesshandlungen wirksam vornehmen zu können, die sog. Prozessfähigkeit, wird durch das **Personalstatut** bestimmt.[2244] Fehlt es nach dem Gesellschaftsstatut an der Prozessfähigkeit, so gilt die Gesellschaft im Inland gemäß § 55 ZPO als prozessfähig, wenn vergleichbare Korporationen nach deutschem Recht prozessfähig sind.[2245] Zum Wegfall der Prozessfähigkeit → Rn. 537.

539 **7. Innere Verfassung. a) Überblick.** Das Personalstatut ist auch die für die gesamte innere Verfassung der Gesellschaft maßgebliche Rechtsordnung.[2246] Damit werden folgende Regelungsbereiche umfasst: die **Organisation** der Gesellschaft einschließlich der Geschäftsführung,[2247] die **Kapitalausstattung** (Kapitalaufbringung und -erhaltung, → Rn. 568 ff.), die Kapitalerhöhung und -herabsetzung[2248] sowie die Möglichkeit eines Ausschlusses des Bezugsrechts. Ein Enteignungstatbestand kann vorliegen, wenn bei Kapitalerhöhungen Bezugsrechte für ausländische Aktionäre ausgeschlossen werden (ausführlich → Rn. 972). Für die **Aktienarten** (Namensaktien, Vorzugsaktien, Mehrstimmaktien) ist ebenfalls das Personalstatut maßgeblich, ferner für die Bestimmung der Mitgliedsrechte sowohl im Verhältnis zur Gesellschaft[2249] als auch der Gesellschafter untereinander.[2250] Das Gesellschaftsstatut bestimmt auch, ob, unter welchen Voraussetzungen und wie häufig eine **Hauptversammlung im Ausland** stattfinden darf[2251] und ob die Hauptversammlung in einer

---

[2238] *G. Wagner* ZZP 117 (2004), 305 (363).

[2239] Für eine alternative Anknüpfung auch Soergel/*Lüderitz* EGBGB Anh. Art. 10 Rn. 29; *Hausmann* in Reithmann/Martiny IntVertragsR Rn. 6.153; *Kropholler* IPR § 56 IV 5 Fn. 12; iErg auch *Furtak* Die Parteifähigkeit in Zivilverfahren mit Auslandsberührung, 1995, 164, 173 – ihm zust. *Geimer* NJW 1997, 1767 (1768); für alleinige Maßgeblichkeit der Parteifähigkeit nach dem Personalstatut hingegen Staudinger/*Großfeld,* 1998, IntGesR Rn. 292; *G. Wagner* ZZP 117 (2004), 305 (363 f.).

[2240] *Hausmann* in Reithmann/Martiny IntVertragsR Rn. 6.153; Soergel/*Lüderitz* EGBGB Anh. Art. 10 Rn. 29; *R. Werner,* Der Nachweis des Verwaltungssitzes ausländischer juristischer Personen, 1998, 98.

[2241] Ebenso unter Berufung auf den Rechtsgedanken von Art. 7 Abs. 3 S. 1 EGBGB aF OLG Düsseldorf IPRspr. 1964/65 Nr. 21; wohl auch *Pagenstecher* ZZP 64 (1951), 249 (260); aA Soergel/*Lüderitz* EGBGB Anh. Art. 10 Rn. 29: „überflüssig".

[2242] Zur Beweislastverteilung hinsichtlich der die Parteifähigkeit begründenden Tatsachen → Rn. 555 betr. den tatsächlichen Verwaltungssitz; zur Parteifähigkeit der Konkursmasse, die sich nach dem Konkursstatut beurteilt vgl. BGHZ 134, 116 (118) = NJW 1997, 658.

[2243] BGH NZG 2017, 394.

[2244] BGHZ 153, 353 (357) = NJW 2003, 1607 = BB 2003, 810 mAnm *Kindler;* OLG München NJW-RR 2005, 1486; OLG Stuttgart NJW 2009, 3524 = ZIP 2009, 2359.

[2245] *Pagenstecher* ZZP 64 (1951), 249 (283); *Grasmann,* System des internationalen Gesellschaftsrechts, 1970, 362; *Schack* IZVR Rn. 535; Staudinger/*Großfeld,* 1998, IntGesR Rn. 295; aA *v. Bar* IPR I Rn. 370.

[2246] RGZ 73, 366 (367); RG IPRspr. 1935–44 Nr. 47; BayObLG IPRspr. 1931 Nr. 13; *Wiedemann* GesR I § 14 IV 1b, S. 814; HCL/*Behrens/Hoffmann* GmbHG Allg. Einl. Rn. B 99; Staub/*Koch/Harnos* HGB § 13d Rn. 31; *Hirte* FS Priester, 2007, 221 (224 f.); Staudinger/*Großfeld,* 1998, IntGesR Rn. 335 f.

[2247] RGZ 73, 366 (367); BayObLG IPRspr. 1931 Nr. 13; OLG Düsseldorf WiB 1997, 302 = ZIP 97, 27 (30) zu den Organpflichten; *Wolff* IPR 117; Soergel/*Lüderitz* Vor EGBGB Anh. Art. 10 Rn. 37 ff.

[2248] RGZ 73, 366 (367); RG IPRspr. 1935–44 Nr. 47 (S. 97); Staudinger/*Großfeld,* 1998, IntGesR Rn. 335.

[2249] ORG IPRspr. 1975 Nr. 122; LG Hannover IPRspr. 1950/51 Nr. 12a; OLG Celle IPRspr. 1950/51 Nr. 12b; LG Hamburg IPRspr. 1976 Nr. 210; *Wolff* IPR 117; HCL/*Behrens/Hoffmann* GmbHG Allg. Einl. Rn. B 79; Soergel/*Lüderitz* EGBGB Anh. Art. 10 Rn. 42; Staudinger/*Großfeld,* 1998, IntGesR Rn. 336.

[2250] IPG 1974 Nr. 13.

[2251] BGHZ 203, 68 = NJW 2015, 336 = DNotZ 2015, 207 mAnm *Hüren* = EWiR 2015, 3 m. Kurzkomm. *Kiem/Reutershahn;* dazu *Mohamed* NZG 2015, 1263; *Herrler* ZGR 2015, 918; *v. Bar/Grothe* IPRax 1994, 269; implizit auch OLG Hamburg OLGZ 1994, 42 = IPRax 1994, 291 = WM 1993, 1186 = WiB 1994, 30 mAnm *Gummert* = EWiR 1993, 943 m. KurzKomm. *Bokelmann* = WuB II A. § 121 AktG Nr. 1.93 mAnm *Butzke; Biehler* NJW 2000, 1243.

anderen Sprache als der des Gesellschaftsstatuts erfolgen darf.[2252] Für die Bestellung der **Gesellschaftsorgane,** ihre Rechtsstellung und ihre Zusammensetzung gilt ebenfalls das Personalstatut,[2253] wobei sich hinsichtlich der Bestellungsverbote das am Verwaltungssitz geltende Recht durchsetzt (→ Rn. 530 ff.).[2254]

b) Zusammensetzung des Aufsichtsrats, Geschlechterquote und unternehmerische Mitbestimmung. aa) Grundlagen; Geschlechterquote. Die die Zusammensetzung des Aufsichtsrats gehört zur **Organisationsverfassung** der Gesellschaft und unterliegt demgemäß dem Gesellschaftsstatut. Eine Besonderheit des deutschen Rechts ist – neben der unternehmerischen Mitbestimmung (→ Rn. 542 ff.) – die **zwingende Geschlechterquote** für Großunternehmen nach § 96 Abs. 2 AktG.[2255] Sie erfasst zum einen paritätisch mitbestimmte und börsennotierte Aktiengesellschaften des deutschen Rechts. Darüber hinaus erstreckt sie sich analog Art. 9 Rom I-VO – als **Eingriffsnorm** – auf **Auslandsgesellschaften mit Verwaltungssitz in der BRepD.**[2256] 540

Dabei folgt der eingriffsrechtliche Charakter der zwingenden Geschlechterquote aus der **sozialpolitischen und marktordnenden Tendenz der Quotenregelung.**[2257] Sie zielt ab auf eine Stärkung des „Wirtschaftsstandorts Deutschland" und der internationalen Wettbewerbsfähigkeit deutscher Unternehmen sowie eine bessere Vereinbarkeit von Familie und Beruf.[2258] Im Wege der **Substitution** sind die der deutschen AG entsprechenden Gesellschaftsformen des ausländischen Rechts von § 96 Abs. 2 AktG erfasst (→ Rn. 165 ff.).[2259] Ferner muss die Gesellschaft über 2000 Mindestregelbeschäftigte in der BRepD verfügen.[2260] Ein **Verstoß gegen die Niederlassungsfreiheit** EU-ausländischer Gesellschaften liegt darin **nicht,** weil die **Gleichstellung** von Mann und Frau in Beruf und Gesellschaft Teil der Unionspolitik ist (Art. 157 Abs. 4 AEUV; Art. 23 Abs. 2 GRCh) und schon deshalb ein **zwingender Grund des Gemeinwohls** iSd der Rechtfertigungslehre des Urteils Überseering vorliegt.[2261] Zur Wahrung der Geschlechterquote bei der grenzüberschreitenden Verschmelzung (§ 96 Abs. 3 AktG) → Rn. 789. 541

bb) Mitbestimmung als gerechtfertigte Beschränkung der Niederlassungsfreiheit. Während Anknüpfungspunkt für die betriebliche Mitbestimmung die Belegenheit des Betriebes ist (→ Rom I-VO Art. 8 Rn. 152 ff.),[2262] unterliegt die **unternehmerische Mitbestimmung** dem **Personalstatut derjenigen Gesellschaft, deren Organe hiervon betroffen sind.**[2263] Diese gesellschaftsrechtliche Qualifikation der unternehmerischen Mitbestimmung ist in Rspr.[2264] und 542

2252 Nach deutschem Sachrecht ist es grds. zulässig, die Hauptversammlung einer deutschen AG in einer anderen Verhandlungssprache als der deutschen zu führen, wenn alle anwesenden teilnehmenden Personen einverstanden sind, vgl. das Gutachten des DNotI im DNotI-Report 2003, 81; GroßkommAktG/*Mülbert,* 4. Aufl. 1999, AktG Vor § 118 Rn. 178.

2253 BGH NZG 2011, 907 Rn. 13 = IPRax 2013, 579 m. Aufs. *Spellenberg* IPRax 2013, 545; LG Saarbrücken IPRspr. 1950/51 Nr. 15 (S. 32); Staudinger/*Großfeld,* 1998, IntGesR Rn. 335; zur Berücksichtigung ausländischer Mandate als Bestellungsverbot *Mickel/Fleischmann* NZG 2010, 54.

2254 Zur Anknüpfung des Anstellungsvertrags der Organpersonen vgl. OLG Düsseldorf NZG 2004, 869; *Mankowski* RIW 2004, 167; → Rn. 616; → Rom I-VO Art. 8 Rn. 24.

2255 Zu § 24 Abs. 2 SEAG *Weller/Harms/Rentsch/Thomale* ZGR 2015, 361 (366 ff.).

2256 *Weller/Harms/Rentsch/Thomale* ZGR 2015, 361 (382, 384); *Weller* IPRax 2017, 167 (174); aA Lutter/Schmidt/*Drygala* 3. Aufl. 2015, AktG § 96 Rn. 35; *Grobe* AG 2015, 289 (290); *Seibt* ZIP 2015, 1193 (1194); *Oetker* ZHR 179 (2015), 707 (712 ff.).

2257 *Weller/Harms/Rentsch/Thomale* ZGR 2015, 361 (376 ff.).

2258 BT-Drs. 18/3784, 45, 55.

2259 *Weller/Harms/Rentsch/Thomale* ZGR 2015, 361 (381 f.).

2260 *Weller/Harms/Rentsch/Thomale* ZGR 2015, 361 (384).

2261 *Weller/Harms/Rentsch/Thomale* ZGR 2015, 361 (384 ff.); vgl. EuGH ECLI:EU:C:2002:632 Rn. 92 = NJW 2002, 3614 – Überseering.

2262 BAG NZA 2007, 999; NZG 2019, 355 Rn. 23 ff.; *Buchner* FS Birk, 2008, 11 ff.

2263 Schrifttum zur unternehmerischen Mitbestimmung und Niederlassungsfreiheit: *Behme* ZIP 2008, 351; *Brandes* ZIP 2008, 2193 (Mitbestimmungsvermeidung durch Verschmelzung); *Däubler/Heuschmid* NZG 2009, 493; *Drinhausen/Keinath* AG 2010, 398 zur Mitbestimmung bei grenzüberschreitender Verschmelzung; *Eberspächer* ZIP 2008, 1951 (rechtspolitisch); *Götze/Winzer/Arnold* ZIP 2009, 243; *Hellwig/Behme* ZIP 2008, 1791; *Kindler* Symposium Winkler v. Mohrenfels, 2013, 147; *Köster* ZRP 2008, 214 zum RefE Int. Gesellschaftsrecht, Rn. 64 f.; *Merkt* ZIP 2011, 1237; *Seiboth* AuR 2008, 132; *Seibt* ZIP 2008, 1301 zu Teilkonzern- und Zwischenholdinggesellschaften; *Weiss/Seifert* ZGR 2009, 542; *Weller* FS Hommelhoff, 2012, 1275; *Wolf/Prinz* FS Bauer, 2010, 1171.

2264 BGH NJW 1982, 933 (934) = IPRax 1983, 70 mAnm *Großfeld/Kötter* IPRax 1983, 60 – insoweit nicht in BGHZ 82, 188; OLG Stuttgart WM 1995, 928 (930); LG Dortmund AG 1977, 109 (113) mAnm *Lutter* (aus anderen Gründen aufgehoben durch BGHZ 82, 188 = NJW 1982, 933); LG Düsseldorf AG 1980, 83 = IPRspr. 1979 Nr. 6; LG Stuttgart RIW 1993, 848 (849).

Literatur[2265] herrschend. Hat eine nach deutschem Recht gegründete Gesellschaft ihren Verwaltungssitz in der BRepD, so gilt das deutsche MitbestG als Teil ihres Personalstatuts. Für Gesellschaften deutschen Rechts mit Verwaltungssitz im Ausland gilt das Gleiche, soweit hier eine Rückverweisung auf das deutsche Recht erfolgt und das deutsche Recht die Gesellschaft nach wie vor als existent betrachtet (→ Rn. 475, → Rn. 838 ff.). Bei ausländischen Kapitalgesellschaften oberhalb der Größenmerkmale der inländischen Mitbestimmungsgesetze,[2266] mit tatsächlichem Verwaltungssitz in der BRepD[2267] ist zu unterscheiden: Soweit sich das Gesellschaftsstatut nach der Sitztheorie richtet (→ Rn. 379 ff.), findet zwar eine kollisionsrechtliche Verweisung auf die deutschen Mitbestimmungsgesetze als Teil des Gesellschaftsstatuts statt. Da derartige Gesellschaften aber als Personengesellschaft zu qualifizieren sind (→ Rn. 452 ff.),[2268] sind die Mitbestimmungsgesetze sachrechtlich nicht anwendbar.[2269] Soweit sich das Gesellschaftsstatut nach der Gründungstheorie richtet, dh bei Gesellschaften unter dem Schutz bilateraler Staatsverträge (→ Rn. 387) und unter dem Schutz der Niederlassungsfreiheit nach dem AEUV (→ Rn. 388 ff.), ist zunächst fraglich, ob dieser Schutz eine Mitbestimmungsfreiheit überhaupt umfasst. Verneint man dies (→ Rn. 543 ff.), so kommt insoweit wieder die Verwaltungssitzanknüpfung zum Zuge,[2270] hilfsweise eine Sonderanknüpfung analog Art. 9 Rom I-VO (→ Rn. 547). In einem weiteren Prüfungsschritt stellt sich die Frage, ob ein ausländischer Gesellschaftstyp im Wege der Substitution unter die Mitbestimmungsgesetze fällt (→ Rn. 548).

543 Nicht zu bestreiten ist nach den in → Rn. 349, → Rn. 404 f. dargelegten Maßstäben, **dass** in der Anwendung der inländischen Mitbestimmungsgesetze auf EU-ausländische Gesellschaften eine **Beschränkung** von deren **Niederlassungsfreiheit** liegt. Denn das inländische Recht zwingt die Auslandsgesellschaft zu einer bestimmten Zusammensetzung des Aufsichtsrates oder – noch weitergehend – sogar zur Einrichtung eines Aufsichtsrates, obwohl ein derartiges Organ nach dem Gesellschaftsstatut nicht vorgesehen ist. Darin liegt eine substanzielle Veränderung der Struktur der Gesellschaft.[2271] Diese Beschränkung ist jedoch aus **zwingenden Gründen des Allgemeininteresses gerechtfertigt.**[2272] Schon im Urteil Überseering hatte der EuGH den Arbeitnehmerschutz als zwingenden Grund des Allgemeininteresses anerkannt.[2273] Da die Mitbestimmungsregeln die Teilhabe der Arbeitnehmer und ihrer Vertreter an Entscheidungen des Aufsichtsrates der jeweiligen Gesellschaft ermöglichen, dienen sie auch dem Arbeitnehmerschutz.[2274] Dass der Arbeitnehmer-

---

[2265] *Birk* FS Schnorr v. Carolsfeld, 1973, 61 (74 f.); *Birk* RIW 1975, 589 (594); *Däubler* RabelsZ 39 (1975), 444 (453); *Steindorff* ZHR 141 (1977), 457 (460); *Bernstein/Koch* ZHR 143 (1979), 522 (528); *Ebenroth/Sura* ZHR 144 (1980), 610 (620); *M. Reuter,* Zur internationalen Reichweite der Mitbestimmung im Unternehmen, 1988, 48; *v. Bar/Mankowski* IPR II § 7 Rn. 203 ff.; *Großfeld/Erlinghagen* JZ 1993, 217; Staudinger/*Großfeld,* 1998, IntGesR Rn. 510; *Mankowski* ZIP 1995, 1006; *Mankowski* DZWiR 1997, 168 (169); *Bungert* WM 1997, 2233 (2234); *Picot/Land* DB 1998, 1601 (1605); Soergel/*Lüderitz* EGBGB Anh. Art. 10 Rn. 43; HCL/*Behrens/Hoffmann* GmbHG Allg. Einl. Rn. B 121; *Göthel* in Reithmann/Martiny IntVertragsR Rn. 33.49; *Junker* ZfA 36 (2005), 1 (5 f.); *Götze/Winzer/Arnold* ZIP 2009, 245 (248); *Weiss/Seifert* ZGR 2009, 542 (543); aA *Zimmer* IntGesR 146 ff., 150, der – im Gleichlauf mit der betrieblichen Mitbestimmung – eine Anknüpfung an den Betriebsort favorisiert; anders aber dann *Zimmer* NJW 2003, 3585 (3589): Gesellschaftsstatut.

[2266] Mehr als 500 Arbeitnehmer nach § 1 Abs. 1 DrittelbG 2004; mehr als 2.000 Arbeitnehmer nach § 1 MitbestG 1976; mehr als 1.000 Arbeitnehmer nach § 1 MontanMitbestG 1952.

[2267] Für Beispiele s. *Weller/Harms/Rentsch/Thomale* ZGR 2015, 361 (363).

[2268] BGHZ 151, 204 = NJW 2002, 3559 = IPRax 2003, 41 m. Aufs. *Kindler* IPRax 2003, 61.

[2269] Es ist daher eine rechtspolitische Frage, ob der Gesetzgeber die Mitbestimmungsgesetze auf derartige Personengesellschaften erstrecken will.

[2270] *Eidenmüller* in Eidenmüller Ausl. KapGes. § 3 Rn. 122 und 428.

[2271] Insoweit zutr. *Rehberg* in Eidenmüller Ausl. KapGes. § 6 Rn. 22; *Müller-Bonanni* in Hirte/Bücker GrenzübGes § 13 Rn. 20 f.; dies einräumend auch *Franzen* RdA 2004, 257 (262); *Bayer* AG 2004, 534; *Weiss/Seifert* ZGR 2009, 542 (548 f.); *Teichmann* ZIP 2009, 1787 (1788).

[2272] *Weller* FS Hommelhoff, 2012, 1275 (1292); *Kindler* Symposium Winkler v. Mohrenfels, 2013, 147 ff.; eingehend *Weiss/Seifert* ZGR 2009, 542 (549 ff.); Staub/*Koch/Harnos* HGB § 13d Rn. 33; zuvor schon *W.-H. Roth* IPRax 2003, 117 (125); *W.-H. Roth* ZGR 2000, 311 (333); *Kindler* NJW 2003, 1073 (1079); *Grundmann/Möslein* ZGR 2003, 313 (350 f.); *Bayer* BB 2003, 2357 (2365); *Bayer* BB 2004, 1 (5); *Bayer* AG 2004, 534 (537 f.); *Franzen* RdA 2004, 257 (262, 263 f.); aA HCL/*Behrens/Hoffmann* GmbHG Allg. Einl. Rn. B 122; ferner *Zimmer* NJW 2003, 3585 (3590 f.); *Eidenmüller* ZIP 2002, 2233 (2236 f.); *Paefgen* DB 2003, 487 (491 f.); *Windbichler/Bachmann* FS Bezzenberger, 2000, 799; *Sandrock* AG 2004, 57 (62 ff.); wN bei *Hopp/Holler* DStR 2004, 730 (731) in Fn. 22; allg. zum Vier-Konditionen-Test des EuGH → Rn. 87, → Rn. 93; EuGH ECLI:EU:C:2003:512 Rn. 133 = NJW 2003, 3331 – Inspire Art; tendenziell auch EuGH: ECLI:EU:C:2017:562 – Erzberger.

[2273] EuGH ECLI:EU:C:2002:632 Rn. 92 = NJW 2002, 3614 – Überseering; vgl. bereits EuGH ECLI: EU: C:1981:314 Rn. 17 = NJW 1982, 1203 – Webb.

[2274] *Franzen* RdA 2004, 257 (262); *Kieninger* ZGR 1999, 724 (739, 744); *W.-H. Roth* ZGR 2000, 311 (333); *Thüsing* ZIP 2004, 381 (385); *Zimmer* NJW 2003, 3585 (3591); aA wohl nur *Sandrock* ZVglRWiss 102 (2003), 447 (495 f.); eingehend wie im Text *Bayer* AG 2004, 534 (537).

schutz als Teil des Allgemeininteresses anzuerkennen ist, wird nicht zuletzt durch die EU-Richtlinien zur Mitbestimmung in der SE (→ Rn. 42), und die Richtlinienvorgaben zur grenzüberschreitenden Umwandlung (→ Rn. 35 ff.; Art. 86m Abs. 8 GesR-RL, Art. 127 Abs. 8 GesR-RL, Art. 160m Abs. 8 GesR-RL) bestätigt; sogar der AEUV selbst (Art. 153 Abs. 1 lit. f AEUV iVm Art. 151 AEUV) hat die Stärkung der Arbeitnehmerinteressen – auch mittels der Unternehmensmitbestimmung – zum Ziel.[2275]

Eine **diskriminierungsfreie Anwendung** ist gesichert.[2276] Denn das Anknüpfungsmerkmal der deutschen Mitbestimmungsgesetze – der inländische Verwaltungssitz (→ Rn. 547) – findet unterschiedslos für inländische Kapitalgesellschaften und ihnen entsprechende ausländische Gesellschaftstypen Anwendung.[2277] Auch die mit der Anwendung statutsfremden Mitbestimmungsrechts verbundenen erhöhten Transaktionskosten im Vergleich zur Inlandsgesellschaften bedeuten keine rechtlich relevante Diskriminierung, da das EU-Recht insoweit die Unterschiedlichkeit der mitgliedstaatlichen Rechtsordnungen hinnimmt.[2278] **544**

Die Mitwirkung der Arbeitnehmer im Aufsichtsrat ist nach Einschätzung des deutschen Gesetzgebers ferner ein **geeignetes Mittel** zur Stärkung des Arbeitnehmerschutzes, und dies hat die EU wegen der insoweit geltenden Einschätzungsprärogative der Mitgliedstaaten (→ Rn. 412 f.) grundsätzlich hinzunehmen. Punktuelles Versagen des deutschen Mitbestimmungsmodells – wie dies von den Kritikern auch im vorliegenden Zusammenhang gelegentlich betont wird[2279] – ist demgegenüber irrelevant.[2280] An der Eignung fehlt es insbesondere auch nicht deshalb, weil die inländische Unternehmensmitbestimmung rein praktisch nur unter größten Schwierigkeiten in die Organisationsverfassung der EU-Auslandsgesellschaft eingepasst werden könnte.[2281] Eine solche Anpassung ist bei dualistisch strukturierten Gesellschaften, die bereits über einen Aufsichtsrat verfügen, ohne weiteres möglich;[2282] das statutsfremde Mitbestimmungsrecht wirkt sich hier lediglich auf die **Zusammensetzung** des Aufsichtsrats aus und bewirkt keine nennenswerten Veränderungen der dortigen Organstruktur. Denn die gesellschaftsrechtlichen Aufsichtsratsbefugnisse gegenüber der Geschäftsleitung richten sich weiterhin nach dem Gesellschaftsstatut.[2283] Aber auch in monistisch strukturierten Gesellschaften kann die Einpassung ohne größere Friktionen gelingen, wie schon der fakultative Aufsichtsrat in der deutschen GmbH (§ 52 GmbHG) zeigt.[2284] Mit der Arbeitnehmerbeteiligungs-Richtlinie für die SE (→ Rn. 42) hat der EU-Gesetzgeber im Übrigen selbst deutlich gemacht, dass er derartige Schwierigkeiten nicht für unüberwindlich hält.[2285] **545**

Die Anwendung des inländischen Mitbestimmungsrechts auf Auslandsgesellschaften mit inländischem Verwaltungssitz ist zur Durchsetzung der Arbeitnehmerinteressen auch **erforderlich,** da ein milderes Mittel nicht zur Verfügung steht. Insbesondere stellt die betriebliche Mitbestimmung (→ Rn. 542) kein solches milderes Mittel dar,[2286] da diese einen völlig anderen Aspekt des Arbeitnehmerschutzes im Unternehmen abdeckt und deshalb zur Verwirklichung der mit der unternehmerischen Mitbestimmung verfolgten Ziele von vornherein nicht geeignet ist. Bei der betrieblichen Mitbestimmung geht es um die Begrenzung des arbeitgeberseitigen Weisungsrechts im Individualarbeitsverhältnis, wohingegen die unternehmerische Mitbestimmung auf Teilhabe an der Unternehmensleitung abzielt.[2287] Ebenso wenig bieten eine Verhandlungslösung[2288] oder ein sog. Konsultationsrat einen gleichwertigen Ersatz für die Arbeitnehmer.[2289] Auch entfällt die Erforderlichkeit nicht **546**

2275 *Bayer* AG 2004, 536 (537); *Weiss/Seifert* ZGR 2009, 542 (553 ff.).

2276 Vgl. EuGH ECLI:EU:C:2003:512 Rn. 133 = NJW 2003, 3331 – Inspire Art.

2277 *Franzen* RdA 2004, 257 (262); dies einräumend auch *Eidenmüller/Rehm* ZGR 2004, 159 (184); *Rehberg* in Eidenmüller Ausl. KapGes. § 6 Rn. 33.

2278 *Franzen* RdA 2004, 257 (262); *Thüsing* ZIP 2004, 381 (384).

2279 *Paefgen* DB 2003, 487 (492); *Merkt* ZIP 2011, 1237 (1241).

2280 *Bayer* AG 2004, 534 (537 f.); *Thüsing* ZIP 2004, 381 (387).

2281 So zum Sachrecht tendenziell noch → 3. Aufl. 1999, Rn. 452; die gemeinschaftsrechtliche Eignung deshalb in Zweifel ziehend *Zimmer* NJW 2003, 3585 (3591); *Ziemons* ZIP 2003, 1913 (1917 f.); *Sandrock* AG 2004, 57 (65 f.); *Schwark* AG 2004, 173 (178); *Merkt* ZIP 2011, 1237 (1241 f.).

2282 *Bayer* AG 2004, 534 (538); zum dualistischen System rechtsvergleichend *Roth/Kindler,* The Spirit of Corporate Law, 2013, 88–98.

2283 *Franzen* RdA 2004, 257 (261).

2284 Einzelheiten bei *Franzen* RdA 2004, 257 (261).

2285 Eingehend *Bayer* AG 2004, 534 (538); vgl. auch §§ 34 ff. SEBG (→ Rn. 74).

2286 So aber *Eidenmüller* JZ 2004, 24 (29); *Eidenmüller* ZIP 2002, 2233 (2242); *Eidenmüller/Rehm* ZGR 2004, 159 (185); *Müller-Bonanni* GmbHR 2003, 1235 (1238); *Schanze/Jüttner* AG 2003, 661 (668); tendenziell auch *Ziemons* ZIP 2003, 1913 (1917).

2287 *Franzen* RdA 2004, 257 (262), auch mit Hinweis auf die Arbeitnehmerbeteiligungs-RL zur SE (→ Rn. 66); ferner *Bayer* AG 2004, 534 (538); *Rehberg* in Eidenmüller Ausl. KapGes. § 6 Rn. 70 ff.

2288 So aber *Teichmann* ZIP 2009, 1787 (1788).

2289 Abl. zum Konsultationsrat *Weiss/Seifert* ZGR 2009, 542 (568 f.).

deshalb, weil – was ohnehin selten der Fall sein wird[2290] – das ausländische Recht im Einzelfall bereits über vergleichbare Regelungen zur unternehmerischen Mitbestimmung verfügt (zum Gläubigerschutz → Rn. 416 f.).[2291]

547 **cc) Anknüpfung.** Sind somit EU-Auslandsgesellschaften durch die Niederlassungsfreiheit nicht vor der Anwendung inländischen Mitbestimmungsrechts geschützt, so kommt insoweit wieder die **Verwaltungssitzanknüpfung** zum Zuge (→ Rn. 389 f.).[2292] Dies gilt erst recht für Gesellschaften unter dem Schutz zweiseitiger Staatsverträge, bei denen die Berufung auf das Gründungsrecht jedenfalls nicht weitergehen kann als unter dem AEUV.[2293] Folgt man dem nicht, so wäre die kollisionsrechtliche Anwendbarkeit des Mitbestimmungsrechts jedenfalls im Wege der **Sonderanknüpfung von Eingriffsrecht** analog Art. 9 Rom I-VO sichergestellt (zur Analogiefähigkeit der Vorschrift → Einl. IPR Rn. 309). Denn die unternehmerische Mitbestimmung bezweckt nicht den Ausgleich von Individualinteressen, sondern verwirklicht grundlegende sozialpolitische Ordnungsvorstellungen der BRepD, für deren Durchsetzung bei Verwaltungssitz im Inland auch ein hinreichender Inlandsbezug im Sinne der Sonderanknüpfungslehre besteht;[2294] der **internationale Geltungswille** der Mitbestimmungsgesetze erfasst alle **Gesellschaften mit inländischem Verwaltungssitz.** Dies belegen gerade die Gesetzgebungsmaterialien zum MitbestG 1976, wonach das Gesetz „nicht für Unternehmensorgane ausländischer Gesellschaften Geltung beanspruchen kann …".[2295] Gesellschaften **inländischer Rechtsform** sollten mithin dem MitbestG unterliegen, und dies waren nach dem damaligen Stand des Kollisionsrechts **alle** Gesellschaften mit Verwaltungssitz im Inland.[2296] Die Frage, ob die Mitbestimmungsgesetzgebung zum deutschen ordre public (Art. 6 EGBGB) zählt,[2297] hat vor diesem Hintergrund nur noch theoretische Bedeutung.[2298] Wahlberechtigt sind der Arbeitnehmer inländischer Betriebe.[2299]

548 **dd) Sachrecht: Substitution und Auslandssachverhalt.** Im Sachrecht stellt sich zunächst die Frage, ob die Mitbestimmungsgesetze **auch ausländische Unternehmensformen** erfassen, die den inländischen Kapitalgesellschaften zB iSv § 1 MitbestG 1976 funktional entsprechen. Dabei geht es nicht um „analoge Anwendung",[2300] sondern um **Substitution.**[2301] Auf eine planwidrige „Lücke" im Mitbestimmungsrecht kommt es daher nicht an, sondern allein auf die Vergleichbarkeit der ausländischen Gesellschaftsformen mit denjenigen inländischen Kapitalgesellschaftstypen, an die das Mitbestimmungsrecht anknüpft.[2302] Auf der sachrechtlichen Ebene ist ferner in mehrfacher Hinsicht fraglich, inwieweit **Auslandsachverhalte** die Tatbestandsmerkmale inländischer Mitbestimmungsvorschriften erfüllen können (zur Substitution allg. → Einl. IPR Rn. 247 ff.):

549 Liegt die **Konzernspitze im Inland,** dh hat die Konzernobergesellschaft ihren effektiven Verwaltungssitz im Inland, so stellt sich die Frage, ob ausländische Tochtergesellschaften in die deutsche Mitbestimmungsregelung einzubeziehen sind. Denkbar ist hier zunächst eine lediglich zahlenmäßige Berücksichtigung oder aber auch eine aktive und/oder passive Wahlberechtigung der ausländischen Arbeitnehmer.[2303] Im Ergebnis sind jedoch beide Elemente untrennbar miteinander

---

2290 *Franzen* RdA 2004, 257 (263).

2291 So auch *Franzen* RdA 2004, 257 (263); *Weiss/Seifert* ZGR 2009, 542 (569 ff.).

2292 *Deinert,* Internationales Arbeitsrecht, 2013, § 17 Rn. 82 ff. (S. 509 ff.); Regelungsvorschlag bei *Kindler* Symposium Winkler v. Mohrenfels, 2013, 147 (161 f.).

2293 Vgl. BGH NZG 2004, 1001 = JZ 2005, 303 mAnm *Rehm* = RIW 2004, 787 m. Aufs. *Ebke* RIW 2004, 740.

2294 *Kindler* ZHR 179 (2015), 330 (374 ff.); *Weller/Harms/Rentsch/Thomale* ZGR 2015, 361 (372 f.); *Weller* IPRax 2017, 167 (174); *Franzen* RdA 2004, 257 (258 f.); aA BeckOGK/*Großerichter/Zwirlein-Forschner,* 1.12.2021, IPR Internationales Gesellschaftsrecht – Allgemeiner Teil Rn. 252.1; *Oetker* ZHR 179 (2015), 707 (713 mN); *Horn* NJW 2004, 893 (900); *Junker* NJW 2004, 728 (729); *Sandrock* ZVglRWiss 102 (2003), 447 (486 ff.); *Thüsing* ZIP 2004, 381 (382).

2295 BT-Drs. 7/4845, 4.

2296 Auch insoweit zutr. *Franzen* RdA 2004, 257 (259); entscheidend ist, dass der BT-Ausschuss für Arbeit und Sozialordnung an gleicher Stelle (BT-Drs. 7/4845, 4) die Einbeziehung von Unternehmen mit Sitz im Inland ausdrücklich hervorhebt.

2297 So *Birk* RabelsZ 46 (1982), 384 (388 f.); Staudinger/*Großfeld,* 1998, IntGesR Rn. 222, 510; *Bayer* AG 2004, 534 (537); Nachweis zur Gegenauffassung bei *Rehberg* in Eidenmüller Ausl. KapGes. § 6 Rn. 106 in Fn. 133.

2298 Eingehend dazu aber *Rehberg* in Eidenmüller Ausl. KapGes. § 6 Rn. 106 ff.

2299 EuGH ECLI:EU:C:2017:562 = NJW 2017, 2603 Rn. 37 – Erzberger.

2300 Unrichtig zB *Zimmer* in Lutter, Europäische Auslandsgesellschaften in Deutschland, 2005, 365, 370; *Müller-Bonanni* in Hirte/Bücker GrenzübGes § 13 Rn. 18; *Kamp* BB 2004, 1496 (1498); *Weiss/Seifert* ZGR 2009, 542 (546).

2301 Zutr. *Franzen* RdA 2004, 257 (260); zur Substitution allg. → Einl. IPR Rn. 247 ff.

2302 Zutr. *Franzen* RdA 2004, 257 (260); zur Vergleichbarkeit → Rn. 165 ff.

2303 So *Prager,* Grenzen der deutschen Mitbestimmung (inklusive Betriebsverfassung) im deutsch-schweizerischen Unternehmensrecht, 1979, 46 f.; *Schubert,* Unternehmensmitbestimmung und internationale Wirtschaftsver-

verbunden. Ein Mitzählen ohne Stimmberechtigung ist nach dem Sinn und Zweck der betrieblichen wie auch der unternehmensrechtlichen Mitbestimmung ausgeschlossen.[2304] Denn nur die durch Wahl bestimmten Mitglieder der Arbeitnehmerschaft sollen die Funktion, die ihnen vom MitbestG zugewiesen wird, wahrnehmen können.[2305] Dieser Funktion wird aber nicht gerecht, wer die nur zahlenmäßig erfassten Arbeitnehmer nicht auch mit einem aktiven und passiven Wahlrecht ausstattet.[2306]

Obwohl der Bericht des Bundestagsausschusses dafür eine – nicht bindende, aber den Willen des Gesetzgebers widerspiegelnde – Antwort bereit hält,[2307] bezieht ein Teil der Literatur mit unterschiedlicher Begründung die ausländischen Arbeitnehmer ein.[2308] Diese Auffassung ist jedoch mit der in der Lehre[2309] und Rspr.[2310] überwiegenden Auffassung abzulehnen. Denn der Wille des Gesetzgebers geht gerade nicht dahin, die Mitbestimmungsregelung auch auf das Ausland auszudehnen (→ Rn. 547). Gegen eine Ausdehnung des Geltungsbereichs spricht auch die Bezugnahme auf das inlandsbezogene BetrVG, wenn man an die Gruppeneinteilung der Arbeitnehmer nach § 3 MitbestG denkt.[2311] Hier wird auf die Arbeitnehmerrentenversicherungspflicht bzw. Angestelltenrentenversicherungspflicht abgestellt.[2312] Schon diese Verbindung mit dem deutschen Sozialversicherungsrecht verhindert die Einbeziehung ausländischer Tochterunternehmen. Außerdem müsste bei Geltung des MitbestG für Auslandsgesellschaften auch die Durchführung und die Kontrolle der im Ausland notwendig werdenden Wahlvorgänge ermöglicht werden.[2313] Ausländische Arbeitnehmer könnten auch auf Grund abweichender sozialer Anschauung die unternehmerische Mitbestimmung abweichend von den deutschen Kapitaleignern, Arbeitnehmervertretern und ihren Gewerkschaften auffassen.[2314] Die Konflikte auf der Arbeitnehmerseite würden noch potenziert, wenn über etwaige Stilllegungen abgestimmt würde. **550**

Die **Einbeziehung der Arbeitnehmer einer ausländischen Zweigniederlassung** in den Geltungsbereich des MitbestG ist ebenfalls stark umstritten. Auszugehen ist von dem Grundsatz, dass Haupt- und Zweigniederlassung einen **einheitlichen Geschäftsbetrieb derselben Rechtspersönlichkeit** bilden (→ Rn. 179). Daher gilt das Personalstatut der Hauptniederlassung auch für die Zweigniederlassung, ohne Rücksicht auf deren Belegenheitsort (→ Rn. 188). Gleichwohl scheitert die Einbeziehung ausländischer Zweigniederlassungen deutscher Gesellschaften in den Geltungsbereich des deutschen MitbestG an den dargestellten Konfliktsmöglichkeiten.[2315] Es ist kein sachlicher Grund erkennbar, der eine abweichende Beurteilung bei ausländischen Tochtergesellschaften zu rechtfertigen vermag. **551**

Für die Behandlung von **inländischen Niederlassungen ausländischer Gesellschaften** wird zum Teil die Auffassung vertreten, sie seien in eine Tochtergesellschaft nach deutschem Recht umzuwandeln, wenn nach dem Gesellschaftsstatut keine unternehmensrechtliche Mitbestimmung **552**

---

flechtung, 1984, § 8 und § 11; *Lux* BB 1977, 905 f.; *Lux* MitbestG S. 67 ff.; *Steindorff* ZHR 141 (1977), 457 (460).

2304 *Ebenroth/Sura* ZHR 144 (1980), 610 (612); Staudinger/*Großfeld,* 1998, IntGesR Rn. 526.

2305 *Bellstedt* DB 1977, 1326 (1329); *Ebenroth/Sura* ZHR 144 (1980), 610 (621); Staudinger/*Großfeld,* 1998, IntGesR Rn. 526; vgl. zur weiterführenden Idee einer generellen sozialen Kontrolle *Großfeld/Ebke* 26 Am. J. Comp. L. (1978), 427 ff.

2306 *Rehberg* in Eidenmüller Ausl. KapGes. § 6 Rn. 138 f.

2307 In BT-Drs. 7/4845, 4 sub A II 4 heißt es dazu: „Im Ausland gelegene Tochtergesellschaften und deren Betriebe im Ausland von unter das Gesetz fallenden Unternehmen zählen bei der Errechnung der maßgeblichen Arbeitnehmerzahl nicht mit".

2308 *Prager,* Grenzen der deutschen Mitbestimmung (inklusive Betriebsverfassung) im deutsch-schweizerischen Unternehmensrecht, 1979, 48 f., 51 f.; *Birk* RIW 1975, 595 f.; *Birk* BerGesVR 18 (1978), 355 (357); *Däubler* RabelsZ 39 (1975), 444 (451 ff.); *Grasmann,* System des internationalen Gesellschaftsrechts, 1970, 587a; *Reich/Lewerenz* AuR 1976, 261 (264); *Steindorff* ZHR 141 (1977), 457 (460 f.); diff. *Richardi* IPRax 1983, 217 (220).

2309 *Bayer/Schmidt* BB 2016, 1923 (1933 mN); zuvor schon *Bayer* ZGR 1977, 173 (177 f.); *Bellstedt* DB 1977, 1326 (1328); *Duden* ZHR 141 (1977), 145 (180, 184); *Ebenroth/Sura* ZHR 144 (1980), 610 (616); *Lutter* ZGR 1977, 195 (205).

2310 LG Düsseldorf AG 1980, 83 = DB 1979, 1451.

2311 *Ebenroth/Sura* ZHR 144 (1980), 610 (616); *Lutter* ZGR 1977, 195 (260 f.); Staudinger/*Großfeld,* 1998, IntGesR Rn. 528.

2312 *Bellstedt* DB 1977, 1326 (1329); *Ebenroth/Sura* ZHR 144 (1980), 610 (616).

2313 Staudinger/*Großfeld,* 1998, IntGesR Rn. 528 f.

2314 Staudinger/*Großfeld,* 1998, IntGesR Rn. 529.

2315 *Rehberg* in Eidenmüller Ausl. KapGes. § 6 Rn. 142; und schon *Bayer* ZGR 1977, 173 (177); *Bellstedt* DB 1977, 1326 (1328 ff.); Staudinger/*Großfeld,* 1998, IntGesR Rn. 535; *Koppensteiner,* Internationale Unternehmen im deutschen Gesellschaftsrecht, 1971, 133, 135; aA *Däubler* RabelsZ 39 (1975), 444 (446 ff.).

besteht.[2316] Ein derartiger Rechtsformzwang scheitert jedoch daran, dass es nach geltendem Recht an einer Grundlage für die Erzwingung einer solchen Umwandlung fehlt.[2317] Zudem wäre ein solcher Umwandlungszwang als strukturwidrige Maßnahme nicht mit der Niederlassungsfreiheit nach dem AEUV zu vereinbaren.[2318] Probleme ergeben sich aber auch dann, wenn nach dem Personalstatut der ausländischen Gesellschaft eine Mitbestimmungsregelung existiert, die auch die inländische Zweigniederlassung erfasst. Soll am deutschen MitbestG gemessen werden, ob die Arbeitnehmerbeteiligung nach dem ausländischen MitbestG einen bestimmten Standard erfüllt? Wie soll verfahren werden, wenn das ausländische MitbestG hinter den entsprechenden deutschen Vorschriften zurückbleibt? Aus alledem folgt, dass sich die Mitbestimmung nach dem Personalstatut der Gesellschaft richtet, sodass unselbstständige inländische Niederlassungen ausländischer Gesellschaften nicht dem deutschen MitbestG unterliegen.[2319] Das deutsche MitbestG kann auf eine anders strukturierte ausländische Korporation grundsätzlich nicht aufgepfropft werden.[2320] Anders liegt es nur bei Scheinauslandsgesellschaften, dh Gesellschaften ausländischen Rechts mit Verwaltungssitz im Inland, bei denen eine Sonderanknüpfung nach den in → Rn. 547 dargelegten Grundsätzen erfolgt.

553 Nach einer Literaturmeinung ist das MitbestG anwendbar, wenn die ausländische Gesellschaft Tochter einer inländischen Muttergesellschaft ist.[2321] Diese Auffassung übersieht jedoch den unternehmensrechtlichen Zusammenhang. Die inländische Niederlassung steht nur über die ausländische Tochtergesellschaft in einer Verbindung mit der inländischen Muttergesellschaft, sodass auch die Zurechnung über § 5 Abs. 1 MitbestG notwendig einen Eingriff in die Struktur der ausländischen Tochtergesellschaft zur Folge haben würde.[2322] Sind deutsche Enkelgesellschaften ausländischer Tochterunternehmen deutscher Konzernmuttergesellschaften in der Rechtsform des § 1 MitbestG organisiert und beschäftigen sie mehr als 2.000 Arbeitnehmer, so unterliegen sie der Mitbestimmung.[2323] Das MitbestG gilt als Teil des Personalstatuts der Enkelgesellschaft.[2324] Eine Zurechnung besteht darüber hinaus auch über § 5 Abs. 1 MitbestG, denn die Verbindung von der Obergesellschaft zu ihren Untergesellschaften muss nicht ausschließlich durch inländische Zwischengesellschaften vermittelt werden.[2325] Nach ganz hM[2326] ist für den Fall, dass die **Konzernspitze ihren Verwaltungssitz im Ausland** hat, eine Anwendung des MitbestG auf die Konzernobergesellschaft ausgeschlossen. Für die ausländische Konzernobergesellschaft gilt nur deren Personalstatut, das durch den tatsächlichen Verwaltungssitz bestimmt wird.[2327]

554 Verlagert die **Konzernmutter** ihren effektiven Verwaltungsort ins Ausland, so unterliegt sie nicht mehr der deutschen Mitbestimmung. Die Wahrnehmung der Mitbestimmungsbefugnisse der inländischen Arbeitnehmer ist insoweit **auf die deutschen Konzernunternehmen beschränkt.**[2328] Besteht aber ein Beherrschungsvertrag, der der ausländischen Konzernobergesellschaft ein Weisungsrecht einräumt (§ 308 AktG), so ist im Rahmen der Weisungsbefugnis die Mitbestimmung eingeschränkt.[2329] Eine Einschränkung der Weisungsbefugnis vermag wenig an der unbefriedigenden Situation zu ändern.[2330] Das hat dazu geführt, dass in der Literatur Versuche

---

[2316] *Beitzke* DB 1958, 224 (225); *Vischer* FS Mann, 1977, 639 (649 ff.) krit. dazu *Birk* FS Schnorr v. Carolsfeld, 1973, 75.

[2317] *Großfeld,* Europäisches und Internationales Unternehmensrecht, 2. Aufl. 1995, G § 1 II 4; weniger krit. aber Staudinger/*Großfeld,* 1998, IntGesR Rn. 518 ff.

[2318] *Hammen* WM 1999, 2487 (2493); *Ulmer* JZ 1999, 662 (663).

[2319] *Bayer* ZGR 1977, 173 (177 ff.); *Lutter* ZGR 1977, 195 (208); MüKoAktG/*Gach* MitbestG § 1 Rn. 13; *Knobbe-Keuk* ZHR 154 (1990), 325 (349); Staudinger/*Großfeld,* 1998, IntGesR Rn. 517; aA *Duden* ZHR 141 (1977), 145 (185); *Großfeld/Erlinghagen* JZ 1993, 217 (222) für Art. 34 EGBGB analog, vgl. seit 2009 Art. 9 Rom I-VO, Art. 16 Rom II-VO.

[2320] So *Hoffmann/Lehmann/Weinmann* MitbestG § 1 Rn. 8; vgl. auch Staudinger/*Großfeld,* 1998, IntGesR Rn. 517.

[2321] *Duden* ZHR 141 (1977), 145 (185).

[2322] Vgl. auch den Bericht des BT-Ausschusses für Arbeit und Sozialordnung, BT-Drs. 7/4845, 4.

[2323] Vgl. *Hoffmann/Lehmann/Weinmann* MitbestG § 1 Rn. 43.

[2324] *Ebenroth/Sura* ZHR 144 (1980), 610 (620).

[2325] *Lutter* ZGR 1977, 195 (206 ff.); *Rehberg* in Eidenmüller Ausl. KapGes. § 6 Rn. 132.

[2326] BT-Drs. 7/4845, 4; *Birk* RIW 1975, 594; *Duden* ZHR 141 (1977), 145 (185); *Reich/Lewerenz* AuR 1976, 261 (264); *Kronke* IPRax 1995, 377; *Mankowski* ZIP 1995, 1006; Staudinger/*Großfeld,* 1998, IntGesR Rn. 511; LG Düsseldorf AG 1980, 83 = DB 1979, 1451.

[2327] *Ebenroth/Sura* ZHR 144 (1980), 610 (620); ebenso *Lutter* ZGR 1977, 195 (217); *Mankowski* ZIP 1995, 1006; *Marsch-Barner* WuB IX. § 5 MitbestG (1976) Nr. 1.95 (S. 900).

[2328] *Duden* ZHR 141 (1977), 145 (185 ff.); *Lutter* ZGR 1977, 195 (226).

[2329] Diese Rechtsfolge spricht freilich noch nicht dafür, grenzüberschreitende Beherrschungsverträge für unzulässig zu halten (→ Rn. 753 ff.).

[2330] Vgl. *Ebenroth,* Konzernkollisionsrecht im Wandel außenwirtschaftlicher Ziele, 1978, 21; *Sura,* Fremdeinfluss und Abhängigkeit im Aktienrecht, 1980, 51 ff.

unternommen werden, die unternehmerische Mitbestimmung der Arbeitnehmer im Ergebnis auch für grenzüberschreitende Unternehmensverbindungen mit ausländischer Konzernobergesellschaft sicherzustellen. Neben Modellen, die die Rechtsnatur des Beherrschungsvertrages oder seine mittelbaren und unmittelbaren rechtlichen Konsequenzen verändern wollen,[2331] wird vor allem die Notwendigkeit einer Beteiligung der inländischen Arbeitnehmer an bereits bestehenden oder neu zu schaffenden Organen der Konzernobergesellschaft gefordert.[2332] Dabei wird aber übersehen, dass die ausländischen Konzernobergesellschaften häufig nicht den Gesellschaften iSd § 1 Abs. 1 MitbestG entsprechen,[2333] sodass eine Substitution (→ Rn. 548) ausscheidet.

Fraglich ist, wie die **Mitbestimmung beim mehrstufigen grenzüberschreitenden Konzern mit inländischer Teilkonzernspitze** zu verwirklichen ist. Einschlägig ist § 5 Abs. 3 MitbestG. Danach wird das der ausländischen Konzernspitze am nächsten stehende deutsche Unternehmen als herrschendes Unternehmen iSd § 5 Abs. 1 MitbestG fingiert. Freilich setzt § 5 Abs. 3 MitbestG hierfür voraus, dass die ausländische Konzernmutter die deutschen Enkelgesellschaften „über" eine deutsche Zwischenholding beherrscht. Diese Regelung wurde dahin verstanden, dass es auf die Beherrschung der Verwaltungsorganisation ankomme: Der Weisungsstrang müsse zwischen den **Organen** aller beteiligten Gesellschaften – und daher „über" die Organe der inländischen Teilkonzernspitze – verlaufen.[2334] Dabei wird indessen nicht hinreichend deutlich zwischen den Begriffen „einheitliche Leitung" und „konzernrechtliche Beherrschung" unterschieden. Für die Beherrschung ist allein auf die Beteiligungsstruktur abzustellen. Daher gilt die der ausländischen Konzernmutter am nächsten stehende inländische Teilkonzernspitze für die Anwendung des Mitbestimmungsgesetzes nach der zutr. Rspr. und hM auch dann als herrschendes Unternehmen, wenn die **Leitung der nachgeordneten inländischen Konzerngesellschaften ohne Mitwirkung der Verwaltung der inländischen Teilkonzernspitze** erfolgt.[2335] § 5 Abs. 3 MitbestG ist auch dann anwendbar, wenn die Konzernspitze nicht nach dem MitbestG, aber aufgrund eines anderen nationalautonomen oder unionsrechtlichen Mitbestimmungsregime mitbestimmungspflichtig ist.[2336] Dagegen spricht nicht der Zweck der Vorschrift, Arbeitnehmern nur in Situationen, in denen die Konzernspitze mitbestimmungsfrei ist, über das Zwischenunternehmen ein Mindestmaß an mitbestimmungsrechtlicher Einflussnahme zukommen zu lassen. Denn der Gesetzgeber hat den Wortlaut des § 5 Abs. 3 MitbestG auch nach Einführung der Unternehmensform Societas Europaea unverändert gelassen, obgleich für diese ein umfassendes Mitbestimmungsregime besteht. Zu **§ 54 BetrVG (betriebliche Mitbestimmung)** geht das BAG davon aus, dass keine Möglichkeit zur Errichtung eines Konzernbetriebsrats besteht, wenn das herrschende Unternehmen seinen Sitz im Ausland hat.[2337] 555

ee) Rechtsdurchsetzung. Soweit das Statusverfahren nach § 98 AktG betroffen ist, ist Art. 24 Nr. 2 Brüssel Ia-VO mit seiner Anknüpfung an den Satzungssitz der Gesellschaft nicht einschlägig. Denn dieses Verfahren hat weder die Nichtigkeit der Gesellschaftssatzung noch die Wirksamkeit von Beschlüssen der Gesellschaftsorgane zum Gegenstand. Grundsätzlich ist deshalb für das Statusverfahren ein Gerichtsstand nach Art. 7 Nr. 5 Brüssel Ia-VO im Inland begründbar; die örtliche Zuständigkeit eines Gerichts folgt hier aus § 98 Abs. 1 S. 1 AktG, was vorliegend zum tatsächlichen Verwaltungssitz führt.[2338] 556

2331 *Koppensteiner,* Internationale Unternehmen im deutschen Gesellschaftsrecht, 1971, 250 ff.; *v. Zitzewitz,* Die Vereinbarkeit internationaler Vertragskonzerne mit dem Mitbestimmungsgesetz 1976, 1979, 250 ff.

2332 *Bernstein/Koch* ZHR 144 (1980), 522 (536).

2333 So aber *Bernstein/Koch* ZHR 144 (1980), 522 (536).

2334 So OLG Celle BB 1993, 957 (959) = AG 1994, 131.

2335 KG NZG 2016, 349 Rn. 10 mwN; grdl. *Lutter* ZGR 1977, 195 (213); ferner OLG Stuttgart WM 1995, 928 (929 f.) = IPRax 1995, 397 m. zust. Anm. *Kronke* IPRax 1995, 377 = WuB IX. § 5 MitbestG (1976) Nr. 1.95 m. zust. Anm. *Marsch-Barner* = ZIP 1995, 1004 m. insoweit zust. Anm. *Mankowski* ZIP 1995, 1006, 1007 = JZ 1995, 795 mAnm *Großfeld/Johannemann,* alle mN; OLG Düsseldorf ZIP 2006, 2375 = NJW-RR 2007, 330 (332); OLG Frankfurt ZIP 2008, 878 m. Aufs. *Seibt* ZIP 2008, 1301 = EWiR 2008, 509 m. KurzKomm. *von der Linden;* OLG Frankfurt ZIP 2008, 880 m. Aufs. *Seibt* ZIP 2008, 1301 = EWiR 2008, 731 m. KurzKomm. *Henssler/Michel; Rehberg* in Eidenmüller Ausl. KapGes. § 6 Rn. 133.

2336 LG Hamburg ZIP 2016, 2316 (2318).

2337 BAGE 121, 212 = NZA 2007, 999; dazu LAG Nürnberg ZIP 2016, 2133: Konzernbetriebsrat nur bei inländischem Sitz des herrschenden Unternehmens; ferner BAG NZG 2019, 355 Rn. 29: „Die Errichtung eines Konzernbetriebsrats für die inländischen Tochtergesellschaften einer im Ausland ansässigen Konzernobergesellschaft kann […] nicht mit einer analogen Anwendung von § 5 Abs. 3 MitbestG begründet werden."; tendenziell aA LAG Berlin-Brandenburg BeckRS 2023, 7476 Rn. 59 mit Verweis auf die kollisionsrechtliche Erwägung, dass den Arbeitnehmern grundsätzlich die Rechtsposition garantiert wird, die das am Arbeitsort geltende Recht gewährt; Art. 8 Abs. 1 S. 2 Rom I-VO.

2338 *Franzen* RdA 2004, 257 (261).

557 **ff) Mitbestimmungsvermeidungsstrategien.** Als Strategien zur Vermeidung der Unternehmensmitbestimmung durch internationale Gestaltungen werden im Schrifttum die Sacheinbringung, die grenzüberschreitende Verschmelzung und die Anwachsung diskutiert.[2339] Auch der grenzüberschreitende Rechtsformwechsel (durch Satzungssitzverlegung; §§ 333 ff. UmwG) kann hier in Betracht kommen (→ Rn. 39, → Rn. 801 ff.).[2340] Schutz bieten hier in Wegzugsfällen die **Missbrauchsklauseln** in § 316 Abs. 3 UmwG, § 329 S. 1 UmwG, § 343 Abs. 3 UmwG (→ Rn. 768, → Rn. 786).

558 **gg) Mitbestimmung und Arbeitnehmerfreizügigkeit.** Das KG hat dem **EuGH im Fall Erzberger/TUI**[2341] die Frage vorgelegt, ob die **Beschränkung des aktiven und passiven Wahlrechts auf im Inland beschäftigte Arbeitnehmer** (→ Rn. 550; § 7 Abs. 2 Nr. 3 MitbestG, § 10 MitbestG) mit Art. 18 AEUV (Diskriminierungsverbot) und Art. 45 AEUV (Freizügigkeit der Arbeitnehmer) vereinbar ist.[2342] Nicht Gegenstand der Vorlage war die Frage, ob ausländische Arbeitnehmer auch bei der Berechnung der maßgeblichen Schwellenwerte mitzuzählen sind.[2343] Das LG Frankfurt a.M. hat dies bejaht;[2344] die Beschwerdeinstanz hat das Verfahren bis zur EuGH-Entscheidung über die KG-Vorlage ausgesetzt.[2345]

559 Ein **Verstoß gegen die Arbeitnehmerfreizügigkeit ist laut EuGH nicht ersichtlich.** Art. 45 AEUV verfolgt nicht den Zweck, eine Vollharmonisierung des Rechts der Unternehmensmitbestimmung zu bewirken.[2346] Die Mitgliedstaaten sind lediglich verpflichtet, ihre Rechtsordnung diskriminierungsfrei auszugestalten. Das bedeutet aber nicht, dass sie ihr Schutzniveau absenken müssen, damit der Wechsel eines Arbeitnehmers ins Ausland nicht mit einem Rechtsverlust verbunden ist. Art. 45 AEUV sichert nur den Zugang zum Arbeitsmarkt.[2347] Der EuGH hat keine Unionsrechtswidrigkeit der Beschränkung des aktiven und passiven Wahlrechts auf im Inland beschäftigte Arbeitnehmer (und der Nichtberücksichtigung der im Ausland beschäftigten Arbeitnehmer) festgestellt, auch nicht im Hinblick auf Arbeitnehmer, die konzernintern den Arbeitgeber wechseln.[2348]

560 **c) Mitgliedschaft. aa) Inhalt.** Der Inhalt der Mitgliedschaft richtet sich nach dem **Personalstatut** der Gesellschaft. Es bestimmt, **wer Mitglied** einer Korporation ist und wie seine **Rechtsstellung ausgestaltet** ist.[2349] Dazu gehört auch, ob eine Befugnis der Mitgesellschafter besteht, Sozialansprüche im Wege der **actio pro socio** (§ 715b BGB) geltend zu machen.[2350] Geschäftsfähigkeitsfragen beurteilen sich dabei nach der von Art. 7 EGBGB bezeichneten Rechts-

---

2339 Näher *Götze/Winzer/Arnold* ZIP 2009, 245 (248 f.).

2340 *W.-H. Roth* FS Hoffmann-Becking, 2013, 965 (978) mit Verweis auf EuGH ECLI:EU:C:2012:440 = NJW 2012, 2715 – Vale; zu diesem Urteil → Rn. 103 ff.; zur Sitzverlegung → Rn. 833 ff.; *Weller/Harms/Rentsch/Thomale* ZGR 2015, 361 (362 f.; *Weller*) IPRax 2017, 167 (174); zum Arbeitnehmerschutz bei der Satzungssitzverlegung EuGH ECLI:EU:C:2017:804 Rn. 53 ff. = NZG 2017, 1308 – Polbud m. Aufs. *Kindler* NZG 2018, 1; ferner *Wachter* NZG 2017, 1308; *Korch/Thelen* IPRax 2018, 248.

2341 EuGH ECLI:EU:C:2017:562 = NJW 2017, 2603 – Erzberger; dazu *Behme* EuZA 2016, 411.

2342 KG NZG 2015, 1311 = EWiR 2015, 761 m. Kurzkomm. *Giedinghagen/Angelé;* dazu *Bayer/Schmidt* BB 2016, 1923 (1933); *Heuschmid/Ulber* NZG 2016, 102; *Jacobi* ArbR 2016, 11; *Kainer* IWRZ 2016, 57; *Schrader* ArbRAktuell 2015, 559; *Schröter* GWR 2015, 521; *Verse/Wiersch* EuZW 2016, 330 (331 f.); *Teichmann* ZIP 2016, 899.

2343 Dazu Habersack/Behme/Eidenmüller (Hrsg.), Deutsche Mitbestimmung unter europäischem Reformzwang, 2016.

2344 LG Frankfurt a. M. NZG 2015, 683 – Deutsche Börse = BB 2015, 1792 mAnm *Zimmermann;* dazu *Josupeit* GWR 2015, 209; *Giedinghagen/Kempermann* GmbHR 2015, R 161 f.; *Hammen* Der Konzern 2016, 105; *Hanau* ZIP 2015, 1147; *Hellwig/Behme* AG 2015, 333; *Mense/Klie* DStR 2015, 1508; *Rehberg* EuZA 2015, 369; *Seibt* DB 2015, 912; *Verse/Wiersch* EuZW 2016, 330 (331 f.); *Wansleben* EWiR 2015, 245; *Winter/Marx/De Decker* NZA 2015, 1111.

2345 OLG Frankfurt NZG 2016, 1186; *Bayer/Schmidt* BB 2016, 1923 (1933) – vgl. auch OLG München EWiR 2017, 457.

2346 EuGH ECLI:EU:C:2017:562 = NJW 2017, 2603 – Erzberger; so schon *Heuschmid/Ulber* NZG 2016, 102; *Krause* AG 2012, 485 (492).

2347 LG München I BeckRS 2015, 16656 = ZIP 2015, 1929; dazu OLG München FGPrax 2018, 119.

2348 EuGH ECLI:EU:C:2017:562 = NJW 2017, 2603 Rn. 31 ff. – Erzberger; näher *Bayer/Schmidt* BB 2017, 2114 (2122 f.); *Habersack* NZG 2017, 1021.

2349 RG IPRspr. 1934 Nr. 11 (S. 21 ff.); OLG München IPRspr. 1929 Nr. 23 (S. 39); OLG Celle IPRspr. 1950/51 Nr. 12b (S. 21 ff.); LG Hannover IPRspr. 1950/51 Nr. 12a (S. 19 ff.); LG Hamburg IPRspr. 1976 Nr. 210; *Grasmann,* System des internationalen Gesellschaftsrechts, 1970, 1084; *G. Meier,* Grundstatut und Sonderanknüpfung im IPR des liechtensteinischen Gesellschaftsrechts, 1979, 195; *Wiedemann* GesR I § 14 IV 1b, S. 815; *Kegel/Schurig* IPR § 17 II 2; Soergel/*Lüderitz* EGBGB Anh. Art. 10 Rn. 42; HCL/*Behrens/Hoffmann* GmbHG Allg. Einl. Rn. B 102.

2350 *Mock* RabelsZ 72 (2008), 264 (294).

ordnung, nicht aber eine nach dem Gesellschaftsstatut erforderliche Kaufmannseigenschaft eines Gesellschafters; insoweit verbleibt es beim Gesellschaftsstatut (→ Rn. 148 aE). Darüber hinaus sind auch Fragen der Inhaltsänderung und des Untergangs, sowie die Bestimmung der Rechtsnatur der Urkunde, die über die Mitgliedschaft ausgestellt ist, vom Personalstatut beherrscht.[2351] Es ist deshalb für die Frage maßgeblich, ob es sich um Inhaber- oder Rektapapiere oder etwa nur um Beweisurkunden handelt.[2352] **Genussrechte** (bei Verbriefung: Genussscheine; vgl. § 160 Abs. 1 Nr. 6 AktG, § 221 Abs. 3 AktG) gewähren Vermögensrechte gegen die Gesellschaft, **keine Mitgliedschaftsrechte.** Die hM geht von einem „schuldrechtsähnlichen" Verhältnis zwischen dem Genussscheininhaber und dem Unternehmensträger aus, dessen Anknüpfung der Rom I-VO und – zuständigkeitsrechtlich – den Art. 17, 18 Brüssel Ia-VO unterliegt.[2353] **Eingriffsnormen** für die Ausgestaltung der Aktien auch ausländischer Gesellschaften (§§ 2 ff. LuftNaSiG) enthält das Luftverkehrsnachweissicherungsgesetz (§§ 2 ff. LuftNaSiG).[2354]

bb) Übertragung und Belastung. Zunächst → Rn. 504 ff. Das **Gesellschaftsstatut** ist die für die Übertragung von Mitgliedschaftsrechten[2355] und deren Belastung[2356] maßgebliche Rechtsordnung; das gilt auch für die Aufspaltung von Gesellschaftsanteilen[2357] und die nachträgliche Stimmrechtsbeschränkung durch Satzungsänderung.[2358] Dabei entscheidet das Gesellschaftsstatut sowohl über die Zulässigkeit derartiger Geschäfte wie auch – bejahendenfalls – über deren Voraussetzungen und Wirkungen. Die Regelungen des Gesellschaftsstatuts können durch die Wahl einer anderen Rechtsordnung als Vertragsstatut nicht ausgeschaltet werden.[2359] Ferner bleiben etwa Publizitätsnormen des Gesellschaftsstatuts wie § 40 GmbHG auch im Falle der Auslandsbeurkundung (→ Rn. 509 ff.) anwendbar.[2360] Hingegen entscheidet das Recht des Vollstreckungsstaates über die **Pfändbarkeit** von Gesellschaftsanteilen. Nur wenn danach (wie in § 851 Abs. 1 ZPO iVm § 857 ZPO) die Pfändbarkeit die materiellrechtliche Übertragbarkeit des Rechtes voraussetzt, so beurteilt sich diese Vorfrage nach dem Gesellschaftsstatut.[2361] Als deutsche Eingriffsnorm ist **§ 15 Abs. 3 AWG** zu beachten.[2362] 561

Ist nach dem Gesellschaftsstatut zur **Übertragung des Mitgliedschaftsrechts** die Übereignung der Mitgliedschaftsurkunde erforderlich, so gilt hierfür die wertpapierrechtlich maßgebliche lex rei cartae sitae.[2363] Dabei ist für die Ermittlung dieses Statuts die Sonderkollisionsnorm in § 17a 562

2351 RG IPRspr. 1934 Nr. 11 (S. 21 ff.); KG IPRspr. 1932 Nr. 44 (S. 96 ff.); OLG Karlsruhe IPRspr. 1983 Nr. 20; BGH NJW 1994, 939 = IPRax 1995, 173 m. Aufs. *Einsele* IPRax 1995, 163 = ZEV 1994, 113 mAnm *Ebenroth/Lorz;* Soergel/*Lüderitz* EGBGB Anh. Art. 10 Rn. 42.

2352 BGH NJW 1987, 1141 (1142) = IPRax 1988, 27 mAnm *Kreuzer* IPRax 1988, 16; OLG Celle NJW-RR 1992, 1126; OLG Karlsruhe IPRspr. 1983 Nr. 20; BGH NJW 1994, 939 (940) = ZEV 1994, 113 mAnm *Ebenroth/Lorz; Wolff* IPR 118; *Kegel/Schurig* IPR § 17 II 2; Staudinger/*Großfeld,* 1998, IntGesR Rn. 340; zur Rück- und Weiterverweisung bei abw. Qualifikation → Rn. 475; Staudinger/*Großfeld,* 1998, IntGesR Rn. 342.

2353 BGHZ 119, 305 = NJW 1993, 57; *Kalss* ZVglRWiss. 110 (2011), 229; zur Bestimmung des Vertragsstatuts OLG Celle NZG 2021, 562; OLG Karlsruhe NZG 2023, 1032 Rn. 41 f. (Rechtswahl); nach OLG Brandenburg BeckRS 2023, 29402 Rn. 23 soll deutsches Recht unter dem Gesichtspunkt der „engsten Verbindung" (Art. 28 Abs. 1 EGBGB aF; Art. 4 Abs. 3 Rom I-VO) anwendbar sein, wenn eine in Deutschland wohnende Person Genussrechtsbeteiligungen an einer Gesellschaft zeichnet, die von einem Betriebssitz in Deutschland um die Zeichnungen warb; zu Art. 17, 18 Brüssel Ia-VO s. OLG Zweibrücken NZG 2023, 1315, OLG Köln IWRZ 2023, 244.

2354 *Weller/Harms/Rentsch/Thomale* ZGR 2015, 361 (372).

2355 *Weller* Der Konzern 2008, 253 (254 f.); zuvor schon Staudinger/*Großfeld,* 1998, IntGesR Rn. 341; *Merkt* ZIP 1994, 1417 (1419); *Göthel* in Reithmann/Martiny IntVertragsR Rn. 33.20; *Göthel/Graminsky* BB 2020, 514 (516); *Kieninger* IPRax 1997, 449 (rechtsvergleichend zu England).

2356 BGH NJW-RR 1995, 766 = IPRspr. 1995 Nr. 201; RG IPRspr. 1928 Nr. 13; Staudinger/*Großfeld,* 1998, IntGesR Rn. 340; *Schervier* NJW 1992, 593 (597 f.).

2357 RG IPRspr. 1928 Nr. 13 (S. 26 ff.); OLG Celle ZIP 1984, 594 (600); OLG Karlsruhe IPRspr. 1983 Nr. 20 (S. 66 ff.); OLG Köln RIW 1994, 968 = IPRax 1996, 340; Staudinger/*Großfeld,* 1998, IntGesR Rn. 341.

2358 Vgl. dazu allg. BGHZ 70, 117 = NJW 1978, 540; OLG Düsseldorf AG 1976, 215 ff.; *Immenga* AG 1976, 293 ff.

2359 *Göthel* in Reithmann/Martiny IntVertragsR Rn. 33.22.

2360 OLG München NZG 2013, 340.

2361 BGH NZG 2019, 710 Rn. 27 ff.; dazu *Rapp* IPRax 2020, 131; *Gottwald* IPRax 1991, 285 (290); *Schack* IZVR Rn. 961; *Schack* IPRax 1997, 318 (319 f.); vgl. auch OLG Oldenburg IPRax 1997, 338 (340) = GmbHR 1996, 365 Ls.

2362 *Weller/Harms/Rentsch/Thomale* ZGR 2015, 361 (371 f.); *Weller* IPRax 2017, 167 (174).

2363 BGH NJW 1994, 939 (940) = IPRax 1995, 173 m. Aufs. *Einsele* IPRax 1995, 163 = ZEV 1994, 113 mAnm *Ebenroth/Lorz;* RG IPRspr. 1934 Nr. 11 (S. 21 f.); RG IPRspr. 1933 Nr. 20 (S. 38); *Kegel/Schurig* IPR § 17 II 2; Soergel/*Lüderitz* EGBGB Anh. Art. 10 Rn. 42; Staudinger/*Großfeld,* 1998, IntGesR Rn. 341;

DepotG[2364] zu beachten (näher → EGBGB Art. 43 Rn. 247 ff.). Danach unterliegen Verfügungen über Wertpapiere, die mit rechtsbegründender Wirkung in ein Register eingetragen oder auf einem Konto verbucht werden, dem Recht des registerführenden Staates oder dem Recht des Sitzstaates der kontoführenden Haupt- oder Zweigstelle des Verwahrers.[2365] Für den gutgläubigen Erwerb ist hier wie folgt zu differenzieren: Der gutgläubige Beteiligungserwerb unterliegt dem Gesellschaftsstatut,[2366] der gutgläubige Erwerb des die Beteiligung verbriefenden Papiers unterliegt dem Recht am Ort von dessen Belegenheit.[2367] Die Parallelvorschrift in § 32 eWpG gilt – wie das gesamte eWpG – nicht für Kryptoaktien, sondern nur für Inhaberschuldverschreibungen (§ 1 eWpG) sowie Investmentanteilsscheine (§ 95 Abs. 1 KAGB).[2368]

563 Bei den im Zusammenhang mit **internationalen Finanzierungstransaktionen** üblichen Verpfändungen von Mitgliedschaftsrechten ist **methodisch wie folgt vorzugehen:**[2369] Zunächst ist die Rechtsnatur des Pfandgegenstands (Mitgliedschaft und/oder Wertpapier?) zu bestimmen. Bei verbrieften Mitgliedschaftsrechten entscheidet das Wertpapier*rechts*statut, dh das Gesellschaftsstatut, über die Rechtsnatur des Wertpapiers (→ Art. 43 Rn. 200). Je nachdem, welche Art von Wertpapier vorliegt, kommt sodann das Wertpapierrechts- oder Wertpapiersachstatut für die Frage zur Anwendung, nach welchem Recht sich die Verpfändung beurteilt. Bei girosammelverwahrten Wertpapieren ist dies das Wertpapier*sach*statut (lex rei sitae), sofern nicht § 17a DepotG (→ Rn. 562) zum Zuge kommt. In der Praxis empfiehlt sich ein zweispuriges Verfahren: Neben der Depotverpfändung nach dem Ortsrecht der depotführenden Bank sollte zusätzlich das Wertpapier nach dem Recht des Belegenheitsortes des Wertpapiers verpfändet werden.

564 Von den Verfügungen zu **trennen** ist das zu Grunde liegende Rechtsgeschäft, das dem **Schuldstatut** unterliegt.[2370] Handelt es sich dabei um Kauf oder Schenkung der Beteiligung, so kommt nach Art. 4 Abs. 2 Rom I-VO in Ermangelung einer Rechtswahl das Recht am gewöhnlichen Aufenthalt des Verkäufers bzw. Schenkers zum Zuge.[2371] Für besondere Treue- und Aufklärungspflichten der Geschäftsführer bzw. Gesellschafter gegenüber dem Erwerber bleibt das Personalstatut maßgeblich.[2372] Zulässigkeit und Grenzen des Erwerbs eigener Aktien unterstehen ebenfalls dem Gesellschaftsstatut.[2373] Zu öffentlichen Übernahmeangeboten → IntFinMarktR Rn. 415 ff. und §§ 29 ff. WpÜG; zu Treuhandverträgen → Rn. 618.

565 **d) Gesellschaftervereinbarungen.** Für die iprechtliche Beurteilung **schuldrechtlicher Nebenabreden der Gesellschafter** ist eine differenzierende Betrachtung erforderlich. Grundsätzlich können schuldvertragliche Vereinbarungen über die Ausgestaltung der Innenverhältnisse einer anderen Rechtsordnung als dem Personalstatut der Gesellschaft unterstellt werden (Art. 3 Abs. 1 S. 1 Rom I-VO).[2374] Bei fehlender ausdrücklicher **Rechtswahl** wird der stillschweigende Parteiwille

---

Behr FG Sandrock, 1995, 159 (160 f.); unklar *Wolff* IPR 118; unrichtig OLG Stuttgart RIW 2000, 629 (633) = NZG 2001, 40: Übergabe des Anteilscheins als Formerfordernis. Zum internationalen Wertpapierrecht näher → EGBGB Art. 43 Rn. 200 ff.

2364 Näher *Franz,* Überregionale Effektentransaktionen und anwendbares Recht, 2005; dazu IPRax 2005, 399 f. (Red.).

2365 Dazu *Einsele* WM 2001, 15; das Haager Übereinkommen über das auf bestimmte Rechte im Zusammenhang mit zwischenverwahrten Wertpapieren anzuwendende Recht (Text unter www.hcch.net) vom 5.7.2006 wurde bisher (Stand Januar 2014) nicht ratifiziert; dazu *Einsele* WM 2003, 2349; *Merkt* ZVglRWiss 102 (2003), 33; *Haubold* RIW 2005, 656; zur UNIDROIT-Konvention über intermediär verwahrte Effekte vom 9.10.2009 *Kronke* WM 2010, 1625 ff., 2009 ff.

2366 Staudinger/*Großfeld,* 1998, IntGesR Rn. 322.

2367 *S. Lorenz* NJW 1995, 177; *Göthel* in Reithmann/Martiny IntGesR Rn. 33.21.

2368 *Knöfel* FS von Bar, 2022, 157; zu § 95 KAGB BGH BeckRS 2023, 30692 Rn. 23.

2369 *Kranz* IPRax 2021, 139.

2370 EuGH BeckRS 2019, 23104 Rn. 37 zu Art. 1 Abs. 2 lit. f Rom I-VO; BGH NJW 1987, 1141 = IPRax 1988, 27 mAnm *Kreuzer* IPRax 1988, 16; NJW 1996, 54 (55); RG IPRspr. 1928 Nr. 13 (S. 26 f.); *Kegel/Schurig* IPR § 17 II 2; Staudinger/*Großfeld,* 1998, IntGesR Rn. 258; Corte d'Appello di Milano Giurisprudenza commerciale 2002, II, 61 (66); näher *Göthel* ZIP 2011, 505; *Pauknerova* Liber Amicorum Kohler, 2018, 385.

2371 *Kindler,* Einführung in das neue IPR des Wirtschaftsverkehrs, 2009, 30 ff.; zum früheren Recht BGH NJW 1987, 1141 (1142) = IPRax 1988, 27 mAnm *Kreuzer* IPRax 1988, 16; aA OLG München BeckRS 2022, 7531 Rn. 40 = EWiR 2022, 457 mAnm *Stefanink* mit Verweis auf Art. 4 Abs. 3 Rom I-VO (Recht des „verkauften Unternehmens"; gemeint ist das Statut der Gesellschaft, an der die vertragsgegenständlichen Anteile bestehen).

2372 Staudinger/*Großfeld,* 1998, IntGesR Rn. 342; krit. *Jenckel,* Das Insiderproblem im Schnittpunkt von Gesellschafts- und Kapitalmarktrecht in materiell- und kollisionsrechtlicher Hinsicht, 1980, 49 ff.

2373 Staudinger/*Großfeld,* 1998, IntGesR Rn. 344. Zu Konzernsachverhalten → Rn. 697 ff.

2374 BGH NJW 1996, 54 (55); zur Bestimmung des auf gesellschaftsrechtliche Nebenabreden anwendbaren Rechts *Laimer* in Kindler/Laimer/Perathoner (Hrsg.), Gesellschaftsrechtliche Nebenvereinbarungen in

(Art. 3 Abs. 1 S. 2 Rom I-VO),[2375] jedenfalls aber die objektiv bestehende engste Verbindung (Art. 4 Abs. 4 Rom I-VO) freilich für diejenige Rechtsordnung sprechen, die auch das Gesellschaftsstatut stellt.[2376] Es ist nämlich davon auszugehen, dass den Gesellschaftern nur selten an einer Statutenspaltung gelegen sein wird, die zu einer unterschiedlichen Anknüpfung der internen und externen Rechtsverhältnisse führt.[2377] Die Grenze der Zulässigkeit der Parteiautonomie für Gesellschaftervereinbarungen liegt dort, wo durch die Nebenabrede mittelbar oder unmittelbar in die Struktur der Gesellschaft eingegriffen wird.[2378] Welcher **Form** Gesellschaftervereinbarungen bezüglich des Anteils an einer ausländischen Gesellschaft unterworfen sind, beurteilt sich allein nach dem maßgeblichen ausländischen Gesellschaftsrecht; § 15 GmbHG findet keine Anwendung.[2379]

Einer **Rechtswahl** zugänglich sind unter Zugrundelegung dieses Abgrenzungskriteriums unter **566**
anderem **interne Ausgleichsansprüche, strafbewehrte Wettbewerbsverbote** und **Schiedsverträge.**[2380] Dies hat die Gutachtenpraxis auch auf Poolverträge, auf die Vereinbarung gegenseitiger Veräußerungsbeschränkungen und Vorkaufsrechte ausgedehnt.[2381] **Nicht** der **Parteiautonomie** unterliegen dagegen **Haftungsvereinbarungen** und **Stimmbindungsverträge.**[2382] Für Stimmbindungsverträge wird zwar geltend gemacht, es handele sich um rein schuldrechtliche Verpflichtungen, durch die die Abstimmung in der Hauptversammlung selbst nicht berührt werde.[2383] Dabei wird jedoch übersehen, dass derartige Verträge gerade auf die Willensbildung der Gesellschafter gerichtet sind. Sie sind für die gesellschaftlichen Verhältnisse von hoher Bedeutung, weil sie die Struktur der Gesellschaft erheblich verändern können.[2384]

Manche Rechtsordnungen messen einer **Gesellschaftervereinbarung quasi-statutarische** **567**
Wirkung bei.[2385] Die Notwendigkeit, Stimmbindungsverträge nicht in das Belieben der Vertragsparteien zu stellen, sondern nur nach dem Personalstatut zu beurteilen, ergibt darüber hinaus auch die Bedeutung von Schutzvorschriften wie zB § 136 Abs. 2 AktG (Nichtigkeit von Stimmbindungen gegenüber der Gesellschaft oder deren Verwaltung) oder diesbezüglicher Offenlegungspflichten bei börsennotierten Gesellschaften.[2386] **Rechtsfolgen** aus Verstößen gegen die vertragliche Vereinbarung sind zur Vermeidung einer Statutenspaltung nach dem Vertragsstatut, bei zwingend dem Gesellschaftsstatut unterstellten Vereinbarungen hingegen nach diesem zu beurteilen.[2387] Dies gilt namentlich für die quasi-statutarische Wirkung von Stimmbindungsvereinbarungen.[2388]

Europa, 2. Aufl. 2024, S. 3 ff.; *Wedemann* NZG 2021, 1444; zuvor schon *Rabel* IPR II 119 f.; *Woite* NJW 1965, 2140 f.; *Kaligin* DB 1985, 1449 (1453); Soergel/*Lüderitz* EGBGB Anh. Art. 10 Rn. 42; Staudinger/*Großfeld,* 1998, IntGesR Rn. 345; HCL/*Behrens/Hoffmann* GmbHG Allg. Einl. Rn. B 102; rechtsvergleichend Kindler/Laimer/Perathoner (Hrsg.), Gesellschaftsrechtliche Nebenvereinbarungen in Europa, 2. Aufl. 2024 (mit Länderberichten zu: Bulgarien, Deutschland, England, Frankreich, Italien, Liechtenstein, Niederlande, Österreich, Polen, Schweden, Schweiz, Slowakei, Tschechien).

[2375] Soergel/*Lüderitz* EGBGB Anh. Art. 10 Rn. 42; Staudinger/*Großfeld,* 1998, IntGesR Rn. 345.

[2376] Zur objektiven Anknüpfung einer Gesellschaftervereinbarung BGH NJW-RR 1996, 969 (970); gegen einen Automatismus zugunsten des Gesellschaftsstatuts aber *Reuter* RIW 2019, 21 (30 f.).

[2377] Staudinger/*Großfeld,* 1998, IntGesR Rn. 345.

[2378] BGH NJW 1996, 54 (55); *Grasmann,* System des internationalen Gesellschaftsrechts, 1970, 1077; Staudinger/*Großfeld,* 1998, IntGesR Rn. 346; HCL/*Behrens/Hoffmann* GmbHG Allg. Einl. Rn. B 102.

[2379] OLG München NJW-RR 1993, 998; aA *Fröhlich* NZG 2021, 820.

[2380] BGH IPRspr. 1966/67 Nr. 14 (S. 50 ff.); BGH IPRspr. 1968/69 Nr. 30 (S. 169); BGH ZIP 1986, 838 = WM 1986, 883 = IPRspr. 1986 Nr. 130; LG Hamburg IPRspr. 1977 Nr. 6 (S. 20); *Woite* NJW 1965, 2140 (2141); Soergel/*Lüderitz* EGBGB Anh. Art. 10 Rn. 42; näher zu Gesellschaftervereinbarungen *S. Reuter* RIW 2019, 21.

[2381] IPG 1976 Nr. 6 (S. 39); abw., aber ohne Begr. Staudinger/*Großfeld,* 1998, IntGesR Rn. 346.

[2382] *Koppensteiner,* Internationale Unternehmen im deutschen Gesellschaftsrecht, 1971, 152; *G. Meier,* Grundstatut und Sonderanknüpfung im IPR des liechtensteinischen Gesellschaftsrechts, 1979, 196; *Overrath* ZGR 1974, 91 ff.; *Vischer* SchwJbIntR 1960, 49 (59); *Wiedemann* GesR I § 14 IV 1b, S. 816; Staudinger/*Großfeld,* 1998, IntGesR Rn. 346; HCL/*Behrens/Hoffmann* GmbHG Allg. Einl. Rn. B 102.

[2383] *Becker* NotBZ 2017, 1; *Dohm,* Les accords sur l'exercice du droit de vote de l'actionnaire, 1971, 150 ff.; *Grasmann,* System des internationalen Gesellschaftsrechts, 1970, 1054; *Lübbert,* Abstimmungsvereinbarungen in den Aktien- und GmbH-Rechten der EWG-Staaten, der Schweiz und Großbritannien, 1971, 469 ff., 475; auch RGZ 161, 296 (298 f.); allerdings diff., wenn das Gesellschaftsstatut solche Verträge verbietet.

[2384] *Koppensteiner,* Internationale Unternehmen im deutschen Gesellschaftsrecht, 1971, 152; *Wiedemann* GesR I § 14 IV 1b, S. 816; für diesen Fall die Maßgeblichkeit des Gesellschaftsstatuts bejahend BGH NJW 1996, 54 (55).

[2385] Vgl. BGH NJW 1987, 1890 (1892); *Kindler* ZHR 157 (1993), 440 f.

[2386] Vgl. zu derartigen Regelungen im ital. Recht *Kindler,* Italienisches Handels- und Wirtschaftsrecht, 2. Aufl. 2014, § 4 Rn. 67.

[2387] Wie hier Staudinger/*Großfeld,* 1998, IntGesR Rn. 346; *Wiedemann* GesR I § 14 IV 1b, S. 816; aA → 2. Aufl. 1990, Rn. 317.

[2388] Vgl. nochmals BGH NJW 1987, 1890 (1892); *Kindler* ZHR 157 (1993), 440 f.

568 **e) Finanzverfassung. aa) Kapitalausstattung.** Das Gesellschaftsstatut entscheidet über das **gesetzliche Mindestkapital,** und insoweit findet bei EU-ausländischen Gesellschaften zwingend das Gründungsrecht Anwendung.[2389] Das Gleiche gilt für die Sicherung der **Kapitalaufbringung,** zB im Hinblick auf die Wirksamkeit von Sacheinlagen,[2390] die Ausschließung von säumigen Gesellschaftern, die Haftung der Rechtsvorgänger und die Ausfallhaftung der Mitgesellschafter.[2391] Auch die **Nachschusspflicht** und die **Vorbelastungshaftung**[2392] gehören hierher. – Gesellschaftsrechtlich ist ferner ein **Verbot der materiellen Unterkapitalisierung**[2393] zu qualifizieren, wobei stets – dh selbst gegenüber EU-ausländischen Gesellschaften – insoweit das am Verwaltungssitz geltende Recht zur Anwendung kommt. Denn die Gesellschafter, die ihr Unternehmen von vornherein unzureichend mit Kapital ausstatten, nehmen eine Schädigung der Gesellschaftsgläubiger hin und missbrauchen damit die Niederlassungsfreiheit im Einzelfall (→ Rn. 396 f.). Aus dem genannten Grund ist die materielle Unterkapitalisierung **zugleich deliktsrechtlich** zu qualifizieren (Mehrfachqualifikation) und nach Art. 4 Rom II-VO anzuknüpfen.[2394] Zum Gerichtsstand → Rn. 584.

569 **bb) Ausschüttungssperren.** Auch Ausschüttungssperren und deren Sanktionen (Gesellschafter- und Organhaftung) unterliegen dem **Gesellschaftsstatut.**[2395] Allerdings ist bei EU-ausländischen Gesellschaften zu beachten, dass die Niederlassungsfreiheit insoweit keine Anwendung des Gründungsrechts gebietet. Daher kommt hier eine Anwendung des Sitzrechts als „Gesellschaftsstatut II" zum Zuge (→ Rn. 389 f.).[2396] Entscheidend ist hierbei die Rechtsnatur der Ausschüttungssperren als Instrument des Kapitalschutzes. Ausschüttungssperren haben mit dem Konzept des gesetzlichen Mindestkapitals (→ Rn. 568) nichts gemein; sie beziehen sich allein auf die **Erhaltung des jeweiligen satzungsmäßigen Kapitals.**[2397] Dies wird im kollisionsrechtlichen Schrifttum gelegentlich nicht bedacht.[2398] Die Unterscheidung zwischen gesetzlichem Mindestkapital und Satzungskapital ist auch keine Eigenheit des deutschen Rechts, wie ein Vergleich von Art. 45 GesR-RL (Mindestkapital) mit Art. 56 f. GesR-RL (Begrenzung der Ausschüttungen und Zurückgewährung rechtswidriger Ausschüttungen) zeigt. Ausschüttungssperren nach Art der §§ 57, 62 AktG oder §§ 30, 31 GmbHG greifen daher auch bei einer Auslandsgesellschaft, deren Stammkapital 1 englischen Penny beträgt,[2399] wenn hierdurch der Eintritt einer Überschuldung oder deren Vertiefung verhindert wird.[2400]

[2389] EuGH NJW 2016, 223 Rn. 24 = EuZW 2016, 155 m. Aufs. *Kindler* EuZW 2016, 136 – Kornhaas; dazu *Schall* ZIP 2016, 289; *Verse/Wiersch* EuZW 2016, 330 (331); EuGH ECLI:EU:C:2003:512 = NJW 2003, 3331 Rn. 135 – Inspire Art, dort auch Ls. 2; HCL/*Behrens/Hoffmann* GmbHG Allg. Einl. Rn. B 103, 105; *Eidenmüller* in Eidenmüller Ausl. KapGes. § 4 Rn. 10; *Forsthoff/Schulz* in Hirte/Bücker GrenzübGes § 15 Rn. 27.

[2390] BGH NJW 1991, 1414; *v. Bar* IPRax 1992, 20 (23); *Ebenroth* EWiR 1991, 161 f.; *Ebenroth/Wilken* JZ 1991, 1014 (1021 f.).

[2391] Vgl. allg. zur Kapitalaufbringung auch *Eidenmüller* in Eidenmüller Ausl. KapGes. § 4 Rn. 12 ff.; *Forsthoff/Schulz* in Hirte/Bücker GrenzübGes § 15 Rn. 28 ff.

[2392] OLG Rostock BeckRS 2014, 14847 = IPRax 2016, 156 Rn. 20; *Weller/Harms* IPRax2016, 119 (121).

[2393] Zum Begriff → BGB Vor § 21 Rn. 75; *Kindler* FS Jayme, 2004, 409 (412 ff.); aus neuerer Zeit hierzu OLG Köln NZG 2004, 1009 = EWiR 2005, 389 m. KurzKomm. *Rosse; Eidenmüller/Engert* AG 2005, 97 (99 f.); *Schall* ZIP 2016, 289 (294).

[2394] *Schall* ZIP 2016, 289 (294); vgl. – zum Teil mit Unterschieden iE – *Kindler* FS Jayme, 2004, 410 ff.; *Bayer* BB 2003, 2357 (2364 f.); *Schanze/Jüttner* AG 2003, 661 (669); *Ulmer* NJW 2004, 1201 (1204 ff.); *Zimmer* NJW 2003, 3585 (3588 f.); für die deliktische Qualifikation spricht auch das ÖFAB-Urteil des EuGH (EuZW 2013, 703 Ls. 1), wonach eine Organ- und Gesellschafterhaftung wegen der Fortsetzung des Geschäftsbetriebs trotz Unterkapitalisierung am Gerichtsstand des Art. 5 Nr. 3 Brüssel I-VO (seit 10.1.2015 Art. 7 Nr. 3 Brüssel Ia-VO) zu erheben ist; dazu *Mansel/Thorn/Wagner* IPRax 2014, 1 (13); *Osterloh-Konrad* JZ 2014, 44; BGH BeckRS 2014, 15813 Rn. 27.

[2395] BGH NJW 2011, 844 Rn. 16; BGHZ 148, 167 (168) = NJW 2001, 3123; OLG München IPRax 2007, 212 (213) m. Aufs. *Dutta* IPRax 2007, 195; BeckRS 2006, 10643; *Schön* FS Heldrich, 2005, 391 (399 ff.); zum cash pooling *Dutta* FS Schütze, 2014, 39.

[2396] *Kindler* EuZW 2016, 136 (139) mit Verweis auf EuGH ECLI:EU:C:2015:806 = NJW 2016, 223 – Kornhaas; so für §§ 30, 31 GmbHG – mehr als zwei Jahre nach Centros (→ Rn. 86 ff.) – BGHZ 148, 167 (168) = NJW 2001, 3123, wo auf die „Ansässigkeit" der Gesellschaft im Inland abgestellt wird.

[2397] *Ulmer* NJW 2004, 1201 (1209); *Bitter* WM 2004, 2190 (2194); *Schön* Der Konzern 2004, 162 (168); HCL/*Behrens/Hoffmann* GmbHG Allg. Einl. Rn. B 109.

[2398] *Eidenmüller/Rehm* ZGR 2004, 159 (181): „wenn ein Mindestkapital für den Gläubigerschutz nicht erforderlich ist, dann gilt Gleiches auch für Vorschriften über die Erhaltung des satzungsmäßig festgelegten Kapitals"; unrichtig auch *Sandrock* in Sandrock/Wetzler, Deutsches Gesellschaftsrecht im Wettbewerb der Rechtsordnungen, 2004, 33, 49.

[2399] *Bitter* WM 2004, 2190 (2195); *Altmeppen/Wilhelm* DB 2004, 1083 (1088 ff.); *Altmeppen* NJW 2004, 97 (102); zum Stammkapital der Ltd. vgl. *Rehm* in Eidenmüller Ausl. KapGes. § 10 Rn. 35.

[2400] *Bitter* WM 2004, 2190 (2195).

570 Die EU-rechtlich gebotene **Maßgeblichkeit des Gründungsrechts für** gesetzliche **Mindestkapitalanforderungen** (→ Rn. 568) ist folglich **nicht** auf **Ausschüttungssperren** zu übertragen. Insoweit kommt das Recht am Verwaltungssitz der Gesellschaft zum Zuge.[2401] Dies zeigt auch eine nähere Analyse des niederlassungsrechtlichen Beschränkungsbegriffs: Soweit Ausschüttungssperren auf EU-Sekundärrecht beruhen (§§ 52, 62 AktG), scheidet laut „Inspire Art" eine Beschränkung von vornherein aus (→ Rn. 28, → Rn. 40).[2402] Dies gilt für EU-ausländische Aktiengesellschaften (zur Substitution → Rn. 165 ff.). Im Hinblick auf sonstige Gesellschaftstypen ist entscheidend, dass Ausschüttungssperren – als Verbot der Aneignung fremden Vermögens[2403] – nicht die Struktur der Gesellschaft als Marktzutrittssperre beeinflussen, sondern bloß das Verhalten von Gesellschaftern und Organpersonen nach Errichtung der Gesellschaft und Marktzutritt im Verwaltungssitzstaat (→ Rn. 404 f.), weshalb sie als Vorschrift des allgemeinen Verkehrsrechts einzustufen sind.[2404] Häufig wird eine Ausschüttung an die Gesellschafter gerade in Vorbereitung eines Marktrückzuges erfolgen, sodass auch deshalb eine Berufung auf die Niederlassungsfreiheit ausscheidet (→ Rn. 406).[2405] – Mit Blick auf die Zielrichtung der Niederlassungsfreiheit als Freiheit der Wahl eines möglichst liberalen Gesellschaftsrechts (→ Rn. 407) bleiben konkurrierende **bereicherungsrechtliche Rückgewähransprüche** gegen die Gesellschafter ganz unabhängig von einem etwaigen Beschränkungscharakter der gesellschaftsrechtlichen Ausschüttungssperren **unberührt;** zu deren Anknüpfung vgl. Art. 10 Rom II-VO.

571 Ähnlich wie eine Ausschüttungssperre, und zwar als Sanktion für die irreguläre Beendigung der Gesellschaft außerhalb geordneter Abwicklungs- oder Insolvenzverfahren, wirkt die **Gesellschafterhaftung für Vermögensaushöhlungen in der Krise** („Existenzvernichtungshaftung"; → Rn. 396 f., → Rn. 600, → Rn. 624). Diese Haftung ist insolvenzrechtlich zu qualifizieren,[2406] hilfsweise deliktsrechtlich.[2407] Selbst bei einer gesellschaftsrechtlichen Qualifikation[2408] könnten sich Gesellschafter von EU-ausländischen Gesellschaften mit inländischem Verwaltungssitz aber nicht auf die alleinige Maßgeblichkeit des Gründungsrechts berufen.[2409] Denn in der Anwendung des Sitzrechts liegt keine Beschränkung der Niederlassungsfreiheit (→ Rn. 389 f.), wenn es – wie hier – um Missbrauchsbekämpfung im Einzelfall geht (→ Rn. 396 f.) bzw. eine bloße Marktrückzugsregel und keine Marktzutrittssperre vorliegt (→ Rn. 406). Jedenfalls wäre eine – etwa anzunehmende – Beschränkung der Niederlassungsfreiheit zur Abwehr konkreter Gläubigergefahren gerechtfertigt.[2410] Bei insolvenzrechtlicher oder deliktsrechtlicher Qualifikation kommt – ganz unabhängig vom Beschränkungscharakter gesellschaftsrechtlicher Haftungstatbestände – die am Verwaltungssitz geltende Rechtsordnung zum Zuge (Art. 4 Abs. 2 Rom II-VO; Art. 3 Abs. 1 EuInsVO, Art. 7 EuInsVO), → Rn. 398 ff.

572 Die Gesellschafter einer geschädigten Gesellschaft erleiden einen **Reflexschaden** in Form der entsprechenden Wertminderung ihres Gesellschaftsanteils.[2411] Davon zu trennen ist der **Eigenschaden** der Gesellschaft an ihrem Vermögen. Nach deutschem Sachrecht haben hier die Grundsätze der Kapitalerhaltung und der Zweckbindung des Gesellschaftsvermögens zur Folge, dass der Gesellschafter den Ausgleich eines an dem Gesellschaftsvermögen entstandenen Schadens nur durch Leis-

---

2401 *Ulmer* NJW 2004, 1201 (1209); *Bitter* WM 2004, 2190 (2195); *Altmeppen/Wilhelm* DB 2004, 1083 (1088 f.); *Altmeppen* NJW 2004, 97 (102); aA *Eidenmüller* in Eidenmüller Ausl. KapGes. § 4 Rn. 13; *Forsthoff/Schulz* in Hirte/Bücker GrenzübGes § 15 Rn. 32 f.; HCL/*Behrens/Hoffmann* GmbHG Allg. Einl. Rn. B 109.

2402 EuGH ECLI:EU:C:2003:512 Rn. 58 = NJW 2003, 3331 – Inspire Art: „Bestimmungen, deren Vereinbarkeit mit der (…) Richtlinie nicht in Frage gestellt worden ist, können nicht als Behinderung der Niederlassungsfreiheit angesehen werden"; *Kindler* FS Säcker, 2011, 393 (399); ferner *Schall* FS Meilicke, 2010, 651 (664 f.) zur Vermögensbindung.

2403 Treffend *Bitter* WM 2004, 2190 (2195).

2404 *Bitter* WM 2004, 2190 (2195).

2405 Vgl. zur EU-rechtlichen Rechtfertigung im Übrigen näher *Ulmer* NJW 2004, 1201 (1209); *Bitter* WM 2004, 2190 (2194 f.); *Weller* IPRax 2017, 167 (176).

2406 *Kindler* IPRax 2009, 189 (193); wN bei *Fehrenbach* in Binder/Eichel, Internationale Dimensionen des Wirtschaftsrechts, 2013, 223, 226 Fn. 17; näher → EuInsVO Art. 7 Rn. 101.

2407 *Kindler,* Einführung in das neue IPR des Wirtschaftsverkehrs, 2009, 137; zur deliktischen Qualifikation BGH ZInsO 2023, 1252 = ZRI 2023, 486.

2408 Dagegen *Thole* ZHR 176 (2012), 15 (52); für gesellschafts- und insolvenzrechtliche Qualifikation noch *Kindler* FS Jayme, 2004, 409 (416) zur Außenhaftung vor BGHZ 173, 246 = NJW 2007, 2689 – TRIHOTEL.

2409 *Bitter* WM 2004, 2190 (2197).

2410 *Bitter* WM 2004, 2190 (2197); *Borges* ZIP 2004, 733 (742 f.); *Paefgen* DB 2003, 487 (491); *Ulmer* NJW 2004, 1201 (1208 f.); beschränkt auf eine Verschuldenshaftung *Weller,* Europäische Rechtsformwahlfreiheit und Gesellschafterhaftung, 2004, 209 f., 213; aA *Spindler/Berner* RIW 2004, 7 (11).

2411 *Kiethe* ZIP 2005, 1535 (1536).

tung an die Gesellschaft beanspruchen kann.[2412] Derartige Regeln unterliegen dem Gesellschaftsstatut, nicht dem Statut der Haftung des Schädigers gegenüber der Gesellschaft oder dem Gesellschafter.

573 **cc) Gesellschafterdarlehen.** Nicht dem Gesellschaftsstatut, sondern dem **Insolvenzstatut** unterliegt der insolvenzrechtliche **Rangrücktritt** von Gesellschafterforderungen, die in der Krise begründet wurden sowie die **Insolvenzanfechtung** der Befriedigung oder der Besicherung derartiger Forderungen (vgl. im deutschen Recht § 39 Abs. 1 Nr. 5 InsO, § 135 InsO).[2413] Das Darlehensstatut findet dabei über Art. 16 EuInsVO bzw. § 339 InsO Berücksichtigung. Gesellschaftsrechtlich sind dagegen Vorschriften zu qualifizieren, die der Gesellschaft **unabhängig vom Eintritt der Gesellschaftsinsolvenz** einen Erstattungsanspruch für unzulässig zurückgezahlte eigenkapitalersetzende Darlehen gewähren.[2414] Weil es auch in der zuletzt genannten Fallgruppe um Gläubigerschutz durch Verhaltensregeln für Gesellschafter und Organpersonen geht, gelten die Ausführungen in → Rn. 568 f. zur EU-rechtlichen Rechtfertigung einer Verwaltungssitzanknüpfung entsprechend.

574 **dd) Kapitalmaßnahmen.** Dem Gesellschaftsstatut als der für die Finanzverfassung der Gesellschaft maßgeblichen Rechtsordnung unterliegen schließlich sämtliche Kapitalmaßnahmen wie **Kapitalerhöhung und Kapitalherabsetzung,** schon weil es sich dabei um Satzungsänderungen handelt. Das Gleiche gilt für Einzahlungen in die Kapitalrücklage (im deutschen Recht § 272 Abs. 2 HGB). Das zwingende **Bezugsrecht** nach § 186 AktG findet auch bei einer Auslandsgesellschaft mit inländischem Verwaltungssitz Anwendung.[2415] Aus Sicht des internationalen Insolvenzrechts sind **Kapitalmaßnahmen im Insolvenzplanverfahren (§ 225a InsO)** dann als insolvenzrechtlich zu qualifizieren, wenn die Anteilsrechte der Gesellschafter Teil der Passivmasse sind. Anders als im Liquidationsverfahren erfolgt die Befriedigung der Gläubiger im Reorganisationsverfahren im Wege der Zuweisung des künftigen Erwerbs des Schuldners. Kapitalmaßnahmen im deutschen Insolvenzplanverfahren sind folglich als insolvenzrechtlich einzuordnen und erstrecken sich auch auf Auslandsgesellschaften.[2416]

575 **f) Internationale Zuständigkeit für Binnenstreitigkeiten.**[2417] **aa) Sitz der Gesellschaft.** Anders als die Brüssel Ia-VO (vgl. Art. 24 Nr. 2 Brüssel Ia-VO) enthält die deutsche **ZPO** in § 22 ZPO einen **allgemeinen Gerichtsstand der Mitgliedschaft.** Da die dort normierte örtliche Zuständigkeit im Rahmen des autonomen Kompetenzrechts die internationale Zuständigkeit indiziert (zur Doppelfunktionalität → Vor Rom I-VO Art. 1 Rn. 38), sind die deutschen Gerichte für Klagen deutscher Gesellschaften gegen auslandsansässige Gesellschafter[2418] und für Gesellschafterstreitigkeiten mit Bezug zu solchen Gesellschaften international zuständig, wenn der prozessbeteiligte Gesellschafter seinen Sitz außerhalb des Anwendungsbereichs der Brüssel Ia-VO und des LugÜ hat (vgl. Art. 3 Abs. 1 Brüssel I-VO/LugÜ). Dazu gehören – außerhalb des Anwendungsbereichs von Art. 6 EuInsVO – auch **Anfechtungsklagen** des Insolvenzverwalters gegen einen Gesellschafter nach den § 143 Abs. 3 S. 1 InsO, § 135 Abs. 2 InsO.[2419] Für Klagen ausländischer Gesellschafter gegen in Deutschland ansässige Gesellschaften ist das Gericht am Sitz der Gesellschaft international zuständig (vgl. § 246 Abs. 3 S. 1 AktG; § 61 Abs. 3 GmbHG).[2420] Zur Sitzverlegung → Rn. 38, → Rn. 801 ff.

576 Das **Europäische Zivilprozessrecht** normiert in Art. 24 Nr. 2 S. 1 Brüssel Ia-VO einen Gerichtsstand für bestimmte gesellschaftsrechtliche Binnenstreitigkeiten, und zwar für Klagen, die

---

[2412] BGH NJW 1995, 1739 (1747) – Girmes.

[2413] BGH NJW 2011, 3784 Rn. 30 mit Verweis auf § 135 InsO; *Kindler* FS C. Paulus, 2022, 389; *Weller/Thomale* FS K. Schmidt, 2019, 613; zuvor *Schall* ZIP 2016, 289 (294); *Wedemann* IPRax 2012, 226 (232); OLG München IPRax 2007, 212 f. m. Aufs. *Dutta* IPRax 2007, 195 = BeckRS 2006, 10643; AG Hamburg IPRax 2010, 253; näher → IntInsR EuInsVO 2015 Art. 7 Rn. 96 ff.; *Schillp,* Gesellschafter-fremdfinanzierte Auslandsgesellschaften, 2017; anders noch zum alten Eigenkapitalersatzrecht BGH NJW 2011, 844 Rn. 20: gesellschaftsrechtliche Qualifikation; umfassend *Brinkmann* ZIP-Beil. Heft 22/2016, 14.

[2414] BGH NJW 2011, 844 Rn. 20; BGHZ 167, 168 unter I. = NJW 2001, 3123, beide zu den früheren „Rechtsprechungsregeln" (aufgehoben durch § 30 Abs. 1 S. 3 GmbHG idF des MoMiG).

[2415] *Hirte* FS Priester, 2007, 221 (229 f.).

[2416] Näher *Fehrenbach* ZIP 2014, 2485.

[2417] Hierzu umfassend *Großerichter* in Servatius, Corporate Litigation, 2016, Rn. 483 ff.; ferner *Ph. Bauer,* Die internationale Zuständigkeit bei gesellschaftsrechtlichen Klagen unter besonderer Berücksichtigung des EuGVÜ; *Wagner* in Lutter, Europäische Auslandsgesellschaften in Deutschland, 2005, 223 ff.; *Leible* in Hirte/Bücker GrenzübGes § 11 Rn. 7 ff.

[2418] OLG Hamburg IPRax 1993, 170 (172) = WM 1992, 1941 = EWiR 1992, 1211 m. KurzKomm. *Geimer; Brödermann* ZIP 1996, 491 f.; vgl. auch OLG Karlsruhe ZIP 1998, 1005 = DB 1998, 615 = EWiR 1998, 571 m. KurzKomm. *Mankowski* (Ansprüche aus §§ 30, 31 GmbHG und §§ 32a, 37 KO aF).

[2419] OLG Frankfurt NZI 2015, 619.

[2420] *Schack* IZVR Rn. 320.

die Gültigkeit, die Nichtigkeit oder die Auflösung einer Gesellschaft/juristischen Person oder die Gültigkeit der Beschlüsse ihrer Organe zum Gegenstand haben; zuständig sind ausschließlich die Gerichte des Mitgliedstaates, in dessen Hoheitsgebiet die Gesellschaft oder juristische Person ihren „Sitz" hat.[2421] Die Vorschrift wird vom EuGH als ausschließliche Kompetenznorm und im Interesse der Vorhersehbarkeit der Gerichtspflichtigkeit **eng ausgelegt.**[2422]

Aus deutscher Sicht gehören hierher die **Nichtigkeitsklagen** nach §§ 75, 76 GmbHG, § 275 AktG und § 94 GenG, ferner die **Auflösungsklagen** nach § 61 GmbHG und § 139 HGB. Einen weiteren Anwendungsschwerpunkt bilden Anfechtungsklagen gegen Beschlüsse von Gesellschaftsorganen zB nach §§ 246 ff. AktG, § 51 GenG wie auch Klagen gegen eine Einberufung einer Gesellschafterversammlung durch das Geschäftsführungsorgan.[2423] Auch Existenzstreitigkeiten nach der französischen Doktrin der **fictivité** gehören unter Art. 24 Nr. 2 Brüssel Ia-VO wie auch Abfindungsstreitigkeiten nach einem Squeeze-out.[2424] In **Abgrenzung** hierzu fallen registergerichtliche Auflösungsverfügungen nach § 399 FamFG nicht unter die Zuständigkeitsnorm des Art. 22 Nr. 2 Brüssel I-VO (Art. 24 Nr. 2 Brüssel Ia-VO), weil es sich hierbei nicht um ein kontradiktorisches Verfahren handelt.[2425] Ausgenommen sind auch insolvenzbedingte Auflösungsverfahren (Art. 2 Abs. 2 Nr. 2 Brüssel Ia-VO).[2426] Ferner erfasst die Vorschrift keine Klagen der Gesellschafter auf Auszahlung eines Gewinnanteils oder Auseinandersetzungsguthabens[2427] noch umgekehrt Klagen der Gesellschaft gegen ein Mitglied auf Zahlung der Stammeinlage oder Klagen auf Ausschließung eines Gesellschafters.[2428] **577**

Im Fall **„Berliner Verkehrsbetriebe"** hat es der **EuGH** abgelehnt, Art. 22 Nr. 2 Brüssel I-VO = Art. 24 Nr. 2 Brüssel Ia-VO auf einen Rechtsstreit anzuwenden, in dem eine Gesellschaft geltend macht, ein Vertrag könne ihr nicht entgegengehalten werden, weil ein Beschluss ihrer Organe, der zum Abschluss des Vertrags geführt habe, wegen Verstoßes gegen ihre Satzung ungültig sei.[2429] Ausgenommen sind auch Anträge dahingehend, einem Gesellschafter die Vertretungsbefugnis zu entziehen sowie Vertragsansprüche oder Schadensersatzklagen von Gesellschaftsgläubigern gegen die Gesellschaft, einzelne Organe oder Gesellschafter.[2430] Auch Streitigkeiten bei reinen Innengesellschaften unterfallen der Vorschrift nicht.[2431] Da sie die Gesellschaftsorganisation nicht berühren, sind ferner die Gesellschafterklagen aus dem Gesichtspunkt der **actio pro socio** (§ 715b) nicht von Art. 24 Nr. 2 S. 1 Brüssel Ia-VO erfasst; insoweit kommen Art. 7 Nr. 1, 2, 5 Brüssel Ia-VO in Betracht.[2432] Im Fall **„Hassett"** hat der **EuGH** Klagen vom Anwendungsbereich des Art. 24 Nr. 2 Brüssel Ia-VO ausgeschlossen, mit denen eine Partei geltend macht, durch die Entscheidung eines Gesellschaftsorgans in ihren mitgliedschaftlichen Rechten verletzt worden zu sein.[2433] **578**

Nach Art. 24 Nr. 2 S. 2 Brüssel Ia-VO ist bei der Entscheidung darüber, wo sich der **Sitz** der Gesellschaft befindet, auf die **Kollisionsnormen des Gerichtsstaates** zurückzugreifen, nicht auf die verschiedenen Sitzvarianten nach Art. 60 Brüssel Ia-VO. Damit wollten die Urheber der Brüssel Ia-VO den Gleichlauf von internationaler Zuständigkeit und anwendbarem Gesellschaftsrecht sicherstellen. Daraus folgt laut **BGH:** Gerichte in Gründungstheoriestaaten sind für gesellschaftsrechtliche **579**

2421 Vgl. näher *Mansel* FS Kronke, 2020, 341; *Kindler* NZG 2010, 576 ff. sowie die Kommentierungen zu Art. 24 Brüssel Ia-VO; ferner *Weller* ZGR 2012, 606; monographisch *J. Weber,* Gesellschaftsrecht und Gläubigerschutz im Internationalen Zivilverfahrensrecht, 2011.

2422 Zutr. Einschätzung von *Thole* IPRax 2011, 541 (544) zu EuGH ECLI:EU:C:2011:300 Rn. 30 = NZG 2011, 674 – Berliner Verkehrsbetriebe = EWiR 2011, 343 m. KurzKomm. *Mankowski* = EuZW 2011, 477 mAnm *Müller;* dazu auch *Wedemann* AG 2011, 282; zur engen Auslegung auch *L. Hübner* IPRax 2019, 267 (270).

2423 EuGH BeckRS 2018, 2500 = LMK 2018, 405156 mAnm *Mankowski;* dazu *J. Schmidt* EuZW 2018, 813; vgl. zum letztgenannten Fall *Leible* in Hirte/Bücker GrenzübGes § 11 Rn. 12.

2424 Cour de cassation 4.5.2017 – Nr. 16-12.853; dazu *L. Hübner* IPRax 2019, 267; zum Squeeze-out EuGH ECLI:EU:C:2018:167 = EuZW 2018, 811 mAnm *Schmidt* und dazu *Mansel* FS Kronke, 2020, 341, 347 f.

2425 *Gebauer* in Gebauer/Wiedmann EuropZivilR Kap. 29 Rn. 104.

2426 *Leible* in Hirte/Bücker GrenzübGes § 11 Rn. 11.

2427 OLG Hamm NZG 2007, 387.

2428 EuGH ECLI:EU:C:2008:534 = NZG 2009, 28 = EuZW 2008, 665 – Hassett und Doherty; mAnm *Sujecki* = EWiR 2009, 143 m. KurzKomm. *Becker.*

2429 EuGH ECLI:EU:C:2011:300 = EuZW 2011, 477 mAnm *Müller* – BVG; dazu *Thole* IPRax 2011, 541; *M. Lehmann* Yearbook of Private Int'l Law XIII (2011), 507.

2430 *Wagner* in Lutter, Europäische Auslandsgesellschaften in Deutschland, 2005, 223, 263; Cass. civ. Rev. crit. 2016, 537 betr. société fictive und Gesellschafterhaftung.

2431 BGH NJW 2004, 3706.

2432 Ausf. *Mock* RabelsZ 72 (2008), 264 (279 ff.); *Bose,* Das Europäische Internationale Privat- und Prozessrecht der actio pro socio, 2015.

2433 EuGH ECLI:EU:C:2008:534 = NZG 2009, 28 = EuZW 2008, 665 – Hassett und Doherty; mAnm *Sujecki* = EWiR 2009, 143 m. KurzKomm. *Becker.*

Klagen der bei ihnen inkorporierten Gesellschaften zuständig; Gerichte in Sitztheoriestaaten sind für gesellschaftsrechtliche Klagen gegen Gesellschaften zuständig, die in ihrem Gebiet ihre Hauptverwaltung haben.[2434] Im Verhältnis zu Staaten, die nicht beide die gleiche Anknüpfungsregel verwenden ergibt sich hieraus eine Verdoppelung der Zuständigkeit.[2435] Ferner hat der Kläger aber anerkanntermaßen ein Wahlrecht, wenn eine Gesellschaft ihren Satzungssitz in einem Mitgliedstaat hat, dessen Kollisionsrecht auf den satzungsmäßigen Sitz abstellt, und ihren Verwaltungssitz in einem Mitgliedstaat, in dem die Sitztheorie herrscht.[2436]

580 **bb) Erfüllungsort.** Bei deutschem Gesellschaftsstatut richtet sich der Erfüllungsort für gesellschaftsrechtliche Ansprüche nach §§ 269, 270 BGB. Danach haben die Gesellschafter sämtliche Verpflichtungen gegenüber der Gesellschaft (Sozialansprüche) am **Sitz der Gesellschaft** zu erbringen; das gilt auch für Sozialverbindlichkeiten.[2437] Da es sich hierbei um **vertragliche Verpflichtungen** iSd Art. 7 Nr. 1 lit. a Brüssel Ia-VO handelt[2438] und das Kollisionsrecht des Gerichtsstaates die lex causae bestimmt (→ Rom I-VO Vor Art. 1 Rn. 43 f.; dies gilt – jenseits von Kauf- und Dienstleistungsverträgen – auch im Zuständigkeitsregime des Art. 7 Nr. 1 lit. a Brüssel Ia-VO), sind die deutschen Gerichte für Klagen der Gesellschaft gegen ihre auslandsansässigen Gesellschafter international zuständig.[2439] Dabei kann der Kläger zwischen Satzungs- und Verwaltungssitz wählen.[2440] Bedeutung hat dies etwa für die Differenzhaftung oder die Rückübertragung von unter Verletzung von Kapitalerhaltungsvorschriften entnommenen Beträgen.[2441] Ferner unterliegen die Gesellschafterhaftung aus Kapitalersatzrecht (im deutschen Recht §§ 32a, 32b GmbHG aF) dem Erfüllungsortgerichtsstand,[2442] ebenso die Konzerninnenhaftung (vgl. §§ 302, 311 Abs. 1 AktG, § 317 AktG)[2443] und die Vorbelastungshaftung.[2444] Das Gleiche gilt schließlich für Ansprüche aus der gesellschafterlichen Treuepflicht, die gleichfalls am Sitz der Gesellschaft zu erfüllen sind.[2445] Auch der **Insolvenzverwalter** kann sich auf den Gerichtsstand des Art. 7 Nr. 1 Brüssel Ia-VO berufen.[2446] Schließlich ist auch das Rechtsverhältnis zwischen der Gesellschaft und ihren Organen vertraglich zu qualifizieren und damit dem Gerichtsstand des Erfüllungsortes unterstellt.[2447] Der

---

[2434] BGHZ 190, 242 = NJW 2011, 3372 mAnm *Müller;* Vorinstanz: OLG Frankfurt NZG 2010, 581 m. Aufsatz *Kindler* NZG 2010, 576 = ZIP 2010, 800 mAnm *Mankowski;* dazu *Schaper* IPRax 2011, 513; *Wagner* in Lutter, Europäische Auslandsgesellschaften in Deutschland, 2005, 223, 265; gegen ein Erfordernis der Verwaltungs- oder Geschäftstätigkeit am Satzungssitz: BGH RIW 2018, 234.

[2435] *Kropholler/v. Hein* Brüssel I-VO Art. 22 Rn. 41; *Wagner* in Lutter, Europäische Auslandsgesellschaften in Deutschland, 2005, 223, 264. Zur Lösung dieser positiven Kompetenzkonflikte s. Art. 32 Brüssel Ia-VO.

[2436] *Kropholler/v. Hein* Brüssel I-VO Art. 22 Rn. 41; *Tiefenthaler* in Czernich/Tiefenthaler/Kodek, KurzKomm. zum europäischen Gerichtsstand- und Vollstreckungsrecht, 2. Aufl. 2003, Brüssel I-VO Art. 22 Rn. 36; wohl auch *Rehm* in Eidenmüller Ausl. KapGes. § 5 Rn. 120; für alleinige Maßgeblichkeit des Satzungssitzes demgegenüber *Wagner* in Lutter, Europäische Auslandsgesellschaften in Deutschland, 2005, 223, 263 f.; *Leible* in Hirte/Bücker GrenzübGes § 11 Rn. 9; *Schillig* IPRax 2005, 208.

[2437] OLG Hamm NZG 2007, 387 (388); Bork/Schäfer/*Kindler* GmbHG § 4a Rn. 1; *Brödermann* ZIP 1996, 491 (493); unrichtig *Maul* AG 1998, 404 (408) nach Fn. 33.

[2438] Zur Einlageverpflichtung EuGH ECLI:EU:C:1983:87 Rn. 13 = RIW 1983, 871 = IPRax 1984, 85 mAnm *Schlosser* IPRax 1984, 65 – Peters; ECLI:EU:C:1992:115 Rn. 16 = NJW 1992, 1671 – Powell Duffryn; *Kropholler/v. Hein* Brüssel I-VO Art. 5 Rn. 6; *Wagner* in Lutter, Europäische Auslandsgesellschaften in Deutschland, 2005, 223, 269 ff., 273; *Mock* RabelsZ 72 (2008), 264 (281 f.).

[2439] BGH NJW 2003, 2609 zur Kommanditeinlage, § 171 Abs. 2 HGB; ausf. *Mock* RabelsZ 72 (2008), 264 (282 ff.); *Brödermann* ZIP 1996, 491 (493); aA OLG Naumburg NZG 2000, 1218; wie im Text auch *Kindler* FS Ulmer, 2003, 305 (309 ff.).

[2440] *Weller/Harms* IPRax 2016, 119 (122 mN).

[2441] OLG Düsseldorf BeckRS 2016, 21147 = GmbHR 2017, 239 mAnm *Bormann,* zu §§ 30, 31 GmbHG; *Brödermann* ZIP 1996, 491 (492).

[2442] OLG Jena NZG 1999, 81 m. Aufs. *Mankowski* NZG 1999, 56 = EWiR 1998, 779 m. KurzKomm. *Kranemann;* OLG Bremen RIW 1998, 63 = EWiR 1998, 125 m. KurzKomm. *Brödermann;* hierzu Nichtannahmebeschluss des BGH 6.7.1998 – II ZR 294/97.

[2443] *Brödermann* ZIP 1996, 491 (493); *Möllers,* Internationale Zuständigkeit bei der Durchgriffshaftung, 1987, 86; *Kindler* FS Ulmer, 2003, 305 (309 ff.); zweifelhaft OLG Köln WM 1998, 624 (625) (Art. 5 Nr. 1 LugÜ bei Vorliegen eines mehrstufigen Konzerns nicht geprüft); zur internationalen Zuständigkeit für die Geltendmachung konzernrechtlicher Ansprüche näher → Rn. 849 ff.

[2444] OLG Rostock IPRax 2016, 156 Rn. 22, zust. *Weller/Harms* IPRax 2016, 119 (122).

[2445] So im Grundsatz auch *v. der Seipen* FS Jayme, 2004, 859 (867 ff.), der aber keinen einheitlichen Erfüllungsort am Sitz der Gesellschaft annehmen will.

[2446] *Brödermann* ZIP 1996, 491 (494).

[2447] OLG München NZG 1999, 1170 = IPRax 2000, 416 m. Aufs. *Haubold* IPRax 2000, 375; dazu auch *Kindler* FS Ulmer, 2003, 305 (314); *Wagner* in Lutter, Europäische Auslandsgesellschaften in Deutschland, 2005, 223, 274.

Vertragscharakter folgt hier aus der für die Bestellung zum Organ erforderlichen Zustimmung der betreffenden Person. Die gleichen Grundsätze gelten zu § 29 Abs. 1 ZPO (→ Rom I-VO Vor Art. 1 Rn. 50).[2448]

cc) Ort des schädigenden Ereignisses. Nach Art. 7 Nr. 2 Brüssel Ia-VO ist für unerlaubte Handlungen das Gericht des Ortes zuständig, an dem das schädigende Ereignis eingetreten ist oder einzutreten droht. Diesen deliktischen Gerichtsstand versteht der EuGH als **alternativ zum Vertragsgerichtsstand;** Art. 7 Nr. 2 Brüssel Ia-VO kommt mithin nur zum Zuge, wenn eine Schadenshaftung geltend gemacht wird, die nicht an einen Vertrag iSv Art. 7 Nr. 1 Brüssel Ia-VO geknüpft ist.[2449] Dazu gehört zB ein **Peeters/Gatzen-Anspruch** nach niederländischem Recht.[2450] Danach kann der Insolvenzverwalter einen (deliktsrechtlichen oder quasi-deliktsrechtlichen) Schadensersatzanspruch (aus Art. 6:162 Burgerlijk Wetboek) gegen einen Gesellschafter geltend machen, der an der Benachteiligung der Gläubiger der Schuldnergesellschaft beteiligt war, obwohl ein solcher Anspruch nicht der Schuldnergesellschaft zustehen kann.[2451] Zuständig sind hier die Gerichte des Staates, in dessen Gebiet die Schuldnergesellschaft ihren Sitz hat. 581

Wie zu § 32 ZPO gilt auch für Art. 7 Nr. 2 Brüssel Ia-VO das **Ubiquitätsprinzip.** Danach ist der Ort des schädigenden Ereignisses sowohl dort, wo der Schaden eingetreten ist (Erfolgsort) als auch dort, wo die für die Verletzung kausale Handlung ausgeführt wurde (Handlungsort).[2452] Bei Distanzdelikten – also zB bei der Schädigung der Gesellschaft durch ihren im Ausland ansässigen Gesellschafter – hat der Geschädigte die Wahl, an welchem Ort er Klage erheben will.[2453] Zu bedenken ist dabei freilich, dass der Erfolgsort nach der Rspr. des EuGH nicht automatisch am Sitz des Geschädigten – im vorgenannten Fall: am Sitz der Gesellschaft – liegt, nur weil dort der Mittelpunkt von dessen Vermögen ist.[2454] 582

Bei Distanzdelikten – also zB bei der Schädigung der Gesellschaft durch ihren im Ausland ansässigen Gesellschafter – hat der Geschädigte die Wahl, an welchem Ort er Klage erheben will.[2455] Zu bedenken ist dabei freilich, dass der Erfolgsort nach der Rspr. des EuGH nicht automatisch am Sitz des Geschädigten – im vorgenannten Fall: am Sitz der Gesellschaft – liegt, nur weil dort der Mittelpunkt von dessen Vermögen ist.[2456] 583

Im internationalen Gesellschaftsrecht hat der Deliktsgerichtsstand vor allem im Zusammenhang mit der Gesellschafterhaftung wegen **Unterkapitalisierung,**[2457] der **Existenzvernichtungshaftung**[2458] und der **Insolvenzverschleppungshaftung** Bedeutung.[2459] 584

dd) Niederlassung. Der Gerichtsstand der Niederlassung nach Art. 7 Nr. 5 Brüssel Ia-VO bzw. § 21 ZPO kommt für gesellschaftsrechtliche Binnenstreitigkeiten im Regelfall nicht in Betracht, da diese nicht aus dem Betrieb der Niederlassung iSd genannten Vorschriften folgen.[2460] 585

ee) Wohnsitz des Verbrauchers. Nach Art. 18 Abs. 1 Brüssel Ia-VO kann die Klage eines Verbrauchers gegen den anderen Vertragspartner vor den Gerichten des Mitgliedstaats erhoben werden, in dessen Hoheitsgebiet dieser Vertragspartner seinen Wohnsitz hat, oder vor dem Gericht des Ortes, an dem der Verbraucher seinen Wohnsitz hat. Dabei kann eine **Verbrauchersache** iSd 586

2448 Zu eng daher BayObLG BB 1996, 2114 f. Ls. 3.

2449 Aus neuerer Zeit etwa EuGH ECLI:EU:C:2002:436 Rn. 34 = NJW 2002, 2697 – Gabriel; wN bei *Wagner* in Lutter, Europäische Auslandsgesellschaften in Deutschland, 2005, 223, 277; zur actio pro socio *Mock* RabelsZ 72 (2008), 264 (286 f.).

2450 EuGH ECLI:EU:C:2019:96 Rn. 28 ff. = NJW 2019, 1791 = NZI 2019, 302 mAnm *Mankowski* – NK/BNP Paribas Fortis NV; dazu *Piekenbrock* LMK 2019, 421260; *P. Schulz* EWiR 2019, 305.

2451 EuGH ECLI:EU:C:2022:888 = NJW 2022, 2739 – ZK ./. BMA Nederland = EWiR 2022, 306 m. Kurzkomm. *Brinkmann;* dazu *Mansel/Thorn/Wagner* IPRax 2023, 109 (126); *Schwemmer* IPRax 2023, 149 (151); *Schollmeyer* ZGR 2023, 108.

2452 *Kindler* IPRax 2016, 115 (118) zu EuGH NZG 2015, 1199 Rn. 79 – Spies von Büllesheim.

2453 EuGH ECLI:EU:C:1998:509 Rn. 28 = EuZW 1999, 59 – Réunion européenne; wN bei *Wagner* in Lutter, Europäische Auslandsgesellschaften in Deutschland, 2005, 223, 278.

2454 EuGH ECLI:EU:C:2004:364 = NJW 2004, 2441 – Kronhofer; dazu *v. Hein* IPRax 2005, 17.

2455 EuGH ECLI:EU:C:1998:509 Rn. 28 = EuZW 1999, 59 – Réunion européenne; wN bei *Wagner* in Lutter, Europäische Auslandsgesellschaften in Deutschland, 2005, 223, 278.

2456 EuGH ECLI:EU:C:2004:364 = NJW 2004, 2441 – Kronhofer; dazu *v. Hein* IPRax 2005, 17.

2457 OLG Köln NZG 2004, 1009 = EWiR 2005, 389 m. KurzKomm. *Rosse.*

2458 *Kindler* FS Ulmer, 2003, 305 (317 f.); OLG München IPRax 2007, 212 (213 f.) m. Aufs. *Dutta* IPRax 2007, 195 = BeckRS 2006, 10643.

2459 Zu allem eingehend *Wagner* in Lutter, Europäische Auslandsgesellschaften in Deutschland, 2005, 223, 279 ff.; *Leible* in Hirte/Bücker GrenzübGes § 11 Rn. 21 f.

2460 *Kindler* FS Ulmer, 2003, 305 (321) mwN; *Schlosser,* EU-Zivilprozessrecht, 2. Aufl. 2003, Brüssel I-VO Art. 5 Rn. 24; *Mock* RabelsZ 72 (2008), 264 (287 f.).

Art. 17 Abs. 1 Brüssel Ia-VO **auch** dann vorliegen, wenn **Ansprüche aus einem Gesellschaftsvertrag** den Gegenstand des Verfahrens bilden, der **Zweck** des Beitritts vorrangig jedoch nicht darin besteht, Mitglied einer Gesellschaft zu werden, sondern **Kapital anzulegen.**[2461] Dies gilt sinngemäß bei Streitigkeiten über eine schuldrechtliche Genussrechtsbeteiligung.[2462]

587 **ff) Gerichtsstandsklausel.** Eine im Gesellschaftsvertrag enthaltene Gerichtsstandsklausel begründet nach Art. 25 Brüssel Ia-VO die ausschließliche internationale Zuständigkeit der dort bestimmten Gerichte.[2463] Die Gerichtsstandsklausel gilt auch gegenüber Gesellschaftern, die gegen die Annahme dieser Klausel gestimmt haben oder die erst nach Annahme der Klausel Gesellschafter geworden sind. Durch den Erwerb und die Beibehaltung der Gesellschafterstellung erklärt der Gesellschafter sein Einverständnis damit, dass sämtliche Bestimmungen des Gesellschaftsvertrages – einschließlich der Gerichtsstandsklausel – für ihn verbindlich sind.[2464]

588 **8. Gesellschafterhaftung gegenüber Dritten. a) Qualifikation.** Die Haftung der Gesellschafter oder Mitglieder einer Korporation für deren Verbindlichkeiten gegenüber Dritten **(Außenhaftung)** richtet sich grundsätzlich nach dem **Personalstatut** derselben (vgl. Art. 1 Abs. 2 lit. f Rom I-VO, Art. 1 Abs. 2 lit. d Rom II-VO).[2465] Das gilt selbst dann, wenn die der Haftung zu Grunde liegende Schuld einer anderen Rechtsordnung untersteht.[2466] Dafür spricht nicht nur die Einheitlichkeit der Anknüpfung aller Rechtsverhältnisse der Gesellschaft, sondern vor allem das Interesse aller Gläubiger der Gesellschaft an einer Gleichbehandlung.[2467] Würde man nämlich mit der Differenzierungslehre Verkehrsschutzinteressen überwiegen lassen und käme so zu einer Anknüpfung über das Wirkungs- oder Vornahmestatut,[2468] so wären inländische Gläubiger unter Umständen schlechter gestellt.[2469]

589 Als interessengerechte Lösung kommt daher nur die **Geltung des Personalstatuts** der Gesellschaft auch für die Haftungsverhältnisse in Betracht. Unter Gläubigerschutzgesichtspunkten ist dies allerdings **nur** solchen Inländern zuzumuten, die mit einer **Auslandsgesellschaft ohne Inlandssitz** Geschäfte abschließen.[2470] Dagegen richtet sich bei **Gesellschaften mit Verwaltungssitz im Inland** die **Gesellschafteraußenhaftung** grundsätzlich nach **inländischem Recht.** Für Gesellschaften ohne staatsvertraglichen Schutz gilt dies kraft der Sitztheorie ohne weiteres (→ Rn. 379 ff., → Rn. 420 ff.), für Gesellschaften unter dem Schutz der Niederlassungsfreiheit nach einem zweiseitigen Staatsvertrag (→ Rn. 387) oder dem AEUV (→ Rn. 388 ff.) allerdings nur vorbehaltlich einer hiervon abweichenden Bestimmung des Staatsvertrages. Gegen ein gespaltenes Haftungsstatut spricht nicht schon a limine der Grundsatz der Einheitlichkeit des Gesellschaftsstatuts. Denn zum einen gilt dieser Grundsatz nicht schrankenlos (→ Rn. 491). Außerdem stammt er aus einer Zeit, in der das Gesellschaftsstatut – wegen seiner Anknüpfung an

---

2461 BGH BeckRS 2020, 35751 Rn. 26; OLG Celle NZG 2021, 562 Rn. 14 (wenn auch mit unzutr. gesellschaftsrechtlicher Qualifikation einer Genussrechtsbeteiligung), rkr. nach BGH Beschl. v. 15.2.2022 – II ZR 35/21 auf Nichtzulassungsbeschwerde.

2462 OLG Zweibrücken NZG 2023, 1315; OLG Köln IWRZ 2023, 244.

2463 EuGH ECLI:EU:C:1992:115 = NJW 1992, 1671 = IPRax 1993, 32 – Powell Duffryn, mAnm *Koch* IPRax 1993, 19; BGH NJW 2004, 3706; *Mock* RabelsZ 72 (2008), 264 (299 f.).

2464 EuGH ECLI:EU:C:1992:115 Rn. 18 ff. = NJW 1992, 1671 – Powell Duffryn; *Brödermann* ZIP 1996, 491 (493); BGH NJW 2004, 3706.

2465 Vgl. zB BGH IPRspr. 1952/53 Nr. 20, S. 44 (56); BGHZ 25, 127 = NJW 1957, 1435; BGH IPRspr. 1958/59 Nr. 3 (S. 7); BGHZ 78, 318 (333 f.) = NJW 1981, 522 = IPRax 1981, 130 m. Aufs. *Großfeld* IPRax 1981, 116; BGHZ 118, 151 (167) = NJW 1992, 2026; BGH NJW 1993, 2683 (2684); NJW-RR 2002, 1359 (1360); 2004, 1618; RGZ 159, 44 (48); KG IPRspr. 1932 Nr. 44; OLG Düsseldorf AG 1997, 231 (234) = ZIP 1997, 27 (30); LG Hannover NZG 2003, 1072; Cass. civ. 1.7.1997, D. Jur. 1998, 104 mAnm *Menjucq; Kindler* IPRax 2009, 189 (192); HCL/*Behrens/Hoffmann* GmbHG Allg. Einl. Rn. B 112, 113; *Eidenmüller* in Eidenmüller Ausl. KapGes. § 4 Rn. 16; *Eidenmüller* JZ 2004, 24 (25); *Ulmer* NJW 2004, 1201 (1209); *Forsthoff/Schulz* in Hirte/Bücker GrenzübGes § 15 Rn. 51; zum älteren Schrifttum vgl. → 3. Aufl. 1999, Rn. 479 m. Fn. 1194; *Zimmer* NJW 2003, 3585 (3588); *Schön* ZHR 168 (2004), 268 (292) zur Außenhaftung nach der – seit BGHZ 173, 246 überholten – Rspr. aus existenzvernichtenden Eingriff.

2466 BGH IPRspr. 1952/53 Nr. 20, S. 44 (50); IPRspr. 1958/59 Nr. 3 (S. 7); LG Hamburg IPRspr. 1966/67 Nr. 26, S. 81 (82); HCL/*Behrens/Hoffmann* GmbHG Allg. Einl. Rn. B 111; abw. KG VerkRdsch. 1926, 161 (163).

2467 *Ulrich,* Regeln des internationalen Privatrechts über die Haftung des Gesellschafters oder der Verwaltung einer Kapitalgesellschaft, 1972, 54; Staudinger/*Großfeld,* 1998, IntGesR Rn. 349.

2468 *Grasmann,* System des internationalen Gesellschaftsrechts, 1970, 927 f.

2469 Beispiele bei *Lutter,* Kapital, Sicherung der Kapitalaufbringung und Kapitalerhaltung in den Aktien- und GmbH-Rechten der EWG, 1964, 16 f.

2470 *Wiedemann* GesR I § 14 IV 2a, S. 820.

den Verwaltungssitz – im Regelfall die Rechtsordnung des hauptbetroffenen Staates war (→ Rn. 380 f.), der zugleich auch das angrenzende Zivil- und Insolvenzrecht im Einzelfall entstammte. Dies bedingte, dass gesellschaftsrechtliche Sonderanknüpfungen analog Art. 34 EGBGB aF (heute Art. 9 Rom I-VO, Art. 16 Rom II-VO) oder in Anwendung der ordre public-Klausel (Art. 6) kaum erforscht waren[2471] und auch möglichen **Mehrfachqualifikationen** bislang allein gesellschaftsrechtlich eingeordneter Institute[2472] nicht nachgegangen zu werden brauchte. Dies hat sich mit dem Übergang zur Gründungsanknüpfung bei EU-ausländischen Gesellschaften trotz deren inländischen Verwaltungssitzes (→ Rn. 123 ff., → Rn. 388 ff.) radikal geändert.[2473]

b) Keine Haftungserweiterung durch das Vornahmestatut. Nach einer zum Teil vertretenen Auffassung[2474] sollen Haftungsbeschränkungen des Gesellschaftsstatuts, die vom Vornahmestatut für vergleichbare Korporationsformen nicht vorgesehen sind, unberücksichtigt bleiben. Solche **Haftungserweiterungen** aus Verkehrsschutz- und Vertrauensschutzgesichtspunkten, die über die Grenzen des Personalstatuts der ausländischen Korporation hinausgehen, sind weder dogmatisch begründbar, noch bei wertender Betrachtung gerechtfertigt.[2475] Das führt nämlich im Ergebnis zu einer Ausweitung der Schutzwirkungen, die durch die Sitztheorie garantiert werden, und verteilt die Vertragsrisiken falsch. Die ausländischen Gesellschaften müssten haften, weil der inländische Vertragspartner sich über die Haftungsbegrenzungen geirrt hat. 590

c) Durchgriffshaftung. aa) Grundsätzliche Maßgeblichkeit des Gesellschaftsstatuts. 591
Als Erscheinungsformen werden der Durchgriff von der Gesellschaft auf die dahinterstehenden Mitglieder (direkter Durchgriff), vom Gesellschafter auf die Gesellschaft (umgekehrter Durchgriff) und der horizontale Durchgriff unter Schwestergesellschaften unterschieden. Desweiteren ist der mehrstufige Durchgriff von der Enkel- durch die Tochter- auf die Muttergesellschaft wie auch zwischen Enkelgesellschaften eines Konzernstamms zu Gesellschaften anderer Stämme denkbar.[2476] Als **Fallgruppen** des Durchgriffs sind **im deutschen Recht**[2477] die Vermögens- oder Sphärenvermischung,[2478] die Unterkapitalisierung,[2479] Abhängigkeits- und Konzernverhältnisse sowie existenzvernichtende Eingriffe anerkannt.[2480] Zum Teil wird auch ein **Peeters/Gatzen-Anspruch** nach niederländischem Recht (→ Rn. 581) als Fall der Außenhaftung des Gesellschafters eingestuft.[2481] Dabei geht es im Folgenden nur um die Anknüpfung der Durchgriffs*haftung,* nicht um andere Anwendungsfälle der Durchgriffslehre, bei denen eine Gesellschafterhaftung für Gesellschaftsverbindlichkeiten nicht in Rede steht, wie zB bei Normanwendungsfragen und bei der Vertragsauslegung.[2482] Inwieweit dort eine Berufung auf die Personenverschiedenheit von Gesellschaft und Gesellschafter wegen deren wirtschaftlicher Identität ausscheidet, richtet sich nach dem Wirkungsstatut. Dies gilt etwa für die Frage, ob beim gutgläubigen Erwerb zwischen der Gesellschaft und einem Gesellschafter ein „Verkehrsgeschäft" vorliegt.[2483]

Besteht in der Person eines **Gesellschafters selbst ein besonderer Verpflichtungsgrund,** so liegt keine Durchgriffshaftung vor; dies gilt gleichermaßen für von Gesellschaftern gewährte persönliche Sicherheiten – zB eine gegenüber Arbeitnehmern der Gesellschaft abgegebene Patronats- 592

2471 Zutr. *Franzen* RdA 2004, 257 (258); *Fleischer* in Lutter, Europäische Auslandsgesellschaften in Deutschland, 2005, 49, 91.

2472 *Kindler* NZG 2003, 1086 (1089 f.); umfassend *Kindler* FS Jayme, 2004, 409.

2473 *Franzen* RdA 2004, 257 (258); vgl. auch *Forsthoff/Schulz* in Hirte/Bücker GrenzübGes § 15 Rn. 4, die einräumen, dass Schrifttum aus der Zeit vor Centros (→ Rn. 86 ff.) nur noch bedingt herangezogen werden kann.

2474 *Lauterbach/Beitzke,* Vorschläge und Gutachten zur Reform des deutschen internationalen Personen- und Sachrechts, 1972, 123; Staudinger/*Großfeld,* 1998, IntGesR Rn. 349; vgl. auch den Reformvorschlag des Deutschen Rats für Internationales Privatrecht in *Lauterbach* S. 21.

2475 Im Ergebnis ebenso *Wiedemann* GesR I § 14 IV 2a, S. 820.

2476 *Ebenroth* SchweizAG 1985, 124.

2477 Näher *Kindler,* Grundkurs Handels- und Gesellschaftsrecht, 10. Aufl. 2024, § 14 Rn. 78 ff.; rechtsvergleichend *Dähnert* NZG 2015, 258 (England); *Klein* RIW 2016, 47 f. (Frankreich); ferner *Kindler,* Italienisches Handels- und Wirtschaftsrecht, 2. Aufl. 2014, § 4 Rn. 120, 150, 247; *Kindler* ZEuP 2012, 72 (88 ff.).

2478 BGHZ 165, 85 = NJW 2006, 1344; *Schall* ZIP 2016, 289 (294 f.).

2479 Sehr restriktiv BGHZ 176, 204 Rn. 14 ff., 21 aE = NJW 2008, 2437 – GAMMA; zum fehlenden Beschränkungscharakter einer Gesellschafterhaftung aus dem Gesichtspunkt der Unterkapitalisierung s. *Kindler* FS Säcker, 2011, 393 ff.; *Schall* ZIP 2016, 289 (294).

2480 Koch AktG § 1 Rn. 19 ff.; zum existenzvernichtenden Eingriff (Vermögensabzug in der Krise) grdl. BGHZ 173, 246 = NJW 2007, 2689 zum fehlenden Beschränkungscharakter (Art. 49 AEUV) einer Gesellschafterhaftung aus dem Gesichtspunkt der Existenzvernichtung s. *Kindler* FS Säcker, 2011, 393 ff.

2481 *Schwemmer* IPRax 2023, 149.

2482 Zum Sachrecht vgl. nur Koch AktG § 1 Rn. 28 f.

2483 Staudinger/*Großfeld,* 1998, IntGesR Rn. 356.

erklärung –[2484] wie für eine gesetzliche Haftung aus **culpa in contrahendo**[2485] oder aus **Delikt,**[2486] etwa im Rahmen einer Haftung der Obergesellschaft für **Fehlverhalten** ausländischer Konzerntöchter **in der Lieferkette** (Art. 22 Lieferketten-RL-E 2022).[2487] Diese besonderen Verpflichtungsgründe bilden mithin eine **„zweite Spur" der Gesellschafterhaftung**[2488] und unterstehen kollisionsrechtlich ihrem eigenen Statut,[2489] das freilich im Einzelfall akzessorisch zum Gesellschaftsstatut bestimmt werden kann (→ Rn. 616 ff. zur Statutenabgrenzung).[2490]

593 Voraussetzungen und Ausmaß des **direkten Durchgriffs** beurteilen sich nach hM nach dem Gesellschaftsstatut (Nachweise → Rn. 588). Denn über die Aufhebung der rechtlichen Trennung zwischen der juristischen Person und dem hinter ihr stehenden Gesellschafter kann primär nur diejenige Rechtsordnung entscheiden, die das Trennungsprinzip für den in Rede stehenden Korporationstyp vorsieht und dafür bestimmte Bedingungen aufstellt.[2491] Das im ausländischen Recht verankerte Trennungsprinzip bleibt freilich außer Anwendung, soweit dies – etwa im Hinblick auf Verletzungen von Menschenrechten oder Umweltstandards in der Lieferkette – wegen Art. 6 (ordre public) geboten ist.[2492]

594 Soweit auch bei der Durchgriffshaftung teilweise auf das Wirkungsstatut abgestellt wurde,[2493] so kann dem heute nicht mehr gefolgt werden.[2494] Art. 1 Abs. 1 lit. f Rom I-VO und Art. 1 Abs. 1 lit. g Rom II-VO nehmen „die persönliche Haftung der Gesellschafter und der Organe für die Verbindlichkeiten einer Gesellschaft" ausdrücklich vom Vertragsstatut bzw. dem Statut der außervertraglichen Haftung aus. Zugleich wird damit für juristische Personen, rechtsfähige Personengesellschaften und Vereinigungen ohne Rechtspersönlichkeit eine **gesellschaftsrechtliche Qualifikation** der Durchgriffshaftung angeordnet (→ Rom I-VO Art. 1 Rn. 78). Folgerichtig verneint der EuGH auch im Zuständigkeitsrecht eine vertragliche Qualifikation der Durchgriffshaftung im Gleichlauf zum Statut der vertraglich begründeten Gesellschaftsverbindlichkeit.[2495]

595 Damit ist aber nicht gesagt, dass eine deliktische oder insolvenzrechtliche Qualifikation bestimmter Tatbestände der Gesellschafterhaftung von vorneherein ausscheidet. Die deliktische Schadensersatzhaftung ist insoweit dann aber nicht als persönliche Haftung für Gesellschaftsverbindlichkeiten zu verstehen, sondern als Ausgleich für deren Uneinbringlichkeit.[2496]

596 **bb) Durchgriffs- und Existenzvernichtungshaftung bei EU-ausländischen Gesellschaften.** Die gesellschaftsrechtliche Qualifikation der Durchgriffshaftung führt – vorbehaltlich einer Rück- oder Weiterverweisung (→ Rn. 472 ff.) – für Gesellschaften, die nicht unter staatsvertraglichem Schutz stehen, zur Anwendung der an ihrem Verwaltungssitz geltenden Rechtsordnung (→ Rn. 420 ff.). Bei EU-ausländischen Gesellschaften und diesen gleichgestellten Gesellschaften unter dem Schutz zweiseitiger Staatsverträge[2497] ist fraglich, inwieweit die Niederlassungsfreiheit die Anwendung des Gründungsrechts gebietet.[2498] Soweit dies nicht der Fall ist, kommt ohne weiteres das am Verwaltungssitz geltende Recht zur Anwendung; einer Sonderanknüpfung bedarf es nicht

---

[2484] BAG NZA 2023, 1265 Rn. 32 ff. (zu Art. 8 Rom I-VO); EuGH ECLI:EU:C:2022:807 = NJW 2023, 29 – ROI Land Investments; zur vertraglichen Qualifikation auch BGH NZG 2021, 1564 Rn. 27.

[2485] Vgl. BGE 120 II 331, 335 ff. – Swiss Air; BGE 124 III 297 – Motor Columbus; dazu Koch AktG § 1 Rn. 27.

[2486] Koch AktG § 1 Rn. 27; instruktiv OLG Köln NZG 2004, 1009 (1011): Unterkapitalisierungshaftung in Anspruchskonkurrenz aus Gesellschaftsrecht und aus Delikt; BGH ZIP 2005, 805 (806): Organhaftung; treffend *Bitter* WM 2004, 2190 (2195 f.): unechte Durchgriffshaftung.

[2487] Tendenziell krit. hierzu *Habersack/Zickgraf* RabelsZ 87 (2023), 532 (599 ff.).

[2488] *Ulmer* NJW 2004, 1201 (1204); *Wellkamp* DStR 2003, 210 f.; *Mansel/Kuhl* FS v. Bar, 2022, 251 (270).

[2489] Vgl. nochmals *Bitter* WM 2004, 2190 (2195 f.).

[2490] Für weitgehenden Gleichlauf hier HCL/*Behrens/Hoffmann* GmbHG Allg. Einl. Rn. B 91, 92.

[2491] BGHZ 78, 318 (334) = NJW 1981, 522; *Schiessl* RIW 1988, 951 (952); *Schiessl* DB 1989, 513 (516); *Ebenroth/Offenloch* RIW 1997, 1 (9); aA *Kaiser* RIW 1988, 589 (598), der für eine strengere Durchgriffshaftung der Konzernmutter bei transnationalen Konzernen plädiert.

[2492] Hierzu am Beispiel der menschenrechtsbezogenen Unternehmenshaftung in der Lieferkette: *Mansel,* FS Henssler, 2023, 1083.

[2493] *R. Müller,* Kollisionsrechtliche Probleme der Durchgriffslehre bei Kapitalgesellschaften, 1974, 101–105.

[2494] *Ebenroth* SchweizAG 1985, 124 (136).

[2495] EuGH ECLI:EU:C:2013:674 = BeckRS 2013, 82083 = IPRax 2014, 528 – OTP m. Aufs. *Kindler* IPRax 2014, 486.

[2496] Zutr. Ansatz bei HCL/*Behrens/Hoffmann* GmbHG Allg. Einl. Rn. B 113; *Kindler* IPRax 2014, 486; gegen eine Konsttruktion als Durchgriff auch BGH NJW-RR 2008, 918 Rn. 10.

[2497] Vgl. BGH NJW-RR 2004, 1618 zur Gesellschafterhaftung nach dem Recht des US-Bundesstaates Delaware.

[2498] Dazu *Fleischer* in Lutter, Europäische Auslandsgesellschaften in Deutschland, 2005, 49, 117 ff.; *Forsthoff/Schulz* in Hirte/Bücker GrenzübGes § 15 Rn. 62 ff.; *Eidenmüller* in Eidenmüller Ausl. KapGes. § 4 Rn. 17 ff.

(→ Rn. 126, → Rn. 349, → Rn. 389 f.).[2499] Dabei ist auf die anerkannten Fallgruppen der Durchgriffshaftung (→ Rn. 591 ff.) im Folgenden getrennt einzugehen. Leitlinie ist nach dem **Star Channel-Urteil des EuGH,** dass eine allein **strukturabhängige Gesellschafterhaftung als Beschränkung** zu werten sein kann, **nicht** aber eine **Verhaltenshaftung** des Gesellschafters.[2500]

Eine Gesellschafterhaftung wegen **Vermögens- oder Sphärenvermischung** („Waschkorblage")[2501] ist **keine Beschränkung der Niederlassungsfreiheit** der Gesellschaft.[2502] Dies gilt zunächst in den Fällen, in denen das Verhalten der Gesellschaft zugleich den Tatbestand von Deliktsnormen erfüllt.[2503] Denn die Niederlassungsfreiheit schützt allenfalls vor der Anwendung des Gesellschaftsrechts am Verwaltungssitz (→ Rn. 398 ff.), und sie gestattet keinen Missbrauch im Einzelfall (→ Rn. 396 f.), wie dies bei der Vermögens- oder Sphärenvermischung indessen typisch ist. Selbst wo diese deliktische Schwelle nicht erreicht ist, fehlt es wegen des missbräuchlichen Charakters des Verhaltens der Gesellschafter an einer Beschränkung der Niederlassungsfreiheit (→ Rn. 396 f.). Zu dem gleichen Ergebnis führt die Überlegung, dass das gesellschaftsrechtliche Verbot der Vermögensvermischung eine bloße Tätigkeitsausübungsregel ist, die in keiner Weise Vorgaben für die Struktur der Gesellschaft enthält (→ Rn. 404).[2504] Kennzeichnend für diesen Tatbestand ist ja gerade, dass die Gesellschafter selbst die Trennung der Haftungsmassen als Voraussetzung der Haftungsbeschränkung[2505] durch ihr Verhalten missachten.[2506] Eine Verwaltungssitzanknüpfung ist in diesen Fällen daher geboten und EU-rechtlich zulässig. 597

Auch einer Haftung aus dem Gesichtspunkt der **Unterkapitalisierung** nach dem am Verwaltungssitz geltenden Recht entgehen die Gesellschafter einer EU-ausländischen Gesellschaft nicht unter Berufung auf die Niederlassungsfreiheit. Insoweit gilt wiederum, dass häufig **zugleich deliktisches Verhalten** vorliegt[2507] und die hier einschlägigen Normen ohne Rücksicht auf die Niederlassungsfreiheit Anwendung finden (wie → Rn. 568).[2508] Zum gleichen Ergebnis führt eine internationalprivatrechtliche **Mehrfachqualifikation** der Unterkapitalisierung als **gesellschafts- und deliktsrechtlich,** weil die Gesellschafter die Gesellschaftsgläubiger in sittenwidriger und vorwerfbarer Weise benachteiligen.[2509] Jedenfalls wäre eine in der Anwendung der – auch alleine – gesellschaftsrechtlich verstandenen Unterkapitalisierungshaftung liegende Beschränkung der Niederlassungsfreiheit unter dem Gesichtspunkt der Missbrauchsbekämpfung (→ Rn. 396 f.) gerechtfertigt.[2510] Der 598

[2499] *Eidenmüller* in Eidenmüller Ausl. KapGes. § 3 Rn. 122.

[2500] EuGH ECLI:EU:C:2010:622 = NZG 2011, 183 – Star Channel (Idryma Typou); dazu *Kindler* FS Säcker, 2011, 393; *Schmidt* EWiR 2010, 693; *Möslein* NZG 2011, 174; *Schön* FS Hommelhoff, 2012, 1037; eingehend *D. Paulus,* Außervertragliche Gesellschafter- und Organwalterhaftung im Lichte des Unionskollisionsrechts, 2013, Rn. 454 ff.

[2501] Zum Sachrecht BGH NJW 1985, 740.

[2502] *Schall* ZIP 2016, 289 (294 f.); *Kindler* FS Säcker, 2011, 393 (398 f.); *Kindler* NZG 2003, 1086 (1088 f.); *Zimmer* NJW 2003, 3585 (3588 f.); *Weller* DStR 2003, 1800 (1804); *Altmeppen* NJW 2004, 97 (100); wohl auch *Ulmer* NJW 2004, 1201 (1208 f.); *Bitter* WM 2004, 2190 (2196); *Schön* ZHR 168 (2004), 268 (294); aA *Behrens* IPRax 2004, 20 (25); *Eidenmüller/Rehm* ZGR 2004, 159 (182); *Forsthoff/Schulz* in Hirte/Bücker GrenzübGes § 15 Rn. 66.

[2503] *Ulmer* NJW 2004, 1201 (1207 f.); *Fleischer* in Lutter, Europäische Auslandsgesellschaften in Deutschland, 2005, 49, 123; dies einräumend auch *Eidenmüller/Rehm* ZGR 2004, 159 (182); *Forsthoff/Schulz* in Hirte/Bücker GrenzübGes § 15 Rn. 59 f., 67.

[2504] Vgl. *Weller* DStR 2003, 1800 (1804); zum fehlenden Beschränkungscharakter einer Gesellschafterhaftung aus dem Gesichtspunkt der Vermögensvermischung s. *Kindler* FS Säcker, 2011, 393 ff.

[2505] Zu diesem – auch im europäischen Gesellschaftsrecht anerkannten – Zusammenhang *Schön* ZHR 168 (2004), 268 (294).

[2506] *Fleischer* in Lutter, Europäische Auslandsgesellschaften in Deutschland, 2005, 49, 122 f.

[2507] So im Fall EuGH ECLI:EU:C:2013:490 = EuZW 2013, 703 – ÖFAB; dazu *Mansel/Thorn/Wagner* IPRax 2014, 1 (13); *Osterloh-Konrad* JZ 2014, 44; zur Anspruchskonkurrenz sehr deutlich BGH NJW-RR 1992, 1061 (1062); OLG Köln NZG 2004, 1009 (1011); ferner *Ulmer* NJW 2004, 1201 (1204); *Wellkamp* DStR 2003, 210 f.; *Rosse* EWiR 2005, 389 (390) zu OLG Köln NZG 2004, 1009.

[2508] Zum fehlenden Beschränkungscharakter einer Gesellschafterhaftung aus dem Gesichtspunkt der Unterkapitalisierung *Schall* ZIP 2016, 289 (294); *Kindler* FS Säcker, 2011, 393 (397 f.); *Kindler* NZG 2003, 1086 (1090); *Fleischer* in Lutter, Europäische Auslandsgesellschaften in Deutschland, 2005, 49, 121; *Forsthoff/Schulz* in Hirte/Bücker GrenzübGes § 15 Rn. 65; *Bitter* WM 2004, 2190 (2198); tendenziell auch *Ulmer* NJW 2004, 1201 (1205, 1207 f.); *Bayer* BB 2003, 2357 (2364); *Eidenmüller/Rehm* ZGR 2004, 159 (182); für Gründungsrecht aber AG Bad Segeberg NZG 2005, 762.

[2509] Näher *Kindler* FS Jayme, 2004, 409 (413 f.).

[2510] LG Stuttgart NZG 2002, 240 (242 f.); *Bitter* WM 2004, 2190 (2197 f.); *Borges* ZIP 2004, 733 (742); *Lutter* BB 2003, 7 (10); *W.-H. Roth* IPRax 2003, 117 (125); *Ulmer* JZ 1999, 662 (664); *Zimmer* NJW 2003, 3585 (3588 f.); tendenziell auch AG Hamburg NJW 2003, 2835 – Doppelböden; aA *Fleischer* in Lutter, Europäische Auslandsgesellschaften in Deutschland, 2005, 49, 118 ff.; *Eidenmüller* in Eidenmüller Ausl. KapGes. § 4 Rn. 27; *Leible/Hoffmann* RIW 2002, 925 (930).

Kern des Missbrauchsvorwurfs liegt bei der materiellen Unterkapitalisierung darin, dass die Gesellschafter – durch den Geschäftsbetrieb der juristischen Person – hochspekulative Risiken eingehen, die eine gegenüber dem Normalmaß **deutlich erhöhte Insolvenzwahrscheinlichkeit** mit sich bringen.[2511] Gleichgestellt sind die Fälle der **fraudulösen Betriebsaufspaltung,** bei denen eine Auslandsgesellschaft als Schuldenträger eingesetzt wird („Aschenputtel-Ltd.").[2512] Ein derartiges Verhalten ist auch nicht deshalb von der Niederlassungsfreiheit gedeckt, weil die in casu eingesetzte EU-Auslandsgesellschaft – wie zB eine englische Limited – nach ihrer Rechtsordnung ohne jedes Vermögen rechtmäßig errichtet werden kann und daher eine Unterkapitalisierung nicht in Betracht komme.[2513] Verkannt wird dabei, dass das Fehlen eines gesetzlichen Mindestkapitals keinesfalls rücksichtslose – und strukturell bedingte – Spekulationen auf Kosten der Gläubiger legitimiert. Dies wird schon aus dem Vergleich mit der deutschen GmbH deutlich, deren gesetzliches Mindestkapital häufig ebenfalls nicht in einem angemessenen Verhältnis zu den im Einzelfall eingegangenen Risiken steht.[2514] Insgesamt ist in Fällen der materiellen Unterkapitalisierung mithin ebenfalls eine Verwaltungssitzanknüpfung geboten und zulässig.[2515] In **Abhängigkeits- und Konzernverhältnissen** folgt das Haftungsregime eigenen Regeln (→ Rn. 660 ff.).

599 Schwierige kollisionsrechtliche Abgrenzungsfragen wirft die Gesellschafter-Innenhaftung für **Eingriffe in das Gesellschaftsvermögen** – also dem Entzug von Liquidität oder sonstigen Gegenständen des Betriebsvermögens in der Krise – auf.[2516] Tatbestandlich geht es dabei um Maßnahmen wie den Abzug einer für die Fertigung wichtigen Maschine[2517] oder sonstigen Betriebsvermögens wie zB Hotelinventar,[2518] die Zuweisung von Verlustrisiken an die Gesellschaft und von Gewinnchancen an die Gesellschafter („Aschenputtel"-Fälle),[2519] die Vereinnahmung von Forderungen der Gesellschaft durch den Gesellschafter[2520] oder schlicht den Entzug von Geldbeträgen durch Überweisung von einem Bankkonto der Gesellschaft auf ein solches des Gesellschafters.[2521] Im deutschen Sachrecht steht die **Existenzvernichtungshaftung** seit dem Trihotel-Urteil des BGH aus dem Jahr 2007[2522] auf einer neuen, deliktischen Grundlage (§ 826 BGB). Bei der kollisionsrechtlichen Behandlung der Existenzvernichtungshaftung als außervertraglichem Schuldverhältnis ist zu prüfen, ob das Institut der Rom II-VO unterfällt oder – wenn nicht – wegen des dort normierten Gesellschaftsrechtsvorbehalts (Art. 1 Abs. 2 lit. d Rom II-VO) oder des lex specialis-Vorrangs der EuInsVO 2015 als speziellerer Regelung anderen Anknüpfungsnormen. Von Bedeutung ist dies deshalb, weil die betroffenen Anknüpfungsregeln mit unterschiedlichen Anknüpfungspunkten arbeiten. Bei Eingriffen in das Vermögen zB einer englischen Limited mit effektivem Verwaltungssitz in Deutschland wird Delikts- und Insolvenzstatut im Regelfall das deutsche Recht sein (Art. 4 Abs. 2 Rom II-VO, Art. 3, 7 EuInsVO 2015),[2523] Gesellschaftsstatut nach derzeitiger BGH-Rspr.[2524] das englische Recht.

[2511] BGH NJW 2000, 1571 (1572); *G.-H. Roth* NZG 2003, 1081 (1083); *Bitter* WM 2004, 2190 (2198); eindrucksvolles Beispiel bei OLG Köln NZG 2004, 1009: Gesellschaft mit 50.000 Euro Grundkapital soll Investitionen im Volumen von 30 Mio. Euro durchführen, wobei mit dem Vorstand schon von Beginn an ein dreijähriger Dienstvertrag mit einem Jahresgehalt von 175.000 Euro abgeschlossen wird.

[2512] AG Hamburg NJW 2003, 2835; dazu *Kindler* FS Jayme, 2004, 409 (413 f.).

[2513] So aber die Argumentation bei *Schanze/Jüttner* AG 2003, 661 (669); ähnlich *Eidenmüller* in Eidenmüller Ausl. KapGes. § 3 Rn. 104; *Eidenmüller* JZ 2004, 24 (26); *Wachter* GmbHR 2004, 88 (91).

[2514] *Bitter* WM 2004, 2190 (2198).

[2515] *Mansel/Thorn/Wagner* IPRax 2014, 1 (13): „Sitz der kontrollierten Gesellschaft"; EuGH ECLI:EU:C:2013:490 = EuZW 2013, 703 Ls. 2 – ÖFAB (Geschäftsbetrieb der Gesellschaft); *Osterloh-Konrad* JZ 2014, 44; zum fehlenden Beschränkungscharakter einer Gesellschafterhaftung aus dem Gesichtspunkt der Unterkapitalisierung s. *Kindler* FS Säcker, 2011, 393 ff.

[2516] Zum Folgenden *Kindler* IPRax 2009, 189 (193); ferner *Kindler* FS Jayme, 2004, Bd. II, 409 ff.; *Altmeppen* FS Röhricht, 2005, 3 ff.

[2517] Vgl. *Dauner-Lieb* DStR 2006, 2034 (2037).

[2518] So im Fall BGHZ 173, 246 – TRIHOTEL = ZIP 2007, 1552 mAnm *Weller* ZIP 2007, 1681 ff. = NZG 2007, 667 m. Aufs. *Schanze* NZG 2007, 68 ff. = RIW 2007, 781 mAnm *Sester* = EWiR 2007, 557 m. KurzKomm. *Wilhelm* = NJW 2007, 2689 m. Aufs. *Altmeppen* NJW 2007, 2657 ff. = DStR 2007, 1586 mAnm *Goette* = BB 2007, 1970 mAnm *Vetter* BB 2007, 1965 ff.; zu diesem Urteil auch *Heitsch* ZInsO 2007, 961 ff.; *Theiselmann* GmbHR 2007, 904 ff.; *Jacob* GmbHR 2007, 796 ff.; *Dauner-Lieb* ZGR 2008, 34 ff.

[2519] Dazu OLG Düsseldorf ZIP 2007, 227 (228 f.) m. KurzKomm. *Höpfner* EWiR 2007, 183; wN bei *M. Schwab* ZIP 2008, 341.

[2520] Vgl. für einen derartigen Sachverhalt BGH NZG 2008, 187; zur Abgrenzung BGH NZG 2008, 597.

[2521] So im Fall BGH NJW-RR 2008, 918 Rn. 10 = ZIP 2008, 455.

[2522] BGHZ 173, 246 = NJW 2007, 2689.

[2523] So im Fall BGH ZInsO 2023, 1252 = ZRI 2023, 486.

[2524] Vgl. BGHZ 178, 192 Rn. 19 – Trabrennbahn = NJW 2009, 289 mAnm *Kieninger* = DStR 2009, 59 mAnm *Goette* = DNotZ 2009, 385 mAnm *Thölke* = IPRax 2009, 259 mAnm *Weller* IPRax 2009, 202 ff.; dazu

Naheliegen dürfte hier in erster Linie eine **insolvenzrechtliche Qualifikation der Existenzvernichtungshaftung,** weshalb der lex specialis-Vorbehalt der EuInsVO 2015 eingreift. Dafür spricht schon die funktionelle Nähe der als Innenhaftung ausgestalteten Existenzvernichtungshaftung zur Insolvenzanfechtung (vgl. Art. 7 Abs. 2 S. 2 lit. m EuInsVO 2015). Beide Institute zielen auf den Schutz der Insolvenzmasse ab. So betont der BGH In der TRIHOTEL-Entscheidung mehrfach, dass die **Haftung des Plünderers an dessen Verantwortlichkeit für kompensationslose, zur Insolvenz führende – oder diese vertiefende – Eingriffe in das Gesellschaftsvermögen** anknüpft.[2525] Den zu ersetzenden Schaden definiert der BGH nicht aus der Sicht der Gesellschaft, sondern aus der Sicht der Gesamtheit der Gesellschaftsgläubiger: Der **Schaden** bestehe in einer **Masseverkürzung** und betreffe damit sämtliche Gläubiger.[2526] Wenn das Gericht schließlich den Vorteil der Innenhaftung gerade in der Möglichkeit ihrer Geltendmachung durch den Insolvenzverwalter sieht,[2527] dann dient dies dem Ziel, dass der Insolvenzverwalter für eine gerechte Verteilung der zur Masse gezogenen Ersatzleistung an *alle* Gläubiger sorgen wird. Dabei handelt es sich um einen klassischen Zweck des Insolvenzverfahrens (§ 1 S. 1 InsO – par conditio creditorum).[2528] Die Ausgestaltung als Innenhaftung hat also genau dieselbe **Kanalisierungsfunktion** wie das Institut des Gesamtschadens nach § 93 InsO, und diese Parallele war auch für den EuGH in der bekannten Gourdain-Entscheidung ein wichtiges Argument für die insolvenzrechtliche Qualifikation der dort untersuchten Geschäftsleiterhaftung.[2529] 600

Gleichzeitig verfolgt das Institut genuin **deliktsrechtliche Zielsetzungen,** weil es eine mit dem Vermögensabzug verbundene **gezielte Gläubigerschädigung** sanktioniert[2530] (Mehrfachqualifikation).[2531] Deshalb sind zugleich auch immer die immanenten Schranken der Niederlassungsfreiheit (Missbrauch, Betrug; → Rn. 393) überschritten[2532] und aus diesem Grunde greift die vom EuGH postulierte gesellschaftsrechtliche Wahlfreiheit (→ Rn. 398 ff.) hier von vorne herein nicht. Aber selbst eine rein gesellschaftsrechtliche Qualifikation der Existenzvernichtungshaftung[2533] bewahrt die Gesellschafter nicht vor der Anwendung des Sitzrechts. Denn auch eine als gesellschaftsrechtliche Wahlfreiheit verstandene Niederlassungsfreiheit (→ Rn. 348, → Rn. 398 ff., → Rn. 402) betrachtet gesellschaftsrechtliche Marktrückzugsregeln nicht als Beschränkung (→ Rn. 406). Derartige Vorschriften enthalten keinerlei Vorgaben an die Struktur der Gesellschaft, sondern bloß an das Verhalten der Gesellschafter *nach* erfolgtem Marktzutritt. Jedenfalls handelte es sich um gerechtfertigte Beschränkungen der Nieder- 601

Kindler IPRax 2009, 189 (190); ferner *Balthasar* RIW 2009, 221; *Gottschalk* ZIP 2009, 948; *Hellgardt/Illmer* NZG 2009, 94; *Lieder/Kliebisch* BB 2009, 338.

2525 BGHZ 173, 246 Rn. 24 = NJW 2007, 2689 – TRIHOTEL; ähnlich in BGH NJW 2007, 2689 Rn. 28: „insolvenzverursachende oder – vertiefende Selbstbedienung“; NJW 2007, 2689 Rn. 30: „Entziehung von Vermögen der Gesellschaft mit der Folge der Beseitigung ihrer Solvenz“; NJW 2007, 2689 Rn. 33: „da die Schadensersatzhaftung nach § 826 BGB eine Ersatzhaftung im Sinne des Einstehenmüssens für die durch den Entzug von Gesellschaftsvermögen herbeigeführte Insolvenzreife der Gesellschaft oder die Vertiefung ihrer Insolvenz darstellt, …“; in der Lit. etwa *M. Schwab* ZIP 2008, 341 (344): „Bei der Existenzvernichtungshaftung handelt es sich im Kern um eine Haftung für pflichtwidrig herbeigeführte Insolvenz.“; so auch schon *Weller,* Europäische Rechtsformwahlfreiheit und Gesellschafterhaftung, 2004, 266 f.

2526 BGHZ 173, 246 Rn. 22 = NJW 2007, 2689 – TRIHOTEL.

2527 BGHZ 173, 246 Rn. 34 = NJW 2007, 2689 – TRIHOTEL.

2528 Zum Zusammenhang zwischen dem Konzept der Innenhaftung und der par conditio auch *G. Wagner* FS Canaris, Bd. II, 2007, 473 (487).

2529 EuGH ECLI:EU:C:1979:49 Rn. 5 = BeckRS 2004, 71542 – Gourdain = Rev. crit. 1979, 657 mAnm *Lemontey:* „Wenn die Klage gegen den Leiter der Gesellschaft erfolgreich ist, kommt dies der Gesamtheit der Gläubiger durch Vermehrung der ihnen zur Verfügung stehenden Vermögensmasse in gleicher Weise zugute, wie wenn der Konkursverwalter das Bestehen einer Forderung zugunsten der Gesamtheit der Gläubiger feststellen lässt.“; dazu auch *Weller,* Europäische Rechtsformwahlfreiheit und Gesellschafterhaftung, 2004, 266; für eine insolvenzrechtliche Qualifikation auch *D. Paulus,* Außervertragliche Gesellschafter- und Organwalterhaftung im Lichte des Unionskollisionsrechts, 2013, Rn. 497.

2530 *Haas* WM 2003, 1929 (1940 f.); *Westermann* NZG 2002, 1129 (1135); *Wiedemann/Hirte* FS BGH, 2000, 337 (353); *Kindler* FS Jayme, 2004, 409 (416 f.); ferner schon OLG Düsseldorf RIW 1976, 452 (453) zu § 46 Abs. 2 AktG; BGH NJW 1995, 1739 (1746) – Girmes, zur Haftung wegen schädigender Beeinflussung nach § 117 AktG; für eine deliktsrechtliche Qualifikation *K. Schmidt/Brinkmann* EuInsVO 2000 Art. 4 Rn. 10.

2531 Dazu näher *Kindler* FS Jayme, 2004, 409 (416); *Kindler,* Einführung in das neue IPR des Wirtschaftsverkehrs, 2009, 137; eingehend *Weller,* Europäische Rechtsformwahlfreiheit und Gesellschafterhaftung, 2004, 262 ff., 282; für gesellschaftsrechtliche Qualifikation: *Schollmeyer* ZGR 2023, 108 (117 f.).

2532 *Forsthoff/Schulz* in Hirte/Bücker GrenzübGes § 15 Rn. 73; für Gründungsrecht aber AG Bad Segeberg NZG 2005, 762.

2533 In diesem Sinne BeckOGK/*Großerichter/Zwirlein-Forschner,* 1.12.2021, IPR Internationales Gesellschaftsrecht – Allgemeiner Teil Rn. 302.

lassungsfreiheit, da es bislang noch keine europaweite Angleichung des Gläubigerschutzes bei der Desinvestition von Gesellschaftsvermögen gibt, die eine nationale Haftungsfigur entbehrlich machen würde. Hinzu kommen die Eigenschaft der Existenzvernichtungshaftung als eine der Höhe nach begrenzte Ausfallhaftung sowie ihr Charakter als verschuldensabhängige Verhaltenshaftung im Einzelfall.[2534] Selbst eine gesellschaftsrechtlich verstandene Existenzvernichtungshaftung unterliegt mithin der Verwaltungssitzanknüpfung, da insoweit der Schutzbereich der Niederlassungsfreiheit nicht eröffnet ist.[2535] Zum Gerichtsstand → Rn. 584, → Rn. 606.

602 **cc) Durchbrechung der Verwaltungssitzanknüpfung bei drittstaatlichen Gesellschaften.** Wie bei den EU-Gesellschaften seit Cadbury-Schweppes (→ Rn. 341) ist bei drittstaatlichen Gesellschaften eine Korrektur des Anknüpfungsergebnisses nach den Grundsätzen der **Rechtsumgehung** möglich. Für eine Korrektur nach Art. 6 EGBGB (ordre public) wird es wegen der in dieser Fallgruppe gegebenen ausländischen Verwaltungssitzes meist an einer hinreichenden Inlandsbeziehung (→ EGBGB Art. 6 Rn. 199 ff.) fehlen. Entscheidend für eine Rechtsumgehung sind der Sinn und Zweck einer Durchbrechung des Trennungsprinzips.[2536] Im Interesse eines effektiven Gläubigerschutzes tritt das Personalstatut zurück, wenn es den Haftungsdurchgriff ablehnt. Andernfalls könnten die Gründer der juristischen Person sich das Personalstatut nach den Möglichkeiten eines Haftungsdurchgriffs aussuchen. Haben Sitzländer wie Panama,[2537] Costa Rica, die Niederländischen Antillen[2538] etc (→ Rn. 303, → Rn. 330) eine engere Regel für den Haftungsdurchgriff oder lehnen sie ihn ganz ab, so kann der Zwischenschaltung von Gesellschaften in solchen Ländern kollisionsrechtlich die Anerkennung versagt werden. Hier ist neben dem Personalstatut hilfsweise das Statut am Ort des Vermögens der herrschenden Person zu berücksichtigen.[2539] Hilfsweise gelangt man bei einer von einer natürlichen Person beherrschten juristischen Person in Ermangelung anderer Umstände zur Anknüpfung an den Wohnort dieser natürlichen Person,[2540] bei Beherrschung durch eine andere juristische Person zur Maßgeblichkeit von deren Personalstatut.[2541] Soweit ersichtlich, hat die Rspr. bisher noch nicht zur subsidiären Anwendung des Statuts des Belegenheitsortes des Vermögens des Haupt- oder Alleingesellschafters Stellung genommen. BGHZ 78, 318[2542] zeigt aber, dass eine interessengerechte Anknüpfung bei Wertungsabweichungen nicht allein das Personalstatut entscheiden lassen wird.

603 **d) Doppeldurchgriff.** Wird im Falle eines Abhängigkeitsverhältnisses die beherrschende Gesellschaft ihrerseits von einem Alleingesellschafter beherrscht und kann die Forderung auch mit dem Vermögen der beherrschenden Gesellschaft nicht abgedeckt werden, so kann der Alleingesellschafter unter Umständen im Wege des Doppeldurchgriffs haften. Auch in diesem Fall hat primär die Anknüpfung der Haftung des Haupt- oder Alleingesellschafters der beherrschenden Gesellschaft nach deren Personalstatut zu erfolgen. Bei einem mehrstufig gegliederten Konzern richtet sich daher die kollisionsrechtliche Beurteilung des Haftungsdurchgriffs nach dem Statut der jeweils auf nächster Stufe abhängigen Gesellschaft,[2543] sodass es zu einer stufenweisen Maßgeblichkeit der einzelnen Gesellschaftsstatute kommt. Ein sprungweiser Durchgriff von dem Personalstatut einer Enkel- oder Urenkelgesellschaft auf ein herrschendes Unternehmen wäre außer im seltenen Fall der kollisionsrechtlichen Nichtanerkennung (→ Rn. 278 ff., → Rn. 452 ff.) von Zwischengesellschaften nicht möglich.[2544] Die kollisions-

---

2534 Eingehend hierzu *Weller,* Europäische Rechtsformwahlfreiheit und Gesellschafterhaftung, 2004, 211 ff.; generell auch *Paefgen* DB 2003, 487 (491); *Weller* IPRax 2003, 520 (524); *Zimmer* NJW 2003, 3585 (3588 f.); *Altmeppen* NJW 2004, 97 (101 f.); *Kindler* NZG 2003, 1086 (1088 ff.); *Borges* ZIP 2004, 733 (741 f.); wohl auch *Ulmer* NJW 2004, 1201 (1208 f.).

2535 *Kindler* FS Säcker, 2011, 393 (400 ff.); *Schall* ZIP 2016, 289 (294).

2536 Ähnlich IPG 1977 Nr. 11 (S. 106).

2537 Vgl. dazu IPG 1977 Nr. 11.

2538 Vgl. hierzu *Wassermeyer* IStR 1997, 27 (29 f.).

2539 *Ebenroth* SchweizAG 1985, 124 (136); RGRK-BGB/*Wengler* S. 579; ähnlich IPG 1977 Nr. 11 (S. 106) über eine Sonderanknüpfung an den Wohnsitz; aA *Grasmann,* System des internationalen Gesellschaftsrechts, 1970, 928, der zwar primär ebenfalls gesellschaftsrechtlich qualifiziert, demzufolge aber das Gesellschaftsstatut nach dem Verkehrsgünstigkeitsprinzip von Vornahme- oder Wirkungsstatut verdrängt werden kann.

2540 So offenbar IPG 1977 Nr. 11 (S. 106).

2541 *Staehelin,* Zu Fragen der AG im schweizerischen IPR, 1972, 114 will hier die das Außenverhältnis beherrschende Rechtsordnung entscheiden lassen.

2542 BGHZ 78, 318 (334) = NJW 1981, 522.

2543 Vgl. *Lorenz* IPRax 1983, 85 (86); zu den Hinweisen, wie eine Trennung zwischen Mutter- und Tochtergesellschaft den Durchgriff vermeiden kann, vgl. *Kolvenbach* ZGR 1986, 47 (61, 63); speziell zum US-amerikanischen Recht *Schiessl* DB 1989, 513 (517).

2544 AA *Kaiser* RIW 1988, 589, der im transnationalen Konzern für eine erweiterte Haftung der Konzernmutter plädiert; dagegen zu Recht *Schiessl* RIW 1988, 951; vgl. zum Bhopalfall auch In re Union Carbide Corp. Gas Plant Disaster at Bhopal, 634 F. Supp. 842 (S. D. N. Y. 1986).

rechtliche Nichtanerkennung einer Zwischengesellschaft hängt zudem davon ab, ob die sich aus dem Personalstatut dieser Gesellschaft ergebenden sachrechtlichen Voraussetzungen für den Haftungsdurchgriff so eng sind, dass sie den Wertungen des inländischen ordre public (Art. 6 EGBGB) widersprechen würden.

e) Umgekehrter Durchgriff und Doppelverpflichtung. Die kollisionsrechtliche Beurteilung eines „umgekehrten Haftungsdurchgriffs", wenn eine inländische Gesellschaft durch die ausländischen Privatgläubiger der Anteilseigner in Anspruch genommen wird, hängt von der **Tragweite der** ihr zukommenden **Rechtsfähigkeit** ab. Diese würde sich nach dem **Personalstatut** der inländischen Gesellschaft richten.[2545] Ist demnach die inländische Gesellschaft rechtsfähig, so wird der umgekehrte Haftungsdurchgriff abzulehnen sein, weil nach dem inländischen Personalstatut das Gesellschaftsvermögen ausschließlich den Gesellschaftsgläubigern vorbehalten ist (vgl. § 13 Abs. 2 GmbHG).[2546] Ausländische Privatgläubiger können allenfalls Anteile pfänden, die sich im Vermögen ihres Schuldners befinden,[2547] oder sie können unzulässige Vermögensverschiebungen anfechten.[2548] Um einen Fall des umgekehrten Durchgriffs handelt es sich auch bei der **Haftung von Staatsunternehmen für Staatsschulden.**[2549] 604

Vom **regulären und umgekehrten Haftungsdurchgriff** als einem Fall einer Schuld mit mehreren Haftungssubjekten ist die kollisionsrechtliche Beurteilung von **Doppelverpflichtungen** der juristischen Person und ihrer Anteilseigner[2550] streng zu unterscheiden. Derartige Doppelverpflichtungen können entweder von einer inländischen juristischen Person zu Gunsten ihrer ausländischen Mitglieder oder von einem inländischen Mitglied zu Gunsten des Sondervermögens (namentlich von der Mutter- für die Tochtergesellschaft) eingegangen werden.[2551] Wie bei der Rechtsschein- und Vertrauenshaftung des herrschenden Gesellschafters, der im Publikum oder beim Vertragspartner den Eindruck erweckt, er werde für die abhängige juristische Person gerade stehen,[2552] werden solche Verpflichtungen entweder kollisionsrechtlich oder nach dem Recht des Landes, in dem der Vertrauenstatbestand gesetzt wurde, angeknüpft.[2553] 605

f) Internationale Zuständigkeit. Zur internationalen Zuständigkeit für **Binnenstreitigkeiten** vgl. zunächst → Rn. 575 ff. Für eine Klage auf **Durchgriffshaftung** des Gesellschafters **gegenüber einem Dritten** kann die **Deliktszuständigkeit** nach Art. 7 Nr. 2 Brüssel Ia-VO in Betracht kommen.[2554] Darunter fallen nach **EuGH vom 18.7.2013** Klagen, die von einem Gesellschaftsgläubiger erhoben werden, um einen Gesellschafter für Gesellschaftsverbindlichkeiten haftbar zu machen, weil er es zugelassen hat, dass die Gesellschaft ihren Geschäftsbetrieb weiterführt, obwohl sie **unterkapitalisiert** war und einem Liquidationsverfahren unterworfen werden musste; der kompetenzbegründende deliktische Erfolgsort ist dabei der Ort des Geschäftsbetriebs der Gesellschaft und der damit verbundenen finanziellen Lage.[2555] 606

9. Geschäftsleiterhaftung. Bei der Geschäftsleiterhaftung geht es nicht um einen Durchgriff im Sinne einer Durchbrechung des Trennungsprinzips.[2556] Auf der Hand liegt dies für die **Innenhaf-** 607

[2545] BGHZ 78, 318 (334) = NJW 1981, 522; *Khadjavi-Gonthard/Hausmann* RIW 1983, 1 (3); *Großfeld* IPRax 1981, 116 (117); *Claudia Schmidt,* Der Haftungsdurchgriff und seine Umkehrung im internationalen Privatrecht, 1993, 182 für Konzernsachverhalte.

[2546] *Wiedemann* GesR I § 4 III 1d, S. 228.

[2547] Vgl. OLG Oldenburg IPRax 1997, 338 mAnm *Schack* IPRax 1997, 318.

[2548] *Behrens* RabelsZ 46 (1982), 308 (340).

[2549] Cour d'appel de Paris vom 5.9.2019, Nr. 18/17592; dazu *Bälz* IPRax 2021, 390.

[2550] *Wiedemann* GesR I § 4 IV 1, S. 236 f.

[2551] Vgl. dazu *Wiedemann* GesR I § 4 IV 1, S. 237.

[2552] Vgl. für die Anknüpfung einer Patronatserklärung nach der Rom I-VO BGH NZG 2021, 1654 Rn. 22; *Kindler* RIW 2007, 488 (491 f.); *Martiny* in Reithmann/Martiny IntVertragsR Rn. 16.40; → Rom I-VO Art. 4 Rn. 203. Die Rechtswahl unterliegt in der Regel dem Recht der sie abgebenden Muttergesellschaft; OLG Frankfurt IPRspr. 1979 Nr. 19b; *Rümker* WM 1974, 990 (996 f.).

[2553] Vgl. zur Anknüpfung bei Duldungs- und Anscheinsvollmachten (Recht am Ort des Rechtsscheines) sowie bei vollmachtloser Vertretung (Vertragsstatut) *Hausmann* in Reithmann/Martiny IntVertragsR Rn. 6.467 und 6.480.

[2554] Zum zuständigkeitsrechtlichen Missbrauchseinwand in diesem Zusammenhang *M. Weller* FS Kohler, 2018, 583.

[2555] EuGH ECLI:EU:C:2013:490 = NZG 2013, 1073 = EuZW 2013, 703 mAnm *Landbrecht* – ÖFAB; dazu *Osterloh-Konrad* JZ 2014, 44; *Mansel/Thorn/Wagner* IPRax 2014, 1 (13); EuGH ECLI:EU:C:2013:674 = BeckRS 2013, 82083 = IPRax 2014, 528 m. Aufs. *Kindler* IPRax 2014, 486 – OTP.

[2556] So aber unzutr. *Eidenmüller* in Eidenmüller Ausl. KapGes. § 4 Rn. 17; BGH NJW 2004, 3039 (3041) (III. ZS); Überblick zur kollisionsrechtlichen Behandlung der verschiedenen Fallgruppen der Geschäftsleiterhaftung bei *Schulz/Wasmeier* RIW 2010, 657 (664 ff.).

tung der Geschäftsleiter gegenüber der Gesellschaft. Es gibt keinen Durchgriff der Gesellschaft durch sich selbst. Bei der **Außenhaftung** der Geschäftsleiter gegenüber Gesellschaftsgläubigern liegt es freilich genauso: denn insoweit bewirkt das Trennungsprinzip, das mit dem Durchgriff überwunden werden soll, ja nur eine Abgrenzung der Haftungs- und Vollstreckungssphären zwischen den Privatgläubigern der Gesellschafter und den Gläubigern der Gesellschaft.[2557] Die Geschäftsleiterhaftung unterliegt daher auch nicht den in → Rn. 588 ff. zum Durchgriff auf Gesellschafter dargestellten Anknüpfungsregeln.

608 **a) Innenhaftung.** Bei der Innenhaftung gegenüber der Gesellschaft ist zwischen der Haftung aus dem schuldrechtlichen Anstellungsvertrag und der hier allein interessierenden **Organhaftung** zu unterscheiden. Erstere unterliegt dem Vertragsstatut (→ Rn. 530, → Rn. 616), letztere dem **Gesellschaftsstatut.**[2558] Eine gesellschaftsrechtliche Qualifikation ist hier zunächst hinsichtlich der Haftungstatbestände geboten, die der Absicherung bestimmter Gründungserfordernisse dienen, wie zB die Organhaftung für falsche Angaben bei der Gründung[2559] oder für eine unvollständige Kapitalaufbringung.[2560] Das Gleiche gilt für einen etwa vorhandenen Generaltatbestand der Innenhaftung gegenüber der Gesellschaft (im deutschen Recht zB § 43 GmbHG). Insoweit besteht auch eine **internationale Zuständigkeit am Sitz der Gesellschaft** nach Art. 7 Nr. 1 lit. b Brüssel Ia-VO,[2561] **soweit nicht** – nach Maßgabe des **EuGH-Urteils im Fall Spies von Büllesheim** – die zwingenden Kompetenznormen für **arbeitsrechtliche Streitigkeiten** eingreifen (Art. 20–23 Brüssel Ia-VO).[2562] **Daneben** kommt eine **Gerichtspflichtigkeit** des Organmitglieds im Sitzstaat der Gesellschaft als **locus delicti commissi** nur noch unter den engen Brogsitter-Voraussetzungen in Betracht.[2563] Dabei darf das dem Geschäftsführer zur Last gelegte Verhalten nicht als Verletzung seiner gesellschaftsrechtlichen Verpflichtungen angesehen werden.[2564] Im Übrigen ist – wie generell schon festgestellt (→ Rn. 398 ff.) – nach dem Normzweck des jeweiligen Haftungstatbestandes zu qualifizieren; der kodifikatorische Standort einer Norm in einem gesellschaftsrechtlichen Gesetz liefert demgegenüber allenfalls ein Indiz für eine gesellschaftsrechtliche Qualifikation (→ Rn. 400). In Abgrenzung zum Insolvenzstatut ist auch dieses Indiz freilich schon deshalb von geringem Gewicht, weil **Qualifikationszweifel zu Gunsten des Insolvenzstatuts zu lösen** sind (→ Rn. 402).

609 Danach unterliegt die insolvenzrechtliche **Masseschmälerung** (im deutschen Recht § 15b InsO) grds. dem Insolvenzstatut (→ EuInsVO 2015 Art. 7 Rn. 87 ff.). Anders liegt es nur bei der **masselosen Insolvenz.** Hier soll der Ersatzanspruch der Pfändung durch einen Gesellschaftsgläubiger zugänglich sein, wenngleich die Rspr. – bemerkenswerter Weise – einräumt, dass dies nicht mehr durch den Normzweck des § 15b InsO gedeckt sei.[2565] Dennoch soll § 15b InsO hier „erst recht" anwendbar sein.[2566] Weil die Rspr. hier selbst einräumt, bei der Anwendung von § 15b InsO außerhalb von dessen – insolvenzrechtlichem – Normzweck zu operieren, scheidet insoweit eine

---

[2557] Treffend *Fleischer* in Lutter, Europäische Auslandsgesellschaften in Deutschland, 2005, 49, 122 f.

[2558] OLG Frankfurt GWR 2024, 163 = ZIP 2024, 946; OLG Celle BeckRS 2006, 10995 = GmbHR 2006, 1269 Ls.; OLG München BeckRS 2013, 1265; Staudinger/*Großfeld,* 1998, IntGesR Rn. 317; *Forsthoff/Schulz* in Hirte/Bücker GrenzübGes § 15 Rn. 77 ff.; *Behrens* IPRax 2004, 20 (24); GroßkommAktG/*Assmann* AktG Einl. Rn. 593; *Kallmeyer* DB 2004, 636 (638).

[2559] Vgl. im deutschem Recht zB § 9a GmbHG.

[2560] EuGH ECLI:EU:C:2003:512 Rn. 141 = NJW 2003, 3331 – Inspire Art.

[2561] Zur Lokalisierung des Erfüllungsortes EuGH ECLI:EU:C:2015:574 Rn. 50 ff. = NZG 2015, 1199 – Spies von Büllesheim; dazu *Kindler* IPRax 2016, 115 (118); *Hübner* ZGR 2016, 897; LG Bonn BeckRS 2011, 21269 = IPRax 2013, 80 Rn. 50 ff. m. Aufs. *Weber* IPRax 2013, 69.

[2562] EuGH ECLI:EU:C:2015:574 = NZG 2015, 1199 = IPRax 2016, 151 m. Aufs. *Kindler* IPRax 2016, 115 = RIW 2015, 816 mAnm *Mankowski* – Spies von Büllesheim; dazu *Hübner* ZGR 2016, 897; *Mansel/Thorn/Wagner* IPRax 2016, 1 (13 f.); *Gräf* GPR 2016, 148; EuGH ECLI:EU:C:2019:310 = EuZW 2019, 799 – Bosworth.

[2563] *Kindler* IPRax 2016, 115 (118) zu EuGH ECLI:EU:C:2015:574 = NZG 2015, 1199 Rn. 49, 70, 71 – Spies von Büllesheim, dort Bezugnahme auf EuGH NJW 2014, 1648 Rn. 21 ff. – Brogsitter; näher *Hübner* ZGR 2016, 897; monographisch *Gröning,* Gesellschafter- und Geschäftsleiterhaftung im internationalen Zivilverfahrensrecht, 2019.

[2564] EuGH ECLI:EU:C:2015:574 = NZG 2015, 1199 Rn. 79 – Spies von Büllesheim.

[2565] BGH NZG 2000, 1222 (1223); *Altmeppen* GmbHG § 64 Rn. 41.

[2566] Gewöhnlich kommt es bei einem über den Normzweck hinausschießenden Gesetzeswortlaut zur teleologischen *Reduktion* einer Vorschrift; s. nur *Larenz/Wolf* BGB AT, 9. Aufl. 2004, § 4 Rn. 81 f. Richtig dürfte daher sein, den Gläubiger in diesen Fällen auf das Anfechtungsgesetz zu verweisen (Gesetz über die Anfechtung von Rechtshandlungen eines Schuldners außerhalb des Insolvenzverfahrens vom 5.10.1994, BGBl. 1994 I 2911 – idF von Art. 1 EGInsO).

insolvenzrechtliche Qualifikation aus.[2567] Zugleich rechtfertigt die von der Rspr. praktizierte Anwendung der Haftung aus Masseschmälerung außerhalb von deren Normzweck es aber nicht, die grundsätzlich insolvenzrechtliche Zielsetzung – und die entsprechende internationalprivatrechtliche Qualifikation – dieses Haftungstatbestandes in Frage zu stellen.[2568] Diese gilt auch für die Insolvenzverursachungshaftung (→ EuInsVO 2015 Art. 7 Rn. 89).[2569]

b) Außenhaftung. Eine Außenhaftung von Organpersonen gegenüber Gläubigern der Gesellschaft kann sich **aus gesellschaftsrechtlichen oder zivilrechtlichen Vorschriften** ergeben, zum Teil auch aus einer Kombination von beidem. Auch hier ist für die iprechtliche Qualifikation nicht der Normstandort, sondern der Normzweck entscheidend. Die **internationale Zuständigkeit** richtet sich nach Art. 7 Nr. 2 Brüssel Ia-VO bzw. § 32 ZPO.[2570] Zu den **gesellschaftsrechtlichen Haftungstatbeständen** zählt zunächst die **Handelndenhaftung** der Organpersonen für Gesellschaftsverbindlichkeiten, die vor der Handelsregistereintragung begründet wurden.[2571] Dieser Haftungstatbestand findet sich gleichermaßen im nationalen wie im Europäischen Gesellschaftsrecht.[2572] Bei EU-Auslandsgesellschaften unterliegt er dem Gründungsrecht. Das Sitzrecht kommt indessen bei Verletzung der Zweigniederlassungspublizität im Sitzstaat zum Zuge (→ Rn. 496 ff., → Rn. 962 ff.). 610

Bei den **zivilrechtlichen Haftungstatbeständen** stehen die Rechtsscheinhaftung, die Haftung aus culpa in contrahendo und die deliktische Haftung im Vordergrund. Diese Tatbestände knüpfen nicht an die Verletzung spezifischer Organpflichten an[2573] und unterstehen schon deshalb nicht dem Gesellschaftsstatut, weswegen auch die Niederlassungsfreiheit nach dem AEUV insoweit nicht berührt ist (→ Rn. 398 ff.). Zudem handelt es sich hier um bloße Tätigkeitsausübungsregeln (→ Rn. 404 f.).[2574] Dies gilt zunächst für den **Rechtsschein der persönlichen Haftung** aller Gesellschafter, wenn ein solcher durch eine Organperson gesetzt wird. Häufig geschieht dadurch, dass der Geschäftsführer/Vorstand einer Kapitalgesellschaft eine Gesellschaftsverbindlichkeit begründet, hierbei aber die Firma der Gesellschaft **ohne Rechtsformzusatz** verwendet. Die Organperson haftet dann neben der Gesellschaft, wenn das Recht des Ortes, an dem der Rechtsschein entstanden ist und sich ausgewirkt hat, dies bestimmt.[2575] Diese Grundsätze sind im Wege der Substitution (→ Rn. 160 ff.) auf Organpersonen von Gesellschaften ausländischer Rechtsform zu übertragen.[2576] Zur **Deliktshaftung (einschließlich cic)** von Organpersonen → Rn. 628 ff. 611

c) Geschäftsleiterhaftung im öffentlichen Recht. Die **Organhaftungstatbestände** des inländischen öffentlichen Rechts erfassen im Wege der **Substitution** auch Organmitglieder ausländischer juristischer Personen. Daher haftet der director einer britischen Ltd. mit Verwaltungssitz im Inland als gesetzlicher Vertreter der Gesellschaft für **pflichtwidrig nicht einbehaltene Lohnsteuern** (§§ 34, 69 AO); insoweit liegt keine gesellschaftsrechtlich begründete Haftung vor; dies gilt für sämtliche Pflichten nach § 69 AO.[2577] Gleichermaßen haftet der director einer britischen Ltd. mit 612

[2567] Dagegen geht es nicht an, den Fall der masselosen Insolvenz insgesamt für die Qualifikationsentscheidung zugrundezulegen, wie es das OLG Karlsruhe getan hat, NZG 2010, 509 Rn. 15 = IPRax 2011, 179 mAnm *Wais* IPRax 2011, 138.

[2568] So aber *Haubold* IPRax 2000, 375 (376).

[2569] *Kindler* EuZW 2016, 136 (139); *Schall* ZIP 2016, 289 (292).

[2570] BGH BeckRS 2014, 15813 Rn. 22 ff. = RIW 2015, 307 = EWiR 2014, 667 m. Kurzkomm. *Mankowski;* OLG Innsbruck IPRax 2023, 59 mit Aufsatz *Mock/Illetschko* IPRax 2023, 11 – Wirecard (österreichischer Wohnsitz trotz Untersuchungshaft des Beklagten in Deutschland).

[2571] BGH ZIP 2009, 2385 Rn. 5 = BeckRS 2009, 28205 – Ltd. nach dem Recht von Singapur mit Verwaltungssitz in Deutschland; BB 2005, 1016 mAnm *Wand* = DB 2005, 1047 mAnm *Ressos* = NJW 2005, 1648 m. Aufs. *Eidenmüller.*

[2572] Vgl. für das deutsche Recht § 11 Abs. 2 GmbHG, § 41 Abs. 1 S. 2 AktG; für das Europäische Gesellschaftsrecht Art. 7 GesR-RL (→ Rn. 30) sowie Art. 16 Abs. 2 SE-VO (→ Rn. 42 ff.); zum Europäischen Recht namentlich *Habersack/Verse* EuropGesR § 5 Rn. 26 f.; rechtsvergleichend *Heller* RIW 2010, 139.

[2573] EuGH ECLI:EU:C:2015:574 = NZG 2015, 1199 Rn. 70 = IPRax 2016, 151 m. Aufs. *Kindler* IPRax 2016, 115 = RIW 2015, 816 mAnm *Mankowski* – Spies von Büllesheim; dazu *Hübner* ZGR 2016, 897; *Mansel/Thorn/Wagner* IPRax 2016, 1 (13 f.); *Gräf* GPR 2016, 148.

[2574] *Schall* ZIP 2016, 289; iErg auch *Forsthoff/Schulz* in Hirte/Bücker GrenzübGes § 15 Rn. 82 ff.

[2575] BGH NJW 2007, 1529 – Einfamilienhaus m. Aufs. *Kindler* NJW 2007, 1785 = IPRax 2008, 42 m. Aufs. *Brinkmann* IPRax 2008, 30; dazu auch Henssler/Strohn/*Servatius* IntGesR Rn. 31; *Schulz/Wasmeier* RIW 2010, 657 (664).

[2576] Im Ergebnis für den hier angeführten Beispielsfall auch *Rehberg* in Eidenmüller Ausl. KapGes. § 5 Rn. 102; *Eidenmüller* in Eidenmüller Ausl. KapGes. § 4 Rn. 31.

[2577] FG Sachsen BeckRS 2008, 26025777 zur Lohnsteuer; FG Berlin-Brandenburg DStRE 2016, 814 zur Umsatzsteuer; FG München BeckRS 2010, 26029195 = GmbHR 2010, 951 zur Lohnsteuer; FG Köln GWR 2018, 438 mAnm *Otte-Gräbener.*

inländischer Zweigniederlassung für die **Beiträge zur gesetzlichen Unfallversicherung** nach § 130 Abs. 2 SGB VII, § 150 SGB VII. Dabei bestimmt sich der dafür erforderliche ausländische „Sitz" eines Unternehmens iSd § 130 Abs. 2 SGB VII nach dem Satzungssitz, wenn es sich um eine EU-ausländische Gesellschaft handelt.[2578]

613 **10. Insolvenzverschleppungshaftung.** Insolvenzantragspflicht und Insolvenzverschleppungshaftung unterliegen weitgehend dem Insolvenzstatut (→ EuInsVO 2015 Art. 7 Rn. 58 ff.).

614 **11. Auflösung, Abwicklung und Beendigung.** Voraussetzungen und Rechtsfolgen der Auflösung, Abwicklung und Beendigung beurteilen sich grundsätzlich nach dem **Personalstatut.**[2579] Dazu gehört auch die „Anwachsung" der Mitgliedschaft beim letztverbliebenen Gesellschafter (im deutschen Recht § 712a BGB).[2580] Nach Art. 1 Abs. 2 lit. i **EuErbVO** (näher → Rn. 638) gilt das auch im Erbfall. Das Personalstatut bestimmt daher die Auflösungsgründe und die Rechtsverhältnisse der Abwicklungsgesellschaft, einschließlich der Vertretungsmacht der Liquidatoren.[2581] Es gilt jedoch auch hier zu Gunsten des inländischen Rechtsverkehrs der Rechtsgedanke aus Art. 12 S. 1 (→ Rn. 533), wenn der Umfang der Befugnisse von Liquidatoren geringer ausgeprägt ist als im Inland.[2582] Sind die Vertretungsbefugnisse der bisherigen gesetzlichen Vertreter einer ausländischen Gesellschaft durch Auflösung beendet, so wirkt das auch im Inland mit der Rechtsfolge des § 241 ZPO.[2583] Sind vertretungsberechtigte Personen im Inland unbekannt oder fehlen sie überhaupt, so ist ggf. für das inländische Vermögen ein Pfleger nach §§ 1882 ff. BGB oder ein Abwickler (§ 273 Abs. 4 AktG) zu bestellen.[2584] Besondere Regeln gelten für Auflösungen juristischer Personen, die durch Staatsakt erfolgen,[2585] sowie im Fall der Insolvenz (→ EuInsVO 2015 Art. 7 Rn. 91 ff.).

615 Das **Erlöschen** einer ausländischen Gesellschaft und die Rechtsfolge sind grundsätzlich auch im Inland beachtlich. Eine Ausnahme besteht jedoch insoweit, als sich im Inland noch Vermögen befindet, das der Liquidation unterliegt.[2586] Das deutsche Recht enthält nämlich die allgemeine Regel, dass Vereine und Handelsgesellschaften **bis zum Abschluss des Liquidationsverfahrens rechts- und parteifähig** sind (§ 264 Abs. 2 AktG, § 273 Abs. 4 AktG; § 49 Abs. 2 BGB; § 146 Abs. 1 S. 2 HGB; § 87 Abs. 1 GenG; § 69 Abs. 1 GmbHG; § 10 Abs. 1 PartGG).[2587] Auch als **Steuersubjekte** bestehen sie fort, solange sie noch steuerliche Pflichten zu erfüllen haben.[2588] Diese Regel findet entweder kraft versteckter, beschränkter **Rückverweisung** des ausländischen IPR auf das inländische Belegenheitsrecht (Lageort eines Grundstücks, Schuldnersitz bei einer Forderung usw) Anwendung (Art. 4 Abs. 1 S. 2 EGBGB),[2589] oder – falls es hieran fehlt – kraft **Sonderanknüp-**

[2578] LSG Berlin Brandenburg BeckRS 2015, 68870 = ZIP 2015, 2078; BSG BeckRS 2018, 118533 Rn. 11, insoweit nicht in NZA 2018, 199.

[2579] Vgl. zB RGZ 153, 200 (205); BGHZ 51, 27 (28 f.); OLG Stuttgart IPRspr. 1974 Nr. 7, S. 24 (25); OLG Jena NZG 2007, 877 (878) = ZIP 2007, 1709 mAnm *J. Schmidt* = GmbHR 2007, 1109 mAnm *Leible/Lehmann* GmbHR 2007, 1095 = NZI 2008, 260 mAnm *Mock;* OLG Nürnberg NZG 2008, 76 = GmbHR 2008, 41; KG ZIP 2010, 204; OLG Düsseldorf NZG 2010, 1226 (1227); *Zimmer/Naendrup* ZGR 2007, 789 (802); *Lamprecht* ZEuP 2008, 289 (299); LG Duisburg NZI 2007, 475; *Beitzke,* Juristische Personen im Internationalprivatrecht und Fremdenrecht, 1938, 135 ff., 139; *Wolff* IPR 117, 119; HCL/*Behrens/Hoffmann* GmbHG Allg. Einl. Rn. B 123; Soergel/*Lüderitz* Anh. Art. 10 Rn. 27; Staudinger/*Großfeld,* 1998, IntGesR Rn. 370; *Mansel* Liber Amicorum Kegel, 2002, 111, 114; *Schulz* NZG 2005, 415.

[2580] *Hoger/Lieder* ZHR 180 (2016), 613 (623); *Recktenwald* NZG 2023, 539 und NZG 2024, 3.

[2581] OLG München IPRspr. 1929 Nr. 23 (S. 42); OLG Stuttgart IPRspr. 1974 Nr. 7 (S. 27) = NJW 1974, 1627; LG Düsseldorf IPRspr. 1974 Nr. 7 (S. 27); LG Düsseldorf IPRspr. 1964/65 Nr. 24, S. 79 (80); *Kindler/Libbertz* NZG 2010, 603 (605); HCL/*Behrens/Hoffmann* GmbHG Allg. Einl. Rn. B 123.

[2582] HCL/*Behrens/Hoffmann* GmbHG Allg. Einl. Rn. B 123.

[2583] BGH NZG 2017, 394 Rn. 17, 21 ff.; dazu *Hübner* IPRax 2017, 575; LG Düsseldorf IPRspr. 1964/65 Nr. 24 (S. 80).

[2584] Vgl. OLG Stuttgart IPRspr. 1974 Nr. 7 = NJW 1974, 1627; OLG Nürnberg NZG 2008, 76 = GmbHR 2008, 41; *Mansel* Liber Amicorum Kegel, 2002, 122; Staudinger/*Großfeld,* 1998, IntGesR Rn. 372; *Schulz* NZG 2005, 415 f.; BGH NZG 2017, 347.

[2585] BGH NZG 2017, 347 Rn. 13; dazu *Hübner* IPRax 2017, 575.

[2586] BGHZ 53, 383 (386) = NJW 1970, 1187; BGH NJW 2013, 3656 Rn. 12; KG NZG 2014, 901; näher *J. Schmidt* ZIP 2008, 2400; *Bachner/Gasser* ZfRV 2009, 113; *Grimm,* Das Schicksal des in Deutschland belegenen Vermögens der Limited nach ihrer Löschung im englischen Register, 2010; *Hübner* IPRax 2017, 575.

[2587] RGZ 134, 91 (94); OLG Stuttgart IPRspr. 1974 Nr. 7 (S. 26); OLG Jena NZG 2007, 877 (878) = ZIP 2007, 1709 mAnm *J. Schmidt* = GmbHR 2007, 1109 mAnm *Leible/Lehmann* GmbHR 2007, 1095 = NZI 2008, 260 mAnm *Mock;* OLG Düsseldorf NZG 2010, 1226 (1227); Stein/Jonas/*Schumann/Bork* ZPO § 50 Rn. 34 ff.

[2588] OFD Hannover NZG 2009, 1219, BMF DStR 2014, 145.

[2589] So für das englische Recht überzeugend *Mansel* Liber Amicorum Kegel, 2002, 111, 117–119; zust. *Lamprecht* ZEuP 2008, 289 (300); dazu auch *Ullrich* GmbHR 2014, 214.

fung an die inländische Belegenheit der Vermögensgegenstände.[2590] **Sachrechtlich** besteht eine inländische Teilliquidationsgesellschaft; die Rspr. nimmt eine **„Restgesellschaft"** nach deutschem Recht an, für die ein Nachtragsliquidator zu bestellen ist.[2591]

12. Abgrenzung zum Vertragsstatut. a) Anstellungsvertrag von Organpersonen. Der Anstellungsvertrag von Organpersonen unterliegt dem **getrennt zu ermittelnden Vertragsstatut** (→ Rn. 530; Art. 4 Abs. 1 lit. b Rom I-VO oder Art. 8 Rom I-VO). Wo es keinen Anstellungsvertrag gibt,[2592] läuft diese Unterscheidung leer.[2593] Auf sachrechtlicher Ebene kann das Gesellschaftsrecht verschiedentlich in das Vertragsrecht hineinwirken, so bei der Weisungsunterworfenheit als Merkmal des **Arbeitnehmerbegriffs**[2594] oder bei der Verdrängung der vertraglichen Pflichten durch inhaltsgleiche Organpflichten.[2595] Am Beispiel der Geschäftsführerhaftung definierte der **EuGH** im Fall **Spies von Büllesheim**[2596] einen **unionsrechtlich-autonomen Arbeitnehmerbegriff,** der gleichermaßen für das internationale Prozessrecht und das Kollisionsrecht der EU maßgeblich ist (Art. 20–23 Brüssel Ia-VO, Art. 8 Rom I-VO).[2597] Danach ist Arbeitnehmer, wer gegen Entgelt für eine andere Person nach deren Weisung Leistungen für eine bestimmte Dauer erbringt und zudem regelmäßig in deren Betrieb eingegliedert wird. **Mitglieder des Leitungsorgans einer Kapitalgesellschaft sind Arbeitnehmer,** wenn sie gegenüber der Gesellschaft **weisungsunterworfen** sind. Dabei kann die Weisungsunterworfenheit kann in der **Organisationsverfassung** der Gesellschaft angelegt sein (Gesetz oder Satzungsklausel)[2598] **oder** aus einem etwa vorhandenen schuldrechtlichen **Anstellungsvertrag** folgen. Dies gilt zB im Hinblick auf § 37 Abs. 1 GmbHG für **Fremdgeschäftsführer** in der deutschen GmbH. **Vorstandsmitglieder** in der deutschen AG sind wegen ihrer gesetzlich bestimmten Weisungsfreiheit (§ 76 Abs. 1 AktG) **keine Arbeitnehmer;** weisungsunterworfen sind Vorstandsmitglieder allerdings im Rahmen eines Beherrschungsvertrages (§ 308 AktG). **Organmitglieder mit Unternehmensbeteiligung** (insbesondere Gesellschafter-Geschäftsführer) bestimmen bei beherrschendem Einfluss (vgl. Art. 22 Abs. 1 Bilanz-RL iVm Art. 2 Nr. 14 EuInsVO)[2599] selbst über Erteilung und Inhalt von Weisungen an das Leitungsorgan. Diesen Weisungen sind sie nicht „unterworfen". Dieser gilt unter anderem für Gesellschafter-Geschäftsführer mit Stimmrechtsmehrheit. Ferner fehlt es an der Arbeitnehmerstellung der Organperson, wenn diese die Bedingungen des Vertrags selbst bestimmen kann oder tatsächlich bestimmt und die Kontrolle und Autonomie in Bezug auf das Tagesgeschäft der Gesellschaft sowie die Durchführung ihrer 616

[2590] Zur Herleitung dieser Kollisionsregel wiederum *Mansel* Liber Amicorum Kegel, 2002, 111 (122).

[2591] Zur Teilliquidationsgesellschaft *Mansel* Liber Amicorum Kegel, 2002, 111 (121 f.); *Mock* NZI 2008, 262 f.; *J. Schmidt* ZIP 2007, 1713; *Brzoza* GmbHR 2020, 997; Staudinger/*Großfeld,* 1998, IntGesR Rn. 371; OLG Stuttgart NJW 1974, 1627 (1628); BGHZ 33, 256 = NJW 1961, 22; BGHZ 53, 383 (385 ff.) = NJW 1970, 1187 zum Fortbestehen einer inländischen Zweigstelle eines ausländischen Kreditinstituts bei Verlust der Rechtsfähigkeit; aA – Restgesellschaft – BGH NZG 2017, 347 = RIW 2017, 303 mAnm *Pfeiffer;* dazu *Hübner* IPRax 2017, 575; NJW 2013, 3656 Rn. 12; KG GWR 2018, 432 = ZIP 2019, 123; OLG Brandenburg ZIP 2016, 1871 = BB 2016, 2899 mAnm *Otte-Gräbener; Knütel* RIW 2004, 503 (504) und OLG Jena NZG 2007, 877 (878) = ZIP 2007, 1709 mAnm *J. Schmidt* = GmbHR 2007, 1109 m. – insoweit zust. – Anm. *Leible/Lehmann* GmbHR 2007, 1095 = NZI 2008, 260 mAnm *Mock;* OLG Düsseldorf NZG 2010, 1226; KG ZIP 2010, 204 und NZG 2012, 230 (231): OLG Hamm NZG 2014, 703 = IPRax 2015, 446 m. Aufs. *Klöhn/Schwarz* IPRax 2015, 412: deutsche Restgesellschaft; LG Bonn MittBayNot 2019, 178 Rn. 14 zur Ltd. & Co. KG; zum Ganzen auch *Behrens* FS Ott, 2002, 313; monographisch *Jansen,* Zur Behandlung einer gelöschten limited company als Restgesellschaft in der Bundesrepublik Deutschland, 2015; ferner *Metzing* EWS 2017, 92; *Hübner* IPRax 2017 Heft 4; zur steuerlichen Behandlung der Restgesellschaft nach Löschung einer britischen Ltd. s. OFD Hannover NZG 2009, 1219; zur Vertretung der Restgesellschaft s. *P. Schwarz* DB 2013, 799.

[2592] Wie zB im franz. Recht, vgl. *Mankowski* RIW 2004, 167 (171).

[2593] Ein Grund, sie aufzugeben, ist das freilich nicht; krit. aber *Mankowski* RIW 2004, 167 (171).

[2594] EuGH ECLI:EU:C:2022:807 Rn. 31 ff. = NJW 2023, 29 = EuZW 2022, 1061 – ROI Land Investments; *Kindler* IPRax 2016, 115 (116 f.) zu EuGH ECLI:EU:C:2015:574 Rn. 33 ff. = NZG 2015, 1199 – Holterman Ferho Exploitatie ua/Spies von Büllesheim; *Gebauer* ZvglRWiss 115 (2016), 557 (563); *Mankowski* RIW 2004, 167 (169 f.); *Jenderek,* Die arbeitsrechtliche Stellung geschftsfährender Organmitglieder im Internationalen Privatrecht, 2015.

[2595] So die Haltung des deutschen Sachrechts, vgl. BGH NJW 1997, 741: Die Organhaftung nehme die Haftung aus dem schuldrechtlichen Anstellungsvertrag in sich auf.

[2596] EuGH ECLI:EU:C:2015:574 = NZG 2015, 1199 = IPRax 2016, 151 m. Aufs. *Kindler* IPRax 2016, 115 = RIW 2015, 821 mAnm *Mankowski* – Spies von Büllesheim; dazu *Hübner* ZGR 2016, 897; *Gräf* GPR 2016, 148.

[2597] *Kindler* IPRax 2016, 115 (118 f.), auch zum Folgenden.

[2598] Insoweit handelt es sich um eine gesellschaftsrechtliche Erstfrage, *Hübner* ZGR 2016, 897 (905 f.); vgl. → Einl. IPR Rn. 161 ff.

[2599] Zum beherrschenden Einfluss eines Gesellschafters Staub/*Kindler* HGB § 290 Rn. 19 ff.

eigenen Aufgaben besitzt; dies gilt auch dann, wenn der oder die Anteilseigner der Gesellschaft den Vertrag beenden können.[2600]

617 **b) Vertragsbeziehungen der Gesellschaft mit Dritten.** Soweit die Gesellschaft in vertragliche Beziehungen oder auch nur Vertragsverhandlungen mit Dritten eintritt, entscheidet das hierfür maßgebliche Statut über die Eigenhaftung der Organpersonen der Gesellschaft gegenüber deren Vertrags- bzw. Verhandlungspartnern (→ Rn. 612, → Rn. 630 ff.). Denkbar ist auch, dass Gesellschafter oder Organmitglieder persönliche vertragliche Beziehungen mit Gesellschaftsgläubigern eingehen, zB zur Besicherung von deren Forderungen gegen die Gesellschaft. Auch für derartige Vertragsbeziehungen ist nicht das Gesellschaftsstatut, sondern das Vertragsstatut maßgeblich, wie zB bei einer harten Patronatserklärung[2601] oder einem Anleihevertrag.[2602] Zur Doppelverpflichtung → Rn. 605. Nach dem **EuGH-Urteil KA Finanz vom 16.4.2016** ist nach einer grenzüberschreitenden Verschmelzung durch Aufnahme auf einen von der übertragenden Gesellschaft geschlossenen Vertrag dasselbe Recht anzuwenden wie das vor der Verschmelzung auf diesen Vertrag anzuwendende Recht.[2603] Dies folgt aus der **gesellschaftsrechtlichen Bereichsausnahme in Art. 1 Abs. 2 lit. f Rom I-VO.** Nach dem Vertragsstatut beurteilt sich, wie die Verschmelzung zwischen den Vertragsparteien wirkt, ob sie zB eine **change-of-control-Klausel** auslöst.[2604]

618 **c) Vertragsbeziehungen der Gesellschafter mit Dritten.** Vertragsbeziehungen der Gesellschafter mit Dritten unterliegen kollisionsrechtlich der Rom I-VO. Demgemäß sind laut EuGH etwa vertragliche Pflichten, die ihren Ursprung in einem **Treuhandvertrag** über die Verwaltung einer Beteiligung an einer Gesellschaft haben, nicht vom Anwendungsbereich der Rom I-VO ausgenommen (Art. 1 Abs. 2 lit. f Rom I-VO).[2605] Zum Anteilskauf → Rn. 564.

619 **13. Abgrenzung zum Bereicherungsstatut.** Es kommt vor, dass sich Gesellschafter oder Organmitglieder auf Kosten der Gesellschaft bereichern. Bedeutsam ist dies vor allem beim **Verstoß gegen Ausschüttungssperren** (→ Rn. 569 f.). In diesen Fällen entsteht nach manchen Rechtsordnungen zugleich ein Bereicherungsanspruch der Gesellschaft.[2606] Dieser untersteht bei Einordnung als Leistungskondiktion dem Gesellschaftsstatut kraft akzessorischer Anknüpfung (Art. 10 Abs. 1 Rom II-VO). Im Regelfall wird indessen eine Eingriffskondiktion gegeben sein, da die Geschäftsleitung beim Griff in die Gesellschaftskasse bloß als verlängerter Arm der Gesellschafter anzusehen ist. Dies führt zum gemeinsamen gewöhnlichen Aufenthalt der Gesellschaft und des Gesellschafters als Bereicherungsschuldner (Art. 10 Abs. 2 Rom II-VO) oder dem Belegenheitsrecht des betroffenen Gegenstandes aus dem Gesellschaftsvermögen (Art. 10 Abs. 3 Rom II-VO), also zB bei einem im Inland geführten Bankkonto zum inländischen Recht.

620 **14. Abgrenzung zum Deliktsstatut. a) Deliktsfähigkeit.** Die **Repäsentantenhaftung,** dh ob neben der handelnden natürlichen Person auch die dahinter stehende Korporation für die unerlaubte Handlung einzustehen hat (im deutschen Recht § 31 BGB), folgt dem **Deliktsstatut** (→ Rn. 535).[2607] Dabei ist zwischen der Deliktsfähigkeit und dem tatbestandsmäßigen Vorliegen

---

[2600] EuGH ECLI:EU:C:2019:310 = EuZW 2019, 799 = RIW 2019, 503 – Bosworth.

[2601] BGH NZG 2021, 1654; OLG Frankfurt IPRspr. 1979 Nr. 10b; *Martiny* in Reithmann/Martiny IntVertragsR Rn. 16.40; zum anwendbaren Recht bei der Patronatserklärung *Kindler* RIW 2007, 488 (491 f.); diff. nach der Form der Patronatserklärung *Reuter* RIW 2018, 339; zur internationalen Zuständigkeit bei einer Patronatserklärung gegenüber einem Arbeitnehmer einer Konzernuntergesellschaft s. EuGH ECLI:EU:C:2022:807 = NJW 2023, 29 = EuZW 2022, 1061 – ROI Land Investments; BAG NZA 2023, 1265.

[2602] EuGH ECLI:EU:C:2016:205 Rn. 52, 57 ff. = NZG 2016, 513 = IPRax 2016, 589 m. Aufs. *Hübner* IPRax 2016, 553 = EuZW 2016, 339 mAnm *Stiegler* = EWiR 2016, 521 m. Kurzkomm. *Pluskat* – KA Finanz; dazu *Bayer/Schmidt* ZIP 2016, 841; *Bayer/Schmidt* BB 2016, 1923 (1930).

[2603] Dazu näher EuGH ECLI:EU:C:2016:205 Rn. 52, 57 ff. = NZG 2016, 513 = IPRax 2016, 589 m. Aufs. *Hübner* IPRax 2016, 553 = EuZW 2016, 339 mAnm *Stiegler* = EWiR 2016, 521 m. Kurzkomm. *Pluskat* – KA Finanz; dazu *Bayer/Schmidt* ZIP 2016, 841; *Bayer/Schmidt* BB 2016, 1923 (1930).

[2604] Vgl. *Kindler* DNotZ-Sonderheft 2016, 75 (95); *Hushan* RNotZ 2014, 137 (139); *Kiem* ZHR 180 (2016), 289 (293).

[2605] EuGH NZG 2020, 140 = LMK 2019, 422737 mAnm *Mankowski;* dazu *Schwemmer* ZGR 2020, 1078.

[2606] Grdl. für das deutsche Recht *Flume* ZHR 144 (1980), 18 (26); zusammenfassend etwa *Altmeppen* GmbHG § 30 Rn. 21, 90; *Altmeppen* GmbHG § 31 Rn. 14; zum Kollisions- und Sachrecht weiterführend *D. Paulus,* Außervertragliche Gesellschafter- und Organwalterhaftung im Lichte des Unionskollisionsrechts, 2013, Rn. 393 ff.

[2607] OLG Köln NJW-RR 1998, 756; zur Abgrenzung *Balthasar* RIW 2009, 221 (225 f.); *Sandrock* EWS 2005, 529; Soergel/*Lüderitz* EGBGB Anh. Art. 10 Rn. 26; Staudinger/*Großfeld,* 1998, IntGesR Rn. 314; *Schohe,* Die Haftung juristischer Personen für ihre Organe im IPR, 1991, 25 ff., 53 f.; *Ahrens* IPRax 1986, 355 (358).

einer unerlaubten Handlung zu unterscheiden. Dennoch bestimmt die lex loci delicti commissi die für beide Fragestellungen maßgebliche Rechtsordnung, denn Delikts- und Haftungsrecht einer Rechtsordnung sind regelmäßig wegen ihres Funktionszusammenhanges aufeinander abgestimmt.[2608] Das rechtfertigt es auch, Verkehrsschutzinteressen hinter dem Bedürfnis nach einer einheitlichen Regelung zurücktreten zu lassen und daher eine kumulative Anwendung von Personal- und Deliktsstatut abzulehnen.

Ob jemand als **„Hilfsperson" oder Organ** einer juristischen Person gehandelt hat, entscheidet sich ebenfalls nach dem Deliktsstatut. Dabei ist allerdings das Personalstatut mitzuberücksichtigen, so zB bei der Frage, wer Organ einer englischen company limited ist,[2609] ferner ob das deliktische Verhalten des Vertreters in den allgemeinen Rahmen der Organpflichten fällt und die schadenstiftende Handlung hiermit in einem engen Zusammenhang steht.[2610] Freilich kann das Vermögen des ausländischen Gebildes auch bei Geltung des deutschen Deliktsstatuts nur dann in Anspruch genommen werden, wenn wir die Gesellschaft anerkennen.[2611] Zum **Schadensrecht** (Reflexschaden ua) → Rn. 572. **621**

b) Anspruchskonkurrenzen. Zu einer echten Anspruchskonkurrenz kann es kommen, **wenn** die unerlaubte Handlung nach dem Personalstatut der juristischen Person außerdem noch den Tatbestand einer **quasi-deliktischen Haftung** erfüllt.[2612] Eine solche Haftung für spezielle gesellschaftsrechtliche Tatbestände ist zB in § 93 AktG enthalten.[2613] **Delikts- und Haftungsvorschrift** ergeben sich hier aus dem Personalstatut. Eine solche Anspruchskonkurrenz ist insbesondere im Hinblick auf mögliche Unterschiede in der Regelung der Verjährung beachtlich. Die spezifisch gesellschaftsrechtliche Haftung kann bei Anweisungen des Vorstandes der Muttergesellschaft an die Geschäftsführung der Tochtergesellschaft in Betracht kommen. Von besonderer Bedeutung ist die Schadensersatzpflicht gegenüber der Tochter in Fällen der Anweisung zum Erwerb von Aktien der Muttergesellschaft zum Zwecke der Umgehung eines nach inländischem Gesellschaftsstatut bestehenden Erwerbsverbotes (→ Rn. 697 ff.).[2614] Die Schadensersatzpflicht besteht allerdings nicht für die Geschäftsführungsorgane der ausländischen Tochtergesellschaft. Denn Rechte und Pflichten der Gesellschaftsorgane werden durch das Personalstatut bestimmt, hier also nach dem Recht der Tochtergesellschaft.[2615] **622**

c) Deliktische Haftung von Gesellschaftern. Die Abgrenzung zum Deliktsstatut ist bei Auslandsgesellschaften mit inländischem Verwaltungssitz deshalb von besonderem Interesse, weil bei Schädigung der Gesellschaft die **Anknüpfungsmerkmale** des Art. 4 Rom II-VO – **Erfolgsort, vorrangig aber der gemeinsame gewöhnliche Aufenthalt des Gesellschafters und der Gesellschaft im selben Staat** (Art. 23 Rom II-VO) – zum Zuge kommen. Diese Merkmale werden häufig auf den **Staat des effektiven Verwaltungssitzes** der Gesellschaft verweisen.[2616] Generell gilt laut EuGH, dass sich die **Bereichsausnahme** in Art. 1 Abs. 2 lit. d Rom II-VO **nur** auf die **„organisatorischen Aspekte"** des Verbands beziehen, dh. nur „[auf] all jene sehr komplexen Rechtsakte, die für die Errichtung einer Gesellschaft erforderlich sind oder ihre innere Verfassung oder ihre Auflösung regeln". Ob ein Anspruch gesellschaftsrechtlicher oder deliktsrechtlicher Art ist, ist daher anhand der verletzten Sorgfaltspflicht zu bestimmen.[2617] Dem sonach ermittelten **623**

2608 Staudinger/*Großfeld,* 1998, IntGesR Rn. 316; *Beitzke* FS Mann, 1977, 107 (113).

2609 *Beitzke* FS Mann, 1977, 120 f.; *Stoll* FS Lipstein, 1980, 259 (267); Staudinger/*Großfeld,* 1998, IntGesR Rn. 316; wohl auch *Schohe,* Die Haftung juristischer Personen für ihre Organe im IPR, 1991, 254; aA OLG Schleswig IPRspr. 1970 Nr. 19 S. 67.

2610 *Leible* in Hirte/Bücker GrenzübGes § 10 Rn. 34; zum Sachrecht → BGB § 31 Rn. 32.

2611 *Beitzke* FS Mann, 1977, 119.

2612 Ebenso *Beitzke* FS Mann, 1977, 113.

2613 Vgl. zur Qualifikation auch Art. 155 lit. e, g schweiz. IPRG; hierzu *Ebenroth/Messer* ZSchweizR 108 (1989), II, 49 (76 f.).

2614 Vgl. dazu *Huber* FS Duden, 1977, 137 (156 ff.).

2615 *Huber* FS Duden, 1977, 152 ff.; Soergel/*Lüderitz* EGBGB Anh. Art. 10 Rn. 26; Staudinger/*Großfeld,* 1998, IntGesR Rn. 209 ff.

2616 Zutr. Verweis auf §§ 823 ff. BGB daher bei BGH NJW 2005, 1648 m. Aufs. *Eidenmüller* NJW 2005, 1618 = BB 2005, 1016 mAnm *Wand* = DB 2005, 1047 mAnm *Ressos* = EWiR 2005, 431 m. KurzKomm. *Bruns; D. Paulus,* Außervertragliche Gesellschafter- und Organwalterhaftung im Lichte des Unionskollisionsrechts, 2013, Rn. 344 f.; zweifelhaft *Hohloch* IPRax 2012, 110 (118), der inländisches Deliktsrecht nach Art. 4 Rom II-VO auf Auslandsgesellschaften mit Inlandssitz zur Anwendung bringen will, wenn die Gesellschaft „vom Inlandssitz aus agier[t]": nach Art. 4 Rom II-VO entscheidet der Erfolgsort (Abs. 1) und vorrangig der gemeinsame gewöhnliche Aufenthalt der geschädigten Gesellschaft und des Gesellschafters (Abs. 2).

2617 EuGH ECLI:EU:C:2022:888 = NJW 2022, 2739 Rn. 52 ff. – ZK ./. BMA Nederland = EWiR 2022, 306 m. Kurzkomm. *Brinkmann;* dazu *Mansel/Thorn/Wagner* IPRax 2023, 109 (135); *Schwemmer* IPRax 2023, 149 (154).

Deliktsstatut unterliegen alle Tatbestände des außervertraglichen Schadensausgleichs (vgl. Art. 15 Rom II-VO), gleichgültig, ob es sich um Verschuldens- oder Gefährdungshaftung handelt.[2618] Hierher gehören alle im deutschen Recht anerkannten Fälle der deliktischen Gesellschafterhaftung (im Einzelnen → Rn. 395, → Rn. 568, → Rn. 591 f., → Rn. 596 ff.). Zur internationalen Zuständigkeit → Rn. 606.

624 Eine allein gesellschaftsrechtliche Qualifikation kommt demgegenüber nur dort in Betracht, wo **Gesellschafter als solche** für die Verbindlichkeiten einer Gesellschaft haften (so Art. 1 Abs. 2 lit. d Rom II-VO).[2619] Gemeint ist mit dieser Beschränkung des Deliktsstatuts von vornherein **nur die Außenhaftung** der Gesellschafter gegenüber Gesellschaftsgläubigern, denn gegenüber der Gesellschaft selbst kann es schon aus rechtslogischen Gründen keine Haftung für deren Verbindlichkeiten geben. Uneingeschränkt dem Deliktsstatut unterworfen bleibt daher die deliktische Innenhaftung der Gesellschafter gegenüber der Gesellschaft, zB aus dem Gesichtspunkt der **Unterkapitalisierung** oder der **Existenzvernichtung** (soweit letztere nicht insolvenzrechtlich zu qualifizieren ist).[2620] Zur Anwendung der auch das Gesellschaftsstatut stellenden Rechtsordnung gelangt man insoweit nicht über eine gesellschaftsrechtliche Qualifikation,[2621] sondern allenfalls über eine akzessorische Anknüpfung an das Gesellschaftsstatut (Art. 4 Abs. 3 Rom II-VO).

625 Für eine gesellschaftsrechtliche Qualifikation der Außenhaftung genügt es nicht, dass der Schädiger im Zeitpunkt der schädigenden Handlung formal die Gesellschafterstellung besaß. Entscheidend ist, dass die zu qualifizierende Sachnorm die schädigende Handlung gerade wegen der Gesellschafterstellung als rechtswidrig einstuft. Dies trifft indessen für die wenigsten Delikte im Umfeld von Gesellschaften zu. Denn diese Tatbestände knüpfen – wie alle Deliktstatbestände – an die **faktische Möglichkeit** zur Schädigung an. Sie führen daher zB auch bei nichtigen Gesellschaften (vgl. Art. 11 lit. b GesR-RL und die hierzu ergangenen nationalen Durchführungsbestimmungen) zu einer deliktischen Haftung. Die **Gesellschaft** ist deshalb im Sinne von Centros **bloß deliktisches Werkzeug** der Gläubigerschädigung, nicht aber rechtlicher Anknüpfungspunkt für die Haftung.[2622] Kennzeichnend ist dies zB für die Fälle der **deliktischen Existenzvernichtungshaftung bei Vermögensabzug in der Krise** (→ Rn. 396 f., → Rn. 569, → Rn. 600)[2623] sowie bei **Menschenrechtsverletzungen unter dem LkSG.**[2624] Dass hier **neben** dem deliktischen auch ein gesellschaftsrechtlicher Tatbestand erfüllt sein mag, ist kein Argument für eine – taktische (→ Rn. 399 f.) – Umqualifizierung ersterer zu Gunsten des Gesellschaftsstatuts. Dem Deliktsstatut unterliegen ferner die Voraussetzungen einer Haftung von Gesellschaftern als Teilnehmer (vgl. § 830 BGB) an einer von der Gesellschaft selbst begangenen unerlaubten Handlung.[2625]

626 Weil die **faktische Möglichkeit zur Gläubigerschädigung im Staat des Verwaltungssitzes** besteht und nicht im Registerstaat, ist es auch sachgerecht, wenn bei durch Gesellschafter begangenen unerlaubten Handlungen die realen Anknüpfungsmerkmale des Art. 4 Rom II-VO – Erfolgsort, vorrangig aber der gemeinsame gewöhnliche Aufenthalt des Gesellschafters und der Gesellschaft im selben Staat (Art. 23 Rom II-VO) – zum Zuge kommen.[2626] Die **Niederlassungsfreiheit** der Gesellschaft nach dem AEUV oder einem zweiseitigem Staatsvertrag steht einer deliktischen Gesellschafterhaftung nach Maßgabe der so ermittelten Rechtsordnung nicht entgegen.[2627] Derartiges Verhalten der Gesellschafter überschreitet schon die immanenten Schranken der Niederlassungsfreiheit unter dem Gesichtspunkt von Betrug und Missbrauch (→ Rn. 393 ff.). Jeweils hilfsweise gilt, dass die Niederlassungsfreiheit keinen Schutz vor der Anwendung nicht gesellschaftsrechtlicher Vor-

---

2618 *Kropholler* IPR § 53 IV 7 vor a; *Kindler* FS Jayme, 2004, 409 (416 f.).

2619 Deutlich der englische Text: „… the personal legal liability of officers and members *as such* for the obligations of the company …" (Hervorhebung nicht im Original).

2620 *Kindler* IPRax 2009, 189 (193); *Schall* ZIP 2016, 289 (294).

2621 So aber *Weller* IPRax 2017, 167 [173]).

2622 Verkannt bei AG Bad Segeberg NZG 2005, 762 und von *Kiethe* RIW 2005, 649; vgl. iÜ EuGH ECLI:EU:C:1999:126 Rn. 38 = NJW 1999, 2027 – Centros, zu Gesellschaftern, die „sich mittels der Errichtung der Gesellschaft ihren Verpflichtungen gegenüber … Gläubigern entziehen möchten"; → Rn. 395.

2623 BGHZ 173, 246 = NJW 2007, 2689 – TRIHOTEL; *Weller* ZIP 2007, 1688 f.

2624 *Habersack/Ehrl* AcP 219 (2019), 155 (183); *Mansel/Kuhl* FS von Bar, 2022, 251 (266).

2625 Vgl. BGH NJW 2004, 3706 (3709 f.): Auslandsgesellschaft begeht unerlaubte Handlung im Inland; Haftung der Gesellschaft und der Organpersonen nach deutschem Recht als der gemäß Art. 40 EGBGB maßgeblichen Rechtsordnung beurteilt.

2626 Zutr. deshalb BGH NJW 2005, 1648 (1650) unter III.

2627 *Schopper/Strasser* KTS 2007, 504 (507) zu BGHZ 173, 246 = NJW 2007, 2689 – TRIHOTEL; *Forsthoff/Schulz* in Hirte/Bücker GrenzübGes § 15 Rn. 59 f.; *Fleischer* in Lutter, Europäische Auslandsgesellschaften in Deutschland, 2005, 49, 127; aA offenbar *Fröhlich/Strasser* ZIP 2007, 1182 (1183 f.); ebenso zur deliktischen Organhaftung *Schulz/Wasmeier* RIW 2010, 657 (665).

schriften am Verwaltungssitz bietet (→ Rn. 398 ff.), die Deliktsnormen als bloße Tätigkeitsausübungsregeln ohne strukturrelevanten Charakter einzustufen sind (→ Rn. 404 f.), und häufig – wie im Falle der Existenzvernichtungshaftung – bloße Marktrückzugsregeln sind (→ Rn. 406 f.);[2628] jedenfalls ist eine deliktische Gesellschafterhaftung aus zwingenden Gründen des Allgemeininteresses gerechtfertigt (→ Rn. 408 ff.).

Auch eine akzessorische Anknüpfung des Deliktsstatuts an das Gesellschaftsstatut (Art. 4 Abs. 3 **627**
Rom II-VO wird selten greifen, wenn das **Gesellschaftsstatut keinen realen Bezug zum Schauplatz der unerlaubten Handlung** hat.[2629]

d) Deliktische Haftung von Organpersonen. Die deliktische Haftung von Organpersonen **628**
gegenüber der Gesellschaft unterliegt im Regelfall dem **am effektiven Verwaltungssitz geltenden Recht,** da dort der gemeinsame gewöhnliche Aufenthalt des Schädigers und der Gesellschaft liegt (Art. 4 Abs. 2 Rom II-VO) oder jedenfalls der deliktische Erfolg eingetreten ist (Art. 4 Abs. 1 Rom II-VO).[2630] Eine Beschränkung der Niederlassungsfreiheit liegt in der Anwendung dieser Rechtsordnung nicht (→ Rn. 626 aE).[2631] Die **internationale Zuständigkeit** nach Art. 7 Nr. 2 Brüssel Ia-VO besteht sowohl am Ort des ursächlichen Geschehens **(Handlungsort)** als auch am Ort der Verwirklichung des Schadenserfolgs **(Erfolgsort).**[2632] Bei der Überweisung von Geldbeträgen an die – von dem in Anspruch genommenen Organmitglied geleitete – ausländische Gesellschaft liegt meist der Erfolgsort in Deutschland als Staat der Kontoführung. Denn der Vermögensschaden des enttäuschten Kapitalanlegers ist in diesen Fällen an dem Guthaben auf dessen Girokonto bei einem Kreditinstitut in Deutschland eingetreten, von dem er das angelegte Kapital auf ein Konto der Gesellschaft bei einem Kreditinstitut in Deutschland überwiesen hat.[2633]

Für die **Qualifikation** ist – wie hinsichtlich der deliktischen Gesellschafterhaftung **629**
(→ Rn. 624 f.) – nicht die formale Organstellung entscheidend, sondern der **Kern des deliktischen Vorwurfes.** Dieser besteht nicht darin, gegen bestimmte Organpflichten verstoßen zu haben (dies wird ja schon durch das Gesellschaftsrecht sanktioniert),[2634] sondern die faktische Möglichkeit zur Schädigung der Gesellschaft und/oder Dritter in vorwerfbarer Weise ausgenutzt zu haben. Wiederum dem Deliktstatut unterliegt auch die Haftung von Organpersonen als Teilnehmer an einer von der Gesellschaft selbst begangenen unerlaubten Handlung.[2635]

Im Rahmen der – deliktsrechtlich zu qualifizierenden – **cic-Haftung** von Organpersonen **630**
(§ 311 Abs. 2 BGB)[2636] geht es etwa um die Verletzung der Pflicht, den Geschäftspartner auf die voraussichtliche Zahlungsunfähigkeit der Gesellschaft hinzuweisen.[2637] Diese Pflicht folgt nicht aus der Organstellung, sondern ist allgemeine Verkehrspflicht. Sie unterliegt daher nicht dem Gesellschaftsstatut,[2638] sondern dem Deliktstatut (Art. 12 Rom II-VO).[2639] Dies gilt auch für die **unterlassene Aufklärung** darüber, dass der als GmbH mit Sitz im Inland ausgegebene Vertragspartner in Wirklichkeit eine **Gesellschaft ausländischen Rechts** mit Sitz im Gründungsstaat ist.[2640]

Eigenständigen Anknüpfungsregeln (Art. 4 Rom II-VO) folgt ferner die **deliktische Organ-** **631**
haftung gegenüber Dritten, zB unter dem Gesichtspunkt des Eingehungsbetruges (§ 263 StGB

[2628] Zum fehlenden Beschränkungscharakter einer Gesellschafterhaftung aus dem Gesichtspunkt der Existenzvernichtung *Kindler* FS Säcker, 2011, 393 ff.; gleichsinnig auch *Weller,* Europäische Rechtsformwahlfreiheit und Gesellschafterhaftung, 2004, 206 ff.; *Weller* IPRax 2017, 167 (176); *Bitter* WM 2004, 2190 (2192 f.).

[2629] Zutr. BGH NJW 2005, 1648 (1650) unter III.; *Schanze/Jüttner* AG 2003, 661 (669 f.); *Wachter* GmbHR 2003, 1254 (1257); *Wachter* DStR 2005, 1821; *Kindler* FS Jayme, 2004, 409 (417); *D. Paulus,* Außervertragliche Gesellschafter- und Organwalterhaftung im Lichte des Unionskollisionsrechts, 2013, Rn. 255 ff.; aA HCL/*Behrens/Hoffmann* GmbHG Allg. Einl. Rn. 114 mwN.

[2630] Zutr. BGH NJW 2005, 1648 (1650) unter III.; insoweit zutr. *Ressos* DB 2005, 1048 (1049); BGH BeckRS 2015, 17498 Rn. 22 = GWR 2015, 517 = EWiR 2016, 69 m. Kurzkomm. *Linnerz.*

[2631] So ausdrücklich auch *Eidenmüller* in Eidenmüller Ausl. KapGes. § 3 Rn. 68 aE; anders aber *Eidenmüller* NJW 2005, 1618 (1620) zu Fn. 26.

[2632] BGH BeckRS 2015, 17498 Rn. 13 = GWR 2015, 517 = EWiR 2016, 69 m. Kurzkomm. *Linnerz;* ebenso EuGH ECLI:EU:C:2015:37 Rn. 45 = NJW 2015, 1581 – Kolassa.

[2633] BGH BeckRS 2015, 17498 Rn. 14.

[2634] *Eidenmüller* in Eidenmüller Ausl. KapGes. § 4 Rn. 8; *Mansel/Kuhl* FS von Bar, 2022, 251 (264).

[2635] Vgl. nochmals BGH NJW 2004, 3706 (3709 f.).

[2636] Zur Anknüpfung *Mansel* FS Schlosser, 2005, 545 ff.; *Schulz/Wasmeier* RIW 2010, 657 (664).

[2637] *Forsthoff/Schulz* in Hirte/Bücker GrenzübGes § 15 Rn. 83; BGHZ 87, 27 = NJW 1983, 1607.

[2638] So aber *Eidenmüller* in Eidenmüller Ausl. KapGes. § 4 Rn. 30; *Spindler/Berner* RIW 2004, 7 (12 f.).

[2639] Grdl. *Mansel* FS P. Schlosser, 2005, 545 ff.; ferner *Lüttringhaus* RIW 2008, 193; *Kindler,* Einführung in das neue IPR des Wirtschaftsverkehrs, 2009, 9, 135 f.

[2640] BGH NJW-RR 2002, 1309 – Analysis III.-GmbH; dazu *Pfeiffer* EWiR 2003, 13; *Rehberg* in Eidenmüller Ausl. KapGes. § 5 Rn. 104; *Hofmeister* FS Eisenhardt, 2007, 421 (425 f.); für Gesellschaftsstatut auch hier aber *Eidenmüller* in Eidenmüller Ausl. KapGes. § 4 Rn. 30.

iVm § 823 Abs. 2 BGB)[2641] oder der sittenwidrigen Schädigung (§ 826 BGB; → BGB § 826 Rn. 180 ff.: Existenzvernichtungshaftung auch bei Scheinauslandsgesellschaften mit Satzungssitz im Ausland und Verwaltungssitz im Inland)[2642] oder der Verletzung von absoluten Rechten Dritter.[2643] Über die in → Rn. 626 genannten Gründe hinaus[2644] kann sich die Organperson hier schon deshalb nicht auf die Niederlassungsfreiheit – und damit das Gründungsrecht der Gesellschaft – berufen, weil deren immanente Schranken überschritten sind (→ Rn. 393 ff.).[2645] Erfolgsort iSv Art. 4 Abs. 1 Rom II-VO ist hier regelmäßig der effektive Verwaltungssitz der Gesellschaft,[2646] mitunter aber auch der Sitz des Geschädigten.[2647] Eine akzessorische Anknüpfung an das Gesellschaftsstatut nach Art. 4 Abs. 3 Rom II-VO[2648] scheidet schon mangels Drittwirkung der Organpflichten aus.

632 Vereinzelt knüpft die Deliktshaftung an die Verletzung spezifischer Organpflichten an, die in gesellschaftsrechtlichen Gesetzen normiert sind. Dies gilt für die **Schutzgesetzverletzung** iSv § 823 Abs. 2 BGB (vgl. zum Sachrecht die Übersicht bei → BGB § 823 Rn. 597). Auch diese Schutzgesetze unterliegen nach allgemeiner Auffassung dem Deliktsstatut, weil sie den Kreis der geschützten Rechtsgüter oder der verbotenen Verletzungshandlungen bestimmen.[2649] Bei Auslandsgesellschaften mit inländischem Verwaltungssitz liegt der deliktische Handlungsort regelmäßig im Inland (→ Rn. 631), sodass die inländischen gesellschaftsrechtlichen Schutzgesetze im Wege der Anpassung/Substitution (→ Rn. 160 ff.) hier auf im Inland agierende Organpersonen von Auslandsgesellschaften ohne weiteres Anwendung finden. Zur Insolvenzverschleppungshaftung → EuInsVO 2015 Art. 7 Rn. 60 ff.

633 **15. Abgrenzung zum Sachstatut.** Fragen der Abgrenzung zum Sachstatut stellen sich zum einen bei der Übertragung der Mitgliedschaft, soweit diese in einem echten Wertpapier verbrieft ist (→ Rn. 562 f.).

634 Davon zu unterscheiden sind dingliche Rechtsgeschäfte, an denen die Gesellschaft selbst beteiligt ist. Dies betrifft etwa die **Übereignung von Sachen im Rahmen der Kapitalaufbringung.** Hier entscheidet das Sachstatut, auch über die Grenzen des Trennungsprinzips beim gutgläubigen Erwerb (→ Rn. 568). Bei der Registrierung von Sicherungsrechten nach ausländischem Gesellschaftsrecht (zB einer „floating charge") ist genau zu prüfen, ob die deutsche internationalgesellschaftsrechtliche Kollisionsnorm hierauf überhaupt verweist. Da aus deutscher Sicht insoweit sachenrechtlich zu qualifizieren ist, scheidet mit Blick auf inlandsbelegenes Gesellschaftsvermögen eine Anwendung ausländischen Rechts aus (Art. 43 EGBGB).[2650] Das Sachstatut bestimmt ferner darüber, ob eine nach dem Gesellschaftsstatut angeordnete Gesamtrechtsnachfolge im Falle der Verschmelzung dingliche oder bloß schuldrechtliche Wirkung besitzt (→ Rn. 760, → Rn. 827).[2651]

635 **16. Abrenzung zum Ehegüterstatut.** Das auf die güterrechtlichen Wirkungen der Ehe anwendbare Recht bestimmte für **bis zum 28.1.2019 eingegangene Ehen Art. 15 EGBGB,** seither die **EuGüVO.** Der Gesetzgeber hat Art. 15 EGBGB aufgehoben. Im Hinblick auf den intertemporalen Anwendungsbereich der EuGüVO (Art. 69 Abs. 3 EuGüVO) ist allerdings die besondere Übergangsvorschrift des Art. 229 § 47 Abs. 2 EGBGB zu beachten: Haben die Ehegatten die Ehe vor dem 29.1.2019 geschlossen und ab diesem Zeitpunkt keine güterrechtliche Rechtswahl getroffen, ist der bisherige Art. 15 EGBGB weiterhin anzuwenden. Die Zulässigkeit von güterrechtlichen Rechtswahlen richtet sich seit dem 29.1.2019 demgegenüber ausschließlich nach den Bestimmungen der EuGüVO, auch wenn die Ehegatten vor diesem Zeitpunkt geheiratet haben.

636 Ob **subjektive Rechte an Gesellschaftsanteilen** entstehen, einer Inhaltsänderung unterworfen sind, übergehen oder erlöschen, entscheidet grundsätzlich das **Gesellschaftsstatut** als Einzelsta-

---

2641 *Eidenmüller* in Eidenmüller Ausl. KapGes. § 4 Rn. 29, 31.

2642 BGH BeckRS 2915, 17498 Rn. 22 = GWR 2015, 517 = EWiR 2016, 69 m. Kurzkomm. *Linnerz.*

2643 BGH NJW 2005, 1648 m. Aufs. *Eidenmüller* NJW 2005, 1618 = BB 2005, 1016 mAnm *Wand* = DB 2005, 1047 mAnm *Ressos; Kindler* FS Köhler, 2014, 349 (356 f.) für Markenverstoß.

2644 Speziell zur deliktischen Organhaftung als bloße Tätigkeitsausübungsregel s. ausdrücklich noch *Eidenmüller* in Eidenmüller Ausl. KapGes. § 3 Rn. 68.

2645 *Forsthoff/Schulz* in Hirte/Bücker GrenzübGes § 15 Rn. 81; dies verkennend *Rehm* in Eidenmüller Ausl. KapGes. § 5 Rn. 11, wo dieser Prüfungsschritt nicht vollzogen wird.

2646 So offenbar auch BGH ZIP 2005, 805 (806) = NJW 2005, 1648 unter III., wo die kollisionsrechtliche Anwendbarkeit der §§ 823 ff. BGB bei einer EU-Auslandsgesellschaft mit inländischem Verwaltungssitz selbstverständlich angenommen wird; *Schanze/Jüttner* AG 2003, 661 (669 f.).

2647 BGH BeckRS 2014, 15813 Rn. 37.

2648 Dafür HCL/*Behrens/Hoffmann* GmbHG Allg. Einl. Rn. B 114.

2649 *Schulz/Wasmeier* RIW 2010, 657 (665); *Mansel/Kuhl* FS von Bar, 2022, 251 (264).

2650 *Lenhard* RIW 2007, 348 (350) zur floating charge; umfassend *Schall* IPRax 2009, 209.

2651 AA *Bungert* FS Heldrich, 2005, 527 (531 f.).

tut.[2652] Zum Zuge kommen dabei aber nur diejenigen Vorschriften des Gesellschaftsstatuts, die Tatbestand und Rechtsfolge des Erwerbs allgemein regeln, dh unabhängig von der Beteiligung eines Ehegatten.[2653] Beim ursprünglichen Anteilserwerb unterstehen daher die Erfordernisse einer entsprechenden gesellschaftsvertraglichen Regelung (bzw. eines Kapitalerhöhungsbeschlusses) und der nachfolgenden Handelsregistereintragung dem Gesellschaftsstatut. Auch die Voraussetzungen eines abgeleiteten Erwerbs unter Lebenden (vgl. § 15 GmbHG) beurteilen sich nach dieser Rechtsordnung. Welche **güterrechtlichen Folgen** dieser Erwerbsvorgang auslöst, bestimmt das **Güterstatut** als „Sonderordnung" des Vermögens von Mann und Frau während und auf Grund der Ehe (Art. 3 Abs. 1 lit. a EuGüVO).[2654]

Das **Güterstatut** entscheidet daher über die **Art des güterrechtlich maßgeblichen gemeinsamen Erwerbs** (Gesamthandseigentum, Bruchteilseigentum, bloß wertmäßige Beteiligung),[2655] über den Anfall des von einem Ehegatten erworbenen Gesellschaftsanteils in das Gesamtgut[2656] und über die güterrechtliche Verfügungsbefugnis des Anteilserwerbers.[2657] Güterrechtlich zu qualifizieren ist auch ein **Gesellschaftsverbot** zwischen Eheleuten, wie etwa nach dem früheren französischen Recht.[2658] Eine **Ehegatteninnengesellschaft** unterliegt den Anknüpfungsregeln der Rom I-VO, dh in Ermangelung einer Rechtswahl im Wege der akzessorischen Anknüpfung dem Ehegüterstatut Art. 4 Abs. 3 Rom I-VO).[2659] Dieser Ansatz deckt sich im Ergebnis mit der Ansicht, wonach die Ehegatteninnengesellschaft der EuGüVO unterliegt.[2660] **Gesellschaftsrechtliche Erwerbshindernisse** setzen sich gegenüber einer güterrechtlich angeordneten Mitberechtigung der Eheleute am Gesellschaftsanteil durch. Dies gilt für gesetzliche (§ 38 S. 1 BGB; § 711 Abs. 1 BGB) wie für rechtsgeschäftliche (§ 68 Abs. 2 AktG, § 15 Abs. 5 GmbHG) Erwerbshindernisse.[2661] 637

17. Abgrenzung zum Erbstatut. Für die Abgrenzung von Gesellschaftsstatut und Erbstatut gilt im Grundsatz: Wer Erbe wird, bestimmt das Erbstatut; was dem Erben aus dem Gesellschaftsverhältnis zufließt, bestimmt das Gesellschaftsstatut.[2662] Das Gesellschaftsstatut entscheidet mithin darüber, ob der Erbe seinerseits Gesellschafter wird oder ob ihm bloß schuldrechtliche Abfindungsansprüche zustehen.[2663] Für **Erbfälle seit dem 17.8.2015** richtet sich die Abgrenzung nach Art. 1 Abs. 2 lit. h und i **EuErbVO.** Danach unterliegen dem Gesellschaftsstatut die statutarischen Nachfolgeregelungen wie etwa eine auf den Todesfall befristete Abtretung, eine Abtretungsverpflichtung der Erben (Abtretungsklauseln, Eintrittsrechte, Zwangsabtretung), Einziehungs- und Kaduzierungsermächtigungen, Inhaltsänderungen und Abfindungsregelungen. Ferner regelt das Gesellschaftsstatut die Auflösung, das Erlöschen und die Verschmelzung von Gesellschaften im Zusammenhang mit Erbfällen.[2664] Auch ein Streit über die **gesellschaftsvertraglich beschränkte Übertragbarkeit und Vererblichkeit** von Gesellschaftsanteilen (§ 711 Abs. 2) unterfällt der Bereichsausnahme in Art. 1 Abs. 2 Buchst. h EuErbVO und ist gesellschaftsrechtlich zu qualifizieren.[2665] 638

2652 RG JW 1938, 1718 = SeuffA 92 Nr. 231; Soergel/*Schurig* EGBGB Art. 15 Rn. 36; aA *Riering* IPRax 1998, 322 (325 f.): Maßgeblichkeit des Güterstatuts.

2653 Soergel/*Schurig* EGBGB Art. 15 Rn. 36; LG Bamberg IPRspr. 1975 Nr. 215 zum Grundstückserwerb durch Ehegatten.

2654 Vgl. BGHZ 119, 392 (394) = NJW 1993, 385 = FamRZ 1993, 289 mAnm *S. Lorenz* FamRZ 1993, 393; zum Folgenden auch *Hausmann* in Reithmann/Martiny IntVertragsR Rn. 6.991 f.

2655 Soergel/*Schurig* EGBGB Art. 15 Rn. 36; BayObLGZ 1986, 1 = IPRax 1986, 379 mAnm *Jayme* IPRax 1986, 361 = NJW-RR 1986, 1023 zum ital. Ehegüterrecht; OLG Frankfurt IPRax 1986, 239 mAnm *Jayme* IPRax 1986, 227; OLG Oldenburg Rpfleger 1991, 412 = IPRspr. 1991 Nr. 81.

2656 RG JW 1938, 1718 = SeuffA 92 Nr. 231; Soergel/*Schurig* EGBGB Art. 15 Rn. 36.

2657 Soergel/*Schurig* EGBGB Art. 15 Rn. 36; Grüneberg/*Thorn* EGBGB Art. 15 Rn. 25; vgl. im deutschen Recht §§ 1365, 1423 ff., 1450 BGB.

2658 OLG Stuttgart NJW 1958, 1972; RGZ 163, 367; mittlerweile ist die Ehegattengesellschaft auch in Frankreich zulässig, vgl. *Sonnenberger/Dammann* FrHWiR, 3. Aufl. 2008, Rn. III 23.

2659 BGH NZG 2015, 1073 Rn. 12 = IPRax 2016, 287 m. Aufs. *Wedemann* IPRax 2016, 252.

2660 *Hausmann,* Internationales und Europäisches Familienrecht, 2. Aufl. 2018, Rn. B 539 ff. (S. 281 f.).

2661 RG JW 1938, 1718 (1719) zu § 711 Abs. 1 BGB; Soergel/*Schurig* EGBGB Art. 15 Rn. 36.

2662 Näher *Dutta* RabelsZ 73 (2009), 727 ff.; *v. Oertzen* ZEV 2006, 106; grdl. *Ferid* FS A. Hueck, 1959, 343 (358); *Ebenroth* Erbrecht, 1992, Rn. 1281.

2663 Vgl. für eine Darstellung der Vererbung von Gesellschaftsanteilen in verschiedenen europäischen Rechtsordnungen *Ebenroth* Erbrecht, 1992, Rn. 915 ff. zu Frankreich, Belgien, den Niederlanden, Italien, Griechenland, Dänemark, England, Schweiz, Österreich; iÜ → EuErbVO Art. 1 Rn. 25 ff.; ferner *v. Oertzen* IPRax 1994, 73 ff.; *Martiny* IStR 1998, 56 (60); *Schurig* IPRax 2001, 446 (447 ff.); *Dörner* IPRax 2004, 519 (520); LG München I IPRax 2001, 459.

2664 Zu den erbrechtlichen Gestaltungsmöglichkeiten auslandsansässiger Mitglieder deutscher Gesellschaften s. *Kindler* FS Stilz, 2014, 345 ff.; *Kindler* GmbHR 2015, R305; zur Statutenabgrenzung ferner *Leitzen* ZEV 2012, 520; *Dörner* ZEV 2012, 505 (508); *Wachter* GmbHR 2014, R 177.

2665 OLG Hamm ZEV 2023, 546 mAnm *Leitzen* = NZG 2023, 980; *Wertenbruch* NZG 2023, 1343 (1347 ff.).

639 **18. Abgrenzung zum anwendbaren Prozessrecht.** Außerhalb des Gesellschaftsstatuts – und damit auch außerhalb der EU-Niederlassungsfreiheit (→ Rn. 398 ff.) – liegt die Frage, in welchem Staat der in einem Gesellschaftsanteil verkörperte Vermögensgegenstand belegen ist und ob deswegen dieser Staat **Vollstreckungsgewalt** ausüben kann. Insoweit geht es nicht die nach dem Gesellschaftsstatut zu beurteilenden Voraussetzungen, unter denen eine im EU-Ausland gegründete Gesellschaft im Inland tätig werden darf, sondern die **Zuständigkeit** inländischer Gerichte. Diese ist als Frage des Prozessrechts nach der **lex fori** zu beantworten.[2666]

640 **19. Abgrenzung zum Insolvenzstatut. a) Rechtsgrundlagen des internationalen Insolvenzrechts. aa) EuInsVO 2015.** Maßgeblich war zunächst im Verhältnis zwischen den EU-Mitgliedstaaten die am 31.5.2002 in Kraft getretene VO (EG) 1346/2000 vom 29.5.2000 über Insolvenzverfahren (EuInsVO 2000),[2667] **seit 26.6.2017 ist die EuInsVO 2015** anwendbar (ausführlich → EuInsVO 2015 Art. 7 Rn. 54 ff. im IntInsR unter B. Europäisches internationales Insolvenzrecht mit den **Einzelfragen der Abgrenzung**). Mit Inkrafttreten dieser VO wurden die Insolvenzabkommen zwischen den Mitgliedstaaten weitgehend ersetzt (Art. 85 EuInsVO 2015).[2668]

641 Die EuInsVO erfasst als Insolvenzverfahren **alle öffentlichen „Gesamtverfahren"**, die auf der Grundlage gesetzlicher Regelungen zur Insolvenz stattfinden und in denen zu Zwecken der Rettung, Schuldenanpassung, Reorganisation oder Liquidation (a) dem Schuldner die Verfügungsgewalt über sein Vermögen entzogen und ein Verwalter bestellt wird, (b) das Vermögen und die Geschäfte des Schuldners der Kontrolle oder Aufsicht durch ein Gericht unterstellt werden *oder* (c) die vorübergehende Aussetzung von Einzelvollstreckungsverfahren von einem Gericht oder kraft Gesetzes gewährt wird. (Art. 1 Abs. 1 EuInsVO 2015). Damit gilt sie für das Insolvenzverfahren nach der InsO, ferner für Konkurs, Vergleich, Gesamtvollstreckung und die in zahlreichen Staaten der Gemeinschaft bekannten Sanierungsverfahren. Vgl. die Aufzählung im Anh. A EuInsVO 2015. Art. 3 Abs. 1 EuInsVO 2015 bestimmt die internationale **Eröffnungszuständigkeit** als „compétence directe"[2669] bei den **Gerichten des Staates, in dem der Schuldner den Mittelpunkt seiner Interessen hat,** wobei bei juristischen Personen und Gesellschaften eine Vermutung für den Satzungssitz spricht (ebenso § 3 Abs. 1 S. 1 InsO iVm § 17 Abs. 1 S. 1 ZPO).[2670] **Partikularverfahren** können in den Staaten eröffnet werden, in denen der Schuldner eine Niederlassung besitzt (Art. 3 Abs. 2 S. 1 EuInsVO 2015 iVm Art. 34 ff. EuInsVO 2015).[2671] Ferner regelt die VO ausführlich das auf das Insolvenzverfahren und seine materiellen Wirkungen anwendbare Recht (Art. 7 ff. EuInsVO 2015). **Insolvenzstatut** ist das **Recht des Eröffnungsstaates** (Art. 7 Abs. 1 EuInsVO 2015). Der **Auslandskonkurs** ist anzuerkennen, wenn das Eröffnungsgericht gemäß Art. 3 EuInsVO zuständig war (Art. 19 EuInsVO 2015). Dabei gilt grundsätzlich das **Universalitätsprinzip** (Art. 20 EuInsVO 2015). Daneben sind die Durchführungsbestimmungen in Art. 102c EGInsO zu beachten (→ EGInsO Art. 102c § 1 Rn. 1 ff.).

642 **bb) Autonomes Recht.** Das im Verhältnis zu Drittstaaten und in den Bereichsausnahmen nach Art. 1 Abs. 2 EuInsVO 2015 maßgebliche autonome deutsche internationale Insolvenzrecht ist in dem mit Gesetz vom 14.3.2003 (BGBl. 2003 I 345) neu geschaffenen Elften Teil der InsO (§§ 335–358 InsO) enthalten.[2672] Die Bestimmungen sind seit 20.3.2003 in Kraft. In der Sache sind sie vielfach weniger kooperationsfreundlich als die Vorschriften der EuInsVO.[2673] Vgl. ausführlich → IntInsR unter D. (Autonomes deutsches internationales Insolvenzrecht).

643 **b) Anknüpfung des Insolvenzstatuts.** Insolvenzstatut ist das **Recht des Staates, in dem das Insolvenzverfahren eröffnet** wurde oder wird (lex fori concursus). Art. 7 Abs. 1 EuInsVO 2015 und § 335 InsO bestimmen dies ausdrücklich. In Ermangelung einer Verfahrenseröffnung

---

2666 BGH NZG 2019, 710 Rn. 26, 36 = LMK 2019, 418573 mAnm *Mankowski; Rapp* IPRax 2020, 131.

2667 ABl. EG 2000 L 160, 1; zu dieser VO etwa *Becker* ZEuP 2002, 287; *Daniele* Riv. dir. int. priv. proc. 2002, 32; *Duursma-Kepplinger/Duursma* IPRax 2003, 505; *Eidenmüller* IPRax 2001, 2; *Hausmann* in Reithmann/Martiny IntVertragsR Rn. 6.519 f.; *Huber* ZZP 114 (2001), 133; *Leible/Staudinger* KTS 2000, 533; *Menjucq,* Droit international et européen des sociétés, 2001, Rn. 284 ff.; *Paulus* ZIP 2002, 729; *Paulus* DStR 2005, 334.

2668 Zu den – mehrseitigen und zweiseitigen – Übereinkommen → EuInsVO Art. 85 Rn. 1 ff.

2669 Zur Unterscheidung von direkter und indirekter Zuständigkeit allg. → Rom I-VO Vor Art. 1 Rn. 36.

2670 Überblick auch bei *Pannen/Riedemann* NZI 2004, 646.

2671 Hierzu *Wimmer* ZIP 1998, 982 (985 ff.); *Spahlinger,* Sekundäre Insolvenzverfahren bei grenzüberschreitenden Insolvenzen, 1998; *Torz,* Gerichtsstände im Internationalen Insolvenzrecht zur Eröffnung von Partikularinsolvenzverfahren – eine Untersuchung über die internationale Zuständigkeit zur Eröffnung von Partikularinsolvenzverfahren sowie deren Beschränkungen und Auswirkungen auf die Anerkennungszuständigkeit, 2005.

2672 Dazu *Paulus* DStR 2005, 334 (339); *Liersch* NZI 2003, 302; Begr. RegE, BT-Drs. 15/16 = ZIP 2002, 2331.

2673 *Hausmann* in Reithmann/Martiny IntVertragsR Rn. 6.535.

kommt hilfsweise das Recht des Staates zur Anwendung, in dem ein Hauptinsolvenzverfahren hypothetisch zu eröffnen ist, dh das Recht am Mittelpunkt der hauptsächlichen Interessen des Schuldners (Art. 3 Abs. 1 S. 2 EuInsVO 2015; § 3 Abs. 1 S. 2 InsO analog).[2674] Damit ist der effektive Verwaltungssitz der Gesellschaft gemeint (→ Rn. 383). Bedeutung hat dies zB für die Insolvenzverschleppungshaftung der Geschäftsführer von Auslandsgesellschaften mit inländischem Verwaltungssitz, wenn – wie häufig – es hier nicht zur Eröffnung eines Insolvenzverfahrens kommt.

c) Qualifikation. aa) Europäisches internationales Insolvenzrecht. Die **Sachnormverweisung** (→ EuInsVO 2015 Art. 7 Rn. 1) des Art. 7 EuInsVO 2015 unterstellt das gesamte Insolvenzverfahren und seine Wirkungen dem Recht des Mitgliedstaates, in dem das Verfahren eröffnet wird. Art. 7 Abs. 2 EuInsVO 2015 enthält ferner Regelbeispiele für Gegenstände, die in jedem Fall dem Insolvenzstatut unterliegen sollen.[2675] Die **einheitliche Regelanknüpfung** aller konkursrechtlichen Fragen soll eine **Gleichbehandlung** aller Insolvenzgläubiger sicherstellen, dh weitgehend ohne Rücksicht auf abweichende Regelungen in den einzelnen Geschäftsstatuten (leges causae), die für die Forderungen der Insolvenzgläubiger maßgeblich sind. Das **Insolvenzstatut** ist deshalb grundsätzlich **weit zu verstehen,** sämtliche Durchbrechungen zum Schutz individueller Interessen sind in erhöhtem Maße rechtfertigungsbedürftig.[2676] Daraus folgt namentlich (→ Rn. 402), dass **Qualifikationszweifel zu Gunsten des Insolvenzstatuts** und nicht – in unserem Zusammenhang – zu Gunsten des Gesellschaftsstatuts gelöst werden müssen.[2677] Dem steht die **German Graphics-Entscheidung des EuGH** nicht entgegen, da danach nur der Anwendungsbereich der EuInsVO selbst eng auszulegen sein soll (zweifelhaft);[2678] das Urteil bezieht sich auf Art. 1 EuInsVO 2015, nicht auf die Qualifikationsnorm des Art. 7 EuInsVO 2015. Nicht ausgeschlossen ist eine Mehrfachqualifikation, zB der Existenzvernichtungshaftung als gesellschafts-, delikts- und insolvenzrechtlich (→ Rn. 600, → Rn. 624). Besonders komplexe Abgrenzungsfragen ergeben sich bei der **Restrukturierung von Kapitalgesellschaften im Insolvenzplanverfahren.**[2679] 644

Methodisch gelten für die Auslegung der Verordnung dieselben Grundsätze, wie sie für die Brüssel Ia-VO anerkannt sind.[2680] Dies bedeutet zunächst, dass die **Verordnung** grundsätzlich **autonom auszulegen** ist, dh ohne Rückgriff auf dogmatische Kategorien des nationalen Rechts. Dies gilt natürlich nur bedingt für Qualifikationsfragen, weil hier der Blick zwischen der Kollisionsnorm (hier: Art. 7 EuInsVO 2015) und der zu qualifizierenden Sachnorm (zB § 15a InsO) hin und her wandert: Ob eine Sachnorm des innerstaatlichen Rechts insolvenzrechtliche oder gesellschaftsrechtliche Zwecke verfolgt, kann nur unter Berücksichtigung der Funktion der zu qualifizierenden Norm geklärt werden. Hinsichtlich der Auslegungskriterien ist zu beachten, dass eine Wortlautauslegung die Mehrsprachigkeit der EuInsVO 2015 zu beachten hat. Bei der systematischen Auslegung sind Argumente aus dem System des auszulegenden Unionsrechtsakts sowie aus anderen Unionsrechtsakten heranzuziehen. In diesem Zusammenhang ist die **Komplementärfunktion** der EuInsVO 2015 gegenüber der Brüssel Ia-VO zu betonen. Die EuInsVO 2015 sollte – wie namentlich Art. 32 Abs. 2 EuInsVO 2015 zeigt – unter anderem die Lücke in Art. 1 Abs. 2 Nr. 2 Brüssel Ia-VO schließen.[2681] Für die historische Auslegung der EuInsVO 2015 ist vor allem der Bericht von *Virgós/Schmit* zum EuInsÜ von Bedeutung, ferner die Rspr. und das Schrifttum zum Insolvenzrechtsvorbehalt in der Brüssel Ia-VO. Grundlage der letztlich entscheidenden und vom EuGH ständig praktizierten teleologischen Auslegung sind die Erwägungsgründe der EuInsVO 2015. Zu den teleologischen Leitlinien bei der Abgrenzung des Insolvenzstatuts EuInsVO 2015 Art. 7 Rn. 6 ff. Und schließlich hat sich auch der EuGH immer wieder auf die allgemeinen Rechtsgrundsätze bezogen, die sich aus der 645

2674 *Eidenmüller* NJW 2005, 1618 (1621) bei Fn. 30; implizit auch *Huber* in Lutter, Europäische Auslandsgesellschaften in Deutschland, 2005, 307, 320 ff., 328 ff.

2675 Unrichtig *Spindler/Berner* RIW 2004, 7 (12) m. Fn. 53, die den Katalog der Regelbeispiele in Art. 4 Abs. 2 EuInsVO offenbar als abschließend betrachten.

2676 So ausdrücklich *Schack* IZVR Rn. 1086; *Weller* IPRax 2017, 167 (175 f.); *Korherr,* Funktional-teleologische Qualifikation und Gläubigerschutz, 2019, 126 ff.

2677 *Schack* IZVR Rn. 1087; *Mankowski* NZG 2016, 281 (285) bei Fn. 75; *Weller/Hübner* NJW 2016, 225; alle zu EuGH ECLI:EU:C:2015:806 = NJW 2016, 223 – Kornhaas; *Korherr* (vorige Fn.) S. 127.

2678 EuGH ECLI:EU:C:2009:544 Rn. 24 f. = NZI 2009, 741 = EuZW 2009, 785 – German Graphics.

2679 Dazu sehr instruktiv *Kuntz* ZGR 2014, 649, insbesondere zu folgenden Punkten: Beschlussfassung der Gläubiger, Forderungsverzicht der Gläubiger als Einlageleistung, Beschlussrechte der Gesellschafter über Kapitalmaßnahmen, Bezugsrechtsausschluss, unechter Debt-to-Equity-Swap.

2680 Vgl. zum Folgenden *Kropholler,* Europäisches Zivilprozessrecht, 7. Aufl. 2002, Einl. Rn. 40 ff.

2681 Vgl. Erwägungsgrund 7 EuInsVO; *Virgós/Schmit,* Erläuternder Bericht zu dem EU-Übereinkommen über Insolvenzverfahren in Stoll, Vorschläge und Gutachten zur Umsetzung des EU-Übereinkommens über Insolvenzverfahren im deutschen Recht, 1997, Nr. 197; *Schack* IZVR Rn. 1052, *Mörsdorf/Schulte* IPRax 2004, 31 (35) zu 36 mwN; *W. Lüke* FS Schütze, 1999, 467 (470); *Schlosser,* EU-Zivilprozessrecht, 2. Aufl. 2003, Brüssel I-VO Art. 1 Rn. 21d.

Gesamtheit der staatlichen Rechtsordnungen ergeben.[2682] Hier ist der gemeinsame Inhalt der europäischen Rechtsordnungen im Wege der Rechtsvergleichung festzustellen. Näher → EuInsVO 2015 Art. 7 Rn. 54 ff. zur Abgrenzung des Insolvenz- vom Gesellschaftsstatut.

646 **bb) Autonomes internationales Insolvenzrecht.** Die Abgrenzung des Insolvenzstatuts nach der EuInsVO 2015 kann auch zur Auslegung des § 335 InsO ergänzend herangezogen werden. Der deutsche Gesetzgeber hat auf eine Liste von Regelbeispielen, wie sie Art. 7 Abs. 2 der EuInsVO 2015 enthält, bewusst verzichtet und insoweit auf die **EuInsVO als „Interpretationshilfe"** hingewiesen.[2683]

647 **20. Straf- und Ordnungsvorschriften.** Die Gesetze, die die zivilrechtlichen Rechtsverhältnisse der Personal- und Kapitalgesellschaften regeln, enthalten oft auch die Vorschriften über Straf- und Ordnungswidrigkeiten (vgl. im deutschen Recht §§ 399–408 AktG; §§ 82, 84, 85 GmbHG; §§ 147–152 GenG; §§ 125, 177a HGB; §§ 346 ff. UmwG). Kollisionsrecht ist hier nicht das IPR, sondern das internationale Straf- und Ordnungswidrigkeitsrecht.[2684] Wird danach deutsches Gesellschafts- oder Insolvenzstrafrecht zur Anwendung berufen, so kommt es im Einzelfall darauf an, ob Gesellschafter oder Organpersonen (§ 14 StGB) einer Auslandsgesellschaft im Wege der Substitution (→ Rn. 160 ff.) unter die inländischen Strafnormen subsumiert werden können.[2685] Da der Forumstaat nur sein eigenes Straf- und Ordnungswidrigkeitenrecht anwenden kann und nicht die im Personalstatut der ausländischen Gesellschaft enthaltenen Straf- und Ordnungswidrigkeitsvorschriften,[2686] können sonst bei der Strafverfolgung Lücken entstehen.[2687] Auch eine Vermögensbetreuungspflichtverletzung (§ 266 StGB) gegenüber der im Inland tatsächlich ansässigen Auslandsgesellschaft kommt in Betracht, wobei der BGH die Pflichtenstellung des Organmitglieds der Auslandsgesellschaft nach ausländischem Gesellschaftsrecht beurteilt.[2688]

D. Vereine und Stiftungen mit Verwaltungssitz im Ausland, Reedereien und Luftfahrtunternehmen

Schrifttum: vor → Rn. 1, → Rn. 244; *A. Arnold,* Die Sitzverlegung von Stiftungen, FS Schack, 2022, 3; *Behrens,* Grenzüberschreitende Sitzverlegung eines Idealvereins in der EG, ZEuP 2007, 324; *Behrens,* Erneuerung des Stiftungskollisionsrechts, GS Rainer Walz, 2008, 13; *Butterstein,* Modernes Stiftungsrecht im Lichte grenzüberschreitender Stiftungstätigkeit, ZVglRWiss 2018, 394; *Fleischer/Götz/Sternberg,* Das liechtensteinische Gesellschaftsrecht, WM 2023, 1809; *Hilser/Wagner/Wunderlich,* Stiftungskollisionsrecht und grenzüberschreitende Stiftungsmobilität nach der Stiftungsrechtsreform, RIW 2022, 796; *Jakob/Uhl,* Die liechtensteinische Familienstiftung im Blick ausländischer Rechtsprechung, IPRax 2012, 451; *Jakob* in v. Campenhausen/Richter, Stiftungsrechtshandbuch, 4. Aufl. 2014, § 44; *Kindler,* Die Auslandsstiftung mit inländischen Destinatären: Bestimmung und Geltungsbereich des anzuwendenden Rechts, NZG 2016, 1335; *S. Koehler,* Das Kollisionsrecht der Stiftungen aus der Sicht des Internationalen Privat- und Verwaltungsrechts, 2011; *Schön,* Zur „Anerkennung" ausländischer Stiftungen mit Verwaltungssitz in Deutschland, FS Henssler, 2023, 1237; *Schwarz,* Zur Neuregelung des Stiftungsprivatrechts, DStR 2002, 1767 (1770); *Wesiack,* Europäisches Internationales Vereinsrecht, 2011.

[2682] EuGH ECLI:EU:C:1993:144 = NJW 1993, 2091 – Sonntag; BB 2004, 903 Rn. 48; *Kropholler/v. Hein* EurZPR Einl. Rn. 50.

[2683] Vgl. die Gesetzgebungsmaterialien in BT-Drs. 15/16, 18 = ZIP 2002, 2335 zu § 335 InsO; BGH BeckRS 2017, 119620 Rn. 11; dazu auch *Hausmann* in Reithmann/Martiny IntVertragsR Rn. 6.688; Schrifttum zur Abgrenzung des Gesellschafts- vom Insolvenzstatut: *Kindler* in Sonnenberger Vorschläge und Berichte 497 ff. (Referat vom 27.11.2004); *Eidenmüller* RabelsZ 70 (2006), 474 ff.; *Henze* WM 2006, 1653 f.; *Bicker,* Gläubigerschutz in der grenzüberschreitenden Konzerngesellschaft, 2007 (dazu IPRax 2007, 491); *Pannen* FS Gero Fischer, 2008, 403 ff.; *Kühnle/Otto* IPRax 2009, 117 ff.; *Mankowski/Willemer* RIW 2009, 669 (678 f.).

[2684] *Overrath* ZGR 1974, 91 (100); Beispiel für inländische Handlungsortanknüpfung hinsichtlich des directors einer EU-Auslandsgesellschaft: BGH NStZ 2010, 632 Rn. 2 = EWiR 2010, 761 m. KurzKomm. *Rubel/Nepomuck,* zu § 266 StGB.

[2685] Näher *Radtke/Hoffmann* EuZW 2009, 404 ff.; *Schumann* ZIP 2007, 1189 ff.; GroßkommAktG/*Klug* AktG Vor § 399 Anm. 6; aA auch *Spindler/Berner* RIW 2004, 7 (15); *Zimmer* NJW 2003, 3585; *Weller* IPRax 2003, 207 (209); *Hoffmann* in Sandrock/Wetzler, Deutsches Gesellschaftsrecht im Wettbewerb der Rechtsordnungen, 2004, 227, 251.

[2686] Vgl. *Oehler,* Internationales Strafrecht, 2. Aufl. 1983, Rn. 744.

[2687] Staudinger/*Großfeld,* 1998, IntGesR Rn. 388; aA GroßkommAktG/*Klug* AktG Vor § 399 Anm. 6 unter Verweis auf die Vorschriften des StGB.

[2688] BGH NStZ 2010, 632 Rn. 10 ff. = EWiR 2010, 761 mit KurzKomm. *Rubel/Nepomuck;* näher *Hefendehl* ZIP 2011, 601 (602 f.); *Wietz,* Vermögensbetreuerpflichtverletzung gegenüber einer im Inland ansässigen Auslandsgesellschaft, 2009.

I. Vereine und Stiftungen mit Verwaltungssitz im Ausland

1. Vereine. Weder das EGBGB noch die Rom I-VO oder die Rom II-VO regeln das internationale Vereinsrecht (vgl. Art. 1 Abs. 2 lit. f Rom I-VO, Art. 1 Abs. 2 lit. d Rom II-VO). Ein RL-Vorschlag zur Angleichung des Sachrechts liegt immerhin vor (→ Rn. 61). Kollisionsrechtlich entscheidet nach autonomem ungeschriebenen IPR die am **effektiven Verwaltungssitz** geltende Rechtsordnung.[2689] Dies gilt auch für im EU-Ausland gegründete und eingetragene Vereine mit effektivem Verwaltungssitz im Inland, und zwar unabhängig davon, ob diese Vereine einen Erwerbszweck verfolgen. Trifft dies zu, unterfallen sie zwar grundsätzlich dem Schutzbereich der Niederlassungsfreiheit nach Art. 49, 54 AEUV.[2690] Die Verwaltungssitzanknüpfung ist hier aber deshalb gerechtfertigt, weil es eine die Anwendung des ausländischen Rechts kraft Niederlassungsfreiheit rechtfertigende inländische Registerpublizität[2691] für derartige Vereine nicht gibt. Eine Satzungssitzverlegung ins Inland ist von der Niederlassungsfreiheit nicht gedeckt.[2692] Nach der Aufhebung des Art. 10 aF (→ Rn. 4) sowie des § 23 BGB aF[2693] ist für ausländische Vereine, denen Rechtsfähigkeit bereits nach dem Recht des effektiven Verwaltungssitzes zukommt,[2694] **kein besonderer behördlicher Anerkennungsakt** mehr erforderlich. Die vom Sitzstaat zuerkannte Rechtsfähigkeit wirkt nach den allgemeinen Regeln des internationalen Gesellschaftsrechts auch im Inland (→ Rn. 278, → Rn. 512 ff.).[2695] Die kollisionsrechtliche Behandlung **internationaler Vereine** kann Probleme aufwerfen, wenn sie im Gründungsstaat zwar ihren Satzungssitz haben, den effektiven Verwaltungssitz aber im Ausland.[2696] 648

Der Erwerb von Teilzeitnutzungsrechten an Wohngebäuden im Vereinsmodell unterliegt der Sonderanknüpfung nach Art. 46b Abs. 4 EGBGB (vgl. auch Art. 6 Abs. 4 lit. c Rom I-VO).[2697] Eine nach keiner staatlichen Rechtsordnung verfasste ausländische Gruppierung ohne bekannten Verwaltungssitz mag für das öffentliche Vereinsrecht als rechtsfähig und im Verwaltungsprozess beteiligungsfähig gelten;[2698] im IPR ist das Fehlen eines effektiven Verwaltungssitzes ausgeschlossen (→ Rn. 428). 649

Häufig soll der effektive Verwaltungssitz am Ort des jeweils amtierenden Vorsitzenden liegen.[2699] Nach den Regeln der Sitztheorie, nach denen die Gründungsvorschriften am Ort des effektiven Verwaltungssitzes erfüllt sein müssen, wären solche Vereine nicht ordnungsgemäß gegründet. Nach einer zum Teil vertretenen Meinung soll das unerheblich bleiben, wenn es sich um Vereine kultureller oder wissenschaftlicher Art handelt.[2700] Dem kann nicht gefolgt werden.[2701] Es ist nämlich nicht einzusehen, warum die Gefahren, denen die Sitztheorie begegnen soll, bei Idealvereinen geringer zu veranschlagen sind als bei wirtschaftlichen Vereinen. Auch Idealvereine können aus vertraglichen oder anderen Rechtsgründen unbegrenzt in Anspruch genommen werden, der Rechtsverkehr ist also in gleicher oder vergleichbarer Weise von der Existenz dieser Vereine betroffen. Zu internationalen Umwandlungsmaßnahmen → BGB Vor § 21 Rn. 199 ff. 650

2. Stiftungen. a) Anknüpfung. Die Stiftung ist eine mit einem Vermögen zur dauernden und nachhaltigen Erfüllung eines vom Stifter vorgegebenen Zwecks ausgestattete, mitgliederlose juristische Person (§ 80 Abs. 1 S. 1; zur Europäischen Stiftung → Rn. 62). In der internationalen Praxis erfreut sich vor allem die liechtensteinische Stiftung einer gewissen Beliebtheit.[2702] Die kollisi- 651

2689 BGH NZG 2010, 712 Rn. 15; *Schwarz* DStR 2002, 1767 (1770); offengelassen von OLG Düsseldorf ZEV 2010, 528 Rn. 42 mAnm *Stucke/Wachter* = IPRax 2012, 433 m. Aufs. *Jakob/Uhl* IPRax 2012, 451 für liechtensteinische Stiftung.

2690 OLG Stuttgart NJWE-WettbR 1996, 197 (199) = WRP 1996, 945; anders OLG Zweibrücken DB 2005, 2293; eingehend *Wesiack,* Europäisches Internationales Vereinsrecht, 2011.

2691 Vgl. die Hinweise des EuGH auf die Zweigniederlassungs-RL (jetzt Art. 28a ff. GesR-RL) (→ Rn. 32 ff.) in EuGH ECLI:EU:C:1999:126 Rn. 36 = NJW 1999, 2027 – Centros; ECLI:EU:C:2003:512 Rn. 135 = NJW 2003, 3331 – Inspire Art.

2692 OLG Zweibrücken NZG 2005, 1019 = DB 2005, 2293; dazu *Behrens* ZEuP 2007, 324.

2693 Zu § 23 BGB aF → 8. Aufl. 2021, Rn. 674 ff.

2694 OLG Bremen IPRspr. 1971 Nr. 9 (S. 33); IPRspr. 1971 Nr. 9 (S. 33); *Raape* IPR 206; Staudinger/*Großfeld,* 1998, IntGesR Rn. 110, 722.

2695 Staudinger/*Großfeld,* 1998, IntGesR Rn. 110; LG Düsseldorf WRP 1996, 156 = IPRspr. 1994 Nr. 15 A.

2696 Dazu *Schrag,* Internationale Idealvereine, 1936, 163 f.; vgl. Part 7 Rn. 41, 42 IFAC (Verfassung der International Federation of Accountants).

2697 *Mäsch* DNotZ 1997, 180 (186 f., 205 ff.); *Jayme* IPRax 1997, 149 (152); *Otte* RabelsZ 62 (1998), 405 ff.

2698 So BVerwG NVwZ 2004, 887 = NJW 2004, 2768 Ls.

2699 Vgl. Art. 7 Abs. 5 Satzung der Association Internationale de Droit des Assurances (A. I. D. A.).

2700 So Staudinger/*Großfeld,* 1998, IntGesR Rn. 726, allerdings ohne Begründung unter Hinweis auf die Praxis.

2701 Im Ergebnis ebenso *Schrag,* Internationale Idealvereine, 1936, 165.

2702 *Wagner* RIW 2008, 773 berichtet von 50.000 dort registrierten Stiftungen; dazu auch *Ettinger/Bauer* RIW 2008, 445.

onsrechtliche Anknüpfung erfolgt – auch bei der Stiftung von Todes wegen[2703] – an dem **Verwaltungssitz** der Stiftung, der im Stiftungsgeschäft (Satzung) bestimmt wird.[2704] Für die Maßgeblichkeit der Sitztheorie spricht bei den Stiftungen nicht nur die für alle juristischen Personen geltende Erfahrungsregel, dass im Staat des Verwaltungssitzes meist der Großteil des Vermögens belegen und die Mehrzahl der Gläubiger ansässig sein wird (→ Rn. 383). Darüber hinaus gewährleistet die Anknüpfung am Verwaltungssitz auch den **Gleichlauf zum Aufsichtsrecht.** Stiftungen bedürfen der staatlichen Aufsicht, weil ihr Vermögen vor dem Fehlverhalten ihrer Organe gesichert und der Rechtsverkehr vor verkehrsuntauglichen Rechtssubjekten geschützt werden muss.[2705]

652 Nur für Stiftungen mit Verwaltungssitz im Ausland gilt demnach das ausländische Personalstatut, bei inländischem Verwaltungssitz gilt deutsches Stiftungsrecht.[2706] An der Maßgeblichkeit der Sitztheorie haben auch die am 1.7.2023 in Kraft getretenen §§ 83a, 87 Abs. 2 Nr. 3 BGB nichts geändert.[2707] Auch soweit Stiftungen einen Erwerbszweck verfolgen und daher nach Art. 49, 54 AEUV grundsätzlich niederlassungsberechtigt sind,[2708] unterliegen sie mangels EU-einheitlicher Registerpublizität (→ Rn. 648) entgegen dem II. Zivilsenat des BGH nicht dem Gründungsrecht als solchem, sondern dem an ihrem effektiven Verwaltungssitz geltenden Recht.[2709] EU-ausländische Stiftungen unterfallen mangels Anwendbarkeit der Art. 13–43 GesR-RL nicht dem vom EuGH propagierten „Informationsmodell" (→ Rn. 207, → Rn. 342 f.). Im Übrigen gelten für Stiftungen mit Verwaltungssitz im Ausland die zum Verein mit Verwaltungssitz im Ausland bestehenden kollisionsrechtlichen Regeln (→ Rn. 648 ff.) entsprechend (zu weiteren Einzelheiten auch → BGB Vor § 21 Rn. 193 ff.).[2710]

653 **b) Anerkennung von Stiftungen mit Sitz im Ausland.** Grundsätzlich ist – ebenso wie für den rechtsfähigen Verein – danach zu unterscheiden, ob die Stiftung mit **Verwaltungssitz im Ausland** bereits nach dem Recht ihres Sitzstaates rechtsfähig ist oder nicht.[2711] Ist die Stiftung danach nicht rechtsfähig, so kann sie durch die Genehmigung des Bundesministers des Innern die Rechtsfähigkeit erlangen, wenn sie ihren Verwaltungssitz ins Inland verlegt (§ 80 Abs. 2 S. 1 BGB).[2712] Dagegen wird eine Stiftung, die nach dem an ihrem effektiven Verwaltungssitz geltenden Recht rechtsfähig ist, ebenso wie ein ausländischer Verein (§ 15 VereinsG) im Inland als rechtsfähig anerkannt (→ Rn. 648).[2713] Anders ist die Rechtslage nur bei Vorliegen eines **bilateralen Staatsvertrags** über die gegenseitige Anerkennung von Stiftungen. Beispiel hierfür ist der deutsch-US-amerikanische Freundschaftsvertrag (→ Rn. 291 ff.) der die Vertragsstaaten zur gegenseitigen Anerkennung ua von in den Vertragsstaaten wirksam errichteten Stiftungen verpflichtet,[2714] wobei in

[2703] OLG München NZG 2009, 917 = ZEV 2009, 512 mAnm *Muscheler.*

[2704] Eingehend *Kronke* in v. Campenhausen ua, Stiftungen in Deutschland und in Europa, 1998, 361, 369 ff., 372; *Schwarz* DStR 2002, 1767 (1770); *A. Arnold* FS Schack, 2022, 3 (10); Anwendung der Gründungs- oder Sitztheorie offengelassen bei OLG Düsseldorf ZEV 2010, 528 = IPRax 2012, 433 Rn. 42; Reformüberlegungen bei *Behrens* GS Walz, 2008, 13; zum Stiftungskollisionsrecht und der grenzüberschreitenden Stiftungsmobilität nach der Stiftungsrechtsreform *Hilser/Wagner/Wunderlich* RIW 2022, 796.

[2705] *Uhl* EWiR 2016, 753.

[2706] OLG Hamburg IPRspr. 1977 Nr. 5; OLG Düsseldorf IPRax 1996, 423 mAnm *H. K.* = IPRspr. 1994 Nr. 17; für Gründungsrecht OLG Stuttgart NZG 2009, 1120 = BeckRS 2009, 22882 unter II 2b unter Berufung auf *Löwe/Pelz* BB 2005, 1601 (1602); dazu *v. Cube* NZG 2010, 17; rechtskräftig nach BGH BeckRS 2010, 07895; ferner *Butterstein* ZVglRWiss 2018, 394; im deutsch-amerikanischen und im deutsch-spanischen Verhältnis ist kraft staatsvertraglicher Regelungen die Gründungsanknüpfung maßgeblich, → Rn. 286, → Rn. 291 ff.; *Kronke* in v. Campenhausen ua, Stiftungen in Deutschland und in Europa, 1998, 367 f.; umfassend Richter/*Jakob*, Stiftungsrechtshandbuch, 9. Aufl. 2019, § 44.

[2707] *Hilser/Wagner/Wunderlich* RIW 2022, 796; *A. Arnold* FS Schack, 2022, 3 (12).

[2708] *Wachter* FR 2004, 1220 (1223 f.); abw. FG RhPf ZEV 2005, 449; offengelassen in EuGH ECLI:EU:C:2006:568 = NJW 2006, 3765 – Stauffer: Niederlassungsfreiheit einer gemeinnützigen Stiftung mit der Begründung abgelehnt, sie unterhalte in dem betreffenden Staat keine „dauernde Präsenz" (→ Rn. 17 ff.); näher *Hoffmann* in Richter/Wachter, Handbuch des internationalen Stiftungsrechts, 2007, § 10 Rn. 34 ff.

[2709] *Hilser/Wagner/Wunderlich* RIW 2022, 796 (809); *A. Arnold* FS Schack, 2022, 3 (10); *Uhl* EWiR 2016, 753; *Kindler* NZG 2016, 1335 gegen BGH NZG 2016, 1187 Rn. 13 = BB 2016, 2569 mAnm *v. Oertzen;* für Gründungsanknüpfung in der EU *S. Koehler,* Das Kollisionsrecht der Stiftungen aus der Sicht des Internationalen Privat- und Verwaltungsrechts, 2011.

[2710] Soergel/*Lüderitz* EGBGB Anh. Art. 10 Rn. 63; Staudinger/*Großfeld,* 1998, IntGesR Rn. 118; vgl. auch BayObLG IPRspr. 1964/65 Nr. 25 (S. 80) = NJW 1965, 1438 zur Errichtung einer Stiftung durch letztwillige Verfügung.

[2711] *Schwarz* DStR 2002, 1767 (1770); OLG München NZG 2009, 917 (919).

[2712] Begr. RegE, BT-Drs. 14/8765, 11 f.; *Hilser/Wagner/Wunderlich* RIW 2022, 796.

[2713] *Schwarz* DStR 2002, 1767 (1770).

[2714] *Hilser/Wagner/Wunderlich* RIW 2022, 796 (798).

dieser Konstellation die Belegenheit des Verwaltungssitzes für die Anerkennung keine Bedeutung hat.

c) Wegzugsverbot für Inlandsstiftungen. Die Reform des Stiftungsrechts zum 1.7.2023 zielte ua darauf ab, das Verbot des Wegzugs ins Ausland gesetzlich zu verankern.[2715] Der Gesetzgeber geht davon aus, dass eine wirksame Stiftungsaufsicht nur bei Stiftungen mit Verwaltungssitz in Deutschland möglich sei.[2716] Nach **§ 83a BGB** ist daher die **Verwaltung der Stiftung im Inland** zu führen. Ergänzend bestimmt § 87a Abs. 2 Nr. 3 BGB, dass die Behörde die Stiftung bei einer Sitzverlegung ins Ausland aufzuheben hat, wenn sie die Verlegung des Verwaltungssitzes ins Inland nicht innerhalb angemessener Zeit erreichen kann. Die Sitzverlegung ins Ausland führt demnach nicht automatisch zur Auflösung. Damit wird verhindert, dass die Stiftungsorgane durch eine Sitzverlegung ins Ausland die Auflösung der Stiftung herbeiführen können. Mit Art. 49, 54 AEUV ist die Regelung vereinbar, da aus der Niederlassungsfreiheit gerade kein voraussetzungsloses Recht zum Wegzug unter Wahrung der bisherigen nationalen Rechtsform folgt (→ Rn. 99 ff.). 654

d) Verlegung des Satzungssitzes einer deutschen Stiftung ins Ausland. Die **Verlegung des Satzungssitzes** einer deutschen Stiftung ins Ausland, mit der sich die Stiftung identitätswahrend in eine Stiftung ausländischen Rechts umwandeln könnte, ist **unzulässig** (arg. §§ 333 ff. UmwG; → Rn. 39; → Rn. 801 ff.). Die Stiftung ohne Erwerbszweck kann sich von vorneherein nicht auf die EU-Niederlassungsfreiheit berufen (→ Rn. 652). Die Stiftung mit Erwerbszweck kann sich solange nicht auf die Niederlassungsfreiheit berufen, als es keine dem „Informationsmodell" des EuGH entsprechende EU-Regelung der Registerpublizität gibt.[2717] 655

e) Steuerliche Besonderheiten. Die Anerkennung einer ausländischen Stiftung, deren **Hauptzweck die Steuerhinterziehung** ist, scheitert am inländischen ordre public (Art. 6 EGBGB).[2718] Zudem besteht die **deutsche Ersatzerbschaftsteuerpflicht** einer im Ausland rechtsfähigen Familienstiftung mit Geschäftsleitung im Inland (§ 1 Abs. 1 Nr. 4 ErbStG).[2719] 656

II. Reedereien

Die kollisionsrechtliche Anknüpfung der Reederei in der Form der (früheren) **Partenreederei**[2720] erfolgt an dem effektiven Verwaltungssitz der Reederei (vgl. auch § 2 Abs. 2 FlRG). Obgleich sie nach **§ 489 HGB aF** keine Handelsgesellschaft ist, sondern eine besondere gesellschaftsrechtliche Vereinigungsform darstellt,[2721] ist eine entsprechende kollisionsrechtliche Anknüpfung gerechtfertigt. Auch die Reederei unterliegt somit dem Recht des tatsächlichen Verwaltungssitzes. Seit Inkrafttreten des Gesetzes zur Reform des Seehandelsrechts (BGBl. 2013 I 831) am 25.4.2013 können keine neuen Partenreedereien mehr gegründet werden. 657

Dagegen ist eine OHG, KG, GmbH, AG und KGaA, welche mit einem in ihrem Vermögen stehenden Schiff dem Erwerb durch die Seefahrt nachgeht, rechtlich keine Reederei (früher Partenreederei). Auch wenn der allgemeine Sprachgebrauch hier gleichfalls den Begriff „Reederei" verwendet, so ist eine derartige Handelsgesellschaft doch gemäß **§ 484 HGB aF** nur **Reeder.**[2722] Auf den Reeder sind kollisionsrechtlich ohne weiteres die allgemein für Handels- und Kapitalgesellschaften geltenden Regeln anzuwenden (→ Rn. 387, → Rn. 388 ff., → Rn. 420 ff.). 658

III. Luftfahrtunternehmen

Für die kollisionsrechtliche Behandlung von Luftfahrtunternehmen ist die Gesellschaftsform des Rechtsträgers des jeweiligen Unternehmens maßgeblich. Luftfahrtunternehmen können nach der Legaldefinition des § 20 Abs. 1 S. 1 LuftVG sowohl als Kapital- oder Personengesellschaften wie 659

2715 Zum Folgenden *A. Arnold* FS Schack, 2022, 3 (11 f.), mit Bezug auf das Gesetz zur Vereinheitlichung des Stiftungsrechts (…) v. 16.7.2021, BGBl. 2021 I 2947; *Hilser/Wagner/Wunderlich* RIW 2022, 796 (809).

2716 Begrü. RegE, BT-Drs. 19/28173, 52 f.; ebenso *Uhl* EWiR 2016, 753.

2717 *Uhl* EWiR 2016, 753; aA *A. Arnold* FS Schack, 2022, 3 (12) mit Verweis auf EuGH ECLI:EU:C:2008:723 Rn. 112 – Cartesio; ECLI:EU:C:2017:804 Rn. 52 ff. – Polbud.

2718 OLG Düsseldorf ZEV 2010, 528 = IPRax 2012, 433; zum Rechtsmissbrauch *Klöpping/Shurety* IStR 2024, 258.

2719 FG Niedersachsen ZEV 2022, 682 (zu einer in der Schweiz rechtsfähigen Familienstiftung); Revision unter BFH II R 30/22.

2720 Zu den Einzelheiten s. nur *K. Schmidt* GesR § 64.

2721 *K. Schmidt* GesR § 64 I 1a.

2722 HM, vgl. *K. Schmidt* GesR § 64 I 1a; zur Frage der (früheren) Partenreederei oder OHG bzw. KG vgl. BGH WM 1958, 115; RG HansRGZ 1932 B 781; 1935 B 167.

auch als einzelkaufmännische Unternehmen betrieben werden. Die kollisionsrechtliche Behandlung folgt somit den allgemeinen Grundsätzen (→ Rn. 309 ff.).[2723]

E. Konzernkollisionsrecht

Schrifttum: vor → Rn. 1, → Rn. 244; *Bachmann,* Internationale Zuständigkeit bei Konzernsachverhalten, IPRax 2009, 140; *Bärwaldt/Schabacker,* Wirksamkeitserfordernisse grenzüberschreitender Unternehmensverträge im Sinne des § 291 AktG, AG 1998, 182; *Bayer,* Horizontal Groups and Joint Ventures in Europe, FS Zweigert, 1981, 363; *W. Bayer,* Der grenzüberschreitende Beherrschungsvertrag, 1988; *W. Bayer,* Herrschaftsveränderungen im Vertragskonzern, ZGR 1993, 599; *Beitzke,* Zur Entwicklung des internationalen Konzernrechts, ZHR 138 (1974), 533; *Birk,* Rechtliche Aspekte multinationaler Unternehmen, in Birk/Tietmeyer, Zur Problematik multinationaler Unternehmen, 1976, 29; *Brauer,* Kollisionsrechtliche Probleme der Konzerne und Unternehmensverträge, Diss. Göttingen 1969; *Bungert,* Mitteilungspflichten gemäß § 21 Abs. 2 AktG gegenüber Beteiligungsunternehmen mit Auslandssitz, NZG 1999, 757; *Ebenroth,* Die Kompetenzen des Vorstands und der Aktionärsschutz in der Konzernobergesellschaft, AG 1988, 1; *Ebenroth,* Konzernbildungs- und Konzernleitungskontrolle – ein Beitrag zu den Kompetenzen von Vorstand und Hauptversammlung, 1987; *Ebenroth,* Zum „Durchgriff" im Gesellschaftsrecht, SchweizAG 1985, 124; *Eidenmüller,* Der Markt für internationale Konzerninsolvenzen: Zuständigkeitskonflikte unter der EuInsVO, NJW 2004, 3455; *Einsele,* Kollisionsrechtliche Behandlung des Rechts verbundener Unternehmen, ZGR 1996, 40; *Emmerich/Habersack,* Aktien- und GmbH-Konzernrecht, 9. Aufl. 2019; *Emmerich/Habersack,* Konzernrecht, 11. Aufl. 2020; *Feddersen,* Beherrschungs- und Gewinnabführungsverträge über die Grenze, in U.H. Schneider, Beherrschungs- und Gewinnabführungsverträge in der Praxis der GmbH, 1989, 127; *Franzosi/Fauda,* L'art. 5.5. della convenzione di Bruxelles e la disciplina del gruppo di società in Italia: una impostazione diversa?, in Balzarini ua, I gruppi di società, 1996, 1311; *Gäbelein,* Beitrag zum Podiumsgespräch, Thema: Formen internationaler Unternehmensverbindungen, in Lutter, Recht und Steuer der internationalen Unternehmensverbindungen, 1972; *Goldman,* La protection des actionnaires minoritaires des sociétés filiales, in Colloque international sur le droit international privé des groupes de sociétés, Schweizerische Beiträge zum Europarecht 14 (1973), 5; *Göthel,* Internationales Privatrecht des Joint Ventures, RIW 1999, 566; *Götz,* Multinationale Konzernstrukturen nach Überseering und Inspire Art, Der Konzern 2004, 449; *Großfeld/Kötter,* Zum internationalen Privatrecht des Gleichordnungskonzerns, IPRax 1983, 60; *Hahn,* Grenzüberschreitende Gewinnabführungs- und Beherrschungsverträge, IPRax 2002, 107; *Hoffmann-Becking* (Hrsg.), Münchner Handbuch des Gesellschaftsrechts, Bd. 4 Aktiengesellschaft, 5. Aufl. 2020; *Hofstetter,* Sachgerechte Haftungsregeln für multinationale Konzerne, 1995; *Immenga,* Abhängige Unternehmen und Konzerne im europäischen Gemeinschaftsrecht, RabelsZ 48 (1984), 48; *Immenga/Klocke,* Konzernkollisionsrecht. Eine Problemskizze auf der Grundlage des deutschen Rechts der Unternehmensverbindungen, ZSchweizR 92 (1973) I, 27; *Keck,* Nationale und internationale Gleichordnungskonzerne im deutschen Konzern- und Kollisionsrecht, 1998; *Kindl,* Der Erwerb eigener Aktien nach Europäischem Gemeinschaftsrecht, ZEuP 1994, 77; *Kindler,* Hauptfragen des Konzernrechts in der internationalen Diskussion, ZGR 1997, 449; *Kindler,* Gesellschafterinnenhaftung und internationale Zuständigkeit, FS Ulmer, 2003, 305; *Kindler,* Die internationale Gerichtszuständigkeit für Konzernhaftungsklagen bei Verstößen gegen gesellschaftsrechtliche Mitteilungspflichten, IPRax 2014, 486; *Kindler,* Die Einpersonen-Kapitalgesellschaft als Konzernbaustein – Bemerkungen zum Kompromissvorschlag der italienischen Ratspräsidentschaft für eine Societas Unius Personae (SUP), ZHR 179 (2015), 330; *Klocke,* Deutsches Konzernkollisionsrecht und seine Substitutionsprobleme, 1974; *Koppensteiner,* La protection des créanciers des sociétés membres du groupe, in Colloque international sur le droit international privé des groupes de sociétés, Schweizerische Beiträge zum Europarecht 14 (1973), 79; *Kronke,* Der Gerichtsstand nach Art. 5 Nr. 5 EuGVÜ – Ansätze einer Zuständigkeitsordnung für grenzüberschreitende Unternehmensverbindungen, IPRax 1989, 81; *Kronke,* Grenzüberschreitende Personengesellschaftskonzerne – Sachnormen und Internationales Privatrecht, ZGR 1989, 473; *Lange,* Der grenzüberschreitende Vertragskonzern im Recht der Personenhandelsgesellschaft, IPRax 1998, 438; *Langen,* Die Haftung des herrschenden Unternehmens für Verbindlichkeiten der abhängigen Gesellschaft bei einem Multinationalen Unternehmen, Diss. Bonn 1976; *Lutter,* Empfehlen sich für die Zusammenfassung europäischer Unternehmen neben oder statt der europäischen Handelsgesellschaft und der internationalen Fusion weitere Möglichkeiten der Gestaltung auf dem Gebiete des Gesellschaftsrechts?, Gutachten 48. DJT, Bd. I, 1970, Teil H; *Lutter,* Recht und Steuer der internationalen Unternehmensverbindungen, Bochumer Beiträge zur Unternehmensführung und Unternehmensforschung, Bd. 11, 1972; *Lutter,* Stand und Entwicklung des Konzernrechts in Europa, ZGR 1987, 324; *Luttermann,* Zum Rechtsgebiet der internationalen Konzernrechnungslegung, FS Kropff, 1997, 485; *Mäsch/Wittebol,* None of our concern? – Grenzüberschreitende Umweltschadenshaftung im Konzern vor niederländischen Gerichten (zu Gerechtshof Den Haag, 29.1.2021, ECLI:NL:GHDHA:2021:132 – Milieudefensie u.a. ./. Royal Dutch Shell plc. u.a.), IPRax 2022, 78; *Mansel,* Gesellschaftsrechtliches Trennungsprinzip und ordre public am Beispiel der menschenrechtsbezogenen Unternehmenshaftung in der Lieferkette, FS Henssler, 2023, 1083; *Mansel/Kuhl,* Delikts- und Gesellschaftsstatut: Qualifikation der Unternehmensverantwortlichkeit in Lieferketten und bei einer Klimahaftung, FS von Bar, 2022, 251; *Maul,* Probleme im Rahmen von grenzüberschreitenden

[2723] Vgl. auch § 3 Abs. 1 LuftVG, der nach *Großfeld,* Internationales und Europäisches Unternehmensrecht, 2. Aufl. 1995, D § 7 III 1 einen charakteristischen Anwendungsfall der Kontrolltheorie bildet; zur Kontrolltheorie → Rn. 355.

Unternehmensverbindungen, NZG 1999, 741; *Meilicke,* Korporative Versklavung deutscher Aktiengesellschaften durch Beherrschungs- und Gewinnabführungsverträge gegenüber in- und ausländischen Unternehmen, FS Hirsch, 1968, 99; *Mestmäcker/Blaise/Donaldson,* Gemeinschaftsunternehmen (joint venture – Filiale commune) im Konzern- und Kartellrecht, 1979; *Neumayer,* Betrachtungen zum internationalen Konzernrecht, ZVglRWiss 83 (1984), 129; *Nießen,* Die internationale Zuständigkeit im Spruchverfahren, NZG 2006, 441; *Raiser,* Beherrschungsvertrag im Recht der Personengesellschaft, ZGR 1980, 558; *Renner,* Kollisionsrecht und Konzernwirklichkeit in der transnationalen Unternehmensgruppe, ZGR 2014, 452; *Renner/Hesselbarth,* Unternehmensverträge und die Rom I-Verordnung, IPRax 2014, 117; *Rohr,* Der Konzern im IPR unter besonderer Berücksichtigung des Schutzes der Minderheitsaktionäre und der Gläubiger, 1983; *Rundshagen,* Zivilrechtliche und steuerliche Konsequenzen grenzüberschreitender Beherrschungsverträge, RIW 1995, 664; *Sakka,* Der Konzern im Kompetenzrecht der EuGVVO. Unternehmensgruppe und internationale Zuständigkeit, 2019; *Schanze,* Investitionsverträge im internationalen Wirtschaftsrecht, 1986; *Schiessl,* Haftung im grenzüberschreitenden Konzern, RIW 1988, 951; *Schiessl,* Umstrukturierung amerikanischer Tochtergesellschaften zur Vermeidung einer Durchgriffshaftung der deutschen Mutter?, DB 1989, 513; *Schinkels,* Ansprüche auf Unterlassung nachteiliger Maßnahmen gegen beherrschende und beherrschte Aktiengesellschaft im europäischen-grenzüberschreitenden faktischen AG-Konzern, IPRax 2008, 412; *Schollmeyer,* Das Europäische Konzernrecht als Elefant im Raum, ZGR 2023, 108; *Sura,* Fremdeinfluss und Abhängigkeit im Aktienrecht, 1980; *Teichmann,* Konzernrecht und Niederlassungsfreiheit, ZGR 2014, 45; *Wackerbarth,* Grenzen der Leitungsmacht in der internationalen Unternehmensgruppe, 2001; *Würdinger,* Aktienrecht und das Recht der verbundenen Unternehmen, 4. Aufl. 1981; *Zimmer,* Ende der Konzernhaftung in „internationalen Fällen"?, IPRax 1998, 187.

I. Internationaler Unterordnungskonzern[2724]

1. Maßgeblichkeit des Statuts der abhängigen Gesellschaft. Über die Anknüpfung des grenzüberschreitenden Unterordnungskonzerns herrscht weitgehend Einigkeit. Zum Gleichordnungskonzern → Rn. 681 ff. Auszugehen ist grundsätzlich vom **Personalstatut der abhängigen Gesellschaft,** weil das Konzernverhältnis auf der Beteiligung an dieser Gesellschaft fußt.[2725] Diese Kollisionsregel ist **EU-rechtlich unbedenklich** (→ Rn. 106).[2726] Das Personalstatut der abhängigen Gesellschaft regelt das Konzernverhältnis, soweit die Interessen der abhängigen Gesellschaft selbst, der außenstehenden Gesellschafter und ihrer Gläubiger berührt sind. *Außerhalb* dieser Anknüpfungsregel stehen Rechtsinstitute des Konzernrechts, die den Schutz der *herrschenden* Gesellschaft, ihrer außenstehenden Gesellschafter und Gläubiger bezwecken.[2727] Dies betrifft etwa Zustimmungserfordernisse nach Art des § 293 Abs. 2 AktG. Regelungen dieser Art unterstehen dem Recht der Obergesellschaft.[2728] Gleiches für eine Zustimmungspflicht der Hauptversammlung der Obergesellschaft bei strukturverändernden Maßnahmen, wie sie der BGH für das deutsche Recht mit der Holzmüller-Entscheidung[2729] geschaffen hat. Denn hier geht es um die innergesellschaftliche Kompetenzverteilung zwischen den Organen Vorstand und Hauptversammlung in der Obergesellschaft.[2730] 660

[2724] Statistische Angaben zur Praxisrelevanz des internationalen Konzernrechts bei *Bayer/Hoffmann* GmbHR 2014, 12 (17). Danach werden allein rund 60.000 deutsche GmbH durch ausländische Mehrheits- oder Alleingesellschafter beherrscht.

[2725] BGH NZG 2005, 214 (215); ferner BGHZ 65, 15 = NJW 1976, 191 (implizit); BGHZ 119, 1 = NJW 1992, 2760 (implizit); BGHZ 138, 136 = NJW 1998, 1866 (implizit); OLG Frankfurt AG 1988, 267 = EWiR 1988, 587 m. KurzKomm. *Ebenroth;* OLG Hamm IPRspr. 1997 Nr. 18 = EWiR 1997, 437 m. Kurzkomm *Kowalski;* OLG Stuttgart ZIP 2007, 1210 (1213) = IPRax 2008, 433 m. Aufs. *Schinkels* IPRax 2008, 412 ff. (im Anschluss an 4. Aufl. Rn. 731, 763); LG München I BeckRS 2011, 19892 = ZIP 2011, 1511 unter II 1b 1; im Schrifttum: Staudinger/*Großfeld,* 1998, IntGesR Rn. 557; *W. Bayer* ZGR 1993, 599 (612); *Zimmer* IntGesR 366, 370; *Zimmer* IPRax 1998, 187 (188); *Picot/Land* DB 1998, 1601 (1606); *Maul* AG 1998, 404 (405 f., 407 f.); *Teichmann* ZGR 2014, 45 (70 ff.); *Mansel* ZGR 2018, 439 (452 f.); Emmerich/Habersack/*Emmerich* AktG § 311 Rn. 21; Habersack/Drinhausen/*Schürnbrand,* SE-Recht, 2. Aufl. 2016, SE-VO Art. 9 Rn. 37; Koch AktG § 311 Rn. 12; HCL/*Behrens/Hoffmann* GmbHG Allg. Einl. Rn. B 120; *Eidenmüller* in Eidenmüller Ausl. KapGes. § 4 Rn. 33; ebenso die schweiz. Rspr.: Kassationsgericht Zürich vom 20.8.1999, SZIER 2000, 367 (371 f.) mAnm *Schwander* SZIER 2000, 373 f.

[2726] EuGH ECLI:EU:C:2013:412 Rn. 35 = EuZW 2013, 664 – Impacto Azul; dazu *M. Lehmann* LMK 2013, 352735.

[2727] *Wiedemann* FS Kegel, 1977, 204; Staudinger/*Großfeld,* 1998, IntGesR Rn. 557, 558; *Lange* IPRax 1998, 438 (444).

[2728] *Luchterhandt,* Deutsches Konzernrecht bei grenzüberschreitenden Konzernverbindungen, 1971, 133 f.; *Koppensteiner,* Internationale Unternehmen 163, 252; *Wiedemann* FS Kegel, 1977, 204; *Wiedemann* GesR I § 14 III 2b, S. 807; Staudinger/*Großfeld,* 1998, IntGesR Rn. 558; *Einsele* ZGR 1996, 40 (49 f.); *Zimmer* IntGesR 410; *Emmerich/Habersack* KonzernR § 8 IV 3; *Ebenroth/Offenloch* RIW 1997, 1 (11); *Bärwaldt/Schabacker* AG 1998, 182 (187 f.); *Picot/Land* DB 1998, 1601 (1606).

[2729] BGHZ 83, 122 = NJW 1982, 1703; nachfolgend BGHZ 159, 30 = NJW 2004, 1860 – Gelatine; hierzu Koch AktG § 119 Rn. 16 ff. mwN.

[2730] Hierzu insbes. *Ebenroth,* Konzernbildungs- und Konzernleitungskontrolle, 1987, 68 ff.; Staudinger/*Großfeld,* 1998, IntGesR Rn. 559; *Zimmer* IntGesR 410; *Bärwaldt/Schabacker* AG 1998, 182 (187 f.).

661 **Selbstständig** anzuknüpfen ist eine **Deliktshaftung des herrschenden Unternehmens** im Konzern,[2731] auch auf Grund deliktsrechtlich zu qualifizierender **Schädigungsverbote** in gesellschaftsrechtlichen Gesetzen nach Art des § 117 Abs. 1 AktG (Art. 4 Rom II-VO).[2732] Bei derartigen Haftungstatbeständen geht es **nicht** um **„ausschließlich [...] organisatorische Aspekte"** der Gesellschaft, auf die der EuGH die Bereichsausnahme des Art. 1 Abs. 2 Buchst. d Rom II-VO beschränkt, sondern um eine Verhaltenshaftung des Gesellschafters.[2733]

662 Vertreten wird, dass die **Deliktsdurchgriffshaftung** dem **Deliktsstatut** unterstehe, weil sie schwerpunktmäßig von dem Deliktscharakter der Gesellschaftsschuld geprägt sei und mithin nur mittelbar das Gesellschaftsstatut der Tochtergesellschaft berühre. Wegen der damit verbundenen Spaltung des Durchgriffsstatuts ist dieser Ansatz indes **abzulehnen.**[2734] Die Durchbrechung des gesellschaftsrechtlichen Trennungsprinzips würde man so für **unterschiedliche Gläubigergruppen** je nach Deliktssachverhalt **unterschiedlichen Rechten** unterstellen, da das Deliktsstatut von dem jeweiligen Erfolgsort abhängt (Art. 4 Abs. 1 Rom II-VO). Diese Ungleichbehandlung der Gläubiger spricht gegen die deliktsrechtliche Qualifikation, sollte doch der gesellschaftsrechtliche Durchgriff für alle Gläubiger an die gleichen Bedingungen geknüpft sein, um Zufallsergebnisse zu vermeiden. Zudem ist das internationale Gesellschaftsrecht durch die Lehre vom Einheitsstatut geprägt (→ Rn. 489 ff.). Damit wäre die Unterstellung der gesellschaftsrechtlichen Durchgriffshaftung unter das jeweilige Deliktsstatut nicht vereinbar.

663 An diesen Anknüpfungsgrundsätzen wird sich auf absehbare Zeit auch im Hinblick auf zu erwartende europäische Entwicklungen kaum etwas ändern. Der gescheiterte Vorentwurf einer Konzernrechts-RL und der konzernrechtliche Teil des Aktionsplans 2012[2735] enthalten keine Regelungen für das Kollisionsrecht.

664 Nur ganz vereinzelt wird die Maßgeblichkeit des Rechts der abhängigen Gesellschaft in **Zweifel** gezogen. So hält *Goldman*[2736] eine Verbindlichkeit des deutschen Konzernrechts, beschränkt auf inländische abhängige Gesellschaften, für unzulässig. Die **unterschiedliche Behandlung eigener und fremder Tochtergesellschaften** verstoße gegen den internationalen ordre public.

665 Dieser Ansicht kann **nicht** gefolgt werden, da die Minderheitsaktionäre auch nach Abschluss des Unternehmensvertrages weiterhin dem Personalstatut der abhängigen Gesellschaft unterstehen, an der sie beteiligt sind. Ob die Aktionäre der abhängigen Gesellschaft in den Genuss der Ausgleichs- und Abfindungsansprüche des deutschen Konzernrechts kommen, bzw. ob gerade eine deutsche Gesellschaft oder eine Gesellschaft eines anderen Staates, dessen Rechtsordnung entsprechende Schutznormen nicht kennt, die herrschende ist, kann nicht vom Zufall abhängen. *Goldman* versucht, die ungleiche Behandlung deutscher und ausländischer Anteilseigner zu verhindern. Sein Lösungsvorschlag führt aber wiederum zu einer **Ungleichbehandlung der ausländischen Aktionäre** untereinander, die davon abhängt, ob das herrschende Unternehmen eine deutsche oder eine ausländische Gesellschaft ist. Daher ist der herrschenden Lehre zuzustimmen, die die §§ 291 ff. AktG nicht anwendet, wenn ein deutsches Unternehmen eine ausländische Tochtergesellschaft hat.

666 Der oberste Gerichtshof von Argentinien[2737] hat für den Fall des Konkurses[2738] einer argentinischen Tochtergesellschaft eines transnationalen Unternehmens eine **Theorie der wirtschaftlichen Einheit** (unidad económica)[2739] entwickelt. Danach fand argentinisches Konkursrecht auf den gesamten Konzern Anwendung. Wenn dieser Ansatz konzernkollisionsrechtlich genutzt wird – dh für die Beziehungen im gesamten Konzern soll nur eine Rechtsordnung maßgeblich sein –, kann

---

[2731] Kassationsgericht Zürich SZIER 2000, 367 (371) m. insoweit krit. Anm. *Schwander* SZIER 2000, 373; zu § 317 AktG auch *Renner* ZGR 2014, 452 (478).

[2732] Zur deliktischen Natur des § 117 AktG vgl. BGH NJW 1992, 3167 (3172); Koch AktG § 117 Rn. 2.

[2733] EuGH ECLI:EU:C:2022:888 = NJW 2022, 2739 Rn. 52; *Kindler* FS Säcker, 2011, 393.

[2734] *Mansel* ZGR 2018, 439 (452) gegen *Weller/Thomale* ZGR 2017, 509 (525); wie im Text auch *Müller-Hoff/Oehm* ZEuP 2022, 142 (152) zu Art. 4° des brasilianischen Gesetzes über Umweltverbrechen (Lei n° 9.605/98), welcher ein „Absehen von der juristischen Person" erlaubt; damit ist ein Absehen vom Trennungsprinzip gemeint, wenn dieses der Durchsetzung eines Anspruches im Wege steht.

[2735] *Hopt* ZGR 2013, 165.

[2736] *Goldman* Revue du Marché Commun 1968, 297 (315); *Goldman* Schweizerische Beiträge zum Europarecht 14 (1973), 5, (23 ff.).

[2737] Corte Suprema de Argentina vom 4.9.1973, Compañía Swift de la Plata, S. A. Frigorifica, auszugsweise in *Folsom/Gordon/Spanogle,* International Business Transactions, 1986, 845 ff. m. krit. Anm. *Gordon* 844, 848 ff. aus: *Gordon* Lawyer of the Americas 11 (1979), 43; hierzu auch *Moeremans* RIW 1989, 778 (782).

[2738] Zur kollisionsrechtlichen Behandlung der Insolvenz einer Konzerngesellschaft → Rn. 721 ff.

[2739] Zur Darstellung der Theorie → Rn. 761 ff.; den gleichen Ansatz verfolgt *Kaiser* RIW 1988, 589; dagegen *Schiessl* RIW 1988, 951.

hierbei sinnvollerweise nur das Personalstatut der obersten Konzerngesellschaft maßgeblich sein.[2740] Damit bestimmte diese Rechtsordnung aber über Schutzinteressen, die außerhalb ihres Geltungsbereichs angesiedelt sind. Schon deswegen ist die Theorie der wirtschaftlichen Einheit als Kollisionsregel abzulehnen.

Die Regel, dass für die Beziehungen des herrschenden Unternehmens zu einer abhängigen Gesellschaft das Recht der abhängigen Gesellschaft gilt, ist eine **allseitige Kollisionsnorm.**[2741] Sie verweist nicht nur auf die Anwendung inländischen Rechts, wenn eine deutsche Gesellschaft abhängiges Unternehmen ist, sondern sie bestimmt auch die Geltung der ausländischen Rechtsordnung, wenn ein deutsches Unternehmen eine ausländische Gesellschaft beherrscht. **667**

Die **gesellschaftsrechtliche Qualifikation des Konzernrechts** und damit die Maßgeblichkeit des Rechts der abhängigen Gesellschaft ist **niederlassungsrechtlich indifferent.** Insbesondere folgt aus dem Recht zur Gründung und Leitung von Tochtergesellschaften im EU-Ausland (Art. 49 Abs. 2 AEUV) nicht, dass Tochtergesellschaften – sowie deren Gesellschafter und Gläubiger – hinsichtlich ihrer konzernrechtlichen Stellung nach dem Recht der Muttergesellschaft zu beurteilen wären.[2742] Im Gegenteil hat der **EuGH** 2013 bestätigt, dass der Sitzstaat der Tochtergesellschaft für die Bestimmung des auf eine Verbindlichkeit eines verbundenen Unternehmens anwendbaren Rechts zuständig ist.[2743] **668**

2. Methodische Begründung der Kollisionsregel. Wenn auch Einigkeit darin besteht, dass deutsches Konzernrecht immer dann anwendbar ist, wenn die abhängige Gesellschaft eine deutsche und die herrschende eine ausländische ist, so sind die methodischen Begründungen dieser Kollisionsregel doch vielfältig.[2744] Die hier vertretene Begründung folgt der Ansicht *Manns,*[2745] dass die **konzernrechtliche Problematik mit den Mitteln des internationalen Gesellschaftsrechts bewältigt** werden könne. Danach sind die Rechtsbeziehungen zwischen herrschendem und abhängigem Unternehmen und dessen Minderheitsaktionären nicht anders zu beurteilen, als die Beziehungen von Kleinaktionären zu ihren Unternehmen. In der Tat bilden die §§ 291 ff. AktG und §§ 311 ff. AktG eine besondere Konkretisierung der Pflichtenstellung des Mehrheitsaktionärs.[2746] Auch ist das Konzernrecht derart eng mit dem allgemeinen Gesellschaftsrecht verflochten, dass beide Regelungsbereiche ein **Gesamtsystem** des Gesellschafter- und Gläubigerschutzes innerhalb ein- und derselben Rechtsordnung ergeben, welches kollisionsrechtlich nicht gespalten werden sollte.[2747] **669**

3. Grenzüberschreitende Beherrschungs- und Gewinnabführungsverträge. a) Deutsche Tochtergesellschaft – ausländische Muttergesellschaft. aa) Anknüpfung. Nach nahezu einhelliger Auffassung in der Literatur unterliegen Beherrschungs- und Gewinnabführungsverträge einer deutschen Tochtergesellschaft mit einer ausländischen Muttergesellschaft kraft zwingender objektiver Anknüpfung dem deutschen Recht als Gesellschaftsstatut der abhängigen Gesellschaft.[2748] **670**

2740 Vgl. *Berle* Col. L. Rev. 47 (1947), 343 ff.

2741 Vgl. *Ebenroth,* Die verdeckten Vermögenszuwendungen im transnationalen Unternehmen, 1979, 400; *Wiedemann* FS Kegel, 1977, 206; *Wiedemann* GesR I § 14 III 1, S. 800; *Wiedemann/Barennes* FS Barz, 1974, 560 (561); Staudinger/*Großfeld,* 1998, IntGesR Rn. 561; OLG Frankfurt AG 1988, 267 = EWiR 1988, 587 m. KurzKomm. *Ebenroth; Zimmer* IntGesR 374; Soergel/*Lüderitz* EGBGB Anh. Art. 10 Rn. 58; *Mann* FS Barz, 1974, 219 (224 f.); *Sandrock* BerGesVR 18 (1978), 169 (244).

2742 Vgl. *Kindler* FS Säcker, 2011, 393 (399); *Götz* Der Konzern 2004, 449.

2743 EuGH ECLI:EU:C:2013:412 Rn. 35 = EuZW 2013, 664 = LMK 2013, 352735 – Impact Azul, mAnm *M. Lehmann;* dazu *Teichmann* ZGR 2014, 45.

2744 Zur Diskussion seit den sechziger Jahren des vergangenen Jahrhunderts → 8. Aufl. 2021, Rn. 692 ff.

2745 *Mann* FS Barz, 1974, 219 ff.; *Mann* in Colloque international sur le droit international privé des groupes de sociétés, 1973, 39 ff.; *Rohr,* Der Konzern im IPR unter besonderer Berücksichtigung des Schutzes der Minderheitsaktionäre und der Gläubiger, 1983, 68; vgl. zur Kritik *Wiedemann* FS Kegel, 1977, 187 (205); *Wiedemann* GesR I § 14 III 1, S. 800.

2746 Vgl. BGHZ 65, 15 = NJW 1976, 191; *Einsele* ZGR 1996, 40 (44); tendenziell auch *Teichmann* ZGR 2014, 45 (72).

2747 *Zimmer* IntGesR 370, 373 f.; *Zimmer* IPRax 1998, 187 (188).

2748 LG München I BeckRS 2011, 19892 = ZIP 2011, 1511 unter II 1b 1; in der Lit. *Brauer,* Kollisionsrechtliche Probleme der Konzerne und Unternehmensverträge, 1969, 104 ff.; *Koppensteiner,* Internationale Unternehmen im deutschen Gesellschaftsrecht, 1971, 245 ff.; *Vischer* FS Mann, 1977, 639 (650); *Rohr,* Der Konzern im IPR unter besonderer Berücksichtigung des Schutzes der Minderheitsaktionäre und der Gläubiger, 1983, 300 ff.; *W. Bayer,* Der grenzüberschreitende Beherrschungsvertrag, 1988, 20 ff., 66 ff.; *W. Bayer* ZGR 1993, 599 (612); GroßkommAktG/*Assmann* AktG Einl. Rn. 642; Staudinger/*Großfeld,* 1998, IntGesR Rn. 557; *Grothe* RabelsZ 58 (1994), 388 (397); *Epe* FS Rothoeft, 1994, 42 (54); *Rundshagen/Strunk* RIW 1995, 664 (665); HCL/*Behrens/Hoffmann* GmbHG Allg. Einl. Rn. B 120; *Emmerich/Habersack* KonzernR § 8 IV 3; *Bärwaldt/Schabacker* AG 1998, 182 (186 f.); *Lange* IPRax 1998, 438 (443).

Eine Rechtswahl (Art. 3 ff. Rom I-VO) ist weder zulässig[2749] noch erforderlich.[2750] Denn als **körperschaftsrechtlicher Organisationsvertrag**[2751] sind Beherrschungs- und Gewinnabführungsverträge einer Rechtswahl von vornherein nicht zugänglich.[2752] Der genannten Anknüpfungsregel folgt auch der II. Zivilsenat des BGH, wenngleich man dort die kollisionsrechtliche Seite der Behandlung internationaler Unternehmensverträge noch nicht erkannt zu haben scheint. So hat das Gericht im **Holiday Inn-Urteil vom 5.10.1981**[2753] die Beherrschung einer deutschen KG durch ein multinational tätiges Unternehmen im Wege eines Betriebsführungsvertrages ohne weiteres nach deutschem Recht beurteilt.[2754] Gleichermaßen wurde in den **ABB-Entscheidungen vom 15.6.1992**[2755] und **vom 3.4.1998**[2756] ein Beherrschungsvertrag zwischen einer AG deutschen Rechts und einem Unternehmen mit Sitz in der Schweiz ganz selbstverständlich dem deutschen Recht unterstellt.

671 Die **Maßgeblichkeit des Rechts der abhängigen Gesellschaft verstößt** auch insoweit (zum Grundsatz → Rn. 668) **nicht gegen** die **Niederlassungsfreiheit** nach dem AEUV. Dies gilt insbesondere mit Blick auf den vertragskonzernrechtlichen Verlustausgleich, die Außenhaftung gegenüber den Gläubigern der inländischen Tochtergesellschaft und die strafrechtsakzessorische Deliktshaftung der Organmitglieder einer herrschenden Gesellschaft ausländischen Rechts.[2757]

672 **bb) Sachrechtliche Behandlung. (1) Zulässigkeit grenzüberschreitender Unternehmensverträge.** Umstritten ist, ob grenzüberschreitende Beherrschungs- und Gewinnabführungsverträge nach deutschem Sachrecht zulässig sind. Die **Rspr. bejaht dies** ohne weiteres.[2758] Demgegenüber hat eine inzwischen überwundene **Mindermeinung** in der Literatur die Zulässigkeit dieser Verträge abgelehnt.[2759]

673 Insgesamt sind keine durchschlagenden Bedenken gegen die Zulässigkeit grenzüberschreitender Beherrschungs- und Gewinnabführungsverträge ersichtlich. Im Gegenteil gibt das Gesetz in § 305 Abs. 2 Nr. 1 und 2 AktG sogar deutliche Hinweise für die Zulässigkeit einer solchen Gestaltung. Nach diesen Bestimmungen ist zur Abfindung außenstehender Aktionäre bei herrschenden „Gesellschaften mit Sitz im Inland" die Gewährung eigener Aktien vorzusehen. Daraus folgt, dass der Gesetzgeber von der Vorstellung ausgegangen ist, dass ein Unternehmensvertrag auch mit einer ausländischen Gesellschaft möglich sei. Anders ist die Beschränkung der Abfindung durch Aktiengewährung auf inländische Gesellschaften nicht erklärbar und würde § 305 Abs. 2 Nr. 3 AktG weitgehend leer laufen. § 305 Abs. 2 AktG bezweckt bei dieser Betrachtungsweise, dass ein Aktionär nicht gezwungen werden kann, Aktien einer Gesellschaft zu übernehmen, die nicht den Bestimmungen des Aktiengesetzes unterliegt.[2760] Nach Auffassung der EU-Kommission liegt in der Verpflichtung ausländischer Gesellschaften zur Barabfindung ein Verstoß gegen das Diskriminierungsverbot nach dem AEUV (Art. 18 AEUV).[2761]

674 Mit der **hM** ist daher von der **Zulässigkeit grenzüberschreitender Beherrschungs- und Gewinnabführungsverträge** auszugehen.[2762] Dem kann insbesondere nicht entgegengehalten

---

2749 *W. Bayer,* Der grenzüberschreitende Beherrschungsvertrag, 1988, 95, 114; *W. Bayer* ZGR 1993, 599 (612); *Göthel/Graminsky* BB 2020, 514 (518); *Bärwaldt/Schabacker* AG 1998, 182 (186); für Rechtswahl nach Art. 3 Rom I-VO aber *Renner/Hesselbarth* IPRax 2014, 117; *Renner* ZGR 2014, 452 (475 ff.).

2750 Staudinger/*Großfeld,* 1998, IntGesR Rn. 575; aA *Wiedemann* GesR I § 14 III 2a, S. 805 f.; *Wiedemann* FS Kegel, 1977, 187 (207); *Hahn* IPRax 2002, 107 (111 f.) m. unzutr. Verweis auf BGHZ 122, 211 = NJW 1993, 1976: diese Entscheidung ergibt zur Parteiautonomie nichts.

2751 Vgl. BGHZ 103, 1 (4 f.) = NJW 1988, 1326; BGHZ 105, 324 (331) = NJW 1989, 295; *v. Bar/Mankowski* IPR II § 7 Rn. 250; *Kronke* ZGR 1989, 473 (486); *Emmerich/Habersack* KonzernR § 8 II 1b.

2752 *W. Bayer* ZGR 1993, 599 (612); *Neumayer* ZVglRWiss 83 (1984), 129 (153 f.); allg. zur fehlenden Parteiautonomie im IntGesR → Rn. 326 aE; 372 ff.

2753 BGH NJW 1982, 1817.

2754 Krit. insoweit *Löffler* NJW 1983, 2920 (2922); vgl. auch *Reuter* JZ 1986, 16 (18).

2755 BGHZ 119, 1 = NJW 1992, 2760 – ABB; insoweit krit. *W. Bayer* ZGR 1993, 599 (611 ff.).

2756 BGHZ 138, 136 = NJW 1998, 1866 – ABB.

2757 Zutr. insoweit *Sandrock* in Sandrock/Wetzler, Deutsches Gesellschaftsrecht im Wettbewerb der Rechtsordnungen, 2004, 33, 58.

2758 Vgl. nochmals die ABB-Entscheidungen; ferner OLG Düsseldorf NZG 2007, 77 (78); wohl auch BayObLG RIW 1997, 596; mit Recht krit. zur fehlenden Auseinandersetzung mit dem Meinungsstreit im Schrifttum *W. Bayer* ZGR 1993, 599 (612); *W. Bayer* WuB II A. § 293 AktG 2.92 unter V.

2759 → 8. Aufl. 2021, Rn. 705 ff.

2760 *v. Godin/Wilhelmi* AktG § 305 Anm. 2; Staudinger/*Großfeld,* 1998, IntGesR Rn. 571.

2761 EU-Kommission Pressemitt. vom 16.7.2004, EuZW 2004, 483.

2762 Vgl. BGHZ 119, 1 = NJW 1992, 2760 – ABB; BGHZ 138, 136 = NJW 1998, 1866 – ABB; OLG Düsseldorf NZG 2007, 77 (78); im Schrifttum: *Brauer,* Kollisionsrechtliche Probleme der Konzerne und Unternehmensverträge, 1969, 104 ff.; *Koppensteiner,* Internationale Unternehmen im deutschen Gesell-

werden, das Gesetz lasse keinen eindeutigen Schluss über die Zulässigkeit oder Unzulässigkeit grenzüberschreitender Beherrschungs- und Gewinnabführungsverträge zu.[2763] Denn Auslegungszweifel gehen auch im Gesellschaftsrecht nicht zu Lasten der Privatautonomie.[2764] Gegenüber herrschenden Unternehmen mit Sitz im **EU-Ausland** haben die vorgebrachten Bedenken zudem im Hinblick auf das Diskriminierungsverbot (Art. 18 AEUV) keinen Bestand.[2765]

(2) Wirksamkeitsvoraussetzungen und Rechtsfolgen. Die **Wirksamkeitsvoraussetzungen** grenzüberschreitender Beherrschungs- und Gewinnabführungsverträge unter Beteiligung deutscher abhängiger Gesellschaften unterliegen dem Vertragsstatut und daher (→ Rn. 670) zwingend dem deutschen Recht als Gesellschaftsstatut der abhängigen Gesellschaft.[2766] Die danach erforderlichen Wirksamkeitsvoraussetzungen müssen vorliegen, insbesondere ein privatschriftlicher Unternehmensvertrag mit Ausgleichsverpflichtung (§ 291 Abs. 2 AktG, § 304 Abs. 3 AktG), ein notariell protokollierter bzw. beurkundeter Zustimmungsbeschluss der Hauptversammlung bzw. der Gesellschafterversammlung der beherrschten Gesellschaft (§ 293 Abs. 1 AktG) und die Eintragung in das Handelsregister der beherrschten Gesellschaft (§ 294 Abs. 2 AktG). Der Zustimmung der Hauptversammlung/Gesellschafterversammlung des herrschenden Unternehmens bedarf es nur, wenn dessen Gesellschaftsstatut dies verlangt; § 293 Abs. 2 AktG kommt in Bezug auf ausländische herrschende Unternehmen nicht zur Anwendung (→ Rn. 660). 675

Die **Rechtsfolgen** aus dem Unternehmensvertrag unterliegen ebenfalls dem deutschen Recht. Gegenüber einem herrschenden Unternehmen mit Sitz im Ausland besteht die Besonderheit, dass der Vorstand der deutschen abhängigen Gesellschaft nachteilige Weisungen (§ 308 Abs. 1 S. 2 AktG) erst ausführen darf, wenn sich das herrschende Unternehmen verpflichtet hat, die Vollstreckung rechtskräftiger Urteile über Ansprüche der abhängigen Gesellschaft aus dem Unternehmensvertrag hinzunehmen.[2767] 676

b) Ausländische Tochtergesellschaft – deutsche Muttergesellschaft. Sollte nach dem Personalstatut einer abhängigen Gesellschaft mit Sitz im Ausland ein Beherrschungs- und Gewinnabführungs- oder Weisungsvertrag mit einer inländischen herrschenden Aktiengesellschaft zulässig sein,[2768] so wären die Grenzen der Leitungsmacht dem ausländischen Gesellschaftsstatut mit seinen Schutznormen für die abhängige Gesellschaft zu entnehmen.[2769] Darüber hinaus wäre dem ausländischen Gesellschaftsstatut eine eventuelle Erstreckung der Haftung auf Grund eines Durchgriffs[2770] zu entnehmen, die im Inland unter dem Vorbehalt des ordre public durchsetzbar wäre. Die Überschrei- 677

---

schaftsrecht, 1971, 245 ff.; *Vischer* FS Mann, 1977, 639 (650); *Wiedemann* FS Kegel, 1977, 187 (206 f.); *W. Bayer,* Der grenzüberschreitende Beherrschungsvertrag, 1988, 96 ff.; *W. Bayer* ZGR 1993, 599 (612 f.); *Feddersen* in U.H. Schneider, Beherrschungs- und Gewinnabführungsverträge in der Praxis der GmbH, 1989, 127 (138 ff.); Staudinger/*Großfeld,* 1998, IntGesR Rn. 571; *Epe* FS Rothoeft, 1994, 54; *Bärwaldt/Schabacker* AG 1998, 182 (184 ff.); *Emmerich/Habersack* KonzernR § 8 IV 4; Koch AktG § 291 Rn. 8; *Hahn* IPRax 2002, 107 (109).

2763 So → 2. Aufl. 1990, Rn. 417; *Ebenroth/Offenloch* RIW 1997, 1 (12 f.).

2764 Vgl. nur *K. Schmidt* GesR § 5 III a.

2765 *Emmerich/Habersack* KonzernR § 8 IV 4; *Lange* IPRax 1998, 438 (441); s. auch *Götz* Der Konzern 2004, 449; *Schübel/Dziuba* ZVglRWiss. 118 (2019), 145 (156 ff.).

2766 *v. Bar/Mankowski* IPR II § 7 Rn. 250; *W. Bayer,* Der grenzüberschreitende Beherrschungsvertrag, 1988, 73; Staudinger/*Großfeld,* 1998, IntGesR Rn. 575; *Emmerich/Habersack* KonzernR § 8 IV 3; *Bärwaldt/Schabacker* AG 1998, 182 (187), alle mwN.

2767 So *Koppensteiner,* Internationale Unternehmen im deutschen Gesellschaftsrecht, 1971, 248; *Luchterhandt,* Deutsches Konzernrecht bei grenzüberschreitenden Konzernverbindungen, 1971, 118 f.; zust. *Immenga/Klocke* ZSchweizR 1973, 27 (49); abl. *Wiedemann* GesR I § 14 III 3b, S. 812; wie hier auch Staudinger/*Großfeld,* 1998, IntGesR Rn. 577; *W. Bayer,* Der grenzüberschreitende Beherrschungsvertrag, 1988, 142; vgl. ferner *Maul* AG 1998, 404 (411 ff.).

2768 Vgl. die Länderberichte bei *Heckschen* in Süß/Wachter, Handbuch des internationalen GmbH-Rechts, 3. Aufl. 2016, § 6; ferner in Lutter (Hrsg.), Konzernrecht im Ausland, 1994; Mestmäcker/Behrens (Hrsg.), Das Gesellschaftsrecht der Konzerne im internationalen Vergleich, 1991; eine Regelung des Vertragskonzerns existiert in Portugal, Brasilien, Kroatien, Slovenien und Taiwan (*Hopt* EuZW 1999, 577), ferner seit 2004 in Italien (Art. 2497-sexies cod. civ.).

2769 Vgl. den Fall Fruehauf in Frankreich, D. 1968, 147; s. dazu *Contin* D. 1968, 45 ff.; *Menjucq,* Droit international et européen des sociétés, 2001, Rn. 212; *Craig* 85 Harv. L. Rev. (1969/70), 579 ff.; *Koppensteiner,* Internationale Unternehmen im deutschen Gesellschaftsrecht, 1971, 202 f., 317; vgl. weiter *Rehbinder* RIW/AWD 1969, 346 (351); *Wiedemann* FS Kegel, 1977, 187 (210); *Großfeld,* Basisgesellschaften im internationalen Steuerrecht, 1974, 179; *Ebenroth/Reiner* BB-Beil. Nr. 13/1992, 1 (5); *Bärwaldt/Schabacker* AG 1998, 182 (187); *Maul* NZG 1998, 965 (967 f.).

2770 Zur kollisionsrechtlichen Anknüpfung des Durchgriffs → Rn. 591 ff.

tung der mit dem Abschluss eines Weisungsvertrages vereinbarten Schranken[2771] würde sich nach ausländischem Recht beurteilen, wobei das Personalstatut der abhängigen ausländischen Gesellschaft bei strukturändernden Verträgen oder sonst das Vertragsstatut für Leistungsstörungen (vgl. Art. 12 Abs. 1 lit. c Rom I-VO) gelten würde. Auch eine eventuell bestehende Vertrauenshaftung aus erteilter Weisung[2772] würde kollisionsrechtlich dem Vertragsstatut unterliegen. **Gestaltungshinweis:** Bei Unzulässigkeit eines Beherrschungs- und Gewinnabführungs- oder Weisungsvertrages nach ausländischem Recht ist zu erwägen, die Auslandstochter dem deutschen Recht zu unterstellen (§ 5 AktG, § 4a GmbHG), was der Gaststaat respektiert, wenn er seinerseits kollisionsrechtlich der Gründungstheorie folgt (→ Rn. 481 ff.).[2773]

678 **4. Kollisionsrecht des faktischen Konzerns.** Auch die sog. faktischen Konzernverhältnisse unterliegen dem **Gesellschaftsstatut der abhängigen Gesellschaft,**[2774] da deren Statut die **mitgliedschaftlichen Beziehungen** regelt.[2775] Die Rechte und Pflichten des Mehrheitsaktionärs bestimmen sich nach dem Statut der Gesellschaft, deren Aktionär er ist. Die §§ 311–318 AktG finden daher immer Anwendung, wenn eine deutsche Aktiengesellschaft oder Kommanditgesellschaft auf Aktien auf Grund mehrheitlicher Beteiligung beherrscht wird. Auch der **EuGH** hat 2013 bestätigt, dass der Sitzstaat der Tochtergesellschaft für die Bestimmung des auf die Durchgriffshaftung des herrschenden Unternehmens anwendbaren Rechts zuständig ist (→ Rn. 106).[2776] Keine Anwendung findet das deutsche Recht im Verhältnis ausländischer Töchter zu deutschen herrschenden Unternehmen.[2777] Anderer Ansicht ist nur *Goldman,*[2778] der dann eine Geltung des Statuts der herrschenden Gesellschaft befürwortet, wenn dieses günstigere Regelungen für die Betroffenen bestimmt.

679 Nach der **Theorie der Konzernverfassung von oben**[2779] sind auch die Minderheitsgesellschafter der Obergesellschaft als schutzbedürftig anzusehen, weil durch Maßnahmen der Konzernbildung oder -leitung ihr Einfluss zumindest mediatisiert würde. Überträgt man diese Überlegungen

---

2771 Koch AktG § 308 Rn. 13.

2772 Vgl. dazu LG Frankfurt a. M. AG 1977, 321; OLG Frankfurt IPRspr. 1979 Nr. 10a, 10b; *Schatz,* Die Sicherung des Gesellschaftsvermögens nach den Gläubigerinteressen im Deutschen Konzernrecht, 1980, 202 ff.

2773 Zur Verlustverrechnung nach §§ 14 ff. KStG s. FG Hannover IStR 2010, 260.

2774 BGH NZG 2005, 214 (215); OLG Stuttgart ZIP 2007, 1210 (1213) = IPRax 2008, 433 m. Aufs. *Schinkels* IPRax 2008, 412 ff. (im Anschluss an → 4. Aufl. 2006, Rn. 731, 763); iErg auch BGHZ 65, 15 = NJW 1976, 191; OLG Hamm IPRspr. 1997 Nr. 18 = EWiR 1997, 437 m. KurzKomm. *Kowalski; Brauer,* Kollisionsrechtliche Probleme der Konzerne und Unternehmensverträge, 1969, 173 ff.; LG Kiel NZG 2008, 346 = IPRax 2009, 164 m. Aufs. *Bachmann* IPRax 2009, 140 (Recht der abhängigen Gesellschaft im Rahmen der Zuständigkeitsprüfung in Bezug genommen); *Ebenroth,* Die verdeckten Vermögenszuwendungen im transnationalen Unternehmen, 1979, 405; *Emmerich/Habersack* KonzernR § 19 V 4; Emmerich/Habersack/*Habersack* AktG § 311 Rn. 11; *Immenga/Klocke* ZSchweizR 92 (1973), 27 (44 ff.); *Koppensteiner,* Internationale Unternehmen im deutschen Gesellschaftsrecht, 1971, 169 f.; *Klocke,* Deutsches Konzernkollisionsrecht und seine Substitutionsprobleme, 1974, 131 ff.; *Luchterhandt,* Deutsches Konzernrecht bei grenzüberschreitenden Konzernverbindungen, 1971, 101 ff.; *Rohr,* Der Konzern im IPR unter besonderer Berücksichtigung des Schutzes der Minderheitsaktionäre und der Gläubiger, 1983, 89; *Wiedemann* GesR I § 14 III 3a, S. 808; HCL/*Behrens/Hoffmann* GmbHG Allg. Einl. Rn. B 120; Staudinger/*Großfeld,* 1998, IntGesR Rn. 580; GroßkommAktG/*Assmann* AktG Einl. Rn. 640; Koch AktG § 311 Rn. 12; Soergel/*Lüderitz* EGBGB Anh. Art. 10 Rn. 58; *Zimmer* IntGesR 370 ff.; *Zimmer* IPRax 1998, 187 (188); ebenso iErg *Altmeppen* GmbHG Anh. § 13 Rn. 196; Hirte in Hirte/Bücker GrenzübGes § 1 Rn. 81; *Eidenmüller* in Eidenmüller Ausl. KapGes. § 4 Rn. 33; *J. Hoffmann* in Süß/Wachter, Handbuch des internationalen GmbH-Rechts, 3. Aufl. 2016, § 5; *Schinkels* IPRax 2008, 412; *Bachmann* IPRax 2009, 140 (141).

2775 Vgl. *Mann* FS Barz, 1974, 219 (224); zur international erkennbaren Tendenz, Haftungsfragen dem Recht des Gastlandes zu unterstellen s. *Hofstetter,* Sachgerechte Haftungsregeln für multinationale Konzerne, 1995, 160 ff.; Kassationsgericht Zürich vom 20.9.1999, SZIER 2000, 367 (371 f.) mAnm *Schwander* SZIER 2000, 373 f.

2776 EuGH ECLI:EU:C:2013:412 = EuZW 2013, 664 = LMK 2013, 352735 – Impact Azul, mAnm *M. Lehmann;* dazu *Teichmann* ZGR 2014, 45.

2777 Vgl. *Emmerich/Habersack* KonzernR § 19 V 4; *Immenga/Klocke* ZSchweizR 92 (1973), 27 (44 f.); *Luchterhandt,* Deutsches Konzernrecht bei grenzüberschreitenden Konzernverbindungen, 1971, 101, 127; *Rehbinder* ZGR 1976, 386 (399); *Westermann* ZGR 1975, 68 (86); Staudinger/*Großfeld,* 1998, IntGesR Rn. 580.

2778 *Goldman* Revue du Marché Commun 1968, 297 (315); *Goldman,* La protection des actionnaires, 1973, 23 ff.

2779 Vgl. hierzu *Hommelhoff,* Die Konzernleitungspflicht, 1982; *Lutter* FS Stimpel, 1985, 825; *Timm,* Die Aktiengesellschaft als Konzernspitze: Die Zuständigkeitsordnung bei der Konzernbildung und Konzernumbildung, 1980; *Timm* ZHR 153 (1989), 60; zur Kritik vgl. *Ebenroth,* Konzernbildungs- und Konzernleitungskontrolle, – ein Beitrag zu den Kompetenzen von Vorstand und Hauptversammlung, 1987, 57; *Emmerich/Habersack* KonzernR § 4a.

auf das Kollisionsrecht, so ist eine Zustimmung der Hauptversammlung der Obergesellschaft (analog § 293 Abs. 2 AktG) nach deren Personalstatut zu beurteilen.[2780] Die Zustimmungspflichtigkeit bestimmter Maßnahmen der Konzernbildung und -leitung betrifft nämlich die innergesellschaftliche Organzuständigkeit.[2781] Allenfalls kann das Statut der Konzernobergesellschaft für das Verhältnis der abhängigen Konzerngesellschaften untereinander Anwendung finden.[2782]

Werden eine **GmbH** oder eine **Personengesellschaft** auf Grund mehrheitlicher Beteiligung einer ausländischen Gesellschaft **beherrscht,** so unterliegt das Konzernverhältnis ebenfalls dem Recht der abhängigen Gesellschaft.[2783] Nach dieser Rechtsordnung beurteilt sich unter anderem, ob und inwieweit die Organmitglieder der abhängigen Gesellschaft im **Konzerninteresse** (und folglich zum Nachteil der von ihnen geleiteten Gesellschaft) handeln dürfen.[2784] **680**

II. Internationaler Gleichordnungskonzern

Neben den Unterordnungskonzernen bestehen in der Praxis auch Gleichordnungskonzerne. **681** Diese können faktisch oder auch durch Vertrag begründet werden.[2785] Für die Dachgesellschaften bestehen gleichwertige Möglichkeiten, die Führung des Gesamtunternehmens zu bestimmen. Keines der beteiligten Unternehmen kann gegenüber einem anderen ohne weiteres seine Interessen durchsetzen. Internationale Gleichordnungsverhältnisse sind dadurch gekennzeichnet, dass sich **zwei rechtlich selbstständige Unternehmen,** ohne dass das eine von dem anderen abhängig ist, **unter einer einheitlichen Leitung** zusammenschließen (vgl. § 18 Abs. 2 AktG). Eine klare kollisionsrechtliche Schwerpunktbildung ist hier bisweilen schwierig.

Erste Möglichkeit der Bildung eines internationalen Gleichordnungskonzerns ist der Abschluss **682** eines **Gleichordnungsvertrages.**[2786] Es liegt dann aus deutscher Sicht eine Gesellschaft bürgerlichen Rechts zwischen den beteiligten Unternehmen vor.[2787] Eine Gleichordnung kann durch drei parallele Vereinbarungen erreicht werden. Zunächst wird eine übereinstimmende Gewinnermittlung mit einer übereinstimmenden Dividende und einem übereinstimmenden Liquidationserlös festgelegt. Ferner werden die Verwaltungsorgane identisch besetzt, sodass die beiden miteinander verbundenen Unternehmen in Personalunion durch dieselben Organmitglieder geleitet werden. Und schließlich wird die inhaltlich abgestimmte Unternehmensleitung noch durch eine von den beiden miteinander verbundenen Gesellschaften gehaltene Tochtergesellschaft gesichert. Diese Gesellschaft hält jeweils die Hälfte eines Anteilpaketes der beiden Muttergesellschaften. Diese Aktien sind jeweils mit einem Vorschlags-, Bestimmungs- oder Entsendungsrecht für die Besetzung der Verwaltungsorgane ausgestattet. Soweit mit dem Gleichordnungsvertrag eine Vermögensübertragung (§ 179a AktG) oder die Einbeziehung einer GmbH oder Personengesellschaft vorgesehen ist, ist die Zustimmung aller Gesellschafter erforderlich.[2788]

Eine weitere Möglichkeit zur Bildung eines Gleichordnungskonzerns ist die **paritätische Über-** **683** **kreuzverflechtung.**[2789] Die wechselseitige Beteiligung wird dadurch erreicht, dass Unternehmen aus verschiedenen Staaten gemeinsam mit einer Beteiligung von je 50% in beiden Sitzstaaten natio-

---

[2780] S. *Ebenroth,* Konzernbildungs- und Konzernleitungskontrolle, 1987, 68 ff., 84 ff.; *Wackerbarth,* Grenzen der Leitungsmacht in der internationalen Unternehmengruppe, 2001, 436 ff.

[2781] S. *Ebenroth,* Konzernbildungs- und Konzernleitungskontrolle, 1987, 68 ff.

[2782] OLG Düsseldorf BeckRS 2016, 130802 = IPRax 2017 Heft 2, X.

[2783] BGH NZG 2005, 214 (215); HCL/*Behrens/Hoffmann* GmbHG Allg. Einl. Rn. B 120 zum GmbH-Konzern; *Kronke* ZGR 1989, 473 (475 f.) zum Personengesellschafts-Konzern.

[2784] Dazu rechtsvergleichend *Teichmann* AG 2013, 184 (191 ff.); bahnbrechend – und bis heute umstritten – ist die franz. Rozenblum-Entscheidung: Cass. crim. 4.2.1985, JCP 1986, II, No 20585; dazu *Maul* NZG 1998, 965 (966); *Hopt* ZHR 171 (2007), 199 (222 ff.); auf ihr fußen die Vorschläge des Forum Europaeum on Company Groups ZGR 2015, 507 (513).

[2785] *Bayer* FS Zweigert, 1981, 363; GroßkommAktG/*Assmann* AktG Einl. Rn. 638; Koch AktG § 18 Rn. 20 f.; *Emmerich/Habersack* KonzernR § 4 III 2a; umfassende kollisionsrechtliche Darstellung bei *Keck,* Nationale und internationale Gleichordnungskonzerne im deutschen Konzern- und Kollisionsrecht, 1998.

[2786] Beispiel in der Praxis hierfür ist die Verbindung zwischen der Unilever N.V., Rotterdam, und der Unilever Ltd., London; vgl. dazu *Großfeld,* Europäisches und Internationales Unternehmensrecht, 2. Aufl. 1995, E § 3 II; *Hofmann,* The Dual Structure of the Unilever Group of Companies and the Equalisation Agreement, 1968.

[2787] Koch AktG § 18 Rn. 20; *Emmerich/Habersack* KonzernR § 4 III 2a; zur kartellrechtlichen Beurteilung *Buntscheck* WuW 2004, 374.

[2788] BGHZ 82, 188 = NJW 1982, 933; *K. Schmidt* ZHR 155 (1991), 418 (427) Fn. 54; *Wellkamp* DB 1993, 2517 (2518).

[2789] Vgl. dazu *Emmerich* FS H. Westermann, 1974, 55 (62, 68 f.); *Becker* DB 1978, 1321 (1323 ff.); *Lutter* FS Zweigert, 1981, 251 (265); Modell in der Praxis hierfür ist die ehemalige Zusammenarbeit zwischen der Agfa AG und der Gevaert Photo Producten N.V.

nale Betriebsgesellschaften als gemeinsame Tochtergesellschaften gründen (zur Ausgliederung → Rn. 719 f.). Die Gestaltung der Satzung und der Organisation dieser Gesellschaften erfolgt in den Grenzen der zwingenden nationalen Bestimmungen möglichst einheitlich. Sodann übernimmt jede der beiden neu gegründeten Tochtergesellschaften die gesamte unternehmerische Tätigkeit ihrer jetzigen Muttergesellschaft dadurch, dass an sie jeweils das Unternehmen ihrer Muttergesellschaft verpachtet wird. Damit werden die bisherigen Betriebsgesellschaften und jetzigen Muttergesellschaften zu reinen Holding-Gesellschaften. In personeller Hinsicht kommt hinzu, dass die beiderseitigen Leitungsgremien jeweils paritätisch besetzt sind.

684 **Zentralgesellschaften**[2790] unterscheiden sich von Überkreuzverflechtungen dadurch, dass hier die Anteilsrechte der jeweiligen nationalen Gesellschaften nicht in untereinander verflochtene Tochtergesellschaften eingebracht werden, sondern in eine Zentralgesellschaft.[2791] Die Anteilsrechte an dieser Zentralgesellschaft werden dann wiederum zu je 50% von einer Holding-Gesellschaft gehalten. Die einheitliche Leitung der Unternehmensverbindung geht damit von der Zentralgesellschaft aus. Nur die **Organe** werden **paritätisch** nach den Vorschlägen der beiden Holding-Gesellschaften **besetzt.** Die Zentralgesellschaft selbst wird wiederum durch die beiden Holding-Gesellschaften paritätisch kontrolliert. Das Modell hat zur Folge, dass die einheitliche Leitung sehr viel stärker als in den anderen Gestaltungen institutionalisiert ist. Die Konzeption setzt jedoch in wirtschaftlicher Hinsicht eine paritätische Ausgangslage voraus, da sonst Mehrheitsentscheidungen in der Zentralgesellschaft möglich werden. Haben die Gesellschafter zugestimmt, so kann das gemeinsame Leitungsorgan auch nachteilige Weisungen erhalten. Der Schutz der abhängigen Gesellschaft und ihrer Gläubiger wird in diesem Fall analog §§ 320 ff. AktG verwirklicht.[2792]

685 Die kollisionsrechtliche Behandlung der Gleichordnungskonzerne richtet sich nach ihrer Organisationsstruktur:

686 1. Sofern der Gleichordnungsvertrag die Schaffung einer eigenständigen Zentral- oder Leitungsgesellschaft mit Außenwirkung begründet, findet das Statut dieser Gesellschaft Anwendung.[2793]

687 2. Soll nach dem Gleichordnungsvertrag keine eigene Organisation entstehen, können die Parteien das anzuwendende Recht nach den Grundsätzen der Parteiautonomie selbst bestimmen (→ Rn. 249). Ihre Grenzen findet diese Rechtswahl in den Statuten der gleichgeordneten Gesellschaften. Zu den Grenzen der Rechtswahl allgemein Art. 3 Abs. 3 und 4 Rom I-VO, Art. 9 Rom I-VO, Art. 21 Rom I-VO.

688 3. Wird die einheitliche Leitung des Gleichordnungskonzerns durch personelle Identität der Leitungsgremien **auf Grund der Satzung** hergestellt, gelten die Personalstatute der beteiligten Gesellschaften.[2794] Die Grenzen der berufenen Personalstatute sind einzuhalten. Wird die personelle Verflechtung **durch vertragliche Vereinbarung** hergestellt, findet die Wahlfreiheit für die Gestaltung und personelle Besetzung der Leitungsorgane ihre sachrechtlichen Grenzen in den Personalstatuten der gleichgeordneten Gesellschaften.[2795] Bei personeller Verflechtung können sich Schwierigkeiten ergeben, wenn nach dem Personalstatut einer Gesellschaft das deutsche Mitbestimmungsrecht eingreift und damit die vertraglich oder satzungsgemäß vorgesehene Besetzung der Organe verhindert wird.[2796]

689 4. Ist der Gleichordnungskonzern durch eine Kapitalverflechtung auf Grund der Satzung organisiert, bilden die Personalstatute der gleichgeordneten Gesellschaften die Grenzen der Gestaltungsautonomie.[2797] Dies gilt auch, wenn die zur Gleichordnung führende Kapitalverflechtung durch schuldrechtliche Vereinbarung begründet wird. Werden die Mitgliedschaftsrechte aus den beteiligten Gesellschaften in eine eigenständige Gesellschaft mit Außenwirkung eingebracht, gelangt das Recht des Sitzes dieser Gesellschaft zur Anwendung. Schwierigkeiten können auch hier wiederum entstehen, sofern eine der beteiligten Gesellschaften dem deutschen Mitbestimmungs-

---

[2790] Vgl. dazu *Becker* BB 1978, 1321 (1327 ff.); *Ebenroth/Sura* ZHR 144 (1980), 610 (625); *Gäbelein* in Lutter, Recht und Steuer der internationalen Unternehmensverbindungen, 1972, 82 ff.; *Lutter* Gutachten 48. DJT, Bd. I, 1970, H 53; *Lutter* FS Zweigert, 1981, 264; zu den Rechten der außenstehenden Aktionäre vgl. LG Dortmund AG 1977, 109 m. abl. Anm. *Lutter;* OLG Hamm BB 1980, 1653 mAnm *Timm.*

[2791] Ein bekanntes Beispiel hierfür ist das Zusammengehen der Hoesch AG/Deutschland und der Hoogoovens N.V./Niederlande; hierzu BGH NJW 1982, 933 – insoweit nicht in BGHZ 82, 188 = IPRax 1983, 70 mAnm *Großfeld/Kötter* IPRax 1983, 60.

[2792] *Lutter/Drygala* ZGR 1995, 557 (562 ff.); *K. Schmidt* ZHR 155 (1991), 427 (436 ff.).

[2793] Zur Mitbestimmung in der Zentralgesellschaft BGH NJW 1982, 933.

[2794] *Keck,* Nationale und internationale Gleichordnungskonzerne, 1998, 194 ff.

[2795] Vgl. zum deutschen Recht Emmerich/Habersack/*Emmerich* AktG § 18 Rn. 20 ff.

[2796] Vgl. hierzu die sich aus der Mitbestimmungspflichtigkeit ergebende Problematik in der Unternehmensverbindung VFW GmbH-Fokker N.V.S.; dazu LG Düsseldorf DB 1979, 1451 = AG 1980, 83; vgl. *Ebenroth/Sura* ZHR 144 (1980), 610 (625).

[2797] *Keck,* Nationale und internationale Gleichordnungskonzerne, 1998, 194 ff.

recht unterliegt, weil sich keine der kapitalmäßigen Beteiligung der ausländischen Gesellschaft entsprechende Gestaltungsmacht für die Besetzung der Unternehmensorgane ergeben könnte.[2798]

III. Internationale Gemeinschaftsunternehmen

Gemeinschaftsunternehmen (joint ventures) als Instrument der internationalen Wirtschaftspraxis stellen sich rechtlich als eine Vermischung vertraglicher und korporativer Elemente dar (→ BGB Vor § 705 Rn. 67).[2799] Kollisionsrechtlich sind daher wegen dieses Charakters zwei Anknüpfungsgegenstände auseinander zu halten: zum einen die sog. **Grundvereinbarung** (→ BGB Vor § 705 Rn. 68),[2800] die sich als Konsortialvertrag zwischen den Beteiligten darstellt, zum anderen die **juristische Person,** die auf Grund dieser Vereinbarung von den Parteien gegründet werden soll. Die Inkorporierung der Gesellschaft als das Medium zur Verfolgung der vorgesehenen wirtschaftlichen Zwecke richtet sich nach den allgemeinen Regeln, da sich die Gründung einer juristischen Person auch hier nach den Rechtsvorschriften des Staates richten muss, der das Gesellschaftsstatut stellt. Handelt es sich bei dem joint venture-Unternehmen um eine BGB-Gesellschaft, können die Parteien das anwendbare Recht selbst bestimmen, sofern durch den Vertrag keine eigene Organisation geschaffen wird.[2801] Der Vertrag wird dann wie ein Schuldvertrag behandelt (→ Rn. 249 ff.).[2802] 690

Der Interessenausgleich zwischen den Parteien innerhalb der Korporation ist dagegen Inhalt der **Grundvereinbarung,** die aus materiellrechtlicher Sicht nichts anderes als ein **Gründungsvorvertrag** ist.[2803] Ihre Anknüpfung richtet sich daher nach den Grundsätzen des internationalen Schuldvertragsrechts (Art. 3, 4 Rom I-VO). Hiernach können die Parteien das anzuwendende Recht selbst bestimmen. Einer solchen Rechtswahlvereinbarung werden allerdings Schwierigkeiten begegnen, wenn die Partner aus unterschiedlichen Staaten stammen. Diese ergeben sich daraus, dass die in Aussicht genommene Partnerschaft entweder auf der Basis völliger Gleichheit oder der Dominanz eines Beteiligten beruht.[2804] Im ersteren Fall kann sich die Gefahr der Unvereinbarkeit der entgegenstehenden Willen ergeben, im letzteren die der Majorisierung und Benachteiligung einer der Vertragsparteien. Kommt es aus einem dieser Gründe daher nicht zu einer einverständlichen Rechtswahl, wird diese Frage vielmehr offen gelassen, dann stellt sich das Problem, welches Recht anzuwenden ist. Hierzu wird vorgeschlagen, die maßgeblichen Rechtsnormen kumulativ den Rechtsordnungen der Partner zu entnehmen.[2805] Dieser Weg wird jedoch kaum zu einer Lösung führen, wenn zwischen den in Betracht kommenden Rechtsordnungen solche Wertungswidersprüche bestehen, dass diese auch im Wege der Rechtsanpassung nicht zu überwinden sind. Sachangemessener erscheint es vielmehr, den übereinstimmenden Bezugspunkt des erstrebten Rechtsverhältnisses zu wählen, nämlich das **Statut des Gemeinschaftsunternehmens,**[2806] weil hier die korrespondierenden wirtschaftlichen Interessen rechtlich kulminieren.[2807] 691

IV. Anknüpfung von Vorschriften außerhalb des Dritten Buches des AktG

Auch außerhalb des Dritten Buches des AktG finden sich Vorschriften mit Bezug auf Unternehmensverbindungen. Die Anknüpfung dieser Normen soll hier nach Sachgruppen geordnet dargestellt werden. 692

1. Mitteilungspflichten. § 20 Abs. 1 AktG bestimmt, dass ein Unternehmen, das mehr als den vierten Teil der Anteilsrechte einer **Aktiengesellschaft mit Sitz im Inland** hält, verpflichtet 693

[2798] LG Düsseldorf DB 1979, 1451 = AG 1980, 83; *Ebenroth/Sura* ZHR 144 (1980), 610 (625); *Emmerich* FS Stimpel, 1985, 743 (755).

[2799] *Bayer* FS Zweigert, 1981, 363; *Ebenroth* JZ 1987, 265; *Göthel,* Joint Ventures im internationalen Privatrecht, 1999; *Göthel* RIW 1999, 566; *Ley/Schulte,* Joint-Ventures-Gesellschaften, 2003; *Göthel* in Reithmann/Martiny IntVertragsR Rn. 24.1 ff.; *Wiedemann* GesR I § 13 II 3a, S. 741.

[2800] *Mestmäcker/Blaise/Donaldson,* Gemeinschaftsunternehmen (joint venture – Filiale commune) im Konzern- und Kartellrecht, 1979, 12 ff.; *Zweigert/v. Hoffmann* FS Luther, 1976, 203 (206).

[2801] *Ebenroth* JZ 1987, 265 ff.

[2802] *Großfeld,* Europäisches und Internationales Unternehmensrecht, 2. Aufl. 1995, E § 3 III.

[2803] *Zweigert/v. Hoffmann* FS Luther, 1976, 203 (206); zum Verhältnis zwischen joint venture-Vertrag und Satzung s. *Ebenroth* JZ 1987, 265 (266); *Göthel* in Reithmann/Martiny IntVertragsR Rn. 24.14.

[2804] Dazu *Zihlmann* RIW/AWD 1974, 466 (468).

[2805] So *Zweigert/v. Hoffmann* FS Luther, 1976, 203 (209); vgl. dazu *Ferid* FS A. Hueck, 1959, 343 (349) Fn. 32; Staudinger/*Großfeld,* 1998, IntGesR Rn. 776.

[2806] BGH NJW-RR 1986, 969 (970) = ZIP 1986, 838; vgl. dazu auch *Ebenroth* JZ 1987, 265 (266); *Koppensteiner,* Internationale Unternehmen im deutschen Gesellschaftsrecht, 1971, 329 f.; Staudinger/*Großfeld,* 1998, IntGesR Rn. 774 f.

[2807] Grds. *Göthel* in Reithmann/Martiny IntVertragsR Rn. 24.39 ff.

ist, dies der Beteiligungsgesellschaft unverzüglich mitzuteilen. Die mitteilungsbegünstigte Gesellschaft muss also immer eine inländische Korporation sein.[2808] Die Statuierung einer Mitteilungspflicht zu Gunsten einer ausländischen Gesellschaft ist nicht Aufgabe des deutschen Gesetzgebers. Dagegen kann die mitteilungspflichtige Gesellschaft ihren Sitz sowohl im Inland wie im Ausland haben.[2809] Die Einbeziehung auch ausländischer Unternehmen in die Mitteilungspflicht rechtfertigt sich daraus, dass es sich um eine **mitgliedschaftliche Informationspflicht** handelt, für die das Personalstatut der inländischen Gesellschaft maßgeblich ist.[2810] Börsennotierte Gesellschaften iSd § 21 Abs. 2 WpHG fallen nicht unter § 20 AktG (§ 20 Abs. 8 AktG).[2811] Eine im ausländischen Recht uU vorgesehene **Durchgriffshaftung bei der Verletzung von Mitteilungspflichten** richtet sich nach dem Gesellschaftsstatut, nicht nach dem Statut der Gesellschaftsverbindlichkeit.[2812]

694 Zu Zweifeln bietet dagegen die Regelung des § 21 Abs. 2 AktG (Mitteilungspflichten der Gesellschaft) Anlass, weil hier der klarstellende Zusatz „mit Sitz im Inland" fehlt. Trotzdem ist aber – soweit ersichtlich – bisher nicht vertreten worden, dass die **Mitteilungspflichtigkeit** sich auch auf Auslandsunternehmen erstreckt. Vielmehr ist von Anfang an[2813] aus der Genese der Vorschrift überzeugend hergeleitet worden, dass sie nur auf Inlandsgesellschaften Anwendung findet.[2814] Als **Adressat der Mitteilung** kommen Beteiligungsunternehmen des inländischen sowie des ausländischen Rechts in Betracht, für eine Einbeziehung auch ausländische Beteiligungsunternehmen spricht – neben dem insoweit nicht differenzierenden Wortlaut der Vorschrift – vor allem die Überlegung, das hierdurch die Anwendung der §§ 56, 71d, 136 Abs. 2 AktG auf internationale Sachverhalte erleichtert wird,[2815] ferner der Gedanke der Gleichbehandlung aller Beteiligungsunternehmen.[2816] Börsennotierte Gesellschaften iSd § 33 Abs. 4 WpHG fallen nicht unter § 21 AktG (§ 21 Abs. 5 AktG).[2817]

695 Wesentliche gesellschaftsrechtliche Bedeutung kommt den **kapitalmarktrechtlichen Mitteilungspflichten** nach §§ 33 ff. WpHG zu, da die Sanktion des Nichtbestehens der betroffenen Rechte (§ 36 Abs. 4 WpHG, § 44 WpHG) in den Kernbereich der Beteiligungsrechte des unternehmerisch verfassten Aktionärs eingreift.[2818] Adressat der Meldepflicht ist jeder, der eine qualifizierte Beteiligung an einer börsennotierten Gesellschaft erwirbt oder veräußert (§ 33 Abs. 1 WpHG). Wie bei § 20 Abs. 1 AktG (→ Rn. 693) sind davon nur **Beteiligungen an Gesellschaften mit Inlandssitz** betroffen (§ 33 Abs. 2 WpHG). Damit ist der **effektive Verwaltungssitz** im Inland gemeint (näher → Rn. 420 ff.). Ferner müssen die Aktien der Gesellschaft zum amtlichen Handel an einer Börse in einem Mitgliedstaat der Europäischen Gemeinschaften oder in einem anderen EWR-Vertragsstaat zugelassen sein (§ 2 Abs. 13 WpHG). Mitteilungspflichtig ist daher zB die Beteiligung an einer Gesellschaft mit Inlandssitz und Börsennotierung in Mailand. Die Mitteilungspflicht

---

[2808] *Wiedemann* GesR I § 14 V b (S. 824); Koch AktG § 20 Rn. 2.

[2809] AllgM, s. Begr. RegE zu § 20 bei *Kropff* AktG, 1965, 39; *Koppensteiner,* Internationale Unternehmen im deutschen Gesellschaftsrecht, 1971, 284 ff.; *Luchterhandt,* Deutsches Konzernrecht bei grenzüberschreitenden Konzernverbindungen, 1971, 195 ff.; *Wiedemann* GesR I § 14 V b, S. 824; MüKoAktG/*Bayer* AktG § 20 Rn. 6; Staudinger/*Großfeld,* 1998, IntGesR Rn. 586; Koch AktG § 20 Rn. 2.

[2810] EinhM, vgl. *Bache,* Der internationale Unternehmensvertrag nach deutschem Kollisionsrecht, 1969, 111; *Koppensteiner,* Internationale Unternehmen im deutschen Gesellschaftsrecht, 1971, 285; *Luchterhandt,* Deutsches Konzernrecht bei grenzüberschreitenden Konzernverbindungen, 1971, 195; *Raisch,* Aktuelle Probleme des Konzernrechts und der Konzerngesetzgebung, 1970, 66; *Wiedemann* GesR I § 14 V b, S. 824; *Würdinger,* Aktienrecht und das Recht der verbundenen Unternehmen, 4. Aufl. 1981, 285; *Bernhardt* BB 1966, 678 (680); *Rehbinder* FG Kronstein, 1967, 203 (222); Kölner KommAktG/*Koppensteiner* AktG § 20 Rn. 25; *v. Godin/Wilhemi* AktG § 20 Anm. 2; Staudinger/*Großfeld,* 1998, IntGesR Rn. 585; *Maul* NZG 1999, 741 (746).

[2811] IdF des 3. FinanzmarktförderungsG vom 24.3.1998, BGBl. 1998 I 529; hierzu *Witt* WM 1998, 1153 (1155 f.); *Meixner* NJW 1998, 1896 (1899).

[2812] EuGH ECLI:EU:C:2013:674 = BeckRS 2013, 82083 – OTP = IPRax 2014, 528 m. Aufs. *Kindler* IPRax 2014, 486.

[2813] *Bernhardt* BB 1966, 678 (679 f.).

[2814] Ebenso *Koppensteiner,* Internationale Unternehmen im deutschen Gesellschaftsrecht, 1971, 292 f.; *Luchterhandt,* Deutsches Konzernrecht bei grenzüberschreitenden Konzernverbindungen, 1971, 201; *Wiedemann* GesR I § 14 V b (S. 824); *Würdinger,* Aktienrecht und das Recht der verbundenen Unternehmen, 4. Aufl. 1981, 287; Kölner KommAktG/*Koppensteiner* AktG § 21 Rn. 2; Koch AktG § 21 Rn. 2.

[2815] Kölner KommAktG/*Koppensteiner* AktG § 21 Rn. 3; iErg auch GroßkommAktG/*Windbichler* AktG § 21 Rn. 9.

[2816] AA *Bungert* NZG 1999, 757 (758 ff.); MüKoAktG/*Bayer* AktG § 21 Rn. 3.

[2817] IdF des 3. FinanzmarktförderungsG vom 24.3.1998, BGBl. 1998 I 529; hierzu *Witt* WM 1998, 1153 (1155 f.); *Meixner* NJW 1998, 1896 (1899).

[2818] Die Mitteilungspflichten beruhen auf der RL 2004/109/EG (Transparenz-RL) idF der Änderungs-RL 2013/50/EU; zur Umsetzung in deutsches Recht *Bayer/Schmidt* BB 2016, 1923 (1928).

trifft inlands- wie auslandsansässige Aktionäre (→ IntFinMarktR Rn. 97). Gemäß § 26 WpHG bestehen gewisse Veröffentlichungspflichten von Gesellschaften mit Sitz im Ausland. Dabei muss es sich um Gesellschaften handeln, deren Aktien zum amtlichen Handel an einer inländischen Börse zugelassen sind. Auch insoweit ist der kollisionsrechtlich maßgebliche Begriff des effektiven Verwaltungssitzes entscheidender Anknüpfungspunkt (→ Rn. 420 ff.; → IntFinMarktR Rn. 97, 174).

Die **Meldepflichten nach § 20 GwG** setzen die Anwendbarkeit des deutschen Gesellschaftsrechts voraus.[2819] **696**

2. Übernahme- und Erwerbsverbote. Die § 56 Abs. 2 AktG und § 71d S. 2 AktG statuieren ein Übernahme- bzw. Erwerbsverbot **für abhängige und in Mehrheitsbesitz stehende Gesellschaften** hinsichtlich der Anteilsrechte ihrer Obergesellschaft. Für die Bestimmung der Tragweite dieser Vorschriften sind zwei Fallgruppen zu unterscheiden: einmal die Übernahme bzw. der Erwerb von Aktien einer inländischen abhängigen Gesellschaft an einem ausländischen herrschenden Unternehmen, zum anderen die umgekehrte Gestaltung, wobei dieser Vorgang im Verhältnis einer ausländischen abhängigen Gesellschaft zu einem inländischen herrschenden Unternehmen erfolgt. Folgt man auch hier der „Schutzgarantie des inländischen Rechts", die entscheidender Gesichtspunkt des Konzernkollisionsrechts ist,[2820] dann ist eine Orientierung an den Zwecken der in Rede stehenden Norm geboten. Beide Vorschriften haben zum Ziel, die Aufbringung bzw. den Bestand des Grundkapitals zu sichern und dem Risiko, das durch das Halten eigener Kapitalanteile entsteht, entgegenzusteuern.[2821] Die Bestimmungen sind daher als **Instrumente des Kapitalschutzes des herrschenden Unternehmens** zu interpretieren.[2822] **697**

Damit fällt die erste Fallgruppe nicht in den Schutzbereich des deutschen Rechts. Ob den §§ 56, 71d S. 2 AktG entsprechende ausländische Verbote zur Geltung gelangen, entscheidet das jeweilige ausländische Recht, dem die Obergesellschaft untersteht.[2823] Handelt es sich dabei um die Rechtsordnung eines EU-Staates, so müssen dort wegen Art. 59 ff., 67 GesR-RL (→ Rn. 28 ff.) entsprechende Verbotstatbestände bestehen. Die zweite Fallgruppe wird dagegen vom deutschen Recht erfasst, denn hier bestehen die Gefahren, denen der deutsche Gesetzgeber begegnen will. Ein Anteilserwerb durch ausländische Tochtergesellschaften ist daher – von den gesetzlichen Ausnahmen abgesehen – nicht gestattet.[2824] Dieses Ergebnis wird durch Art. 67 Abs. 1 UAbs. 2 GesR-RL bestätigt. Danach sind Zeichnung, Erwerb und Besitz von Aktien einer Muttergesellschaft durch eine beherrschte Gesellschaft, die dem Recht eines Drittstaates unterliegt, so zu behandeln, wie wenn die Muttergesellschaft selbst die betreffenden Aktien zeichnet, erwirbt oder besitzt. Die Richtlinie setzt ersichtlich voraus, dass dies im Verhältnis zu beherrschten Gesellschaften aus dem EU-Raum erst recht gilt.[2825] Gegen die hier vertretene Auslegung spricht nicht, dass sich weder die Frage der Wirksamkeit des schuldrechtlichen Erwerbsgeschäfts, noch die Frage der Schadensersatzpflicht der Organe der Tochtergesellschaften nach deutschem Recht richten.[2826] Denn gegen das grundsätzliche Übernahme- und Erwerbsverbot ist nicht einzuwenden, dass es auf Grund allgemeiner iprechtlicher Grundsätze nicht ausreichend mit Rechtsfolgen bewehrt ist. Weshalb darum an der grundsätzlichen Unzulässigkeit gerüttelt werden sollte, ist nicht einzusehen. Der Schluss von den mangelnden rechtlichen Sanktionen auf die rechtliche Duldung solcher Transaktionen kann daher nicht nachvollzogen werden. **698**

Erwirbt die Gesellschaft eigene Aktien, so ist das schuldrechtliche Rechtsgeschäft gemäß § 71 Abs. 4 S. 2 AktG nichtig, wenn damit nicht die Zwecke des § 71 Abs. 1 und 2 AktG verfolgt werden. Das gilt nach § 71d S. 2 AktG (§ 71 Abs. 4 aF) auch für den Erwerb von Aktien der Muttergesellschaft durch eine inländische Tochtergesellschaft. Für die iprechtliche Beurteilung des Erwerbsgeschäfts **699**

2819 *Kieninger* ZfPW 2018, 121.

2820 S. *Wiedemann* FS Kegel, 1977, 187 (190).

2821 Vgl. Begr. RegE zu § 71 AktG bei *Kropff* AktG, 1965, 90 ff.

2822 *Koppensteiner,* Internationale Unternehmen im deutschen Gesellschaftsrecht, 1971, 288; Kölner KommAktG/*Lutter* AktG § 71d Rn. 81; Staudinger/*Großfeld,* 1998, IntGesR Rn. 587; *Kindl* ZEuP 1994, 77 (96); *Einsele* ZGR 1996, 40 (45).

2823 *Koppensteiner,* Internationale Unternehmen im deutschen Gesellschaftsrecht, 1971, 286 ff.; *Luchterhandt,* Deutsches Konzernrecht bei grenzüberschreitenden Konzernverbindungen, 1971, 223; wohl auch Staudinger/*Großfeld,* 1998, IntGesR Rn. 587; Soergel/*Lüderitz* EGBGB Anh. Art. 10 Rn. 59; GroßkommAktG/*Assmann* AktG Einl. Rn. 636; *Kindl* ZEuP 1994, 77 (96); aA *Einsele* ZGR 1996, 40 (46): § 71d AktG schütze „reflexartig" auch die deutsche abhängige Gesellschaft.

2824 *Luchterhandt,* Deutsches Konzernrecht bei grenzüberschreitenden Konzernverbindungen, 1971, 223; Kölner KommAktG/*Lutter* AktG § 71 Rn. 56; aA *Huber* FS Duden, 1977, 137 (148 ff.); *Kegel/Schurig* IPR § 17 II 3a.

2825 Zutr. *Kindl* ZEuP 1994, 77 (96 f.).

2826 So aber *Huber* FS Duden, 1977, 137 (148 ff.).

gilt nach dem Schuldstatut die von den Vertragsparteien – Aktionäre und Tochtergesellschaft – gewählte Rechtsordnung,[2827] sodass das Verbot des § 71d S. 2 AktG nur für den Fall der Vereinbarung deutschen Rechts zum Tragen kommt.

700 Sieht die als Schuldstatut maßgebliche Rechtsordnung für entsprechende Rechtsgeschäfte keine Nichtigkeitsfolge vor, so soll nach einer zum Teil vertretenen Auffassung[2828] die Anwendung des ausländischen Rechts gegen den inländischen ordre public verstoßen. Das setzt allerdings voraus, dass ein Verstoß gegen den Zweck eines deutschen Gesetzes vorliegt, der die Anwendung des ausländischen Rechts als schlechthin untragbar erscheinen lässt (→ EGBGB Art. 6 Rn. 197 f.). Zwar ist die Gefahr einer Umgehung der Verbotsvorschrift des § 71d S. 2 AktG durch zu diesem Zweck im Ausland gegründete Tochtergesellschaften nicht zu leugnen. Gleichwohl kann ein Verstoß gegen den ordre public nicht angenommen werden. Es wirkt wenig überzeugend, die Folgen der Anwendung des ausländischen Rechts für schlechthin untragbar zu halten, wenn die deutsche Rechtsordnung nur das schuldrechtliche Rechtsgeschäft mit der Nichtigkeitsfolge belegt, nicht aber den Erwerb selbst.[2829] Im Übrigen müsste auch der konkrete Erwerbszweck ein zu missbilligendes Ziel verfolgen.[2830]

701 Es bleibt daher bei der Maßgeblichkeit der als **Schuldstatut** berufenen Rechtsordnung für die Beurteilung der Wirksamkeit des Erwerbs von Aktien der Muttergesellschaft durch eine ausländische Tochter.[2831]

702 **3. Aufsichtsrat.** § 100 Abs. 2 S. 1 Nr. 2 AktG wertet es als einen Verstoß gegen das „natürliche Organisationsgefälle im Konzern",[2832] dass ein Mitglied des Aufsichtsrates der Obergesellschaft ein gesetzlicher Vertreter eines von der Gesellschaft abhängigen Unternehmens ist. In grenzüberschreitenden Unternehmensverbindungen gilt die Vorschrift allerdings nur, wenn die herrschende Gesellschaft deutschem Recht untersteht,[2833] denn die Frage der Organzusammensetzung betrifft das Personalstatut. Das deutsche Recht kann die deutsche Organisationsstruktur aber nur für Korporationen normieren, die der inländischen Rechtsordnung unterstehen. Daraus folgt, dass auch Vorstandsmitglieder ausländischer abhängiger Gesellschaften nicht dem Aufsichtsrat eines deutschen herrschenden Unternehmens angehören können. Hiergegen kann nicht eingewendet werden,[2834] dass „im Interesse einer internationalen Wirtschaftsverflechtung und der Entstehung von europäischen Großunternehmen" eine solche Konstellation zugelassen werden sollte. Denn es ist kein Grund ersichtlich, warum für eine grenzüberschreitende Kooperation eine personelle Vermischung der Mitglieder der Geschäftsführungs- und der Aufsichtsorgane erforderlich ist. Zu § 100 AktG auch → Rn. 528.

703 **4. Nichtigkeit von Stimmbindungsverträgen.** Verträge, durch die sich ein Aktionär verpflichtet, das Stimmrecht auf Weisung eines abhängigen Unternehmens auszuüben (vgl. § 136 Abs. 2 S. 1 AktG)[2835] sind nach Maßgabe des Gesellschaftsstatuts der herrschenden Gesellschaft nichtig. Denn die Frage der Willensbildung in der Korporation unterliegt dem Personalstatut der betreffenden Gesellschaft. Unternehmen, die ausländischem Recht unterstehen, werden von den Verbotstatbeständen des deutschen Rechts daher nicht betroffen. Zu Gesellschaftervereinbarungen → Rn. 565.

704 **5. Sonder-, Abschluss- und Gründungsprüfer. a) Bestellungsverbote.** Die Vorschriften der § 143 Abs. 2 AktG, § 33 Abs. 5 AktG, § 319 Abs. 2–4 HGB ordnen an, dass Prüfer nicht sein kann, wer Organ oder Vertreter der zu prüfenden Gesellschaft ist. Diese Bestimmungen finden auf alle Gesellschaften mit inländischem Verwaltungssitz Anwendung, und zwar auch dann, wenn diese – kraft staatsvertraglicher Kollisionsnormen oder als EU-Auslandsgesellschaft – ausländischem Gesell-

---

[2827] *Koppensteiner,* Internationale Unternehmen im deutschen Gesellschaftsrecht, 1971, 139; *Huber* FS Duden, 1977, 149; *Vischer* SchwJbIntR 1960, 49 (58); *Kindl* ZEuP 1994, 77 (97).

[2828] *Baumbach/Hueck,* 13. Aufl. 1968, AktG § 71 Rn. 21; *Ritter,* 2. Aufl. 1939, AktG § 65 Anm. 12 f.; GroßkommAktG/*Barz* AktG § 71 Rn. 34.

[2829] Ebenso *Huber* FS Duden, 1977, 151.

[2830] BGHZ 39, 173 (177) = NJW 1963, 1200; *Wolff* IPR 62; *Kropholler* IPR § 36 II 1.

[2831] Im Ergebnis wie hier *Huber* FS Duden, 1977, 152; vgl. zur Frage der Haftung der Organe der Muttergesellschaft bei Anweisung zum Kauf deren Aktien an die Tochtergesellschaft → Rn. 673; aus der Kapital-RL 1977 = Art. 59 ff. GesR-RL (→ Rn. 35 ff.) ergeben sich insoweit keine Auslegungsvorgaben, vgl. *Kindl* ZEuP 1994, 77 (97).

[2832] Vgl. Ausschussbericht zu § 100 AktG bei *Kropff* AktG, 1965, 136.

[2833] *v. Caemmerer* FS Geßler, 1971, 81 (87 ff.); *Koppensteiner,* Internationale Unternehmen im deutschen Gesellschaftsrecht, 1971, 292; *Luchterhandt,* Deutsches Konzernrecht bei grenzüberschreitenden Konzernverbindungen, 1971, 226 f.; *Kegel/Schurig* IPR § 17 II 3a; Koch AktG § 100 Rn. 5.

[2834] So *Grasmann,* System des internationalen Gesellschaftsrechts, 1970, 1044.

[2835] *Koppensteiner,* Internationale Unternehmen im deutschen Gesellschaftsrecht, 1971, 291; Koch AktG § 136 Rn. 28.

schaftsstatut unterliegen (→ Rn. 240).[2836] Denn hier geht es auch um den **Schutz der am Verwaltungssitz ansässigen Gläubiger** (→ Rn. 383 aE). Soweit konzerndimensionale Bestellungsverbote bestehen (zB § 319 Abs. 2 Nr. 3, 4, 8 HGB), sind auch Organmitglieder und Arbeitnehmer **ausländischer** Konzerngesellschaften betroffen,[2837] da die Gefährdungslage bei inländischen wie grenzüberschreitenden Unternehmensverbindungen identisch ist. Umgekehrt regelt das deutsche Gesellschaftsrecht nicht die Frage, wer Prüfer einer ausländischen Gesellschaft sein kann.[2838]

b) Auskunftsrecht. Auskunftsrechte der Prüfer gegenüber einem abhängigen oder herrschenden Unternehmen – nach Art der § 145 Abs. 3 AktG, § 313 Abs. 1 AktG – sind auch gegenüber Organmitgliedern eines derartigen Unternehmens anwendbar, wenn dieses Unternehmen einem ausländischen Gesellschaftsstatut unterliegt. Denn die Auskunftsrechte dienen dem Schutz der zu prüfenden Gesellschaft sowie von deren Gesellschaftern und Gläubigern.[2839] 705

6. Bilanzierungsgrundsätze für Forderungen und Verbindlichkeiten gegenüber verbundenen Unternehmen und bei Beteiligungen. Die § 266 Aktivseite B II Nr. 2, 3, Passivseite C Nr. 6, 7 HGB; § 271 HGB statuieren Schutzvorschriften, die die außenstehenden Aktionäre und Gläubiger des publizitätspflichtigen Unternehmens im Blick haben. Das Bilanzrichtliniengesetz hat den Schutz durch die Aufteilung in verbundene Unternehmen und Beteiligungen noch verstärkt (§ 266 Aktivseite A III Nr. 1, 2 HGB; § 271 HGB). Dieser Normzweck bestimmt das Kriterium, das für die Anwendung deutscher Konzernrechtsnormen auf transnationale Unternehmensverbindungen als maßgeblich erkannt worden ist.[2840] Das **Tatbestandsmerkmal „Kapitalgesellschaft"** des § 271 Abs. 1 S. 3 HGB ist nicht eng auszulegen. Vielmehr fallen hierunter auch **alle ausländischen Gesellschaftsformen,** die der deutschen AG und GmbH **strukturähnlich** sind (→ Rn. 165 ff.).[2841] Erfasst werden daher neben den kontinentaleuropäischen Gestaltungen, wie zB der société anonyme, der société à responsabilité limitée, der naamloze und der besloten vennootschaap, der società per azioni und der società a responsabilità limitata, auch die anglo-amerikanischen companies und corporations. Das franz. groupement d'intêrets économiques scheidet allerdings aus dem Anwendungsbereich aus, weil es trotz seiner Ausgestaltung im Hinblick auf Grundkapital und Rechtsfähigkeit eher eine personale Struktur aufweist.[2842] 706

7. Ausweis von Anteilen an verbundenen Unternehmen. § 266 Aktivseite B III Nr. 1 HGB; § 271 Abs. 2 HGB bestimmen, dass Anteile an verbundenen Unternehmen unter **Angabe ihres Nennbetrages** gesondert auszuweisen sind. Der Sinn der Vorschrift liegt nicht darin, die Einhaltung des Erwerbsverbots nach den §§ 71 ff. AktG zu kontrollieren.[2843] Vielmehr ist sie vor dem wirtschaftlichen Hintergrund zu sehen, dass Anteile an einer herrschenden Gesellschaft **unsichere Werte** darstellen, die dem Besitz eigener Aktien gleichkommen.[2844] Die Vorschrift hat also die Interessen der abhängigen Gesellschaft, ihrer außenstehenden Aktionäre und Gläubiger im Auge. Legt man wiederum den Schutzgedanken der anzuknüpfenden Norm für die kollisionsrechtliche Verweisung zu Grunde, dann erscheint es zwingend, die deutsche Bilanzierungsregel auch auf grenzüberschreitende Unternehmensverbindungen anzuwenden, bei denen eine ausländische die inländische Gesellschaft beherrscht.[2845] 707

8. Konzernrechnungslegung. a) Rechnungslegung im gesamten Konzern. Durch das Bilanzrichtliniengesetz wurde die Pflicht zur Rechnungslegung im grenzüberschreitenden Konzern 708

[2836] AA Staudinger/*Großfeld*, 1998, IntGesR Rn. 592.

[2837] Vgl. *Koppensteiner,* Internationale Unternehmen im deutschen Gesellschaftsrecht, 1971, 337.

[2838] Vgl. *Koppensteiner,* Internationale Unternehmen im deutschen Gesellschaftsrecht, 1971, 337.

[2839] *Maul* NZG 1999, 741 (745) m. Fn. 36.

[2840] Vgl. *Wiedemann* FS Kegel, 1977, 187 (190).

[2841] Vgl. *Klocke,* Deutsches Konzernkollisionsrecht und seine Substitutionsprobleme, 1974, 216 ff.; *Wiedemann* GesR I § 14 V c, S. 824 f.

[2842] *Klocke,* Deutsches Konzernkollisionsrecht und seine Substitutionsprobleme, 1974, 219; *Wiedemann* GesR I § 14 V c, S. 825; vgl. dazu weiter *Taithe,* Le groupement d'intérêts économiques, 1978, 21 ff.; Staudinger/*Großfeld,* 1998, IntGesR Rn. 583.

[2843] Vgl. MüKoHGB *Reiner* HGB § 271 Rn. 18.

[2844] Vgl. Begr. RegE zu § 151 AktG bei *Kropff* AktG, 1965, 228; *Klocke,* Deutsches Konzernkollisionsrecht und seine Substitutionsprobleme, 1974, 212, 215; *Koppensteiner,* Internationale Unternehmen im deutschen Gesellschaftsrecht, 1971, 293; *Wiedemann* GesR I § 14 V c, S. 824 f.

[2845] Vgl. *Klocke,* Deutsches Konzernkollisionsrecht und seine Substitutionsprobleme, 1974, 212; *Koppensteiner,* Internationale Unternehmen im deutschen Gesellschaftsrecht, 1971, 293 f.; *Wiedemann* GesR I § 14 V c, S. 824 f.; Staudinger/*Großfeld,* 1998, IntGesR Rn. 583, der Gesellschaften mit ausländischem Gesellschaftsstatut generell vom deutschen Bilanzrecht ausnimmt.

im Vergleich zu §§ 329 ff. AktG 1965 aF begründet.[2846] **Maßgeblich** für die Verpflichtung zur Aufstellung eines Konzernabschlusses und -lageberichts ist **der effektive Verwaltungssitz der Muttergesellschaft im Inland** (§ 290 Abs. 1 HGB).[2847] Auf den Sitz der Tochtergesellschaft kommt es nach dem **Weltabschlussprinzip** nicht an (§ 294 Abs. 1 HGB).[2848]

709 § 290 HGB ist die Grundnorm innerhalb der deutschen Konzernrechnungslegungsvorschriften; sie verpflichtet die gesetzlichen Vertreter der in ihren Anwendungsbereich fallenden Unternehmen zur **Aufstellung eines Konzernabschlusses und eines Konzernlageberichts.**[2849] Die Vorschrift beruht auf der Umsetzung von Art. 1 und 2 RL Nr. 83/349/EWG (7. EG-Richtlinie; jetzt Art. 21 ff. Bilanz-RL). Der deutsche Gesetzgeber hatte dabei ursprünglich das Control-Konzept angelsächsischen Ursprungs übernommen (Art. 1 Abs. 1 Bilanz-RL), aber zusätzlich auch das Mitgliedstaatenwahlrecht des Art. 1 Abs. 2 lit. b Bilanz-RL aufgegriffen und das in Deutschland traditionell geltende Konzept der einheitlichen Leitung aufrechterhalten. Diese zweispurige Anknüpfung der Konsolidierungspflicht an die einheitliche Leitung oder Beherrschung wurde durch das BilMoG vom 25.5.2009 (BGBl. 2009 I 1102)[2850] aufgegeben. Das Konzept der einheitlichen Leitung wurde gestrichen und durch das international übliche **Konzept der möglichen Beherrschung** ersetzt (§ 290 Abs. 1 HGB). Die Vorschrift des § 290 Abs. 2 HGB enthält seitdem keinen eigenständigen Konsolidierungstatbestand mehr, sondern nur noch Regelbeispiele für die Anwendung des Abs. 1. Dabei wurden die typisierenden Tatbestände des bisherigen § 290 Abs. 2 Nr. 1–3 HGB – mit gewissen redaktionellen Anpassungen – beibehalten. Neu aufgenommen wurde das Regelbeispiel des § 290 Abs. 2 Nr. 4 HGB (Zweckgesellschaften). Für Personengesellschaften ergibt sich die Konzernrechnungslegungspflicht aus § 11 PublG.

710 Nach § 294 Abs. 3 HGB treffen die **Tochterunternehmen** bestimmte **Mitwirkungspflichten** im Rahmen der Erstellung des Konzernabschlusses durch die Mutterunternehmen. Im grenzüberschreitenden Konzern besteht für die gerichtliche Geltendmachung dieser Pflichten **kein internationaler Klägergerichtsstand** am Sitz des Mutterunternehmens. Denn als Gesellschafterin kann sie die Gesellschaft, an der sie beteiligt ist grundsätzlich nur an deren Sitz verklagen (§ 22 ZPO; Art. 24 Nr. 2 Brüssel Ia-VO). Zur verbesserten Durchsetzung der Mitwirkungspflichten des Tochterunternehmens an der Erstellung des Konzernabschlusses wird sich daher die Aufnahme einer entsprechenden **Gerichtsstandsklausel** in den Unternehmensvertrag (vgl. § 290 Abs. 3 Nr. 3 HGB) oder den Gesellschaftsvertrag des ausländischen Tochterunternehmens empfehlen.[2851]

711 Eine entsprechende – dh spiegelbildliche – **Anwendung** des § 294 Abs. 3 HGB **auf Vorlage- und Auskunftsrechte ausländischer Konzernmütter** gegenüber ihren deutschen Tochtergesellschaften **kommt nicht in Betracht.** Die gegenteilige, von *Emde* vertretene These ist in sich widersprüchlich, wenn sie die Analogie zu § 294 Abs. 3 HGB damit rechtfertigt, dass das **ausländische** Gesellschaftsstatut des Mutterunternehmens von dem deutschen Tochterunternehmen eine derartige Mitwirkung an der Aufstellung des ausländischen Konzernabschlusses verlange.[2852] Denn bei Maßgeblichkeit einer ausländischen Rechtsordnung stellt sich die Frage nach der entsprechenden Anwendbarkeit einer Vorschrift des deutschen Rechts nicht.

712 **b) Rechnungslegung im Teilkonzern.** § 290 HGB gilt im mehrstufigen Konzern nicht allein für die Obergesellschaft. Vielmehr können auch Kapitalgesellschaften in zweiter Ebene mit Sitz im Inland die Voraussetzungen des § 290 HGB als „Muttergesellschaft" gegenüber der dritten Ebene erfüllen.

713 Befindet sich in einem **dreistufigen transnationalen Konzern** die Tochtergesellschaft im Inland, so ist sie verpflichtet, eine **Teilkonzernrechnungslegung** durchzuführen, wenn sie nach § 290 Abs. 1 oder 2 HGB als Mutterunternehmen gilt. Der Sitz der Enkelgesellschaften spielt dabei keine Rolle (§ 294 Abs. 1 HGB – Weltabschlussprinzip).

714 Ist der **Konzern vierstufig** und haben Tochter- und Enkelunternehmen ihren Sitz im Inland, sind beide zur Aufstellung eines Teilkonzernabschlusses verpflichtet (sog. **„Tannenbaumprin-**

[2846] Staub/*Kindler* HGB Vor § 290 Rn. 13 ff.

[2847] Staub/*Kindler* HGB § 290 Rn. 17; iErg auch Staudinger/*Großfeld,* 1998, IntGesR Rn. 584, freilich bei – abzulehnender (→ Rn. 276 ff.) – gesellschaftsrechtlicher Qualifikation; näher auch *Luttermann* FS Kropff, 1997, 485.

[2848] Staub/*Kindler* HGB § 290 Rn. 18; Staudinger/*Großfeld,* 1998, IntGesR Rn. 584; zu Abschlussprüfungen von ausländischen Tochtergesellschaften deutscher Konzerne vgl. *Ferk* DB 1993, 337 ff.

[2849] Zum Folgenden Staub/*Kindler* HGB § 290 Rn. 1 f.

[2850] Begr. RA, BT-Drs. 16/12407, 89 = *Petersen/Zwerner,* Bilanzrechtsmodernisierungsgesetz, 2009, 345.

[2851] Zu Gerichtsstandsklauseln im Gesellschaftsvertrag vgl. EuGH ECLI:EU:C:1992:115 = NJW 1992, 1671 – Powell Duffryn.

[2852] *Emde* ZIP 1998, 725 (726 f.) nach Fn. 16.

zip").[2853] Das Tochterunternehmen kann allerdings einen für alle Untergesellschaften wirksamen **befreienden Teilkonzernabschluss** aufstellen (§ 291 HGB),[2854] womit der Aufwand für mehrere Teilkonzernabschlüsse entfällt. Nach § 291 HGB sind solche Mutterunternehmen von der Pflicht zur Konzernrechnungslegung befreit, die zugleich Tochterunternehmen eines Mutterunternehmens mit Sitz in einem Mitgliedstaat der EU oder in einem anderen Vertragsstaat des EWR sind.

Unter den Voraussetzungen des § 291 HGB können auch zwei **Schwesterunternehmen mit Sitz im Inland im dreistufigen Konzern,** in dem sie Tochtergesellschaften sind, im Konzernabschluss zusammengefasst werden. Die gemeinsame Mutter muss dann ihren Sitz außerhalb der BRepD, aber innerhalb der EU haben und einen Abschluss nach § 291 Abs. 2 HGB aufstellen. Andernfalls muss jedes Schwesterunternehmen einen **separaten Teilkonzernabschluss** aufstellen.[2855] 715

Der Teilkonzernabschluss muss als solcher gekennzeichnet sein (dies folgt aus § 291 Abs. 2 S. 1 Nr. 4b HGB). Durch den größeren Konsolidierungskreis des Gesamtkonzernabschlusses ergeben sich nämlich Differenzen bei der Eliminierung bzw. Realisierung von Zwischenergebnissen. 716

Nach § 292 HGB kann die befreiende Wirkung ausländischer Konzernabschlüsse und Konzernlageberichte durch Mutterunternehmen mit Sitz in einem Nicht-EU-Staat oder einem Nicht-EWR-Staat erreicht werden. Dafür müssen das zu befreiende Mutterunternehmen und alle seine Tochterunternehmen in den befreienden Konzernabschluss einbezogen werden. 717

c) Rechnungslegung nach international anerkannten Rechnungslegungsgrundsätzen. Nach § 292a HGB aF (aufgehoben durch Gesetz vom 4.12.2004, BGBl. 2004 I 3166) hatten Konzernabschluss und Konzernlagebericht nach international anerkannten Rechnungslegungsgrundsätzen unter bestimmten Voraussetzungen befreiende Wirkung. Diese Vorschrift trat am 31.12.2004 außer Kraft. Sie wurde durch § 315e HGB ersetzt, wonach kapitalmarktorientierte Gesellschaften ihre konsolidierten Abschlüsse nach **IAS/IFRS** erstellen müssen. 718

9. Grenzüberschreitende Ausgliederung. Die Konzernbildung kann auch durch Ausgliederung einer Tochtergesellschaft aus der Obergesellschaft erfolgen. Eine Ausgliederung liegt vor, wenn der übertragende Rechtsträger aus seinem Vermögen einen oder mehrere Teile auf mindestens einen anderen Rechtsträger überführt und dafür selbst Mitgliedschaftsrechte an dem aufnehmenden Rechtsträger erhält (§ 123 Abs. 3 UmwG iVm § 320 Abs. 1 UmwG). Unterliegt die Obergesellschaft dem inländischen Recht, so gilt für die grenzüberschreitende Ausgliederung eines Betriebsteils in eine ausländische Tochtergesellschaft das **Personalstatut der Obergesellschaft.** Hier ist nach deutschem Gesellschaftsrecht (§§ 320 ff. UmwG) zu bestimmen, ob eine solche Ausgliederung wirksam ist.[2856] Unterliegt umgekehrt die Obergesellschaft einem ausländischen Recht und die ausgegliederte Tochtergesellschaft dem inländischen Recht, so richtet sich die Wirksamkeit der Ausgliederung nach dem für die Obergesellschaft berufenen ausländischen Recht (§ 331 UmwG). 719

Nach der Theorie der Konzernverfassung von oben soll dennoch eine Konzernbildungskontrolle durch die Aktionäre der inländischen Obergesellschaft erfolgen, wenn aus der ausländischen Tochtergesellschaft ausgegliedert wird.[2857] Dies ist abzulehnen (→ Rn. 679). Im dreistufigen grenzüberschreitenden Konzern läuft die Theorie der Konzernverfassung von oben leer.[2858] 720

10. Insolvenz einer Konzerngesellschaft. a) Internationale Zuständigkeit und anwendbares Recht. Fällt eine Gesellschaft eines transnationalen Konzerns in Insolvenz, werden deren Gläubiger versuchen, auch auf andere Gesellschaften dieses Konzerns Zugriff zu nehmen (zur Insolvenz → Rn. 640 ff.). Das kann im Wege des Durchgriffs (→ Rn. 591 ff.) auf die Obergesellschaft geschehen oder durch Verwertung der Anteile einer Untergesellschaft. Außerdem können im Wege eines Durchgriffs auf die Obergesellschaft auch deren Anteile an einer Schwestergesellschaft verwertet werden (→ Rn. 603 ff.). Dabei liegt der – zuständigkeitsbegründende – Mittelpunkt der hauptsächlichen Interessen der Tochtergesellschaft am Ort ihrer eigenen Geschäftsführung (→ Rn. 426), nicht am Ort der Geschäftsführung der Muttergesellschaft.[2859] Näher → EuInsVO 721

[2853] Staub/*Kindler* HGB § 290 Rn. 65 ff.
[2854] IdF des Gesetzes vom 12.12.2019, BGBl. 2019 I 707, 2637.
[2855] Staub/*Kindler* HGB § 291 Rn. 27 ff.
[2856] *Ebenroth/Offenloch* RIW 1997, 1 (2); Staudinger/*Großfeld,* 1998, IntGesR Rn. 582, 593; zu den Voraussetzungen und der Zulässigkeit einer rechtlichen Verselbstständigung von Unternehmensteilen vgl. RGZ 115, 246 (250); BGHZ 83, 122 = NJW 1982, 1703; OLG München AG 1995, 232 (233); *Ebenroth,* Konzernbildungs- und Konzernleitungskontrolle, 1987; *Ebenroth* AG 1988, 1; ferner Koch AktG § 119 Rn. 16 ff.
[2857] So *Lutter* FS Stimpel, 1985, 825 (849 f.).
[2858] Vgl. *Ebenroth,* Konzernbildungs- und Konzernleitungskontrolle, 1987, 87 f.; *Ebenroth* AG 1988, 1.
[2859] EuGH ECLI:EU:C:2006:281 Ls. 1 = NZI 2006, 360 – Eurofood; dazu *Freitag/Leible* RIW 2006, 641; *Hess/Laukemann/Seagon* IPRax 2007, 89; *Thole* ZEuP 2007, 1137; *Knof/Mock* ZIP 2006, 907; *Saenger/Klockenbrinck* EuZW 2006, 363; *J. Schmidt* ZIP 2007, 405.

2015 Art. 3 Rn. 30 ff., → Vor § 335 InsO Rn. 8. Zur verfahrensrechtlichen Trennung der Insolvenzverfahren über das Vermögen von Mitgliedern einer Unternehmensgruppe → EuInsVO 2015 Art. 7 Rn. 102 ff., → Vor Art. 56 EuInsVO 2015 Rn. 1 ff.

722 Unterfällt eine Gesellschaft eines transnationalen Konzerns einem Insolvenzverfahren, so bestimmen sich Zuständigkeiten, Wirksamkeit und Umfang der Insolvenzeröffnung nach dem Recht des Gerichtsstaates (Art. 7 EuInsVO 2015, § 335 InsO; → Rn. 643). Dieses Insolvenzverfahren hat nicht automatisch die Insolvenz anderer Gesellschaften zur Folge. Der **Durchgriff auf die Obergesellschaft** ist als Ausnahme vom Haftungsprivileg der juristischen Person nur unter besonderen Voraussetzungen möglich, die regelmäßig dem Personalstatut der dem Insolvenzverfahren unterliegenden Gesellschaft zu entnehmen sind.[2860] Der **Zugriff auf eine Untergesellschaft** kann nur durch Verwertung der Anteile geschehen, die die in Konkurs gegangene Gesellschaft an der Untergesellschaft hält (→ Rn. 721). Der **Zugriff auf eine Schwester** ist nur bei einer Kombination aus Durchgriff und Verwertung der Anteile der Schwester, die die Muttergesellschaft hält, möglich, falls zwischen den Schwestern keine Vermögensvermischung bestand.[2861]

723 **b) Sachrecht: Versuche zur Überwindung der rechtlichen Selbständigkeit der Konzerngesellschaften. aa) Unionskartellrechtlicher Sanktionsdurchgriff nach EuGH „Sumal“.** Das europäische Kartellrecht richtet sich an das Unternehmen als Funktionsträger. Beim Vollzug des Kartellrechts der Europäischen Union durch die Behörden (public enforcement) bildet die **„wirtschaftliche Einheit“** seit langem den Kern des autonomen europäischen Unternehmensbegriffs aus Art. 101 und 102 AEUV. Die Rechtsfigur der wirtschaftlichen Einheit führt zu einer **Bußgelderstreckung innerhalb von Konzernen,** deren Einzelgesellschaften gemeinsam als ein Unternehmen im funktionalen Sinne gelten. Mit der Entscheidung des EuGH vom 6.10.2021 in der Rs. Sumal[2862] hat die wirtschaftliche Einheit für die private Durchsetzung des Kartellrechts (private enforcement) an Bedeutung gewonnen.

724 Über die Figur der wirtschaftlichen Einheit im Kartelldeliktsrecht erschließt sich eine **Vielzahl konkurrierender Gerichtsstände.** Namentlich der allgemeine Gerichtsstand und der Gerichtsstand der Streitgenossenschaft bieten Klägern die Möglichkeit, nach ihrer Wahl jede einer wirtschaftlichen Einheit angehörigen Gesellschaft auf den gesamten Schaden an deren Sitz im Sinne von Art. 4 Abs. 1, 63 Abs. 1 Brüssel Ia-VO zu verklagen und diesen Beklagten als Ankerbeklagten im Sinne von Art. 8 Nr. 1 Brüssel Ia-VO zu wählen.

725 **Kritik:** Bei großen, unionsweiten Kartellen mit vielen Kartellanten, die jeweils konzernartige Strukturen aufweisen, begründet die Figur der wirtschaftlichen Einheit großes Missbrauchspotential für **forum shopping.**[2863] Zudem **schmälert** der Sanktionsdurchgriff das **Haftungssubstrat** der Gläubiger der Obergesellschaft und sollte schon deshalb zurückhaltend gehandhabt werden.

726 **bb) Fall „Swift de la Plata“ (Argentinien).** Der Oberste Gerichtshof von Argentinien hat im Fall „Swift de la Plata“ (→ Rn. 311, → Rn. 666) den Antrag auf gerichtliche Zustimmung zum Vergleich einer argentinischen Tochtergesellschaft einer kanadischen Mutter mit ihren Gläubigern, die schon zugestimmt hatten, abgelehnt.[2864] Das führte nach argentinischem Recht automatisch zum Konkurs dieser Gesellschaft. Gleichzeitig aber entschied der Gerichtshof, dass der Konkurs auch dreizehn andere Gesellschaften des Konzerns umfasse, die überwiegend ihren Sitz in Argentinien, teilweise aber auch in dritten Ländern hatten und wirtschaftlich gesund waren.[2865] Er begrün-

[2860] Vgl. *Dobson* Int. Comp. L. Q. 35 (1986), 839 (859 ff.); öst. OGH JBl. 1982, 257 mAnm *Lorenz* IPRax 1983, 85; zu Überlegungen im Anschluss an Bhopal s. *Kolvenbach* ZGR 1986, 47; *Kieninger* IPRax 2020, 60 (66 f.); *Nordhues,* Die Haftung der Muttergeschelschaft und ihres Vorstands für Menschenrechtsverletzungen im Konzern, 2019; *Schall* ZHR 183 (2019), 724.

[2861] Zum fehlenden Beschränkungscharakter (Art. 49 AEUV) einer Gesellschafterhaftung aus dem Gesichtspunkt der Vermögensvermischung *Kindler* FS Säcker, 2011, 393.

[2862] EuGH ECLI:EU:C:2021:800 = NJW 2021, 3583 – Sumal ./. Mercedes Benz Trucks España; dazu *Hornkohl* IPRax 2023, 254.

[2863] *Hornkohl* IPRax 2023, 254; unkrit. (aus kartellrechtlicher Sicht) *Ackermann* ZEuP 2023, 529; dazu auch *Poelzig* AG 2023, 97; *Gehann* GPR 2022, 46.

[2864] Corte Suprema de Argentina 4.9.1973, Revista de Jurisprudencia Argentina 15 (1972), 350; Revista Jurídica Argentina – La Ley 146 (1972), 601; Revista Jurídica Argentina – La Ley 151 (1973), 516; zur Darstellung und Kritik s. auch *Gordon* Lawyer of the Americas 11 (1979), 43; *Gordon* Lawyer of the Americas 6 (1974), 320; *Masnatta* Revista de Jurisprudencia Argentina 15 (1972), 360; *Rohr,* Der Konzern im IPR unter besonderer Berücksichtigung des Schutzes der Minderheitsaktionäre und der Gläubiger, 1983, 459; *Puno* Harv. Int. L. J. 15 (1974), 528; vgl. zum Durchgriff im argentischen Recht *Dobson* Int. Comp. L. Q. 35 (1986), 839; *Moeremans* RIW 1989, 778; *Moeremans,* Die Durchgriffshaftung bei Kapitalgesellschaften, 1989; → Rn. 726 ff.

[2865] *Puno* Harv. Int. L. J. 15 (1974), 528 (529) weist in Fn. 8 darauf hin, dass das damals gültige Recht (Gesetz 11, 719) eine Erstreckung des Konkurses auf andere Konzerngesellschaften nicht kannte. Zum bisher zweimal

dete das mit der **wirtschaftlichen Einheit („unidad económica")**[2866] **der gesamten Unternehmensgruppe,** ohne auf fraudulöses Verhalten, Missbrauch des Haftungsprinzips der juristischen Person oder ähnliche Kriterien abzustellen. Er stützte sich lediglich auf die Tatsachen, dass die Schulden der Tochter bei der Mutter fast 40% der gesamten Schulden ausmachten, die Tochter anderen – aber nicht allen dreizehn – Konzerngesellschaften vom Marktpreis abweichende Preise für ihre Leistungen in Rechnung gestellt hatte, sie zwei andere Unternehmen übernommen hatte, die wirtschaftlich angeschlagen waren, und dass sie eine bestimmte Gesellschaft des Konzerns bei der Tilgung ihrer Schulden bevorzugt habe.[2867]

In einem späteren Fall wurde die „unidad económica" konkretisiert auf Fälle der gegenseiti- 727
gen Beteiligung, Besetzung der Leitungsorgane mit denselben Personen, einheitliche Verwaltung, Buchführung und Finanzplanung und gemeinsame Nutzung von Büroräumen und -einrichtungen.[2868]

Die Theorie der **wirtschaftlichen Einheit** in der weiten Auslegung der argentinischen Ent- 728
scheidung ist aus der Sicht des deutschen Rechts **abzulehnen.**[2869] Das Haftungsprivileg der juristischen Person wird dadurch aufgehoben, ohne dass ein anerkannter Durchgriffsgrund vorliegen würde.[2870] Die **Gläubiger** der Schwestergesellschaft werden **benachteiligt,** da ihre **Haftungsbasis verringert** wird. Die Vollstreckung einer Entscheidung, die auf dieser Begründung beruht, wird im Ausland regelmäßig am dortigen ordre public scheitern.[2871]

Andere Rechtsordnungen kennen zwar ähnliche Konstruktionen, die als Unterfall der Durch- 729
griffshaftung angesehen werden können;[2872] insbesondere die **französische Insolvenzerstreckung** wegen Vermögensvermischung **(confusion des patrimoines)** ist vergleichbar.[2873] In anderen Ländern ist Missbrauch oder fraudulöses Verhalten Voraussetzung.[2874] Rechtsfolge ist dann regelmäßig Schadensersatz, nicht aber Insolvenz der anderen Konzerngesellschaft.

cc) Fall „Bophal" (USA). Im Verfahren wegen der Gaskatastrophe in Bhopal versuchten 730
die Kläger, einen neuen Haftungsgrund einzuführen, die **„Multinational Enterprise Liability".** Danach sollte der gesamte Konzern für Schäden durch eine Untergesellschaft haften, da es die Organisation des multinationalen Unternehmens fast unmöglich mache, die Verantwortung einzelnen Einheiten zuzurechnen. Die dabei genannten Begriffe „monolithischer Block"[2875] oder „wirtschaftliche Einheit"[2876] tragen nicht zur Klärung bei, da sie teilweise schon als Termini für andere Rechtsfiguren belegt sind. Außerdem werden sie nur solchen Konzerngestaltungen gerecht, in denen eine Beteiligung anderer Unternehmen nicht gegeben ist.[2877] Ein formales Argument wird aus der

---

geänderten argentinischen Konkursrecht s. *Riesenfeld* FS Kegel, 1987, 484 und Fn. 1–3; *Radzyminsk* ZVglRWiss 89 (1990), 466.

[2866] Dazu *Berle* Col. L. Rev. 47 (1947), 343; *Dobson* Int. Comp. L. Q. 35 (1986), 839, 859 ff.; *Puno* Harv. Int. L. J. 15 (1974), 528, 530.

[2867] Vgl. *Puno* Harv. Int. L. J. 15 (1974), 528, 531.

[2868] Fall „Sasetru", Darstellung bei *Gordon* in Folsom/Gordon/Spanogle, International Business Transactions, 1986, 851; der Corte Suprema de Argentina hob allerdings 1984 die erstinstanzliche Entscheidung im Fall „Sasetru" von 1981 auf. Die Haftungserstreckung war inzwischen geregelt; s. *Puno* Harv. Int. L. J. 15 (1974), 528 (529) Fn. 8; vgl. dazu *Riesenfeld* FS Kegel, 1987, 483.

[2869] *Schiessl* RIW 1988, 951; aA *Kaiser* RIW 1988, 589.

[2870] Grdl. Salomon v. Salomon & Co., (1897) A. C. 22, HL; vgl. dazu *Gower,* The principles of modern company law, 1969, 68 ff.; *Serick,* Rechtsform und Realität juristischer Personen, 1955 (2. unveränderte Aufl. 1980); *Kübler* FS Heinsius, 1991, 397 ff.; *Claudia Schmidt,* Der Haftungsdurchgriff und seine Umkehrung im internationalen Privatrecht, 1993; zu den Durchgriffslehren grdl. *Drobnig,* Haftungsdurchgriff bei Kapitalgesellschaften, 1959; ferner *Scheel,* Konzerninsolvenzrecht, 1995; *Boujong* FS Odersky, 1996, 739 ff.; zusammenfassend etwa Koch AktG § 1 Rn. 15 ff.

[2871] So *Puno* Harv. Int. L. J. 15 (1974), 528, 538 ff.

[2872] *Berle* Col. L. Rev. 47 (1947), 343 ff.; *Dobson* Int. Comp. L. Q. 35 (1986), 839, 859 ff.

[2873] *Jobst* in Kindler/Nachmann/Bitzer (Hrsg), Handbuch Insolvenzrecht in Europa, 13. EL Februar 2023, Länderbericht Frankreich Rn. 111 ff.; zuvor *Dobson* Int. Comp. L. Q. 35 (1986), 839 (859); *Houin* Rev. trim. dr. comm. 1966, 1006; *Rohr,* Der Konzern im IPR unter besonderer Berücksichtigung des Schutzes der Minderheitsaktionäre und der Gläubiger, 1983, 462 ff.; Bull. Civ. Cass. com. 15.3.1982, No. 101, S. 89; *Reiner,* Unternehmerisches Gesellschaftsinteresse und Fremdsteuerung, 1995, 207 ff.; zum fehlenden Beschränkungscharakter einer Gesellschafterhaftung aus dem Gesichtspunkt der Vermögensvermischung s. *Kindler* FS Säcker, 2011, 393 ff.

[2874] Übersicht bei *Dobson* Int. Comp. L. Q. 35 (1986), 839, 861; *Kindler* ZGR 1997, 449 (457 ff., 461 ff.).

[2875] Vgl. *Kolvenbach* ZGR 1986, 47 (59 ff.).

[2876] Vgl. *Dobson* Int. Comp. L. Q. 35 (1986), 839, 859 ff.; → Rn. 689; zum Begriff vgl. *Großfeld* ZGR 1987, 504.

[2877] Grdl. Murphy v. E. R. Squipp & Sons, Inc. 221 Cal. Rptr. 447 (Cal., 1985) und hierzu *Otte* Marktanteilshaftung, 1990, 61 f.; *Ebenroth/Wilken* JZ 1991, 1116 (1117); vgl. ferner *de Lousanoff* RIW 1983, 145; *Zeller/*

amerikanischen „Market Share Liability" herangezogen (Haftung nach Marktanteilen ohne konkreten Verschuldensnachweis). **Danach soll auch die Obergesellschaft haften, ohne dass es innerhalb des Konzerns eines Nachweises dafür bedürfte, dass die Voraussetzungen für einen Durchgriff vorliegen.**[2878] Weiter wird verwiesen auf ähnliche, schon entwickelte Konstruktionen im Arbeitsrecht[2879] und im Insolvenzrecht (→ Rn. 721 ff.).

731 **dd) Institut de Droit International (1995).** In diesem Zusammenhang steht auch der rechtspolitische Vorstoß des **Institut de Droit International** mit einer **Resolution** betreffend die **„Verpflichtungen multinationaler Unternehmen und ihrer Mitgliedsgesellschaften"** vom 1.9.1995.[2880] Danach sind die Durchgriffsmöglichkeiten der Vertragsgläubiger und der Gläubiger aus gesetzlichen Schuldverhältnissen unterschiedlich ausgestaltet. Die Muttergesellschaft haftet für **vertraglich** begründete Verbindlichkeiten der Tochtergesellschaft (Nr. I.2.a der Resolution):
- wenn sie beim Aushandeln, bei der Erfüllung oder bei der Beendigung des Vertrages derart beteiligt war, dass der Gläubiger vernünftigerweise auf ihre Mithaftung vertrauen durfte;
- wenn sie sich bezüglich der streitigen Verpflichtung des Betruges oder der Täuschung schuldig gemacht hat; oder
- wenn es sich um arbeitsrechtlich geschuldete Entschädigungszahlungen aus Anlass des Konkurses, der Liquidation oder der Einstellung der Tätigkeit der Tochtergesellschaft handelt.

732 Für **gesetzliche** Verbindlichkeiten der Tochtergesellschaft haftet die Muttergesellschaft gemäß Nr. I.2.b der Resolution, wenn die unmittelbar in die haftungsbegründenden Umstände verwickelte Tochtergesellschaft nicht über ausreichendes Vermögen zur vollständigen Befriedigung aller Ansprüche verfügt. Beispielhaft werden hier Großunfälle (mass desasters) erwähnt.

733 **c) Trennungsprinzip und anwendbares Recht.** Eine **verhaltensunabhängige Haftung der Muttergesellschaft aus Konzerntatbestand (Konzernstrukturhaftung)** nach Art der Argumentation der Bophal-Kläger oder der Resolution des Institut de Droit International von 1995[2881] ist sachrechtlich **abzulehnen.** Sie würde das Haftungsprivileg der juristischen Person völlig aufheben (→ Rn. 722), das den Durchgriff nur als Ausnahme in Fällen des Missbrauchs kennt.[2882] Das jeweilige nationale Sachrecht des Durchgriffs würde damit umgangen und wäre obsolet. Den Gläubigern der Konzernobergesellschaft würde ihre Haftungsbasis geschmälert oder genommen. Dies deckt sich mit dem Standpunkt der allermeisten Rechtsordnungen der Welt, da sich im internationalen Vergleich eine reine Strukturhaftung im Konzern kaum feststellen lässt.[2883] Auch nach einer von der OECD 1979 veranlassten Untersuchung gibt es kein OECD-Land, das eine solche Haftung kennt.[2884] Kollisionsrechtliche Fragen ergeben sich daher nicht. Für eine **Konzernverhaltenshaftung** – auch unter dem Gesichtspunkt einer unerlaubten Handlung der Muttergesellschaft, was im Fall Bophal nahelag – bewendet es bei den allgemeinen Anknüpfungsregeln (zB Art. 4 Rom II-VO).

V. Substitution

734 Substitution[2885] ist die **Subsumtion ausländischer Rechtserscheinungen unter Normen des innerstaatlichen Rechts.** Substitutionsprobleme entstehen bei internationalen Konzernsachverhalten dann, wenn zu prüfen ist, ob eine ausländische Rechtserscheinung dem Tatbestand einer

---

Stuke Versicherungswirtschaft 1981, 1241. Zu den von der US-amerikanischen Rspr. entwickelten Indizien einer Durchgriffshaftung aus Konzerntatbestand vgl. *Schiessl* DB 1989, 513 (514 f.).

2878 *Kaiser* RIW 1988, 589; aA *Schiessl* RIW 1988, 951; *Schiessl* DB 1989, 513 (514) zum US-amerikanischen Recht; zu aktuellen Entwicklungen im englischen Recht *Kieninger* IPRax 2020, 60.

2879 Zur Mitbestimmung vgl. *Ebenroth/Sura* ZHR 144 (1980), 610; *Birk* in Birk/Tietmeyer, Zur Problematik multinationaler Unternehmen, 1976, 29 ff.; zu Ausgleichs- und Lohnansprüchen *Blanpain,* The Badger Case, 1977, 51 ff.; BAG NJW 1975, 708.

2880 Abgedruckt in IPRax 1996, 151 f. (engl.); RabelsZ 61 (1997), 122 (142 ff.) (engl./franz.); hierzu *Rigaux* RabelsZ 61 (1997), 115 (118 ff.).

2881 Dort allerdings beschränkt auf bestimmte arbeitsrechtliche sowie gesetzliche Ansprüche.

2882 HM, vgl. *Ebenroth* SchweizAG 1985, 124 (134); *Dobson* Int. Comp. L. Q. 35 (1986), 839 (861); *Lutter* ZGR 1987, 324 (365); *Aronofsky* North Carolina Journal of International Law and Commercial Regulation 10 (1985), 31; *Cohn-Simitis* Int. Comp. L. Q. 12 (1963), 189; *Landers* U. Chi. L. Rev. 42 (1975), 589; *Paschke* AG 1988, 196; *Schiessl* RIW 1988, 951; *Kindler* ZGR 1997, 449 (454 ff.).

2883 Rechtsvergleichend zur Konzernhaftung vgl. *Kindler* ZGR 1997, 449 (454 ff.); umfassend *Hofstetter,* Sachgerechte Haftungsregeln für multinationale Konzerne, 1995, 119 ff.

2884 OECD Responsibility of Parent Companies for their Subsidiaries, 1980; vgl. auch *Kolvenbach* ZGR 1986, 47 (67); *Lutter* ZGR 1987, 324 (365).

2885 Vgl. → Rn. 160 ff.; ferner *Koppensteiner,* Internationale Unternehmen im deutschen Gesellschaftsrecht, 1971, 192 ff.; *Klocke,* Deutsches Konzernkollisionsrecht und seine Substitutionsprobleme, 1974, 140 f.; *Wiedemann* GesR I § 14 V (S. 822 ff.).

inländischen Konzernrechtsnorm entspricht.[2886] Substitutionsfragen können sich im Konzernrecht insbesondere bei den Tatbestandsmerkmalen „Kapitalgesellschaft" (§ 16 Abs. 2 AktG; § 271 Abs. 1 S. 3 HGB), „Mehrheitsbeteiligung" (§ 16 Abs. 1 AktG), „Nennkapital" (§ 16 Abs. 2 AktG), „Aufsichtsrat" (§ 308 Abs. 3 Hs. 2 AktG) und „gesetzlicher Vertreter" (§§ 309, 317 Abs. 3 AktG) ergeben.[2887]

Um die Frage der **Gleichwertigkeit** der ausländischen Rechtserscheinung mit dem in der 735
inländischen Rechtsnorm enthaltenen Begriff beantworten zu können, sind **Normzweck und Bedeutung der inländischen Norm** zu ermitteln und darauf folgend zu untersuchen, ob die ausländische Rechtserscheinung die Voraussetzungen der inländischen Norm erfüllt. Wenn die Funktionen der ausländischen und inländischen Rechtserscheinung äquivalent sind,[2888] ist eine Subsumtion unter die inländische Konzernrechtsnorm geboten. Eine völlige Gleichwertigkeit ist dabei nicht zu fordern; der Substitution ist genügt, wenn die wesentlichen Komponenten übereinstimmen.[2889]

VI. Internationale Gerichtszuständigkeit[2890]

1. Konzerninnenhaftung. Ansprüche im Rahmen der Konzerninnenhaftung des herr- 736
schenden Unternehmens gegenüber der abhängigen Gesellschaft (vgl. im deutschen Recht §§ 302, 311 Abs. 1 AktG, § 317 Abs. 1 AktG) können nach innerstaatlichem IZPR am **Gerichtsstand der Mitgliedschaft** (§ 22 ZPO) geltend gemacht werden (→ Rn. 575).[2891] Bei EU-auslandsansässigen Obergesellschaften scheidet dies freilich aus, da die Brüssel Ia-VO eine entsprechende Kompetenz nicht kennt.[2892] Ferner haben bei deutschem Gesellschaftsstatut[2893] die Gesellschafter sämtliche Verpflichtungen gegenüber der Gesellschaft am Sitz der Gesellschaft zu erbringen; dort liegt der Erfüllungsort. Daher besteht am Sitz der Gesellschaft auch ein **Erfüllungsortsgerichtsstand** (§ 29 ZPO; Art. 7 Nr. 1 Brüssel Ia-VO) für die Geltendmachung der Konzerninnenhaftung (→ Rn. 580). Dieser umfasst nicht nur Zahlungsansprüche, sondern auch zB Unterlassungsansprüche oder Ansprüche auf Rückgängigmachung von Umstrukturierungsmaßnahmen.[2894] Der Gerichtsstand der **Niederlassung** (§ 21 ZPO, Art. 7 Nr. 5 Brüssel Ia-VO) wird im Verhältnis des Gesellschafters zur Gesellschaft regelmäßig mangels Betriebsbezogenheit der Klage ausscheiden,[2895] nicht aber der nach autonomem Recht bestehende **Vermögensgerichtsstand** (§ 23 ZPO; ausgeschlossen durch Art. 5 Abs. 2 Brüssel Ia-VO), da die ausländische Gesellschaft im Regelfall Dividendenansprüche oder Forderungen aus Lieferverträgen besitzen wird.[2896] Häufig geht es darum, der abhängigen – inlandsansässigen – Gesellschaft eine bestimmte Maßnahme sowie dem herrschenden – auslandsansässigen – Unternehmen die Veranlassung der abhängigen Gesellschaft zu eben dieser Maßnahme gerichtlich zu untersagen; für derartige Gesellschafterklagen ist im Hinblick auf den ausländischen Beklagten der **Gerichtsstand des Sachzusammenhangs** nach Art. 8 Nr. 1 Brüssel Ia-VO eröffnet.[2897]

2886 Staudinger/*Großfeld,* 1998, IntGesR Rn. 598.

2887 Vgl. die Übersicht bei *Klocke,* Deutsches Konzernkollisionsrecht und seine Substitutionsprobleme, 1974, 180 ff.; zum Begriff der Kapitalgesellschaft → Rn. 165 ff.

2888 Vgl. *Klocke,* Deutsches Konzernkollisionsrecht und seine Substitutionsprobleme, 1974, 159 ff.; *Neuhaus* IPR 352.

2889 Vgl. *Lauterbach/Beitzke,* Vorschläge und Gutachten zur Reform des deutschen internationalen Personen- und Sachrechts, 1972, 94, 100; Staudinger/*Großfeld,* 1998, IntGesR Rn. 334.

2890 Zusammenfassend *Sakka,* Der Konzern im Kompetenzrecht der EuGVVO, 2019, 168 ff.

2891 Vgl. LG Bochum ZIP 1986, 1386 mAnm *Timm;* Staudinger/*Großfeld,* 1998, IntGesR Rn. 572; *Maul* NZG 1999, 741 (742 f.); zur Konzerninsolvenz → EuInsVO Art. 3 Rn. 30 ff.

2892 OLG Stuttgart ZIP 2007, 1210 (1212) = IPRax 2008, 433 – Züblin, m. Aufs. *Schinkels* IPRax 2008, 412; *Mankowski* NZG 1999, 56; *Brödermann* ZIP 1996, 491; *Sakka,* Der Konzern im Kompetenzrecht der EuGVVO, 2019, 157.

2893 Zur Bestimmung des Gesellschaftsstatuts → Rn. 387 ff.

2894 AA im Züblin-Fall das OLG Stuttgart ZIP 2007, 1210 (1212) mit unzutr. Bezugnahme auf EuGH ECLI:EU:C:1983:87 = IPRax 1984, 85 – Peters; m. Aufs. *Schlosser* IPRax 1984, 65; näher *Schinkels* IPRax 2008, 412 (415 f.); zu Art. 5 Nr. 1 Brüssel Ia-VO auch *Bachmann* IPRax 2009, 140 (142 f.); *Sakka,* Der Konzern im Kompetenzrecht der EuGVVO, 2019, 92 ff., 106, 115.

2895 *Kindler* FS Ulmer, 2003, 305 (319 ff.).

2896 Staudinger/*Großfeld,* 1998, IntGesR Rn. 519; zutr. auch *Maul* NZG 1999, 741 (743): Beteiligung der ausländischen Mutter an der inländischen Tochter als Vermögen iSv § 23 ZPO; als hinreichenden Inlandsbezug sieht BGH NJW 2013, 386 schon einen inländischen Wohnsitz des Klägers an, dazu *Köchel* IPRax 2014, 312; umfassend zu § 23 ZPO als Konzerntochtergerichtsstand *M.-Ph. Weller/Benz/Zimmermann* NZG 2019, 1121.

2897 *Schinkels* IPRax 2008, 412 (413 ff.) m. zutr. Kritik an OLG Stuttgart ZIP 2007, 1210 (1212) = IPRax 2008, 433.

737 Zudem ist die Schädigung des Gesellschaftsvermögens jedenfalls im faktischen Konzern zugleich als **unerlaubte Handlung** zu qualifizieren.[2898] Für die Zuständigkeitsprüfung nach § 32 ZPO ist darunter jeder rechtswidrige Eingriff in eine fremde Rechtssphäre zu verstehen.[2899] Der EuGH hat sogar entschieden, dass der Begriff der unerlaubten Handlung iSd Art. 7 Nr. 2 Brüssel Ia-VO (früher Art. 5 Nr. 3 Brüssel I-VO) „sich auf alle Klagen bezieht, mit denen eine Schadenshaftung des Beklagten geltend gemacht wird und die nicht an einen „Vertrag" iSv Art. 5 Nr. 1 anknüpfen".[2900] Dass die Konzernhaftung im qualifizierten faktischen Konzern ein Äquivalent zur deliktsrechtlichen Haftung ist, dh deren Schutzlücken kompensiert, hat der BGH im Tiefbau-Urteil deutlich gemacht,[2901] und auch die Rspr. seit 2001 zur sog. Haftung wegen existenzvernichtender Eingriffe unterstreicht diese Parallele.[2902] Seit **2007 (Urteil TRIHOTEL)** ist dieser Haftungstatbestand sachrechtlich ganz bei **§ 826 BGB** verankert.[2903] Auch ausländische Rechtsordnungen ohne ausgeprägtes Konzernrecht begründen die Konzernhaftung häufig aus der deliktsrechtlichen Generalklausel.[2904] Schließlich kann eine im Gesellschaftsvertrag enthaltene **Gerichtsstandsklausel** gemäß Art. 25 Brüssel Ia-VO, § 38 ZPO die deutsche internationale Zuständigkeit begründen (→ Rn. 587).

738 **2. Konzernaußenhaftung.** Nach § 303 Abs. 1 AktG hat das herrschende Unternehmen bei Beendigung eines Beherrschungs- oder Gewinnabführungsvertrages den **Gläubigern** der abhängigen Gesellschaft unter bestimmten Voraussetzungen Sicherheit zu leisten. Fällt die abhängige Gesellschaft als Primärschuldner endgültig weg, so können die Gläubiger vom herrschenden Unternehmen analog § 322 AktG unmittelbar Zahlung verlangen.[2905] Auch die Existenzvernichtungshaftung neuerer Prägung besteht in bestimmten Fällen als Außenhaftung gegenüber den Gesellschaftsgläubigern.[2906] Die **Ausfallhaftung** analog §§ 303, 322 AktG erweist sich sonach als **Erscheinungsform des gesetzlichen Schuldbeitritts,** und auch eine Existenzvernichtungshaftung im Außenverhältnis wirkt in gleicher Weise (allgemein → BGB Vor § 414 Rn. 10).

739 Daraus folgt zunächst, dass ein **internationaler Gerichtsstand des Erfüllungsortes** am Sitz des Gläubigers (§ 29 ZPO, Art. 7 Nr. Brüssel Ia-VO) **ausscheidet,** da zwischen dem Gläubiger und dem herrschenden Unternehmen keine unmittelbaren vertraglichen Beziehungen bestehen.[2907] Dass die Primärschuld vertraglicher Natur ist, eröffnet für die Durchgriffshaftung noch nicht den Vertragsgerichtsstand.[2908]

740 Der **Gerichtsstand der unerlaubten Handlung** (§ 32 ZPO, Art. 7 Nr. 2 Brüssel Ia-VO) am Sitz des Gläubigers der abhängigen Gesellschaft oder an deren Sitz kommt ebenfalls **nicht** in Betracht,

[2898] OLG Stuttgart ZIP 2007, 1210 (1212) = IPRax 2008, 433 – Züblin, m. Aufs. *Schinkels* IPRax 2008, 412 (dem OLG insoweit zust. IPRax 2008, 412 [416 f.]); OLG Schleswig NZG 2008, 868 (874) unter 2a; LG Kiel NZG 2008, 346 Rn. 31, 36 ff. = IPRax 2009, 164 m. Aufs. *Bachmann* IPRax 2009, 140 – MobilCom; ferner schon *Zimmer* IPRax 1998, 189 (190, 191) gegen OLG Düsseldorf IPRax 1998, 210, allerdings zur Konzernaußenhaftung; *Maul* AG 1998, 404 (406 f.); s. auch *Kindler* FS Ulmer, 2003, 305 (317 f.); *Sakka,* Der Konzern im Kompetenzrecht der EuGVVO, 2019, 101, 127.

[2899] Vgl. BGH NJW 1956, 911 zu § 32 ZPO; Zöller/*Vollkommer* ZPO § 32 Rn. 4.

[2900] EuGH ECLI:EU:C:1988:459 Ls. 2 = NJW 1988, 3088 mAnm *Geimer* = IPRax 1989, 288 mAnm *Gottwald* IPRax 1989, 272; Slg. 2002, I-7357 Rn. 21 = NJW 2002, 3159 – Tacconi; NJW 2005, 811 Rn. 29 – Engler; zutr. daher LG Kiel NZG 2008, 346 = IPRax 2009, 164 Rn. 31, 36 ff. – MobilCom, m. Aufs. *Bachmann* IPRax 2009, 140.

[2901] BGHZ 107, 7 (21 ff.) = NJW 1989, 1800; s. auch BGHZ 122, 123 (127) = NJW 1993, 1200.

[2902] BGHZ 151, 181 (183 ff.) = NJW 2002, 3024; BGH NJW 2005, 145; NZG 2005, 177.

[2903] BGHZ 173, 246 = NJW 2007, 2689 – TRIHOTEL; BGHZ 179, 344 = NJW 2009, 2127 – Sanitary; dazu *Kindler,* Grundkurs Handels- und Gesellschaftsrecht, 10. Aufl. 2024, § 14 Rn. 90 ff.

[2904] So für Italien Trib. Viterbo 4.11.1987, Giur. it. 1988, I, 2, 501; *Kindler,* Einführung in das italienische Recht, 3. Aufl. 2022, § 17 Rn. 23.

[2905] BGHZ 95, 330 (347) = NJW 1986, 188; BGHZ 105, 168 (183) = NJW 1988, 3143; BGHZ 115, 187 (200) = NJW 1991, 3142; BGHZ 116, 37 (42) = NJW 1992, 505; zusammenfassend Koch AktG § 303 Rn. 7.

[2906] So im Fall TRIHOTEL BGHZ 173, 246 Rn. 27 = NJW 2007, 2689 (Vermögensvermischung) und wohl auch → Rn. 33 (wenn das Restvermögen der Gesellschaft gezielt zum Zwecke der Schädigung eines einzigen verbliebenen Gesellschaftsgläubigers „beiseitegeschafft" wird).

[2907] EuGH ECLI:EU:C:2013:674 = BeckRS 2013, 82083 – OTP Bank; dazu *Mansel/Thorn/Wagner* IPRax 2014, 1 (12); insoweit zutr. auch OLG Düsseldorf IPRax 1998, 210 mAnm *Zimmer* IPRax 1998, 187 = DStR 1997, 503 Ls. mAnm *Goette* DStR 1997, 503 (505); OLG Frankfurt IPRax 2000, 525; *Sakka,* Der Konzern im Kompetenzrecht der EuGVVO, 2019, 120. aA *Kulms* IPRax 2000, 488 (492 f.).

[2908] EuGH ECLI:EU:C:2013:674 = BeckRS 2013, 82083 – OTP Bank; dazu *Mansel/Thorn/Wagner* IPRax 2014, 1 (12); zuvor EuGH ECLI:EU:C:1992:268 = RIW 1994, 680 = JZ 1995, 90 – Handte mAnm *Pfeiffer* = Rev. crit. 1992, 726 mAnm *Gaudemet/Tallon; Kropholler/v. Hein* Brüssel I-VO Art. 5 Rn. 8; *Schack* IZVR Rn. 263; aA *Schlosser,* EU-Zivilprozessrecht, 2. Aufl. 2003, Art. 5 Rn. 6; *Möllers,* Internationale Zuständigkeit bei der Durchgriffshaftung, 1987, 86; hiergegen aber *Goette* DStR 1997, 503 (505).

weil die konzernrechtliche Durchgriffshaftung nicht an die Verletzung von Verhaltenspflichten des herrschenden Unternehmens **gegenüber Dritten** anknüpft, sondern an den objektiven Missbrauch der Leitungsmacht.[2909] Freilich werden in derartigen Sachverhalten häufig zugleich die Voraussetzungen einer **deliktischen Eigenhaftung** des herrschenden Unternehmens gegenüber den Gläubigern der abhängigen Gesellschaft vorliegen,[2910] sodass – wie teilweise bei den sogenannten **„Klimaklagen"** – der Gerichtsstand der unerlaubten Handlung unter diesem Gesichtspunkt eröffnet ist.[2911]

Hingegen wird häufig der **Gerichtsstand der Niederlassung** am Sitz der abhängigen Gesell- **741**
schaft eröffnet sein (§ 21 ZPO, Art. 7 Nr. 5 Brüssel Ia-VO), verstanden als **Mittelpunkt geschäftlicher Tätigkeit,** der auf Dauer als **Außenstelle des Stammhauses** hervortritt, eine **Geschäftsführung** hat und sachlich so ausgestattet ist, dass sich Dritte zum Betreiben von Geschäften nicht unmittelbar an das Stammhaus zu wenden brauchen.[2912] Nach wohl überwiegender Auffassung unterfallen auch rechtlich selbstständige Tochtergesellschaften dem Begriff der Niederlassung.[2913] Vorausgesetzt ist dabei allerdings, dass die Tochtergesellschaft als Außenstelle eines ausländischen Stammhauses hervortritt.[2914] Anhaltspunkte sind etwa Namensgleichheit, gemeinsame Geschäftsführung, aber auch schon gemeinsames Auftreten während der Vertragsverhandlungen oder der Vertragsdurchführung.[2915] Die für den Niederlassungsgerichtsstand erforderliche Betriebsbezogenheit der Klage liegt darin, dass die Hauptschuld aus der Führung der „Niederlassung" selbst hervorging, dh durch die abhängige Gesellschaft begründet wurde.[2916]

Die Rechtsnatur der Konzernaußenhaftung als **gesetzlicher Schuldbeitritt** (→ Rn. 738) **742**
eröffnet ferner gegenüber herrschenden Unternehmen mit Sitz im Brüssel Ia-VO/LugÜ-Raum ohne Weiteres den **Gerichtsstand der Streitgenossenschaft** an jedem gegen die abhängige Gesellschaft gegebenen inländischen Gerichtsstand (Art. 8 Nr. 1 Brüssel Ia-VO).[2917] Für eine derartige Zuständigkeitserstreckung genügt ein **Sachzusammenhang** dergestalt, dass bei der Durchführung getrennter Verfahren unvereinbare bzw. widersprechende Entscheidungen drohen.[2918] Dass ein solcher Sachzusammenhang im Falle **gesamtschuldnerischer Haftung** besteht, heben die Materialien zum EuGVÜ ausdrücklich hervor.[2919] Auch im Hinblick auf **Bürgschaftsverpflichtungen** gemäß

[2909] BGHZ 122, 123 (130) = NJW 1993, 1200; *Goette* DStR 1997, 503 (505); unzutr. Begr. demgegenüber bei OLG Düsseldorf IPRax 1998, 210 f., wo die Notwendigkeit einer vertragsautonomen Qualifikation des Begriffs der unerlaubten Handlung verkannt wird; krit. hierzu mit Recht *Zimmer* IPRax 1998, 187 (190).

[2910] EuGH ECLI:EU:C:2022:888 = NJW 2022, 2739 – ZK ./. BMA Nederland = EWiR 2022, 306 m. Kurzkomm. *Brinkmann;* dazu *Mansel/Thorn/Wagner* IPRax 2023, 109 (126); *Schwemmer* IPRax 2023, 149 (151); *Schollmeyer* ZGR 2023, 108; BGHZ 151, 181 (183 ff.) = NJW 2002, 3024; BGH NJW 2005, 145; NZG 2005, 177.

[2911] So offenbar im Fall EuGH ECLI:EU:C:2013:490 = NZG 2013, 1073 – ÖFAB = EuZW 2013, 703 mAnm *Landbrecht;* dazu *Mansel/Thorn/Wagner* IPRax 2014, 1 (13); *Osterloh-Konrad* JZ 2014, 44; *Sakka,* Der Konzern im Kompetenzrecht der EuGVVO, 2019, 132; zu den Klimaklagen *Kieninger* ZHR 187 (2023), 348 (355 ff.); Rechtbank Den Haag v. 26.5.2021, ECLI:NL:RBDHA:2021:5339; dazu *Jentsch* GesKR 2021, 321; zur Qualifikation der Unternehmensverantwortlichkeit in Lieferketten und bei einer Klimahaftung s. *Mansel/Kuhl* FS von Bar, München 2022, 251.

[2912] BGH NJW-RR 2021, 777 Rn. 18, dazu *Mandl* IPRax 2023, 440; allg. → Vor Rom I-VO Art. 1 Rn. 48; *Kulms* IPRax 2000, 488 (489); *Sakka,* Der Konzern im Kompetenzrecht der EuGVVO, 2019, 149 f.

[2913] *Kindler* FS Ulmer, 2003, 305 (319 f.); *Gaudemet/Tallon,* Les conventions de Bruxelles et de Lugano, 2. Aufl. 1996, Rn. 208 (beide ausdrücklich zur Konzernhaftung); Staudinger/*Großfeld,* 1998, IntGesR Rn. 572; *Ebenroth/Wilken* JZ 1991, 1116 (1118); *Schack* IZVR Rn. 318; *Otto,* Der prozessuale Durchgriff, 1993, 135 ff.; *Franzosi/Fauda* in Balzarini ua, I gruppi di società, 1996, 1311, 1314 ff.; unentschieden *Zimmer* IPRax 1998, 187 (190 f.); OLG Düsseldorf IPRax 1997, 115 (116 f.) = IPRspr. 1995 Nr. 145; IPRax 1997, 118 (119); vgl. auch EuGH ECLI:EU:C:1987:536 Rn. 15 = NJW 1988, 625 – Schotte = EWiR 1988, 63 m. KurzKomm. *Geimer* = IPRax 1989, 96 mAnm *Kronke* IPRax 1989, 81 = RIW 1988, 136 mAnm *Geimer* RIW 1988, 220; Slg. 1995, I-961 Rn. 18, 19 = EuZW 1995, 409 = RIW 1995, 585; aA *Kronke* IPRax 1989, 81 (83 f.); *Maul* AG 1998, 404 (408 f.).

[2914] Vgl. EuGH ECLI:EU:C:1978:205 (2193) Nr. 12 = RIW 1979, 56 – Somafer.

[2915] *Thorn* IPRax 1997, 98 (100); *Kindler* FS Ulmer, 2003, 305; vgl. für einen an engere Voraussetzungen gebundenen Gerichtsstand der Niederlassung am Sitz der Tochtergesellschaft den Vorschlag des Institut de Droit International in der Resolution vom 1.9.1995 (→ Rn. 631 f.) Nr. II 3a Ziff. ii; hierzu *Rigaux* RabelsZ 61 (1997), 115 (119).

[2916] Vgl. EuGH ECLI:EU:C:1978:205 Rn. 13 = RIW 1979, 56 – Somafer; *Goette* DStR 1997, 503 (504).

[2917] Das innerstaatliche deutsche IZPR kennt keinen allg. Gerichtsstand der Streitgenossenschaft, vgl. *Kropholler/v. Hein* Brüssel I-VO Art. 6 Rn. 4; *Schack* IZVR Rn. 356; *Sakka,* Der Konzern im Kompetenzrecht der EuGVVO, 2019, 150 ff.

[2918] EuGH ECLI:EU:C:1988:459 Rn. 9–12 = NJW 1988, 3088 mAnm *Geimer* = IPRax 1989, 289 mAnm *Gottwald* IPRax 1989, 272 = RIW 1988, 901 mAnm *Schlosser* RIW 1988, 987.

[2919] *Jenard*-Bericht zu Art. 6 Nr. 1 Art. 60 Brüssel I-VO, ABl. 1979 C 59, 1 (26); *Kropholler/v. Hein* Brüssel I-VO Art. 6 Rn. 6; *Schack* IZVR Rn. 359.

§ 303 Abs. 3 AktG eröffnet Art. 8 Nr. 1 Brüssel Ia-VO einen inländischen Gerichtsstand gegen das herrschende Unternehmen an einem für die Geltendmachung der Hauptverbindlichkeit bestehenden Gerichtsstand.[2920] Mit der Entscheidung des Gerichtshofs Den Haag vom 29.1.2021 in der Sache **„Milieudefensie ua ./. Royal Dutch Shell plc. ua"** wurde wohl erstmals in Europa eine Haftungsklage gegen eine Konzernmutter wegen **Umweltschädigungen** durch eine drittstaatliche Tochtergesellschaft zugelassen.[2921] Den Gerichtsstand der Streitgenossenschaft entnahm der Gerichtshof Den Haag dem autonomen niederländischen Zivilprozessrecht. Für eine solche Klage vor einem deutschen Gericht fehlt es allerdings im autonomen deutschen Recht an einem internationalen Gerichtsstand der Streitgenossenschaft nach Art des Art. 8 Nr. 1 Brüssel Ia-VO.[2922]

743 Der **Gerichtsstand des Vermögens** besteht nur nach innerstaatlichem IZPR (§ 23 ZPO), dh gegenüber einem ausländischen herrschenden Unternehmen mit Sitz außerhalb des Brüssel Ia-VO/LugÜ-Raumes (Art. 5 Abs. 2 Brüssel Ia-VO). Der hierfür erforderliche qualifizierte Inlandsbezug[2923] wird regelmäßig in der Geschäftstätigkeit der abhängigen Gesellschaft im Inland zu sehen sein; der BGH lässt schon einen inländischen Wohnsitz des Klägers ausreichen.[2924] Anknüpfungspunkt für eine internationale Zuständigkeit am Sitz der Tochtergesellschaft ist die dortige Belegenheit der von der Muttergesellschaft gehaltenen Gesellschaftsanteile (→ Rn. 736).[2925] Auf die physische Belegenheit der Urkunden, die das Mitgliedschaftsrecht verbriefen, kommt es nicht an.[2926]

744 Eine zwischen der abhängigen Gesellschaft und dem Gläubiger bestehende **Gerichtsstandsvereinbarung** (§ 38 ZPO, Art. 25 Brüssel Ia-VO) wirkt auch gegen das herrschende Unternehmen als Zweitschuldner.[2927] Jedenfalls für die Konzernaußenhaftung bei Wegfall der abhängigen Gesellschaft als Primärschuldner (→ Rn. 738) liegt die Parallele zur Rechtsnachfolge in die Gerichtsstandsvereinbarung auf der Hand.[2928]

745 **3. Organhaftung.** Eine konzernspezifische Organhaftung ergibt sich für die gesetzlichen Vertreter des herrschenden Unternehmens aus §§ 117, 309 Abs. 2 AktG, § 317 Abs. 3 AktG. Für die Geltendmachung dieser Ansprüche ist der **Gerichtsstand der unerlaubten Handlung** (§ 32 ZPO, Art. 7 Nr. 1 Brüssel Ia-VO,) am Sitz der abhängigen Gesellschaft eröffnet.[2929] Da parallel die Haftung des herrschenden Unternehmens selbst wegen Verletzung des Beherrschungsvertrages[2930] bzw. § 317 Abs. 1 AktG gegeben ist, und hierfür ein inländischer Gerichtsstand besteht,[2931] dürfte gegenüber Organmitgliedern mit Wohnsitz im Brüssel Ia-VO/LugÜ-Raum ferner meist der **Gerichtsstand der Streitgenossenschaft** (Art. 8 Nr. 1 Brüssel Ia-VO) am Sitz der abhängigen Gesellschaft zur Verfügung stehen. Zum Gerichtsstand der Streitgenossenschaft → Rn. 742.

746 **4. Spruchverfahren.** Wenn der Hauptaktionär seinen Sitz in einem Mitgliedstaat der Europäischen Union hat, so ist die internationale **Zuständigkeit deutscher Gerichte** für Spruchverfahren – zB in den Fällen der §§ 304, 305, 320b AktG[2932] – aus verschiedenen rechtlichen Gesichtspunkten zu bejahen.[2933] Zum Teil wird davon ausgegangen, die internationale Zuständigkeit ergebe sich in jedem Fall aus **Art. 7 Nr. 1 Brüssel Ia-VO** oder aber – wegen der funktionellen Substitution

---

2920 Vgl. *Schack* IZVR Rn. 359.

2921 Gerechtshof Den Haag, 29.1.2021, ECLI:NL:GHDHA:2021:132 – Milieudefensie ua ./. Royal Dutch Shell plc. ua; dazu *Mäsch/Wittebol* IPRax 2022, 79.

2922 *Mäsch/Wittebol* IPRax 2022, 79; *Weller/Tran* ZEuP 2021, 573 (594 f.).

2923 Vgl. BGHZ 115, 90 = NJW 1991, 3072.

2924 BGH NJW 2013, 386; dazu *Köchel* IPRax 2014, 312.

2925 Umfassend zu § 23 ZPO als Konzerntochtergerichtsstand *M.-Ph. Weller/Benz/Zimmermann* NZG 2019, 1121; ferner *Luchterhandt,* Deutsches Konzernrecht bei grenzüberschreitenden Konzernverbindungen, 1971, 115, 147; *Beitzke* ZHR 138 (1974), 533 (537); *W. Bayer,* Der grenzüberschreitende Beherrschungsvertrag, 1988, 126; Staudinger/*Großfeld,* 1998, IntGesR Rn. 572; wohl auch BGH NJW 1993, 2683 (2684), wo der Vermögensgerichtsstand iErg aber an der bloß mittelbaren Beteiligung der Beklagten an der inländischen Gesellschaft scheitert, vgl. *Koch* IPRax 1995, 71 (72).

2926 Vgl. Staudinger/*Großfeld,* 1998, IntGesR Rn. 572; BGHZ 32, 256 (260) = NJW 1960, 1569.

2927 Vgl. BGH NJW 1984, 1438 mAnm *Geimer;* Zöller/*Vollkommer* ZPO § 38 Rn. 8; umfassend *Sakka,* Der Konzern im Kompetenzrecht der EuGVVO, 2019, 158 ff.

2928 Zur Rechtsnachfolge in Gerichtsstandsvereinbarungen s. *Kropholler/v. Hein* Brüssel I-VO Art. 23 Rn. 64 unter Berufung auf EuGH ECLI:EU:C:1984:217 = IPRax 1985, 152 – Tilly Russ; mAnm *Basedow* IPRax 1985, 133.

2929 *Beitzke* ZHR 138 (1974), 533 (537); Staudinger/*Großfeld,* 1998, IntGesR Rn. 572; aA *W. Bayer,* Der grenzüberschreitende Beherrschungsvertrag, 1988, 129; *Sakka,* Der Konzern im Kompetenzrecht der EuGVVO, 2019, 106 ff.

2930 Vgl. hierzu nur Koch AktG § 309 Rn. 26 ff.

2931 Zur internationalen Zuständigkeit bei der Konzerninnenhaftung → Rn. 849 ff.

2932 Zu weiteren Spruchverfahrenskonstellationen außerhalb des Konzernrechts s. § 1 SpruchG.

2933 LG München I BeckRS 2008, 11391 = NZG 2008, 637 Ls.; *Nießen* NZG 2006, 441.

der Beschlussanfechtung durch das Spruchverfahren (§ 304 Abs. 3 AktG, § 305 Abs. 5 AktG) überzeugender – bereits aus **Art. 24 Nr. 2 Brüssel Ia-VO** analog.[2934] In jedem Fall führt Art. 7 Nr. 1 lit. a **Brüssel Ia-VO** zu einem Gerichtsstand am Erfüllungsort, der sich wiederum nach dem Recht bestimmt, dem das Kollisionsrecht des angerufenen Gerichts das Konzernverhältnis zuweist. Die örtliche und die sachliche Zuständigkeit richten sich nach §§ 2, 16 SpruchG.

F. Unternehmensmobilität (transnationale Verschmelzung und Spaltung; Sitzverlegung)

Schrifttum bis 2005: s. 7. Aufl. 2018.

Schrifttum seit dem SEVIC-Urteil 2006 und der RL 2005/56/EG: s. 7. Aufl. 2018.

Schrifttum seit dem VALE-Urteil 2012: *Bayer/Schmidt,* Gläubigerschutz bei (grenzüberschreitenden) Verschmelzungen – Das EuGH-Urteil in der Rs KA Finanz, ZIP 2016, 841; *Drygala/v. Bressensdorf,* Gegenwart und Zukunft grenzüberschreitender Verschmelzungen und Spaltungen, NZG 2016, 1161; *Fisch,* Der Übergang ausländischen Vermögens bei Verschmelzungen und Spaltungen – Eine Analyse aus Sicht der Praxis, NZG 2016, 448; *Forst,* Neues aus Luxemburg zur Arbeitnehmerbeteiligung bei der grenzüberschreitenden Verschmelzung von Gesellschaften, AG 2013, 588; *Hübner,* Auswirkungen einer grenzüberschreitenden Verschmelzung auf Anleiheverträge, IPRax 2016, 553; *Kindler,* Der reale Niederlassungsbegriff nach dem VALE-Urteil des EuGH, EuZW 2012, 888; *Krebs,* Grenzüberschreitender Formwechsel nach Deutschland – Einordnung, Voraussetzungen und Praxisfolgen, GWR 2014, 144; *Lieder/Bialluch,* Umwandlungsrechtliche Implikationen des Brexit, NotBZ 2017, 165; *Mansel/Thorn/Wagner,* Europäisches Kollisionsrecht 2012: Voranschreiten des Kodifikationsprozesses – Flickenteppich des Einheitsrechts, IPRax 2013, 1; *Morgenroth/Salzmann,* Grenzüberschreitende Umwandlungen in der EU und unternehmerische Mitbestimmung, NZA-RR 2013, 449; *Nagy,* Grenzüberschreitende Umwandlung in einem rechtlichen Vakuum: die Folgeentscheidung des ungarischen Obersten Gerichtshofs im Fall VALE, IPRax 2013, 582; *G. H. Roth,* Das Ende der Briefkastengründung? – Vale contra Centros, ZIP 2012, 1744; *G. H. Roth,* Die Sitztrennung im europäischen Gesellschaftsrecht nach Vale, FS Torggler, 2013, 1023; *W.-H. Roth,* Grenzüberschreitender Rechtsformwechsel nach VALE, FS Hoffmann-Becking, 2013, 965; *J. Schmidt,* Cross-border mergers and divisions, transfers of seat: Is there a need to legislate?, study upon request of the JURI committee of the European Parliament, Juni 2016, PE 559.960; *Seibold,* Der grenzüberschreitende Herein-Formwechsel in eine deutsche GmbH – Geht doch!, ZIP 2017, 456; *Stiegler,* Grenzüberschreitende Mobilität von Personengesellschaften, ZGR 2017, 312; *Teichmann,* Grenzüberschreitender Formwechsel Kraft vorauseilender Eintragung im Aufnahmestaat, ZIP 2017, 1190; *Verse,* Niederlassungsfreiheit und grenzüberschreitende Sitzverlegung, ZEuP 2013, 458; *Weller,* Unternehmensmobilität im Binnenmarkt, FS Blaurock, 2013, 497; *Weller/Rentsch,* Die Kombinationslehre beim grenzüberschreitenden Rechtsformwechsel, IPRax 2013, 530; *Zwirlein,* Grenzüberschreitender Formwechsel – europarechtlich veranlasste Substitution im UmwG (zugleich Besprechung von KG, Beschluss v. 21.3.2016, 22 W 64/15), ZGR 2017, 114.

Schrifttum seit dem Polbud-Urteil 2017 und der Verabschiedung des Company Law Package: *Bormann/Stelmaszczyk,* Grenzüberschreitende Spaltungen und Formwechsel nach dem EU-Company Law Package, ZIP 2019, 353; *Bormann/Stelmaszczyk,* Grenzüberschreitende Verschmelzungen nach dem EU-Company Law Package, ZIP 2019, 300; *Habersack,* Sekundärrechtlicher grenzüberschreitender Formwechsel ante portas, ZHR 182 (2018), 495; *Heinze,* Grenzüberschreitende Verschmelzung und Prüfung der Zustimmungsbeschlüsse: Der misslungene § 122 UmwG und Lösungen für die Praxis, NZG 2020, 961; *Lieder/Bialluch,* Brexit-Prophylaxe durch das 4. UmwG-ÄndG – Zum deutschen Vorstoß im Recht der grenzüberschreitenden Verschmelzung –, NJW 2019, 805; *Luy,* Grenzüberschreitende Umwandlungen nach dem Company Law Package, NJW 2019, 1905; *Noack,* Das Company Law Package – Vorschläge der Europäischen Kommission zur Harmonisierung des materiellen Schutzes der Minderheitsgesellschafter bei grenzüberschreitenden Verschmelzungen, AG 2018, 780 ff.; *Noack,* Der Anfechtungsausschluss bei grenzüberschreitenden Verschmelzungen nach der neuen Umwandlungsrichtlinie, AG 2019, 665; *Petanidis,* Die grenzüberschreitende Umstrukturierung, 2020; *Schollmeyer,* Gläubigerschutz bei grenzüberschreitenden Umwandlungen, ZGR 2020, 62; *Schollmeyer,* Wirksamkeit einer inländischen Registereintragung nach ausländischem Recht: Kann das neue Spaltungsrecht funktionieren?, IPRax 2020, 297; *Szydlo,* Cross-Border Conversion of Companies Under Freedom of Establishment: Polbud and Beyond, CMLR 2018, 1549; *Teichmann,* Grundlinien eines europäischen Umwandlungsrechts: Das „EU-Company Law Package 2018", NZG 2019, 241; *Teichmann,* Das Konzept des „Rechtsmissbrauchs" im Europäischen Umwandlungsrecht, ZGR 2022, 376.

Schrifttum zur und seit Umsetzung der EU-Mobilitätsrichtlinie (EU) 2019/2121 (§§ 305 ff. UmwG [2023]: *Baschnagel/Hilser,* Gläubigerschutz bei grenzüberschreitenden Umwandlungen nach dem UmRUG, NZG

[2934] Näher zu den iE unterschiedlichen Begründungsansätzen *Simon/Simon,* 2007, SpruchG § 2 Rn. 26; *Nießen* NZG 2006, 441 (442 ff.); Kölner Komm SpruchG/*Wasmann* SpruchG § 2 Rn. 21; für Art. 22 Nr. 2 Brüssel I-VO (Art. 24 Nr. 2 Brüssel Ia-VO) analog zutr. *Knöfel* EWiR 2009, 51 (52) gegen Handelsgericht Wien 14.10.2008 – 75 Fr 6292/08x.

2022, 1333; *Brandi/Schmidt,* Der grenzüberschreitende Formwechsel nach dem RegE zum UmRUG, DB 2022, 1880; *Bungert/Reidt,* Erweiterte Möglichkeiten grenzüberschreitender Umwandlungen – nach Abschluss des Gesetzgebungsverfahrens zum UmRUG, DB 2023, 54; *Bungert/Strothotte,* Die grenzüberschreitende Spaltung nach dem Referentenentwurf des UmRUG, BB 2022, 1411; DAV, Stellungnahme zum Referentenentwurf eines Gesetzes zur Umsetzung der Umwandlungsrichtlinie, NZG 2022, 849; *M. Goette,* Das Gesetz zur Umsetzung der Umwandlungsrichtlinie – ein Überblick, DStR 2023, 157; *Habersack,* Die Mobilitätsrichtlinie und das nationale Umwandlungsrecht – Zum Für und Wider einer überschießenden Umsetzung, ZHR 186 (2022), 1; *Heckschen/Knaier,* Größte Reform des Umwandlungsrechts – nicht nur Richtlinienumsetzung! (Teil I), GmbHR 2022, 501; *Heckschen/Hilser,* Grenzüberschreitender Gesellschaftszuzug aus Drittstaaten nach Deutschland am Praxisbeispiel einer Schweizer Aktiengesellschaft, DStR 2022, 1005, 1053; *Hommelhoff,* Der Schutz des Anteilsinhaber-Vermögens bei Umwandlungen nach dem RefE UmRUG, NZG 2022, 683; Löbbe, Die grenzüberschreitende Umwandlung nach dem UmRUG, ZHR 187 (2023), 498; *Recktenwald,* Grenzüberschreitende Hinausspaltung, BB 2023, 643; *J. Schmidt,* Grenzüberschreitender Formwechsel in der EU – Eckpunkte des Rechtsrahmens und Herausforderungen bei der Umsetzung, ZEuP 2020, 565; *J. Schmidt,* Der UmRUG-Referentenentwurf: grenzüberschreitende Umwandlungen 2.0 – und vieles mehr, NZG 2022, 579, 635; *J. Schmidt,* Regierungsentwürfe für das UmRUG und das UmRMitbestG, EuZW 2022, 635; *J. Schmidt,* BB-Gesetzgebungs- und Rechtsprechungsreport zum Europäischen Unternehmensrecht 2021/22, BB 2022, 1859 (1864 ff.); *J. Schmidt,* BB-Gesetzgebungs- und Rechtsprechungsreport zum Europäischen Unternehmensrecht 2022/23, BB 2023, 1859 (1866 f.); *J. Schmidt,* Die weitreichende Reform des Umwandlungsrechts, NJW 2023, 1241; *Schön,* Missbrauchskontrolle im Eurpäischen Umwandlungsrecht, FS Krieger, 2020, 879; *K. Spiegl,* Missbrauchskontrolle im Rahmen der EU-Umwandlungsrichtlinie, 2025; *Stelmaszczyk,* Grenzüberschreitende Umwandlungen nach dem UmRUG, DNotZ 2023, 752 und 804; *Teichmann,* Cross-border-mergers, demergers, transformations, in: Montalenti/Notari (Hrsg.), Il diritto societario europeo: quo vadis?, 2023, 175; *Tsakalidou,* Grenzüberschreitende Verschmelzungen und die damit verbundenen international-privatrechtlichen Fragen, 2022; *Wollin,* Der Referentenentwurf eines Gesetzes zur Umsetzung der Umwandlungsrichtlinie (UmRUG-E), ZIP 2022, 989; **Gesetzgebungsmaterialien zum UmRUG:** BT-Drs. 15/4053, 13; BT-Drs. 20/3822, BT-Drs. 20/5237; BR-Drs. 850/04, 1.

I. Fallgestaltungen

747 **1. Verschmelzung und Spaltung als Grundtatbestände. a) Verschmelzung.** Im internationalen Gesellschaftsrecht[2935] werden wie im nationalen Gesellschaftsrecht[2936] die Begriffe **Verschmelzung und Fusion** synonym verwendet. Dabei wird unter Verschmelzung die Vermögensvereinigung mehrerer Kapitalgesellschaften in der Weise verstanden, dass mindestens eine von ihnen ihre rechtliche Existenz aufgibt, die Abwicklung ausgeschlossen ist, und die Mitglieder der untergehenden Gesellschaft in Aktien oder Gesellschaftsanteilen der übernehmenden oder neu zu bildenden Gesellschaft entschädigt werden (vgl. §§ 2, 20 Abs. 1 Nr. 1–3 UmwG, §§ 305 ff. UmwG für Verschmelzungen unter ausschließlicher Beteiligung von EU-Gesellschaften).[2937] Davon zu unterscheiden ist der **kartellrechtliche Fusionsbegriff.** Zur internationalen Reichweite der Zusammenschlusskontrolle → Rn. 260. Der kartellrechtliche Fusionsbegriff knüpft an den Zusammenschlusstatbestand des § 37 GWB an und ist gegenüber dem oben genannten Begriff weiter. Er umfasst neben dem gesellschaftsrechtlichen Verschmelzungs- bzw. Fusionsbegriff auch den Erwerb eines wesentlichen Teils des Vermögens, wobei die rechtliche Existenz der beteiligten Unternehmen nicht berührt wird.

748 Unter einer **internationalen Verschmelzung** versteht man die – gesellschaftsrechtliche – „Fusion über die Grenze“[2938] oder den grenzüberschreitenden Zusammenschluss mehrerer Unternehmen zu einem Unternehmen im Wege des Vermögensübergangs von dem übertragenden auf das übernehmende bzw. neue Unternehmen (Art. 118 ff. GesR-RL; vgl. im deutschen Recht die zum 1.3.2023 eingeführten §§ 305 ff. UmwG). Dabei ist es verständlicher, von einer **transnationalen,** statt von einer internationalen Verschmelzung[2939] zu sprechen, weil auf diese Weise die Zielrichtung der Verschmelzung besser zum Ausdruck kommt. Der EU-Richtlinien-Vorschlag von 2003 verwendete den Begriff der **„grenzübergreifenden Verschmelzung“;** die RL 2005/56/EG selbst spricht neutraler von der „Verschmelzung von Kapitalgesellschaften aus verschiedenen Mitgliedstaa-

[2935] *Engert* in Eidenmüller Ausl. KapGes. § 4 Rn. 55 ff.; aus früherer Zeit *Grasmann,* System des internationalen Gesellschaftsrechts, 1970, Rn. 540, S. 303; *Koppensteiner,* Internationale Unternehmen im deutschen Gesellschaftsrecht, 1971, 255; *Wiedemann* GesR I § 15 III 2a, S. 872; Staudinger/*Großfeld,* 1998, IntGesR Rn. 681 ff.

[2936] *Martens* AG 1986, 57; *Fernholz,* Die Fusion von Aktiengesellschaften und der Schutz von Aktionären und Dritten bei der Fusion in den Rechten der Mitgliedstaaten der Europäischen Wirtschaftsgemeinschaft, 1965, 23 f.; *Timm* AG 1982, 98; *Lutter,* Europäisches Unternehmensrecht, 4. Aufl. 1996, 128 ff.

[2937] Schmitt/Hörtnagl/Stratz/*Stratz* UmwG § 2 Rn. 3.

[2938] *Ferid* IPR Rn. 5-67, 7; *Beitzke* RIW/AWD 1961, 288.

[2939] *Ficker* in Lutter, Recht und Steuer der internationalen Unternehmensverbindungen, 1972, 220; *Lutter* Gutachten 48. DJT, Bd. I, 1970, H 15.

ten" (ebenso Art. 1 GesR-RL). Zu Grundzügen des Europäischen Umwandlungsrechts mit Literaturangaben → Rn. 35 ff.

Eine **grenzüberschreitende Verschmelzung** iSd §§ 305 ff. UmwG liegt nach § 305 Abs. 1 UmwG vor, wenn **mindestens eine der beteiligten Gesellschaften dem Recht eines anderen Mitgliedstaats** der EU oder eines anderen Vertragsstaats des EWR **unterliegt.** Hintergrund: Die RL (EU) 2019/2121 bezieht sich nur auf grenzüberschreitende Umwandlungen innerhalb der EU und des EWR; grenzüberschreitende Umwandlungen mit Drittstaaten-Bezug sind ausgenommen.[2940] Auf die Beteiligung einer **Kapitalgesellschaft (§ 3 Abs. 1 Nr. 2 UmwG)** an einer grenzüberschreitenden Verschmelzung sind §§ 2–38 UmwG und §§ 46–78 UmwG entsprechend anzuwenden, soweit sich aus §§ 305 ff. UmwG nichts anderes ergibt. Auf die Beteiligung einer **Personenhandelsgesellschaft (§ 3 Abs. 1 Nr. 1 UmwG)** an einer grenzüberschreitenden Verschmelzung sind §§ 2–38 UmwG und §§ 39–45 UmwG entsprechend anzuwenden, soweit sich aus §§ 305 ff. UmwG nichts anderes ergibt. In der Sache hat sich zum 1.3.2023 insoweit nichts geändert. § 122a UmwG aF [2007] wurde zu § 305 UmwG [2023]. Es handelt sich um eine Folgeänderung zur Überführung der §§ 122a–122m UmwG aF in die §§ 305–319 UmwG. Da die vorgenannten Vorschriften des 2. Buches des UmwG vielfach den Vorgaben der GesR-RL entsprechen, bedurfte es insoweit im Sechsten Buch (§§ 305 ff. UmwG) keiner besonderen Regelung. 749

Von besonderer Bedeutung sind hier die Vorschriften der neu gefassten § 14 Abs. 2 UmwG, § 15 UmwG über die **Verbesserung des Umtauschverhältnisses.** Sie finden Anwendung auf Anteilsinhaber, die an einer Gesellschaft beteiligt sind, die ihren Sitz im Inland hat (vgl. Art. 126a Abs. 6 und 7 GesR-RL). § 122h UmwG aF konnte daher aufgehoben werden. Über § 305 Abs. 2 S. 1 UmwG ist auch die **Ersetzungsbefugnis** nach §§ 72a, 72b UmwG anzuwenden. Von der Möglichkeit der Gewährung zusätzlicher **Anteile anstelle einer baren Zuzahlung** (Art. 126a Absatz 7 GesR-RL) kann auf diesem Weg Gebrauch gemacht werden. Dabei hat die ausgleichspflichtige Gesellschaft bei Umwandlungsmaßnahmen unter Beteiligung einer AG, KGaA oder SE als Zielrechtsträger die Möglichkeit, Nachbesserungsansprüche in Form von **Zusatzaktien** zu erfüllen.[2941] 750

b) Spaltung. Die Spaltung ist das Gegenstück zur Verschmelzung. Sie führt zur Realteilung des Vermögens eines Rechtsträgers ohne dessen vorherige Auflösung (vgl. Art. 160a ff. GesR-RL). Das Umwandlungsrecht (§ 123 UmwG iVm § 320 Abs. 2 UmwG) unterscheidet drei Varianten der Spaltung. Von einer **Aufspaltung** spricht man, wenn ein Rechtsträger (der übertragende Rechtsträger) sein gesamtes Vermögen durch gleichzeitige Übertragung der Vermögensteile jeweils im Ganzen auf mindestens zwei andere Rechtsträger überführt und dadurch ohne Liquidation erlischt (§ 123 Abs. 1 UmwG iVm § 320 Abs. 2 UmwG; vgl. Art. 136 Abs. 1 GesR-RL, Art. 155 Abs. 1 GesR-RL; vor dem 20.7.2017 Art. 2 Abs. 1 RL 82/891/EWG, Art. 21 Abs. 1 RL 82/891/EWG). Hingegen erlischt der übertragende Rechtsträger bei der **Abspaltung** nicht. Er überträgt lediglich einen oder mehrere Teile seines Vermögens jeweils im Ganzen auf mindestens einen anderen Rechtsträger (§ 123 Abs. 2 UmwG). Die Abspaltung ist in der RL 82/891/EWG (seit 20.7.2017 Art. 135 ff. GesR-RL) nicht vorgesehen. Aufspaltung und Abspaltung erfolgen gegen Gewährung von Anteilsrechten oder Mitgliedschaften am aufnehmenden Rechtsträger an die Gesellschaft des übertragenden Rechtsträgers (§ 123 Abs. 1, 2 UmwG iVm § 320 Abs. 2 UmwG). Auch im Falle der **Ausgliederung** bleibt der übertragende Rechtsträger bestehen. Eine Ausgliederung liegt vor, wenn der übertragende Rechtsträger aus seinem Vermögen einen oder mehrere Teile auf mindestens einen anderen Rechtsträger überführt und dafür selbst Mitgliedschaftsrechte an dem aufnehmenden Rechtsträger erhält (§ 123 Abs. 3 UmwG; näher → Rn. 719 f.). Alle drei Spaltungsvarianten sind im Wege der **Aufnahme,** dh durch Übertragung der Teilvermögen auf mindestens einen bestehenden Rechtsträger, und im Wege der **Neugründung,** dh durch Übertragung der Teilvermögen auf neu gegründete Rechtsträger möglich. 751

Nach Art. 160q S. 1 GesR-RL bestimmt sich der Zeitpunkt der Wirksamkeit der Spaltung nach dem **Gesellschaftsstatut der gespaltenen Gesellschaft;** die grenzüberschreitende Spaltung ist sachrechtlich seit **1.3.2023** in §§ 320 ff. UmwG geregelt.[2942] 752

2. Verwandte Maßnahmen. a) Formwechsel. Am Formwechsel ist im Unterschied zur Verschmelzung und Spaltung immer nur **ein einziger Rechtsträger** beteiligt. Er erhält – unter Wahrung seiner Identität – eine andere Rechtsform (vgl. §§ 190 ff. UmwG; §§ 333 ff. UmwG). Gehören die Ausgangsrechtsform und die Zielrechtsform derselben Rechtsordnung an, stellen 753

2940 Krit. *Heckschen/Hilser* DStR 2022, 1005, 1053 (1059).

2941 *Lieder/Hilser* ZIP 2023, 1; *Baschnagel/Hilser* BWNotZ 2023, 2; *Herzog/Gebhard* AG 2023, 310.

2942 Näher *Schollmeyer* IPRax 2020, 297; *Bungert/Strothotte* BB 2022, 1411 zum RefE.

sich keine kollisionsrechtlichen Fragen der Statutenabgrenzung.[2943] Nach dem Urteil VALE des EuGH (→ Rn. 103 ff.) muss aber auch ein **grenzüberschreitender Formwechsel** einer EU-Auslandsgesellschaft in eine inländische, etwa deutsche Gesellschaftsform bei gleichzeitiger Verlegung von Satzungs- und Verwaltungssitz ermöglicht werden („Hereinformwechsel").[2944] Dabei muss **auch ein rechtsformkongruenter grenzüberschreitender Formwechsel** zugelassen werden, zB von einer französischen S.à.r.l. in eine deutsche GmbH.[2945] **Sachrechtlich** wurde der grenzüberschreitende Formwechsel mit Wirkung zum **1.3.2023** in §§ 333 ff. UmwG erstmals gesetzlich geregelt;[2946] zu Art. 86a ff. GesR-RL → Rn. 38. Dabei betreffen die §§ 333 ff. UmwG den Herausformwechsel einer deutschen Kapitalgesellschaft, § 345 UmwG den Hereinformwechsel zur deutschen Kapitalgesellschaft. Außerhalb der §§ 333 ff. UmwG muss die Anwendung des auf innerstaatliche Fälle zugeschnittenen Umwandlungsrechts allerdings im Hinblick auf den grenzüberschreitenden Sachverhalt modifiziert werden. Dies erfolgt methodisch über die tradierten kollisionsrechtlichen Figuren der **Anpassung** (Adaption des Inlandsrechts an die Auslandserscheinung) und der **Substitution** (Ersetzung der Inlandsrechtsform im Tatbestand der Umwandlungsnormen durch die funktional vergleichbare EU-Auslandsgesellschaft).[2947] Umgekehrt ist nach dem Urteil Polbud des EuGH auch den inländischen Gesellschaften eine Umwandlung in eine Rechtsform eines anderen Mitgliedstaats zu gestatten („Herausformwechsel"), soweit das dafür maßgebliche ausländische Recht dies zulässt.[2948]

754 Nach den bis zur Umsetzung der Art. 86a ff. GesR-RL zum 1.3.2023 (§§ 333 ff. UmwG) geltenden Grundsätzen kam ein Formwechsel iSd §§ 190 ff. UmwG dann in Betracht, wenn der Rechtsträger eine Gesellschaft deutschen Rechts oder eine EU-ausländische Gesellschaft war.[2949] Die in § 191 UmwG genannten **Ausgangsrechtsformen** bezogen sich beim Hereinformwechsel auf die funktionell gleichwertigen Verbandstypen des ausländischen Rechts.[2950] Beim Herausformwechsel waren auch solche **Scheinauslandsgesellschaften** einbezogen, die als Handelspersonengesellschaften des deutschen Rechts (vgl. § 191 Abs. 1 Nr. 1 UmwG) zu qualifizieren sind (→ Rn. 456 ff., → Rn. 460).[2951]

755 Auch die **Zielrechtsformen** (§ 191 Abs. 2 UmwG iVm § 333 Abs. 2 Nr. 1 UmwG) sind beim **Hereinformwechsel** (§ 345 UmwG) ausschließlich solche des deutschen Rechts, wobei nach § 197 UmwG (iVm § 333 Abs. 2 Nr. 1 UmwG) auf den Formwechsel die für die neue Rechtsform geltenden Gründungsvorschriften anzuwenden sind (zB §§ 1–12 GmbHG).[2952] Beim **Herausformwechsel** (Sitzverlegung ins Ausland, §§ 333 ff. UmwG) kommt es kollisionsrechtlich zu einem Statutenwechsel, wobei das deutsche Recht als Wegzugsstatut die Voraussetzungen bestimmt, unter denen die Gesellschaft aus dem deutschen Recht entlassen wird.[2953] Zielrechtsform beim Herausformwechsel ist die funktionell gleichwertige EU-Auslandsgesellschaft.

[2943] Vgl. KG NZG 2012, 353: Formwechsel einer spanischen AG in eine spanische GmbH; BPatG BeckRS 2013, 12865; zum Formwechsel ab 1.3.2023 *Bormann/Stelmaszczyk* ZIP 2019, 353; *Szydlo* CMLR 2018, 1549; *Teichmann* NZG 2019, 241 (242 ff.); *Brehm/Schümmer* NZG 2020, 538.

[2944] EuGH ECLI:EU:C:2012:440 = NJW 2012, 2715 – Vale; näher *Kindler* EuZW 2012, 888; *Heckschen* ZIP 2015, 2049; OLG Düsseldorf NZG 2017, 1354.

[2945] So im Fall KG NZG 2016, 834 mAnm *Stiegler* = GWR 2016, 234 mAnm *Nentwig* = Rivista delle società 2016, 1210 m. Kurzkomm. *Beltrami;* dazu *Zwirlein* ZGR 2017, 114; unrichtig OLG Nürnberg NZG 2014, 349 Rn. 39 mAnm *Stiegler* = DNotZ 2014, 150 mAnm *Hushahn* = IPRax 2015, 163 m. Aufs. *Hübner* IPRax 2015, 134: Formwechsel trotz Löschung der Gesellschaft in der Ausgangsrechtsform; dazu krit. mit Blick auf die vorherige Löschung der Gesellschaft im Register des Wegzugsstaates *Neye* EWiR 2014, 45 (46); ferner *Krebs* GWR 2014, 144.

[2946] *Brandi/Schmidt* DB 2022, 1880 zum RegE.

[2947] Zur Substitution *Zwirlein* ZGR 2017, 114 (123).

[2948] EuGH ECLI:EU:C:2017:804 Rn. 35 = NZG 2017, 1308 – Polbud; dazu *Kindler* NZG 2018, 1; *Korch/Thelen* IPRax 2018, 248; zuvor schon *Kindler* EuZW 2012, 888 (890 f.); *Schön* ZGR 2013, 333 (361 f.); Beispiel: OLG Saarbrücken NZG 2020, 390 = EWiR 2020, 265 m. Kurzkomm. *Wachter* und Aufsatz *Fink/Chilevych* NZG 2020, 544.

[2949] *Engert* in Eidenmüller Ausl. KapGes. § 4 Rn. 126.

[2950] Insoweit zutr. OLG Nürnberg NZG 2014, 349 Rn. 37 betr. französische S. à r.l. als Kapitalgesellschaft iSd § 3 Abs. 1 Nr. 2 UmwG, §§ 191, 226 UmwG; dazu *Hübner* IPRax 2015, 134 (136 f.).

[2951] Lutter/*Lutter* Einl. UmwG Rn. 33; Kallmeyer/*Kallmeyer* UmwG § 1 Rn. 14.

[2952] *Kindler* EuZW 2012, 888 (890); *Hübner* IPRax 2015, 134 (137 f.): Gesellschafterbeschluss, Umwandlungsbericht, Barabfindungsangebot, Sachgründungsbericht, Sicherheitsleistung, ggf. Sicherung der unternehmerischen Mitbestimmung; *Zwirlein* ZGR 2017, 114 (127); dazu KG NZG 2016, 834 Rn. 11 ff. (Kapitalaufbringung) und Rn. 14 (Registervollzug – nicht Löschung! – im Wegzugsstaat); ferner OLG Nürnberg NZG 2014, 349 Rn. 36–50.

[2953] *Weller* FS Blaurock, 2013, 497 (518, 522 f.); EuGH ECLI:EU:C:2017:804 = NZG 2017, 1308 mAnm *Wachter* – Polbud; dazu *Kindler* NZG 2018, 1.

756 **b) Vermögensübertragung.** Zu unterscheiden ist zwischen der Vermögensübertragung durch Gesamtrechtsnachfolge als Unterfall der Umwandlung (vgl. §§ 174 ff. UmwG) und der Vermögensübertragung im zivilrechtlichen Sinne (vgl. § 311 BGB; § 179a AktG). Erstere berührt die Rechtsverhältnisse mehrerer Gesellschaften und ist insofern der Verschmelzung und Spaltung vergleichbar.[2954] Sie unterliegt auch kollisionsrechtlich denselben Prinzipien wie die Verschmelzung und Spaltung (→ Rn. 811 ff.). Auch im Fall VALE (→ Rn. 103 ff.)[2955] lag – wegen des Erlöschens des Ausgangsrechtsträgers – in Wirklichkeit eine Vermögensübertragung vor, die der EuGH allerdings als grenzüberschreitenden Formwechsel behandelt hat.[2956] Die Vermögensübertragung außerhalb des Umwandlungsrechts ist ein rein schuld- und sachenrechtlicher Vorgang. Die „vermögensübertragende" Gesellschaft erlischt im Unterschied zu §§ 174, 176 Abs. 3 UmwG nicht (arg. § 179a Abs. 3 AktG).[2957] Gesellschaftsrechtliche Wirksamkeitserfordernisse des schuldrechtlichen Übertragungsvertrages – wie zB Zustimmungsbeschlüsse nach Art des § 179a Abs. 1 AktG – unterliegen hier als Vorfrage dem Gesellschaftsstatut der betroffenen Gesellschaft.[2958]

757 **c) Eingliederung.** Die Eingliederung **begründet** ein **Konzernverhältnis** zwischen der Tochtergesellschaft und der sog. Hauptgesellschaft (vgl. § 18 Abs. 1 S. 2 AktG). In ihren Wirkungen entspricht die Eingliederung in vielfacher Hinsicht der Verschmelzung.[2959] Kollisionsrechtlich unterliegt die Eingliederung dem **Statut der Tochtergesellschaft.**[2960] Ist danach deutsches Recht anwendbar, so scheitert die Eingliederung einer inländischen in eine ausländische Gesellschaft bereits am Wortlaut des § 319 AktG („Eingliederung der Gesellschaft in eine andere Aktiengesellschaft mit Sitz im Inland"). Für diese gesetzliche Wertung ist der Gläubigerschutz maßgebend.[2961] Ist ausländisches Recht anwendbar, so wird die Eingliederung einer ausländischen in eine inländische Gesellschaft meist deshalb ausscheiden, weil die ausländische Rechtsordnung diese Rechtsfigur nicht kennt[2962] und deshalb ein solcher Vorgang dem Personalstatut der einzugliedernden Gesellschaft widerspricht.

758 **d) Grenzüberschreitende Sitzverlegung; innerdeutsche Sitzverlegung.** Häufig wird zwischen der internationalen Sitzverlegung (zu Art. 86a ff. GesR-RL → Rn. 35 ff., → Rn. 833 ff.) und der transnationalen Verschmelzung eine Parallele gesehen, da beide Maßnahmen zur Vermögensträgerschaft einer Gesellschaft führen.[2963] Richtigerweise ist **beides zu unterscheiden und voneinander abzugrenzen.** Denn abgesehen von der leichter zu vollziehenden Sitzverlegung ist einer gleichen Wertung beider Institute entgegenzuhalten, dass bei der transnationalen Verschmelzung die übertragende Gesellschaft nicht ihren Sitz ins Ausland verlegt, um dort unter einem anderen Gesellschaftsstatut weiterzubestehen.[2964] Die übertragende Gesellschaft muss vielmehr ihre Existenz noch im bisherigen Sitzstaat aufgeben **(„corporate suicide"),**[2965] und ihre Gesellschafter sind verpflichtet, Mitglieder der aufnehmenden Gesellschaft zu werden (§ 20 UmwG iVm § 305 Abs. 2 UmwG).[2966] Zudem erfasst die verschmelzungsrechtliche Gesamtrechtsnachfolge nicht sämtliche

---

2954 *K. Schmidt* GesR § 13 V 2.

2955 EuGH ECLI:EU:C:2012:440 = NJW 2012, 2715 – Vale.

2956 *Kindler* EuZW 2012, 888 (889).

2957 Koch AktG § 179a Rn. 1; § 179a AktG wurde durch Art. 6 Nr. 3 UmwBerG vom 28.10.1994 (BGBl. 1994 I 3210) eingefügt und ersetzt § 361 AktG aF.

2958 *Picot/Land* DB 1998, 1601 (1605).

2959 Näher Koch AktG § 319 Rn. 2.

2960 *Wiedemann* GesR I § 15 III 3a, S. 877; *Koppensteiner,* Internationale Unternehmen im deutschen Gesellschaftsrecht, 1971, 218; Staudinger/*Großfeld,* 1998, IntGesR Rn. 705; Koch AktG § 319 Rn. 4.

2961 Begr. RegE, BT-Drs. 4/171, 92 ff., 235 zu § 308 AktG-E = § 319 AktG; abgedruckt auch in *Kropff* AktG, 1965, 422; ebenso *Koppensteiner,* Internationale Unternehmen im deutschen Gesellschaftsrecht, 1971, 219; *Prühs* AG 1973, 395 (397); GroßkommAktG/*Assmann* AktG Einl. Rn. 661; Soergel/*Lüderitz* EGBGB Anh. Art. 10 Rn. 53.

2962 *Wiedemann* GesR I § 15 III 3a, S. 877; Staudinger/*Großfeld,* 1998, IntGesR Rn. 705; vgl. auch *Koppensteiner,* Internationale Unternehmen im deutschen Gesellschaftsrecht, 1971, 219 f.; *Lutter* Gutachten 48. DJT, Bd. I, 1970, H 18.

2963 *Schön* ZGR 2013, 333 (359); früher schon Obergericht Danzig LZ 1929, 62; *Großfeld/Jasper* RabelsZ 53 (1989), 52; *Ries,* Rechtsformen für die grenzüberschreitende Unternehmenskonzentration in der EWG, 1973, 18; *Ficker* in Lutter, Recht und Steuer der internationalen Unternehmensverbindungen, 1972, 220; Staudinger/*Großfeld,* 1998, IntGesR Rn. 690 ff.

2964 Ungenau daher Soergel/*Lüderitz* EGBGB Anh. Art. 10 Rn. 53: Sitzverlegung „durch" Verschmelzung; zur Abgrenzung OLG Nürnberg NZG 2012, 468.

2965 So im Fall SEVIC (→ Rn. 128); zuvor schon *Züllig,* Die internationale Fusion im schweizerischen Gesellschaftsrecht unter Berücksichtigung des deutschen und italienischen Rechts, 1975, 102; *Beitzke* FS Hallstein, 1966, 14 (25); *Müllhaupt* SchweizJZ 1980, 253 (255); HCL/*Behrens/Hoffmann* GmbHG Allg. Einl. Rn. B 125; *Ebenroth/Wilken* JZ 1991, 1116 (1119); *Paefgen* IPRax 2004, 132 (133).

2966 *Ebenroth/Wilken* JZ 1991, 1116 (1119).

Rechtspositionen der übertragenden Gesellschaft; Unterschiede ergeben sich im Einzelfall auch im Hinblick auf vertragliche change-of-control-Klauseln oder die Grunderwerbsteuer.[2967] Zur **inner-deutschen Sitzverlegung** in der Zeit vor dem 3.10.1990 → 4. Aufl. 2006, Rn. 516. Zum „corporate suicide" auch → Rn. 96, → Rn. 867.

759 **e) Umwandlungen mit Bezug zu mehreren Rechtsordnungen.** Von den nachfolgend behandelten grenzüberschreitenden Umwandlungen unter Beteiligung mehrerer Rechtsträger aus verschiedenen Rechtsordnungen sind rein nationale Umwandlungen mit Bezug zu einer anderen Rechtsordnung zu unterscheiden. Sie begegnen in Gestalt der **inländischen Umwandlung mit Auslandsbezug**[2968] und der **ausländischen Umwandlung mit Inlandsbezug.**[2969] Erstere ist die **Umwandlung nur unter Beteiligung inländischer Rechtsträger mit ausländischen Gesellschaftern und/oder auslandsbelegenem Vermögen.** Hier stellen sich keine spezifischen Probleme des internationalen Umwandlungsrechts. Im Hinblick auf die Mitwirkung der **ausländischen Gesellschafter** an Maßnahmen des inländischen Umwandlungsverfahrens, zB Verschmelzungsbeschlüssen, tritt die auch in anderen Zusammenhängen gleichgelagerte Problematik der Existenz und Vertretung dieser Gesellschafter auf (→ Rn. 512 ff. zur Rechtsfähigkeit; → Rn. 530 ff. zur organschaftlichen Vertretungsmacht). Im Hinblick auf **auslandsbelegenes Vermögen** ist zu prüfen, ob das ausländische Belegenheitsrecht die umwandlungsrechtliche Gesamtrechtsnachfolge (§ 20 Abs. 1 Nr. 1 UmwG, § 131 Abs. 1 Nr. 1 UmwG) als Rechtserwerbstatbestand anerkennt (→ Rn. 831). Hingegen ist die Verschmelzung auf den ausländischen Alleingesellschafter (§ 5 Abs. 2 UmwG, § 9 Abs. 2 UmwG, §§ 120 ff. UmwG) keine inländische Umwandlung in diesem Sinne, weil hier der Alleingesellschafter zugleich als übernehmender Rechtsträger in Erscheinung tritt (§ 307 Abs. 3 UmwG, § 312 Abs. 2 UmwG).

760 Umgekehrte Probleme ergeben sich bei der **Umwandlung nur unter Beteiligung ausländischer Rechtsträger mit inländischen Gesellschaftern und/oder inlandsbelegenem Vermögen.** Für die Wirksamkeit von Rechtsgeschäften im Rahmen der ausländischen Umwandlung ist erforderlich, dass der hieran mitwirkende **inländische Gesellschafter** nach deutschem Recht rechtsfähig und ordnungsgemäß vertreten war. Im Hinblick auf den **Rechtsübergang an inlandsbelegenem Vermögen** sind die § 20 Abs. 1 Nr. 1 UmwG, § 131 Abs. 1 Nr. 1 UmwG mit der Maßgabe anzuwenden, dass die Eintragung der Umwandlung im ausländischen Register die Gesamtrechtsnachfolge hinsichtlich des Inlandsvermögens auslöst. Hinsichtlich der Rechte bei inlandsbelegenen Grundstücken ist dann nur noch eine **Grundbuchberichtigung** erforderlich.[2970]

761 **f) Grenzüberschreitende Anwachsung.** Bei der grenzüberschreitenden Anwachsung wird die Regelung des **§ 712 Abs. 1 BGB** (§ 738 BGB aF) bzw. verwandter Vorschriften des ausländischen Rechts[2971] genutzt, um die **Übertragung aller Aktiva und Passiva** eines Gesellschafters auf den übernehmenden Rechtsträger zu bewirken.[2972] Im Vergleich zur grenzüberschreitenden Verschmelzung hat die Anwachsung den Vorteil geringerer Formerfordernisse und niedrigerer Transaktionskosten; auch kann der Wirksamkeitszeitpunkt für den Rechtsübergang unabhängig von einer Handelsregistereintragung festgelegt werden.[2973] Die Voraussetzungen der Anwachsung unterliegen dem **Gesellschaftsstatut der übertragenden Personengesellschaft,** deren Auflösung die Anwachsung des Gesellschaftsvermögens beim letzten Gesellschafter auslöst.[2974]

II. Grenzüberschreitende Umwandlungen von EU-Kapitalgesellschaften (Verschmelzung und Spaltung; Formwechsel)

762 **1. Umsetzung der RL (EU) 2019/2121 durch das UmRUG – Vorgeschichte und Grundlagen.** Die 2019 verabschiedete RL (EU) 2019/2121[2975] hat erstmals einen umfassenden

---

[2967] Näher *Weller* FS Blaurock, 2013, 497 (512) ua mit Verweis auf öffentlich-rechtliche Konzessionen.
[2968] Hierzu *Schaumburg* GmbHR 1996, 414; *Dötsch* BB 1998, 1029.
[2969] Hierzu *Schaumburg* GmbHR 1996, 668; vgl. auch die schematische Übersicht bei *Herzig/Förster* DB 1994, 1; ferner *Prinz* FR 1998, 555.
[2970] OLG München NZG 2016, 150 = EWiR 2016, 167 m. Kurzkomm. *Wachter;* Schmitt/Hörtnagl/Stratz/*Stratz* UmwG § 20 Rn. 31, 77.
[2971] Zum Auslandsrecht (Österreich, Schweiz, Frankreich, England) *Hoger/Lieder* ZHR 180 (2016), 613 (637 ff.).
[2972] Dazu *Recktenwald* NZG 2023, 539 und NZG 2024, 3; *Lutter/Drygala* JZ 2006, 770 (771 f.); *Bücker* in Hirte/Bücker GrenzübGes § 3 Rn. 67 f.; ausf. *Hoger/Lieder* ZHR 180 (2016), 613; MHdB GesR VI/*Hoffmann* § 55 Rn. 1 ff.
[2973] *Hoger/Lieder* ZHR 180 (2016), 613 (653).
[2974] *Hoger/Lieder* ZHR 180 (2016), 613 (620 ff.).
[2975] RL (EU) 2019/2121 zur Änderung der RL (EU) 2017/1132 in Bezug auf grenzüberschreitende Umwandlungen, Verschmelzungen und Spaltungen.

EU-Rechtsrahmen für grenzüberschreitende Spaltungen (Titel II Kapitel IV GesR-RL) und grenzüberschreitende Formwechsel (Titel II Kapitel I GesR-RL) geschaffen; zudem brachte sie eine umfassende Neugestaltung der EU-Vorgaben für grenzüberschreitende Verschmelzungen (Titel II Kapitel II GesR-RL). Dazu hatten das BMJ und das BMAS am 20.4.2022 Referentenentwürfe und am 6.7.2022 Regierungsentwürfe für die Umsetzung der gesellschaftsrechtlichen Aspekte durch das **UmRUG und** die Umsetzung der mitbestimmungsrechtlichen Aspekte durch das **UmRMitbestG** vorgelegt. Das UmRMitbestG wurde entsprechend der Beschlussempfehlung des Ausschusses für Arbeit und Soziales verabschiedet und trat zum Ablauf der Umsetzungsfrist am 31.1.2023 in Kraft.[2976] Demgegenüber konnte das **UmRUG** mit den §§ 305 ff. UmwG nach einem verschlungenen Gesetzgebungsverfahren erst am **1.3.2023** in Kraft treten.[2977]

Das mit dem UmRUG neu gestaltete **Sechste Buch des UmwG** regelt die „grenzüberschreitende Umwandlung" in drei Varianten (§§ 305–345 UmwG): Verschmelzung, Spaltung und Formwechsel. Für das Verständnis der **Systematik des Sechsten Buches** ist hervorzuheben, dass für jede Variante in den § 305 Abs. 2 UmwG, § 320 Abs. 2 UmwG bzw. § 333 Abs. 2 UmwG die bei innerstaatlichen Vorgängen geltenden Vorschriften für entsprechend anwendbar erklärt werden. Dies gilt, soweit dem nicht Sonderregeln für die jeweilige grenzüberschreitende Umwandlung entgegenstehen. Eine zweistufige Verweisung ergibt sich hieraus bei grenzüberschreitenden Spaltungen, § 320 Abs. 2 UmwG, § 125 UmwG, für die auch auf Regeln für innerstaatliche Verschmelzungen verwiesen wird. Zahlreiche Sonderregelungen für jede grenzüberschreitenden Umwandlungsart wurden zur Erleichterung der Anwendung allerdings ohne Verweis vollständig ausformuliert. **763**

Weiterhin fällt bei der **Anordnung des Rechtsstoffes** auf, dass das Sechste Buch des UmwG abweichend von den vorangehenden Büchern **keinen** Ersten Teil mit **Allgemeinen Vorschriften** für alle Varianten der jeweiligen Umwandlungsart enthält. Der Grund hierfür ist, dass der **Kreis der umwandlungsfähigen Rechtsträger im Sechsten Buch beschränkt** ist. Daher wird bei jeder Art der grenzüberschreitenden Umwandlung nur auf diejenigen Vorschriften, die bei innerstaatlichen Umwandlungen für die jeweils im Sechsten Buch relevanten Rechtsformen gelten, verwiesen. So verweist etwa § 333 Abs. 2 UmwG nur auf die Allgemeinen Vorschriften für den Formwechsel (§§ 190–213 UmwG) und bestimmte Vorschriften über den Formwechsel von Kapitalgesellschaften (§§ 226, 227, 238–250 UmwG), unter Ausklammerung der Vorschriften über den Formwechsel von Kapitalgesellschaften in eine Personengesellschaft oder eine eingetragene Genossenschaft. Die für alle Arten der Umwandlung geltenden allgemeinen Regeln des Ersten Buches des UmwG – dh § 1 UmwG – gelten selbstverständlich.[2978] **764**

Im **Sprachgebrauch** richtet sich das Sechste Buch teilweise nach der umgesetzten EU-Richtlinie und weicht von den Büchern 2–5 UmwG ab. So tritt die Vorstellung einer vertraglichen Grundlage von Verschmelzung oder Spaltung zurück und es wird durchgängig von einem **Verschmelzungs- bzw. Spaltungsplan** (§§ 307, 322 UmwG) statt eines entsprechenden Vertrages (§§ 4, 126 UmwG) gesprochen. Beim grenzüberschreitenden Formwechsel – in der Richtlinie: „grenzüberschreitende Umwandlung" – übernimmt der **Formwechselplan** (§ 335 UmwG) die Aufgaben, die beim innerstaatlichen Formwechsel der Formwechselbeschluss (§ 193 UmwG) erfüllt. **765**

Auch im Hinblick auf grenzüberschreitende Umwandlungen kann **jeder Mitgliedstaat frei** darüber **entscheiden,** anhand welcher Anknüpfungspunkte die iprechtlich maßgebliche Rechtsordnung zu ermitteln ist.[2979] Daneben enthält die **GesR-RL nur** vereinzelte **Vorgaben für das mit-** **766**

[2976] Gesetz zur Umsetzung der Bestimmungen der Umwandlungsrichtlinie über die Mitbestimmung der Arbeitnehmer bei grenzüberschreitenden Umwandlungen, Verschmelzungen und Spaltungen v. 4.1.2023, BGBl. 2023 I 434; dazu *Baschnagel/Hilser/Wagner* RdA 2023, 103; *Habersack* ZHR 187 (2023), 48; *Pototzky/Gimmy* BB 2023, 1140; *Teichmann* NZG 2023, 345.

[2977] Gesetz zur Umsetzung der Umwandlungsrichtlinie und zur Änderung weiterer Gesetze v. 22.2.2023, BGBl. 2023 I Nr. 51; zum Gesetzgebungsverfahren *J. Schmidt* BB 2023, 1859 (1866); zur unternehmerischen Mitbestimmung nach dem MgFSG s. *Habersack* ZHR 187 (2023), 48; *Baschnagel/Hilser/Wagner* RdA 2023, 103. Lit.: *Meister* in Römermann, MAH GmbH-Recht, 5. Aufl. 2023, § 22 Rn. 463 ff.; BeckOGK/Klett UmwG §§ 305 ff.

[2978] Krit. *J. Schmidt* BB 2023, 1849 (1866). Gerade die Sitztrennung ist indes ein Indiz für Missbrauch, wenngleich Erwägungsgrund 36 RL (EU) 2019/2121 dies umgekehrt formuliert: „Falls das grenzüberschreitende Vorhaben dazu führen würde, dass die Gesellschaft den Ort ihrer tatsächlichen Verwaltung oder den Ort ihrer wirtschaftlichen Tätigkeit in dem Mitgliedstaat hat, in dem die Gesellschaft bzw. die Gesellschaften nach dem grenzüberschreitenden Vorhaben registriert werden soll/sollen, so kann die zuständige Behörde dies als Anzeichen dafür ansehen, dass keine Umstände vorliegen, die zu einem Missbrauch oder Betrug führen."

[2979] Wie hier *Rabel* IPR II 32; *Großfeld* RabelsZ 31 (1967), 1 (3 ff.); ebenso erst 2019 der EU-Gesetzgeber in Erwägungsgrund 3 RL (EU) 2019/2121: „Mangels Vereinheitlichung im Unionsrecht fällt die Definition der Anknüpfung, die für das auf eine Gesellschaft anwendbare nationale Recht maßgeblich ist, gemäß Artikel 54 AEUV in die Zuständigkeit jedes einzelnen Mitgliedstaats."

gliedstaatliche Kollisionsrecht. So bestimmen die Vorschriften zum Schutz der Minderheitsgesellschafter bei grenzüberschreitenden Umwandlungen (Art. 86i Abs. 6 GesR-RL für den Formwechsel, Art. 126a Abs. 5 GesR-RL für die Verschmelzung, Art. 160i Abs. 5 GesR-RL für die Spaltung), dass sich die Rechte der **Minderheitsgesellschafter** nach dem Recht des Ausgangsmitgliedstaats richten, dessen Gerichte für die entsprechenden Klagen international zuständig sein sollen. Hierdurch ergibt sich ein Gleichlauf von internationaler Zuständigkeit und anwendbarem Recht. Die Rechte der Anteilsinhaber werden dem Recht des zuständigen Ausgangsstaats-Gerichts unterworfen. Gemäß Art. 160q S. 1 GesR-RL bestimmt sich der **Zeitpunkt,** zu dem die grenzüberschreitende **Spaltung wirksam** wird, nach dem Recht des Mitgliedstaats, dem die Gesellschaft, die die Spaltung vornimmt, unterliegt (Recht des Wegzugsstaats).[2980] Außerhalb dieser Vorgaben verbleibt es beim autonomen IPR (Erwägungsgrund 3 RL (EU) 2019/2121).

767 Strittig waren im Gesetzgebungsverfahren zum Sachrecht vor allem zwei Punkte: **(1)** Beim **Gläubigerschutz** hatte der UmwG-RegE vorgesehen, dass über **Anträge von Gläubigern auf Sicherheitsleistung** das nach allgemeinen Vorschriften zuständige Gericht entscheiden sollte (§§ 314 Abs. 2, 328, 341 Abs. 1 UmwG-RegE) und dass das Vertretungsorgan bei der Anmeldung versichern musste, dass keine Sicherheitsleistung fristgerecht gerichtlich geltend gemacht wurde (§ 315 Abs. 3 S. 1 Nr. 2, 329 S. 1, 342 Abs. 3 S. 1 Nr. 2 UmwG-RegE). Diese Kombination von „Zuständigkeitszersplitterung" und Versicherungspflicht hätte zu erheblichen Problemen und Verzögerungsrisiken geführt. Der Rechtsausschuss sprach sich für eine **Zuständigkeitskonzentration** verbunden **mit** einer **Mitteilung unmittelbar zwischen den Gerichten** aus, welche letztlich Gesetz wurde: Für Anträge von Gläubigern auf Sicherheitsleistung ist danach örtlich ausschließlich das Gericht zuständig, dessen Bezirk das für die Erteilung der Vorabbescheinigung zuständige Registergericht angehört (§ 314 Abs. 5 UmwG, § 328 UmwG, § 341 Abs. 1 UmwG). Zudem erfolgt anstelle einer Versicherung durch das Vertretungsorgan auf Anforderung des Registergerichts eine Mitteilung durch das zuständige Gericht, ob fristgerecht eine Sicherheitsleistung gerichtlich geltend gemacht wurde (§ 315 Abs. 5 UmwG, § 329 S. 1 UmwG, § 342 Abs. 5 UmwG). Dieses Modell hat den Vorteil einer Zuständigkeitskonzentration sämtlicher Gläubigerverfahren an einem einheitlichen ausschließlichen Gerichtsstand, ohne das Registergericht mit diesen Gläubigerverfahren zu belasten. Durch die Mitteilungspflicht kann das Registergericht zuverlässig in Erfahrung bringen, ob fristgerecht eine Sicherheitsleistung geltend gemacht wurde, und ob folglich eine Register- und Bescheinigungssperre nach § 316 Abs. 2 S. 3 UmwG, § 329 S. 1 UmwG, § 343 Abs. 2 S. 3 UmwG besteht.[2981]

768 **(2)** Zur Verbesserung der **Rechtssicherheit bei der Missbrauchsprüfung** (→ Rn. 38) ergänzte der Rechtsausschuss drei Regelbeispiele für das Vorliegen von Missbrauch (§ 316 Abs. 3 S. 4 UmwG, 329 S. 1 UmwG, § 343 Abs. 3 S. 4 UmwG). Wichtig ist hier das zweite Regelbeispiel (§ 316 Abs. 3 S. 4 Nr. 2 UmwG, § 329 S. 1 UmwG, § 343 Abs. 3 S. 4 Nr. 2 UmwG), wonach – in Anlehnung an Erwägungsgrund 36 RL (EU) 2019/2121 – Anhaltspunkte für einen Missbrauch insbesondere dann vorliegen sollen, wenn die **Zahl der Arbeitnehmer** mindestens vier Fünftel des für die Unternehmensmitbestimmung maßgeblichen Schwellenwerts beträgt, im **Zielland keine Wertschöpfung** erbracht wird und der **Verwaltungssitz in Deutschland verbleibt.**[2982] Methodisch ist hier im Rahmen der richtlinienkonformen Auslegung der Missbrauchsklauseln des UmwG auf die EuGH-Rechtsprechung zum Missbrauch der Niederlassungsfreiheit zurückzugreifen.[2983]

769 **2. Grenzüberschreitende Verschmelzung von EU-Kapitalgesellschaften. a) Verschmelzungsfähige Gesellschaften.** Im Falle einer grenzüberschreitenden Verschmelzung gelten nach § 305 Abs. 2 UmwG die allgemeinen Regeln, soweit es um die Beteiligung des inländischen Rechtsträgers geht. Dabei kann es sich nur um eine **inländische Kapitalgesellschaft oder eine inländische Personenhandelsgesellschaft** handeln, und letztere nach § 306 Abs. 1 Nr. 2 UmwG auch nur als übernehmende oder neue Gesellschaft mit weniger als 500 Arbeitnehmern.[2984] Für **Beteiligte aus anderen EU-/EWR-Staaten** wird unabhängig von ihrem nationalen Recht für die gemeinsame Beteiligung mit einem inländischen Rechtsträger an einer grenzüberschreitenden

---

2980 *Schollmeyer* IPRax 2020, 297.

2981 Bericht RA, BT-Drs. 20/5237, 88; *Goette* DStR 2023, 157 (161); *J. Schmidt,* FS Heidinger, 2023, 469 (474).

2982 Krit. *J. Schmidt* BB 2023, 1849 (1866). Gerade die Sitztrennung ist indes ein Indiz für Missbrauch, wenngleich Erwägungsgrund 36 RL (EU) 2019/2121 dies umgekehrt formuliert: „Falls das grenzüberschreitende Vorhaben dazu führen würde, dass die Gesellschaft den Ort ihrer tatsächlichen Verwaltung oder den Ort ihrer wirtschaftlichen Tätigkeit in dem Mitgliedstaat hat, in dem die Gesellschaft bzw. die Gesellschaften nach dem grenzüberschreitenden Vorhaben registriert werden soll/sollen, so kann die zuständige Behörde dies als Anzeichen dafür ansehen, dass keine Umstände vorliegen, die zu einem Missbrauch oder Betrug führen."

2983 *Teichmann* in Montalenti/Notari, Diritto societario europeo: quo vadis?, 2023, 175 (199 f.); *Teichmann* ZGR 2022, 376.

2984 BT-Drs. 19/5463, 10; *J. Schmidt* NZG 2022, 579.

Verschmelzung in § 306 Abs. 1 Nr. 1 UmwG verlangt, dass es sich um eine **Kapitalgesellschaft** handelt, gegründet nach dem Recht eines anderen EU-/EWR Staates und mit Sitz, Hauptverwaltung oder Hauptniederlassung in einem anderen EU-/EWR-Staat, mit Ausnahme von Investmentfonds (Art. 119 GesR-RL). Daneben eröffnete § 319 UmwG bis 31.12.2020 (§ 122m UmwG aF) wegen des **Brexit** (→ Rn. 485 ff.) unter eingeschränkten Bedingungen auch die Beteiligung einer UK-Gesellschaft an einer Hereinverschmelzung in das Inland.

b) Verschmelzungsplan. In Anlehnung an § 5 UmwG („Verschmelzungsvertrag") benennt **§ 307 Abs. 2 UmwG abschließend** die **inhaltlichen Anforderungen** an den Verschmelzungsplan, der bei der grenzüberschreitenden Verschmelzung den Verschmelzungsvertrag ersetzt. Insoweit bedarf es keines Rückgriffs auf Regeln der inländischen Verschmelzung über § 305 Abs. 2 UmwG. Daher nimmt § 307 Abs. 2 UmwG auch zusätzliche Angaben aus den inländischen Sondervorschriften für die betroffenen Rechtsformen auf. § 307 Abs. 3 UmwG gewährt bei Konzernsachverhalten Erleichterungen bei den Angaben zum Aktienumtausch und zu Abfindungen, weil insoweit das herrschende Unternehmen nicht schutzwürdig ist. 770

Jede inländische übertragende Gesellschaft, deren Vermögen im Wege der **Hinausverschmelzung** auf einen ausländischen Übernehmer übergehen soll (§ 20 Abs. 1 Nr. 1 UmwG iVm § 305 Abs. 2 UmwG), hat in dem Verschmelzungsplan ihren Gesellschaftern nach § 313 UmwG den Erwerb ihrer Anteile gegen eine angemessene **Barabfindung** anzubieten. Das Abfindungsangebot ist dem des § 29 UmwG weitgehend vergleichbar; insbesondere ist es vom Widerspruch des Gesellschafters gegen den Verschmelzungsbeschluss abhängig. Die **Annahme des Angebotes führt** aber nach § 313 Abs. 4 UmwG mit Wirksamwerden der Verschmelzung **zum Ausscheiden des betreffenden Gesellschafters.** Die Angemessenheit des Angebots unterliegt hier dem gleichen Rechtsschutz durch ein **Spruchverfahren** wie bei einer innerstaatlichen Verschmelzung. Dagegen richtet sich der Rechtsschutz der Anteilsinhaber einer EU-ausländischen übertragenden Gesellschaft bei einer – aus ausländischer Sicht – Hereinverschmelzung in die BRepD nach dem Recht des Sitzstaates der übertragenden Gesellschaft (Art. 126a GesR-RL). 771

Der Verschmelzungsplan unterliegt nach § 307 Abs. 4 UmwG zwingend der **notariellen Beurkundung** durch Präsenzverhandlung gemäß § 8 BeurkG. Eine etwa nach ausländischem Recht zulässige mildere Form genügt nicht. Art. 11 EGBGB findet auf Verschmelzungen keine Anwendung (→ Rn. 503). Sodann ist der Verschmelzungsplan oder sein Entwurf nach § 308 UmwG unabhängig von der Rechtsform der Beteiligten einen Monat vor der Versammlung der Anteilsinhaber **zum Handelsregister einzureichen.** Entfällt ein Beschluss wegen eines Konzernsachverhalts (§ 312 Abs. 2 UmwG), so muss die Einreichung mit entsprechender Frist vor der Beurkundung des Verschmelzungsplanes erfolgen. Das Register hat die Unterlagen der Öffentlichkeit kostenfrei zugänglich und die Einreichung mit Kerndaten, die die Einholung von Auskünften über die Beteiligten erleichtern, elektronisch bekannt zu machen. Hinweise zur Wahrnehmung von Rechten durch Gesellschafter, Gläubiger, Betriebsräte oder Arbeitnehmer werden dann von dem Registergericht in die Registerbekanntmachung der Einreichung einbezogen, die im Gemeinsamen Registerportal der Länder zum Abruf bereitgestellt wird. Nach § 314 UmwG dient die Registerbekanntmachung auch der zeitlichen Begrenzung des Gläubigerschutzes. Sie setzt außerdem nach § 308 Abs. 1 S. 4 UmwG eine Sperrfrist von 1 Monat für die Zustimmung der Gesellschafter zu dem Verschmelzungsplan in Gang. 772

In der Regel ist ein **Verschmelzungsbericht** zu erstellen (zu den Ausnahmen § 309 Abs. 6 UmwG). Dieser ist den Anteilsinhabern bzw. dem Betriebsrat sechs Wochen vor der Versammlung zugänglich zu machen (§ 310 Abs. 1 S. 1 UmwG). In diesen Fällen ist auch der **Verschmelzungsplan** oder sein Entwurf nach § 310 Abs. 1 S. 3 UmwG **zusammen mit** dem **Verschmelzungsbericht** schon vorher elektronisch **zugänglich zu machen.** 773

c) Verschmelzungsprüfung. Der **Verschmelzungsplan ist** wie bei einer innerstaatlichen Verschmelzung **zu prüfen,** allerdings nach § 311 UmwG bei einer Kapitalgesellschaft unabhängig von dem Verlangen eines Gesellschafters und bei Personenhandelsgesellschaften unabhängig von der Mehrheitsregelung des Gesellschaftsvertrages. Die Prüfung bezieht sich nach § 313 Abs. 6 UmwG auch auf die **Angemessenheit einer anzubietenden Barabfindung.** Für die Entbehrlichkeit der Prüfung bzw. des Prüfungsberichts gelten die Konzernerleichterungen (§ 307 Abs. 3 Nr. 2 lit. b und c UmwG) nur, wenn keine neuen Anteile an die Anteilsinhaber der übertragenden Gesellschaft gewährt werden. Dabei sind etwaige Verzichtserklärungen gemäß § 311 Abs. 2 UmwG von allen Anteilsinhabern aller beteiligten Rechtsträger erforderlich. Der Prüfungsbericht ist den Anteilsinhabern einen Monat vor dem Zustimmungsbeschluss zu der Verschmelzung zugänglich zu machen und gemäß § 312 Abs. 3 UmwG in der Gesellschafterversammlung zusammen mit dem Verschmel- 774 zungsbericht und etwaigen Stellungnahmen der Anteilsinhaber, Gläubiger oder Betriebsräte vor der Zustimmung zu dem Verschmelzungsplan zur Kenntnis zu nehmen.

775 **d) Verschmelzungsbericht.** Der Verschmelzungsbericht ist in **§ 309 UmwG** umfänglich geregelt. Abweichend von der innerstaatlichen Verschmelzung bedarf der Verschmelzungsbericht einer Gliederung in **drei Teile,** von denen sich zwei jeweils an unterschiedliche Adressaten wenden und daher nach § 309 Abs. 3 UmwG auch jeder zusammen mit dem gemeinsamen Teil als gesonderte Berichte erstellt werden können. Daraus ergibt sich folgende Struktur:

- ein Allgemeiner Teil, der sich gemeinsam an die Anteilsinhaber und die Arbeitnehmer wendet;
- ein anteilsinhaberspezifischer Teil;
- ein arbeitnehmerspezifischer Teil.

776 Wird ein **einheitlicher Bericht** verfasst, so werden beide Adressatenkreise gleichzeitig unterrichtet. Bei der Erstellung **getrennter Berichte** ist jeder Bericht nach § 310 UmwG zunächst nur dem vorgesehenen Adressatenkreis (für die Arbeitnehmer aber nur dem zuständigen Betriebsrat und in Ermanglung eines Betriebsrates den Arbeitnehmern direkt) spätestens sechs Wochen vor dem Beschluss über die Zustimmung zu der Verschmelzung zugänglich zu machen; falls der Verschmelzungsplan oder ein Entwurf dann bereits vorliegt, ist auch er beizufügen. Nimmt der Betriebsrat oder nehmen die Arbeitnehmer bei Fehlen eines Betriebsrates spätestens eine Woche vor diesem Beschluss zu dem ihm vorgelegten Bericht Stellung, so erhalten die Anteilsinhaber diesen Bericht ebenfalls zusammen mit der Stellungnahme. Der Verschmelzungsbericht und hierzu eingegangene Stellungnahmen sind nach § 312 Abs. 3 UmwG wie schon der Prüfungsbericht vor Fassung des Zustimmungsbeschlusses von den Anteilsinhabern zur Kenntnis zu nehmen.

777 In dem Allgemeinen Teil sind die **rechtlichen und wirtschaftlichen Aspekte** der grenzüberschreitenden Verschmelzung für die Anteilsinhaber und Arbeitnehmer der Gesellschaft und ihre Auswirkungen auf die Arbeitnehmer zu erläutern und zu begründen. Dies bezieht sich auf die künftige Geschäftstätigkeit der **Gesellschaft und** etwaiger **Tochtergesellschaften.**

778 In dem **Sonderteil** des Berichtes **für die Anteilsinhaber** sind neben dem bei innerstaatlichen Verschmelzungen nach § 8 Abs. 1 UmwG erforderlichen Inhalt auch die **Auswirkung der geplanten Verschmelzung auf die Anteilsinhaber und ihre Rechte** zur Durchsetzung eines angemessenen Umtauschverhältnisses und einer Barabfindung **in dem grenzüberschreitenden Kontext** zu erläutern und zu begründen. Die jeweiligen Berichte an die Anteilsinhaber können nach § 309 Abs. 6 S. 1 UmwG nach § 8 Abs. 3 UmwG durch Verzicht bzw. einzeln oder gemeinsam aufgrund entsprechender Anteilskonstellation entfallen, bei einer übertragenden Gesellschaft auch im Falle von **Konzernsachverhalten** nach § 307 Abs. 3 Nr. 2 lit. b und c UmwG, wenn keine neuen Anteile an die Anteilsinhaber der übertragenden Gesellschaft gewährt werden.

779 In dem **Sonderteil** des Berichtes **für die Arbeitnehmer** sind die Auswirkungen der geplanten Verschmelzung auf die Arbeitsverhältnisse der Gesellschaft und ihrer Tochtergesellschaften und etwa zu ihrer Sicherung geplante Maßnahmen, wesentliche Änderungen der Beschäftigungsbedingungen oder der Standorte mit Gründen darzustellen. Nach § 309 Abs. 6 S. 3 UmwG entfällt der Bericht für die Arbeitnehmer, wenn weder die an der Verschmelzung beteiligte Gesellschaft noch ihre Tochtergesellschaften über Arbeitnehmer neben den Vertretungsorganen verfügen. Im Übrigen ist der Bericht für die Arbeitnehmer nicht verzichtbar und auch nicht bei entsprechender Konzernkonstellation entbehrlich (arg. § 309 Abs. 6 S. 1 UmwG).

780 Soweit die §§ 309, 310 UmwG keine besonderen Bestimmungen enthalten, finden über § 305 Abs. 2 UmwG, § 8 UmwG die allgemeinen Bestimmungen Anwendung. Folglich ist eine gemeinsame Berichterstattung der Vertretungsorgane aller beteiligten Gesellschaften (→ Rn. 530 ff.) nach § 8 Abs. 1 S. 2 UmwG auch hier möglich.

781 **e) Zustimmungsbeschluss der Gesellschafter.** Im zu genehmigenden Verschmelzungsplan sind nach § 307 Abs. 2 Nr. 10 UmwG die Grundsätze des Verfahrens zur Regelung der Mitbestimmung, nicht jedoch die erwarteten Ergebnisse dieses Verfahrens darzustellen. Durch die (oft zeitaufwendigen) Verhandlungen über die künftige Ausgestaltung der Mitbestimmung sollen jedoch die Zustimmungsbeschlüsse der Gesellschafter nicht verzögert werden. Die **Gesellschafter können** daher der Verschmelzung nach § 312 Abs. 1 UmwG **unter dem Vorbehalt der** Bestätigung der **Mitbestimmungsregelung zustimmen.**

782 Eine **Konzernerleichterung** ergibt sich hier aus § 312 Abs. 2 UmwG. Danach bedarf es keines Zustimmungsbeschlusses der Gesellschafter, wenn die übernehmende Gesellschaft alle Anteile an der übertragenden Gesellschaft hält oder dieselbe Person iSv § 307 Abs. 3 Nr. 2 UmwG mittelbar alle Anteile an allen Beteiligten besitzt und diese keine neuen Anteile erhalten.

783 Nach der **Überlegungsfrist** des § 308 Abs. 1 S. 4 UmwG dürfen die Gesellschafter erst einen Monat, nachdem das Register die Einreichung des Verschmelzungsplanes oder seines Entwurfes bekanntgemacht hat, über die Zustimmung zu dem Plan beschließen.

Wegen des Rechtsschutzes durch ein Spruchverfahren, den auch die Anteilsinhaber einer an einer grenzüberschreitenden **Hinausverschmelzung** beteiligten inländischen Gesellschaft genießen, ist das Recht zur Anfechtung des Verschmelzungsbeschlusses beschränkt (§ 14 Abs. 2 UmwG, § 15 UmwG, § 34 UmwG iVm § 305 Abs. 2 UmwG). Nachdem das Spruchverfahren auch den Anteilsinhabern von übernehmenden Gesellschaften zugänglich ist, ist es insoweit auch bei einer **Hereinverschmelzung** für unangemessen benachteiligte Anteilsinhaber einer inländischen übernehmenden Gesellschaft eröffnet. **784**

f) Registerverfahren. aa) Hinausverschmelzung. Die organschaftlichen Vertreter der übertragenden Gesellschaft mit Sitz in Inland haben bei einer **Hinausverschmelzung** nach § 315 Abs. 1 UmwG das Vorliegen der sie betreffenden **Voraussetzungen** für eine grenzüberschreitende Verschmelzung in der **Form des § 12 HGB zur Eintragung** in ihr Register **anzumelden** (→ Rn. 511). Neben dem auch bei innerstaatlichen Verschmelzungen vorgeschriebenen Inhalt der Registeranmeldung bzw. der ihr beizufügenden Anlagen einschließlich der Nachweise über die Einhaltung maßgeblicher gesetzlicher Fristen (§§ 16, 17, 305 Abs. 2 UmwG) sind für das grenzüberschreitende Verfahren **nach § 315 UmwG weitere Unterlagen und Angaben** erforderlich. Dazu zählt die Beifügung eingegangener Stellungnahmen von Gesellschaftern, Gläubigern oder Betriebsräten bzw. Arbeitnehmern zu dem Verschmelzungsplan oder seinem Entwurf und zu dem Verschmelzungsbericht. **785**

Innerhalb von drei Monaten nach der Anmeldung hat das Registergericht einer inländischen übertragenden Gesellschaft die **Anmeldung** zu **prüfen** (§ 316 Abs. 1 S. 1 UmwG). Diese Drei-Monats-Frist endet aber nicht vor Ablauf der Frist gemäß § 313 Abs. 3 S. 1 UmwG zur Annahme eines Angebots auf Barabfindung, wenn die Verschmelzung nicht einstimmig beschlossen worden ist, und ebenfalls nicht vor Ablauf der Frist des § 314 Abs. 3 UmwG für einen Antrag von Gläubigern auf Stellung von Sicherheiten wegen Gefährdung ihrer Forderungen. **Anhaltspunkte für einen Missbrauch** sind nach § 316 Abs. 3 S. 4 UmwG:[2985] **(1)** Verzögerungen gebotener Verhandlungen über die Mitbestimmung, **(2)** die Verlegung nur des Satzungssitzes ins Ausland bei nahender Überschreitung eines Schwellenwertes für die Mitbestimmung sowie **(3)** die Übertragung von Pensionsverpflichtungen auf ruhende Auslandsgesellschaften (Erwägungsgrund 36). Bei Nichtvorliegen eines Missbrauchs, falls erforderlich nach Anhörung im Unternehmen vertretener Gewerkschaften, und nach Erfüllung aller Voraussetzungen **ist die grenzüberschreitende Verschmelzung** gemäß § 316 Abs. 3 UmwG mit dem Vermerk **einzutragen,** dass sie nach Maßgabe des Rechtes des Staates wirksam wird, dem die übernehmende oder neue Gesellschaft unterliegt. Wird von einem Gläubiger die Stellung von Sicherheiten gerichtlich geltend gemacht, wird die Eintragung gemäß § 316 Abs. 2 UmwG bis zur Leistung der Sicherheiten oder rechtskräftiger Ablehnung des Antrags weiter verzögert. **786**

Im Zuge der Registereintragung ist nach § 316 Abs. 1 S. 4 UmwG eine **Verschmelzungsbescheinigung** auszustellen, die nach § 9b Abs. 1, 2 Nr. 8 HGB über das Europäische Justizportal zugänglich zu machen und gemäß Art. 86n Abs. 1 GesR-RL dem zuständigen Register des ausländischen Zuzugsstaates über das Europäische System der Registervernetzung zu übermitteln ist. Die Anmeldung der Verschmelzung zum Register einer ausländischen übernehmenden oder neuen Gesellschaft unterliegt ausschließlich dem an seinem Sitz geltenden Recht. § 38 Abs. 2 UmwG findet keine Anwendung, wenn die neue Gesellschaft ihren Sitz nicht im Inland nimmt. **Nach Eingang der Vollzugsmitteilung** des ausländischen Registers der übernehmenden oder neuen Gesellschaft **ist** das **Wirksamwerden der grenzüberschreitenden Verschmelzung** nach § 316 Abs. 5 UmwG im Register der übertragenden Gesellschaft **zu vermerken.** **787**

bb) Hereinverschmelzung. Bei der **Hereinverschmelzung** erfolgt die Anmeldung zur **Eintragung in das Register einer übernehmenden oder neuen Gesellschaft mit Sitz im Inland** durch das jeweilige Vertretungsorgan (→ Rn. 530 ff.) in der Form des § 12 HGB (→ Rn. 511). Inhaltlich entspricht die Anmeldung weitgehend der Anmeldung durch die übertragende Gesellschaft, doch bedarf es keiner Versicherung im Zusammenhang mit der Absicherung von Gläubigern oder zur Zahlungsfähigkeit. Im Übrigen bedarf es zwar einer Erklärung zu Anfechtungsklagen bei der eigenen, nicht aber bei der übertragenden Gesellschaft. Schließlich sind nach § 318 Abs. 1 S. 3 UmwG die in § 17 UmwG genannten Anlagen nur insoweit beizufügen, wie sie sich auf die übernehmende Gesellschaft selbst beziehen, nicht jedoch Beschlüsse oder sonstige Anlagen, die im Zusammenhang mit der übertragenden Gesellschaft stehen. **788**

2985 Umfassend *Stelmasczcyk* DNotZ 2024, 804 (812 ff.); *Link* VGR 29 (2024), 71 (81 ff.); *Schön,* FS Krieger, 2020, 879; *Schön* EuZW 2020, 637; *Teichmann* ZGR 2022, 376 sowie *Löbbe* ZHR 187 (2023), 498 (535 ff.); Zu den „Rentnergesellschaften" (Erwägungsgrund 36) s. *Treß* NZA 2024, 518; monographisch *K. Spiegl,* Missbrauchskontrolle im Rahmen der EU-Umwandlungsrichtlinie, 2025.

789 Für das inländische Register der übernehmenden oder neuen Gesellschaft ist bei der Hereinverschmelzung **nicht von Bedeutung,** ob **Fristen** für die Annahme einer angebotenen Barfindung durch die Gesellschafter der ausländischen übertragenden Gesellschaft oder die Absicherung ihrer Gläubiger noch laufen. Die **Prüfung** der **Voraussetzungen,** die bei der grenzüberschreitenden **Verschmelzung** durch die ausländische übertragende Gesellschaft zu erfüllen sind, **obliegt** im Europäischen System der Registervernetzung ausschließlich **dem für diese ausländische Gesellschaft zuständigen Register.** Das **Ergebnis dieser Prüfung** ist gemäß § 318 Abs. 2 UmwG nach Übermittlung der ausländischen Verschmelzungsbescheinigung **anzuerkennen.** Sobald das inländische Register der übernehmenden oder neuen Gesellschaft die Eintragung der grenzüberschreitenden Verschmelzung (nach Prüfung der eigenen Aufgaben gemäß § 318 Abs. 3 UmwG) verfügt, hat es das Wirksamwerden den anderen, ausländischen beteiligten Registern mitzuteilen. Für die **Wahrung der Geschlechterquote** ist § 96 Abs. 3 AktG zu beachten. Bei börsennotierten Gesellschaften, die aus einer grenzüberschreitenden Hereinverschmelzung hervorgegangen sind und bei denen nach dem MgVG das Aufsichts- oder Verwaltungsorgan aus derselben Zahl von Anteilseigner- und Arbeitnehmervertretern besteht, müssen danach in dem Aufsichts- oder Verwaltungsorgan Frauen und Männer jeweils mit einem Anteil von mindestens 30 Prozent vertreten sein.[2986]

790 **3. Grenzüberschreitende Spaltung von EU-Kapitalgesellschaften. a) Spaltungsfähige Gesellschaften.** Das Gesetz unterscheidet die **Spaltung zur Neugründung und** die **Spaltung zur Aufnahme** (§ 320 Abs. 1 UmwG). Letztere ist nach § 332 UmwG zulässig, wenn die Zahl der Arbeitnehmer der übertragenden und der übernehmenden Gesellschaft jeweils weniger als 400 beträgt oder bei Aufnahme durch eine inländische Gesellschaft die übertragende Gesellschaft 4/5 der Schwelle für die Mitbestimmung in ihrem Sitzstaat nicht erreicht. Da die Spaltung zur Aufnahme über die Umw-RL hinausgeht (vgl. Art. 160b Nr. 4 GesR-RL), ist ihre grenzüberschreitende Durchführung nur möglich, wenn das Recht des anderen betroffenen EU/EWR-Staates ebenfalls eine grenzüberschreitende Spaltung zur Aufnahme zulässt. Die **Fähigkeit,** sich als übertragende oder neue bzw. aufnehmende Gesellschaft an einer grenzüberschreitenden Spaltung zu beteiligen, ist nach § 321 UmwG auf **EU/EWR-Kapitalgesellschaften** beschränkt. Die Beteiligung von Personenhandelsgesellschaften ist hier – anders als bei der grenzüberschreitenden Verschmelzung (§ 306 Abs. 1 Nr. 2 UmwG) – nicht statthaft. Auch grenzüberschreitend kann die Spaltung als Aufspaltung, Abspaltung oder Ausgliederung vorgenommen werden (§ 320 Abs. 1 UmwG, § 123 UmwG).

791 **b) Spaltungsplan.** Der **Spaltungsplan entspricht** inhaltlich und hinsichtlich der Bekanntmachung weitgehend den Vorgaben für einen grenzüberschreitenden **Verschmelzungsplan** (§§ 307 f. UmwG iVm § 322 UmwG). Bei einer Ausgliederung enthält § 322 Abs. 3 UmwG aber reduzierte Angaben zur Anteilsgewährung und Barabfindung, die in diesem Falls gemäß § 327 UmwG nicht angeboten werden muss. Zudem enthält § 322 Abs. 2 UmwG zusätzliche Angaben, die zum Teil vergleichbar auch in einen innerstaatlichen Spaltungsvertrag aufzunehmen wären (indikativer Zeitplan für die Spaltung, etwaige Satzungsänderungen der übertragenden Gesellschaft usw.).

792 **c) Spaltungsprüfung.** Die Prüfung des Spaltungsplans oder seines Entwurfs (§ 325 UmwG) ist **der Verschmelzungsprüfung** im grenzüberschreitenden Rahmen **vergleichbar.** Allerdings reicht für einen Verzicht auf die Prüfung selbst bzw. auf den Prüfungsbericht hinsichtlich jeder einzelnen beteiligten Gesellschaft ein Verzicht der Anteilsinhaber der betroffenen Gesellschaft. Anders als in § 311 Abs. 2 UmwG wird für den Regelfall der Neugründung ein Verzicht der anderen Beteiligten in § 325 UmwG nicht verlangt. Konzernerleichterungen hier nicht davon abhängig, dass keine neuen Anteile gewährt werden, da dies bei einer Spaltung zur Neugründung nicht durchführbar ist. Bei einer Ausgliederung entfällt die Prüfung ohnehin schon nach § 320 Abs. 2 UmwG, § 125 Abs. 1 S. 2 UmwG.

793 **d) Spaltungsbericht.** Der Spaltungsbericht ist in **§ 324 UmwG** durch eine Reihe von **Verweisungen** auf die Regelung der Verschmelzung geregelt. Allerdings entfällt die Berichtspflicht gegenüber den Anteilsinhabern bei einer grenzüberschreitenden **Ausgliederung zur Neugründung.** Bei einer **Ausgliederung zur Aufnahme** nach § 332 S. 2 UmwG gelten die gleichen Konzernbefreiungen wie bei der grenzüberschreitenden Verschmelzung. Bei einer **Spaltung zur Neugliederung** werden nur Arbeitnehmer bei der übertragenden Gesellschaft und ihren Tochtergesellschaften aufgeführt. Daher ist ein Bericht für die Arbeitnehmer nur von der übertragenden Gesellschaft vorzulegen, bei einer **Spaltung zur Aufnahme** aber auch von der aufnehmenden Gesellschaft, wenn diese eigene Arbeitnehmer beschäftigt.

[2986] Näher *Oetker* ZHR 179 (2015), 707 (744 f.).

e) Zustimmungsbeschluss der Gesellschafter. Wie bei der grenzüberschreitenden Verschmelzung kann die Zustimmung der Gesellschafter unter dem **Vorbehalt der Bestätigung der Mitbestimmungsregelung** gefasst werden. § 326 S. 2 UmwG erfordert bei einer nicht-verhältnismäßigen Spaltung die Zustimmung der benachteiligten Gesellschafter. **794**

f) Registerverfahren. aa) Hinausspaltung. Das Verfahren bei der **Hinausspaltung** orientiert sich an einer Spaltung zur Neugründung. Dabei folgt das Registerverfahren nach der Verweisungsnorm des § 329 S. 1 UmwG dem **Vorbild der grenzüberschreitenden Verschmelzung** unter Einschluss der dort vorgesehenen **Missbrauchsprüfung** (§§ 315–317 UmwG). Einschränkend erfolgt die Registeranmeldung ohne die Versicherung zum Stand der Verhandlungen über die Mitbestimmung, wenn eine schon zuvor bestehende Mitbestimmung fortgeführt wird. Die **Wirkungen** der Hinausspaltung treten **mit** der **Registereintragung** bei der übertragenden Gesellschaft ein. Auf eine Registeranmeldung der übertragenden Gesellschaft folgt eine **erste Eintragung** der Spaltung – nach Prüfung aller im Inland zu prüfenden Voraussetzungen – unter dem Vorbehalt der Bestätigung der Wirksamkeit, die in Form einer **Spaltungsbescheinigung** den Zuzugsregistern elektronisch übermittelt wird (§ 329 S. 2 und 3 UmwG). **795**

Die die Wirkung der Spaltung auslösende **zweite Eintragung** im Register der übertragenden Gesellschaft zur Aufhebung des Wirksamkeitsvorbehalts erfolgt nach § 330 Abs. 1 UmwG, **sobald** die Register aller neuen Gesellschaften deren **Gründung eingetragen** haben. Dies setzt eine Anmeldung der Neugründung nach dem Recht des Staates voraus, in dem die neue Gesellschaft ihren Sitz nimmt. Die bei innerstaatlichen Spaltungen nach § 137 Abs. 1 UmwG bestehende Zuständigkeit der Vertretungsorgane der übertragenden Gesellschaft für die Anmeldung der Neueintragungen ist bei einem Sitz der neuen Gesellschaft im Ausland nicht gegeben. **796**

Die **Anmeldung** zur Eintragung der Neugründung im Register jeder neuen Gesellschaft richtet sich nach dem (ausländischen) **Recht des Sitzes der neuen Gesellschaft.** Allerdings sieht Art. 160o Abs. 2 GesR-RL vor, dass die übertragende Gesellschaft dem für die neue Gesellschaft zuständigen Register den beschlossenen **Spaltungsplan vorzulegen** hat, sodass auch die übertragende Gesellschaft das betroffene ausländische Recht in ihrer Anmeldung der Spaltung berücksichtigen wird. Sobald das Register der übertragenden Gesellschaft die Bestätigung aller Neugründungen erhalten hat und selbst die Aufhebung des Wirksamkeitsvorbehaltes eingetragen hat, teilt es das Wirksamwerden der Spaltung dem Register jeder neuen Gesellschaft elektronisch mit (§ 330 Abs. 2 UmwG). **797**

bb) Hereinspaltung. Die **Hereinspaltung** ist in § 331 UmwG geregelt. Hat die neue Gesellschaft ihren Sitz im Inland, ist nach § 331 Abs. 1 UmwG das **Vertretungsorgan der übertragenden ausländischen Gesellschaft** (→ Rn. 530 ff.) **für die Anmeldung** der Neugründung durch Spaltung zum inländischen Register der neuen Gesellschaft **zuständig.** Die **Prüfung** der Voraussetzungen der Spaltung einschließlich eines etwaigen Missbrauchs (§ 329 S. 1 UmwG, § 316 UmwG) **obliegt** dem **ausländischen Register** der übertragenden Gesellschaft, welches mit der Spaltungsbescheinigung über das Europäische System der Registervernetzung bestätigt, dass die Maßnahme ordnungsgemäß geprüft wurde. Solange die Spaltungsbescheinigung nicht vorliegt, darf die Neugründung nicht eingetragen werden. Der Anmeldung der neuen Gesellschaft sind nach § 331 Abs. 1 UmwG nur der Spaltungsplan und eine Vereinbarung über die Beteiligung der Arbeitnehmer beizufügen, nicht jedoch die Zustimmungsbeschlüsse zur Spaltung oder andere Anlagen, die sich auf die übertragende Gesellschaft beziehen. **798**

Bei der grenzüberschreitenden Hereinspaltung ist nach § 320 Abs. 2 UmwG, § 125 UmwG und § 36 Abs. 2 UmwG die **Anmeldung der Neugründung nach den für die inländische Rechtsform maßgeblichen Vorschriften** erforderlich. Die Eintragung erfolgt unter dem Vorbehalt des Wirksamwerdens der Spaltung, und zwar mit einem entsprechenden Vermerk im Register der ausländischen übertragenden Gesellschaft, die nach der bedingten Eintragungsnachricht des Registers der neuen Gesellschaft erfolgt. Nach Bestätigung des Wirksamwerdens der Spaltung durch das Register der ausländischen übertragenden Gesellschaft trägt das inländische Register der neuen Gesellschaft den Eintritt der Bedingung für die Neugründung ein. **799**

Da die grenzüberschreitende **Spaltung zur Aufnahme** in Art. 160b GesR-RL nicht vorgegeben ist, kann auch für diesen Fall nicht mit Sicherheit von einer Verfahrensabstimmung über das Europäische System der Registervernetzung ausgegangen werden; bei einem Scheitern des hierunter vorgesehenen Datenaustausches sind die erforderlichen Angaben direkt zwischen den zuständigen Stellen zu übermitteln. **800**

4. Grenzüberschreitender Formwechsel von EU-Kapitalgesellschaften. a) Formwechselfähige Gesellschaften. Der grenzüberschreitende **Formwechsel** vollzieht sich nach § 333 Abs. 1 UmwG **durch** die **Verlegung des Satzungssitzes** einer Gesellschaft aus einem EU-/EWR-Staat in einen anderen und den damit verbundenen Wechsel der Rechtsform. Die **Richtlinie** **801**

bezeichnet dies als **„grenzüberschreitende Umwandlung"** und versteht darunter einen Vorgang, durch den eine Gesellschaft ohne Auflösung, Abwicklung oder Liquidation die Rechtsform, in der sie im Wegzugsmitgliedstaat eingetragen ist, in eine Rechtsform des Zuzugsmitgliedstaats umwandelt und mindestens ihren satzungsmäßigen Sitz unter Beibehaltung ihrer Rechtspersönlichkeit in den Zuzugsmitgliedstaat verlegt (Art. 86b Nr. 2 GesR-RL).

802 Die Fähigkeit zum Formwechsel ist durch § 334 UmwG auf Kapitalgesellschaften beschränkt. Regelungstechnisch beschränkt sich der Verweis auf den innerstaatlichen Formwechsel auf die für **Kapitalgesellschaften** anwendbaren Vorschriften (§ 333 Abs. 2 UmwG iVm §§ 190–213, 226, 227, 238–250 UmwG), allerdings unter Ausklammerung bestimmter aktienrechtlicher Erleichterungen (§ 333 Abs. 3 UmwG). Die Beteiligung von Personenhandelsgesellschaften ist hier – anders als bei der grenzüberschreitenden Verschmelzung (§ 306 Abs. 1 Nr. 2 UmwG) – nicht vorgesehen. Ist die Gewährung der Anteile unter der neuen Rechtsform unangemessen, kann – abweichend vom innerstaatlichen Formwechsel (§ 196 UmwG) und der grenzüberschreitenden Verschmelzung bzw. Spaltung (§ 305 Abs. 2 UmwG, § 320 Abs. 2 UmwG, § 125 UmwG iVm §§ 15, 34 UmwG) – **keine Zuzahlung im Spruchverfahren** verlangt werden. Stattdessen steht den Gesellschaftern nach § 333 Abs. 4 UmwG nur die Anfechtung des Formwechselbeschlusses oder der Austritt gegen Barabfindung offen.

803 **b) Formwechselplan.** Die **Bedingungen des Formwechsels,** die bei einem innerstaatlichen Formwechsel nur im Formwechselbeschluss festgelegt werden (§ 193 UmwG), sind bei einem grenzüberschreitenden Formwechsel in einen getrennten, notariell zu beurkundenden **Formwechselplan** aufzunehmen, der von dem Vertretungsorgan der formwechselnden Gesellschaft (→ Rn. 530 ff.) aufzustellen ist und nach § 335 Abs. 2 UmwG zusätzlich zu dem auch bei einem innerstaatlichen Formwechsel notwendigen Inhalt **weitere Angaben** enthalten muss, wie etwa Rechtsform, Firma und Sitz der formwechselnden Gesellschaft und Sitz der Gesellschaft neuer Rechtsform, Errichtungsakt der Gesellschaft neuer Rechtsform einschließlich der Satzung usw.

804 Wie bei einem innerstaatlichen Formwechsel ist jedem widersprechenden Gesellschafter eine **Barabfindung** anzubieten, da der Formwechsel mit dem Wechsel der Gesellschaft in eine andere Rechtsordnung verbunden ist (§ 335 Abs. 2 Nr. 11 UmwG, § 340 UmwG).

805 **c) Formwechselprüfung.** Die **Prüfung des Formwechselplans** bzw. die Entbehrlichkeit der Prüfung folgen der entsprechenden Regelung der grenzüberschreitenden Verschmelzung (§ 338 UmwG), wobei auch hier ein besonderer Schwerpunkt auf der **Missbrauchsprüfung** (§ 316 UmwG) liegt. Findet die **Prüfung** statt, hat sie sich gemäß § 338 Abs. 6 UmwG auch **auf** die Angemessenheit der angebotenen **Barabfindung zu erstrecken.**

806 **d) Formwechselbericht.** Auch der Formwechselbericht **folgt** der entsprechenden **Regelung der** grenzüberschreitenden **Verschmelzung** (§ 337 UmwG).

807 **e) Zustimmungsbeschluss der Gesellschafter.** Wie bei der grenzüberschreitenden Verschmelzung kann die **Zustimmung** der Gesellschafter unter dem **Vorbehalt der Bestätigung der Mitbestimmungsregelung** gefasst werden (§ 339 Abs. 1 UmwG).

808 **f) Registerverfahren. aa) Hinausformwechsel.** Die Registeranmeldung des grenzüberschreitenden **Formwechsels durch eine inländische formwechselnde Gesellschaft** nach § 342 UmwG folgt dem Modell der Anmeldung bei einem innerstaatlichen Formwechsel. Sie erfordert aber darüber hinaus Versicherungen und Angaben, die – insoweit vergleichbar – auch in die Anmeldung einer grenzüberschreitenden Verschmelzung aufzunehmen sind. Dazu zählt der **Formwechselplan,** der bei einem grenzüberschreitenden Vorgang neben den Zustimmungsbeschluss der Gesellschafter tritt. Er ist der Anmeldung als Anlage in Ausfertigung oder beglaubigter Abschrift beizufügen. Das weitere Registerverfahren folgt dem Modell der grenzüberschreitenden Hinausverschmelzung einer inländischen übertragenden Gesellschaft. **Zielpunkt** ist die **Wirksamkeit durch** die **Eintragung in dem ausländischen Register,** die abschließend in dem inländischen Register zu vermerken ist.

809 **bb) Hereinformwechsel. Verlegt eine EU-ausländische Gesellschaft** durch Formwechsel **ihren Sitz in das Inland,** ist der Formwechsel durch das Vertretungsorgan der formwechselnden Gesellschaft (→ Rn. 530 ff.) am inländischen Sitz der Gesellschaft unter neuer Rechtsform zur Eintragung in das Register anzumelden (§ 345 Abs. 1 S. 1 UmwG). Wie bei der Hereinspaltung ist der Anmeldung der Gesellschaft neuer Rechtsform nach § 345 Abs. 1 S. 2 UmwG **nur** der **Formwechselplan und** eine **Vereinbarung über die Beteiligung der Arbeitnehmer beizufügen,** nicht aber die Zustimmungsbeschlüsse zum Formwechsel oder andere Anlagen, die sich auf die Gesellschaft alter Rechtsform beziehen. Diese sind ausschließlich von dem ausländischen Wegzugregister zu prüfen. Es bedarf auch **keiner Erklärung** des Vertretungsorgans **zu** einer etwaigen **Anfechtung** des unter der alten Rechtsform gefassten Zustimmungsbeschlusses. Auf Verlangen kann das Registergericht nach § 344 UmwG aber weitere Informationen und Unterlagen hinzuziehen.

Über die Verweisungsvorschrift des § 333 Abs. 2 Nr. 1 UmwG wird die **Wirkung des Formwechsels** gemäß § 202 Abs. 1 UmwG **durch die Registereintragung der neuen Rechtsform** herbeigeführt. **810**

III. Kollisionsrecht der Unternehmensmobilität (Verschmelzung und Spaltung; Formwechsel)

1. Ausgangslage und Fallgestaltungen der Verschmelzung. Im Zuge der Kodifikation des Umwandlungsrechts durch das UmwG vom 28.10.1994 (BGBl. 1994 I 3210) wurde die **kollisionsrechtliche Anknüpfung** grenzüberschreitender Umwandlungen **gesetzlich nicht geregelt.** Zwar können nach **§ 1 Abs. 1 UmwG** nur „Rechtsträger mit Sitz im Inland" umgewandelt werden. Hierbei handelt es sich jedoch nicht um eine Kollisionsnorm, sondern um eine sog. **selbstbeschränkte Sachnorm,** die ihren räumlich-persönlichen Anwendungsbereich eigenständig festlegt.[2987] § 1 UmwG setzt die kollisionsrechtlich bestimmte Anwendbarkeit deutschen Rechts mithin voraus.[2988] Ist danach deutsches Recht maßgeblich, so ergeben sich aus § 1 Abs. 1 UmwG sachrechtliche Grenzen für transnationale Verschmelzungen und Spaltungen (→ Rn. 860 ff.). **Im Folgenden** ist meist nur von der **Verschmelzung als wichtigstem Anwendungsfall der grenzüberschreitenden Umwandlung** die Rede; die Ausführungen gelten sinngemäß indes auch für die **Spaltung** (→ Rn. 751 f.) und die **Vermögensübertragung** iSd §§ 174 ff. UmwG (→ Rn. 756). **811**

Die nachfolgend dargestellten **Regeln werden durch das** am 1.3.2023 in Kraft getretene **Sechste Buch des UmwG nur teilweise verdrängt.** Entsprechend dem Anwendungsbereich der GesR-RL erfassen die §§ 305–345 UmwG **nur** grenzüberschreitende Umwandlungen von **EU- und EWR-Kapitalgesellschaften** sowie die **Hereinverschmelzung auf eine deutsche Personenhandelsgesellschaft** mit in der Regel nicht mehr als 500 Arbeitnehmern (§ 306 Abs. 1 Nr. 2 UmwG). Der Gesetzgeber hat sich bewusst gegen eine generelle überschießende Umsetzung auch für Personengesellschaften entschieden.[2989] Insbesondere für **Personengesellschaften** verbleibt es weitgehend bei den nachfolgend dargestellten allgemeinen Regeln; §§ 305 ff. UmwG finden keine Anwendung (→ BGB § 706 Rn. 8).[2990] **812**

In der iprechtlichen Diskussion der transnationalen Verschmelzung werden traditionell meist zwei Fallgestaltungen getrennt betrachtet.[2991] Es wird danach unterschieden, ob die **inländische Gesellschaft** die **übernehmende** oder die **übertragende Gesellschaft** ist. Keine Beachtung findet dagegen, ob die sich verschmelzenden Gesellschaften bereits konzernrechtlich verbunden sind **(transnationale Konzernverschmelzung).**[2992] Eine solche Differenzierung ist aber notwendig, weil zahlreiche Rechtsordnungen Sonderregeln für die Verschmelzung konzernierter Unternehmen bereithalten (→ Rn. 820). **813**

2. Kollisionsrecht der Verschmelzung: Vereinigungstheorie. a) Grundlagen. Nach der heute herrschenden **Vereinigungstheorie** unterliegt jede an einer grenzüberschreitenden Verschmelzung beteiligte Gesellschaft im Hinblick auf den Verschmelzungsvorgang den Bestimmungen des für sie maßgebenden innerstaatlichen Rechts.[2993] Maßgebend ist insoweit das **Gründungsrecht.**[2994] Der deutsche Gesetzgeber hat dieses Prinzip nur mittelbar – und auch nur für Kapitalgesellschaften – umgesetzt. Deutlich wird dies aus § 305 Abs. 2 UmwG (§ 122a Abs. 2 UmwG aF), **814**

[2987] *Kronke* ZGR 1994, 26 (35); unrichtig *Dötsch* DB 1998, 1029; zu den selbstbeschränkten Sachnormen allg. *Kropholler* IPR § 12 IV 2.

[2988] *Engert* in Eidenmüller Ausl. KapGes. § 4 Rn. 67.

[2989] *J. Schmidt* NJW 2023, 1241; BT-Drs. 20/3822, 45: „Die Umsetzung soll unter möglichst weitgehender Wahrung der Grundsätze und Systematik des deutschen Umwandlungsrechts erfolgen."

[2990] *Hornberger,* Rechtsformwahrende Sitzverlegung, Verschmelzungen und Formwechsel von Personengesellschaften innerhalb der EU, 2020; näher *Zwirlein-Forschner* ZGR-Sonderheft 26 (2023), 195.

[2991] *Züllig,* Die internationale Fusion im schweizerischen Gesellschaftsrecht unter Berücksichtigung des deutschen und italienischen Rechts, 1975, 100; Staudinger/*Großfeld,* 1998, IntGesR Rn. 689.

[2992] Andeutungsweise aber *Würdinger,* Aktienrecht und das Recht der verbundenen Unternehmen, 4. Aufl. 1981, 225; *Koppensteiner,* Internationale Unternehmen im deutschen Gesellschaftsrecht, 1971, 258; vgl. auch zum Begriff der Konzernverschmelzung *Günther* AG 1968, 98.

[2993] *Stelmaszczyk/Potyka* in Herrler, Gesellschaftsrecht in der Notar- und Gestaltungspraxis, 2. Aufl. 2021, § 15 Rn. 2, 3; *Wall* in Hausmann/Odersky, Internationales Privatrecht in der Notar- und Gestaltungspraxis, 4. Aufl. 2021, § 18 Rn. 196 ff.; zu den früher vertretenen Einzeltheorien → 8. Aufl. 2021, Rn. 798 ff.

[2994] *Maul/Teichmann/Wenz* BB 2003, 2633 (2635); zur Gründungsanknüpfung bei EU-ausländischen Gesellschaften → Rn. 123 ff., → Rn. 388 ff.

wo für deutsche Gesellschaften das UmwG für anwendbar erklärt wird, und aus § 316 Abs. 1 S. 3 UmwG/§ 122k Abs. 2 S. 3 UmwG aF, wonach die Eintragung der Verschmelzung mit dem Vermerk zu versehen ist, dass sie unter den Voraussetzungen des Rechts des Staates, dem die übernehmende oder neue Gesellschaft unterliegt, wirksam wird. Zur Verschmelzung innerhalb der EU → Rn. 769 ff.

815 Die Vereinigungstheorie geht zurück auf *v. Spindler*[2995] und *Beitzke*[2996]. Sie berücksichtigt das Recht aller an der grenzüberschreitenden Verschmelzung beteiligten Unternehmen[2997] und wird gelegentlich auch als „Kombinationslehre" bezeichnet.[2998] Diesem Modell folgt grundsätzlich auch Art. 121 Abs. 1 lit. b GesR-RL (früher Art. 4 Abs. 1 lit. b RL 2005/56/EG; → Rn. 35 ff.).[2999] Die Vereinigungstheorie darf allerdings nicht im Sinne einer uneingeschränkten Kumulierung der Verschmelzungserfordernisse der verschiedenen Rechtsordnungen missverstanden werden. Vielmehr greifen die Rechtsordnungen der sich verschmelzenden Unternehmen dergestalt ineinander, dass sich für den Bereich gemeinsamer Erfordernisse grundsätzlich **die strengste**[3000] durchsetzt. Die qualitativ höheren Anforderungen müssen eingehalten werden. Bei dabei auftretenden Normwidersprüchen ist auf kollisionsrechtliche Anpassungsmethoden zurückzugreifen

816 Die **sukzessive Anwendung zweier Rechtsordnungen** nach der Vereinigungstheorie wird durch die GesR-RL idF der RL 2019/2121/EU **europäisch verankert.** Der Wechsel von der (zeitlich) ersten zur zweiten Rechtsordnung wird genau festgelegt. Auf Basis des Systems der grenzüberschreitenden Verschmelzungen (Art. 118 ff. GesR-RL; früher: RL 2005/56/EG; → Rn. 35 ff.) regelt die GesR-RL idF von 2019 für eine Reihe von Umwandlungsmaßnahmen das verfahrensmäßige Ineinandergreifen von zwei nacheinander anwendbaren Rechtsordnungen (→ Rn. 762 ff.). Kernpunkt der europäischen Vereinigungstheorie ist eine **zweistufige Rechtmäßigkeitskontrolle** des grenzüberschreitenden Umwandlungsvorgangs in den beiden beteiligten Mitgliedstaaten.[3001] Dabei stellt der Ausgangsmitgliedstaat bei Vorliegen aller Voraussetzungen seiner Rechtsordnung auf der ersten Stufe eine Bescheinigung aus (Verschmelzungsbescheinigung, Spaltungsbescheinigung, Formwechselbescheinigung usw.). Auf der zweiten Stufe erfolgt im Zielmitgliedstaat die Prüfung der Eingangsvoraussetzungen der dortigen Rechtsordnung. Liegen diese vor, wird der Umwandlungsvorgang im Register des Zielmitgliedstaates eingetragen. Daneben enthält die **GesR-RL** vereinzelte **Vorgaben für das mitgliedstaatliche Kollisionsrecht.** (→ Rn. 766).

817 **b) Voraussetzungen.** Zu den Voraussetzungen der transnationalen Verschmelzung zählt, dass die Verschmelzung in der jeweiligen Rechtsordnung zulässig ist. Geprüft werden müssen daher alle Verschmelzungsverbote, dh die Fälle, wonach die Verschmelzung nur für bestimmte Gesellschaften zulässig, im Übrigen aber unzulässig ist.[3002]

818 Die Voraussetzungen der transnationalen Verschmelzung richten sich **für jede** der beteiligten **Gesellschaften nach ihrem Personalstatut (vgl. Art. 121 Abs. 1 lit. b GesR-RL).**[3003] Es handelt sich – ebenso wie im internationalen Eheschließungsrecht (→ EGBGB Art. 13 Rn. 11) – um einen Fall der **gekoppelten bzw. distributiven Rechtsanwendung** (→ Einl. IPR Rn. 61 f.).[3004] Dies lässt sich damit rechtfertigen, dass insoweit die Gesellschaften noch nicht in das eigentliche Verschmelzungsverfahren eingetreten sind, es sich vielmehr um eine Vorstufe dazu handelt. Grundlage für die Zulässigkeit der transnationalen Verschmelzung ist daher, dass jede Rechtsordnung der beteiligten Gesellschaften das Rechtsinstitut Verschmelzung kennt.

[2995] *v. Spindler,* Wanderungen gewerblicher Körperschaften von Staat zu Staat als Problem des internationalen Privatrechts, 1932, 78 ff.

[2996] *Beitzke* FS Hallstein, 1966, 14 ff. unter Aufgabe der von ihm früher vertretenen Einzeltheorie.

[2997] *Bungert/Schneider* GS Gruson, 2009, 37 (38) m. Fn. 10.

[2998] So von *Weller/Rentsch* IPRax 2013, 530 (532 f.); *Weller* IPRax 2017, 167 (175); zur von *Zimmer* begründeten „Kombinationslehre" → Rn. 414 ff.

[2999] Ebenso zB Art. 59 bulgarisches IPRG 2005, Text in RabelsZ 71 (2007), 472.

[3000] Ebenso *Koppensteiner,* Internationale Unternehmen im deutschen Gesellschaftsrecht, 1971, 269; *Beitzke* FS Hallstein, 1966, 23; *Wiedemann* GesR I § 15 III 2, S. 871; Soergel/*Lüderitz* EGBGB Anh. Art. 10 Rn. 53.

[3001] BeckOGK/*Großerichter/Zwirlein-Forschner,* 1.4.2023, IPR Internationales Gesellschaftsrecht – Allgemeiner Teil Rn. 127-1.

[3002] HCL/*Behrens/Hoffmann* GmbHG Allg. Einl. Rn. B 167; *Großfeld/Jasper* RabelsZ 53 (1989), 52 (64); Staudinger/*Großfeld,* 1998, IntGesR Rn. 683; *Bungert/Schneider* GS Gruson, 2009, 37 (39).

[3003] *Beitzke* FS Hallstein, 1966, 20; ihm folgend *Koppensteiner,* Internationale Unternehmen im deutschen Gesellschaftsrecht, 1971, 269; HCL/*Behrens/Hoffmann* GmbHG Allg. Einl. Rn. B 167; Soergel/*Lüderitz* EGBGB Anh. Art. 10 Rn. 53; Staudinger/*Großfeld,* 1998, IntGesR Rn. 683; *Picot/Land* DB 1998, 1601 (1606); wohl auch *Engert* in Eidenmüller Ausl. KapGes. § 4 Rn. 67 f.

[3004] Treffender Vergleich schon bei *Beitzke* FS Hallstein, 1966, 20 f.; ferner Soergel/*Lüderitz* EGBGB Anh. Art. 10 Rn. 53; *Engert* in Eidenmüller Ausl. KapGes. § 4 Rn. 102; *Wiedemann* GesR I § 15 III 2a, S. 873; allg. zur distributiven (gekoppelten) Anknüpfung s. *Kropholler* IPR § 20 V.

Hinzukommen muss, dass die übertragende, die übernehmende oder neu zu bildende Gesellschaft solche **Vereinigungen** sind, die von ihrer jeweiligen Rechtsordnung **zur Verschmelzung zugelassen** sind **(aktive Verschmelzungsfähigkeit).** Schließlich gehört es auch zu den Voraussetzungen der transnationalen Verschmelzung, dass vom Recht der übertragenden, der aufnehmenden oder neu zu gründenden Gesellschaft auch die anderen an der transnationalen Verschmelzung beteiligten Gesellschaften als solche **Gesellschaften** angesehen werden, **mit denen eine Verschmelzung eingegangen werden kann (passive Verschmelzungsfähigkeit).**[3005] Dies entspricht der Rechtslage beim Beteiligungserwerb (→ Rn. 521, → Rn. 522 f.). 819

Zu beachten ist weiterhin, dass einige Rechtsordnungen **Sondervorschriften** für eine Verschmelzung **zwischen Mutter- und Tochtergesellschaften** kennen. Danach soll eine solche **Konzernverschmelzung** unter vereinfachten Voraussetzungen möglich sein (vgl. im deutschen Recht § 5 Abs. 2 UmwG, § 9 Abs. 2 UmwG, §§ 120 ff. UmwG, § 307 Abs. 3 UmwG, § 312 Abs. 2 UmwG). Dieser Besonderheit ist im grenzüberschreitenden Verkehr dadurch Rechnung zu tragen, dass zum Schutz der abhängigen Gesellschaft – entsprechend den Kriterien des Konzernkollisionsrechts (→ Rn. 660 ff.) – eine solche transnationale Konzernverschmelzung nur zulässig ist, wenn gerade die Rechtsordnung der Tochtergesellschaft ein solches Verfahren kennt.[3006] Die Einzelheiten der Voraussetzungen der transnationalen Konzernverschmelzung richten sich aber auch nach den Personalstatuten jeder Gesellschaft. Vgl. dazu für EU-Kapitalgesellschaften auch Art. 132 GesR-RL (früher Art. 15 RL 2005/56/EG; → Rn. 35 ff.) sowie § 307 Abs. 3 UmwG (§ 122c Abs. 3 UmwG aF), § 312 Abs. 2 UmwG (§ 122g Abs. 2 UmwG aF). 820

c) Verfahren der transnationalen Verschmelzung. Das Verfahren richtet sich grundsätzlich ebenfalls nach dem **Personalstatut** einer jeden Gesellschaft.[3007] Dem folgen im Grundsatz auch Art. 121 Abs. 1 lit. b GesR-RL (früher Art. 4 Abs. 1 lit. b RL 2005/56/EG; → Rn. 35 ff.) und die einseitige Kollisionsnorm des § 305 Abs. 2 UmwG (§ 122a Abs. 2 UmwG aF). Ebenso wie bei den Voraussetzungen der transnationalen Verschmelzung besteht jede der an der Verschmelzung beteiligten Gesellschaften noch als eigenes Rechtsgebilde ohne direkte Beziehung zu den anderen Gesellschaften fort. Dies gilt aber nur so lange, als jede Gesellschaft isoliert an dem Verfahren der transnationalen Verschmelzung beteiligt ist. Ist jedoch ein gemeinsames Tätigwerden aller an der transnationalen Verschmelzung beteiligten Gesellschaften erforderlich, dann sind **alle Rechtsordnungen zu kumulieren.** Denn insoweit muss jeder Interessengruppe innerhalb einer jeden an der transnationalen Verschmelzung beteiligten Gesellschaft Rechnung getragen werden. Letztendlich führt eine solche Anknüpfung dann dazu, dass sich jeweils die **strengste Rechtsordnung** durchsetzt.[3008] 821

Im Einzelnen bedeutet dies: Zu dem Verfahren der transnationalen Verschmelzung zählen: 822
- der Abschluss des Verschmelzungsvertrages (vgl. §§ 4 ff. UmwG, Art. 122 GesR-RL, früher Art. 5 RL 2005/56/EG; → Rn. 35 ff., → Rn. 813: Verschmelzungsplan),
- die Erstellung des Verschmelzungsberichts (vgl. § 8 UmwG, Art. 124 GesR-RL, früher Art. 7 RL 2005/56/EG; → Rn. 35 ff., → Rn. 813),
- die Prüfung des Verschmelzungsvertrages (vgl. §§ 9 ff. UmwG, Art. 125 GesR-RL, früher Art. 10 RL 2011/35/EU),
- die Beschlussfassung über den Verschmelzungsvertrag (vgl. §§ 13 ff. UmwG, Art. 126 GesR-RL, früher Art. 7 RL 2011/35/EU) sowie
- die Offenlegung der Verschmelzung (vgl. §§ 16 ff. UmwG, Art. 92 GesR-RL, früher Art. 6 RL 2011/35/EU).[3009] Art. 121 Abs. 2 GesR-RL (früher Art. 4 Abs. 2 RL 2005/56/EG; → Rn. 35 ff.) enthält dazu eine Teilregelung.

Zum Verfahren bei der Spaltung vgl. §§ 125 ff. UmwG und Art. 137 ff. GesR-RL (früher Art. 3 ff. RL 82/891/EWG). Die grenzüberschreitende Spaltung regeln Art. 160a ff. GesR-RL, welche zum 1.3.2023 durch §§ 320 ff. UmwG umgesetzt wurden (→ Rn. 39). 823

[3005] Zu den wenig erörterten rechtspolitischen Zwecken solcher Fusionsbeschränkungen vgl. RG DR 1942, 1797; s. auch *Großfeld/Jasper* RabelsZ 53 (1989), 52 (63).

[3006] *Bungert/Schneider* GS Gruson, 2009, 37 (40).

[3007] *Züllig,* Die internationale Fusion im schweizerischen Gesellschaftsrecht unter Berücksichtigung des deutschen und italienischen Rechts, 1975, insbes. 103 ff.; *Beitzke* FS Hallstein, 1966, 20 ff.; HCL/*Behrens/Hoffmann* GmbHG Allg. Einl. Rn. B 125; GroßkommAktG/*Assmann* AktG Einl. Rn. 655; Staudinger/*Großfeld,* 1998, IntGesR Rn. 683; *Bungert/Schneider* GS Gruson, 2009, 37 (39).

[3008] *Ott* in Sandrock/Wetzler, Deutsches Gesellschaftsrecht im Wettbewerb der Rechtsordnungen, 2004, 199, 204; *Engert* in Eidenmüller Ausl. KapGes. § 4 Rn. 104; aus früherer Zeit *Koppensteiner,* Internationale Unternehmen im deutschen Gesellschaftsrecht, 1971, 269; *Beitzke* FS Hallstein, 1966, 23; *Wiedemann* GesR I § 15 III 2, S. 871; Staudinger/*Großfeld,* 1998, IntGesR Rn. 683; Soergel/*Lüderitz* EGBGB Anh. Art. 10 Rn. 53.

[3009] OLG München NZG 2006, 513.

824 Der **Abschluss des Vertrages** betrifft die beteiligten Gesellschaften im gleichen Maße. Insoweit sind die anwendbaren Rechte zu kumulieren. Sieht daher eine Rechtsordnung den Abschluss eines Verschmelzungsvertrages vor, während die andere einen Verschmelzungsplan verlangt, so müssen die notwendigen Bestandteile jeder Vereinbarung Berücksichtigung finden. Genügt nach der ausländischen Rechtsordnung die Schriftform, während gemäß § 6 UmwG eine notarielle Beurkundung des Vertrages erforderlich ist, so setzt sich die strengste Formvorschrift durch.[3010] Auf Art. 11 EGBGB, wonach die Einhaltung der Formvorschriften des Vornahmeortes des Rechtsgeschäfts genügt, kann in diesem Zusammenhang nicht zurückgegriffen werden. Der Verschmelzungsvertrag bezieht sich unmittelbar auf die Verfassung der beteiligten Gesellschaften, da er die Veränderung des rechtlichen Bestandes des übertragenden Rechtsträgers zum Gegenstand hat. Aus den in → Rn. 503 dargelegten Gründen unterliegt er nicht der Regel „locus regit actum".[3011] Auch für die Erstellung der **Verschmelzungsberichte** und für die **Prüfung des Verschmelzungsvertrages** sind die Gesellschaftsstatute aller beteiligten Rechtsträger heranzuziehen. Zur Mitwirkung des Gerichts bei der Verschmelzung vgl. Art. 127, 128 GesR-RL (früher Art. 10, 11 RL 2005/56/EG; → Rn. 35 ff.).

825 Für die **Beschlussfassung** gilt das Personalstatut jeder Gesellschaft,[3012] denn insoweit wird jede Gesellschaft in ihrem Bereich tätig. Dem folgen auch Art. 121 Abs. 2 GesR-RL, Art. 126 GesR-RL (früher Art. 4 Abs. 2 RL 2005/56/EG, Art. 9 RL 2005/56/EG; → Rn. 489 ff.), vgl. § 312 Abs. 1 UmwG (§ 122g Abs. 1 UmwG aF). Die Beschlussfassung selbst weist noch keine Beziehung zu den anderen an der transnationalen Verschmelzung beteiligten Gesellschaften auf. Die Anwendung des jeweiligen Personalstatuts hat zur Folge, dass für jede der an der transnationalen Verschmelzung beteiligten Gesellschaften ihr zuständiges Organ mit der für die Verschmelzung vorgesehenen Mehrheit zustimmen muss. Dies bedeutet etwa im Bereich der Rechtsordnungen der EU-Mitgliedstaaten, dass im Regelfall mindestens eine Zweidrittelmehrheit bestehen muss (Art. 93 GesR-RL, früher Art. 7 RL 2011/35/EG).[3013] Ob darüber hinaus zum Schutze der Mitglieder eine andere Mehrheit erforderlich ist, ist keine Frage des Kollisionsrechts, sondern kann sich allenfalls aus dem materiellen Recht ergeben.[3014] Ist die **Genehmigung** der transnationalen Verschmelzung erforderlich, so richtet sich diese nach dem Personalstatut jeder Gesellschaft. Gleiches gilt für die **Offenlegung** (so auch Art. 130 GesR-RL, früher Art. 13 RL 2005/56/EG; → Rn. 35 ff.), vgl. § 318 UmwG/§ 122l UmwG aF.[3015] Schwierigkeiten ergeben sich dann, wenn – wie nach § 16 Abs. 1 UmwG – die Verschmelzung im Register der übertragenden Gesellschaft einzutragen ist, die Rechtsordnung dieser Gesellschaft – wie zB das franz. Recht – eine solche Registereintragung indessen nicht kennt. Dann kann nur mit dem kollisionsrechtlichen Mittel der **Substitution** geholfen werden. Es reicht aus, wenn den entsprechenden Publizitätserfordernissen des Rechts der aufnehmenden Gesellschaft Genüge getan ist.[3016] Im Rahmen einer **Missbrauchskontrolle** ist vorgesehen, dass im Wegzugsstaat keine Vorabbescheinigung erteilt werden darf, wenn die Verschmelzung missbräuchlichen, betrügerischen oder kriminellen Zwecken dient (vgl. Art. 127 Abs. 8 GesR-RL und § 316 Abs. 3 UmwG; zu Missbrauch und Betrug → Rn. 393 f.).[3017]

826 **d) Wirkungen der transnationalen Verschmelzung.** Die Wirkungen der transnationalen Verschmelzung bestehen zunächst darin, dass das Vermögen der übertragenden Gesellschaft auf die aufnehmende oder neu zu bildende Gesellschaft übergeht (vgl. Art. 105 Abs. 1 lit. a GesR-RL – früher Art. 19 Abs. 1 lit. a RL 2011/35/EG, § 20 Abs. 1 Nr. 1 UmwG; s. auch Art. 151 Abs. 1 lit. a

---

3010 *Beitzke* FS Hallstein, 1966, 23 m. Fn. 21.

3011 *Ott* in Sandrock/Wetzler, Deutsches Gesellschaftsrecht im Wettbewerb der Rechtsordnungen, 2004, 199, 204; *Eidenmüller* in Eidenmüller Ausl. KapGes. § 4 Rn. 5; LG Augsburg NJW-RR 1997, 420 = WiB 1996, 1167 mAnm *Zimmer.*

3012 *Beitzke* FS Hallstein, 1966, 20 ff.; HCL/*Behrens/Hoffmann* GmbHG Allg. Einl. Rn. B 125; s. auch *Züllig,* Die internationale Fusion im schweizerischen Gesellschaftsrecht unter Berücksichtigung des deutschen und italienischen Rechts, 1975, 103 ff.

3013 Das deutsche Recht verlangt im Regelfall mindestens eine Dreiviertelmehrheit, vgl. §§ 43, 50, 65 UmwG.

3014 Ebenso iErg *Koppensteiner,* Internationale Unternehmen im deutschen Gesellschaftsrecht, 1971, 259; *Beitzke* FS Hallstein, 1966, 25.

3015 *Beitzke* FS Hallstein, 1966, 20 f.; HCL/*Behrens/Hoffmann* GmbHG Allg. Einl. Rn. B 125; s. auch *Züllig,* Die internationale Fusion im schweizerischen Gesellschaftsrecht unter Berücksichtigung des deutschen und italienischen Rechts, 1975, 103 ff.

3016 Unklar *Beitzke* FS Hallstein, 1966, 23 f.; Staudinger/*Großfeld,* 1998, IntGesR Rn. 684, wonach die Publizitätserfordernisse des Rechts der übertragenden Gesellschaft erfüllt sein müssen, die in der hier vorausgesetzten Fallsituation indessen gerade nicht bestehen.

3017 Zur Missbrauchskontrolle *Schön,* FS Krieger, 2020, 879, *Teichmann* ZGR 2022, 376 sowie *Löbbe* ZHR 187 (2023), 498 (535 ff.); monographisch *K. Spiegl,* Missbrauchskontrolle im Rahmen der EU-Umwandlungsrichtlinie, 2024.

GesR-RL – früher Art. 17 Abs. 1 lit. a RL 82/891/EWG – und § 131 Abs. 1 Nr. 1 UmwG).[3018] Der **Vermögensübergang** im Wege der Gesamtrechtsnachfolge beurteilt sich grundsätzlich nach dem **Statut der übertragenden Gesellschaft.**[3019] **Ausgenommen** ist der gesetzliche Vertragsübergang gemäß § 613a BGB, der nach hM auch bei der umwandlungsrechtlichen Gesamtrechtsnachfolge eintritt (→ BGB § 613a Rn. 217 ff.). Die Vorschrift findet als Teil des **Arbeitsvertragsstatuts** auch dann Anwendung, wenn die übertragende Gesellschaft nicht dem deutschen Recht unterliegt (→ Rom I-VO Art. 8 Rn. 93).[3020] Zur Mitbestimmungsregelung → Rn. 762. Auch für sonstige Schuldverträge der übertragenden Gesellschaft verbleibt es nach Vollzug der Verschmelzung beim ursprünglich maßgeblichen Vertragsstatut. Nach dem **EuGH-Urteil KA Finanz vom 16.4.2016** ist nach einer grenzüberschreitenden Verschmelzung durch Aufnahme auf die Auslegung, die Erfüllung der Verpflichtungen und die Arten des Erlöschens eines von der übertragenden Gesellschaft geschlossenen Vertrags dasselbe Recht anzuwenden ist wie das vor der Verschmelzung auf diesen Vertrag anzuwendende Recht.[3021] Die Verschmelzung berührt die **kollisionsrechtliche Vertragskontinuität** nicht. Auch **entfällt** durch die nachträglich erfolgte Verschmelzung eine verbraucherschützende internationale **Gerichtszuständigkeit (Art. 17 f. Brüssel Ia-VO) nicht.**[3022]

Ist **Vermögen außerhalb** des Geltungsbereichs der als **Gesellschaftsstatut** maßgeblichen **827**
Rechtsordnung belegen, so entsteht die Frage, ob das Belegenheitsrecht eine solche Gesamtrechtsnachfolge als Rechtserwerbstatbestand anerkennt (→ Rn. 760). Hier tritt das Gesamtstatut – dh das Personalstatut der übertragenden Gesellschaft – zu Gunsten des Belegenheitsrechts zurück, wenn dieses keinen Rechtserwerb durch Fusion von Gesellschaften kennt.[3023] Misst das ausländische Belegenheitsrecht der Fusion nur schuldrechtliche Wirkungen bei, etwa weil es an einer konstitutiven Eintragung im dortigen Register fehlt, bei dem der betreffende Einzelgegenstand geführt wird, so ist ein gesonderter dinglicher Vollzug nach Maßgabe des Belegenheitsrechts erforderlich.[3024] Dem folgt auch Art. 131 Abs. 3 GesR-RL (früher Art. 14 Abs. 3 RL 2005/56/EG; → Rn. 35 ff.). Die Bestimmung regelt den Fall, dass ein Mitgliedstaat im Falle einer Verschmelzung von Gesellschaften besondere „Formalitäten" für die Rechtswirksamkeit der Übertragung bestimmter von den sich verschmelzenden Gesellschaften eingebrachter Vermögensgegenstände, Rechte und Verbindlichkeiten gegenüber Dritten vorschreibt. Diese Formalitäten sind dann von der aus der Verschmelzung hervorgegangenen Gesellschaft zu erfüllen.[3025]

Für die Überlassung des Vermögens der übertragenden Gesellschaft werden deren Gesellschafter **828**
zu Gesellschaftern der aufnehmenden oder neu gegründeten Gesellschaft und die übertragende Gesellschaft erlischt (vgl. Art. 105 GesR-RL – früher Art. 19 RL 2011/35/EG; § 20 Abs. 1 UmwG).

Mit dem Eintreten der Wirkungen der transnationalen Verschmelzung – also **ab Erlöschen** **829**
aller übertragenden Gesellschaften – wird das **Personalstatut der aufnehmenden Gesellschaft** maßgeblich.[3026] Dies hat zur Folge, dass Sonderpositionen von Mitgliedern und Organen, von Arbeitnehmern und Gläubigern erlöschen, soweit sie im Recht der aufnehmenden Gesellschaft nicht vorgesehen sind. Hinsichtlich der Wirkungen der transnationalen Verschmelzung sind deshalb zum

---

3018 Umfassend hierzu *Kusserow/Prüm* WM 2005, 633; zum Übergang von Verbindlichkeiten noch vor deren Fälligkeit EuGH EuZW 2015, 348 Rn. 32 mAnm *Haspl* – MCH.

3019 *Koppensteiner,* Internationale Unternehmen im deutschen Gesellschaftsrecht, 1971, 219; EuGH ECLI:EU:C:2016:205 Rn. 60 = NZG 2016, 513 – KA Finanz.

3020 Näher *Lingemann/Schweitzer* FS Wegen, 2015, 463.

3021 Dazu näher EuGH ECLI:EU:C:2016:205 Rn. 57 ff. = NZG 2016, 513 = IPRax 2016, 589 m. Aufs. *Hübner* 553 = EuZW 2016, 339 mAnm *Stiegler* = EWiR 2016, 521 m. Kurzkomm. *Pluskat* – KA Finanz; dazu *Bayer/Schmidt* ZIP 2016, 841.

3022 OLG Celle NZG 2021, 562 Rn. 13 = GWR 2021, 208 mAnm *Schiller.*

3023 Im Recht der Mitgliedstaaten muss ein solcher Rechtserwerbstatbestand wegen Art. 105 Abs. 1 lit. a GesR-RL (früher Art. 19 Abs. 1 lit. a RL 2011/35/EG) und Art. 151 Abs. 1 lit. a GesR-RL (früher Art. 17 Abs. 1 lit. a RL 82/891/EWG) vorgesehen sein, sodass in diesen Fällen lediglich das Substitutionsproblem auftritt, ob mit den „Gesellschaften" iSd Durchführungsbestimmungen zu den genannten Richtlinienbestimmungen auch solche ausländischen Rechts gemeint sind; vgl. *Steiger,* Grenzüberschreitende Fusion und Sitzverlegung von Kapitalgesellschaften innerhalb der EU nach spanischem und portugiesischem Recht, 1997, 67 ff., 147 f. zu Spanien, 207 f., 255 ff. zu Portugal; näher *Kollmorgen* BB 2007, 2189 ff.

3024 Näher Schmitt/Hörtnagl/Stratz/*Stratz* UmwG § 20 Rn. 33; für eine stärkere Berücksichtigung des Gesellschaftsstatuts demgegenüber *Bungert* FS Heldrich, 2005, 527 (532), auch mit der Empfehlung (533 ff.), eine Einzelübertragung der betroffenen Gegenstände vorzunehmen, was aber steuerlich nachteilig sein kann.

3025 *Hoger/Lieder* ZHR 180 (2016), 613 (629); umfassend *M. Fisch* NZG 2016, 448.

3026 *Beitzke* FS Hallstein, 1966, 26; Staudinger/*Großfeld,* 1998, IntGesR Rn. 688; *Engert* in Eidenmüller Ausl. KapGes. § 4 Rn. 110; *Ott* in Sandrock/Wetzler, Deutsches Gesellschaftsrecht im Wettbewerb der Rechtsordnungen, 2004, 199, 205; wohl auch Art. 129 GesR-RL (früher Art. 12 RL 2005/56/EG; → Rn. 803), wonach der Zeitpunkt der Wirksamkeit der Verschmelzung sich nach dem Recht des Mitgliedstaats bestimmt, dem die aus der Verschmelzung hervorgegangene Gesellschaft unterliegt.

Schutz aller betroffenen Interessen die **beteiligten Personalstatute** zu **kumulieren.**[3027] Daraus folgt, dass die Wirkungen der transnationalen Verschmelzung nur eintreten können, wenn dem Recht jeder an der Verschmelzung beteiligten Gesellschaft Rechnung getragen wird. Dies bedeutet aber zugleich, dass sich die Regeln über die Verschmelzung weitgehend entsprechen müssen.[3028] Dies wiederum hängt von der Art des Vermögensübergangs (Universalsukzession, Gesamterwerb uno actu, Einzelübertragung), dem jeweiligen System der Mitglieder- (Einstimmigkeit bei der Beschlussfassung, Übergang der Vorzugsrechte, Austritt oder Kündigungsrecht), Gläubiger- (automatischer Schuldnerübergang, Weiterhaftung des Vermögens der übertragenden Gesellschaft, Mithaftung der aufnehmenden Gesellschaft, vorherige Befriedigung oder Sicherheitsleistung) und der Arbeitnehmersicherung ab (Sicherungsrechte im Konkurs und Insolvenz, Mitbestimmungsrechte[3029]).

830 Im Interesse des **Bestandsschutzes** einer wirksamen Umwandlung bestimmt das Sachrecht häufig, dass die Strukturänderung nicht nachträglich auf Grund von Rechtsfehlern in Frage gestellt werden kann (so Art. 108 GesR-RL – früher Art. 22 RL 2011/35/EG, Art. 153 GesR-RL – früher Art. 19 RL 82/891/EWG, Art. 134 GesR-RL – früher Art. 17 RL 2005/56/EG; → Rn. 35 ff.).[3030] Hierzu wird vertreten, den Bestandsschutz jeweils unterschiedlich zusammen mit den einzelnen Wirkungen der Umwandlung – Gesamtrechtsnachfolge, Anteilsübertragung, Erlöschen des übertragenden Rechtsträgers – anzuknüpfen. Damit würde indessen die Gefahr hinkender Umwandlungen heraufbeschworen.[3031] Vorzugswürdig erscheint es demgegenüber, kumuliert alle beteiligten Gesellschaftsstatute zur Anwendung zu berufen.[3032]

831 Die **RL 2005/56/EG** (→ Rn. 35 ff.) definierte die Folgen der Verschmelzung in Art. 14 Abs. 1, 2 RL 2005/56/EG (seit 20.7.2017 Art. 131 Abs. 1 GesR-RL)[3033] und enthielt in Art. 14 Abs. 3 RL 2005/56/EG (Art. 131 Abs. 3 GesR-RL) eine Sonderregelung für Publizitätsvorschriften nach dem Belegenheitsrecht (→ Rn. 759 f., → Rn. 827). Nach Art. 134 GesR-RL (früher Art. 17 RL 2005/56/EG) kann eine grenzüberschreitende Verschmelzung, die wirksam geworden ist, nachträglich nicht mehr für nichtig erklärt werden. Als **Nachweis der Rechtsnachfolge** ist der **Handelsregisterauszug** der übernehmenden Gesellschaft vorzulegen.[3034]

832 **e) Anpassungen.** Soweit eine Entsprechung der nationalen Verschmelzungsvorschriften nicht gegeben ist, führen die kollisionsrechtlichen Grundsätze entweder zu Regelungslücken oder zu Normenhäufungen. Diese Probleme können im Einzelfall durch das kollisionsrechtliche Mittel der Anpassung, also durch die Formulierung besonderer auf die transnationale Verschmelzung zugeschnittener Sachnormen unter Angleichung der sich widersprechenden nationalen Rechtsvorschriften überwunden werden.[3035] Aus der Sicht des deutschen Umwandlungsrechts stellen sich Anpassungsfragen derzeit nicht, soweit das UmwG wegen des Sitzvorbehalts in § 1 Abs. 1 UmwG auf grenzüberschreitende Umwandlungen sachrechtlich nicht anwendbar ist (→ Rn. 860 ff.).

833 **3. Grenzüberschreitende Sitzverlegungen. a) Wirtschaftliche Motive und kollisionsrechtliche Grundlagen.** Hinter einer Sitzverlegung können ganz **unterschiedliche Beweggründe** stehen. Eine Gesellschaft, die ihren Satzungs- wie auch ihren Verwaltungssitz in einen anderen Staat verlegt, zeigt, dass sie fortan in dem Aufnahmestaat ihren neuen wirtschaftlichen Standort sieht. Diese Maßnahme entspricht dem Konzept der Niederlassungsfreiheit als **Freiheit der ökonomischen Standortwahl** (→ Rn. 121) und kann sich auf das **Schutzgut der Niederlas-**

3027 HCL/*Behrens/Hoffmann* GmbHG Allg. Einl. Rn. B 125.

3028 *Großfeld/Jasper* RabelsZ 53 (1989), 52 (64).

3029 Speziell zur Mitbestimmung *Götze/Winzer/Arnold* ZIP 2009, 245 (249, 252 ff.).

3030 Vgl. im deutschen Recht die Vorschriften der §§ 20 Abs. 2, 131 Abs. 2 UmwG.

3031 Abzulehnen daher *Beitzke* FS Hallstein, 1966, 14 (21), demzufolge sich die Folgen von Umwandlungsmängeln nach den Personalstatuten der beteiligten Gesellschaften richten sollen.

3032 So überzeugend *Engert* in Eidenmüller Ausl. KapGes. § 4 Rn. 110.

3033 Dazu näher EuGH ECLI:EU:C:2016:205 Rn. 57 ff. = NZG 2016, 513 = IPRax 2016, 589 m. Aufs. *Hübner* 553 = EuZW 2016, 339 mAnm *Stiegler* = EWiR 2016, 521 m. Kurzkomm. *Pluskat* – KA Finanz; dazu *Bayer/Schmidt* ZIP 2016, 841.

3034 OLG München NZG 2016, 150 = EWiR 2016, 167 m. Kurzkomm. *Wachter.*

3035 *Zwirlein* ZGR 2017, 114 (127); für eine weitgehende Verwendung dieses Mittels *Koppensteiner,* Internationale Unternehmen im deutschen Gesellschaftsrecht, 1971, 261, 269 ff.; *Schlarb,* Die Verschmelzung eingetragener Genossenschaften, 1978, 30; *Beitzke* FS Hallstein, 1966, 23 f. (29 f., 33 f.); zu den Grenzen dieses Mittels HCL/*Behrens/Hoffmann* GmbHG Allg. Einl. Rn. B 167; Staudinger/*Großfeld,* 1998, IntGesR Rn. 685; insgesamt krit. *Ries,* Rechtsformen für die grenzüberschreitende Unternehmenskonzentration in der EWG, 1973, 76; *Wiedemann* GesR I § 15 III 2b, S. 873, Fn. 20, der die „Anpassungen" nur als „rechtspolitische Vorschläge zur Änderung des geltenden deutschen Rechts" ansieht; zur Anpassung allg. → Einl. IPR Rn. 242 ff.

sungsfreiheit – laut dem Urteil Sevic die *tatsächliche Teilnahme der betroffenen Wirtschaftsbeteiligten am Wirtschaftsleben des Aufnahmestaates*[3036] – berufen.[3037] Hingegen geht es einer Gesellschaft, die nur ihren Satzungssitz oder nur ihren Verwaltungssitz in einen anderen Staat verlegt und damit eine **Sitztrennung** herbeiführt, in aller Regel nicht um eine ökonomische Standortwahl. Davon gehen auch die **Erwägungsgründe zur RL (EU) 2019/2121** aus.[3038] Entgegen *Schön* will diese Gesellschaft im Regelfall nicht „eine rechtliche Struktur erreichen, die dem bestmöglichen Einsatz der betrieblichen Produktionsfaktoren dient".[3039] Vielmehr geht es hier im Regelfall darum,[3040] sich seinen Gläubigern zu entziehen oder um **Rechtsmissbrauch,** mag man dies auch beschönigend als „Rechtsarbitrage",[3041] „Sanierungsmigration",[3042] „Aufsichtsarbitrage",[3043] „Steueroptimierung",[3044] „Mitbestimmungsvermeidung",[3045] „Bilanzpolitik"[3046] usw bezeichnen.[3047] Die „Auslandsgesellschaft mit Wirtschaftstätigkeit im Inland" ist deshalb kein „Zustand ..., der als solcher im Binnenmarkt gewollt und akzeptiert ist",[3048] sondern im Gegenteil Gegenstand einer der Hauptsorgen des Europäischen Parlaments im Hinblick auf eine künftige Sitzverlegungs-RL.[3049] Vor diesem Hintergrund lässt sich nicht behaupten, der EuGH wolle mit seiner Rspr. – und insbesondere dem Urteil Vale (→ Rn. 103 ff.) „umfassende Mobilität für Gesellschaften in der EU gewährleiste[n]."[3050] Entgegen diesen Erwägungen wurde auf EU-Ebene mit den Art. 86a ff. GesR-RL die isolierte

---

[3036] EuGH ECLI:EU:C:2005:762 Rn. 17 f. = NJW 2006, 425 – Sevic (→ Rn. 95 f.); ähnlich auch nachfolgend EuGH ECLI:EU:C:2006:544 Rn. 53 f. = NZG 2006, 835 – Cadbury Schweppes (→ Rn. 97).

[3037] *W.-H. Roth* FS Hoffmann-Becking, 2013, 965 (989).

[3038] Erwägungsgrund 36 RL (EU) 2019/2121: „Falls das grenzüberschreitende Vorhaben dazu führen würde, dass die Gesellschaft den Ort ihrer tatsächlichen Verwaltung oder den Ort ihrer wirtschaftlichen Tätigkeit in dem Mitgliedstaat hat, in dem die Gesellschaft bzw. die Gesellschaften nach dem grenzüberschreitenden Vorhaben registriert werden soll/sollen, so kann die zuständige Behörde dies als Anzeichen dafür ansehen, dass keine Umstände vorliegen, die zu einem Missbrauch oder Betrug führen."

[3039] So aber *Schön* ZGR 2013, 333 (354); ähnlich *Schön* ZGR 2013, 333 (359): „optimale Organisation unternehmerischer Tätigkeit auf dem Gebiet der Europäischen Union".

[3040] Im Zuge der 2013 durchgeführten Konsultation zur Sitzverlegung haben die Teilnehmer folgende Gründe angegeben: Steuervermeidung/-verringerung (45%), ein besseres „Geschäftsklima" im Aufnahmestaat (25%), günstigeres („favourable") Recht im Aufnahmestaat, und zwar auf folgenden Gebieten: Gesellschaftsrecht (20%), Arbeitsrecht (15%), Insolvenzrecht (10%), European Comission, Feedback Statement. Summary of Responses to the Public Consultation on Cross-border transfers of registered offices of companies, September 2013, S. 12.

[3041] Vgl. *Weller* FS Blaurock, 2013, 497 (507): „Insolvenzrechtsarbitrage", 511: „Gesellschaftsrechtsarbitrage"; monographisch *Mucciarelli,* Società di capitali, trasferimento all'estero della sede sociale e arbitraggi normativi, 2010.

[3042] MHdB GesR VI/*Steffek* § 37 (S. 755 ff.); *Eidenmüller* KTS 2014, 401 f.

[3043] Vgl. *Ceyssens* NJW 2013, 3704 (3707) zum Single Supervisory Mechanism (SSM) in der Bankenaufsicht; zum „Wettbewerb" der nationalen Aufsichtsbehörden im Kapitalmarktrecht *Walla* in Veil (Hrsg.), Europäisches und deutsches Kapitalmarktrecht, 3. Aufl. 2022, § 11 Rn. 45.

[3044] Im Rahmen der 2013 durchgeführten Konsultation der EU-Kommission über die grenzüberschreitende Verlegung von Firmensitzen erklärten knapp die Häfte der Befragten „fiscal shopping" zum Hauptmotiv der Sitzverlegung: European Comission, Feedback Statement. Summary of Responses to the Public Consultation on Cross-border transfers of registered offices of companies, September 2013, 12; vgl. zB *Brinkmann/Maier/Brandstätter* IStR 2009, 563 über „Forschung und Entwicklung – Steueroptimierung durch Nutzung ausländischer Steueranreize"; zur Besteuerung von Veräußerungserfolgen und Ausschüttungen *Knobloch* DB 2016, 1825 (1833 f.).

[3045] *Morgenroth/Salzmann* NZA-RR 2013, 449 (455); *Weller* FS Blaurock, 2013, 497 (511); *Werner* NZG 2022, 541.

[3046] Zu denken ist an die Auslagerung bestimmter Risiken an scheinausländische Zweckgesellschaften, um der inländischen Konsolidierungspflicht nach § 290 HGB zu entgehen, so im Fall HRE: BT-Dr. 16/12407, 80; hier hat der Gesetzgeber bilanzrechtlich reagiert (§ 290 Abs. 2 Nr. 4 HGB), vgl. Staub/*Kindler,* HGB, 5. Aufl. 2011, § 290 Rn. 51 ff.

[3047] Vgl. die drastische Charakterisierung der Centros-Gesellschafter durch *Gerhard Kegel* EWS 1999 Heft 8, Die erste Seite: „... Begünstigung von Schlitzohren, die dem Recht den Vogel zeigen!"; dazu *Kindler* FS Buchner, 2009, 426 (427).

[3048] So in den Worten von *Schön* ZGR 2013, 333 (359 f.).

[3049] *Kindler* EuZW 2012, 888 (892) m. Fn. 78; Europäisches Parlament, Plenarsitzungsdokument A7-0008/2012 vom 9.1.2012: Bericht mit Empfehlungen an die Kommission zu einer 14. gesellschaftsrechtlichen Richtlinie zur grenzüberschreitenden Verlegung von Unternehmenssitzen, Erwägungsgrund H: „whereas the misuse of post-box offices and shell companies with a view to circumventing legal, social and fiscal conditions should be prevented"; dazu *Böttcher/Kraft* NJW 2012, 2701 (2703) m. Fn. 32; zur Kritik an Rechtsmissbrauch durch Einsatz von Briefkastengesellschaften ferner *Reich* ua, Understanding EU Internal Market Law, 2011, Rn. 21.8; *Reich* EuZW 2011, 454 (455); weniger besorgt *Drygala* EuZW 2013, 569 (573 f.).

[3050] So aber *Zwirlein* ZGR 2017, 114 (117) mit Verweis auf *Schön* ZGR 2013, 333 (334).

Satzungssitzverlegung eingeführt, immerhin mit Vorbehaltsklauseln für Missbrauchs- und Betrugsfälle → Rn. 39. Danach darf im Wegzugsstaat keine Vorabbescheinigung erteilt werden, wenn die Sitzverlegung missbräuchlichen, betrügerischen oder kriminellen Zwecken dient (vgl. Art. 86m Abs. 8 GesR-RL, → Rn. 38; zu Missbrauch und Betrug → Rn. 393 f.).[3051]

834 Die Sitzanknüpfung führt **wandelbar** zum **Recht des jeweiligen Verwaltungssitzes** (→ Rn. 431), und für Gesellschaften, deren Statut sich nach der Gründungstheorie bestimmt, kann die Satzungssitzverlegung zu einem Statutenwechsel führen (zur Sitzverlegung § 333 Abs. 1 UmwG; → Rn. 35 ff.; für die Abgrenzung zur Verschmelzung → Rn. 758; zum deutsch-US-amerikanischen Verhältnis → Rn. 297 ff.).[3052] Die Probleme, die sich im Zusammenhang mit der Sitzverlegung in das Ausland oder vom Ausland in das Inland stellen,[3053] lassen sich auf die Frage verkürzen, ob „die von einer bestimmten Staatshoheit verliehene Rechtsfähigkeit beliebig in ein anderes Land hinübergetragen werden kann“.[3054] denn Sitzverlegung ieS meint ein Überwechseln in einen anderen Staat unter Wahrung der Identität.[3055] Das Kollisions- und auch das Sachrecht, sowohl des Wegzugs- als auch des Zuzugsstaates sind bei der Problemlösung zu beachten.[3056] Ein **Fortbestehen der Gesellschaft** nach der Sitzverlegung ist nur möglich, **wenn beide Rechtsordnungen dies zulassen;**[3057] es kommt auf das Zusammenwirken von altem und neuem **Kollisionsrecht** an. Auch das **Sachrecht** darf einer Übertragung der nach einer Rechtsordnung erteilten Rechtsfähigkeit ins Ausland nicht entgegenstehen. Man kann insofern – mit *Sonnenberger*[3058] – von einer **„konsekutiven Rechtsanwendung“** sprechen; der EuGH bezeichnet den Vorgang als „sukzessive Rechtsanwendung“.[3059] Die nachstehend behandelten Fallgruppen[3060] berücksichtigen die Verwaltungs- wie die Satzungssitzverlegung getrennt für Wegzug und Zuzug. Dabei wird vorausgesetzt, dass die betreffende Kapitalgesellschaft bereits wirksam nach dem Recht des Staates errichtet worden ist, in dem sich ihr Verwaltungssitz und ihr Satzungssitz befindet (→ Rn. 494). **Vorrangig** zu beachten sind jeweils die Vorschriften der **§§ 333–345 UmwG.**

835 **b) Verlegung nur des Verwaltungssitzes einer nach deutschem Recht gegründeten Gesellschaft ins Ausland. aa) Vorgang außerhalb der Niederlassungsfreiheit.** Auch nach der EuGH-Rspr. zur Niederlassungsfreiheit seit Centros (→ Rn. 86 ff.) ist jeder Mitgliedstaat frei darin, für nach seiner Rechtsordnung gegründete Gesellschaften an der Verwaltungssitzanknüpfung und an dem **sachrechtlichen Erfordernis eines Verwaltungssitzes** in dem betreffenden Mitgliedstaat festzuhalten (→ Rn. 388 f.).[3061] Die Verlegung des Verwaltungssitzes einer nach deutschem Recht

---

[3051] Zur Missbrauchskontrolle *Schön,* FS Krieger, 2020, 879, *Teichmann* ZGR 2022, 376 sowie *Löbbe* ZHR 187 (2023), 498 (535 ff.); monographisch *K. Spiegl,* Missbrauchskontrolle im Rahmen der EU-Umwandlungsrichtlinie, 2024.

[3052] Zu den registerrechtlichen Folgen des Umzugs von Kapitalgesellschaften s. *Leitzen* RNotZ 2011, 536; zur Satzungssitzverlegung unter Beibehaltung des Gründungsstatuts als rechtspolitische Option *Schön* ZGR 2013, 333 (355 f.).

[3053] Neueres Schrifttum zur Sitzverlegung vor → Rn. 98.

[3054] BGHZ 25, 134 (144) = NJW 1957, 1433; vgl. auch Staudinger/*Großfeld,* 1998, IntGesR Rn. 604.

[3055] Das schweiz. IPR lässt dies zu: Art. 161–164 IPRG; *Ebenroth/Messer* ZSchwR 108 (1989) II, 49, 96 ff.; ferner *Großfeld/Jasper* RabelsZ 53 (1989), 52 (57 f.); Staudinger/*Großfeld,* 1998, IntGesR Rn. 615, 638 ff.

[3056] Besonders deutlich zur Trennung dieser Rechtsgebiete Staudinger/*Großfeld,* 1998, IntGesR Rn. 606; ebenso HCL/*Behrens/Hoffmann* GmbHG Allg. Einl. Rn. B 146; *Roth* ZEuP 1994, 5 (20).

[3057] OLG Nürnberg NZG 2012, 468 = IPRax 2013, 179 m. Aufs. *Bartels* IPRax 2013, 153; dem OLG zust. auch *Mansel/Thorn/Wagner* IPRax 2013, 1 (4); *W.-H. Roth* FS Hoffmann-Becking, 2013, 965 f.; OLG Nürnberg NZG 2014, 349 mAnm *Stiegler* = DNotZ 2014, 150 mAnm *Hushahn* = IPRax 2015, 163 m. Aufs. *Hübner* IPRax 2015, 134; *Weller* FS Blaurock, 2013, 497 (516); *Sonnenberger* Rev. crit. 2013, 101 (111) in Fn. 19 aE; aus früherer Zeit BGHZ 97, 269 (271 f.) = NJW 1986, 2194 = EWiR 1986, 627 m. KurzKomm. *Großfeld;* BayObLGZ 1992, 113 (116); KG IPRspr. 1926/27 Nr. 24; OLG Frankfurt NJW 1964, 2355 (2356); OLG Nürnberg WM 1985, 259 = IPRax 1985, 342 mAnm *Rehbinder* IPRax 1985, 324; OLG Zweibrücken NJW 1990, 3092 = EWiR 1990, 947 mAnm *Bokelmann* = IPRax 1991, 406 mAnm *Großfeld/König* IPRax 1991, 380; OLG Hamm WiB 1997, 1242 mAnm *Mankowski* = ZIP 1997, 1696 mAnm *Neye* = NJW-RR 1997, 167; OLG Jena DB 1998, 1178; OLG Brandenburg FGPrax 2005, 78 = ZIP 2005, 489; *Kegel/Schurig* IPR § 17 II 2; HCL/*Behrens/Hoffmann* GmbHG Allg. Einl. Rn. B 149.

[3058] *Sonnenberger* Rev. crit. 2013, 101 (111) in Fn. 19: „une application consécutive de deux droits nationaux“.

[3059] EuGH ECLI:EU:C:2012:440 Rn. 37, 44 = NJW 2012, 2715 – Vale; näher *Weller* FS Blaurock, 2013, 497 (517 f.); *Weller/Rentsch* IPRax 2013, 530 (532 f.); *Schön* ZGR 2013, 333 (361); ferner *Kindler* EuZW 2012, 888.

[3060] Vgl. die Systematik bei *Ebenroth/Auer* RIW-Beil. 1/1992, 6 ff.; *V. Kruse,* Sitzverlegung von Kapitalgesellschaften innerhalb der EG, 1997, 31 ff.

[3061] Vgl. insbes. EuGH ECLI:EU:C:2002:632 Rn. 61 f., 70 = NJW 2002, 3614 – Überseering; bestätigt durch EuGH ECLI:EU:C:2008:723 Rn. 107 ff. = NJW 2009, 569 = EuZW 2009, 75 mAnm *Pießkalla* = DStR 2009, 121 mAnm *Goette* – Cartesio; dazu *Kindler* IPRax 2009, 189 (190 ff.); *Kindler* NZG 2009, 130 ff.

gegründeten Gesellschaft ins Ausland („Wegzug“) unterfällt daher nicht der Niederlassungsfreiheit.[3062] Diese ist nicht als Wegzugsfreiheit zu verstehen.[3063] Kollisionsrechtlich ist wieder danach zu unterscheiden, ob der Zuzugsstaat der Sitz- oder der Gründungstheorie folgt.[3064] Die Vorschriften der **§§ 333–345 UmwG** finden hier **keine Anwendung.**

bb) Zuzugsstaat folgt Sitztheorie. Verlegt eine nach deutschem Recht gegründete Gesellschaft ihren in der BRepD gelegenen Verwaltungssitz in einen Staat, dessen Kollisionsrecht der Sitztheorie folgt (→ Rn. 477 f.), so bestimmt sich das **Personalstatut fortan nach dem Recht des Zuzugsstaates** (→ BGB § 706 Rn. 10).[3065] Dieser nimmt die durch das deutsche Gesellschaftskollisionsrecht ausgesprochene IPR-Verweisung (Art. 4 Abs. 1 S. 1 EGBGB) an, der internationale Entscheidungseinklang ist gewahrt. Da meist die Gründungsvorschriften des neuen Statuts nicht beachtet sein dürften, ist die Nichtigkeit der Gesellschaft die regelmäßige Folge. Dies beurteilt sich aber allein nach der neuen ausländischen lex societatis, die auch eine Transposition in eine Rechtsform des Zuzugsstaates vornehmen könnte, weil ein Handeln unter falschem Recht vorliegt (aus deutscher Sicht → Rn. 452 ff.). Auch das Erfordernis einer Neugründung ist nach dem Recht des Zuzugsstaates zu prüfen.[3066] 836

Dies gilt im Grundsatz auch im Verhältnis zu **EU-Sitztheoriestaaten** (→ Rn. 477). Soweit diese allerdings im Gefolge der EuGH-Rspr. seit Centros (→ Rn. 86 ff.) zur Gründungsanknüpfung für – aus ihrer Sicht – EU-ausländische Gesellschaften übergingen,[3067] ist es ein **Gebot des internationalen Entscheidungseinklangs,** eine Rückverweisung anzunehmen (→ Rn. 838). Die Rückverweisung folgt hier also nicht schon aus einer EU-primärrechtlichen Kollisionsnorm, an die der Zuzugsstaat gebunden wäre (→ Rn. 114 ff.) oder aus der Überlegung, das autonome EU-ausländische Gesellschaftskollisionsrecht dürfe ohnehin nicht mehr an den neuen Verwaltungssitz anknüpfen.[3068] 837

cc) Zuzugsstaat folgt Gründungstheorie. Kollisionsrechtlich schwieriger zu beurteilen ist der Fall, in dem eine nach deutschem Recht gegründete Gesellschaft unter Beibehaltung ihres Satzungssitzes in der BRepD nur ihren effektiven Verwaltungssitz in einen kollisionsrechtlich der Gründungstheorie folgenden Staat verlegt.[3069] Wiederum wird iprechtlich zunächst auf das Recht des ausländischen Zuzugsstaates als Sitzstaat verwiesen. Das damit berufene IPR des Sitzstaates (Art. 4 Abs. 1 S. 1 EGBGB; → Rn. 472 ff.) ordnet kraft der dort enthaltenen Gründungsanknüpfung eine **Rückverweisung** (Art. 4 Abs. 1 S. 2 EGBGB) auf deutsches Recht als Gründungsrecht an, da sich der Satzungs- und Gründungssitz weiterhin in der BRepD befindet.[3070] Aus **kollisionsrechtlicher Sicht** ergeben sich **keine Hindernisse** für die Sitzverlegung, da der neue Sitzstaat die nach dem Gründungsrecht erworbene Rechtsfähigkeit anerkennt und keine Neugründung nach seinem Recht verlangt.[3071] Es besteht kein Grund, die Sitzverlegung unter dem Gesichtspunkt des Art. 4 Abs. 1 838

[3062] *Schön* ZGR 2013, 333 (355); *Weller* FS Blaurock, 2013, 497 (518 f.); *Verse* ZEuP 2013, 458 (462) m. Fn. 14; zuvor schon OLG Düsseldorf NJW 2001, 2184 = IPRax 2001, 343 mAnm *HPM;* BayObLGZ 2004, 24 = DNotZ 2004, 725 mAnm *Thölke* = DStR 2004, 1224 m. Aufs. *Weller* DStR 2004, 1288 = EWiR 2004, 375 m. KurzKomm. *Wachter;* OLG Brandenburg FGPrax 2005, 78 = ZIP 2005, 489; OLG München NZG 2007, 915 – kein Wegzug nach Portugal; dazu *Frenzel* EWS 2008, 130; *Kieninger* RabelsZ 73 (2009), 607 (617 f.); *Leible/Hoffmann* RIW 2002, 925 (932 f.); *Ulmer* FS Raiser, 2005, 439 (450); ebenso – aus dortiger Sicht – ital. Kassationshof Riv. dir. int. priv. proc. 2004, 1381 (1385).

[3063] *Kindler* NZG 2009, 130 ff. zu „Cartesio“; *W.-H. Roth* FS Hoffmann-Becking, 2013, 965 (977).

[3064] Überblick zur Verlegung des tatsächlichen Verwaltungssitzes der GmbH ins Ausland bei *Peters* GmbHR 2008, 245 ff.

[3065] *W.-H. Roth* FS Hoffmann-Becking, 2013, 965 (979); BayObLGZ 1992, 113 (116) = NJW-RR 1993, 43; OLG Hamm WiB 1997, 1242; BayObLGZ 2004, 24 = DNotZ 2004, 725; OLG Brandenburg FGPrax 2005, 78 = ZIP 2005, 489; *Kindler* IPRax 2009, 189 (199); Staudinger/*Großfeld,* 1998, IntGesR Rn. 608, 617 ff., 665; *Ebenroth/Eyles* DB-Beil. 2/1988, 7; *Ebenroth/Auer* RIW-Beil. 1/92, 6; Scholz/*Westermann* GmbHG Anh. § 4a Rn. 121.

[3066] *Ebenroth/Auer* RIW-Beil. 1/1992, 6; so schon *Raape* IPR 203; für Transposition *Weler* IPRax 2017, 167 (172).

[3067] So zB Österreich, vgl. *Lurger* IPRax 2001, 346, nicht aber Belgien (→ Rn. 110).

[3068] So aber offenbar *Kieninger* ZEuP 2004, 685 (695) und schon *Triebel/v. Hase* BB 2003, 2409 (2412); aA *Hausmann* GS Blomeyer, 2004, 579 (591 f.), demzufolge ein identitätswahrender Wegzug auch unter der Geltung der „europarechtlichen Gründungstheorie“ nicht in Betracht kommt.

[3069] Vgl. dazu *Ebenroth/Eyles* IPRax 1989, 1 (8 f.); grds. zur Beachtung der Rückverweisung auch OLG Hamm WiB 1997, 1242 mAnm *Mankowski* = ZIP 1997, 1696 mAnm *Neye;* OLG Hamm NJW 2001, 2183 = IPRax 2001, 343 mAnm *HPM;* OLG Düsseldorf NJW 2001, 2184 = IPRax 2001, 343 mAnm *HPM; Ebenroth/Auer* GmbHR 1994, 16 (18); *Neumayer* ZVglRWiss 83 (1984), 129 (139).

[3070] OLG Karlsruhe BeckRS 2008, 6653 unter II B 2a betr. Wegzug nach Kanada; *W.-H. Roth* FS Hoffmann-Becking, 2013, 965 (979).

[3071] *Kronke* BerGerVR 38 (1998), 33 (61).

EGBGB anders zu beurteilen als die Firmengründung (→ Rn. 475).[3072] Dagegen sprechen insbesondere keine steuerrechtlichen Erwägungen, denn eine ihren effektiven Verwaltungssitz ins Ausland verlegende Kapitalgesellschaft, die ihren Satzungssitz in der BRepD beibehält, ist nicht nach § 12 KStG als Liquidationsgesellschaft zu behandeln,[3073] da ein Ausscheiden aus der unbeschränkten Körperschaftssteuerpflicht nach § 1 KStG iVm § 11 AO bei beibehaltenem inländischem Satzungssitz nicht in Betracht kommt.[3074] Nach § 12 Abs. 3 KStG[3075] sind ohnehin nur Wegzugsfälle ins Nicht-EU-Ausland erfasst. Unter dem Vorbehalt, dass im ausländischen Kollisionsrecht in eindeutiger Weise eine Rückverweisung zum Ausdruck kommt, sind solche nachträglich entstandenen „double residence companies" anerkennungsfähig.[3076] Die „domestication" einer deutschen Gesellschaft in den USA ist keine Sitzverlegung.[3077]

839 **dd) Sachrechtliche Behandlung.** Eine erfolgreiche grenzüberschreitende Sitzverlegung setzt die Zulässigkeit der Übertragung der vom Inland erteilten Rechtsfähigkeit ins Ausland nach dem internen Sachrecht des Wegzugsstaates – oder aber den Fortbestand der vom Wegzugssaat verliehenen Rechtsfähigkeit – voraus.[3078] Auf dieser Ebene sind die tatsächliche Verlegung des Verwaltungssitzes und ein darauf gerichteter Gesellschafterbeschluss getrennt zu beurteilen.[3079]

840 **(1) Tatsächliche Verlegung des Verwaltungssitzes.** Nach bis zum MoMiG[3080] **überwiegender Ansicht** in Rspr. und Lit. soll die Verlegung des effektiven Verwaltungssitzes einer deutschen Gesellschaft in das Ausland (auch) aus sachrechtlichen Gründen ein **zwingender Grund für die Liquidation** der Gesellschaft, unabhängig vom entgegenstehenden Willen der Gesellschafter oder einer entsprechenden Satzungsbestimmung, sein.[3081] Dieser Standpunkt hat sich für **Kapitalgesellschaften** mit Neufassung der § 4a GmbHG, § 5 AktG durch das MoMiG vom 23.10.2008 (BGBl. 2008 I 2026) erledigt. Danach darf der Verwaltungssitz frei gewählt werden, und zwar im In- oder Ausland.[3082] Niederlassungsrechtlich geschützt ist diese Wahlfreiheit nicht;[3083] der deutsche Gesetzgeber könnte daher das Erfordernis eines inländischen Verwaltungssitzes wieder einführen – eine erneute Flucht in ausländische Gesellschaftsformen dürfte er damit kaum auslösen.

841 Bei **Personengesellschaften** führt die Verwaltungssitzverlegung ins Ausland seit dem 1.1.2024 (MoPeG) zur „Mitnahme" der heimischen Rechtsform in das Ausland (→ BGB § 706 Rn. 10). Dies folgt aus § 706 S. 2 (auch iVm §§ 105 Abs. 3, 161 Abs. 2 HGB; § 1 Abs. 4 PartGG). Es kommt nach deutschem Sachrecht also nicht zur Auflösung und Abwicklung, auch nicht zum Verlust der Rechtsfähigkeit.[3084] Diese Rechtsfolgen können sich aber bei einem Statutenwechsel durch Wegzug in einen Sitztheoriestaat ergeben (→ Rn. 836), dessen Sachrecht die Auflösung und Abwicklung anordnet.

842 Nach alledem kann es bei der früher hM im Ergebnis nur bleiben, wenn die deutsche Gesellschaft ihren effektiven Verwaltungssitz in einen Drittstaat verlegt, dessen nationalem Kollisionsrecht

---

[3072] Dies schon im Hinblick auf die Sitzverlegung bestehende Gefahr der Simulation.

[3073] BFH BStBl. II 1992, 972 = BB 1992, 1845; *Fingerhut/Rumpf* IPRax 2008, 90 (96).

[3074] *Ebenroth/Eyles* DB-Beil. 2/1988, 7; *Ebenroth/Auer* RIW-Beil. 1/92, 7; so iErg auch *Runge/Schäfer* IWB 1987, 547 (555); *Birk* IStR 2003, 469 (471, 473), Fall 5; die hM sieht hierin nur einen sachrechtlichen Auflösungsgrund: Staudinger/*Großfeld,* 1998, IntGesR Rn. 630 ff.; dazu → Rn. 829 f.

[3075] Zur Neufassung 2006 s. *Fingerhut/Rumpf* IPRax 2008, 90 (95) Fn. 50.

[3076] *Ebenroth/Eyles* DB-Beil. 2/1988, 7; *Ebenroth/Auer* RIW-Beil. 1/1992, 7; *Runge/Schäfer* IWB 1987, 547 (553).

[3077] *Bungert* RIW 1999, 109.

[3078] *Kegel/Schurig* IPR § 17 II 2; HCL/*Behrens/Hoffmann* GmbHG Allg. Einl. Rn. B 149; Scholz/*Westermann* GmbHG Anh. § 4a Rn. 74; Staudinger/*Großfeld,* 1998, IntGesR Rn. 606.

[3079] Vgl. Staudinger/*Großfeld,* 1998, IntGesR Rn. 608 ff., 630 ff.

[3080] Dazu *Kindler* IPRax 2009, 189 (197 ff.); *Kindler* in Goette/Habersack, Das MoMiG in Wissenschaft und Praxis, 2009, 233 ff.; *Schurig* FS Coester-Waltjen, 2015, 745 (747).

[3081] Zur früheren Rechtslage BGHZ 25, 134 (144) = NJW 1957, 1433; RGZ 7, 68 (69); 88, 53 (54); BayObLGZ 1992, 113 (116) = NJW-RR 1993, 43; offengelassen in BayObLGZ 2004, 24 = DNotZ 2004, 725; für Liquidation auch OLG Hamm WiB 1997, 1242; OLG Düsseldorf NJW 2001, 2184 = IPRax 2001, 343 mAnm *HPM;* OLG Hamm NJW 2001, 2183 = IPRax 2001, 343 mAnm *HPM;* OLG Brandenburg FGPrax 2005, 78 = ZIP 2005, 489; aA RG IPRspr. 1934 Nr. 14; OLG Hamburg IPRspr. 1970 Nr. 9; einschr. auch *Ebenroth/Eyles* DB-Beil. 2/1988, 7; *Runge/Schäfer* IWB 1987, 547 (553); Soergel/*Lüderitz* EGBGB Anh. Art. 10 Rn. 48; ferner *Bungert* AG 1995, 489 (499) mN.

[3082] *Kindler* NJW 2008, 3249 (3251); ausf. *Kindler* IPRax 2009, 189 (199); *Kindler* in Goette/Habersack, Das MoMiG in Wissenschaft und Praxis, 2009, 233, 250 f.; *Leitzen* NZG 2009, 728.

[3083] *Kindler* EuZW 2012, 888 (891 f.).

[3084] BGH NZG 2009, 1106 Rn. 5 = DStR 2009, 2017 betr. Kommanditgesellschaft; *Stiegler* ZGR 2017, 312 (328); Nachweise zur bisherigen hM (und Kritik) hierzu bei *Koch* ZHR 173 (2009), 101 (112 ff.); für eine generelle Gründungsanknüpfung bei Personengesellschaften *Fingerhut/Rumpf* IPRax 2008, 90 (93 ff.).

die Sitztheorie zu Grunde liegt (→ Rn. 836 f.). Denn dann kommt es zu einem Statutenwechsel. Handelt es sich bei dem Zuzugsstaat um einen EU/EWR-Staat, finden bei gleichzeitiger Satzungssitzänderung die Vorschriften der §§ 333 ff. UmwG Anwendung.

Eine andere Frage ist, ob das Registergericht eine inländische Gesellschaft analog **§ 399 FamFG** dazu zwingen kann, die Verwaltungssitzverlegung ins Ausland rückgängig zu machen. Das würde voraussetzen, dass die Verwaltungssitzverlegung zu einem schweren, nachträglichen Satzungsmangel bezüglich der Sitzfestlegung (§ 3 Abs. 1 Nr. 1 GmbHG, § 23 Abs. 3 Nr. 1 AktG) führt.[3085] Auch dies ist zu verneinen, da die Gesellschaften insoweit keinen Bindungen unterliegen (§ 4a GmbHG, § 5 AktG idF des MoMiG; § 706 S. 2 idF des MoPeG).[3086] **Weitere Konsequenzen** der Verwaltungssitzverlegung ins Ausland sind die Befugnis zu insolvenzrechtlichen **Sicherungsmaßnahmen** (§ 21 InsO),[3087] das Eingreifen bestimmter **Insolvenzanfechtungstatbestände,**[3088] der Fortbestand einer bereits gegebenen inländischen **Gerichtszuständigkeit (perpetuatio fori)** und der Fortbestand der unternehmerischen **Mitbestimmung.**[3089] 843

(2) Gesellschafterbeschluss über die Verlegung des tatsächlichen Verwaltungssitzes. Bereits der Beschluss über die Verlegung der Hauptverwaltung ins Ausland bewirkte nach der bis zum MoMiG[3090] überwiegenden Auffassung in Rspr. und Literatur die **Auflösung** der Gesellschaft, dh ihren Eintritt in das Abwicklungsstadium;[3091] nach aA sollte es sich nicht um einen Auflösungsbeschluss handeln, da die Fortsetzung der werbenden Tätigkeit beabsichtigt ist.[3092] Vielmehr sei der **Verlegungsbeschluss** gemäß § 241 Nr. 3 AktG **nichtig,** weil er auf eine unmögliche Rechtsfolge gerichtet sei. Seine Eintragung sei aus diesem Grunde abzulehnen.[3093] Beide Auffassungen sind seit Aufhebung der Beschränkungen der § 4a Abs. 2 GmbHG, § 5 Abs. 2 AktG mit dem MoMiG **für Kapitalgesellschaften bei Verwaltungssitzverlegungen in einen Gründungstheorie-Staat überholt.**[3094] Derartige Gesellschafterbeschlüsse sind als solche **wirksam,** bedürfen freilich einer satzungsändernden Mehrheit. 844

Anders liegt es bei der **Sitzverlegung in** einen anderen **Sitztheoriestaat außerhalb des EU/EWR-Gebietes mit** der Folge eines **Statutenwechsels** (→ Rn. 836). Hier wendet sich die Gesellschaft vom deutschen Recht ab. Der Gesellschafterbeschluss ist als Auflösungsbeschluss zu behandeln, weshalb nur eine Anmeldung von Auflösung und Liquidation zum Handelsregister in Betracht kommt.[3095] Gegen die Einstufung des Sitzverlegungsbeschlusses als Auflösungsbeschluss spricht insbesondere nicht der fehlende rechtsgeschäftliche Wille der Gesellschafter zur Auflösung der Gesellschaft.[3096] Denn mit dem Beschluss, die Hauptverwaltung der Gesellschaft ins Ausland zu verlegen, wird ein gesetzlicher Auflösungstatbestand (§ 262 Abs. 2 AktG) erfüllt: Die Fortsetzung der Gesellschaft unter der Geltung deutschen Rechts ist damit – unabhängig vom Willen der Gesellschafter – unvereinbar.[3097] 845

c) Verlegung nur des Satzungssitzes einer nach deutschem Recht gegründeten Gesellschaft ins Ausland („isolierter Rechtsformwechsel I"). aa) Vorgang außerhalb der Niederlassungsfreiheit. Soweit die **isolierte Satzungssitzverlegung nicht durch §§ 333 ff. UmwG geregelt** ist (→ Rn. 39; → Rn. 801 ff.), folgt ihre Zulässigkeit nach zutr. Auffassung nicht schon 846

3085 BGH NJW 2008, 2914 Rn. 5 betr. Inlandssachverhalt zu § 4a Abs. 2 GmbHG aF.

3086 Entgegen BGH NJW 2008, 2914 Rn. 16 hat das MoMiG den restriktiven Regelungsinhalt der § 4a Abs. 2 GmbHG, § 5 AktG gerade nicht beibehalten.

3087 BGH BeckRS 2008, 720 = EWiR 2008, 181 m. KurzKomm. *Webel.*

3088 BGHZ 165, 343 Rn. 20 und Ls. 4 = NJW 2006, 908; dazu *Kindler* IPRax 2006, 114.

3089 *Götze/Winzer/Arnold* ZIP 2009, 245 (250).

3090 Neufassung der § 4a GmbHG, § 5 AktG durch Gesetz vom 23.10.2008, BGBl. 2008 I 2026; dazu *Kindler* IPRax 2009, 189 (197 ff.); *Kindler* in Goette/Habersack, Das MoMiG in Wissenschaft und Praxis, 2009, 233 ff.; *Schurig* FS Coester-Waltjen, 2015, 745 (747).

3091 BGHZ 25, 134 (144) = NJW 1957, 1433; RGZ 7, 68 (70); 88, 53 (55); 107, 94 (97); OLG Hamm NJW 2001, 2183 = IPRax 2001, 343 mAnm *HPM;* abw. *Nußbaum* IPR 204, der für die Nichtigkeit des Verlegungsbeschlusses eintrat; ebenso Koch AktG § 5 Rn. 12. Die „domestication" in den USA führt nicht zur Liquidation, *Bungert* RIW 1999, 109.

3092 MüKoAktG/*Koch* AktG § 262 Rn. 37.

3093 MüKoAktG/*Koch* AktG § 262 Rn. 37; Koch AktG § 5 Rn. 12; Koch AktG § 262 Rn. 10; OLG München NZG 2007, 915.

3094 *Kindler* IPRax 2009, 189 (199); *W.-H. Roth* FS Hoffmann-Becking, 2013, 965 (979).

3095 BayObLGZ 1992, 113 (116) = NJW-RR 1993, 43; anders OLG München NZG 2007, 915: kein Wegzug nach Portugal; dazu *Neye* EWiR 2007, 715 f.; *Frenzel* EWS 2008, 130; *Kieninger* RabelsZ 73 (2009), 607 (617 f.): Ablehnung der Eintragung.

3096 So aber MüKoAktG/*Koch* AktG § 262 Rn. 37.

3097 Ebenso iErg Staudinger/*Großfeld,* 1998, IntGesR Rn. 634 ff.

aus der Niederlassungsfreiheit;[3098] das anderslautende **EuGH-Urteil in der Rs. Polbud**[3099] ist abzulehnen. Die Zulässigkeit von Wegzugsbeschränkungen im Gründungsrecht der Gesellschaft hat der EuGH im Urteil Überseering ausdrücklich festgehalten.[3100] Für das deutsche Kollisions- und Sachrecht enthält die Niederlassungsfreiheit nach dem Urteil Polbud freilich die Vorgabe der grds. Zulässigkeit der Verlagerung allein des Satzungssitzes einer nach deutschem Recht gegründeten Gesellschaft ins Ausland **(Herausformwechsel).** Schon nach dem **Urteil Cartesio** konnte (obiter dictum) eine Gesellschaft ihren Satzungssitz aus einem Mitgliedstaat in einen anderen verlegen und dabei in eine dem Recht des Zuzugsstaates unterliegende Rechtsform umgewandelt werden.[3101] Die Niederlassungsfreiheit ermöglicht dies auch nach Polbud, ohne dass die Gesellschaft im Wegzugsstaat aufgelöst und abgewickelt werden müsste; Voraussetzung sei allein, dass das Recht des Zuzugsstaates den Formwechsel zulasse. Gerechtfertigt sei der Zwang zur Auflösung und Abwicklung im Wegzugsstaat aber bei zwingenden Gründen des Allgemeininteresses.[3102] Zu diesen Gründen zählt der EuGH freilich seit jeher den **Gläubigerschutz.**[3103] Wegen des Hinweises auf Allgemeininteressen wird man das Urteil Polbud daher **nicht als pauschale Erweiterung der Niederlassungsfreiheit auf Wegzugsfälle** in Gestalt der Satzungssitzverlegung ansehen können,[3104] zumal der europäische Gesetzgeber den Gläubigerschutz bei der grenzüberschreitenden Satzungssitzverlegung außerordentlich ernst nimmt (Art. 8 SE-VO).

847 Hinzukommt, dass nach dem Urteil VALE (→ Rn. 103 ff.) der Aufnahmestaat eine tatsächliche Niederlassung der zuziehenden Gesellschaft verlangen darf; darin liegt keine Beschränkung der Niederlassungsfreiheit, sondern eine Konkretisierung des Begriffs der Niederlassung selbst. Der EuGH ist zum **realen Niederlassungsbegriff** zurückgekehrt.[3105] Diese Aussage erweitert zugleich den Gestaltungsspielraum des Wegzugsstaats: Dieser muss keinen isolierten Rechtsformwechsel ins Ausland zulassen, bloß weil der neue Registerstaat sich mit einer fiktiven Ansiedlung zufrieden gibt.[3106] Das Urteil Polbud[3107] (→ Rn. 108) verkennt dies grundlegend.

848 **bb) Nichtigkeit des Gesellschafterbeschlusses.** Außerhalb des Anwendungsbereiches der §§ 333 ff. UmwG ist ein **Beschluss** über die Verlegung bloß des Satzungssitzes ins Ausland **nichtig.**

3098 *W.-H. Roth* FS Hoffmann-Becking, 2013, 965 (990): „bloße Registereintragung kein Niederlassungsvorgang", auch 992; *Mörsdorf/Jopen* ZIP 2012, 1398 (1399); OLG München NZG 2007, 915 (kein Wegzug nach Portugal) im Anschluss an → 4. Aufl. 2006, Rn. 509; dazu *Neye* EWiR 2007, 715 f.; *Frenzel* EWS 2008, 130; *Kieninger* RabelsZ 73 (2009), 607 (617 f.); anders *Stiegler* GmbHR 2017, 392 (393 f.); AG Heidelberg NZG 2000, 927 (929) (Vorlagebeschluss); ohne Sachaussage hierzu EuGH ECLI:EU:C:2001:394 = NJW 2001, 3179 – HSB Wohnbau GmbH.

3099 EuGH ECLI:EU:C:2017:804 = NZG 2017, 1308 – Polbud; → Rn. 108; dazu *Bayer/Schmidt* BB 2016, 1923 (1932); Schlussantrag GA in *Kokott* NZG 2017, 702 Rn. 37, 41 mAnm *Wicke;* dazu auch *Stiegler* GmbHR 2017, 650.

3100 EuGH ECLI:EU:C:2002:632 Rn. 61 ff., 70 = NJW 2002, 3614 – Überseering („[…] dass ein Mitgliedstaat die Möglichkeit hat, einer nach seiner Rechtsordnung gegründeten Gesellschaft Beschränkungen hinsichtlich der Verlegung ihres tatsächlichen Verwaltungssitzes aus seinem Hoheitsgebiet aufzuerlegen, damit sie die ihr nach dem Recht dieses Staates zuerkannte Rechtspersönlichkeit beibehalten kann."); BayObLGZ 2004, 24 = DNotZ 2004, 725 (727); OLG Brandenburg FGPrax 2005, 78 = ZIP 2005, 489; *Forsthoff* in Hirte/Bücker GrenzübGes § 2 Rn. 28; gleichsinnig it. Kassationshof Riv. dir. int. priv. proc. 2004, 1381 (1385).

3101 EuGH ECLI:EU:C:2008:723 Rn. 112 = NJW 2009, 569 = EuZW 2009, 75 mAnm *Pießkalla* = DStR 2009, 121 mAnm *Goette* = ZIP 2009, 24 mAnm *Knof/Mock* – Cartesio; dazu *Kindler* IPRax 2009, 189 (190 ff.) und NZG 2009, 130 ff.; ferner *Bollacher* RIW 2009, 150; *Frenzel* EWS 2009, 158; *Frobenius* DStR 2009, 487; *Hennrichs/Pöschke/von der Laage/Klavina* WM 2009, 2009; *Herrler* DNotZ 2009, 484; *Hoffmann/Leible* BB 2009, 58; *Knop* DZWiR 2009, 147; *Kußmaul/Ruiner* EWS 2009, 1; *Mörsdorf* EuZW 2009, 97; *Paefgen* WM 2009, 529; *Schulz/Schröder* EWiR 2009, 141; *Sethe/Winzer* WM 2009, 536; *Teichmann* ZIP 2009, 393; *Zimmer/Naendrup* NJW 2009, 545; anderes Verständnis dieser Urteilspassage bei *Leible/Hoffmann* BB 2009, 58 (60 f.): hier gehe es um die Verwaltungssitzverlegung mit anschließendem Statutenwechsel zum Recht des Zuzugsstaates.

3102 EuGH ECLI:EU:C:2008:723 Rn. 113 = NJW 2009, 569 – Cartesio.

3103 EuGH ECLI:EU:C:2003:512 Rn. 135 = NJW 2003, 3331 – Inspire Art.

3104 So zu Cartesio auch *Knof/Mock* ZIP 2009, 30 (33); *Kindler* IPRax 2009, 189 (191 f.).

3105 *Kindler* EuZW 2012, 888 (891).

3106 *Bollacher* RIW 2012, 718; *Böttcher/Kraft* NJW 2012, 2702; *Jaenisch* EWS 2012, 353 (357); *Kindler* EuZW 2012, 888 (891); *Mörsdorf/Jopen* ZIP 2012, 1398; *W.-H. Roth* FS Hoffmann-Becking, 2013, 965 (989 ff.); *Teichmann* DB 2012, 2088; *Verse* ZEuP 2013, 458 (478); *Wicke* DStR 2012, 1756 (1758); aA dagegen *Schön* ZGR 2013, 333 (358 f.) mit dem Argument, die „Auslandsgesellschaft mit Wirtschaftstätigkeit im Inland" sei im Binnenmarkt „gewollt und akzeptiert": genau dies ist zu bestreiten (→ Rn. 833); für Wegzugsfreiheit in Gestalt des isolierten Rechtsformwechsels auch *Bayer/Schmidt* BB 2013, 3 (9); *Bayer/Schmidt* ZIP 2012, 1486 f.; *Behme* NZG 2012, 939; *Weller* FS Blaurock, 2013, 497 (522).

3107 EuGH ECLI:EU:C:2017:804 = NZG 2017, 1308 – Poldbud.

Da der Satzungssitz kein Anknüpfungspunkt des deutschen internationalen Gesellschaftsrechts ist (→ Rn. 379 ff.),[3108] führt ein solcher Beschluss daher nicht zu einem Statutenwechsel. Es bleibt bei der Maßgeblichkeit des deutschen Gesellschaftsrechts.[3109] Umstritten ist, welchen Rechtscharakter ein solcher Beschluss danach hat. Die wohl hM nahm bis zum MoMiG[3110] einen Auflösungsbeschluss an.[3111] Dabei wurde indessen verkannt, dass sich die Gesellschaft mit einem solchen Beschluss – im Gegensatz zu einem Beschluss über die Verlegung der Hauptverwaltung in einen Sitztheoriestaat – nicht von der deutschen Rechtsordnung abwendet, da die **iprechtliche Lage unverändert** bleibt. Damit entfällt gerade der Gesichtspunkt, der im Falle eines Beschlusses über die Verlegung der Hauptverwaltung für die Auflösung der Gesellschaft spricht (→ Rn. 845). Abzulehnen ist freilich auch die Ansicht, die die Sitzverlegung als unbedenklich ansieht (→ BGB § 24 Rn. 11). Denn dabei wird die kompetenzbegründende Funktion des Satzungssitzes (→ Rn. 495; vgl. §§ 21, 22, 29, 44, 45 Abs. 3, 55 BGB; § 106 Abs. 1 HGB; § 14 AktG; § 7 Abs. 1 GmbHG; § 10 GenG; §§ 17, 33 ZPO) und die damit einhergehende faktische Gewährleistung der Durchsetzbarkeit deutschen Gesellschaftsrechts unterschätzt.[3112]

Den Vorzug verdient daher eine dritte Auffassung, wonach der **Beschluss** über die isolierte Satzungssitzverlegung nach § 241 Nr. 3 AktG **nichtig** ist.[3113] Da die Satzungssitzverlegung außerhalb der Fälle der §§ 333 ff. UmwG kollisionsrechtlich ohne Bedeutung ist, folgt die Nichtigkeit zwar nicht aus der Abwendung vom deutschen Recht,[3114] wohl aber aus einem **Verstoß gegen § 4a GmbHG, § 5 AktG.** Denn danach muss der Satzungssitz einen „Ort im Inland" bezeichnen.[3115] Der Satzungsänderungsbeschluss ist nicht eintragungsfähig.[3116] Die fehlerhaft vorgenommene Eintragung eines ausländischen Satzungssitzes ist gemäß § 399 FamFG rückgängig zu machen.[3117] Folgt man dem Urteil Polbud, so ist der Beschluss über die isolierte Satzungssitzverlegung in einen anderen EU-Mitgliedstaat nur nichtig, wenn *dessen* sach- und kollisionsrechtliche Voraussetzungen einer Gesellschaftsgründung nicht eingehalten sind (→ Rn. 108).[3118] 849

cc) Keine Heilung durch vorauseilende Auslandseintragung. Mit Beschluss vom 3.1.2017 hat das OLG Frankfurt die Verlegung des Satzungssitzes einer deutschen GmbH nach Italien als europarechtlich gewährleisteten (abl. → Rn. 846), grenzüberschreitenden identitätswahrenden Formwechsel eingestuft.[3119] Im dortigen Fall wurde die neue italienische Gesellschaftsform als Zielrechtsträger bei der zuständigen italienischen Registerbehörde eingetragen. Dies geschah nach Ablehnung der Eintragung der Sitzverlegung durch das Frankfurter Handelsregister. Eine Formwechsel- bzw. Rechtmäßigkeitsbescheinigung analog Art. 8 Abs. 8 SE-VO/§ 316 Abs. 1 UmwG/§ 122k Abs. 2 UmwG aF (→ Rn. 846, → Rn. 851) konnte daher im Zuzugsstaat nicht vorgelegt werden. Das OLG hat dennoch auf diese Auslandseintragung die Heilungsvorschriften des § 202 UmwG sinngemäß angewendet[3120] und den Formwechsel als vollzogen erachtet. Die Entscheidung ist abzulehnen, da – anders als in dem von § 202 UmwG geregelten Fall – die Formwechselerfordernisse 850

[3108] Vgl. BGHZ 178, 192 = NJW 2009, 289 – Trabrennbahn; BGH NZG 2009, 1106 Rn. 5 = DStR 2009, 2017; NZG 2017, 347 Rn. 20; zur Ablehnung der Gründungstheorie → Rn. 317 ff.

[3109] Staudinger/*Großfeld,* 1998, IntGesR Rn. 650; *Ebenroth/Auer* RIW-Beil. 1/1992, 7.

[3110] Neufassung der § 4a GmbHG, § 5 AktG durch Gesetz vom 23.10.2008, BGBl. 2008 I 2026; dazu *Kindler* IPRax 2009, 189 (197 ff.); *Kindler* in Goette/Habersack, Das MoMiG in Wissenschaft und Praxis, 2009, 233 ff.; *Schurig* FS Coester-Waltjen, 2015, 745 (747).

[3111] BayObLGZ 1992, 113 (116) = NJW-RR 1993, 43; OLG Hamm WiB 1997, 1242; *Ebenroth/Auer* RIW-Beil. 1/1992, 7; *Ebenroth/Auer* JZ 1993, 374 (375).

[3112] Staudinger/*Großfeld,* 1998, IntGesR Rn. 651; BayObLGZ 2004, 24 = DNotZ 2004, 725; OLG Brandenburg FGPrax 2005, 78 = ZIP 2005, 489.

[3113] OLG Brandenburg NZG 2024, 837; *Stiegler* NZG 2024, 828; Staub/*Koch/Harnos* HGB § 13h Rn. 31; Koch AktG § 5 Rn. 12; Koch AktG § 45 Rn. 2; OLG Düsseldorf NJW 2001, 2184 = IPRax 2001, 343 mAnm *HPM.*

[3114] So MüKoAktG/*Koch* AktG § 262 Rn. 37.

[3115] *Kindler* IPRax 2009, 189 (194); vor dem MoMiG schon BGHZ 19, 102 (105 f.) = NJW 1956, 183; BGHZ 29, 320 (328) = NJW 1959, 1126; RGZ 107, 94 (97); Staudinger/*Großfeld,* 1998, IntGesR Rn. 94, 243; aA *Berg* GmbHR 1997, 1136 (1138).

[3116] OLG Zweibrücken NZG 2023, 174 = EWiR 2023, 327 m. Kurzkomm. *Hilser;* Vgl. BayObLGZ 1992, 113 (116) = NJW-RR 1993, 43; BayObLGZ 2004, 24 = DNotZ 2004, 725; OLG Brandenburg FGPrax 2005, 78 = ZIP 2005, 489; OLG München NZG 2007, 915 – kein Wegzug nach Portugal; dazu *Neye* EWiR 2007, 715 f.; *Frenzel* EWS 2008, 130; *Kieninger* RabelsZ 73 (2009), 607 (617 f.).

[3117] Staub/*Koch/Harnos* HGB § 13h Rn. 31; zuvor schon Staudinger/*Großfeld,* 1998, IntGesR Rn. 654.

[3118] EuGH ECLI:EU:C:2017:804 Rn. 33, 35 = NZG 2017, 1308 – Polbud mAnm *Wachter.*

[3119] OLG Frankfurt NZG 2017, 433 Rn. 19, 29 f.; dazu *Knaier/Pfleger* GmbHR 2017, 859; *v. Hein/Brunk* IPRax 2018, 46; *Kindler* Liber Amicorum Giuseppe Portale, 2020, 19, 23 ff.

[3120] OLG Frankfurt NZG 2017, 423 Rn. 37.

nach deutschem Recht (Verlegungsplan, Verlegungsbericht, Verlegungsbeschluss) an keiner Stelle des Verfahrens geprüft wurden.[3121] Auch nach dem seit 1.3.2023 geltenden Recht des Formwechsels von EU-Kapitalgesellschaften wäre ein solcher Wegzug ohne Prüfung des Rechts des Wegzugsstaates unzulässig (§ 343 UmwG).

851 **d) Verlegung des Verwaltungssitzes und des Satzungssitzes einer nach deutschem Recht gegründeten Gesellschaft ins Ausland.** Die gleichzeitige **Verlegung von Verwaltungs- und Satzungssitz** einer nach deutschem Recht gegründeten Gesellschaft **in einen EU-Staat** unterfällt nach den Urteilen Cartesio[3122] und VALE[3123] sowie Polbud[3124] der Niederlassungsfreiheit in Gestalt der **Wegzugsfreiheit.**[3125] Die Wegzugsfreiheit besteht in Abhängigkeit zu den Formwechselmöglichkeiten nach dem Recht des Aufnahmestaates.[3126] Kollisionsrechtlich kommt es zur konsekutiven Anwendung der beteiligten Rechtsordnungen (→ Rn. 834). Solange die **isolierte Satzungssitzverlegung nicht durch Umsetzung der Art. 86a ff. GesR-RL geregelt** ist (→ Rn. 38, → Rn. 762 ff.), gilt Folgendes: Der Formwechsel untersteht noch dem deutschen Gesellschaftsrecht, soweit es um die Entlassung der Gesellschaft aus dem deutschen Recht und den Schutz der davon betroffenen Dritten geht (§§ 201 f. UmwG).[3127] Dazu gehören die Beschlussfassung über den Formwechsel und der Umwandlungsbericht (§§ 192–194 UmwG), das Abfindungsangebot für die widersprechenden Gesellschafter (§§ 207 f., 212 UmwG) und der Anspruch der Gläubiger auf Sicherheitsleistung (§§ 204, 22 UmwG).[3128] Auch ein Austrittsrecht der überstimmten Gesellschafter könnte normiert werden.[3129] Dagegen beurteilen sich die Entstehungsvoraussetzungen der neuen Rechtsform nach der Rechtsordnung des Aufnahmestaates; hierher gehören zB die Ordnungsmäßigkeit der neuen Satzung und die Kapitalaufbringung,[3130] ferner aber auch – wie in der Abschlussentscheidung im Fall VALE – die Rechtzeitigkeit der Errichtung der Satzung.[3131] Lückenfüllend können die vorhandenen unionsrechtlichen Regelungen herangezogen werden, insbesondere die Bestimmungen zur grenzüberschreitenden Verschmelzung einschließlich der nationalen Umsetzungsvorschriften (§ 305 ff. UmwG, §§ 122a ff. UmwG aF) oder zur Sitzverlegung europäischer Rechtsformen, insbesondere der Europäischen Aktiengesellschaft (Art. 8 SE-VO).[3132] Für die Sicherung der inländischen unternehmerischen Mitbestimmung kommt eine sinngemäße Anwendung des MgVG in Betracht.[3133]

852 Bei der gleichzeitigen **Verlegung von Verwaltungs- und Satzungssitz** einer nach deutschem Recht gegründeten Gesellschaft **in einen Dritt-Staat** kommt eine Rück- oder Weiterverweisung nicht in Frage. Mangels Identität von Gründungsrecht und Satzungssitz ist die Gesellschaft weder nach der Sitz- noch nach der Gründungstheorie anerkennungsfähig.[3134] Für die sachrechtlichen Folgen der Sitzverlegung und des Beschlusses über die Sitzverlegung gelten → Rn. 840 ff. entsprechend; der Beschluss über die Änderung des Satzungssitzes ist nichtig (→ Rn. 849).

853 **e) Verlegung nur des Verwaltungssitzes einer nach ausländischem Recht gegründeten Gesellschaft in die BRepD.** Verlegt eine nach **EU/EWR**-ausländischem Recht gegründete Gesellschaft mit Satzungssitz im Gründungsstaat ihren Verwaltungssitz in die BRepD, so unterliegt sie nach der Rspr. grundsätzlich weiterhin ihrem Gründungsrecht (Fall Überseering, → Rn. 123 ff., → Rn. 388 ff.).[3135] Dies gilt – je nach Staatsvertrag – auch für **Gesellschaften,** die unter dem

---

[3121] Abl. auch *Teichmann* ZIP 2017, 1190; *Knaier* DNotZ 2017, 393; *Stiegler* GmbHR 2017, 394 f.; *Hushahn* RNotZ 2017, 265: „grundlegend falsch".

[3122] EuGH ECLI:EU:C:2008:723 Rn. 111 f. = NJW 2009, 569 – Cartesio.

[3123] EuGH ECLI:EU:C:2012:440 Rn. 51 = NJW 2012, 2715 – Vale.

[3124] EuGH ECLI:EU:C:2017:804 = NZG 2017, 1308 mAnm *Wachter;* dazu *Kindler* NZG 2018, 1.

[3125] *Weller/Rentsch* IPRax 2013, 530 (532); zur Personengesellschaft *Stiegler* ZGR 2017, 312 (333 ff.).

[3126] Treffend *Weller/Rentsch* IPRax 2013, 530 (534): derivatives Partizipationsrecht an den (…) Umwandlungsvorschriften.

[3127] *Verse* ZEuP 2013, 458 (483); *Weller* FS Blaurock, 2013, 497 (523).

[3128] *Verse* ZEuP 2013, 458 (483, 484 ff.).

[3129] So die italienische Regelung in Art. 2473 Abs. 1 c.c.

[3130] *Verse* ZEuP 2013, 458 (483 f.).

[3131] Oberster Gerichtshof von Ungarn 29.11.2012 – Gfv. VII.30.277/2012/4; dazu *Nagy* IPRax 2013, 582; *Weller/Rentsch* IPRax 2013, 530 (536).

[3132] *Kindler* EuZW 2012, 888 (890).

[3133] *Teichmann/Ptak* RIW 2010, 820; aA *Verse* ZEuP 2013, 458 (485).

[3134] OLG Hamm NJW 2001, 2183 = IPRax 2001, 343 mAnm *HPM; Ebenroth/Eyles* DB-Beil. 2/1988, 7; *Ebenroth/Eyles* DB 1989, 363 (368); *Ebenroth/Auer* DNotZ 1993, 191 (193) zu BayObLGZ 1992, 113, = NJW-RR 1993, 43; idS auch *Neumayer* ZVglRWiss 83 (1984), 129 (137); ferner *V. Kruse,* Sitzverlegung von Kapitalgesellschaften innerhalb der EG, 1997, 49.

[3135] In neuerer Zeit BGH NJW 2011, 844 Rn. 16; NZG 2011, 1114 Rn. 17 f.; *Verse* ZEuP 2013, 458 (474); zur Personengesellschaft *Stiegler* ZGR 2017, 312 (333).

Schutz zweiseitiger Staatsverträge stehen (→ Rn. 287 f. für das Verhältnis zu den USA). EU-rechtlich zwingend ist der Wechsel zur Gründungsanknüpfung nicht (→ Rn. 92, → Rn. 103 ff.). Das ist besonders seit dem Urteil VALE deutlich geworden, mit dem der EuGH zum **realen Niederlassungsbegriff** zurückgekehrt ist (→ Rn. 103 f.);[3136] danach muss der Aufnahmemitgliedstaat im Falle der Satzungssitzverlegung sich nicht mit einer fiktiven Ansiedlung abfinden. Die Niederlassungsfreiheit gewährt **kein Recht auf Sitztrennung.** Das muss auch für den Zuzug in der Variante nur der Verwaltungssitzverlegung gelten. Das Regelungsinteresse des Aufnahmemitgliedstaates ist hier noch viel stärker berührt als beim bloßen Zuzug in das Handelsregister. Denn am Verwaltungssitz befinden sich regelmäßig die Mehrzahl der Gläubiger und der Großteil des Vermögens der Gesellschaft (→ Rn. 383). Auch wer dieser Einschätzung nicht folgt, lässt jedenfalls die Anwendung solcher Vorschriften des Zuzugsstaates zu, die keine Beschränkung der Niederlassungsfreiheit beinhalten.[3137] Das *Sachrecht* des Wegzugsstaates kann im Einzelfall die Liquidation der Gesellschaft oder sogar den Wegfall der Rechtsfähigkeit anordnen.[3138]

Außerhalb dieser Fallgestaltungen – dh bei Gesellschaften aus Nicht-EU/EWR-Staaten sowie aus Staaten, mit denen ein Staatsvertrag ohne kollisionsrechtliche Bedeutung besteht (→ Rn. 333) oder wo der Staatsvertrag kein Recht zur faktischen Sitzverlegung unter Beibehaltung des Gesellschaftsstatuts beinhaltet – führt die Verwaltungssitzverlegung ins Inland automatisch zu einem **Statutenwechsel zum deutschen Recht.**[3139] Nach neuerer Rspr. ist dieser Statutenwechsel allerdings nicht mehr mit der Weigerung verbunden, die Rechts- und Parteifähigkeit der Gesellschaft anzuerkennen. Im Hinblick auf die Vielzahl der von solchen Gesellschaften getätigten Geschäfte und die für sie bestehende Notwendigkeit, zur Wahrung ihrer Rechte auch um gerichtlichen Rechtsschutz nachzusuchen, wäre die Behandlung derartiger Gebilde als „nullum" nach einem Zuzug ins Inland weder durch das Interesse an einem wirksamen Gläubigerschutz noch durch das Gebot der Rechtssicherheit zu legitimieren. Im Ausland gegründete Gesellschaften sind daher nach einer Verwaltungssitzverlegung ins Inland als rechts- und parteifähige deutsche Personengesellschaften oder als einzelkaufmännisches Unternehmen in individueller Rechtsträgerschaft anzuerkennen (→ Rn. 453).[3140] 854

f) Verlegung nur des Satzungssitzes einer nach ausländischem Recht gegründeten Gesellschaft in die BRepD („isolierter Rechtsformwechsel II"). Die Verlegung nur des Satzungssitzes einer **nach EU-ausländischem Recht gegründeten Gesellschaft** in die BRepD ermöglicht unter den Voraussetzungen des § 345 UmwG den grenzüberschreitenden Rechtsformwechsel (Hereinformwechsel), → Rn. 755, → Rn. 809 ff.[3141] Dessen Voraussetzungen dürfen nicht ungünstiger sein als diejenigen, die gleichartige innerstaatliche Sachverhalte regeln **(Äquivalenzgrundsatz).**[3142] Da beim innerstaatlichen Formwechsel jedenfalls die beteiligten deutschen Kapitalgesellschaften **keinen Verwaltungssitz in Deutschland** besitzen müssen (§ 4a GmbHG, § 5 AktG), darf ein solcher **Hereinformwechsel sachrechtlich** auch von zuziehenden EU-Kapitalgesellschaften **nicht verlangt** werden.[3143] Dies ist freilich nur eine Konsequenz des Diskriminierungsver- 855

3136 Zum Folgenden *Kindler* EuZW 2012, 888 (891 f.).

3137 *Verse* ZEuP 2013, 458 (470); *Teichmann* ZGR 2011, 653; *Habersack/Verse* EuropGesR § 3 Rn. 5 ff.

3138 EuGH ECLI:EU:C:2002:632 Rn. 61 ff., 70 = NJW 2002, 3614 – Überseering; Slg. 2008, I-9641 Rn. 99 ff., 124 und Ls. 4 = NJW 2009, 569; *Kindler* EuZW 2012, 888 (891 f.); ital. Kassationshof Riv. dir. int. priv. proc. 2004, 1381 (1385); ein Beispiel dafür gibt das ungarische Recht im Fall Cartesio: EuGH ECLI:EU:C:2008:723 = NJW 2009, 569 – Cartesio; dazu *Kindler* IPRax 2009, 189 (190 ff.); *Kindler* NZG 2009, 130 ff.

3139 BGHZ 151, 204 = NJW 2002, 3539 = IPRax 2003, 62 mAnm *Kindler* IPRax 2003, 41; BGHZ 178, 192 – Trabrennbahn = NJW 2009, 289 mAnm *Kieninger* = DStR 2009, 59 mAnm *Goette* = DNotZ 2009, 385 mAnm *Thölke* = IPRax 2009, 259 m. Aufs. *Weller* IPRax 2009, 202; dazu *Kindler* IPRax 2009, 189 (190); BGHZ 190, 242 Rn. 16 = NJW 2011, 3372; BGH NZG 2017, 347 Rn. 20; OLG Hamburg NZG 2007, 597; grdl. *Hamel* RabelsZ 2 (1928), 1002 (1004); *Wahle* RabelsZ 2 (1928), 149.

3140 OLG Celle NZG 2023, 23 = EWiR 2022, 710 mAnm *Stiegler* = GmbHR 2022, 1258 mAnm *Wachter* = GWR 2022, 382 *(Bachmeier/Kimmel)*; LSG Nordrhein-Westfalen BeckRS 2022, 32423 Rn. 20 ff.; *Girsberger* SZIER 2004, 559 (578); anders noch BGHZ 97, 269 (271 f.) = NJW 1986, 2194.

3141 EuGH ECLI:EU:C:2012:440 = NJW 2012, 2715 – Vale; OLG Oldenburg BeckRS 2020, 14441; OLG Nürnberg NZG 2014, 349 mAnm *Stiegler* = DNotZ 2014, 150 mAnm *Hushahn* =IPRax 2015, 163 m. Aufs. *Hübner* IPRax 2015, 134; *Kindler* EuZW 2012, 888 (890); KG NZG 2016, 834 mAnm *Stiegler* = Rivista delle società 2016, 1210 m. Kurzkomm. *Beltrami;* dazu *Verse/Schölles* WUB 2017, 86; *Zwirlein* ZGR 2017, 114; *Seibold* ZIP 2017, 456; ferner *Verse* ZEuP 2013, 458 (486 ff.); zur notariellen Praxis der internationalen Satzungssitzverlegung *Hushahn* RNotZ 2014, 137.

3142 EuGH ECLI:EU:C:2012:440 Rn. 48, 54 = NJW 2012, 2715 – Vale; *Weller/Rentsch* IPRax 2013, 530 (534 f.); *Zwirlein* ZGR 2017, 114 (121 ff.); zur Gestaltungsfreiheit des mitgliedstaatlichen Gesetzgebers bei allen Merkmalen der jeweiligen Gesellschaftsform *Schön* ZGR 2013, 333 (348).

3143 *Kindler* EuZW 2012, 888 (891) m. Fn. 57.

bots,[3144] nicht des Beschränkungsverbots. Mitgliedstaaten, die – anders als die BRepD – ein sachrechtliches Erfordernis eines inländischen Verwaltungssitzes kennen, können dies auch auf zuziehende EU-Gesellschaften anwenden.[3145]

856 Allerdings ist ein **inländischer Verwaltungssitz** nach wie vor die **kollisionsrechtliche Voraussetzung für die Anwendung des deutschen Gesellschaftsrechts** und damit auch der §§ 190 ff. UmwG. Genauso wenig wie die – hier nach § 197 UmwG zu beachtenden – Gründungsvorschriften des deutschen Kapitalgesellschaftsrechts auf ein Gebilde mit ausländischem Verwaltungssitz Anwendung finden (→ Rn. 379, → Rn. 480), kommt dies für die §§ 190 ff. UmwG in Betracht.[3146] Das Urteil VALE (→ Rn. 103 ff.) steht dem nicht entgegen. Denn für die Vorschriften des Aufnahmestaats über die Gründung und die Funktionsweise von Gesellschaften soll weder der Anwendungsbereich der Niederlassungsfreiheit als solcher eröffnet sein, noch sollen die Grundsätze der Äquivalenz und Effektivität zur Anwendung kommen. Der EuGH begründet dies damit, dass eine nach dem Recht eines bestimmten Mitgliedstaats gegründete Gesellschaft überhaupt nur vermittels solcher nationaler Vorschriften existiere („Geschöpftheorie").[3147] Jeder Mitgliedstaat bestimmt, wie stark das „territoriale" Band „seiner" Gesellschaften zu seinem Hoheitsgebiet sein muss, dh insbesondere, ob sie lediglich „formal" statutarisch innerhalb seines Hoheitsgebiets ansässig sein müssen (Gründungstheorie) oder ob die Behandlung als heimische Gesellschaft darüber hinaus daran gekoppelt ist, dass sich auch der tatsächliche Verwaltungssitz im Hoheitsgebiet des betreffenden Staates befindet (Sitztheorie).[3148] Die isolierte Satzungssitzverlegung war Gegenstand der polnischen EuGH-Vorlage im Fall **Polbud** (→ Rn. 108), allerdings aus Sicht des Wegzugsstaates. Der deutsche Gesetzgeber hat die **isolierte Satzungssitzverlegung im Rahmen der Umsetzung der Art. 86a ff. GesR-RL geregelt** (§§ 333 ff. UmwG; → Rn. 38).

857 Bei Verlegung allein des Satzungssitzes einer **drittstaatlichen Gesellschaft** ins Inland ist nach wie vor danach zu unterscheiden, ob der Wegzugsstaat der Sitztheorie oder der Gründungstheorie folgt. Im ersteren Fall bleibt die dortige Rechtsordnung maßgeblich, da die bloße Verlegung des Satzungssitzes im Rahmen der Anknüpfung an den effektiven Verwaltungssitz ohne Bedeutung ist; die Rechtsfolgen der Satzungssitzverlegung beurteilen sich nach dortigem Sachrecht.[3149] Herrscht im Wegzugsstaat die Gründungstheorie, so gelten die Ausführungen zu → Rn. 482 entsprechend.

858 **g) Verlegung des Verwaltungssitzes und des Satzungssitzes einer nach ausländischem Recht gegründeten Gesellschaft in die BRepD.** Dieser Vorgang unterfällt nach dem Urteil VALE als Hereinformwechsel der **EU-Niederlassungsfreiheit,** da die Gesellschaft ihren Satzungssitz im Gründungsstaat aufgibt und somit einen realen Standortwechsel vollzieht.[3150] Es entsteht eine tatsächliche Ansiedlung im Aufnahmemitgliedstaat.[3151] Bei der gleichzeitigen Verlegung von Verwaltungs- und Satzungssitz ins Inland tritt daher ein **Statutenwechsel** ein. Die Gesellschaft kann den Rechtsformwechsel ins deutsche Recht nach § 345 UmwG vollziehen (→ Rn. 855 f.).[3152] Bei drittstaatlichen Gesellschaften scheitert der Formwechsel sachrechtlich an § 1 Abs. 1 UmwG, wonach schon der Ausgangsrechtsträger über einen inländischen Satzungssitz verfügen muss (→ Rn. 870 f.).

859 **h) Verlegung nur des Verwaltungssitzes von einem ausländischen Staat in einen anderen.** Verlegt eine nach ausländischem Recht gegründete Gesellschaft ihren effektiven Verwaltungssitz in einen anderen ausländischen Staat, so sind hinsichtlich der Frage ihrer Anerkennung in der BRepD **drei Rechtsordnungen** miteinander **in Einklang** zu bringen. Folgen sowohl der Zuzugs- als auch der Wegzugsstaat kollisionsrechtlich der Gründungstheorie,[3153] so kann eine

---

[3144] Zu dessen – verdeckter – Anwendung im Urteil Vale (EuGH ECLI:EU:C:2012:440 Rn. 36 = NJW 2012, 2715) s. *Weller/Rentsch* IPRax 2013, 530 (531); *Schön* ZGR 2013, 333 (345).

[3145] *W.-H. Roth* FS Hoffmann-Becking, 2013, 965 (989 ff.); *Weller/Rentsch* IPRax 2013, 530 (534) Fn. 67 ff.

[3146] *Kindler* EuZW 2012, 888 (891) Fn. 59 mit Verweis auf die im Urteil VALE bestätigte Kollisionsrechtsneutralität der Niederlassungsfreiheit, EuGH ECLI:EU:C:2012:440 Rn. 27, 51 = NJW 2012, 2715 – Vale; ebenso *W.-H. Roth* FS Hoffmann-Becking, 2013, 965 (981); *Mörsdorf* EuZW 2009, 97 (102).

[3147] EuGH ECLI:EU:C:2012:440 Rn. 27, 51 = NJW 2012, 2715- Vale.

[3148] *Bayer/Schmidt* ZIP 2012, 1481 (1485).

[3149] *Ebenroth/Auer* RIW-Beil. 1/1992, 8; zu prüfen ist insbes., ob das ausländische Gesellschaftsstatut die Verlegung des Satzungssitzes in die BRepD als Nichtigkeits- oder Auflösungstatbestand behandelt.

[3150] EuGH ECLI:EU:C:2012:440 Rn. 34 f. = NJW 2012, 2715 – Vale; OLG Nürnberg NZG 2014, 349 mAnm *Stiegler* = DNotZ 2014, 150 mAnm *Hushahn* = IPRax 2015, 163 m. Aufs. *Hübner* IPRax 2015, 134; dazu *Schaper* ZIP 2014, 810; ferner *Weller/Rentsch* IPRax 2013, 530 (531); *Verse* ZEuP 2013, 458 (486 f.).

[3151] *Kindler* EuZW 2012, 888 (891 f.).

[3152] *Kindler* EuZW 2012, 888 (890) mit Verweis auf die lückenfüllende Heranziehung von Art. 8 SE-VO und §§ 305 ff. UmwG (§§ 122a ff. UmwG aF); zur Personengesellschaft *Stiegler* ZGR 2017, 312 (344).

[3153] So im Fall EuGH ECLI:EU:C:2011:785 = NZG 2012, 114 – National Grid Indus; dazu *Schall/Barth* NZG 2012, 414; *Verse* ZEuP 2013, 458 (463 ff.); → Rn. 133.

Weiterverweisung iSv Art. 4 Abs. 1 S. 1 EGBGB vorliegen, mit der Folge, dass die Gesellschaft in der BRepD anzuerkennen ist.[3154] Folgt der Zuzugsstaat hingegen der Sitztheorie und genügt die Gesellschaft nicht den Gründungsvorschriften des Zuzugsstaates, so scheidet eine Anerkennung dieser Gesellschaft in der BRepD aus, unabhängig davon, ob der Wegzugsstaat die Gesellschaft anerkennt oder nicht.[3155] Genügt die Gesellschaft den Vorschriften des Zuzugsstaates, weil dieser – obwohl er der Sitztheorie folgt – keine Neugründung verlangt,[3156] so ist die Gesellschaft in der BRepD anzuerkennen.[3157] Stellt das Kollisionsrecht des Wegzugsstaates auf die Sitztheorie und dasjenige im Zuzugsstaat auf die Gründungstheorie ab, so hängt die Anerkennung in der BRepD davon ab, ob das Recht des Wegzugsstaates eine etwaige Rückverweisung durch das Recht des Zuzugsstaates anerkennt.[3158] Gründungstheoriestaaten im Sinne der vorgenannten Grundsätze sind auch solche EU-Staaten, die unter dem Eindruck der EuGH-Rspr. seit Centros (→ Rn. 86 ff.) für – aus ihrer Sicht – EU-ausländische Gesellschaften zur Gründungsanknüpfung übergegangen sind.[3159]

IV. Sachrechtliche Zulässigkeit grenzüberschreitender Verschmelzungen von Gesellschaften im EU/EWR-Rahmen

1. Gesetzliche Regelung für EU/EWR-Kapitalgesellschaften (§§ 305 ff. UmwG). 860

a) Kodifikation der Vereinigungstheorie. Der deutsche Gesetzgeber ist seiner Verpflichtung zur Umsetzung der RL 2005/56/EG über die Verschmelzung von Kapitalgesellschaften aus verschiedenen Mitgliedstaaten (→ Rn. 35 ff.; heute aufgegangen in Art. 118 ff. GesR-RL) fristgerecht nachgekommen (§§ 305–319 UmwG idF des Gesetzes vom 22.2.2023, BGBl. 2021 I Nr. 51; §§ 122a–122l UmwG aF). Nach § 305 Abs. 1 UmwG/§ 122a Abs. 1 UmwG aF liegt eine grenzüberschreitende Verschmelzung vor, wenn mindestens eine der beteiligten Gesellschaften dem Recht eines anderen Mitgliedstaates der Europäischen Union oder eines anderen Vertragsstaates des Abkommens über den Europäischen Wirtschaftsraum unterliegt.[3160] Somit sind rein innerstaatliche Verschmelzungen oder Verschmelzungen mit Kapitalgesellschaften aus Drittstaaten nicht erfasst.[3161] Kollisionsrechtlich folgen die §§ 305 ff. UmwG/§§ 122a ff. UmwG aF der Vereinigungstheorie (→ Rn. 803 ff.). Dies zeigt sich unter anderem in § 305 Abs. 2 UmwG/§ 122a Abs. 2 UmwG aF (Maßgeblichkeit des Umwandlungsgesetzes für deutsche Gesellschaften), §§ 14 Abs. 2, 15 UmwG /§ 122h UmwG aF (Verbesserung des Umtauschverhältnisses unter Berücksichtigung ausländischer Gesellschaftsstatute), § 313 UmwG/§ 122i UmwG aF (Sondervorschriften für Abfindungsangebote bei Gesellschaften ausländischen Rechts), § 316 Abs. 2 S. 3 UmwG/§ 122k Abs. 2 S. 3 UmwG aF (Verschmelzungsbescheinigung nach Maßgabe des ausländischen Rechts).

b) Anwendungsbereich. Als verschmelzungsfähige Rechtsträger bestimmt § 306 Abs. 1 Nr. 1 UmwG (§ 122b Abs. 1 Nr. 1 UmwG aF) die **Kapitalgesellschaften,** wie sie sich aus Art. 119 GesR-RL (früher Art. 2 Nr. 1 RL 2005/56/EG) ergeben. Es handelt sich dabei um die **Rechtsformen der GmbH, der AG, der KGaA und der SE** mit Sitz in Deutschland. **Personenhandelsgesellschaften** mit in der Regel nicht mehr als 500 Arbeitnehmern sind seit 1.1.2019 ausdrücklich erfasst § 306 Abs. 1 Nr. 2 UmwG (§ 122b Abs. 1 Nr. 2 UmwG aF), in Abkehr von der ursprünglichen Entscheidung des Gesetzgebers in Kenntnis des Urteils des EuGH in der Rechtssache SEVIC (→ Rn. 95 f.).[3162] Ausdrücklich ausgeschlossen von grenzüberschrei- 861

[3154] BGH NJW 2004, 3706 (3707); OLG Frankfurt NJW 1990, 2204 = EWiR 1990, 827 m. KurzKomm. *Ebenroth* = RIW 1990, 583 mAnm *Schütze* RIW 1990, 674 = IPRax 1991, 403 mAnm *Großfeld/König* IPRax 1991, 379; *Ebenroth/Eyles* DB-Beil. 2/1988, 7; *Ebenroth/Auer* RIW-Beil. 1/1992, 8; Soergel/*Lüderitz* Anh. Art. 10 Rn. 76; *Hausmann,* Gedächtnisschrift Blomeyer, 2004, 579 (592); Staudinger/*Großfeld,* 1998, IntGesR Rn. 648.

[3155] *Ebenroth/Eyles* DB-Beil. 2/1988, 7; *Ebenroth/Auer* RIW-Beil. 1/1992, 8; Staudinger/*Großfeld,* 1998, IntGesR Rn. 648.

[3156] So das deutsche IPR seit BGHZ 151, 204 = NJW 2003, 1461 – Überseering; danach BGHZ 178, 192 = NJW 2009, 289 – Trabrennbahn; näher → Rn. 452 ff.

[3157] OLG Jena DB 1998, 1178; hierzu *Bechtel* IPRax 1998, 348 (349).

[3158] *Ebenroth/Eyles* DB-Beil. 2/1988, 7; *Ebenroth/Auer* RIW-Beil. 1/1992, 8.

[3159] ZB Österreich, nicht aber Belgien, → Rn. 477, → Rn. 478; wie hier iErg auch *Hausmann* GS Blomeyer, 2004, 579 (592).

[3160] Krit. wegen der Enge dieser Begriffsbestimmung DAV-Handelsrechtsausschuss NZG 2006, 737 (740); näher *Bormann/Stelmaszczyk* ZIP 2019, 300.

[3161] *Müller* NZG 2006, 286.

[3162] Begr. RegE, BR-Drs. 548/06, 20; für eine Einbeziehung von Personengesellschaften schon der Beschluss 27 der Abteilung Wirtschaftsrecht beim 71. DJT 2016; zust. *Stiegler* ZGR 2017, 312 (347 ff.); zuvor schon *Bungert/Schneider* GS Gruson, 2009, 37 ff.

tenden Verschmelzungen werden nach § 306 Abs. 2 UmwG (§ 122b Abs. 2 UmwG aF) Genossenschaften und Kapitalsammelgesellschaften. Sachrechtliche Einzelheiten der grenzüberschreitenden Verschmelzung von EU-Kapitalgesellschaften sind hier nicht darzustellen.[3163] Zu beachten ist, dass im Falle des **§ 319 UmwG/§ 122m UmwG aF** auch drittstaatliche Kapitalgesellschaften als übertragende Rechtsträger in den Anwendungsbereich der §§ 305 ff. UmwG (§§ 122a ff. UmwG aF) fallen, und zwar im Rahmen der **Brexit-Übergangsregelung** (→ Rn. 485 ff.).[3164]

862 **2. Urteil SEVIC. a) Kernaussage.** Außerhalb des Anwendungsbereichs der §§ 305 ff. UmwG (§§ 122a ff. UmwG aF) sind die Grundätze des **EuGH-Urteils SEVIC vom 13.12.2005**[3165] heranzuziehen.[3166] Danach darf ein EU-Mitgliedstaat die Eintragung einer Verschmelzung durch Aufnahme (vgl. § 2 Nr. 1 UmwG, §§ 4 ff. UmwG; Art. 91 ff. GesR-RL) in sein Handelsregister nicht generell verweigern, wenn eine der beiden Gesellschaften ihren Sitz in einem anderen Mitgliedstaat hat. Das Urteil ist abzulehnen; auch gewährt es keine „Wegzugsfreiheit" (→ Rn. 95 f.). Für **Zuzugsfälle** ist es zu respektieren, sofern der Sachverhalt nicht ohnehin unter §§ 305 ff. UmwG (§§ 122a ff. UmwG aF) fällt.

863 **b) Keine Wegzugsfreiheit.** Dass SEVIC für die **Hinausverschmelzung** einer deutschen Gesellschaft keine neuen Gestaltungsmöglichkeiten schafft, wurde bereits knapp dargelegt (→ Rn. 96). Daran hat sich auch mit dem Urteil VALE nichts geändert, weil es dort – genau wie in SEVIC – um einen Zuzugsfall ging (→ Rn. 103 ff.). Verdeutlicht sei dies am Beispiel eines vom **OLG München mit Beschluss vom 2.5.2006** entschiedenen Fall (abgewandelt):[3167] Die M. Limited ist eine Private Limited Company mit Sitz in Dublin/Irland. Sie unterhält eine Zweigniederlassung in Deutschland, die im Handelsregister beim AG München eingetragen ist. Die M. Limited ist persönlich haftende Gesellschafterin der F. Ltd. & Co. KG mit Sitz in München.[3168] Aufgrund eines Verschmelzungsvertrages und der beiden Verschmelzungsbeschlüsse der Gesellschaften sollte die **deutsche Gesellschaft auf die Limited verschmolzen** werden. Die Limited beantragt die Eintragung der Verschmelzung im Handelsregister ihrer deutschen Zweigniederlassung,[3169] was das OLG im Ergebnis mit Recht ablehnte.

864 Vertreten wird, das SEVIC-Urteil gelte auch hier, erzwinge also EU-rechtlich nicht nur die Hereinverschmelzung, sondern spiegelbildlich dazu auch die **Hinausverschmelzung.** Das Urteil richte sich mithin nicht nur an den Mitgliedstaat der aufnehmenden Gesellschaft, sondern auch – wie im Fall des OLG München – an den der übertragenden Gesellschaft. Zur Begründung heißt es, schon der Leitsatz von SEVIC würde ohne weiteres Zugangs- und Wegzugsfälle erfassen.[3170] In der Tat untersagt der EuGH, dass in einem Mitgliedstaat – hier: Deutschland – die Eintragung einer Verschmelzung in das Handelsregister generell verweigert wird, wenn eine der beiden Gesellschaften ihren Sitz in einem anderen Mitgliedstaat – hier: Luxemburg – hat. Diese Formulierung deckt für sich betrachtet auch den Fall ab, dass – wie in dem Fall des OLG München – ein deutsches Gericht die Eintragung einer Verschmelzung in das Handelsregister der deutschen Gesellschaft als übertragendem Rechtsträger (§ 19 Abs. 1 S. 1 UmwG) verweigert. Nur hat das vorlegende LG Koblenz[3171] den EuGH nach der

---

[3163] Schrifttumsangaben zu §§ 122a ff. UmwG aF vor → Rn. 783; guter Überblick bei *Drygala/von Bressensdorf* NZG 2016, 1161 (1162 ff.).

[3164] Zu § 319 UmwG/§ 122m UmwG aF UmwG s. *Klett* NZG 2019, 292; *Lieder/Bialluch* NJW 2019, 805; *J. Schmidt* ZIP 2019, 1093; *Stiegler* ZIP 2018, 2351; *Bayer/J. Schmidt* BB 2019, 2178 (2187 ff.).

[3165] EuGH ECLI:EU:C:2005:762 = NJW 2006, 425 – Sevic = BB 2006, 11 mAnm *Schmidt/Maul* = RIW 2006, 140 mAnm *Paal;* dazu *Kindler* Der Konzern 2006, 811 (818 ff.); ferner *Bayer/J. Schmidt* ZIP 2006, 210; *Behrens* EuZW 2006, 65; *Bungert* BB 2006, 53; *Doralt* IPRax 2006, 572; *Drygala* EWiR 2006, 25; *Hoffmann/Leible* RIW 2006, 161; *Kappes* NZG 2006, 101; *Kieninger* EWS 2006, 49; *Kuntz* IStR 2006, 224; *Leible/Hoffmann* RIW 2006, 161; *Lutter/Drygala* JZ 2006, 770; *Meilicke/Rabback* GmbHR 2006, 123; *Micciarelli* Giur. comm. 2006, II, 417; *Oechsler* NJW 2006, 812; *Sedemund* BB 2006, 519; *Siems* EuZW 2006, 135; *Teichmann* ZIP 2006, 355.

[3166] Dazu auch *Drygala/v. Bressensdorf* NZG 2016, 1161 (1164 ff.); *Stiegler* ZGR 2017, 312 (345 ff.) zu Personengesellschaften.

[3167] OLG München NZG 2006, 513 = ZIP 2006, 1049.

[3168] Die KG kann nicht als übertragende Gesellschaft an einer grenzüberschreitenden Verschmelzung nach §§ 305 ff. UmwG teilnehmen, § 306 Abs. 1 Nr. 2 HGB.

[3169] Die Eintragung der Verschmelzung im Handelsregister der deutschen GmbH als übertragendem Rechtsträger (§ 19 UmwG) war offenbar bereits erfolgt. Anderenfalls hätte das OLG die beantragte Eintragung schon wegen § 19 UmwG abgelehnt; mit der Eintragungsfähigkeit im Register der Zweigniederlassung (§§ 13 ff. HGB) hätte sich das Gericht dann gar nicht befassen müssen.

[3170] Vgl. statt aller *Kieninger* EWS 2006, 49 (51) (auch zu EuGH ECLI:EU:C:2005:762 Rn. 30 = NJW 2006, 425 – Sevic).

[3171] WM 2003, 1990 = NZG 2003, 1124 f.

Beurteilung dieser Konstellation überhaupt nicht gefragt,[3172] und schon deshalb kann ein **EuGH-Urteil** insoweit **keine Aussage** enthalten.

Als zweites Argument wird angeführt, auch der **Generalanwalt** habe im SEVIC-Verfahren explizit sowohl die Zuzugs- als auch die Wegzugsbeschränkungen in gleicher Weise als von der Niederlassungsfreiheit verboten angesehen.[3173] Das trifft zwar zu,[3174] doch ist der EuGH dieser Einladung zu einem obiter dictum über die Wegzugsfreiheit ja gerade nicht gefolgt.[3175] Die Urteile Daily Mail und Überseering sind also nach wie vor „good law", soweit dort beschränkende Maßnahmen des Wegzugsstaates für zulässig erklärt werden.[3176] Zudem bestätigt die nachfolgend ergangene **Cartesio-Entscheidung** (→ Rn. 99 f.), dass die Mitgliedstaaten ihren Gesellschaften **Wegzugsbeschränkungen** auferlegen dürfen. 865

Als drittes Argument für eine Begründung der Wegzugsfreiheit durch „SEVIC" wird hervorgehoben, der EuGH habe sich mit den Trägern der Niederlassungsfreiheit in internationalen Verschmelzungsfällen überhaupt nicht näher befasst, sondern die **internationale Verschmelzung als solche unter den Schutz der Niederlassungsfreiheit** gestellt.[3177] Daraus sei zu folgern, dass *alle* an einer internationalen Verschmelzung beteiligten Rechtsträger bei diesem Vorgang von der Niederlassungsfreiheit geschützt seien, und zwar auch gegenüber Maßnahmen des eigenen Sitzstaates.[3178] Dabei werden freilich mehrere Aspekte der Problematik in unzulässiger Weise miteinander vermengt: der sachliche Anwendungsbereich der Niederlassungsfreiheit, der persönliche Anwendungsbereich der Niederlassungsfreiheit und die Frage, wer im Einzelfall Adressat der Niederlassungsfreiheit ist. 866

Der **sachliche Anwendungsbereich** der Niederlassungsfreiheit umfasst die Errichtung von Niederlassungen in einem anderen Mitgliedstaat. Derartige unternehmerische Maßnahmen sollen grundsätzlich unbehindert möglich sein, weil sie die wirtschaftliche Verflechtung innerhalb des gemeinsamen Marktes fördern (→ Rn. 121). Demgemäß deckt Art. 49 AEUV nach stRspr die Aufnahme und Ausübung einer Erwerbstätigkeit, die selbständig und auf der Grundlage einer festen Einrichtung dauerhaft auf die Teilnahme am Wirtschaftsleben eines anderen Mitgliedstaates angelegt ist.[3179] Davon kann im Fall des OLG München (→ Rn. 863) für den übertragenden Rechtsträger – um dessen Wegzugsfreiheit es vorliegend allein geht – von vornherein keine Rede sein. Die F. Ltd. & Co. KG wollte in Irland überhaupt keiner Erwerbstätigkeit nachgehen, und schon gar nicht auf der Grundlage einer festen Einrichtung, wie dies die Rspr. verlangt. Sie wollte lediglich ihr Vermögen auf eine irische Gesellschaft – die M. Limited – im Wege der Verschmelzung übertragen. Einer Erwerbstätigkeit in Irland konnte und wollte sie schon deshalb nicht nachgehen, weil sie im Zuge der Verschmelzung mit der M. Limited ihre Existenz einbüßen würde, was durchaus geplant war („corporate suicide", → Rn. 96, → Rn. 758). 867

In den **persönlichen Anwendungsbereich** fallen als Träger der primären Niederlassungsfreiheit die Staatsangehörigen der Mitgliedstaaten und Gesellschaften mit der von Art. 54 AEUV definierten Verknüpfung mit der Gemeinschaft. Dies gilt für die F. Ltd. & Co. KG im Beispielsfall (→ Rn. 863) zwanglos, doch fehlt es an dem dritten Merkmal, der **Adressateneigenschaft** des Heimatstaates der F. Ltd. & Co. KG als – unterstellt – wegzugswilliger Gesellschaft. Dies ergibt sich schon daraus, dass Art. 49 Abs. 2 AEUV nur eine Niederlassung nach den Bestimmungen des Aufnahmestaates ermöglicht, und Deutschland als Herkunftsstaat überhaupt keinen Einfluss darauf hat, ob und welche Beschränkungen etwa Großbritannien als Aufnahmestaat gegenüber einer deutschen Gesellschaft zur Anwendung bringt.[3180] 868

Insgesamt steht damit fest, dass – allgemein und in dem vom OLG München entschiedenen Fall – eine wegzugswillige deutsche Gesellschaft sich gegenüber dem deutschen Handelsregister 869

3172 Zur Auslegung von EuGH-Urteilen im Lichte der Vorlagefrage → Rn. 124; s. die Wiedergabe der Vorlagefrage in EuGH ECLI:EU:C:2005:762 Rn. 10 = NJW 2006, 425 – Sevic.

3173 *Kieninger* EWS 2006, 49 (51 f.).

3174 Vgl. die Schlussanträge ZIP 2005, 1227 Rn. 45.

3175 Zutr. *Kappes* NZG 2006, 101 f.

3176 EuGH ECLI:EU:C:1988:456 Rn. 24 = NJW 1989, 2186 – Daily Mail (→ Rn. 81); BGHZ 151, 204 Rn. 70 = NJW 2003, 1461 – Überseering (→ Rn. 90).

3177 *Teichmann* ZIP 2006, 355 (358) mit Verweis auf EuGH ECLI:EU:C:2005:762 Rn. 19 = NJW 2006, 425 – Sevic; ferner *Lutter/Drygala* JZ 2006, 770 (771).

3178 So *Teichmann* ZIP 2006, 355 (358).

3179 *Kindler* EuZW 2012, 888 (891).

3180 Dass der Herkunftsstaat aus Art. 49 AEUV verpflichtet wird, folgt auch nicht aus EuGH ECLI:EU:C:2000:696 Rn. 21 = DStRE 2001, 20 – AMID und EuGH ECLI:EU:C:1994:296 Rn. 31 f. = RIW 1994, 975 – Peralta, wo dies nämlich nicht pauschal so zum Ausdruck kommt, sondern im Hinblick auf – hier nicht in Rede stehende – Auswanderungsverbote, die schon nach EuGH ECLI:EU:C:1988:456 Rn. 16 = NJW 1989, 2186 – Daily Mail – unzulässig sind; → Rn. 81.

nicht auf ihre Niederlassungsfreiheit in Gestalt einer Wegzugsfreiheit berufen kann, soweit es um Hinausverschmelzungen geht.

V. Sachrechtliche Unzulässigkeit sonstiger grenzüberschreitender Umwandlungsmaßnahmen (§ 1 Abs. 1 UmwG)

870 **1. Beschränkung der Umwandlung auf Rechtsträger mit Sitz im Inland. a) Gesetzliche Ausgangslage und Meinungsstand.** Kommt nach den in → Rn. 811 ff. dargestellten kollisionsrechtlichen Grundsätzen deutsches Recht zur Anwendung *und* ist der Fall weder nach §§ 305 ff. UmwG (§§ 122a ff. UmwG aF), noch nach den SEVIC-Grundsätzen (→ Rn. 860 ff.) noch im Lichte des Urteils VALE (→ Rn. 103 ff., → Rn. 851, → Rn. 858) zu beurteilen, so liegt eine sonstige grenzüberschreitende Umwandlungsmaßnahme vor. dabei kann es sich um eine Verschmelzung, eine Spaltung, eine Vermögensübertragung oder einen Formwechsel handeln (vgl. § 1 UmwG). Hier ist auf sachrechtlicher Ebene zu prüfen, ob die Umwandlungsmöglichkeiten des UmwG auch bei Beteiligung von Rechtsträgern mit Sitz im Ausland Anwendung finden. Bis 1994 war die transnationale Restrukturierung von Unternehmen im deutschen Recht nicht ausdrücklich geregelt.[3181] Lediglich § 1 Abs. 2 UmwG 1969 sowie § 319 AktG enthielten bzw. enthalten ausdrückliche Vorschriften, wonach die betroffenen Rechtsträger ihren „Sitz im Inland" haben mussten. Daher konnte im Gegenschluss davon ausgegangen werden, dass in allen übrigen Fällen die Umwandlung einer inländischen in eine ausländische Gesellschaft stets und die Umwandlung einer ausländischen in eine inländische jedenfalls dann zulässig sei, wenn das ausländische Recht dies gestatte.[3182] In diesem Sinne hat der deutsche Gesetzgeber die **isolierte Satzungssitzverlegung im Rahmen der Umsetzung der Art. 86a ff. GesR-RL geregelt** (§§ 333 ff. UmwG; → Rn. 801 ff.).

871 Mit **§ 1 Abs. 1 UmwG 1994** hat der Gesetzgeber jedoch den Anwendungsbereich des Umwandlungsrechts bewusst **auf „Rechtsträger mit Sitz im Inland" beschränkt.** Zur Rechtsnatur dieser Vorschrift als „selbstbeschränkte Sachnorm" → Rn. 811. Von der Wissenschaft war im Rahmen der Vorarbeiten zum UmwG 1994 angeregt worden, das neue Umwandlungsrecht durch die Streichung des Merkmals „mit Sitz im Inland" in § 1 Abs. 1 UmwG auch für transnationale Umwandlungen anwendbar zu machen.[3183] Der Gesetzgeber ist dieser Anregung nicht gefolgt. In der Gesetzesbegründung heißt es hierzu: „Die Beschränkung der Umwandlungsmöglichkeiten auf Rechtsträger mit Sitz im Inland entspricht in fast allen Fällen dem geltenden Recht. Angesichts der Bemühungen der Europäischen Gemeinschaften um eine Regelung grenzüberschreitender Vorgänge, insbesondere der internationalen Fusion, sollte eine Regelung dieses Komplexes zurückgestellt werden. Überdies würde die Ausdehnung des Gesetzes auf internationale Fälle politisch wie rechtstechnisch erhebliche Probleme aufwerfen."[3184] Auch im Zuge der **Umsetzung der Kapitalgesellschaften-Verschmelzungs-RL** (RL 2005/56/EG) im Jahr **2007** (→ Rn. 35 ff.) wie auch im Zuge des **UmRUG** im Jahr **2023** (→ Rn. 762 ff.) hat der Gesetzgeber bewusst **an** dem restriktiven **§ 1 UmwG festgehalten,** und zwar bis zu einer kollisionsrechtlichen Lösung auf EU- oder nationaler Ebene.[3185] Dazu ist es auch im Zuge der RL (EU) 2019/2121 nicht gekommen, wie deren Erwägungsgrund 3 ausdrücklich bestätigt.[3186]

872 Diesen Willensäußerungen des historischen Gesetzgebers und dem Wortlaut des § 1 Abs. 1 UmwG ist zu entnehmen, dass bei der Verschmelzung und Spaltung nach deutschem Recht – vorbehaltlich → Rn. 860 ff. – **alle beteiligten Rechtsträger** ihren **Sitz im Inland** haben müssen.[3187]

[3181] Vgl. Schmitt/Hörtnagl/Stratz/*Hörtnagl* UmwG Vor § 122a Rn. 1.

[3182] So *Großfeld/Jasper* RabelsZ 53 (1989), 52 (63 ff.) für die übertragende Verschmelzung einer ausländischen auf eine inländische Gesellschaft. Auf diesem Wege ist auch eine Verschmelzung einer franz. S.A. auf eine dt. GmbH „geglückt", vgl. *Rixen/Böttcher* GmbHR 1993, 572.

[3183] Vgl. *Neye* ZIP 1994, 917 (919 f.).

[3184] BR-Drs. 75/94, 71, 80.

[3185] Begr. RegE, BR-Drs. 548/06, 20.

[3186] „Mangels Vereinheitlichung im Unionsrecht fällt die Definition der Anknüpfung, die für das auf eine Gesellschaft anwendbare nationale Recht maßgeblich ist, gemäß Artikel 54 AEUV in die Zuständigkeit jedes einzelnen Mitgliedstaats."

[3187] *Lutter* ZGR 1994, 87 (88) Fn. 3, der dieses Ergebnis freilich für EG-rechtswidrig hält; *Neye* ZIP 1994, 917 (919 f.); *Kreuzer* EuZW 1994, 73 (74); *Kallmeyer* ZIP 1994, 1746 (1752) (aA nachfolgend *Kallmeyer* ZIP 1996, 535 ff.; DB 2004, 636 [638]); *Schwarz* DStR 1994, 1694 (1698); *Karollus* in Lutter, Kölner Umwandlungsrechtstage, 1995, 157, 193; Schmitt/Hörtnagl/Stratz/*Hörtnagl* UmwG § 1 Rn. 23 ff.; *Dehme* WiB 1994, 307 (312); Staudinger/*Großfeld,* 1998, IntGesR Rn. 703; *Großfeld* AG 1996, 302; *Schaumburg* GmbHR 1996, 501 (502); *Ebenroth/Offenloch* RIW 1997, 1 (11); *Steiger,* Grenzüberschreitende Fusion und Sitzverlegung von Kapitalgesellschaften innerhalb der EU nach spanischem und portugiesischem Recht, 1997, 41 mit rechtspolitischer Kritik; *Dötsch* BB 1998, 1029 (1030); *J. Hoffmann* NZG 1999, 1077 (1078 f.); *Jung* GPR 2004, 87 (88); *Dorr/Stukenborg* DB 2003, 647 (648); *Engert* in Eidenmüller Ausl. KapGes. § 4 Rn. 72 ff., 79.

Grenzüberschreitende Umwandlungen im rechtstechnischen Sinne des UmwG sind nach herrschender Auffassung derzeit mithin ausgeschlossen. Eine „Hereinverschmelzung", dh die Verschmelzung eines ausländischen Rechtsträgers auf einen deutschen Rechtsträger ist unzulässig;[3188] die „Hinausverschmelzung" ist als Auflösung zu werten.[3189] Einige Autoren gelangen zu diesem Ergebnis dadurch, dass sie dem UmwG eine „Nichtregelung" der grenzüberschreitenden Umwandlung entnehmen,[3190] was dann über das Analogieverbot des § 1 Abs. 2 UmwG zu ihrer Unzulässigkeit führt, soweit nicht §§ 305 ff. UmwG (§§ 122a ff. UmwG aF) eingreifen.[3191]

Die heute **hM** will das Tatbestandsmerkmal „mit Sitz im Inland" in § 1 Abs. 1 UmwG einschränkend dahin auslegen, dass lediglich der inländische Tatbestandsteil einer transnationalen Strukturänderung dem deutschen Umwandlungsrecht unterliege.[3192] Daher stehe § 1 Abs. 1 und 2 UmwG einer Anwendung des UmwG auf deutsche Gesellschaften auch dann nicht entgegen, wenn an dem Vorgang Rechtsträger ausländischen Rechts beteiligt sind.[3193] Hierfür wird geltend gemacht, dass das Erfordernis des Inlandssitzes nach dem Gesetzeswortlaut nur für die übertragende Gesellschaft bestehe, denn nur diese „werde" umgewandelt.[3194] Dass auch der übernehmende Rechtsträger seinen Sitz im Inland haben müsse, verlange das Gesetz nicht, und daher sei jedenfalls die Hinausverschmelzung und -spaltung zulässig. Da die Hinausverschmelzung und Spaltung deutsche Gläubiger-, Gesellschafter- und Arbeitnehmerinteressen ungleich stärker berühre als eine Hereinverschmelzung oder -spaltung, müsse diese erst recht zulässig sein.[3195] 873

Ferner soll nur durch die Beschränkung des Umwandlungsrechts auf den inländischen Tatbestandsteil der transnationalen Verschmelzung oder Spaltung ein Wertungswiderspruch zum deutschen Kollisionsrecht zu vermeiden sein. Es sei ungereimt, zunächst für die an der Umwandlung beteiligten Inlandsgesellschaften die Anwendbarkeit deutschen Umwandlungsrechts anzuordnen, dann aber auf sachrechtlicher Ebene die Gestaltungsmöglichkeiten des Umwandlungsgesetzes zu verwehren.[3196] 874

b) Stellungnahme. An dem Erfordernis, dass – außerhalb der Fälle der §§ 305 ff. UmwG – alle beteiligten Rechtsträger ihren Sitz im Inland haben müssen, ist entgegen der heute hM (→ Rn. 873) festzuhalten. Bezüglich der **Hineinumwandlung** ergibt sich aus § 1 Abs. 1 UmwG eine zwar rechtspolitisch fragwürdige, aber doch **eindeutige gesetzgeberische Entscheidung** für deren **Unzulässigkeit.**[3197] Die Hereinverschmelzung oder -spaltung ist dadurch gekennzeichnet, dass der übertragene Rechtsträger seinen Sitz im Ausland hat und demzufolge ausländischem Gesellschaftsrecht unterliegt.[3198] Der übernehmende Rechtsträger hat seinen Sitz in der BRepD und nur deshalb gelangt man – im Wege der Sitzanknüpfung – überhaupt zur kollisionsrechtlichen Anwendbarkeit des deutschen UmwG, soweit es um den übernehmenden oder neu zu bildenden Rechtsträger geht. Da das deutsche Recht die **passive Verschmelzungs- und Spaltungsfähigkeit** (→ Rn. 819) von Rechtsträgern mit Sitz im Ausland ausdrücklich verneint (§ 1 Abs. 1 UmwG), kommt eine Hineinumwandlung nicht in Betracht. 875

Dass dieses Ergebnis im Widerspruch zur Sitzanknüpfung stehen soll,[3199] ist nicht ersichtlich. Denn aus der kollisionsrechtlich bestimmten Anwendbarkeit einer Rechtsordnung folgt nicht schon die Eröffnung derselben privatautonomen Spielräume, wie sie in reinen Inlandssachverhalten bestehen. So zeigt etwa § 92c HGB, dass in Fällen mit Auslandsberührung die sachrechtliche Privatauto- 876

[3188] Zu einer erfolgreichen Hereinverschmelzung nach altem Recht vgl. *Rixen/Böttcher* GmbHR 1993, 572 und hierzu krit. *Großfeld,* Europäisches und Internationales Unternehmensrecht, 2. Aufl. 1995, E § 3 I; ferner die Praxisberichte bei *Dorr/Stukenborg* DB 2003, 647 (650 ff.) für das Verhältnis zu Italien und Frankreich.

[3189] *Schaumburg* GmbHR 1996, 501 (502).

[3190] Vgl. Lutter/*Lutter* UmwG § 1 Rn. 6.

[3191] Vgl. Schmitt/Hörtnagl/Stratz/*Hörtnagl* UmwG Vor § 122a Rn. 3; *Kruse,* Sitzverlegung von Kapitalgesellschaften innerhalb der EG, 1997, 138.

[3192] *Kronke* ZGR 1994, 26 (35 f.); *Bungert* AG 1995, 489 (502); Kallmeyer/*Kallmeyer* UmwG § 1 Rn. 12 ff.; *Kallmeyer* ZIP 1996, 535; Schmitt/Hörtnagl/Stratz/*Hörtnagl* UmwG Vor § 122a Rn. 3.

[3193] HCL/*Behrens/Hoffmann* GmbHG Allg. Einl. Rn. B 189; Henssler/Strohn/*Decker,* 3. Aufl. 2016, UmwG § 1 Rn. 10; Lutter/*Drygala* UmwG § 1 Rn. 5 ff.; Semler/Stengel/*Drinhausen* Einl. C UmwG Rn. 3, 26 ff.

[3194] *Kallmeyer* ZIP 1996, 535; vgl. § 1 Abs. 1 UmwG: „Rechtsträger mit Sitz im Inland können umgewandelt werden".

[3195] *Kallmeyer* ZIP 1996, 535.

[3196] *Kronke* ZGR 1994, 26 (35 f.).

[3197] *Schaumburg* GmbHR 1996, 501 (502); Semler/Stengel/*Stengel,* 4. Aufl. 2017, Einl. A UmwG Rn. 112 f.; *Engert* in Eidenmüller Ausl. KapGes. § 4 Rn. 79.

[3198] Beispiele: *Brixen/Böttcher* GmbHR 1993, 572; *Dorr/Stukenborg* DB 2003, 647 (650 f.).

[3199] So *Kronke* ZGR 1994, 26 (35 f.); unrichtig *Picot/Land* DB 1998, 1601 (1606) nach Fn. 74, wo kollisionsrechtliche Anwendbarkeit einer Rechtsordnung und sachrechtliche Zulässigkeit des danach zu beurteilenden Rechtsgeschäfts verwechselt werden.

nomie im Vergleich zu reinen Inlandssachverhalten **erweitert** sein kann.[3200] § 1 Abs. 1 UmwG **schränkt** die Privatautonomie – anders als § 92c HGB – in Fällen mit Auslandsberührung **ein.** Fraglich ist im Hinblick auf Vorschriften dieser Art allenfalls, ob die dort vorgenommene Differenzierung zwischen Sachverhalten mit und ohne Auslandsberührung auf sachgerechten Differenzierungskriterien beruht. Dies ist für § 1 Abs. 1 UmwG jedenfalls im Hinblick auf das EU-rechtliche Diskriminierungsverbot (Art. 18 Abs. 1 AEUV) zu bejahen, da das allgemeine Diskriminierungsverbot nicht eingreift, soweit andere Bestimmungen des AEUV solche Diskriminierungen gestatten.[3201] Eine solche Gestattung ergibt sich im vorliegenden Zusammenhang aus dem herrschenden Verständnis der primären Niederlassungsfreiheit als Zuzugsfreiheit (Freiheit zur Verwaltungssitzverlegung in einen anderen Mitgliedstaat unter Wahrung des Personalstatuts). Eine Wegzugsfreiheit ist damit nicht verbunden (→ Rn. 99 f. zum Urteil Cartesio), was Differenzierungen der hier erörterten Art zulässt.[3202] Eine Freiheit zur Aufgabe der Existenz der Gesellschaft, wie dies für die Hineinumwandlung kennzeichnend ist, ergibt sich daraus nicht.[3203]

877 Auch die **Unzulässigkeit von Herausumwandlungen,** dh unter Beteiligung deutscher übertragender Rechtsträger und ausländischer übernehmender bzw. neuer Rechtsträger (soweit nicht §§ 305 ff. UmwG eingreifen) ergibt sich mit hinreichender Deutlichkeit aus § 1 Abs. 1 UmwG.[3204] Denn die dort in Bezug genommenen Umwandlungsarten sind nur diejenigen des UmwG, mithin des deutschen Rechts. **Zielrechtsträger** einer Strukturänderung an einem Ausgangsrechtsträger mit Inlandssitz kann daher nur ein **Verbandstyp des deutschen Rechts** sein. Dass § 1 Abs. 1 UmwG nur die Umwandlung iSd deutschen UmwG meint, wird namentlich durch das Analogieverbot des § 1 Abs. 2 UmwG unterstrichen. Es soll die Umwandlungsmöglichkeiten iSd UmwG auf die *ausdrücklich* im UmwG geregelten Fälle beschränken.[3205] Von Zielrechtsträgern ausländischen Rechts ist im UmwG nur in §§ 305 ff. UmwG die Rede. Daher beinhaltet die abschließende[3206] Aufzählung der möglichen übernehmenden und neuen Rechtsträger in §§ 3, 124 UmwG nur die dort genannten Unternehmensformen des deutschen Rechts.[3207]

878 **2. „Sitz im Inland".** Der Inlandssitz iSd § 1 Abs. 1 UmwG meint den **Satzungssitz** der Gesellschaft.[3208] Dieses Normverständnis ergibt sich zwar weder eindeutig aus dem Wortlaut der Vorschrift[3209] noch aus ihrer Entstehungsgeschichte.[3210] Für die Maßgeblichkeit des Satzungssitzes spricht jedoch zunächst die gesetzessystematische Überlegung, dass der **Sitzbegriff im gesamten UmwG** im Zweifel **bedeutungsgleich** zu verwenden ist. Der Sitz der Gesellschaft wird an anderer Stelle vielfach als **zuständigkeitsbegründendes Merkmal** herangezogen (vgl. zB §§ 16, 19 Abs. 1 UmwG, § 26 Abs. 1 UmwG) und dabei stets iSd **Satzungssitzes** verstanden.[3211] Diese Bedeutung auch auf den in § 1 Abs. 1 UmwG verwendeten Sitzbegriff zu übertragen, ist schon deshalb geboten, weil es für Gesellschaften mit Satzungssitz im Ausland an einer **inländischen Gerichtszuständigkeit** nach dem UmwG fehlen würde und nicht anzunehmen ist, dass der Gesetzgeber die Gestaltungsmöglichkeiten des Umwandlungsrechts auch solchen Gesellschaften einräumen wollte, die in Deutschland nicht gerichtspflichtig sind.

879 Ferner ist zu bedenken, dass Gesellschaften mit effektivem Verwaltungssitz im Inland – ausgenommen EU-ausländische Gesellschaften (→ Rn. 123 ff.) – ohnehin kollisionsrechtlich dem deutschen UmwG unterliegen (→ Rn. 811 ff.) und deshalb die Aussage, dass der effektive Verwaltungssitz im Inland zugleich den sachlichen und persönlichen Anwendungsbereich des UmwG eröffnet, kaum Sinn ergibt. Umgekehrt unterliegen Gesellschaften mit effektivem Verwaltungssitz im Ausland schon kollisionsrechtlich nicht dem UmwG[3212] und können sich deshalb auch nicht

---

[3200] Vgl. hierzu EBJS/*Kindler* HGB Anh. § 92c Rn. 18; zu § 92c HGB allg. → Einl. IPR Rn. 101.

[3201] Vgl. hierzu namentlich Calliess/Ruffert/*Espiney* AEUV Art. 18 Rn. 3 ff.

[3202] EuGH ECLI:EU:C:2002:632 Rn. 70 = NJW 2002, 3614 – Überseering; aA zB *W.-H. Roth* in Lutter, Europäische Auslandsgesellschaften in Deutschland, 2005, 379 ff.; *W.-H. Roth* FS Heldrich, 2005, 973 ff.

[3203] *Paefgen* IPRax 2004, 132 (133).

[3204] Ebenso Staudinger/*Großfeld,* 1998, IntGesR Rn. 703: kein „Wegtauchen" ins Ausland.

[3205] Lutter/*Lutter* UmwG § 1 Rn. 18; Kallmeyer/*Kallmeyer* UmwG § 1 Rn. 24: „Typenzwang".

[3206] Lutter/*Lutter* UmwG § 3 Rn. 5.

[3207] Kallmeyer/*Marsch-Barner* UmwG § 3 Rn. 1; *Schaumburg* GmbHR 1996, 501 (502).

[3208] *Engert* in Eidenmüller Ausl. KapGes. § 4 Rn. 77, 79 mwN; ferner *Bungert* AG 1995, 489 (502) Fn. 170; *Schaumburg* GmbHR 1996, 501 (502) Fn. 1; Lutter/*Lutter* UmwG § 1 Rn. 7 f.; *Buyer,* Änderung der Unternehmensform, 1996, 40; *Dötsch* BB 1998, 1029 (1030); Schmitt/Hörtnagl/Stratz/*Hörtnagl* UmwG § 1 Rn. 26 ff.

[3209] Krit. hierzu mit Recht *Großfeld* AG 1996, 302.

[3210] Vgl. BR-Drs. 75/94, 71, 80.

[3211] Vgl. nur Henssler/Strohn/*Müller* UmwG § 26 Rn. 6; *Engert* in Eidenmüller Ausl. KapGes. § 4 Rn. 76; allg. zur Maßgeblichkeit des Satzungssitzes im Zuständigkeitsrecht zB *Schack* IZVR Rn. 251.

[3212] Dies verkennen Lutter/*Lutter* UmwG § 1 Rn. 7; *Engert* in Eidenmüller Ausl. KapGes. § 4 Rn. 76.

durch Begründung eines Satzungssitzes im Inland[3213] die Gestaltungsmöglichkeiten des UmwG erschleichen.[3214]

3. Völkervertragliche Vorgaben. Auch aus völkerrechtlichen Abkommen ergibt sich **kein Sonderrecht für grenzüberschreitende Umwandlungen.** Zwar gewährt zB Art VII Abs. 1 **FrHSchV D-USA** (→ Rn. 291 ff.) den Gesellschaften aus den USA ein Recht auf Inländerbehandlung bei der Ausübung jeder Art von geschäftlicher Tätigkeit. Allerdings sind Umwandlungen in der Aufzählung der einzelnen Ausübungsformen des Niederlassungsrechts (Art. 7 Abs. 1 S. 3 FrHSchV D-USA) nicht enthalten. Ferner erschöpft sich das Gebot der Inländerbehandlung darin, die unter dem Schutz des Staatsvertrags stehenden Ausländer allein deshalb abweichend zu behandeln, weil sie keine Inländer sind. Andere Differenzierungsgründe, wie etwa dass Umwandlungen über verschiedene Gesellschaftsstatute hinweg ungleich komplexer sind als Umwandlungen mit Berührungspunkten zu nur einer Rechtsordnung, sind deshalb zulässig. Insgesamt steht daher das Gebot der Inländerbehandlung einer Beschränkung des Umwandlungsgesetzes auf Gesellschaften mit Satzungssitz im Inland nicht entgegen.[3215] Etwas anders folgt auch nicht aus dem Diskriminierungsverbot nach Art. 24 Abs. 1 DBA USA. Denn die steuerliche Gleichbehandlung gilt nur für ausländische Staatsangehörige „unter gleichen Verhältnissen", und diese sind bei grenzüberschreitenden Umwandlungen gerade nicht gegeben.[3216] 880

G. Ausländische öffentliche Unternehmen, supranationale Gesellschaften und internationale Organisationen

Ausländische öffentliche Unternehmen, supranationale Gesellschaften und internationale Organisationen werfen spezifische **Fragen des Völkerrechts** auf, zB betreffend die Staatenimmunität, den Eingriff in Verträge mit Staatsunternehmen, den Haftungsdurchgriff auf den Staat eines Staatsunternehmens usw.[3217] Auf eine Darstellung in diesem Kommentar wird mit Rücksicht auf die schwerpunktmäßige Verankerung der Materie im Völkerrecht, insbesondere auch im Völkervertragsrecht und der nur sehr eingeschränkten Bezüge zum internationalen Gesellschaftsrecht verzichtet.[3218] 881

H. Fremdenrecht, insbesondere Zweigniederlassungen

I. Grundlagen

Schrifttum: vor → Rn. 1, → Rn. 127, → Rn. 244, → Rn. 747; *Brückner,* Juristische Personen im Internationalprivatrecht, Fremdenrecht und Internationalverwaltungsrecht während des 2. Weltkrieges und der Nachkriegszeit, Diss. Göttingen 1954; *Diehl,* Zweigniederlassungen ausländischer Banken – Rechtsfragen und Besteuerung, 1978; *Großfeld,* Basisgesellschaften im Internationalen Steuerrecht, 1974; *Roesner,* Die Meistbegünstigungsklausel in den bilateralen Handelsverträgen der BRepD, Diss. Heidelberg 1964; *W. W. Schmidt,* Grundrechte und Nationalität juristischer Personen, 1966; *Schütterle,* Die Inländerbehandlungsklausel in den klassischen Handels- und Niederlassungsverträgen der BRepD, Diss. Heidelberg 1970.

1. Bestimmung der Fremdeigenschaft bei Gesellschaften. Für Gesellschaften ausländischen Rechts[3219] kommt vielfach Fremdenrecht zur Anwendung.[3220] Die Bestimmung des Anwen- 882

3213 Zu den damit verbundenen Problemen → Rn. 518 ff.

3214 So aber offenbar die Befürchtung von *Großfeld* AG 1996, 302 f.; für die Maßgeblichkeit des effektiven Verwaltungssitzes vor diesem Hintergrund auch Kallmeyer/*Kallmeyer* UmwG § 1 Rn. 14.

3215 *Engert* in Eidenmüller Ausl. KapGes. § 4 Rn. 98, auch mit Hinweis auf den Umstand, dass das UmwG nach Abschluss des Handelsvertrages in Kraft getreten ist.

3216 So zutr. *Engert* in Eidenmüller Ausl. KapGes. § 4 Rn. 99 gegen *Meilicke* GmbHR 2003, 793 (803); *Kleinert/v. Xylander* RIW 2003, 630 (632).

3217 Vgl. dazu etwa *Herdegen,* Int. Wirtschaftsrecht, 12. Aufl. 2020, § 4 Rn. 17 ff.; ferner *Kment,* Grenzüberschreitendes Verwaltungshandeln, 2010, § 5, S. 202 ff.

3218 Vgl. → 3. Aufl. 1999, Rn. 689–750.

3219 Dies gilt für Gesellschaften mit und ohne eigene Rechtspersönlichkeit gleichermaßen, → Rn. 244 ff.

3220 Zu den Korrekturen laxer gesellschaftsrechtlicher Gründungs- und Schutzvorschriften durch – auf inländische wie ausländische Gesellschaften gleichermaßen anwendbares – Aufsichtsrecht im anglo-amerikanischen Rechtskreis → Rn. 326 ff.; *Ebenroth/Einsele* ZVglRWiss 87 (1988), 217 ff. betr. USA; *Ebenroth/Eyles* DB 1989, 413 (416 f.) für Großbritannien; allg. zum Zusammenhang von gesellschaftskollisionsrechtlicher Anknüpfung und Wahl des Kontrollkonzepts → Rn. 7 ff.

dungsbereichs hängt bei Gesellschaften – anders als bei natürlichen Personen – nicht allein von der Nationalität ab. Entscheidend ist vielmehr der jeweilige Normzweck der einzelnen fremdenrechtlichen Vorschrift.[3221]

883 Das deutsche Fremdenrecht stellt für die Bestimmung der Inländer- oder Ausländereigenschaft einer Gesellschaft teils auf den **Verwaltungssitz,** teils auf das **Gründungsrecht** ab. Daneben kommt im Fremdenrecht der Kontrolltheorie[3222] Bedeutung zu. Die **Kontrolltheorie** (→ Rn. 309 ff.) ist in der völkerrechtlichen Literatur und im internationalen Gesellschaftsrecht nicht einhellig anerkannt,[3223] wird aber zunehmend wegen ihrer gerechteren Resultate beachtet.[3224] Die Kontrolltheorie rückt anders als die Sitztheorie das **personelle Moment** in den Vordergrund. Auf sie ist zurückzugreifen, wenn der Zweck einer Norm darin liegt, den „Schleier der Gesellschaft" zu lüften und hinter die Kulissen der – Anonymität verleihenden – handelsregisterrechtlichen Eintragung zu blicken. Sie ermöglicht einen Durchgriff auf die „wahren Hintermänner", indem sie auf die Staatsangehörigkeit der Gesellschafter oder der Organe abstellt, die den beherrschenden Einfluss auf die Gesellschaft ausüben.[3225]

884 Sieht die einschlägige Vorschrift dagegen selbst **kein derartiges Bestimmungskriterium** vor, ist **grundsätzlich** wie beim Gesellschaftsstatut[3226] der **effektive Verwaltungssitz** maßgebend.[3227] Liegt dieser im Inland, handelt es sich um eine inländische, andernfalls um eine ausländische Gesellschaft. Diese Regel muss bei strenger Anwendung der Sitztheorie auch für Gesellschaften mit Sitz im Ausland gelten, die auf Grund einer Rückverweisung der dort anwendbaren Gründungstheorie nach inländischem Recht gegründet sind.[3228] Die **sachliche Beziehung** zum Ausland überwiegt dabei wegen ihres ausländischen Hauptverwaltungssitzes.

885 Wegen dieses Fehlens einer allgemeinen Geltung der Fremdeneigenschaft ist im Gesellschaftsrecht auch die **Terminologie** zu missbilligen, die in diesem Zusammenhang von „Staatsangehörigkeit" spricht, denn das Anknüpfungsmerkmal der Staatsangehörigkeit regelt die Rechtsbeziehungen der natürlichen Personen gerade umfassend. Allenfalls kann der Terminus „Staatszugehörigkeit" im Fremdenrecht Verwendung finden.[3229]

886 **2. Anwendungsbereich im internationalen Gesellschaftsrecht.** Im internationalen Gesellschaftsrecht ist fremdenrechtlich die Unterscheidung zwischen inländischer Tochtergesellschaft und inländischer Zweigniederlassung ausländischer Unternehmen bedeutsam. Ausländische Unternehmen können uneingeschränkt **Tochtergesellschaften** in der BRepD als Direktinvestitionen gründen. Sie müssen nur die außenwirtschaftlichen Beschränkungen grenzüberschreitender Kapitalbewe-

---

[3221] HCL/*Behrens/Hoffmann* GmbHG Allg. Einl. Rn. B 217.

[3222] ZB § 3 Abs. 1 Nr. 1 LuftVG; § 1 Abs. 2 lit. b FlRG; § 6 Abs. 2 Nr. 2 lit. a KrWaffG; § 14 Abs. 1 VereinsG, § 15 Abs. 2 VereinsG; vgl. dazu LG Frankfurt a. M. BB 1968, 482.

[3223] Dazu *Brückner,* Juristische Personen im Internationalprivatrecht, Fremdenrecht und Internationalverwaltungsrecht während des 2. Weltkrieges und der Nachkriegszeit, 1954, 13 ff.; *P. Müller,* Deutsche Steuerhoheit über ausländische Tochtergesellschaften, 1970, 164 ff.; *W. W. Schmidt,* Grundrechte und Nationalität juristischer Personen, 1966, 96 ff., 127 ff.; *Großfeld* BerGesVR 18 (1978), 73 (118 ff.); wN bei *Koppensteiner,* Internationale Unternehmen im deutschen Gesellschaftsrecht, 1971, 34 Fn. 43 und S. 233 ff.; zur Kontrolltheorie allg. *Großfeld,* Internationales und Europäisches Unternehmensrecht, 2. Aufl. 1995, D § 7 und Rn. 309 ff.

[3224] *Seidl-Hohenveldern,* Völkerrecht, 9. Aufl. 1997, Rn. 1346 ff.; *Hübner* JZ 1978, 703 ff.

[3225] *Großfeld,* Internationales und Europäisches Unternehmensrecht, 2. Aufl. 1995, D § 7 I; *Seidl-Hohenveldern,* Völkerrecht, 9. Aufl. 1997, Rn. 1344; *Verdross/Simma,* Universelles Völkerrecht, 3. Aufl. 1984, § 1204; *Wiedemann* GesR I § 15 I 1a, S. 827 f.; Staudinger/*Großfeld,* 1998, IntGesR Rn. 969.

[3226] Gleichlauf von Fremdeneigenschaft und iprechtlicher Zuordnung; *Wiedemann* GesR I § 15 I 1c, S. 830.

[3227] ZB Art. 19 Abs. 3 GG (→ Rn. 471); § 15 GewO; BVerfG GRUR 2023, 549 Rn. 103; vgl. Staudinger/*Großfeld,* 1998, IntGesR Rn. 966; so auch *Wiedemann* GesR I § 15 I 1a, S. 827, der im Rahmen der „Strukturtheorie" – definiert als Anknüpfung an die eigene Struktur des Verbandes entsprechend dem Gründungsstatut, Sitz oder Betätigungsfeld – auch nach der Sitztheorie verfährt; bei Vereinen und Stiftungen nach §§ 23, 86 BGB ist auf die staatliche Verleihung abzustellen, s. *Großfeld* FS H. Westermann, 1974, 200 ff.; Staudinger/*Großfeld,* 1998, IntGesR Rn. 966.

[3228] *Großfeld,* Basisgesellschaften im internationalen Steuerrecht, 1974, 165; *W. W. Schmidt,* Grundrechte und Nationalität juristischer Personen, 1966, 89 f.; anders aber RG IPRspr. 1934 Nr. 14 = JW 1934, 2969; dieser Entscheidung folgend BGH VersR 1957, 642 (643); OGH BrZ Köln NJW 1950, 65 (66); *Wiedemann* GesR I § 15 I 3a, S. 835; abl. Kritik dieser Entscheidung bei *Beitzke,* Juristische Personen im Internationalprivatrecht und Fremdenrecht, 1938, 234 ff.; *Crisolli* JW 1934, 2969; *Schilling* RIW/AWD 1954, 37 (42); *Schumacher* JW 1937, 2249 (2253 f.); *Siebert* AcP 143 (1937), 125 (128).

[3229] RGZ 88, 53 (54); HCL/*Behrens/Hoffmann* GmbHG Allg. Einl. Rn. B 217; Scholz/*Westermann* GmbHG Anh. § 4a Rn. 76, der auch den Begriff der Staatszugehörigkeit als nicht empfehlenswert ablehnt; Staudinger/*Großfeld,* 1998, IntGesR Rn. 964; zu den Sachhintergründen dieser terminologischen Differenzierung *Beitzke,* Juristische Personen im Internationalprivatrecht und Fremdenrecht, 1938, 27 ff., der allerdings noch an dem Begriff der Staatsangehörigkeit festhält.

gungen nach dem AWG und die Bestimmungen der AWV[3230] einhalten. Diese **inländischen Tochtergesellschaften** sind rechtlich von der ausländischen Muttergesellschaft getrennt. Sie sind **Gesellschaften deutschen Rechts** (→ Rn. 426). Fremdenrechtliche Vorschriften sind auf sie daher grundsätzlich nicht anzuwenden. Bestimmt das Fremdenrecht die Staatszugehörigkeit einer Gesellschaft aber nach der Kontrolltheorie (→ Rn. 883), folgt aus der ausländischen Staatsangehörigkeit der Organe oder der herrschenden Anteilseigner der Gesellschaft auch die ausländische Staatszugehörigkeit der Tochtergesellschaft selbst. Daneben gelten fremdenrechtliche Vorschriften nur, wenn ausländische Staatsangehörige die Tochtergesellschaft leiten. Sie haben die entsprechenden Bestimmungen des Ausländerrechts über Einreise und Aufenthalt[3231] einzuhalten.

Anders als die rechtlich selbstständige Tochtergesellschaft ist die **inländische Zweigniederlassung** eine von der Hauptniederlassung des ausländischen Unternehmens zwar räumlich getrennte, aber unter deren Oberleitung stehende, nur wirtschaftlich und organisatorisch selbstständige Niederlassung (zum Begriff → Rn. 179 ff.; zur Behandlung → Rn. 891 ff., → Rn. 894 ff.). Ihre rechtliche Unselbstständigkeit führt dazu, dass die inländische Zweigniederlassung auch vom ausländischen Gesellschaftsstatut beherrscht wird (→ Rn. 187) und aus fremdenrechtlicher Sicht die **„Staatszugehörigkeit" der Hauptniederlassung teilt.**[3232] Die fremdenrechtlichen Bestimmungen greifen also wie gegenüber dem Hauptunternehmen ein.[3233] 887

Da fremdenrechtliche Regelungen offen zwischen Inländern und Ausländern diskriminieren, bedürfen sie im **EU-Bereich** einer **Rechtfertigung** (Art. 18, 52 AEUV). Vielfach ergeben sich hieraus aber keine Schwierigkeiten, da das Fremdenrecht selbst auf EU-Richtlinien beruht, zB die Vorschriften über inländische Zweigniederlassungen ausländischer Gesellschaften in §§ 13d ff. HGB (→ Rn. 894 ff.).[3234] 888

3. Überblick über fremdenrechtliche Bestimmungen; Prozesskostensicherheit. Fremdenrechtliche Normen für Gesellschaften finden sich vor allem in **zwischenstaatlichen Abkommen.** Staatsverträge enthalten oft **Meistbegünstigungsklauseln,** die ausländischen juristischen Personen und Handelsgesellschaften die Niederlassung im Inland erleichtern.[3235] Von großer Bedeutung sind Art. 49, 54 AEUV und ergänzend hierzu das Allgemeine Programm zur Aufhebung der Beschränkung der Niederlassungsfreiheit des Rates der Europäischen Gemeinschaft vom 18.12.1961 (ABl. EG 1962, 36), wonach Gesellschaften und juristischen Personen, die im Hoheitsgebiet eines Mitgliedstaates ansässig sind,[3236] eine allgemeine Niederlassungsfreiheit in anderen Mitgliedstaaten gewährt wird.[3237] Das Europäische Niederlassungsabkommen vom 13.12.1955 ist nur auf natürliche Personen anwendbar.[3238] 889

Im **innerstaatlichen Recht** finden sich eine Vielzahl fremdenrechtlicher Vorschriften. Im Vordergrund steht praktisch **§ 110 ZPO** mit dem Erfordernis der **Prozesskostensicherheit** (cautio iudicatum solvi) für **Nicht-EU-Ausländer.** Ob im Rahmen dieser Vorschrift auf den satzungsmäßigen Sitz oder auf den tatsächlichen Verwaltungssitz abzustellen ist, ist vom BGH bisher offengelassen worden. Bislang war die Frage nicht entscheidungserheblich, weil sich entweder sowohl der satzungsmäßige Sitz als auch der Verwaltungssitz des Klägers in einem Mitgliedstaat der Europäischen Union befanden oder die als Unternehmenssitz in Betracht kommenden Orte sämtlich in Drittstaaten 890

3230 Näher *Hensel/Pohl* AG 2013, 849.

3231 Vgl. KG RIW 1997, 153; OLG Hamm NZG 1999, 1004; OLG Frankfurt NZG 2001, 757; OLG Zweibrücken NJW-RR 2001, 1689; OLG Dresden NZG 2003, 628; LG Duisburg Rpfleger 2002, 366; LG Berlin GmbHR 2004, 951; LG Rostock NJW-RR 2004, 398; LG Magdeburg NotBZ 2004, 362; LG Bielefeld DStR 1999, 1746; näher *Erdmann* NZG 2002, 503.

3232 RGZ 38, 403 (406); LG Düsseldorf IPRspr. 1958/59 Nr. 24; LG München WM 1953, 80 (81); *Nußbaum* IPR 212 f.

3233 *Nußbaum* IPR 213; Staudinger/*Großfeld,* 1998, IntGesR Rn. 977.

3234 Vgl. nur EuGH ECLI:EU:C:2003:512 Rn. 58 = NJW 2003, 3331 – Inspire Art; zu Richtlinien als „Rahmen" für die Ausübung der Niederlassungsfreiheit ferner *Schön* ZHR 168 (2004), 268 (295).

3235 *Roesner,* Die Meistbegünstigungsklausel in den bilateralen Handelsverträgen der BRepD, 1964, 49 f.; *Schütterle,* Die Inländerbehandlungsklausel in den klassischen Handels- und Niederlassungsverträgen der BRepD, 1970, 29 ff., jeweils mit Vertragsregister und weiterführenden Literaturhinweisen. Zur Meistbegünstigungsklausel allg. BGHZ 153, 353 (357) = NJW 2003, 1607; → Rn. 314 f.; ferner *Ebenroth,* Code of Conduct, 1987, Rn. 843 ff.

3236 Dies beinhaltet eine tatsächliche und dauerhafte Verbindung mit der Wirtschaft eines Mitgliedstaates, vgl. das „Allgemeine Programm" (vorige Fn.).

3237 Eingehend dazu HCL/*Behrens/Hoffmann* GmbHG Allg. Einl. Rn. B 7; *Meyer/Marsilius* NJW 1961, 713. Zum Verhältnis von Gesellschaftskollisionsrecht und Niederlassungsfreiheit → Rn. 78 ff.

3238 Art. 30 Europäischen Niederlassungsabkommens vom 13.12.1955, BGBl. II 1959 S. 998, dazu BGH BeckRS 2022, 32460 = IPRax 2023, 546 m. Aufsatz *Schütze* IPRax 2023, 523 = EWiR 2023, 94 m. Kurzkomm. *Reeg.* Es erfasst daher die als Einzelkaufmann (→ Rn. 161 ff.) tätigen natürlichen Personen.

belegen waren.[3239] Der **Sinn und Zweck** der Prozesskostensicherheit besteht darin, den Beklagten vor Vollstreckungsschwierigkeiten außerhalb des EWR zu bewahren, weil dort keine automatische Urteilsanerkennung (Art. 36 ff. Brüssel Ia-VO) gewährleistet ist.[3240] Weil am Satzungssitz der Gesellschaft kein Vermögen belegen ist, befreit § 110 ZPO im Hinblick auf die Durchsetzbarkeit des Kostenerstattungsanspruchs nur **Kläger mit Verwaltungssitz in der EU** von der Prozesskostensicherheit.[3241] – Beispielhaft genannt seien ferner: § 116 Abs. 1 Nr. 2 ZPO, der **Prozesskostenhilfe** nur inländischen oder EU/EWR-ansässigen juristischen Personen gewährt, §§ 13d–13g HGB zu den inländischen Zweigniederlassungen eines ausländischen Unternehmens (→ Rn. 891 ff., → Rn. 894 ff.). Sektorspezifische Anzeige- sowie Erlaubnispflichten und Auflagen für inländische Zweigniederlassungen ausländischer Unternehmen bestehen unter anderem für Versicherungsunternehmen (§§ 61 ff., 67 ff. VAG), Kreditinstitute (§§ 32, 53 ff. KWG) und Kapitalanlagegesellschaften (§§ 49, 51, 54, 66 KAGB[3242]), ferner im Bereich der gesetzlichen Unfallversicherung.[3243] Art. 19 Abs. 3 GG beschränkt die Geltung von **Grundrechten** auf inländische juristische Personen (→ Rn. 471); darüber hinaus sind EU/EWR-ausländische Gesellschaften wegen Art. 18 AEUV bei hinreichendem Inlandsbezug grundrechtsfähig, dh wenn sie in Deutschland tätig werden und hier gerichtspflichtig sind bzw. klagen können.[3244]

891 **4. Verwaltungsrechtliche Errichtungserfordernisse für inländische Zweigniederlassungen ausländischer Unternehmen.** Ein allgemeiner **fremdenrechtlicher Genehmigungsvorbehalt** besteht **nicht.** Grundsätzlich bedarf ein ausländisches Unternehmen, welches ein Gewerbe im Inland betreiben will, keiner besonderen, dh auf der Ausländereigenschaft beruhenden Genehmigung.[3245] Die Vorschriften der §§ 12, 12a GewO aF, wonach für ausländische juristische Personen aus Nicht-EU-Ländern bei Vorliegen bestimmter öffentlicher Interessen eine Genehmigung erforderlich war, sind durch das Gesetz zur Änderung des Titels III und anderer gewerblicher Vorschriften vom 25.7.1984 (BGBl. 1984 I 1008) weggefallen. Diese Bestimmungen beabsichtigten ursprünglich den Schutz inländischer Geschäftspartner und Gläubiger vor kapitalschwachen ausländischen juristischen Personen, sowie die Verhinderung einer Umgehung deutscher Rechtsvorschriften durch Inländer im Wege der Gründung einer kapitalschwächeren ausländischen Gesellschaft zum Zwecke des Tätigwerdens im Inland.[3246] Gründe für den Wegfall der §§ 12, 12a GewO aF waren der nicht unerhebliche bürokratische Aufwand, mangelnde Effektivität der Kapitalnachweisregelung im Sinne eines tatsächlichen Gläubigerschutzes, sowie die ohnehin schon bestehende Beschränkung durch die Herausnahme von Versicherungen, Kreditinstituten, Investmentgesellschaften und Unternehmen aus EU-Staaten nach bisherigem Recht.[3247]

892 Nach wie vor besteht auch für ausländische Unternehmen die allgemeine **Anzeigepflicht** nach § 14 GewO. Danach ist der Beginn des Betriebs einer Zweigniederlassung der für den betreffenden Ort zuständigen Behörde anzuzeigen. Dies gilt auch für EU-ausländische Unternehmen.[3248] Als Zweigniederlassung in diesem Sinne wird auch ein auf Veranlassung eines ausländischen Unterneh-

---

3239 BGH NZG 2016, 1156 Rn. 13 mit Verweis auf BGHZ 151, 204 (208 f.) = NJW 2002, 3539 und BGH NJW-RR 2005, 148 (149); dazu *Schütze* IPRax 2018, 493; *Baumert* EWiR 2016, 681; *Altenkirchen* LMK 2016, 382279. Aus früherer Zeit außerdem BGH NJW 2001, 1219; OLG Hamburg NZG 2010, 319. Zu den völkerrechtlichen Grenzen *Dornis* ZVglRWiss 2015, 93, zu natürlichen Personen mit gewöhnlichem Aufenthalt im Vereinigten Königreich BGH BeckRS 2022, 32460 Rn. 9 ff. = IPRax 2023, 546 m. Aufsatz *Schütze* IPRax 2023, 523 = EWiR 2023, 94 m. Kurzkomm. *Reeg.*

3240 BGH NJW 1984, 2762.

3241 Für die Maßgeblichkeit des tatsächlichen Sitzes der Hauptverwaltung BGH NZG 2017, 1229; OLG München BeckRS 2010, 18320 = IPRax 2011, 267 m. Aufs. *Schütze* IPRax 2011, 245; LG Berlin ZIP 2010, 903 = IPRax 2011, 83 m. Aufs. *Schoeder* IPRax 2011, 58; OLG Karlsruhe DNotZ 2018, 910 Rn. 34 (dazu BGH X ZR 52/18); sowie *Rehm* in Eidenmüller Ausl. KapGes. § 5 Rn. 30; ferner OLG Düsseldorf IPRax 2001, 228 mAnm *Schütze* IPRax 2001, 193; für Gründungssitz bei EWR-Gesellschaft OLG Schleswig BeckRS 2013, 2591; dazu *Schütze* IPRax 2014, 272.

3242 Früher §§ 12 ff. InvG; dazu *Emde/Dreibus* BKR 2013, 89 (99 f.).

3243 LSG Brandenburg-Berlin BeckRS 2015, 68870 = ZIP 2015, 2078.

3244 BVerfG NJW 2011, 3428 Rn. 68 ff. = EWiR 2011, 809 m. KurzKomm. *Müller.*

3245 Staudinger/*Großfeld,* 1998, IntGesR Rn. 979; vgl. die für jedermann geltenden Genehmigungserfordernisse in tabellarischer Zusammenstellung bei *Gottwald* MittBayNot 2001, 164 (166).

3246 Vgl. BT-Drs. 4/3290, 4; BGH NJW 1973, 1547; *Jepsen* RIW/AWD 1966, 21 (25 f.).

3247 So zumindest *Schönleiter* GewA 1984, 317 (324) entspr. der Stellungnahme des BR, BT-Drs. 10/1125, 26. Mit Recht wies ferner *Stober* NJW 1984, 2857 (2858) darauf hin, dass ein Kapitalausstattungsnachweis, bezogen allein auf den Zeitpunkt der Aufnahme der Tätigkeit, nicht zweckmäßig ist. Zur „Entbürokratisierung" auch *Müller* GewA 1987, 12; vgl. § 12 GewO in der seit 1.1.1999 geltenden Fassung des Art. 71 Nr. 1 EGInsO, BGBl. 1994 I 2911.

3248 *Rehberg* in Eidenmüller Ausl. KapGes. § 7 Rn. 29.

mens von einem Dritten in Deutschland gemietetes Büro angesehen, in dem selbstständige Handelsvertreter die Geschäftsbeziehungen des Unternehmens zu den Kunden anbahnen und fördern.[3249] Eine nach ausländischem Recht gegründete private Kapitalgesellschaft, die eine Zweigniederlassung in Deutschland hat, ist **Pflichtmitglied in der Industrie- und Handelskammer** und unterliegt der daraus folgenden Beitragspflicht (§§ 2, 3 IHKG).[3250]

Ferner ist die spezifisch **fremdenrechtliche Untersagungsmöglichkeit** nach § 15 Abs. 2 S. 2 **893** GewO zu beachten. Sie besteht auch gegenüber EU-ausländischen Unternehmen.[3251] Danach können die inländischen Gewerbeaufsichtsbehörden den Beginn oder die Fortsetzung eines Gewerbes durch eine ausländische juristische Person verhindern, **wenn** deren **Rechtsfähigkeit** im Inland **nicht anerkannt** wird. Für inländische Zweigniederlassungen ausländischer Unternehmen ergeben sich hieraus in der Regel keine besonderen Schwierigkeiten, wird doch die nach dem maßgeblichen ausländischen Gesellschaftsrecht bestehende Rechtsfähigkeit im Inland grundsätzlich anerkannt (→ Rn. 278 ff.). Als einzige Grenze besteht insoweit der inländische ordre public (Art. 6 EGBGB).[3252] Zu den zivilrechtlichen Folgen einer Gewerbeuntersagung (§ 35 GewO) → Rn. 930 f.

II. Zweigniederlassungen ausländischer Unternehmen im inländischen Handelsregister

Schrifttum bis 1992 (vor Umsetzung der Zweigniederlassungs-RL): s. 7. Aufl. 2018.

Schrifttum seit 1993: *Bärwaldt/Schabaker,* Angaben auf Geschäftspapieren inländischer Zweigniederlassungen ausländischer Kapitalgesellschaften, AG 1996, 461; *Blasche,* Zweigniederlassungen in- und ausländischer Kapitalgesellschaften, GWR 2012, 169; *Bönner,* Zweigniederlassungen ausländischer Gesellschaften in der notariellen Praxis, RNotZ 2015, 253; *Eidenmüller,* Geschäftsleiter- und Gesellschafterhaftung bei europäischen Auslandsgesellschaften mit tatsächlichem Inlandssitz, NJW 2005, 1618; *Hahnefeld,* Neue Regelungen zur Offenlegung bei Zweigniederlassungen, DStR 1993, 1596; *Heidinger,* Der „ständige Vertreter" der Zweigniederlassung einer ausländischen Kapitalgesellschaft, MittBayNot 1998, 72; *C. Heinze/S. Heinze,* Die Löschung von Zweigniederlassungen ausländischer Gesellschaften aus dem deutschen Handelsregister, IPRax 2012, 516; *Hoger,* Offene Rechtsfragen zur Eintragung der inländischen Zweigniederlassung einer Kapitalgesellschaft mit Sitz im Ausland, NZG 2015, 1219; *Kindler,* Neue Offenlegungspflichten für Zweigniederlassungen ausländischer Kapitalgesellschaften, NJW 1993, 3301; *Liese,* Die Handelsregistereintragung von Auslandsgesellschaften in Deutschland – oder: Ceci n'est pas une pipe?, NZG 2006, 201; *Plesse,* Neuregelung des Rechts der Offenlegung von Zweigniederlassungen, DStR 1993, 133; *Rinne,* Zweigniederlassungen ausländischer Unternehmen im deutschen Kollisions- und Sachrecht, 1998; *Schaub,* Ausländische Handelsgesellschaften und deutsches Registerverfahren, NZG 2000, 953; *Schilling,* Zweigniederlassung und Tochtergesellschaft im deutschen Niederlassungsrecht, RIW 1954, 37; *Schmidt-Kessel/Leutner/Müther,* Handelsregisterrecht, 2010 (mit ausländischem Gesellschafts- und Registerrecht); *Seibert,* Die Umsetzung der Zweigniederlassungs-Richtlinie der EG in deutsches Recht, GmbHR 1992, 738; *Seibert,* Neuordnung des Rechts der Zweigniederlassung im HGB, DB 1993, 1705; *Stelmaszczyk,* Unionsrechtskonformität der Geschäftsführerversicherung bei der Anmeldung von Zweigniederlassungen – Zugleich Besprechung von BGH, Beschl. v. 14.5.2019 – II ZB 25/17, EuZW 2019, 819; *Süß,* Häufige Probleme mit Zweigniederlassungen englischer Limited Companies, DNotZ 2005, 180; *Wachter,* Errichtung, Publizität, Haftung und Insolvenz von Zweigniederlassungen ausländischer Kapitalgesellschaften nach „Inspire Art", GmbHR 2003, 1254; *Wachter,* Handelsregisteranmeldung der inländischen Zweigniederlassung einer englischen *private limited company,* NotBZ 2004, 41 = MDR 2004, 611; *Wachter,* Insichgeschäft bei englischen private limited companies, NZG 2005, 338; *Wachter,* Zweigniederlassungen englischer private limited companies im deutschen Handelsregister, ZNotP 2005, 122; *Wachter,* Die GmbH nach MoMiG im internationalen Rechtsverkehr, in Römermann/Wachter, GmbH-Beratung nach dem MoMiG, Sonderheft GmbHR Oktober 2008, 80, 83 ff.; *Wachter,* Zweigniederlassungen von EU-Auslandsgesellschaften im deutschen Handelsregister, in Süß/Wachter, Handbuch des internationalen GmbH-Rechts, 3. Aufl. 2016, § 2; *Voigt,* Das Handelsrecht der Zweigniederlassung, 2010.

1. Rechtsgrundlagen. Zu Begriff, kollisionsrechtlicher Behandlung und Rechtsstellung inländischer Zweigniederlassungen ausländischer Unternehmen → Rn. 179 ff., → Rn. 212 ff. Im Folgenden sind die besonderen **fremdenrechtlichen Nachweis- und Offenlegungspflichten** im Rahmen der registerrechtlichen Behandlung solcher Zweigniederlassungen darzustellen.[3253] **894**

Bis zur Umsetzung der Zweigniederlassungs-RL (jetzt Art. 28a ff. GesR-RL; → Rn. 32 ff.) **895** durch Gesetz vom 22.7.1993 (BGBl. 1993 I 1282)[3254] waren die registerrechtlichen Vorschriften zu

[3249] OVG Nordrhein-Westfalen RIW 1996, 608.

[3250] VG Darmstadt ZIP 2006, 2275 = BeckRS 2007, 20895.

[3251] AA *Rehberg* in Eidenmüller Ausl. KapGes. § 7 Rn. 30; HCL/*Behrens/Hoffmann* GmbHG Allg. Einl. Rn. B 226.

[3252] So auch Begr. RegE, BT-Drs. 4/3290, 6 zur Aufnahme des § 15 Abs. 2 S. 2 GewO.

[3253] Arbeitshilfen für die Registeranmeldung geben *Wachter* ZNotP 2005, 122; *Wachter* MDR 2004, 611; *Herchen* RIW 2005, 529; *Klose-Mokroß* DStR 2005, 971.

[3254] Hierzu *Hahnefeld* DStR 1993, 1596 ff.; *Kindler* NJW 1993, 3301 ff.; *Plesse* DStR 1993, 133 ff.; *Seibert* GmbHR 1992, 738 ff.; *Seibert* DB 1993, 1705 ff.; Staudinger/*Großfeld,* 1998, IntGesR Rn. 983 ff.

den Zweigniederlassungen über mehrere Gesetze verstreut (vgl. §§ 13–13c HGB aF, §§ 42–44 AktG aF, § 12 GmbHG aF). Alleinige Rechtsgrundlage sind seit der Angleichungsmaßnahme die §§ 13–13g, 325a HGB, § 80 Abs. 4 AktG, § 35a Abs. 4 GmbHG.[3255] Die Offenlegungsbestimmungen wurden durch das MoMiG vom 23.10.2008 (BGBl. 2008 I 2026) in verschiedener Hinsicht verschärft.[3256] Systematisch ist zwischen den Vorschriften über **Zweigniederlassungen inländischer Unternehmen** (§ 13 HGB) und jenen über die **Zweigniederlassungen ausländischer Unternehmen** (§§ 13d–13g, 325a HGB, § 80 Abs. 4 AktG, § 35a Abs. 4 GmbHG) zu **trennen.** Die beiden Normengruppen stellen in sich geschlossene Regelungskomplexe dar, die einander bei der Auslegung nicht ergänzen.[3257] Zu beachten ist insbesondere, dass für die zweite Normengruppe weitgehend die Regeln über die Auslegung richtliniengebundenen innerstaatlichen Rechts Gültigkeit beanspruchen.[3258] Diesbezüglich enthält das Inspire Art-Urteil des EuGH (→ Rn. 93 f.) eine Reihe bedeutsamer Aussagen. Damit ist auch zu berücksichtigen, dass die Richtlinie die Unterschiede zwischen Gesellschaften, welche sich in anderen Mitgliedstaaten durch die Errichtung von Zweigniederlassungen betätigen, und den Gesellschaften, die dies durch die Gründung von Tochtergesellschaften tun, beseitigen will (Erwägungsgrund 4). Daraus ergibt sich, dass für Zweigniederlassungen grundsätzlich das gleiche Maß an Offenlegung zu verlangen ist wie für Tochtergesellschaften. Nur so ist dem **Grundsatz der freien Wahl zwischen Zweigniederlassung und Tochtergesellschaft**[3259] entsprochen. Beide **Ausübungsformen** der sekundären Niederlassungsfreiheit (Art. 49 Abs. 1 S. 2 AEUV) müssen **gleich attraktiv** sein.[3260]

896 Der **EU-rechtliche Hintergrund** der §§ 13d ff. HGB usw spielt nicht nur für den Umfang der Offenlegungspflichten eine Rolle, sondern auch für deren **Durchsetzung** (vgl. Art. 40 GesR-RL). Dabei ist vor allem zu bedenken, dass der EuGH die **Berufung auf das Gründungsrecht** der Gesellschaft an die **Offenlegung** im Zweigniederlassungsstaat nach Maßgabe der Richtlinie **gekoppelt** hat (→ Rn. 533). Die **Offenlegung** ist der **Preis der Rechtsformwahlfreiheit** (zum „Informationsmodell" des EuGH → Rn. 9, → Rn. 87, → Rn. 207, → Rn. 342 f.). Die Vorschriften der Zweigniederlassungs-RL sind seit 20.7.2017 in Art. 28a ff. GesR-RL enthalten.

897 **2. Begriff der Zweigniederlassung.** Die Zweigniederlassungs-RL (→ Rn. 32 ff.) enthält ebenso wenig wie das innerstaatliche Recht (§§ 13 ff. HGB) eine **Begriffsbestimmung** der Zweigniederlassung. Diesbezüglich bestand während der Verhandlungen im Rat der EG Streit. Die Kommission hat in früheren Vorbereitungsunterlagen zur Definition des Begriffs der Zweigniederlassung auf eine EuGH-Entscheidung zu Art. 5 Nr. 5 EuGVÜ Bezug genommen.[3261] Eine Korrektur des handelsrechtlichen Zweigniederlassungsbegriffs (→ Rn. 179) war somit durch die Richtlinien nicht veranlasst und ist auch bei der Auslegung der 1993 neugefassten §§ 13d ff. HGB nicht veranlasst.[3262] Da allerdings die Rspr. die EU/EWR-ausländischen Gesellschaften auch dann als ausländische Gesellschaften behandelt, wenn sich ihr tatsächlicher Verwaltungssitz in Deutschland befindet (→ Rn. 123 ff.), ist der tatsächliche Verwaltungssitz in Deutschland dann ebenfalls als Zweigniederlassung zu behandeln.[3263] Der **bloße Anschein** einer Zweigniederlassung kann zuständigkeitsbegründend für Art. 7 Nr. 5 Brüssel Ia-VO sein,[3264] löst aber noch **nicht** die **Offenlegungspflichten** nach §§ 13d ff. HGB aus.

[3255] Krit. zu dieser Systematik Koch HGB § 13 Rn. 2, demzufolge die Sonderregelungen für Aktiengesellschaften und Gesellschaften mbH (§§ 13e–13g HGB) besser ihren Standort im Aktien- bzw. GmbH-Recht hätten behalten sollen.

[3256] Dazu allg. *Kindler* NJW 2008, 3289; speziell zu §§ 13d ff. HGB *Kindler* IPRax 2009, 189 (200 ff.).

[3257] *Kindler* NJW 1993, 3301 (3302); *Seibert* DB 1993, 1705; Staudinger/*Großfeld,* 1998, IntGesR Rn. 984.

[3258] *Kindler* NJW 1993, 3301 (3302); Koch HGB § 13 Rn. 3; KKRD/*Roth* HGB § 13 Rn. 2; Staudinger/*Großfeld,* 1998, IntGesR Rn. 984; zur richtlinienkonformen Auslegung → BGB Einl. Rn. 148 ff.; *Lutter* JZ 1992, 593.

[3259] EuGH ECLI:EU:C:1999:438 Rn. 42 ff. = NZG 1999, 1044 – Saint-Gobain ZN; ECLI:EU:C:2006:129 Rn. 15 = NZG 2006, 357 – CLT-UFA; ECLI:EU:C:2012:532 Rn. 14 = NZG 2012, 1115 – Philips Electronics UK; dazu allg. *Schön* EWS 2000, 281.

[3260] Dies verkennen *Eidenmüller/Rehberg* ZVglRWiss 105 (2006), 427 (441), die aber maßgebliche Judikatur nicht zur Kenntnis nehmen (s. vorige Fn.) und unbehelflich auf die Einschränkung der Teilkonzernabschlusspflicht nach § 291 HGB hinweisen: Ein Argument für die Freistellung von der Verpflichtung zum Jahresabschluss kann daraus schon deshalb nicht abgeleitet werden, weil Konzernabschlüsse eine wesentlich geringere Informationsdichte als Einzelabschlüsse aufweisen, vgl. nur Staub/*Kindler* HGB Vor § 290 Rn. 3 und die Erleichterungen bzw. Weglassungen nach § 298 Abs. 2 und 3 HGB, § 303 HGB.

[3261] EuGH ECLI:EU:C:1978:205 Rn. 12 = RIW 1979, 56 (58) – Somafer S.A.; dazu *Kindler* FS Ulmer, 2003, 305.

[3262] *Seibert* GmbHR 1992, 738 Fn. 5; *Kindler* NJW 1993, 3301 (3302 f.).

[3263] Oetker/*Preuß* HGB § 13d Rn. 21; OLG Frankfurt ZIP 2008, 1286 (1288) = BeckRS 2008, 9904; *Blasche* GWR 2012, 169.

[3264] EuGH ECLI:EU:C:2017:390 = GRUR 2017, 728 Rn. 38 – Nike; BGH NJW-RR 2021, 777 Rn. 24 ff. = LMK 2021, 810530 [*Mankowski*]; dazu *Mandl* IPRax 2023, 440, *Würdinger* EWiR 2021, 701.

898 **3. Adressaten der Nachweis- und Offenlegungspflichten.** § 13d Abs. 1 HGB nennt als Adressaten der Offenlegungspflichten „Einzelkaufleute" und „juristische Personen" mit „Hauptniederlassung" im Ausland sowie „Handelsgesellschaften" mit „Sitz" im Ausland.[3265] Die Vorschrift entspricht dem vormaligen § 13b Abs. 1 HGB aF § 13e HGB befasst sich allgemein mit „Kapitalgesellschaften". Darüber hinaus trifft das Gesetz Regelungen für die Unternehmensformen „Aktiengesellschaft" (§ 13e Abs. 1 HGB, § 13f HGB), „Gesellschaft mit beschränkter Haftung" (§ 13e Abs. 1 HGB, § 13g HGB) und „Kommanditgesellschaft auf Aktien" (§ 13f Abs. 8 HGB).

899 Hauptniederlassung und Sitz waren **ursprünglich** – bei Einfügung der §§ 13d ff. HGB in das Handelsgesetzbuch im Jahre 1993 (→ Rn. 895) – gleichbedeutend mit dem **effektiven Verwaltungssitz.**[3266] Diese Auslegung war seinerzeit auch richtlinienkonform. Denn die Richtlinie bezweckt einen **Gleichlauf von ausländischem Gesellschaftsstatut und Fremdeigenschaft.** Deutlich wird dies aus Art. 29 GesR-RL. Gegenstand der Richtlinie sind danach „Zweigniederlassungen, die in einem Mitgliedstaat von einer Gesellschaft errichtet worden (sind), welche dem Recht eines anderen Mitgliedstaates unterliegt" (dafür auch Erwägungsgrund 15 GesR-RL). Ob dies der Fall war, beurteilte – und beurteilt – sich indessen nach innerstaatlichem Kollisionsrecht, aus deutscher Sicht mithin im Jahr 1993 nach dem effektivem Verwaltungssitz.[3267]

900 Diese Kollisionsregel hat die Rspr. zwischenzeitlich für **EU-ausländische Gesellschaften** weitgehend aufgegeben (→ Rn. 123 ff., → Rn. 321 ff., → Rn. 388 ff.). Maßgebend soll insoweit vielmehr der **Satzungssitz** sein, wenn er im Geltungsbereich des Gründungsrechts liegt.[3268] Wegen des Gleichlaufprinzips nach der Richtlinie kann bei diesen Gesellschaften für die Bestimmung der Fremdeigenschaft nach §§ 13d ff. HGB nicht mehr am effektiven Verwaltungssitz festgehalten werden. Bei richtlinienkonformer Auslegung (Art. 29 Abs. 1 GesR-RL) sind Adressaten der Nachweis- und Offenlegungspflichten iSv §§ 13d ff. HGB mithin **(1)** alle EU-ausländischen Gesellschaften (→ Rn. 123 ff., → Rn. 321 ff., → Rn. 388 ff.), ferner **(2)** alle kraft zweiseitiger Staatsverträge einem ausländischen Gesellschaftsrecht unterstehenden Gesellschaften (→ Rn. 387), und zwar jeweils (erst recht) auch bei inländischem Verwaltungssitz.[3269] Für **(3)** alle übrigen Gesellschaften verbleibt es bei der Maßgeblichkeit des effektiven Verwaltungssitzes zur Bestimmung der Fremdeigenschaft (→ Rn. 883); auch für diese Gesellschaften strebt die Richtlinie (Art. 36 Abs. 1 GesR-RL) den Gleichlauf von ausländischem Gesellschaftsstatut und Fremdeigenschaft an, doch ist dieser hier ohne weiteres gewahrt.

901 Mit den genannten Begriffen („Einzelkaufleute" usw) sind **Unternehmensformen des ausländischen Rechts** gemeint, die den entsprechenden Unternehmensformen des deutschen Rechts **vergleichbar** sind.[3270] Soweit die §§ 13d ff. HGB Durchführungsbestimmungen zu Art. 28a ff. GesR-RL (früher: zur Zweigniederlassungs-RL) darstellen, dh soweit inländische Zweigniederlassungen von ausländischen AG, KGaA und GmbH in Rede stehen (vgl. Art. 29 GesR-RL iVm Anh. II GesR-RL; bis 19.7.2017 Art. 1 Abs. 1 Zweigniederlassungs-RL iVm Art. 1 Publizitäts-RL, → Rn. 32 ff.), ist die **Vergleichbarkeit** durch **Rückgriff auf das EU-Gesellschaftsrecht** zu prüfen, im Übrigen nach den allgemeinen iprechtlichen Grundsätzen der Substitution (zur Substitution → Rn. 160 ff.; → Einl. IPR Rn. 247 ff.). Die Eintragung der ausländischen Zweigniederlassung in das Handelsregister des inländischen Unternehmens kommt nach hM nicht in Betracht (zur Kritik → Rn. 966).[3271]

902 Das Handelsregister besteht aus **zwei Abteilungen** (§ 3 HRV). Abteilung A enthält die Eintragungen der Einzelkaufleute, der in § 33 HGB bezeichneten juristischen Personen, der OHG, der KG und der EWIV. In der Abteilung B werden AG, KGaA, GmbH und die VVaG eingetragen. Die Vergleichbarkeit des ausländischen Unternehmens mit einer der vorgenannten Unternehmensformen entscheidet darüber, ob und in welche Abteilung des Handelsregisters die inländische Zweigniederlassung einzutragen ist.

3265 *Kindler* NJW 1993, 3301 (3304 f.); das Redaktionsversehen in der amtlichen Überschrift zu § 13d HGB („Sitz der Hauptniederlassung im Ausland") wurde durch Art. 3 Nr. 8 HRefG vom 22.6.1998, BGBl. 1998 I 1474, berichtigt, wonach die Überschrift seither lautet: „Sitz oder Hauptniederlassung im Ausland".

3266 *Bönner* RNotZ 2015, 253 (256).

3267 Dazu und zur seinerzeitig unbestrittenen EG-Konformität dieses Anknüpfungsmerkmals *Kindler* NJW 1993, 3301 (3304 f.).

3268 BGHZ 154, 185 = NJW 2003, 1461 – Überseering.

3269 *Kindler* NJW 2003, 1073 (1078); AG Duisburg NZG 2003, 1072 (1073); *Mankowski* in Hirte/Bücker GrenzübGes § 12 Rn. 11; *Rehberg* in Eidenmüller Ausl. KapGes. § 5 Rn. 18; *Süß* DNotZ 2005, 180 (181).

3270 BGH NZG 2019, 775 Rn. 11 (britische Ltd. als GmbH iSd § 13g HGB behandelt); *Kindler* NJW 1993, 3301 (3303 f.); *Seibert* DB 1993, 1705; BT-Drs. 12/3908, 15; Staudinger/*Großfeld*, 1998, IntGesR Rn. 991; vgl. bereits BayObLGZ 1985, 272 (276 f.) = WM 1985, 1202 = IPRax 1986, 161 mAnm *Großfeld* IPRax 1986, 145 = RIW 1986, 295 mAnm *Deville* = EWiR 1985, 697 m. KurzKomm. *Wiedemann*.

3271 OLG Düsseldorf NZG 2009, 1355 = NJW-Spezial 2009, 767.

903 **a) Einzelkaufleute.** Da Einzelkaufleute nicht in den persönlichen Anwendungsbereich der Zweigniederlassungs-RL (→ Rn. 32 ff.) fallen, enthält § 13d HGB insoweit **unvereinheitlichtes innerstaatliches Recht.** Maßgeblich ist der **Kaufmannsbegriff der §§ 1 ff. HGB.** Hierbei ist zu prüfen, ob der ausländische Einzelunternehmer in seiner Typologie dem Kaufmannsbild des deutschen Rechts in seinen wesentlichen Merkmalen entspricht (→ Rn. 161 ff.).

904 **b) Juristische Personen und Handelsgesellschaften.** Juristische Personen und Handelsgesellschaften werden ebenfalls nicht als solche in der Zweigniederlassungs-RL (→ Rn. 32 ff.) angesprochen; diese Unternehmensformen waren bereits in § 13b HGB aF enthalten und hatten aus diesem Grund Eingang in § 13d HGB idF von 1993 (→ Rn. 895) gefunden. Der Begriff der juristischen Personen ergibt sich aus § 33 HGB, der der Handelsgesellschaften aus § 6 HGB. Folgt man dieser Einteilung, dann sind die nach deutschem Recht rechtsfähigen Handelsgesellschaften nicht als juristische Personen, sondern als Handelsgesellschaften im Sinne dieser Systematik zu behandeln.[3272] Die Einordnung als juristische Person oder Handelsgesellschaft ist für diese Gesellschaftstypen (AG, KGaA, GmbH) in diesem Zusammenhang freilich nicht entscheidend, da beide Gruppen von Normadressaten innerhalb des § 13d Abs. 1 HGB denselben Rechtsfolgen unterliegen. Somit unterfallen der Vorschrift des § 13d HGB zunächst die von der Zweigniederlassungs-RL erfassten Kapitalgesellschaften, dh die AG, KGaA und die GmbH (→ Rn. 905 ff.). Ferner erfasst § 13d HGB die übrigen juristischen Personen (§ 33 HGB) sowie Personenhandelsgesellschaften mit Sitz im Ausland. Da die Vorschrift insoweit – wie in Bezug auf Einzelkaufleute (→ Rn. 903) – den Anwendungsbereich der Zweigniederlassungs-RL verlässt, ist die Eigenschaft als juristische Person bzw. Personenhandelsgesellschaft wiederum im Wege der Substitution festzustellen (→ Rn. 160, → Rn. 164 ff.).[3273]

905 **c) Kapitalgesellschaften.** Nach seiner amtlichen Überschrift handelt § 13e HGB von „Zweigniederlassungen von Kapitalgesellschaften mit Sitz im Ausland". Aus § 13e Abs. 1 HGB wird deutlich, dass Kapitalgesellschaften im Sinne dieser Vorschriften zunächst die **AG** und die **GmbH** sind. Obwohl § 13e HGB die **KGaA** nicht erwähnt, wird man – entgegen der Begründung zum Regierungsentwurf[3274] – **§ 13e HGB ebenfalls auf sie anwenden.** Dies folgt aus § 13f Abs. 8 HGB, wonach „die Vorschriften über Zweigniederlassungen von Aktiengesellschaften mit Sitz im Ausland" sinngemäß für Zweigniederlassungen von KGaAen gelten. Zu diesen Vorschriften zählt auch § 13e HGB, da auch dort (Abs. 1, Abs. 2) die Aktiengesellschaft ausdrücklich angesprochen ist. Ferner entspricht die Qualifikation der KGaA als „Kapitalgesellschaft" iSv § 13e HGB dem – für die Begriffsbestimmung leitenden – Anliegen der Richtlinie, für alle von ihr erfassten Kapitalgesellschaftsformen gleiche Offenlegungspflichten zu schaffen.[3275]

906 **Kapitalgesellschaften sind** daher im Anwendungsbereich des § 13e HGB die ausländischen Entsprechungen der **AG,** der **GmbH** und – kraft der Verweisung durch § 13f Abs. 8 HGB – der **KGaA.** Diese Gesellschaftstypen sind gemäß Art. 29 GesR-RL iVm Anh. II GesR-RL dem maßgeblichen europäischen Recht der Zweigniederlassung unterworfen.

907 **Rechtsformspezifische Sonderregeln** für die unterschiedlichen Kapitalgesellschaftstypen enthalten sodann **§ 13f HGB (AG, KGaA)** und **§ 13g HGB (GmbH).** Wegen der Richtlinienbindung der die AG, KGaA und GmbH betreffenden Regelungen ist die Vergleichbarkeit des ausländischen Hauptunternehmens mit den genannten Gesellschaftstypen des deutschen Rechts nicht nach Maßgabe der Begriffsbestimmungen des deutschen innerstaatlichen Gesellschaftsrechts zu prüfen, sondern anhand Art. 29 GesR-RL iVm Anh. II GesR-RL (→ Rn. 901). Dabei ist zwischen Unternehmen mit Sitz im EU-Ausland (vgl. Art. 29–35 GesR-RL) und solchen mit Sitz in Drittstaaten (vgl. Art. 36–39 GesR-RL) zu unterscheiden.[3276]

908 Auf **Hauptunternehmen mit Sitz im EU-Ausland** sind die §§ 13e, 13f, 13g HGB mithin anwendbar, wenn diese nach ihrer Rechtsform einem der in Art. 29 GesR-RL iVm Anh. II GesR-RL aufgeführten Gesellschaftstypen entsprechen. So untersteht etwa eine französische société anonyme den Regelungen über die Aktiengesellschaft, eine niederländische commanditaire vennootschap op aandelen den Regeln über die KGaA, eine italienische società a responsabilità limitata –

[3272] So Koch HGB § 13d Rn. 2; Koch HGB § 13 Rn. 4 unter Verweis auf § 33 HGB; anders Begr. RegE, BT-Drs. 12/3908, 15.

[3273] *Kindler* NJW 1993, 3301 (3303).

[3274] BT-Drs. 12/3908, 15 re. Sp.: „Die Vorschrift des § 13e HGB betrifft … inländische Zweigniederlassungen solcher ausländischen Gesellschaften, die eine der Aktiengesellschaft oder einer Gesellschaft mbH vergleichbare Rechtsform haben".

[3275] *Kindler* NJW 1993, 3301 (3303); zust. MüKoHGB/*Krafka* HGB § 13e Rn. 2; KKRD/*Roth* HGB § 13e Rn. 2; Hopt/*Hopt* HGB § 13e Rn. 1; Koch AktG HGB § 13f Rn. 8.

[3276] *Kindler* NJW 1993, 3301 (3303).

und wohl auch eine französische sas, wenngleich deren rechtsdogmatische Einordnung noch nicht restlos geklärt ist – den Regelungen über die GmbH usw.

Hauptunternehmen mit Sitz in Drittstaaten sind der EU-Zweigniederlassungspublizität – und damit den §§ 13d ff. HGB – dann unterworfen, wenn sie eine Rechtsform haben, die mit den in der Publizitäts-RL genannten Rechtsformen „vergleichbar" ist (Art. 36 Abs. 1 GesR-RL). Für die GmbH ist hierbei in die Vergleichbarkeitsprüfung wiederum der Katalog der Gesellschaftsformen der Einpersonen-Gesellschafts-RL einzubeziehen.[3277] Fällt diese Vergleichbarkeitsprüfung positiv aus, dann ist die Gesellschaft zugleich einer der in §§ 13d–13g HGB genannten Gesellschaftsformen „vergleichbar". Sie unterliegt dann den Nachweis- und Offenlegungspflichten nach den genannten Vorschriften. In diesem Zusammenhang ist etwa eine schweizerische Aktiengesellschaft nach den für die Aktiengesellschaft maßgeblichen Vorschriften zu behandeln, eine türkische Limitet [[Scedil]]irket nach den Vorschriften über die GmbH. Auch eine **britische private company limited by shares (Ltd.)** unterliegt seit dem 1.1.2021 (→ Rn. 485 ff.) – da einer GmbH vergleichbar – dem Art. 36 GesR-RL (§ 13g HGB).[3278] 909

4. Internationale Zuständigkeit und anwendbares Recht (§ 13d HGB). § 13d HGB betrifft gleichermaßen inländische Zweigniederlassungen von Einzelkaufleuten, juristischen Personen und Handelsgesellschaften mit Hauptniederlassung bzw. Sitz im Ausland. Da für diese Unternehmen eine inländische Regelzuständigkeit gemäß § 13 Abs. 1 HGB an der Hauptniederlassung bzw. am Sitz ausscheidet, bestimmt § 13d Abs. 1 HGB die **internationale und örtliche**[3279] **Zuständigkeit des Gerichts der inländischen Zweigniederlassung** für alle Anmeldungen, Zeichnungen, Einreichungen und Eintragungen, die sich auf die Zweigniederlassung beziehen.[3280] Für die internationale Zuständigkeit ist auch auf §§ 105, 377 FamFG hinzuweisen. Werden **mehrere Zweigniederlassungen** unterhalten, so sind **alle Zweigniederlassungsgerichte zuständig,** und die Anmeldung, Zeichnungen, Einreichungen und Eintragungen haben bei jedem dieser Gerichte zu erfolgen. Dies ergibt sich aus § 13e Abs. 5 HGB, wonach ausländische Kapitalgesellschaften mit mehreren inländischen Zweigniederlassungen lediglich für die Einreichung der Satzung bzw. des Gesellschaftsvertrages ein Hauptregister wählen können.[3281] 910

Das **registerrechtliche Verfahren** unterliegt **grundsätzlich** dem **deutschen Recht** als dem Recht des Gerichtsstaates.[3282] Die Zweigniederlassung wird registerrechtlich – und auch kostenrechtlich – wie die Hauptniederlassung eines inländischen Unternehmens behandelt (§ 13d Abs. 3 HGB).[3283] 911

Ausdrücklich **ausgenommen** von diesem Grundsatz sind zunächst die **(ausländischen) AGen, KGaAen und Gesellschaften mbH (§ 13d Abs. 3 HGB).** Für diese Unternehmensformen enthalten die §§ 13e–13g HGB abschließende Sonderregeln (→ Rn. 905 ff., → Rn. 927 ff.). Eine generelle Verweisung auf die für inländische Hauptniederlassungen geltenden Regelungen war dem deutschen Gesetzgeber auf Grund der Vorgaben der Zweigniederlassungs-RL (→ Rn. 32 ff.) verwehrt.[3284] 912

Im Hinblick auf inländische Zweigniederlassungen sonstiger Hauptunternehmen mit Sitz im Ausland ergeben sich **Einschränkungen** des lex fori-Prinzips aus dem **allgemeinen Vorbehalt zu Gunsten des ausländischen Rechts** in § 13d Abs. 3 HGB („soweit nicht das ausländische Recht Abweichungen nötig macht"). Sieht etwa das Recht am Sitz des ausländischen Unternehmens weiterreichende Offenlegungspflichten vor, so ist für das Anmeldeverfahren insoweit das ausländische Recht maßgeblich.[3285] Umgekehrt darf das Registergericht nicht in Anwendung deutschen Rechts in die durch ausländisches Recht geordneten Verhältnisse des Unternehmens eingreifen, zB im Hinblick auf die Entstehungsvoraussetzungen und die Organisationsstruktur.[3286] So kann etwa eine 913

[3277] Näher *Kindler* NJW 1993, 3301 (3304).

[3278] BGH NZG 2021, 1564 Rn. 23, 30.

[3279] OLG Schleswig NZG 2007, 918 mAnm *Krause.*

[3280] Staudinger/*Großfeld,* 1998, IntGesR Rn. 988; Koch AktG HGB § 13d Rn. 4.

[3281] OLG Schleswig NZG 2007, 918 mAnm *Krause;* vgl. Koch AktG HGB § 13d Rn. 4.

[3282] BGH NZG 2021, 1564 Rn. 14, 23; BGHZ 172, 200 Rn. 12 = NJW 2007, 2328 – Hochbau aller Art; dazu *Eidenmüller/Rehberg* NJW 2008, 28; *Bauer/Großerichter* NZG 2008, 253; OLG Hamm ZIP 2006, 1947 (1949); OLG Dresden NZG 2008, 265 (266); Staub/*Koch/Harnos* HGB § 13d Rn. 47 ff.

[3283] BayObLGZ 1985, 272 (278); BayObLG NJW 1999, 654; OLG Düsseldorf RIW 1999, 143 (die beiden zuletzt genannten Entscheidungen auch zu § 26 KostO aF; heute § 58 GNotKG); Hopt/*Hopt* HGB § 13d Rn. 5; *Diehl,* Zweigniederlassungen ausländischer Banken – Rechtsfragen und Besteuerung, 1978, 20; *Lenz* DJ 1937, 1305 (1308); *Schilling* RIW 1954, 37; HCL/*Behrens/Hoffmann* GmbHG Allg. Einl. Rn. B 228.

[3284] BT-Drs. 12/3908, 15; Koch AktG HGB § 13d Rn. 6.

[3285] Vgl. BayObLG IPRspr. 1973 Nr. 21, S. 54 (55) = NJW 1973, 2162.

[3286] BayObLGZ 1986, 351 (356) = WM 1986, 1557 = WuB II N. § 13b HGB aF Nr. 1.87 mAnm *Müller-Graff;* MüKoHGB/*Krafka* HGB § 13d Rn. 22; Staub/*Koch/Harnos* HGB § 13d Rn. 51.

Versicherung über geleistete Einlagen (§ 37 Abs. 1 AktG, § 8 Abs. 2 GmbHG) nicht gefordert werden, weil dies einer gerichtlichen Gründungsprüfung gleichkommen würde.[3287] Der Vorbehalt zu Gunsten des ausländischen Rechts lässt es freilich zu, Angaben – zB über Gesellschafterbeschlüsse – zu verlangen, welche das ausländische Unternehmen nach seinem Heimatrecht nicht zu machen braucht, aber ohne weiteres machen kann.[3288]

914 Anmeldung und Eintragung **ausländischer Zweigniederlassungen inländischer Unternehmen** sind dagegen in deutschen Registern nicht möglich.[3289] Dies ergibt sich aus der Bindungswirkung des § 13 Abs. 3 HGB. Danach hat das Gericht der Zweigniederlassung diese ohne eigenes Prüfungsrecht im Register der Hauptniederlassung einzutragen. Eine Verpflichtung des ausländischen Gerichts, diese Norm im Falle ausländischer Zweigniederlassungen zu befolgen, käme einem unzulässigen Eingriff in die fremde Staatshoheit gleich.[3290] Allein die §§ 13 ff. HGB legen fest, welche Angaben bezüglich der Zweigniederlassung in das Handelsregister einzutragen sind. Dazu zählt zB auch **nicht die konstitutive Eintragung einer Verschmelzung** einer deutschen Gesellschaft auf eine ausländische Gesellschaft, die hier eine Zweigniederlassung unterhält.[3291]

915 **5. Anmeldeverpflichtung und Inhalt der Eintragung. a) Personenkreis.** Regelmäßig setzt die Eintragung in das Handelsregister einen entsprechenden Antrag, die Anmeldung, voraus. Wer die inländische Zweigniederlassung eines ausländischen Unternehmens zur Eintragung anzumelden hat, richtet sich nach deutschem Recht (Art. 41 GesR-RL).[3292] Danach haben **Einzelkaufleute** die Zweigniederlassung selbst anzumelden.[3293] Zweigniederlassungen von **Personengesellschaften** sind **durch alle Gesellschafter** anzumelden (§ 106 Abs. 7 S. 1 HGB, § 161 Abs. 2 HGB).[3294] Bei Zweigniederlassungen ausländischer **Kapitalgesellschaften** genügt die Anmeldung durch die **Vorstandsmitglieder bzw. Geschäftsführer in vertretungsberechtigter Zahl** (§ 13e Abs. 2 S. 1 HGB).[3295] Die bis zur Neuordnung des Rechts der Zweigniederlassung mit Gesetz vom 22.7.1993 (→ Rn. 895) erforderliche Anmeldung durch **alle** Mitglieder des Vorstands bzw. alle Geschäftsführer[3296] ist weggefallen.[3297] Anmeldepflichtig sind ferner bei den **juristischen Personen iSd § 33 HGB** die **Mitglieder des Vorstands in vertretungsberechtigter Zahl.** Eine Anmeldung durch sämtliche Vorstandsmitglieder erscheint im Hinblick auf § 13e Abs. 2 S. 1 HGB in Abweichung vom früheren Recht nicht mehr erforderlich.[3298] Hingegen hat die Anmeldung inländischer Zweigniederlassungen ausländischer **Genossenschaften** zum Genossenschaftsregister nach der eindeutigen gesetzlichen Regelung in §§ 14, 157 GenG durch **sämtliche Mitglieder des Vorstandes** zu erfolgen.[3299]

916 Den **Leiter der inländischen Zweigniederlassung** trifft nach hM **keine persönliche Anmeldepflicht.** Eine Anmeldepflicht ist für diesen Personenkreis weder ausdrücklich gesetzlich angeordnet, noch erfolgt die Eintragung der Zweigniederlassung in den Angelegenheiten der Zweigniederlassungsleiter selbst.[3300] Im Gegenteil zeigt die Regelung der „ständigen Vertreter" in § 13e Abs. 2 S. 5 Nr. 3, Abs. 3 HGB (→ Rn. 935 ff.), dass die Zweigniederlassungsleiter regelmäßig bloß Gegenstand der Anmeldung sind, nicht aber Adressaten der Anmeldeverpflichtung.[3301]

917 Problematisch ist im Hinblick auf Kapitalgesellschaften und juristische Personen sowie Genossenschaften, welche Personen aus den Gesellschaftsorganen solcher ausländischer Unternehmen zum

---

[3287] BayObLGZ 1986, 351 (356) m. insoweit zust. Anm. *Müller-Graff;* zur Straffreiheitserklärung gemäß § 37 Abs. 2 AktG, § 8 Abs. 3 GmbHG → Rn. 919 ff.

[3288] BayObLGZ 1986, 353 (356); KG DR 1940, 2007; Staub/*Koch/Harnos* HGB § 13d Rn. 51; *Bumeder,* Die inländische Zweigniederlassung ausländischer Unternehmen im deutschen Register- und Kollisionsrecht, 1971, 59 ff.

[3289] Eingehend LG Köln DB 1979, 984; Staub/*Hüffer,* 4. Aufl. 1983, HGB § 13 aF Rn. 1; Staudinger/*Großfeld,* 1998, IntGesR Rn. 987.

[3290] LG Köln DB 1979, 984.

[3291] OLG München DNotZ 2006, 783 (784) = ZIP 2006, 1049; zu diesem Fall → Rn. 853 ff.

[3292] LG Danzig IPRspr. 1935–1944, Nr. 30; Henssler/Strohn/*Servatius* IntGesR Rn. 9.

[3293] KKRD/*Roth* HGB § 13d Rn. 6; zur Möglichkeit der rechtsgeschäftlichen Stellvertretung → Rn. 972 ff.

[3294] Staudinger/*Großfeld,* 1998, IntGesR Rn. 993; aA MüKoHGB/*Krafka* HGB § 13d Rn. 23.

[3295] KG NJW-RR 2004, 331 (332); *Kindler* NJW 1993, 3301 (3305); Koch HGB § 13e Rn. 3; MüKoHGB/*Krafka* HGB § 13e Rn. 6; KKRD/*Roth* HGB § 13d Rn. 3; zur Maßgeblichkeit des Gesellschaftsstatuts insoweit → Rn. 530 ff.; *Wachter* MDR 2004, 611 (616 f.).

[3296] So zum damaligen Recht BayObLGZ 1985, 272 (277).

[3297] Anders offenbar Staudinger/*Großfeld,* 1998, IntGesR Rn. 995.

[3298] Ebenso MüKoHGB/*Krafka* HGB § 13d Rn. 23; aA KKRD/*Roth* HGB § 13d Rn. 6.

[3299] Zum internationalen Genossenschaftsrecht *Münkner* FS Beuthien, 2009, 349.

[3300] Vgl. Hopt/*Merkt* HGB § 8 Rn. 6.

[3301] Wie hier iErg MüKoHGB/*Krafka* HGB § 13d Rn. 23; Staub/*Koch/Harnos* HGB § 13d Rn. 57; aA Staudinger/*Großfeld,* 1998, IntGesR Rn. 996; Hopt/*Merkt* HGB § 13d Rn. 5; OLG Oldenburg RIW 2001, 863.

Vorstand bzw. zu den Geschäftsführern zu zählen sind. Es ist dann im Wege der Substitution das dem Vorstand oder den Geschäftsführern entsprechende Organ des ausländischen Unternehmens zu ermitteln.[3302]

918 **b) Form der Anmeldung.** Nach § 12 Abs. 1 HGB ist die Anmeldung zum Handelsregister elektronisch in **öffentlich-beglaubigter** Form zu bewirken. Im Regelfall erfolgt die Beglaubigung durch einen deutschen Notar (§ 129 BGB), doch genügt auch die Beglaubigung durch einen ausländischen Notar den Formanforderungen des deutschen Rechts.[3303] Denn bei einer Beglaubigung muss die Urkundsperson nur die Identität des Unterzeichnenden feststellen. Daher ist nicht nur die Beglaubigung durch Angehörige des sog. Lateinischen Notariats für ausreichend zu erachten, sondern auch etwa durch Urkundspersonen aus dem anglo-amerikanischen Raum.[3304] Die Einreichung erfolgt über den Notar (§ 387 Abs. 3 HGB).

919 **c) Straffreiheitserklärung. aa) Gesellschaften mit Sitz im EU/EWR-Ausland.** Grundsätzlich unterliegen die **persönlichen Anforderungen** an Organmitglieder und Geschäftsleiter dem **Gesellschaftsstatut** (→ Rn. 531). Daneben **galten vor** der Neufassung von § 13e HGB durch das **DiRUG** (BGBl. 2021 I 3338) zum 1.8.2022 für die gesetzlichen Vertreter sowohl von EU-/EWR-Kapitalgesellschaften als auch von Kapitalgesellschaften aus Drittstaaten **Bestellungshindernisse nach inländischem Recht** (Betreuung, Gewerbeverbot, Verurteilung wegen bestimmter Straftatbestände; → AktG § 76 Abs. 3; → GmbHG § 6 Abs. 2) in Bezug auf eine inländische Zweigniederlassung, und zwar auch für ständige Vertreter.[3305] Seit der Neufassung von § 13e Abs. 3 S. 2 HGB durch das DiRUG wird bei der Anmeldung der Zweigniederlassung einer EU-/EWR-Kapitalgesellschaft auf die Erfüllung der Voraussetzungen des § 76 Abs. 3 S. 2–4 AktG bzw. § 6 Abs. 2 S. 2–4 GmbHG verzichtet.

920 Damit wollte der Gesetzgeber dem Vorabentscheidungsersuchen des BGH in der Rs. **„All in One Star Limited“**[3306] **Rechnung getragen,** mit dem der II. Zivilsenat dem EuGH die Frage vorgelegt hatte, ob die seinerzeit geltenden Regelungen mit Art. 30 GesR-RL bzw. Art. 49, 54 AEUV vereinbar seien. Zwar war dies nach richtiger Ansicht zu bejahen.[3307] Auch hob der BGH den Aussetzungs- u. Vorlagebeschluss zwischenzeitlich wieder auf, nachdem infolge des Austritts des Vereinigten Königreichs aus der EU mWv 1.2.2020 und dem Ablauf des in Art. 126 des Austrittsabkommens bestimmten Übergangszeitraums am 31.12.2020 die Vorschriften des Art. 30 GesR-RL nicht mehr auf die Beteiligten anzuwenden waren und sich britische Limiteds seither nicht mehr auf die Niederlassungsfreiheit berufen können.[3308] Gleichwohl gelten die vorgenannten **Bestellungshindernisse** nach der Neufassung des § 13e Abs. 3 S. 2 HGB durch das DiRUG **nur noch** für die gesetzlichen Vertreter von Kapitalgesellschaften aus **Drittstaaten.** Dies wird damit gerechtfertigt, dass aufgrund des grenzüberschreitenden Informationsaustauschs über die Disqualifikation einer Person (Art. 13i Abs. 4 GesR-RL) bereits die Bestellung zum Geschäftsführer oder Vorstand der Kapitalgesellschaft in dem jeweiligen Mitgliedstaat verhindert werden könne.[3309]

921 **Kritik:** Ein lückenloser Schutz des inländischen Rechtsverkehrs vor unzuverlässigen Geschäftsleitern EU/EWR-ausländischer Kapitalgesellschaften ist dadurch nicht gewährleistet. Die Mitgliedstaaten *können* Bestellungshindernisse aus anderen Mitgliedstaaten zwar anerkennen, eine Verpflichtung dazu besteht jedoch nicht.[3310] Es ist somit gerade nicht ausgeschlossen, dass eine in Deutschland disqualifizierte Person in einem anderen EU-/EWR-Mitgliedstaat Geschäftsführer oder Vorstand werden kann und über § 13e HGB am inländischen Rechtsverehr teilnimmt.[3311] Die Versagung der Eintragung der Zweigniederlassung wäre für die in → Rn. 919 angesprochenen Fälle mit strafrechtli-

3302 Zum Ganzen BayObLGZ 1985, 272 (277); *Balser/Pichura,* Zweigniederlassungen ausländischer Kapitalgesellschaften in Deutschland, 1958, 30; *Bumeder,* Die inländische Zweigniederlassung ausländischer Unternehmen im deutschen Register- und Kollisionsrecht, 1971, 65; Hopt/*Merkt* HGB § 13d Rn. 5; Staudinger/*Großfeld,* 1998, IntGesR Rn. 996; *Rehberg* in Eidenmüller Ausl. KapGes. § 5 Rn. 73; vgl. auch LG Saarbrücken IPRspr. 1950–51, Nr. 15, wonach der président directeur général einer franz. AG Vorstand iSd dt. Aktienrechts ist.

3303 Näher – auch mit Bezug zum Rechtsverkehr mit England – *Wachter* MDR 2004, 611 (614 f.); allg. zum Beglaubigungserfordernis bei der Anmeldung der Zweigniederlassung BGH NZG 2021, 1564 Rn. 13 ff.

3304 BayObLG DNotZ 1993, 397 = IPRax 1994, 122 – notary public; näher zur Substitution von Urkundspersonen → EGBGB Art. 11 Rn. 80 ff.

3305 Näher Koller/Kindler/Drüen/*Roth/Stelmasczcyk* HGB § 13e Rn. 3.

3306 BGH NZG 2019, 775.

3307 → 8. Aufl. 2021, Rn. 912; Koller/Kindler/Drüen/*Roth/Stelmasczcyk* HGB § 13e Rn. 3.

3308 BGH NZG 2021, 702 = EWiR 2021, 423 m. Kurzkomm. *Lieder.*

3309 RegBegr BT-Drs. 19/28177, 98.

3310 Koller/Kindler/Drüen/*Roth/Stelmasczcyk* HGB § 13e Rn. 3, § 9c Rn. 1.

3311 Krit. daher mit Recht *J. Schmidt* ZIP 2021, 112 (122).

chem Einschlag **EU-rechtlich** schon deshalb **unbedenklich,** weil hier ein **Missbrauch der Niederlassungsfreiheit** vorliegt (→ Rn. 396 f.). Auch die **Zweigniederlassungs-RL** (→ Rn. 32 ff.) steht nicht entgegen, weil sie nur die Offenlegung bestimmter Tatsachen regelt,[3312] **nicht** aber die vom Zweigniederlassungsstaat zu verlangenden Anforderungen an die **Zuverlässigkeit von Geschäftsleitern.**[3313] Selbst wenn man die Richtlinie in diesem Punkt für einschlägig halten wollte, wäre das hier vertretene Ergebnis nach dem Grundsatz der freien Wahl zwischen Zweigniederlassung und Tochtergesellschaft geboten, da anderenfalls die Tochtergesellschaft – wegen der unmittelbaren Anwendbarkeit der Bestimmungen über die Straffreiheitserklärung – die weniger attraktive Ausübungsform der sekundären Niederlassungsfreiheit wäre (→ Rn. 895).

922 **bb) Gesellschaften mit Sitz in einem Drittstaat.** Nach § 13e Abs. 3 S. 2 HGB idF des DiRUG vom 5.7.2021 (BGBl. 2021 I 3338) können **gesetzliche Vertreter drittstaatlicher AGen und Gesellschaften mbH** eine Zweigniederlassung im Inland unter anderem dann **nicht anmelden,** wenn sie eine der in den Katalogen des § 76 Abs. 3 AktG oder § 6 Abs. 2 GmbHG bezeichneten **Straftaten** begangen haben.[3314] Dabei kommt vor allem auch den **Gleichstellungsklauseln** in § 76 Abs. 3 S. 4 AktG, § 6 Abs. 3 S. 4 GmbHG Bedeutung zu, wonach ein Bestellhindernis durch eine **Verurteilung im Ausland** ausgelöst wird, wenn die Tat einer der in § 76 Abs. 3 S. 2 Nr. 3 AktG, § 6 Abs. 2 S. 2 Nr. 3 GmbHG genannten Taten vergleichbar ist.[3315] Die Regelung soll – im Sinne einer „hypothetischen Inhabilität" – verhindern, dass Personen, die nach deutschem Recht als Organmitglied ungeeignet wären (zB nicht als GmbH-Geschäftsführer bestellt werden könnten), als Organe einer drittstaatlichen Auslandsgesellschaft im Inland eine Zweigniederlassung eintragen lassen.[3316] Dies entspricht der vor Umsetzung der Zweigniederlassungs-RL (→ Rn. 895) bestehenden Gesetzeslage.[3317] Zudem verweist § 13f Abs. 2 S. 2 HGB auf § 37 Abs. 2 AktG und § 13g Abs. 2 S. 2 HGB verweist auf § 8 Abs. 3 GmbHG. Daher haben Vorstände und Geschäftsführer von Kapitalgesellschaften mit Sitz im drittstaatlichen Ausland bei Anmeldung einer inländischen Zweigniederlassung eine **Straffreiheitserklärung** abzugeben.[3318] Die Regelung hat grundsätzlich nicht zur Folge, dass die nach ausländischem Recht wirksame Bestellung eines Organmitglieds unwirksam ist oder wird;[3319] anderes gilt aber bei inländischem Verwaltungssitz der Gesellschaft (→ Rn. 531).

923 Problematisch ist, dass der **Wortlaut** des § 13e Abs. 3 S. 2 HGB eine **Ablehnung der Eintragung der Zweigniederlassung nicht trägt.** So ist schon wegen des Normstandorts unmittelbar im Anschluss an die Regelung der „ständigen Vertreter" (§ 13e Abs. 3 S. 1 HGB) eher anzunehmen, dass das Vorliegen eines Inhabilitätsgrundes bloß zur Versagung einer Eintragung **als ständiger Vertreter der Zweigniederlassung** führt, nicht aber zur vollständigen Ablehnung der Eintragung der Zweigniederlassung als solcher. Diese Auslegung wird zusätzlich durch die in Bezug genommenen § 76 Abs. 3 S. 2–4 AktG, § 6 Abs. 2 S. 2–4 GmbHG unterstützt, wonach der Betroffene nicht Vorstand/Geschäftsführer „sein kann". Versteht man diese Aussage „in Bezug auf die Zweigniederlassung" (§ 13e Abs. 3 S. 2 HGB), so kann der Betroffene nicht ständiger Vertreter der Gesellschaft für die Tätigkeit der Zweigniederlassung sein, denn diese Figur entspricht funktional der Organperson in der Gesellschaft selbst. Der Normtext setzt aber fälschlich bei der Anmeldung an.[3320] Mit dem Entzug der Anmeldebefugnis ist es deshalb nicht getan, weil § 13e Abs. 2 S. 1 HGB die Anmeldung durch Vorstandsmitglieder oder Geschäftsführer lediglich in vertretungsberechtigter Zahl genügen

---

[3312] Dies ergibt sich schon aus der Bezeichnung der Richtlinie, ferner vielfach aus ihren Erwägungsgründen und den Überschriften zu den einzelnen Vorschriften.

[3313] Näher zur EG-Konformität BT-Drs. 16/6140, 50; Staub/*Koch/Harnos* HGB § 13e Rn. 40; krit. *Bauer/Großerichter* NZG 2008, 253 (256).

[3314] Näher *Hoger* NZG 2015, 1219 (1219 ff.); so zum früheren Recht schon BGHZ 172, 200 = NJW 2007, 2328 – Hochbau aller Art; dazu *Eidenmüller/Rehberg* NJW 2008, 28; *Bauer/Großerichter* NZG 2008, 253.

[3315] Staub/*Koch/Harnos* HGB § 13e Rn. 38.

[3316] Begr. RegE zum MoMiG, BT-Drs. 16/6140, 50.

[3317] Treffend BayObLGZ 1986, 351 (356 f.) – Landshuter Druckhaus Ltd. II = WuB II N. § 13b HGB aF Nr. 1.87 mAnm *Müller-Graff:* nicht hinnehmbar, „dass zB ein im Inland wegen eines Konkursdelikts verurteilter Geschäftsführer im Ausland eine Gesellschaft gründet oder mitgründet, sich als organschaftlicher Leiter bestellen lässt und nunmehr seine Geschäfte durch eine inländische Zweigniederlassung weiterbetreibt. Das kann nicht rechtens sein"; dazu → 4. Aufl. 2006, Rn. 918.

[3318] *Wachter* in Römermann/Wachter, GmbH-Beratung nach dem MoMiG, 2008, 83; Staub/*Koch/Harnos* HGB § 13e Rn. 38 ff.; anders noch *Kindler* IPRax 2009, 189 (200 f.).

[3319] *Wachter* in Römermann/Wachter, GmbH-Beratung nach dem MoMiG, 2008, 83.

[3320] Ebenso Begr. RegE vom 23.7.2007, BT-Drs. 16/6140, 49 f.: „Die künftige … Regelung sieht vor, dass gesetzliche Vertreter ausländischer Gesellschaften eine Zweigniederlassung im Inland insbesondere dann nicht anmelden können, wenn sie eine der in den Katalogen des § 76 AktG und des § 6 GmbHG bezeichneten Straftaten begangen haben".

lässt.[3321] Wird die Gesellschaft bei der Anmeldung der Zweigniederlassung wirksam ausschließlich durch Vorstandsmitglieder oder Geschäftsführer vertreten, bei denen *keine* Inhabilitätsgründe vorliegen, so würde eine Versagung der Anmeldebefugnis bloß des inhabilen Organmitglieds das vom Gesetzgeber angestrebte Ergebnis – Ablehnung der Eintragung der Zweigniederlassung selbst – verfehlen. Das MoMiG hätte demnach bei der angestrebten **Rechtsfolge** ansetzen müssen, dh bei der **Ablehnung der Eintragung,** genau wie im Falle der Gesellschaftsgründung. Die hier maßgeblichen Vorschriften der § 38 Abs. 1 AktG, § 9c Abs. 1 S. 1 GmbHG können im vorliegenden Zusammenhang nicht schon nach § 13d Abs. 3 HGB sinngemäß Anwendung finden, da die Errichtung einer Zweigniederlassung – anders als die Errichtung einer Gesellschaft – ein rein tatsächlicher Vorgang ist. Besser hätte man – wie vorgeschlagen – in § 13 f. HGB (und § 13g HGB) in Anlehnung an den Leitsatz a) von BGHZ 172, 200[3322] eine entsprechende Vorschrift aufgenommen.[3323] Das sachgerechte Ergebnis – Ablehnung der Eintragung der Zweigniederlassung – muss stattdessen im Wege der **historisch-teleologischen Interpretation aus der undeutlichen Bezugnahme auf BGHZ 172, 200 in der MoMiG-Begründung**[3324] **hergeleitet** werden.

d) Vertretung bei der Anmeldung. In Literatur und Rspr. ist umstritten, ob die Anmeldepflicht durch die Vorstandsmitglieder bzw. die Geschäftsführer persönlich erfüllt werden muss, oder ob **Vertretung** überhaupt und ggf. in welcher Form gestattet ist. Diese Frage ist gesetzlich nur für die Anmeldung der Zweigniederlassung einer Genossenschaft im Sinne eines Vertretungsverbotes bei der Anmeldung geregelt (§ 157 Abs. 1 GenG). Bei den anderen Unternehmensformen lässt die wohl hM die Vertretung der Organpersonen zu. Sie stützt sich dabei auf die Vorschrift des § 12 Abs. 1 S. 3 HGB, wo die Zulässigkeit einer Bevollmächtigung zur Registeranmeldung (§ 10 Abs. 2 FamFG) vorausgesetzt wird.[3325] 924

Davon zu unterscheiden ist die **Frage**, ob die konkret erteilte **Vollmacht** sich **sachlich** auf die **Anmeldung der Zweigniederlassung erstreckt.** Einfach festzustellen ist dies bei ausdrücklichen Anmelde- bzw. Spezialvollmachten. Hingegen ist bei Vorliegen einer Generalvollmacht bzw. einer inhaltlich typisierten handelsrechtlichen Vollmacht nach Art der Prokura deutschen Rechts im Einzelfall zu prüfen, ob sich die Bevollmächtigung auf die Handelsregisteranmeldung erstreckt.[3326] Dies ist jedenfalls dann der Fall, wenn sie „zur Verwirklichung des der Anmeldung zu Grunde liegenden Sachverhalts berechtigt",[3327] dh zur faktischen Errichtung der Zweigniederlassung.[3328] Ferner wird eine Generalvollmacht oder Prokura mit Befugnis zum Beteiligungserwerb[3329] erst recht zur Errichtung von Zweigniederlassungen und damit auch zu deren Registeranmeldung berechtigen. Hat das ausländische Unternehmen Filialprokura nach inländischem Recht erteilt (§ 50 Abs. 3 HGB; → Rn. 233), so ist der Prokurist zur Errichtung und Anmeldung der inländischen Zweigniederlassung befugt.[3330] In jedem Fall ist die Vertretungsmacht elektronisch **in öffentlich beglaubigter Form nachzuweisen** (§ 12 Abs. 1 S. 2 HGB; § 39a BeurkG). Eine **Auslandsbeglaubigung** ist insoweit zulässig, sofern gleichwertig.[3331] Die Verpflichtung der Organpersonen zur Zeichnung der Namensunterschrift[3332] ist durch das EHUG entfallen.[3333] 925

e) Eintragung der Zweigniederlassung als Kommanditistin einer deutschen KG. Sofern man eine grenzüberschreitende Grundtypenvermischung („Ltd. & Co. KG") zulässt 926

[3321] KG NZG 2004, 49 (50) = GmbHR 2004, 116; → 4. Aufl. 2006, Rn. 913; aA Staub/*Koch/Harnos* HGB § 13e Rn. 16: aus dem Erfordernis der Anmeldeversicherung folge gerade eine Anmeldeverpflichtung *sämtlicher* Organmitglieder.

[3322] BGHZ 172, 200 = NJW 2007, 2328 – Hochbau aller Art; dazu *Eidenmüller/Rehberg* NJW 2008, 28; *Bauer/Großerichter* NZG 2008, 253.

[3323] Formulierungsvorschlag: „Besteht bei einem Mitglied des Vorstands (bei einem Geschäftsführer) der Gesellschaft ein Bestellungshindernis im Sinne der Vorschriften des § 76 Abs. 2 S. 2 oder 3 AktG (§ 6 Abs. 2 S. 2 oder 3 GmbHG), so hat das Gericht die Eintragung der Zweigniederlassung abzulehnen."; *Kindler* Die AG 2007, 721 (730).

[3324] BT-Drs. 16/6140, 49 f.

[3325] BGHZ 116, 190 (192) = NJW 1992, 975; ferner schon KG JW 1932, 2626 m. ausf. Darstellung der Problematik und wN; aA Staub/*Koch/Harnos* HGB § 13e Rn. 17 wegen des durch das MoMiG erneut eingeführten Erfordernisses der Anmeldeversicherung.

[3326] Koch AktG HGB § 13e Rn. 3; vgl. auch BGHZ 116, 190 (193 f.) = NJW 1992, 975.

[3327] So BGHZ 116, 190 (198) = NJW 1992, 975 zur Prokura deutschen Rechts.

[3328] Bei der Prokura deutschen Rechts ist dies der Fall, vgl. *Joost* ZIP 1992, 463 (465); *Canaris* HandelsR, 24. Aufl. 2006, § 12 Rn. 14.

[3329] Vgl. BGHZ 116, 190 (194) = NJW 1992, 975.

[3330] Vgl. nochmals *Joost* ZIP 1992, 463 (465).

[3331] Näher Staub/*Koch/Harnos* HGB § 12 Rn. 76 f.; EBJS/*Schaub* HGB Anh. § 12 Rn. 1 ff.

[3332] → 4. Aufl. 2006, Rn. 922.

[3333] Staub/*Koch/Harnos* HGB § 12 Rn. 3.

(→ Rn. 524 f.), ist es folgerichtig, auch die Beteiligung einer ausländischen Kapitalgesellschaft an einer deutschen KG unter der Firma ihrer inländischen Zweigniederlassung zuzulassen.[3334] Dem steht nicht entgegen, dass die Zweigniederlassung keine eigene Rechtspersönlichkeit besitzt und daher selbst nicht rechtsfähig ist. Denn in wirtschaftlicher Hinsicht handelt es sich bei der Zweigniederlassung um einen mit selbstständigen Rechten und Pflichten ausgestatten Unternehmensteil (s. auch § 15 Abs. 4 HGB). Die ausländische Gesellschaft nimmt daher mit ihrer inländischen Zweigniederlassung am Rechtsverkehr teil. Auch wird die Transparenz der Beteiligungsverhältnisse durch die deutsche Handelsregistereintragung der Zweigniederlassung (§§ 13e ff. HGB) sogar besser gewährleistet als durch den bloßen Verweis auf ein ausländisches Handelsregister.

927 **6. Überblick zu den einzelnen Nachweis- und Offenlegungspflichten für inländische Zweigniederlassungen ausländischer Kapitalgesellschaften. a) Ort und Firma der Zweigniederlassung.** Nach § 13d Abs. 2 HGB hat die Eintragung – und folglich auch die Anmeldung – den **Ort** der Zweigniederlassung zu enthalten, sowie einen der **Firma** der Zweigniederlassung ggf. beigefügten Zusatz. Zur Firma der Zweigniederlassung → Rn. 212 ff. Anzumelden ist ferner die **Tatsache der Errichtung** der Zweigniederlassung (§ 13e Abs. 2 S. 1 HGB), wobei aber der Gesellschafterbeschluss des Hauptunternehmens nicht vorgelegt werden muss.[3335]

928 **b) Nachweis des Bestehens der Gesellschaft.** Nach § 13e Abs. 2 S. 2 HGB ist bei der Anmeldung der Zweigniederlassung das Bestehen der ausländischen Gesellschaft als solcher nachzuweisen. In diesem Zusammenhang ist zunächst das Gesellschaftsstatut zu ermitteln (→ Rn. 387, → Rn. 388 ff., → Rn. 420 ff.). Nachzuweisen hat der Anmelder der inländischen Zweigniederlassung sodann, dass die Gesellschaft nach dem solchermaßen ermittelten Recht wirksam entstanden ist.[3336] Besteht in dem betreffenden Staat ein **Handelsregister,** über dessen Inhalt gerichtliche oder behördliche Bescheinigungen ausgestellt werden, so können diese vom Registergericht verlangt werden; anderenfalls können andere Nachweise, etwa – falls zeitnah erstellt – die **Gründungsurkunde** oder die **Bescheinigung eines örtlichen Notars,** ausreichen.[3337] Wie in → Rn. 432 ff., → Rn. 448 f. ausgeführt, besagen diese Unterlagen freilich nichts über die Existenz und die Belegenheit des tatsächlichen Verwaltungssitzes.

929 Zum Existenznachweis gehört **nicht** der **Nachweis** der **ausländischen gesetzlichen Vorschriften,** aus denen sich das Bestehen der Gesellschaft ergibt.[3338] Ausländisches Recht unterliegt der Amtsermittlungspflicht (→ Einl. IPR Rn. 321 ff.).

930 **c) Gewerbezulassung oder behördliche Genehmigung.** Nach der bis zum MoMiG bestehenden Gesetzeslage (zB § 8 Abs. 1 Nr. 6 GmbHG aF) musste der Handelsregisteranmeldung der Gründung einer Kapitalgesellschaft, deren Gegenstand der staatlichen Genehmigung bedarf, die verwaltungsbehördliche/staatliche Genehmigung beigefügt werden. Mit der Streichung der Nachweispflicht bei der **Errichtung einer Kapitalgesellschaft** sollten **Unternehmensgründungen erleichtert** und eine Gleichstellung der Kapitalgesellschaften mit Einzelkaufleuten und Personengesellschaften erreicht werden.[3339] Die Vorschrift des § 13e Abs. 2 S. 2 HGB aF erstreckte diese Nachweispflicht auf inländische Zweigniederlassungen ausländischer Gesellschaften, sollte eine staatliche Genehmigung nach dem Gegenstand des Unternehmens oder im Hinblick auf die Zulassung zum Gewerbebetrieb erforderlich sein.[3340] Diese **Nachweisverpflichtung wurde mit dem MoMiG** ebenfalls **gestrichen,** ohne freilich die verwaltungsrechtlichen Anforderungen an derartige Geschäftsbetriebe zu lockern.[3341] Unberührt bleiben daher §§ 14, 15, 35 GewO[3342] und die Versa-

[3334] OLG Bremen NZG 2013, 144; dazu *Wachter* EWiR 2013, 151.

[3335] OLG Düsseldorf NJW-RR 2006, 1040; Formulierungsvorschlag bei *Wachter* MDR 2004, 611 (618 f.); *Wachter* DStR 2005, 1821 zu § 823 Abs. 2 BGB.

[3336] Koch AktG HGB § 13e Rn. 4; BayObLG DB 1998, 2318; *Kindler* NJW 1999, 1993 f. zu EuGH ECLI:EU:C:1999:126 Rn. 117 ff. = NJW 1999, 2027 – Centros; *Mankowski* in Hirte/Bücker GrenzübGes § 12 Rn. 75 f.

[3337] Vgl. für Einzelheiten die Kommentierungen zu §§ 9, 12 HGB sowie die Nachweise → Rn. 432; speziell zu England vgl. den Handelsregisterzugriff über www.companieshouse.gov.uk; KG DB 2005, 1158 = ZIP 2005, 989; OLG Hamm ZIP 2006, 1947 (1949).

[3338] *Süß* DNotZ 2005, 180 (187 f.).

[3339] BT-Drs. 16/6140, 34.

[3340] → 4. Aufl. 2006, Rn. 926.

[3341] *Wachter* in Römermann/Wachter, GmbH-Beratung nach dem MoMiG, 2008, 85.

[3342] OLG Dresden ZIP 2006, 1097; ferner OVG Münster BB 2005, 2259 = EWiR 2006, 17 m. KurzKomm. *Just;* dazu *Mankowski* ZVI 2006, 45; HCL/*Behrens/Hoffmann* GmbHG Allg. Einl. Rn. B 226; zum Verwaltungsrecht → Rn. 891 ff.

gung der Eintragung wegen Unzuverlässigkeit der Organmitglieder der Auslandsgesellschaft (→ Rn. 919 ff.).

931 Der Gedanke der Gründungserleichterung (→ Rn. 930) trifft freilich für inländische Zweigniederlassungen ausländischer Gesellschaften nicht zu, weshalb die Streichung der Nachweispflicht auch in § 13e Abs. 2 S. 2 HGB **rechtspolitisch verfehlt** ist. Sie schafft für unzuverlässige Geschäftsführer einen Anreiz zur Flucht aus der GmbH und steht damit im **Gegensatz zu einem Hauptziel des MoMiG.**[3343] Die Gesellschaft besteht in dieser Konstellation bereits (was gegenüber dem Registergericht der Zweigniederlassung nachzuweisen ist, § 13e Abs. 2 S. 2 HGB). Die für Inlandsfälle beklagte Unterbilanzhaftung und/oder Notwendigkeit von Satzungsänderungen[3344] sind in diesen Fällen also gerade nicht zu besorgen, und EU-rechtlich war die Streichung des Nachweiserfordernisses nicht geboten.[3345] Sie führt zu einem unnötigen und unerwünschten **Kontrollverlust** der inländischen Gerichte und Behörden.[3346] Diese rechtspolitische Einschätzung berührt die Rechtslage de lege lata freilich nicht.

932 **d) Inländische Geschäftsanschrift und Gegenstand der Zweigniederlassung.** § 13e Abs. 2 S. 3 HGB verpflichtet zur Anmeldung der inländischen Geschäftsanschrift und des Gegenstands der Zweigniederlassung. Eingetragen wird allerdings nur die inländische **Geschäftsanschrift** (§ 13d Abs. 2 HGB). Sie soll **Zustellungen an die Auslandsgesellschaft erleichtern** (§ 15a HGB, § 185 Nr. 2 ZPO).[3347] Mit dem **Gegenstand** der Zweigniederlassung ist deren „Tätigkeit" iSv Art. 30 Abs. 1 lit. b GesR-RL, Art. 37 lit. b GesR-RL gemeint.[3348] Dabei muss der Schwerpunkt der in der Zweigniederlassung betriebenen Geschäfte deutlich werden.[3349] Ist die Tätigkeit der Gesellschaft – nach deren Recht zulässigerweise – mit dem Betreiben von Geschäften jeglicher Art umschrieben, so könnte diese Formulierung für eine inländische Zweigniederlassung nicht gewählt werden.[3350] Der Unternehmensgegenstand muss hinreichend individualisiert angegeben werden; die „Abwicklung von Geschäften als allgemein kommerzielles Unternehmen" reicht dafür nicht aus.[3351] Bei der Eintragung der Zweigniederlassung einer Auslandsgesellschaft hat das deutsche Registergericht nicht zu prüfen, ob der Unternehmensgegenstand der Zweigniederlassung von demjenigen der ausländischen Kapitalgesellschalt gedeckt ist.[3352]

933 Nach § 13e Abs. 2 S. 4 HGB kann die Gesellschaft in der Anmeldung der Zweigniederlassung eine **Person** bestimmen, die für die Zustellung an die Gesellschaft **empfangsberechtigt** ist. Dies kommt in Betracht, wenn die Gesellschaft Bedenken hat, ob die eingetragene Geschäftsanschrift (→ Rn. 932) tatsächlich für die gesamte Dauer des Betriebs der Zweigniederlassung für Zustellung geeignet sein wird. Zur öffentlichen Zustellung darf der Dritte erst schreiten, wenn unter anderem eine Zustellung an den Empfangsberechtigten erfolglos versucht worden ist (§ 15a HGB, § 185 Nr. 2 ZPO).[3353]

934 **e) Registereintragung und Rechtsform der Hauptniederlassung.** Nach § 13e Abs. 2 S. 5 Nr. 1 HGB ist bei der Anmeldung der Zweigniederlassung auch das **Heimatregister,** bei dem die Gesellschaft geführt wird, zu benennen und die **dortige Registernummer** anzugeben.[3354] Diese Angaben sind einzutragen (§ 13f Abs. 3 HGB, § 13g Abs. 3 HGB). Ferner ist in der Anmeldung unter anderem die **Rechtsform** des Hauptunternehmens anzugeben (§ 13e Abs. 2 S. 5 Nr. 2 HGB). Die Rechtsformbezeichnung hat in der jeweiligen **Landessprache** zu erfolgen, damit dem Register-

---

3343 Zu Zielsetzung und Inhalt des MoMiG vgl. *Kindler* NJW 2008, 3249 ff.; *Kindler* FS Buchner, 2009, 426 ff.

3344 Begr. RegE vom 23.7.2007, BT-Drs. 16/6140, 34.

3345 Entgegen *Wachter* GmbHR 2006, 793 (796) handelt es sich dabei nämlich nicht um eine Offenlegungsverpflichtung iSd RL; *Kindler* Die AG 2007, 721 (729).

3346 Vgl. *G.H. Roth,* Vorgaben der Niederlassungsfreiheit für das Kapitalgesellschaftsrecht, 2010, unter B III und IV (S. 34 ff.); *Kindler* IPRax 2010, 272.

3347 Näher *Kindler* IPRax 2009, 189 (200); *Kindler* in Goette/Habersack, Das MoMiG in Wissenschaft und Praxis, 2009, 233, 239 ff.; *Wachter* in Römermann/Wachter, GmbH-Beratung nach dem MoMiG, 2008, 85; *Hirte/Burmester* FS G.H. Roth, 2011, 257.

3348 BT-Drs. 12/3908, 16 li. Sp.; Staub/*Koch/Harnos* HGB § 13e Rn. 22 ff.

3349 OLG Frankfurt NZG 2006, 515 (516) = EWiR 2006, 145 m. KurzKomm. *Mankowski;* OLG Düsseldorf NJW-RR 2006, 1040 (1041); Koch HGB § 13e Rn. 6.

3350 AA LG Cottbus EWiR 2005, 733 m. KurzKomm. *Wachter;* OLG Hamm ZIP 2005, 1871. Vgl. zur Zulässigkeit einer in einem derartigen Fall gewählten engeren Umschreibung aber LG Ravensburg GmbHR 2005, 489 = EWiR 2005, 423 m. KurzKomm. *Wachter.*

3351 OLG Celle ZIP 2007, 71.

3352 OLG Hamm ZIP 2005, 1871.

3353 Näher Staub/*Koch/Harnos* HGB § 13e Rn. 26 ff.; *Steffek* BB 2007, 2077; *Strasser* ZIP 2008, 2111 ff.

3354 Vgl. zum Online-Zugriff auf die Handelsregister in der EU die Zusammenstellung bei *Wachter* GmbHR 2004, R 29.

gericht eine eigenständige Prüfung der Vergleichbarkeit mit einem inländischen Gesellschaftstyp möglich ist (zu den Rechtsformzusätzen → Rn. 203 f.).[3355] beim Formwechsel im ausländischen Gesellschaftsstatut ist die neue Rechtsform unter Angabe der nach der Umwandlung maßgebenden ausländischen Registernummer in das Handelsregister der deutschen Zweigniederlassung einzutragen.[3356] Die Bestimmungen des § 18 HGB, die die Unterscheidbarkeit einzelner Firmen (§ 18 Abs. 1 HGB) und den Schutz des Rechtsverkehrs vor Irreführung (§ 18 Abs. 2 HGB) gewährleisten sollen, sind auch auf die Firma der deutschen Zweigniederlassung einer ausländischen Gesellschaft anwendbar (→ Rn. 213).[3357]

935 **f) Ständige Vertreter.** § 13e Abs. 2 S. 5 Nr. 3 HGB verpflichtet zur Angabe auch der Personen in der Anmeldung, „die befugt sind, als ständige Vertreter für die Tätigkeit der Zweigniederlassung die Gesellschaft gerichtlich und außergerichtlich zu vertreten". Dies sind in erster Linie **Prokuristen** (vgl. § 49 Abs. 1 HGB), soweit ihm in einer von der Prokura abweichenden Weise Vertretungsmacht erteilt wurde, da andernfalls das Verbot der Doppeleintragung (→ Rn. 936) gilt.[3358] Hingegen werden Handlungsbevollmächtigte nur in Ausnahmefällen nach dieser Bestimmung anzumelden und einzutragen sein. Denn die Vorschrift bezieht sich nur auf solche ständigen Vertreter, denen neben ihrer generellen Vertretungsmacht auch eine ständige **Prozessführungsbefugnis** (vgl. § 54 Abs. 2 HGB) eingeräumt ist.[3359] Auch eine **Einzelprokura,** die zusätzlich einem (einzigen) ständigen Vertreter mit Einzelvertretungsbefugnis neben seiner Bestellung erteilt worden ist, ist – als minus zur Vertretungsmacht des ständigen Vertreters – nicht eintragungsfähig.[3360] Dass für die Zweigniederlassung ein ständiger Vertreter iSv § 13e Abs. 2 S. 5 Nr. 3 HGB bestellt werden muss, ergibt sich aus dieser Vorschrift nicht (arg. § 13e Abs. 4 HGB).[3361] Unabhängig von § 13e Abs. 2 S. 5 Nr. 3 HGB kann eine Verpflichtung zur Anmeldung der betreffenden Person als Hauptbevollmächtigter iSv § 68 Abs. 2 VAG oder als Geschäftsleiter iSv § 53b Abs. 2 Nr. 1 KWG bestehen (→ Rn. 890). In jedem Fall erleichtert die Bestellung eines ständigen Vertreters die Teilnahme am inländischen Rechtsverkehr, da sich die Vertretungsmacht hier nach dem Recht des Zweigniederlassungsstaates bestimmt (→ Rn. 233).[3362]

936 Besondere **Anforderungen an die Person des ständigen Vertreters** enthält das Gesetz nicht. Die **Bestellungsverbote für Organmitglieder** inländischer Kapitalgesellschaften (§ 6 Abs. 2 GmbHG, § 76 Abs. 3 AktG) gelten hier aber **analog,** soweit das Hauptunternehmen seinen Sitz in einem Drittstaat hat (→ Rn. 922 f.). Dafür spricht vor allem die Notwendigkeit, die Öffentlichkeit vor unzuverlässigen Geschäftsleitern zu schützen. Diese besteht bei ständigen Vertretern ebenso wie bei Organmitgliedern.[3363] Dies ist keine Frage der „Offenlegung" iSd Art. 28a ff. GesR-RL, sondern ein Erfordernis der vorbeugenden behördlichen Zuverlässigkeitskontrolle (→ Rn. 931). Eine **Doppeleintragung von Prokuristen und gesetzlichen Vertretern zugleich als ständige Vertreter** iSv § 13e Abs. 2 S. 5 Nr. 3 HGB ist **unzulässig,** da hierdurch der Eindruck entsteht, diese Personen würden über eine Vertretungsmacht verfügen, die noch über die bereits aus ihrer Stellung als Prokurist bzw. gesetzlicher Vertreter folgende Vertretungsmacht hinausreicht. Die Doppeleintragung bewirkt in diesen Fällen keine Offenlegung, sondern stiftet im Rechtsverkehr eher **Verwirrung.**[3364] Ferner setzt die Errichtung einer inländischen Zweigniederlassung voraus, dass die Geschäftstätigkeit in dem betreffenden Staat organisatorisch und personell mit einer gewissen Selbstständigkeit ausgeübt werden kann (→ Rn. 179). Daher muss die Zweigniederlassung durch einen **ständigen Vertreter mit Wohnsitz, ständigem Aufenthalt oder Mittelpunkt seiner beruflichen Tätigkeit im Staat der Zweigniederlassung** betrieben werden.[3365]

3355 Ebenso iErg Koch HGB § 13e Rn. 7; *Mankowski* in Hirte/Bücker GrenzübGes § 12 Rn. 19.

3356 KG NZG 2012, 353.

3357 OLG München NZG 2011, 157.

3358 Staub/*Koch/Harnos* HGB § 13e Rn. 32.

3359 *Seibert* GmbHR 1992, 738 (740); *Seibert* DB 1993, 1705 (1706); *Plesse* DStR 1993, 133 (134); vgl. auch BT-Drs. 12/3908, 16.

3360 OLG München NZG 2011, 1072.

3361 OLG München NZG 2008, 342 = EWiR 2009, 145 m. KurzKomm. *Just; Kindler* NJW 1993, 3301 (3305); Staub/*Koch/Harnos* HGB § 13e Rn. 31; *Wachter* MDR 2004, 611 (613); *Süß* DNotZ 2005, 180 (186); aA *Hoger* NZG 2015, 1219 (1221).

3362 Zur Unterschriftszeichnung durch den ständigen Vertreter der Zweigniederlassung *Heidinger* MittBayNot 1998, 72 (76); gegen ein solches Erfordernis *Wachter* MDR 2004, 6611 (6616).

3363 Zutr. *Seifert* RIW 2001, 68 (69); iErg auch AG Westerwede RIW 2001, 67 f.; KG NJW-RR 2004, 331 (334); anders OLG Oldenburg RIW 2001, 863; LG Cottbus EWiR 2005, 733 m. KurzKomm. *Wachter; Hoger* NZG 2015, 1219 (1224).

3364 *Heidinger* MittBayNot 1998, 72 (75); *Wachter* NZG 2005, 338 (340 f.); aA Staub/*Koch/Harnos* HGB § 13e Rn. 33; *Hoger* NZG 2015, 1219 (1223 f.).

3365 AA *Hoger* NZG 2015, 1219 (1224).

Nach § 13e Abs. 3 HGB hat der ständige Vertreter selbst jede **Änderung** in seiner Person oder seiner Vertretungsbefugnis zur Eintragung in das Handelsregister anzumelden. Die Anmeldung des Ausscheidens des letzten ständigen Vertreters iSv § 13e Abs. 2 S. 5 Nr. 3 HGB hat der Vorstand bzw. die Geschäftsführung der ausländischen Gesellschaft zu bewirken.[3366] Handelt es sich bei dem ständigen Vertreter um einen Prokuristen, so kann und muss dieser zwar gemäß § 13e Abs. 3 HGB die Beendigung seiner Eigenschaft als ständiger Vertreter anmelden. Daneben ist freilich gemäß § 53 Abs. 3 HGB das Erlöschen der Prokura durch die Gesellschaftsorgane anzumelden.[3367] **937**

Der ständige Vertreter leitet seine **Rechtsstellung** im Gegensatz zum Geschäftsführer nicht aus einer organschaftlichen Befugnis, sondern aus einer **rechtsgeschäftlich erteilten Vertretungsmacht** ab. Folglich ist hinsichtlich des für die rechtsgeschäftliche Vertretungsmacht anwendbaren Rechts gesondert anzuknüpfen. Daher unterliegt das Recht des ständigen Vertreters dem **Vollmachtsstatut** und nicht dem Gesellschaftsstatut; Vollmachtsstatut ist nach Art. 8 Abs. 5 EGBGB grds. das Recht des Landes, in dem die Wirkungen der von dem Vertreter vorgenommenen Rechtsgeschäfte eintreten (→ Rn. 228 ff.).[3368] Nach deutschem Recht können die Befugnisse des ständigen Vertreters besonders ausgestaltet werden, weil andernfalls die „Angabe der Befugnisse" (§ 13e Abs. 2 S. 5 Nr. 3 HGB) in der Handelsregisteranmeldung überflüssig wäre.[3369] Im Zweifel ist ein ständiger Vertreter **auch ermächtigt, Handelsregisteranmeldungen** im Zusammenhang mit der Zweigniederlassung **vorzunehmen.** Die Mitwirkung der organschaftlichen Vertreter der ausländischen Gesellschaft ist demnach nicht erforderlich.[3370] Der ausgeschiedene ständige Vertreter der Zweigniederlassung einer Gesellschaft mit Sitz im Ausland ist nicht mehr zur Anmeldung von Eintragungen in das Handelsregister berechtigt;[3371] der neu bestellte (einzige) ständige Vertreter der Gesellschaft bedarf seinerseits eines Nachweises seiner Anmeldeberechtigung. **938**

g) Anwendbares Recht. Nach § 13e Abs. 2 S. 5 Nr. 4 HGB ist das Recht des Staates anzugeben, dem die Gesellschaft unterliegt, wenn sie nicht dem Recht eines EWR-Staates unterliegt. Welchem Recht die Gesellschaft unterliegt, ist auch in diesem Zusammenhang aus der Sicht des deutschen IPR (→ Rn. 387, → Rn. 420 ff.) zu beurteilen. Mittelbar ist auch hier das anwendbare Recht aus der Registereintragung der Hauptniederlassung (→ Rn. 934) ersichtlich. Zum Nationalitätshinweis in der Firma → Rn. 206 ff. **939**

h) Insolvenz. Anmeldepflichtig sind ferner die Eröffnung oder Ablehnung der Eröffnung eines Insolvenzverfahrens oder eines ähnlichen Verfahrens (§ 13e Abs. 4 HGB).[3372] Auch nichtanerkennungsfähige Auslandsverfahren (vgl. Art. 19 ff. EuInsVO 2015; § 343 InsO) sind anzumelden. Denn die Anmeldung soll nur – im Hinblick auf § 32 HGB – sicherstellen, dass das deutsche Registergericht von der Auslandsinsolvenz Kenntnis erhält.[3373] Die Anmeldung ist durch die ständigen Vertreter der Zweigniederlassung zu bewirken (→ Rn. 935 ff.), soweit solche vorhanden sind, andernfalls durch die gesetzlichen Vertreter der Gesellschaft. Die Anmeldung durch die gesetzlichen Vertreter genügt in jedem Fall.[3374] **940**

i) Satzung und Gesellschaftsvertrag. § 13f Abs. 2 S. 1 HGB, § 13g Abs. 2 S. 1 HGB ordnen an, dass bei der Anmeldung von der Satzung bzw. vom Gesellschaftsvertrag der ausländischen Gesellschaft eine öffentlich beglaubigte Abschrift iSv § 42 BeurkG sowie ggf. eine beglaubigte Übersetzung in deutscher Sprache[3375] beizufügen ist.[3376] Englische Gesellschaften sind nach § 13g Abs. 1, 2 S. 1 HGB zwar nicht zur Vorlage der model articles, wohl aber ihres **memorandum of association** in **941**

3366 Koch HGB § 13e Rn. 8.

3367 *Heidinger* MittBayNot 1998, 72 (74).

3368 OLG München NZG 2006, 512 (513) = EWiR 2006, 401 m. KurzKomm. *Wachter,* unter Berufung auf das „Wirkungslandprinzip" nach BGHZ 43, 21 (26) = NJW 1965, 487.

3369 *Hoger* NZG 2015, 1219 (1122).

3370 OLG Bremen NZG 2013, 144 = EWiR 2013, 151 m. KurzKomm. *Wachter.*

3371 OLG München NZG 2011, 1072.

3372 Zum geplanten europäischen Insolvenzregister *Thole/Swierczok* ZIP 2013, 550 (555 f.).

3373 BT-Drs. 12/3908, 16; Staub/*Koch/Harnos* HGB § 13e Rn. 9.

3374 Koch HGB § 13e Rn. 9; Staub/*Koch/Harnos* HGB § 13e Rn. 43 f.

3375 Zum Übersetzungserfordernis BGH NZG 2021, 1564 Rn. 29 ff. – All-in-One Star; LG Chemnitz NZG 2006, 517; zur EU-Konformität einer diesbezüglichen Kostenvorschusspflicht EuGH ECLI:EU:C:2006:361 Rn. 33 ff. = NJW 2006, 3195 – innoventif; dazu *J. Schmidt* NZG 2006, 899.

3376 Die Satzung einer englischen private limited company besteht in der Regel aus zwei Dokumenten, dem memorandum of association (Außenverhältnis) und den articles of association (Innenverhältnis), meist erstellt anhand von Mustersatzungen („table A"; abrufbar unter www.gov.uk/government/organisations/companies-house (zuletzt abgerufen am 11.12.2023); *Wachter* MDR 2004, 611 (615); zur öffentlichen Beglaubigung LG Leipzig NZG 2005, 759 (760).

öffentlich beglaubigter Abschrift nebst beglaubigter Übersetzung verpflichtet.[3377] Ablichtungen der Originaldokumente ohne Unterschrift genügen hier auch dann nicht, wenn diesen eine Beglaubigungserklärung eines ausländischen Notars beigefügt wird.[3378] Durch das Übersetzungserfordernis (vgl. § 142 Abs. 3 ZPO) wird den § 13 Hs. 1 GVG iVm § 184 GVG Genüge getan.[3379] Besitzt die Gesellschaft **mehrere Zweigniederlassungen** in Deutschland, so kann das für eine dieser Zweigniederlassungen zuständige Register als **„Hauptregister" oder „führendes Register"** bestimmt werden. Satzung bzw. Gesellschaftsvertrag sowie deren Änderungen sind dann nur noch dort offenzulegen (§ 13e Abs. 5 S. 1 HGB). Wird von dieser Möglichkeit Gebrauch gemacht, so hat der Vorstand zur Eintragung in die übrigen Register anzumelden, welches Register das Hauptregister in diesem Sinne ist und unter welcher Nummer die Zweigniederlassung dort eingetragen ist (§ 13e Abs. 5 S. 2 HGB).

942 Ferner verlangt das Registerrecht in Bezug auf **ausländische Aktiengesellschaften,** dass der **notwendige Inhalt der Satzung** in die Anmeldung aufgenommen wird (§ 13f Abs. 2 S. 3 HGB iVm § 23 Abs. 3 und 4 AktG, §§ 24, 25 S. 2 AktG). Anzugeben sind danach Firma und Sitz der Gesellschaft, Gegenstand des Unternehmens, Höhe des Grundkapitals, Nennbeträge, Zahl und Gattung sowie Art der Aktien, Zahl der Vorstandsmitglieder und die Regeln über die Festlegung dieser Zahl sowie Satzungsbestimmungen über die Form der Bekanntmachungen der Gesellschaft. Anzugeben sind ferner die Satzungsbestimmungen über eine Umwandlung der Aktienart und über Bekanntmachungen der Gesellschaft in anderen Blättern als dem Bundesanzeiger. All dies steht freilich unter dem **allgemeinen Vorbehalt zu Gunsten ausländischen Rechts.** Abweichungen von den aufgezählten Erfordernissen des deutschen Rechts sind daher zulässig und geboten, wenn die ausländische Gesellschaft diesen Erfordernissen nicht oder nur durch eine nach dem Gesellschaftsstatut nicht notwendige Änderung von Satzung oder Organisationsstruktur Rechnung tragen könnte. Ein Anpassungszwang besteht auch in diesem Zusammenhang nicht.[3380] Entsprechende Anforderungen für die **ausländische GmbH** enthält § 13g Abs. 2 S. 3 HGB nicht. Hier verlangt das Registerrecht aber die Angabe des **Gegenstandes des Unternehmens,** dh der ausländischen Gesellschaft (§ 13g Abs. 3 HGB iVm § 10 Abs. 1 GmbHG). Dieser ist im Handelsregister einzutragen und zu veröffentlichen (§ 13g Abs. 4 HGB).[3381] Dies kann bei der Veröffentlichung im Bundesanzeiger erhebliche Kosten verursachen.[3382] Das Verlangen nach der Anmeldung des Gegenstandes der Gesellschaft bei EU-Gesellschaften und die Pflicht zur Zahlung eines Kostenvorschusses verstoßen aber weder gegen die Richtlinie noch gegen die Niederlassungsfreiheit nach Art. 49, 54 AEUV.[3383]

943 Nach dem **BGH-Urteil in der Rs. All in One Star Ltd.** ist bei englischen Gesellschaften die Angabe des so genannten **issued share capital,** dh des von den Gesellschaftern gezeichneten Kapitals erforderlich.[3384] Wenn das nationale Recht für die Anmeldung der Zweigniederlassung einer ausländischen GmbH die Angabe des **Stammkapitals** verlangt (so § 13g Abs. 1, 3 HGB iVm § 10 GmbHG), so steht dem Art. 30 GesR-RL nicht entgegen, da der EuGH im Jahr 2003 zur Vorgängervorschrift (Art. 2 RL 89/666/EWG) entschieden hatte, dass die darin enthaltenen Vorgaben zur Offenlegung abschließend sind.[3385] Zudem besagt Erwägungsgrund 18 der GesR-RL, dass die Offenlegung auf Angaben betreffend die Zweigniederlassung selbst sowie das Register der Auslandsgesellschaft beschränkt werden kann. Andererseits spricht das Innoventif-Urteil des EuGH von 2006[3386] dafür, Offenlegungspflichten als richtlinienkonform anzusehen, wenn die Angabe auch Bestandteil des Errichtungsakts der Gesellschaft ist, dessen vollständige Offenlegung nach Art. 30 Abs. 2 lit. b GesR-RL ja gerade verlangt werden kann.[3387]

[3377] BGH NZG 2021, 1564 Rn. 20 ff. – All-in-One Star.

[3378] OLG Hamm ZIP 2006, 1947 (1949) zur Ltd.

[3379] BT-Drs. 12/3908, 17; auch dazu LG Leipzig NZG 2005, 759 (760).

[3380] Koch HGB § 13f Rn. 3; *Bumeder,* Die inländische Zweigniederlassung ausländischer Unternehmen im deutschen Register- und Kollisionsrecht, 1971, 59 ff.

[3381] LG Bielefeld GmbHR 2005, 98 mAnm *Wachter; Seibert* GmbHR 1992, 741; *Ries* AnwBl 2005, 54; *Süß* DNotZ 2005, 180 (182).

[3382] So bei englischen Gesellschaften, wenn dort – wie vielfach üblich – der Unternehmensgegenstand sehr umfangreich ist; dazu EuGH ECLI:EU:C:2006:361 Rn. 33 ff. = NJW 2006, 3195 – innoventif; dazu *J. Schmidt* NZG 2006, 899.

[3383] EuGH ECLI:EU:C:2006:361 Rn. 33 ff. = NJW 2006, 3195 – innoventif; dazu *J. Schmidt* NZG 2006, 899; s. auch *Wachter* GmbHR 2005, 100; *Süß* DNotZ 2005, 180 (182).

[3384] BGH NZG 2021, 1564 Rn. 33 ff.; zuvor BGH NZG 2019, 775; dazu *de Raet* EWiR 2019, 485; *Stelmaszczyk* EuZW 2019, 819.

[3385] EuGH ECLI:EU:C:2003:512 = NZG 2003, 1064 Rn. 69, 70 – Inspire Art.

[3386] EuGH ECLI:EU:C:2006:361 Rn. 33 ff. = NJW 2006, 3195 – innoventif; dazu *J. Schmidt* NZG 2006, 899; s. auch *Wachter* GmbHR 2005, 100; *Süß* DNotZ 2005, 180 (182).

[3387] So überzeugend BGH NZG 2019, 775 Rn. 23 ff.

Für besondere **Transparenz hinsichtlich der Kapitalaufbringung** sorgen die Angaben über Sondervorteile, Gründungsaufwand, Sacheinlagen und Sachübernahmen. Sie sind erforderlich, wenn die Zweigniederlassung in den ersten zwei Jahren nach der Eintragung der Gesellschaft in das Handelsregister ihres Sitzes angemeldet wird (§ 13f Abs. 2 S. 3 HGB iVm § 40 Abs. 1 Nr. 1, 2, 3 AktG; § 13g Abs. 2 S. 3 HGB iVm § 5 Abs. 4 GmbHG). Dies **gilt auch** für die englische **private limited company.** Bei dieser Gesellschaftsform gibt es zwar keine gerichtliche Wertprüfung, doch liegt die Kapitalaufbringung hier in der Verantwortung der Geschäftsleiter.[3388] Es leuchtet nicht ein, dass deshalb eine Offenlegung im Zweigniederlassungsstaat ausscheiden soll.[3389] Das öffentliche Interesse an Transparenz hinsichtlich der Kapitalaufbringung ist hier sogar noch größer als bei Vorhandensein einer gerichtlichen Kapitalaufbringungsprüfung im Sitzstaat. **944**

Änderungen in der **Satzung** der ausländischen Aktiengesellschaft sind nach § 13f Abs. 4 HGB durch den Vorstand zur Eintragung in das Handelsregister der inländischen Zweigniederlassung anzumelden. Eine entsprechende Anmeldeverpflichtung bestimmt § 13g Abs. 4 HGB für **Änderungen** des **Gesellschaftsvertrages** einer ausländischen GmbH. Wie bei der Erstanmeldung ist außer einer beglaubigten Abschrift der neuen vollständigen Satzung eine beglaubigte Übersetzung ins Deutsche vorzulegen (§ 13g Abs. 2 S. 1 HGB analog).[3390] Eine Satzungsänderung liegt auch bei der Verschmelzung vor, doch ist diese nicht erstmalig konstitutiv in das Handelsregister der aufnehmenden Gesellschaft einzutragen (→ Rn. 863 ff., → Rn. 914).[3391] Als Satzungsänderung wird auch der Formwechsel im ausländischen Gesellschaftsstatut behandelt. Demgemäß hat die ausländische Rechtsträgergesellschaft nach § 13g Abs. 2 S. 1 HGB den Gesellschaftsvertrag der durch Formwechsel entstandenen ausländischen GmbH nebst beglaubigter Übersetzung beim Handelsregister einzureichen; die Änderungen des Gesellschaftsvertrags der ausländischen Rechtsträger-GmbH sind durch deren Geschäftsführer zur Eintragung in das Handelsregister am Sitz der deutschen Zweigniederlassung anzumelden.[3392] **945**

j) Befugnis zur Vertretung des Hauptunternehmens. Die Vorstandsmitglieder bzw. Geschäftsführer der ausländischen Gesellschaft haben bei der Anmeldung der Errichtung der Zweigniederlassung anzugeben, welche **Vertretungsbefugnis** sie haben (§ 13f Abs. 2 S. 2 HGB iVm § 37 Abs. 3 AktG; § 13g Abs. 2 S. 2 HGB iVm § 8 Abs. 4 GmbHG). Zur Maßgeblichkeit des Gesellschaftsstatuts insoweit → Rn. 530 ff. Die Vertretungsbefugnis ist in abstrakter Formulierung anzugeben (Gesamtvertretung, Einzelvertretung, unechte Gesamtvertretung), nicht in konkreter Form durch namentliche Nennung der Vorstandsmitglieder.[3393] Soweit eine alleinige Vertretungsberechtigung eines director angemeldet wird, muss angegeben werden, ob dieser nur derzeit alleinvertretungsberechtigt sein soll, weil kein weiterer Geschäftsführer bestellt ist (abstrakte Vertretungsberechtigung), oder ob die Vertretungsberechtigung aufgrund eines besonderen Gesellschafterbeschlusses bestehen soll (konkrete Vertretungsberechtigung).[3394] Ist die Bestellung der Organmitglieder nicht in der Gründungssatzung erfolgt, bedarf es der Vorlage des Bestellungsbeschlusses der Gesellschafterversammlung.[3395] Die **auf die Zweigniederlassung einer Auslandsgesellschaft beschränkte Einzelvertretungsmacht** eines im Übrigen gesamtvertretungsberechtigten Geschäftsführers (directors) ist im Handelsregisterblatt der Zweigniederlassung eintragungsfähig.[3396] Zu Bestellhindernissen → Rn. 919 ff. **946**

Anzugeben ist insbesondere auch eine ggf. bestehende **Befreiung von** einem nach ausländischem Recht möglicherweise bestehenden **Verbot des Selbstkontrahierens.**[3397] **Nicht** eintragungsfähig ist ein Zusatz, wonach der Geschäftsführer von den Beschränkungen des **§ 181 BGB** befreit ist.[3398] Denn § 181 BGB findet als **Vorschrift** des deutschen Rechts für die organschaftliche **947**

[3388] Näher *Kasolowsky* in Hirte/Bücker GrenzübGes § 4 Rn. 88 f.

[3389] *Wachter* MDR 2004, 611 (614).

[3390] *Mankowski* in Hirte/Bücker GrenzübGes § 12 Rn. 36.

[3391] OLG München DNotZ 2006, 783.

[3392] KG NZG 2012, 353 Ls. 2 und 3.

[3393] BayObLGZ 1974, 49 (51 ff.) = DNotZ 1975, 117 mAnm *Wolfsteiner;* Koch AktG § 37 Rn. 8; MüKoHGB/*Krafka* HGB § 13f Rn. 2.

[3394] OLG Hamm ZIP 2007, 71.

[3395] OLG Hamm ZIP 2006, 1947 (1950); KG NZG 2004, 49 (50); *Herchen* RIW 2005, 529 (530 f.).

[3396] OLG Frankfurt NZG 2015, 707 = GWR 2015, 206 = EWiR 2015, 441 m. Kurzkomm. *Just.*

[3397] Vgl. BGHZ 87, 59 (60 f.) = NJW 1983, 1676; vgl. auch EuGH ECLI:EU:C:1997:610 Rn. 30 = EuZW 1998, 92 – Coöperatieve Rabobank „Vecht en Plassengebied" (betr. das Verhältnis innerstaatlicher Regelungen von Interessenkonflikten zur Publizitäts-RL); *Süß* DNotZ 2005, 180 (185); *Wachter* NZG 2005, 338; *Hoger* NZG 2015, 1219 (1222 f.).

[3398] OLG München NZG 2005, 850; OLG Celle NZG 2006, 273; OLG Düsseldorf NJW-RR 2006, 1040 (1042); OLG Hamm ZIP 2006, 1947; LG Leipzig NZG 2005, 759 = EWiR 2005, 655 m. KurzKomm. *Wachter;* unrichtig LG Ravensburg EWiR 2005, 423 m. abl. KurzKomm. *Wachter;* LG Freiburg NZG 2004,

Vertretungsmacht bei ausländischen Gesellschaften keine Anwendung; die Beschränkungen von Insichgeschäften – und die Befreiung von derartigen Beschränkungen – unterliegt allein dem Gesellschaftsstatut (→ Rn. 530 ff.). Gegen die Eintragungsfähigkeit derartiger Befreiungserklärungen spricht auch, dass sie im Hauptregister der ausländischen Gesellschaften nicht eingetragen werden könnten.[3399] Ist ein ausländisches Organmitglied allerdings entgegen dem Verbot der Doppeleintragung (→ Rn. 936) als ständiger Vertreter für die Tätigkeit der Zweigniederlassung eingetragen, so könnte er in dieser Eigenschaft von den Beschränkungen des **§ 181 BGB** befreit werden. Denn die Vorschrift findet insoweit als Teil des Vollmachtsstatus Anwendung (→ Rn. 233). Dass eine solchermaßen gespaltene, die Verkehrskreise verwirrende Vertretungsregelung getroffen werden könnte, spricht jedoch gerade gegen die Zulassung von Doppeleintragungen überhaupt. In jedem Fall ist zu prüfen, ob die konkrete Befreiungserklärung nach den Grundsätzen über das Handeln unter falschem Recht (→ Einl. IPR Rn. 243 ff.) wirksam – ggf. modifiziert – eintragungsfähig ist. Für eine deutsche KG kann aber die Befreiung der persönlich haftenden Gesellschafterin und ihrer Organe vom Verbot des Selbstkontrahierens auch dann in das Handelsregister eingetragen werden, wenn Komplementärin eine nach englischem Recht gegründete und registrierte Limited ist.[3400]

948 Schließlich ist auch jede **Änderung des Vorstands** oder der Vertretungsbefugnis eines Vorstandsmitglieds der ausländischen Aktiengesellschaft zur Eintragung in das Handelsregister der inländischen Zweigniederlassung anzumelden (§ 13f Abs. 5 HGB iVm § 81 Abs. 1, 2, 4 AktG). Gleiches gilt für die Geschäftsführer einer ausländischen GmbH (§ 13g Abs. 5 HGB iVm § 39 Abs. 1, 2, 4 GmbHG).[3401]

949 **k) Bekanntmachung der Eintragung des Hauptunternehmens.** Der Anmeldung der inländischen Zweigniederlassung ist nach § 13f Abs. 2 S. 5 HGB die für den Sitz der ausländischen Aktiengesellschaft ergangene gerichtliche Bekanntmachung der Eintragung beizufügen. Die Regelung entspricht ohne inhaltliche Änderung dem früheren § 44 Abs. 4 S. 3 AktG. Ist eine gerichtliche Bekanntmachung nach dem maßgeblichen ausländischen Gesellschaftsrecht nicht vorgesehen, so genügt eine vergleichbare öffentliche Bekanntmachung.[3402] Für die GmbH fehlt eine entsprechende Nachweisverpflichtung.

950 **l) Rechnungslegungspublizität.** Gemäß § 325a Abs. 1 HGB sind die Unterlagen der Rechnungslegung der ausländischen Hauptniederlassung gegenüber dem inländischen Handelsregister am Sitz der Zweigniederlassung offenzulegen. Für den Inhalt dieser Unterlagen ist das Recht der Hauptniederlassung maßgeblich (→ Rn. 234, → Rn. 239).[3403] Die Unterlagen sind in deutscher oder in englischer[3404] Sprache oder in einer vom Register der Hauptniederlassung beglaubigten Abschrift einzureichen.[3405] Wird lediglich eine beglaubigte Abschrift eingereicht, so ist eine – wiederum beglaubigte – Übersetzung des Beglaubigungsvermerks des ausländischen Registers vorzulegen.[3406] Diese Regelungen gelten nur für Kapitalgesellschaften mit Sitz in einem anderen EU-Staat oder in einem Vertragsstaat des EWR-Abkommens.[3407] Banken und Versicherungen sind ausgenommen (§ 325a Abs. 2 HGB). Eine eigenständige Rechnungslegungsverpflichtung der Zweigniederlassung folgt aus §§ 238 ff. HGB und deren territorialer Anknüpfung an den Ort der

---

1170 = EWiR 2004, 125 m. abl. KurzKomm. *Schall;* LG Augsburg NZG 2005, 356 m. abl. Anm. *Wachter* NZG 2005, 338; LG Chemnitz NZG 2005, 760; näher *Willer/Krafka* NZG 2006, 495; *Schall* NZG 2006, 54; wie im Text Staub/*Koch/Harnos* HGB § 13f Rn. 11.

3399 Zutr. *Wachter* NZG 2005, 338 (339).

3400 OLG Frankfurt NZG 2006, 830.

3401 Näher – auch zu den Anmeldeversicherungen der neuen Organmitglieder – *Wachter* in Römermann/Wachter, GmbH-Beratung nach dem MoMiG, 2008, 85; KG DNotZ 2012, 791.

3402 BT-Drs. 12/3908, 17.

3403 *Arenas Garçia* RIW 2000, 590 (595 ff.); *Merkt* ZGR 2017, 460 (470 f.).

3404 Die Einreichung in englischer Sprache wurde durch das EuroBilG vom 10.12.2001 (BGBl. 2001 I 3414) ermöglicht; dazu *Quick* BB 2001, 1139 (1140).

3405 Eine EU-rechtswidrige Diskriminierung solcher Auslandsgesellschaften, deren im Gründungsstaat einzureichende Rechnungslegung weder auf Deutsch noch auf englisch erfolgt, liegt darin nicht. Dafür scheint zwar auf den ersten Blick die Verpflichtung der EU auf Förderung der sprachlichen Vielfalt zu sprechen (Art. 3 Abs. 3 EUV und Art. 165 Abs. 1 AEUV). Die Zulassung jedenfalls einer weiteren Sprache ist aber immerhin integrationsfördernder als die – primärrechtlich zulässige – Beschränkung auf Deutsch; vgl. für eine verwandte Problematik Art. 27 Abs. 2 VO (EU) 2017/1129 (Prospekt-VO), wo auf eine „in internationalen Finanzkreisen gebräuchliche … Sprache" (dh auf englisch) abgestellt wird; aA *Rehberg* in Eidenmüller Ausl. KapGes. § 5 Rn. 100.

3406 Näher zu den Einzelheiten und zur Entstehungsgeschichte dieser Regelung *Seibert* DB 1993, 1705 (1706 f.); Bericht RA, BT-Drs. 12/5170, 15 f.

3407 *Arenas Garçia* RIW 2000, 590 (595 f.).

gewerblichen Niederlassung.[3408] Die EU-Zweigniederlassungspublizität (→ Rn. 32 ff.) steht dem nicht entgegen (→ Rn. 190 f., → Rn. 234 ff.).[3409] Ferner bestehen Rechnungslegungsverpflichtungen der Zweigniederlassung auf Grund aufsichtsrechtlicher Regelungen für Zweigniederlassungen ausländischer Versicherungsunternehmen und Kreditinstitute (→ Rn. 890).

Bestehen mehrere inländische Zweigniederlassungen derselben ausländischen Gesellschaft, so brauchen die Rechnungsunterlagen nur zum Hauptregister iSv § 13e Abs. 5 HGB (→ Rn. 941) eingereicht werden (§ 325a Abs. 1 S. 3 HGB). 951

m) Beendigung des Hauptunternehmens. Auflösung, Abwicklung und Beendigung der Abwicklung der ausländischen Gesellschaft sind zur Eintragung in das Handelsregister der inländischen Zweigniederlassung anzumelden (§ 13f Abs. 5 HGB iVm § 263 S. 1 AktG, § 266 Abs. 1, 2 und 5 AktG, § 273 Abs. 1 S. 1 AktG; § 13g Abs. 5 HGB iVm § 65 Abs. 1 S. 1 GmbHG, § 67 Abs. 1, 2 und 5 GmbHG, § 74 Abs. 1 S. 1 GmbHG).[3410] Die Auflösungsgründe richten sich nach dem Gesellschaftsstatut (→ Rn. 614 f.), zum Teil auch nach dem Insolvenzstatut (→ EuInsVO 2015 Art. 7 Rn. 91 f., → EuInsVO 2015 Rn. 93) oder nach dem am Verwaltungssitz geltenden Aufsichtsrecht (zB § 38 KWG). Die im Handelsregister eingetragene Zweigniederlassung einer im Ausland eingetragenen Kapitalgesellschaft kann nicht wegen Vermögenslosigkeit nach § 394 FamFG gelöscht werden.[3411] Denn die Zweigniederlassung verfügt nicht über eine eigene Rechtspersönlichkeit und damit auch nicht über eigenes Vermögen. 952

n) Aufhebung und Löschung der Zweigniederlassung. Für die Aufhebung der Zweigniederlassung gelten die Vorschriften über ihre Errichtung sinngemäß (§ 13f Abs. 6 HGB, § 13g Abs. 6 HGB). Zur Anwendung berufen sind damit nicht nur die vorhergehenden Bestimmungen in § 13f Abs. 1–5 HGB, § 13g Abs. 1–5 HGB, soweit sie bei der Aufhebung einer Zweigniederlassung von Bedeutung sind, sondern auch die allgemeinen Nachweis- und Offenlegungspflichten gemäß §§ 13d, 13e HGB.[3412] Die Durchführung eines **Liquidationsverfahrens** für die Zweigniederlassung kommt **nicht** in Betracht, da die Zweigniederlassung mangels rechtlicher Verselbstständigung (→ Rn. 179) keine liquidationsfähige Einheit ist.[3413] Eine deutsche **Zweigniederlassung** ist nach § 395 FamFG immer dann im Handelsregister zu **löschen, wenn** die **Hauptniederlassung** im ausländischen Heimatregister **gelöscht** worden ist; denn wenn eine Auslandsgesellschaft im Heimatregister gelöscht wird, so verliert sie hierdurch ihre Rechtsfähigkeit.[3414] Nach Statutenwechsel einer ausländischen Kapitalgesellschaft zu einer inländischen OGH oder zu einem inländischen Einzelkaufmann (→ Rn. 456 ff.; → Rn. 485 ff. [Brexit]) liegt eine Zweigniederlassung iSd § 13 HGB vor. 953

o) Angaben auf Geschäftsbriefen. Nach § 80 Abs. 4 AktG, § 35a Abs. 4 GmbHG müssen auf Geschäftsbriefen und Bestellscheinen, die von einer inländischen Zweigniederlassung einer ausländischen Kapitalgesellschaft benutzt werden, neben dem Register und der Nummer des Eintrags der Zweigniederlassung auch das Register und die Nummer der Eintragung der Hauptniederlassung angegeben werden.[3415] Befindet sich die ausländische Gesellschaft in Abwicklung, so sind auch diese Tatsache sowie alle Abwickler anzugeben.[3416] 954

7. Prüfungsrecht des Registergerichts. Die registerrechtlichen Befugnisse des Gerichts der Zweigniederlassung richten sich gegenüber einer inländischen Zweigniederlassung eines ausländischen Unternehmens **im Grundsatz** nach den Prinzipien, denen eine **inländische Hauptnieder-** 955

[3408] BFH NZG 2017, 592 Rn. 56; MüKoHGB/*Ballwieser* HGB § 238 Rn. 13; *Adler/Düring/Schmaltz* HGB § 238 Rn. 18; Hopt/*Merkt* HGB § 238 Rn. 10; *Streck* BB 1972, 1363 (1364); *Prinz/v. Freden* Der Konzern 2004, 318 (321).

[3409] AA *Schön* FS Heldrich, 2005, 391 ff.; *Westhoff* in Hirte/Bücker GrenzübGes § 17 Rn. 48.

[3410] Vgl. speziell zur Amtslöschung der Limited in England *Süß* DNotZ 2005, 180 (189).

[3411] OLG Frankfurt NZG 2011, 158 = IPRax 2012, 543 m. Aufs. *C. Heinze/S. Heinze* IPRax 2012, 516; gleichsinnig der EWHC in Re An Unregistered Company [2023] EWHC 114 (Ch.) = RIW 2013, 564 *(Vorpeil)*.

[3412] Staub/*Koch/Harnos* HGB § 13f Rn. 25; Koch AktG HGB § 13f Rn. 7.

[3413] LG Krefeld NZG 2006, 676; *Süß* DNotZ 2005, 180 (188).

[3414] KG NZG 2012, 230 (231); dazu *Heinze/Heinze* IPRax 2012, 516; OLG Zweibrücken BeckRS 2022, 30671.

[3415] *Wachter* NotBZ 2004, 41 (52); *Wachter* MDR 2004, 611 (617); für entsprechende Anwendung – in modifizierter Form – von § 37a HGB dem gegenüber *Rehberg* in Eidenmüller Ausl. KapGes. § 5 Rn. 93 ff. (in Verkennung des Umstandes, dass diese Vorschrift sich an einzelkaufmännische Unternehmen richtet, vgl. Begr. RegE, ZIP 1997, 942 [952] li. Sp.).

[3416] Vgl. für Einzelheiten und Gestaltungsvorschläge *Bärwaldt/Schabacker* AG 1996, 461 ff.; zu § 35a GmbHG als Schutzgesetz iSd § 823 Abs. 2 BGB s. LG Detmold NJW-RR 1990, 994 = EWiR 1991, 170 m. KurzKomm. *Mayer-Landrut*.

lassung bei der Prüfung durch ihr zuständiges Registergericht unterliegt (§ 13d Abs. 3 HGB).[3417] Aus der Vielzahl einzutragender Tatsachen folgt grundsätzlich auch ein unbeschränktes Prüfungsrecht[3418] sowohl hinsichtlich formeller, als auch materieller Voraussetzungen. Nach dem „öffentlichrechtlichen Zweck" der Register[3419] hat das Registergericht sogar durch **Amtsermittlung (§ 26 FamFG),** Fehleintragungen zu vermeiden. In erster Linie hat es aber zu prüfen, ob die vorzunehmende Eintragung den deutschen materiellen Rechtsgrundsätzen widersprechen würde.[3420] Zu prüfen ist namentlich das Bestehen der Gesellschaft (§ 13e Abs. 2 S. 2 HGB) anhand der aus der Sicht des ausländischen Rechts zu beurteilenden Eintragungsvoraussetzungen.[3421] Hierbei ist das Gericht nicht an ausländische Eintragungen und Entscheidungen gebunden.[3422] Ferner ist zu prüfen, ob die inländische Zweigniederlassung tatsächlich errichtet wurde und Unterscheidbarkeit der Firma iSv § 30 HGB besteht.[3423]

956 Bei der Kontrolle eintragungspflichtiger satzungsmäßiger oder gesellschaftsvertraglicher Vereinbarungen auf die Übereinstimmung mit deutschem materiellen Recht ist die **Eintragungsfähigkeit** besonderes dann **ungeklärt,** wenn zB in Bezug auf das deutsche Recht anders geartete Bestimmungen über die Rechtsfähigkeit der Gesellschaft, die Vertretungsorgane und deren Befugnisse oder die Haftung in Frage stehen.[3424] So erklärte eine Entscheidung des KG vom 8.3.1929[3425] die dem deutschen Recht fremden, aber dem ausländischen Recht entsprechenden **Vertretungsverhältnisse** für eintragungsfähig. Für die Rechtsverhältnisse und insbesondere für die Verfassung einer ausländischen Gesellschaft sei grundsätzlich das Personalstatut der Gesellschaft maßgebend.[3426] Erst ein Verstoß der vom ausländischen Recht gestatteten Vertretungsregelung gegen den Zweck eines deutschen Gesetzes oder gegen die guten Sitten könne nach Art. 6 EGBGB die Anwendbarkeit des ausländischen Rechts ausschließen. Nur dann richte sich die Zulässigkeit der Eintragung nach deutschem Recht. Dem widerspricht die Entscheidung des OLG Frankfurt vom 8.3.1976,[3427] wonach eine dem deutschen Recht unbekannte Form der Gesamtprokura nicht im Handelsregister eintragungsfähig sei. Wegen des Grundsatzes der festen Begrenzung der einzutragenden Tatsachen könne nur das eingetragen werden, was das deutsche Gesetz zulasse.[3428] Das Handelsregister sei auch nicht dazu bestimmt, ein genaues Bild der Verhältnisse der eingetragenen Gesellschaft zu geben.[3429]

957 Die vorherrschende **Literaturmeinung** schloss sich der Entscheidung des KG vom 8.3.1929[3430] an und sieht vom deutschen Recht abweichende Bestimmungen grundsätzlich als eintragungsfähig, wenn nicht sogar als eintragungspflichtig[3431] an. Teilweise wird sogar die Eintragung von der deutschen Rechtsordnung unbekannten Regelungen in Bezug auf Rechtsfähigkeit und Haftung ausdrücklich für zulässig erklärt.[3432] Die Gegenmeinung geht von einer abschließenden Regelung der in das Handelsregister eintragungsfähigen Tatsachen aus und meint, dass abweichende

---

3417 Für die in dieser Vorschrift ausgeklammerten Kapitalgesellschaften ergibt sich dies aus § 13f Abs. 3 und 4 HGB, § 13g Abs. 3 und 4 HGB; Staudinger/*Großfeld,* 1998, IntGesR Rn. 1016.

3418 BayObLG NJW 1999, 654 (656); Staudinger/*Großfeld,* 1998, IntGesR Rn. 1016.

3419 Vgl. RGZ 127, 154 (156) für das Handelsregister; s. dazu auch § 380 FamFG, der eine Unterstützung des Registergerichts durch die Organe des Handelsstandes etc vorschreibt, um unrichtige Eintragungen zu vermeiden.

3420 Vgl. KG IPRspr. 1929 Nr. 21 mwN; so auch *Nußbaum* IPR 212; Staudinger/*Großfeld,* 1998, IntGesR Rn. 1017.

3421 MüKoHGB/*Krafka* HGB § 13d Rn. 21.

3422 BayObLGZ 1985, 272 (283 f.) = IPRax 1986, 161; MüKoHGB/*Krafka* HGB § 13d Rn. 21: bloß indizielle Bedeutung; aA *Rehberg* in Eidenmüller Ausl. KapGes. § 5 Rn. 80 mit Verweis auf das europarechtliche Herkunftsprinzip, zu dessen Nichtbestehen aber → Rn. 368.

3423 OLG München NZG 2011, 117.

3424 Zu diesem Problemkreis diff. *Bumeder,* Die inländische Zweigniederlassung ausländischer Unternehmen im deutschen Register- und Kollisionsrecht, 1971, 84 ff.

3425 KG IPRspr. 1929 Nr. 21.

3426 *Bumeder,* Die inländische Zweigniederlassung ausländischer Unternehmen im deutschen Register- und Kollisionsrecht, 1971, 60.

3427 OLG Frankfurt IPRspr. 1976 Nr. 18 noch zu Art. 30 EGBGB aF.

3428 Zu diesem Grundsatz allg. auch RGZ 132, 138 (140); KG DJZ 1906, 1264 f.; OLG Hamm MDR 1952, 549; OLG Karlsruhe GmbHR 1964, 78; AG Hamburg IPRspr. 1964 Nr. 299, wonach nur eintragungsfähig sei, was gesetzlich vorgesehen oder vorgeschrieben ist; einschr. BayObLGZ 1971, 55 = BB 1971, 844, das für eintragungsfähig ansieht, was das Gesetz ausdrücklich anordne oder wenigstens zulasse.

3429 So ausdrücklich RGZ 132, 138 (140); BayObLG BB 1971, 844; OLG Karlsruhe GmbHR 1964, 78.

3430 KG IPRspr. 1929 Nr. 21.

3431 *Beitzke,* Juristische Personen im Internationalprivatrecht und Fremdenrecht, 1938, 121; *Wolff* IPR 118; Staudinger/*Großfeld,* 1998, IntGesR Rn. 1026.

3432 So *Grasmann,* System des internationalen Gesellschaftsrechts, 1970, 591 mwN; aA *Bumeder,* Die inländische Zweigniederlassung ausländischer Unternehmen im deutschen Register- und Kollisionsrecht, 1971, 84 ff.

Bestimmungen für die Eintragung im inländischen Handelsregister dem deutschen Recht angepasst werden müssten.[3433]

958 Die vorherrschende Literaturmeinung betont zu Recht die **Maßgeblichkeit ausländischen Rechts** für die Rechtsverhältnisse und die Verfassung eines ausländischen Unternehmens.[3434] Es ist also grundsätzlich von der **Eintragungsfähigkeit** derartiger Bestimmungen des ausländischen Unternehmens auszugehen. Nur in den Fällen des **Art. 6 EGBGB** ist vom Gesellschaftsstatut des ausländischen Unternehmens abzuweichen. Keinesfalls kann die Eintragung allein deswegen verweigert werden, weil Satzungen oder Gesellschaftsverträge ausländischer Gesellschaften nach deutschem Recht unzulässige bzw. vom inländischen Recht abweichende oder gar fremde Regelungen enthalten. Umgekehrt sind nach deutschem Recht zulässige Regelungen dann nicht eintragungsfähig, wenn deutsches Recht insoweit keine Anwendung findet (→ Rn. 947 zur Befreiung von den Beschränkungen des § 181 BGB).

959 **8. Wirkungen der Eintragung.** Die Entstehung der inländischen Zweigniederlassung selbst hängt von der tatsächlichen Geschäftsaufnahme ab, sodass der lediglich formellen Eintragung in das Register nur deklaratorische Bedeutung zukommt.[3435] Eine **konstitutive Wirkung einer vollzogenen Eintragung** kann sich aber für die Kaufmannseigenschaft des ausländischen Unternehmens ergeben.[3436] Da die §§ 5, 15 HGB nicht zwischen konstitutiven und deklaratorischen Eintragungen unterscheiden, entfalten sie ihre Verkehrsschutzwirkung grundsätzlich für alle einzutragenden Tatsachen, also auch für die Tatsachen, die im Zusammenhang mit einer inländischen Zweigniederlassung eines ausländischen Unternehmens stehen. Dies gilt auch für Eintragungen nach Maßgabe des ausländischen Rechts, mit denen der inländische Rechtsverkehr nicht rechnet.[3437] Wenn über registerrechtliche Fragen das deutsche Recht entscheidet (→ Rn. 911 ff.), muss dies erst recht für die Wirkungen der Eintragung gelten.[3438]

960 **9. Unterbliebene oder mangelhafte Anmeldung. a) Registerzwang.** Grundsätzlich liegt die Anmeldung und Eintragung der inländischen **Zweigniederlassung** eines ausländischen Unternehmens im eigenen Interesse der Gesellschaft mit Sitz im Ausland. Dies folgt aus den strengen positiven sowie negativen Publizitätswirkungen erfolgter oder unterlassener Eintragungen nach § 15 HGB. Trotzdem stellt sich die Frage, ob und ggf. wie die Anmeldung erforderlichenfalls[3439] erzwungen werden kann. Das Gesetz sieht in § 14 HGB – nach § 407 Abs. 1 S. 1 Hs. 2 AktG bleibt diese Vorschrift unberührt von der Zwangsgeldfestsetzung in § 407 AktG – ein **Erzwingungsverfahren** in Form von Beugestrafen vor. Dieses Ordnungsstrafverfahren endet aber auf Grund der territorialen Begrenzung hoheitlicher Strafgewalt, wenn sich die anmeldepflichtigen Organe der ausländischen Gesellschaft im Ausland aufhalten.[3440] Eine Ausweitung dieser Zwangsmaßnahmen auch auf ausdrücklich zur Anmeldung bevollmächtigte inländische Zweigniederlassungsleiter oder sogar Inländer kann nicht in Betracht kommen. Eine derartige Vollmacht enthält nur die Berechtigung, aber gerade keine gesetzliche Verpflichtung zur Anmeldung (→ Rn. 916).[3441]

961 Zur Lösung dieses Problems wird auf den Gesetzgeber verwiesen, der die Leiter der Zweigniederlassung ausdrücklich in den Kreis der anmeldepflichtigen Personen einbeziehen soll.[3442]

3433 *Nußbaum* IPR 212; wohl auch *Denzler,* Die Stellung der Filiale im internen und internationalen Privatrecht, 1902, 362, der dies damit begründet, dass sich das ausländische Unternehmen durch die Errichtung einer inländischen Zweigniederlassung dem inländischen Recht unterwerfe und von vornherein keine abweichenden registerpflichtigen Tatsachen entstehen.

3434 Vgl. *Ebenroth,* Die verdeckten Vermögenszuwendungen im transnationalen Unternehmen, 1979, 362; *Ebenroth/Sura* RabelsZ 39 (1979), 315 (317 f.); Staudinger/*Großfeld,* 1998, IntGesR Rn. 1027; *Rehberg* in Eidenmüller Ausl. KapGes. § 5 Rn. 75.

3435 BayObLGZ 1979, 159 (163); Staub/*Koch/Harnos* HGB § 13 Rn. 55; RG WarnR 17, 233 (Nr. 152); Staudinger/*Großfeld,* 1998, IntGesR Rn. 1029.

3436 Vgl. dazu *Bumeder,* Die inländische Zweigniederlassung ausländischer Unternehmen im deutschen Register- und Kollisionsrecht, 1971, 90 f.; Staudinger/*Großfeld,* 1998, IntGesR Rn. 1029.

3437 *Rehberg* in Eidenmüller Ausl. KapGes. § 5 Rn. 90; aA Staudinger/*Großfeld,* 1998, IntGesR Rn. 1032 m. Hinweis auf Art. 12 S. 1 EGBGB.

3438 Vgl. Staudinger/*Großfeld,* 1998, IntGesR Rn. 1029; *Rehberg* in Eidenmüller Ausl. KapGes. § 5 Rn. 87 ff. auch zur EG-Konformität dieser Regel.

3439 Gründe bei *Bumeder,* Die inländische Zweigniederlassung ausländischer Unternehmen im deutschen Register- und Kollisionsrecht, 1971, 70.

3440 BayObLGZ 8 (1908), 340 (343); aA Koch HGB § 13e Rn. 11.

3441 Vgl. ua BayObLG RJA 9, 39; KG DNotZ 1930, 79 f.; Koch HGB § 13e Rn. 11; *Mankowski* in Hirte/Bücker GrenzübGes § 12 Rn. 31.

3442 So *Bumeder,* Die inländische Zweigniederlassung ausländischer Unternehmen im deutschen Register- und Kollisionsrecht, 1971, 73; KKRD/*Roth* HGB § 13d Rn. 6.

962 **b) Handelndenhaftung.** Entgegen **BGH vom 14.3.2005**[3443] **haften die Organpersonen ausländischer Kapitalgesellschaften** als Anmeldeverpflichtete (→ Rn. 915 ff.) analog § 11 Abs. 2 GmbHG, § 41 Abs. 1 S. 2 AktG nach den Grundsätzen der Handelndenhaftung für rechtsgeschäftliche Verbindlichkeiten einer **Auslandsgesellschaft mit tatsächlichem Verwaltungssitz in der BRepD,** wenn die inländische Zweigniederlassung nicht im Handelsregister eingetragen wurde. Die Anwendung der inländischen Grundsätze über die Handelndenhaftung folgt aus deren gesellschaftsrechtlicher Qualifikation iVm der grundsätzlich maßgeblichen **Verwaltungssitzanknüpfung** (→ Rn. 388 f., → Rn. 420 ff.).[3444] Auf sachrechtlicher Ebene entspricht die fehlende Zweigniederlassungspublizität der Auslandsgesellschaft der fehlenden Handelsregisterpublizität der inländischen Vorgesellschaft, und sie ist in gleicher Weise sanktionsbedürftig (→ Rn. 496 ff.).

963 Dies gilt auch gegenüber **EU-ausländischen Gesellschaften.**[3445] Zwar versteht die hM die Niederlassungsfreiheit als Freiheit zur Wahl eines beliebigen mitgliedstaatlichen Gesellschaftsrechts ohne Rücksicht auf die Belegenheit des Verwaltungssitzes der Gesellschaft (→ Rn. 398 ff.). Doch bedeutet die Anerkennung der Rechtsfähigkeit der Gesellschaft nach Maßgabe dieser Rechtsordnung nicht, dass auch die am Verwaltungssitz geltenden **gesellschaftsrechtlichen Vorschriften ohne Beschränkungscharakter** außer Anwendung bleiben müssten (→ Rn. 388). An einer Beschränkung der Niederlassungsfreiheit der Gesellschaft fehlt es hier schon deshalb, weil die **Verweigerung** der niederlassungsrechtlich ja gerade angeordneten (Art. 28a ff. GesR-RL; → Rn. 32 ff.) **Registerpublizität nicht** in den **Schutzbereich der Niederlassungsfreiheit** selbst fallen kann.[3446] Im Gegenteil ist eine möglichst **effektive Sanktionierung der Publizitätsverweigerung** sogar EU-primärrechtlich geboten. Das Gründungsrecht der Gesellschaft versagt hier, weil es sich für derartige Sachverhalte nicht interessiert,[3447] und das Erzwingungsverfahren (→ Rn. 960 f.) ist notorisch ineffizient.[3448] Hinzu kommt, dass der **EuGH** selbst die **Berufung auf** das **Gründungsrecht** nach Maßgabe der Niederlassungsfreiheit mit der **Wahrung** der **Zweigniederlassungspublizität** verknüpft hat („Informationsmodell"; → Rn. 498).[3449] Damit definiert – zumindest in diesem Punkt – das Sekundärrecht selbst den Rahmen für die Ausübung der Niederlassungsfreiheit.[3450] Dann kann eine spürbare Sanktion für die Überschreitung dieses Rahmens, wie sie die Handelndenhaftung darstellt, schlechterdings nicht als Beschränkung der Niederlassungsfreiheit anzusehen sein, zumal sie das EU-Sekundärrecht selbst an anderer Stelle einsetzt (Art. 16 Abs. 2 SE-VO). In der **Handelndenhaftung** der Anmeldeverpflichteten liegt ferner deshalb keine Beschränkung der Niederlassungsfreiheit der Gesellschaft selbst, weil sie nicht korporativ wirkt, sondern lediglich einen Anreiz zur Verlautbarung bestimmter tatsächlicher Verhältnisse setzt. Sie ist damit eine bloße **Tätigkeitsausübungsregel** im Sinne der Keck-Rspr. und als solche niederlassungsrechtlich indifferent (→ Rn. 404 f.).[3451]

964 Schließlich verstößt die Handelndenhaftung der Anmeldeverpflichteten auch nicht gegen Art. 40 GesR-RL. Danach haben die Mitgliedstaaten **geeignete Maßregeln** für den Fall anzudrohen, dass die Offenlegung der Zweigniederlassung im Aufnahmestaat unterbleibt. Der BGH hält hier das in „Inspire Art" aufgestellte Erfordernis für einschlägig, dass Verstöße gegen das EU-recht nur nach ähnlichen sachlichen und verfahrensrechtlichen Regeln geahndet werden dürfen, wie – nach Art und Schwere gleiche – Verstöße gegen nationales Recht.[3452] Dieses Erfordernis ist indessen gewahrt, da der Vergleichsfall nicht der Verstoß gegen die Anmeldepflicht bei inländischen Zweigniederlassungen inländischer Gesellschaften ist, wo eine Handelndenhaftung ausscheidet.[3453] Denn in jenem Fall ist die inländische Registerpublizität wenigstens am Sitz der Hauptniederlassung gewahrt. Vergleichsfall ist vielmehr **das Fehlen jeglicher inländischen Registerpublizität** wie bei der

---

[3443] BGH NZG 2005, 508 m. Bespr. *Lehmann* NZG 2005, 580 = BB 2005, 1016 mAnm *Wand* = DB 2005, 1047 mAnm *Ressos* = EWiR 2005, 431 m. KurzKomm. *Bruns;* dazu *Eidenmüller* NJW 2005, 1618; *Wachter* DStR 2005, 1817; wie der BGH: AG Bad Segeberg NZG 2005, 762 (764); OLG Hamm NZG 2006, 826.

[3444] Richtig gesehen in BGH ZIP 2009, 2385 Rn. 5 – Singapur Ltd.

[3445] *Leible/Hoffmann* RIW 2005, 544.

[3446] So aber die – widersprüchliche – Argumentation des BGH NJW 2005, 1648 (1649 f.).

[3447] Zum Normenmangel – allerdings aus seiner Sicht als Rechtfertigungsgrund – vgl. auch *Eidenmüller* in Eidenmüller Ausl. KapGes. § 3 Rn. 71 f.

[3448] *Wachter* MDR 2004, 611 (612) m. Fn. 15; *Leible/Hoffmann* RIW 2005, 544 (545 f.); Staub/*Koch/Harnos* HGB § 13d Rn. 59 ff.

[3449] EuGH ECLI:EU:C:1999:126 Rn. 36 = NJW 1999, 2027 – Centros; ECLI:EU:C:2003:512 Rn. 135 = NJW 2003, 3331 – Inspire Art.

[3450] Treffend *Schön* ZHR 168 (2004), 268 (295); ähnlich *Rehm* in Eidenmüller Ausl. KapGes. § 2 Rn. 86.

[3451] AA *Eidenmüller* NJW 2005, 1618 (1619) l. Sp.

[3452] So BGH NJW 2005, 1648 (1649) unter Berufung auf EuGH ECLI:EU:C:2003:512 Rn. 62, 133 = NJW 2003, 3331 – Inspire Art.

[3453] So aber offenbar BGH NJW 2005, 1648 (1649 f.); *Eidenmüller* NJW 2005, 1618 (1619) re. Sp.

Vorgesellschaft iSv § 11 Abs. 2 GmbHG, § 41 Abs. 1 S. 2 AktG (→ Rn. 498, → Rn. 962), und hier ordnet das Gesetz die Handelndenhaftung aus guten Gründen an.[3454] Dies ist auch die rechtspolitische Haltung des EU-Gesetzgebers (Art. 16 Abs. 2 SE-VO).

10. Ausländische Zweigniederlassungen inländischer Kapitalgesellschaften. a) Europäische Zweigniederlassungen. Die Vorschrift des **§ 13a HGB** regelt seit 1.8.2022 Zweigniederlassungen, die dem Recht eines anderen EU-Mitgliedstaates oder eines anderen Vertragsstaates des EWR unterliegen und die von einer Kapitalgesellschaft mit Sitz im Inland errichtet wurden. Danach sind die deutschen Registergerichte verpflichtet, den Erhalt von bestimmten **Angaben** über Zweigniederlassungen in der EU und dem EWR von Kapitalgesellschaften mit Sitz im Inland zu **bestätigen und** diese im Register zu **verzeichnen** (§ 13a Abs. 3 HGB) sowie bestimmte Angaben über das Europäische System der Registervernetzung (§ 9b HGB) **zugänglich** zu machen (§ 13a Abs. 2 HGB). Die Eintragung erfolgt vAw, nach einer formellen Prüfung durch die Registergerichte etwa bei fehlenden, offensichtlich unrichtigen o. widersprüchlichen Daten.[3455] **EU-rechtlich problematisch** erscheint, dass § 15 Abs. 5 HGB die **Publizitätswirkung** nach § 15 Abs. 1–3 HGB für die im Register eingetragenen Informationen zu EU-/EWR-Zweigniederlassungen von inländischen Kapitalgesellschaften **aussetzt** (effet utile).[3456] 965

b) Zweigniederlassungen in Drittstaaten. Die Vorschrift des § 13 Abs. 1 S. 1 HGB verpflichtet nach hM nicht zur Eintragung einer drittstaatlichen und im dortigen Register eingetragenen Zweigniederlassung in das Handelsregister des inländischen (deutschen) Unternehmens.[3457] Den Zwecken des Handelsregisters sei hinreichend Rechnung getragen, wenn sowohl die Hauptniederlassung bzw. Gesellschaft als auch die Zweigniederlassungen in dem Handelsregister eines Gerichts desjenigen Landes eingetragen werden, in dem sie belegen sind. **Kritik:** Nach § 5 AktG und § 4a GmbHG ist es deutschen Kapitalgesellschaften erlaubt, ihren effektiven Verwaltungssitz vom Satzungssitz zu trennen. Damit kann der Verwaltungssitz auch in das Ausland verlegt werden. Im Ausland wird der effektive Verwaltungssitz dann zum Teil als Zweigniederlassung eingetragen. Nach hM mögen Interessenten Einblick in das Handelsregister der ausländischen Zweigniederlassung nehmen. Das Argument hinkt freilich: Ohne Hinweis im inländischen Register findet man die ausländische Niederlassung und damit das zuständige Register nicht. Die Eintragung der ausländischen Zweigniederlassung im inländischen Register der Hauptniederlassung erscheint daher im Interesse des Rechtsverkehrs dringend geboten und unumgänglich.[3458] 966

I. Enteignungsrecht

Schrifttum: vor → Rn. 1, → Rn. 244, → Rn. 882, → EGBGB Anh. Art. 46 Rn. 1 ff.; *Ambrosch,* Die Anerkennung fremdstaatlicher Enteignungen nach deutschem internationalem Enteignungsrecht, 1988; *Appel/Rossi,* Finanzmarktkrise und Enteignung, 2009; *Beemelmans,* Die gespaltene Gesellschaft (Zur Auswirkung von Enteignungsmaßnahmen auf juristische Personen), 1963; *Behrens,* Multinationale Unternehmen im internationalen Enteignungsrecht der BRepD, 1980; *Behrens,* Der ausländische Enteignungsstaat als Bürgschaftsgläubiger des Enteigneten, IPRax 1989, 217; *Beitzke,* Nochmals zur Konfiskation von Mitgliedschaftsrechten, JZ 1956, 673; *Beitzke,* Probleme der enteignungsrechtlichen Spaltgesellschaft, FS Janssen, 1958, 29; *Beitzke,* Pflegschaften für Handelsgesellschaften und juristische Personen, FS Ballerstedt, 1975, 185; *Coing,* Zur Nationalisierung in Frankreich, WM 1982, 378; *Deren,* Internationales Enteignungsrecht, 2015; *Dohm,* Les nationalisations françaises et leurs effets sur les filiales suisses des sociétés nationalisées, ZSchweizR 1981, 426; *Dolzer,* Eigentum, Enteignung und Entschädigung im geltenden Völkerrecht, 1985; *Drobnig,* Spaltgesellschaften im wiedervereinigten Deutschland, FS Serick, 1992, 37; *Duden,* Enteignung deutschen Auslandsvermögens, FS Raape, 1948, 120; *Ebenroth,* Code of Conduct – Ansätze zur vertraglichen Gestaltung internationaler Investitionen, 1987; *Einsele,* Rest- bzw. Spaltgesellschaft auch bei Entschädigung? – Ein Problem des Internationalen Enteignungsrechts im Spiegel des Art. 14 Abs. 3 GG, RabelsZ 51 (1987), 603; *Fickel,* Enteignungsrecht und internationales Privatrecht, RIW/AWD 1974, 69; *Flume,* Juristische Person und Enteignung im Internationalen Privatrecht, FS F. A. Mann, 1977, 143; *Großfeld,* „Zeiss" in Frankreich, IPRax 1985, 303; *Großfeld/Lohmann,* Verfahrensrechtliche Probleme der Rest- und Spaltgesellschaft, IPRax 1985, 324; *Hahn,* Konfiskation von Mitgliedschaftsrechten, FS Beitzke, 1979, 491; *Herdegen,* Die extraterri-

[3454] *Leible/Hoffmann* RIW 2005, 544 (545).

[3455] Koller/Kindler/Drüen/*Roth/Stelmaszczyk* HGB § 13a Rn. 4.

[3456] Hopt/*Merkt* HGB § 15 Rn. 26; aA (für EU-Konformität) Koller/Kindler/Drüen/*Roth/Stelmaszczyk* HGB § 15 Rn. 35a.

[3457] OLG Düsseldorf NZG 2009, 1355 = NJW-Spezial 2009, 767 unter Berufung ua auf Hopt/*Hopt* HGB § 13 Rn. 11; Staub/*Koch/Harnos* HGB § 13 Rn. 60; *Hahnefeld* DStR 1993, 596 aE.

[3458] Vgl. BGH NZG 2012, 385 Rn. 16 zu den praeter legem anerkannten eintragungsfähigen Tatsachen; *Kindler,* Grundkurs Handels- und Gesellschaftsrecht, 8. Aufl. 2016, § 3 Rn. 7.

toriale Wirkung der Enteignung von Mitgliedschaftsrechten in der Bundesrepublik Deutschland, ZGR 1991, 547; *Herdegen,* Internationales Wirtschaftsrecht, 12. Aufl. 2020; *Jungfleisch,* Zur Konfiskation von Mitgliedschaftsrechten an ausländischen Aktiengesellschaften mit Vermögen in der BRepD (Diskussion der Spaltungstheorie), Diss. Saarbrücken 1961; *Kegel/Seidl-Hohenveldern,* Zum Territorialitätsprinzip im internationalen öffentlichen Recht, FS Ferid, 1978, 233; *Koppensteiner,* Enteignungs- oder Nationalisierungsmaßnahmen gegen ausländische Kapitalgesellschaften, BerGesVR 13 (1974), 65; *Kreuzer,* Habent sua fata horologia – zur Vorfrage der Anerkennung fremdstaatlicher Steuervollstreckungsakte, IPRax 1990, 365; *Lederer,* Erfasst die Enteignung von Aktionären durch den Sitzstaat der Aktiengesellschaft die Aktien einer 100%igen ausländischen Tochter?, IPRax 1994, 145; *F. A. Mann,* Die Konfiskation von Gesellschaften, Gesellschaftsrechten und Gesellschaftsvermögen im IPR, RabelsZ 27 (1962–63), 1; *F. A. Mann,* The Confiscation of Corporations, Corporate Rights and Corporate Assets and the Conflict of Laws, Int.Comp. L. Q. 1962, 471; *Mertens,* Die Spaltgesellschaft als methodisches Problem, JuS 1967, 97; *Paulick,* Territorialitätsprinzip und Spaltungstheorie, FS Raschhofer, 1977, 181; *Polter,* Auslandsenteignungen und Investitionsschutz, 1975; *Schulte-Uhlenbrock,* Die Rechtsverhältnisse am Auslandsvermögen von Handelsgesellschaften, gegen die Konfiskationsmaßnahmen getroffen worden sind, Diss. Münster 1968; *Th. Schulz,* Die Verteilung vom inländischen Restvermögen aufgelöster ausländischer Gesellschaften, NZG 2005, 415; *Schweizer,* Internationale Rechtsprobleme bei der Enteignung von Mitgliedschaftsrechten an juristischen Personen, 1979; *Seidl-Hohenveldern,* Internationales Konfiskations- und Enteignungsrecht, 1952; *Seidl-Hohenveldern,* Österreichische Entscheidungen über die Verstaatlichung ausländischer Aktiengesellschaften im Lande ihres Sitzes, RIW 1956, 74; *Seidl-Hohenveldern,* Internationales Enteignungsrecht, FS Kegel, 1977, 265; *Wiedemann,* Entwicklung und Ergebnisse der Rechtsprechung zu den Spaltgesellschaften, FS Beitzke, 1979, 811; *Wölker,* Die Nationalisierungen in Frankreich 1981/1982, ZaöRV 43 (1983), 214.

I. Problemstellung

967 Hat eine **Gesellschaft** ihren **Sitz im Ausland und Vermögen in der BRepD,** so treten gesellschaftsrechtliche Probleme auf, wenn der Sitzstaat die Gesellschaft enteignet. Es stellt sich die Frage nach dem rechtlichen Schicksal des Vermögens, auf das der Enteignerstaat keinen direkten Zugriff nehmen darf.

968 Da Enteignungen nicht der Verwirklichung der Gerechtigkeit zwischen den einzelnen, sondern den staatspolitischen Zielen der enteignenden Macht dienen,[3459] und folglich eingriffsrechtlicher Natur sind, gleichgültig, ob im Sinne der deutschen Unterscheidung öffentlich- oder privatrechtliche Instrumente eingesetzt werden, gelten hierfür kollisionsrechtlich Sonderregeln (zum Enteignungsrecht im IPR allgemein → EGBGB Anh. Art. 46 Rn. 1 ff.).

969 Dem Enteignerstaat stehen mehrere **Vorgehensweisen** zur Verfügung: Der Eingriff kann sich **gegen das Gesellschaftsvermögen** oder **gegen die Mitgliedschaftsrechte** richten. Dabei ist einmal zu differenzieren, ob nur einzelne Mitgliedschaftsrechte enteignet werden oder der Sitzstaat dieselben in der Weise an sich zieht, dass er nach einem Gesellschafteraustausch praktisch Alleingesellschafter ist oder jedenfalls die Gesellschaft beherrscht. In beiden Fällen bleibt die Gesellschaft als solche bestehen, die Konsequenzen für das Vermögen in der BRepD sind jedoch unterschiedlich. Der Gesellschafteraustausch ist eine mittelbare Enteignung. Diese ist der Enteignung gleichgestellt, die zum Untergang der Gesellschaft im Sitzstaat führt, sei es wegen Verlustes des gesamten Vermögens oder auf Grund eines Gesetzes.[3460] Beide Fälle werfen die Frage auf, wer nun Rechtsträger des außerhalb des Enteignerstaates belegenen Vermögens ist (zur Spaltungstheorie und zu den Rechtsfolgen für die Gesellschaft → Rn. 984 ff.).

970 Hiervon zu unterscheiden und aus der besonderen gesellschaftsrechtlichen Problematik auszuklammern ist die ausschließliche Enteignung von Gesellschaftsvermögen. Darzustellen sind hier die Rechtsfolgen der Vernichtung einer Gesellschaft in ihrer ursprünglichen Form (durch Gesetz oder Entzug des gesamten Vermögens) sowie der Enteignung verbriefter, einzelner und sämtlicher Mitgliedschaftsrechte, ferner Sonderprobleme bei Forderungen und Verbindlichkeiten.

II. Die Begriffe Enteignung, Vermögen und Gesellschaft

971 **1. Enteignung.** Im Kollisionsrecht[3461] wird unter Enteignung jeder hoheitliche „artfremde“[3462] Eingriff in privatrechtliche Rechtsmacht durch Einzelakt oder Gesetz verstanden.[3463]

[3459] BGHZ 95, 256 (265) = NJW 1985, 2897; Soergel/*v. Hoffmann* EGBGB Art. 38 Anh. III Rn. 1 mwN; *Großfeld,* Europäisches und Internationales Unternehmensrecht, 2. Aufl. 1995, Q § 2; *Kegel/Schurig* IPR § 23 II 4.

[3460] Vgl. Staudinger/*Großfeld,* 1998, IntGesR Rn. 814, 837 ff.

[3461] Zum innerstaatlichen Enteignungsbegriff s. → Vor § 903 BGB Rn. 50 ff.; BGHZ 6, 270 (279 ff.) = NJW 1952, 1176; zum internationalen Enteignungsrecht iÜ → EGBGB Anh. Art. 46 Rn. 33 ff.

[3462] Zum Begriff des artfremden Eingriffs *Neumeyer,* Internationales Verwaltungsrecht, Bd. IV, 1936, 243–257.

[3463] Vgl. Staudinger/*Stoll,* 1996, IntSachenR Rn. 196; *Patzina,* Rechtlicher Schutz ausländischer Privatinvestoren gegen Enteignungsrisiken in Entwicklungsländern, 1981, 33; *v. Bar/Mankowski* IPR I § 4 Rn. 132; *Ferid* IPR Rn. 7–122.

Die Enteignung hat im internationalen Gesellschaftsrecht vielfältige Formen, auf ihre Bezeichnung kommt es nicht an.[3464] So versteht man darunter die Entziehung oder die Übertragung beliebiger Rechte. Sie kann sich äußern in der Einsetzung von Verwaltern, Organen, Sequestern, Geschäftsführern[3465] oder Treuhändern, in der Entziehung[3466] oder Einschränkung der Vertretungsmacht,[3467] in einer Kontensperre, einem Leistungs- oder Zahlungsverbot usw.[3468] Gemeint sind neben der klassischen **Administrativenteignung** wie etwa nach dem **Rettungsübernahmegesetz** vom 7.4.2009, BGBl. 2009 I 725)[3469] alle Akte, die in der Wirkung einer Enteignung gleichkommen, auch wenn sie unter dem **Deckmantel des Privatrechts** erfolgen,[3470] wie etwa der **aktienrechtliche Ausschluss („squeeze out")** von Minderheitsaktionären systemrelevanter Banken im Zuge der Maßnahmen zur Bewältigung der **Finanzmarktkrise 2008/2009.**[3471] Es ist nicht Voraussetzung, dass das Eigentumsrecht an den Enteignerstaat fällt. Eine Enteignung liegt auch vor, wenn die Position des früheren Berechtigten formell unangetastet bleibt, der Enteignerstaat ihm aber seine Verwaltungs- oder Nutzungsrechte auf Dauer entzogen hat.[3472]

Seit die BRepD 1959 damit begonnen hat, Investitionsschutzverträge mit anderen Staaten zu schließen, wird der Enteignungsbegriff weit gefasst.[3473] So normiert der **Deutsche Mustervertrag über die Förderung und den gegenseitigen Schutz von Kapitalanlagen** von 2009 in Art. 4 Abs. 2 S. 1 Mustervertrag eine Entschädigungspflicht, die an einen weiten Enteignungsbegriff anknüpft: „Kapitalanlagen von Investoren eines Vertragsstaats dürfen im Hoheitsgebiet des anderen Vertragsstaats nur zum Wohl der Allgemeinheit und gegen Entschädigung direkt oder indirekt enteignet, verstaatlicht oder anderen Maßnahmen unterworfen werden, die in ihren Auswirkungen einer Enteignung oder Verstaatlichung gleichkommen".[3474] Für die Abgrenzung der Enteignung zu anderen Eingriffen sind stets die **Motive** der handelnden Hoheitsmacht mit heranzuziehen. Bestimmte Beschränkungen von Vermögensrechten können der **Sanierung** des Unternehmens dienen, so zB die gesellschaftsrechtlich grundsätzlich zulässige Festsetzung von Höchststimmrechten zur Abwehr drohender Überfremdung[3475] oder eine einseitige Veränderung der Mehrheitsverhältnisse durch Kapitalerhöhung und Ausschluss des Bezugsrechts iSv § 186 AktG.[3476] Soweit diese Maßnahmen von der Hoheitsmacht dirigistisch mit dem Ziel erwirkt werden, sich eine Mehrheitsbeteiligung oder beherrschenden Einfluss zu verschaffen, liegt auch hier eine Enteignung vor. Ebenso ist es, wenn der Enteignungsstaat der Gesellschaft nicht als Hoheitsträger gegenübertritt, sondern als „gleichberechtigter" Vertragspartner, die Gesellschaft durch Androhung von Zwangsmaßnahmen aber zu einem Vertragsschluss nötigt,[3477] der ohne Druckausübung nicht in Frage gekommen wäre. Zu denken ist hier an **Zwangsverkauf** jeder Art, zB verbunden mit Sondersteuern, die den Verkaufserlös aufzehren oder auch Devisen- und Anlagebestimmungen, die einem Vermögensverlust der Gesellschaft gleichkommen.[3478] 972

3464 Staudinger/*Großfeld*, 1998, IntGesR Rn. 815; *Patzina*, Rechtlicher Schutz ausländischer Privatinvestoren gegen Enteignungsrisiken in Entwicklungsländern, 1981, 33 f.; HCL/*Behrens/Hoffmann* GmbHG Allg. Einl. Rn. B 143.

3465 Vgl. BGH AG 1972, 350 (351); *Beemelmans*, Die gespaltene Gesellschaft, 1963, 89 f.; vgl. Der Spiegel 1980 Nr. 29 S. 34 zur deutschen Pharma-Industrie im Iran.

3466 BGHZ 17, 209 (212) = NJW 1955, 1151; BGHZ 43, 51 (55) = NJW 1965, 969.

3467 Soergel/*v. Hoffmann* EGBGB Anh. III Art. 38 Rn. 70; RGRK-BGB/*Wengler* S. 747.

3468 *Raape* IPR 655; beachte aber auch den völkerrechtlichen Ansatz *Wenglers*, Die Mitbestimmung und das Völkerrecht, 1975, 43 ff., 70, wonach das dort begutachtete paritätische Mitbestimmungsrecht eine unzulässige Enteignung darstellen soll.

3469 Dazu mit Blick auf die Finanzmarktkrise 2008/2009 *Appel/Rossi*, Finanzmarktkrise und Enteignung, 2009, 25 ff.

3470 BGH AG 1972, 350 (351); vgl. auch BGH NJW 1988, 2173 (2174) (Unzulässigkeit der Inanspruchnahme eines Bürgen, wenn Bürgschaftsgläubigerin hinsichtlich der Bürgschaftsforderung entschädigungslos enteignet wurde); dazu *Behrens* IPRax 1989, 217.

3471 Vgl. in der BRepD das Finanzmarktstabilisierungsbeschleunigungsgesetz vom 17.10.2008, BGBl. 2008 I 1982; *Böckenförde* NJW 2009, 2484 ff.; nach *Gurlit* NZG 2009, 601 (603 f.) soll hier aus Sicht des Art. 14 GG keine Enteignung vorliegen, doch ist der iprechtliche Enteignungsbegriff – wie im Text ausgeführt – weiter.

3472 *Dolzer*, Eigentum, Enteignung und Entschädigung im geltenden Völkerrecht, 1985, 254 ff.; *Ebenroth*, Code of Conduct, 1987, Rn. 876 ff.; OLG Frankfurt NJW-RR 2000, 491 (493) verneinend für die Anordnung staatlicher Verwaltung nach DDR-Recht; zweifelhaft.

3473 *Frick*, Bilateraler Investitionsschutz in Entwicklungsländern, 1975, 171 ff., 209 ff.

3474 Textabdruck in IPRax 2011, 206; dazu *Griebel* IPRax 2010, 414 (418).

3475 BGHZ 70, 117 (123) = NJW 1978, 540.

3476 Dazu BGHZ 136, 133 = NJW 1997, 2815; *Kindler* ZGR 1998, 35.

3477 *Vannod*, Fragen des internationalen Enteignungs- und Konfiskationsrechts, 1959 (Nachdruck 1979), 40 f.

3478 *Vannod*, Fragen des internationalen Enteignungs- und Konfiskationsrechts, 1959 (Nachdruck 1979), 32.

973 Art. 11 lit. a Ziff. ii **MIGA-Konvention**[3479] enthält eine Enteignungsdefinition. Danach stellen alle dem Gaststaat zurechenbaren legislativen oder administrativen Maßnahmen und Unterlassungen eine Enteignung dar, die dazu führen, dass dem Versicherungspartner (Investor) das Eigentum an oder die Kontrolle über die Investition entzogen wird oder die den Versicherungspartner substanzieller Investitionserträge berauben, ausgenommen nicht diskriminatorische Maßnahmen allgemeiner Art, welche die Regierungen üblicherweise zum Zwecke der Regulierung der wirtschaftlichen Aktivitäten auf ihrem Staatsgebiet ergreifen.[3480]

974 Auszuklammern sind aus dem kollisionsrechtlichen Enteignungsbegriff Justizhoheitsakte[3481] (→ EGBGB Anh. Art. 46 Rn. 35) im Rahmen von Zwangsvollstreckung,[3482] Ausschlussurteile im Aufgebotsverfahren[3483] sowie insbesondere auch die Eröffnung des Insolvenzverfahrens,[3484] da es sich insoweit um privatrechtsgestaltende Maßnahmen handelt.[3485] Daher führen Art. 19, 20 EuInsVO 2015 und § 343 InsO, wonach die Insolvenzeröffnung im Ausland auch das Inlandsvermögen des ausländischen Insolvenzschuldners erfassen soll, nicht zur Anerkennung von Enteignungen im Inland.[3486] Die Vollstreckung zivilrechtlicher Ansprüche ist keine Enteignung. Dies gilt im Grundsatz auch für strafrechtliche und andere öffentlich-rechtliche Ansprüche wie zum Beispiel Steueransprüche, obwohl sie im Inland nicht vollstreckbar sind.[3487] Über den ordre public können solche öffentlich-rechtlichen Ansprüche unter Umständen aber einer Enteignung gleichgestellt werden.[3488] Kollisionsrechtlich relevant sind nur Enteignungen zu politischen oder wirtschaftspolitischen Zwecken.

975 **2. Vermögen.** Eingriffe in das Vermögen können gegen das Eigentum, wie auch gegen alle anderen vermögenswerten Rechte gerichtet sein, was sich schon aus der weiten Auslegung des Enteignungsbegriffes ergibt (näher → EGBGB Anh. Art. 46 Rn. 31 f.).

976 **3. Gesellschaft.** Der Begriff Gesellschaft wird in einem weiten Sinne gebraucht. Enteignungen treffen juristische Personen und alle Gesellschaftsformen gleichermaßen.[3489] Eine unterschiedliche Behandlung ist nicht erforderlich, da – außer bei juristischen Personen des öffentlichen Rechts – dieselben Kollisionsregeln gelten.[3490] Gleichgültig ist, ob die Gesellschaften sich zum Zeitpunkt der Enteignung bereits in Liquidation befinden oder noch werbend tätig sind.[3491]

III. Wirksamkeit der Enteignung und Territorialitätsprinzip

977 **1. Wirksamkeit bzw. Anerkennung.** Hinsichtlich der Wirkungen und der Anerkennung fremdstaatlicher Enteignungen, gleichgültig, ob unmittelbar kraft Gesetzes oder durch behördlichen Einzelakt im Allgemeinen wird auf die Kommentierung zum Enteignungsrecht verwiesen (→ EGBGB Anh. Art. 46 Rn. 12 ff.). Es sind daher **im Folgenden nur noch einige Aspekte** ergänzend einzufügen, die **gesellschaftsrechtliche Probleme betreffen.**[3492]

978 Enteignungen entfalten nur dann Wirksamkeit, wenn sie in irgendeiner Weise **vollzogen** werden (→ EGBGB Anh. Art. 46 Rn. 37).[3493] Dafür ist keine tatsächliche Besitzergreifung durch den

---

[3479] Konvention zur Errichtung der Multilateralen Investitions-Garantie-Agentur vom 11.10.1985, BGBl. 1987 II 454; vgl. hierzu *Herdegen,* Int. Wirtschaftsrecht, 12. Aufl. 2020, § 23 Rn. 108 f. und die Kommentierung des gesamten Übereinkommens bei *Ebenroth/Karl,* Kommentar zum MIGA-Übereinkommen, 1989, Rn. 35 ff.; einführend *Voss* RIW 1987, 89; *Ebenroth/Karl* RIW 1989, 1; Text unter http://www.miga.org/documents/commentary_convention_november_2010.pdf.

[3480] Vgl. hierzu *Ebenroth/Karl,* Kommentar zum MIGA-Übereinkommen, 1989, Rn. 116 ff.; *Ebenroth,* Code of Conduct, 1987, Rn. 856; *Ebenroth* JZ 1987, 641 (647).

[3481] Näher *Kegel/Schurig* IPR § 23 II 2.

[3482] AA *Rheinstein* RabelsZ 8 (1934), 296 ff.

[3483] Vgl. OLG Stuttgart NJW 1955, 1154 (1155); *Raape* IPR 655; Soergel/*v. Hoffmann* EGBGB Anh. III Art. 38 Rn. 11.

[3484] BGHZ 95, 256 (265) = NJW 1985, 2897.

[3485] Zu diesem Interessenkriterium *Drobnig* FS Neumayer, 1985, 159 (167).

[3486] BGHZ 95, 256 (265) = NJW 1985, 2897 unter Berufung auf BGHZ 31, 367 (371) = NJW 1960, 1101; vgl. auch zur Interessenabwägung beim „Hilfsverfahren" im US-amerikanischen Recht *Hay* FS Müller-Freienfels, 1986, 247 (252 ff.).

[3487] Staudinger/*Großfeld,* 1998, IntGesR Rn. 844; BGH NJW 1989, 1352 (1353) = IPRax 1990, 398 mAnm *Kreuzer* IPRax 1990, 365; ferner *Stoll,* Neuere Entwicklungen im internationalen Enteignungsrecht, 1992, 88.

[3488] *Flume* FS Mann, 1977, 143 (145, 146); *Kegel/Schurig* IPR § 23 I 3.

[3489] Vgl. *Paulick* FS Raschhofer, 1977, 181 Fn. 1.

[3490] Vgl. BGH IPRspr. 1956/56 Nr. 17; 1964/65 Nr. 189 f.

[3491] BGH WM 1971, 723 (724).

[3492] Umfassend *Deren,* Int. Entgeignungsrecht, 2015, 269 ff.

[3493] Vgl. BGHZ 29, 320 (326) = NJW 1959, 1126; BAG AP Nr. 2 Internationales Privatrecht, Arbeitsrecht.

Enteignerstaat erforderlich.[3494] Gemäß der weiten Auslegung des Enteignungsbegriffes ist ausreichend, dass die Aktivitäten der Gesellschaft hinsichtlich der Verfügungsmöglichkeiten über das Vermögen durch den Eingriff gelähmt sind.

Das betroffene Recht muss **enteignungsfähig,** dh übertragbar bzw. pfändbar sein, andernfalls 979
ist der Eingriff aus gesellschaftsrechtlicher Sicht bedeutungslos.[3495] Betrifft die Enteignung die Firma oder die Marke usw (→ EGBGB Anh. Art. 46 Rn. 49 ff.),[3496] treten hier demnach keine Sonderprobleme auf.

2. Grenzen der Wirksamkeit bzw. Anerkennung. Die wirksame Enteignung müsste nach 980
den allgemeinen Grundsätzen des internationalen Gesellschaftsrechts bei Auflösung[3497] der Gesellschaft im Staat des Gesellschaftsstatuts zum **Erlöschen** derselben führen. Da die Existenz der Gesellschaft sich nach ihrem Gesellschaftsstatut richtet (→ Rn. 614 f.), bliebe auch für das Auslandsvermögen nur noch eine Abwicklung.[3498] Das Erlöschen wird für den Rechtsverkehr im enteignenden Staat und für das dort belegene Vermögen auch anerkannt,[3499] die „Hinnahme der normativen Kraft des Faktischen"[3500] ist aber begrenzt. Die allgemeinen Regeln des Internationalen Gesellschaftsrechts treffen bei der Enteignung auf eine systematische Grundregel des IPR,[3501] das Territorialitätsprinzip.[3502] Nach dem **Territorialitätsprinzip,** das auch nach hM im Schrifttum[3503] für Enteignungen gilt, beschränken sich die Wirkungen staatlicher Maßnahmen auf sein Hoheitsgebiet. Ein Staat kann auf seinem Hoheitsgebiet enteignen (→ EGBGB Anh. Art. 46 Rn. 38).[3504] Das außerhalb seiner Grenzen belegene Vermögen einer Gesellschaft bleibt davon jedoch unberührt,[3505] unabhängig davon, ob die Gesellschaft im Heimatstaat oder einem Drittstaat aufgelöst wird.[3506] Wegen des Territorialitätsprinzips beschränkt sich die Anerkennung der Enteignungswirkungen auch dann auf das im Enteignerstaat belegene Vermögen, wenn die Enteignung gegen Entschädigung erfolgte.[3507]

3494 Vgl. *Lewald* RabelsZ 21 (1956), 124 f.; Soergel/*v. Hoffmann* EGBGB Anh. III Art. 38 Rn. 26; aA *Seidl-Hohenveldern,* Internationales Konfiskations- und Enteignungsrecht, 1952, 38 ff.; vgl. auch *Kuhn* WM 1958, 946 (948).

3495 BGH NJW 1955, 1151 (1152); BGHZ 39, 220 (234) = NJW 1963, 1541; *Duden* FS Raape, 1948, 120 ff.; *Ficker,* Grundfragen des deutschen interlokalen Rechts, 1952, 123 ff.; aA Soergel/*v. Hoffmann* EGBGB Anh. III Art. 38 Rn. 25.

3496 Dazu speziell *Bußmann* FS Raape, 1948, 133 ff.; *E. Ulmer* GRUR 1949, 63 ff.; *Paterna* MDR 1948, 462 f.

3497 Was bei totalem Vermögensverlust anzunehmen ist, denn eine juristische Person zB kann nicht ohne Vermögen fortbestehen, BGHZ 29, 320 = NJW 1959, 1126.

3498 RGZ 129, 98 (102); s. auch Staudinger/*Großfeld,* 1998, IntGesR Rn. 838; *Flume* FS Mann, 1977, 143 (151 ff.).

3499 Anders für den Fall der nicht effektiven Entschädigung bei Enteignung; *Mann* RabelsZ 27 (1962), 43; *Mann* NJW 1961, 705 (707).

3500 *Seidl-Hohenveldern* FS Kegel, 1977, 265.

3501 Zur systematischen Qualifikation → EGBGB Anh. Art. 46 Rn. 13 ff.

3502 Seit RGZ 102, 251 (253) in der Rspr. anerkannt; s. BGH IPRspr. 1956/57 Nr. 34; IPRspr. 1958/59 Nr. 38; DB 1966, 461; MDR 1972, 494; NJW 1988, 2173 (2174) mAnm *Behrens* IPRax 1989, 217; BGH NJW 2002, 2389 (2390) = IPRax 2003, 447 m. Aufs. *Stoll* IPRax 2003, 433; BFH IPRspr. 1966/67 Nr. 187; OLG Nürnberg IPRspr. 1950/51 Nr. 13; OLG Stuttgart IPRspr. 1970 Nr. 98; BVerfGE 84, 90 (123) = NJW 91, 1597 (1600). Zum dogmatischen Ansatz im amerikanischen Recht (Act of State Doctrine) und dem daneben geltenden Territorialitätsprinzip *Pirrwitz* RIW 1989, 96 ff.

3503 Insbes. → EGBGB Anh. Art. 46 Rn. 19 ff.; vgl. auch *Einsele* RabelsZ 51 (1987), 603 (605 f., 614 ff.); *Großfeld* IPRax 1985, 303 (304); *Großfeld/Lohmann* IPRax 1985, 324 (325); Grüneberg/*Thorn* EGBGB Art. 43 Rn. 12; dagegen *Koppensteiner* BerGesVR 13 (1974), 65 (72 ff.); *v. Bar/Mankowski* IPR I § 4 Rn. 135; *Ferid* IPR Rn. 7–121; *Vogel,* Der räumliche Anwendungsbereich der Verwaltungsnorm, 1965, 121 ff.

3504 HM, BVerfGE 84, 90 (123) = NJW 1991, 1597 (1600); BGH NJW 2002, 2389; VG Berlin VIZ 2002, 519 (522); HCL/*Behrens/Hoffmann* GmbHG Allg. Einl. Rn. B 203.

3505 OGH NJW 1950, 644; BGHZ 5, 27 (34) = NJW 1952, 1012 (1015); BGHZ 25, 134 (143) = NJW 1957, 1433 (1434); BGHZ 43, 51 (55) = NJW 1965, 969 (970); BGHZ 56, 66 (69) = NJW 1971, 1514 (1515); BGHZ 62, 340 (343) = NJW 1974, 1944 (1945); Staudinger/*Großfeld,* 1998, IntGesR Rn. 821. Zum Bürgschaftsverfall nach Auslandsenteignung BGH NJW 1988, 2173 (2174) mAnm *Behrens* IPRax 1989, 217. Vgl. zum Ganzen *Einsele* RabelsZ 51 (1987), 603 (605 f.); *Großfeld,* Europäisches und Internationales Unternehmensrecht, 2. Aufl. 1995, Q § 9 I, 313; *Polter,* Auslandsenteignungen und Investitionsschutz, 1975, 75 ff.; *Raape* IPR 664; *Vischer/v. Planta* IPR 162 f.

3506 *Großfeld/Lohmann* IPRax 1985, 324 (325); *Paulick* FS Raschhofer, 1977, 190.

3507 Staudinger/*Großfeld,* 1998, IntGesR Rn. 823; *Einsele* RabelsZ 51 (1987), 603 (614); GroßkommAktG/*Assmann* AktG Einl. Rn. 685; *Kegel/Schurig* IPR § 23 II 2; *Beitzke* FS Raape, 1948, 93 (110, 111); wohl auch BVerfGE 84, 90 (123 f.) = NJW 1991, 1597 (1600); aA *Wölker* ZaöRV 43 (1983), 214 (282 ff., 294 ff., 301); *v. Bar/Mankowski* IPR I § 4 Rn. 150, der eine Spaltgesellschaft nur ausnahmsweise bei entschädigungslosen Enteignungen annehmen möchte; *Behrens,* Multinationale Unternehmen im internationalen Enteig-

Berücksichtigt man die Unschärfe des Territorialitätsprinzips, so ist es allerdings treffender, von Anerkennung wegen kompetenzbegründender Belegenheit zu sprechen (→ EGBGB Anh. Art. 46 Rn. 38).

981 Deswegen wäre auch eine **Herausgabeklage der Gesellschaft** als der früheren Eigentümerin abzuweisen, wenn der Enteignerstaat oder ein Rechtsnachfolger die in seinem Gebiet belegen enteigneten Vermögensgegenstände nach der Enteignung ins Ausland befördert, zB veräußert, weil insoweit die Enteignung wirksam bleibt.[3508] Lediglich eine staatliche Mitwirkung bei der Ausführung ausländischer Hoheitsakte scheidet aus. In einem solchen Falle bleibt der Gesellschaft nur die Hoffnung auf Nichtanerkennung der Enteignung wegen eventuellen Verstoßes gegen den ordre public, bei dessen Anwendung wegen der Macht des Faktischen aber Zurückhaltung geboten ist (→ EGBGB Art. 6 Rn. 197 f.).[3509]

982 Andererseits kann einer **Herausgabeklage des Enteignerstaates** kein Erfolg beschieden werden, wenn die Gesellschaft es verstanden hat, noch nach der Enteignung Vermögensgegenstände ins Ausland zu bringen, da insoweit der Macht des Faktischen Rechnung getragen wird.[3510] Dabei kann es nicht darauf ankommen, ob die Gesellschaft sich der Vermögensgegenstände erst wieder bemächtigen musste.[3511]

983 **3. Ausnahmen.** Ausnahmen von diesen Grundsätzen kann es nur dann geben, wenn der Belegenheitsstaat der Enteignung durch einen anderen Staat zustimmt. Dies kann nur durch einen Staatsvertrag oder ein Gesetz geschehen (→ EGBGB Anh. Art. 46 Rn. 6 ff.).[3512] Bedenklich erscheint hingegen die Auffassung des BGH,[3513] die bloße **Aushändigung** von Aktien an den Enteignerstaat als wirksame Zustimmung anzusehen,[3514] zumal hierin eine Durchbrechung des Territorialitäts- bzw. Belegenheitsprinzips liegt.[3515]

IV. Folgen des Territorialitätsprinzips und Spaltungstheorie

984 Problematisch ist, wem das enteignungsfrei gebliebene Vermögen zusteht, wenn die Enteignung für das Hoheitsgebiet des Enteignerstaates im Übrigen anerkannt wird und der bisherige Rechtsträger wegfällt. Unmöglich kann der **Enteignerstaat** oder der durch die Enteignung Begünstigte neuer Rechtsträger des Auslandsvermögens sein, weil damit die Abwehrfunktion des Territorialitätsprinzips aufgehoben würde.[3516] **Herrenlos** können die ausländischen Vermögenswerte der Gesellschaft nicht werden, weil das den Interessen der Mitglieder diametral zuwiderliefe und einer weiteren Enteignung gleich käme. Der Belegenheitsstaat könnte diese bona vacantia in Besitz nehmen und somit aus der Enteignung unberechtigte Vorteile ziehen.[3517] Eher könnte dieses Vermögen den **Mitgliedern** der

---

nungsrecht der BRepD, 1980, 72 ff.; *Coing* WM 1982, 378 (384). Zur Anerkennung einer Nationalisierungsmaßnahme im englischen Recht (Rumasa Decision) *Seidl-Hohenveldern,* Essays in honour of Georg Schwarzenberger, 1988, 262 ff.

[3508] Vgl. zur Veräußerung von Kunstgegenständen durch die Sowjetregierung *Beitzke* FS Raape, 1948, 93 (95) Fn. 6; *v. Bar/Mankowski* IPR I § 4 Rn. 148; *Ferid* IPR Rn. 7–128; *Seidl-Hohenveldern,* Internationales Konfiskations- und Enteignungsrecht, 1952, 13 ff., 50 f., aber auch 47 ff.; abw. bei Anwendung des ordre public OLG Nürnberg NJW 1950, 228 mAnm *Möhring* = SJZ 1950, 277 m. krit. Anm. *Raiser.*

[3509] Zum Verhältnis von Völkerrechtswidrigkeit und ordre public *Raape* IPR 662; *Ferid* IPR Rn. 7–128; *Seidl-Hohenveldern* FS Kegel, 1977, 265 ff.; Staudinger/*Stoll,* 1996, IntSachenR Rn. 208, 210; vgl. ferner OLG Bremen IPRspr. 1958/59 Nr. 7 A; LG Hamburg IPRspr. 1973 Nr. 112a, 112b.

[3510] *v. Bar/Mankowski* IPR I § 4 Rn. 147; *Beitzke* JZ 1956, 673 (674); *Neumeyer,* Internationales Verwaltungsrecht, Bd. IV, 1936, 251 ff.; RGRK-BGB/*Wengler* S. 1106 Fn. 61; abw. für den Fall der tatsächlichen Besitzergreifung durch den Enteignerstaat *Mann* RabelsZ 21 (1956), 1 ff. (15); *Seidl-Hohenveldern,* Internationales Konfiskations- und Enteignungsrecht, 1952, 39.

[3511] Anders *Mann* RabelsZ 21 (1956), 1 (15), der nach tatsächlicher Besitzergreifung des Enteignerstaates der Klage stattgeben will.

[3512] Weitergehend RGRK-BGB/*Wengler* S. 1107 Fn. 65.

[3513] BGH MDR 1957, 276 mAnm *Beitzke.*

[3514] Wie der BGH hingegen Staudinger/*Großfeld,* 1998, IntGesR Rn. 826.

[3515] Vgl. *Kegel/Seidl-Hohenveldern* FS Ferid, 1978, 233 (263).

[3516] BGHZ 43, 53 (55 f.); vgl. in diesem Zusammenhang auch die Kritik von *Mann* an der Rspr. des House of Lords in Großbritannien, wonach bei „zwangsweisem Erwerb" von Mitgliedschaftsrechten einer spanischen Gesellschaft durch Spanien englische Bankguthaben der spanischen Gesellschaft, vertreten durch ihre neuen Direktoren, zugesprochen wurde: *Mann* L. Q. Rev. 1986, 191 ff.

[3517] Vgl. BGHZ 25, 134; 43, 51 (55); BGH WM 1972, 394 (395); IPRspr. 1977 Nr. 4; OLG Köln IPRspr. 1956/57 Nr. 16; HCL/*Behrens/Hoffmann* GmbHG Allg. Einl. Rn. B 148; RGRK-BGB/*Wengler* S. 746; *Paulick* FS Raschhofer, 1977, 185; *Raape* IPR 671; Staudinger/*Großfeld,* 1998, IntGesR Rn. 840; *Beitzke* FS Janssen, 1958, 29 (31 f.); *Wiedemann* GesR I § 15 II 1, S. 845; aA nur LG Mannheim BB 1948, 92; *Lewald* RabelsZ 21 (1956), 119 (130 f.).

Gesellschaft zukommen. Gesellschaftsvermögen und das der Mitglieder sind jedoch getrennt zu behandeln. Eine Bruchteils- oder Gesamthandsgemeinschaft würde dem Wesen der juristischen Person widersprechen.[3518] Im Übrigen würden durch solche Konstruktionen die Gläubiger unangemessen benachteiligt, weil sie gegen eine Vielzahl von Schuldnern vorzugehen hätten.[3519]

Das Territorialitätsprinzip kann indessen sinnvolle Wirkung nur entfalten, wenn das enteignungsfreie Vermögen der bisherigen Gesellschaft erhalten bleibt. Da bei deren Vernichtung der Rechtsträger weggefallen ist, kann dies über einen konstruierten, fiktiven Fortbestand desselben erreicht werden. Nach der heute allgemein anerkannten **Spaltungstheorie** wird dabei das enteignungsfreie wird vom enteigneten Vermögen abgespalten[3520] Die ursprüngliche Gesellschaft gilt – unter Beibehaltung ihrer Rechtsform – für das Auslandsvermögen als fortbestehend im Umfang einer **Rest-**[3521] oder **Spaltgesellschaft.** **985**

Eine Restgesellschaft entsteht nach dieser Lehre, wenn die alte Gesellschaft durch die Enteignung des Vermögens vernichtet wird. Von einer Spaltgesellschaft spricht man, wenn „nur" die Mitgliedschaftsrechte enteignet werden, die Gesellschaft also im Sitzstaat mit neuen Mitgliedern fortbesteht.[3522] Rest- und Spaltgesellschaft werden rechtlich weitgehend gleich behandelt. Die Unterscheidung ist deswegen in der Regel nachrangig.[3523] **986**

Die häufig praktizierte Enteignung von **Mitgliedschaftsrechten** dient der Umgehung des Territorialitätsprinzips. Es ist eine sog. „kalte" Gesellschaftsenteignung. Der Enteignerstaat lässt die Gesellschaft als solche unangetastet, um über die Mitgliedschaftsrechte auch das ausländische Gesellschaftsvermögen an sich ziehen zu können. Die Spaltungstheorie ist aber Ausdruck des Territorialitätsprinzips, woraus folgt, dass der Enteignerstaat Gesellschafter nur mit Wirkung für sein Hoheitsgebiet austauschen kann.[3524] Die Enteignung der Mitgliedschaftsrechte wird also der Enteignung des gesamten Gesellschaftsvermögens oder der Vernichtung der Gesellschaft gleichgestellt. Hierzu bedarf es nicht der Anknüpfung an die **Belegenheit** der Mitgliedschaftsrechte und der rechtsdogmatisch fragwürdigen Begründung, dass die Mitgliedschaftsrechte überall dort belegen seien, wo sich Vermögenswerte der Gesellschaft befinden.[3525] Es ist schwer zu begründen, dass die – an sich anerkannte – Enteignung das Auslandsvermögen nur deshalb nicht erfassen soll, weil die Mitgliedschaftsrechte nicht im Staat des Gesellschaftsstatuts belegen seien.[3526] Entscheidend ist auch bei der Enteignung **987**

[3518] BGHZ 33, 195 (198) = NJW 1961, 22; *Paulick* FS Raschhofer, 1977, 185 f.

[3519] BGHZ 33, 195 (198) = NJW 1961, 22; HCL/*Behrens/Hoffmann* GmbHG Allg. Einl. Rn. B 206, 210; zur rechtlich nicht möglichen Pflegerbestellung → Rn. 1007.

[3520] Seit RGZ 107, 94 (98); zweifelnd noch BGHZ 19, 102 (106); heute hM, vgl. nur BGHZ 25, 134 = NJW 1957, 1433; BGHZ 43, 51 (57) = NJW 1965, 969; BGH IPRspr. 1962/63 Nr. 59; NJW 1952, 540; 1954, 1195; 1961, 22 (23); 1971, 1514 (1515); AG 1984, 246; WM 1985, 1372; AG 1986, 290; NJW-RR 1990, 166 (167); WM 1990, 1065; 1990, 1496; 1991, 680; NJW-RR 1992, 168; BVerwGE 140, 290 = LKV 2012, 34 Rn. 16; BayObLG AG 1985, 250 = RIW 1985, 811 (812); OLG Frankfurt WM 1988, 300; NJW 1990, 1120; OLG Hamburg RIW 1992, 146; WM 1994, 740; Aus dem Schrifttum vgl. etwa *Ambrosch,* Die Anerkennung fremdstaatlicher Enteignungen, 1991, 15; *Beemelmans,* Die gespaltene Gesellschaft, 1963, 5 ff.; HCL/*Behrens/Hoffmann* GmbHG Allg. Einl. Rn. B 206, 210; *Beitzke* JZ 1956, 673; *Einsele* RabelsZ 51 (1987), 603 f.; *Jungfleisch,* Zur Konfiskation von Mitgliedschaftsrechten an ausländischen Aktiengesellschaften mit Vermögen in der BRepD (Diskussion der Spaltungstheorie), 1961, 6 ff.; *Dohm* ZSchweizR 1981, 426 (435 f.); *Großfeld/Lohmann* IPRax 1985, 324 (325); *Hahn* FS Beitzke, 1979, 491 ff.; *Herdegen* ZGR 1991, 547 (550); *Kegel,* Probleme des internationalen Enteignungs- und Währungsrechts, 1956, 5 ff., 17 ff.; *Paulick* FS Raschhofer, 1977, 181 ff.; *Seidl-Hohenveldern* FS Kegel, 1977, 265 ff.; *Schulte-Uhlenbrock,* Die Rechtsverhältnisse am Auslandsvermögen von Handelsgesellschaften, gegen die Konfiskationsmaßnahmen getroffen worden sind, 1968, 1 ff.; Scholz/*Westermann* GmbHG Anh. § 4a Rn. 133; Staudinger/*Großfeld,* 1998, IntGesR Rn. 832 ff.; *Ferid* IPR Rn. 7–154; *Großfeld,* Europäisches und Internationales Unternehmensrecht, 2. Aufl. 1995, Q § 6 II; *Verdross/Simma,* Universelles Völkerrecht, 3. Aufl. 1984, § 1218.

[3521] ZT auch Rumpfgesellschaft genannt, vgl. *Schröder* RabelsZ 1968, 764 (765); *Wiedemann* GesR I § 15 II 1, S. 846; OLG Jena NZG 2007, 877 (878) = ZIP 2007, 1709 mAnm *Schmidt.*

[3522] BVerwGE 140, 290 Rn. 16 = LKV 2012, 34; VG Berlin VIZ 2002, 519 (522); *Einsele* RabelsZ 51 (1987), 603 f. m. Fn. 2; Staudinger/*Großfeld,* 1998, IntGesR Rn. 834; *Großfeld,* Europäisches und Internationales Unternehmensrecht, 2. Aufl. 1995, Q § 6 II; HCL/*Behrens/Hoffmann* GmbHG Allg. Einl. Rn. B 206, 210.

[3523] BGH IPRspr. 1977 Nr. 4. Vgl. aber → Rn. 1051 einerseits, → Rn. 1054 andererseits; zur steuerlichen Behandlung von Restgesellschaften s. OFD Hannover NZG 2009, 1219.

[3524] BGHZ 62, 340 (343, 345) = NJW 1974, 1944; BGH IPRspr. 1960/61 Nr. 75; IPRspr. 1964/65 Nr. 190; IPRspr. 1973 Nr. 113; *Beemelmans,* Die gespaltene Gesellschaft, 1963, 68 f.; *Beitzke* FS Janssen, 1958, 33 ff.; *Beitzke* JZ 1956, 673 (676).

[3525] So aber BGHZ 20, 4 (13) = NJW 1956, 785; OLG Hamburg IPRspr. 1956/57 Nr. 19; *Beitzke* JZ 1956, 673 (674); *Kuhn* WM 1956, 1 (10); *Seidl-Hohenveldern,* Internationales Konfiskations- und Enteignungsrecht, 1952, 127, 131; vgl. auch *Ferid* IPR Rn. 7-153; dagegen *Flume* FS Mann, 1977, 143 (149 f.).

[3526] Vgl. aber OLG Düsseldorf IPRspr. 1954/55 Nr. 11; OLG München IPRspr. 1954/55 Nr. 51; Staudinger/*Großfeld,* 1998, IntGesR Rn. 880.

von Mitgliedschaftsrechten, dass der Hoheitsakt extraterritoriale Wirkungen nicht entfalten kann. Die bisherige Gesellschaft lebt unter neuer Führung im Enteignerstaat fort, die bisherigen Gesellschafter nehmen die Mitgliedschaftsrechte der Spaltgesellschaft wahr, dh einer neuen Gesellschaft, der das enteignungsfreie Auslandsvermögen zusteht. Demgemäß gibt es zB doppelte Organe (Vorstand, Aufsichtsrat, Hauptversammlung), doppelte Bilanzen usw.[3527] Die Restgesellschaft soll dagegen keine neue Gesellschaft sein. Da sie hinsichtlich des enteignungsfreien Vermögens als fortbestehend angesehen wird, nimmt man an, sie sei mit der ursprünglichen Gesellschaft identisch.[3528] Der Begriff „Identität" ist in diesem Zusammenhang jedoch nicht ganz glücklich. Trotz Territorialitätsprinzip besteht keine vollkommene Gleichheit mehr hinsichtlich des Gesellschaftszustandes vor und nach der Enteignung.[3529] Die vom Hoheitsakt betroffene Gesellschaft ist mit dem abgespaltenen Teil zwar personengleich, rechtlich jedoch von ihr zu unterscheiden.[3530] Zwar wird die extraterritoriale Wirkung der Enteignung abgelehnt, dennoch kann die Gesellschaft nicht wie bisher agieren. Es entsteht eine der Sitzverlegung (→ Rn. 833 ff.) ähnliche Situation. Nur entspringt diese nicht dem freien Entschluss der Gesellschafter.

V. Liquidationsgesellschaft

988 **1. Entstehung einer Liquidationsgesellschaft.** Durch die Enteignung einer Gesellschaft wird das **enteignungsfreie Vermögen** in Form einer Liquidationsgesellschaft **abgespalten.** Die Gesellschaft ist nicht als werbende anzusehen.[3531] Die Liquidation des enteignungsfreien Restvermögens ist bei Gesellschaftsenteignungen der Regelfall. Dies bekennen auch die Urheber der Spaltungstheorie, die „in 99% der Fälle tatsächlich ja nicht zu einer lebenden Spaltgesellschaft geführt hat, sondern zu einer Liquidation des in der BRepD belegenen Vermögens der betreffenden Gesellschaft".[3532] Auch sie geben der Liquidationsgesellschaft den Vorzug vor der werbenden Gesellschaft.[3533] Der BGH[3534] sieht es als Tatfrage an, ob die Rest- oder Spaltgesellschaft als werbende oder nur als Liquidationsgesellschaft fortbesteht. Falls sie schon vor der Enteignung Liquidationsgesellschaft war, sollte sie jedenfalls als solche weiter leben.[3535]

989 Das enteignungsfreie Vermögen reicht grundsätzlich für die Fortführung einer lebensfähigen Gesellschaft nicht aus. Die Liquidation ermöglicht eine rasche Bereinigung des Problems und sorgt für Rechtssicherheit. Der Umweg über eine werbende Gesellschaft unter völliger Außerachtlassung der gesellschaftsrechtlichen Regeln ist schon deshalb nicht angezeigt. Zudem könnten durch die werbende Tätigkeit einer nicht mehr lebensfähigen Gesellschaft wirtschaftliche Probleme entstehen. Die Annahme einer werbenden Gesellschaft wird dem **Gläubigerinteresse** nicht gerecht. Aber auch die Gesellschaftsmitglieder sind nicht genügend abgesichert, wenn – möglicherweise nicht mehr vertretungsberechtigte – Organe einer Rest- oder Spaltgesellschaft wie bisher für die Gesellschaft werbend tätig werden. Es können Verpflichtungen eingegangen werden, die bei dem gegebenen Gesellschaftszustand unangemessen und für die Gesellschafter von Nachteil sind. Die Liquidation dagegen zwingt zunächst zu einer Klärung der wirtschaftlichen Verhältnisse der Gesellschaft. Das

---

3527 *Kegel/Schurig* IPR § 23 II 4; vgl. dazu die stRspr seit RGZ 107, 94; BGHZ 20, 4 = NJW 1956, 785; BGHZ 25, 134 = NJW 1957, 1433; BGHZ 32, 256 = NJW 1960, 1569; BGHZ 33, 195 = NJW 1961, 22.

3528 Vgl. BGHZ 33, 195 (197, 198) = NJW 1961, 22; BGH WM 1965, 227 (228); OLG Hamburg IPRspr. 1956/57 Nr. 19; Staudinger/*Großfeld*, 1998, IntGesR Rn. 841, 849; s. hierzu aber den Streit um die Rechtsfolgen (→ Rn. 1033 ff.).

3529 Vgl. *Beitzke* FS Janssen, 1958, 29 (30).

3530 BGH IPRspr. 1960/61 Nr. 76; IPRspr. 1962/63 Nr. 58; KG IPRspr. 1960/61 Nr. 83.

3531 Wie hier *Flume* FS Mann, 1977, 143 (162); im Grundsatz auch *Mertens* JuS 1967, 97 (105); aA BGH NJW 1958, 17; BAG AP IPR Arbeitsrecht Nr. 2; KG IPRspr. 1960/61 Nr. 83; OLG München IPRspr. 1954/55 Nr. 12; *Beemelmans*, Die gespaltene Gesellschaft, 1963, 94 ff.; *Großfeld/Lohmann* IPRax 1985, 324 (326); Staudinger/*Großfeld*, 1998, IntGesR Rn. Staudinger/*Großfeld*, 1998, IntGesR Rn. 101, 906; *Wiedemann* GesR I § 15 II 1, S. 850; vgl. auch RGRK-BGB/*Wengler* S. 749; ein sofortiges Erlöschen im Sinne einer Vollbeendigung wegen Vermögenslosigkeit (§ 394 FamFG) kommt allerdings nicht in Betracht, vgl. OLG Zweibrücken NZG 2002, 169; OLG Jena NZG 2007, 877 = ZIP 2007, 1709 mAnm *Schmidt*.

3532 *Seidl-Hohenveldern* BerGesVR 13 (1974), 107; ähnlich *Beitzke* BerGesVR 13 (1974), 109; *Behrens*, Multinationale Unternehmen im internationalen Enteignungsrecht der BRepD, 1980, 104 f. will die Spaltungstheorie daher nur anwenden, wenn eine „geeignete wirtschaftliche Basis" für die Fortsetzung gegeben ist, nennt dafür aber keine Kriterien.

3533 *Beitzke* BerGesVR 13 (1974), 110; *Beitzke* FS Janssen, 1958, 29 (33); *Seidl-Hohenveldern*, Internationales Konfiskations- und Enteignungsrecht, 1952, 114 ff.

3534 BGH IPRspr. 1964/65 Nr. 189.

3535 Vgl. BGH WM 1971, 723.

Gesellschaftsvermögen muss ermittelt werden. Das ist zwar aufwändig, gestattet aber einen Überblick über die Möglichkeiten zur Fortführung der Gesellschaft.

Eine bloße **Nachtragsabwicklung** analog § 273 Abs. 4 AktG[3536] reicht dagegen nicht aus. **990** Der Vorschlag unterscheidet sich im Ergebnis nicht bedeutend von der Abfindungslehre. Die Bestellung von Liquidatoren verhindert die extraterritorialen Wirkungen der Enteignung nicht, denn die Gesellschaft wird endgültig zerschlagen. Die Möglichkeit der Fortsetzung der Gesellschaft ist schon wegen Fehlens einer Mitgliederversammlung nicht gegeben. Nach dieser Auffassung bleibt nur ein Erwerb des Unternehmens durch die fortsetzungswilligen Gesellschafter.[3537]

Die Liquidationsgesellschaft benötigt zwar eine komplette Handlungsorganisation. Dieser Auf- **991** wand liegt jedoch im Interesse der Gesellschafter. Den Gesellschaftern muss wenigstens die **Möglichkeit zur Fortsetzung** des Unternehmens in Form einer werbenden Gesellschaft gegeben werden. Insoweit ist den Befürwortern einer werbenden Gesellschaft zuzustimmen.[3538] Diese Möglichkeit wird den Gesellschaftern aber durch die Annahme einer Liquidationsgesellschaft nicht abgeschnitten. Es ist zudem nicht ersichtlich, dass die Liquidationsgesellschaft zu einer „Verschleuderung wertvoller Vermögensgegenstände führt, die bei einer Fortführung der Gesellschaft als werbende besser hätten genutzt werden können".[3539]

Auch das Argument, die werbende Gesellschaft werde gegen den Willen der Mehrheit der **992** Anteilseigner weiter zerschlagen, das Vermögen zwangsweise weiter zertrümmert,[3540] vermag nicht zu Gunsten einer werbenden Gesellschaft zu überzeugen. Der Wille der Anteilseigner ist noch gar nicht manifest. Es kann nicht unterstellt werden, dass sie unter den enteignungsbedingt eingetretenen Veränderungen weiterhin werbend tätig sein wollen, verbunden noch dazu mit einem Wechsel des Gesellschaftsstatuts. Da die tatsächliche Fortführung der Gesellschaft die Ausnahme ist, gilt eher das Gegenteil. Durch die Schaffung der Liquidationsgesellschaft kann den Mitgliedern somit eine Art „Bedenkzeit" eingeräumt werden. Es tritt ein gewisser Stillstand der Unternehmenstätigkeit ein, der für die Ordnung der Vermögensverhältnisse nützlich sein kann.

Zum Sonderproblem der Gesellschaften aus den ehemaligen deutschen **Ostgebieten** **993** → 4. Aufl. 2006, Rn. 1003.

2. Gesellschaftsstatut. Die Liquidationsgesellschaft ist wie vor der Enteignung eine Gesell- **994** schaft **ausländischen Rechts.** Es gilt das alte Gesellschaftsstatut.[3541] Die Abwehr inländischer Wirkungen von Auslandsenteignungen rechtfertigt weder einen automatischen Statutenwechsel noch eine Sitzverlegung oder eine vom status quo abweichende Rechtsfolge, die nicht zur Erreichung dieses Zweckes zwingend erforderlich ist.[3542] Zum Teil wird in der **Literatur** die Ansicht vertreten, die enteignete Auslandsgesellschaft gelte in der BRepD nach **deutschem Recht** fort.[3543] Den Autoren geht es aber weniger um dogmatische Prinzipien als um die Frage, wie eine effektive Rechtskontrolle über die Gesellschaft gesichert werden kann.[3544] Zuständig für das inländische Vermögen sei nach dem – im Grundsatz anerkannten – Enteignungsakt nur noch die inländische Rechtsordnung. Nur diese entscheide über die Organisation des Abwicklungsvermögens.[3545] Es sei misslich, eine Gesellschaft, die ihr überwiegendes Vermögen in der BRepD habe, weiter nach ausländischem Recht zu beurteilen. Die Anwendung deutschen Rechts entspreche auch den Grundtendenzen der Sitztheorie, da der enteignende Staat nicht mehr Hauptbetroffener sei. Vollends unhaltbar werde es, wenn der enteignende Staat das Rechtsinstitut der jeweiligen Vereinigung ganz aufhebe.[3546] Das Gebilde müsse dann nach einem fiktiven Recht weiterleben.[3547] Es widerspreche

---

3536 Vorgeschlagen in → 1. Aufl. 1978, BGB § 23 Rn. 6 *(Reuter).* Für bestimmte Fälle auch *Behrens,* Multinationale Unternehmen im internationalen Enteignungsrecht der BRepD, 1980, 61, 101; BGHZ 212, 381 = NZG 2017, 347.

3537 → 1. Aufl. 1978, BGB § 23 Rn. 6 in Anlehnung an *Flume* FS Mann, 1977, 143 (164 f.).

3538 Vgl. *Beemelmans,* Die gespaltene Gesellschaft, 1963, 97 ff.; HCL/*Behrens/Hoffmann* GmbHG Allg. Einl. Rn. B 211.

3539 *Beemelmans,* Die gespaltene Gesellschaft, 1963, 97.

3540 Staudinger/*Großfeld,* 1998, IntGesR Rn. 899, 907.

3541 RGRK-BGB/*Wengler* S. 746, 1105 Fn. 56; *Beemelmans,* Die gespaltene Gesellschaft, 1963, 97 f.; HCL/*Behrens/Hoffmann* GmbHG Allg. Einl. Rn. B 211; Scholz/*Westermann* GmbHG Anh. § 4a Rn. 133; *Schweizer,* Internationale Rechtsprobleme bei der Enteignung von Mitgliedschaftsrechten an juristischen Personen, 1979, 198; Soergel/*v. Hoffmann* EGBGB Anh. III Art. 38 Rn. 57.

3542 Grds. dazu *Mertens* JuS 1967, 97 (103 ff.).

3543 *Flume* FS Mann, 1977, 143 (163 f.); Staudinger/*Großfeld,* 1998, IntGesR Rn. 914; *Wiedemann* FS Beitzke, 1979, 811 (820); *Großfeld/Lohmann* IPRax 1985, 324 (325).

3544 Deutlich Staudinger/*Großfeld,* 1998, IntGesR Rn. 909.

3545 *Flume* FS Mann, 1977, 143 (163 ff.).

3546 Staudinger/*Großfeld,* 1998, IntGesR Rn. 914, 915.

3547 *Wiedemann* FS Beitzke, 1979, 811 (820).

den mit der Rest- bzw. Spaltgesellschaft verfolgten Abwehrinteressen, wenn der enteignende Staat über sein als Gesellschaftsstatut weitergeltendes Recht in die Rest- oder Spaltgesellschaft hineinregieren könnte. Der Statutenwechsel sei den Gesellschaftern zuzumuten, denn er sei eine notwendige Folge der Enteignung durch den ausländischen Staat, die die Gesellschafter hinzunehmen hätten, weil es Maßnahmen des Sitzstaates ihrer Gesellschaft seien.[3548] Die Gesellschafter hätten auch mehr Vertrauen in eine Rechtsordnung, die ihnen Schutz gewährt, als zur Rechtsordnung des Enteignerstaates.[3549]

995 Die **Rspr.** war lange uneinheitlich. Seit der Entscheidung des BGH aus dem Jahre 1991,[3550] derzufolge Rest- und Spaltgesellschaften nach deutschem Recht zu beurteilen sind, kann diese Frage jedenfalls als in der Rspr. geklärt angesehen werden.[3551]

996 Der Fall, dass der Enteignerstaat das jeweilige Rechtsinstitut ganz aufhebt, steht der Fortgeltung des alten Gesellschaftsstatuts nicht entgegen, da diese Maßnahme nur für die Zukunft Wirkung entfalten kann. Zwar wird die Enteignung im Grundsatz anerkannt. Das kann jedoch nur mit ex nunc-Wirkung sinnvoll sein. Da für das enteignungsfreie Vermögen der Gesellschaft mit der Anerkennung keine Wirkungen verbunden sein sollen, kann selbstverständlich auch das alte Gesellschaftsstatut in Kraft bleiben. Die Gefahr des „Hineinregierens" durch den Enteignerstaat besteht insofern nicht, als er zwar sein Gesellschaftsrecht neu regeln kann (und sei es nur durch einen Enteignungsakt), diese Regelung extraterritoriale Wirkung aber gerade nicht entfalten kann. Für die deutschen Gerichte dürfte es weniger Aufwand bedeuten, das alte Statut anzuwenden, als nach einer etwa passenden Gesellschaftsform des deutschen Rechts zu suchen. Man hat es nunmehr mit zwei Rechtsordnungen des Enteignerstaates zu tun. Das alte Statut ist kein fiktives Recht, denn der Enteignerstaat konnte dieses Recht wegen des Territorialitätsprinzips nicht mit ex tunc-Wirkung für das Auslandsvermögen „seiner" Gesellschaften aufheben. Bis zum Erlöschen der Liquidationsgesellschaft oder deren Rückumwandlung in eine werbende Gesellschaft unter anderem Gesellschaftsstatut bleibt das „alte" Recht des Enteignerstaates insoweit in Kraft.

997 Die Annahme einer Liquidationsgesellschaft deutschen Rechts würde praktische Schwierigkeiten bereiten. Die Liquidation könnte kaum einheitlich durchgeführt werden, sie wäre vielmehr auf den jeweiligen Belegenheitsstaat beschränkt, wenn in mehreren Staaten enteignungsfreies Vermögen vorhanden wäre. Daran würde sich auch nichts ändern, wenn der Gesellschaft zum Zwecke der Liquidation eine beschränkte Rechtsfähigkeit verliehen. Es müsste dann eine einheitliche Liquidationsgesellschaft für alle Belegenheitsstaaten angestrebt werden.[3552] Die Statutsfrage wäre aber trotzdem noch nicht geklärt. Wenn sich das Hauptvermögen nicht in der BRepD befindet, dürfte deutsches Recht wiederum nicht gelten.[3553]

998 Auch die Vertretungsbefugnis der alten Organe wäre weggefallen, Beschlüsse und Abwicklungsgeschäfte nicht mehr möglich. Dabei treten Haftungsprobleme auf.[3554] Die handelnden Organe könnten unter Umständen als OHG-Gesellschafter nach § 126 HGB in Anspruch genommen werden.[3555]

999 **3. Gesamtliquidationsgesellschaft.** Es entsteht nur **eine einzige Liquidationsgesellschaft** außerhalb des enteignenden Staates.[3556] Etwas anderes wäre nur denkbar, wenn man von einem Wechsel des Gesellschaftsstatuts ausgeht,[3557] wobei aber die erwähnten Nachteile auftreten würden, die es zu vermeiden gilt.[3558] Ziel muss grundsätzlich die Einheitlichkeit des Gesellschaftsstatuts sein. Da die Gesellschaft bisher als Einheit behandelt wurde, muss dies auch für die Abwicklung gelten.[3559] Der Vorteil liegt darin, dass es damit auf die Art der rechtlichen Behandlung des enteignungsfreien Vermögens durch die anderen Staaten nicht ankommt. Ferner werden die Schuldenregulierung und die Rückumwandlung in eine werbende Gesellschaft erleichtert.[3560]

[3548] BGH IPRspr. 1962/63 Nr. 59.
[3549] Staudinger/*Großfeld,* 1998, IntGesR Rn. 916.
[3550] BGH NJW-RR 1991, 168 = EWiR 1992, 121 m. KurzKomm. *Krieger* = WuB II A. § 226 AktG Nr. 1. 92 mAnm *Butzke.*
[3551] Staudinger/*Großfeld,* 1998, IntGesR Rn. 912; zur Entwicklung → 5. Aufl. 2010, Rn. 1041.
[3552] Vgl. *Beitzke* FS Janssen, 1958, 29 (36).
[3553] Zu dieser Frage Staudinger/*Großfeld,* 1998, IntGesR Rn. 921.
[3554] Vgl. *Beemelmans,* Die gespaltene Gesellschaft, 1963, 95.
[3555] Vgl. *Ebenroth,* Konzernkollisionsrecht im Wandel außenwirtschaftlicher Ziele, 1978, 22, 25 f.
[3556] *Beitzke* FS Janssen, 1958, 29 (36); Soergel/*v. Hoffmann* EGBGB Anh. III Art. 38 Rn. 57; für den Fall der Geltung des alten Statuts auch Staudinger/*Großfeld,* 1998, IntGesR Rn. 921.
[3557] Wie *Flume* FS Mann, 1977, 143 (163); *Wiedemann* FS Beitzke, 1979, 811 (820 f.).
[3558] Vgl. BFH BStBl. III 1966 S. 207; WM 1966, 521 (522).
[3559] Zum Gesellschaftsstatut → Rn. 983 f.; grds. auch Staudinger/*Großfeld,* 1998, IntGesR Rn. 16, 922.
[3560] S. *Beitzke* FS Janssen, 1958, 29 (36).

4. Satzungssitz. Mit der Enteignung entfällt der Satzungssitz der Gesellschaft im Enteignerstaat, da die Gesellschaft dort nicht mehr anerkannt wird.[3561] Die Enteignung entfaltet damit nicht etwa extraterritoriale Wirkung. Vielmehr soll gerade verhindert werden, dass die an den Satzungssitz üblicherweise anzuknüpfenden Rechtsfolgen vom Enteignerstaat bestimmt werden.[3562] In vielen Fällen benötigt man die Mitwirkung der Behörden des Enteignerstaates (zB für die Bestellung von Liquidatoren, eines Notvorstandes[3563] und eines Notaufsichtsrates[3564] oder die Ermächtigung zur Einberufung einer Gesellschafterversammlung),[3565] die natürlich verweigert wird, weil der Enteignerstaat seinerseits die abgespaltene Liquidationsgesellschaft nicht anerkennt. Es wäre sinnlos, für Gerichtsstandsfragen, Erfüllungsort und dergleichen einen Ort für maßgeblich zu erklären, wo die rechtlichen Verhältnisse der Gesellschaft nicht geregelt werden können.[3566] **1000**

Ausgehend davon kann im Enteignerstaat auch keine Niederlassung oder Geschäftsleitung der Liquidationsgesellschaft angenommen werden.[3567] **1001**

Die Liquidationsgesellschaft benötigt auch keinen Satzungssitz. Ob die an den Satzungssitz zu knüpfenden Rechtsfolgen eintreten, ist dem Zweck der einzelnen Regeln zu entnehmen. Für die Ausübung der Rechte der Gesellschaft ist gleichgültig, ob die Gesellschaft einen Sitz hat und wo er liegt.[3568] Eine Sitzverlegung ist jedenfalls nicht erforderlich.[3569] Für die Abwicklung des enteignungsfreien Vermögens im Belegenheitsstaat kann man die Gesellschaft als „staatenlos" ansehen. Nach allgemeinen Regeln ist an den effektiven Verwaltungssitz anzuknüpfen. Besteht schon eine anderweitige Notverwaltung, ist die Belegenheit des abzuwickelnden Hauptvermögens maßgebend.[3570] Zum Teil wird auch § 24 BGB für eine subsidiäre Geltung des Verwaltungssitzes als Satzungssitz herangezogen oder (ohne diesen Umweg) der Satzungssitz gleich dort gesehen, wo sich das Hauptvermögen oder die Notverwaltung befinden.[3571] Letztere Aussage ist aber nicht frei von Widerspruch, zumal ein neuer Satzungssitz im Inland nicht automatisch, sondern nur durch einen „konstitutiven Akt" und die Eintragung in das jeweilige Register begründet werden kann.[3572] **1002**

Die Begründung eines neuen Satzungssitzes im Inland sollte allerdings auch der Liquidationsgesellschaft gestattet werden,[3573] zumal damit die Möglichkeit der Anwendung deutschen Rechts eröffnet wird. Die Mitwirkung des ursprünglichen Registergerichts ist dabei nicht erforderlich, wenn sie – wie bei einer Enteignung zu erwarten – nicht zu erlangen ist.[3574] **1003**

Überhaupt sind an die formalen Voraussetzungen keine zu hohen Anforderungen zu stellen. Die Ausnahmesituation rechtfertigt es, bei **Registereintragungen** und der Einberufung einer **Mitgliederversammlung** großzügig zu verfahren, damit der Fortbestand der Gesellschaft nicht an den – im Normalfall durchaus nötigen – Formalien scheitert. Dabei dürfen aber die Rechte von verhinderten Mitgliedern nicht gefährdet werden.[3575] **1004**

5. Vertretungsbefugnis. Die Vernichtung der Gesellschaft im Sitzstaat berührt die Stellung der Organe grundsätzlich nicht.[3576] Sie bleiben hinsichtlich der ‚Restliquidationsgesellschaft' grund- **1005**

3561 BGHZ 19, 102 (105) = NJW 1956, 183; BGHZ 33, 195 (203) = NJW 1961, 22; BGHZ 38, 36 (39 f.) = NJW 1962, 2348; BGH JZ 1963, 359 (360); IPRspr. 1964/65 Nr. 189; WM 1989, 1682 = EWiR 1990, 319 m. KurzKomm. *Hüffer* = ZIP 1989, 1546; OLG Hamburg IPRspr. 1970 Nr. 9; BayObLGZ 1985, 208 (210) = AG 1985, 250; *Paulick* FS Raschhofer, 1977, 190; Staudinger/*Großfeld*, 1998, IntGesR Rn. 851; aA KG IPRspr. 1960/61 Nr. 83 S. 296 f.

3562 Vgl. die gegenteilige Argumentation von HCL/*Behrens/Hoffmann* GmbHG Allg. Einl. Rn. B 208.

3563 BGH NZG 2007, 429.

3564 BGH AG 1986, 290 f.; LG Berlin AG 1986, 52 (53 ff.) unter Ablehnung einer gerichtlichen Beschränkung des Wirkungskreises (Vertretungs- und Geschäftsführungsbefugnis) des Notvorstandes.

3565 Vgl. BGHZ 19, 102 (106) = NJW 1956, 183.

3566 Vgl. *Beitzke* JZ 1963, 361 (362).

3567 BGHZ 33, 195 (205) = NJW 1961, 22.

3568 BGH WM 1966, 221 (223); Soergel/*v. Hoffmann* EGBGB Anh. III Art. 38 Rn. 62.

3569 AA OLG Düsseldorf NJW 1962, 869 (870); BayObLGZ 1985, 208 (210) = AG 1985, 250; *Beemelmans,* Die gespaltene Gesellschaft, 1963, 103 Fn. 348, S. 106; HCL/*Behrens/Hoffmann* GmbHG Allg. Einl. Rn. B 208.

3570 LG Hamburg IPRspr. 1974 Nr. 135, wo die Bedeutung hinsichtlich einer Sicherheitsleistung für Prozesskosten iSv § 110 ZPO verdeutlicht wird.

3571 Vgl. Staudinger/*Großfeld,* 1998, IntGesR Rn. 853, 855 unter Berufung auf *Beitzke* JZ 1963, 362 und *Wiedemann* FS Beitzke, 1979, 822.

3572 BGHZ 33, 195 (204) = NJW 1961, 22; BGH IPRspr. 1970 Nr. 6b; WM 89, 1682; ZIP 1989, 1546 (1547) = WM 1989, 1682 = EWiR 1990, 319 m. KurzKomm. *Hüffer;* BayObLG IPRspr. 1970 Nr. 6a; OLG Hamburg IPRspr. 1970 Nr. 9; BayObLGZ 1985, 208 (210); *Beitzke* JZ 1963, 361.

3573 Vgl. BGH IPRspr. 1970 Nr. 6b S. 24; Staudinger/*Großfeld,* 1998, IntGesR Rn. 857.

3574 Vgl. BGH WM 1958, 353; *Beitzke* JZ 1963, 361 (363).

3575 BGH IPRspr. 1970 Nr. 6b; OLG Frankfurt AG 1988, 304.

3576 *Beemelmans,* Die gespaltene Gesellschaft, 1963, 106 Fn. 364; HCL/*Behrens/Hoffmann* GmbHG Allg. Einl. Rn. B 149; *Behrens,* Multinationale Unternehmen im internationalen Enteignungsrecht der BRepD, 1980,

sätzlich weiter im Amt. Die bisher vertretungsberechtigten Organe handeln, sofern das alte Gesellschaftsstatut nicht Sonderregelungen enthält, als Liquidatoren und somit als gesetzliche Vertreter (vgl. für deutsches Recht § 48 BGB, §§ 146, 148 HGB, §§ 265, 269 AktG, §§ 66, 70 GmbHG, §§ 83, 88 GenG). Natürlich gilt dies auch, wenn der Enteignerstaat die Organe ausdrücklich abberuft oder an ihrer Tätigkeit hindert.[3577] Die Vertretungsbefugnis muss aber mit dem normalen satzungs- oder gesetzmäßigen Ablauf der Amtszeit der Organe enden.[3578]

1006 Es kommt vor, dass das dafür zuständige Organ, zB die Hauptversammlung, nicht zusammentreten kann. Auch die Vertretungsorgane (→ Rn. 530 ff.) werden bei Enteignungen oft an der Ausübung ihrer Funktionen außerhalb des Enteignerstaates gehindert sein. In einem solchen Falle müssen Ersatzorgane bestellt werden.[3579] Dafür ist das alte Gesellschaftsstatut maßgebend.[3580] Das wird in der Regel aber wenig nutzen, weil auf die Mitwirkung der Gerichte des Enteignerstaates nicht gerechnet werden kann. In einem solchen Fall sind im Wege der Ersatzzuständigkeit gerichtlich **Liquidatoren** zu bestellen. Dazu genügt der Antrag eines „Beteiligten".[3581] Als Beteiligter ist jeder anzusehen, der ein berechtigtes Interesse an einer geordneten Abwicklung haben kann (Organ, Gesellschafter, Gläubiger, Schuldner). Schwierigkeiten können sich ergeben, wenn derartige Anträge bei mehreren Gerichten und mehreren Staaten eingehen, wo die Liquidationsgesellschaft Vermögen hat. Hier ist eine gegenseitige Koordination anzustreben, damit Doppelbesteuerungen vermieden werden.

1007 Die Praxis neigt eher zur Bestellung eines **Pflegers.**[3582] Die Bestellung eines Pflegers ist jedoch nicht möglich, da die Pflegschaft nach deutschem Recht grundsätzlich Pflegschaft für natürliche Personen – und nicht für ein Vermögen als solches bzw. juristische Personen – ist (§§ 1882 ff. BGB).[3583] Bei der Liquidation sind zudem die Belange aller Beteiligten zu wahren. Die Bestellung von Liquidatoren ist daher die zweckmäßigere und dogmatisch sauberere Lösung.[3584]

1008 Die **„Spaltliquidationsgesellschaft"** erfordert eine differenzierte Betrachtung. Werden die Mitgliedschaftsrechte enteignet, die Gesellschaft mit ihrem Bestand aber im Enteignerstaat nicht angetastet, also auch die Organe belassen, so können sie für die Liquidationsgesellschaft nicht mehr vertretungsbefugt sein.[3585] Die Gefahr einer Interessenverquickung wäre zu groß. Der Enteignerstaat könnte möglicherweise über die Organe Zugriff auf das enteignungsfreie Auslandsvermögen nehmen. Für die „Spaltliquidationsgesellschaft" sind demnach regelmäßig gesondert Liquidatoren zu bestellen. Eine Ausnahme kann nur gelten, wenn sich der Eingriff des Enteignerstaates auch gegen die Organe richtet und diese neu besetzt werden. Die neuen Organe besitzen keine Befugnis hinsichtlich des enteignungsfreien Auslandsvermögens. Die amtsenthobenen Organe können die Liquidationsgesellschaft weiter vertreten.[3586]

1009 **6. Gerichtszuständigkeit.** Da die Gerichte des Statutsstaates für die geordnete Abwicklung ausfallen, muss eine **Ersatzzuständigkeit** geschaffen werden. Für die Ermittlung des Gerichtsstandes ist ein Bezugsort festzustellen. Die Liquidationsgesellschaft wird als staatenlos angesehen. Ein Sat-

---

105; *Beitzke* FS Janssen, 1958, 29 (37); *Paulick* FS Raschhofer, 1977, 181 (191); *Raape* IPR 673; Staudinger/*Großfeld,* 1998, IntGesR Rn. 863; *Wiedemann* FS Beitzke, 1979, 811 (822); aA *Flume* FS Mann, 1977, 164; bei Liquidationsgesellschaft wohl auch Soergel/*v. Hoffmann* EGBGB Anh. III Art. 38 Rn. 65.

[3577] BGHZ 13, 106 (109) = NJW 1954, 1195; BGHZ 25, 134 (150) = NJW 1957, 1433; BGHZ 33, 195 (200) = NJW 1961, 22; *Paulick* FS Raschhofer, 1977, 181 (191); Staudinger/*Großfeld,* 1998, IntGesR Rn. 863; *Wiedemann* FS Beitzke, 1979, 811 (822).

[3578] S. BGHZ 43, 51 (55) = NJW 1965, 969; BGH NZG 2007, 429 zur Bestellung eines Notorgans; *Beitzke* FS Janssen, 1958, 29 (37); Staudinger/*Großfeld,* 1998, IntGesR Rn. 864; aA OLG Frankfurt IPRspr. 1945–53 Nr. 83b; KG IPRspr. 1945–53 Nr. 79; *Beemelmans,* Die gespaltene Gesellschaft, 1963, 107.

[3579] Vgl. BGHZ 19, 102 (106 ff.) = NJW 1956, 183; BGH IPRspr. 1970 Nr. 6b S. 26.

[3580] *Beemelmans,* Die gespaltene Gesellschaft, 1963, 106; *Paulick* FS Raschhofer, 1977, 181 (191).

[3581] *Beitzke* FS Janssen, 1958, 29 (39 f.).

[3582] Vgl. BGHZ 33, 195 (201) = NJW 1961, 22; BGH AG 1984, 246; OLG Nürnberg IPRspr. 1950/51 Nr. 13; BayObLGZ 1956, 440; OLG Frankfurt AG 1988, 304; OLG Hamburg NJW-RR 1991, 618; OLG Nürnberg NZG 2008, 76 = GmbHR 2008, 41; *Peters* MDR 1951, 343.

[3583] Vgl. freilich § 1883 BGB, dazu im prozessualen Bereich §§ 58, 787 ZPO, die jedoch als Ausnahmen nicht analogiefähig sind; ferner *Beitzke* FS Ballerstedt, 1975, 185 (188 ff.); *Beitzke* FS Janssen, 1958, 32; *Großfeld/Lohmann* IPRax 1985, 324 (326); Staudinger/*Großfeld,* 1998, IntGesR Rn. 840, 864; aA *Paulick* FS Raschhofer, 1977, 191.

[3584] Ferner *Beitzke* FS Janssen, 1958, 29 (32); *Beitzke* FS Ballerstedt, 1975, 185 (188); ausf. Staudinger/*Großfeld,* 1998, IntGesR Rn. 863 f.; *Großfeld/Lohmann* IPRax 1985, 324 (326).

[3585] *Beitzke* FS Janssen, 1958, 29 (37); Staudinger/*Großfeld,* 1998, IntGesR Rn. 892; nicht ganz eindeutig HCL/*Behrens/Hoffmann* GmbHG Allg. Einl. Rn. B 209 aE; *Wiedemann* FS Beitzke, 1979, 811 (822); aA *Behrens,* Multinationale Unternehmen im internationalen Enteignungsrecht der BRepD, 1980, 105, 113, 114.

[3586] Vgl. HCL/*Behrens/Hoffmann* GmbHG Allg. Einl. Rn. B 209; *Wiedemann* FS Beitzke, 1979, 811 (822).

zungssitz im Inland fehlt. Als Anknüpfungspunkt kommen die Belegenheit des abzuwickelnden Hauptvermögens,[3587] der Sitz einer eventuellen Notverwaltung[3588] bzw. der Gerichtsstand des Pflegers, der das Vermögen verwaltet,[3589] in Betracht. Das ist für die beteiligten Antragsteller nicht immer klar auszumachen. Zum Teil wird deshalb die Ansicht vertreten, es könne jedes beliebige Gericht angerufen werden,[3590] was aber dazu führt, dass eine Vielzahl von Beteiligten verschiedene Gerichte anrufen können. Der Rechtssicherheit ist am besten gedient, wenn die **Bestimmung des zuständigen Gerichts in analoger Anwendung des § 5 FamFG** erfolgt.[3591] Der BGH hat sich selbst dafür entschieden[3592] und die analoge Anwendung der genannten Vorschrift auch auf die Bestimmung des zuständigen Gerichts für die Bestellung eines Notvorstandes einer aus einer Enteignungsmaßnahme der früheren DDR hervorgegangenen Spaltgesellschaft übertragen.[3593] Jedoch soll außerhalb des Gebietes der ehemaligen DDR die örtliche Zuständigkeit eines Gerichts nur im Falle einer Spaltgesellschaft in analoger Anwendung des § 5 FamFG begründet sein.[3594] Die Entscheidungskriterien sollten sich allerdings am effektiven (Not-)Verwaltungssitz[3595] bzw. der Belegenheit des Hauptvermögens[3596] ausrichten. Für die Entscheidung ist ein Rechtsschutzbedürfnis nur gegeben, wenn die Beteiligten ihre Rechte nicht auf andere Weise wahrnehmen können.[3597] Wenn eine Liquidationsgesellschaft gar nicht entstanden ist, fehlt das Rechtsschutzbedürfnis, wobei im Rahmen einer beantragten Gerichtsstandbestimmung das Rechtsschutzbedürfnis nur dann verneint wird, wenn offensichtlich ist, dass die beabsichtigten Anträge unter keinem rechtlichen Gesichtspunkt Erfolg haben können.[3598]

7. Rückumwandlung. Nimmt man an, dass durch die Enteignung für das enteignungsfreie Auslandsvermögen eine Liquidationsgesellschaft entsteht (→ Rn. 988 ff.), so stellt sich die Frage, wie diese Gesellschaft wieder werbend tätig sein kann. Schwierigkeiten bereitet die Rückumwandlung, wenn man auf die Liquidationsgesellschaft deutsches Recht anwendet. Die Vertreter der Lehre vom Statutenwechsel haben die Modalitäten nicht klären können. Während einerseits vorgeschlagen wird, einen **Fortsetzungs- oder Wiederaufnahmebeschluss** entsprechend § 274 AktG genügen zu lassen,[3599] sieht man andererseits nur die Möglichkeit, dass fortsetzungswillige Gesellschafter das Unternehmen im Rahmen der Liquidation unter Verrechnung gegen ihre Ansprüche auf den Liquidationserlös erwerben.[3600] Beide Lösungen überzeugen nicht. Über den Unternehmenserwerb werden die extraterritorialen Wirkungen der Enteignung nicht genügend eingegrenzt. Die Pflicht zur Auszahlung der ausscheidenden Gesellschafter verringert die Chancen, mit dem durch die Enteignung ohnehin schon stark dezimierten Gesellschaftsvermögen eine lebensfähige Gesellschaft fortzuführen. Die Lösung über § 274 AktG berücksichtigt nicht hinreichend die Gesellschafterinteressen. Die Gesellschaft ist nach dem Willen der Gesellschaft unter ausländischem Statut gegründet worden. Es kann nicht eine Dreiviertelmehrheit alle Gesellschafter unter deutsches Recht zwingen. Der Gesellschafter hat bei seinem Eintritt weder diese Gesellschaft noch dieses Statut gewollt. Die Rückumwandlung ist deshalb nicht mit dem Normalfall des § 274 AktG zu vergleichen. Ein Statutenwechsel ist den Gesellschaftern in dieser Form nicht zumutbar. **1010**

Da für die Liquidationsgesellschaft das alte Gesellschaftsstatut maßgebend ist, richtet sich auch die Rückumwandlung in eine werbende Gesellschaft nach dessen Regelungen. Für die Fortführung der Gesellschaft als werbende ist aber ein Statutenwechsel unabdingbar. Die werbende Gesellschaft **1011**

3587 BGH WM 1984, 1372; AG 1986, 45; LG Hamburg IPRspr. 1974 Nr. 135.

3588 BGH WM 1984, 1372; AG 1984, 246; vgl. *Beitzke* JZ 1963, 361 (362); Staudinger/*Großfeld,* 1998, IntGesR Rn. 856; *Großfeld* IPRax 1985, 303 (304); *Großfeld/Lohmann* IPRax 1985, 324 (327); ähnlich *Wiedemann* FS Beitzke, 1979, 811 (822), der allerdings einen deutschen Sitz der Spaltgesellschaft annimmt.

3589 BGH AG 1984, 246; *Großfeld/Lohmann* IPRax 1985, 324 (325).

3590 *W. Schmidt* JR 1949, 553 f.

3591 BGH NZG 2007, 429 Rn. 6; HCL/*Behrens/Hoffmann* GmbHG Allg. Einl. Rn. B 149.

3592 BGHZ 19, 102 = NJW 1956, 183; BGH AG 1984, 246; WM 1984, 1372; 1985, 126; krit. *Th. Schulz* NZG 2005, 415 (417).

3593 BGH WM 1991, 680.

3594 BGH WM 1991, 14 = AG 1991, 106; andernfalls bleibt es bei § 14 AktG, sodass die Bestimmung eines anderen zuständigen Gerichts mangels Sitzes ausgeschlossen ist, vgl. Koch AktG § 14 Rn. 4.

3595 BGH WM 1984, 1372; AG 1984, 246.

3596 BGH WM 1984, 1372; AG 1986, 45.

3597 Vgl. BGH IPRspr. 1976 Nr. 4; BayObLG AG 1985, 250 (251) = RIW 1985, 811 (812); Staudinger/*Großfeld,* 1998, IntGesR Rn. 894.

3598 Vgl. BGH IPRspr. 1962/63 Nr. 59.

3599 *Mertens* JuS 1967, 97 (106); zust. Staudinger/*Großfeld,* 1998, IntGesR Rn. 905, demzufolge der Gedanke des Krisenmanagements und das Mehrheitsinteresse es rechtfertigen, dass die überstimmten Gesellschafter gegen ihren Willen Gesellschafter einer werbenden Gesellschaft nach deutschem Recht werden.

3600 → 1. Aufl. 1978, BGB § 23 Rn. 6; *Flume* FS Mann, 1977, 143 (164 f.).

kann selbstverständlich nicht mehr nach dem alten Gesellschaftsstatut tätig sein. Aus den genannten Gründen kann ein entsprechender **Fortsetzungsbeschluss** daher nur von den Gesellschaftern **einstimmig** gefasst werden.[3601]

1012 Nimmt die Gesellschaft ihren effektiven Verwaltungssitz jetzt in der BRepD, so hat sie sich den Regeln des deutschen Gesellschaftsrechts zu unterwerfen. Die Satzung ist an das deutsche Recht anzupassen, die Gesellschaft in das Handelsregister einzutragen. Lediglich auf das Erfordernis des konstitutiven Gründungsaktes kann verzichtet werden.[3602] Insoweit muss der Fortsetzungsbeschluss aller Gesellschafter genügen.

1013 Wird eine solche Anpassung jedoch nicht vorgenommen, obwohl die Gesellschaft in der BRepD werbend tätig wird, so haften die Handelnden persönlich und unbeschränkt nach § 126 HGB, weil dies der Gründung einer OHG entsprechen würde[3603] (soweit Handelsgeschäfte iSv § 123 Abs. 1 S. 2 HGB betrieben werden), bzw. als Handelnde einer Vorgesellschaft.

VI. Eingriffe ohne Liquidationsfolgen

1014 **1. Dauer des Eingriffes.** Nur auf Dauer angelegte Enteignungsakte führen zum Entstehen einer Liquidationsgesellschaft. Der Betroffene trägt die Behauptungs- und Beweislast dafür, dass der Eingriff des Sitzstaates nicht nur eine vorläufige Sanktion, sondern auf einen endgültigen Vermögensentzug zu Lasten der Gesellschaft gerichtet ist.[3604] Zwar können auch diese vorläufigen völkerrechtswidrigen Akte keine extraterritoriale Wirkungen entfalten. Sie werden nicht anerkannt. Es wäre jedoch sinnwidrig, auf befristete oder vorübergehende Verfügungsbeschränkungen oder Beschlagnahmen[3605] des Gesellschaftsvermögens die Liquidationsregeln anzuwenden. Dies wäre mehr, als der Enteignerstaat mit seinen Maßnahmen erreichen wollte.[3606]

1015 **2. Vorhandensein von Auslandsvermögen.** Eine Liquidationsgesellschaft entsteht nur, wenn überhaupt Auslandsvermögen vorhanden ist.[3607] Die Ausschließung extraterritorialer Wirkungen hoheitlicher Enteignungsakte darf nicht zu einem absoluten Prinzip erhoben werden. Sie muss sich auf das Gesellschaftsvermögen beschränken. Wo kein ausländisches Vermögen vorhanden ist, ist nichts abzuspalten. Es führt zu unnötigen Komplikationen, wenn man auch in solchen Fällen dem Enteignungsakt aus Prinzip die Anerkennung versagt, weil „der Rechtsverkehr außerhalb des auflösenden Staates betroffen wird".[3608] Weder der Schutz der Gesellschafter noch das Gläubigerinteresse erfordern eine solche theoretische Konsequenz.[3609]

1016 Eine Liquidationsgesellschaft entsteht nicht, wenn Gesellschaftsvermögen erst später ins Ausland verbracht wird. Entscheidend ist der Zeitpunkt der Enteignung. Die Liquidationsgesellschaft könnte auch keine nachkonfiskatorischen Rechte geltend machen, wie der **chilenische Kupferstreit** gezeigt hat.[3610]

1017 Die **Höhe** des Auslandsvermögens ist dagegen gleichgültig.[3611] Zum Teil wird in der Literatur der zur Gründung einer GmbH erforderliche Betrag verlangt.[3612] Das ist verständlich, wenn man über die Spaltungstheorie eine werbende Gesellschaft mit deutschem Gesellschaftsstatut entstehen

---

3601 Das Erfordernis eines einstimmigen Beschlusses wird jedoch kontrovers beurteilt, vgl. Staudinger/*Großfeld,* 1998, IntGesR Rn. 841.

3602 Insoweit ist *Mertens* JuS 1967, 97 (106) zuzustimmen; iErg auch *Großfeld/Lohmann* IPRax 1985, 324 (326).

3603 *Ebenroth,* Konzernkollisionsrecht im Wandel außenwirtschaftlicher Ziele, 1978, 22, 26; *Ebenroth,* Die verdeckten Vermögenszuwendungen im transnationalen Unternehmen, 1979, 373 mwN; *Ebenroth/Sura* RabelsZ 43 (1979), 315 (340 f.).

3604 BGH AG 1972, 350 (351).

3605 Beachte die unterschiedliche Terminologie bei *Raape* IPR 655.

3606 Vgl. Staudinger/*Großfeld,* 1998, IntGesR Rn. 842.

3607 BGHZ 32, 256 = NJW 1960, 1569; BGH DB 1952, 267; NJW 1957, 1433 (1434); WM 1958, 557 (560); NJW 1960, 189; WM 1961, 347; WM 1966, 221 (222 f.); 1976, 1266 (1268); 1971, 1502 (1505); AG 1984, 246; 1991, 106; BayObLG AG 1985, 250; *Beitzke* MDR 1949, 761; *Beitzke* JZ 1960, 90; *Bell* NJW 1951, 526; *Drobnig* FS Serick, 1992, 37 (42); *Raape* IPR 670; Staudinger/*Großfeld,* 1998, IntGesR Rn. 845 mwN; aA *Kuhn* WM 1956, 2 (5); Soergel/*v. Hoffmann* EGBGB Anh. III Art. 38 Rn. 67 mwN.

3608 So aber Soergel/*v. Hoffmann* EGBGB Anh. III Art. 38 Rn. 67.

3609 Vgl. auch Staudinger/*Großfeld,* 1998, IntGesR Rn. 845.

3610 LG Hamburg RIW/AWD 1973, 163 ff.; *Behrens* RabelsZ 37 (1973), 394 (406, 426); *Fickel* RIW/AWD 1974, 69; *Meessen* RIW/AWD 1973, 177; *Schütz,* Der internationale ordre public, 1984, 118; Staudinger/*Großfeld,* 1998, IntGesR Rn. 848; *Wiedemann* GesR I § 15 II 1, S. 850.

3611 BGHZ 29, 320 (328) = NJW 1959, 1226.

3612 Staudinger/*Großfeld,* 1998, IntGesR Rn. 847; vgl. auch die Überlegungen von *Behrens,* Multinationale Unternehmen im internationalen Enteignungsrecht der BRepD, 1980, 105, wonach für das Entstehen einer Spaltgesellschaft eine „geeignete wirtschaftliche Basis" gefordert wird.

lassen will. Die Forderung eines Mindestbetrages wird ansonsten den Gesellschafterinteressen nicht gerecht.

Eine Liquidationsgesellschaft kann allerdings nicht entstehen, wenn der Aufwand einer Abwicklung außer Verhältnis zu dem für die Gesellschafter zu erwartenden Vorteil steht und klar ist, dass die Gesellschaft unter keinen Umständen fortzusetzen sein wird. Hier muss der Grundsatz **minima non curat praetor** Beachtung finden.[3613] In einem solchen Fall bleiben nur Abfindungsansprüche entsprechend § 728 Abs. 1 S. 1 BGB. **1018**

3. Enteignung einzelner Mitgliedschaftsrechte. Auch bei der Enteignung einzelner Mitgliedschaftsrechte – wie etwa beim Ausschluss der HRE-Minderheitsaktionäre nach dem **Finanzmarktstabilisierungsgesetz**[3614] vom 17.10.2008 (BGBl. 2008 I 1982) – **entsteht keine Liquidationsgesellschaft.** Zwar wird die Enteignung der Mitgliedschaftsrechte der Enteignung des Gesamtvermögens oder der Vernichtung der Gesellschaft gleichgestellt. Von einer „kalten" Gesellschaftsenteignung spricht man jedoch nur, wenn „alle oder fast alle Mitgliedschaftsrechte"[3615] enteignet werden. Unerheblich ist, in welcher Weise der Enteignerstaat die Mitgliedschaftsrechte an sich zieht. Auch wenn sich der Zwangseingriff ursprünglich nur gegen einzelne Mitglieder richtete, die restlichen Mitglieder davon nicht erfasst, aber vom Enteignerstaat so behandelt werden, als ob sie keine Mitglieder mehr seien, liegt eine Enteignung aller Mitgliedschaftsrechte vor.[3616] Das gilt auch, wenn der Enteignerstaat bereits Aktionär ist und nun auf den restlichen Aktienbesitz Zugriff nimmt.[3617] Hier treten jedoch Sonderprobleme auf, wie zB in dem Extremfall,[3618] dass der Enteignerstaat nur noch eine einzige, in Privatbesitz befindliche Aktie an sich zu ziehen braucht. Streitig ist auch, wie zu verfahren ist, wenn überhaupt nur eines oder einzelne Mitgliedschaftsrechte enteignet werden. **1019**

4. Extreme Spaltungstheorie. Die extreme Spaltungstheorie will auch in diesem Fall für das in der BRepD befindliche Gesellschaftsvermögen eine Spaltgesellschaft entstehen lassen. Unabhängig davon, wie viele Mitgliedschaftsrechte enteignet worden sind, soll dieselbe sich aus den enteigneten und den nicht enteigneten Gesellschaftern zusammensetzen.[3619] **1020**

Diese Ansicht hat sich in der Literatur nicht durchsetzen können und ist auch von der Rspr. abgelehnt worden.[3620] Die Aufrechterhaltung der Gesellschaftsform kann nur da sinnvoll sein, wo die Enteignung von Mitgliedschaftsrechten der Gesellschaftsvernichtung gleichkommt. Zwar ist die extreme Spaltungstheorie konsequent, weil sie auf die **Belegenheit der Mitgliedschaftsrechte** abstellt. Der Gedanke der Ubiquität von Mitgliedschaftsrechten ist indes gesellschaftsrechtlich angreifbar, weil das Gesellschaftsvermögen gemeinhin nicht den Mitgliedern zugeordnet wird.[3621] Enteigneten Minderheiten ist grundsätzlich mit der Spaltung allein auch nicht geholfen, da eine Spaltgesellschaft ihre Interessen nicht ausreichend wahrnehmen kann.[3622] Im Regelfall hat das Interesse der nicht enteigneten Mehrheit an der Wahrung der gesellschaftlichen Einheit Vorrang.[3623] **1021**

5. Beherrschungsmöglichkeit als Abgrenzungskriterium. Es ist zwischen Mehrheits- und Minderheitsenteignungen zu differenzieren.[3624] Eine Liquidationsgesellschaft entsteht nicht, wenn der Enteignerstaat die Gesellschaft nicht vermögens- oder verwaltungsmäßig **beherrscht.** Erst die **1022**

3613 Vgl. *Kuhn* WM 1956, 2 (8); Soergel/*v. Hoffmann* EGBGB Anh. III Art. 38 Rn. 67 mwN; abw. *Mann* RabelsZ 27 (1962), 1 (40) Fn. 118; *Mann* Int. Comp. L. Q. 1962, 471 (495 f.).

3614 Dazu *Gurlit* NZG 2009, 601.

3615 BGHZ 56, 66 (69) = NJW 1971, 1514; BGH IPRspr. 1960/61 Nr. 80; AG 1972, 350 (357); Staudinger/*Großfeld,* 1998, IntGesR Rn. 886, 944; aA Soergel/*v. Hoffmann* EGBGB Anh. III Art. 38 Rn. 56.

3616 BGH WM 1961, 423.

3617 BGH IPRspr. 1960/61 Nr. 80; LG Hamburg IPRspr. 1974 Nr. 135; Staudinger/*Großfeld,* 1998, IntGesR Rn. 886.

3618 Vgl. *Schulte* NJW 1966, 521 (524).

3619 Vgl. *Beitzke* FS Janssen, 1958, 29 (34 ff.); *Raape* IPR 685; *Seidl-Hohenveldern* JbIntR 6 (1955), 263 (264); *Seidl-Hohenveldern* RIW/AWD 1976, 133 (134).

3620 S. BGH WM 1961, 423 (424); 1971, 1502 (1506); 1972, 350 (352); WM 1976, 1266 (1268); *Mann* Int. Comp. L. Q. 1962, 471 (495 ff.); HCL/*Behrens/Hoffmann* GmbHG Allg. Einl. Rn. B 213.

3621 Vgl. *Mertens* JuS 1967, 97 (98).

3622 Dazu *Beemelmans,* Die gespaltene Gesellschaft, 1963, 81.

3623 Vgl. BGH IPRspr. 1976 Nr. 4; Staudinger/*Großfeld,* 1998, IntGesR Rn. 886; RGRK-BGB/*Wengler* S. 1106, 1107 Fn. 64.

3624 Vgl. BGH AG 1972, 350 (352); *Beemelmans,* Die gespaltene Gesellschaft, 1963, 79 ff.; HCL/*Behrens/Hoffmann* GmbHG Allg. Einl. Rn. B 153; *Behrens,* Multinationale Unternehmen im internationalen Enteignungsrecht der BRepD, 1980, 97 f., wobei eine Differenzierung aber letztlich nicht vorgenommen wird; RGRK-BGB/*Wengler* S. 1106, 1107 Fn. 64.

durch den Enteignungsakt geschaffene Beherrschungsmöglichkeit erfordert nach dem Territorialitätsprinzip Abwehrmaßnahmen aus gesellschaftsrechtlicher Sicht.[3625] Entscheidend sind die Herrschaftsverhältnisse in der Gesellschaft vor und nach der Enteignung. In der Tat kann deswegen auch die Enteignung einer einzigen Aktie zum Entstehen einer Liquidationsgesellschaft führen; dann nämlich, wenn der Enteignerstaat bereits Aktionär war und der Zugriff auf die Einzelaktie ihm die Unternehmensherrschaft sichert. Zur Abgrenzung des beherrschenden Einflusses können die zu § 17 AktG entwickelten Grundsätze herangezogen werden.[3626]

1023 **6. Abfindungsansprüche.** Entsteht mit der Enteignung einzelner Mitgliedschaftsrechte keine Liquidationsgesellschaft, weil der Enteignungsakt den Enteignerstaat nicht in die Lage versetzt, die Gesellschaft zu beherrschen (bzw. weil er die Gesellschaft schon vor der Enteignung beherrscht hat),[3627] so dürften die enteigneten **Gesellschafter** doch **nicht rechtlos** werden. Ihnen steht ein Abfindungsanspruch gegen das in der BRepD befindliche Gesellschaftsvermögen zu,[3628] etwa wie dies § 728 Abs. 1 S. 1 BGB für den Ausschluss aus einer Personengesellschaft vorsieht oder analog § 305 Abs. 2 Nr. 3 AktG. In der Höhe richtet sich der Anspruch nach dem Wert des Inlandsvermögens unter Abzug der Schulden im Zeitpunkt der Enteignung.[3629] Besondere kollisionsrechtliche Probleme entstehen dabei nicht.

1024 **7. Staatsangehörigkeit. Unerheblich** ist, ob sich die enteigneten Gesellschaftsmitglieder im Enteignerstaat oder im Belegenheitsstaat befinden bzw. welche Staatsangehörigkeit sie besitzen. Der BGH[3630] will offenbar eine Spaltgesellschaft nur entstehen lassen, wenn sich die Mitgliedschaftsrechte „ganz oder fast ganz in ausländischer Hand" befinden. Im Stinnes-Fall[3631] wurde eine Spaltgesellschaft abgelehnt, weil 47% der Anteile von nicht enteigneten Staatsangehörigen des Enteignerstaates in einer zwischengeschalteten Tochtergesellschaft gehalten wurden. Unklar blieb, wieso die enteignete Mehrheit von 53% Ausländern nicht über das Territorialitätsprinzip geschützt werden bzw. eine Beherrschung durch den Enteignerstaat ausgeschlossen sein sollte.[3632] Denn – so führt der BGH an anderer Stelle selbst aus[3633] – das **Territorialitätsprinzip bezweckt nicht** den **Schutz deutscher Staatsbürger,** sondern die Beschränkung staatlicher Zwangsmaßnahmen auf das Gebiet des handelnden Staates. Extraterritoriale Wirkungen sollen verhindert werden.

1025 **8. Enteignung verbriefter Mitgliedschaftsrechte.** Soweit der Enteignerstaat auf die Urkunden über Mitgliedschaftsrechte direkten Zugriff nehmen kann, ist die Enteignung anzuerkennen (Macht des Faktischen; allgemein → EGBGB Anh. Art. 46 Rn. 33).[3634] Die Belegenheit des Papiers gibt dem Enteignerstaat jedoch noch keine Macht über das darin verbriefte Recht.[3635] Nur die Sache selbst kann wirksam enteignet werden.[3636] Das in der Urkunde verkörperte Recht ist nur betroffen, wenn der Enteignerstaat zugleich Heimatstaat der Gesellschaft ist.[3637] Erforderlichenfalls sind die enteigneten Wertpapiere für kraftlos zu erklären und neue auszustellen.[3638]

3625 Vgl. *Beemelmans,* Die gespaltene Gesellschaft, 1963, 80; Staudinger/*Großfeld,* 1998, IntGesR Rn. 885; *Wiedemann* FS Beitzke, 1979, 811 (818).

3626 Staudinger/*Großfeld,* 1998, IntGesR Rn. 885; *Wiedemann* FS Beitzke, 1979, 811 (818).

3627 S. dazu HCL/*Behrens/Hoffmann* GmbHG Allg. Einl. Rn. B 153.

3628 Vgl. *Beemelmans,* Die gespaltene Gesellschaft, 1963, 81 ff.; *Bufe* BB 1954, 45 (48); *Flume* FS Mann, 1977, 143 (167 f.); *Koppensteiner* BerGesVR 13 (1974), 65 (90 f.); ähnlich *Mann* RabelsZ 27 (1962), 1 (44 f.); *Mertens* JuS 1967, 97 (98); Staudinger/*Großfeld,* 1998, IntGesR Rn. 946; *Vannod,* Fragen des internationalen Enteignungs- und Konfiskationsrechts, 1959 (Nachdruck 1979), 85 ff., 87.

3629 *Flume* FS Mann, 1977, 143 (168); Staudinger/*Großfeld,* 1998, IntGesR Rn. 946; abw. *Koppensteiner* BerGesVR 13 (1974), 65 (91, 96).

3630 BGHZ 62, 340 (343) = NJW 1974, 1944.

3631 BGH IPRspr. 1976 Nr. 4.

3632 Zur Kritik an dieser Entscheidung s. *Hahn* FS Beitzke, 1979, 491 ff.; *Teich* RIW/AWD 1978, 11 ff.; vgl. iÜ *Behrens,* Multinationale Unternehmen im internationalen Enteignungsrecht der BRepD, 1980, 98 f.

3633 BGH IPRspr. 1964/65 Nr. 189.

3634 RGZ 58, 8 (10); RG SeuffA 49, 196 (199 f.); OLG Stuttgart NJW 1955, 1154 f.

3635 Vgl. *Flume* FS Mann, 1977, 143 (167) zu Inhaberpapieren; *Raape* IPR 683 ff. zu Inhaberschuldverschreibungen und Inhaberaktien; Soergel/*v. Hoffmann* EGBGB Anh. III Art. 38 Rn. 78; Staudinger/*Großfeld,* 1998, IntGesR Rn. 947.

3636 KG NJW 1961, 1214.

3637 Vgl. OLG Celle IPRspr. 1964/65 Nr. 186; LG Hannover IPRspr. 1964/65 Nr. 188; Staudinger/*Großfeld,* 1998, IntGesR Rn. 883.

3638 LG Krefeld NJW 1947/48, 484 f.; *Seidl-Hohenveldern,* Internationales Konfiskations- und Enteignungsrecht, 1952, 129; Soergel/*v. Hoffmann* EGBGB Anh. III Art. 38 Rn. 78; Staudinger/*Großfeld,* 1998, IntGesR Rn. 947; RGRK-BGB/*Wengler* S. 748.

VII. Enteignung von Tochtergesellschaften

Zu der Enteignung im Unternehmensverbund, insbesondere der von **Tochtergesellschaften,** hat sich die deutsche Rspr. noch nicht eindeutig geäußert. Das Appellationsgericht Basel hat jedenfalls im Falle der Enteignung von Aktionären durch den Sitzstaat einer Aktiengesellschaft angenommen, dass die Aktien einer 100%igen ausländischen Tochter durch die Enteignung erfasst werden und damit der Theorie von der Unanwendbarkeit ausländischen öffentlichen Rechts eine Absage erteilt.[3639] Grundsätzlich gilt das Gleiche, ob die Enteignung mittelbar oder unmittelbar vorgenommen wird. Zwar ist anerkannt, dass eine Liquidationsgesellschaft auch entsteht, wenn eine Gesellschaft enteignungsfreies Auslandsvermögen nur mittelbar über eine von ihr zu 100% gehaltene Tochtergesellschaft besitzt.[3640] In Zweifel gezogen wird dies aber bereits, wenn die Gesellschaften, die zwischen den Enteignungsobjekten und dem deutschen Vermögen stehen, ihren Sitz im Gebiet des Enteignerstaates haben.[3641] Damit klingt an, dass die Spaltung nur dann sinnvoll ist, wenn sie dem Gesellschafter den unmittelbaren Durchgriff auf das enteignungsfreie Gesellschaftsvermögen ermöglicht. Bei bestimmten Fallkonstellationen wäre aber ein **mehrfacher Durchgriff** erforderlich, eine „die juristische Zuordnung der einzelnen Vermögensgegenstände zu bestimmten Rechtsträgern völlig missachtende Lösung".[3642] Wenn auch der Durchgriff im Gesellschaftsrecht die Ausnahme bleiben muss, so ist doch auch hier eine interessengerechte Lösung nur über eine Liquidationsgesellschaft zu erreichen. Die Möglichkeit der Beherrschung des enteignungsfreien Vermögens in der BRepD rechtfertigt diese Maßnahme. 1026

Auch die **Entstehung mehrerer Liquidationsgesellschaften** ist möglich, so zB, wenn der Sitzstaat einer Enkelgesellschaft die Enteignung der Tochtergesellschaft anerkennt oder eine Gesellschaftsspaltung ablehnt. Auch die Enkelgesellschaft muss hier in die Liquidation, dh die Muttergesellschaft kann das nach dem Territorialitätsprinzip enteignungsfreie Vermögen außerhalb des Enteignerstaates über die Liquidationstochtergesellschaft und die Liquidationsenkelgesellschaft verwalten.[3643] 1027

Etwas anderes kann nur bei **Minderheitsbeteiligungen** gelten. Wenn etwa die enteignete Tochter an einer Enkelgesellschaft in einem Drittstaat nicht 100% hält, sondern nur so wenige Anteile, dass sie die Enkelgesellschaft nicht beherrschen kann, tritt keine Liquidation ein.[3644] In einem solchen Fall gelten die zu § 17 AktG entwickelten und (→ Rn. 1019 ff., → Rn. 1022) zur Enteignung einzelner Mitgliedschaftsrechte dargelegten Grundsätze. Die Beherrschungsmöglichkeit (bzw. ein eventuelles Abhängigkeitsverhältnis) ist das entscheidende Kriterium für das Entstehen einer Liquidationsgesellschaft. 1028

VIII. Forderungen und Verbindlichkeiten

1. Belegenheit. Enteignungsakte erfassen oft auch die Gesellschaftsforderungen und -schulden. Bei der Frage nach dem Verhältnis der Liquidationsgesellschaft zu den Forderungen und Verbindlichkeiten der enteigneten Gesellschaft spielt die **Belegenheit der Forderungen** eine tragende Rolle. Belegenheit bedeutet dabei die tatsächliche **Möglichkeit des Enteignerstaates, auf die Forderung zugreifen** zu können.[3645] Wo Forderungen belegen sind, ist streitig. Die hM knüpft in Anlehnung an § 23 S. 2 ZPO an den **Schuldnerwohnsitz**[3646] an, bei Gesellschaften an den Gesellschaftssitz. Daraus folgt, dass Forderungen wirksam enteignet werden können, wenn der Sitz des Schuldners im Zeitpunkt der Enteignung auf dem Gebiet des Enteignerstaates liegt.[3647] 1029

Bei konsequenter Durchführung würde dies bedeuten, dass die Gesellschaftsgläubiger ihre Forderungen nicht gegen die Liquidationsgesellschaft geltend machen können. Die Lehre erfährt in 1030

3639 Appellationsgericht Basel vom 27.3.1992, zitiert nach *Lederer* IPRax 1994, 145.

3640 BGHZ 32, 256 (263 f.) = NJW 1960, 1569; BGH IPRspr. 1962/63 Nr. 59.

3641 BGH IPRspr. 1976 Nr. 4, S. 15 (17).

3642 BGH IPRspr. 1976 Nr. 4, S. 15 (17); BGHZ 20, 4 (11 ff., 14 f.) = NJW 1956, 785; hierzu auch *Wölker* ZaöRV 43 (1983), 214 (289). Vgl. auch → Rn. 1011.

3643 Vgl. *Wiedemann* FS Beitzke, 1979, 811 (819); ferner *Behrens,* Multinationale Unternehmen im internationalen Enteignungsrecht der BRepD, 1980, 110.

3644 Vgl. *Wiedemann* FS Beitzke, 1979, 811 (819); *Wölker* ZaöRV 43 (1983), 214 (289).

3645 Staudinger/*Großfeld,* 1998, IntGesR Rn. 934.

3646 *Kegel/Schurig* IPR § 23 II 4, S. 863.

3647 BGHZ 5, 35 (38) = NJW 1952, 540; BGHZ 23, 333 (336) = NJW 1957, 628; BGHZ 25, 134 (143) = NJW 1957, 1433; BGH IPRspr. 1977 Nr. 4; NJW 2002, 2389 (2390) = IPRax 2003, 447 m. Aufs. *Stoll* IPRax 2003, 433; BAG IPRspr. 1972 Nr. 142; RGZ 107, 44 (46); 140, 340 (343); *Bleckmann,* Grundgesetz und Völkerrecht, 1975, 130; *Neuhaus* IPR 246; Staudinger/*Großfeld,* 1998, IntGesR Rn. 925; alternativ am Schuldnerwohnsitz oder am Schuldnervermögen *Ferid* IPR Rn. 7–145.

dieser Hinsicht aber eine Einschränkung durch das Territorialitätsprinzip. Da extraterritoriale Wirkungen von Enteignungen abgelehnt werden, ist anerkannt, dass die Liquidationsgesellschaft für die vor der Enteignung entstandenen **Schulden** grundsätzlich haftet.[3648]

1031 Diese Schwierigkeit tritt nicht auf, wenn man an die **Lage des Schuldnervermögens** anknüpft.[3649] Danach ist die Forderung überall belegen, wo der Schuldner (hier die Altgesellschaft) Vermögen hat. Enteignungen werden aber nur anerkannt, soweit die Macht des Enteignerstaates reicht. Da somit Forderungen außerhalb dieses Gebiets nicht erfasst werden können, haftet die Liquidationsgesellschaft ohne weiteres für die Altschulden.[3650]

1032 **2. Gefahr der Doppelinanspruchnahme.** Probleme ergeben sich bei der Anknüpfung an die Lage des Schuldnervermögens, soweit **Forderungen der Gesellschaft** betroffen sind (→ EGBGB Anh. Art. 46 Rn. 42 ff.). Der Enteignerstaat befriedigt sich an dem dort belegenen Vermögen des Schuldners. Aber auch die Liquidationsgesellschaft wird ihn in Anspruch nehmen, da sie wegen der durch das Territorialitätsprinzip beschränkten Enteignungswirkung noch Inhaberin der Forderung ist, vorausgesetzt, der Schuldner hat auch außerhalb des Enteignerstaates Vermögen. Nach dieser Lehre tritt also eine Spaltung der Forderung ein, die zu einer doppelten oder vielfachen[3651] Inanspruchnahme des Schuldners führen kann.

1033 **Abzulehnen** ist ein **Wegfall der Geschäftsgrundlage** nach § 242 BGB in der Weise, dass die Liquidationsgesellschaft sich die Halbierung der Forderung gefallen lassen müsse.[3652] Abgesehen davon, dass dieses Vorgehen zu pauschal erscheint, wird der Schuldner immer noch eineinhalbfach in Anspruch genommen werden, denn der Enteignungsstaat wird die Forderung nicht halbieren. Dies ist für den Schuldner eine unzumutbare Lösung.[3653]

1034 Die Gefahr der Doppelinanspruchnahme will die hM durch die **Anknüpfung der Forderung an den Schuldnerwohnsitz** verhindern (→ Rn. 1029).[3654] Diese Auffassung ist vorzuziehen. Eine Spaltung der Forderung tritt nicht ein. Die Gefahr einer doppelten Inanspruchnahme des Schuldners ist nur in dem Ausnahmefall gegeben, dass der Schuldner seinen Wohnsitz zwar außerhalb des Enteignerstaates hat, gleichzeitig aber Vermögen im Enteignerstaat, auf das dieser ungehindert Zugriff nehmen kann.

1035 **3. Leistungsverweigerungsrecht.** Wird der Schuldner bei einer solchen Fallkonstellation in Anspruch genommen, so hat er ein Leistungsverweigerungsrecht nach § 242 BGB, **wenn** genügend Anhaltspunkte dafür vorliegen, dass der **Schuldner durch den Enteignungsbegünstigten im Enteignerstaat in Anspruch genommen wird.**[3655] Eine Quotelung und Schadensteilung zwischen den streitenden Parteien[3656] kommt dagegen nicht in Betracht, denn der Schuldner darf nicht das Enteignungsrisiko tragen. Vielmehr liegt das in der Gesellschaftssphäre, die Liquidationsgesellschaft wird leer ausgehen, obwohl sie Anspruchsinhaberin ist.

1036 **4. Hinterlegungsrecht.** Der Schuldner hat in Bezug auf die streitige Forderung **kein Hinterlegungsrecht.** Das ergibt sich aus den vorstehenden Ausführungen, wonach der Schuldner nicht mehr daran zweifeln darf, welchem Gläubiger er unter Berücksichtigung der Enteignungsmaßnahme schuldet.[3657] In Zweifelsfällen, die sich nach der hier vertretenen Auffassung allenfalls ergeben können, wenn der Schuldner unter anderem im Enteignerstaat Vermögen hat, muss

---

[3648] BGHZ 56, 66 (69) = NJW 1971, 1514; BGH IPRspr. 1954–57 Nr. 200; WM 1961, 998; 1972, 394 (396); *Loos* AWD 1958, 110 (111); Staudinger/*Großfeld,* 1998, IntGesR Rn. 933.

[3649] So *Beemelmans,* Die gespaltene Gesellschaft, 1963, 110 ff.; *Kegel/Schurig* IPR § 23 II 4; Soergel/*v. Hoffmann* EGBGB Anh. III Art. 38 Rn. 32; unklar Staudinger/*Stoll,* 1996, IntSachenR Rn. 203; *Wengler* FS Jur. Fakultät der FU Berlin, 1955, 285 (334 ff.); alternativ am Schuldnerwohnsitz oder am Schuldnervermögen *Ferid* IPR Rn. 7–145.

[3650] Vgl. *Beemelmans,* Die gespaltene Gesellschaft, 1963, 111; *Beitzke* FS Janssen, 1958, 29 (39); Soergel/*v. Hoffmann* EGBGB Anh. III Art. 38 Rn. 69.

[3651] Bei Enteignung in mehreren Staaten würden so viele Forderungen entstehen, wie Enteignungen vorgenommen werden, vgl. Staudinger/*Großfeld,* 1998, IntGesR Rn. 926.

[3652] *Kegel,* Probleme des internationalen Enteignungs- und Währungsrechts, 1956, 20, 30; vgl. auch *Kegel/Schurig* IPR § 23 II 4.

[3653] Staudinger/*Großfeld,* 1998, IntGesR Rn. 928 m. näherer Begr.

[3654] Zur Anwendbarkeit des Art. 6 EGBGB s. BGH NJW 1988, 2173 (2174) mAnm *Behrens* IPRax 1989, 217.

[3655] BGHZ 25, 134 (152) = NJW 1957, 1433; BGH WM 1957, 1001; 1972, 394 (396); *Raape* IPR 678 ff.; Staudinger/*Großfeld,* 1998, IntGesR Rn. 927; vgl. auch *Beitzke* JZ 1951, 367 (368); *Seeger* NJW 1952, 210; vgl. auch *Ferid* IPR Rn. 7–146.

[3656] Vorgeschlagen von *Kegel,* Probleme des internationalen Enteignungs- und Währungsrechts, 1956, 20; s. auch Soergel/*v. Hoffmann* EGBGB Anh. III Art. 38 Rn. 36.

[3657] *Raape* IPR 680 f.; aA *Großfeld,* Europäisches und Internationales Unternehmensrecht, 2. Aufl. 1995, Q § 6 IV.

er sich über die Rechtslage erkundigen. Das ist ihm zumutbar, da er im Übrigen nicht das Enteignungsrisiko trägt.[3658]

5. Schuldnermehrheit. Die Gefahr **doppelter Erfüllung** einer Forderung taucht auf bei **Gesamtschuldnern** oder **Bürgschaft** oder hypothekarisch gesicherten Forderungen (→ EGBGB Anh. Art. 46 Rn. 46 f.).[3659] Wohnt ein Schuldner im Enteignerstaat, so wird insoweit die Enteignung der Forderung anerkannt, der Schuldner wird den Enteignungsbegünstigten befriedigen müssen. Aber auch der Schuldner außerhalb des Enteignerstaates wird sich Erfüllungsansprüchen der Liquidationsgesellschaft gegenüber sehen. Die Haftung dieses Schuldners kann nicht im Grundsatz ausgeschlossen werden,[3660] denn der Schuldner darf aus dem Enteignungsakt keine Vorteile ziehen. Soweit er aber an die Liquidationsgesellschaft geleistet hat, muss er von eventuellen Regress- oder Ausgleichsansprüchen des anderen Schuldners freigestellt werden. Ihm ist insoweit ein Leistungsverweigerungsrecht gemäß § 242 BGB zuzubilligen.[3661] **1037**

6. Haftungseinschränkungen für die Liquidationsgesellschaft. Es wurde in → Rn. 1030 festgestellt, dass die Liquidationsgesellschaft für die Altschulden grundsätzlich haftet. Würde dies aber uneingeschränkt gelten, so wären doch extraterritoriale Wirkungen des Enteignungsaktes möglich und das Restvermögen in unvertretbarer Weise belastet. Daher ist eine Haftungseinschränkung geboten.[3662] Zunächst **können der Enteignerstaat und seine Organisationen keine Befriedigung bei der Liquidationsgesellschaft suchen,** da sie Zugriff auf das enteignete Gesellschaftsvermögen haben und anderenfalls dem Enteignerstaat die Möglichkeit eröffnet würde, durch Erhöhung der Passiva der enteigneten Unternehmen die Enteignung wirtschaftlich zu vollenden.[3663] **1038**

Für die **Gläubiger aus dem Enteignerstaat** kann das nicht gelten, da sie aus der Enteignung in der Regel keine Vorteile ziehen können.[3664] Sie müssen sich nicht einmal auf eine **Einrede der Vorausklage** verweisen lassen, dh zunächst die enteignete Gesellschaft in Anspruch nehmen.[3665] Denn der Anspruch ist in der Regel gegen die Altgesellschaft im Enteignerstaat nicht durchsetzbar. Im Übrigen ist keine Rechtssicherheit gegeben, weil daran angeknüpft werden soll, ob die Schuldner ihre „natürliche Haftungsgrundlage" im Enteignerstaat oder außerhalb desselben haben. Der Begriff ist nur schwer definierbar.[3666] Eine **gesamtschuldnerische Haftung** von enteigneter Gesellschaft und Liquidationsgesellschaft[3667] ist wie die Vorausklage abzulehnen, weil die in Anspruch genommene Liquidationsgesellschaft im Innenverhältnis nicht die Möglichkeit haben wird, einen eventuellen Ausgleichsanspruch oder übergegangenen Anspruch gegen die Altgesellschaft durchzusetzen. **1039**

Sinnvoll erscheint es dagegen, den Haftungsmaßstab der Liquidationsgesellschaft am **Verhältnis ihrer Vermögensmasse** zu dem der enteigneten Gesellschaft auszurichten. Eine nach dem Verhältnis des Auslandsvermögens zum Gesamtvermögen festgelegte Haftungsquote der Liquidationsgesellschaft[3668] entspricht dem Umfang der Anerkennung des Enteignungsaktes und ist ein gemäß § 242 **1040**

[3658] BGHZ 7, 303 (307); aA Jauernig/*Stürner* BGB § 372 Rn. 1; *Großfeld,* Europäisches und Internationales Unternehmensrecht, 2. Aufl. 1995, Q § 6 IV, der zusätzlich eine Analogie zu § 407 BGB vorschlägt; iErg ähnlich *Coing* WM 1982, 378 (385), der Leistungen an die Gesellschaften und Verfügungen über inländische Guthaben durch die Gesellschaften im Enteignerstaat bei Unsicherheit der Rechtslage gemäß § 1959 Abs. 2 und 3 BGB für wirksam hält.

[3659] Zu Letzterem *Raape* IPR 682 f.; Soergel/*v. Hoffmann* EGBGB Anh. III Art. 38 Rn. 33 f.

[3660] Vgl. BGHZ 31, 168 (172 f.) = NJW 1960, 189; OLG Hamburg NJW 1953, 1633 (1634 f.); *Raape* IPR 681 f.; Soergel/*v. Hoffmann* EGBGB Anh. III Art. 38 Rn. 39; Staudinger/*Großfeld,* 1998, IntGesR Rn. 930.

[3661] Vgl. BGH WM 1957, 1052 (1053); aA *Kegel,* Probleme des internationalen Enteignungs- und Währungsrechts, 1956, 30 ff.; Soergel/*v. Hoffmann* EGBGB Anh. III Art. 38 Rn. 32 für Schadensteilung „zwischen den bei uns streitenden Parteien".

[3662] Vgl. BGHZ 56, 66 (70, 71) = NJW 1971, 1514; *Beemelmans,* Die gespaltene Gesellschaft, 1963, 108 ff., 113; *Beitzke* FS Janssen, 1958, 29 (39); HCL/*Behrens/Hoffmann* GmbHG Allg. Einl. Rn. B 149; *Ficker,* Grundfragen des deutschen interlokalen Rechts, 1952, 111; *Seidl-Hohenveldern,* Internationales Konfiskations- und Enteignungsrecht, 1952, 123; Soergel/*v. Hoffmann* EGBGB Anh. III Art. 38 Rn. 74; Staudinger/*Großfeld,* 1998, IntGesR Rn. 935; *Wiedemann* FS Beitzke, 1979, 811 (822 f.).

[3663] BGHZ 56, 66 (71) = NJW 1971, 1514; BFH WM 1973, 822 (823); RGRK-BGB/*Wengler* S. 747, 1108 Fn. 85; *Großfeld,* Europäisches und Internationales Unternehmensrecht, 2. Aufl. 1995, Q § 6 V.

[3664] Wie hier OLG Braunschweig NJW 1947/48, 425 (426) mAnm *Langen;* LG Berlin NJW 1952, 310 (311); *Loos* AWD 1958, 110 (111) Fn. 19; Soergel/*v. Hoffmann* EGBGB Anh. III Art. 38 Rn. 69; Staudinger/*Großfeld,* 1998, IntGesR Rn. 937; aA RGRK-BGB/*Wengler* S. 1105 Fn. 58.

[3665] Vgl. *Schröder* RabelsZ 32 (1968), 764 (765 f.).

[3666] Vgl. Staudinger/*Großfeld,* 1998, IntGesR Rn. 940.

[3667] Vertreten von *Loos* AWD 1958, 110 (111).

[3668] Abgelehnt von Soergel/*v. Hoffmann* EGBGB Anh. III Art. 38 Rn. 69.

BGB anzustrebender billiger Ausgleich.[3669] Die Gläubiger haben einen eventuellen quotenmäßigen Ausfall als normales Geschäftsrisiko hinzunehmen.

IX. Deutsche Wiedervereinigung

1041 Zu Fragen der Enteignung von Unternehmen in der untergegangenen DDR, ihrem Schicksal nach dem Vertrag über die Schaffung einer Währungs-, Wirtschafts- und Sozialunion vom 18.5.1990 und dem VermG → 4. Aufl. 2006, Rn. 1064 ff.

[3669] RGZ 136, 339; BGH WM 1972, 394 (396); offengelassen in BGHZ 25, 134 (152) = NJW 1957, 1433; *Seidl-Hohenveldern,* Internationales Konfiskations- und Enteignungsrecht, 1952, 125; Staudinger/*Großfeld,* 1998, IntGesR Rn. 943.

Teil 9. Internationales Insolvenzrecht

A. Einleitung (Einl. IntInsR)

Schrifttum zur reformierten EuInsVO (VO (EU) 2015/848): *Commandeur/Römer,* Aktuelle Entwicklungen im Insolvenzrecht – Neufassung der Europäischen Insolvenzordnung, NZG 2015, 988; *Cotiga-Raccah/Sautonie-Laguionie,* Le nouveau droit europeén des faillites internationales, 2018; *Eble,* Auf dem Weg zu einem europäischen Konzerninsolvenzrecht – Die „Unternehmensgruppe" in der EuInsVO 2017, NZI 2016, 115; *Eidenmüller,* Was ist ein Insolvenzverfahren?, ZIP 2016, 145; *Fehrenbach,* Die reformierte Europäische Insolvenzordnung, GPR 2016, 282 (Teil I) und GPR 2017, 38 (Teil II); *Garcimartín,* The EU Insolvency Regulation Recast: Scope, Jurisdiction and Applicable Law, ZEuP 2015, 694; *Kindler,* Internationales Insolvenzrecht, in Kindler/Nachmann/Bitzer (Hrsg.), Handbuch Insolvenzrecht in Europa, Stand 2021; *Kindler/Sakka,* Die Neufassung der Europäischen Insolvenzverordnung, EuZW 2015, 460; *Mankowski/Müller/Schmidt,* EuInsVO 2015, Kommentar, 2016; *Moss/Fletcher/Isaacs,* The EU Regulation on Insolvency Proceedings, 3. Aufl. 2016; *Mucciarelli,* Private International Law Rules in the Insolvency Regulation Recast: a Reform or a Restatement of the Status Quo?, EurCompFinLRev 2016, 1; Nunner-Krautgasser/Garber/Jaufer (Hrsg.), Grenzüberschreitende Insolvenzen im europäischen Binnenmarkt, 2017; *Parzinger,* Die neue EuInsVO auf einen Blick, NZI 2016, 63; *Chr. G. Paulus,* Über die Rolle der Erwägungsgründe in der revidierten EuInsVO, FS Beck, 2016, 393; *Paulus,* Europäische Insolvenzverordnung, Kommentar, 5. Aufl. 2017; *Schack,* IZVR, 8. Aufl. 2021; *Thole,* Harmonisierung durch die Hintertür – die neue EuInsVO unter einem anderen Blickwinkel, FS Geimer, 2017, 481; *Skauradszun,* Anmerkungen zum RefE des BMJV für ein Durchführungsgesetz zur neuen EuInsVO 2015, DB 2016, 2165; *Thole,* Die neue Europäische Insolvenzverordnung, IPRax 2017, 213; *Vallender,* Europaparlament gibt den Weg frei für eine neue Europäische Insolvenzverordnung, ZIP 2015, 1513; *Vallender,* EuInsVO 2017 – eine neue Herausforderung für Insolvenzgerichte, FS Beck, 2016, 537; Vallender (Hrsg.), EuInsVO, Kommentar, 2017; *Wenner,* Die Reform der EuInsVO – Ein Verriss, ZIP 2017, 1137; *Wessels,* International Insolvency Law: Part II European Insolvency Law, NIPR 2018, 895; Wimmer/Bornemann/Lienau (Hrsg.), Die Neufassung der EuInsVO, 2016.

Schrifttum zum EuInsVO-Reformvorschlag: *Bariatti/Omar,* The Grand Project: Reform of the European Insolvency Regulation, 2014; *Cohen/Dammann/Sax,* Final text for the Amended EU Regulation on Insolvency proceedings, IILR 2015, 117; *Eidenmüller,* A New Framework for Business Restructuring in Europe: The EU Commission's Proposals for a Reform of the European Insolvency Regulation and Beyond, 20 Maastricht Journal of European and Comparative Law 1 (2013), 133; *Eidenmüller/Frobenius,* Ein Regulierungskonzept zur Bewältigung von Gruppeninsolvenzen: Verfahrenskonsolidierung im Kontext nationaler und internationaler Reformvorhaben, ZIP-Beil. 22/2013; Hess/Oberhammer/Pfeiffer (Hrsg.), Evaluation of Regulation No. 1346/2000 on Insolvency Proceedings, Heidelberg-Luxembourg-Vienna Report, 2014; *Kindler,* Crisi dell'impresa e insolvenza transnazionale alla luce del regolamento n. 1346/2000. Verso una riforma della competenza internazionale?, in Carbone, Unione europea a vent'anni da Maastricht. Verso nuove regole, 2013, 141; *Kindler,* Hauptfragen der Reform des Europäischen Internationalen Insolvenzrechts, KTS 2014, 25; *Latella,* The „COMI" Concept in the Revision of the European Insolvency Regulation, ECFR 2014, 479; *Madaus,* Koordination ohne Koordinationsverfahren? – Reformvorschläge aus Berlin und Brüssel zu Konzerninsolvenzen, ZRP 2014, 192; *Mock,* Das (geplante) neue europäische Insolvenzrecht nach dem Vorschlag der Kommission zur Reform der EuInsVO, GPR 2013, 156; *Paulus,* Die EuInsVO in ihrer künftigen Gestalt: Keine Rundum-Erneuerung, aber deutlich modernisiert, BB 2013, 1; *Prager/Keller,* Der Vorschlag der Europäischen Kommission zur Reform der EuInsVO, NZI 2013, 57; *Prager/Keller,* Der Entwicklungsstand des Europäischen Insolvenzrechts, WM 2015, 805; *Reuß,* Europäisches Insolvenzrecht 3.0 oder doch nur Version 1.1?, EuZW 2013, 165; *Thole,* Die Reform der Europäischen Insolvenzverordung, ZEuP 2014, 39; *Thole,* Das neue Konzerninsolvenzrecht in Deutschland und Europa, KTS 2014, 351; *Thole/Swierczok,* Der Kommissionsvorschlag zur Reform der EuInsVO, ZIP 2013, 550; *Vallender,* Der deutsche Motor stockt, aber Europa drückt aufs Gas – Europäisches Konzerninsolvenzrecht vor der Verabschiedung, ZInsO 2015, 57.

Schrifttum zum früheren europäischen internationalen Insolvenzrecht (EuInsVO 2000): Gesamtdarstellungen und Überblicksaufsätze: *Becker,* Insolvenz in der Europäischen Union – Zur Verordnung des Rates über Insolvenzverfahren, ZEuP 2002, 287; *Bureau,* La fin d'un îlot de résistance. Le Règlement du Conseil relatif aux procédures d'nsolvabilité, Rev. crit. dr. int. pr. 2002, 613; *Deipenbrock,* Das neue europäische Internationale Insolvenzrecht, EWS 2001, 113; *Duursma-Kepplinger/Duursma/Chalupsky,* Europäische Insolvenzverordnung, Kommentar, 2002; *Ehricke/Ries,* Die neue europäische Insolvenzverordnung, JuS 2003, 313; *Eidenmüller* in Eidenmüller, Ausländische Kapitalgesellschaften im deutschen Recht, 2004, § 9; *Eidenmüller,* Europäische Verordnung über Insolvenzverfahren und zukünftiges deutsches internationales Insolvenzrecht, IPRax 2001, 2; *Flessner,* Grundsätze des europäischen Insolvenzrechts, ZEuP 2004, 887; *Fritz/Bähr,* Die Europäische Verordnung über Insolvenzverfahren – Herausforderung an Gerichte und Insolvenzverwalter, DZWiR 2001, 221; Gottwald (Hrsg.), Insolvenzrechts-Handbuch, 5. Aufl. 2015, §§ 130 ff.; *Gottwald,* Die Verordnung (EG) Nr. 1346/2000 über Insolvenzverfahren, ZInsO 2001, 97; *P. Huber,* Internationales Insolvenzrecht in Europa, ZZP 114 (2001), 133; *P. Huber,* Die Europäische Insolvenzverordnung, EuZW 2002, 490; *Kemper,* Die Verordnung (EG) Nr. 1346/2000 über Insolvenzverfahren, ZIP 2001, 1609; Kindler/Nachmann (Hrsg.), Handbuch des Insolvenzrechts in Europa,

2020, 1. Teil: Internationales Insolvenzrecht; *Leible/Staudinger,* Die europäische Verordnung über Insolvenzverfahren, KTS 2000, 533; Leonhardt/Smid/Zeuner (Hrsg.), Internationales Insolvenzrecht, 2. Aufl. 2012; *Oberhammer,* Europäisches Insolvenzrecht in praxi – „Was bisher geschah", ZInsO 2004, 761; *Paulus,* Internationales Restrukturierungsrecht, RIW 2013, 577; *Staak,* Mögliche Probleme im Rahmen der Koordination von Haupt- und Sekundärinsolvenzverfahren nach der Europäischen Insolvenzverordnung (EuInsVO), NZI 2004, 480; *Taupitz,* Das (zukünftige) europäische internationale Insolvenzrecht, ZZP 111 (1998), 315; *Thole,* Gläubigerschutz und Insolvenzrecht, 2010; *Torz,* Gerichtsstände im Internationalen Insolvenzrecht zur Eröffnung von Partikularinsolvenzverfahren, 2005; *Trunk,* Internationales Insolvenzrecht, 1998; *Virgós/Schmit,* Erläuternder Bericht zu dem EU-Übereinkommen über Insolvenzverfahren, in Stoll, Vorschläge und Gutachten zur Umsetzung des EU-Übereinkommens über Insolvenzverfahren im deutschen Recht, 1997, 32 (zitiert: *Virgós/Schmit*); *Weller,* Forum shopping im Internationalen Insolvenzrecht?, IPRax 2004, 412; *Wimmer,* Die EU-Verordnung zur Regelung grenzüberschreitender Insolvenzverfahren, NJW 2002, 2427.

Aufsätze zu Einzelfragen: *Becker,* Mobiliarsicherheiten im Internationalen Insolvenzrecht, JbItalR 18 (2005), 75; *Borges,* Gläubigerschutz bei ausländischen Gesellschaften mit inländischem Sitz, ZIP 2004, 733; *Ehricke,* Verfahrenskoordination bei grenzüberschreitenden Unternehmensinsolvenzen, FS 25 Jahre Max-Planck-Institut für Privatrecht, 2001, 337; *Freitag,* Grundfragen der Richtlinie über präventive Restrukturierungsrahmen und ihre Umsetzung in das deutsche Recht, ZIP 2019, 541; *Freitag/Leible,* Justizkonflikte im Europäischen Internationalen Insolvenzrecht und (k)ein Ende?, RIW 2006, 641; *Graf,* Die Anerkennung ausländischer Insolvenzentscheidungen, 2003 (besprochen von *Saenger* RabelsZ 69 [2005], 394); *Greeve,* Die grenzüberschreitende Restrukturierung von Kapitalgesellschaften. Eine Untersuchung der Richtlinie (EU) 2019/1023 aus der Perspektive des Internationalen Privat- und Verfahrensrechts, 2023; *Haubold,* Europäisches Zivilverfahrensrecht und Ansprüche im Zusammenhang mit Insolvenzverfahren – zur Abgrenzung zwischen Europäischer Insolvenzverordnung und EuGVO, EuGVÜ und LugÜ, IPRax 2002, 157; *Haubold,* Mitgliedstaatenbezug, Zuständigkeitserschleichung und Vermögensgerichtsstand im internationalen Insolvenzrecht, IPRax 2003, 34; *Herchen,* Das Prioritätsprinzip im Internationalen Insolvenzrecht, ZIP 2005, 1401; *U. Huber,* Gesellschafterdarlehen in der Inlandsinsolvenz von Auslandsgesellschaften, in Lutter, Europäische Auslandsgesellschaften in Deutschland, 2005, 131; *U. Huber,* Die Insolvenzantragspflicht der Geschäftsführer von Auslandsgesellschaften, in Lutter, Europäische Auslandsgesellschaften in Deutschland, 2005, 307; *Keller,* Die EG-Richtlinie 98/26 vom 19.5.1998 über die Wirksamkeit von Abrechnungen in Zahlungs- sowie Wertpapierliefer- und -abrechnungssystemen und ihre Umsetzung in Deutschland, WM 2000, 1269; *Kieper,* Abwicklungssysteme in der Insolvenz, 2004; *Kindler,* Internationales Gesellschaftsrecht 2009, IPRax 2009, 189; *Koch,* Europäisches Insolvenzrecht und Schuldbefreiungs-Tourismus, FS Jayme, 2004, 437; *Kolmann,* Kooperationsmodelle im Internationalen Insolvenzrecht, 2001; *Kübler,* Der Mittelpunkt der hauptsächlichen Interessen nach Art. 3 Abs. 1 EuInsVO, FS Gerhardt, 2004, 527; *Mankowski,* Grenzüberschreitender Umzug und das centre of main interests im europäischen Internationalen Insolvenzrecht, NZI 2005, 368; *Mock/Schildt,* Insolvenz ausländischer Kapitalgesellschaften mit Sitz in Deutschland, ZInsO 2003, 396; *Mock/Schildt,* Insolvenz in Hirte/Bücker, Grenzüberschreitende Gesellschaften, 2005, § 16; *Obermüller,* Die Insolvenz des Teilnehmers an einem Zahlungsverkehrssystem nach der Finalitätsrichtlinie, FS Uhlenbruck, 2000, 365; *Pannen/Riedemann,* Die deutschen Ausführungsbestimmungen zur EuInsVO, NZI 2004, 301; *Pannen/Riedemann,* Der Begriff des „centre of main interests" i.S. des Art. 3 Abs. 1 S. 1 EuInsVO im Spiegel aktueller Fälle aus der Rechtsprechung, NZI 2004, 646; *Paulus,* Änderungen des deutschen Insolvenzrechts durch die Europäische Insolvenzverordnung, ZIP 2002, 729; *Paulus,* Zuständigkeitsfragen nach der Europäischen Insolvenzverordnung, ZIP 2003, 1725; *Paulus,* Die Weltbank und das Insolvenzrecht, FS Braun, 2007, 447; *Paulus,* Die EuInsVO – Wo geht die Reise hin?, NZI 2008, 1; *Paulus,* Rechtliche Handhaben zur Bewältigung der Überschuldung von Staaten, RIW 2009, 11; *Reinhart,* Die Durchsetzung im Inland belegener Absonderungsrechte bei ausländischen Insolvenzverfahren oder Qualifikation, Vorfrage und Substitution im internationalen Insolvenzrecht, IPRax 2012, 417; *Rengstmeier/Hohmann,* Masseverbindlichkeiten als Prüfstein des Internationalen Insolvenzrechts, NZI 2004, 354; *J. Schmidt,* Präventiver Restrukturierungsrahmen: Internationale Zuständigkeit, Anerkennung und anwendbares Recht, ZInsO 2021, 654; *Schefold,* Anerkennung von Banksanierungsmaßnahmen im EWR-Bereich, IPRax 2012, 66; *Smid,* Vier Entscheidungen englischer und deutscher Gerichte zur europäischen internationalen Zuständigkeit zur Eröffnung von Hauptinsolvenzverfahren, DZWiR 2003, 397; *Ulmer,* Gläubigerschutz bei Scheinauslandsgesellschaften, NJW 2004, 1201; *Ulmer,* Insolvenzrechtlicher Gläubigerschutz gegenüber Scheinauslandsgesellschaften ohne hinreichende Kapitalausstattung?, KTS 2004, 291; *Vallender,* Aufgaben und Befugnisse des deutschen Insolvenzrichters im Verfahren nach der EuInsVO, KTS 2005, 283; *Vallender/Fuchs,* Die Antragspflicht organschaftlicher Vertreter einer GmbH vor dem Hintergrund der Europäischen Insolvenzverordnung, ZIP 2004, 829; *Wimmer* in Frankfurter Kommentar zur Insolvenzordnung, 8. Aufl. 2014.

Schrifttum zum deutschen internationalen Insolvenzrecht (§§ 335 ff. InsO idF von 2003): *E. J. Habscheid,* Konkurs in den USA und seine Wirkungen in Deutschland (und umgekehrt), NZI 2003, 238; *Liersch,* Deutsches Internationales Insolvenzrecht, NZI 2003, 302; *Wehdeking,* Reform des Internationalen Insolvenzrechts in Deutschland und Österreich, DZWiR 2003, 133; zum früheren Recht → 3. Aufl. 1999, IntGesR Rn. 191 (S. 61).

Schrifttum zum ausländischen internationalen und materiellen Insolvenzrecht: BeckOK Insolvenzrecht, 2023, Länderberichte; Kindler/Nachmann/Bitzer (Hrsg.), Handbuch des Insolvenzrechts in Europa, 2023, 2. Teil: Länderberichte (mit Fachbegriffs-Konkordanz); MüKoInsO, 4. Aufl. 2021, Länderberichte; McCormack/Keay/Brown (Hrsg.), European Insolvency Law: Reform and Harmonization, 2017 (mit 30 Länderberichten).

Internet (zuletzt abgerufen am 8.3.2024): www.doingbusiness.org (Weltbank); http://www.ebrd.com/what-we-do/sectors/legal-reform/debt-restructuring-and-bankruptcy.html; www.iiiglobal.org (Forum); http://www.indat.info (Datenbank und Informationen zum Insolvenzgeschehen); www.insol-europe.org (Gruppe von Berufsangehörigen, die sich auf die Sanierung, Restrukturierung und traditionelle Insolvenz- und Konkursabwicklung spezialisiert haben, mit zahlreichen weiteren Links).

Übersicht

I. Gegenstand des internationalen Insolvenzrechts

Gegenstand des internationalen Insolvenzrechts ist zunächst die **Ermittlung des auf insolvenzrechtliche Fragen anwendbaren Rechts.** Das internationale Insolvenzrecht liefert – im Sinne eines **Insolvenzkollisionsrechts** – die Anknüpfungsmomente, anhand derer in Fallgestaltungen mit Auslandsberührung – also immer dann, wenn sich die Auswirkungen einer Insolvenz nicht auf das Gebiet eines Staates beschränken[1] – die Rechtsordnung zu ermitteln ist, mit der ein Insolvenzverfahren am engsten verbunden ist. Nach europäischem wie nach autonomem Insolvenzkollisionsrecht ist dies grundsätzlich das Recht des Staates, vor dessen Gerichten ein Insolvenzverfahren durchgeführt wird („lex fori concursus"). Dies folgt aus Art. 7 Abs. 1 EuInsVO, § 335 InsO. In Ermangelung einer Verfahrenseröffnung kommt hilfsweise das Recht des Staates zur Anwendung, indem ein Hauptinsolvenzverfahren hypothetisch zu eröffnen ist, dh am Mittelpunkt der hauptsächlichen Interessen des Schuldners (Art. 3 Abs. 1 UAbs. 1 S. 2 EuInsVO; § 3 Abs. 1 S. 2 InsO analog).[2] 1

Weiterhin geht es darum, den **Anknüpfungsgegenstand einzugrenzen,** dh festzulegen, welche insolvenzbezogenen Vorgänge und Verhältnisse der Anknüpfungsnorm unterfallen und folglich nach der maßgeblichen Rechtsordnung, dem „Insolvenzstatut", zu beurteilen sind (Qualifikation). Anhaltspunkte für diese Eingrenzung liefert die Vorschrift des Art. 7 Abs. 2 EuInsVO, die als „Interpretationshilfe" auch für das autonome internationale Insolvenzrecht (§§ 335 ff. InsO) heranzuziehen ist.[3] 2

Das **Internationale Insolvenzverfahrensrecht** regelt demgegenüber namentlich die internationale Zuständigkeit zur Eröffnung eines Insolvenzverfahrens (Art. 3 EuInsVO; § 3 InsO), auslandsbezogene Wirkungen der inländischen Verfahrenseröffnung (Art. 7 ff. EuInsVO; §§ 335 ff. InsO) und die Anerkennung ausländischer Insolvenzverfahren (Art. 19 ff. EuInsVO; §§ 343 ff. InsO). 3

II. Universalitätsprinzip

1. Inländische Insolvenzverfahren. Bei Eröffnung eines Insolvenzverfahrens durch ein deutsches Insolvenzgericht gehörte seit jeher das im Ausland belegene Schuldnervermögen zur Insolvenzmasse. Dies ergibt sich heute aus § 335 InsO iVm § 35 InsO. Das deutsche Recht folgt dem **Universalitätsprinzip.** Danach erstrecken sich die Wirkungen eines inländischen Insolvenzverfahrens auf die ganze Welt. Ob die Wirkungen der Eröffnung eines inländischen Insolvenzverfahrens im Ausland auch anerkannt werden, richtet sich naturgemäß nach dem internationalen Insolvenzrecht des jeweiligen ausländischen Staates. Handelt es sich dabei um einen EU-Mitgliedstaat (mit Ausnahme Dänemarks, vgl. Erwägungsgrund 88 EuInsVO), so folgt die Wirkungserstreckung aus Art. 19 EuInsVO. 4

2. Ausländische Insolvenzverfahren. Die Anerkennung ausländischer Insolvenzverfahren im Inland hat eine wechselvolle Geschichte. Jahrzehntelang standen sich hier zwei Grundauffassungen gegenüber. Die Verfechter des **Territorialitätsprinzips** betonten stets den hoheitlichen Charakter 5

[1] *Becker* ZEuP 2002, 287 (289); *Mock/Schildt* ZInsO 2003, 396 (398).

[2] *Eidenmüller* NJW 2005, 1618 (1621); implizit auch *U. Huber* in Lutter, Europäische Auslandsgesellschaften in Deutschland, 2005, 307, 320 ff., 328 ff.

[3] Begr. RegE, BT-Drs. 15/16, 18; BGH NJW-RR 2017, 1080 Rn. 11 = IPRax 2018, 427 m. Aufs. *Piekenbrock* IPRax 2018, 392; BeckRS 2017, 120468 Rn. 18 = IPRax 2018, 430 m. Aufs. *Piekenbrock* IPRax 2018, 392; BGH NZI 2020, 383 Rn. 16.

der Insolvenzeröffnung; wie eine Enteignung greife die Insolvenzeröffnung in private Rechte ein. Daher seien ihre Wirkungen – zB die Aufhebung der Verfügungsbefugnis des Schuldners über sein der Beschlagnahme unterliegendes Vermögen – auf das Gebiet des Eröffnungsstaates beschränkt. Demgegenüber stand für die Anhänger des **Universalitätsprinzips** seit jeher das sachliche Ziel jeder Gesamtvollstreckung im Vordergrund, nämlich die gleichmäßige Befriedigung aller Gläubiger. Dieses Ziel erfordere eine Verwertung des **gesamten** Vermögens des Schuldners unabhängig von dessen Belegenheit im Eröffnungsstaat oder anderswo.[4]

6 Das RG hatte sich in einer frühen Entscheidung aus dem Jahre 1882[5] zunächst dahin verstanden, dass der Auslandskonkurs auch im Inland Wirkungen entfalte. Dies entsprach der in den Materialien zur Konkursordnung von 1877 vertretenen Auffassung, wonach der Auslandskonkurs im Inland grundsätzlich wirksam sei und nur aus Gründen des Gläubigerschutzes eine Vollstreckung im Inland möglich bleiben sollte. Die Vorschrift des § 237 Abs. 1 KO[6] wertete das RG getreu dem Universalitätsprinzip als eine punktuelle, allein auf dem Bereich der Zwangsvollstreckung ausgerichtete Sonderbestimmung.[7] Etwa seit der Wende zum 20. Jahrhundert setzte sich aber dann die Auffassung durch, dass die Eröffnung des ausländischen Insolvenzverfahrens als Hoheitsakt territorial begrenzt sei; § 237 Abs. 1 KO sei bloß eine Ausprägung des allgemeinen, das internationale Konkursrecht beherrschenden Territorialitätsprinzips.[8] Dieser Linie ist in der Nachkriegszeit zunächst auch der BGH gefolgt; insbesondere wurde ein Übergang der Verwaltungs- und Verfügungsbefugnis vom inländischen Schuldner auf den ausländischen Insolvenzverwalter nicht anerkannt.[9]

7 Mit der für das deutsche internationale Insolvenzrecht grundlegenden **„Wendeentscheidung"** vom 11.7.1985 ist der BGH – im Anschluss an die damals hL[10] – zur ursprünglichen Auffassung des RG zurückgekehrt.[11] Seither bekennt sich die deutsche Rspr. zur **Universalität** des inländischen und des ausländischen Insolvenzverfahrens. Das Auslandsverfahren umfasst sonach auch das Inlandsvermögen des Schuldners; ausländische Insolvenzverwalter sind berechtigt, dieses Vermögen zur Masse des Auslandsverfahrens zu ziehen. Im Schrifttum wurde diese Wende mit Recht einhellig begrüßt. Nur das Universalitätsprinzip trägt dem Umstand Rechnung, dass mit zunehmender internationaler wirtschaftlicher Verflechtung auch die Kreditwürdigkeit eines Schuldners nicht mehr allein an seinem Inlandsvermögen gemessen wird. Die Gerechtigkeit gebietet daher, in- und ausländische Gläubiger bei der Durchsetzung von Ansprüchen gleich zu stellen. Auch kann es nicht angehen, dass ein Schuldner sich durch Verschiebung seines Vermögens oder durch Verlagerung seiner Geschäftstätigkeit in ein anderes Land einem inländischen Insolvenzverfahren entzieht.[12]

8 Heute ist das **Universalitätsprinzip** auch für die Beurteilung der Inlandswirkungen eines ausländischen Insolvenzverfahrens **gesetzlich geregelt.** Es liegt der durch Gesetz vom 14.3.2003 (BGBl. 2003 I 345) erfolgten Kodifikation des autonomen deutschen internationalen Insolvenzrechts zugrunde, wonach die Wirkungen eines Insolvenzverfahrens – dh sowohl eines Inlandsverfahrens wie auch eines Auslandsverfahrens – grundsätzlich dem Recht des Staates unterliegen, in dem das Verfahren eröffnet wurde (§ 335 InsO). Gleiches gilt im Grundsatz für das europäische internationale Insolvenzrecht, obschon dieses nur „die Wirkungen, die das Recht des Staates der Verfahrenseröffnung dem Verfahren beilegt", auf jeden anderen Mitgliedstaat erstreckt (Art. 20 Abs. 1 EuInsVO). Sollte die damit maßgebliche lex fori concursus das außerhalb des Eröffnungsstaates belegene Vermögen des Schuldners nicht der Beschlagnahme unterwerfen (Territorialität des Inlandskonkurses), so führte dies auch aus der Sicht des Belegenheitsstaates nicht zur Universalität des EU-ausländischen Verfahrens. Meist werden die hier zur Anwendung berufenen Sachrechte aber das Weltvermögen des Schuldners in das Verfahren einbeziehen, so wie dies zB § 35

[4] Näher zu diesem Grundsatzstreit *Harten,* Universalität im Internationalen Insolvenzrecht, 2023; *Trunk* IntInsR 10 f.; *Daniele,* Il fallimento nel diritto internazionale privato e processuale, Padua 1987, 4 ff.

[5] RGZ 400, 404; dazu *Thieme* RabelsZ 37 (1973), 685.

[6] Die Bestimmung lautete: „Besitzt ein Schuldner, über dessen Vermögen im Auslande ein Konkursverfahren eröffnet worden ist, Vermögensgegenstände im Inlande, so ist die Zwangsvollstreckung in das inländische Vermögen zulässig.".

[7] RG JW 1899, 227 Nr. 16.

[8] Andeutungsweise schon RGZ 14, 405 (406); ferner RGZ 21, 7 (9); 52, 155 (156); 89, 181 (183); 100, 241 (242); 153, 200 (207).

[9] BGH NJW 1960, 774 = MDR 1960, 578 mAnm *Kuhn* MDR 1960, 579; WM 1962, 263; NJW 1962, 1511 f.; zuletzt BGH NJW 1979, 2477 (2478).

[10] Grdl. *Müller-Freienfels* FS Dölle, 1963, 359 (378); *Thieme* RabelsZ 37 (1973), 689; *Hanisch* KTS 1978, 193; *Lüer* KTS 1979, 12.

[11] BGHZ 95, 256 (263 ff.) = NJW 1985, 2896 mAnm *Heinrich* ZIP 1995, 1238 und mAnm *Lüderitz* JZ 1986, 96 = EWiR 1985, 605 m. KurzKomm. *Merz.*

[12] *Ebenroth* ZZP 101 (1988), 121; *Hausmann* in Reithmann/Martiny IntVertragsR Rn. 6.516 mwN.

InsO tut. Dies ist dann von anderen EU-Mitgliedstaaten nach Art. 19, 20 EuInsVO hinzunehmen. Zu beachten ist aber generell, dass die VO und das autonome Recht nur eine „kontrollierte", dh abgeschwächte Universalität verwirklichen (zu den Durchbrechungen des Universalitätsprinzips näher → EuInsVO Vor Art. 1 Rn. 16).

III. Rechtsquellen

1. Geschichtliche und rechtspolitische Entwicklungen. Im **19. Jahrhundert**[13] kam es – vor dem Hintergrund zunehmender Fälle von Unternehmensinsolvenzen mit grenzüberschreitender Bedeutung –[14] erstmals zum Abschluss von **Staatsverträgen** zwischen den Mitgliedstaaten des Deutschen Bundes. Beispiele hierfür sind das Abkommen zwischen den Königreichen Bayern und Württemberg (1821) und zwischen dem Königreich Württemberg und dem Großherzogtum Baden (1825).[15] Entscheidenden Einfluss für das dogmatische Verständnis des internationalen Insolvenzrechts hatte *v. Savigny.*[16] Aus seiner Lehre vom Sitz des Rechtsverhältnisses folgerte er für das internationale Insolvenzrecht, dass das Domizil des Schuldners als maßgeblicher Anknüpfungspunkt heranzuziehen sei. Weil dort das Verfahren eröffnet wird, war sonach das Recht des Gerichtsstandes anwendbar (lex fori concursus). Das Belegenheitsrecht einzelner Vermögensgegenstände sei ausnahmsweise dann anzuwenden, wenn es um auslandsbelegenes Vermögen gehe, an dem ein Pfandrecht bestehe. *Savigny* folgte dem Universalitätsprinzip, da der Konkurs auf einen gerechten Ausgleich zwischen den Gläubigern abziele und es daher nur ein Verfahren geben dürfe.[17] Im ausgehenden 19. Jahrhundert setzte sich dann aber das Territorialitätsprinzip durch (→ Rn. 6). 9

Eine erste, fragmentarische Entwicklung des internationalen Konkursrechts enthielten die §§ 237 f. KO der 1877 verabschiedeten Konkursordnung. Abweichend vom allgemeinen Verbot der Einzelvollstreckung (heute § 89 InsO) ließ § 237 KO eine Zwangsvollstreckung auch in das inländische Vermögen zu, wenn im Ausland über das Vermögen des Schuldners ein Konkursverfahren eröffnet worden ist (→ Rn. 6). Dahinter stand die Überlegung, dass inländische Gläubiger bei der Kreditvergabe ins Ausland auf die inländische Rechtsdurchsetzungsmöglichkeit am Vermögensgerichtsstand (§ 23 ZPO) vertraut haben; dieses Vertrauen wollte man auch konkursrechtlich absichern.[18] § 238 KO bestimmte die Zulässigkeit von inländischen Territorialverfahren. 10

In der deutschen Rspr. vor der Zeit der Kodifikation des internationalen Insolvenzrechts in Gestalt der EuInsVO und der §§ 335 ff. InsO 2003 markieren drei Jahreszahlen die grundsätzlichen Entwicklungstendenzen. Das RG hatte zunächst im Jahre 1882 das Universalitätsprinzip akzeptiert,[19] war davon aber kurz danach im Jahre 1884 wieder abgekommen.[20] Dieser Umschwung zum Territorialitätsprinzip ist umso erstaunlicher, als aus den Motiven zur KO ausdrücklich hervorgeht, dass „der Entwurf das starre Territorialitätsprinzip nicht annehmen kann".[21] Erst in der Wendeentscheidung des BGH aus dem Jahre 1985 erfolgt dann wieder die Hinwendung der Rspr. zum Universalitätsprinzip (→ Rn. 6 f.).[22] 11

Trotz der seither im Grundsatz eindeutigen kollisionsrechtlichen Lage verstummten die Stimmen in der Lit. nicht, die nach wie vor eine gesetzliche Regelung forderten.[23] Denn das Bekenntnis des BGH zur Universalität war keineswegs schrankenlos. Wegen der Unterschiedlichkeit der Insolvenzrechtsordnungen der Welt[24] stellte der BGH eine Reihe von Voraussetzungen für die Anerkennung ausländischer Insolvenzeröffnungsbeschlüsse auf: (1) Die Anerkennung müsse sich in das Gesamtgefüge der deutschen konkursrechtlichen Vorschriften einbetten, (2) es bedürfe eines Vollstreckungstitels, (3) es müsse sich nach inländischen Rechtsvorstellungen um ein Konkursverfahren handeln, (4) die (spiegelbildliche) internationale Zuständigkeit der ausländischen konkurseröffnenden Stelle in Anwendung des deutschen Kompetenzrechts müsse gegeben sein, 12

---

[13] Vgl. für die Zeit davor den historischen Abriss bei *Trunk* IntInsR 34 f.; ferner *Meili,* Die geschichtliche Entwicklung des internationalen Konkursrechts, Zürich 1908.

[14] *Trunk* IntInsR 37.

[15] FK-InsO/*Wimmer* EGInsO Anh. I Art. 102 Rn. 39.

[16] *v. Savigny* System VIII S. 282 ff.

[17] *v. Savigny* System VIII 282 ff.; *Trunk* IntInsR 37; krit. *Meili,* Die geschichtliche Entwicklung des internationalen Konkursrechts, Zürich 1908, 73.

[18] *Hahn,* Materialien zur Konkursordnung, 1881, 403 f.

[19] RGZ 6, 400 (405).

[20] RGZ 14, 405 (406).

[21] *Hahn,* Materialien zur Konkursordnung, 1881, 403 f.

[22] BGHZ 95, 256 = NJW 1985, 2896.

[23] ZB *Riesenfeld* FS Merz, 1992, 497 (513).

[24] Vgl. *Hanisch* ZIP 1985, 1233 (1235).

(5) der Konkurseröffnungsakt müsse nach der ausländischen lex fori concursus wirksam sein, (6) und schließlich dürfe die Anerkennung der ausländischen Konkurseröffnung nicht den inländischen ordre public verletzen.[25]

13 Während dieser Zeit zeichneten sich **Parallelentwicklungen** auf europäischer Ebene ab. Bereits **1963** wurde eine Sachverständigenkommission eingesetzt.[26] Dies war darauf zurückzuführen, dass sich die Mitgliedstaaten in Art. 220 vierter Spiegelstrich EWGV dazu verpflichtet hatten, „untereinander, soweit erforderlich, Verhandlungen einzuleiten, um zugunsten ihrer Staatsangehörigen die Vereinfachung der Förmlichkeiten für die gegenseitige Anerkennung und Vollstreckung richterlicher Entscheidungen und Schiedssprüche sicherzustellen". 1970 war ein erster Entwurf vorgelegt worden, der die Ziele der Einheit und Universalität verfolgte. Partikularverfahren waren ihm unbekannt. Zwar ließ er im Hinblick auf die starken Unterschiede der nationalen Insolvenzrechte zahlreiche Ausnahmen zu, die jedoch das Prinzip der einheitlichen Abwicklung störten. Bis 1980 wurde der erste Entwurf noch einmal überarbeitet und dann zusammen mit einem erläuternden Bericht von *Jacques Lemonty* veröffentlicht.[27] Geregelt waren neben dem Anwendungsbereich (Titel I) die Zuständigkeit, Anerkennung und Vollstreckung (Titel II und V), das anwendbare Recht (Titel III) und die Wirkungen des Konkurses (Titel IV). Zwar wurde der Entwurf von 1980 als eine erhebliche Verbesserung gegenüber dem Erstentwurf von 1970 angesehen.[28] Das Bemühen, den Interessen aller Mitgliedstaaten gerecht zu werden, führte aber dazu, dass es zu teilweise sehr komplexen Sonderanknüpfungen kam.[29] Nachdem die Kommission bis 1980 tätig war, wurden die Beratungen 1985 nahezu ergebnislos eingestellt.[30]

14 Zwischenzeitlich war es zum Abschluss **bi- und multilateraler Verträge** gekommen, wobei insbesondere der deutsch-niederländische Vertrag von **1962** (BGBl. 1965 II 26) und der deutsch-österreichische Konkursvertrag von **1979** (BGBl. 1985 II 410) zu nennen sind. Diese Übereinkommen sind am 31.5.2002 außer Kraft getreten (Art. 85 Abs. 1 lit. d, h EuInsVO).

15 Die International Bar Association beschäftigte sich in den **achtziger Jahren** aufgrund der ernüchternden Erfahrungen, die die Rechtsanwälte und Insolvenzverwalter mit grenzüberschreitenden Insolvenzen gemacht hatten, mit dem Internationalen Insolvenzrecht. Im November 1988 wurde der abschließende Entwurf des **Model International Insolvency Cooperation Act (MIICA)** vorgestellt. Dieser war sehr stark an den US-Bancruptcy Act angelehnt und eignete sich daher allenfalls für den angloamerikanischen Rechtsraum. Er wurde bislang von keinem Land übernommen und spielt daher heute keine Rolle.[31]

16 Kernanliegen des **Europäischen Insolvenzübereinkommens (EuInsÜ)** vom 23.11.1995[32] war es, das Ziel einer „kontrollierten Universalität" zu verwirklichen.[33] Daher sah es einerseits zwar die Eröffnung eines Hauptinsolvenzverfahrens vor, räumte aber die Möglichkeit der Eröffnung von Partikularinsolvenzverfahren ein. Die internationale Zuständigkeit zur Eröffnung des Hauptinsolvenzverfahrens war gegeben, wenn in dem betreffenden Staat der Mittelpunkt der hauptsächlichen Interessen des Schuldners zu verorten ist (Art. 3 Abs. 1 S. 1 EuInsÜ). Die internationale Zuständigkeit zur Eröffnung eines Partikularinsolvenzverfahrens ergab sich aus dem Vorhandensein einer Niederlassung (Art. 3 Abs. 2 S. 1 EuInsÜ). Im EuInsÜ waren ferner kollisionsrechtliche Fragen geregelt (Art. 4 ff. EuInsÜ); dabei war im Grundsatz die lex fori concursus anzuwenden. Außerdem fanden sich dort Bestimmungen über die Anerkennung von Insolvenzverfahren und deren Wirkungen (Art. 16 f. EuInsÜ), wobei die Anerkennung ohne formelles Anerkennungsverfahren erfolgte (Art. 16 Abs. 1 S. 1 EuInsÜ). Die Zusammenarbeit der Verwalter und die Koordination mehrerer paralleler Verfahren waren ausführlich bedacht (Art. 31 f. EuInsÜ). Das Übereinkommen **scheiterte** an der fehlenden Zeichnung durch das Vereinigte Königreich.[34]

17 Das **Istanbuler Europaratsübereinkommen** über bestimmte internationale Aspekte des Konkurses (IntKonkÜ) vom 5.6.1990[35] bezweckte eine gegenseitige Anerkennung von Insolvenzverfahren und eine erleichterte Anerkennung der grenzüberschreitenden Rechtsmacht für den Verwalter. Es regelte darüber hinaus die Kooperation der Verwaltung in den einzelnen Vertrags-

---

25 BGHZ 95, 256 (269 f.) = NJW 1985, 2896.

26 Bericht von *Lemonty* ZIP 1981, 547.

27 Bericht von *Lemonty* ZIP 1981, 547; *Duursma* in *Duursma/Duursma/Chalupsky* 1. Abschnitt Teil 1 Rn. 4.

28 *Thieme* RabelsZ 45 (1981), 459 (490).

29 *Lüer* KTS 1981, 147 (163 ff.); *Thieme* RabelsZ 45 (1981), 459 (464, 490 ff.) mwN.

30 *Fritz/Bähr* DZWiR 2001, 221 (222).

31 MüKoInsO/*Reinhart* InsO Vor § 335 Rn. 77 f.

32 *Fritz/Bähr* DZWiR 2001, 221 (222).

33 *Taupitz* ZZP 111 (1998), 315 (324 f.).

34 Zu den Hintergründen *Jayme/Kohler* IPRax 1996, 377 (388 f.).

35 Abgedruckt in ILM 30 (1991), 165.

staaten. Das Übereinkommen wurde auch von den EU-Mitgliedstaaten gezeichnet, doch wird es insoweit **nicht in Kraft treten** (Art. 85 Abs. 1 lit. k EuInsVO).[36]

Gleichfalls in den neunziger Jahren des vergangenen Jahrhunderts kam es zu einem ersten Versuch einer umfassenden Kodifikation des autonomen deutschen internationalen Insolvenzrechts, und zwar in einem Neunten Teil des **Regierungsentwurfes zur Insolvenzordnung.**[37] Die dort vorgesehenen Vorschriften (§§ 379 ff. InsO-RegE) waren in enger Abstimmung mit der Sonderkommission „Internationales Insolvenzrecht" des deutschen Rates für Internationales Privatrecht unter der Leitung von *Stoll* erarbeitet worden.[38] In Anlehnung an die „Wendeentscheidung" des BGH (→ Rn. 7) beruhte dieser Entwurf auf dem Universalitätsprinzip, welches allerdings nicht streng durchgehalten wurde. Der Entwurf scheiterte im Rechtsausschuss des Bundestages an der damals herrschenden politischen Stimmung („Deregulierung"), die auf eine Kürzung der zu verabschiedenden Insolvenzordnung drängte.[39] Hinzu trat der Sachgrund, „mit einer umfassenden Neuregelung des Deutschen Internationalen Insolvenzrechts bis zur Fertigstellung des EuInsÜ zu warten".[40] Als eine Art Merkposten wurde Art. 102 EGInsO mit einer Rumpfregelung des Internationalen Insolvenzrechts verabschiedet.[41] Seit der Reform durch Gesetz vom 14.3.2002 (BGBl. 2002 I 345) finden sich in Art. 102 EGInsO die Durchführungsbestimmungen zur EuInsVO 2000. Die **Durchführungsbestimmungen zur EuInsVO** enthält **Art. 102c EGInsO** idF des Gesetzes zur Durchführung der VO (EU) 2015/848 über Insolvenzverfahren vom 5.6.2017 (BGBl. 2017 I 1476) (s. Abschnitt C.). 18

Eine andere Parallelentwicklung stellte das **UNCITRAL-Modellgesetz** (UM) vom 15.12.1997 dar.[42] Im Vergleich mit der reformierten **EuInsVO** ergeben sich **zwei zentrale Unterschiede: (1)** Das Modellgesetz bestimmt als ausländisches Insolvenzverfahren **nur (voll) kollektive justizielle oder administrative (und damit öffentliche) Verfahren,** während es nach Art. 2 Nr. 1 EuInsVO EuInsVO genügt, wenn ein wesentlicher Teil der Gläubiger beteiligt ist. **(2)** Zum anderen ist die Kontrolle oder Überwachung des Vermögens und der Geschäfte des Schuldners nach dem UM ein zwingendes Merkmal, während Art. 1 EuInsVO insgesamt drei Verfahrensvarianten kennt (Verwalterbestellung, Kontrolle/Überwachung von Vermögen/Geschäften oder Aussetzung von Vollstreckungsmaßnahmen). Damit ist der Anwendungsbereich der EuInsVO breiter als derjenige des Modellgesetzes. Dies erklärt sich mit dem Aufkommen von vorinsolvenzlichen, verwalterlosen Verfahren, die nur bestimmte Gläubiger bzw. Gläubigerklassen einbeziehen. Die reformierte EuInsVO trägt dieser neueren Entwicklung Rechnung.[43] 19

Im Übrigen wurden die Bestimmungen des UM waren eher zurückhaltend ausgestaltet, um ein Scheitern zu verhindern.[44] So erfolgte etwa **keine automatische Anerkennung,** sondern es bedurfte eines förmlichen Anerkennungsverfahrens (Art. 15 ff. UM). Die Zurückhaltung in Bezug auf die Wirkung der Anerkennung zeigte sich darin, dass nicht etwa eine Wirkungserstreckung des ausländischen Verfahrens auf das Inland erfolgte; vielmehr war die Anerkennung des ausländischen Verfahrens nur eine Voraussetzung dafür, dass überhaupt Rechtsschutz gewährt wurde (vgl. Art. 20 UM). Nach der Eröffnung eines Hauptverfahrens konnte in einem anderen Staat ein Nebenverfahren eröffnet werden, wenn in diesem Staat Vermögen belegen war (Art. 28 UM). Hervorzuheben sind vor allem noch die ausgeprägten Vorschriften über die **Zusammenarbeit der Verwalter und der Gerichte** (Art. 25–27 UM) und die Vorschriften über die **Koordinierung von Haupt- und Sekundärinsolvenzverfahren** (Art. 29 f. UM). 20

Gerade im Hinblick auf die Anerkennung blieben die Modellbestimmungen aber hinter dem wünschenswerten Rahmen zurück. Zunächst schien es, als handele es sich hier bloß um ein Muster, das den Abschluss bi- und multinationaler Konkursabkommen erleichtern sollte.[45] Im Laufe der 21

---

36 Zum IntKonkÜ etwa *I. Metzger,* Die Umsetzung des Istanbuler Konkursübereinkommen in das neue deutsche Insolvenzrecht, 1994; *Fletcher,* The Law of Insolvency, 2. Aufl. 1996, 777 ff.

37 BT-Drs. 12/2433, 68 ff.

38 Vgl. dazu Max-Planck-Institut für internationales und ausländisches Privatrecht (Hrsg.), Stellungnahmen und Gutachten zur Reform des deutschen Internationalen Insolvenzrechts, 1992.

39 *Flessner* IPRax 1997, 1.

40 BT-Drs. 12/7303, 117.

41 *Becker* ZEuP 2002, 287 (289); krit. *Flessner* IPRax 1997, 1 (3): „eigentümlicher Schwebezustand"; *Schack* IZVR Rn. 1228: „trauriger Rest"; *Eidenmüller* IPRax 2001, 2 (15): „kryptisch".

42 UNCITRAL Model Law on Cross-Border Insolvency, abgedruckt in ZIP 1997, 2224; hierzu *Bork* in Hess, Europäisches Insolvenzrecht – Grundsätzliche Fragestellungen der Prozessrechtsvergleichung, 2019, 1 ff.; *Wimmer* ZIP 1997, 2220; *Benning/Wehling* EuZW 1997, 618; *Markus* SchweizAG 1998, 15; *Méjan,* FS C. Paulus, 2022, 501.

43 *Eidenmüller* ZIP 2016, 145 (147).

44 *Wimmer* ZIP 1997, 2220 f.

45 *Wimmer* ZIP 1997, 2220.

Zeit gewann das UM aber an Bedeutung und diente nicht mehr nur Staaten, die sich erstmalig mit dem internationalen Insolvenzrecht auseinandersetzen. Übernommen wurde das UNCITRAL-Modellgesetz bereits von Eritrea, Japan, Mexiko, Südafrika (2000); Montenegro (2002), British Virgin Islands, Vereinigte Staaten von Amerika (2005).[46]

22 Ebenfalls im rechtspolitischen Raum, und zwar im Umfeld des **IWF,** finden sich Bestrebungen zur Regelung internationalrechtlicher Fragen der **Staateninsolvenz.**[47] In rechtsstaatlicher Hinsicht krankt der Regelungsvorschlag des IWF allerdings vor allem daran, dass hiernach der IWF selbst bei der Eröffnung und Durchführung des Insolvenzverfahrens eine zentrale Rolle spielen soll. Denn der IWF ist im Regelfall seinerseits Gläubiger zahlungsunfähiger Staaten.[48]

23 **Sachrecht:** Bereichspezifisches **Insolvenzsachrecht auf EU-Ebene** findet sich in der RL 2008/94/EG[49] (§§ 165 ff. SGB III). Kollisionsrechtlich unterliegt das Insolvenzgeld nicht der EuInsVO, sondern – bei sozialversicherungsrechtlicher Qualifikation – dem Recht des Staates, dem die sichernde Stelle angehört (→ Art. 13 Rn. 7).[50]

24 Auf privater Initiative beruhen die 2003 zum **Sachrecht** vorgelegten **„Grundsätze des europäischen Insolvenzrechts“.**[51] Von rechtsvergleichendem Interesse sind ferner „The **World Bank's Principles and Guidelines** for Effective Insolvency and Creditor Rights Systems“[52] und „The **UNCITRAL** Working Group's Legislative Guides for Insolvency Law“.[53]

25 Ebenfalls das **Sachrecht** betrifft eine von der **EU-Kommission** am 5.7.2013 eingeleitete Konsultation zum **Unternehmensinsolvenzrecht.**[54] Sie betrifft unter anderem wichtige Fragen wie die für die Entschuldung benötigte Zeit, die Bedingungen für eine Verfahrenseröffnung, die Einreichung von Beschwerden und die Regeln für Umstrukturierungspläne. Hintergrund ist ein im Dezember 2012 von der Kommission vorgelegtes Maßnahmenpaket für die Modernisierung des Insolvenzrechts (IP/12/1354, MEMO/12/969). In denselben Zusammenhang gehört die **Empfehlung 2014/135/EU** der Kommission vom 12.3.2014 für einen neuen Ansatz im Umgang mit unternehmerischem Scheitern und Unternehmensinsolvenzen.[55] Ziel der Kommission war es, die Mitgliedstaaten dazu zu ermuntern, vorinsolvenzliche Sanierungsverfahren einzuführen. Im Jahr 2019 hat die EU die **RL (EU) 2019/1023** für ein **vorinsolvenzliches Sanierungsverfahren** mit **drei Regelungsschwerpunkten** erlassen:[56] **(1)** Gemeinsame Grundsätze für eine **frühe Umstrukturierung,** die Unternehmen helfen sollen, ihre Tätigkeit fortzusetzen und Arbeitsplätze zu erhalten; **(2)** Bestimmungen für **Unternehmer auf eine zweite Chance,** da sie nach einem Zeitraum von höchstens drei Jahren eine vollständige Schuldenbefreiung erhalten; **(3)** Maßnahmen zur Erhöhung der **Effizienz der Insolvenz-,** Umstrukturierungs- und Schuldenbefreiungsverfahren. Die Umsetzung in das deutsche Recht findet sich im **StaRUG.** Die RL (EU) 2019/1023 enthält **keine**

---

[46] Vgl. www.uncitral.org; zu den USA (Chapter 15 Bankruptcy Code) *Eidenmüller* ZIP 2016, 145; zum Sachrecht vgl. die UNCITRAL-Leitlinien für die Gesetzgebung („2004 UNCITRAL Legislative Guide on Insolvency Law“) aaO; dazu *Paulus* ZGR 2010, 270 (272 ff.).

[47] A new approach to sovereign debt restructuring (IMF 2002 b); dazu *Paulus* ZRP 2002, 383; *Paulus* RIW 2003, 401; *Paulus* FS Braun, 2007, 447; *Paulus* RIW 2009, 11; *Schwarz* ZRP 2003, 170.

[48] Mit Recht insoweit krit. *Paulus* ZRP 2002, 383 f.

[49] Dazu EuGH BeckRS 2016, 80385 = NZI 2016, 501; näher *Hübler* NZI 2016, 481 (482 f.).

[50] *Mankowski* NZI 2011, 207.

[51] Abdruck in ZEuP 2004, 1068; dazu *Flessner* ZEuP 2004, 887; McBryde/Flessner/Kortmann (Hrsg.), Principles of European Insolvency Law, 2003.

[52] S. https://www.worldbank.org/en/topic/financialsector/brief/the-world-bank-principles-for-effective-insolvency-and-creditor-rights (zuletzt abgerufen am 8.3.2024).

[53] S. https://uncitral.un.org/en/texts/insolvency/legislativeguides/insolvency_law (zuletzt abgerufen am 8.3.2024).

[54] NJW-Spezial 2013, 567; ZIP 2013, A 60; Vorarbeiten: IILR 2010, 87; dazu *Bayer/Schmidt* BB 2016, 1923 (1929 f.).

[55] Empfehlung der Kommission vom 12.3.2014 für einen neuen Ansatz im Umgang mit unternehmerischem Scheitern und Unternehmensinsolvenzen (2014/135/EU), ABl. EU 2014 L 74, 65; dazu *Bayer/Schmidt* BB 2014, 1229 (1226 f.); *Eidenmüller* ZIP 2016, 145 (146 f.); *Eidenmüller* KTS 2014, 401; *Commandeur/Hübler* NZI 2016, 340 (341); *Conforto* Diritto della banca e del mercato finanziario 2014, II, 111.

[56] RL (EU) 2019/1023 vom 20.6.2019 über präventive Restrukturierungsrahmen, über Entschuldung und über Tätigkeitsverbote sowie über Maßnahmen zur Steigerung der Effizienz von Restrukturierungs-, Insolvenz- und Entschuldungsverfahren (ABl. EU 2019 L 172, 18); zur Umsetzung der EU-Richtlinie über Insolvenz und Sanierung in Deutschland *Piekenbrock* ZvglRW 2022, 245; zur Umsetzung der in den EU-Mitgliedstaaten *Schade/Blochberger* ZInsO 2022, 1093; ferner *Freitag* ZIP 2019, 541; *Lange/Swierczok* BB 2019, 514; *H. Heß,* Die Restrukturierung des Insolvenzrechts, 2019. Die rechtspolitische Grundlage für diese Richtlinie war die Mitteilung der Kommission an das Europäische Parlament, den Rat, den Europäischen Wirtschafts- und Sozialausschuss und den Ausschuss der Regionen: Aktionsplan zur Schaffung einer Kapitalmarktunion vom 30.9.2015, COM(2015) 468 final, 28, 35; dazu *Commandeur/Hübler* NZI 2016, 340 (341 f.).

Regelungen zum internationalen Privat- und Verfahrensrecht, weshalb die dort vorgesehenen Restrukturierungsverfahren insoweit teils der EuInsVO, teils der Brüssel Ia-VO unterliegen.[57]

Der Kommissionsvorschlag für eine Richtlinie zur Harmonisierung bestimmter Aspekte des Insolvenzrechts vom Dezember 2022 **(Insolvency III)**[58] geht zurück auf den **Aktionsplan** zur **Kapitalmarktunion von 2020** und die Absichtserklärung der Kommissionspräsidentin vom 15.9.2021, auf diesem Gebiet eine Initiative zur Rechtsangleichung auf den Weg zu bringen.[59] Wie die RL (EU) 2019/1023 über Restrukturierung und Insolvenz (→ Rn. 25)[60] zielt der Vorschlag einer solchen „Corporate Insolvency Directive" (CID) darauf ab, grenzüberschreitende Hemmnisse für den Kapitalverkehr zu beseitigen. Bezweckt wird unter anderem, die Unternehmensveräußerung aus der Insolvenz (Distressed M&A) im Interesse der Gläubigergemeinschaft weiter zu effektuieren und die sich aus den Rechtsunterschieden in der mitgliedstaatlichen Gesetzgebung für Investoren ergebenden Unsicherheiten bei grenzüberschreitenden Investitionen zu vermindern.[61] Dabei geht die Kommission offenbar davon aus, dass das Insolvenzrecht bei der Konzeption von Finanzinstrumenten eine herausragende Rolle spielt. Namentlich die Insolvenzgründe, der Rang von Gläubigerforderungen und die Insolvenzfestigkeiten von Sicherheiten sind zwar von Bedeutung für die Ausfallwahrscheinlichkeit eines Finanzinstruments,[62] doch dürften Investitionsentscheidungen eher von wirtschaftlichen Faktoren abhängen.[63] 26

2. Heutiger Stand. a) EuInsVO. Die **VO (EU) 2015/848** wird ausführlich im Abschnitt B erläutert. 27

b) Autonomes Recht. Das autonome internationale Insolvenzrecht **(§§ 335 ff. InsO)** wird im Abschnitt D erläutert. Innerhalb ihres sachlichen und räumlichen Anwendungsbereichs verdrängt die EuInsVO (→ Rn. 27) die Vorschriften des innerstaatlichen Rechts für grenzüberschreitende Insolvenzen vollständig.[64] Dies folgt aus dem allgemein anerkannten Prinzip des Anwendungsvorrangs des Gemeinschaftsrechts vor dem mitgliedstaatlichen Recht. Nur zur Ausfüllung von Lücken der Verordnung hat der deutsche Gesetzgeber 2003 ergänzende Durchführungsbestimmungen zur EuInsVO 2000 in Art. 102 §§ 1–11 EGInsO erlassen. Für die **EuInsVO** finden sich die Durchführungsbestimmungen in **Art. 102c §§ 1–24 EGInsO** (s. Abschnitt C). 28

c) Staatsverträge. Mehrseitige Staatsverträge sind derzeit für die BRepD nicht in Geltung. Die in Art. 44 Abs. 1 EuInsVO 2000 aufgezählten zweiseitigen Staatsverträge sind am 31.5.2002 außer Kraft getreten (Art. 44, 47 EuInsVO 2000). Vgl. zum deutsch-österreichischen Konkursvertrag von 1979 und zum deutsch-niederländischen Anerkennungs- und Vollstreckungsübereinkommen von 1962 → Rn. 14. Nach wie vor sind für den außergemeinschaftlichen Raum zwei insolvenzrechtliche Abkommen zu beachten, die die Krone Württemberg und das Königreich Bayern mit der Mehrzahl der Schweizer Kantone abgeschlossen haben: Die **„Übereinkunft des Vorortes der Schweiz. Eidgenossenschaft mit der Krone Württembergs betreffend die Konkursverhältnisse und Gleichbehandlung der beiderseitigen Staatsangehörigen in Konkursfällen vom 13.5.1826"** und die **„Übereinkunft der königlich-bayrischen Staatsregierung mit mehreren** 29

---

57 Dazu *Schmidt* ZInsO 2021, 654; *Piekenbrock* ZInsO 2022, 2512; umfassend *Greeve,* Die grenzüberschreitende Restrukturierung von Kapitalgesellschaften, 2023; *Kratzlmeier,* Die grenzüberschreitende Unternehmensrestrukturierung im europäischen Rechtsrahmen, 2023; zu vertraulichen Restrukturierungsverfahren AG Karlsruhe BeckRS 2022, 45096 = ZIP 2023, 651; *Thole* ZIP 2021, 2153; *Hoos/Schwartz/Schlander* ZIP 2021, 2214.

58 COM(2022) 702 vom 8.12.2022; dazu *J. Schmidt* BB 2023, 1859 (1870 ff.); *Kindler/Bitzer* NZI 2023, 569; *J. Schmidt* NZG 2022, 1658; *J. Schmidt* EuZW 2023, 3; *Thole* ZIP 2023, 389; *Sämisch* ZRI 2023, 93.

59 Aktionsplan zur Kapitalmarktunion, KOM(2020), 590 final; State of the Union 2021, S. 4, abrufbar unter https://ec.europa.eu/commission/presscorner/api/files/document/print/en/speech_21_4701/SPEECH_21_4701_EN.pdf (zuletzt abgerufen am 8.3.2024). Vgl. auch das Arbeitsprogramm der Kommission, Mitteilung an das Europäische Parlament, den Rat, den Europäischen Wirtschafts- und Sozialausschuss und den Ausschuss der Regionen, COM(2021), 720 final; zum Aktionsplan s. Veil, Deutsches und Europäisches Kapitalmarktrecht, 3. Aufl. 2022, S. 25 f.

60 Vgl. ua Erwägungsgründe 1, 2, 8 RL (EU) 2019/1023.

61 COM(2022) 702, S. 2, 6 f.

62 Veil, Deutsches und Europäisches Kapitalmarktrecht, 3. Aufl. 2022, S. 25 mit Verweis auf COM(2020) 590 final, S. 3, 16 – Aktionsplan Kapitalmarktunion.

63 Stellungnahme des Bundesverbands der deutschen Banken vom 27.2.2023 zum Entwurf einer Richtlinie zur weiteren Harmonisierung des Insolvenzrechts, S. 2: „Investitionen erfolgen nicht mit Blick auf das Scheitern eines Unternehmens oder die Güte des dann anwendbaren Insolvenzrechts. Im Fokus stehen vielmehr wirtschaftliche Faktoren wie das Geschäftsmodell oder die strategische Perspektive des Investitionsobjekts."

64 BGHZ 188, 177 Rn. 11 = NJW 2011, 1818; *Deipenbrock* EWS 2001, 113 (114).

Schweiz. Kantonen, die gleichen Konkurs- und Klassifikationsrechte bei Insolvenz-, Erklärungs- und Konkursfällen der gegenseitigen Staatsangehörigkeiten betreffend vom 11.5.1834".[65] Näher → Art. 85 Rn. 1 ff.

IV. Praktische Hinweise

30 Vgl. für praktische Hinweise zur Arbeit im internationalen Insolvenzrecht *Kindler* in Kindler/Nachmann/Bitzer (Hrsg.), Handbuch Insolvenzrecht in Europa, 2023, § 6; eine Darstellung typischer Verfahrensabläufe findet sich bei *C. Paulus* EuInsVO Einl. Rn. 68 ff.

---

[65] BGH GRUR 2019, 549 Rn. 13 = EWiR 2019, 341 m. Kurzkomm. *Paulus;* vgl. hierzu *Blaschczok* ZIP 1983, 141; *Gehri* SZIER 2009, 193 (196 ff.); *Kolmann/Keller* in Gottwald InsR-HdB § 135 Rn. 1 ff.; BezG Zürich EWiR 1998, 705 m. KurzKomm. *Wenner;* OLG München KTS 1982, 313 (315 f.) zum Übk. vom 11.5.1834; vgl. den Text zum Übk. in ZIP 1983, 143; zur Fortgeltung auch *Jayme/Hausmann* Teil 3 H II Fn. 1.

B. Europäisches internationales Insolvenzrecht

Verordnung (EU) 2015/848 des Europäischen Parlaments und des Rates vom 20. Mai 2015 über Insolvenzverfahren (EuInsVO)

(ABl. EU 2015 L 141, 19, berichtigt ABl. EU 2016 L 349, 6),
zuletzt geändert durch Art. 23 VO (EU) 2023/2844 vom 13.12.2023 (ABl. L 2023/2844, 27.12.2023, ELI: http://data.europa.eu/eli/reg/2023/2844/oj)

DAS EUROPÄISCHE PARLAMENT UND DER RAT DER EUROPÄISCHEN UNION –

gestützt auf den Vertrag über die Arbeitsweise der Europäischen Union, insbesondere auf Artikel 81,

auf Vorschlag der Europäischen Kommission,

nach Zuleitung des Entwurfs des Gesetzgebungsakts an die nationalen Parlamente,

nach Stellungnahme des Europäischen Wirtschafts- und Sozialausschusses,[1]

gemäß dem ordentlichen Gesetzgebungsverfahren,[2]

in Erwägung nachstehender Gründe:

(1) Die Kommission hat am 12. Dezember 2012 einen Bericht über die Anwendung der Verordnung (EG) Nr. 1346/2000 des Rates[3] angenommen. Dem Bericht zufolge funktioniert die Verordnung im Allgemeinen gut, doch sollte die Anwendung einiger Vorschriften verbessert werden, um grenzüberschreitende Insolvenzverfahren noch effizienter abwickeln zu können. Da die Verordnung mehrfach geändert wurde und weitere Änderungen erfolgen sollen, sollte aus Gründen der Klarheit eine Neufassung vorgenommen werden.

(2) Die Union hat sich die Schaffung eines Raums der Freiheit, der Sicherheit und des Rechts zum Ziel gesetzt.

(3) Für ein reibungsloses Funktionieren des Binnenmarktes sind effiziente und wirksame grenzüberschreitende Insolvenzverfahren erforderlich. Die Annahme dieser Verordnung ist zur Verwirklichung dieses Ziels erforderlich, das in den Bereich der justiziellen Zusammenarbeit in Zivilsachen im Sinne des Artikels 81 des Vertrags fällt.

(4) Die Geschäftstätigkeit von Unternehmen greift mehr und mehr über die einzelstaatlichen Grenzen hinaus und unterliegt damit in zunehmendem Maß den Vorschriften des Unionsrechts. Die Insolvenz solcher Unternehmen hat auch nachteilige Auswirkungen auf das ordnungsgemäße Funktionieren des Binnenmarktes, und es bedarf eines Unionsrechtsakts, der eine Koordinierung der Maßnahmen in Bezug auf das Vermögen eines zahlungsunfähigen Schuldners vorschreibt.

(5) Im Interesse eines ordnungsgemäßen Funktionierens des Binnenmarkts muss verhindert werden, dass es für Beteiligte vorteilhafter ist, Vermögensgegenstände oder Gerichtsverfahren von einem Mitgliedstaat in einen anderen zu verlagern, um auf diese Weise eine günstigere Rechtsstellung zum Nachteil der Gesamtheit der Gläubiger zu erlangen (im Folgenden „Forum Shopping").

(6) Diese Verordnung sollte Vorschriften enthalten, die die Zuständigkeit für die Eröffnung von Insolvenzverfahren und für Klagen regeln, die sich direkt aus diesen Insolvenzverfahren ableiten und eng damit verknüpft sind. Darüber hinaus sollte diese Verordnung Vorschriften für die Anerkennung und Vollstreckung von in solchen Verfahren ergangenen Entscheidungen sowie Vorschriften über das auf Insolvenzverfahren anwendbare Recht enthalten. Sie sollte auch die Koordinierung von Insolvenzverfahren regeln, die sich gegen denselben Schuldner oder gegen mehrere Mitglieder derselben Unternehmensgruppe richten.

(7) Konkurse, Vergleiche und ähnliche Verfahren sowie damit zusammenhängende Klagen sind vom Anwendungsbereich der Verordnung (EU) Nr. 1215/2012 des Europäischen Parlaments und

---

[1] [Amtl. Anm.:] ABl. C 271 vom 19.9.2013, S. 55.

[2] [Amtl. Anm.:] Standpunkt des Europäischen Parlaments vom 5. Februar 2014 (noch nicht im Amtsblatt veröffentlicht) und Standpunkt des Rates in erster Lesung vom 12. März 2015 (noch nicht im Amtsblatt veröffentlicht). Standpunkt des Europäischen Parlaments vom 20. Mai 2015 (noch nicht im Amtsblatt veröffentlicht).

[3] [Amtl. Anm.:] Verordnung (EG) Nr. 1346/2000 des Rates vom 29. Mai 2000 über Insolvenzverfahren (ABl. L 160 vom 30.6.2000, S. 1).

des Rates ausgenommen.[4] Diese Verfahren sollten unter die vorliegende Verordnung fallen. Die vorliegende Verordnung ist so auszulegen, dass Rechtslücken zwischen den beiden vorgenannten Rechtsinstrumenten so weit wie möglich vermieden werden. Allerdings sollte der alleinige Umstand, dass ein nationales Verfahren nicht in Anhang A dieser Verordnung aufgeführt ist, nicht bedeuten, dass es unter die Verordnung (EU) Nr. 1215/2012 fällt.

(8) Zur Verwirklichung des Ziels einer Verbesserung der Effizienz und Wirksamkeit der Insolvenzverfahren mit grenzüberschreitender Wirkung ist es notwendig und angemessen, die Bestimmungen über den Gerichtsstand, die Anerkennung und das anwendbare Recht in diesem Bereich in einer Maßnahme der Union zu bündeln, die in den Mitgliedstaaten verbindlich ist und unmittelbar gilt.

(9) Diese Verordnung sollte für alle Insolvenzverfahren gelten, die die in ihr festgelegten Voraussetzungen erfüllen, unabhängig davon, ob es sich beim Schuldner um eine natürliche oder juristische Person, einen Kaufmann oder eine Privatperson handelt. Diese Insolvenzverfahren sind erschöpfend in Anhang A aufgeführt. Bezüglich der in Anhang A aufgeführten nationalen Verfahren sollte diese Verordnung Anwendung finden, ohne dass die Gerichte eines anderen Mitgliedstaats die Erfüllung der Anwendungsvoraussetzungen dieser Verordnung nachprüfen. Nationale Insolvenzverfahren, die nicht in Anhang A aufgeführt sind, sollten nicht in den Anwendungsbereich dieser Verordnung fallen.

(10) In den Anwendungsbereich dieser Verordnung sollten Verfahren einbezogen werden, die die Rettung wirtschaftlich bestandsfähiger Unternehmen, die sich jedoch in finanziellen Schwierigkeiten befinden, begünstigen und Unternehmern eine zweite Chance bieten. Einbezogen werden sollten vor allem Verfahren, die auf eine Sanierung des Schuldners in einer Situation gerichtet sind, in der lediglich die Wahrscheinlichkeit einer Insolvenz besteht, und Verfahren, bei denen der Schuldner ganz oder teilweise die Kontrolle über seine Vermögenswerte und Geschäfte behält. Der Anwendungsbereich sollte sich auch auf Verfahren erstrecken, die eine Schuldbefreiung oder eine Schuldenanpassung in Bezug auf Verbraucher und Selbständige zum Ziel haben, indem z. B. der vom Schuldner zu zahlende Betrag verringert oder die dem Schuldner gewährte Zahlungsfrist verlängert wird. Da in solchen Verfahren nicht unbedingt ein Verwalter bestellt werden muss, sollten sie unter diese Verordnung fallen, wenn sie der Kontrolle oder Aufsicht eines Gerichts unterliegen. In diesem Zusammenhang sollte der Ausdruck „Kontrolle" auch Sachverhalte einschließen, in denen ein Gericht nur aufgrund des Rechtsbehelfs eines Gläubigers oder anderer Verfahrensbeteiligter tätig wird.

(11) Diese Verordnung sollte auch für Verfahren gelten, die einen vorläufigen Aufschub von Vollstreckungsmaßnahmen einzelner Gläubiger gewähren, wenn derartige Maßnahmen die Verhandlungen beeinträchtigen und die Aussichten auf eine Sanierung des Unternehmens des Schuldners mindern könnten. Diese Verfahren sollten sich nicht nachteilig auf die Gesamtheit der Gläubiger auswirken und sollten, wenn keine Einigung über einen Sanierungsplan erzielt werden kann, anderen Verfahren, die unter diese Verordnung fallen, vorgeschaltet sein.

(12) Diese Verordnung sollte für Verfahren gelten, deren Eröffnung öffentlich bekanntzugeben ist, damit Gläubiger Kenntnis von dem Verfahren erlangen und ihre Forderungen anmelden können, und dadurch der kollektive Charakter des Verfahrens sichergestellt wird, und damit den Gläubigern Gelegenheit gegeben wird, die Zuständigkeit des Gerichts überprüfen zu lassen, das das Verfahren eröffnet hat.

(13) Dementsprechend sollten vertraulich geführte Insolvenzverfahren vom Anwendungsbereich dieser Verordnung ausgenommen werden. Solche Verfahren mögen zwar in manchen Mitgliedstaaten von großer Bedeutung sein, es ist jedoch aufgrund ihrer Vertraulichkeit unmöglich, dass ein Gläubiger oder Gericht in einem anderen Mitgliedstaat Kenntnis von der Eröffnung eines solchen Verfahrens erlangt, so dass es schwierig ist, ihren Wirkungen unionsweit Anerkennung zu verschaffen.

(14) Ein Gesamtverfahren, das unter diese Verordnung fällt, sollte alle oder einen wesentlichen Teil der Gläubiger des Schuldners einschließen, auf die die gesamten oder ein erheblicher Anteil der ausstehenden Verbindlichkeiten des Schuldners entfallen, vorausgesetzt, dass die Forderungen der Gläubiger, die nicht an einem solchen Verfahren beteiligt sind, davon unberührt bleiben. Verfahren, die nur die finanziellen Gläubiger des Schuldners betreffen, sollten auch unter diese Verordnung fallen. Ein Verfahren, das nicht alle Gläubiger eines Schuldners einschließt, sollte ein Verfahren sein, dessen Ziel die Rettung des Schuldners ist. Ein Verfahren, das zur endgültigen Einstellung der Unternehmenstätigkeit des Schuldners oder zur Verwertung seines Vermögens führt, sollte alle Gläubiger des Schuldners einschließen. Einige Insolvenzverfahren für natürliche Personen schließen

[4] [Amtl. Anm.:] Verordnung (EU) Nr. 1215/2012 des Europäischen Parlaments und des Rates vom 12. Dezember 2012 über die gerichtliche Zuständigkeit und die Anerkennung und Vollstreckung von Entscheidungen in Zivil- und Handelssachen (ABl. L 351 vom 20.12.2012, S. 1).

bestimmte Arten von Forderungen, wie etwa Unterhaltsforderungen, von der Möglichkeit einer Schuldenbefreiung aus, was aber nicht bedeuten sollte, dass diese Verfahren keine Gesamtverfahren sind.

(15) Diese Verordnung sollte auch für Verfahren gelten, die nach dem Recht einiger Mitgliedstaaten für eine bestimmte Zeit vorläufig oder einstweilig eröffnet und durchgeführt werden können, bevor ein Gericht durch eine Entscheidung die Fortführung des Verfahrens als nicht vorläufiges Verfahren bestätigt. Auch wenn diese Verfahren als „vorläufig" bezeichnet werden, sollten sie alle anderen Anforderungen dieser Verordnung erfüllen.

(16) Diese Verordnung sollte für Verfahren gelten, die sich auf gesetzliche Regelungen zur Insolvenz stützen. Allerdings sollten Verfahren, die sich auf allgemeines Gesellschaftsrecht stützen, das nicht ausschließlich auf Insolvenzfälle ausgerichtet ist, nicht als Verfahren gelten, die sich auf gesetzliche Regelungen zur Insolvenz stützen. Ebenso sollten Verfahren zur Schuldenanpassung nicht bestimmte Verfahren umfassen, in denen es um den Erlass von Schulden einer natürlichen Person mit sehr geringem Einkommen und Vermögen geht, sofern derartige Verfahren nie eine Zahlung an Gläubiger vorsehen.

(17) Der Anwendungsbereich dieser Verordnung sollte sich auf Verfahren erstrecken, die eingeleitet werden, wenn sich ein Schuldner in nicht finanziellen Schwierigkeiten befindet, sofern diese Schwierigkeiten mit der tatsächlichen und erheblichen Gefahr verbunden sind, dass der Schuldner gegenwärtig oder in Zukunft seine Verbindlichkeiten bei Fälligkeit nicht begleichen kann. Der maßgebliche Zeitraum zur Feststellung einer solchen Gefahr kann mehrere Monate oder auch länger betragen, um Fällen Rechnung zu tragen, in denen sich der Schuldner in nicht finanziellen Schwierigkeiten befindet, die die Fortführung seines Unternehmens und mittelfristig seine Liquidität gefährden. Dies kann beispielsweise der Fall sein, wenn der Schuldner einen Auftrag verloren hat, der für ihn von entscheidender Bedeutung war.

(18) Die Vorschriften über die Rückforderung staatlicher Beihilfen von insolventen Unternehmen, wie sie nach der Rechtsprechung des Gerichtshofs der Europäischen Union ausgelegt worden sind, sollten von dieser Verordnung unberührt bleiben.

(19) Insolvenzverfahren über das Vermögen von Versicherungsunternehmen, Kreditinstituten, Wertpapierfirmen und anderen Firmen, Einrichtungen oder Unternehmen, die unter die Richtlinie 2001/24/EG des Europäischen Parlaments und des Rates[5] fallen, und Organismen für gemeinsame Anlagen sollten vom Anwendungsbereich dieser Verordnung ausgenommen werden, da für sie besondere Vorschriften gelten und die nationalen Aufsichtsbehörden weitreichende Eingriffsbefugnisse haben.

(20) Insolvenzverfahren sind nicht zwingend mit dem Eingreifen einer Justizbehörde verbunden. Der Ausdruck „Gericht" in dieser Verordnung sollte daher in einigen Bestimmungen weit ausgelegt werden und Personen oder Stellen umfassen, die nach einzelstaatlichem Recht befugt sind, Insolvenzverfahren zu eröffnen. Damit diese Verordnung Anwendung findet, muss es sich um ein Verfahren (mit den entsprechenden gesetzlich festgelegten Handlungen und Formalitäten) handeln, das nicht nur im Einklang mit dieser Verordnung steht, sondern auch in dem Mitgliedstaat der Eröffnung des Insolvenzverfahrens offiziell anerkannt und rechtsgültig ist.

(21) Verwalter sind in dieser Verordnung definiert und in Anhang B aufgeführt. Verwalter, die ohne Beteiligung eines Justizorgans bestellt werden, sollten nach nationalem Recht einer angemessenen Regulierung unterliegen und für die Wahrnehmung von Aufgaben in Insolvenzverfahren zugelassen sein. Der nationale Regelungsrahmen sollte angemessene Vorschriften über den Umgang mit potenziellen Interessenkonflikten umfassen.

(22) Diese Verordnung erkennt die Tatsache an, dass aufgrund der großen Unterschiede im materiellen Recht ein einziges Insolvenzverfahren mit universaler Geltung für die Union nicht realisierbar ist. Die ausnahmslose Anwendung des Rechts des Staates der Verfahrenseröffnung würde vor diesem Hintergrund häufig zu Schwierigkeiten führen. Dies gilt etwa für die in den Mitgliedstaaten sehr unterschiedlich ausgeprägten nationalen Regelungen zu den Sicherungsrechten. Aber auch die Vorrechte einzelner Gläubiger im Insolvenzverfahren sind teilweise vollkommen anders ausgestaltet. Bei der nächsten Überprüfung dieser Verordnung wird es erforderlich sein, weitere Maßnahmen zu ermitteln, um die Vorrechte der Arbeitnehmer auf europäischer Ebene zu verbessern. Diese Verordnung sollte solchen unterschiedlichen nationalen Rechten auf zweierlei Weise Rechnung tragen. Zum einen sollten Sonderanknüpfungen für besonders bedeutsame Rechte und Rechtsverhältnisse vorgesehen werden (z. B. dingliche Rechte und Arbeitsverträge). Zum anderen sollten neben einem Hauptinsolvenzverfahren mit universaler Geltung auch innerstaatliche Verfahren zugelassen werden, die lediglich das im Eröffnungsstaat befindliche Vermögen erfassen.

---

5 [Amtl. Anm.:] Richtlinie 2001/24/EG des Europäischen Parlaments und des Rates vom 4. April 2001 über die Sanierung und Liquidation von Kreditinstituten (ABl. L 125 vom 5.5.2001, S. 15).

(23) Diese Verordnung gestattet die Eröffnung des Hauptinsolvenzverfahrens in dem Mitgliedstaat, in dem der Schuldner den Mittelpunkt seiner hauptsächlichen Interessen hat. Dieses Verfahren hat universale Geltung sowie das Ziel, das gesamte Vermögen des Schuldners zu erfassen. Zum Schutz der unterschiedlichen Interessen gestattet diese Verordnung die Eröffnung von Sekundärinsolvenzverfahren parallel zum Hauptinsolvenzverfahren. Ein Sekundärinsolvenzverfahren kann in dem Mitgliedstaat eröffnet werden, in dem der Schuldner eine Niederlassung hat. Seine Wirkungen sind auf das in dem betreffenden Mitgliedstaat belegene Vermögen des Schuldners beschränkt. Zwingende Vorschriften für die Koordinierung mit dem Hauptinsolvenzverfahren tragen dem Gebot der Einheitlichkeit in der Union Rechnung.

(24) Wird über das Vermögen einer juristischen Person oder einer Gesellschaft ein Hauptinsolvenzverfahren in einem anderen Mitgliedstaat als dem, in dem sie ihren Sitz hat, eröffnet, so sollte die Möglichkeit bestehen, im Einklang mit der Rechtsprechung des Gerichtshofs der Europäischen Union ein Sekundärinsolvenzverfahren in dem Mitgliedstaat zu eröffnen, in dem sie ihren Sitz hat, sofern der Schuldner einer wirtschaftlichen Aktivität nachgeht, die den Einsatz von Personal und Vermögenswerten in diesem Mitgliedstaat voraussetzt.

(25) Diese Verordnung gilt nur für Verfahren in Bezug auf einen Schuldner, der Mittelpunkt seiner hauptsächlichen Interessen in der Union hat.

(26) Die Zuständigkeitsvorschriften dieser Verordnung legen nur die internationale Zuständigkeit fest, das heißt, sie geben den Mitgliedstaat an, dessen Gerichte Insolvenzverfahren eröffnen dürfen. Die innerstaatliche Zuständigkeit des betreffenden Mitgliedstaats sollte nach dem nationalen Recht des betreffenden Staates bestimmt werden.

(27) Vor Eröffnung des Insolvenzverfahrens sollte das zuständige Gericht von Amts wegen prüfen, ob sich der Mittelpunkt der hauptsächlichen Interessen des Schuldners oder der Niederlassung des Schuldners tatsächlich in seinem Zuständigkeitsbereich befindet.

(28) Bei der Beantwortung der Frage, ob der Mittelpunkt der hauptsächlichen Interessen des Schuldners für Dritte feststellbar ist, sollte besonders berücksichtigt werden, welchen Ort die Gläubiger als denjenigen wahrnehmen, an dem der Schuldner der Verwaltung seiner Interessen nachgeht. Hierfür kann es erforderlich sein, die Gläubiger im Fall einer Verlegung des Mittelpunkts der hauptsächlichen Interessen zeitnah über den neuen Ort zu unterrichten, an dem der Schuldner seine Tätigkeiten ausübt, z. B. durch Hervorhebung der Adressänderung in der Geschäftskorrespondenz, oder indem der neue Ort in einer anderen geeigneten Weise veröffentlicht wird.

(29) Diese Verordnung sollte eine Reihe von Schutzvorkehrungen enthalten, um betrügerisches oder missbräuchliches Forum Shopping zu verhindern.

(30) Folglich sollten die Annahmen, dass der Sitz, die Hauptniederlassung und der gewöhnliche Aufenthalt jeweils der Mittelpunkt des hauptsächlichen Interesses sind, widerlegbar sein, und das jeweilige Gericht eines Mitgliedstaats sollte sorgfältig prüfen, ob sich der Mittelpunkt der hauptsächlichen Interessen des Schuldners tatsächlich in diesem Mitgliedstaat befindet. Bei einer Gesellschaft sollte diese Vermutung widerlegt werden können, wenn sich die Hauptverwaltung der Gesellschaft in einem anderen Mitgliedstaat befindet als in dem Mitgliedstaat, in dem sich der Sitz der Gesellschaft befindet, und wenn eine Gesamtbetrachtung aller relevanten Faktoren die von Dritten überprüfbare Feststellung zulässt, dass sich der tatsächliche Mittelpunkt der Verwaltung und der Kontrolle der Gesellschaft sowie der Verwaltung ihrer Interessen in diesem anderen Mitgliedstaat befindet. Bei einer natürlichen Person, die keine selbständige gewerbliche oder freiberufliche Tätigkeit ausübt, sollte diese Vermutung widerlegt werden können, wenn sich z. B. der Großteil des Vermögens des Schuldners außerhalb des Mitgliedstaats des gewöhnlichen Aufenthalts des Schuldners befindet oder wenn festgestellt werden kann, dass der Hauptgrund für einen Umzug darin bestand, einen Insolvenzantrag im neuen Gerichtsstand zu stellen, und die Interessen der Gläubiger, die vor dem Umzug eine Rechtsbeziehung mit dem Schuldner eingegangen sind, durch einen solchen Insolvenzantrag wesentlich beeinträchtigt würden.

(31) Im Rahmen desselben Ziels der Verhinderung von betrügerischem oder missbräuchlichem Forum Shopping sollte die Vermutung, dass der Mittelpunkt der hauptsächlichen Interessen der Sitz, die Hauptniederlassung der natürlichen Person bzw. der gewöhnliche Aufenthalt der natürlichen Person ist, nicht gelten, wenn – im Falle einer Gesellschaft, einer juristischen Person oder einer natürlichen Person, die eine selbständige gewerbliche oder freiberufliche Tätigkeit ausübt, – der Schuldner seinen Sitz oder seine Hauptniederlassung in einem Zeitraum von drei Monaten vor dem Antrag auf Eröffnung des Insolvenzverfahrens in einen anderen Mitgliedstaat verlegt hat, oder – im Falle einer natürlichen Person, die keine selbständige gewerbliche oder freiberufliche Tätigkeit ausübt – wenn der Schuldner seinen gewöhnlichen Aufenthalt in einem Zeitraum von sechs Monaten vor dem Antrag auf Eröffnung des Insolvenzverfahrens in einen anderen Mitgliedstaat verlegt hat.

(32) Das Gericht sollte in allen Fällen, in denen die Umstände des Falls Anlass zu Zweifeln an seiner Zuständigkeit geben, den Schuldner auffordern, zusätzliche Nachweise für seine Behauptung

vorzulegen, und, wenn das für das Insolvenzverfahren geltende Recht dies erlaubt, den Gläubigern des Schuldners Gelegenheit geben, sich zur Frage der Zuständigkeit zu äußern.

(33) Stellt das mit dem Antrag auf Eröffnung eines Insolvenzverfahrens befasste Gericht fest, dass der Mittelpunkt der hauptsächlichen Interessen nicht in seinem Hoheitsgebiet liegt, so sollte es das Hauptinsolvenzverfahren nicht eröffnen.

(34) Allen Gläubigern des Schuldners sollte darüber hinaus ein wirksamer Rechtsbehelf gegen die Entscheidung, ein Insolvenzverfahren zu eröffnen, zustehen. Die Folgen einer Anfechtung der Entscheidung, ein Insolvenzverfahren zu eröffnen, sollten dem nationalen Recht unterliegen.

(35) Die Gerichte des Mitgliedstaats, in dessen Hoheitsgebiet das Insolvenzverfahren eröffnet wurde, sollten auch für Klagen zuständig sein, die sich direkt aus dem Insolvenzverfahren ableiten und eng damit verknüpft sind. Zu solchen Klagen sollten unter anderem Anfechtungsklagen gegen Beklagte in anderen Mitgliedstaaten und Klagen in Bezug auf Verpflichtungen gehören, die sich im Verlauf des Insolvenzverfahrens ergeben, wie z. B. zu Vorschüssen für Verfahrenskosten. Im Gegensatz dazu leiten sich Klagen wegen der Erfüllung von Verpflichtungen aus einem Vertrag, der vom Schuldner vor der Eröffnung des Verfahrens abgeschlossen wurde, nicht unmittelbar aus dem Verfahren ab. Steht eine solche Klage im Zusammenhang mit einer anderen zivil- oder handelsrechtlichen Klage, so sollte der Verwalter beide Klagen vor die Gerichte am Wohnsitz des Beklagten bringen können, wenn er sich von einer Erhebung der Klagen an diesem Gerichtsstand einen Effizienzgewinn verspricht. Dies kann beispielsweise dann der Fall sein, wenn der Verwalter eine insolvenzrechtliche Haftungsklage gegen einen Geschäftsführer mit einer gesellschaftsrechtlichen oder deliktsrechtlichen Klage verbinden will.

(36) Das für die Eröffnung des Hauptinsolvenzverfahrens zuständige Gericht sollte zur Anordnung einstweiliger Maßnahmen und von Sicherungsmaßnahmen ab dem Zeitpunkt des Antrags auf Verfahrenseröffnung befugt sein. Sicherungsmaßnahmen sowohl vor als auch nach Beginn des Insolvenzverfahrens sind zur Gewährleistung der Wirksamkeit des Insolvenzverfahrens von großer Bedeutung. Diese Verordnung sollte hierfür verschiedene Möglichkeiten vorsehen. Zum einen sollte das für das Hauptinsolvenzverfahren zuständige Gericht einstweilige Maßnahmen und Sicherungsmaßnahmen auch über Vermögensgegenstände anordnen können, die sich im Hoheitsgebiet anderer Mitgliedstaaten befinden. Zum anderen sollte ein vor Eröffnung des Hauptinsolvenzverfahrens bestellter vorläufiger Verwalter in den Mitgliedstaaten, in denen sich eine Niederlassung des Schuldners befindet, die nach dem Recht dieser Mitgliedstaaten möglichen Sicherungsmaßnahmen beantragen können.

(37) Das Recht, vor der Eröffnung des Hauptinsolvenzverfahrens die Eröffnung eines Insolvenzverfahrens in dem Mitgliedstaat, in dem der Schuldner eine Niederlassung hat, zu beantragen, sollte nur lokalen Gläubigern und Behörden zustehen beziehungsweise auf Fälle beschränkt sein, in denen das Recht des Mitgliedstaats, in dem der Schuldner den Mittelpunkt seiner hauptsächlichen Interessen hat, die Eröffnung eines Hauptinsolvenzverfahrens nicht zulässt. Der Grund für diese Beschränkung ist, dass die Fälle, in denen die Eröffnung eines Partikularverfahrens vor dem Hauptinsolvenzverfahren beantragt wird, auf das unumgängliche Maß beschränkt werden sollen.

(38) Das Recht, nach der Eröffnung des Hauptinsolvenzverfahrens die Eröffnung eines Insolvenzverfahrens in dem Mitgliedstaat, in dem der Schuldner eine Niederlassung hat, zu beantragen, wird durch diese Verordnung nicht beschränkt. Der Verwalter des Hauptinsolvenzverfahrens oder jede andere, nach dem Recht des betreffenden Mitgliedstaats dazu befugte Person sollte die Eröffnung eines Sekundärverfahrens beantragen können.

(39) Diese Verordnung sollte Vorschriften für die Bestimmung der Belegenheit der Vermögenswerte des Schuldners vorsehen, und diese Vorschriften sollten bei der Feststellung, welche Vermögenswerte zur Masse des Haupt- oder des Sekundärinsolvenzverfahrens gehören, und auf Situationen, in denen die dinglichen Rechte Dritter betroffen sind, Anwendung finden. Insbesondere sollte in dieser Verordnung bestimmt werden, dass Europäische Patente mit einheitlicher Wirkung, eine Gemeinschaftsmarke oder jedes andere ähnliche Recht, wie gemeinschaftliche Sortenschutzrechte oder das Gemeinschaftsgeschmacksmuster, nur in das Hauptinsolvenzverfahren mit einbezogen werden dürfen.

(40) Ein Sekundärinsolvenzverfahren kann neben dem Schutz der inländischen Interessen auch anderen Zwecken dienen. Dies kann der Fall sein, wenn die Insolvenzmasse des Schuldners zu verschachtelt ist, um als Ganzes verwaltet zu werden, oder weil die Unterschiede in den betroffenen Rechtssystemen so groß sind, dass sich Schwierigkeiten ergeben können, wenn das Recht des Staates der Verfahrenseröffnung seine Wirkung in den anderen Staaten, in denen Vermögensgegenstände belegen sind, entfaltet. Aus diesem Grund kann der Verwalter des Hauptinsolvenzverfahrens die Eröffnung eines Sekundärinsolvenzverfahrens beantragen, wenn dies für die effiziente Verwaltung der Masse erforderlich ist.

(41) Sekundärinsolvenzverfahren können eine effiziente Verwaltung der Insolvenzmasse auch behindern. Daher sind in dieser Verordnung zwei spezifische Situationen vorgesehen, in denen das mit einem Antrag auf Eröffnung eines Sekundärinsolvenzverfahrens befasste Gericht auf Antrag des Verwalters des Hauptinsolvenzverfahrens die Eröffnung eines solchen Verfahrens aufschieben oder ablehnen können sollte.

(42) Erstens erhält der Verwalter des Hauptinsolvenzverfahrens im Rahmen dieser Verordnung die Möglichkeit, den lokalen Gläubigern die Zusicherung zu geben, dass sie so behandelt werden, als wäre das Sekundärinsolvenzverfahren eröffnet worden. Bei dieser Zusicherung ist eine Reihe von in dieser Verordnung festgelegten Voraussetzungen zu erfüllen, insbesondere muss sie von einer qualifizierten Mehrheit der lokalen Gläubiger gebilligt werden. Wurde eine solche Zusicherung gegeben, so sollte das mit einem Antrag auf Eröffnung eines Sekundärinsolvenzverfahrens befasste Gericht den Antrag ablehnen können, wenn es der Überzeugung ist, dass diese Zusicherung die allgemeinen Interessen der lokalen Gläubiger angemessen schützt. Das Gericht sollte bei der Beurteilung dieser Interessen die Tatsache berücksichtigen, dass die Zusicherung von einer qualifizierten Mehrheit der lokalen Gläubiger gebilligt worden ist.

(43) Für die Zwecke der Abgabe einer Zusicherung an die lokalen Gläubiger sollten die in dem Mitgliedstaat, in dem der Schuldner eine Niederlassung hat, belegenen Vermögenswerte und Rechte eine Teilmasse der Insolvenzmasse bilden, und der Verwalter des Hauptinsolvenzverfahrens sollte bei ihrer Verteilung bzw. der Verteilung des aus ihrer Verwertung erzielten Erlöses die Vorzugsrechte wahren, die Gläubiger bei Eröffnung eines Sekundärinsolvenzverfahrens in diesem Mitgliedstaat hätten.

(44) Für die Billigung der Zusicherung sollte, soweit angemessen, das nationale Recht Anwendung finden. Insbesondere sollten Forderungen der Gläubiger für die Zwecke der Abstimmung über die Zusicherung als festgestellt gelten, wenn die Abstimmungsregeln für die Annahme eines Sanierungsplans nach nationalem Recht die vorherige Feststellung dieser Forderungen vorschreiben. Gibt es nach nationalem Recht unterschiedliche Verfahren für die Annahme von Sanierungsplänen, so sollten die Mitgliedstaaten das spezifische Verfahren benennen, das in diesem Zusammenhang maßgeblich sein sollte.

(45) Zweitens sollte in dieser Verordnung die Möglichkeit vorgesehen werden, dass das Gericht die Eröffnung des Sekundärinsolvenzverfahrens vorläufig aussetzt, wenn im Hauptinsolvenzverfahren eine vorläufige Aussetzung von Einzelvollstreckungsverfahren gewährt wurde, um die Wirksamkeit der im Hauptinsolvenzverfahren gewährten Aussetzung zu wahren. Das Gericht sollte die vorläufige Aussetzung gewähren können, wenn es der Überzeugung ist, dass geeignete Maßnahmen zum Schutz der Interessen der lokalen Gläubiger bestehen. In diesem Fall sollten alle Gläubiger, die von dem Ergebnis der Verhandlungen über einen Sanierungsplan betroffen sein könnten, über diese Verhandlungen informiert werden und daran teilnehmen dürfen.

(46) Im Interesse eines wirksamen Schutzes lokaler Interessen sollte es dem Verwalter im Hauptinsolvenzverfahren nicht möglich sein, das in dem Mitgliedstaat der Niederlassung befindliche Vermögen missbräuchlich zu verwerten oder missbräuchlich an einen anderen Ort zu bringen, insbesondere wenn dies in der Absicht geschieht, die wirksame Befriedigung dieser Interessen für den Fall, dass im Anschluss ein Sekundärinsolvenzverfahren eröffnet wird, zu vereiteln.

(47) Diese Verordnung sollte die Gerichte der Mitgliedstaaten, in denen Sekundärinsolvenzverfahren eröffnet worden sind, nicht daran hindern, gegen Mitglieder der Geschäftsleitung des Schuldners Sanktionen wegen etwaiger Pflichtverletzung zu verhängen, sofern diese Gerichte nach nationalem Recht für diese Streitigkeiten zuständig sind.

(48) Hauptinsolvenzverfahren und Sekundärinsolvenzverfahren können zur wirksamen Verwaltung der Insolvenzmasse oder der effizienten Verwertung des Gesamtvermögens beitragen, wenn die an allen parallelen Verfahren beteiligten Akteure ordnungsgemäß zusammenarbeiten. Ordnungsgemäße Zusammenarbeit setzt voraus, dass die verschiedenen beteiligten Verwalter und Gerichte eng zusammenarbeiten, insbesondere indem sie einander wechselseitig ausreichend informieren. Um die dominierende Rolle des Hauptinsolvenzverfahrens sicherzustellen, sollten dem Verwalter dieses Verfahrens mehrere Einwirkungsmöglichkeiten auf gleichzeitig anhängige Sekundärinsolvenzverfahren gegeben werden. Der Verwalter sollte insbesondere einen Sanierungsplan oder Vergleich vorschlagen oder die Aussetzung der Verwertung der Masse im Sekundärinsolvenzverfahren beantragen können. Bei ihrer Zusammenarbeit sollten Verwalter und Gerichte die bewährten Praktiken für grenzüberschreitende Insolvenzfälle berücksichtigen, wie sie in den Kommunikations- und Kooperationsgrundsätzen und -leitlinien, die von europäischen und internationalen Organisationen auf dem Gebiet des Insolvenzrechts ausgearbeitet worden sind, niedergelegt sind, insbesondere den einschlägigen Leitlinien der Kommission der Vereinten Nationen für internationales Handelsrecht (UNCITRAL).

(49) Zum Zwecke dieser Zusammenarbeit sollten Verwalter und Gerichte Vereinbarungen schließen und Verständigungen herbeiführen können, die der Erleichterung der grenzüberschreitenden Zusammenarbeit zwischen mehreren Insolvenzverfahren in verschiedenen Mitgliedstaaten über das Vermögen desselben Schuldners oder von Mitgliedern derselben Unternehmensgruppe dienen, sofern dies mit den für die jeweiligen Verfahren geltenden Vorschriften vereinbar ist. Diese Vereinbarungen und Verständigungen können in der Form – sie können schriftlich oder mündlich sein – und im Umfang – von allgemein bis spezifisch – variieren und von verschiedenen Parteien geschlossen werden. In einfachen allgemeinen Vereinbarungen kann die Notwendigkeit einer engen Zusammenarbeit der Parteien hervorgehoben werden, ohne dass dabei auf konkrete Punkte eingegangen wird, während in spezifischen Vereinbarungen ein Rahmen von Grundsätzen für die Verwaltung mehrerer Insolvenzverfahren festgelegt werden und von den beteiligten Gerichten gebilligt werden kann, sofern die nationalen Rechtsvorschriften dies erfordern. In ihnen kann zum Ausdruck gebracht werden, dass Einvernehmen unter den Parteien besteht, bestimmte Schritte zu unternehmen oder Maßnahmen zu treffen oder davon abzusehen.

(50) In ähnlicher Weise können Gerichte verschiedener Mitgliedstaaten durch die Koordinierung der Bestellung von Verwaltern zusammenarbeiten. In diesem Zusammenhang können sie dieselbe Person zum Verwalter für mehrere Insolvenzverfahren über das Vermögen desselben Schuldners oder verschiedener Mitglieder einer Unternehmensgruppe bestellen, vorausgesetzt, dies ist mit den für die jeweiligen Verfahren geltenden Vorschriften – insbesondere mit etwaigen Anforderungen an die Qualifikation und Zulassung von Verwaltern – vereinbar.

(51) Diese Verordnung sollte gewährleisten, dass Insolvenzverfahren über das Vermögen verschiedener Gesellschaften, die einer Unternehmensgruppe angehören, effizient geführt werden.

(52) Wurden über das Vermögen mehrerer Gesellschaften derselben Unternehmensgruppe Insolvenzverfahren eröffnet, so sollten die an diesen Verfahren beteiligten Akteure ordnungsgemäß zusammenarbeiten. Die verschiedenen beteiligten Verwalter und Gerichte sollten deshalb in ähnlicher Weise wie die Verwalter und Gerichte in denselben Schuldner betreffenden Haupt- und Sekundärinsolvenzverfahren verpflichtet sein, miteinander zu kommunizieren und zusammenzuarbeiten. Die Zusammenarbeit der Verwalter sollte nicht den Interessen der Gläubiger in den jeweiligen Verfahren zuwiderlaufen, und das Ziel dieser Zusammenarbeit sollte sein, eine Lösung zu finden, durch die Synergien innerhalb der Gruppe ausgeschöpft werden.

(53) Durch die Einführung von Vorschriften über die Insolvenzverfahren von Unternehmensgruppen sollte ein Gericht nicht in seiner Möglichkeit eingeschränkt werden, Insolvenzverfahren über das Vermögen mehrerer Gesellschaften, die derselben Unternehmensgruppe angehören, nur an einem Gerichtsstand zu eröffnen, wenn es feststellt, dass der Mittelpunkt der hauptsächlichen Interessen dieser Gesellschaften in einem einzigen Mitgliedstaat liegt. In diesen Fällen sollte das Gericht für alle Verfahren gegebenenfalls dieselbe Person als Verwalter bestellen können, sofern dies mit den dafür geltenden Vorschriften vereinbar ist.

(54) Um die Koordinierung der Insolvenzverfahren über das Vermögen von Mitgliedern einer Unternehmensgruppe weiter zu verbessern und eine koordinierte Sanierung der Gruppe zu ermöglichen, sollten mit dieser Verordnung Verfahrensvorschriften für die Koordinierung der Insolvenzverfahren gegen Mitglieder einer Unternehmensgruppe eingeführt werden. Bei einer derartigen Koordinierung sollte angestrebt werden, dass die Effizienz der Koordinierung gewährleistet wird, wobei gleichzeitig die eigene Rechtspersönlichkeit jedes einzelnen Gruppenmitglieds zu achten ist.

(55) Ein Verwalter, der in einem Insolvenzverfahren über das Vermögen eines Mitglieds einer Unternehmensgruppe bestellt worden ist, sollte die Eröffnung eines Gruppen-Koordinationsverfahrens beantragen können. Allerdings sollte dieser Verwalter vor der Einreichung eines solchen Antrags die erforderliche Genehmigung einholen, sofern das für das Insolvenzverfahren geltende Recht dies vorschreibt. Im Antrag sollten Angaben zu den wesentlichen Elementen der Koordinierung erfolgen, insbesondere eine Darlegung des Koordinationsplans, ein Vorschlag für die als Koordinator zu bestellende Person und eine Übersicht der geschätzten Kosten für die Koordinierung.

(56) Um die Freiwilligkeit des Gruppen-Koordinationsverfahrens sicherzustellen, sollten die beteiligten Verwalter innerhalb einer festgelegten Frist Widerspruch gegen ihre Teilnahme am Verfahren einlegen können. Damit die beteiligten Verwalter eine fundierte Entscheidung über ihre Teilnahme am Gruppen-Koordinationsverfahren treffen können, sollten sie in einer frühen Phase über die wesentlichen Elemente der Koordinierung unterrichtet werden. Allerdings sollten Verwalter, die einer Einbeziehung in ein Gruppen-Koordinationsverfahren ursprünglich widersprochen haben, eine Beteiligung nachträglich beantragen können. In einem solchen Fall sollte der Koordinator über die Zulässigkeit des Antrags befinden. Alle Verwalter einschließlich des antragstellenden Verwalters

sollten über die Entscheidung des Koordinators in Kenntnis gesetzt werden und die Gelegenheit haben, diese Entscheidung bei dem Gericht anzufechten, von dem das Gruppen-Koordinationsverfahren eröffnet wurde.

(57) Gruppen-Koordinationsverfahren sollten stets zum Ziel haben, dass die wirksame Verwaltung in den Insolvenzverfahren über das Vermögen der Gruppenmitglieder erleichtert wird, und sie sollten sich allgemein positiv für die Gläubiger auswirken. Mit dieser Verordnung sollte daher sichergestellt werden, dass das Gericht, bei dem ein Antrag auf ein Gruppen-Koordinationsverfahren gestellt wurde, diese Kriterien vor der Eröffnung des Gruppen-Koordinationsverfahrens prüft.

(58) Die Kosten des Gruppen-Koordinationsverfahrens sollten dessen Vorteile nicht überwiegen. Daher muss sichergestellt werden, dass die Kosten der Koordinierung und der von jedem Gruppenmitglied zu tragende Anteil an diesen Kosten angemessen, verhältnismäßig und vertretbar sind und im Einklang mit den nationalen Rechtsvorschriften des Mitgliedstaats, in dem das Gruppen-Koordinationsverfahren eröffnet wurde, festzulegen sind. Die beteiligten Verwalter sollten auch die Möglichkeit haben, diese Kosten ab einer frühen Phase des Verfahrens zu kontrollieren. Wenn es die nationalen Rechtsvorschriften erfordern, kann die Kontrolle der Kosten ab einer frühen Phase des Verfahrens damit verbunden sein, dass der Verwalter die Genehmigung eines Gerichts oder eines Gläubigerausschusses einholt.

(59) Wenn nach Überlegung des Koordinators die Wahrnehmung seiner Aufgaben zu einer – im Vergleich zu der eingangs vorgenommenen Kostenschätzung – erheblichen Kostensteigerung führen wird, und auf jeden Fall, wenn die Kosten 10 % der geschätzten Kosten übersteigen, sollte der Koordinator von dem Gericht, das das Gruppen-Koordinationsverfahren eröffnet hat, die Genehmigung zur Überschreitung dieser Kosten einholen. Bevor das Gericht, das das Gruppen-Koordinationsverfahren eröffnet hat, seine Entscheidung trifft, sollte es den beteiligten Verwaltern Gelegenheit geben, gehört zu werden und dem Gericht ihre Bemerkungen dazu darzulegen, ob der Antrag des Koordinators angebracht ist.

(60) Diese Verordnung sollte für Mitglieder einer Unternehmensgruppe, die nicht in ein Gruppen-Koordinationsverfahren einbezogen sind, auch einen alternativen Mechanismus vorsehen, um eine koordinierte Sanierung der Gruppe zu erreichen. Ein in einem Verfahren, das über das Vermögen eines Mitglieds einer Unternehmensgruppe anhängig ist, bestellter Verwalter sollte die Aussetzung jeder Maßnahme im Zusammenhang mit der Verwertung der Masse in Verfahren über das Vermögen anderer Mitglieder der Unternehmensgruppe, die nicht in ein Gruppen-Koordinationsverfahren einbezogen sind, beantragen können. Es sollte nur möglich sein, eine solche Aussetzung zu beantragen, wenn ein Sanierungsplan für die betroffenen Mitglieder der Gruppe vorgelegt wird, der den Gläubigern des Verfahrens, für das die Aussetzung beantragt wird, zugute kommt und die Aussetzung notwendig ist, um die ordnungsgemäße Durchführung des Plans sicherzustellen.

(61) Diese Verordnung sollte die Mitgliedstaaten nicht daran hindern, nationale Bestimmungen zu erlassen, mit denen die Bestimmungen dieser Verordnung über die Zusammenarbeit, Kommunikation und Koordinierung im Zusammenhang mit Insolvenzverfahren über das Vermögen von Mitgliedern einer Unternehmensgruppe ergänzt würden, vorausgesetzt, der Geltungsbereich der nationalen Vorschriften beschränkt sich auf die nationale Rechtsordnung und ihre Anwendung beeinträchtigt nicht die Wirksamkeit der in dieser Verordnung enthaltenen Vorschriften.

(62) Die Vorschriften dieser Verordnung über die Zusammenarbeit, Kommunikation und Koordinierung im Rahmen von Insolvenzverfahren über das Vermögen von Mitgliedern einer Unternehmensgruppe sollten nur insoweit Anwendung finden, als Verfahren über das Vermögen verschiedener Mitglieder derselben Unternehmensgruppe in mehr als einem Mitgliedstaat eröffnet worden sind.

(63) Jeder Gläubiger, der seinen gewöhnlichen Aufenthalt, Wohnsitz oder Sitz in der Union hat, sollte das Recht haben, seine Forderungen in jedem in der Union anhängigen Insolvenzverfahren über das Vermögen des Schuldners anzumelden. Dies sollte auch für Steuerbehörden und Sozialversicherungsträger gelten. Diese Verordnung sollte den Verwalter nicht daran hindern, Forderungen im Namen bestimmter Gläubigergruppen – z. B. der Arbeitnehmer – anzumelden, sofern dies im nationalen Recht vorgesehen ist. Im Interesse der Gläubigergleichbehandlung sollte jedoch die Verteilung des Erlöses koordiniert werden. Jeder Gläubiger sollte zwar behalten dürfen, was er im Rahmen eines Insolvenzverfahrens erhalten hat, sollte aber an der Verteilung der Masse in einem anderen Verfahren erst dann teilnehmen können, wenn die Gläubiger gleichen Rangs die gleiche Quote auf ihre Forderungen erlangt haben.

(64) Es ist von grundlegender Bedeutung, dass Gläubiger, die ihren gewöhnlichen Aufenthalt, Wohnsitz oder Sitz in der Union haben, über die Eröffnung von Insolvenzverfahren über das Vermö-

gen ihres Schuldners informiert werden. Um eine rasche Übermittlung der Informationen an die Gläubiger sicherzustellen, sollte die Verordnung (EG) Nr. 1393/2007 des Europäischen Parlaments und des Rates[6] keine Anwendung finden, wenn in der vorliegenden Verordnung auf die Pflicht zur Information der Gläubiger verwiesen wird. Gläubigern sollte die Anmeldung ihrer Forderungen in Verfahren, die in einem anderen Mitgliedstaat eröffnet werden, durch die Bereitstellung von Standardformularen in allen Amtssprachen der Organe der Union erleichtert werden. Die Folgen des unvollständigen Ausfüllens des Standardformulars sollten durch das nationale Recht geregelt werden.

(65) In dieser Verordnung sollte die unmittelbare Anerkennung von Entscheidungen zur Eröffnung, Abwicklung und Beendigung der in ihren Geltungsbereich fallenden Insolvenzverfahren sowie von Entscheidungen, die in unmittelbarem Zusammenhang mit diesen Insolvenzverfahren ergehen, vorgesehen werden. Die automatische Anerkennung sollte somit zur Folge haben, dass die Wirkungen, die das Recht des Mitgliedstaats der Verfahrenseröffnung dem Verfahren beilegt, auf alle übrigen Mitgliedstaaten ausgedehnt werden. Die Anerkennung der Entscheidungen der Gerichte der Mitgliedstaaten sollte sich auf den Grundsatz des gegenseitigen Vertrauens stützen. Die Gründe für eine Nichtanerkennung sollten daher auf das unbedingt notwendige Maß beschränkt sein. Nach diesem Grundsatz sollte auch der Konflikt gelöst werden, wenn sich die Gerichte zweier Mitgliedstaaten für zuständig halten, ein Hauptinsolvenzverfahren zu eröffnen. Die Entscheidung des zuerst eröffnenden Gerichts sollte in den anderen Mitgliedstaaten anerkannt werden; diese Mitgliedstaaten sollten die Entscheidung dieses Gerichts keiner Überprüfung unterziehen dürfen.

(66) Diese Verordnung sollte für den Insolvenzbereich einheitliche Kollisionsnormen formulieren, die die nationalen Vorschriften des internationalen Privatrechts ersetzen. Soweit nichts anderes bestimmt ist, sollte das Recht des Staates der Verfahrenseröffnung (lex concursus) Anwendung finden. Diese Kollisionsnorm sollte für Hauptinsolvenzverfahren und Partikularverfahren gleichermaßen gelten. Die lex concursus regelt sowohl die verfahrensrechtlichen als auch die materiellen Wirkungen des Insolvenzverfahrens auf die davon betroffenen Personen und Rechtsverhältnisse. Nach ihr bestimmen sich alle Voraussetzungen für die Eröffnung, Abwicklung und Beendigung des Insolvenzverfahrens.

(67) Die automatische Anerkennung eines Insolvenzverfahrens, auf das regelmäßig das Recht des Staats der Verfahrenseröffnung Anwendung findet, kann mit den Vorschriften anderer Mitgliedstaaten für die Vornahme von Rechtshandlungen kollidieren. Um in den anderen Mitgliedstaaten als dem Staat der Verfahrenseröffnung Vertrauensschutz und Rechtssicherheit zu gewährleisten, sollte eine Reihe von Ausnahmen von der allgemeinen Vorschrift vorgesehen werden.

(68) Ein besonderes Bedürfnis für eine vom Recht des Eröffnungsstaats abweichende Sonderanknüpfung besteht bei dinglichen Rechten, da solche Rechte für die Gewährung von Krediten von erheblicher Bedeutung sind. Die Begründung, Gültigkeit und Tragweite von dinglichen Rechten sollten sich deshalb regelmäßig nach dem Recht des Belegenheitsorts bestimmen und von der Eröffnung des Insolvenzverfahrens nicht berührt werden. Der Inhaber des dinglichen Rechts sollte somit sein Recht zur Aus- bzw. Absonderung an dem Sicherungsgegenstand weiter geltend machen können. Falls an Vermögensgegenständen in einem Mitgliedstaat dingliche Rechte nach dem Recht des Belegenheitsstaats bestehen, das Hauptinsolvenzverfahren aber in einem anderen Mitgliedstaat stattfindet, sollte der Verwalter des Hauptinsolvenzverfahrens die Eröffnung eines Sekundärinsolvenzverfahrens in dem Zuständigkeitsgebiet, in dem die dinglichen Rechte bestehen, beantragen können, sofern der Schuldner dort eine Niederlassung hat. Wird kein Sekundärinsolvenzverfahren eröffnet, so sollte ein etwaiger überschießender Erlös aus der Veräußerung der Vermögensgegenstände, an denen dingliche Rechte bestanden, an den Verwalter des Hauptinsolvenzverfahrens abzuführen sein.

(69) Diese Verordnung enthält mehrere Bestimmungen, wonach ein Gericht die Aussetzung der Eröffnung eines Verfahrens oder die Aussetzung von Vollstreckungsverfahren anordnen kann. Eine solche Aussetzung sollte die dinglichen Rechte von Gläubigern oder Dritten unberührt lassen.

(70) Ist nach dem Recht des Staats der Verfahrenseröffnung eine Aufrechnung von Forderungen nicht zulässig, so sollte ein Gläubiger gleichwohl zur Aufrechnung berechtigt sein, wenn diese nach dem für die Forderung des insolventen Schuldners maßgeblichen Recht möglich ist. Auf diese Weise würde die Aufrechnung eine Art Garantiefunktion aufgrund von Rechtsvorschriften

---

6 [Amtl. Anm.:] Verordnung (EG) Nr. 1393/2007 des Europäischen Parlaments und des Rates vom 13. November 2007 über die Zustellung gerichtlicher und außergerichtlicher Schriftstücke in Zivil- oder Handelssachen in den Mitgliedstaaten (Zustellung von Schriftstücken) und zur Aufhebung der Verordnung (EG) Nr. 1348/2000 des Rates (ABl. L 324 vom 10.12.2007, S. 79).

erhalten, auf die sich der betreffende Gläubiger zum Zeitpunkt der Entstehung der Forderung verlassen kann.

(71) Ein besonderes Schutzbedürfnis besteht auch bei Zahlungssystemen und Finanzmärkten, etwa im Zusammenhang mit den in diesen Systemen anzutreffenden Glattstellungsverträgen und Nettingvereinbarungen sowie der Veräußerung von Wertpapieren und den zur Absicherung dieser Transaktionen gestellten Sicherheiten, wie dies insbesondere in der Richtlinie 98/26/EG des Europäischen Parlaments und des Rates[7] geregelt ist. Für diese Transaktionen sollte deshalb allein das Recht maßgebend sein, das auf das betreffende System bzw. den betreffenden Markt anwendbar ist. Dieses Recht soll verhindern, dass im Fall der Insolvenz eines Geschäftspartners die in Zahlungs- oder Aufrechnungssystemen und auf den geregelten Finanzmärkten der Mitgliedstaaten vorgesehenen Mechanismen zur Zahlung und Abwicklung von Transaktionen geändert werden können. Die Richtlinie 98/26/EG enthält Sondervorschriften, die den in dieser Verordnung festgelegten allgemeinen Regelungen vorgehen sollten.

(72) Zum Schutz der Arbeitnehmer und der Arbeitsverhältnisse sollten die Wirkungen der Insolvenzverfahren auf die Fortsetzung oder Beendigung von Arbeitsverhältnissen sowie auf die Rechte und Pflichten aller an einem solchen Arbeitsverhältnis beteiligten Parteien durch das gemäß den allgemeinen Kollisionsnormen für den jeweiligen Arbeitsvertrag maßgebliche Recht bestimmt werden. Zudem sollte in Fällen, in denen zur Beendigung von Arbeitsverträgen die Zustimmung eines Gerichts oder einer Verwaltungsbehörde erforderlich ist, die Zuständigkeit zur Erteilung dieser Zustimmung bei dem Mitgliedstaat verbleiben, in dem sich eine Niederlassung des Schuldners befindet, selbst wenn in diesem Mitgliedstaat kein Insolvenzverfahren eröffnet wurde. Für sonstige insolvenzrechtliche Fragen, wie etwa, ob die Forderungen der Arbeitnehmer durch ein Vorrecht geschützt sind und welchen Rang dieses Vorrecht gegebenenfalls erhalten soll, sollte das Recht des Mitgliedstaats maßgeblich sein, in dem das Insolvenzverfahren (Haupt- oder Sekundärverfahren) eröffnet wurde, es sei denn, im Einklang mit dieser Verordnung wurde eine Zusicherung gegeben, um ein Sekundärinsolvenzverfahren zu vermeiden.

(73) Auf die Wirkungen des Insolvenzverfahrens auf ein anhängiges Gerichts- oder Schiedsverfahren über einen Vermögenswert oder ein Recht, der bzw. das Teil der Insolvenzmasse ist, sollte das Recht des Mitgliedstaats Anwendung finden, in dem das Gerichtsverfahren anhängig ist oder die Schiedsgerichtsbarkeit ihren Sitz hat. Diese Bestimmung sollte allerdings die nationalen Vorschriften über die Anerkennung und Vollstreckung von Schiedssprüchen nicht berühren.

(74) Um den verfahrensrechtlichen Besonderheiten der Rechtssysteme einiger Mitgliedstaaten Rechnung zu tragen, sollten bestimmte Vorschriften dieser Verordnung die erforderliche Flexibilität aufweisen. Dementsprechend sollten Bezugnahmen in dieser Verordnung auf Mitteilungen eines Justizorgans eines Mitgliedstaats, sofern es die Verfahrensvorschriften eines Mitgliedstaats erforderlich machen, eine Anordnung dieses Justizorgans umfassen, die Mitteilung vorzunehmen.

(75) Im Interesse des Geschäftsverkehrs sollte der wesentliche Inhalt der Entscheidung über die Verfahrenseröffnung auf Antrag des Verwalters in einem anderen Mitgliedstaat als in dem, in dem das Gericht diese Entscheidung erlassen hat, bekanntgemacht werden. Befindet sich in dem betreffenden Mitgliedstaat eine Niederlassung, sollte die Bekanntmachung obligatorisch sein. In keinem dieser Fälle sollte die Bekanntmachung jedoch Voraussetzung für die Anerkennung des ausländischen Verfahrens sein.

(76) Um eine bessere Information der betroffenen Gläubiger und Gerichte zu gewährleisten und die Eröffnung von Parallelverfahren zu verhindern, sollten die Mitgliedstaaten verpflichtet werden, relevante Informationen in grenzüberschreitenden Insolvenzfällen in einem öffentlich zugänglichen elektronischen Register bekanntzumachen. Um Gläubigern und Gerichten in anderen Mitgliedstaaten den Zugriff auf diese Informationen zu erleichtern, sollte diese Verordnung die Vernetzung solcher Insolvenzregister über das Europäische Justizportal vorsehen. Den Mitgliedstaaten sollte freistehen, relevante Informationen in verschiedenen Registern bekanntzumachen, und es sollte möglich sein, mehr als ein Register je Mitgliedstaat zu vernetzen.

(77) In dieser Verordnung sollte der Mindestumfang der Informationen, die in den Insolvenzregistern bekanntzumachen sind, festgelegt werden. Die Mitgliedstaaten sollten zusätzliche Informationen aufnehmen dürfen. Ist der Schuldner eine natürliche Person, so sollte in den Insolvenzregistern nur dann eine Registrierungsnummer angegeben werden, wenn der Schuldner eine selbständige gewerbliche oder freiberufliche Tätigkeit ausübt. Diese Registrierungsnummer sollte gegebenenfalls als die einheitliche Registrierungsnummer seiner selbständigen oder freiberuflichen Tätigkeit im Handelsregister zu verstehen sein.

---

[7] [Amtl. Anm.:] Richtlinie 98/26/EG des Europäischen Parlaments und des Rates vom 19. Mai 1998 über die Wirksamkeit von Abrechnungen in Zahlungs- sowie Wertpapierliefer- und -abrechnungssystemen (ABl. L 166 vom 11.6.1998, S. 45).

(78) Informationen über bestimmte Aspekte des Insolvenzverfahrens, wie z. B. die Fristen für die Anmeldung von Forderungen oder die Anfechtung von Entscheidungen, sind für die Gläubiger von grundlegender Bedeutung. Diese Verordnung sollte allerdings die Mitgliedstaaten nicht dazu verpflichten, diese Fristen im Einzelfall zu berechnen. Die Mitgliedstaaten sollten ihren Pflichten nachkommen können, indem sie Hyperlinks zum Europäischen Justizportal einfügen, über das selbsterklärende Angaben zu den Kriterien zur Berechnung dieser Fristen verfügbar zu machen sind.

(79) Damit ausreichender Schutz der Informationen über natürliche Personen, die keine selbständige gewerbliche oder freiberufliche Tätigkeit ausüben, gewährleistet ist, sollte es den Mitgliedstaaten möglich sein, den Zugang zu diesen Informationen von zusätzlichen Suchkriterien wie der persönlichen Kennnummer des Schuldners, seiner Anschrift, seinem Geburtsdatum oder dem Bezirk des zuständigen Gerichts abhängig zu machen oder den Zugang an die Voraussetzung eines Antrags an die zuständige Behörde oder der Feststellung eines rechtmäßigen Interesses zu knüpfen.

(80) Den Mitgliedstaaten sollte es auch möglich sein, Informationen über natürliche Personen, die keine selbständige gewerbliche oder freiberufliche Tätigkeit ausüben, nicht in ihre Insolvenzregister aufzunehmen. In solchen Fällen sollten die Mitgliedstaaten sicherstellen, dass die einschlägigen Informationen durch individuelle Mitteilung an die Gläubiger übermittelt werden und die Forderungen von Gläubigern, die die Informationen nicht erhalten haben, durch die Verfahren nicht berührt werden.

(81) Es kann der Fall eintreten, dass einige der betroffenen Personen keine Kenntnis von der Eröffnung des Insolvenzverfahrens haben und gutgläubig im Widerspruch zu der neuen Sachlage handeln. Zum Schutz solcher Personen, die in Unkenntnis der ausländischen Verfahrenseröffnung eine Zahlung an den Schuldner statt an den ausländischen Verwalter leisten, sollte eine schuldbefreiende Wirkung der Leistung bzw. Zahlung vorgesehen werden.

(82) Zur Gewährleistung einheitlicher Bedingungen für die Durchführung dieser Verordnung sollten der Kommission Durchführungsbefugnisse übertragen werden. Diese Befugnisse sollten im Einklang mit der Verordnung (EU) Nr. 182/2011 des Europäischen Parlaments und des Rates[8] ausgeübt werden.

(83) Diese Verordnung steht im Einklang mit den Grundrechten und Grundsätzen, die mit der Charta der Grundrechte der Europäischen Union anerkannt wurden. Die Verordnung zielt insbesondere darauf ab, die Anwendung der Artikel 8, 17 und 47 der Charta zu fördern, die den Schutz der personenbezogenen Daten, das Recht auf Eigentum und das Recht auf einen wirksamen Rechtsbehelf und ein faires Verfahren betreffen.

(84) Die Richtlinie 95/46/EG des Europäischen Parlaments und des Rates[9] und die Verordnung (EG) Nr. 45/2001 des Europäischen Parlaments und des Rates[10] regeln die Verarbeitung personenbezogener Daten im Rahmen dieser Verordnung.

(85) Diese Verordnung lässt die Verordnung (EWG, Euratom) Nr. 1182/71 des Rates[11] unberührt.

(86) Da das Ziel dieser Verordnung von den Mitgliedstaaten nicht ausreichend verwirklicht werden kann, sondern vielmehr aufgrund der Schaffung eines rechtlichen Rahmens für die geordnete Abwicklung von grenzüberschreitenden Insolvenzverfahren auf Unionsebene besser zu verwirklichen ist, kann die Union im Einklang mit dem in Artikel 5 des Vertrags über die Europäische Union verankerten Subsidiaritätsprinzip tätig werden. Entsprechend dem in demselben Artikel genannten Grundsatz der Verhältnismäßigkeit geht diese Verordnung nicht über das zur Verwirklichung dieses Ziels erforderliche Maß hinaus.

(87) Gemäß Artikel 3 und Artikel 4a Absatz 1 des dem Vertrag über die Europäische Union und dem Vertrag über die Arbeitsweise der Europäischen Union beigefügten Protokolls Nr. 21 über die Position des Vereinigten Königreichs und Irlands hinsichtlich des Raums der Freiheit, der Sicherheit und des Rechts haben diese Mitgliedstaaten mitgeteilt, dass sie sich an der Annahme und Anwendung der vorliegenden Verordnung beteiligen möchten.

---

8 [Amtl. Anm.:] Verordnung (EU) Nr. 182/2011 des Europäischen Parlaments und des Rates vom 16. Februar 2011 zur Festlegung der allgemeinen Regeln und Grundsätze, nach denen die Mitgliedstaaten die Wahrnehmung der Durchführungsbefugnisse durch die Kommission kontrollieren (ABl. L 55 vom 28.2.2011, S. 13).

9 [Amtl. Anm.:] Richtlinie 95/46/EG des Europäischen Parlaments und des Rates vom 24. Oktober 1995 zum Schutz natürlicher Personen bei der Verarbeitung personenbezogener Daten und zum freien Datenverkehr (ABl. L 281 vom 23.11.1995, S. 31).

10 [Amtl. Anm.:] Verordnung (EG) Nr. 45/2001 des Europäischen Parlaments und des Rates vom 18. Dezember 2000 zum Schutz natürlicher Personen bei der Verarbeitung personenbezogener Daten durch die Organe und Einrichtungen der Gemeinschaft und zum freien Datenverkehr (ABl. L 8 vom 12.1.2001, S. 1).

11 [Amtl. Anm.:] Verordnung (EWG, Euratom) Nr. 1182/71 des Rates vom 3. Juni 1971 zur Festlegung der Regeln für die Fristen, Daten und Termine (ABl. L 124 vom 8.6.1971, S. 1).

(88) Gemäß den Artikeln 1 und 2 des dem Vertrag über die Europäische Union und dem Vertrag über die Arbeitsweise der Europäischen Union beigefügten Protokolls Nr. 22 über die Position Dänemarks beteiligt sich Dänemark nicht an der Annahme dieser Verordnung und ist weder durch diese Verordnung gebunden noch zu ihrer Anwendung verpflichtet.

(89) Der Europäische Datenschutzbeauftragte wurde angehört und hat seine Stellungnahme am 27. März 2013 abgegeben[12] – –

HABEN FOLGENDE VERORDNUNG ERLASSEN:

Vorbemerkung (Vor Art. 1 EuInsVO)

Übersicht

I. Entstehungsgeschichte, Rechtsgrundlagen und Reform

1 Der Text des gescheiterten EuInsÜ (→ IntInsR Einl. Rn. 16 aE) wurde im Jahr 1999 auf Initiative Deutschlands und Finnlands als Entwurf einer EG-VO in das Rechtssetzungsverfahren eingebracht.[1] Bestrebungen im Wirtschafts- und Sozialausschuss[2] und im Parlament,[3] ein gemeinschaftsweites universelles Insolvenzverfahren ohne Sekundärverfahren zu kodifizieren, konnten sich nicht durchsetzen. Die **EuInsVO 2000** wurde vom Rat nahezu unverändert unter **Übernahme des EuInsÜ** erlassen.[4] Für die praktische Handhabung hatte dies immerhin den Vorzug, dass die Materialien zu dem gescheiterten Übereinkommen – insbesondere der Erläuternde Bericht von *Virgós/Schmit*[5] – für die Auslegung der Verordnung herangezogen werden können. Verschiedene Änderungsverordnungen – zuletzt die ÄndVO (EU) 517/2013 vom 13.5.2013 (ABl. EU 2013 L 158, 1) – betrafen Art. 44 aF (Verhältnis zu Übereinkünften) und die Anhänge. Die EuInsVO 2000 wurde ursprünglich auf Art. 61 lit. c EGV, Art. 67 Abs. 1 EGV gestützt; seit 1.12.2009 sind **Art. 67, 74, 81 Abs. 2 lit. a, c und f AEUV** einschlägig.

2 Am 5.6.2015 wurde die **EuInsVO** im Amtsblatt der EU veröffentlicht,[6] welche die VO (EG) 1346/2000 (EuInsVO 2000) ersetzt (Art. 91 UAbs. 1). Sie trat am 26.6.2015 nach Art. 92 Abs. 1 in Kraft und gilt bis auf wenige Ausnahmen nach Art. 92 Abs. 2 ab dem 26.6.2017 in allen Mitgliedstaaten mit Ausnahme Dänemarks (Erwägungsgrund 88). Die Verordnung beruht auf dem Kommissionsvorschlag[7] vom 12.12.2012, der gemeinsam mit dem nach Art. 46 EuInsVO 2000 bereits zum 1.6.2012 fälligen Bericht[8] über die Anwendung der EuInsVO 2000 dem Rat und dem Europäischen

[12] [Amtl. Anm.:] ABl. C 358 vom 7.12.2013, S. 15.
[1] Initiative vom 26.5.1999, ABl. EG 1999 C 221, 8.
[2] Stellungnahme vom 26.1.2000, ABl. EG 2000 C 75.
[3] Bericht vom 23.2.2000, A 5-0039/2000, Änderungsvorschlag vom 2.3.2000, ABl. EG 2000 C 346, 80.
[4] VO (EG) 1346/2000 des Rates vom 29.5.2000 über Insolvenzverfahren, ABl. 2000 L 160, 1.
[5] *Virgós/Schmit,* Erläuternder Bericht zu dem EU-Übereinkommen über Insolvenzverfahren, Text bei Stoll, Vorschläge und Gutachten, 1997, 32 ff.; deutsche Fassung nach Überarbeitung in: Der Rat der Europäischen Union, Doc. 6500/1/96 REV 1.
[6] VO (EU) 2015/848 vom 20.5.2015 über Insolvenzverfahren, ABl. EU 2015 L 141, 19.
[7] Vgl. die ausführliche Untersuchung des Kommissionsvorschlages in *Hess/Oberhammer/Pfeiffer,* European Insolvency Law, Heidelberg-Luxembourg-Vienna Report, 2014.
[8] COM(2012) 743 final.

Parlament vorgelegt wurde.[9] Der Europäische Wirtschafts- und Sozialausschuss hat seine Stellungnahme am 22.5.2014 abgegeben[10] und das Europäische Parlament am 5.2.2014 einen Standpunkt in erster Lesung festgelegt.[11] Der Rat für Justiz und Inneres hat am 4.12.2014 eine politische Einigung über den Standpunkt des Rates erzielt. Auf dieser Grundlage hat der Rat gemäß Art. 294 AEUV seinen Standpunkt am 12.3.2015 in erster Lesung festgelegt[12] und dem Europäischen Parlament am 15.4.2015 vorgelegt. Dieses hat den Standpunkt des Rates am 21.5.2015 in zweiter Lesung ohne Abänderung angenommen, nachdem der parlamentarische Rechtsausschuss (JURI) unter Federführung des Berichterstatters *Tadeusz Zwiefka* (Fraktion der Europäischen Volkspartei) den Entwurf bereits am 7.5.2015 ohne Gegenstimmen gebilligt hat.[13] Die Novellierung greift die Praxiserfahrungen seit Inkrafttreten der EuInsVO am 31.5.2002 sowie die damit verbundenen Rechtssicherheitsdefizite[14] auf und reiht sich in die Reformbemühungen verschiedener Mitgliedstaaten hinsichtlich ihres nationalen Insolvenzrechts ein.[15] Vielfach versucht die Kommission eine Kodifikation der bisherigen Rspr. des EuGH. Im Einzelnen zielte die Novellierung in der Hauptsache auf eine Erweiterung des sachlichen Anwendungsbereichs der EuInsVO Art. 1) und klarere Regeln zur Zuständigkeit (Art. 3). Des Weiteren wurden ein europäisches Insolvenzregister eingeführt (Art. 25), die Vorschriften zu Sekundärinsolvenzverfahren ergänzt (Art. 37 ff.) und die Forderungsanmeldung durch Standardformulare vereinfacht (Art. 54 f.). Neuland betrat die Kommission mit ihren Vorschlägen zur Konzerninsolvenz (Art. 56 ff.). Damit einhergehend nahm der Verordnungsgeber weitere kleinere Änderungen vor.[16]

II. Aufbau

Äußerlich besteht die VO aus einer Präambel, dh den 89 „Erwägungsgründen“, einem normativen Teil mit 92 Artikeln sowie vier Anhängen. Die **Erwägungsgründe** lassen sich in folgende Gruppen unterteilen. Vor allem zu Beginn finden sich Erwägungen zu den **Zielen** der Verordnung: die Schaffung eines Raumes der Freiheit, der Sicherheit und des Rechts (Erwägungsgrund 2), die Förderung eines reibungslosen Funktionierens des Binnenmarktes (Erwägungsgrund 3),[17] die Verhinderung des forum shopping (Erwägungsgrund 5) und die Verbesserung der Effizienz und Wirksamkeit von grenzüberschreitenden Insolvenzen durch die EuInsVO (Erwägungsgrund 8). Andere Erwägungsgründe befassen sich mit den **Prinzipien der Verordnung:** dem Prinzip der abgeschwächten Universalität (Erwägungsgrund 22), dem Grundsatz des gegenseitigen Vertrauens (Erwägungsgrund 65) und dem Prioritätsprinzip (Erwägungsgrund 65). Eine dritte Gruppe bezieht sich auf den **Anwendungsbereich,** und zwar eingeteilt in den persönlichen (Erwägungsgrund 9), den sachlichen (Erwägungsgrund 20) und den räumlichen (Erwägungsgründe 25, 87, 88), sowie die Abgrenzung zum Anwendungsbereich der Brüssel I-VO (Erwägungsgrund 7). Einige Erwägungsgründe befassen sich mit der **Zuständigkeit** (Erwägungsgründe 23, 28, 26). Weitere betreffen **kollisionsrechtliche Gesichtspunkte** (Erwägungsgründe 66–72). Die lex fori concursus wird zum Grundsatz erhoben (Erwägungsgrund 66), zu dem es aber aus Vertrauensschutzgesichtspunkten eine Reihe von Ausnahmen gibt (Erwägungsgründe 67 ff.). Wieder andere Erwägungsgründe befassen 3

9 COM(2012) 744 final; dazu bereits *Cohen/Dammann/Sax* IILR 2015, 117; *Eidenmüller* 20 Maastricht Journal of European and Comparative Law 1 (2013), 133; *Kindler* KTS 2014, 25; *Madaus* ZRP 2014, 192; *Mansel/Thorn/Wagner* IPRax 2015, 1 (7); *McCormack* 10 Journal of Private International Law 1 (2014), 41; *Mélin* Revue Lamy Droit des affaires, avril 2012, Nr. 70, 73; *Mock* GPR 2013, 156; *Prager/Keller* WM 2015, 805; *Reuß* EuZW 2013, 165; *Thole* ZEuP 2014, 39; *Thole/Swierczok* ZIP 2013, 550; *Vallender* ZInsO 2015, 57; s. ferner den Tagungsband von Jault-Selek/Robine (Hrsg.), Le droit européen des procédures d'insolvabilité à la croisée des chemins, 2013; zur Konzerninsolvenz *Thole* KTS 2014, 351.

10 ABl. 2013 C 271, 55.

11 Dok. 5910/14 CODEC 241 JUSTCIV 19 PE 50.

12 ABl. 2015 C 141; Standpunkt (EU) Nr. 7/2015 des Rates.

13 Protokoll Dok. Nr. JURI_PV(2015)0506_1, 6.

14 Vgl. zu den laut Kommissionsvorschlag fünf Mängeln der EuInsVO aF COM(2012) 744 final, 2 f.

15 Für Deutschland vgl. das Gesetz zur Erleichterung der Bewältigung von Konzerninsolvenzen vom 13.4.2017, BGBl. 2017 I 866 (insbes. §§ 3a ff. InsO); für Italien Gesetz Nr. 134 vom 7.8.2012; für Spanien RDL (königliches Dekret) Nr. 4/2014 vom 7.3.2014, RD Nr. 11/2014 vom 5.9.2014 sowie Gesetz Nr. 17/2014 vom 30.9.2014; zum nationalen Insolvenzrecht in den Mitgliedstaaten allgemein vgl. Heidelberg/Vienna-Report (2014), External Evaluation of Regulation No. 1346/2000/EC on Insolvency Proceedings, JUST/2011/JCIV/PR/0049/A4, 92 ff.

16 Überblick zur EuInsVO bei *Kindler/Sakka* EuZW 2015, 460; *Bayer/J. Schmidt* BB 2015, 1731 (1737 f.); *Mansel/Thorn/Wagner* IPRax 2016, 1 (3 ff.); *Thole* FS Geimer, 2017, 481; *Wessels* NIPR 2018, 895.

17 Hieraus lässt sich entnehmen, dass die EuInsVO die Regelung grenzüberschreitender Insolvenzsachverhalte im wirtschaftlichen und beruflichen Bereich im Auge hat und weniger die Insolvenz der privaten Haushalte, vgl. *Flessner* ZEuP 2004, 887 (893).

sich mit dem **Verhältnis von Haupt- und Partikularinsolvenzverfahren** (Erwägungsgründe 77–48, 63) und mit dem Insolvenzverfahren über das Vermögen einer **Unternehmensgruppe** (Erwägungsgründe 49–62). Die übrigen Erwägungsgründe haben die **Koordinierung der Maßnahmen** in Bezug auf das Vermögen (Erwägungsgrund 4), das Antragsrecht (Erwägungsgrund 38) und die Bedeutung der Anhänge (Erwägungsgründe 9, 21) zum Gegenstand.

4 Die Artikel unterteilen sich in **sieben Kapitel.** Die allgemeinen Vorschriften des **Kapitel I** enthalten zunächst eine Vorschrift über den Anwendungsbereich (Art. 1), sodann werden in Art. 2 einige wesentliche Begriffe definiert. Art. 3 befasst sich zum einen mit der internationalen Zuständigkeit, trifft aber auch einige wesentliche Aussagen zum Verhältnis zwischen Haupt-, unabhängigem Partikular- und Sekundärinsolvenzverfahren. Art. 4 betrifft die Prüfung der Zuständigkeit, Art. 5 die Anfechtung der Entscheidung zur Eröffnung eines Insolvenzverfahrens und Art. 6 Annexverfahren. Art. 7 ist die Grundsatzkollisionsnorm, die die lex fori concursus in den in Art. 7 Abs. 2 bezeichneten Fällen zur Anwendung bringt. Art. 7 Abs. 2 ist nicht abschließend und konkretisiert die Generalklausel des Abs. 1. Von dieser Grundsatzkollisionsnorm finden sich in den Art. 8–18 Ausnahmen mit Sonderanknüpfungen.

5 **Kapitel II** trägt die Überschrift „Anerkennung der Insolvenzverfahren". Dort finden sich Bestimmungen über die **Anerkennung** eines im Ausland eröffneten Insolvenzverfahrens (Art. 19) und die **Wirkungen** einer solchen **Anerkennung** (Art. 20). Daneben trifft dieses Kapitel Regelungen über die Anerkennung und Vollstreckung von Entscheidungen des Eröffnungsgerichtes und anderer Gerichte, wenn diese Entscheidung unmittelbar aufgrund des Insolvenzverfahrens ergeht und in einem engen Zusammenhang hiermit steht (Art. 32 – Annexverfahren). Darüber hinaus kodifiziert Art. 33 den ordre public-Vorbehalt für die Verordnung. Ferner sind hier die Befugnisse des ausländischen Verwalters (Art. 21) und der Nachweis seiner Verwalterstellung (Art. 22) geregelt. Die Art. 24 f. betreffen die Einrichtung und Vernetzung mitgliedstaatlicher Insolvenzregister. Schließlich finden sich hier noch einige verfahrensrechtliche Regelungen, betreffend die öffentliche Bekanntmachung (Art. 28), die Eintragung in öffentliche Register (Art. 29) und eine mit der öffentlichen Bekanntmachung und der Eintragung in Zusammenhang stehende Kostenregelung (Art. 30). Art. 31 ist eine Norm, die das Vertrauen in die öffentlichen Register schützt.

6 **Kapitel III** befasst sich mit dem **Sekundärinsolvenzverfahren.** Hervorzuheben sind hierbei die Bestätigung des lex fori concursus-Prinzips auch für das Sekundärinsolvenzverfahren (Art. 35) und die Regelungen über die Zusammenarbeit und Kooperation der Verwalter von Haupt- und Sekundärinsolvenzverfahren (Art. 41) sowie der Gerichte (Art. 42) bzw. zwischen Verwaltern und Gerichten (Art. 43). Dem Verwalter des Hauptinsolvenzverfahrens werden umfangreiche Eingriffsbefugnisse eingeräumt (Art. 46, 47 und 51).

7 **Kapitel IV** regelt die „Unterrichtung der Gläubiger und Anmeldung ihrer Forderungen" (Art. 53–55).

8 **Kapitel V** befasst sich mit der Koordinierung von **Konzerninsolvenzen** und ist in zwei Abschnitte auf. Der erste Abschnitt betrifft insbesondere die **Zusammenarbeit und Kommunikation** der jeweils beteiligten Verwalter (Art. 56), der Gerichte (Art. 57) sowie zwischen Verwaltern und Gerichten (Art. 58). Der zweite Abschnitt regelt in den Art. 61–70 das Koordinierungsverfahren und umfasst ferner in den Art. 71–77 allgemeine Vorschriften zur Koordinierung einer Insolvenz über das Vermögen einer Unternehmensgruppe.

9 **Kapitel VI** betrifft den **Datenschutz** und schafft Informations- sowie Sorgfaltspflichten für die Mitgliedstaaten und die Kommission im Rahmen der Verarbeitung personenbezogener Daten (Art. 78–83).

10 **Kapitel VII** (Art. 84–92) enthält „Übergangs- und Schlussbestimmungen". Neben den Vorschriften über den zeitlichen Geltungsbereich (Art. 84) und das Inkrafttreten der Verordnung (Art. 92), findet sich dort vor allem eine Normierung über das Verhältnis der EuInsVO zu anderen bi- und multilateralen Übereinkünften (Art. 85). Art. 90 sieht die Pflicht vor, regelmäßig Berichte zur Anwendung der Verordnung vorzulegen.

11 Die **Anhänge** definieren ua in den jeweiligen Amtssprachen der teilnehmenden Mitgliedstaaten die Insolvenzverfahren (Anh. A) und Verwalter (Anh. B) iSd Verordnung. Anh. C listet die aufgehobene Verordnung nebst ihrer Änderungen auf. Anh. D enthält eine Entsprechungstabelle zur EuInsVO 2000.

III. Grundsätze der EuInsVO

12 **1. Überblick.** Für die EuInsVO gelten folgende Prinzipien: das **Subsidiaritätsprinzip** (Art. 5 Abs. 3 EUV), der **Verhältnismäßigkeitsgrundsatz** (Art. 5 Abs. 4 EUV), der Grundsatz der **autonomen Auslegung,**[18] der Grundsatz der **abgeschwächten Universalität** (Erwägungs-

[18] Duursma-Kepplinger/Duursma/Chalupsky/*Duursma-Kepplinger* EuInsVO 2000 Vor Art. 1 Rn. 19.

grund 22),[19] der Grundsatz der **eingeschränkten Einheit des Verfahrens** (vgl. Art. 3 Abs. 1, 2, Art. 34), der Grundsatz der **Exklusivität des Hauptverfahrens** (Erwägungsgrund 65),[20] das **Prioritätsprinzip** (Erwägungsgrund 65),[21] der Grundsatz der **par conditio creditorum** (Erwägungsgrund 63), der Grundsatz des Gemeinschaftsvertrauens – **community trust** – (Erwägungsgrund 65), und das Prinzip des **Vertrauensschutzes** (Erwägungsgründe 66–72).

2. Subsidiaritätsprinzip. Die EuInsVO soll zum reibungslosen bzw. ordnungsgemäßen Funktionieren des Binnenmarktes beitragen (Erwägungsgründe 3, 5). Vor allem soll sie verhindern, dass sich Schuldner durch die Verlagerung von Vermögensgegenständen und/oder Rechtsstreitigkeiten von einem Mitgliedstaat in einen anderen eine günstige insolvenzrechtliche Stellung erschleichen („forum shopping"). Die Urheber der EuInsVO gingen davon aus, dass diese Ziele auf mitgliedstaatlicher Ebene nicht in hinreichendem Maße verwirklicht werden können, so dass unter Beachtung des Subsidiaritätsprinzips (Art. 5 Abs. 3 EUV) eine Maßnahme auf Unionsebene gerechtfertigt sei. Für die Auslegung der EuInsVO folgt daraus, dass die dort enthaltenen Vorschriften des Insolvenzkollisionsrechts sowie des internationalen Insolvenzverfahrensrechts einschränkend auszulegen sind, soweit divergierende Vorschriften auf mitgliedstaatlicher Ebene das Ziel der EuInsVO nicht gefährden. Derartige Einzelfragen dürften allerdings kaum vorstellbar sein. Zu Qualifikationszweifeln → Art. 7 Rn. 5. 13

3. Verhältnismäßigkeitsgrundsatz. Nach dem Verhältnismäßigkeitsgrundsatz dürfen die Maßnahmen der Union nicht über das für die Ziele des AEUV erforderliche Maß hinausgehen (Art. 5 Abs. 4 EUV). Dieser Grundsatz hat seinen Niederschlag in Erwägungsgrund 86 gefunden, wonach sich der Verordnungsgeber auf den Erlass von Vorschriften zu beschränken hat, die die Zuständigkeit für die Eröffnung von Insolvenzverfahren und für Entscheidungen regeln, die unmittelbar aufgrund des Insolvenzverfahrens ergehen und in engem Zusammenhang damit stehen. 14

4. Grundsatz der autonomen Auslegung. Als Teil des EU-Rechts ist die EuInsVO autonom, also nicht nach dem einzelstaatlichen Verständnis des jeweiligen Begriffs, auszulegen.[22] Hierfür sind in erster Linie die Legaldefinitionen des Art. 2 heranzuziehen. Im Übrigen ist im Rahmen der autonomen Auslegung durch **Rechtsvergleichung** das Begriffsverständnis nach den einzelstaatlichen Rechtsordnungen zu ermitteln und so eine Art **mitgliedstaatliches „Durchschnittsverständnis"** des betreffenden Begriffs zugrunde zu legen.[23] Auslegungshilfen sind insbesondere die Erwägungsgründe als Bestandteil der EuInsVO, die Stellungnahme des Europäischen Parlaments,[24] die Stellungnahme des Wirtschafts- und Sozialausschusses,[25] der *Heidelberg-Luxemburg-Vienna Report*[26] und der Erläuternde Bericht von *Virgos/Schmit*[27] zur EuInsVO 2000. Die Erwägungsgründe haben keine Bindungswirkung. Bei einem Konflikt zwischen ihnen und dem Verordnungstext ist letzterem der Vorzug zu geben. Zieht man die Erwägungsgründe zur Auslegung der Verordnung zu Rate, handelt es sich um eine teleologische Auslegung. Als Bestandteil der Auslegung muss sie sich im Rahmen des noch möglichen Wortlautes halten. Bei Auslegungsfragen, die im Rahmen eines anhängigen Verfahrens auftreten, ist der Europäische Gerichtshof zur **Vorabentscheidung** berufen (Art. 267 AEUV).[28] 15

5. Grundsatz der abgeschwächten Universalität und Grundsatz der Einheit des Verfahrens. Das internationale Insolvenzrecht der EuInsVO beruht auf dem Grundsatz der abgeschwächten Universalität (zum Universalitätsprinzip → Einl. IntInsR Rn. 4 ff.). Damit ist gemeint, dass die Universalität im Sinne einer Wirkungserstreckung des Insolvenzverfahrens vom EU-Eröffnungsstaat in andere Mitgliedstaaten (Art. 19, 20 teilweise zugunsten territorialer Anknüpfungen 16

[19] EuGH ECLI:EU:C:2016:804 = NZI 2016, 1011 mAnm *Fritz* = BeckRS 2016, 82539 Rn. 17 – Senior Home; dazu *Swierczok* EWiR 2016, 703; *Hübler* NZI 2016, 990 (994); Abschlussentscheidung BGH NZI 2017, 457 mAnm *Mankowski*.

[20] *Huber* ZZP 114 (1998), 133 (145).

[21] Duursma-Kepplinger/Duursma/Chalupsky/*Duursma-Kepplinger* EuInsVO 2000 Vor Art. 1 Rn. 19.

[22] Duursma-Kepplinger/Duursma/Chalupsky/*Duursma-Kepplinger* EuInsVO 2000 Vor Art. 1 Rn. 20; FK-InsO/*Wimmer* EGInsO Anh. I Art. 102 Rn. 9.

[23] Duursma-Kepplinger/Duursma/Chalupsky/*Duursma-Kepplinger* EuInsVO 2000 Vor Art. 1 Rn. 20; allg. EuGH ECLI:EU:C:2004:181 = EuZW 2004, 439 – Karner.

[24] COM(2012) 744 final.

[25] ABl. 2013 C 271, 55.

[26] Heidelberg-Luxemburg-Vienna Report, abgedruckt in Hess/Oberhammer/Pfeiffer, European Insolvency Law Heidelberg-Luxemburg-Vienna Report, 2014.

[27] *Virgós/Schmit* S. 32; *Wimmer* ZInsO 2001, 97 (98).

[28] Näher *Leible/Staudinger* KTS 2000, 531 (571 ff.); *Vallender* KTS 2005, 283 (289).

durchbrochen wird (vgl. Erwägungsgrund 22).[29] Derartige **Durchbrechungen** finden sich auf zwei Ebenen. Zum einen werden durch eine Reihe von Sonderanknüpfungen aus Vertrauens- und Verkehrsschutzgesichtspunkten **bestimmte Rechte und Rechtsverhältnisse** nicht der lex fori concursus, sondern ihrem jeweiligen Sonderstatut unterstellt, zB dingliche Rechte (Art. 8) und Arbeitsverträge (Art. 13). Noch einschneidender wirkt die Zulassung von **territorial begrenzten Sonderverfahren** nach Art. 3 Abs. 2–4, Art. 34 ff.; insoweit wird die lex fori concursus des Hauptverfahrens vollständig ausgeschaltet, dh zugleich das in Art. 3 Abs. 1 verankerte Prinzip der **Einheit des Verfahrens durchbrochen.**[30] Insgesamt gehen die Durchbrechungen allerdings nicht so weit, dass sie den Grundsatz der Universalität aufheben würden; davon, dass die VO in Wahrheit einer „kontrollierten Territorialität" verpflichtet sei, kann also keine Rede sein.[31]

17 **6. Exklusivität des Hauptverfahrens.** Der Grundsatz der Exklusivität des Hauptverfahrens besagt, dass es nur ein Hauptverfahren geben kann.[32] Wenn das Gericht eines Staates bereits ein Hauptinsolvenzverfahren eröffnet hat, weil es den Mittelpunkt der hauptsächlichen Interessen des Schuldners im Inland sah, kann nicht das Gericht eines anderen Staates noch ein Hauptinsolvenzverfahren eröffnen. Auch darf das Zweitgericht nicht prüfen, ob die Entscheidung des Erstgerichts über das Vorliegen des Interessenmittelpunktes iSd Art. 3 Abs. 1 zutreffend war.[33]

18 **7. Prioritätsprinzip.** Aus dem Grundsatz der Exklusivität des Hauptverfahrens folgt das Prioritätsprinzip. Hiernach ist dasjenige Hauptverfahren anzuerkennen, welches als erstes eröffnet wurde (Erwägungsgrund 65 S. 6).[34] Das Prioritätsprinzip gilt objektiv, dh unabhängig von der Kenntnis Dritter von der Verfahrenseröffnung.[35]

19 **8. Gläubigergleichbehandlung.** Im Gesamtvollstreckungsrecht gilt der Grundsatz der par conditio creditorum (Gläubigergleichbehandlung).[36] Dabei geht es um die gleichmäßige Befriedigung aller Gläubiger,[37] wobei zu berücksichtigen ist, dass diese Gleichbehandlung nicht strikt und nicht stets zwingend ist, denn eine Ungleichbehandlung kann im jeweiligen Fall gerade aus Gerechtigkeitserwägungen geboten sein.[38] Dieser Grundsatz soll auch in der EuInsVO gelten (vgl. Erwägungsgrund 63). Gewährleistet wird das par conditio creditorum-Prinzip durch Art. 7, 23, 49, 45, 53.

20 **9. Gemeinschaftsvertrauen.** Der Grundsatz des gemeinschaftlichen Vertrauens (community trust) geht aus Erwägungsgrund 65 hervor. Ausprägungen dieses – auch von EuGH[39] und BGH[40] betonten – Prinzips sind Art. 19, 20, 32, 3 mit der dort normierten **Pflicht zur Anerkennung EU-ausländischer Insolvenzverfahren.**

---

[29] Eingehend *Harten,* Universalität im Internationalen Insolvenzrecht, 2023; *Becker* ZEuP 2002, 287 (299 ff.); aus Common Law-Sicht *McCormack* Oxford Journal of Legal Studies 32 (2012), 325; *Korherr,* Funktional-teleologische Qualifikation und Gläubigerschutz, 2019, 50 ff.

[30] EuGH ECLI:EU:C:2016:804 = NZI 2016, 1011 mAnm *Fritz* = BeckRS 2016, 82539 Rn. 17 – Senior Home; dazu *Swierczok* EWiR 2016, 703; *Hübler* NZI 2016, 990 (994); Abschlussentscheidung BGH NZI 2017, 457 mAnm *Mankowski;* zum Prinzip der Einheit des Verfahrens vgl. Art. 7, 45, 53; grdl. *Ebenroth* ZZP 101 (1988), 121 m. Fn. 2; *Hanisch* ZIP 1994, 1.

[31] So aber Duursma-Kepplinger/Duursma/Chalupsky/*Duursma-Kepplinger* EuInsVO 2000 Vor Art. 1 Rn. 13.

[32] *Balz* ZIP 1996, 948 (949); Duursma-Kepplinger/Duursma/Chalupsky/*Duursma-Kepplinger* EuInsVO 2000 Art. 3 Rn. 26; *Fritz/Bähr* DZWiR 2001, 221 (224); *Huber* ZZP 114 (2001), 133 (143 ff.).

[33] *Fritz/Bähr* DZWiR 2001, 221 (224); *Huber* ZZP 114 (2001), 133 (143 ff.); *Leible/Staudinger* KTS 2000, 533 (545); *Lüke* ZZP 111 (1998), 275 (289).

[34] BGHZ 177, 12 Rn. 30 = NZI 2008, 572 mAnm *Mankowski* NZI 2008, 575 = IPRax 2009, 73 m. Aufs. *Fehrenbach* IPRax 2009, 51: prioritätswidrige Verfahrenseröffnung und EuInsVO; *Balz* ZIP 1996, 948 (949); *Fritz/Bähr* DZWiR 2001, 221 (224); *Kemper* ZIP 2001, 1609 (1613); *Leible/Staudinger* KTS 2000, 533 (545); *Lüke* ZZP 111 (1998), 275 (290 f.); *Herchen* ZIP 2005, 1401.

[35] EuGH ECLI:EU:C:2010:24 = NZI 2010, 156 – Probud Gdynia, mAnm *Mankowski* NZI 2010, 178 = EWiR 2010, 77 (78) m. KurzKomm. *J. Schmidt;* dazu *Mansel/Thorn/Wagner* IPRax 2011, 27 f.; *Laukemann* LMK 2010, 299062; *Piekenbrock* KTS 2010, 208; *Thole* ZEuP 2010, 920; *Würdinger* IPRax 2011, 562.

[36] *Bork* InsR Rn. 1; *Foerste,* Insolvenzrecht, 6. Aufl. 2014, Rn. 8; MüKoInsO/*Stürner* Einl. Rn. 1.

[37] BGHZ 41, 98 (101) = NJW 1964, 1319; *Bork* Insolvenzrecht Rn. 2.

[38] *Pape/Uhlenbruck/Voigt-Salus* InsR Rn. 126.

[39] EuGH ECLI:EU:C:2006:281 Rn. 61 = NZI 2006, 360 – Eurofood; dazu *Freitag/Leible* RIW 2006, 641; *Hess/Laukemann/Seagon* IPRax 2007, 89; *Paulus* NZG 2006, 609; *Thole* ZEuP 2007, 1137; *Knof/Mock* ZIP 2006, 907; *Saenger/Klockenbrinck* EuZW 2006, 363; *J. Schmidt* ZIP 2007, 405; ferner EuGH ECLI:EU:C:2010:24 Rn. 27 ff. = NZI 2010, 156 – Probud Gdynia, mAnm *Mankowski* NZI 2010, 178 = EWiR 2010, 77 (78) m. KurzKomm. *J. Schmidt;* dazu *Mansel/Thorn/Wagner* IPRax 2011, 27 f.; *Laukemann* LMK 2010, 299062; *Piekenbrock* KTS 2010, 208; *Thole* ZEuP 2010, 920; *Würdinger* IPRax 2011, 562.

[40] BGHZ 177, 12 Rn. 30 = NZI 2008, 572 mAnm *Mankowski* NZI 2008, 575 = IPRax 2009, 73 m. Aufs. *Fehrenbach* IPRax 2009, 51 (prioritätswidrige Verfahrenseröffnung und EuInsVO).

10. Vertrauensschutz. Als materialer Wertungsgesichtspunkt ist der kollisionsrechtliche Vertrauensschutz vielfach in der EuInsVO verwirklicht, namentlich bei den Durchbrechungen des Universalitätsprinzips durch die Sonderanknüpfung bestimmter Rechte und Rechtsverhältnisse (Art. 8–18) und durch die Zulässigkeit von Sonderverfahren (Art. 3 Abs. 2–4; Erwägungsgründe 66–72; → Rn. 16). 21

IV. Verhältnis der EuInsVO zu den EU-Grundfreiheiten

Für ein **reibungsloses Funktionieren des Binnenmarktes** bedarf es nicht nur der Beseitigung der Hindernisse für den freien Waren-, Personen-, Dienstleistungs- und Kapitalverkehr, sondern gleichermaßen der justiziellen Zusammenarbeit in Zivilsachen (Art. 67, 81 Abs. 2 lit. c AEUV), in deren Rahmen die EuInsVO fällt (Erwägungsgründe 3, 5). Selbst wenn man also das **mitgliedstaatliche Insolvenzrecht** nicht als allgemeines Verkehrsrecht ansehen wollte – mit der Folge, dass in seiner Anwendung auf EU-Ausländer schon keine Beschränkung von deren Grundfreiheiten liegt (Art. 49 Abs. 2 AEUV aE) –, wäre seine **Anwendung** jedenfalls **gerechtfertigt,** da die Kollisionsnormen der EuInsVO ihre EU-rechtliche Rechtfertigung in sich tragen. Sie sind Ausfluss der Befugnis der EU-Organe, die den sachlichen **Anwendungsbereich der Grundfreiheiten** im Interesse der Errichtung des gemeinsamen Marktes und der Integration der Rechts- und Wirtschaftsordnung in den Mitgliedstaaten zu **konkretisieren**[41] (→ IntGesR Rn. 686 ff.). Im **Urteil Kornhaas** hat der EuGH das innerstaatliche Insolvenzrecht als **Tätigkeitsausübungsregel** ohne Beschränkungscharakter eingestuft, da das Insolvenzrecht erst nach der Gründung einer Gesellschaft im Rahmen ihrer Tätigkeit Anwendung findet.[42] 22

V. Internationales Insolvenzrecht in flankierenden EU-Richtlinien

In den von der EuInsVO ausgenommenen Sachbereichen (Art. 1 Abs. 2) hat die EU eine Reihe von Richtlinien erlassen, die bei der Auslegung und Anwendung des innerstaatlichen Rechts zu beachten sind. 23

1. Kreditinstitute. Der Abgrenzung der internationalen Zuständigkeit innerhalb der Gemeinschaft für die Eröffnung von Sanierungs- und Liquidationsverfahren über das Vermögen von Kreditinstituten dient die Sanierungs-RL.[43] Ferner soll die Richtlinie die Anerkennung derartiger Verfahren in anderen Mitgliedstaaten ermöglichen und die international-insolvenzrechtlichen Regelungen der Mitgliedstaaten betreffend Kreditinstitute angleichen. 24

Die Umsetzungsbestimmungen des deutschen Rechts finden sich in §§ 46d–46f KWG.[44] Daneben gelten für die Sanierung und Liquidation von Kreditinstituten in Deutschland die Bestimmungen des autonomen internationalen Insolvenzrechts (§§ 335 ff. InsO), bei deren Abfassung die Vorgaben der Richtlinie bereits berücksichtigt worden waren.[45] 25

2. Versicherungsunternehmen. Parallel zur soeben erwähnten Sanierungs-RL (→ Rn. 24) bezwecken die Art. 267 ff. Solvabilität II-RL[46] eine Angleichung der internationalprivat- und -verfahrensrechtlichen Regelungen der Mitgliedstaaten für die Sanierung und Liquidation von Versicherungsunternehmen. Bis auf wenige Einzelfragen stimmt die Solvabilität II-RL mit der vorgenannten Sanierungs-RL überein.[47] 26

---

41 Grdl. *Ulmer* KTS 2004, 291 (295 f.); *Ulmer* NJW 2004, 1201 (1207) m. Fn. 57; implizit auch *U. Huber* in Lutter, Europäische Auslandsgesellschaften in Deutschland, 2005, 307, 348 ff.; näher *Kindler* in Kindler/Nachmann, Handbuch des Internationalen Insolvenzrechts in Europa, 2010, Teil 1 § 1 IV (auch zu Gesellschafterdarlehen, Insolvenzantragspflicht und Beihilfen); zust. *Wedemann* IPRax 2012, 226 (231).

42 EuGH ECLI:EU:C:2015:806 Rn. 25 = EuZW 2016, 155 – Kornhaas; dazu *Kindler* EuZW 2016, 136.

43 RL 2001/24/EG vom 4.4.2001 über die Sanierung und Liquidation von Kreditinstituten, ABl. EG 2001 L 125, 15; dazu *Maucher,* Die Europäisierung des Internationalen Bankeninsolvenzrechts, 2010.

44 Beispielsfälle: LG Frankfurt a. M. IPRax 2012, 75 m. Aufs. *Schefold* IPRax 2012, 66: Arrestantrag in das Vermögen der Frankfurter Zweigstelle einer Bank mit Sitz in Island; OLG Frankfurt EWiR 2013, 159 m. KurzKomm. *Brinkmann;* dazu auch *Brinkmann* IPRax 2013, 333.

45 Näher *Haubold* in Gebauer/Wiedmann EuropZivilR Kap. 32 Rn. 266 ff.; *Kokemoor* WM 2005, 1881; OLG Frankfurt BeckRS 2013, 2536 = EWiR 2013, 159 m. KurzKomm. *Brinkmann;* dazu auch *Brinkmann* IPRax 2013, 333.

46 RL 2009/138/EG vom 25.11.2009 betreffend die Aufnahme und Ausübung der Versicherungs- und der Rückversicherungstätigkeit, ABl. EG 2009 L 335, 1; früher RL 2001/17/EG; näher *Heiss* Essays in Honour of Dufwa, Bd. I, 2006, 539 ff.

47 Vgl. für Einzelheiten *Geiger* VW 2002, 1157; *Keller* BKR 2002, 347 (350); Beispiel: EuGH ECLI:EU:C:2022:9 = EuZW 2022, 392 mAnm *Laukemann* IPRax 2022, 567 (zu Art. 292 289 Solvabilität II-RL, der Parallelvorschrift zu Art. 18) – Paget Approbois.

27 Die Durchführungsbestimmungen zu Art. 267 ff. Solvabilität II-RL finden sich vornehmlich in §§ 312, 313, 326 ff. VAG.[48] Auch hier gelten ergänzend die Vorschriften des autonomen internationalen Insolvenzrechts (§§ 335 ff. InsO), die an den Anforderungen der Solvabilität II-RL ausgerichtet sind.[49]

28 **3. Zahlungs- und Abrechnungssysteme.** Die **Finalitäts-RL**[50] soll den besonderen Risiken begegnen, die in internationalen Zahlungs- und Abrechnungssystemen durch die Insolvenz eines Teilnehmers auftreten können.[51] Erkennt etwa das maßgebliche Insolvenzstatut die Ausführung bereits in das System eingestellter Zahlungsaufträge nicht an – oder verlangt es deren Rückabwicklung –, so kann die Insolvenz des einen Teilnehmers auch die anderen Teilnehmer in Liquiditätsschwierigkeiten bringen („Dominoeffekt").[52] Kernpunkt der Richtlinie ist die **Insolvenzfestigkeit von Aufrechnungen und Zahlungsaufträgen.** Sie müssen auch nach Eröffnung eines Insolvenzverfahrens über einen Beteiligten verbindlich sein und dürfen nicht rückgängig gemacht (Art. 3 Finalitäts-RL) oder widerrufen (Art. 5 Finalitäts-RL) werden. Auch darf die Insolvenzeröffnung sich nicht rückwirkend auf die Rechte und Pflichten des Teilnehmers am System auswirken (Art. 7 Finalitäts-RL). Kollisionsrechtlich ist dies durch Art. 8 Finalitäts-RL iVm Art. 2 lit. a Finalitäts-RL abgesichert, wonach für die Wirkungen der Insolvenz allein das Insolvenzrecht des Staates maßgeblich ist, dessen Recht die Teilnehmer für das Zahlungssystem insgesamt gewählt haben. Hinzu tritt eine weitere Kollisionsnorm in Art. 9, betreffend dingliche Sicherheiten, die im Rahmen eines solchen Systems begeben werden (→ Art. 9 Rn. 1 ff., auch mit Blick auf die Finanzsicherheiten-RL).

29 Um insgesamt eine stimmige kollisionsrechtliche Lösung zu erreichen, verweist Art. 12 für die Wirkungen der Insolvenz eines Systemteilnehmers auf das auf das System anwendbare Recht (näher → Art. 12 Rn. 10).

30 Die deutschen Durchführungsbestimmungen zur Finalitäts-RL finden sich vor allem in § 96 Abs. 2 InsO iVm § 1 Abs. 16 KWG (Sachrecht) sowie in § 340 Abs. 3 InsO (Kollisionsrecht). Kollisionsrechtlich richten sich die Wirkungen der Insolvenz eines Vertragspartners auf individuelle Aufrechnungs- und Schuldumwandlungsvereinbarungen nach dem für solche Vereinbarungen geltenden Recht.[53]

31 **4. Wertpapier- und Finanzsicherheiten.** Die Übereignung, Sicherungsübereignung oder Verpfändung von Wertpapieren unterliegt dem Recht des Staates, in dem sich das Wertpapier befindet (lex cartae sitae; vgl. Art. 43 Abs. 1 EGBGB; → EGBGB Art. 43 Rn. 200 ff.). In der Mehrzahl der Fälle ist der Ort der Belegenheit des Wertpapiers aber kein tauglicher Anknüpfungspunkt mehr, da nahezu alle gehandelten Kapitalmarktinstrumente sich heute in Sammelverwahrung befinden oder nur noch als Globalurkunde existieren bzw. überhaupt nicht mehr verbrieft werden.[54] Daher bestimmen sich nach Art. 9 Abs. 2 Finalitäts-RL die Rechte des Sicherungsnehmers aus einer dinglichen Sicherheit an Wertpapieren, die innerhalb eines Zahlungs- und Abrechnungssystems gewährt werden, nach dem Recht des Staates, in dem sich das Konto oder Register befindet, auf dem die betreffende dingliche Sicherheit durch Eintragung begründet wurde (→ EGBGB Art. 43 Rn. 226 ff.). Dieselbe Kollisionsregel findet sich in Art. 9 Finanzsicherheiten-RL (näher → EGBGB Art. 43 Rn. 235 ff.).[55] Die Finanzsicherheiten-RL erstreckt sich auf alle im Effektengiro übertragbaren Wertpapiere, dh auch auf solche, die nicht im Rahmen eines Zahlungssystems zu Sicherungszwecken eingesetzt werden. Für die Rechtsnatur von Wertpapieren, die Bestellung von Sicherungsrechten und den gutgläubigen Erwerb beruft die Finanzsicherheiten-RL einheitlich das Recht des Staates zur Anwendung, in dem das Depotkonto geführt wird, auf dem der Erwerb des Sicherungsrechts am Wertpapier verbucht wird (Art. 9 Abs. 1 Finanzsicherheiten-RL iVm Art. 2 lit. h Finanzsicherheiten-RL). Da diese Richtlinie die vorangegangenen insolvenzrechtlichen Regelungen der EU nur ergänzen, nicht abändern soll (Erwägungsgrund 4 Finanzsicherheiten-RL), gelten Art. 8 EuInsVO bzw. Art. 21 Sanierungs-RL (→ Rn. 24) und dessen Umsetzung (§ 351 Abs. 1 InsO) auch für Finanzsi-

---

48 Beispiel: BGH NZI 2013, 763.

49 Näher *Haubold* in Gebauer/Wiedmann EuropZivilR Kap. 32 Rn. 281 ff.

50 RL 98/26/EG vom 19.5.1998 über die Wirksamkeit von Abrechnungen in Zahlungs- sowie Wertpapierliefer- und -abrechnungssystemen, ABl. EG 1998 L 166, 45.

51 Näher *Hasselbach* ZIP 1997, 1491; *Keller* WM 2000, 1269; *Keller* BKR 2002, 347 (351 f.); *Obermüller* FS Uhlenbruck, 2000, 365; *Schefold* IPRax 2000, 468 (472 f.); *Kieper,* Abwicklungssysteme in der Insolvenz, 2004, 107 ff.

52 *Hasselbach* ZIP 1997, 1491 f.

53 Näher zur Finalitäts-RL und ihre Umsetzung in das deutsche Recht *Haubold* in Gebauer/Wiedmann EuropZivilR Kap. 32 Rn. 285 ff.

54 *Schefold* IPRax 2000, 468 (469 f.).

55 Dazu *Keller* BKR 2002, 347 (352 ff.).

cherheiten iSd Richtlinie.[56] Sicherungsrechte an Wertpapieren und anderen Finanzinstrumenten, die in Mitgliedstaaten **außerhalb** des Insolvenzeröffnungsstaats belegen sind, können daher in das Insolvenzverfahren nicht einbezogen werden.[57]

Nach den 1999/2004 erlassenen deutschen Durchführungsbestimmungen zur Finalitäts-RL und zur Finanzsicherheiten-RL[58] sind Sicherheiten, die im Rahmen von Zahlungssystemen gewährt werden, sowie Finanzsicherheiten in der Insolvenz des Sicherungsgebers dem Zugriff des Insolvenzverwalters entzogen (§ 21 Abs. 2 InsO, § 166 Abs. 3 InsO). Die Insolvenzanfechtung ist eingeschränkt (§ 130 Abs. 1 S. 2 InsO).[59] **32**

Die Durchführungsbestimmung zur Kollisionsnorm des Art. 9 Abs. 2 Finalitäts-RL findet sich in § 17a DepotG. Diese Vorschrift soll sich nach dem Willen des Gesetzgebers auch auf den Anwendungsbereich der Finanzsicherheiten-RL erstrecken (näher → EGBGB Art. 43 Rn. 246 ff.; → IntGesR Rn. 593). **33**

Kapitel I. Allgemeine Bestimmungen

Art. 1 EuInsVO Anwendungsbereich

(1) *[1]* Diese Verordnung gilt für öffentliche Gesamtverfahren einschließlich vorläufiger Verfahren, die auf der Grundlage gesetzlicher Regelungen zur Insolvenz stattfinden und in denen zu Zwecken der Rettung, Schuldenanpassung, Reorganisation oder Liquidation
a) dem Schuldner die Verfügungsgewalt über sein Vermögen ganz oder teilweise entzogen und ein Verwalter bestellt wird,
b) das Vermögen und die Geschäfte des Schuldners der Kontrolle oder Aufsicht durch ein Gericht unterstellt werden oder
c) die vorübergehende Aussetzung von Einzelvollstreckungsverfahren von einem Gericht oder kraft Gesetzes gewährt wird, um Verhandlungen zwischen dem Schuldner und seinen Gläubigern zu ermöglichen, sofern das Verfahren, in dem die Aussetzung gewährt wird, geeignete Maßnahmen zum Schutz der Gesamtheit der Gläubiger vorsieht und in dem Fall, dass keine Einigung erzielt wird, einem der in den Buchstaben a oder b genannten Verfahren vorgeschaltet ist.

***[2]* Kann ein in diesem Absatz genanntes Verfahren in Situationen eingeleitet werden, in denen lediglich die Wahrscheinlichkeit einer Insolvenz besteht, ist der Zweck des Verfahrens die Vermeidung der Insolvenz des Schuldners oder der Einstellung seiner Geschäftstätigkeit.**

***[3]* Die Verfahren, auf die in diesem Absatz Bezug genommen wird, sind in Anhang A aufgeführt.**

(2) Diese Verordnung gilt nicht für Verfahren nach Absatz 1 in Bezug auf
a) Versicherungsunternehmen,
b) Kreditinstitute,
c) Wertpapierfirmen und andere Firmen, Einrichtungen und Unternehmen, soweit sie unter die Richtlinie 2001/24/EG fallen, oder
d) Organismen für gemeinsame Anlagen.

Schrifttum: *Duursma-Kepplinger/Duursma,* Der Anwendungsbereich der Insolvenzverordnung unter Berücksichtigung der Bereichsausnahmen, von Konzernsachverhalten und der von den Mitgliedstaaten abgeschlossenen Konkursverträge, IPRax 2003, 505; *Heiss/Gölz,* Zur deutschen Umsetzung der Richtlinie 2001/17/EG des Europäischen Parlaments und des Rates vom 19.3.2001 über die Sanierung und Liquidation von Versicherungsun-

[56] *Keller* BKR 2002, 347 (350); *Haubold* in Gebauer/Wiedmann EuropZivilR Kap. 32 Rn. 296.

[57] Zu einer möglichen Änderung der Finanzsicherheiten-RL im Lichte des geplanten Haager Übereinkommens über die auf bestimmte Rechte in Bezug auf intermediär-verwahrte Wertpapiere anzuwendende Rechtsordnung (IPRax 2003, 550) vgl. *Räuschle* IPRax 2003, 495; *Räuschle* BKR 2003, 562; *Schefold* FS Jayme, 2004, 805 ff.

[58] Gesetz vom 8.12.1999 (BGBl. 1999 I 2384); Gesetz vom 5.4.2004 (BGBl. 2004 I 502); näher *Sabel* ZIP 2003, 781 (786 ff.); *Kieper,* Abwicklungssysteme in der Insolvenz, 2004, 231 ff.; *Herring/Christea* ZIP 2004, 1627.

[59] Zu weiteren sachrechtlichen Regelungen in diesem Zusammenhang *Haubold* in Gebauer/Wiedmann EuropZivilR Kap. 32 Rn. 299 ff.

ternehmen, NZI 2006, 1; *Kokemoor,* Das internationale Sonderinsolvenz- und -sanierungsrecht der Einlagenkreditinstitute und E-Geld-Institute gemäß den §§ 46d, 46e und 46f KWG, WM 2005, 1881; *Krebber,* Europäische Insolvenzordnung, Drittstaatengesellschaften, Drittstaatensachverhalte und innergemeinschaftliche Konflikte, IPRax 2004, 540; *Vallender,* Die Folgen des Brexit für das nationale und internationale Insolvenzrecht, ZInsO 2019, 645.

Übersicht

I. Allgemeines

1 Art. 1 trägt die amtliche Überschrift „Anwendungsbereich" und wurde mit der Reform der VO (EG) 1346/2000 im Jahre 2015 neu gefasst. Mit der Neuregelung verfolgt die Kommission vorrangig das Ziel, dass auch diejenigen Verfahren nach Art. 19 ff. unionsweit anerkannt werden, in denen kein Verwalter bestellt wird und der Schuldner die Verfügungsgewalt behält (Art. 1 Abs. 1 lit. b).[1] Näher bestimmt sind in dieser Norm nur der sachliche (Art. 1 Abs. 1) und der personelle Anwendungsbereich (Art. 1 Abs. 2). Der in **Anh. A** festgelegte sachliche Anwendungsbereich wurde – mit Rücksicht auf Neuerungen im polnischen Insolvenzrecht[2] – durch die VO (EU) 2017/353 **neu gefasst.** Der zeitliche Anwendungsbereich ist aus Art. 84 zu entnehmen, während der räumliche Anwendungsbereich nicht explizit geregelt ist. In ihrem Anwendungsbereich gehen die Vorschriften der EuInsVO denjenigen des autonomen internationalen Insolvenzrechts (§§ 335 ff. InsO) vor.[3]

II. Sachlicher Anwendungsbereich

2 Insolvenzverfahren iSd EuInsVO sind nach Art. 1 Abs. 1 alle Gesamtverfahren einschließlich solcher des einstweiligen Rechtsschutzes, die sich auf eine gesetzliche Regelung zur Insolvenz oder Schuldenanpassung stützen und in denen zum Zwecke der Sanierung, Schuldenanpassung, Reorganisation oder Liquidation (a) der Schuldner die Verfügungsgewalt über sein Vermögen ganz oder teilweise zugunsten eines Verwalters verliert, (b) eine Kontrolle oder Aufsicht durch ein Gericht stattfindet oder (c) unter Ergreifung von Schutzmaßnahmen zugunsten der Gesamtheit der Gläubiger zur Ermöglichung von Verhandlungen zwischen Schuldner und Gläubigern ein Einzelvollstreckungsverfahren vorübergehend ausgesetzt wird, sofern sich im Falle des Scheiterns ein unter (a) oder (b) genanntes Verfahren anschließt.

3 Aus Gründen der Rechtssicherheit bestimmt Art. 1 Abs. 1 UAbs. 3, dass nur die in **Anh. A** aufgenommenen Verfahren als Verfahren in diesem Sinne gelten (dazu auch Erwägungsgrund 9). Damit erledigt sich die Streitfrage, ob neben der Auflistung in Anh. A die materiellen Merkmale des Begriffs des „Insolvenzverfahrens" (Art. 1) für die Einstufung herangezogen werden können.[4] Die Aufzählung enthält einen **numerus clausus** anzuerkennender Insolvenzverfahren.[5] Sollte also etwa ein Mitgliedstaat ein neues nationales Insolvenzverfahren schaffen, so kann der sachliche Anwendungsbereich der EuInsVO auch auf dieses Verfahren erweitert werden, indem es in den Anh. A aufgenommen wird (zum Änderungsverfahren der Anhänge → Art. 88 Rn. 7). Genau besehen geht es dabei allerdings nur um eine Option für die betroffenen Mitgliedstaaten. Diese

[1] COM(2012) 744 final, 7.

[2] Dazu *Lewandowski/Wołowski* WiRO 2016, 233.

[3] BGH NZI 2015, 668 Rn. 4; BGHZ 188, 177 Rn. 11 = NJW 2011, 1818; dazu *Reinhart* IPRax 2012, 417.

[4] So der Vermerk des Rates vom 3.6.2014 Nr. 10284/14 JUSTVIC 134 EJUSTICE 54 CODEC 1366 Rn. 18; *Fehrenbach* GPR 2016, 282 (287); krit. *Wenner* ZIP 2017, 1137 (1139).

[5] EuGH ECLI:EU:C:2012:704 Rn. 24 = EuZW 2013, 72 – Radziejewski; K. Schmidt/*Brinkmann* EuInsVO 2000 Art. 1 Rn. 2.

können frei entscheiden, ob sie im Wege des aufwendigen ordentlichen Gesetzgebungsverfahrens[6] im Rahmen einer Überarbeitung des Anh. A ein Verfahren aufnehmen möchten. Erst mit der Aufnahme in den Anh. A unterliegt das Verfahren der Verordnung (Art. 1 Abs. 1 UAbs. 3) und kommt in den Genuss der Anerkennungswirkung nach Art. 19 ff. Der einzelne Mitgliedstaat wird abwägen, ob die Schutzwirkung nach Art. 19 ff. wirklich den Preis der Unterwerfung unter die Zuständigkeitsanforderungen des Art. 3 und das Publizitätsregime der Art. 24 ff. wert ist.[7] Die Reform leistet insoweit keinen Beitrag zur Eindämmung des Restrukturierungstourismus.[8] Denn diejenigen Mitgliedstaaten, die – wie (vor dem Brexit) das Vereinigte Königreich[9] – derzeit von diesem Phänomen profitieren, werden für die betreffenden Verfahren keinen Antrag auf Aufnahme in den Anh. A stellen.

Bedeutsam ist diese Möglichkeit auch im Hinblick auf die Erweiterung der Union, dh die Aufnahme von Insolvenzverfahren der Beitrittsstaaten in den Geltungsbereich der EuInsVO (zu den Osterweiterungen → Art. 45 Rn. 5 f.). Hierfür muss es sich allerdings um ein Verfahren iSd Art. 1 handeln. Ob dies der Fall ist, ist durch den EU-Gesetzgeber im Zuge der Aufnahme in die jeweilige Liste zu überprüfen und nicht von dem das Verfahren eröffnenden Gericht. 4

1. Gesamtverfahren einschließlich vorläufiger Verfahren. Zunächst muss es sich um ein Gesamtverfahren handeln. Dies ist das Gegenstück zur Einzelzwangsvollstreckung, bei der der Gläubiger als „Herr des Verfahrens" über das Ob, Wann und Wie der Vollstreckung entscheidet. Das Gesamtvollstreckungsverfahren ist gemäß Art. 2 Nr. 1 ein Verfahren, das auf die **Befriedigung aller** oder einem **wesentlichen Teil der Gläubiger** abzielt (Erwägungsgrund 14),[10] individuelle Vollstreckungsmaßnahmen sind ausgeschlossen.[11] Betroffene Gläubiger sind jedoch nur solche, die mit ihrer Befriedigung ausschließlich auf die Quote im Insolvenzverfahren verwiesen werden (Konkurs- bzw. Insolvenzgläubiger). Besicherten Gläubigern (Aus- und Absonderungsberechtigten) steht demgegenüber grundsätzlich auch nach der Insolvenzeröffnung die Möglichkeit offen, ihre besicherten Ansprüche im Wege der Einzelrechtsverfolgung durchzusetzen.[12] **Erkenntnisverfahren** sind keine Einzelvollstreckungsmaßnahmen und daher weiterhin **zulässig.**[13] 5

Art. 1 Abs. 1 beinhaltet – im Einklang mit dem UNCITRAL Model Law on Cross Border Insolvency (zu diesem Regelwerk → IntInsR Einl. Rn. 19) – eine Erstreckung der EuInsVO auf vorinsolvenzliche Sanierungsverfahren und Verfahren in Eigenverantwortung.[14] **Vorinsolvenzliche Sanierungsverfahren** sind – kurz gesagt – solche, in deren Verlauf ein Schuldner bereits vor einer drohenden Insolvenz zu einer Einigung mit den Gläubigern gelangen kann. Deshalb ist in Art. 1 das Begriffsmerkmal der „Insolvenz des Schuldners" entfallen. Die Definition erfasst wegen Erwägungsgrund 17 auch solche Verfahren, die vor Eintritt der Zahlungsunfähigkeit (vgl. § 18 InsO) eröffnet werden können, aber nicht zwingend auf die Sanierung des Schuldners gerichtet sind.[15] Durch Herabstufung des Erfordernisses einer Verwalterbestellung zu einer bloßen Alternative zur gerichtlichen Überwachung werden zudem die Verfahren in **Eigenverwaltung** einbezogen.[16] Dies gilt etwa für die Verfahren der vorläufigen Eigenverwaltung nach § 270a InsO und das Schutzschirm- 6

[6] Entgegen dem in Art. 45 EuInsVO-E (COM(2012) 744 final, 36) ursprünglich vorgesehenen vereinfachten Änderungsverfahren hat sich der Reformgeber auf Druck der Mitgliedstaaten für eine Änderung der Anhänge im Wege des ordentlichen Gesetzgebungsverfahren nach Art. 289 AEUV entschieden, um eine umfassende Beteiligung aller Mitgliedstaaten zu gewährleisten, vgl. 102894/14 JUSTCIV 134 EJUSTICE 54 CODEC 1366 Rn. 19 f.

[7] So *Kindler* KTS 2014, 25 (26).

[8] AA *Thole/Swierczok* ZIP 2013, 550 (551).

[9] Vgl. *Kindler* KTS 2014, 25 (29); *Thole/Swierczok* ZIP 2013, 550 (551) mit Hinweis auf einige prominente kontinentaleuropäische Fälle des Scheme of Arrangement, für die keine englische internationale Eröffnungszuständigkeit nach Art. 3 EuInsVO 2000 bestand (Tele Columbus, Rodenstock, Primacom, La Seda de Barcelona SA, Metrovacesa, Seat Pagine Gialle SPA); dazu auch *Eidenmüller* 20 Maastricht Journal of European and Comparative Law 1 (2013), 133 (141); näher *Sax/Swierczok* ZIP 2016, 1945; *Hoffmann/Giancristofano* ZIP 2016, 1951.

[10] *Paulus* Rn. 13 ff.

[11] Duursma-Kepplinger/Duursma/Chalupsky/*Duursma-Kepplinger* EuInsVO 2000 Art. 1 Rn. 18; *Virgós/Schmit* Rn. 49.

[12] *Duursma-Kepplinger/Duursma* IPRax 2003, 505 (507).

[13] Duursma-Kepplinger/Duursma/Chalupsky/*Duursma-Kepplinger* EuInsVO 2000 Art. 1 Rn. 19.

[14] COM(2012) 744 final, 5.

[15] *Fehrenbach* GPR 2016, 282 (286).

[16] Für das deutsche Recht ergeben sich keine Änderungen. Die Eigenverwaltung unterlag schon bisher der EuInsVO, weil Anhang B den „Sachwalter" bereits aufführt, vgl. *Fehrenbach* GPR 2016, 282 (284); die Aufnahme empfahl auch *Hess/Oberhammer/Pfeiffer,* European Insolvency Law, Heidelberg-Luxembourg-Vienna Report, 2014, Rn. 42.

verfahren nach § 270b InsO.[17] Die Kommission vertritt die Auffassung, dass solche Verfahren die Aussichten für eine erfolgreiche Sanierung erhöhen.[18]

7 **2. Entziehung der Vermögensgewalt und Bestellung eines Verwalters (Abs. 1 lit. a).** Unter einem – vollständigen oder teilweisen – **Entzug der Verfügungsgewalt** des Schuldners über sein Vermögen iSv Art. 1 Abs. 1 lit. a versteht man den **Übergang der Verwaltungs- und Verfügungsbefugnis** des Schuldners über sein Vermögen auf eine andere Person oder die **Einschränkung** dieser Befugnis durch die Überwachung einer anderen Person.[19] Aus dem Wort „teilweise" lässt sich zweierlei entnehmen: Verlust bzw. Beschränkung können sich erstens nur auf Teile des Vermögens und/oder zweitens nur auf Einzelbereiche der Gesamtbefugnis beziehen.[20] Wie die Ausgestaltung von Verlust bzw. Beschränkung der Befugnis von den Mitgliedstaaten vorgenommen wird, hat für die Anwendung der Verordnung keine Bedeutung.[21]

8 Ein solcher **teilweiser Vermögensbeschlag** war wegen der nur partiellen Beschränkung der Verwaltungs- und Verfügungsrechte mit dem früheren deutschen Vergleichsverfahren verbunden.[22] Heute ist dieser Aspekt bei der Insolvenz in **Eigenverwaltung** nach §§ 270 ff. InsO von Bedeutung. Hierbei geht es darum, dass der Schuldner mit dem Sanierungsziel nach § 270 Abs. 1 S. 1 InsO berechtigt bleibt, über die Insolvenzmasse zu verfügen und sie zu verwalten, wobei er allerdings der Aufsicht eines Sachwalters – statt eines Insolvenzverwalters – unterliegt (§ 270 Abs. 3 S. 1 InsO). Solche Verfahren, die **dem Schuldner die volle Herrschaft über die Geschäfte** belassen, unterfallen **nicht** Abs. 1 lit. a.[23]

9 Schließlich muss das Gesamtverfahren die **Bestellung eines Verwalters** zur Folge haben. Ein Verwalter in diesem Sinne ist **jede Person oder Stelle,** deren Aufgabe es ist, die im Insolvenzverfahren **angemeldeten Forderungen** zu **prüfen** und **zuzulassen,** die **Gesamtinteressen der Gläubiger** zu **vertreten, Masse** zu **verwalten** oder zu **verwerten** oder die **Geschäftstätigkeit** des Schuldners zu **überwachen** (Art. 2 Nr. 5 UAbs. 1). Die als Verwalter in Betracht kommenden Personen und Stellen sind im Anh. B EuInsVO abschließend aufgelistet (Art. 2 Nr. 5 UAbs. 2). Daraus geht unter anderem hervor, dass in einzelnen Mitgliedstaaten, wie zB Österreich, **auch das Gericht** als Verwalter in Betracht kommt.

10 **3. Kontrolle oder Aufsicht durch ein Gericht (Abs. 1 lit. b).** Seit der Reform 2015 sind Gesamtverfahren, die das Vermögen und die Geschäfte des Schuldners der Kontrolle oder Aufsicht durch ein Gericht (vgl. zum Begriff „Gericht" Erwägungsgrund 20) unterstellen, vom Anwendungsbereich der ausdrücklich umfasst. Damit sollen Verfahren einbezogen werden, die die Rettung wirtschaftlich bestandsfähiger Unternehmen, die sich jedoch in finanziellen Schwierigkeiten befinden, begünstigen und Unternehmern eine zweite Chance bieten. Einbezogen werden sollen vor allem Verfahren, die auf eine Sanierung des Schuldners in einer Situation gerichtet sind, in der lediglich die Wahrscheinlichkeit einer Insolvenz besteht, und Verfahren, bei denen der Schuldner ganz oder teilweise die Kontrolle über seine Vermögenswerte und Geschäfte behält. Der Anwendungsbereich soll sich auch auf Verfahren erstrecken, die eine Schuldbefreiung oder eine Schuldenanpassung in Bezug auf Verbraucher und Selbständige zum Ziel haben, indem zB der vom Schuldner zu zahlende Betrag verringert oder die dem Schuldner gewährte Zahlungsfrist verlängert wird. Da in solchen Verfahren nicht unbedingt ein Verwalter bestellt werden muss, sollen sie unter diese Verordnung fallen, wenn sie der Kontrolle oder Aufsicht eines Gerichts unterliegen. In diesem Zusammenhang soll der Ausdruck „Kontrolle" auch Sachverhalte einschließen, in denen ein Gericht nur aufgrund des Rechtsbehelfs eines Gläubigers oder anderer Verfahrensbeteiligter tätig wird (Erwägungsgrund 10).

11 Damit ist die Frage obsolet, ob auch bei der **Insolvenz in Eigenverwaltung** nach §§ 270 ff. InsO eine Verwalterbestellung iSv Art. 1 Abs. 1 EuInsVO 2000 erfolgt und dieses Verfahren unter die VO fällt. Dies wird teilweise verneint, da ein Insolvenzverwalter nicht bestellt werde und Deutschland das Insolvenzgericht nicht in die Liste von Anh. C EuInsVO 2000 habe aufnehmen

17 So auch die Einschätzung von *Thole/Swierczok* ZIP 2013, 550 (551) mwN; *Thole* IPRax 2017, 213 (214); gegen eine Anerkennungsfähigkeit nach Art. 1 Abs. 1 EuInsVO 2000 aber noch *Thole* ZGR 2013, 109 (154 ff.); wie im Text *Paulus* Rn. 20.

18 COM(2012) 744 final, 2 f.

19 *Virgós/Schmit* Rn. 49.

20 *Balz* ZIP 1996, 948; Duursma-Kepplinger/Duursma/Chalupsky/*Duursma-Kepplinger* EuInsVO 2000 Art. 1 Rn. 24; *Duursma-Kepplinger/Duursma* IPRax 2003, 505 (507); *Virgós/Schmit* Rn. 49.

21 *Virgós/Schmit Virgós/Schmit* Rn. 49.

22 *Balz* ZIP 1996, 948.

23 OLG Trient IPRax 2016, 612 mAnm *Reinstadler/Reinalter.*

lassen.[24] Andererseits wurde vertreten, dass es sich bei der Insolvenz in Eigenverwaltung durchaus nicht um ein verwalterloses Verfahren, sondern um eine „Eigenverwaltung unter Aufsicht eines Sachwalters", handele.[25]

4. Vorübergehende Aussetzung von Einzelvollstreckungsverfahren zur Verhandlung (Abs. 1 lit. c). Ebenfalls mit der Reform 2015 eingeführt wurde Abs. 1 lit. c, wonach Verfahren, in denen die vorübergehende Aussetzung von Einzelvollstreckungsverfahren von einem Gericht oder kraft Gesetzes gewährt wird, um Verhandlungen zwischen dem Schuldner und seinen Gläubigern zu ermöglichen, der unterfallen, wenn das Verfahren, in dem die Aussetzung gewährt wird, geeignete Maßnahmen zum Schutz der Gesamtheit der Gläubiger vorsieht und in dem Fall, dass keine Einigung erzielt wird, einem der ebenfalls von Art. 1 Abs. 1 umfassten Verfahren vorgeschaltet ist (vgl. dazu Erwägungsgrund 11). Hierunter fällt grundsätzlich auch das geplante europäische vorinsolvenzliche Sanierungsverfahren/preventive restructuring proceeding in seiner jeweiligen mitgliedstaatlichen Ausgestaltung (→ IntInsR Einl. Rn. 26).[26] 12

5. Nicht genannte Voraussetzungen. Keine Voraussetzungen der EuInsVO sind die **Verwertung und Verteilung** der Masse an die Gläubiger, wie erwähnt die **Liquidation**[27] und grundsätzlich auch nicht die **gerichtliche Aufsicht.**[28] Der Verzicht auf das zuletzt genannte Erfordernis bezweckt die Einbeziehung des britischen *Creditors voluntary winding up*-Verfahrens. Allerdings wurde dieses Verfahren nur unter der Auflage der „confirmation of a court" in den Anwendungsbereich der EuInsVO aufgenommen. Das Verfahren muss also eine gerichtliche Bestätigung erhalten haben.[29] Aus den Erwägungsgründen 12 und 13 ergibt sich, dass vertraulich geführte Insolvenzverfahren vom Anwendungsbereich der Verordnung ausgenommen sein sollen. Wegen der vertraulichen und vertraglichen Natur derartiger Verfahren sei es schwierig, diese EU-weit anzuerkennen.[30] Die Verordnung soll daher nur für Verfahren gelten, die öffentlich bekanntzugeben sind. 13

III. Persönlicher Anwendungsbereich

Keine Rolle spielt es, ob der Schuldner **Kaufmann** oder **Nichtkaufmann, juristische Person** oder **Privatperson** ist (Erwägungsgrund 9).[31] Für den persönlichen Anwendungsbereich sind ferner die Bereichsausnahmen des Art. 1 Abs. 2 von Bedeutung. Danach fallen aus dem Anwendungsbereich der Verordnung **Versicherungsunternehmen** (Abs. 2 lit. a), **Kreditinstitute** (Abs. 2 lit. b), **Wertpapierfirmen** und andere Firmen, Einrichtungen und Unternehmen, soweit sie unter die Sanierungs-RL fallen (Abs. 2 lit. c), sowie **Organismen für gemeinsame Anlagen** (Abs. 2 lit. d) heraus. Diese Bereichsausnahmen sind bereits Gegenstand gesonderter EU-rechtlicher Regelungen (Erwägungsgrund 19). 14

Versicherungsunternehmen sind Unternehmen iSd Solvabilität II-RL (→ Vor Art. 1 Rn. 26 f.).[32] **Kreditinstitute** sind Unternehmen, deren Tätigkeit darin besteht, Einlagen oder andere rückzahlbare Gelder des Publikums entgegenzunehmen und Kredite für eigene Rechnung zu gewähren (Art. 1 Abs. 1 Sanierungs-RL iVm Art. 4 Abs. 1 Nr. 1 VO (EU) 575/2013, Art. 3 Abs. 1 Nr. 1, 163 RL 2013/36/EU, welche die der RL 2000/12/EG nachfolgende RL 2006/48/EG aufhebt und ersetzt).[33] 15

Unter **Wertpapierfirmen** versteht man grundsätzlich jede juristische Person, die im Rahmen ihrer üblichen beruflichen oder gewerblichen Tätigkeit gewerbsmäßig eine oder mehrere Wertpapierdienstleistungen für Dritte erbringt und/oder eine oder mehrere Anlagetätigkeiten ausübt (Art. 1 Abs. 3 Sanierungs-RL iVm Art. 4 Abs. 1 Nr. 2 VO (EU) 575/2013; s. auch Erwägungsgrund 19). 16

---

24 Duursma-Kepplinger/Duursma/Chalupsky/*Duursma-Kepplinger* EuInsVO 2000 Art. 1 Rn. 29; OLG Trient IPRax 2016, 612 mAnm *Reinstadler/Reinalter.*

25 *Häsemeyer* InsR, 4. Aufl. 2007, Vor Rn. 8.01.

26 *Paulus* Art. 1 Rn. 27.

27 Nerlich/Römermann/*Nerlich* EuInsVO 2000 Art. 1 Rn. 4; *Hausmann* in Reithmann/Martiny IntVertragsR Rn. 6.522.

28 Ausnahmen, in denen eine gerichtliche Aufsicht erforderlich sind: das großbritannische und irische *creditors' voluntary winding-up,* durch den Zusatz „with confirmation by the court", vgl. Anh. A.

29 Näher *Flessner* ZEuP 2004, 887 (903).

30 COM(2012) 744 final, 6.

31 *Duursma-Kepplinger/Duursma* IPRax 2003, 505 (508); *Fritz/Bähr* DZWiR 2001, 221; *Lehr* KTS 2000, 577 (578).

32 Früher Art. 310 RL 73/780/EWG; zur EuInsVO 2000 vgl. *Virgós/Schmit* Rn. 57; BGH NZI 2013, 763 Rn. 31; Beispiel: EuGH ECLI:EU:C:2022:9 = EuZW 2022, 392 mAnm *Laukemann* IPRax 2022, 567 (zu Art. 292 289 Solvabilität II-RL, der Parallelvorschrift zu Art. 18) – Paget Approbois.

33 Zur EuInsVO 2000 vgl. *Virgós/Schmit* Rn. 58.

Wertpapierdienstleistungen sind etwa die Annahme, Übermittlung und Ausführung von Wertpapieren für eigene Rechnung und die individuelle Verwaltung von Wertpapierportefeuilles mit einem Ermessensspielraum im Rahmen eines Anlegermandats.[34]

17 **Organismen für gemeinsame Anlagen** sind gemäß Art. 2 Nr. 2 Organismen für gemeinsame Anlagen in **Wertpapieren** nach § 1 Abs. 2 KAGB Investmentvermögen, die die Anforderungen der OGAW-RL[35] erfüllen. Dabei handelt es sich um Gebilde, deren Zweck es ist, beim Publikum beschaffte Gelder für gemeinsame Rechnung nach dem Grundsatz der Risikobetreuung in Wertpapieren anzulegen und deren Anteile auf Verlangen der Anteilinhaber unmittelbar oder mittelbar zu Lasten des Vermögens dieser Organismen zurückgenommen oder ausgezahlt werden.[36] Außerdem erfasst sind **alternative Investmentfonds** (AIF) iSd AIFM-RL,[37] mithin Organismen für gemeinsame Anlagen einschließlich ihrer Teilfonds, die von einer Anzahl von Anlegern Kapital einsammeln, um es gemäß einer festgelegten Anlagestrategie zum Nutzen dieser Anleger zu investieren, und keiner Genehmigung gemäß Art. 5 OGAW-RL benötigen (Art. 4 Abs. 1 lit. a OGAW-RL).

18 Der Grund für diese Bereichsausnahmen liegt nicht in mangelnder praktischer Relevanz der grenzüberschreitenden Insolvenz solcher Unternehmen, im Gegenteil ist die Bedeutung solcher Insolvenzen derart groß, dass sie besonderer Regelungen bedürfen.[38] Ferner unterliegen die betreffenden Unternehmen der Aufsicht nationaler Aufsichtsbehörden mit weitgehenden Eingriffsbefugnissen; auch wegen der daraus resultierenden spezifischen öffentlich-rechtlichen Bezüge[39] war eine besondere Regelung geboten (Erwägungsgrund 19).[40] Für die Insolvenz von Versicherungsunternehmen gelten die Art. 267 ff. Solvabilität II-RL (→ Vor Art. 1 Rn. 26 f.);[41] die Kreditinstitutsinsolvenz beurteilt sich nach der Sanierungs-RL (→ Vor Art. 1 Rn. 23 ff.). Für die Insolvenzen von Wertpapierdienstleistungsunternehmen und von Organismen für gemeinsame Anlagen existieren keine vergleichbaren Richtlinien.

IV. Zeitlicher Geltungsbereich

19 Der zeitliche Geltungsbereich ergibt sich aus **Art. 84.** Nach dessen Abs. 1 S. 1 ist die Verordnung nur auf solche Insolvenzverfahren anwendbar, die **„nach" ihrem Inkrafttreten (26.6.2017) eröffnet** worden sind. Bei berichtigender Auslegung erfasst die EuInsVO zeitlich alle Verfahren, die **ab dem genannten Datum** eröffnet wurden (→ Art. 84 Rn. 1 ff.). Rechtshandlungen vor dem Inkrafttreten der Verordnung werden dagegen nicht erfasst (Art. 84 Abs. 1 S. 2) und beurteilen sich weiter nach dem ursprünglich auf sie anwendbaren Recht (EuInsVO 2000). Es soll **keine Rückwirkung** in Bezug auf zuvor begründete Situationen und Verhältnisse vorgenommen werden.[42] Dies dient dem Vertrauensschutz.

20 Maßgeblicher Zeitpunkt, der darüber entscheidet, welches Recht anwendbar ist, ist derjenige der **Insolvenzverfahrenseröffnung** (Art. 84 Abs. 1 S. 1). Die Legaldefinition des Art. 2 Nr. 8 stellt hierfür auf das **Wirksamwerden der Eröffnungsentscheidung** ab, wobei unerheblich sein soll, ob die Entscheidung endgültig ist. Es kommt also nicht darauf an, wann der Eröffnungsbeschluss erging, sondern auf den Zeitpunkt, in dem die Wirkungen eintreten.[43]

21 Die EuInsVO ist bereits dann in zeitlicher Hinsicht nicht anwendbar, wenn das Verfahren zwar erst nach dem Anwendungsbeginn der Verordnung am 26.6.2017 Wirkungen entfaltet, aber bereits zuvor in einem anderen Mitgliedstaat ein Insolvenzverfahren gegen den Schuldner eröffnet worden ist. Dabei ist auch unerheblich, ob es sich bei dem vor Inkrafttreten eröffneten Verfahren um das Hauptinsolvenzverfahren oder um ein unabhängiges Partikularinsolvenzverfahren handelt bzw. ob das nach Inkrafttreten eröffnete Verfahren das Hauptinsolvenzverfahren oder ein Sekundärinsolvenzverfahren darstellt.[44]

---

34 Zur EuInsVO 2000 vgl. *Virgós/Schmit* Rn. 59.

35 RL 2009/65/EG zur Koordinierung der Rechts- und Verwaltungsvorschriften betreffend bestimmte Organismen für gemeinsame Anlagen in Wertpapieren vom 13.7.2009 zur Koordinierung der Rechts- und Verwaltungsvorschriften betreffend bestimmte Organismen für gemeinsame Anlagen in Wertpapieren (OGAW), ABl. EG 2009 L 302, 32, ber. ABl. EG 2010 L 269, 27.

36 *Virgós/Schmit* Rn. 60.

37 RL 2011/61/EU vom 8.6.2011 über die Verwalter alternativer Investmentfonds, ABl. EU 2011 L 174, 1.

38 *Leipold* in Stoll, Vorschläge und Gutachten, 1997, 186, 189.

39 *Taupitz* ZZP 111 (1998), 315 (321 f.).

40 Zur EuInsVO 2000 vgl. *Virgós/Schmit* Rn. 54.

41 In Frankreich wurde die RL durch entsprechende Vorschriften im 3. Kapitel des 2. Titels des 3. Buches des Code des assurances umgesetzt (Art. L 323–8), vgl. Rev. crit. dr. int. pr. 2004, 668 ff.

42 *Virgós/Schmit* Rn. 303; *Paulus* Rn. 42.

43 Duursma-Kepplinger/Duursma/Chalupsky/*Duursma-Kepplinger* EuInsVO 2000 Art. 1 Rn. 27; *Virgós/Schmit* Rn. 305.

44 *Virgós/Schmit* Rn. 304.

V. Räumlicher Anwendungsbereich, Drittstaatensachverhalte, Brexit

Auf **Dänemark** findet die Verordnung **keine Anwendung** (Erwägungsgrund 88; Dänemark ist dementsprechend zu den Drittstaaten zu zählen).[45] Auf das **Vereinigte Königreich** finden die EuInsVO 2000 wie auch die EuInsVO 2015 seit dem Tag des Wirksamwerdens des **Brexit (Art. 50 Abs. 3 EUV) keine Anwendung** mehr. Dasselbe gilt für die flankierenden Richtlinien (→ Vor Art. 1 Rn. 23 ff.). Zu berücksichtigen ist, dass die EuInsVO 2015 gem. Art. 67 Abs. 3 lit. c Brexit-Abk, wenn der Fall einen Bezug zum Vereinigten Königreich aufweist, im Vereinigten Königreich sowie in den Mitgliedstaaten auf Insolvenzverfahren Anwendung findet, sofern das Hauptverfahren vor dem Ablauf der in Art. 126 BrexitAbk vorgesehenen Übergangszeit eingeleitet (dh eröffnet) wurde.[46] Diese Übergangszeit endete am 31.12.2020. Das Vereinigte Königreich hat die EuInsVO in nationales Recht überführt (sec. 2 European Union Withdrawal Bill), sodass eine automatische Anerkennung von EU-Verfahren bis zum Ende der Übergangsfrist am 31.12.2020 gewährleistet war. Für den Fall der fehlenden Gegenseitigkeit wegen des Endes der Übergangsfrist ohne begleitendes Abkommen sahen jedoch die Insolvency (Amendment) (EU Exit) Regulations 2019, SI 2019/146 vor, dass dann die Bestimmungen der in nationales Recht überführten EuInsVO außer Kraft treten. Dies ist eingetreten. Folglich kommt für nach dem 31.12.2020 eröffnete EU-ausländische Verfahren aus Sicht des Vereinigten Königreichs eine Anerkennung nurmehr nach den Grundsätzen des autonomen Rechts in Betracht.[47] Rechtsgrundlage: Retained EU Law (Revocation and Reform) Act 2023.[48] Zum Brexit auch → EGBGB Art. 3 Rn. 57. 22

Im Übrigen enthält die EuInsVO keine Bestimmung über ihren räumlichen Anwendungsbereich. Nach herkömmlicher Auffassung ist sie unstreitig auf **innergemeinschaftliche Insolvenzen** anzuwenden. Das sind solche Fälle, bei denen der Mittelpunkt der hauptsächlichen Interessen **in einem Mitgliedstaat** liegt und der **Auslandsbezug zu einem anderen Mitgliedstaat** besteht. Ein hinreichender grenzüberschreitender Bezug liegt hier zB vor, wenn ein **Gläubiger** seinen gewöhnlichem Aufenthalt, Wohnsitz oder Sitz in einem anderen Mitgliedstaat hat.[49] Auch bei Halten einer Gesellschaftsbeteiligung in einem EuInsVO-Staat oder dortiger Ansässigkeit eines Drittschuldners ist der Anwendungsbereich der EuInsVO eröffnet.[50] **Reine Binnensachverhalte,** dh Sachverhalte innerhalb nur eines Mitgliedstaates ohne Auslandsbezug, werden **nach hL nicht** von der Verordnung erfasst (vgl. Erwägungsgründe 3 und 4).[51] **Abweichend** davon hat der **EuGH im Urteil Schmid** vom 16.1.2014 entschieden, dass **auch reine Binnensachverhalte – mit Bezug zu nur einem Mitgliedstaat –** generell von der EuInsVO erfasst werden; das soll aus Erwägungsgrund 63 und einem Gegenschluss zu Art. 8 Abs. 1 und Art. 34 ff. folgen, wo ausnahmsweise ein innergemeinschaftlicher grenzüberschreitender Bezug vorausgesetzt wird.[52] Der BGH ist dem gefolgt.[53] Nachdem Vynils-Urteil des EuGH soll für den grenzüberschreitenden Bezug sogar die Anwendbarkeit eines ausländischen Vertragsstatuts genügen.[54] 23

In Bezug auf die sog. Drittstaatensachverhalte ist dahingehend zu differenzieren, ob sich der Mittelpunkt der hauptsächlichen Interessen in einem Drittstaat oder einem Mitgliedstaat befindet. Unstreitig nicht anwendbar ist die Verordnung auf Fälle, bei denen der Mittelpunkt der hauptsächlichen Interessen in einem Drittstaat liegt (Erwägungsgrund 25).[55] 24

Kontrovers diskutiert wird hingegen der Fall, dass der **Mittelpunkt** der hauptsächlichen Interessen **in einem Mitgliedstaat** liegt und der **Auslandsbezug zu einem Drittstaat** besteht („einfacher Auslandsbezug"). Angesichts dessen ist es bedauerlich, dass der Unionsgesetzgeber im Rahmen 25

45 *Leonhardt/Smid/Zeuner* EuInsVO 2000 Art. 1 Rn. 8; OLG Frankfurt NJOZ 2005, 2532.

46 EuGH ECLI:EU:C:2022:209 = NZI 2022, 539 Rn. 38 – Galapagos; dazu *Kern/Bönold* IPRax 2024, 298; *R. Wagner* IPRax 2021, 2 (12 f.); *C. Paulus* EWiR 2022, 337; *Mansel/Thorn/Wagner* IPRax 2023, 109 (142 f.); *J. Schmidt* BB 2022, 1859 (1874 f.); OLG Brandenburg BeckRS 2023, 6029 Rn. 5.

47 BeckOK InsR/*Schillig,* 34. Ed. Stand 15.10.2023, IntInsR England Rn. 188; zur Vorgeschichte: *Freitag/Korch* ZIP 2016, 1849; *Hess* IPRax 2016, 409 (416); *Vallender* ZInsO 2019, 645.

48 Dazu *Eberhardt* RIW 2024, 273.

49 AG Hamburg ZIP 2006, 1642 = NZI 2006, 652 mAnm *Klöhn* NZI 2006, 653.

50 AG Hamburg NZI 2009, 343 (344).

51 Vgl. *Huber* ZZP 114 (2001), 133 (136); *Huber* EuZW 2002, 490 (491); *Mock/Schildt* ZInsO 2003, 396 (398); *Hausmann* in Reithmann/Martiny IntVertragsR Rn. 6.528.

52 EuGH ECLI:EU:C:2014:6 Rn. 20–25 = NZI 2014, 134 = RIW 2014, 134 mAnm *Kindler* RIW 2014, 137 = EWiR 2014, 85 mit KurzKomm. *Paulus* – Schmid; dazu *Arts* IPRax 2014, 390.

53 BGH NZI 2014, 672 Rn. 7.

54 EuGH NZI 2017, 633 Rn. 40 ff.

55 EuGH ECLI:EU:C:2014:6 Rn. 21 = NZI 2014, 134 – Schmid = RIW 2014, 134 mAnm *Kindler* RIW 2014, 137 = EWiR 2014, 85 mit KurzKomm. *Paulus; Arts* IPRax 2014, 390; *Virgós/Schmit* Rn. 44; zum IntInsR der USA *Paulus* NZI 2005, 439; *Rüfner* ZIP 2005, 1859; näher *Ezquerra* in Calvo Caravaca/Areal Ludena, Cuestiones actuales del derecho mercantil internacional, 2005, 505 ff.

der Reform der EuInsVO von einer ausdrücklichen Regelung des räumlichen Anwendungsbereiches abgesehen hat.[56]

26 Der **High Court of Justice**[57] und **Teile der Lit.**[58] bejahen für Drittstaatensachverhalte die Anwendbarkeit der EuInsVO. Der **EuGH** hat sich dem in der **Rs. Schmid** angeschlossen.[59] Dies soll aus Art. 3 Abs. 1 und den Erwägungsgründen folgen. Nach Art. 3 Abs. 1 S. 1 ist die internationale Zuständigkeit der Gerichte eines Mitgliedstaates gegeben, wenn der Schuldner dort den Mittelpunkt seiner hauptsächlichen Interessen hat. Aus diesem eindeutigen Wortlaut gehe hervor, dass weitere Voraussetzungen nicht erforderlich seien.[60] Unterstützt werde dies auch durch Erwägungsgrund 25 und den Erläuternden Bericht von *Virgos/Schmit,*[61] wonach die Verordnung für alle Verfahren gelten soll, bei denen der Mittelpunkt der hauptsächlichen Interessen innerhalb der Gemeinschaft liegt. Hier würden keine weiteren Voraussetzungen für die Anwendbarkeit der Verordnung aufgestellt.[62] Ferner spreche hierfür der aus Art. 85 Abs. 3 lit. a (früher Art. 44 Abs. 3 lit. a EuInsVO 2000) zu ziehende Umkehrschluss. Dort ist bestimmt, dass die Verordnung nicht in einem Mitgliedstaat gilt, soweit dies in Konkurssachen mit den Verpflichtungen aus einer Übereinkunft unvereinbar ist, die dieser Staat mit einem oder mehreren Drittstaaten vor Inkrafttreten dieser Verordnung geschlossen hat. Art. 85 Abs. 3 lit. a (früher Art. 44 Abs. 3 lit. a EuInsVO 2000) sei eine Ausnahmevorschrift zu dem Grundsatz, dass die Verordnung auch auf Drittstaatenverhältnisse anwendbar sei. Allein im Falle der Unvereinbarkeit mit anderen Übereinkünften sei sie nicht auf Drittstaatenverhältnisse anwendbar.[63] Auch könne die Nichtanwendung der EuInsVO in Bezug auf Drittstaaten zum forum shopping einladen, das zu verhindern gerade ein Ziel der Verordnung sei.[64] In praktischer Hinsicht wird schließlich noch betont, dass sich kaum ermitteln lasse, im Verhältnis zu welchen Staaten ein insolvenzrechtlicher Bezug bestehe.[65]

27 Die **hM in der Lit.**[66] geht demgegenüber davon aus, dass die Verordnung nur dann anwendbar sei, wenn sich der **Mittelpunkt** der hauptsächlichen Interessen in einem **Mitgliedstaat** befinde **und** der **Auslandsbezug** im Verhältnis zu einem anderen **Mitgliedstaat** bestehe, während ein Auslandsbezug zu einem Drittstaat für die Anwendung nicht genüge. Dass sich aus Art. 3 Abs. 1 Rückschlüsse auf die Anwendbarkeit der Verordnung auf Drittstaatenfälle ziehen lassen, sei unzutreffend.[67] Die Vorschrift bestimme lediglich, dass die Verordnung nur dann zum Zuge komme, wenn der Mittelpunkt der hauptsächlichen Interessen in einem Mitgliedstaat liege. Über Drittstaatenverhältnisse treffe diese Norm ebenso wenig eine Aussage wie die Erwägungsgründe.[68] Auch aus Art. 85

---

[56] Insofern folgte der Gesetzgeber der Empfehlung von *Hess* in Hess/Oberhammer/Pfeiffer, European Insolvency Law, Heidelberg-Luxembourg-Vienna Report, 2014, Rn. 283; *Paulus* Rn. 40.

[57] High Court of Justice ZIP 2003, 813 – BRAC-Budget; bestätigt durch High Court of Justice Leeds ZIP 2004, 1769 = EWiR 2004, 847 m. KurzKomm. *Westphal/Wilkens* = RIW 2005, 70 (Nr. 34) = NZG 2004, 340 = NZI 2004, 219; *Smid* DZWiR 2003, 397 (403 f.) deutet diese Entscheidung indes nicht als Bekenntnis gegen das Erfordernis des qualifizierten Auslandsbezuges.

[58] *Geimer* IZPR Rn. 3357c; *Haubold* IPRax 2003, 34; *Huber* ZZP 114 (2001), 133 (138); Geimer/Schütze/*Huber* EuInsVO 2000 Art. 1 Rn. 19 ff.; *Leible/Staudinger* KTS 2000, 533 (538); *Schack* IZVR Rn. 1232; *Herchen* ZInsO 2002, 742 (746); *Herchen* ZInsO 2004, 825 (830); *Krebber* IPRax 2004, 540.

[59] EuGH ECLI:EU:C:2014:6 Rn. 20 ff. = NZI 2014, 134 – Schmid; Schlussanträge in NZI 2013, 947 Rn. 31; dazu *Kindler* RIW 2014, 134; *Mansel/Thorn/Wagner* IPRax 2014, 1 (23); *Arts* IPRax 2014, 390; Vorlagebeschluss: BGH ZIP 2012, 1467 = RIW 2012, 798 mAnm *Paulus* RIW 2012, 800.

[60] EuGH ECLI:EU:C:2014:6 Rn. 21 = NZI 2014, 134 = RIW 2014, 134 mAnm *Kindler* RIW 2014, 137 = EWiR 2014, 85 mit KurzKomm. *Paulus* – Schmid; High Court of Justice Leeds ZIP 2003, 813 (815) – BRAC-Budget; *Haubold* IPRax 2003, 34 (35 f.); *Huber* ZZP 114 (2001), 133 (139).

[61] EuGH ECLI:EU:C:2014:6 Rn. 21 = NZI 2014, 134 = RIW 2014, 134 mAnm *Kindler* RIW 2014, 173 = EWiR 2014, 85 mit KurzKomm. *Paulus* – Schmid; *Virgós/Schmit* Rn. 44.

[62] Vgl. *Eidenmüller* IPRax 2001, 2 (5).

[63] Vgl. *Eidenmüller* IPRax 2001, 2 (5).

[64] High Court of Justice Leeds ZIP 2003, 813 (816) – BRAC-Budget.

[65] EuGH ECLI:EU:C:2014:6 Rn. 28 f. = NZI 2014, 134 – Schmid (bezogen auf den Eröffnungszeitpunkt); *Haubold* IPRax 2003, 34 (35).

[66] Duursma-Kepplinger/Duursma/Chalupsky/*Duursma-Kepplinger* EuInsVO 2000 Art. 1 Rn. 4; *Ehricke/Ries* JuS 2003, 313 f.; *Eidenmüller* in Eidenmüller Ausl. KapGes. § 9 Rn. 8; *Eidenmüller* IPRax 2001, 2 (5); *Fritz/Bähr* DZWiR 2001, 221 (222); *Martini* ZInsO 2002, 905 (907); *Paulus* NZI 2001, 505 (507); *Paulus* ZIP 2002, 729 (732); *Hausmann* in Reithmann/Martiny IntVertragsR Rn. 6.528; Leonhardt/Smid/Zeuner EuInsVO 2000 Art. 1 Rn. 8; *Smid* DZWiR 2003, 397 (402); *Virgós/Schmit* Rn. 11; *Westpfahl/Wilkens* EWiR 2004, 847 (848); missverständlich, aber iErg wohl auch *Wimmer* NJW 2002, 2427 (2428), der zwar einerseits betont, dass die EuInsVO Anwendung finde, wenn der Mittelpunkt der hauptsächlichen Interessen in einem Mitgliedstaat liegt (ausreichend für einfachen Auslandsbezug), auf der anderen Seite aber hervorhebt, dass die Verordnung nur auf innergemeinschaftliche Sachverhalte Anwendung finde (qualifizierter Auslandsbezug).

[67] *Smid* DZWiR 2003, 397 (402).

[68] Duursma-Kepplinger/Duursma/Chalupsky/*Duursma-Kepplinger* EuInsVO 2000 Art. 1 Rn. 52.

Abs. 3 ließen sich keine Schlüsse in diese Richtung ziehen, da diese Norm keinesfalls obsolet sei, wenn die EuInsVO Drittstaatenverhältnisse ausklammere. Das sei etwa der Fall, wenn ein Mitgliedstaat und ein Drittstaat ein solches Übereinkommen abgeschlossen hätten und hierdurch dieser Mitgliedstaat auch gegenüber einem **anderen Mitgliedstaat** verpflichtet werde. Dann sei **diese** Verpflichtung mit der EuInsVO unvereinbar, wie Art. 85 Abs. 3 lit. a dies voraussetze.[69] Man stützt diese Auslegung zusätzlich auf den Wortlaut der französischen Fassung der Verordnung („*procédures d' insolvabilité transfrontalières*" und nicht „*transfrontières*").[70] Auch fehle dem Rat die Kompetenz zur Regelung von Drittstaatensachverhalten.[71] Insbesondere spreche auch der Sinn und Zweck der Verordnung gegen ihre Ausdehnung auf Drittstaatensachverhalte. Die Verordnung bezwecke nämlich allein die Schaffung eines einheitlichen Insolvenzraumes in der Gemeinschaft und die damit verbundene Förderung eines reibungslos funktionierenden Binnenmarktes (Erwägungsgründe 2 f.). Dieser Normzweck decke die Einbeziehung von Drittstaatensachverhalten nicht.[72]

Stellungnahme: Für die **Praxis** ist der Streit durch das **EuGH-Urteil** vom 16.1.2014 in der Rechtssache Schmid **entschieden.** Danach beschränkt sich die EuInsVO nicht auf die Regelung von Sachverhalten, die Anknüpfungspunkte zu zwei oder mehreren Mitgliedstaaten aufweisen.[73] In der Sache ist das Urteil abzulehnen. Die Forderung nach einem **qualifizierten Auslandsbezug** zu einem weiteren **Mitgliedstaat** (→ Rn. 27) ist berechtigt. **Drittstaatensachverhalte unterliegen nicht der Verordnung.** Aus Art. 3 Abs. 1 lässt sich nicht herleiten, dass die Verordnung auf Drittstaatensachverhalte anwendbar sein soll. Die Norm trifft keinerlei Regelung über die Anwendbarkeit der Verordnung. Geregelt wird hier nur die internationale Zuständigkeit für die Eröffnung des Hauptinsolvenzverfahrens. Insbesondere ist es auch Ziel der Vorschrift, das Verhältnis zwischen Haupt- und Partikularinsolvenzverfahren zu erfassen (vgl. Art. 3 Abs. 1 und 2). Die Einbeziehung von Drittstaatensachverhalten folgt auch nicht aus dem Erläuternden Bericht von *Virgos/Schmit.*[74] Im Gegenteil: Der Erläuternde Bericht hebt gerade explizit hervor, dass die Verordnung hierfür nicht einschlägig ist.[75] Das vermeintlich praktische Argument, dass nur durch die Anwendung der EuInsVO eine effektive Verhinderung des forum shopping möglich ist, ist zumindest nach Erlass des deutschen autonomen Rechts nicht mehr stichhaltig, weil inhaltlich vergleichbare Regelungen getroffen worden sind, die ebenfalls das forum shopping zu verhindern geeignet sind. In den übrigen Mitgliedstaaten ist eine entsprechende Kodifikation zu erwarten. 28

Sachlich ist vor allem zu bedenken, dass die EuInsVO auf dem **Grundsatz des gemeinschaftlichen Vertrauens** (→ Vor Art. 1 Rn. 20) beruht. Das zeigt sich an der formlosen Anerkennung ausländischer Hauptverfahren nach Art. 19 und der Wirkungserstreckung nach Art. 20. Territorialverfahren sollen nur beim Vorhandensein einer Niederlassung (Art. 3 Abs. 2) eingreifen. Es gilt der Grundsatz der lex fori concursus (Art. 7), der nur durch wenige Ausnahmen beschränkt wird. Das hierdurch zum Ausdruck gebrachte Vertrauen in die Justiz und das Rechtssystem des Eröffnungsstaates ist nur im Verhältnis der Mitgliedstaaten untereinander gerechtfertigt. Und: Als sich die Mitgliedstaaten im Rat für die Verordnung entschieden, war klar ersichtlich, im Verhältnis zu welchen Staaten die EuInsVO gelten soll. Diese Überschaubarkeit würde durch eine Anwendung auf Drittstaatensachverhalte beseitigt. Es muss den Mitgliedstaaten die Möglichkeit verbleiben, ihrerseits bei Drittstaateninsolvenzen selbstständige Regelungen zu treffen, etwa solche, die inländischen Gläubigern einen noch weitergehenden kollisionsrechtlichen Schutz einräumen, als dies im Verhältnis zu Mitgliedstaaten der Fall ist. Eine gespaltene Anwendung der Verordnung – nur von deren Art. 3, nicht aber Art. 19, 20 – scheidet aus. 29

Art. 2 EuInsVO Begriffsbestimmungen

Für die Zwecke dieser Verordnung bezeichnet der Ausdruck

1. **„Gesamtverfahren" ein Verfahren, an dem alle oder ein wesentlicher Teil der Gläubiger des Schuldners beteiligt sind, vorausgesetzt, dass im letzteren Fall das Verfahren nicht die Forderungen der Gläubiger berührt, die nicht daran beteiligt sind;**

---

69 *Eidenmüller* IPRax 2001, 2 (5).

70 Duursma-Kepplinger/Duursma/Chalupsky/*Duursma-Kepplinger* EuInsVO 2000 Art. 1 Rn. 3.

71 *Leible/Staudinger* KTS 2000, 533 (539); *Mock/Schildt* in Hirte/Bücker GrenzübGes § 16 Rn. 10 mit Verweis auf Art. 65 EGV; *Westphal/Wilkens* EWiR 2004, 847 (848).

72 Duursma-Kepplinger/Duursma/Chalupsky/*Duursma-Kepplinger* EuInsVO 2000 Art. 1 Rn. 53.

73 EuGH ECLI:EU:C:2014:6 Rn. 20 = NZI 2014, 134 – Schmid; ebenso EuGH ECLI:EU:C:2014:2410 Rn. 33 = EuZW 2015, 141 – H/H.K.

74 High Court of Justice Leeds ZIP 2003, 813 (816) – BRAC-Budget: „It seems to me that these passages are broadly neutral on the point of which I have to consider. They do not contain any indication […].".

75 *Virgós/Schmit* Rn. 11: „Das Übereinkommen regelt lediglich innergemeinschaftliche Wirkungen von Insolvenzverfahren. […] In bezug auf Drittstaaten hindert das Übereinkommen die Vertragsstaaten nicht daran, geeignete Vorschriften zu erlassen.".

2. „Organismen für gemeinsame Anlagen“ Organismen für gemeinsame Anlagen in Wertpapieren (OGAW) im Sinne der Richtlinie 2009/65/EG des Europäischen Parlaments und des Rates[1] und alternative Investmentfonds (AIF) im Sinne der Richtlinie 2011/61/EU des Europäischen Parlaments und des Rates;[2]

3. „Schuldner in Eigenverwaltung“ einen Schuldner, über dessen Vermögen ein Insolvenzverfahren eröffnet wurde, das nicht zwingend mit der Bestellung eines Verwalters oder der vollständigen Übertragung der Rechte und Pflichten zur Verwaltung des Vermögens des Schuldners auf einen Verwalter verbunden ist, und bei dem der Schuldner daher ganz oder zumindest teilweise die Kontrolle über sein Vermögen und seine Geschäfte behält;

4. „Insolvenzverfahren“ ein in Anhang A aufgeführtes Verfahren;

5. „Verwalter“ jede Person oder Stelle, deren Aufgabe es ist, auch vorläufig
i) die in Insolvenzverfahren angemeldeten Forderungen zu prüfen und zuzulassen;
ii) die Gesamtinteressen der Gläubiger zu vertreten;
iii) die Insolvenzmasse entweder vollständig oder teilweise zu verwalten;
iv) die Insolvenzmasse im Sinne der Ziffer iii zu verwerten oder
v) die Geschäftstätigkeit des Schuldners zu überwachen.
Die in Unterabsatz 1 genannten Personen und Stellen sind in Anhang B aufgeführt;

6. „Gericht“
i) in Artikel 1 Absatz 1 Buchstaben b und c, Artikel 4 Absatz 2, Artikel 5, Artikel 6, Artikel 21 Absatz 3, Artikel 24 Absatz 2 Buchstabe j, Artikel 36, Artikel 39 und Artikel 61 bis Artikel 77 das Justizorgan eines Mitgliedstaats;
ii) in allen anderen Artikeln das Justizorgan oder jede sonstige zuständige Stelle eines Mitgliedstaats, die befugt ist, ein Insolvenzverfahren zu eröffnen, die Eröffnung eines solchen Verfahrens zu bestätigen oder im Rahmen dieses Verfahrens Entscheidungen zu treffen;

7. „Entscheidung zur Eröffnung eines Insolvenzverfahrens“
i) die Entscheidung eines Gerichts zur Eröffnung eines Insolvenzverfahrens oder zur Bestätigung der Eröffnung eines solchen Verfahrens und
ii) die Entscheidung eines Gerichts zur Bestellung eines Verwalters;

8. „Zeitpunkt der Verfahrenseröffnung“ den Zeitpunkt, zu dem die Entscheidung zur Eröffnung des Insolvenzverfahrens wirksam wird, unabhängig davon, ob die Entscheidung endgültig ist oder nicht;

9. „Mitgliedstaat, in dem sich ein Vermögensgegenstand befindet“, im Fall von
i) Namensaktien, soweit sie nicht von Ziffer ii erfasst sind, den Mitgliedstaat, in dessen Hoheitsgebiet die Gesellschaft, die die Aktien ausgegeben hat, ihren Sitz hat;
ii) Finanzinstrumenten, bei denen die Rechtsinhaberschaft durch Eintrag in ein Register oder Buchung auf ein Konto, das von einem oder für einen Intermediär geführt wird, nachgewiesen wird („im Effektengiro übertragbare Wertpapiere“), den Mitgliedstaat, in dem das betreffende Register oder Konto geführt wird;
iii) Guthaben auf Konten bei einem Kreditinstitut den Mitgliedstaat, der in der internationalen Kontonummer (IBAN) angegeben ist, oder im Fall von Guthaben auf Konten bei einem Kreditinstitut ohne IBAN den Mitgliedstaat, in dem das Kreditinstitut, bei dem das Konto geführt wird, seine Hauptverwaltung hat, oder, sofern das Konto bei einer Zweigniederlassung, Agentur oder sonstigen Niederlassung geführt wird, den Mitgliedstaat, in dem sich die Zweigniederlassung, Agentur oder sonstige Niederlassung befindet;
iv) Gegenständen oder Rechten, bei denen das Eigentum oder die Rechtsinhaberschaft in anderen als den unter Ziffer i genannten öffentlichen Registern eingetragen ist, den Mitgliedstaat, unter dessen Aufsicht das Register geführt wird;
v) Europäischen Patenten den Mitgliedstaat, für den das Europäische Patent erteilt wurde;

---

[1] [Amtl. Anm.:] Richtlinie 2009/65/EG des Europäischen Parlaments und des Rates vom 13. Juli 2009 zur Koordinierung der Rechts- und Verwaltungsvorschriften betreffend bestimmte Organismen für gemeinsame Anlagen in Wertpapieren (OGAW) (ABl. L 302 vom 17.11.2009, S. 32).

[2] [Amtl. Anm.:] Richtlinie 2011/61/EU des Europäischen Parlaments und des Rates vom 8. Juni 2011 über die Verwalter alternativer Investmentfonds und zur Änderung der Richtlinien 2003/41/EG und 2009/65/EG und der Verordnungen (EG) Nr. 1060/2009 und (EU) Nr. 1095/2010 (ABl. L 174 vom 1.7.2011, S. 1).

vi) Urheberrechten und verwandten Schutzrechten den Mitgliedstaat, in dessen Hoheitsgebiet der Eigentümer solcher Rechte seinen gewöhnlichen Aufenthalt oder Sitz hat;

vii) anderen als den unter den Ziffern i bis iv genannten körperlichen Gegenständen den Mitgliedstaat, in dessen Hoheitsgebiet sich der Gegenstand befindet;

viii) anderen Forderungen gegen Dritte als solchen, die sich auf Vermögenswerte gemäß Ziffer iii beziehen, den Mitgliedstaat, in dessen Hoheitsgebiet der zur Leistung verpflichtete Dritte den Mittelpunkt seiner hauptsächlichen Interessen im Sinne des Artikels 3 Absatz 1 hat;

10. „Niederlassung" jeden Tätigkeitsort, an dem der Schuldner einer wirtschaftlichen Aktivität von nicht vorübergehender Art nachgeht oder in den drei Monaten vor dem Antrag auf Eröffnung des Hauptinsolvenzverfahrens nachgegangen ist, die den Einsatz von Personal und Vermögenswerten voraussetzt;

11. „lokaler Gläubiger" den Gläubiger, dessen Forderungen gegen den Schuldner aus oder in Zusammenhang mit dem Betrieb einer Niederlassung in einem anderen Mitgliedstaat als dem Mitgliedstaat entstanden sind, in dem sich der Mittelpunkt der hauptsächlichen Interessen des Schuldners befindet;

12. „ausländischer Gläubiger" den Gläubiger, der seinen gewöhnlichen Aufenthalt, Wohnsitz oder Sitz in einem anderen Mitgliedstaat als dem Mitgliedstaat der Verfahrenseröffnung hat, einschließlich der Steuerbehörden und der Sozialversicherungsträger der Mitgliedstaaten;

13. „Unternehmensgruppe" ein Mutterunternehmen und alle seine Tochterunternehmen;

14. „Mutterunternehmen" ein Unternehmen, das ein oder mehrere Tochterunternehmen entweder unmittelbar oder mittelbar kontrolliert. Ein Unternehmen, das einen konsolidierten Abschluss gemäß der Richtlinie 2013/34/EU des Europäischen Parlaments und des Rates[3] **erstellt, wird als Mutterunternehmen angesehen.**

Schrifttum: *Garcimartín,* The situs of shares, financial instruments and claims in the Insolvency Regulation Recast: seeds of a future EU instrument on rights in rem?, IPRax 2015, 489; *J. Schmidt,* Das Prinzip „eine Person, ein Vermögen, eine Insolvenz" und seine Durchbrechungen vor dem Hintergrund der aktuellen Reformen im europäischen und deutschen Recht, KTS 2015, 19.

Übersicht

I. Begriffsdefinitionen

Im Rahmen der Reform 2015 wurde Art. 2 EuInsVO 2000 um weitere Begriffsdefinitionen ergänzt. Durch die in diesem Artikel der Verordnung vorangestellten Legaldefinitionen wird die **einheitliche Auslegung** einiger essentieller Begriffe gewährleistet. Soweit die Legaldefinitionen des Art. 2 von der mitgliedstaatlichen Bedeutung abweichen, hat die Legaldefinition der Verordnung **Vorrang.**[4] **1**

[3] [Amtl. Anm.:] Richtlinie 2013/34/EU des Europäischen Parlaments und des Rates vom 26. Juni 2013 über den Jahresabschluss, den konsolidierten Abschluss und damit verbundene Berichte von Unternehmen bestimmter Rechtsformen und zur Änderung der Richtlinie 2006/43/EG des Europäischen Parlaments und des Rates und zur Aufhebung der Richtlinien 78/660/EWG und 83/349/EWG des Rates (ABl. L 182 vom 29.6.2013, S. 19).

[4] Uhlenbruck/*Lüer* EuInsVO 2000 Art. 2 Rn. 1.

II. Gesamtverfahren (Nr. 1)

2 Ein Gesamtverfahren ist ein Verfahren, an dem alle Gläubiger des Schuldners beteiligt sind. Als Gesamtverfahren ist nach EuInsVO auch ein Verfahren zu verstehen, an dem nur ein wesentlicher Teil der Gläubiger des Schuldners teilnehmen, sofern nicht die Forderungen der Gläubiger berührt werden, die nicht verfahrensbeteiligt sind (s. auch Erwägungsgrund 14).

III. Organismen für gemeinsame Anlagen (Nr. 2)

3 Organismen für gemeinsame Anlagen sind gemäß Art. 2 Nr. 2 Organismen für gemeinsame Anlagen in Wertpapieren nach § 1 Abs. 2 KAGB Investmentvermögen, die die Anforderungen der OGAW-RL (→ Art. 1 Rn. 17) erfüllen. Dabei handelt es sich um Gebilde, deren Zweck es ist, beim Publikum beschaffte Gelder für gemeinsame Rechnung nach dem Grundsatz der Risikobetreuung in Wertpapieren anzulegen und deren Anteile auf Verlangen der Anteilinhaber unmittelbar oder mittelbar zu Lasten des Vermögens dieser Organismen zurückgenommen oder ausgezahlt werden.[5] Außerdem erfasst sind alternative Investmentfonds (AIF) iSd AIFM-RL (→ Art. 1 Rn. 17), mithin Organismen für gemeinsame Anlagen einschließlich ihrer Teilfonds, die von einer Anzahl von Anlegern Kapital einsammeln, um es gemäß einer festgelegten Anlagestrategie zum Nutzen dieser Anleger zu investieren, und keiner Genehmigung gemäß Art. 5 OGAW-RL bedürfen (Art. 4 Abs. 1 lit. a OGAW-RL).

IV. Schuldner in Eigenverwaltung (Nr. 3)

4 Nach Art. 2 Nr. 3 gilt als Schuldner in Eigenverwaltung ein Schuldner, über dessen Vermögen zwar ein Insolvenzverfahren eröffnet wurde, dieses Verfahren aber nicht zwingend mit der Bestellung eines Verwalters oder der vollständigen Übertragung der Rechte und Pflichten zur Verwaltung des Vermögens des Schuldners auf einen Verwalter verbunden ist. Der Schuldner behält damit ganz oder zumindest teilweise die **Kontrolle über sein Vermögen und seine Geschäfte.**[6] Weithin wird der eigenverwaltende Schuldner denselben Regelungen unterworfen wie der Insolvenzverwalter. Bestimmungen zum Schuldner in Eigenverwaltung finden sich in Art. 6 Abs. 2 S. 2, 28, 29, 38, 41 Abs. 3, Art. 55, Art. 76. Die Norm ist Ausdruck der stärkeren **Öffnung der EuInsVO für Sanierungsverfahren.**[7] Die Definition erfasst auch juristische Personen und nichtrechtsfähige Gesellschaften, nicht aber deren Organmitglieder, wenn über deren Vermögen kein Insolvenzverfahren eröffnet wurde.[8]

V. Insolvenzverfahren (Nr. 4)

5 Nach Art. 2 Nr. 4 ist ein „Insolvenzverfahren" ein Verfahren, das in **Anh. A,** der Bestandteil der Verordnung ist, aufgeführt wird (s. auch Erwägungsgrund 9). Eine Subsumtion des in Frage stehenden Verfahrens unter Art. 1 Abs. 1 allein genügt also nicht, um von einem Insolvenzverfahren iSd Verordnung auszugehen. Die Funktion von Art. 1 Abs. 1 liegt nämlich nur darin, den Rahmen für eine eventuelle Erweiterung des Anh. A im Wege des ordentlichen Gesetzgebungsverfahren nach Art. 289 AEUV[9] vorzunehmen (→ Vor Art. 1 Rn. 11). Entscheidend ist vielmehr, dass das Verfahren Bestandteil des numerus clausus von Anh. A ist. Nur diejenigen Verfahren, die dort aufgelistet sind, genießen automatische Anerkennung (Art. 19) und Wirkungserstreckung (Art. 20).[10] Qualifikationszweifel[11] sind damit innerhalb der EU ausgeschlossen.

6 Für **Deutschland** werden in Anh. A das Konkursverfahren, das gerichtliche Vergleichsverfahren, das Gesamtvollstreckungsverfahren und das Insolvenzverfahren aufgelistet, ferner – seit dem 9.1.2022 – die öffentliche Restrukturierungssache (vgl. §§ 84 ff. StaRUG). Seit dem 1.1.1999 konn-

---

[5] *Virgós/Schmit* Rn. 60.

[6] Beispiel: OLG München BeckRS 2019, 3394 = ZIP 2019, 781 (Prozessunterbrechung nach § 240 ZPO bei Eigenverwaltung nach rumänischem Recht).

[7] MüKoInsO/*Thole* Rn. 5, auch zu §§ 270a, 270b InsO; näher zum Schuldner in der Eigenverwaltung in der EuInsVO *Konecny* FS Prütting, 2018, 685.

[8] AA *Paulus* Rn. 7.

[9] Entgegen dem in Art. 45 EuInsVO-E (COM(2012) 744 final, 36) ursprünglich vorgesehenen vereinfachten Änderungsverfahren hat sich der Reformgeber auf Druck der Mitgliedstaaten für eine Änderung der Anhänge im Wege des ordentlichen Gesetzgebungsverfahren nach Art. 289 AEUV entschieden, um eine umfassende Beteiligung aller Mitgliedstaaten zu gewährleisten, vgl. 102894/14 JUSTCIV 134 EJUSTICE 54 CODEC 1366 Rn. 19 f.

[10] Duursma-Kepplinger/Duursma/Chalupsky/*Duursma-Kepplinger* EuInsVO 2000 Art. 2 Rn. 2; *Virgós/Schmit* Rn. 62; zur Definition des Insolvenzverfahrens de lege ferenda s. *Piekenbrock* ZIP 2014, 250 ff.

[11] Diese bestehen im autonomen Recht nach wie vor (→ InsO § 343 Rn. 6 ff.).

ten in Deutschland nur noch Insolvenzverfahren eröffnet werden. Die EuInsVO ist dagegen zeitlich nur auf Verfahren anwendbar, die nach dem 26.6.2017 eröffnet wurden. Damit sind von den in Anh. A für Deutschland genannten Verfahren nur das **Insolvenzverfahren** und die öffentliche Restrukturierungssache von Bedeutung.[12] Zu den Insolvenzverfahren gehört auch das als besondere Art des Insolvenzverfahrens im zehnten Teil der InsO geregelte **Nachlassinsolvenzverfahren** (vgl. Art. 76 EuErbVO).[13] Kein Insolvenzverfahren in diesem Sinne ist das englische **„Scheme of Arrangement“**[14] (dazu auch → InsO § 343 Rn. 39).

VI. Verwalter (Nr. 5)

„Verwalter“ iSd EuInsVO ist jede Person oder Stelle, deren Aufgabe es ist, auch vorläufig die in Insolvenzverfahren angemeldeten Forderungen zu prüfen und zuzulassen (Ziff. i), die Gesamtinteressen der Gläubiger zu vertreten (Ziff. ii), die Insolvenzmasse entweder vollständig oder teilweise zu verwalten (Ziff. iii), die Insolvenzmasse iSd Ziff. iii zu verwerten (Ziff. iv) oder die Geschäftstätigkeit des Schuldners zu überwachen (Ziff. v). Die in Betracht kommenden Stellen sind in **Anh. B** aufgelistet. Diese Liste ist abschließend, kann aber im Wege des ordentlichen Gesetzgebungsverfahrens nach Art. 289 AEUV[15] ergänzt werden.[16] 7

Mit dem Ziel, den Besonderheiten der einzelnen mitgliedstaatlichen Ausprägungen von „Insolvenzverfahren“ Rechnung zu tragen, ist Art. 2 Nr. 5 mit den dort genannten Kriterien, die auch nur alternativ vorliegen müssen, weit gefasst. Auch aus der Aufzählung im Anh. B geht hervor, dass der Kreis der als „Verwalter“ in Betracht kommenden Personen und Stellen weit zu ziehen ist. So werden im Hinblick auf die deutsche Insolvenzordnung neben dem Insolvenzverwalter im engeren Sinne nicht nur der (vorläufige, § 270a Abs. 1 InsO; der vorläufige Sachwalter wurde im Zuge der Reform neu in den Anh. B aufgenommen) Sachwalter bei der Eigenverwaltung (§ 274 Abs. 1 S. 1 InsO), der Treuhänder im Verbraucherinsolvenzverfahren (§ 292 Abs. 1 InsO), sondern auch der Konkursverwalter nach der früheren KO und der Vergleichsverwalter nach der früheren VerglO genannt. Explizit aufgeführt ist ferner der **vorläufige Insolvenzverwalter** iSd § 21 Abs. 2 Nr. 1 InsO.[17] Bezüglich dieser Figur unterscheidet das deutsche Insolvenzrecht zwei Konstellationen: (1) Es besteht zunächst die Möglichkeit, **nur** die vorläufige Insolvenzverwaltung anzuordnen (§ 21 Abs. 2 Nr. 1 InsO), ggf. mit der Anordnung, dass Verfügungen des Schuldners nur mit Zustimmung des vorläufigen Insolvenzverwalters wirksam sind (§ 21 Abs. 2 Nr. 2 Alt. 2 InsO). Dann bestimmt das Gericht die Pflichten des vorläufigen Insolvenzverwalters (§ 22 Abs. 2 InsO), der aus diesem Grunde „schwacher“ Insolvenzverwalter oder „Berater“ genannt wird.[18] (2) Ferner besteht die Möglichkeit, **zusätzlich** zur Bestellung eines vorläufigen Verwalters dem Schuldner ein allgemeines **Verfügungsverbot** aufzuerlegen (§ 21 Abs. 2 Nr. 2 Alt. 1 InsO), so dass es sich um einen sog. „starken“ Insolvenzverwalter handelt. Da in Anh. B EuInsVO nicht zwischen dem „starken“ und dem „schwachen“ Insolvenzverwalter unterschieden wird, erfasst die Verordnung beide Formen der vorläufigen Verwaltung.[19] Wer – wie der Gemeinsame Vertreter nach § 7 SchVG – lediglich Gruppeninteressen wahrnimmt, ist kein Verwalter.[20] 8

---

12 Zu den öffentlichen Restrukturierungssachen *J. Schmidt* ZInsO 2021, 654 (661); *Piekenbrock* ZInsO 2022, 2512 (2514); AG Dresden NZI 2023, 968; umfassend *Greeve,* Die grenzüberschreitende Restrukturierung von Kapitalgesellschaften, 2023; *Kratzlmeier,* Die grenzüberschreitende Unternehmensrestrukturierung im europäischen Rechtsrahmen, 2023, 104 ff.; zu vertraulichen Restrukturierungsverfahren AG Karlsruhe BeckRS 2022, 45096 = ZIP 2023, 651; *Thole* ZIP 2021, 2153; *Hoos/Schwartz/Schlander* ZIP 2021, 2214.

13 AG Köln NZI 2011, 159; AG Düsseldorf ZInsO 2012, 1278 mAnm *Cranshaw* jurisPR-InsR 19/2012 Anm. 2; *Mansel/Thorn/Wagner* IPRax 2013, 1 (32); K. Schmidt/*Brinkmann* EuInsVO 2000 Art. 2 Rn. 3; offengelassen in BGH ZEV 2010, 528 Rn. 2; umfassend *Mankowski* ZIP 2011, 1501; *B. Strauß,* Der notleidende Nachlass bei Auslandsberührung. Zugleich ein Beitrag zur Abgrenzung zwischen EuErbVO und EuInsVO, 2015.

14 High Court of Justice (Chancery Division) London (Justice Arnold) Beschl. v. 9.9.2016 – [2016] EWHC 2808 (Ch) = EWiR 2017, 85 m. Kurzkomm. *Sax/Swierczok; Eidenmüller* ZIP 2016, 145; *Freitag/Korch* ZIP 2016, 1849 (1854 ff.); *Fehrenbach* GPR 2016, 282 (286).

15 Entgegen dem in Art. 45 EuInsVO-E (COM(2012) 744 final, 36) ursprünglich vorgesehenen vereinfachten Änderungsverfahren hat sich der Reformgeber auf Druck der Mitgliedstaaten für eine Änderung der Anhänge im Wege des ordentlichen Gesetzgebungsverfahren nach Art. 289 AEUV entschieden, um eine umfassende Beteiligung aller Mitgliedstaaten zu gewährleisten, vgl. 102894/14 JUSTCIV 134 EJUSTICE 54 CODEC 1366, Rn. 19 f.; s. auch → Art. 88 Rn. 7.

16 *Virgós/Schmit* Rn. 63.

17 Zu dessen Einbeziehung schon in die EuInsVO 2000 *Fehrenbach* GPR 2016, 282 (284).

18 *Bork* InsR Rn. 103.

19 *Thole* IPRax 2017, 213 (214); nach Cour d'appel de Colmar ZIP 2010, 1460 = EWiR 2010, 453 m. KurzKomm. *Mankowski* soll eine voräufige Insolvenzeröffnung in Deutschland nach § 21 Abs. 2 S. 1 Nr. 2

VII. Gericht (Nr. 6)

9 In Art. 2 Nr. 6 Ziff. ii findet sich die Legaldefinition des Begriffes „Gericht". Das ist jedes Justizorgan oder jede sonstige Stelle eines Mitgliedstaates mit der Befugnis, ein Insolvenzverfahren zu eröffnen oder im Laufe des Verfahrens Entscheidungen zu treffen.

10 Aus der Formulierung „jedes Justizorgan oder jede sonstige Stelle" geht bereits hervor, dass es sich nicht um ein Gericht im klassischen Sinne handeln muss. Vielmehr ist der **Begriff des „Gerichts"** iSd Verordnung in der Regel sehr **weit zu verstehen** (Erwägungsgrund 20).[21] Neben dem Gerichtswesen und Behörden, die einem Gericht gleichwertig sind, können hierunter auch Personen oder Organe verstanden werden. Voraussetzung ist dabei nur, dass diese „Stelle" zur Eröffnung eines Verfahrens nach Anh. A befugt ist. Der Begriff ist also **rein funktional** definiert und trägt in seiner weiten Fassung ebenso wie etwa der Begriff des „Verwalters" den Besonderheiten der mitgliedstaatlichen Insolvenzverfahren Rechnung,[22] was in der Lit. vereinzelt auf Kritik gestoßen ist.[23] Gericht ist auch das zuständige Organ einer juristischen Person, die aus Gründen der Insolvenz ihre eigene Liquidation beschließt (wie bei bestimmten Verfahren in Irland und im Vereinigten Königreich).[24]

11 Der weite Begriff des „Gerichts" ist gemäß Art. 2 Nr. 6 Ziff. i in bestimmten Vorschriften der EuInsVO **enger zu verstehen,** namentlich in Art. 1 Abs. 2 lit. b und c, Art. 4 Abs. 2, Art. 5 f., Art. 21 Abs. 3, Art. 24 Abs. 2 lit. j, Art. 36, Art. 39 und im Rahmen des Gruppen-Koordinierungsverfahrens gemäß Art. 61 ff. Der Ausdruck „Gericht" bezeichnet in den genannten Vorschriften nur die Justizorgane der Mitgliedstaaten. Das Merkmal „jede sonstige zuständige Stelle" fehlt insoweit.

VIII. Entscheidung über die Eröffnung eines Insolvenzverfahrens (Nr. 7)

12 „Entscheidung zur Eröffnung eines Insolvenzverfahrens" iSd EuInsVO bezeichnet die Entscheidung eines Gerichts zur Eröffnung eines Insolvenzverfahrens oder zur Bestätigung der Eröffnung eines solchen Verfahrens (Art. 2 Nr. 6 Ziff. i) und die Entscheidung eines Gerichts zur Bestellung eines Verwalters (Art. 2 Nr. 6 Ziff. ii). Auch dieser Begriff ist in einem **weiten Sinne** zu verstehen.[25]

IX. Zeitpunkt der Verfahrenseröffnung (Nr. 8)

13 Der Zeitpunkt der Verfahrenseröffnung ist der Zeitpunkt, in dem die **Eröffnungsentscheidung wirksam** wird, unabhängig davon, ob sie endgültig ist oder nicht (Art. 2 Nr. 8). Auch ist dies der Zeitpunkt, in dem die Eröffnungsvoraussetzungen vorliegen müssen.[26] Bedeutsam ist der Eröffnungszeitpunkt, weil wegen des **Prioritätsprinzips** das zuerst eröffnete Verfahren das Hauptverfahren ist, wohingegen alle nachfolgenden Verfahrenseröffnungen nur noch als Sekundärverfahren mit beschränktem Wirkungskreis in Betracht kommen (Art. 3 Abs. 3). In Bezug genommen wird der Eröffnungszeitpunkt ferner in Art. 8, 10, 17, 19, 21 Abs. 2, Art. 23, 55, 66, 84. Aus den Worten „wirksam wird" und „endgültig" lassen sich zwei Schlüsse ziehen. Erstens ist der Zeitpunkt maßgeblich, in dem die **Rechtsfolgen der Eröffnung** eintreten und nicht derjenige, in dem die Eröffnungsentscheidung ergeht. Und zweitens spielt es keine Rolle, ob die Eröffnungsentscheidung bereits **rechtskräftig** ist. Das Einlegen von Rechtsmitteln gegen die Eröffnungsentscheidung hat daher keinen Einfluss auf den „Zeitpunkt der Verfahrenseröffnung".[27]

14 Als Rechtsfolgen des deutschen Insolvenzrechts zählen bereits die **Anordnung von Sicherungsmaßnahmen** (§ 21 InsO) und die **Bestellung eines vorläufigen Insolvenzverwalters** (§ 22 InsO) zu den Maßnahmen vor dem formellen Eröffnungsbeschluss (§ 27 InsO; Erwägungsgrund

---

InsO nicht in Frankreich nach Art. 16 EuInsVO 2000 anerkennungsfähig sein, sondern bloß als Sicherungsmaßnahme nach Art. 25 EuInsVO 2000; dazu *Mansel/Thorn/Wagner* IPRax 2012, 1 (27).

[20] *Paulus* Rn. 15.

[21] *Paulus* Rn. 23.

[22] Duursma-Kepplinger/Duursma/Chalupsky/*Duursma-Kepplinger* EuInsVO 2000 Art. 2 Rn. 11; *Lehr* KTS 2000, 577 (578); *Virgós/Schmit* Rn. 66.

[23] *Leipold* in Stoll, Vorschläge und Gutachten, 1997, 186, 193: „befremdliche Methode des Übereinkommens".

[24] Duursma-Kepplinger/Duursma/Chalupsky/*Duursma-Kepplinger* EuInsVO 2000 Art. 2 Rn. 11; *Virgós/Schmit* Rn. 66.

[25] Vgl. zur EuInsVO 2000 Duursma-Kepplinger/Duursma/Chalupsky/*Duursma-Kepplinger* EuInsVO 2000 Art. 2 Rn. 11; *Virgós/Schmit* Rn. 67.

[26] *Paulus* Rn. 28.

[27] Duursma-Kepplinger/Duursma/Chalupsky/*Duursma-Kepplinger* EuInsVO 2000 Art. 2 Rn. 13; *Virgós/Schmit* Rn. 68.

36).[28] Auch die Einleitung eines Eröffnungsverfahrens nach **§ 270a InsO** gehört hierher.[29] Dies steht für die Praxis seit dem **Eurofood-Urteil** des EuGH fest, wonach es auf den Vermögensbeschlag gegen den Schuldner ankommt; aus Effizienzgründen (Erwägungsgründe 3 und 8) solle der Eröffnungszeitpunkt sobald wie möglich im Lauf des Verfahrens angenommen werden.[30] Freilich spricht viel dafür, diese Grundsätze nur im Rahmen des Prioritätsprinzips und bei Art. 18 anzuwenden, nicht aber in den übrigen Fällen, in denen es auf den Eröffnungszeitpunkt ankommt; dort sollte der **förmliche Eröffnungsbeschluss** maßgeblich sein.[31] Problematisch ist die Festlegung des Zeitpunktes der Verfahrenseröffnung bei Verfahren, die weitgehend ohne Mitwirkung staatlicher Gerichte durchgeführt werden, zB das *creditors' voluntary winding up.* Dabei stellt sich die Frage, ob auch in einem solchen Verfahren an den Rechtsfolgeneintritt angeknüpft werden sollte oder ob nicht vielmehr der Zeitpunkt maßgeblich sein sollte, zu dem das Gericht die Art des Verfahrens bestätigt und den Verwalter bestellt. Hier ist zu unterscheiden. Für die Ausübung der Befugnisse des Verwalters im Gebiet eines anderen Vertragsstaates ist der Zeitpunkt der Bestätigung durch das Gericht maßgebend; im Übrigen gilt die allgemeine Regel.[32] Die Einreichung eines Antrags auf Eröffnung eines Insolvenzverfahrens bewirkt nicht die Eröffnung des Verfahrens selbst.

Ein besonders **weitherziges Verständnis des Prioritätsprinzips** zeigt ein Urteil des **Stadtgerichts Prag vom 24.6.2005.**[33] Zu entscheiden war dort, ob und unter welchen Voraussetzungen die vorausgegangene Eröffnung eines deutschen Hauptinsolvenzverfahrens die Eröffnung eines eigenen Hauptinsolvenzverfahrens ausschließt, weil die zeitlich frühere Verfahrenseröffnung nach Art. 19 Abs. 1 anzuerkennen ist. Das Stadtgericht sah sich im Ergebnis an der Eröffnung eines – von ihm ausdrücklich als Hauptinsolvenzverfahren bezeichneten – Verfahrens nicht gehindert. Denn der Insolvenz*antrag* sei in Prag früher als vor dem deutschen Gericht gestellt worden. Nach der tschechischen Zivilprozessordnung sei von einer Insolvenzverfahrenseröffnung am Tag der Antragstellung auszugehen. Die Gewährung rechtlichen Gehörs und die Einsetzung eines vorläufigen Insolvenzverwalters seien bereits Entscheidungen in der Sache iSv Art. 2 Nr. 8, die – da zeitlich vor der Eröffnung in Deutschland ergangen – dazu führten, dass es sich bei der deutschen Verfahrenseröffnung nur noch um ein Sekundärverfahren nach Art. 3 Abs. 3 handeln könne. 15

Dem **Urteil ist nicht zu folgen,**[34] denn nach dem **Prioritätsprinzip** hätte in der Tschechischen Republik **allenfalls ein Sekundärverfahren** gemäß Art. 3 Abs. 3 eröffnet werden dürfen. Das in Deutschland eröffnete Hauptinsolvenzverfahren hatte Vorrang und schloss die Eröffnung weiterer Hauptinsolvenzverfahren aus. Selbst wenn das tschechische Recht eine Rückwirkung der Verfahrenseröffnung auf den Zeitpunkt der Antragstellung anordnen sollte, ist die auf nationalem Sachrecht beruhende **Rückwirkung** international-insolvenzrechtlich **unbeachtlich.** Denn aufgrund der Beschlagswirkung des deutschen Eröffnungsbeschlusses geht die tschechische Eröffnungsentscheidung ins Leere. Dass die Bestellung eines vorläufigen Verwalters eine Entscheidung iSv Art. 2 Nr. 6 ist,[35] ändert daran nichts. Art. 2 Nr. 5 iVm Anh. B erlaubt es nur, die Bestellung eines vorläufigen Verwalters als Entscheidung über die Bestellung eines Verwalters iSd Verordnung, nicht aber als Entscheidung über die Eröffnung eines Verfahrens nach Anh. A zu bewerten. 16

X. Mitgliedstaat, in dem sich ein Vermögensgegenstand befindet (Nr. 9)

Art. 2 Nr. 9 gibt eine Legaldefinition für den „Mitgliedstaat, in dem sich ein Vermögensgegenstand befindet". Auch die Bestimmung der in den Bereich der Wirkungen eines **Sekundärinsol-** 17

---

28 *Bork* EWiR 2017, 571 (572); Schlussanträge GA *Jacobs* ZIP 2005, 1878 = EWiR 2005, 715 Rn. 47 ff., 88 – Eurofood; anders Tribunale Amministrativo Regionale del Lazio Riv. dir. int. priv. proc. 2005, 428 (433): Bestellung eines vorläufigen Insolvenzverwalters genügt nicht; auch nach Cour d'appel de Colmar ZIP 2010, 1460 = EWiR 2010, 453 m. KurzKomm. *Mankowski* soll eine vorläufige Insolvenzeröffnung in Deutschland nach § 21 Abs. 2 S. 1 Nr. 2 InsO nicht in Frankreich nach Art. 19 EuInsVO 2000 anerkennungsfähig sein, sondern bloß als Sicherungsmaßnahme nach Art. 32 EuInsVO; dazu *Mansel/Thorn/Wagner* IPRax 2012, 1 (27).

29 K. Schmidt/*Brinkmann* EuInsVO 2000 Art. 2 Rn. 8.

30 EuGH ECLI:EU:C:2006:281 Rn. 52, 54, 58 = NZI 2006, 360 – Eurofood; dazu *Freitag/Leible* RIW 2006, 641; *Hess/Laukemann/Seagon* IPRax 2007, 89; *Thole* ZEuP 2007, 1137; *Knof/Mock* ZIP 2006, 907; *Saenger/Klockenbrinck* EuZW 2006, 363; *J. Schmidt* ZIP 2007, 405; krit. MüKoInsO/*Thole* EuInsVO 2000 Art. 2 Rn. 9 ff.

31 MüKoInsO/*Thole* EuInsVO 2000 Art. 2 Rn. 14.

32 Duursma-Kepplinger/Duursma/Chalupsky/*Duursma-Kepplinger* EuInsVO 2000 Art. 2 Rn. 14; *Virgós/Schmit* Rn. 68.

33 Stadtgericht Prag ZIP 2005, 1431 m. sehr krit. Anm. *Herchen* ZIP 2005, 1401 ff.

34 Zutr. Kritik bei *Herchen* ZIP 2005, 1401 (1405); zu diesem Fall auch LG Hamburg NZI 2005, 645 = EuZW 2006, 62 = ZIP 2005, 1697.

35 EuGH ECLI:EU:C:2006:281 Ls. 3 = NZI 2006, 360 – Eurofood.

venzverfahrens fallenden Vermögensgegenstände des Schuldners hat nach Maßgabe dieser Vorschrift zu erfolgen.[36] Die Norm differenziert danach, ob es sich um Namensaktien (Ziff. i) handelt, um bestimmte Finanzinstrumente (Ziff. ii), um Kontoguthaben (Ziff. iii), um Gegenstände oder Rechte, bei denen das Eigentum oder die Rechtsinhaberschaft in ein öffentliches Register einzutragen ist (Ziff. iv), um Europäische Patente (Ziff. v), um Urheberrechte (Ziff. vi), um andere körperliche Gegenstände (Ziff. vii) oder schließlich um andere Forderungen (Ziff. viii). Die an dieser Stelle aufgestellten Regeln zur Bestimmung der Vermögensbelegenheit stimmen mit denen des Internationalen Privatrechts grundsätzlich überein; bei **Namensaktien** entscheidet allerdings der **Satzungssitz** der Gesellschaft, nicht deren COM.[37] Die Vorschrift ist für Art. 3 Abs. 2 S. 2, Art. 8 und Art. 34 S. 3 von Bedeutung.[38]

18 Schwierigkeiten bei der Verortung können sich wegen der immer häufiger gegebenen Virtualität und Ubiquität von Marktort, Unternehmen und kommerzialisierten Chancen ergeben. Die Einteilung in Mobilien, Immobilien und Forderungen hilft hier nicht weiter.[39]

19 Art. 2 Nr. 9 Ziff. iv bezieht sich auf **Gegenstände oder Rechte, bei denen das Eigentum oder die Rechtsinhaberschaft in ein öffentliches Register einzutragen ist.** Praktische Anwendungsfälle dieser Regel sind vor allem die nach einigen Rechtsordnungen bestehenden Register für Wasser-, Luft- oder Landfahrzeuge. Der Mitgliedstaat, in dem sich ein solcher Gegenstand oder ein solches Recht „befindet", ist der Staat, unter dessen Aufsicht das Register geführt wird.

20 Bei einem nicht von Ziff. i bis iv erfassten **körperlichen Gegenstand** kommt es darauf an, wo dieser sich befindet (Ziff. vii). Dies entspricht der Regelung des Art. 43 Abs. 1 EGBGB. Unter der Belegenheit versteht man die physische Präsenz (→ EGBGB Art. 43 Rn. 109). Problematisch ist die Belegenheit der **res in transitu** (lat.: Sache auf der Durchreise) im Internationalen Insolvenzrecht. Im deutschen Internationalen Privatrecht ist entweder das Recht des Absendelandes oder des Bestimmungslandes, nicht aber das Recht des Transitlandes anzuwenden.[40] Dogmatisch ist dies auf Art. 46 EGBGB zu stützen, wonach das Recht des Staates anzuwenden ist, zu dem die wesentlich engere Verbindung besteht.[41] Zweifelhaft ist, ob dieser Grundsatz auch für das Internationale Insolvenzrecht gilt. Von dieser Frage ausgenommen sind von vornherein die Fälle, in denen es sich um einzutragende Wasser- und Luftfahrzeuge handelt, da für diese die Regelung der Ziff. iv gilt. Für die übrigen Fälle kommt eine Übertragung der res-in-transitu-Regelung auf Art. 2 Nr. 9 Ziff. vii nicht in Betracht.[42] Das ergibt sich erstens daraus, dass eine dem Art. 46 EGBGB vergleichbare Regelung im Internationalen Insolvenzrecht gerade fehlt. Ferner spielt im Internationalen Privatrecht vor allem die Privatautonomie eine Rolle, der dadurch Rechnung getragen werden soll, dass ausnahmsweise zugunsten einer sachenrechtlichen Rechtswahl nicht an die Belegenheit angeknüpft wird. Dies gelte insbesondere auch deshalb, weil dem keine Verkehrsinteressen entgegenstünden.[43] Eine grundsätzlich andere Interessenlage besteht im internationalen Insolvenzrecht, wo eine Rechtswahl bereits wegen der Mannigfaltigkeit der betroffenen Interessen ausscheidet. Im Ergebnis gilt die von Art. 2 Nr. 9 Ziff. vii getroffene Regelung demnach auch für die res in transitu.

XI. Niederlassung (Nr. 10)

21 Die „Niederlassung" ist jeder Tätigkeitsort, an dem der Schuldner einer wirtschaftlichen Aktivität von nicht vorübergehender Art nachgeht oder in den drei Monaten vor dem Antrag auf Eröffnung des Hauptinsolvenzverfahrens nachgegangen ist, die den Einsatz von Personal und Vermögenswerten voraussetzt (Art. 2 Nr. 10). Auf eine Eintragung als Niederlassung im Handelsregister kommt es nicht an.[44] Mit dem bloßen **Satzungssitz** in einem bestimmten Staat begründet eine Gesellschaft dort noch **keine Niederlassung,** schon weil ein dort durchgeführtes Verfahren masse- und funkti-

---

[36] EuGH ECLI:EU:C:2015:384 Rn. 47 ff. = EuZW 2015, 593 – Comité d'entreprise de Nortel Networks; mAnm *P. Schulz* = NZI 2015, 663 mAnm *Fehrenbach* – Nortel; dazu *J. Schmidt* EWiR 2015, 515; *Thomale* IPRax 2016, 558; *Mucciarelli* Giurisprudenza commerciale 2016, II, 13.

[37] *Paulus* Rn. 31 mit Verweis auf andere Sprachfassungen; Näher zur Verortung von Gesellschaftsanteilen, Finanzinstrumenten und Forderungen *Garcimartín* IPRax 2015, 489; *Paulus* Rn. 31 ff.; BayObLG IPRax 2021, 373 mAnm *Mankowski* IPRax 2021, 352.

[38] Näher zu Art. 2 Nr. 9 *Mankowski* FS Pannen, 2017, 243; umfassend *Paulus* Rn. 29 ff.

[39] *Haas* FS Gerhardt, 2004, 319 (337); zu nicht erfassten, unkörperlichen Rechten *Dammann* FS Beck, 2016, 73 (89 f.).

[40] *Rauscher* IPR 315 f.; Staudinger/*Mansel*, 2015, EGBGB Art. 46 Rn. 45 ff.

[41] *Rauscher* IPR 316.

[42] AA wohl MüKoInsO/*Thole* EuInsVO 2000 Art. 2 Rn. 4; MüKoInsO/*Thole* EGInsO Art. 102 Rn. 233.

[43] Staudinger/*Mansel*, 2015, IntSachenR Rn. 369.

[44] BGH NZI 2012, 725 Rn. 6; zur Zeitkomponente näher *Paulus* Rn. 66.

onslos wäre.[45] Werden am Satzungssitz indessen nach außen gerichtete wirtschaftliche Aktivitäten entfaltet (→ Rn. 23 ff.), so besteht dort eine Niederlassung, auf die die Zuständigkeit zur Eröffnung eines Sekundärverfahrens gestützt werden kann; dass in einem anderen Mitgliedstaat bereits ein Hauptverfahren eröffnet wurde, steht dem nicht entgegen.[46]

Bedeutsam ist diese Legaldefinition vor allem im Zusammenhang mit der internationalen Zuständigkeit zur Eröffnung eines **Partikularinsolvenzverfahrens** nach Art. 3 Abs. 2. Da ein Verfahren ohne internationale Zuständigkeit nicht eröffnet werden kann, handelt es sich um eine unbedingte Eröffnungsvoraussetzung.[47] Über die Niederlassung als Voraussetzung zur Eröffnung eines Partikularinsolvenzverfahrens bestand unter den Mitgliedstaaten keineswegs Einigkeit. So hatten mehrere Staaten in Bezug auf die EuInsVO 2000 vorgeschlagen, bereits bei bloßer Vermögensbelegenheit die Eröffnung eines Partikularinsolvenzverfahrens zuzulassen.[48] Letztlich haben sich diese Bestrebungen zwar nicht durchgesetzt. Der Begriff der Niederlassung ist aber mit Rücksicht auf das Zugeständnis der Anhänger eines insolvenzrechtlichen „Vermögensgerichtsstandes" **weit auszulegen.**[49] Der unabhängige Niederlassungsbegriff hat inzwischen auch in das UNCITRAL-Modellgesetz Eingang gefunden.[50] Der Verordnungsgeber hat bewusst nicht den engen Niederlassungsbegriff des Art. 7 Nr. 5 Brüssel Ia-VO übernommen.[51] 22

Der Niederlassungsbegriff enthält mehrere Merkmale.[52] Der **Tätigkeitsort** ist ein **Ort,** an dem **nach außen** (also zum Markt hin) gerichtete **wirtschaftliche Aktivitäten** entfaltet werden; wenn an diesem Ort nur noch **Abwicklungstätigkeiten** durchgeführt werden, so soll dies nach einer Entscheidung des englischen Court of Appeal nicht den Niederlassungsbegriff erfüllen.[53] Ob die Aktivitäten kommerzieller, industrieller oder freiberuflicher Art sind, soll dabei keine Rolle spielen.[54] Gleichgültig ist, ob die Tätigkeit verboten oder sittenwidrig ist.[55] Bereits durch diese „Tätigkeitsanforderung" scheidet die reine Vermögensbelegenheit als Niederlassung aus. Andererseits genügt etwa, dass es sich um eine **Großbaustelle** handelt.[56] Von einer wirtschaftlichen Aktivität wird man aber auch dann sprechen können, wenn diese allein dem Erhalt eines Vermögensgegenstandes dient. Man denke hierbei etwa an ein **Ferienhaus,** wenn dort eine Tätigkeit zu dessen Erhaltung stattfindet, zB die Tätigkeit eines Hausmeisters oder eines Gärtners.[57] Ein **Verkaufslager,** von dem aus keine Aktivitäten ausgehen, kann hingegen **nicht** als **Niederlassung** gewertet werden.[58] 23

Die wirtschaftliche Aktivität darf darüber hinaus **nicht** bloß **von vorübergehender Art** sein. Positiv ausgedrückt bedarf es einer gewissen Dauerhaftigkeit der Tätigkeit. Die negative Formulierung erfolgte, um zeitliche Mindestanforderungen zu vermeiden.[59] Das bedeutet aber nicht, dass eine Gewinnerzielungsabsicht vorliegen muss.[60] Entscheidend ist in jedem Fall die **Außenansicht eines potentiellen Gläubigers.**[61] Dies wird auch aus dem **Eurofood-Urteil** des EuGH deutlich, wenngleich sich die dortigen Ausführungen auf das COMI beziehen.[62] 24

---

45 K. Schmidt/*Brinkmann* EuInsVO 2000 Art. 2 Rn. 20.

46 Cass. (S.U.) Riv. dir. int. priv. proc. 2016, 792 (803) und Ls. (COMI in Frankreich, Satzungssitz in Italien).

47 Duursma-Kepplinger/Duursma/Chalupsky/*Duursma-Kepplinger* EuInsVO 2000 Art. 2 Rn. 21.

48 *Virgós/Schmit* Rn. 70.

49 MüKoInsO/*Thole* EuInsVO 2000 Art. 2 Rn. 5 m. Fn. 8.

50 Duursma-Kepplinger/Duursma/Chalupsky/*Duursma-Kepplinger* EuInsVO 2000 Art. 2 Rn. 23.

51 Vgl. *Hausmann* in Reithmann/Martiny IntVertragsR Rn. 6.608; *Paulus* Rn. 57.

52 Vorbildliche Auswertung komplexer Inlandsbezüge des Schuldners (trotz Wohnsitzverlagerung nach England) bei LG Kiel BeckRS 2012, 11626 unter 2c.

53 Her Majesty's Court of Appeal in England, [2013] EWCA Civ 643 In re Olympic Airlines SA = IILR 2013, 467: „It is not sufficient for a company to have a branch or office that fulfils no function, other than to assist in the winding up of a company. Instead, there must be a business operation with economic activity that is external and market facing."

54 *Virgós/Schmit* Rn. 71.

55 *Torz,* Gerichtsstände im Internationalen Insolvenzrecht, 2005, § 8 III 6.

56 Duursma-Kepplinger/Duursma/Chalupsky/*Duursma-Kepplinger* EuInsVO 2000 Art. 2 Rn. 27.

57 Duursma-Kepplinger/Duursma/Chalupsky/*Duursma-Kepplinger* EuInsVO 2000 Art. 2 Rn. 27; zu großzügig aber it. Kassationshof Riv. dir. int. priv. proc. 2005, 450 (453): Grundstück als Niederlassung iSv Art. 3 Abs. 2.

58 *Leible/Staudinger* KTS 2000, 533 (547).

59 Duursma-Kepplinger/Duursma/Chalupsky/*Duursma-Kepplinger* EuInsVO 2000 Art. 2 Rn. 26; *Virgós/Schmit* Rn. 71.

60 *Paulus* NZI 2001, 505 (510).

61 AG München ZIP 2007, 495 (496) = EWiR 2007, 277 Ls. 2 – BenQ Mobile, m. KurzKomm. *Müller;* OLG Wien NZI 2005, 56 (60); District Court Tallin BeckRS 2010, 21624.

62 EuGH ECLI:EU:C:2006:281 Rn. 33 = NZI 2006, 360 – Eurofood; dazu *Freitag/Leible* RIW 2006, 641; *Hess/Laukemann/Seagon* IPRax 2007, 89; *Thole* ZEuP 2007, 1137; *Knof/Mock* ZIP 2006, 907; *Saenger/Klockenbrinck* EuZW 2006, 363; *J. Schmidt* ZIP 2007, 405.

25 Schließlich bedarf es noch des **Einsatzes von Personal und Vermögenswerten.**[63] Letztere umfassen Schuld- und sachenrechtliche Positionen.[64] Ein Mindestmaß an Organisation ist notwendig.[65] In der Rs. C-501/23 (Finanzamt Wilmersdorf) hat der EuGH zu entscheiden, ob nach Art. 2 Nr. 10 der **Tätigkeitsort einer selbständig gewerblich oder freiberuflich tätigen natürlichen Person** auch dann eine Niederlassung darstellt, wenn die ausgeübte Tätigkeit keinen Einsatz von Personal und Vermögenswerten voraussetzt.[66] Das Erfordernis des Personaleinsatzes unterstreicht, dass die reine Vermögensbelegenheit – wie zB Maschinen, Vorräte oder Bankkonten –[67] nicht ausreicht.[68] Wann ein hinreichender Einsatz von Personal zu bejahen ist, kann im Einzelfall zweifelhaft sein.[69] Eines Betriebes iSd § 613a BGB bedarf es wohl ebenso wenig[70] wie einer Niederlassung iSd Art. 7 Nr. 5 Brüssel Ia-VO, die eine Weisungsabhängigkeit der Außenstelle voraussetzt.[71] Nach der Rspr. müssen nicht zwingend eigene Arbeitnehmer der Schuldnerin eingesetzt werden, wohl aber **Personen,** welche von ihr **beauftragt** wurden und nach außen hin erkennbar für sie tätig sind Wenn die Schuldnerin zwar inländisches **Immobilienvermögen** unterhält, welches vermietet wird, wird zwar eine gewisse wirtschaftliche Tätigkeit nicht nur vorübergehender Art entfaltet; darüber hinaus müssten aber für eine gewisse Dauer angestellte oder beauftragte Personen von der Schuldnerin im Inland eingesetzt werden.[72] Das ist zB bei einem **seines Amtes enthobenen Notar** nicht der Fall.[73]

26 Mit der im Zuge der Reform eingeführten Regelung, dass der Begriff der Niederlassung den Tätigkeitsort bezeichnet, an dem der Schuldner seiner wirtschaftlichen Aktivität in den drei Monaten vor dem Antrag auf Eröffnung des Hauptinsolvenzverfahrens nachgegangen ist, beabsichtigt der Reformverordnungsgeber bestehende Manipulations- und Simulationspotentiale zu entschärfen.[74]

27 **Streitfrage:** Zweifelhaft war und ist, ob die Niederlassung zwingend **unselbstständig** sein muss.[75] Vor allem ist dies für die Frage bedeutsam, ob auch ein **Konzernunternehmen** als Niederlassung iSd Verordnung angesehen werden kann. Die hM verneinte dies schon unter der EuInsVO 2000[76] und führte hierfür unter anderem den Willen des Verordnungsgebers ins Feld.[77] Auch würde dies dazu führen, dass das inländische Vermögen der Muttergesellschaft in ein Partikularinsolvenzverfahren einbezogen würde.[78] Außerdem käme es auf diese Weise zu einer Anreicherung der Sonderinsolvenzverfahren.[79]

28 Die Frage hat sich durch das „Burgo Group"-Urteil der EuG erledigt. Im kompetenzrechtlichen Sinne kann danach – anders als im Handelsrecht – unter einer Niederlassung auch eine rechtlich selbstständige Gesellschaft verstanden werden. Dies gilt für Art. 7 Nr. 5 Brüssel Ia-VO[80] und Art. 2 Nr. 10 EuInsVO 2015.[81] Mit der Reform der EuInsVO hat der Verordnungsgeber nun Konzerninsolvenzen ausdrücklich in den Art. 56 ff. geregelt.

---

[63] EuGH ECLI:EU:C:2014:2158 Rn. 31 = NZI 2014, 964 – Burgo Group; mAnm *Mankowski* = EuZW 2015, 34 mAnm *P. Schulz* = EWiR 2015, 81 m. Kurzkomm. *Undritz* – Burgo; Slg. 2011, I-9915 Rn. 60 ff. = NZI 2011, 990 – Interedil = EWiR 2011, 745 m. KurzKomm. *Paulus;* LG Hannover NZI 2008, 631 mAnm *Vallender* NZI 2008, 632 betr. Niederlassung eines in England lebenden Chefarztes an deutscher Klinik.

[64] *Paulus* Rn. 60.

[65] EuGH ECLI:EU:C:2011:671 Ls. 4 = NZI 2011, 990 – Interedil; *Virgós/Schmit* Rn. 71.

[66] EuGH Gerichtsmitteilung v. 7.8.2023 – C-501/23, BeckEuRS 2023, 763518.

[67] *Lehr* KTS 2000, 577 (578).

[68] BGH NZI 2012, 725 für Grundbesitz; *Lehr* KTS 2000, 577 (578); *Paulus* NZI 2001, 505 (510).

[69] Vgl. *Becker* ZEuP 2002, 287 (301), der zB die gelegentliche Betreibung eines Handwerks als nicht ausreichend erachtet.

[70] *Paulus* NZI 2002, 505 (510).

[71] *Ehricke/Ries* JuS 2003, 313 (319); *Paulus* NZI 2002, 505 (510).

[72] BGH NZI 2012, 725 Rn. 6 f.; LG Hildesheim NZI 2013, 110 mAnm *Köster/Hemmerle* NZI 2013, 111.

[73] BGH NZI 2012, 377 Rn. 8 ff. = IPRax 2013, 356 m. Aufs. *Ringe* IPRax 2013, 330.

[74] Vgl. zu einer ähnlichen Sperrfrist Art. 3 Abs. 1 UAbs. 3; zur – zuständigkeitsrechtlich unbeachtlichen – COMI-Simulation BFH NZI 2016, 925 Rn. 23, 28.

[75] *Huber* EuZW 2002, 490 (492), der die Frage als „noch nicht abschließend geklärt" bezeichnet.

[76] Duursma-Kepplinger/Duursma/Chalupsky/*Duursma-Kepplinger* EuInsVO 2000 Art. 2 Rn. 29; *Duursma/Duursma-Kepplinger* DZWiR 2003, 447 (448); *Ehricke/Ries* JuS 2003, 313 (314); *Eidenmüller* ZZP 2001, 3 (4); *Eidenmüller* NJW 2004, 3455 (3458); *Huber* ZZP 114 (2001), 133 (143); *Schack* IZVR Rn. 1247; *Wimmer* ZIP 1998, 982 (986); vgl. auch Financial Times Deutschland vom 4.6.2002, 37, Nr. 105.

[77] Duursma-Kepplinger/Duursma/Chalupsky/*Duursma-Kepplinger* EuInsVO 2000 Art. 2 Rn. 29; *Huber* ZZP 114 (2001), 133 (143); *Torz,* Gerichtsstände im Internationalen Insolvenzrecht, 2005, § 8 III 4; *Virgós/Schmit* Rn. 76.

[78] *Schack* IZVR Rn. 1247.

[79] *Schack* IZVR Rn. 1247.

[80] *Kindler* FS Ulmer, 2003, 305 (319).

[81] EuGH ECLI:C:2014:2158 Rn. 32 = EuZW 2015, 34; *Paulus* Rn. 34; Mankowski/Müller/Schmidt/*Schmidt* Rn. 56.

Sinn der Anknüpfung der Eröffnungszuständigkeit für Partikularverfahren an die Niederlassung ist, dass ausländische und inländische Teilnehmer am Wirtschaftsverkehr insolvenzrechtlich gleichbehandelt werden sollen, wenn sie auf demselben Markt tätig sind, denn ihr Informationsbedarf und ihr rechtliches Risiko im Insolvenzfall ist in diesem Fall gleich.[82] 29

Umstritten ist, welche Anforderungen bei einer **natürlichen Person** an den Begriff der Niederlassung zu stellen sind. Das LG München I begründete das Vorhandensein einer Niederlassung in Deutschland im Kern damit, dass der **Schuldner Gesellschafter und Geschäftsführer der GmbH** mit Sitz in München sei.[83] Das OLG Wien hingegen hat entschieden, dass der Umstand, dass der Schuldner im Inland als Organ einer inländischen Gesellschaft tätig ist, für das Vorliegen einer Niederlassung nicht genügt.[84] Im Ergebnis trifft die Entscheidung des LG München I indessen zu, da die betroffene GmbH **Arbeitnehmer im Inland** beschäftigte und diese Beschäftigung von Personal dem Schuldner wirtschaftlich zugerechnet werden kann. So genügt für eine Niederlassung iSd EuInsVO der Einsatz fremden Personals, sofern dieses (hier: das Personal der GmbH) aus der Sicht eines außenstehenden Dritten für den Schuldner tätig ist.[85] Eine andere Auffassung, wonach der Schuldner als Arbeitgeber oder Auftraggeber für das eingesetzte Personal verantwortlich sein muss,[86] verfehlt die beim Niederlassungsbegriff – wie beim COMI – gebotene wirtschaftliche Betrachtung. 30

XII. Lokaler Gläubiger (Nr. 11)

Der im Zuge der Reform neu eingeführte Art. 2 Nr. 11 gibt eine Legaldefinition des „lokalen Gläubigers". Diese Gläubigergruppe ist für das **Sekundärinsolvenzverfahren** von Bedeutung (Art. 36, 38, 51). Im **synthetischen Sekundärverfahren** sind bestimmte Behörden miteinbezogen (Art. 36 Nr. 11). Den Schutz lokaler Gläubiger bezwecken ferner die Erwägungsgründe 37, 46. Der Begriff bezeichnet den Gläubiger, dessen Forderung gegen den Schuldner aus oder in Zusammenhand mit dem Betrieb einer Niederlassung in einem anderen Mitgliedstaat als dem Mitgliedstaat entstanden sind, in dem sich der Mittelpunkt der hauptsächlichen Interessen des Schuldners befindet. Man spricht daher besser vom **Niederlassungsgläubiger.**[87] Die **Betriebsbezogenheit** der Forderung ist – im Wege der rechtsaktübergreifenden Auslegung (vgl. Erwägungsgrund 7) – so zu verstehen wie bei Art. 7 Nr. 5 Brüssel Ia-VO.[88] Erfasst sind Forderungen mit Bezug zu vertraglichen oder außervertraglichen Rechten und Pflichten aus der Führung der Niederlassung sowie Verbindlichkeiten des Stammhauses, die im Vertragsstaat der Niederlassung zu erfüllen sind.[89] Betriebsbezogen sind ferner Verpflichtungen, die aus einer Tätigkeit entstehen, welche am Ort der Niederlassung für Rechnung des Stammhauses ausgeübt wird[90] oder die über die Niederlassung abgewickelt wird.[91] Entscheidend ist, dass die Verbindlichkeit von der Niederlassung – zB von dem dort tätigen ständigen Vertreter iSd § 13e Abs. 2 S. 5 Nr. 3 HGB (→ IntGesR Rn. 924 ff.) – für das Stammhaus eingegangen wurde. Auf den Erfüllungsort kommt es dabei ebenso wenig an wie auf das Forderungsstatut.[92] 31

XIII. Ausländischer Gläubiger (Nr. 12)

In Ergänzung zu Art. 2 Nr. 11 wird der „ausländische Gläubiger" in Art. 2 Nr. 12 als der Gläubiger legaldefiniert, der seinen gewöhnlichen Aufenthalt, Wohnsitz oder Sitz in einem anderen Mitgliedstaat als dem Mitgliedstaat der Verfahrenseröffnung hat, einschließlich der Steuerbehörden und der Sozialversicherungsträger der Mitgliedstaaten. Als Normadressat findet sich der ausländische Gläubiger in Art. 24 Abs. 4, Art. 53, Art. 54. 32

XIV. Unternehmensgruppe (Nr. 13)

Mit Erweiterung des Anwendungsbereiches der EuInsVO auf Konzerninsolvenzverfahren (Art. 56 ff.) hat der Reformverordnungsgeber eine Legaldefinition zur Unternehmensgruppe" in 33

---

82 *Virgós/Schmit* Rn. 71.
83 LG München I NZI 2018, 665 (666) mAnm *F. Fuchs*.
84 OLG Wien NZI 2005, 56 (60); ebenso *Bork* EWiR 2018, 247 (248).
85 LG Hannover NZI 2008, 631 (632); *Bork* EWiR 2018, 247 (248).
86 Vallender NZI 2008, 632 (633); ähnlich BGH NZI 2012, 377; zu streng auch *Bork/Harten* NZI 2018, 673.
87 *Fehrenbach* GPR 2017, 38 (40).
88 MüKoInsO/*Thole* Rn. 17; EuGH ECLI:EU:C:1978:205 = RIW 1979, 56 – Somafer.
89 MüKoZPO/*Gottwald* Brüssel Ia-VO Art. 7 Rn. 88.
90 EuGH ECLI:EU:C:1978:205 Rn. 12 = RIW 1979, 56 – Somafer.
91 OLG München RIW 1999, 872.
92 MüKoInsO/*Thole* Rn. 17.

Art. 2 Nr. 13 normiert. Eine solche bezeichnet ein Mutterunternehmen und alle seine Tochterunternehmen.

34 Bedauerlicherweise erfasst Art. 2 Nr. 13 nur Unterordnungskonzerne, obwohl auch bei Gleichordnungskonzernen Abstimmungsbedarf im Rahmen einer Insolvenz bestehen kann.[93]

XV. Mutterunternehmen (Nr. 14)

35 Ein „Mutterunternehmen" ist gemäß Art. 2 Nr. 14 S. 1 ein Unternehmen, das ein oder mehrere Tochterunternehmen entweder unmittelbar oder mittelbar kontrolliert. Ein Unternehmen, das einen konsolidierten Abschluss gemäß der Bilanz-RL[94] erstellt[95] ist ebenfalls als Mutterunternehmen anzusehen (Art. 2 Nr. 14 S. 2). Ob die Kontrolle im Rahmen eines faktischen Konzerns oder eines Vertragskonzerns (§ 291 AktG) ausgeübt wird, spielt keine Rolle.[96]

36 Eine Parallelregelung findet sich in Art. 2 Nr. 9 Bilanz-RL (deutsche Umsetzung in §§ 290 ff. HGB). Die dazu vorliegenden Erkenntnisse können für das Verständnis der insolvenzrechtlichen Kontrolltatbestände herangezogen werden, schon mit Blick auf eine einheitliche Auslegung gleichlautender Begriffe des europäischen Unternehmensrechts. Dies insbesondere, da Art. 2 Nr. 14 S. 2 ausdrücklich auf die Bilanz-RL (→ IntGesR Rn. 37) Bezug nimmt. Dagegen spricht nicht der abweichende Regelungszweck des Bilanzrechts, weil dieser für die Tatbestandsseite der konzernrechtlichen Beherrschung nicht von Bedeutung ist.[97] Bei grenzüberschreitenden Beteiligungsverhältnissen beurteilen sich diese Kontrolltatbestände jeweils nach dem Gesellschaftsstatut der präsumtiven Tochtergesellschaft (→ IntGesR Rn. 760).[98]

37 Der Verordnungsgeber ist damit den Forderungen[99] nach einem Verweis auf die Begriffsbestimmungen in der Bilanz-RL mit Einschränkungen gefolgt und hat den ursprünglichen Entwurf des Art. 2 lit. j EuInsVO-E[100] verworfen, der noch auf drei aus dem europäischen Konzernbilanzrecht und Kapitalmarktrecht bekannte Beherrschungstatbestände zurückgriff: die Stimmrechtsmehrheit, das Vorhandensein von Bestellungs- und Abberufungsrechten, sowie die Leitungsmacht kraft vertraglicher oder satzungsmäßiger Rechte.

Art. 3 EuInsVO Internationale Zuständigkeit

(1) ***[1]*** **[1]Für die Eröffnung des Insolvenzverfahrens sind die Gerichte des Mitgliedstaats zuständig, in dessen Hoheitsgebiet der Schuldner den Mittelpunkt seiner hauptsächlichen Interessen hat (im Folgenden „Hauptinsolvenzverfahren"). [2]Mittelpunkt der hauptsächlichen Interessen ist der Ort, an dem der Schuldner gewöhnlich der Verwaltung seiner Interessen nachgeht und der für Dritte feststellbar ist.**

[2] **[1]Bei Gesellschaften oder juristischen Personen wird bis zum Beweis des Gegenteils vermutet, dass der Mittelpunkt ihrer hauptsächlichen Interessen der Ort ihres Sitzes ist. [2]Diese Annahme gilt nur, wenn der Sitz nicht in einem Zeitraum von drei Monaten vor dem Antrag auf Eröffnung des Insolvenzverfahrens in einen anderen Mitgliedstaat verlegt wurde.**

[3] **[1]Bei einer natürlichen Person, die eine selbständige gewerbliche oder freiberufliche Tätigkeit ausübt, wird bis zum Beweis des Gegenteils vermutet, dass der Mittelpunkt ihrer hauptsächlichen Interessen ihre Hauptniederlassung ist. [2]Diese Annahme gilt nur, wenn die Hauptniederlassung der natürlichen Person nicht in einem Zeitraum von drei Monaten vor dem Antrag auf Eröffnung des Insolvenzverfahrens in einen anderen Mitgliedstaat verlegt wurde.**

[4] **[1]Bei allen anderen natürlichen Personen wird bis zum Beweis des Gegenteils vermutet, dass der Mittelpunkt ihrer hauptsächlichen Interessen der Ort ihres gewöhnlichen Aufenthalts ist. [2]Diese Annahme gilt nur, wenn der gewöhnliche Aufenthalt nicht in einem**

---

93 So auch *Reuß* EuZW 2013, 165 (168).

94 RL 2013/34/EU vom 26.6.2013 über den Jahresabschluss, den konsolidierten Abschluss und damit verbundene Berichte von Unternehmen bestimmter Rechtsformen, ABl. EU 2013 L 182, 19; die Umsetzung erfolgte durch das BilRUG vom 17.7.2015 (BGBl. 2015 I 1245).

95 Dazu ausf. *Eble* NZI 2016, 115 (116 ff.).

96 *Thole* IPRax 2017, 213 (221).

97 AA *Mock* GPR 2013, 156 (164).

98 Vgl. Staub/*Kindler*, 4. Aufl. 2011, HGB § 290 Rn. 18.

99 So der Rechtsausschuss des EP, 2012/0360(COD), ZIP-aktuell 2013, A 76 (Nr. 281); *Kindler* KTS 2014, 25 (40 f.).

100 COM(2012) 744 final, 23.

Zeitraum von sechs Monaten vor dem Antrag auf Eröffnung des Insolvenzverfahrens in einen anderen Mitgliedstaat verlegt wurde.

(2) [1]Hat der Schuldner den Mittelpunkt seiner hauptsächlichen Interessen im Hoheitsgebiet eines Mitgliedstaats, so sind die Gerichte eines anderen Mitgliedstaat nur dann zur Eröffnung eines Insolvenzverfahrens befugt, wenn der Schuldner eine Niederlassung im Hoheitsgebiet dieses anderen Mitgliedstaats hat. [2]Die Wirkungen dieses Verfahrens sind auf das im Hoheitsgebiet dieses letzteren Mitgliedstaats befindliche Vermögen des Schuldners beschränkt.

(3) Wird ein Insolvenzverfahren nach Absatz 1 eröffnet, so ist jedes zu einem späteren Zeitpunkt nach Absatz 2 eröffnete Insolvenzverfahren ein Sekundärinsolvenzverfahren.

(4) [1]Vor der Eröffnung eines Insolvenzverfahrens nach Absatz 1 kann ein Partikularverfahren nach Absatz 2 nur eröffnet werden, falls:
a) die Eröffnung eines Insolvenzverfahrens nach Absatz 1 angesichts der Bedingungen, die das Recht des Mitgliedstaats vorschreibt, in dessen Hoheitsgebiet der Schuldner den Mittelpunkt seiner hauptsächlichen Interessen hat, nicht möglich ist oder
b) die Eröffnung des Partikularverfahrens von
   i) einem Gläubiger beantragt wird, dessen Forderung sich aus dem Betrieb einer Niederlassung ergibt oder damit im Zusammenhang steht, die sich im Hoheitsgebiet des Mitgliedstaats befindet, in dem die Eröffnung des Partikularverfahrens beantragt wird, oder
   ii) einer Behörde beantragt wird, die nach dem Recht des Mitgliedstaats, in dessen Hoheitsgebiet sich die Niederlassung befindet, das Recht hat, die Eröffnung von Insolvenzverfahren zu beantragen.

[2]Nach der Eröffnung des Hauptinsolvenzverfahrens wird das Partikularverfahren zum Sekundärinsolvenzverfahren.

Schrifttum (zur EuInsVO): *Brinkmann,* Von unwiderleglichen widerleglichen Vermutungen im Internationalen Insolvenzrecht, FS Prütting, 2018, 627; *Freitag/Korch,* Gedanken zum Brexit – Mögliche Auswirkungen im Internationalen Insolvenzrecht, ZIP 2016, 1849; *Hess,* Back to the Past: BREXIT und das europäische internationale Privat- und Verfahrensrecht, IPRax 2016, 409.

Schrifttum (allgemein zur EuInsVO 2000): *Cornette,* Le „centre des intérêts principaux" des personnes physiques dans le cadre de l'application du Règlement Insolvabilité dans les départements de la Moselle, du Bas-Rhin du Haut-Rhin, Clunet 2013, 1115; *Fehrenbach,* Die Rechtsprechung des EuGH zur Europäischen Insolvenzverordnung: Der Mittelpunkt der hauptsächlichen Interessen und andere Entwicklungen im Europäischen Insolvenzrecht, ZEuP 2013, 353; *Frind/Pannen,* Einschränkungen der Manipulation der insolvenzrechtlichen Zuständigkeiten durch Sperrfristen – ein Ende des Forum Shopping in Sicht?, ZIP 2016, 398; *Herchen,* Aktuelle Entwicklungen im Recht der internationalen Zuständigkeit zur Eröffnung von Insolvenzverfahren: Der Mittelpunkt der (hauptsächlichen) Interessen im Mittelpunkt der Interessen, ZInsO 2004, 825; *Hess/Laukemann/Seagon,* Europäisches Insolvenzrecht nach Eurofood: Methodische Standortbestimmung und praktische Schlussfolgerungen, IPRax 2007, 89; *Kindler,* Sitzverlegung und internationales Insolvenzrecht, IPRax 2006, 114; *Mankowski/Willemer,* Die internationale Zuständigkeit für Insolvenzanfechtungsklagen, RIW 2009, 669; *Paulus,* Der EuGH und das moderne Insolvenzrecht, NZG 2006, 609; *Probst,* Die internationale Zuständigkeit zur Eröffnung von Insolvenzverfahren, 2008; *Reuß,* „Forum Shopping" in der Insolvenz. Missbräuchliche Dimension der Wahrnehmung unionsrechtlicher Gestaltungsmöglichkeiten, 2011; *Sabel,* Hauptsitz als Niederlassung im Sinne der EuInsVO?, NZI 2004, 126; *Saenger/Klockenbrink,* Anerkennungsfragen im internationalen Insolvenzrecht gelöst?, EuZW 2006, 363; *Weller,* Die Verlegung des Center of Main Interest von Deutschland nach England, ZGR 2008, 835; *Weller,* Windscheids Anspruchsbegriff im Strudel der Insolvenzrechtsarbitrage, IPRax 2011, 150.

Schrifttum (zu Gesellschaften und Konzernen unter der EuInsVO 2000): s. Vor Art. 56; *Deyda,* Der Konzern im europäischen internationalen Insolvenzrecht, 2008; *Deyda/Vallender,* Brauchen wir einen Konzerninsolvenzgerichtsstand?, NZI 2009, 825; *Fehrenbach,* Haupt- und Sekundärinsolvenzverfahren – Zur sachgerechten Verfahrenskoordination bei grenzüberschreitenden Unternehmensinsolvenzen, 2014; *Mucciarelli,* Da Monopoli a Londra, passando dal Lussemburgo: appunti sull'emigrazione delle società italiane, Giurisprudenza commerciale 2012, II, 583; *J. Schmidt,* Eurofood – Eine Leitentscheidung und ihre Rezeption in Europa und den USA, ZIP 2007, 405; *U.M. Wolf,* Der europäische Gerichtsstand bei Konzerninsolvenzen, 2012.

Übersicht

I. Grundlagen

1 **1. Internationale Zuständigkeit.** Art. 3 regelt die internationale Zuständigkeit zur Eröffnung von Insolvenzverfahren (→ Art. 2 Rn. 5 f.), die in jeder Lage des Verfahrens von Amts wegen zu prüfen ist.[1] Im Rahmen der Reform 2015 wurde Art. 3 EuInsVO 2000 überarbeitet und insbesondere um eine Legaldefinition des Mittelpunktes der hauptsächlichen Interessen des Schuldners (COMI) ergänzt.[2] Die zur EuInsVO 2000 ergangene Rspr. bleibt weiterhin maßgeblich.[3] Nicht zu den Insolvenzverfahren zählen Klagen des Insolvenzverwalters gegen Dritte sowie Anfechtungsklagen (Art. 6), ferner diejenigen präventiven Restrukturierungsrahmen, welche – mangels Öffentlichkeit – nicht unter Art. 2 Nr. 4 fallen und demgemäß der Brüssel Ia-VO unterliegen.[4] Art. 3 bezeichnet den Mitgliedstaat, dessen Gerichte Insolvenzverfahren eröffnen können. Die **örtliche Zuständigkeit** obliegt demgegenüber der mitgliedstaatlichen Regelung.[5] Im deutschen Recht ist **Art. 102c § 1 EGInsO** einschlägig, der § 3 InsO ergänzt. Auch die sachliche und die funktionelle Zuständigkeit bestimmen sich nach dem Recht des von Art. 3 bezeichneten Mitgliedstaates.[6]

[1] BGH NZI 2015, 183 Rn. 7 = BB 2015, 209 Rn. 7 mAnm *M. Wilhelm* = IPRax 2016, 390 m. Aufs. *Stöber* IPRax 2016, 355; dazu *C. Paulus* EWiR 2015, 83.

[2] Vgl. die Bewertung des Art. 3 sowie Reformvorschläge in *Hess/Oberhammer/Pfeiffer,* European Insolvency Law, Heidelberg-Luxembourg-Vienna Report, 2014, Rn. 284 ff.

[3] EuGH ECLI:EU:C:2022:209 = NZI 2022, 539 Rn. 29 – Galapagos; dazu *Mansel/Thorn/Wagner* IPRax 2023, 109 (142 f.); *J. Schmidt* BB 2022, 1859 (1874 f.); *Kern/Bönold* IPRax 2024, 298.

[4] AG Karlsruhe BeckRS 2022, 45096 = ZIP 2023, 651; *Schmidt* ZInsO 2021, 654 (656 ff.); *Piekenbrock* ZInsO 2022, 2512 (2514 ff.); umfassend *Greeve,* Die grenzüberschreitende Restrukturierung von Kapitalgesellschaften, 2023; *Kratzlmeier,* Die grenzüberschreitende Unternehmensrestrukturierung im europäischen Rechtsrahmen, 2023, 221 ff.; zu vertraulichen Restrukturierungsverfahren *Thole* ZIP 2021, 2153; *Hoos/Schwartz/Schlander* ZIP 2021, 2214.

[5] *Virgós/Schmit* Rn. 72.

[6] *Virgós/Schmit* Rn. 72.

International zuständig zur Eröffnung des Hauptinsolvenzverfahrens sind die Gerichte des Mitgliedstaates, in dessen Gebiet der Schuldner den **Mittelpunkt seiner hauptsächlichen Interessen** hat (Art. 3 Abs. 1 UAbs. 1 S. 1). International hat sich für dieses Zuständigkeitsmerkmal die Abkürzung **COMI** („centre of main interests") durchgesetzt.[7] Das COMI als Anknüpfungspunkt für die internationale Eröffnungszuständigkeit im Hauptinsolvenzverfahren wird in Art. 3 Abs. 1 UAbs. 1 S. 2 gesetzlich definiert. **COMI** ist danach der **Ort, an dem der Schuldner gewöhnlich der Verwaltung seiner Interessen nachgeht und der für Dritte feststellbar ist.** Diese Kernmerkmale des COMI hatte auch der EuGH insbesondere in seinem grundlegenden Eurofood-Urteil herangezogen (→ Rn. 18 ff.).[8] 2

Das **Hauptinsolvenzverfahren** hat eine universale Wirkung in den Mitgliedstaaten (Art. 19 Abs. 1, Art. 20 Abs. 1). Die Aktivmasse des Hauptinsolvenzverfahrens ist grundsätzlich das gesamte sich in der Gemeinschaft befindliche Vermögen (Art. 19 Abs. 1, Art. 20 Abs. 1, 7). Ausnahmen hiervon sind die Vermögenswerte, die von den **Partikularinsolvenzverfahren** erfasst werden (Art. 3 Abs. 2 S. 2, Art. 19 Abs. 2). Die Passivmasse besteht aus allen in der Gemeinschaft vorhandenen Verbindlichkeiten des Schuldners. Dies folgt aus der Befugnis aller Gläubiger, ihre Forderungen sowohl im Haupt- als auch in den Partikularinsolvenzverfahren anzumelden (Art. 45 Abs. 1).[9] 3

2. Insolvenzantrag bei einem international unzuständigen Gericht. Der organschaftliche Vertreter wird grundsätzlich von seiner **Insolvenzantragspflicht** (im deutschen Recht § 15a InsO) auch dann frei, wenn er den Antrag bei einem **international unzuständigen Gericht** stellt. Das gilt nur dann nicht, wenn er den Antrag bewusst bei dem unzuständigen Gericht stellt, weil es dann bereits an der Ernsthaftigkeit der Antragstellung fehlt.[10] Für die befreiende Wirkung der Antragstellung bei einem international unzuständigen Gericht spricht, dass sich der organschaftliche Vertreter andernfalls durch Antragstellung bei einem unzuständigen Gericht der Haftung aussetzen würde, was ihn dazu veranlassen könnte, vorsichtshalber Eröffnungsanträge bei den Gerichten **mehrerer** Staaten zu stellen. Das würde die Gefahr erhöhen, dass ein Gericht sich fälschlich für zuständig hält und das Hauptinsolvenzverfahren eröffnet. Im Übrigen sollte die Antragstellung bei dem unzuständigen Gericht auch ausreichen, weil die Beurteilung des Interessenmittelpunktes für den organschaftlichen Vertreter zweifelhaft sein kann. Außerdem muss das Gericht ohnehin wegen des Amtsermittlungsgrundsatzes stets seine Zuständigkeit prüfen. Wegen der **insolvenzrechtlichen Qualifikation** der Insolvenzantragspflicht (→ IntGesR Rn. 665 ff.) beurteilt sich die Befreiungswirkung nach dem Insolvenzstatut. 4

3. Haupt- und Partikularinsolvenzverfahren. Art. 3 regelt – entgegen dem Anschein, der sich aus der amtlichen Überschrift der Norm ergibt – auch das Verhältnis von Hauptinsolvenzverfahren und Partikularinsolvenzverfahren, bzw. der Varianten des Partikularinsolvenzverfahrens untereinander. Das wird besonders in Art. 3 Abs. 3 und 4 deutlich.[11] 5

Die Universalität und Einheit des Verfahrens bringen ebenso Vor- und Nachteile mit sich wie Territorialität und Vielfalt. Grundsätzlich gilt das Universalitätsprinzip, allerdings eingeschränkt durch einzelne Regelungen zugunsten der Territorialität. Diese Kombination bezeichnet man als Prinzip der „abgeschwächten Universalität" (→ Vor Art. 1 Rn. 16). Ausprägung hiervon ist die grundsätzliche Zulässigkeit nur eines Insolvenzverfahrens, nämlich des Hauptinsolvenzverfahrens (Art. 3 Abs. 1 UAbs. 1 S. 1), vor allem mit der Zielsetzung, hierdurch eine möglichst weitgehende Gleichbehandlung der Gläubiger zu erreichen.[12] Als Durchbrechung des Einheitsmodells sollen ausnahmsweise Sonderinsolvenzverfahren parallel zum Hauptverfahren zugelassen werden (Art. 3 Abs. 2). Hintergrund ist die Berücksichtigung der Schutzwürdigkeit lokaler Kleingläubiger,[13] die unter Umständen bessere Handhabung von Großinsolvenzen durch eine Dezentralisierung des Verfahrens,[14] organisatorische Vorteile bei der Abwicklung und die Vermeidung der Anwendung ausländischen Insolvenz- 6

---

7 Vgl. *Kübler* FS Gerhardt, 2004, 527 ff.; zum Reformvorschlag 2012 K. Schmidt/*Brinkmann* EuInsVO 2000 Art. 3 Rn. 52; *Kindler* in Carbone, Unione europea a vent'anni da Maastricht. Verso nuove regole, 2013, 141, 143 ff.

8 EuGH ECLI:EU:C:2006:281 = EuZW 2006, 337 = NZI 2006, 360 – Eurofood; zu den Neuerungen bei der Zuständigkeit *Kindler* in Carbone, Unione europea a vent'anni da Maastricht. Verso nuove regole, 2013, 141 ff.; ausf. statt aller schon *Oberhammer* KTS 2009, 27 (30 ff.).

9 *Balz* ZIP 1996, 948 (953); Duursma-Kepplinger/Duursma/Chalupsky/*Duursma-Kepplinger* EuInsVO 2000 Art. 3 Rn. 57; *Geimer* IZPR Rn. 3418, 3437; *Lehr* KTS 2000, 577 (583); *Lüke* ZZP 111 (1998), 275 (300 ff.); *Wimmer* ZIP 1998, 982 (987).

10 AG Köln NZI 2005, 564 = NZG 2005, 858; *Vallender/Fuchs* ZIP 2004, 829 (833).

11 MüKoInsO/*Thole* EuInsVO 2000 Art. 3 Rn. 1.

12 Cour de Cass. Journal du droit int. 2003, 132 (134); *Wimmer* ZIP 1998, 982 (984).

13 *Schack* IZVR Rn. 1245.

14 *Schack* IZVR Rn. 1331.

rechts im Inland. Dabei lassen sich die Partikularinsolvenzverfahren in die beiden Verfahrensarten „unabhängiges Partikularverfahren“ (Art. 3 Abs. 4) und „Sekundärinsolvenzverfahren“ (Art. 3 Abs. 3) unterteilen. Das Sekundärinsolvenzverfahren kommt als Nebenverfahren in Betracht, wenn das Hauptverfahren bereits eröffnet wurde. Demgegenüber beginnt ein unabhängiges Partikularverfahren bereits vor Eröffnung des Hauptverfahrens. Dieses territorial beschränkte, unabhängige Verfahren ist unerwünscht und daher an die besonderen Voraussetzungen des Art. 3 Abs. 4 geknüpft.

7 Die Eröffnung eines Verfahrens, sei es Haupt- oder Partikularverfahren, durch die Gerichte eines Staates hängt von der Prozessvoraussetzung der **internationalen Zuständigkeit** ab. In Bezug auf die Eröffnung des **Hauptverfahrens** liegt sie nach Art. 3 Abs. 1 UAbs. 1 S. 1 vor, wenn der **Mittelpunkt der hauptsächlichen Interessen des Schuldners** in diesem Staat liegt. Bei Gesellschaften und juristischen Personen wird nach Art. 3 Abs. 1 UAbs. 2 grundsätzlich „vermutet“, dass sich der Interessenmittelpunkt am Ort des Sitzes befindet. Für die internationale Zuständigkeit zur Eröffnung von **Partikularverfahren** kommt es darauf an, ob in dem Staat eine **Niederlassung** iSd Art. 2 Nr. 10 vorhanden ist (→ Art. 2 Rn. 22 ff.).

8 **4. Auslegung eines Antrags auf Verfahrenseröffnung.** Gelegentlich kann der Antrag auf Eröffnung eines Verfahrens einer bestimmten Art so ausgelegt werden, dass damit die Eröffnung einer anderen Verfahrensart beantragt wurde. Diesen Weg wählte etwa das AG Mönchengladbach in einem Fall. Dort hatte der Geschäftsführer einer in Mönchengladbach eingetragenen GmbH den Antrag auf Eröffnung eines Sekundärinsolvenzverfahrens gestellt, nachdem er einige Tage zuvor bereits vor dem English Company Court die Eröffnung des Hauptverfahrens beantragt hatte. Bevor das englische Gericht über diesen Antrag entscheiden konnte, eröffnete das AG Mönchengladbach indes das **Hauptverfahren** in Deutschland, weil es den Interessenmittelpunkt iSd Art. 3 Abs. 1 dort bejahte. Damit legte es den Antrag des Geschäftsführers so aus, dass von diesem Antrag zugleich die Eröffnung des Hauptverfahrens umfasst sei.[15]

9 *Kebekus* weist zutreffend darauf hin, dass in diesem Fall die Auslegungsfrage durch eine Kontaktaufnahme mit dem Antragsteller hätte geklärt werden können. Daraus zieht er den Schluss, dass eine Ermittlung des tatsächlichen Willens gar nicht gewollt war, weil um jeden Preis der „Wettlauf um die internationale Zuständigkeit“ gewonnen werden sollte.[16]

10 Darüber hinaus gilt Folgendes: Für die **Auslegung des Eröffnungsantrages** als Verfahrenshandlung ist die lex fori concursus maßgeblich. Im Hinblick auf die normative Erklärungsbedeutung ist nach deutschem Recht in erster Linie auf den **Wortlaut** Rücksicht zu nehmen, wobei der fachspezifische Sprachgebrauch den allgemeinen verdrängt. Allerdings ist der Wortlaut keine unverrückbare Grenze der Auslegung.[17] Das ergibt sich aus §§ 133, 157 BGB analog. Ziel ist vor allem die **interessengerechte Auslegung.** Nachteilige und interessenwidrige Rechtsfolgen können danach nur angenommen werden, wenn besonders deutliche Anhaltspunkte im Wortlaut und in den sonstigen Umständen darauf hinweisen.[18]

11 Bezogen auf den Insolvenzantrag spielt der **Wortlaut** der Antragstellung eine besonders **wichtige Rolle.** Wird etwa wie in dem vom AG Mönchengladbach entschiedenen Fall ein Antrag auf Eröffnung eines „Sekundärinsolvenzverfahrens“ gestellt, wird man dies nur in wenigen Ausnahmefällen als Antrag auf Eröffnung eines Hauptverfahrens auffassen können. Denn das Hauptverfahren erfasst das gesamte in der Gemeinschaft belegene Vermögen des Schuldners (Universalität). Dies ist mit erheblichen Massekosten verbunden. dass sich der Antragssteller hierzu bereit findet, wird in der Regel auf eine Unterstellung hinauslaufen. Eine solche Auslegung ist somit – wenn sich nicht aus den besonderen Umständen des Einzelfalles etwas anderes ergibt – nicht zulässig.[19] Der Beschluss des AG Mönchengladbach (→ Rn. 8) ist daher unzutreffend. Das gilt insbesondere, weil der Geschäftsführer durch seine vorherige Antragstellung bei einem ausländischen Gericht eindeutig zum Ausdruck gebracht hat, dass er die Eröffnung eines Hauptverfahrens ausschließlich dort anstrebt. Das Amtsgericht befürchtete angesichts der weiten Auslegung des Interessenmittelpunktes durch die englischen Gerichte offenbar ein Hauptinsolvenzverfahren in Großbritannien mit Nachteilen für deutsche Gläubiger. Um dies zu verhindern, eröffnete es in aller Eile das Hauptverfahren in Deutschland.

12 Wird hingegen ein **Hauptverfahren beantragt,** so ist es in der Regel möglich, hierin als minus auch den Antrag auf Eröffnung eines Partikularverfahrens zu erblicken. Denn durch das Nebenverfahren wird ein geringerer Rechtsschutz geleistet als durch das Hauptverfahren. Dringt

15 AG Mönchengladbach NZI 2004, 383.
16 Anm. zu AG Mönchengladbach *Kebekus* EWiR 2004, 705 (706).
17 BGH NJW 2002, 1260.
18 *Larenz/Wolf* BGB AT § 28 Rn. 36.
19 Krit. zum Beschluss des AG Mönchengladbach bereits Anm. *Lautenbach* NZI 2004, 383.

der Antragssteller mit seinem Begehren, das Hauptverfahren zu eröffnen, nicht durch, ist davon auszugehen, dass er seine Rechte zumindest in einem Partikularverfahren geltend machen möchte.

Großzügiger wird man auch verfahren, wenn die Eröffnung eines **Sekundärinsolvenzverfahrens** beantragt wird und noch **kein** Hauptverfahren eröffnet worden ist. In einem solchen Fall kommt die Eröffnung eines **unabhängigen Partikularinsolvenzverfahrens** nach Art. 3 Abs. 2, Abs. 4 in Betracht. Ein solches ist strukturell mit den Sekundärverfahren vergleichbar. Es beschränkt sich ebenfalls auf das Territorium des Eröffnungsstaates. Schließlich kann das unabhängige Partikularverfahren nach der Eröffnung des Hauptverfahrens in ein anderes der in Anh. A aufgeführten Insolvenzverfahren umgewandelt werden (Art. 51 Abs. 1). Das AG Mönchengladbach (→ Rn. 8, → Rn. 11) hätte also durchaus ein unabhängiges Partikularverfahren eröffnen können. 13

II. Hauptinsolvenzverfahren bei Gesellschaften und juristischen Personen (Abs. 1 UAbs. 2)

1. Begriff des Interessenmittelpunktes. a) Grundlagen. Der Ort, an dem sich der Mittelpunkt der hauptsächlichen Interessen befindet, ist der **Ort,** an dem der **Schuldner** üblicherweise, in für Dritte erkennbarer Weise der **Verwaltung seiner Interessen nachgeht** (Art. 3 Abs. 1 UAbs. 1 S. 2). Dieser Ort muss von einer gewissen Beständigkeit geprägt sein.[20] Ziel der Anknüpfung an den Ort des Interessenmittelpunktes ist es, das Risiko einer Insolvenz für die Gläubiger überschaubar und kalkulierbar zu machen,[21] weil sich an diesem Ort erfahrungsgemäß die meisten **Vermögensgegenstände** befinden[22] und die **Mehrheit der Gläubiger ansässig** sein wird.[23] Vielfach wird die Anknüpfung hieran aber auch als Kompromisslösung zwischen Sitz- und Gründungstheorie im Internationalen Gesellschaftsrecht gewertet;[24] allerdings zu Unrecht: als reales Anknüpfungsmerkmal steht das COMI dem effektiven **Verwaltungssitz** und damit der **Sitztheorie** nahe (→ IntGesR Rn. 425).[25] Der EuGH hat dies in den Urteilen „Interedil", „Rastelli" und „Leonmobili" anerkannt, wenn dort der Ort der **„Hauptverwaltung"** als regelmäßiges COMI bezeichnet wird.[26] Erwägungsgrund 30 der erformierten EuInsVO folgt dem.[27] Somit kann auf die zu Art. 54 AEUV, Art. 63 Abs. 1 lit. b Brüssel Ia-VO, Art. 19 Abs. 1 UAbs. 1 Rom I-VO entwickelten Maßstäbe zurückgegriffen werden.[28] Auch eine **Zweigniederlassung** kann das COMI bilden. Allerdings sieht Art. 3 Abs. 1 UAbs. 2 eine „Vermutungsregel" vor, wonach „bis zum Beweis des Gegenteils" davon auszugehen ist, dass der Mittelpunkt der hauptsächlichen Interessen der Ort des satzungsmäßigen Sitzes ist. 14

Der **Interessenmittelpunkt** wird von den **Gerichten** der Mitgliedstaaten sehr **unterschiedlich ausgelegt.** Gerade englische Gerichte tendieren zu einer flexiblen Handhabung. Von Bedeutung ist danach vor allem der Ort, an dem die **strategischen Entscheidungen** getroffen werden 15

---

[20] High Court of Justice Leeds ZIP 2004, 1769.

[21] *Virgós/Schmit* Rn. 75.

[22] *Duursma/Duursma-Kepplinger* DZWiR 2003, 447 (448).

[23] *Virgós/Schmit* Rn. 75; dazu auch *Eidenmüller* KTS 2009, 137 (139).

[24] *Fritz/Bähr* DZWiR 2001, 221 (224); *Paulus* NZI 2001, 505 (507); anders zB *Eidenmüller* in Eidenmüller Ausl. KapGes. § 9 Rn. 11, der die Parallele zur Sitztheorie betont.

[25] *Weller* ZGR 2008, 835 (856); *Weller* FS Blaurock, 2013, 497 (506); *Fehrenbach* GPR 2016, 282 (288 mzN).

[26] *Weller* FS Blaurock, 2013, 497 (506) mit Verweis auf EuGH ECLI:EU:C:2011:671 Ls. 3 und Rn. 48, 59 = NZI 2011, 990 – Interedil („Bei der Bestimmung des Mittelpunkts der hauptsächlichen Interessen einer Schuldnergesellschaft ist dem Ort der Hauptverwaltung dieser Gesellschaft, wie er anhand von objektiven und durch Dritte feststellbaren Faktoren ermittelt werden kann, der Vorzug zu geben.") und EuGH ECLI:EU:C:2011:838 Rn. 32 = NZI 2012, 147 – Rastelli („Bei Gesellschaften wird nach Art. 3 Abs. 1 Satz 2 der VO vermutet, dass der Mittelpunkt der hauptsächlichen Interessen der Ort des satzungsmäßigen Sitzes ist. In dieser Vermutung und in der Bezugnahme auf den Ort der Verwaltung der Interessen im 28. Erwägungsgrund der Verordnung kommt die Intention des Unionsgesetzgebers zum Ausdruck, dem Ort der Hauptverwaltung der Gesellschaft als Zuständigkeitskriterium den Vorzug zu geben."); zu Rastelli auch *Mansel/Thorn/Wagner* IPRax 2013, 1 (29 f.); *Fehrenbach* ZEuP 2013, 353 (362 f.) mit Blick auf die Genese des COMI-Begriffs; zuletzt EuGH ECLI:EU:C:2016:374 Rn. 34 = BeckRS 2016, 81277 – Leonmobili, dazu *Bayer/Schmidt* BB 2016, 1923 (1932), *Mansel/Thorn/Wagner* IPRax 2017, 1 (29 f.).

[27] Krit. *Thole* IPRax 2017, 213 (215), der es vorgezogen hätte, schon im Wortlaut des neu gefassten Art. 3 die Hauptverwaltung zum „Näherungspunkt" zu machen und dann eine Abweichung kraft Gesamtbetrachtung zuzulassen.

[28] Vgl. Kropholler/*v. Hein* Brüssel I-VO Art. 60 Rn. 2 mit Verweis auf die Begr. des Kommisonsenturfs zu Art. 60 Brüssel I-VO (Art. 57 Brüssel I-VO-Entwurf) in KOM(1999) 348, 26: „Diese drei Anknüpfungspunkte entsprechen jenen in Artikel 58 EG-Vertrag, der das Niederlassungsrecht der Gesellschaften in der Gemeinschaft regelt."; zum Begriff zB BGH NJW-RR 2008, 551 Rn. 11 zu Art. 60 Brüssel I-VO.

und die Finanzierung erfolgt („mind of management“).[29] Dieser muss gemäß Art. 3 Abs. 1 UAbs. 1 S. 2 aber auch für Dritte feststellbar sein, Erwägungsgrund 28.[30] Das AG München stellt auf den Ort ab, wo sich „sämtliche für das Betriebsgeschehen erheblichen Organisationsteile […] befinden“.[31] Auch spielt die **werbende Tätigkeit** des Schuldners in der Rspr. eine Rolle (→ Rn. 6).[32] Unterlässt der Schuldner entgegen Erwägungsgrund 28 S. 2 die Mitteilung einer COMI-Verlagerung, fehlt es an der Feststellbarkeit für die Gläubiger.[33]

16 **Stellungnahme:** Die internen Strukturen ohne Erkennbarkeit für Dritte haben wenig Aussagekraft („… erheblichen Organisationsteile […] befinden“). Anzeichen dafür, wo sich dieser tatsächliche Tätigkeitsort befindet, sind etwa die **Sprache,** in der die Generalvollmacht erteilt wird, wo sich die Geschäftsräume befinden und welche **Anschriften und Bankverbindungen** in den Korrespondenzbriefen angegeben werden.[34] Ausschlag kann auch geben, **wie viele Maßnahmen** insgesamt an dem Tätigkeitsort vorgenommen worden sind.[35] Bedeutsam ist ferner, dass der Ort der hauptsächlichen Interessen auch als solcher **für Dritte feststellbar** ist. Dies hat auch der **EuGH** im Fall **Eurofood** mit Recht betont.[36] Insofern spielt die werbende Tätigkeit des Schuldners eine Rolle.[37] Gegen die Einordnung als Interessenmittelpunkt kann sprechen, dass an diesem Ort keinerlei **Angestellte** tätig sind.[38] Ein Indiz für das Vorliegen des Interessenmittelpunktes ist demgegenüber die **Belegenheit von Sachvermögen,** insbesondere Warenlagern und Produktionsanlagen. Wegen ihrer Erkennbarkeit für Dritte spielen auch **öffentlich-rechtliche Rechtsverhältnisse** eine Rolle, zB die Mitgliedschaft in Berufsorganisationen, gewerbliche Erlaubnisse[39] und die Steuerpflichtigkeit.[40]

17 **b) Relevante Interessen.** Der Begriff „Interessen“ ist bewusst weit gewählt, und zwar auch weiter als der des „Tätigkeitsmittelpunktes“ iSd § 3 Abs. 1 S. 2 InsO.[41] Die Interessen können materieller oder immaterieller Natur sein,[42] wenngleich der wirtschaftliche Aspekt bei der Festlegung des Interessenmittelpunktes in der Regel dominieren wird.[43] Da sie aber vielschichtig sein können, dh geschäftlich oder privat[44] bzw. nur geschäftlich, sich möglicherweise zugleich aber auf verschiedene Tätigkeitsbereiche in unterschiedlichen Staaten beziehen, muss geklärt werden, welche Interessen in diesem Fall vorgehen sollen. Diese Entscheidung erfolgt anhand des Merkmals **„hauptsächlich“.**

18 **2. Einzelfragen. a) Erkennbarkeit des Interessenmittelpunktes für Dritte („Business-Activity-Theorie“).** Bei der Frage, welche Aspekte bei der Beurteilung des Interessenmittelpunktes eines Unternehmensträgers maßgeblich sind, stehen sich zwei Grundauffassungen gegenüber.

---

29 Vgl. *Paulus* Rn. 27.

30 So auch Anm. zu AG Mönchengladbach *Kebekus* EWiR 2004, 705 (706).

31 AG München NZI 2004, 450 mAnm *Mankowski* NZI 2004, 450 = ZInsO 2004, 691.

32 AG Mönchengladbach NZI 2004, 383.

33 *Thole* IPRax 2017, 213 (216).

34 AG Duisburg NZG 2003, 1167 f.; Tribunal des Commerce de Bruxelles BeckRS 2010, 21374 – EUROGYP; *Herchen* ZInsO 2004, 825 (828).

35 Tribunale di Parma ZIP 2004, 1220 (1221, 1222) – Eurofood/Parmalat I.

36 EuGH ECLI:EU:C:2006:281 Ls. 1 und Rn. 32 ff. = NZI 2006, 360 – Eurofood; dazu *Freitag/Leible* RIW 2006, 641; *Hess/Laukemann/Seagon* IPRax 2007, 89; *Thole* ZEuP 2007, 1137; *Knof/Mock* ZIP 2006, 907; *Saenger/Klockenbrinck* EuZW 2006, 363; *J. Schmidt* ZIP 2007, 405; speziell zur Erkennbarkeit des COMI *Eidenmüller* KTS 2009, 137 (140).

37 AG Mönchengladbach NZI 2004, 383 (384); *Herchen* ZInsO 2004, 383 (384).

38 Tribunale di Parma ZIP 2004, 1220 (1221) – Eurofood/Parmalat I.

39 *Thomale* IPRax 2018, 254 (256) allg. zum Ort der Aufsichtsbehörden; ebenso LG Berlin NZI 2018, 85 = IPRax 2018, 271 – Niki; dazu *J. Schmidt* EWiR 2018, 85; *Thole* ZIP 2018, 401.

40 LG Berlin NZI 2018, 85 (88) – NIKI Luftfahrt – zum Ort der Aufsichtsbehörde; dazu *J. Schmidt* EWiR 2018, 85; *Deyda* ZInsO 2018, 221; *Thole* ZIP 2018, 401; *Thomale* IPRax 2018, 254; *Kindler* KTS 2014, 25 (31); *Herchen* ZInsO 2004, 825 (828); vgl. den vom Tribunal des Commerce de Bruxelles BeckRS 2010, 21374 – EUROGYP entschiedenen Fall, in dem es um eine Gesellschaft ging, die ihren satzungsmäßigen Sitz von Brüssel nach Paris verlegt hatte, wo sie allerdings unauffindbar war und stattdessen ihre Geschäfte in Brüssel fortführte. Dort spielte die Beibehaltung der alten Steuernummer (numéro de TVA) eine Rolle für die Beurteilung des Interessenmittelpunktes.

41 *Leonhardt/Smid/Zeuner* EuInsVO 2000 Art. 3 Rn. 9; für eine Abweichung auch *Hausmann* in Reithmann/Martiny IntVertragsR Rn. 6.579; aA Uhlenbruck/*Lüer* EuInsVO 2000 Art. 3 Rn. 1.

42 *Leipold* in Stoll, Vorschläge und Gutachten, 1997, 186, 190; *Paulus* Rn. 10; aA *Becker* ZEuP 2002, 287 (300).

43 Duursma-Kepplinger/Duursma/Chalupsky/*Duursma-Kepplinger* EuInsVO 2000 Art. 3 Rn. 13; *Kolmann* The European Legal Forum 2002, 167 (169); *Kübler* FS Gerhardt, 2004, 527 (529).

44 *Leonhardt/Smid/Zeuner* EuInsVO 2000 Art. 3 Rn. 9.

Nach Art. 3 Abs. 1 muss das COMI „für Dritte feststellbar" sein. Die **mind-of-management-Theorie** (auch „head office functions doctrine") der **früheren Rspr.,**[45] der sich auch die Lit. teilweise angeschlossen hatte,[46] trägt diesem Erfordernis nicht hinreichend Rechnung. Danach sind **unternehmensinterne Gesichtspunkte** entscheidend. Es komme – ähnlich wie bei der internationalgesellschaftsrechtlichen „Kontrolltheorie"[47] – maßgeblich darauf an, in welchem Mitgliedstaat die **unternehmensleitenden Entscheidungen** getroffen werden. Für die Ermittlung des Interessenmittelpunktes werden danach folgende Kriterien herangezogen:[48] 19
– betriebsinterne Methoden der Buchhaltung und Bilanzierung,[49]
– betriebsinterne Absprachen, dass bestimmte Anschaffungen zustimmungsbedürftig sind,[50]
– betriebsinterne Absprachen hinsichtlich der Einstellungspolitik,[51]
– betriebsinterne Absprachen, dass sich die Niederlassungen an einen vom Hauptsitz verfassten Geschäfts- und Strategieplan zu halten haben,[52]
– Arbeitsaufwand und Reisetätigkeit der Geschäftsführung,[53]
– Erbringung von internen Dienstleistungen wie zB Personalabrechnung, Rechnungswesen, Controlling und Marketing.[54]

Dem steht die von der **hL**[55] vertretene **business-activity-Theorie** gegenüber. Ihr folgt die Rspr., jedenfalls seit dem **Eurofood-Urteil des EuGH.**[56] Die Anhänger der business-activity-Theorie lassen bei der Suche nach dem Interessenmittelpunkt die **nach außen** in Erscheinung tretenden Handlungen und Vermögenswerte des Schuldners entscheiden. So misst das AG Mönchengladbach den werbenden Aktivitäten eine herausragende Bedeutung zu.[57] Hier spielen der Standort der Geschäftsräume und der Ort, an dem die meisten Angestellten tätig sind, eine Rolle. Diese Sichtweise betont folgende Merkmale:[58] 20
– Ort des Geschäftskontos des Schuldners, von dem aus der Zahlungsverkehr mit den Gläubigern erfolgt,
– Ort und Art der Abwicklung der für die Geschäftsbeziehungen mit den Gläubigern grundlegenden Vertragsvereinbarungen,
– Rechtswahl für die Vertragsbeziehungen mit den Gläubigern,
– Bereitstellung von Kreditsicherheiten durch Dritte für Gläubiger des Schuldners,
– (Teil-)Finanzierung des Geschäfts der Schuldnerin durch Dritte,
– Unterhalt von eigenen Büroräumen durch den Schuldner.

Stellungnahme: Der **Wortlaut** des Art. 3 Abs. 1 UAbs. 1 S. 2 („Mittelpunkt der hauptsächlichen Interessen ist der Ort, an dem der Schuldner gewöhnlich der Verwaltung seiner Interessen nachgeht 21

---

45 Ausdrücklich aufgegeben – im Anschluss an das Urteil Eurofood (→ Rn. 16) – durch High Court of Justice London 2009 EWHC 1441 (Ch) = ZIP 2009, 1776 m. zust. Anm. *J. Schmidt* EWiR 2009, 571; früher etwa; AG Offenburg NZI 2004, 673; AG München ZIP 2004, 962 (963) = IPRax 2004, 433 = NZI 2004, 433 – Hettlage; Municipality Court Fejer/Szésfehévár (Ungarn) ZInsO 2004, 861 – Parmalat, der darauf abstellt, wo die finanzwirtschaftlichen Angelegenheiten geführt und die wesentlichen Entscheidungen getroffen werden; Gesamtüberblick zur früheren Mind-of-Management-Rspr. bei MüKoInsO/*Thole* EuInsVO 2000 Art. 3 Rn. 17 ff.

46 *Taylor,* Veranstaltung zu grenzüberschreitenden Insolvenzen in der Insolvenzpraxis in Köln, mitgeteilt von *Leithaus* NZI 2004, 194 (195).

47 Diese Parallele zieht zutr. *Mankowski* RIW 2005, 561 (576); zur Kontrolltheorie → IntGesR Rn. 354 ff.

48 Vgl. Aufstellung bei *Kübler* FS Gerhardt, 2004, 527 (556).

49 High Court of Justice Leeds ZIP 2004, 963 (964).

50 High Court of Justice Leeds ZIP 2004, 963 (964); Tribunale di Parma ZIP 2004, 2295 = EWiR 2004, 1181 m. KurzKomm. *Bauer/Schlegel.*

51 High Court of Justice Leeds ZIP 2004, 963 (964).

52 High Court of Justice Leeds ZIP 2004, 963 (964).

53 High Court of Justice Leeds ZIP 2004, 963 (964).

54 AG München ZIP 2004, 962 (963).

55 *Paulus* Rn. 12 ff.; *Bähr/Riedemann* ZIP 2004, 1065 f.; Geimer/Schütze/*Haß/Herweg* EuInsVO 2000 Art. 3 Rn. 15; *Herchen* ZInsO 2004, 825 (827); *Pannen/Riedemann* NZI 2004, 646 (651); *Kübler* FS Gerhardt, 2004, 527 (555); Anm. zu AG Mönchengladbach *Lautenbach* NZI 2004, 384 (385), der allerdings dann die konzerninternen Beziehungen für entscheidend hält, wenn es sich ersichtlich um einen Fall der echten Fernsteuerung handele; *Vallender* KTS 2005, 292 f.; *Mankowski* RIW 2005, 575 f.

56 EuGH ECLI:EU:C:2006:281 = NZI 2006, 360 – Eurofood; *Weller* ZGR 2008, 835 (855); *Thole* IPRax 2017, 213 (215); vor dem Urteil Eurofood schon AG Mönchengladbach ZIP 2004, 412 (415 f.) = NZI 2004, 383 mAnm *Lautenbach* NZI 2004, 384.

57 AG Mönchengladbach ZIP 2004, 412 (415 f.) = NZI 2004, 383 mAnm *Lautenbach* NZI 2004, 384; zust. *Pannen/Riedemann* NZI 2004, 646 (651); auch AG Mönchengladbach NZI 2004, 383 Ls. 3 mAnm *Lauterbach* NZI 2004, 384 = EWiR 2004, 705 m. KurzKomm. *Kebekus* = ZIP 2004, 1064 mAnm *Bähr/Riedemann* ZIP 2004, 1066.

58 Vgl. die Aufstellung bei *Kübler* FS Gerhardt, 2004, 527 (556).

und der für Dritte feststellbar ist") ermöglicht seit der EuInsVO-Reform (vgl. auch Art. 3 Abs. 1 S. 1 EuInsVO 2000 sowie Erwägungsgrund 13 EuInsVO 2000) nur noch die Sichtweise, dass der Interessenmittelpunkt dort liegt, wo die Entscheidungen über die Geschicke der Gesellschaft für alle **erkennbar** umgesetzt werden. Hierfür bedarf es Anzeichen, die nach außen in Erscheinung treten.[59] Für bloß strategische Entscheidungen trifft dies nicht zu. An welchem Ort die strategischen Entscheidungen des Schuldnerunternehmens fallen, ist für den Gläubiger nicht erkennbar. Er weiß nicht, wo sich der „Kopf" der Gesellschaft gerade befindet. Er kann sich nur auf die nach außen in Erscheinung tretenden Umstände verlassen. In der auf Publizität des Interessenmittelpunktes abzielenden Neufassung des Art. 3 Abs. 1 UAbs. 1 S. 2 finden sich beide Aspekte wieder. Die Formel „Verwaltung seiner Interessen" deutet auf die Maßgeblichkeit der internen Gesichtspunkte. Dass aber auch äußere Gesichtspunkte – und zwar kumulativ – erheblich sind, wird durch die Formulierung „und der für Dritte feststellbar ist" zum Ausdruck gebracht. Eine gegenüber Dritten vertraglich abgegebene, falsche **„COMI-Zusicherung"**[60] begründet daher keine internationale Zuständigkeit iSd Art. 3 Abs. 1.

22 Nach dem **Eurofood-Urteil des EuGH** wird das COMI daher allein durch „objektive und für Dritte feststellbare Elemente" belegt, um **Rechtssicherheit und Vorhersehbarkeit** bei der Bestimmung des Insolvenzeröffnungsgerichts zu erreichen.[61] Wenn eine Gesellschaft ihrer Tätigkeit im Gebiet des Satzungssitz-Staates (Art. 3 Abs. 1 UAbs. 2 S. 1) nachgeht, so reicht die Tatsache, dass ihre wirtschaftlichen Entscheidungen von einem anderen Mitgliedstaat aus kontrolliert werden oder kontrolliert werden können, nicht aus, um die mit der Verordnung aufgestellte Vermutung zu entkräften.[62] Darin liegt eine **klare Absage an die „Mind-of-Management-Theorie"**[63] und dem ist beizupflichten. Entscheidend ist die Gläubigerperspektive.[64]

23 Ein relevantes Indiz nach der „Business-Activity-Theorie" ist zunächst der **Einsatz von Personal und/oder Vermögenswerten** in einem bestimmten Staat.[65] Als relevante, für Dritte erkennbare Umstände können nach dem Urteil **Interedil** etwa in einem bestimmten Staat belegene **Immobilien** sprechen, für die **Mietverträge** abgeschlossen sind und die mit Hilfe eines im dortigen Mitgliedstaat ansässigen Kreditinstituts finanziert wurden.[66] Der **Sitz des Geschäftsführers** der Gesellschaft in einem anderen Staat steht dem nicht entgegen.[67]

24 **b) „Vermutungsregel" des Abs. 1 UAbs. 2 S. 1.** Nach Art. 3 Abs. 1 UAbs. 2 S. 2 wird bei Gesellschaften und juristischen Personen bis zum Beweis des Gegenteils **vermutet,** dass der Mittelpunkt ihrer hauptsächlichen Interessen der **Ort des satzungsmäßigen Sitzes** ist.[68] Mit Sitz ist der Satzungssitz der Gesellschaft gemeint, wie aus anderen Sprachfassungen deutlich wird („registered office"/„siège statutaire").[69] Diese Vermutung ist jedoch nach zutr. Ansicht nur anzuwenden auf Gesellschaften, bei denen die **Vereinbarung des Satzungssitzes** aus Sicht des Eröffnungsstaates **wirksam** ist.[70] Die Gesellschaft muss daher nach dem IPR des Gerichtsstaates als eine solche des Staates des vereinbarten Satzungssitzes angesehen werden. In der Sache erfasst die Vermutungsregel zunächst die Fälle, in denen der satzungsmäßige Sitz erkennbar mit dem Ort übereinstimmt, an dem der Insolvenzschuldner, also die juristische Person bzw. Gesellschaft, den Mittelpunkt ihrer hauptsächlichen Interessen hat. Ein „Beweis des Gegenteils" (Art. 3 Abs. 1 UAbs. 2 S. 1) scheidet hier aus. Schnell zu lösen sind auch die entgegengesetzt gelagerten Fälle, in denen wenn **objektive und für Dritte feststellbare Elemente** belegen, dass in Wirklichkeit das COMI nicht am satzungsmäßigen Sitz liegt: Nach Eurofood ist dies insbesondere bei einer reinen **„Briefkastenfirma"** der Fall, die im Gebiet des Mitgliedstaats, in dem sich ihr satzungsmäßiger Sitz befindet, keiner Tätigkeit

[59] *Fehrenbach* GPR 2016, 282 (288 f.); *Wimmer/Bornemann/Lienau,* Die Neuregelung der EuInsVO, 2016, Rn. 233.
[60] Zur „COMI-Zusicherung" in internationalen Kreditverträgen *Schuhmacher* ZIP 2016, 2050 (2052).
[61] EuGH ECLI:EU:C:2006:281 Rn. 37 = NZI 2006, 360 – Eurofood; EuGH ECLI:EU:C:2020:585 Rn. 19 = BeckRS 2020, 16041 – Novo Banco.
[62] EuGH ECLI:EU:C:2006:281 Rn. 37 = NZI 2006, 360 – Eurofood.
[63] MüKoInsO/*Thole* EuInsVO 2000 Art. 3 Rn. 23; *Probst,* Die Internationale Zuständigkeit zur Eröffnung von Insolvenzverfahren im europäischen Insolvenzrecht, 2008, 201.
[64] EuGH ECLI:EU:C:2020:585 Rn. 21 = BeckRS 2020, 16041 – Novo Banco.
[65] MüKoInsO/*Thole* EuInsVO 2000 Art. 3 Rn. 33 ff.
[66] EuGH ECLI:EU:C:2011:671 Rn. 53 = NZI 2011, 990 mAnm *Mankowski* – Interedil.
[67] AG Ludwigshafen FD-InsR 2014, 360464; BayObLG NZI 2020, 242 Rn. 17 (auch nicht bei Aufbewahrung von Unterlagen in diesem Staat).
[68] Zur Untauglichkeit dieser Vermutungsregel *Fehrenbach* GPR 2016, 282 (289, 292): sie stammt aus einer Zeit, in der im internationalen Gesellschaftsrecht noch die Sitztheorie herrschend war und das Sachrecht einen Satzungssitz im Gründungsstaat verlangte.
[69] *Fehrenbach* GPR 2016, 282 (289); *Mansel/Thorn/Wagner* IPRax 2016, 1 (4); *Vallender* ZIP 2015, 1513 (1515).
[70] *Freitag* ZIP 2016, 1849 (1850 ff.).

nachgeht.[71] Dann knüpft die Kompetenz an das tatsächliche COMI an.[72] Gleichwohl können nach dem Urteil **Interedil** das Vorhandensein von Gesellschaftsaktiva und das Bestehen von Verträgen über deren finanzielle Nutzung in einem anderen Mitgliedstaat als dem des satzungsmäßigen Sitzes der Gesellschaft nur dann als zur Widerlegung der Vermutung ausreichende Faktoren angesehen werden, wenn eine **Gesamtbetrachtung** aller relevanten Faktoren die von Dritten überprüfbare Feststellung zulässt, dass sich der tatsächliche Mittelpunkt der Verwaltung und der Kontrolle der Gesellschaft sowie der Verwaltung ihrer Interessen in diesem anderen Mitgliedstaat befindet.[73] Sehr weit geht der englische **High Court** im Rahmen einer solchen Gesamtbetrachtung: Im Urteil **Hellas Telecommunication** hat das Gericht auch **spätere Entwicklungen** in die Prüfung einbezogen, die bei Antragstellung noch nicht erkennbar waren (Restrukturierungsverhandlungen in London).[74]

Schwierigkeiten ergeben sich, wenn eine Abweichung zwischen dem tatsächlichen Interessenmittelpunkt und dem normativen satzungsmäßigen Sitz weder positiv feststeht noch auszuschließen ist. Erst hier wird die Vermutungsregel des Art. 3 Abs. 1 UAbs. 2 S. 1 relevant. Dann fragt sich, in welchem Verhältnis Art. 3 Abs. 1 UAbs. 1 und UAbs. 2 S. 1 zueinander stehen: (1) Denkbar ist einerseits, dass Art. 3 Abs. 1 UAbs. 1 den Vorrang vor UAbs. 2 S. 1 genießt, mit dem Ergebnis, dass das **Gericht** zunächst stets versuchen muss, den tatsächlichen Verwaltungssitz zu ermitteln. Erst wenn dies zu keinem Ergebnis führt, greift danach UAbs. 2 S. 1 als Zweifelsfallregelung ein. (2) Denkbar ist aber auch, UAbs. 2 S. 1 den Vorzug vor UAbs. 1 geben. Dann müsste solange von einer Übereinstimmung des tatsächlichen Verwaltungssitzes mit dem Satzungssitz ausgegangen werden, bis ein **Beteiligter** beweist, dass dies nicht der Fall ist. Erst dann würde eine Ermittlung des wahren Sachverhaltes erforderlich.[75] Dann nähme UAbs. 2 S. 1 die Funktion einer echten Vermutungsregelung ein. 25

Gegen eine echte Vermutungsregelung spricht indessen die in Art. 4 verankerte **Offizialmaxime** bei der Prüfung der internationalen Zuständigkeit[76] und wonach das Gericht verpflichtet ist, den hierfür relevanten **Interessenmittelpunkt selbstständig von Amts wegen festzustellen** (Erwägungsgrund 32; → Art. 4 Rn. 2).[77] Um den Widerspruch zwischen der Ermittlung von Amts wegen und dem Wort „vermutet" zu aufzuheben, soll nach einer Auffassung die Pflicht zur Sachverhaltsermittlung entfallen, wenn keinerlei Anhaltspunkte für ein Auseinanderfallen von Satzungs- und Verwaltungssitz vorlägen. Ein solcher Anhaltspunkt soll aber bereits bei dem „leisesten Zweifel" gegeben sein.[78] Sieht man einmal davon ab, dass der Begriff des „leisesten Zweifels" wenig bestimmt ist, wird sich ein solcher in den einschlägigen Fallgestaltungen aus dem Vorbringen des Schuldners oder eines anderen Beteiligten, den Medien oder aus sonstigen aktenkundigen Umständen, wie zB den Geschäftsbüchern, weiteren Unterlagen, Absatzzahlen und Ähnlichem ergeben.[79] Hierfür sind allerdings bereits Ermittlungen des Gerichts erforderlich. 26

---

71 BGH NZI 2012, 725 Rn. 8, 10; grdl. EuGH ECLI:EU:C:2006:281 Rn. 34 f. = NZI 2006, 360 – Eurofood; insoweit bestätigt durch EuGH ECLI:EU:C:2006:544 Rn. 68 = NZG 2006, 835 – Cadbury Schweppes = IStR 2006, 670 mAnm *Körner* IStR 2006, 675 = EWiR 2006, 679 m. KurzKomm. *Jungbluth;* Corte d'Appello di Roma Riv. dir. int. priv. proc. 2018, 765; dazu auch *G. H. Roth* FS Honsell, 2009, 67 (76 f.); *G. H. Roth,* Vorgaben der Niederlassungsfreiheit für das Kapitalgesellschaftsrecht, 2010, 12 ff. *Sedemund* BB 2006, 2118; *Kleinert* GmbHR 2006, 1049; EuGH ECLI:EU:C:2010:24 Rn. 37 = NZI 2010, 156 mAnm *Mankowski* NZI 2010, 178 – Probud Gdynia = EWiR 2010, 77 (78) m. KurzKomm. *J. Schmidt;* dazu *Mansel/Thorn/Wagner* IPRax 2011, 27 f.; *Laukemann* LMK 2010, 299062; *Piekenbrock* KTS 2010, 208; *Thole* ZEuP 2010, 920; *Würdinger* IPRax 2011, 562; EuGH ECLI:EU:C:2011:671 Rn. 49 ff. = NZI 2011, 990 – Interedil.

72 Cass. (S.U.) Riv. dir. int. priv. proc. 2016, 553.

73 EuGH ECLI:EU:C:2011:671 Rn. 53 = NZI 2011, 990 – Interedil; BGH NZI 2012, 725 Rn. 9; ebenso EuGH ECLI:EU:C:2016:374 Rn. 34 = BeckRS 2016, 81277 – Leonmobili; dazu *Bayer/Schmidt* BB 2016, 1923 (1932); *Mansel/Thorn/Wagner* IPRax 2017, 1 (29 f.).

74 High Court of Justice London [2009] EWHC 3199 (CH) = EWiR 2010, 563 m. KurzKomm. *Knof;* krit. *Mansel/Thorn/Wagner* IPRax 2012, 1 (27).

75 Vgl. *Vallender* FS Beck, 2016, 537 (539).

76 BGH NJW 1999, 1395 (1396); OLG Köln ZInsO 2001, 622 (623); *Herchen* ZInsO 2004, 61 (62); *Huber* ZZP 114 (2001), 133 (141); *Müller* NZG 2003, 414 (415).

77 *Fehrenbach* GPR 2016, 282 (291); zuvor BGH NJW 2012, 936 Rn. 10 ff.; zust. *Vallender* NJW 2012, 1634; *Kayser* ZIP 2013, 1353; BGH NZG 2007, 623 Ls. 2.

78 Duursma-Kepplinger/Duursma/Chalupsky/*Duursma-Kepplinger* EuInsVO 2000 Art. 3 Rn. 25; vgl. auch *Vallender/Fuchs* ZIP 2004, 829 (831); aA wohl *Mankowski* Anm. zu AG München NZI 2004, 450 (451), wo er hervorhebt, dass die Messlatte für die Widerlegung hoch liegen müsse. Parallel dazu müsste dann auch die Schwelle zur Amtsermittlung hoch sein. Als Beispiele für eine erfolgreiche Vermutungswiderlegung nennt *Mankowski,* dass der Schuldner am Satzungssitz keine Räumlichkeiten und kein eigenes Personal habe, während sich die effektiv geschäftsführenden Personen an einem anderen Ort befänden.

79 Duursma-Kepplinger/Duursma/Chalupsky/*Duursma-Kepplinger* EuInsVO 2000 Art. 3 Rn. 25; auf den Akteninhalt abstellend EuGH ECLI:EU:C:2010:24 Rn. 38 = NZI 2010, 156 – Probud Gdynia; *Mansel/Thorn/Wagner* IPRax 2011, 27 f.

27 Zutreffend ist, dass das Gericht stets von Amts wegen den Ort des hauptsächlichen Interessenmittelpunktes ermitteln muss. Die Amtsermittlungspflicht folgt aus Art. 4 Abs. 1 (→ Art. 4 Rn. 2), im deutschen Eröffnungsverfahren jedenfalls aus § 5 Abs. 1 InsO iVm Art. 7 Abs. 2.[80] Daran ändert auch Art. 3 Abs. 1 UAbs. 2 S. 1 nichts.[81] Die Vorschrift ist nur eine Zweifelsfallregelung zugunsten des Satzungssitzes, die eingreift, wenn ein Interessensmittelpunkt nicht festzustellen ist.[82] Tatsächlich wird ein Rückgriff hierauf jedoch aufgrund klarer Ermittlungskriterien nicht erforderlich sein (→ IntGesR Rn. 423 ff.; → IntGesR Rn. 458 ff. mwN). Denn der **Interessenmittelpunkt deckt sich mit dem effektiven Verwaltungssitz** des Verbandes (→ IntGesR Rn. 425).[83] Ebenso wenig wie es Gesellschaften ohne effektiven Verwaltungssitz gibt (→ IntGesR Rn. 465), gibt es solche ohne Interessenmittelpunkt. Dem hat sich auch der High Court of Justice angeschlossen,[84] indem er eine Ermittlung des tatsächlichen Verwaltungssitzes einer Vermutung zugunsten des Satzungssitzes vorzieht. Praktische Bedeutung erlangt Art. 3 Abs. 1 UAbs. 2 S. 1 somit nur dann, wenn ein Unternehmen in **mehreren Mitgliedstaaten zugleich** den **Mittelpunkt seiner hauptsächlichen Interessen** aufweist. Als Beispiel ist der Daimler-Chrysler-Konzern anzuführen.[85] In diesem Fall liegt die internationale Zuständigkeit zur Eröffnung des Hauptverfahrens bei den Gerichten des Staates, in dem sich der satzungsmäßige Sitz der Gesellschaft befindet.

28 Im **Urteil Interedil**[86] konkretisierte der EuGH die **Indizien,** bei deren Vorliegen die Vermutung zu Gunsten des Satzungssitzes als widerlegt anzusehen ist. Der EuGH neigt dabei zu einer Gesamtbetrachtung, in deren Rahmen vor allem – neben der wirtschaftlichen Tätigkeit in dem betreffenden Staat – die **Belegenheit von Vermögenswerten** eine gewichtige Rolle spielt.[87] Die Vermögensbezogenheit der Insolvenz samt Zugriffsmöglichkeit der Gläubiger spricht zwar für die Maßgeblichkeit der hauptsächlichen Vermögensbelegenheit; der organisationsrechtliche Aspekt der Insolvenz deutet dagegen weiterhin zum effektiven Verwaltungssitz, insbesondere mit Blick auf eine mögliche Reorganisation.[88] Die Belegenheit von Vermögen allein begründet jedenfalls nicht die engste Verbindung mit dem betreffenden Staat, schon wegen der praktisch kaum zu überwindenden Informations- und Feststellungsprobleme, die mit diesem Merkmal verbunden sind, ganz zu schweigen von dessen Manipulationsanfälligkeit. Gewichtige Indizien für ein vom Satzungssitz abweichendes COMI sind in jedem Fall die **Adresse der Geschäftskorrespondenz,** die **Kontoauszugsadresse** und die **Adresse von Geschäftsleitern.**[89]

29 **c) Erstreckung auf Dritte.** Eine personelle Erweiterung eines Verfahrens ist nach dem Urteil **Rastelli** grenzüberschreitend innerhalb Europas nur möglich, wenn auch der zweite Insolvenzschuldner, um den erweitert wird, sein COMI im Forumstaat des Ursprungsverfahrens hat.[90] Im

---

[80] BGH NJW 2012, 936 Rn. 10 ff.; dazu *Kayser* ZIP 2013, 1353; OLG Schleswig ZIP 2016, 231; *Paulus* Rn. 23.

[81] Uhlenbruck/*Lüer* EuInsVO 2000 Art. 3 Rn. 1; *Smid* DZWiR 2003, 397 (399), der auf die sich möglicherweise ergebenden Amtshaftungsansprüche bei fehlender Amtsermittlung hinweist; ferner Leonhardt/Smid/Zeuner EuInsVO 2000 Art. 3 Rn. 13.

[82] *Huber* ZZP 114 (2001), 133 (141); aA AG Köln NZI 2012, 379 (natürliche Person): Bei Nichtermitelbarkeit des COMI trage der Schuldner die Darlegungs- und Beweislast für seine Behauptung, zum Zeitpunkt der Insolvenzantragstellung einen Geschäfts- bzw. Wohnsitz im Ausland begründet zu haben.

[83] *Fehrenbach* GPR 2016, 282 (288) mzN.

[84] High Court of Justice ZIP 2003, 813 – BRAC-Budget; High Court of Justice Leeds ZIP 2004, 1769 Ls. 2: „Der Vermutung des Art. 3 Abs. 1 S. 2 ist kein besonderes Gewicht beizumessen"; *Westpfahl/Wilkens* EWiR 2004, 847 (848); aA wohl AG Duisburg NZI 2003, 160, das bei der Prüfung der Internationalen Zuständigkeit schlicht auf Art. 3 Abs. 1 S. 2 EuInsVO 2000 verweist.

[85] *Kolmann,* Kooperationsmodelle im Internationalen Insolvenzrecht, 2001, 284.

[86] EuGH ECLI:EU:C:2011:671 = NZI 2011, 990 – Interedil mAnm *Mankowski* NZI 2011, 994; dazu auch *Mansel/Thorn/Wagner* IPRax 2012, 1 (24 f.); *Cranshaw* DZWiR 2012, 53; *Paulus* EWiR 2011, 745; zu den Auswirkungen in Frankreich *Dammann/Müller* NZI 2012, 643.

[87] EuGH ECLI:EU:C:2011:671 Rn. 70 – Interedil; dazu *Paulus* EWiR 2011, 745 f.; BGH NZI 2012, 725; umfassend *Mucciarelli* Giurisprudenza commerciale 2012, II, 583; zum Einfluss des Urteils im Rahmen der EuInsVO-Reform s. *Kindler* KTS 2014, 25 (30 f.). Auf der gleichen Linie EuGH ECLI:EU:C:2016:374 Rn. 34 = BeckRS 2016, 81277 – Leonmobili, dazu *Bayer/Schmidt* BB 2016, 1923 (1932), *Mansel/Thorn/Wagner* IPRax 2017, 1 (29 f.).

[88] Überzeugend insoweit Anm. *Mankowski* NZI 2011, 994 zu EuGH ECLI:EU:C:2011:671 – Interedil; auf die Fortsetzung der Geschäftstätigkeit in dem vorgeblichen Wegzusstaat stellt auch ab Cass. sez. un. 9.4.2010 – n. 8426 unter 2.1.

[89] *Mankowski* EWiR 2012, 21 (22) zu AG Mönchengladbach BeckRS 2011, 23177; Cass. Riv. dir. int. priv. proc. 2013, 983 auch zur Unerreichbarkeit der Gesellschaft am Satzungssitz; Cass. 24.1.2014 – n. 1508.

[90] *Mankowski* NZI 2012, 150 zu EuGH ECLI:EU:C:2011:838 = NZI 2012, 147 – Rastelli; dazu auch *Paulus* EWiR 2012, 87; *Mansel/Thorn/Wagner* IPRax 2013, 1 (29 f.).

Umkehrschluss macht Rastelli deutlich, dass eine Konzentration mehrerer Insolvenzverfahren über **Gesellschaften desselben Konzerns** in einem Staat erreicht werden kann, wenn jede der betroffenen Gesellschaften ihr COMI in diesem Staat hat bzw. kurz vor Antragstellung dorthin verlegt.[91]

d) Konzerninsolvenz. Nach der seit dem Urteil Eurofood überholten **mind-of-management-Theorie** (→ Rn. 19 ff., → Rn. 22) ist der Ort entscheidend, wo die strategischen Entscheidungen über die Geschäfte des Schuldners gefällt werden.[92] Das hat Auswirkungen auf die Beurteilung des **Interessenmittelpunktes einer Tochtergesellschaft,** bei der die strategischen Entscheidungen vom Interessenmittelpunkt der Muttergesellschaft aus geführt werden. Dann hat nämlich die Tochtergesellschaft ihren Interessenmittelpunkt an dem der Mutter.[93] Im Ergebnis kommt es so zu einem **einheitlichen Konzerngerichtsstand** am Interessenmittelpunkt der Muttergesellschaft. Diesem Ansatz folgt – optional – der UNCITRAL-Legislation Guide on Insolvency Law.[94] 30

Dieser Auffassung ist der EuGH im Fall Eurofood zu Recht entgegengetreten.[95] Dass die Verordnung „keine Vorschriften für Unternehmenszusammenschlüsse (in der Form von Mutter- und Tochtergesellschaften)"[96] enthält, ist dabei noch der geringste Einwand. Denn hierdurch ist eine Lösung durch Auslegung und ggf. Rechtsfortbildung nicht ausgeschlossen. Schwerer wiegt, dass durch einen solchen Konzerngerichtsstand die **rechtliche Selbstständigkeit der Tochtergesellschaft missachtet** wird.[97] Daher ist auch im internationalen Gesellschaftsrecht anerkannt, dass die Konzerngesellschaft über einen eigenen Verwaltungssitz verfügt (→ IntGesR Rn. 463). Hinzu treten die Kritikpunkte, die allgemein gegen die mind-of-management-Theorie sprechen: Für die Gläubiger ist kaum erkennbar, ob die strategischen Entscheidungen über die Tochtergesellschaft in dem Staat getroffen werden, wo die Tochtergesellschaft sich wirtschaftlich betätigt, oder ob sie von der Mutter fremd bestimmt wird. Außerdem tritt die Tochtergesellschaft auf dem Markt selbst durch werbende Aktivitäten, Vermögensbelegenheit und geschäftliche Betätigung in Erscheinung. Das führt zu einem gesteigerten Schutzbedürfnis der Gläubiger, die darauf vertrauen können, dass wenn sie im Sitzland der Tochter kontrahieren, sie auch im Insolvenzfall vor den dortigen Gerichten gegen sie vorgehen können, da die Tochter sich dort wirtschaftlich betätigt hat. Dieser Sichtweise lief die englische Rspr. zuwider, die bedauerlicherweise Gefolgschaft von kontinentaleuropäischen Untergerichten gefunden hatte. Im Ergebnis kann aber für eine Tochtergesellschaft nichts anderes gelten als für jeden anderen Schuldner auch. Es ist im Einzelfall[98] festzustellen, wo die Verwaltung der Interessen (strategische Entscheidungen) getroffen werden und ob dies für Dritte auch erkennbar war (→ Rn. 18 ff.). Hierbei gibt es durchaus **Gestaltungsspielräume:** So wurde in der Insolvenz der PIN-Gruppe der Verwaltungssitz der luxemburgischen Muttergesellschaft noch vor Antragstellung nach Köln verlegt, um die Muttergesellschaft und die deutschen Tochtergesellschaften einheitlich dem deutschen Insolvenzrecht zu unterstellen.[99] Der EuGH toleriert nach dem Urteil Rastelli diese Praxis, wenn sich der Verwaltungssitz der Tochtergesellschaft tatsächlich in demselben Staat befindet wie derjenige der Muttergesellschaft.[100] Lässt sich so keine eindeutige Lösung finden, ist auf die Zweifelsfallregelung des Art. 3 Abs. 1 UAbs. 2 zurückzugreifen. Ausschlag gibt dann der satzungsmä- 31

---

91 *Weller* FS Blaurock, 2013, 497 (509).

92 So insbes. High Court of Justice Leeds ZIP 2003, 813; NZI 2004, 219.

93 Sympathisierend noch immer *Paulus* Rn. 28.

94 *Chr. Paulus* ZGR 2010, 270 (279); für einen einheitlichen Konzerngerichtsstand *U.M. Wolf,* Der europäische Gerichtsstand bei Konzerninsolvenzen, 2012; rechtspolitisch für eine Verfahrenskonzentration *Eidenmüller/Frobenius* ZIP-Beil. 22/2013, 16 ff.; für Beibehaltung der Verfahrenstrennung *Kindler* KTS 2014, 25 (38) zu Art. 56 ff., die am Konzept getrennter Verfahren für die einzelnen Konzerngesellschaften festhalten.

95 EuGH ECLI:EU:C:2006:281 Rn. 61 = NZI 2006, 360 – Eurofood; zu diesem Urteil *Freitag/Leible* RIW 2006, 641; *Hess/Laukemann/Seagon* IPRax 2007, 89; *Thole* ZEuP 2007, 1137; *Knof/Mock* ZIP 2006, 907; *Saenger/Klockenbrinck* EuZW 2006, 363; *J. Schmidt* ZIP 2007, 405; nachfolgend LG Berlin NZI 2018, 85 (88) – NIKI Luftfahrt; dazu *J. Schmidt* EWiR 2018, 85; *Deyda* ZInsO 2018, 221; *Thomale* IPRax 2018, 254; monographisch *Deyda,* Der Konzern im europäischen internationalen Insolvenzrecht, 2008; krit. *Paulus* Rn. 30, der bei getrennten Verfahren eine niedrigere Befriedigungsquote befürchtet.

96 *Virgós/Schmit* Rn. 76.

97 Vgl. auch *Virgós/Schmit* Rn. 76: „Für die Eröffnung oder Verbindung von Insolvenzverfahren gegen ein einem Zusammenschluß angehörendes Unternehmen als Hauptschuldner gilt grundsätzlich die allgemeine Regel, dass für jeden der betroffenen Schuldner mit eigener Rechtspersönlichkeit die Zuständigkeit nach dem Übereinkommen gegeben sein muss".

98 *Herchen* ZInsO 2004, 825 (828); eingehende Prüfung bei zB High Court of Justice Birmingham NZI 2005, 467 = EWiR 2005, 637, aber iErg Zuständigkeit zu Unrecht angenommen.

99 BGH NJW 2011, 3784 Rn. 15; AG Köln NZI 2008, 257 – PIN.

100 *Weller* FS Blaurock, 2013, 497 (509) mit Verweis auf EuGH ECLI:EU:C:2011:838 Rn. 29, 39 = NZI 2012, 147 – Rastelli; dazu *Mansel/Thorn/Wagner* IPRax 2013, 1 (29 f.).

ßige Sitz. Das wird praktisch dazu führen, dass nur in sehr wenigen transnationalen Konzerninsolvenzfällen der Interessenmittelpunkt der Mutter und der Tochter in einem Mitgliedstaat vereint sind.[101] Das Centre of Main Interests (COMI) einer Zwischenholding befindet sich jedenfalls dann am Sitz der Tochtergesellschaft, wenn die Zwischenholding nur Anteile an dieser Tochter hält, die Geschäftskorrespondenz über die Adresse der Tochter abgewickelt wird und ein Geschäftsführer der Zwischenholding unter derselben Adresse sein persönliches Büro hat. Das COMI einer **Zwischenholding** befindet sich jedenfalls dann am Sitz der Tochtergesellschaft, wenn die Zwischenholding nur Anteile an dieser Tochter hält, die Geschäftskorrespondenz über die Adresse der Tochter abgewickelt wird und ein Geschäftsführer der Zwischenholding unter derselben Adresse sein persönliches Büro hat.[102]

32 Im Zuge der **Reform** der wurde richtigerweise[103] von der Schaffung eines einheitlichen internationalen Konzerngerichtsstandes am Sitz der Konzernmutter abgesehen (vgl. Art. 56–77). Da jede konzernangehörige Gesellschaft über eigenes Vermögen und eigene Vertragsbeziehungen zu ihren Schuldnern verfügt, sollte die geordnete Abwicklung dieses Vermögens in der Verantwortung des meistbetroffenen Staates liegen. Dies ist der Staat des COMI, weil in der Mehrzahl der Fälle dort die meisten Gläubiger ansässig sein werden und der Großteil des Vermögens belegen ist (Erwägungsgrund 53).[104] Möglich ist allerdings, dass das COMI verschiedener Konzerngesellschaften in einem einzigen Mitgliedstaat liegt und somit mehrere Insolvenzverfahren in einem Mitgliedstaat oder sogar bei einem Gericht durchgeführt werden.[105]

33 Außerdem stellt der neue Erwägungsgrund 62 klar, dass der Anwendungsbereich der Vorschriften über die Zusammenarbeit, Kommunikation und Koordinierung (Art. 56 ff.) nur insoweit eröffnet ist, als Insolvenzverfahren über das Vermögen verschiedener Konzernmitglieder in mehr als einem Mitgliedstaat anhängig sind.

34 **e) Maßgeblicher Zeitpunkt und Sperrfristen; forum shopping (UAbs. 2 S. 2).** Während die EuInsVO 2000 nicht regelte, ob es für die Lokalisierung des tatsächlichen Interessenmittelpunkts auf den Zeitpunkt der **Insolvenzantragstellung oder** der **Insolvenzverfahrenseröffnung** ankommt, stellt Art. 3 Abs. 1 UAbs. 2 S. 2 klar auf den Zeitpunkt der Stellung des Antrages auf Eröffnung des Insolvenzverfahrens ab. Bei Gesellschaften oder juristischen Personen ist das COMI der Ort ihres Sitzes, sofern dieser nicht in den letzten **drei Monaten**[106] vor dem Eröffnungsantrag in einen anderen Mitgliedstaat verlegt wurde. Die Regel wird durch den neuen Erwägungsgrund 31 gestärkt. Dort ist – entgegen dem ursprünglichen Entwurf[107] – richtigerweise nicht mehr vorgesehen, dass eine Widerlegung der Vermutung ausscheidet, wenn sich die Verwaltungs- und Kontrollorgane einer Gesellschaft am Ort ihres (satzungsmäßigen) Sitzes befinden *und* die Verwaltungsentscheidungen der Gesellschaft in durch Dritte feststellbarer Weise an diesem Ort getroffen werden.[108] Die Sperrfrist beginnt mit der Handelsregistereintragung der Sitzverlegung (vgl. § 54 Abs. 3 GmbHG; § 181 Abs. 3 AktG).[109]

35 Praktisch relevant wurde die Frage des maßgeblichen Zeitpunktes vor der Reform, wenn der Schuldner nach der Antragstellung, aber vor der Verfahrenseröffnung den Mittelpunkt seiner hauptsächlichen Interessen in einen anderen Mitgliedstaat verlegte.[110] Dazu hat der **EuGH** im **Urteil Staubitz-Schreiber** vom 17.1.2006 – dem ersten EuGH-Urteil zur EuInsVO überhaupt – Stellung genommen; danach sind für die Bestimmung des COMI ausschließlich die **Umstände im Zeit-**

---

[101] Näher *Deyda/Vallender* NZI 2009, 825 (829 ff.).

[102] AG Mönchengladbach BeckRS 2011, 23177 = EWiR 2012, 21 m. Kurzkomm. *Mankowski.*

[103] Krit. dagegen *Merlini* IILR 2016, 119 (135).

[104] Ausf. *Kindler* KTS 2014, 25 (38 f.).

[105] *Prager/Keller* NZI 2013, 57 (63); dazu Erwägungsgrund 53; COM(2012) 744 final, 10.

[106] Dazu krit. *Latella* ECFR 2014, 479 (490 f., 494), der die Regelung als zu pauschal bewertet; s. auch *Garcimartín* ZEuP 2015, 694 (711 f.); umfassend zu den Sperrfristen in Art. 3 *Pannen/Frind* ZIP 2016, 398; BayObLG NZI 2020, 242 Rn. 19 (Schutz gegen Manipulation).

[107] COM(2012) 744 final, 17; Erwägungsgrund 13a S. 3; krit. insoweit *Kindler* KTS 2014, 25 (31); *Reuß* EuZW 2013, 165 (168), welcher den Erwägungsgrund 13a des ursprünglichen Reformentwurfs als Fehldeutung des Eurofood-Urteils (EuGH ECLI:EU:C:2006:281 = EuZW 2006, 337) auffasst und sich eine Abweichung von der kompetenzrechtlichen Satzungssitzregel offenbar auch in Fällen vorstellen kann, in denen Satzungs- und Verwaltungssitz übereinstimmen; auf derselben Linie der Berichtsentwurf des Rechtsausschusses des Europäischen Parlaments zum Verordnungsentwurf, vgl. 2012/0360(COD), ZIP-aktuell 2013, A 76 (Nr. 281).

[108] So aber in EuGH ECLI:EU:C:2011:671 Ls. 3 = EuZW 2011, 912 – Interedil; *Thole/Swierczok* ZIP 2013, 550 (552); für eine unwiderlegbare Vermutungsregel *Weijs/Breeman* ECFR 2014, 495 (504).

[109] *Vallender* FS Beck, 2016, 537 (540).

[110] Zur COMI-Verlagerung vor Antragstellung s. AG Hildesheim ZIP 2009, 2070.

punkt der Antragstellung maßgeblich.[111] Eine spätere Verlegung des COMI in einen anderen Mitgliedstaat der EuInsVO bewirkt keinen Zuständigkeitswechsel. Hauptargument hierfür war das in Erwägungsgrund 5 zur VO formulierte Ziel, ein „forum shopping" zu verhindern, dh die gezielte Beeinflussung zuständigkeitsbegründender Tatsachen. Ferner führe ein unter Umständen sogar mehrfacher Zuständigkeitswechsel zu einer Verlängerung des Verfahrens insgesamt, was dem Effizienzgedanken (Erwägungsgründe 3 und 8) widerspreche. Damit erteilt der Gerichtshof dem **„Insolvenznomadentum" eine klare Absage.**[112] Auch nach der Rspr. des **BGH** ist die internationale Zuständigkeit deutscher Gerichte für die Eröffnung des Insolvenzverfahrens gegen einen unselbständig tätigen Schuldner regelmäßig begründet, wenn dessen **gewöhnlicher Aufenthalt** sich zum **Zeitpunkt der Antragstellung** im Inland befindet.[113] Folglich kann sich ein Gericht eines anderen Mitgliedstaats, das später mit einem (weiteren) Antrag mit demselben Ziel befasst wird, grundsätzlich nicht für die Eröffnung eines Hauptinsolvenzverfahrens für zuständig erklären, solange das erste Gericht nicht entschieden und seine Zuständigkeit nicht verneint hat.[114] Folgerichtig bleiben die deutschen Gerichte für die Entscheidung über die Eröffnung des Insolvenzverfahrens zuständig, wenn der Eröffnungsantrag bei einem **örtlich unzuständigen Insolvenzgericht** gestellt worden ist und der Schuldner nach Antragstellung, aber vor der Verweisung an das örtlich zuständige Insolvenzgericht den Mittelpunkt seiner hauptsächlichen Interessen in das Gebiet eines anderen Mitgliedstaats verlegt.[115]

Die Vermutung des Art. 3 Abs. 1 UAbs. 2 S. 2, dass das COMI am Ort des Sitzes einer juristi- 36
schen Person oder Gesellschaft liegt, greift nur, wenn der Sitz nicht innerhalb einer **Sperrfrist von drei Monaten** vor dem Insolvenzantrag in einen anderen Mitgliedstaat verlegt wurde (look-back period).[116] Andernfalls ist der Interessenmittelpunkt nach Art. 3 Abs. 1 UAbs. 1 S. 2 zu bestimmen. Es kommt daher grundsätzlich auch dann auf den Interessenmittelpunkt an, wenn dieser **kurz vor der Antragstellung verlegt wurde;** eine Mindestbelegenheitsdauer des COMI in einem Staat („période suspecte") ist nach dem Urteil Interedil nicht erforderlich.[117] Dann ist der neue Mittelpunkt der hauptsächlichen Interessen entscheidend. Bei Unterschreitung der Sperrfrist entfällt demnach lediglich die Vermutung zugunsten des Satzungssitzes, nicht aber die Pflicht des Gerichts zur Prüfung des COMI.[118] **Unbeachtlich** ist allerdings eine **rechtsmissbräuchliche Verlegung** des Interessenmittelpunkts vor Antragstellung („COMI-shifting"), zB wenn der Schuldner sich hierdurch erkennbar die Vorteile des neuen Insolvenzrechts wie etwa eine Restschuldbefreiung erschleichen will[119] oder bestimmte Gläubiger bevorzugt werden sollen.[120] Ein solcher Verdacht liegt nahe, wenn ein Schuldner nach dem Fremdantrag im Inland im Ausland einen Eigenantrag gestellt und unter

---

[111] EuGH ECLI:EU:C:2006:39 = IPRax 2006, 149 – Staubitz-Schreiber mAnm *Kindler* IPRax 2006, 114; dazu auch *Mankowski* NZI 2006, 154 ff.; *Vogl* EWiR 2006, 141; *Penzlin* EWiR 2006, 207; Abschlussentscheidung BGH NZI 2006, 297 = ZIP 2006, 529; bestätigt durch EuGH ECLI:EU:C:2011:671 = NZI 2011, 990 mAnm *Mankowski* NZI 2011, 994 – Interedil; BGH NZI 2012, 377 Rn. 7 = IPRax 2013, 356 m. Aufs. *Ringe* IPRax 2013, 330; AG Mannheim ZIP 2016, 2235 (2236).

[112] *Kindler* IPRax 2006, 114 (115); zum Vorlageverfahren BGH ZIP 2004, 94 f. = NZI 2004, 139 mAnm *Liersch* NZI 2004, 141 = EuZW 2004, 158; so auch *Vallender* in Staak, Tagung der Europäischen Rechtsakademie „Europäisches Insolvenzrecht", NZI 2004, 134; *Vallender* KTS 2005, 283 (299 f.); zur perpetuatio fori unter der EuInsVO *Thole* FS Schack, 2022, 880; *Lieberknecht* IPRax 2024, 140.

[113] BGH NZI 2017, 320 mAnm *Mankowski*.

[114] EuGH ECLI:EU:C:2022:209 = NZI 2022, 539 – Galapagos; *BGH* NZI 2023, 183 Rn. 28; dazu *Mansel/Thorn/Wagner* IPRax 2023, 109 (142 f.); *J. Schmidt* BB 2022, 1859 (1874 f.); *Kern/Bönold* IPRax 2024, 298.

[115] BGH NZI 2022, 912 mAnm *Canpolat/Fritz;* dazu *Lieberknecht* IPRax 2024, 140.

[116] Umfassend zu den Sperrfristen in Art. 3 *Pannen/Frind* ZIP 2016, 398; BayObLG NZI 2020, 242 Rn. 19 (Schutz gegen Manipulation).

[117] EuGH ECLI:EU:C:2011:671 Rn. 54, 55, 56 = NZI 2011, 990 – Interedil mAnm *Mankowski* NZI 2011, 994 = EWiR 2011, 745 m. KurzKomm. *Paulus;* dazu *Weller* FS Blaurock, 2013, 497 (506) m. zutr. Hinweis auf die damit verbundene Gfahr einer gezielten „Insolvenzrechtsarbitrage"; EuGH ECLI:EU:C:2016:374 = BeckRS 2016, 81277 – Leonmobili; dazu *Bayer/Schmidt* BB 2016, 1923 (1932); *Mansel/Thorn/Wagner* IPRax 2017, 1 (29 f.).

[118] MüKoInsO/*Thole* Rn. 3; *Thole* IPRax 2017, 213 (215 f.).

[119] *Eidenmüller* ECFR 2009, 1 (16 f.); High Court of Justice Leeds ZIP 2004, 1769 Ls. 3; zur rechtsmissbräuchlichen COMI-Verlagerung *F. Fuchs,* Nationale und internationale Aspekte des Restschuldbefreiungs-Tourismus, 2015; *Deichgräber,* Gesellschaftsrechtliche Sitzverlegungen und haftungsrechtliche Begründungen internationaler insolvenzrechtlicher Zuständigkeiten, 2012; *Reuß,* „Forum Shopping" in der Insolvenz, 2011; *Kindler* KTS 2014, 25 (33 f.); *Stöber* IPRax 2016, 355 (360); zurückhaltend gegenüber der Annahme eines Rechtsmissbrauchs *Weller/Benz/Thomale* ZEuP 2017, 250 (271 f.); auch BGH NJW 2002, 960 (961 f.); dazu *Ehricke* IPRax 2002, 505 (507 f.); umfassend zur Restschuldbefreiung *Mansel* FS v. Hoffmann, 2011, 683 ff.; zur Zuständigkeitsverlagerung nach der InsO vgl. *Frind/Pannen* ZIP 2016, 398 (400 ff.).

[120] *Eidenmüller* ZIP 2014, 1197 (1204) spricht anschaulich von der Verfolgung „distributiver Ziele".

Ausnutzung der dortigen Rechtspraxis ein zuständigkeitsbegründender Eröffnungsbeschluss noch am Tag der Antragstellung herbeigeführt wurde.[121] Generell wird eine missbräuchliche COMI-Verlagerung jedenfalls dann anzunehmen sein, wenn keine anderen Gründe als die Durchführung des Insolvenzverfahrens im Aufnahmestaat ersichtlich sind und die Masse des Vermögens und der Großteil der Gläubiger im Wegzugsstaat zurückbleiben.[122] Erkennt das deutsche Gericht dennoch die ausländische Insolvenzeröffnung an (Art. 19, 20), bleibt auch diesen Fällen die Möglichkeit, an der inländischen Niederlassung ein Sekundärverfahren zu eröffnen (Art. 2 Nr. 10, Art. 3 Abs. 2, Art. 34).[123]

37 **f) Abwicklungsgesellschaften.** Bei Abwicklungsgesellschaften gilt dies jedoch nicht. Problematisch sind Fälle, in denen die Schuldnergesellschaft zum Zeitpunkt der Antragstellung ihre Tätigkeiten bereits eingestellt hatte und aus dem Register gelöscht war. Hier ist der letzte Mittelpunkt der hauptsächlichen Interessen der Schuldnergesellschaft anknüpfungsbestimmend.[124] Für eine Deutung des **Urteils „Interedil“** in dem Sinne, dass nach „Einstellung“ der werbenden Tätigkeit einer Gesellschaft der **letzte Satzungssitz** maßgeblich sei – wie dies für die örtliche Zuständigkeit nach deutschem Insolvenzrecht vertreten wird, finden sich in der Verordnung keine Anhaltpunkte.[125] Entscheidend ist das tatsächliche COMI im Zeitpunkt der Einstellung der Geschäftstätigkeit.[126] Das Vertrauen der Gläubiger in die einmal begründete internationale Zuständigkeit wäre nicht geschützt, könnte eine Gesellschaft alleine durch einen entsprechenden Liquidationsbeschluss und die Beendigung der werbenden Tätigkeit die internationale Zuständigkeit an ihren satzungsmäßigen Sitz „ziehen“, auch wenn sämtliche, im Rahmen der werbenden Tätigkeit begründeten und noch nicht abgewickelten Rechtsverhältnisse am Mittelpunkt der hauptsächlichen Interessen in einem anderen Mitgliedstaat begründet wurden.[127] Ferner kann nach den Schlussanträgen zum Interdil-Urteil die **Vermutung rückwirkend widerlegt** werden; so soll verhindert werden, dass an einen Satzungssitz angeknüpft wird, der vor dem Eintritt in das Liquidationsstadium nicht zuständigkeitsbegründend gewesen wäre.[128]

38 **g) Öffentliche Restrukturierungssachen.** Öffentliche Restrukturierungssachen von haftungsbeschränkten Unternehmensträgern (§ 1 StaRUG) sind **Insolvenzverfahren** iSd Art. 1 (Anh. A). § 84 Abs. 2 S. 1 StaRUG regelt den Fall, dass der Schuldner beantragt, dass öffentliche **Bekanntmachungen** erfolgen sollen. Es sind dann in der ersten Entscheidung, die in der Restrukturierungssache ergeht, anzugeben: **(1)** die **Gründe,** auf denen die **internationale Zuständigkeit** des Gerichts beruht, sowie **(2) ob** die Zuständigkeit auf **Art. 3 Abs. 1 oder Abs. 2** beruht. Öffentlich bekannt zu machen sind die in Art. 24 Abs. 2 genannten Angaben.

III. Hauptinsolvenzverfahren bei natürlichen Personen (Abs. 1 UAbs. 3 und 4)

39 Die natürlichen Personen lassen sich in solche, die einer beruflichen Tätigkeit nachgehen (→ Rn. 40) und andererseits Privatpersonen (zB Verbraucher; → Rn. 41) unterteilen.[129]

40 **1. Selbstständig gewerblich oder freiberuflich tätige Personen (UAbs. 3). Selbstständig Tätige** (Kaufleute, sonstige Einzelunternehmer und Freiberufler) haben ihren hauptsächlichen Interessenmittelpunkt bis zum Beweis des Gegenteils gemäß Art. 3 Abs. 1 UAbs. 3 S. 1 am

---

[121] So im Fall LG Kiel BeckRS 2012, 11626.

[122] *Kindler* KTS 2014, 25 (34); zweifelnd *Vallender* FS Beck, 2016, 537 (541) mit Verweis auf die Niederlassungsfreiheit; Grundfreiheiten dürfen – was *Vallender* übersicht – freilich gerade nicht rechtsmissbräuchlich in Anspruch genommen werden, Schlussanträge GA *Kokott* BeckRS 2017, 108853 Rn. 55 mwN – Polbud; dazu *Wicke* NZG 2017, 702; *Oplustil/Sikora* EWS 2017, 134.

[123] Beispiel: LG Kiel BeckRS 2012, 11626.

[124] BGH NZI 2012, 725 Rn. 10 mit Verweis auf EuGH ECLI:EU:C:2011:671 Rn. 58 = NZI 2011, 990 – Interedil mAnm *Mankowski* NZI 2011, 994.

[125] EuGH ECLI:EU:C:2011:671 Rn. 57 = NZI 2011, 990 – Interedil; näher MüKoInsO/*Thole* EuInsVO 2000 Art. 3 Rn. 24 f.

[126] BGH NJW 2012, 936; NZI 2012, 725 Rn. 10; Corte d'Appello di Roma Riv. dir. int. priv. proc. 2018, 765.

[127] BGH NJW 2012, 936 Rn. 15; AG Hamburg ZIP 2006, 1642 = NZG 2006, 834 Ls. 2; dazu *Klöhn* NZI 2006, 652; AG Hamburg NZI 2006, 120; 2006, 486; *Klöhn* KTS 2006, 383.

[128] EuGH Slg. 2011, I-9915 Schlussanträge Rn. 51 ff.; zust. *Mansel/Thorn/Wagner* IPRax 2012, 1 (25).

[129] Zum COMI natürlicher Personen *M. Ahrens* NJW-Spezial 2020, 725; speziell zur Wohnsitzbestimmung und -verlagerung natürlicher Personen *Cornette* Clunet 2013, 1115 betr. dt.-franz. Restschuldbefreiungstourismus; *Thole* IPRax 2016, 453 f.; *F. Fuchs,* Nationale und internationale Aspekte des Restschuldbefreiungs-Tourismus, 2015; s. auch EuGH NZI 2019, 767 (unionsrechtswidriges Wohnsitzerfordernis).

Ort der gewerblichen Hauptniederlassung (vgl. Art. 63 Brüssel Ia-VO).[130] Das gilt zB für den Alleingesellschafter und -geschäftsführer einer Einmann-GmbH & Co. KG,[131] ferner für den Aufsichtsratsvorsitzenden einer deutschen AG.[132] Hierher gehört auch die Geschäftstätigkeit durch vom Schuldner beherrschte Gesellschaften, die treuhänderisch für den Schuldner Vermögenswerte (insbesondere Grundvermögen) halten und geschäftlich für ihn tätig sind.[133] Leitlinie ist, bei Kaufleuten, Gewerbetreibenden oder Selbständigen an die wirtschaftliche oder gewerbliche Tätigkeit des Schuldners anzuknüpfen.[134]

Diese Vermutung gilt gemäß S. 2 allerdings nur, wenn die Hauptniederlassung der natürlichen Person nicht in einem Zeitraum von drei Monaten vor dem Antrag auf Eröffnung des Insolvenzverfahrens (→ Rn. 34) in einen anderen Mitgliedstaat verlegt wurde. Für die Abgrenzung der selbstständig Tätigen von den Arbeitnehmern kann auf die vom **EuGH** im Fall **Spies von Büllesheim** herausgearbeiteten Kriterien zurückgegriffen werden.[135] 41

2. Privatpersonen (UAbs. 4). Bei einer **reinen Privatperson** stellte sich vor der Reform noch die Frage, ob ihr Interessenmittelpunkt an ihrem Wohnsitz oder an dem Ort ihres gewöhnlichen Aufenthaltes liegt.[136] Der Reformverordnungsgeber hat in Art. 3 Abs. 1 UAbs. 4 S. 1 die gesetzliche Vermutung normiert, dass alle nicht unter UAbs. 3 fallenden natürlichen Personen bis zum Beweis des Gegenteils den Mittelpunkt ihrer hauptsächlichen Interessen am **Ort ihres gewöhnlichen Aufenthalts** haben. Dies gilt allerdings nur, wenn der gewöhnliche Aufenthalt nicht in einem Zeitraum von **sechs Monaten** vor dem Antrag auf Eröffnung eines Insolvenzverfahrens in einen anderen Mitgliedstaat verlegt wurde. 42

Die Anknüpfung an den gewöhnlichen Aufenthalt wird meist die Vermögenslage und wirtschaftliche Situation des Schuldners widerspiegeln.[137] Denn dort befindet sich im Regelfall der Lebensmittelpunkt und damit auch das Zentrum rechtsgeschäftlicher Aktivität einer Person. Die Vermutung zugunsten des gewöhnlichen Aufenthalts wird nicht schon allein dadurch widerlegt, dass die **einzige Immobilie** des Schuldners außerhalb des Mitgliedstaats des gewöhnlichen Aufenthalts belegen ist.[138] Der **BGH** versteht unter dem gewöhnlichen Aufenthalt iSd Art. 3 den tatsächlichen Lebensmittelpunkt als **Schwerpunkt der wirtschaftlichen, sozialen und kulturellen Beziehungen** einer Person.[139] Kurzfristige Aufenthaltsverlagerungen sind im Hinblick auf die Gefahr der Zuständigkeitserschleichung besonders sorgfältig zu prüfen (Erwägungsgrund 30 S. 3). 43

Dafür spricht zudem die **Kohärenz des Europäischen Zivilverfahrensrechts,** da auch die **Brüssel IIa-VO,** – wie die EuInsVO auf Art. 81 Abs. 2 lit. c AEUV gestützt – den gewöhnlichen Aufenthalt als Anknüpfungspunkt heranzieht (vgl. Art. 2 Abs. 1 lit. a Brüssel IIa-VO). Das Gleiche gilt für die **Rom I-VO** (zB Art. 4 Abs. 1 Rom I-VO) und die **Rom II-VO** (zB Art. 4 Abs. 2 Rom II-VO) sowie die **EuErbVO** (Art. 4 EuErbVO).[140] Hierdurch werden die Probleme, die sich bei der Wohnsitzanknüpfung nach Art. 4 ff. Brüssel Ia-VO ergeben haben, ausgeschaltet.[141] Da es nur 44

---

130 So auch schon zur EuInsVO 2000 implizit BGH BeckRS 2009, 88525; *Balz* ZIP 1996, 948 (949); Duursma-Kepplinger/Duursma/Chalupsky/*Duursma-Kepplinger* EuInsVO 2000 Art. 3 Rn. 19; *Ehricke/Ries* JuS 2003, 313 (314); *Fritz/Bähr* DZWiR 2001, 221 (224); *Kemper* ZIP 2001, 1609 (1612); *Paulus* NZI 2001, 505 (509); *Leible/Staudinger* KTS 2000, 533 (543 f.); *Virgós/Schmit* Rn. 75; *Mankowski* NZI 2005, 368 (370).

131 AG Köln NZI 2011, 159.

132 BGH NZI 2023, 891 mAnm *Fuchs* = ZIP 2023, 1756 (EuGH-Vorlage) = EWiR 2023, 560 mAnm *J. Schmidt;* dazu *Fehrenbach* IPRax 2024, 134; *Maus* AG 2024, 157.

133 Supreme Court of Gibraltar ZIP 2017, 1772 = EWiR 2017, 571 m. Kurzkomm. *Bork.*

134 BGH NZI 2018, 997 Rn. 6.

135 EuGH ECLI:EU:C:2015:574 Rn. 33–49 = NZG 2015, 1199 = IPRax 2016, 151 m. Aufs. *Kindler* IPRax 2016, 115 – Spies von Büllesheim.

136 Für Maßgeblichkeit des gewöhnlichen Aufenthalts BGH NZI 2017, 320 Rn. 10 mAnm *Mankowski* = EWiR 2017, 373 m. Kurzkomm. *Egerland;* NZI 2018, 997 Rn. 3.

137 EuGH ECLI:EU:C:2020:585 Rn. 24 = Ort, an dem die Person der Verwaltung ihrer wirtschaftlichen Interessen nachgeht oder an dem sich der Großteil ihres Vermögens befindet.

138 *Mankowski* NZI 2005, 368 (369 f.); zum Immobiliarvermögen EuGH ECLI:EU:C:2020:585 = BeckRS 2020, 16041 – Novo Banco SA; *Mansel/Thorn/Wagner* IPRax 2020, 97 (118); *Mansel/Thorn/Wagner* IPRax 2021, 105 (135 f.).

139 BGH NZI 2017, 320 Rn. 10 mAnm *Mankowski;* aufschlussreich BGH NZI 2018, 997 Rn. 3: Gesamtwürdigung anhand Wohnort der Mutter des Schuldners, dem Bezug einer deutschen Altersrente sowie von Zuwendungen seitens der Mutter, Eintragung bei einer Freiberuflerkammer in Deutschland, die gelegentliche Nutzung eines Büroraumes in Berlin, Erreichbarkeit unter einer inländischen Mobilfunknummer.

140 Zum dort vollzogenen Wechsel vom Staatsangehörigkeits- zum Domizilprinzip *Kindler* IPRax 2010, 44; eingehend *Kränzle,* Heimat als Rechtsbegriff, 2014.

141 Duursma-Kepplinger/Duursma/Chalupsky/*Duursma-Kepplinger* EuInsVO 2000 Art. 3 Rn. 21; *Leible/Staudinger* KTS 2000, 533 (543).

einen gewöhnlichen Aufenthalt – durchaus aber mehrere Wohnsitze – geben kann, wird so eine Mehrfachanknüpfung vermieden.[142] Im Wege der **rechtsaktübergreifenden Auslegung** sollte zur Konkretisierung behutsam auf Rspr. und Lit. zu den genannten anderen EU-Verordnungen zurückgegriffen werden, in denen der gewöhnliche Aufenthalt bereits enthalten ist.[143]

IV. Kompetenzkonflikte

45 **1. Problemstellung.** Bei der Prüfung der internationalen Zuständigkeit zur Eröffnung des Hauptinsolvenzverfahrens kann es zu unterschiedlichen Auffassungen mitgliedstaatlicher Gerichte in der Frage kommen, wo sich der Mittelpunkt der hauptsächlichen Interessen des Schuldners befindet.[144] Dies ist beispielsweise denkbar, wenn der Schuldner eine natürliche Person ist und seinen gewöhnlichen Aufenthalt in einem Staat hat, aber in einem anderen Staat beschäftigt ist,[145] so dass sich die Gerichte beider Staaten zur Eröffnung des Hauptinsolvenzverfahrens für zuständig halten und erklären **(positiver Kompetenzkonflikt).**[146] Denkbar ist umgekehrt auch, dass die Gerichte keiner der in Betracht kommenden Staaten sich zur Eröffnung eines Hauptinsolvenzverfahrens für zuständig erachten, sondern lediglich die internationale Zuständigkeit zur Eröffnung eines Partikularinsolvenzverfahrens bejahen **(negativer Kompetenzkonflikt).**[147] Da der Begriff des „Mittelpunktes ihrer hauptsächlichen Interessen" verordnungsautonom auszulegen ist (→ Vor Art. 1 Rn. 15), können derartige Kompetenzkonflikte nur ausnahmsweise in Betracht kommen[148] und ihre Ursache allein in einer unterschiedlichen Bewertung der Tatsachen und nicht einer unterschiedlichen rechtlichen Bewertung des Begriffs haben.

46 **2. Positiver Kompetenzkonflikt.** Über die Auflösung positiver Kompetenzkonflikte enthält die EuInsVO keine Regelung. Im deutschen Recht hat der Gesetzgeber 2017 mit **Art. 102c § 2 Abs. 1 EGInsO** eine Regelung zur Vermeidung von EuInsVO-Kompetenzkonflikten geschaffen. Nach Eröffnung eines Hauptinsolvenzverfahrens durch ein Gericht eines Mitgliedstaates ist ein bei einem deutschen Gericht gestellter Antrag zur Eröffnung eines Hauptinsolvenzverfahrens unzulässig. Ist dennoch ein inländisches Hauptinsolvenzverfahren eröffnet worden, muss es eingestellt werden (Art. 102c § 3 Abs. 1 EGInsO). Für die übrigen Fälle nennt der Erläuternde Bericht zur EuInsVO 2000 drei Möglichkeiten der Konfliktlösung, erstens über den Grundsatz des Vertrauens, zweitens durch das Vorabentscheidungsverfahren vor dem EuGH und drittens eine Lösung mit Hilfe der allgemeingültigen Verfahrensgrundsätze, zu denen auch die anderen Übereinkommen bzw. Verordnungen der Gemeinschaft zählen.[149]

47 Gegen eine Konfliktlösung durch das Vorabentscheidungsverfahren spricht, dass dieses einen erheblichen Zeitaufwand beanspruchen und das Verfahren insgesamt in die Länge ziehen würde.[150] Außerdem würde eine solche Entscheidung für die nicht vorlegenden Gerichte keine rechtliche, sondern nur eine präjudizielle, faktische Bindungswirkung entfalten.[151] Daher ist eine Lösung iSv Erwägungsgrund 65 S. 5, 6 vorzugswürdig, dh über den **Grundsatz des gegenseitigen Vertrauens.** Danach ist bei einem positiven Kompetenzkonflikt die **Entscheidung des zuerst eröffnenden Gerichts in den anderen Mitgliedstaaten anzuerkennen,** und zwar ohne eine Überprüfung

---

[142] Duursma-Kepplinger/Duursma/Chalupsky/*Duursma-Kepplinger* EuInsVO 2000 Art. 3 Rn. 21; *Taupitz* ZZP 111 (1998), 315 (326).

[143] *Kindler* KTS 2014, 25 (32); zust. *Vallender* FS Siegried Beck, 2016, 537 (543); ferner *Thole* IPRax 2017, 213 (216); dazu BGH NZI 2024, 238 und EuGH Rs. C-61/24 – Lindenbäumer.

[144] *Bert/Schlegel* FAZ vom 20.8.2003, 17 sind der Auffassung, die EuInsVO biete reichlich Spielraum für Kompetenzkonflikte zwischen Gerichten.

[145] *Leible/Staudinger* KTS 2000, 533 (545).

[146] Welche Konsequenzen ein positiver Kompetenzkonflikt allein für den Insolvenzverwalter und die Gläubiger hat, wird anschaulich von *Bert/Schlegel* FAZ vom 20.8.2003, 17 geschildert. Würde der Verwalter des „zweiten" Hauptverfahrens sich dem ersten Verfahren unterordnen, wäre dieses faktisch ein Sekundärinsolvenzverfahren. Bei den Gläubigern würde die parallele Existenz der beiden Hauptverfahren zu Orientierungslosigkeit führen. Sie wissen nicht, in welchem Verfahren sie ihre Forderungen anmelden sollen. Auch stellt sich die Frage, wie sie sich verhalten sollen, wenn sie eine Vertragsbeziehung mit dem Schuldner haben und der Insolvenzverwalter des einen Verfahrens die Erfüllung verlangt, während der andere den Vertrag kündigt.

[147] Duursma-Kepplinger/Duursma/Chalupsky/*Duursma-Kepplinger* EuInsVO 2000 Art. 3 Rn. 36.

[148] *Virgós/Schmit* Rn. 79.

[149] *Virgós/Schmit* Rn. 79.

[150] Duursma-Kepplinger/Duursma/Chalupsky/*Duursma-Kepplinger* EuInsVO 2000 Art. 3 Rn. 37; *Paulus* ZIP 2003, 1725 (1726).

[151] Duursma-Kepplinger/Duursma/Chalupsky/*Duursma-Kepplinger* EuInsVO 2000 Art. 3 Rn. 37; *Lüke* ZZP 111 (1998), 275 (289).

der Entscheidung des Erstgerichtes.[152] Nach Art. 19 Abs. 1 ist die Eröffnungsentscheidung eines nach Art. 3 Abs. 1 zuständigen Gerichtes in allen übrigen Mitgliedstaaten anzuerkennen, sobald die Entscheidung im Staat der Verfahrenseröffnung wirksam ist.[153] Von den im Erläuternden Bericht zur EuInsVO 2000 angesprochenen **allgemeingültigen Grundsätzen des Europäischen Zivilverfahrensrechts** ist hier die Regelung in Art. 28 EuGVÜ/Art. 45 Abs. 3 Brüssel Ia-VO einschlägig. Auch danach darf das **Zweitgericht nicht prüfen, ob das Erstgericht seine internationale Zuständigkeit zutreffend bejaht hat.** Beide Auslegungsgesichtspunkte sprechen dafür, positive Kompetenzkonflikte nach dem **Prioritätsprinzip** (→ Vor Art. 1 Rn. 18) aufzulösen:[154] Bei Eröffnung mehrerer Hauptinsolvenzverfahren durch Gerichte verschiedener Mitgliedstaaten ist nur dasjenige anzuerkennen, das zuerst eröffnet wurde.

Den **Prioritätsgrundsatz** hat sich auch der **EuGH im Fall Eurofood** zu Eigen gemacht; **48**
dabei dürfen die Gerichte des Zweitstaates im Rahmen der Anerkennung nach Art. 19 Abs. 1 nicht die Kompetenz der Gerichte des Erststaates für die Insolvenzeröffnung prüfen.[155]

Dabei entschied der EuGH, dass bereits die Bestellung eines vorläufigen Insolvenzverwalters **49**
sowie die gleichzeitige Anordnung von Sicherungsmaßnahmen als Verfahrenseröffnung anzusehen sei. Problematisch ist hieran, dass das Gericht zu diesem Zeitpunkt noch nicht einmal mit Sicherheit von seiner Zuständigkeit ausgehen kann.[156]

Problematisch ist ferner, dass die EuGH-Rspr. zu einem **gespaltenen Begriff des Zeitpunktes** **50**
der Verfahrenseröffnung führt, je nachdem, ob der Begriff für Art. 19 bedeutsam ist oder im Zusammenhang mit anderen Vorschriften (vgl. zur Relevanz des Begriffs der Verfahrenseröffnung → Art. 2 Rn. 14).[157]

Ferner stellt sich die Frage, wie im Falle der **fälschlichen Inanspruchnahme der internatio-** **51**
nalen Zuständigkeit zu verfahren ist. Aus dem Grundsatz des gegenseitigen Vertrauens (Erwägungsgrund 65) folgert der EuGH, dass die Gerichte die Entscheidung eines anderen Gerichts über die internationale Zuständigkeit nicht überprüfen dürfen.[158] Insofern darf die Anerkennung des in einem Mitgliedstaat eröffneten Hauptverfahrens auch nicht deshalb versagt werden, weil dort die internationale Zuständigkeit zu Unrecht bejaht wurde.[159] In diesen Fällen ist die Rechtssicherheit

---

152 BAG NZI 2013, 758 Ls. 1; *Duursma/Duursma-Kepplinger* DZWiR 2003, 447 (449); *Sabel* NZI 2004, 126 (127); aA *Mankowski* Anm. zu AG Düsseldorf EWiR 2003, 767 (768) – ISA II, der trotz der eindeutigen Wortlautes dieses Erwägungsgrundes behauptet, dass er „nicht ausdrücklich und spezifisch besagt, dass gerade eines solche Nachprüfung ausgeschlossen sei und iErg die Existenz des Prioritätsprinzips insgesamt leugnet. De lege ferenda für die Maßgeblichkeit des Antragszeitpunkts („race to the courts" statt „race of the courts") *Kindler* in Carbone, Unione europea a vent'anni da Maastricht. Verso nuove regole, 2013, 141, 148. Zu den Grenzen dieses Prinzips Althammer/Weller (Hrsg.), Mindeststandards im Europäischen Zivilprozessrecht – Grundvoraussetzung für „Gegenseitiges Vertrauen", 2015; *M. Weller* NIPR 2017, 1; *Kohler* ZEuS 2016, 135.

153 Innerstaatlich ist der Aspekt der internationalen Zuständigkeit dagegen revisibel, BGH NZI 2003, 545 mAnm *Mankowski* NZI 2003, 545. Dagegen lässt sich auch nicht § 545 Abs. 2 ZPO ins Feld führen, der sich nur auf die innerstaatliche Zuständigkeit bezieht. Das ergibt sich daraus, dass die internationale Zuständigkeit ein wesentlich höheres Gewicht hat. So ist mit ihr insbesondere das anwendbare Prozessrecht verbunden, BGH JZ 2003, 850.

154 *Albrecht* ZInsO 2004, 436 (439); *Bert/Schlegel* FAZ vom 20.8.2003, 17; *Duursma/Duursma-Kepplinger* DZWiR 2003, 447 (449); *Herchen* ZInsO 2004, 61 (62); *Herchen* ZInsO 2004, 436 (439); Anm. *Herweg/Tschauner* EWiR 2004, 495 (496) zu AG Düsseldorf NZI 2004, 269; *Kolmann,* The European Legal Forum, 2002, 167 (169); *Leible/Staudinger* KTS 2000, 533 (545); *Paulus* ZIP 2003, 1725 (1726).

155 EuGH ECLI:EU:C:2006:281 Rn. 38 ff. und Ls. 2 = NZI 2006, 360 – Eurofood; dazu *Freitag/Leible* RIW 2006, 641; *Hess/Laukemann/Seagon* IPRax 2007, 89; *Thole* ZEuP 2007, 1137; *Knof/Mock* ZIP 2006, 907; *Saenger/Klockenbrinck* EuZW 2006, 363; *J. Schmidt* ZIP 2007, 405.

156 Zutr. Kritik insoweit bei MüKoInsO/*Thole* EuInsVO 2000 Art. 3 Rn. 61; nach Cour d'appel de Colmar ZIP 2010, 1460 = EWiR 2010, 453 m. KurzKomm. *Mankowski* soll eine voräufige Insolvenzeröffnung in Deutschland nicht in Frankreich nach Art. 16 anerkennungsfähig sein, sondern bloß als Sicherungsmaßnahme nach Art. 25; dazu *Mansel/Thorn/Wagner* IPRax 2012, 1 (27).

157 Näher MüKoInsO/*Thole* EuInsVO 2000 Art. 3 Rn. 63 ff.

158 EuGH ECLI:EU:C:2006:281 = NZI 2006, 360 – Eurofood; auch Schlussanträge GA ZIP 2005, 1878 Rn. 101 ff.; ebenso Cour de cass. (Ch. Com.) 27.6.2007 – Arrêt no. 923, IPRax 2007 Heft 3, VI; BAG NZI 2013, 758 Ls. 1; Duursma-Kepplinger/Duursma/Chalupsky/*Duursma-Kepplinger* EuInsVO 2000 Art. 3 Rn. 41; MüKoInsO/*Thole* EuInsVO 2000 Art. 3 Rn. 3; *Sabel* NZI 2004, 126 (127); *Virgós/Schmit* Rn. 148. Zu den Grenzen dieses Prinzips Althammer/Weller (Hrsg.), Mindeststandards im Europäischen Zivilprozessrecht – Grundvoraussetzung für „Gegenseitiges Vertrauen", 2015; *Weller* NIPR 2017, 1; *Kohler* ZEuS 2016, 135.

159 *Paulus* ZIP 2003, 1725 (1727) will zumindest dann eine Überprüfung zulassen will, wenn das ersteröffnende Gericht die europäische Dimension seiner Entscheidung nicht erkenne und evidentermaßen ein rein nationales Verfahren zu eröffnen beabsichtige.

höher zu gewichten als die Rechtsrichtigkeit.[160] Die Vorgehensweise des AG Düsseldorf[161] in seiner ISA II-Entscheidung ist deshalb abzulehnen. In diesem Fall ging es darum, dass der High Court of Justice Leeds[162] im Fall ISA I die Hauptinsolvenzverfahren über drei deutsche Gesellschaften mbH eröffnet hatte. Für die internationale Zuständigkeit nach Art. 3 Abs. 1 gab er sich dabei ohne nähere Begründung mit einem angeblichen Beweis zufrieden („being satisfied on the evidence").[163] Weil der High Court of Justice die „Vorschriften der EuInsVO weder erwähnt, noch beachtet," zog das AG Düsseldorf im Fall ISA II den Schluss, dass diese Entscheidung keine Rechtswirkungen für das schuldnerische Unternehmen entfalte.[164] Dieser Lösungsweg steht mit dem Vertrauensgrundsatz in Widerspruch.[165] Bestätigung findet diese Sichtweise durch die ISA III-Entscheidung der Cour d'appel Versailles.[166] In diesem Fall hat das Tribunal de commerce de Pontoise ein Hauptinsolvenzverfahren über ein Tochterunternehmen der Limited eröffnet, obwohl der High Court of Justice schon zuvor festgestellt hatte, dass der Mittelpunkt der hauptsächlichen Interessen dieser Tochter in England liegt. In der ISA III-Entscheidung hat der Cour d'appel die vorinstanzliche Eröffnungsentscheidung wegen der zeitlichen Priorität aufgehoben. Dem hat sich später das AG Düsseldorf im Fall ISA IV angeschlossen. Es nimmt dabei ausdrücklich Bezug auf die ISA II-Entscheidung und lehnt diesen Beschluss ab, weil der High Court of Justice in seinem Eröffnungsbeschluss ausdrücklich auf die Vorschriften der EuInsVO verweise.[167] Nicht zielführend ist auch der Vorschlag, in Anlehnung an den Wortlaut des Art. 19 Abs. 1 („Eröffnung eines Insolvenzverfahrens durch ein nach Art. 3 zuständiges Gericht eines Mitgliedstaates") die Anerkennung von der Eröffnungszuständigkeit des Erstgerichts abhängig zu machen.[168] Dieser Ansatz ist mit dem in Erwägungsgrund 65 ausdrücklich erwähnten Vertrauensgrundsatz („community trust", → Vor Art. 1 Rn. 20) nicht zu vereinbaren[169] und lässt sich vor dem Hintergrund der Eurofood-Entscheidung[170] wohl nicht mehr vertreten.

52 Auch aus dem **ordre public** (Art. 33) lässt sich das Erfordernis einer Eröffnungszuständigkeit **grundsätzlich nicht** herleiten.[171] In Fällen nach Art des oben erwähnten Kompetenzkonflikt zwischen dem High Court of Justice und dem AG Düsseldorf kommt allerdings ausnahmsweise in Betracht, die Anerkennung wegen Verletzung des rechtlichen Gehörs – als Ausprägung des verfahrensrechtlichen ordre public – zu verweigern.[172]

53 Ist das Hauptverfahren eröffnet, so ist diese Entscheidung von den Gerichten anderer Mitgliedstaaten nach allem auch dann anzuerkennen, wenn die internationale Zuständigkeit bei ihnen gelegen hätte. Möglich bleibt allein, dass das **Eröffnungsgericht** selbst seine fehlerhafte Entscheidung über die internationale Zuständigkeit revidiert, etwa durch die Einstellung des Verfahrens. Im Schrifttum wird dies teilweise abgelehnt, weil durch eine solche Übertragung der Zuständigkeitsfrage auf die national-staatliche Ebene den von der Verordnung verfolgten Zielen des reibungslosen und ordnungsgemäßen Funktionierens des Binnenmarktes (Erwägungsgrund 3, 5) und der Effizienz der Abwicklung internationaler Insolvenzen nicht mehr hinreichend Rechnung getragen würde.[173] Diese Bedenken überzeugen aber schon deshalb nicht, weil der Erststaat durch Rücknahme der Entscheidung zu erkennen gibt, dass er selbst keine Wirkungserstreckung für ein inländisches Verfahren anstrebt. Binnenmarkt- und Effizienzgesichtspunkte erfordern nicht, das Eröffnungsgericht an einer von diesem selbst als falsch erkannten Entscheidung festzuhalten (→ IntInsR Einl. Rn. 12 sub (5)).

54 Zum Schutz der inländischen Gläubiger **bleibt** in jedem Fall die **Möglichkeit,** den inländischen tatsächlichen Interessenmittelpunkt als Niederlassung iSd Art. 2 Nr. 10 zu werten und dort ein

---

160 *Duursma/Duursma-Kepplinger* DZWiR 2003, 447 (450).
161 AG Düsseldorf ZIP 2003, 1363 – ISA II = EWiR 2003, 767 m. KurzKomm. *Mankowski.*
162 High Court of Justice ZIP 2003, 1362 = ZIP 2004, 963 = NZI 2004, 219 – ISA I.
163 High Court of Justice ZIP 2003, 1362 = ZIP 2004, 963 = NZI 2004, 219 – ISA I.
164 AG Düsseldorf ZIP 2003, 1363 – ISA II.
165 So auch Anm. *Paulus* EWiR 2003, 709 zu High Court of Justice Leeds; *Smid* DZWiR 2003, 397 (400 f.).
166 Cour d'appel Versailles EWiR 2003, 1239 mAnm *Mankowski* EWiR 2003, 1239; *Duursma/Duursma-Kepplinger* DZWiR 2003, 447 (450).
167 AG Düsseldorf ZIP 2004, 623 (624) = NZI 2004, 269 mAnm *Liersch* NZI 2004, 271 = EuZW 2004, 307.
168 Anm. *Mankowski* EWiR 2003, 1239 f. zu Cour d'appel Versailles, unter Hinweis auf einen „Krieg der Verwalter" und „Insolvenztourismus".
169 Duursma-Kepplinger/Duursma/Chalupsky/*Duursma-Kepplinger* EuInsVO 2000 Art. 16 Rn. 14; *Kolmann,* Kooperationsmodelle im Internationalen Insolvenzrecht, 2001, 282 f.
170 EuGH ECLI:EU:C:2006:281 = NZI 2006, 360 – Eurofood.
171 *Sabel* NZI 2004, 126 (127), und zwar auch, wenn es sich um eine krasse Fehlentscheidung handele; *Virgós/Schmit* Rn. 202.
172 Zutr. AG Düsseldorf ZIP 2004, 623 (624) – ISA IV; Anm. *Paulus* EWiR 2003, 709 zu High Court of Justice Leeds; dies steht auch mit dem Erläuternden Bericht in Einklang, vgl. *Virgós/Schmit* Rn. 206.
173 Duursma-Kepplinger/Duursma/Chalupsky/*Duursma-Kepplinger* EuInsVO 2000 Art. 3 Rn. 45 spricht in diesem Fall von einer Durchlöcherung des unionsweiten Einklangs.

Sekundärinsolvenzverfahren zu eröffnen (→ Art. 34 Rn. 11).[174] Weiterhin kommt in Betracht, im Wege eines **Vertragsverletzungsverfahrens** (Art. 258 AEUV) gegen den Mitgliedstaat vorzugehen, in dem unzutreffend das Hauptverfahren eröffnet wurde. Allerdings hat die Feststellung einer Vertragsverletzung durch den EuGH keine Auswirkungen auf das hiervon betroffene Zivilverfahren. In Betracht kommt schließlich noch ein **Schadensersatzanspruch** aus staatshaftungsrechtlichen Gesichtspunkten (→ Art. 7 Rn. 113). Dabei wird die Bezifferung des konkret eingetretenen Schadens aber schwierig sein.[175]

3. Negativer Kompetenzkonflikt. Denkbar sind negative Kompetenzkonflikte in der Form, dass die Gerichte zweier Staaten jeweils ihre internationale Zuständigkeit zur Eröffnung eines Hauptverfahrens verneinen, dafür aber die internationale Zuständigkeit zur Eröffnung eines Partikularinsolvenzverfahren nach Art. 3 Abs. 2 bejahen. Auch dieser Konflikt ist nach dem Grundsatz des gegenseitigen Vertrauens (Erwägungsgrund 65) zu lösen und zwar dahingehend, dass nach der Ablehnung der internationalen Zuständigkeit eines Mitgliedstaates ein anderer Mitgliedstaat nicht seinerseits die internationale Zuständigkeit mit dem Hinweis verneinen kann, dass der Mittelpunkt der hauptsächlichen Schuldnerinteressen in dem Staat liegt, der genau dies zuvor verneint hatte. Ein Hinweis darauf, dass der Interessenmittelpunkt in einem dritten Mitgliedstaat liegt, ist demgegenüber zulässig.[176] In diesem Sinn ist mit Art. 102c § 2 Abs. 2 EGInsO eine Regelung in den deutschen Ausführungsbestimmungen zur EuInsVO geschaffen worden. 55

V. Partikularinsolvenzverfahren im weiteren Sinne (Abs. 2)

Neben dem Hauptinsolvenzverfahren ermöglicht die Verordnung in Art. 3 Abs. 2 die Eröffnung von **territorialen Nebenverfahren.** Wegen ihrer gegenständlichen Beschränkung bezeichnet man diese als **Partikularinsolvenzverfahren,** wobei es sich um **vollwertige Insolvenzverfahren** mit einer eigenen Verwaltung, Verwertung und Verteilung handelt. Das Partikularinsolvenzverfahren beschränkt sich hinsichtlich seiner **Wirkungen** nach Art. 3 Abs. 2 S. 2 **auf das im Gebiet des Eröffnungsstaates belegene Schuldnervermögen.** Partikularinsolvenzverfahren ist der **Oberbegriff** für die beiden im Art. 3 Abs. 3 und Abs. 4 geregelten Verfahrensarten, nämlich dem Sekundärinsolvenzverfahren (Art. 3 Abs. 3) und dem unabhängigen Partikularinsolvenzverfahren nach Art. 3 Abs. 4. Sie unterscheiden sich dadurch, dass das Sekundärinsolvenzverfahren nach der Eröffnung des Hauptinsolvenzverfahrens eröffnet werden kann, während die Eröffnung eines unabhängigen Partikularinsolvenzverfahrens bereits vor und damit unabhängig von dem Hauptinsolvenzverfahren möglich ist. 56

Partikularinsolvenzverfahren verfolgen vor allem **drei Ziele: (1)** Vorrangig geht es um den **Schutz der Interessen inländischer Gläubiger** (Erwägungsgrund 23).[177] Nach Art. 7 Abs. 1 ist grundsätzlich – das gilt für beide, Haupt- und Partikularinsolvenzverfahren – die lex fori concursus anzuwenden, dh das materielle Insolvenzrecht des Staates der Verfahrenseröffnung. Durch die Eröffnung eines Partikularinsolvenzverfahrens wird die lex fori concursus des ausländischen Hauptinsolvenzverfahrens ausgeschaltet, soweit das Partikularverfahren reicht. Denn insoweit ist das materielle inländische Insolvenzrecht maßgeblich. Auf diese Weise wird der inländische Gläubiger vor der Anwendung fremder Insolvenzrechtsvorschriften und den Mühen einer Rechtsdurchsetzung im Ausland geschützt.[178] Dieser „Schutz" ist freilich bloß kollisions- und kompetenzrechtlicher Art, dh er kann zu einem in der Sache für den Gläubiger ungünstigerem Recht führen. **(2) Parallelverfahren sind Hilfsverfahren,** dh Verfahren mit dienendem Charakter gegenüber dem Hauptverfahren. Zwar erscheint es auf den ersten Blick praktikabler und einfacher, die gesamte internationale Insolvenz in einem einheitlichen Hauptverfahren abzuwickeln, da auf diese Weise die Bildung von Untermassen vermieden werden kann.[179] Aber das Schuldnervermögen ist zum Teil komplex und in den Mitgliedstaaten weit verteilt. Dann erscheint eine Untergliederung der Insolvenzabwicklung in unterschiedliche Insolvenzverfahren gerade hilfreich. Vorteilhaft ist eine Untergliederung in mehrere Unterverfahren insbesondere dann, wenn die Rechtsordnungen, die im Rahmen des Hauptinsolvenzverfahrens zur Anwendung kämen (denn in Art. 8–18 sieht die Verordnung zahlreiche Ausnahmen von der lex fori concursus vor), in ihren Regelungen nicht unerheblich voneinander 57

[174] AG Köln NZI 2004, 151 (152); LG Kiel BeckRS 2012, 11626; *Duursma/Duursma-Kepplinger* DZWiR 2003, 447 (451); *Sabel* NZI 2004, 126 (127) mit dem Hinweis, dass es sich bei dieser Vorgehensweise um eine verordnungskonforme Reaktion auf die Inanspruchnahme der Eröffnungszuständigkeit durch ausländische Gerichte dar; *Weller* IPRax 2004, 412 (413 f.); *Vallender* KTS 2005, 283 (302 f.).

[175] *Duursma/Duursma-Kepplinger* DZWiR 2003, 447 (452).

[176] Duursma-Kepplinger/Duursma/Chalupsky/*Duursma-Kepplinger* EuInsVO 2000 Art. 3 Rn. 36.

[177] *Haubold* IPRax 2003, 34 (40); *Schack* IZVR Rn. 1331; *Trunk* IntInsR 235; *Virgós/Schmit* Rn. 32.

[178] *Virgós/Schmit* Rn. 32.

[179] *Geimer* IZPR Rn. 3393.

abweichen. Besteht dann die Masse aus zahlreichen Vermögensgegenständen, die in diversen Staaten belegen sind und stellen die sonstigen Verflechtungen auch im Übrigen ein komplexes Bild dar, ist die Frage des im Einzelfall anwendbaren materiellen Insolvenzrechts schwer zu beantworten. Auch dies kann dadurch vereinfacht werden, dass neben dem Hauptinsolvenzverfahren Hilfsverfahren eröffnet werden, bei denen jeweils das Recht des Eröffnungsstaates zur Anwendung kommt.[180] **(3)** Schließlich geht es auch noch darum, durch die Inlandsbeschränkung der Sonderinsolvenzverfahren **Konflikte mit ausländischen Staaten zu vermeiden.**[181]

58 **1. Internationale Zuständigkeit (Abs. 2 S. 1).** Die internationale Zuständigkeit zur Eröffnung eines Partikularinsolvenzverfahrens ergibt sich aus Art. 3 Abs. 2 S. 1. Sie liegt vor, wenn (1) der Mittelpunkt der hauptsächlichen Interessen des Schuldners innerhalb der EU, aber (2) in einem anderen als dem Staat der Partikularinsolvenzverfahrenseröffnung liegt und (3) in dem Gebiet des Eröffnungsstaates eine Niederlassung des Schuldners vorhanden ist.

59 **a) Mittelpunkt der hauptsächlichen Interessen innerhalb der EU.** Erste Voraussetzung für die internationale Zuständigkeit zur Eröffnung eines Partikularinsolvenzverfahrens ist, dass der Mittelpunkt des hauptsächlichen Interesses im Hoheitsgebiet eines Mitgliedstaats liegt. Befindet sich der Mittelpunkt außerhalb der EU, so ist die EuInsVO gar nicht anwendbar (→ Art. 1 Rn. 24; Erwägungsgrund 25).[182] In diesem Fall findet das nationale Recht Anwendung,[183] für Deutschland also der 2003 eingeführte 11. Teil der Insolvenzordnung (§§ 335 ff. InsO; zur Kommentierung → InsO § 335 Rn. 1 ff.).

60 **b) Mittelpunkt der hauptsächlichen Interessen in einem anderen Mitgliedstaat.** Nach Art. 3 Abs. 2 S. 1 muss der Mittelpunkt der hauptsächlichen Interessen in einem anderen Mitgliedstaat als dem Eröffnungsstaat für das Partikularinsolvenzverfahren liegen. Daher besteht grundsätzlich nicht die Möglichkeit, bei **inländischem** Interessenmittelpunkt statt der Eröffnung des Hauptinsolvenzverfahrens lediglich ein Partikularinsolvenzverfahren zu eröffnen.[184] Etwas anderes gilt nur dann, wenn ein Gericht eines anderen Mitgliedstaates bereits ein Hauptverfahren eröffnet hat, weil es den Interessenmittelpunkt falsch verortet hat (→ Rn. 54). Zur Auslegung von Eröffnungsanträgen → Rn. 6 ff.

61 **c) Vorhandensein einer Niederlassung.** Nach Art. 3 Abs. 2 S. 1 muss schließlich im Gebiet des Mitgliedstaates, in dem das Partikularinsolvenzverfahren eröffnet werden soll, eine Niederlassung vorhanden sein. Hierunter versteht man nach Art. 2 Nr. 10 jeden **Tätigkeitsort,** an dem der Schuldner einer **wirtschaftlichen Aktivität** von nicht vorübergehender Art nachgeht oder in den drei Monaten vor dem Antrag auf Eröffnung des Hauptinsolvenzverfahrens nachgegangen ist, die den Einsatz von Personal und Vermögenswerten voraussetzt (→ Art. 2 Rn. 22 ff.). Für das Vorhandensein der Niederlassung kommt es auf den äußeren Eindruck an und nicht auf die subjektive Sicht des Schuldners.[185] Die Niederlassung muss unselbstständig sein, so dass eine selbstständige **Tochtergesellschaft nicht** als Niederlassung in Betracht zu ziehen ist (→ Art. 2 Rn. 27 f.). Mit der Niederlassung als Erfordernis für die internationale Zuständigkeit ist die Entscheidung des Verordnungsgebers gegen den Vermögensgerichtsstand gefallen.[186] Aus diesem Grunde muss der Niederlassungsbegriff zumindest weit ausgelegt werden (→ Art. 2 Rn. 23). Eine vorübergehend vorhandene Stelle genügt nicht.[187] Auch können die Voraussetzungen, die Art. 3 Abs. 2 für die Eröffnung eines Sekundärinsolvenzverfahrens aufstellt, nicht durch diejenigen ersetzt werden, die nach Art. 3 Abs. 1 die Eröffnung des Hauptinsolvenzverfahrens ermöglichen.[188] Dass Art. 3 Abs. 2 nicht auf Zweigniederlassungen beschränkt ist und daher **auch im Staat des vom COMI abweichenden Satzungssitzes** (→ Rn. 24 ff.) die Zuständigkeit begründen kann, hat der EuGH im Vorlageverfahren **Burgo** entschieden.[189] Zur **natürlichen Person** → Art. 2 Rn. 30.

---

[180] *Virgós/Schmit* Rn. 33.

[181] *Trunk* IntInsR 235.

[182] *Virgós/Schmit* Rn. 82.

[183] *Virgós/Schmit* Rn. 82.

[184] Duursma-Kepplinger/Duursma/Chalupsky/*Duursma-Kepplinger* EuInsVO 2000 Art. 3 Rn. 71; Nerlich/Römermann/*Nerlich* EuInsVO 2000 Art. 3 Rn. 78.

[185] *Paulus* Rn. 43.

[186] *Torz,* Gerichtsstände im Internationalen Insolvenzrecht, 2005, § 8 III 1c, schlägt für eng begrenzte Ausnahmefällen eine Rechtsfortbildung contra legem vor.

[187] *Paulus* Rn. 43; zu großzügig auch it. Kassationshof Riv. dir. int. priv. proc. 2005, 450 (453) unter 3.2. aE: Grundstück als Niederlassung.

[188] BGH NZI 2012, 377 Rn. 14 ff. = IPRax 2013, 356 m. Aufs. *Ringe* IPRax 2013, 330.

[189] EuGH ECLI:EU:C:2014:2158 Rn. 39 = NZI 2014, 964 mAnm *Mankowski* = EuZW 2015, 34 mAnm *P. Schulz* = EWiR 2015, 81 m. Kurzkomm. *Undritz* – Burgo; dazu *Mansel/Thorn/Wagner* IPRax 2014, 1 (24); *Dammann* FS Beck, 2016, 73 (78).

Für die Anknüpfung an die Niederlassung bei der Frage nach der internationalen Zuständigkeit spricht zum einen die Gleichbehandlung inländischer und ausländischer Gläubiger, die auf demselben Markt tätig sind und deren Informationsbedarf und rechtliches Risiko im Insolvenzfall gleich groß ist (→ Art. 2 Rn. 30). Dazu kommt, dass erst bei der Niederlassung soziale und rechtliche Verflechtungen des Schuldners mit seinem Umfeld entwickelt werden, die im Insolvenzfall die Eröffnung eines gesonderten Verfahrens wegen der besonderen Schutzwürdigkeit eben dieses Umfelds rechtfertigen. Soziale und rechtliche Verflechtungen in diesem Zusammenhang meint beispielsweise, dass zum Betrieb einer Zweigniederlassung Arbeitnehmer eingestellt, Geschäftsräume gemietet oder gekauft, Computeranlagen geleast und gegen die Gewährung von Sicherheiten Kredite aufgenommen werden. Auf der anderen Seite werden an die Niederlassung Waren unter Eigentumsvorbehalt geliefert.[190] Erst bei dem Geschäftsabschluss mit einer inländischen Niederlassung besteht – durch den besonderen Inlandsbezug und das daraus begründete Vertrauen – eine besondere kompetenzrechtliche Schutzwürdigkeit des Gläubigers,[191] so dass es unbillig wäre, ihn auf einen fernen Gerichtsstand zu verweisen.[192] 62

Andererseits bringt die **Absage an einen insolvenzrechtlichen Vermögensgerichtsstand** und die Anknüpfung an die Niederlassung im Einzelfall gewisse **Rechtsschutzdefizite** mit sich. So ist denkbar, dass auch durch die bloße Vermögensbelegenheit komplexe, lokale Verwurzelungen entstanden sind.[193] Hier besteht die Gefahr, insolvenzfreies Vermögen zuzulassen.[194] Allerdings zielt das Europäische Verfahrensrecht seit langem auf die Zurückdrängung exorbitanter Gerichtsstände (Art. 7), und vor diesem Hintergrund ist die Regelung in der EuInsVO folgerichtig.[195] Ob – so der BGH – Rechtsschutzdefizite auch gegenüber einem **untätigen ausländischen Insolvenzverwalter** hinzunehmen, der keine Schritte zur Verwertung des inländischen Schuldnervermögens unternimmt,[196] erscheint freilich zweifelhaft. Die Vorschrift des § 354 Abs. 2 InsO hat ua diesen Fall im Visier (→ InsO § 354 Rn. 7) und begnügt sich dann für ein Partikularverfahren mit dem Vorhandensein inländischen Vermögens. Sie ist im Geltungsbereich der EuInsVO zwar nicht anwendbar, dürfte aber als Ausprägung des allgemeinen **Justizgewährungsanspruchs** zu verstehen sein, den das BVerfG aus Art. 2 Abs. 1 GG iVm dem Rechtsstaatsprinzip ableitet.[197] Wer die inländischen Gläubiger auf die Möglichkeit verweist, den ausländischen Insolvenzverwalter nach der dorigen lex fori zum Tätigwerden zu veranlassen,[198] gibt ihnen Steine statt Brot. 63

2. Wirkungsbereich des Partikularinsolvenzverfahrens (Abs. 2 S. 2). Nach Art. 3 Abs. 2 S. 2 beschränken sich die Wirkungen des Partikularinsolvenzverfahrens auf das **im Gebiet dieses Eröffnungsstaates belegene Vermögen** des Schuldners. Daraus geht aber umgekehrt hervor, dass sich die Wirkungen nicht nur auf die Niederlassung selbst erstrecken, sondern auf das gesamte in dem Staat vorhandene Schuldnervermögen.[199] Haben Insolvenzgläubiger in einem inländischen Partikularinsolvenzverfahren durch die deutsche Niederlassung einer in der EU ansässigen Gesellschaft begründete Forderungen zur Tabelle angemeldet, so ist der Partikularinsolvenzverwalter deshalb nicht analog Art. 45 Abs. 2 befugt, im Inland vermeintliche Haftungsansprüche der Insolvenzgläubiger gegen die Gesellschaft geltend zu machen.[200] Die Gerichte des Mitgliedstaats der Eröffnung eines Partikularinsolvenzverfahrens sind alternativ zu den Gerichten des Mitgliedstaats der Eröffnung des Hauptinsolvenzverfahrens zuständig, über die Bestimmung der in den Bereich der Wirkungen dieses Partikularverfahrens fallenden Vermögensgegenstände des Schuldners zu entscheiden.[201] 64

---

190 *Hanisch* ZIP 1994, 1 (3); *Hanisch* in Stoll, Vorschläge und Gutachten, 1997, 202, 207; *Wimmer* ZIP 1998, 982 (983); FK-InsO/*Wimmer* EGInsO Anh. I Art. 102 Rn. 32.

191 *Flessner* ZIP 1989, 749.

192 *Kindler* FS Ulmer, 2003, 305 (319).

193 *Hanisch* ZIP 1994, 1 (7).

194 *Huber* ZZP 114 (2001), 133 (156 f.).

195 *Wimmer* ZIP 1998, 982 (985) mit dem Vorwurf der Unverhältnismäßigkeit; *Lüer* KTS 1990, 377 (397), der auf die Systemfremdheit hinweist; *Lüer* FS Uhlenbruck, 2000, 843 (850) mit dem Argument, dass der Vermögensgerichtsstand gerade im Zeitalter des grenzüberschreitenden Finanz-, Waren- und Wirtschaftsverkehrs unangebracht erscheine.

196 Resignativ insoweit BGH NZI 2011, 120 Rn. 4; dazu *Mankowski* EWiR 2011, 185.

197 Vgl. BVerfGE 88, 118 (123 f.) = NJW 1993, 1635; insbes. BVerfGE 107, 395 (401 ff.) = NJW 2003, 1924; hierzu *Voßkuhle* NJW 2003, 2193; zur Grundrechtsgeltung auch im Rahmen des Vollzugs von EU-Recht BVerfG NJW 2009, 2269 Rn. 337 – Lissabon; *M. Stürner/Wuderski* IPRax 2013, 278 (280).

198 *Mankowski* EWiR 2011, 185 (186).

199 Nerlich/Römermann/*Nerlich* EuInsVO 2000 Art. 3 Rn. 77.

200 KG NZI 2011, 729 mAnm *Mankowski* NZI 2011, 730 = IPRax 2012, 362 m. Aufs. *Piekenbrock* IPRax 2012, 337.

201 So zum Sekundärverfahren EuGH ECLI:EU:C:2015:384 Rn. 39 ff. = EuZW 2015, 593 mAnm *P. Schulz* = NZI 2015, 663 mAnm *Fehrenbach* – Nortel; dazu *J. Schmidt* EWiR 2015, 515; *Thomale* IPRax 2016, 558; *Mucciarelli* Giurisprudenza commerciale 2016, II, 13; *Robine/Jault-Seseke* D. 2017, 1287.

VI. Sekundärinsolvenzverfahren (Abs. 3)

65 In Art. 3 Abs. 3 findet sich eine Begriffsbestimmung des Sekundärinsolvenzverfahrens. Dabei handelt es sich um Partikularverfahren (→ Rn. 56), die (1) zeitlich **nach** einem am EU-ausländischen COMI bereits laufenden **Hauptverfahren** (vgl. Art. 3 Abs. 1) **eröffnet** werden oder (2) durch **Wechsel der Verfahrensart** aus einem zuvor eröffneten unabhängigen Partikularverfahren hervorgehen (Art. 50 f.).[202] Es können auch mehrere Sekundärinsolvenzverfahren eröffnet werden.[203]

66 Für die Eröffnung muss der Antragsberechtigte (Art. 37) den Nachweis erbringen, dass sich in dem betreffenden Staat eine Niederlassung des Schuldners iSd Art. 2 Nr. 10 befindet.[204]

67 Von der Vorgabe, dass es sich bei dem Sekundärinsolvenzverfahren um ein **Liquidationsverfahren** handeln muss, hat der Reformgeber mit dem neuen Art. 3 Abs. 3 Abstand genommen (zum alten Recht → 6. Aufl. 2015, EuInsVO Art. 3 Rn. 63 zur EuInsVO 2000).[205] Nach Auffassung der Kommission erschwerte die Begrenzung von Sekundärverfahren auf Liquidationsverfahren in der EuInsVO 2000 die erfolgreiche Restrukturierung von insolventen Unternehmen.[206]

68 Das Sekundärinsolvenzverfahren richtet sich nach **Art. 34 ff.** (vgl. → Art. 34 Rn. 1 ff.).

69 Nicht erforderlich ist das Vorliegen von Insolvenzgründen zur Eröffnung des Sekundärverfahrens, wenn bereits im Ausland das Hauptverfahren nach Art. 3 Abs. 1 eröffnet wurde.[207]

70 Rechtspolitisch ist zu kritisieren, dass keine Frist zur Eröffnung von Sekundärverfahren existiert.

VII. Unabhängiges Partikularinsolvenzverfahren (Abs. 4)

71 Die zweite Form des Partikularinsolvenzverfahrens iSd Art. 3 Abs. 2 ist das unabhängige Partikularinsolvenzverfahren nach Art. 3 Abs. 4. Es unterscheidet sich vom Sekundärinsolvenzverfahren durch den **Eröffnungszeitpunkt.** Während das Sekundärinsolvenzverfahren grundsätzlich (mit der Ausnahme der Umwandlung nach Art. 50 f.) nach der Eröffnung des Hauptinsolvenzverfahrens eröffnet wird, erfolgt die Eröffnung des unabhängigen Partikularinsolvenzverfahrens **vor** der des **Hauptverfahrens.**

72 **1. Internationale Zuständigkeit.** Die internationale Zuständigkeit zur Eröffnung eines unabhängigen Partikularinsolvenzverfahrens richtet sich nach **Art. 3 Abs. 2.** Der Mittelpunkt der hauptsächlichen Interessen muss danach innerhalb der Gemeinschaft liegen, und zwar in einem anderen Mitgliedstaat als demjenigen, der als Eröffnungsstaat des Partikularverfahrens in Betracht kommt. In diesem Staat muss sich eine Niederlassung befinden (→ Art. 2 Rn. 22 ff.).

73 **2. Eröffnungsvoraussetzungen.** Die EuInsVO folgt den Grundsätzen der abgeschwächten Universalität und der Verfahrenseinheit (→ Vor Art. 1 Rn. 16). Danach soll eine Wirkungserstreckung des Insolvenzverfahrens jenseits der Staatsgrenzen erfolgen und grundsätzlich soll es nur ein einheitliches Insolvenzverfahren geben. Nur ausnahmsweise, nämlich zum Schutz inländischer Gläubiger, zur Unterstützung des Hauptverfahrens oder zur Verhinderung der Konflikte mit ausländischen Staaten kommt die Eröffnung von Parallelverfahren in Betracht (→ Art. 2 Rn. 23; so Erwägungsgrund 37 S. 2, wonach die Eröffnung eines Partikularverfahrens vor dem Hauptinsolvenzverfahren „auf das unumgängliche Maß beschränkt" werden soll). Soweit diese Regelungsziele nicht einschlägig sind, ist die Eröffnung eines Partikularinsolvenzverfahrens unerwünscht. Denn sie beeinträchtigt die Universalität und die Verfahrenseinheit der Hauptinsolvenz.[208] Daher beschränkt Art. 3 Abs. 4 die Eröffnung eines unabhängigen Partikularinsolvenzverfahrens auf **vier Fallkonstellationen:**

74 (1) Der **erste Fall** besteht darin, dass ein **Hauptinsolvenzverfahren nicht möglich** ist, weil die Bedingungen zu dessen Eröffnung in dem Staat des Interessenmittelpunktes nicht erfüllt sind (Art. 3 Abs. 4 lit. a). Beispiel: Der Schuldner, der kein Verbraucher ist, hat den Mittelpunkt seiner hauptsächlichen Interessen in Frankreich und eine Niederlassung in Deutschland. In Frankreich, wo nach Art. 3 Abs. 1 die internationale Zuständigkeit zur Eröffnung des Hauptverfahrens liegt, kann

---

[202] Beispiel: AG München ZIP 2007, 495 = NZI 2007, 358 mAnm *Mankowski* NZI 2007, 360 – BenQ.

[203] Das ergibt sich bereits aus dem Wortlaut „*jedes* zu einem späteren Zeitpunkt nach Abs. 2 eröffnete Insolvenzverfahren"; vgl. auch Duursma-Kepplinger/Duursma/Chalupsky/*Duursma-Kepplinger* EuInsVO 2000 Art. 3 Rn. 79.

[204] *Paulus* Rn. 48.

[205] Dies begrüßend *Paulus* Rn. 50; *Moss/Fletcher/Isaacs,* The EU regulation on insolvency proceedings, 3. Aufl. 2016, Rn. 8.572; s. auch *Hess/Oberhammer/Pfeiffer,* European Insolvency Law, Heidelberg-Luxembourg-Vienna Report, 2014, Rn. 932 ff.

[206] COM(2012) 744 final, 3.

[207] *Eidenmüller* IPRax 2001, 2 (12).

[208] *Balz* ZIP 1996, 948 (949); Duursma-Kepplinger/Duursma/Chalupsky/*Duursma-Kepplinger* EuInsVO 2000 Art. 3 Rn. 81 m. Fn. 160.

kein Insolvenzverfahren eröffnet werden, weil dort nur Kaufleute insolvenzfähig sind. Statt dessen kann aber in Deutschland nach Art. 3 Abs. 2, Abs. 4 lit. a ein unabhängiges Partikularinsolvenzverfahren eröffnet werden.[209] Das Hauptinsolvenzverfahren muss **objektiv unmöglich** sein, wofür es nicht ausreicht, dass lediglich eine bestimmte Person keine Antragsbefugnis besitzt.[210] Für diese enge Auslegung von lit. a spricht, dass es sich hier um eine Durchbrechung des der EuInsVO als Leitgedanke zugrunde liegenden Universalitätsprinzips (→ Vor Art. 1 Rn. 17) handelt.[211]

(2) Der **zweite Fall** der Eröffnung eines unabhängigen Partikularinsolvenzverfahrens ergibt sich aus Art. 3 Abs. 4 lit. b Ziff. i Alt. 1. Dort geht es um die Eröffnung von Partikularverfahren auf Antrag eines Gläubigers. Nach dieser Vorschrift muss der **Gläubiger** seinen **Wohnsitz,** seinen **gewöhnlichen Aufenthalt** oder seinen **Sitz** in einem Mitgliedstaat haben, in dem sich eine Niederlassung des Schuldners befindet. Für diese Fallkonstellation ist kein Bezug zu der Niederlassung erforderlich, weshalb vereinzelt eine besondere Darlegung des Rechtsschutzinteresses gefordert wird.[212] Hintergrund dieser Vorschrift ist wohl der Fall, dass die lex fori concursus des COMI-Staates kein Antragsrecht für den ausländischen Gläubiger vorsieht. Dann soll der Gläubiger seine Forderungen in einem für ihn inländischen Verfahren geltend machen können,[213] vor allem wenn der Schuldner es gesetzeswidrig unterlässt, das Hauptverfahren zu beantragen.[214] 75

(3) Der **dritte Fall** leitet sich aus dem im zweiten Fall (→ Rn. 75) fehlenden Niederlassungsbezug her. Ein Partikularverfahren im engeren Sinne soll auch dann eröffnet werden können, wenn die Eröffnung von einem Gläubiger beantragt wird, dessen Forderungen sich aus dem Betrieb dieser Niederlassung ergeben (Art. 3 Abs. 4 lit. b Ziff. i Alt. 2). „Sich aus dem Betrieb ergebende Verbindlichkeiten" sind zB Forderungen von an dieser Niederlassung tätigen Angestellten, von Personen, die über die Niederlassung eine Verpflichtung eingegangen sind, die in diesem Staat erfüllt werden muss, ferner von Steuerbehörden und Sozialversicherungsträgern.[215] 76

(4) Der **vierte Fall** betrifft die Konstellation, dass die Eröffnung des Partikularverfahrens von einer Behörde beantragt wird, die nach dem Recht des Mitgliedstaats, in dessen Hoheitsgebiet sich die Niederlassung befindet, das Recht hat, die Eröffnung von Insolvenzverfahren zu beantragen (Art. 3 Abs. 4 lit. b Ziff. ii). Dieser im Zuge der Reform neu eingeführte Fall scheint auf die Zaza Retail-Entscheidung des EuGH[216] zu reagieren, in welcher der Gerichtshof feststellte, dass Behörden eines Mitgliedstaats, die nach dessen nationalem Recht den Auftrag haben, im Allgemeininteresse zu handeln ohne selbst als Gläubiger oder im Namen und für Rechnung der Gläubiger einzugreifen (im Verfahren die belgische Staatsanwaltschaft), keine Gläubiger iSv Art. 3 Abs. 4 lit. a sind. 77

3. Insolvenzgründe. Für die Eröffnung eines unabhängigen Partikularinsolvenzverfahrens ist das Vorliegen eines Insolvenzgrundes erforderlich.[217] Da es an einer Regelung auf europäischer Ebene fehlt, sind lückenfüllend die nationalen Eröffnungsgründe heranzuziehen,[218] und zwar diejenigen des Rechtes des Eröffnungsstaates (Art. 7 Abs. 1 – lex fori concursus). Bezogen auf das deutsche Recht – also im Falle der Eröffnung eines Verfahrens nach Art. 3 Abs. 4 in Deutschland – kommen damit als Eröffnungsgründe die **Zahlungsunfähigkeit** (§ 17 InsO), **drohende Zahlungsunfähigkeit** (§ 18 InsO) und **Überschuldung** (§ 19 InsO) in Betracht. 78

Fraglich ist, auf welche Vermögensmassen sich das Vorliegen des Insolvenzgrundes gegenständlich beziehen muss. Drei Möglichkeiten kommen grundsätzlich in Betracht. Zunächst könnte man die Frage, ob (drohende) Zahlungsunfähigkeit und/oder Überschuldung vorliegen, global beurteilen.[219] Zweitens könnte man sich dabei allein auf die der jeweiligen Niederlassung zuzuordnenden Aktiva und Passiva konzentrieren.[220] Schließlich ist eine Unterscheidung danach denkbar, welcher 79

209 Duursma-Kepplinger/Duursma/Chalupsky/*Duursma-Kepplinger* EuInsVO 2000 Art. 3 Rn. 88383.
210 EuGH ECLI:EU:C:2011:743 Rn. 24 = NZI 2012, 101 – Zaza Retail; dazu *Mansel/Thorn/Wagner* IPRax 2012, 1 (25 f.).
211 *J. Schmidt* EWiR 2011, 807 (808).
212 *Kemper* ZIP 2001, 1609 (1613).
213 Duursma-Kepplinger/Duursma/Chalupsky/*Duursma-Kepplinger* EuInsVO 2000 Art. 3 Rn. 93.
214 *Huber* ZZP 111 (1998), 315 (324).
215 *Virgós/Schmit* Rn. 85.
216 EuGH ECLI:EU:C:2011:743 = NZI 2012, 101 – Zaza Retail.
217 Duursma-Kepplinger/Duursma/Chalupsky/*Duursma-Kepplinger* EuInsVO 2000 Art. 3 Rn. 99; *Eidenmüller* IPRax 2001, 2 (12); *Hanisch* in Stoll, Vorschläge und Gutachen, 1997, 202, 212; *Wimmer* ZIP 1998, 982 (986).
218 MüKoInsO/*Thole* EuInsVO 2000 Art. 3 Rn. 96.
219 *Lüer* KölSch Rn. 41 f.
220 *Hanisch* in Stoll, Vorschläge und Gutachten, 1997, 202, 212, allerdings erkennt er die Problematik, sich bei der Betrachtung der Überschuldung nur auf die Niederlassung zu beschränken und hält es daher für diskutabel gänzlich auf die Überschuldung als Insolvenzgrund für das unabhängige Partikularinsolvenzverfahren zu verzichten.

Insolvenzgrund zur Prüfung ansteht. Nach hM[221] ist der letzten Möglichkeit zu folgen. Dabei beurteilt sich die Zahlungsunfähigkeit **niederlassungsbezogen** und die Überschuldung nach dem **„Weltbilanzprinzip".**[222]

80 **a) Zahlungsunfähigkeit.** Zahlungsunfähigkeit liegt nach § 17 Abs. 2 S. 1 InsO vor, wenn der Schuldner nicht in der Lage ist, die fälligen Zahlungspflichten zu erfüllen. In der Regel ist sie anzunehmen, wenn der Schuldner seine Zahlungen einstellt (§ 17 Abs. 2 S. 2 InsO). Die Feststellung, dass der Schuldner weltweit nicht in der Lage ist, seine Zahlungspflichten zu erfüllen, würde eine lange Zeit in Anspruch nehmen, wodurch das Verfahren erheblich in die Länge gezogen würde. Dies würde wiederum der nach **Erwägungsgrund 3** anzustrebenden **Effizienz** zuwider laufen und daher die Durchsetzung der Verordnungsziele gefährden.[223] Zudem ist zu bedenken, dass es auch für den Gläubiger äußerst schwierig und gerade aufgrund des durch die inländische Niederlassung begründeten Vertrauens nicht zumutbar ist, die Zahlungsfähigkeit einer fernen Niederlassung im Ausland festzustellen.[224] Ein **Beweis der weltweiten Zahlungsunfähigkeit** des Schuldners kann sich im Einzelfall sogar als unmöglich herausstellen **(probatio diabolica),**[225] vor allem wenn der Gläubiger beispielsweise lediglich ein Verbraucher ohne hinreichenden finanziellen Hintergrund ist, den er für derartige Nachforschungen benötigen würde. Der durch das unabhängige Partikularinsolvenzverfahren angestrebte **Schutz inländischer Kleingläubiger** würde auf diese Weise geradezu **konterkariert.**

81 Der bloßen Konzentration auf die Niederlassung wird bisweilen entgegengehalten, dass die **Niederlassung ein unselbstständiges Gebilde** sei. Bei deren Zahlungsunfähigkeit könne man nicht ohne Weiteres die Zahlungsunfähigkeit des hinter der Zweigniederlassung stehenden Schuldners annehmen, zumal es dem Schuldner durch einen Geldtransfer aus dem Ausland jederzeit möglich sei, die Niederlassung wieder in den Zustand der Zahlungsfähigkeit zu versetzen.[226] Bei näherer Betrachtung spricht aber gerade dieses Argument gegen die weltweite Beurteilung. Denn wenn es dem Schuldner ein Leichtes ist, einen solchen Geldtransfer vorzunehmen, stellt sich die Frage, warum dies nicht geschieht und sich der Schuldner durch sein Verhalten dauerhaft unnötig Verzugszinsansprüchen aussetzt. Das ist immer auch vor dem Hintergrund zu sehen, dass für die **Zahlungsunfähigkeit** eine nur vorübergehende **Zahlungsstockung**[227] ebenso wenig ausreicht wie eine ganz geringfügige **Liquiditätslücke.**[228] Grund des Nichthandelns wird in aller Regel die Zahlungsunfähigkeit des Schuldners auch bei weltweiter Betrachtung sein. Im Ergebnis spricht also alles dafür, nur die **Zahlungsunfähigkeit der Niederlassung** zu prüfen, da sie eine **weltweite Zahlungsunfähigkeit indiziert.**[229]

82 **b) Überschuldung.** Unter der Überschuldung versteht man nach § 19 Abs. 2 S. 1 InsO den Zustand, dass das Vermögen des Schuldners die bestehenden Verbindlichkeiten nicht mehr deckt. Auch an dieser Stelle erscheint es wünschenswert, aus dem Gesichtspunkt des Schutzes inländischer Gläubiger wie bei der Zahlungsunfähigkeit allein auf die Beurteilung der Zweigniederlassung abzustellen. Allerdings bedarf es für die Feststellung der Überschuldung eines Vergleichs zwischen Aktiva und Passiva. Ein solcher Vergleich kann nur im Hinblick auf den **Schuldner als Rechtsträger** und nicht bezüglich der rechtlich unselbstständigen Niederlassung getroffen werden.[230] Dass dies so ist, ergibt sich schon daraus, dass auf der Aktivseite beispielsweise Ansprüche und auf der Passivseite Verbindlichkeiten stehen. Da die Niederlassung rechtlich unselbstständig ist, kann sie weder Anspruchsberechtigte noch Anspruchsgegner sein. Wenn aber auf den im Ausland befindlichen Schuldner abzustellen ist, so ist auch dessen **weltweites Vermögen** zu berücksichtigen, da nur auf

---

221 Duursma-Kepplinger/Duursma/Chalupsky/*Duursma-Kepplinger* EuInsVO 2000 Art. 3 Rn. 99 ff.; *Eidenmüller* IPRax 2001, 2 (12); *Mankowski* ZIP 1995, 1652 (1658 f.); *Wimmer* ZIP 1998, 982 (986 f.); MüKoInsO/*Thole* EuInsVO 2000 Art. 3 Rn. 96.

222 *Mankowski* ZIP 1995, 1652 (1658 f.); eingehend *Paulus* Rn. 54 ff.

223 BGH ZIP 1991, 1014 (1015); *Hanisch* in Stoll, Vorschläge und Gutachten, 1997, 202, 212; *Wimmer* ZIP 1998, 982 (986 f.).

224 BGH ZIP 1991, 1014 (1015).

225 Duursma-Kepplinger/Duursma/Chalupsky/*Duursma-Kepplinger* EuInsVO 2000 Art. 3 Rn. 100.

226 *Lüer* KölSch Rn. 41.

227 BGH NZI 2016, 736 Rn. 27.

228 BGH NZI 2013, 888 Rn. 15 ff.; BT-Drs. 12/2443, 114.

229 AA BGH ZIP 1991, 1014 = NJW 1992, 624, der in die Beurteilung der Zahlungseinstellung auch das Zahlungsverhalten der Hauptniederlassung und der anderen Zweigniederlassungen in den EU-Mitgliedstaaten einbeziehen will; *Geimer* IZPR Rn. 3393a.

230 AA MüKoInsO/*Thole* EuInsVO 2000 Art. 3 Rn. 96; wie hier Duursma-Kepplinger/Duursma/Chalupsky/*Duursma-Kepplinger* EuInsVO 2000 Art. 3 Rn. 104; *Mankowski* ZIP 1995, 1650; *Wimmer* ZIP 1998, 982 (986 f.).

diese Weise eine realistische Bilanz aufgestellt werden kann. Weil die Überschuldung weltweit über das gesamte Schuldnerunternehmen kaum nachweisbar ist, wird sie faktisch als Insolvenzgrund für das unabhängige Partikularinsolvenzverfahren keine bedeutende Rolle spielen.[231]

4. Insolvenzmasse des unabhängigen Partikularinsolvenzverfahrens. a) Aktivmasse. 83
Zur Ermittlung der Aktivmasse ist auf die allgemeine Regelung des Art. 3 Abs. 2 S. 2 zurückzugreifen, wonach die Wirkungen des Verfahrens sich auf das im Gebiet des Eröffnungsstaates „befindliche" Vermögen beschränken. Zu dessen Ermittlung gibt die Legaldefinition des Art. 2 Nr. 9 eine Hilfestellung.[232]

b) Passivmasse. Nicht so eindeutig wie die Aktivmasse beurteilt sich der Umfang der Passiv- 84
masse. Einerseits spricht Art. 3 Abs. 2 S. 2 dafür, dass aufgrund der Wirkungsbeschränkung auf den Bereich des Eröffnungsstaates nur die Forderungen **inländischer** Gläubiger in die Passivmasse fallen. Ferner verzichtet Art. 45 Abs. 1 allein für **Sekundärinsolvenzverfahren** auf eine Beschränkung auf inländische Gläubiger („**Jeder** Gläubiger …"). Für die hier interessierenden unabhängigen Partikularverfahren fehlt indessen eine entsprechend großzügige Regelung. Andererseits könnte einer territorialen Lösung entgegengehalten werden, dass sie der Gläubigergleichbehandlung nicht hinreichend Rechnung trage. Denn die ausländischen Gläubiger werden dabei benachteiligt. Für die Beschränkung auf inländische Gläubiger spricht indessen entscheidend, dass das Verfahren nach Art. 3 Abs. 4 eine unerwünschte Durchbrechung der par condicio zugunsten gerade dieses Personenkreises ist, die nur in den eng begrenzten, in Abs. 4 genannten Fällen eingreift. Es handelt sich um eine **bewusst normierte Ausnahme zur Gläubigergleichbehandlung.** Dass das Ziel der par conditio creditorum nicht bedingungslos durch die Verordnung gewährleistet werden soll, wird auch an anderen Stellen der Verordnung, etwa durch die Ausnahmen der Art. 8–18 deutlich. Im Ergebnis gehören zur **Passivmasse** daher **nur die Forderungen inländischer Gläubiger.** Dabei deckt sich der Begriff des inländischen Gläubigers mit dem Kreis der Antragsberechtigten iSv Art. 3 Abs. 4 lit. b (→ Rn. 75 f.).

5. Anwendbares Recht. Nach Art. 7 Abs. 1 gilt für das unabhängige Partikularinsolvenzver- 85
fahren grundsätzlich – Ausnahmen ergeben sich aus den Art. 8–18 – das Recht des Eröffnungsstaates, also die lex fori concursus particularis.

6. Verfahrensart. Für das unabhängige Partikularinsolvenzverfahren sind gleichermaßen Liqui- 86
dationsverfahren wie Sanierungsverfahren statthaft. Dabei ist zu beachten, dass eine spätere Umwandlung eines Sanierungsverfahrens in ein Liquidationsverfahren nach Art. 51 erfolgen kann.

VIII. Internationale Zuständigkeit für den Erlass von Sicherungsmaßnahmen (Art. 3 analog)

Art. 32 Abs. 1 UAbs. 3 regelt die Anerkennung von Sicherungsmaßnahmen, besagt aber nichts 87
zur internationalen Entscheidungszuständigkeit für deren Erlass. Auch insoweit liegt es nahe, in Anlehnung an das Urteil Deko Marty (→ Art. 6 Rn. 9 ff.) die internationale Zuständigkeit der Gerichte des COMI-Staates analog Art. 3 Abs. 1 anzunehmen.[233] Davon geht auch Erwägungsgrund 36 aus. Zur örtlichen Zuständigkeit → EGInsO Art. 102c § 1 Rn. 1 ff.

Art. 4 EuInsVO Prüfung der Zuständigkeit

(1) [1]Das mit einem Antrag auf Eröffnung eines Insolvenzverfahrens befasste Gericht prüft von Amts wegen, ob es nach Artikel 3 zuständig ist. [2]In der Entscheidung zur Eröffnung des Insolvenzverfahrens sind die Gründe anzugeben, auf denen die Zuständigkeit des Gerichts beruht sowie insbesondere, ob die Zuständigkeit auf Artikel 3 Absatz 1 oder Absatz 2 gestützt ist.

(2) [1]Unbeschadet des Absatzes 1 können die Mitgliedstaaten in Insolvenzverfahren, die gemäß den nationalen Rechtsvorschriften ohne gerichtliche Entscheidung eröffnet werden, den in einem solchen Verfahren bestellten Verwalter damit betrauen, zu prüfen, ob der Mitgliedstaat, in dem der Antrag auf Eröffnung des Verfahrens anhängig ist, gemäß

---

231 Vgl. etwa *Wimmer* ZIP 1998, 982 (987); weitergehend *Eidenmüller* IPRax 2001, 2 (12); *Hanisch* in Stoll, Vorschläge und Gutachten, 1997, 202, 212, die sich für einen Verzicht auf diesen Insolvenzgrund aussprechen.

232 Vgl. auch Duursma-Kepplinger/Duursma/Chalupsky/*Duursma-Kepplinger* EuInsVO 2000 Art. 3 Rn. 110.

233 *Pannen/Riedemann* EuInsVO-Kommentar, 2007, EuInsVO 2000 Art. 25 Rn. 29 f. mit Verweis auf *Virgós/Schmit* Rn. 78.

Artikel 3 zuständig ist. ²Ist dies der Fall, führt der Verwalter in der Entscheidung zur Verfahrenseröffnung die Gründe auf, auf welchen die Zuständigkeit beruht sowie insbesondere, ob die Zuständigkeit auf Artikel 3 Absatz 1 oder Absatz 2 gestützt ist.

1 Die im Zuge der Reform neu eingeführte Vorschrift des Art. 4 regelt die Prüfung der Zuständigkeit des Insolvenzgerichts gemäß Art. 3. Die Kommission begründet die Regelung damit, dass die Verfahrensvorschriften zur Bestimmung des für die Verfahrenseröffnung zuständigen Gerichts verbessert werden sollen. Dadurch soll gewährleistet werden, dass ein Insolvenzverfahren nur in dem Mitgliedstaat eröffnet wird, der tatsächlich für den Fall zuständig ist. Die Fälle von Forum Shopping durch die missbräuchliche, künstliche Verlegung des Interessensmittelpunkts (Erwägungsgrund 30) sollen somit seltener werden.[1]

I. Prüfung und Begründung der Zuständigkeit durch das angerufene Gericht (Abs. 1)

2 Nach Art. 4 Abs. 1 S. 1 hat das mit dem Antrag auf Eröffnung eines Insolvenzverfahrens befasste Gericht von Amts wegen die eigene Zuständigkeit gemäß Art. 3 zu **prüfen.** Dies ist für sich genommen nicht neu, da bereits unter der alten Verordnung die angerufenen Gerichte von Amts wegen ihre Zuständigkeit geprüft haben dürften.[2] Wie umfassend das mit dem Antrag befasste Gericht die eigene Zuständigkeit zu prüfen hat, hängt vom Einzelfall (zB Indizien für ein *forum shopping*) ab. Dabei ist das Eröffnungsgericht nach zutr. Ansicht – und entgegen dem BGH[3] – durch Abs. 1 zugleich gehalten, **von Amts wegen** die für die Zuständigkeitstatbestände **relevanten Tatsachen zu ermitteln.**[4] Ausgangspunkt sind die Informationen aus dem Antrag (→ EGInsO Art. 102c § 5 Rn. 5 ff.) und aus dem europäischen Registersystem (Art. 24 ff.). Ob für diese Tatsachen der Amtsermittlungsgrundsatz gilt oder der Beibringungsgrundsatz, soll sich nach aA indessen nach dem Verfahrensrecht des Forumstaates richten.[5] Soweit das Verfahrensrecht des Eröffnungsstaates dem Beibringungsgrundsatz folgt – mithin auf den Sachvortrag des Antragstellers vertraut –, ist es den Gerichten anderer Mitgliedstaaten nicht zumutbar, die Eröffnungsentscheidung nach dem Grundsatz des gegenseitigen Vertrauens (→ Art. 20 Rn. 7) ungeprüft hinzunehmen.[6]

3 Daneben besteht für das Insolvenzgericht eine weitreichende **Begründungspflicht.** Das Insolvenzgericht hat in seiner Entscheidung zur Eröffnung des Insolvenzverfahrens neben den Gründen, auf welches es sich bei der Entscheidung stützt, insbesondere anzugeben, ob sich die Zuständigkeit aus Art. 3 Abs. 1 oder Abs. 2 ergibt (Art. 4 Abs. 1 S. 2).

4 Unter der EuInsVO 2000 ergab sich eine Begründungspflicht aus Art. 102 § 2 EGInsO. Danach sollte das verfahrenseröffnende Gericht im Eröffnungsbeschluss seine Erwägungen darlegen, auf Grund derer es die internationale Zuständigkeit bejaht hat. Vorbild jener Regelung war § 2 DöKVAG (Ausführungsgesetz zum deutsch-österreichischen Konkursvertrages vom 25.5.1979 (BGBl. 1985 II 411; → Einl. IntInsR Rn. 14; → Einl. IntInsR Rn. 23). Art. 102c EGInsO enthält keine Regelungen zur Begründungspflicht, da sich diese unmittelbar aus Art. 4 Abs. 1 ergibt.[7]

5 Die **Begründungspflicht** verfolgt im Wesentlichen **zwei Ziele.** Zum einen geht es um eine **Verhinderung positiver Kompetenzkonflikte. Es kann nur ein COMI des Schuldners geben**[8] Konflikte treten auf, wenn mindestens zwei Gerichte die internationale Zuständigkeit zur Eröffnung des Hauptverfahrens bejahen. Um dies auszuschließen, soll das Gericht in der Entscheidung zur Eröffnung (dh im Eröffnungsbeschluss nach § 27 InsO) den Gerichten eines anderen Mitgliedstaates zur Kenntnis bringen, warum die internationale Zuständigkeit bejaht wurde.[9] Hinzu kommt das Ziel, eine **Anfechtung** (Art. 5; Art. 102c § 4 EGInsO) zu ermöglichen. Um den Eröffnungsbeschluss anfechten zu können, muss der Beschwerdeführer die Gründe

[1] Vorschlag zur EuInsVO 2000, COM(2012) 744 final, 7.
[2] *Moss/Fletcher/Isaacs,* The EU regulation on insolvency proveedings, 3. Aufl. 2016, Rn. 8.578.
[3] BGH NJW 2012, 936 Rn. 10.
[4] *Fehrenbach,* Haupt- und Sekundärinsolvenzverfahren, 2014, 87; *Fehrenbach* GPR 2016, 282 (291); *Vallender* ZIP 2015, 1513 (1516); *Thole* ZIP 2018, 401 (405); anders *Vallender* FS Beck, 2016, 537 (538 f.) mit Verweis auf BGH ZIP 2012, 139 = NJW 2012, 936 Rn. 10.
[5] Mankowski/Müller/Schmidt/*Mankowski* Rn. 8 mit Verweis auf *Thole* ZEuP 2014, 39 (57) und *Garcimartín* ZEuP 2015, 694 (709).
[6] Ähnlich *Fehrenbach* GPR 2016, 282 (291) mit Verweis auf *Hess/Oberhammer/Pfeiffer,* European Insolvency Law, Heidelberg-Luxembourg-Vienna Report, 2014, Rn. 479.
[7] BR-Drs. 654/16, 18 f.
[8] Mankowski/Müller/Schmidt/*Mankowski* Rn. 4.
[9] Mankowski/Müller/Schmidt/*Mankowski* Rn. 13.

kennen, auf die das Gericht die internationale Zuständigkeit des Forumstaates stützt.[10] Dieser Gesichtspunkt kann nach dem Recht des ausländischen Zweitstaates im Rahmen der Anerkennungsprüfung (Art. 19, 20, 33) sogar **ordre public-relevant** sein. Im deutschen Recht ist er dies jedenfalls: unbegründete ausländische Entscheidungen sind nicht anerkennungsfähig (→ Art. 33 Rn. 16).[11]

Zumindest muss im Eröffnungsbeschluss eine kurze Darstellung über die **tatsächlichen** und **rechtlichen Erwägungen** erfolgen. Daneben muss in dem Eröffnungsbeschluss angegeben werden, um welche Verfahrensart es sich handelt (Haupt- oder Sekundärverfahren). Nur ein in einem anderen Mitgliedstaat eröffnetes Hauptverfahren versperrt den Weg zur Eröffnung eines weiteren Hauptverfahrens (Art. 102c § 2 Abs. 1 EGInsO; näher → EGInsO Art. 102c § 2 Rn. 1 ff.). 6

II. Prüfung der Zuständigkeit durch den Insolvenzverwalter (Abs. 2)

Es steht den Mitgliedstaaten frei, einen Verwalter mit der Prüfung der Zuständigkeit gemäß Art. 3 in solchen Verfahren zu betrauen, die keiner gerichtlichen Verfahrenseröffnung bedürfen (Art. 4 Abs. 2 S. 1). Der bestellte Verwalter hat gemäß Art. 4 Abs. 2 S. 2 ebenso wie das Insolvenzgericht die Gründe in seiner Entscheidung zu nennen sowie klarzustellen, auf welchen Absatz des Art. 3 seine Entscheidung beruht. 7

Art. 5 EuInsVO Gerichtliche Nachprüfung der Entscheidung zur Eröffnung des Hauptinsolvenzverfahrens

(1) Der Schuldner oder jeder Gläubiger kann die Entscheidung zur Eröffnung des Hauptinsolvenzverfahrens vor Gericht aus Gründen der internationalen Zuständigkeit anfechten.

(2) Die Entscheidung zur Eröffnung des Hauptinsolvenzverfahrens kann von anderen als den in Absatz 1 genannten Verfahrensbeteiligten oder aus anderen Gründen als einer mangelnden internationalen Zuständigkeit angefochten werden, wenn dies nach nationalem Recht vorgesehen ist.

Übersicht

I. Normzweck und ergänzende Vorschriften im innerstaatlichen Recht

Die Vorschrift wurde im Zuge der EuInsVO-Reform 2015 neu geschaffen. Der nach **Abs. 1** statthafte **Rechtsbehelf** für den Schuldner sowie jeden Gläubiger gegen die Eröffnungsentscheidung hat seine **Grundlage im EU-Recht** und sichert das COMI-Prinzip zusätzlich ab. Es handelt sich um eine von mehreren **Schutzvorkehrungen,** um betrügerisches oder missbräuchliches **Forum Shopping** zu verhindern (Erwägungsgründe 29 und 34).[1] **Abs. 2** verweist auf das **innerstaatliche Verfahrensrecht,** soweit es um Rechtsbehelfe geht, die von anderen Verfahrensbeteiligten oder aus anderen Gründen als einer mangelnden internationalen Zuständigkeit eingelegt werden können. 1

Gerade weil der **Rechtsbehelf nach Abs. 1** dazu beitragen soll, das forum shopping zu bekämpfen, lässt sich aus diesem Institut – entgegen dem BGH – **kein Argument für einen Rückbau der ordre public-Kontrolle von falschen EU-ausländischen Insolvenzeröffnungs-** 2

[10] Mankowski/Müller/Schmidt/*Mankowski* Rn. 14.
[11] Ferner AG Nürnberg ZIP 2007, 81 = NZI 2007, 185.
[1] BGH NZI 2016, 93 Rn. 22; umfassend *C. Kleindiek,* Die Anfechtung der Eröffnungsentscheidung nach Art. 5 EuInsVO, 2022; *Brinkmann* FS Schilken, 2015, 631.

entscheidungen ableiten: Die ordre public-Kontrolle nach Art. 33 bezweckt auf diesem Gebiet ebenfalls eine Bekämpfung des forum shopping.[2]

3 Nach Art. 102c § 4 EGInsO steht dem Schuldner und jedem Gläubiger in den Fällen des Art. 5 die **sofortige Beschwerde** zu, und zwar unbeschadet der Rechtsmittel nach § 21 Abs. 1 S. 2 InsO und § 34 InsO. Näher → EGInsO Art. 102c § 4 Rn. 1 ff.

II. Anfechtung der Eröffnung aus Gründen der internationalen Zuständigkeit (Abs. 1)

4 **1. Anfechtbare Entscheidungen und statthafte Rechtsbehelfe.** Der im Zuge der Reform neu eingeführte Art. 5 stellt klar, dass jeder Gläubiger (Abs. 1) sowie jeder andere Verfahrensbeteiligte (Abs. 2 iVm Abs. 1) die **Entscheidung zur Eröffnung des Hauptinsolvenzverfahrens** vor Gericht aus Gründen der internationalen Zuständigkeit anfechten kann. Es kommt ausweislich des Wortlauts des Art. 5 Abs. 1 nicht darauf an, ob das nationale Recht eine solche Anfechtung vorsieht. Zur **sofortigen Beschwerde** → Rn. 3.

5 Nach Art. 24 Abs. 2 lit. j ist **im Insolvenzregister über das Gericht zu informieren,** das gemäß Art. 5 für eine Anfechtung zuständig ist und gegebenfalls über die Frist bzw. die Kriterien für die Berechnung dieser Frist. Nach Erwägungsgrund 34 S. 2 sollen die „Folgen" einer Anfechtung der Insolvenzeröffnung dem nationalen Recht unterliegen.

6 Die gerichtliche Nachprüfung der Entscheidung zur Eröffnung des Sekundärinsolvenzverfahrens regelt Art. 39. Die Rechtsbehelfe gegen die Eröffnung sonstiger **Partikularverfahren** (Art. 3 Abs. 2) richten sich nach nationalem Recht (Art. 7 Abs. 2 S. 1). Vgl. im deutschen Recht § 34 Abs. 2 InsO.

7 **2. Anfechtungsberechtigung.** Die Anfechtungsberechtigung für den nach Abs. 1 bestehenden Rechtsbehelf der sofortigen Beschwerde (→ Rn. 1) steht sowohl dem **Schuldner** als auch **jedem Gläubiger** zu. Befindet sich der **Schuldner in einem isolierten Partikularverfahren** (Art. 3 Abs. 2), ist der Insolvenzverwalter nicht anfechtungsberechtigt, da er nicht die Verwaltungs- und Verfügungsbefugnis über das (gesamte) Vermögen des Schuldners innehat.[3] Befindet sich der **Schuldner** bereits **in einem Hauptinsolvenzverfahren** und wird nunmehr entgegen Art. 19 ein zweites Hauptinsolvenzverfahren in einem anderen Mitgliedstaat eröffnet, kann diese zweite Entscheidung vom Schuldner nach Art. 5 Abs. 1 angefochten werden. Ausgeübt wird dieses Verfahrensrecht jedoch – nach Maßgabe der lex fori concursus des ersten Verfahrens – ggf. vom Insolvenzverwalter (im deutschen Recht § 80 InsO). Andernfalls liegt es beim Schuldner persönlich bzw.bei dessen Gesellschaftsorganen.

8 Der Begriff des **Gläubigers** sollte großzügig und autonom verstanden werden. Gläubiger sind alle Personen, die etwas vom Schuldner zu beanspruchen haben; dies gilt für nachrangige Gläubiger auch dann, wenn sie am Verfahren nur potentiell teilnahmeberechtigt sind.[4] Eine **bloß formale Beteiligtenstellung** im Verfahren, ohne dass Ansprüche an den Schuldner oder die Masse gestellt werden, genügt **nicht.** Dies gilt etwa bei Beteiligung von Behörden, wie sich aus der Unterscheidung in Art. 3 Abs. 4 ergibt. Zu den Gläubigern gehören ferner solche, die nicht vollständig in das Verfahren eingebunden sind, wie zB **Aussonderungsberechtigte** und auch gesicherte Gläubiger bzw. Absonderungsberechtigte.

9 **3. Anfechtungsgrund.** Die Anfechtung nach Abs. 1 muss sich darauf stützen, dass die **Regeln über die internationale Zuständigkeit (Art. 3) verletzt** wurden. Wird nur die sachliche oder örtliche Zuständigkeit gerügt, ist dies kein Fall von Abs. 1, sondern von Abs. 2 (→ Rn. 12 ff.). Der Anfechtende muss geltend machen, dass das Insolvenzverfahren in einem anderen Mitgliedstaat hätte eröffnet werden müssen, weil dort das Schuldner-COMI belegen ist. Bloße Begründungsmängel des Eröffnungsbeschlusses (Art. 4 Abs. 1 S. 2) genügen nicht, wenn sich damit nicht die Behauptung verbindet, dass falsch entschieden wurde.[5]

10 **4. Fortbestand der Anerkennungspflicht trotz Anfechtung.** Allein die Einlegung des Rechtsbehels nach Abs. 1 ändert je nach anwendbarem Verfahrensrecht mangels Suspensiveffekt nichts an ihrer Beachtlichkeit und ihrer Wirksamkeit. Daher beteht die **Anerkennungspflicht nach Art. 19** grundsätzlich weiter.

11 **5. Erfolgreiche Anfechtung.** Das autonome Recht des Eröffnungsstaates bestimmt über die Folgen der Anfechtung, falls diese durchgreift. Dies folgt aus Art. 7 Abs. 2 S. 1 und wird durch Erwägungsgrund 34 S. 2 bestätigt. Im deutschen Recht ist Art. 102c §§ 2 und 3 EGInsO heranzuzie-

---

2 Anders BGH NZI 2016, 93 Rn. 22.
3 MüKoInsO/*Thole* Rn. 3.
4 MüKoInsO/*Thole* Rn. 7, auch zum Folgenden.
5 MüKoInsO/*Thole* Rn. 7.

hen. Das Verfahren ist entweder einzustellen oder, bei entsprechendem Antrag, in ein Partikular-/ Sekundärverfahren umzuwandeln.[6]

III. Anfechtung der Eröffnung aus anderen Gründen und von anderen Personen (Abs. 2)

Die Entscheidung zur Eröffnung des Hauptinsolvenzverfahrens kann nach Art. 5 Abs. 2 Alt. 1 von **anderen** als den in Abs. 1 genannten **Verfahrensbeteiligten** nach Maßgabe der lex fori concursus angefochten werden. In Fällen, in welchen die lex fori die Anfechtung aus **anderen Gründen** als einer mangelnden internationalen Zuständigkeit zulässt, gestattet auch Art. 5 Abs. 2 Alt. 2 die Anfechtung der Entscheidung zur Verfahrenseröffnung. Zur **sofortigen Beschwerde** → Rn. 3. 12

Die Vorschrift ist **überflüssig,** weil bereits das nach **Art. 7** anwendbare Insolvenzrecht darüber bestimmt, ob die Eröffnungsentscheidung aus allgemeinen Gründen anfechtbar und auf welche Weise und von wem. **Abs. 2 erweitert – deklaratorisch – die Anfechtungsmöglichkeiten** von Abs. 1 in zwei Richtungen:[7] **(1)** Das nationale Recht darf eine Anfechtung auch **aus anderen Gründen** als der Rüge der internationalen Unzuständigkeit zulassen (zB fehlende sachliche oder örtliche Zuständigkeit, fehlender Insolvenzgrund usw). **(2)** Das nationale Recht darf auch **andere Personen** zur Anfechtung zulassen, und zwar auch mit der Behauptung einer fehlenden internationalen Zuständigkeit. Aus dem systematischen Verhätnis zu Abs. 1 folgt nicht, dass das nationale Recht daran gehindert wäre, anderen als den in Absatz 1 genannten Personen die die Anfechtungsbefugnis aus Gründen der mangelnden internationalen Zuständigkeit einzuräumen. 13

Art. 6 EuInsVO Zuständigkeit für Klagen, die unmittelbar aus dem Insolvenzverfahren hervorgehen und in engem Zusammenhang damit stehen

(1) Die Gerichte des Mitgliedstaats, in dessen Hoheitsgebiet das Insolvenzverfahren nach Artikel 3 eröffnet worden ist, sind zuständig für alle Klagen, die unmittelbar aus dem Insolvenzverfahren hervorgehen und in engem Zusammenhang damit stehen, wie beispielsweise Anfechtungsklagen.

(2) *[1]* Steht eine Klage nach Absatz 1 im Zusammenhang mit einer anderen zivil- oder handelsrechtlichen Klage gegen denselben Beklagten, so kann der Verwalter beide Klagen bei den Gerichten in dem Mitgliedstaat, in dessen Hoheitsgebiet der Beklagte seinen Wohnsitz hat, oder – bei einer Klage gegen mehrere Beklagte – bei den Gerichten in dem Mitgliedstaat, in dessen Hoheitsgebiet einer der Beklagten seinen Wohnsitz hat, erheben, vorausgesetzt, die betreffenden Gerichte sind nach der Verordnung (EU) Nr. 1215/2012 zuständig.
***[2]* Unterabsatz 1 gilt auch für den Schuldner in Eigenverwaltung, sofern der Schuldner in Eigenverwaltung nach nationalem Recht Klage für die Insolvenzmasse erheben kann.**

(3) Klagen gelten für die Zwecke des Absatzes 2 als miteinander im Zusammenhang stehend, wenn zwischen ihnen eine so enge Beziehung gegeben ist, dass eine gemeinsame Verhandlung und Entscheidung zweckmäßig ist, um die Gefahr zu vermeiden, dass in getrennten Verfahren miteinander unvereinbare Entscheidungen ergehen.

Schrifttum: *Bitzer,* Systemfragen der Insolvenzanfechtung- ein deutsch-italienischer Rechtsvergleich vor dem Hintergrund des europäischen internationalen Insolvenzrechts, 2020; *Bork,* Annexzuständigkeiten nach Art. 6 EuInsVO, FS Beck, 2016, 49; *Bramkamp,* Die Attraktivgerichtsstände des europäischen Insolvenzrechts, 2019; *Dammann/Rotaru,* La consécration de la compétence exclusive du tribunal d'ouverture pour les actions annexes dans le cadre du reglement insolvabilité, D 2019, 619; *Dammann/Podeur,* Reglement insolvabilité: conflit de juridictions et sanction des dirigeants, D 2018, 1195; *Fehrenbach,* Die Zuständigkeit für insolvenzrechtliche Annexverfahren, IPRax 2009, 492; *Haas,* Insolvenzrechtliche Annexverfahren und internationale Zuständigkeit», ZIP 2013, 2381; *Kindler/Wendland,* Die internationale Zuständigkeit für Einzelstreitverfahren nach der neuen Europäischen Insolvenzverordnung, RIW 2018, 245; *Koller,* Die internationale Zuständigkeit für Annexverfahren und das Kollisionsrecht der Insolvenzanfechtung im Spiegel jüngster Entwicklungen, in Konecny (Hrsg.), Insolvenz-Forum 2017, 37; *Mankowski/Willemer,* Die internationale Zuständigkeit für Insolvenzanfechtungsklagen, RIW 2009, 669; *Piekenbrock,* Insolvenzrechtliche Annexverfahren im europäischen Justizraum, KTS 2015, 379; *Ringe,* Insolvenzanfechtungsklage im System des europäischen Zivilverfahrensrechts, ZInsO 2006, 700; *Rübbeck,* Das forum attractivum des Europäischen Insolvenzrechts. Reichweitenbestimmung des Art. 6 Abs. 1 EuInsVO, 2021; *Thole,* Negative Feststellungsklagen, Insolvenztorpedos und

[6] MüKoInsO/*Thole* Rn. 8.
[7] MüKoInsO/*Thole* Rn. 9.

EuInsVO, ZIP 2012, 605; *Thole,* Die Abgrenzung zwischen EuInsVO und EuGVVO bei Haftungsklagen gegen Dritte wegen eines Gläubigergesamtschadens, IPRax 2019, 483; *J. Weber,* Gesellschaftsrecht und Gläubigerschutz im Internationalen Zivilverfahrensrecht, 2011; *Willemer,* Vis attractiva concursus und die Europäische Insolvenzverordnung, 2006.

Übersicht

I. Normierung der Annexzuständigkeit im Rahmen der EuInsVO-Reform 2015

1 Der durch die Reform neu eingeführte Art. 6 regelt die **internationale Zuständigkeit** für **im Zusammenhang stehende Klagen.** Dies entspricht Erwägungsgrund 26, wonach die EuInsVO die örtliche Zuständigkeit grundsätzlich nicht regeln will. Daher erklärt Art. 6 Abs. 1 nicht zugleich das Insolvenzgericht für örtlich und sachlich zuständig.[1] Die örtliche Zuständigkeit regelt Art. 102c § 6 Abs. 1 EGInsO (→ EGInsO Art. 102c § 6 Rn. 1 ff.). Art. 6 entbindet **nicht** von der Prüfung, ob die deutsche Gerichtsbarkeit nach den Grundsätzen der **Staatenimmunität** eröffnet ist.[2] In der EuInsVO 2000 fand sich keine ausdrückliche Regelung zur Annexzuständigkeit:[3] Zur Schließung dieser Regelungslücke forderte die Lit. eine analoge Anwendung[4] des Art. 3 EuInsVO 2000 (→ 6. Aufl. 2015, EuInsVO Art. 3 Rn. 83 ff. zur EuInsVO 2000). Als Gerichtsstandsbestimmung dient Art. 6 der Effizienz des Insolvenzverfahrens (→ Rn. 12; Erwägungsgrund 8), weshalb entgegen der Rspr.[5] kein Grund besteht, Art. 6 eng auszulegen.

2 Die Gerichte des Mitgliedstaats, in dessen Hoheitsgebiet das Insolvenzverfahren eröffnet wurde, sollen nach **Erwägungsgrund 35** auch für Klagen zuständig sein, die sich direkt aus dem Insolvenzverfahren ableiten und eng damit verknüpft sind. Zu solchen Klagen sollten unter anderem **Anfechtungsklagen** gegen Beklagte in anderen Mitgliedstaaten und Klagen in Bezug auf Verpflichtungen gehören, die sich im Verlauf des Insolvenzverfahrens ergeben, wie zB zu Vorschüssen für Verfahrenskosten (Art. 6 Abs. 1). Im Gegensatz dazu leiten sich Klagen wegen der Erfüllung von Verpflichtungen aus einem Vertrag, der vom Schuldner vor der Eröffnung des Verfahrens abgeschlossen wurde, nicht unmittelbar aus dem Verfahren ab. Steht eine Annexklage im Zusammenhang mit einer anderen zivil- oder handelsrechtlichen Klage, so sollte der Verwalter beide Klagen vor die Gerichte am Wohnsitz des Beklagten bringen können, wenn er sich von einer Erhebung der Klagen an diesem Gerichtsstand einen Effizienzgewinn verspricht (Art. 6 Abs. 2). Dies kann beispielsweise dann der Fall sein, wenn der Verwalter eine insolvenzrechtliche Haftungsklage gegen einen Geschäftsführer mit einer gesellschaftsrechtlichen oder deliktsrechtlichen Klage verbinden will.

3 Die Erweiterung der Annexzuständigkeit auf Klagen aus allgemeinen Anspruchsgrundlagen[6] erlaubt es dem Insolvenzverwalter, die genannten insolvenzspezifischen Klagen mit einer Klage aus

[1] Mankowwski/Müller/J. Schmidt/*Mankowski* Rn. 30.

[2] OLG Karlsruhe NZI 2024, 514 – Zahlung auf ausländische Steuerschuld.

[3] Vgl. die Empfehlungen zur Schaffung einer Annexzuständigkeit in *Hess/Oberhammer/Pfeiffer,* European Insolvency Law, Heidelberg-Luxembourg-Vienna Report, 2014, Rn. 484 ff., insbes. Rn. 580 ff.

[4] Für Analogie neben dem Autor bis zur → 6. Aufl. 2015, EuInsVO Art. 3 Rn. 85 zur EuInsVO 2000 auch K. Schmidt/*Brinkmann* EuInsVO 2000 Art. 6 Rn. 34; eingehend zu insolvenznahen Verfahren im Grenzbereich zwischen EuInsVO und Brüssel Ia-VO s. *Mankowski* NZI 2010, 508; *J. Weber,* Gesellschaftsrecht und Gläubigerschutz im Internationalen Zivilverfahrensrecht, 2011.

[5] BGH NZI 2021, 739 Rn. 21 mit Verweis auf EuGH ECLI:EU:C:2017:986 = NZI 2018, 232 Rn. 25 – Valach = NZI 2018, 232 mAnm *Mankowski; Wenner* ZIP 2017, 1140.

[6] Positive Bewertung bei *Thole/Swierczok* ZIP 2013, 550 (553); *Prager/Keller* NZI 2013, 57 (61).

allgemeinem Deliktsrecht („Existenzvernichtung"[7] (→ IntGesR Rn. 436 aE, → IntGesR Rn. 599, → IntGesR Rn. 625, → IntGesR Rn. 649) oder gesellschaftsrechtlichen Anspruchsgrundlagen (Rückerstattung verbotener Ausschüttungen) zu verbinden.[8]

II. Annexverfahren (Abs. 1)

Nach der Norm sind die Gerichte des Mitgliedstaats, in dessen Gebiet das Insolvenzverfahren nach Artikel 3 eröffnet worden ist, für **Klagen** zuständig, die **unmittelbar aus diesem Verfahren hervorgehen und in engem Zusammenhang** damit stehen, wie beispielsweise **Anfechtungsklagen** (§§ 129 ff. InsO). Daher fallen präventive Restrukturierungsrahmen, die keine Insolvenzverfahren sind (→ Art. 3 Rn. 1), nicht unter Art. 6, gehen diese doch nicht aus einem Insolvenzverfahren hervor.[9] Diese Zuständigkeit kann nicht nach Art. 25 Brüssel Ia-VO durch eine Vereinbarung zwischen dem Schuldner und dem späteren Prozessgegner des Verwalters abbedungen werden.[10] Ob das innerstaatliche Recht die Annexverfahren kontradiktorisch oder als Verfahren der Freiwilligen Gerichtsbarkeit behandelt, dürfte keine Rolle spielen. Auch die EuErbVO erfasst mit ihren Zuständigkeitsnormen (Art. 4 ff. EuErbVO) beide Arten von Verfahren. Die Neuregelung soll die zu einer Insolvenzanfechtungsklage aufgestellte Deko Marty-Regel des EuGH kodifizieren, wonach **Klagen, die der Insolvenzverwalter mit dem Ziel erhebt, die Insolvenzmasse zu vermehren,** unter den Gerichtsstand der Eröffnungszuständigkeit fallen.[11] Sachlich erfasst Art. 6 alle Klagen, die unmittelbar auf Grund des Insolvenzverfahrens erhoben werden und in engem Zusammenhang damit stehen. Die Reform lehnt sich damit an den Wortlaut des Art. 25 Abs. 1 UAbs. 2 EuInsVO 2000 (jetzt Art. 32 Abs. 1 UAbs. 2) und eine Wendung im Gourdain/Nadler-Urteil[12] an, welche der EuGH bis in die jüngste Zeit immer wieder bestätigt hat.[13] Darin liegt in der Sache nichts Neues, so dass auf die vorhandene Lit. und Rspr. zurückgegriffen werden kann.[14] Für die **Abgrenzung zur Brüssel Ia-VO** betont der EuGH in stRspr den Grundsatz, dass **jede Regelungslücke und Überschneidung** zwischen der Brüssel Ia-VO und der EuInsVO **zu vermeiden** ist. Daher fallen die Klagen, die nach Art. 1 Abs. 2 lit. b Brüssel Ia-VO von deren Anwendungsbereich ausgeschlossen sind, in den Anwendungsbereich des Art. 6 Abs. 1 EuInsVO. Spiegelbildlich fallen die Klagen, die nicht in den Anwendungsbereich von Art. 6 Abs. 1 EuInsVO fallen, in den Anwendungsbereich der Brüssel Ia-VO.[15] Instruktiv ist hier die EuGH-Entscheidung in der **Rs. Valach:**[16] Dort ging es um die Frage, ob eine Klage auf deliktischen **Schadensersatz gegen Mitglieder eines Gläubigerausschusses** wegen ihres Verhaltens bei einer Abstimmung über den Sanierungsplan in einem Insolvenzverfahren unter die Brüssel Ia-VO fällt oder ob insoweit die Ausnahme des Art. 1 Abs. 2 lit. b Brüssel Ia-VO (Konkurse, Vergleiche und ähnliche Verfahren) greift. Laut EuGH finden die in Rede stehenden Pflichten, aus deren Verletzung die Schadensersatzklage gegen Mitglieder des Gläubigerausschusses resultierte, ihren Ursprung in Sonderregeln für Insolvenzverfahren; die Klage geht also unmittelbar aus dem Insolvenzverfahren hervor. Zudem weist die Frage danach, welchen Umfang 4

---

[7] Für Anwendung von Art. 6 Abs. 1 aber KG NZI 2022, 502.

[8] Vgl. die Beispiele in COM(2012) 744 final, 7; *Bork* FS Beck, 2016, 49 (56 ff.); zu dieser vis attractiva concursus aus Sicht des romanischen Rechtskreises *Dammann/Rotaru* D 2019, 619.

[9] *J. Schmidt* ZInsO 2021, 654 (657); zur Anwendbarkeit der Zuständigkeitsvorschriften der Brüssel Ia-VO s. AG Karlsruhe BeckRS 2022, 45096 = ZIP 2023, 651.

[10] LG Hamburg BeckRS 2018, 7204 Rn. 34 = RdTW 2018, 229.

[11] COM(2012) 744 final, 7; EuGH ECLI:EU:C:2009:83 Rn. 16 f. = NJW 2009, 2189 – Deko Marty; ebenso im Verhältnis zu Drittstaaten Schlussanträge GA *Sharpston* ECLI:EU:C:2013:540 = BeckRS 2013, 81702 – Schmid; ECLI:EU:C:2014:6 = NZI 2014, 134 = RIW 2014, 134 – Schmid mAnm *Kindler;* zum Begriff der insolvenzrechtlichen Annexklagen ähnlich EuGH ECLI:EU:C:2014:2410 = EuZW 2015, 141 mAnm *Kindler* = EWiR 2015, 93 m. Kurzkomm. *Mankowski* = Rev. crit. dr. int. pr. 2015, 462 mAnm *Bureau* – H; EuGH ECLI:EU:C:2013:490 Rn. 24 f. = EuZW 2013, 703 mAnm *Landbrecht* – ÖFAB; näher *Legros* in Jault-Selek/Robine, Le droit européen des procédures d'insolvabilité à la croisée des chemins, 2013, 115 ff.; *Schulz* NZG 2015, 146 (148); eingehend *Piekenbrock* KTS 2015, 379.

[12] EuGH ECLI:EU:C:1979:49 = NJW 1979, 1771 – Gourdain; dieses Kriterium kann nicht mehr als ein Ausgangspunkt sein und schafft Rechtsunsicherheit, so *Mankowski* NZI 2014, 919 (923).

[13] EuGH ECLI:EU:C:2014:2410 = EuZW 2015, 141 mAnm *Kindler* = EWiR 2015, 93 m. Kurzkomm. *Mankowski* = Rev. crit. dr. int. pr. 2015, 462 mAnm *Bureau* – H; ECLI:EU:C:2013:490 = EuZW 2013, 703 = ZIP 2013, 1932 Rn. 24 f. – ÖFAB.

[14] Vgl. die Zusammenstellung bei *Kindler* KTS 2014, 25 (34 ff.).

[15] EuGH ECLI:EU:C:2019:754 Rn. 33 mwN = BeckRS 2019, 21303 = ZIP 2019, 1872 = EWiR 2019, 627 m. Kurzkomm. *Paulus* – Riel; *Mansel/Thorn/Wagner* IPRax 2020, 97 (116 f.); *Bramkamp,* Attraktivgerichtsstände, 2019, 149 f.

[16] EuGH ECLI:EU:C:2017:986 = NZI 2018, 232 mAnm *Mankowski* – Valach; dazu *Konecny* LMK 2018, 406423; *Parzinger* GWR 2018, 278; *Undritz* EWiR 2018, 243 f.

die Pflichten des Gläubigerausschusses haben und ob eine Ablehnung eines Sanierungsplans mit diesen Pflichten vereinbar ist, einen unmittelbaren und engen Zusammenhang mit dem Insolvenzverfahren auf.

5 Bei den weiteren Annexverfahren[17] müssen **insolvenztypische Zwecke berührt** sein, wie etwa Masseanreicherung und -mehrung, die Gläubigergleichbehandlung (par condicio creditorum), die Haftungsverwirklichung für die Gläubigergesamtheit.[18] Insolvenzrechtlicher Natur sind demnach alle Verfahren, die mit gleichem Klageziel ohne die Verfahrenseröffnung nicht entstehen könnten und der Verwirklichung des Insolvenzverfahrenszwecks dienen.[19] Für die **konzernrechtliche Durchgriffshaftung** hat der EuGH dies mit Recht **abgelehnt,**[20] ebenso für den **Peeters/Gatzen-Anspruch** nach niederländischem Recht.[21] Danach kann der Insolvenzverwalter einen (deliktsrechtlichen oder quasi-deliktsrechtlichen) Schadensersatzanspruch (aus Art. 6:162 Burgerlijk Wetboek) gegen einen Dritten geltend machen, der an der Benachteiligung der Gläubiger beteiligt war, obwohl ein solcher Anspruch nicht dem Schuldner zustehen kann. Auch hier kommt es nicht auf die (prozessuale) Geltendmachung des Anspruchs durch den Verwalter an, sondern auf den (materiellen) Anspruchsgrund. Für eine insolvenzspezifische Natur soll auch nicht entscheidend sprechen, dass der Verwalter den Anspruch im Interesse aller Gläubiger geltend macht. Freilich ist auch bei einer **Peeters/Gatzen-Klage** eine insolvenzrechtliche Qualifikation denkbar, wenn der Beklagte gegen spezifisch insolvenzrechtliche Pflichten verstoßen hat.[22] In der **Rs. Feniks** stellte der **EuGH** mit Urteil vom 4.10.2018[23] zudem klar, dass für eine **Gläubigeranfechtungsklage,** die außerhalb eines Insolvenzverfahrens erhoben wird, keine Annexzuständigkeit nach der EuInsVO besteht; sie fällt vielmehr unter den Begriff der „Zivil- und Handelssache" iSd Art. 1 Abs. 1 S. 1 Brüssel Ia-VO. Auch ein Prätendentenstreit unter Absonderungsberechtigten ohne Beteiligung des Insolvenzverwalters fällt nicht unter Art. 6 Abs. 1 EuInsVO.[24]

6 Eine „unmittelbar" dienende Funktion gegenüber den Insolvenzverfahrenszwecken[25] verlangt der EuGH allerdings nicht generell; die vereinzelt gebliebene F-Tex-Entscheidung gibt eine solche Deutung nicht her und sie ist auch in der Sache falsch. Nach dem **F-Tex-Urteil des EuGH** vom 19.4.2012 soll eine **Anfechtungsklage durch einen Sonderrechtsnachfolger des Insolvenzverwalters** nicht unmittelbar aus einem Insolvenzverfahren hervorgehen und in engem Zusammenhang mit diesem stehen. **(1)** Der Umstand, dass es hier nicht der Verwalter selbst ist, der den Anfechtungsanspruch geltend macht, sondern eine Zessionarin, lässt den Gerichtshof zweifeln, ob das Verfahren „weiter unmittelbar mit der Insolvenz der Schuldnerin zusammenhängt". **Kritik:** Der bloße Umstand, dass sich ein Einzelstreitverfahren *gegen* einen Insolvenzverwalter richtet, macht dieses nach der zutreffenden Auffassung des EuGH noch nicht zu einem Annexverfahren im hiesigen Sinne.[26] Dann kann es umgekehrt – bei den Anfechtungsklagen – aber gleichfalls nicht darauf ankommen, ob der Insolvenzverwalter als Kläger an dem Verfahren beteiligt ist. Kaum überzeugend könnte nach diesem Urteil die Qualifikation als Annexverfahren nicht nur von der Natur des

---

17 Dazu grds. *Kindler* EuZW 2016, 136 (137 f.); vgl. auch Auflistung bei *Paulus* Rn. 11; *Bramkamp,* Attraktivgerichtsstände, 2019, 257 ff.

18 Zutr. Grundansatz bei *Thole* ZIP 2012, 605 (607); wie im Text *Weller/Harms* IPRax 2016, 119 (121) am Beispiel der Vorbelastungshaftung.

19 So *Mankowski* NZI 2009, 570 (571) mwN, allerdings unter Hinzufügung eines Unmittelbarkeitserfordernisses.

20 EuGH ECLI:EU:C:2013:674 Rn. 18 = BeckRS 2013, 82083 – OTP Bank; dazu *Mansel/Thorn/Wagner* IPRax 2014, 1 (12); *Kindler* IPRax 2014, 486.

21 EuGH ECLI:EU:C:2019:96 Rn. 28 ff. = NJW 2019, 1791 = NZI 2019, 302 mAnm *Mankowski* – NK/BNP Paribas Fortis NV; dazu *Piekenbrock* LMK 2019, 421260; *P. Schulz* EWiR 2019, 305; nachfolgend EuGH ECLI:EU:C:2022:173 = NJW 2022, 2739 Rn. 15, 23 – ZK ./. BMA Nederland.

22 Verkannt in EuGH ECLI:EU:C:2022:173 = NJW 2022, 2739 – ZK ./. BMA Nederland = EWiR 2022, 306 m. Kurzkomm. *Brinkmann;* dazu *Mansel/Thorn/Wagner* IPRax 2023, 109 (126); *Schwemmer* IPRax 2023, 149 (151); *Schollmeyer* ZGR 2023, 108. Der EuGH hat dort eine Zuständigkeit im forum delicti commissi angenommen (Art. 7 Nr. 2 Brüssel Ia-VO).

23 EuGH ECLI:EU:C:2018:805 = RIW 2018, 760 – Feniks; dazu *Kern/Uhlmann* IPRax 2019, 488; *Fuchs* NZI 2019, 136 f.; *Hoffmann* GPR 2019, 168 ff.; *Fritz/Scholtis* IWRZ 2019, 147 (148); *Lutzi* RIW 2018, 252 ff.; *Mankowski* EWiR 2018, 701 f.; *Mansel/Thorn/Wagner* IPRax 2019, 85 (98 f.); *Wagner* NJW 2019, 1782 (1784 f.).

24 OLG Saarbrücken NZI 2020, 443.

25 Für ein solches Unmittelbarkeitserfordernis *Mankowski* NZI 2009, 570 (571); *Haas* ZIP 2013, 2381 (2386 ff.); *Bork* FS Beck, 2016, 49 (56).

26 EuGH ECLI:EU:C:2009:544 Rn. 33 = NZI 2009, 741 – German Graphics; *Haas* ZIP 2013, 2381 (2383); eingehende Urteilsanalyse bei *Kindler* in Carbone, Unione europea a vent'anni da Maastricht. Verso nuove regole, 2013, 141 (155 ff.).

Anspruchs abhängen, sondern auch von der Person desjenigen ab, der ihn geltend macht.[27] **(2)** Im Fall F-Tex lässt der Gerichtshof die Relevanz der Parteistellung des Insolvenzverwalters letztlich offen. Ein enger Zusammenhang mit dem Insolvenzverfahren sei jedenfalls deshalb zu verneinen, weil die Zessionarin bei der Geltendmachung nicht im Interesse der Masse handele. Auch die Erlösbeteiligung des Verwalters ändere hieran nichts. **Kritik:** Die ratio der Zuständigkeit der Gerichte des Staats der Verfahrenseröffnung für Annexverfahren (besondere Sach- und Beweisnähe der Gerichte dieses Staats; Steigerung der Effizienz des Gesamtverfahrens) wird so verfehlt. Auch der Gleichlauf von anwendbarem Insolvenzsachrecht und internationaler Zuständigkeit (Art. 7) bleibt auf der Strecke. Ein Anspruch verliert seinen Bezug zum Insolvenzverfahren nicht dadurch, dass er abgetreten wird, schon weil dafür regelmäßig eine **Gegenleistung an die Masse** erfolgt sein wird.[28] Besonders deutlich wird die Fehleinschätzung der Interessenlage durch den Gerichtshof beim sog. unechten Factoring, wo dem Zessionar im Falle der Uneinbringlichkeit der Rückgriff auf den Zedenten – im vorliegenden Zusammenhang: auf dem Verwalter – verbleibt (→ InsO § 398 Rn. 164): Der Erfolg der vom Zessionar erhobenen Anfechtungsklage ist hier ersichtlich im Interesse der Gläubigergesamtheit.

Abzulehnen ist auch das weitere, von *Haas* dem Urteil Alpenblume entnommene Erfordernis einer „insolvenzspezifischen Befugnis", die im Kern gar den Gegenstand des Einzelstreitverfahrens bilden müsse, damit dieses als Annexverfahren eingestuft werden könne.[29] Das Urteil Alpenblume hat lediglich darauf abgestellt, dass im dort zugrundeliegenden Sachverhalt die Reichweite der Verfügungsbefugnis des Insolvenzverwalters (im deutschen Recht § 80 InsO) streitig war. Ein allgemeingültiges, das Gebiet der Annexklagen noch enger begrenzendes Befugniserfordernis lässt sich dem Urteil nicht entnehmen.[30] Auch die nachfolgende Rspr. greift diesen Gesichtspunkt nicht mehr auf. 7

Ein **starkes Indiz** für die insolvenzrechtliche Natur einer Klage iSd Abs. 1 ist die **kollisionsrechtliche Qualifikation als insolvenzrechtlich** nach Maßgabe des Art. 7.[31] Ein derartiger **Gleichlauf der kollisionsrechtlichen mit der prozessrechtlichen Qualifikation** wurde auch im Urteil Kornhaas des EuGH vom 15.10.2015 deutlich.[32] Umgekehrt deutet etwa die arbeitsrechtliche Natur eines Anspruchs darauf hin, die darauf bezogene Klage Art. 21 Brüssel Ia-VO zuzuweisen und nicht der EuInsVO; dafür spricht das Regel-Ausnahme-Verhältnis von Art. 7 und Art. 13.[33] 8

1. Das Urteil Deko Marty – Insolvenzanfechtungsklagen. Im Urteil Deko Marty vom 11.2.2009 hat der EuGH[34] hat auf Vorlage des BGH entschieden, dass die internationale Zuständigkeit für das Insolvenzverfahren gemäß Art. 3 auch Insolvenzanfechtungsklagen erfasst. Er hat damit eine internationalzivilprozessuale **vis attractiva concursus festgeschrieben** und den prozessualen Beklagtenschutz beträchtlich geschwächt. In dem zugrundeliegenden Fall hatte die Beklagte ihren Sitz in Belgien, anfechtbare Handlung war eine Überweisung der späteren Schuldnerin auf ein Konto der Beklagten. Nach Art. 3 EuInsVO 2000 (ggf. analog) wären die deutschen Gerichte international zuständig gewesen, nach Art. 4 Brüssel Ia-VO hingegen die belgischen. Außerhalb der vorrangigen EU-Verordnungen käme autonomes deutsches Zuständigkeitsrecht zum Zuge; danach 9

---

27 Abzulehnen daher auch K. Schmidt/*Brinkmann* EuInsVO 2000 Art. 3 Rn. 38: „Nur Verfahren, an denen der Verwalter als Partei beteiligt ist, können Annexverfahren sein."; wie hier *Haas* ZIP 2013, 2381 (2386 f.).

28 Zutr. Kritik bei *Brinkmann* EWiR 2012, 383 (384); anders EuGH: ECLI:EU:C:2012:215 = NZI 2012, 469; BGH BeckRS 2023, 10277 = ZEuP 2024, 454 mAnm *Zwirlein.*

29 *Haas* ZIP 2013, 2381 (2384, 2390) mit Verweis auf EuGH ECLI:EU:C:2009:419 Rn. 28 – Alpenblume: „Die im Ausgangsverfahren streitige Übertragung und die daran anknüpfende Rückforderungsklage sind mit anderen Worten unmittelbare und untrennbare Folge dessen, dass der Konkursverwalter, also ein Rechtssubjekt, das erst nach Einleitung eines Konkursverfahrens tätig wird, ein Vorrecht ausgeübt hat, das er eigens Bestimmungen des nationalen Rechts entnimmt, die für diese Art von Verfahren gelten."; ferner *Haas* RabelsZ 77 (2013), 632 (635).

30 Tendenziell umgekehrte Kritik bei *Oberhammer* IPRax 2010, 317 (322 f.): das Urteil Alpenblume gehe viel zu weit bei der Begriffsbestimmung des Näheverhältnisses zum Gesamtverfahren.

31 *Mankowski* NZI 2014, 922; *Mankowski* NZI 2019, 302 (305).

32 EuGH ECLI:EU:C:2015:806 Rn. 17 = EuZW 2016, 155 – Kornhaas; dazu *Kindler* EuZW 2016, 136; *Korherr,* Funktional-teleologische Qualifikation und Gläubigerschutz, 2019, 131 ff.

33 Cass. civ. Rev. crit. 2016, 534 mAnm *Jault-Seseke.*

34 EuGH ECLI:EU:C:2009:83 = NJW 2009, 2189 – Deko Marty; dazu *R. Stürner/Kern* LMK 2009, 278572; *Mörsdorf-Schulte* ZIP 2009, 1456; *Paulus* Status:Recht 2009, 117; *Mankowski/Willemer* RIW 2009, 669; *Fehrenbach* IPRax 2009, 492; Abschlussentscheidung: BGH NJW 2009, 2215 = NZI 2009, 532 – Deko Marty mAnm *Mock* NZI 2009, 534; zur Anwendung der Deko Marty-Regel in der Rspr. deutscher Landgerichte *Stoecker/Zschaler* NZI 2010, 757; eingehende Urteilsanalyse bei *Kindler* in Carbone, Unione europea a vent'anni da Maastricht. Verso nuove regole, 2013, 141, 153 ff.; *Koller,* Insolvenz-Forum 2017, 37.

bestünde eine deutsche internationale Notzuständigkeit.[35] Somit kam es darauf an, welches der drei Zuständigkeitsregimes – EuInsVO, Brüssel Ia-VO, autonomes Recht – Anwendung findet. Im Ergebnis in Übereinstimmung mit dem Generalanwalt[36] und einem Teil der deutschen Lit.[37] hat der EuGH unter Berufung auf Art. 3 entschieden, dass die **Gerichte im Eröffnungsstaat** auch für eine **Insolvenzanfechtungsklage** gegen einen Anfechtungsgegner mit satzungsmäßigem Sitz in einem anderen Mitgliedstaat **zuständig** sind.

10 Nach dem **EuGH-Urteil vom 16.1.2014 (Schmid)** sind die Gerichte des Mitgliedstaats, in dem das Insolvenzverfahren eröffnet worden ist, auch für eine Insolvenzanfechtungsklage gegen einen **Anfechtungsgegner** zuständig, der seinen Wohnsitz oder satzungsmäßigen Sitz im Gebiet eines **Drittstaats** hat.[38] Auch steht nach dem **EuGH-Urteil vom 4.12.2019 (Tiger)** die Belegenheit des von der Anfechtung betroffenen Gegenstandes – hier: eines Grundstücks – außerhalb des Staates der Insolvenzeröffnung einer Zuständigkeit nach Art. 6 nicht entgegen.[39] Zur **örtlichen Zuständigkeit** → EGInsO Art. 102c § 6 Rn. 1 ff.[40]

11 Das Urteil Deko Marty (→ Rn. 9) war ein Schritt in die richtige Richtung und wurde zum Wegbereiter für den heutigen Art. 6 Abs. 1.[41] Ein internationaler Klägergerichtsstand für Insolvenzanfechtungsklagen **fördert** ganz erheblich die vom EuGH mit Recht als Argument angeführte **Effizienz und Beschleunigung des Insolvenzverfahrens.**[42] Er entspricht der **dienenden Funktion der Annexverfahren gegenüber dem Gesamtverfahren,** die auch vom EuGH betont wird; stets geht es um die **Wahrung oder Vergrößerung der Masse.**[43] Dem Insolvenzverwalter bleibt ein zeitraubender und kostenintensiver Auslandsprozess erspart, was regelmäßig im Interesse der Gläubiger liegt. Dass auf mitgliedstaatlicher Ebene die örtliche und/oder sachliche Zuständigkeit abweichen kann, tut dem entgegen *Mörsdorf-Schulte*[44] keinen Abbruch. Denn dass das über den Anfechtungsstreit entscheidende Gericht nicht mit dem Insolvenzeröffnungsgericht identisch ist, beeinträchtigt allenfalls die Verfahrenseffizienz in diesem Prozess, nicht aber im Insolvenzverfahren. Dem abzuhelfen, liegt in der Hand der mitgliedstaatlichen Gesetzgeber.[45] Ideal unter Effizienzgesichtspunkten wäre die Personalunion des streitendscheidenden Richters mit dem Insolvenzrichter. Auch der mit der Zuständigkeitsbündelung bei den Gerichten des Staates der Insolvenzeröffnung erreichte **Gleichlauf mit dem anwendbaren Recht** (Art. 7 Abs. 2 lit. m; → Art. 7 Rn. 51 f.) stärkt die Effizienz des Insolvenzverfahrens, weil er dem Verwalter die Beurteilung der Erfolgsaussichten einer Anfechtung erleichtert.[46]

12 Entgegen einer starken Literaturmeinung vor der Reform (→ 6. Aufl. 2015, EuInsVO Art. 3 Rn. 90 zur EuInsVO 2000), soll Art. 3 EuInsVO 2000 – und somit auch Art. 6 Abs. 1 – laut **EuGH** vom 14.11.2018 **(Wiemer & Trachte)** jedenfalls bei Insolvenzanfechtungsklagen **eine ausschließliche internationale Zuständigkeit** der Gerichte des Insolvenzeröffnungsstaates begründen.[47] Sich

---

35 Näher *Mörsdorf-Schulte* ZIP 2009, 1456 (1457).

36 Schlussanträge GA *Colomer* BeckRS 2008, 71074 = ZIP 2008, 2082; dazu EWiR 2009, 53 *(Keller)*.

37 So auf Grundlage einer Analogie schon → 4. Aufl. 2006, Rn. 583; ferner vgl. Duursma-Kepplinger/Duursma/Chalupsky/*Duursma-Kepplinger* EuInsVO 2000 Art. 25 Rn. 48; *Haubold* IPRax 2002, 157 (159 f., 162); *M. Stürner* IPRax 2005, 416 (419); *Paulus* ZInsO 2006, 295 (298); *Ringe* ZInsO 2006, 700 (701); *Mankowski/Willemer* NZI 2006, 650 (651).

38 EuGH ECLI:EU:C:2014:6 Rn. 30 ff. = NZI 2014, 134 – Schmid; Schlussanträge NZI 2013, 947 Rn. 22 ff.; dazu *Kindler* RIW 2014, 137 f.; abschließend BGH NZI 2014, 672; vor dem Urteil Schmid schon LG Freiburg BeckRS 2014, 00934.

39 EuGH ECLI:EU:C:2019:1046 Rn. 33 = NZI 2020, 123 mAnm *Mankowski* – Tiger; dazu *Riedemann/Wallring* EWiR 2020, 145; Cass. com. 25 mars 2020 Clunet 2020, 1261 (1263 f.) mAnm *Jault-Seseke* (Abschlussentscheidung).

40 BGH NJW 2009, 2215 = NZI 2009, 532 mAnm *Mock* NZI 2009, 534 – Deko Marty (Abschlussentscheidung).

41 *Bork* FS Beck, 2016, 49 (51).

42 EuGH ECLI:EU:C:2009:83 Rn. 22 = NJW 2009, 2189; BGH NJW 2009, 2215 = NZI 2009, 532 mAnm *Mock* NZI 2009, 534 – Deko Marty (Abschlussentscheidung).

43 Zuletzt EuGH ECLI:EU:C:2012:215 Rn. 44 = NZI 2012, 469 = EuZW 2012, 427 mAnm *Sujecki* EuZW 2012, 430 – F-Tex; zuvor schon EuGH ECLI:EU:C:2009:419 Rn. 29 = IPRax 2010, 353 m. Aufs. *Oberhammer* IPRax 2010, 317 = NZI 2009, 570 mAnm *Mankowski* NZI 2009, 571 – SCT Industri/Alpenblume; Slg. 2009, I-767 = NJW 2009, 2189 Rn. 17 – Deko Marty Belgium; ECLI:EU:C:1979:49 Rn. 5 – Gourdain; Wiedergabe der Urteilspassagen auch bei *Haas* ZIP 2013, 2381 (2383) in Fn. 29.

44 *Mörsdorf-Schulte* ZIP 2009, 1456 (1457).

45 Mit guten Gründen spricht sich daher *Mock* ZInsO 2009, 473 für die Schaffung wenigstens einer örtlichen Zuständigkeit durch den Gesetzgeber aus.

46 Insoweit zust. auch *Mörsdorf-Schulte* ZIP 2009, 1456 (1460).

47 EuGH ECLI:EU:C:2018:902 = NZI 2018, 994 mAnm *Mankowski;* dazu *Rübbeck* DZWIR 2019, 63; *Brinkmann* EWiR 2019, 19; BGH NZI 2021, 739 Rn. 22; gleichsinnig schon Mankowski/Müller/Schmidt/

dafür auf den in Erwägungsgründen 2 und 8 EuInsVO 2000 genannten „Zweck der Verbesserung der Effizienz und der Beschleunigung der Insolvenzverfahren" zu berufen,[48] grenzt freilich an **Zynismus gegenüber der Gläubigergemeinschaft.** Dem EuGH und seiner literarischen Gefolgschaft ist insoweit mit Nachdruck zu widersprechen.[49] Der Insolvenzverwalter weiß selbst am besten, ob eine Klageerhebung vor den Gerichten des Eröffnungsstaates unter Effizienzgesichtspunkten sinnvoller ist als eine Klageerhebung im Sitzstaat des Anfechtungsgegners. Bekanntlich gibt es bei der Leistungsfähigkeit und der Integrität der Justiz in den EuInsVO-Staaten Unterschiede. Ein dem **Effizienzgedanken** verpflichtetes EuGH-Urteil wie Deko Marty[50] stand daher einer **Klageerhebung im Staat des Anfechtungsgegners** nicht entgegen und taugt schon deshalb nicht als Legitimationsbasis für „Wiemer & Trachte". Hinzukommt die erleichterte Vollstreckung im Staat des Anfechtungsgegners:[51] Häufig wird der herauszugebende Gegenstand im Staat des Anfechtungsgegners belegen sein.[52]

Der Idee der Zuständigkeitsbündelung[53] liegt demgegenüber ersichtlich ein verfehltes Effizienzverständnis zugrunde: Effizient ist, was dem Zweck des konkreten Insolvenzverfahrens nützt. Der **Zweck des Insolvenzverfahrens** liegt – wie bei jedem Vollstreckungsverfahren – in der **möglichst weitgehenden und raschen Befriedigung der Forderungen der Gläubiger.**[54] Jede Maßnahme zur Vermehrung der Masse dient diesem Ziel[55] und gehört zu den Kernaufgaben des Verwalters.[56] Soweit es hierbei um gerichtliche Schritte geht, liegt es in der Einschätzungsprärogative des Verwalters, wo er eine Klageerhebung für zweckmäßig erhält. Auch der Beklagtenschutz – das klassische Argument gegen Klägergerichtsstände – ist durch eine konkurrierende Zuständigkeit der Gerichte des Sitzstaates des Beklagten nicht berührt. Das wird schon daraus deutlich wird, dass dieser Gedanke zur Rechtfertigung des ausschließlichen Charakters der *vis attractiva*-Zuständigkeit in der Diskussion nicht herangezogen wird. Hinzukommt, dass es nach dem heutigen Stand des Europäischen Zivilverfahrensrechts einen **allgemeinen Grundsatz** gibt, wonach eine Person, die ihren Wohnsitz im Hoheitsgebiet eines Mitgliedstaates hat, vor den Gerichten dieses Staates verklagt werden kann. Das ist die Kehrseite des – am Beklagtenschutz ausgerichteten – Prinzips **Actor sequitur forum rei** (Art. 4 Abs. 1 Brüssel Ia-VO; Art. 2 Abs. 1 LugÜ; Art. 3 lit. a EuUnthVO; Art. 3 Abs. 1 lit. a Brüssel IIa-VO, Art. 6 lit. a Brüssel IIa-VO; Art. 97 Abs. 1 UMV; Art. 6 lit. c EuGüVO). 13

2. Passivprozesse des Insolvenzverwalters. Im Hinblick auf die insolvenztypischen Zwecke kommen – bei den **Passivprozessen** des Insolvenzverwalters – zunächst **Feststellungsklagen zur Insolvenztabelle** (Art. 7 Abs. 2 lit. h) in Betracht. Bei ihnen ist schon der Klageantrag aufgrund der Insolvenz und der damit einhergehenden Vollstreckungssperre insolvenzbedingt.[57] Auch **Rangstreitigkeiten** als rein insolvenzrechtliche Fragestellung (Art. 7 Abs. 2 lit. i) gehören hierher,[58] ferner **Haftungsklagen** gegen den Insolvenzverwalter.[59] 14

Mankowski Rn. 27 ff. (ausschließlicher Gerichtsstand); ferner – mit Verweis auf Art. 6 Abs. 2 – *Thole* IPRax 2017, 213 (217); *Fehrenbach* GPR 2016, 282 (293); *Bramkamp,* Attraktivgerichtsstände, 2019, 243 ff., 476.

48 EuGH ECLI:EU:C:2018:902 Rn. 33 = NZI 2018, 994 mAnm *Mankowski;* dazu *Rübbeck* DZWIR 2019, 63; *Brinkmann* EWiR 2019, 19.

49 *Kindler/Wendland* RIW 2018, 245 (249); krit. auch *Fritz/Scholtis* IWRZ 2019, 139; *Bitzer,* Systemfragen der Insolvenzanfechtung, 2020, 312.

50 EuGH ECLI:EU:C:2009:83 Rn. 22 = NJW 2009, 2189 – Deko Marty.

51 Diesen Aspekt betonend Schlussanträge GA *Colomer* ZIP 2008, 2082 Rn. 62 – Deko Marty; dazu EWiR 2009, 53 m. KurzKomm. *Keller/Stempfle;* darauf weist *Thole,* Gläubigerschutz durch Insolvenzrecht, 2010, 933 mit Recht hin.

52 *Klöhn/Berner* ZIP 2007, 1418 (1419); näher *Thole,* Gläubigerschutz durch Insolvenzrecht, 2010, 908 bei Fn. 603.

53 EuGH ECLI:EU:C:2009:83 Rn. 22 = NJW 2009, 2189 – Deko Marty; BGH NJW 2009, 2215 Rn. 16 = NZI 2009, 532 mAnm *Mock* NZI 2009, 534 – Deko Marty (Abschlussentscheidung).

54 Vgl. nur MüKoInsO/*Stürner,* 3. Aufl. 2013, Einl. Rn. 1: „Wohl nach ursprünglich französischem Vorbild stellt die Insolvenzordnung den Verfahrenszweck voran und findet ihn in der gemeinschaftlichen Gläubigerbefriedigung als primärem Verfahrenszweck."

55 Das gilt auch für das Insolvenzplanverfahren. Insbesondere ist dort die Insolvenzanfechtung ein wichtiges Instrument zur Vermehrung der Masse und damit des materiellen Substrats für die Sanierung: *McBryde/Flessner/Kortmann,* Principles of European Insolvency Law, 2003, 71 (Abs. 1 aE).

56 *Paulus* Art. 32 Rn. 12: „genuine Aufgabe des Insolvenzverwalters".

57 EuGH ECLI:EU:C:2019:754 Rn. 37 mwN = BeckRS 2019, 21303 = ZIP 2019, 1872 = EWiR 2019, 627 m. Kurzkomm. *Paulus* – Riel; *Kemper* ZIP 2001, 1609 (1614); *Schack* IZVR Rn. 1269.

58 EuGH ECLI:EU:C:2019:754 Rn. 37 mwN = BeckRS 2019, 21303 = ZIP 2019, 1872 = EWiR 2019, 627 m. Kurzkomm. *Paulus* – Riel; *Mansel/Thorn/Wagner* IPRax 2020, 97 (116 f.); *M. Stürner* IPRax 2005, 416 (421); *Willemer,* Vis attractiva concursus, 2006, 351 f.; MüKoInsO/*Thole* EuInsVO 2000 Art. 3 Rn. 125 mwN.

59 MüKoInsO/*Thole* EuInsVO 2000 Art. 3 Rn. 134 mwN.

15 Demgegenüber beurteilt sich der Gerichtsstand von **Aussonderungsklagen** gegen den Verwalter nach den allgemeinen Zuständigkeitsvorschriften, schon weil derartige Prozesse auch ohne das Insolvenzverfahren geführt worden wären;[60] der nach allgemeinen Vorschriften eröffneten Zuständigkeit kann der Insolvenzverwalter – aus Gründen der Vorhersehbarkeit der Gerichtspflichtigkeit – nicht dadurch die Grundlage entziehen, dass er im Verfahren die Anfechtungseinrede (im deutschen Recht § 146 InsO) erhebt und dadurch die Sache zu einem Annexverfahren wird.[61] Für auf **Eigentumsvorbehalt** gestützte Klagen des Vorbehaltsverkäufers gegen den insolventen Vorbehaltskäufer hat der **EuGH** im Urteil **German Graphics** ausdrücklich keine Insolvenzsache angenommen, und zwar auch für den Fall, dass sich die Vorbehaltsware im Zeitpunkt der Insolvenzeröffnung (→ Art. 2 Rn. 14 ff.) im Insolvenzeröffnungsstaat befindet (vgl. Art. 10).[62] Der bloße Umstand, dass sich das Einzelstreitverfahren gegen einen Insolvenzverwalter richtet, macht dieses noch nicht zu einem Annexverfahren im hiesigen Sinne.[63] Gleiches gilt für **Absonderungsklagen**[64] und Gläubigerklagen auf Zahlung einer **Masseverbindlichkeit.**[65] Klagen gegen die **Kündigung eines Arbeitsverhältnisses,** die ein Insolvenzverwalter iSd EuInsVO in Deutschland nach deutschem Recht erklärt hat, sind keine Annexverfahren; für solche Verfahren bestimmt sich die internationale Zuständigkeit nach der Brüssel Ia-VO und nicht nach der EuInsVO.[66]

16 **3. Aktivprozesse des Insolvenzverwalters.** Bei den **Aktivprozessen des Insolvenzverwalters** ist zu unterscheiden:[67] Zu den Annexverfahren gehören schon nach der Deko Marty-Rspr. (→ Rn. 6 ff.) die als Anfechtungsklagen ausgestalteten Klagen auf Erstattung zurückgezahlter **Gesellschafterdarlehen** (im deutschen Recht § 135 InsO idF des MoMiG 2008)[68] sowie Klagen gegen Organmitglieder unter dem Gesichtspunkt der **Insolvenzverschleppung.**[69] Das Gleiche gilt für Klagen auf Geschäftsführerhaftung unter dem Gesichtspunkt der **Masseschmälerung** (im deutschen Recht § 15b Abs. 1 InsO, früher § 64 S. 1 GmbHG aF).[70] Auch eine Klage auf negative Feststellung, dass die **Bestellung einer dinglichen Sicherheit** an einem Grundstück unwirksam ist, ist funktional einer Insolvenzanfechtungsklage vergleichbar und fällt unter Art. 6. Klageziel ist es hier, eine (massemindernde) Sicherheit zugunsten eines einzelnen Gläubigers zu beseitigen.[71] Hingegen unterliegen der **Brüssel Ia-VO** die **Klagen des Verwalters aus dem allgemeinen Zivil- und Handelsrecht gegen Drittschuldner** des Insolvenzschuldners, auch aus dem Gesellschaftsverhältnis (zB auf **Einlageleistung** oder aus konzernrechtlichen Gründen oder aus dem Gesichtspunkt der „Existenzvernichtung“,[72] → IntGesR Rn. 436 aE, → IntGesR Rn. 599, → IntGesR Rn. 625, → IntGesR Rn. 649, ferner eine Klage auf Rückgewähr der Kommanditeinlage).[73] Zum allgemeinen Zivil- und Handelsrecht zählt ferner eine Klage des

---

[60] *Virgós/Schmit* Rn. 196; Kropholler/*v. Hein* Brüssel I-VO Art. 1 Rn. 37; MüKoInsO/*Thole* EuInsVO 2000 Art. 3 Rn. 123 mwN.

[61] So aber offenbar *Haas* ZIP 2013, 2381 (2389).

[62] EuGH ECLI:EU:C:2009:544 Rn. 26 ff. = NZI 2009, 741 = IPRax 2010, 355 m. Aufs. *Brinkmann* IPRax 2010, 324 – German Graphics; dazu *Mankowski* NZI 2010, 508.

[63] EuGH ECLI:EU:C:2009:544 Rn. 33 = NZI 2009, 741 – German Graphics; *Haas* ZIP 2013, 2381 (2383).

[64] *Haubold* IPRax 2002, 157 (163); MüKoInsO/*Thole* EuInsVO 2000 Art. 3 Rn. 126 mwN.

[65] Zu Letzteren *M. Stürner* IPRax 2005, 422; MüKoInsO/*Thole* EuInsVO 2000 Art. 3 Rn. 127 mwN; aA OLG Zweibrücken EuZW 1993, 165.

[66] BAG NZI 2012, 1011 mAnm *Hess* NZI 2012, 1018; BAG NZA 2013, 669 Rn. 24.

[67] BGH NZI 2021, 739 Rn. 29; Überblick bei *Weller* FS Blaurock, 2013, 497 (507 f.).

[68] Zur insolvenzrechtlichen Qualifikation BGH NJW 2011, 3784 Rn. 30; zuvor schon AG Hamburg IPRax 2010, 253; zur Neuverortung des Rechts der Gesellschafterdarlehen in der InsO durch das MoMiG s. *Kindler* NJW 2008, 3249 (3253).

[69] EuGH ECLI:EU:C:2015:806 Rn. 19 = NJW 2016, 223 – Kornhaas; dazu *Kindler* EuZW 2016, 136; *Mankowski* NZG 2016, 281; *Hübner* IPRax 2015, 297. Das singuläre Urteil EuGH ECLI:EU:C:2013:490 = EuZW 2013, 703 – ÖFAB dürfte nicht generell zu einer deliktsrechtlichen Qualifikation zwingen; spezifisch insolvenzrechtliche Pflichten hat der beklagte Geschäftsleiter dort nicht verletzt. Näher *Freitag* ZIP 2014, 302.

[70] EuGH ECLI:EU:C:2015:806 Rn. 14 ff. = NJW 2016, 223 – Kornhaas; dazu *Kindler* EuZW 2016, 136; ferner *Mansel/Thorn/Wagner* IPRax 2016, 1 (26 f.); *Schall* ZIP 2016, 289; *Weller/Hübner* NJW 2016, 225; *Swierczok* NZI 2016, 50 f.; aus der Zeit vor dem Urteil Kornhaas *Kindler* IPRax 2010, 430; *Haas* NZG 2010, 495; zur insolvenzrechtlichen Qualifikation auch *Bitzer,* Systemfragen der Insolvenzanfechtung, 2020, 313; *Göb* NZI 2013, 963 (965 f.). Die örtliche Zuständigkeit folgt hier aus Art. 102c § 6 Abs. 1 EGInsO, nicht aus § 29 ZPO (so BGH NZG 2019, 1113 für Binnensachverhalte).

[71] EuGH ECLI:EU:C:2019:1046 Rn. 30 = NZI 2020, 123 mAnm *Mankowski* – Tiger; dazu *Riedemann/Wallring* EWiR 2020, 145; Cen. cir. 25.3.2020 Clunet 2020, 1261 mAnm *Jault-Seseke.*

[72] Für Anwendung von Art. 6 Abs. 1 aber KG NZI 2022, 502.

[73] EuGH ECLI:EU:C:2014:2145 Rn. 26 ff. = NZI 2014, 919 mAnm *Mankowski* = Rev. crit. dr. int. pr. 2015, 207 mAnm *Legros* – Nickel & Goeldner; dazu *Zarth* EWiR 2015, 31; *Thole* IPRax 2015, 396; näher *Kindler*

Insolvenzverwalters einer Gesellschaft gegen deren Muttergesellschaft, die auf eine von dieser abgegebenen **Patronatserklärung**[74] oder einen **Comfort Letter**[75] gestützt wird. Insoweit kommt eine Zuständigkeit nach Abs. 2 in Betracht (→ Rn. 20 ff.).

Auch die internationale Zuständigkeit für die **Kaufpreisklage** eines Insolvenzverwalters am Sitz des Insolvenzgerichts aus einem vom Insolvenzschuldner vor Einleitung des Insolvenzverfahrens geschlossenen Kaufvertrag mit einem im EU-Ausland ansässigen Käufer bestimmt sich **nicht nach Art. 6,** sondern nach den Bestimmungen der Brüssel Ia-VO; dies gilt auch dann, wenn der in Anspruch Genommene hilfsweise die Aufrechnung mit Gegenforderungen erklärt und der Insolvenzverwalter die Aufrechnungen als gemäß § 96 Abs. 1 Nr. 3 InsO unwirksam ansieht (zur Aufrechnung → Art. 9 Rn. 5).[76] Auf der gleichen Linie liegt das EuGH-Urteil Im Fall **Tünkers France:**[77] dort ging es um eine **Haftungsklage wegen unlauteren Wettbewerbs,** mit der dem Übernehmer eines im Rahmen eines Insolvenzverfahrens erworbenen Geschäftsbereichs vorgeworfen wurde, sich zu Unrecht als Alleinvertriebshändler der vom Schuldner hergestellten Waren dargestellt zu haben. Eine solche Haftungsklage beruht nicht auf den Sonderregeln für Insolvenzverfahren, geht also nicht unmittelbar aus diesem hervor. **Generell** fällt eine Klage, der ein **Schadensersatzanspruch aus unerlaubter Handlung** zugrunde liegt, die vom Insolvenzverwalter im Rahmen eines Insolvenzverfahrens erhoben wird und deren Erlös im Erfolgsfall der Gläubigergemeinschaft zufließt, unter die Brüssel Ia-VO und nicht unter Art. 6; dies hat der EuGH in der **Rs. NK** unmissverständlich festgehalten.[78] Etwas anderes gilt nur dann, wenn die unerlaubte Handlung an die Verletzung insolvenzspezifischer Pflichten anknüpft (zum Fall Valach → Rn. 4). 17

Eine **negative Feststellungsklage** im Annexverfahren – etwa des Geschäftsführers auf Nichtbestehen seiner Haftung – entfaltet keine Rechtshängigkeitssperre nach Art des Art. 29 Brüssel Ia-VO.[79] Eine Zuständigkeit des Insolvenzgerichts ergibt sich aber ggf. aus Art. 6 Abs. 2 (→ Rn. 20 ff., → Rn. 23). 18

4. Annexklagen vor den Gerichten des Staates des Sekundärinsolvenzverfahrens. Art. 6 bestimmt die internationale Zuständigkeit zur Entscheidung über ein Annexverfahren des Mitgliedstaats, dessen Gerichte nach Art. 3 zuständig sind. Der Verweis schließt Zuständigkeiten für die Eröffnung von **Partikularverfahren nach Art. 3 Abs. 2** mit ein. Zuständig sind somit die Gerichte des Mitgliedstaats, in dessen Gebiet ein Sekundärinsolvenzverfahren eröffnet worden ist, soweit sich die Annexklage auf das im Gebiet dieses Staats belegene Vermögen des Schuldners bezieht.[80] 19

III. Zusammenhangsklagen (Abs. 2 und Abs. 3)

1. Normzweck und sachliche Reichweite. Art. 6 Abs. 2 eröffnet den Gerichtsstand des Art. 6 Abs. 1 auch für Zusammenhangsklagen. Steht eine Annexklage – wie etwa eine Insolvenzanfechtungsklage oder eine insolvenzspezifische Geschäftsleiterhaftungsklage[81] – im Zusammenhang mit einer anderen zivil- oder handelsrechtlichen Klage gegen denselben Beklagten, so kann der Verwalter danach beide Klagen vor ein Gericht des Mitgliedstaats bringen, in dem der Beklagte seinen Wohnsitz hat, wenn dieses Gericht nach der Brüssel Ia-VO zuständig ist. Abs. 2 begründet einen **internationalen Gerichtsstand des Sachzusammenhangs**[82] und **vermeidet** hierdurch 20

FS Ulmer, 2003, 305; zur Kommanditeinlage AG Niebüll NZI 2023, 567: Anwendbarkeit der Brüssel Ia-VO, wonach für den Insolvenzverwalter kein Klägergerichtsstand im Insolvenzeröffnungsstaat besteht.

74 OGH ÖBA 2017, 195 = EWiR 2017, 247 m. Kurzkomm. *Mankowsk;* implizit auch BGH NZG 2021, 1654 (kein inländischer Gerichtsstand bei Klage des Insolvenzverwalters aus harter Patronatserklärung).

75 BGH NZG 2021, 739 Rn. 23.

76 BGH NZI 2015, 1033 mAnm *Mankowski* = RIW 2015, 839 mAnm *Arts* = EWiR 2015, 751 m. Kurzkomm. *Brinkmann.*

77 EuGH ECLI:EU:C:2017:847= NZI 2018, 45 – Tünkers France and Tünkers Maschinenbau; dazu *Mankowski* NZI 2018, 46 f.; *J. Schmidt* EWiR 2017, 337 f.

78 EuGH ECLI:EU:C:2019:96= NJW 2019, 1791 – NK = NZI 2019, 302 mAnm *Mankowski;* dazu *Thole* IPRax 2019, 483; *Mansel/Thorn/Wagner* IPRax 2020, 97 (108).

79 Näher *Thole* ZIP 2012, 605 ff.

80 So zur EuInsVO 2000 schon EuGH ECLI:EU:C:2015:384 = EuZW 2015, 593 – Nortel; dazu *Mansel/Thorn/Wagner* IPRax 2016, 1 (27 f.); *Robine/Jault-Seseke* D. 2017, 1287.

81 Zu letzteren EuGH ECLI:EU:C:2015:806 = EuZW 2016, 155 m. Aufs. *Kindler* EuZW 2016, 155 – Kornhaas; EuGH ECLI:EU:C:2014:2410 = EuZW 2015, 141 mAnm *Kindler* = EWiR 2015, 93 m. Kurzkomm. *Mankowski* = Rev. crit. dr. int. pr. 2015, 462 mAnm *Bureau* – H; *Kindler* ZHR 179 (2015), 330, 170 ff.; rechtsvergleichend *Roth/Kindler,* The Spirit of Corporate Law – Core Principles of Corporate Law in Continental Europe, 2013, 103 f., 108 f.; *Bork* FS Beck, 2016, 49 (56 ff.); *Dammann/Podeur* D 2018, 1195.

82 *Prager/Keller* NZI 2013, 57 (60); *Thole/Swierczok* ZIP 2013, 550 (553); eingehend *Bramkamp,* Attraktivgerichtsstände, 2019, 441 ff.

Abgrenzungsschwierigkeiten im Verhältnis zur Brüssel Ia-VO. Die örtliche Zuständigkeit regelt Art. 102c § 6 Abs. 2 EGInsO (näher → EGInsO Art. 102c § 6 Rn. 1 ff.).

21 Dabei ist der Verweis auf die Zuständigkeit nach der Brüssel Ia-VO so zu verstehen, dass **nur für die Klage in der zivil- und handelsrechtlichen Sache,** die mit der Klage iSd Abs. 1 verbunden werden soll, eine **Zuständigkeit im Wohnsitzstaat des Beklagten** nach der Brüssel Ia-VO besteht.[83] Dass auch für die Klage iSd Abs. 1eine Brüssel Ia-VO-Zuständigkeit besteht (zur nicht ausschließlichen Natur des Gerichtsstands iSd Abs. 1 → Rn. 12), ist nicht erforderlich. Auf Art. 6 Abs. 2 kann sich auch der Schuldner in Eigenverwaltung (Art. 2 Nr. 3) berufen, sofern er nach nationalem Recht Klage im Namen der Insolvenzmasse erheben kann.

22 Die **Legaldefinition** der **Zusammenhangsklagen** liefert Art. 6 Abs. 3. Entscheidend ist eine so **enge Beziehung zwischen den Klagen,** dass eine gemeinsame Verhandlung und Entscheidung geboten erscheint, um zu vermeiden, dass in getrennten Verfahren widersprechende Entscheidungen ergehen. Diese Definition ist identisch mit der in Art. 30 Abs. 3 Brüssel Ia-VO, sodass beide Vorschriften gleich ausgelegt werden sollten.[84] Hierher gehören – soweit nicht schon von Abs. 1 erfasst – insbesondere **gesellschaftsrechtliche Klagen** gegen Organmitglieder und Gesellschafter, ferner **deliktsrechtliche Klagen** (Erwägungsgrund 35) etwa aus dem Gesichtspunkt des Vermögensabzugs in der Krise („Existenzvernichtung",[85] → IntGesR Rn. 625, → IntGesR Rn. 649 ff.; → Art. 7 Rn. 101). So kann eine Insolvenzanfechtungsklage gegen einen Gesellschafter (Abs. 1) mit einer gegen denselben Gesellschafter gerichteten **Klage auf Erstattung verbotener Zahlungen** (Art. 57 GesR-RL, früher Art. 18 Kapital-RL; § 62 AktG; § 31 GmbHG) verbunden werden.[86] – Auch die Haftungsklage gegen den **Übernehmer eines Geschäftsbereichs** gehört laut dem EuGH-Urteilim Fall Tünkers zu den Zusammenhangsklagen.[87]

23 Abs. 2 eröffnet einen zusätzlichen besonderen Gerichtsstand, wenn eine von Abs. 1 erfasste Klage im Zusammenhang mit einer (anderen) zivil- und handelsrechtlichen Klage steht. Zusammenhangsklagen in diesem Sinne sind nur **Klagen zugunsten der Masse** durch Verwalter oder Schuldner in Eigenverwaltung.[88] Das Erfordernis einer Zuständigkeit nach der Brüssel Ia-VO (UAbs. 1) bezieht sich nur auf die zivil- oder handelsrechtliche Zusammenhangsklage iSd Abs. 3.[89] Abs. 2 greift nur bei im selben Verfahren erhobenen Klagen, nicht bei zwei isolierten Klagen. Dies folgt aus dem **Ziel der Förderung der Prozessökonomie** (Abs. 3).[90] Der Gerichtsstand erstreckt sich auch auf negative Feststellungsklagen des natürlichen Beklagten (→ Rn. 17); die Erwägungen des Urteils „Folien Fischer"[91] gelten insoweit sinngemäß.[92]

24 **2. Fakultativer Beklagtengerichtsstand am Wohnsitz.** Abs. 2 UAbs. 1 durchbricht die in Abs. 1 normierte Zuständigkeitskonzentration im Eröffnungsstaat (vis attractiva concursus), indem er neben dem Gerichtsstand aus Abs. 1 (COMI des Schuldners) einen **weiteren Beklagtengerichtsstand** eröffnet. Dies dient unter anderem der Kostenersparnis zugunsten des Insolvenzverwalters.[93] Parallelnorm zu Abs. 2 UAbs. 1 ist für die erste Variante (Klagen gegen denselben Beklagten) Art. 8 Nr. 4 Brüssel Ia-VO, für die zweite Variante (Klagen gegen verschiedene Beklagte) Art. 8 Nr. 1 Brüssel Ia-VO. Die dazu vorhandene Lit. und Rspr. kann zur Auslegung von Abs. 2 herangezogen werden.

25 Nach Erwägungsgrund 35 S. 4 soll der Verwalter **beide Klagen am Wohnsitz des Beklagten** vorbringen können, wenn er sich davon einen Effizienzgewinn verspricht. Das gilt gemäß Erwägungsgrund 35 S. 5 zB bei einer insolvenzrechtlichen Haftungsklage gegen einen Geschäftsführer neben einer gesellschafts- oder einer deliktsrechtlichen Klage. Die Zuständigkeitskonzentration kann im Einzelfall **prozessökonomisch sinnvoll** sein[94] und trägt der Tatsache Rechnung, dass bei der

---

83 MüKoInsO/*Thole* Rn. 8.

84 *Moss/Fletcher/Isaacs,* The EU Regulation on Insolvency Proceedings, 3. Aufl. 2016, Rn. 8.589; näher MüKo-InsO/*Thole* Rn. 12.

85 Für Anwendung von Art. 6 aber KG NZI 2022, 502.

86 So der – zurückgenommene – Vorlagebeschluss LG Essen BeckRS 2012, 80987; dazu *C. Paulus* FS Beck, 2016, 393 (403).

87 EuGH ECLI:EU:C:2017:847= NZI 2018, 45 – Tünkers France and Tünkers Maschinenbau; dazu *Mankowski* NZI 2018, 46 f.; *J. Schmidt* EWiR 2017, 337 f.; Vorlage durch Cour de Cass. EWS 2017, 120.

88 *Thole* ZEuP 2014, 39 (61).

89 Mankowski/Müller/Schmidt/*Mankowski* Rn. 34.

90 *Garcimartín* ZEuP 2015, 694 (715).

91 Zur zuständigkeitsrechtlichen Gleichstellung von Leistungsklagen und negativen Feststellungsklagen EuGH ECLI:EU:C:2012:664 = NJW 2013, 287 – Folien Fischer.

92 AA Mankowski/Müller/Schmidt/*Mankowski* Rn. 34 mit Verweis auf *Thole/Swierczok* ZIP 2013, 550 (553); *Thole* IPRax 2017, 213 (217); wie hier *Bork* FS Beck, 2016, 49 (55); LG Innsbruck NZI 2014, 286 (287).

93 *McCormack* (2014) 10 JPrIL 41 (51); Mankowski/Müller/Schmidt/*Mankowski* Rn. 36.

94 *Kindler/Sakka* EuZW 2015, 460 (463); ferner *Prager/Keller* NZI 2013, 57 (61); *Thole/Swierczok* ZIP 2013, 550 (553).

zivil- oder handelsrechtlichen Klage nicht selten insolvenzrechtliche Vorfragen auftreten werden (zB bei den Insolvenzgründen – §§ 17 ff. InsO – als Voraustatbestand zur Geschäftsleiterhaftung nach § 15b InsO, früher § 64 GmbHG aF)). Ob der Verwalter den fakultativen Gerichtsstand nutzt, steht in seinem **Ermessen** („... *kann* der Verwalter ...").

Aus Gründen des Beklagtenschutzes hat der Verordnungsgeber davon abgesehen, einen fakultativen Gerichtsstand auch bei bloß **besonderen Gerichtsständen** für die Klage gegen denselben Beklagten anzusiedeln.[95] Daher erfasst Abs. 2 weder den Vertragsgerichtsstand (Art. 7 Nr. 1 Brüssel Ia-VO) noch den Deliktsgerichtsstand (Art. 7 Nr. 2 Brüssel Ia-VO).[96] 26

3. Mehrere Beklagte. Die zweite Variante des Abs. 2 UAbs. 1 („bei einer Klage gegen mehrere Beklagte") eröffnet einen **Gerichtsstand der Streitgenossenschaft.** Dabei sind alle Beklagten im Wohnsitzstaat eines der Beklagten gerichtspflichtig. Diesen bezeichnet man als **Ankerbeklagten.**[97] Der klagende Verwalter ist bei der Auswahl des Ankerbeklagten frei und kann sich ganz nach seiner Einschätzung eines damit verbundenen „Effizienzgewinns" (Erwägungsgrund 35 S. 4) richten. 27

4. Zusammenhangsklagen vor den Gerichten des Staates des Sekundärverfahrens. Nach **Erwägungsgrund 47** sollen die Gerichte der Mitgliedstaaten, in denen Sekundärinsolvenzverfahren eröffnet worden sind, nicht daran gehindert sein, gegen Mitglieder der Geschäftsleitung des Schuldners Sanktionen wegen etwaiger Pflichtverletzung zu verhängen, sofern diese Gerichte nach nationalem Recht für diese Streitigkeiten zuständig sind. Darin liegt **keine Verweisung nationale Zuständigkeitsgründe unter Ausschaltung von oder neben Abs. 2.**[98] 28

5. Wohnsitz des Beklagten als Anknüpfungspunkt der Zuständigkeit. Den Wohnsitz des Beklagten als Anknüpfungspunkt der Zuständigkeit definiert die EuInsVO nicht. Im Wege der **rechtsaktübergreifenden Auslegung,** die schon wegen der expliziten Bezugnahme auf die Brüssel Ia-VO geboten ist, muss hier auf die zu Art. 4 Abs. 1 Brüssel Ia-VO, Art. 8 Nr. 1 Brüssel Ia-VO vorliegende Rspr. und Lit. zurückgegriffen werden. Zum Zuge kommen damit auch die Hilfsnormen der Art. 62, 63 Brüssel Ia-VO.[99] Auf das COMI der Beklagten iSd Art. 3 kommt es insoweit – anders als bei Abs. 1 – nicht an. Für **natürliche Personen** ist nach Art. 62 Brüssel Ia-VO der **Wohnsitzbegriff des autonomen Rechts** desjenigen Staates maßgeblich, für den in casu das Bestehen eines dortigen Wohnsitzes zu prüfen ist. Ob ein Wohnsitz in Deutschland besteht, ist demgemäß nach §§ 7 ff. BGB zu bestimmen. 29

Für **juristische Personen** enthält Art. 63 Abs. 1 Brüssel Ia-VO einen **verordnungs-autonomen Wohnsitzbegriff,** der sich an Art. 54 AEUV anlehnt. Eine Gesellschaft hat danach einen Wohnsitz dort, wo sie ihren satzungsmäßigen Sitz, ihre Hauptverwaltung *oder* ihre Hauptniederlassung hat. Der Kläger hat insoweit die Wahl. Divergieren die genannten Anknüpfungstatsachen, so begründet jeder von ihnen einen Wohnsitz. Dabei kann sich ergeben, dass etwa die **Muttergesellschaft der Insolvenzschuldnerin** ihren Satzungsmäßigen Sitz im Ausland hat, ihre Hauptverwaltung jedoch am COMI der Tochter oder in einem dritten Staat. Zum satzungsmäßigen Sitz ist Art. 63 Abs. 2 Brüssel Ia-VO zu beachten, wonach für die **common law-Staaten** Irland, Zypern und Vereinigtes Königreich der Ort der incorporation, ersatzweise der Ort des Gründungsrechts maßgeblich ist. 30

6. Schuldner in Eigenverwaltung als Kläger (Abs. 2 UAbs. 2). Bei Eigenverwaltung (→ Art. 2 Rn. 4) gibt es keinen vom Schuldner bzw. dessen Organpersonen personenverschiedenen Verwalter. Die Gleichstellung des Schuldners in Eigenverwaltung mit dem Verwalter erfolgt in der euInsVO nicht pauschal, sondern jeweils im Sachzusammenhang (zB in Art. 76). Daher könnte man aus Abs. 2 UAbs. 1 den Schluss ziehen, nur einem Fremdverwalter stünden die dort normierten besonderen Gerichtsstände offen. Dem tritt **Abs. 2 UAbs. 2** entgegen. Danach stehen die besonderen Gerichtsstände aus UAbs. 1 auch dem eigenverwaltenden Schuldner zur Verfügung. 31

Die Norm setzt voraus, dass der **Schuldner in Eigenverwaltung** nach der lex fori concursus (Art. 7, 35) **Klage** für die Insolvenzmasse **erheben kann.**[100] Dies dürfte nach nationalem Recht zwar ohnehin meist der Fall sein (vgl. § 270 Abs. 1 S. 2 InsO iVm § 80 InsO), doch ist immerhin denkbar, dass bei Eigenverwaltung Klagebefugnisse nicht dem Schuldner, sondern nur einem Sachwalter oder anderem besonderem Inhaber eines privaten Amtes eingeräumt werden.[101] 32

---

95 Mankowski/Müller/Schmidt/*Mankowski* Rn. 34.
96 *Thole/Swierczok* ZIP 2013, 550 (553); *Garcimartín* ZEuP 2015, 694 (715).
97 Mankowski/Müller/Schmidt/*Mankowski* Rn. 38.
98 *Garcimartín* ZEuP 2015, 694 (714); Mankowski/Müller/Schmidt/*Mankowski* Rn. 39.
99 Mankowski/Müller/Schmidt/*Mankowski* Rn. 40; *Thole* IPRax 2017, 213 (216).
100 *Kindler/Sakka* EuZW 2015, 460 (463).
101 Mankowski/Müller/Schmidt/*Mankowski* Rn. 42.

33 **7. Örtliche Zuständigkeit.** Die örtliche Zuständigkeit richtet sich grundsätzlich nach dem Prozessrecht der lex fori conursus (Erwägungsgrund 26). Nach **Art. 102c § 6 Abs. 2 EGInsO** ist für Klagen nach Art. 6 Abs. 1, die nach Art. 6 Abs. 2 in Zusammenhang mit einer anderen zivil- oder handelsrechtlichen Klage gegen denselben Beklagten stehen, „auch" das Gericht örtlich zuständig, das für die andere zivil- oder handelsrechtliche Klage zuständig ist. Daneben besteht eine örtliche Zuständigkeit am Sitz des Insolvenzgerichts (Art. 102c § 6 Abs. 1 EGInsO; näher → EGInsO Art. 102c § 6 Rn. 1 ff.).

34 Anders liegt es bei **Klagen gegen mehrere Beklagte** (→ Rn. 27). Abs. 2 regelt insoweit zugleich auch die örtliche Zuständigkeit.[102] Abs. 2 Var. 2 hat Art. 8 Nr. 1 Brüssel Ia-VO zum Vorbild. Die hier angestrebte **Verfahrenskonzentration gegen alle Beklagten beim Wohnsitzgericht des Ankerbeklagten** ist nur zu erreichen, wenn zugleich die örtliche Zuständigkeit für die Klagen gegen andere Beklagten als den Ankerbeklagten geregelt ist.[103]

Vorbemerkung (Vor Art. 7 EuInsVO)

1 Die Art. 7, 11–14, 17–18 regeln als **Kollisionsnormen**[1] die Frage des anwendbaren Rechts im Internationalen Insolvenzrecht (Insolvenzkollisionsrecht, → Rn. 1 ff.). Diese Normen **verdrängen** die nationalen **IPR-Vorschriften.**[2] Dies folgt aus dem Anwendungsvorrang des Unionsrechts vor dem mitgliedstaatlichen Recht (→ EGBGB Art. 3 Rn. 45 ff.). Der Rom I-VO und der Rom II-VO geht die EuInsVO als lex specialis vor, soweit es um insolvenzrechtliche Fragen geht.[3]

2 Die Kollisionsnormen der EuInsVO sind durchweg **Sachnormverweisungen.**[4] Dies ergibt sich aus dem Wortlaut des Art. 7 Abs. 1. Dieser verweist explizit nur auf das „**Insolvenzrecht** des Mitgliedstaates, in dem das Verfahren eröffnet wird" und damit nur auf Sachnormen. Rück- und Weiterverweisungen durch das IPR der lex fori concursus sind daher unbeachtlich.[5]

3 **Art. 7** ist die **allgemeine Kollisionsnorm,** die auf die lex fori concursus verweist. In Ermangelung einer Verfahrenseröffnung kommt das Recht des Staates zur Anwendung, in dem ein Hauptinsolvenzverfahren hypothetisch zu eröffnen ist, dh das Recht am Mittelpunkt der hauptsächlichen Interessen des Schuldners (COMI).[6] Die **Art. 8–18** statuieren teilweise Ausnahmen zum lex-fori-Prinzip und verweisen auf das Recht eines anderen Staates. Teilweise enthalten sie auch Sachnormen, die in Einzelfällen, zB für im Ausland belegene Sicherungsrechte, die Insolvenzfestigkeit normieren. Dies geschieht aus Vertrauensschutzgesichtspunkten, zum Schutz der Rechtssicherheit und um die berechtigten Erwartungen des Rechtsverkehrs nicht zu enttäuschen (Erwägungsgrund 67). Diese Ausnahmevorschriften sind eng auszulegen.[7]

Art. 7 EuInsVO Anwendbares Recht

(1) Soweit diese Verordnung nichts anderes bestimmt, gilt für das Insolvenzverfahren und seine Wirkungen das Insolvenzrecht des Mitgliedstaats, in dessen Hoheitsgebiet das Verfahren eröffnet wird (im Folgenden „Staat der Verfahrenseröffnung").

(2) [1]Das Recht des Staates der Verfahrenseröffnung regelt, unter welchen Voraussetzungen das Insolvenzverfahren eröffnet wird und wie es durchzuführen und zu beenden ist. [2]Es regelt insbesondere:

a) bei welcher Art von Schuldnern ein Insolvenzverfahren zulässig ist;
b) welche Vermögenswerte zur Insolvenzmasse gehören und wie die nach der Verfahrenseröffnung vom Schuldner erworbenen Vermögenswerte zu behandeln sind;
c) die jeweiligen Befugnisse des Schuldners und des Verwalters;
d) die Voraussetzungen für die Wirksamkeit einer Aufrechnung;
e) wie sich das Insolvenzverfahren auf laufende Verträge des Schuldners auswirkt;
f) wie sich die Eröffnung eines Insolvenzverfahrens auf Rechtsverfolgungsmaßnahmen einzelner Gläubiger auswirkt; ausgenommen sind die Wirkungen auf anhängige Rechtsstreitigkeiten;

---

102 Mankowski/Müller/Schmidt/*Mankowski* Rn. 44.

103 Mankowski/Müller/Schmidt/*Mankowski* Rn. 44.

1 Insbes. in Bezug auf Art. 5 ist dies indes wegen des Wortlautes „wird […] nicht berührt" str. (→ Art. 5 Rn. 14 ff.).

2 *Lehr* KTS 2000, 579; *Virgós/Schmit* Rn. 87.

3 Näher *Kindler* IPRax 2009, 189 (192).

4 *Virgós/Schmit* Rn. 78.

5 *Leible/Staudinger* KTS 2000, 533 (549).

6 *Eidenmüller* NJW 2005, 1618 (1621).

7 So *Virgós/Schmit* Rn. 102 für Art. 5 EuInsVO 2000; ebenso *Huber* ZZP 114 (2001), 133 (155).

g) welche Forderungen als Insolvenzforderungen anzumelden sind und wie Forderungen zu behandeln sind, die nach der Eröffnung des Insolvenzverfahrens entstehen;
h) die Anmeldung, die Prüfung und die Feststellung der Forderungen;
i) die Verteilung des Erlöses aus der Verwertung des Vermögens, den Rang der Forderungen und die Rechte der Gläubiger, die nach der Eröffnung des Insolvenzverfahrens aufgrund eines dinglichen Rechts oder infolge einer Aufrechnung teilweise befriedigt wurden;
j) die Voraussetzungen und die Wirkungen der Beendigung des Insolvenzverfahrens, insbesondere durch Vergleich;
k) die Rechte der Gläubiger nach der Beendigung des Insolvenzverfahrens;
l) wer die Kosten des Insolvenzverfahrens einschließlich der Auslagen zu tragen hat;
m) welche Rechtshandlungen nichtig, anfechtbar oder relativ unwirksam sind, weil sie die Gesamtheit der Gläubiger benachteiligen.

Schrifttum: *Bachmann,* Das auf die insolvente Societas europaea (SE) anwendbare Recht, FS v. Hoffmann, 2011, 36; *Berner/Klöhn,* Insolvenzantragspflicht, Qualifikation und Niederlassungsfreiheit, ZIP 2007, 106; *Eidenmüller,* Gesellschaftsstatut und Insolvenzstatut, RabelsZ 70 (2006), 474; *Eidenmüller,* Geschäftsleiter- und Gesellschafterhaftung bei europäischen Auslandsgesellschaften mit tatsächlichem Inlandssitz, NJW 2005, 1618; *Fehrenbach,* Gläubigerschutz in der grenzüberschreitenden Gesellschaftsinsolvenz als Qualifikationsproblem, in Binder/Eichel, Internationale Dimensionen des Wirtschaftsrechts, 2013, 223; *Freitag/Korch,* Gedanken zum Brexit – Mögliche Auswirkungen im Internationalen Insolvenzrecht, ZIP 2016, 1849; *M.-Ph. Weller/Hübner,* Kornhaas und seine Auswirkungen auf insolvenznahe Haftungsinstrumente, FS Pannen, 2017, 259; *Kindler,* Zum Kollisionsrecht der Zahlungsverbote in der Gesellschaftsinsolvenz, IPRax 2010, 430; *Kuntz,* Die Insolvenz der Limited mit deutschem Verwaltungssitz – EU-Kapitalgesellschaft in Deutschland nach „Inspire Art", NZI 2005, 424; *Kuntz,* Kollisionsrechtliche Probleme der Restrukturierung von Kapitalgesellschaften im Insolvenzplanverfahren in der Europäischen Union – insbesondere der Debt-to-Equity-Swap –, ZGR 2014, 649; *Mock/Westhoff,* Verwendung ausländischer Kapitalgesellschaften bei Unternehmensakquisitionen, DZWiR 2004, 23; *D. Paulus,* Außervertragliche Gesellschafter- und Organwalterhaftung im Lichte des Unionskollisionsrechts, 2013; *Schall,* Englischer Gläubigerschutz bei der Limited in Deutschland, ZIP 2005, 965; *Weller,* Einschränkung der Gründungstheorie bei missbräuchlicher Auslandsgründung?, IPRax 2003, 520; *Zimmer,* Nach „Inspire Art": Grenzenlose Gestaltungsfreiheit für deutsche Unternehmen?, NJW 2003, 3585.

Übersicht

I. Art. 7 als allgemeine Kollisionsnorm; Gleichlaufprinzip

1 Art. 7 entspricht im Wortlaut unverändert Art. 4 EuInsVO 2000. Art. 7 ist eine **Sachnormverweisung** (→ Vor Art. 7 Rn. 2), dh sie verweist nicht auf die Normen des Internationalen Privatrechts des anderen Staates. Die Folge dessen ist, dass nicht durch das andere IPR ein Renvoi, dh eine Weiter- oder Rückverweisung angenommen werden kann.[1] Durch das in Art. 7 verankerte **lex fori-Prinzip** erreicht die EuInsVO zudem einen Gleichlauf von internationaler Zuständigkeit und anwendbarem Recht. Prozessökonomie und Rechtssicherheit werden so gefördert.[2]

2 Aus der Stellung des Art. 7 im Kapitel I der „Allgemeinen Bestimmungen" ergibt sich, dass die Bestimmung nicht nur auf das Hauptinsolvenzverfahren, sondern auch auf unabhängige sowie sekundäre Partikularinsolvenzverfahren Anwendung findet (vgl. auch Erwägungsgrund 66).[3]

II. Die Generalklausel des Abs. 1

3 **1. Anknüpfungsgegenstand: das Insolvenzverfahren und seine Wirkungen.** Wie jeder Tatbestand einer Kollisionsnorm[4] (→ Einl. IPR Rn. 56 ff.) besteht auch der des Art. 7 Abs. 1 aus einem Anknüpfungsgegenstand und einem Anknüpfungsmoment. Anknüpfungsgegenstand ist „das Insolvenzverfahren und seine Wirkungen", Anknüpfungsmoment der „Staat der Verfahrenseröffnung" bzw. in Ermangelung einer Verfahrenseröffnung das schuldnerische COMI (→ Vor Art. 7 Rn. 3).

4 In Bezug auf den Anknüpfungsgegenstand ist bei der Qualifikation zu fragen, ob der jeweilige Sachverhalt unter den Systembegriff **„Insolvenzverfahren und seine Wirkungen"** zu subsumieren ist. Dabei ist dieser Systembegriff autonom auszulegen,[5] ergänzt durch eine funktionelle Betrachtungsweise (→ Einl. IPR Rn. 126 ff.).[6] Berücksichtigung finden sowohl das Ordnungsziel der Kollisionsnorm als auch der Zweck der jeweiligen Sachnorm (funktionell-teleologische Betrachtungsweise der Sachnorm).[7] Die Ordnungsziele der Kollisionsnorm des Art. 7 ergeben sich zunächst generell aus der Berufung des Rechts des Gerichtsstaates **(lex fori concursus).** Allgemein verfolgt die lex fori das Ziel der **Neutralität,**[8] der **Praktikabilität,**[9] der **Vermeidung von Widersprüchen** in der Rechtsanwendung[10] und dem damit verbundenen **Entscheidungseinklang**[11] und der **Rechtssicherheit,**[12] sowie der **Prozessökonomie.**[13] Vorteilhaft ist ferner, dass die einheitliche

---

[1] Zum kollisionsrechtlichen Charakter von Art. 7 s. EuGH ECLI:EU:C:2024:331 Rn. 54 = NZI 2024, 508 – Air Berlin Spanien; EuGH ECLI:EU:C:2012:739 Rn. 47 = NZI 2013, 106 – Bank Handlowy; dazu *Jopen* EWiR 2013, 173; *Mansel/Thorn/Wagner* IPRax 2014, 1 (22); *Koller* IPRax 2014, 490; *Paulus* Rn. 3.

[2] Mankowski/Müller/Schmidt/*Müller* Rn. 3.

[3] EuGH ECLI:EU:C:2021:963 = BeckRS 2021, 35959 Rn. 25 – Alpine Bau; dazu *Mansel/Thorn/Wagner* IPRax 2022, 97 (137 f.); *J. Schmidt* BB 2022, 1859 (1874); *Leonhardt/Smid/Zeuner* EuInsVO 2000 Art. 4 Rn. 1; *Virgós/Schmit* Rn. 89.

[4] *v. Hoffmann/Thorn* IPR § 4 Rn. 4; *Kegel/Schurig* IPR § 6 II.

[5] EuGH ECLI:EU:C:2012:739 Rn. 36 = NZI 2013, 106 – Bank Handlowy; Mankowski/Müller/Schmidt/*Müller* EuInsVO Einl. Rn. 36.

[6] *v. Hoffmann/Thorn* IPR § 6 Rn. 27.

[7] Zutr. *v. Hoffmann/Thorn* IPR § 6 Rn. 30; vgl. auch *Kindler* NZG 2003, 1086 (1090).

[8] *v. Hoffmann/Thorn* IPR § 3 Rn. 7 f.

[9] *Geimer* IZPR Rn. 322; *v. Hoffmann/Thorn* IPR § 3 Rn. 7 f.; *Rauscher* IPR 100; *Schack* IZVR Rn. 48.

[10] *Rauscher* IPR 100.

[11] *Linke* IZPR Rn. 33; Duursma-Kepplinger/Duursma/Chalupsky/*Duursma-Kepplinger* EuInsVO 2000 Art. 4 Rn. 9.

[12] *Nagel/Gottwald* IntZivilProzR § 1 Rn. 41.

[13] *Nagel/Gottwald* IntZivilProzR § 1 Rn. 41.

Anwendung[14] des Rechts der Verfahrenseröffnung zu einer Gleichbehandlung der Parteien führt.[15] Es werden hierdurch Kosten gespart,[16] eine effiziente Prozessführung wird gewährleistet[17] und es wird vermieden, dass der zuständige Richter ein Recht anwendet, mit dem er selbst nicht vertraut ist.[18]

Die international-insolvenzrechtliche Kollisionsnorm verfolgt speziell die Ziele der **Verhinderung des forum shopping** (Erwägungsgrund 5) durch die einheitliche Berufung der lex fori concursus und der Gewährleistung der unionsweiten Gläubigergleichbehandlung. Die gleichbleibende und von der Vermögensbelegenheit unabhängige Berufung des Rechts der Verfahrenseröffnung bewirkt, dass eine **Vermögensverschiebung** von einem Mitgliedstaat in einen anderen auf die Anwendung des Rechts **keinen Einfluss** hat. In Art. 7 Abs. 2 S. 2 zählt die EuInsVO Regelbeispiele auf, für die die lex fori concursus anzuwenden ist. Wie sich aus der Formulierung „insbesondere" ergibt, ist diese Auflistung nicht abschließend.[19] Die Regelbeispiele beziehen sich sowohl auf prozess-rechtliche als auch materiell-rechtliche Wirkungen. Daraus lässt sich ableiten, dass das Insolvenzstatut beide Aspekte umfasst (Erwägungsgrund 66).[20] Hieraus ist wiederum zu schließen, dass der Verordnungsgeber gezielt die lex fori concursus zur Anwendung kommen lässt, um Qualifikationsprobleme im Schnittfeld des materiellen zum formellen Insolvenzrechts zu vermeiden und hierdurch die Rechtssicherheit zu fördern.[21] 5

2. Teleologische Leitlinien der Abgrenzung des Insolvenzstatuts (insbesondere zum Gesellschaftsstatut). Die teleologische Betrachtung ist naturgemäß auch bei der Bestimmung der Reichweite des Insolvenzstatuts (Art. 7, 35) vorzunehmen. Dabei muss man gleichermaßen die **Ordnungsziele der Kollisionsnorm** wie auch den **Zweck der jeweiligen Sachnorm,** um deren Qualifikation es geht, berücksichtigen.[22] Die vorgenannten Ziele der Kollisionsnorm des Art. 7 sprechen für eine **weite Auslegung** des Systembegriffs **„Insolvenzverfahren und seine Wirkungen",** und zwar im Gleichlauf mit der verfahrensrechtlichen Qualifikation (→ Art. 6 Rn. 8). **Qualifikationszweifel** sind **zugunsten des Insolvenzstatuts zu lösen.**[23] Bestätigt wird dies noch durch den Erläuternden Bericht.[24] Im Einzelnen: 6

Zunächst zu den **Ordnungszielen der Kollisionsnorm:** Die in Art. 7, 35 vorgenommene lex fori-Anknüpfung verfolgt zunächst die jeder lex fori-Anknüpfung eigenen Regelungsziele. Es sind dies – soweit es um Insolvenzverfahrensrecht geht – die Berücksichtigung der öffentlich-rechtlichen Natur der Verfahrensvorschriften, der Gedanke der Neutralität des Verfahrensrechts und die Praktikabilität.[25] Hinsichtlich des materiellen Insolvenzrechts kommen hinzu: das Bestreben nach der Vermeidung von Widersprüchen in der Rechtsanwendung durch Gerichte desselben Staates und – hier – des europäischen Justizraums; der Entscheidungseinklang, die Rechtssicherheit und der Gedanke der Prozessökonomie (Anwendung des dem Gericht vertrauten heimischen Rechts).[26] Der international-insolvenzrechtlichen lex fori-Anknüpfung geht es speziell darum, ein Forumshopping durch Vermögensverschiebungen innerhalb der Union zu verhindern (Erwägungsgrund 5) und unionsweit die Gleichbehandlung aller Gläubiger ein und desselben Schuldners zu sichern. Diese Ziele sprechen für ein **weites Verständnis des Insolvenzstatuts,** wie dies iÜ auch der Erläuternde Bericht bestätigt (dazu auch → IntGesR Rn. 441, → IntGesR Rn. 668).[27] Aufschlussreich ist dieser Bericht insbesondere im Hinblick auf die in Art. 7 angesprochenen Wirkungen des Insolvenzverfahrens: Hier geht es um alle Wirkungen, die notwendig sind, damit das Insolvenzverfahren seinen 7

---

14 *Rauscher* IPR 100.

15 *Schack* IZVR Rn. 39 ff.

16 *Schack* IZVR Rn. 48.

17 *v. Bar/Mankowski* IPR I § 5 Rn. 78.

18 *Schack* IZVR Rn. 48.

19 So fällt zB auch die Verwaltervergütung – selbstverständlich – unter das Insolvenzstatut: High Court London RIW 2007, 452; ebenso *Mock* FS Haarmeyer, 2013, 157 (167 f.), auch zu weiteren Fragen der Vergütung des Insolvenzverwalters in grenzüberschreitenden Insolvenzverfahren.

20 *Hausmann* in Reithmann/Martiny IntVertragsR Rn. 6.689 unter Hinweis darauf, dass im Insolvenzverfahren die prozess- und materiellrechtlichen Aspekte enger miteinander verbunden seien als im normalen Zivilverfahren; *Virgós/Schmit* Rn. 90.

21 *Leible/Staudinger* KTS 2000, 533 (550).

22 Vgl. nur *v. Hoffmann/Thorn* IPR § 6 Rn. 27, 30.

23 BGH NJW 2011, 3784 Rn. 43; *Schack* IZVR Rn. 1272; nur Art. 1 ist eng auszulegen: EuGH ECLI:EU:C:2009:544 Rn. 25 = RIW 2009, 798 – German Graphics; dazu *Mankowski* NZI 2010, 508; *Korherr,* Funktional-teleologische Qualifikation und Gläubigerschutz, 2019, 127.

24 *Virgós/Schmit* Rn. 90; anders BGH NZI 2021, 739 Rn. 21 mwN.

25 Vgl. wieder *v. Hoffmann/Thorn* IPR § 3 Rn. 6 ff.

26 Vgl. zum Ganzen nur *Schack* IZVR Rn. 43 ff.

27 *Virgós/Schmit* Rn. 90.

Zweck erfüllt.[28] Wie der EuGH-Generalanwalt im Verfahren zur französischen Geschäftsleiterhaftung (→ Rn. 76 ff.) herausgestellt hat, kann in Anwendung dieser Kriterien durchaus ein nach allgemeinem Recht bestehender Anspruch insolvenzrechtlich eingestuft werden, wenn er durch das Insolvenzrecht eine entscheidende Modifizierung erfährt, so dass sich die Feststellung eines insolvenzrechtlichen Gesamtgepräges geradezu aufdrängt.[29]

8 Schließlich ist bei der Eingrenzung des Anknüpfungsgegenstands auch das Anknüpfungsmoment zu berücksichtigen.[30] Anknüpfungsmoment ist der „Staat der Verfahrenseröffnung". Welcher Staat das Verfahren eröffnet, hängt von der internationalen Zuständigkeit und damit nach Art. 3 Abs. 1 S. 1 für das Hauptverfahren von dem Schwerpunkt der hauptsächlichen Interessen des Schuldners (COMI) ab. Dabei handelt es sich um ein weitgehend manipulationsresistentes Merkmal, das geeignet ist, ein forum shopping zu verhindern oder jedenfalls beträchtlich zu erschweren.[31] Außerdem gelangt so das Recht zur Anwendung, in dessen Staat der Schwerpunkt des Rechtsverhältnisses liegt (engste Verbindung).[32] Auch diese Erwägungen sprechen dafür, das **Insolvenzstatut weit** zu fassen.

9 Wenngleich nicht alle insolvenzrechtlich eingefärbten Sachverhalte unter das „Insolvenzverfahren und seine Wirkungen" zu subsumieren sind,[33] so erfasst das Insolvenzstatut aber wenigstens **insolvenztypische Sachverhalte.**[34] Typisch insolvenzrechtliche Wirkungen sind solche, die **notwendig** sind, **damit das Insolvenzverfahren seinen Zweck erfüllt.**[35] Im Einzelfall kann es zu **Qualifikationsproblemen** kommen. Dass ist dann der Fall, wenn ein Sachverhalt sich unter mehrere Kollisionsnormen gleichzeitig subsumieren lässt, weil die Sachnorm **mehrere Zwecke gleichrangig** verfolgt.[36] In derartigen Fällen ist an eine Doppel- oder **Mehrfachqualifikation** zu denken.[37]

10 Welche Sachnormen verfolgen nun eher insolvenzrechtliche Regelungsziele, welche eher die anderer Statute? Hauptsächliches Regelungsanliegen des Insolvenzrechts ist die **gemeinschaftliche Befriedigung der Gläubiger.**[38] Damit ist zweierlei gesagt: Es geht um die **Verwirklichung der Haftung** des Insolvenzschuldners, dh der Gesellschaft, gegenüber ihren Gläubigern. Und es geht um **Verteilungsgerechtigkeit** *innerhalb* der Gruppe der Gesellschaftsgläubiger in der Insolvenz. Dem Insolvenzrecht kommt im Rahmen der freien Marktwirtschaft darüber hinaus die Funktion zu, lebensuntüchtige und wettbewerbsunfähige Mitbewerber aus dem Wirtschaftsleben zu eliminieren **(Reinigungsfunktion),** um so zu verhindern, dass auch noch weitere Wirtschaftsteilnehmer als Gläubiger der insolventen Gesellschaft ihrerseits Insolvenz anmelden müssen.[39]

11 Demgegenüber regelt etwa das Gesellschaftsrecht in einem umfassenderen Sinne die Innen- und Außenbeziehungen von privatrechtlichen Verbänden; nach der bekannten Formel des BGH bestimmt das Gesellschaftsstatut, unter welchen Voraussetzungen die juristische Person entsteht, lebt und vergeht (→ IntGesR Rn. 6).[40] Es geht um das „Beziehungsdreieck" Gesellschafter – Verwaltung – Gläubiger,[41] was in Art. 50 Abs. 2 lit. g AEUV noch weiter dahin vereinfacht wird, die Niederlassungsfreiheit erfordere die Koordinierung von Schutzbestimmungen im Interesse der Gesellschafter und Dritter.

12 Schon das – gescheiterte – Übereinkommen über die gegenseitige Anerkennung von Gesellschaften und juristischen Personen vom 29.2.1968 (→ IntGesR Rn. 99) zeigte, dass jedenfalls die

---

[28] *Virgós/Schmit* Rn. 90.

[29] EuGH ECLI:EU:C:1979:49 = RIW 1979, 273 = KTS 1979, 268 – Gourdain.

[30] *v. Bar/Mankowski* IPR I § 7 Rn. 176.

[31] Zu den dennoch gegebenen Möglichkeiten einer „Insolvenzrechtsarbitrage" durch COMI-Verlegung s. *Weller* FS Blaurock, 2013, 497 (506 ff.); *Weller* ZGR 2008, 835.

[32] *Hanisch* FS Jahr, 1993, 455 (458).

[33] Duursma-Kepplinger/Duursma/Chalupsky/*Duursma-Kepplinger* EuInsVO 2000 Art. 4 Rn. 6; *Ulmer* KTS 2004, 291 (296) betont, dass man aus der Formulierung „Insolvenzverfahren und seine Wirkungen" sowohl eine weite als auch eine enge Auslegung entnehmen könne.

[34] *Hanisch* FS Jahr, 1993, 455 (460) weist zutr. darauf hin, dass man trefflich darüber streiten könne, was unter „insolvenztypisch" zu verstehen sei.

[35] *Virgós/Schmit* Rn. 90; EuGH ECLI:EU:C:2013:674 Rn. 17 f. = BeckRS 2013, 82083 = IPRax 2014, 528 m. Aufs. *Kindler* IPRax 2014, 486 – OTP.

[36] *Kindler* NZG 2003, 1086 (1090); *Kindler* FS Jayme, 2004, 409 (410).

[37] *Kindler* NZG 2003, 1086 (1090).

[38] Vgl. im deutschen Recht § 1 S. 1 InsO; im britischen Recht („*pari passu* principle") *Finch,* Corporate Insolvency Law, 2002, 421 ff.; in Frankreich Art. 622-29 Code de commerce 2000; in Italien Art. 52 und 111 Legge fallimentore/Art. 151 Codice della crisi. Vgl. zum Auslandsrecht die Länderberichte in Kindler/Nachmann/Bitzer (Hrsg.), Handbuch Insolvenzrecht in Europa, Stand Mai 2020 (beck-online).

[39] MüKoInsO/*Stürner* Einl. Insolvenzrecht Rn. 3.

[40] BGHZ 25, 134 (144) = NJW 1957, 1433.

[41] So anschaulich *Zimmer* IntGesR 132.

Rechts-, Geschäfts- und Handlungsfähigkeit dem Gesellschaftsstatut unterliegt (Art. 6 des Übereinkommens).

13 Auch dem **EU-Sekundärrecht (Art. 288 AEUV)** lassen sich Anhaltspunkte dafür entnehmen, welche Normzwecke das Gesellschaftsrecht verfolgt. Paradigmatisch ist die Umschreibung der Materie Gesellschaftsrecht in der Anwendungsausschlussklausel der Rom I-VO. In Art. 1 Abs. 2 lit. f Rom I-VO sind über die gerade genannten Bereiche hinaus als weitere gesellschaftsrechtliche Fragen noch die Errichtung der Gesellschaft, ihre innere Verfassung, ihre Auflösung sowie die Gesellschafter- und die Organhaftung für die Verbindlichkeiten der Gesellschaft aufgeführt. Die SE-VO (→ IntGesR Rn. 74 ff.) regelt unter anderem die Gründung der Gesellschaft (Art. 15 ff. SE-VO) – und in diesem Zusammenhang die Handelndenhaftung (Art. 16 Abs. 2 SE-VO) –, die Organisationsverfassung (Art. 38 ff. SE-VO zum „Aufbau") einschließlich der allgemeinen Schadensersatzhaftung der Organmitglieder gegenüber der Gesellschaft aus Sorgfaltspflichtverstößen (Art. 51 SE-VO) und die Beendigung der Gesellschaft (Art. 63 ff. SE-VO).

III. Die Regelbeispiele des Abs. 2

14 Art. 7 Abs. 2 S. 2 enthält eine nicht abschließende („insbesondere"), klarstellende Beispielliste der Fälle, in denen die lex fori concursus zur Anwendung gelangen soll.[42] Wenn ein Rechtsinstitut dort nicht aufgeführt ist, erlaubt dies nicht den Gegenschluss dahin, dass eine insolvenzrechtliche Qualifikation ausscheide.[43] So unterliegen dem Insolvenzstatut zB auch die **Vergütung** des Verwalters[44] und die Befugnis zur **Anordnung vorläufiger Maßnahmen.**[45] Das Insolvenzstatut bestimmt auch darüber, ob eine ausländische juristische Person in die **Vorauswahlliste** für Insolvenzverwalter aufgenommen werden kann (im deutschen Recht § 56 InsO iVm Art. 102a EGInsO).[46]

15 **1. Art der Schuldner (lit. a).** Nach dem Recht des Eröffnungsstaates zu beurteilen ist zunächst die Frage, bei „welcher Art von Schuldnern ein Insolvenzverfahren zulässig ist". Gemeint ist damit die **Insolvenzfähigkeit,**[47] worüber in den Mitgliedstaaten teils sehr unterschiedliche Regeln vorliegen.[48] So folgen die **romanischen Rechtsordnungen** häufig dem Prinzip des **Kaufmannskonkurses.** Das Insolvenzstatut beantwortet daher etwa die Frage, ob sich wie in Frankreich die Insolvenzfähigkeit bei dem Verfahren nach Art. L. 620-1 ff. Code de Commerce auf juristische Personen und natürliche Personen, die die Kaufmannseigenschaft aufweisen, beschränkt (Art. 620-2 Abs. 1 L. Code de Commerce).[49] In Italien beispielsweise sind Kleinunternehmer nicht insolvenzfähig (Art. 1 Legge Fallimentare).[50] Die deutsche Insolvenzordnung schließt juristische Personen des öffentlichen Rechts von der Insolvenzfähigkeit aus (§ 12 InsO), das belgische Insolvenzrecht lässt keinen Privatkonkurs zu[51] (→ Rn. 55 f.). Aus deutscher Sicht sind **Scheinauslandsgesellschaften** als deutsche Personengesellschaft insolvenzfähig.[52]

16 Das Insolvenzstatut bezieht sich sowohl auf das Hauptverfahren als auch auf das Partikularverfahren (Art. 7, 35). Die Unterschiede hinsichtlich der Insolvenzfähigkeit und die Anknüpfung an den Gerichtsort (Art. 7 Abs. 1) können dazu führen, dass in dem Mitgliedstaat des hautsächlichen Interessenmittelpunktes das Hauptinsolvenzverfahren über das Vermögen eines Ausländers eröffnet wird,

---

42 Zum nicht abschließenden Charakter der Aufzählung EuGH ECLI:EU:C:2016:841 Rn. 21 = NZI 2016, 959 mAnm *Mankowski* = FD-InsR 2016, 384013 mAnm *Tashiro* = NJW 2017, 144 mAnm *Strickler* – ENEFI; dazu *Hübler* NZI 2016, 990 (992 f.); *Riedemann* EWiR 2017, 177; MüKoInsO/*Reinhart* EuInsVO 2000 Art. 4 Rn. 2; *Virgós/Schmit* Rn. 91.

43 Unrichtig *Spindler/Berner* RIW 2004, 7 (12) Fn. 53.

44 High Court London RIW 2007, 452 *(Vorpeil); Mock* FS Haarmeyer, 2013, 157 (167 f.), auch zu weiteren Fragen der Vergütung des Insolvenzverwalters in grenzüberschreitenden Insolvenzverfahren.

45 BGH EWiR 2008, 181.

46 AG Mannheim NZI 2016, 417 = EWiR 2016, 249 m. Kurzkomm. *Mankowski;* näher *Vallender* ZIP 2011, 454.

47 AG Saarbrücken ZIP 2005, 2027; ferner AG Hamburg NZI 2003, 442 (443) mAnm *Mock/Schildt* NZI 2003, 444.

48 Vgl. die Länderberichte in Kindler/Nachmann/Bitzer (Hrsg.), Handbuch Insolvenzrecht in Europa, Stand Mai 2020 (beck-online).

49 Seit 1985 findet das Verfahren auch Anwendung auf Handwerker und seit 1988 auf Landwirte, vgl. zur geschichtlichen Entwicklung *Guyon,* Droit des Affaires II, Nr. 1093. Das Sanierungsverfahren für Privatleute nach Art. L 331-1 ff. Code de Consommation, das 1989 eingeführt wurde, stellt dagegen kein echtes Kollektivverfahren dar, vgl. *Sonnenberger/Autexier,* Einführung in das französische Recht, 3. Aufl. 2000, Nr. 145, 149.

50 Zur Insolvenzfähigkeit von Kleinunternehmern vgl. MüKoInsO/*Santonocito-Pluta/Mare-Ehlers* Italien Rn. 14; *Kindler,* Italienisches Handels- und Wirtschaftsrecht, 2. Aufl. 2014, § 6 Rn. 3.

51 MüKoInsO/*Vermeylen/Goldschmidt* Belgien Rn. 9.

52 *Freitag/Korch* ZIP 2016, 1849 (1852).

der nach dem Recht seines Herkunftsstaates selbst nicht insolvenzfähig ist. Hat er in seinem Herkunftsstaat eine Niederlassung, so scheitert die Eröffnung des Sekundärinsolvenzverfahrens an der Insolvenzfähigkeit. Die Konsequenz ist dann, dass der Herkunftsstaat trotz des Umstandes, dass der Schuldner dort nicht insolvenzfähig ist, die Eröffnung des Hauptverfahrens mit deren universeller Wirkung anzuerkennen hat (Art. 19 Abs. 1 UAbs. 2). Andererseits lässt Art. 3 Abs. 4 lit. a unabhängige Partikularverfahren zu, wenn eine Eröffnung des Hauptinsolvenzverfahrens nicht möglich ist, weil die hierfür erforderlichen Voraussetzungen des COMI-Staates nicht erfüllt sind. Liegt also etwa der Interessenmittelpunkt einer natürlichen Person ohne Kaufmannseigenschaft in Frankreich, kann dort das Hauptinsolvenzverfahren nicht eröffnet werden (Art. 7 Abs. 2 S. 2 lit. a, Art. 620-2 Abs. 1 L. Code de Commerce). Wenn aber in Deutschland eine Niederlassung vorhanden ist, so ist hier bei Vorliegen der übrigen Voraussetzungen nach Art. 3 Abs. 2, 4 lit. a zumindest die Eröffnung eines unabhängigen Partikularinsolvenzverfahrens möglich, das dann das in Deutschland belegene Vermögen erfasst.

17 **2. Zugehörigkeit von Vermögenswerten zur Masse und Art und Weise der Behandlung der nach der Verfahrenseröffnung erworbenen Vermögenswerte (lit. b).** Weiterhin beurteilt sich nach der lex fori concursus, welche Vermögenswerte zur Masse gehören und wie die nach der Verfahrenseröffnung vom Schuldner erworbenen Vermögenswerte zu behandeln sind (lit. b). Gemeint ist damit die **Reichweite des Vermögensbeschlags,** wobei die **Vorfrage** der Eigentümerstellung des Schuldners selbstständig anzuknüpfen ist;[53] insoweit kommt Art. 43 EGBGB zur Anwendung.

18 **Massebildung:** Zunächst beurteilt sich nach der lex fori concursus, welche Vermögensgegenstände in die Insolvenzmasse fallen und welche nicht. Dazu gehört auch, ob ein Teilgesellschaftsvermögen als getrennte Insolvenzmasse zu behandeln ist (zB nach § 132 Abs. 1 S. 6 KAGB; Art. 2447bis–2447^{decies} c.c. Italien zu den „patrimoni destinati").[54] Ob eine **Altersrente** pfändbar ist und damit zur Masse gehört, richtet sich ebenfalls nach dem Insolvenzstatut.[55] Da das Recht des jeweiligen Eröffnungsstaates zur Anwendung kommt (Art. 7, 35), ist auch eine **unterschiedliche Beurteilung der Massezugehörigkeit desselben Gegenstandes in Haupt- und Partikularinsolvenzverfahren** über denselben Schuldner nicht ausgeschlossen. Zu beachten ist, dass nach Art. 15 eine einheitliche Regelung dahingehend getroffen wird, dass gewerbliche Schutzrechte wie das europäische Patent mit einheitlicher Wirkung oder die Unionsmarke niemals in die Sekundärmasse sondern immer nur in die des Hauptverfahrens fallen können. Streitig ist, ob die lex fori concursus auch über die Massezugehörigkeit von Gegenständen entscheiden soll, die nach dem Recht des Belegenheitsstaates **unpfändbar** erworben worden sind. Teilweise wird hier im Schrifttum ein Vorrang des Belegenheitsrechts angenommen. Eine solche Sonderanknüpfung ist indes abzulehnen, weil der Verordnungsgeber Art. 7 bewusst weit gefasst hat und alle Ausnahmeregelungen in den Art. 8–18 explizit bezeichnet hat. Sie sind daher restriktiv auszulegen,[56] weshalb es für den **Pfändungsschutz** beim **Insolvenzstatut** bleibt.[57]

19 **Neuerwerb:** Das Recht des Eröffnungsstaates beantwortet schließlich die Frage nach der Behandlung von Vermögenswerten, die nach der Verfahrenseröffnung erworben wurden. Dabei ist jedoch auf eine ggf. eingreifende Sonderanknüpfung nach Art. 8 und Art. 10 zu achten.

20 **3. Befugnisse von Schuldner und Verwalter (lit. c).** Vom Insolvenzstatut erfasst werden ferner die Befugnisse des Schuldners und des Verwalters. Bezüglich der **Befugnisse des Schuldners** ist die Ausnahmekollisionsregelung des Art. 17 hervorzuheben. Danach beurteilt sich die Wirksamkeit der dort genannten Rechtshandlungen nicht nach der lex fori concursus, sondern nach der lex rei sitae oder bei unbeweglichen, eintragungspflichtigen Sachen der lex libri siti beurteilt. Ratio dieser Abweichung vom Recht des Eröffnungsstaates ist der Schutz Dritter, die nach Eröffnung des Insolvenzverfahrens gegen Entgelt vom Schuldner bestimmte Vermögensgegenstände erworben

---

[53] BGH BeckRS 2017, 120468 Rn. 18 = IPRax 2018, 430 m. Aufs. *Piekenbrock* IPRax 2018, 392.

[54] Näher hierzu *Bader,* Die Bildung von Sondervermögen als rechtspolitische Alternative zu Spartenaktien. – Eine rechtsvergleichende Untersuchung vor dem Hintergrund der italienischen Gesellschaftsrechtsreform 2003/04, 2005; *Kindler* ZEuP 2012, 72 (80 f.); *Kindler/Bader* RIW 2004, 29 ff.; *Balzarini/Strampelli* Riv. soc. 2012, 78; zur konkursrechtlichen Behandlung *Kindler,* Italienisches Handels- und Wirtschaftsrecht, 2. Aufl. 2014, § 6 Rn. 40.

[55] BGH NJW-RR 2017, 1080 = IPRax 2018, 427 m. Aufs. *Piekenbrock* IPRax 2018, 392.

[56] *Schack* IZVR Rn. 1272; so iErg auch EuGH ECLI:EU:C:2016:804 = NZI 2016, 1011 mAnm *Fritz* = BeckRS 2016, 82539 Rn. 25 – Senior Home; aA *Paulus* NZI 2001, 505 (510); *Trunk* IntInsR 134 ff.

[57] BGH NJW-RR 2017, 1080 Rn. 10 ff. = IPRax 2018, 427 m. Aufs. *Piekenbrock* IPRax 2018, 392; LG Traunstein NZI 2009, 818 m. Aufs. *Mankowski* NZI 2009, 785; *Paulus* Rn. 24.

haben, ferner der Schutz des Geschäftsverkehrs und des Vertrauens in die Systeme der öffentlichen Bekanntmachung.[58]

Die **Befugnisse des Verwalters** richten sich grundsätzlich ebenfalls nach dem Recht des Eröffnungsstaates.[59] Anzuwenden sind daher § 80 InsO bzw. die funktionsgleichen ausländischen Vorschriften; diese können auch – wie das englische Recht – einen **Eigentumsübergang auf den Verwalter** vorsehen.[60] Folgerichtig ermächtigt Art. 21 Abs. 1 den Verwalter zur Ausübung seiner nach der lex fori concursus bestehenden Befugnisse auch im Gebiet eines anderen Mitgliedstaates. Eine Ausnahmereglung trifft insoweit Art. 21 Abs. 3. Nach S. 1 hat der Verwalter bei der Ausübung seiner Befugnisse das Recht des Mitgliedstaates zu beachten, in dessen Gebiet er handeln will, insbesondere hinsichtlich der Art und Weise der Verwertung des Gegenstandes der Masse. Beispielsweise muss der Verwalter die Arbeitnehmerschutzbestimmungen respektieren, die das Recht des Staates, in dem er tätig wird, vorsieht. Möchte er Vermögensgegenstände aus einem Mitgliedstaat, der nicht Eröffnungsstaat ist, in einen anderen Mitgliedstaat verbringen, so muss dieses Verhalten im Einklang mit den Vorschriften über den freien Güterverkehr stehen.[61] Art. 21 Abs. 3 S. 2 untersagt ihm ferner die Anwendung von Zwangsmitteln und die Entscheidung von Rechtsstreitigkeiten oder anderer Auseinandersetzungen. Will der Verwalter dort dennoch etwa Zwangsmittel ergreifen, so bedarf es einer Einschaltung der Behörden des Staates, in dem er tätig werden möchte.[62] Eine weitere Einschränkung der Geltung der lex fori concursus für die Verwalterbefugnisse sieht Art. 21 Abs. 2 vor. Hieraus ergibt sich, dass der Verwalter des Hauptverfahrens in dem Staat keine Befugnisse hat, in dem ein Sekundärinsolvenzverfahren eröffnet worden ist; hierdurch wird also der Aktionsradius des Hauptverwalters begrenzt.[63] 21

4. Voraussetzungen für die Wirksamkeit einer Aufrechnung (lit. d). Auch die Voraussetzungen für die Wirksamkeit einer Aufrechnung richten sich nach dem Recht des Staates der Insolvenzverfahrenseröffnung. Dies erfordert eine **Abgrenzung des Insolvenzstatuts zum Aufrechnungsstatut.** Sie erfolgt dahin, dass nach dem **Insolvenzstatut** die **Zulässigkeit der Aufrechnung** in der Insolvenz zu beurteilen ist.[64] Welche Teilaspekte zur „Zulässigkeit der Aufrechnung" gehören, ist streitig. Ein Ansatz will zwischen materiell-rechtlichen und insolvenzrechtlichen Voraussetzungen trennen. Andere Autoren halten dafür, generell die Aufrechnungsvoraussetzungen dem Insolvenzstatut zu unterstellen. Die im Vordringen befindliche Mindermeinung[65] unterscheidet danach, ob die Aufrechnungsvoraussetzungen insolvenzrechtlicher oder materiellrechtlicher Natur sind. Dem Insolvenzstatut sollen nur dann die insolvenzrechtlichen Voraussetzungen und -verbote unterfallen. Eine typisch insolvenzrechtliche Aufrechnungsvoraussetzung stellt dabei etwa die nach dem französischen Recht bestehende Pflicht dar, die Aufrechnungsforderung fristgerecht anzumelden.[66] Demgegenüber seien die materiellrechtlichen Aufrechnungsvoraussetzungen und -verbote dem Aufrechnungsstatut zu unterstellen, dh dem Statut der Passivforderung (Art. 12 Abs. 1 lit. d Rom I-VO, Art. 17 Rom I-VO). 22

Dieser differenzierten Betrachtungsweise ist nicht zu folgen. Sie beruft sich zunächst auf den Wortlaut des Art. 7 Abs. 1, wonach unter das Insolvenzstatut das „Insolvenzverfahren und seine Wirkungen" fallen.[67] Aus dem Wortlaut der Vorschrift lässt sich indes wohl kein eindeutiger Schluss ziehen, denn in Art. 7 Abs. 2 S. 2 lit. d werden unterschiedslos alle „Voraussetzungen und die Wirksamkeit einer Aufrechnung" der lex fori concursus zugeordnet. Die Bestimmung ist bewusst weit gefasst und lässt keinerlei Rückschluss darauf zu, dass nur insolvenztypische Aufrechnungserfordernisse der lex fori concursus zu unterstellen sind.[68] 23

Ferner ist auch hier zu berücksichtigen, dass der Verordnungsgeber in Art. 8–18 eine Reihe von Ausnahmen zur Grundsatzkollisionsnorm des Art. 7 aufgeführt hat. Insoweit ist von einer 24

---

58 *Virgós/Schmit* Rn. 140 f.; dazu auch High Court London RIW 2007, 452 *(Vorpeil)*.

59 Vgl. EuGH ECLI:EU:C:2009:419 = IPRax 2010, 353 m. Aufs. *Oberhammer* IPRax 2010, 317 = NZI 2009, 570 mAnm *Mankowski* NZI 2009, 571 = ZIP 2009, 1441 – Alpenblume; BGHZ 188, 177 = NJW 2011, 1818 = IPRax 2012, 427 Rn. 12.

60 BGHZ 188, 177 Rn. 15–17 = NJW 2011, 1818 = IPRax 2012, 427.

61 *Virgós/Schmit* Rn. 164.

62 Duursma-Kepplinger/Duursma/Chalupsky/*Duursma-Kepplinger/Chalupsky* EuInsVO 2000 Art. 18 Rn. 18.

63 Duursma-Kepplinger/Duursma/Chalupsky/*Duursma-Kepplinger* EuInsVO 2000 Art. 4 Rn. 15.

64 Zur Maßgeblichkeit von Art. 17 Rom I-VO nach einem Parteiwechsel EuGH ECLI:EU:C:2019:1001 = NZI 2020, 41; dazu *Mansel/Thorn/Wagner* IPRax 2020, 97 (117 f.).

65 Ausf. *Bork* ZIP 2002, 690 (694); *Geimer* IZPR Rn. 3562; *Kolmann,* Kooperationsmodelle im Internationalen Insolvenzrecht, 2001, 310 ff. ohne nähere Begr.; MüKoInsO/*Reinhart* EuInsVO 2000 Art. 4 Rn. 6 ebenfalls ohne nähere Begr.; *Schack* IZVR Rn. 1286; *v. Wilmowsky* KTS 1998, 343 (358).

66 Vgl. *Schack* IZVR Rn. 1286 Fn. 28.

67 *v. Wilmowsky* KTS 1998, 343 (358).

68 *Leible/Staudinger* KTS 2000, 533 (554).

abschließenden Nennung der Ausnahmetatbestände auszugehen, die somit eng auszulegen sind. Im Gegenzug ist die Grundsatzregelung des Art. 7 weit auszulegen (→ Rn. 6).

25 Für eine unterschiedliche Anknüpfung der materiellen und der insolvenztypischen Aufrechnungserfordernisse wird ferner ein **entstehungsgeschichtliches Argument** aus dem Erläuternden Bericht angeführt. So soll es der mutmaßliche Wille des Verordnungsgebers gewesen sein, zwischen „Begründung" und „Beschränkung" einer Aufrechnung zu differenzieren.[69] Die Begründung der Aufrechnung falle als positive Voraussetzung (materiellrechtlich) unter das Aufrechnungsstatut. Die negative Voraussetzung („Einschränkung") sei insolvenzrechtlich zu qualifizieren. Eine solche Unterscheidung zwischen der Begründung als materiellrechtlich und der Beschränkung als insolvenzrechtlich ist indes dem Bericht nicht mit hinreichender Deutlichkeit zu entnehmen, und sie ist auch in der Sache ungeeignet. Einerseits kennt auch das materielle Recht Aufrechnungs-„beschränkungen" (vgl. § 400 BGB). Andererseits zeigt das obige Beispiel des französischen Insolvenzrechts (rechtzeitige Anmeldung der Aufrechnungsforderung, → Rn. 22), dass klassisch insolvenzrechtliche Voraussetzungen keine Einschränkungen sein müssen, sondern sich durchaus auch als positive Voraussetzungen darstellen können. Aufschlussreich ist vielmehr die Wortwahl, die der Erläuternde Bericht verwendet: danach richtet sich „die Aufrechnung" als Ganzes nach der lex fori concursus.[70] Auch dies spricht klar gegen die hier abgelehnte Unterscheidung.[71]

26 Des Weiteren zieht die „Trennungstheorie" die Regelung des Art. 9 als systematisches Argument heran. Art. 9 schütze – was zutrifft – das Vertrauen des Gläubigers der Hauptforderung darauf, dass es nicht durch die Insolvenzverfahrenseröffnung zu einem Wechsel vom Aufrechnungsstatut zum Insolvenzstatut kommen solle. Ein solcher Statutenwechsel sei daher von Anfang an dadurch zu vermeiden, dass die materielle Aufrechnungsbefugnis stets nach dem Aufrechnungsstatut zu qualifizieren sei.[72] Die Konsequenz wäre dann in der Tat, dass sich das Aufrechnungsstatut nicht durch die Verfahrenseröffnung nach Art. 7 Abs. 2 S. 2 lit. d ändert. Unzutreffend ist diese Auffassung deshalb, weil sie die Funktion des Art. 9 als Ausnahmevorschrift zur Grundsatzkollisionsnorm des Art. 7 verkennt.[73] Richtig verstanden ergibt sich aus dem **Regel-Ausnahme-Verhältnis der Art. 4 Abs. 2 S. 2 lit. d, Art. 9 Abs. 1** vielmehr, dass *vor* der Insolvenzverfahrenseröffnung generell das Aufrechnungsstatut maßgeblich ist. Ist das **Verfahren eröffnet,** kommt es zu einem **Statutenwechsel zugunsten des Insolvenzstatuts.** Nur ausnahmsweise – namentlich, wenn die lex fori concursus eine Aufrechnung nicht für zulässig erachtet – ist nach Art. 9 Abs. 1 für die bereits vor der Verfahrenseröffnung entstandene Aufrechnungslage nach dem Aufrechnungsstatut zu qualifizieren.

27 Und schließlich spreche für eine Differenzierung zwischen materiellrechtlichen und insolvenzrechtlichen Voraussetzungen die ratio des Art. 7, wie aus Erwägungsgrund 66 S. 4 ersichtlich.[74] Weil hier nur von „Insolvenzverfahren" die Rede ist, sollen allgemein zivilrechtliche Aspekte nicht insolvenzrechtlich zu qualifizieren sein.[75] Allerdings spricht Erwägungsgrund 66 S. 1 davon, dass die Verordnung allgemein „für den Insolvenzbereich" **einheitliche Kollisionsnormen** formulieren will, die die Vorschriften des Internationalen Privatrechts der einzelnen Staaten ersetzen. Daraus folgt unter anderem eine **Verdrängung des Aufrechnungsstatuts durch das Insolvenzstatut.** In Bezug auf den Sinn und Zweck der Verordnung ist ferner hervorzuheben, dass der Verordnungsgeber sich zum Ziel gesetzt hat, die Gläubigergleichbehandlung zu fördern (vgl. Erwägungsgrund 63 S. 3). Ferner ging es ihm darum, im Sinne eines funktionierenden europäischen Binnenmarktes, die Effizienz und Wirksamkeit der Insolvenzverfahren mit grenzüberschreitender Wirkung zu verbessern (vgl. Erwägungsgründe 3 und 8). Eine Durchbrechung des Insolvenzstatuts steht mit diesem Ziel im Widerspruch.[76] Im Ergebnis ist daher der noch hL[77] zu folgen, die eine **einheitliche insolvenzrechtliche Anknüpfung aller Aufrechnungsvoraussetzungen** vornimmt.

---

69 Herangezogen wird hier *Virgós/Schmit* Rn. 107.

70 *Virgós/Schmit* Rn. 109 f.

71 *Leible/Staudinger* KTS 2000, 533 (555).

72 *v. Wilmowsky* KTS 1998, 343 (359).

73 Diese Eigenschaft leitet sich erstens aus der systematischen Stellung als Folgevorschrift zu EuInsVO her. Dass es sich bei den Art. 8–18 um Schutzvorschriften handelt, die ausnahmsweise nicht die lex fori concursus berufen, ergibt sich auch aus den Erwägungsgründen 66 ff., insbes. 70.

74 „Die lex fori concursus regelt alle verfahrensrechtlichen und materiellen *Insolvenzverfahrens* […]; nach ihr bestimmen sich alle Voraussetzungen für die Eröffnung, Abwicklung und Beendigung des *Insolvenzverfahrens.*".

75 *Bork* ZIP 2002, 690 (693).

76 Vgl. auch Duursma-Kepplinger/Duursma/Chalupsky/*Duursma-Kepplinger* EuInsVO 2000 Art. 6 Rn. 6.

77 *Balz* ZIP 1996, 948 (951); *Eidenmüller* IPRax 2001, 2 (6) m. Fn. 33; *Gottwald,* Grenzüberschreitende Insolvenzen, 1997, 36; *Huber* ZZP 114 (2001), 133 (161); *Huber* EuZW 2002, 490 (494); *Leible/Staudinger* KTS 2000, 533 (555); *Taupitz* ZZP 111 (1998), 315 (343); FK-InsO/*Wimmer* EGInsO Anh. I Art. 102 Rn. 86.

Wie Art. 9 ist auch Art. 12 eine Sondervorschrift zu Art. 7. Art. 12 Abs. 1 sieht vor, dass für die Wirkungen des Insolvenzverfahrens auf die Rechte und Pflichten der Mitglieder eines Zahlungs- oder Abwicklungssystems das Recht des Mitgliedstaates anwendbar ist, das für das betreffende System oder den betreffenden Markt gilt. Unter dem Abwicklungssystem in diesem Sinne ist auch das Aufrechnungssystem zu verstehen.[78] Mechanismen, die das Aufrechnungssystem eines Staates vorsieht, können auch im Falle der Insolvenz nicht geändert werden, was bei der bloßen Geltung der lex fori concursus allerdings geschehen würde. 28

5. Auswirkungen auf laufende Verträge des Schuldners (lit. e). Ebenfalls nach der lex fori concursus richten sich nach Art. 7 Abs. 2 S. 2 lit. e die Auswirkungen des Insolvenzverfahrens auf die laufenden Verträge des Schuldners. Die **lex fori concursus verdrängt** insoweit grundsätzlich die nach der Rom I-VO bestimmte **lex contractus.**[79] Unter Art. 7 Abs. 2 S. 2 lit. e fallen unter anderem die Möglichkeiten des Verwalters zu einer Aufhebung von laufenden Verträgen und die Möglichkeit des Gläubigers zur erleichterten Lösung von einem Vertrag (vgl. im deutschen Recht §§ 103 ff. InsO); dazu gehört zum Einen das Erfüllungswahlrecht des Insolvenzverwalters, sowie Regelungen zum Fortbestehen beziehungsweise zur automatischen Beendigung bestimmter Vertragstypen, aber auch die Regelung des § 119 InsO, der Vereinbarung für unwirksam erklärt, die die Anwendung der vorgenannten Regelungen der §§ 103 ff. InsO im Voraus ausschließen.[80] Im Hinblick auf die **internationale Zuständigkeit** für Einzelstreitverfahren ist danach zu unterscheiden, ob die Parteien Umfang und Reichweite des Insolvenzvertragsrechts als Hauptfrage klären lassen oder ob insoweit bloß eine Vorfrage vorliegt.[81] Zu beachten sind indes auch hier die Ausnahmevorschriften zugunsten des Vertrauensschutzes einzelner Personengruppen (insbesondere Art. 10 Abs. 2, Art. 11, Art. 13; vgl. Erwägungsgründe 22, 67, 72). Die **Verbraucher** gehören dazu allerdings nicht. Dennoch ist gerade auch der Verbraucher ähnlich wie der Arbeitnehmer im Internationalen Insolvenzrecht schutzbedürftig. Das ergibt sich aus dem Fehlen einer Verbindung des Verbrauchers mit dem COMI-Staat des Schuldners. Ferner ist seine Forderung gegen den Schuldner in der Regel gering und steht daher regelmäßig nicht im Verhältnis zu einer aktiven Rechtsverfolgung im ausländischen Insolvenzverfahren.[82] Gegen eine Sonderanknüpfung (etwa nach Art des Art. 13) spricht aber, dass es sich hierbei um ein Massengeschäft handelt. Ließe man insoweit zB eine Sonderanknüpfung an das Recht des Wohnortes des Verbrauchers zu, so würde dies dazu führen, dass sehr viele verschiedene materielle Rechte zur Anwendung berufen würden und somit sowohl die Effizienz (Erwägungsgründe 3, 8) des Verfahrens als auch die Gläubigergleichbehandlung (Erwägungsgrund 63 S. 3) ernsthaft gefährdet würden.[83] Gänzlich schutzlos gestellt ist der Verbraucher überdies nicht. Zum einen besteht in den Staaten, in denen der Schuldner eine Niederlassung unterhält, mit denen der Verbraucher üblicherweise in Kontakt tritt, die Möglichkeit eines Partikularinsolvenzverfahrens (Art. 3 UAbs. 2). Daneben gewährt die **RL (EU) 2015/2302** (Pauschalreise-RL) immerhin einen bereichsspezifischen kollisionsrechtlichen Verbraucherschutz. 29

6. Auswirkungen des Insolvenzverfahrens auf Rechtsverfolgungsmaßnahmen (lit. f). 30
Nach dem Insolvenzstatut richten sich auch die Auswirkungen der Insolvenzverfahrenseröffnung auf Rechtsverfolgungsmaßnahmen, mit Ausnahme der bereits anhängigen Rechtsstreitigkeiten (dazu Art. 18). Der Begriff der „Rechtverfolgungsmaßnahme" ist dabei weit zu verstehen und erfasst auch einfache kontradiktorische Erkenntnisverfahren und zugehörige Maßnahmen der Sicherung (Arrestbefehl usw.) oder des einstweiligen Rechtsschutzes.[84]

Hierunter fallen vor allem Maßnahmen der Einzelzwangsvollstreckung.[85] Typischerweise ist während des Insolvenzverfahrens als Gesamtvollstreckungsmaßnahme jede Einzelzwangsvollstre- 31

---

78 *Virgós/Schmit* Rn. 120.

79 *Virgós/Schmit* Rn. 91; zum zwingenden Charakter der §§ 103 ff., 119 InsO im Zusammenhang mit insolvenzabhängigen Lösungsklauseln in Energielieferungs-Rahmenverträgen s. *Löffler* BB 2013, 1283 (1286 ff.); *Dammann/Lehmkuhl* NJW 2012, 3069; *Thomale* IPRax 2024, im Erscheinen; grdl. *Schollmeyer,* Gegenseitige Verträge im internationalen Insolvenzrecht, 1997.

80 *Thomale* IPRax 2024, im Erscheinen; *Dammann* NJW 2012, 3069 (3071).

81 *Willemer,* Vis attractiva concursus und die Europäische Insolvenzverordnung, 2006, 378 f.; aA *Haas* ZIP 2013, 2381 (2389) mit einer weitergehenden Begriffsbestimmung für Annexverfahren (näher → Art. 3 Rn. 87 ff.).

82 Vgl. *Trunk* IntInsR 177.

83 Vgl. auch *Leible/Staudinger* KTS 2000, 533 (558); *Trunk* IntInsR 177.

84 OLG Saarbrücken BeckRS 2023, 10639 betr. frz. Klageverbot; dazu *Finkelmeier* IPRax 2024, 206; *Leipold* in Stoll, Vorschläge und Gutachten, 1997, 186, 200, der von einer „bedenklichen Weite" spricht.

85 *Leipold* in Stoll, Vorschläge und Gutachten, 1997, 186, 200; Beispiel: EuGH ECLI:EU:C:2010:24 = NZI 2010, 156 – Probud Gdynia; *Mansel/Thorn/Wagner* IPRax 2011, 27 f.; EuGH ECLI:EU:C:2013:697 = BeckRS 2013, 82067 = LMK 2013, 353391 mAnm *Kern* LMK 2013, 353391 – LBI; dazu *Mansel/Thorn/Wagner* IPRax 2014, 22 f.

ckung unzulässig. Je nach einzelstaatlichem Recht ist die Einzelzwangsvollstreckung ausgesetzt oder verboten.[86] Dennoch getroffene Maßnahmen sind nach dem Urteil Probud Gdynia des EuGH ipso iure unwirksam;[87] anders § 89 Abs. 3 InsO (Rechtsbehelf erforderlich). Art. 7 Abs. 2 S. 2 lit. f erfasst zunächst bereits begonnene, andererseits aber auch schon abgeschlossene Zwangsvollstreckungen. Nach dem Urteil ENEFI des EuGH ist ferner davon auszugehen, dass die lex fori concursus auch die Aussetzung der Vollstreckung einer nicht fristgerecht angemeldeten Forderung vorsehen kann.[88]

32 Ebenso entscheidet die lex fori concursus über die **Endgültigkeit der Vermögenszuordnung.**[89] Hierhin gehört die **Rückschlagsperre.** Dabei geht es darum, dass ein Gläubiger kurz vor dem Insolvenzantrag oder danach eine Sicherung an dem zur Insolvenzmasse gehörenden Vermögen erlangt hat. Aus dem Gesichtspunkt der Gläubigergleichbehandlung wird dann zB nach § 88 InsO die Unwirksamkeit dieser Maßnahme angeordnet.[90] Ist nach dem Recht des Vollstreckungsstaates die Rückschlagsperre länger als nach dem Recht des Insolvenzverfahrensstaates, kommt nach Art. 7 Abs. 2 S. 2 lit. f letzteres zur Anwendung.

33 Unter den Begriff der Rechtsverfolgungsmaßnahme fallen auch die **Anmeldung, Prüfung** und **Feststellung** der Forderungen.[91]

34 Explizit ausgeschlossen von der Anwendung der lex fori concursus ist die Wirkung der Eröffnung des Insolvenzverfahrens auf **anhängige Rechtsstreitigkeiten.** Hierfür gilt Art. 18, auch mit Blick auf Schiedsverfahren (näher → Art. 18 Rn. 3 ff.).

35 Auch das **Partikularinsolvenzverfahren** ist keine Rechtsverfolgungsmaßnahme iSd Art. 7 Abs. 2 S. 2 lit. f.[92]

36 **7. Einordnung der jeweiligen Forderung als Insolvenzforderung (lit. g).** Das Insolvenzstatut umfasst außerdem die Frage, welche Forderungen als Insolvenzforderungen anzumelden sind und wie Forderungen zu behandeln sind, die nach der Eröffnung des Insolvenzverfahrens entstehen (Art. 7 Abs. 2 S. 2 lit. g). Es geht darum, ob Gläubigerforderungen zu befriedigen sind und wie Forderungen zu behandeln sind, die nach der Verfahrenseröffnung entstanden sind.[93]

37 Hinsichtlich des **„Ob"** der Befriedigung beantwortet das Recht des Eröffnungsstaates die Frage, **welche Forderungen** überhaupt **anzumelden** sind.[94] In diesem Zusammenhang bestimmt Art. 53 EuInsVO unter anderem, dass auch ausländische Steuerbehörden und Sozialversicherungsträger ihre Forderungen anmelden können. Keine Regelung enthält Art. 53 dagegen für Straf- und Bußgelder. Ob auch diese Forderungen ausländischer Behörden für inländische Verfahren angemeldet werden können, beurteilt sich somit nach Art. 7 Abs. 2 S. 2 lit. g nach dem Recht des Eröffnungsstaates. Dasselbe gilt für Forderungen, die durch die Maßnahmen des Insolvenzverwalters nach der Verfahrenseröffnung entstehen. Art. 7 Abs. 2 S. 2 erstreckt sich schließlich noch auf die Haftung des Verwalters wegen von ihm verursachter Kosten.[95]

38 Unter dem **„Wie"** der Behandlung von Forderungen, die nach der Verfahrenseröffnung entstanden sind, versteht man die ggf. vorrangige Befriedigung einzelner Gläubiger vor den übrigen Gläubigern.[96]

39 Auch richtet sich das Schicksal der **nicht angemeldeten** Forderungen nach der lex fori concursus. Zwar unterwirft Art. 7 Abs. 2 diejenigen Gläubiger, die gerade *nicht* am Insolvenzverfahren teilnehmen, nicht explizit der lex fori concursus. Dem Insolvenzstatut zugewiesen sind jedoch die Fragen der Forderungsanmeldung, Prüfung und Feststellung und damit auch die **Versäumnis der Anmeldefrist** (Art. 7 Abs. 2 lit. g und h). Darin hat der **EuGH** im **Urteil ENEFI**

---

[86] *Virgós/Schmit* Rn. 91.

[87] EuGH ECLI:EU:C:2010:24 Rn. 44 = NZI 2010, 156 mAnm *Mankowski* NZI 2010, 178 = EWiR 2010, 77 (78) m. KurzKomm. *J. Schmidt* – Probud Gdynia; dazu *Laukemann* LMK 2010, 299062; *Piekenbrock* KTS 2010, 208; *Thole* ZEuP 2010, 920; *Würdinger* IPRax 2011, 562; aA K. Schmidt/*Brinkmann* EuInsVO 2000 Art. 4 Rn. 31: das Recht des Vollstreckungsstaates solle über die Fehlerfolge (Nichtigkeit oder bloß Anfechtbarkeit) entscheiden.

[88] EuGH ECLI:EU:C:2016:841 Rn. 29 = NZI 2016, 959 mAnm *Mankowski* = FD-InsR 2016, 384013 mAnm *Tashiro* = NJW 2017, 144 mAnm *Strickler* – ENEFI; dazu *Hübler* NZI 2016, 990 (992 f.); *Riedemann* EWiR 2017, 177.

[89] MüKoInsO/*Reinhart* EuInsVO 2000 Art. 4 Rn. 31.

[90] MüKoInsO/*Reinhart* EuInsVO 2000 Art. 4 Rn. 31; andere systematische Verortung (lit. m) bei *Paulus* Rn. 44.

[91] *Leipold* in Stoll, Vorschläge und Gutachten, 1997, 186, 200.

[92] *Virgós/Schmit* Rn. 148, 156.

[93] Duursma-Kepplinger/Duursma/Chalupsky/*Duursma-Kepplinger* EuInsVO 2000 Art. 4 Rn. 20; Juzgado de lo Mercantil n° 1 de Palma de Mallorca NZI 2023, 730 mAnm *Fuchs* (EuGH C-765/22 – Air Berlin).

[94] Mankowski/Müller/Schmidt/*Müller* Rn. 52.

[95] Mankowski/Müller/Schmidt/*Müller* Rn. 64.

[96] Duursma-Kepplinger/Duursma/Chalupsky/*Duursma-Kepplinger* EuInsVO 2000 Art. 4 Rn. 20.

vom 9.11.2016[97] das Kernargument für die insolvenzrechtliche Qualifikation der Rechtsstellung dieser Gläubiger gesehen. Daher fallen Rechtsvorschriften des Eröffnungsstaates, die in Bezug auf einen Gläubiger, der nicht an dem Insolvenzverfahren teilgenommen hat, die **Verwirkung des Rechts,** seine Forderung geltend zu machen, oder die Aussetzung der Zwangsvollstreckung einer solchen Forderung in einem anderen Mitgliedstaat vorsehen, unter Art. 7.

Keine Rolle spielt es, wenn für die betreffende Masseverbindlichkeit eine **Sonderanknüpfung** vorgesehen ist. Das Ob und Wie der Befriedigung dieser Forderung richtet sich ungeachtet dessen nach dem Recht des Verfahrensstaates.[98] 40

8. Anmeldung, Prüfung und Feststellung der Forderung (lit. h). Die Anmeldung, Prüfung und Feststellung der Forderung beurteilt sich ebenfalls nach der lex fori concursus (Art. 7 Abs. 2 S. 2 lit. h). Sondervorschriften finden sich in **Kap. IV** der EuInsVO (Art. 53–55). Ferner gewährt Art. 45 allen Gläubigern das Recht, ihre Forderungen sowohl im Haupt- als auch im Sekundärinsolvenzverfahren anzumelden (Art. 45 Abs. 1). Wie schon aus den einzelnen Regelungsgegenständen der Art. 53–55 deutlich wird, geht es hier um die **Gläubigergleichbehandlung.** Einheitliche Regeln, etwa über die Unterrichtungspflicht (Art. 54), verhindern die Benachteiligung einzelner Gläubiger durch mitgliedstaatliche Normen.[99] Von diesen Sondervorschriften nicht erfasst ist die etwaige **Befristung** zur Forderungsanmeldung und die aus einer etwaigen Fristversäumung sich ergebenden Rechtsfolgen. Insoweit bewendet es gemäß lit. h bei den Vorschriften des Insolvenzstatuts.[100] 41

9. Rangordnung, Verwertung und Verteilung (lit. i). Rangordnung, Verwertung und Verteilung unterliegen nach Art. 7 Abs. 2 S. 2 lit. i ebenfalls der lex fori concursus.[101] Dieselbe Forderung kann im Haupt- und Nebenverfahren unterschiedlichen Ranges sein,[102] wenn die jeweils maßgeblichen Insolvenzrechtsordnungen in diesem Punkt voneinander abweichen.[103] Abweichende Verteilungsregeln bestehen für die im Rahmen eines synthetischen Sekundärverfahrens zu bildende Untermasse (Art. 36). Zum **Nachrang von Gesellschafterdarlehen** als insolvenzrechtliche Frage → Rn. 96 ff. 42

10. Voraussetzungen und Wirkungen der Verfahrensbeendigung (lit. j). Nach dem Insolvenzrecht des Eröffnungsstaates sind auch die Voraussetzungen und Wirkungen der Verfahrensbeendigung (Art. 7 Abs. 2 S. 2 lit. j) zu beurteilen. Dies gilt ausdrücklich für den **Vergleich,** aber auch alle anderen Formen der Verfahrensbeendigung.[104] Hier kennt das deutsche Insolvenzrecht die Masselosigkeit (§ 207 InsO), die Masseunzulänglichkeit (§ 211 InsO), den Wegfall des Eröffnungsgrundes (§ 212 InsO), die Zustimmung der Gläubiger (§ 213 InsO) und die gerichtliche Aufhebung des Verfahrens nach rechtskräftiger Bestätigung des Insolvenzplans (§§ 217 ff., 258 InsO). Das Insolvenzrecht des Eröffnungsstaates entscheidet nach dem **EuGH** auch darüber, zu welchem Zeitpunkt die **Beendigung** des Insolvenzverfahrens eintritt.[105] 43

Auch an dieser Stelle kann es wegen der Differenzen der einzelstaatlichen Insolvenzvorschriften bei mehreren parallel laufenden Verfahren zu einer unterschiedlichen Beurteilung kommen. Problematisch ist das, wenn die Voraussetzungen und Wirkungen eines Vergleichs/Insolvenzplans in einem Staat anders beurteilt werden als in einem anderen. Das kann dazu führen, dass mehrere Vergleiche/Insolvenzpläne nebeneinander existieren, was sich auf eine grenzüberschreitende Sanierung nachteilig auswirken kann.[106] Regelungen zur Koordinierung sieht dagegen Art. 47 vor. Für die Anwendung der lex fori concursus besteht kein Raum, soweit es um die Anerkennung der verfahrensbeen- 44

97 EuGH ECLI:EU:C:2016:841= NZI 2016, 959 mAnm *Mankowski* = FD-InsR 2016, 384013 mAnm *Tashiro* = NJW 2017, 144 mAnm *Strickler* Rn. 16 ff. – ENEFI; dazu *Hübler* NZI 2016, 990 (992 f.); *Riedemann* EWiR 2017, 177; *Bayer/Schmidt* BB 2017, 2114 (2123 f.).

98 MüKoInsO/*Reinhart* EuInsVO 2000 Art. 4 Rn. 11.

99 Dazu die EuGH-Vorlage des bulgarischen Bezirksgerichts von Widin v. 17.10.2018, BeckRS 2018, 579087 (EuGH Rs. C-647/18), näher *Mansel/Thorn/Wagner* IPRax 2020, 97 (118).

100 EuGH ECLI:EU:C:2021:963 = BeckRS 2021, 35959 Rn. 31, 42 – Alpine Bau; dazu *Mansel/Thorn/Wagner* IPRax 2022, 97 (137 f.); *J. Schmidt* BB 2022, 1859 (1874); *Riedemann/Belau* EWiR 2022, 83; *Virgós/Schmit* Rn. 89.

101 Näher (und speziell zu Rangrücktrittsabreden) *Mansel* FS Lüer, 2008, 407; Beispiel: BGH NJW 2011, 3784 Rn. 18; EuGH Rs. C-647/18 (Vorlageverfahren).

102 *Virgós/Schmit* Rn. 91.

103 Nerlich/Römermann/*Nerlich* EuInsVO 2000 Art. 4 Rn. 45 ff.

104 Nerlich/Römermann/*Nerlich* EuInsVO 2000 Art. 4 Rn. 49.

105 EuGH ECLI:EU:C:2012:739 = NZI 2013, 106 – Bank Handlowy; dazu *Jopen* EWiR 2013, 173; *Mansel/Thorn/Wagner* IPRax 2014, 1 (22); *Koller* IPRax 2014, 490.

106 *Reinhart,* Sanierungsverfahren im internationalen Insolvenzrecht, 1995, 300 ff., 342 f.; näher *Werner,* Der Insolvenzplan im Anwendungsbereich der europäischen Insolvenzverordnung, 2010.

denden Wirkung der Entscheidung eines mitgliedstaatlichen Gerichts geht. Die Pflicht zur Anerkennung folgt hier unmittelbar aus Art. 32 Abs. 1.

45 Wird das eröffnete Insolvenzverfahren nach dem **Tod des Schuldners** ebenso wie ein Regelinsolvenzverfahren automatisch als allgemeines Nachlassinsolvenzverfahren fortgesetzt,[107] so bleibt die EuInsVO anwendbar (→ Art. 2 Rn. 3).

46 **11. Gläubigerrechte nach Verfahrensbeendigung (lit. k).** Das Insolvenzstatut entscheidet außerdem über „die Rechte der Gläubiger nach der Beendigung des Verfahrens". Dies betrifft insbesondere die Frage der **Restschuldbefreiung.**[108] Daher ist ein etwaiger Rechtsverlust der Gläubiger, der durch eine vom ausländischen Insolvenzstatut angeordnete Restschuldbefreiung des Schuldners bewirkt wird, vorbehaltlich der ordre public (→ Art. 33 Rn. 17) in anderen EuInsVO-Staaten nach Art. 20 anzuerkennen.[109] Auch die **Exekutionssperre** des § 206 Abs. 1 österreichische Insolvenzordnung (IO) während des sog. Abschöpfungsverfahrens (im Rahmen einer Restschuldbefreiung) ist bei einer Zwangsvollstreckung eines Insolvenzgläubigers in Deutschland nach lit. k zu beachten.[110] Dagegen steht eine dem Schuldner erteilte Restschuldbefreiung der **Einzelgläubigeranfechtung** (§ 19 AnfG) jedenfalls dann nicht entgegen, wenn der Gläubiger die Anfechtungsklage bereits vor Eröffnung des Insolvenzverfahrens erhoben hat und die Anfechtung Rechtshandlungen betrifft, die vor der Eröffnung des Insolvenzverfahrens vorgenommen worden sind.[111] Unter Art. 7 fällt ferner eine nationale Rechtsvorschrift des Staates der Verfahrenseröffnung, die in Bezug auf einen Gläubiger, der nicht am Insolvenzverfahren teilgenommen hat, die **Verwirkung** des Rechts, seine Forderung geltend zu machen, vorsieht.[112]

47 Besteht neben dem Hauptinsolvenzverfahren noch ein **Sekundärverfahren,** so können sich **hinkende Restschuldbefreiungen** vor allem in zwei Konstellationen ergeben: **(1)** Denkbar ist zum einen, dass im Hauptverfahren eine Restschuldbefreiung eintritt, während dies im Sekundärverfahren nicht der Fall ist. Dann sind nach Beendigung des Sekundärverfahrens noch Einzelrechtsverfolgungen möglich, wovon allerdings nur Vermögen betroffen sein kann, das in dem Staat des Sekundärinsolvenzverfahrens belegen ist.[113] **(2)** Zum anderen hindert eine in einem ausländischen Hauptinsolvenzverfahren eingetretene Restschuldbefreiung (discharge) einen Gläubiger nicht, seine Forderung in einem vor Eintritt der Restschuldbefreiung im Inland eröffneten und noch nicht abgeschlossenen Sekundärinsolvenzverfahren anzumelden und in diesem Rahmen zu verfolgen.[114]

48 Es kommt aber auch vor, dass neben dem Hauptverfahren **kein Sekundärverfahren** existiert. Da die Restschuldbefreiung eine Entscheidung iSd Art. 32 ist,[115] erfolgt eine Anerkennung nach Abs. 1 S. 1 dieser Bestimmung. Das Ergebnis ist dann eine **binnenmarktweite Restschuldbefreiung.**[116]

49 **12. Kosten und Barauslagen (lit. l).** Dem Insolvenzstatut unterfällt ferner die Frage, wer „die Kosten des Insolvenzverfahrens einschließlich der Auslagen zu tragen hat" (Art. 7 Abs. 2 S. 2 lit. l). Dies ist eine Folge aus dem allgemeinen Grundsatz, dass für das **Verfahren** stets die lex fori gilt.[117] Auch diesbezüglich kann es zu Differenzen zwischen dem Haupt- und dem

---

107 So nach deutschem Recht: BGHZ 157, 350 (354) = NJW 2004, 1444; BGH NZI 2008, 382; umfassend *B. Strauß,* Der notleidende Nachlass bei Auslandsberührung. Zugleich ein Beitrag zur Abgrenzung zwischen EuErbVO und EuInsVO, 2015; *Biermans/Schreurs* RabelsZ 2019, 612.

108 *Virgós/Schmit* Rn. 91; BGH NZI 2014, 283 Rn. 25 mAnm *Vallender* NZI 2014, 285; dazu auch *Dornblüth* ZIP 2014, 712; BGH NZI 2014, 969 Rn. 31; OLG Koblenz FD-InsR 2024, 939158; eingehend *Stöber* IPRax 2016, 355 (358 ff.); *F. Fuchs,* Nationale und internationale Aspekte des Restschuldbefreiungs-Tourismus, 2015.

109 *Weller* IPRax 2011, 150 (155) zu Art. L643-11 Code de Commerce und OLG Celle BeckRS 2010, 2200 = IPRax 2011, 186, wo dies nur undeutlich begründet wird; eingehend *Mehring* ZInsO 2012, 1247, auch zu den Rechtsdurchsetzungsmöglichkeiten des Gläubigers trotz der Restschuldbefreiung.

110 AG Augsburg BeckRS 2012, 09133; *Mansel/Thorn/Wagner* IPRax 2013, 1 (33).

111 BGHZ 208, 1 = NJW 2016, 246 = IPRax 2016, 476 m. Aufs. *Thole* IPRax 2016, 453 = EWiR 2016, 149 m. Kurzkomm. *Riedemann/Linnemann.*

112 EuGH ECLI:EU:C:2016:841 Rn. 28 = NZI 2016, 959 mAnm *Mankowski* = FD-InsR 2016, 384013 mAnm *Tashiro* = NJW 2017, 144 mAnm *Strickler* – ENEFI; dazu *Hübler* NZI 2016, 990 (992 f.); *Riedemann* EWiR 2017, 177.

113 Duursma-Kepplinger/Duursma/Chalupsky/*Duursma-Kepplinger* EuInsVO 2000 Art. 4 Rn. 26.

114 BGH NZI 2014, 969 Rn. 10, 31 mAnm *Allemand;* dazu *Stöber* IPRax 2016, 355.

115 Vgl. auch *Ehricke* RabelsZ 62 (1998), 712 (737).

116 Duursma-Kepplinger/Duursma/Chalupsky/*Duursma-Kepplinger* EuInsVO 2000 Art. 4 Rn. 26; näher *Mansel* FS v. Hoffmann, 2011, 683.

117 Mankowski/Müller/Schmidt/*Müller* Rn. 64.

Sekundärverfahren kommen.[118] Die Verwaltervergütung richtet sich gleichfalls nach dem Insolvenzstatut.[119]

Hinsichtlich der **Kostenbeiträge gesicherter Gläubiger** (vgl. §§ 170 f. InsO) sind verschiedene Fallgestaltungen zu unterscheiden. So kann es sein, dass der Belegenheitsstaat der Sicherheit und der Verfahrensstaat verschieden sind und die Rechte beider Staaten keine Kostenbeiträge für gesicherte Gläubiger vorsehen, aber stattdessen anderweitige Eingriffe in die Sicherheit kennen, um die Kosten der Verwertung zu decken. Ferner kann der Fall auftreten, dass zwar nach dem Recht des Verfahrensstaates, nicht aber nach dem Belegenheitsrecht der Sicherheit Kostenbeiträge erhoben werden. Wegen Art. 8 kann ein solcher Beitrag dann nicht verlangt werden.[120] 50

13. Unwirksamkeit benachteiligender Rechtshandlungen (lit. m). Schließlich richten sich auch die Unwirksamkeit (Nichtigkeit, Anfechtbarkeit[121] oder relative Unwirksamkeit) benachteiligender Rechtshandlungen sowie die Anfechtungseinrede[122] nach der lex fori concursus (Art. 7 Abs. 2 S. 2 lit. m). Dies gilt aber **zunächst für die Insolvenzanfechtung,** nicht für die **allgemeine Gläubigeranfechtung** außerhalb der Insolvenz (actio pauliana).[123] Damit wird dem Recht des Verfahrensstaates grundsätzlich der Vorrang vor dem Recht des Staates eingeräumt, das für das benachteiligende Geschäft maßgeblich ist. Die lex fori concursus verdrängt die lex causae. Sie bestimmt etwa darüber, ob auf die Nichtigkeit geklagt werden muss oder ob der Eröffnungsbeschluss automatisch die Nichtigkeit der Rechtshandlung herbeiführt.[124] Dabei ist die Voraussetzung einer **inkongruenten Deckung** (§ 131 Abs. 1 InsO) eine **Vorfrage,** die einer selbständigen Anknüpfung unterliegt und von der nach dem deutschen Internationalen Privatrecht (Rom I-VO) ermittelten maßgeblichen Rechtsordnung zu klären ist.[125] Ferner sieht die EuInsVO aus Vertrauensschutzgesichtspunkten die **Sonderanknüpfung des Art. 16** vor. Danach kann sich der Begünstigte auf die Wirksamkeit der Rechtshandlung nach Maßgabe der lex causae berufen, wodurch der oben genannte Verdrängungseffekt weitgehend wieder aufgehoben wird. Die vorgenannten Grundsätze gelten auch für die **Insolvenzanfechtung einer Rückzahlung von Gesellschafterdarlehen.**[126] 51

Die Bedeutung der Vorschrift geht über Fragen der Insolvenzanfechtung hinaus. Im **Urteil Kornhaas** hat der **EuGH** ganz allgemein **in Anlehnung an Art. 7 Abs. 2 lit. m** Vorschriften insolvenzrechtlich qualifiziert, die die **Verhinderung etwaiger Masseverkürzungen** vor Eröffnung des Insolvenzverfahrens – und damit eine gleichmäßige Befriedigung der Gläubiger – bezwecken.[127] Ferner ist – abweichend von den anderen Fällen in Art. 7 Abs. 2 – die Reichweite der lit. m deshalb von besonderer Bedeutung, weil die Sonderanknüpfungen in Art. 8 Abs. 4, Art. 9 Abs. 2 und Art. 10 Abs. 3 für die Fälle des Art. 7 Abs. 2 lit. m Rückausnahmen von der Sonderanknüpfung zulassen.[128] Je nachdem, wie weit man den Anwendungsbereich von Art. 7 Abs. 2 lit. m fasst, sind daher auch die Rückausnahmen zu vorgenannten Sonderanknüpfungen zu verstehen. Im Hinblick auf den weiten Wortlaut sind von der Vorschrift auch die **Unwirksamkeit von Rechtshandlungen auf Grund von Verfügungsbeschränkungen** erfasst, soweit diese zum Schutz der Gesamtheit der Gläubiger bestehen (vgl. §§ 81, 88, 89 InsO, § 24 InsO iVm § 81 InsO). Denn zur Vermeidung einer Benachteiligung der Gläubigergesamtheit werden hier ebenso Rechtshandlungen mit der Rechtsfolge der Unwirksamkeit belegt. Dagegen fallen Verfügungsbeschränkungen, die ihren Grund 52

---

118 Duursma-Kepplinger/Duursma/Chalupsky/*Duursma-Kepplinger* EuInsVO 2000 Art. 4 Rn. 21.

119 High Court London RIW 2007, 452 *(Vorpeil); Mock* FS Haarmeyer, 2013, 157 (167 f.) auch zu weiteren Fragen der Vergütung des Insolvenzverwalters in grenzüberschreitenden Insolvenzverfahren.

120 Vgl. auch MüKoInsO/*Reinhart* EuInsVO 2000 Art. 4 Rn. 44.

121 Im Hinblick auf das Anfechtungsrecht finden sich viele Übereinstimmungen in den europäischen Rechtsordnungen; näher *Flessner* ZEuP 2004, 887 (897).

122 Im deutschen Recht § 146 InsO; dazu *Haas* ZIP 2013, 2381 (2389).

123 Vgl. zur Gläubigeranfechtung die Sonderkollisionsnorm des § 19 AnfG BGHZ 208, 1 = NJW 2016, 246 = IPRax 2016, 476 m. Aufs. *Thole* IPRax 2016, 453 = EWiR 2016, 149 m. Kurzkomm. *Riedemann/Linnemann;* dazu OLG Stuttgart BeckRS 2007, 11319 = ZIP 2007, 1966 = IPRax 2008, 436 m. Aufs. *Koch* IPRax 2008, 417.

124 *Virgós/Schmit* Rn. 91.

125 BGH NZI 2015, 183 Rn. 12 = BB 2015, 209 Rn. 7 mAnm *M. Wilhelm* = IPRax 2016, 390 m. Aufs. *Stöber* IPRax 2016, 355; dazu *C. Paulus* EWiR 2015, 83.

126 BGH NJW 2011, 3784 Rn. 30 mit Verweis auf § 135 InsO; *Wedemann* IPRax 2012, 226 (232); OLG Naumburg BeckRS 2010, 29926 = ZIP 2011, 677 m. Aufs. *Schall* ZIP 2011, 2177.

127 Zur Masseschmälerung (§ 15b Abs. 1 InsO, früher § 64 S. 1 GmbHG aF); OLG Frankfurt GWR 2024, 163; EuGH ECLI:EU:C:2015:806 Rn. 20 = NJW 2016, 223 – Kornhaas; dazu *Kindler* EuZW 2016, 136; ferner *Mansel/Thorn/Wagner* IPRax 2016, 1 (26 f.); *Schall* ZIP 2016, 289; *Weller/Hübner* NJW 2016, 225; *Swierczok* NZI 2016, 50 f.; *Mankowski* NZG 2016, 281.

128 Zum Folgenden MüKoInsO/*Reinhart* EuInsVO 2000 Art. 4 Rn. 47.

nicht in der Insolvenz des Schuldners haben, nicht in den Anwendungsbereich von Art. 7 Abs. 2 lit. m.[129]

53 Wie auch in den oben bereits dargestellten Fällen kann es bei einem Nebeneinander von **Haupt- und Sekundärverfahren** bei Anwendung der lex fori-Regel dazu kommen, dass ein und dieselbe Rechtshandlung wegen der Unterschiedlichkeit der zur Anwendung gelangenden materiellen Rechte in dem einen Verfahren als wirksam angesehen wird und in dem anderen nicht. Zur **Vermeidung** derart **hinkender Rechtshandlungen** ist genau zu prüfen, welchem Verfahren die betreffende Handlung zuzuordnen ist. Dabei kommt es darauf an, ob die Masse des Haupt- oder des Sekundärverfahrens verkürzt wurde. Hinkende Rechtshandlungen entstehen dann nur in Fällen, in denen eine solch eindeutige Zuordnung nicht möglich ist.[130]

IV. Abgrenzung zum Gesellschaftsstatut

54 **1. Grundlagen.** Qualifikationsfragen ergeben sich vornehmlich im Verhältnis zum Gesellschaftsstatut (→ Rn. 6 ff.). Sie betreffen unter anderem die Masseschmälerung,[131] die Insolvenzverschleppungshaftung, die Insolvenzfähigkeit, den Insolvenzgrund, die Abweisung mangels Masse, die Auswirkungen der Insolvenzeröffnung auf die Gesellschaft, die Organbefugnisse des Insolvenzverwalters und den Nachrang der Gesellschafterdarlehen. Maßgebend für die **insolvenzrechtliche Qualifikation** eines Rechtsinstituts ist nach dem Urteil des **EuGH im Fall Kornhaas** die **Abweichung von den allgemeinen Regeln des Zivil- und Handelsrechts** und zwar **wegen der Zahlungsunfähigkeit** der Gesellschaft.[132] Die spezielle Kollisionsnorm in **Art. 63 SE-VO** über die Auflösung, Liquidation, Zahlungsunfähigkeit, Zahlungseinstellung und ähnliche Verfahren ist als Verweisung auf Art. 7 zu verstehen.[133] Besonders komplexe Abgrenzungsfragen ergeben sich bei der **Restrukturierung von Kapitalgesellschaften im Insolvenzplanverfahren.**[134]

55 **2. Insolvenzfähigkeit.** Zur Insolvenzfähigkeit auch → Rn. 15 f. Nach Art. 7 Abs. 2 lit. a bestimmt die lex fori concursus über die Insolvenzfähigkeit des Schuldners. Für inländische Verfahren sind damit §§ 11, 12 InsO mit der dort enthaltenen Aufzählung der insolvenzfähigen Personen und Vermögensmassen maßgeblich. Ohne weiteres insolvenzfähig sind danach Scheinauslandsgesellschaften, dh Gesellschaften ausländischer Rechtsform, die wegen ihres inländischen Verwaltungssitzes als inländische Personengesellschaft einzustufen sind (→ IntGesR Rn. 489 ff.).[135]

56 Soweit derartige Gesellschaften nach ihrem ausländischem Gründungsrecht zu beurteilen sind, weil sie unter dem Schutz der Niederlassungsfreiheit nach dem AEUV oder einem zweiseitigen Staatsvertrag stehen, so gelten die allgemeinen Grundsätze der Substitution. Danach kommt es auf die **Vergleichbarkeit** der ausländischen Gesellschaftsform mit einem der in §§ 11, 12 InsO genannten Gebilde an (näher → IntGesR Rn. 202 ff.).[136]

57 **3. Insolvenzgrund.** Auch der Insolvenzgrund unterliegt – als Voraussetzung für die Verfahrenseröffnung – dem Recht des Gerichtsstaates (Art. 7 Abs. 2 S. 1).[137] Ob Zahlungsunfähigkeit, drohende

---

[129] Im Ansatz zutr. OLG Hamm GWR 2012, 21 = IPRax 2012, 351 m. Aufs. *Limbach* IPRax 2012, 320; das Gericht verkennt allerdings, dass auch ein bereicherungsrechtlicher Rückerstattungsanspruch aufgrund Verletzung eines Verfügungsverbotes (§ 81 InsO) dem Insolvenzstatut unterliegt, zutr. *Limbach* IPRax 2012, 320 (322).

[130] Duursma-Kepplinger/Duursma/Chalupsky/*Duursma-Kepplinger* EuInsVO 2000 Art. 4 Rn. 28.

[131] Zur insolvenzrechtlichen Qualifikation OLG Jena NZI 2013, 807 mAnm *Poetzgen* NZi 2013, 809 (n. rkr.); ferner KG DStR 2009, 2266 = NZG 2009, 1345 *(Commandeur)* = IPRax 2010, 449 m. Aufs. *Kindler; Ringe/Willemer* NZG 2010, 56.

[132] EuGH ECLI:EU:C:2015:806 Rn. 16 = NJW 2016, 223 – Kornhaas; *Bombe,* Die Abgrenzung von Gesellschafts- und Insolvenzstatut im Lichte des Kornhaas-Urteils des EuGH, 2023; zu den einzelnen Qualifikationskriterien *Kindler* EuZW 2016, 136 (137 f.); ferner *Mansel/Thorn/Wagner* IPRax 2016, 1 (26 f.); *Schall* ZIP 2016, 289; *Weller/Hübner* NJW 2016, 225; *Swierczok* NZI 2016, 50 f.; *Mankowski* NZG 2016, 281; *Paulus* Rn. 8 ff.; *M.-Ph. Weller/Hübner* FS Pannen, 2017, 259.

[133] *Bachmann* FS v. Hoffmann, 2011, 36 (44 ff.).

[134] Dazu sehr instruktiv *Kuntz* ZGR 2014, 649, insbes. zu folgenden Punkten: Beschlussfassung der Gläubiger, Forderungsverzicht der Gläubiger als Einlageleistung, Beschlussrechte der Gesellschafter über Kapitalmaßnahmen, Bezugsrechtsausschluss, unechter Debt-to-Equity-Swap.

[135] AG Saarbrücken EWiR 2005, 701 m. KurzKomm. *Pannen/Riedemann;* AG Duisburg NZI 2003, 1167; *Freitag/Korch* ZIP 2016, 1849 (1852). Zur Substitution *Eidenmüller* in Eidenmüller Ausl. KapGes. § 9 Rn. 18.

[136] *Weller* IPRax 2003, 520; *Eidenmüller* in Eidenmüller Ausl. KapGes. § 9 Rn. 18; *Mock/Schildt* in Hirte/Bücker GrenzübGes § 16 Rn. 28; *Pannen/Riedemann* EWiR 2005, 701; AG Duisburg NZI 2003, 658; LG Hannover NZG 2003, 1072; AG Hamburg NZI 2003, 442.

[137] EuGH ECLI:EU:C:2015:806 Rn. 19 = NJW 2016, 223 – Kornhaas; *Duursma/Duursma/Kepplinger* IPRax 2003, 505 (507); *Mock/Schildt* in Hirte/Bücker GrenzübGes § 16 Rn. 29.

Zahlungsunfähigkeit oder Überschuldung (§§ 17 ff. InsO) vorliegt, beurteilt sich daher nicht nach ausländischem Gesellschafts- oder Bilanzrecht, sondern nach inländischem Recht.[138]

4. Insolvenzantrag und Insolvenzverschleppungshaftung. Auch Insolvenzantragsrecht und Insolvenzantragspflicht sowie eine etwaige Insolvenzverschleppungshaftung als Sanktion bei Verletzung dieser Pflicht unterliegen ebenfalls dem Insolvenzstatut, nicht dem Gesellschaftsstatut (→ Rn. 60 ff.).[139] Das gilt auch für die Organhaftung wegen Masseschmälerung (→ Rn. 87 ff.).[140] 58

Sowohl zur Organhaftung wie auch – wegen der Erstreckung auf faktische Organe – zu einer Gesellschafterhaftung kann die Verletzung von Insolvenzantragspflichten führen. Diese Haftungstatbestände – im deutschen Recht § 823 Abs. 2 BGB iVm § 15a InsO bzw. funktionsgleiche Vorschriften bezüglich anderer Gesellschaftsformen – sind nicht auf statutsangehörige Gesellschaften beschränkt. Die Insolvenzantragspflicht erstreckt sich vielmehr auf Geschäftsleiter vergleichbarer ausländischer Gesellschaften.[141] 59

a) Sachrechtlicher Hintergrund. Nach § 15a InsO **haben** die **Mitglieder des Vertretungsorgans** einer juristischen Person – bei Führungslosigkeit auch die Aufsichtsratsmitglieder und/oder Gesellschafter – spätestens drei Wochen **nach Eintritt der Zahlungsunfähigkeit der Gesellschaft die Eröffnung des Insolvenzverfahrens zu beantragen;** das Gleiche gilt, wenn sich eine **Überschuldung** der Gesellschaft ergibt. Auch mit Antrag auf Eröffnung eines Insolvenzverfahrens bei dem zuständigen Gericht eines anderen Mitgliedstaats der EU genügt der organschaftliche Vertreter einer juristischen Person seiner gesetzlichen Antragspflicht nach § 15a InsO.[142] Wer gegen die Insolvenzantragspflicht verstößt, macht sich zum einen strafbar (§ 15a Abs. 4 InsO). Da es sich insoweit um Inlandstaten handelt – der Täter ist in der hier vorausgesetzten Fallsituation nämlich nicht im Staate des Satzungssitzes ansässig, sondern im Inland –, findet deutsches Strafrecht auch Anwendung (§ 3 StGB). Darüber hinaus – und hier liegt der Berührungspunkt zum Insolvenzrecht – haften die Antragsverpflichteten den Gläubigern der Gesellschaft auf Ersatz des durch die Insolvenzverschleppung eingetretenen Schadens. Grundlage des Schadensersatzanspruchs ist § 823 Abs. 2 BGB, für dessen Zwecke § 15a InsO als Schutzgesetz angesehen wird.[143] Dabei unterscheidet die Rspr. zwischen Alt- und Neugläubigern, bei Letzteren wiederum zwischen vertraglichen und gesetzlichen Gläubigern: 60

Altgläubiger sind solche, die bereits im Zeitpunkt der Insolvenzreife Anspruchsinhaber waren. Sie erhalten nur den Ersatz ihres sog. **„Quotenschadens",** dh die Differenz zwischen der fiktiven Insolvenzquote bei rechtzeitiger Verfahrenseinleitung und der tatsächlich erhaltenen Quote.[144] Nur die Altgläubiger erleiden einen derartigen Quotenschaden, weil der Schaden der Neugläubiger nicht auf der Masseverkürzung beruhen kann. Deshalb hat der Insolvenzverwalter die Schadensersatzleistung durch die Geschäftsführer hinsichtlich des Quotenschadens allein zu Gunsten der Altgläubiger einzuziehen und insoweit eine Sondermasse zu deren Befriedigung zu bilden.[145] Es handelt sich um einen Gesamtschaden iSv § 92 InsO, den allein der Insolvenzverwalter geltend machen kann.[146] 61

Vertragliche **Neugläubiger** sind solche, die erst nach Insolvenzreife auf der Grundlage eines Vertragsverhältnisses hinzugekommen sind. Sie erhalten ihren gesamten sog. „Kontrahierungsscha- 62

---

138 *Zimmer* NJW 2003, 3585 (3589); *Müller* NZG 2003, 414 (416); *Mock/Schildt* in Hirte/Bücker GrenzübGes § 16 Rn. 29; aA *Eidenmüller/Rehberg* ZVglRWiss. 105 (2006), 427 (445).

139 EuGH ECLI:EU:C:2015:806 Rn. 18 f. = NJW 2016, 223 – Kornhaas; näher *Kindler* EuZW 2016, 136 (137 f.); *Schall* ZIP 2016, 289 (293); *Thomale* JBl. 2021, 83 (94 f.); vor dem MoMiG schon *Kindler* in Sonnenberger, Vorschläge und Berichte, 2007, 497, 506 ff., 517 (Referat vom 27.11.2004); eingehend *D. Paulus,* Außervertragliche Gesellschafter- und Organwalterhaftung im Lichte des Unionskollisionsrechts, 2013, Rn. 498, 521; *Korherr,* Funktional-teleologische Qualifikation und Gläubigerschutz, 2019, 195 ff.

140 KG DStR 2009, 2266 = NZG 2009, 1345 mAnm *Commandeur* NZG 2009, 1345 = IPRax 2010, 449 m. Aufs. *Kindler* vor dem MoMiG schon *Kindler* in Sonnenberger, Vorschläge und Berichte, 2007, 497, 521 ff. (Referat vom 27.11.2004); zum MoMiG vgl. Begr. RegE, BT-Drs. 16/6140, 46; dazu Roth/Altmeppen/*Altmeppen,* 9. Aufl. 2019, GmbHG § 64 Rn. 5, 40, 72.

141 LG Kiel NZG 2006, 672 = NZI 2006, 482 mAnm *Mock* NZI 2006, 484; K. Schmidt/*Brinkmann* EuInsVO 2000 Art. 4 Rn. 12; *Renner,* Insolvenzverschleppungshaftung in internationalen Fällen, 2007; *Heil,* Insolvenzantragspflicht und Insolvenzverschleppungshaftung bei der Scheinauslandsgesellschaft in Deutschland, 2008; *U. Huber* in Lutter, Europäische Auslandsgesellschaften in Deutschland, 2005, 307, 309, 334 f.; Roth/Altmeppen/*Altmeppen,* 9. Aufl. 2019, GmbHG Vor § 64 Rn. 57 f.

142 AG Köln NZG 2005, 858 = DZWiR 2006, 218 mAnm *Schilling/Schmidt* DZWiR 2006, 219; so schon *Vallender/Fuchs* ZIP 2004, 829 ff.

143 Vgl. in der neueren Rspr. BGH NZG 2003, 923; BGHZ 171, 46 = NZG 2007, 347; BGH NZG 2009, 750 zu gesellschaftsrechtlichen Vorgängernormen des § 15a InsO.

144 BGHZ 138, 211 = NJW 1998, 2667.

145 BGHZ 138, 211 (215) = NJW 1998, 2667.

146 BGHZ 138, 211 (215) = NJW 1998, 2667.

den" ersetzt, also zB den Selbstkostenpreis für den Lieferanten, der vorgeleistet hat, abzüglich einer etwaigen Insolvenzquote.[147] Der BGH stellt hierbei maßgeblich auf den **Schutzzweck der Insolvenzantragspflicht** ab, insolvente Kapitalgesellschaften vom Geschäftsverkehr fernzuhalten **(Reinigungsfunktion).** Weil dieser Zweck bei den vertraglichen Neugläubigern verfehlt wird, erlangen sie im Zeitpunkt ihres Vertrages mit der schon insolvenzreifen GmbH einen nicht werthaltigen Gegenanspruch für ihre Leistung.[148] Bislang unentschieden ist, ob die Geschäftsführer auch gegenüber Neugläubigern gesetzlicher Ansprüche Schadensersatz schuldet.[149]

63 **b) Qualifikation der Insolvenzantragspflicht.** Die Insolvenzantragspflicht ist nach der zutr. Rspr. des **EuGH insolvenzrechtlich** zu qualifizieren, da es sich im weiteren Sinne um eine Eröffnungsvoraussetzung iSd Art. 7 Abs. 2 S. 2 handelt.[150] Die Vorschrift des § 15a InsO verpflichtet nach ihrem Wortlaut die Geschäftsleitung von Unternehmen, bei denen bestimmte Insolvenzgründe vorliegen, ein Insolvenzverfahren zu beantragen. Auch dieser **mehrfache Bezug auf Insolvenzverfahren** im Wortlaut der Vorschrift deutet auf eine insolvenzrechtliche Zielsetzung hin.[151] Dafür spricht auch der systematische Standort in einem insolvenzrechtlichen Gesetz.[152] Für die Qualifikation kann die systematische Verortung einer Vorschrift einen unterstützenden Hinweis liefern, wenngleich eine funktionelle Bewertung (→ Einl. IPR Rn. 126 ff.) hierdurch nicht ersetzt wird.[153] Dies gilt wegen des im Zweifel weit auszulegenden Insolvenzstatuts (→ Rn. 6 ff.; → IntGesR Rn. 441, → IntGesR Rn. 672) im vorliegenden Zusammenhang erst recht.

64 Eine derartige funktionelle Betrachtung ergibt als **Normzweck** der Insolvenzantragspflicht zum einen, **insolvenzreife Gesellschaften vom Geschäftsverkehr fernzuhalten.**[154] Neue Gläubiger der Gesellschaft sollen davor bewahrt werden, mit einer überschuldeten oder zahlungsunfähigen Gesellschaft noch in Rechtsbeziehungen zu treten.[155] Dies war bereits der Normzweck von Art. 240 Abs. 3 ADHGB, dem historischen Vorbild der heutigen Insolvenzantragspflicht.[156] Ferner bezweckt die Insolvenzantragspflicht den **Schutz** der bereits vorhandenen Gläubiger **vor** einer **Verringerung** ihrer zu erwartenden **Insolvenzquote.**[157] Denn die Erfahrung zeigt, dass eine überschuldete oder zahlungsunfähige Gesellschaft regelmäßig zu Lasten ihrer Gläubiger in der Ertragskurve weiter talwärts treibt, mit der Folge, dass das zur Befriedigung der Gläubiger vorgesehene Gesellschaftsvermögen (§ 13 Abs. 2 GmbHG) immer weiter abnimmt und sich die Befriedigungsaussichten der Gläubiger weiter verschlechtern.[158]

65 Hinter der **Insolvenzantragspflicht** stehen mithin typisch **insolvenzrechtliche Zielsetzungen.** Im Hinblick auf **Neugläubiger** kommt die klassische **Reinigungsfunktion** des Insolvenzverfahrens zum Tragen: Lebensunfähige Unternehmen sollen aus der Wirtschaft ausscheiden, um nicht andere, gesunde Unternehmen mit in den Untergang zu reißen.[159] Mit Recht betont daher *Goette* die „überragende Bedeutung, die die öffentlich-rechtlich ausgestaltete, zwingende Antragspflicht für den Rechtsverkehr hat".[160] Im Hinblick auf **Altgläubiger** geht es um die **bestmögliche Verwirkli-**

---

[147] BGHZ 126, 181 = NJW 1994, 2220.

[148] BGHZ 126, 181 (194 ff.) = NJW 1994, 2220; BGHZ 138, 211 = NJW 1998, 2667; BGH NZG 2003, 923.

[149] Offengelassen durch BGH NZG 2003, 923 (924).

[150] EuGH ECLI:EU:C:2015:806 Rn. 19 = NJW 2016, 223 – Kornhaas; zust. *Kindler* EuZW 2016, 136 (137 f.); *Schall* ZIP 2016, 289 (293); *Bayer/J. Schmidt* BB 2016, 1923 (1929, 1931); zuvor schon *Kindler* in Sonnenberger, Vorschläge und Berichte, 2007, 497, 506 ff., 517 (Referat vom 27.11.2004); *D. Paulus,* Außervertragliche Gesellschafter- und Organwalterhaftung im Lichte des Unionskollisionsrechts, 2013, Rn. 498, 521 mwN.

[151] *Borges* ZIP 2004, 733 (739) m. Fn. 97.

[152] Für die kodifikatorische Verlagerung der Insolvenzantragspflicht in die InsO schon *Kindler* in Sonnenberger, Vorschläge und Berichte, 2007, 497, 521 (Referat vom 27.11.2004); der Gesetzgeber des MoMiG wollte hierdurch Schutzlücken bei der Insolvenz von Auslandsgesellschaften vermeiden: Begr. RegE, BT-Drs. 16/6140, 55 zum Gesetz vom 23.10.2008 (BGBl. 2008 I 2026).

[153] Allg. *Haas* NZI 2001, 1 (10) l. Sp.; vgl. im vorliegenden Zusammenhang *Trunk* IntInsR 104 f.; *Paulus* ZIP 2002, 729 (734) re. Sp.; *H. F. Müller* NZG 2003, 414 (416); implizit auch *Zimmer* NJW 2003, 3585 (3590) (li. Sp.); und schon *Zimmer* IntGesR S. 294 f. zur action en comblement du passif des franz. und belgischen Rechts; nicht berücksichtigt von *Ulmer* NJW 2004, 1201 (1207) m. Fn. 60.

[154] BGHZ 126, 181 (194) = NJW 1994, 2220; BGHZ 138, 211 = NJW 1998, 2667; BGH NZG 2003, 923.

[155] BGH NZG 2003, 923.

[156] *Altmeppen* ZIP 2001, 2201 m. Fn. 2; *Borges* ZIP 2004, 733 (738). Die Verortung im ADHGB beruhte auf dem historischen Zufall, dass bei dessen Feststellung (1861) keine Bundeskompetenz für das Insolvenzrecht bestand, *Borges* S. 738 f.

[157] *Altmeppen* ZIP 2001, 2201 f.

[158] *Altmeppen* ZIP 2001, 2201, allerdings mit Kritik zu dieser Betrachtungsweise.

[159] Ebenso in der Sache *Borges* ZIP 2004, 733 (739).

[160] *Goette* DStR 1994, 1092 (1094) zu BGH NJW 1994, 2149.

chung der Haftung der Schuldnergesellschaft: Die frühzeitige Insolvenzeröffnung soll einen weiteren Schwund des Schuldnervermögens aufhalten und so den Altgläubigern eine möglichst hohe Insolvenzquote sichern.[161] Wenn demgegenüber pauschal argumentiert wird, die Insolvenzverschleppungshaftung nach § 15a InsO (bis 31.10.2008: § 64 Abs. 1 GmbHG aF) iVm § 823 Abs. 2 BGB sei eine Frage des Haftungsgrundes und nicht der insolvenzrechtlich zu qualifizierenden Haftungsrealisierung,[162] so wird dabei der instrumentelle Charakter der Insolvenzverschleppungshaftung verkannt. Es geht im Insolvenzverfahren um die Haftung der Gesellschaft als Insolvenzschuldnerin gegenüber den Insolvenzgläubigern. Der Realisierung dieser Haftung dient die Insolvenzverschleppungshaftung der Geschäftsführer, denn der zur Masse zu leistende Schadensersatz (§ 92 InsO) verbessert die Befriedigungsaussichten der Gesellschaftsgläubiger in der Insolvenz.

Nach anderen soll eine gesellschaftsrechtliche Qualifikation der Antragspflichten aus deren Zweck folgen, die gegenwärtigen und künftigen Gläubiger vor einer Gefährdung ihrer Vermögensinteressen zu schützen.[163] Mit dieser Formulierung ist der Normzweck der Insolvenzantragspflichten freilich nur allgemein umrissen. Insolvenzrecht und Gesellschaftsrecht dienen gleichermaßen in weiten Teilen dem Gläubigerschutz. Entscheidend ist hier aber, dass die zu qualifizierende Norm **insolvenzbedingten Gefährdungen** der Gläubigerinteressen begegnen will, nicht sonstigen Gefährdungen durch Gesellschafter- und/oder Geschäftsführerverhalten, wie sie zB beim Gründungsschwindel (§§ 9a, 9b GmbHG), bei Kapitalaufbringungslücken (§ 24 GmbHG) oder bei Verstößen gegen die Ausschüttungssperre (§ 30 GmbHG) vorliegen. Wie dargelegt, entsteht die Insolvenzantragspflicht gerade in einer Gefährdungslage, die sich aus dem **Eintritt eines Insolvenzgrundes** ergibt. Mit Recht befürwortet die **hM** im Schrifttum daher eine **insolvenzrechtliche Qualifikation** der Insolvenzantragspflicht und folglich deren **Anwendbarkeit auf Geschäftsleiter von Auslandsgesellschaften** mit inländischem Verwaltungssitz.[164] 66

Dieser insolvenzrechtlichen Qualifikation kann **nicht** in einer Art **„Stichtagsbetrachtung"** entgegengesetzt werden, bei dem Verstoß gegen die Insolvenzantragspflicht handele es sich um eine Pflichtverletzung aus der Zeit vor Insolvenzeröffnung.[165] Denn insolvenzrechtliche Rechtsfolgen knüpfen sogar typischerweise an Sachverhalte aus der Zeit vor Insolvenzeröffnung an; das beginnt – um nur einige Beispiele zu nennen – bei den Insolvenzeröffnungsgründen selbst und geht über die insolvenzrechtliche Behandlung von vor der Insolvenzeröffnung bestellter Sicherheiten (§§ 50 ff. InsO) bis hin zu Anfechtungslagen (§§ 129 ff. InsO). In diesem Sinne wirkt auch die Insolvenzantragspflicht schon im Vorfeld des Verfahrens. Sie soll im Interesse aller Gläubiger sicherstellen, dass das Verfahren möglichst früh beginnt. Sie dient hierdurch der vorgreiflichen Verwirklichung der insolvenzrechtlichen Haftungsordnung.[166] Im Übrigen regelt auch das Gesellschaftsrecht Sachverhalte aus der Zeit vor der Entstehung der Gesellschaft als juristische Person, vgl. nur die vielfältigen Pflichten nach §§ 1–11 GmbHG.[167] 67

Weiter heißt es, die Insolvenzantragspflicht der Geschäftsführer sei schon deshalb gesellschaftsrechtlich zu qualifizieren, weil sie an die Organstellung des Betreffenden anknüpfe, und diese folge aus dem Gesellschaftsrecht.[168] Danach wäre sogar § 34 AO gesellschaftsrechtlich zu qualifizieren, was ersichtlich 68

161 So deutlich und mit Recht *H. F. Müller* NZG 2003, 414 (416): „Mit den Antragspflichten soll erreicht werden, dass Verfahren bei insolventen Schuldnern mit beschränktem Haftungsfonds rechtzeitig eingeleitet werden"; und schon *Trunk* IntInsR 104 f.; *Bayer* BB 2003, 2357 (2365); *Zimmer* NJW 2003, 3585 (3589); MüKoAktG/*Spindler* AktG § 92 Rn. 3.

162 So *Schanze/Jüttner* AG 2003, 661 (670) m. Fn. 101.

163 *Mock/Schildt* ZInsO 2003, 396 (399 f.); ihnen folgend AG Bad Segeberg NZG 2005, 762 (763); ferner *Mock/Schildt* in Hirte/Bücker GrenzübGes § 16 Rn. 36 ff.; *Spindler/Berner* RIW 2004, 7 (11 ff.); *Riegger* ZGR 2004, 510 (526); *Schumann* DB 2004, 743 (746 f.); *Vallender/Fuchs* ZIP 2004, 829 (830); *Paefgen* ZIP 2004, 2253 (2260 f.).

164 So iErg ferner schon *Trunk* IntInsR 104; *Paulus* ZIP 2002, 729 (734); *H. F. Müller* NZG 2003, 414 (416 f.); *Zimmer* NJW 2003, 3585 (3590) f.; *Bayer* BB 2003, 2357 (2367, 2365); *Weller* IPRax 2003, 520 (522) bei Fn. 27, 524; *Weller* DStR 2003, 1800 (1804); *Höfling,* Das englische internationale Gesellschaftsrecht, 2002, 262 ff., 266; *Habersack/Verse* ZHR 164 (2004), 174 (207); *Pannen/Riedemann* NZI 2005, 413 (414); *Pannen/Riedemann* EWiR 2005, 701 (702); *Kuntz* NZI 2005, 424 (426 f.); *Ungan* ZVglRWiss. 104 (2005), 355 (366 ff.); *Fehrenbach* in Binder/Eichel, Internatonale Dimensionen des Wirtschaftsrechts, 2013, 223, 234 ff.; iErg auch die Arbeitsgruppe „German Group of Experts on Corporate Law" ZIP 2003, 863 (870, 873) mit dem Vorschlag einer EU-weiten Einführung einer wrongful trading-Haftung; aA KG NZI 2022, 799 (aus strafrechtlicher Sicht).

165 So offenbar noch *Zimmer* IntGesR S. 294 f.

166 *Haas* NZI 2001, 1 (8) nach Fn. 97.

167 Gegen eine Stichtagsbetrachtung implizit auch *G. H. Roth* NZG 2003, 1081 (1085) m. Fn. 43, der bestimmten Gläubigerschutzvorschriften „vorinsolvenzrechtliche Qualität" zuspricht; ferner Duursma/Kepplinger/Duursma/*Chalupsky* EuInsVO 2000 Art. 1 Rn. 1.

168 *Spindler/Berner* RIW 2004, 7 (12).

ausscheidet. Verkannt wird dabei zudem, dass das Insolvenzrecht auch an anderer – und völlig unverdächtiger – Stelle weit reichende Pflichten für Organmitglieder bestimmt (vgl. §§ 97 ff., 101 InsO zu den Auskunfts- und Mitwirkungspflichten des Schuldners). Selbst wenn man sich aber auf ein derartiges Herauspicken einzelner Tatbestandsmerkmale zu Qualifikationszwecken einlassen wollte, so überwögen doch die Berührungspunkte zum Insolvenzrecht: Für eine insolvenzrechtliche Qualifikation der Insolvenzantragspflicht spricht hier zunächst, dass sie ein Insolvenzantragsrecht zwingend voraussetzt, und ein solches folgt nun unbestritten allein aus dem Insolvenzrecht (§ 15 Abs. 1 InsO).[169] Außerdem nimmt der Tatbestand des § 15a InsO ausdrücklich auf die in der Insolvenzordnung geregelten Insolvenzeröffnungsgründe der Zahlungsunfähigkeit und der Überschuldung Bezug.[170]

69 **c) Qualifikation der Insolvenzverschleppungshaftung.** Die zivilrechtliche Insolvenzverschleppungshaftung der Antragsverpflichteten folgt nicht unmittelbar aus § 15a InsO, sondern ergibt sich erst im Zusammenspiel mit § 823 Abs. 2 BGB. Wie ausgeführt (→ Rn. 60), ist § 15a InsO Schutzgesetz iSd § 823 Abs. 2 BGB. Der Haftungstatbestand ist mit der zutr. Rspr. des **EuGH insolvenzrechtlich** zu qualifizieren. Das **Urteil Kornhaas** ist insoweit eindeutig, wenn es dort heißt, dem Insolvenzstatut unterfielen die Regeln für die Bestimmung der zur Stellung des Antrags auf Eröffnung dieses Verfahrens verpflichteten Personen und die **Folgen eines Verstoßes gegen diese Verpflichtung.**[171] Damit sind nicht nur die Strafbarkeit (§ 15a Abs. 4 und 5 InsO) und die sonstigen Rechtsfolgen der Antragspflichtverletzung[172] gemeint, sondern auch die die Haftung gegenüber den Gesellschaftsgläubigern. Abzulehnen ist die Auffassung, dass man es mit einer deliktischen Anspruchsgrundlage zu tun haben, bei deren Prüfung eine insolvenzrechtliche – nach anderer Ansicht: gesellschaftsrechtliche – Vorfrage zu beantworten ist, nämlich die, ob tatbestandlich ein Verstoß gegen die Insolvenzantragspflicht vorliegt.[173]

70 Aus verschiedenen Gründen kann die **deliktsrechtliche Qualifikation nicht überzeugen.**[174] Zum internationalen Verfahrensrecht ist anerkannt, dass auch Ansprüche aus allgemeinem Recht insolvenzrechtlichen Charakter haben können, wenn sich dies nach ihrem Gesamtgepräge aufdrängt.[175] Derartige insolvenztypische Merkmale liegen hier – wenn man das EuGH-Urteil in der Rs. Gourdain zum Insolvenzrechtsvorbehalt des EuGVÜ[176] heranzieht – gleich in mehrfacher Hinsicht vor. So liegt die Prozessführungsbefugnis für die Geltendmachung des Insolvenzverschleppungsschadens jedenfalls hinsichtlich der Altgläubiger beim Verwalter (§ 92 InsO – „Gesamtschaden"), und die Schadensersatzleistung ist zur Masse zu erbringen, nicht an einzelne Gläubiger. Daraus wird deutlich, dass die Insolvenzverschleppungshaftung lediglich ein Instrument zur Verwirklichung genuin insolvenzrechtlicher Zielsetzungen ist, dh ein Instrument zur Stärkung der Masse, um die Befriedigungsaussichten der Insolvenzgläubiger zu verbessern. Hinzu kommt, dass im Haftungsprozess über spezifisch insolvenzrechtliche Rechts- und Tatsachenfragen zu entscheiden ist, wie das Vorliegen und den Zeitpunkt der Insolvenzgründe iSd §§ 17, 19 InsO, und Insolvenzverschleppungsstreitigkeiten können nicht ohne die Verfahrenseröffnung entstehen.[177]

71 All dies spricht – mit dem EuGH (→ Rn. 69) – für eine **insolvenzrechtliche Qualifikation** des Haftungstatbestandes insgesamt, jedenfalls aber – sofern man von deliktsrechtlicher Qualifikation ausgeht – für eine akzessorische Anknüpfung an das Insolvenzstatut nach Art. 4 Abs. 3 Rom II-VO.[178] Auch die Rechtsvergleichung zeigt, dass eine insolvenzrechtliche Qualifikation und Anknüp-

---

[169] *H. F. Müller* NZG 2003, 414 (416).

[170] Dies betont mit Recht auch *Borges* ZIP 2004, 733 (739) bei Fn. 97.

[171] EuGH ECLI:EU:C:2015:806 Rn. 19 = NJW 2016, 223 – Kornhaas; zust. *Kindler* EuZW 2016, 136 (137 f.); *Schall* ZIP 2016, 289 (293); *Bayer/J. Schmidt* BB 2016, 1923 (1929, 1931); wN → Rn. 63; für gesellschaftsrechtliche Qualifikation – aber bei Anknüpfung an den Schwerpunkt des unternehmerischen Handelns – der eigenständige Ansatz von *Altmeppen* IWRZ 2017, 107 (111); *Mäsch* IPRax 2024, 208 (211).

[172] Dazu MüKoInsO/*Klöhn* InsO § 15a Rn. 317 ff.

[173] *Zimmer* NJW 2003, 3585 (3590); *Schanze/Jüttner* AG 2003, 661 (670) betr. deutsches Deliktsrecht in Kombination mit ausländischem Gesellschaftsrecht als Schutzgesetz. Das singuläre Urteil EuGH ECLI:EU:C:2013:490 = NZG 2013, 1173 = EuZW 2013, 703 – ÖFAB spricht nicht generell für eine deliktsrechtliche Qualifikation; spezifisch insolvenzrechtliche Pflichten hat der beklagte Geschäftsleiter dort nicht verletzt. Näher *Freitag* ZIP 2014, 302 ff.

[174] *U. Huber* in Lutter, Europäische Auslandsgesellschaften in Deutschland, 2005, 307, 319 f.; *Mäsch* IPRax 2024, 208; offenlassend (zu Art. 299 des polnischen Gesetzes über Handelsgesellschaften) BGH NZG 2022, 1030.

[175] Vgl. nochmals die Ausführungen des GA *Reischel* in dem Verfahren zur Geschäftsleiterhaftung nach franz. Recht, EuGH ECLI:EU:C:1979:49 = RIW 1979, 273 – Gourdain.

[176] EuGH ECLI:EU:C:1979:49 = RIW 1979, 273 – Gourdain.

[177] Zu diesem Gedanken *W. Lüke* FS Schütze, 1999, 467 (483); *Haas* RabelsZ 77 (2013), 632 (635 f.).

[178] *Höfling,* Das englische internationale Gesellschaftsrecht, 2002, 267; *Kuntz* NZI 2005, 424 (428) mzN in Fn. 66; *Eidenmüller* in Eidenmüller Ausl. KapGes. § 9 Rn. 32; *Eidenmüller* RabelsZ 70 (2006), 474 (497); Staub/*Koch,* 5. Aufl. 2009, HGB § 13d Rn. 41.

fung der Geschäftsleiterhaftung bei Fortführung insolvenzreifer Unternehmen gemeineuropäischem Verständnis entspricht.

d) Rechtsvergleichung.[179] **aa) Großbritannien.** Dass der deutschen Insolvenzverschleppungshaftung verwandte Rechtsinstitute im Ausland ebenfalls insolvenzrechtlich eingeordnet werden und nicht gesellschaftsrechtlich, zeigt zunächst die **Geschäftsleiterhaftung** nach sec. 213, 214 **Insolvency Act 1986.**[180] Zwei Tatbestände sind zu unterscheiden. Nach sec. 213 Insolvency Act (sec. 993 Companies Act 2006) führt jede Beteiligung am Führen einer zahlungsunfähigen Gesellschaft in der Absicht, Gläubiger zu betrügen, zur persönlichen Haftung. Die Höhe der in die Insolvenzmasse zu entrichtenden Zahlung ist in das Ermessen des Gerichts gestellt. Die Klagebefugnis liegt beim Insolvenzverwalter (liquidator). Die Schwäche dieses sog. **Tatbestands des betrügerischen Handelns (fraudulent trading)** liegt seit seiner Schaffung im Jahre 1929[181] in den überzogenen subjektiven Tatbestandsvoraussetzungen. Die Haftung wegen fraudulent trading ist nämlich an die subjektive Vorstellung geknüpft, mit der Fortführung der Geschäfte einer zahlungsunfähigen Gesellschaft Gläubiger zu betrügen.[182] Eine derartige, die Gesamtheit der Gläubiger einschließende Betrugsabsicht ist nach der Rspr. etwa bei einem einzigen klar abgrenzbaren Betrug zu Lasten eines einzelnen Gläubigers nicht erfüllt. Denn wie das alleinige Antragsrecht des Verwalters und die Haftung gegenüber der Insolvenzmasse deutlich machen, geht es nicht um den Schutz einzelner Geschädigter.[183] Funktional ist das **Verbot der Fortführung des Unternehmens in der Insolvenz** der Insolvenzantragspflicht nach deutschem Recht vergleichbar.[184] Nach Einschätzung der englischen Lit. hat das Institut allerdings nicht die mit ihm verbundenen Hoffnungen erfüllt. Es spielt in der Praxis keine Rolle.[185] Selbst wenn man also das von *Sandrock* propagierte Subsidiaritätsprinzip (→ IntGesR Rn. 402, → IntGesR Rn. 454 f.) bei der Anwendung von Normen des Sitzstatuts gelten lassen wollte,[186] so würde es jedenfalls für die Haftung aus fraudulent trading nicht greifen, weil diese in ihren subjektiven Anforderungen ungleich strenger ist als die Insolvenzverschleppungshaftung nach § 15a InsO, § 823 Abs. 2 BGB. 72

Wegen der dargestellten Schutzlücken der Haftung für betrügerische Geschäftsfortführung hat der Gesetzgeber in sec. 214 Insolvency Act 1986 eine **Haftung wegen unredlichen Handelns (wrongful trading)** eingeführt. Ihr unterliegt der Geschäftsleiter einer zahlungsunfähigen Gesell- 73

---

179 Übersichten zur Insolvenzverschleppungshaftung in den anderen Mitgliedstaaten geben Rajak (Hrsg.), European Corporate Insolvency, 1995; *Strauß,* Insolvenzbezogene Geschäftsleiterhaftung in Europa, 2002; *Pernice,* Die Insolvenzverschleppung durch das Geschäftsführungsorgan der kleinen Kapitalgesellschaft im deutschen, französischen und englischen Recht, 2002; Forum Europaeum, Konzernrecht für Europa, ZGR 1998, 672 (753 ff.); zu Spanien *Stöber* RIW 2013, 520; *Stöber* ZHR 176 (2012), 326 (337 ff.) zu Österreich, UK, Frankreich, Italien, Spanien, Niederlande. Umfassende Darstellungen in den Länderberichten in Kindler/Nachmann (Hrsg.), Handbuch Insolvenzrecht in Europa, 2010 ff. und MüKoInsO Bd. 4.

180 Dazu in deutscher Sprache Kindler/Nachmann (Hrsg.), Handbuch des Insolvenzrechts in Europa, 2010, Länderbericht Großbritannien; *Just,* Die engl. Ltd. in der Praxis, 4. Aufl. 2012, Rn. 181 ff.; MüKoInsO/*Schlegel,* Länderbericht England und Wales, Bd. IV, Rn. 72 f. (675 ff.); ferner *Zimmer* IntGesR S. 285 ff.; Forum Europaeum, Konzernrecht für Europa ZGR 1998, 672 (753 ff.); *Fleischer* DStR 2000, 1015 (1018); *Höfling,* Das englische internationale Gesellschaftsrecht, 2002, 222 ff.; *Maul/Schmidt* BB 2003, 2297 (2298 f.); *Mock/Westhoff* DZWiR 2004, 23 (27); *Habersack/Verse* ZHR 168 (2004), 174 ff.; *Redeker,* Die Haftung für wrongful trading im englischen Recht, 2007; aus dem englischen Schrifttum zB *Finch,* Corporate Insolvency Law, 2002, 512 ff.; *Goode* Journal of business law (JBL) 1989, 436; *Pentrice* Oxford Journal of Legal Studies (OJLS) 1990, 265; *Fletcher,* Law of insolvency, 3. Aufl. 2002, Rn. 27-017 ff.; Gesetzestext unter www.insolvency.co.uk; sec. 214 Insolvency Act auch bei *Habersack/Verse* ZHR 168 (2004), 174 (179); zur – hier nicht einschlägigen – Insolvenzrechtsreform s. *Jungmann/Bisping* RIW 2003, 930 ff.

181 *Fleischer* DStR 2000, 1015 (1018).

182 Court of Appeal England (Chancery Div., Companies Court) EWiR 2004, 79 m. KurzKomm. *Leyens.*

183 *Leyens* EWiR 2004, 79 unter 4.

184 *Fleischer* DStR 2000, 1015 (1018); *Mock/Westhoff* DZWiR 2004, 23 (27).

185 Vgl. *Finch,* Corporate Insolvency Law, 2002, 511, die eine „virtual obsolesence" des Art. 213 Insolvency Act 1986 konstatiert; vgl. zu den strengen Anforderungen an den Tatbestand des fraudulent trading: High Court (Chancery Division) vom 9.3.2001, berichtet in RIW 2002, 313 (Nr. 33), wonach sec. 213 Insolvency Act 1986 etwa die Zusage von Geschäftsleitern erfasse, dass die Gesellschaft ihren Mietzinszahlungspflichten nachkommen werde, obwohl keine Absicht zur Zahlung ab einem bestimmten Zeitpunkt bestanden habe; *Habersack/Verse* ZHR 168 (2004), 174 (177 f.); vgl. auch den – vereinzelten – Beispielsfall bei *Vorpeil* RIW 2009, 761 f.

186 *Sandrock* in Sandrock/Wetzler, Deutsches Gesellschaftsrecht im Wettbewerb der Rechtsordnungen, 2004, 37 f.: „Bevor eine Norm des Sitzstatuts diejenige eines Gründungsstatuts überlagern kann, muss klargestellt sein, dass sich innerhalb des Gründungsstatuts keine Norm finden lässt, die dem Antragsteller denjenigen Rechtsschutz gewähren würde, den er im konkreten Fall in Anspruch nehmen will"; *Sandrock* BB 2004, 897 (899); ebenso *W. H. Roth* IPRax 2003, 117 (125) unter VIII 1c.

schaft, wenn er seit Kriseneintritt nicht jeden möglichen Schritt unternommen hat, um den Schaden der Gesellschaftsgläubiger gering zu halten.[187] Dafür trifft ihn die Beweislast. Die Prozessführungsbefugnis liegt allein beim Insolvenzverwalter.[188] In subjektiver Hinsicht setzt die Krisenverschleppungshaftung lediglich voraus, dass der Geschäftsleiter die Unvermeidbarkeit der Insolvenz vorhergesehen hatte oder hätte vorhersehen können. Wie bei der Insolvenzantragspflicht nach deutschem Recht geht es also darum, die Geschäftsführer gegenüber den Insolvenzgläubigern dafür einstehen zu lassen, dass sie deren Befriedigungsaussichten seit Kriseneintritt sich haben verschlechtern lassen.[189] Zwischen Alt- und Neugläubigern wird dabei nicht unterschieden.[190]

74 Allerdings ist auch dieser Haftungstatbestand in der Praxis kaum von Bedeutung. *Finch* berichtet, dass etwa in den Jahren zwischen 1989 und 1993 in England und Wales 92.500 Gesellschaftsinsolvenzen zu verzeichnen waren, es aber nur in vier Fällen zu Haftungsklagen aus dem Gesichtspunkt des wrongful trading gekommen sei; sec. 214 Insolvency Act 1986 sei insgesamt eine große Enttäuschung.[191] Andere sprechen von einem Papiertiger,[192] von einem Hund, der nur bellt, aber nicht beißt,[193] von Rauch ohne Feuer.[194] Was diese Einschätzung im Hinblick auf das schon angesprochene, verschiedentlich propagierte Subsidiaritätsprinzip bedeutet, braucht nicht weiter vertieft zu werden; und es ist unerfindlich, wie manche deutsche Autoren zu der Einschätzung kommen, die wrongful trading Haftung sei „vorbildlich",[195] und überhaupt bewirke der angelsächsische „insolvency test"/„adjusted net worth test" einen wirksamen Gläubigerschutz.[196]

75 Hinsichtlich der Qualifikationsfrage steht fest, dass der Standort der dargestellten Vorschriften im Konkursgesetz sachlich berechtigt ist. Es handelt sich um **insolvenzrechtliche Haftungsnormen.**[197] Deutlich wird dies auch aus der englischen Rspr., die die Insolvenzverschleppungshaftung nach sec. 214 Insolvency Act 1986 nicht als Haftung der Geschäftsführer gegenüber der Gesellschaft ansieht, sondern als Verpflichtung zu einer Leistung an die Insolvenzmasse; auf Regelungen eines ausländischen Gesellschaftsstatuts könne es daher nicht ankommen.[198] Die Haftung gilt auch für den faktischen Geschäftsführer („shadow director").

76 **bb) Frankreich.** Das neue französische Handelsgesetzbuch aus dem Jahre 2000[199] regelt das **Insolvenzrecht** der Unternehmen im 6. Buch („Des difficultés des entreprises"). Dort findet sich in Art. L 651-2 Code de commerce (nouv.) die bisher in Art. 180 Insolvenzgesetz 1985[200] enthaltene Bestimmung über die Geschäftsleiterhaftung. Die Insolvenzantragspflicht folgt aus Art. L 631-4 und 640-4 Code de commerce (nouv.), bisher Art. 3 Abs. 2 des zitierten Konkursgesetzes.[201]

---

187 *Schall* ZIP 2005, 965 (967 f.); *Steffek* NZG 2010, 589.

188 *Habersack/Verse* ZHR 164 (2004), 174 (195).

189 So die zutr. Bewertung in Forum Europaeum Konzernrecht für Europa ZGR 1998, 672 (754) bei Fn. 350. Die Gesellschaft muss sich im winding up befinden, *Habersack/Verse* ZHR 164 (2004), 174 (182).

190 *Habersack/Verse* ZHR 164 (2004), 174 (196 f.) mN zur Kritik hieran.

191 *Finch,* Corporate Insolvency Law, 2002, 513: „The wrongful trading sec. has, however, proved to be a great disappointment insofar as its impact has been low.".

192 *Cook,* Wrongful Trading: Is it a Real Threat to Directors or a Paper Tiger?, 1999, Ins. Law 99.

193 *Godfrey/Nield,* The Wrongful Trading Provisions: All Bark and No Bite?, 1995, 11 IL&P 139.

194 *Milman,* Wrongful Trading Actions: Smoke without Fire?, 1995, 8 Palmer's In Company 1; wN auch bei *Habersack/Verse* ZHR 168 (2004), 174 (180 f.).

195 *Borges* ZIP 2004, 733 (735) m. Hinweis auf *Baums.*

196 So *Sandrock* BB 2004, 897 (899); Fehleinschätzung auch bei *Eidenmüller/Rehm* ZGR 2004, 159 (182): „nicht pauschal … unzureichend".

197 So ausdrücklich *Zimmer* IntGesR 287; *Höfling,* Das englische internationale Gesellschaftsrecht, 2002, 234: „Bestandteil des englischen Insolvenzrechts"; *Borges* ZIP 2004, 733 (739).

198 So *Chadwick J.* in Re Howard Holdings Inc. (1998) B. C. C., 549, 554 (ChD): „In my view, on a true analysis of s. 214 of the Insolvency Act 1986, the court is not enforcing any liability owed by directors or former directors to the company. The court is empowered, in cases where it thinks it proper, to declare that those who were in a position to take steps to minimise potential loss to creditors at a time when they knew there was no reasonable prospect that insolvent liquidation could be avoided, should be under an obligation to contribute to the assets which the court is administering under the insolvency code and, through the liquidator, for the benefit of the creditors. The sec. is not concerned to enforce some past or existing liability. It enables the court to impose a new liability to contribute, in circumstances in which that is just and appropriate. Accordingly, it is, as it seems to me, irrelevant whether that liability already exists or could arise under any system of foreign law"; zitiert nach *Höfling,* Das englische internationale Gesellschaftsrecht, 2002, 234 f.

199 Ordonnance 18.9.2000, J. O. 18.11.2000, 18349 (berichtigte Fassung), auch unter www.legifrance, ratifiziert durch Gesetz Nr. 2005 vom 3.1.2003 (Art. 50 Abs. 1), *Licari/Bauerreis* ZEuP 2004, 132 (141).

200 Loi n. 85-98 vom 25.1.1985.

201 *Kupferberg/Göcke* RIW 2011, 337 (343) in Fn. 57; vgl. aus dem umfangreichen deutschsprachigen Schrifttum etwa Kindler/Nachmann (Hrsg.), Handbuch des Insolvenzrechts in Europa, 2010, Länderbericht Frankreich

Nach Art. L 651-2 code de commerce (nouv.) steht es im Ermessen des Gerichts, den Leitern der Gesellschaft im Rahmen eines Vergleichs- oder Konkursverfahrens bei Überschuldung der Gesellschaft (insuffisance d'actif) im Falle von Geschäftsführungsfehlern die Gesamtheit oder einen Teil der Schulden der Gesellschaft aufzuerlegen. Ein Geschäftsführungsfehler (faute de gestion) liegt vor allem bei **Fortführung der Gesellschaft trotz Überschuldung und Überschreitung der Konkursantragsfrist** (nach dieser Vorschrift hat der Schuldner innerhalb von 15 Tagen nach Zahlungseinstellung Konkursantrag einzureichen), ferner bei mangelhafter Buchführung. Die Haftung trifft nicht nur die Personen, die rechtlich eine Organstellung innehatten, sondern auch die faktischen Geschäftsleiter (dirigeants de fait). Entscheidende Voraussetzung dieser **Haftung auf Auffüllung der Konkursmasse (action en comblement du passif)** ist, dass der Geschäftsführungsfehler mit zur Überschuldung beigetragen hat. 77

Auch die action en comblement du passif **entspricht funktional der deutschen Insolvenzverschleppungshaftung.**[202] Schon der Standort der Regelung in dem dem Konkursrecht gewidmeten 6. Buch des französischen HGB sowie die Bezeichnung des Instituts als „Klage zur Auffüllung der Masse" und die alleinige Zuständigkeit des Konkursgerichts deuten auf einen insolvenzrechtlichen Charakter hin. Dies ist nicht nur die überwiegende Einschätzung im Schrifttum,[203] sondern entspricht auch der Rspr. des EuGH[204] und der deutschen Rspr. zum Insolvenzrechtsausschluss in Art. 1 Abs. 2 Nr. 2 EuGVÜ/Art. 1 Abs. 2 lit. b Brüssel Ia-VO.[205] Und – was hier besonders bedeutsam erscheint – diese Qualifikation entsprach auch den Vorstellungen der Urheber des EuInsÜ, dem Vorläufer der EuInsVO. Sie gingen davon aus, dass die action en comblement du passif zu den Einzelverfahren zählt, die nach Art. 32 Abs. 1 UAbs. 2 zu nach der Verordnung anerkennungsfähigen Entscheidungen führen können (sog. Annexverfahren).[206] Bestätigt wird die insolvenzrechtliche Einordnung der Geschäftsleiterhaftung nach französischem Recht schließlich durch den Standpunkt des französischen IPR: Danach wenden französische Gerichte auch gegenüber ausländischen Gesellschaften das französische Konkursrecht unter Einschluss der Geschäftsleiterhaftung an.[207] Dabei spielt wohl auch eine Rolle, dass die Haftungsnorm als Teil der öffentlichen Ordnung angesehen wird.[208] 78

cc) Italien. Das italienische Recht enthält keine ausdrückliche Regelung der zivilrechtlichen Insolvenzverschleppungshaftung des Geschäftsführers einer Kapitalgesellschaft. Allerdings macht sich ein Geschäftsführer des einfachen Bankrotts strafbar, wenn er den Vermögensverfall der Gesellschaft dadurch verschlimmert hat, dass er keinen Konkursantrag gestellt hat (Art. 217 Abs. 1 Nr. 4, Art. 224 Alt. 1). Daraus ergibt sich für die hM und Rspr. eine auch **zivilrechtlich sanktionierte Pflicht der Geschäftsführer zur Stellung eines Konkursantrags,** sobald dessen Unterlassung eine Verschlimmerung des Vermögensverfalls bewirken würde.[209] 79

(Bauerreis); ferner *Sonnenberger/Dammann,* Französisches Handels- und Wirtschaftsrecht, 3. Aufl. 2007, Rn. VIII 87 ff.; ferner *Dammann* RIW 2006, 16; MüKoInsO/*Niggemann,* Länderbericht Frankreich, Bd. IV, 731 ff.; *Zimmer* IntGesR 281 ff.; *Reiner,* Unternehmerisches Gesellschaftsinteresse und Fremdsteuerung, 1996, 164 ff.; Forum Europaeum Konzernrecht für Europa ZGR 1998, 672 (657 ff.); *Maul* NZG 1998, 965 (972); *Dostal* ZIP 1998, 969 (973); *Marquardt/Hau* RIW 1998, 441 ff.; *W. Lüke* FS Schütze, 1999, 473 ff.; *Wackerbarth,* Grenzen der Leitungsmacht in der internationalen Unternehmensgruppe, 2001, 107 ff., 167 ff.; *H. F. Müller* NZG 2003, 414 (416); *Niggemann/Blenske* NZI 2003, 471 (478); *Habersack/Verse* ZHR 164 (2004), 174 (202 ff.); *Bauerreis* ZGR 2006, 294; in der Rspr. EuGH ECLI:EU:C:1979:49 = RIW 1979, 273; OLG Hamm RIW 1994, 62 – Gourdain.

202 *H. F. Müller* NZG 2003, 414 (417); *Borges* ZIP 2004, 733 (739); undeutlich, da nicht zwischen der gewöhnlichen Geschäftsleiterhaftung und der Insolvenzverschleppungshaftung diff., *Zimmer* IntGesR 225: „nimmt (…) Funktionen wahr, die im deutschen Recht von § 93 AktG und §§ 43, 64 GmbHG übernommen werden".

203 *Maul* NZG 1998, 965 (972): „konkursrechtliche Haftung"; *H. F. Müller* NZG 2003, 414 (417); *Niggemann/Blenske* NZI 2003, 471 (478).

204 EuGH ECLI:EU:C:1979:49 = RIW 1979, 273 – Gourdain.

205 OLG Hamm RIW 1994, 62.

206 *Virgós/Schmit* Nr. 196; ebenso *Vallens,* zitiert bei *Niggemann/Blenske* NZI 2003, 471 (479) in Fn. 90.

207 Vgl. nur *Sonnenberger/Dammann,* Französisches Handels- und Wirtschaftsrecht, 3. Aufl. 2007, Rn. IX 95; Cass. com. Rev. crit. dr. int. pr. 1982, 124 mAnm *Lemontey* Cass. com. Rev. crit. dr. int. pr. 1982, 125 (insbes. 127); umfassend *Baierlipp,* Die Haftung der Muttergesellschaft eines multinationalen Konzerns für die Verbindlichkeiten ihrer ausländischen Tochtergesellschaft – eine vergleichende Untersuchung nach deutschem und französischem Recht, 2002, dazu abl. *Gruber* WM 2003, 1928.

208 *Guyon,* Droit des affaires, Bd. II, 9. Aufl. 2003, Nr. 1378.

209 *Maffei Alberti/Zaccaria,* Commentario breve alla lege fallimentare, 3. Aufl. 1991, Art. 6 Anm. III 2 mwN; einführend Kindler/Nachmann (Hrsg.), Handbuch des Insolvenzrechts in Europa, 2010, Länderbericht Italien *(Kindler/Conow);* ferner MüKoInsO/*Santonocito/Mare-Ehlers,* Länderbericht Italien, Bd. IV, 903 ff.

80 Die Konkursantragspflicht entsteht mit der Offenkundigkeit und Unumkehrbarkeit des Vermögensverfalls.[210] Man hat sie auch als **Verbot der Fortsetzung der Geschäftstätigkeit der Gesellschaft** aufgefasst, **sobald** diese einen **schwerwiegenden Vermögensverfall** erleidet.[211] Dies entspricht der Rechtslage in Deutschland, Großbritannien und Frankreich. Eine weitere Parallele zu den genannten Rechtsordnungen liegt in der Einbeziehung des faktischen Geschäftsführers (amministratore di fatto).[212] Grundlage der Haftung ist die allgemeine Vorschrift über die Haftung der Geschäftsführer gegenüber der Gesellschaft für Sorgfaltsverstöße (Art. 2392 c. c.).[213] Im Konkurs liegt die Prozessführungsbefugnis allein beim Konkursverwalter (Art. 146 Abs. 2 Alt. 1). Diese Klagebefugnis umfasst auch eventuelle Ansprüche der Gesellschaftsgläubiger aus Verletzung der Kapitalerhaltungspflichten (so ausdrücklich Art. 2394 Abs. 3 c. c.).[214] Genau wie bei den bisher angesprochenen Rechtsordnungen besteht der **Normzweck** der Geschäftsführerhaftung im Konkurs darin, den von ihnen zu verantwortenden **Masseschwund wieder auszugleichen.**[215] Anders gewendet: Es geht um die Wiederherstellung des Gesellschaftsvermögens („reintegrazione del patrimonio della società fallita").[216] Die Vielzahl der zur Insolvenzverschleppungshaftung veröffentlichten Entscheidungen[217] deutet darauf hin, dass es sich bei diesem Institut um ein wirksames Instrument zur Verstärkung der Konkursmasse handelt.

81 Zur kollisionsrechtlichen Einordnung der Geschäftsführerhaftung wegen Verletzung der Insolvenzantragspflicht finden sich im italienischen Schrifttum – soweit ersichtlich – keine Aussagen. Wie bei den bisher behandelten Rechtsordnungen sprechen für eine **insolvenzrechtliche Qualifikation** allerdings die systematische Verortung der Insolvenzantragspflicht im Konkursgesetz (Art. 217 Abs. 1 Nr. 4, Art. 224 Alt. 1), die alleinige Prozessführungsbefugnis des Konkursverwalters zur Geltendmachung der Haftung (Art. 146 Abs. 2 Alt. 1), der Zweck der Haftung, der auf eine Wiederherstellung der Insolvenzmasse gerichtet ist, und schließlich die Leistung der Haftungssumme in die Masse.

82 **dd) Zwischenergebnis.** In der Zwischensumme ergibt die rechtsvergleichende Umschau, dass die mit der **Insolvenzverschleppungshaftung** nach § 15a InsO, § 823 Abs. 2 BGB verwandten ausländischen Rechtsinstitute ebenfalls **insolvenzrechtlich einzuordnen** sind.[218]

83 **e) Vorgaben des EU-Sekundärrechts.** Bedeutsam ist ferner, dass die EuInsVO gegenüber der Brüssel Ia-VO eine lückenfüllende Rolle einnimmt (vgl. Art. 32 Abs. 2). Da die action en comblement du passif bereits als insolvenzrechtlich im Sinne des Ausnahmetatbestands von Art. 1 Abs. 2 lit. b Brüssel Ia-VO eingestuft wurde,[219] liegt es nahe, dieses Institut als Klage in einem dem eigentlichen Insolvenzverfahren besonders nahe stehenden Einzelverfahren iSd Art. 32 Abs. 1 UAbs. 2 (Annexverfahren) anzusehen, so wie dies schon aus den Vorarbeiten zur EuInsVO hervorgeht.[220] Hieraus wiederum ergibt sich zwanglos, die funktionsgleichen Haftungstatbestände in den übrigen Rechtsordnungen der Mitgliedstaaten der Gemeinschaft ebenfalls insolvenzrechtlich einzuordnen. Dies gilt nach den obigen Ausführungen mindestens für die Insolvenzverschleppungshaftung nach deutschem Recht, die Haftung aus fraudulent trading bzw. wrongful trading nach britischem Recht[221] und die Insolvenzverschleppungshaftung nach italienischem Recht. Bei einer anderen

---

[210] Cass. 27.2.2002 – n. 2906, Foro it. 2002, I, 3156: „responsabilità dell'amministratore di società di capitali per il ritardo nel chiedere il fallimento della società, nonostante la vistosità ed irreversibilità del dissesto"; rechtsvergleichend zum deutschen Recht *Hirte/Vicari,* Giurisprudenza commerciale, 1996, II, 377 ff.; *Kindler,* Italienisches Handels- und Wirtschaftsrecht, 2. Aufl. 2014, § 6 Rn. 72.

[211] *Hirte/Vicari,* Giurisprudenza commerciale, 1996, II, 377: „divieto di continuare a gestire la società in una grave situazione di dissesto".

[212] Cass. 27.2.2002 – n. 2906, Foro it. 2002, I, 3156 (3163 f.) und wN in der Redaktionsanm. (3158).

[213] Vgl. den Ls. in Cass. 27.2.2002 – n. 2906, Foro it. 2002, I, 3156.

[214] Cass. 22.10.1998 – n. 10488, Rep. Giur. it. 1998, Stichwort fallimento, no. 805; vgl. zu dieser Entscheidung auch die Nachweise in Rep. Foro it. 1999, I, 1967; ferner Rep. Foro it. 1999, Stichwort fallimento, no. 821, 826.

[215] Cass. 6.12.2000 – n. 15487, Rep. Foro it. 2001, Stichwort società, no. 758: Die Klage sei „finalizzata al risultato di acquisire all'attivo fallimentare tutto quanto sottratto per fatti imputabili agli amministratori … "; ebenso Cass. 22.20.1998 – n. 10488, Rep. Giur. it. 1998, Stichwort fallimento, no. 805.

[216] So ausdrücklich *Maffei Alberti/Zaccaria,* Commentario breve alla lege fallimentare, 3. Aufl. 1991, Art. 146l. fall. Anm. XXXI. 2.

[217] Nachweise Foro it. 2002, I, 3156 (3157 f.) (Redaktionsanm.).

[218] Für ein kollisionsrechtliches Bestimmungsrecht des Gläubigers, der die Anwendung des Insolvenz-, Gesellschafts- oder Deliktsstatuts verlangen können soll, *U. Hübner* FS Canaris, Bd. II, 2007, 129 (145) (de lege lata nicht haltbar).

[219] EuGH ECLI:EU:C:1979:49 = RIW 1979, 273; OLG Hamm RIW 1994, 62 – Gourdain.

[220] Vgl. nochmals *Niggemann/Blenske* NZI 2003, 471 (478) mwN.

[221] *Höfling,* Das englische internationale Gesellschaftsrecht, 2002, 234.

Betrachtungsweise fiele die Insolvenzverschleppungshaftung gewissermaßen zwischen die Stühle des europäischen Zivilverfahrensrechts; sie wäre weder von der Brüssel Ia-VO noch von der EuInsVO erfasst. Es ist nicht anzunehmen, dass die Urheber der EuInsVO insoweit bewusst eine Lücke im europäischen internationalen Insolvenzrecht schaffen wollten. Diese verfahrensrechtliche Einordnung legt es nahe, auch im Kollisionsrecht eine insolvenzrechtliche Qualifikation der genannten Haftungstatbestände anzunehmen.

f) Insolvenzverschleppungshaftung und Niederlassungsfreiheit. Die Insolvenzantragspflicht nach deutschem Recht ist nicht in dem Sinne rechtsformgebunden, dass sie nur auf deutsche Gesellschaften anwendbar wäre.[222] Vielmehr erstreckt sie sich im Wege der Substitution auf solche Gesellschaften ausländischer Rechtsform, die den jeweils betroffenen deutschen Gesellschaften (→ Rn. 60) funktional entsprechen.[223] Anhaltspunkte für die Bestimmung der funktionsgleichen Gesellschaftsformen des ausländischen Rechts geben, soweit es um Kapitalgesellschaften geht (s. Anh. II GesR-RL, früher Publizitäts-RL; → IntGesR Rn. 30); für die Personenhandelsgesellschaften (vgl. § 130a HGB) kann auf die Aufzählung im Anh. II Bilanz-RL (→ IntGesR Rn. 57) zurückgegriffen werden (zur Substitution näher → Rn. 191 ff.). Dabei liegt in der Anwendung des am inländischen Verwaltungssitz/COMI geltenden Rechts auf Geschäftsleiter EU-ausländischer Gesellschaften **keine Beschränkung der Niederlassungsfreiheit.** Nach Art. 49 Abs. 2 AEUV berechtigt die Niederlassungsfreiheit nur zu Erwerbstätigkeiten „nach den Bestimmungen des Aufnahmestaats für seine eigenen Angehörigen". Und dazu gehört dessen allgemeines Delikts- und Insolvenzrecht (→ IntGesR Rn. 437 ff.). Es ist also keineswegs so, dass die EU-Briefkastengesellschaft auch das Delikts- und Insolvenzrecht ihres Gründungsstaates in einer Art kollisionsrechtlicher Käseglocke (→ IntGesR Rn. 361, → IntGesR Rn. 401) in das Gebiet ihres tatsächlichen Geschäftsschwerpunkts mitbringt. Diese Materien betreffen nicht die Verfassung der Gesellschaft, sondern sind – ebenso wie das Vertragsrecht – Teil des allgemeinen Verkehrsrechts. Sie wirken tätigkeitsbezogen (→ IntGesR Rn. 442 f.), nicht korporativ; im **Urteil Kornhaas** hat dies der **EuGH** ausdrücklich festgehalten.[224] Übertragen auf die zur Warenverkehrsfreiheit aufgestellte Keck-Formel des EuGH betreffen sie nicht den Marktzugang. Was das Insolvenzstatut anbetrifft, gibt es hierfür sogar **Kollisionsnormen des sekundären Unionsrechts** (Art. 3, 7, 35), die in der Sache eine Anknüpfung an den tatsächlichen Verwaltungssitz der EU-Briefkastengesellschaft anordnen. Die damit verfolgten Ziele des reibungslosen Funktionierens des Binnenmarktes (Erwägungsgrund 3) und die Verbesserung der Effizienz und Wirksamkeit der Insolvenzverfahren mit grenzüberschreitender Wirkung (Erwägungsgrund 8) tragen ihre EU-rechtliche Rechtfertigung – sollte man eine solche überhaupt für notwendig erachten – in sich, wie auch der **BGH** anerkannt hat.[225] 84

Selbst wenn man der Insolvenzantragspflicht am Verwaltungssitz der Gesellschaft beschränkenden Charakter beimessen wollte, so wäre die Anwendung einer derartigen mitgliedstaatlichen Regelung **jedenfalls gerechtfertigt** (→ IntGesR Rn. 425 ff.).[226] Denn die Haftung trifft alle im Inland niedergelassenen Gesellschaften und juristischen Personen gleichermaßen, so dass keine Diskriminierung vorliegt. Im Schutz der Gläubiger liegt auch ein zwingendes Allgemeininteresse, und zwar im Hinblick auf die bei Neugläubigern im Vordergrund stehende Reinigungsfunktion des Insolvenzrechts wie auch im Hinblick auf die Verbesserung der Befriedigungschancen von Altgläubigern (→ Rn. 61 f.). Die Insolvenzantragspflicht ist ferner ein geeignetes Mittel zur Wahrung dieser Allgemeininteressen, und ein schonenderes Mittel ist nicht ersichtlich. Dies folgt schon daraus, dass die Antragspflicht erst bei unmittelbarer und konkreter Gefährdung von Gläubigern – dh mit Eintritt eines Insolvenzgrundes – eingreift. 85

Wer in ausländischen Insolvenzantragspflichten und den dazugehörigen Haftungssanktionen einen gleichwertigen Gläubigerschutz wie in § 823 BGB iVm gesellschaftsrechtlichen Insolvenzantragspflichten sieht, verneint im Übrigen konkludent die Voraussetzungen eines **Vorabentscheidungsverfahrens** nach Art. 267 AEUV. Denn selbst wenn in einem solchen Verfahren die EU-Rechtswidrigkeit der Anwendung des am Verwaltungssitz geltenden Rechts festgestellt werden sollte, so könnte die Konsequenz nur in der Anwendung des Gründungsrechts liegen, was aber dann zur gleichen Belastung für die Gesellschaft und die Organpersonen führt.[227] 86

222 AA *Borges* ZIP 2004, 733 (737) m. Fn. 73.

223 *Höfling,* Das englische internationale Gesellschaftsrecht, 2002, 266; *Zimmer* NJW 2003, 3585 (3589).

224 EuGH ECLI:EU:C:2015:806 Rn. 28 = NJW 2016, 223 – Kornhaas; zust. *Kindler* EuZW 2016, 136 (137 f.); *Schall* ZIP 2016, 289 (292 f.); *Bayer/J. Schmidt* BB 2016, 1923 (1929, 1931); *Mankowski* NZG 2016, 281.

225 BGH NJW 2011, 3784 Rn. 39; *Wedemann* IPRax 2012, 226 (229); früher schon *Ulmer* NJW 2004, 1201 (1207) m. Fn. 57; *Weller* IPRax 2004, 414; eingehend *Huber* in Lutter Europäische Auslandsgesellschaften S. 307, 348 ff.; aA *Berner/Klöhn* ZIP 2007, 106.

226 Zum Folgenden insbes. *Huber* in Lutter, Europäische Auslandsgesellschaften in Deutschland, 2005, 307, 351 ff.

227 *Huber* in Lutter Europäische Auslandsgesellschaften S. 307, 354 f.

87 **5. Masseschmälerung und Insolvenzverursachung.** Bei normzweckorientierter Betrachtung ist die Organhaftung aus dem Gesichtspunkt der **Masseschmälerung im Vorfeld der Insolvenz** (vgl. § 15b Abs. 1 InsO, früher § 64 S. 1 GmbHG aF ua) mit dem **EuGH-Urteil Kornhaas** nicht gesellschaftsrechtlich, sondern **insolvenzrechtlich zu qualifizieren.**[228] Anders liegt es nur bei der masselosen Insolvenz (→ IntGesR Rn. 634). Gegen eine gesellschaftsrechtliche Qualifikation der Haftung aus Masseschmälerung spricht schon, dass im Regelfall **kein Schaden der Gesellschaft** entsteht. Die verbotswidrigen Zahlungen dienen in der Regel der Erfüllung von Verbindlichkeiten der Gesellschaft und führen bei dieser nur zur Verkürzung der Bilanzsumme. Verringert wird nur die Insolvenzmasse in dem nachfolgenden Insolvenzverfahren, was zu einem Schaden allein der Insolvenzgläubiger führt.[229] Für eine insolvenzrechtliche Qualifikation lässt sich anführen, dass diese Haftung vom Insolvenzverwalter geltend zu machen ist, ferner der auf Sicherung der Insolvenzmasse gerichtete Normzweck. Zudem verhindert die Organhaftung für Masseschmälerungen, dass durch eine Vorwegbefriedigung einzelner Gläubiger gegen den – gemeineuropäisch anerkannten – Grundsatz der gleichmäßigen Befriedigung aller Gläubiger verstoßen wird. Denn auf Grund der Masseschmälerung sinkt die Insolvenzquote der hierbei nicht bedienten Gläubiger entsprechend.[230] Die Rückerstattung verbotener Zahlungen zur Masse stellt die **Verteilungsgerechtigkeit unter den Gläubigern** wieder her. Sie bewirkt die „Gleichbehandlung der Gläubiger am Vorabend der Insolvenzeröffnung".[231] Genau wie die in diesen Fällen gleichzeitig gegebene Insolvenzanfechtung gegenüber dem Zahlungsempfänger verfolgt sie mit der **Gläubigergleichbehandlung** einen klassischen **Insolvenzrechtszweck.**[232] Maßgeblich ist daher das Recht am COMI, dh am effektiven Verwaltungssitz der Gesellschaft (→ IntGesR Rn. 425).

88 Hinzu kommt die **Komplementärfunktion der EuInsVO gegenüber der Brüssel Ia-VO,** welche ebenfalls eine insolvenzrechtliche Qualifikation der Restitutionsansprüche nach Masseschmälerung nahelegt. Für die **Insolvenzanfechtung** ordnet Art. 7 Abs. 2 lit. m die insolvenzrechtliche Qualifikation ausdrücklich an, und wegen Art. 6 greift für Anfechtungsklagen des Insolvenzverwalters der Insolvenzrechtsvorbehalt in Art. 1 Abs. 2 lit. b Brüssel Ia-VO ein.[233] Dafür spricht insbesondere, dass nur der Verwalter die Anfechtungsklage im Interesse der Gesamtheit der Insolvenzgläubiger erheben kann, und zwar mit dem Ziel, diesen unter Beachtung ihrer grundsätzlichen Gleichrangigkeit Befriedigung zu verschaffen; im Erfolgsfalle kommt das Ergebnis der Anfechtungsklage der Gesamtheit der Gläubiger durch Vermehrung der Masse zugute. Diese Gesichtspunkte treffen auf die Haftungsklage des Insolvenzverwalters gegen den Geschäftsführer wegen der Masseschmälerung in gleicher Weise zu.[234] In diese – gewollte – Regelungslücke der Brüssel Ia-VO stößt die EuInsVO. Hat das Organmitglied der Schuldnergesellschaft seinen Wohnsitz im Ausland, so besteht für den Insolvenzverwalter analog dem das Urteil Deko Marty[235] ein **internationaler und örtlicher Klägergerichtsstand** am Sitz des Insolvenzgerichts (→ Art. 6 Rn. 4 ff.; → Art. 32 Rn. 18)[236] bzw. der Gesellschaft.[237] Zum gleichen Ergebnis kommt man bei einer vertraglichen Qualifikation der Ansprüche aus § 15b Abs. 1 InsO, früher § 64 S. 1 GmbHG aF) und der Annahme eines Erfüllungsortes am Sitz der Gesellschaft iSd Art. 7 Nr. 1 Brüssel Ia-VO.[238]

89 Auch die **Insolvenzverursachungshaftung** (im deutschen Recht § 15b Abs. 5 InsO; früher § 64 S. 3 GmbHG aF) unterliegt dem Insolvenzstatut. Hier geht es um die persönliche Haftung der Geschäftsleiter für Zahlungen an Gesellschafter, soweit diese erkennbar zur Zahlungsunfähigkeit der Gesellschaft führen mussten. Die Gesetzesbegründung zum MoMiG sieht hierin einen insolvenzrechtlichen Haftungstatbestand, der nach Art. 3 Abs. 1, Art. 7 Abs. 1 und 2 grundsätzlich auch auf

---

[228] OLG Frankfurt GWR 2024, 163 = ZIP 2024, 946; EuGH ECLI:EU:C:2015:806 Rn. 21 = NJW 2016, 223 – Kornhaas; zust. *Kindler* EuZW 2016, 136 (137 f.); *Schall* ZIP 2016, 289; *Bayer/J. Schmidt* BB 2016, 1923 (1929, 1931); *Mankowski* NZG 2016, 281; Abschlussentscheidung: BGH NJW 2016, 2660 = NZI 2016, 461 mAnm *Mock; Korherr,* Funktional-teleologische Qualifikation und Gläubigerschutz, 2019, 205 ff., 209 ff.; *Thomale* JBl. 2021, 83 (95).

[229] Zu diesem Gedankengang BGHZ 187, 60 Rn. 14 = NJW 2011, 221 – Doberlug.

[230] BGHZ 146, 264 (278) Ls. 2 = NZG 2001, 361 (365); BGH NZG 2003, 582 (583).

[231] *Goette* DStR 2003, 887 (893).

[232] Begr. RegE zum MoMiG, BT-Drs. 16/6140, 47; OLG Düsseldorf BeckRS 2010, 12145 Rn. 22 = IPRax 2011, 176 m. Aufs. *Wais* IPRax 2011, 138.

[233] Dazu → Art. 6 Rn. 4.

[234] *Haas* NZG 1999, 1148 (1152) m. Fn. 54 m. Hinweis auf § 92 InsO.

[235] EuGH ECLI:EU:C:2009:83 = NJW 2009, 2189 – Deko Marty.

[236] Zust. für den Fall einer insolvenzrechtlichen Qualifikation OLG Karlsruhe NZG 2010, 509 Rn. 10–14 = IPRax 2011, 179 m. Aufs. *Wais* IPRax 2011, 138.

[237] OLG Köln NZG 2012, 233 (234).

[238] So OLG Düsseldorf BeckRS 2010, 12145 = IPRax 2011, 176 m. Aufs. *Wais* IPRax 2011, 138; OLG Köln NZI 2012, 57; wie hier *Weller/Schulz* IPRax 2014, 336 (338 f.).

Auslandsgesellschaften anwendbar ist.[239] Für eine insolvenzrechtliche Qualifikation spricht die im Verhältnis zur Insolvenzverschleppungshaftung (→ Rn. 60 ff.) vorgelagerte **Schutzfunktion;** die Insolvenzmasse soll im Interesse der Gläubiger bewahrt werden. Den Aspekt der **Verhinderung etwaiger Masseverkürzungen** vor Eröffnung des Insolvenzverfahrens hatte der **EuGH** im Fall **Kornhaas** als insolvenzrechtliches Qualifikationsmerkmal betont (zur Masseschmälerung).[240]

Sachrecht: Bei der Subsumtion einer „Limited" unter das GmbHG und von deren „managing director" unter den Begriff des Geschäftsführers handelt es sich nicht um ein Analogieproblem, sondern um **Substitution** (→ IntGesR Rn. 202 ff.; → IntGesR Rn. 660; → IntGesR Rn. 686).[241] Grundsätzlich fällt daher etwa der managing director einer ausländischen Limited mit deutschem Verwaltungssitz daher unter § 15b InsO, früher § 64 GmbHG aF).[242] 90

6. Abweisung mangels Masse. Ob **Massearmut** iSv § 26 InsO vorliegt, hat das inländische Insolvenzgericht von Amts wegen (§ 5 InsO) festzustellen. Kann das Gericht nicht unter vertretbarem Aufwand positiv feststellen, dass das Vermögen einer Auslandsgesellschaft voraussichtlich die Kosten des Insolvenzverfahrens decken wird, so ist ein Beschluss über die Masselosigkeit ohne weiteres möglich.[243] In diesen Fällen wird dann häufig eine Insolvenzverschleppungshaftung der Geschäftsleiter in Rede stehen, die ebenfalls insolvenzrechtlich zu qualifizieren ist (→ Rn. 58)[244] und sich nach dem am effektiven Verwaltungssitz der Gesellschaft geltenden Recht beurteilt (→ Rn. 60 ff.). 91

Automatische Folge der Abweisung des Eröffnungsantrags mangels Masse ist nach inländischem Recht die **Auflösung der Gesellschaft** (zB nach § 60 Abs. 1 Nr. 5 GmbHG). Diese Auflösungsfolge soll nach einigen Literaturstimmen gesellschaftsrechtlich zu qualifizieren sein, da ein Insolvenzverfahren gerade nicht stattfindet.[245] Dem ist nicht zu folgen. Denn bei funktionaler Betrachtungsweise wird deutlich, dass das bei Insolvenzablehnung stattfindende gesellschaftsrechtliche Liquidationsverfahren ähnlich abläuft wie das insolvenzrechtliche Liquidationsverfahren. Besonders deutlich zeigt sich dies in dem für beide Verfahren geltenden Grundsatz, die Gläubiger vorrangig zu befriedigen und nur ein etwa verbleibendes Liquidationsguthaben unter die Gesellschafter zu verteilen (vgl. zB im deutschen Recht einerseits § 72 GmbHG, andererseits als § 199 InsO). Noch stärker wiegt die Überlegung, dass die Auflösungsfolge Ausdruck der typischen **Reinigungsfunktion des Insolvenzrechts** (inigungsfunkti[246] Aus der insolvenzrechtlichen Qualifikation der Auflösungsfolge, die obendrein EU-rechtlich geboten ist, folgt ihre Unbedenklichkeit unter dem Gesichtspunkt der Niederlassungsfreiheit (→ IntGesR Rn. 437 ff.). Jedenfalls handelt es sich um eine bloße Tätigkeitsausübungsregel (→ IntGesR Rn. 442 f.)[247] oder Marktrückzugsregel (→ IntGesR Rn. 444). 92

7. Auswirkungen der Insolvenzeröffnung auf die Gesellschaft. Die Eröffnung des Insolvenzverfahrens führt nach inländischem Recht zur Auflösung der Gesellschaft (zB § 60 Abs. 1 Nr. 4 GmbHG). Wiederum gilt, dass diese Folge Ausdruck der **Reinigungsfunktion des Insolvenzrechts** (→ Rn. 10) ist und daher nach dem Insolvenzstatut zu beurteilen ist. Ist Insolvenzstatut deutsches Recht, so überlagern die dort enthaltenen Auflösungsbestimmungen das ggf. anwendbare ausländische Gesellschaftsrecht.[248] Auch die Frage, ob der Insolvenzverwalter die Aufgaben eines möglichen Liquidators wahrnehmen muss, richtet sich nach Art. 7 Abs. 2 lit. c nach der lex fori concursus. Diese Rechtsordnung überlagert daher anderslautende Vorschriften des Gesellschaftsstatuts.[249] 93

---

239 *Kindler* EuZW 2016, 136 (139); *Schall* ZIP 2016, 289 (292); BT-Drs. 16/6140, 113; zust. *Schulz/Wasmeier* RIW 2010, 657 (665 f.); *Greulich/Rau* NZG 2008, 565 (566 f.); *Haas* ZIP 2013, 2381 (2385 f.); wN bei *Fehrenbach* in Binder/Eichel, Internatonale Dimensionen des Wirtschaftsrechts, 2013, 223, 226 Fn. 16; OLG Köln NZI 2012, 57; zur Gegenansicht (gesellschaftsrechtliche Qualifikation) *Wansleben* EWS 2016, 72 (76).

240 Vgl. EuGH ECLI:EU:C:2015:806 Rn. 20 = NJW 2016, 223 – Kornhaas.

241 IErg auch etwa Roth/Altmeppen/*Altmeppen* GmbHG § 64 Rn. 5.

242 Näher *Kindler* IPRax 2010, 430 (432) auch zur juristischen Person als Organmitglied der Auslandsgesellschaft; OLG Köln NZI 2012, 57; wie hier *Weller/Schulz* IPRax 2014, 336 (338 f.).

243 AG Hamburg NZI 2003, 442; *Mock/Schildt* in Hirte/Bücker GrenzübGes § 16 Rn. 53.

244 Auf die tatsächliche Eröffnung eines Insolvenzverfahrens kommt es für die Qualifikation nicht an, *Wansleben* EWS 2016, 72 (75); *Thole* ZIP 2016, 1399 (1400); *Korherr,* Funktional-teleologische Qualifikation und Gläubigerschutz, 2019, 204.

245 *Mock/Schildt* in Hirte/Bücker GrenzübGes § 16 Rn. 54; *Uhlenbruck* ZIP 1996, 1641 (1647 ff.).

246 BGHZ 75, 178 (180) = NJW 1980, 233; MüKoAktG/*Koch* AktG § 262 Rn. 51; wie hier iE *Eidenmüller* in Eidenmüller Ausl. KapGes. § 9 Rn. 38.

247 *Eidenmüller* in Eidenmüller Ausl. KapGes. § 9 Rn. 38.

248 AA *Mock/Schildt* in Hirte/Bücker GrenzübGes § 16 Rn. 56; Staudinger/*Großfeld,* 1998, IntGesR Rn. 380; → 3. Aufl. 1999, Rn. 531.

249 *Mock/Schildt* in Hirte/Bücker GrenzübGes § 16 Rn. 57.

94 **8. Organbefugnisse des Insolvenzverwalters und der Geschäftsleiter.** Die Organbefugnisse des Insolvenzverwalters unterliegen dem Insolvenzstatut. Dagegen richten sich die Organbefugnisse der Geschäftsleiter auch im Insolvenzverfahren grundsätzlich weiterhin nach dem Gesellschaftsstatut. Auch insoweit kommt den Vorschriften des Insolvenzstatuts aber nach Art. 7 Abs. 2 lit. c Vorrang zu, soweit diese spezifische Befugnisse des Insolvenzverwalters normieren.[250] Dies gilt zB für die Verwaltungs- und Verfügungsbefugnis über massezugehörige Vermögensgegenstände (im deutschen Recht § 80 InsO). Kollisionsrechtlich ist auch **§ 276a InsO** Teil des Insolvenzstatuts. Dies ergibt sich aus dessen rechtsformneutraler Ausgestaltung sowie aus Zweck und Notwendigkeit der Verfahrenseröffnung. Daher findet § 276a InsO auf Rechtsträger ausländischer Rechtsform Anwendung findet, wenn sich deren Insolvenzstatut nach deutschem Recht richtet.[251]

95 Dem Gesellschaftsstatut unterstehen daher nur diejenigen Organbefugnisse, die nicht die Insolvenzmasse betreffen, wie zB für innerverbandliche Angelegenheiten. Daher richtet sich etwa die Frage, ob die Gesellschafter nach wie vor die Befugnis haben, ein Organ zu bestellen oder dessen Bestellung zu widerrufen nach dem Gesellschaftsstatut. Andererseits sieht das Insolvenzstatut häufig vor, dass der Verwalter die Anstellungsverhältnisse der Organmitglieder kündigen kann (vgl. für das deutsche Recht § 108 Abs. 1 InsO, § 113 Abs. 1 InsO), und insoweit werden die Bestimmungen des Gesellschaftsstatuts durch das Insolvenzstatut verdrängt.[252]

96 **9. Gesellschafterdarlehen.** Zu Gesellschafterdarlehen s. auch → IntGesR Rn. 601. Hat ein **Gesellschafter** der Gesellschaft ein Darlehen gewährt, so kann er den Anspruch auf Rückzahlung in der Insolvenz der Gesellschaft nach § 39 Abs. 1 Nr. 5 InsO nur als **nachrangiger Insolvenzgläubiger** geltend machen (ergänzend gilt § 44a InsO).[253] Auf einen eigenkapitalersetzenden Charakter der Darlehensgewährung kommt es insoweit seit dem MoMiG vom 23.10.2008 (BGBl. 2008 I 2026) nicht mehr an.[254] Nach § 135 InsO unterliegen ferner die Besicherung sowie die Befriedigung einer solchen Darlehensrückzahlungsforderung der Insolvenzanfechtung. Schon diese beiden – allein insolvenzrechtlichen – **Rechtsfolgen** der Einstufung eines Gesellschafterdarlehens als eigenkapitalersetzend deuten auf eine **insolvenzrechtliche Qualifikation** hin,[255] der sich auch **BGH** NJW 2011, 3784 im Fall PIN angeschlossen hat.[256] Der Rang der Forderungen und die Anfechtbarkeit von Rechtshandlungen beurteilen sich nach dem Insolvenzstatut (Art. 7 Abs. 2 lit. i, m).[257] Zu beachten sind allerdings Art. 16 und § 339 InsO (→ Art. 16 Rn. 12 ff.).

97 Die **Niederlassungsfreiheit** nach dem AEUV steht einer insolvenzrechtlichen Qualifikation nicht entgegen.[258] Zur Entbehrlichkeit einer EU-rechtlichen Rechtfertigung bei insolvenzrechtlicher Qualifikation → Rn. 84 f. Selbst wenn man die Vorschriften über die Gesellschafterdarlehen in § 39 Abs. 1 Nr. 5 InsO, §§ 44a, 135 InsO gesellschaftsrechtlich qualifizieren wollte oder – trotz insolvenzrechtlicher Qualifikation – eine EU-rechtliche Rechtfertigung für erforderlich erachten wollte, so würde an deren Fehlen eine Anwendung dieser Regeln auf die EU-ausländische Gesellschaft mit inländischem Verwaltungssitz nicht scheitern, wenn es zu einem inländischen Insolvenzverfahren kommt.[259] Denn die genannten Regeln **diskriminieren nicht** zwischen Gesellschaften in-

---

[250] *Mock/Schildt* in Hirte/Bücker GrenzübGes § 16 Rn. 60; *Eidenmüller* in Eidenmüller Ausl. KapGes. § 9 Rn. 40.

[251] *Klöhn* NZG 2013, 81 (82) auch zur niederlassungsrechtlichen Rechtfertigung des § 276a InsO.

[252] *Mock/Schildt* in Hirte/Bücker GrenzübGes § 16 Rn. 60.

[253] In der Praxis bedeutet der Nachrang regelmäßig, dass der Gesellschafter mit seiner Forderung vollständig ausfällt.

[254] Vgl. zu den Gesellschafterdarlehen seit dem MoMiG *Kindler* NJW 2008, 3249 (3253).

[255] OLG Köln NZI 2010, 1001 mAnm *Mankowski* NZI 2010, 1004; AG Hamburg NZG 2009, 197 = EWiR 2009, 215 m. zust. KurzKomm. *Mankowski; Kindler* FS C. Paulus, 2022, 389; *Brinkmann* FS C. Paulus, 2022, 99; *Thomale* JBl. 2021, 83 (95 f.); *Kindler* NJW 2008, 3249 (3253); *Kühnle/Otto* IPRax 2009, 117 (118 f.); Staub/*Koch* HGB § 13d Rn. 41; *Balthasar* RIW 2009, 221 (226); wN bei *Fehrenbach* in Binder/Eichel, Internatonale Dimensionen des Wirtschaftsrechts, 2013, 223, 226 Fn. 18; so auch die hM zum früheren Recht (§§ 32a, 32b GmbHG aF), *Kindler* in Sonnenberger, Vorschläge und Berichte, 2007, 497, 524 ff. (Referat vom 27.11.2004); monographisch *Schilpp,* Gesellschafterfremdfinanzierte Auslandsgesellschaften, 2017.

[256] Zu diesem Urteil *Bork* EWiR 2011, 643; *Schall* NJW 2011, 3745; *Teichmann* BB 2012, 18; *Wedemann* IPRax 2012, 226; ferner OLG Naumburg BeckRS 2010, 29926 = ZIP 2011, 677 m. Aufs. *Schall* ZIP 2011, 2177. Für gesellschaftsrechtliche Qualifikation mit Anknüpfung an den Verwaltungssitz *Altmeppen* IWRZ 2017, 107 (113).

[257] Zutr. *Mankowski* EWiR 2009, 215 (216), der – anders als das AG Hamburg NZG 2009, 197 – gerade auf diese Vorschriften abstellt; speziell zu den Gesellschafterdarlehen auch *Kindler* FS C. Paulus, 2022, 389.

[258] *Schall* ZIP 2016, 289 (293).

[259] *Haas* NZI 2001, 10; *Paulus* ZIP 2002, 729 (734); tendenziell auch *Forsthoff* DB 2002, 2471 (2477); *Eidenmüller* ZIP 2002, 2233 (2242) unter dem Vorbehalt, dass das Gründungsrecht im Einzelfall keine vergleichbaren Regelungen kennt; dies befürwortet *Eidenmüller* JZ 2004, 24 (28), allerdings nur bei einer „offensichtlich

und ausländischer Rechtsform; nach der hier vertretenen insolvenzrechtlichen Anknüpfung bzw. im Falle einer gesellschaftsrechtlichen Sonderanknüpfung an den tatsächlichen Verwaltungssitz kommt es allein auf die Eigenschaft als tatsächliche Inlandsgesellschaft an. Mit ihrer gläubigerschützenden Tendenz dienen die Regeln dem **Allgemeininteresse.**[260] Sie sind auch zur Erreichung des verfolgten Zieles geeignet, da sie – genau wie die Insolvenzverschleppungshaftung, die Haftung aus Masseschmälerung und die Insolvenzanfechtung – die **Insolvenzquote der Gläubiger anheben,** weil der eingezogene Betrag die Masse verstärkt.[261]

Die Bestimmungen über die Gesellschafterdarlehen sind zum Schutz der Gläubiger auch erforderlich. An der Erforderlichkeit fehlt es nur, wenn Gläubiger schon durch die Unternehmenspublizität geschützt sind und auch kein milderes Mittel zur Verfügung steht (→ IntGesR Rn. 452 ff.). **98**

Die **Unternehmenspublizität versagt** hier – anders als in den vom EuGH entschiedenen Fällen, in denen es um das gesetzliche Mindestkapital ging – schon deshalb, weil die Gesellschafterdarlehen nicht aus dem Handelsregister ersichtlich sind.[262] Das vom EuGH (→ IntGesR Rn. 9, → IntGesR Rn. 30, → IntGesR Rn. 119) propagierte „Informationsmodell“[263] kann hinsichtlich solcher Daten von vornherein nicht greifen, bei denen eine nicht behebbare Informationsasymetrie besteht. **99**

Auch ist ein **milderes Mittel nicht ersichtlich,** um die Finanzierungsverantwortung der Gesellschafter im Interesse der Gläubigergesamtheit durchzusetzen. Im Hinblick auf das Mindestkapital hat der EuGH zwar schon in „Centros“ festgehalten, öffentliche Gläubiger könnten rechtlich die Möglichkeit erhalten, sich die erforderlichen Sicherheiten einräumen zu lassen.[264] Diesen Gedanken hat der Generalanwalt im Fall „Inspire Art“ aufgegriffen und auf private Gläubiger erstreckt.[265] Indessen besteht eine solche Möglichkeit im hier vorliegenden Zusammenhang gerade nicht mehr, da derartige Maßnahmen regelmäßig der Insolvenzanfechtung unterliegen (im deutschen Recht §§ 129 ff. InsO). **100**

10. Existenzvernichtungshaftung. Als Sanktion für die irreguläre Beendigung der Gesellschaft außerhalb geordneter Abwicklungs- oder Insolvenzverfahren ist die **Gesellschafterhaftung für Vermögensaushöhlungen in der Krise** („Existenzvernichtungshaftung“,[266] → IntGesR Rn. 436 aE, → IntGesR Rn. 599, → IntGesR Rn. 625, → IntGesR Rn. 649) einzuordnen. Diese Haftung ist insolvenzrechtlich zu qualifizieren, hilfsweise deliktsrechtlich.[267] Näher → IntGesR Rn. 599. **101**

11. Konzerninsolvenz. Im **Konzernverhältnis** erstreckt sich das Insolvenzverfahren einer ausländischen Muttergesellschaft nicht auf die inländische Tochtergesellschaft, da diese eine selbstständige Rechtspersönlichkeit besitzt.[268] Vgl. im Übrigen die Kommentierung zu **Art. 56 ff.** (→ Art. 56 Rn. 1 ff.). **102**

Jedoch fallen die **Kapitalanteile** des herrschenden Unternehmens an der Tochtergesellschaft nach Maßgabe der ausländischen lex fori concursus (Art. 7 Abs. 2 S. 2 lit. b) in die ausländische Insolvenzmasse. Das Gleiche gilt umgekehrt bei Insolvenzverfahren betr. eine ausländische Tochtergesellschaft eines inländischen herrschenden Unternehmens.[269] **103**

---

unzureichenden Gesamtkonzeption“ der Regelung des Gründungsstatuts; ebenso dann *Eidenmüller/Rehm* ZGR 2004, 159 (181 f.); *Kindler* NZG 2003, 1086 (1090); *Ulmer* NJW 2004, 1201 (1207); ganz abl. zB *Borges* ZIP 2004, 733 (743); *H. F. Müller* NZG 2003, 414 (417).

260 So iErg auch *Balthasar* RIW 2009, 221 (226 f.); vgl. die Anforderungen an die Rechtfertigung einer Beschränkung der Niederlassungsfreiheit in EuGH ECLI:EU:C:1999:126 Rn. 34 = NZG 1999, 298 – Centros; EuGH ECLI:EU:C:2003:512 Rn. 133 = NZG 2003, 1064 – Inspire Art.

261 Zur grds. Eignung der Eigenkapitalersatzregeln als Instrument des Gläubigerschutzes vgl. nur EuGH ECLI:EU:C:2003:450 Rn. 48 = EuZW 2004, 216 – Walcher; *Eidenmüller* JZ 2004, 24 (28); zum insolvenzrechtlichen Charakter der Ansprüche aus Masseschmälerung OLG Jena NZI 2013, 807 mAnm *Poetzgen* NZI 2013, 809 nrkr.

262 AA *Eidenmüller/Rehm* ZGR 2004, 159 (181): „Die Sache (liegt) nicht anders als beim Mindestkapital“.

263 Grdl. – und krit. – hierzu *W. H. Roth* ZGR 2000, 311 (331 ff.); *Eidenmüller/Rehm* ZGR 2004, 159 (171 ff.).

264 EuGH ECLI:EU:C:1999:126 Rn. 37 = NJW 1999, 2027 – Centros.

265 Schlussanträge GA *Alber* NZG 2003, 262 Rn. 150.

266 Für Anwendung von Art. 6 KG NZI 2022, 502.

267 *Kindler,* Einführung in das neue IPR des Wirtschaftsverkehrs, 2009, 137; *Korherr,* Funktional-teleologische Qualifikation und Gläubigerschutz, 2019, 212 ff.; *Thomale* JBl. 2021, 83 (93 f.); für gesellschaftsrechtliche Qualifikation bei Anknüfung an den Verwaltungssitz *Altmeppen* IWRZ 2017, 107 (112).

268 *Kindler* KTS 2014, 25 (38 f.) zum Gruppenkoordinationsverfahren nach Art. 56 ff., welches am Konzept getrennter Verfahren für die einzelnen Konzerngesellschaften festhält; Staudinger/*Großfeld,* 1998, IntGesR Rn. 382; *Ebenroth* ZZP 101 (1988), 121 (143); vgl. auch *Behrens* RabelsZ 46 (1982), 308 (340); rechtspolitisch für eine Verfahrenskonzentration *Eidenmüller/Frobenius* ZIP-Beil. 22/2013, 16 ff.

269 MüKoInsO/*Peters* InsO § 35 Rn. 179 ff.

104 Wegen der rechtlichen Selbstständigkeit der einzelnen Konzernmitglieder ist ein **Einheitsinsolvenzverfahren** des Gesamtkonzerns unter Einschluss der inländischen Tochtergesellschaft **nicht anerkennungsfähig** (Art. 33; § 343 Abs. 1 S. 2 Nr. 2 InsO – ordre public).[270] Eine ausnahmsweise angeordnete **Durchgriffshaftung** der Muttergesellschaft für Verstöße der – später zahlungsunfähig gewordenen – Tochtergesellschaft gegen Offenlegungspflichten wird vom EuGH nicht insolvenzrechtlich qualifiziert, sondern deliktisch.[271]

105 Die Eröffnung des Insolvenzverfahrens über die Muttergesellschaft hat **keine** automatische **Auswirkung auf die Geschäftsführung** der inländischen Tochter, abgesehen von der dem ausländischen Insolvenzverwalter zustehenden Befugnis zum Verkauf der Beteiligung. Mitglieder des Vorstandes der Konzernmutter, die zugleich Aufsichtsratsmitglieder der Tochter sind, werden nur in ihrer Funktion als Vorstand in dem von der ausländischen lex fori concursus angeordneten Umfang vom Insolvenzverwalter abgelöst, bleiben aber Organmitglieder der Tochtergesellschaft. Das Gleiche gilt im Verhältnis von Tochter- und Enkelgesellschaft für den Fall der Insolvenz der Tochter.

106 Bei der Insolvenz einer **Mischgesellschaft** (ausländische Gesellschaft & Co. KG) treten Überschneidungen sowohl bei der lex fori concursus als auch beim Gesellschaftsstatut auf, die sich praktisch nicht lösen lassen. Schon aus Gründen des Gläubigerschutzes ist daher die Zulassung einer solchen Mischform abzulehnen (→ IntGesR Rn. 760 ff.).

V. Weitere Abgrenzungsfragen

107 **1. Abgrenzung zum Bereicherungsstatut.** Ein vom Insolvenzschuldner nach Insolvenzeröffnung erteilter Auftrag, eine zur Insolvenzmasse gehörende Forderung an einen Dritten auszuzahlen, kann nach der lex fori concursus als **verfügungsähnliches Geschäft** unwirksam sein (im deutschen Recht § 81 InsO). Daraus folgt unter Umständen ein Bereicherungsanspruch für die Masse (im deutschen Recht § 816 Abs. 2 BGB). Streitet der Insolvenzverwalter mit einem Dritten über das Bestehen einer zur Insolvenzmasse gehörenden Forderung, ist das anwendbare Recht nach den allgemeinen Normen des IPR (Art. 10 Rom II-VO) zu bestimmen und nicht über die Normen des internationalen Insolvenzrechts (Art. 7 ff.).[272]

108 Liegen bei einem Anspruch aus ungerechtfertigter Bereicherung wegen Eingriffs in die Forderungszuständigkeit (§ 816 Abs. 2 BGB) die gewöhnlichen Aufenthaltsorte von Bereicherungsgläubiger und -schuldner in Deutschland, führt Art. 10 Abs. 2 Rom II-VO zur Anwendung deutschen Rechts.[273]

109 **2. Abgrenzung zum Deliktsstatut; Staatshaftung und Investitionsschutz.** Zu klären ist ferner die Abgrenzung zwischen Insolvenzstatut und Deliktsstatut. Unterliegen dem Insolvenzstatut alle insolvenztypischen Wirkungen, also solche, die den Zweck des Insolvenzverfahrens erfüllen (→ Rn. 4), so umfasst das Deliktsstatut die gesamte außervertragliche Schadensersatzhaftung (→ Rom II-VO Art. 4 Rn. 85 ff.). Bereits aus der weiten Fassung beider Systembegriffe ergibt sich das Problem, dass es zu **Überschneidungen** kommen kann.

110 Dem Insolvenzstatut unterliegt die **Insolvenzverschleppungshaftung** (im deutschen Recht § 15a InsO iVm § 823 Abs. 2 BGB). Näher → Rn. 58 ff. Bei diesem Institut wird es häufig zur Hilfsanknüpfung an den hauptsächlichen Interessenmittelpunkt des Schuldners kommen, da eine Insolvenzeröffnung mangels Masse ausbleibt.[274]

111 Außerhalb des Insolvenzstatuts liegt demgegenüber die Gesellschafterhaftung aus **materieller Unterkapitalisierung,**[275] die sich aus § 826 BGB ergibt[276] und dementsprechend eine vorsätzliche sittenwidrige Gläubigerschädigung voraussetzt. Unterkapitalisierung liegt vor, wenn eine erkennbar unzureichende Eigenkapitalausstattung vorliegt, die einen Misserfolg zu Lasten der Gläubiger bei normalem Geschäftsverlauf mit hoher, das gewöhnliche Geschäftsrisiko deutlich übersteigende Wahrscheinlichkeit erwarten lässt.[277] Im Wege der **Mehrfachqualifikation** ist dieser Haftungstatbestand zugleich **gesellschaftsrechtlich wie auch deliktsrechtlich** einzustufen.[278]

---

[270] Staudinger/*Großfeld*, 1998, IntGesR Rn. 382.

[271] EuGH ECLI:EU:C:2013:674 = BeckRS 2013, 82083 = IPRax 2014, 528 m. Aufs. *Kindler* IPRax 2014, 486 – OTP Bank/Hochtief.

[272] OLG Hamm BeckRS 2011, 25081 Rn. 64–66 = IPRax 2012, 351 m. Aufs. *Limbach* IPRax 2012, 320.

[273] OLG Hamm BeckRS 2011, 25081 Rn. 64–66 = IPRax 2012, 351 m. Aufs. *Limbach* IPRax 2012, 320.

[274] *Eidenmüller* NJW 2005, 1618 (1621).

[275] *Kindler* NZG 2003, 1086 (1090); *Kindler* FS Jayme, 2004, 409 (410); aA *Ulmer* JZ 1999, 662; *Ulmer* NJW 2004, 1201 (1207 f.); *Göttsche* DStR 1999, 1403 (1406), die sich für eine rein gesellschaftsrechtliche Sonderanknüpfung aussprechen.

[276] BGHZ 176, 204 Rn. 21 aE = NJW 2008, 2837 – GAMMA; zuvor schon BGH NJW-RR 1988, 1181 – Aschenputtel; NJW-RR 1992, 1061.

[277] Michalski/*de Vries* NZG 1999, 181 (182).

[278] Näher *Kindler* FS Jayme, 2004, 409 (414).

Dem Deliktsstatut unterliegt ferner die sog. Haftung wegen **Vermögensaushöhlung,** eine **Ausfallhaftung wegen existenzvernichtender Eingriffe** in das Gesellschaftsvermögen (→ IntGesR Rn. 436 aE, → IntGesR Rn. 599, → IntGesR Rn. 625, → IntGesR Rn. 649).[279] Die Gesellschafter haften, wenn sie das Vermögen und die Geschäftschancen der Gesellschaft beeinträchtigen, ohne dabei Rücksicht auf den Existenzerhalt zu nehmen.[280] Als **Insolvenzverursachungshaftung** ist dieser Tatbestand aber zugleich insolvenzrechtlich einzuordnen (→ Rn. 101).[281] 112

Die **deliktische Haftung des Staates und seiner Bediensteten** richtet sich im Bereich hoheitlichen Handelns nach dem **Recht des Amtsstaates** (→ EGBGB Art. 40 Rn. 76 ff.), womit im Ergebnis die lex fori concursus zur Anwendung berufen wird. Dies gilt im Hinblick auf das Insolvenzgericht etwa für die Zulassung eines erkennbar unberechtigten Insolvenzantrags[282] oder die amtspflichtwidrige Ablehnung der Entnahme eines Vorschusses aus der Masse.[283] Weitere Beispiele möglicher Amtspflichtverletzungen sind die fälschliche Inanspruchnahme der internationalen Zuständigkeit (→ Art. 3 Rn. 54), die Verletzung von Veröffentlichungspflichten (→ Art. 28 Rn. 6; → Art. 54 Rn. 12) oder die Einforderung eines überhöhten Kostenvorschusses (→ Art. 40 Rn. 5). Neben eine deliktische Staatshaftung kann die Haftung des Staates nach Maßgabe **investitionsschutzrechtlicher Staatsverträge** treten (CETA oder sonstige bilaterale Abkommen), sollte das Insolvenzgericht des Gastlandes durch seine Verfahrensführung die Investition unangemessen beeinträchtigt haben.[284] 113

3. Abgrenzung zum Vertragsstatut. Aktivklagen des Insolvenzverwalters oder des Zessionars aus Forderungen, welche aus vor Eröffnung des Insolvenzverfahrens geschlossenen Verträgen resultieren, fallen nicht in den Anwendungsbereich von Art. 7 EuInsVO.[285] 114

Vorbemerkung (Vor Art. 8 EuInsVO)

Die Verordnung geht vom Grundsatz der **abgeschwächten Universalität** aus (→ Vor Art. 1 Rn. 19). Erfasst wird von dem wirkungserstreckenden Insolvenzverfahren das gesamte, dh unionsweite Schuldnervermögen. Hieraus resultiert wiederum, dass nicht über einzelne Vermögensteile gesonderte Verfahren eröffnet werden, also die Einheit des Verfahrens. Anwendbar ist das Recht des Staates der Verfahrenseröffnung. **Kontrollierte** Universalität bedeutet demgegenüber, dass die geschilderte **Wirkungserstreckung teilweise zurückgenommen** wird. So gilt zwar grundsätzlich das Recht des Staates der Verfahrenseröffnung (Art. 7 Abs. 1). Weil die uneingeschränkte Geltung der lex fori concursus aber zu Schwierigkeiten führen würde (Erwägungsgrund 22 S. 2), sieht der Verordnungsgeber **drei Abweichungen** vor (→ Vor Art. 1 Rn. 16): die lex fori-Anknüpfung für das Insolvenzstatut in **Partikularinsolvenzverfahren** (Art. 35), **Sonderkollisionsnormen** für bestimmte Rechte und Rechtsverhältnisse (Erwägungsgrund 22 S. 5 f.), und schließlich **Sachnormen,** die teilweise Rechte an dem außerhalb des Verfahrensstaates belegenen Schuldnervermögen „unberührt lassen". 1

Sonderkollisionsnormen und Sachnormen in diesem Sinne finden sich in Art. 8–18. Sachnormen sind dabei nach zutreffender Ansicht (→ Art. 8 Rn. 22; → Art. 10 Rn. 9) die Art. 8 und 10. Bei den Art. 9, 11–14, 17–18 handelt es sich demgegenüber um sonderanknüpfende Kollisionsnormen.[1] Art. 15 lässt sich nicht in eine dieser beiden Gattungen einreihen. Danach können alle durch Unionsvorschriften begründeten Rechte, wie die das europäische Patent mit einheitlicher Wirkung oder Unionsmarken grundsätzlich nur in das Hauptinsolvenzverfahren iSd Art. 3 Abs. 1 eingeführt werden. Ihre Verwertung ist auch in einem Partikularinsolvenzverfahren möglich, wenn sich der Mittelpunkt der hauptsächlichen Interessen außerhalb der EU befindet.[2] Damit handelt es sich um eine Sondervorschrift zu Art. 2 Nr. 9. 2

---

279 BGHZ 173, 246 = NJW 2007, 2689 – TRIHOTEL.

280 *Ulmer* JZ 2002, 1049 (1050 f.).

281 Näher *Kindler* IPRax 2009, 189 (193).

282 Vgl. BGH NJW-RR 1992, 919.

283 BGH NJW-RR 2015, 369.

284 *Flessner* ZIP 2016, 1046; Beispiel: Dan Cake (Portugal) S.A./Hungary (ICSID Case No. ARB/12/9), https://icsid.worldbank.org (zuletzt abgerufen am 8.3.2024).

285 EuGH ECLI:EU:C:2019:1001 = NZI 2020, 41 mAnm *Mankowski* – CeDe; dazu *Mansel/Thorn/Wagner* IPRax 2020, 97 (117 f.).

1 Verneinend für Art. 18 aber *Reinhart* IPRax 2012, 417 (420).

2 Duursma-Kepplinger/Duursma/Chalupsky/*Duursma-Kepplinger* EuInsVO 2000 Art. 12 Rn. 12; *Flessner* in Stoll, Vorschläge und Gutachten, 1997, 219, 227; Nerlich/Römermann/*Nerlich* EuInsVO 2000 Art. 12 Rn. 4.

Art. 8 EuInsVO Dingliche Rechte Dritter

(1) Das dingliche Recht eines Gläubigers oder eines Dritten an körperlichen oder unkörperlichen, beweglichen oder unbeweglichen Gegenständen des Schuldners – sowohl an bestimmten Gegenständen als auch an einer Mehrheit von nicht bestimmten Gegenständen mit wechselnder Zusammensetzung –, die sich zum Zeitpunkt der Eröffnung des Insolvenzverfahrens im Hoheitsgebiet eines anderen Mitgliedstaats befinden, wird von der Eröffnung des Verfahrens nicht berührt.

(2) Rechte im Sinne von Absatz 1 sind insbesondere

a) das Recht, den Gegenstand zu verwerten oder verwerten zu lassen und aus dem Erlös oder den Nutzungen dieses Gegenstands befriedigt zu werden, insbesondere aufgrund eines Pfandrechts oder einer Hypothek;

b) das ausschließliche Recht, eine Forderung einzuziehen, insbesondere aufgrund eines Pfandrechts an einer Forderung oder aufgrund einer Sicherheitsabtretung dieser Forderung;

c) das Recht, die Herausgabe von Gegenständen von jedermann zu verlangen, der diese gegen den Willen des Berechtigten besitzt oder nutzt;

d) das dingliche Recht, die Früchte eines Gegenstands zu ziehen.

(3) Das in einem öffentlichen Register eingetragene und gegen jedermann wirksame Recht, ein dingliches Recht im Sinne von Absatz 1 zu erlangen, wird einem dinglichen Recht gleichgestellt.

(4) Absatz 1 steht der Nichtigkeit, Anfechtbarkeit oder relativen Unwirksamkeit einer Rechtshandlung nach Artikel 7 Absatz 2 Buchstabe m nicht entgegen.

Schrifttum: *Bork,* Die grenzüberschreitende Aussonderung, FS Koresuke Yamauchi, 2017, 19; *Haas,* Die Verwertung der im Ausland belegenen Insolvenzmasse im Anwendungsbereich der EuInsVO, FS Gerhardt, 2004, 319; *Herchen,* Das Übereinkommen über Insolvenzverfahren der Mitgliedstaaten der Europäischen Union vom 23.11.1995, 2000; *Herchen,* Die Befugnisse des deutschen Insolvenzverwalters hinsichtlich der „Auslandsmasse" nach In-Kraft-Treten der EG-Insolvenzverordnung (Verordnung des Rates Nr. 1346/2000), ZInsO 2002, 345; *J. F. Hoffmann,* Zur Konstruktion und Legitimation von Insolvenzprivilegien im nationalen und Europäischen Insolvenzrecht, KTS 2017, 17; *Kockrow,* Dingliche Sicherungsrechte in grenzüberschreitenden Restrukturierungen. Die Wirkung von Art. 8 EuInsO auf die Behandlung von Sicherungsrechten am Beispiel des Insolvenzplans, 2022 (dazu *Kern* KTS 2024, 217); *Korch,* Gedanken zum Brexit – Insolvenzanfechtung, dingliche Rechte Dritter und weitere besondere Sachverhalte (Art. 7 ff. EuInsVO n.F.) nach dem Brexit, ZInsO 2016, 1884; *Laukemann,* Die Absonderungsklage im Europäischen Zuständigkeitsrecht, IPRax 2013, 150; *Liersch,* Sicherungsrechte im Internationalen Insolvenzrecht, NZI 2002, 15; *Mankowski,* Öffentliche Lasten als dingliche Rechte im Sinne von Art. 5 EuInsVO 2000 bzw. Art. 8 EuInsVO 2015, RIW 2017, 93; McCormack/Bork (Hrsg.), Security Rights and the European Insolvency Regulation – A comparative analysis of security rights in insolvency proceedings under the main legal traditions of the European Union (common law, Germanic, ‚Napoleonic Code' and ‚East' European), 2017; *Schall,* Die neue englische floating charge im Internationalen Privat- und Verfahrensrecht, IPRax 2009, 209; *I. Schneider,* Registrierte Gegenstände im grenzüberschreitenden Insolvenzverfahren nach der EuInsVO, 2019.

Übersicht

I. Interessenlage; Normzweck

1 Art. 8 entspricht im Wortlaut unverändert Art. 5 EuInsVO 2000. Ziel der Erlangung eines Sicherungsrechts ist die **vorrangige Befriedigung** des hierdurch gesicherten Anspruchs. Siche-

rungsrechte sind für die Gewährung von Krediten und die Mobilisierung von Mitteln unabdingbar.[1] Wird der Schuldner insolvent, soll durch das Sicherungsrecht das Ausfallrisiko für den Gläubiger möglichst weit herabgesetzt werden.[2] Daher wird von Sicherungsrechten **Insolvenzfestigkeit** erwartet,[3] dh sie sind im Regelfall Gegenstand insolvenzrechtlicher Aus- oder Absonderungsrechte.

Vor diesem Hintergrund schützt die Vorschrift das **kollisionsrechtliche Vertrauen des Sicherungsnehmers** darauf, dass sich die ihm gewährte Sicherheit auch für den Fall der Eröffnung eines EU-ausländischen Insolvenzverfahrens über das Vermögen des Sicherungsgebers nach derjenigen Rechtsordnung beurteilt, die ihrer Errichtung zu Grunde lag.[4] Im Internationalen Insolvenzrecht befinden sich die Sicherungsrechte in einem **Spannungsverhältnis** zwischen dem Grundsatz der **Gläubigergleichbehandlung** und der **einfachen Insolvenzabwicklung.**[5] Die Einfachheit der Insolvenzabwicklung wird durch die einheitliche Anknüpfung an das Insolvenzstatut gefördert. Der kollisionsrechtliche Vertrauensschutz und die Rechtssicherheit streiten indessen für eine Ausnahme vom Insolvenzstatut zugunsten des Sicherungsstatuts (vgl. Erwägungsgründe 67 f.). Diesem Gedanken trägt die Verordnung Rechnung.[6] Nach Art. 8 Abs. 1 – eine Ausnahmevorschrift zu Art. 7 – werden die von dieser Norm erfassten Sicherungsrechte von der Eröffnung des Insolvenzverfahrens **„nicht berührt"** (zu dem Bedeutungsinhalt des „Unberührtbleibens" → Rn. 14 ff.). Auf diese Weise soll vermieden werden, dass erworbene lokale Sicherheiten entwertet werden.[7] 2

II. Insolvenzfestigkeit dinglicher Rechte (Abs. 1)

1. Schutzvoraussetzungen. a) Dingliches Recht. Dingliche Rechte iSd Art. 8 Abs. 1 sind zunächst die als Regelbeispiele in Abs. 2 („insbesondere") aufgeführten Rechte, ferner allgemein alle Rechte, die ein fremdes Recht beschränken.[8] Wenngleich der Begriff des „dinglichen Rechts" wegen des Ausnahmecharakters des Art. 8 **eng auszulegen** ist,[9] sind nicht nur Rechte an **Sachen,** sondern auch Rechte an obligatorischen **Rechten** gemeint.[10] Dies folgt aus Art. 8 Abs. 2 lit. b. 3

Der **Begriff** des dinglichen Rechts ist **autonom auszulegen.**[11] Nach aA soll hier die nach dem IPR des Gerichtsstaates ermittelte lex rei sitae einschlägig sein.[12] Das gebiete der Schutz des Wirtschaftsverkehrs.[13] Dieser Auffassung ist nicht zu folgen. Die autonome Auslegung der Verordnung (→ Vor Art. 1 Rn. 15) dient der Einheitlichkeit der Rechtsanwendung und vermeidet den methodischen Widerspruch zu Art. 8 Abs. 2, dessen Regelbeispiele selbstverständlich autonom auszulegen sind. Der **EuGH (Urteil Senior Home) geht zweistufig vor: (1)** Ob die in Rede stehende Rechtsposition ein „dingliches Recht" darstellt, richte sich zunächst nach nationalem Recht. **(2)** Sofern dies zu bejahen sei, müsse in einem weiteren Schritt geprüft werden, ob das nach nationalen Regeln als „dinglich" angesehene Recht mit den Vorgaben, die die EuInsVO an ein solches Recht stellt, im Einklang stehe.[14] 4

Der autonom verstandene **Begriff des dinglichen Rechts** weist **zwei Kernmerkmale** auf.[15] Zum einen muss **(1)** eine direkte und unmittelbare **Bindung** des in Rede stehenden Rechts an die Sache oder die Forderung gegeben sein. Dies zeigt eine Gesamtschau der nicht abschließenden 5

---

1 *Virgós/Schmit* Rn. 97.

2 *Taupitz* ZZP 111 (1998), 315 (329 f.); *v. Wilmowsky* EWS 1997, 295.

3 Mankowski/Müller/Schmidt/*J. Schmidt* Rn. 3; *J. F. Hoffmann* KTS 2017, 17 (34).

4 BGHZ 188, 177 Rn. 21 = NJW 2011, 1818 = IPRax 2012, 427 m. Aufs. *Reinhart* IPRax 2012, 417.

5 Duursma-Kepplinger/Duursma/Chalupsky/*Duursma-Kepplinger* EuInsVO 2000 Art. 5 Rn. 3.

6 Zum Meinungsstreit vor Erlass der Insolvenzverordnung vgl. *Liersch* NZI 2002, 15 (16).

7 *Leible/Staudinger* KTS 2000, 533 (552).

8 Nerlich/Römermann/*Nerlich* EuInsVO 2000 Art. 8 Rn. 11.

9 *Huber* ZZP 114 (2001), 113 (115).

10 Mankowski/Müller/Schmidt/*J. Schmidt* Rn. 13.

11 BGH NZI 2015, 668 Rn. 15 (Vorlagebeschluss zu EuGH ECLI:EU:C:2016:804 = NZI 2016, 1011 mAnm *Fritz* = BeckRS 2016, 82539 – Senior Home); *Hübler* NZI 2016, 990 (994); Abschlussentscheidung BGH NZI 2017, 457 mAnm *Mankowski.*

12 *Virgós/Schmit* Rn. 100.

13 Duursma-Kepplinger/Duursma/Chalupsky/*Duursma-Kepplinger* EuInsVO 2000 Art. 5 Rn. 51.

14 EuGH ECLI:EU:C:2016:804 = NZI 2016, 1011 mAnm *Fritz* = BeckRS 2016, 82539 Rn. 22 – Senior Home; dazu *Swierczok* EWiR 2016, 703; *Hübler* NZI 2016, 990 (994); Abschlussentscheidung BGH NZI 2017, 457 mAnm *Mankowski;* rechtsvergleichend *McCormack/Bork* (Hrsg.), Security Rights and the European Insolvency Regulation, 2017.

15 Der EuGH scheint von drei Merkmalen auszugehen: (1) dem Eintritt einer unmittelbaren und sofortigen Belastung, (2) der Berechtigung zur Zwangsvollstreckung gegenüber dem jeweiligen Eigentümer, (3) der Einräumung einer bevorrechtigten Gläubigerstellung, vgl. EuGH ECLI:EU:C:2016:804 = NZI 2016, 1011 mAnm *Fritz* = BeckRS 2016, 82539 Rn. 23 – Senior Home; dazu *Swierczok* EWiR 2016, 703; *Hübler* NZI 2016, 990 (994); Abschlussentscheidung BGH NZI 2017, 457 mAnm *Mankowski.*

Aufzählung des Art. 8 Abs. 2[16] und gilt unabhängig davon, zu wessen Vermögen die Sache oder das Recht gehört. Gleichgültig ist ferner das Verhältnis des Rechtsinhabers zu einer anderen Person.

6 Ferner muss es sich **(2)** um ein **absolutes Recht** handeln, das seinen Inhaber zur Durchsetzung gegenüber jedermann berechtigt, der es ohne seine Zustimmung missachtet oder beeinträchtigt.[17] Gemeint ist **jede Form des Eigentums,** auch vermögenswerter, zukünftiger Art.[18] Keineswegs kann aus Art. 8 Abs. 1 gefolgert werden, dass das Volleigentum aus dem Anwendungsbereich des Art. 8 Abs. 1 ausscheidet.[19]

7 Im Übrigen muss sich das Recht nicht auf eine konkrete Sache oder ein konkretes Recht beziehen. Vielmehr kann es auch das **Gesamtvermögen mit wechselndem Bestand** betreffen.[20] Dies wird explizit durch die Formulierung „Mehrheit von nicht bestimmten Gegenständen mit wechselnder Zusammensetzung" zum Ausdruck gebracht. Insoweit weicht die EuInsVO von dem Insolvenzübereinkommen ab (vgl. Art. 8 Abs. 1 EuInsÜ). Daher erstreckt sich die Insolvenzfestigkeit insbesondere auf die Generalhypothek und die englische, irische aber auch ungarische *floating charge.*[21] *Floating charge* bedeutet, dass Sicherungsrechte auch an einer Mehrheit von Gegenständen oder Vermögenswerten bestehen (näher → IntGesR Rn. 659).[22] Die Generalhypothek kann dabei Belastungen bestimmter, abgrenzbarer Teile des Unternehmensvermögens bestimmen, aber sich auch auf alle gegenwärtigen und künftigen Vermögenswerte einer Gesellschaft beziehen (zB Immobilien, Mobilien, Forderungen, Patente, sonstige Rechte, Know-How und Goodwill). Maßgeblich ist insoweit die Abrede im Sicherungsvertrag. Es spielt darüber hinaus keine Rolle, ob es sich bei dem jeweiligen Recht um ein Absonderungs- oder ein Aussonderungsrecht handelt.[23]

8 Ob das dingliche Recht im Einzelfall besteht, richtet sich als Vorfrage nach dem durch das IPR des Gerichtsstaates bestimmten Belegenheitsrecht des Sicherungsgutes (vgl. Art. 43 Abs. 1 EGBGB)[24] bzw. – bei Sicherungsrechten an obligatorischen Rechten – nach dem für das obligatorische Recht maßgeblichen Statut (zB dem Vertragsstatut, vgl. Art. 14 Abs. 2 Rom I-VO).

9 **b) Dritter; Art der gesicherten Forderung.** Dem Wortlaut nach muss es sich um ein dingliches Recht „Dritter" handeln. Anders als man hieraus auf den ersten Blick schließen könnte, kann es sich hierbei aber auch um ein „dingliches Recht" des **Gläubigers** handeln, also eigentlich des „Zweiten".[25] dabei kommt es nicht auf den Ursprung des dinglichen Rechts an. Eine Beschränkung des Art. 8 Abs. 1 auf dingliche Rechte, die auf Handels- oder Kreditgeschäften beruhen, findet in der EuInsVO keine Stütze. Auch gesetzliche Sicherungsrechte, ob zivil- oder öffentlich-rechtlicher Natur (zB Vermieterpfandrecht, Pfändungspfandrecht;[26] öffentliche Lasten nach § 77 AO), unterfallen daher dem Art. 8, wegen des Gebots der engen Auslegung (→ Rn. 3) aber nicht Recht auf vorzugsweise Befriedigung, da diese sachlich der Verteilungsordnung (Art. 7 Abs. 2 S. 2 lit. i) unterfallen.[27]

10 **c) Entstehungszeitpunkt und -ort.** Dieses Recht muss noch **vor der Insolvenzverfahrenseröffnung** entstanden sein,[28] wobei sich der Entstehungszeitpunkt wiederum nach dem in → Rn. 8 bezeichneten Statut richtet. Ob sich der betreffende Gegenstand zu diesem Zeitpunkt im Hoheitsgebiet eines anderen Mitgliedstaats befand, richtet sich nach Art. 2 Nr. 9. Dabei findet Art. 8 Abs. 1 auch auf **Insolvenzverfahren** Anwendung, die **vor dem Beitritt eines Staates** zur EU eröffnet

---

[16] *Haas* FS Gerhardt, 2004, 319 (332).

[17] Duursma-Kepplinger/Duursma/Chalupsky/*Duursma-Kepplinger* EuInsVO 2000 Art. 5 Rn. 52.

[18] *Paulus* Rn. 10.

[19] *Herchen,* Das Übereinkommen über Insolvenzverfahren der Mitgliedstaaten der EU vom 23.11.1995, 2000, 117 f.

[20] *Virgós/Schmit* Rn. 104.

[21] Mankowski/Müller/Schmidt/*J. Schmidt* Rn. 22; dazu näher *Schall* IPRax 2009, 209.

[22] Näher *Schall* IPRax 2009, 209.

[23] Duursma-Kepplinger/Duursma/Chalupsky/*Duursma-Kepplinger* EuInsVO 2000 Art. 5 Rn. 55.

[24] EuGH ECLI:EU:C:2016:804 = NZI 2016, 1011 mAnm *Fritz* = BeckRS 2016, 82539 Rn. 18 – Senior Home; dazu *Swierczok* EWiR 2016, 703; *Hübler* NZI 2016, 990 (994); Abschlussentscheidung BGH NZI 2017, 457 mAnm *Mankowski.*

[25] Duursma-Kepplinger/Duursma/Chalupsky/*Duursma-Kepplinger* EuInsVO 2000 Art. 5 Rn. 55; Nerlich/Römermann/*Nerlich* EuInsVO 2000 Art. 5 Rn. 10.

[26] LG Ravensburg BeckRS 2013, 18580; Gerechtshof Arnhem-Leeuwarden v. 21.3.2023 – 200.265.991/01, ZRI 2023, 875 mAnm *Bork.*

[27] EuGH ECLI:EU:C:2016:804 = NZI 2016, 1011 mAnm *Fritz* = BeckRS 2016, 82539 Rn. 28 ff. – Senior Home; dazu *Swierczok* EWiR 2016, 703; *Hübler* NZI 2016, 990 (994); Abschlussentscheidung BGH NZI 2017, 457 mAnm *Mankowski;* weitergehend mit beachtlichen Gründen *J. F. Hoffmann* KTS 2017, 17 (37 ff.) zu den Spezialprivilegien romanischer Rechtsordnungen; wie im Text *Paulus* Rn. 11 und *Mankowski* RIW 2017, 93.

[28] *Leible/Staudinger* KTS 2000, 533 (550); *Virgós/Schmit* Rn. 96.

wurden, wenn sich die dem Schuldner gehörenden Vermögensgegenstände, an denen das betreffende dingliche Recht bestand, am Beitrittstag – zB am 1.5.2004 bezüglich Ungarn – in dem beigetretenen Staat befanden.[29]

d) Grenzüberschreitender Bezug. Das dingliche Recht muss an einem Gegenstand oder einer Forderung bestehen, der bzw. die in einem **anderen Mitgliedstaat** liegt **als dem Staat der Verfahrenseröffnung.** Entscheidender **Beurteilungszeitpunkt** für die Belegenheit ist der der **Verfahrenseröffnung** iSd Art. 2 Nr. 8. Abgrenzungsschwierigkeiten tatsächlicher Art können sich bei beweglichen Sachen ergeben, und zwar bei einer Vermögensverlagerung vom Eröffnungsstaat in einen anderen Staat im Zeitraum zwischen der Einräumung des Rechts und der Verfahrenseröffnung.[30] Bei einem derart manipulativ herbeigeführten grenzüberschreitenden Bezug für den Zeitpunkt der Verfahrenseröffnung scheidet eine Berufung auf Art. 8 aus; die Insolvenzwirkungen sind nicht gesperrt.[31] Umgekehrt ist ein späteres Verbringen des Gegenstands in das Gebiet des Eröffnungsstaates unschädlich. 11

Das Privileg des Art. 8 Abs. 1 greift **nicht** ein, wenn die Sache oder die Forderung in einem **Drittstaat** liegt, denn in diesen Fällen ist der räumliche Anwendungsbereich der Verordnung nicht eröffnet.[32] Hier kommt das autonome Recht zum Zuge; in Bezug auf Deutschland § 351 InsO. Dies gilt auch nach dem **Brexit** (→ Art. 1 Rn. 22).[33] 12

e) Keine Wahl der Belegenheit in betrügerischer Absicht. Außerdem kommt der Rechtsinhaber nicht in den Genuss des Art. 8 Abs. 1, wenn die Wahl der Belegenheit in betrügerischer Absicht erfolgte. In diesen Fällen greift die lex fori concursus ein, ohne dass hierfür eine Anfechtung nach Art. 8 Abs. 4 iVm Art. 7 Abs. 2 lit. m, Art. 16 notwendig wäre.[34] 13

2. Sachrechtlicher Charakter. Nach der Rechtsfolgenanordnung des Art. 8 Abs. 1 wird das **dingliche Recht von der Insolvenzverfahrenseröffnung nicht berührt.** 14

Umstritten ist, wie man diese Aussage zu verstehen hat. Ein Teil der Lehre[35] nimmt an, dass Art. 8 eine **Sonderkollisionsnorm** zu Art. 7 ist („Kollisionsnormtheorie"). Abweichend vom Grundsatz des Art. 7 würde statt der lex fori concursus die den Sicherungsgegenstand beherrschende Rechtsordnung (bei Sachen die lex rei sitae, → Rn. 8) zur Anwendung berufen. Überwiegend wird allerdings vertreten, dass Art. 8 eine **Sachnorm** ist;[36] dem folgt auch der EuGH („Senior Home").[37] Dann unterläge das dingliche Recht weder den Beschränkungen der lex fori concursus noch denen der lex rei sitae. Die Eröffnung des Hauptverfahrens hätte demnach überhaupt keinen Einfluss auf das dingliche Recht („Sachnormtheorie").[38] 15

Für die Eigenschaft des Art. 8 als **Sachnorm** streitet zunächst der **Wortlaut.** „Unberührt" weist nach der hM darauf hin, dass das dingliche Recht gänzlich unbeeinträchtigt bleibt, und zwar sowohl vom Recht des Eröffnungsstaates, als auch vom Recht des Belegenheitsstaates.[39] Dem wird 16

---

29 *EuGH* ECLI:EU:C:2012:417 = ZIP 2012, 1815 = IPRax 2013, 175 m. Aufs. *Laukemann* IPRax 2013, 150; dazu *Mansel/Thorn/Wagner* IPRax 2013, 1 (31).

30 *Paulus,* Rn. 12 ff.

31 *Kemper* ZIP 2001, 1609 (1616).

32 EuGH ECLI:EU:C:2014:6 Rn. 22 = NZI 2014, 134 – Schmid; dazu *Kindler* RIW 2014, 137 f.; Abschlussentscheidung BGH NZI 2014, 672.

33 *Korch* ZInsO 2016, 1884 (1886 f.).

34 *Virgós/Schmit* Rn. 104.

35 *Becker* JbItalR 18 (2005), 75 ff.; *Bos* NILR 2003, 31 (36); *Flessner* IPRax 1997, 1 (7); *Flessner* in Stoll, Vorschläge und Gutachten, 1997, 219, 222; *Flessner* FS Drobnig, 1998, 277 (281 ff.); *Fritz/Bähr* DZWiR 2001, 221 (227); *Oberhammer* ZInsO 2004, 761 (772); K. Schmidt/*Brinkmann* EuInsVO 2000 Art. 5 Rn. 17 ff.

36 Vgl. BGHZ 188, 177 = NJW 2011, 1818 = IPRax 2012, 427 Rn. 19; zur hL s. *Reinhart* IPRax 2012, 417 (419); *Kockrow,* Dingliche Sicherungsrechte, 2022, S. 139; *Haas* FS Gerhardt, 2004, 328; *Herchen,* Das Übereinkommen über Insolvenzverfahren der Mitgliedstaaten der EU vom 23.11.1995, 2000, 94 ff.; *Herchen* ZInsO 2002, 345 (347); *Huber* ZZP 114 (2001), 133 (154 ff.); *Leible/Staudinger* KTS 2000, 533 (551); *Menjucq,* Droit international et européen des sociétés, 2001, Rn. 329; MüKoInsO/*Reinhart* Rn. 1; *Hausmann* in Reithmann/Martiny IntVertragsR Rn. 6.698; *Vallens* NZI 2004, 134 (135); *Vallens,* Tagung zur Europäischen Insolvenzverordnung an der Europäischen Rechtsakademie (ERA) in Trier, mitgeteilt von *Haubold* EuZW 2004, 230; *v. Wilmowsky* EWS 1997, 295 ff.

37 EuGH ECLI:EU:C:2016:804 = NZI 2016, 1011 mAnm *Fritz* = BeckRS 2016, 82539 Rn. 18 – Senior Home; dazu *Swierczok* EWiR 2016, 703 (704); *Hübler* NZI 2016, 990 (994); Abschlussentscheidung BGH NZI 2017, 457 mAnm *Mankowski.*

38 Offengelassen in BGHZ 188, 177 Rn. 19 = NJW 2011, 1818 m. Aufs. *Reinhart* IPRax 2012, 417.

39 *Kolmann,* Kooperationsmodelle im Internationalen Insolvenzrecht, 2001, 308, unter Hinweis darauf, dass der Verordnungsgeber eine eventuell gewollte kollisionsrechtliche Lösung ohne weiteres mit eindeutig hätte regeln können; *Taupitz* ZZP 111 (1998), 315 (335).

entgegengehalten, dass es statt „von der Eröffnung unberührt" eigentlich **„von der Verordnung unberührt"** heißen müsse, und somit das Gebot der Anwendung der lex fori concursus nicht eingreife.[40] Außerdem ordne Art. 8 Abs. 1 nur an, dass das dingliche Recht unberührt bleiben solle, von dem Sicherungsgut selbst sei nicht die Rede. Daher könne in das außerhalb des Gerichtsstaates belegene Sicherungsgut eingegriffen werden (vgl. Art. 21), wenn dies mit der Erhaltung des Sicherungsrechtes vereinbar sei.

17 Die **Kollisionsnormtheorie** betont ferner die **äußere Systematik** der Art. 8 und 10. So hebt *Flessner* hervor, dass die Ausnahmevorschriften der Art. 8–18 Sonderkollisionsnormen zu Art. 7 darstellten. Diese unterteilten sich in die Art. 8–10 und die Art. 11–18. Die Art. 8–10 würden dabei ein bestimmtes Recht zur Anwendung berufen, das sie explizit benennen. Die Art. 11–18 verwiesen demgegenüber auf eine Rechtsordnung, die nicht ausdrücklich bezeichnet werde.[41] Demgegenüber stützt sich *Taupitz* als Vertreter der **Sachnormtheorie** auf die **innere Systematik** des Art. 8. Nach Art. 8 Abs. 4 sei für die Nichtigkeit, Anfechtbarkeit oder relative Unwirksamkeit die lex fori concursus einschlägig. Aus Art. 8 Abs. 4 folge, dass die übrigen Rechtsfragen der Sicherungsrechte gerade nicht der Grundregel des Art. 7 unterstellt werden sollten.[42]

18 Beide Auffassungen berufen sich auf die **Entstehungsgeschichte** nach dem Erläuternden Bericht. Für die Einordnung als Kollisionsnorm werden Nr. 22, 92, 93 und 95 des Erläuternden Berichts benannt.[43] So wird in Nr. 95 des Erläuternden Berichts vorgegeben, dass sich die Begründung, die Gültigkeit und die Tragweite eines solchen dinglichen Rechts nach der lex rei sitae beurteilen. Unter der Tragweite sei auch die Durchsetzungskraft gegenüber konkurrierenden und anderen Gläubigern und damit das Schicksal des dinglichen Rechts in der Insolvenz zu verstehen.[44] Die Anhänger der Sachnormtheorie stützen sich insbesondere auf Nr. 98 des Erläuternden Berichts. Hieraus gehe hervor, dass nur im Rahmen eines Sekundärinsolvenzverfahrens in ein dingliches Recht eingegriffen werden könne, während es durch die Eröffnung des Hauptverfahrens nicht beeinträchtigt würde.[45]

19 Beide Auffassungen berufen sich ferner auf den **Erwägungsgrund 68** zur Verordnung. Für die kollisionsrechtliche Ansicht soll sprechen, dass der Inhaber des dinglichen Rechts sein Recht zur Aus- bzw. Absonderung an dem Sicherungsgegenstand weiter geltend machen könne, denn hierdurch fände eine Einbeziehung in das Insolvenzverfahren statt.[46] Die Sachnormtheorie führt an, dass die lex rei sitae nach Erwägungsgrund 68 S. 2 nur „regelmäßig" anwendbar sei, nicht immer.[47]

20 Auf die **Gefahr von Gläubigerschutzdefiziten** verweisen die Befürworter der kollisionsrechtlichen Ansicht, da das Sicherungsgut bei sachrechtlicher Betrachtung allein in einem Sekundärinsolvenzverfahren in die Insolvenzmasse einbezogen werden könne. Dies setze aber eine Niederlassung im Belegenheitsstaat voraus, woran es häufig fehle. Dann werde den Gläubigern der betreffende Gegenstand zur Befriedigung vorenthalten.[48]

21 Bedenken gegen die Einordnung des Art. 8 als Sachnorm stützen sich zudem auf den europarechtlichen Grundsatz der **Verhältnismäßigkeit.**[49] Auch spreche für die Kollisionsnormqualität des Art. 8 Abs. 1, dass es einfacher sei, dem Lagestaat zu erlauben, die Insolvenzwirkungen nach seinen Vorstellungen auszugestalten.[50]

22 **Stellungnahme:** Tatsächlich handelt es sich bei Art. 8 Abs. 1 um eine **Sachnorm.**[51] Dies geht bereits eindeutig aus dem **Wortlaut** („unberührt") hervor. Wo der Verordnungsgeber Kollisionsnormen geschaffen hat, hat er dies eindeutig zum Ausdruck gebracht. Bei Art. 11 verweist er etwa explizit auf die lex rei sitae. Aus der Stellung des Art. 8 hinter der Grundsatznorm des Art. 7 lässt sich nicht herleiten, dass es sich um eine Sonderkollisionsnorm handelt. Die Art. 8–18 sind Ausnahmevorschriften zu Art. 7. Das bedeutet aber nicht zwingend, dass es sich hierbei um Kollisionsnormen handeln muss. Was die **Entstehungsgeschichte** betrifft, weist der Erläuternde Bericht in seiner Nr. 92 ausdrücklich darauf hin, dass in manchen Fällen bestimmte Rechte an

---

[40] *Flessner* FS Drobnig, 1998, 277 (287); *Oberhammer* ZInsO 2004, 761 (772).
[41] *Flessner* FS Drobnig, 1998, 277 (282).
[42] *Taupitz* ZZP 111 (1998), 315 (335).
[43] *Flessner* FS Drobnig, 1998, 277 (283).
[44] *Flessner* IPRax 1997, 1 (7 f.).
[45] Duursma-Kepplinger/Duursma/Chalupsky/*Duursma-Kepplinger* EuInsVO 2000 Art. 5 Rn. 18.
[46] *Fritz/Bähr* DZWiR 2001, 221 (228).
[47] Duursma-Kepplinger/Duursma/Chalupsky/*Duursma-Kepplinger* EuInsVO 2000 Art. 5 Rn. 18.
[48] *Fritz/Bähr* DZWiR 2001, 221 (227).
[49] *Fritz/Bähr* DZWiR 2001, 221 (227); ferner *Taupitz* ZZP 1998 315 (327).
[50] *Flessner* FS Drobnig, 1998, 277 (285 f.).
[51] Offengelassen von BGHZ 188, 177 Rn. 19 = NJW 2011, 1818 m. Aufs. *Reinhart* IPRax 2012, 417.

im Ausland belegenen Vermögen von den Wirkungen des Insolvenzverfahrens ausgenommen seien und benennt dafür Art. 8[52] ausdrücklich. Andere Normen sähen hingegen Sonderkollisionsnormen vor (so Art. 11, 12, 13, 14, 17 und Art. 18). **Sinn** der Ausnahmeregelungen der Art. 8–18 ist der **Vertrauensschutz** und die **Rechtssicherheit.** Dritte, die ein dingliches Recht an einem Gegenstand haben, der in einem vom Eröffnungsstaat unterschiedlichen Mitgliedstaat belegen ist, sind besonders schutzbedürftig (Erwägungsgrund 68: „Ein besonderes Bedürfnis […]"). Nur die **Gewissheit der Insolvenzfestigkeit** schafft die Grundlage für die volkswirtschaftlich erwünschte **Vergabe von Krediten.** Dieser Interessenlage wird die Kollisionsnormtheorie nicht gerecht. Denn sie lässt es zu, dass das Sicherungsrecht nach Maßgabe der lex rei sitae eingeschränkt wird.

3. Rechtsfolge. Dass das dingliche Recht von der Verfahrenseröffnung „unberührt" bleibt, bedeutet nach der hier vertretenen Sachnormtheorie (→ Rn. 22), dass es weder den Beschränkungen des Insolvenzrechts des Eröffnungsstaates des Hauptverfahrens, noch denen der lex rei sitae unterliegt.[53] Der **Gläubiger** des dinglichen Rechts **behält** alle seine **Ansprüche** bezüglich der betreffenden Vermögensgegenstände, vor allem die auf Aus- und Absonderung.[54] Der Sicherungsgläubiger kann sich ohne Zustimmung der anderen Gläubiger und ohne Rücksicht auf das Insolvenzverfahren aus dem Gegenstand befriedigen.[55] Insbesondere hat er auch ungeachtet des Insolvenzverfahrens die Möglichkeit zu einer **vollständigen Verwertung,** selbst wenn das Insolvenzrecht des Belegenheitsstaates die Einschränkung des dinglichen Rechts im Interesse der übrigen Gläubiger des Sicherungsgebers vorsieht.[56] Unzulässig sind maW sämtliche Eingriffe in die Befugnis des Gläubigers, das dingliche Recht im Sicherungsfall, gegebenenfalls im Wege der Einzelzwangsvollstreckung, zu verwerten und den sich aus der Verwertung ergebenden Erlös einzubehalten, soweit dies zur Tilgung der gesicherten Forderung erforderlich ist.[57] 23

Der **Schutz der übrigen Gläubiger** ist auch bei dieser Betrachtungsweise gewahrt. Zu beachten ist nämlich, dass nach Art. 8 Abs. 1 lediglich das dingliche Recht von den Wirkungen des Verfahrens unberührt bleibt, **nicht** aber der Gegenstand selbst, an dem das dingliche Recht besteht. Dieser fällt vielmehr in die Insolvenzmasse des ausländischen Hauptverfahrens.[58] Daraus folgt: Verwertet der Sicherungsnehmer den Gegenstand und ist der Überschuss der Verwertung höher als das dingliche Recht, so hat er den **Überschuss des Erlöses** an den Verwalter des Hauptverfahrens herauszugeben (Erwägungsgrund 68 S. 6).[59] Darüber hinaus kann der **Insolvenzverwalter** die gesicherte **Forderung befriedigen und dann den Gegenstand zur Masse ziehen.**[60] So wird verhindert, dass das Sicherungsrecht beeinträchtigt wird. Nicht geschützt ist der Sicherungsgläubiger vor den mittelbaren Wirkungen auf das Recht, die sich erst während des Insolvenzverfahrens ergeben. Zu nennen sind dabei insbesondere die Kürzung gesicherter Forderungen oder die Kürzung der Sicherungsrechte durch einen Sanierungsplan (§§ 217 ff. InsO), durch Vergleich, Zwangsvergleich oder ähnliche Maßnahmen. Diese richten sich nach der lex fori concursus.[61] Auch kann der Verwalter die Eröffnung eines **Sekundärinsolvenzverfahrens** beantragen (Art. 37 lit. a). Kommt es dazu, wofür es nach Art. 3 UAbs. 2 einer Niederlassung in dem Eröffnungsstaat bedarf, so kann das dingliche Recht den Beschränkungen der lex fori concursus secundarii unterworfen werden. Dies erleichtert eine Verwertung des Gegenstandes. 24

Ferner darf – im Interesse an einer eindeutigen **Identifizierbarkeit der an einer ZVg Beteiligten** – nach der Eröffnung eines ausländischen Insolvenzverfahrens über das Vermögen eines deutschen Schuldners die Zwangsversteigerung eines zur Masse gehörenden, in Deutschland belegenen Grundstücks nach **BGHZ 188, 177** grundsätzlich nur angeordnet werden, wenn zuvor die vollstreckbare Ausfertigung des Vollstreckungstitels auf den ausländischen Insolvenzverwalter umgeschrieben und diesem zugestellt worden ist.[62] Art. 8 Abs. 1 steht dem schon deshalb nicht entgegen, 25

52 Der Bericht bezieht sich auf den EuInsÜ, der mit EuInsVO wörtlich übereinstimmt.

53 Duursma-Kepplinger/Duursma/Chalupsky/*Duursma-Kepplinger* EuInsVO 2000 Art. 5 Rn. 45; MüKoInsO/*Reinhart* Rn. 1.

54 Duursma-Kepplinger/Duursma/Chalupsky/*Duursma-Kepplinger* EuInsVO 2000 Art. 5 Rn. 45.

55 *Bariatti,* Vortrag am 8.10.2004, JbItalR 18, 2005.

56 MüKoInsO/*Reinhart* Rn. 2.

57 So die Formulierung in BGHZ 188, 177 Rn. 20 = NJW 2011, 1818 m. Aufs. *Reinhart* IPRax 2012, 417.

58 *Huber* ZZP 114 (2001), 133 (158); *Leible/Staudinger* KTS 2000, 533 (552); *Taupitz* ZZP 111 (1998), 315 (339); MüKoInsO/*Reinhart* Rn. 3.

59 *Kemper* ZIP 2001, 1609 (1616); *Virgós/Schmit* Rn. 99.

60 *Virgós/Schmit* Rn. 99.

61 Duursma-Kepplinger/Duursma/Chalupsky/*Duursma-Kepplinger* EuInsVO 2000 Art. 5 Rn. 37.

62 BGHZ 188, 177 Ls. 2 und Rn. 20, 22 = NJW 2011, 1818 m. Aufs. *Reinhart* IPRax 2012, 417.

weil hierdurch nicht das Recht des Gläubigers betroffen ist, ungeachtet der Insolvenz des Schuldners aus dem Sicherungsgut Befriedigung zu suchen.

III. Regelbeispiele des Abs. 2

26 Art. 8 Abs. 2 enthält einen Beispielskatalog zur **Orientierungshilfe** für Zweifelsfälle.[63] Von einer Definition des dinglichen Rechts hat der Verordnungsgeber abgesehen.[64] Zu den dinglichen Rechten zählen:
- das Recht, den Gegenstand zu verwerten oder verwerten zu lassen und aus dem Erlös oder den Nutzungen dieses Gegenstandes befriedigt zu werden, insbesondere auf Grund eines Pfandrechts oder einer Hypothek (lit. a);
- das ausschließliche Recht, eine Forderung einzuziehen, insbesondere aufgrund eines Pfandrechts an einer Forderung oder aufgrund einer Sicherheitsabtretung dieser Forderung (lit. b);
- das Recht, die Herausgabe des Gegenstandes von jedermann zu verlangen, der diesen gegen den Willen des Berechtigten besitzt oder nutzt (lit. c);
- das dingliche Recht, die Früchte eines Gegenstandes zu ziehen (lit. d).

27 Aus deutscher Sicht erfasst Art. 8 Abs. 2 folgende Rechtspositionen: Pfandrechte an jeglichen Rechten, an Immaterialgüterrechten (nicht an Forderungen), zur Sicherung abgetretener Rechte (nicht Forderungszessionen), Pfandrechte an beweglichen Sachen und Grundpfandrechte, zur Sicherung abgetretene Forderungen, Pfandrechte an Forderungen, Sicherungseigentum und Eigentumsvorbehalt an Mobilien und Immobilien; Grundpfandrechte bezüglich der Verwertungsart, Zwangsverwaltung sowie Nießbrauch an Sachen und Rechten.[65] Zu den Pfandrechten zählt auch das **Pfändungspfandrecht.**[66] Dass diese Liste nicht **abschließend** ist, ergibt sich aus dem Wort „insbesondere". Ob es sich um ein dingliches Recht handelt oder nicht, richtet sich nach dem Recht des Belegenheitsstaates. Als dingliches Recht an einer „Mehrheit von nicht bestimmten Gegenständen mit wechselnder Zusammensetzung" fällt auch die englische **floating charge** unter Art. 8.[67] Hierher gehören ferner die seit 2007 bzw. 2009 Art. 2011 ff. franz. CC und 2372-1 ff. franz. CC geregelte – sowohl an Einzelgütern wie auch an Gütergesamtheiten mögliche – **fiducie** und **fiducie-sûretè**[68] (zu deren sachenrechtlicher Qualifizierung auch → EGBGB Art. 43 Rn. 59; → EGBGB Art. 43 Rn. 153). Beispiele im italienischen Recht sind die publizitätspflichtigen Sondervermögen nach allgemeinem Zivilrecht (Art. 2645-ter c.c. – **atti di destinazione**)[69] und nach Gesellschaftsrecht (Art. 2447-bis ff. c.c. – **patrimoni destinati**).[70]

IV. Publizitätsabhängige Anwartschaftsrechte (Abs. 3)

28 Nach Art. 8 Abs. 3 werden in einem öffentlichen Register eingetragene und gegen jedermann wirksame Rechte den dinglichen Rechten des Abs. 1 gleichgestellt. Namentlich wird von dieser Regelung besonders die deutsche Vormerkung (§ 883 BGB) ebenso erfasst[71] wie einzutragende Vorkaufsrechte.[72] Die österreichische Vormerkung genießt nicht die Privilegierung des Art. 8 Abs. 1, Abs. 3.[73] Voraussetzung für Art. 8 Abs. 3 ist, dass das Recht in ein öffentliches Register eingetragen wird. Daher fallen nicht einzutragende Anwartschaftsrechte nicht hierunter.[74]

V. Gläubiger benachteiligende Rechtshandlungen (Abs. 4)

29 Hat der Schuldner das dingliche Recht in anfechtbarer Weise bestellt, oder ist es aus anderem Grunde angreifbar, kann sich der Berechtigte nach Art. 8 Abs. 4 nicht auf die Insolvenzfestigkeit

---

63 Zum Charakter des Art. 8 als Qualifikationsnorm *Paulus* Rn. 10 ff.; *Virgós/Schmit* Rn. 103.

64 *Paulus* Rn. 10; *Kolmann* The Legal European Forum 2002, 167 (174).

65 *Herchen* Das Übereinkommen über Insolvenzverfahren der Mitgliedstaaten der EU vom 23.11.1995, 2000, 111.

66 LG Ravensburg BeckRS 2013, 18580; Gerechtshof Arnhem-Leeuwarden v. 21.3.2023 – 200.265.991/01, ZRI 2023, 875 mAnm *Bork*.

67 MüKoInsO/*Reinhart* Rn. 3; näher *Schall* IPRax 2009, 209.

68 *Klein* RIW 2008, 770 (771 f.); *Dammann* RIW 2008, Heft 5 Editorial; *Dammann* NZI 2009, 502 (503).

69 *Kindler,* Einführung in das italienische Recht, 2. Aufl. 2008, § 9 Rn. 35.

70 *Bader,* Die Bildung von Sondervermögen als rechtspolitische Alternative zu Spartenaktien (Tracking Stocks), 2005; *Kindler/Bader* RIW 2004, 29 ff.

71 *Fritz/Bähr* DZWiR 2001, 221 (227); *Kemper* ZIP 2001, 1609 (1616); *Leible/Staudinger* KTS 2000, 533 (552); *Taupitz* ZZP 111 (1998), 315 (333).

72 Mankowski/Müller/Schmidt/*J. Schmidt* Rn. 20.

73 Duursma-Kepplinger/Duursma/Chalupsky/*Duursma-Kepplinger* EuInsVO 2000 Art. 5 Rn. 51.

74 MüKoInsO/*Reinhart* Rn. 5.

berufen. In diesen Fällen greift wieder Art. 7 Abs. 2 S. 2 lit. m, allerdings vorbehaltlich Art. 16 (→ Art. 7 Rn. 51).

Der **Sinn** des Art. 8 Abs. 4 ist folgender: Art. 7 gewährleistet durch die einheitliche Verweisung 30
auf die lex fori concursus eine weitgehende Gläubigergleichbehandlung. Eingeschränkt wird dieses Ziel durch die Art. 8–18, die dem **Vertrauensschutz** dienen (Erwägungsgrund 67 S. 2). Art. 8 Abs. 1 insbesondere schützt das Vertrauen der Berechtigten in die Insolvenzfestigkeit bestimmter dinglicher Rechte. An der **Schutzwürdigkeit** dieses Personenkreises **fehlt** es indessen in Fällen, in denen das Sicherungsrecht durch eine die Gesamtheit der Gläubiger **benachteiligende Handlung** eingeräumt wurde. Deshalb bringt Art. 8 Abs. 4 hier wieder die Grundsatzanknüpfung des Art. 7 zur Anwendung.[75] Für das Verhältnis zur allgemeinen Gläubigeranfechtung enthält Art. 8 Abs. 4 keine Regelung.[76]

Art. 9 EuInsVO Aufrechnung

(1) Die Befugnis eines Gläubigers, mit seiner Forderung gegen eine Forderung eines Schuldners aufzurechnen, wird von der Eröffnung des Insolvenzverfahrens nicht berührt, wenn diese Aufrechnung nach dem für die Forderung des insolventen Schuldners maßgeblichen Recht zulässig ist.

(2) Absatz 1 steht der Nichtigkeit, Anfechtbarkeit oder relativen Unwirksamkeit einer Rechtshandlung nach Artikel 7 Absatz 2 Buchstabe m nicht entgegen.

Schrifttum: *Bork,* Die Aufrechnung im internationalen Insolvenzverfahren, ZIP 2002, 690; *Gruschinske,* Die Aufrechnung in grenzüberschreitenden Insolvenzverfahren – eine Untersuchung anhand der vereinheitlichten europäischen Regelungen des Internationalen Privat- und Zivilverfahrensrechts, EuZW 2011, 171; *v. Wilmowsky,* Aufrechnung in internationalen Insolvenzfällen, KTS 1998, 343; *Schneider,* Netting und Internationales Insolvenzrecht, GS Bosch, 2006, 197.

I. Normzweck

Art. 9 entspricht im Wortlaut unverändert Art. 5. Die Vorschrift soll die **Sicherungsfunktion** 1
der Aufrechnung auch in der Insolvenz wahren.[1] Sie schützt das Vertrauen des Gläubigers in die Möglichkeit, mit einer Forderung aufzurechnen, die ihm schon vor dem Verfahren zustand.[2] Aufrechnungs- und Schuldumwandlungsvereinbarungen („netting agreements") unterliegen ihr daher nicht.[3]

II. Insolvenzfestigkeit der Aufrechnungslage (Abs. 1)

1. Schutzvoraussetzungen. a) Unzulässigkeit der Aufrechnung nach dem Insolvenz- 2
statut? Die Vorschrift ist bedeutsam, wenn die Aufrechnung nach der lex fori concursus unzulässig ist. So ist nach manchen Rechtsordnungen die Aufrechnung nach der Eröffnung des Insolvenzverfahrens generell unzulässig (im deutschen Recht § 96 InsO).[4] Ist die Aufrechnung nach der lex fori concursus dagegen zulässig, bewendet es bei der Grundsatzkollisionsnorm des Art. 7 Abs. 2 S. 2 lit. d (→ Art. 7 Rn. 22 ff.). Unerheblich ist, ob die **lex fori concursus** die Möglichkeit der Aufrechnung im Rahmen der Insolvenz einschränkt. Keine Anwendungsvoraussetzung des Art. 9 ist daher, ob die lex fori concursus die Aufrechnungsmöglichkeit in der Insolvenz einschränkt (§§ 94–96 InsO).[5] Die Prüfung der lex fori concursus erscheint insoweit nicht geboten, liegt es doch gerade in der Konsequenz der alternativen Anknüpfung des Art. 9, dass die Aufrechnung schon dann insolvenzfest ist, wenn sie es nur nach der lex causae ist.[6] Erlaubt auch das deutsche Recht eine Einschränkung der Aufrechnungsmöglichkeiten, ist Art. 9 indessen nicht von Bedeutung.[7]

---

75 Duursma-Kepplinger/Duursma/Chalupsky/*Duursma-Kepplinger* EuInsVO 2000 Art. 5 Rn. 58.

76 Vgl. zur allg. Gläubigeranfechtung die Sonderkollisionsnorm des § 19 AnfG; dazu OLG Stuttgart BeckRS 2007, 11319 = ZIP 2007, 1966 m. Aufs. *Koch* IPRax 2008, 417.

1 *Smid* Rn. 1 unter Hinweis darauf, dass lediglich im französischen Recht die Aufrechnung eine bloße Zahlungsmodalität darstellt.

2 *Haubold* in Gebauer/Wiedmann EuropZivilR Kap. 32 Rn. 124.

3 *Schneider,* GS Bosch, 2006, 197 (207).

4 Zu Frankreich *Gruschinske* EuZW 2011, 171 (174).

5 *Liersch* NZI 2003, 302 (305).

6 Zutr. *Brinkmann* EWiR 2018, 497 (498) gegen BGH NZI 2018, 721.

7 MüKoInsO/*Reinhart* Rn. 6.

3 **b) Maßgeblicher Zeitpunkt.** Zunächst muss die **Aufrechnungslage vor der Insolvenzverfahrenseröffnung entstanden** sein. Ansonsten gilt einschränkungslos Art. 7 Abs. 2 S. 2 lit. d (→ Art. 7 Rn. 22 ff.).[8]

4 **c) Mitgliedstaatenbezug.** Die Hauptforderung, also die Forderung des Schuldners, mit der aufgerechnet werden soll, muss dem Recht eines Mitgliedstaates unterstehen, weil die Verordnung keine Drittsaatensachverhalte regelt.[9] Dies wird aus dem Erläuternden Bericht deutlich.[10] Seit dem **Brexit** (→ Art. 1 Rn. 22) findet im Verhältnis zum Vereinigten Königreich § 338 InsO Anwendung.[11]

5 **d) Zulässigkeit der Aufrechnung nach dem Statut der Hauptforderung.** Ferner muss die Aufrechnung nach dem auf die Hauptforderung (die dem Insolvenzschuldner zustehende Passivforderung) anwendbaren Recht **zulässig** sein. Streitig ist, ob dabei nur auf die schuldrechtlichen Normen des berufenen Rechts (§§ 387–396 BGB)[12] oder auch auf die insolvenzrechtlichen Aufrechnungsregeln (§§ 94 ff. InsO)[13] abzustellen ist. Letzteres trifft zu. Dafür spricht schon der Wortlaut des Art. 9 Abs. 1. Die Worte „für die Forderung des insolventen Schuldners maßgeblichen Recht", weisen darauf hin, dass die gesamte Rechtsordnung zur Anwendung berufen wird und nicht nur einzelne Normen aus bestimmten Sachgebieten. Auch die Entstehungsgeschichte des Art. 9 legt dies nahe.[14] Entscheidend aber ist der Normzweck des Art. 9 Abs. 1. Es geht hierbei um die Erhaltung der Sicherungsfunktion trotz Eröffnung des Insolvenzverfahrens im Ausland (→ Rn. 1; Erwägungsgrund 70). Würde man mit der Mindermeinung die insolvenzrechtlichen Aufrechnungshindernisse des Statuts der Hauptforderung ausklammern, so würde der aufrechnungsberechtigte Gläubiger besser stehen als bei einem Insolvenzverfahren im Staate des Forderungsstatuts. Dafür gibt es keinen vernünftigen Grund. Da die einheitliche Rechtsanwendung und damit die Gläubigergleichbehandlung durch die Aufrechnung eingeschränkt werden, ist vielmehr darauf zu achten, den Aufrechnungsberechtigten nicht stärker als erforderlich zu schützen.[15] Ob eine Aufrechnung nach der Insolvenzverfahrenseröffnung zulässig ist oder nicht, beurteilt sich mithin nach den Aufrechnungs- **und** Insolvenzrechtsnormen des Statuts der Hauptforderung.

6 **2. Kollisionsrechtlicher Charakter.** Art. 9 Abs. 1 ist eine Kollisionsnorm. Die Vorschrift **verweist** ausdrücklich auf das „für die Forderung des insolventen Schuldners maßgebliche Recht". Eine Mindermeinung betont demgegenüber die Ähnlichkeit zu dem nach zutreffender Ansicht als Sachnorm einzustufenden Art. 8 Abs. 1 („nicht berührt") und vertritt eine sachrechtliche Einordnung auch des Art. 9 Abs. 1.[16] Diese Ansicht ist mit der hM[17] schon mit Blick auf die eingangs erwähnte Verweisung abzulehnen. Der Mindermeinung ist allerdings zuzugestehen, dass die systematische Stellung des Art. 9 zwischen zwei Sachnormen einen gewissen Anhaltspunkt dafür bietet, auch diese Vorschrift als eine solche zu betrachten.[18] Die Entstehungsgeschichte spricht aber eher für eine Einordnung des Art. 9 Abs. 1 als Kollisionsnorm. So heißt es in dem Erläuternden Bericht ausdrücklich, dass das auf die Forderung anwendbare Recht maßgeblich sein solle.[19] Daraus, dass an anderer Stelle[20] die Ähnlichkeit zwischen Art. 8 und Art. 9 hervorgehoben wird, lassen sich keine Schlüsse zugunsten der Sachnormtheorie ziehen. Die „Ähnlichkeit" der beiden Normen erschöpft sich vielmehr, dass es sich bei ihnen – was zutrifft – jeweils um Ausnahmevorschriften zu Art. 7 handelt.

---

8 *Leible/Staudinger* KTS 2000, 533 (555); *Taupitz* ZZP 111 (1998), 315 (344); *Virgós/Schmit* Rn. 190.

9 *Balz* ZIP 1996, 948 (950); Duursma-Kepplinger/Duursma/Chalupsky/*Duursma-Kepplinger* EuInsVO 2000 Art. 5 Rn. 22; *Leible/Staudinger* KTS 2000, 533 (554); *Taupitz* ZZP 111 (1998), 315 (343); aA MüKoInsO/*Reinhart* Rn. 2.

10 *Virgós/Schmit* Rn. 93.

11 *Korch* ZInsO 2016, 1884 (1887).

12 *Flessner* in Stoll, Vorschläge und Gutachten, 1997, 223; Abgrenzung s. BGH BeckRS 2014, 11847 Rn. 17 ff. = ZIP 2014, 1883 = RIW 2014, 526.

13 *Fritz/Bähr* DZWiR 2001, 221 (228); *Herchen,* Das Übereinkommen über Insolvenzverfahren der Mitgliedstaaten der EU vom 23.11.1995, 2000, 136; *Kemper* ZIP 2001, 1609 (1617); *Leible/Staudinger* KTS 2000, 533 (555 f.); *Hausmann* in Reithmann/Martiny IntVertragsR Rn. 6.720; *v. Wilmowsky* KTS 1998, 343 (360 f.).

14 *Virgós/Schmit* Rn. 109: „für die Aufrechnung bei Insolvenzverfahren".

15 Duursma-Kepplinger/Duursma/Chalupsky/*Duursma-Kepplinger* EuInsVO 2000 Art. 5 Rn. 18; zum Ganzen auch *Gruchinske* EuZW 2011, 171.

16 *v. Wilmowsky* KTS 1998, 343 (357 ff.).

17 *Bork* ZIP 2002, 690 (694); *Fritz/Bähr* DZWiR 2001, 221 (228); *Leible/Staudinger* KTS 2000, 533 (555).

18 *v. Wilmowsky* KTS 1998, 343 (359).

19 *Virgós/Schmit* Rn. 108 aE.

20 *Virgós/Schmit* Rn. 107.

Den Ausschlag zugunsten der Kollisionsnormtheorie gibt letztlich der **Normzweck** der Vorschrift, der in der Wahrung der Sicherungsfunktion der Aufrechnung auch in der Insolvenz des Aufrechnungsgegners liegt (→ Rn. 1). Zwar geht es wie bei den Art. 8 und 10 auch um die Gewährleistung von Vertrauensschutz (Erwägungsgrund 67). Jedoch besteht zwischen Art. 8 und Art. 9 ein entscheidender Unterschied. Das durch Art. 8 geschützte Sicherungsrecht ist eng mit dem Gegenstand verbunden, an dem es besteht. Dieser Gegenstand fällt in die Insolvenzmasse, wodurch die Gefährdung des Sicherungsrechts wegen einer drohenden Verwertung des Gegenstandes selbst hoch ist. Diese Position gilt es durch eine Sachnorm zu schützen. Eine derartige Interessenlage besteht bei der Aufrechnung gerade nicht. Hier soll bloß das Vertrauen in die Anwendung des Rechts geschützt werden, nach dem die Forderung entstanden ist. Ein darüber hinausgehender Schutz der Forderung ist nicht geboten.[21] 7

Folge des kollisionsrechtlichen Charakters der Vorschrift ist, dass die Aufrechnungsmöglichkeit durch die Insolvenzverfahrenseröffnung nicht automatisch unberührt bleibt, sondern nur dann, wenn das Statut der Hauptforderung (→ Rn. 5) dies so bestimmt. So wird ein Gleichklang mit der Lösung des IPR hergestellt.[22] 8

III. Gläubiger benachteiligende Rechtshandlungen (Abs. 2)

Art. 9 Abs. 2 entspricht den Art. 8 Abs. 4 und Art. 10 Abs. 3. Eine Berufung auf das aufrechnungsfreundliche Statut der Hauptforderung scheidet aus, wenn der Aufrechnungsberechtigte die Aufrechnungsmöglichkeit durch eine anfechtbare oder in sonstiger Weise angreifbare Handlung zum Nachteil der Gläubigergesamtheit erlangt hat. In diesen Fällen **fehlt es an der Schutzwürdigkeit des Aufrechnungsberechtigten** und es bewendet nach Art. 7 Abs. 2 S. 2 lit. m bei der lex fori concursus (aus deutscher Sicht §§ 94 ff. InsO). Auch in den Fällen, in denen ausländisches Insolvenzanfechtungsrecht anwendbar ist, kommt eine Haftung wegen **vorsätzlicher sittenwidriger Schädigung** in Betracht, wenn der beanstandete Vorgang über einen bloßen Anfechtungstatbestand hinaus besondere Umstände aufweist, die den Vorwurf der Sittenwidrigkeit rechtfertigen, etwa bei einer sog. **Firmenbestattung.**[23] 9

Die **internationale Zuständigkeit** für die Kaufpreisklage eines Insolvenzverwalters am inländischen Sitz des Insolvenzgerichts aus einem vom Insolvenzschuldner vor Einleitung des Insolvenzverfahrens geschlossenen Kaufvertrag mit einem im EU-Ausland ansässigen Käufer bestimmt sich auch dann nicht nach Art. 6, sondern nach der Brüssel Ia-VO, wenn der Beklagte die **Hilfsaufrechnung** mit Gegenforderungen erklärt und der Insolvenzverwalter die Aufrechnungen als gemäß § 96 Abs. 1 Nr. 3 InsO iVm Art. 9 Abs. 2 unwirksam ansieht. Die Hilfsaufrechnung und die damit verbundene **Rechtskrafterstreckung** des § 322 Abs. 2 ZPO verleihen diesem Verteidigungsmittel **keine zuständigkeitsbegründende Wirkung.**[24] 10

Art. 10 EuInsVO Eigentumsvorbehalt

(1) Die Eröffnung eines Insolvenzverfahrens gegen den Käufer einer Sache lässt die Rechte der Verkäufer aus einem Eigentumsvorbehalt unberührt, wenn sich diese Sache zum Zeitpunkt der Eröffnung des Verfahrens im Hoheitsgebiet eines anderen Mitgliedstaats als dem der Verfahrenseröffnung befindet.

(2) Die Eröffnung eines Insolvenzverfahrens gegen den Verkäufer einer Sache nach deren Lieferung rechtfertigt nicht die Auflösung oder Beendigung des Kaufvertrags und steht dem Eigentumserwerb des Käufers nicht entgegen, wenn sich diese Sache zum Zeitpunkt der Verfahrenseröffnung im Hoheitsgebiet eines anderen Mitgliedstaats als dem der Verfahrenseröffnung befindet.

(3) Die Absätze 1 und 2 stehen der Nichtigkeit, Anfechtbarkeit oder relativen Unwirksamkeit einer Rechtshandlung nach Artikel 7 Absatz 2 Buchstabe m nicht entgegen.

Schrifttum: *McCormack/Bork* (Hrsg.), Security Rights and the European Insolvency Regulation – A comparative analysis of security rights in insolvency proceedings under the main legal traditions of the European Union

21 Im Ergebnis so auch Nerlich/Römermann/*Nerlich* EuInsVO 2000 Art. 5 Rn. 7; Nerlich/Römermann/*Nerlich* EuInsVO 2000 Art. 5 Rn. 4 unter Hinweis auf die Dogmatik.

22 *Herchen,* Das Übereinkommen über Insolvenzverfahren der Mitgliedstaaten der EU vom 23.11.1995, 2000, 134.

23 BGH NZI 2018, 721 = EWiR 2018, 497 m. Kurzkomm. *Brinkmann.*

24 BGH NZI 2015, 1033 Rn. 21 mAnm *Mankowski* = EWiR 2015, 751 m. Kurzkomm. *Brinkmann.*

(common law, Germanic, ‚Napoleonic Code' and ‚East' European), 2017; *Mankowski,* Insolvenznahe Verfahren im Grenzbereich zwischen EuInsVO und EuGVO – Zur Entscheidung des EuGH in Sachen German Graphics (NZI 2009, 741), NZI 2010, 508.

Übersicht

I. Wesentlicher Inhalt und Normzweck

1 Art. 10 entspricht im Wortlaut unverändert Art. 7 EuInsVO 2000. Art. 10, eine **weitere Ausnahmevorschrift** zu Art. 7, befasst sich mit der insolvenzrechtlichen Behandlung des Eigentumsvorbehalts, und zwar bei Insolvenz des Käufers (Abs. 1) wie bei Insolvenz des Verkäufers (Abs. 2). Dass für den Eigentumsvorbehalt neben Art. 8 Abs. 1 eine eigene Sonderregel getroffen wurde, ergibt sich daraus, dass der Verordnungsgeber den Eigentumsvorbehalt nicht als „dingliches Recht", sondern als Annex zum Kaufvertrag ansieht.[1]

2 Dabei regelt **Art. 10 Abs. 1** zunächst den Fall der **Insolvenz des Vorbehaltskäufers,** wenn sich die Vorbehaltsware in einem anderen Mitgliedstaat als dem Insolvenzeröffnungsstaat befindet. Die Rechte des Verkäufers aus dem Eigentumsvorbehalt bleiben dann „unberührt". Bei **Art. 10 Abs. 2** geht es um die **Insolvenz des Verkäufers,** wobei sich die Vorbehaltsware wiederum in einem anderen Mitgliedstaat als dem Insolvenzeröffnungsstaat befindet. Die Eröffnung des Insolvenzverfahrens kann dann **keine Rechtfertigung** dafür liefern, den Kaufvertrag **aufzulösen** oder zu **beenden. Art. 10 Abs. 3** ist eine Parallelvorschrift zu Art. 8 Abs. 4 bzw. Art. 9 Abs. 2. Die **Privilegierung** nach Art. 10 Abs. 1 und Abs. 2 **entfällt,** wenn der Eigentumsvorbehalt zum **Nachteil** der Gesamtheit der Gläubiger bestellt wurde und daher nichtig oder relativ unwirksam ist oder angefochten werden kann (Art. 7 Abs. 2 S. 2 lit. m).

3 Der **Normzweck** der Vorschrift liegt im **Schutz des Vertrauens** der Parteien auf den vereinbarten Eigentumsvorbehalt und darauf, dass sie ihre Rechte hieraus auch noch in der Insolvenz des anderen Vertragsteils geltend machen können (Erwägungsgründe 68 und 68).[2] Dieser Vertrauensschutz ist auch deshalb geboten, weil die Regelungen über den Eigentumsvorbehalt in den jeweiligen Mitgliedstaaten teilweise sehr voneinander abweichen.[3] Art. 9 RL **Zahlungsverzugs-RL** (RL 2011/7/EU) hat **keine Rechtsangleichung** bewirkt, weil danach der Eigentumsvorbehalt im internationalen Verkehr nur „in Einklang mit den nationalen Vorschriften, wie sie durch das internationale Privatrecht bestimmt werden", anerkannt werden muss.

4 Tatbestandlich erfasst Art. 10 nur den **einfachen,** nicht jedoch den erweiterten und verlängerten **Eigentumsvorbehalt.**[4]

II. Insolvenz des Vorbehaltskäufers (Abs. 1)

5 **1. Schutzvoraussetzungen. a) Vereinbarung eines Eigentumsvorbehalts.** Verkäufer und der Käufer müssen einen Eigentumsvorbehalt vereinbart haben. Ob dies der Fall ist, ist als Vorfrage

[1] *Kolmann,* Kooperationsmodelle im Internationalen Insolvenzrecht, 2001, 309.

[2] EuGH ECLI:EU:C:2009:544 Rn. 35 = NZI 2009, 741 m. Aufs. *Brinkmann* IPRax 2010, 324 – German Graphics; dazu *Mankowski* NZI 2010, 508.

[3] *Menjucq,* Droit international et européen des sociétés, 2001, Rn. 331; Nerlich/Römermann/*Nerlich* EuInsVO 2000 Art. 7 Rn. 1.

[4] Nerlich/Römermann/*Nerlich* EuInsVO 2000 Art. 7 Rn. 1; rechtsvergleichend McCormack/Bork (Hrsg.), Security Rights and the European Insolvency Regulation, 2017.

zu klären. Vorfragen sind (nach verbreiteter Auffassung) grundsätzlich selbstständig anzuknüpfen, dh nach dem IPR des Gerichtsstaates (allgemein → Einl. IPR Rn. 173 ff.).[5] Dies muss jedenfalls im Verhältnis zur lex concursus gelten. Wird das Hauptverfahren in Deutschland eröffnet, kommt das deutsche Kollisionsrecht zur Anwendung. Danach unterliegen die schuldrechtlichen Voraussetzungen und Wirkungen des Eigentumsvorbehalts dem nach Art. 3 ff. Rom I-VO zu bestimmenden **Vertragsstatut.** Die im Insolvenzfall allein interessierenden sachenrechtlichen Voraussetzungen und Wirkungen regelt das nach Art. 43 EGBGB zu ermittelnde **Sachstatut.**[6]

b) Insolvenzverfahren. Über das Vermögen des Käufers muss das Insolvenzverfahren eröffnet worden sein (Art. 10 Abs. 1). 6

c) Mitgliedstaatenbezug. Schließlich muss sich das Vorbehaltsgut in einem anderen Mitgliedstaat befinden als dem Staat, vor dessen Gerichten das Hauptinsolvenzverfahren eröffnet worden ist. Diese Voraussetzung wird in der Praxis selten zutreffen. Die **Belegenheit** des Vorbehaltsgutes beurteilt sich dabei nach der **Legaldefinition des Art. 2 Nr. 9.** In der Regel wird sich die Sache bei dem Käufer befinden.[7] International zuständig zur Eröffnung des Hauptverfahrens sind nach Art. 3 Abs. 1 S. 1 die Gerichte des Mitgliedstaats, in dessen Gebiet der Schuldner den Mittelpunkt seiner hauptsächlichen Interessen hat. Schuldner **ist** im Falle des Art. 10 Abs. 1 aber gerade der Eigentumsvorbehaltskäufer. In der Praxis wird sich der Gegenstand also häufig am Ort des Interessenmittelpunktes des Schuldners befinden und somit der von Art. 10 Abs. 1 geforderte Bezug zu einem **anderen** Mitgliedstaat fehlen. Denn der Belegenheitsort ist dann in dem Mitgliedstaat, in dem das Hauptinsolvenzverfahren eröffnet wird.[8] Seit dem **Brexit** (→ Art. 1 Rn. 22) findet im Verhältnis zum Vereinigten Königreich § 351 InsO Anwendung.[9] 7

2. Sachrechtlicher Charakter. Als Rechtsfolge ordnet Art. 10 Abs. 1 parallel zu Art. 8 Abs. 1 an, dass die Rechte des Eigentumsvorbehaltsverkäufers von der Eröffnung des Insolvenzverfahren **„unberührt"** bleiben. Schon aus dem Wortlaut ergibt sich damit, dass nicht die Vorbehaltsware selbst, sondern nur die **Rechte** aus dem Eigentumsvorbehalt unberührt bleiben. Das bedeutet, dass die Vorbehaltsware selbst in die Insolvenzmasse fällt, wenn nicht das Sachstatut ein Aussonderungsrecht des Vorbehaltsverkäufers vorsieht.[10] 8

Streitig ist bei Art. 10 Abs. 1, ob es sich um eine Sach-[11] oder Kollisionsnorm[12] handelt. Aufgrund der Ähnlichkeit mit Art. 8 Abs. 1 (→ Art. 8 Rn. 14 ff.) ist auch diese Vorschrift – mit dem **German Graphics-Urteil des EuGH** vom 10.9.2009[13] – als **Sachnorm** anzusehen. Für den Eigentumsvorbehalt gilt ebenso wie für die von Art. 8 geregelten Sicherungsrechte, dass ein wirksamer Schutz der **Ansprüche auf das Vorbehaltsgut** am besten dadurch erreicht wird, dass man sie der **lex fori concursus entzieht.** Dies ist nur bei einem kollisionsrechtlichen Charakter der Vorschrift möglich.[14] 9

3. Verwertung des Vorbehaltsguts. Sieht das Sachstatut kein Aussonderungsrecht des Vorbehaltskäufers vor (was selten der Fall sein wird, vgl. im deutschen Recht § 47 InsO), so fällt der Gegenstand in die Masse (→ Rn. 8) und unterliegt der Verwertungsbefugnis des Verwalters. Andernfalls besteht nur die Möglichkeit, ihn im Rahmen eines **Sekundärinsolvenzverfahrens am Ort der Belegenheit** zu verwerten, wenn die dortige lex fori (Art. 35) dies zulässt. Art. 10 Abs. 1 kommt in diesem Fall mangels Bezug zu einem anderen Mitgliedstaat (als dem des Sekundärverfahrens) 10

---

5 BGHZ 43, 213 = NJW 1965, 1129; BGH NJW 1981, 1900; *v. Bar/Mankowski* IPR I § 7 Rn. 192 ff.; *v. Hoffmann/Thorn* IPR § 6 Rn. 61; *Junker* IPR Rn. 224.

6 Näher zum Eigentumsvorbehalt im grenzüberschreitenden Rechtsverkehr *Kindler* in Jayme, Kulturelle Identität und Internationales Privatrecht, 2003, 81, 89 ff.; ferner BeckOK BGB/*Spickhoff* EGBGB Art. 43 Rn. 17; zum Primat des allgemeinen IPR auch *Paulus* Rn. 2.

7 So auch im Fall EuGH ECLI:EU:C:2009:544 Rn. 36 = NZI 2009, 741 = IPRax 2010, 355 m. Aufs. *Brinkmann* IPRax 2010, 324 – German Graphics; dazu *Mankowski* NZI 2010, 508.

8 Duursma-Kepplinger/Duursma/Chalupsky/*Duursma-Kepplinger* EuInsVO 2000 Art. 7 Rn. 8, 21; *Eidenmüller* IPRax 2001, 2 (6).

9 *Korch* ZInsO 2016, 1884 (1887).

10 Duursma-Kepplinger/Duursma/Chalupsky/*Duursma-Kepplinger* EuInsVO 2000 Art. 7 Rn. 10; *Huber* ZZP 114 (2001), 133 (138 f.); *Bork* FS Koresuke Yamauchi, 2017, 19.

11 *Flessner* FS Drobnig, 1998, 277 (281 ff.).

12 *Becker* JbItalR 18 (2005), 75 ff.; Duursma-Kepplinger/Duursma/Chalupsky/*Duursma-Kepplinger* EuInsVO 2000 Art. 7 Rn. 17; *Eidenmüller* IPRax 2001, 2 m. Fn. 29; *Leible/Staudinger* KTS 2000, 533 (551); *v. Wilmowsky* EWS 1997, 295 (297).

13 EuGH ECLI:EU:C:2009:544 Rn. 35 = NZI 2009, 741 m. Aufs. *Brinkmann* IPRax 2010, 324 – German Graphics; dazu *Lüttringhaus/Weber* RIW 2010, 45.

14 Duursma-Kepplinger/Duursma/Chalupsky/*Duursma-Kepplinger* EuInsVO 2000 Art. 7 Rn. 18.

nicht zur Anwendung (→ Rn. 7). Ein Sekundärverfahren setzt nach Art. 3 UAbs. 2 das Bestehen einer Niederlassung voraus. **Verwertet** indessen der **Vorbehaltsverkäufer selbst** die Ware außerhalb des Sekundärverfahrens, muss der sich etwa ergebende überschießende Erlös an den Verwalter des Hauptverfahrens herausgegeben werden (Erwägungsgrund 68 S. 6). Schließlich kann der **Verwalter** die **Kaufpreisforderung erfüllen.** Dann erlischt der Eigentumsvorbehalt und zur Masse gehört das Vollrecht Eigentum an dem Gegenstand, so dass er in vollem Umfang verwertet werden kann.[15]

III. Insolvenz des Vorbehaltsverkäufers (Abs. 2)

11 **1. Schutzvoraussetzungen.** Wie nach Abs. 1 (→ Rn. 5 ff.) gibt es auch für den Schutz des **Käufers** in der Insolvenz des Verkäufers drei Voraussetzungen. **(1)** Die Vertragsparteien müssen einen **Eigentumsvorbehalt** vereinbart haben. **(2)** Das **Insolvenzverfahren** über das Vermögen des **Eigentumsvorbehaltsverkäufers** wurde eröffnet. Dabei muss es sich um das Hauptinsolvenzverfahren handeln.[16] Notwendig ist nach dem Wortlaut der Vorschrift auch, dass das Insolvenzverfahren erst nach der Lieferung des Gegenstandes eröffnet worden ist. **(3)** Der Gegenstand, an dem der Eigentumsvorbehalt besteht, muss sich in einem **anderen Mitgliedstaat** befinden als dem Eröffnungsstaat. Seit dem **Brexit** (→ Art. 1 Rn. 22) findet im Verhältnis zum Vereinigten Königreich § 335 InsO iVm § 107 Abs. 1 InsO Anwendung.[17]

12 **2. Vertragskontinuität.** Als Rechtsfolge sieht Art. 10 Abs. 2 vor, dass die Eröffnung des Hauptinsolvenzverfahrens nicht mehr die Auflösung oder Beendigung des Kaufvertrages rechtfertigen kann. Es handelt sich dabei um eine die Insolvenzfestigkeit normierende **Sachnorm,** die in ihrer Rechtsfolge über die des Art. 10 Abs. 1 hinausgeht. Sie ordnet positiv die Rechtsfolgen an, während Art. 10 Abs. 1 negativ vom „Unberührtsein" spricht.[18] Es wird eine einheitliche Regelung mit Vorrang vor den unter Umständen im Einzelfall abweichenden Bestimmungen der lex fori concursus, der lex contractus oder der lex rei sitae angeordnet.[19] In Bezug auf das deutsche Recht ergibt sich für den Schutz des Anwartschaftsrechts keine Änderung, da auch nach § 107 Abs. 1 S. 1 InsO der Eigentumsvorbehaltskäufer trotz Insolvenz des Verkäufers die Erfüllung des Kaufvertrages verlangen kann. § 107 Abs. 1 S. 1 InsO wird aber innerhalb des Anwendungsbereichs der EuInsVO durch Art. 10 Abs. 2 verdrängt.

13 **3. Auswirkungen eines Sekundärinsolvenzverfahrens auf den Käuferschutz.** Schwierigkeiten entstehen, wenn neben dem Hauptinsolvenzverfahren ein Sekundärinsolvenzverfahren in einem Mitgliedstaat eröffnet wird, in dem die Insolvenzfestigkeit des Anwartschaftsrechts des Vorbehaltskäufers **nicht** vorgesehen ist. Angenommen sei der Fall, dass der Vorbehaltsverkäufer den Mittelpunkt seiner hauptsächlichen Interessen im Mitgliedstaat A und eine Niederlassung im Mitgliedstaat B hat. Der Vorbehaltskäufer befindet sich in B, und dorthin wird ihm die Ware auch geliefert. Der Verkäufer wird insolvent und in A wird das Hauptinsolvenzverfahren über sein Vermögen eröffnet. In B kommt es zum Sekundärinsolvenzverfahren. Die Rechtsordnung von B sieht für den Insolvenzfall vor, dass der Insolvenzverwalter den Kaufvertrag auflösen kann. Ist der Käufer hiervor durch Art. 10 Abs. 2 geschützt?

14 Dagegen scheint die Pflicht zur Anerkennung des Sekundärverfahrens nach Art. 20 Abs. 2 zu sprechen, weil hierdurch die Beschlagswirkung des Hauptverfahrens hinsichtlich des im Sekundäreröffnungsstaat belegenen Vorbehaltsgutes entfällt,[20] und damit auch die Anwendbarkeit der Art. 8–18. Die Folge wäre dann, dass im Staat des Nebenverfahrens trotz Art. 10 Abs. 2 der Kaufvertrag zu Lasten des Anwartschaftsrechts aufgelöst werden könnte.

15 Dies kann nicht richtig sein. Hierdurch würde nämlich die an sich starke Schutzwirkung für das Anwartschaftsrecht nach Art. 10 Abs. 2 übermäßig eingeschränkt.[21] Vorzugswürdig ist es deshalb, **Art. 10 Abs. 2** nicht nur als eine Ausnahmevorschrift zu Art. 7 anzusehen, sondern zugleich als **Ausnahme zum lex-fori-Prinzip auch im Sekundärverfahren** (Art. 35). Dann werden insoweit die Wirkungen des Hauptverfahrens nicht durch die Eröffnung des Nebenverfahrens aufgehoben. Im Beispielsfall zu → Rn. 13 geht dann Art. 10 Abs. 2 der Vorschrift des Staates B vor, die die Auflösung des Kaufvertrages ermöglicht. Das Anwartschaftsrecht des Käufers ist auch im Sekundärverfahren insolvenzfest. Für diese Sichtweise spricht schon der Wortlaut des Art. 35. Die dortige Formulierung „soweit diese Verordnung nichts anderes bestimmt" gestattet eine Ver-

---

[15] Duursma-Kepplinger/Duursma/Chalupsky/*Duursma-Kepplinger* EuInsVO 2000 Art. 7 Rn. 19.
[16] Duursma-Kepplinger/Duursma/Chalupsky/*Duursma-Kepplinger* EuInsVO 2000 Art. 7 Rn. 26.
[17] *Korch* ZInsO 2016, 1884 (1887).
[18] *Paulus* Rn. 12.
[19] MüKoInsO/*Reinhart* Rn. 2; *Schollmeyer,* Gegenseitige Verträge im internationalen Insolvenzrecht, 1997, 168.
[20] *Balz* ZIP 1996, 948 (949, 951); *Kemper* ZIP 2001, 1609 (1611); *Leible/Staudinger* KTS 2000, 533 (562).
[21] Duursma-Kepplinger/Duursma/Chalupsky/*Duursma-Kepplinger* EuInsVO 2000 Art. 7 Rn. 29.

drängung des Art. 35 durch Art. 10 Abs. 2. Unterstützt wird dies durch die Systematik der Verordnung. Art. 10 Abs. 2 zählt zu den „Allgemeinen Vorschriften“ in Kap. I der Verordnung. Diese finden grundsätzlich in allen Verfahrensarten Anwendung, dh gleichermaßen in Haupt- und Nebenverfahren.[22] Im Ergebnis verdrängt Art. 10 Abs. 2 die lex fori concursus secundarii und damit auch die eventuell dort enthaltenen anwartschaftsfeindlichen Vorschriften. Der Käufer ist **auch im Sekundärverfahren** durch den Grundsatz der **Vertragskontinuität** geschützt.

IV. Sonderformen des Eigentumsvorbehalts

1. Überblick. Die Vorschriften des Art. 10 erfassen zweifelsohne den **einfachen Eigentumsvorbehalt.**[23] Anders kann die Beurteilung für die Sonderformen des Eigentumsvorbehalts, wie zB des Kontokorrentvorbehalts (oder erweiterter Eigentumsvorbehalts), des verlängerten Eigentumsvorbehalts, des weitergeleiteten und schließlich des nachgeschalteten Eigentumsvorbehalts ausfallen. 16

Der **Kontokorrentvorbehalt** unterscheidet sich vom einfachen Eigentumsvorbehalt insofern, als dass nicht nur eine Forderung durch den Eigentumsvorbehalt gesichert wird, sondern alle Forderungen aus einer Geschäftsbeziehung. Beim **verlängerten Eigentumsvorbehalt** vereinbaren Verkäufer und Käufer einen Eigentumsvorbehalt, wobei ein Weiterverkauf gestattet wird (im deutschen Recht § 185 Abs. 1 BGB). Zur Sicherung wird die Kaufpreisforderung, die sich im Falle eines Weiterverkaufs ergibt, abgetreten; die Verarbeitung (vgl. § 950 BGB) wird ausgeschlossen. Beim **weitergeleiteten Eigentumsvorbehalt** ist ebenfalls zwischen Käufer und Verkäufer ein Eigentumsvorbehalt vereinbart worden. Der Käufer ist Händler und veräußert die Sache üblicherweise an einen Dritten weiter. Dabei erfolgt eine Offenlegung des Eigentumsvorbehaltes zwischen dem Eigentumsvorbehaltskäufer und dem Dritterwerber. Das ähnelt dem **nachgeschalteten Eigentumsvorbehalt,** wo die Offenlegung im letzten Fall nicht erfolgt. Zu den Formen des Eigentumsvorbehalts → BGB § 449 Rn. 74 ff. 17

Im deutschen Recht berechtigt der einfache Eigentumsvorbehalt zur Aussonderung (§ 47 InsO). Dasselbe gilt für den Kontokorrentvorbehalt.[24] Dagegen begründet der verlängerte Eigentumsvorbehalt lediglich ein Recht zur abgesonderten Befriedigung, und auch dem Vorbehaltsverkäufer beim erweiterten Eigentumsvorbehalt steht lediglich ein Absonderungsrecht zu. Ebenfalls nur ein Absonderungsrecht ergibt sich aus dem weitergeleiteten und nachgeschalteten Eigentumsvorbehalt. 18

2. Anwendung von Art. 10. Der **Kontokorrentvorbehalt** und der **verlängerte Eigentumsvorbehalt** fallen **nicht** unter den Eigentumsvorbehaltsbegriff der Verordnung. Denn dieser Begriff ist autonom, dh losgelöst vom einzelstaatlichen Verständnis auszulegen, anhand einer europäischen Durchschnittsbetrachtung (→ Vor Art. 1 Rn. 15). In den Mitgliedstaaten bestehen im Kreditsicherungsrecht erhebliche Divergenzen bereits für den einfachen Eigentumsvorbehalt, und um so mehr für die Sonderformen.[25] Im französischen Recht etwa führt der Eigentumsvorbehalt nur zu einem Aussonderungsrecht, wenn innerhalb von drei Monaten nach der Veröffentlichung des Eröffnungsurteils die Aussonderung beim Insolvenzverwalter beantragt wird (Art. 624-16 Code de Commerce).[26] Allgemein ist der Eigentumsvorbehalt in der Insolvenz in den anderen Mitgliedstaaten nicht so weitgehend geschützt wie in Deutschland, vor allem ist der **erweiterte Eigentumsvorbehalt** in den EU-Staaten regelmäßig nicht durchsetzbar.[27] Dies spricht dafür, die Norm des **Art. 10** restriktiv **nur** auf die Grundform des Eigentumsvorbehaltes, also für den **einfachen Eigentumsvorbehalt** anzuwenden. Unterstützt wird dies auch durch die Eigenschaft des Art. 10 als Ausnahmevorschrift. Solche sind zumindest insoweit eng auszulegen, als die vorgesehene Ausnahme nicht zur Regel verkehrt werden darf. Eine weite Auslegung des Eigentumsvorbehaltes bringt zudem die Gefahr mit sich, dass die Insolvenzmasse ausgehöhlt würde.[28] Außerdem kommt es beim verlängerten Eigentumsvorbehalt zu einem Austausch des 19

---

22 Duursma-Kepplinger/Duursma/Chalupsky/*Duursma-Kepplinger* EuInsVO 2000 Art. 28 Rn. 15.

23 Duursma-Kepplinger/Duursma/Chalupsky/*Duursma-Kepplinger* EuInsVO 2000 Art. 10 Rn. 32; *Lehr* KTS 2000, 577 (580 f.); Mankowski/Müller/Schmidt/*J. Schmidt* Rn. 1.

24 Zum Folgenden MüKoInsO/Ganter § 47 Rn. 54 ff.

25 Duursma-Kepplinger/Duursma/Chalupsky/*Duursma-Kepplinger* EuInsVO 2000 Art. 7 Rn. 40.

26 Vgl. hierzu auch *Damann* ZIP 1996, 300 (304); *Sonnenberger/Dammann,* Französisches Handels- und Wirtschaftsrecht, 3. Aufl. 2007, Rn. VIII 74.

27 *Lehr* KTS 2000, 577 (583); zu Italien *Kindler,* Italienisches Handels- und Wirtschaftsrecht, 2. Aufl. 2014, § 5 Rn. 96 f.

28 Duursma-Kepplinger/Duursma/Chalupsky/*Duursma-Kepplinger* EuInsVO 2000 Art. 7 Rn. 40.

Sicherungsgegenstandes, so dass im Insolvenzfall häufig schon tatbestandlich gar kein Eigentumsvorbehalt mehr vorliegt.[29]

20 Demgegenüber sind der **weitergeleitete** und der **nachgeschaltete Eigentumsvorbehalt** unter Art. 10 subsumierbar. Denn hier kommt es zu keiner Änderung des Sicherungsobjekts und/oder -zwecks.[30] Die praktische Anwendungsbereich des Art. 7 Abs. 1 ist ohnehin gering. Auch ist eine Aushöhlung der Masse hier nicht zu befürchten.[31]

21 **3. Anwendung von Art. 8.** Teilweise wird vertreten, dass der **Kontokorrentvorbehalt** und der **verlängerte Eigentumsvorbehalt** unter Art. 8 Abs. 1 fallen,[32] denn Art. 8 und Art. 10 seien strukturell ähnlich. Diese Ansicht verkennt aber, dass der Verordnungsgeber den Eigentumsvorbehalt gerade **nicht** als dingliches Recht iSd Art. 8 Abs. 1 angesehen hat, sondern für ihn die Sonderregel des Art. 10 geschaffen hat.[33] Dann aber kann man die nicht erfassten Sonderformen des Eigentumsvorbehaltes nicht über die „Hintertür" des Art. 8 Abs. 1 als „unberührbar" schützen. Der Eigentumsvorbehaltsbegriff des Art. 10, der gerade die Sonderformen ausklammert, ist ein Kompromiss der Mitgliedstaaten auf einen „kleinsten gemeinsamen Nenner". Für eine Anwendung des Art. 8 Abs. 1 spreche, dass es aus deutscher und eingeschränkt aus österreichischer Sicht keine Schwierigkeiten bereiten würde, die aus den Sonderformen des Eigentumsvorbehaltes ergebenden Rechte unter Art. 8 Abs. 1 zu subsumieren.[34] Dabei wird verkannt, dass der Begriff des dinglichen Rechts autonom auszulegen ist. Dafür ist eine europäische Durchschnittsbetrachtung vorzunehmen (→ Vor Art. 1 Rn. 15). Diese kann sich aber nicht auf das deutsche und österreichische Recht allein stützen, zumal im deutschen Recht im Vergleich zu den anderen europäischen Rechtsordnungen dem Eigentumsvorbehalt ein außergewöhnlich großer Schutz zukommt. Andere Rechtsordnungen sind bei der Anerkennung publizitätsloser Kreditsicherheiten wesentlich zurückhaltender. Da die **Anwendung des Art. 8 Abs. 1** also **abzulehnen** ist, bleibt es für die eingangs erwähnten Sonderformen des Eigentumsvorbehalts bei der Anwendung der **lex fori concursus** nach Art. 10 Abs. 1.

V. Gläubiger benachteiligende Rechtshandlungen (Abs. 3)

22 Den Schutz durch Art. 10 Abs. 1 und 2 hebt Art. 10 Abs. 3 in den Fällen auf, in denen der Käufer oder Verkäufer sein Recht durch eine nichtige, anfechtbare oder relativ unwirksame, weil die Gläubigergesamtheit **benachteiligende Handlung** erlangt hat. In diesen Fällen kommt nach Art. 10 Abs. 3 iVm Art. 7 Abs. 2 lit. m die **lex fori concursus** zum Zuge. Das Recht des Eröffnungsstaates ist für die Bestimmung des Begriffs der betreffenden Rechtshandlung und der in Art. 10 Abs. 3 genannten Rechtshandlungen maßgeblich.[35] Dabei ist jedoch die Einrede des Art. 16 zu beachten. **Art. 10 Abs. 3,** der eine klarstellende[36] Parallelvorschrift zu Art. 8 Abs. 4 und Art. 9 Abs. 2 darstellt, **bezweckt** eine **Missbrauchskontrolle.**[37] Seine praktische Bedeutung dürfte eher gering sein, weil der Eigentumsvorbehalt in der Regel Zug-um-Zug eingeräumt wird.[38] Kein Beispiel für eine Handlung iSd Art. 10 Abs. 3 ist das Verbringen des betreffenden Gegenstandes nach der Verfahrenseröffnung in einen anderen Mitgliedstaat.[39] Denn für Art. 10 Abs. 1 und Abs. 2 ist erforderlich, dass der Gegenstand sich **im Zeitpunkt der Verfahrenseröffnung** in einem anderen Mitgliedstaat als dem der Verfahrenseröffnung befindet. Wenn der Gegenstand sich also in diesem Zeitpunkt im Verfahrensstaat befunden hat und erst später in einen anderen Mitgliedstaat verbracht wird, liegen Art. 10 Abs. 1 und 2 schon tatbestandlich nicht vor. Hier greift von Anfang an Art. 7 Abs. 1 ein. Beispielhaft lässt sich für Art. 10 Abs. 3 vielmehr der Fall nennen, dass der Gegenstand kurz vor Verfahrenseröffnung gezielt in einen anderen Mitgliedstaat geschafft wird, um in den Genuss der Schutzvorschriften Art. 10 Abs. 1 und Abs. 2 zu gelangen.[40]

[29] Duursma-Kepplinger/Duursma/Chalupsky/*Duursma-Kepplinger* EuInsVO 2000 Art. 7 Rn. 37.
[30] Duursma-Kepplinger/Duursma/Chalupsky/*Duursma-Kepplinger* EuInsVO 2000 Art. 7 Rn. 47.
[31] Duursma-Kepplinger/Duursma/Chalupsky/*Duursma-Kepplinger* EuInsVO 2000 Art. 7 Rn. 49.
[32] Duursma-Kepplinger/Duursma/Chalupsky/*Duursma-Kepplinger* EuInsVO 2000 Art. 7 Rn. 43; Nerlich/Römermann/*Nerlich* EuInsVO 2000 Art. 7 Rn. 5.
[33] *Gottwald,* Grenzüberschreitende Insolvenzen, 1997, 35; *Kolmann,* Kooperationsmodelle im Internationalen Insolvenzrecht, 2001, 309.
[34] Duursma-Kepplinger/Duursma/Chalupsky/*Duursma-Kepplinger* EuInsVO 2000 Art. 7 Rn. 43.
[35] Duursma-Kepplinger/Duursma/Chalupsky/*Duursma-Kepplinger* EuInsVO 2000 Art. 7 Rn. 52.
[36] MüKoInsO/*Reinhart* Rn. 3.
[37] *Virgós/Schmit* Rn. 135.
[38] Duursma-Kepplinger/Duursma/Chalupsky/*Duursma-Kepplinger* EuInsVO 2000 Art. 7 Rn. 55.
[39] *Kemper* ZIP 2001, 1609 (1617).
[40] So auch Duursma-Kepplinger/Duursma/Chalupsky/*Duursma-Kepplinger* EuInsVO 2000 Art. 7 Rn. 57.

Für Art. 10 Abs. 3 kommt es nicht darauf an, ob die Nichtigkeit, Anfechtbarkeit oder Unwirksamkeit einer Rechtshandlung nach der lex fori concursus erst infolge einer (klageweisen) Geltendmachung oder ipso iure eintritt.[41] Wegen der fehlenden Schutzwürdigkeit des Vorbehaltsverkäufers (→ Rn. 22) kann hier auf die rechtstechnische Ausgestaltung der Anfechtung nach der lex fori concursus nicht ankommen. Abs. 3 erfasst daher auch die **Rückschlagsperre** wie nach § 88 InsO.[42] 23

Art. 11 EuInsVO Vertrag über einen unbeweglichen Gegenstand

(1) Für die Wirkungen des Insolvenzverfahrens auf einen Vertrag, der zum Erwerb oder zur Nutzung eines unbeweglichen Gegenstands berechtigt, ist ausschließlich das Recht des Mitgliedstaats maßgebend, in dessen Hoheitsgebiet sich dieser Gegenstand befindet.

(2) Die Zuständigkeit für die Zustimmung zu einer Beendigung oder Änderung von Verträgen nach diesem Artikel liegt bei dem Gericht, das das Hauptinsolvenzverfahren eröffnet hat, wenn

a) ein derartiger Vertrag nach den für diese Verträge geltenden Rechtsvorschriften des Mitgliedstaats nur mit Zustimmung des Gerichts der Verfahrenseröffnung beendet oder geändert werden kann und

b) in dem betreffenden Mitgliedstaat kein Insolvenzverfahren eröffnet worden ist.

Schrifttum: *Mankowski,* Verträge über unbewegliche Gegenstände im europäischen Internationalen Insolvenzrecht (Art. 8 EuInsVO), FS Görg, 2010, 273; *I. Schneider,* EuInsVO: Die Reichweite der lex fori concursus bei Pachtverträgen über Unternehmen mit Grundstücken, IPRax 2019, 446.

Übersicht

I. Vorrang des Belegenheitsrechts (Abs. 1)

1. Sachnormverweisung. Für bestimmte Verträge über unbewegliche Gegenstände ordnet die Kollisionsnorm des Art. 11 Abs. 1 – abweichend von Art. 7 Abs. 2 lit. e (→ Art. 7 Rn. 30) – den **Vorrang des Belegenheitsrechts** an. Art. 11 Abs. 1 entspricht Art. 8 EuInsVO 2000. Sie führt zu einem Gleichlauf zur objektiven Anknüpfung des Vertragsstatuts (Art. 7 Abs. 1 lit. c Rom I-VO) und zur Anknüpfung des Sachstatuts (Art. 43 EGBGB); auch die Parallele zu Art. 24 Nr. 1 Brüssel Ia-VO ist gewahrt. Vgl. im autonomen Recht § 336 S. 1 InsO. Als weitere Ausnahmevorschrift zu Art. 7 ist die Bestimmung freilich **eng auszulegen.**[1] Sie hat nach Erwägungsgrund 67 allein zum Ziel, in den anderen Mitgliedstaaten als dem Staat der Verfahrenseröffnung **Vertrauensschutz und Rechtssicherheit** zu gewährleisten.[2] Streitig ist, ob eine Sachnormverweisung vorliegt oder ob auch das **IPR** des Belegenheitsstaates zur Anwendung berufen wird. Sieht man die Vorschrift als IPR-Verweisung an,[3] so hätte dies – wenn der unbewegliche Gegenstand in Deutschland belegen wäre – zur Folge, dass das deutsche IPR und damit auch Art. 3 Rom I-VO mit der dort normierten **Parteiautonomie** anwendbar wäre. Dies wäre mit dem von Art. 11 Abs. 1 verfolgten **Ziel des** 1

41 Mankowski/Müller/Schmidt/*J. Schmidt* Rn. 20; EuGH ECLI:EU:C:2015:227 = NZI 2015, 478 – Lutz; mAnm *Mankowski* = EuZW 2015, 429 mAnm *Schulz* = IPRax 2016, 260 m. Aufs. *Piekenbrock* IPRax 2016, 219 Rn. 30 f.; *Kern/Stangl* LMK 2015, 370158; *J. Schmidt* EWiR 2015, 151 (152); *Schulz* EuZW 2015, 432.

42 Mankowski/Müller/Schmidt/*J. Schmidt* Rn. 20.

1 MüKoInsO/*Reinhart* Rn. 2; *Mankowski* FS Görg, 2010, 273 (277).

2 EuGH ECLI:EU:C:2015:227 Rn. 34 = EuZW 2015, 429 – Lutz mAnm *Schulz* = NZI 2015, 478 mAnm *Mankowski* – Lutz/Bäuerle, mit Verweis auf den gleichlautenden Erwägungsgrund 24 EuInsVO 2000; dazu *Stangl/Kern* LMK 2015, 370158; *Tashiro* FD-InsR 2015, 369013.

3 So *Kolmann,* Kooperationsmodelle im Internationalen Insolvenzrecht, 2001, 319.

kollisionsrechtlichen Sozial- und Mieterschutzes unvereinbar.[4] Daher ist von einer **Sachnormverweisung** auszugehen,[5] was auch im Einklang mit der Entstehungsgeschichte ist. Soweit die Kollisionsnormen von anwendbarem Recht sprechen, ist nach dem Erläuternden Bericht das IPR der jeweiligen Rechtsordnung nicht inbegriffen.[6]

2 **2. Schutzvoraussetzungen. a) Unbeweglicher Gegenstand.** Der Begriff des unbeweglichen Gegenstandes ist autonom auszulegen. Maßgeblich ist dabei die „europäische Durchschnittsbetrachtung" (→ Vor Art. 1 Rn. 15).[7] Dabei ist eine Gesamtschau unabhängig von der einzelstaatlichen Rechtslage zu treffen. Hierunter fallen in erster Linie Grundstücke. Problematisch kann die Einordnung bei Unternehmen, Schiffen, Luftfahrzeugen und Superädifikaten sein.[8] Gegen die Einordnung von Schiffen und Luftfahrzeugen als unbewegliche Gegenstände spricht die in Art. 14 getroffene Aufzählung, bei der zwischen Luftfahrzeugen, Schiffen und unbeweglichen Gegenständen unterschieden wird.[9] Der Gegenstand muss weder im Eigentum des Schuldners stehen noch Teil der Insolvenzmasse sein.

3 **b) Vertrag über Erwerb oder Nutzung eines solchen Gegenstandes. aa) Nutzung.** Zur Nutzung eines solchen Gegenstandes berechtigen der Miet-, der Pacht- und der Leasingvertrag.[10] Der Nutzungsbegriff des Art. 11 Abs. 1 ist weiter als der des § 100 BGB. Erfasst werden hiervon auch solche Verträge, die nur zum Gebrauch berechtigen.[11]

4 **bb) Erwerb.** Zum Erwerb berechtigen der **Kauf- und der Schenkungsvertrag.**[12] Nicht erforderlich ist, dass der Erwerbsanspruch bereits dinglich gesichert ist.[13] Mit dieser Regelung weicht die EuInsVO von § 380 InsO-RegE ab. Diese Vorschrift bezog sich allein auf Miet- und Pachtverträge.[14] Im neuen deutschen autonomen Internationalen Insolvenzrecht hat der Gesetzgeber den Anwendungsbereich dagegen auf das dingliche Recht an dem Gegenstand erweitert (vgl. § 336 InsO).

5 **cc) Dingliche Verträge.** Zweifelhaft ist, ob die Vorschrift auch dingliche Verträge erfasst. Dagegen spricht der Wortlaut, der eindeutig nur auf „Verträge abstellt, die zum Erwerb oder zur Nutzung **berechtigen**". Dies deutet auf den ersten Blick recht eindeutig darauf hin, dass hierunter nur das Verpflichtungsgeschäft verstanden werden soll. Diese Sichtweise relativiert sich allerdings dadurch, dass die amtliche Überschrift weitergehend die „Verträge über einen unbeweglichen Gegenstand" benennt, womit auch die Verfügungsgeschäfte gemeint sein können. Entscheidender ist aber noch, dass im Rahmen der autonomen Auslegung auch ein Augenmerk auf die anderen Rechtsordnungen der Mitgliedstaaten gerichtet werden muss. Nur wenige Privatrechtsordnungen kennen das Trennungsprinzip, wonach sich der Rechtserwerb erst kraft eines gesonderten dinglichen Geschäfts vollzieht. Der französische Code Civil folgt zB dem Einheitsprinzip; der Eigentumsübergang erfolgt kraft Konsens, dh bereits mit Abschluss des schuldrechtlichen Vertrages (Art. 771, 1583 Code Civil). Die autonome Auslegung führt deshalb dazu, Art. 11 **auch** auf **dingliche Verträge** zu erstrecken. Damit fallen hierunter auch Verträge über die Veräußerung und Belastung des unbeweglichen Gegenstandes.[15]

6 **c) Maßgeblicher Zeitpunkt.** Als ungeschriebene Voraussetzung tritt hinzu, dass der Vertrag über den unbeweglichen Gegenstand bereits zum Zeitpunkt der Eröffnung des Insolvenzverfah-

---

4 *Schack* IZVR Rn. 1278; iErg ebenso *Taupitz* ZZP 111 (1998), 315 (344 f.); gegen eine Rechtswahlfreiheit auch OGH IPRax 2019, 437; aA *I. Schneider* IPRax 2019, 446.

5 HM, Mankowski/Müller/Schmidt/*Mankowski* Rn. 32; MüKoInsO/*Reinhart* EuInsVO 2000 Rn. 16.

6 *Virgós/Schmit* Rn. 87.

7 OGH IPRax 2019, 437; aA *I. Schneider* IPRax 2019, 446: die autonome Auslegung setze nur den Begriffsrahmen; ob ein bestimmter Gegenstand als unbeweglich zu qualifizieren ist, entscheidet dann die lex rei sitae.

8 Duursma-Kepplinger/Duursma/Chalupsky/*Duursma-Kepplinger* EuInsVO 2000 Art. 8 Rn. 4.

9 Nach dem RegE zur InsO sind dagegen unter beweglichen Gegenständen, die der Zwangsvollstreckung in das unbewegliche Vermögen unterliegenden Gegenstände zu verstehen, insbesondere die eingetragenen Schiffe und Luftfahrzeuge, vgl. BT-Drs. 12/2443, 239.

10 *Huber* ZZP 114 (2001), 133 (163); *Virgós/Schmit* Rn. 118.

11 Mankowski/Müller/Schmidt/*J. Schmidt* Rn. 20.

12 *Balz* ZIP 1996, 950; *Fritz/Bähr* DZWiR 2001, 221 (228); *Gottwald,* Grenzüberschreitende Insolvenzen, 1997, 37; *Leible/Staudinger* KTS 2000, 533 (557); *Taupitz* ZZP 111 (1998), 315 (345); FK-InsO/*Wimmer* EGInsO Anh. I Art. 102 Rn. 89 f.

13 MüKoInsO/*Reinhart* Rn. 2; *Schack* IZVR Rn. 1278; *Virgós/Schmit* Rn. 119.

14 Vgl. BT-Drs. 12/2443, 68.

15 Duursma-Kepplinger/Duursma/Chalupsky/*Duursma-Kepplinger* EuInsVO 2000 Art. 8 Rn. 22; *Hausmann* in Reithmann/Martiny IntVertragsR Rn. 6.711 f.; aA *Mankowski* FS Görg, 2010, 273 (280 f.).

rens iSd Art. 2 Nr. 8 geschlossen worden sein muss. Das ergibt sich aus der Entstehungsgeschichte.[16]

d) Belegenheit in einem anderen Mitgliedstaat; Brexit. Kollisionsrechtliches Anknüpfungsmoment ist die Belegenheit des betreffenden Gegenstandes. Diese ergibt sich aus **Art. 2 Nr. 9,** und zwar für die von Art. 11 erfassten unbeweglichen Gegenstände in der Regel aus Art. 2 Nr. 9 Ziff. iv. Seit dem **Brexit** (→ Art. 1 Rn. 22) findet im Verhältnis zum Vereinigten Königreich § 336 S. 1 InsO Anwendung.[17] 7

3. Vorrang des Belegenheitsrechts. Nach Art. 11 Abs. 1 ist das Recht des Mitgliedstaates maßgebend, in dessen Gebiet der betreffende Gegenstand belegen ist. Die lex fori concursus wird also durch die **lex rei sitae** verdrängt. Das Wort **„ausschließlich"** weist darauf hin, dass nur die Rechtsfolge eintritt, die das Recht des Belegenheitsstaates vorsieht. Anders als bei Art. 14 kommen also nicht etwa die lex fori concursus und die lex rei sitae kumulativ zur Anwendung; auch bildet die lex fori concursus keine „Obergrenze" für die Wirkungen der lex rei sitae.[18] Von dieser Vorschrift werden vor allem die Wahlrechte des Insolvenzverwalters zwischen Erfüllung oder Auflösung eines laufenden Vertrages betroffen.[19] Sie richten sich daher nach dem Belegenheitsrecht. **Einschränkungen** gelten für Miet-, Pacht- und Leasingverträge (→ Rn. 3). Da die Sonderanknüpfung dem Vertrauensschutz dient (→ Rn. 1), beruft sie **nur mieterschützende Vorschriften des Belegenheitsrechts** zur Anwendung, bei deutscher Belegenheit mithin nicht das Sonderkündigungsrecht nach § 111 InsO.[20] Diese Vorschrift soll nicht den Mieter schützen, sondern – im Gegenteil – die Verwertung der vermieteten Immobilie im (deutschen) Insolvenzverfahren erleichtern. Es schützt daher die Gläubigergesamtheit auf Kosten der Mieter des Insolvenzschuldners. Insoweit ist allein das ausländische Insolvenzstatut maßgeblich. 8

Sieht die betreffende Rechtsordnung für den Fall der Ablehnung der Erfüllung durch den Verwalter einen Schadensersatzanspruch vor, so richtet sich dessen Umfang allerdings nicht nach der lex rei sitae, sondern nach dem Vertragsstatut. 9

II. Rückausnahme (Abs. 2)

Art. 11 Abs. 2 enthält eine mit der Reform neu geschaffene **besondere internationale und örtliche Zuständigkeit** des Insolvenzgerichts für die gerichtliche Zustimmung zu einer Beendigung oder Änderung von Dauerschuldverhältnissen iSd Abs. 1. Zuständig ist das Gericht, welches das Hauptinsolvenzverfahren eröffnet hat, wenn (1) ein derartiger Vertrag nach dem Belegenheitsrecht nur mit Zustimmung des Gerichts der Verfahrenseröffnung beendet oder geändert werden kann und (2) in dem betreffenden Mitgliedstaat kein Insolvenzverfahren eröffnet worden ist. 10

Ohne diese Regelung hätte es in der Praxis zu **Kompetenzlücken** kommen können, wenn sich das unbewegliche Vermögen in einem Mitgliedstaat befindet, in dem – in Ermangelung einer Niederlassung (Art. 3 Abs. 2) – **kein Sekundärinsolvenzverfahren** eröffnet werden kann. Besteht im Belegenheitsstaat eine Niederlassung, so wird durch Abs. 2 Eröffnung eines unnötigen und aufwendigen Verfahrens vermieden, indem das Gericht des Hauptinsolvenzverfahrens auch für die Erteilung derartiger gerichtlicher Zustimmungen für zuständig erklärt wird.[21] Die Sachnähe dieser Zuständigkeit liegt darin, dass die Zustimmungspflicht sich aus der Bedeutung der Vertragsbeendigung oder -änderung für das Insolvenzverfahren insgesamt herleitet und daher diese Entscheidung beim verfahrensführenden Insolvenzgericht liegen sollte.[22] 11

Die Zuständigkeit besteht **nicht, wenn** in dem Belegenheitsstaat ein **Sekundärverfahren** durchgeführt wird.[23] In diesen Fällen käme es materiell auch nicht zu einer von der lex fori concursus abweichenden Sonderanknüpfung nach Abs. 1, da das Recht des (Sekundär-)Verfahrensstaats und der Belegenheit identisch wären. In diesen Fällen entscheidet das Insolvenzgericht des Sekundärver- 12

---

16 Vgl. *Virgós/Schmit* Rn. 116: „laufende Verträge"; ebenso *Kolmann,* Kooperationsmodelle im Internationalen Insolvenzrecht, 2001, 319 in der Überschrift zu § 6, 4a: „die Wirkungen des Insolvenzverfahrens auf laufende Verträge".

17 *Korch* ZInsO 2016, 1884 (1887).

18 Duursma-Kepplinger/Duursma/Chalupsky/*Duursma-Kepplinger* EuInsVO 2000 Art. 8 Rn. 5 ff.

19 Vgl. für Deutschland §§ 103 ff. InsO; *Paulus* Rn. 8; BGH ZIP 2018, 1455 Ls. 2.

20 *Virgós/Schmit* Nr. 118; im Grundsatz auch *Mankowski* FS Görg, 2010, 273 (275): Art. 11 Abs. 1 als „Schutzvorschrift für den Vertragspartner des Schuldners".

21 *Moss/Fletcher/Isaacs,* The EU Regulation on Insolvency Proceedings, 3. Aufl. 2016, Rn. 8.597.

22 MüKoInsO/*Thole* Rn. 3.

23 *Dammann* FS Beck, 2016, 73 (86); MüKoInsO/*Thole* Rn. 3.

fahrensstaates über die Zustimmung der Beendigung oder Änderung der unter Abs. 1 fallenden Verträge.

III. Verhältnis zu Art. 7 Abs. 2 lit. m

13 Anders als Art. 8 Abs. 4, Art. 9 Abs. 2, Art. 10 Abs. 3 und Art. 12 Abs. 2 regelt Art. 11 nicht das Verhältnis der Vorschrift zu Art. 7 Abs. 2 S. 2 lit. m betreffend die Gläubigerbenachteiligung. Zwar liegt es auf den ersten Blick nahe, dass Art. 11 als Ausnahmevorschrift zu Art. 7 insgesamt auch dessen Abs. 2 S. 2 lit. m verdrängt, zumal die Anfechtbarkeit, Nichtigkeit und relative Unwirksamkeit in diesem Sinne als Teilaspekte der Vertragswirkungen angesehen werden könnten. In Wahrheit ist Art. 7 Abs. 2 S. 2 lit. m aber umgekehrt lex specialis zu Art. 11. Dafür spricht zunächst, dass Art. 7 in Abs. 2 S. 2 zwischen den Wirkungen auf laufende Verträge des Schuldners einerseits (lit. e) und der Nichtigkeit, Anfechtbarkeit und relativen Unwirksamkeit andererseits (lit. m) unterscheidet. Art. 11 verdrängt damit nur lit. e. Bestätigt wird diese Sichtweise durch die Entstehungsgeschichte. Im Erläuternden Bericht zum EU-Insolvenzübereinkommen beziehen sich die Wirkungen der Insolvenzverfahrenseröffnung in diesem Sinne nur auf die Lösungsrechte des Verwalters. Außerdem liegt der Sinn des Art. 11 allein in dem Schutz der Interessen des Belegenheitsstaates und nicht in dem Schutz vor anfechtbaren, nichtigen oder relativ unwirksamen Rechthandlungen. Zu diesem Zweck hat der Verordnungsgeber in Art. 16 eine Sondervorschrift vorgesehen. Art. 7 Abs. 2 S. 2 lit. m wird demnach nicht durch Art. 11 verdrängt.[24]

Art. 12 EuInsVO Zahlungssysteme und Finanzmärkte

(1) Unbeschadet des Artikels 8 ist für die Wirkungen des Insolvenzverfahrens auf die Rechte und Pflichten der Mitglieder eines Zahlungs- oder Abwicklungssystems oder eines Finanzmarktes ausschließlich das Recht des Mitgliedstaats maßgebend, das für das betreffende System oder den betreffenden Markt gilt.

(2) Absatz 1 steht einer Nichtigkeit, Anfechtbarkeit oder relativen Unwirksamkeit der Zahlungen oder Transaktionen gemäß den für das betreffende Zahlungssystem oder den betreffenden Finanzmarkt geltenden Rechtsvorschriften nicht entgegen.

Übersicht

I. Wesentlicher Inhalt und Normzweck

1 Art. 12 entspricht im Wortlaut unverändert Art. 9 EuInsVO 2000. Bei Art. 12 Abs. 1 handelt es sich um eine besondere **Kollisionsnorm**[1] für die Mitglieder eines Zahlungs-, Abwicklungssystems oder eines Finanzmarktes. Wegen seiner wirtschaftlichen Bedeutsamkeit handelt es sich um einen besonders sensiblen Bereich.[2] Art. 12 Abs. 1 gilt für das Haupt- und Nebenverfahren.[3] Die Vorschrift ähnelt Art. 8 **Finalitäts-RL** (→ Vor Art. 1 Rn. 28 ff.). Die mitgliedstaatlichen Durchführungsbestimmungen zur Finalitäts-RL – vgl. § 340 InsO zu Art. 8 Finalitäts-RL – gehen als Sonderregeln der EuInsVO vor (Erwägungsgrund 71 S. 5).

2 Durch Art. 12 Abs. 1 gelangt auch im Insolvenzfall das Recht zur Anwendung, das für das betreffende System oder den betreffenden Markt gilt. Der Hintergrund der Regelung ist, dass der Zahlungsverkehr und der Umlauf von Wertpapieren zunehmend über **Zahlungs- und Clearingsysteme** abgewickelt wird. Dabei handelt es sich um Kontokorrent-Zahlungssysteme. Die Zahlungen werden hierbei nicht mehr auf individualisierte Forderungen geleistet. Statt dessen kommt

[24] Duursma-Kepplinger/Duursma/Chalupsky/*Duursma-Kepplinger* EuInsVO 2000 Art. 8 Rn. 10 f.
[1] Duursma-Kepplinger/Duursma/Chalupsky/*Duursma-Kepplinger* EuInsVO 2000 Art. 9 Rn. 1.
[2] Krit. zu einem Sonderinsolvenzrecht für Zahlungssysteme und Finanzmärkte *Paulus* Rn. 1.
[3] *Ebenroth/Benzler* ZVglRWiss. 95 (1996), 335 (367).

es zu einer in der Regel **fortlaufenden Verrechnung.** Dies bezeichnet man als „netting“[4] oder „set off“.[5] In einem grenzüberschreitenden Insolvenzfall könnte es ohne eine Sonderanknüpfung nach Art des Art. 12 Abs. 1 zu erheblichen Störungen des internationalen Zahlungsverkehrs kommen. Man denke an den Fall, dass in einem anderen Staat als dem des Systems ein Insolvenzverfahren eröffnet würde und über Art. 7 die lex fori concursus zur Anwendung käme. Nach diesem Recht würden sich dann auch die Zugriffsrechte des Insolvenzverwalters richten. Dieser könnte mit „seiner“ Rechtsordnung auf das System Einfluss nehmen, womit die Beteiligten zum Zeitpunkt des Abschlusses des Systems nicht gerechnet haben.[6]

Normzweck dieser Sonderanknüpfung ist es also zum einen, das **Vertrauen** der Veranstalter und Teilnehmer des Marktes bzw. Systems in die **Anwendung der insolvenzrechtlichen Bestimmungen** allein der für das **System** maßgeblichen Rechtsordnung zu schützen (Erwägungsgrund 71).[7] Auch soll verhindert werden, dass bei Insolvenz eines Teilnehmers die in **Zahlungssystemen und Finanzmärkten** vorgesehenen **Mechanismen** unter der Anwendung der lex fori concursus **geändert werden können.**[8] Schließlich geht es um die **Vermeidung störender Spannungen** und Normenkollisionen, vor allem bei der Aufrechnung, beim Netting sowie beim Closing-Out und um die Verhinderung eines „Domino-Effekts“.[9] 3

Die praktische Bedeutung von Art. 12 wird eher gering sein. Denn Teilnehmer von Finanz- und Abwicklungssystemen sind vor allem Versicherungsunternehmen und Kreditinstitute. Diese sind schon nach Art. 1 Abs. 2 vom Anwendungsbereich der EuInsVO ausgenommen.[10] 4

II. Kollisionsrechtlicher Vertrauensschutz (Abs. 1)

1. Schutzvoraussetzungen. a) Zahlungs- oder Abwicklungssystem. Zunächst muss ein System iSd Vorschrift vorhanden sein. Da der Regelungsinhalt und -zweck der Norm mit der von Art. 11 Finalitäts-RL (→ Vor Art. 1 Rn. 28) übereinstimmt,[11] kann der Begriff des Systems nach der **Legaldefinition von Art. 2 Finalitäts-RL** bestimmt werden.[12] Ein System ist demnach eine förmliche Vereinbarung zwischen mindestens drei Teilnehmern über gemeinsame Regeln und vereinheitlichte Vorgaben für die Ausführung von Zahlungs- bzw. Übertragungsaufträgen zwischen den Teilnehmern. Nicht erforderlich ist, dass das System der EU-Kommission gemeldet wurde.[13] 5

Ein Zahlungssystem hat die Durchführung von Zahlungen zum Gegenstand. Inhaltlich geht es um technische und formelle Fragen der Auftragsdurchführung, Betriebszeiten des Systems und die Abwicklungsdauer.[14] 6

Wertpapierabwicklungssysteme dienen der Übertragung von Wertpapieren.[15] 7

b) Finanzmarkt. Dem Merkmal „Finanzmarkt“ kommt neben dem Zahlungs- und Abwicklungssystem eine **eigenständige Bedeutung** zu. Erfasst werden hiervon solche Finanzmärkte, die keine Zahlungs- oder Abwicklungssysteme darstellen, denen insolvenzrechtlich aber dasselbe Risiko zugrunde liegt.[16] Finanzmarkt ist ein Markt in einem Vertragsstaat, auf dem Finanzinstrumente, sonstige Finanzwerte oder Warenterminkontrakte und -optionen gehandelt werden. Er funktioniert regelmäßig und seine Funktions- und Zugangsbedingungen sind durch Vorschriften geregelt. Er unterliegt dem Recht des jeweiligen Vertragsstaates, einschließlich einer etwaigen entsprechenden Aufsicht von Seiten der zuständigen Behörde.[17] 8

c) Statut des Systems; Brexit. Anknüpfungsgegenstand ist das für das System/den Markt geltende Recht. Dabei muss es sich um die **Rechtsordnung eines Mitgliedstaates** handeln. Nach 9

[4] Netting bedeutet dem Wortsinn nach Verrechnung und Saldierung einzelner Rechnungspositionen. Das Verb „to net“ beruht auf dem Adjektiv „netto“ (= bereinigt von Abzugsposten), vgl. *Bosch* WM 1995, 365 (367); *Ebenroth/Benzler* ZVglRWiss. 95 (1996), 335 (350).
[5] *Hasselbach* ZIP 1997, 1491.
[6] *Hasselbach* ZIP 1997, 1491 (1494).
[7] *Huber* ZZP 114 (2001), 133 (164); MüKoInsO/*Reinhart* EuInsVO 2000 Art. 9 Rn. 1; *Virgós/Schmit* Rn. 120.
[8] *Fritz/Bähr* DZWiR 2001, 221 (229); *Kemper* ZIP 2001, 1609 (1617); *Virgós/Schmit* Rn. 229.
[9] MüKoInsO/*Reinhart* EuInsVO 2000 Art. 9 Rn. 1.
[10] Duursma-Kepplinger/Duursma/Chalupsky/*Duursma-Kepplinger* EuInsVO 2000 Art. 9 Rn. 2.
[11] MüKoInsO/*Reinhart* EuInsVO 2000 Art. 9 Rn. 2.
[12] Duursma-Kepplinger/Duursma/Chalupsky/*Duursma-Kepplinger* EuInsVO 2000 Art. 9 Rn. 1.
[13] MüKoInsO/*Reinhart* EuInsVO 2000 Art. 9 Rn. 2.
[14] Duursma-Kepplinger/Duursma/Chalupsky/*Duursma-Kepplinger* EuInsVO 2000 Art. 9 Rn. 4.
[15] Duursma-Kepplinger/Duursma/Chalupsky/*Duursma-Kepplinger* EuInsVO 2000 Art. 9 Rn. 5.
[16] MüKoInsO/*Reinhart* EuInsVO 2000 Art. 9 Rn. 3.
[17] *Virgós/Schmit* Rn. 120.

der Finalitäts-RL (→ Rn. 1) besteht Rechtswahlfreiheit unter diesen Rechtsordnungen, wobei zumindest einer der Teilnehmer seine Hauptverwaltung im Staat des gewählten Rechts haben muss (vgl. Art. 2 lit. a zweiter Spiegelstrich Finalitäts-RL). Fehlt es an einer Rechtswahl oder führt diese zum Recht eines Drittstaates, so kommt die lex fori concursus zur Anwendung.[18] Seit dem **Brexit** (→ Art. 1 Rn. 22) findet im Verhältnis zum Vereinigten Königreich § 340 Abs. 3 InsO Anwendung.[19]

10 **2. Rechtsfolge.** Auf die Rechte und Pflichten der Mitglieder des Systems findet das **Recht** Anwendung, das auf **das System bzw. den Markt anwendbar** ist (→ Rn. 9). Daher muss etwa ein deutscher Insolvenzverwalter, der gegen ein in Luxemburg ansässiges Zahlungssystem vorgehen will, die Erfolgsaussichten nach luxemburgischen Recht prüfen.[20]

11 **3. Behandlung von Sicherheiten.** Nach Art. 12 Abs. 1 bleibt Art. 8 von der Vorschrift unberührt. Dabei handelt es sich nur um einen klarstellenden Hinweis.[21] Der Verordnungsgeber veranschlagt damit den Bestandsschutz für Sicherheiten höher als den kollisionsrechtlichen Vertrauensschutz für die Systemteilnehmer.[22]

III. Gläubiger benachteiligende Rechtshandlungen (Abs. 2)

12 Nach Art. 12 Abs. 2 steht Abs. 1 der Nichtigkeit, Anfechtbarkeit und der relativen Unwirksamkeit nicht entgegen. Mit Art. 7 Abs. 2 S. 2 lit. m scheidet ferner die Anwendung des Art. 16 aus.[23] Hintergrund von Art. 12 Abs. 2 ist es, Defizite im Masseschutz zu vermeiden. Anders als in den Fällen der Art. 8 Abs. 2, Art. 9 Abs. 2 und Art. 10 Abs. 3 erfolgt kein Rückgriff auf die lex fori concursus. Daraus resultiert die Stärkung der Sonderanknüpfung von Abs. 1.[24]

Art. 13 EuInsVO Arbeitsvertrag

(1) Für die Wirkungen des Insolvenzverfahrens auf einen Arbeitsvertrag und auf das Arbeitsverhältnis gilt ausschließlich das Recht des Mitgliedstaats, das auf den Arbeitsvertrag anzuwenden ist.

(2) *[1]* Die Zuständigkeit für die Zustimmung zu einer Beendigung oder Änderung von Verträgen nach diesem Artikel verbleibt bei den Gerichten des Mitgliedstaats, in dem ein Sekundärinsolvenzverfahren eröffnet werden kann, auch wenn in dem betreffenden Mitgliedstaat kein Insolvenzverfahren eröffnet worden ist.
***[2]* Unterabsatz 1 gilt auch für eine Behörde, die nach nationalem Recht für die Zustimmung zu einer Beendigung oder Änderung von Verträgen nach diesem Artikel zuständig ist.**

Übersicht

I. Wesentlicher Inhalt und Normzweck

1 Art. 13 Abs. 1 entspricht im Wortlaut unverändert Art. 10 EuInsVO 2000. Art. 13 Abs. 2 stellt eine im Zuge der Reform 2015 neu eingeführte Regelung dar. Bei Art. 13 handelt es sich um eine weitere **Sonderkollisionsnorm.** Sie erfasst sowohl die Insolvenz des Arbeitgebers als auch die des

[18] ZB MüKoInsO/*Reinhart* EuInsVO 2000 Art. 9 Rn. 4.
[19] *Korch* ZInsO 2016, 1884 (1888).
[20] *Hasselbach* ZIP 1997, 1491 (1494).
[21] *Balz* ZIP 1996, 948 (951); *Virgós/Schmit* Rn. 124.
[22] Mankowski/Müller/Schmidt/Mankowski Rn. 33; *Virgós/Schmit* Rn. 124.
[23] Duursma-Kepplinger/Duursma/Chalupsky/*Duursma-Kepplinger* EuInsVO 2000 Art. 9 Rn. 12.
[24] MüKoInsO/*Reinhart* EuInsVO 2000 Art. 9 Rn. 6.

Arbeitnehmers.[1] Der Weg führt über das **IPR des Eröffnungsstaates.** Zur Anwendung kommt das Recht, das danach auf den Arbeitsvertrag anzuwenden ist (Erwägungsgrund 72; hierzu → Rom I-VO Art. 8 Rn. 1 ff.).[2] Die Entscheidung des Gesetzgebers zugunsten dieser zweistufigen Prüfung wird in der Lit. teilweise bedauert. Vorteilhafter wäre es demzufolge gewesen, in Anlehnung an den DöKV (→ Einl. IntInsR Rn. 14) unmittelbar den gewöhnlichen Arbeitsort als Anknüpfungspunkt zu wählen.[3] Dieser Kritik ist nicht zu folgen. Nur die vom Verordnungsgeber gewählte Lösung gewährleistet nämlich, dass das Arbeitsvertragsstatut innerhalb und außerhalb des Insolvenzverfahrens gleich angeknüpft wird. Vgl. im autonomen Recht § 337 InsO.

Der **Normzweck** der Sonderkollisionsregel liegt in dem **kollisionsrechtlichen Schutz des Arbeitnehmers** und des **Arbeitsverhältnisses** vor der Anwendung statutsfremder Rechtsvorschriften (Erwägungsgrund 72).[4] Besonders bedeutsam ist dies deshalb, weil der arbeitsrechtliche Schutz in den einzelnen Mitgliedstaaten sehr unterschiedlich ausgestaltet ist. Die Arbeitnehmer sollen Rechtsklarheit über das auf das Arbeitsverhältnis anwendbare Recht haben, und zwar auch im Insolvenzfall.[5] Nicht selten entscheidet das Insolvenzrecht über das Schicksal des Arbeitsplatzes (vgl. § 113 InsO). Welchen Befriedigungsrang eine Arbeitnehmerforderung hat, richtet sich gemäß Art. 7 Abs. 2 lit. i nach dem Insolvenzstatut, ebenso der Pfändungsschutz.[6] Da Art. 13 eng auszulegen ist, bleibt die Vorschrift für die Abgrenzung des Statuts eines Hauptverfahrens von dem eines Sekundärverfahrens (Art. 7, 35) außer Betracht.[7] 2

II. Schutzvoraussetzungen

1. Arbeitsverhältnis. Zunächst muss ein Arbeitsvertrag (vgl. § 611a BGB) bzw. ein Arbeitsverhältnis bestehen. Diese Begriffe sind autonom, dh nach einer europäischen Durchschnittsbetrachtung losgelöst vom national-staatlichen Verständnis auszulegen (→ Vor Art. 1 Rn. 15). Demnach erfasst die Norm Vereinbarungen, die eine Seite zu einer abhängigen, weisungsgebundenen entgeltlichen Tätigkeit verpflichten.[8] 3

Ein Arbeitsverhältnis setzt hiernach die **Abhängigkeit wirtschaftlicher** und **persönlicher** Art voraus. Daraus ergibt sich die Schutzwürdigkeit des Arbeitnehmers. Liegt nur eine persönliche, aber keine wirtschaftliche Abhängigkeit vor, so genügt dies.[9] Das ist für die Fälle der Nebentätigkeit von Bedeutung.[10] Darüber hinaus bedarf es einer **weisungsgebundenen Leistung.**[11] Daher können auch **Organmitglieder von Gesellschaften** Arbeitnehmer sein, sofern sie nach dem – selbstständig anzuknüpfenden – Gesellschaftsstatut weisungsunterworfen sind.[12] 4

2. Maßgeblicher Zeitpunkt. Als **ungeschriebenes** Tatbestandsmerkmal setzt Art. 13 voraus, dass das Arbeitsverhältnis zum Zeitpunkt der **Insolvenzverfahrenseröffnung** iSd Art. 2 Nr. 8 (→ Art. 2 Rn. 14 ff.) bereits abgeschlossen worden ist. Dabei beurteilt sich der Zeitpunkt des Vertragsschlusses nach dem Arbeitsvertragsstatut. 5

3. Wirkungen des Insolvenzverfahrens auf das Arbeitsverhältnis. Art. 13 gilt für die Wirkungen des Insolvenzverfahrens auf das Arbeitsverhältnis. Darunter fallen die Möglichkeit zur **Fortsetzung** des Arbeitsverhältnisses einerseits[13] und andererseits die vereinfachten Möglichkeiten, sich **von dem Arbeitsverhältnis** zu **lösen,**[14] also ob, wie und mit welcher Wirkung und 6

---

1 Duursma-Kepplinger/Duursma/Chalupsky/*Duursma-Kepplinger* EuInsVO 2000 Art. 10 Rn. 2.

2 *Paulus* Rn. 3; *Flessner* in Stoll, Vorschläge und Gutachten, 1997, 219, 225; *Huber* ZZP 114 (2001), 133 (162); *Lehr* KTS 2000, 577 (582); *Leible/Staudinger* KTS 2000, 533 (558); *Kemper* ZIP 2001, 1609; *Taupitz* ZZP 111 (1998), 315 (344).

3 *Schack* IZVR Rn. 1277.

4 *Fritz/Bähr* DZWiR 2000, 221 (228); *Lehr* KTS 2000, 577 (581); Uhlenbruck/*Lüer* EuInsVO 2000 Art. 10 Rn. 1; *Virgós/Schmit* Rn. 125.

5 *Hausmann* in Reithmann/Martiny IntVertragsR Rn. 6.715.

6 *Paulus* Rn. 10 ff.

7 EuGH ECLI:EU:C:2024:331 Rn. 55–57 = NZI 2024, 508 – Air Berlin Spanien.

8 EuGH ECLI:EU:C:2008:425 = EuZW 2008, 529 – Raccanelli; K. Schmidt/*Brinkmann* EuInsVO 2000 Art. 10 Rn. 3.

9 Duursma-Kepplinger/Duursma/Chalupsky/*Duursma-Kepplinger* EuInsVO 2000 Art. 10 Rn. 6.

10 Mankowski/Müller/Schmidt/*Mankowski* Rn. 6.

11 EuGH ECLI:EU:C:1986:284 Rn. 17 f. = NJW 1987, 1138 – Lawrie Blum; ECLI:EU:C:2016:883 Rn. 27 = EuZW 2017, 68 mAnm *Ulrici* – Ruhrlandklinik.

12 EuGH ECLI:EU:C:2015:574 Rn. 33–49 = NZG 2015, 1199 = IPRax 2016, 151 m. Aufs. *Kindler* IPRax 2016, 115 – Spies von Büllesheim; Mankowski/Müller/Schmidt/*Mankowski* Rn. 7.

13 *Virgós/Schmit* Rn. 125.

14 *Leible/Staudinger* KTS 2000, 533 (558).

welchen Rechtsfolgen der Arbeitsvertrag aufgrund der Insolvenz **gekündigt werden** kann.[15] Dagegen beurteilt sich eine auf Vorschriften des Arbeitsvertragsstatuts (Art. 8 Rom I-VO) gestützte Kündigung auch in der Insolvenz des Arbeitgebers nach dem Arbeitsvertragsstatut.[16] Zu den Wirkungen des Insolvenzverfahrens gehört auch die Betriebsänderung oder -übertragung im Sanierungsverfahren.[17] Die sonstigen Wirkungen, die nicht unmittelbar mit den Wirkungen der Verfahrenseröffnung auf das Arbeitsverhältnis zusammenhängen, beurteilen sich nach der lex fori concursus (Art. 7).[18] Diese bestimmt nach Art. 7 Abs. 2 lit. m die **Anmeldung, Prüfung** und **Feststellung** der **Lohnforderungen.** Hierzu gehört auch die Frage, ob die Lohnforderung überhaupt eine **Masseforderung** ist oder ob sie eine einfache Forderung darstellt.[19] Dasselbe gilt für die Zuordnung der Forderung zu einem bestimmten **Rang** und ihr Umfang bei der Verteilung (Erwägungsgrund 72).[20] Der lex fori concursus können auch **Annahmeverzugslohnansprüche** unterliegen.[21] In der **Arbeitnehmerinsolvenz** entscheidet das Insolvenzstatut über die **Pfändbarkeit des Arbeitseinkommens.**[22]

7 Keine Wirkung des Insolvenzverfahrens auf das Arbeitsverhältnis ist der Anspruch auf Zahlung des **Insolvenzgeldes** (§ 165 Abs. 1 SGB III). Daher richtet sich diese Frage nicht nach dem Vertragsstatut. Die EuInsVO regelt die Anknüpfung dieser Frage gar nicht. Nach dem Erläuternden Bericht soll das **Recht des Staates** maßgeblich sein, in dem sich die **Einrichtung befindet, die die Zahlung des Lohnes garantiert.**[23] Art. 9 Abs. 1 RL 2008/94/EG bestimmt, dass die **Garantieeinrichtung** desjenigen Staates zuständig ist, in dem der Arbeitnehmer **gewöhnlich seine Arbeit verrichtet.** Zum Insolvenzgeld auch → Einl. IntInsR Rn. 23, → EGInsO Art. 102c § 18 Rn. 8.

III. Rechtsfolge (Abs. 1)

8 **1. Vorrang des anwendbaren Arbeitsrechts.** Art. 13 Abs. 1 beruft das Recht des Mitgliedstaates zur Anwendung, das nach dem IPR des Forums auf das Arbeitsverhältnis anzuwenden ist. Diese Verweisung bezieht sich sowohl auf das Arbeitsvertragsrecht wie das Insolvenzarbeitsrecht der betreffenden Rechtsordnung (Erwägungsgrund 72). Der arbeitsrechtliche und der insolvenzrechtliche Arbeitnehmerschutz sollen demselben Recht unterliegen.[24]

9 Hervorzuheben ist, dass **ausschließlich** das Recht anzuwenden ist, das für das Arbeitsverhältnis gilt. Eine Kumulation mit der als Insolvenzstatut berufenen Rechtsordnung findet insoweit nicht statt. So wird eine Kollision der ggf. unterschiedlicher Normaussagen, zB bei der insolvenzbedingten Kündigung (im deutschen Recht § 113 InsO), vermieden.[25]

10 Umstritten ist der Fall, dass das IPR des Verfahrenseröffnungsstaates **auf das Recht eines Drittstaates verweist.** Teilweise wird vorgeschlagen, hier auf die Grundsatzkollisionsnorm des Art. 7 zurückzugreifen. Dann wäre die lex fori concursus anzuwenden.[26] Andere differenzieren demgegenüber danach, ob der **Arbeitsort** in einem Mitgliedstaat oder in einem Drittstaat liegt. Im erstgenannten Fall sei zwingend das Recht des Arbeitsortes anzuwenden. Verrichte der Arbeitnehmer dagegen gewöhnlich seine vertragliche Leistung in einem Drittstaat, sei die EuInsVO nicht anwendbar.[27]

11 **Stellungnahme:** Bei Verweisung auf das Recht eines Drittstaates ist stets das **autonome Insolvenzkollisionsrecht** (§ 337 InsO) anzuwenden. Denn in den Fällen des Drittstaatenbezugs bzw. einfachen Auslandsbezugs ist der räumliche Anwendungsbereich von Art. 13 nicht eröffnet. Dem steht nicht entgegen, dass der EuGH im **Urteil Schmid** vom 16.1.2014 auch drittstaatenverknüpfte Sachverhalte der EuInsVO unterwirft; das Urteil macht insoweit ausdrücklich einen

---

15 BAG NZA 2013, 669 Rn. 96; MüKoInsO/*Reinhart* EuInsVO 2000 Art. 10 Rn. 2.

16 BAG NZI 2013, 758 Rn. 69 ff.

17 Duursma-Kepplinger/Duursma/Chalupsky/*Duursma-Kepplinger* EuInsVO 2000 Art. 10 Rn. 21.

18 Duursma-Kepplinger/Duursma/Chalupsky/*Duursma-Kepplinger* EuInsVO 2000 Art. 10 Rn. 13; *Leible/Staudinger* KTS 2000, 533 (558); *Virgós/Schmit* Rn. 128.

19 MüKoInsO/*Reinhart* EuInsVO 2000 Art. 10 Rn. 1.

20 *Fritz/Bähr* DZWiR 2000, 221 (228); *Huber* ZZP 114 (2001), 133 (163); *Virgós/Schmit* Rn. 128; High Court of Justice Birmingham NZI 2005, 515.

21 LAG BW BeckRS 2012, 69167 Ls. 2; dazu *Mansel/Thorn/Wagner* IPRax 2013, 1 (32).

22 LG Traunstein NZI 2009, 818 m. Aufs. *Mankowski* NZI 2009, 785.

23 *Virgós/Schmit* Rn. 128; HessLAG NZI 2011, 203; dazu *Mansel/Thorn/Wagner* IPRax 2012, 1 (27); *Paulus* Rn. 9.

24 BAG NZI 2012, 1011 Ls. 6 und Rn. 33.

25 *Virgós/Schmit* Rn. 127; ArbG Frankfurt a.M. ZIP 2010, 1313 = EWiR 2010, 637 m. KurzKomm. *Undritz.*

26 *Huber* ZZP 114 (2001), 133 (163); *Huber* EuZW 2002, 490 (494); *Paulus* Rn. 5, der auf § 337 InsO verweist.

27 MüKoInsO/*Reinhart* Rn. 2.

Vorbehalt zugunsten solcher Vorschriften der EuInsVO, die – Art. 13 – einen spezifischen EU-Bezug erfordern.[28] Im Übrigen erschließt es sich nicht, warum man danach differenzieren soll, ob der gewöhnliche Arbeitsort in einem Mitglieds- oder Drittstaat liegt. Denn Art. 13 verweist auf das IPR des Eröffnungsstaates und damit auf Art. 8 Rom I-VO. Diese Kollisionsnorm knüpft nicht in erster Linie an den Arbeitsort an, sondern an die Rechtswahl der Parteien. Seit dem **Brexit** (→ Art. 1 Rn. 22) findet im Verhältnis zum Vereinigten Königreich § 337 InsO Anwendung.[29]

2. Substitution im anwendbaren Arbeitsrecht. Zum anwendbaren Arbeitsrecht zählt auch das Insolvenzarbeitsrecht (→ Rn. 8). Dessen Anwendung auf Beteiligte eines ausländischen Verfahrens erfordert bisweilen eine kollisionsrechtliche Substitution. Dabei wird eine fremde Rechtserscheinung der an sich gemeinten inländischen substituiert.[30] Ein **Beispiel** ist ein zwischen Insolvenzverwalter und Betriebsrat vereinbarter **Interessenausgleich** (§ 112 BetrVG; § 125 InsO). In diesem Fall ist § 125 InsO dahin auszulegen, dass auch ein Administrator, der in der vom englischen Insolvenzrecht vorgesehenen Weise für den Schuldner handelt, als Insolvenzverwalter iSd § 125 InsO anzusehen ist. Auch der Administrator kann daher einen Interessenausgleich mit Namensliste abschließen, der die Wirkungen des § 125 InsO nach sich zieht.[31] Entgegen dem BAG muss man dafür die Regeln der unionsrechtskonformen Auslegung mitgliedstaatlichen Rechts nicht heranziehen.[32] 12

IV. Gerichtliche Zuständigkeit (Abs. 2)

Art. 13 Abs. 2 UAbs. 1 soll **vermeiden,** dass nur zum Zwecke der Beendigung oder Änderung von Arbeitsverträgen ein **Sekundärinsolvenzverfahren** eröffnet werden muss.[33] Daher spricht die Norm den Gerichten des Mitgliedstaats, in dem ein Sekundärverfahren eröffnet werden könnte (unabhängig von der tatsächlichen Eröffnung), die Kompetenz zu, die ggf. erforderliche Zustimmung zu einer Beendigung oder Änderung von Arbeitsverträgen zu erteilen. 13

Art. 13 Abs. 2 UAbs. 2 spricht dieselbe Kompetenz den nationalen Behörden zu, sofern diese (und kein Gericht) nach nationalem Recht für die Erteilung einer Zustimmung zuständig ist. 14

Art. 14 EuInsVO Wirkung auf eintragungspflichtige Rechte

Für die Wirkungen des Insolvenzverfahrens auf Rechte des Schuldners an einem unbeweglichen Gegenstand, einem Schiff oder einem Luftfahrzeug, die der Eintragung in ein öffentliches Register unterliegen, ist das Recht des Mitgliedstaats maßgebend, unter dessen Aufsicht das Register geführt wird.

Schrifttum: *I. Schneider,* Registrierte Gegenstände im grenzüberschreitenden Insolvenzverfahren nach der EuInsVO, 2019.

I. Normzweck

Art. 14 entspricht im Wortlaut unverändert Art. 11 EuInsVO 2000. Die **Sonderkollisionsnorm** regelt die Anknüpfung der Wirkungen des Insolvenzverfahrens auf eintragungspflichtige Rechte. Sie geht auf einen deutschen Vorschlag zurück.[1] 1

Der **Normzweck** der Vorschrift liegt in der **Stärkung des Vertrauens** in die **öffentlichen Register,** deren Bedeutung für den Geschäftsverkehr und die Rechtssicherheit im Erläuternden Bericht als sehr wichtig hervorgehoben wurde.[2] Die **Verlässlichkeit** dieser Publizitätsmittel soll durch die Sonderkollisionsnorm gestärkt werden.[3] Bei der Anwendung des Rechts des Gerichtsstaates (Art. 7) auch auf außerhalb desselben registrierte Gegenstände wäre dieses Ziel gefährdet, da die Mitgliedstaaten sehr unterschiedlich ausgestaltete Registersysteme haben. Zudem gilt der numerus 2

---

28 EuGH ECLI:EU:C:2014:6 Rn. 22 = NZI 2014, 134 – Schmid (mit Blick auf jetzt Art. 8 Abs. 1, Art. 34 ff.); dazu *Kindler* RIW 2014, 137 f.; abschließend BGH NZI 2014, 672.

29 *Korch* ZInsO 2016, 1884 (1888).

30 *Kropholler* IPR § 33 I 1.

31 BAG NZI 2012, 1011 Ls. 2.

32 So aber BAG NZI 2012, 1011 Rn. 32 ff.

33 Dies war vor der Reform 2015 durchaus notwendig, vgl. mwN *Moss/Fletcher/Isaacs,* The EU Regulation on Insolvency Proceedings, 3. Aufl. 2016, Rn. 8.601.

1 MüKoInsO/*Reinhart* EuInsVO 2000 Art. 11 Rn. 1.

2 Umfassend *I. Schneider,* Registrierte Gegenstände, 2019, 1 ff.; *Virgós/Schmit* Rn. 129 f.

3 MüKoInsO/*Reinhart* EuInsVO 2000 Art. 11 Rn. 1.

clausus der Sachenrechte und der Typenzwang hinsichtlich der eintragungspflichtigen Rechte des Schuldners.[4] Insofern besteht die Gefahr, dass die lex fori concursus mit den autonomen Eintragungssystemen kollidiert, vor allem in der Form, dass das Insolvenzstatut Wirkungen vorsieht oder Regelungen beinhaltet, die dem Recht des Eintragungsstaates fremd sind. So könnte das Insolvenzstatut zB die Verpflichtung vorsehen, ein Zurückbehaltungsrecht der Insolvenzgläubiger in die öffentlichen Register einzutragen, das Recht des Eintragungsstaates eine solche Maßnahme indessen nicht kennt.[5] Würde man in diesen Fällen zulassen, dass die Rechte an Gegenständen in einer Weise beschränkt werden, wie dies für den Registerstaat unüblich ist, bestünde die Gefahr, dass das Register an Glaubwürdigkeit verliert.[6]

3 Durch die Anwendung des Rechts des Registerstaates kann es freilich auch zu unterschiedlichen Wirkungen des Insolvenzverfahrens in den jeweiligen Registerstaaten kommen. Daraus ergibt sich eine Einbuße für die angestrebte Einheitlichkeit.[7] In praktischer Hinsicht kann problematisch sein, dass der Verwalter mit verschiedenen, ihm fremden Registersystemen konfrontiert werden kann.

II. Verhältnis zu Art. 8, 17, 29

4 Art. 14 betrifft allein das einzutragende Recht, nicht jedoch die Sache selbst, auf die sich die Eintragung bezieht.[8] Die Vorschrift erfasst zudem allein die Rechte des Schuldners und nicht die Rechte Dritter oder eines Gläubigers. Für diese greift **Art. 8** ein.

5 **Art. 17** betrifft den redlichen Erwerb vom Nichtberechtigten bei bestimmten Gegenständen und verweist hierfür auf den Belegenheitsstaat oder Registerstaat.

6 Von der Sachnorm des **Art. 29** unterscheidet sich Art. 14 dadurch, dass Art. 29 allein die Eintragung der Verfahrenseröffnung („Insolvenzvermerk") in außerhalb des Eröffnungsstaates geführte Register regelt.

III. Schutzvoraussetzungen

7 **1. Öffentliches Register.** Das **Anknüpfungsmoment** des Tatbestandes von Art. 14 ist die Aufsicht über das öffentliche Register. Darunter sind Register für Schiffe, Luftfahrzeuge, das Grundbuch[9] und Register für nicht körperliche Vermögensgegenstände wie Patente oder Wertpapiere zu verstehen.[10] Für die Eigenschaft als öffentliches Register ist die **öffentliche Zugänglichkeit** entscheidend. Bestimmte Wirkungen der Eintragung gegenüber Dritten sind ebenso wenig erforderlich wie eine Registerführung durch die öffentliche Verwaltung oder die Gerichte.[11] Gleichgültig ist, ob die Registereintragung rechtsbegründende oder bloß verlautbarende Wirkung hat und ob die Publizitätswirkung positive oder negative Funktion hat.

8 **2. Wirkungen des Insolvenzverfahrens.** Der **Anknüpfungsgegenstand** ist die Wirkung des Insolvenzverfahrens auf Rechte des Schuldners an einem von Art. 14 betroffenen Gegenstand. Vorgeschlagen wird, den Anwendungsbereich dieser Sonderkollisionsnorm allein auf die **Eintragungsfähigkeit** zu beschränken.[12] Dies lässt sich jedoch mit Blick auf den eindeutigen Wortlaut nicht halten, so dass auch die **materiell-rechtlichen Wirkungen** vom Regelungsbereich der Norm eingeschlossen sind.[13] Das gilt zB für den Übergang der **Verfügungsbefugnis** auf den ausländischen Insolvenzverwalter.[14]

IV. Rechtsfolge

9 Art. 14 beruft die **lex libri siti** zur Anwendung. Anders als bei Art. 11, 12 und 13 erfolgt diese Verweisung allerdings nicht „ausschließlich". Somit kommt es nach ganz hM zu einer **kumulativen**

---

4 *Balz* ZIP 1996, 948 (950); *Huber* ZZP 114 (2001), 133 (164); *Kolmann,* Kooperationsmodelle im Internationalen Insolvenzrecht, 2001, 320.
5 *Kolmann,* Kooperationsmodelle im Internationalen Insolvenzrecht, 2001, 320 f.; *Virgós/Schmit* Rn. 129.
6 Mankowski/Müller/Schmidt/*Mankowski* Rn. 1.
7 *Kolmann,* Kooperationsmodelle im Internationalen Insolvenzrecht, 2001, 320; *Virgós/Schmit* Rn. 130.
8 *Virgós/Schmit* Rn. 131.
9 OLG Düsseldorf FGPrax 2012, 97.
10 Duursma-Kepplinger/Duursma/Chalupsky/*Duursma-Kepplinger* EuInsVO 2000 Art. 11 Rn. 2.
11 *Kolmann,* Kooperationsmodelle im Internationalen Insolvenzrecht, 2001, 320 m. Fn. 301; *Virgós/Schmit* Rn. 69.
12 *Flessner* in Stoll, Vorschläge und Gutachten, 1997, 219, 226.
13 *Kolmann,* Kooperationsmodelle im Internationalen Insolvenzrecht, 2001, 321; MüKoInsO/*Reinhart* EuInsVO 2000 Art. 11 Rn. 2.
14 OLG Düsseldorf FGPrax 2012, 97 Ls. 1.

Anwendung der **lex libri siti** und der **lex fori concursus.** Die lex fori concursus bildet die „Obergrenze" der Wirkungen nach der lex libri siti.[15] Eine Mindermeinung lehnt das Nebeneinander der beiden Statute ab. Eine Statutenkumulation würde nämlich nur Sinn machen, wenn sich ein Rechtsanspruch nach zwei Rechtsordnungen behaupten müsste, was bei Art. 14 aber nicht der Fall sei. Das Fehlen des Wortes „ausschließlich" stelle sich also nur als Redaktionsversehen dar.[16] Dem kann nicht zugestimmt werden. Die Entstehungsgeschichte spricht gegen ein Redaktionsversehen. Auch hat die Kumulationslösung sehr wohl einen Sinn. Denn die Wirkungen des ausländischen Insolvenzverfahrens sollen so angepasst werden, dass das jeweilige Register nicht durch fremdartige Eintragungen gestört wird. Andererseits wollte man wegen des zumindest grundsätzlich im Vordergrund stehenden Universalitätsprinzips (→ Vor Art. 8 Rn. 1) die lex fori concursus nicht ganz ausschalten.[17]

Im Zuge der kumulativen Rechtsanwendung[18] prüft die Registerführung in einem ersten 10
Schritt, ob es eine **Entsprechung der Eintragung des Konkursstaates** im Registerstaat gibt. Verneinendenfalls **unterbleibt die Eintragung** wegen des Vertrauensschutzes ganz. Ist dagegen zwar eine **Entsprechung** vorhanden, **ohne** jedoch **exakt denselben Regelungsgehalt** zu haben, erfolgt eine Anpassung nach dem Grundsatz der Substitution. Die Anpassung orientiert sich an dem Ziel, durch die Eintragung dem Recht des Eröffnungsstaates am nächsten zu kommen.

Art. 15 EuInsVO Europäische Patente mit einheitlicher Wirkung und Gemeinschaftsmarken

Für die Zwecke dieser Verordnung kann ein Europäisches Patent mit einheitlicher Wirkung, eine Gemeinschaftsmarke oder jedes andere durch Unionsrecht begründete ähnliche Recht nur in ein Verfahren nach Artikel 3 Absatz 1 miteinbezogen werden.

Schrifttum: *Chr. Berger,* Gemeinschaftsmarke und Europäisches Insolvenzrecht: Harmonisierung der GMV mit der EuInsVO, FS Stürner, 2013, 647; *Müller-Stoy/Paschold,* Europäisches Patent mit einheitlicher Wirkung als Recht des Vermögens, GRUR Int 2014, 646.

Übersicht

I. Normzweck

Art. 15 entspricht im Wesentlichen Art. 12 EuInsVO 2000. Durch die Regelung des Art. 15 1
werden Sekundärverfahren über gewerbliche Schutzrechte ausgeschlossen. Es handelt sich hierbei nicht um eine Kollisionsnorm, sondern um eine Vorschrift, die den Lageort von bestimmten Vermögensgegenständen festlegt, und zwar am Interessenmittelpunkt (Art. 3 Abs. 1) des Inhabers. Damit ist Art. 15 eine **Sonderregelung zu Art. 2 Nr. 9** (→ Art. 7 Rn. 18 ff.).[1]

II. Schutzvoraussetzungen

1. Europäisches Patent mit einheitlicher Wirkung. Unter einem europäischen Patent mit 2
einheitlicher Wirkung versteht man ein vom Europäischen Patentamt nach den Vorschriften und

15 Duursma-Kepplinger/Duursma/Chalupsky/*Duursma-Kepplinger* EuInsVO 2000 Art. 11 Rn. 7; *Hanisch* ZIP 1992, 1125 (1127); *Huber* ZZP 114 (2001), 133 (164); *Kemper* ZIP 2001, 1609 (1616); *Kolmann,* Kooperationsmodelle im Internationalen Insolvenzrecht, 2001, 320; *Leible/Staudinger* KTS 2000, 533 (558); *Paulus* Rn. 6; *Taupitz* ZZP 111 (1998), 315 (346 f.).

16 MüKoInsO/*Reinhart* EuInsVO 2000 Art. 11 Rn. 1.

17 *Balz* ZIP 1996, 948 (950).

18 Vgl. zum Folgenden Duursma-Kepplinger/Duursma/Chalupsky/*Duursma-Kepplinger* EuInsVO 2000 Art. 11 Rn. 10; gegen eine Kumulierung von Register- und Insolvenzstatut Mankowski/Müller/Schmidt/*Mankowski* Rn. 18 ff.

1 Mankowski/Müller/Schmid/*Mankowski* Rn. 4.

Verfahren des Europäischen Patentübereinkommens erteiltes europäisches Patent, dem auf Antrag des Patentinhabers einheitliche Wirkung für das Hoheitsgebiet derjenigen 25 Mitgliedstaaten verliehen wird, die an der Verstärkten Zusammenarbeit teilnehmen.[2] Das europäische Patent mit einheitlicher Wirkung ist im europäischen Recht in **Art. 3 VO (EU) 1257/2012** (Einheitspatent-VO)[3] geregelt. Die vorherige Textfassung (Art. 12 EuInsVO 2000) bezog sich auf das „Gemeinschaftspatent"; dem entspricht das 2012 geschaffene europäische Patent mit einheitlicher Wirkung. Neben der Einheitspatent-VO gehören zum europäischen Patentpaket noch die VO (EU) 1260/2012 (Einheitspatent-Übersetzungs-VO) und das EPGÜ.[4]

3 **2. Unionsmarke.** Unionsmarken können alle Zeichen sein, die sich graphisch darstellen lassen, insbesondere Wörter, einschließlich Personennamen, Abbildungen, Buchstaben, Zahlen und die Form oder Aufmachung der Ware, soweit solche Zeichen geeignet sind, Waren oder Dienstleistungen eines Unternehmens von denjenigen anderer Unternehmen zu unterscheiden (Art. 4 UMV).[5]

4 Das Unionsmarkenrecht ist ein autonomes Regelungssystem, das die Markenrechte der Mitgliedstaaten unbeeinflusst lässt (Grundsatz der Koexistenz). Art. 19 UMV verortet die Unionsmarke grundsätzlich an der Niederlassung des Markeninhabers. Diese Anordnung wird von Art. 15 als Spezialnorm für Insolvenzverfahren überlagert.[6]

5 **3. Jedes andere durch Unionsvorschriften begründete ähnliche Rechte.** Von Art. 15 werden schließlich **weitere gewerbliche Schutzrechte** erfasst, sofern sie durch Gemeinschaftsvorschriften begründet wurden.[7] Dies betrifft insbesondere die Sortenschutz-VO[8] und die Gemeinschaftsgeschmackmuster-VO.[9]

III. Rechtsfolge

6 Aus der Vorschrift ergibt sich, dass die hiervon erfassten **Immaterialgüterrechte nur** in das **Hauptinsolvenzverfahren** nach Art. 3 Abs. 1 einbezogen werden können. Das europäische Patent mit einheitlicher Wirkung, die Unionsmarke und das sonstige vergleichbare Recht gehören demnach zum **Vermögen** des **Hauptverfahrens.**[10] Die Einbeziehung in ein Sekundärinsolvenzverfahren ist dagegen ausgeschlossen, wenn der Anwendungsbereich der EuInsVO eröffnet ist.[11] Andernfalls kann das Recht der Verwertung in einem Nebenverfahren unterworfen werden.[12]

IV. Verhältnis zu anderen Normen des Unionsrechts

7 **Art. 7 Einheitspatent-VO** enthält kollisionsrechtliche Regelungen, die allerdings von Art. 15 verdrängt werden.[13] Bedeutsam ist dieses Konkurrenzverhältnis nur insofern, als die EuInsVO sich räumlich nicht auf Dänemark erstreckt (Erwägungsgrund 88).

8 Nach **Art. 24 UMV** kann das Recht, das aus diesen Bestimmungen abgeleitet wird, nur im Erstverfahren geltend gemacht werden. Diese Norm wird durch Art. 15 als Sonderregelung ver-

[2] Näher *Ohly* ZGE 2012, 419; *Ohly* JbItalR 29 (2017), 27; *Honorati* JbItalR 29 (2017), 3; *Luginbühl* GRUR Int 2013, 305; *Eck* GRUR Int 2014, 114.

[3] VO (EU) 1257/2012 vom 17.12.2012 über die Umsetzung der Verstärkten Zusammenarbeit im Bereich der Schaffung eines einheitlichen Patentschutzes (ABl. EU 2012 L 361, 1); s. auch VO (EU) 1260/2012 vom 17.12.2012 über die Umsetzung der verstärkten Zusammenarbeit im Bereich der Schaffung eines einheitlichen Patentschutzes im Hinblick auf die anzuwendenden Übersetzungsregelungen, ABl. EU 2012 L 361, 89.

[4] Übereinkommen über ein Einheitliches Patentgericht (2013/C 175/01) vom 19.2.2013, ABl. EU 2013 C 175, 1; das EPGÜ trat am 1.6.2023 in Kraft, dazu *Metzger* GRUR 2024, 715.

[5] VO (EU) 2017/1001 vom 14.6.2017 über die Unionsmarke (ABl. EU 2017 L 154, 1); die UMV ersetzt gemäß Art. 111, 112 UMV seit 1.10.2017 die VO (EG) 207/2009.

[6] *Berger* FS Stürner, 2013, 647 (651).

[7] Vgl. Duursma/Duursma/Chalupsky/*Duursma* EuInsVO 2000 Art. 12 Rn. 7; *Kemper* ZIP 2001, 1609 (1616); *Leible/Staudinger* KTS 2000, 533 (560); MüKoInsO/*Reinhart* EuInsVO 2000 Art. 12 Rn. 1.

[8] VO (EG) 2100/94 vom 27.7.1994 über den gemeinschaftlichen Sortenschutz (ABl. EG 1994 L 227, 1).

[9] VO (EG) 6/2002 vom 12.12.2001 über das Gemeinschaftsgeschmacksmuster (ABl. EG 2002 L 3, 1, ber. ABl. EG 2002 L 179, 31).

[10] MüKoInsO/*Reinhart* EuInsVO 2000 Art. 12 Rn. 2.

[11] *Kemper* ZIP 2001, 1609 (1617).

[12] *Flessner* in Stoll, Vorschläge und Gutachten, 1997, 219, 226; *Kemper* ZIP 2001, 1609 (1617).

[13] *Müller-Stoy/Paschold* GRUR Int 2014, 646 (655).

drängt, so dass die Einbeziehung allein in das Haupt- und nicht in das Erstverfahren erfolgen kann.[14] Das zuerst eröffnete Verfahren muss nicht das Hauptverfahren sein. Es kann sich hierbei auch um ein unabhängiges Partikularinsolvenzverfahren (Art. 3 Abs. 4) handeln.

Dasselbe gilt für das Verhältnis zu **Art. 25 Sortenschutz-VO** (→ Rn. 5), der ebenfalls durch Art. 15 verdrängt wird. 9

Für dingliche Rechte an den von Art. 15 erfasste Vermögensgegenstände gilt außerdem nicht **Art. 8 Abs. 1,** so dass diese durch die Insolvenzverfahrenseröffnung beeinträchtigt werden. Vielmehr findet in diesen Fällen nach Art. 4 die lex fori concursus generalis Anwendung.[15] 10

Ebenfalls von Art. 15 überlagert wird **Art. 3 UAbs. 2 S. 2 iVm Art. 2 Nr. 9.**[16] 11

Art. 16 EuInsVO Benachteiligende Handlungen

Artikel 7 Absatz 2 Buchstabe m findet keine Anwendung, wenn die Person, die durch eine die Gesamtheit der Gläubiger benachteiligende Handlung begünstigt wurde, nachweist, dass

a) für diese Handlung das Recht eines anderen Mitgliedstaats als des Staates der Verfahrenseröffnung maßgeblich ist und

b) diese Handlung im vorliegenden Fall in keiner Weise nach dem Recht dieses Mitgliedstaats angreifbar ist.

Schrifttum: *Balz,* Das neue Europäische Insolvenzübereinkommen, ZIP 1996, 948; *Bitzer,* Insolvenzanfechtung in Italien und Deutschland, JbItalR 30 (2018), 37; *Bitzer,* Systemfragen der Insolvenzanfechtung – ein deutsch-italienischer Rechtsvergleich vor dem Hintergrund des europäischen internationalen Insolvenzrechts, 2020; Bork (Hrsg.), Handbuch des Insolvenzanfechtungsrechts, 2006; *Brinkmann,* Gesellschafterdarlehen und Art. 13 EuInsVO – Ein offenes Scheunentor des Gläubigerschutzes?, ZIP-Beil. 22/2016, 14; *Henckel,* Die internationalprivatrechtliche Anknüpfung der Insolvenzanfechtung, FS Nagel, 1987, 93; *Kindler,* Nachrang und Insolvenzanfechtung von Gesellschafterdarlehen bei vom Insolvenzstatut abweichenden Darlehensstatut, FS C. Paulus, 2022, 389; *C. Koller,* Die internationale Zuständigkeit für Annexverfahren und das Kollisionsrecht der Insolvenzanfechtung im Spiegel jüngster Entwicklungen, in Konecny (Hrsg.), Insolvenz-Forum 2017, 37; *Korch,* Gedanken zum Brexit – Insolvenzanfechtung, dingliche Rechte Dritter und weitere besondere Sachverhalte (Art. 7 ff. EuInsVO n.F.) nach dem Brexit, ZInsO 2016, 1884; *Kranemann,* Insolvenzanfechtung im deutschen Internationalen Insolvenzrecht und nach der Europäischen Insolvenzrechtsverordnung: dargestellt am Beispiel England – Deutschland, 2000; *Mörsdorf-Schulte,* Zuständigkeit für Insolvenzanfechtungsklagen im Eröffnungsstaat, ZIP 2009, 1456; *Piekenbrock,* Zur praktischen Anwendung von Art. 13 EuInsVO, IPRax 2016, 219; *Prager/Keller,* Die Einrede des Art. 13 EuInsVO, NZI 2011, 697; *Schilpp,* Gesellschafterfremdfinanzierte Auslandsgesellschaften, 2017; *Schall,* Crossborder-Gesellschafterdarlehen in der Insolvenz – Das Urteil des OLG Naumburg v. 6.10.2010 – 5 U 73/10, ZIP 2011, 677, und die tückischen Tiefen des Europarechts, ZIP 2011, 2177; *Stangl,* Die kollisionsrechtliche Umsetzung des Art. 13 EuInsVO, 2015; *Thole,* Die Anwendung des Art. 13 EuInsVO bei Zahlungen auf fremde Schuld, NZI 2013, 113; *Weller/Thomale,* Gesellschafterdarlehen und Gesellschaftersicherheiten in der internationalen Konzerninsolvenz, FS K. Schmidt, 2019, 613.

Übersicht

14 Duursma/Duursma/Chalupsky/*Duursma* EuInsVO 2000 Art. 12 Rn. 11; *Flessner* in Stoll, Vorschläge und Gutachten, 1997, 219, 226; *Kemper* ZIP 2001, 1609 (1617); *Virgós/Schmit* Rn. 133; FK-InsO/*Wimmer* EGInsO Anh. I Art. 102 Rn. 96.

15 MüKoInsO/*Reinhart* EuInsVO 2000 Art. 12 Rn. 1.

16 MüKoInsO/*Reinhart* EuInsVO 2000 Art. 12 Rn. 1.

I. Hintergrund und Normzweck

1 Art. 16 entspricht im Wortlaut unverändert Art. 13 EuInsVO 2000. Alle europäischen Rechtsordnungen enthalten auf die actio pauliana zurückgehende Regelungen über die Insolvenzanfechtung (vgl. im deutschen Recht §§ 129 ff. InsO). Die Ausgestaltung ist jedoch in den Mitgliedstaaten teilweise sehr unterschiedlich.[1]

2 Art. 16 erfasst den Fall, dass **Insolvenzstatut und Wirkungsstatut der Rechtshandlung auseinander fallen.** Die Vorschrift schützt den Anfechtungsgegner, indem sie ihm auch die Verteidigungsmöglichkeiten des Wirkungsstatuts zur Verfügung stellt. Nur die **Anfechtbarkeit** bleibt nach Art. 7 Abs. 2 S. 2 lit. m allein der lex fori concursus vorbehalten (→ Art. 7 Rn. 51 f.). Art. 16 entfaltet ausnahmsweise eine Sperrwirkung, indem **kumulativ** zur lex fori concursus in bestimmtem Umfang die **lex causae** zur Anwendung berufen wird.[2] Im Ergebnis entscheidet das **anfechtungsfeindlichste Recht** über den Erfolg der Insolvenzanfechtung, was offenbar bisweilen Überlegungen zur COMI-Verlegung im Vorfeld eines Insolvenzverfahrens auslöst.[3] Die Vorschrift gilt **nur für die Insolvenzanfechtung, nicht** für die allgemeine **Gläubigeranfechtung** außerhalb der Insolvenz (actio pauliana).[4] Als Ausnahme zum lex fori-Prinzip (Art. 7 Abs. 2 S. 2 lit. m) ist Art. 16 **eng auszulegen** (Erwägungsgrund 67).[5]

3 Die Vorschrift schützt das berechtigte **Vertrauen** der Person, die durch eine gläubigerbenachteiligende Handlung begünstigt wurde, indem er diese Handlung auch nach Eröffnung eines Insolvenzverfahrens weiterhin dem Recht unterstellt, das für sie zum **Zeitpunkt ihrer Vornahme** galt.[6] Den Vertrauensschutz versteht der **EuGH**[7] in dem Sinne, dass eine Partei eines Vertrags, die in Erfüllung dieses Vertrags eine Zahlung erhalten hat, davon ausgehen können muss, dass das **Vertragsstatut** auch für diese Zahlung gilt, und zwar **auch nach der Eröffnung eines Insolvenzverfahrens.** Dies gilt **auch** für den Fall, dass die **Zahlung** nicht durch den Vertragspartner dieser Partei, sondern **durch einen Dritten** erfolgt, da für diese Partei offensichtlich ist, dass dieser Dritte mit der betreffenden Zahlung beabsichtigt, die dem Vertragspartner obliegende vertragliche Zahlungsverpflichtung zu erfüllen. In diesem Fall muss die betreffende Partei – im Sinne eines **kollisionsrechtlichen Vertrauensschutzes** – daher auch erwarten dürfen, dass für die fragliche Zahlung auch nach Eröffnung eines Insolvenzverfahrens weiterhin das Vertragsstatut gilt. Eine Vertragspartei, die von ihrem Vertragspartner oder von einem Dritten in Erfüllung des Vertrags eine Zahlung erhalten hat, muss laut EuGH nicht vorhersehen, dass gegen diesen Vertragspartner oder den Dritten eventuell ein Insolvenzverfahren eröffnet wird und in welchem Mitgliedstaat dies gegebenenfalls erfolgen wird. Außerdem würde eine gegenteilige Auslegung von Art. 16 die praktische Wirksamkeit dieser Bestimmung beeinträchtigen und ihrem Zweck zuwiderlaufen, das berechtigte Vertrauen der Begünstigten auf die anwendung des Vertragsstatuts zu schützen.

4 Die Insolvenzanfechtung steht im Konfliktbereich zwischen den Interessen des Begünstigten der betreffenden Handlungen und der Gläubigermehrheit. Die **Insolvenzgläubiger** haben ein Interesse an einer **gleichmäßigen Befriedigung,** was für die Anwendbarkeit der lex fori concursus spricht.[8] Dem steht das Vertrauen des Anfechtungsgegners auf den Bestand des Erworbenen gegenüber. Dies streitet für die Anwendung der lex causae, also das Recht, das den anfechtbaren Vorgang beherrscht.[9] Als Kompromiss kommen verschiedene Kombinationslösungen in

---

[1] *Fritz/Bähr* DZWiR 2001, 221 (229).

[2] Duursma-Kepplinger/Duursma/Chalupsky/*Duursma-Kepplinger* EuInsVO 2000 Art. 13 Rn. 2, *C. Koller,* Insolvenz-Forum 2017, 37 ff.

[3] *Weller* ZGR 2008, 835 (847 f.); *Bitzer,* Systemfragen der Insolvenzanfechtung, 2020, 308, 317.

[4] Vgl. zur allg. Gläubigeranfechtung die Sonderkollisionsnorm des § 19 AnfG; dazu BGHZ 208, 1 = NJW 2016, 246 = IPRax 2016, 476 m. Aufs. *Thole* IPRax 2016, 453 = EWiR 2016, 149 m. Kurzkomm. *Riedemann/Linnemann;* ferner OLG Stuttgart BeckRS 2007, 11319 = ZIP 2007, 1966 = IPRax 2008, 436 m. Aufs. *Koch* IPRax 2008, 417.

[5] EuGH ECLI:EU:C:2015:227 Rn. 34 = EuZW 2015, 429 mAnm *Schulz* = NZI 2015, 478 mAnm *Mankowski* – Lutz/Bäuerle, mit Verweis auf den gleichlautenden Erwägungsgrund 24 EuInsVO 2000; nachfolgend EuGH ECLI:EU:C:2017:433 Rn. 36 = NZI 2017, 633 – Vinyls Italia; EuGH ECLI:EU:C:2021:315 Rn. 34 = NJW 2021, 1583 – Oeltrans Befrachtungsgesellschaft; dazu *Mansel/Thorn/Wagner* IPRax 2022, 109 (136 f.); *Thole* IPRax 2022, 351.

[6] EuGH ECLI:EU:C:2021:315 = NJW 2021, 1583 Rn. 25 – ZM.

[7] EuGH ECLI:EU:C:2021:315 = NJW 2021, 1583 Rn. 31 ff. – ZM.

[8] OLG Hamm NJW 1997, 504; OLG Köln RIW 1994, 96; *Hanisch* ZIP 1985, 1233 (1240); *Hanisch* ZIP 1993, 69 (74); *Kirchhof* WM 1993, 1404; *Leipold* JZ 1997, 571 (572); *Hausmann* in Reithmann/Martiny IntVertragsR Rn. 6.739.

[9] *Henckel* FS Nagel, 1987, 93 (106); *v. Bar* IPR II Rn. 551; abl. *Sonnentag* IPRax 1998, 330 (333) unter Hinweis auf die Vernachlässigung der konkursrechtlichen Belange.

Betracht.[10] Zunächst könnte man – wie es Art. 102 Abs. 2 EGInsO aF im Anschluss an die damalige Rspr.[11] bestimmt hatte – eine unbeschränkte Kumulation des Insolvenzstatuts und des Wirkungsstatuts wählen. Nur wenn beide die Insolvenzanfechtung zulassen, wäre danach eine Anfechtbarkeit anzunehmen. Gegen diesen Lösungsweg spricht aber, dass sich letztlich das anfechtungsfeindlichere Recht durchsetzen würde.[12] Außerdem birgt er die Gefahr von Anpassungsproblemen.[13] Der Verordnungsgeber entschied sich deshalb mit gutem Grund für eine andere Kombinationsmöglichkeit, nämlich ein zweistufiges System der Anknüpfung (Art. 7 Abs. 2 S. 2 lit. m, Art. 16).[14] Hierfür spricht, dass die praktischen Probleme vermieden würden, die durch eine unbeschränkte Statutenkumulation auftreten würden.[15] Die Rolle des Wirkungsstatuts beschränkt sich auf die einer Sperrfunktion.[16]

II. Mitgliedstaatenbezug

Nach bisher hM werden Drittstaatensachverhalte von der Verordnung nicht erfasst (→ Art. 1 Rn. 22 ff.), so dass auch Art. 16 nicht für solche Sachverhalte zur Anwendung kommt.[17] Unterstrichen wird dies durch die Worte „Recht eines anderen Mitgliedstaates" (Art. 16 lit. a). Die Unangreifbarkeit einer Rechtshandlung nach dem Recht eines Drittstaates steht einer Insolvenzanfechtung nach Maßgabe des Insolvenzstatuts mithin nur nach Maßgabe des **§ 339 InsO** entgegen.[18] Dabei bleibt es auch nach dem **Urteil Schmid vom 16.1.2014,** weil der EuGH dort die von ihm angenommene Erstreckung der EuInsVO auf drittstaatenverknüpfte Sachverhalte durch solche Vorschriften der EuInsVO begrenzt, die – wie Art. 16 – einen spezifischen EU-Bezug erfordern.[19] Seit dem **Brexit** (→ Art. 1 Rn. 22) findet im Verhältnis zum Vereinigten Königreich § 339 InsO Anwendung.[20] 5

III. Geltung im Haupt- und Nebeninsolvenzverfahren

Die Sonderregelung des Art. 16 gilt sowohl im Haupt- als auch im Partikularinsolvenzverfahren, zumal auch die lex fori concursus particularis bzw. lex fori concursus secundarii nicht mit dem Wirkungsstatut identisch sein muss.[21] Grundsätzlich gilt also auch im Nebenverfahren für die Anfechtbarkeit, Nichtigkeit und relative Unwirksamkeit das Recht des Staates der Nebenverfahrenseröffnung, ausnahmsweise greift nach Art. 16 ergänzend die lex causae ein.[22] Allerdings erfasst Art. 16 nur solche Rechtshandlungen, durch die die Masse des Nebenverfahrens geschmälert wird.[23] 6

Der Insolvenzverwalter des Sekundärinsolvenzverfahrens kann in jedem Staat Anfechtungsklage erheben (Art. 21 Abs. 2 S. 2). Der Hauptverwalter sollte stets prüfen, ob die Eröffnung eines Nebenverfahrens tatsächlich für die Rückführung über den Weg der Insolvenzanfechtung vorteilhaft oder vielleicht eher schädlich ist.[24] 7

IV. Schutzvoraussetzungen

1. Eine die Gesamtheit der Gläubiger benachteiligende Handlung. Anknüpfungsgegenstand ist die benachteiligende Handlung iSd Art. 16. Hierunter ist eine Handlung iSd Art. 7 8

---

10 *Baur/Stürner* Rn. 37.10; *Fragistas* RabelsZ 12 (1938/1939), 452 (459); *Pielorz* IPRax 1984, 241 (243); *Hausmann* in Reithmann/Martiny IntVertragsR Rn. 6.723.

11 BGHZ 134, 116 = NJW 1997, 657.

12 Duursma-Kepplinger/Duursma/Chalupsky/*Duursma-Kepplinger* EuInsVO 2000 Art. 13 Rn. 1.

13 *Gottwald*, Grenzüberschreitende Insolvenzen, 1997, 38.

14 *Balz* ZIP 1996, 948 (951); *Fritz/Bähr* DZWiR 2001, 221 (229).

15 *Huber* ZZP 114 (2001), 133 (165).

16 Duursma-Kepplinger/Duursma/Chalupsky/*Duursma-Kepplinger* EuInsVO 2000 Art. 13 Rn. 2; *Virgós/Schmit* Rn. 136; rechtspolitische Kritik bei *Gottwald,* Grenzüberschreitende Insolvenzen, 1997, 49.

17 K. Schmidt/*Brinkmann* EuInsVO 2000 Art. 13 Rn. 7; *Balz* ZIP 1996, 948 (951); Duursma-Kepplinger/Duursma/Chalupsky/*Duursma-Kepplinger* EuInsVO 2000 Art. 13 Rn. 3; *Fritz/Bähr* DZWiR 2000, 221 (229); *Huber* ZZP 114 (2001), 133 (165); *Schack* IZVR Rn. 1292; *Virgós/Schmit* Rn. 44, 93.

18 Duursma-Kepplinger/Duursma/Chalupsky/*Duursma-Kepplinger* EuInsVO 2000 Art. 13 Rn. 3; aA *Thole* IPRax 2022, 351 (355 mit Fn. 29).

19 EuGH ECLI:EU:C:2014:6 Rn. 22 = NZI 2014, 134 – Schmid; dazu *Kindler* RIW 2014, 137 f.; abschließend BGH NZI 2014, 672; unentschieden BGH NZI 2020, 383 Rn. 14.

20 *Korch* ZInsO 2016, 1884 (1886).

21 Duursma-Kepplinger/Duursma/Chalupsky/*Duursma-Kepplinger* EuInsVO 2000 Art. 13 Rn. 4; *Virgós/Schmit* Rn. 139.

22 Duursma-Kepplinger/Duursma/Chalupsky/*Duursma-Kepplinger* EuInsVO 2000 Art. 13 Rn. 6.

23 *Hanisch* in Stoll, Vorschläge und Gutachten, 1997, 202, 217.

24 *Gottwald,* Grenzüberschreitende Insolvenzen, 1997, 40.

Abs. 2 S. 2 lit. m zu verstehen, denn Art. 16 verdrängt die allgemeine Kollisionsnorm („findet keine Anwendung").

9 **2. Maßgeblicher Zeitpunkt.** Die betreffende Handlung muss vor der Insolvenzverfahrenseröffnung (Art. 2 Nr. 8; → Art. 2 Rn. 14 ff.) vorgenommen worden sein. Das ergibt sich daraus, dass Art. 16 Vertrauensschutz für den Anfechtungsgegner bezweckt. Schutzwürdig ist das Vertrauen aber nur, wenn die Rechtshandlung bereits vor der Eröffnung des Insolvenzverfahrens vorgenommen wurde.[25] Ist die fragliche Handlung dagegen erst nach der Eröffnung vorgenommen worden, bewendet es bei Art. 7 Abs. 2 S. 2 lit. m und es gilt uneingeschränkt das Insolvenzstatut.[26] Besonderheiten gelten bei der **Verwertung von Sicherheiten:** Hier entscheidet der Zeitpunkt der Begründung der Sicherheit. Daher erfasst Art. 16 zeitlich auch den Fall, dass die von einem Insolvenzverwalter angefochtene Auszahlung eines **vor Eröffnung des Insolvenzverfahrens gepfändeten Geldbetrags** erst nach Eröffnung dieses Verfahrens erfolgt ist.[27]

10 **3. Rechtsordnung eines anderen Mitgliedstaates maßgeblich. a) Grundsatz.** Nach Art. 16 lit. a muss für die Handlung das Recht eines anderen Mitgliedstaates maßgeblich sein. Ob dies der Fall ist, beurteilt sich nach dem IPR des Gerichtsstaates; die Verordnung trifft insoweit keine kollisionsrechtlichen Bestimmungen.[28] Aus Sicht der deutschen Gerichte sind Verfügungen über Sachen nach **Art. 43 EGBGB** anzuknüpfen, Verfügungen über Rechte nach **Art. 14 Abs. 2 Rom I-VO.** Die allgemeinen Grundsätze der Rechtsumgehung finden Anwendung (→ Einl. IPR Rn. 282 ff.). Die Maßgeblichkeit des Statuts der Verfügung gilt auch dann, wenn diese Verfügung sich als Erfüllungshandlung im Rahmen eines Schuldvertrages zwischen dem Insolvenzschuldner und dem Anfechtungsgegner oder im Rahmen einer gesellschaftsrechtlichen Einlageverpflichtung[29] darstellt. Das Statut des Schuld- bzw. Gesellschaftsvertrages bestimmt zwar über die Erfüllungswirkung (vgl. Art. 12 Abs. 1 lit. b Rom I-VO).[30] Das Ausscheiden des Gegenstandes aus dem Schuldnervermögen richtet sich jedoch nach dem **Statut der Verfügung.** Die lex causae bei einer **Drittzahlung** ist abhängig von der Forderungsbeziehung zu ermitteln und im Regelfall mit dem auf die getilgte Forderung anwendbaren Recht identisch. Das maßgebliche andere Recht ist daher im Falle einer im Wege der Insolvenzanfechtung angegriffenen **Banküberweisung** das Recht, dem die mit der Überweisung getilgte Forderung unterliegt; das Recht des Zahlungsdiensterahmenvertrags (vgl. § 675j Abs. 1 BGB) bleibt außer Betracht.[31] Im **Urteil Vinyls Italia** zeigt der EuGH die hier maßgeblichen **Grenzen der Rechtswahlfreiheit** (Art. 3 Rom I-VO) auf: wenn beide Vertragsparteien, die im selben Mitgliedstaat ansässig sind, in dem auch alle anderen Elemente des betreffenden Sachverhalts belegen sind (vgl. Art. 3 Abs. 3 Rom I-VO), als Vertragsstatut das Recht eines anderen Mitgliedstaats bestimmt haben, ist dies im Rahmen des Art. 16 unbeachtlich, falls die Parteien dieses Recht **in betrügerischer oder missbräuchlicher Weise gewählt** haben.[32] Die Art. 7 und 16 sind **gegenüber** der **Rom I-VO** als **lex specialis** anzusehen und im Licht des mit der EuInsVO verfolgten Ziels des kollisionsrechtlichen Vertrauensschutzes (→ Rn. 3) auszulegen.[33]

11 Auf Vorlage des BGH[34] hat der **EuGH** in der **Rs. „Oeltrans Befrachtungsgesellschaft"** entschieden, dass für die Bestimmung des in Art. 16 EuInsVO 2015 (Art. 13 EuInsVO 2000)

---

25 *Virgós/Schmit* Rn. 118, 138.

26 BGH NZI 2013, 1042 Rn. 16 (EuGH-Vorlage); wie im Text Duursma-Kepplinger/Duursma/Chalupsky/*Duursma-Kepplinger* EuInsVO 2000 Art. 13 Rn. 10; zur Beschränkung der §§ 130 ff. InsO auf Rechtshandlungen vor der Antragstellung *Paulus* Rn. 4.

27 EuGH ECLI:EU:C:2015:227 Rn. 37 ff. = EuZW 2015, 429 mAnm *Schulz* = NZI 2015, 478 mAnm *Mankowski* – Lutz/Bäuerle; dazu *Keller* EWiR 2015, 415; *Mansel/Thorn/Wagner* IPRax 2016, 1 (28 f.); *Piekenbrock* IPRax 2016, 219; *Stangl/Kern* LMK 2015, 370158.

28 Offenlassend BGH NZI 2020, 534 Rn. 8; dazu Thole IPRax 2022, 351.

29 Zur Anfechtbarkeit von Einlageleistungen *Gleim* ZIP 2017, 1000 (Sachrecht).

30 Deshalb soll nach K. Schmidt/*Brinkmann* EuInsVO Art. 16 Rn. 6 das Statut des Schuldvertrages auch über die Anfechtbarkeit entscheiden.

31 LG Krefeld ZIP 2014, 1940 = EWiR 2014, 659 m. Kurzkomm. *J. Schmidt* (die Insolvenzschuldnerin überwies im August 2009 insgesamt 24.000 Euro von ihrem Konto bei einer deutschen Bank auf das Konto der Anfechtungsgegnerin bei einer niederländischen Bank, um Forderungen aus einem – niederländischem Recht unterliegenden – Kaufvertrag zu tilgen); aA *Thole* NZI 2013, 113 (115).

32 EuGH ECLI:EU:C:2017:433 Rn. 40 ff., 52 ff. und Ls. 3 = NZI 2017, 633 – Vinyls Italia: Wahl des englischen Rechts in italienischem Inlandsvertrag; dazu *Bayer/Schmidt* BB 2017, 2114 (2124); *Thole* IPRax 2018, 388; gegen eine Missbrauchskontrolle der Rechtswahl offenbar *Paulus* Rn. 8.

33 EuGH ECLI:EU:C:2021:315 Rn. 26 = NJW 2021, 1583 – Oeltrans Befrachtungsgesellschaft; dazu *Mansel/Thorn/Wagner* IPRax 2022, 109 (136 f.); *Thole* IPRax 2022, 351.

34 BGH NZI 2020, 534 mAnm *Thole* = GWR 2020, 180 mAnm *Fuchs* = EWiR 2020, 147 m. Kurzkomm. *Bork*.

erwähnten Rechts eines anderen Mitgliedstaats mit der hier vertretenen Meinung (→ Rn. 10) bei einer Banküberweisung an den **Vertrag** und **nicht** gesondert an die mit diesem verbundene Erfüllungshandlung – zB die nach § 134 InsO angefochtene **Zahlung** – anzuknüpfen ist.[35] Der EuGH-Fall betrifft die Anfechtung einer Zahlung des Insolvenzschuldners *als Dritter* zur Erfüllung einer vertraglichen Verpflichtung. Mit Recht hat der EuGH nicht auf das Erfüllungsgeschäft abgestellt. Dazu hätte zwar an Art. 12 Abs. 1 lit. b Rom I-VO angeknüpft werden können, wonach das auf einen Vertrag anzuwendende Recht insbesondere auch für die Erfüllung der durch ihn begründeten Verpflichtungen maßgebend ist. Dann hätte sich allerdings die Frage gestellt, ob Art. 12 Rom I-VO nur die reine Erfüllungswirkung regelt oder auch die (ua insolvenzrechtliche) Unangreifbarkeit der Erfüllungs*handlung.* Eine Besonderheit liegt im Fall „Oeltrans" darin, dass es um die Erfüllung durch einen Dritten (die Insolvenzschuldnerin) und deren anfechtungsrechtliche Relevanz ging. Auch insoweit spricht Art. 12 Rom I-VO für das Vertragsstatut, denn streitig war nicht die zivilrechtliche Wirksamkeit der Zahlung, sondern die Wirksamkeit und Anfechtbarkeit der Erfüllungswirkung und damit deren insolvenzrechtliche „Unangreifbarkeit".

b) Gesellschafterdarlehen. Auch bei der Darlehensgewährung durch einen auslandsansässigen Gesellschafter einer deutschen GmbH[36] ist für die Anfechtbarkeit der Darlehensrückzahlung eine **zweistufige kollisionsrechtliche Prüfung** erforderlich: Nach Art. 16 entfällt die grundsätzliche Maßgeblichkeit der lex fori concursus für die Anfechtung (Art. 7 Abs. 2 Buchstabe m), wenn der Begünstigte nachweist, dass (1) für diese Handlung das Recht eines anderen Mitgliedstaats als des Staates der Verfahrenseröffnung maßgeblich ist und dass (2) in diesem Fall diese Handlung in keiner Weise nach diesem Recht angreifbar ist. Wenn es sich bei dem Darlehensgeber um einen auslandsansässigen Gesellschafter der Insolvenzschuldnerin handelt, so stellt sich die Frage, ob ein solcher Gesellschafter sich auf eine noch kürzere Anfechtungsfrist nach ausländischem Recht berufen könnte, als sie § 135 Abs. 1 Nr. 2 InsO vorsieht. 12

Das **OLG Naumburg**[37] **verneint** im inländischen Insolvenzverfahren über das Vermögen einer deutschen Kapitalgesellschaft eine **Anwendung von Art. 16 auf die Darlehensrückgewähr;** es sei gemäß Art. 7 Abs. 2 lit. m allein deutsches Recht auf die Anfechtungsklage anzuwenden. Es fehle bereits an einer Maßgeblichkeit ausländischen Rechts für die Rückzahlung des Gesellschafterdarlehens, sodass es nicht darauf ankomme, ob auch nach ausländischem Anfechtungsrecht die Darlehensrückgewähr anfechtbar sei. Das Gesellschafterdarlehen unterfalle nämlich allein dem deutschen Recht als Gesellschaftsstatut. Zwar verweise für einen gewöhnlichen Darlehensvertrag Art. 4 Abs. 2 Rom I-VO, Art. 19 Rom I-VO auf das Recht am ausländischen Verwaltungssitz des Gesellschafters, denn dieser erbringe als Darlehensgeber die charakteristische Leistung. Hier sei jedoch von dem Gesellschafter ein Überbrückungsdarlehen zur Vermeidung der Insolvenz gewährt worden. Stelle sich somit die Frage des Eigenkapitalersatzes oder der Gesellschafterfinanzierung, habe das Darlehen keinen drittfinanzierenden, dh schuldrechtlichen, sondern gesellschaftsrechtlichen Charakter mit insolvenzrechtlicher Relevanz. Ob das Gesellschafts- oder Insolvenzstatut gelte, könne dahinstehen. Insolvenzstatut sei nach Art. 7 ebenfalls deutsches Recht. Folglich sei eine unmittelbar vor dem Insolvenzantrag der GmbH erfolgte Rückgewähr des Gesellschafterdarlehens gemäß § 135 Abs. 1 Nr. 2 InsO, § 39 Abs. 1 Nr. 5 InsO anfechtbar. 13

Die Nichtanwendung des Art. 16 auf Gesellschafterdarlehen kann schon deshalb nicht überzeugen, weil sie auf den in §§ 32a, 32b GmbHG aF verankerten Eigenkapitalersatzcharakter der Darlehensgewährung[38] abstellt und daraus deren gesellschaftsrechtliche Qualifikation ableiten will. Es handelt sich um einen Schuldvertrag, der in Ermangelung einer anderweitigen Rechtswahl (Art. 3 Rom I-VO) dem Recht am gewöhnlichen Aufenthalt des Darlehensgebers unterliegt (Art. 4 Abs. 2 Rom I-VO). Führt diese kollisionsrechtliche Verweisung zur Anwendbarkeit einer ausländischen Rechtsordnung, so kann sich der Begünstigte auf die dort ggf. enthaltenen kürzeren Anfechtungsfristen berufen (Art. 16). Dies gilt **auch** dann, soweit es sich um die Übertragung anfechtungsrechtlicher Wertungen auf die Beurteilung der **Nachrangigkeit** einer Forderung handelt.[39] Auch tritt das 14

---

[35] EuGH ECLI:EU:C:2021:315 = NJW 2021, 1583 – Oeltrans Befrachtungsgesellschaft; dazu *Mansel/Thorn/Wagner* IPRax 2022, 109 (136 f.); *Thole* IPRax 2022, 351; OLG Köln NZI 2024, 370 = BeckRS 2023, 38512 Rn. 41 ff. – anhängig unter BGH IX ZR 218/23.

[36] Vgl. den Fall OLG Naumburg BeckRS 2010, 29926; dazu *Kindler* KTS 2012, 228 (230 f.); *Schall* ZIP 2011, 2177 = GWR 2011, 72 mAnm *Wöhlert* GWR 2011, 72; umfassend *Brinkmann* ZIP-Beil. 22/2016, 14; *Schilpp,* Gesellschafterfremdfinanzierte Auslandsgesellschaften, 2017.

[37] OLG Naumburg BeckRS 2010, 29926; zust. *Weller/Thomale* FS K. Schmidt, 2019, 613 (621 f.).

[38] *Kindler* NJW 2008, 3249 (3253).

[39] *Kindler* KTS 2012, 228; *Kindler* FS C. Paulus, 2022, 389.

Recht des Staates der Verfahrenseröffnung (Art. 7 Abs. 2 lit. i; § 335 InsO) zurück, sollte es anfechtungsfreundlicher ausgestaltet sein.

15 **4. Unangreifbarkeit der Rechtshandlung.** Weitere Voraussetzung für die Verdrängung der Grundsatzkollisionsnorm des Art. 7 ist nach Art. 16 lit. b, dass die Handlung **in keiner Weise angreifbar** ist. Die nationalen Rechtsordnungen unterscheiden sich in diesem Punkt beträchtlich.[40] Der **EuGH** versteht im **Urteil Lutz** den Schutz des Anfechtungsgegners weit und erstreckt ihn auf materiell-rechtliche sowie auf verfahrensrechtliche Einwände.[41] Nach Ansicht des EuGH würde eine Differenzierung zwischen beiden Einwänden, abhängig davon, welche normative Verortung die Mitgliedstaaten jeweils für sich gewählt haben, auf eine willkürliche Diskriminierung hinauslaufen, die mit Art. 16 nicht vereinbar ist.

16 **„In keiner Weise"** bedeutet dabei, dass hierfür nicht allein das Insolvenzanfechtungsrecht des Wirkungsstatuts zu prüfen ist, sondern alle prozess-oder sachrechtlichen Normen dieser Rechtsordnung, also auch die Vorschriften über Willensmängel, Sittenwidrigkeit und Irrtumsanfechtung.[42] Im **Urteil Nike** betont der **EuGH,** dass Art. 16 „sämtliche Vorschriften und allgemeinen Grundsätze dieses Rechts erfasst".[43]

17 Insbesondere zählt hierzu laut **EuGH** auch die **Verjährung.**[44] Rechtsverluste kraft Zeitablauf werden in den nationalen Rechtsordnungen teils materiell und teils prozessrechtlich qualifiziert. Klassisches Beispiel hierfür ist der berühmte Tennessee-Wechsel-Fall des RG (→ Einl. IPR Rn. 137).[45] Nach dem EuGH darf es hierauf nicht ankommen. Art. 16 erfasst daher **alle Verjährungs-, Anfechtungs- und Ausschlussfristen,** die nach dem Recht vorgesehen sind, das für die vom Insolvenzverwalter angefochtene Rechtshandlung gilt. Das Statut der potenziell anfechtbaren Rechtshandlung muss darüber entscheiden, unter welchen Voraussetzungen und Kautelen es eine Anfechtung zulässt.

18 Auch die **Formvorschriften** für die Geltendmachung einer Insolvenzanfechtung – durch Willenserklärung oder durch Klage (zB § 43 öInsO) – richten sich laut EuGH im Hinblick auf die Anwendung von Art. 16 nach dem Recht, das für die vom Insolvenzverwalter angefochtene Rechtshandlung gilt und nicht nach dem Insolvenzstatut.[46] Damit ist die bisher in Deutschland vorherrschende Gegenauffassung erledigt. Danach steht der Ablauf der Frist zur Klageerhebung nach ausländischem Recht dem Rückgewährungsanspruch jedenfalls dann nicht entgegen, wenn vor Ablauf der ausländischen Frist zur Klageerhebung die Anfechtung wenigstens rechtsgeschäftlich erklärt wurde; Art. 16 beziehe sich nur auf den Anfechtungstatbestand, aber nicht auf die Art und Weise der Geltendmachung des Anfechtungsrechts.[47]

19 Der Anfechtungsgegner muss **nachweisen,** dass – bei Anfechtbarkeit nach der lex causae – die von der lex fori concursus abweichenden **Voraussetzungen einer erfolgreichen Anfechtung im konkreten Fall nicht vorliegen.**[48] Art. 16 lit. b erfordert die Berücksichtigung aller Umstände des jeweiligen Einzelfalls, was durch das Merkmal „in diesem Fall" zum Ausdruck gebracht wird.[49] Der

[40] Instruktiv *Stangl,* Die kollisionsrechtliche Umsetzung des Art. 13 EuInsVO, 2015; *Verf.* untersucht am Beispiel Deutschlands, Österreichs, Englands und Frankreichs, welche Wechselwirkungen hier zwischen nationalen Strukturprinzipien und Art. 13 EuInsVO 2000 (heute Art. 16) auftreten. Anhand konkreter Beispiele wird aufgezeigt, wo sich der jeweilige Umgang mit dem europäischen Recht bisher unterscheidet.

[41] EuGH ECLI:EU:C:2015:227 Rn. 44 ff. = EuZW 2015, 429 mAnm *Schulz* = NZI 2015, 478 mAnm *Mankowski* – Lutz/Bäuerle; dazu dazu *Keller* EWiR 2015, 415; *Mansel/Thorn/Wagner* IPRax 2016, 1 (28 f.); *Piekenbrock* IPRax 2016, 219; *Stangl/Kern* LMK 2015, 370158; näher *Bitzer,* Systemfragen der Insolvenzanfechtung, 2020, 309 f.

[42] Mankowski/Müller/Schmidt/*Müller* Rn. 24.

[43] EuGH ECLI:EU:C:2015:690 Rn. 32 ff. = NZI 2015, 954 mAnm *Swierczok* = RIW 2016, 49 mAnm *C. Paulus* = EWiR 2015, 773 m. Kurzkomm. *Mankowski* – Nike; dazu *Bayer/J. Schmidt* BB 2016, 1923 (1930 f.); *Mansel/Thorn/Wagner* IPRax 2016, 1923 (1930 f.).

[44] EuGH ECLI:EU:C:2015:227 Rn. 44 ff. = EuZW 2015, 429 mAnm *Schulz* = NZI 2015, 478 mAnm *Mankowski* – Lutz/Bäuerle; aA *Balz* ZIP 1996, 948 (951) m. Fn. 25; näher zu Verjährungsfragen im internationalen (deutsch-österreichischen) Insolvenzrechtsverkehr *Oberhammer* FS Prütting, 2018, 725.

[45] BeckOK BGB/*Lorenz* Einl. IPR Rn. 59.

[46] EuGH ECLI:EU:C:2015:227 Rn. 50 ff. = EuZW 2015, 429 mAnm *Schulz* = NZI 2015, 478 mAnm *Mankowski* – Lutz/Bäuerle.

[47] EuGH ECLI:EU:C:2015:227 Rn. 34 = EuZW 2015, 429 mAnm *Schulz* = NZI 2015, 478 mAnm *Mankowski* – Lutz/Bäuerle; BGH NZI 2013, 1042 Rn. 21 (EuGH-Vorlage); OLG Stuttgart ZIP 2012, 2162 = GWR 2013, 26 mAnm *Nachmann/Kuschmir* GWR 2013, 26; *Riedemann* EWiR 2013, 109.

[48] EuGH ECLI:EU:C:2017:433 Rn. 36 und Ls. 2 = NZI 2017, 633 – Vinyls Italia.

[49] So auch die hM, vgl. nur *Prager/Keller* NZI 2011, 697 (701).

EuGH betont im **Urteil Nike** dazu den **Ausnahmecharakter** des Art. 16.[50] In diesem Sinne schützt Art. 16 im Einzelfall das berechtigte Vertrauen einer Person, die durch eine die Gesamtheit der Gläubiger benachteiligende Handlung begünstigt wurde, indem er vorsieht, das diese Handlung auch nach Eröffnung eines Insolvenzverfahrens weiterhin dem Recht unterliegt, das für sie zum Zeitpunkt ihrer Vornahme galt (lex causae). Ob ein Vertrauen berechtigt ist, kann jedoch nur im Einzelfall geprüft werden. Wenn eine Handlung auch ohne Eröffnung eines Insolvenzverfahrens angreifbar ist, gibt es kein schützenswertes Vertrauen in ihre rechtliche Anerkennung. Die Verfahrenseröffnung ändert hieran nichts.[51]

5. Beweislast. Nach den **EuGH-Urteilen Nike** und **Vinyls Italia** muss der **Anfechtungsgegner** bei einer Klage auf Nichtigkeit, Anfechtung oder Feststellung der relativen Unwirksamkeit einer Handlung nachweisen, dass das für diese Handlung geltende Recht (lex causae) in seiner Gesamtheit es nicht ermöglicht, diese Handlung anzufechten. Der anfechtende **Insolvenzverwalter** hat das Vorliegen einer Norm dieses Rechts, wonach diese Handlung angefochten werden kann, **nur dann** nachzuweisen, **wenn der Anfechtungsgegner zuvor** nach den allgemein anwendbaren Vorschriften seines nationalen Verfahrensrechts nachgewiesen hat, dass die betreffende Handlung nach diesem Recht unanfechtbar ist.[52] 20

Da die EuInsVO keine Vorschriften zur Beweiserhebung enthält, obliegt es dem zuständigen Gericht nach den **Vorschriften** seines **nationalen Verfahrensrechts** zu beurteilen, ob der Darlegungs- und Beweislast im Einzelfall genüge getan ist.[53] Laut EuGH dürfen die nationalen Modalitäten dabei nicht ungünstiger sein als diejenigen, die gleichartige innerstaatliche Sachverhalte regeln („Äquivalenzgrundsatz"). Weiter dürfen sie nach dem Effektivitätsgrundsatz die Ausübung der durch Unionsrecht verliehenen Rechte (1) nicht praktisch unmöglich machen bzw. übermäßig erschweren oder (2) zu wenig streng sein und so zu einer Umkehr der Darlegungs- und Beweislast führen.[54] 21

Nur wenn das Gericht davon überzeugt ist, dass der Anfechtungsgegner die Unanfechtbarkeit der Handlung nach den **Vorschriften seines nationalen Rechts** nachgewiesen hat, kann es dem Insolvenzverwalter die weitere Darlegungs- und Beweislast für das Gegenteil aufbürden. Mit Blick auf das deutsche Verfahrensrecht wird man den hier einschlägigen § 293 S. 1 Hs. 2 ZPO – Amtsermittlungspflicht bezüglich des ausländischen Rechts (→ Einl. IPR Rn. 295 ff.) – EU-konform auslegen müssen. Dabei ist das ausländische Recht zur Wahrung der Var. 2 des Effektivitätsgrundsatzes nicht vom Gericht, sondern vom Anfechtungsgegner in den Prozess einzuführen (zB durch Vorlage von Rechtsgutachten). 22

Was das Vorliegen bestimmter **tatsächlicher Umstände** betrifft, stellen bloße Schwierigkeiten bei der Beweisführung, die sich nach dem nationalen Recht ergeben, nach Auffassung des EuGH nicht automatisch einen Verstoß gegen Var. 1 des Effektivitätsgrundsatz dar. Eine nähere Spezifizierung des Begriffs „Schwierigkeiten" erfolgt durch den EuGH leider nicht. 23

Da es sich in den einschlägigen Fällen häufig um – unmögliche – **Negativbeweise** handeln wird (probatio diabolica), wird man dem **Anfechtungsgegner** jedoch die Berufung auf eine **„gestufte Darlegungslast"** zubilligen müssen. Danach reicht es aus, dass der Anfechtungsgegner das Nicht – bzw. Vorliegen zunächst substanziiert darlegt und behauptet und erst auf substanziierten Einwand des Anfechtenden zu beweisen hat. Ein mögliches non-liquet geht dabei stets zu Lasten des Anfechtungsgegners. 24

V. Rechtsfolge

Nach Art. 16 **findet Art. 7 Abs. 2 S. 2 lit. m keine Anwendung.** Der Verweis auf das Insolvenzstatut wird eingeschränkt. Die lex fori concursus wird ausgeschaltet und in bestimmtem Umfang durch die **lex causae** ersetzt.[55] Zu einem Statutenwechsel kommt es indes nicht.[56] 25

---

50 EuGH ECLI:EU:C:2015:690 Rn. 18, 22 = NZI 2015, 954 mAnm *Swierczok* = RIW 2016, 49 mAnm *C. Paulus* = EWiR 2015, 773 m. Kurzkomm. *Mankowski* – Nike; dazu *Bayer/J. Schmidt* BB 2016, 1923 (1930 f.); *Mansel/Thorn/Wagner* IPRax 2016, 1923 (1930 f.).

51 *Swierczok* NZI 2015, 958.

52 EuGH ECLI:EU:C:2015:690 Rn. 44 = NZI 2015, 954 mAnm *Swierczok* = RIW 2016, 49 mAnm *C. Paulus* = EWiR 2015, 773 m. Kurzkomm. *Mankowski* – Nike; dazu *Bayer/J. Schmidt* BB 2016, 1923 (1930 f.); *Mansel/Thorn/Wagner* IPRax 2016, 1923 (1930 f.); nachfolgend EuGH ECLI:EU:C:2017:433 Rn. 37 = NZI 2017, 633 – Vinyls Italia; dazu *Piekenbrock* LUK 2017, 393458.

53 EuGH ECLI:EU:C:2017:433 Rn. 25 = NZI 2017, 633 – Vinyls Italia; dazu auch *Swierczok* NZI 2015, 958.

54 EuGH ECLI:EU:C:2017:433 Rn. 26 = NZI 2017, 633 – Vinyls Italia.

55 *Balz* ZIP 1996, 948 (951); *Fritz/Bähr* DZWiR 2001, 221 (229); *Huber* ZZP 114 (2001), 133 (165).

56 Duursma-Kepplinger/Duursma/Chalupsky/*Duursma-Kepplinger* EuInsVO 2000 Art. 13 Rn. 15.

VI. Einrede

26 Die Ausnahme des Art. 16 ist nicht von Amts wegen zu prüfen, da der Verordnungsgeber sie als Einrede ausgestaltet hat. Der Anfechtungsgegner muss sich hierauf also berufen.[57] Ihn trifft die Darlegungs- und Beweislast für die Voraussetzungen der Einrede.[58] Eine etwaige prozessuale **Präklusion** (§ 296 ZPO) richtet sich nach dem Recht des Gerichtsstaates,[59] da die kumulative Berufung der lex causae durch Art. 16 nicht den Schutz des Einzelnen vor dem gewöhnlichen Risiko bezweckt, sich in einem Anfechtungsprozess verteidigen zu müssen; Art. 16 gewährt daher auch keinen Schutz vor dem Verfahrensrecht, das von dem zuständigen Gericht angewandt wird.[60]

VII. Internationale Zuständigkeit für Insolvenzanfechtungsklagen und die Gläubigeranfechtung

27 Die internationale Zuständigkeit für Anfechtungsklagen bestand unter der EuInsVO 2000 nach das Urteil **Deko Marty**[61] bei den Gerichten des Insolvenzeröffnungsstaates, wenn der Anfechtungsgegner seinen satzungsmäßigen Sitz in einem anderen Mitgliedstaat hat. Nach neuem Recht folgt die Zuständigkeit aus **Art. 6** (→ Art. 6 Rn. 6 ff.). Hingegen folgt die **Gläubigeranfechtung** anderen kompetenzrechtlichen Regeln. Entschieden wurde dies vom EuGH in der **Rs. Feniks** mit Urteil vom 4.10.2018[62] für den Fall, dass die Anfechtungsklage zur Durchsetzung eines vertraglichen Anspruchs erhoben wird.[63] Nimmt der Schuldner eines vertraglichen Anspruchs eine Rechtshandlung vor, die seinen Gläubiger benachteiligt (zB die Veräußerung einer Immobilie, die zur Vermögenslosigkeit des Schuldners und damit zur Erfolglosigkeit von Zwangsvollstreckungsmaßnahmen gegen ihn führte), sind für die Klage des Gläubigers gegen den Begünstigten der Rechtshandlung (hier: gegen den Erwerber der Immobilie) die Gerichte des Mitgliedstaats international zuständig, in dessen Hoheitsgebiet die vertragliche Verpflichtung zu erfüllen ist, die wegen der Vermögenslosigkeit nicht mehr erfüllt werden kann (Art. 7 Nr. 1 Brüssel Ia-VO). Zur **Staatenimmunität** OLG Karlsruhe NZI 2024, 514.

Art. 17 EuInsVO Schutz des Dritterwerbers

Verfügt der Schuldner durch eine nach Eröffnung des Insolvenzverfahrens vorgenommene Handlung gegen Entgelt über
a) einen unbeweglichen Gegenstand,
b) ein Schiff oder ein Luftfahrzeug, das der Eintragung in ein öffentliches Register unterliegt, oder
c) Wertpapiere, deren Eintragung in ein gesetzlich vorgeschriebenes Register Voraussetzung für ihre Existenz ist,
so richtet sich die Wirksamkeit dieser Rechtshandlung nach dem Recht des Staats, in dessen Hoheitsgebiet sich dieser unbewegliche Gegenstand befindet oder unter dessen Aufsicht das Register geführt wird.

---

57 Unrichtig EuGH ECLI:EU:C:2017:433 Rn. 27 = NZI 2017, 633 – Vinyls Italia: die lex fori processus entscheidet, ob Art. 16 von Amts wegen beachtet wird; wie im Text die einhellige Lit., *Huber* ZZP 114 (2001), 133 (166); *Kolmann,* Kooperationsmodelle im Internationalen Insolvenzrecht, 2001, 318; Leonhardt/*Smid/Zeuner-Smid* EuInsVO 2000 Art. 13 Rn. 7; MüKoInsO/*Reinhart* EuInsVO 2000 Art. 13 Rn. 11.

58 EuGH ECLI:EU:C:2017:433 Rn. 31 und Ls. 1 = NZI 2017, 633 – Vinyls Italia.

59 EuGH ECLI:EU:C:2017:433 Rn. 32 = NZI 2017, 633 – Vinyls Italia.

60 EuGH ECLI:EU:C:2017:433 Rn. 34 ff und Ls. 2 = NZI 2017, 633 – Vinyls Italia.

61 EuGH ECLI:EU:C:2009:83 = NJW 2009, 2189 – Deko Marty; dazu *R. Stürner/Kern* LMK 2009, 278572; *Mörsdorf-Schulte* ZIP 2009, 1456; *Paulus* Status:Recht 2009, 117; *Mankowski/Willemer* RIW 2009, 669; *Fehrenbach* IPRax 2009, 492; Abschlussentscheidung: BGH NJW 2009, 2215 = NZI 2009, 532 mAnm *Mock* NZI 2009, 543 – Deko Marty.

62 EuGH ECLI:EU:C:2018:805 = RIW 2018, 760 – Feniks; dazu *Kern/Uhlmann* IPRax 2019, 488; *Fuchs* NZI 2019, 136 f.; *Hoffmann* GPR 2019, 168 ff.; *Fritz/Scholtis* IWRZ 2019, 147, 148; *Lutzi* RIW 2018, 252 ff.; *Mankowski* EWiR 2018, 701 f.; *Mansel/Thorn/Wagner* IPRax 2019, 85 (98 f.); *Wagner* NJW 2019, 1782 (1784 f.).

63 EuGH ECLI:EU:C:2018:805 Rn. 44 = RIW 2018, 760 – Feniks; dazu *Kern/Uhlmann* IPRax 2019, 488; *Fuchs* NZI 2019, 136 f.; *Hoffmann* GPR 2019, 168 ff.; *Fritz/Scholtis* IWRZ 2019, 147, 148; *Lutzi* RIW 2018, 252 ff.; *Mankowski* EWiR 2018, 701 f.; *Mansel/Thorn/Wagner* IPRax 2019, 85 (98 f.); *Wagner* NJW 2019, 1782 (1784 f.).

Schrifttum: *I. Schneider,* Registrierte Gegenstände im grenzüberschreitenden Insolvenzverfahren nach der EuInsVO, 2019.

Übersicht

I. Normzweck

Art. 17 entspricht im Wortlaut unverändert Art. 14 EuInsVO 2000. Art. 17 geht auf einen deutschen Vorschlag zurück.[1] Die Vorschrift bezweckt den **kollisionsrechtlichen Schutz des entgeltlichen Dritterwerbers.**[2] Geschützt werden demnach das **Vertrauen auf die Registereintragungen,** die **Rechtssicherheit** und letztlich die **Register selbst.**[3] Anknüpfungsgegenstand sind die Vorschriften zum Schutz des **guten Glaubens** des Dritterwerbers an die **Verfügungsbefugnis** des Insolvenzschuldners. Bemerkenswert ist dabei, dass in Bezug auf Grundstücke die lex rei sitae und nicht die lex libri siti zur Anwendung berufen wird. Folglich erstreckt sich der Schutz auch auf den gutgläubigen Erwerb nicht im Register eingetragener unbeweglicher Sachen. Sachrechtliche Voraussetzung ist dabei, dass die lex rei sitae einen gutgläubigen Erwerb an ihnen überhaupt ermöglicht.[4] Damit geht die Vorschrift über das Ziel des Registerschutzes hinaus. 1

II. Schutzvoraussetzungen

1. Verfügung. Die Sonderkollisionsnorm des Art. 17 bestimmt die Rechtsordnung, nach der sich die Wirksamkeit einer Verfügung beurteilt, die der Schuldner nach Verfahrenseröffnung gegen Entgelt über einen unbeweglichen Gegenstand, über ein Schiff oder ein Luftfahrzeug, das der Eintragung in ein öffentliches Register unterliegt oder über Wertpapiere, deren Eintragung in ein gesetzlich vorgeschriebenes Register Voraussetzung für ihre Existenz ist, vorgenommen hat. 2

a) Rechtshandlung. Unter Rechtshandlungen iSd Vorschrift versteht man alle Verfügungen, die ein dingliches Recht an einem der aufgeführten Gegenstände betreffen. In Betracht kommende Rechtshandlungen sind also nicht nur die Eigentumsübertragung, sondern auch die Einräumung anderer Rechtspositionen, insbesondere dinglicher Rechte iSd Art. 8 Abs. 1.[5] In Art. 8 Abs. 3 wird die Vormerkung dem dinglichen Recht iSv Art. 8 Abs. 1 gleichgestellt. Dies gilt auch im Rahmen des Art. 17, damit eine einheitliche Auslegung der Verordnung gewährleistet ist. 3

b) Maßgeblicher Zeitpunkt. Die Rechtshandlung muss **nach der Verfahrenseröffnung** vorgenommen worden sein. Entscheidend ist der Leistungserfolg.[6] Der Zeitpunkt der Verfahrenseröffnung bestimmt sich nach Art. 2 Nr. 8 (→ Art. 2 Rn. 14 ff.). 4

c) Entgeltlichkeit. Nach Art. 17 muss es sich um eine Rechtshandlung gegen Entgelt handeln. Hierfür genügt eine gemischte Schenkung; ein vollkommen zweiseitiger Vertrag ist nicht erforderlich.[7] Beim unentgeltlichen Erwerb bewendet es bei der Grundsatzanknüpfung des Art. 7.[8] Allerdings wird dann meist eine Handlung vorliegen, die die Gesamtheit der Gläubiger benachteiligt und daher nichtig, anfechtbar oder relativ unwirksam ist[9] (Art. 16; näher → Art. 16 Rn. 1 ff.). 5

[1] *Balz* ZIP 1996, 948 (950).
[2] Mankowski/Müller/Schmidt/*Mankowski* Rn. 1.
[3] Mankowski/Müller/Schmidt/*Mankowski* Rn. 1; *Virgós/Schmit* Rn. 140.
[4] Duursma-Kepplinger/Duursma/Chalupsky/*Duursma-Kepplinger* EuInsVO 2000 Art. 14 Rn. 3.
[5] MüKoInsO/*Reinhart* EuInsVO 2000 Art. 14 Rn. 2; *Virgós/Schmit* Rn. 141.
[6] *Paulus* EuInsVO Art. 17 Rn. 2.
[7] Duursma-Kepplinger/Duursma/Chalupsky/*Duursma-Kepplinger* EuInsVO 2000 Art. 14 Rn. 8.
[8] *Balz* ZIP 1996, 948 (950); Duursma-Kepplinger/Duursma/Chalupsky/*Duursma-Kepplinger* EuInsVO 2000 Art. 14 Rn. 8; *Fritz/Bähr* DZWiR 2000, 221 (229); *Huber* ZZP 114 (2001), 133 (164); *Kolmann,* Kooperationsmodelle im Internationalen Insolvenzrecht, 2001, 164; *Trunk* IntInsR 359.
[9] Duursma-Kepplinger/Duursma/Chalupsky/*Duursma-Kepplinger* EuInsVO 2000 Art. 14 Rn. 9.

6 **d) Gegenstände.** Die von der Norm erfassten Gegenstände, auf die sich die Rechtshandlung beziehen kann, sind in der Verordnung aufgelistet. Es geht um Schiffe oder Luftfahrzeuge, die der Eintragung in ein Register unterliegen (Spiegelstrich 2), Wertpapiere, deren Eintragung in ein gesetzlich vorgeschriebenes Register Voraussetzung für ihre Existenz ist (Spiegelstrich 3) und unbewegliche Gegenstände, wobei gleichgültig ist, ob diese in einem Register eingetragen sind (Spiegelstrich 1).[10]

7 Für die übrigen, insbesondere für bewegliche Gegenstände,[11] verbleibt es nach Art. 7 bei der lex fori concursus.[12] Die Massezugehörigkeit richtet sich nach dem Insolvenzstatut (Art. 7 Abs. 2 S. 2 lit. b).

8 **e) Massezugehörigkeit.** Dass der betreffende Gegenstand zur Masse gehören handeln muss, ergibt sich aus dem **Schutzzweck** der Vorschrift. Denn es geht darum, Dritte davor zu schützen, dass der Schuldner über Gegenstände verfügt, über die er wegen der Entziehung seiner Verfügungsbefugnis eigentlich nicht verfügen durfte (→ Rn. 1). Handelt es sich nicht um einen Massegegenstand und daher auch nicht um einen dem Schuldner gehörenden Gegenstand, dann hatte er hierfür niemals eine Verfügungsbefugnis inne, die ihm hätte entzogen werden können.[13]

9 **2. Belegenheit, Registerführung.** Anknüpfungsmoment ist die Belegenheit des unbeweglichen Gegenstandes bzw. der Staat der Registerführung.

III. Rechtsfolge

10 Bei Art. 17 handelt es sich um eine **Kollisionsnorm.**[14] Sie ist keine IPR- bzw. Gesamt-, sondern eine **Sachnormverweisung,** dh es wird nicht auf das Kollisionsrecht des Belegenheits- oder Registerstaates verwiesen.[15] Im Übrigen handelt es sich nur um einen Verweis auf das materielle Insolvenzrecht und nicht auch auf die übrigen Gutglaubensvorschriften des Belegenheits- oder Registerstaates. Denn nach dem Normzweck der Bestimmung (→ Rn. 1) wird nur der gute Glaube an die wegen der Insolvenzeröffnung fehlende Verfügungsbefugnis geschützt, weil der Eröffnungsvermerk in den Büchern fehlt. Weitere Gutglaubenserwerbstatbestände hatte der Verordnungsgeber nicht vor Augen.

11 Der Gutgläubige wird kollisionsrechtlich so gestellt, wie er stehen würde, wenn ein inländisches Verfahren eröffnet worden wäre. Es wird also ein **inländisches Verfahren** im Belegenheits- bzw. Registerstaat **fingiert.**[16] Wegen des bloß kollisionsrechtlich wirkenden Schutzes kann es sein, dass die lex rei sitae oder die lex libri siti im Vergleich zu der lex fori concursus für den Gutgläubigen nachteiligere Vorschriften vorsieht.

IV. Verhältnis zu Art. 14, 28, 29

12 Von **Art. 14** unterscheidet sich Art. 17 durch den Anknüpfungsgegenstand. Art. 14 betrifft die Wirkung des Insolvenzverfahrens auf eintragungspflichtige Rechte, Art. 17 die Wirksamkeit der nach der Verfahrenseröffnung vorgenommenen Rechtshandlung.

13 **Art. 28, 29** sind anders als Art. 17 keine Kollisionsnormen. Denn Art. 29 normiert eine Pflicht zur Eintragung in die Register. Art. 17 bezieht sich auf diese Eintragung. Art. 28 schreibt die öffentliche Bekanntmachung vor.

V. Praktische Auswirkungen

14 Für den Verwalter ergibt sich aus Art. 17 die Konsequenz, dass er möglichst **zeitnah** die **Eintragung der Verfahrenseröffnung in die Register veranlassen** sollte, um einen Gutglaubensschutz nach Maßgabe des Rechtes des Belegenheits- oder Registerstaates auszuschließen.[17]

---

[10] Unklar *Virgós/Schmit,* die einerseits in Rn. 140 von einer Erweiterung des Art. 17 über die eintragungsfähigen Rechte hinaus ausgehen, andererseits aber in Rn. 141 nur von „eintragbaren unbeweglichen Gegenständen […]" sprechen.

[11] MüKoInsO/*Reinhart* EuInsVO 2000 Art. 14 Rn. 5.

[12] *Kolmann,* Kooperationsmodelle im Internationalen Insolvenzrecht, 2001, 322; *Hausmann* in Reithmann/Martiny IntVertragsR Rn. 6.753.

[13] Duursma-Kepplinger/Duursma/Chalupsky/*Duursma-Kepplinger* EuInsVO 2000 Art. 14 Rn. 10; *Huber* ZZP 114 (2001), 133 (164).

[14] Duursma-Kepplinger/Duursma/Chalupsky/*Duursma-Kepplinger* EuInsVO 2000 Art. 14 Rn. 4, 6.

[15] Duursma-Kepplinger/Duursma/Chalupsky/*Duursma-Kepplinger* EuInsVO 2000 Art. 14 Rn. 4.

[16] *Huber* ZZP 114 (2001), 133 (164); *Leible/Staudinger* KTS 2000, 533 (558); *Virgós/Schmit* Rn. 141; zum Schutz des Dritterwerbers monographisch *I. Schneider,* Registrierte Gegenstände, 2019.

[17] *Kemper* ZIP 2001, 1609 (1616).

Wenn ein Insolvenzverfahren in einem anderen Mitgliedstaat eröffnet wird, aber diese Eröffnung nicht in das deutsche Grundbuch eingetragen wird, obwohl sich im Inland unbewegliche, massezugehörige Gegenstände befinden, und wenn der Schuldner nach der Eröffnung über den Gegenstand verfügt, gilt der Gutglaubensschutz nach Maßgabe der § 81 Abs. 1 S. 1 InsO, § 92 Abs. 2 InsO, §§ 892, 893, 878 BGB. Für Schiffe gelten §§ 16, 17 SchiffRG, für Luftfahrzeuge §§ 5 Abs. 3 LuftRG, §§ 16, 17 LuftRG. 15

VI. Mitgliedstaatenbezug

Da die Verordnung räumlich nicht auf Drittstaatensachverhalte anwendbar ist (→ Art. 1 Rn. 22 ff.), gilt auch Art. 17 nicht, wenn der Belegenheits- oder Registerstaat kein Mitgliedstaat ist. Dann kommen §§ 335, 349 InsO zum Zuge; dies gilt seit dem **Brexit** (→ Art. 1 Rn. 22) auch im Verhältnis zum Vereinigten Königreich.[18] 16

Art. 18 EuInsVO Wirkungen des Insolvenzverfahrens auf anhängige Rechtsstreitigkeiten und Schiedsverfahren

Für die Wirkungen des Insolvenzverfahrens auf einen anhängigen Rechtsstreit oder ein anhängiges Schiedsverfahren über einen Gegenstand oder ein Recht, der bzw. das Teil der Insolvenzmasse ist, gilt ausschließlich das Recht des Mitgliedstaats, in dem der Rechtsstreit anhängig oder in dem das Schiedsgericht belegen ist.

Schrifttum: *Garašić,* Effects of Foreign Insolvency Proceedings on Pending Arbitral Proceedings According to the European Insolvency Regulation, FS C. Paulus, 2022, 237; *Gruber,* Inländisches Vollstreckbarerklärungsverfahren und Auslandskonkurs, IPRax 2007, 426; *Kasolowsky/Steup,* Insolvenz in internationalem Schiedsverfahren, IPRax 2010, 180; *Kindler,* Lex loci arbitri vs. lex fori concursus vs. lex societatis: Die Insolvenz der ausländischen Schiedspartei nach der (geplanten) Reform der EuInsVO, FS Schütze, 2014, 221; *Mankowski,* EuInsVO und Schiedsverfahren – Zugleich Besprechung Court of Appeal England v. 9.7.2009 – [2009] EWCA Civ 677 (C.A.), ZIP 2010, 2528 – Syska and Elektrim SA v. Vivendi Universal SA, ZIP 2010, 2478; *Müller,* Der Massebezug des anhängigen Rechtsstreits in Art. 15 EuInsVO a.F. – Warum einfach, wenn es auch kompliziert geht?, GPR 2018, 243; *Rugullis,* Litispendenz im Europäischen Insolvenzrecht, 2002.

Übersicht

I. Normzweck

Art. 18 entspricht im Wesentlichen Art. 15 EuInsVO 2000, regelt seit der Reform allerdings ebenfalls die Wirkungen des Insolvenzverfahrens auf anhängige Schiedsverfahren ausdrücklich. Die Parallelregelung im innerstaatlichen Recht enthält § 351 InsO. Bei Art. 18 handelt es sich nicht um 1

[18] *Korch* ZInsO 2016, 1884 (1888).

eine Ausnahme zu Art. 7 Abs. 2 S. 2 lit. f, sondern zu Art. 7 Abs. 1. Denn die Vorschrift des Art. 7 Abs. 2 S. 2 lit. f bezieht sich von vornherein nur auf „Rechtsverfolgungsmaßnahmen einzelner Gläubiger" und nimmt in ihrem zweiten Halbsatz die Wirkungen des Insolvenzverfahrens auf bereits anhängige Rechtsstreitigkeiten ausdrücklich aus. Diese Rechtsstreitigkeiten werden von Art. 18 geregelt. Die Anwendungsbereiche beider Bestimmungen fügen sich also lückenlos aneinander, ohne dass die eine Vorschrift die andere verdrängen würde.[1] Art. 18 dient der **Verwirklichung der Universalität** unter Berücksichtigung des prozessrechtlichen Bedürfnisses nach Rechtsklarheit und -sicherheit.[2]

2 Art. 18 folgt mit der Verweisung auf die lex fori processus dem Gedanken der engsten Verbindung.[3] Die Anwendung der lex fori processus ist insoweit bedeutsam, als dass die nationalen Regelungen über die Auswirkungen von Insolvenzverfahrenseröffnungen auf laufende Prozesse sehr unterschiedlich sind. Diese Unterschiede betreffen neben der Verfahrensunterbrechung[4] auch die Zuständigkeit.

II. Rechtsstreit (Art. 18 Fall 1)

3 **1. Wirkungen des Insolvenzverfahrens auf einen anhängigen Rechtsstreit über einen Gegenstand oder ein Recht der Masse. a) Anhängiger Rechtsstreit. aa) Rechtsstreit.** Der Begriff des Rechtsstreits ist autonom auszulegen.[5] Wie sich aus Art. 18 unmittelbar ergibt, versteht man hierunter jedenfalls das **Erkenntnisverfahren.**[6] Gemeint sind dabei sowohl Aktiv- als auch **Passivprozesse.**[7] Erfasst werden **auch Massestreitigkeiten,** also Feststellungsprozesse über den Bestand der fraglichen Forderung.[8] Auch **Schiedsverfahren** gehören sachlich hierher. Dies ist seit der Reform ausdrücklich in Art. 18 normiert, wird aber begrifflich nunmehr von den „Rechtsstreitigkeiten" getrennt, wie aus der amtlichen Überschrift ersichtlich ist. Erwägungsgrund 73 differenziert – offenbar auf der Grundlage des Vorschlags – zwischen Gerichtsverfahren und Schiedsverfahren. Nach hM wurden auch schon vor der Reform Schiedsverfahren von Art. 18 erfasst.[9]

4 Demgegenüber unterfällt ein von einem Gläubiger betriebenes **Vollstreckungsverfahren** allein Art. 7 Abs. 2 S. 2 lit. f.[10] Ob die Eröffnung eines Insolvenzverfahrens eine Einzelrechtsverfolgung verbietet und welche Auswirkungen das Verfahren auf bereits begonnene Zwangsvollstreckungsmaßnahmen hat, richtet sich somit nach der lex fori concursus (vgl. im deutschen Recht §§ 88 ff. InsO; § 240 ZPO ist insoweit nicht anwendbar[11]). Dagegen soll ein – erstinstanzliches – **Anerkennungs- und Vollstreckbarerklärungsverfahren** nach der Brüssel Ia-VO bzw. dem AVAG durch die Eröffnung des Insolvenzverfahrens über das Schuldnervermögen im Ausland nicht unterbrochen werden;[12]

1 EuGH ECLI:EU:C:2016:841 Rn. 32 = NZI 2016, 959; *Reinhart* IPRax 2012, 417 (420).

2 Mankowski/Müller/Schmidt/*Müller* Rn. 1 Rn. 3; EuGH ECLI:EU:C:2022:9 = BeckRS 2022, 61 Rn. 54 = EuZW 2022, 392 mAnm *Laukemann* IPRax 2022, 567 (zu Art. 292 289 Solvabilität II-RL, der Parallelvorschrift zu Art. 18) – Paget Approbois.

3 Duursma-Kepplinger/Duursma/Chalupsky/*Duursma-Kepplinger* EuInsVO 2000 Art. 15 Rn. 7; *Kemper* ZIP 2001, 1609 (1615).

4 OLG Köln ZIP 2007, 2287.

5 Duursma-Kepplinger/Duursma/Chalupsky/*Duursma-Kepplinger* EuInsVO 2000 Art. 15 Rn. 25.

6 Duursma-Kepplinger/Duursma/Chalupsky/*Duursma-Kepplinger* EuInsVO 2000 Art. 15 Rn. 24.

7 EuGH ECLI:EU:C:2022:9 = EuZW 2022, 392 mAnm *Laukemann* IPRax 2022, 567 (zu Art. 292 289 Solvabilität II-RL, der Parallelvorschrift zu Art. 18) – Paget Approbois, → Vor Art. 1 Rn. 26; *Balz* ZIP 1996, 948 (951); Duursma-Kepplinger/Duursma/Chalupsky/*Duursma-Kepplinger* EuInsVO 2000 Art. 15 Rn. 25; *Kolmann,* Kooperationsmodelle im Internationalen Insolvenzrecht, 2001, 316; Mankowski/Müller/Schmidt/*Müller* Rn. 6.

8 Mankowski/Müller/Schmidt/*Müller* Rn. 6; zu Feststellungsklagen EuGH ECLI:EU:C:2022:9 = BeckRS 2022, 61 Rn. 46 = EuZW 2022, 392 mAnm *Laukemann* IPRax 2022, 567 – Paget Approbois.

9 High Court of Justice London SchiedsVZ 2008, 313 (316); Court of Appeal [2009] EWCA Civ. 677; dazu *Kindler* FS Schütze, 2014, 221 ff.; *Kasolowsky/Steup* IPRax 2010, 180; *Vorpeil* RIW 2010, 289; str., aA *Nacimiento/Biner* NJOZ 2009, 4752 (4757); BG ZIP 2010, 2530 = BeckRS 2010, 6595; K. Schmidt/*Brinkmann* EuInsVO 2000 Art. 4 Rn. 16; s. auch *Garcimartín* ZEuP 2015, 694 (720 ff.).

10 EuGH ECLI:EU:C:2010:24 Rn. 25 = NZI 2010, 156 – Probud Gdynia; dazu *Mansel/Thorn/Wagner* IPRax 2011, 27 f.; EuGH ECLI:EU:C:2016:841 Rn. 34 f. = NZI 2016, 959 mAnm *Mankowski* = FD-InsR 2016, 384013 mAnm *Tashiro* = NJW 2017, 144 mAnm *Strickler* – ENEFI; dazu *Hübler* NZI 2016, 990 (992 f.); *Riedemann* EWiR 2017, 177; *Bayer/Schmidt* BB 2017, 2114 (2123 f.); *Virgós/Schmit* Rn. 142; EuGH ECLI:EU:C:2022:9 = BeckRS 2022, 61 Rn. 47 = EuZW 2022, 392 mAnm *Laukemann* IPRax 2022, 567 – Paget Approbois.

11 BGHZ 172, 16 Rn. 10 f. = NJW 2007, 3132.

12 OLG Bamberg ZIP 2006, 1066 = IPRax 2007, 454 m. Aufs. *Gruber* IPRax 2007, 426; so schon OLG Saarbrücken NJW-RR 1994, 636.

auch das Vollstreckbarkeitsverfahren im Beschwerdestadium (Art. 49 Brüssel Ia-VO) soll einen Rechtsstreit iSd Art. 18 darstellen.[13]

Keine Rechtsstreitigkeiten iSd Art. 18 sind die Verfahren der **Freiwilligen Gerichtsbarkeit.** 5 Dafür spricht der Wortlaut „Rechtsstreit" und die Systematik, denn Art. 18 ist als Sonderkollisionsnorm restriktiv auszulegen.[14] Für die Auswirkungen der Insolvenzeröffnung auf derartige Verfahren bewendet es nach Art. 7 Abs. 1 bei der lex fori concursus. Wegen des Wortlautes ebenfalls kein Rechtsstreit ist das **Verwaltungsverfahren,** bei dem schon mangels Massebezogenheit idR Art. 18 nicht greifen dürfte.[15] Verwaltungsgerichtliche Streitigkeiten können dagegen sehr wohl unter Art. 18 fallen, zB wenn es um die Rechtmäßigkeit umweltpolizeilicher Maßnahmen geht.[16]

bb) Anhängigkeit. Anhängig ist ein Rechtsstreit, wenn der Kläger seinerseits alles Erforderliche 6 für die Einleitung des Verfahrens getan hat.[17] Das ist **jedenfalls bei Rechtshängigkeit** der Fall. Darunter versteht man den prozessualen Zustand nach Einleitung eines Urteilsverfahrens durch Klageerhebung,[18] bzw. die Anhängigkeit eines Anspruchs bei Gericht, das bedeutet die tatsächliche Existenz eines Urteilsverfahrens. Die Rechtshängigkeit tritt mit der Zustellung der Klageschrift ein (§ 261 Abs. 1 ZPO, § 253 Abs. 1 ZPO). Nach dem deutschen Recht genügt für die **Anhängigkeit** des Verfahrens bereits die **Einreichung der Klageschrift** bei Gericht. Dies ist auch für die Anwendung des Art. 18 hinreichend. Eine Beschränkung des Anwendungsbereichs auf die Fälle, in denen die Klageschrift dem Beklagten bereits zugestellt ist, ist nicht mehr vom möglichen Wortlaut gedeckt.[19] Art. 18 mit seinem Verweis auf die lex fori processus bezweckt den Schutz des Vertrauens auf die Rechtsordnung, in deren Geltungsbereich der Rechtsstreit begonnen hat. Schon im Zeitpunkt der Klageeinreichung bei Gericht vertraut der Kläger auf die Anwendung dieses Rechts. Damit scheidet auch eine teleologische Reduktion auf die Fälle der Rechtshängigkeit aus. Für Art. 18 **genügt** damit die **Anhängigkeit.** Diese Lösung entspricht auch Art. 32 Abs. 1 Brüssel Ia-VO.

cc) Zeitpunkt der Verfahrenseröffnung. Die Anhängig des Rechtsstreits muss im Zeitpunkt 7 der Insolvenzverfahrenseröffnung (Art. 2 Nr. 8) gegeben sein.[20] Dieser Zeitpunkt kann schon vor dem Erlass des Eröffnungsbeschlusses liegen. Das Verfahren ist nach der Rspr. des EuGH nämlich bereits dann eröffnet, wenn der Schuldner in seiner Verfügungsbefugnis eingeschränkt wird und sogleich ein Verwalter bestellt wird.[21] Überträgt man diese Konzeption auf Art. 18, so greift die Vorschrift nicht nur bei einer förmlichen Eröffnung des Insolvenzverfahrens, sondern bereits früher.[22] Wurde das Insolvenzverfahren vor der Rechtshängigkeit des Rechtsstreits eröffnet, so tritt keine Unterbrechung nach Art. 18 ein.[23]

b) Gegenstand oder Recht der Masse. Ob sich der Rechtsstreit überhaupt um einen Gegen- 8 stand oder ein Recht der Masse dreht, beurteilt sich nach der lex fori concursus (Art. 7 Abs. 2 S. 2 lit. b). Damit trifft die lex fori concursus eine Art „Vorauslese". Sie verhindert, dass Prozesse über Gegenstände unterbrochen werden, die nach der lex fori concursus schon nicht zur Masse gehören.[24] Auch bei Rechtsstreitigkeiten über finanzielle Verpflichtungen des Schuldners unterfallen der Vorschrift, wie der EuGH in der **Rs. Virgílio Tarragó da Silveira** entschieden hat.[25] Laut EuGH ist Art. 18 demnach

---

13 OLG Köln ZIP 2007, 2287 (2288).

14 *Huber* ZZP 114 (2001), 133 (155); *Virgós/Schmit* Rn. 102; zweifelnd Duursma-Kepplinger/Duursma/Chalupsky/*Duursma-Kepplinger* EuInsVO 2000 Art. 15 Rn. 26; für die Einbeziehung der FamFG-Verfahren K. Schmidt/*Brinkmann* EuInsVO 2000 Art. 15 Rn. 3.

15 Mankowski/Müller/Schmidt/*Müller* Rn. 12 mzN.

16 Mankowski/Müller/Schmidt/*Müller* Rn. 12.

17 Duursma-Kepplinger/Duursma/Chalupsky/*Duursma-Kepplinger* EuInsVO 2000 Art. 15 Rn. 15; *Herchen,* Das Übereinkommen über Insolvenzverfahren der Mitgliedstaaten der EU vom 23.11.1995, 2000, 199.

18 MüKoZPO/*Becker-Eberhard* ZPO § 261 Rn. 3.

19 Eine andere Auslegung könnte sich aus der französischen Fassung ergeben: „instance au cours" spricht eher für die Rechtshängigkeit; die englische Fassung „lawsuit pendig" ist schon insoweit nicht aufschlussreich, als dass das britische Recht nicht zwischen der Anhängigkeit und Rechtshängigkeit differenziert, vgl. auch Duursma-Kepplinger/Duursma/Chalupsky/*Duursma-Kepplinger* EuInsVO 2000 Art. 15 Rn. 16.

20 MüKoInsO/*Reinhart* EuInsVO 2000 Art. 15 Rn. 6.

21 EuGH ECLI:EU:C:2006:281 Rn. 54 = NZI 2006, 360 – Eurofood.

22 OLG München NJW-RR 2013, 314 = ZIP 2012, 2419; MüKoInsO/*Reinhart* Rn. 6; aA K. Schmidt/*Brinkmann* EuInsVO 2000 Art. 15 Rn. 6.

23 BGH BeckRS 2023, 7724 = ZIP 2023, 1150 Rn. 18 zu § 352 InsO.

24 BGHZ 217, 103 Rn. 12 = ZVertriebsR 2018, 153; Duursma-Kepplinger/Duursma/Chalupsky/*Duursma-Kepplinger* EuInsVO 2000 Art. 15 Rn. 11.

25 EuGH ECLI:EU:C:2018:398 = NZI 2018, 613 mAnm *Mankowski* – Virgílio Tarragó da Silveira, dazu *Müller* GPR 2018, 243; für Einbeziehung der Passivmasse auch EuGH ECLI:EU:C:2022:9 = BeckRS 2022, 61 Rn. 49 ff. = EuZW 2022, 392 mAnm *Laukemann* IPRax 2022, 567 – Paget Approbois.

nicht auf anhängige Verfahren über einen *bestimmten* Gegenstand oder ein *bestimmtes* Recht der Masse beschränkt. Probleme können auftreten, wenn die lex fori concursus andere Gegenstände zur „Masse" zählt als die lex fori processus. Ferner sind die besonderen Sachnormen zu dinglichen Rechten (Art. 8) und zum Eigentumsvorbehalt (Art. 10) zu beachten, die den Massebezug ausschließen können. Am Massebezug fehlt es bei nicht vermögensrechtlichen Streitigkeiten, Streitigkeiten um höchstpersönliche Leistungen des Schuldners oder Streitigkeiten um massefreies Vermögen des Schuldners.[26]

9 **c) Rechtsstreit über diesen Gegenstand oder dieses Recht.** Das Erkenntnisverfahren muss sich auf einen Gegenstand oder ein Recht beziehen, dessen Massezugehörigkeit außer Zweifel steht. Erfasst werden auch Prozesse, deren Ziel gerade die Klärung der Massezugehörigkeit ist, zumal der Verwalter auch diesbezüglich eine Prozessführungsbefugnis hat.[27]

10 **d) Wirkungen des Insolvenzverfahrens. aa) Insolvenzverfahren.** Nur die Eröffnung eines nach Art. 19 Abs. 1 anerkennungsfähigen ausländischen Insolvenzverfahrens unterbricht einen Inlandsprozess.[28] Zu den Insolvenzverfahren (Art. 2 Nr. 4) in diesem Sinne zählen auch die **Partikularverfahren.**[29] Im Falle eines drittstaatlichen Insolvenzverfahrens gilt § 352 InsO (näher → InsO § 352 Rn. 1 ff.).

11 **bb) Wirkungen.** Wirkungen sind die Frage der **Fortsetzung des Rechtsstreits, prozessuale Änderungen,** die sich daraus ergeben können, dass die Verfügungs- und Verwaltungsbefugnis des Schuldners weit reichend durch das Tätigwerden des Verwalters beschränkt wird.[30] Eine typische Wirkung der Eröffnung des Insolvenzverfahrens ist die **Unterbrechung** des Verfahrens (vgl. für das deutsche Recht § 240 ZPO), soweit das ausländische Insolvenzrecht dem Verwalter die Prozessführungsbefugnis überträgt.[31] Weiterhin gehören zu den Wirkungen auch die **weiteren Folgen** einer **etwaigen Unterbrechung,** insbesondere ob und ggf. durch wen das unterbrochene Verfahren wieder aufgenommen werden kann (vgl. für das deutsche Recht § 250 ZPO, § 85 InsO).[32] Dazu gehören aber auch die Rechtsfolgen, wenn das Verfahren nicht wieder aufgenommen wird.[33]

12 **2. Mitgliedstaat, in dem der Rechtsstreit anhängig ist. Anknüpfungsmoment** ist der Bezirk desjenigen **mitgliedstaatlichen Gerichtes,** bei dem der Rechtsstreit anhängig ist. Ist der Rechtsstreit in einem **Nicht-Mitgliedstaat** anhängig, so werden die dortigen Gerichte – mangels Anwendbarkeit der EuInsVO – das auf die Folgen der Insolvenzeröffnung anwendbare Recht nach ihrem **autonomen internationalen Zivilverfahrensrecht** bestimmen. Dies gilt für Nicht-EU-Staaten, für Dänemark (Erwägungsgrund 88) und seit dem Wirksamwerden des **Brexit** bei Insolvenzeröffnung nach Ablauf des 31.12.2020 (→ Art. 1 Rn. 22; → IntGesR Rn. 522; → EGBGB Art. 3 Rn. 57) für das Vereinigte Königreich.[34]

13 **3. Rechtsfolge.** Art. 18 Fall 1 ist eine **Sonderkollisionsnorm.** Sie bringt die **lex fori processus** zur Anwendung.[35] Bei Art. 18 Fall 1 handelt es sich nur um eine **Sachnormverweisung.** Das ergibt sich aus dem Wortlaut,[36] der Systematik,[37] der Entstehungsgesichte,[38] vor allem aber aus dem Normzweck, das Recht der engsten Verbindung zur Anwendung zu berufen.[39]

---

[26] Mankowski/Müller/Schmidt/*Müller* Rn. 15 f.

[27] Duursma-Kepplinger/Duursma/Chalupsky/*Duursma-Kepplinger* EuInsVO 2000 Art. 15 Rn. 10.

[28] OLG Hamburg BeckRS 2019, 12777.

[29] *Kolmann,* Kooperationsmodelle im Internationalen Insolvenzrecht, 2001, 316; Mankowski/Müller/Schmidt/*Müller* Rn. 17; aA *Lüke* ZZP 111 (1998), 275 (311).

[30] *Huber* ZZP 114 (2001), 133 (166); *Virgós/Schmit* Rn. 142.

[31] EuGH ECLI:EU:C:2022:9 = BeckRS 2022, 61 Rn. 64 = EuZW 2022, 392 mAnm *Laukemann* IPRax 2022, 567 (zu Art. 292 289 Solvabilität II-RL, der Parallelvorschrift zu Art. 18) – Paget Approbois; → Vor Art. 1 Rn. 26; OGH Österreich BeckRS 2022, 12269 Rn. 17; OLG München ZIP 2019, 781; OLG Saarbrücken NJOZ 2003, 16 = EWiR 2003, 707 m. KurzKomm. *Liersch/Kind;* dazu *Paulus* EuInsVO 2000 Art. 15 Rn. 6; zum früheren Recht schon BGH ZIP 1997, 1242; 1998, 659 (660).

[32] BGHZ 217, 103 Rn. 12 = ZVertriebsR 2018, 153; OLG Saarbrücken NJOZ 2003, 16 = EWiR 2003, 707 m. KurzKomm. *Liersch/Kind;* dazu *Paulus* EuInsVO 2000 Art. 15 Rn. 6; BGH NZI 2013, 690 Rn. 4.

[33] Mankowski/Müller/Schmidt/*Müller* Rn. 18. Seit der „Wendeentscheidung" BGHZ 95, 256 = NJW 1985, 2896 (nachfolgend BGH ZIP 1997, 1242) entfalten auch ausländische Insolvenzverfahren im inländischen Zivilprozess Unterbrechungswirkung nach § 240 ZPO.

[34] *Korch* ZInsO 2016, 1882 (1888 f.); zum Einfluss des Brexit auf das internationale Insolvenzrecht ferner *Vallender* ZInsO 2019, 645.

[35] Mankowski/Müller/Schmidt/*Müller* Rn. 25.

[36] Duursma-Kepplinger/Duursma/Chalupsky/*Duursma-Kepplinger* EuInsVO 2000 Art. 15 Rn. 6; *Leible/Staudinger* KTS 2000, 533 (558).

[37] *Leible/Staudinger* KTS 2000, 533 (558) m. Fn. 189.

[38] *Virgós/Schmit* Rn. 78.

[39] Duursma-Kepplinger/Duursma/Chalupsky/*Duursma-Kepplinger* EuInsVO 2000 Art. 15 Rn. 6.

Eine Verfahrensunterbrechung nach **§ 240 ZPO** tritt nur dann ein, wenn das Insolvenzverfahren durch einen formellen Eröffnungsbeschluss eröffnet wurde oder (im Insolvenzeröffnungsverfahren) bereits die Verwaltungs- und Verfügungsbefugnis auf den vorläufigen Insolvenzverwalter übergegangen ist. Der Begriff der Verfahrenseröffnung nach der ZPO bezieht sich auf den formellen Eröffnungsbeschluss (arg. § 240 S. 2 ZPO). Der Begriff der Verfahrenseröffnung nach Art. 2 Nr. 8 ist weiter. Sieht das ausländische Insolvenzrecht lediglich einen Zustimmungsvorbehalt zu Gunsten des vorläufigen Verwalters vor, so liegt zwar eine Verfahrenseröffnung nach der EuInsVO vor. Das in Deutschland anhängige Verfahren wird jedoch gemäß dem anwendbaren § 240 ZPO erst unterbrochen, wenn auch die Verfügungsbefugnis auf den vorläufigen Insolvenzverwalter übergegangen ist oder das Insolvenzverfahren auch durch formellen Eröffnungsbeschluss eröffnet wurde.[40] 14

III. Schiedsverfahren (Art. 18 Fall 2)

1. Wirkungen des Insolvenzverfahrens auf ein laufendes Schiedsverfahren über einen Gegenstand oder ein Recht der Masse. a) Laufendes Schiedsverfahren. aa) Schiedsverfahren. Zum Begriff des „Schiedsverfahrens" enthält die EuInsVO keine Aussage. Er folgt negativ aus der Abgrenzung zum „Gerichtsverfahren", das für den Verordnungsgeber die zweite Alternative für den Begriff des „Rechtsstreits" ist, wie er noch von Art. 15 EuInsVO 2000 als Oberbegriff verwendet wurde.[41] Im Sinne einer rechtsaktübergreifenden Auslegung entspricht der Begriff daher dem wortgleichen Begriff des Schiedsverfahrens, wie er auch in Art. 1 Abs. 2 lit. d und Erwägungsgrund 12 Brüssel Ia-VO verwendet wird. Schiedsverfahren sind alle Verfahren vor Privatpersonen, denen die Parteien die Befugnis zur Entscheidung ihres Streitfalles übertragen haben.[42] 15

bb) Beginn. Anhängig ist ein Schiedsverfahren, wenn der Kläger seinerseits alles Erforderliche für die Einleitung des Verfahrens getan hat. Damit ist im Regelfall – bei administrierten Schiedsverfahren – die Einreichung des Vorlageantrags (request for arbitration) bei der Schiedsinstitution gemeint.[43] Man spricht hier nicht von Rechtshängigkeit, sondern von **Schiedshängigkeit** (§ 1044 ZPO). 16

cc) Zeitpunkt der Verfahrenseröffnung. Die Schiedshängigkeit muss im Zeitpunkt der Insolvenzverfahrenseröffnung (Art. 2 Nr. 8) gegeben sein (→ Rn. 7). 17

b) Gegenstand oder Recht der Masse. Ob sich der Rechtsstreit überhaupt um einen Gegenstand oder ein Recht der Masse dreht, beurteilt sich nach der lex fori concursus (Art. 7 Abs. 2 S. 2 lit. b; näher → Rn. 8). 18

c) Schiedsverfahren über diesen Gegenstand oder dieses Recht. Das Schiedsverfahren muss sich auf einen Gegenstand oder ein Recht beziehen, dessen Massezugehörigkeit außer Zweifel steht. Erfasst werden auch Verfahren, deren Ziel gerade die Klärung der Massezugehörigkeit ist, zumal der Verwalter auch diesbezüglich eine Prozessführungsbefugnis hat. 19

d) Wirkungen des Insolvenzverfahrens. aa) Insolvenzverfahren. Zu den Insolvenzverfahren (Art. 2 Nr. 4) in diesem Sinne zählen auch die **Partikularverfahren.**[44] Im Falle eines drittstaatlichen Insolvenzverfahrens gilt § 352 InsO (näher → InsO § 352 Rn. 1 ff.). 20

bb) Wirkungen. Wirkungen sind die Frage der **Fortsetzung des Schiedsverfahrens, prozessuale Änderungen,** die sich daraus ergeben können, dass die Verfügungs- und Verwaltungsbefugnis des Schuldners weit reichend durch das Tätigwerden des Verwalters beschränkt wird (→ Rn. 11). 21

2. Mitgliedstaat, in dem das Schiedsgericht belegen ist. Anknüpfungsmoment ist der Staat, in dem der Schiedsort iSd Schiedsverfahrensstatuts liegt (vgl. Erwägungsgrund 73 und § 1025 Abs. 1 ZPO). 22

3. Rechtsfolgen. a) Maßgeblichkeit des Schiedsverfahrensstatuts. Art. 18 Fall 2 ist eine **Sonderkollisionsnorm.** Sie bringt im Regelfall (vgl. § 1025 Abs. 1 ZPO) die **lex loci arbitri** zur Anwendung und folgt damit dem Ansatz des EWHC im Fall Syska/Vivendi (Elektrim). Es ging dort um die Fortgeltung einer dem englischem Recht unterliegenden Schiedsklausel bei ausländischer 23

---

40 OLG München NZI 2012, 1028 (1029); BGH GRUR 2019, 549 Rn. 19 = EWiR 2019, 341 m. Kurzkomm. *Paulus;* MüKoInsO/*Reinhart* EuInsVO 2000 Art. 15 Rn. 13; anders OLG München BeckRS 2019, 3394 Rn. 7: Eigenverwaltung.

41 *Kindler* FS Schütze, 2014, 221.

42 So sinngemäß auch BGH NJW-RR 2009, 999 = IPRax 2009, 428.

43 MüKoZPO/*Münch* ZPO § 1044 Rn. 5 mit Verweis auf § 6 DIS-SchGO.

44 Mankowski/Müller/Schmidt/*Müller* Rn. 17.

Insolvenz.[45] Dabei handelt es sich um eine **Sachnormverweisung auf das Recht am Ort des schiedsrichterlichen Verfahrens.**

24 Denkbar ist, dass das **Schiedsverfahrensstatut** und das **Sitzrecht des Schiedsgerichts** (lex loci arbitri) **auseinanderfallen.** Art. 18 Fall 2 scheint nach seinem Wortlaut auch in diesen Fallsituationen auf das Sitzrecht des Schiedsgerichts zu verweisen. Sinnvollerweise sollte man die Verweisung in Art. 18 Fall 2 dennoch als eine Verweisung auf das aus Sicht des Schiedsgerichts anwendbare Verfahrensrecht des Schiedsgerichts verstehen.[46] Ansonsten müsste das Schiedsgericht für die Frage der Wirkungen der Insolvenzeröffnung ein anderes Verfahrensrecht heranziehen (nämlich das Recht am Ort des schiedsrichterlichen Verfahrens) als für die sonstigen Verfahrensfragen. Ein derart weitgehender Eingriff in die Schiedsgerichtsbarkeit erscheint auch vor dem Hintergrund von Erwägungsgrund 12 Brüssel Ia-VO nicht vom EU-Gesetzgeber gewollt.[47]

25 Die Maßgeblichkeit des Schiedsverfahrensstatuts trägt der **Schutzwürdigkeit der Prozessgegner des Insolvenzschuldners** Rechnung. Hier liegt zugleich die Wertungsparallele zu Art. 18 Fall 1.[48] Außerdem ist Staat des Schiedsverfahrensstatuts am Stärksten von den Wirkungen der Insolvenzeröffnung betroffen. Demgegenüber ist der Insolvenzeröffnungsstaat von dem Schiedsverfahren – als Erkenntnisverfahren – noch nicht unmittelbar berührt. Ein etwaiges Vollstreckungsverbot ergibt sich aus dem Insolvenzstatut (Art. 7 Abs. 2 S. 2 lit. f).

26 **b) Keine Unterbrechung des Schiedsverfahrens.** Ob eine **Unterbrechung des Schiedsverfahrens** eintritt, beurteilt sich nach dem **Schiedsverfahrensstatut.**[49] Hier gilt nach deutschem Recht und den meisten anderen Rechtsordnungen,[50] dass die Eröffnung des Insolvenzverfahrens nach Einleitung des Schiedsverfahrens nicht zu dessen Unterbrechung oder Beendigung führt.[51] Ein dem deutschen Recht unterliegendes Schiedsverfahren wird weder gemäß noch analog § 240 ZPO unterbrochen.[52] Die automatische Unterbrechungswirkung gemäß § 240 ZPO ist kein Bestandteil des deutschen ordre public im Sinne der Aufhebungsgründe (§ 1059 Abs. 2 Nr. 2 lit. b ZPO).[53] Allerdings ist es zur Wahrung der Verfahrensrechte aller Beteiligten erforderlich, das Schiedsverfahren **vorübergehend auszusetzen** und dem Insolvenzverwalter Gelegenheit zum Eintritt in das Verfahren zu geben.[54]

27 Im **deutschen Schuldenmassestreit** iSd §§ 179 ff. InsO, also dem Rechtsstreit eines Gläubigers wegen einer ungesicherten Forderung (Insolvenzforderung) muss der Gläubiger diese Forderung im Falle der Insolvenzeröffnung zunächst **zur Tabelle anmelden.** Wird die Forderung vom Insolvenzverwalter oder einem Insolvenzgläubiger bestritten, dann muss der Gläubiger die Forderung nach §§ 179, 180 InsO rechtskräftig feststellen lassen. Die Schiedsfähigkeit dieses Feststellungsrechtsstreits ist anerkannt; er kann daher durchaus im Rahmen eines – bereits anhängigen und vorläufig ausgesetzten oder noch einzuleitenden – Schiedsverfahrens geführt werden.[55] Dabei ist es unschädlich, wenn der Tenor eines solchen alsdann gegen den Insolvenzverwalter gerichteten Schiedsspruchs nicht auf Feststellung der Forderung (zur Insolvenztabelle) lautet, sondern auf Leistung, da die Feststellung als minus darin enthalten ist.[56]

28 **c) Bindung des Insolvenzverwalters an die Schiedsvereinbarung.** Nach deutschem Recht ist der **Insolvenzverwalter an die Schiedsabreden** des Insolvenzschuldners **gebunden,** zB hinsichtlich deren Einredewirkung (im deutschen Recht § 1032 Abs. 1 ZPO).[57] Dies gilt auch für den **Feststellungsrechtsstreit** iSd §§ 179 ff. InsO.[58] Die Schiedsvereinbarung ist weder ein

---

[45] Court of Appeal England [2009] EWCA Civ 677 (C.A.) = ZIP 2010, 2528 = RIW 2010, 289 *(Vorpeil)* – Syska and Elektrim SA/Vivendi Universal SA; dazu *Kindler* FS Schütze, 2014, 221; *Mankowski* ZIP 2010, 2478; *Kasolowsky/Steupen* IPRax 2010, 180; *Ph.-K. Wagner* GWR 2010, 129.

[46] *Mankowski* ZIP 2010, 2479 (2482); MüKoInsO/*Thole* Rn. 3.

[47] Zur schiedsfreundlichen Grundhaltung der Brüssel Ia-VO *Kindler* FS Geimer, 2017, 321.

[48] *Kindler* FS Schütze, 2014, 221.

[49] Vgl. zur Urfassung des Art. 15 EuInsVO 2000 *Mankowski* ZIP 2010, 2480, 2482 mN.

[50] *Ph.-K. Wagner* GWR 2010, 129, 130.

[51] Zöller/*Geimer*, 32. Aufl. 2016, ZPO § 1042 Rn. 48.

[52] OLG Dresden SchiedsVZ 2005, 159 mit Verweis auf BGH KTS 1966, 246.

[53] BGHZ 179, 304 Rn. 22 = SchiedsVZ 2009, 176 = GWR 2009, 44 mAnm *P. K. Wagner.*

[54] *Nacimiento/Bähr* NJOZ 2009, 4752 (4755); *Flöther* DZWIR 2001, 89 (92); *Longrée/Gantenbrink* SchiedsVZ 2014, 21 ff.

[55] *Ph.-K. Wagner* GWR 2010, 129 (130).

[56] BGHZ 179, 304 Rn. 8 = SchiedsVZ 2009, 176 = GWR 2009, 44 mAnm *P. K. Wagner.*

[57] BGH NZG 2013, 1238 = NZI 2013, 934 Rn. 8; BGHZ 179, 304 Rn. 11 = SchiedsVZ 2009, 176 mit Verweis auf BGHZ 24, 15, 18 = NJW 1957, 791; BGH ZInsO 2004, 88 mwN.

[58] BGH NZG 2013, 1238 = NZI 2013, 934 Rn. 8; BGHZ 179, 304 Rn. 11 = SchiedsVZ 2009, 176 = GWR 2009, 44 mAnm *P. K. Wagner,* mit Verweis auf MüKoInsO/*Schumacher* InsO Vor §§ 85–87 Rn. 54; MüKoInsO/*Schumacher* InsO § 180 Rn. 11; *Heidbrink/Gräfin von der Groeben* ZIP 2006, 265 (266).

gegenseitiger Vertrag (§ 103 InsO) noch ein Auftrag (§ 114 InsO). Der Verwalter kann daher weder die Erfüllung ablehnen, noch erlischt der Schiedsvertrag durch die Eröffnung des Insolvenzverfahrens.[59] Zu einer anderen Beurteilung gelangt man unter Umständen dann, wenn man die Schiedsvereinbarung als einen Vertrag iSv Art. 7 Abs. 2 S. 2 lit. e ansieht und insolvenzbedingte Eingriffe folgerichtig nach dem Insolvenzstatut beurteilt.[60]

d) Bindung an die Schiedsrichterbenennung. Der **Insolvenzverwalter** ist nach Konstituierung des Schiedsgerichts an die bereits erfolgte **Schiedsrichterbenennung** seitens des Schuldners **gebunden.**[61] Trotz Insolvenzeröffnung wird das Schiedsverfahren auch insofern nicht beendet, sondern nach einer angemessen langen Aussetzung fortgesetzt. Eine Neubesetzung des Schiedsgerichts findet nicht statt. 29

e) Vereinbarung einer institutionellen Schiedsordnung. Art. 18 Fall 2 verweist auf das Recht des Mitgliedstaates, in welchem das Schiedsgericht „belegen" ist. Dabei handelt es sich um eine **Sachnormverweisung.** Das Kollisionsrecht eines Mitgliedstaats sind ja gerade die Art. 7–18, wie etwa Erwägungsgrund 66 verdeutlicht.[62] Nicht ausdrücklich geregelt ist das Verweisungsziel des Art. 18, wenn die Parteien eine bestimmte Schiedsordnung vereinbart haben.[63] In zahlreichen Fällen wird erst das **Schiedsverfahrensstatut** die **Rechtsmacht** der Parteien begründen, **eine Schiedsordnung zu vereinbaren** (vgl. § 1042 Abs. 3 ZPO).[64] Derartige Regelungen des staatlichen Schiedsverfahrensstatuts sind dann von der Sachnormverweisung des Art. 18 erfasst. Das staatliche Schiedsverfahrensstatut billigt hier zugleich die insolvenzbezogenen Regeln in der Schiedsordnung, wenn es die Vereinbarung einer Schiedsordnung zulässt. Meist kommt freilich die lex loci arbitri – dh das staatliche Recht am Ort des schiedsrichterlichen Verfahrens – zur Anwendung,[65] da die wenigsten Schiedsordnungen die Auswirkungen der Insolvenz einer Schiedspartei regeln.[66] Die lex loci arbitri gilt insoweit jedenfalls dann, wenn die Schiedsparteien keine abweichende Wahl eines eigenen Schiedsverfahrensstatuts getroffen haben.[67] 30

IV. Praxishinweis

Der **Verwalter eines in Deutschland eröffneten EuInsVO-Verfahrens** hat vor allem drei Punkte unverzüglich zu **klären: (1)** ob überhaupt Rechtsstreitigkeiten oder Schiedsverfahren iSd → Rn. 3 ff. in ausländischen EuInsVO-Staaten anhängig sind, **(2)** ob diese sich auf Massegegenstände (§§ 35 ff. InsO) beziehen und **(3)** welche Wirkungen die ausländische lex fori processus bzw. lex loci arbitri für den Fall der Insolvenz einer Prozesspartei vorsieht.[68] Dabei ist das inländische Verfahren in die Typologie des ausländischen Prozessrechts einzuordnen.[69] 31

Kapitel II. Anerkennung der Insolvenzverfahren

Art. 19 EuInsVO Grundsatz

(1) ***[1]*** **Die Eröffnung eines Insolvenzverfahrens durch ein nach Artikel 3 zuständiges Gericht eines Mitgliedstaats wird in allen übrigen Mitgliedstaaten anerkannt, sobald die Entscheidung im Staat der Verfahrenseröffnung wirksam ist.**

---

59 BGH NZG 2013, 1238 = NZI 2013, 934 Rn. 8.

60 So *Mankowski* ZIP 2010, 2480 (2482 ff.).

61 Vgl. KG SchiedsVZ 2005, 100 mAnm *Lachmann;* näher *Ph.-K. Wagner* GWR 2010, 129 (130).

62 Mankowski/Müller/Schmidt/*Müller* Art. 18 Rn. 26 mwN.

63 Dazu *Konecny/Schubert/Maderbacher,* Kommentar zu den Insolvenzgesetzen, Wien 2013, EuInsVO Art. 15 Rn. 9; MüKoInsO/*Reinhart* EuInsVO 2000 Art. 15 Rn. 4; *Eyber* ZInsO 2009, 1225 (1229). Zu gebräuchlichen Schiedsordnungen s. Schütze (Hrsg.), Institutionelle Schiedsgerichtsbarkeit, 2011.

64 Näher *Mankowski* ZIP 2010, 2480 (2482); zu dieser Rechtsmacht der Parteien auch Zöller/*Geimer* ZPO § 1051 Rn. 3; ferner Nedden/Herzberg/*Nedden,* Praxiskommentar ICC-SchO/DIS-SchO, 2014, Einl. Rn. 14.

65 So die Grundregel in Art. V Abs. 1 lit. d UNÜ; *Hausmann* in Reithmann/Martiny IntVertragsR Rn. 7.265; Saenger/Siebert/*Eberl/Eberl* ZPO (Kommentiertes Prozessformularbuch), 2009, ZPO § 1025 Rn. 2.

66 MüKoInsO/*Reinhart* InsO § 352 Rn. 15; *Mankowski* ZIP 2010, 2478 (2482).

67 Zöller/*Geimer* ZPO § 1025 Rn. 8; *Mankowski* ZIP 2010, 2478 (2482).

68 Guter Überblick zum ausländischen Recht bei *Rugullis,* Litispendenz im europäischen internationalen Insolvenzrecht, 2002, 61 ff.; umfassende Angaben in den Länderberichten bei Kindler/Nachmann (Hrsg.), Handbuch des Insolvenzrechts in Europa, 2010.

69 Zutr. *Paulus* Rn. 11.

***[2]* Die Regel nach Unterabsatz 1 gilt auch, wenn in den übrigen Mitgliedstaaten über das Vermögen des Schuldners wegen seiner Eigenschaft ein Insolvenzverfahren nicht eröffnet werden könnte.**

(2) [1]Die Anerkennung eines Verfahrens nach Artikel 3 Absatz 1 steht der Eröffnung eines Verfahrens nach Artikel 3 Absatz 2 durch ein Gericht eines anderen Mitgliedstaats nicht entgegen. [2]In diesem Fall ist das Verfahren nach Artikel 3 Absatz 2 ein Sekundärinsolvenzverfahren im Sinne von Kapitel III.

Schrifttum: *Baccaglini,* L'esecuzione transfrontaliera delle decisioni nel regolamento (UE) 2015/848, Riv. dir. int. priv. proc. 2020, 55; *Freitag/Korch,* Gedanken zum Brexit – Mögliche Auswirkungen im Internationalen Insolvenzrecht, ZIP 2016, 1849; *Mansel,* Grenzüberschreitende Restschuldbefreiung – Anerkennung einer *(automatic) discharge* nach englischem Recht und *ordre public,* FS v. Hoffmann, 2011, 683; *Mehring,* Die Durchsetzung von Ansprüchen trotz Restschuldbefreiung nach englischem oder französischem Recht, ZInsO 2012, 1247; *Würdinger,* Die Anerkennung ausländischer Entscheidungen im europäischen Insolvenzrecht, IPRax 2011, 562; *Zipperer,* Der Grundsatz des gegenseitigen Vertrauens als Garant der grenzüberschreitenden Wirksamkeit der EuInsVO, ZIP 2021, 231.

Übersicht

I. Normzweck

1 Art. 19 entspricht im Wortlaut unverändert Art. 16 EuInsVO 2000. Art. 19 befasst sich mit der **Anerkennung** EU-ausländischer Insolvenzeröffnungsbeschlüsse und bildet damit zusammen mit Art. 7 das **Kernstück der Verordnung.** Die Vorschrift dient der Verwirklichung des Universalitätsprinzips mit dem Ziel der **Sicherstellung eines europäischen Binnenmarktes.** Die Anerkennung eines ausländischen Insolvenzverfahrens ist mit einer erheblichen **Einschränkung der eigenen Souveränität** verbunden und setzt daher ein großes gegenseitiges Vertrauen zwischen den betroffenen Staaten voraus.[1]

2 Dass die Anerkennung des ausländischen Verfahrens automatisch erfolgt, bedeutet insbesondere, dass es keines Anerkennungsverfahrens, keiner Veröffentlichung und keiner Vollstreckung bedarf.[2]

3 Die Pflicht zur Anerkennung erstreckt sich auf Hauptinsolvenzverfahren und Partikularverfahren. Letztere entfalten zwar nach Art. 3 UAbs. 2 S. 2 nur Wirkungen in dem Staat ihrer Eröffnung. Anerkennung bedeutet in diesem Fall, dass die Wirkungen des Nebenverfahrens von anderen Staaten nicht in Frage gestellt werden.[3]

II. Anerkennung mitgliedstaatlicher Insolvenzverfahren (Abs. 1)

4 Nach Art. 19 Abs. 1 UAbs. 1 wird die Eröffnung eines Insolvenzverfahrens durch ein nach Art. 3 zuständiges Gericht in den übrigen Staaten anerkannt, sobald die Entscheidung wirksam ist. Die Anerkennung erfordert zunächst, dass es sich um ein **Insolvenzverfahren** handelt. Dieses muss **wirksam eröffnet** worden sein, und zwar – nach dem Wortlaut des Art. 19 Abs. 1 – durch ein nach Art. 3 **zuständiges Gericht.** Schließlich darf nach **Art. 33** kein Verstoß gegen den ordre public-Vorbehalt vorliegen. Die Rechtsfolge der Vorschrift ist die **Anerkennung** des Insolvenzverfahrens im Sinne einer Erstreckung seiner Wirkungen auf andere Mitgliedstaaten. Mitgliedstaaten

[1] EuGH ECLI:EU:C:2010:24 Rn. 27 = NZI 2010, 156 mAnm *Mankowski* NZI 2010, 178 = EWiR 2010, 77 (78) m. KurzKomm. *J. Schmidt* – Probud Gdynia; dazu *Mansel/Thorn/Wagner* IPRax 2011, 27 f.; *Laukemann* LMK 2010, 299062; *Piekenbrock* KTS 2010, 208; *Thole* ZEuP 2010, 920; *Würdinger* IPRax 2011, 562.

[2] *Balz* ZIP 1996, 948 (951); *Fritz/Bähr* 2000, 221 (225); *Leible/Staudinger* KTS 2000, 533 (560 f.); *Virgós/Schmit* Rn. 143.

[3] Duursma-Kepplinger/Duursma/Chalupsky/*Duursma-Kepplinger/Chalupsky* EuInsVO 2000 Art. 16 Rn. 3.

iSd Art. 19 sind **alle EU-Mitgliedstaaten außer Dänemark** (Erwägungsgrund 88). Zum **Brexit** → Rn. 25.

1. Voraussetzungen. a) Insolvenzverfahren. Anerkannt wird hiernach die Eröffnung eines Insolvenzverfahrens. Was hierunter zu verstehen ist, ergibt sich aus der Legaldefinition des Art. 1 Abs. 1 iVm Anh. A (näher → Art. 1 Rn. 2 ff.). Bei dem betreffenden Verfahren, dessen Eröffnung anzuerkennen ist, muss es sich nicht um das Hauptverfahren handeln; die Anerkennungspflicht besteht auch im Hinblick auf Partikularinsolvenzverfahren.[4] Das lässt sich aus dem Wortlaut von Art. 19 schließen, der von einem „nach Art. 3 zuständigen Gericht" handelt. Dabei wird nicht näher nach Abs. 1 (Hauptverfahren) und Abs. 2–4 (Partikularverfahren) differenziert. Auch ein in **Eigenverwaltung** geführtes Verfahren (→ Art. Rn. 4) ist anzuerkennen.[5] **Nicht** erfasst sind diejenigen **präventiven Restrukturierungsrahmen** (§§ 2 ff. StaRUG), welche – mangels Öffentlichkeit – nicht unter Art. 2 Nr. 4 fallen und demgemäß den Art. 36 ff. Brüssel Ia-VO unterliegen.[6] 5

b) Eröffnung. Nach Art. 19 Abs. 1 UAbs. 1 bedarf es ferner der Eröffnung des Insolvenzverfahrens. Dabei ist zwischen dem **Eröffnungsbeschluss** und den sonstigen zur Durchführung und Beendigung eines Insolvenzverfahrens ergangenen Entscheidungen zu differenzieren. Letztere fallen nicht unter Art. 19, sondern unter Art. 32 und sind insbesondere Entscheidungen über die Anfechtung einer Forderung oder den Streit über das Bestehen einer solchen.[7] 6

Aus dem Grundsatz des gegenseitigen Vertrauens folgt, dass die Entscheidung über die Eröffnung des Verfahrens nicht **inhaltlich nachgeprüft** werden darf (keine révision auf fond; → Rn. 9 ff.). 7

c) Wirksamkeit. Die Anerkennung erfolgt, sobald die Eröffnung wirksam ist. Das ist der Fall, wenn die Entscheidung nach der lex fori Wirkungen entfaltet.[8] Wirkungen in diesem Sinne sind solche, die sich unmittelbar aus der Eröffnungsentscheidung ergeben.[9] Nicht erforderlich ist die formelle Rechtskraft der Eröffnungsentscheidung.[10] Dass keine formelle Rechtskraft erforderlich ist, leitet sich schon daraus her, dass im gegenteiligen Fall die unverzügliche Beschlagnahme des schuldnerischen Vermögens und der Ausschluss seiner Verfügungsbefugnis gefährdet wäre, die zentrale Bedeutung im Insolvenzverfahren haben.[11] Damit werden auch vorläufige Eröffnungsentscheidungen, also solche, gegen die noch Rechtsmittel eingelegt werden können, von der Vorschrift erfasst.[12] Insbesondere bedarf es für die Anerkennung auch keiner Bekanntmachung.[13] Zum **Zeitpunkt der Verfahrenseröffnung** vgl. Art. 2 Nr. 8 (→ Art. 2 Rn. 14 ff.; → Art. 3 Rn. 49 f.). 8

d) Zuständiges Gericht. Art. 19 verpflichtet zur Anerkennung der Eröffnung eines Insolvenzverfahrens durch „ein nach Artikel 3 zuständiges Gericht". Ob das eröffnende Gericht **tatsächlich international zuständig** gewesen sein muss, also die compétence directe Anerkennungsvoraussetzung ist, ist **umstritten.**[14] Der Wortlaut des Art. 19 Abs. 1 S. 1 spricht dafür. Allerdings fußt die 9

---

4 *Balz* ZIP 1996, 948 (951); *Paulus* Rn. 1; *Leible/Staudinger* KTS 2000, 533 (561).

5 OLG München ZIP 2019, 781.

6 *Schmidt* ZInsO 2021, 654 (661); umfassend *Greeve,* Die grenzüberschreitende Restrukturierung von Kapitalgesellschaften, 2023; *Kratzlmeier,* Die grenzüberschreitende Unternehmensrestrukturierung im europäischen Rechtsrahmen, 2023, 380 ff.; zu vertraulichen Restrukturierungsverfahren *Thole* ZIP 2021, 2153; *Hoos/Schwartz/Schlander* ZIP 2021, 2214.

7 *Kemper* ZIP 2001, 1609 (1614).

8 Duursma-Kepplinger/Duursma/Chalupsky/*Duursma-Kepplinger/Chalupsky* EuInsVO 2000 Art. 16 Rn. 11; EuGH ECLI:EU:C:2006:281 Rn. 38 ff., 44 = NZI 2006, 360 – Eurofood.

9 BGH ZIP 1997, 39 (42); *Kemper* ZIP 2001, 1609 (1613 f.).

10 Duursma-Kepplinger/Duursma/Chalupsky/*Duursma-Kepplinger/Chalupsky* EuInsVO 2000 Art. 16 Rn. 10; *Kemper* ZIP 2001, 1609 (1613); *Lüke* ZZP 111 (1998), 275 (286); Mankowski/Müller/Schmidt/Müller Art. 19 Rn. 15; *Virgós/Schmit* Rn. 68.

11 *Geimer* IZPR Rn. 3512; *Kolmann/Keller* in Gottwald InsR-HdB § 130 Rn. 9; *Schack* IZVR Rn. 1306; *Trunk* IntInsR 273.

12 Duursma-Kepplinger/Duursma/Chalupsky/*Duursma-Kepplinger/Chalupsky* EuInsVO 2000 Art. 16 Rn. 10; *Fritz/Bähr* 2000, 221 (225); *Kemper* ZIP 2001, 1609 (1613); *Virgós/Schmit* Rn. 68; nach Cour d'appel de Colmar ZIP 2010, 1460 = EWiR 2010, 453 m. KurzKomm. *Mankowski* soll eine voräufige Insolvenzeröffnung in Deutschland nach § 21 Abs. 2 S. 1 Nr. 2 InsO nicht in Frankreich nach Art. 19 EuInsVO anerkennungsfähig sein, sondern bloß als Sicherungsmaßnahmenach Art. 32 EuInsVO; dazu *Mansel/Thorn/Wagner* IPRax 2012, 1 (27).

13 *Balz* ZIP 1996, 948 (951); *Deipenbrock* EWS 2001, 113 (117); *Huber* ZZP 114 (2001), 133 (146); *Schack* IZVR Rn. 1306; *Vallender* KTS 2005, 283 (319).

14 So *Trunk* IntInsR 361; aA *Huber* ZZP 114 (2001), 133 (146); *Kolmann* The European Legal Forum 2002, 167 (172); *Lüke* ZZP 111 (1998), 275 (286 f.); MüKoInsO/*Reinhart* EuInsVO 2000 Art. 16 Rn. 3; *Hausmann* in Reithmann/Martiny IntVertragsR Rn. 6.630; *Virgós/Schmit* Rn. 202, die eine Überprüfung der Internationalen Zuständigkeit durch den Anerkennungsstaat ablehnen.

Europäische EuInsVO auf dem Grundsatz des gegenseitigen Vertrauens und des favor cognitionis (Erwägungsgrund 65).[15] Hinzu kommt, dass in Erwägungsgrund 65 ausdrücklich vorgesehen ist, dass bei Kompetenzkonflikten die Eröffnungsentscheidung des zuerst eröffnenden Gerichtes ohne Überprüfung auf seine Richtigkeit in den anderen Mitgliedstaaten anzuerkennen ist. Mit Blick auf diese Zielsetzung ist Art. 19 Abs. 1 S. 1 um das Merkmal „ein nach Artikel 3 zuständiges Gericht" **teleologisch zu reduzieren** (→ Art. 3 Rn. 51).

10 **e) Keine zweitstaatliche Überprüfungsmöglichkeit.** Entgegen dem Wortlaut des Art. 19 Abs. 1 UAbs. 1, der die Anerkennung von Insolvenzeröffnungsentscheidungen „durch ein nach Art. 3 *zuständiges* Gericht eines Mitgliedstaates" vorschreibt,[16] gibt es daher **keine zweitstaatliche Überprüfungsmöglichkeit.**[17] Deutsche Gerichte haben zeitlich vorausgehende Insolvenzeröffnungsentscheidungen aus anderen EuInsVO-Staaten vorbehaltlich Art. 33 (→ Rn. 12) zu achten. Ein bei einem deutschen Gericht gestellter Insolvenzantrag ist unzulässig (Art. 102c § 2 Abs. 1 S. 1 EGInsO), und ein dennoch eröffnetes inländisches Verfahren darf nicht fortgesetzt werden (Art. 102c § 2 Abs. 1 S. 2 EGInsO).

11 Beschließt das Insolvenzgericht in Kenntnis eines nach der EuInsVO in einem anderen Mitgliedstaat eröffneten Hauptinsolvenzverfahrens, dessen Wirkungen sich auf die im Inland belegene Masse erstrecken, die Eröffnung eines inländischen Insolvenzverfahrens, so hat dieses keine Rückwirkung; Art. 102c § 3 Abs. 2 EGInsO findet keine Anwendung. Die Eröffnung des inländischen Insolvenzverfahrens ist schwebend unwirksam.[18] Der BGH nimmt sogar an, dass die im deutschen Hauptverfahren eingegangenen **Masseverbindlichkeiten** (§§ 53, 55 InsO) **nicht wirksam** begründet sind, wenn dieses Verfahren *nach* einem in einem anderen EuInsVO-Staat eröffneten Hauptinsolvenzverfahren eröffnet wurde.[19] Schon vor dem Urteil Eurofood haben die deutschen Gerichte das Prioritätsprinzip vielfach angewandt:[20] Ein Beispiel bildet der **Fall Automold:**[21] Anerkennung der Insolvenzeröffnung (Hauptverfahren) und Eröffnung eines Sekundärverfahrens in Deutschland. Ebenfalls hierher gehört der **Fall ISA:**[22] Englisches Hauptverfahren. Einstellung eines zeitlich später eröffneten inländischen Hauptverfahrens und Eröffnung eines inländischen Sekundärverfahrens.

12 **f) Kein ordre public-Verstoß.** Nach Art. 33 kann ein Mitgliedstaat die Anerkennung verweigern, soweit sie zu dem Ergebnis führt, dass sie offensichtlich mit den **Grundprinzipien** oder den **verfassungsmäßig genannten Rechten und Freiheiten** des Einzelnen im Anerkennungsstaat unvereinbar wäre. Die ordre public-Klausel ist eng auszulegen (→ Art. 33 Rn. 1 ff.).[23] Hierher gehört der Fall des sich **offensichtlich aufdrängenden Mangels** in der internationalen Zuständigkeit.[24]

13 **2. Rechtsfolge.** Als Rechtsfolge normiert Art. 19 Abs. 1 S. 1 die Anerkennung der ausländischen Insolvenzverfahrenseröffnungsentscheidung. Sie erfolgt unmittelbar kraft Gesetzes, ohne Exequaturverfahren und sonstige Überprüfung und zeitgleich mit Wirksamwerden der Eröffnung.[25] Für

---

15 *Paulus* Rn. 9 f.; *Virgós/Schmit* Rn. 147. Zu den Grenzen dieses Prinzips Althammer/Weller (Hrsg.), Mindeststandards im Europäischen Zivilprozessrecht – Grundvoraussetzung für „Gegenseitiges Vertrauen", 2015; *Weller* NIPR 2017, 1; *Kohler* ZEuS 2016, 135.

16 Hervorhebung nicht im Original.

17 EuGH ECLI:EU:C:2014:2158 Rn. 27 f. = NZI 2014, 964 mAnm *Mankowski* = EuZW 2015, 34 mAnm *P. Schulz* = EWiR 2015, 81 m. Kurzkomm. *Undritz* – Burgo; Slg. 2010, I-417 Rn. 29 = NZI 2010, 156 mAnm *Mankowski* NZI 2010, 178 = EWiR 2010, 77 (78) m. KurzKomm. *J. Schmidt* – Probud Gdynia; dazu *Mansel/Thorn/Wagner* IPRax 2011, 1 (27 f.); *Laukemann* LMK 2010, 299062; *Piekenbrock* KTS 2010, 208; *Thole* ZEuP 2010, 920; *Würdinger* IPRax 2011, 562; EuGH ECLI:EU:C:2006:281 Rn. 44 = NZI 2006, 360 – Eurofood; BGH NZI 2016, 93 Rn. 8 mAnm *Mankowski;* AG Mannheim ZIP 2016, 2235 (2236); OLG Nürnberg NJW 2012, 862; OLG Celle ZIP 2013, 945 = BeckRS 2012, 25573; OLG München NZI 2010, 826 (828) = IPRax 2011, 505 m. Aufs. *Stadler* IPRax 2011, 480; wie im Text auch *Paulus* Rn. 9 f.

18 BGH NZI 2008, 572 mAnm *Mankowski* NZI 2008, 575 = ZIP 2008, 1338; Mankowski/Müller/Schmidt/*Müller* Rn. 23.

19 BGH BeckRS 2008, 12737 = ZIP 2008, 2029 = EWiR 2009, 17 m. KurzKomm. *Herchen.*

20 Nachweise bei Pannen/*Pannen* EuInsVO, 2007, EuInsVO 2000 Art. 3 Rn. 88.

21 AG Köln NZI 2004, 151 = ZIP 2004, 471.

22 AG Düsseldorf NZI 2004, 269 mAnm *Liersch* NZI 2004, 271 = ZIP 2004, 623; umfangreiche Nachweise zu dieser Konzerninsolvenz („Daysitek") bei *Pannen/Pannen* EuInsVO, 2007, EuInsVO 2000 Anh. A Art. 3 Rn. 15 (S. 150 f.).

23 *Lehr* KTS 2000, 577 (584); *Weller* ZGR 2008, 835 (850 f.).

24 VG Greifswald NZI 2018, 658 (660).

25 Mankowski/Müller/Schmidt/*Müller* Rn. 20; *Bariatti* RabelsZ 73 (2009), 628 (640); *Becker* ZEuP 2002, 287 (312); *Huber* ZZP 114 (2001), 133 (146); Uhlenbruck/*Lüer* EuInsVO Art. 16 Rn. 1, 7; Rauscher/*Mäsch,* EuZPR/EuIPR, 2015, EuInsVO 2000 Art. 16 Rn. 1; *Paulus* Rn. 2.

die sachliche Ausgestaltung der Anerkennung sind verschiedene Möglichkeiten denkbar, wie sich aus der Diskussion im allgemeinen Internationalen Zivilverfahrensrecht ergibt.[26] So bot sich dem Verordnungsgeber zunächst eine unbeschränkte Wirkungserstreckung an. Dies ist die weitest reichende Variante, denn hiernach beurteilt sich die Inlandswirkung der Eröffnungsentscheidung nach dem Recht des Eröffnungsstaates.[27] Eine weitere Möglichkeit bestand in der etwas abgeschwächten Wirkungsangleichung. Dann würde die Insolvenzverfahrenseröffnung einer inländischen Verfahrenseröffnung lediglich gleichgestellt, so dass es nur zu zweckentsprechenden Auslandswirkungen kommen würde.[28] Danach erfolgt zwar eine Wirkungserstreckung, jedoch nur bis zur Obergrenze des Rechts des anerkennenden Staates.[29] Der Verordnungsgeber hat sich im **Grundsatz** für die am weitesten reichende **unbeschränkte Wirkungserstreckung** entschieden.[30] Das ergibt sich aus den zentralen Vorschriften der Art. 19, 20 und Art. 7 und dem Erläuternden Bericht, wo von dem „Modell der Ausdehnung" die Rede ist.[31] Im **Streitfall** bleibt der Partei, die sich auf die Anerkennung beruft, die allgemeine **Feststellungsklage.**[32]

Die Wirkungserstreckung erfolgt grundsätzlich im gesamten räumlichen Anwendungsbereich der EuInsVO.[33] Eine **Ausnahme** liegt vor, wenn in einem Mitgliedstaat ein **Sekundärinsolvenzverfahren** eröffnet wird (Art. 20 Abs. 1 S. 2); dann erstreckt das ausländische Hauptverfahren seine Wirkungen nicht auf diesen Mitgliedstaat. Allerdings hindert die Eröffnung des Sekundärinsolvenzverfahrens nicht die Vollstreckbarerklärung des ausländischen Hauptverfahrenseröffnungsbeschlusses. Wenn nämlich das Hindernis des Sekundärinsolvenzverfahrens entfällt, erstrecken sich die Wirkungen des Hauptverfahrens erneut auf den gesamten EU-Raum.[34] Die **Sonderanknüpfungen** der Art. 8 ff. stellen eine weitere Ausnahme zur Wirkungserstreckung dar (→ Vor Art. 8 Rn. 1 f.). **14**

Wirkungserstreckung bedeutet zunächst, dass das eröffnete Insolvenzverfahren in den anerkennenden Staaten nicht in Frage gestellt werden darf.[35] Die Wirkungen im Einzelnen ergeben sich grundsätzlich (Ausnahmen bestimmen die Art. 8–18) aus der lex fori concursus. Ferner ist eine **Einzelrechtsverfolgung verboten,** wenn und soweit das Recht des Eröffnungsstaates ein solches Verbot anordnet. Eine solche Bestimmung wird aber in aller Regel eingreifen, weil sie zum Schutz der übrigen Gläubiger unverzichtbar ist und zum Wesen des Insolvenzverfahrens gehört. Im deutschen Recht wird die Einzelzwangsvollstreckung durch §§ 89, 90 InsO untersagt. Es kommt in der Regel zu einem **unionsweiten Vermögensbeschlag.**[36] Ist ein Insolvenzverfahren eröffnet, das einen universalen Vermögensbeschlag zur Folge hat, kann in keinem anderen Mitgliedstaat mehr ein Verfahren eröffnet werden, das mit diesem in Konflikt geraten würde.[37] Außerdem wird das Recht des Verfahrenseröffnungsstaates die Ernennung des **Insolvenzverwalters** bestimmen, sowie den **Übergang der Verwaltungs- und Verfügungsbefugnis.** Diese Aspekte sind ebenfalls anzuerkennen.[38] Eine nach Art. 19 im Inland anzuerkennende mitgliedstaatliche **Restschuldbefreiung** stellt je nach den ihr vom Recht des Eröffnungsstaates beigelegten Rechtswirkungen ein der Vollstreckung entgegenstehendes **Vollstreckungshindernis** dar.[39] **15**

Kein Fall der Wirkungserstreckung des ausländischen Rechts – und damit kein Fall der Anerkennung – liegt vor, soweit es um die **Gleichsetzung EU-ausländischer Insolvenzverfahren mit inländischen** Insolvenzverfahren im Rahmen einer inländischen Sachnorm geht. Hier geht es um **Substitution** (→ Einl. IPR Rn. 227 ff.). Ein Beispiel dafür bietet die **Vermutung des Vermögensverfalls,** wenn ein Insolvenzverfahren über das Vermögen bestimmter **Berufsträger** eröffnet ist (zB nach § 46 Abs. 2 Nr. 4 StBerG).[40] Die Vermutung tritt unabhängig davon ein, ob auch die ausländische lex fori concursus eine derartige Folge der Insolvenzeröffnung kennt. **16**

---

26 Hierzu *v. Bar/Mankowski* IPR I § 5 Rn. 112.
27 *v. Bar/Mankowski* IPR I § 5 Rn. 112.
28 So *Trunk* IntInsR 261, allerdings im Zusammenhang mit §§ 237, 238 KO; zur Gleichstellungstheorie vgl. auch *Nagel/Gottwald* IZPR § 11 Rn. 113.
29 Vgl. *v. Bar/Mankowski* IPR I § 5 Rn. 112.
30 Nerlich/Römermann/*Nerlich* EuInsVO 2000 Art. 16 Rn. 2.
31 *Virgós/Schmit* Rn. 153.
32 VG Greifswald NZI 2018, 658: Restschuldbefreiung.
33 Duursma-Kepplinger/Duursma/Chalupsky/*Duursma-Kepplinger/Chalupsky* EuInsVO 2000 Art. 16 Rn. 34.
34 OLG Düsseldorf NZI 2004, 1514 f.
35 *Lehr* KTS 2000, 577 (582).
36 AG Duisburg NZI 2003, 160; AG Hamburg ZIP 2015, 940 = IPRax 2016, 72 m. Aufs. *Mankowski* IPRax 2016, 57; *Kemper* ZIP 2001, 1609 (1614).
37 Duursma-Kepplinger/Duursma/Chalupsky/*Duursma-Kepplinger/Chalupsky* EuInsVO 2000 Art. 16 Rn. 32.
38 *Kemper* ZIP 2001, 1609 (1614).
39 VG Greifswald NZI 2018, 658 Ls. 3.
40 BFH NJW 2016, 3392: Vermutung des Vermögensverfalls eines Steuerberaters auch bei Eröffnung eines englischen Insolvenzverfahrens.

III. Zulässigkeit von Sekundärinsolvenzverfahren

17 Trotz der Anerkennung nach Art. 19 Abs. 1 S. 1 kann ein Partikularinsolvenzverfahren eröffnet werden (Art. 19 Abs. 2 S. 1), wobei es sich um ein Sekundärinsolvenzverfahren handelt (Art. 19 Abs. 2 S. 2), für das die Vorschriften des Kapitels III gelten. Der Schuldner hat demnach trotz des Hauptinsolvenzverfahrens das Recht, in „seinem" Mitgliedstaat ein eigenes Verfahren zu eröffnen.[41] Bezogen auf das Hauptverfahren bedeutet dies eine **gegenständlich beschränkte Aufhebung des Vermögensbeschlages,** denn das von dem Sekundärinsolvenzverfahren erfasste Vermögen gehört nicht gleichzeitig zur Masse des Hauptverfahrens[42] (→ Art. 3 Rn. 54; → Art. 34 Rn. 11).

18 Wurde in einem Mitgliedstaat ein Insolvenzverfahren eröffnet, das nicht in Anh. A aufgelistet ist und damit nicht von der Verordnung erfasst wird, und wird anschließend das Hauptverfahren in einem anderen Mitgliedstaat eröffnet, so kann daneben in dem Staat, wo das nicht erfasste Verfahren eröffnet worden war, noch ein Sekundärinsolvenzverfahren eröffnet werden.[43]

IV. Austritt eines Mitgliedstaates aus der EU (Brexit)

19 Für die **Anerkennung von englischen Insolvenzverfahren** in Deutschland wäre ab dem Tag des Wirksamwerdens des Austritts des Vereinigten Königreiches aus der EU (Art. 50 Abs. 3 EUV) in Ermangelung einer anderweitigen staatsvertraglichen Regelung nicht mehr Art. 19, sondern **§ 343 InsO** anzuwenden.[44] Indes sieht Art. 126 BrexitAbk[45] hierzu einen **Übergangszeitraum** vor, der mit **Ablauf des 31.12.2020** endete. Nach Art. 127 Abs. 1 UAbs. 1 BrexitAbk gilt das Unionsrecht während des Übergangszeitraums für das Vereinigte Königreich sowie im Vereinigten Königreich, sofern im Abkommen nichts anderes bestimmt ist. Zum fortgeltenden Recht, das gem. Art. 127 Abs. 3 BrexitAbk die gleichen Rechtswirkungen wie innerhalb der Union und ihrer Mitgliedstaaten entfaltet und nach denselben Methoden und allgemeinen Grundsätzen ausgelegt und angewendet wird, die auch innerhalb der Union gelten, gehört die EuInsVO.[46] Nach Art. 67 Abs. 3 lit. c BrexitAbk ist die EuInsVO im Verhältnis zum Vereinigten Königreich allerdings noch auf **Verfahren** anzuwenden, die **bis zum Ablauf der Übergangsfrist eingeleitet** worden sind. Hierbei ist jedoch laut EuGH unter der Einleitung des Verfahrens nicht bereits die Antragstellung, sondern erst die **Verfahrenseröffnung** zu verstehen.[47]

Art. 20 EuInsVO Wirkungen der Anerkennung

(1) Die Eröffnung eines Insolvenzverfahrens nach Artikel 3 Absatz 1 entfaltet in jedem anderen Mitgliedstaat, ohne dass es hierfür irgendwelcher Förmlichkeiten bedürfte, die Wirkungen, die das Recht des Staates der Verfahrenseröffnung dem Verfahren beilegt, sofern diese Verordnung nichts anderes bestimmt und solange in diesem anderen Mitgliedstaat kein Verfahren nach Artikel 3 Absatz 2 eröffnet ist.

(2) [1]Die Wirkungen eines Verfahrens nach Artikel 3 Absatz 2 dürfen in den anderen Mitgliedstaaten nicht in Frage gestellt werden. [2]Jegliche Beschränkung der Rechte der Gläubiger, insbesondere eine Stundung oder eine Schuldbefreiung infolge des Verfahrens, wirkt hinsichtlich des im Hoheitsgebiet eines anderen Mitgliedstaats befindlichen Vermögens nur gegenüber den Gläubigern, die ihre Zustimmung hierzu erteilt haben.

Schrifttum: *Homann,* System der Anerkennung eines ausländischen Insolvenzverfahrens, KTS 2000, 343; *Reinhart,* Sanierungsverfahren im internationalen Insolvenzrecht, 1995; *Zipperer,* Der Grundsatz des gegenseitigen Vertrauens als Garant der grenzüberschreitenden Wirksamkeit der EuInsVO, ZIP 2021, 231.

---

[41] Duursma-Kepplinger/Duursma/Chalupsky/*Duursma-Kepplinger/Chalupsky* EuInsVO 2000 Art. 16 Rn. 31; *Paulus* Rn. 13; *Sabel* NZI 2004, 126 (127).

[42] *Balz* ZIP 1996, 948 (952); Duursma-Kepplinger/Duursma/Chalupsky/*Duursma-Kepplinger/Chalupsky* EuInsVO 2000 Art. 16 Rn. 31; *Kemper* ZIP 2001, 1609 (1611); *Kolmann,* Kooperationsmodelle im Internationalen Insolvenzrecht, 2001, 348; *Virgós/Schmit* Rn. 156.

[43] Duursma-Kepplinger/Duursma/Chalupsky/*Duursma-Kepplinger/Chalupsky* EuInsVO 2000 Art. 16 Rn. 32.

[44] *M.-Ph. Weller/Thomale/Benz* NJW 2016, 2378 (2382); *Freitag/Korch* ZIP 2016, 1849 (1853 f.).

[45] Abkommen über den Austritt des Vereinigten Königreichs Großbritannien und Nordirland aus der Europäischen Union und der Europäischen Atomgemeinschaft vom 24.1.2020.

[46] BGH NZI 2023, 183 Rn. 34.

[47] BGH NZI 2023, 183 Rn. 35 mit Verweis auf EuGH ECLI:EU:C:2022:209 = NZI 2022, 539 Rn. 38 – Galapagos BidCo. f; dazu *Mansel/Thorn/Wagner* IPRax 2023, 109 (142 f.); *Kern/Bönold* IPRax 2024, 298; *Fuchs* GWR 2021, 81; *Schmidt* ZInsO 2022, 925 (927); *Paulus* EWiR 2022, 337 (338); *J. Schmidt* BB 2022, 1859 (1874 f.); Beispiel: OLG Koblenz NZI 2024, 340.

Übersicht

I. Normzweck

Art. 20 entspricht im Wortlaut unverändert Art. 17 EuInsVO 2000. Die Norm fördert die von der EuInsVO verfolgten Ziele der Einheit und **Universalität** des Insolvenzverfahrens (Erwägungsgrund 22) und der **Gläubigergleichbehandlung** (Erwägungsgrund 63). Diese Ziele werden insbesondere durch die Art. 3, 7, 19, 20 und Art. 21 abgesichert. Art. 20 Abs. 1 gewährleistet die **Wirkungserstreckung des Hauptverfahrens** auf das Gebiet der übrigen Mitgliedstaaten. 1

Daneben soll aber auch den **Vorrechten einzelner Gläubiger** Rechnung getragen werden. Dies geschieht durch die Sonderanknüpfungen der Art. 8–18 und durch die Zulassung von Partikularverfahren (Erwägungsgrund 22). Art. 20 Abs. 2 schreibt deshalb vor, dass das in einem Staat eröffnete **Partikularverfahren** in den übrigen Mitgliedstaaten respektiert werden muss. 2

II. Voraussetzungen der Wirkungserstreckung

1. Keine anderweitige Bestimmung. Die automatische Wirkungserstreckung soll nur erfolgen, „sofern diese Verordnung nichts anderes bestimmt". 3

Anderweitige Bestimmungen in diesem Sinne ergeben sich zum einen durch die **Sonderanknüpfungen** der **Art. 8–18,** die dem Schutz der Gläubigerinteressen dienen.[1] Zum anderen enthalten die **Art. 21 Abs. 1 S. 1 Hs. 2, Art. 21 Abs. 1 S. 2, Art. 21 Abs. 2 und Art. 21 Abs. 3** Ausnahmen zur automatischen Wirkungserstreckung. 4

2. Vorbehalt von Partikularverfahren. Eine weitere Schranke der automatischen Wirkungserstreckung ergibt sich aus der Eröffnung eines Partikularinsolvenzverfahrens. Die Wirkungen des Partikularinsolvenzverfahrens überlagern dann diejenigen des Hauptverfahrens.[2] Dabei geht es um die Wahrung inländischer Interessen des Staates des Sonderverfahrens, und zwar durch die **Anwendung der lex fori concursus particularis.**[3] Von dem Partikularverfahren wird allein das in dem betreffenden Staat belegene Vermögen erfasst. 5

Die Eröffnung des Partikularverfahrens steht jedoch der Vollstreckbarerklärung der Eröffnungsentscheidung des ausländischen Gerichts nicht entgegen. Das folgt aus Art. 33. Als Ergebnis der Wirkungserstreckung werden dort die Anerkennung der Insolvenzverfahrenseröffnung und der Vollstreckungsentscheidung genannt. Von der Vollstreckbarerklärung ist dort jedoch nicht die Rede. Für die Zulässigkeit der Vollstreckbarerklärung ungeachtet des Partikularverfahrens spricht zudem der Wortlaut des Art. 20 Abs. 1 („solange"). Damit wird zum Ausdruck gebracht, dass die Wirkung des Hauptverfahrens sich wieder im gesamten EU-Raum entfalten soll, wenn das Hindernis des Sekundärverfahrens entfällt. Aus Schuldnerschutzgesichtspunkten ist das auch geboten.[4] 6

Eine Ausnahme von der Aussetzung der Wirkungen des Hauptverfahrens besteht darin, dass der Insolvenzverwalter des Hauptverfahrens im Gebiet des Partikularverfahrens tätig werden muss, wenn er einen Gegenstand, der zur Masse des Hauptverfahrens gehört, verwerten will. Das ergibt sich aus Art. 49.[5] 7

3. Keine Förmlichkeiten. Die Verordnung verpflichtet zur automatischen Anerkennung, dh einer Anerkennung **ipso iure** wie bei ausländischen Zivilurteilen, die ebenfalls automatisch anerkannt werden (Art. 36 Abs. 1 Brüssel Ia-VO, § 328 ZPO, §§ 108 ff. FamFG), dh ohne förmli- 8

---

1 Duursma-Kepplinger/Duursma/Chalupsky/*Duursma-Kepplinger/Chalupsky* EuInsVO 2000 Art. 17 Rn. 2; *Huber* ZZP 114 (2001), 133 (148); Uhlenbruck/*Lüer* EuInsVO 2000 Art. 17 Rn. 2.

2 *Paulus* Rn. 10; BGH NZI 2015, 183 Rn. 9, 10 = BB 2015, 209 mAnm *M. Wilhelm* = IPRax 2016, 390 m. Aufs. *Stöber* IPRax 2016, 355; dazu *C. Paulus* EWiR 2015, 83.

3 *Virgós/Schmit* Rn. 155.

4 Vgl. hierzu OLG Düsseldorf NZI 2004, 628 f.

5 MüKoInsO/*Reinhart* EuInsVO 2000 Art. 17 Rn. 2.

ches Verfahren,[6] wie es beispielsweise das schweizerische Recht in Art. 166 ff. IPRG[7] vorsieht. Aus der Formulierung „ohne dass es hierfür irgendwelcher Förmlichkeiten bedürfte" lässt sich ferner schließen, dass auch keine sonstigen Formerfordernisse einzuhalten sind, wie etwa die Bekanntmachung des Eröffnungsbeschlusses oder dergleichen. Zulässig ist aber eine gerichtliche Feststellung des räumlichen und sachlichen Geltungsbereichs des Eröffnungsbeschlusses.[8]

9 Ob die Anerkennungsvoraussetzungen vorliegen, kann daher nur von einer damit befassten Behörde inzident geprüft werden, so etwa anlässlich eines Gerichtsprozesses.[9] Eine Negativfeststellung, dass eine bestimmte Entscheidung nicht anerkennungsfähig sei, ist unzulässig.[10]

III. Reichweite der Wirkungserstreckung

10 Der Verordnungsgeber hat sich für das System der automatischen Anerkennung und damit gegen die bloße Gleichstellung mit der fiktiven Eröffnung eines inländischen Insolvenzverfahrens entschieden (sog. „Modell der Ausdehnung"; → Art. 19 Rn. 19).[11] Das bedeutet, dass ab dem Zeitpunkt, in dem das Insolvenzverfahren in einem der Mitgliedstaaten eröffnet worden ist (Art. 2 Nr. 8; → Art. 2 Rn. 14 ff.), die Eröffnungsentscheidung selbst in allen Mitgliedstaaten gleichermaßen wirksam ist.[12] Das heißt aber auch, dass die **Wirkungen,** die sich **unmittelbar aus der Eröffnungsentscheidung ergeben,** gleichermaßen in den **übrigen Mitgliedstaaten eintreten,**[13] und zwar sowohl die prozessualen als auch die materiellen.[14] Die Wirkungserstreckung **endet** zeitlich **mit dem Abschluss des Verfahrens.** Daher kann ein zur Masse eines Sekundärinsolvenzverfahrens gehörender Anspruch aus Insolvenzanfechtung vom Verwalter des Hauptinsolvenzverfahrens geltend gemacht werden, sobald das Sekundärverfahren abgeschlossen und wenn der Anspruch vom Verwalter des Sekundärverfahrens nicht verfolgt worden ist.[15]

11 Im Einzelnen zählen hierzu nach Maßgabe des Art. 7 insbesondere der **Vermögensbeschlag** gegen den Schuldner,[16] die **Ernennung des Verwalters** und die **Einräumung der diesem zukommenden Befugnisse,** das Verbot der individuellen Rechtsverfolgung[17] und die grundsätzliche **Einbeziehung sämtlicher Vermögensgegenstände unabhängig von deren Belegenheit.**[18] Auch ein etwaiger Rechtsverlust der Gläubiger, der durch eine vom ausländischen Insolvenzstatut angeordnete **Restschuldbefreiung** des Schuldners bewirkt wird, ist in anderen EuInsVO-Staaten nach Art. 20 anzuerkennen.[19] Diese **Rechtswohltat** erstreckt sich freilich **nicht in jedem Fall auf Dritte:** Eine dem Schuldner erteilte Restschuldbefreiung steht der **Gläubigeranfechtung** jedenfalls dann nicht entgegen, wenn der Gläubiger die Anfechtungsklage bereits vor Eröffnung des Insolvenzverfahrens erhoben hat und die Anfechtung Rechtshandlungen betrifft, die vor der Eröffnung des Insolvenzverfahrens vorgenommen worden sind.[20] Auch wird eine titulierte Forderung nicht von einer Restschuldbefreiung nach ausländischem Recht erfasst, wenn der Titel erst nach erfolgter Restschuldbefreiung ergeht, aber der Einwand der Restschuldbefreiung im gerichtlichen

---

[6] *Paulus* Rn. 3.

[7] Zur Reform des schweizer internationalen Insolvenzrechts; *Markus* in Guillaume/Pretelli, Les nouveautés en matière de faillite transfrontalière, 2016, 23; *Meier/Rodriguez* YbPIL 2015/2016, 355.

[8] AG Duisburg NZI 2003, 160.

[9] Duursma-Kepplinger/Duursma/Chalupsky/*Duursma-Kepplinger/Chalupsky* EuInsVO 2000 Art. 17 Rn. 5; *Virgós/Schmit* Rn. 152.

[10] High Court (Chancery Div.) RIW 2012, 199 *(Vorpeil)* – Re Eurodis Texim Electronics S.A.

[11] Mankowski/Müller/Schmidt/*Müller* Rn. 6; *Virgós/Schmit* Rn. 153.

[12] Duursma-Kepplinger/Duursma/Chalupsky/*Duursma-Kepplinger/Chalupsky* EuInsVO 2000 Art. 17 Rn. 8; *Virgós/Schmit* Rn. 154.

[13] *Kemper* ZIP 2001, 1609 (1614).

[14] *Virgós/Schmit* Rn. 153.

[15] BGH NZI 2015, 183 Ls. 1 = BB 2015, 209 mAnm *M. Wilhelm* = IPRax 2016, 390 m. Aufs. *Stöber* IPRax 2016, 355; dazu *C. Paulus* EWiR 2015, 83.

[16] Jegliches in einem Mitgliedstaat belegene Vermögen des Schuldners gehört zur Insolvenzmasse, vgl. Cour de Cass. J.D.I. 2003, 132; AG Duisburg NZI 2003, 160 (161).

[17] So im Fall EuGH ECLI:EU:C:2010:24 = NZI 2010, 156 mAnm *Mankowski* NZI 2010, 178 = EWiR 2010, 77 (78) m. KurzKomm. *J. Schmidt* – Probud Gdynia; dazu *Mansel/Thorn/Wagner* IPRax 2011, 27 f.; *Laukemann* LMK 2010, 299062; *Piekenbrock* KTS 2010, 208; *Thole* ZEuP 2010, 920; *Würdinger* IPRax 2011, 562.

[18] AG Duisburg NZI 2003, 160; Duursma-Kepplinger/Duursma/Chalupsky/*Duursma-Kepplinger/Chalupsky* EuInsVO 2000 Art. 17 Rn. 8; *Kemper* ZIP 2001, 1609 (1617); *Virgós/Schmit* Rn. 154.

[19] *M.-Ph. Weller* IPRax 2011, 150 (155) zu Art. 4 Abs. 2 lit. k EuInsVO 2000 (jetzt Art. 7 Abs. 2 lit. k EuInsVO) und Art. L643-11 Code de Commerce und OLG Celle BeckRS 2010, 2200 = IPRax 2011, 186, wo dies nur undeutlich begründet wird; OLG Koblenz NZI 2024, 340 – UK Discharge.

[20] BGHZ 208, 1 = NZI 2016, 131 mAnm *Hübler* = IPRax 2016, 476 m. Aufs. *Thole* IPRax 2016, 453.

Verfahren nicht geltend gemacht wurde.[21] Zu Restschuldbefreiung und **Sekundärverfahren** → Art. 7 Rn. 47.

Andererseits bedeutet Wirkungserstreckung nicht, dass das Sachrecht des Eröffnungsstaates in jeder Hinsicht gilt. Welches Recht auf die einzelne Insolvenzwirkung anzuwenden ist, ergibt sich vielmehr aus Art. 8–18.[22] Auch folgt aus der Anerkennung keinerlei Sperrwirkung gegenüber einer Klage nicht gegen die insolvente Gesellschaft selbst, sondern gegen eine andere Gesellschaft derselben Gruppe und/oder die beteiligten Verwalter.[23] **12**

IV. Partikularverfahren

Art. 20 Abs. 2 bezieht sich auf Partikularinsolvenzverfahren, deren Wirkungen ebenfalls „nicht in Frage gestellt werden" dürfen. Aber es kommt **nicht** zu einer **Wirkungserstreckung** wie beim Hauptverfahren.[24] Das ergibt sich schon aus Art. 3 UAbs. 2 S. 2, wonach die Wirkungen eines Partikularverfahrens **auf das im Eröffnungsstaat belegene Vermögen beschränkt** sind. Die Vorschrift ist die logische Folge aus dem Territorialitätsprinzip. **13**

„Nicht in Frage gestellt" bedeutet in Abs. 2 zunächst, dass das **Nebenverfahren** rechtlich **vorrangig** vor dem Hauptverfahren ist.[25] Die Wirkungen des Hauptverfahrens werden also durch das Nebenverfahren verdrängt.[26] Die Folge der Verdrängung besteht darin, dass vom Hauptverfahren dasjenige Vermögen nicht erfasst wird, das sich zum Zeitpunkt der Nebenverfahrenseröffnung (Art. 2 Nr. 8; → Art. 2 Rn. 14 ff.) in dem Staat des Nebenverfahrens befindet. Allerdings fließt der Überschuss aus dem Nebenverfahren wieder dem Hauptverfahren zu (Art. 49) und nach Art. 45, 53 kann jeder Gläubiger seine Forderung sowohl im Haupt- als auch im Nebenverfahren anmelden. Die Eröffnungsentscheidung des Nebenverfahrens darf **nicht in einem anderen Mitgliedstaat angefochten** werden.[27] Auch dies ist Ausfluss der Wirkungserstreckung. **14**

Art. 20 Abs. 2 S. 2 knüpft an S. 1 an. Danach wirkt jede **Beschränkung von Gläubigerrechten** hinsichtlich der Vermögenswerte in einem anderen Mitgliedstaat nur gegenüber Gläubigern, die ihre Zustimmung hierzu erteilt haben. Diese Anerkennungsschranke dient dem Gläubigerschutz.[28] Als Beschränkungen aufgeführt sind dabei beispielhaft die Stundung und die Restschuldbefreiung. **15**

Die Zustimmung muss, wie sich aus dem Wortlaut und der Entstehungsgeschichte entnehmen lässt, ausdrücklich erteilt werden.[29] Ist diese Zustimmung einmal erteilt, darf keine Vollstreckung mehr in das Vermögen erfolgen, das sich in einem anderen Mitgliedstaat befindet.[30] **16**

Eine vergleichbare Regelung zu Art. 20 Abs. 2 S. 2 stellt Art. 47 Abs. 2 dar. Dennoch ist Art. 20 Abs. 2 S. 2 mehr als eine bloße Wiederholung des Art. 47 Abs. 2. Denn Art. 47 Abs. 2 bezieht sich nach Wortlaut und Systematik nur auf Sekundärinsolvenzverfahren, so dass Art. 20 Abs. 2 S. 2 für unabhängige Partikularverfahren selbstständige Bedeutung hat. **17**

Art. 21 EuInsVO Befugnisse des Verwalters

(1) [1]Der Verwalter, der durch ein nach Artikel 3 Absatz 1 zuständiges Gericht bestellt worden ist, darf im Gebiet eines anderen Mitgliedstaats alle Befugnisse ausüben, die ihm nach dem Recht des Staates der Verfahrenseröffnung zustehen, solange in dem anderen Staat nicht ein weiteres Insolvenzverfahren eröffnet ist oder eine gegenteilige Sicherungsmaßnahme auf einen Antrag auf Eröffnung eines Insolvenzverfahrens hin ergriffen worden ist. [2]Er darf insbesondere vorbehaltlich der Artikel 8 und 10 die zur Masse gehörenden

---

21 OLG Düsseldorf NZI 2022, 448 = EWiR 2022, 246 m. Kurzkomm. *Bork;* dazu treffend *Brinkmann* IPRax 2023, 169: Rechtskraft sticht Wirkungserstreckung.

22 MüKoInsO/*Reinhart* EuInsVO 2000 Art. 17 Rn. 1.

23 *Piekenbrock* IPRax 2018, 536.

24 *Homann* KTS 2000, 343 (369).

25 Duursma-Kepplinger/Duursma/Chalupsky/*Duursma-Kepplinger/Chalupsky* EuInsVO 2000 Art. 17 Rn. 15.

26 *Balz* ZIP 1996, 948 (952); Duursma-Kepplinger/Duursma/Chalupsky/*Duursma-Kepplinger/Chalupsky* EuInsVO 2000 Art. 17 Rn. 17; *Kemper* ZIP 2001, 1609 (1611); *Kolmann,* Kooperationsmodelle im Internationalen Insolvenzrecht, 2001, 326, 348; *Leible/Staudinger* KTS 2000, 533 (562).

27 Duursma-Kepplinger/Duursma/Chalupsky/*Duursma-Kepplinger/Chalupsky* EuInsVO 2000 Art. 17 Rn. 15.

28 *Hausmann* in Reithmann/Martiny IntVertragsR Rn. 6.654.

29 *Lüke* ZZP 111 (1998), 275 (307); *Taupitz* ZZP 111 (1998), 315 (347 f.); aA *Gottwald,* Grenzüberschreitende Insolvenzen, 1997, 42 f., der davon ausgeht, die Zustimmung könne auch durch Gerichtsbeschluss ersetzt werden.

30 Nerlich/Römermann/*Nerlich* EuInsVO 2000 Art. 17 Rn. 8.

Gegenstände aus dem Hoheitsgebiet des Mitgliedstaats entfernen, in dem diese sich befinden.

(2) [1]Der Verwalter, der durch ein nach Artikel 3 Absatz 2 zuständiges Gericht bestellt worden ist, darf in jedem anderen Mitgliedstaat gerichtlich und außergerichtlich geltend machen, dass ein beweglicher Gegenstand nach der Eröffnung des Insolvenzverfahrens aus dem Hoheitsgebiet des Staates der Verfahrenseröffnung in das Hoheitsgebiet dieses anderen Mitgliedstaats verbracht worden ist. [2]Des Weiteren kann der Verwalter eine den Interessen der Gläubiger dienende Anfechtungsklage erheben.

(3) [1]Bei der Ausübung seiner Befugnisse hat der Verwalter das Recht des Mitgliedstaats, in dessen Hoheitsgebiet er handeln will, zu beachten, insbesondere hinsichtlich der Art und Weise der Verwertung eines Gegenstands der Masse. [2]Diese Befugnisse dürfen nicht die Anwendung von Zwangsmitteln ohne Anordnung durch ein Gerichts [richtig wohl: „Gericht"] dieses Mitgliedstaats oder das Recht umfassen, Rechtsstreitigkeiten oder andere Auseinandersetzungen zu entscheiden.

Schrifttum: *Ahrens,* Rechte und Pflichten ausländischer Insolvenzverwalter im internationalen Insolvenzrecht, 2002; *Bierbach,* Wettlauf der Gläubiger um den Insolvenzgerichtsstand – Anfechtungsbefugnisse des Insolvenzverwalters nach Art. 18 Abs. 2 Satz 2 EuInsVO, ZIP 2008, 2203; *Haas,* Die Verwertung der im Ausland belegenen Insolvenzmasse im Anwendungsbereich der EuInsVO, FS Gerhardt, 2004, 319; *Hänel,* Anfechtung des Sekundärverwalters gegen den Hauptverwalter, FS C. Paulus, 2022, 321.

Übersicht

I. Normzweck

1 Art. 21 entspricht im Wesentlichen Art. 18 EuInsVO 2000. Die Norm wurde im Zuge der Reform 2015 lediglich auf die neue Nummerierung der Artikel angepasst. Art. 21 befasst sich mit den Befugnissen der Verwalter. Ein Verwalter ist gemäß der Legaldefinition des Art. 2 Nr. 5 UAbs. 1 jede Person oder jede Stelle, deren Aufgabe es ist, auch vorläufig die in Insolvenzverfahren angemeldeten Forderungen zu prüfen und zuzulassen (Ziff. I), die Gesamtinteressen der Gläubiger zu vertreten (Ziff. Ii), die Insolvenzmasse entweder vollständig oder teilweise zu verwalten (Ziff. Iii), die Insolvenzmasse iSd Ziffer iii zu verwerten (Ziff. Iv) oder die Geschäftstätigkeit des Schuldners zu überwachen (Ziff. V). Die als Verwalter in Betracht kommenden Personen sind in Anh. B aufgelistet (Art. 2 Nr. 5 UAbs. 2; näher → Art. 2 Rn. 4 f.).

2 Normzweck der Vorschrift ist die **Durchsetzung des Insolvenzstatuts.**[1] Dafür ist die **Anerkennung der Verwalterbefugnisse** in den übrigen Mitgliedstaaten unverzichtbar. Art. 21 komplettiert die automatische Anerkennung des ausländischen Insolvenzverfahrens.

3 Art. 21 Abs. 1 befasst sich mit den Befugnissen des Verwalters des Hauptinsolvenzverfahrens. Die Befugnisse der Verwalter des unabhängigen oder des sekundären Partikularinsolvenzverfahrens werden von Art. 21 Abs. 2 geregelt. Art. 21 Abs. 3 sieht die Pflicht des Verwalters vor, das Recht des Mitgliedstaates zu achten, in dessen Gebiet er handeln will (Art. 21 S. 1). Insbesondere ist es ihm untersagt, Zwangsmaßnahmen in diesem Gebiet durchzuführen oder Rechtsstreitigkeiten endgültig zu entscheiden (Art. 21 S. 2).

II. Hauptverfahren (Abs. 1)

4 **1. Überblick.** Die **Sachnorm**[2] des **Art. 21 Abs. 1 S. 1 Hs. 1** bestimmt, dass der Verwalter des Hauptverfahrens alle Befugnisse hat, die ihm die lex fori concursus „seines" Verfahrens einräumt. Dies ergibt sich bereits aus Art. 7 Abs. 2 S. 2 lit. c. Der Schuldner in Eigenverwaltung

[1] Uhlenbruck/*Lüer* EuInsVO 2000 Art. 18 Rn. 1.
[2] Uhlenbruck/*Lüer* EuInsVO 2000 Art. 18 Rn. 1.

(Art. 2 Nr. 3) gehört nicht zum Adressatenkreis der Vorschrift.[3] Im spanischen **Vorlageverfahren „Air Berlin"** (2022) steht eine EuGH-Entscheidung zur Reichweite des Art. 21 Abs. 1 an.[4]

Zwei **Einschränkungen** zu Art. 21 Abs. 1 S. 1 Hs. 1 sind im **zweiten Halbsatz** vorgesehen. 5
Danach werden die Befugnisse des Hauptverwalters (1) durch die Eröffnung eines **Sekundärinsolvenzverfahrens** und die Geltung der lex fori concursus secundarii und (2) durch eine **vorläufige Sicherungsmaßnahme** im Rahmen eines in Aussicht stehenden Sekundärverfahrens eingeschränkt.

Eine weitere Einschränkung findet sich in Art. 21 Abs. 1 S. 2. Befindet sich ein Massegegenstand 6
außerhalb des Gerichtsstaates, so hat der Verwalter nach Art. 21 Abs. 1 S. 2 Hs. 1 die Befugnis, diesen aus dem Gebiet des Belegenheitsstaates zu entfernen und in das Gebiet des Gerichtsstaates zu verbringen. Nach Hs. 2 gilt dies allerdings nur **vorbehaltlich der Art. 8 und 10.**

Weiterhin hat der Verwalter die Vorgaben des **Art. 21 Abs. 3** zu achten. 7

2. Verwalterbefugnisse nach der lex fori concursus generalis. Schon aus der Kollisions- 8
norm des Art. 7 Abs. 2 S. 2 lit. c ergibt sich, dass die Befugnisse des Verwalters des Hauptinsolvenzverfahrens sich grundsätzlich aus der lex fori concursus generalis ergeben.[5] Dasselbe gilt für seine Pflichten.[6] Ausnahmen folgen aus den Sonderanknüpfungen der Art. 8–18.

Ein Beispiel der Verwalterbefugnisse nennt **Art. 21 Abs. 1 S. 2** mit der **Entfernung des in** 9
einen anderen Mitgliedstaat verbrachten Gegenstandes. Laut EuGH „Air Berlin Spanien" besteht diese Befugnis selbst dann, wenn es in diesem anderen Mitgliedstaat lokale Gläubiger gibt, die durch ein Urteil festgestellte Ansprüche haben, für die gerichtlich eine Sicherheitsbeschlagnahme angeordnet wurde (EuGH ECLI:EU:C:2024:331 Rn. 72 ff. = NZI 2024, 508 – Air Berlin Spanien). Weitere Befugnisse ergeben sich aus dem Zugriffsrecht auf das Schuldnervermögen durch den regelmäßigen Übergang der Aktivlegitimation und Prozessführungsbefugnis auf den Verwalter.[7] Teilweise sieht das nationale Recht sogar einen Übergang des Eigentums an den Massegegenständen auf den Verwalter vor. Der Verwalter ist dann insoweit Rechtsnachfolger des Schuldners.[8]

3. Schranken. Eine Einschränkung der Hauptverwalterbefugnisse regelt **Art. 21 Abs. 1** 10
S. 2. Das dort vorgesehene Entfernungsrecht des Hauptverwalters wird demnach durch die **Art. 8 und Art. 10** eingeschränkt. Das dingliche Recht Dritter und der Eigentumsvorbehalt darf demnach nicht durch die Entfernung des Gegenstandes berührt werden. Das gilt nicht für den Gegenstand selbst, an dem das dingliche Recht bzw. der Eigentumsvorbehalt besteht. Dieser darf sehr wohl beeinträchtigt werden. Allerdings kann es zu Rückwirkungen des Schutzes des dinglichen Rechts bzw. Eigentumsvorbehaltes auf den Gegenstand selbst kommen. Das ist immer dann der Fall, wenn das dingliche Recht selbst durch die Maßnahme (Verbringung, Vernichtung oder Verwertung) beeinträchtigt würde, wie dies etwa bei einem verdinglichten Fruchtgenuss der Fall ist.[9]

Beschnitten werden die Hauptverwalterbefugnisse auch durch die Eröffnung eines **Sekundä-** 11
rinsolvenzverfahrens (Art. 21 Abs. 1 S. 1 Hs. 2 Alt. 1). Dies gilt spiegelbildlich zu den Beschränkungen der Wirkungserstreckung nach Art. 20 Abs. 2.[10] Das Sekundärinsolvenzverfahren ist rechtlich vorrangig vor dem Hauptverfahren, so dass die Befugnisse des Hauptverwalters von denen des Sekundärverwalters ebenso verdrängt werden wie die Wirkungen des Hauptverfahrens durch die des Nebenverfahrens insgesamt.[11] Eine möglicherweise vorübergehend fehlende **Aktivlegitimation** des Hauptinsolvenzverwalters zur Verfolgung eines Anspruchs **lebt wieder auf, nachdem** das **Sekundärinsolvenzverfahren abgeschlossen** war, ohne dass dieser Anspruch vom Sekundärinsolvenzverwalter verfolgt worden ist. Denn die Eröffnung eines Hauptinsolvenzverfahrens entfaltet seine Wirkungen nach Art. 20 Abs. 1 in den anderen Mitgliedstaaten nur „solange" dort kein Sekundärinsolvenzverfahren eröffnet ist. Entsprechend erstrecken sich nach Art. 21 Abs. 1 die Befugnisse des im Hauptinsolvenzverfahren bestellten Verwalters auf das

---

3 *Paulus* Rn. 4 f.

4 Juzgado de lo Mercantil n° 1 de Palma de Mallorca NZI 2023, 727 mAnm *Fuchs* (EuGH C-772/22 – Air Berlin).

5 BAG NZI 2013, 758 Rn. 36; BPatG BeckRS 2013, 12865 zum italienischen Vergleichverwalter.

6 *Taupitz* ZZP 111 (1998), 315 (339).

7 Uhlenbruck/*Lüer* EuInsVO 2000 Art. 18 Rn. 1.

8 BGHZ 188, 177 Rn. 15 = NJW 2011, 1818 zum englischen Recht; dazu *Reinhart* IPRax 2012, 417 ff.; näher *Ahrens,* Rechte und Pflichten ausländischer Insolvenzverwalter im internationalen Insolvenzrecht, 2002, 113.

9 Duursma-Kepplinger/Duursma/Chalupsky/*Duursma-Kepplinger/Chalupsky* EuInsVO 2000 Art. 18 Rn. 10.

10 *Paulus* Rn. 8.

11 *Taupitz* ZZP 111 (1998), 315 (339); *Virgós/Schmit* Rn. 163.

Gebiet anderer Mitgliedstaaten nur „solange" dort nicht ein weiteres Insolvenzverfahren eröffnet ist.[12]

12 Die Verordnung verfolgt das **Prinzip** der – wenn auch „kontrollierten" – **Universalität,** dh dass das Universalitätsprinzip im Grundsatz Vorrang vor dem Territorialitätsprinzip genießt. Daher nimmt auch der Hauptverwalter gegenüber dem Sekundärverwalter eine dominierende Rolle ein.[13] Ihm kommen erhebliche Eingriffsmöglichkeiten zu, vor allem solche, die für die Abstimmung von Haupt- und Nebenverfahren erforderlich sind,[14] zB die Eröffnung, der Verfahrensgang und die Beendigung des Nebenverfahrens (Art. 41 ff.). Im Einzelnen sind hier die Zusammenarbeits- und Unterrichtungspflichten zu nennen (Art. 41), insbesondere das Vorschlagsrecht für die Verwertung der Masse durch den Hauptverwalter (Art. 41 Abs. 2 lit. c Hs. 2), das Recht zur Forderungsanmeldung in sämtlichen Verfahren (Art. 45 Abs. 3), das Antragsrecht auf Aussetzung der Verwertung (Art. 46) und auf Aufhebung des Verfahrens (Art. 47 Abs. 1). Wenn ein Überschuss im Sekundärinsolvenzverfahren besteht, muss der Sekundärverwalter diesen an den Hauptverwalter herausgeben (Art. 49). Der Verwalter des Hauptinsolvenzverfahrens kann nach Art. 51 außerdem die Umwandlung eines unabhängigen in ein sekundäres Partikularverfahren beantragen. Art. 52 räumt ihm die Befugnis ein, einstweilige Sicherungsmaßnahmen zu beantragen.[15] Art. 21 Abs. 1 S. 1 Hs. 2 Alt. 1 gibt den Gläubigern die Möglichkeit, durch die Antragstellung auf Eröffnung eines Sekundärinsolvenzverfahrens zu verhindern, dass der Hauptverwalter Gegenstände aus „ihrem" Land entfernt.[16] **Nach Abschluss des Sekundärinsolvenzverfahrens** unterliegen Gegenstände, die der Sekundärmasse zugehörten und nicht verwertet wurden, wieder dem Insolvenzbeschlag. Daher **kann** ein zur Masse eines Sekundärinsolvenzverfahrens gehörender **Anspruch** aus Insolvenzanfechtung **vom Verwalter des Hauptinsolvenzverfahrens geltend gemacht werden,** wenn das Sekundärverfahren abgeschlossen und der Anspruch vom Verwalter des Sekundärverfahrens nicht verfolgt worden ist.[17]

13 Die Rechte des Hauptverwalters werden außerdem nach **Art. 21 Abs. 1 S. 1 Hs. 1 Alt. 2** durch entgegenstehende **vorläufige Sicherungsmaßnahmen** eingeschränkt, die bereits vor der Eröffnung des Sekundärverfahrens ergriffen wurden. Dahinter steht die Befürchtung, dass bei bevorstehender aber noch nicht erfolgter Insolvenzverfahrenseröffnung der Hauptverwalter versuchen wird, auf das in diesem Staat belegene Vermögen zuzugreifen. Um eine Verkürzung der Masse bereits vor Verfahrenseröffnung zu verhindern, werden daher die Befugnisse des Hauptverwalters bereits durch Sicherungsmaßnahmen eingeschränkt.

14 Der Hauptverwalter muss des Weiteren das **Recht des Mitgliedstaats** beachten, in dessen Bereich er tätig werden will **(Art. 21 Abs. 3 S. 1).** So muss der ausländische Hauptverwalter etwa die inländischen **Arbeitnehmerschutzvorschriften** beachten, und zwar auch dann, wenn die lex fori concursus derartige Vorschriften nicht kennt.[18] Zur Vermeidung derartiger Konflikte bietet sich die Eröffnung eines Sekundärinsolvenzverfahrens an.[19] Der ausländische Hauptverwalter ist nach **Art. 21 Abs. 3 S. 2** insbesondere **nicht** zur Anwendung von **Zwangsmaßnahmen** befugt und er darf **keine Rechtsstreitigkeiten** verbindlich **entscheiden.** Vielmehr ist die Durchführung von Zwangsmaßnahmen nur den Behörden des Staates erlaubt, in dessen Gebiet sich die betreffende Person oder Sache befindet. Praktisch bedeutet dies, dass ein Rechtshilfeersuchen erforderlich ist.[20] Angesichts der Anerkennung des Insolvenzverfahrens und der Rechtsstellung des Verwalters sind die ersuchten ausländischen Behörden zur Leistung der Zwangsmittel verpflichtet.[21] Die Formulierung des Art. 21 Abs. 3 S. 1 Hs. 2 („insbesondere hinsichtlich der Art und Weise der Verwertung") ergibt, dass das „Ob" der Verwertung nach der lex fori concursus zu beurteilen ist, für das „Wie" ist demgegenüber die lex rei sitae maßgeblich. Zur Art und Weise der Verwertung gehört zB die Frage, ob der Gegenstand durch freihändigen Verkauf oder im Wege einer öffentlichen Versteigerung verwertet werden soll.[22]

---

12 BGH NZI 2015, 183 Rn. 10 = BB 2015, 209 Rn. 7 mAnm *M. Wilhelm* = IPRax 2016, 390 m. Aufs. *Stöber* IPRax 2016, 355; dazu *C. Paulus* EWiR 2015, 83.

13 *Lehr* KTS 2000, 577 (583).

14 Mankowski/Müller/Schmidt/*Müller* Rn. 3.

15 Vgl. hierzu Duursma-Kepplinger/Duursma/Chalupsky/*Duursma-Kepplinger/Chalupsky* EuInsVO 2000 Art. 18 Rn. 13.

16 Mankowski/Müller/Schmidt/*Müller*Rn. 11 ff.

17 BGH NZI 2015, 183 Rn. 10 = BB 2015, 209 Rn. 7 mAnm *M. Wilhelm* = IPRax 2016, 390 m. Aufs. *Stöber* 355.

18 Nerlich/Römermann/*Nerlich* EuInsVO 2000 Art. 18 Rn. 4.

19 Nerlich/Römermann/Nerlich EuInsVO 2000 Art. 18 Rn. 4.

20 Duursma-Kepplinger/Duursma/Chalupsky/*Duursma-Kepplinger/Chalupsky* EuInsVO 2000 Art. 18 Rn. 18; *Leible/Staudinger* KTS 2000, 533 (562); *Virgós/Schmit* Rn. 164.

21 Nerlich/Römermann/*Nerlich* EuInsVO 2000 Art. 18 Rn. 5.

22 Nerlich/Römermann/*Nerlich* EuInsVO 2000 Art. 18 Rn. 6; aA *Paulus* NZI 2001, 505.

III. Nebenverfahren (Abs. 2)

Auch Art. 21 Abs. 2 ist eine **Sachnorm** und befasst sich mit dem Verwalter des Partikularinsolvenzverfahrens. Nach Art. 21 Abs. 2 S. 1 kann der Partikularverwalter in jedem anderen Mitgliedstaat „geltend machen", dass ein beweglicher Gegenstand nach der Verfahrenseröffnung in einen anderen Mitgliedstaat verbracht worden ist. Gemeint ist mit dieser schwammigen Formulierung ein **echtes Rückholrecht des Partikularinsolvenzverwalters,** für das die Vorschrift eine europarechtliche Anspruchsgrundlage liefert.[23] Es besteht neben den von der lex fori concursus secundarii (Art. 35) gewährten Ansprüchen (zB nach §§ 80, 81, 91 InsO)[24] und erstreckt sich auf einen etwaigen **Verwertungserlös** (arg. Art. 36 Abs. 6 S. 2). Art. 21 Abs. 2 S. 2 räumt ihm das Recht zur Erhebung einer **Anfechtungsklage** in den vom Eröffnungsstaat verschiedenen Mitgliedstaaten ein.[25] Das Ziel besteht in der **Wiedererlangung der Vermögensgegenstände,** die zur Masse des Sekundärverfahrens gehören.[26] Im spanischen **Vorlageverfahren „Air Berlin"** hat der EuGH diese Reichweite des Rückholrechts nach Art. 21 Abs. 2 bestätigt.[27] 15

Diese beiden Vorschriften sind allerdings Ausnahmeregelungen zu dem Grundsatz, dass der Verwalter eines Partikularverfahrens mit nur territorialer Wirkung nicht in einem anderen Mitgliedstaat tätig werden darf.[28] Weit reichende Befugnisse hat er nur im Staat der Verfahrenseröffnung. Sie richten sich nach der lex fori concursus particularis (Art. 35, Art. 7 Abs. 2 S. 2 lit. c). 16

Nach *Reinhart* enthält Art. 21 Abs. 2 beispielhafte Regelungen, so dass auch weitere Befugnisse des Partikularverwalters im Ausland denkbar seien, etwa die Verwertung eines im Ausland belegenen Gegenstandes im Belegenheitsstaat.[29] Gegen eine derartige Ausdehnung spricht indes der **Ausnahmecharakter** dieser Vorschriften. Haben etwa Insolvenzgläubiger in einem inländischen Partikularinsolvenzverfahren durch die deutsche Niederlassung einer in der EU ansässigen Gesellschaft begründete Forderungen zur Tabelle angemeldet, so ist deshalb der Partikularinsolvenzverwalter **nicht** analog Art. 45 Abs. 2 befugt, im Inland vermeintliche **Haftungsansprüche** der Insolvenzgläubiger gegen die Gesellschaft geltend zu machen.[30] 17

IV. Verwertungsmaßnahmen außerhalb des Eröffnungsstaates (Abs. 3)

Eingeschränkt werden die Befugnisse des Verwalters des Partikularverfahrens ferner durch Art. 21 Abs. 3. Vgl. zunächst → Rn. 13 aE. Art. 21 Abs. 3 enthält – anders als die Vorschriften der Abs. 1 und 2 – eine **Kollisionsnorm,** und zwar eine Sonderanknüpfung zu Art. 7 Abs. 2 S. 2 lit. c. Sie bestimmt, dass sich Art und Weise der Verwertung nach der lex rei sitae richten. So kann der Verwalter zB eine nach dem Belegenheitsrecht vorgesehene Teilungsversteigerung betreiben, unabhängig von der Ausgestaltung der Verwertung nach der lex fori concursus.[31] Die Kollisionsnorm bezieht sich dabei sowohl auf den Verwalter des Hauptverfahrens als auch auf den eines unabhängigen oder eines sekundären Partikularverfahrens.[32] 18

Das **Recht des Mitgliedstaates,** in dem der Verwalter tätig wird, darf **nicht verletzt** werden (Art. 21 Abs. 3 S. 1), die Anwendung von **Zwangsmaßnahmen** in diesem Gebiet sind dem Verwalter **untersagt** und **Rechtsstreitigkeiten** darf er dort **nicht entscheiden** (Art. 21 Abs. 3 S. 2). 19

Die Massezugehörigkeit von Vermögenswerten, die im Ausland belegen sind, wird durch Art. 21 Abs. 3 nicht berührt, auch im Hinblick auf den Pfändungsschutz.[33] 20

---

23 *Virgós/Schmit* Rn. 224.

24 KG NZI 2001,729 (730) mAnm *Mankowski.*

25 Näher *Bierbach* ZIP 2008, 2203; zur Anfechtung des Sekundärverwalters gegen den Hauptverwalter *Hänel* FS C. Paulus, 2022, 321.

26 *Virgós/Schmit* Rn. 224.

27 EuGH ECLI:EU:C:2024:331 Rn. 82 ff. = NZI 2024, 508 – Air Berlin Spanien; Juzgado de lo Mercantil n° 1 de Palma de Mallorca NZI 2023, 727 mAnm *Fuchs* (EuGH C-772/22 – Air Berlin).

28 Duursma-Kepplinger/Duursma/Chalupsky/*Duursma-Kepplinger/Chalupsky* EuInsVO 2000 Art. 18 Rn. 24; *Paulus* Rn. 12 ff.; *Virgós/Schmit* Rn. 165.

29 MüKoInsO/*Reinhart* EuInsVO 2000 Art. 18 Rn. 3.

30 KG NZI 2011, 729 mAnm *Mankowski* NZI 2011, 730 = IPRax 2012, 362 m. Aufs. *Piekenbrock* IPRax 2012, 337.

31 Cass. com. 16.7.2020, Clunet 2021, 591 (593) mAnm *Mastrullo.*

32 Duursma-Kepplinger/Duursma/Chalupsky/*Duursma-Kepplinger/Chalupsky* EuInsVO 2000 Art. 18 Rn. 30.

33 Uhlenbruck/*Lüer* EuInsVO 2000 Art. 18 Rn. 3; BGH NJW-RR 2017, 1080 Rn. 17 = IPRax 2018, 427 m. Aufs. *Piekenbrock* IPRax 2018, 392.

Art. 22 EuInsVO Nachweis der Verwalterbestellung

[1] Die Bestellung zum Verwalter wird durch eine beglaubigte Abschrift der Entscheidung, durch die er bestellt worden ist, oder durch eine andere von dem zuständigen Gericht ausgestellte Bescheinigung nachgewiesen.
[2] [1]Es kann eine Übersetzung in die Amtssprache oder eine der Amtssprachen des Mitgliedstaats, in dessen Hoheitsgebiet er handeln will, verlangt werden. [2]Eine Legalisation oder eine entsprechende andere Förmlichkeit wird nicht verlangt.

Übersicht

I. Normzweck

1 Art. 22 entspricht im Wortlaut unverändert Art. 19 EuInsVO 2000. Art. 22 soll es dem Verwalter **erleichtern,** seine **Handlungsbefugnisse** auch in anderen Mitgliedstaaten **nachzuweisen.**[1] Zudem ermöglicht die Norm eine schnelle und kostengünstige Form des Nachweises.[2]

2 Die Befugnis des Verwalters ergibt sich unmittelbar aus der Eröffnungsentscheidung. Einer Bestellungsurkunde bedarf es nicht.[3] Die Vereinfachung resultiert daraus, dass der Verwalter bereits in dem Eröffnungsbeschluss benannt wird.[4]

3 Der Verordnungsgeber hat sich durch diese Regelung gegen das „Einheitsmuster" einer Bescheinigung entschieden.[5] Ein solches hätte wegen der verschiedenen Rechtsstellungen der Verwalter in den jeweiligen Mitgliedstaaten auch nur eine begrenzte Aussagekraft gehabt.[6]

4 In der Praxis wird die Vorschrift vor allem für den **Hauptverwalter** von Bedeutung sein, weil grundsätzlich nur er **grenzüberschreitende Befugnisse** hat. Eine Ausnahme hierzu besteht insbesondere in Art. 21 UAbs. 2, wonach auch der Verwalter des Partikularinsolvenzverfahrens in bestimmtem Umfang grenzüberschreitend als solcher tätig sein darf.[7]

II. Taugliche Nachweise für Verwalterbestellung (UAbs. 1)

5 Der Verwalter muss den Nachweis über seine Verwalterbestellung erbringen.[8] Dieser Nachweis erfolgt nach Art. 22 UAbs. 1 durch die Vorlage einer **Abschrift des Originals der Entscheidung,** die von einer hierfür vom Herkunftsstaat ermächtigten Person beglaubigt wurde.[9]

6 Taugliche Urkunden im Sinne dieser Vorschrift sind zum einen die Entscheidung, durch die der Verwalter bestellt wurde, also der **Insolvenzeröffnungsbeschluss,** vgl. für Deutschland § 27 Abs. 2 Nr. 2 InsO (Art. 22 UAbs. 1 Alt. 1). Andererseits kann dies nach Art. 22 UAbs. 1 Alt. 2 auch die **Bestellungsurkunde** sein (§ 56 Abs. 2 S. 1 InsO). Ein anderes Schriftstück mit beglaubigter Unterschrift der als Verwalter auftretenden Person genügt nicht.[10]

7 Ob die Kosten der Beglaubigung Kosten des Insolvenzverfahrens sind oder vom Verwalter zu tragen sind, richtet sich gemäß Art. 2 lit. g nach dem Recht des Insolvenzeröffnungsstaates. Die Kostenregelungen in Art. 21 und Art. 22 finden insoweit keine Anwendung. Im deutschen Insolvenzverfahren sind Beglaubigungskosten als Auslagen des Verwalters (dh Masseverbindlichkeiten) zu behandeln.[11]

---

1 *Kemper* ZIP 2001, 1609 (1615); MüKoInsO/*Reinhart* EuInsVO 2000 Art. 19 Rn. 1.
2 *Paulus* Rn. 1.
3 *Kemper* ZIP 2001, 1609 (1615).
4 Mankowski/Müller/Schmidt/*Müller* Rn. 1 f.
5 *Virgós/Schmit* Rn. 169.
6 Nerlich/Römermann/*Nerlich* EuInsVO 2000 Art. 19 Rn. 1.
7 MüKoInsO/*Thole* EuInsVO 2000 Art. 19 Rn. 2.
8 *Balz* ZIP 1996, 948 (952); *Kemper* ZIP 2001, 1609 (1615).
9 Duursma-Kepplinger/Duursma/Chalupsky/*Duursma-Kepplinger/Chalupsky* EuInsVO 2000 Art. 19 Rn. 3 m. Fn. 3.
10 OLG Brandenburg BeckRS 2023, 6029.
11 MüKoInsO/*Thole* EuInsVO 2000 Art. 19 Rn. 5.

III. Übersetzung (UAbs. 2)

Nach Art. 22 UAbs. 2 S. 1 kann eine Übersetzung in die Amtssprache oder eine der Amtssprachen des Mitgliedstaates, in dessen Gebiet der Verwalter handeln will, verlangt werden. Die Übersetzung, deren Kosten ebenfalls **Verfahrenskosten** darstellen (für das deutsche Recht § 55 Abs. 1 Nr. 1 InsO; zu den Kosten s. § 11 JVEG),[12] muss die in diesem Staat für Übersetzungen offizieller Dokumente erforderlichen Voraussetzungen erfüllen.[13] 8

Auf den ersten Blick scheint aus Art. 22 UAbs. 2 S. 2 zu folgen, dass keinerlei weitere Förmlichkeiten erfüllt werden müssen.[14] Dennoch leitet sich aus dem Erläuternden Bericht her,[15] dass parallel zu Art. 37 Abs. 2 Brüssel Ia-VO eine **Beglaubigung der Übersetzung** erforderlich ist.[16] Die insolvenzrechtliche Fachsprache ist wiedergegeben in der Fachbegriffs-Konkordanz in Kindler/Nachmann, Handbuch Insolvenzrecht in Europa (deutsch/englisch/russisch/spanisch/italienisch). Nützliche zweisprachige Normtexte finden sich ferner zB unter www.linguee.de. 9

IV. Keine Legalisation (UAbs. 2 S. 2)

Nach Art. 22 UAbs. 2 S. 2 bedarf es keiner **Legalisation** oder anderer Förmlichkeiten. Insbesondere ist ausgeschlossen, dass in Deutschland die Bescheinigung über die Ernennung zum Verwalter einem Verfahren nach § 438 ZPO unterzogen wird.[17] Auch eine **Apostille** nach dem Haager Übereinkommen (HapostilleÜ) vom 5.10.1961 (→ EGBGB Art. 11 Rn. 205 ff.) kann nicht verlangt werden. 10

V. Nachweis über Umfang der Befugnisse

Über den Nachweis von Art und den Umfang der Befugnisse bestehen keine Vorschriften. Dass aber im Zweifel oder bei Widerspruch der Verwalter die Darlegungs- und Beweislast dafür trägt, dass ihm die Kompetenzen nach dem für ihn geltenden Recht auch tatsächlich zustehen, folgt daraus, dass eine Kenntnis über die Verwalterbefugnisse in dem jeweiligen Staat weniger von den Gerichten oder sonstigen Stellen als mehr von dem Verwalter selbst erwartet werden kann.[18] 11

Erforderlich ist insoweit eine Bescheinigung über die Befugnisse oder ein Nachweis, der nach dem Recht des Staates, im dem der Verwalter seine Befugnisse ausüben will, zulässig ist.[19] An diesen Nachweis dürfen schon wegen des Effizienzprinzips (Erwägungsgrund 3) **keine hohen Anforderungen** gestellt werden. Ausreichend sollte demnach eine **formlose Erklärung des Gerichts des Eröffnungsstaates** sein, sofern dem keine unüberwindbaren Sprachbarrieren entgegenstehen. 12

Art. 23 EuInsVO Herausgabepflicht und Anrechnung

(1) Ein Gläubiger, der nach der Eröffnung eines Insolvenzverfahrens nach Artikel 3 Absatz 1 auf irgendeine Weise, insbesondere durch Zwangsvollstreckung, vollständig oder teilweise aus einem Gegenstand der Masse befriedigt wird, der im Hoheitsgebiet eines anderen Mitgliedstaat [richtig wohl: „Mitgliedstaats"] belegen ist, hat vorbehaltlich der Artikel 8 und 10 das Erlangte an den Verwalter herauszugeben.

(2) Zur Wahrung der Gleichbehandlung der Gläubiger nimmt ein Gläubiger, der in einem Insolvenzverfahren eine Quote auf seine Forderung erlangt hat, an der Verteilung im Rahmen eines anderen Verfahrens erst dann teil, wenn die Gläubiger gleichen Ranges oder gleicher Gruppenzugehörigkeit in diesem anderen Verfahren die gleiche Quote erlangt haben.

---

12 Duursma-Kepplinger/Duursma/Chalupsky/*Duursma-Kepplinger/Chalupsky* EuInsVO 2000 Art. 19 Rn. 4.

13 *Balz* ZIP 1996, 948 (952); *Kemper* ZIP 2001, 1609 (1615); *Leible/Staudinger* KTS 2000, 533 (561); *Virgós/Schmit* Rn. 169.

14 Nerlich/Römermann/*Nerlich* EuInsVO 2000 Art. 19 Rn. 3.

15 *Virgós/Schmit* Rn. 169.

16 *Paulus* Rn. 5; MüKoInsO/*Thole* EuInsVO 2000 Art. 19 Rn. 6; dies wurde bereits zu der Vorgängervorschrift des Art. 37 Abs. 2 Brüssel Ia-VO vertreten, nämlich Art. 48 EuGVÜ, BGHZ 75, 167 = NJW 1980, 527; *Schlosser/Hess* Brüssel Ia-VO Art. 37 Rn. 7.

17 Mankowski/Müller/Schmidt/*Müller* Rn. 8; *Paulus* Rn. 2.

18 Mankowski/Müller/Schmidt/*Müller* Rn. 11.

19 Duursma-Kepplinger/Duursma/Chalupsky/*Duursma-Kepplinger/Chalupsky* EuInsVO 2000 Art. 19 Rn. 7; *Virgós/Schmit* Rn. 170.

Übersicht

I. Normzweck

1 Art. 23 entspricht im Wortlaut unverändert Art. 20 EuInsVO 2000. Art. 23 ist eine **Sachnorm** des materiellen Insolvenzrechts.[1] Es handelt sich also weder um eine Kollisions-, noch um eine international-verfahrensrechtliche Vorschrift.[2] Ihre Zielrichtung ist die **Absicherung der Gläubigergleichbehandlung.**[3] Das gilt sowohl für Abs. 1 als auch für Abs. 2. Die par conditio creditorum geht auf das Universalitätsprinzip und die damit verbundene erstrebte Schaffung eines einheitlichen Wirtschaftsraums zurück.[4]

2 Nach dem Grundsatz der „kontrollierten Universalität" gilt in der Regel, dass nur ein Verfahren eröffnet werden soll, dem grenzüberschreitende Wirkung zukommt (Art. 20 Abs. 1). Allerdings können ausnahmsweise Partikularinsolvenzverfahren eröffnet werden (vgl. Art. 3 Abs. 2; Erwägungsgrund 23 S. 3). Da Art. 3 Abs. 2 S. 2 anordnet, dass die Wirkungen der Eröffnung des Partikularinsolvenzverfahrens auf das Vermögen im Eröffnungsstaat beschränkt sind, kommt es zu einer Begrenzung der Aktivmasse. Die Passivmasse bleibt dagegen einheitlich bestehen. Das lässt sich bereits daraus entnehmen, dass jeder Gläubiger seine Forderung in jedem Verfahren anmelden kann (vgl. Art. 45 Abs. 1, Art. 53). Durch diese Möglichkeit der **Mehrfachanmeldung** entsteht die **Gefahr,** dass einzelne Gläubiger **in mehreren Verfahren** eine **Befriedigung** ihrer Forderung erlangen und sich auf diese Weise einen Vorteil auf Kosten der anderen Insolvenzgläubiger verschaffen.[5] Um dies zu verhindern, ordnet Art. 23 Abs. 2 eine **„konsolidierte Quotenberücksichtigung"** an.[6]

3 Nach Art. 23 Abs. 1 muss ein Gläubiger herausgeben, was er nach Eröffnung des Hauptverfahrens durch eine **individuelle** „verpönte" **Handlung,**[7] wie etwa die Einzelzwangsvollstreckung erlangt hat. „Verpönt" sind individuelle Handlungen, weil das Insolvenzverfahren eine Gesamtvollstreckungsverfahren ist. Der Wettlauf der Gläubiger bei der Befriedigung ihrer Ansprüche soll durch eine gleichmäßige Gläubigerbefriedigung ersetzt werden.[8] Befriedigt sich ein Gläubiger individuell, verstößt dies gegen die Gläubigergleichbehandlung. Eine Befriedigung über die Quote hinaus im Falle des Art. 23 Abs. 2 führt nicht zu einem Herausgabeanspruch nach Abs. 1.

II. Herausgabeanspruch (Abs. 1)

4 Der Herausgabeanspruch des Art. 23 Abs. 1 erfasst die Fälle, in denen der Gläubiger „auf irgendeine Weise, insbesondere durch Zwangsvollstreckung" eine vollständige oder teilweise Befriedigung erlangt hat. Das sind Fälle **individueller Befriedigung** während eines Gesamtvollstreckungsverfahrens. Neben der Einzelzwangsvollstreckung kommen dabei insbesondere **freiwillige Zahlungen** des Schuldners in Betracht.

5 Als europarechtliche Sachnorm des Insolvenzrechts verdrängt Art. 23 Abs. 1 nationale, insbesondere bereicherungsrechtliche Vorschriften, die bislang für den Fall eingriffen, dass ein Gläubiger trotz Vollstreckungssperre im Wege der Einzelzwangsvollstreckung Teile aus der universellen Masse

1 Uhlenbruck/*Lüer* EuInsVO 2000 Art. 20 Rn. 1.
2 MüKoInsO/*Thole* EuInsVO 2000 Art. 20 Rn. 1.
3 *Paulus* Rn. 1.
4 Duursma-Kepplinger/Duursma/Chalupsky/*Duursma-Kepplinger/Chalupsky* EuInsVO 2000 Art. 20 Rn. 2; *Virgós/Schmit* Rn. 171.
5 MüKoInsO/*Thole* EuInsVO 2000 Art. 20 Rn. 3.
6 Duursma-Kepplinger/Duursma/Chalupsky/*Duursma-Kepplinger/Chalupsky* EuInsVO 2000 Art. 20 Rn. 3 m. Fn. 4.
7 Duursma-Kepplinger/Duursma/Chalupsky/*Duursma-Kepplinger/Chalupsky* EuInsVO 2000 Art. 20 Rn. 30.
8 MüKoInsO/*Stürner* Einl. Insolvenzrecht Rn. 1.

erlangt hat.[9] Die Notwendigkeit einer solchen einheitlichen Norm auf europäischer Ebene ergab sich daraus, dass in einzelnen Mitgliedstaaten keine Insolvenzvorschrift die Herausgabe des Erlangten bestimmte, und ein Bereicherungsausgleich häufig nicht zu realisieren war.[10]

1. Voraussetzungen. a) Eröffnung eines Insolvenzverfahrens nach Art. 3 Abs. 1. aa) Hauptverfahren. Zunächst muss ein Verfahren nach Art. 3 Abs. 1, also ein Hauptinsolvenzverfahren eröffnet worden sein. Die Eröffnung eines Partikularinsolvenzverfahrens iSd Art. 3 Abs. 2 genügt nicht, denn nur das Hauptverfahren entfaltet Wirkungen auch außerhalb des Eröffnungsstaates (Art. 20 Abs. 1).[11] 6

bb) Maßgeblicher Zeitpunkt. Erforderlich ist, dass das Hauptinsolvenzverfahren bereits eröffnet wurde. Ist eine Befriedigung bereits vor der Verfahrenseröffnung erfolgt, so kann ein Ausgleich allein durch Insolvenzanfechtung erfolgen (vgl. Art. 7 Abs. 2 S. 2 lit. m, Art. 16).[12] Beim Zeitpunkt der Befriedigung kommt es auf die Erfüllung der Forderung an.[13] Der Zeitpunkt der Verfahrenseröffnung hingegen ist in Art. 2 Nr. 8 als „Zeitpunkt, in dem die Eröffnungsentscheidung wirksam wird, unabhängig davon, ob die Entscheidung endgültig ist", legaldefiniert (→ Art. 2 Rn. 14 ff.). 7

b) Gläubiger, der aus einem Gegenstand der Masse befriedigt wird. Es muss sich bei dem Begünstigten um einen Gläubiger handeln, der vollständig oder teilweise aus einem Gegenstand der Masse befriedigt wird.[14] Gläubiger ist dabei jeder **Insolvenzgläubiger** oder **sonstige ungesicherte Gläubiger.**[15] Ob es sich um einen „Gegenstand der Masse" handelt, beurteilt sich nach Art. 7 Abs. 2 S. 2 lit. b nach der lex fori concursus. 8

c) Art und Weise der Befriedigung. Die Befriedigung kann auf irgendeine Weise erfolgt sein. Die VO hebt den Fall der Befriedigung durch **Zwangsvollstreckung** hervor. „Auf irgendeine Weise" im Sinne dieser Vorschrift bedeutet **jede Art der individuellen Rechtsverfolgung.** In Betracht kommen dabei die **Leistung des Schuldners,** die **Befreiung von Verbindlichkeiten und die Erfüllung der Forderung durch einen gesetzlichen Erwerbstatbestand.**[16] Erfasst wird auch **eigenmächtiges Vorgehen** des Gläubigers.[17] 9

Art. 23 Abs. 1 stellt eine Sanktion der individuellen Rechtsverfolgung trotz eines laufenden Gesamtvollstreckungsverfahrens dar.[18] Das Verbot der Einzelrechtsverfolgung ist zwar nicht ausdrücklich normiert. Es leitet sich aber aus dem Zweck des Insolvenzverfahrens – gleichmäßige Befriedigung der Gläubiger (vgl. § 1 S. 1 InsO) – her. Zudem ist in der Regel in den nationalen Vorschriften (zB § 89 InsO, Art. 621–40 C.Com.), das Einzelzwangsvollstreckungsverbot ausdrücklich geregelt. Durch die Wirkungserstreckung nach Art. 20 Abs. 1 gilt dieses dann auch in den übrigen Mitgliedstaaten.[19] 10

d) Belegenheit des Massegegenstandes. Zudem muss es sich um einen Gegenstand handeln, der in einem anderen Mitgliedstaat als dem Eröffnungsstaat belegen ist. Dies ergibt sich aus der Legaldefinition des Art. 2 Nr. 9. Sind Eröffnungsstaat und Belegenheitsstaat identisch, erfolgt eine Beurteilung nach der lex fori concursus (Art. 7 Abs. 2 S. lit. b). Befindet sich der Gegenstand nicht in einem weiteren Mitgliedstaat, sondern in einem Drittstaat, gilt autonomes Recht.[20] 11

e) Dingliche Rechte und Eigentumsvorbehalt. Die **Art. 8 und 10** dienen als Sonderanknüpfungen dem Schutz inländischer Gläubiger, die dinglich gesichert sind bzw. im Falle des Kaufs 12

9 Neben dem Herausgabeanspruch nach § 812 Abs. 1 S. 1 Alt. 2 BGB – der Zuweisungsgehalt bestimmt sich aus dem Grundsatz der Gläubigergleichbehandlung – kommen bei Geltung deutschen Rechts (Art. 4 oder 10 Rom II-VO) Ansprüche aus § 280 Abs. 1 BGB iVm § 89 Abs. 1 InsO wegen des Unterlassens des Vollstreckungsverbots im Schuldverhältnis „Insolvenz" und § 823 Abs. 1 BGB, § 823 Abs. 2 BGB iVm § 89 Abs. 1 InsO in Betracht, vgl. hierzu *Trunk* IntInsR 160 ff. m. Fn. 304 mwN.

10 MüKoInsO/*Thole* EuInsVO 2000 Art. 20 Rn. 2.

11 Duursma-Kepplinger/Duursma/Chalupsky/*Duursma-Kepplinger/Chalupsky* EuInsVO 2000 Art. 20 Rn. 11 f.; MüKoInsO/*Thole* EuInsVO 2000 Art. 20 Rn. 7.

12 Duursma-Kepplinger/Duursma/Chalupsky/*Duursma-Kepplinger/Chalupsky* EuInsVO 2000 Art. 20 Rn. 13.

13 MüKoInsO/*Thole* EuInsVO 2000 Art. 20 Rn. 10.

14 Duursma-Kepplinger/Duursma/Chalupsky/*Duursma-Kepplinger/Chalupsky* EuInsVO 2000 Art. 20 Rn. 7.

15 Duursma-Kepplinger/Duursma/Chalupsky/*Duursma-Kepplinger/Chalupsky* EuInsVO 2000 Art. 20 Rn. 7.

16 MüKoInsO/*Thole* EuInsVO 2000 Art. 20 Rn. 10.

17 *Balz* ZIP 1996, 948 (952).

18 Duursma-Kepplinger/Duursma/Chalupsky/*Duursma-Kepplinger/Chalupsky* EuInsVO 2000 Art. 20 Rn. 7.

19 Duursma-Kepplinger/Duursma/Chalupsky/*Duursma-Kepplinger/Chalupsky* EuInsVO 2000 Art. 20 Rn. 10.

20 Duursma-Kepplinger/Duursma/Chalupsky/*Duursma-Kepplinger/Chalupsky* EuInsVO 2000 Art. 20 Rn. 16; aA *Kolmann,* Kooperationsmodelle im Internationalen Insolvenzrecht, 2001, 315, der entgegen dem ausdrücklichen Wortlaut der Vorschrift wegen der Berührung der par condictio creditorum die Vorschrift auch anwenden will, wenn der Gegenstand in einem Nicht-Mitgliedstaat belegen ist.

einer Sache unter Eigentumsvorbehalt den Schutz des Eigentumsvorbehaltsverkäufers und des Anwartschaftsberechtigten genießen. Konsequenterweise musste auch Art. 23 Abs. 1 diesen Vorschriften Rechnung tragen. Bei der Befriedigung der Gläubiger aus einem Gegenstand, der sich zum Zeitpunkt der Verfahrenseröffnung (Art. 2 Nr. 8; → Art. 2 Rn. 14 ff.) in einem anderen Mitgliedstaat befindet und an dem ein Sicherungsrecht besteht, kann in Bezug auf das Sicherungsrecht ungeachtet des Einzelzwangsvollstreckungsverbotes im Wege der Individualrechtsverfolgung vorgegangen werden. Entsprechendes gilt für Art. 10. **Solche Gläubiger** verwirklichen nur ihr rechtlich gesichertes Vermögensinteresse und **bereichern sich folglich nicht** auf Kosten der Gläubigergesamtheit.[21]

13 *Balz* erweitert diese Möglichkeit um den Fall der Aufrechnung nach Art. 9 EuInsVO (Aufrechnung).[22] Dem ist nicht zu folgen, weil der Verordnungsgeber diesen Fall nicht in Art. 23 Abs. 1 aufgenommen hat und eine Stärkung aufrechnungsberechtigter Gläubiger über Art. 9 hinaus dem Universalitätsprinzip zuwiderliefe. Die Sachnormen der Art. 8 und Art. 10 bieten einen ausreichenden Schutz.

14 **2. Rechtsfolge.** Art. 23 Abs. 1 verpflichtet den Gläubiger zur Herausgabe des Erlangten an den Verwalter. Der Begriff des „Erlangten" ist als Teil dieser unionsrechtlichen Vorschrift autonom auszulegen. Ein Rückgriff auf die lex fori concursus generalis ist unzulässig.[23] Aus dem im dt. Recht in der Rechtsfolge ähnlich formulierten § 812 Abs. 1 S. 1 BGB und dem damit verbundenen § 818 BGB allein lassen sich keine Rückschlüsse ziehen; maßgeblich ist das mitgliedstaatliche Durchschnittsverständnis (→ Vor Art. 1 Rn. 15).

15 Hinweise zum Inhalt des Herausgabeanspruchs lassen sich aus dem Erläuternden Bericht entnehmen, wonach sich der Anspruch auf den erlangten Vermögensgegenstand selbst oder den entsprechenden Geldbetrag richtet.[24] Danach ist in erster Linie der **konkrete Gegenstand** herauszugeben, der durch die die Gläubigergesamtheit benachteiligende Handlung erlangt wurde. Erst wenn dies nicht möglich ist, hat der Herausgabeschuldner **Wertersatz** zu leisten,[25] so im Falle der Zwangsvollstreckung. Dort erlangt der Gläubiger eine Geldsumme für den verwerteten Gegenstand.[26] Relevant ist dies ferner beim ersatzlosen Untergang des Massegegenstandes.[27]

16 Aufgrund des eindeutigen Wortlautes **handelt es sich bei Art. 23 nicht um einen Schadensersatzanspruch.** Das ist etwa für die Fälle relevant, in denen der Gläubiger durch die Zwangsvollstreckung weniger erhalten hat als er hätte erreichen können. Dann kann der Verwalter nur den erlangten Betrag verlangen.

17 Zweifelhaft ist, ob der Verwalter auch **Nutzungen oder Zinsen** herausverlangen kann.[28] Letztlich hängt dies davon ab, wie weit man den Begriff des „Erlangten" fasst. Nach dem Wortlaut der Norm erstreckt sich der Anspruch nur auf das, was der Gläubiger durch die betreffende Handlung unmittelbar bekommen hat. Hätte der Verordnungsgeber darüber hinausgehend Nutzungen oder Zinsen einbeziehen wollen, so hätte er dies ausdrücklich bestimmt. Denn die bereicherungsrechtlichen Regeln in den Mitgliedstaaten waren ihm bekannt, und dort sind entsprechende Vorschriften vorgesehen (vgl. § 818 Abs. 1 BGB). Der Verwalter kann daher nicht auch Nutzungen oder Zinsen verlangen.[29]

18 Entsprechendes gilt für die **Entreicherung.** Auch diesbezüglich hat der Verordnungsgeber sehenden Auges keine Regelung getroffen. Eine Befreiung von der Rückgabepflicht scheidet somit aus.[30]

III. Konsolidierte Quotenberücksichtigung (Abs. 2)

19 Ebenfalls „zur Wahrung der Gläubigergleichbehandlung" dient die Quotenregelung des Art. 23 Abs. 2.[31] Sie gilt nur bei einem Zusammentreffen von Haupt- und Sekundärinsolvenzverfahren (sog. *Hotchpot-rule*).[32] Wenn ein Gläubiger in einem der Verfahren eine Quote erlangt hat, nimmt er hiernach erst dann an der Verteilung im anderen Verfahren teil, wenn die Gläubiger mit dem gleichen Rang und der gleichen Gruppenzugehörigkeit in diesem Verfahren dieselbe Quote erlangt haben.

---

[21] *Paulus* Rn. 8.
[22] *Balz* ZIP 1996, 948 (952).
[23] MüKoInsO/*Thole* EuInsVO 2000 Art. 20 Rn. 17.
[24] *Virgós/Schmit* Rn. 172.
[25] MüKoInsO/*Thole* EuInsVO 2000 Art. 20 Rn. 17 mit Verweis auf *Virgós/Schmit* Rn. 172.
[26] *Lehr* KTS 2000, 577 (583).
[27] Duursma-Kepplinger/Duursma/Chalupsky/*Duursma-Kepplinger/Chalupsky* EuInsVO 2000 Art. 20 Rn. 24.
[28] MüKoInsO/*Thole* EuInsVO 2000 Art. 20 Rn. 17, wonach dies erst noch unionsrechtlich zu entwickeln sei.
[29] AA Duursma-Kepplinger/Duursma/Chalupsky/*Duursma-Kepplinger/Chalupsky* EuInsVO 2000 Art. 20 Rn. 24.
[30] So auch Duursma-Kepplinger/Duursma/Chalupsky/*Duursma-Kepplinger/Chalupsky* EuInsVO 2000 Art. 20 Rn. 24.
[31] *Hausmann* in Reithmann/Martiny IntVertragsR Rn. 6.599.
[32] Uhlenbruck/*Lüer* EuInsVO 2000 Art. 20 Rn. 2.

Zur Wahrung der Gläubigergleichbehandlung ist diese Vorschrift erforderlich, weil die Anmeldung der Forderung in mehreren Verfahren (Art. 45, Art. 53), die Chancen zur vollständigen Befriedigung des einen Gläubigers auf Kosten der anderen Gläubiger steigert. Dass gilt vor allem weil „Kleingläubiger" wie Arbeitnehmer und Verbraucher oft nicht die Mittel haben, ihre Forderungen in mehreren oder gar allen Verfahren anzumelden. 20

Die **vier Grundregeln** lassen sich wie folgt darstellen:[33] (1) **Niemals** darf die Befriedigung eines Gläubigers über **100 %** erfolgen, weil sonst die Gläubigergleichbehandlung nicht zu verwirklichen wäre.[34] 21

Ferner muss (2) die **Anmeldung** der Forderung oder der Forderungen grundsätzlich in jedem Verfahren **in voller Höhe** erfolgen, dh unter Einschluss des bereits erfüllten Betrages der Forderung. Dies gilt ausnahmsweise nicht für die Forderungen, die durch Eigentumsvorbehalt oder ein dingliches Recht (Art. 8 und 10) gesichert sind. Ob auch diese Forderungen in voller Höhe anzumelden sind, beurteilt sich nach der lex fori concursus. Durch diese Regel wird eine Abschichtung der Forderung verhindert.[35] 22

Zudem müssen (3) die **Gläubiger des zweiten Verfahrens** zum gleichen Prozentsatz **befriedigt** worden sein wie der Forderungsinhaber des ersten Verfahrens. Zur Verdeutlichung folgendes Fallbeispiel: Das Hauptinsolvenzverfahren ist im Mitgliedstaat A eröffnet worden, im Mitgliedstaat B findet ein Sekundärinsolvenzverfahren statt. Gläubiger G meldet nun seine Forderung gegen den Insolvenzschuldner in **beiden** Verfahren an. Im Sekundärinsolvenzverfahren im Staat B erlangt er eine Befriedigung seiner Forderung in Höhe von 10 %. Nach Art. 23 Abs. 2 nimmt er an der Verteilung im Hauptverfahren im Staat A erst teil, wenn die übrigen Gläubiger, die ihre Forderung(en) in diesem Verfahren angemeldet haben, ebenfalls in Höhe von 10 % befriedigt worden sind. Haben sie bereits eine Befriedigung von 20 % erreicht, dann erlangt G eine Differenzbefriedigung von weiteren 10 %.[36] 23

Und schließlich beurteilt sich (4) der **Rang** der Forderung nach der **lex fori concursus.** Dies folgt aus Art. 7 Abs. 2 S. 2 lit. i. Hat G in dem Beispiel zu → Rn. 23 seine Forderung in beiden Verfahren angemeldet und im Staat B handelt es sich bei dieser Forderung nicht um eine bevorrechtigte Forderung, während im Staat A eine Bevorrechtigung zugunsten einer Befriedigung in Höhe von 20 % vorgesehen ist, erhält er nach der 10 %-Befriedigung im Staat B ohne Weiteres aus dem Hauptinsolvenzverfahren im Staat A eine weitere Befriedigung in Höhe von 10 %.[37] 24

Das System der konsolidierten Quote erfordert eine enge Zusammenarbeit der Verwalter.[38] Im eigenen Interesse sollten die Gläubiger sich vor allem an Verfahren zu beteiligen, die eine möglichst hohe Quote versprechen. 25

Zu beachten ist, dass eine **Herausgabe** des über die Quote hinaus Erlangten **nicht geschuldet** ist, auch nicht über Art. 23 Abs. 1. Denn die Mehrfachanmeldung ist keine verpönte Handlung (→ Rn. 3), sondern nach Art. 45, Art. 53 das gute Recht des Gläubigers. Insoweit wird die Gläubigergleichbehandlung also nicht voll verwirklicht. 26

IV. Auskunftspflicht

Ohne einen Auskunftsanspruch gegen die Insolvenzgläubiger über das von ihnen Erlangte kann der Insolvenzverwalter seine Befugnisse aus Art. 20 EuInsVO nicht durchsetzen. Die Norm ist nicht abschließend, sondern enthält eine Lücke, die im deutschen Verfahren durch **§ 342 Abs. 3 InsO** zu schließen ist (→ InsO § 342 Rn. 12). Im ausländischen Verfahren gilt insoweit die dortige lex fori (Art. 7).[39] 27

Art. 24 EuInsVO Einrichtung von Insolvenzregistern

(1) [1]Die Mitgliedstaaten errichten und unterhalten in ihrem Hoheitsgebiet ein oder mehrere Register, um Informationen über Insolvenzverfahren bekanntzumachen (im Folgenden „Insolvenzregister"). [2]Diese Informationen werden so bald als möglich nach Eröffnung eines solchen Verfahrens bekanntgemacht.

---

33 Vgl. *Virgós/Schmit* Rn. 175.

34 MüKoInsO/*Thole* EuInsVO 2000 Art. 20 Rn. 22.

35 Nerlich/Römermann/Nerlich EuInsVO 2000 Art. 20 Rn. 6.

36 Duursma-Kepplinger/Duursma/Chalupsky/*Duursma-Kepplinger/Chalupsky* EuInsVO 2000 Art. 20 Rn. 35.

37 Duursma-Kepplinger/Duursma/Chalupsky/*Duursma-Kepplinger/Chalupsky* EuInsVO 2000 Art. 20 Rn. 36; s. auch das Fallbeispiel bei *Haubold* in Gebauer/Wiedmann EuropZivilR Kap. 32 Rn. 180.

38 Duursma-Kepplinger/Duursma/Chalupsky/*Duursma-Kepplinger/Chalupsky* EuInsVO 2000 Art. 20 Rn. 37; *Paulus* Rn. 16.

39 MüKoInsO/*Thole* EuInsVO 2000 Art. 20 Rn. 32.

(2) Die Informationen nach Absatz 1 sind gemäß den Voraussetzungen nach Artikel 27 öffentlich bekanntzumachen und umfassen die folgenden Informationen (im Folgenden „Pflichtinformationen"):
a) Datum der Eröffnung des Insolvenzverfahrens;
b) Gericht, das das Insolvenzverfahren eröffnet hat, und – soweit vorhanden – Aktenzeichen;
c) Art des eröffneten Insolvenzverfahrens nach Anhang A und gegebenenfalls Unterart des nach nationalem Recht eröffneten Verfahrens;
d) Angaben dazu, ob die Zuständigkeit für die Eröffnung des Verfahrens auf Artikel 3 Absatz 1, 2 oder 4 beruht;
e) Name, Registernummer, Sitz oder, sofern davon abweichend, Postanschrift des Schuldners, wenn es sich um eine Gesellschaft oder eine juristische Person handelt;
f) Name, gegebenenfalls Registernummer sowie Postanschrift des Schuldners oder, falls die Anschrift geschützt ist, Geburtsort und Geburtsdatum des Schuldners, wenn er eine natürliche Person ist, unabhängig davon, ob er eine selbständige gewerbliche oder freiberufliche Tätigkeit ausübt;
g) gegebenenfalls Name, Postanschrift oder E-Mail-Adresse des für das Verfahren bestellten Verwalters;
h) gegebenenfalls die Frist für die Anmeldung der Forderungen bzw. einen Verweis auf die Kriterien für die Berechnung dieser Frist;
i) gegebenenfalls das Datum der Beendigung des Hauptinsolvenzverfahrens;
j) das Gericht, das gemäß Artikel 5 für eine Anfechtung der Entscheidung zur Eröffnung des Insolvenzverfahrens zuständig ist und gegebenenfalls die Frist für die Anfechtung bzw. einen Verweis auf die Kriterien für die Berechnung dieser Frist.

(3) Absatz 2 hindert die Mitgliedstaaten nicht, Dokumente oder zusätzliche Informationen, beispielsweise denn [richtig wohl: „den"] Ausschluss von einer Tätigkeit als Geschäftsleiter im Zusammenhang mit der Insolvenz, in ihre nationalen Insolvenzregister aufzunehmen.

(4) ***[1]*** **Die Mitgliedstaaten sind nicht verpflichtet, die in Absatz 1 dieses Artikels genannten Informationen über natürliche Personen, die keine selbständige gewerbliche oder freiberufliche Tätigkeit ausüben, in die Insolvenzregister aufzunehmen oder diese Informationen über das System der Vernetzung dieser Register öffentlich zugänglich zu machen, sofern bekannte ausländische Gläubiger gemäß Artikel 54 über die in Absatz 2 Buchstabe j dieses Artikels genannten Elemente informiert werden.**
[2] **Macht ein Mitgliedstaat von der in Unterabsatz 1 genannten Möglichkeit Gebrauch, so berührt das Insolvenzverfahren nicht die Forderungen der ausländischen Gläubiger, die die Informationen gemäß Unterabsatz 1 nicht erhalten haben.**

(5) Die Bekanntmachung von Informationen in den Registern gemäß dieser Verordnung hat keine anderen Rechtswirkungen als die, die nach nationalem Recht und in Artikel 55 Absatz 6 festgelegt sind.

1 Zur Gewährleistung besserer Informationen für Gläubiger und Gerichte sowie zur Vermeidung von insolvenzrechtlichen Parallelverfahren (Erwägungsgrund 76) bestimmt Art. 25 Abs. 1 die **Schaffung eines europäischen Insolvenzregisters bis 26.6.2019** (Art. 92 Abs. 2 lit. c), das die bereits bestehenden[1] oder gemäß Art. 24 iVm Art. 92 Abs. 2 lit. b bis 26.6.2018 noch zu errichtenden[2] Insolvenzregister der Mitgliedstaaten miteinander vernetzt und der Öffentlichkeit über das Europäische Justizportal[3] als Datenbank zur Verfügung stellt. Die Regelung wurde im Rahmen der Reform 2015 neu in die Verordnung aufgenommen. In der BrepD gibt es bereits ein Register mit Suchfunktion (www.insolvenzbekanntmachungen.de), §§ 9, 30 InsO.

[1] Etwa in Deutschland (https://www.insolvenzbekanntmachungen.de), Österreich (http://www.edikte.justiz.gv.at) sowie England und Wales (https://www.gov.uk/search-bankruptcy-insolvency-register).

[2] So verfügen beispielsweise weder Frankreich noch Italien über ein zentrales Insolvenzregister, wenngleich die meisten italienischen Gerichte die anhängigen Insolvenzverfahren auf ihrer Website veröffentlichen und das italienische Justizministerium derzeit an einem landesweiten Register arbeitet.

[3] Dort findet sich bereits eine informative Übersicht über Insolvenzverfahren und -register in den einzelnen Mitgliedstaaten, https://e-justice.europa.eu/content_insolvency_registers-110-de.do?init=true (zuletzt abgerufen am 8.3.2024).

I. Errichtung von Insolvenzregistern (Abs. 1)

Nach Erwägungsgrund 76 S. 1 soll die Neufassung der Verordnung eine bessere Information der betroffenen Gläubiger und Gerichte gewährleisten sowie die Eröffnung von Parallelverfahren verhindern. Zu diesem Zweck ordnet Art. 24 Abs. 1 die Errichtung und Unterhaltung von Insolvenzregistern zur **Bekanntmachung** von Informationen über Insolvenzverfahren durch die Mitgliedstaaten an. Die wichtigste **Rechtsfolge** der Bekanntmachung liegt in der Bestimmung des **Fristbeginns für die Forderungsanmeldung** (Art. 24 Abs. 5 iVm Art. 55 Abs. 6). 2

II. Pflichtinformationen (Abs. 2 und Abs. 3)

Nach Art. 24 Abs. 2 sind in den Insolvenzregistern nach Abs. 1 bestimmte Pflichtinformationen, wie das Datum der Insolvenzeröffnung, das Insolvenzgericht nebst Aktenzeichen, die Frist zur Forderungsanmeldung und – sofern vorhanden – die Kontaktdaten des Insolvenzverwalters zu veröffentlichen. Den Mitgliedstaaten steht es frei, weitere Informationen bereitzustellen (Art. 24 Abs. 3). 3

III. Schutzklausel zu Verbraucherinsolvenzverfahren (Abs. 4)

Aufgrund geäußerter verfassungsrechtlicher und grundsätzlicher Bedenken einzelner Mitgliedstaaten[4] ist in Art. 24 Abs. 4 eine Schutzklausel in Bezug auf Verbraucherinsolvenzverfahren aufgenommen worden: Mitgliedstaaten können bei insolventen natürlichen Personen, die keine selbständige oder freiberufliche Tätigkeit ausüben, von der Eintragung in das nationale Insolvenzregister generell absehen, sofern bekannten ausländischen Gläubigern zumindest die Anfechtungsfrist der Entscheidung zur Insolvenzeröffnung und das Insolvenzgericht mitgeteilt wird. 4

Art. 25 EuInsVO Vernetzung von Insolvenzregistern

(1) [1]Die Kommission richtet im Wege von Durchführungsrechtsakten ein dezentrales System zur Vernetzung der Insolvenzregister ein. [2]Dieses System besteht aus den Insolvenzregistern und dem Europäischen Justizportal, das für die Öffentlichkeit als zentraler elektronischer Zugangspunkt zu Informationen im System dient. [3]Das System bietet für die Abfrage der Pflichtinformationen und alle anderen Dokumente oder Informationen in den Insolvenzregistern, die von den Mitgliedstaaten über das Europäische Justizportal verfügbar gemacht werden, einen Suchdienst in allen Amtssprachen der Organe der Union.

(2) Die Kommission legt im Wege von Durchführungsrechtsakten gemäß dem Verfahren nach Artikel 87 bis zum 26. Juni 2019 Folgendes fest:

a) die technischen Spezifikationen für die elektronische Kommunikation und den elektronischen Informationsaustausch auf der Grundlage der festgelegten Schnittstellenspezifikation für das System zur Vernetzung der Insolvenzregister;

b) die technischen Maßnahmen, durch die die IT-Mindestsicherheitsstandards für die Übermittlung und Verbreitung von Informationen innerhalb des Systems zur Vernetzung der Insolvenzregister gewährleistet werden;

c) die Mindestkriterien für den vom Europäischen Justizportal bereitgestellten Suchdienst anhand der Informationen nach Artikel 24;

d) die Mindestkriterien für die Anzeige der Suchergebnisse in Bezug auf die Informationen nach Artikel 24;

e) die Mittel und technischen Voraussetzungen für die Verfügbarkeit der durch das System der Vernetzung von Insolvenzregistern angebotenen Dienste und

f) ein Glossar mit einer allgemeinen Erläuterung der in Anhang A aufgeführten nationalen Insolvenzverfahren.

Art. 25 Abs. 1 S. 1 verpflichtet die Europäische Kommission, ein dezentrales System zur Vernetzung der Insolvenzregister gemäß Art. 24 Abs. 1 (→ Art. 24 Rn. 2) einzurichten. Die Norm wurde im Zuge der Reform 2015 neu in die Verordnung aufgenommen. Das System hat aus den Insolvenzregistern und dem Europäischen Justizportal (E-Justice)[1] zu bestehen und der Öffentlichkeit als zentrale Zugriffsmöglichkeit zu Informationen aus dem System zu dienen (Art. 25 Abs. 1 S. 2). Es soll über einen Suchdienst in allen Amtssprachen der Organe der Union verfügen, um eine schnelle 1

[4] Vgl. 10284/14 JUSTCIV 134 EJUSTICE 54 CODEC 1366, Rn. 27.
[1] S. https://e-justice.europa.eu (zuletzt abgerufen am 8.3.2024).

und einfache Zugriffsmöglichkeit auf die Pflichtinformationen gemäß Art. 24 Abs. 2 (→ Art. 24 Rn. 3) sowie alle weiteren Dokumente oder Informationen in den Insolvenzregistern zu eröffnen (Art. 25 Abs. 1 S. 3).

2 Abs. 2 legt fest, welche Schritte zur Einführung des Systems die Kommission umzusetzen hat. Am 4.6.2019 hat die Kommission eine **Durchführungs-VO**[2] zur Festlegung der technischen Spezifikationen, Maßnahmen und sonstigen Anforderungen erlassen. Auf dieser Grundlage haben die Mitgliedstaaten nun **bis zum 30.6.2021 Zeit zur Umsetzung,** dann soll das neue System zur Verknüpfung der Insolvenzregister (Insolvency Registers Interconnection System – IRI) in allen Mitgliedstaaten operativ sein. Deutschland und acht weitere Mitgliedstaaten (Estland, Italien, Lettland, Niederlande, Österreich, Rumänien, Slowenien, Tschechische Republik) sind hier indes bereits vorangegangen: Ihre Insolvenzregister sind über das E-Justice-Portal bereits miteinander vernetzt.[3]

3 Die Einführung des europäischen Insolvenzregisters ist zu begrüßen. Die Leistungsfähigkeit grenzüberschreitender Insolvenzverfahren hängt davon ab, den Gerichten ausreichend Informationen über bereits eröffnete Insolvenzverfahren zu verschaffen, um so unter anderem zu entscheiden, ob ein Haupt- oder Sekundärverfahren zu eröffnen ist. Im grenzüberschreitenden Wirtschaftsverkehr spielt für Gläubiger und mögliche Gläubiger die Prüfung der Solvenz ihrer Vertragspartner ohne die Notwendigkeit zeit- und kostenaufwendiger Recherchen bzw. Anfragen bei Behörden oder Außenhandelskammern eine wichtige Rolle.

Art. 26 EuInsVO Kosten für die Einrichtung und Vernetzung der Insolvenzregister

(1) Die Einrichtung, Unterhaltung und Weiterentwicklung des Systems zur Vernetzung der Insolvenzregister wird aus dem Gesamthaushalt der Union finanziert.

(2) [1]Jeder Mitgliedstaat trägt die Kosten für die Einrichtung und Anpassung seiner nationalen Insolvenzregister für deren Interoperabilität mit dem Europäischen Justizportal sowie die Kosten für die Verwaltung, den Betrieb und die Pflege dieser Register. [2]Davon unberührt bleibt die Möglichkeit, Zuschüsse zur Unterstützung dieser Vorhaben im Rahmen der Finanzierungsprogramme der Union zu beantragen.

1 Art. 28 betrifft die Kosten für die Einrichtung und Vernetzung der Insolvenzregister. Die Finanzierung der Maßnahme sorgt seit der ersten Idee eines europäischen Insolvenzregisters für Diskussion.[1] Die Norm wurde im Rahmen der Reform 2015 neu in die Verordnung aufgenommen.

2 Art. 28 Abs. 1 stellt klar, dass die Einrichtung, Unterhaltung und Weiterentwicklung des Systems zur Vernetzung der Register aus dem Haushalt der Union finanziert wird.

3 Für die Einrichtung und Anpassung der nationalen Insolvenzregister kommt dagegen jeder Mitgliedstaat selbst auf (Art. 28 Abs. 2 S. 1).

Art. 27 EuInsVO Voraussetzungen für den Zugang zu Informationen über das System der Vernetzung

(1) Die Mitgliedstaaten stellen sicher, dass die Pflichtinformationen nach Artikel 24 Absatz 2 Buchstaben a bis j über das System der Vernetzung von Insolvenzregistern gebührenfrei zur Verfügung stehen.

(2) Diese Verordnung hindert die Mitgliedstaaten nicht, für den Zugang zu den Dokumenten oder zusätzlichen Informationen nach Artikel 24 Absatz 3 über das System der Vernetzung von Insolvenzregister eine angemessene Gebühr zu erheben.

(3) Die Mitgliedstaaten können den Zugang zu Pflichtinformationen bezüglich natürlicher Personen, die keine selbständige gewerbliche oder freiberufliche Tätigkeit ausüben sowie bezüglich natürlicher Personen, die eine selbständige gewerbliche oder freiberufliche Tätigkeit ausüben, sofern sich das Insolvenzverfahren nicht auf diese Tätigkeit bezieht, von zusätzlichen, über die Mindestkriterien nach Artikel 25 Absatz 2 Buchstabe c hinausgehenden Suchkriterien in Bezug auf den Schuldner abhängig machen.

---

[2] VO (EU) 2019/917 der Kommission vom 4.6.2019 zur Festlegung technischer Spezifikationen, Maßnahmen und sonstiger Anforderungen für das System zur Vernetzung der Insolvenzregister gemäß Art. 25 VO (EU) 2015/848 des EP und des Rates, ABl. EU 2019 EU L 146, 100.

[3] S. https://e-justice.europa.eu (zuletzt abgerufen am 8.3.2024); näher *Bayer/J. Schmidt* BB 2019, 2178 (2186).

[1] *Moss/Fletcher/Isaacs,* The EU regulation on insolvency proceedings, 3. Aufl. 2016, Rn. 8.634.

(4) *[1]* [1]Die Mitgliedstaaten können ferner verlangen, dass der Zugang zu den Informationen nach Absatz 3 von einem Antrag an die zuständige Behörde abhängig zu machen ist. [2]Die Mitgliedstaaten können den Zugang von der Prüfung des berechtigten Interesses am Zugang zu diesen Daten anhängig machen. [3]Der anfragenden Person muss es möglich sein, die Auskunftsanfrage in elektronischer Form anhand eines Standardformulars über das Europäische Justizportal zu übermitteln. [4]Ist ein berechtigtes Interesse erforderlich, so ist es zulässig, dass die anfragende Person die Rechtmäßigkeit ihres Antrags anhand von Kopien einschlägiger Dokumente in elektronischer Form belegt. [5]Die anfragende Person erhält innerhalb von drei Arbeitstagen eine Antwort von der zuständigen Behörde.
***[2]* Die anfragende Person ist weder verpflichtet, Übersetzungen der Dokumente, die die Berechtigung ihrer Anfrage belegen, zur Verfügung zu stellen, noch dazu, die bei der Behörde möglicherweise aufgrund der Übersetzungen anfallenden Kosten zu tragen.**

Art. 27 wurde im Rahmen der Reform neu in die EuInsVO aufgenommen. Art. 27 Abs. 1 verpflichtet die Mitgliedstaaten, die Pflichtinformationen nach Art. 24 Abs. 2 über das Europäische Insolvenzregister kostenfrei zur Verfügung zu stellen. Für den Bezug weiterer Dokumente und zusätzlicher Informationen nach Art. 24 Abs. 3 kann indes eine angemessene Gebühr erhoben werden (Art. 27 Abs. 2). 1

Die Abs. 3 und 4 des Art. 27 eröffnen den Mitgliedstaaten die Möglichkeit, den Zugang zu Pflichtinformationen bezüglich natürlicher Personen, die keine selbstständige gewerbliche oder freiberufliche Tätigkeit ausüben, an weitere Bedingungen, wie etwa einen Antrag bei einer mitgliedstaatlichen Behörde, zu knüpfen. Dieser Antrag muss allerdings über das E-Justice Portal online zu stellen sein (Art. 27 Abs. 4 UAbs. 1 S. 3). In Bezug auf Informationen über natürliche Personen kann auch die Darlegung eines berechtigten Interesses gefordert werden. Die zuständige Behörde hat innerhalb von drei Arbeitstagen über den Antrag zu entscheiden (Art. 27 Abs. 4 UAbs. 1 S. 5). Das in Abs. 4 UAbs. 1 S. 3 geregelte **Standardformular** findet sich in Anh. IV VO (EU) 2017/1105 vom 12.6.2017. Abs. 4 UAbs. 2 verdrängt § 184 GVG. 2

Art. 28 EuInsVO Öffentliche Bekanntmachung in einem anderen Mitgliedstaat

(1) [1]Der Verwalter oder der Schuldner in Eigenverwaltung hat zu beantragen, dass eine Bekanntmachung der Entscheidung zur Eröffnung des Insolvenzverfahrens und gegebenenfalls der Entscheidung zur Bestellung des Verwalters in jedem anderen Mitgliedstaat, in dem sich eine Niederlassung des Schuldners befindet, nach den in diesem Mitgliedstaat vorgesehenen Verfahren veröffentlicht wird. [2]In der Bekanntmachung ist gegebenenfalls anzugeben, wer als Verwalter bestellt wurde und ob sich die Zuständigkeit aus Artikel 3 Absatz 1 oder Absatz 2 ergibt.

(2) Der Verwalter oder der Schuldner in Eigenverwaltung kann beantragen, dass die Bekanntmachung nach Absatz 1 in jedem anderen Mitgliedstaat, in dem er dies für notwendig hält, nach dem in diesem Mitgliedstaat vorgesehenen Verfahren der Bekanntmachung veröffentlicht wird.

Schrifttum: *Mankowski,* Neues zur grenzüberschreitenden Forderungsanmeldung unter der EuInsVO, NZI 2011, 887.

Übersicht

I. Normzweck

1 Art. 28 beruht auf Art. 21 EuInsVO 2000, wurde allerdings im Rahmen der Reform 2015 neu gefasst. Bei Insolvenzen mit Auslandsbezug gibt es häufig **Informationsdefizite.** So besteht schon das Problem, dass die **Eröffnung des Insolvenzverfahrens im Ausland** den inländischen Gläubigern erst **wesentlich später bekannt** wird. Das birgt die Gefahr des zwischenzeitlichen **gutgläubigen Erwerbs Dritter** sowie der befreienden **Leistung an den Schuldner** statt an den Insolvenzverwalter.[1] Deshalb sieht die EuInsVO die verpflichtende[2] öffentliche **Bekanntmachung des Eröffnungsbeschlusses** vor (Art. 28), ferner die **Eintragung in öffentliche Register** (Art. 29). Die öffentliche Bekanntmachung dient der Unterrichtung der betroffenen Gläubiger über den rechtlichen Status des Schuldners[3] und des sonstigen inländischen Rechts- (Erwägungsgrund 75) bzw. Wirtschaftsverkehrs.[4] Aber auch die Rechtssicherheit wird gefördert.[5] Andererseits ist zu bedenken, dass sich die öffentliche Bekanntmachung mit ihren teilweise **erheblichen Kosten** belastend auf die Masse auswirkt.

2 Art. 28 ist eine Sach- und keine Kollisionsnorm, die als europäische Rechtsgrundlage vergleichbare nationale Regelungen verdrängt (→ EGBGB Art. 3 Rn. 45).[6] Sie beschäftigt sich mit der Frage der öffentlichen Bekanntmachung und differenziert dabei zwischen den Fällen der Bekanntmachung in weitern Mitgliedstaaten, in denen sich eine Niederlassung des Schuldners befindet (Abs. 1), und in sonstigen Mitgliedstaaten (Abs. 2). Der Umfang der Bekanntmachung ist in beiden Fällen gleich und muss mindestens Abs. 1 entsprechen. Danach muss sich die Bekanntmachung neben der Tatsache der **Verfahrenseröffnung** (Abs. 1 S. 1) auf die Verwalterbestellung (Abs. 1 S. 2) beziehen. Anzugeben ist, ob es sich bei dem Verfahren um ein **Haupt- oder Partikularverfahren** im weiteren Sinne handelt (Abs. 1 S. 2). Ein Unterbleiben der Bekanntmachung hat Folgen für die **Beweislastverteilung nach Art. 31 Abs. 2.**

3 Die Bekanntmachung ist **keine Anerkennungsvoraussetzung** iSd Art. 19, 20.[7] Die Kosten fallen nach Art. 30 der Masse zur Last. Das gilt auch, wenn es sich um einen Fall des Art. 21 Abs. 2 also die freiwillige Bekanntmachung handelt.[8]

4 Am 7.7.2014 hat die EU-Kommission zusammen mit sieben Mitgliedstaaten die **europäische Vernetzung der Insolvenzregister** eingeleitet. Dadurch soll es möglich werden, auf die Insolvenzinformationen anderer Mitgliedstaaten unmittelbar zuzugreifen. An dem Projekt sind Tschechien, Deutschland, Estland, die Niederlande, Österreich, Rumänien und Slowenien beteiligt. Die Daten werden zentral, kostenlos und in allen europäischen Amtssprachen über das e-Justice Portal bereitgestellt. Auch Informationen zu den Insolvenzregistern aller beteiligten Mitgliedstaaten sind abrufbar.[9] In Zukunft ist auch die Vernetzung der Insolvenzregister gemäß Art. 24 f. zu beachten.

II. Bekanntmachung in Mitgliedstaat mit einer Niederlassung (Abs. 1)

5 **1. Antrag.** Nach Art. 28 Abs. 1 **muss** der Antrag durch den Verwalter oder Schuldner in Eigenverwaltung gestellt (Art. 2 Nr. 3) werden. Die Antragspflicht und -befugnis eines ausländischen Verwalters im Inland ergibt sich unmittelbar aus der EuInsVO.[10] Der Nachweis der Verwalterbestellung erfolgt nach Art. 22.

6 Eine Rechtsfolge für die Verletzung der Veröffentlichungspflicht sieht die Norm nicht vor. Insbesondere handelt es sich nicht um ein Anerkennungshindernis.[11] In Betracht zu ziehen ist lediglich eine Staatshaftung (→ Art. 7 Rn. 113).[12] Verletzt der Verwalter seine Pflicht aus Art. 28

---

1 *Hausmann* in Reithmann/Martiny IntVertragsR Rn. 6.744.

2 Dieser Antrag des Verwalters war nach der Vorgängervorschrift Art. 21 EuInsVO 2000 noch freiwillig.

3 *Hausmann* in Reithmann/Martiny IntVertragsR Rn. 6.741; *Virgós/Schmit* Rn. 177.

4 Duursma-Kepplinger/Duursma/Chalupsky/*Duursma-Kepplinger/Chalupsky* EuInsVO 2000 Art. 21 Rn. 2; *Leible/Staudinger* KTS 2000, 533 (564); *Menjucq,* Droit international et européen des sociétés, 2001, Rn. 324; *Virgós/Schmit* Rn. 177.

5 *Paulus* Rn. 1.

6 MüKoInsO/*Thole* EuInsVO 2000 Art. 21 Rn. 1.

7 *Balz* ZIP 1996, 948 (952); Duursma-Kepplinger/Duursma/Chalupsky/*Duursma-Kepplinger/Chalupsky* EuInsVO 2000 Art. 21 Rn. 1; *Leible/Staudinger* KTS 2000, 533 (564); *Virgós/Schmit* Rn. 177.

8 Vgl. dazu schon die Ausführungen zur freiwilligen Bekanntmachung gemäß Art. 21 Abs. 2 EuInsVO 2000 Duursma-Kepplinger/Duursma/Chalupsky/*Duursma-Kepplinger/Chalupsky* EuInsVO 2000 Art. 21 Rn. 3; *Virgós/Schmit* Rn. 186.

9 Pressemitteilung der europäischen Kommission vom 7.7.2014, IP/14/774.

10 Duursma-Kepplinger/Duursma/Chalupsky/*Duursma-Kepplinger/Chalupsky* EuInsVO 2000 Art. 21 Rn. 6; *Kemper* ZIP 2001, 1609 (1615); *Leible/Staudinger* KTS 2000, 533 (565).

11 *Virgós/Schmit* Rn. 177; MüKoInsO/*Thole* EuInsVO 2000 Art. 21 Rn. 1.

12 MüKoInsO/*Thole* EuInsVO 2000 Art. 21 Rn. Rn. 14 f.

Abs. 1, setzt er sich ebenfalls der Haftung nach Maßgabe der lex fori concursus aus (im deutschen Recht § 60 InsO). Der Schaden ergibt sich aus den Nachteilen für die Masse aufgrund der unterbliebenen Bekanntmachung.[13]

Der Antrag muss an die **zuständige Stelle** gerichtet werden. Diese ergibt sich aus dem autonomen Recht. Nach **Art. 102c § 7 Abs. 1 EGInsO** ist in Deutschland das Insolvenzgericht zuständig. Der ausländische Insolvenzverwalter wendet sich daher nicht selbst an das Veröffentlichungsmedium (in Deutschland ist dies der Bundesanzeiger, § 30 InsO), sondern an das Gericht. Dieses prüft sodann die Anerkennungsvoraussetzungen (→ EuInsVO Art. 20 Rn. 9) und veranlasst ggf. die Veröffentlichung.[14] Zur Arbeitserleichterung kann es nach Art. 102c § 7 Abs. 3 EGInsO eine Übersetzung des Beschlusses verlangen. Besteht im nationalen Recht eine entsprechende Regelung nicht, so ergibt sich dies aus Art. 22 UAbs. 2 analog. Das Veröffentlichungsmedium wäre mit der Überprüfung des ausländischen Eröffnungsbeschlusses überfordert. 7

Ungeachtet dieser Vorschrift sind die Gerichte des Verfahrenseröffungsstaates – sofern das nationale Recht dieses Staates dies vorsieht – nicht daran gehindert, selbst die öffentliche Bekanntmachung unmittelbar in die Wege zu leiten.[15] 8

2. Niederlassung. Zum Begriff der Niederlassung vgl. Art. 2 Nr. 10 (→ Art. 2 Rn. 22). 9

3. Veröffentlichung. Sodann erfolgt die Veröffentlichung, und zwar mit dem in Art. 28 Abs. 1 bestimmten **Mindestinhalt.** Im Übrigen schreibt die Verordnung keinen Inhalt und keine Form der Veröffentlichung vor.[16] Eine inhaltliche Regelung trifft Art. 28 Abs. 1 S. 2. Die mitgliedstaatlichen Regelungen können über die Vorgaben des Art. 28 Abs. 1 hinausgehen.[17] Die nähere Ausgestaltung richtet sich nach den Bestimmungen des Staates, dessen zuständige Stelle um eine Veröffentlichung nachgesucht wird (in Deutschland also §§ 9, 30 Abs. 1 InsO).[18] Die Veröffentlichung erfolgt zweckmäßiger Weise in der Sprache des betreffenden Mitgliedstaates (arg. Art. 22 UAbs. 2).[19] 10

Die Veröffentlichung hat nach **Art. 31 Abs. 2** Auswirkungen auf die **Beweislastverteilung** bei der Frage, ob ein Dritter schuldbefreiend geleistet hat, wenn er trotz Verfahrenseröffnung nicht an den Insolvenzverwalter, sondern an den Insolvenzschuldner leistet. Dadurch trägt die öffentliche Bekanntmachung mittelbar dazu bei, eine Schmälerung der im Anerkennungsstaat belegenen Anteile der Masse des ausländischen Verfahrens zu vermeiden.[20] 11

4. Kosten. Die Kosten der Veröffentlichung fallen nach **Art. 30 der Masse zur Last.** 12

III. Bekanntmachung in weiteren Mitgliedstaaten (Abs. 2)

1. Notwendigkeit der Bekanntmachung. Der Verwalter oder der Schuldner in Eigenverwaltung (Art. 2 Nr. 3) **kann** beantragen, dass die Entscheidung über die Eröffnung eines Insolvenzverfahrens auch in weiteren Mitgliedstaaten, in denen sich keine Niederlassung befindet (hier greift schon die obligatorische Antragspflicht gemäß Abs. 1), bekannt gemacht wird (Art. 28 Abs. 2). Der Antrag auf öffentliche Bekanntmachung ist an das Insolvenzgericht zu richten, in dessen Bezirk sich der wesentliche Teil des Vermögens des Schuldners befindet (Art. 102c § 7 Abs. 2 EGInsO). 13

Bei seiner Entscheidung muss der Verwalter aber alle Umstände und Erfordernisse eines sicheren Wirtschaftsverkehrs berücksichtigen. Mit Blick auf den Zweck der Vorschrift gilt grundsätzlich, dass zumindest in den Mitgliedstaaten eine Bekanntmachung beantragt werden muss, in denen Vermögenswerte des Schuldners liegen. Sie muss aber nicht auf diese Fälle beschränkt sein. In Betracht zu ziehen ist sie von vornherein mit Blick auf Staaten, zu denen der insolvenzrechtliche Sachverhalt einen Bezug aufweist. Dabei verbietet sich jedoch jeder Schematismus. Aufgrund der Bekanntmachungskosten, die die Masse teilweise erheblich belasten, kann von einem Antrag auf Veröffentlichung in jedem Staat abzusehen sein. Der Verwalter muss also im Einzelfall sorgfältig **abwägen.** Dabei spielen der Umfang des Schuldnervermögens und die Zahl der inländischen Gläubiger eine Rolle. Bei einer Fehlentscheidung setzt sich der Verwalter einer **Schadensersatzhaftung nach Maßgabe der lex fori concursus** aus, etwa wenn seine Untätigkeit eine Masseverkürzung zur Folge hat (vgl. im deutschen Recht § 60 InsO). 14

---

13 MüKoInsO/*Thole* EuInsVO 2000 Art. 21 Rn. Rn. 15.

14 Duursma-Kepplinger/Duursma/Chalupsky/*Duursma-Kepplinger/Chalupsky* EuInsVO 2000 Art. 21 Rn. 8.

15 Mankowski/Müller/Schmidt/*Müller* Rn. 13; *Virgós/Schmit* Rn. 179.

16 Nerlich/Römermann/*Nerlich* EuInsVO 2000 Art. 21 Rn. 2.

17 Duursma-Kepplinger/Duursma/Chalupsky/*Duursma-Kepplinger/Chalupsky* EuInsVO 2000 Art. 21 Rn. 11; *Virgós/Schmit* Rn. 181.

18 Nerlich/Römermann/*Nerlich* EuInsVO 2000 Art. 21 Rn. 1.

19 Mankowski/Müller/Schmidt/*Müller* Rn. 11.

20 *Kolmann,* Kooperationsmodelle im Internationalen Insolvenzrecht, 2001, 295.

15 **2. Rechtsfolge.** Liegen die Voraussetzungen vor, **muss** der Verwalter möglichst frühzeitig **auf die Bekanntmachung der Veröffentlichung hinwirken.** Ein Verfahren für die Veröffentlichung ist nicht vorgesehen. Für ihren Umfang und Inhalt gelten ebenfalls die Mindestvorgaben des Abs. 1.

Art. 29 EuInsVO Eintragung in öffentliche Register eines anderen Mitgliedstaats

(1) Ist es in einem Mitgliedstaat, in dem sich eine Niederlassung des Schuldners befindet und diese Niederlassung in einem öffentlichen Register dieses Mitgliedstaats eingetragen ist oder in dem unbewegliches Vermögen des Schuldners belegen ist, gesetzlich vorgeschrieben, dass die Informationen nach Artikel 28 über die Eröffnung eines Insolvenzverfahrens im Grundbuch, Handelsregister oder einem sonstigen öffentlichen Register einzutragen sind, stellt der Verwalter oder der Schuldner in Eigenverwaltung die Eintragung im Register durch alle dazu erforderlichen Maßnahmen sicher.

(2) Der Verwalter oder der Schuldner in Eigenverwaltung kann diese Eintragung in jedem anderen Mitgliedstaat beantragen, sofern das Recht des Mitgliedstaats, in dem das Register geführt wird, eine solche Eintragung zulässt.

Schrifttum: *Brinkmann,* Ausländische Insolvenzverfahren und deutscher Grundbuchverkehr, IPRax 2013, 333; *Kysel/Röder,* Ausländische Insolvenz und deutsches Grundbuch, ZIP 2017, 1650 (noch zu Art. 22 EuInsVO 2000).

Übersicht

I. Normzweck

1 Art. 29 beruht auf Art. 22 EuInsVO 2000, wurde allerdings im Rahmen der Reform 2015 neu gefasst. Zahlreiche Gesetze sehen bereits auf nationaler Ebene vor, dass die Eröffnung eines Insolvenzverfahrens in öffentliche Register eingetragen werden muss. Darunter fallen insbesondere das Grundbuch, das Schiffs- und Luftfahrzeugregister, sowie das Handels-, Genossenschafts- und Vereinsregister (vgl. §§ 31 ff. InsO). Durch diese Eintragung soll der **gute Glaube** hinsichtlich der schuldnerischen Verfügungsbefugnis **zerstört** werden. Die Eintragung im Register bezweckt, dass ein gutgläubiger Erwerb von Rechten an Gegenständen der Insolvenzmasse[1] und damit eine Verkürzung der Masse insgesamt verhindert wird.

2 Eine entsprechende Regelung auf europäischer Ebene findet sich in Art. 29. Neben der Zerstörung des guten Glaubens an die Verfügungsbefugnis (→ Rn. 1) geht es auch allgemein um die Gewährleistung der **Sicherheit des Wirtschaftsverkehrs** und den **Schutz des Vertrauens Dritter** auf die **Richtigkeit der Bücher.**[2]

3 Die Eintragung der Eröffnung in die Register ist **keine Voraussetzung für die Anerkennung** der Eröffnungsentscheidung, die nach Art. 19, 20 automatisch erfolgt.[3]

4 Parallel zu Art. 28 differenziert auch Art. 29 zwischen der Eintragung in einem Mitgliedstaat, in dem sich eine Niederlassung des Schuldners befindet oder unbewegliches Vermögen belegen ist (Abs. 1) und einer Eintragung in weiteren Mitgliedstaaten (Abs. 2). Eine Verpflichtung zur Eintragung der Eröffnungsentscheidung in das Register besteht nur im Rahmen von Abs. 1, wenn eine entsprechende autonome Vorschrift diese so bestimmt.

5 Die **Kosten** für die Eintragung des Verfahrens in öffentliche Register fallen nach Art. 30 der **Masse** zur Last. Das gilt auch, wenn es sich um einen Fall des Art. 29 Abs. 2 handelt.[4]

---

1 MüKoInsO/*Ott/Vuia* InsO § 81 Rn. 22 f.

2 *Virgós/Schmit* Rn. 182; ähnlich AG Mannheim ZIP 2016, 2235 (2237): das Fehlen der Verfügungsbefugnis sei „registerrechtlich abzusichern"; *Kysel/Röder* ZIP 2017, 1650.

3 *Kolmann,* Kooperationsmodelle im Internationalen Insolvenzrecht, 2001, 294; *Virgós/Schmit* Rn. 177, 182; AG Duisburg NZI 2010, 199; OLG Düsseldorf ZIP 2012, 1675 = IPRax 2013, 358 Rn. 35.

4 *Kolmann,* Kooperationsmodelle im Internationalen Insolvenzrecht, 2001, 296; *Virgós/Schmit* Rn. 186.

II. Eintragung in einem Mitgliedstaat mit einer Niederlassung oder in dem unbewegliches Vermögen belegen ist (Abs. 1)

1. Sicherstellung der Eintragung. Nach Art. 29 Abs. 1 **muss** der Verwalter oder Schuldner in Eigenverwaltung (Art. 2 Nr. 3) die Eintragung im Register durch alle erforderlichen Maßnahmen sicherzustellen. Er hat somit beispielsweise erforderliche Anträge bei den jeweils zuständigen Stellen zu stellen. Art. 28 sieht keine Sanktion für den Fall vor, dass der Verwalter oder Schuldner in Eigenverwaltung diese Pflicht nicht befolgt. Dennoch ist es dem autonomen Recht unbenommen, eine Verwalterhaftung für diesen Fall anzuordnen.[5] 6

2. Eintragung. Die Überprüfung der Anerkennungsvoraussetzungen erfolgt durch die **Registerstelle,** wenn nicht eine autonome Regelung hierfür die Zuständigkeit einer Zentralstelle bestimmt.[6] Eine solche Vorschrift enthält für Deutschland **Art. 102c § 8 Abs. 1 EGInsO,** wonach das **Insolvenzgericht statt der Registerstelle** für eine solche Überprüfung zuständig ist. Darin liegt eine erhebliche Arbeitserleichterung für die Registerstelle, die auch kaum die Sachkompetenz besitzen wird, international-insolvenzrechtliche Sachverhalte zu würdigen. Immerhin ist im Rahmen der Prüfung eines etwaigen Verstoßes gegen den ordre public-Vorbehalt ein Rechtsvergleich zwischen dem ausländischen und dem inländischen Recht erforderlich. Schließlich hat die Tätigkeit einer Zentralstelle den Vorteil, dass der Verwalter die Unterlagen nicht bei jeder Registerstelle – Grundbuchamt,[7] Handelsregister, Luftfahrzeugregister etc – vorlegen muss, sondern nur bei dem Insolvenzgericht. 7

Die **Form** und der **Inhalt** der Eintragung richten sich abweichend von Art. 7 nach dem **Recht des Registerstaates** und nicht nach der lex fori concursus generalis.[8] Im deutschen Recht bestimmt dies **Art. 102c § 8 Abs. 3 S. 1 EGInsO.** Art. 102c § 8 Abs. 3 S. 2 EGInsO sieht eine Regelung für den Fall vor, dass das Recht des Verfahrenseröffnungsstaates Eintragungen kennt, die dem deutschen Recht unbekannt sind. In diesem Fall muss das Insolvenzgericht eine Eintragung veranlassen, die der des Verfahrenseröffnungsstaates am nächsten kommt. In Bezug auf die Hauptverfahrenseröffnung ist dies wohl unproblematisch.[9] 8

Die anderen Mitgliedstaaten sind gehalten, für die Eintragung des eröffneten Hauptverfahrens ähnliche Bedingungen vorzusehen wie bei inländischen Verfahren.[10] 9

Bei der Eintragung in die Register handelt es sich nicht um eine Anerkennungsvoraussetzung iSd Art. 19, Art. 20.[11] Die Eintragung bewirkt allein die Zerstörung guten Glauben an die Verfügungsbefugnis, vgl. im deutschen Recht § 81 Abs. 1 S. 2 InsO, § 81 S. 2 InsO.[12] 10

III. Eintragung in weiteren Mitgliedstaaten (Abs. 2)

Nach Art. 29 Abs. 2 kann der Verwalter die Eintragung nach Abs. 1 auch in anderen Mitgliedstaaten beantragen, sofern ein Mitgliedstaat eine solche Eintragung zulässt. Dies **kann jeder Mitgliedstaat** individuell bestimmen. Nach Art. 102c § 8 Abs. 2 EGInsO ist der Antrag iSd Art. 29 Abs. 2 ist an das nach Art. 102c § 7 Abs. 2 EGInsO zuständige Insolvenzgericht zu richten. Er soll mit dem Antrag nach Art. 28 Abs. 2 verbunden werden. 11

Art. 30 EuInsVO Kosten

Die Kosten der öffentlichen Bekanntmachung nach Artikel 28 und der Eintragung nach Artikel 29 gelten als Kosten und Aufwendungen des Verfahrens.

Art. 30 entspricht im Wortlaut unverändert Art. 23 EuInsVO 2000. Nach Art. 30 sind die Kosten für die öffentliche Bekanntmachung (Art. 28) und für die Eintragung ins Register (Art. 29) **Kosten des Verfahrens.**[1] Während der Vorbereitung zur EuInsVO 2000 hatten einige Delegationen vorgeschlagen, nur die Kosten, die aufgrund eines freiwilligen Verwalterantrages entstehen (also nicht die der Bekanntmachung oder Eintragung von Amts wegen, Art. 28 Abs. 2 bzw. Art. 29 Abs. 2) als 1

5 *Leible/Staudinger* KTS 2000, 533 (565); *Virgós/Schmit* Rn. 185.
6 Duursma-Kepplinger/Duursma/Chalupsky/*Duursma-Kepplinger/Chalupsky* EuInsVO 2000 Art. 22 Rn. 12.
7 Zu den Auswirkungen einer Auslandsinsolvenz auf die deutsche Grundbuchpraxis *Kysel/Röder* ZIP 2017, 1650.
8 *Virgós/Schmit* Rn. 182.
9 Nerlich/Römermann/*Nerlich* EuInsVO 2000 Art. 22 Rn. 4.
10 *Virgós/Schmit* Rn. 182.
11 Duursma-Kepplinger/Duursma/Chalupsky/*Duursma-Kepplinger/Chalupsky* EuInsVO 2000 Art. 22 Rn. 9.
12 Mankowski/Müller/Schmidt/*Müller* Rn. 18.
1 *Virgós/Schmit* Rn. 186.

Verfahrenskosten anzusehen. Wie die jetzige Fassung des Art. 30 auch noch nach der Reform 2015 zeigt, sind die Befürworter dieser Ansicht im Ergebnis nicht durchgedrungen.

2 Die Behandlung der Bekanntmachungs- und Eintragungskosten als Verfahrenskosten ist auch **sachgerecht.** Denn ein wesentliches Ziel der öffentlichen Bekanntmachung und Eintragung ist der **Erhalt der Masse.** Hierdurch soll erreicht werden, dass die Masse nicht durch schuldbefreiende Leistung an den Gesamtschuldner oder durch einen gutgläubigen Erwerb Dritter geschmälert wird.[2]

3 Nach § 58 Abs. 1 S. 2 GnotKG ist die Eintragung der Insolvenzverfahrenseröffnung in die öffentlichen Register kostenfrei. Hintergrund dieser Vorschrift ist, dass die Eintragungsgebühren als durch Gebühren des gerichtlichen Verfahrens abgegolten angesehen werden. Dies sind hier die Kosten der Tätigkeit des Insolvenzgerichts als Zentralstelle nach Art. 102c § 8 Abs. 1 EGInsO iVm Art. 102c § 1 EGInsO. Die Kosten der öffentlichen Bekanntmachung (§ 24 GKG) sind Masseschulden.[3]

Art. 31 EuInsVO Leistung an den Schuldner

(1) Wer in einem Mitgliedstaat an einen Schuldner leistet, über dessen Vermögen in einem anderen Mitgliedstaat ein Insolvenzverfahren eröffnet worden ist, obwohl er an den Verwalter des Insolvenzverfahrens hätte leisten müssen, wird befreit, wenn ihm die Eröffnung des Verfahrens nicht bekannt war.

(2) [1]Erfolgt die Leistung vor der öffentlichen Bekanntmachung nach Artikel 28, so wird bis zum Beweis des Gegenteils vermutet, dass dem Leistenden die Eröffnung nicht bekannt war. [2]Erfolgt die Leistung nach der Bekanntmachung gemäß Artikel 28, so wird bis zum Beweis des Gegenteils vermutet, dass dem Leistenden die Eröffnung bekannt war.

Übersicht

I. Normzweck

1 Art. 31 entspricht im Wortlaut unverändert Art. 24 EuInsVO 2000. Wenn ein **Drittschuldner** an den Insolvenzschuldner **leistet** und hierbei keine Kenntnis von der Insolvenzverfahrenseröffnung hat, wird er von der Leistung **befreit,** obwohl er an sich an den Verwalter hätte leisten müssen (Art. 31 Abs. 1). Art. 31 Abs. 2 regelt die **Beweislastverteilung** in diesen Fällen. Ist noch keine öffentliche Bekanntmachung erfolgt, gilt die Vermutung, dass die Verfahrenseröffnung dem Gläubiger nicht bekannt war. Nach der öffentlichen Bekanntmachung muss dagegen der Gläubiger beweisen, dass er keine Kenntnis von der Verfahrenseröffnung hatte. Um zu verhindern, dass durch gutgläubige Leistungen an den Schuldner Masseverkürzungen stattfinden, sollte der Verwalter eine **zeitnahe Bekanntmachung** des Eröffnungsbeschlusses veranlassen.

2 Der **Normzweck** der Vorschrift, die § 82 InsO nachgebildet ist,[1] zielt auf die Sicherung des **Gutglaubensschutzes** für den an den Schuldner leistenden Drittschuldner[2] und der **Verkehrsinteressen** im Allgemeinen.[3] Art. 31 ist eine **Sachnorm** des europäischen Insolvenzrechts, die abweichendes nationales Recht verdrängt (→ EGBGB Art. 3 Rn. 45).[4]

---

2 Mankowski/Müller/Schmidt/*Müller* Rn. 4.

3 *Haubold* in Gebauer/Wiedmann EuropZivilR Kap. 32 Rn. 194.

1 *Leible/Staudinger* KTS 2000, 533 (565); *Virgós/Schmit* Rn. 186; für das Verhältnis zu § 82 InsO (anwendbar auf Leistungen an Dritte) s. OLG Schleswig NZI 2021, 1064 = BeckRS 2021, 26848 = EWiR 2021, 687 m. Kurzkomm. *C. Paulus.*

2 Duursma-Kepplinger/Duursma/Chalupsky/*Duursma-Kepplinger/Chalupsky* EuInsVO 2000 Art. 24 Rn. 1.

3 Uhlenbruck/*Lüer* EuInsVO 2000 Art. 24 Rn. 1.

4 Duursma-Kepplinger/Duursma/Chalupsky/*Duursma-Kepplinger/Chalupsky* EuInsVO 2000 Art. 24 Rn. 2; *Paulus* Rn. 1; MüKoInsO/*Thole* EuInsVO 2000 Art. 24 Rn. 1; *Hausmann* in Reithmann/Martiny IntVertragsR Rn. 6.748.

Angesichts des räumlichen Anwendungsbereichs der EuInsVO gilt auch diese Norm nur im Verhältnis der Mitgliedstaaten untereinander und nicht für **Drittstaatensachverhalte.** Bei letzteren ist auf das autonome Insolvenzkollisionsrecht zurückzugreifen.[5] 3

II. Befreiende Leistung an den Insolvenzschuldner (Abs. 1)

1. Voraussetzungen. a) Insolvenzverfahrenseröffnung. Art. 31 Abs. 1 fordert zunächst die Insolvenzverfahrenseröffnung. Der Eröffnungszeitpunkt ergibt sich aus Art. 2 Nr. 8 (→ Art. 2 Rn. 14 ff.). 4

b) Verpflichtung zur Leistung an den Verwalter. Weiter muss für den Drittschuldner die Verpflichtung bestehen, an den Verwalter statt an den Schuldner zu leisten. Dabei handelt es sich um eine typische Auswirkung des Insolvenzverfahrens. Nach der Verfahrenseröffnung muss an die Masse geleistet werden, damit eine leistungsbefreiende Wirkung eintritt.[6] Da der Verwalter die Befugnis hat, über die Masse zu verfügen und sie zu verwalten, muss die Leistung an ihn erfolgen (vgl. im deutschen Insolvenzrecht § 80 Abs. 1 InsO). 5

c) Leistung an den Schuldner. Der Drittschuldner muss an den Insolvenzschuldner und damit an die **falsche Person** geleistet haben (Art. 31 Abs. 1). 6

Dagegen wird laut **EuGH** vom 19.9.2013 **(Urteil Buggenhout)** eine **Zahlung im Auftrag eines Insolvenzschuldners** an einen Gläubiger dieses Schuldners **nicht** von Art. 31 erfasst. In dem zugrundeliegenden Sachverhalt hatte die nachmalige Schuldnerin, das belgische Unternehmen Grontimmo, noch vor Eröffnung des Insolvenzverfahrens, aber nach Antragstellung Konten bei der beklagten Bank in Luxemburg eingerichtet und diese beauftragt, einen Scheck zugunsten eines panamaischen Unternehmens auszustellen; dem lag ein Kaufvertrag zwischen diesen Parteien zugrunde.[7] Da die Ausstellung und Einlösung des Schecks entgegen dem Vermögensbeschlag erfolgte, forderte Insolvenzverwalter van Buggenhout die Bank zur Rückzahlung auf. Der EuGH gab ihm Recht und verneinte einen Redlichkeitsschutz der Bank nach Art. 31. 7

Die Entscheidung ist abzulehnen. Hätte die Bank das Geld an Grontimmo überwiesen, damit diese dann das Geld an ihren Verkäufer weiterleitet, so hätte der Schutz des Art. 31 eingegriffen. Die unterschiedliche Behandlung dieser beiden Fallgestaltungen (Banküberweisung/Direktzahlung ohne Einschaltung einer Bank) vermag nicht zu überzeugen, da die angewiesene Bank durch Einlösung des Schecks eine Leistung an den Schuldner erbringt, der gleichzeitig an seinen Gläubiger leistet.[8] Im Rahmen deutscher Insolvenzverfahren schützt die Rspr. den redlichen Drittschuldner über § 82 InsO iVm Art. 7 Abs. 1 EuInsVO.[9] 8

d) Mitgliedstaatenbezug. Die Leistung muss in einem Mitgliedstaat erfolgt sein. Entscheidend ist insofern der Leistungsort. Streitig ist, ob hierfür der Ort entscheidend ist, an dem der Gläubiger die Leistung **erbracht** hat[10] oder wie bei § 269 BGB der Ort gemeint ist (→ BGB § 269 Rn. 1), an dem die Leistung **erbracht werden musste.**[11] Für die erste Ansicht sprechen zwar auf den ersten Blick der Wortlaut der Norm, die Entstehungsgeschichte der Norm und die Tatsache, dass die Vorschrift autonom auszulegen ist und insofern ein Rückgriff allein auf § 269 BGB nicht statthaft ist. Ferner geht es bei dieser Vorschrift allein darum, den Gutglaubensschutz zu gewährleisten und nicht den Drittschuldner auch bei Leistung am falschen Ort zu schützen. Wenn der Drittschuldner die Leistung an einem anderen als dem obligatorischen Ort erbringt, scheidet vielmehr die Erfüllung von vornherein aus. Die Vorschrift ist in ihrem Anwendungsbereich deshalb teleologisch dahin zu reduzieren, dass der Ort, an dem die Leistung erbracht wird mit dem **Ort** übereinstimmt, an dem die Leistung **erbracht werden muss.** Befindet sich der Wohnsitz des Drittschuldners nicht im Staat des Erfüllungsortes, so genügt die öffentliche Bekanntmachung in einem dieser beiden Staaten.[12] 9

---

[5] Duursma-Kepplinger/Duursma/Chalupsky/*Duursma-Kepplinger/Chalupsky* EuInsVO 2000 Art. 24 Rn. 2; *Kolmann,* Kooperationsmodelle im Internationalen Insolvenzrecht, 2001, 316 f.

[6] MüKoInsO/*Ott/Vuia* InsO § 82 Rn. 1.

[7] EuGH ECLI:EU:C:2013:566 = NZI 2013, 1039 mAnm *Schäfer* NZI 2013, 1041 – Buggenhout; krit. mit Recht *Paulus* EWiR 2013, 719; dazu auch *Hübler* NZI 2013, 1062 f.; *Mansel/Thorn/Wagner* IPRax 2014, 1 (21 f.); *Bayer/Schmidt* BB 2014, 1229 (1231).

[8] Zutr. *Mansel/Thorn/Wagner* IPRax 2014, 1 (21 f.); krit. auch *Paulus* Rn. 2.

[9] OLG Schleswig NZI 2021, 1064 = BeckRS 2021, 26848 = EWiR 2021, 687 m. Kurzkomm. *C. Paulus.*

[10] Mankowski/Müller/Schmidt/*Müller* Rn. 8 mzN; *Paulus* Rn. 2.

[11] Nerlich/Römermann/Nerlich EuInsVO 2000 Art. 24 Rn. 4.

[12] Nerlich/Römermann/*Nerlich* EuInsVO 2000 Art. 24 Rn. 5; *Virgós/Schmit* Rn. 187.

10 **e) Gutgläubigkeit.** Nach Art. 31 Abs. 1 erfolgt die Befreiung von der Leistung nur, wenn dem leistenden Drittschuldner die Eröffnung des Insolvenzverfahren **nicht bekannt** war. Er muss also gutgläubig sein; diesbezüglich schadet nach dem eindeutigen Wortlaut allein die positive Kenntnis und nicht bereits die fahrlässige Unkenntnis.[13] Wusste der leistende Drittschuldner mithin aus anderen Quellen positiv von der Insolvenzeröffnung, so kann er sich nicht darauf berufen, es habe im Leistungszeitpunkt keine Registereintragung iSd Art. 29 vorgelegen.

11 **2. Rechtsfolge.** Nach Art. 31 Abs. 1 wird der Drittschuldner von seiner Leistungspflicht befreit.

III. Beweislast (Abs. 2)

12 Die Sachnorm des Art. 31 Abs. 2 betrifft die Beweislastverteilung. Entscheidendes Kriterium hierfür ist die **öffentliche Bekanntmachung.**

13 **1. Leistung vor Bekanntmachung (Abs. 2 S. 1).** Nach Art. 31 Abs. 2 S. 1 gilt vor der öffentlichen Bekanntmachung des Eröffnungsbeschlusses die Vermutung, dass der Leistende keine Kenntnis von der Eröffnung hatte. Diese Vermutung ist **widerlegbar.**[14] Dazu muss der Insolvenzverwalter nachweisen, dass der leistende Drittschuldner trotz Fehlens der öffentlichen Bekanntmachung Kenntnis von der Insolvenzverfahrenseröffnung hatte,[15] zB aufgrund eines Rundschreibens des Insolvenzverwalters.

14 **2. Leistung nach Bekanntmachung (Abs. 2 S. 2).** Umgekehrt wird ab dem Zeitpunkt der öffentlichen Bekanntmachung ebenfalls **widerlegbar** vermutet, dass der Drittschuldner Kenntnis von der Verfahrenseröffnung hatte. Hier muss der Drittschuldner den Beweis erbringen, dass er trotz der öffentlichen Bekanntmachung keine Kenntnis von der Verfahrenseröffnung hatte. Damit die Vorschrift nicht inhaltlich leer läuft, können hier nur **außergewöhnliche Umstände** Gegenstand des Beweises sein.[16] Praktisch wird sich dieser Beweis wohl kaum erbringen lassen. Sollte es etwa möglich gewesen sein, dass zur Zeit der streitigen Zahlung für den Drittschuldner und ähnliche Unternehmen die **Möglichkeit** bestand, mit verhältnismäßig geringem Aufwand **Insolvenzbekanntmachungen** im Internet programmgesteuert **mit eigenen Kundendaten abzugleichen,** dürfte die Unkenntnis nicht zu beweisen sein.[17]

Art. 32 EuInsVO Anerkennung und Vollstreckbarkeit sonstiger Entscheidungen

(1) *[1]* [1]Die zur Durchführung und Beendigung eines Insolvenzverfahrens ergangenen Entscheidungen eines Gerichts, dessen Eröffnungsentscheidung nach Artikel 19 anerkannt wird, sowie ein von diesem Gericht bestätigter Vergleich werden ebenfalls ohne weitere Förmlichkeiten anerkannt. [2]Diese Entscheidungen werden nach den Artikeln 39 bis 44 und 47 bis 57 der Verordnung (EU) Nr. 1215/2012 vollstreckt.
***[2]* Unterabsatz 1 gilt auch für Entscheidungen, die unmittelbar aufgrund des Insolvenzverfahrens ergehen und in engem Zusammenhang damit stehen, auch wenn diese Entscheidungen von einem anderen Gericht erlassen werden.**
***[3]* Unterabsatz 1 gilt auch für Entscheidungen über Sicherungsmaßnahmen, die nach dem Antrag auf Eröffnung eines Insolvenzverfahrens oder in Verbindung damit getroffen werden.**

(2) Die Anerkennung und Vollstreckung anderer als der in Absatz 1 dieses Artikels genannten Entscheidungen unterliegen der Verordnung (EU) Nr. 1215/2012, sofern jene Verordnung anwendbar ist.

Schrifttum: *Ehricke,* Zur Anerkennung einer im Ausland einem Deutschen erteilten Restschuldbefreiung – zu BGH v. 18.9.2001, IX ZB 51/00, IPRax 2002, 505; *Fehrenbach,* Die Zuständigkeit für insolvenzrechtliche Annexverfahren, IPRax 2009, 492; *Haas,* Insolvenzrechtliche Annexverfahren und internationale Zuständigkeit, ZIP 2013, 2381; *Mörsdorf-Schulte,* Zuständigkeit für Insolvenzanfechtungsklagen im Eröffnungsstaat, ZIP 2009, 1456; *Stürner,* Gerichtsstandsvereinbarungen und Europäisches Insolvenzrecht, IPRax 2005, 416; *Zipperer,* Der Grundsatz des gegenseitigen Vertrauens als Garant der grenzüberschreitenden Wirksamkeit der EuInsVO, ZIP 2021, 231.

---

[13] Duursma-Kepplinger/Duursma/Chalupsky/*Duursma-Kepplinger/Chalupsky* EuInsVO 2000 Art. 24 Rn. 12.
[14] *Virgós/Schmit* Rn. 188.
[15] Mankowski/Müller/Schmidt/*Müller* Rn. 18.
[16] Mankowski/Müller/Schmidt/*Müller* Rn. 19.
[17] Vgl. zu § 82 InsO BGH NZI 2010, 480 Rn. 13.

Übersicht

I. Wesentlicher Inhalt und Normzweck

Art. 32 beruht auf der Vorgängervorschrift Art. 25 EuInsVO 2000, wurde allerdings im Rahmen der Reform 2015 überarbeitet. Insbesondere wurde Art. 25 Abs. 3 EuInsVO 2000 gestrichen. Art. 32 Abs. 1 regelt die **Vollstreckung** der **Insolvenzverfahrenseröffnungsentscheidung** und die **Anerkennung und Vollstreckung sonstiger Entscheidungen.** Die Anerkennung der Eröffnungsentscheidung selbst ist bereits in Art. 19 geregelt und insofern von den übrigen insolvenzrechtlichen Entscheidungen zu trennen. Für die Folgeentscheidungen ist nach Art. 32 eine eigenständige Anerkennungsprüfung vorzunehmen. Die Trennung zwischen der Eröffnungsentscheidung und den übrigen gerichtlichen Entscheidungen ist vor dem Hintergrund zu sehen, dass die **Anerkennung der Eröffnungsentscheidung nicht alle Eventualitäten vor Augen haben kann,** die sich im Laufe der Insolvenzabwicklung ergeben. Insbesondere kann die Entscheidung über die Verfahrenseröffnung einwandfrei sein, während die Folgeentscheidungen an Mängeln leiden.[1] Betroffen sind gemäß Art. 32 Abs. 1 UAbs. 1 UAbs. 1 „Entscheidungen eines Gerichts". Für den Begriff des Gerichts gilt die Legaldefinition des Art. 2 Nr. 6. Es ist von einem funktionalen Gerichtsbegriff auszugehen (→ Rn. 94 f.).[2] Der Verwalter ist jedenfalls kein Gericht in diesem Sinne.[3] Das ergibt sich schon daraus, dass Art. 2 Nr. 5 hierfür eine eigene Legaldefinition vorsieht. Art. 32 findet auf im Vereinigten Königreich durchgeführte Insolvenzverfahren trotz des „Brexit" weiterhin Anwendung, wenn diese vor dem 1.1.2021 eingeleitet worden (OLG Koblenz NZI 2024, 340; zum Brexit → Art. 19 Rn. 19). – Art. 32 Abs. 1 UAbs. 1 UAbs. 2 verweist in Bezug auf die **Vollstreckung** auf die die Brüssel Ia-VO. Art. 32 Abs. 1 ist **keine Zuständigkeitsnorm,** wie sich aus der Überschrift und der Systematik entnehmen lässt.[4] 1

1. Anerkennung. Art. 32 Abs. 1 betrifft die Anerkennung von sog. Folgeentscheidungen. Dies sind (1) die **zur Durchführung und Beendigung eines Insolvenzverfahrens** ergangenen Entscheidungen eines Gerichts (UAbs. 1 S. 1), (2) ein von einem solchen Gericht **bestätigter Vergleich** (in Deutschland etwa der Insolvenzplan)[5] (UAbs. 1 S. 1 aE), (3) Entscheidungen, die **unmittelbar auf Grund des Insolvenzverfahrens ergehen und in engem Zusammenhang damit stehen** (UAbs. 2) sowie (4) **Entscheidungen über Sicherungsmaßnahmen,** die nach dem Antrag auf Eröffnung eines Insolvenzverfahrens erlassen werden (UAbs. 3). 2

Die Anerkennung dieser Entscheidungen erfolgt – wie bei Art. 19 für die Eröffnungsentscheidung – **automatisch.** Ein Anerkennungsverfahren, dessen Einführung durch mitgliedstaatliches Recht im Übrigen verordnungswidrig wäre, findet nicht statt.[6] 3

2. Vollstreckung. Art. 32 Abs. 1 UAbs. 1 S. 2 UAbs. 2 und 3 regelt zudem die Vollstreckung all dieser Entscheidungen – einschließlich der Eröffnungsentscheidung selbst. Unter Vollstreckung versteht man die zwangsweise Durchführung von Entscheidungen,[7] die der originären Hoheitsgewalt des einzelnen Mitgliedstaates unterliegt, in der die Entscheidung vollzogen werden soll.[8] Das beinhaltet die Ausübung der Zwangsbefugnis zur Gewährleistung der Befolgung.[9] 4

[1] *Trunk* IntInsR 277.
[2] *Paulus* Rn. 18.
[3] Duursma-Kepplinger/Duursma/Chalupsky/*Duursma-Kepplinger* EuInsVO 2000 Art. 25 Rn. 7.
[4] Duursma-Kepplinger/Duursma/Chalupsky/*Duursma-Kepplinger* EuInsVO 2000 Art. 25 Rn. 1.
[5] Duursma-Kepplinger/Duursma/Chalupsky/*Duursma-Kepplinger* EuInsVO 2000 Art. 25 Rn. 4.
[6] Mankowski/Müller/Schmidt/*Müller* Rn. 30.
[7] Duursma-Kepplinger/Duursma/Chalupsky/*Duursma-Kepplinger* EuInsVO 2000 Art. 25 Rn. 6.
[8] Mankowski/Müller/Schmidt/*Müller* Rn. 34.
[9] Duursma-Kepplinger/Duursma/Chalupsky/*Duursma-Kepplinger* EuInsVO 2000 Art. 25 Rn. 6; *Virgós/Schmit* Rn. 190.

5 Mit der **Brüssel Ia-VO** sind die Regelungen über die Vollstreckung in der Brüssel I-VO mit Wirkung zum 10.1.2015 neu gefasst worden. Einer **Vollstreckbarerklärung („Exequatur") bedarf es innerhalb der Brüssel Ia-VO nicht** mehr. Die **Anerkennung** ist nur nach Art. 32 EuInsVO 2015 zu prüfen und hat ihre einzige **Schranke im ordre public (Art. 33 EuInsVO 2015).** Nach der Brüssel I-VO wird die Vollstreckbarerklärung bereits im Ursprungsmitgliedstaat – hier: im EuInsVO-Ausland – erteilt, wenn und soweit die nach Art. 53 Brüssel I-VO zu erteilende Bescheinigung ausgestellt wird. Dies geschieht unter Verwendung des Formblatts nach Anh. I Brüssel I-VO (Bescheinigung über eine Entscheidung in Zivil- und Handelssachen nach Art. 53 Brüssel Ia-VO). Insoweit kann man von einer **unionsrechtlichen Vollstreckungsklausel** sprechen.[10]

II. Verfahrensdurchführung und -beendigung; Vergleich (Abs. 1 UAbs. 1)

6 Die Pflicht zur Anerkennung und Vollstreckung nach Art. 32 Abs. 1 UAbs. 1 bezieht sich auf die zur Durchführung und Beendigung eines Insolvenzverfahrens ergangenen Entscheidungen eines Gerichts und auf einen gerichtlich bestätigten Vergleich. Das sind alle Entscheidungen, die die Gesamtheit der Gläubiger und die Abwicklung des Verfahrens unmittelbar betreffen.[11] Die Vorschrift findet trotz des **Brexits** (→ Art. 1 Rn. 22) auf in England durchgeführte Insolvenzverfahren weiterhin Anwendung, wenn diese vor dem Ablauf der Übergangszeit am 31.12.2020 eingeleitet wurden. Die „Einleitung" des Insolvenzverfahrens meint dabei die Eröffnung des Insolvenzverfahrens.[12]

7 Zu den **„Entscheidungen zur Durchführung"** zählt nicht die Eröffnungsentscheidung selbst, denn hierfür gilt Art. 19. Unter Art. 32 fallen dagegen **Vollstreckungsmaßnahmen** aus dem Eröffnungsbeschluss (vgl. § 148 Abs. 2 InsO und Art. 102c § 10 EGInsO; → EGInsO Art. 102c § 10 Rn. 1 ff.). Auch **Kostenentscheidungen** gehören hierher.[13] Nach dem **EuGH-Urteil vom 4.12.2019 in der Rs. Tiger** bewirkt die Entscheidung, mit der ein Gericht des Mitgliedstaats der Verfahrenseröffnung dem Insolvenzverwalter erlaubt, in einem anderen Mitgliedstaat eine Klage zu erheben, auch wenn diese in die ausschließliche Zuständigkeit dieses Gerichts fiele, nicht die Übertragung einer internationalen Zuständigkeit an die Gerichte dieses anderen Mitgliedstaats.[14]

8 **„Zur Beendigung"** gehört der Beschluss über die Aufhebung des Insolvenzverfahrens (§§ 200, 258 InsO) sowie eine **Restschuldbefreiung, wenn** sie nicht ex lege erfolgt, sondern – wie im deutschen Recht (§§ 227, 286 InsO) – **durch gerichtliche Entscheidung.**[15] Dies gilt auch für eine durch ein englisches Gericht erteilte Restschuldbefreiung in einem vor dem Wirksamwerden des Brexits (→ Art. 1 Rn. 22) eingeleiteten Insolvenzverfahren.[16] Allerdings kann sich der Schuldner auf eine im Ausland erteilte, in Deutschland nach Art. 19 anzuerkennende Restschuldbefreiung in einem **Leistungsprozess** nicht berufen, wenn er dies in einem **vorhergehenden Feststellungsprozess** versäumt hat.[17]

9 Ausdrücklich erwähnt ist in Art. 32 Abs. 1 UAbs. 1 S. 1 der **gerichtlich bestätigte Vergleich.** Das sind alle Rechtsinstitute, durch die die Rechtsbeziehungen des Schuldners zu den Gläubigern modifiziert werden. Dazu zählen beispielsweise der **Insolvenzplan** (§§ 207 f. InsO) und der **Schuldenbereinigungsplan** (§ 308 InsO).[18]

10 Gleichgültig ist bei diesen Entscheidungen jeweils, ob sie von einem nach Art. 3 Abs. 1 oder nach Art. 3 Abs. 2 zuständigen Gericht getroffen worden sind.[19] Auch Entscheidungen sonstiger zuständiger und entscheidungsbefugter Stellen eines Mitgliedstaates (Art. 2 Nr. 6) sind einbezogen.[20]

11 Art. 32 Abs. 1 stellt schon mit Blick auf seine Systematik und seine amtliche Überschrift keine Norm dar, aus der sich die **internationale Entscheidungszuständigkeit (compétence directe)**

---

[10] *Mäsch/Pfeiffer* RIW 2019, 245 (249).

[11] Mankowski/Müller/Schmidt/*Müller* Rn. 16.

[12] OLG Koblenz FD-InsR 2024, 939158.

[13] Unrichtig BGH NZI 2014, 723 Rn. 6 = IPRax 2015, 569 m. Aufs. *M. Stürner* IPRax 2015, 535: die Kostenentscheidung falle unter Art. 32 Abs. 1 UAbs. 2 (englische „third party cost order" als Annexentscheidung).

[14] EuGH ECLI:EU:C:2019:1046 Ls. 2 = NZI 2020, 123 mAnm *Mankowski* – Tiger.

[15] *Stöber* IPRax 2016, 355 (358 ff.); zur Restschuldbefreiung offenlassend, ob Art. 19, 20 oder Art. 32 anwendbar ist: BGH NZI 2016, 93 Rn. 29 mAnm *Mankowski;* BGH NJW 2002, 960; VG Regensburg BeckRS 2014, 52848; ferner → Art. 3 Rn. 36, → Art. 7 Rn. 46 ff., → Art. 20 Rn. 10.

[16] OLG Koblenz FD-InsR 2024, 939158 = NZI 2024, 340.

[17] OLG Düsseldorf NZI 2022, 448 = EWiR 2022, 246 m. Kurzkomm. *Bork;* dazu treffend *Brinkmann* IPRax 2023, 169: Rechtskraft sticht Wirkungserstreckung.

[18] *Werner,* Der Insolvenzplan im Anwendungsbereich der europäischen Insolvenzverordnung, 2010. Mankowski/Müller/Schmidt/*Müller* Rn. 20.

[19] Duursma-Kepplinger/Duursma/Chalupsky/*Duursma-Kepplinger* EuInsVO 2000 Art. 25 Rn. 15; *Kolmann,* Kooperationsmodelle im Internationalen Insolvenzrecht, 2001, 289 m. Fn. 142.

[20] Mankowski/Müller/Schmidt/*Müller* Rn. 9.

für einzelne Entscheidungen im Insolvenzverfahren entnehmen ließe.[21] Nahe liegt es indessen, für die **internationale Entscheidungszuständigkeit** auf Art. 3 Abs. 1 zurückzugreifen. Zwar bezieht sich diese Bestimmung nach ihrem eindeutigen Wortlaut ausschließlich auf die Eröffnungsentscheidung („Für die Eröffnung des Insolvenzverfahrens", Art. 3 Abs. 1 S. 1 und „so sind die Gerichte eines anderen Mitgliedstaates nur dann zur Eröffnung eines Insolvenzverfahrens befugt", Art. 3 Abs. 2 S. 1). Damit scheidet eine unmittelbare Anwendung des Art. 3 auf Entscheidungen im Zuge der Verfahrensdurchführung und -beendigung aus.

Da hier aber eine **Zuständigkeitslücke** gegeben ist, ist eine **analoge Anwendung der Norm gerechtfertigt und geboten.** Eine Lücke ist eine planwidrige Unvollständigkeit innerhalb des positiven Rechts, gemessen am Maßstab der geltenden Rechtsordnung.[22] Die EuInsVO enthält keine Zuständigkeitsvorschriften, die ausdrücklich derartige Verfahren betreffen. Allerdings stellt die EuInsVO ein in sich geschlossenes System dar, das nach Erwägungsgrund 8 sowohl die Anerkennung als auch die Vollstreckung sämtlicher insolvenzrechtlicher Entscheidungen regelt. Damit ist von diesem Regelungssystem zu erwarten, dass es auch die internationale Zuständigkeit bezüglich der sonstigen Entscheidungen in Insolvenzverfahren trifft. Auch wird die internationale Zuständigkeit für diese Entscheidungen nicht von der Brüssel Ia-VO umfasst (Art. 1 Abs. 2 lit. b Brüssel Ia-VO). Ein Rückgriff auf das nationale Recht ist ausgeschlossen, denn die EuInsVO und die Brüssel Ia-VO bilden nach der Vorstellung des Verordnungsgebers ein lückenloses System, wie sich aus Art. 32 Abs. 2 und Art. 1 Abs. 2 lit. b Brüssel Ia-VO entnehmen lässt. Damit ist für die internationale Zuständigkeit für Entscheidungen iSd Art. 32 Abs. 1 UAbs. 1 S. 1 eine Lücke gegeben. Diese **durch Art. 3 zu schließen** bietet sich insofern an, als es zu einer **Zuständigkeitsbündelung** kommt, da in der Regel dasjenige Gericht mit dem Erlass derartiger Entscheidungen betraut wird, das sich schon im Rahmen der Eröffnungsentscheidung mit dieser Insolvenzsache befasst hat. Analog Art. 3 ergibt sich so eine **sachnahe Zuständigkeit,** und dies fördert die von der Verordnung angestrebte **Verfahrenseffizienz** (Erwägungsgrund 3). Somit ergibt sich die Zuständigkeit zum Erlass von Entscheidungen iSd Art. 32 Abs. 1 UAbs. 1 S. 1 aus Art. 3 analog.[23] 12

III. Annexverfahren (Abs. 1 UAbs. 2)

Die Anerkennung und Vollstreckung erfolgt nach Art. 32 Abs. 1 UAbs. 2 ferner für **Entscheidungen, die unmittelbar aufgrund des Insolvenzverfahrens ergehen und in engem Zusammenhang damit stehen** (Annexverfahren gemäß Art. 6 Abs. 1). Das sind Entscheidungen, die sich unmittelbar aus dem Insolvenzrecht ableiten und in unmittelbarem Zusammenhang mit dem Insolvenzverfahren stehen, ohne Eröffnungsentscheidung zu sein (Art. 19, 20) oder der Durchführung oder Beendigung des Verfahrens (UAbs. 1 S. 1) zu dienen.[24] 13

Die Begriffe **„unmittelbar"** und **„in engem Zusammenhang"** sind aus der Verordnung heraus zu konkretisieren. Das Ziel besteht in der einheitlichen und gleichmäßigen Anwendung der EuInsVO. Hierzu lassen sich die **Kriterien des Art. 1 Abs. 1** heranziehen, nämlich die Insolvenz des Schuldners als Voraussetzung des Einzelverfahrens, der Vermögensbeschlag gegen den Schuldner, die Beteiligung des Verwalters am Verfahren und schließlich die Verfolgung des mitgliedstaatlichen Insolvenzzwecks durch das Einzelverfahren. In keinem Fall sind die „Unmittelbarkeit" und der „enge Zusammenhang" zum Insolvenzverfahren gegeben, wenn die fragliche Entscheidung keines des oben stehenden Kriterien erfüllt[25] oder wenn bloß ein irgendwie gearteter Insolvenzbezug besteht.[26] Vgl. hierzu genauer die Kommentierung zu Art. 6 (→ Art. 6 Rn. 4 ff.). Art. 6 Abs. 1 ist nahezu wortgleich mit Art. 32 Abs. 1 UAbs. 2. 14

1. Begriff. Die Entscheidungen des UAbs. 2 liegen an der Schnittstelle zwischen der EuInsVO und der Brüssel Ia-VO. Von der Brüssel Ia-VO ausgenommen sind die „Konkurse, Vergleiche und ähnliche Verfahren" (Art. 1 Abs. 2 Nr. 2 Brüssel Ia-VO). Diesen Bereich deckt Art. 32 Abs. 1 UAbs. 2 ab: „Entscheidungen, die unmittelbar aufgrund des Insolvenzverfahrens ergehen und damit in engem Zusammenhang stehen" werden hinsichtlich Anerkennung und Vollstreckung der EuInsVO zugeordnet. Die beiden Verordnungen greifen somit lückenlos ineinander. 15

Die Feststellung, ob es sich um ein solches **„Annexverfahren"** (auch „Insolvenzanhangsprozess") gemäß Art. 6 Abs. 1 handelt, erfolgt im Interesse der einheitlichen Rechtsanwendung im 16

---

[21] So aber *Kolmann,* Kooperationsmodelle im Internationalen Insolvenzrecht, 2001, 288.

[22] *Canaris,* Die Feststellung von Lücken im Gesetz, 2. Aufl. 1983, § 29.

[23] Im Ergebnis ebenso Duursma-Kepplinger/Duursma/Chalupsky/*Duursma-Kepplinger* EuInsVO 2000 Art. 25 Rn. 14, wobei sie wohl von einer unmittelbaren Anwendung der Norm ausgeht.

[24] *Paulus* Rn. 9.

[25] *Schwarz* NZI 2002, 290 (293).

[26] *Trunk* IntInsR 7.

Wege einer autonomen Auslegung.[27] Dabei ist der Kreis dieser Entscheidungen eng zu fassen.[28] Insolvenzanhangsentscheidungen sind solche, die ihre **Rechtsgrundlage im Insolvenzrecht** haben und **mit dem Insolvenzverfahren in engem Zusammenhang** stehen (→ Art. 6 Rn. 4 ff.). und nicht schon unter Art. 32 Abs. 1 UAbs. 1 S. 1 fallen.[29]

17 Als **Daumenregel** lässt sich formulieren, dass all diejenigen Entscheidungen über Ansprüche unter die Brüssel Ia-VO fallen, die auch ohne ein Insolvenzverfahren erhoben werden könnten. Der EuInsVO zuzuordnende Annexentscheidungen sind demgegenüber alle Entscheidungen, die **ein Insolvenzverfahren voraussetzen.**[30]

18 Zu den Annexverfahren des Art. 32 Abs. 1 UAbs. 2 zählen die **Anfechtungsklagen**[31] und **Haftungsklagen** gegen den Verwalter,[32] ferner Unterlassungsgebote gegenüber einem Gläubiger oder eine **Restschuldbefreiung** des Schuldners (wenn man sie nicht als Beendigung iSd → Rn. 11 ansehen will).[33] **Keine Insolvenzanhangsprozesse** sind Streitigkeiten über den **Bestand** oder den **Umfang einer Forderung** nach allgemeinem Recht, über den **Bestand und die Wirksamkeit eines dinglichen Rechts,** auf **Herausgabe von Gegenständen,** die sich im Besitz des Schuldners befinden und Streitigkeiten aus Klagen, die der Schuldner hätte erheben können, wenn kein Verfahren eröffnet worden wäre.[34] Um ein **Annexverfahren** handelt es sich dagegen bei Klagen aus **schwebenden Verträgen,** weil hier die insolvenzrechtliche Besonderheit besteht, dass ihr Schicksal und damit das Bestehen der Forderung selbst von der Entscheidung des Insolvenzverwalters abhängt.[35] Für die **Geschäftsleiterhaftung** ist zu differenzieren. Insolvenzrechtlich geprägte Klagen aufgrund persönlicher Haftung des Geschäftsleiters zB unter dem Gesichtspunkt der Masseschmälerung (→ Art. 7 Rn. 87 f.) oder der Insolvenzverschleppung (→ Art. 7 Rn. 58 ff.) unterfallen der EuInsVO, die allgemeine Geschäftsleiterhaftung unterliegt dem Gesellschaftsstatut (→ IntGesR Rn. 632 ff.). Auch Anfechtungsklagen aus der Rückgewähr kapitalersetzender Gesellschafterdarlehen (vgl. im deutschen Recht § 135 InsO; → Art. 7 Rn. 96 ff.) führen zu insolvenzrechtlich geprägten Annexverfahren, weil sie die Insolvenz der Gesellschaft voraussetzen und auf die Wiederherstellung der Masse und damit Gläubigergleichbehandlung abzielen. Stützt sich die Klage demgegenüber auf §§ 30 f. GmbHG, kommt die Brüssel Ia-VO zum Zuge.[36]

19 **2. Internationale Entscheidungszuständigkeit. Art. 32 Abs. 1 UAbs. 2** selbst begründet für die Annexverfahren keine internationale Entscheidungszuständigkeit[37] (näher → Art. 6 Rn. 1 ff.).

IV. Sicherungsmaßnahmen (Abs. 1 UAbs. 3)

20 Nach Art. 32 Abs. 1 UAbs. 3 gilt UAbs. 1 auch für **Entscheidungen über Sicherungsmaßnahmen, die nach dem Antrag auf Eröffnung eines Insolvenzverfahrens getroffen werden.**

21 Darunter fallen alle Entscheidungen eines Gerichts iSd Art. 2 Nr. 7, die vor der Entscheidung über die Verfahrenseröffnung und im Hinblick auf eine mögliche Verfahrenseröffnung getroffen werden.[38]

---

27 *Bos* NILR 2003, 31 (42); Duursma-Kepplinger/Duursma/Chalupsky/*Duursma-Kepplinger* EuInsVO 2000 Art. 25 Rn. 53.

28 Duursma-Kepplinger/Duursma/Chalupsky/*Duursma-Kepplinger* EuInsVO 2000 Art. 25 Rn. 51; *Leipold* FS Ishikawa, 2001, 221 (238); *Lüke* FS Schütze, 1999, 469 (482); *Trunk* IntInsR 117.

29 *Bos* NILR 2003, 31 (41): „court judgements that are handed down in respect of claims that are baised on insolvency law"; Duursma-Kepplinger/Duursma/Chalupsky/*Duursma-Kepplinger* EuInsVO 2000 Art. 25 Rn. 52.

30 EuGH ECLI:EU:C:2009:544 Rn. 32 = NZI 2009, 741 = IPRax 2010, 355 m. Aufs. *Brinkmann* IPRax 2010, 324 – German Graphics (zur Geltendmachung der Rechte aus einem Eigentumsvorbehalt); dazu *Mankowski* NZI 2010, 508; für Einzelfälle → Rn. 18 ff.; *Paulus* Rn. 16.

31 EuGH ECLI:EU:C:2009:83 = NJW 2009, 2189 – Deko Marty; dazu *R. Stürner/Kern* LMK 2009, 278572; *Mörsdorf-Schulte* ZIP 2009, 1456; *Paulus* Status:Recht 2009, 117; *Mankowski/Willemer* RIW 2009, 669; *Fehrenbach* IPRax 2009, 492.

32 *Bos* NILR 2003, 31 (41); Duursma-Kepplinger/Duursma/Chalupsky/*Duursma-Kepplinger* EuInsVO 2000 Art. 25 Rn. 54; *Lüke* ZZP 111 (1998), 275 (295); Mankowski/Müller/Schmidt/*Müller* Rn. 23.

33 *Paulus* Rn. 7; OLG Koblenz NZI 2024, 340 – UK Discharge.

34 Duursma-Kepplinger/Duursma/Chalupsky/*Duursma-Kepplinger* EuInsVO 2000 Art. 25 Rn. 55; Mankowski/Müller/Schmidt/*Müller* Rn. 34; *Virgós/Schmit* Rn. 196.

35 So auch Duursma-Kepplinger/Duursma/Chalupsky/*Duursma-Kepplinger* EuInsVO 2000 Art. 25 Rn. 55; *Leipold* FS Ishikawa, 2001, 221 (238) m. Fn. 40; *Haas* ZIP 2013, 2381 (2389).

36 OLG Koblenz NZI 2002, 56; *Schwarz* NZI 2002, 290 (294 f.).

37 BGH NJW 2003, 2916 (2917); Mankowski/Müller/Schmidt/*Müller* Rn. 34; *Leible/Staudinger* KTS 2000, 533 (566).

38 MüKoInsO/Thole EuInsVO 2000 Art. 25 Rn. 26; Mankowski/Müller/Schmidt/*Müller* Rn. 26.

Die **Erforderlichkeit** dieser Regelung leitet sich aus dem Interesse an einer effektiven Verwaltung der Insolvenzmasse her. Gerade in einem transnationalen Insolvenzfall sind zügige Maßnahmen zur Sicherung der Masse erforderlich.[39] 22

Vertreten wird, dass Art. 32 Abs. 1 UAbs. 3 auch für **Befugnisse eines vorläufigen Verwalters** Anwendung findet.[40] Dem kann schon wegen des eindeutigen, ausschließlich auf gerichtliche Entscheidungen abzielenden Wortlauts nicht zugestimmt werden. Weiterhin spricht Erwägungsgrund 36 S. 5 mit Blick auf Art. 52 davon, dass einstweilige Sicherungsmaßnahmen nur ausnahmsweise auch von einem vorläufigen Verwalter angeordnet werden können, wenn sich in diesem Staat eine Niederlassung befindet. Eine Ausdehnung der Befugnisse des vorläufigen Verwalters über Art. 52 hinaus – dh auf Fälle, in denen es an einer Niederlassung des Schuldners im Anerkennungsstaat fehlt – ist nicht mehr von Art. 32 Abs. 1 UAbs. 3 gedeckt. 23

Die Anerkennung dieser Entscheidungen setzt (1) einen Antrag **auf Eröffnung eines Insolvenzverfahrens** voraus (Art. 32 Abs. 1 UAbs. 3). Zudem muss sich (2) das Gericht für zuständig halten.[41] Und schließlich darf (3) die Einschränkung nach Art. 33 nicht eingreifen.[42] 24

Nicht erforderlich ist eine **vorherige Anhörung,** da es hier um eine Sicherungsmaßnahme im Gesamtvollstreckungsverfahren geht und durch eine Anhörung die Effektivität der Maßnahme (Erwägungsgrund 3) gefährdet würde. 25

V. Verhältnis zum allgemeinen EU-Zivilprozessrecht (Abs. 2)

Art. 32 Abs. 2 bestimmt, dass alle Entscheidungen, die nicht von Abs. 1 erfasst werden, der Brüssel Ia-VO unterstehen, und gewährleistet auf diese Weise eine **Lückenlosigkeit** zwischen Brüssel Ia-VO und EuInsVO (hM).[43] Diesen Grundsatz der Lückenlosigkeit der beiden Zuständigkeitsregime stellt der **EuGH** im **Urteil German Graphics** vom 10.9.2009 in Abrede und beruft sich dabei auf den Wortlaut des früheren Art. 25 Abs. 2 aE EuInsVO 2000 („soweit jenes Übereinkommen – heute: die Brüssel Ia-VO – anwendbar ist.").[44] Von Bedeutung ist dies aber nur für Fälle, in denen schon gar keine „Zivil- oder Handelssache" vorliegt (Art. 1 Abs. 1 Brüssel Ia-VO) oder eine Bereichsausnahme des Art. 1 Abs. 2 Brüssel Ia-VO greift.[45] Im Übrigen bleibt es bei der Lückenlosigkeit des Systems. 26

Die Verweisung aus Art. 32 Abs. 2 ist dynamisch dahingehend zu verstehen, dass über den Verweis auf die Brüssel Ia-VO auch der Anwendungsbereich der **EuVTVO** erfasst werden soll. Die nach der EuVTVO vorgesehenen Voraussetzungen zur Bestätigung einer Entscheidung als Europäischer Vollstreckungstitel liegen jedoch nicht vollständig vor, wenn der Schuldner zu der zur Insolvenztabelle angemeldeten Forderung keine Erklärung abgegeben hat.[46] 27

Art. 33 EuInsVO Öffentliche Ordnung

Jeder Mitgliedstaat kann sich weigern, ein in einem anderen Mitgliedstaat eröffnetes Insolvenzverfahren anzuerkennen oder eine in einem solchen Verfahren ergangene Entscheidung zu vollstrecken, soweit diese Anerkennung oder Vollstreckung zu einem Ergebnis führt, das offensichtlich mit seiner öffentlichen Ordnung, insbesondere mit den Grundprinzipien oder den verfassungsmäßig garantierten Rechten und Freiheiten des Einzelnen, unvereinbar ist.

Schrifttum: *d'Avoine,* Internationale Zuständigkeit des deutschen Insolvenzgerichts bei offenkundiger „Rückkehroption" des ehemals selbstständig wirtschaftlich tätigen Schuldners (Unternehmer, Freiberufler, Arzt, Anwalt,

[39] *Hausmann* in Reithmann/Martiny IntVertragsR Rn. 6.628.

[40] *Gottwald,* Grenzüberschreitende Insolvenzen, 1997, 29; *Leible/Staudinger* KTS 2000, 533 (570); *Paulus* NZI 2001, 505 (510); MüKoInsO/*Thole* EuInsVO 2000 Art. 25 Rn. 27; nach Cour d'appel de Colmar ZIP 2010, 1460 = EWiR 2010, 453 m. KurzKomm. *Mankowski* soll eine voräufige Insolvenzeröffnung in Deutschland nach § 21 Abs. 2 S. 1 Nr. 2 InsO nicht in Frankreich nach Art. 19 EuInsVO [Art. 16 EuInsVO 2000] anerkennungsfähig sein, sondern bloß als Sicherungsmaßnahme nach Art. 32; dazu *Mansel/Thorn/Wagner* IPRax 2012, 1 (27).

[41] Mankowski/Müller/Schmidt/*Müller* Rn. 15.

[42] Mankowski/Müller/Schmidt/*Müller* Art. 33 Rn. 3.

[43] BGH NZI 2014, 723 Rn. 6 = IPRax 2015, 569 m. Aufs. *M. Stürner* IPRax 2015, 535; *Virgós/Schmit* Rn. 195, 197.

[44] EuGH ECLI:EU:C:2009:544 Rn. 17 S. 2 und 3 = NZI 2009, 741 = IPRax 2010, 355 m. Aufs. *Brinkmann* IPRax 2010, 324 – German Graphics; dazu *Mankowski* NZI 2010, 508.

[45] EuGH ECLI:EU:C:2009:544 = NZI 2009, 741 = IPRax 2010, 355 m. Aufs. *Brinkmann* IPRax 2010, 324 – German Graphics Ls. 1 und Rn. 18; dazu *Mankowski* NZI 2010, 508.

[46] LG Aachen NZI 2015, 871; dazu *Mansel/Thorn/Wagner* IPRax 2016, 1 (18).

Notar etc.) mit dem Ziel der Restschuldbefreiung, NZI 2011, 310; *Eidenmüller,* Rechtsmissbrauch im Europäischen Insolvenzrecht, KTS 2009, 137; *Farnoux,* Effets dans un autre État membre de la décision d'ouverture d'une procédure d'insolvabilité principale du point de vue des pouvoirs du syndic et conformité à l'ordre public international français, Rev. crit. dr. int. priv. 2021, 595; *F. Fuchs,* Nationale und internationale Aspekte des Restschuldbefreiungs-Tourismus, 2015; *Knof,* Der ordre public Vorbehalt nach Art. 26 EuInsVO – eine Allzweckwaffe gegen forum shopping im europäischen Insolvenzrecht?, ZInsO 2007, 629; *Laukemann,* Der ordre public im europäischen Insolvenzrecht, IPRax 2012, 207; *Mankowski,* Der ordre public im europäischen und im deutschen Internationalen Insolvenzrecht, KTS 2011, 185; *Mansel,* Grenzüberschreitende Restschuldbefreiung – Anerkennung einer *(automatic) discharge* nach englischem Recht und *ordre public,* FS v. Hoffmann, 2011, 683; *Oberhammer,* The Abolition of Exequatur, IPRax 2010, 197; *Lisa Schneider,* Der Rechtsmissbrauchsgrundsatz im Europäischen Insolvenzrecht, 2015; *Renfert,* Über die Europäisierung der ordre public Klausel, 2003; *Spellenberg,* Der ordre public im Internationalen Insolvenzrecht, in Stoll, Vorschläge und Gutachen, 1997, 183.

Übersicht

I. Normzweck

1 Art. 33 entspricht im Wortlaut unverändert Art. 26 EuInsVO 2000. Hinter der EuInsVO steht der **Grundsatz des gegenseitigen Vertrauens** („community trust", → Vor Art. 1 Rn. 20; Erwägungsgrund 65).[1] Sie beruht auf dem festen Vertrauen in die Geordnetheit und Legitimität der Entscheidungen in den Insolvenzverfahren in allen Mitgliedstaaten.[2] Nur aus diesem Vertrauen heraus ist es für einen Mitgliedstaat zumutbar, Insolvenzentscheidungen von Gerichten anderer Staaten anzuerkennen und zu vollstrecken (Art. 19, 20, 32). Durchbrochen wird dieser Grundsatz, wenn das Anerkennungs- oder Vollstreckungsergebnis mit der öffentlichen Ordnung des Anerkennungsstaates offensichtlich unvereinbar ist (Art. 33).[3] Einen Anhaltspunkt dafür bieten nach neuerer EuGH-Rspr. **„systemische Mängel" in den Gerichtsverfahren** des Erststaates, wie sie etwa aus den „Fortschrittsberichten" der Kommission zum Stand der Justiz in bestimmten Mitgliedstaaten immer wieder beklagt werden.[4] Die **Vorbehaltsklausel des Art. 33** hat hier die Funktion einer „Garde-Fou". Sie soll nur **verhindern, dass gänzlich unannehmbare Entscheidungen anderer Staaten anerkannt und vollstreckt werden** müssen, schon um die Gefahr paralleler Hauptverfahren weitgehend zu vermeiden.[5] **Vorbild** ist **Art. 45 Abs. 1 Brüssel Ia-VO.** Auf die dazu (bzw. zur Vorgängernorm des Art. 27 EuGVÜ) vorliegende Rspr. greifen der EuGH und der BGH auch zur Auslegung des Art. 33 zurück.[6]

1 EuGH ECLI:EU:C:2006:281 Rn. 61 = NZI 2006, 360 – Eurofood; dazu *Laukemann* IPRax 2012, 207 (208); zuvor schon *Freitag/Leible* RIW 2006, 641; *Hess/Laukemann/Seagon* IPRax 2007, 89; *Paulus* NZG 2006, 609; *Thole* ZEuP 2007, 1137; *Knof/Mock* ZIP 2006, 907; *Saenger/Klockenbrinck* EuZW 2006, 363; *J. Schmidt* ZIP 2007, 405.

2 *Laukemann* IPRax 2012, 207.

3 *Virgós/Schmit* Rn. 202.

4 EuGH ECLI:EU:C:2011:865 = NVwZ 2012, 417 – N.S.; dazu *Kohler* IPRax 2017, 333 (337 f.).

5 Insoweit zutr. *Laukemann* IPRax 2012, 207 (213); *Niggemann/Blenske* NZI 2003, 471 (479); für Zurückhaltung auch *Paulus* EuInsVO Einl. Rn. 47.

6 EuGH ECLI:EU:C:2010:24 Rn. 31–33 = NZI 2010, 156 mAnm *Mankowski* NZI 2010, 178 = EWiR 2010, 77 (78) m. KurzKomm. *J. Schmidt* – Probud Gdynia; dazu *Mansel/Thorn/Wagner* IPRax 2011, 27 f.; *Laukemann* LMK 2010, 299062; *Piekenbrock* KTS 2010, 208; *Thole* ZEuP 2010, 920; *Würdinger* IPRax 2011, 562; EuGH ECLI:EU:C:2006:281 Rn. 63 = NZI 2006, 360 – Eurofood; ebenso BGH GWR 2013, 63: eine die Verteidigungsrechte verletzende Zustellung des verfahrenseinleitenden Schriftstückes als Verstoß gegen den verfahrensrechtlichen ordre public; BGH NZI 2014, 723 Rn. 7 = IPRax 2015, 569 m. Aufs. *M. Stürner* IPRax 2015, 535 – Third Party Cost Order.

Art. 33 sichert die notwendigen Rechte von Schuldnern und Gläubigern auf Teilnahme am Verfahren.[7] Allerdings gestattet die ordre public-Klausel der Verordnung **keine durchgängige inhaltliche Überprüfung** insolvenzrechtlicher Entscheidungen von Gerichten anderer Mitgliedstaaten (révision au fond).[8] **Rechtspolitisch** wird eine Zurückdrängung der ordre public-Vorbehalte teilweise als wünschenswert angesehen.[9] Dieser Einschätzung kann nicht beigetreten werden, da der Binnenmarkt noch lange nicht vollständig zusammengewachsen ist.[10] 2

II. Voraussetzungen

Die Anerkennung bzw. Vollstreckung muss eine Entscheidung eines ausländischen Gerichts zum Gegenstand haben; diese Entscheidung muss einen hinreichenden Inlandsbezug haben und mit der öffentlichen Ordnung des Staates, in dem die Anerkennung bzw. Vollstreckung erfolgen soll, unvereinbar sein. Erforderlich ist dabei eine Offensichtlichkeit der Unvereinbarkeit und der Zweitstaat muss sich auf die Nichtanerkennung oder -vollstreckung berufen. 3

1. Entscheidung eines ausländischen Gerichts. Es muss sich entweder um die **Eröffnungsentscheidung** eines nach Art. 3 Abs. 1 oder Abs. 2 zuständigen Gerichts oder um eine **sonstige Entscheidung iSd Art. 32 Abs. 1** handeln,[11] zB eine ausländische Restschuldbefreiung (→ Rn. 17).[12] 4

2. Hinreichender Inlandsbezug. Ein hinreichender Inlandsbezug liegt vor, wenn **inländisch geschützte Interessen berührt** werden.[13] Das ist der Fall, wenn ein Verfahrensbeteiligter die **Staatsangehörigkeit** des ersuchten Staates besitzt oder dort seinen **gewöhnlichen Aufenthalt** hat. Auch die **Belegenheit von Massegegenständen** im Anerkennungsstaat begründet einen hinreichenden Bezug zu diesem. 5

3. Öffentliche Ordnung. a) Verstoß gegen Grundprinzipien oder die verfassungsmäßig genannten Rechte und Pflichten des Einzelnen. Die anzuerkennende oder zu vollstreckende Entscheidung ist an der öffentlichen Ordnung zu messen. Der Begriff der öffentlichen Ordnung ist eng auszulegen und beschränkt sich auf Ausnahmefälle, freilich unter Einbeziehung systemischer Mängel im Erststaat (→ Rn. 1).[14] Nach Art. 33 betreffen diese **insbesondere** die **Grundprinzipien** oder die **verfassungsmäßig garantierten Rechte und Freiheiten des Einzelnen.** Hierher gehören auch die wesentlichen Prinzipien der EU,[15] nicht aber stets die **GRCh.** Nach Art. 51 Abs. 1 GRCh gilt die Charta für die Mitgliedstaaten ausschließlich bei der Durchführung des Rechts der Union und die durch die Charta garantierten Grundrechte sind nur zu beachten, wenn eine nationale Regelung in den Geltungsbereich des Unionsrechts fällt.[16] Nur wenn im Einzelfall die Regelung, auf deren Vollzug sich der Vorwurf eines ordre public-Verstoßes iSd Art. 33 stützt, eine Durchführungsbestimmung zu einer EU-Richtlinie darstellt, kann sonach die GRCh eingreifen. Generell hat der EuGH zur **Reichweite eines europäischen ordre public** festgehalten, dass ein Verstoß einer mitgliedstaatlichen Entscheidung gegen das Unionsrecht nur dann einen Anerkennungsversagungsgrund bildet, wenn der geltend gemachte Rechtsfehler eine offensichtliche **Verletzung einer in der Unionsrechtsordnung und somit in der Rechtsordnung des Vollstreckungsstaats als wesentlich geltenden Rechtsnorm oder** eines in diesen Rechtsordnungen als **grundlegend anerkannten Rechts** darstellt.[17] Dazu zählt auch **Art. 47 GRCh,** wonach jede 6

---

7 *Hausmann* in Reithmann/Martiny IntVertragsR Rn. 6.632.

8 *Leible/Staudinger* KTS 2000, 533 (568).

9 Dazu Kropholler/*v. Hein* Brüssel I-VO Art. 34 Rn. 3.

10 *Leible/Staudinger* KTS 2000, 533 (567). Zu den Grenzen des Vertrauensprinzips Althammer/Weller (Hrsg.), Mindeststandards im Europäischen Zivilprozessrecht – Grundvoraussetzung für „Gegenseitiges Vertrauen", 2015; *Weller* NIPR 2017, 1; *Kohler* ZEuS 2016, 135; *Kohler* IPRax 2017, 333 (336 ff.).

11 *Menjucq,* Droit international et européen des sociétés, 2001, Rn. 334.

12 LG Köln EWiR 2011, 775 m. Kurzkomm. *Vallender;* dazu *Mansel* FS v. Hoffmann, 2011, 683; *Mehring* ZInsO 2012, 1249; *Vallender* EWiR 2016, 19.

13 Duursma-Kepplinger/Duursma/Chalupsky/*Duursma-Kepplinger* EuInsVO 2000 Art. 26 Rn. 3; *Kemper* ZIP 2001, 1609 (1614).

14 *Paulus* Rn. 2.

15 Duursma-Kepplinger/Duursma/Chalupsky/*Duursma-Kepplinger* EuInsVO 2000 Art. 26 Rn. 5; *Heß* IPRax 2001, 301 (305); *Virgós/Schmit* Rn. 205.

16 EuGH ECLI:EU:C:2013:588 Rn. 71–76 = IStR 2013, 922 – Texdata; dazu *Kuntze-Kaufhold* GmbHR 2013, R 369; *Paulus* Rn. 9.

17 EuGH ECLI:EU:C:2015:471 Rn. 68 = EuZW 2015, 713 mAnm *Dietze* = EWiR 2015, 557 m. Kurzkomm. *Mankowski* (mit Verweis auf eine mögliche ordre public-Einstufung von Art. 101, 102 AEUV oder der Handelsvertreter-RL 86/653/EWG) – Diageo Brands; dazu *Mansel/Thorn/Wagner* IPRax 2016, 1 (16 f.).

Person, deren durch das Recht der Union garantierte Rechte oder Freiheiten verletzt worden sind, das **Recht auf wirksamen gerichtlichen Rechtsschutz** hat.[18]

7 **b) Grenzen der ordre public-Kontrolle.** Nicht Gegenstand der ordre public-Prüfung sind solche Erscheinungen und Anerkennungsfolgen, die von der EuInsVO gerade beabsichtigt sind,[19] denn durch den ordre public-Vorbehalt dürfen nicht die Wertentscheidungen der Verordnung unterlaufen werden. Zu diesen Wertentscheidungen gehört es allerdings nicht, es dem Schuldner zu ermöglichen, unter Berufung auf einen ausländischen **Scheinwohnsitz** ein Insolvenzverfahren im Staat seines tatsächlichen COMI zu vermeiden (näher → Rn. 13).[20] Ein Verstoß gegen die öffentliche Ordnung soll **laut BGH** allerdings nicht schon daraus folgen, dass sich das Zweitgericht nicht hat davon überzeugen können, ob eine ordnungsgemäße Prüfung durch den ausländischen Richter habe stattgefunden. Erst bei einer **Überschreitung der Grenze zur Willkür** begründen die Fehler bei der Annahme der internationalen Zuständigkeit danach einen Verstoß gegen die deutsche öffentliche Ordnung. Für derartige Restriktionen der ordre public-Kontrolle bieten allerdings Erwägungsgrund 65 sowie die Überprüfungsmöglichkeit im Eröffnungsstaat nach Art. 5 entgegen dem BGH keine hinreichende Grundlage.[21]

8 Eine weitere Begrenzung des ordre public-Vorbehalts ergibt sich aus Art. 19 Abs. 1 S. 2. Danach darf die **Anerkennung nicht wegen der fehlenden Insolvenzfähigkeit** im Anerkennungsstaat **verweigert** werden,[22] zB weil dort nur Kaufleute konkursfähig sind. Auch liegt kein Verstoß gegen den ordre public vor, wenn die internationale Zuständigkeit der Gerichte des Staates der Verfahrenseröffnung nicht gegeben war, denn die **compétence indirecte** ist keine Anerkennungsvoraussetzung[23] (→ Rn. 9).

9 **c) Prüfungsmaßstab.** Als Auslegungshilfe bietet sich **Art. 45 Abs. 1 lit. a Brüssel Ia-VO** an.[24] Im Unterschied zu Art. 45 Abs. 1 lit. a **Brüssel Ia-VO** enthält Art. 33 den ausdrücklichen Verweis auf die Grundprinzipien und die verfassungsmäßig garantierten Rechte und Freiheiten des Einzelnen. Damit ist aber nicht etwa eine inhaltliche Abweichung zu Art. 45 Abs. 1 lit. a **Brüssel Ia-VO** bezweckt. Die öffentliche Ordnung leitet sich aus dem **einzelstaatlichen Recht** ab, so dass dieser Begriff in den Mitgliedstaaten jeweils unterschiedliche Sachverhalte abdeckt (→ EGBGB Art. 6 Rn. 141 ff.). Auch Art. 6 EMRK und die Rspr. dazu sind zu berücksichtigen.

10 Unter den ordre public fallen **materiell-rechtliche** und **prozessuale Erwägungen.**[25] Ferner statuiert Art. 33 nicht nur – wie man aus dem Wortlaut auf den ersten Blick schließen könnte – einen **anerkennungs-** und **vollstreckungsrechtlichen,** sondern auch um einen kollisionsrechtlichen ordre public-Vorbehalt.[26] Letzteres bedeutet, dass ein nach Kollisionsnormen anwendbares Recht nicht anzuwenden ist, wenn die Anwendung dieser Rechtsordnung zu Ergebnissen führen

---

[18] EuGH ECLI:EU:C:2016:349 = EuZW 2016, 713 mAnm *Mäsch* = Clunet 2016, 1235 mAnm *Pailler* – Meroni; dazu *Kohler* IPRax 2017, 333 (337).

[19] Duursma-Kepplinger/Duursma/Chalupsky/*Duursma-Kepplinger/Chalupsky* EuInsVO 2000 Art. 26 Rn. 16, 23; *Huber* ZZP 114 (2001), 133 (146).

[20] So freilich iErg OLG Nürnberg NJW 2012, 862; BGH NZI 2016, 93 Rn. 21 mAnm *Mankowski:* Verweisung des Gläubigers auf die Rechtsschutzmöglichkeiten im Staat des simulierten COMI; zutr. demgegenüber BFH NZI 2016, 929 Rn. 21–27 mAnm *F. Fuchs* = RIW 2017, 81 mAnm *C. Paulus.*

[21] BGH NZI 2016, 93 mAnm *Mankowski;* zust. *Vallender* EWiR 2016, 19. Zum (angeblichen) Vorrang der Überprüfungsmöglichkeiten im Ursprungsstaat auch EuGH ECLI:EU:C:2015:471 Rn. 68 = EuZW 2015, 713 mAnm *Dietze* = EWiR 2015, 557 m. Kurzkomm. *Mankowski* – Diageo Brands; dazu *Mansel/Thorn/Wagner* IPRax 2016, 1 (16 f.); restriktiv auch LG Trier ZIP 2017, 2374 = BeckRS 2017, 114009: kein Anspruch des Gläubigers gemäß § 826 BGB nach in England erschlichener Restschuldbefreiung.

[22] Duursma-Kepplinger/Duursma/Chalupsky/*Duursma-Kepplinger/Chalupsky* EuInsVO 2000 Art. 26 Rn. 25; *Huber* ZZP 114 (2001), 133 (146); *Leible/Staudinger* KTS 2000, 533 (568); *Virgós/Schmit* Rn. 148.

[23] OGH NZI 2005, 465; Duursma-Kepplinger/Duursma/Chalupsky/*Duursma-Kepplinger/Chalupsky* EuInsVO 2000 Art. 26 Rn. 26; *Leible/Staudinger* KTS 2000, 533 (568); *Lüke* ZZP 111 (1998), 275 (287); *Herchen* ZIP 2005, 1401 (1404).

[24] EuGH ECLI:EU:C:2006:281 Rn. 63 = NZI 2006, 360 – Eurofood; BGH BeckRS 2012, 24176 Rn. 3; näher *Mankowski* KTS 2011, 185 (191 ff.); ferner *Freitag/Leible* RIW 2006, 641; *Hess/Laukemann/Seagon* IPRax 2007, 89; *Paulus* NZG 2006, 609; *Thole* ZEuP 2007, 1137; *Knof/Mock* ZIP 2006, 907; *Saenger/Klockenbrinck* EuZW 2006, 363; *J. Schmidt* ZIP 2007, 405.

[25] Duursma-Kepplinger/Duursma/Chalupsky/*Duursma-Kepplinger* EuInsVO 2000 Art. 26 Rn. 6; *Heß* IPRax 2001, 301 (305); *Paulus* Rn. 10 ff., 14 ff.; *Leipold* in Stoll, Vorschläge und Gutachten, 1997, 186, 192; Mankowski/Müller/Schmidt/*Müller* Rn. 10.

[26] Rauscher/*Mäsch,* EuZPR/EuIPR, 2015, EuInsVO 2000 Art. 26 Rn. 23; *Mehring* ZInsO 2012, 1247 (1249); K. Schmidt/*Brinkmann* EuInsVO 2000 Art. 25 Rn. 10; *Spellenberg* in Stoll, Stellungnahmen und Gutachten zur Reform des deutschen Internationalen Insolvenzrechts, 1992, 183 (186); abl. Mankowski/Müller/Schmidt/*Müller* Rn. 5; MüKoInsO/*Thole* EuInsVO 2000 Art. 26 Rn. 5.

würde, die mit dem ordre public-Vorbehalt unvereinbar wären (→ EGBGB Art. 6 Rn. 1 ff.). Wegen des lex fori-Prinzips (Art. 7) ist dies nur im Rahmen der Sonderanknüpfungen nach Art. 8–18 von Bedeutung.

Bedeutsam sind vor allem die von der öffentlichen Ordnung umfassten **Verfahrensgarantien** wie das **rechtliche Gehör**[27] und das **Recht auf Beteiligung am Verfahren.**[28] Dies ist vor allem in Bezug auf den Sanierungsplan bedeutsam, insbesondere bei finanzschwachen Kleingläubigern.[29] Auch soweit nach ausländischem Insolvenzrecht Forderungen als erloschen gelten, wenn sie nicht innerhalb der gesetzlichen Frist im Insolvenzverfahren angemeldet wurden, verstößt dies im Blick auf im Inland ansässige Gläubiger, denen die Eröffnung des Insolvenzverfahrens unbekannt war, gegen den ordre public.[30] **Neben der ordre public-Kontrolle** gibt es **keine** eigenständige Prüfung der ausländischen Entscheidung am Maßstab des inländischen Grundsatzes von **Treu und Glauben**[31] **und** auch keine Anerkennungsversagung nach **§ 826 BGB** unterhalb der ordre public-Schwelle.[32] Freilich können einzelne Anwendungsfälle dieser Rechtsinstitute unter den ordre public falllen (→ Einl. IPR Rn. 133). 11

4. Unvereinbarkeit des Ergebnisses der Anerkennung und Vollstreckung mit der öffentlichen Ordnung. Der **Gegenstand** der ordre public-Überprüfung ist das **Ergebnis** der Anerkennung und Vollstreckung der Entscheidung und nicht die Entscheidung selbst.[33] Auf diese Weise wird verhindert, dass es zu einer inhaltlichen Überprüfung der Entscheidung kommt. 12

In keinem Fall ausreichend für einen Verstoß gegen den ordre public-Vorbehalt ist die **fehlende Insolvenzfähigkeit** des Schuldners nach dem Recht des Anerkennungs- und Vollstreckungsstaates. Dies zeigt Art. 19 Abs. 1 UAbs. 2.[34] Auch die **fälschliche Inanspruchnahme der internationalen Zuständigkeit** begründet kein Anerkennungshindernis nach Art. 33.[35] Anders ist dies nur bei einem **simulierten COMI,** also wenn die Eröffnungsentscheidung auf **bewusst wahrheitswidrigen Angaben des Antragstellers** beruht.[36] Denn es entspricht es sowohl den Interessen der Gerichte des Zweitstaates wie der Gerichte des Eröffnungsstaates, dass die täuschenden Personen auch in der Zeit, bis die Eröffnungsentscheidung durch das Eröffnungsgericht wieder aufgehoben wird, keine ungerechtfertigten Vorteile aus ihrem Verhalten ziehen können und dadurch anderen, von dem Insolvenzverfahren Betroffenen Nachteile zufügen können.[37] Lässt das Erstgericht die **Zuständigkeitserschleichung** durch Prozessbetrug zu, so liegt darin zugleich 13

---

[27] EuGH ECLI:EU:C:2006:281 Rn. 60 ff., 66 = NZI 2006, 360 – Eurofood; dazu *Freitag/Leible* RIW 2006, 641; *Hess/Laukemann/Seagon* IPRax 2007, 89; *Paulus* NZG 2006, 609; *Thole* ZEuP 2007, 1137; *Knof/Mock* ZIP 2006, 907; *Saenger/Klockenbrinck* EuZW 2006, 363; *J. Schmidt* ZIP 2007, 405; nachfolgend EuGH ECLI:EU:C:2015:471 Rn. 53 ff. = EuZW 2015, 713 – Drageo Brands; BGH NZI 2016, 93 Rn. 24 mAnm *Mankowski*.

[28] *Leible/Staudinger* KTS 2000, 533 (567); *Kemper* ZIP 2001, 1609 (1614); BGH NJW 2016, 160 Ls. 1: Die Vollstreckbarerklärung eines [ausländischen] Urteils verstößt gegen den deutschen verfahrensrechtlichen ordre public international, wenn das [ausländische] Gericht, weil der in Deutschland wohnende Beklagte keinen [im Gerichtsstaat] ansässigen Prozessbevollmächtigten oder Zustellungsbevollmächtigten bestellt hat, […] die für diese Partei bestimmten gerichtlichen Schriftstücke in der Gerichtsakte belassen und als zugestellt behandelt hat."

[29] Duursma-Kepplinger/Duursma/Chalupsky/*Duursma-Kepplinger* EuInsVO 2000 Art. 26 Rn. 7 m. Fn. 27.

[30] OLG Stuttgart ZInsO 2007, 611 Rn. 34 = BeckRS 2007, 2211; krit. *Laukemann* IPRax 2012, 207 (215).

[31] So aber offenbar BFH NZI 2016, 929 Rn. 21 mAnm *F. Fuchs* = RIW 2017, 81 mAnm *C. Paulus*.

[32] So aber offenbar *C. Paulus* RIW 2017, 84 (85) in Anm. zu BFH NZI 2016, 929 mAnm *F. Fuchs*.

[33] Mankowski/Müller/Schmidt/*Müller* Rn. 7.

[34] Duursma-Kepplinger/Duursma/Chalupsky/*Duursma-Kepplinger* EuInsVO 2000 Art. 26 Rn. 13; *Huber* ZZP 114 (2001), 133 (146); *Leible/Staudinger* KTS 2000, 533 (568); *Virgós/Schmit* Rn. 148.

[35] *Laukemann* IPRax 2012, 207 (210 f.); *Herchen* ZIP 2005, 1401 (1404); OGH NZI 2005, 465, wonach auch das Fehlen einer diesbezüglichen Begr. in der Eröffnungsentscheidung unschädlich ist) Cour de Cass. (Ch. Com.) 27.6.2007 – Arrêt no. 923, IPRax Heft 3/2007, S. VI; VG Wiesbaden BeckRS 2016, 48778 Rn. 53 = IPRax Heft 1/2016, S. IX.

[36] BFH NZI 2016, 929 Rn. 23, 28 mAnm *F. Fuchs* = RIW 2017, 81 mAnm *C. Paulus* (Vorinstanz FG Greifswald BeckRS 2015, 95797 = ZIP 2015, 2239 mit der unhaltbaren Aussage, trotz COMI-Simulation im Staat der Restschuldbefreiung liege kein ordre public-Verstoß vor); BGH NZI 2016, 93 Rn. 27; wie hier auch im Fall „Brochier" das AG Nürnberg NZI 2007, 185; AG Göttingen NZI 2013, 206 m. Aufs. *Laukemann* IPRax 2014, 258; LG Köln NZI 2011, 957 Rn. 82 mAnm *Mankowski* NZI 2011, 958; hierzu krit. *Laukemann* IPRax 2012, 207 (211); OLG Düsseldorf BeckRS 2013, 15627; aA OLG Nürnberg NJW 2012, 862: die unrichtige Sachverhaltsfeststellung durch das Insolvenzeröffnungsgericht könne im Rahmen der Anerkennung nicht mehr gerügt werden; zust. *Mansel/Thorn/Wagner* IPRax 2013, 1 (32).

[37] Zutr. *Kebekus* ZIP 2007, 84 (86) zu AG Nürnberg NZI 2007, 185; *Weller* ZGR 2008, 835 (853).

ein Verstoß gegen das Recht der Gläubiger auf ein faires Verfahren.[38] Dies deckt sich mit der Haltung des **EuGH,** welcher ein **rechtsmissbräuchliches Verhalten** auf der Grundlage von Art. 33 als Verweigerungsgrund anerkennt; denn nach das gegenseitige Vertrauen der Gerichte in der EU setzt voraus, dass ua zumindest die zuständigkeitsbegründenden Tatsachen zutreffend ermittelt werden.[39]

14 Wegen **unterbliebener Anhörung** kommt ein ordre public-Verstoß nicht stets in Betracht: so ist den Gläubigern nicht notwendigerweise rechtliches Gehör zu gewähren, dem Schuldner aber regelmäßig schon (vgl. § 14 Abs. 2 InsO).[40] Eine **ordre public-relevante Verletzung von Gläubigerbeteiligungsrechten** liegt aber jedenfalls dann vor, wenn den Gläubigern relevante **Schriftstücke schon gar nicht zugestellt** werden, weil es an einem Zustellungsbevollmächtigten im Gerichtsstaat fehlt.[41] Nach den Maßstäben des **EuGH** ist Art. 33 hier anwendbar, weil es um den allgemeinen **unionsrechtlichen Rechtsgrundsatz geht, dass jedermann Anspruch auf ein faires Verfahrens hat.** Das Gericht im Ursprungsmitgliedstaat kann sich nicht darauf beschränken, seine eigenen Vorstellungen von der Mündlichkeit des Verfahrens und von der fundamentalen Rolle, die diese in seiner Rechtsordnung spielt, zu übertragen. Vielmehr muss es anhand sämtlicher Umstände beurteilen, ob die betroffene Person in dem mitgliedstaatlichen Verfahren hinreichend die Möglichkeit hatte, gehört zu werden.[42]

15 Der **EuGH** neigt dazu, dass angesichts des Gebotes auf ein **faires Verfahren** ein Verstoß gegen den ordre public vorliege, wenn dem in einem Mitgliedstaat nach dortigem Recht ordnungsgemäß bestellten vorläufigen Insolvenzverwalter einer Gesellschaft die maßgeblichen Dokumente, die einen weiteren Antrag auf Eröffnung eines Insolvenzverfahrens in einem anderen Mitgliedstaat begründen, trotz diesbezüglicher Anfragen und entgegen einer Anordnung des Gerichts des anderen Mitgliedstaats nicht zur Verfügung gestellt werden.[43]

16 Als ordre public-Verstöße sind **weiterhin** denkbar: die Vernachlässigung der Gläubigerautonomie, die nicht hinreichende oder zu weitgehende Gewährleistung des Schuldnerschutzes, die Bestellung eines vom Schuldner oder von einzelnen Gläubigern abhängigen Insolvenzverwalters,[44] der missbräuchliche Einsatz des Insolvenzverfahrens zum Zwecke der Enteignung oder wettbewerbswidrigen Förderung eines Konkurrenzunternehmens, Korruption oder politische Willkür und „anstößige" Vorrechte einzelner Gläubiger[45] und völlig fehlende Anfechtungsmöglichkeiten[46] sowie sonstige Verstöße gegen den Grundsatz der Gläubigergleichbehandlung.[47] Auch das **völlige Fehlen einer Begründung** widerspricht allgemeinen rechtsstaatlichen Grundsätzen.[48] Dagegen hat es etwa das **BAG** abgelehnt, kurze Fristen im ausländischen Eröffnungsverfahren oder die Unanfechtbarkeit des Eröffnungsbeschlusses als Verstoß gegen den deutschen ordre public zu werten.[49] Mit dem ordre public nach deutschem Maß – dh wenn die BRepD der Anerkennungs- oder Vollstreckungsstaat ist – vereinbar ist der mit **Art. L 621-46 Code de Commerce** verbundene starke Eingriff in die Rechte der Gläubiger.[50] Dasselbe gilt für den Rechtsverlust bei der Versäumung der Aussonderungsfrist **(Art. L 621-15 Code de Commerce).**[51]

---

[38] BGH NZI 2016, 93 Rn. 27; *Mansel* FS v. Hoffmann, 2011, 683 (687); K. Schmidt/*Brinkmann* EuInsVO 2000 Art. 26 Rn. 8; zum Scheinwohnsitz VG Greifswald NZI 2018, 658 (661).

[39] EuGH ECLI:EU:C:2010:24 Rn. 29 = NZI 2010, 156 mAnm *Mankowski* NZI 2010, 178 – Probud Gdynia; anders *Laukemann* IPRax 2012, 207 (211); zur rechtsmissbräuchlichen COMI-Verlagerung *Deichgräber,* Gesellschaftsrechtliche Sitzverlegungen und haftungsrechtliche Begründungen internationaler insolvenzrechtlicher Zuständigkeiten, 2012.

[40] MüKoInsO/Thole EuInsVO 2000 Art. 26 Rn. 19; s. auch *Virgós/Schmit* Rn. 207; *Paulus* Rn. 20.

[41] Vgl. BGH NJW 2016, 160 Rn. 15 ff.

[42] BGH NZI 2016, 93 Rn. 24 mit Verweis auf EuGH ECLI:EU:C:2006:281 Rn. 65 = NZI 2006, 360 – Eurofood.

[43] EuGH ECLI:EU:C:2006:281 Rn. 66 = NZI 2006, 360 – Eurofood; Vorlagebeschluss: High Court of Ireland NZI 2004, 505 (506) = ZIP 2004, 1969 (1970) = EWiR 2004, 973 f. mAnm *Herweg/Tschauner* EWiR 2004, 973; dazu Schlussanträge GA *Jacobs* ZIP 2005, 1878 zu EuGH ECLI:EU:C:2006:281 Rn. 127 ff. – Parmalat.

[44] Vgl. BAG NZI 2013, 758 Rn. 63; AG Nürnberg ZIP 2007, 81 (82) = NZI 2007, 185; im Sachrecht § 56 InsO.

[45] *Hanisch* FS Jahr, 1993, 455 (472 ff.); *Trunk* IntInsR 272.

[46] Hingenommen von BAG NZI 2013, 758 Rn. 65.

[47] BAG NZI 2013, 758 Rn. 55 – iErg abgelehnt.

[48] BGH NJW 2016, 160 Rn. 22 ff.; *Thole* IPRax 2017, 213 (216) mit Verweis auf EuGH ECLI:EU:C:2010:437 Rn. 78 = NJW 2010, 2861 – Parrucker; aA OLG Wien NZI 2005, 56; wie hier MüKoInsO/*Schmahl/Busch* InsO §§ 27–29 Rn. 114 f.

[49] BAG NZI 2013, 758 Rn. 56, 59 ff.

[50] OLG Saarbrücken RIW 1990, 142 (143); *Niggemann/Blenske* NZI 2003, 471 (479).

[51] *Niggemann/Blenske* NZI 2003, 471 (479).

17 **Keinen ordre public-Verstoß** stellen zudem **inhaltliche Unterschiede** der europäischen Insolvenzrechte an sich dar, wie etwa ein **Übergang des Schuldnervermögens** (und nicht bloß der Verwaltungs- und Verfügungsbefugnis) **auf den Insolvenzverwalter.**[52] Die Schwelle zum Verstoß ist erst bei der **Untragbarkeit** des Anerkennungs- und Vollstreckungsergebnisses erreicht. Dies ist wiederum nur anzunehmen, wenn die **Gerechtigkeitsvorstellung** des Anerkennungs- und Vollstreckungsstaates mit dem fraglichen Ergebnis in einem **starken Widerspruch** steht. Innerhalb des Anwendungsbereichs der Verordnung wird dies höchst selten anzunehmen sein. Denn dem Verordnungsgeber waren zumindest alle wesentlichen nationalen Insolvenzrechte bekannt. In Kenntnis von deren Unterschiedlichkeit hat er sich für den Grundsatz des gegenseitigen Vertrauens entschieden.[53]

18 Teilweise wird in Erwägung gezogen, einen ordre public-Verstoß auch in Bezug auf tatsächliche Gesichtspunkte anzunehmen. Danach fielen unter den Begriff des ordre public auch legitime öffentliche Interessen, wie etwa die Wahrung hinreichender Öl- und Gasreserven. Mit dem Wortlaut des Art. 33 ist dies durchaus vereinbar.

19 **Problemschwerpunkt Restschuldbefreiung:** Der Restschuldbefreiungstourismus birgt ein **erhebliches Missbrauchspotential.**[54] Dies war Anlass für den europäischen Gesetzgeber, Schutzvorkehrungen in die aufzunehmen, um betrügerisches oder missbräuchliches Forum Shopping zu verhindern (Erwägungsgründe 29, 34). Auch wenn englische Insolvenzgerichte inzwischen ihre internationale Zuständigkeit bei Anträgen von ausländischen natürlichen Personen auf Eröffnung eines Insolvenzverfahrens über ihr Vermögen strenger prüfen als dies in der Vergangenheit häufig der Fall war, zog es deutsche Schuldner jedenfalls bis zum Brexit (→ Art. 1 Rn. 22) **insbesondere nach England,** um dort spätestens nach **Ablauf eines Jahres,** vom Zeitpunkt der Verfahrenseröffnung an gerechnet, Restschuldbefreiung zu erlangen (Sec. 279 (1), 278 a Insolvency Act 1986). Diese Entscheidung wollen Gläubiger häufig nicht anerkennen und klagen deshalb ihre Forderung vor inländischen Gerichten ein. Gegenüber dem im Prozess geltend gemachten Einwand des Schuldners, die geltend gemachte Forderung sei von der in England erteilten Restschuldbefreiung erfasst, wenden Gläubiger regelmäßig einen Verstoß gegen den Ordre public-Vorbehalt gemäß Art. 33 ein.

20 Für derartige Fallgestaltungen bietet die **ordre public-Kontrolle** nach Art. 33 oftmals nur einen **unzureichenden Gläubigerschutz.**[55] So verstößt eine **kürzere Wohlverhaltensperiode**[56] als die im Recht des Anerkennungs- oder Vollstreckungsstaates vorgesehene nicht gegen den ordre public-Vorbehalt.[57] Auch eine **Wohnsitzverlegung** zur Ausnutzung einer solchen kürzeren Wohlverhaltensperiode ist zumindest solange nicht geeignet, gegen den ordre public-Vorbehalt zu verstoßen, wie das Grundinteresse der Gesellschaft nicht beeinträchtigt ist (anders beim **simulierten COMI,** → Rn. 7, → Rn. 13). Dies ist wiederum solange nicht der Fall, wie das ausländische **Restschuldbefreiungsverfahren,** wenn auch unter vereinfachten Bedingungen, den im Anerkennungs- und Vollstreckungsstaat bestehenden rechtsstaatlichen Prinzipen genügt.[58] Laut EuGH stellt die tatsächliche Verlagerung des COMI in einen anderen Mitgliedstaat, um ein „günstigeres Insolvenzrecht" zu erlangen, keinen Verstoß gegen den Grundsatz des ordre public dar.[59] Ein Verstoß gegen den ordre public-Vorbehalt liegt vor, soweit die ausländische Restschuldbefreiung Ansprüche

52 Vgl. die insoweit übertragbare französische Entscheidung Cass. com. 16.7.2020 Clunet 2021, 591 (594) mAnm *Mastrullo.*

53 *Niggemann/Blenske* NZI 2003, 471 (479); VG Wiesbaden BeckRS 2016, 48778 Rn. 52 = IPRax 2016 Heft 1, IX.

54 *F. Fuchs,* Nationale und internationale Aspekte des Restschuldbefreiungs-Tourismus, 2015, 11, 12; zum Folgenden *Vallender* EWiR 2016, 19.

55 Zusammenfassend – und krit. – *Stöber* IPRax 2016, 355 (358 ff.).

56 Zu denken ist konkret an das Beispiel Frankreichs, wo nach Art. 331-2 Code de Consommation ein eigenständiges Verfahren über die Verbraucherinsolvenz darstellt. Nach Art. 331-7-1 Code de Consommation ist bereits eine dreijährige Wohlverhaltensperiode ausreichend. Allerdings weist *Ehricke* IPRax 2002, 505 (508) darauf hin, dass eine Reihe von Ausnahmen des Vollstreckungsverbotes vorgesehen sind, aufgrund derer trotz der Entschuldung ein Eingriff in das Vermögen des Schuldners ermöglicht wird.

57 In BGH NJW 2002, 960 (961) prüft der BGH allein, ob die Verlegung des Wohnsitzes in einen Staat, nach dessen Recht eine kürzere Wohlverhaltensperiode erforderlich ist, gegen die öffentliche Ordnung verstößt, nicht aber, ob die kürzere Wohlverhaltensperiode selbst einen solchen Eingriff darzustellen geeignet ist; umfassend *Stöber* IPRax 2016, 355 (358 ff.).

58 *Ehricke* IPRax 2002, 505 (508); umfassend *Mansel* FS v. Hoffmann, 2011, 683 ff. zur Anerkennung einer discharge nach englischem Recht, 695 zu divergierenden Wohlverhaltensperioden; *Weller* IPRax 2011, 150 (154 f.); OLG Düsseldorf BeckRS 2013, 15627.

59 EuGH ECLI:EU:C:2021:907 = NZG 2022, 29 Rn. 99 f. – BJ; OLG Koblenz FD-InsR 2024, 939158 (englische Restschuldbefreiung).

erfasst, die auf der **Verletzung deutscher Strafvorschriften** beruhen (allgemein → EGBGB Art. 6 Rn. 135).[60] Zu Restschuldbefreiung und **Sekundärverfahren** → Art. 7 Rn. 47.

21 **5. Offensichtlichkeit.** Die Anerkennunsgversagung nach Art. 33 setzt eine offensichtliche Unvereinbarkeit der Entscheidung mit der öffentlichen Ordnung voraus. Offensichtlichkeit in diesem Sinne liegt vor, wenn sich der Konflikt mit der inländischen öffentlichen Ordnung einem **verständigen Anwender unmittelbar erschließt.**[61] Die Anerkennung oder Vollstreckung der in einem anderen EuInsVO-Staat erlassenen Entscheidung muss – so der **EuGH im Fall Eurofood** – gegen einen wesentlichen Rechtsgrundsatz verstoßen und deshalb in einem **nicht hinnehmbaren Gegensatz zur Rechtsordnung des Vollstreckungsstaats** stehen; bei dem Verstoß muss es sich um eine offensichtliche Verletzung einer in der Rechtsordnung des Vollstreckungsstaats als wesentlich geltenden Rechtsnorm oder eines dort als grundlegend anerkannten Rechts handeln.[62] Denn der ordre public-Vorbehalt als Einschränkung des gegenseitigen Vertrauens ist auf das unbedingt notwendige Mindestmaß zu reduzieren[63] (Erwägungsgrund 65; → EGBGB Art. 6 Rn. 182 ff.).

22 **6. Berufen.** Art. 33 ist als **Vorbehalt** konzipiert. Somit muss sich der ersuchte Mitgliedstaat auf den offensichtlichen ordre public-Verstoß berufen und somit seinen Willen zum Ausdruck bringen, die Anerkennung und Vollstreckung zu verweigern.[64] Bei einem missbräuchlichen Berufen auf die öffentliche Ordnung ist aus Sicht der EU ein Vertragsverletzungsverfahren nach Art. 258 AEUV in Betracht zu ziehen.

23 **7. Maßgeblicher Zeitpunkt.** Der maßgebliche Zeitpunkt für das Vorliegen des Verstoßes ist der Zeitpunkt der Anerkennung der Entscheidung im Inland.

III. Rechtsfolge

24 Die Rechtsfolge ist, dass die Anerkennung und Vollstreckung ganz oder teilweise („soweit") nicht erfolgt.[65] Eine teilweise Nichtanerkennung und -vollstreckung ist freilich allein dann in Betracht zu ziehen, wenn das Ergebnis teilbar ist. Dies ist etwa anzunehmen, wenn es um einzelne Insolvenzbeteiligte oder einzelne Insolvenzwirkungen geht. Die Beurteilung ist einzelfallabhängig.[66]

Kapitel III. Sekundärinsolvenzverfahren

Art. 34 EuInsVO Verfahrenseröffnung

[1]Ist durch ein Gericht eines Mitgliedstaats ein Hauptinsolvenzverfahren eröffnet worden, das in einem anderen Mitgliedstaat anerkannt worden ist, kann ein nach Artikel 3 Absatz 2 zuständiges Gericht dieses anderen Mitgliedstaats nach Maßgabe der Vorschriften dieses Kapitels ein Sekundärinsolvenzverfahren eröffnen. [2]War es für das Hauptinsolvenzverfahren erforderlich, dass der Schuldner insolvent ist, so wird die Insolvenz des Schuldners in dem Mitgliedstaat, in dem ein Sekundärinsolvenzverfahren eröffnet werden kann, nicht erneut geprüft. [3]Die Wirkungen des Sekundärinsolvenzverfahrens sind auf das Vermögen des Schuldners beschränkt, das im Hoheitsgebiet des Mitgliedstaats belegen ist, in dem dieses Verfahren eröffnet wurde.

Schrifttum: *Dammann,* Sinn und Zweck von Sekundärverfahren nach der Reform der EuInsVO, FS Beck, 2016, 73; *Ehricke,* Das Verhältnis des Hauptinsolvenzverwalters zum Sekundärinsolvenzverwalter bei grenzüberschreitenden Insolvenzen nach der EuInsVO, ZIP 2005, 1104; *Koller,* Zielkonflikt im Europäischen Insolvenzrecht: Präventive Sanierung versus territoriale Liquidation, IPRax 2014, 190; *Mucciarelli,* Procedure concorsuali secondarie,

[60] Offengelassen für § 266a StGB in BGH NZI 2014, 883 Rn. 25; dazu *Dornblüth* ZIP 2014, 712.
[61] *Kemper* ZIP 2001, 1609 (1614).
[62] EuGH ECLI:EU:C:2006:281 Rn. 63 = NZI 2006, 360 – Eurofood.
[63] Duursma-Kepplinger/Duursma/Chalupsky/*Duursma-Kepplinger* EuInsVO 2000 Art. 26 Rn. 3; *Kemper* ZIP 2001, 1609 (1614); MüKoInsO/Thole EuInsVO 2000 Art. 26 Rn. 7.
[64] Duursma-Kepplinger/Duursma/Chalupsky/*Duursma-Kepplinger* EuInsVO 2000 Art. 26 Rn. 11.
[65] *Bos* NILR 2003, 31 (39).
[66] *Trunk* IntInsR 272.

localizzazione dei beni del debitore e protezione di interessi locali, Giurisprudenza commerciale 2016, II, 13; *Ringe,* Sekundärinsolvenzverfahren nach der Europäischen Insolvenzverordnung – BGH, 8.3.2012 – IX ZB 178/11, IPRax 2013, 330.

Übersicht

I. Wesentlicher Inhalt und Normzweck

Art. 34 ist angelehnt an Art. 27 EuInsVO 2000; S. 3 der Vorschrift wurde allerdings im Rahmen der Reform 2015 überarbeitet. Art. 34 trifft grundlegende Bestimmungen für das Sekundärinsolvenzverfahren. Dabei befasst sich Art. 34 S. 1 und 3 mit den Eröffnungsvoraussetzungen des Sekundärinsolvenzverfahrens. Art. 34 S. 3 trifft eine Regelung über die Aktivmasse des Sekundärverfahrens. Art. 34 S. 3 gibt wieder, was sich bereits aus Art. 3 Abs. 2 S. 2 entnehmen lässt.[1] Bei Art. 34 S. 1 und 2 handelt es sich dagegen nicht bloß um eine Wiedergabe des Art. 3 Abs. 2 und 3, da Art. 34 S. 1 nicht nur die internationale Zuständigkeit regelt, sondern sich darüber hinausgehend mit den übrigen Eröffnungsvoraussetzungen befasst (vgl. → Art. 3 Rn. 3 ff.). **1**

Die in Kapitel III der EuInsVO geregelten Sekundärinsolvenzverfahren (Art. 3 Abs. 3) sind ein Unterfall der Partikularinsolvenzverfahren. Davon zu unterscheiden sind die unabhängigen („isolierten") Partikularinsolvenzverfahren (Art. 3 Abs. 4 mit Erwägungsgrund 17 S. 2). Ein gemeinsames Merkmal dieser beiden Partikularinsolvenzverfahren ist ihre territoriale Begrenzung auf den Eröffnungsstaat: Der Vermögensbeschlag durch ein Partikularinsolvenzverfahren erfasst nur das im Eröffnungsstaat der Partikularinsolvenz belegene Vermögen des Schuldners (Art. 34 S. 3). Damit ist das Partikularinsolvenzverfahren die wichtigste Durchbrechung des Universalitätsprinzips (→ Vor Art. 1 Rn. 16). Es macht deutlich, dass die EU-Mitgliedstaaten nicht vollständig bereit sind, Regelungsansprüchen des COMI-Staates nachzugeben, wenn lokale Interessen berührt sind.[2] **2**

Das Sekundärinsolvenzverfahren verfolgt **drei Ziele:** den **Schutz inländischer Gläubiger**[3] (Erwägungsgrund 40 S. 1) und die **Unterstützung des Hauptverfahrens,** ferner die **Vermeidung von Konflikten mit ausländischen Staaten** (Erwägungsgrund 40 S. 2; → Art. 3 Rn. 57).[4] **3**

Wegen seiner **Schutzfunktion** betrachtet *Schack* die Eröffnung des Sekundärinsolvenzverfahrens als unverzichtbar, wenn man die lokalen Kleingläubiger nicht ihrem Schicksal in einem weit entfernten Hauptverfahren überlassen wolle.[5] In der Tat wäre es den deutschen Gläubigern eines ausländischen Schuldners nicht zumutbar, die Befriedigung ihrer Forderungen in einem fernen Verfahren unter Geltung eines anderen materiellen Insolvenzrechts (vgl. Art. 7) in einer fremden Sprache und fernab von jeglichen Informationsquellen zu suchen, wenn in „ihrem" Mitgliedstaat eventuell sogar erhebliche schuldnerische Vermögenswerte liegen und ein eigenes Insolvenzverfahren eröffnet werden könnte.[6] Das muss vor allem für die sog. „Kleingläubiger" gelten, zu denen insbeson- **4**

[1] *Bureau* Rev. crit. dr. int. pr. 2002, 613 (607) m. Fn. 254; *Paulus* Rn. 3 ff. grds. *Ehricke* ZIP 2005, 1104.
[2] Mankowski/Müller/Schmidt/*Mankowski* Vor Art. 34 Rn. 1.
[3] *Bureau* Rev. crit. dr. int. pr. 2002, 613 (627); Uhlenbruck/*Lüer* EuInsVO 2000 Art. 27 Rn. 2.
[4] *Bureau* Rev. crit. dr. int. pr. 2002, 613 (668); *Lüke* ZZP 111 (1998), 275 (298); Uhlenbruck/*Lüer* EuInsVO 2000 Art. 27 Rn. 2.
[5] *Schack* IZVR Rn. 1147, 1331.
[6] *Hanisch* in Stoll, Vorschläge und Gutachten, 1997, 202, 210 mit dem Beispiel der Cayman Islands.

dere Verbraucher und Arbeitnehmer, aber auch klein- und mittelständische Unternehmen zählen, deren wirtschaftliches Betätigungsfeld sich innerhalb der nationalen oder gar lokalen Grenzen hält. Darüber hinaus ist zu berücksichtigen, dass ein Gläubiger, der ein reines Inlandsgeschäft tätigt, nicht mit der späteren Anwendung eines fremden Insolvenzrechts rechnet und auch nicht rechnen muss.[7]

5 Nach dem Erwägungsgrund 40 S. 1 kann ein Sekundärinsolvenzverfahren neben dem Schutz der inländischen Interessen auch anderen Zwecken dienen. Im Vordergrund stehen die **Hilfsfunktion**[8] und das damit verbundene Bestreben der **Effizienzsteigerung** (Erwägungsgrund 40 S. 3).[9] Nach Erwägungsgrund 40 S. 2 Hs. 1 kann ein Sekundärinsolvenzverfahren zweckmäßig sein, wenn das Vermögen des Schuldners zu verschachtelt ist, um als Ganzes verwaltet zu werden. Unterstützende Wirkung kann das Sekundärinsolvenzverfahren auch bei großen Unterschieden in den betroffenen Rechtssystemen entfalten. So wird vermieden, dass das Recht des Hauptverfahrens seine Wirkungen in anderen Staaten, in denen Vermögensgegenstände belegen sind, zur Geltung bringen muss (Erwägungsgrund 40 S. 2 Hs. 2).

6 **Anwendbares Recht** ist dasjenige des Sekundärinsolvenzeröffnungsstaates,[10] also die lex fori concursus secundarii (Art. 7, Art. 35). Dies gilt für die Eröffnung und Durchführung des Insolvenzverfahrens (Art. 7 Abs. 2 S. 1). Eine Besonderheit ergibt sich dabei lediglich für den Verfahrenseröffnungsgrund. Nach Art. 34 S. 1 genügt nämlich die anderweitige Eröffnung des Hauptinsolvenzverfahrens.[11] Das Vorliegen eines materiellen Insolvenzgrundes (Zahlungsunfähigkeit, Überschuldung oÄ) wird nicht erneut geprüft, wenn dies bereits im Rahmen der Entscheidung über die Eröffnung des Hauptinsolvenzverfahrens erfolgte (Art. 34 S. 2).

7 **Abzugrenzen** ist das **sekundäre** von dem **unabhängigen Partikularinsolvenzverfahren.** Gemein ist beiden ihre Wirkungsbeschränkung auf den Staat der Verfahrenseröffnung (vgl. Art. 3 Abs. 2 S. 2). Im Unterschied zum unabhängigen Partikularinsolvenzverfahren kommt das Sekundärinsolvenzverfahren dagegen nur zeitlich **nach** der Eröffnung des Hauptverfahrens zum Zuge (Art. 3 Abs. 3 und 7). Bestand bereits vor der Hauptverfahrenseröffnung ein unabhängiges Partikularverfahren, so kann dieses unter den Voraussetzungen der Art. 50 f. in ein Sekundärinsolvenzverfahren umgewandelt werden (Erwägungsgrund 37).[12]

II. Eröffnungsvoraussetzungen (S. 1 und 2)

8 Nach Art. 34 S. 1 und 2 können, wenn durch ein Gericht eines Mitgliedstaates ein Verfahren nach Art. 3 Abs. 1 eröffnet worden ist, das in einem anderen Mitgliedstaat anerkannt ist (Hauptinsolvenzverfahren), nach Art. 3 Abs. 2 zuständige Gerichte dieses anderen Mitgliedstaates ein Sekundärinsolvenzverfahren eröffnen, ohne dass in diesem anderen Mitgliedstaat die Insolvenz des Schuldners geprüft wird, sofern dies schon im Hauptinsolvenzverfahren festgestellt wurde.

9 Im Einzelnen: Es muss (1) ein **Hauptinsolvenzverfahren eröffnet** werden. Dies muss (2) durch ein **nach Art. 3 Abs. 1 zuständiges Gericht** erfolgt sein. Ferner muss (3) die **Eröffnungsentscheidung anerkannt** werden. Es muss (4) das ein Sekundärinsolvenzverfahren eröffnende Gericht **international zuständig** sein. Sodann bedarf es (5) der **örtlichen und sachlichen Zuständigkeit** des eröffnenden Gerichts. Und schließlich müssen (6) auch alle übrigen **Voraussetzungen** zur **Insolvenzverfahrenseröffnung** vorliegen. Darunter fallen die Insolvenzfähigkeit, die Antragsberechtigung nach Art. 37 und die Massezulänglichkeit. Nicht erforderlich ist nach Art. 34 S. 2 das Vorliegen eines Eröffnungsgrundes im Eröffnungsstaat des Sekundärverfahrens (→ Rn. 20). Nach Art. 40 ist noch die Leistung eines Kostenvorschusses erforderlich. Damit soll verhindert werden, dass ein Verfahren in Gang gebracht wird, dessen Kosten offensichtlich höher sind als der vermutete Gesamtbetrag der Aktiva.[13] Nach der lex fori bestimmt sich, ob die Eröffnung des Sekundärinsolvenzverfahrens zweckmäßig sein muss; dabei ist nach dem EuGH-Urteil in der Sache „Burgo" das Diskriminierungsverbot zu beachten.[14]

10 **1. Eröffnung des Hauptinsolvenzverfahrens.** Nach Art. 34 S. 1 wird verlangt, dass durch ein Gericht eines Mitgliedstaates ein **Verfahren nach Art. 3 Abs. 1** eröffnet wurde. Art. 3 Abs. 1

---

[7] Duursma-Kepplinger/Duursma/Chalupsky/*Duursma-Kepplinger* EuInsVO 2000 Art. 27 Rn. 10.

[8] Vgl. auch *Gottwald,* Grenzüberschreitende Insolvenzen, 1997, 27, der hervorhebt, es gehe darum, dem Hauptverwalter die Abwicklung des Auslandsvermögens zu erleichtern; MüKoInsO/*Reinhart* EuInsVO 2000 Art. 27 Rn. 5.

[9] *Bureau* Rev. crit. dr. int. pr. 2002, 613 (668).

[10] *Virgós/Schmit* Rn. 211.

[11] MüKoInsO/*Reinhart* EuInsVO 2000 Art. 27 Rn. 17.

[12] *Bureau* Rev. crit. dr. int. pr. 2002, 613 (668).

[13] *Bureau* Rev. crit. dr. int. pr. 2002, 613 (668).

[14] EuGH ECLI:EU:C:2014:2158 Rn. 64 = NZI 2014, 964 mAnm *Mankowski* = EuZW 2015, 34 mAnm *P. Schulz* = EWiR 2015, 81 m. Kurzkomm. *Undritz* – Burgo; dazu *Mansel/Thorn/Wagner* IPRax 2014, 1 (24).

bezieht sich auf die internationale Zuständigkeit von Hauptinsolvenzverfahren. Dabei muss es sich um ein Verfahren iSd Anh. A handeln. Dies setzt die Insolvenz des Schuldners voraus.[15] Das Verfahren muss eröffnet worden sein. Dabei ist allein die **Wirksamkeit der Verfahrenseröffnung** und nicht die formelle Rechtskraft des Verfahrens entscheidend (Art. 2 Nr. 8).[16] Die Eröffnung des Verfahrens ist in der Regel hinreichend nachgewiesen, wenn der Hauptverwalter eine Bescheinigung seiner Bestellung in diesem Verfahren vorlegt (vgl. Art. 22).[17] Das Hauptverfahren muss sich auf denselben Schuldner beziehen; im Konzern bedeutet dies, dass bei Eröffnung eines Hauptverfahrens über die Muttergesellschaft im Mitgliedstaat A die Eröffnung eines Sekundärverfahrensüber die Tochtergesellschaft im Staat B ein weiteres Hauptverfahren – über die Tochtergesellschaft – voraussetzt.[18] Dass das Hauptverfahren einen **„Schutzzweck"** verfolgt – wie etwa im Falle der auf Sanierung des Schuldners abzielenden französischen sauvegarde –, steht nach **EuGH vom 22.11.2012** der Eröffnung eines Sekundärverfahrens in einem anderen Staat nicht entgegen; dafür spricht, dass der Verwalter des Hauptverfahrens einen gewissen Einfluss auf den Gang des Sekundärverfahrens hat und andererseits dessen Verwalter der Kooperationspflicht im Verhältnis zum Hauptverfahren unterliegt.[19]

2. Zuständiges Gericht des Hauptverfahrens. Die Hauptverfahrenseröffnung muss ferner nach dem Wortlaut des Art. 34 S. 1 durch ein Gericht erfolgt sein, dass nach Art. 3 Abs. 1 zuständig war. Der Wortlaut ist irreführend, da er den Eindruck erweckt, dass der Mittelpunkt der hauptsächlichen Interessen tatsächlich in dem Staat des Hauptverfahrens belegen sein muss. Diese Sichtweise ist aber mit dem Grundsatz des gemeinschaftlichen Vertrauens unvereinbar (→ Art. 3 Rn. 51). Erforderlich und ausreichend ist vielmehr, dass das Gericht des Hauptverfahrens seine Zuständigkeit nach Art. 3 Abs. 1 EuInsVO angenommen hat, dh dass **nach seiner Auffassung** der Interessenmittelpunkt des Schuldners in dem Eröffnungsstaat belegen war und sich daraus seine Eröffnungszuständigkeit ableitet (→ Art. 3 Rn. 54).[20] 11

3. Anerkennung in einem anderen Mitgliedstaat. Die Anerkennung des Hauptverfahrens folgt aus Art. 19 Abs. 1, und zwar ipso iure[21] (näher → Art. 19 Rn. 1 ff.). Zur **Zuständigkeitserschleichung** im Hauptinsolvenzverfahren → Art. 33 Rn. 13. 12

4. Zuständiges Gericht des Sekundärverfahrens. Die Befugnis zur Eröffnung eines Sekundärverfahrens hat „ein **nach Artikel 3 Absatz 2 zuständiges Gericht**" (→ Art. 3 Rn. 56 ff.). Zur örtlichen und sachlichen Zuständigkeit → Rn. 17. 13

Dafür muss zunächst der **COMI** des Schuldners **innerhalb der EU** liegen (Art. 3 Abs. 2 S. 1).[22] 14

Der **Mittelpunkt der hauptsächlichen Interessen** und die **Niederlassung** müssen in **unterschiedlichen Mitgliedstaaten** liegen (arg. „anderer", Art. 3 Abs. 2 S. 1 aE). 15

In dem als Eröffnungsstaat in Frage kommenden Land muss eine **Niederlassung** bestehen. Unter welchen Voraussetzungen dies der Fall ist, ergibt sich aus der Legaldefinition des Art. 2 Nr. 10 (→ Art. 2 Rn. 22 ff.).[23] Stellt das Gericht fest, dass es sich bei dem Tätigkeitsort, der als Niederlassung gewertet werden könnte, in Wirklichkeit um den Mittelpunkt der hauptsächlichen Interessen handelt, obwohl bereits das Gericht eines anderen Mitgliedstaats ein Hauptverfahren dort eröffnet hat, so muss diese – falsche – Entscheidung grundsätzlich respektiert werden (Schranke: → Art. 33 Rn. 12). Das ergibt sich aus dem Grundsatz des gemeinschaftlichen Vertrauens.[24] Immerhin **kann dann an dem eigentlichen Interessenmittelpunkt ein Sekundärinsolvenzverfahren eröffnet werden.**[25] Ist demgegenüber keine solche Niederlassung in dem Staat vorhanden, kann kein Sekun- 16

---

15 *Virgós/Schmit* Rn. 214.
16 *Balz* ZIP 1996, 948 (953); *Virgós/Schmit* Rn. 213.
17 Uhlenbruck/*Lüer* EuInsVO 2000 Art. 27 Rn. 3.
18 *Dammann* FS Beck, 2016, 73 (78).
19 Dies betonend EuGH ECLI:EU:C:2012:739 Rn. 62 f. = NZI 2013, 106 – Bank Handlowy; dazu *Jopen* EWiR 2013, 173; *Mansel/Thorn/Wagner* IPRax 2014, 1 (22); *Koller* IPRax 2014, 190; zur procédure de sauvegarde *Paulus* RIW 2013, 577 (582); zum neuen französischen „beschleunigten finanziellen Sanierungsverfahren" (Sauvegarde financière accélérée) *Degenhardt* NZI 2013, 830; *Kindler* KTS 2014, 25 (27, 29).
20 LG Kiel BeckRS 2012, 11626; *Bos* NILR 2003, 31 (44); Duursma-Kepplinger/Duursma/Chalupsky/*Duursma-Kepplinger* EuInsVO 2000 Art. 27 Rn. 17; *Virgós/Schmit* Rn. 215; *Sabel* NZI 2004, 126 (127).
21 Duursma-Kepplinger/Duursma/Chalupsky/*Duursma-Kepplinger* EuInsVO 2000 Art. 27 Rn. 33; *Virgós/Schmit* Rn. 217.
22 „Hat der Schuldner den Mittelpunk seiner hauptsächlichen Interessen im Gebiet eines Mitgliedstaats […]".
23 Dazu auch AG München ZIP 2007, 495.
24 *Virgós/Schmit* Rn. 220.
25 EuGH ECLI:EU:C:2014:2158 Rn. 32 = NZI 2014, 964 – Burgo Group; *Dammann* FS Beck, 2016, 73 (78); LG Kiel BeckRS 2012, 11626; AG Köln NZI 2004, 151 (152); *Sabel* NZI 2004, 126 (127).

därinsolvenzverfahren eröffnet werden und das Hauptinsolvenzverfahren entfaltet auch in diesem Gebiet seine vollständige Wirkung (arg. e contrario Art. 20 Abs. 1 aE).[26]

17 **5. Örtliche und sachliche Zuständigkeit.** Die örtliche und sachliche Zuständigkeit des Eröffnungsgerichts richtet sich nach dem **mitgliedstaatlichen Recht** (Art. 7 Abs. 2 S. 1, Art. 35; Erwägungsgrund 26).[27] Die Mitgliedstaaten müssen dementsprechend dafür Sorge tragen, dass ihre Gesetze das örtlich zuständige Gericht bezeichnen. Die internationale Zuständigkeit nach Art. 3 Abs. 2 allein indiziert nicht die örtliche Zuständigkeit.[28] Im deutschen Recht ergibt sich die örtliche Zuständigkeit aus **Art. 102c § 1 Abs. 2 EGInsO,** die sachliche Zuständigkeit leitet sich aus **§ 2 InsO** ab.

18 **6. Sonstige Voraussetzungen zur Insolvenzverfahrenseröffnung.** Die Voraussetzungen zur Eröffnung von Partikularverfahren richten sich im Übrigen nach der lex fori concursus particularis und sind von den lokalen Gerichten zu prüfen. Das kann dazu führen, dass das Sekundärverfahren nicht eröffnet werden kann, weil das innerstaatliche Recht dies unterbindet.[29]

19 Die **Insolvenzfähigkeit** bestimmt sich nach Art. 7 Abs. 2, 35 nach dem nationalen Recht.[30] Dabei handelt es sich um eine echte Eröffnungsvoraussetzung für das Sekundärinsolvenzverfahren. Dies geht e contrario daraus hervor, dass nach Art. 34 S. 2 lediglich auf die Prüfung der Insolvenz des Schuldners verzichtet werden kann, wenn diese für die Eröffnung des Hauptverfahrens erforderlich war. Art. 3 Abs. 2 S. 1 normiert nicht die selbstständige Insolvenzfähigkeit der Niederlassung. Die Niederlassung ist lediglich der Anknüpfungspunkt für die internationale Zuständigkeit zur Eröffnung von Sekundärinsolvenzverfahren.

20 Nach Art. 34 S. 2 darf in dem Mitgliedstaat, vor dessen Gerichten es zur Eröffnung des Sekundärverfahrens kommen soll, die **Insolvenz des Schuldners nicht geprüft** werden, wenn diese für die Eröffnung des Hauptverfahrens erforderlich war.[31]

21 Für die **Antragsberechtigung** trifft Art. 37 eine materielle Sonderregelung, die der nach Art. 35 grundsätzlich anwendbaren lex fori vorgeht.

III. Ziele des Sekundärinsolvenzverfahrens

22 Um Haupt- und Sekundärinsolvenzverfahren besser miteinander in Einklang bringen zu können, hebt die Neufassung das früher nach Art. 3 Abs. 3 S. 2 EuInsVO 2000 iVm Art. 27 S. 2 EuInsVO 2000 bestehende Erfordernis auf, dass es sich beim Sekundärinsolvenzverfahren stets um ein Liquidationsverfahren handeln muss.[32] Stattdessen soll nach dem Recht des Niederlassungsstaats die **Verfahrensart gewählt** werden, mit der sich die **größte Kohärenz** zwischen Haupt- und Sekundärinsolvenzverfahren erzielen lässt.[33]

23 Insbesondere kann so ein im Einzelfall gegebener **Sanierungscharakter des Hauptverfahrens auch im Sekundärverfahren** befolgt werden.[34] Möglich ist ferner ein territorial beschränktes, isoliertes Sanierungsverfahren.[35]

IV. Umfang der Wirkungserstreckung (S. 3)

24 Nach Art. 34 S. 3 beschränken sich die **Wirkungen des Sekundärinsolvenzverfahrens** auf das im Gebiet des Eröffnungsstaates belegene **Vermögen des Schuldners.**[36] Dabei handelt es sich um eine Regelung allein bezüglich der Aktivmasse, während zum Schicksal der Passivmasse nichts bestimmt ist.

25 **1. Aktivmasse. a) Verfahrenseinheit.** Es gilt der Grundsatz: „Eine Person, ein Verfahren, eine Masse“. Eine Ausnahme hierfür ergibt sich im Zusammenhang mit dem Sekundärinsolvenzverfahren.

---

26 *Virgós/Schmit* Rn. 219.

27 MüKoInsO/*Reinhart* Rn. 1; *Virgós/Schmit* Rn. 213, 222.

28 *Virgós/Schmit* Rn. 222.

29 *Paulus* Rn. 6.

30 MüKoInsO/*Reinhart* Rn. 1; *Virgós/Schmit* Rn. 211.

31 Ausf. *Paulus* Rn. 8 ff.

32 So noch BGH NZI 2014, 969 Rn. 31 = IPRax 2016, 388 m. Aufs. *Stöber* IPRax 2016, 355.

33 KOM(2012) 744, 3, 8; *Garcimartín* ZEuP 2015, 694 (725 f.); *Prager/Keller* NZI 2013, 57 (61); zust. *Fehrenbach* GPR 2017, 38 (39) mit Verweis auf den Wegfall von Blockadesituationen aufgrund divergierender Sanierungsrechte.

34 Dazu BR-Drs. 654/16, 16 f.

35 Mankowski/Müller/Schmidt/*Mankowski* Vor Art. 34–51 Rn. 63.

36 EuGH ECLI:EU:C:2011:838 Rn. 15 = NZI 2012, 147 – Rastelli; BGH NZI 2014, 969 Rn. 10 mAnm *Allemand.*

Schon Art. 3 Abs. 2 S. 2 sieht vor, dass die Wirkungen von Partikularverfahren auf das Gebiet der Verfahrenseröffnung beschränkt sind. Eine entsprechende Regelung für das vom Sekundärverfahren umfasste schuldnerische Vermögen sieht Art. 34 S. 3 vor. Danach ist nur das Vermögen betroffen, das im Gebiet des Mitgliedstaates belegen ist, in dem das Sekundärinsolvenzverfahren eröffnet wird. Bei der **Ermittlung der Aktivmasse** ist die Legaldefinition des Art. 2 Nr. 9 heranzuziehen (→ Art. 3 Rn. 83). Aktiva, die sich in einem Drittstaat befinden, unterliegen dem Hauptverfahren.[37]

Durch das Sekundärverfahren wird die Hauptmasse verkürzt und eine Sondermasse gebildet; 26
es existiert eine Haupt- und eine Sekundärmasse.[38] In Wirklichkeit handelt es sich dennoch nur um **eine einzige Insolvenzmasse.** Denn Art. 49 EuInsVO sieht einen Herausgabeanspruch des Verwalters des Hauptverfahrens vor, wenn sich im Sekundärverfahren ein Überschuss ergibt. Für diese Sichtweise sprechen auch die Art. 45 und 53, die es jedem Gläubiger ermöglichen, seine Forderungen in allen Insolvenzverfahren zu anzumelden.[39] In dieselbe Richtung deutet schließlich die Identität des Rechtsträgers.[40] – Bei der Möglichkeit der Gläubiger, ihre Forderungen in allen Verfahren anzumelden, ist jedoch zu berücksichtigen, dass es sich um eine Befugnis handelt, von der keineswegs alle Gläubiger Gebrauch machen. Das ergibt sich schon aus den Kosten der Rechtsverfolgung. Außerdem schreibt die Quotenregelung des Art. 23 Abs. 2 vor, dass ein Gläubiger erst dann an der Befriedigung in einem weiteren Verfahren teilnimmt, wenn die Gläubiger dieses Verfahrens schon dieselbe Befriedigungsquote erlangt haben, wie dieser Gläubiger in dem anderen Verfahren. Im praktischen Ergebnis besteht mithin trotz allem eine Unterteilung der Aktivmasse.[41]

Entscheidend für die Ermittlung der Aktivmasse ist der **Zeitpunkt der Verfahrenseröffnung.**[42] Das lässt sich aus Art. 21 Abs. 2 S. 1 herleiten. Der Eröffnungszeitpunkt ist in Art. 2 Nr. 8 legaldefiniert (→ Art. 2 Rn. 14 ff.). Zur Aktivmasse gehört auch der Rückgewähranspruch, der im Rahmen der Anfechtungsklage (Art. 21 Abs. 2 S. 2)[43] geltend gemacht werden kann. 27

In Bezug auf die Aktivmasse können **Massesicherungsmaßnahmen** geboten sein. Nach Art. 52 hat ein **vorläufiger Verwalter** ein Antragsrecht für eine Maßnahme zur Sicherung und Erhaltung des Schuldnervermögens. Die Gläubiger selbst haben kein solches Antragsrecht. Nach Art. 37 Abs. 1 lit. b können sie lediglich die Eröffnung eines Sekundärinsolvenzverfahrens beantragen. 28

b) Internationale Zuständigkeit für die Bestimmung der in das Sekundärverfahren fallenden Vermögensgegenstände. Die internationale Zuständigkeit für die Bestimmung der in das Sekundärverfahren fallenden Vermögensgegenstände ist **von Bedeutung,** weil nach der EuInsVO ein Sekundärinsolvenzverfahren die **gegenständliche Reichweite des Hauptinsolvenzverfahrens begrenzt.** Dem Hauptinsolvenzverwalter verbleiben nach Eröffnung eines Territorialverfahrens nur eingeschränkte Verwertungsmöglichkeiten, da die dortigen Vermögensgegenstände dem alleinigen Einfluss des Hauptverfahrens entzogen sind (→ Rn. 36); nur ein verbleibender Überschuss wird nach Abschluss des Sekundärverfahrens an die Masse des Hauptinsolvenzverfahrens ausgekehrt (Art. 49). Daher ist die Zuständigkeit für die Bezeichnung der vom Sekundärinsolvenzverfahren umfassten Vermögensgegenstände von grundlegender Bedeutung für die Befriedigungsaussichten der Gläubiger in beiden Verfahren. Wenn ein Vermögensgegenstand vom Haupt- und vom Sekundärinsolvenzverwalter beansprucht wird, stellt sich die Frage, welchem Gericht die internationale Zuständigkeit zur Bestimmung der Sekundärmasse zugewiesen ist. 29

Leitentscheidung dazu ist das **EuGH-Urteil im Fall Nortel.**[44] Dort hat das Gericht eine **Alternativzuständigkeit der Gerichte des Haupt- wie auch des Sekundärinsolvenzverfahrens** angenommen. Grundlage war Art. 3 Abs. 2 EuInsVO 2000 analog; unter der EuInsVO folgt die Zuständigkeit aus Art. 6.[45] 30

---

37 *Dammann* FS Beck, 2016, 73 (84) mit Verweis auf EuGH ECLI:EU:C:2015:384 Rn. 33 = EuZW 2015, 593 mAnm *P. Schulz* = NZI 2015, 663 mAnm *Fehrenbach* – Nortel; dazu *J. Schmidt* EWiR 2015, 515; *Thomale* IPRax 2016, 558; *Mucciarelli* Giurisprudenza commerciale 2016, II, 13; *Robine/Jault-Seseke* D. 2017, 1287.

38 Duursma-Kepplinger/Duursma/Chalupsky/*Duursma-Kepplinger* EuInsVO 2000 Art. 27 Rn. 53.

39 Duursma-Kepplinger/Duursma/Chalupsky/*Duursma-Kepplinger* EuInsVO 2000 Art. 27 Rn. 55.

40 Duursma-Kepplinger/Duursma/Chalupsky/*Duursma-Kepplinger* EuInsVO 2000 Art. 27 Rn. 57.

41 Duursma-Kepplinger/Duursma/Chalupsky/*Duursma-Kepplinger* EuInsVO 2000 Art. 27 Rn. 56.

42 EuGH ECLI:EU:C:2024:331 = NZI 2024, 508 – Air Berlin Spanien; s. dazu die EuGH-Vorlage Juzgado de lo Mercantil n° 1 de Palma de Mallorca NZI 2023, 727 mAnm *Fuchs* (EuGH C-772/22 – Air Berlin).

43 *Bierbach* ZIP 2008, 2203.

44 EuGH ECLI:EU:C:2015:384 Rn. 47 ff. = EuZW 2015, 593 mAnm *P. Schulz* = NZI 2015, 663 mAnm *Fehrenbach* – Nortel; dazu *J. Schmidt* EWiR 2015, 515; *Thomale* IPRax 2016, 558; *Mucciarelli* Giurisprudenza commerciale 2016, II, 13; *Robine/Jault-Seseke* D. 2017, 1287.

45 Dazu EuGH ECLI:EU:C:2009:83 = ECLI:EU:C:2009:83 = EuZW 2009, 179 – Seagon/Deko Marty; ECLI:EU:C:2014:2410 = EuZW 2015, 141 mAnm *Kindler* = Rev. crit. dr. int. pr. 2015, 462 mAnm *Bureau* – H; dazu *Mankowski* EWiR 2015, 93.

31 Die Alternativzuständigkeit birgt das **Risiko positiver Kompetenzkonflikte.** Die Gefahr einander widersprechender Entscheidungen sieht der EuGH wegen der Anerkennungspflicht nach Art. 32 Abs. 1 und dem dort verankerten Prioritätsprinzip nicht: Ein mitgliedstaatliches Gericht habe nämlich die vorher ergangene Entscheidung des alternativ ebenfalls zuständigen Gerichts nach Art. 32 Abs. 1 UAbs. 2 anzuerkennen. Wie in anderen Fällen des positiven Kompetenzkonflikts (→ Art. 3 Rn. 47) kommt es damit zu einem **Wettlauf der Gerichte („race of the courts").**

32 Im Rahmen der Prüfung, welcher Gegenstand des Schuldnervermögens in den Wirkungsbereich des Sekundärinsolvenzverfahrens fällt, hat das Gericht zu **klären,** ob sich dieser **Gegenstand** zum Zeitpunkt des Wirksamwerdens der Entscheidung über die Eröffnung dieses Verfahrens **im Gebiet des Mitgliedstaats dieser Verfahrenseröffnung** befunden hat. Dass die Belegenheit anhand der Kriterien von **Art. 2 Nr. 9** zu beurteilen ist, ist angesichts der autonomen Auslegung der Verordnung konsequent. Für die Prüfung, ob die Gegenstände dem Wirkungsbereich der Sekundärinsolvenzverfahrens unterfallen, hat der EuGH den mitgliedstaatlichen Gerichten einen **Kriterienkatalog** an die Hand gegeben.[46]

33 **c) Neumasseforderungen.** Diskutiert wird die **Zuordnung von Neumasseforderungen,** wenn sie zeitlich **zwischen der Eröffnung des Haupt- und des Sekundärverfahrens** begründet worden sind. Im Schrifttum wird vorgeschlagen, in diesem Fall drei Teilmassen zu bilden: die Hauptmasse, die Sekundärmasse und eine gemeinsame Masse, dh die aus den ersten beiden Teilen bestehende Insolvenzmasse.[47] Nach der Gegenansicht haftet der Schuldner vor der Eröffnung des Sekundärinsolvenzverfahren nur mit dem Vermögen, das sich am Mittelpunkt der hauptsächlichen Interessen befindet (bzw. dort, wo die Eröffnung eines Sekundärinsolvenzverfahrens in Ermangelung einer Niederlassung scheitert).[48] Die zuletzt genannte Ansicht ist abzulehnen. Selbst wenn in einem Mitgliedstaat eine schuldnerische Niederlassung besteht, so ist doch keineswegs gewiss, dass es dort auch zu der Eröffnung eines Sekundärinsolvenzverfahrens kommt. Dazu bedarf es eines Antrages. Ob ein solcher gestellt wird, hängt aber von verschiedenen Erwägungen des Antragsberechtigten nach Art. 37 ab. Es ist angesichts dieser Ungewissheit nicht gerechtfertigt, die Masse des Hauptverfahrens bereits **vor** der eventuellen Eröffnung eines Sekundärinsolvenzverfahrens zu schmälern. Im Ergebnis ist der ersten Ansicht zu folgen. Allerdings ist die Bildung einer „fiktiven Teilmasse" überkonstruiert. Einer solchen bedarf es nicht. Stattdessen gibt es nur eine Masse des Hauptverfahrens und eine Masse des Sekundärverfahrens. Zur Hauptmasse gehören alle schuldnerischen Vermögenswerte inklusive derjenigen im Niederlassungsstaat, solange dort das Sekundärverfahren noch nicht eröffnet wurde. Die Sekundärmasse besteht aus den Gegenständen im Niederlassungsstaat ab Eröffnung des Territorialverfahrens. Diese Lösung ergibt sich auch unmittelbar aus dem Gesetz, nämlich aus Art. 20 Abs. 1.[49]

34 **d) Übertragung eines Gegenstandes von einer Teilmasse zu einer anderen.** Fraglich ist auch, ob die **„Übereignung"** eines Gegenstandes, der der einen **Teilmasse** zugeordnet ist, **zu einer anderen Teilmasse** erfolgen kann. *Duursma-Kepplinger* spricht sich für eine solche Möglichkeit aus, um auf diese Weise Anreize zu einer Zusammenarbeit zu schaffen.[50] Letztlich handelt es sich hierbei aber um eine reine Zweckmäßigkeitserwägung. Entscheidend ist allein, ob sie mit der durch die Verordnung geschaffenen Rechtslage vereinbar ist. *Duursma-Kepplinger* argumentiert mit einem Erst-Recht-Schluss, da eine Übereignung eines teilmassezugehörigen Gegenstandes an einen Dritten möglich sei. Folglich müsse auch die Übertragung eines Gegenstandes von einer Teilmasse zu einer anderen zulässig sein, zumal dann auch der jeweils anderen Teilmasse der Erlös für diesen Gegenstand zufließen würde.[51] Wie bereits dargestellt, handelt es sich rechtlich indes nur um eine Aktivmasse (→ Rn. 26). Das ergibt sich aus der Quotenregelungdes Art. 23 Abs. 2 und dem Ausgleich des Überschusses nach Art. 49. Eine „Übereignung" innerhalb desselben Rechtsträgers ist rechtlich nicht möglich, weil der angestrebte juristische Erfolg bereits besteht (→ BGB § 275 Rn. 49).[52]

35 **2. Passivmasse.** In Bezug auf die Passivmasse geht es darum, **welche Gläubiger** zur Teilnahme an dem Sekundärinsolvenzverfahren berechtigt sind. Das Schicksal der Passivmasse ist anders als das der Aktivmasse (vgl. Art. 34 S. 3) nicht geregelt.

---

[46] EuGH ECLI:EU:C:2015:384 Rn. 54 = EuZW 2015, 593 mAnm *P. Schulz* = NZI 2015, 663 mAnm *Fehrenbach* – Nortel; dazu *J. Schmidt* EWiR 2015, 515; *Thomale* IPRax 2016, 558; *Mucciarelli* Giurisprudenza commerciale 2016, II, 13; *Robine/Jault-Seseke* D. 2017, 1287.

[47] *Lüke* ZZP 111 (1998), 275 (306).

[48] Duursma-Kepplinger/Duursma/Chalupsky/*Duursma-Kepplinger* EuInsVO 2000 Art. 27 Rn. 59.

[49] Vgl. auch *Ringstmeier/Homann* NZI 2004, 354 (355 ff.).

[50] Duursma-Kepplinger/Duursma/Chalupsky/*Duursma-Kepplinger* EuInsVO 2000 Art. 27 Rn. 64.

[51] Duursma-Kepplinger/Duursma/Chalupsky/*Duursma-Kepplinger* EuInsVO 2000 Art. 27 Rn. 64.

[52] So iErg auch *Lüke* ZZP 111 (1998), 275 (306 f.), wenn auch mit anderer Begründung: es handele sich um ein Insichgeschäft.

In der Frage, wie sich der **Umfang der Passivmasse** beurteilt, stehen sich **zwei Ansichten** gegenüber. Die hM befürwortet eine **uneingeschränkte Anmeldung** aller Gläubiger.[53] Dafür spricht die gebotene Gleichbehandlung der Gläubiger, je all ihre Forderungen in jedem Verfahren einer Befriedigung zuzuführen. Ferner lasse sich die uneingeschränkte Teilnahmeberechtigung auf die in Art. 45 Abs. 1 vorgesehene Befugnis aller Gläubiger stützen, ihre Forderungen in jedem Verfahren anzumelden. *Thieme* vertritt hingegen die Ansicht, dass sich die Frage der Beteiligungsberechtigung nach der **lex fori concursus secundarii** richten sollte. Das ergebe sich zunächst aus Art. 7 Abs. 2 S. 2 lit. g–i.[54] Ferner würde eine unbeschränkte Teilnahme aller Gläubiger an allen Verfahren wegen der oft fehlenden finanziellen Mittel vor allem die Kleingläubiger benachteiligen, die sich eben nicht an allen Verfahren beteiligen könnten. Dies verstoße gegen die angestrebte Gläubigergleichbehandlung.[55] Art. 45 Abs. 1 lasse sich nicht als Argument zugunsten der hM heranziehen, da dort lediglich die Anmeldebefugnis, nicht aber die Teilnahmeberechtigung geregelt sei. Hätte der Gesetzgeber dies gewollt, hätte er eine ausdrückliche Normierung treffen müssen.[56] Dass Antrags- und der Teilnahmeberechtigung zweierlei seien, ergebe sich schon aus Art. 23 und 28 IntKonkÜ (→ IntInsR Einl. Rn. 17). Das Teilnahmerecht sei anders als das Antragsrecht auf bestimmte Gläubiger beschränkt.[57] Darüber hinaus normiere Art. 45 Abs. 2 die Sammelbefugnis des Verwalters zur Anmeldung.[58] Der Verwalter handelt danach im Namen und anstelle der Gläubiger.[59] 36

Stellungnahme: *Thieme* ist im Ergebnis zuzustimmen. Dass der Gläubigergleichbehandlung durch eine einheitliche Regelung besser Rechnung getragen wird, ist eine reine Zweckmäßigkeitserwägung. Ihr kann nicht gefolgt werden, da sie zu einem mit der Dogmatik der Verordnung unvereinbaren Ergebnis führt. Zutreffend weist *Thieme* darauf hin, dass sich aus der Anmeldebefugnis aller Gläubiger (Art. 45 Abs. 1) nicht automatisch eine allgemeine Beteiligungsberechtigung aller herleiten lässt. Denn zwischen Anmeldeberechtigung und Teilnahme am Verfahren besteht ein qualitativer Unterschied. Das zeigt sich an verschiedenen Stellen der Verordnung. Nach Art. 23 Abs. 2 nimmt ein Gläubiger an der Verteilung teil, wenn die anderen Gläubiger des gleichen Ranges oder der gleichen Gruppenzuständigkeit in diesem Verfahren die gleiche Quote erlangt haben. Teilnahme am Verfahren bedeutet also Teilnahme an der Verteilung. In dieselbe Richtung weist auch Erwägungsgrund 63. Die Anmeldung steht zwar jedem Gläubiger zu (S. 1). Die Verteilung des Erlöses „muß jedoch"[60] koordiniert werden (S. 3). S. 4 betrifft die Verteilung des Erlöses. 37

Ferner sprechen systematische Erwägungen für die Anwendung der lex fori concursus secundarii. Art. 7 ordnet als Grundsatzkollisionsnorm an, dass das Insolvenzrecht des Mitgliedstaates zur Anwendung gelangen soll, in dem das Verfahren eröffnet wird, soweit diese Verordnung nichts anderes bestimmt (Abs. 1). Neben der Anmeldung der Forderungen zum Insolvenzverfahren (Abs. 2 S. 2 lit. g und h), sind eigens die Behandlung von Forderungen (lit. g), die Prüfung und Feststellung der Forderungen (lit. h) und vor allem die Verteilung des Erlöses aus der Verwertung des Vermögens, der Rang der Forderungen und die Rechte der Gläubiger, die nach der Eröffnung des Insolvenzverfahrens aufgrund eines dinglichen Rechts oder infolge einer Aufrechnung teilweise befriedigt werden (lit. h) aufgeführt. Art. 7 ist dem Kap. I zugeordnet, das mit „Allgemeine Vorschriften" überschrieben ist. Dies und die Formulierung „soweit diese Verordnung nichts anderes bestimmt", lassen den Schluss zu, dass auf diese Vorschrift stets zurückzugreifen ist, wenn keine spezielle Regelung existiert. Dass dies auch für das Sekundärinsolvenzverfahren gilt, lässt sich aus der Wiederholung der Grundsatzkollisionsnorm durch Art. 35 schließen. Eine spezielle Regelung für die Anmeldung trifft Art. 45 Abs. 1, und für die Teilnahme gilt Art. 23 Abs. 2. Im Übrigen aber ist auf Art. 7, Art. 35 zurückzugreifen, so dass die lex fori concursus secundarii über den Umfang der Passivmasse Auskunft gibt. 38

Dieses Ergebnis gilt auch für das **unabhängige Partikularverfahren** iSd Art. 3 Abs. 4. 39

Teilnahmeberechtigt sind **auch Gläubiger,** deren Forderung in einem **ausländischen** Hauptinsolvenzverfahren von einer **Restschuldbefreiung erfasst** war. Die Restschuldbefreiung hat nur verfahrensrechtlcihen Charakter und hindert einen Gläubiger nicht, seine Forderung in einem vor Eintritt der Restschuldbefreiung im Inland eröffneten und noch nicht abgeschlossenen Sekundärinsolvenzverfahren anzumelden und in diesem Rahmen zu verfolgen.[61] 40

3. Sonstige Wirkungen; Suspensiveffekt. Die Wirkungen des **Sekundärinsolvenzverfahren** sind automatisch anzuerkennen (Art. 3 Abs. 2, Art. 3, Art. 19, Art. 20 Abs. 2, Art. 34 S. 3, 41

---

53 *Balz* ZIP 1996, 948 (953); *Dammann* FS Beck, 2016, 73 (90); *Lüke* ZZP 111 (1998), 275 (300 ff.).
54 *Thieme* IJVO 1995/96, 86 (90).
55 *Kolmann,* Kooperationsmodelle im Internationalen Insolvenzrecht, 2001, 343.
56 *Thieme* IJVO 1995/96, 90.
57 *Kolmann,* Kooperationsmodelle im Internationalen Insolvenzrecht, 2001, 346.
58 *Kolmann,* Kooperationsmodelle im Internationalen Insolvenzrecht, 2001, 346.
59 Duursma-Kepplinger/Duursma/Chalupsky/*Duursma-Kepplinger* EuInsVO 2000 Art. 27 Rn. 14.
60 Hervorhebung hinzugefügt.
61 BGH NZI 2014, 969 Rn. 31 = IPRax 2016, 388 m. Aufs. *Stöber* IPRax 2016, 355.

Art. 35, Art. 23 Abs. 1 e contrario).[62] Die Anerkennung von Territorialverfahren bedeutet, dass die Wirkungen des Verfahrens in den anderen Mitgliedstaaten nicht in Frage gestellt werden (Art. 20 Abs. 2).[63] Soweit die Wirkungen des Sekundärinsolvenzverfahrens reichen, werden die an sich unionsweit-universellen **Wirkungen des Hauptinsolvenzverfahrens ausgesetzt** (suspendiert).[64]

V. Verwalter des Sekundärinsolvenzverfahrens

42 Die **Bestellung** des Insolvenzverwalters des Sekundärverfahrens richtet sich nach der lex fori concursus secundarii (Art. 7, Art. 35). Seine Rechte und Pflichten ergeben sich aus Art. 21 Abs. 2, Abs. 3, Art. 22, Art. 41, Art. 45 Abs. 2, Art. 45 Abs. 3, Art. 46 Abs. 2 zweiter Spiegelstrich, Art. 49, Art. 54. Im Übrigen ist auch hierfür auf die lex fori concursus secundarii (Art. 7 Abs. 2 S. 2 lit. c) zurückzugreifen. Das **Verhältnis** des **Sekundärverwalters** zum **Hauptverwalter** ist von der wechselseitigen Abhängigkeit zwischen dem Sekundär- und dem Hauptverfahren geprägt (Erwägungsgrund 48).[65] Der Hauptverwalter hat Eingriffsbefugnisse und Vorschlagsrechte (Art. 37, Art. 41–52), die es ihm ermöglichen, auf das Sekundärinsolvenzverfahren in der Weise Einfluss zu nehmen, dass dieses den Schutzzweck des Hauptinsolvenzverfahrens nicht gefährden kann.[66]

43 Da Haupt- und Sekundärverwalter unterschiedliche Interessen wahrnehmen, darf nicht dieselbe Person in beiden Funktionen tätig sein.[67] Zur Vermeidung von Interessenkonflikten gilt das **Verbot der Personalunion.** Im Verhältnis zueinander sind **mehrere Sekundärverwalter** ebenso wie die Sekundärverfahren untereinander grundsätzlich unabhängig voneinander. Ausnahmsweise kann eine Unterrichtungs- und Kooperationspflicht analog Art. 41 bestehen.[68]

44 **Ein Verwalter für mehrere Sekundärverfahren** scheidet jedenfalls aus. Das geht schon klar aus Art. 41 hervor, der ganz eindeutig von mehreren Sekundärverwaltern ausgeht.[69] Zudem bestünde bei nur einem Verwalter für mehrere Sekundärverfahren die Gefahr einer Interessenkollision. Für ihn wäre es zudem kaum möglich, bis zu 27 verschiedene Insolvenzgesetze zu beherrschen. Hinzu tritt das Kriterium der räumlichen Distanz, da sich der Verwalter nicht in allen Mitgliedstaaten gleichzeitig aufhalten kann, wo ein Insolvenzverfahren läuft.

45 Der **Aktionsradius des Sekundärverwalters** beschränkt sich zunächst allein auf das Gebiet des Staates der Verfahrenseröffnung. Dennoch kann der Verwalter auch außerhalb dieses Mitgliedstaates tätig werden, wenn er einen Vermögensgegenstand zur Masse „seines" Verfahrens ziehen will. Von Bedeutung ist dies in Bezug auf das Entfernungsrecht nach Art. 21 Abs. 2 und die Anfechtung nach Art. 7 Abs. 2, Art. 16.[70]

46 Ein zur Masse eines Sekundärinsolvenzverfahrens gehörender **Anspruch** kann **vom Verwalter des Hauptinsolvenzverfahrens** erst **geltend gemacht** werden, sobald das **Sekundärverfahren abgeschlossen** und der Anspruch vom Verwalter des Sekundärverfahrens nicht verfolgt worden ist.[71]

47 Die **Vergütung** des vorläufigen Insolvenzverwalters eines **Sekundärinsolvenzverfahrens** richtet sich allein nach dem nationalen Recht des Sekundärinsolvenzverfahrens und auch nur bezogen auf die diesem Verfahren unterfallenden Vermögensmassen.[72]

Art. 35 EuInsVO Anwendbares Recht

Soweit diese Verordnung nichts anderes bestimmt, finden auf das Sekundärinsolvenzverfahren die Rechtsvorschriften des Mitgliedstaats Anwendung, in dessen Hoheitsgebiet das Sekundärinsolvenzverfahren eröffnet worden ist.

---

[62] *Balz* ZIP 1996, 948 (951); *Gottwald,* Grenzüberschreitende Insolvenzen, 1997, 26; *Kolmann,* Kooperationsmodelle im Internationalen Insolvenzrecht, 2001, 339.

[63] *Balz* ZIP 1996, 948 (951); *Eidenmüller* IPRax 2001, 2 (7); *Kemper* ZIP 2001, 1609 (1614).

[64] BGH NZI 2014, 969 Rn. 10 mAnm *Allemand;* dazu *Stöber* IPRax 2016, 355.

[65] *Balz* ZIP 1996, 948 (954), wonach der Gang und der Ausgang des Verfahrens dem Hauptverfahren untergeordnet wird; Duursma-Kepplinger/Duursma/Chalupsky/*Duursma-Kepplinger* EuInsVO 2000 Art. 27 Rn. 80; *Kolmann,* Kooperationsmodelle im Internationalen Insolvenzrecht, 2001, 349 m. Fn. 423; *Lüke* ZZP 111 (1998), 275 (298): „Unterordnung des Sekundärinsolvenzverfahrens"; Uhlenbruck/*Lüer* EuInsVO 2000 Art. 27 Rn. 2: „dominierende Rolle des Hauptverfahrens"; näher *Ehricke* ZIP 2005, 1104.

[66] EuGH ECLI:EU:C:2021:963 = BeckRS 2021, 35959 Rn. 35 – Alpine Bau; dazu *Mansel/Thorn/Wagner* IPRax 2022, 97 (137 f.); *J. Schmidt* BB 2022, 1859 (1874).

[67] *Vallender* KTS 2005, 283 (311); aA MüKoInsO/*Reinhart* EuInsVO 2000 Art. 27 Rn. 31 f.

[68] *Balz* ZIP 1996, 948 (954) m. Fn. 36; Duursma-Kepplinger/Duursma/Chalupsky/*Duursma-Kepplinger* EuInsVO 2000 Art. 27 Rn. 82; zur Kooperationspflicht *Ehricke* ZIP 2007, 2395.

[69] *Balz* ZIP 1996, 948 (954).

[70] Duursma-Kepplinger/Duursma/Chalupsky/*Duursma-Kepplinger* EuInsVO 2000 Art. 27 Rn. 85; MüKoInsO/*Reinhart* Rn. 3; *Virgós/Schmit* Rn. 224.

[71] BGH NZI 2015, 183 = IPRax 2016, 390 m. Aufs. *Stöber* IPRax 2016, 355.

[72] LG Aachen NZI 2014, 830 = EWiR 2015, 123 m. Kurzkomm. *Mankowski.*

Übersicht

I. Normzweck

Art. 35 entspricht im Wortlaut unverändert Art. 28 EuInsVO 2000. Die Vorschrift normiert das **lex-fori-Prinzip** für die Anknüpfung des Insolvenzstatuts im Sekundärverfahren. Die Formulierung **„Soweit diese Verordnung nichts anderes bestimmt"**, deutet darauf hin, dass es sich bei Art. 35 ebenso wie bei Art. 7 um eine **Grundsatznorm** handelt, zu der es **Ausnahmen** geben soll. 1

II. Sekundärinsolvenzverfahren

1. Grundsätzliche Anwendbarkeit der lex fori. Art. 35 ist, ungeachtet der Tatsache, dass bei Art. 7 Abs. 1 von der Anwendung des „Insolvenzrechts" und Art. 35 von der der Rechtsvorschriften spricht, eine Wiederholung der allgemeinen Kollisionsnorm. Hierdurch wird klargestellt, dass grundsätzlich auch für das Sekundärinsolvenzverfahren das Recht des Eröffnungsstaates (lex concursus secundarii) gilt.[1] **Art. 35** ist daher an sich **überflüssig.** Fehlte er, so ergäben sich die dort angeordneten Rechtsfolgen aus Art. 7. 2

Eine in einem Hauptinsolvenzverfahren in einem EuInsVO-Staat eingetretene **Restschuldbefreiung** (discharge) hindert einen Gläubiger nicht, seine Forderung in einem vor Eintritt der Restschulbefreiung im Inland eröffneten und noch nicht abgeschlossenen Sekundärinsolvenzverfahren anzumelden und in diesem Rahmen zu verfolgen.[2] Denn soweit die Wirkungen des inländischen Sekundärinsolvenzverfahrens reichen, werden die an sich unionsweit-universellen Wirkungen des Hauptinsolvenzverfahrens (Art. 19, 20) suspendiert.[3] 3

2. Durchbrechungen des lex-fori-Prinzips. a) Überblick. Die Formulierung „soweit diese Verordnung nichts anderes bestimmt" zeigt an, dass **alle Sachnormen,** die die EuInsVO vorsieht, gegenüber dem über Art. 35 zur Anwendung berufenen Insolvenzstatut, **vorrangig** sind.[4] Zu nennen ist hier zunächst **Art. 34 S. 2,** wonach die **Insolvenz des Schuldners** im Staat des Sekundärverfahrenseröffnung **nicht zu prüfen** ist, wenn diese für die Eröffnung des Hauptinsolvenzverfahren erforderlich war. Diese verdrängt die Vorschriften Art. 7 Abs. 2 S. 1, Art. 35, gemäß derer die Voraussetzungen, unter welchen das Insolvenzverfahren eröffnet wird, grundsätzlich nach dem Recht des Eröffnungsstaates richten. 4

Im spanischen **Vorlageverfahren „Air Berlin"** hat sich der EuGH zur Aufwertung von Insolvenzforderungen zu Masseverbindlichkeiten im Sekundärinsolvenzverfahren geäußert, dh zum **gegenständlichen Anwendungsbereich der lex fori des Sekundärverfahrens.**[5] Konkret geht es dabei um die sachliche Reichweite der Regel, dass nach Art. 35 und Art. 7 Abs. 2 lit. g und lit. h iVm Erwägungsgrund 72 das Recht des Staates des Sekundärinsolvenzverfahrens auf die Frage anzuwenden ist, „wie Forderungen zu behandeln sind, die nach der Eröffnung des Insolvenzverfahrens entstehen"; laut EuGH gilt das Statut des Sekundärverfahrens nur für Forderungen, die nach Eröffnung dieses Verfahrens (Art. 2 Nr. 8) entstanden sind. 5

Ebenso zu den speziellen Sachnormen zählt **Art. 37 lit. a,** wonach der **Hauptverwalter die Befugnis hat, die Eröffnung eines Sekundärinsolvenzverfahrens zu beantragen.** Auch der Antrag und damit verbunden die Antragsbefugnis gehören zu den Eröffnungsvoraussetzungen eines Insolvenzverfahrens, so dass es sich auch hierbei um einen Aspekt handelt, der sich im Grundsatz nach der lex fori concursus richtet. 6

1 *Fritz/Bähr* DZWiR 2001, 221 (226); *Kolmann,* Kooperationsmodelle im Internationalen Insolvenzrecht, 2001, 330; *Virgós/Schmit* Rn. 81, 225; *Wimmer* ZIP 1998, 982 (987).

2 BGH NZI 2014, 969 Rn. 31 = IPRax 2016, 388 m. Aufs. *Stöber* IPRax 2016, 355.

3 BGH NZI 2014, 969 Rn. 10 = IPRax 2016, 388 m. Aufs. *Stöber* IPRax 2016, 355.

4 Uhlenbruck/*Lüer* EuInsVO 2000 Art. 28 Rn. 2.

5 EuGH ECLI:EU:C:2024:331 = NZI 2024, 508 – Air Berlin Spanien; Juzgado de lo Mercantil n° 1 de Palma de Mallorca NZI 2023, 730 mAnm *Fuchs* (EuGH C-765/22 – Air Berlin).

7 **Art. 45 Abs. 1, Art. 53** regelten einzelne Aspekte der **Anmeldebefugnis** einheitlich.[6] Nach Art. 45 Abs. 1 kann jeder Gläubiger seine Forderung im Hauptinsolvenzverfahren und in jedem Sekundärinsolvenzverfahren anmelden. Art. 53 ermöglicht jedem Gläubiger, der seinen gewöhnlichen Aufenthalt, Wohnsitz oder Sitz in einem anderen Mitgliedstaat als dem der Verfahrenseröffnung hat, seine Forderungen in dem Insolvenzverfahren schriftlich anzumelden. Soweit der Anwendungsbereich der Art. 45 Abs. 1, Art. 53 nicht betroffen ist, ist auf die Art. 7 Abs. 2 S. 2 lit. g–h zurückzugreifen. Bei den in den Art. 45 Abs. 1, Art. 53 getroffenen Regelungen geht es allein um die Anmeldebefugnis und nicht zugleich um die Teilnahmeberechtigung.

8 Als weitere Sachnorm regelt **Art. 10 Abs. 2** die **Insolvenzfestigkeit** des Anwartschaftsrechts ungeachtet der Eröffnung des Sekundärverfahrens.

9 Ebenfalls eine Spezialnorm auf europarechtlicher Ebene stellt **Art. 15** dar, wonach Unionsmarken und -patente und andere durch Gemeinschaftsrecht begründete Rechte nicht in ein Nebenverfahren, sondern nur in das universelle Hauptverfahren einbezogen werden können.

10 **Art. 16** sieht eine Einrede für denjenigen vor, der wegen einer schuldnerischen Handlung begünstigt wurde, die die Gesamtheit der Gläubiger benachteiligt hat. Die lex fori concursus secundarii gelangt also auch dann nicht zur Anwendung, wenn der Begünstigte nachweist, dass die Handlung dem Recht eines Mitgliedstaates unterliegt und die Handlung in diesem Fall nicht angreifbar ist.

11 **b) Art. 8–18.** Umstritten ist, ob die übrigen Nomen der Art. 8–18 nur allein Ausnahmevorschriften zu Art. 7 darstellen, oder ob sie auch Sondervorschriften in Bezug auf die lex fori concursus secundarii (Art. 35) sind. Aus einer Andeutung *Hanischs* könnte man schließen, dass die Art. 8–18 allein dem Art. 7 vorgehen.[7] *Duursma-Kepplinger* meint, man könne diese Sichtweise unter Umständen den Erwägungsgründen 40, 68 und Rn. 95 des Erläuternden Berichts[8] entnehmen.[9]

12 Dem ist zu widersprechen. Die **Art. 8–18** sind **auch im Sekundärverfahren** zu beachten. Dies legt schon deren Normstandort nahe. Die Art. 8–18 zählen zu den „Allgemeinen Vorschriften" des Kap. I. und gelten schon deshalb für alle Normen der EuInsVO.[10] Art. 35 kann nicht als eine abschließende Sondervorschrift zu den allgemeinen Vorschriften angesehen werden, weil es sich nach allgemeiner Ansicht um eine bloß klarstellende Wiederholung von Art. 7 handelt (→ Rn. 2).[11] Auch die Art. 10 Abs. 2 und Art. 15 sprechen insoweit eine deutliche Sprache. Wenn Art. 35 nicht durch Art. 15 einzuschränken wäre, dann würde das Schicksal der mitgliedstaatlich begründeten Rechte iSd Art. 15 in den Händen des einzelstaatlichen Rechts liegen, was nicht gewollt gewesen sein kann. Auch wollte der Verordnungsgeber nicht soweit gehen, das Anwartschaftsrecht des Eigentumsvorbehaltskäufers (Art. 10) nur vor der Eröffnung des Haupt- und nicht des Nebenverfahrens zu schützen. Ein sachlicher Differenzierungsgrund ist hier nicht ersichtlich. Daher wäre es unzutreffend, Art. 35 nicht auch durch Art. 10 Abs. 2 einzuschränken.[12]

13 Im Ergebnis handelt es sich bei den Art. 8–18 mithin um **Ausnahmevorschriften zu Art. 35.**[13] Dabei ist freilich zu berücksichtigen, dass die Art. 8–10 Abs. 1 tatbestandlich ungeeignet sind, Sondervorschriften zu Art. 35 darzustellen. Sie behandeln den Fall, dass Vermögen in einem anderen Staat als dem der Verfahrenseröffnung belegen ist. Für das Hauptverfahren sind diese Sonderregeln sinnvoll, weil sich dessen Wirkungen zunächst einmal auf das gesamte in den Mitgliedstaaten befindliche Vermögen erstreckt (vgl. Art. 20 Abs. 1). Die Wirkungen des Sekundärinsolvenzverfahrens beschränken sich demgegenüber auf das Vermögen, das sich diesseits der Grenzen des Eröffnungsstaates befindet (Art. 34 S. 3).

14 Greift **keine** solche **Sondervorschrift** ein, verbleibt es bei der lex fori concursus secundarii. Das gilt etwa für den Aspekt der hinreichenden Masse, für die Insolvenzfähigkeit des Gesamtschuldners (Art. 7 Abs. 2 S. 2),[14] die sonstigen Voraussetzungen zur Insolvenzverfahrenseröffnung (Art. 7

[6] *Balz* ZIP 1996, 948 (953); Duursma-Kepplinger/Duursma/Chalupsky/*Duursma-Kepplinger* EuInsVO 2000 Art. 28 Rn. 7; *Lüke* ZZP 111 (1998), 275 (300); *Virgós/Schmit* Rn. 43; *Wimmer* ZIP 1998, 982 (987).

[7] *Hanisch* FS Walder, 1994, 494 m. Fn. 40: „zumal er dadurch [gemeint ist die Eröffnung des Sekundärinsolvenzverfahrens] die besonderen Anknüpfungen bestimmter Rechtsverhältnisse vermeiden kann".

[8] *Virgós/Schmit* Rn. 95.

[9] Duursma-Kepplinger/Duursma/Chalupsky/*Duursma-Kepplinger* EuInsVO 2000 Art. 28 Rn. 12.

[10] Diff. Mankowski/Müller/Schmidt/*Mankowski* Rn. 8: jede Sonderanknüpfunf nach Art. 8–18 müsse man darauf prüfen, ob sie für eine Sekundärinsolvenz passt oder hauptinsolvenzspezifisch ist.

[11] Duursma-Kepplinger/Duursma/Chalupsky/*Duursma-Kepplinger* EuInsVO 2000 Art. 28 Rn. 14.

[12] Mankowski/Müller/Schmidt/*Mankowski* Rn. 12.

[13] So auch *Balz* ZIP 1996, 948 (950); *Kolmann,* Kooperationsmodelle im Internationalen Insolvenzrecht, 2001, 330 f.; MüKoInsO/*Reinhart* EuInsVO 2000 Art. 28 Rn. 1.

[14] Duursma-Kepplinger/Duursma/Chalupsky/*Duursma-Kepplinger* EuInsVO 2000 Art. 28 Rn. 8; *Leible/Staudinger* KTS 2000, 533 (540); *Virgós/Schmit* Rn. 223.

Abs. 2 S. 1) und den Umfang der Insolvenzmasse, so dass der Sekundärstaat die Grenzen enger oder weiter ziehen kann als der des Hauptverfahrens.[15]

III. Unabhängige Partikularinsolvenzverfahren

Fraglich ist, ob Art. 7 auch für unabhängige („isolierte") Partikularinsolvenzverfahren 15
(→ Art. 34 Rn. 2) gilt.[16] Nach dem eindeutigen Wortlaut bezieht sich Art. 35 allein auf Verfahren nach Art. 3 Abs. 3, so dass unabhängige Partikularverfahren zumindest **nicht unmittelbar** in den Anwendungsbereich fallen. Denkbar wäre deshalb allein, mit *Reinhart* eine analoge Anwendung dieser Vorschrift anzunehmen.[17] Das ist aber schon deshalb abzulehnen, weil Art. 7 als Generalkollisionsnorm im allgemeinen Teil steht und daher auf alle Verfahrensarten Anwendung findet, so dass bereits **keine Regelungslücke** besteht.[18] Somit ist im Hauptverfahren und im unabhängigen Partikularverfahren das Insolvenzstatut nach Art. 7 anzuknüpfen, während für das Sekundärinsolvenzverfahren die Art. 7, Art. 35 gelten. Im Ergebnis besteht aber zwischen dem unabhängigen und dem sekundären Partikularverfahren für das Insolvenzkollisionsrecht kein Unterschied, weil Art. 35 eine Wiederholung von Art. 7 ist.

Art. 36 EuInsVO Recht, zur Vermeidung eines Sekundärinsolvenzverfahrens eine Zusicherung zu geben

(1) [1]Um die Eröffnung eines Sekundärinsolvenzverfahrens zu vermeiden, kann der Verwalter des Hauptinsolvenzverfahrens in Bezug auf das Vermögen, das in dem Mitgliedstaat, in dem ein Sekundärinsolvenzverfahren eröffnet werden könnte, belegen ist, eine einseitige Zusicherung (im Folgenden „Zusicherung") des Inhalts geben, dass er bei der Verteilung dieses Vermögens oder des bei seiner Verwertung erzielten Erlöses die Verteilungs- und Vorzugsrechte nach nationalem Recht wahrt, die Gläubiger hätten, wenn ein Sekundärinsolvenzverfahren in diesem Mitgliedstaat eröffnet worden wäre. [2]Die Zusicherung nennt die ihr zugrunde liegenden tatsächlichen Annahmen, insbesondere in Bezug auf den Wert der in dem betreffenden Mitgliedstaat belegenen Gegenstände der Masse und die Möglichkeiten ihrer Verwertung.

(2) [1]Wurde eine Zusicherung im Einklang mit diesem Artikel gegeben, so gilt für die Verteilung des Erlöses aus der Verwertung von Gegenständen der Masse nach Absatz 1, für den Rang der Forderungen und für die Rechte der Gläubiger in Bezug auf Gegenstände der Masse nach Absatz 1 das Recht des Mitgliedstaats, in dem das Sekundärinsolvenzverfahren hätte eröffnet werden können. [2]Maßgebender Zeitpunkt für die Feststellung, welche Gegenstände nach Absatz 1 betroffen sind, ist der Zeitpunkt der Abgabe der Zusicherung.

(3) Die Zusicherung erfolgt in der Amtssprache oder einer der Amtssprachen des Mitgliedstaats, in dem ein Sekundärinsolvenzverfahren hätte eröffnet werden können, oder – falls es in dem betreffenden Mitgliedstaat mehrere Amtssprachen gibt – in der Amtssprache oder einer Amtssprache des Ortes, an dem das Sekundärinsolvenzverfahren hätte eröffnet werden können.

(4) [1]Die Zusicherung erfolgt in schriftlicher Form. [2]Sie unterliegt den gegebenenfalls im Staat der Eröffnung des Hauptinsolvenzverfahrens geltenden Formerfordernissen und Zustimmungserfordernissen hinsichtlich der Verteilung.

(5) [1]Die Zusicherung muss von den bekannten lokalen Gläubigern gebilligt werden. [2]Die Regeln über die qualifizierte Mehrheit und über die Abstimmung, die für die Annahme von Sanierungsplänen gemäß dem Recht des Mitgliedstaats, in dem ein Sekundärinsolvenzverfahren hätte eröffnet werden können, gelten, gelten auch für die Billigung der Zusicherung. [3]Die Gläubiger können über Fernkommunikationsmittel an der Abstimmung teilzunehmen [richtig wohl: „teilnehmen"], sofern das nationale Recht dies gestattet. [4]Der Verwalter unterrichtet die bekannten lokalen Gläubiger über die Zusicherung, die Regeln und Verfahren für deren Billigung sowie die Billigung oder deren Ablehnung.

(6) [1]Eine gemäß diesem Artikel gegebene und gebilligte Zusicherung ist für die Insolvenzmasse verbindlich. [2]Wird ein Sekundärinsolvenzverfahren gemäß den Artikeln 37 und 38

---

15 Duursma-Kepplinger/Duursma/Chalupsky/*Duursma-Kepplinger* EuInsVO 2000 Art. 28 Rn. 8.
16 So Duursma-Kepplinger/Duursma/Chalupsky/*Duursma-Kepplinger* EuInsVO 2000 Art. 28 Rn. 20.
17 MüKoInsO/*Reinhart* EuInsVO 2000 Art. 28 Rn. 2.
18 Mankowski/Müller/Schmidt/*Mankowski* Rn. 22 f.

eröffnet, so gibt der Verwalter des Hauptinsolvenzverfahrens Gegenstände der Masse, die er nach Abgabe der Zusicherung aus dem Hoheitsgebiet dieses Mitgliedstaats entfernt hat, oder – falls diese bereits verwertet wurden – ihren Erlös an den Verwalter des Sekundärinsolvenzverfahrens heraus.

(7) [1]Hat der Verwalter eine Zusicherung gegeben, so benachrichtigt er die lokalen Gläubiger, bevor er Massegegenstände und Erlöse im Sinne des Absatzes 1 verteilt, über die beabsichtigte Verteilung. [2]Entspricht diese Benachrichtigung nicht dem Inhalt der Zusicherung oder dem geltendem Recht, so kann jeder lokale Gläubiger diese Verteilung vor einem Gericht des Mitgliedstaats anfechten, in dem das Hauptinsolvenzverfahren eröffnet wurde, um eine Verteilung gemäß dem Inhalt der Zusicherung und dem geltendem Recht zu erreichen. [3]In diesen Fällen findet keine Verteilung statt, bis das Gericht über die Anfechtung entschieden hat.

(8) Lokale Gläubiger können die Gerichte des Mitgliedstaats, in dem das Hauptinsolvenzverfahren eröffnet wurde, anrufen, um den Verwalter des Hauptinsolvenzverfahrens zu verpflichten, die Einhaltung des Inhalts der Zusicherung durch alle geeigneten Maßnahmen nach dem Recht des Staats, in dem das Hauptinsolvenzverfahren eröffnet wurde, sicherzustellen.

(9) Lokale Gläubiger können auch die Gerichte des Mitgliedstaats, in dem ein Sekundärinsolvenzverfahren eröffnet worden wäre, anrufen, damit das Gericht einstweilige Maßnahmen oder Sicherungsmaßnahmen trifft, um die Einhaltung des Inhalts der Zusicherung durch den Verwalter sicherzustellen.

(10) Der Verwalter haftet gegenüber den lokalen Gläubigern für jeden Schaden infolge der Nichterfüllung seiner Pflichten und Auflagen im Sinne dieses Artikels.

(11) Für die Zwecke dieses Artikels gilt eine Behörde, die in dem Mitgliedstaat, in dem ein Sekundärinsolvenzverfahren hätte eröffnet werden können, eingerichtet ist und die nach der Richtlinie 2008/94/EG des Europäischen Parlaments und des Rates[1] verpflichtet ist, die Befriedigung nicht erfüllter Ansprüche von Arbeitnehmern aus Arbeitsverträgen oder Arbeitsverhältnissen zu garantieren, als lokaler Gläubiger, sofern dies im nationalen Recht geregelt ist.

Schrifttum: *Madaus,* Die Zusicherung nach Art. 36 EuInsVO – Das Ende virtueller Sekundärinsolvenzverfahren?, FS Pannen, 2017, 223; *Mankowski,* Zusicherungen zur Vermeidung von Sekundärinsolvenzen unter Art. 36 EuInsVO – Synthetische Sekundärverfahren, NZI 2015, 961; *Pluta/Keller,* Das virtuelle Sekundärinsolvenzverfahren nach der reformierten Europäischen Insolvenzverordnung, FS Vallender, 2015, 437; *L. Schmidt,* Die Zusicherung nach Art. 36 EuInsVO, 2019; *Schuster,* Die Abgabe der Zusicherung nach Art. 36 Abs. 1 S. 2 EuInsVO durch den Hauptinsolvenzverwalter: Inhalt, Beschränkungs- und Erweiterungsmöglichkeiten, Formulierung und Haftung für Fehler bei der Abgabe der Zusicherung, NZI 2017, 873; *Skauradszun,* Die „tatsächlichen Annahmen" der Zusicherung nach Art. 36 Abs. 1 S. 2 EuInsVO n.F., ZIP 2016, 1563; *Skauradszun,* Einstweilige Maßnahmen und Sicherungsmaßnahmen nach Art. 36 Abs. 9 EuInsVO n.F., KTS 2016, 419.

Übersicht

[1] [Amtl. Anm.:] Richtlinie 2008/94/EG des Europäischen Parlaments und des Rates vom 22. Oktober 2008 über den Schutz der Arbeitnehmer bei Zahlungsunfähigkeit des Arbeitgebers (ABl. L 283 vom 28.10.2008, S. 36).

I. Normzweck

1 Art. 36 ist im Zuge der EuInsVO-Reform 2015 neu eingeführt worden und regelt die sog. **„virtuellen" oder „synthetischen" Sekundärinsolvenzverfahren.** In Übereinstimmung mit der in anderen Sprachen erschienenen Lit. wird hier der Begriff „synthetisches" Sekundärverfahren verwendet.[2] Diese Praxis ist in verschiedenen grenzüberschreitenden Insolvenzverfahren entwickelt worden, in denen das Hauptinsolvenzverfahren im Vereinigten Königreich eröffnet wurde.[3] In einem „synthetischen" Sekundärinsolvenzverfahren verspricht der Verwalter des Hauptinsolvenzverfahrens den **Gläubigern** am EU-ausländischen Ort der Niederlassung, dass sie im Hauptinsolvenzverfahren **so behandelt** werden, **als sei ein Sekundärinsolvenzverfahren im Mitgliedstaat der Niederlassung eröffnet** worden.[4] Art. 36 soll ausweislich Erwägungsgrund 42 iVm 41 eine effiziente Verwaltung der Insolvenzmasse ermöglichen und Behinderungen des Hauptinsolvenzverfahrens durch Sekundärinsolvenzen vermeiden. Die Norm bietet ein **Instrument gegen den Missbrauch des Rechts zur Beantragung eines Sekundärinsolvenzverfahrens, wie er** unter der EuInsVO 2000 häufig zu beobachten war.[5] Dabei drohten einzelne lokale Gläubiger mit einem Sekundärinsolvenzantrag, um den (Haupt-)Insolvenzverwalter zur bevorzugten Berücksichtigung ihrer Interessen zu zwingen. Diese Praxis vermochte eine übertragende Sanierung zu erschweren oder gar zu verhindern. Nach Art. 36 Abs. 5 iVm mitgliedstaatlichen Obstruktionsverboten (im deutschen Recht § 245 InsO) können solche **Akkordstörer ausgeschaltet** werden („cram down"). Vor dem Hintergrund dieser Entstehungsgeschichte erweist sich Art. 36 als Ausdruck einer **sanierungsfreundlichen Grundtendenz der EuInsVO,** wie sie sich auch im Erwägungsgrund 10 zeigt.

2 Bei einem Vorgehen nach Art. 36 verteilt der Insolvenzverwalter des Hauptinsolvenzverfahrens im Mitgliedstaat A somit einen Teil der Verwertungserlöse aus dem Hauptinsolvenzverfahren nach dem Recht des Mitgliedstaats B der Niederlassung.[6] Da dies nach dem Recht zahlreicher Mitgliedstaaten nicht zulässig war, sieht Art. 36 Abs. 1 vor, dass der Verwalter den Gläubigern am Ort der Niederlassung verbindliche Zusicherungen machen kann.[7] Ziel ist die **Vermeidung** eines echten, förmlichen **Sekundärverfahrens.**[8]

3 Für deutsche Insolvenzverfahren finden sich in Art. 102c §§ 11–14, 17–21 EGInsO umfangreiche Durchführungsbestimmungen zu Art. 36 (→ EGInsO Art. 102c § 11 Rn. 1 ff.).

II. Zusicherung zur Vermeidung eines Sekundärinsolvenzverfahrens (Abs. 1, Abs. 3 und Abs. 4)

4 **1. Allgemeines.** Um die Eröffnung eines Sekundärinsolvenzverfahrens nach Art. 34 zu vermeiden, kann der Verwalter des Hauptinsolvenzverfahrens in Bezug auf das **Vermögen, das in einem**

---

2 Ebenso Mankowski/Müller/Schmidt/*Mankowski* Rn. 4.

3 So ua die Verfahren Collins & Aikman sowie Nortel, vgl. *Moss/Fletcher/Isaacs,* The EU regulation on insolvency proceedings, 3. Aufl. 2016, Rn. 8.656; iE High Court of Justice Birmingham NZI 2005, 515 – MG Rover; in derselben Sache High Court (Chancery Division) NZI 2006, 416 mAnm *Mankowski;* High Court of Justice London NZI 2006, 654; dazu *Mankowski* EWiR 2006, 623; High Court of Justice London NZI 2009, 451 mAnm *Mankowski* – Re Nortel Networks; dazu auch *Mock* ZInsO 2009, 895; *Paulus* Rn. 1; umfassend *L. Schmidt,* Die Zusicherung nach Art. 36 EuInsVO, 2019.

4 Zum Hintergrund der Regelung vgl. *Thole/Swierczok* ZIP 2013, 550 (555); *Moss/Fletcher/Isaacs,* The EU regulation on insolvency proceedings, 3. Aufl. 2016, Rn. 8.656; *Fehrenbach* GPR 2017, 38 (39) mit Verweis auf die Möglichkeit nach englischem Recht, ausländische Gläubiger besser zu stellen als vergleichbare inländische; näher *Goode,* Principles of Corporate Insolvency Law, 4. Aufl. 2011, Rn. 15–67; *Madaus* FS Pannen, 2017, 223.

5 *Mankowski* NZI 2015, 961 mit Verweis auf *Pluta/Keller* FS Vallender, 2015, 437 (440); *Commandeur/Römer* NZG 2015, 988 (990).

6 COM(2012) 744 final, 8.

7 COM(2012) 744 final, 8; *Moss/Fletcher/Isaacs,* The EU regulation on insolvency proceedings, 3. Aufl. 2016, Rn. 8.660.

8 *Dammann* FS Beck, 2016, 73 (80 f.); krit. *Madaus* FS Pannen, 2017, 223; eingehend *L. Schmidt,* Die Zusicherung nach Art. 36 EuInsVO, 2019.

anderen Mitgliedstaat belegen ist, eine einseitige Zusicherung abgeben, dass er bei der Verteilung des Verwertungserlöses die Gläubiger in dem entsprechenden Mitgliedstaat so behandelt, als sei dort ein Sekundärinsolvenzverfahren eröffnet worden. In der Zusicherung sind auch die **tatsächlichen Annahmen** anzugeben, die ihr zugrundeliegen, wie etwa Wert und Verwertungsmöglichkeiten von Massegegenständen.[9] Insbesondere kann er zusichern, dass er bei der Verteilung das nationale Recht des Mitgliedstaats anwenden wird, in dem das Sekundärinsolvenzverfahren *hätte eröffnet werden können* (Art. 36 Abs. 1 S. 1).

5 Art. 36 Abs. 1 schließt nicht aus, dass der Verwalter inhaltlich weiterreichende Zusicherungen abgibt, um die Eröffnung eines Sekundärverfahrens zu verhindern. Die Vorschrift regelt nur die **Mindestanforderungen** an eine Zusicherung.[10] Ob solche weiterreichenden Zusicherungen im Einklang mit dem Recht des Hauptverfahrens gegeben werden können oder dürfen, beurteilt sich nach dem Insolvenzstatut des Hauptverfahrens (Art. 7 Abs. 2 lit. i). Zum bloß **fakultativen Inhalt der Zusicherung** gehören daher zB die Verwalterbefugnisse bei der Verwertung der Aktivmasse, die Rangfolge der im Rahmen der Verwaltung und Verwertung begründeten Masseverbindlichkeiten, ferner die Auswirkung der Eröffnung des Hauptverfahrens auf die laufenden Verträge.[11]

6 Diese Zusicherung ist gemäß Abs. 6 S. 1 **verbindlich.** Sie bedarf bei deutschen Verfahren der **Zustimmung des Gläubigeraussschusses** (Art. 102c § 11 EGInsO), was schon wegen der oftmals nicht einfach zu beurteilenden öffentlich-rechtlichen Risiken (zB Umweltschäden bei ausländischen Grundstücken!) sinnvoll ist. Zu den **Pflichtangaben** in der Zusicherung und deren **öffentliche Bekanntmachung** s. Art. 102c § 12 EGInsO (näher → EGInsO Art. 102c § 12 Rn. 1 ff.). **Form** und **Sprache** der Zusicherung richten sich nach Art. 36 Abs. 3 und 4.

7 **2. Gläubigergruppen.** Die nach Abs. 1 S. 1 zu beachtenden **Verteilungs- und Vorzugsrechte** des hypothetischen Sekundärverfahrensstatutsbetrifft sämtliche Verteilungsregeln des Insolvenzverfahrens betreffen – bei weiter Auslegung – **sämtliche Vorrechte** im weiteren Sinne, die bestimmte Insolvenzforderungen gegenüber anderen Insolvenzforderungen bei der Verteilung genießen können. Hierher gehören Absonderungsrechte, Masseforderungen, ferner einfache Insolvenzforderungen in Abgrenzung zu nachrangigen Insolvenzforderungen, und das Recht zur Aufrechnung. Die nach Art. 36 Abs. 1 S. 1 zuzusichernde Rechtewahrung erstreckt sich auf alle nach dem Recht des Sekundärverfahrensstaates vorgesehenen Ranggruppen im Rahmen einer Verteilung.

8 Die Vorschrift des Art. 36 erfordert für die Zusicherung die Berücksichtigung des lokalen Rechts für **alle „Gläubiger".** Demgegenüber schränkt Art. 38 Abs. 2 den Prüfungsumfang für die Frage der Eröffnung eines Sekundärverfahrens (Art. 37 ff.) wieder ein. Dort wird nur der angemessene Schutz der allgemeinen Interessen der **„lokalen Gläubiger"** (Art. 2 Nr. 11) verlangt. **Art. 36 Abs. 11** erweitert den Kreis der geschützten Gläubiger und schließt **Behörden** mit ein, die nach der RL 2008/94/EG verpflichtet sindt, die Befriedigung nicht erfüllter Ansprüche von Arbeitnehmern aus Arbeitsverträgen oder Arbeitsverhältnissen zu gewährleisten. Auch sie gelten als lokale Gläubiger.

9 Die Rechte der **absonderungsberechtigten Gläubiger** an den im Sekundärverfahrensstaat belegenen Absonderungsgegenständen und -rechten werden wegen Art. 8 durch die Eröffnung des Hauptverfahrens nicht berührt. Für absonderungsberechtigte Gläubiger hat die Zusicherung des Verwalters daher zunächst keine Bedeutung. Durch die Eröffnung eines Sekundärverfahrens werden diese freilich auch dem lokalen Insolvenzrecht unterworfen (Art. 35). Daher kann der Verzicht auf die Durchführung eines Sekundärverfahrens nicht gleichzeitig die Rechte der absonderungsberechtigten Gläubiger verkürzen.[12]

10 Wird das **Sekundärverfahren** aufgrund einer Zusicherung des Verwalters **nicht eröffnet** (→ Art. 38 Abs. 2), so können die **absonderungsberechtigten Gläubiger** die im Sekundärverfahrensstaat belegenen **Sicherheiten** grundsätzlich nach der von Art. 8 berufenen Rechtsordnung **verwerten.** Der Hauptinsolvenzverwalter hat aber möglicherweise ein Interesse daran, den **Verbund des schuldnerischen Unternehmens (mit seinem Anlage- und Umlaufvermögen) mindestens vorläufig zu erhalten** und sich die Möglichkeit einer freihändigen Verwertung zu sichern (§§ 165, 166 InsO). Dafür muss er die **Zustimmung** der betroffenen absonderungsberechtigten Gläubiger einholen. Auch mit dieser Gläubigergruppe wird er daher entsprechende Vereinbarungen abschließen, die – wie nach Art. 36 – die Eröffnung eines Sekundärverfahrens fingieren.

11 Zum Schutz späterer lokaler **Massegläubiger** muss abstrakt im Voraus festgelegt werden, wer zu dieser Gläubigergruppe zählt und wie festzustellen ist, ob es sich überhaupt um einen Massegläubi-

---

[9] Zu den „tatsächlichen Annahmen" nach Art. 36 Abs. 1 S. 2 *Skauradszun* ZIP 2016, 1563.
[10] MüKoInsO/*Reinhart* Rn. 17.
[11] MüKoInsO/*Reinhart* Rn. 17.
[12] MüKoInsO/*Reinhart* Rn. 9.

ger des Sekundärverfahrens handelt. Der **Begriff des Massegläubigers** iSd Insolvenzstatuts des Hauptverfahrens (Art. 7 Abs. 2 s. 2 lit. g) ist insoweit nicht maßgeblich, sondern der **des hypothetischen Sekundärverfahrensstatuts** (Art. 36 Abs. 2 S. 1).

Dabei ist **zwischen Neu- und Altgläubigern der Masse zu unterscheiden.** Nicht schützenswert sind die **Neugläubiger,** die mit dem Verwalter erst noch Schuldverhältnisse begründen werden (im deutschen Recht § 55 Abs. 1 Nr. 1 Alt. 1 InsO). Sie können im Rahmen der Vertragsfreiheit ihre Interessen selbst wahren. Schützenswert sind hingegen die **Altgläubiger,** die bereits ein Schuldverhältnis mit dem Schuldner begründet haben, das im Rahmen der Insolvenz abzuwickeln ist und das im Rahmen der Abwicklung auch Masseverbindlichkeiten auslösen kann (im deutschen Recht die sonstigen Fälle des § 55 Abs. 1 InsO). 12

Für **bevorrechtigte Gläubiger eines möglichen Sekundärverfahrens** ist die Zusicherung insbesondere von Bedeutung, wenn das Recht des Hauptverfahrens entsprechend Vorrechte nicht vorsieht. Hier muss der Verwalter deren bevorrechtigte Befriedigung gegebenenfalls durch Bildung einer **rechnerischen Untermasse** sicherstellen.[13] 13

Lokale **einfache Insolvenzgläubiger** werden gleichfalls Wert auf die Zusicherung legen. Zwar kann der Verwalter des Hauptverfahrens durch die ihm zustehenden Befugnisse die Quote dieser Gläubiger veringern. Durch Anmeldung sämtlicher Forderungen aus dem Hauptverfahren kann er die Passivmasse des Sekundärverfahrens derartig erweitern, dass rechnerisch nur noch eine geringe Quote für die einfachen Insolvenzgläubiger im Sekundärverfahrensstaat verbleibt.[14] 14

Wichtig ist eine Zusicherung ferner für **aufrechnungsberechtigte Gläubiger,** dh Gläubiger mit Sitz im Sekundärverfahrensstaat, die zugleich Drittschuldner des Schuldners sind. In dieser Konstellation kann die Berechtigung zur Aufrechnung davon abhängen, dass ein Sekundärverfahren eröffnet wird. Das ist der Fall, wenn nur das Insolvenzrecht des Sekundärverfahrensstaates dem Gläubiger eine Aufrechnungsbefugnis verleiht. Dann muss der Verwalter dem nach dem Recht des Sekundärverfahrensstaates aufrechnungsberechtigten Gläubiger zusichern, die Aufrechnung gegen sich gelten zu lassen, selbst wenn das Recht des Hauptverfahrensstaates sowie das Insolvenzrecht des auf die Hauptforderung anwendbaren Rechts eine solche Aufrechnung nicht zulassen würden (→ Art. 9 Rn. 1 ff.). 15

Gläubiger aus **nicht vollständig durchgeführten Verträgen** gehören ebenfalls zu den denjenigen, die in die Zusicherung nach Art. 36 Abs. 1 einzubeziehen sind. Ihnen stehen Forderungen gegen den Schuldner für an diesen erbrachte Leistungen zu. Auch die Verteilungsrechte dieser Gläubigergruppe werden durch die Nichteröffnung des Sekundärinsolvenzverfahrens betroffen. In jeder Rechtsordnung gibt es Vorschriften, ob und wie laufende Verträge abzuwickeln sind und wie die Forderungen dieser Gläubiger bei der Verteilung zu berücksichtigen sind (im deutschen Recht §§ 103 ff. InsO, § 55 Abs. 1 Nr. 1 Alt. 1 InsO). Für diese Gläubiger ergibt sich aus der Nichteröffnung (Art. 38 Abs. 2) – soweit keine der Sonderanknüpfungen wie Art. 9 oder Art. 11 eingreift – ein Statutenwechsel.[15] Auch deren Rechte müssen durch die Zusicherung gewahrt werden. Bei EU-ausländischen Hauptverfahren und deutschen lokalen Gläubigern gehört diese Gruppe wegen § 55 Abs. 1 Nr. Alt. 1 InsO zugleich zu den Massegläubigern (→ Rn. 11 f.). 16

Als eigenständige Gläubigergruppe kommen auch die **Drittschuldner der Insolvenzmasse** in Betracht, soweit diese durch Leistung an die Masse ihrerseits Gegensprüche erwerben und damit zu Gläubigern werden. Dies ist von Bedeutung für **mögliche Anfechtungsgegner.** Das Anfechtungsrecht zielt auf die Rückabwicklung einer benachteiligenden Handlung (vgl. Art. 16). Das Ergebnis dieser Rückabwicklung ist in der Regel, dass der Anfechtungsgegner sich wieder auf seinen Anspruch aus seiner ursprünglichen Gläubigerstellung berufen kann. Diesem Personenkreis ist bei der Zusicherung Rechnung zu tragen. 17

3. „Tatsächliche Annahmen“ (Abs. 1 S. 2). Nach Abs. 1 S. 2 muss die Zusicherung die ihr zugrundeliegenden tatsächlichen Annahmen nennen, insbesondere in Bezug auf den **Wert der Vermögensgegenstände** aus dem Sekundärverfahrensstaat und die **Möglichkeiten ihrer Verwertung.** Dabei darf sich der Verwalter des Hauptverfahrens nicht auf die abstrakte rechtliche Zusicherung über die Anwendung der lokalen Verteilungsregeln beschränken. Eine derartige pauschale Angabe wäre für die lokalen Gläubiger keine taugliche Entscheidungsgrundlage für die Abstimmung nach Art. 36 Abs. 5. Der Insolvenzverwalter muss daher substantiiert darstellen und beziffern, welche Vermögensgegenstände die Insolvenzmasse des Sekundärverfahrens bilden würden, wie hoch deren Wert ist und wie sich die Verteilung im Hinblick auf bestehende Absonderungs- und Vorrangrechte gestaltet.[16] 18

---

13 MüKoInsO/*Reinhart* Rn. 11.

14 MüKoInsO/*Reinhart* Rn. 12.

15 MüKoInsO/*Reinhart* Rn. 14.

16 Näher *Schuster* NZI 2017, 873.

19 **4. Von der Zusicherung erfasstes Vermögen.** In **territorialer Hinsicht** erstreckt sich die Zusicherung auf Vermögenswerte im hypothetischen Eröffnungsstaat eines Sekundärverfahrens (Art. 3 Abs. 2). Dies folgt aus Abs. 1, Abs. 2, Abs. 6 S. 2 und Abs. 7. Diese Vermögenswerte bilden die Untermasse, welche nach der Zusicherung den Verteilungsregeln des hypothetischen Sekundärverfahrensstaates unterliegen. Die einzelnen **Anknüpfungspunkte der Vermögensbelegenheit** regelt **Art. 2 Nr. 9.**

20 In **zeitlicher Hinsicht** kommt es für die Abgrenzung der von der Zusicherung betroffenen Insolvenzmasse nach Abs. 2 S. 2 auf die **Abgabe der Zusicherung** an, nicht auf deren Zugang bei einzelnen Gläubigern oder auf deren Wirksamkeit iSd Abs. 5 S. 1.[17] Abzustellen ist bei Hauptinsolvenzverfahren in der BRepD auf den **Zeitpunkt der öffentlichen Bekanntmachung** (Art. 102c § 11 Abs. 2 EGInsO). Bei ausländischen Hauptinsolvenzverfahren entscheidet die dortige lex fori (Art. 7 Abs. 2 S. 1). Die Verordnung bietet keine Anhaltspunkte für eine autonome Auslegung des Begriffs der „Abgabe".

21 **Ungeregelt** blieb das Schicksal des **Neuerwerbs** nach Abgabe der Zusicherung. Nach zutr. Auffassung ist dieser **bei der Untermassenbildung** für das synthetische Sekundärinsolvenzverfahren zu berücksichtigen.[18] Bei einer Nichtberücksichtigung wäre nämlich die in das synthetische Sekundärverfahren fallende Insolvenzmasse geringer als bei Eröffnung eines förmlichen Sekundärverfahrens. Damit wäre der Zweck des Art. 36 verfehlt, die lokalen Gläubiger so zu stellen, als sei ein Sekundärverfahren durchgeführt worden. Bedeutsam ist dies bei Entstehung einer **Forderung gegen** einen **Drittschuldner** erst **nach Abgabe der Zusicherung.**

22 Der Verwalter kann den **Zeitpunkt der Abgabe** der Zusicherung bestimmen (→ Rn. 20). Das damit verbundene **Manipulationspotenzial** kann zu einer Benachteiligung der lokalen Gläubiger führen. So ist vorstellbar, dass der Verwalter vor Abgabe der Zusicherung Massegegenstände gemäß Art. 21 Abs. 1 S. 2 – gleichsam im Wege einer **grenzüberschreitenden „Masseschmälerung"** – aus dem möglichen Sekundärinsolvenzstaat in den Staat der Hauptinsolvenz verbringt. *Nach* Abgabe der Zusicherung entfernte Vermögensgegenstände unterliegen der Herausgabepflicht nach Abs. 6 S. 2 sowie Art. 21 Abs. 2 (→ Rn. 51 f.).

23 **5. Zusicherung durch den Insolvenzverwalter oder den Schuldner in Eigenverwaltung.** Die Erklärung der Zusicherung erfolgt nach dem Wortlaut von Abs. 1 S. 1 durch den **Verwalter des Hauptinsolvenzverfahrens** (Art. 2 Nr. 5 mit Anh. B). Nach Art. 36 Abs. 5 S. 4 **unterrichtet** dieser **die bekannten lokalen Gläubiger** über die Zusicherung, die Regeln und Verfahren für deren Billigung sowie die Billigung oder deren Ablehnung. Einzelheiten regelt für inländische Hauptverfahren s Art. 102c § 12 S. 2 EGInsO (näher → EGInsO Art. 102c § 12 Rn. 1 ff.), für ausländische Hauptverfahren s. Art. 102c § 17 Abs. 2 EGInsO (näher → EGInsO Art. 102c § 17 Rn. 1 ff.). Weitere Unterrichtungspflichten ergeben sich im Verhältnis zu einem etwaigen (vorläufigen) Sekundärinsolvenzverwalter (Art. 41 Abs. 2 lit. a). Für eine Unterrichtungspflicht gegenüber dem EU-ausländischen Gericht des Sekundärverfahrens[19] spricht → Erwägungsgrund 48.

24 Verfahren, die in **Eigenverwaltung** (Art. 2 Nr. 3) durchgeführt werden, sind nach dem Wortlaut der Norm nicht zum synthetischen Sekundärverfahren zugelassen. Hieraus und im Gegenschluss aus der ausdrücklichen Gleichstellung von Eigen- und Insolvenzverwaltung in einer Reihe von Vorschriften (→ Art. 2 Rn. 4) soll sich nach *Reinhart* ergeben, dass dem Schuldner in Eigenverwaltung das Verfahren nach Art. 36 nicht zur Verfügung steht.[20] Dem ist nicht zu folgen. Die Aufnahme der Eigenverwaltung in die EuInsVO belegt die **sanierungsfreundliche Grundhaltung** des Regelwerks. Die Möglichkeit der **Ausschaltung sanierungsfeindlicher lokaler Gläubiger** durch ein synthetisches Sekundärverfahren **steht** nach dem Normzweck des Art. 36 (→ Rn. 1) daher **auch dem Schuldner in Eigenverwaltung zur Verfügung.**

25 Ferner kann Erklärender der Zusicherung bereits der **vorläufige Insolvenzverwalter** sein. Er fällt unter die Definition des „Insolvenzverwalters" in Art. 2 Nr. 5. In der Praxis wird es sogar nicht selten erforderlich sein, dass die Zusicherung bereits von dem vorläufigen Verwalter erklärt wird, da die Eröffnungsverfahren für Haupt- und Sekundärverfahren gleichzeitig laufen. Wegen seines eingeschränkten Befugniskreises wird der vorläufige Insolvenzverwalter die Zusicherung freilich meist nur unter der **aufschiebenden Bedingung** abgeben können, dass er im Hauptverfahren auch **zum Verwalter bestellt wird.**[21]

---

17 Mankowski/Müller/Schmidt/*Mankowski* Rn. 23.
18 MüKoInsO/*Reinhart* Rn. 30.
19 In diesem Sinne MüKoInsO/*Reinhart* Rn. 20.
20 MüKoInsO/*Reinhart* Rn. 18.
21 MüKoInsO/*Reinhart* Rn. 19.

III. Anwendbares Recht (Abs. 2)

Art. 36 Abs. 2 bestimmt, dass im Falle einer Zusicherung iSd Art. 36 Abs. 1 S. 1 für die Verteilung des Erlöses aus der Verwertung von Gegenständen der Masse, für den Rang der Forderungen und für die Rechte der Gläubiger in Bezug auf Gegenstände der Masse das **Recht des Mitgliedstaats,** in dem das **Sekundärinsolvenzverfahren** hätte eröffnet werden können (Art. 3 Abs. 2), zur Anwendung kommt. Die Maßgeblichkeit des hypothetischen Sekundärinsolvenzstatuts folgt zwar schon aus der rechtsgeschäftlichen Verpflichtung[22] in der Zusicherung (Abs. 1 S. 1). Die zusätzliche kollisionsrechtliche Sonderanknüpfung nach **Abs. 2 S. 1** hat daher bloß eine **Auffangfunktion** für den Fall der Unwirksamkeit der rechtsgeschäftlichen Bestimmung durch den Verwalter.[23] Nach Abs. 2 kommt es zu einer **Aufspaltung des Insolvenzstatuts in ein Verwertungs- und ein Verteilungsstatut:** Die Verwertung der gesamten Masse richtet sich nach dem Recht des Hauptinsolvenzverfahrens (Art. 7 Abs. 2 S. 1), die Verteilung der Untermasse nach dem hypothetischen Sekundärinsolvenzstatut (Art. 35).[24] 26

IV. Billigung durch lokale Gläubiger (Abs. 5)

Die Zusicherung muss **von den bekannten lokalen Gläubigern gebilligt** werden (Art. 36 Abs. 5 S. 1 iVm Art. 2 Nr. 11). Gemeint sind die Gläubiger derjenigen Niederlassung, die sich in dem Staat des prospektiven Sekundärinsolverfahrens befindet.[25] Die Formulierung ist – wie die englische Fassung[26] – etwas missglückt,[27] da sie suggeriert, die Gläubiger wären verpflichtet, ihr Einverständnis zu geben. Die folgenden Abs. 5 S. 2–4 regeln allerdings das Abstimmungsverfahren und das Erfordernis einer **qualifizierten Mehrheit,** sodass davon ausgegangen werden kann, dass es den Gläubigern zur Disposition gestellt wird, die Zusicherung zu billigen oder abzulehnen. Gemeint ist demnach, dass die Zusicherung zu ihrer Wirksamkeit der Billigung durch die bekannten lokalen Gläubiger bedarf. 27

Zu beachten ist, dass es für die lokalen Gläubiger unter Umständen günstiger sein kann, die Zusicherung nicht zu billigen, um in den Genuss der **Vorzugsrechte** aus dem Hauptinsolvenzverfahrens zu kommen.[28] Dies gilt immer dann, wenn die lokalen Vorzugsrechte geringer sind als diejenigen, die das nach Art. 7 anwendbare Recht gewährt. Für den Fall eines **ausländischen Hauptinsolvenzverfahrens** regelt → Art. 102c § 17–19 EGInsO die **Abstimmung** der lokalen Gläubiger der inländischen Niederlassung (Art. 2 Nr. 11). Das **Abstimmungsergebnis** ist den lokalen Gläubigern **zuzustellen** (Art. 102c § 19 EGInsO iVm Art. 102c § 12 S. 2 EGInsO). 28

Art. 36 Abs. 5 S. 2 verweist für die Billigung auf die Vorschriften des mitgliedstaatlichen Rechts über die **Billigung von Sanierungsplänen,** und zwar auf die „Regeln über die qualifizierte Mehrheit und über die Abstimmung". Das genaue Verweisungsziel ist grundsätzlich anhand der Regelungen des nationalen Rechts zu konkretisieren,[29] doch erfordert das Effektivitätsprinzip (Erwägungsgründe 1, 3, 8; Art. 4 Abs. 3 EUV) die Anwendung sämtlicher nationaler Normen, die für eine Regelung des Abstimmungsverfahren unabdingbar sind. Geht es um die Billigung einer Zusicherung für ein **inländisches synthetisches Sekundärverfahren,** ist daher eine Reihe von Vorschriften zum **Insolvenzplanverfahren** entsprechend heranzuziehen.[30] **Art. 102c § 17 Abs. 1 S. 2 EGInsO** konkretisiert dies durch einen **Verweis auf §§ 222, 243, 244 Abs. 1 und 2 InsO, §§ 245, 246 InsO** (→ Rn. 30 ff.). Die Leitung der Abstimmung obliegt dem Verwalter des EU-ausländischen Hauptinsolvenzverfahrens (Art. 102c § 17 Abs. 1 S. 1 EGInsO), 29

Zu diesen Vorschriften gehört **zunächst der erste Abschnitt des Insolvenzplanverfahrens (§§ 217–234 InsO),** obwohl dieser weder Regelungen zur Mehrheit noch zur Abstimmung enthält. Indes finden sich dort eine Reihe von **Voraustatbeständen zu den §§ 235–253 InsO.** So ist die **Gruppenbildung (§ 222 InsO)** Bestandteil auch des Abstimmungsverfahrens, der Mehrheitsbildung und der Möglichkeit, nicht erreichte Mehrheiten in einer Gruppe zu ersetzen. Die Vorschriften über die Gruppenbildung (§ 222 InsO) und die **Gleichbehandlung der Beteiligten innerhalb einer Gruppe (§ 226 InsO),** finden daher auch in dem Billigungsverfahren für die Zusicherung 30

---

22 Zur Rechtsnatur der Zusicherung als einseitiges Rechtsgeschäft des Hauptinsolvenzverwalters *Fritz* DB 2015,1882 (1887); Mankowski/Müller/Schmidt/*Mankowski* Rn. 15.

23 Insofern geht sie – entgegen MüKoInsO/*Reinhart* Rn. 29 – nicht ins Leere.

24 *Fehrenbach* GPR 2017, 38 (40) mit Verweis auf *Brinkmann* KTS 2014, 381 (397); aA *Mankowski* NZI 2015, 961 (963 f.): hinsichtlich der Verteilungswirkung enthalte Art. 36 eine Sachnorm.

25 *Fehrenbach* GPR 2017, 38 (40).

26 „The undertaking shall be approved by the local creditors".

27 So auch *Moss/Fletcher/Isaacs,* The EU regulation on insolvency proceedings, 3. Aufl. 2016, Rn. 8.662.

28 *Moss/Fletcher/Isaacs,* The EU regulation on insolvency proceedings, 3. Aufl. 2016, Rn. 8.664.

29 MüKoInsO/*Reinhart* Rn. 24.

30 *Fehrenbach* GPR 2017, 38 (40).

Anwendung. Dass Art. 102c § 17 Abs. 1 S. 2 EGInsO nicht auf § 226 InsO verweist, scheint ein Redaktionsversehen zu sein.[31] Das Effektivitätsprinzip (→ Rn. 29) spricht für die Anwendbarkeit der Bestimmung. Nicht unter die Verweisung des Abs. 5 S. 2 fallen die Vorschriften über die Vorlage des Insolvenzplans und dessen inhaltliche Ausgestaltung (§§ 217–221 InsO), die Rechte verschiedener Gläubigergruppen (§§ 223–225 InsO), sowie die weiteren inhaltlichen und verfahrensrechtlichen Vorschriften (§§ 227–234 InsO).

31 Der **zweite Abschnitt des Insolvenzplanverfahrens (§§ 235–253 InsO)** über die Annahme und die Bestätigung des Plans ist ebenfalls **nur teilweise** auf die Billigung der Zusicherung anzuwenden. **Art. 102c § 17 Abs. 1 S. 2 EGInsO** verweist ausdrücklich auf **§§ 243, 244 Abs. 1 und 2 InsO, §§ 245, 246 InsO.** Ergänzende Vorschriften zum Stimmrecht bei der Abstimmung über die Zusicherung enthält **Art. 102c § 18 EGInsO.** Lückenfüllend sind aufgrund des Effektivitätsprinzips (→ Rn. 29) ferner **§ 235 InsO über die Einberufung** eines Abstimmungstermins sowie die Regelungen zum **Stimmrecht (§§ 237–239 InsO)** anzuwenden. Ferner regeln die **§§ 243–247 InsO** die **Abstimmung und** die erforderlichen **Mehrheiten.** Dazu zählt auch das **Obstruktionsverbot des § 245 InsO (cram down).**

32 **Kein Raum** besteht für die Vorschriften über die **gerichtliche Bestätigung** des Insolvenzplans (§§ 248 ff. InsO). Ob nämlich die Zusicherung durch die Gläubiger ordnungsgemäß gebilligt wurde, prüft erst das EU-ausländische sekundärstaatliche Insolvenzgericht (Art. 3 Abs. 2) bei seiner Entscheidung über den Eröffnungsantrag nach Art. 38.

33 Nach Art. 36 Abs. 5 S. 4 **unterrichtet der Verwalter** des Hauptverfahrens die lokalen Gläubiger **über die Zusicherung, die Regeln und Verfahren für deren Billigung.** Die deutsche Durchführungsvorschrift hierzu findet sich in **Art. 102c § 17 Abs. 2 EGInsO.** Danach unterrichtet der Verwalter des Hauptinsolvenzverfahrens die lokalen Gläubiger der ausländischen Niederlassung **zusätzlich** darüber, welche **Fernkommunikationsmittel** bei der Abstimmung zulässig sind und welche **Gläubigergruppen für die Abstimmung** gebildet wurden. Vorgaben zu zulässigen Fernkommunikationsmitteln enthält die EuInsVO nicht.[32]

34 Darüberhinaus verpflichtet Art. 36 Abs. 5 S. 4 den Verwalter des Hauptverfahrens, die lokalen Gläubiger im Anschluss an die Abstimmung über das **Ergebnis des Billigungsverfahrens** zu unterrichten. Diese Unterrichtung markiert den **Fristbeginn** bei Art. 37 Abs. 2 (→ Art. 37 Rn. 14).

V. Verfahren nach Billigung der Zusicherung

35 **1. Verbindlichkeit der Zusicherung (Abs. 6 S. 1).** Nach **Art. 36 Abs. 6 S. 1** ist eine gemäß diesem Artikel gegebene und gebilligte **Zusicherung für die Insolvenzmasse verbindlich.** Die Vorschrift begründet für die beteiligten lokalen Gläubiger einen schuldrechtlichen **Anspruch auf Einhaltung der Zusicherung.** Dieser kann – auch neben der Anfechtungsbefugnis nach Art. 36 Abs. 7 sowie der Beantragung von Sicherungsmaßnahmen nach Art. 36 Abs. 8 und Abs. 9 – gegen den Insolvenzverwalter klageweise geltend gemacht werden. Es handelt sich um ein Annexverfahren iSd Art. 6.

36 Im Zuge der Umsetzung der Zusicherung bildet der Verwalter die **Untermasse** des synthetischen Sekundärverfahrens, für deren Verteilung die **Vorschriften des Sekundärverfahrensstaates** sinngemäß gelten. Das betrifft die für das Hauptverfahren von Art. 7 Abs. 2 lit. i geregelten Fragen (→ Art. 7 Rn. 42). Gegenstände, an denen dingliche Sicherungsrechte bestehen, fallen nach Art. 8 nicht in die Untermasse.[33]

37 **2. Benachrichtigung vor der Verteilung (Abs. 7).** Aus der Zusicherung erwachsem dem Insolvenzverwalter – als Nebenpflicht – eine besondere Unterrichtungspflicht gegenüber den lokalen Gläubigern noch vor der Verteilung der Insolvenzmasse. Nach Art. 36 Abs. 7 S. 1 muss der Insolvenzverwalter vor der Verteilung von Gegenständen der Masse oder des Erlöses die lokalen Gläubiger (Art. 2 Nr. 11) **über die beabsichtigte Verteilung unterrichten.** Im Hinblick auf die Verteilung der sonstigen Masse – des Hauptverfahrensstaates – besteht keine entsprechende Benachrichtigungspflicht, da insoweit die lokalen Gläubiger des synthetischen Sekundärverfahrens keine Rechte haben (Abs. 1 S. 1). Betroffen sind die Interessen der lokalen Gläubiger nur dann, wenn der Insolvenzverwalter schon vor der Verteilung die **Untermasse** des Sekundärverfahrens **mit der Masse des Hauptverfahrens vermischt.** In diesem Fall erstreckt sich die Informationspflicht auf sämtliche Verteilungen des Insolvenzverwalters, da hiervon auch immer

[31] Vgl. BR-Drs. 654/16, 34.

[32] Mankowski/Müller/Schmidt/*Mankowski* Rn. 50 verweist unter Berufung auf sekundärrechtliche Normen – nicht abschließend – auf Brief, Fax, E-Mail, SMS, WhatsApp, iMessage, Telefon.

[33] MüKoInsO/*Reinhart* Rn. 9; zweifelnd *Fehrenbach* GPR 2017, 38 (42).

die lokalen Gläubiger betroffen sind.[34] Zur Benachrichtigung über die beabsichtigte Verteilung bei lokalen Gläubigern der ausländischen Niederlassung des Schuldner finden sich **Durchführungsbestimmungen in Art. 102c § 13 EGInsO** (näher → EGInsO Art. 102c § 13 Rn. 1 ff.).

Der Begriff der **Verteilung** ist weit auszulegen und umfasst **auch Zahlungen an Massegläubiger.**[35] Der lokale Gläubiger muss anhand der Benachrichtigung die Erfolgsaussichten einer Anfechtung der Verteilung (Abs. 7 S. 2) beurteilen können. 38

Entspricht die **Vorabbenachrichtigung** zur geplanten Verteilung (Abs. 7 S. 1) **nicht** dem Inhalt **der Zusicherung oder dem geltendem Recht,** so kann jeder lokale Gläubiger diese Verteilung nach Abs. 7 S. 2 vor einem Gericht des Hauptinsolvenzverfahrens **anfechten,** um eine zusicherungs- und/oder rechtskonforme Verteilung zu erreichen (→ Rn. 41 ff.). Dieser Rechtsbehelf unterliegt den Zuständigkeits- und Fristvorschriften des Art. 102c § 21 Abs. 1 EGInsO (näher → EGInsO Art. 102c § 21 Rn. 1 ff.). 39

3. Gerichtliche Durchsetzung der Verpflichtungen aus der Zusicherung (Abs. 8 und Abs. 9). a) Überblick. Die lokalen Gläubiger können **entweder** die **Gerichte des Mitgliedstaats des Hauptinsolvenzverfahrens** (Abs. 8) **oder** die **Gerichte des des Mitgliedstaats des Sekundärinsolvenzverfahrens** (Abs. 9) anrufen, um den Verwalter zur Einhaltung des Inhalts der Zusicherung zu verpflichten. Die Gerichte des Mitgliedstaats, in dem ein Sekundärverfahren hätte eröffnet werden können, sind allerdings nur befugt, einstweilige Maßnahmen oder Sicherungsmaßnahmen zu treffen, während gemäß Abs. 8 alle Maßnahmen vom Gericht des Mitgliedstaats des Hauptinsolvenzverfahrens getroffen werden können. Zur **örtlichen Zuständigkeit** für die Entscheidung über Anträge nach Art. 36 Abs. 8 und 9 sowie zu Fristen s. Art. 102c § 21 EGInsO (näher → EGInsO Art. 102c § 21 Rn. 1 ff.). 40

b) Anrufung der Gerichte des Hauptverfahrensstaates (Abs. 8). Nach Art. 36 Abs. 8 haben die lokalen Gläubiger das Recht, die Gerichte des Hauptverfahrensstaates anzurufen, um den Insolvenzverwalter des Hauptverfahrens zu verpflichten, die **Einhaltung der Zusicherung** durch alle geeigneten Maßnahmen nach dem nationalen Recht des Mitgliedstaates des Hauptverfahrens sicherzustellen. Dabei handelt es sich zugleich um eine **Zuständigkeitsnorm und eine prozessuale Sachnorm.** Als prozessuale Sachnorm gewährt Abs. 8 den lokalen Gläubigern eine **Aktivlegitimation** zur Durchsetzung aller im Rahmen der Zusicherung eingegangenen Verpflichtungen.[36] 41

Weitere **allgemeine Prozessvoraussetzungen** regelt das Recht des Gerichtsstaates (Art. 7 Abs. 2 S. 2). Im Verfahren vor deutschen Gerichten besteht eine **örtliche und funktionelle Zuständigkeit** des Insolvenzgerichts, bei dem das Hauptinsolvenzverfahren anhängig ist (Art. 102c § 22 Abs. 1 S. 2 EGInsO). Der Antrag nach Abs. 7 S. 2 muss binnen einer **Notfrist** von zwei Wochen gestellt werden, die mit der Zustellung der Benachrichtigung über die beabsichtigte Verteilung (Art. 102c § 12 S. 2 EGInsO) beginnt (Art. 102c § 21 Abs. 1 S. 2 und 3 EGInsO; näher → EGInsO Art. 102c § 21 Rn. 1 ff.). 42

Darüber hinaus hat der einzelne lokale Gläubiger **kein** weiteres **Rechtsschutzbedürfnis** und **keine konkrete Betroffenheit** im Hinblick auf den behaupteten Verstoß gegen die Zusicherung nachzuweisen. des antragstellenden Gläubigers bezüglich der konkreten Zusicherung, die sichergestellt werden soll. Diese niedrige Zulässigkeitsschwelle ergibt sich aus dem **Gesamtvollstreckungscharakter** des Hauptverfahrens unter Einschluss des dort für die Untermasse iSd Abs. 1 durchzuführenden synthetischen Sekundärverfahrens. Aus ihm ergibt sich, dass potentiell jede Verletzung der Zusicherung sich auf die Befriedigungsausichten eines jedes Gläubigers auswirken kann.[37] 43

Das Klagebegehren des Antragstellers (§ 253 Abs. 2 Nr. 2 ZPO iVm § 4 InsO) zielt darauf ab, den Insolvenzverwalter des Hauptverfahrens „zu verpflichten, die Einhaltung des Inhalts der Zusicherung sicher zu stellen“, und zwar durch **alle geeigneten Maßnahmen.** Nach dem insoweit eindeutigen Wortlaut schließt dies eine **Klage auf Erfüllung** der Zusicherung genauso ein wie eine **Klage auf Unterlassung** der zukünftigen Verteilung in der geplanten und mitgeteilten Form. Materiellrechtliche Anspruchsgrundlage ist in beiden Varianten das durch Abs. 6 begründete einklagbare Recht der lokalen Gläubiger (→ Rn. 35). Engere Auffassungen, wonach bloß Sicherungsmaßnahmen zum Schutz der Einhaltung der Zusicherung[38] oder eine Verurteilung zur Unterlassung[39] im durch Abs. 8 eröffneten Gerichtsstand eingeklagt werden können, stehen erkennbar im Wider- 44

---

[34] MüKoInsO/*Reinhart* Rn. 32.

[35] MüKoInsO/*Reinhart* Rn. 33.

[36] MüKoInsO/*Reinhart* Rn. 34.

[37] Weitergehend MüKoInsO/*Reinhart* Rn. 35, der ein „spezifisches rechtliches Interesse“ an der Antragstellung verlangt.

[38] Weitergehend MüKoInsO/*Reinhart* Rn. 36.

[39] Mankowski/Müller/Schmidt/*Mankowski* Rn. 60.

spruch zur weiten Fassung des Wortlauts von Abs. 8 und zur **sanierungsfreundlichen Tendenz** des Art. 36 (→ Rn. 1). Diese erfordert **effektive Rechtsdurchsetzungsmöglichkeiten** für die lokalen Gläubiger. Nur so besteht aus deren Sicht der **Anreiz,** sich auf ein bloß **synthetisches Sekundärverfahren** einzulassen und damit dem Hauptinsolvenzverwalter die **Sanierung zu erleichtern.**

45 Die **funktionelle Zuständigkeit** im Rahmen der Gerichtbarkeit des Hauptverfahrensstaates unterliegt der dortigen lex fori (Art. 7 Abs. 2 S. 1). Im Rahmen eines deutschen Hauptverfahrens gilt Art. 102c § 21 Abs. 1 EGInsO (näher → EGInsO Art. 102c § 21 Rn. 1 ff.).

46 **Maßnahmen zur Verwertung** der Insolvenzmasse **und** zur **Erlösverteilung** (Abs. 1 S. 1) sind nach **Abs. 8 und Abs. 9** zu beantragen. Bei weiter Auslegung[40] fallen unter den Begriff der Verteilung auch Zahlungen an Massegläubiger und nicht nur Zahlungen an bevorrechtigte oder einfache Insolvenzgläubiger.

47 **c) Anrufung der Gerichte des hypothetischen Sekundärverfahrensstaates (Abs. 9).** Anstelle der Anrufung der Gerichte des Hauptverfahrensstaates lässt Art. 36 Abs. 9 auch die Anrufung der Gerichte des hypothetischen Sekundärverfahrensstaates zu.[41] Der Kreis der Antragsberechtigten deckt sich mit dem des Abs. 8 und erstreckt sich nur auf die lokalen Gläubiger (Art. 2 Nr. 11). Für die Entscheidung über Anträge lokaler Gläubiger einer EU-ausländischen Niederlassung nach Abs. 9 ist das **deutsche Insolvenzgericht des Hauptverfahrens** örtlich und funktionell zuständig (Art. 102c § 21 Abs. 2 EGInsO; näher → EGInsO Art. 102c § 21 Rn. 1 ff.).

48 Die Zuständigkeit und die Antragsbefugnis aus Abs. 9 beziehen sich nach dem Wortlaut der Norm auf **einstweilige Maßnahmen oder Sicherungsmaßnahmen,** um die Einhaltung der Zusicherung sicherzustellen. Die Norm soll es dem lokalen Gläubiger ermöglichen, möglichst rasch Sicherungsanordnungen hinsichtlich der Insolvenzmasse im hypothetischen Sekundärverfahrensstaat (Art. 2 Nr. 9) zu erwirken. Auf diese Weise bleibt es dem lokalen Gläubiger erspart, zunächst einen Titel im Hauptverfahrensstaat zu erstreiten und sodann dessen Anerkennung und Vollstreckung im Sekundärverfahrensstaat zu betreiben.

VI. Haftung des Verwalters (Abs. 10)

49 Nach Art. 36 Abs. 10 **haftet** der **Verwalter** des Hauptinsolvenzverfahrens **persönlich – und verschuldensunabhängig – gegenüber den lokalen Gläubigern** (Art. 2 Nr. 11) für jeden Schaden infolge der Nichterfüllung seiner aus der Zusicherung resultierenden Pflichten. Nach Art. 102c § 14 EGInsO gilt bei einem inländischen Insolvenzverfahren § 92 InsO entsprechend.[42] Die internationale Zuständigkeit für Haftungsklagen folgt aus Art. 6,[43] die örtliche Zuständigkeit ergibt sich bei einem Hauptinsolvenzverfahren vor deutschen Gerichten aus Art. 102c § 6 EGInsO (näher → EGInsO Art. 102c § 6 Rn. 1 ff.). Der Umstand, dass nur lokalen Gläubigern Schadensersatzansprüche zustehen, stellt keine gegen Art. 18 AEUV verstoßende Diskriminierung dar.[44] Als Sekundäranspruch kann der Schadensersatzanspruch nur denjenigen zustehen, die einen Primäranspruch auf Erfüllung der Zusicherung haben. Das sind die lokalen Gläubiger (→ Rn. 35).

50 Art. 36 Abs. 10 normiert eine **eigenständige Anspruchsgrundlage** für die Haftung des Insolvenzverwalters.[45] Die Haftung besteht nicht nur für **Verstöße gegen die Pflichten aus der Zusicherung** (Abs. 2 S. 1), sondern auch für die Verletzung von „Auflagen im Sinne dieses Artikels". Damit sind weitere gerichtliche Anordnungen erfasst, die ein lokaler Gläubiger auf der Grundlage der Abs. 7–9 erwirkt. Auch insoweit steht Art. 36 Abs. 10 selbstständig neben weiteren Sanktionen für die Missachtung gerichtlicher Auflagen.

51 Nicht anzunehmen ist, dass der EU-Gesetzgeber mit dieser Haftungsnorm die bestehende Haftung nach mitgliedstaatlichem Recht (vgl. § 60 InsO) ausschalten und eine europarechtlich einheitliche Insolvenzverwalterhaftung für die spezifische Situation des synthetischen Sekundärverfahrens schaffen wollte. Daher bleibt das Haftungsrecht der **lex fori concursus** (Art. 7 Abs. 2 S. 1) neben Art. 36 Abs. 10 anwendbar.[46] Das davon verschiedene Statut der Zusicherung erstreckt sich nach dem eindeutigen Wortlaut des Abs. 2 S. 1 nur auf die dort aufgeführten Sachmaterien.[47]

---

[40] Weitergehend MüKoInsO/*Reinhart* Rn. 39.

[41] Zu Abs. 9 ausf. *Skauradszun* KTS 2016, 419, noch ohne Berücksichtigung der in → Rn. 3 genannten Durchführungsbestimmungen.

[42] Zu EU-rechtlichen Bedenken im Hinblick auf den RegE (Verweis auf § 60 Abs. 2 InsO) *Skauradszun* DB 2016, 2165 (2166).

[43] Mankowski/Müller/Schmidt/*Mankowski* Rn. 72 mit Verweis auf *Prager/Keller* WM 2015, 805 (808).

[44] AA *Fehrenbach* GPR 2017, 38 (42).

[45] *Pluta/Keller* FS Vallender, 2015, 437 (450); für kollisionsrechtliche Verweisung lex fori concursus (wofür der Wortlaut allerdings nichts hergibt) *Paulus* Rn. 29.

[46] MüKoInsO/*Reinhart* Rn. 44.

[47] Gegen Anwendung des Statuts der Zusicherung auch Mankowski/Müller/Schmidt/*Mankowski* Rn. 68.

Zwischen der Haftung aus Art. 36 Abs. 10 und der Haftung aus mitgliedstaatlichem Insolvenzrecht besteht **Anspruchskonkurrenz,** dh die jeweiligen Haftungsansprüche sind hinsichtlich ihrer Voraussetzungen und Rechtsfolgen getrennt zu beurteilen.[48] **52**

VII. Eröffnung eines Sekundärinsolvenzverfahrens trotz Zusicherung (Abs. 6 S. 2)

Die **Zusicherung** ist nach Art. 36 Abs. 6 S. 1 **nur für den Verwalter verbindlich** (→ Rn. 35), **nicht für die Gerichte des Staates einer Niederlassung,** welche trotz der Zusicherung ein Sekundärinsolvenzverfahren eröffnen können (Art. 3 Abs. 2, Art. 38 Abs. 2). Nach **Abs. 6 S. 2** muss in einem solchen Fall der Verwalter des Hauptinsolvenzverfahrens Massegegenstände, die er nach Abgabe der Zusicherung aus der Masse entfernt oder bereits verwertet hat, zurück geben. Der Herausgabeanspruch erfasst nicht nur die ins Ausland verbrachten Gegenstände der Insolvenzmasse, sondern auch den entsprechenden Erlös.[49] **53**

Die Norm hat **neben Art. 21 Abs. 2 keinen eigenständigen Anwendungsbereich.** Die dort normierte Herausgabepflicht des Hauptinsolvenzverwalters gegenüber dem Sekundärinsolvenzverwalter besteht unabhängig von einer Zusicherung iSd Art. 36 und erstreckt sich – wie Abs. 6 S. 2 – auf einen etwaigen **Verwertungerlös** (→ Art. 21 Rn. 15). **54**

Art. 37 EuInsVO Recht auf Beantragung eines Sekundärinsolvenzverfahrens

(1) Die Eröffnung eines Sekundärinsolvenzverfahrens kann beantragt werden von
a) dem Verwalter des Hauptinsolvenzverfahrens,
b) jeder anderen Person oder Behörde, die nach dem Recht des Mitgliedstaats, in dessen Hoheitsgebiet die Eröffnung des Sekundärinsolvenzverfahrens beantragt wird, dazu befugt ist.

(2) Ist eine Zusicherung im Einklang mit Artikel 36 bindend geworden, so ist der Antrag auf Eröffnung eines Sekundärinsolvenzverfahrens innerhalb von 30 Tagen nach Erhalt der Mitteilung über die Billigung der Zusicherung zu stellen.

Schrifttum: *Sabel,* Hauptsitz als Niederlassung im Sinne der EuInsVO?, NZI 2004, 126.

Übersicht

I. Normzweck

Art. 37 Abs. 1 entspricht Art. 29 EuInsVO 2000. Im Zuge der Reform 2015 wurde Art. 37 Abs. 2 neu in die Verordnung aufgenommen. Nach Art. 37 Abs. 1 lit. a kommt dem **Hauptverwalter** ein Antragsrecht zur Einleitung eines Sekundärverfahrens zu. Art. 37 Abs. 1 lit. b legt fest, dass **jede andere Person** oder Behörde antragsbefugt ist, der das Antragsrecht nach dem **Recht des Mitgliedstaates des Sekundärverfahrens** zusteht. Eine zeitliche Grenze zur Beantragung des Sekundärinsolvenzverfahrens im Rahmen einer Zusicherung gemäß Art. 36 stellt Art. 37 Abs. 2 auf. Darüber hinaus gibt es eine solche zeitliche Beschränkung nicht. **1**

II. Antragsrecht des Hauptverwalters (Abs. 1 lit. a)

Art. 37 Abs. 1 lit. a stellt eine **Sachnorm** dar, die dem Hauptverwalter originär das Antragsrecht verleiht. Dabei handelt es sich um eine Erweiterung der üblicherweise in den mitgliedstaatlichen Rechtsordnungen normierten Antragsbefugnis. Das Insolvenzsachrecht räumt meist lediglich dem Schuldner, dem Gläubiger und manchmal auch einer Aufsichtsbehörde die Antragsbefugnis ein.[1] Der Hauptverwalter kann jederzeit Sekundärinsolvenzverfahren beantragen, wenn er dies als **sinnvoll** **2**

[48] Am Beispiel des Verschuldenserfordernisses Mankowski/Müller/Schmidt/*Mankowski* Rn. 68.
[49] MüKoInsO/*Reinhart* Rn. 47.
[1] MüKoInsO/*Reinhart* EuInsVO 2000 Art. 29 Rn. 1.

erachtet.[2] In welchen Fällen die Eröffnung eines solchen Verfahrens objektiv vorteilhaft ist, lässt sich aus **Erwägungsgrund 40** entnehmen. Danach kommt die Eröffnung eines Zweitverfahrens insbesondere in Betracht, wenn der **Schutz inländischer Gläubiger** dies gebietet (Erwägungsgrund 40 S. 1). Darüber hinaus bietet sie sich an, wenn das **Vermögen** zu **verschachtelt** ist, um als Ganzes verwaltet zu werden (Erwägungsgrund 40 S. 2). Zur Vereinfachung bei der Abwicklung kann die Eröffnung eines Sekundärverfahrens auch beitragen, wenn **unterschiedliche Rechtssysteme** betroffen sind (Erwägungsgrund 40 S. 2). Neben den in Erwägungsgrund 40 genannten Fällen ist die Eröffnung eines Sekundärverfahrens auch dann von Vorteil, wenn sich in einem anderen Mitgliedstaat als dem des Hauptverfahrens Gegenstände befinden, die mit einem dinglichen Recht Dritter (Art. 8) belastet sind (→ Art. 8 Rn. 19).[3]

3 Durch die ihm verliehene Antragsberechtigung nach Art. 37 Abs. 1 lit. a wird der Hauptverwalter in den Stand versetzt, ein umfangreiches Verfahren zu entzerren oder günstigere Möglichkeiten der Verwertung von Sicherheiten durch deren Einbeziehung in ein gesondertes Verfahren zu schaffen.[4]

4 Art. 37 Abs. 1 lit. a bezieht sich allein auf den Hauptverwalter ohne Einbeziehung des **vorläufigen (Haupt-)Verwalters.** Dies folgt aus Art. 34, der ein bereits eröffnetes Verfahren voraussetzt.[5]

5 Fraglich ist, ob dem Hauptverwalter über das Antragsrecht hinaus noch eine **Antragspflicht** zukommt. Aus der EuInsVO lässt sie sich nicht entnehmen. Im Einzelfall kann sie sich aus dem **mitgliedstaatlichen Recht** ergeben, das über Art. 7 zur Anwendung gelangt. Im deutschen Recht gilt – wenngleich nicht explizit so geregelt –, dass der Verwalter alle Maßnahmen treffen muss, die zur Erhaltung, Bewahrung und ordnungsgemäßen Verwaltung erforderlich sind. Er muss zu einer möglichst günstigen Verwertung schreiten.[6] Eine Haftung für den Fall, dass er seine insolvenzspezifischen Pflichten verletzt, sieht § 60 InsO vor.

III. Antragsberechtigte nach Abs. 1 lit. b

6 Nach Art. 37 Abs. 1 lit. b sind alle Personen oder Behörden, denen das Antragsrecht nach dem Recht des Mitgliedstaates zusteht, in dessen Gebiet das Sekundärinsolvenzverfahren eröffnet werden soll, antragsberechtigt. Bedeutsam ist diese **Kollisionsnorm** vor allem für **Gläubiger.**[7] Allerdings räumt die Verordnung nicht automatisch jedem Gläubiger ein Antragsrecht ein. Gerade durch einen Gläubigerantrag auf Eröffnung eines Sekundärverfahrens besteht die Gefahr einer Masseinsuffizienz des Hauptverfahrens, was den Antrag aber nicht unzulässig macht.[8] Der Antragsteller muss nicht im Staat des angestrebten Sekundärinsolvenzverfahrens wohnhaft sein; ein derartiges Erfordernis stellte eine verbotene versteckte Diskriminierung dar.[9]

7 Teilweise wird Art. 37 Abs. 1 lit. b mit Blick auf als Art. 7, Art. 35 als überflüssig dargestellt.[10] Tatsächlich kommt der Norm aber zumindest eine **klarstellende Funktion** zu, da sie anders als Art. 3 Abs. 4 lit. b für das unabhängige Partikularverfahren nicht verlangt, dass ein antragstellender Gläubiger seinen Sitz oder Wohnsitz im Staat des Partikularverfahrens hat.[11] Scharfe Kritik äußert *Thieme* daran, dass es eines zusätzlichen Rechtsschutzinteresses nicht bedürfe („Lizenz zum Töten der Universalität").[12] Dabei verweist er auf Art. 22 Abs. 2 Europäisches Konkursabkommen-Entwurf[13] und § 396 Abs. 2 InsO-RegE.[14] Allerdings sah sowohl der Entwurf zum Europäischen Konkursabkommen als auch der RegE zur InsO einen Vermögensgerichtsstand vor, den es durch ein solches „besonderes Interesse" einzuschränken galt. Die EuInsVO kennt nur noch den Niederlas-

---

2 *Balz* ZIP 1996, 948 (953); Duursma-Kepplinger/Duursma/Chalupsky/*Duursma-Kepplinger/Chalupsky* EuInsVO 2000 Art. 29 Rn. 2; *Hanisch* in Stoll, Vorschläge und Gutachten, 1997, 203, 213; *Kolmann,* Kooperationsmodelle im Internationalen Insolvenzrecht, 2001, 335; *Lehr* KTS 2000, 577 (584).

3 Duursma-Kepplinger/Duursma/Chalupsky/*Duursma-Kepplinger/Chalupsky* EuInsVO 2000 Art. 29 Rn. 2.

4 Nerlich/Römermann/*Commandeur* EuInsVO 2000 Art. 29 Rn. 2.

5 *Kolmann,* Kooperationsmodelle im Internationalen Insolvenzrecht, 2001, 336; MüKoInsO/*Reinhart* EuInsVO 2000 Art. 29 Rn. 1; *Virgós/Schmit* Rn. 226; aA mit Verweis auf die Legaldefinition in Art. 2 Nr. 5 *Paulus* Rn. 3.

6 MüKoInsO/*Brandes* InsO § 60 Rn. 15, 30 ff.

7 *Kolmann,* Kooperationsmodelle im Internationalen Insolvenzrecht, 2001, 336.

8 Mankowski/Müller/Schmidt/*Mankowski* Rn. 17.

9 EuGH ECLI:EU:C:2014:2158 Rn. 51 = NZI 2014, 964 mAnm *Mankowski* = EuZW 2015, 34 mAnm *P. Schulz* = EWiR 2015, 81 m. Kurzkomm. *Undritz* – Burgo; dazu *Mansel/Thorn/Wagner* IPRax 2014, 1 (24).

10 MüKoInsO/*Reinhart* EuInsVO 2000 Art. 29 Rn. 2.

11 MüKoInsO/*Reinhart* EuInsVO 2000 Art. 29 Rn. 1.

12 *Thieme* IJVO 1995/96, 86.

13 Abgedruckt in ZIP 1992, 1197; → Einl. IntInsR Rn. 16.

14 BT-Drs. 12/2443, 70; → Einl. IntInsR Rn. 18.

sungsgerichtsstand. Bei diesem ist schon wegen der stärkeren Verwurzelung des Schuldners ein darüber hinausgehendes besonderes Interesse nicht mehr erforderlich.

Der Verfahrensausschluss eines Gläubigers im Hauptverfahren nach dortiger lex fori concursus kann zum Wegfall der Antragsberechtigung im Sekundärverfahren führen; Art. 37 steht dem nicht entgegen.[15] 8

Auch eine Befugnis des **Schuldners** zur Beantragung eines Sekundärinsolvenzverfahrens kann sich aus Art. 37 Abs. 1 lit. b iVm dem einzelstaatlichen Recht ergeben,[16] vgl. für Deutschland § 13 Abs. 1 S. 2 InsO. Auch steht dem § 354 InsO nicht entgegen. Es lässt sich eine Beschränkung wie in § 354 Abs. 1 InsO gerade nicht auch für Art. 37 annehmen. Auf diese Weise wird verhindert, dass der Schuldner eine Liquidation des Unternehmens „von den Rändern her" (→ Art. 34 Rn. 23) zu betreiben versucht.[17] 9

Allerdings kann die **Antragsbefugnis** des Schuldners aus einem anderen Grund abzulehnen sein. Die lex fori concursus secundarii kann nämlich bestimmen (Art. 7 Abs. 2 S. 2 lit. e), dass die Antragsbefugnis ein **Teil der Verfügungs- und Verwaltungsbefugnis** ist, die der Schuldner durch die vorherige Eröffnung des Hauptverfahrens (Art. 34 S. 1) an den Insolvenzverwalter verloren hat.[18] Das AG Köln verneint dies für das deutsche Recht nimmt ein schuldnerisches Antragsrecht an, weil auch nach der Eröffnung des Insolvenzverfahrens die Gesellschaftsorgane mit ihren Aufgaben bestehen blieben (vgl. → IntGesR Rn. 737).[19] Zudem liefe Art. 37 Abs. 1 lit. b leer, wenn man eine Antragsbefugnis des Schuldners ablehnen würde. 10

Dieser Argumentation des AG Köln ist nicht zu folgen. Zwar steht ihr das EU-Insolvenzrecht nicht entgegen. Im Erläuternden Bericht ist zwar nur vom Antragsrecht des Verwalters und des Gläubigers die Rede, nicht aber von dem des Schuldners.[20] Dass Letzteres nach der EuInsVO ausgeschlossen sein soll, ist dem Bericht andererseits aber auch nicht zu entnehmen und widerspricht eindeutig dem Wortlaut des Art. 37 Abs. 1 lit. b („*jede* andere Person"). Auch Erwägungsgrund 40, der die Zwecke eines Sekundärinsolvenzverfahrens bezeichnet (Schutz der der inländischen Gläubiger; vereinfachte Verfahrensabwicklung), hilft darüber nicht hinweg. 11

Ein Antragsrecht des Schuldners zur Einleitung eines ausländischen Sekundärverfahrens findet indessen im – hier allein maßgeblichen – deutschen innerstaatlichen Recht keine Stütze. Denn die Eröffnung eines EU-ausländischen Sekundärverfahrens würde die davon betroffene „Teilmasse" (→ Art. 34 Rn. 29) der Verwaltungs- und Verfügungsbefugnis des Hauptverwalters entziehen. Sie käme einer unzulässigen Verfügung des Schuldners über Massegegenstände gleich. 12

IV. Unabhängiges Partikularverfahren

Für das unabhängige („isolierte") Partikularverfahren gilt Art. 3 Abs. 4. Abs. 1 lit. a schränkt den Kreis der Antragsberechtigten nicht ein. Insofern gilt das Recht des Eröffnungsstaates.[21] Eine unmittelbare Anwendung des Art. 37 scheitert an dessen Wortlaut, eine analoge am Fehlen einer Regelungslücke, denn insofern ist auf Art. 7 zurückzugreifen. Art. 3 Abs. 4 lit. b stellt eine autonome Regelung dar und schränkt die Eröffnung des unabhängigen Partikularverfahrens auf die dort genannten Fälle ein. 13

V. Zeitliche Grenze im Rahmen einer Zusicherung (Abs. 2)

Art. 37 Abs. 2 bestimmt, dass bei Vorliegen einer bindenden Zusicherung iSd Art. 36 der Antrag auf Eröffnung eines Sekundärinsolvenzverfahren **innerhalb von 30 Tagen nach Erhalt der Mitteilung** über die Billigung der Zusicherung (Art. 36 Abs. 5 S. 4 aE) zu stellen ist. Außer für den Fall einer bindenden Zusicherung gibt es keine zeitliche Begrenzung der Beantragung eines Sekundärinsolvenzverfahrens. 14

Die zeitliche Grenze der Antragsbefugniserklärt sich aus dem **Zweck** des synthetischen Sekundärverfahrens, **ein förmliches Sekundärverfahren zu vermeiden** (→ Art. 36 Rn. 1). Über die 15

15 EuGH ECLI:EU:C:2016:841 Rn. 24 ff. = NZI 2016, 959 – ENEFI; *Paulus* Rn. 12.

16 AG Köln NZI 2004, 151 (153); Duursma-Kepplinger/Duursma/Chalupsky/*Duursma-Kepplinger/Chalupsky* EuInsVO 2000 Art. 29 Rn. 5, 8; *Kemper* ZIP 2001, 1609 (1613); *Lüke* ZZP 111 (1998), 275 (302); *Paulus* NZI 2001, 505 (514).

17 AG Köln NZI 2004, 151 (153); *Liersch* Anm. zu AG Düsseldorf in NZI 2004, 271; aA *Paulus* Rn. 6; Uhlenbruck/*Lüer* EuInsVO 2000 Art. 29 Rn. 2, der generell ein Antragsrecht des Schuldners ablehnt; zweifelnd aber letztlich dahinstehenlassend AG Düsseldorf ZIP 2004, 623 (624) = NZI 2004, 269.

18 Duursma-Kepplinger/Duursma/Chalupsky/*Duursma-Kepplinger/Chalupsky* EuInsVO 2000 Art. 29 Rn. 8; *Kolmann*, Kooperationsmodelle im Internationalen Insolvenzrecht, 2001, 335.

19 AG Köln NZI 2004, 151 (153).

20 *Virgós/Schmit* Rn. 266.

21 Duursma-Kepplinger/Duursma/Chalupsky/*Duursma-Kepplinger/Chalupsky* EuInsVO 2000 Art. 29 Rn. 13.

Abwendung eines förmlichen Sekundärverfahrens muss rasch Klarheit bestehen. Trotz Billigung der Zusicherung könnte im Sekundärverfahrensstaat ein Antrag auf Verfahrenseröffnung gestellt werden (vgl. Art. 38 Abs. 2). Ein außerhalb der Frist des Abs. 2 gestellter **Antrag** eines lokalen Gläubigers ist daher als **unzulässig** zurückzuweisen.[22]

16 Für die Gläubiger, die **nicht lokale Gläubiger** sind und daher nicht nach Art. 36 Abs. 5 S. 4 unterrichtet wurden, gilt die 30-Tage-Frist nicht. Da sie allerdings zu dem von Art. 38 Abs. 2 geschützten Personenkreis zählen, **fehlt** ihnen das **Rechtsschutzbedürfnis.**

Art. 38 EuInsVO Entscheidung zur Eröffnung eines Sekundärinsolvenzverfahrens

(1) Das mit einem Antrag auf Eröffnung eines Sekundärinsolvenzverfahrens befasste Gericht unterrichtet den Verwalter oder den Schuldner in Eigenverwaltung des Hauptinsolvenzverfahrens umgehend davon und gibt ihm Gelegenheit, sich zu dem Antrag zu äußern.

(2) Hat der Verwalter des Hauptinsolvenzverfahrens eine Zusicherung gemäß Artikel 36 gegeben, so eröffnet das in Absatz 1 dieses Artikels genannte Gericht auf Antrag des Verwalters kein Sekundärinsolvenzverfahren, wenn es der Überzeugung ist, dass die Zusicherung die allgemeinen Interessen der lokalen Gläubiger angemessen schützt.

(3) ***[1]*** **Wurde eine vorübergehende Aussetzung eines Einzelvollstreckungsverfahrens gewährt, um Verhandlungen zwischen dem Schuldner und seinen Gläubigern zu ermöglichen, so kann das Gericht auf Antrag des Verwalters oder des Schuldners in Eigenverwaltung die Eröffnung eines Sekundärinsolvenzverfahrens für einen Zeitraum von höchstens drei Monaten aussetzen, wenn geeignete Maßnahmen zum Schutz des Interesses der lokalen Gläubiger bestehen.**
[2] **[1]Das in Absatz 1 genannte Gericht kann Sicherungsmaßnahmen zum Schutz des Interesses der lokalen Gläubiger anordnen, indem es dem Verwalter oder Schuldner in Eigenverwaltung untersagt, Gegenstände der Masse, die in dem Mitgliedstaat belegen sind, in dem sich seine Niederlassung befindet, zu entfernen oder zu veräußern, es sei denn, dies erfolgt im Rahmen des gewöhnlichen Geschäftsbetriebs. [2]Das Gericht kann ferner andere Maßnahmen zum Schutz des Interesses der lokalen Gläubiger während einer Aussetzung anordnen, es sei denn, dies ist mit den nationalen Vorschriften über Zivilverfahren unvereinbar.**
[3] **Die Aussetzung der Eröffnung eines Sekundärinsolvenzverfahrens wird vom Gericht von Amts wegen oder auf Antrag eines Gläubigers widerrufen, wenn während der Aussetzung im Zuge der Verhandlungen gemäß Unterabsatz 1 eine Vereinbarung geschlossen wurde.**
[4] **Die Aussetzung kann vom Gericht von Amts wegen oder auf Antrag eines Gläubigers widerrufen werden, wenn die Fortdauer der Aussetzung für die Rechte des Gläubigers nachteilig ist, insbesondere wenn die Verhandlungen zum Erliegen gekommen sind oder wenn offensichtlich geworden ist, dass sie wahrscheinlich nicht abgeschlossen werden, oder wenn der Verwalter oder der Schuldner in Eigenverwaltung gegen das Verbot der Veräußerung von Gegenständen der Masse oder ihres Entfernens aus dem Hoheitsgebiet des Mitgliedstaats, in dem sich seine Niederlassung befindet, verstoßen hat.**

(4) [1]Auf Antrag des Verwalters des Hauptinsolvenzverfahrens kann das Gericht nach Absatz 1 abweichend von der ursprünglich beantragten Art des Insolvenzverfahrens ein anderes in Anhang A aufgeführtes Insolvenzverfahren eröffnen, sofern die Voraussetzungen für die Eröffnung dieses anderen Verfahrens nach nationalem Recht erfüllt sind und dieses Verfahren im Hinblick auf die Interessen der lokalen Gläubiger und die Kohärenz zwischen Haupt- und Sekundärinsolvenzverfahren am geeignetsten ist. [2]Artikel 34 Satz 2 findet Anwendung.

Übersicht

[22] MüKoInsO/*Reinhart* EuInsVO 2000 Art. 29 Rn. 3.

I. Normzweck

1 Art. 38 wurde im Rahmen der Reform neu eingeführt. Die Vorschrift begründet Pflichten für das mit der Eröffnung eines Sekundärinsolvenzverfahrens befasste Gericht. Sie **dient der effizienten Verwertung der Insolvenzmasse** im Hauptverfahren (Erwägungsgründe 41 f.),[1] soll in den Fällen des Art. 36 die Eröffnung **unnötiger Sekundärinsolvenzverfahren vermeiden** und dafür sorgen, dass der Verwalter des Hauptinsolvenzverfahrens **Kenntnis** von eröffneten Sekundärinsolvenzverfahren erlangt (→ Rn. 2). Unter der EuInsVO 2000 kam es mangels einer solchen Mitteilungspflicht vor, dass das Gericht des Hauptinsolvenzverfahrens ins Blaue hinein Briefe an Gerichte anderer Mitgliedstaaten, in welchen ein Sekundärinsolvenzverfahren möglicherweise hätte eröffnet werden können, richtete mit der Bitte, über einen Antrag auf Eröffnung eines Sekundärinsolvenzverfahrens vor dessen Eröffnung Mitteilung zu machen.[2]

2 Da die Zusicherung iSd Art. 36 bei der Entscheidung über die Eröffnung des Sekundärverfahrens zu berücksichtigen ist, räumt **Abs. 1** dem Insolvenzverwalter des Hauptverfahrens im Eröffnungsverfahren **rechtliches Gehör** ein. **Abs. 2** regelt den **Prüfungsmaßstab** für die Ablehnung Eröffnung eines Sekundärverfahrens unter Verweis auf die Zusicherung. Die Möglichkeit der **Aussetzung der Eröffnungsentscheidung** sowie die Anordnung von **Sicherungsmaßnahmen** in der Schwebezeit sind in **Abs. 3** geregelt. Der **sanierungsfreundlichen Grundhaltung der EuInsVO** (→ Art. 36 Rn. 1; Erwägungsgrund 10) entspricht es, dass das Insolvenzgericht im Falle einer Eröffnung eines Sekundärverfahrens den am besten geeigneten Verfahrenstyp auswählen kann (Abs. 4). Unter Art. 27 S. 2 EuInsVO 2000 war das Sekundärverfahren zwingend ein – gegenständlich beschränktes – Liquidationsverfahren. Zugleich soll die Öffnung für alle zur Verfügung stehenden Verfahrenstypen die bestmögliche Kohärenz zwischen Haupt- und Sekundärverfahren sicherstellen.

II. Unterrichtungs- und Anhörungspflicht (Abs. 1)

3 Art. 38 Abs. 1 **verpflichtet** das mit einem Antrag auf Eröffnung eines Sekundärinsolvenzverfahrens befasste Gericht dazu, umgehend **den Verwalter (oder den Schuldner in Eigenverwaltung iSd Art. 2 Nr. 3) des Hauptinsolvenzverfahrens** über den Antrag zu **unterrichten.** Dem Verwalter ist Gelegenheit zu geben, sich zu dem Antrag zu äußern. Hierbei handelt es sich um eine **Sachnorm,** die das autonome Insolvenzrecht der Mitgliedstaaten (im deutschen Recht § 14 Abs. 2 InsO) überlagert, die Reichweite des danach gewährten rechtlichen Gehörs aber nicht begrenzt.[3] Wurde das **EU-ausländische Hauptverfahren bereits eröffnet,** so ist der dortige Insolvenzverwalter anstelle des Schuldners zu hören. Die Regelung trägt dem Übergang der Verwaltungs- und Verfügungsbefugnis auf den Hauptinsolvenzverwalter Rechnung (im deutschen Recht § 80 InsO) sowie der drohenden Einschränkung dieser Befugnisse, da die im Sekundärverfahrensstaat befindliche Insolvenzmasse der Verwaltungsbefugnis des Hauptinsolvenzverwalters entzogen wird.

4 Die Unterrichtungs- und Anhörungspflicht besteht ferner, wenn das **Hauptverfahren noch nicht eröffnet** wurde, im Hauptverfahrensstaat aber das Eröffnungsverfahren anhängig ist und ein **vorläufiger Insolvenzverwalter** (vgl. Art. 2 Nr. 5) bestellt wurde.[4] Denn das Recht auf Anhörung

---

1 Dazu 10284/14 JUSTCIV 134 EJUSTICE 54 CODEC 1366, Rn. 34.

2 *Moss/Fletcher/Isaacs,* The EU regulation on insolvency proceedings, 3. Aufl. 2016, Rn. 8.674.

3 AA MüKoInsO/*Reinhart* Rn. 2: das Anhörungsrecht nach der EuInsVO sei nur gegeben, wenn die lex fori ein solches nicht vorsehe.

4 MüKoInsO/*Reinhart* Rn. 3.

soll die anhängigen Verfahren auch hinsichtlich der Eröffnung koordinieren. Anders als im eröffneten Verfahren macht die Unterrichtung des vorläufigen Insolvenzverwalters die Unterrichtung des Schuldners jedoch nicht entbehrlich.

III. Absehen von der Eröffnung wegen Zusicherung (Abs. 2)

5 **1. Gebundene Entscheidung des Insolvenzgerichts im Sekundärverfahrensstaat.** Das mit dem Antrag auf Eröffnung eines Sekundärinsolvenzverfahrens sieht von der Eröffnung eines solchen gemäß Art. 38 Abs. 2 ab, falls der Verwalter des Hauptverfahrens eine Zusicherung iSd Art. 36 (→ Art. 36 Rn. 2) und der Überzeugung ist, dass die Zusicherung die allgemeinen Interessen der lokalen Gläubiger (Art. 2 Nr. 11) angemessen schützt (s. auch → Art. 36 Rn. 8). Dem Insolvenzgericht des Sekundärverfahrens steht insoweit **kein Ermessensspielraum** zu; es handelt sich um eine gebundene Entscheidung.[5] Gegen die ablehnende Entscheidung eines deutschen Insolvenzgerichts steht dem Antragsteller die **sofortige Beschwerde** zu, →EGInsO Art. 102c § 21 Rn. 1. Unter der EuInsVO 2000 war ein Sekundärverfahren auf Antrag zwingend zu eröffnen, wenn der Schuldner in einem anderen Mitgliedstaat eine Niederlassung unterhielt.

6 **2. Antrag des Insolvenzverwalters des Hauptverfahrens.** Das Insolvenzgericht des Sekundärverfahrensstaates prüft **nur auf Antrag des Insolvenzverwalters des Hauptverfahrens,** ob die Zusicherung die Interessen der lokalen Gläubiger hinreichend schützt. Die Eröffnung des Sekundärverfahrens kann in Ermangelung eines solchen Antrags nicht mit der Begründung abgelehnt werden, die Interessen der lokalen Gläubiger seien durch die Zusicherung angemessen geschützt.

7 **3. Verbindliche Zusicherung.** Die **Ablehnung** der Verfahrenseröffnung **soll** den **ungestörten Ablauf** des Hauptinsolvenzverfahrens unter Einschluss des dort durchgeführten synthetischen Sekundärverfahrens **gewährleisten.** Da das synthetische Sekundärverfahren auf eine **verbindliche Zusicherung** gründet (Art. 36 Abs. 6), setzt die Ablehnung der Verfahrenseröffnung nach Abs. 2 das Vorliegen einer von den lokalen Gläubigern **gebilligten – und damit verbindlichen – Zusicherung** des Insolvenzverwalters des Hauptverfahrens voraus. Die bloße Abgabe der Zusicherung genügt entgegen dem Wortlaut des Abs. 2 für eine Ablehnung des Eröffnungsantrags nicht, weil nur eine verbindliche Zusicherung ein virtuelles Sekundärverfahren gewährleistet. **Steht** die **Billigung** der lokalen Gläubiger (Art. 36 Abs. 5) **noch aus,** so **muss das Insolvenzgericht** mit der Entscheidung über den Antrag auf Eröffnung **zuwarten,** bis die von dem Verwalter des Hauptverfahrens abgegebene Zusicherung das Abstimmungsverfahren der Billigung durchlaufen hat.[6] In der Zwischenzeit kann das Insolvenzgericht des Sekundärverfahrensstaates die nach der dortigen lex fori zulässigen Sicherungsmaßnahmen (im deutschen Recht §§ 21, 22 InsO) anordnen.

8 Die Norm regelt nicht, wie lange das Insolvenzgericht auf den Abschluss des Billigungsverfahrens warten muss. Eine **Aussetzung** des Eröffnungsverfahrens analog Art. 38 Abs. 3 für die Dauer von **bis zu drei Monaten** erscheint hier möglich. Andernfalls hätte es der Hauptinsolvenzverwalter in der Hand, durch Abgabe einer aussichtslosen Zusicherung und Verzögerung des Billigungsverfahrens das Eröffnungsverfahren im Sekundärverfahrensstaat zu blockieren.[7]

9 Nach der EuInsVO besteht keine Möglichkeit, ein bereits eröffnetes Sekundärverfahren aufgrund einer **nachträglich** gemäß Art. 36 Abs. 6 S. 1 **verbindlich gewordenen Zusicherung** wieder einzustellen. Abs. 2 kennt nur die Ablehnung der Eröffnung aufgrund einer verbindlichen Zusicherung (Abs. 2). Möglich bleibt aber die **Verfahrensbeendigung nach der lex fori concursus secundarii** (Art. 35 iVm Art. 7 Abs. 2 S. 2 lit. j). Bei einem deutschen Sekundärverfahren kommt **§ 213 InsO** in Betracht.

10 Bei Vorliegen eines Antrags nach Abs. 2 hat das Insolvenzgericht des Sekundärverfahrenstaates zu **prüfen, ob** die **Zusicherung** durch die bekannten lokalen Gläubiger **rechtmäßig gebilligt** wurde. Da ein deutsches Insolvenzgericht – anders als im Insolvenzplanverfahren – das Abstimmungsergebnis über die Billigung nicht gemäß § 248 InsO bestätigt (Art. 102c § 17 Abs. 1 S. 3 EGInsO; näher → EGInsO Art. 102c § 17 Rn. 1 ff.), muss es bei der Entscheidung über die Nichteröffnung aufgrund einer Zusicherung das Billigungsverfahren prüfen und nicht nur den materiellen Interessensschutz iSd Abs. 2 aE. Dabei überprüft das Gericht, ob die Verfahrensvorschriften eingehalten wurden und die erforderlichen Mehrheiten erreicht wurden. Wurde in einer der Abstimmungsgruppen die notwendige Mehrheit nicht erreicht, so kann es nach Maßgabe des **§ 245 InsO (Obstruktionsverbot/cram down)** dennoch von einer Billigung ausgehen und die Eröffnung nach Abs. 2 ablehnen.[8]

---

[5] MüKoInsO/*Reinhart* Rn. 6.
[6] MüKoInsO/*Reinhart* Rn. 8.
[7] AA MüKoInsO/*Reinhart* Rn. 8.
[8] MüKoInsO/*Reinhart* Rn. 10.

4. Geschützte Gläubigergruppe. Das Gericht des Sekundärverfahrensstaates legt für seine Prüfung die allgemeinen Interessen der **lokalen Gläubiger (Art. 2 Nr. 11)** zugrunde, nicht die möglichen Interessen des Schuldners bzw. des Insolvenzverwalters oder die Interessen der Gläubigergemeinschaft. Danach sind lokale Gläubiger die Gläubiger, deren Forderungen gegen den Schuldner aus oder in Zusammenhang mit dem Betrieb einer Niederlassung im Sekundärverfahrensstaat entstanden sind. Hat der Schuldner in mehreren Mitgliedstaaten Niederlassungen unterhalten, sind lokale Gläubiger iSd Art. 38 Abs. 2 nur die lokalen Gläubiger **der Niederlassung dieses Sekundärverfahrensstaates.** 11

Geschützt sind grundsätzlich auch die **Interessen eines einzelnen lokalen Gläubigers.**[9] Prüfungsmaßstab des Art. 38 Abs. 2 sind nämlich nicht die Interessen der Gruppe der lokalen Gläubiger, sondern die Interessen *aller* lokalen Gläubiger. Allerdings erfordert der Zweck des Art. 38 Abs. 2 – die Ermöglichung von synthetischen Sekundärverfahren iSd Art. 36 – eine Begrenzung des Interessenschutzes, damit aus der Berücksichtigung der Interessen eines einzelnen lokalen Gläubigers für diesen **kein Erspressungs- oder Obstruktionspotential** entsteht.[10] Einen Ansatzpunkt dafür bietet Erwägungsgrund 42 S. 4. Danach hat das Gericht bei der Beurteilung der Interessen iSd Art. 38 Abs. 2 zu berücksichtigen, dass die Zusicherung von einer qualifizierten Mehrheit der lokalen Gläubiger gebilligt worden ist. Daraus folgt für Art. 38 Abs. 2: Zunächst muss es sich um das Interesse gerade des antragstellenden Gläubigers (Art. 37 Abs. 1 lit. b iVm dem Insolvenzrecht des Sekundärverfahrensstatuts) handeln. Dieses Interesse muss im Rahmen der Zusicherung grob vernachlässigt worden sein. Der betreffende Gläubiger muss gegen die Billigung der Zusicherung gestimmt haben und seine gegebenfalls bestehenden Rechtsbehelfe im Verfahren über die Billigung wahrgenommen haben (vgl. § 253 Abs. 2 InsO).[11] 12

5. Angemessener Interessensschutz. Die gerichtliche Prüfung zielt auf die Wahrung der „allgemeinen Interessen" der lokalen Gläubiger. Dies geht über den Mindestinhalt für die Zusicherung iSd Art. 36 Abs. 1 hinaus. Die Zusicherung muss bloß die Verteilungs- und Vorzugsrechte wahren, die die Gläubiger hätten, wenn ein Sekundärverfahren eröffnet werden würde. Die Abweisung des Eröffnungsantrags erfordert demgegenüber die **Gewährleistung (1) der Verteilungs- und Vorzugsrechte** nach Art. 36 Abs. 1 **sowie (2) sämtlicher weiterer schützenswerter rechtlicher Interessen** der lokalen Gläubiger, wie etwa das zuständigkeitsrechtliche Interesse an einer Rechtsdurchsetzung vor den Gerichten des Sekundärverfahrensstaates.[12] 13

Dabei ist bezüglich der Wahrung der **Verteilungs- und Vorzugsrechte** eine **strenge Rechtsprüfung** vorzunehmen, ob die Gläubiger so gestellt sind, als wäre das Sekundärverfahren eröffnet worden. Für die **weiteren Interessen** verlangt Art. 38 Abs. 2 **keine vollkommene Gleichstellung mit der Sekundärverfahrenseröffnung.** Der durch die Zusicherung gewährte Schutz dieser – über die Verteilungs- und Vorzugsrechte hinausgehenden – Interessen muss nicht in jeder Hinsicht gleichwertig sein mit dem Schutz, den ein Sekundärinsolvenzverfahren den lokalen Gläubigern bieten würde,sondern bloß „angemessen". Dabei ist die Beeinträchtigung der Interessen anhand der Zahl der betroffenen lokalen Gläubiger (Quantität) wie auch der individuellen Schwere der Beeinträchtigung (Qualität) zu beurteilen. Eine wesentliche Schlechterstellung (vgl. § 253 Abs. 2 Nr. 3 InsO) durch die Zusicherung müssen jedoch auch einzelne Gläubiger im Rahmen der Angemessenheitsprüfung des Insolvenzgerichts nach Art. 38 Abs. 2 nicht hinnehmen.[13] 14

6. Beweismaß. Der durch die Zusicherung gewährte Schutz muss nach der **Überzeugung des Insolvenzgerichts angemessen** sein. Das Erfordernis der Überzeugung des Gerichts bezieht sich dabei nicht nur auf die Bewertung des Schutzes als angemessen, sondern auch auf das Vorliegen der der Wertung zugrundeliegenden Tatsachen. Insoweit verlangt Abs. 2 keinen Vollbeweis, sondern – wegen der Eilbedürftigkeit der Eröffnungsentscheidung – bloß eine **Glaubhaftmachung.** Dies entspricht dem Beweismaß des § 14 Abs. 1 S. 1 InsO. In welcher Form der Nachweis zu erbringen ist und welche Beweismittel wie zu verwerten sind, regelt das Verfahrensrecht des Sekundärverfahrensstaates (Art. 35). 15

Verbleibende Zweifel sollen nach *Reinhart* zu Lasten des Insolvenzverwalters des Hauptverfahrens gehen, der die Ablehnung der Eröffnung mit seiner Zusicherung begehrt hat.[14] Dem ist nicht zu folgen. Eine mit qualifizierter Gläubigermehrheit beschlossene **Zusicherung** (Art. 36 Abs. 5) **beinhaltet im Zweifel eine angemessene Bewertung der Gläubigerinteressen.** Verbleibende 16

9 MüKoInsO/*Reinhart* Rn. 12.
10 *Prager/Keller* WM 2015, 805 (808); *Pluta/Keller* FS Vallender, 2015, 437 (447).
11 Überzeugend Mankowski/Müller/Schmidt/*Mankowski* Rn. 9.
12 MüKoInsO/*Reinhart* Rn. 15.
13 MüKoInsO/*Reinhart* Rn. 18.
14 MüKoInsO/*Reinhart* Rn. 19.

Zweifel an der Angemessenheit des Interessensschutzes **stehen einer Ablehung des Eröffnungsantrags daher nicht entgegen,** wenn nur das Gericht der Überzeugung ist, dass ein angessener Interessensschutz mit überwiegender Wahrscheinlichkeit vorliegt, wenn also nach einer umfassenden Würdigung der Umstände des Falles mehr für das Vorliegen der Angemessenheit spricht als dagegen.[15]

IV. Vorübergehende Aussetzung der Eröffnung eines Sekundärinsolvenzverfahrens wegen Verhandlungen (Abs. 3)

17 **1. Normzweck.** Abs. 3 betrifft Fälle, in denen gemäß Art. 1 lit. c die vorübergehende **Aussetzung eines Einzelvollstreckungsverfahrens** gewährt wurde, um Verhandlungen zwischen dem Schuldner und seinen Gläubigern zu ermöglichen (→ Art. 1 Rn. 12). In einem solchen Fall kann das Gericht die Eröffnung eines Sekundärverfahrens auf Antrag aussetzen, wenn geeignete Maßnahmen zum Schutz der lokalen Gläubiger bestehen. Die Aussetzung erfordert nicht die Abgabe einer Zusicherung nach Art. 36. Sie erfolgt allein mit Rücksicht auf das im Hauptverfahrensstaat anhängige vorinsolvenzrechtliche Schuldenbereinigungsverfahren.

18 **2. Aussetzung des Eröffnungsverfahrens (UAbs. 1).** Die **prozessuale Sachnorm** des Art. 38 Abs. 3 UAbs. 1 ermächtigt das Insolvenzgericht, die Eröffnung des Sekundärinsolvenzverfahrens **für höchstens drei Monate auszusetzen,** soweit **geeignete Maßnahmen zum Schutz der** Interessen der **lokalen Gläubiger** bestehen. Mit Gericht ist das Gericht iSd Art. 38 Abs. 1 gemeint, dh das Gericht, das mit der Eröffnung des Sekundärinsolvenzverfahrens befasst ist.[16] Die Aussetzungsbefugnis tritt neben das Verfahrensrecht des Sekundärverfahrensstaates zum Schutz der Insolvenzmasse.[17] Während der Aussetzungsdauer darf das Insolvenzgericht des Sekundärverfahrensstaates über den Eröffnungsantrag nicht entscheiden. Es ist nicht daran gehindert, während der Aussetzung andere verfahrensleitende Anordnungen treffen, insbesondere zur Vorbereitung der Entscheidung über den Eröffnungsantrag.

19 Die Aussetzung erfordert, dass **im Hauptverfahrensstaat** (Erwägungsgrund 45 S. 1) ein **Verfahren zur Schuldenbereinigung** anhängig ist, das eine vorübergehende Aussetzung von Einzelzwangsvollstreckungsverfahren gewährt, um dem Schuldner Verhandlungen mit den Gläubigern über eine Schuldenbereinigung zu ermöglichen.[18] Ein derartiges Verfahren zur Schuldenbereinigung ist auch das geplante europäische vorinsolvenzliche Sanierungsverfahren/preventive restructuring proceedings (→ IntInsR Einl. Rn. 26). **Antragsberechtigt** sind insoweit lediglich der **Insolvenzverwalter** (Art. 2 Nr. 5) **oder der Schuldner in Eigenverwaltung,** nicht aber einzelne Gläubiger.

20 Die Aussetzung **sperrt** vorläufig die **Rechtsdurchsetzung** der **lokalen Gläubiger** im Sekundärverfahrensstaat. Sie setzt daher voraus, dass geeignete **Maßnahmen zu deren Schutz** bestehen, dh spätestens im Zusammenhang mit dem Beschluss zur Aussetzung getroffen werden.[19] Nach Ablauf der Drei-Monats-Frist muss das Insolvenzgericht das Verfahren über die Eröffnung fortsetzen und entweder über den Eröffnungsantrag entscheiden oder die Entscheidungsreife herbeiführen. Die Aussetzung setzt nach dem Wortlaut der deutschen Sprachfassung voraus, dass eine vorübergehende Aussetzung „eines Einzelvollstreckungsverfahrens gewährt" wird. Wie sich aus den übrigen Sprachfassungen ergibt,[20] geht es indessen um die **allgemeine Aussetzung von Einzelzwangsvollstreckungsmaßnahmen.**[21] Aus deutscher Sicht ist die Einstellung von Maßnahmen der Zwangsvollstreckung nach § 21 Abs. 2 Nr. 3 InsO betroffen.[22]

21 **3. Sicherungsmaßnahmen (UAbs. 2).** Die Vorschrift des **Abs. 3 UAbs. 2 ermächtigt** das Insolvenzgericht des Sekundärverfahrensstaates, die für die Aussetzung nach UAbs. 1 **notwendigen Maßnahmen zum Schutz der** Interessen der lokalen **Gläubiger** zu erlassen. Regelmäßig wird das Insolvenzgericht dem Schuldner **untersagen, Gegenstände** der Insolvenzmasse des Sekundärverfahrensstaates **zu entfernen oder zu veräußern.** Daneben können weitere Sicherungsanordnungen ergehen, die nach dem Recht des Sekundärverfahrensstaates (Art. 35) zulässig sind (Art. 38

[15] Dies in Anlehnung an die gängige Definition der Glaubhaftmachung bei MüKoInsO/*Schmahl/Vuia* InsO § 14 Rn. 65.
[16] *Fehrenbach* GPR 2017, 38 (43).
[17] MüKoInsO/*Reinhart* Rn. 21.
[18] Entgegen dem Wortlaut geht es nicht um die Aussetzung eines einzelnen Einzelvollstreckungsverfahrens, sondern der Einzelzwangsvollstreckung als solcher: *Fehrenbach* GPR 2017, 38 (43).
[19] MüKoInsO/*Reinhart* Rn. 24.
[20] Englische Fassung: temporary stay of individual enforcement proceedings; französische Fassung: suspension provisoire des poursuites individuelles.
[21] *Fehrenbach* GPR 2017, 38 (43) mit Verweis auf MüKoInsO/*Reinhart* Rn. 22.
[22] Mankowski/Müller/Schmidt/*Mankowski* Rn. 16.

Abs. 3 UAbs. 2 S. 2). Ein deutsches Insolvenzgericht kann mithin sämtliche Sicherungsanordnungen iSd **§§ 20, 21 InsO** treffen.

Auch dem **Verwalter (oder dem Schuldner in Eigenverwaltung, Art. 2 Nr. 3)** kann untersagt werden, Massegegenstände aus dem Mitgliedstaat der Niederlassung (Art. 2 Nr. 10) zu entfernen oder zu veräußern, es sei denn, dies geschieht im Rahmen des gewöhnlichen Geschäftsbetriebs (Art. 38 Abs. 3 UAbs. 2 S. 1). 22

4. Widerruf der Aussetzung (UAbs. 3 und 4). Nach Abs. 3 UAbs. 3 und 4 ist ein Widerruf der Aussetzung möglich. **UAbs. 3** regelt den Fall, dass **im Hauptverfahrensstaat** zwischenzeitlich eine **Vereinbarung zur Schuldenbereinigung** geschlossen wurde. In diesem Fall ist jedoch nur ein Gläubiger, nicht mehr aber der Insolvenzverwalter oder Schuldner antragsberechtigt.[23] In UAbs. 4 geht es um den **Widerruf, ohne** dass **im Hauptverfahrensstaat** bereits ein **Schuldenbereinigungsplan** verabschiedet werden konnte. Antragsberechtigt sind wiederum nur die Gläubiger. Darüber hinaus kann das Insolvenzgericht den Widerruf stets auch **von Amts wegen** veranlassen. 23

Sachliche Voraussetzung eines Widerrufs der Aussetzung ist, dass die Fortführung der Aussetzung den **Rechten der Gläubiger schadet.** Als **Beispiele** hierfür führt die Verordnung an, **(a)** wenn die Verhandlungen unterbrochen wurde, **(b)** wenn offensichtlich ist, dass die anstrebte Schuldenbereinigung wahrscheinlich nicht abgeschlossen werden kann, oder **(c)** wenn der Insolvenzverwalter oder Schuldner gegen das Verbot der Veräußerung von Gegenständen verstoßen hat. Ferner ermächtigt jeder nicht nur unwesentliche Verstoß gegen die Sicherungsanordnungen durch den Schuldner bzw. Insolvenzverwalter das Gericht zum Widerruf der Aussetzung. 24

V. Eröffnung des Sekundärinsolvenzverfahrens mit einem abweichenden Verfahrenstyp (Abs. 4)

1. Vergleich zur EuInsVO 2000. Die Vorschrift des **Abs. 4 S. 1** ermöglicht dem Insolvenzverwalter des Hauptverfahrens, bei dem Gericht, das über die Eröffnung des Sekundärinsolvenzverfahrens entscheidet (→ Rn. 2), zu beantragen, dass ein **anderes Insolvenzverfahren aus Anh. A** als das ursprünglich beantragte eröffnet wird. Mit Abs. 4 S. 1 hat sich der Verordnungsgeber bewusst gegen den Regelungsvorschlag entschieden, wonach das Gericht ohne Antrag frei entscheiden kann, welches Vorgehen unter Berücksichtigung der Interessen der lokalen Gläubiger am geeignetsten ist und welches Verfahren nach inländischem Recht eröffnet wird.[24] Stattdessen – und wie sich aus dem Art. 3 Abs. 3 ergibt – hat sich der Verordnungsgeber Stimmen in der Lit.[25] angeschlossen und die sanierungsfeindliche Beschränkung von Sekundärverfahren auf Liquidationsverfahren (Art. 3 Abs. 3 S. 2 EuInsVO 2000) aufgehoben. 25

Das Insolvenzgericht ist nicht an den vom Insolvenzverwalter des Hauptverfahrens beantragten Verfahrenstyp gebunden. Vielmehr stehen ihm **sämtliche nach dem Recht des Sekundärverfahrensstaates zulässigen Verfahrenstypen** auch für das Sekundärinsolvenzverfahren zur Verfügung. Nach Abs. 4 S. 1 hat das Insolvenzgericht die Möglichkeit, in Abweichung zu dem gestellten Antrag dasjenige nationale Verfahren zu eröffnen, das den Interessen der lokalen Gläubiger und der Kohärenz zwischen Haupt- und Sekundärverfahren am besten Rechnung trägt. Ein isolierter Sanierungsversuch im Sekundärverfahren wird freilich eher selten zweckmäßig sein. 26

Wie nach der EuInsVO 2000 wird bei einem Antrag desInsolvenzverwalters die Insolvenz des Schuldners nicht erneut geprüft, wenn diese bereits Voraussetzung für die Eröffnung des Hauptinsolvenzverfahrens gewesen ist (Art. 38 Abs. 4 S. 2, Art. 34 S. 2). 27

2. Voraussetzungen für die Abweichung beim Verfahrenstyp. a) Antrag. Der Wechsel beim Verfahrenstyp setzt einen entsprechenden **Antrag des Verwalters** des Hauptverfahrens voraus. Insoweit hat der Verwalter des Hauptverfahrens ein eigenes Antragsrecht. Die **Anträge anderer Verfahrensbeteiligter** richten sich hinsichtlich ihrer Zulässigkeit und Begründetheit nach dem Recht des Sekundärverfahrensstaates (Art. 35).[26] 28

Antragsziel muss die **Eröffnung eines anderen als des ursprünglich beantragten Verfahrenstyps** sein. An dieses Antragsziel ist das Gericht freilich nicht gebunden. Vielmehr hat das Insolvenzgericht des Sekundärverfahrensstaates dasjenige innerstaatliche Verfahren zu wählen, das am besten geeignet ist, die Interessen der lokalen Gläubiger und dem der Kohärenz zwischen Haupt- und Sekundärverfahren Rechnung zu tragen. Mit **„Kohärenz"** ist offenbar der **Gleichlauf der Verfahrenszwecke** gemeint. 29

---

23 Näher MüKoInsO/*Reinhart* Rn. 27.

24 So Art. 29a Abs. 3 EuInsVO-Vorschlag, COM(2012) 744 final, 29; dazu krit. *Thole* ZEuP 2014, 39 (63).

25 So *Paulus* EuInsVO 2000 Art. 3 Rn. 50 mwN.

26 Näher MüKoInsO/*Reinhart* Rn. 31.

30 **b) Interessenabwägung.** Für den Wechsel des Verfahrenstyps sind die Interessen an einer **Kohärenz** zwischen Haupt- und Sekundärverfahren zu berücksichtigen.[27] Die Kohärenz ist gegeben, wenn im Hauptverfahren ein Sanierungsverfahren eröffnet wurde und nur ein Sanierungsverfahren im Sekundärverfahrensstaat einem **Gleichlauf der Verfahrenszwecke** Rechnung trägt. In der Sache geht die Interessenabwägung dahin, ob der Schutz der Gläubigerinteressen **gerade aufgrund des beantragten Verfahrenstyps** nicht hinreichend gewährleistet ist.[28] Das kann der Fall sein in einem Verfahren, das eine Eigenverwaltung des Schuldners ohne hinreichenden Gläubigerschutz vorsieht.

31 Nach dem **Grundsatz der loyalen Zusammenarbeit** hat das für die Eröffnung eines Sekundärinsolvenzverfahrens zuständige Gericht laut **EuGH** zu berücksichtigen, dass die Verordnung darauf abzielt, durch eine zwingende, den Vorrang des Hauptinsolvenzverfahrens gewährleistende Koordinierung von Haupt- und Sekundärinsolvenzverfahren effiziente und wirksame grenzüberschreitende Insolvenzverfahren zu schaffen.[29]

32 **c) Keine Prüfung von Insolvenzgründen.** Nicht erneut zu prüfen ist das Vorliegen von Insolvenzgründen. Abs. 4 S. 2 verweist insoweit auf Art. 34 S. 2. Danach ist die Insolvenz nicht nochmals zu prüfen, soweit die Insolvenz für die Eröffnung des Hauptverfahrens Voraussetzung war. Formaler Insolvenzgrund für das Sekundärverfahren ist die Tatsache der Eröffnung des Hauptinsolvenzverfahrens.

Art. 39 EuInsVO Gerichtliche Nachprüfung der Entscheidung zur Eröffnung des Sekundärinsolvenzverfahrens

Der Verwalter des Hauptinsolvenzverfahrens kann die Entscheidung zur Eröffnung eines Sekundärinsolvenzverfahrens bei dem Gericht des Mitgliedstaats, in dem das Sekundärinsolvenzverfahren eröffnet wurde, mit der Begründung anfechten, dass das Gericht den Voraussetzungen und Anforderungen des Artikels 38 nicht entsprochen hat.

I. Normzweck

1 Die Vorschrift verschafft dem **Insolvenzverwalter des Hauptverfahrens** die Befugnis, gegen die Entscheidung des Insolvenzgerichts zur Eröffnung des Sekundärinsolvenzverfahrens einen **Rechtsbehelf** einzulegen. Sie soll im Hinblick auf die in Art. 36 normierte Möglichkeit der Vermeidung eines Sekundärverfahrens dem Insolvenzverwalter weitere Verfahrensrechte sichern.[1] Die **Anfechtungsbefugnis** ist im Zuge der Reform 2015 als Ergänzung zu Art. 36 neu geschaffen worden. Anfechtungsgrund ist, dass das entscheidende Gericht den Voraussetzungen und Anforderungen des Art. 38 nicht entsprochen habe.

2 Für die Anfechtung ist das **Gericht des Mitgliedstaats zuständig,** in dem das **Sekundärinsolvenzverfahren** eröffnet wurde. Bei Eröffnung eines Sekundärinsolvenzverfahrens durch ein deutsches Gericht unterliegt der Rechtsbehelf den Vorschriften über die **sofortige Beschwerde** (Art. 102c § 21 Abs. 2 EGInsO; näher → EGInsO Art. 102c § 21 Rn. 1 ff.).

II. Anfechtung der Entscheidung zur Eröffnung des Sekundärinsolvenzverfahrens

3 Die **Zulässigkeitsvoraussetzungen** für das in Art. 39 geregelte Rechtsmittel richten sich nach dem **Recht des mit dem Eröffnungsantrag befassten Gerichts** (Art. 35 iVm Art. 7 Abs. 1 S. 1; → Rn. 2). Überlegungen der Kommission, auch weitere Zulässigkeitsvoraussetzungen in der Verordnung zu regeln, haben keinen Eingang in den Normtext gefunden.[2] Europarechtlich geregelt sind durch die prozessuale Sachnorm des Art. 39 nur die **Anfechtungsbefugnis** sowie die **internationale Zuständigkeit der Gerichte des Eröffnungsstaates** für die Entscheidung über das Rechtmittel. Diese Zuständigkeit liegt sachlich und örtlich nicht zwingend bei dem Gericht, welches das Verfahren eröffnet hat.[3] Andere Sprachfassungen zeigen, dass nicht die Anfechtung „bei dem Gericht", sondern **„bei den Gerichten" des Mitgliedstaats, in dem das Sekundärinsolvenz-**

[27] MüKoInsO/*Reinhart* Rn. 33.
[28] MüKoInsO/*Reinhart* Rn. 32.
[29] EuGH ECLI:EU:C:2021:963 = BeckRS 2021, 35959 Rn. 36 – Alpine Bau; dazu *Mansel/Thorn/Wagner* IPRax 2022, 97 (137 f.); *J. Schmidt* BB 2022, 1859 (1874).
[1] MüKoInsO/*Reinhart* Rn. 1.
[2] In diesem Sinne Art. 29a Abs. 4 EuInsVO-ParlE, Angenommene Texte des Europäischen Parlaments vom 5.2.2014, abrufbar unter europarl.europa.eu. Danach hätte die Rechtsbehelfsfrist für den Insolvenzverwalter drei Wochen betragen.
[3] So aber Mankowski/Müller/Schmidt/*Mankowski* Rn. 3: Selbstüberprüfung statt Devolutiveffekt.

verfahren eröffnet wurde, gemeint ist.[4] Die lex fori kann demnach das Einlegegericht bestimmen; nach § 569 Abs. 1 S. 1 ZPO kann die sofortige Beschwerde (→ Rn. 2) sowohl bei dem Gericht eingelegt werden, dessen Entscheidung angefochten wird (Untergericht, iudex a quo), als auch unmittelbar beim Beschwerdegericht (iudex ad quem).

Die **Anfechtungsbefugnis** nach Art. 39 besteht nur **für bestimmte Rechtsverletzungen.** 4
Der Insolvenzverwalter muss geltend machen, dass das Insolvenzgericht den **Bedingungen und Anforderungen des Art. 38** nicht entsprochen habe. Denkbar ist insbesondere, das der Verwalter des Hauptinsolvenzverfahrens mit der Begründung anficht, das Gericht habe bei seiner Entscheidung außer Acht gelassen hat, dass eine gegebene Zusicherung gem Art. 36 Abs. 1 (→ Art. 36 Rn. 2) die Interessen der lokalen Gläubiger iSd Art. 2 Nr. 11 angemessen schützt (→ Art. 36 Rn. 9; → Art. 38 Rn. 3 f.).

Ob der Insolvenzverwalter des Hauptverfahrens darüber hinaus zur **Geltendmachung sonstiger Fehler** des Eröffnungsbeschlusses rechtsmittelbefugt ist, richtet sich nach der **lex fori concursus secondarii** (Art. 35). Dies gilt etwa für die fehlerhafte Annahme des Gerichts, es bestünde eine zuständigkeitsbegründende einer **Niederlassung** iSd Art. 3 Abs. 2 im Gerichtsstaat. Im deutschen Sekundärinsolvenzverfahren folgt die Rechtsmittelbefugnis des Insolvenzverwalters des Hauptverfahrens aus § 34 Abs. 2 InsO, § 80 InsO, da der Hauptinsolvenzverwalter die verfahrensrechtlichen Rechte des Schuldners wahrnimmt.[5] 5

III. Anfechtung der Ablehnung der Eröffnung des Sekundärinsolvenzverfahrens

Die Norm besagt nicht, dass der Insolvenzverwalter **gegen** eine **Ablehnung des Eröffnungsantrags** keine **Anfechtungsbefugnis** hätte. Für eine entsprechende Anfechtungsbefugnis spricht schon Art. 37 Abs. 1 lit. a. Die Vorschrift begründet für den Insolvenzverwalter des Hauptverfahrens das Recht, das Sekundärverfahren zu beantragen. Ein **Gleichlauf von Antragsbefugnis und** – im Falle der Ablehnung dieses Antrags – **Anfechtungsbefugnis** erscheint **folgerichtig.**[6] Selbst wenn man indessen – wortlautgetreu – dem Art. 39 keine Anfechtungsbefugnis für den Fall der Eröffnung eines Sekundärinsolvenzverfahrens entnehmen wollte, steht die Vorschrift jedenfalls einer Anfechtungsbefugnis nach mitgliedstaatlichem Recht (Art. 35 iVm § 34 Abs. 1 InsO) nicht entgegen. 6

Art. 40 EuInsVO Kostenvorschuss

Verlangt das Recht des Mitgliedstaats, in dem ein Sekundärinsolvenzverfahren beantragt wird, dass die Kosten des Verfahrens einschließlich der Auslagen ganz oder teilweise durch die Masse gedeckt sind, so kann das Gericht, bei dem ein solcher Antrag gestellt wird, vom Antragsteller einen Kostenvorschuss oder eine angemessene Sicherheitsleistung verlangen.

I. Normzweck

Art. 40 entspricht im Wortlaut unverändert Art. 30 EuInsVO 2000. Diese Vorschrift normiert die Verpflichtung des Antragstellers, einen Kostenvorschuss oder eine Sicherheitsleistung zu erbringen, wenn für die Verfahrenskosten keine Massedeckung besteht. Dabei handelt es sich um eine **Sachnorm,** weil sie auf der Rechtsfolgenseite bereits eine Sachentscheidung trifft und nicht etwa bloß die anwendbare Rechtsordnung bestimmt. Die Rechtsfolge besteht in der **Einforderbarkeit des Kostenvorschusses bzw. einer Sicherheitsleistung,** während auf der Tatbestandsseite die Voraussetzung genannt wird, dass das Recht des Eröffnungsstaates einen solchen vorschreibt. Zwar scheint die Regelung auf den ersten Blick wegen Art. 7, Art. 35 iVm der Norm des Eröffnungsstaates, die einen Kostenvorschuss regelt, überflüssig. In Bezug auf den Hauptverwalter als **Antragsteller** und die **Angemessenheit** enthält Art. 40 dagegen eine **eigenständige Regelung.** Die Norm soll den Antragsteller davon abhalten, die Eröffnung eines Verfahrens zu beantragen, wenn die Kosten des Verfahrens die Aktiva vermutlich übersteigen werden.[1] Ganz wesentlich geht es aber auch darum, die **Massekosten zu decken.** 1

II. Voraussetzung

Voraussetzung des Art. 40 ist, dass das Recht des Sekundärstaates **die Kostendeckung verlangt.**[2] 2
Die Frage, ob überhaupt eine Masseunzulänglichkeit vorliegt, beurteilt sich nach der lex fori concursus

4 „devant les juridictions de l'État membre dans lequel la procédure d'insolvabilité secondaire a été ouverte…"; „…dinanzi ai giudici dello Stato membro in cui è stata aperta la procedura secondaria…"; „…before the courts of the Member State in which secondary insolvency proceedings have been opened…".

5 MüKoInsO/*Reinhart* Rn. 3.

6 Für eine solche Befugnis MüKoInsO/*Reinhart* Rn. 4.

1 *Bureau* Rev. crit. dr. int. pr. 2002, 613 (668).

2 *Virgós/Schmit* Rn. 228.

secundarii. Auch die Pflicht zur Zahlung eines Vorschusses ergibt sich bereits aus Art. 7, Art. 35 iVm der mitgliedstaatlichen Vorschrift, die eine derartige Verpflichtung vorsieht, im deutschen Recht etwa § 26 Abs. 1 S. 2 InsO. In diesem Punkt hat Art. 40 eine nur klarstellende Wirkung, denn diese Sachnorm läuft insoweit parallel zu den mitgliedstaatlichen Vorschriften. Beurteilungsgrundlage für die Massedeckung ist der Umfang der Masse im Zeitpunkt der Verfahrenseröffnung.[3]

III. Rechtsfolge

3 Die Rechtsfolge des Art. 40 besteht darin, dass das Gericht vom Antragsteller in Anwendung der lex fori einen Kostenvorschuss oder eine angemessene Sicherheit verlangen kann. Die „kann"-Formulierung bedeutet nicht, dass das Gericht in seiner Entscheidung frei ist. Art. 40 eröffnet keine über das innerstaatliche Recht hinausgehenden **Ermessensspielräume.**[4]

4 **Kostenschuldner** ist der Antragsteller. Art. 40 enthält insofern eine eigenständige Regelung, als auch der **Hauptverfahrensverwalter,** der nach Art. 37 Abs. 1 lit. a den Antrag zur Verfahrenseröffnung stellen kann, **als Kostenschuldner** in Betracht kommt. Ist der Hauptverwalter im autonomen Recht nicht als Antragsteller vorgesehen, würde ansonsten auch eine Verpflichtung zur Erbringung des Kostenvorschusses bzw. der angemessenen Sicherheitsleistung ausscheiden.

5 Die Verpflichtung aus Art. 40 muss ferner **verhältnismäßig** sein. Die Höhe des Massekostenvorschusses legt zwar grundsätzlich das Insolvenzstatut fest. Art. 40 bestimmt aber, dass die Verhältnismäßigkeit zwischen Kosten und Masse gegeben sein muss; eine Zulässigkeitsvoraussetzung für die Eröffnung des Verfahrens ist sie nicht.[5] Das Verhältnismäßigkeitserfordernis soll verhindern, dass überhöhte Massekosten gefordert werden, wodurch die Eröffnung von Sekundärinsolvenzverfahren weniger attraktiv wäre und damit eingeschränkt würde.[6] Sehen nationale Vorschriften einen **überhöhten Kostenvorschuss** vor, kann es sich um eine **Verletzung des Unionsrechts** handeln. Dann kommen Vertragsverletzungsverfahren (Art. 259 f. AEUV) und die EU-rechtliche Staatshaftung (→ 7. Aufl. 2017, BGB § 839 Rn. 98 ff.; → Art. 7 Rn. 113) in Betracht.

Vorbemerkung (Vor Art. 41 EuInsVO)

I. Einführung

1 Um eine wirksame Verwaltung oder effiziente Verwertung der Schuldner- bzw. Insolvenzmasse zu gewährleisten (dazu Erwägungsgrund 48), regeln die Art. 41–43 die **Zusammenarbeit und wechselseitige Unterrichtung** der Insolvenzverwalter (Art. 41), der Insolvenzgerichte (Art. 42) sowie zwischen Insolvenzverwaltern und Gerichten (Art. 43). Die Zusammenarbeit kann in jeder als geeignet erachteten Weise erfolgen, wobei auf bewährte Praktiken Rückgriff zu nehmen ist, wie sie insbesondere in dem UNCITRAL Practice Guide on Cross-Border Insolvency Cooperation[1] niedergelegt sind (so Erwägungsgrund 48). Sanktionen bei Verstößen gegen die Abstimmungspflicht sind nicht vorgesehen. Art. 41 lehnt sich an Art. 31 EuInsVO 2000 an; Art. 42 und Art. 43 sind neu.

II. Verhältnis von Haupt- und Nebenverfahren

2 Für die Ausgestaltung des von den Art. 41 ff. normierten Kooperationsmodells ist das **Verhältnis des Hauptverfahrens zum Nebenverfahren** von grundlegender Bedeutung. Eindeutig ist, dass das Sekundärinsolvenzverfahren – dies ergibt sich aus Erwägungsgrund 40 – eine Schutz- und eine **Unterstützungsfunktion** gegenüber dem Hauptverfahren hat (→ Art. 34 Rn. 5). In welchem Verhältnis die Verfahren genau zueinander stehen wird aber in den Nuancen diskutiert. Im Erläuternden Bericht ist von einer „wechselseitigen Abhängigkeit" die Rede. So spricht *Staak* von der „dominierenden Rolle des Hauptinsolvenzverfahrens".[2] Nach *Bureau* ist das Sekundärverfahren sogar nur ein „Anhängsel" zum Hauptverfahren.[3] *Smid* spricht demgegenüber von einer Gleichberechtigung der beiden Insolvenzverfahren.[4]

---

[3] Duursma-Kepplinger/Duursma/Chalupsky/*Duursma-Kepplinger/Chalupsky* EuInsVO 2000 Art. 30 Rn. 9.

[4] *Kolmann,* Kooperationsmodelle im Internationalen Insolvenzrecht, 2001, 338; *Virgós/Schmit* Rn. 228.

[5] *Kolmann,* Kooperationsmodelle im Internationalen Insolvenzrecht, 2001, 338.

[6] Duursma-Kepplinger/Duursma/Chalupsky/*Duursma-Kepplinger/Chalupsky* EuInsVO 2000 Art. 30 Rn. 4; Mankowski/Müller/Schmidt/*Mankowski* Rn. 9.

[1] S. http://www.uncitral.org/pdf/english/texts/insolven/Practice_Guide_Ebook_eng.pdf (zuletzt abgerufen am 8.3.2024).

[2] *Staak* NZI 2004, 480 (483), der eine Lösung de lege ferenda vorschlägt.

[3] *Bureau* Rev. crit. dr. int. pr. 2002, 613 (671) Nr. 101, wobei er betont, dass der Verwalter des Hauptverfahrens mit Vorrechten hinsichtlich des Sekundärverfahrens ausgestattet ist.

[4] *Smid* DZWiR 1998, 433 (437); auch *Kolmann* spricht von einer verfahrensrechtlichen Selbstständigkeit zwischen Haupt- und Sekundärinsolvenzverfahren, die vereinzelt aufgeweicht werde, The European Legal Forum 2002, 167 (176).

Richtig ist, dass das **Hauptverfahren** eine **beherrschende Rolle** einnimmt; andererseits ist das Nebenverfahren aber nicht ein bloßes „accessoire". Zwar kann ein Sekundärinsolvenzverfahren nach Art. 3 Abs. 2 S. 1 nur eröffnet werden, wenn das Hauptverfahren eröffnet ist. Und es besteht auch die Pflicht des Nebenverwalters, einen etwaigen Verwertungsüberschuss an den Verwalter des Hauptverfahrens herauszugeben. Zudem kann die Beendigung eines Sekundärinsolvenzverfahrens nur bestätigt werden, wenn der Verwalter des Hauptverfahrens zustimmt oder wenn die finanziellen Interessen der Gläubiger des Hauptverfahrens nicht beeinträchtigt werden (Art. 47 Abs. 1). Dies sind Indizien für eine Abhängigkeit des Nebenverfahrens. Andererseits gilt aber für das Sekundärinsolvenzverfahren das Recht des Eröffnungsstaates und nicht das Recht des Hauptverfahrensstaates. Der Verwalter des Hauptverfahrens ist zur „Zusammenarbeit" mit dem Nebenverwalter verpflichtet; eine Weisungsbefugnis hat er ihm gegenüber nicht.[5] Auch werden die Befugnisse des Hauptverwalters durch die Eröffnung eines Nebenverfahrens im Interesse der dortigen Gläubiger beschränkt (Art. 21 Abs. 1 S. 1 aE). Das deutet auf eine gewisse Selbstständigkeit und Unabhängigkeit des Nebenverfahrens hin. Insgesamt dominiert freilich das Hauptverfahren. 3

Durch die Eröffnung des Nebenverfahrens wird die **Masse des Hauptverfahrens** um die dem Nebenverfahren unterliegenden Gegenstände **verringert.** Dies gefährdet naturgemäß die Befriedigung der Masseforderungen im Hauptverfahren.[6] Die Anmeldebefugnis aller Gläubiger in jedem Verfahren (Art. 53) gleicht dies nur zum Teil aus. 4

Art. 41 normiert Zusammenarbeits- und Unterrichtungspflichten. Sie gelten nur im Verhältnis der Mitgliedstaaten untereinander, weil nur in diesem Fall ein qualifizierter Auslandsbezug (→ Art. 1 Rn. 27) gegeben und damit der Anwendungsbereich der Verordnung eröffnet ist.[7] Eine unmittelbare Einflussnahme des Hauptverwalters scheidet nach Art. 21 Abs. 1 S. 1 aE gerade wegen der Eröffnung des Sekundärinsolvenzverfahrens aus. 5

Mit den Regeln der Art. 41 ff. werden verschiedene **Ziele** verfolgt. So soll eine reibungslose und effiziente Abwicklung des Haupt- sowie Sekundärinsolvenzverfahrens gewährleistet werden (Erwägungsgrund 48).[8] Ferner sollen die Belange des Hauptverfahrens geschützt werden.[9] Der durch das gleichzeitige Tätigwerden mehrerer Insolvenzverwalter entstehende Informations- und Koordinationsbedarf soll gedeckt werden.[10] Reibungsverluste, die mit der Durchbrechung des Einheitsprinzips einhergehen, gilt es auf diese Weise gering zu halten.[11] Durch diese Regelungen soll es auf beiden Seiten zu einer Verfahrenserleichterung kommen. 6

Art. 41 EuInsVO Zusammenarbeit und Kommunikation der Verwalter

(1) [1]Der Verwalter des Hauptinsolvenzverfahrens und der oder die in Sekundärinsolvenzverfahren über das Vermögen desselben Schuldners bestellten Verwalter arbeiten soweit zusammen, wie eine solche Zusammenarbeit mit den für das jeweilige Verfahren geltenden Vorschriften vereinbar ist. [2]Die Zusammenarbeit kann in beliebiger Form, einschließlich durch den Abschluss von Vereinbarungen oder Verständigungen, erfolgen.

(2) Bei der Durchführung der Zusammenarbeit nach Absatz 1 obliegt es den Verwaltern,

a) einander so bald wie möglich alle Informationen mitzuteilen, die für das jeweilige andere Verfahren von Bedeutung sein können, insbesondere den Stand der Anmeldung und Prüfung der Forderungen sowie alle Maßnahmen zur Rettung oder Sanierung des Schuldners oder zur Beendigung des Insolvenzverfahrens, vorausgesetzt, es bestehen geeignete Vorkehrungen zum Schutz vertraulicher Informationen;

b) die Möglichkeit einer Sanierung des Schuldners zu prüfen und, falls eine solche Möglichkeit besteht, die Ausarbeitung und Umsetzung eines Sanierungsplans zu koordinieren;

c) die Verwertung oder Verwendung der Insolvenzmasse und die Verwaltung der Geschäfte des Schuldners zu koordinieren; der Verwalter eines Sekundärinsolvenzverfahrens gibt dem Verwalter des Hauptinsolvenzverfahrens frühzeitig Gelegenheit, Vor-

---

5 Daraus lässt sich entnehmen, dass das Sekundärinsolvenzverfahren kein reines „Satellitenverfahren" ist, vgl. *Ehricke* in: Aufbruch nach Europa, 2001, 337, 354.

6 Duursma-Kepplinger/Duursma/Chalupsky/*Duursma-Kepplinger/Chalupsky* EuInsVO 2000 Art. 31 Rn. 1; *Lüke* ZZP 111 (1998), 275 (306).

7 So auch Duursma-Kepplinger/Duursma/Chalupsky/*Duursma-Kepplinger/Chalupsky* EuInsVO 2000 Art. 31 Rn. 2.

8 *Fritz/Bähr* DZWiR 2001, 221 (232); *Gottwald,* Grenzüberschreitende Insolvenzen, 1997, 27; *Lehr* KTS 2000, 577 (583); *Wimmer* ZIP 1998, 982 (987); *Virgós/Schmit* Rn. 229.

9 *Fritz/Bähr* DZWiR 2001, 221 (232).

10 Duursma-Kepplinger/Duursma/Chalupsky/*Duursma-Kepplinger/Chalupsky* EuInsVO 2000 Art. 31 Rn. 5.

11 *Schack* IZVR Rn. 1337.

schläge für die Verwertung oder Verwendung der Masse des Sekundärinsolvenzverfahrens zu unterbreiten.

(3) Die Absätze 1 und 2 gelten sinngemäß für Fälle, in denen der Schuldner im Haupt- oder Sekundärinsolvenzverfahren oder in einem der Partikularverfahren über das Vermögen desselben Schuldners, das zur gleichen Zeit eröffnet ist, die Verfügungsgewalt über sein Vermögen behält.

Schrifttum: *Eidenmüller,* Der nationale und der internationale Insolvenzverwaltungsvertrag, ZZP 114 (2001), 3; *Paulus,* Die ersten Jahre mit der Europäischen Insolvenzverordnung: Erfahrungen und Erwartungen, RabelsZ 2006, 458; *Rétornaz,* Cooperation in the New EU Regulation on Insolvency Proceedings: an Unfinished Transition from Status to Contract, YbPIL 2015/2016, 319; *Wessels,* Cooperation and sharing of information between courts and insolvency practitioners in cross-border insolvency cases, FS Vallender, 2015, 775.

Übersicht

I. Wesentlicher Inhalt und Normzweck

1 Die Regelung des Art. 41 lehnt sich an den Art. 31 EuInsVO 2000 an, wurde allerdings im Zuge der Reform 2015 deutlich überarbeitet. Sie hat eine erhebliche Bedeutung für die **Verfahrenskoordination,** die nach der Vorstellung des EU-Gesetzgebers ein „wesentliches Zahnrad"[1] der Verordnung darstellt. Die Pflicht zur Zusammenarbeit und wechselseitigen Unterrichtung soll das von Art. 3 vorgesehene **Nebeneinander** mehrerer Insolvenzverfahren in verschiedenen Staaten **erleichtern.** Durch eine enge Zusammenarbeit der Verwalter dieser Verfahren soll namentlich die **Verwertung optimiert** werden (Erwägungsgrund 48 S. 1).[2] Die Zusammenarbeit der Verwalter soll darüberhinaus ganz allgemein das **Ziel der effizienten und ungestörten Insolvenzabwicklung** fördern und Verzögerungen zu Lasten der Gläubiger vermeiden (Erwägungsgrund 48 S. 1).[3]

2 Die Informations- und Zusammenarbeitspflichten des Art. 41 unterteilen sich in vier Aspekte: (1) die Pflicht zur **gegenseitigen Zusammenarbeit** (Art. 41 Abs. 1), (2) die **gegenseitige Unterrichtungspflicht** zwischen Haupt- und Sekundärverwalter (Art. 41 Abs. 2 lit. a), (3) die Möglichkeit der gemeinsamen Ausarbeitung bzw. Koordinierung eines Sanierungsplans (Art. 41 Abs. 2 lit. b) und (4) das **Vorschlagsrecht** des Hauptverwalters zur **Verwertung der Sekundärmasse** nach Art. 41 Abs. 2 lit. c.

3 Über die verbindliche Regelung des Art. 41 kann nicht in einem Verwaltungsvertrag disponiert werden.[4]

II. Pflicht zur Zusammenarbeit (Abs. 1)

4 Der Verwalter des Hauptverfahrens und derjenige des Sekundärinsolvenzverfahrens sind gegenseitig zur Zusammenarbeit verpflichtet (Art. 41 Abs. 1 S. 1). Die **Zusammenarbeit** kann **in beliebiger Form,** auch durch den Abschluss von Vereinbarungen und Verständigungen, erfolgen (Art. 41 Abs. 1 S. 2). Dies gilt insbesondere für die **Beilegung von Meinungsverschiedenheiten,** zB darüber, ob ein Gegenstand zur Aktivmasse des Haupt- oder des Nebenverfahrens gehört.[5] Art. 41 Abs. 1 normiert die allgemeine Pflicht zur Zusammenarbeit, die in Abs. 2 durch Regelbeispiele konkretisiert wird. Neu ist die ausdrückliche Zulassung eines sog. **protocols** als Kooperationsverein-

[1] *Bureau* Rev. crit. dr. int. pr. 2002, 613 (665).
[2] Vgl. auch LG Leoben ZIP 2005, 1930.
[3] *Kemper* ZIP 2001, 1609 (1618).
[4] *Eidenmüller* ZZP 114 (2001), 3 (34).
[5] Zum Umfang der Masse *Paulus* Rn. 12.

barung unter den Verwaltern (Abs. 1 S. 2). Diese Form der Zusammenarbeit war auch unter der EuInsVO 2000 schon möglich.

Geschuldet sind auf Grund der Zusammenarbeitspflicht alle Handlungen, die im Einzelinsol- 5
venzverfahren vom Schuldner oder seinen Organen vorzunehmen sind, damit der Insolvenzverwalter das Verfahren abwickeln kann. Eine geeignete Maßnahme zur Erreichung dieses Zieles ist – außerhalb der Regelbeispiele des Abs. 2 – etwa die **Beschaffung von Unterlagen,** die für das ausländische Verfahren von Bedeutung sein können.[6] Aus dem Wort „Zusammenarbeit" ist ferner der Schluss zu ziehen, dass die Verwalter ihre **Vorgehensweise aufeinander abzustimmen** haben, die **Abwicklung der Verfahrensschritte koordinieren** müssen und gehalten sind, sich gegenseitig die Arbeit zu erleichtern.[7]

Grenzen für die Pflicht zur Kooperation können sich nach der ausdrücklichen Bestimmung 6
des Abs. 1 S. 1 aus der **lex fori concursus** ergeben. Untersagt das nationale Insolvenzrecht die beabsichtigte Kooperation, so entbindet dies den Verwalter insoweit von einer Kooperation mit dem Insolvenzverwalter des anderen Verfahrens.[8] Der **lex fori-Vorbehalt** zeigt, dass die Regelung **kaum mehr als** eine **Appellfunktion** hat. Soweit das Insolvenzstatut ohnehin die Zusammenarbeit erlaubt, ist der jeweilige Verwalter hierzu schon auf Grundlage des nationalen Rechts verpflichtet.

Begrenzt werden die Kooperationspflichten ferner **durch mögliche Interessenkonflikte** 7
eines Insolvenzverwalters.[9] Ein derartiger Vorbehalt findet sich zwar nicht im Wortlaut des Art. 41 Abs. 1; er lässt sich aber aus dem Rechtsgedanken des Art. 43 Abs. 1 aE herleiten (→ Art. 34 Rn. 38). Die Zusammenarbeit der Verwalter darf den **Schutz der einheimischen Gläubiger,** der mit der Eröffnung des Sekundärverfahrens verwirklicht werden soll (Erwägungsgrund 40 S. 1), nicht gefährden. Zielkonflikte zwischen Haupt- und Sekundärverfahren können sich aus den unterschiedlichen Zwecken der Verfahren in den einzelnen Rechtsordnungen ergeben.[10]

Im Hinblick auf die konkreten Inhalte der Zusammenarbeitspflicht ist zunächst anerkannt, dass 8
ein **Weisungsrecht des Hauptverwalters ausscheidet.** Dies ergibt sich schon aus dem Wort „Zusammenarbeit".[11] Daher kommen lediglich **unverbindliche Absprachen** zwischen den Verwaltern oder der **Abschluss von Vereinbarungen** bzw. Verständigungen (Art. 41 Abs. 1 S. 2; vgl. Erwägungsgrund 49) in Betracht.

Zwar ist das **Kooperationsverlangen** eines Verwalters **verbindlich,**[12] sonst wäre die Effizienz 9
des Verfahrens (Erwägungsgrund 48 S. 1) erheblich gefährdet. Dennoch kann das Kooperationsbegehren abgelehnt werden, wenn es offensichtlich ohne Interesse für die Gläubiger des Hauptverfahrens ist[13] oder **mit den Vorschriften der jeweiligen Verfahren nicht vereinbar** ist (Art. 41 Abs. 1 S. 1 aE); zum lex fori-Vorbehalt → Rn. 6. Ferner kann die Kooperation nicht Gegenstand einer Leistungsklage sein; der Verwalter unterliegt allerdings auch bezüglich seiner Zusammenarbeitsverpflichtung der Aufsicht des Insolvenzgerichts (vgl. im deutschen Recht § 58 InsO).[14]

III. Unterrichtungspflichten (Abs. 2 lit. a)

Die Vorschrift des Abs. 2 benennt **Regelbeispiele** für Kooperationshandlungen in Gestalt des 10
Austauschs von Informationen (lit. a), der Prüfung von Restrukturierungsmöglichkeiten (lit. b) sowie der Koordination bei der Verwertung und Verwendung der Insolvenzmassen (lit. c). Die gemeinsame Prüfung von **Restrukturierungsmöglichkeiten** wurde mit der EuInsVO **neu** geschaffen. Die Wahrnehmung dieser Aufgabe war dem Insolvenzverwalter des Sekundärverfahrens unter der EuInsVO 2000 schon deshalb nicht möglich, weil das Sekundärverfahren nach früherem Recht zwingend ein Liquidationsverfahren war (→ Art. 34 Rn. 22 f.).

Aus Abs. 2 lit. a folgen die gegenseitigen Unterrichtungspflichten zwischen dem Haupt- und 11
den Sekundärverwaltern. Diese einklagbaren, materiell-rechtlichen Informationsansprüche bestehen während des gesamten Insolvenzverfahrens.[15] **„Einander" zu unterrichten** bedeutet, dass der Hauptverwalter den/die Sekundärverwalter informieren muss und umgekehrt; ferner gibt es eine

6 Duursma-Kepplinger/Duursma/Chalupsky/*Duursma-Kepplinger/Chalupsky* EuInsVO 2000 Art. 31 Rn. 13; Mankowski/Müller/Schmidt/*Mankowski* Rn. 19.

7 *Staak* NZI 2004, 480 (482); *Virgós/Schmit* Rn. 232.

8 MüKoInsO/*Reinhart* Rn. 5.

9 Mankowski/Müller/Schmidt/*Mankowski* Rn. 46 f. für den Fall divergierender Verfahrensziele (Sanierung vs. Liquidation).

10 MüKoInsO/*Reinhart* Rn. 6; näher *Koller* IPRax 2014, 190.

11 Mankowski/Müller/Schmidt/*Mankowski* Rn. 86.

12 *Bureau* Rev. crit. dr. int. pr. 2002, 613 Rn. 105; *Paulus* ZIP 2002, 729 (736).

13 *Bureau* Rev. crit. dr. int. pr. 2002, 613 Rn. 102.

14 Mankowski/Müller/Schmidt/*Mankowski* Rn. 89 ff.

15 *Kemper* ZIP 2001, 1609 (1618).

Unterrichtungspflicht im Verhältnis der Sekundärverwalter untereinander.[16] Mit den von Erwägungsgrund 48 S. 5 hier zur Konkretisierung herangezogenen **„UNCITRAL Guidelines"** dürfte ein Paket von UNCITRAL-Handreichungen gemeint sein, und zwar:[17] UNCITRAL Legislative Guide on Insolvency Law 2004, UNCITRAL Legislative Guide on Secured Transactions 2007, UNCITRAL Model Law on Cross-Border Insolvency 2013. Ferner sind hier die Leitlinien des **American Law Institute** und des **International Insolvency Institute** gemeint.[18]

12 Der **Umfang** der Informationspflicht richtet sich nach dem **Bedarf des anderen Verwalters.**[19] Unzutreffend zieht *Commandeur* die Grenze der Unterrichtungspflicht dort, wo es sich nicht mehr um wesentliche Umstände handelt.[20] Dagegen spricht schon der Wortlaut des Art. 41 Abs. 2 lit. a. Hiernach müssen die Informationen mitgeteilt werden, die für das jeweilige andere Verfahren von Bedeutung sein können. Ob eine Auskunftserteilung im konkreten Fall tatsächlich bedeutsam ist, stellt sich oft erst sehr spät heraus. Um die Effizienz der Abwicklung nicht zu gefährden, sollte der **Rahmen der Auskunftspflicht weit** gezogen werden. Daher ist auch der Vorschlag als verfehlt anzusehen, wegen der Gefahr einer Lähmung der Insolvenzabwicklung die Informationspflicht auf bedeutende Teile der Masse oder verfahrensleitende Entscheidungen zu beschränken.[21] Dadurch würde zudem ein unscharfes Kriterium eingeführt. Für den Verwalter ist die Wesentlichkeitsschwelle kaum feststellbar.[22] Da eine Verletzung der Informationspflicht zur Verwalterhaftung führen kann, wäre zudem das Haftungsrisiko unüberschaubar.

13 Teilweise sind die einzelnen zu machenden **Angaben** unmittelbar **in Art. 41 Abs. 2 lit. a genannt.**

14 Eine Unterrichtungspflicht besteht demnach hinsichtlich des **Standes der Anmeldung** und der **Prüfung der Forderungen** sowie aller Maßnahmen zur **Rettung oder Sanierung des Schuldners** oder **Beendigung** eines Verfahrens.

15 Darüber hinaus sind in der Regel für das jeweils andere Verfahren von Bedeutung: **Angaben zur Konkretisierung des jeweiligen Verfahrens,** zur **Masse,** zum **Eintritt der Masseunzulänglichkeit, geplante und eingereichte Klagen zur Wiedererlangung von Teilen der Masse,** zB Zahlungs- und Anfechtungsklagen, **Möglichkeiten zur Verwertung** der Masse, die **Rangfolge der Gläubiger, allfällige Gläubigervorrechte, die Unternehmensfortführung, geplante Sicherungsmaßnahmen, vorgeschlagene Vergleichsmaßnahmen** oder **Planvorschläge, Vorschläge für die Verteilung von Insolvenzquoten** und der **Stand des Verfahrens.**[23]

16 Inwieweit Informationspflichten bestehen, orientiert sich letztlich jedoch stets am Einzelfall. Der Katalog des Art. 41 Abs. 1 lit. a ist einerseits nicht abschließend („insbesondere"). Andererseits besteht auch nicht in jedem Fall über jeden genannten Aspekt eine Unterrichtungspflicht.[24] Stets zur Auskunft verpflichtet ist ein Verwalter aber im Falle eines Auskunftsersuchens durch einen anderen Verwalter.[25]

17 Die **Erfüllung der Unterrichtungspflicht** kann telefonisch, mittels elektronischer Kommunikationsmittel (E-Mail) oder auch per Post erfolgen. *Ehricke* weist außerdem darauf hin, dass sich ein Informationspool einrichten ließe, den beide Verwalter mit den erforderlichen Informationen speisen und der gleichermaßen ihrem Zugriff unterliegt.[26] *Staak* schlägt die Nutzung von Internet-Chatrooms vor.[27]

18 Die Mitteilung muss **„so bald wie möglich"** erfolgen. Bei der Bemessung der Unverzüglichkeit sind die Sprachbarrieren und die etwa notwendigen Übersetzungen von Dokumenten zu

---

16 *Staak* NZI 2004, 480 (481).

17 *Wessels* FS Vallender, 2015, 775 (784); Mankowski/Müller/Schmidt/*Mankowski* Rn. 27.

18 Deutsche Fassung in RIW 2014, 194 mit Einführung von *Paulus; Paulus* FS Beck, 2016, 393 (402); Textabdruck auch bei *Paulus* Art. 42 Anh. A.

19 *Staak* NZI 2004, 480 (481).

20 Nerlich/Römermann/*Commandeur* EuInsVO 2000 Art. 31 Rn. 8.

21 So aber Duursma-Kepplinger/Duursma/Chalupsky/*Duursma-Kepplinger/Chalupsky* EuInsVO 2000 Art. 31 Rn. 9; *Kolmann,* Kooperationsmodelle im Internationalen Insolvenzrecht, 2001, 349; *Wimmer* ZIP 1998, 982 (987).

22 *Staak* NZI 2004, 480 (481).

23 *Balz* ZIP 1996, 948 (954); Duursma-Kepplinger/Duursma/Chalupsky/*Duursma-Kepplinger/Chalupsky* EuInsVO 2000 Art. 31 Rn. 9; *Fritz/Bähr* DZWiR 2001, 221 (232); *Kemper* ZIP 2001, 1609 (1618); *Kolmann,* Kooperationsmodelle im Internationalen Insolvenzrecht, 2001, 349; *Lehr* KTS 2000, 577 (583); Nerlich/Römermann/*Commandeur* EuInsVO 2000 Art. 31 Rn. 3; *Virgós/Schmit* Rn. 230.

24 MüKoInsO/*Reinhart* EuInsVO 2000 Art. 31 Rn. 6.

25 Mankowski/Müller/Schmidt/*Mankowski* Rn. 19.

26 *Ehricke* in: Aufbruch nach Europa, 2001, 337, 352.

27 *Staak* NZI 2004, 480 (481).

berücksichtigen. Daher kann die im deutschen Recht angenommene Höchstgrenze von 14 Tagen[28] (→ BGB § 121 Rn. 7) nicht gelten.[29]

Schranken der Unterrichtungspflicht ergeben sich aus den Bestimmungen über den Schutz vertraulicher Informationen (Art. 41 Abs. 2 lit. a aE).[30] Das sind insbesondere die einzelstaatlichen und unionsrechtlichen Datenschutzbestimmungen (→ Vor Art. 78 Rn. 1 ff.). 19

Die **Kosten** der Unterrichtungspflichterfüllung gehen zu Lasten der auskunftserteilenden Insolvenzmasse. Das gilt auch, wenn das Auskunftsersuchen von einem ausländischen Verwalter stammt.[31] 20

IV. Koordinierungsplan (Abs. 2 lit. b)

Nach Art. 41 Abs. 2 lit. b obliegt den beteiligten Verwaltern die **Prüfung der Sanierungsmöglichkeit** des Schuldners sowie – sofern sachdienlich – die Koordinierung der **Ausarbeitung und Umsetzung eines Sanierungsplans.** 21

V. Vorschläge zur Masseverwertung (Abs. 2 lit. c)

In Art. 41 Abs. 2 lit. c ist die **Konsultation** geregelt. Die Verwalter haben die Verwertung und Verwendung der Insolvenzmasse, und die Verwaltung der Geschäfte des Schuldners zu koordinieren (Art. 41 Abs. 2 lit. c Hs. 1). Der Verwalter des Sekundärverfahrens muss dem Hauptverwalter ferner die Gelegenheit geben, Vorschläge für die Verwertung oder anderweitige Verwendung der Masse zu unterbreiten (Art. 41 Abs. 2 lit. c Hs. 2). Diese einflussreiche Rolle des Hauptverwalters[32] dient dem Primat des Hauptverfahrens.[33] Die Verpflichtung betrifft allein den Sekundär- im Verhältnis zum Hauptverwalter.[34] 22

Diese Ausnahmevorschrift betrifft vor allem den **Fall,** dass die **Niederlassung fortgeführt oder eingestellt** werden soll.[35] Sie will verhindern, dass Planungen im Hauptverfahren, die sich auf eine Sanierung oder auf Gesamtlösungen wie den Verkauf eines Unternehmens richten, nicht durch im Sekundärverfahren geschaffene Tatsachen unterlaufen werden.[36] Der Hauptverwalter kann verhindern, dass Gegenstände der Masse verkauft werden, wenn der Erhalt für die Sanierung des Unternehmens bedeutsam ist; er kann zudem die **Aussetzung der Verwertung** beantragen (Art. 46).[37] 23

Die Verpflichtung des Sekundärverwalters, dem Hauptverwalter die Möglichkeit zu geben, Vorschläge für die Verwertung oder jede Art der Verwendung der Masse des Sekundärinsolvenzverfahrens zu unterbreiten, setzt voraus, dass der Sekundärverwalter den Hauptverwalter über geplante Maßnahmen unterrichten muss, was aber deren Bedeutsamkeit (→ Rn. 12) voraussetzt.[38] So muss der Verwalter eines deutschen Sekundärverfahrens den Hauptverwalter etwa vor dem Berichtstermin nach § 156 InsO darüber unterrichten, was er den Gläubigern berichten und vorschlagen wird.[39] 24

Gerade aus Gründen der Effizienz der Verfahrensabwicklung, die ja auch Art. 41 dient, darf die Konsultationspflicht des Art. 41 Abs. 2 lit. c Hs. 2 nicht so weit überdehnt werden, dass die Arbeit des Sekundärverwalters behindert wird. 25

Aus Effizienzgründen muss der Hauptverwalter seine Vorschläge innerhalb einer **akzeptablen Frist** unterbreiten, um größere Verzögerungen bei der Abwicklung zu unterbinden.[40] 26

Der Hauptverwalter muss **vor** der Durchführung der Maßnahme Gelegenheit zum Vorschlag für die Verwertung oder die Art der Verwendung haben. Eine nachträgliche Unterrichtung durch den Sekundärverwalter genügt der Konsultationspflicht nicht.[41] 27

---

28 OLG Hamm NJW-RR 1999, 532.

29 *Staak* NZI 2004, 480 (482).

30 Mankowski/Müller/Schmidt/*Mankowski* Rn. 34; MüKoInsO/*Reinhart* EuInsVO Art. 31 Rn. 18; *Virgós/Schmit* Rn. 231.

31 MüKoInsO/*Reinhart* EuInsVO 2000 Art. 31 Rn. 2.

32 *Paulus* Rn. 22.

33 *Balz* ZIP 1996, 948 (954); Uhlenbruck/*Lüer* EuInsVO 2000 Art. 31 Rn. 1.

34 Duursma-Kepplinger/Duursma/Chalupsky/*Duursma-Kepplinger/Chalupsky* EuInsVO 2000 Art. 31 Rn. 14.

35 Duursma-Kepplinger/Duursma/Chalupsky/*Duursma-Kepplinger/Chalupsky* EuInsVO 2000 Art. 31 Rn. 24; *Kolmann,* Kooperationsmodelle im Internationalen Insolvenzrecht, 2001, 350; *Virgós/Schmit* Rn. 233.

36 Nerlich/Römermann/*Commandeur* EuInsVO 2000 Art. 31 Rn. 7.

37 *Virgós/Schmit* Rn. 233.

38 *Balz* ZIP 1996, 948 (954); Duursma-Kepplinger/Duursma/Chalupsky/*Duursma-Kepplinger/Chalupsky* EuInsVO 2000 Art. 31 Rn. 15; *Kolmann,* Kooperationsmodelle im Internationalen Insolvenzrecht, 2001, 350; *Leible/Staudinger* KTS 2000, 533 (569); *Virgós/Schmit* Rn. 233.

39 Mankowski/Müller/Schmidt/*Mankowski* Rn. 76.

40 Duursma-Kepplinger/Duursma/Chalupsky/*Duursma-Kepplinger/Chalupsky* EuInsVO 2000 Art. 31 Rn. 15; *Kolmann,* Kooperationsmodelle im Internationalen Insolvenzrecht, 2001, 349 f.

41 Duursma-Kepplinger/Duursma/Chalupsky/*Duursma-Kepplinger/Chalupsky* EuInsVO 2000 Art. 31 Rn. 16.

28 Die Äußerungen des Hauptverwalters sind **unverbindlich** („Vorschläge“).[42] Insoweit lässt sich wegen des eindeutigen Wortlautes auch kein gegenteiliger Rückschluss aus Art. 46 Abs. 1 S. 2 ziehen. Der Hauptverwalter hat auch insoweit gegenüber dem Sekundärverwalter **kein Weisungsrecht** (→ Rn. 20). In Betracht kommt allenfalls eine Haftung des Sekundärverwalters, wenn er den Vorschlag des Hauptverwalters nicht angenommen hat (bei einem deutschen Sekundärverfahren s. Art. 7, Art. 35, § 60 InsO). Zur Haftung → Rn. 30 ff.[43]

VI. Schuldner in Eigenverwaltung (Abs. 3)

29 Art. 41 Abs. 3 betrifft die Fälle, dass der Schuldner im Haupt- oder Sekundärinsolvenzverfahren oder in einem der Partikularverfahren die Verfügungsgewalt über sein Vermögen behält. In einem solchen Fall gelten die Abs. 1 und 2 sinngemäß, sodass auch der Schuldner in Eigenverwaltung (Art. 2 Nr. 3) zur Zusammenarbeit verpflichtet ist. Der Verordnungsgeber verwendet hier eine eigene Umschreibung anstelle der Legaldefinition in Art. 2 Nr. 3. Dabei handelt es sich um ein **Redaktionsversehen.**[44]

VII. Sanktionen

30 Die EuInsVO enthält keine Regelung bezüglich der Folgen einer Verletzung der Unterrichtungs- und Kooperationspflicht. Dies wird vielmehr dem nationalen Recht überlassen.[45] Auch das deutsche Recht enthält keine solche Vorschrift.[46]

31 Die Schadensersatzpflicht richtet sich gemäß Art. 35, Art. 7 („Insolvenzverfahren und **seine Wirkungen**“) nach dem Recht des Eröffnungsstaates. **Schadensersatzklagen** sind unmittelbare Folgen des Verfahrens.[47] Insofern kommt im deutschen Recht eine Haftung nach § 60 InsO in Betracht.

32 § 60 Abs. 1 S. 1 InsO setzt voraus, dass der Insolvenzverwalter Pflichten verletzt hat, die ihm nach diesem Gesetz obliegen. „Dieses Gesetz“ ist allein die Insolvenzordnung. Da also eine Verletzung der Unterrichtungs- und Zusammenarbeitspflichten als Bestandteil der EuInsVO (Art. 41) nicht unmittelbar unter **§ 60 Abs. 1 InsO** fällt, kommt nur eine **analoge Anwendung** der Vorschrift in Betracht. Eine solche ist im Ergebnis zu bejahen, weil der Normzweck darin liegt, Vermögen von Personen zu schützen, die mit der Amtsführung des Insolvenzverwalters in Berührung kommen. Das sind vor allem die Gläubiger. Im Falle einer grenzüberschreitenden Insolvenz kommen die Gläubiger des Hauptverfahrens mit den Maßnahmen des Sekundärverwalters in Berührung, weil sich seine Maßnahmen auch auf die Masse des Hauptverfahrens und damit auf die Befriedigung auswirken.[48] Der Sekundärinsolvenzverwalter benachteiligt bei der Verfolgung der inländischen Interessen daher unter Umständen Gläubiger, die ihre Forderungen in einem ausländischen Verfahren angemeldet haben.[49] Derartige Fallgestaltungen konnte der Gesetzgeber bei der Schaffung des § 60 InsO nicht berücksichtigen. Die EuInsVO ist zeitlich nach der InsO erlassen worden. Die Interessenlage ist indes vergleichbar. All dies spricht für Haftung analog § 60 InsO.

33 Problematisch ist, dass der Anspruchsberechtigte aus § 60 InsO derjenige ist, gegenüber dem die Pflichtverletzung begangen worden ist. Das ist in dieser Konstellation der jeweils andere Verwalter. Der Schaden ist indes dem Gläubiger entstanden. Daher liquidiert der Verwalter einen Anspruch im Drittinteresse der Gläubiger, der Schadensersatz fließt daher zur Masse.[50]

VIII. Überwachung durch Insolvenzgericht

34 Eine **Aufsichtspflicht** des Insolvenzgerichts über den Insolvenzverwalter ergibt sich aus **§ 58 InsO analog.**[51] Eine unmittelbare Anwendung der Norm scheidet aus, weil sich die gerichtliche Aufsicht des § 58 InsO lediglich auf die Ordnungsgemäßheit des inländischen Verfahrens bezieht.[52]

---

[42] *Ehricke* in: Aufbruch nach Europa, 2001, 337, 346 weist darauf hin, dass der Verwalter des Nebenverfahrens die Vorschläge grds. umsetzen müsse, denn sonst sei Art. 41 Abs. 2 lit. c Hs. 2 lediglich ein inhaltlich leerlaufendes Postulat und dies sei auch nicht mit dem Sinn und Zweck eines Sekundärinsolvenzverfahrens vereinbar.

[43] *Ehricke* ZInsO 2004, 633 (636).

[44] MüKoInsO/*Reinhart* Rn. 8.

[45] *Kemper* ZIP 2001, 1609 (1619); *Virgós/Schmit* Rn. 234.

[46] Duursma-Kepplinger/Duursma/Chalupsky/*Duursma-Kepplinger/Chalupsky* EuInsVO 2000 Art. 31 Rn. 25.

[47] *Lüke* ZZP 111 (1998), 275 (295); Mankowski/Müller/Schmidt/*Mankowski* Rn. 76.

[48] MüKoInsO/*Brandes* InsO §§ 60, 61 Rn. 1.

[49] Uhlenbruck/*Lüer* EuInsVO 2000 Art. 31 Rn. 2.

[50] *Ehricke* in: Aufbruch nach Europa, 2001, 337, 349.

[51] MüKoInsO/*Reinhart* EuInsVO 2000 Art. 31 Rn. 36.

[52] *Lüke* ZZP 111 (1998), 275 (305).

Wie auch bei § 60 InsO konnte der Gesetzgeber der Insolvenzordnung die Regelungen in der EuInsVO nicht vorhersehen, aber ebenso wie in einem rein inländischen Verfahren ist auch für eine grenzüberschreitende Insolvenzabwicklung erforderlich, dass ein ordentliches Verfahren dadurch sichergestellt wird, dass die Verwalter bei ihrer Pflichterfüllung beaufsichtigt werden.[53]

IX. Unabhängige Partikularinsolvenzverfahren

Art. 41 ist **analog** anzuwenden, wenn mehrere unabhängige Partikularinsolvenzverfahren ohne Hauptverfahren eröffnet worden sind.[54] 35

Art. 42 EuInsVO Zusammenarbeit und Kommunikation der Gerichte

(1) [1]Um die Koordinierung von Hauptinsolvenzverfahren, Partikularverfahren und Sekundärinsolvenzverfahren über das Vermögen desselben Schuldners zu erleichtern, arbeitet ein Gericht, das mit einem Antrag auf Eröffnung eines Insolvenzverfahrens befasst ist oder das ein solches Verfahren eröffnet hat, mit jedem anderen Gericht, das mit einem Antrag auf Eröffnung eines Insolvenzverfahrens befasst ist oder das ein solches Verfahren eröffnet hat, zusammen, soweit diese Zusammenarbeit mit den für jedes dieser Verfahren geltenden Vorschriften vereinbar ist. [2]Die Gerichte können hierzu bei Bedarf eine unabhängige Person oder Stelle bestellen bzw. bestimmen, die auf ihre Weisungen hin tätig wird, sofern dies mit den für sie geltenden Vorschriften vereinbar ist.

(2) Bei der Durchführung der Zusammenarbeit nach Absatz 1 können die Gerichte oder eine von ihnen bestellte bzw. bestimmte und in ihrem Auftrag tätige Person oder Stelle im Sinne des Absatzes 1 direkt miteinander kommunizieren oder einander direkt um Informationen und Unterstützung ersuchen, vorausgesetzt, bei dieser Kommunikation werden die Verfahrensrechte der Verfahrensbeteiligten sowie die Vertraulichkeit der Informationen gewahrt.

(3) [1]Die Zusammenarbeit im Sinne des Absatzes 1 ***kann auf jedem von dem Gericht als geeignet erachteten Weg erfolgen.*** **[ab 1.5.2025: „des vorliegenden Artikels erfolgt gemäß Artikel 3 der Verordnung (EU) 2023/2844 des Europäischen Parlaments und des Rates"] [2]Sie kann sich insbesondere beziehen auf**

a) die Koordinierung bei der Bestellung von Verwaltern,

b) die Mitteilung von Informationen auf jedem von dem betreffenden Gericht als geeignet erachteten Weg,

c) die Koordinierung der Verwaltung und Überwachung des Vermögens und der Geschäfte des Schuldners,

d) die Koordinierung der Verhandlungen,

e) soweit erforderlich die Koordinierung der Zustimmung zu einer Verständigung der Verwalter.

I. Normzweck

Der im Zuge der Reform 2015 neu eingeführte Art. 42 betrifft die **Zusammenarbeit und Kommunikation der Gerichte** von Haupt- Partikular- und Sekundärverfahren, die das Vermögen desselben Schuldners betreffen.[1] Die Norm ergänzt dabei Art. 41, der die Zusammenarbeit der Verwalter regelt, und ist im Wesentlichen mit Art. 57 zur Konzerninsolvenz vergleichbar. So soll eine effiziente Verfahrensführung (Erwägungsgründe 3, 8) gewährleistet werden. Konkretisiert wurde die Zusammenarbeitspflicht in den „EU Cross-Border Insolvency Court-to-Court Cooperation Principles and Guidelines".[2] 1

II. Pflicht zur Zusammenarbeit (Abs. 1)

Gemäß Abs. 1 S. 1 sind die Gerichte, die mit Insolvenzverfahren über das Vermögen desselben Schuldners oder mit der Eröffnung eines solchen befasst sind, zur Zusammenarbeit verpflichtet, soweit die Zusammenarbeit mit den für die einzelnen Verfahren geltenden Vorschriften vereinbar ist. 2

---

53 Vgl. MüKoInsO/*Graeber* InsO § 58 Rn. 1; näher *Vallender* KTS 2005, 283 (325 ff.).

54 Duursma-Kepplinger/Duursma/Chalupsky/*Duursma-Kepplinger/Chalupsky* EuInsVO 2000 Art. 31 Rn. 32, 34; *Fritz/Bähr* DZWiR 2001, 221 (232) m. Fn. 163; *Virgós/Schmit* Rn. 39; aA *Hanisch* in Stoll, Vorschläge und Gutachten, 1997, 202, 216.

1 In der EuInsVO 2000 war dies nicht normiert und wurde nur teilweise bejaht; vgl. etwa eine solche Pflicht bejahend High Court London EWiR 2009, 177.

2 Text (deutsch/englisch) in ZIP 2017, 632 mit Einführung *Zipperer; Paulus* Art. 42 Anh. B.

3 Den Gerichten steht es gemäß Abs. 1 S. 2 frei, eine unabhängige Person oder Stelle zu bestimmen, die auf ihre Weisung hin tätig wird. Dies ermöglicht Richtern, die Vorbehalte haben, in einer anderen Sprache oder außerhalb ihrer Gerichtssäle tätig zu werden, ihrer Pflicht zur Zusammenarbeit nachzukommen.[3]

III. Wege der Zusammenarbeit (Abs. 2 und Abs. 3)

4 **Abs. 2** stellt klar, dass die Gerichte, sofern dies mit den jeweiligen Verfahrensvorschriften vereinbar ist, **direkt** miteinander **kommunizieren** und einander um Informationen ersuchen können. Hierbei haben sie die Vertraulichkeit der ausgetauschten Informationen sowie die Verfahrensrechte der Verfahrensbeteiligten zu wahren.

5 Die Gerichte können gemäß **Abs. 3** den **Umfang der Zusammenarbeit** selbst festlegen. **Beispielhaft** nennt die Vorschrift unter anderem die Koordinierung bei der Bestellung von Verwaltern und der Verhandlungen, den gegenseitigen Austausch von Informationen sowie die Überwachung und Koordinierung der Insolvenzmasse und der Geschäfte des Schuldners. Die Koordination bei der Verwalterbestellung (lit. a) ist nicht auf die Auswahl der Verwalter beschränkt, sondern erstreckt sich auch auf den Zeitpunkt der Bestellung. Die Zusammenarbeit bei der Koordinierung der Verwaltung und Überwachung der Insolvenzmasse (lit. c) ist nach Abs. 1 nur verpflichtend, soweit diese Zusammenarbeit mit den für jedes Verfahren geltenden Vorschriften vereinbar ist. Daher bleibt es für deutsche Verfahren dabei, dass die Verwaltung der Insolvenzmasse ausschließlich dem Insolvenzverwalter obliegt (§ 80 InsO). Die Koordinierung der Verhandlungen (lit. d) bezieht sich auf solche, die auf den Abschluss von Restrukturierungsplänen oder ähnlichen, mit den Gläubigern abzuschließende Vergleiche gerichtet sind.[4] Auch soweit die Insolvenzverwalter anstreben, ein Protokoll über ihre Zusammenarbeit abzuschließen (lit. e iVm Art. 41 Abs. 1 S. 2) und dies der Zustimmung des Insolvenzgerichts oder der Gläubigergemeinschaft bedarf, sind die Insolvenzgerichte befugt, die erforderliche Zustimmung zu koordinieren.

IV. Kosten der Zusammenarbeit

6 Gemäß Art. 44 dürfen die Pflichten des Art. 42 nicht zur Folge haben, dass Gerichte einander die Kosten der Zusammenarbeit in Rechnung stellen.

Art. 43 EuInsVO Zusammenarbeit und Kommunikation zwischen Verwaltern und Gerichten

(1) Um die Koordinierung von Hauptinsolvenzverfahren, Partikularverfahren und Sekundärinsolvenzverfahren über das Vermögen desselben Schuldners zu erleichtern,

a) arbeitet der Verwalter des Hauptinsolvenzverfahrens mit jedem Gericht, das mit einem Antrag auf Eröffnung eines Sekundärinsolvenzverfahrens befasst ist oder das ein solches Verfahren eröffnet hat, zusammen und kommuniziert mit diesem,

b) arbeitet der Verwalter eines Partikularverfahrens oder Sekundärinsolvenzverfahrens mit dem Gericht, das mit einem Antrag auf Eröffnung des Hauptinsolvenzverfahrens befasst ist oder das ein solches Verfahren eröffnet hat, zusammen und kommuniziert mit diesem, und

c) arbeitet der Verwalter eines Partikularverfahrens oder Sekundärinsolvenzverfahrens mit dem Gericht, das mit einem Antrag auf Eröffnung eines anderen Partikularverfahrens oder Sekundärinsolvenzverfahrens befasst ist oder das ein solches Verfahren eröffnet hat, zusammen und kommuniziert mit diesem,

soweit diese Zusammenarbeit und Kommunikation mit den für die einzelnen Verfahren geltenden Vorschriften vereinbar sind und keine Interessenkonflikte nach sich ziehen.

(2) Die Zusammenarbeit im Sinne des Absatzes 1 kann auf jedem geeigneten Weg, wie etwa in Artikel 42 Absatz 3 bestimmt, erfolgen.

I. Normzweck

1 Art. 43 betrifft die **Zusammenarbeit und Kommunikation zwischen Verwaltern und Gerichten,** die in Verfahren über das Vermögen desselben Schuldners beteiligt sind. Die Norm wurde im Zuge der Reform 2015 neu eingeführt. Sie ergänzt die Art. 41 f. und dient der leichteren Koordinierung von Haupt-, Partikular und Sekundärverfahren.

---

[3] So *Madaus* IILR 2015, 235 (239).

[4] MüKoInsO/*Reinhart* Rn. 5.

II. Pflicht zur Zusammenarbeit (Abs. 1)

Gemäß Art. 43 Abs. 2 lit. a ist der Verwalter des Hauptinsolvenzverfahrens einerseits verpflichtet, mit jedem Gericht, das mit einem Antrag auf Eröffnung eines Sekundärinsolvenzverfahrens befasst ist oder ein solches bereits eröffnet hat, zusammenzuarbeiten und zu kommunizieren. 2

Die Verwalter von Partikular- und Sekundärverfahren sind andererseits verpflichtet, mit dem Gericht, das mit einem Antrag auf Eröffnung eines Hauptinsolvenzverfahrens (Art. 43 Abs. 2 lit. b) bzw. Partikular- oder Sekundärverfahrens (Art. 43 Abs. 2 lit. c) befasst ist oder ein solches bereits eröffnet hat, zusammenzuarbeiten und zu kommunizieren. 3

III. Schranken (Abs. 1 aE)

Schranken der Zusammenarbeits- und Kommunikationspflichten stellen die einzelnen **Verfahrensvorschriften und die Interessen der Beteiligten** dar (Art. 43 Abs. 1 aE). Bei Interessenskonflikten sind die Verwalter und Gerichte von diesen Pflichten befreit. 4

IV. Wege zur Zusammenarbeit (Abs. 2)

Gemäß Art. 43 Abs. 2 kann die Zusammenarbeit auf jedem geeigneten Weg erfolgen. Insbesondere verweist die Norm auf die Möglichkeiten der Zusammenarbeit der Gerichte in Art. 42 Abs. 3 (→ Art. 42 Rn. 4 f.). 5

V. Kosten der Zusammenarbeit

Gemäß Art. 44 dürfen die Pflichten des Art. 43 nicht zur Folge haben, dass Gerichte einander die Kosten der Zusammenarbeit in Rechnung stellen. 6

Art. 44 EuInsVO Kosten der Zusammenarbeit und Kommunikation

Die Anforderungen nach Artikel 42 und 43 dürfen nicht zur Folge haben, dass Gerichte einander die Kosten der Zusammenarbeit und Kommunikation in Rechnung stellen.

I. Normzweck

Durch die Einführung der neuen Art. 42 und 43 zur Zusammenarbeit und Kommunikation der Gerichte untereinander bzw. zwischen Gerichten und Verwaltern stellt sich die Frage, ob sich die Gerichte die im Rahmen der Erfüllung dieser Pflichten entstehenden Kosten gegenseitig in Rechnung stellen können. Dem erteilt der neu eingeführte Art. 44 eine klare Absage. 1

II. Keine Kostentragungspflicht der Gerichte untereinander

Die Vorschrift richtet sich an **„Gerichte"**. Gemeint sind nach **Art. 2 Nr. 6 Ziff. ii** die das Insolvenzverfahren jeweils eröffnenden Insolvenzgerichte. 2

In **sachlicher Hinsicht** erfasst die Vorschrift nur solche **Kosten,** die von einem Insolvenzgericht **einem anderen Insolvenzgericht in Rechnung gestellt werden sollen.** Es geht demgemäß weder um die Vergütung der Insolvenzverwalter noch um die Kosten, die das Insolvenzgericht dem Schuldner oder den Insolvenzverwaltern aus anderen Mitgliedstaaten in Rechnung stellt. Die Norm verbietet auch nicht, dass das Insolvenzgericht die Kosten der Kooperation der Insolvenzmasse in Rechnung stellt.[1] 3

III. Kosten der Zusammenarbeit

Die Norm gilt nur für die **Kosten,** die **im Zusammenhang mit Art. 42 oder 43** entstehen. Der Begriff der Kosten umfasst nicht nur Gebührentatbestände, die im Rahmen der Zusammenarbeit verwirklicht werden, sondern auch Auslagen, die im Rahmen der Zusammenarbeit entstehen. 4

Art. 45 EuInsVO Ausübung von Gläubigerrechten

(1) Jeder Gläubiger kann seine Forderung im Hauptinsolvenzverfahren und in jedem Sekundärinsolvenzverfahren anmelden.

(2) Die Verwalter des Hauptinsolvenzverfahrens und der Sekundärinsolvenzverfahren melden in den anderen Verfahren die Forderungen an, die in dem Verfahren, für das sie bestellt

1 Näher MüKoInsO/*Reinhart* Art. 44 Rn. 3 ff.

sind, bereits angemeldet worden sind, soweit dies für die Gläubiger des letztgenannten Verfahrens zweckmäßig ist und vorbehaltlich des Rechts dieser Gläubiger, eine solche Anmeldung abzulehnen oder die Anmeldung ihrer Ansprüche zurückzunehmen, sofern das anwendbare Recht dies vorsieht.

(3) Der Verwalter eines Haupt- oder eines Sekundärinsolvenzverfahrens ist berechtigt, wie ein Gläubiger an einem anderen Insolvenzverfahren mitzuwirken, insbesondere indem er an einer Gläubigerversammlung teilnimmt.

Schrifttum: *Piekenbrock,* Ansprüche gegen den ausländischen Schuldner in der deutschen Partikularinsolvenz, IPRax 2012, 337 (zu KG NZI 2011, 729).

Übersicht

I. Wesentlicher Inhalt

1 Art. 45 entspricht im Wortlaut unverändert Art. 32 EuInsVO 2000. Art. 45 enthält drei Regelungen. Nach Art. 45 Abs. 1 kann jeder Gläubiger in jedem Haupt- und Sekundärinsolvenzverfahren seine Forderungen **anmelden.** Die Abs. 2 und 3 enthalten eine **gesetzliche Vertretungsmacht.** So räumt Abs. 2 dem Hauptverwalter und dem Sekundärverwalter die Befugnis zur Anmeldung der Forderungen der Gläubiger „ihres" Verfahrens in den jeweils anderen Verfahren ein. Dies gilt nur, soweit die Anmeldung für die Gläubiger zweckmäßig ist. Zudem haben die Gläubiger die Möglichkeit, die Anmeldung in dem fremden Verfahren abzulehnen oder die Anmeldung zurückzunehmen, sofern ein solches Recht gesetzlich vorgesehen ist. Gemäß Abs. 3 haben die Verwalter das Recht, wie ein Gläubiger an einem anderen Insolvenzverfahren mitzuwirken, insbesondere im Wege der Teilnahme an einer Gläubigerversammlung.

II. Forderungsanmeldung durch Gläubiger (Abs. 1)

2 Die Vorschrift des Art. 45 Abs. 1, wonach **jeder Gläubiger in jedem Verfahren** seine Forderung anmelden kann, entspricht schon der von §§ 238, 5 KO vorgesehenen Rechtslage. Die Möglichkeit, seine Forderungen in allen Verfahren anzumelden, wurde im Interesse einer effizienten und gerechten Verteilung der Masse geschaffen; Massegläubiger sind ausgeschlossen, weil deren Forderungen zum Zeitpunkt der Eröffnung des Verfahrens noch nicht entstanden waren.[1]

3 Bei Art. 45 Abs. 1 handelt es sich um eine **Sachnorm.** Die allgemeine **Anmeldebefugnis** darf nicht mit der Teilnahmebefugnis verwechselt werden (→ Art. 34 Rn. 35). Die Gläubiger sind nicht verpflichtet, sondern lediglich befugt, ihre Forderungen anzumelden.[2]

4 Art. 45 ist im Zusammenhang mit **Art. 53** zu sehen. Dieser sieht vor, dass jeder Gläubiger seine Forderung **in jeder nach dem Verfahrensrecht des Staates der Verfahrenseröffnung zulässigen Form** und **ohne Rechtsanwalt** anmelden kann. Zunächst stellt Art. 53 beschränkt seinem Wortlaut nach – anders als Art. 45 – die Anmeldebefugnis nicht auf Sekundärinsolvenzverfahren, sondern bezieht die unabhängigen Partikularverfahren mit ein.[3] Im Übrigen ist auf Art. 7 Abs. 2 Abs. 2 S. lit. h iVm den **mitgliedstaatlichen Vorschriften** zurückzugreifen, vor allem was die **Anmeldefrist** anbelangt.

5 Streitig, aber im Ergebnis zu verneinen ist die Frage, ob aus der Anmeldebefugnis auch die Regelung der **Teilnahmebefugnis** zu entnehmen ist (→ Art. 34 Rn. 24 ff.). Dass dies nicht der Fall ist, lässt sich schon aus dem eindeutigen Wortlaut der Vorschrift und ihrer Überschrift entnehmen. Auch besteht kein Bedarf die Regelung über den Wortlaut hinaus anzuwenden, da Art. 7 eingreift, soweit die Verordnung keine Sonderregelung vorsieht.

6 Weitere Aspekte, die nicht von Art. 45 erfasst werden und sich darum nach Art. 7, Art. 35 nach der **lex fori concursus** richten, sind: das Recht auf die Forderungsanmeldung (Art. 7 Abs. 2 lit. g),

[1] *Paulus* Rn. 1.

[2] *Balz* ZIP 1996, 948 (954); *Kemper* ZIP 2001, 1609 (1619); *Leible/Staudinger* KTS 2000, 533 (579); *Virgós/Schmit* Rn. 235.

[3] *Kemper* ZIP 2001, 1609 (1619).

die **Anmeldung, Prüfung** und **Feststellung** der Forderungen (Art. 7 Abs. 2 S. 2 lit. h) sowie die **Verteilung des Erlöses,** der **Rang der Forderungen** und die **Rechte der Gläubiger,** die nach der Eröffnung des Insolvenzverfahrens aufgrund eines dinglichen Rechts oder infolge einer Aufrechnung teilweise befriedigt wurden (Art. 7 Abs. 2 S. 2 lit. i). Auch die sich aus der Anmeldung ergebenden **Kosten** sind nach der lex fori concursus zu beurteilen (Art. 7 Abs. 2 S. 2 lit. l). Bei einer Mehrfachanmeldung ist allerdings die Regelung des Art. 23 Abs. 2 zu beachten.

III. Forderungsanmeldung durch Verwalter (Abs. 2)

Nach Art. 45 Abs. 2 melden der Hauptverwalter oder der bzw. die Sekundärverwalter die Forderungen der Gläubiger „ihres" Verfahrens **in den jeweils anderen Verfahren** an. Voraussetzung hierfür ist indes, dass die Anmeldung für die Gläubiger **zweckmäßig** ist und ferner, dass die **Gläubiger dies nicht ablehnen** bzw. – soweit die lex fori concursus eine solche Befugnis vorsieht –, die Anmeldung ihrer Forderung nicht zurücknehmen. Die EuInsVO betont insoweit die **Gläubigerautonomie.** 7

Zunächst ergibt sich aus der Vorschrift ein **Anmelderecht** des Verwalters in Gestalt einer **gesetzlichen Vertretungsmacht.**[4] Insoweit wird nationales Recht verdrängt und insbesondere der Kreis der Anmeldebefugten um den Verwalter des parallelen Verfahrens erweitert. **Normzweck** dieser Vorschrift ist zum einen die **Vereinfachung der Ausübung** der Gläubigerrechte. Denn den inländischen Gläubigern fällt es in der Regel schwer, ihre Rechte im Ausland anzumelden. Grund hierfür sind die Kosten, die fremde Sprache und das fremde Recht. Wenn insofern das Anmelderecht auf den bzw. die Verwalter übertragen wird, fördert dies die Gläubigergleichbehandlung.[5] Daneben dient Art. 45 Abs. 2 auch der **Stärkung der Einflussmöglichkeit der Verwalterrechte** in den anderen Verfahren. 8

Neben dem Anmelderecht kann auch eine **Anmeldepflicht** des Verwalters bestehen. Darüber, dass aus Art. 45 Abs. 2 eine solche Pflicht unter bestimmten Umständen resultiert, besteht Einigkeit. Dem ist im Hinblick auf den verbindlich klingenden Wortlaut des Abs. 2 („Die Verwalter […] **melden** in den anderen Verfahren die Forderungen **an** […]") im Vergleich zu Abs. 1 („Jeder Gläubiger **kann** seine Forderung […] **anmelden.**") zuzustimmen. Nach Art. 45 Abs. 2 muss die Anmeldung für diese Gläubiger erstens zweckmäßig sein und zweitens dürfen die Gläubiger die Anmeldung nicht abgelehnt oder zurückgenommen haben.[6] 9

Die **Zweckmäßigkeit** beurteilt sich nach den eigenen Interessen des Gläubigers.[7] Zweckmäßig ist eine Forderungsanmeldung nur dann, wenn **Aussichten auf eine Feststellung zur Tabelle** bestehen. Dabei beurteilt sich die Begründetheit des Anspruchs nach dem auf die Forderung anwendbare Recht, und zwar aus der Sicht des Staates, in dem die Anmeldung erwogen wird.[8] Zweckmäßig ist die Anmeldung der Forderung in einem ausländischen Verfahren jedenfalls, wenn der jeweilige Gläubiger den Verwalter zur Ausübung ausdrücklich ermächtigt. Im Übrigen ist von der Zweckmäßigkeit auszugehen, wenn der Gläubiger aus rechtlichen oder tatsächlichen, insbesondere wirtschaftlichen Gründen die Forderungsanmeldung selbst nicht vornehmen kann oder vornehmen will, ihm deshalb aber die Möglichkeit einer zumindest teilweisen Befriedigung im jeweils ausländischen Verfahren entgehen würde. Eine solche Befriedigungsmöglichkeit besteht vor allem, wenn der Verwalter feststellt, dass die in einem anderen Verfahren zur Verteilung vorhandene **Masse** so groß ist, dass auch die nicht bevorrechtigten Gläubiger **Aussichten auf zumindest teilweise Befriedigung** haben. Jedenfalls keine Zweckmäßigkeit liegt vor, wenn die Anmeldung unwiderruflich zu spät käme.[9] 10

Streitig ist, ob es für die Zweckmäßigkeit auf die Beurteilung aus der **Sicht jedes einzelnen Gläubigers** ankommt **oder** ob nur dann von einer Zweckmäßigkeit ausgegangen werden kann, wenn die **Anmeldung für alle Gläubiger** oder zumindest eine bestimmten Gläubigergruppe als **zweckmäßig** zu erachten ist. Die **hM** folgt der zweiten Betrachtungsweise, stellt damit aber **zu hohe Anforderungen.**[10] Eine pauschale Gesamtbetrachtung sei geboten, um Verzögerungen der Insolvenzabwicklung durch aufwendige Zweckmäßigkeitsprüfungen für jede einzelne Forderung zu 11

---

4 EuGH ECLI:EU:C:2021:963 = BeckRS 2021, 35959 Rn. 39 – Alpine Bau; dazu *Mansel/Thorn/Wagner* IPRax 2022, 97 (137 f.); *J. Schmidt* BB 2022, 1859 (1874); *Kemper* ZIP 2001, 1609 (1619); *Virgós/Schmit* Rn. 236 f.; *Wimmer* ZIP 1998, 982 (987).

5 *Paulus* Rn. 8 ff.

6 EuGH ECLI:EU:C:2021:963 = BeckRS 2021, 35959 Rn. 28 – Alpine Bau; dazu *Mansel/Thorn/Wagner* IPRax 2022, 97 (137 f.); *J. Schmidt* BB 2022, 1859 (1874).

7 *Kemper* ZIP 2001, 1609 (1620); *Virgós/Schmit* Rn. 239.

8 *Virgós/Schmit* Rn. 239.

9 *Virgós/Schmit* Rn. 239.

10 Duursma-Kepplinger/Duursma/Chalupsky/*Duursma-Kepplinger/Chalupsky* EuInsVO 2000 Art. 32 Rn. 9; Nerlich/Römermann/*Commandeur* EuInsVO 2000 Art. 32 Rn. 4; *Virgós/Schmit* Rn. 239; Mankowski/Müller/Schmidt/*Mankowski* Rn. 42.

vermeiden.[11] Diese Auffassung ist **abzulehnen.** Vielmehr beurteilt sich die Zweckmäßigkeit anhand jeder einzelnen Forderung anhand eines Vergleichs der Kosten der Anmeldung mit dem zu erwartenden Quotengewinn. Denn die Einteilung in derartige Kategorien ist teilweise sehr schwierig und die Suche nach Gemeinsamkeiten der Forderungen ebenfalls zeitaufwendig und kann im Einzelfall wegen der unterschiedlichen Interessenlagen sogar unmöglich sein. Damit würde das von Art. 45 Abs. 2 verfolgte Ziel der Gläubigergleichbehandlung verfehlt.

12 Zur Wahrung der Gläubigerrechte sieht Art. 45 Abs. 2 vor, dass die Gläubiger die Anmeldung **ablehnen** oder, sofern dies gesetzlich vorgesehen ist, sie **zurücknehmen** können. Das Recht auf die Rücknahme richtet sich nach der lex fori concursus.[12] Der Grund für eine solche Ablehnung wird häufig in den teilweise erheblichen Kosten der Rechtsverfolgung im Ausland bestehen.[13]

13 Haben Insolvenzgläubiger in einem inländischen Partikularinsolvenzverfahren durch die deutsche Niederlassung einer in der EU ansässigen Gesellschaft begründete Forderungen zur Tabelle angemeldet, so ist der Partikularinsolvenzverwalter nicht analog Art. 45 Abs. 2 befugt, im Inland vermeintliche Haftungsansprüche der Insolvenzgläubiger gegen die Gesellschaft geltend zu machen.[14] Den Gläubigern bleibt unbenommen, den Schuldner an dessen ausländischem Sitz zu verklagen und in das dort belegene Vermögen zu vollstrecken. Die Sperrwirkung des § 89 InsO ist auf das inländische Vermögen beschränkt (Art. 3 Abs. 2 und 4).

14 Die Forderungsanmeldung durch den Verwalter hat dieselbe Wirkung wie die durch den Gläubiger. Der Verwalter handelt im Namen und anstelle des Gläubigers. Von Art. 45 Abs. 2 unberührt sind die **Anmeldefristen,** die Folgen einer verspäteten Anmeldung und die mit der Prüfung der Forderungen verbundenen **Kosten.**[15] Das **EuGH-Urteil „Alpine Bau"** betrifft die **Anmeldung von bereits im Hauptinsolvenzverfahren angemeldeten Forderungen** durch den Verwalter dieses Verfahrens **in einem Sekundärinsolvenzverfahren.** Die Forderungsanmeldung unterliegt in einem solchen Fall dem Recht des Sekundärverfahrens (Art. 35), soweit es um die Fristen für die Anmeldung von Forderungen und über die Folgen verspäteter Anmeldungen geht.[16]

15 Weil die **Anmeldefristen** von Art. 45 Abs. 2 nicht erfasst werden, sind sie sich nach den allgemeinen Vorschriften anzuknüpfen, dh nach der Kollisionsnorm des Art. 7 bzw. der Art. 7, Art. 35. Damit wird die **jeweilige lex fori concursus** in dieser Frage zur Anwendung berufen. Das bringt die Schwierigkeit unterschiedlicher Anmeldefristen in den jeweiligen Verfahren mit sich. Hat der Gläubiger die Anmeldefrist in einem Verfahren versäumt, scheidet eine Befriedigung in Rahmen dieses Verfahrens aus. Der Gläubiger kann sich auch nicht darauf verlassen, dass mit der fristgerechten Anmeldung seiner Forderung in einem auch die Anmeldefrist in den übrigen Verfahren gewahrt ist.[17] Er muss stets damit rechnen, dass der Verwalter die Forderung auch noch in den anderen Verfahren anmeldet. Wenn der Gläubiger die Ermächtigung zur Anmeldung erteilt hat, prüft der Verwalter noch die Zweckmäßigkeit der Anmeldung seiner Forderung, was eine gewisse Zeit in Anspruch nimmt. Will der Gläubiger sicher gehen, dass die Anmeldefrist gewahrt ist, bleibt ihm nur die eigenständige Anmeldung der Forderung, wenngleich dies wohl nicht mit dem Sinn und Zweck des Art. 45 Abs. 2 in Einklang steht. **Praxishinweis:** Der Verwalter sollte die Gläubiger über die Anmeldefristen im Ausland informieren. Eine Unterlassung dürfte indessen nicht zu einer Haftung führen, da der Gläubiger insoweit zur Eigeninitiative berufen ist.

IV. Mitwirkungsrechte der Verwalter (Abs. 3)

16 Nach Art. 45 Abs. 3 hat der Haupt- und der Sekundärverwalter ein Mitwirkungsrecht an einem anderen Insolvenzverfahren wie ein Gläubiger, insbesondere in Form der Teilnahme an der Gläubigerversammlung. Hintergrund der **Gläubigerstellung des Verwalters** ist, dass die Beteiligung der Gläubiger an ausländischen Insolvenzverfahren erfahrungsgemäß sehr gering ist. Indem der Verwalter wie ein Gläubiger mitwirken kann, soll die **Gläubigerpräsenz** verstärkt werden.[18]

---

11 Duursma-Kepplinger/Duursma/Chalupsky/*Duursma-Kepplinger/Chalupsky* EuInsVO 2000 Art. 32 Rn. 11; *Kemper* ZIP 2001, 1609 (1620); *Virgós/Schmit* Rn. 239; Mankowski/Müller/Schmidt/*Mankowski* Rn. 42.

12 Duursma-Kepplinger/Duursma/Chalupsky/*Duursma-Kepplinger/Chalupsky* EuInsVO 2000 Art. 32 Rn. 13; *Virgós/Schmit* Rn. 237; Mankowski/Müller/Schmidt/*Mankowski* Rn. 45.

13 *Balz* ZIP 1996, 948 (954); *Virgós/Schmit* Rn. 239.

14 KG NZI 2011, 729 mAnm *Mankowski* NZI 2011, 730 = IPRax 2012, 362 m. Aufs. *Piekenbrock* IPRax 2012, 337.

15 *Kemper* ZIP 2001, 1609 (1619); *Virgós/Schmit* Rn. 238, 267.

16 EuGH ECLI:EU:C:2021:963 = BeckRS 2021, 35959 – Alpine Bau; dazu *Mansel/Thorn/Wagner* IPRax 2022, 97 (137 f.); *J. Schmidt* BB 2022, 1859 (1874).

17 EuGH ECLI:EU:C:2021:963 = BeckRS 2021, 35959 – Alpine Bau; dazu *Mansel/Thorn/Wagner* IPRax 2022, 97 (137 f.); *J. Schmidt* BB 2022, 1859 (1874).

18 Duursma-Kepplinger/Duursma/Chalupsky/*Duursma-Kepplinger/Chalupsky* EuInsVO 2000 Art. 32 Rn. 17; Mankowski/Müller/Schmidt/*Mankowski* Rn. 57.

Zum **Inhalt** des Mitwirkungsrechts bestimmt Art. 45 Abs. 3 lediglich, dass hierzu die Teilnahme an der Gläubigerversammlung zählt. Im Übrigen trifft die Verordnung keinerlei Regelungen.[19] Zu dem Mitwirkungsrecht zählt ein **Informations-** und **Äußerungsrecht,**[20] ein Zutrittsrecht und die Befugnis des Verwalters zur Akteneinsicht.[21] **Nicht** dem Mitwirkungsrecht immanent ist ein **Stimmrecht** des Verwalters (vgl. § 341 Abs. 3 InsO).[22] Es wurde bewusst davon abgesehen, dieses in die Befugnisse des Verwalters mit aufzunehmen. Das Stimmrecht des Verwalters in einem anderen Verfahren brächte auch den Nachteil mit sich, dass dieselbe Forderung, die der Gläubiger selbst schon in verschiedenen Verfahren angemeldet hat, von einem oder mehreren Verwaltern vertreten werden könnte. Der Verwalter ist aber befugt, sich in den anderen Verfahren zu äußern.[23] **17**

Zudem kann sich der Gläubiger durch Einräumung einer **Vollmacht** von dem Verwalter vertreten lassen. Eine solche Vollmacht einzuholen, empfiehlt sich regelmäßig auch für den Verwalter, damit er das Stimmrecht für den Gläubiger ausüben und so den Gang des Verfahrens stärker beeinflussen kann als im Falle einer bloßen „Mitwirkung" nach Art. 45 Abs. 3. Der Nachteil besteht lediglich darin, dass er dann – nach Maßgabe des kollisionsrechtlich gesondert anzuknüpfenden Grundverhältnisses (im deutschen Recht § 665 BGB) – den Weisungen des Gläubigers unterliegt. Da sich aus Art. 45 Abs. 3 keine **Inkassovollmacht** des Verwalters ergibt, kann deren Erteilung ebenfalls zweckmäßig sein. **18**

Art. 46 EuInsVO Aussetzung der Verwertung der Masse

(1) [1]Das Gericht, welches das Sekundärinsolvenzverfahren eröffnet hat, setzt auf Antrag des Verwalters des Hauptinsolvenzverfahrens die Verwertung der Masse ganz oder teilweise aus. [2]In diesem Fall kann das Gericht jedoch vom Verwalter des Hauptinsolvenzverfahrens verlangen, alle angemessenen Maßnahmen zum Schutz der Interessen der Gläubiger des Sekundärinsolvenzverfahrens sowie einzelner Gruppen von Gläubigern zu ergreifen. [3]Der Antrag des Verwalters des Hauptinsolvenzverfahrens kann nur abgelehnt werden, wenn die Aussetzung offensichtlich für die Gläubiger des Hauptinsolvenzverfahrens nicht von Interesse ist. [4]Die Aussetzung der Verwertung der Masse kann für höchstens drei Monate angeordnet werden. [5]Sie kann für jeweils denselben Zeitraum verlängert oder erneuert werden.

(2) Das Gericht nach Absatz 1 hebt die Aussetzung der Verwertung der Masse in folgenden Fällen auf:
a) auf Antrag des Verwalters des Hauptinsolvenzverfahrens,
b) von Amts wegen, auf Antrag eines Gläubigers oder auf Antrag des Verwalters des Sekundärinsolvenzverfahrens, wenn sich herausstellt, dass diese Maßnahme insbesondere nicht mehr mit dem Interesse der Gläubiger des Haupt- oder des Sekundärinsolvenzverfahrens zu rechtfertigen ist.

Schrifttum: *Ehricke,* Zur Einflussnahme des Hauptinsolvenzverwalters auf die Verwertungshandlungen des Sekundärinsolvenzverwalters nach der EuInsVO, ZInsO 2004, 633; *Vallender,* Die Aussetzung der Verwertung nach Art. 33 EuInsVO in einem deutschen Sekundärinsolvenzverfahren, FS Kreft, 2004, 565.

Übersicht

[19] *Virgós/Schmit* Rn. 240.
[20] *Virgós/Schmit* Rn. 240.
[21] Mankowski/Müller/Schmidt/*Mankowski* Rn. 57.
[22] Für Stimmrecht MüKoInsO/*Reinhart* EuInsVO 2000 Art. 32 Rn. 18; aA – lex fori – auch Mankowski/Müller/Schmidt/*Mankowski* Rn. 61.
[23] MüKoInsO/*Reinhart* EuInsVO 2000 Art. 32 Rn. 22.

I. Normzweck

1 Art. 46 entspricht im Wortlaut unverändert Art. 33 EuInsVO 2000. Für in Deutschland eröffnete Sekundärverfahren gelten daneben die Durchführungsbestimmungen in Art. 102c § 16 EGInsO (Verzinsungspflicht; → EGInsO Art. 102c § 16 Rn. 1 ff.). Bei Art. 46 handelt es sich um eine **Sachnorm.**[1] Art. 46 Abs. 1 S. 1 sieht vor, dass das Gericht des Sekundärinsolvenzverfahrens die **Verwertung** ganz oder teilweise **aussetzen** kann. Voraussetzung hierfür ist ein **Antrag des Verwalters des Hauptverfahrens.**

2 Wenngleich für die Aussetzung der Verwertung allein die **Interessen der Gläubiger des Hauptverfahrens** von Bedeutung sind (vgl. Art. 46 Abs. 1 S. 2), nimmt Art. 46 durchaus Rücksicht auf die Interessen der Gläubiger des Sekundärinsolvenzverfahrens. Nach Art. 46 Abs. 1 S. 1 Hs. 2 kann das Gericht vom Hauptverwalter Maßnahmen zu deren Schutz verlangen. Und Art. 46 Abs. 2 sieht vor, dass die Aufhebung der Verwertungsaussetzung erfolgt, wenn sie nicht mehr mit dem Interesse des Haupt- oder Sekundärinsolvenzverfahrens zu rechtfertigen ist.[2]

3 Der **Normzweck** des Art. 46 liegt in der Sicherung der Masse des Sekundärverfahrens im Interesse der Gläubiger des Hauptverfahrens. Deutlich geht aus der in Art. 46 Abs. 1 normierten Hauptverwalterbefugnis der **Vorrang des Hauptverfahrens** gegenüber dem Sekundärverfahren hervor (Erwägungsgrund 63 S. 3).[3] Art. 46 gehört zu den Vorschriften, die die **Verfahrenskoordinierung zwischen Haupt- und Nebenverfahren** regeln. Aus der Vorschrift ergibt sich, dass es sich um die **Insolvenz ein und desselben Schuldners** handelt. Die enge Verbindung zwischen den Verfahren und die starken Eingriffsbefugnisse des Hauptverwalters sind Ausdruck des **Vertrauens** der Mitgliedstaaten untereinander.[4]

II. Aussetzung der Verwertung (Abs. 1)

4 **1. Antrag.** Einzige Voraussetzung für die Aussetzung der Verwertung ist ein darauf gerichteter Antrag des Hauptverwalters. Wie aus Art. 46 Abs. 1 S. 3 hervorgeht, hat sich der Hauptverwalter bei seiner Entscheidung hierüber allein von den **Interessen der Gläubiger** des Hauptinsolvenzverfahrens leiten zu lassen.[5] Dass diese den Aussetzungsantrag rechtfertigen, hat der Verwalter im deutschen Verfahren substantiiert vorzutragen (§ 4 InsO iVm § 253 ZPO).[6] Im Interesse der Hauptverfahrensgläubiger liegt die Aussetzung der Verwertung, wenn die getrennte Zerschlagungsverwertung unzweckmäßig erscheint. Das ist etwa der Fall, wenn die **Sanierung** des Schuldners durch Fortführung des Unternehmens erfolgen soll und die Niederlassung des Schuldners im Staat des Sekundärinsolvenzverfahrens für eine Weiterführung des Unternehmens erforderlich ist, zB weil sich dort Produktionsmittel befinden oder die Infrastruktur genutzt werden kann. Insbesondere sind bestehende oder ehemalige, aber noch nutzbare Geschäftsbeziehungen von Bedeutung.[7] Auch bei einer angestrebten **übertragenen Sanierung** stellt die Niederlassung einen entscheidenden Faktor dar.[8] Unter Umständen kann selbst bei **Liquidationsabsicht** eine getrennte Zerschlagung wenig vorteilhaft sein.[9]

5 Kein berechtigtes Interesse für die Aussetzung ist die Verhinderung der Verwertung dinglicher Rechte (Art. 8, Art. 10) durch den Verwalter.[10]

6 Die **zuständige Stelle** zur Einreichung des Antrages ist das Gericht des Sekundärinsolvenzverfahren (Art. 46 Abs. 1 S. 1).

7 **2. Weiteres Verfahren. a) Ermessen.** Nach Art. 46 Abs. 1 S. 1 setzt das Gericht die Verwertung ganz oder teilweise aus, wovon es aber nach Art. 46 Abs. 1 S. 2 absehen kann, wenn die

---

[1] MüKoInsO/*Reinhart* EuInsVO 2000 Art. 33 Rn. 2.

[2] *Balz* ZIP 1996, 948 (954); *Fritz/Bähr* DZWiR 2001, 221 (232); *Lehr* KTS 2000, 577 (583); *Leible/Staudinger* KTS 2000, 533 (569); Stellungnahme Wirtschafts- und Sozialausschuss, ABl. 2000 C 75, 1; s. auch LG Leoben ZIP 2005, 1930.

[3] *Ehricke* ZInsO 2004, 633; *Lüke* ZZP 111 (1998), 275 (304).

[4] *Wimmer* ZIP 1998, 982 (988).

[5] „[…] wenn die Aussetzung offensichtlich *für die Gläubiger des Hauptinsolvenzverfahrens* nicht von Interesse ist." (Hervorhebung hinzugefügt).

[6] MüKoInsO/*Ganter/Lohmann* InsO § 4 Rn. 52a; für eine geringe Begründungsobliegenheit im Hinblick auf die Offensichtlichkeitsschwelle nach Abs. 1 S. 2 Mankowski/Müller/Schmidt/*Mankowski* Rn. 9.

[7] Duursma-Kepplinger/Duursma/Chalupsky/*Duursma-Kepplinger/Chalupsky* EuInsVO 2000 Art. 33 Rn. 4; *Kolmann,* Kooperationsmodelle im Internationalen Insolvenzrecht, 2001, 352; allg. Nerlich/Römermann/*Commandeur* EuInsVO 2000 Art. 33 Rn. 1 mit Blick auf eine übertragende Sanierung.

[8] *Wimmer* ZIP 1998, 982 (988).

[9] Duursma-Kepplinger/Duursma/Chalupsky/*Duursma-Kepplinger/Chalupsky* EuInsVO 2000 Art. 33 Rn. 4.

[10] Duursma-Kepplinger/Duursma/Chalupsky/*Duursma-Kepplinger/Chalupsky* EuInsVO 2000 Art. 33 Rn. 4.

Aussetzung offensichtlich für die Gläubiger des Hauptverfahrens nicht von Interesse ist. Die **Aussetzung** der Verwertung erfolgt also **grundsätzlich** und nur ausnahmsweise unter der oben genannten Voraussetzung besteht ein Ermessensspielraum, von der Aussetzung der Verwertung abzusehen.[11] Das Sekundärverfahren als solches kann nicht ausgesetzt werden.[12]

Für das **Interesse der Hauptverfahrensgläubiger** ist die größtmögliche Befriedigung von deren Insolvenzforderungen relevant. Bei Unternehmensveräußerungen geht es um die Erzielung eines möglichst hohen Kaufpreises. Daher ist es unter Umständen sinnvoll, die Niederlassung als Teil des Unternehmens zu erhalten.[13] **8**

Über die Frage, in welchen Fällen die Aussetzung der Verwertung **offensichtlich nicht für die Hauptverfahrensgläubiger von Interesse** ist, bestehen unterschiedliche Auffassungen. Aus der Verwertung des Wortes „offensichtlich" wie in Art. 33 ist jedenfalls zu schließen, dass eine Begrenzung auf wenige Ausnahmefälle vorzunehmen ist,[14] etwa bei Missbrauch.[15] Nach einer Auffassung ist ein Aussetzungsantrag jedenfalls dann abzulehnen, **wenn auch das Hauptverfahren auf Liquidation gerichtet** sei.[16] Dem kann **nicht** pauschal zugestimmt werden, denn die getrennte Zerschlagung im Haupt- und Nebenverfahren kann im Einzelfall durchaus einen niedrigeren Erlös abwerfen als die Veräußerung eines Unternehmens im Ganzen (→ Rn. 8). Denkbar ist ferner, dass eine **gemeinsame Liquidation geringere Verfahrenskosten** aufwirft. Dann bleibt mehr von der verteilungsfähigen Masse und davon profitieren auch die Gläubiger des Hauptverfahrens, da ihre Befriedigungsquote steigt. **9**

Nach teilweise im Schrifttum vertretener Auffassung kann von der Verwertungsaussetzung abgesehen werden, wenn die **Belange der Gläubiger des Sekundärverfahrens** nicht hinreichend vom Hauptverwalter berücksichtigt worden sind.[17] Das Problem stellt sich nur, wenn die Gläubiger des Haupt- und des Sekundärverfahrens nicht ohnehin identisch sind.[18] In der Sache ist dieser Auffassung zu folgen. Zwar gestattet der **Wortlaut** des Art. 46 Abs. 1 S. 2 dem Gericht eine Ablehnung der beantragten Aussetzung nur, wenn diese offensichtlich nicht im **Interesse der Hauptverfahrensgläubiger** ist. Die Interessen und der Schutz der Sekundärinsolvenzverfahrensgläubiger spielen dabei keine Rolle. Auch ist eine Ausdehnung des Ausnahmetatbestandes über den Wortlaut hinaus nicht erforderlich, denn das Gericht kann – wenn es den Schutz der Sekundärverfahrensgläubiger nicht hinreichend berücksichtigt sieht – Maßnahmen zu ihrem Schutz vom Hauptverfahren verlangen (Art. 46 Abs. 1 S. 1 Hs. 2). Unbeachtlich ist auch, wie viele Gläubiger von der Verwertungsaussetzung betroffen wären und ob diese Gläubiger auch großenteils am Sekundärinsolvenzverfahren beteiligt sind.[19] Nach allem werden von diesem Ausnahmetatbestand wohl allein die Fälle betroffen sein, in denen der Hauptverwalter den Antrag missbräuchlich stellt.[20] Allerdings – und dies ist entscheidend – gestattet Abs. 2 die Rückgängigmachung der Aussetzung sogar von Amts wegen, wenn unter anderem die Interessen der Gläubiger des *Sekundär*verfahrens dies als geboten erscheinen lassen. Daher sollten diese Interessen von vorne herein Berücksichtigung finden.[21] **10**

In Art. 46 Abs. 1 S. 1 Hs. 1 sieht explizit vor, dass auch nur eine **teilweise Aussetzung** der Verwertung vorgenommen werden kann. Hierdurch sollen dem Hauptverwalter auch mildere Eingriffe in das Sekundärverfahren ermöglicht werden, als dies bei der Aussetzung der Verwertung der Fall ist. Zu denken ist insbesondere an eine **„Änderung der Verwertung"**.[22] Relevant ist dies vor allem, wenn sich die Veräußerung oder Sanierung auf einzelne Betriebsteile richtet.[23] **11**

b) Wirkungen der Aussetzung. Die Wirkung der Verwertungsaussetzung besteht darin, dass die **Verwertung** während der Dauer der Aussetzung **nicht fortgeführt** wird. Das bedeutet aber **12**

---

11 Für einen Ermessensspielraum auch *Kolmann* The European Legal Forum 2002, 167 (176), der eine wünschenswerte Flexibilität bringe.

12 OLG Graz NZI 2006, 660 = ZIP 2006, 1544.

13 Duursma-Kepplinger/Duursma/Chalupsky/*Duursma-Kepplinger/Chalupsky* EuInsVO 2000 Art. 33 Rn. 8; *Virgós/Schmit* Rn. 243.

14 *Paulus* Rn. 8.

15 *Ehricke* ZInsO 2004, 633 (636) unter Hinweis darauf, dass man von einer Beschränkung hierauf jedoch absehen solle.

16 Uhlenbruck/*Lüer* EuInsVO 2000 Art. 33 Rn. 1.

17 Nerlich/Römermann/*Commandeur* EuInsVO 2000 Art. 33 Rn. 13.

18 OLG Graz NZI 2006, 660 Ls. 2 = ZIP 2006, 1544.

19 Duursma-Kepplinger/Duursma/Chalupsky/*Duursma-Kepplinger/Chalupsky* EuInsVO 2000 Art. 33 Rn. 12.

20 Mankowski/Müller/Schmidt/*Mankowski* Rn. 6.

21 Zutr. *Paulus* Rn. 9 f. mit Verweis auf *Virgós/Schmit* Rn. 244.

22 *Ehricke* ZInsO 2004, 633 (635).

23 Duursma-Kepplinger/Duursma/Chalupsky/*Duursma-Kepplinger/Chalupsky* EuInsVO 2000 Art. 33 Rn. 8; *Virgós/Schmit* Rn. 243.

nicht, dass das Sekundärinsolvenzverfahren insgesamt eingestellt wird.[24] Denn unter der „Verwertung" ist grundsätzlich nur eine „Versilberung" zu verstehen (arg. Art. 41 Abs. 3).[25] Daher entfaltet eine Aussetzung von vornherein keine Wirkungen, soweit ein Betrieb weitergeführt wird oder wenn eine schlichte Verwaltung vorliegt.[26]

13 Die Dauer der Aussetzung beträgt zunächst **maximal drei Monate** (Art. 46 Abs. 1 S. 3). Auch eine kürzere Frist ist möglich.[27] Nach Art. 46 Abs. 1 S. 4 kann diese Dreimonatsfrist verlängert werden, und zwar um denselben Zeitraum. Der Auffassung, dass die Dreimonatsfrist nicht ausreiche (weder für eine Rettung/Reorganisation noch für einen Verkauf) und dass es daher möglich sei, die Frist beliebig oft zu verlängern,[28] ist beizutreten. Der eindeutige Wortlaut des S. 4 ermöglicht zwar nur eine einmalige Verlängerung. Es wäre aber eine unnötige Förmelei, die Beteiligten auf den umständlicheren Weg der – unbestritten zulässigen – Erneuerung der Aussetzung selbst zu verweisen. Zum Schutz der Gläubiger des Sekundärverfahrens → Rn. 14.

14 **c) Maßnahmen zum Schutz der Gläubiger des Sekundärinsolvenzverfahrens.** Nach Art. 46 Abs. 1 S. 1 Hs. 2 **kann** das **zuständige Gericht** vom Hauptverwalter **angemessene Maßnahmen** zum Schutz der Gläubiger des Sekundärinsolvenzverfahrens verlangen. Denn durch die Aussetzung der Verwertung werden die Interessen der Sekundärverfahrensgläubiger beeinträchtigt. Die zu treffenden Maßnahmen dienen der Abfederung dieser Beeinträchtigung. Beispiele sind etwa eine Sicherheitsleistung zugunsten der Gläubiger des Sekundärverfahrens oder Zinszahlungen.[29] Eine Verzinsungspflicht ist im deutschen Recht gesetzlich bestimmt (→ EGInsO Art. 102c § 16 Rn. 1 ff.). Vgl. im deutschen Insolvenzrecht ferner § 169 InsO.

III. Fortsetzung der Verwertung (Abs. 2)

15 **1. Voraussetzungen. a) Antrag.** Art. 46 Abs. 2 regelt den Wiedereintritt in die Verwertung durch Aufhebung einer nach Abs. 1 angeordneten Aussetzung. Den Antrag auf Aufhebung der Verwertungsaussetzung können neben dem Hauptverwalter auch der Sekundärverwalter und die Gläubiger des Sekundärverfahrens stellen. Eine Aufhebung der Verwertungsaussetzung kann **auch von Amts wegen** erfolgen. Die Aufhebung der Aufhebungsentscheidung kann auch gegenständlich beschränkt beantragt werden, dh mit Blick auf nur einen Teil der von der Aussetzung nach Abs. 1 betroffenen Masse.

16 **b) Wegfall des Gläubigerinteresses.** Ist der Antrag von dem **Verwalter des Sekundärinsolvenzverfahrens** oder von einem **Gläubiger** dieses Verfahrens gestellt worden oder soll die Aufhebung von Amts wegen erfolgen, ist zusätzlich noch erforderlich, dass **„diese Maßnahme insbesondere nicht mehr mit dem Interesse der Gläubiger des Haupt- oder Sekundärinsolvenzverfahrens zu rechtfertigen ist"** (Art. 46 Abs. 2 lit. b). Insoweit trifft den Antragsteller eine Darlegungslast; für das Gericht gilt der Amtsermittlungsgrundsatz auch in diesem Punkt.[30] Namentlich ist ein Wegfall des Gläubigerinteresses bei einem absehbaren Scheitern der Reorganisation im ausländischen Hauptinsolvenzverfahren oder bei der umfassenden Verwertung des schuldnerischen Unternehmens einschließlich der Niederlassung am Ort des Sekundärinsolvenzverfahrens anzunehmen. In Betracht zu ziehen sind ferner Umstände, die zu einer erheblichen Verschlechterung der Verwertungsaussichten führen wie auch zeitliche Verzögerungen zum Nachteil des einen oder des anderen Gläubigers.[31]

17 Hat der **Hauptverwalter** den Antrag auf Aufhebung der Verwertungsaussetzung gestellt, bedarf es keiner weiteren Voraussetzungen (Art. 46 Abs. 2 lit. a). Der Hauptverwalter ist damit der Herr des Aussetzungsverfahrens.

18 **2. Rechtsfolge.** Die Rechtsfolge des Art. 46 Abs. 2 besteht in der Aufhebung der Aussetzungsentscheidung. Der Sekundärverwalter kann die Verwertung fortsetzen.

---

24 Duursma-Kepplinger/Duursma/Chalupsky/*Duursma-Kepplinger/Chalupsky* EuInsVO 2000 Art. 33 Rn. 14: *Virgós/Schmit* Rn. 243.

25 Zutr. *Paulus* Rn. 2.

26 Näher *Paulus* Rn. 2 ff.

27 Uhlenbruck/*Lüer* EuInsVO 2000 Art. 33 Rn. 2.

28 EuGH ECLI:EU:C:2021:963 – Alpine BAU = NZI 2022, 40 Rn. 35 (da auf die Begrenzung des Art. 60 Abs. 4 verzichtet wurde, kann die Aussetzung unbeschränkt jeweils um die maximale Dauer von drei Monaten wiederholt werden); dazu *Mansel/Thorn/Wagner* IPRax 2022, 97 (137 f.); *J. Schmidt* BB 2022, 1859 (1874).

29 *Paulus* Rn. 15 f.; *Vallender* FS Kreft, 2004, 565 (573 ff.).

30 Leonhardt/*Smid/Zeuner* EuInsVO 2000 Art. 33 Rn. 10.

31 Uhlenbruck/*Lüer* EuInsVO 2000 Art. 33 Rn. 3.

Art. 47 EuInsVO Recht des Verwalters, Sanierungspläne vorzuschlagen

(1) Kann nach dem Recht des Mitgliedstaats, in dem das Sekundärinsolvenzverfahren eröffnet worden ist, ein solches Verfahren ohne Liquidation durch einen Sanierungsplan, einen Vergleich oder eine andere vergleichbare Maßnahme beendet werden, so hat der Verwalter des Hauptinsolvenzverfahrens das Recht, eine solche Maßnahme im Einklang mit dem Verfahren des betreffenden Mitgliedstaats vorzuschlagen.

(2) Jede Beschränkung der Rechte der Gläubiger, wie zum Beispiel eine Stundung oder eine Schuldbefreiung, die sich aus einer im Sekundärinsolvenzverfahren vorgeschlagenen Maßnahme im Sinne des Absatzes 1 ergibt, darf ohne Zustimmung aller von ihr betroffenen Gläubiger keine Auswirkungen auf das nicht von diesem Verfahren erfasste Vermögen des Schuldners haben.

Übersicht

I. Wesentlicher Inhalt und Normzweck

1 Art. 47 ist angelehnt an Art. 34 EuInsVO 2000. Im Zuge der Reform wurden allerdings Art. 34 Abs. 1 UAbs. 2 und Abs. 3 EuInsVO 2000 gestrichen. Art. 47 regelt die Beendigung des Sekundärinsolvenzverfahrens auf andere Weise als im Wege der Liquidation. Art. 34 ist Ausdruck des **Kompromisses zwischen der Einheit und der Pluralität** des Insolvenzverfahrens, der die gesamte VO wie ein roter Faden durchzieht (→ Vor Art. 1 Rn. 16). Der Schwerpunkt liegt dabei auf dem **Hauptverfahren,** das gegenüber dem Sekundärinsolvenzverfahren **Vorrang** genießt.[1] Nach Art. 47 kann das Verfahren auch im Wege einer **Sanierung der Niederlassung** beendet werden.[2]

2 Nach **Art. 47 Abs. 1** hat der Verwalter des Hauptverfahrens ein Vorschlagsrecht für die Beendigung des Sekundärverfahrens durch einen Sanierungsplan, einen Vergleich oder eine andere vergleichbare Maßnahme. Damit er in der Lage ist, eine solche Entscheidung zu treffen, muss der Hauptverwalter zunächst über alle relevanten Tatsachen unterrichtet worden sein (vgl. Art. 41 Abs. 1). Art. 47 Abs. 1 entspricht insoweit Art. 34 Abs. 1 UAbs. 1 EuInsVO 2000.

3 Nach dem autonomen Insolvenzrecht der Mitgliedstaaten bedarf ein **Insolvenzplan/Vergleich** meist einer bestimmten Mehrheit der Gläubiger (vgl. § 244 InsO). Abweichend davon müssen **nach Art. 47 Abs. 2 alle Gläubiger zustimmen,** wenn sich die Wirkungen des Eingriffs in die Gläubigerrechte über das Gebiet des Sekundärverfahrensstaates hinaus erstrecken sollen. Der **Normzweck** der Vorschrift liegt sonach in der **Sicherung der extraterritorialen Wirkungen von Sanierungsmaßnahmen** (näher → Rn. 11 ff.).

4 In Bezug auf das Vermögen, das in Drittstaaten belegen ist, entfaltet die Sanierungsmaßnahme ohnehin keine Wirkung; nach zutreffender Ansicht (vgl. → Art. 41 Rn. 5, wonach es eines qualifizierten Auslandsbezuges bedarf) ist hier schon der räumliche Anwendungsbereich der Norm nicht eröffnet.[3] Da sich das Sekundärverfahren nur auf das Vermögen im Sekundärverfahrensstaat erstreckt, während die Forderungen der Gläubiger nicht territorial beschränkt sind, bedarf es weiterer Wirkungsvoraussetzungen, wenn die Wirkungen des Vergleichs über diese territoriale Beschränkung hinausgehen sollen.[4]

II. Vorschlagsrecht des Hauptverwalters (Abs. 1)

5 **1. Art der Verfahrensbeendigung.** Art. 47 Abs. 1 nennt verschiedene Arten der Verfahrensbeendigung, die von der Liquidation abweichen: den Sanierungsplan, den Vergleich oder andere

[1] *Kolmann,* Kooperationsmodelle im Internationalen Insolvenzrecht, 2001, 351 f.; Mankowski/Müller/Schmidt/*Mankowski* Rn. 1: die Sekundärinsolvenz habe eine „Unterstützungsfunktion gegenüber der Hauptinsolvenz".

[2] *Kolmann* The European Legal Forum 2002, 167 (176); MüKoInsO/*Reinhart* EuInsVO 2000 Art. 34 Rn. 2.

[3] Duursma-Kepplinger/Duursma/Chalupsky/*Duursma-Kepplinger/Chalupsky* EuInsVO 2000 Art. 34 Rn. 4.

[4] MüKoInsO/*Reinhart* EuInsVO 2000 Art. 34 Rn. 2.

vergleichbare Maßnahmen (Art. 47 Abs. 1). Als vergleichbare Maßnahme in diesem Sinne kommt vor allem das deutsche Insolvenzplanverfahren nach §§ 217 ff. InsO in Betracht. Voraussetzung ist stets, dass die lex fori concursus secundarii eine solche Maßnahme zulässt.[5] Somit besteht eine Sanierungsmöglichkeit auch im Sekundärinsolvenzverfahren.[6]

6 **2. Vorschlagsrecht.** Art. 47Abs. 1 räumt dem Hauptverwalter ein eigenständiges Vorschlagsrecht ein. Zugleich ergibt sich aus dieser Vorschrift ein Insolvenzplaninitiativrecht, das im deutschen Recht nach § 218 Abs. 1 S. 1 InsO dem Verwalter und dem Schuldner zusteht.[7] Neben dem Hauptverwalter liegt das Vorschlagsrecht auch noch bei den anderen Personen, die nach dem Insolvenzstatut hierzu befugt sind.[8] Das ergibt sich aus dem Wortlaut des Art. 47 Abs. 1, wo nicht die Rede davon ist, dass nur dem Hauptverwalter das Vorschlagsrecht zukommen soll.

7 **3. Zustimmung des Hauptverwalters.** Das Erfordernis der Zustimmung des Hauptverwalters zur Beendigung der Maßnahme nach Art. 34 Abs. 1 UAbs. 2 EuInsVO 2000 wurde mit der EuInsVO abgeschafft.[9] Damit sind die Befugnisse des Verwalters im Hauptinsolvenzverfahren im Vergleich zu den Verwaltern der Sekundärverfahren geschwächt worden.[10]

III. Wirkungserstreckung von Eingriffen in Gläubigerrechte (Abs. 2)

8 Grundsätzlich entfaltet das Sekundärinsolvenzverfahren allein in seinem Eröffnungsstaat Wirkungen (Art. 3 Abs. 2 S. 2, Art. 34 S. 3).[11] Abweichend hiervon **erweitert** Art. 47 Abs. 2 die **Wirkungserstreckung** in räumlicher Hinsicht, **wenn** dem alle betroffenen **Gläubiger zustimmen** (→ Rn. 3). Art. 47 Abs. 2 ist vergleichbar mit Art. 20 Abs. 2. Nach Art. 20 Abs. 2 S. 1 ist die Wirkung des Partikularinsolvenzverfahrens in den anderen Mitgliedstaaten anzuerkennen. Nach Art. 20 Abs. 2 S. 2 wirkt die Rechtebeschränkung der Gläubiger hinsichtlich der Gegenstände, die sich in einem von dem Eröffnungsstaat unterschiedlichen Staat befinden, allein gegenüber den Gläubigern, die zugestimmt haben, sofern nicht alle zugestimmt haben. Hierin liegt ein wesentlicher Unterschied zu Art. 47 Abs. 2, bei dem bereits die Verweigerung der Zustimmung eines Gläubigers dazu führt, dass die Maßnahme außerhalb des Eröffnungsstaates keine die Gläubiger belastende Wirkung entfaltet.[12] Darüber hinaus gilt Art. 47 Abs. 2 nur für Sekundärinsolvenzverfahren, Art. 20 Abs. 2 hingegen auch für unabhängige Partikularinsolvenzverfahren. Dies macht den praktischen Unterschied zwischen den beiden Normen aus.[13]

9 **1. Voraussetzungen.** Zunächst bedarf es einer **Beschränkung der Gläubigerrechte,** die sich aus einer Maßnahme iSd Abs. 1 ergibt. Hier sind beispielhaft die Stundung oder Schuldbefreiung zu nennen. Auch der verfahrensbeendigende Vergleich oder Insolvenzplan gehört hierher.

10 **Alle betroffenen Gläubiger** müssen **zustimmen.** Im innerstaatlichen Insolvenzrecht besteht meist bloß ein Mehrheitserfordernis (zur deutschen InsO → Rn. 3). Ferner wirkt nach § 254 Abs. 1 InsO ein Insolvenzplan gegenüber allen Beteiligten mit der Rechtskraft der Bestätigung, und zwar auch gegenüber denen, die nicht zugestimmt haben. Dies kollidiert mit dem Zustimmungserfordernis des Art. 47 Abs. 2. Aus diesem Grunde hat der deutsche Gesetzgeber Art. 102c § 15 EGInsO eingeführt. Danach ist abweichend von § 254 Abs. 1 InsO für die Bestätigung des Plans durch das Insolvenzgericht die **Zustimmung aller Gläubiger** erforderlich.

11 **2. Rechtsfolge.** Liegen die Voraussetzungen vor, entfaltet die entsprechende Maßnahme entgegen dem Grundsatz der Wirkungsbeschränkung (→ Rn. 11) **auch in den anderen Mitgliedstaaten Wirkung.**

---

5 *Bos* NILR 2003, 31 (44); *Kolmann,* Kooperationsmodelle im Internationalen Insolvenzrecht, 2001, 353; MüKoInsO/*Reinhart* EuInsVO 2000 Art. 34 Rn. 2.

6 AA *Martini* ZInsO 2002, 905 (909).

7 MüKoInsO/*Reinhart* EuInsVO 2000 Art. 34 Rn. 2; Uhlenbruck/*Lüer* EuInsVO 2000 Art. 34 Rn. 1; *Virgós/Schmit* Rn. 248; Mankowski/Müller/Schmidt/*Mankowski* Rn. 9.

8 Duursma-Kepplinger/Duursma/Chalupsky/*Duursma-Kepplinger/Chalupsky* EuInsVO 2000 Art. 34 Rn. 5; Mankowski/Müller/Schmidt/*Mankowski* Rn. 10; *Virgós/Schmit* Rn. 248.

9 Zur alten Rechtlage → 6. Aufl. 2015, EuInsVO Art. 34 Rn. 7 ff. zur EuInsVO 2000.

10 So auch Moss/Fletcher/Isaacs, The EU Regulation on Insolvency Proceedings, 3. Aufl. 2016, Rn. 8.713.

11 *Virgós/Schmit* Rn. 250.

12 *Kolmann,* Kooperationsmodelle im Internationalen Insolvenzrecht, 2001, 354.

13 AA Uhlenbruck/*Lüer* EuInsVO 2000 Art. 34 Rn. 3, der davon ausgeht, dass Art. 47 Abs. 2 mit Art. 20 Abs. 2 S. 2 korrespondiert und daher skeptisch ist, ob die Vorschrift überhaupt praktische Relevanz haben wird.

Wenn dagegen nicht die Zustimmung von allen Gläubigern erteilt wird, entfaltet die Maßnahme **keinerlei Wirkung,** und zwar auch nicht denen gegenüber, die zugestimmt haben.[14] 12

Art. 48 EuInsVO Auswirkungen der Beendigung eines Insolvenzverfahrens

(1) Unbeschadet des Artikels 49 steht die Beendigung eines Insolvenzverfahrens der Fortführung eines zu diesem Zeitpunkt noch anhängigen anderen Insolvenzverfahrens über das Vermögen desselben Schuldners nicht entgegen.

(2) Hätte ein Insolvenzverfahren über das Vermögen einer juristischen Person oder einer Gesellschaft in dem Mitgliedstaat, in dem diese Person oder Gesellschaft ihren Sitz hat, deren Auflösung zur Folge, so besteht die betreffende juristische Person oder Gesellschaft so lange fort, bis jedes andere Insolvenzverfahren über das Vermögen desselben Schuldners beendet ist oder von dem Verwalter in diesem bzw. den Verwaltern in diesen anderen Verfahren der Auflösung zugestimmt wurde.

I. Normzweck

Art. 48 wurde im Zuge der Reform 2015 neu eingeführt und trifft – als **Sachnorm** – Regelungen zu den **Folgen der Beendigung eines Insolvenzverfahrens.** Abs. 1 stellt das ohnehin Offensichtliche klar: wird ein Insolvenzverfahren beendet, kann ein weiteres noch anhängiges anderes Insolvenzverfahren über das Vermögen desselben Schuldners fortgeführt werden. Abs. 2 dagegen regelt die in der EuInsVO 2000 umstrittene Situation,[1] in der eine Gesellschaft in einem Insolvenzverfahren aufgelöst wird, obwohl noch andere Insolvenzverfahren über ihr Vermögen laufen. Gemeint ist wohl eher die Vollbeendigung der Gesellschaft.[2] 1

Die **Fortführung anderer Verfahren (Abs. 1)** hätte nicht eigens geregelt werden müssen. Auch der Vienna Report (→ Vor Art. 1 Rn. 15) hatte diesbezüglich keinen Reformbedarf in der EuInsVO 2000 erkannt.[3] Dass die Beendigung eines Insolvenzverfahrens der Fortführung eines anderen Parallelverfahrens nicht entgegensteht, ergibt sich schon aus der Selbstständigkeit der Verfahrens und der Trennung der jeweils verfahrensgegenständlichen Insolvenzmassen. Die Normaussage des Art. 47 Abs. 1 wirkt daher **bloß deklaratorisch.** 2

Die Vorschrift des **Abs. 2** ist eine **gesellschaftsrechtliche Sachnorm.** Sie richtet sich an das mitgliedstaatliche Registergericht am Gesellschaftssitz, das für die Löschung der Gesellschaft im Handelsregister zuständig ist. Freilich dürfte nach nationalem Gesellschaftsrecht ohnehin die für die Löschung (nicht „Auflösung", wie es im Verordnungswortlaut heißt) notwendige **Vollbeendigung** erst eintreten, wenn sämtliche Insolvenzverfahren über das Vermögen der juristischen Person beendet wurden. Es kommt dann ggf. zur Löschung wegen Vermögenslosigkeit, § 394 Abs. 1 S. 2 FamFG iVm § 60 Abs. 1 Nr. 7 GmbHG. 3

II. Fortführung anderer Insolvenzverfahren (Abs. 1)

Nach Art. 48 Abs. 1 steht es der Fortführung anderer Insolvenzverfahren über das Vermögen desselben Schuldners nicht entgegen, dass eines der Insolvenzverfahren beendet wird. Dies ist selbstverständlich (→ Rn. 2).[4] Das Sekundärverfahren ist ein eigenständiges Insolvenzverfahren mit der alleinigen Besonderheit, dass die Insolvenzmasse territorial beschränkt ist. Erst wenn nach dem dafür maßgeblichen Insolvenzrecht (Art. 35) das Verfahren beendet ist, treten die entsprechenden wirkunegn ein. Art. 48 Abs. 1 ist daher eine Sachnorm mit bloß **klarstellendem Charakter.**[5] 4

III. Auflösung eines Unternehmens im beendeten Verfahren

Art. 48 Abs. 2 stellt eine Neuerung dar. Unter der EuInsVO 2000 gab es keine Regelung für den Fall, dass ein Unternehmen in einem Mitgliedstaat registriert und in einem anderen seinen Mittelpunkt der hauptsächlichen Interessen (COMI) hatte. Das konnte dazu führen, dass das Unternehmen zB nach der Beendigung eines Sekundärinsolvenzverfahrens im Mitgliedstaat der Registrie- 5

[14] *Balz* ZIP 1996, 948 (954); Duursma-Kepplinger/Duursma/Chalupsky/*Duursma-Kepplinger/Chalupsky* EuInsVO 2000 Art. 34 Rn. 13; *Kolmann,* Kooperationsmodelle im Internationalen Insolvenzrecht, 2001, 353 f.; *Lüke* ZZP 111 (1998), 275 (308 f.); *Taupitz* ZZP 111 (1998), 315 (348).

[1] *Moss/Fletcher/Isaacs,* The EU Regulation on Insolvency Proceedings, 3. Aufl. 2016, Rn. 8.717.

[2] MüKoInsO/*Reinhart* Rn. 1.

[3] MüKoInsO/*Reinhart* Rn. 1.

[4] So auch *Moss/Fletcher/Isaacs,* The EU Regulation on Insolvency Proceedings, 3. Aufl. 2016, Rn. 8.716.

[5] MüKoInsO/*Reinhart* Rn. 5.

rung aufgelöst wurde, obwohl im Mitgliedstaat des COMI noch das Hauptinsolvenzverfahren betrieben wurde.[6] Nach Art. 48 Abs. 2 besteht die betreffende juristische Person oder Gesellschaft so lange fort, bis *jedes [andere] Insolvenzverfahren* über das Vermögen desselben Schuldners beendet ist oder alle Verwalter der anderen anhängigen Verfahren der Auflösung zugestimmt haben. Die Vorschrift regelt somit den Zeitpunkt der Löschung der juristischen Person oder Gesellschaft bei Durchführung mehrerer Insolvenzverfahren. Maßgeblich ist – alternativ – die Beendigung sämtlicher Verfahren oder die Zustimmung der Verwalter der anderen Insolvenzverfahren zur „Auflösung".

6 Der Begriff der **„Auflösung"** (dissolution [E/F]; scioglimento) steht im Gesellschaftsrecht allerdings für den **Übergang einer Gesellschaft ins Liquidationsstadium.** Dieser vollzieht sich ohnehin ex lege mit der Insolvenzeröffnung (vgl. nur § 60 Abs. 1 Nr. 4 GmbHG; → Art. 7 Rn. 93). Die **Norm handelt** daher nicht von den Voraussetzungen des Eintritts in das Liquidationsstadium, sondern **von den Voraussetzungen der Löschung.** Neben die Voraussetzungen des Gesellschaftsstatuts für die Löschung – zB die Vermögenslosigkeit iSd § 60 Abs. 1 Nr. 7 GmbHG – treten danach wahlweise **(1)** die Beendigung sämtlicher Insolvenzverfahren über das Vermögen der Gesellschaftt oder **(2)** die Zustimmung aller Verwalter etwaiger Parallelverfahren.[7] Daher ist Art. 48 Abs. 2 als Sachnorm für das Registergericht der juristischen Person oder Gesellschaft zu begreifen. Sie soll ausschließen, dass laufende Insolvenzverfahren durch den Wegfall des Schuldners als Rechtssubjekt behindert oder unmöglich werden.

7 Mit Sitz ist der **Satzungssitz** der Gesellschaft gemeint, wie aus anderen Sprachfassungen deutlich wird („registered office"/„siège statutaire"), → Art. 3 Rn. 24.

Art. 49 EuInsVO Überschuss im Sekundärinsolvenzverfahren

Können bei der Verwertung der Masse des Sekundärinsolvenzverfahrens alle in diesem Verfahren festgestellten Forderungen befriedigt werden, so übergibt der in diesem Verfahren bestellte Verwalter den verbleibenden Überschuss unverzüglich dem Verwalter des Hauptinsolvenzverfahrens.

I. Normzweck

1 Art. 49 entspricht im Wortlaut unverändert Art. 35 EuInsVO 2000. Wenn die Masse des Sekundärinsolvenzverfahrens so groß ist, dass alle in diesem Verfahren festgestellten Forderungen befriedigt werden und zudem ein Überschuss vorhanden ist, muss der Verwalter des Sekundärinsolvenzverfahrens diesen Überschuss an den Hauptverwalter herausgeben. *Reinhart* bezeichnet diese Regelung als Selbstverständlichkeit.[1] Art. 49 ist eine **Sachnorm** mit Verdrängungswirkung gegenüber dem innerstaatlichem Recht (zB § 199 InsO).

2 Die Vorschrift ist Ausdruck des **Vorrangs** des Hauptverfahrens gegenüber dem Sekundärinsolvenzverfahren.[2] Zudem wird auch hier deutlich, dass es sich um die Insolvenz nur eines Rechtsträgers handelt.[3]

3 Die **praktische Bedeutung** der Vorschrift ist zumindest **gering.**[4] In der Tat kann ein Überschuss nur bestehen, wenn die vorhandene Masse des Sekundärinsolvenzverfahrens groß ist, wenn sich also große Vermögensmassen im Niederlassungsstaat befinden.[5] Da jeder Gläubiger nach Art. 45 Abs. 1 seine Forderung in jedem Verfahren anmelden kann, ist ein Überschuss noch unwahrscheinlicher, denn die Anmeldung der Forderung wird gerade auch dann im Sekundärinsolvenzverfahren erfolgen, wenn die Masse dort hoch ist und eine weitgehende oder gar gänzliche Befriedigung verspricht. Wenn aber viele oder alle Gläubiger ihre Forderungen auch im Sekundärverfahren anmelden, wird regelmäßig selbst die noch so große Masse in diesem Verfahren nicht hinreichen, um eine vollständige Befriedigung aller Gläubiger herbeizuführen. Auch dann wird es zu einer bloßen

[6] *Moss/Fletcher/Isaacs,* The EU Regulation on Insolvency Proceedings, 3. Aufl. 2016, Rn. 8.717 mwN.
[7] MüKoInsO/*Reinhart* Rn. 3; *Paulus* Rn. 3.
[1] MüKoInsO/*Reinhart* EuInsVO 2000 Art. 35 Rn. 1.
[2] Duursma-Kepplinger/Duursma/Chalupsky/*Duursma-Kepplinger/Chalupsky* EuInsVO 2000 Art. 35 Rn. 1; *Kolmann,* Kooperationsmodelle im Internationalen Insolvenzrecht, 2001, 340; Uhlenbruck/*Lüer* EuInsVO 2000 Art. 35 Rn. 1: „rundet die Unterordnung des Sekundärinsolvenzverfahrens unter das ausländische Hauptinsolvenzverfahren ab"; *Virgós/Schmit* Rn. 252.
[3] Duursma-Kepplinger/Duursma/Chalupsky/*Duursma-Kepplinger/Chalupsky* EuInsVO 2000 Art. 35 Rn. 1.
[4] Duursma-Kepplinger/Duursma/Chalupsky/*Duursma-Kepplinger/Chalupsky* EuInsVO 2000 Art. 35 Rn. 2; *Paulus* Rn. 3; Uhlenbruck/*Lüer* EuInsVO 2000 Art. 35 Rn. 2; *Wimmer* ZIP 1998, 982 (988).
[5] Mankowski/Müller/Schmidt/*Mankowski* Rn. 4.

Quotenbefriedigung kommen und es wird kein Überschuss bestehen, der an den Hauptverwalter herauszugeben sein wird.[6]

II. Voraussetzungen

Zunächst müssen in dem Sekundärinsolvenzverfahren alle **festgestellten Forderungen befriedigt** werden. Darunter fallen nicht die nicht angemeldeten und die angemeldeten aber nicht zugelassenen Forderungen. 4

Ferner muss sich darüber hinaus ein verteilungsfähiger **Überschuss** ergeben,[7] bestehend aus einer Geldsumme und den Gegenständen, deren Verwertung für den Insolvenzverwalter nicht möglich war. Finanzielle Belastungen sind abzuziehen.[8] 5

III. Rechtsfolge

Der in dem Sekundärinsolvenzverfahren bestellte Verwalter ist verpflichtet, den bestehenden Überschuss an den Verwalter des Hauptverfahrens unverzüglich herauszugeben. Dies ist ein EU-rechtsunmittelbarer Anspruch der Hauptverfahrensmasse gegen die Sekundärverfahrensmasse.[9] 6

Art. 50 EuInsVO Nachträgliche Eröffnung des Hauptinsolvenzverfahrens

Wird ein Verfahren nach Artikel 3 Absatz 1 eröffnet, nachdem in einem anderen Mitgliedstaat ein Verfahren nach Artikel 3 Absatz 2 eröffnet worden ist, so gelten die Artikel 41, 45, 46, 47 und 49 für das zuerst eröffnete Insolvenzverfahren, soweit dies nach dem Stand dieses Verfahrens möglich ist.

I. Normzweck

Art. 50 wurde im Rahmen der Reform auf die neue Nummerierung der Artikel angepasst, entspricht aber im Übrigen Art. 36 EuInsVO 2000. Art. 50 bezieht sich auf folgende Fallsituation: Nach Eröffnung eines unabhängigen Partikularverfahrens (Art. 3 Abs. 2, Art. 7) kommt es in einem anderen Mitgliedstaat zur Eröffnung eines Hauptinsolvenzverfahrens (Art. 3 Abs. 1). In einem solchen Fall sollen nach Art. 50 EuInsVO grundsätzlich **Regeln über die Zusammenarbeit, wechselseitige Unterrichtung und Überschussabführung** (Art. 41, 45, 46, 47 und Art. 49) zur **Anwendung** gelangen. Denn auch in einer solchen Konstellation besteht Bedarf für eine Abstimmung der Verfahren aufeinander.[1] 1

Ein wesentlicher Unterschied besteht zwischen Art. 50 und Art. 36 EuInsÜ (→ Einl. IntInsR Rn. 16). Nach **Art. 36 EuInsÜ** sollten die Art. 31–35 EuInsÜ nur zur Anwendung gelangen, soweit dies nach dem Stand des Verfahrens „erforderlich" ist (Art. 50 lässt es ausreichen, dass dies nach dem Stand des Verfahrens „möglich" sei.) Bei der Verwendung des Wortes „erforderlich" handelte es sich um ein Redaktionsversehen.[2] Art. 50 stellt die Anwendung der Art. 41 ff. zutreffend unter den Vorbehalt des Möglichen. 2

II. Voraussetzungen

Es muss zunächst ein **unabhängiges Partikularverfahren** nach Art. 3 Abs. 2, Art. 7, **sodann** das **Hauptinsolvenzverfahren** nach Art. 3 Abs. 1 eröffnet worden sein. 3

Zu einer Anwendung der Art. 41, 45, 46, 47 und Art. 49 kommt es in dieser Fallsituation aber nur, soweit dies nach dem Stand des Partikularverfahrens „möglich" ist. Dieser Begriff ist im Interesse der Hauptverfahrensgläubiger weit auszulegen, um den Art. 41, 45, 46, 47 und Art. 49 ein großes Anwendungsgebiet zu verschaffen. Die Art. 41, 45, 46, 47 und Art. 49 sind nur dann nicht anwendbar, wenn dies nach dem aktuellen Verfahrensstand des Partikularinsolvenzverfahrens zwingend geboten erscheint,[3] zB weil das Gebot zu einer Zusammenarbeit und Unterrichtung bereits durch den Verfahrensstand überholt ist.[4] 4

[6] Duursma-Kepplinger/Duursma/Chalupsky/*Duursma-Kepplinger/Chalupsky* EuInsVO 2000 Art. 35 Rn. 1; Mankowski/Müller/Schmidt/*Mankowski* Rn. 4 MüKoInsO/*Reinhart* EuInsVO 2000 Art. 35 Rn. 2; *Wimmer* ZIP 1998, 982 (988).

[7] Mankowski/Müller/Schmidt/*Mankowski* Rn. 4.

[8] Mankowski/Müller/Schmidt/*Mankowski* Rn. 4.

[9] Mankowski/Müller/Schmidt/*Mankowski* Rn. 8.

[1] Mankowski/Müller/Schmidt/*Mankowski* Rn. 2; *Paulus* Rn. 2.

[2] *Wimmer* ZIP 1998, 982 (988).

[3] Duursma-Kepplinger/Duursma/Chalupsky/*Duursma-Kepplinger/Chalupsky* EuInsVO 2000 Art. 36 Rn. 2; *Kolmann,* Kooperationsmodelle im Internationalen Insolvenzrecht, 2001, 332; *Wimmer* ZIP 1998, 982 (988).

[4] MüKoInsO/*Reinhart* EuInsVO 2000 Art. 36 Rn. 1.

III. Rechtsfolge

5 Über Art. 50 gelangen die **Art. 41, 45, 46, 47 und Art. 49** zur Anwendung.

IV. Verhältnis zu Art. 51 EuInsVO

6 Art. 50 ist eine pragmatische Lösung zur Verfahrenskoordinierung. Art. 51 eröffnet die Möglichkeit, auf Initiative des Hauptverwalters Sekundärverfahren umzuwandeln.[5]

Art. 51 EuInsVO Umwandlung von Sekundärinsolvenzverfahren

(1) Auf Antrag des Verwalters des Hauptinsolvenzverfahrens kann das Gericht eines Mitgliedstaats, bei dem ein Sekundärinsolvenzverfahren eröffnet worden ist, die Umwandlung des Sekundärinsolvenzverfahrens in ein anderes der in Anhang A aufgeführten Insolvenzverfahren anordnen, sofern die Voraussetzungen nach nationalem Recht für die Eröffnung dieses anderen Verfahrens erfüllt sind und dieses Verfahren im Hinblick auf die Interessen der lokalen Gläubiger und die Kohärenz zwischen Haupt- und Sekundärinsolvenzverfahren am geeignetsten ist.

(2) Bei der Prüfung des Antrags nach Absatz 1 kann das Gericht Informationen von den Verwaltern beider Verfahren anfordern.

Übersicht

I. Normzweck

1 Art. 51 betrifft den Fall der Umwandlung eines Sekundärverfahrens in ein anderes Insolvenzverfahren nach Anh. A. Sie ist angelehnt an der Vorgängervorschrift (Art. 37 EuInsVO 2000), die die Umwandlung eines Partikularverfahrens in ein Liquidationsverfahren betraf. Die Vorschrift begündet ein **Mitspracherecht des Hauptinsolvenzverwalters,** wenn zeitlich zunächst das Sekundärinsolvenzverfahren eröffnet wurde und erst nachfolgend das Hauptverfahren. In diesem Fall kann der Verwalter des Hauptverfahrens bei Gericht beantragen, dass das Insolvenzverfahren des Sekundärverfahrens in einen anderen, nach der lex fori secundarii zulässigen Verfahrenstyp umgewandelt wird, der im Hinblick auf die Interessen der lokalen Gläubiger und der Kohärenz zwischen Haupt- und Sekundärverfahren am geeignetsten ist (zur „Kohärenz" verstanden als Gleichlauf der Verfahrenszwecke → Art. 38 Rn. 25 ff.).

2 Die Antragsbefugnis nach **Abs. 1 ergänzt** die Verwalterrechte nach **Art. 38 Abs. 4,** wonach Hauptinsolvenzverwalter einen entsprechenden Antrag bereits vor Eröffnung des Sekundärverfahrens stellen kann. Der **praktische Anwendungsbereich** dieser ergänzenden Antragsbefugnis dürte **begrenzt** sein, da die Eröffnungsverfahren von Haupt- und Sekundärverfahren meist zeitgleich verlaufen werden und eine Abstimmung hinsichtlich der Verfahrenstypen im Vorfeld der Verfahrenseröffnung – etwa im Rahmen einer Kooperation der Insolvenzgerichte (Art. 42) – erfolgt.[1]

3 Für **Sekundärinsolvenzverfahren in Deutschland** ist **Art. 51 nicht von Bedeutung,** da das deutsche Recht seit Inkraftreten der InsO (1.1.1999) keine unterschiedlichen Verfahrenstypen mehr vorsieht (vgl. Anh. A). Unter der InsO gibt es kein „anderes Insolvenzverfahren" iSd Abs. 1. Hat die Gläubigerversammlung dem Insolvenzverwalter die Liquidation der Sekundärinsolvenzmasse als Verfahrensziel aufgegeben, so kann dies durch einen Antrag des ausländischen Hauptinsolvenzverwalters nach Art. 51 nicht mehr geändert werden. Dem deutschen Insolvenzgericht steht es nicht zu, das von der Gläubigerversammlung beschlossene Verfahrensziel (§ 156, 157 InsO) zu ändern.

[5] *Moss/Fletcher/Isaacs,* The EU Regulation on Insolvency Proceedings, 3. Aufl. 2016, Rn. 8.722.
[1] MüKoInsO/*Reinhart* EuInsVO 2000 Rn. 1.

Die Liquidation der Insolvenzmasse (§ 159 InsO) kann der ausländische Hauptinsolvenzverwalter daher allenfalls über Art. 46 verhindern.

II. Voraussetzungen eines Wechsels (Abs. 1)

1. Eröffnung eines Sekundärinsolvenzverfahrens. Zunächst muss ein Sekundärinsolvenzverfahren bereits eröffnet worden sein. Vor Eröffnung des Sekundärinsolvenzverfahrens kann der Insolvenzverwalter des Hauptverfahrens über Art. 38 Abs. 4 einen Antrag auf Wechsel des zu eröffnenden Verfahrenstyps stellen. **4**

2. Eröffnungsvoraussetzungen nach nationalem Recht erfüllt. Voraussetzung der Umwandlung ist ferner, dass die Voraussetzungen zur Eröffnung dieses anderen Verfahrens nach nationalem Recht erfüllt sind. **5**

3. Umwandlung im Interesse der lokalen Verfahrensgläubiger. Damit es zu einer Umwandlung in ein anderes Verfahren kommen kann, muss als **Antragsgrund** ein entsprechendes Interesse der lokalen Verfahrensgläubiger (Art. 2 Nr. 11) bestehen. Das neue Verfahren muss geeigneter sein als das vorangegangene. Dies muss der antragstellende Hauptverwalter darlegen. **6**

4. Kohärenz zwischen Haupt- und Sekundärinsolvenzverfahren. Das neue Verfahren muss darüber hinaus geeigneter sein im Hinblick auf die **Kohärenz** zwischen Haupt- und Sekundärinsolvenzverfahren, → Art. 38 Rn. 25 ff. **7**

5. Antrag und Antragsberechtigung. Sodann muss der Hauptverwalter einen Antrag auf Umwandlung stellen. Ob er dies macht, steht in seinem **Ermessen.**[2] Die Initiative für die Umwandlung liegt allein beim Hauptverwalter; dieser kann die Interessen „seiner" Gläubiger am besten beurteilen. Ein Tätigwerden des Gerichts des Sekundärverfahrens von Amts wegen ergibt sich allenfalls aus nationalem Recht, nicht aber aus Art. 51 Abs. 1. Das gilt auch dann, wenn die Umwandlung ganz offensichtlich im Interesse der Gläubiger liegt. Unterlässt der Hauptverwalter pflichtwidrig und schuldhaft die Antragstellung, kann dies eine **Schadensersatzpflicht** nach Maßgabe der lex fori concursus generalis begründen, da die Antragsbefugnis auf den Schutz der Gläubiger des Hauptverfahrens abzielt. **8**

Der Antrag ist **bei dem Gericht** zu stellen, das das Insolvenzverfahren **eröffnet** hat (Art. 2 Nr. 6 Ziff. ii). **Antragsziel** die Umwandlung in ein eindeutig zu benennendes **„anderes Verfahren" iSd Anh. A.** Für die Form des Antrags und die sonstigen Antragsvoraussetzungen gelten die Vorschriften des Insolvenzstatuts des Sekundärverfahrens (Art. 35), aus denen sich auch die – in Art. 51 Abs. 1 genannten – sonstigen Eröffnungsvoraussetzungen für den beantragten Verfahrenstyp ergeben. **9**

Die **Antragsberechtigung** liegt nach Art. 51 Abs. 1 beim **Hauptinsolvenzverwalter.** Nach Art. 2 Nr. 5 ist „Verwalter" auch der vorläufige Insolvenzverwalter. Daher kann der Antrag von dem **vorläufigen Insolvenzverwalter** gestellt werden, sollte das Hauptinsolvenzverfahren noch nicht eröffnet worden sein. Der vorläufige Insolvenzverwalter wird jedoch kaum imstande sein, einen Antrag auf Wechsel des Verfahrenstyps im Sekundärverfahren zu stellen, den das Gericht des Sekundärverfahrensstaates einer Kohärenzprüfung (→ Rn. 1, → Rn. 7) unterziehen könnte. Denn ist das Hauptverfahren noch nicht eröffnet und kommen auch im Hauptverfahrensstaat mehrere Verfahrenstypen in Betracht, so steht der Verfahrenstyp im Hauptinsolvenzverfahren noch nicht fest. **10**

Denkbar ist, dass nach dem Recht des Sekundärverfahrensstaates auch andere Verfahrensbeteiligte einen Antrag auf Wechsel des Verfahrenstyps stellen können. Art. 51 steht dem nicht entgegen.[3] **11**

III. Verfahren nach Antragstellung

Liegen die Voraussetzungen vor, ordnet das Gericht – gegebenenfalls nach Einholung von Informationen (Abs. 2) – die Umwandlung des Verfahrens an. Die Verwendung des Wortes „kann" im Verordnungswortlau ist ein Redaktionsversehen; es handelt sich um eine **gebundene Entscheidung.**[4] Die Umwandlung richtet sich im Übrigen nach dem Recht des Sekundärverfahrensstaates. Ist danach die Umwandlung eines bereits eröffneten Verfahrens gar nicht vorgesehen, so begründet auch Art. 51 kein entsprechendes Recht des Hauptinsolvenzverwalters. Die Vorschrift soll keine Umwandlungsmöglichkeiten schaffen, die nach dem nationalen Recht nicht vorgesehen werden.[5] **12**

Erfolgt keine Umwandlung, wird das alte Verfahren fortgeführt.[6] **13**

2 *Wimmer* ZIP 1998, 982 (989).
3 MüKoInsO/*Reinhart* EuInsVO aF 2000 Rn. 5.
4 MüKoInsO/*Reinhart* EuInsVO 2000 Rn. 7; Mankowski/Müller/Schmidt/*Mankowski* Rn. 13.
5 MüKoInsO/*Reinhart* EuInsVO 2000 Art. 37 Rn. 8.
6 So zu Art. 37 EuInsVO 2000 *Fritz/Bähr* DZWiR 2001, 221 (232); *Leible/Staudinger* KTS 2000, 533 (548 f.); *Virgós/Schmit* Rn. 259.

Art. 52 EuInsVO Sicherungsmaßnahmen

Bestellt das nach Artikel 3 Absatz 1 zuständige Gericht eines Mitgliedstaats zur Sicherung des Schuldnervermögens einen vorläufigen Verwalter, so ist dieser berechtigt, zur Sicherung und Erhaltung des Schuldnervermögens, das sich in einem anderen Mitgliedstaat befindet, jede Maßnahme zu beantragen, die nach dem Recht dieses Mitgliedstaats für die Zeit zwischen dem Antrag auf Eröffnung eines Insolvenzverfahrens und dessen Eröffnung vorgesehen ist.

Übersicht

I. Normzweck

1 Art. 52 entspricht im Wortlaut unverändert Art. 38 EuInsVO 2000. Art. 52 betrifft Sicherungsmaßnahmen in der Phase vor der Eröffnung des Sekundärinsolvenzverfahrens. Der **vorläufige Insolvenzverwalter des Hauptverfahrens** erhält die Möglichkeit, **Sicherungsmaßnahmen im Sekundärverfahrensstaat** zu erwirken.

2 Solche Maßnahmen sollen Vermögensverschiebungen durch den Schuldner oder den Gläubiger zwischen dem Antrag auf Eröffnung des Sekundärinsolvenzverfahrens und der tatsächlichen Eröffnung zu verhindern.[1] Auf diese Weise soll die **Insolvenzmasse geschützt** werden. Zum anderen geht es um die **Vorbereitung** des **Sekundärinsolvenzverfahrens** in einem anderen Mitgliedstaat.[2]

3 Nach Art. 37 Abs. 1 lit. a ist nur der Hauptverwalter in Bezug auf die **Eröffnung** eines Sekundärinsolvenzverfahrens antragsbefugt, dh der vorläufige Hauptverwalter hat keine entsprechende Antragsbefugnis. Er soll nicht schon vor der Eröffnung des Hauptverfahrens ein Partikularinsolvenzverfahren beantragen können. Immerhin verschafft ihm Art. 52 die Befugnis, Sicherungsmaßnahmen in einem anderen Mitgliedstaat im Hinblick auf ein späteres Sekundärinsolvenzverfahren zu beantragen.[3]

4 Durch die Möglichkeit, Sicherungsmaßnahmen zu beantragen, soll der vorläufige Verwalter die **Masse** eines künftigen Partikularverfahrens **sichern.** Der Verwalter eines Hauptverfahrens hat unproblematisch vor der Eröffnung eines Partikularinsolvenzverfahrens grundsätzlich alle Rechte und Pflichten, die ihm die lex fori concursus generalis einräumt, und zwar auch in einem anderen Mitgliedstaat (vgl. Art. 19–21). In Bezug auf den bloß vorläufigen Verwalter fehlt es jedoch an einem Hoheitsakt, der mit der Hauptverfahrenseröffnung vergleichbar wäre. Der vorläufige Verwalter kann sich auch nicht auf eine Anerkennung seines Status nach Art. 32 Abs. 1 UAbs. 3 berufen. Hiervon werden nur Maßnahmen nach der Eröffnung des Insolvenzverfahrens erfasst. Der vorläufige Verwalter kann daher seine Befugnisse ausschließlich aus Art. 52 herleiten und daher ist er auf die Beantragung von Sicherungsmaßnahmen iSd Art. 52 begrenzt. Daher muss stets ermittelt werden, ob es sich im Einzelfall noch um eine vorläufige Massesicherung handelt.

II. Voraussetzungen

5 **1. Antrag auf Eröffnung eines Hauptverfahrens.** Zunächst muss der Antrag auf Eröffnung des Hauptinsolvenzverfahrens in einem anderen Mitgliedstaat gestellt worden sein. Eine Entscheidung über diesen Antrag darf noch nicht ergangen sein.[4]

6 **2. Möglichkeit zur Bestellung eines vorläufigen Verwalters nach lex fori concursus.** Es muss nach der lex fori concursus generalis (Art. 7) die Möglichkeit bestehen, einen vorläufigen

[1] Duursma-Kepplinger/Duursma/Chalupsky/*Duursma-Kepplinger/Chalupsky* EuInsVO 2000 Art. 38 Rn. 1; Mankowski/Müller/Schmidt/*Mankowski* Rn. 1.
[2] Nerlich/Römermann/*Commandeur* EuInsVO 2000 Art. 38 Rn. 2.
[3] *Balz* ZIP 1996, 948 (954); *Fritz/Bähr* DZWiR 2001, 221 (226).
[4] Duursma-Kepplinger/Duursma/Chalupsky/*Duursma-Kepplinger/Chalupsky* EuInsVO 2000 Art. 38 Rn. 5.

Hauptverwalter (Art. 2 Nr. 5 mit Anh. B) zu bestellen. Die VO selbst enthält dazu keine Sachvorschriften.

7 **3. Bestellung des vorläufigen Verwalters.** Sodann muss der vorläufige Verwalter tatsächlich bestellt worden sein.[5] Dies erfolgt durch das nach Art. 3 Abs. 1 zuständige Gericht. Die Bestellung unterliegt hinsichtlich ihrer Voraussetzungen und Wirkungen grundsätzlich der lex fori concursus generalis (Art. 7 Abs. 2 S. 2 lit. c). Art. 52 regelt nur einen Teilausschnitt der Befugnisse des vorläufigen Verwalters.

8 **4. Voraussetzungen zur Eröffnung eines Sekundärinsolvenzverfahrens.** Als ungeschriebenes Erfordernis des Art. 52 tritt hinzu, dass die Voraussetzungen zur Eröffnung eines Sekundärinsolvenzverfahrens vorliegen müssen: Dazu gehört **(1)** eine **Niederlassung des Schuldners** in dem betreffenden Staat;[6] die bloße Vermögensbelegenheit genügt nicht. Dafür spricht zunächst die Systematik der EuInsVO, denn Art. 52 befindet sich im Kap. III mit der Überschrift „Sekundärinsolvenzverfahren". Hierfür streitet aber auch der Wortlaut des Art. 52.[7] Schließlich ergibt sich dies aber auch aus dem Normzweck (→ Rn. 2), der auf Vorbereitung eines Sekundärverfahrens gerichtet ist.[8] Wenn keine Niederlassung vorhanden ist, besteht die Möglichkeit zur Anordnung von Sicherungsmaßnahmen durch das nach Art. 3 Abs. 1 zuständige Gericht.

9 Ferner muss **(2)** der **Antrag** zur Eröffnung des Sekundärinsolvenzverfahrens gestellt worden sein. Denn andernfalls ist es ungewiss, ob es überhaupt zur Eröffnung eines Sekundärinsolvenzverfahrens kommt. Der Erlass von Sicherungsmaßnahmen in einem solchen Zustand wäre mit der Zielsetzung des Art. 52 unvereinbar, die Eröffnung eines Sekundärinsolvenzverfahrens vorzubereiten.[9]

III. Rechtsfolge

10 Nach Art. 52 hat der vorläufige Insolvenzverwalter des Hauptverfahrens die **Befugnis zur Beantragung von Sicherungsmaßnahmen** im Staat des einzuleitenden Sekundärverfahrens. Der Kreis derartiger Maßnahmen wird von Art. 52 nicht näher definiert. Daher kommen nur Maßnahmen in Betracht, die nach dem Recht des Staates vorgesehen sind, in dem sie eintreten sollen.[10] Im deutschen Recht ist § 21 InsO einschlägig. Hier ist insbesondere an die Ernennung eines vorläufigen Sekundärverwalters zu denken, der allerdings nicht mit dem vorläufigen Hauptverwalter personenidentisch sein darf (→ Art. 34 Rn. 38: Verbot der Personalunion).

11 Art. 52 normiert nur eine Antragsbefugnis, **kein Antragserfordernis.** Sicherungsmaßnahmen können daher auch **von Amts wegen** angeordnet werden, wenn die lex fori concursus secundarii dies so bestimmt.

12 Das zuständige Gericht entscheidet über das **Ob** und **Wie** der Sicherungsmaßnahme. Die internationale Zuständigkeit beim Erlass von Sicherungs- und Erhaltungsmaßnahmen beurteilt sich nach Art. 3 Abs. 2 analog. Maßgeblich ist die lex fori concursus secundarii (Art. 35).[11] Weil die Anordnung der Sicherungsmaßnahme weit reichende Konsequenzen mit sich zieht, muss das Gericht sorgfältig prüfen, ob die Maßnahme zweckmäßig ist.

13 Die Anordnung der Sicherungsmaßnahme ist **öffentlich bekannt zu machen** (vgl. zum deutschen Recht etwa § 23 InsO).

IV. Zeitraum nach Eröffnung des Hauptverfahrens und vor Eröffnung des Sekundärverfahrens

14 Nach der Eröffnung des Hauptverfahrens kann entweder das Sekundärinsolvenzverfahren eröffnet werden oder nicht. Bis zu der Entscheidung über die Eröffnung kann das zuständige Gericht nach Art. 3 Abs. 1 darüber entscheiden, ob die vom vorläufigen Verwalter beantragte vorläufige Sicherungsmaßnahme aufrecht erhalten oder aufgehoben werden soll.[12] Denn in dieser Phase überwiegt wegen der fehlenden Eröffnung des Sekundärinsolvenzverfahrens das Prinzip der Universalität.[13]

---

5 Duursma-Kepplinger/Duursma/Chalupsky/*Duursma-Kepplinger/Chalupsky* EuInsVO 2000 Art. 38 Rn. 8; *Virgós/Schmit* Rn. 262.

6 Duursma-Kepplinger/Duursma/Chalupsky/*Duursma-Kepplinger/Chalupsky* EuInsVO 2000 Art. 38 Rn. 9; Uhlenbruck/*Lüer* EuInsVO 2000 Art. 38 Rn. 1 *Wimmer* ZInsO 2001, 97 (102); MüKoInsO/*Reinhart* EuInsVO 2000 Art. 38 Rn. 9.

7 „[…] für die Zeit zwischen dem Antrag auf Eröffnung eines Liquidationsverfahrens und dessen Eröffnung".

8 *Virgós/Schmit* Rn. 262.

9 Uhlenbruck/*Lüer* EuInsVO 2000 Art. 38 Rn. 3; MüKoInsO/*Reinhart* EuInsVO 2000 Art. 38 Rn. 13.

10 Mankowski/Müller/Schmidt/*Mankowski* Rn. 15.

11 Duursma-Kepplinger/Duursma/Chalupsky/*Duursma-Kepplinger/Chalupsky* EuInsVO 2000 Art. 38 Rn. 16.

12 *Virgós/Schmit* Rn. 262; MüKoInsO/*Reinhart* EuInsVO 2000 Art. 38 Rn. 19.

13 Duursma-Kepplinger/Duursma/Chalupsky/*Duursma-Kepplinger/Chalupsky* EuInsVO 2000 Art. 38 Rn. 17.

Kapitel IV. Unterrichtung der Gläubiger und Anmeldung ihrer Forderungen

Art. 53 EuInsVO Recht auf Forderungsanmeldung

[1]Jeder ausländische Gläubiger kann sich zur Anmeldung seiner Forderungen in dem Insolvenzverfahren aller Kommunikationsmittel bedienen, die nach dem Recht des Staats der Verfahrenseröffnung zulässig sind. [2]Allein für die Anmeldung einer Forderung ist die Vertretung durch einen Rechtsanwalt oder sonstigen Rechtsbeistand nicht zwingend.

Fassung ab 1.5.2025:

[1] Jeder ausländische Gläubiger kann sich zur Anmeldung seiner Forderungen in dem Insolvenzverfahren aller Kommunikationsmittel, die nach dem Recht des Staats der Verfahrenseröffnung zulässig sind, oder elektronischer Kommunikationsmittel nach Artikel 4 der Verordnung (EU) 2023/2844 bedienen.

[2] Allein für die Anmeldung einer Forderung ist die Vertretung durch einen Rechtsanwalt oder sonstigen Rechtsbeistand nicht zwingend.

Schrifttum: *Piekenbrock,* Steuerforderungen in grenzüberschreitenden Insolvenzverfahren, EWS 2016, 181.

I. Normzweck

1 Art. 53 beruht auf Art. 39 EuInsVO 2000, wurde allerdings im Zuge der Reform 2015 neu gefasst. Art. 53 ist eine **Sachnorm,** die eine **einheitliche materiell-rechtliche Regelung** für die Befugnis zur Forderungsanmeldung schafft. Jedem Gläubiger wird ein Recht zur Anmeldung seiner Forderung in jedem der EuInsVO unterliegenden Verfahren eingeräumt. Im Übrigen findet die lex fori concursus Anwendung (Art. 7 Abs. 2 lit. h; → Art. 7 Rn. 41). Diese Regelung trägt zur **Gläubigergleichbehandlung** bei und ist ein Schritt gegen die Diskriminierung.[1] Sie gilt für Haupt-, Sekundär- und Partikularverfahren gleichermaßen.

2 Dass in Art. 53 die **Steuerbehörden und Sozialversicherungsträger** der Mitgliedstaaten nicht mehr ausdrücklich erwähnt sind, schließt deren Anmeldeberechtigung nicht aus. Diese Stellen sind durch den Begriff der „ausländischen Gläubiger" (Art. 2 Nr. 12) miteinbezogen.

II. Anmeldeberechtigte

3 **1. Gläubiger.** Die Norm betrifft einen beschränkten Adressatenkreis. Zunächst muss es sich um einen Gläubiger handeln. Dazu gehören neben privatrechtlichen Gläubigern **auch Steuerbehörden und Sozialversicherungsträger.** Dass öffentliche Gläubiger ihre Forderungen nun auch in Verfahren geltend machen können, die in anderen Staaten als dem „eigenen" eröffnet worden sind, war im Jahr 2000 eine Neuerung vor allem für das deutsche Recht. Abgelehnt wurde eine solche Geltendmachung früher insbesondere wegen des öffentlich-rechtlichen Charakters der Forderung (zur Geltendmachung von Forderungen auf Grund ausländischen öffentlichen Rechts allgemein → Einl. IPR Rn. 324 ff.).[2] Durch den Begriff der „ausländischen Gläubiger", der in Art. 2 Nr. 12 definiert ist und ausdrücklich auch Steuerbehörden und Sozialversicherungsträger einschließt, ist deren Anmeldeberechtigung klargestellt. Davon abweichendes mitgliedstaatliches Recht wird durch Art. 53 verdrängt.[3] Allerdings beurteilen sich die Rechte der Steuerbehörden und Sozialversicherungsträger nach der lex fori concursus. Sie können daher nicht von einer Begünstigung durch das „eigene" Insolvenzrecht profitieren (zB im Hinblick auf den Rang ihrer Forderungen), wohl aber von etwaigen Regeln des Insolvenzstatuts.[4] Vgl. zur Durchsetzung die Beitreibungs-RL (RL 2010/24/EU) und die dazu ergangenen mitgliedstaatlichen Durchführungsbestimmungen (im deutschen Recht §§ 9 ff. EUBeitrG).

4 Art. 53 regelt seinem Wortlaut nach nur die Form der Forderungsanmeldung. Ebenso wie Art. 39 EuInsVO 2000 definiert die Vorschrift jedoch auch den **Kreis der anmeldeberechtigten Gläubiger.** Darunter fällt „jeder ausländische Gläubiger" iSd Art. 2 Nr. 12. Damit ist jeder Gläubiger gemeint ist, der seinen gewöhnlichen Aufenthalt, Wohnsitz oder Sitz in einem anderen Mitgliedstaat

---

[1] *Balz* ZIP 1996, 948 (955).
[2] *Piekenbrock* EWS 2016, 181 (184).
[3] *Kemper* ZIP 2001, 1609 (1619).
[4] *Piekenbrock* EWS 2016, 181 (185 ff.).

als dem Mitgliedstaat der Verfahrenseröffnung hat, einschließlich der Steuerbehörden und Sozialversicherungsträger.

2. Mitgliedstaatenbezug. Der Gläubiger muss seinen **gewöhnlichen Aufenthalt, Wohnsitz, oder Sitz** in einem vom Verfahrenseröffnungsstaat verschiedenen Mitgliedstaat haben (Art. 2 Nr. 12). Der Gläubiger muss kein Unionsbürger (Art. 9 EUV) sein. Hat der Schuldner dagegen seinen gewöhnlichen Aufenthalt, Wohnsitz oder Sitz in einem Drittstaat, findet die EuInsVO bereits räumlich keine Anwendung. Es erfolgt eine Beurteilung nach dem autonomen Internationalen Insolvenzrecht. 5

III. Forderungsanmeldung

1. Maßgebliches Verfahren. Ein Gläubiger aus dem betroffenen Personenkreis kann seine Forderung „in dem Insolvenzverfahren" anmelden. Gemeint ist damit **jedes Verfahren, das in den Geltungsbereich der EuInsVO** fällt (Art. 1 iVm Anh. A). 6

2. Form. Neu geregelt wurde – im Hinblick auf die technischen Fortschritte auf dem Gebiet der Telekommunikation – das in Art. 39 EuInsVO 2000 enthaltene Formerfordernis der Anmeldung („schriftlich"). Nach Art. 53 kann sich der Gläubiger zur Anmeldung seiner Forderung **aller Kommunikationsmittel bedienen,** die nach dem **Recht des Verfahrensstaates** zulässig sind. Der eigenständige Regelungsgehalt dieser Normaussage bleibt dunkel, richtet sich doch die Anmeldung der Forderung wegen Art. 7 Abs. 2 lit. h ohnehin nach dem Recht des Verfahrensstaates. 7

Schwierigkeiten bereitet die **Abgrenzung zu Art. 55.** Dort finden sich weitere Regelungen zur Forderungsanmeldung, die nicht nur das Verfahren der Forderungsanmeldung betreffen, sondern auch die Form und den Inhalt derselben. Eine Forderungsanmeldung unter Verwendung des in Art. 55, Art. 88 genannten **Standardformulars** (→ Art. 55 Rn. 4) ist daher stets wirksam, selbst wenn das Recht des Verfahrensstaates (Art. 53 S. 1) weitergehende Formerfordernisse oder Erklärungen zur Anmeldung vorschreibt.[5] 8

3. Kein Anwaltszwang. Das Recht des Verfahrensstaates bleibt insoweit außer Anwendung, als dass dieses für die Anmeldung die Vertretung durch einen Rechtsanwalt oder Rechtsbeistand fordert. Zulässig bleiben Regelungen nach Art des § 174 Abs. 1 S. 3 InsO. Eine Forderungsanmeldung durch den Gläubiger persönlich ist nach S. 1 immer wirksam. Das liegt auch auf einer Linie mit dem Normzweck des Art. 55. Das dort geregelte Standardformular soll die Forderungsanmeldung durch ausländische Gläubiger vereinfachen und kostengünstig gestalten. Zugleich wird damit das Gebot zur Effizienz (Erwägungsgrund 2) gewahrt, indem die Teilnahmemöglichkeit für die Gläubiger im Sinne der Gläubigergleichbehandlung vereinfacht werden.[6] 9

Art. 54 EuInsVO Pflicht zur Unterrichtung der Gläubiger

(1) Sobald in einem Mitgliedstaat ein Insolvenzverfahren eröffnet wird, unterrichtet das zuständige Gericht dieses Staates oder der von diesem Gericht bestellte Verwalter unverzüglich alle bekannten ausländischen Gläubiger.

(2) [1]Die Unterrichtung nach Absatz 1 erfolgt durch individuelle Übersendung eines Vermerks und gibt insbesondere an, welche Fristen einzuhalten sind, welches die Versäumnisfolgen sind, welche Stelle für die Entgegennahme der Anmeldungen zuständig ist und welche weiteren Maßnahmen vorgeschrieben sind. [2]In dem Vermerk ist auch anzugeben, ob die bevorrechtigten oder dinglich gesicherten Gläubiger ihre Forderungen anmelden müssen. [3]Dem Vermerk ist des Weiteren eine Kopie des Standardformulars für die Anmeldung von Forderungen gemäß Artikel 55 beizufügen oder es ist anzugeben, wo dieses Formular erhältlich ist.

(3) [1]Die Unterrichtung nach den Absätzen 1 und 2 dieses Artikels erfolgt mithilfe eines Standardmitteilungsformulars, das gemäß Artikel 88 festgelegt wird. [2]Das Formular wird im Europäischen Justizportal veröffentlicht und trägt die Überschrift „Mitteilung über ein Insolvenzverfahren" in sämtlichen Amtssprachen der Organe der Union. [3]Es wird in der Amtssprache des Staates der Verfahrenseröffnung oder – falls es in dem betreffenden Mitgliedstaat mehrere Amtssprachen gibt – in der Amtssprache oder einer der Amtssprachen des Ortes, an dem das Insolvenzverfahren eröffnet wurde, oder in einer anderen

---

5 MüKoInsO/*Reinhart* Rn. 4.
6 *Virgós/Schmit* Rn. 270.

Sprache übermittelt, die dieser Staat gemäß Artikel 55 Absatz 5 zugelassen hat, wenn anzunehmen ist, dass diese Sprache für ausländische Gläubiger leichter zu verstehen ist.

(4) Bei Insolvenzverfahren bezüglich einer natürlichen Person, die keine selbständige gewerbliche oder freiberufliche Tätigkeit ausübt, ist die Verwendung des in diesem Artikel genannten Standardformulars nicht vorgeschrieben, sofern die Gläubiger nicht verpflichtet sind, ihre Forderungen anzumelden, damit diese im Verfahren berücksichtigt werden.

Schrifttum: *Mansel,* Grenzüberschreitende Restschuldbefreiung, FS v. Hoffmann, 2011, 683; *Mankowski,* Neues zur grenzüberschreitenden Forderungsanmeldung unter der EuInsVO, NZI 2011, 887.

Übersicht

I. Normzweck

1 Art. 54 beruht auf Art. 40 EuInsVO 2000. Die Vorschrift wurde allerdings im Zuge der Reform 2015 angepasst und ergänzt. Art. 54 begründet eine **Unterrichtungspflicht** des Gerichtes und des Insolvenzverwalters gegenüber ausländischen Insolvenzgläubigern. Sie ist eine **Sachnorm,** die nationales Recht verdrängt.[1] Die Vorschrift gilt für Haupt-, Sekundär- und Partikularverfahren gleichermaßen. Die zu Art. 40 EuInsVO 2000 erlassene Durchführungsvorschrift des Art. 102 § 11 EGInsO hat keine Entsprechung im Gesetz zur Durchführung der VO (EU) 2015/848 über Insolvenzverfahren vom 5.6.2017 (BGBl. 2017 I 1476).[2]

2 Art. 54 trägt der Tatsache Rechnung, dass die **Gläubiger kaum Zugang zu den Informationsquellen eines ausländischen Insolvenzverfahrenseröffnungsstaates** haben. Dies gilt wegen sprachlicher Barrieren jedenfalls für Privatgläubiger, vielfach aber auch für kleine und mittelständische Unternehmen. Aus diesen Informationsdefiziten ergeben sich Beeinträchtigungen der Gläubigergleichbehandlung. Art. 54 Abs. 1 soll hier Abhilfe schaffen, indem er für den Verwalter oder das Insolvenzgericht eine Unterrichtungspflicht gegenüber den Gläubigern aufstellt und somit den Gläubigern die Anmeldung ihrer Forderungen erleichtert.[3] Abs. 2 konkretisiert diese Pflicht inhaltlich. Auch eine Insolvenzdatei wie etwa in Österreich[4] kann die Information durch den Verwalter nicht ersetzen. Denn tatsächlich werden die Gläubiger keinen regelmäßigen Zugriff auf die Dateien nehmen. Insbesondere den vorgenannten Gläubigergruppen ist dies auch nicht zumutbar.[5] Zur einfacheren Unterrichtung hat der Verordnungsgeber mit der Reform 2015 ein zur Unterrichtung von Gläubigern in anderen Mitgliedstaaten zu verwendendes **Standardformular** eingeführt, Art. 54 Abs. 3 iVm Art. 88. Das Standardformular ist mit Ausnahme einer Situation gemäß Abs. 4 zwingend zu verwenden.

3 Die **Wahrung der Form und der ordnungsgemäße Inhalt der Unterrichtung** der Gläubiger sind in den Fällen von Bedeutung, in denen **Ausschlussfristen** für die Forderungsanmeldung bestehen. Macht ein Mitgliedstaat von der Möglichkeit Gebrauch, für natürliche Personen von der Veröffentlichung der Pflichtinformationen nach Art. 24 Abs. 2 abzusehen, so beträgt die Frist für die Forderungsanmeldung ausländischer Gläubiger 30 Tage ab der Unterrichtung gemäß Art. 54. Eine Unterrichtung, die nicht dem Art. 54 entspricht, löst daher den Beginn der Ausschlussfrist für den nicht ordnungsgemäß unterrichteten Gläubiger nicht aus.[6]

II. Auskunftsberechtigte

4 Zu unterrichten sind allein die ausländischen **Gläubiger** des Insolvenzschuldners iSd Art. 2 Nr. 12. Keinen Anspruch auf Unterrichtung haben die Gläubiger aus **Drittstaaten.**[7] Dabei bleibt

[1] Mankowski/Müller/Schmidt/*Mankowski* Rn. 5.
[2] Begr. RegE, BR-Drs. 654/16.
[3] Näher MüKoInsO/*Reinhart* EuInsVO 2000 Art. 39 Rn. 7.
[4] *Duursma/Duursma-Kepplinger* ZInsO 2002, 913.
[5] *Duursma/Duursma-Kepplinger* ZInsO 2002, 913 (916).
[6] MüKoInsO/*Reinhart* Rn. 5.
[7] So auch Duursma-Kepplinger/Duursma/Chalupsky/*Duursma-Kepplinger* EuInsVO 2000 Art. Art. 39 Rn. 1; das Verhältnis zu Drittstaaten wird durch national-staatliche Gesetze geregelt; *Kolmann,* Kooperationsmodelle

es auch nach dem **Urteil Schmid** vom 16.1.2014, weil der EuGH dort die von ihm angenommene Erstreckung der EuInsVO auf drittstaatenverknüpfte Sachverhalte nicht auf Fallgestaltungen bezieht, für die einzelne Vorschriften der EuInsVO – wie Art. 54 – einen spezifischen EU-Bezug erfordern.[8] Auch Gläubiger aus dem Eröffnungsstaat sind ausgeschlossen. Da die inländischen Gläubiger wegen der Bekanntmachungen und der Registerpublizität (vgl. §§ 30–33 InsO; Art. 20 GesR-RL, früher Art. 3d Publizitäts-RL; → IntGesR Rn. 30 f.) nicht individuell zu informiert werden brauchen, können die ausländischen ihnen gegenüber sogar im Vorteil sein. In der Praxis ist es aber zweckmäßig, in einem transnationalen Insolvenzfall die inländischen und die ausländischen Gläubiger gleichermaßen zu informieren, auch im Hinblick auf §§ 81, 82 InsO.

Die lex fori concursus kann bei Gesellschaften die **Vorfrage** der **organschaftlichen Vertretung** enthalten. Wer Organperson ist und organschaftliche Vertretungsmacht besitzt, bestimmt das Gesellschaftsstatut (→ IntGesR Rn. 563 ff.). Eine rechtsgeschäftlich begründete Vertretungsmacht zur Anmeldung im Insolvenzverfahren (vgl. § 174 InsO) richtet sich nach der lex fori concursus als Wirkungsstatut, nicht nach Art. 8 EGBGB.[9] 5

III. Inhalt der Unterrichtungspflicht

Nach Art. 54 Abs. 1 sind die Gläubiger unverzüglich zu informieren. **„Unverzüglich"** bedeutet ohne schuldhaftes Zögern.[10] Der **Informationsschuldner** ist „das zuständige Gericht dieses Staates oder der von diesem Gericht bestellte Verwalter." Wen von beiden die Informationspflicht trifft, ist durch nationales Recht zu konkretisieren. Schweigt dieses hierzu, müssen wegen des effet utile Gericht **und** Verwalter die Gläubiger unterrichten.[11] 6

Der **Inhalt** der Unterrichtungspflicht wird durch Abs. 2 konkretisiert. Hier werden Mindeststandards aufgestellt,[12] die aber von einzelstaatlichen Vorschriften noch verschärft werden können.[13] Dazu zählen die **Frist,** die **Folgen bei der Fristversäumnis** (im deutschen Recht § 177 InsO) und die für die **Entgegennahme der Anmeldung zuständige Stelle.** Schließlich sind die Gläubiger noch darüber zu unterrichten, ob **bevorrechtigte oder dingliche Gläubiger ihre Forderungen anmelden müssen.** Denn die einzelstaatlichen Regelungen können in diesem Punkt stark divergieren.[14] Die deutsche Vorschrift des § 28 Abs. 2 InsO genügt den Anforderungen des Art. 54 Abs. 2. Der Nachricht an die Gläubiger ist außerdem eine Kopie des im Zuge der Reform neu eingeführten **Standardformulars** zur Anmeldung von Forderungen gemäß Art. 55 beizufügen oder zumindest anzugeben, wo das Formular erhältlich ist (Art. 54 Abs. 2 S. 3 iVm Art. 55). 7

IV. Zustellung

Die Unterrichtung erfolgt nach Art. 54 Abs. 2 mit Hilfe der **Übersendung eines Vermerks.** Für die Zustellung gelten **nicht** die Vorschriften der **EuZVO,**[15] um eine rasche Information Übermittlung der Gläubigerinformation zu gewährleisten (Erwägungsgrund 64 S. 2). 8

V. Unterrichtung mittels Standardformular (Abs. 3 und 4)

Der Verordnungsgeber misst der Unterrichtung von Gläubigern in anderen Mitgliedstaaten über die Eröffnung von Insolvenzverfahren grundlegende Bedeutung bei (vgl. Erwägungsgrund 64 S. 1) und führt daher mit Art. 54 Abs. 3 flankierend zur Unterrichtungspflicht gegenüber den Gläubigern nach Art. 40 Abs. 1 EuInsVO 2000 ein bei der Unterrichtung im Rahmen von Unternehmensinsolvenzverfahren zwingend zu verwendendes **Standardformular** in sämtlichen Amtssprachen ein, das auf Grundlage eines von der Kommission im Beratungsverfahren gemäß Art. 88, 89 Abs. 2 Komitologie-VO iVm Art. 4 Komitologie-VO (VO (EU) 182/2011) erlassenen Durchführungsrechtsaktes erstellt worden ist. Das Formular wurde im **Europäischen Justizportal**[16] unter dem 9

im Internationalen Insolvenzrecht, 2001, 355 ist der Auffassung, dass es sinnvoll sei, eine entsprechende Regelung auch für das Verhältnis zu Drittstaaten zu treffen.

8 EuGH ECLI:EU:C:2014:6 Rn. 22 = NZI 2014, 134 – Schmid; dazu *Kindler* RIW 2014, 137 f.; Abschlussentscheidung BGH NZI 2014, 672; ferner *Bayer/Schmidt* BB 2014, 1229 (1232).

9 *Mankowski* NZI 2011, 887.

10 Mankowski/Müller/Schmidt/*J. Schmidt* Rn. 13.

11 *Duursma-Kepplinger/Duursma/Chalupsky/Duursma* EuInsVO 2000 Art. 40 Rn. 2.

12 *Leible/Staudinger* KTS 2000, 533 (571).

13 *Paulus* Rn. 9.

14 Nerlich/Römermann/*Commandeur* EuInsVO 2000 Art. 40 Rn. 2.

15 VO (EG) 1393/2007 vom 13.11.2007 über die Zustellung gerichtlicher und außergerichtlicher Schriftstücke in Zivil- und Handelssachen in den Mitgliedstaaten, ABl. EU 2007 L 324, 79; Duursma-Kepplinger/Duursma/Chalupsky/*Duursma* EuInsVO 2000 Art. 40 Rn. 9.

16 S. https://e-justice.europa.eu/content_insolvency-447-de.do (zuletzt abgerufen am 8.3.2024).

Titel „Mitteilung über ein Insolvenzverfahren" in sämtlichen Amtssprachen der EU veröffentlicht, s. die VO (EU) 2017/1105 vom 12.6.2017 (Anh. I VO (EU) 2017/1105).

10 Nach Art. 54 Abs. 3 S. 3 **übermittelt** das zuständige Gericht **das Standardformular in der Amtssprache des Staates der Verfahrenseröffnung.** Sollte es in diesem Staat mehrere Amtssprachen geben,[17] kommt es auf die Amtssprache am Ort des Gerichts an. Führt dies wiederum zu keinem eindeutigen Ergebnis, kann das Gericht eine der Amtssprachen am Ort des Gerichts wählen. Sollte der Staat der Verfahrenseröffnung gemäß Art. 55 Abs. 5 S. 3 weitere Sprachen zugelassen haben, kann das Gericht auch eine dieser Sprachen wählen, wenn es davon ausgeht, dass diese Sprache für ausländische Gläubiger leichter zu verstehen sei.[18] Den Mitgliedstaaten wird insoweit ein nicht überprüfbares Ermessen eingeräumt, welche andere Sprache als zulässige Sprache für die Anmeldung bestimmt werden kann.[19]

11 Nur im Rahmen von Unternehmensinsolvenzen ist die Verwendung des Standardformulars zur Unterrichtung zwingend vorgeschrieben. Gemäß Art. 54 Abs. 4 kann von einer Verwendung des Standardformulars bei **Privatinsolvenzen,** sofern der Schuldner weder selbstständig gewerblich noch freiberuflich tätig ist, abgesehen werden, wenn die Gläubiger in dem Verfahren nicht verpflichtet sind, ihre Forderungen anzumelden, damit diese im Verfahren berücksichtigt werden.

VI. Verletzung der Unterrichtungspflicht

12 Die EuInsVO enthält keine Vorschrift für den Fall, dass der Informationsschuldner (→ Rn. 6) seiner Unterrichtungspflicht nicht nachkommt. Verletzt der Insolvenzverwalter diese Pflicht, kommt die **persönliche Haftung** in Betracht (§ 60 InsO im deutschen Recht). Hat das Gericht die Gläubiger schuldhaft nicht unterrichtet, obwohl es dazu verpflichtet gewesen wäre, ist an eine **staatshaftungsrechtliche Rechtsgrundlage** zu denken (→ Art. 7 Rn. 113).[20] Einer in dem ausländischen Verfahren erteilten Restschuldbefreiung ist im Inland wegen Nichtgewährung des **rechtlichen Gehörs** (→ Art. 33 Rn. 11) die Anerkennung zu versagen.[21]

13 Der **Schaden,** der sich aus der fehlenden Unterrichtung typischerweise ergeben wird, besteht vor allem darin, dass die verspätet durch den Gläubiger angemeldete Forderung nicht mehr zur Befriedigung berücksichtigt werden kann **(Präklusion).** Der effet utile des Art. 54 spricht im Übrigen schon gegen eine Präklusion der Forderungsanmeldung unter der lex fori concursus, wenn zu informierende Gläubiger wegen der unterlassenen Unterrichtung verspätet anmelden.[22] Zudem entstehen den Gläubigern regelmäßig Kosten bei einem – dann erforderlich werdenden – zweiten Prüfungstermin (§ 170 InsO im deutschen Recht).[23]

Art. 55 EuInsVO Verfahren für die Forderungsanmeldung

(1) [1]Ausländische Gläubiger können ihre Forderungen mithilfe des Standardformulars anmelden, das gemäß Artikel 88 festgelegt wird. [2]Das Formular trägt die Überschrift „Forderungsanmeldung" in sämtlichen Amtssprachen der Organe der Union.

(2) [1]Das Standardformular für die Forderungsanmeldung nach Absatz 1 enthält die folgenden Angaben:

a) Name, Postanschrift, E-Mail-Adresse sofern vorhanden, persönliche Kennnummer sofern vorhanden sowie Bankverbindung des ausländischen Gläubigers nach Absatz 1,

b) Forderungsbetrag unter Angabe der Hauptforderung und gegebenenfalls der Zinsen sowie Entstehungszeitpunkt der Forderung und – sofern davon abweichend – Fälligkeitsdatum,

c) umfasst die Forderung auch Zinsen, den Zinssatz unter Angabe, ob es sich um einen gesetzlichen oder vertraglich vereinbarten Zinssatz handelt, sowie den Zeitraum, für den die Zinsen gefordert werden, und den Betrag der kapitalisierten Zinsen,

d) falls Kosten für die Geltendmachung der Forderung vor Eröffnung des Verfahrens gefordert werden, Betrag und Aufschlüsselung dieser Kosten,

e) Art der Forderung,

---

17 ZB in Wales die Sprachen Walisisch und Englisch, *Moss/Fletcher/Isaacs,* The EU Regulation on Insolvency Proceedings, 3. Aufl. 2016, Rn. 8.733.

18 Dies dürfte wohl regelmäßig die Sprache Englisch sein.

19 Mankowski/Müller/Schmidt/*J. Schmidt* Rn. 33.

20 *Mankowski* NZI 2011, 887.

21 AA FG Düsseldorf BeckRS 2024, 4398.

22 *Mankowski* NZI 2011, 887.

23 Mankowski/Müller/Schmidt/*J. Schmidt* Rn. 35.

f) ob ein Status als bevorrechtigter Gläubiger beansprucht wird und die Grundlage für einen solchen Anspruch,
g) ob für die Forderung eine dingliche Sicherheit oder ein Eigentumsvorbehalt geltend gemacht wird und wenn ja, welche Vermögenswerte Gegenstand der Sicherheit sind, Zeitpunkt der Überlassung der Sicherheit und Registernummer, wenn die Sicherheit in ein Register eingetragen wurde, und
h) ob eine Aufrechnung beansprucht wird und wenn ja, die Beträge der zum Zeitpunkt der Eröffnung des Insolvenzverfahrens bestehenden gegenseitigen Forderungen, den Zeitpunkt ihres Entstehens und den geforderten Saldo nach Aufrechnung.
[2]Der Forderungsanmeldung sind etwaige Belege in Kopie beizufügen.

(3) Das Standardformular für die Forderungsanmeldung enthält den Hinweis, dass die Bankverbindung und die persönliche Kennnummer des Gläubigers nach Absatz 2 Buchstabe a nicht zwingend anzugeben sind.

(4) Meldet ein Gläubiger seine Forderung auf anderem Wege als mithilfe des in Absatz 1 genannten Standardformulars an, so muss seine Anmeldung die in Absatz 2 genannten Angaben enthalten.

(5) [1]Forderungen können in einer Amtssprache der Organe der Union angemeldet werden. [2]Das Gericht, der Verwalter oder der Schuldner in Eigenverwaltung können vom Gläubiger eine Übersetzung in die Amtssprache des Staats der Verfahrenseröffnung oder – falls es in dem betreffenden Mitgliedstaat mehrere Amtssprachen gibt – in die Amtssprache oder in eine der Amtssprachen des Ortes, an dem das Insolvenzverfahren eröffnet wurde, oder in eine andere Sprache, die dieser Mitgliedstaat zugelassen hat, verlangen. [3]Jeder Mitgliedstaat gibt an, ob er neben seiner oder seinen eigenen Amtssprachen andere Amtssprachen der Organe der Union für eine Forderungsanmeldung zulässt.

(6) [1]Forderungen sind innerhalb der im Recht des Staats der Verfahrenseröffnung festgelegten Frist anzumelden. [2]Bei ausländischen Gläubigern beträgt diese Frist mindestens 30 Tage nach Bekanntmachung der Eröffnung des Insolvenzverfahrens im Insolvenzregister des Staats der Verfahrenseröffnung. [3]Stützt sich ein Mitgliedstaat auf Artikel 24 Absatz 4, so beträgt diese Frist mindestens 30 Tage ab Unterrichtung eines Gläubigers gemäß Artikel 54.

(7) Hat das Gericht, der Verwalter oder der Schuldner in Eigenverwaltung Zweifel an einer nach Maßgabe dieses Artikels angemeldeten Forderung, so gibt er dem Gläubiger Gelegenheit, zusätzliche Belege für das Bestehen und die Höhe der Forderung vorzulegen.

Übersicht

I. Normzweck und Normadressaten

Art. 55 führt im Zuge der Reform 2015 ein **Standardformular zur Forderungsanmeldung** ein, welches Gläubiger bei ihrer Forderungsanmeldung freiwillig verwenden können. Die Vorschrift ist angelehnt an Art. 43 EuInsVO 2000. Die **Sachnorm** verdrängt außerdem teilweise das durch die Kollisionsnorm des Art. 7 Abs. 2 S. 2 lit. h berufene mitgliedstaatliche Insolvenzrecht (zB § 174 InsO) und stellt insoweit europaweite **Anforderungen an die Substantiierung der Forderung** bei der Anmeldung auf.[1] Die Vorschrift gilt für Haupt-, Sekundär- und Partiku- 1

[1] *Paulus* Rn. 3; *Virgós/Schmit* Rn. 273.

larverfahren. Eine möglichst genaue Beschreibung der Forderung soll deren eindeutige Bestimmung ermöglichen.[2] Bei der Gestaltung des Standardformulars (Art. 88) muss sich die Kommission an die inhaltlichen **Vorgaben des Abs. 2** halten.

2 Darüber hinaus regelt Art. 55 die **Fristen** für die Forderungsanmeldung, die **Sprache** der Anmeldung sowie das **rechtliche Gehör** im Falle der Nichtanerkennung der Forderung. Soweit das jeweilige Recht des Verfahrensstaates (Art. 7 Abs. 2 lit. h) für die Forderungsanmeldung weitere formale oder inhaltliche Voraussetzungen aufstellt, so gelten diese nicht für die Gläubiger aus anderen Mitgliedstaaten.[3] Denn gerade im Hinblick auf die – hier formal verstandene – Gläubigergleichbehandlung soll die Forderungsanmeldung in einem anderen Mitgliedstaat erleichtert werden.

3 Art. 55 richtet sich an den **Adressatenkreis der Art. 53, Art. 54,** dh an **ausländische Gläubiger iSd Art. 2 Nr. 12,** die in den anderen Mitgliedstaaten ihren gewöhnlichen Aufenthalt, Wohnsitz oder Sitz haben, einschließlich Steuerbehörden und Sozialversicherungsträger. Reine Binnensachverhalte sind somit nicht erfasst. Dies folgt auch schon aus Erwägungsgrund 3, der als Gegenstand der EuInsVO ausdrücklich **grenzüberschreitende** Insolvenzverfahren benennt; ferner bedarf es – damit der Anwendungsbereich der EuInsVO überhaupt eröffnet ist – eines qualifizierten Auslandsbezuges. Für die **lokalen Gläubiger** (Art. 2 Nr. 11) besteht **keine Möglichkeit** der Verfahrensanmeldung durch das Standardformular. Aus Abs. 4 wird deutlich, dass nur für die ausländischen Gläubiger eine zusätzliche Möglichkeit für eine ordnungsgemäße Forderungsanmeldung geschaffen werden sollte.[4]

II. Verwendung des Standardformulars zur Forderungsanmeldung

4 **1. Erstellung des Formulars durch die Kommission.** Das Standardformular ist auf Grundlage eines von der Kommission im Beratungsverfahren gemäß Art. 55 Abs. 1 S. 1, Art. 88, Art. 89 Abs. 2 iVm Art. 4 Komitologie-VO (VO (EU) 182/2011) erlassenen Durchführungsrechtsaktes erstellt worden, und zwar im Anh. II VO (EU) 2017/1105 vom 12.6.2017. Es trägt den Titel „Forderungsanmeldung" und soll in sämtlichen Amtssprachen der EU verfügbar sein (Art. 55 Abs. 1 S. 2). Die Überschrift „Forderungsanmeldung" soll das Formular in sämtlichen Amtssprachen der Organe der Union tragen.

5 **2. Angaben im Formulars (Abs. 2 und 3).** Das Formular enthält gemäß Art. 55 Abs. 2 UAbs. 1 folgende Angaben:

a) Name, Postanschrift, E-Mail-Adresse sofern vorhanden, persönliche Kennnummer sofern vorhanden sowie Bankverbindung des ausländischen Gläubigers nach Absatz 1,
b) Forderungsbetrag unter Angabe der Hauptforderung und gegebenenfalls der Zinsen sowie Entstehungszeitpunkt der Forderung und – sofern davon abweichend – Fälligkeitsdatum,
c) umfasst die Forderung auch Zinsen, den Zinssatz unter Angabe, ob es sich um einen gesetzlichen oder vertraglich vereinbarten Zinssatz handelt, sowie den Zeitraum, für den die Zinsen gefordert werden, und den Betrag der kapitalisierten Zinsen,
d) falls Kosten für die Geltendmachung der Forderung vor Eröffnung des Verfahrens gefordert werden, Betrag und Aufschlüsselung dieser Kosten,
e) Art der Forderung,
f) ob ein Status als bevorrechtigter Gläubiger beansprucht wird und die Grundlage für einen solchen Anspruch,
g) ob für die Forderung eine dingliche Sicherheit oder ein Eigentumsvorbehalt geltend gemacht wird und wenn ja, welche Vermögenswerte Gegenstand der Sicherheit sind, Zeitpunkt der Überlassung der Sicherheit und Registernummer, wenn die Sicherheit in ein Register eingetragen wurde, und
h) ob eine Aufrechnung beansprucht wird und wenn ja, die Beträge der zum Zeitpunkt der Eröffnung des Insolvenzverfahrens bestehenden gegenseitigen Forderungen, den Zeitpunkt ihres Entstehens und den geforderten Saldo nach Aufrechnung.

6 Das Formular enthält dazu den Hinweis, dass die persönliche Kennnummer und die Bankverbindung des Gläubigers nach Abs. 2 lit. a nicht zwingend anzugeben sind. Die Liste mit den erforderlichen **Angaben** für die Forderungsanmeldung hat eine **doppelte Bedeutung.** Zum einen sind die dort aufgeführten Angaben als entsprechende Vorgaben für die Kommission bei der Festlegung des Standardformulars gemäß Art. 88 zu beachten. Zum anderen bestimmt Abs. 4, dass eine Anmeldung, die auf einem anderen Weg als mithilfe des Standardformulars gemacht wird, die in Abs. 2 enthaltenen Angaben enthalten muss.

---

[2] *Kemper* ZIP 2001, 1619 (1620); eingehend *Kautner* in Nunner-Krautgasser/Garber/Jaufer, Grenzüberschreitende Insolvenzen im europäischen Binnenmarkt, 2017, 147 (157 ff.).
[3] MüKoInsO/*Reinhart* Rn. 1; *Virgós/Schmit* Rn. 273.
[4] MüKoInsO/*Reinhart* Rn. 2.

Eine mittels des Standardformulars (→ Rn. 4) gemachte Anmeldung eines ausländischen Gläubigers ist grundsätzlich als ausreichend anzusehen. 7

3. Verwendung des Formulars. Die Verwendung des Standardformulars ist für die ausländischen Gläubiger (→ Rn. 3) freiwillig. Dies ergibt sich einerseits aus der Formulierung des Art. 55 Abs. 1 S. 1 „können" und andererseits aus der Regelung des Abs. 4 der Vorschrift, wonach Gläubiger, die nicht das Standardformular verwenden, dennoch die in Abs. 2 genannten Angaben bei ihrer individuellen Forderungsanmeldung machen müssen. 8

Der Forderungsanmeldung sind gemäß Art. 55 Abs. 2 UAbs. 2 Belege in Kopie zur Glaubhaftmachung der gemachten Angaben beizulegen. Im Bestreitensfall ist dem Gläubiger Gelegenheit zu geben, zusätzliche Belege für das Bestehen und die Höhe der Forderung vorzulegen (Abs. 7). 9

Nach Abs. 1 S. 1 **können** ausländische Gläubiger ihre **Forderungen mithilfe des Standardformulars anmelden.** Unabhängig von weiteren Anmeldevoraussetzungen nach dem Recht des Gerichtstaates gilt daher eine Anmeldung mit dem Standardformular als formell ordnungsgemäß. Weitergehende Anmeldevoraussetzungen nach der lex fori concursus sind für ausländische Gläubiger (→ Rn. 3) unbeachtlich;[5] im deutschen Insolvenzverfahren tritt § 174 InsO insoweit zurück. Anstelle oder neben der Forderungsanmeldung mithilfe des Standardformulars kann jeder ausländische Gläubiger seine Forderungen weiterhin gemäß den Vorgaben der lex fori concursus im Verfahrensstaat anmelden (zu Abs. 4 → Rn. 11). 10

III. Forderungsanmeldung ohne Standardformular (Abs. 4)

Den Gläubigern steht es frei, das Standardformular zur Forderungsanmeldung zu verwenden (→ Rn. 8 ff.). Sollte ein Gläubiger seine Forderung ohne Standardformular anmelden wollen, hat er gemäß Art. 55 Abs. 4 allerdings ebenfalls alle Angaben zu machen, die auch im Standardformular abgefragt werden (Abs. 2). Abs. 4 ist neben Abs. 1 S. 1 eine weitere Sachnorm für eine ordnungsgemäße Forderungsanmeldung. 11

In der **Gesamtschau** stehen für ausländische Gläubiger **drei Varianten einer ordnungsgemäßen Forderungsanmeldung** zur Verfügung: **(1)** die Anmeldung unter Verwendung des Standardformulars, **(2)** die Individualanmeldung mit den in Abs. 2 enthaltenen Angaben; **(3)** die Anmeldung nach den Vorgaben der lex fori concursus (im deutschen Verfahren nach §§ 174 ff. InsO). Die Variante (3) ist in Art. 55 nicht ausdrücklich aufgeführt, doch ist in Art. 7 Abs. 2 lit. h bestimmt, dass für die Forderungsanmeldung die lex fori concursus anzuwenden ist. Zudem soll Art. 55 die Anmeldemöglichkeiten für ausländische Gläubiger nicht beschränken, sondern erweitern. Es handelt sich mithin nicht um eine Spezialnorm, die für ausländische Gläubiger eine Anmeldung nach der lex fori concursus ausschließen soll. 12

IV. Sprache der Forderungsanmeldung (Abs. 5)

Forderungen können gemäß Abs. 5 S. 1 **in jeder Amtssprache der Union** angemeldet werden. Das Gericht bzw. der Schuldner in Eigenverwaltung (Art. 2 Nr. 3) kann allerdings eine Übersetzung in die Amtssprache des Staates der Verfahrenseröffnung verlangen (Abs. 5 S. 2). Sollte es in diesem Staat mehrere Amtssprachen geben,[6] kommt es auf die Amtssprache am Ort des Gerichts an. Führt dies wiederum zu keinem eindeutigen Ergebnis, kann das Gericht eine der Amtssprachen am Ort des Gerichts wählen. Darüber hinaus steht es den Mitgliedstaaten frei, neben der eigenen Amtssprache weitere Amtssprachen der Organe der Union für die Forderungsanmeldung zuzulassen (Abs. 5 S. 3). 13

Art. 55 Abs. 5 tritt an die Stelle von Art. 42 Abs. 2 EuInsVO 2000. Anders als in Art. 42 Abs. 2 EuInsVO 2000 ist der Gläubiger bei der Forderungsanmeldung nicht auf seine Heimatsprache beschränkt. Er kann sich daher auch einer Drittsprache bedienen, von der er ausgeht, dass sie auch seitens des Insolvenzverwalters bzw. des Insolvenzgerichts verstanden wird. **Praxishinweis:** Die insolvenzrechtliche Fachsprache ist wiedergegeben in der Fachbegriffs-Konkordanz in Kindler/Nachmann, Handbuch Insolvenzrecht in Europa (deutsch/englisch/russisch/spanisch/italienisch). Nützliche zweisprachige Normtexte finden sich ferner zB unter www.linguee.de. 14

Sollte die **Anmeldung nicht in der Amtssprache** des Verfahrensstaates **erfolgt** sein, so können der Verwalter, das Insolvenzgericht oder der Schuldner in Eigenverwaltung (Art. 2 Nr. 3) nach Abs. 5 S. 2 eine **Übersetzung** der Forderungsanmeldung verlangen, und zwar wahlweise **(1)** in die Amtssprache des Verfahrensstaates verlangen oder **(2)** in die Amtssprache oder in eine der Amtssprachen des Ortes, an dem das Insolvenzverfahren eröffnet wurde oder **(3)** in eine andere 15

---

5 MüKoInsO/*Reinhart* Rn. 2.

6 ZB in Belgien die Sprachen Niederländisch, Französisch und Deutsch, *Moss/Fletcher/Isaacs,* The EU Regulation on Insolvency Proceedings, 3. Aufl. 2016, Rn. 8.733.

Sprache, die dieser Mitgliedstaat nach Abs. 5 S. 3 zugelassen hat (→ Rn. 16). Sofern danach mehrere Sprachen in Betracht kommen, liegt das Wahlrecht für die Sprache der Übersetzung beim Gläubiger, da andernfalls Abs. S. 3 seinen Zweck verfehlen würde.[7] Das Übersetzungsverlangen kann nicht dazu führen, dass die Forderungsanmeldung als verspätet behandelt wird.[8]

16 Nach Abs. 5 S. 3 muss jeder Mitgliedstaat angeben, ob er eine **weitere Sprache** der Amtssprachen der EU als zulässige Sprache zulässt. Die Angabe sollte sinnvollerweise entweder in dem Standardformular der Forderungsanmeldung oder in dem Standardmitteilungsformular durch jeden Mitgliedstaat individuell ergänzt werden. Das setzt freilich voraus, dass die Mitgliedstaaten in ihrem jeweiligen Insolvenzrecht entsprechende Regelungen vorsehen.[9] Art. 102c EGInsO enthält dazu keine Regelung.[10]

V. Meldefrist (Abs. 6)

17 Forderungen der Gläubiger sind innerhalb der im Recht des Staates der Verfahrenseröffnung festgelegten Frist anzumelden, Abs. 6 S. 1. Für ausländische Gläubiger beträgt diese Frist nach der **Sachnorm des Abs. 6 S. 2 mindestens 30 Tage** nach Bekanntmachung der Eröffnung des Insolvenzverfahrens im Insolvenzregister des Staats der Verfahrenseröffnung. Eine möglicherweise kürzere Frist nach dem Recht des Verfahrensstaates gilt daher nicht für ausländische Gläubiger iSd Art. 2 Nr. 12.[11] Sieht ein Mitgliedstaat bei der Insolvenz natürlicher Personen gemäß Art. 24 Abs. 4 von der Veröffentlichung der Insolvenz im Insolvenzregister ab, beginnt die Frist von 30 Tagen mit der Unterrichtung des Gläubigers gemäß Art. 55 zu laufen (Art. 55 Abs. 6 S. 3). Mitgliedstaaten können den ausländischen Gläubigern auch eine über 30 Tage hinausgehende Meldefrist einräumen. Die Regelung wurde im Zuge der Reform 2015 neu eingeführt, da einige Mitgliedstaaten ausländischen Gläubigern unter der EuInsVO 2000 nur sehr kurze und unflexible Fristen eingeräumt haben.[12]

VI. Rechtsfolgen der Anmeldung (Abs. 7)

18 Das Gericht, der Verwalter oder der Schuldner in Eigenverwaltung (Art. 2 Nr. 3) prüfen die gemäß Art. 55 eingereichten Forderungsanmeldungen und berücksichtigt sie im Rahmen des jeweiligen Verfahrens. Sollten an der angemeldeten Forderung **Zweifel** bestehen, so ist dem Gläubiger nach Abs. 7 Gelegenheit zu geben, **weitere Belege** für das Bestehen und die Höhe der Forderung vorzulegen. Die Norm soll **gewährleisten,** dass dem ausländischen Gläubiger vor einer ablehnenden Entscheidung des Insolvenzverwalters oder des Insolvenzgerichts **rechtliches Gehör** gewährt wird. Generell gilt, dass Art. 55 EuInsVO **Maximalanforderungen** stellt, die unterschritten werden können.[13]

VII. Sanktionen bei unvollständigen Angaben

19 Art. 55 regelt selbst nicht, wie der Insolvenzverwalter und/oder das Gericht bei unvollständigen Angaben in der Forderungsanmeldung zu reagieren haben. Laut Erwägungsgrund 64 S. 3 sollen Folgen des unvollständigen Ausfüllens des Standardformulars durch das nationale Recht geregelt werden. Somit richten sich die Folgen nach der lex fori concursus (Art. 7 Abs. 1). Dort kann etwa bestimmt sein, dass bei einer unvollständigen Anmeldung die Forderung im Insolvenzverfahren nicht berücksichtigt wird.

Kapitel V. Insolvenzverfahren über das Vermögen von Mitgliedern einer Unternehmensgruppe

Vorbemerkung (Vor Art. 56 EuInsVO)

Schrifttum: *Eble,* Der Gruppenkoordinator in der reformierten EuInsVO – Bestellung, Abberufung und Haftung, ZIP 2016, 1619; *Frind/Pannen,* Einschränkungen der Manipulation der insolvenzrechtlichen Zuständigkeiten durch Sperrfristen – ein Ende des Forum Shopping in Sicht?, ZIP 2016, 398; *C. Koller,* Koordination von Konzerninsolvenzen – Das Instrumentarium der EuInsVO 2015 und seine Grenzen, in Hess (Hrsg.), Europäisches

[7] Mankowski/Müller/Schmidt/*J. Schmidt* Rn. 33.
[8] *Paulus* EuInsVO Art. 55 Rn. 13.
[9] MüKoInsO/*Reinhart* Rn. 10.
[10] BR-Drs. 654/16, 16.
[11] MüKoInsO/*Reinhart* Rn. 11.
[12] So *Moss/Fletcher/Isaacs,* The EU Regulation on Insolvency Proceedings, 3. Aufl. 2016, Rn. 8.742.
[13] EuGH ECLI:EU:C:2019:754 Rn. 48 ff. = BeckRS 2019, 21303 = EWiR 2019, 627 m. Kurzkomm. *Paulus* – Riel; dazu *Mansel/Thorn/Wagner* IPRax 2020, 97 (116 f.).

Insolvenzrecht – Grundsätzliche Fragestellungen der Prozessrechtsvergleichung, 2019, 23; *Madaus,* Insolvency proceedings for corporate groups under the new Insolvency Regulation, IILR 2015, 235; *Merlini,* Reorganisation and Liquidation of Groups of Companies: Creditors' Protection vs. Going Convern Maximisation, the European Dilemma, or simply a Misunderstanding in light oft he new EU Insolvency Regulation No. 2015/848, IILR 2016, 119; *J. Schmidt,* Das Prinzip „eine Person, ein Vermögen, eine Insolvenz" und seine Durchbrechungen vor dem Hintergrund der aktuellen Reformen im europäischen und deutschen Recht, KTS 2015, 19; *J. Schmidt,* Opt-out und Opt-in in Gruppen-Koordinationsverfahren nach der EuInsVO 2015, ZVglRWiss 116 (2017), 93; s. auch Lit. bei Art. 3 (zu Gesellschaften und Konzernen).

Übersicht

I. Entwicklung der Konzerninsolvenz im Lichte der EuInsVO

Die Kommission hat mit ihren Vorschlägen zur Konzerninsolvenz[1] im Zuge der Reform der EuInsVO Neuland betreten und erstmals die Gruppeninsolvenz in der Verordnung geregelt.[2] In der EuInsVO 2000 fanden sich keine Regelungen zur Insolvenz von Unternehmensgruppen. Daher bereitete etwa die Bestimmung des Interessenmittelpunktes einer Tochtergesellschaft im Rahmen einer Konzerninsolvenz (→ Art. 3 Rn. 30) insbesondere im Lichte der Eurofood-Entscheidung[3] des EuGH große Schwierigkeiten (→ Art. 3 Rn. 31). 1

Die Regelung der Konzerninsolvenz trägt der Tatsache Rechnung, dass **größere Insolvenzfälle fast ausschließlich Konzerngesellschaften betreffen.** Größere Unternehmen bestehen regelmäßig aus mehreren rechtlich selbständigen Einheiten und erfüllen damit den Konzernbegriff (Art. 2 Nr. 13). Da innerhalb des Unternehmensverbunds meist eine gewisse Arbeitsteilung herrscht, erfüllen die Einzelgesellschaften in der Regel unterschiedliche Aufgaben (Produktion, Vertrieb, Forschung, Marken- und/oder Patentverwaltung, usw.). Sie sind daher alleine nicht überlebensfähig, weshalb nur eine **Sanierung aller (oder der wesentlichen) Einzelgesellschaften** zur Sanierung „des Konzerns" führt.[4] Dies soll durch Art. 56–77 erleichtert werden. Dort finden sich erstmalig Regelungen zur Insolvenz der Mitglieder von Unternehmensgruppen (Art. 2 Nr. 13).[5] Durchführungsbestimmungen im deutschen Recht enthält Art. 102c §§ 22–26 EGInsO. 2

Das europäische **Konzerninsolvenzrecht** in Art. 56–77 schreibt das im materiellen Konzernrecht anerkannte **Trennungsprinzip** (→ Art. 7 Rn. 102) auf der verfahrensrechtlichen Ebene fort. Daher muss über jedes insolvente Mitglied der Unternehmensgruppe (Art. 2 Nr. 13) ein eigenes Verfahren eröffnet werden; eine verfahrensrechtliche oder gar materielle Konsolidierung der Verfahren[6] findet also nicht statt (→ Art. 72 Rn. 5). Es gilt der Grundsatz: „Ein Schuldner, ein Vermögen, ein Verfahren".[7] Das Regelungsmodell der EuInsVO sieht lediglich eine **abgestimmte Abwicklung der Insolvenzverfahren** über die einzelnen Mitglieder der Unternehmensgruppe vor, beruhend auf den unverbindlichen „Empfehlungen" eines Gruppenkoordinators (Art. 72). Die Abstimmung der Einzelverfahren soll in erster Linie über eine **enge Zusammenarbeit der** 3

---

1 COM(2012) 744 final, 10 ff.

2 Vgl. die Empfehlungen zur Schaffung eines Konzerninsolvenzrechts in *Hess/Oberhammer/Pfeiffer,* European Insolvency Law, Heidelberg-Luxembourg-Vienna Report, 2014, Rn. 752 ff.

3 EuGH ECLI:EU:C:2006:281 = NZI 2006, 360 – Eurofood; zu diesem Urteil *Freitag/Leible* RIW 2006, 641; *Hess/Laukemann/Seagon* IPRax 2007, 89; *Thole* ZEuP 2007, 1137; Knof/Mock ZIP 2006, 907; *Saenger/Klockenbrinck* EuZW 2006, 363; *J. Schmidt* ZIP 2007, 405; monographisch *Deyda,* Der Konzern im europäischen internationalen Insolvenzrecht, 2008.

4 MüKoInsO/*Reinhart* Vor Art. 56 Rn. 1 f.

5 Zum Folgenden vgl. die Kurzdarstellung des europäischen Konzernisolvenzrechts in BR-Drs. 654/16, 17 f.

6 Zu diesen beiden Varianten einer Konsolidierung der Konzerninsolvenz MüKoInsO/*Reinhart* Vor Art. 56 Rn. 4 mwN.

7 *Thole* IPRax 2017, 213 (220); *J. Schmidt* KTS 2015, 19 ff.; *Paulus* Art. 56 Rn. 2; in *Wimmer/Bornemann/Lienau,* Die Neuregelung der EuInsVO, 2016, Rn. 215; eine weitere rechtspolitische Alternative zum Koordinationsmodell der Art. 56 und zur (materiellen oder verfahrensmäßigen Konsolidierung wäre noch die Zuständigkeitskonzentration am COMI der Muttergesellschaft gewesen, dazu abl. *Kindler* KTS 2014, 25 (38 f.).

Verfahrensorgane gefördert werden. Zu dieser Zusammenarbeit werden sowohl die Verwalter als auch die Gerichte verpflichtet (Art. 56–60).

4 Zudem erhalten die **Verwalter** besondere **Befugnisse in den Verfahren über andere Mitglieder der Unternehmensgruppe.** Auch hier zeigt sich die sanierungsfreundliche Tendenz der EuInsVO (→ Art. 36 Rn. 1; Erwägungsgrund 10): Zu den Verwalterbefugnissen gehört das Recht, zwecks Sicherung von konzernweiten Sanierungslösungen eine zeitlich begrenzte **Aussetzung von Verwertungshandlungen** zu erwirken (Art. 60 Abs. 1 lit. b).

5 Darüber hinaus stellt die Neufassung den Beteiligten ein sog. **Gruppen-Koordinationsverfahren** zur Verfügung. Es bietet den Beteiligten einen verfahrensrechtlichen Rahmen für die Identifizierung und Implementierung von konzernweiten Sanierungslösungen (Art. 61–77). Das Verfahren **ist dem** mit dem Gesetz zur Erleichterung der Bewältigung von Konzerninsolvenzen vom 13.4.2017 (BGBl. 2017 I 866) **eingeführten Koordinationsverfahren nach §§ 3a ff. InsO**[8] **nachgebildet.** Es sieht die **Bestellung eines Koordinators** vor, dem die Federführung bei der Erarbeitung und Konkretisierung von konzernweiten Sanierungslösungen zukommt und der bei Streitigkeiten zwischen den Verfahrensorganen der beteiligten Verfahren vermittelt. Der Koordinator kann **Vorschläge in Form einer Empfehlung oder eines Koordinationsplans** unterbreiten. Die Umsetzung der Vorschläge richtet sich nach dem jeweils in den Einzelverfahren anzuwendenden Verfahrensrecht. Eine Bindungswirkung kommt den Vorschlägen des Koordinators nicht zu. Es besteht lediglich eine Pflicht zur Begründung, wenn die Vorschläge nicht umgesetzt werden („comply or explain“).

6 **Gesetzgebungsgeschichte:** Das in Art. 61 ff. neu kodifizierte Gruppen-Koordinationsverfahren beruht auf Vorschlägen von INSOL Europe und im Vienna Report.[9] Die Kommission griff diese Überlegungen auf und schlug – in Anlehnung an die Kooperations- und die Koordinationsvorschriften zwischen Haupt- und Sekundärinsolvenzverfahren – in Art. 42a EuInsVO-KomE eine Pflicht zur Kooperation und Kommunikation unter Verwaltern vor. Ergänzend enthielt Art. 42b EuInsVO-KomE eine Regelung zur Kommunikation und Zusammenarbeit unter den Insolvenzgerichten, Art. 42c EuInsVO-KomE eine Regelung zur Kooperation und Kommunikation zwischen Verwaltern und Gerichten und Art. 42d EuInsVO-KomE eine Regelung zu den Mitwirkungsmöglichkeiten der Verwalter in den jeweils anderen Verfahren.[10] Das Europäische Parlament ergänzte den Vorschlag um Vorschriften zur Einführung eines Gruppen-Koordinationsverfahrens, in dem ein gesonderter Koordinationsverwalter eingesetzt werden soll, dessen Aufgabe darin besteht, die Koordination der Verfahren zu bewerkstelligen (vgl. Art. 42d lit. a–f EuInsVO-ParlE vom 5.2.2014). Mit dieser Ergänzung sind die Vorarbeiten in das neue „Kap. V Insolvenzverfahren über das Vermögen von Mitgliedern einer Unternehmensgruppe“ (Art. 56–77) übernommen worden.

II. Weitreichende Kooperationspflichten

7 Für Gruppeninsolvenzen beschränkt sich die Reform auf die Einführung **weitreichender Kooperations- und Unterrichtungspflichten** zwischen den beteiligten Verwaltern und Gerichten (Art. 56 ff.; Erwägungsgrund 51 f.).[11] Pate standen insoweit die in Art. 31 ff. EuInsVO 2000 bereits normierten Pflichten für das Verhältnis zwischen Haupt- und Sekundärverfahren. Den Anknüpfungspunkt bildet die in Art. 2 Nr. 13 neu definierte „Unternehmensgruppe“: Darunter sind ein Mutterunternehmen und alle seine Tochterunternehmen zu verstehen (→ Art. 2 Rn. 33). Wenigstens zwei Gruppenmitglieder müssen mit ihrem COMI, in unterschiedlichen Mitgliedstaaten ansässig sein (Erwägungsgrund 62).

8 Ein europäischer internationaler Konzerngerichtsstand am Sitz der Konzernmutter wurde dagegen zu Recht nicht geschaffen (ausführlich → Art. 3 Rn. 32 f.).[12]

---

[8] Dazu *Mock* DB 2017, 951.

[9] Vgl. INSOL Europe, Revision of the European Insovency Regulation, Chapter V, Rn. 5.1 ff.; *Oberhammer* in Hess/Oberhammer/Pfeiffer, European Insolvency Law, Heidelberg-Luxembourg-Vienna Report, 2014, Rn. 584 ff.; MüKoInsO/*Reinhart* Vor Art. 56 Rn. 9.

[10] EuInsVO Kommissionsentwurf, Kap. Va „Insolvenz von Mitgliedern einer Unternehmensgruppe“, COM(2012) 0744 final = IILR 2013, 179.

[11] Vgl. hinsichtlich der Restrukturierung von Unternehmen in finanziellen Schwierigkeiten die Empfehlung der Kommission vom 12.3.2014 für einen neuen Ansatz im Umgang mit unternehmerischem Scheitern und Unternehmensinsolvenzen, C(2014) 1500 final; dazu *Lürken* NZI 2015, 3; vgl. ferner *Latella* ECFR 2014, 479 (480 f.).

[12] *Kindler* KTS 2014, 25 (38 f.); demgegenüber können nach §§ 3a ff. InsO ab 21.4.2018 sämtliche einen Konzern betreffende Verfahren an einem Insolvenzgericht anhängig gemacht werden. Durch das einheitliche Verfahren sollen die wirtschaftliche Einheit des Konzerns und der darin angelegte Mehrwert gewahrt werden;

III. Behandlung der Konzerninsolvenz – Koordination und Kooperation

1. Überblick. Die für eine gruppenzugehörige Gesellschaft zuständigen **Insolvenzgerichte und** die von diesen bestellten **Verwalter** unterliegen nach den neugefassten Art. 56–60 im Wesentlichen **drei – den Art. 41–43 vergleichbaren** (s. dort, → Art. 41 Rn. 1 ff.; Erwägungsgrund 52) – **Pflichtenkreisen: (1)** In den Insolvenzverfahren über das Vermögen von Gruppenmitgliedern sind die Verwalter untereinander zur Zusammenarbeit verpflichtet (Art. 56). Die Zusammenarbeit kann in beliebiger Form, einschließlich durch Abschluss von Vereinbarungen oder Verständigungen („bankruptcy protocols"), erfolgen, wie Art. 56 Abs. 1 S. 2 eigens hervorhebt. **(2)** Ferner gibt es auch zwischen den beteiligten Insolvenzgerichten (Art. 57) eine Pflicht zur Kommunikation und Zusammenarbeit, allerdings nur soweit dies die effiziente Abwicklung der Verfahren erleichtern kann, mit den für die einzelnen Verfahren geltenden Vorschriften vereinbar ist und keine Interessenskonflikte nach sich zieht.[13] **(3)** Neu ist außerdem eine Pflicht zur Zusammenarbeit zwischen den beteiligten Insolvenzgerichten und den beteiligten Insolvenzverwaltern (Art. 58). 9

2. Befugnisse der Verwalter im jeweils anderen Verfahren. Potentiell **konfliktträchtig** dürfte in Zukunft die Ausübung bestimmter **Befugnisse der Verwalter in dem jeweils anderen Verfahren** (Art. 60) sein. Weniger invasiv sind hier zwar die Anhörungsrechte, die der EU-ausländische Verwalter etwa in der Gläubigerversammlung einer anderen gruppenzugehörigen Gesellschaft wahrnehmen kann (Art. 60 Abs. 1 lit. a). Allerdings kann der EU-ausländische Verwalter unter bestimmten Voraussetzungen (→ Art. 60 Rn. 3) die Aussetzung jeder Maßnahme im Zusammenhang mit der Verwertung der Masse in einem Verfahren über das Vermögen jedes anderen Mitglieds derselben Unternehmensgruppe beantragen (Art. 60 Abs. 1 lit. b). Die Aussetzung darf nach Art. 60 Abs. 2 UAbs. 2 S. 2 für höchstens drei Monate angeordnet werden, kann jedoch bei Bedarf auf maximal 6 Monate verlängert oder erneuert werden. 10

3. Gruppen-Koordinationsverfahren. Zur besseren Koordinierung von Insolvenzverfahren führt Abschnitt 2 (Art. 61–77) ein **dem deutschen Recht (§§ 3a ff. InsO) sehr ähnelndes**[14] **Gruppen-Koordinationsverfahren** ein. Dieses kann von jedem Insolvenzverwalter in der Unternehmensgruppe bei einem für ein Mitglied der Gruppe zuständigen Gericht beantragt werden, Art. 61 Abs. 1. Nach Benachrichtigung aller Insolvenzverwalter durch das Koordinationsgericht können diese nach Art. 64 Abs. 1, Abs. 2 UAbs. 1 innerhalb von 30 Tagen Einwände geltend machen. Der Einwand hat nach Art. 65 Abs. 1 die Wirkung, dass das Verfahren des widersprechenden Insolvenzverwalters nicht in das Gruppen-Koordinationsverfahren einzubeziehen ist **(Opt-out).** Eine nachträgliche Einbeziehung **(Opt-in)** bleibt nach Art. 69 Abs. 1 möglich. Nach Ablauf der dreißigtägigen Frist eröffnet das Koordinierungsgericht das Koordinationsverfahren und bestellt einen Koordinationsverwalter. Grundsätzlich verfügt der Koordinationsverwalter nicht über Zwangsbefugnisse, sondern kann nach Art. 72 lediglich Empfehlungen aussprechen und in jedem Insolvenzverfahren über ein Mitglied der Gruppe gehört werden. Allerdings steht ihm nach Art. 72 Abs. 2 lit. e ein Antragsrecht zur Aussetzung des Verfahrens eines Mitglieds der Gruppe zu. 11

IV. Bewertung der Reform 2015

Die Änderungen im Konzerninsolvenzrecht im Zuge der EuInsVO-Reform 2015 gehen aus guten Gründen nicht über bloße Abstimmungspflichten hinaus.[15] Ein einheitlicher internationaler Konzerngerichtsstand gefährdet tendenziell die Befriedigungsaussichten der Gläubiger der Tochtergesellschaften außerhalb des Insolvenzeröffnungsstaates. Unter den Mitgliedstaaten besteht kein Konsens hinsichtlich der konkreten Abwicklung von Konzerninsolvenzen.[16] Die Kommunikations- und Kooperationspflichten sind gut gemeint, werden sich aber in der Praxis bewähren müssen. Zum 12

vgl. Begr. RegE zum Gesetz zur Erleichterung der Bewältigung von Konzerninsolvenzen, BT-Drs. 18/407, 7; vgl. auch *Kindler* KTS 2014, 25 (39); näher *Commandeur/Römer* NZG 2017, 776 (778 f.) für eine Verfahrenskonzentration ferner *Eidenmüller/Frobenius* ZIP-Beil. 22/2013, 1 (4 f., 13, 16); *Merlini* IILR 2016, 119 (135).

13 Näher *Vallender* KTS 2009, 59 (63).

14 *Schmidt* in Bariatti/Omar, The Grand Project: Reform of the European Insolvency Regulation, 2014, 73 (75 ff.); *Thole* KTS 2014, 351 (373).

15 So auch allg. *Pannen* FS Haarmeyer, 2013, 205 (217); *Thole* ZEuP 2014, 39 (75 f.); *Hess/Oberhammer/Pfeiffer,* European Insolvency Law, Heidelberg-Luxembourg-Vienna Report, 2014, Rn. 61; aA *Madaus* ZRP 2014, 192 (195), für den das Koordinationsverfahren keinen greifbaren Fortschritt darstellt; ebenfalls krit. *Cohen/Dammann/Sax* IILR 2015, 117 (120 f.); dem Verfahren zumindest eine Chance geben will *Madaus* IILR 2015, 235 (241).

16 *Hess/Oberhammer/Pfeiffer,* European Insolvency Law, Heidelberg-Luxembourg-Vienna Report, 2014, Rn. 595.

Prüfstand werden solche Fälle, in denen der Verwalter eines Einzelverfahrens als „Akkordstörer" auftritt.[17] Auffällig ist, dass die Kooperationspflichten in der EuInsVO nicht mit eigenständigen Haftungstatbeständen verbunden sind. Daher ist das innerstaatliche Haftungsrecht aufgerufen, für die Verwaltung spürbare Sorgfaltsanreize zu setzen (im deutschem Recht § 60 InsO).

Abschnitt 1. Zusammenarbeit und Kommunikation

Art. 56 EuInsVO Zusammenarbeit und Kommunikation der Verwalter

(1) [1]Bei Insolvenzverfahren über das Vermögen von zwei oder mehr Mitgliedern derselben Unternehmensgruppe arbeiten die Verwalter dieser Verfahren zusammen, soweit diese Zusammenarbeit die wirksame Abwicklung der Verfahren erleichtern kann, mit den für die einzelnen Verfahren geltenden Vorschriften vereinbar ist und keine Interessenkonflikte nach sich zieht. [2]Diese Zusammenarbeit kann in beliebiger Form, einschließlich durch den Abschluss von Vereinbarungen oder Verständigungen, erfolgen.

(2) *[1]* Bei der Durchführung der Zusammenarbeit nach Absatz 1 obliegt es den Verwaltern,

a) einander so bald wie möglich alle Informationen mitzuteilen, die für das jeweilige andere Verfahren von Bedeutung sein können, vorausgesetzt, es bestehen geeignete Vorkehrungen zum Schutz vertraulicher Informationen;

b) zu prüfen, ob Möglichkeiten einer Koordinierung der Verwaltung und Überwachung der Geschäfte der Gruppenmitglieder, über deren Vermögen ein Insolvenzverfahren eröffnet wurde, bestehen; falls eine solche Möglichkeit besteht, koordinieren sie die Verwaltung und Überwachung dieser Geschäfte;

c) zu prüfen, ob Möglichkeiten einer Sanierung von Gruppenmitgliedern, über deren Vermögen ein Insolvenzverfahren eröffnet wurde, bestehen und, falls eine solche Möglichkeit besteht, sich über den Vorschlag für einen koordinierten Sanierungsplan und dazu, wie er ausgehandelt werden soll, abzustimmen.

***[2]* [1]Für die Zwecke der Buchstaben b und c können alle oder einige der in Absatz 1 genannten Verwalter vereinbaren, einem Verwalter aus ihrer Mitte zusätzliche Befugnisse zu übertragen, wenn eine solche Vereinbarung nach den für die jeweiligen Verfahren geltenden Vorschriften zulässig ist. [2]Sie können ferner vereinbaren, bestimmte Aufgaben unter sich aufzuteilen, wenn eine solche Aufteilung nach den für die jeweiligen Verfahren geltenden Vorschriften zulässig ist.**

I. Normzweck; Verhältnis zu § 269a InsO

1 Der im Zuge der Reform 2015 neu eingeführte Art. 56 stellt die Kernvorschrift hinsichtlich der Kooperation der Verwalter in Insolvenzverfahren einer Unternehmensgruppe (Art. 2 Nr. 13) dar und ist im Wesentlichen mit Art. 41 vergleichbar. So soll eine **effiziente Verfahrensführung** (Erwägungsgrund 51) und das **Ausschöpfen von Synergien innerhalb der Gruppe** (Erwägungsgrund 52 S. 3) gewährleistet werden. § 269a InsO findet keine Anwendung, soweit Art. 56 anzuwenden ist (Art. 102c § 22 Abs. 1 Nr. 1 EGInsO).

II. Pflicht zur Zusammenarbeit (Abs. 1)

2 Gemäß Abs. 1 S. 1 sind die Verwalter von Insolvenzverfahren über das Vermögen mehrerer Mitglieder derselben Unternehmensgruppe zur Zusammenarbeit verpflichtet, sowie die Zusammenarbeit

- die wirksame Abwicklung der Verfahren erleichtern kann,
- diese mit den für die einzelnen Verfahren geltenden Vorschriften vereinbar ist und
- keine Interessenkonflikte nach sich zieht.

3 Den Insolvenzverwaltern ist es dem Wortlaut der Vorschrift nach nicht freigestellt, zu kooperieren. Sie trifft vielmehr eine Pflicht. Dieser können sie in beliebiger Form gerecht werden und auch Vereinbarungen oder Verständigungen („bankruptcy protocols")[1] abschließen (Art. 56 Abs. 1 S. 2). Hinweise zu derartigen Insolvenzverwalterverträgen finden sich auch im UNCITRAL Practice Guide on Cross-Border Insolvency Cooperation.[2] Zu weiteren Leitlinien → Art. 41 Rn. 11.

---

[17] Gleiche Einschätzung bei *Thole* KTS 2014, 351 (374 f.); *Thole/Swierczok* ZIP 2013, 550 (557).

[1] Diese Protokolle wurden bereits vor der Reform 2015 auf freiwilliger Basis in Verfahren abgeschlossen, um eine Kooperation der Beteiligten zu ermöglichen, *Madaus* IILR 2015, 235 (238).

[2] Mankowski/Müller/Schmidt/*J. Schmidt* Rn. 19; näher*Rétornaz* YbPIL 2015/2016, 319.

Die Pflicht zur Zusammenarbeit besteht innerhalb der **Unternehmensgruppe.** Der Begriff ist in **Art. 2 Nr. 13** definiert und bedeutet „eine Anzahl von Unternehmen bestehend aus Mutter- und Tochtergesellschaften". Was unter „Muttergesellschaft" zu verstehen ist, ergibt sich aus Art. 2 Nr. 14. Danach ist das Mutterunternehmen ein Unternehmen, das ein oder mehrere Tochterunternehmen entweder unmittelbar oder mittelbar kontrolliert. Zudem enthält Art. 2 Nr. 14 die **Regel,** dass ein Unternehmen, das einen **konsolidierten Abschluss** gemäß der Bilanz-RL (→ IntGesR Rn. 57) erstellt, als Mutterunternehmen angesehen wird. In diesem Fall ist die Prüfung der Möglichkeit der Kontrollausübung entbehrlich; dies erleichtert die praktische Handhabung des Konzernbegriffs.[3] Deutsche Gerichte ziehen hierfür die Umsetzung in § 290 HGB heran.[4] Entscheidend ist daher die Mehrheit der Stimmrechte in einer anderen Gesellschaft (dazu auch → Art. 2 Rn. 35 ff.). 4

In ihrem räumlichen Anwendungsbereich erfassen die Vorschriften zur Konzerninsolvenz **keine Gesellschaften** einer Unternehmensgruppe, deren **COMI** nach Art. 3 **in einem Drittstaat** gelegen ist. Entgegen *Eidenmüller/Frobenius*[5] ist dies folgerichtig, da drittstaatliche Verfahren nicht dem Anerkennungsregime der Art. 19 ff. unterliegen.[6] 5

III. Umfang der Zusammenarbeit (Abs. 2)

Abs. 2 UAbs. 1 zählt drei Obliegenheiten der Verwalter im Rahmen der Zusammenarbeit auf. Diese müssen (a) einander so bald wie möglich alle **Informationen mitteilen,** die für das jeweilige Verfahren von Bedeutung sein können. Diese obligatorische Pflicht der Verwalter ist bewusst weit gefasst und zielt auf einen möglichst ungehinderten, umfassenden Informationsfluss ab.[7] 6

Ferner (b) haben die Verwalter zu **prüfen,** ob **Möglichkeiten einer Koordinierung** der Verwaltung und Überwachung über die Geschäfte der Gruppenmitglieder bestehen. Sollte dem so sein, haben sie die Verwaltung und Überwachung dieser Geschäfte zu koordinieren. Außerdem (c) haben sie sich zu einem **Sanierungsplan** abzustimmen, falls die Sanierung einzelner insolventer Gruppenmitglieder in Frage kommt. 7

Zur Überwachung der Geschäfte der Gruppenmitglieder und zur Abstimmung über einen Sanierungsplan können die Verwalter einem Verwalter aus ihrer Mitte zusätzliche Befugnisse übertragen bzw. die Aufgaben unter sich aufteilen, sofern dies mit den für die jeweiligen Verfahren geltenden Vorschriften vereinbar ist (Abs. 2 UAbs. 2). 8

Art. 57 EuInsVO Zusammenarbeit und Kommunikation der Gerichte

(1) [1]Bei Insolvenzverfahren über das Vermögen von zwei oder mehr Mitgliedern derselben Unternehmensgruppe arbeitet ein Gericht, das ein solches Verfahren eröffnet hat, mit Gerichten, die mit einem Antrag auf Eröffnung eines Insolvenzverfahrens über das Vermögen eines anderen Mitglieds derselben Unternehmensgruppe befasst sind oder die ein solches Verfahren eröffnet haben, zusammen, soweit diese Zusammenarbeit eine wirksame Verfahrensführung erleichtern kann, mit den für die einzelnen Verfahren geltenden Vorschriften vereinbar ist und keine Interessenkonflikte nach sich zieht. [2]Die Gerichte können hierzu bei Bedarf eine unabhängige Person oder Stelle bestellen bzw. bestimmen, die auf ihre Weisungen hin tätig wird, sofern dies mit den für sie geltenden Vorschriften vereinbar ist.

(2) Bei der Durchführung der Zusammenarbeit nach Absatz 1 können die Gerichte oder eine von ihnen bestellte bzw. bestimmte und in ihrem Auftrag tätige Person oder Stelle im Sinne des Absatzes 1 direkt miteinander kommunizieren oder einander direkt um Informationen und Unterstützung ersuchen, vorausgesetzt, bei dieser Kommunikation werden die Verfahrensrechte der Verfahrensbeteiligten sowie die Vertraulichkeit der Informationen gewahrt.

(3) [1]Die Zusammenarbeit im Sinne des Absatzes 1 ***kann auf jedem von dem Gericht als geeignet erachteten Weg erfolgen*** **[ab 1.5.2025: „des vorliegenden Artikels erfolgt gemäß Artikel 3 der Verordnung (EU) 2023/844"]. [2]Sie kann insbesondere Folgendes betreffen:**

---

3 *Fehrenbach* GPR 2017, 38 (45); aA *Eble* in Ebke/Seagon/Blatz, Unternehmensrestrukturierung und Unternehmensinsolvenz, 2015, 131, 146: es sei nicht auf die tatsächliche Konsolidierung, sondern auf das Bestehen einer Konsolidierungspflicht abzustellen.

4 Mankowski/Müller/Schmidt/*J. Schmidt* Art. 2 Rn. 79; näher zu den verschiedenen Beherrschungstatbeständen Staub/*Kindler,* 2011, HGB § 290 Rn. 1 ff.

5 *Eidenmüller/Frobenius* ZIP-Beil. 22/2013, 1 (14).

6 Ansatzweise für Kooperationspflichten Mankowski/Müller/Schmidt/*J. Schmidt* Rn. 13.

7 So auch *Moss/Fletcher/Isaacs,* The EU regulation on insolvency proceedings, 3. Aufl. 2016, Rn. 8.755.

a) die Koordinierung bei der Bestellung von Verwaltern,
b) die Mitteilung von Informationen auf jedem von dem betreffenden Gericht als geeignet erachteten Weg,
c) die Koordinierung der Verwaltung und Überwachung der Insolvenzmasse und Geschäfte der Mitglieder der Unternehmensgruppe,
d) die Koordinierung der Verhandlungen,
e) soweit erforderlich die Koordinierung der Zustimmung zu einer Verständigung der Verwalter.

I. Normzweck; Verhältnis zu §§ 56b, 269b InsO

1 Der im Zuge der Reform 2015 neu eingeführte Art. 57 betrifft die Zusammenarbeit und Kommunikation der Gerichte, die mit Insolvenzverfahren von Mitgliedern derselben Unternehmensgruppe (Art. 2 Nr. 13) befasst sind. Die Norm ergänzt dabei Art. 56, der die Zusammenarbeit der Verwalter regelt, und ist im Wesentlichen mit Art. 42 vergleichbar. So soll eine **effiziente Verfahrensführung** (Erwägungsgrund 51) und das **Ausschöpfen von Synergien** innerhalb der Gruppe (Erwägungsgrund 52 S. 3) gewährleistet werden. Zugleich zielt die Vorschrift darauf ab, für die Kooperation der Insolvenzgerichte bei Insolvenzverfahren einer Unternehmensgruppe eine gesetzliche Grundlage zu schaffen.[1] §§ 56b, 269b InsO finden keine Anwendung, soweit Art. 57 anzuwenden ist (Art. 102c § 22 Art. 1 Nr. 2 EGInsO).

II. Pflicht zur Zusammenarbeit (Abs. 1)

2 Gemäß Abs. 1 S. 1 sind die Gerichte, die mit Insolvenzverfahren von Mitgliedern derselben Unternehmensgruppe befasst sind, zur Zusammenarbeit verpflichtet, soweit die Zusammenarbeit
– die wirksame Abwicklung der Verfahren erleichtern kann,
– diese mit den für die einzelnen Verfahren geltenden Vorschriften vereinbar ist und
– keine Interessenkonflikte nach sich zieht.[2]

3 Die Fälle, die eine Zusammenarbeit ausschließen, sind somit identisch mit denen in Bezug auf die Kooperation der Verwalter (Art. 56 Abs. 1 S. 1).

4 Den Gerichten steht es gemäß Abs. 1 S. 2 frei, eine unabhängige Person oder Stelle zu bestimmen, die auf ihre Weisung hin tätig wird. Diese **Delegationsbefugnis** ermöglicht es Richtern, die Vorbehalte haben, in einer anderen Sprache oder außerhalb ihrer Gerichtssäle tätig zu werden, ihrer Pflicht zur Zusammenarbeit nachzukommen.[3]

III. Wege der Zusammenarbeit (Abs. 2 und Abs. 3)

5 Abs. 2 stellt klar, dass die Gerichte, sofern dies mit den jeweiligen Verfahrensvorschriften vereinbar ist, direkt miteinander kommunizieren und einander um Informationen ersuchen können. Hierbei haben sie die Vertraulichkeit der ausgetauschten Informationen zu wahren. Der lex fori-Vorbehalt entspricht Art. 42 Abs. 2. Zu Leitlinien → Art. 42 Rn. 1.

6 Die Gerichte können gemäß Abs. 3 den **Umfang der Zusammenarbeit selbst festlegen.** Beispielhaft nennt die Vorschrift unter anderem die Koordinierung bei der Bestellung von Verwaltern und der Verhandlungen, den gegenseitigen Austausch von Informationen sowie die Überwachung und Koordinierung der Insolvenzmasse und der Geschäfte der insolventen Konzerngesellschaften. Die – nicht abschließende – Aufzählung der Möglichkeiten der Zusammenarbeit entspricht Art. 42 Abs. 3.

Art. 58 EuInsVO Zusammenarbeit und Kommunikation zwischen Verwaltern und Gerichten

Ein Verwalter, der in einem Insolvenzverfahren über das Vermögen eines Mitglieds einer Unternehmensgruppe bestellt worden ist,
a) arbeitet mit jedem Gericht, das mit einem Antrag auf Eröffnung eines Insolvenzverfahrens über das Vermögen eines anderen Mitglieds derselben Unternehmensgruppe befasst ist oder das ein solches Verfahren eröffnet hat, zusammen und kommuniziert mit diesem und

---

1 MüKoInsO/*Reinhart* Rn. 1.
2 Näher *Vallender* KTS 2009, 59 (63).
3 So *Madaus* IILR 2015, 235 (239).

b) kann dieses Gericht um Informationen zum Verfahren über das Vermögen des anderen Mitgliedes der Unternehmensgruppe oder um Unterstützung in dem Verfahren, für das er bestellt worden ist, ersuchen,

soweit eine solche Zusammenarbeit und Kommunikation die wirkungsvolle Verfahrensführung erleichtern können, keine Interessenkonflikte nach sich ziehen und mit den für die Verfahren geltenden Vorschriften vereinbar sind.

I. Normzweck

Der im Zuge der Reform 2015 neu eingeführte Art. 58 schließlich betrifft in Ergänzung zu Art. 56 und 57 die Zusammenarbeit und Kommunikation zwischen Verwaltern und Gerichten. Sie ist im Wesentlichen mit Art. 43 vergleichbar. So soll eine **effiziente Verfahrensführung** (Erwägungsgrund 51) und das **Ausschöpfen von Synergien** innerhalb der Gruppe (Erwägungsgrund 52 S. 3) gewährleistet werden. 1

II. Pflicht zur Zusammenarbeit

Die Gerichte und Verwalter, die mit Insolvenzverfahren von Mitgliedern derselben Unternehmensgruppe befasst sind, sind zur Zusammenarbeit verpflichtet, sowie die Zusammenarbeit 2
– die wirkungsvolle Verfahrensführung erleichtern kann,
– diese mit den für die einzelnen Verfahren geltenden Vorschriften vereinbar ist und
– keine Interessenkonflikte nach sich zieht.

Die Fälle, die eine Zusammenarbeit ausschließen, sind somit vergleichbar mit denen in Bezug auf die Kooperation der Verwalter (Art. 56 Abs. 1 S. 1) oder der Gerichte (Art. 57 Abs. 1 S. 1) untereinander. 3

Im Einzelnen sind die Insolvenzverwalter (a) zur Zusammenarbeit und Kommunikation mit jedem beteiligten Gericht verpflichtet. Im Gegenzug (b) können die Verwalter die Gerichte um Informationen ersuchen. Somit mag es unter der EuInsVO für einen Insolvenzverwalter einfacher und schneller als bisher sein, sich direkt an das Gericht, das in einem anderen Mitgliedstaat mit der Insolvenz einer Konzerngesellschaft befasst ist, zu wenden, statt das lokale Gericht um Kommunikation mit dem ausländischen Gericht gemäß Art. 57 zu bitten.[1] 4

Art. 59 EuInsVO Kosten der Zusammenarbeit und Kommunikation bei Verfahren über das Vermögen von Mitgliedern einer Unternehmensgruppe

Die Kosten der Zusammenarbeit und Kommunikation nach den Artikeln 56 bis 60, die einem Verwalter oder einem Gericht entstehen, gelten als Kosten und Auslagen des Verfahrens, in dem sie angefallen sind.

I. Normzweck

Art. 59 wurde im Zuge der Aufnahme von Konzerninsolvenzen in die EuInsVO neu geschaffen. Die **Kosten** der Zusammenarbeit und Kommunikation nach den Art. 56–60, die den Verwaltern oder Gerichten entstehen, **gelten als Kosten und Auslagen des Verfahrens, in dem sie angefallen sind.** Die Vorschrift ist deutlicher als Art. 44 (Kosten der Zusammenarbeit zwischen Haupt- und Sekundärverfahren), wo lediglich bestimmt ist, dass die Gerichte einander die Kosten der Zusammenarbeit und Kommunikation nicht „in Rechnung" stellen dürfen. 1

Kostenfragen können dann zu **Konflikten** führen, wenn die Kosten für die Zusammenarbeit bei den jeweiligen Mitgliedern einer Unternehmensgruppe (Art. 2 Nr. 13) deutlich divergieren. Insofern sollte man den Konzerngesellschaften bzw. den bestimmten Verwaltern die Kompetenz einräumen, eine abweichende Regelung zu treffen.[1] Andernfalls besteht die Gefahr, dass manche Mitglieder der Gruppe ihren Pflichten gemäß Art. 56 ff. nicht freiwillig nachkommen. 2

II. Verteilung der Kosten

Nach Art. 59 gilt **nicht das Verursacherprinzip.** Unerheblich ist, wer den Aufwand zB durch eine entsprechende Anfrage ausgelöst hat. Die Kosten bleiben bei dem Insolvenzverfahren, in dem sie im Rahmen der Ausübung der Kooperationspflichten anfallen. Ersucht das Gericht eines Insolvenzverfahrens die anderen Verwalter um Informationen, so sind die Kosten und Auslagen für diese 3

---

1 So auch *Moss/Fletcher/Isaacs,* The EU regulation on insolvency proceedings, 3. Aufl. 2016, Rn. 8.764.

1 So auch *Madaus* IILR 2015, 235 (240).

Informationen daher nicht vom anfragenden Insolvenzgericht zu tragen, sondern von den Verwaltern, die ihrer Verpflichtung nach Art. 58 lit. b nachkommen.

4 Die Norm betrifft **nur die Zuordnung von Kosten und Auslagen** zu den jeweiligen Insolvenzverfahren. Wie diese Kosten und Auslagen in dem jeweiligen Insolvenzverfahren **berücksichtigt** werden, obliegt nach Art. 7 der **lex fori concursus.**[2]

Art. 60 EuInsVO Rechte des Verwalters bei Verfahren über das Vermögen von Mitgliedern einer Unternehmensgruppe

(1) Der Verwalter eines über das Vermögen eines Mitglieds einer Unternehmensgruppe eröffneten Insolvenzverfahrens kann, soweit dies eine effektive Verfahrensführung erleichtern kann,

a) in jedem über das Vermögen eines anderen Mitglieds derselben Unternehmensgruppe eröffneten Verfahren gehört werden,

b) eine Aussetzung jeder Maßnahme im Zusammenhang mit der Verwertung der Masse in jedem Verfahren über das Vermögen eines anderen Mitglieds derselben Unternehmensgruppe beantragen, sofern

i) für alle oder einige Mitglieder der Unternehmensgruppe, über deren Vermögen ein Insolvenzverfahren eröffnet worden ist, ein Sanierungsplan gemäß Artikel 56 Absatz 2 Buchstabe c vorgeschlagen wurde und hinreichende Aussicht auf Erfolg hat;

ii) die Aussetzung notwendig ist, um die ordnungsgemäße Durchführung des Sanierungsplans sicherzustellen;

iii) der Sanierungsplan den Gläubigern des Verfahrens, für das die Aussetzung beantragt wird, zugute käme und

iv) weder das Insolvenzverfahren, für das der Verwalter gemäß Absatz 1 bestellt wurde, noch das Verfahren, für das die Aussetzung beantragt wird, einer Koordinierung gemäß Abschnitt 2 dieses Kapitels unterliegt;

c) die Eröffnung eines Gruppen-Koordinationsverfahrens gemäß Artikel 61 beantragen.

(2) *[1]* Das Gericht, das das Verfahren nach Absatz 1 Buchstabe b eröffnet hat, setzt alle Maßnahmen im Zusammenhang mit der Verwertung der Masse in dem Verfahren ganz oder teilweise aus, wenn es sich überzeugt hat, dass die Voraussetzungen nach Absatz 1 Buchstabe b erfüllt sind.

***[2]* [1]Vor Anordnung der Aussetzung hört das Gericht den Verwalter des Insolvenzverfahrens, für das die Aussetzung beantragt wird. [2]Die Aussetzung kann für jeden Zeitraum bis zu drei Monaten angeordnet werden, den das Gericht für angemessen hält und der mit den für das Verfahren geltenden Vorschriften vereinbar ist.**

***[3]* Das Gericht, das die Aussetzung anordnet, kann verlangen, dass der Verwalter nach Absatz 1 alle geeigneten Maßnahmen nach nationalem Recht zum Schutz der Interessen der Gläubiger des Verfahrens ergreift.**

***[4]* Das Gericht kann die Dauer der Aussetzung um einen weiteren Zeitraum oder mehrere weitere Zeiträume verlängern, die es für angemessen hält und die mit den für das Verfahren geltenden Vorschriften vereinbar sind, sofern die in Absatz 1 Buchstabe b Ziffern ii bis iv genannten Voraussetzungen weiterhin erfüllt sind und die Gesamtdauer der Aussetzung (die anfängliche Dauer zuzüglich aller Verlängerungen) sechs Monate nicht überschreitet.**

Übersicht

I. Normzweck

1 Als letzte Vorschrift zur Kooperation und Kommunikation in Insolvenzverfahren von Konzerngesellschaften verschafft der im Zuge der Reform 2015 neu geschaffene Art. 60 den Verwaltern

[2] MüKoInsO/*Reinhart* Rn. 3.

bestimmte Befugnisse in dem jeweils anderen Verfahren über das Vermögen eines anderen Mitglieds der Unternehmensgruppe (Art. 2 Nr. 13). Die Norm birgt **Konfliktpotential,** da sie dem Verwalter eines Parallelverfahrens **konkrete Einflussnahmemöglichkeiten** einräumt. Noch weitreichendere Einflussnahmemöglichkeiten hat der Koordinator nach Art. 72 Abs. 2 im Rahmen eines Gruppen-Koordinationsverfahrens. Wurde ein solches nicht beantragt oder nicht eröffnet, so gewährt Art. 60 zumindest jedem Verwalter des Mitglieds einer Unternehmensgruppe bestimmte Mitwirkungsrechte.

Zu den Mitwirkungsrechten eines Verwalters in dem Insolvenzverfahren eines anderen Mitglieds der Unternehmensgruppe gehört das **Recht,** in den anderen Insolvenzverfahren **gehört zu werden** (Abs. 1 lit. a). Wie im Falle des Art. 33 kann der Verwalter ferner die **Aussetzung der Verwertung** im Insolvenzverfahren eines anderen Gruppenmitglieds beantragen (Abs. 1 lit. b). Schließlich wird dem Verwalter die Befugnis eingeräumt, ein Gruppen-Koordinationsverfahren nach Art. 61 zu beantragen (Abs. 1 lit. c). 2

II. Rechte des Verwalters

1. Anhörungsrecht (Abs. 1 lit. a). Zunächst steht dem Verwalter (Art. 60 Abs. 1 lit. a) ein **Anhörungsrecht** in jedem anderen Verfahren zu. Ein Stimmrecht kommt ihm dabei nicht zu. Die Norm überträgt die in Art. 45 Abs. 3 für Haupt- und Sekundärverfahren bestehenden Befugnisse der Verwalter, an Gläubigerversammlungen der Insolvenzverfahren der Gruppenmitglieder teilzunehmen, auf die Gruppeninsolvenz. Das Teilnahmerecht schließt das Recht, in der Gläubigerversammlung gehört zu werden, mit ein. Das Recht, gehört zu werden, steht auch dem Koordinator des Gruppen-Koordinationsverfahrens zu (vgl. Art. 72 Abs. 2 lit. a). 3

Es schließt die **Möglichkeit zur Stellungnahme** mit ein. Der Verwalter kann daher vom Insolvenzgericht verlangen, ihn ebenso wie allen anderen Verfahrensbeteiligten zu unterrichten und ihm verfahrensleitende Verfügungen usw. zuzuleiten.[1] Nur auf dieser Informationsgrundlage kann der Verwalter effektiv von seinem Recht auf Gehör Gebrauch machen. 4

2. Beantragung der Aussetzung von Maßnahmen (Abs. 1 lit. b). Einschneidenden Charakter hat die weitergehende Befugnis des EU-ausländischen Verwalters, die **Aussetzung jeder Maßnahme im Zusammenhang mit der Verwertung der Masse** in einem Verfahren über das Vermögen jedes anderen Mitglieds derselben Unternehmensgruppe zu beantragen (Art. 60 Abs. 1 lit. b). Sie setzt voraus, dass für Mitglieder der Unternehmensgruppe, über deren Vermögen ein Insolvenzverfahren eröffnet worden ist, (i) ein Restrukturierungsplan vorgeschlagen wurde, der hinreichende Aussicht auf Erfolg hat, (ii) die Aussetzung notwendig ist, um die ordnungsgemäße Durchführung des Plans sicherzustellen, (iii) der Plan den Gläubigern, für die die Aussetzung beantragt wird, zugutekäme und (iv) weder das Insolvenzverfahren, für das der Insolvenzverwalter bestellt wurde, noch das Verfahren, das ausgesetzt werden soll, einer Koordinierung nach Art. 61 ff. unterliegt. Die Vorschrift entspricht funktional Art. 46, wonach auch der Verwalter des Hauptverfahrens im Sekundärverfahren die Aussetzung von Verwertungsmaßnahmen verlangen kann. Zur Verzinsungspflicht s. EGInsO Art. 102c § 24 Nr. 1. 5

Strenger als Art. 46 verlangt Art. 60 eine **konkrete Sanierungssituation (→ Rn. 5).**[2] Dabei wird die hinreichende Erfolgsaussicht des Sanierungsplans (Ziff. i) nur zu verneinen sein, wenn der **Sanierungsplan offensichtlich keine Aussicht auf Erfolg** haben kann. Es ist nicht Aufgabe des Insolvenzgerichts, einen Sanierungsplan aus einem EU-ausländischen Verfahren vollinhaltlich auf dessen Erfolgsaussichten zu überprüfen.[3] Bei der Überprüfung der Erfolgsaussichten sind die tatsächlichen grundlagen heranzuziehen, die das Insolvenzgericht vom dem ausländischen, mit dem Sanierungsplan befassten Insolvenzgericht, erhalten hat (arg. Art. 57). 6

Die weitere Voraussetzung, ob der Sanierungsplan den Gläubigern zu Gute kommt (Ziff. iii) entspricht in der Sache der **Liquidationsgarantie** des deutschen Rechts (vgl. § 245 Abs. 1 Nr. 1, § 251 Abs. 1 Nr. 2 InsO).[4] Da nur eine vorübergehende Aussetzung der Verwertung begehrt werden kann, bei der auch noch Schutzmaßnahmen zugunsten der Gläubiger angeordnet werden können, sind an dieses Merkmal keine hohen Beweisanforderungen zu stellen.[5] Ausreichend dürfte sein, wenn der Sanierungsplan geeignet ist, dessen Gläubigern zu Gute zu kommen. 7

3. Beantragung eines Gruppen-Koordinationsverfahrens (Abs. 1 lit. c). Vgl. insoweit die Kommentierung zu Art. 61 ff.; Art. 60 Abs. 1 lit. c ist überflüssig, da Art. 61 bereits die entsprechende Ermächtigung normiert. 8

---

1 MüKoInsO/*Reinhart* Rn. 2.
2 MüKoInsO/*Reinhart* Rn. 4.
3 Näher *Thole* ZEuP 2014, 39(70 f.); *Prager/Keller* NZI 2013, 57 (64).
4 MüKoInsO/*Reinhart* Rn. 5.
5 *Thole* ZEuP 2014, 39 (70).

III. Aussetzung des Verfahrens

9 Die Aussetzung darf nach Art. 60 Abs. 2 UAbs. 2 S. 2 für **höchstens drei Monate** angeordnet werden, kann jedoch bei Bedarf auf **maximal sechs Monate verlängert** oder erneuert werden.

10 Die Aussetzung erfolgt, wenn sich das Gericht davon überzeugt hat, dass die Voraussetzungen vorliegen (Art. 60 Abs. 2). Das Gericht dürfte aufgrund des in Art. 7 Abs. 2 S. 1 kodifizierten lex fori-Prinzips des internationalen Insolvenzverfahrensrechts, wonach das Recht des Staates der Verfahrenseröffnung regelt, wie das Insolvenzverfahren durchzuführen ist, nach den Anforderungen und mittels Maßnahmen des eigenen Prozessrechts über das Vorliegen der Voraussetzungen des Art. 60 Abs. 1 lit. b Beweis erheben und entscheiden können.[6] Der Beschluss über eine Aussetzung betrifft die Durchführung des Insolvenzverfahrens.

11 Zur Sicherung der Interessen der Gläubiger des Insolvenzverfahrens kann das Insolvenzgericht die nur **„teilweise" Aussetzung der Verwertung** anordnen (Abs. 2 UAbs. 1). Das kann zweckmäßig sein, wenn die ordnungsgemäße Durchführung des Sanierungsplans nur die Aussetzung bestimmter Verwertungsmaßnahmen erfordert oder nur bei bestimmten Vermögensgegenständen die Verwertung ausgesetzt werden muss (Abs. 1 lit. b Ziff. ii). Auch bei einer nur teilweisen Aussetzung der Verwertung müssen die Verwertungsvoraussetzungen des Abs. 1 lit. b vorliegen.

12 Darüber hinaus kann das Insolvenzgericht dem antragstellenden Verwalter aufgeben, dass dieser alle **geeigneten Maßnahmen zum Schutz der Interessen der Gläubiger** des Verfahrens ergreift (Abs. 2 UAbs. 3). Diese Maßnahmen richten sich nach dem Recht des Gerichtsstaates. Die Regelung entspricht derjenigen, die der Verordnungsgeber bereits bei der Aussetzung der Verwertung im Sekundärverfahren erlassen hat (Art. 46).

13 Die **Maßgeblichkeit der lex fori** (→ Rn. 12) kann in der Umsetzung auf **Schwierigkeiten** stoßen, weil nur der Verwalter des Verfahrens, für das die Aussetzung beantragt ist, Maßnahmen „nach dem eigenen nationalen Recht" umsetzen kann. Dem antragstellenden Verwalter als Adressat der Anordnung (→ Rn. 12) fehlen dafür sowohl der Besitz wie auch die Verwaltungsbefugnis über die von den Verwertungsmaßnahmen betroffenen Vermögensgegenstände.

14 Schließlich kann das Insolvenzgericht zum Zwecke des Gläubigerschutzes die **Aussetzung zeitlich befristen.** Nach Abs. 2 UAbs. 2 kann das Insolvenzgericht die Aussetzung für jeden Zeitraum von **bis zu drei Monaten** anordnen, wenn es die Dauer für angemessen hält und der Zeitraum mit den für das Insolvenzverfahren geltenden Vorschriften vereinbar ist. Abs. 2 UAbs. 4 ermöglicht eine (oder mehrere) **Verlängerungen** der Aussetzung, jedoch insgesamt auf höchstens sechs Monate. Materiell erfordert die Vorschrift, dass für die Verlängerung der Aussetzung dass die in Art. 60 Abs. 1 lit. b Ziff. ii bis iv genannten Voraussetzungen nach der Überzeugung des Gerichts weiterhin erfüllt sind.

Abschnitt 2. Koordinierung

Unterabschnitt 1. Verfahren

Art. 61 EuInsVO Antrag auf Eröffnung eines Gruppen-Koordinationsverfahrens

(1) Ein Gruppen-Koordinationsverfahren kann von einem Verwalter, der in einem Insolvenzverfahren über das Vermögen eines Mitglieds der Gruppe bestellt worden ist, bei jedem Gericht, das für das Insolvenzverfahren eines Mitglieds der Gruppe zuständig ist, beantragt werden.

(2) Der Antrag nach Absatz 1 erfolgt gemäß dem für das Verfahren, in dem der Verwalter bestellt wurde, geltenden Recht.

(3) Dem Antrag nach Absatz 1 ist Folgendes beizufügen:

a) ein Vorschlag bezüglich der Person, die zum Gruppenkoordinator (im Folgenden: „Koordinator") ernannt werden soll, Angaben zu ihrer Eignung nach Artikel 71, Angaben zu ihren Qualifikationen und ihre schriftliche Zustimmung zur Tätigkeit als Koordinator;

b) eine Darlegung der vorgeschlagenen Gruppen-Koordination, insbesondere der Gründe, weshalb die Voraussetzungen nach Artikel 63 Absatz 1 erfüllt sind;

c) eine Liste der für die Mitglieder der Gruppe bestellten Verwalter und gegebenenfalls die Gerichte und zuständigen Behörden, die in den Insolvenzverfahren über das Vermögen der Mitglieder der Gruppe betroffen sind;

---

[6] Anders in Bezug auf den Begriff „nachweislich" in Art. 42s Abs. 2 EuInsVO-E des ursprünglichen Reformentwurfs (COM(2012) 744 final, 35) *Thole/Swierczok* ZIP 2013, 550 (557) sowie *Prager/Keller* NZI 2013, 57 (64), die wohl eine autonome Auslegung annehmen; aA *Kindler* KTS 2014, 25 (42).

d) eine Darstellung der geschätzten Kosten der vorgeschlagenen Gruppen-Koordination und eine Schätzung des von jedem Mitglied der Gruppe zu tragenden Anteils dieser Kosten.

Übersicht

I. Normzweck

Art. 61 regelt die **Antragstellung zur Eröffnung eines Gruppen-Koordinationsverfahrens** 1 und wurde im Zuge der Aufnahme von Konzerninsolvenzen in die EuInsVO **neu** geschaffen. Das Verfahren dient der besseren Koordinierung der Insolvenzverfahren über das Vermögen von Mitgliedern einer Unternehmensgruppe (Art. 2 Nr. 13) und der koordinierten Sanierung des Konzerns (Erwägungsgrund 54 S. 1). Dabei soll zwar die Effizienz der Koordinierung gewährleistet werden, dies aber nicht zu Lasten der **„eigenen Rechtspersönlichkeit"** jedes einzelnen konzernangehörigen Unternehmens gehen (Erwägungsgrund 54 S. 2).[1] Damit dürfte gemeint sein, dass das Vermögen einer jeden im Insolvenzverfahren befindlichen Gesellschaft zugunsten von deren Gläubigern – und nicht zugunsten der Gläubiger anderer Gesellschaften aus derselben Unternehmensgruppe – verwertet wird.

Die **Sachnorm** des Art. 61 regelt die Antragsbefugnis, das auf den Antrag anwendbare Recht, 2 sowie die inhaltlichen Vorgaben für einen solchen Antrag. Die **mitgliedstaatliche lex fori concursus** (Art. 7) kommt im Anwendungsbereich des Art. 61 nur **lückenfüllend** zur Anwendung. §§ 269d ff. InsO treten hinter Art. 61 ff. zurück (Art. 102c § 22 Abs. 2 EGInsO).

II. Antragssteller und Zustimmungserfordernisse

Zur Beantragung des Gruppen-Koordinationsverfahrens ist nach Abs. 1 jeder Verwalter, der in 3 einem Insolvenzverfahren über das Vermögen einer konzernangehörigen Gesellschaft bestellt worden ist, befugt. Er hat – sofern durch nationales Recht vorgeschrieben – vor Einreichung des Antrags die erforderlichen **Genehmigungen** einzuholen (Erwägungsgrund 55 S. 2). Im deutschen Insolvenzverfahren bedarf der Verwalter unter den Voraussetzungen des Art. 102c § 23 Abs. 1 EGInsO der **Zustimmung des Gläubigerausschusses.**

Das Gruppenkoordinationsverfahren kann nicht von Amts wegen eingeleitet werden. Nicht 4 antragsberechtigt sind Gläubiger, Behörden oder sonstige Personen.[2]

Antragsberechtigt ist jeder „Verwalter, der in einem Insolvenzverfahren über das Vermögen 5 eines Mitglieds der Gruppe bestellt worden ist". Der **Kreis der Gruppenmitglieder** wird in Art. 2 Nr. 13, 14 verordnungsautonom definiert. **Keine Antragsberechtigung** besitzen Verwalter von konzernangehörigen Unternehmen aus **Drittstaaten,** dh Unternehmen, die den Mittelpunkt der hauptsächlichen Interessen iSd Art. 3 Abs. 1 in keinem der Mitgliedstaaten haben.

Keine Antragsberechtigung besitzt der **Verwalter eines Sekundärverfahrens** (Art. 3 6 Abs. 2).[3] Zwar fällt der Verwalter eines Sekundärverfahrens formal unter die Definition nach Art. 2 Nr. 5. Die teleologische Reduktion des Verwalterbegriffs in Abs. 1 ergibt sich jedoch aus den auch im Übrigen beschränkten Befugnissen des Sekundärverwalters. Namentlich gewährt Art. 46 nur dem Verwalter des Hauptverfahrens Antragsrechte zur Aussetzung der Verwertung im Sekundärverfahren.

Demgegenüber folgt die Antragsberechtigung auch des **vorläufigen Insolvenzverwalters** 7 grundsätzlich ohne weiteres aus der Definition des Verwalters in Art. 2 Nr. 5. Eine teleologische Reduktion des Verwalterbegriffs des Abs. 1 ist insoweit nur geboten, als entweder die Verwaltungs- und Verfügungsbefugnis bereits auf den vorläufigen Verwalter übergegangen sein muss oder der vorläufige Verwalter von dem Insolvenzgericht zur Antragstellung entsprechend ermächtigt worden sein muss. Bei einem deutschen vorläufigen Verwalter muss es sich daher entweder um einen **starken vorläufigen Verwalter** handeln, **oder** um einen schwachen vorläufigen Verwalter, der zur Beantragung eines Gruppen-Koordinationsverfahrens **ermächtigt** wurde.[4]

[1] Zum Trennungsprinzip *Paulus* Einl. Rn. 58.
[2] *Parzinger* NZI 2016, 63 (68); Mankowski/Müller/Schmidt/*J. Schmidt* Rn. 19.
[3] Zutr. MüKoInsO/*Reinhart* Rn. 4, auch zum Folgenden.
[4] Zutr. MüKoInsO/*Reinhart* Rn. 5.

III. Inhalt des Antrags (Abs. 2 und 3)

8 Der Inhalt des Antrags richtet sich nach dem für das Verfahren, in dem der Verwalter bestellt wurde, geltenden Recht (Abs. 2).[5] Er hat insbesondere einen Vorschlag für die als Koordinator zu bestellende Person (Abs. 3 lit. a), eine Darlegung des Koordinationsplans (Abs. 3 lit. b), eine Liste der Konzerngesellschaften nebst Verwalter und betroffener Gerichte (Abs. 3 lit. c) sowie eine Übersicht der geschätzten Kosten für die Koordinierung zu enthalten.

9 Nach **Abs. 3 lit. a** muss der Antrag einen konkreten Vorschlag bezüglich des Koordinators und Angaben zu dessen Eignung und Qualifikation enthalten. Der Vorschlag ist mit dem vorgeschlagenen Koordinator abzustimmen, da dessen schriftliche Zustimmung zur Tätigkeit als Koordinator ebenfalls beigefügt werden muss. Die Zustimmung des Koordinators muss – analog Art. 73 Abs. 2 – in der Amtssprache des angerufenen Gerichts übermittelt werden.[6] Die dort für den bestellten Koordinator getroffene Sprachregelung gilt sinnvollerweise für das Antragsverfahren gleichermaßen.

10 Nach **Abs. 3 lit. b** ist die angestrebte **Gruppen-Koordination darzulegen.** Zwingend sind Ausführungen zu den Eröffnungsvoraussetzungen nach Art. 63 Abs. 1. Diese Ausführungen sind der **„Entwurf der Koordination"**, über den nach Art. 68 Abs. 1 lit. b im Eröffnungsbeschluss zu entscheiden ist.[7] Das ergibt sich aus einem Vergleich mit der englischen Sprachfassung. Dort finden sich in Art. 61 Abs. 3 lit. b und Art. 68 Abs. 1 lit. b jeweils die gleichen Begriffe („outline of the proposed group coordination"/„outline of the coordination"). **Inhaltlich** dürfen die Anforderungen an den Antrag **nicht zu streng** gesehen werden. Substantiierte Vorschläge zur Wiederherstellung der wirtschaftlichen Leistungsfähigkeit der Unternehmensgruppe hat erst der einzusetzende Koordinator zu erarbeiten (Art. 72 Abs. 1 lit. b).

11 Nach **Abs. 3 lit. c** muss ist dem Antrag eine **Liste der zur Unternehmensgruppe gehörenden bestellten Verwalter,** gegebenenfalls der **Gerichte und** der zuständigen **Behörden** beifügen. Dazu gehört – im Sinne einer effizienten Verfahrensführung (Erwägungsgrund 3) – eine Liste die **Kontaktdaten** der genannten Personen oder Institutionen. Nur so kann das angerufene Gericht ohne weiteres seiner Unterrichtungspflicht nach Art. 63 Abs. 1 nachkommen. Ferner sind Angaben über **Insolvenzverfahren** in der Unternehmensgruppe mit aufzunehmen, die **noch nicht eröffnet** wurden, für die aber bereits der Antrag auf Verfahrenseröffnung gestellt wurde. Für diese Verfahren sind auch die Kontaktdaten der bestellten vorläufigen Verwalter anzugeben. anhand dieser Angaben koordinieren die beteiligten Gerichte die Eröffnungsbeschlüsse, so dass das Gericht des Gruppen-Koordinationsverfahrens dasselbe erst dann eröffnet, wenn die Insolvenzverfahren für alle Gruppen-Mitglieder eröffnet worden sind. Grundlage hierfür ist Art. 57, der auch für das Verhältnis zwischen den Insolvenzgerichten und dem Gericht des Gruppen-Koordinationsverfahrens herangezogen werden kann.[8]

12 Schließlich erfordert **Abs. 3 lit. d** eine Darstellung der geschätzten **Kosten** der vorgeschlagenen Gruppen-Koordination sowie eine Schätzung des von jedem Mitglied der Gruppe zu tragenden Anteils dieser Kosten. Diese Angaben ermöglichen es dem Koordinationsgericht, bei Eröffnung des Gruppen-Koordinationsverfahrens gemäß Art. 68 Abs. 1 lit. c über die Kostenschätzung und die Verteilung der Kosten unter den Gruppenmitgliedern zu entscheiden.[9]

IV. Zuständiges Koordinationsgericht und Form des Antrags

13 Der Antrag kann **bei jedem Gericht** gestellt werden, das für das Hauptinsolvenzverfahren eines Mitglieds der Gruppe **zuständig** ist. Die Verordnung kombiniert insoweit das **Konzept des Wahlgerichtsstandes mit dem Prioritätsprinzip** (Art. 62). Die wirtschaftliche Bedeutung der Gesellschaft innerhalb der Unternehmensgruppe ist nicht relevant. Örtlich, sachlich und funktional zuständig ist das Gericht, das das Verfahren eröffnet hat bzw. das Gericht, bei dem ein entsprechender Eröffnungsantrag gestellt wurde.

14 Die **Kollisionsnorm** des Abs. 2 erleichtert es dem Verwalter, einen zulässigen Koordinations-Antrag auch in einem anderen Mitgliedstaat zu stellen, dessen Zulässigkeitsvoraussetzungen er nicht kennt. Nach Abs. 2 soll der Antrag gemäß der **lex fori concursus des antragstellenden Verwalters** erfolgen, nicht der lex fori concursus des angerufenen Gerichts. Die Norm beruht auf dem **Günstigkeitsprinzip.** Grundsätzlich ist auch bei dem Antrag auf ein Gruppen-Koordinationsverfah-

---

[5] Es ist zu erwarten, dass sich auch die Bearbeitung des Antrages und nicht nur dessen Stellung nach dem nationalen Prozessrecht richten wird; so *Moss/Fletcher/Isaacs,* The EU regulation on insolvency proceedings, 3. Aufl. 2016, Rn. 8.772.

[6] MüKoInsO/*Reinhart* Rn. 11.

[7] MüKoInsO/*Reinhart* Rn. 12, 13.

[8] MüKoInsO/*Reinhart* Rn. 14.

[9] Einzelheiten bei MüKoInsO/*Reinhart* Rn. 15 ff.

ren das Verfahren über den Antrag und dessen Bescheidung nach der lex fori concursus des angerufenen Gerichts zu beurteilen. Dies gilt, soweit nicht die Art. 61 ff. Spezialvorschriften enthalten, die das nationale Recht verdrängen. Abs. 2 greift ein, wenn der Antrag nicht die formellen Voraussetzungen der lex fori concursus des angerufenen Rechts erfüllt, aber die formellen Voraussetzungen des Rechts des antragstellenden Verwalters. In diesen Fällen ist der Antrag zulässig.[10]

Art. 62 EuInsVO Prioritätsregel

Unbeschadet des Artikels 66 gilt Folgendes: Wird die Eröffnung eines Gruppen-Koordinationsverfahrens bei Gerichten verschiedener Mitgliedstaaten beantragt, so erklären sich die später angerufenen Gerichte zugunsten des zuerst angerufenen Gerichts für unzuständig.

I. Normzweck

Art. 62 regelt **positive Kompetenzkonflikte.** Die Vorschrift wurde im Zuge der Aufnahme 1 von Konzerninsolvenzen in die neue EuInsVO neu geschaffen und normiert die Priorität des Koordinationsverfahrens am zuerst angerufenen Gericht. Alle später angerufenen Gerichte haben sich für unzuständig zu erklären. Wann ein Gericht als angerufen gilt, lässt sich wohl unter Rückgriff auf die im Rahmen der Art. 29 Abs. 3 Brüssel Ia-VO entwickelte Praxis beantworten.[1] Nach Art. 32 Abs. 1 lit. a Brüssel Ia-VO gilt ein Gericht als angerufen, wenn das verfahrenseinleitende Schriftstück bei Gericht eingereicht worden ist. Die erfolgte Zustellung an den Beklagten ist nicht erforderlich.

Die Vorschrift steht im **Zusammenhang mit Art. 66,** der eine **ausschließliche Zuständigkeit** nur dann vorsieht, wenn es unter den Verwaltern zur Vereinbarung eines Gerichtsstandes 2 gekommen ist. Andernfalls gilt das sog. Prioritätsprinzip. Art. 66 erfordert, dass die Verwalter mit einer Zweidrittelmehrheit ein für das Koordinationsverfahren ausschließlich zuständiges Gericht bestimmt haben (näher → Art. 66 Rn. 1 ff.).

II. Prioritätsgrundsatz

Das **Prioritätsprinzip bei Kompetenzkonflikten** ist erforderlich, weil die EuInsVO – außer- 3 halb der Fälle der Vereinbarung eines Gerichtsstandes durch die Verwalter nach Art. 66 – keine besondere Zuständigkeit vorsieht. Vielmehr kann der Antrag nach Art. 61 Abs. 1 bei **jedem Gericht** gestellt werden, das für das Insolvenzverfahren eines Mitglieds der Gruppe zuständig ist. Für den **zeitlichen Vorrang** ist auf die Antragstellung, nicht auf die Eröffnung des Gruppen-Koordinationsverfahrens abzustellen. Für Anträge, die innerhalb eines gleichen Tages gestellt werden, kommt es auf den Zeitpunkt des Eingangs bei Gericht an. Prioritätswirksam sind jedoch nur Anträge, die den formellen Anforderungen des Art. 61 genügen. **Rechtsaktübergreifend** ist für die Bestimmung des Zeitpunkts der Antragstellung auf **Art. 32 Brüssel Ia-VO** abzustellen. Dies ergibt sich zwar nicht unmittelbar aus Erwägungsgrund 7, doch zeigt die Bestimmung, dass der EU-Gesetzgeber die beiden Verordnungen als Teile eines Gesamtsystems des europäischen Zivilprozessrechts betrachtet.

Die **Prioritätsregel bleibt außer Anwendung** („unbeschadet des Artikels 66"), wenn min- 4 destens zwei Drittel der Verwalter, die für Insolvenzverfahren über das Vermögen der Mitglieds der Gruppe bestellt wurden, darüber einig sind, dass ein zuständiges Gericht eines anderen Mitgliedstaates am besten für die Eröffnung eines Gruppen-Koordinationsverfahrens geeignet ist (Art. 66). Im Falle einer solchen – vor der Eröffnung des Gruppen-Koodinationsvefahrens getroffenen – Vereinbarung ist alleine das vereinbarte Gericht zuständig.

Art. 63 EuInsVO Mitteilung durch das befasste Gericht

(1) Das mit einem Antrag auf Eröffnung eines Gruppen-Koordinationsverfahrens befasste Gericht unterrichtet so bald als möglich die für die Mitglieder der Gruppe bestellten Verwalter, die im Antrag gemäß Artikel 61 Absatz 3 Buchstabe c angegeben sind, über den Antrag auf Eröffnung eines Gruppen-Koordinationsverfahrens und den vorgeschlagenen Koordinator, wenn es davon überzeugt ist, dass

a) die Eröffnung eines solchen Verfahrens die effektive Führung der Insolvenzverfahren über das Vermögen der verschiedenen Mitglieder der Gruppe erleichtern kann,

b) nicht zu erwarten ist, dass ein Gläubiger eines Mitglieds der Gruppe, das voraussichtlich am Verfahren teilnehmen wird, durch die Einbeziehung dieses Mitglieds in das Verfahren finanziell benachteiligt wird, und

c) der vorgeschlagene Koordinator die Anforderungen gemäß Artikel 71 erfüllt.

---

10 MüKoInsO/*Reinhart* Rn. 9 f.

1 *Moss/Fletcher/Isaacs,* The EU regulation on insolvency proceedings, 3. Aufl. 2016, Rn. 8.773.

(2) In der Mitteilung nach Absatz 1 dieses Artikels sind die in Artikel 61 Absatz 3 Buchstaben a bis d genannten Bestandteile des Antrags aufzulisten.

(3) Die Mitteilung nach Absatz 1 ist eingeschrieben mit Rückschein aufzugeben.

(4) Das befasste Gericht gibt den beteiligten Verwaltern die Gelegenheit, sich zu äußern.

I. Normzweck

1 Art. 63 wurde im Zuge der Aufnahme von Konzerninsolvenzen in die EuInsVO neu geschaffen und behandelt das Verfahren zur Eröffnung eines Gruppen-Koordinationsverfahrens, welches in zwei Stufen abläuft. Zunächst prüft das Gericht, ob die jeweiligen Voraussetzungen vorliegen (→ Rn. 2). Ist es davon überzeugt, dass diese vorliegen, unterrichtet es die bestellten Verwalter (→ Rn. 8). Die Vorschrift stellt das rechtliche Gehör der anderen Verwalter der Unternehmensgruppe sicher.

II. Voraussetzungen des Koordinationsverfahrens (Abs. 1)

2 **1. Überblick.** Das mit dem Antrag auf Eröffnung eines Gruppen-Koordinationsverfahrens befasste Gericht kommt seiner Unterrichtungspflicht (→ Rn. 4) erst nach, wenn es von folgenden Punkten überzeugt ist:

(a) Die Eröffnung des Koordinationsverfahrens erleichtert die effektive Führung der Insolvenzverfahren der Konzerngesellschaften.

(b) Kein Gläubiger der insolventen Gesellschaften wird durch das Verfahren finanziell benachteiligt.

(c) Der vorgeschlagene Koordinator erfüllt die Anforderungen gemäß Art. 71.

3 Die Voraussetzungen stellen die angestrebte Effizienz der Koordinierung sicher (Erwägungsgründe 54 S. 2 und 57). Außerdem verfolgen sie das in Erwägungsgrund 58 erklärte Ziel, dass die Kosten des Gruppen-Koordinationsverfahrens dessen Vorteile nicht überwiegen. Bei der Feststellung der Voraussetzungen nach Abs. 1 hat das Gericht einen weiten **Beurteilungsspielraum.** Deutlich wird dies aus dem Wortlaut der Norm („wenn [das Gericht] davon überzeugt ist…").

4 **2. Effektive Führung des Insolvenzverfahrens.** Nach **Abs. 1 lit. a** hat das Gericht zunächst zu **prüfen, ob** die Eröffnung eines solchen Verfahrens die effektive Führung des Insolvenzverfahrens über das Vermögen der verschiedenen Mitglieder der Gruppe **erleichtern *kann*.** Die Norm verlangt nicht, dass das Gruppen-Koordinationsverfahren die effektive Führung tatsächlich erleichtert. Daran fehlt es freilich nur dann, wenn evident ausgeschlossen ist, dass das Gruppen-Koordinationsverfahren die effektive Führung erleichtern kann.[1]

5 Erleichtert das Gruppen-Koordinationsverfahren die effektive Führung der Insolvenzverfahren nicht, so können die Verwalter der Gruppenmitglieder, die in der Regel Fragen der ökonomischen Abwicklung auch besser als Insolvenzgerichte beurteilen können, sich gegen eine Einbeziehung ihres Insolvenzverfahrens aussprechen (Art. 65). In diesem Rahmen findet erneut eine Prüfung über die Sinnhaftigkeit des Gruppen-Koordinationsverfahrens statt.

6 **3. Keine Benachteiligung einzelner Gläubiger.** Nach **Abs. 1 lit. b** muss das Gericht ferner prüfen, dass nicht zu erwarten ist, dass ein Gläubiger eines Mitglieds der Gruppe durch die Einbeziehung benachteiligt wird. Eine derartige **Benachteiligung** ist im Hinblick auf die eingeschränkten Kompetenzen des Koordinators (Art. 72) freilich **kaum vorstellbar.** Zudem achtet schon jeder Verwalter im Rahmen der Koordination darauf, dass die Rechte der Gläubiger in seinem Verfahren durch die Gruppen-Koordination nicht beeinträchtigt werden (im deutschen Recht schon wegen § 60 InsO). Und schließlich können allein durch die Einbeziehung in das Koordinationsverfahren die Rechte eines Gläubiger nicht verletzt werden. Dies ist erst im Rahmen der Umsetzung von Koordinationsmaßnahmen denkbar, die jedoch im Zeitpunkt der Eröffnung des Koordinationsverfahrens noch nicht einmal vorliegen (Art. 72 Abs. 1 lit. b).

7 **4. Qualifikation des Verwalters.** Nach **Abs. 1 lit. c** hat das Gericht zudem zu prüfen, ob der vorgeschlagene Koordinator die Anforderungen des Art. 71 erfüllt. Stammt der vorgeschlagene Koordinator nicht aus dem Mitgliedstaat des befassten Gerichts, so kann die Geeignetheit des vorgeschlagenen Koordinators nach **Art. 71 Abs. 1** durch Anfrage bei dem Gericht des Mitgliedstaates in Erfahrung gebracht werden, aus dem der Koordinator stammt. Grundlage ist Art. 57, wonach die Pflicht zur Zusammenarbeit nach Art. 57 bereits im Eröffnungsverfahren der Gruppen-Koordination

[1] MüKoInsO/*Reinhart* Rn. 3.

greift. Die ferner erforderliche Prüfung möglicher Interessenkonflikte nach **Art. 71 Abs. 2** ist auf eine **Schlüssigkeitsprüfung** beschränkt.[2]

III. Unterrichtung der Verwalter

Das mit dem Eröffnungsantrag befasste Gericht unterrichtet unverzüglich die für die konzernangehörigen Gesellschaften bestellten Verwalter und den vorgeschlagenen Koordinator, sobald es von dem Vorliegen genannter Voraussetzungen (→ Rn. 2 ff.) überzeugt ist (Abs. 1). Abs. 2 bestimmt, welche Unterlagen dem Antrag beizufügen sind. Nach Abs. 3 ist die Mitteilung mit eingeschriebenem Rückschein aufzugeben. Den benachrichtigten Verwaltern ist Gelegenheit zu geben, sich zu äußern (Abs. 4). 8

Die Gerichte sollten ihre Unterrichtungspflicht nach Art. 63 weit auslegen, um den Vorwurf zu vermeiden, nicht hinreichend unterrichtet zu haben. Die Unterrichtung der Verwalter der anderen Gruppengesellschaften erfolgt mit eingeschriebenem Brief mit Rückschein. Nicht erforderlich ist eine Zustellung.[3] 9

Art. 64 EuInsVO Einwände von Verwaltern

(1) Ein für ein Mitglied einer Gruppe bestellter Verwalter kann Einwände erheben gegen
a) die Einbeziehung des Insolvenzverfahrens, für das er bestellt wurde, in ein Gruppen-Koordinationsverfahren oder
b) die als Koordinator vorgeschlagene Person.

(2) *[1]* Einwände nach Absatz 1 dieses Artikels sind innerhalb von 30 Tagen nach Eingang der Mitteilung über den Antrag auf Eröffnung eines Gruppen-Koordinationsverfahrens durch den Verwalter gemäß Absatz 1 dieses Artikels bei dem Gericht nach Artikel 63 zu erheben.
***[2]* Der Einwand kann mittels des nach Artikel 88 eingeführten Standardformulars erhoben werden.**

(3) Vor der Entscheidung über eine Teilnahme bzw. Nichtteilnahme an der Koordination gemäß Absatz 1 Buchstabe a hat ein Verwalter die Genehmigungen, die gegebenenfalls nach dem Recht des Staats der Verfahrenseröffnung, für das er bestellt wurde, erforderlich sind, zu erwirken.

I. Normzweck

Art. 64 regelt den der gerichtlichen Mitteilung gemäß Art. 63 nachfolgenden Verfahrensschritt. Die Norm wurde im Zuge der Aufnahme von Konzerninsolvenzen in die EuInsVO neu geschaffen. Sie legt fest, wann und wie die beteiligten Verwalter nach entsprechender Unterrichtung durch das Gericht **Einwände** erheben können. Die Norm steht im Zusammenhang mit Art. 65–67, die die Rechtsfolgen der Einwände regeln sowie Art. 68, der die abschließende Entscheidung des Insolvenzgerichts behandelt. 1

II. Einwände

1. Regelungsmodell. Die nach Art. 63 (→ Art. 63 Rn. 8) unterrichteten Verwalter können innerhalb von 30 Tagen (Abs. 2) Einwände gegen die Einbeziehung ihres Insolvenzverfahrens in das Gruppen-Koordinationsverfahren (Abs. 1 lit. a) oder den vorgeschlagenen Koordinator (Abs. 1 lit. b) erheben. Die Einwände sind an das unterrichtende Gericht zu richten. Dazu wurde ein Standardformular nach Art. 88 eingeführt. Im deutschen Insolvenzverfahren bedarf der Verwalter unter den Voraussetzungen des Art. 102c § 23 Abs. 2 lit. a EGInsO für die Erklärung des Einwands nach Art. 64 Abs. 1 lit. a der **Zustimmung des Gläubigerausschusses.** 2

Die Rechtsfolgen erhobener Einwände gegen die Teilnahme am Koordinationsverfahren sind im Art. 65 geregelt, die gegen den vorgeschlagenen Koordinator in Art. 67. 3

2. Einwände gegen die Einbeziehung. Abs. 1 benennt die beiden möglichen Einwände der beteiligten Verwalter. Da das Gruppen-Koordinationsverfahren ein **Mehrparteienverfahren** ist, kann sich ein einzelner Verwalter nicht gegen das Gruppen-Koordinationsverfahren insgesamt wenden. Seine Einwände sind auf seine Beteiligung zu beschränken, dhauf die Einbeziehung des Insolvenzverfahrens, für das er bestellt wurde. Da das Gericht ohnehin keine Entscheidung über die 4

---

[2] MüKoInsO/*Reinhart* Rn. 6.
[3] MüKoInsO/*Reinhart* Rn. 9, 10.

Begründetheit des Einwands trifft, muss der Einwand **nicht begründet** werden. Allein seine Erhebung genügt, um die Einbeziehung eines Insolvenzverfahrens in das Gruppen-Koordinationsverfahren zu verhindern („opt-out").[1] Darin zeigt sich der **freiwillige Charakter** des Gruppen-Koordinationsverfahrens.

5 **3. Einwände gegen die Person des Koordinators.** Jeder Verwalter einer Konzerngesellschaft kann darüber hinaus nach Abs. 1 lit. b Einwände gegen die als Koordinator vorgeschlagene Person erheben. Anders als der Einwand gegen die Einbeziehung in das Gruppen-Koordinationsverfahren (→ Rn. 4) ist der Einwand zu begründen. Das Gericht hat den Einwand inhaltlich zu prüfen, insbesondere ob die **Eignungsvoraussetzungen nach Art. 71** vorliegen, um sodann über den Einwand nach Art. 67 zu entscheiden.

III. Frist

6 Nach Abs. 2 sind die Einwände innerhalb von 30 Tagen nach Eingang der Mitteilung über den Antrag auf Eröffnung eines Gruppen-Koordinationsverfahrens zu erheben. Hierfür hat der Verordnungsgeber ein Standardformular eingeführt, das von der Kommission als Durchführungsrechtsakt erlassen worden ist (Anh. III VO (EU) 2017/1105 vom 12.6.2017).

IV. Genehmigungen

7 Nach Abs. 3 hat ein beteiligter Verwalter vor der Entscheidung über die Teilnahme bzw. Nichtteilnahme an der Koordination die **nach der lex fori concursus seines Insolvenzverfahrens erforderlichen Genehmigungen** zu erwirken. Das ergibt sich ohnehin schon aus der EuInsVO und hätte keiner Klarstellung bedurft. Denn nach Art. 7 Abs. 2 S. 2 lit. c richten sich die Befugnisse des Verwalters nach dem Recht seines Verfahrensstaates. Es ist daher Aufgabe eines jeden beteiligten Verwalters zu klären, ob er für die Entscheidung die Beteiligung seines Insolvenzgerichts oder weiterer Verfahrensorgane bedarf. Zur **Zustimmung des Gläubigerausschusses** im deutschen Verfahren → Rn. 2.

8 Der Verwalter eines in Deutschland eröffneten Insolvenzverfahrens bedarf für die Entscheidung über die Teilnahme oder Nichtteilnahme am Koordinationsverfahren der **Zustimmung des Gläubigerausschusses** § 160 InsO, **wenn** hier eine **besonders bedeutsame Rechtshandlung** vorliegt (→ Rn. 2). Die Teilnahme am Koordinationsverfahren ist jedoch als solche regelmäßig keine besonders bedeutsame Rechtshandlung. Weder ist sie unmittelbar auf den Verkauf wesentlicher Teile der Insolvenzmasse gerichtet, noch wird die Insolvenzmasse in besonderem Maße belastet.[2] Zudem unterbreitet der Koordinator bloß unverbindliche Vorschläge für die koordinierte Abwicklung (Art. 72). Die formale Regelung, dass dem Koordinator in diesem Zusammenhang das Recht gewährt wird, sich in dem Insolvenzverfahren zu beteiligen und Anträge zu stellen, reicht für die Anwendung des § 160 InsO jedoch nicht aus.

Art. 65 EuInsVO Folgen eines Einwands gegen die Einbeziehung in ein Gruppen-Koordinationsverfahren

(1) Hat ein Verwalter gegen die Einbeziehung des Verfahrens, für das er bestellt wurde, in ein Gruppen-Koordinationsverfahren Einwand erhoben, so wird dieses Verfahren nicht in das Gruppen-Koordinationsverfahren einbezogen.

(2) Die Befugnisse des Gerichts gemäß Artikel 68 oder des Koordinators, die sich aus diesem Verfahren ergeben, haben keine Wirkung hinsichtlich des betreffenden Mitglieds und ziehen keine Kosten für dieses Mitglied nach sich.

I. Normzweck

1 Art. 65 regelt die Folgen eines Einwandes gemäß Art. 64 gegen die Einbeziehung in ein Gruppen-Koordinationsverfahren. Die Norm wurde im Zuge der Aufnahme von Konzerninsolvenzen in die EuInsVO neu geschaffen. Das Insolvenzverfahren des Verwalters, der den **Einwand** erhoben hat, **nimmt** in der Folge an dem Gruppen-Koordinationsverfahren **nicht teil.** Dem Verwalter bleibt aber noch die Möglichkeit eines nachträglichen Beitritts (Opt-in) nach Art. 69.

[1] MüKoInsO/*Reinhart* Rn. 2; näher *J. Schmidt* ZVglRWiss. 116 (2017), 93 (98 ff.).
[2] MüKoInsO/*Reinhart* Rn. 6.

II. Opt-out

Mit Erhebung des Einwandes erreicht der Verwalter, dass sein Verfahren nicht in das Gruppen-Koordinationsverfahrens einbezogen wird. Die Handlungen des koordinierenden Gerichts nach Art. 68 und des Koordinators haben keinen Einfluss auf die Gesellschaft, die sich dem Verfahren nicht angeschlossen hat (Abs. 2). Dem aus dem Verfahren ausgeschiedenen Verwalter stehen die sich aus dem Gruppen-Koordinationsverfahren ergebenden Rechte nicht (mehr) zu. Auch die Aufgaben des Koordinators erstrecken sich nicht auf das nicht teilnehmende Gruppenmitglied. 2

Ferner können weder das Gericht noch der Koordinator Befugnisse gegenüber dem nicht teilnehmenden Verwalter ausüben, soweit nicht der Verwalter hierzu nach Art. 56 ff. verpflichtet ist (zB Informationen mitzuteilen). Auch hat der Koordinator nicht die Rechte nach Art. 72 Abs. 2 gegenüber dem nicht-teilnehmenden Insolvenzverfahren. Umgekehrt muss sich das nicht teilnehmende Gruppenmitglied auch nicht an den Kosten des Gruppen-Koordinationsverfahrens beteiligen. 3

Die Möglichkeit des Opt-out folgt aus der **Freiwilligkeit des Gruppen-Koordinationsverfahren** (Erwägungsgrund 56 S. 1). Dem Verwalter steht es nach Art. 69 Abs. 1 lit. a allerdings frei, sich nach Eröffnung des Gruppen-Koordinationsverfahrens diesem doch noch anzuschließen. 4

Die **Wirkungen** des Art. 65 treten **von selbst mit der Erhebung des Einwands** ein. Einer gerichtlichen Entscheidung bedarf es dafür nicht. Das ausgeschiedene Gruppenmitglied ist im Beschluss des Gerichts zur Eröffnung des Gruppen-Koordinationsverfahrens (Art. 68) nicht mehr als Beteiligter aufzuführen. 5

Art. 66 EuInsVO Wahl des Gerichts für ein Gruppen-Koordinationsverfahren

(1) Sind sich mindestens zwei Drittel aller Verwalter, die für Insolvenzverfahren über das Vermögen der Mitglieder der Gruppe bestellt wurden, darüber einig, dass ein zuständiges Gericht eines anderen Mitgliedstaats am besten für die Eröffnung eines Gruppen-Koordinationsverfahrens geeignet ist, so ist dieses Gericht ausschließlich zuständig.

(2) [1]Die Wahl des Gerichts erfolgt als gemeinsame Vereinbarung in Schriftform oder wird schriftlich festgehalten. [2]Sie kann bis zum Zeitpunkt der Eröffnung des Gruppen-Koordinationsverfahrens gemäß Artikel 68 erfolgen.

(3) Jedes andere als das gemäß Absatz 1 befasste Gericht erklärt sich zugunsten dieses Gerichts für unzuständig.

(4) Der Antrag auf Eröffnung eines Gruppen-Koordinationsverfahrens wird bei dem vereinbarten Gericht gemäß Artikel 61 eingereicht.

I. Normzweck

Art. 66 stellt eine **Ausnahme zur Prioritätsregel** des Art. 62 dar. Er erlaubt es den Verwaltern, für das Gruppen-Koordinationsverfahren parteiautonom ein ausschließlich zuständiges Gericht zu bestimmen. Die Norm wurde im Zuge der Aufnahme von Konzerninsolvenzen in die EuInsVO neu geschaffen. Zu ihrem Verständnis ist es wichtig, sich die grundsätzliche Regelung der internationalen Zuständigkeit in Erinnerung zu rufen, die in den Art. 61, 62 im Sinne eines Wahlgerichtsstands mit Prioritätsprinzip (→ Art. 61 Rn. 13) verankert ist: Während Art. 61 Abs. 1 die internationale Zuständigkeit jedes Mitgliedstaates bestimmt, in dem ein Insolvenzverfahren eines Mitglieds der Gruppe eröffnet wurde, regelt Art. 62 im Falle mehrerer Anträge den hieraus resultierenden positiven Kompetenzkonflikt im Sinne des Prioritätsprinzips. Der zeitlich frühere Antrag setzt sich durch. Dieses Modell können die Verwalter derogieren, indem sie nach Art. 66 **parteiautonom einen Gerichtsstand vereinbaren.** Dieser kann von den vorgenannten Zuständigkeiten abweichen. 1

Nach Abs. 1 können sich die Verwalter der Gruppenmitglieder mit einer **Zwei-Drittel-Mehrheit** für einen Gerichtsstand entscheiden. Die Regelung beruht auf der Einschätzung des Verordnungsgebers, dass die Verwalter selbst am besten zu beurteilen vermögen, in welchem Staat das Koordinationsgericht belegen sein sollte. 2

II. Vereinbarung des Gerichts durch die Insolvenzverwalter

Nach Abs. 1 können die im Verfahren über das Vermögen der konzernangehörigen Gesellschaften (Art. 2 Nr. 13, Nr. 14) bestimmten Insolvenzverwalter mit Zweidrittelmehrheit ein Gericht für das Gruppen-Koordinationsverfahren für ausschließlich zuständig erklären. Jeder Verwalter hat eine Stimme. Das Stimmgewicht richtet sich folglich nicht nach dem Vermögen, dass der jeweilige Insolvenzverwalter 3 zu verwalten hat. Es handelt sich um eine **Kopfmehrheit.**[1] Die den Insolvenzverfahren zur Verfügung stehenden Insolvenzmassen oder andere Größenmerkmale (Bilanzsumme, Umsatzerlöse, Zahl der Arbeitnehmer usw.) spielen demgemäß für die Berechnung der Mehrheit keine Rolle.

4 Für die **Berechnung des Quorums** sind **auch diejenigen Verwalter, die der Einbeziehung widersprochen** haben, zu berücksichtigen. Abs. 1 bezieht sich auf „*alle* Verwalter, die für Insolvenzverfahren über das Vermögen der Mitglieder der Gruppe bestellt wurden." Dafür spricht auch, dass nach anderen Normen ausdrücklich diejenigen Verwalter, die Einwände erklärt haben, nicht zu berücksichtigen sind.[2] Dies ist bei Art. 67 der Fall. Eine Einschränkung dieser Art fehlt aber in Art. 66.

5 Nicht ausdrücklich geregelt ist, ob **auch Verwalter, die der Einbeziehung widersprochen haben,** an der Einigung teilnehmen und ihre **Zustimmung zu einem vereinbarten Gerichtsstand** erklären können. Dafür spricht erneut, dass Art. 66 – anders als Art. 67 – das Stimmrecht nicht daran knüpft, dass der Verwalter keinen Einwand gegen die Einbeziehung erklärt hat.[3] Die Zubilligung des Stimmrechts an diesen Personenkreis ist auch deshalb geboten, da Art. 69 den Widersprechenden das Recht eines nachträglichen Beitritts (Opt-in) gewährt.

III. Form und Zeitpunkt der Gerichtsstandvereinbarung (Abs. 2)

6 Die Wahl des Gerichts erfolgt nach Abs. 2 in **Schriftform** oder ist zumindest schriftlich festzuhalten. Die Schriftform meint eine Vereinbarung, die von allen zustimmenden Verwaltern unterzeichnet wurde. Die zweite Alternative ermöglicht, dass die Zustimmung sich in mehreren Schriftstücken findet, die allerdings jeweils von dem zustimmenden Verwalter unterzeichnet sein müssen. Der Begriff der Schriftform ist nach Maßgabe des Schriftformerfordernisses nach **Art. 25 Brüssel Ia-VO** zu konkretisieren (vgl. Erwägungsgrund 7). Nach Eröffnung des Gruppen-Koordinationsverfahrens gemäß Art. 68 ist eine Wahl ausgeschlossen.

7 Die Vereinbarung kann nach Abs. 2 S. 2 **bis zum Zeitpunkt der Eröffnung des Gruppen-Koordinationsverfahrens** erfolgen. Hierfür ist nicht der Zeitpunkt der letzten Unterschrift maßgeblich, die für die Zweidrittelmehrheit notwendig ist, sondern der Zeitpunkt der Übermittlung der Vereinbarung an das zuerst angerufene Gericht.[4] Die Vereinbarung muss vor Erlass der Eröffnungsentscheidung bei dem Gericht eingehen, bei dem das Gruppenkoordinationsverfahren beantragt wurde.

IV. Ausschließliche Zuständigkeit

8 Eine mit der erforderlichen Mehrheit unterzeichnete **Vereinbarung bewirkt,** dass nach Abs. 1 das in der Vereinbarung genannte **Gericht ausschließlich zuständig wird.** Daher haben sich alle anderen angerufenen Gerichte gemäß Abs. 3 für unzuständig zu erklären.

V. Neuer Antrag auf Eröffnung eines Gruppen-Koordinationsverfahrens

9 Nach Abs. 4 ist der **Antrag** auf Eröffnung eines Gruppen-Koordinationsverfahrens bei dem vereinbarten Gericht (Abs. 1) **neu zu stellen. Jeder Verwalter** der beteiligten Insolvenzverfahren besitzt hierfür die **Antragsberechtigung.** Dies folgt aus dem Verweis auf Art. 61 Abs. 1. Es ist zweckmäßig und zulässig, bereits im Rahmen der Gerichtsstandsvereinbarung nach Abs. 1 festzulegen, welcher Verwalter den erforderlichen Neuantrag stellt. Liegt dem vereinbarten Gericht bereits ein Antrag auf Eröffnung eines Gruppen-Insolvenzverfahrens vor (der jedoch an der Prioritätsregelscheiterte, Art. 62), so soll es nach *Reinhart* keines neuen Antrags bedürfen, wenn dem Gericht die Vereinbarung iSd Abs. 1 vorgelegt wird.[5] Diese Auffassung ist nicht mit der Regelung des Abs. 4 zu vereinbaren. Schon die systematische Stellung der Vorschrift macht deutlich, dass der Antrag zeitlich nach der Gerichtsstandsvereinbarung neu zu stellen ist. Nichts spricht freilich dagegen, wenn dieser Antrag auf den früher bei diesem Gericht bereits eingereichten Antrag samt Anlagen (Art. 61 Abs. 3) Bezug nimmt.

VI. Zuständigkeit zur Entscheidung

10 Ungeregelt blieb, welches Gericht im Falle eines **Streits über das wirksame Zustandekommen einer Einigung** iSd Abs. 1 über den Gerichtsstand entscheidet. Um widersprechende Entscheidungen zu vermeiden, sollten daher die Gerichte analog Art. 62 bindend entscheiden, ob eine wirksame Vereinbarung vorliegt. Da es sich um eine ausschließliche Gerichtsstandsvereinbarung

---

[1] MüKoInsO/*Reinhart* Rn. 3; Mankowski/Müller/Schmidt/*J. Schmidt* Rn. 5.
[2] Dazu MüKoInsO/*Reinhart* Rn. 3.
[3] MüKoInsO/*Reinhart* Rn. 4.
[4] MüKoInsO/*Reinhart* Rn. 6.
[5] MüKoInsO/*Reinhart* Rn. 8.

handelt, findet zur Lösung positiver Kompetenzkonflikte die Aussetzungspflicht des Art. 31 Abs. 2 Brüssel Ia-VO Anwendung.[6]

Art. 67 EuInsVO Folgen von Einwänden gegen den vorgeschlagenen Koordinator

Werden gegen die als Koordinator vorgeschlagene Person Einwände von einem Verwalter vorgebracht, der nicht gleichzeitig Einwände gegen die Einbeziehung des Mitglieds, für das er bestellt wurde, in das Gruppen-Koordinationsverfahren erhebt, kann das Gericht davon absehen, diese Person zu bestellen und den Einwände erhebenden Verwalter auffordern, einen den Anforderungen nach Artikel 61 Absatz 3 entsprechenden neuen Antrag einzureichen.

I. Normzweck

Art. 67 regelt die Konstellation, dass ein Insolvenzverwalter zwar kein Opt-out (→ Art. 65 Rn. 2) für das Mitglied der Unternehmensgruppe (Art. 2 Nr. 13), das er vertritt, erklärt, aber gegen den nach Art. 61 Abs. 3 lit. c im Antrag vorgeschlagenen Koordinator des Gruppen-Koordinationsverfahrens **Einwände** erhebt (Art. 64 iVm Art. 71). In diesem Fall wird das Gericht die erhobenen Einwände prüfen. Sollte es zu dem Ergebnis kommen, dass die erhobenen Einwände begründet sind und der Koordinator zB gemäß Art. 71 Abs. 1 nicht geeignet ist, als Verwalter tätig zu werden, kann es von dessen Bestellung absehen. Der die Einwände erhebende Verwalter wird in diesem Fall zum Vorschlag eines neuen Koordinators aufgefordert. 1

II. Absehen von der Bestellung

Liegen in der Person des vorgeschlagenen Koordinators **Ausschlussgründe** nach Art. 71 vor, so **muss das Gericht** von Amts wegen **von der Bestellung absehen** und den Antragsteller um andere Vorschläge ersuchen (Art. 63 Abs. 1). Es handelt sich um eine gebundene Entscheidung. 2

Demgegenüber ermächtigt **Art. 67** das Gericht zu einer **Ermessensentscheidung.** Danach *kann* das Gericht von der Bestellung absehen, wenn die als Verwalter vorgeschlagene Person zwar die Voraussetzungen des Art. 71 erfüllt, aber Einwände von den anderen Verwaltern geltend gemacht werden, die über die von Amts wegen nach Art. 71 zu beachtenden Bestellungshindernissen hinausgehen. 3

III. Neuer Antrag

Nach Art. 67 kann das Gericht **den Verwalter, der die Einwände erhoben hatte,** auffordern, einen dem Art. 61 Abs. 3 entsprechenden neuen Antrag einzureichen. Im Falle von Einwänden durch mehrere Verwalter sind sämtliche Verwalter, die einen Einwand gegen den Koordinator erhoben haben, aufzufordern, Alternativvorschläge zu unterbreiten.[1] 4

Die Norm besagt nicht, dass der **ursprünglich antragstellende Verwalter** keine Möglichkeit für einen Alternativvorschlag haben soll. Das Gleiche gilt für andere **Verwalter, die dem Vorschlag nicht widersprochen haben.** Der von Art. 67 intendierte breite Ermessenspielraum für das Gericht spricht dafür, dass das Gericht auch die anderen beteiligten Verwalter auffordern kann, neue Vorschläge zu unterbreiten.[2] 5

Nach Art. 67 ist die gerichtliche Aufforderung darauf gerichtet, einen den Anforderungen nach Art. 61 Abs. 3 entsprechenden neuen Antrag einzureichen. Die Norm ist teleologisch zu reduzieren. Der **neue Antrag betrifft nämlich nur den Vorschlag einer als Koordinator zu benennenden Person** iSd Art. 61 Abs. 3 lit. a, nicht aber die anderen dem Antrag beizufügenden Darlegungen und Listen. Daher ist kein vollständig neuer Antrag zu stellen. 6

Die neu unterbreiteten **Personalvorschläge** sind für das Gericht **bindend,** ebenso wie der Vorschlag im ursprünglichen Antrag. Das Gericht kann nur aus der Liste der von den Verwaltern als Koordinator vorgeschlagenen Personen auswählen. 7

Art. 68 EuInsVO Entscheidung zur Eröffnung eines Gruppen-Koordinationsverfahrens

(1) [1]Nach Ablauf der in Artikel 64 Absatz 2 genannten Frist kann das Gericht ein Gruppen-Koordinationsverfahren eröffnen, sofern es davon überzeugt ist, dass die Voraussetzungen nach Artikel 63 Absatz 1 erfüllt sind. [2]In diesem Fall hat das Gericht:

---

6 AA MüKoInsO/*Reinhart* Rn. 10: bindende Entscheidung stets durch das erstangerufene Gericht.

1 MüKoInsO/*Reinhart* Rn. 5.

2 MüKoInsO/*Reinhart* Rn. 6.

a) einen Koordinator zu bestellen,
b) über den Entwurf der Koordination zu entscheiden und
c) über die Kostenschätzung und den Anteil, der von den Mitgliedern der Gruppe zu tragen ist, zu entscheiden.

(2) Die Entscheidung zur Eröffnung eines Gruppen-Koordinationsverfahrens wird den beteiligten Verwaltern und dem Koordinator mitgeteilt.

Übersicht

I. Normzweck

1 Art. 68 regelt die **Entscheidung zur Eröffnung eines Gruppen-Koordinationsverfahrens.** Die Vorschrift bestimmt die Voraussetzungen für den Erlass eines Eröffnungsbeschlusses (Abs. 1 S. 1), den Inhalt des Eröffnungsbeschlusses (Abs. 1 S. 2) sowie die Bekanntgabe des Eröffnungsbeschlusses (Abs. 2). Zu einem Rechtsmittel gegen den Beschluss findet sich in der Norm keine Aussage. Auch Art. 102c § 26 EGInsO sieht diesbezüglich nichts vor.

II. Eröffnung des Gruppen-Koordinationsverfahrens

2 Das mit dem Antrag auf Eröffnung eines Gruppen-Koordinationsverfahrens befasste Gericht prüft nach Ablauf der Frist von 30 Tagen, in denen die Verwalter gemäß Art. 64 Abs. 1 Einwände erhoben konnten, ob es von dem vorliegen der Voraussetzungen des Art. 63 Abs. 1 lit. a–c überzeugt ist (Eröffnung des Koordinationsverfahrens erleichtert die effektive Führung der Insolvenzverfahren der Konzerngesellschaften, kein Gläubiger wird durch das Verfahren finanziell benachteiligt, der vorgeschlagene Koordinator erfüllt die Anforderungen des Art. 71; vgl. → Art. 63 Rn. 2).

3 Bei **Vorliegen der Voraussetzungen gemäß Art. 63 Abs. 1 lit. a–c eröffnet das Gericht** nach Abs. 1 das Gruppen-Koordinationsverfahren und
– bestellt einen Koordinator,
– entscheidet über den Entwurf der Koordination und
– entscheidet über die Kosten.

4 Die maßgebenden tatsächlichen Grundlagen für die **Kostenschätzung** und den Anteil, den die Mitglieder der Gruppe zu tragen haben, sind in Art. 68 nicht weiter dargelegt. Damit steht die Entscheidung im **Ermessen des Gerichts.** Es erscheint sinnvoll, die Kosten proportional nach dem Vermögen der jeweils beteiligten Mitglieder der Unternehmensgruppe aufzuteilen, anstatt sie gleichmäßig auf die Mitglieder zu verteilen.[1] In diese Richtung geht auch Erwägungsgrund 58 S. 2, wonach der von jedem Gruppenmitglied zu tragende Anteil für die Koordinierung angemessen, verhältnismäßig und vertretbar sein soll.

5 Abs. 1 S. 1 normiert zwei Voraussetzungen für den Eröffnungsbeschluss. **(1)** In formaler Hinsicht bedarf es zunächst des **Ablaufs der 30-Tage-Frist** nach Art. 64 Abs. 2, bevor das Gericht den Eröffnungsbeschluss erlassen darf. Dafür muss aufgrund der von den unterrichteten Verwaltern zurück gesandten Rückscheine berechnet werden, wann die 30-tägige Stellungnahmefrist des zuletzt unterrichteten Verwalters abläuft. **(2)** Das Gericht muss ferner **überzeugt** sein, dass die **materiellen Voraussetzungen** nach Art. 63 Abs. 1 vorliegen (→ Art. 63 Rn. 2 ff.).

III. Inhalt des Beschlusses

6 Abs. 1 S. 2 legt den Mindestinhalt des Beschlusses fest. Dieser umfasst die **Feststellung der Eröffnung** des Gruppen-Koordinationsverfahrens sowie die **Bestellung** einer Person als **Koordinator** (Abs. 1 S. 2 lit. a).

7 Zudem muss der Beschluss über den **„Entwurf der Koordination"** entscheiden (Abs. 1 S. 2 lit. b). Gemeint ist damit der Vorschlag der Gruppen-Koordination, wie sie im Antrag nach Art. 61

[1] So auch *Moss/Fletcher/Isaacs,* The EU regulation on insolvency proceedings, 3. Aufl. 2016, Rn. 8.790.

Abs. 3 lit. b darzustellen ist. Die Regelung ermöglicht dem Gericht, die Aufgaben des Koordinators nach Art. 72 zu konkretisieren, gegebenenfalls aber auch zu beschränken, insbesondere aus Kostengründen.

Schließlich ist auch über die **Kostenschätzung** und die **Verteilung der Kosten** unter den teilnehmenden Gruppenmitgliedern zu entscheiden (Abs. 1 S. 2 lit. b). Die Kostenschätzung muss **beziffert** werden, da Art. 72 Abs. 6 eine Unterrichtungspflicht des Koordinators vorsieht, sobald die zu erwartenden Kosten 10 % der geschätzten Kosten übersteigen. Darüber hinaus ist auch über den **Aufteilungsschlüssel** der beteiligten Insolvenzverfahren zu befinden. Meist wird eine Aufteilung nach Größe der Insolvenzmasse der beteiligten Verfahren sachgerecht sein. Da diese zu Beginn der Verfahren noch nicht feststeht, erscheint es angemessen, den Aufteilungsschlüssel nach der Größe der Bilanzsumme der letzten festgestellten Bilanz zu ermitteln.[2] 8

IV. Mitteilung des Eröffnungsbeschlusses

Nach Abs. 2 ist die Entscheidung zur Eröffnung **den beteiligten Verwaltern und dem Koordinator mitzuteilen.** Beteiligte Verwalter sind der antragstellende Verwalter sowie die Verwalter, die keinen Einwand gegen die Einbeziehung des Insolvenzverfahrens, für das sie bestellt wurden, erhoben haben (Art. 64 Abs. 1 lit. a). Die Mitteilung unterliegt nach Abs. 2 **keinen besonderen Formvorschriften.** Die **Unterrichtungspflichten** des Gerichts (Art. 58 lit. b) legen es freilich nahe, das das angerufene Gericht als Übermittlungsform diejenige Form wählt, die nach dem nationalen autonomen Recht auch für Eröffnungsbeschlüsse vorgesehen ist. Dafür spricht, dass der Eröffnungsbeschluss nach Maßgabe des Rechts des Verfahrensstaates rechtsmittelfähig ist.[3] 9

Auch nach Eröffnung des Gruppen-Koordinationsverfahrens ist das Gericht mit der Überwachung der Kosten des Verfahrens betraut. Nach Art. 72 Abs. 6 lit. b ist die Zustimmung des Gerichts einzuholen, wenn nach Ansicht des Koordinators die Kosten seiner Tätigkeit die im vorhinein geschätzten und gemäß Art. 68 Abs. 1 lit. c gebilligten Kosten um 10 % übersteigen (s. auch Erwägungsgrund 59; → Art. 72 Rn. 7). 10

V. Rechtsmittel

1. Rechtsmittel gegen die Entscheidung zur Eröffnung eines Gruppen-Koordinationsverfahrens. Die Norm regelt nicht, ob **gegen den Eröffnungsbeschluss** oder dessen Ablehnung ein Rechtsmittel möglich ist. Es fehlt eine dem Art. 5 entsprechende Vorschrift. Das Gruppen-Koordinationsverfahren unterliegt dem **Recht des Verfahrensstaates** (Art. 7 Abs. 2 S. 1). Daher gelten bezüglich der Rechtsmittel die Vorschriften des mitgliedstaatlichen Rechts ergänzend für das Gruppen-Koordinationsverfahren, soweit die EuInsVO keine Spezialvorschrift enthält.[4] 11

Eine solche **Spezialvorschrift** findet sich im Hinblick auf die **Verwalter (und Schuldner in Eigenverwaltung,** Art. 76) in Art. 64 Abs. 1. Danach kann ein für ein Mitglied einer Gruppe bestellter Verwalter im Eröffnungsverfahren – dh noch vor dem Erlass des Eröffnungsbeschlusses – Einwände erheben, und zwar gegen (a) die Einbeziehung seines Insolvenzverfahrens in ein Gruppen-Koordinationsverfahren oder (b) die als Koordinator vorgeschlagene Person. Wurde diesen Einwänden nicht entsprochen – weil das Insolvenzverfahren entgegen dem Einwand des Verwalters in das Gruppenkoordinationsverfahren einbezogen wurde oder weil die Bestellung des Koordinators gegen Art. 71 erfolgte – so muss **der betroffene Verwalter** dies in einem Verfahren vor deutschen Gerichten im Wege der sofortigen Beschwerde rügen können, § 34 Abs. 2 InsO analog.[5] 12

Diejenigen **Verwalter,** die einen **Einwand** gegen die Einbeziehung ihres Insolvenzverfahrens erhoben haben, sind durch die Eröffnung **nicht beschwert, wenn** diese Insolvenzverfahren zutreffend (Art. 65) **nicht einbezogen** wurden.[6] Auch im Übrigen ist für Verwalter eine sofortige Beschwerde gegen die Entscheidung zur Eröffnung eines Gruppen-Koordinationsverfahrens nur eingeschränkt möglich. Beschwert sind die antragstellenden und die teilnehmenden Verwalter nämlich allenfalls, soweit dem Antrag **nicht vollständig** entsprochen wurde. So kann es vorkommen, dass eine andere als die vorgeschlagene Person (Art. 61 Abs. 3 lit. a) als Koordinator bestellt oder der Entwurf der Koordination (Art. 61 Abs. 3 lit. b) in veränderter Form oder eingeschränkt in den Eröffnungsbeschluss Eingang gefunden hat. 13

Auch im Hinblick auf den **Schuldner** ist fraglich, ob eine sofortige Beschwerde nach § 34 Abs. 2 InsO statthaft ist. Die Norm verschafft dem Schuldner ausnahmsweise (§ 6 InsO) ein Rechts- 14

---

2 MüKoInsO/*Reinhart* Rn. 6.
3 MüKoInsO/*Reinhart* Rn. 8.
4 MüKoInsO/*Reinhart* Rn. 9.
5 Mankowski/Müller/Schmidt/*J. Schmidt* Rn. 29.
6 MüKoInsO/*Reinhart* Rn. 10.

mittel gegen eine Entscheidung des Insolvenzgerichts, weil die Insolvenzeröffnung nachhaltig in die Rechtsstellung des Schuldners eingreift (vgl. §§ 80, 97–99 InsO). Dies ist bei der Entscheidung zur Eröffnung eines Gruppen-Koordinationsverfahrens indessen schon wegen der beschränkten Befugnisse des Koordinators (Art. 72) nicht der Fall. Außerdem hat der Schuldner zu diesem Zeitpunkt bereits seine Verwaltungs- und Verfügungsbefugnis im Rahmen des in die Gruppen-Koordination einbezogenen Insolvenzverfahrens verloren. Hinzukommt, dass die Zulassung eines Beschwerderechts des Schuldners unter Umständen dazu führt, dass etwaige mit der Gruppen-Koordination verbundene Sanierungsaussichten zum Scheitern verurteilt sein könnten. Ein **Beschwerderecht des Schuldners ist** daher **abzulehnen.**[7]

15 **2. Rechtsmittel gegen die Ablehnung der Eröffnung eines Gruppen-Koordinationsverfahrens.** Wird die **Eröffnung eines Gruppen-Koordinationsverfahrens abgelehnt,** so steht dem antragstellenden Verwalter oder Schuldner in Eigenverwaltung (Art. 76) nach hM die sofortige Beschwerde analog § 34 Abs. 1 InsO zu.[8] Im Übrigen haben der Schuldner oder einzelne Gläubiger – mangels Antargsrecht (Art. 61) keine Rechtsmittelbefugnis.

Art. 69 EuInsVO Nachträgliches Opt-in durch Verwalter

(1) Im Einklang mit dem dafür geltenden nationalen Recht kann jeder Verwalter im Anschluss an die Entscheidung des Gerichts nach Artikel 68 die Einbeziehung des Verfahrens, für das er bestellt wurde, beantragen, wenn

a) ein Einwand gegen die Einbeziehung des Insolvenzverfahrens in das Gruppen-Koordinationsverfahren erhoben wurde oder

b) ein Insolvenzverfahren über das Vermögen eines Mitglieds der Gruppe eröffnet wurde, nachdem das Gericht ein Gruppen-Koordinationsverfahren eröffnet hat.

(2) Unbeschadet des Absatzes 4 kann der Koordinator einem solchen Antrag nach Anhörung der beteiligten Verwalter entsprechen, wenn

a) er davon überzeugt ist, dass unter Berücksichtigung des Stands, den das Gruppen-Koordinationsverfahren zum Zeitpunkt des Antrags erreicht hat, die Voraussetzungen gemäß Artikel 63 Absatz 1 Buchstaben a und b erfüllt sind, oder

b) alle beteiligten Verwalter gemäß den Bestimmungen ihres nationalen Rechts zustimmen.

(3) Der Koordinator unterrichtet das Gericht und die am Verfahren teilnehmenden Verwalter über seine Entscheidung gemäß Absatz 2 und über die Gründe, auf denen sie beruht.

(4) Jeder beteiligte Verwalter und jeder Verwalter, dessen Antrag auf Einbeziehung in das Gruppen-Koordinationsverfahren abgelehnt wurde, kann die in Absatz 2 genannte Entscheidung gemäß dem Verfahren anfechten, das nach dem Recht des Mitgliedstaats, in dem das Gruppen-Koordinationsverfahren eröffnet wurde, bestimmt ist.

Übersicht

I. Normzweck

1 Die Norm schafft für einen Verwalter, der mit seinem Einwand nach Art. 65 Abs. 1 von einem Opt-out aus dem Gruppen-Koordinationsverfahren Gebrauch gemacht hat, die Möglichkeit, sich nachträglich dem Verfahren doch noch anzuschließen **(„Opt-in“).** Dies spiegelt die **Freiwilligkeit**

[7] So wohl auch Mankowski/Müller/Schmidt/*J. Schmidt* Rn. 29 aE.

[8] Mankowski/Müller/Schmidt/*J. Schmidt* Rn. 29 aE; MüKoInsO/*Reinhart* Rn. 10; *Prager/Keller* WM 2015, 805 (811).

des Gruppen-Koordinationsverfahrens wieder (Erwägungsgrund 56 S. 1). Art. 69 bildet damit das **Gegenstück zum Opt-out** nach Art. 64 Abs. 1 lit. a. Für die Wirksamkeit der nachträglichen Eibeziehung in das Koordinationsverfahren bedarf es einer **Aufnahmeentscheidung** durch den Koordinator oder aller am Koordinationsverfahren bereits beteiligten Verwalter.

II. Fallsituationen

1. Vorheriges Opt-out (Abs. 1 lit. a). Die Möglichkeit einer nachträglichen Einbeziehung besteht zum einen, wenn der Verwalter zuvor nach Art. 65 Abs. 1 von einem Opt-out aus dem Gruppen-Koordinationsverfahren Gebrauch gemacht und einen Einwand erhoben hat (Abs. 1 lit. a). Bildlich gesprochen ist das **Opt-out** iSd Art. 64 Abs. 1 lit. a **mit einer Rückfahrkarte** verbunden.[1] Abs. 1 lit. a ermöglicht es dem Verwalter, eine zuvor getroffene Entscheidung gegen eine Teilnahme später zu rückgängig zu machen. Den Antrag auf Aufnahme stellt der Insolvenzverwalter bei dem nach Art. 68 Abs. 1 lit. a gerichtlich bestellten Koordinator (→ Rn. 6). 2

2. Insolvenzeröffnung nach Eröffnung des Gruppen-Koordinationsverfahrens (Abs. 1 lit. b). Ein Opt-in kommt zum anderen in Frage, wenn ein Insolvenzverfahren über ein Mitglied der Gruppe erst nach Eröffnung des Koordinationsverfahrens eröffnet wurde (Abs. 1 lit. b). Die erst nachträgliche Insolvenzeröffnung ist kein Sachgrund für die Ausschließung des betreffenden Insolvenzverfahrens von der Gruppenkoordination. 3

III. Aufnahmeantrag (Abs. 1)

Für die Aufnahme weiterer Insolvenzverfahren in ein bereits eröffnetes Gruppen-Koordinationsverfahren bedarf es eines **Antrags des Verwalters, dessen Insolvenzverfahren nachträglich einbezogen werden soll.** Das Gruppenkoordinationsverfahren wird nicht automatisch erweitert, falls nach dessen Eröffnung (Art. 68) noch weitere Mitglieder der Unternehmensgruppe (Art. 2 Nr. 13) in Insolvenz geraten und dem Gruppen-Koordinationsverfahren beitreten wollen. 4

Der Antrag muss im Einklang „mit dem dafür geltenden nationalen Recht" gestellt werden. Damit ist – wie im Falle des Art. 61 Abs. 2 – das Recht des Verfahrensstaates des Insolvenzverfahrens gemeint, für das der Verwalter bestellt wurde. Die Verweisung auf das Recht des Verfahrensstaates betrifft unter anderem die Form des Antrags sowie mögliche Genehmigungen, die der Verwalter für das Opt-in in seinem Insolvenzverfahren einholen muss (Art. 64 Abs. 3). Im deutschen Insolvenzverfahren bedarf der Verwalter unter den Voraussetzungen des **Art. 102c § 23 Abs. 2 Nr. 2 EGInsO** für den Antrag auf Einbeziehung nach Art. 69 Abs. 1 der **Zustimmung des Gläubigerausschusses** (→ EGInsO Art. 102c § 23 Rn. 7). 5

Adressat des Antrags ist der im Eröffnungsbeschluss bestellte **Koordinator** (Art. 68 Abs. 1 S. 2 lit. a). Dies folgt aus Abs. 2 und 3. Danach entscheidet der Koordinator über den Antrag und unterrichtet das Gericht über seine Entscheidung. 6

IV. Entscheidung des Koordinators über die nachträgliche Einbeziehung (Abs. 2 und Abs. 3)

Der **Koordinator** hört alle beteiligten Verwalter an (Abs. 2). Er **kann dem Antrag auf Opt-in entsprechen,** wenn er entweder davon überzeugt ist, dass unter Berücksichtigung des Standes des Gruppen-Koordinationsverfahrens die Voraussetzungen gemäß Art. 63 Abs. 1 lit. a und b erfüllt sind (Abs. 2 lit. a) oder alle beteiligten Verwalter der Aufnahme zustimmen (Abs. 2 lit. b). Ob er dem Einbeziehungsantrag entspricht, liegt in seinem **Ermessen.** Selbst wenn alle Verwalter der Aufnahme zustimmen, kann er den Antrag auf Aufnahme in das Verfahren zurückweisen. Die Verwalter werden in diesem Fall freilich erwägen, die **Abberufung** des Koordinators zu beantragen (Art. 75), sollten sie der Überzeugung sein, dass die nachträgliche Einbeziehung des betreffenden Verfahrens ein Gebot der wirksamen Führung ihrer Insolvenzverfahren (Art. 63 Abs. 1 lit. a) ist. 7

Im deutschen Insolvenzverfahren bedarf der Verwalter unter den Voraussetzungen des **Art. 102c § 23 Abs. 2 Nr. 3 EGInsO** in den Fällen des Art. 69 Abs. 2 lit. b – Zustimmung zur nachträglichen Einbeziehung eines anderen Insolvenzverfahrens in ein bereits eröffnetes Gruppenkoordinationsverfahren – der **Zustimmung des Gläubigerausschusses** (→ EGInsO Art. 102c § 23 Rn. 7). 8

Der Koordinator hat das Koordinationsgericht und die am Verfahren beteiligten Verwalter über seine Entscheidung und die Gründe zu **informieren** (Abs. 3). Die Entscheidung und die Gründe sind in Schriftform abzufassen und dem Gericht und den beteiligten Verwaltern – wegen eventueller 9

---

1 Mankowski/Müller/Schmidt/*J. Schmidt* Rn. 6; näher *J. Schmidt* ZVglRWiss. 116 (2017), 93 (103 ff.).

Anfechtungsfristen iSd Abs. 4 per Einschreiben/Rückschein zu übermitteln.[2] Eine besondere Form der Übermittlung sieht Abs. 3 – anders als Art. 63 Abs. 3 – im Übrigen nicht vor.

V. Rechtsmittel (Abs. 4)

10 Lehnt der Koordinator den Antrag auf Opt-in ab, so kann die Entscheidung durch den antragstellenden oder jeden anderen beteiligten Insolvenzverwalter angefochten werden. Das Anfechtungsverfahren richtet sich nach dem Recht des Mitgliedstaats, in dem das Gruppen-Koordinationsverfahren eröffnet wurde. Die Anfechtung einer stattgebenden Entscheidung des Koordinators ist nicht vorgesehen.[3]

11 **Anfechtungsberechtigt** ist **jeder am Gruppen-Koordinationsverfahren beteiligte Verwalter** und Schuldner in Eigenverwaltung (Art. 76). Auch der **antragstellende Verwalter** und Schuldner in Eigenverwaltung (Art. 76) ist anfechtungsberechtigt.

12 Die **Anfechtung** erfolgt **„gemäß dem Verfahren** [...], das **nach dem Recht des Mitgliedstaats,** in dem das Gruppen-Koordinationsverfahren eröffnet wurde, bestimmt ist." Für deutsche Gruppen-Koordinationsverfahren enthält **Art. 102c § 25 EGInsO** dazu **eine Regelung.** Die Verordnung überlässt dabei nur das „Wie" der Anfechtung dem nationalen Recht, nicht das „Ob".[4] Im deutschen Gruppen-Koordinationsverfahren ist daher die Erinnerung statthaft.

Art. 70 EuInsVO Empfehlungen und Gruppen-Koordinationsplan

(1) Bei der Durchführung ihrer Insolvenzverfahren berücksichtigen die Verwalter die Empfehlungen des Koordinators und den Inhalt des in Artikel 72 Absatz 1 genannten Gruppen-Koordinationsplans.

(2) *[1]* Ein Verwalter ist nicht verpflichtet, den Empfehlungen des Koordinators oder dem Gruppen-Koordinationsplan ganz oder teilweise Folge zu leisten.
***[2]* Folgt er den Empfehlungen des Koordinators oder dem Gruppen-Koordinationsplan nicht, so informiert er die Personen oder Stellen, denen er nach seinem nationalen Recht Bericht erstatten muss, und den Koordinator über die Gründe dafür.**

I. Normzweck und Anwendungsbereich der Berücksichtigungspflicht (Abs. 1)

1 Nach der Sachnorm des Abs. 1 **berücksichtigen** die im Insolvenzverfahren einer konzernangehörigen Gesellschaft (Art. 2 Nr. 13, Nr. 14) bestellten Verwalter im Gruppen-Koordinationsverfahren **die Empfehlungen des Koordinators und den Gruppen-Koordinationsplan.** Dabei sind sie, wie Abs. 2 UAbs. 1 explizit klarstellt, nicht verpflichtet, den Empfehlungen und dem Koordinationsplan ganz oder auch nur teilweise Folge zu Leisten. Dies entspricht der vom Verordnungsgeber gewollten **Freiwilligkeit des Gruppen-Koordinationsverfahrens** (Erwägungsgrund 56 S. 2). Folgt ein Verwalter den Empfehlungen allerdings nicht, so hat er die nach seinem nationalen Recht bestimmten Stellen und den Koordinator hierüber in Kenntnis zu setzen und seine Gründe darzulegen (Abs. 2 UAbs. 2).

2 Die Vorschrift steht im Zusammenhang mit **Art. 71 Abs. 1,** der die **Aufgaben des Koordinators** regelt. Danach obliegt es dem Koordinator, Empfehlungen für die koordinierte Durchführung der Insolvenzverfahren abgeben oder einen Gruppen-Koordinationsplan aufstellen, der einen Katalog geeigneter Maßnahmen für einen integrierten Ansatz zur Bewältigung der Insolvenz der Gruppenmitglieder enthält. Weder diese Empfehlungen noch der Gruppen-Koordinationsplan sind für die teilnehmenden Verwalter bindend. Dies ergibt sich eindeutig aus Art. 70. Sie sind nur zu berücksichtigen. Die Verordnung folgt hier dem **Konzept des „comply or explain"** und erzeugt so einen gewissen **Legitimationsdruck für die Verwalter.**[1] Weicht ein Verwalter von der Empfehlung oder dem Gruppen-Koordinationsplan ab, so hat er den Koordinator sowie die Personen, denen er in seinem Insolvenzverfahren Bericht erstatten muss, davon zu unterrichten und Gründe für die Abweichung zu benennen.

II. Unverbindlichkeit der Empfehlungen (Abs. 2 UAbs. 1)

3 Abs. 2 UAbs. 1 bestimmt ausdrücklich, dass die Empfehlungen und der Gruppen-Koordinationsplan des Koordinators für die Verwalter unverbindlich sind. Die Nichtbefolgung führt daher zu

[2] MüKoInsO/*Reinhart* Rn. 11.
[3] Für Zulassung eines Rechtsbehelfs auch in diesem Fall Mankowski/Müller/Schmidt/*J. Schmidt* Rn. 33.
[4] MüKoInsO/*Reinhart* Rn. 14; Mankowski/Müller/Schmidt/*J. Schmidt* Rn. 36.
[1] *J. Schmidt* KTS 2015, 19 (41).

keinerlei Sanktionen im Koordinationsverfahren. Der Koordinator hat auch **keinen schuldrechtlichen Anspruch auf Umsetzung seiner Empfehlungen** oder Einhaltung des Gruppen-Koordinationsplans. Dies gilt auch dann, wenn die Erklärungen des Verwalters bezüglich seiner Nichtbefolgung unzureichend oder sogar unzutreffend sind.[2]

Davon zu unterscheiden ist die **Bedeutung der Empfehlungen** für die Pflichten und die Haftung des Verwalters **im einzelnen Insolvenzverfahren.** Handelt es sich dabei um ein deutsches Verfahren, so darf der Verwalter die Empfehlungen nicht willkürlich ablehnen. Der Verwalter ist den Interessen aller Beteiligten verpflichtet (§ 60 InsO). Es steht daher **im pflichtgemäßen – und nicht im beliebigen – Ermessen** des Verwalters, den Empfehlungen oder dem Gruppen-Koordinationsplan zu folgen. War die Nichtbefolgung einer Empfehlung oder des Gruppen-Koordinationsplans pflichtwidrig, so können Schadensersatzansprüche der Insolvenzmasse gegen den Verwalter bestehen. Hierfür ist nach Art. 7 Abs. 2 das Recht des Verfahrensstaates des Insolvenzverfahrens maßgeblich, für das der Verwalter bestellt wurde. 4

III. „Comply or explain"

Nach Abs. 2 UAbs. 2 muss der Verwalter, der einer Empfehlung oder dem Gruppen-Koordinationsplan nicht folgt, über diese Vorgehensweise **informieren.** Informationsberechtigt sind der Koordinator sowie die Personen, denen der Verwalter nach seinem nationalen Recht zur Information über derartige Entscheidung verpflichtet ist. Zugleich sind diese auch über die Gründe der Nichtbefolgung substantiiert zu informieren. Anhaltspunkte für die Begründungsdichte im Falle der Ablehnung liefern dabei Ziff. 8, 9 **Comply-or-Explain-Empfehlung 2014/208/EU** der Kommission vom 9.4.2014.[3] 5

Entsprechend Ziff. 8 Comply-or-Explain-Empfehlung 2014/208/EU (→ Rn. 5) sollte der Verwalter (und der Schuldner in Eigenverwaltung, Art. 76) **angeben, von welchen Einzelempfehlungen** des Koordinators bzw. welchen Einzelinhalten des Gruppen-Koordinationsplans er **abweicht** und für jede Abweichung 6
(a) erläutern, in welcher Weise abgewichen wird;
(b) die Gründe für die Abweichung darlegen;
(c) beschreiben, auf welchem Wege die Entscheidung für eine Abweichung der Empfehlung getroffen wurde;
(d) falls die Abweichung zeitlich befristet ist, erläutern, wann beabsichtigt wird, die betreffende Empfehlung bzw. den betreffenden Planinhalt einzuhalten;
(e) falls anwendbar, die anstelle der empfohlenen Verhaltensweise gewählte Maßnahme beschreiben und erläutern, wie diese Maßnahme zur Erreichung des eigentlichen Ziels der betreffenden Empfehlung oder des Gruppen-Koordinationsplans insgesamt beiträgt, oder präzisieren, wie diese Maßnahme zu einer guten Insolvenzverwaltung beiträgt.[4]

Wie nach Ziff. 9 Comply-or-Explain-Empfehlung 2014/208/EU (→ Rn. 5) sollten die **Angaben hinreichend klar, präzise und umfassend** sein, damit die Adressaten (→ Rn. 2, → Rn. 5) beurteilen können, welche Konsequenzen sich aus der Abweichung von einer bestimmten Empfehlung bzw. einem bestimmten Planinhalt ergeben. Dabei sollte auch auf die spezifischen Merkmale und Gegebenheiten des Unternehmens eingegangen werden, wie Größe, Unternehmens- oder Beteiligungsstruktur. **Spezifisch insolvenzbezogen** sind Angaben zu folgenden Tatsachen zu machen: Schuldenhöhe und -struktur, Gläubigerstruktur, Stellung des Unternehmens innerhalb der Gruppe.[5] 7

Unterabschnitt 2. Allgemeine Vorschriften

Art. 71 EuInsVO Der Koordinator

(1) Der Koordinator muss eine Person sein, die nach dem Recht eines Mitgliedstaats geeignet ist, als Verwalter tätig zu werden.

(2) Der Koordinator darf keiner der Verwalter sein, die für ein Mitglied der Gruppe bestellt sind, und es darf kein Interessenkonflikt hinsichtlich der Mitglieder der Gruppe, ihrer Gläubiger und der für die Mitglieder der Gruppe bestellten Verwalter vorliegen.

---

2 MüKoInsO/*Reinhart* Rn. 3.

3 Mankowski/Müller/Schmidt/*J. Schmidt* Rn. 20 mit Verweis auf die „Comply-or-Explain-Empfehlung" (Empfehlung 2014/208/EU der Kommission vom 9.4.2014 zur Qualität der Berichterstattung über die Unternehmensführung („Comply or Explain"), ABl. EU 2014 L 109, 43.

4 Mankowski/Müller/Schmidt/*J. Schmidt* Rn. 21.

5 Mankowski/Müller/Schmidt/*J. Schmidt* Rn. 22.

Schrifttum: *Eble,* Der Gruppenkoordinator in der reformierten EuInsVO – Bestellung, Abberufung und Haftung, ZIP 2016, 1619.

Übersicht

I. Normzweck

1 Die **Sachnorm** des Art. 71 regelt die **Anforderungen an den Koordinator** des Gruppen-Koordinationsverfahren, den das zuständige Gericht auf Vorschlag des das Verfahren beantragenden Verwalters nach Art. 68 Abs. 1 lit. a, Art. 61 Abs. 3 lit. a bestimmt. Er muss eine Person sein, die nach dem Recht eines Mitgliedstaats geeignet ist, als Verwalter tätig zu werden (Art. 71 Abs. 1). Insbesondere darf er nicht bereits als Insolvenzverwalter in einem der Insolvenzverfahren der Konzernmitglieder bestellt sein. Auch aus anderen Gründen darf sich kein Interessenskonflikt ergeben (Art. 71 Abs. 2). Bedeutung hat die Norm auch bei eine möglichen Einwand der Verwalter gegen die als Koordinator vorgeschlagene Person nach Art. 64 Abs. 1 lit. b.

2 **Ob** die **Unabhängigkeit** des Gruppenkoordinators beeinträchtigt ist, ist **anhand seiner Aufgaben zu beurteilen.**[1] Der Koordinator soll als **neutrale Instanz** die koordinierte Durchführung der Insolvenzverfahren fördern (Art. 72 Abs. 1 lit. a), einen integrierten Ansatz zur Bewältigung der Insolvenz der Gruppenmitglieder finden (Art. 72 Abs. 1 lit. b) und dadurch „die effektive Führung der Insolvenzverfahren über das Vermögen der verschiedenen Mitglieder der Gruppe erleichtern" (Art. 63 Abs. 1 lit. a). Er muss **unparteiisch** sein (Art. 72 Abs. 5), um bei gruppeninternen Streitigkeiten zu vermitteln (Art. 72 Abs. 1 lit. b Ziff. ii und Abs. 3 lit. b). Diese Tätigkeiten setzen voraus, dass der Gruppenkoordinator die verschiedenen Interessen in der Unternehmensgruppe gleichwertig in seine Erwägungen einstellt. Die Neutralität des Gruppenkoordinators ist daher immer dann besonders genau zu prüfen, wenn er ein finanzielles, persönliches oder geschäftliches Interesse an einem Gruppenmitglied oder an einem Gläubiger eines Gruppenmitglieds hat. In gleicher Weise ist die Unabhängigkeit des Gruppenkoordinators aber auch dort beeinträchtigt, wo er seine eigene Tätigkeit kritisch überprüfen müsste, beispielsweise weil seine eigenen vorinsolvenzlichen Beratungsleistungen Anlass zu gruppeninternen Streitigkeiten geben und daher die Gefahr besteht, dass er eigene Interessen zu wahren versucht.

II. Eignung (Abs. 1)

3 Nach Art. 71 Abs. 1 muss der Koordinator eine Person sein, die **nach dem Recht *eines* Mitgliedstaates geeignet** ist, als Verwalter tätig zu werden. Der vorgeschlagene Koordinator muss daher nicht die Eignungsvoraussetzungen erfüllen, die im Gerichtsstaat des Gruppen-Koordinationsverfahrens bestehen. Um durch ein deutsches Gericht als Koordinaor bestellt werden zu können, muss die betreffende Person daher weder nach Art. 102a EGInsO in eine Vorauswahlliste aufgenommen worden sein noch müssen alle materiellen Qualifikationsmerkmale des § 56 InsO erfüllt sein.[2]

4 Nicht erforderlich ist ferner, dass die Eignung nach dem Recht eines der Mitgliedstaates besteht, in dem im konkreten Fall ein Insolvenzverfahren über ein Mitglied der Unternehmensgruppe (Art. 2 Nr. 13) durchgeführt wird. Daher kann der Koordinator auch nach dem **Recht eines unbeteiligten Mitgliedstaates** geeignet sein.[3]

5 Vertreten wird, es könnten nach Art. 71 auch **juristische Personen oder Gesellschaften als Koordinator** bestellt werden.[4] Dabei wird verkannt, dass die Beschränkung auf natürliche Personen (wie zB in § 56 InsO) in einzelnen Mitgliedstaaten verfassungsrechtliche Gründe haben kann. So leistet nach der **Rspr. des BVerfG** § 56 Abs. 1 S. 1 InsO mit dem dort normierten Ausschluss juristischer Personen vom Amt des Insolvenzverwalters einen **Beitrag zu einer funktionierenden Rechtspflege** als einem besonders wichtigen Gemeinschaftsgut. Die nur bei natürlichen Personen wirksame Aufsicht des Insolvenzgerichts (§ 58 InsO)[5] ist Teil der Garantie eines effektiven Rechts-

[1] Zum Folgenden *Eble* ZIP 2016, 1619 (1621).
[2] *Eble* ZIP 2016, 1619 (1620).
[3] MüKoInsO/*Reinhart* Rn. 2.
[4] Mankowski/Müller/Schmidt/*J. Schmidt* Rn. 5.
[5] Zur Aufsichtspflicht des Koordinationsgerichts *Eble* ZIP 2016, 1619 (1623).

schutzes und damit ein wesentlicher Bestandteil des **Rechtsstaatsprinzips.**[6] Im Kontext der EuInsVO wird der Ausschluss juristischer Personen vom Amt des Insolvenzverwalters damit Teil des mitgliedstaatlichen **ordre public,** vgl. Art. 33. Einem deutschen Gericht ist daher nicht zumutbar, entgegen § 56 InsO eine juristische Person oder Gesellschaft zum Koordinator zu bestellen.

III. Freiheit von Interessenkonflikten (Abs. 2)

Im Hinblick auf mögliche Interessenkonflikte des Koordinators normiert Abs. 2 zunächst ein **formelles Verbot der Personenidentität.** Der Koordinator darf nicht personenidentisch mit einem der Verwalter sein, der für ein Mitglied der Unternehmensgruppe bestellt worden ist. Daneben regelt Abs. 2 eine Reihe von materiellen Interessenkonflikten (→ Rn. 7 ff.). Lückenfüllend kann die Empfehlung zur Unabhängigkeit der Abschlussprüfer 2002/590/EG (→ IntGesR Rn. 55) herangezogen werden, vgl. im deutschen Recht § 56 Abs. 1 S. 3 InsO und §§ 319 ff. HGB. 6

Nach Abs. 2 darf – neben dem Verbot der Personenidentät – auch in materieller Hinsicht **kein konkreter Interessenkonflikt** bestehen. Ein solcher kann zunächst hinsichtlich der **Mitglieder der Gruppe** gegeben sein. Der Koordinator darf daher weder geschäftliche Beziehungen zu einzelnen Mitgliedern der Unternehmensgruppe gehabt haben, noch eines der Gruppenmitglieder im Vorfeld der Insolvenz beraten haben. Die **Vorbefassung** des Koordinators mit insolvenzrechtlichen Angelegenheiten eines der Gruppenmitglieder begründet einen Interessenkonflikt iSd Art. 71 Abs. 2. 7

Abs. 2 erfordert außerdem das Fehlen eines Interessenkonfliktes im Verhätnis zu einzelnen **Gläubigern** der Unternehmensgruppe. Dabei löst freilich nicht jede frühere Mandatierung durch einen einzelnen Gläubiger eines Gruppenmitgliedes einen nach Art. 71 Abs. 2 relevanten Interessenkonflikt aus.[7] **Unbedenklich** ist eine **Beratung außerhalb des Insolvenzrechts und/oder in allgemeiner Form** über den Ablauf eines Insolvenzverfahrens und dessen Folgen. Eine solche Beratung ist unter § 56 Abs. 1 S. 3 InsO unbedenklich und sollte dies erst recht für den mit wesentlich schwächeren Befugnissen ausgestatteten Koordinator (Art. 72) sein.[8] 8

Abs. 2 verlangt schließlich, dass es keinen Interessenkonflikt im Verhältnis zu den für die Mitglieder der Gruppe bestellten **Verwalter** geben darf. Insbesondere darf der Koordinator mit keinem der Verwalter der Unternehmensgruppe zur gemeinsamen Berufsausübung verbunden sein. Die Rechtsform der Zusammenarbeit des Koordinators mit einem der Verwalter eines Unternehmensgruppenmitgliedes ist dabei nicht entscheidend.[9] 9

IV. Prüfung von Eignung und Interessenkonflikten im Verfahren

Bereits im Rahmen der **Vorprüfung des Antrags auf Eröffnung eines Gruppen-Koordinationsverfahrens** nach Art. 63 prüft das Gericht, ob eine als Koordinator vorgeschlagene Person den Anforderungen des Art. 711 genügt. Ist dies zu verneinen, so darf das Gericht keine Mitteilung nach Art. 63 machen. 10

Eine erneute Prüfung erfolgt dann **vor Erlass der Eröffnungsentscheidung.** Die Eröffnung des Gruppen-Koordinationsverfahrens setzt die Überzeugung des Gerichts voraus, dass die als Koordinator vorgeschlagene Person den Anforderungen des Art. 71 genügt. Dies folgt aus Art. 68 Abs. 1 S. 1 iVm Art. 63 Abs. 1 lit. c. Ergeht eine Eröffnungsentscheidung, obwohl die darin bestellte Person nicht den Anforderungen des Art. 71 genügt, so ist sie anfechtbar (→ Art. 68 Rn. 11). Die Bestellung ist aber im Interesse der Rechtssicherheit gleichwohl vorläufig als wirksam anzusehen.[10] 11

Erweist sich erst **nach der Eröffnung des Gruppen-Koordinationsverfahrens,** dass der Koordinator den Anforderungen des Art. 71 von Anfang an nicht genügt hat oder aufgrund nachträglicher Tatsachen nicht länger genügt, so kann ihn das Gericht nach Art. 75 abberufen. 12

Art. 72 EuInsVO Aufgaben und Rechte des Koordinators

(1) Der Koordinator

a) legt Empfehlungen für die koordinierte Durchführung der Insolvenzverfahren fest und stellt diese dar,

---

6 BVerfG NJW 2016, 930 mAnm *Piekenbrock/Bluhm.*
7 MüKoInsO/*Reinhart* Rn. 4.
8 Enger MüKoInsO/*Reinhart* Rn. 4: Interessenkonflikt schon immer dann, wenn der Koordinator einen der Gläubiger der Unternehmensgruppe bereits im Hinblick auf eine mögliche Insolvenz der Unternehmensgruppe beraten hatte.
9 MüKoInsO/*Reinhart* Rn. 5.
10 Mankowski/Müller/Schmidt/*J. Schmidt* Rn. 20.

b) schlägt einen Gruppen-Koordinationsplan vor, der einen umfassenden Katalog geeigneter Maßnahmen für einen integrierten Ansatz zur Bewältigung der Insolvenz der Gruppenmitglieder festlegt, beschreibt und empfiehlt. Der Plan kann insbesondere Vorschläge enthalten zu
i) den Maßnahmen, die zur Wiederherstellung der wirtschaftlichen Leistungsfähigkeit und der Solvenz der Gruppe oder einzelner Mitglieder zu ergreifen sind,
ii) der Beilegung gruppeninterner Streitigkeiten in Bezug auf gruppeninterne Transaktionen und Anfechtungsklagen,
iii) Vereinbarungen zwischen den Verwaltern der insolventen Gruppenmitglieder.

(2) Der Koordinator hat zudem das Recht
a) in jedem Insolvenzverfahren über das Vermögen eines Mitglieds der Unternehmensgruppe gehört zu werden und daran mitzuwirken, insbesondere durch Teilnahme an der Gläubigerversammlung,
b) bei allen Streitigkeiten zwischen zwei oder mehr Verwaltern von Gruppenmitgliedern zu vermitteln,
c) seinen Gruppen-Koordinationsplan den Personen oder Stellen vorzulegen und zu erläutern, denen er aufgrund der nationalen Rechtsvorschriften seines Landes Bericht erstatten muss,
d) von jedem Verwalter Informationen in Bezug auf jedes Gruppenmitglied anzufordern, wenn diese Informationen bei der Festlegung und Darstellung von Strategien und Maßnahmen zur Koordinierung der Verfahren von Nutzen sind oder sein könnten, und
e) eine Aussetzung von Verfahren über das Vermögen jedes Mitglieds der Gruppe für bis zu sechs Monate zu beantragen, sofern die Aussetzung notwendig ist, um die ordnungsgemäße Durchführung des Plans sicherzustellen, und den Gläubigern des Verfahrens, für das die Aussetzung beantragt wird, zugute käme, oder die Aufhebung jeder bestehenden Aussetzung zu beantragen. Ein derartiger Antrag ist bei dem Gericht zu stellen, das das Verfahren eröffnet hat, für das die Aussetzung beantragt wird.

(3) Der in Absatz 1 Buchstabe b genannte Plan darf keine Empfehlungen zur Konsolidierung von Verfahren oder Insolvenzmassen umfassen.

(4) Die in diesem Artikel festgelegten Aufgaben und Rechte des Koordinators erstrecken sich nicht auf Mitglieder der Gruppe, die nicht am Gruppen-Koordinationsverfahren beteiligt sind.

(5) Der Koordinator übt seine Pflichten unparteiisch und mit der gebotenen Sorgfalt aus.

(6) Wenn nach Ansicht des Koordinators die Wahrnehmung seiner Aufgaben zu einer – im Vergleich zu der in Artikel 61 Absatz 3 Buchstabe d genannten Kostenschätzung – erheblichen Kostensteigerung führen wird, und auf jeden Fall, wenn die Kosten die geschätzten Kosten um 10 % übersteigen, hat der Koordinator
a) unverzüglich die beteiligten Verwalter zu informieren und
b) die vorherige Zustimmung des Gerichts einzuholen, das das Gruppen-Koordinationsverfahren eröffnet hat.

Übersicht

I. Normzweck

Art. 72 ist die zentrale Norm im Rahmen der Vorschriften zum Koordinator des Gruppen-Koordinationsverfahrens. Sie legt die **Rechte und Pflichten des Koordinators** fest. Sie enthält eine Aufzählung der wesentlichen Aufgaben des Koordinators (Abs. 1, 3, 4 und 6) und eine Auflistung der ihm zustehenden Rechte (Abs. 2 und 4). Von einschneidender Bedeutung ist die **Befugnis** des Koordinators, die **Aussetzung des Insolvenzverfahrens von Gruppenmitgliedern zu beantragen** (Abs. 2 lit. e). Ferner normiert Art. 72 den Pflichtenmaßstab des Koordinators (Abs. 5). 1

II. Aufgaben und Rechte des Koordinators

1. Ausschöpfung von Gruppensynergien als Leitprinzip. Den Koordinator treffen in der Anfangsphase des Gruppen-Koordinationsverfahrens im Wesentlichen zwei Aufgaben im Rahmen seiner Tätigkeit: er legt nach Art. 72 Abs. 1 lit. a **Empfehlungen** für die koordinierte Durchführung der Insolvenzverfahren fest **und** er schlägt einen **Gruppen-Koordinationsplan** vor (Art. 72 Abs. 1 lit. b). Zu Ziel und Zweck der Aufgaben des Koordinators gibt Erwägungsgrund 51 an, dass die Verordnung gewährleisten sollte, dass Insolvenzverfahren über das Vermögen verschiedener Gesellschaften einer Unternehmensgruppe (Art. 2 Nr. 13) „effizient" geführt werden. Nach dem **Erwägungsgrund 52** soll Ziel der Zusammenarbeit zwischen dem Koordinator und den Verwaltern sein, eine **Lösung** zu finden, durch die **„Synergien innerhalb der Gruppe ausgeschöpft"** werden. Erwägungsgrund 57 verlangt zudem, dass sich das Gruppen-Koordinationsverfahren „positiv für die Gläubiger" auswirkt. 2

Zwei **allgemeine Schranken** der Befugnisse des Koordinators sind zu beachten: **(1)** Die Vorschläge, die der Koordinator durch Empfehlungen oder einem Gruppen-Koordinationsplan unterbreiten kann, sind für die Verwalter nicht verbindlich (Art. 70). **(2)** Die Aufgaben des Verwalters erstrecken sich nach Art. 72 Abs. 4 nicht auf solche Mitglieder der Unternehmensgruppe, die nicht am Koordinationsverfahren beteiligt sind. Dies entspricht Art. 65, wonach die Befugnisse des Gerichts und des Koordinators keine Wirkungen hinsichtlich des Gruppenmitglieds haben, das nicht am Verfahren beteiligt ist. 3

2. Empfehlungen (Abs. 1 lit. a). Nach Art. 72 Abs. 1 lit. a legt der Koordinator Empfehlungen für die koordinierte Durchführung der Insolvenzverfahren fest und stellt diese dar. Der **Inhalt der Empfehlungen** hängt naturgemäß von von der **Vermögens-, Finanz-und Ertragslage im Gesamtkonzern** ab. Im Vordergrund werden die innerhalb des Konzerns bestehenden **Leistungsbeziehungen** sein, deren Fortführung für den Erhalt des Unternehmenswertes und dessen Verwertung von Bedeutung sind. Insoweit sind die Empfehlungen bei der **Ausübung von Verwalterrechten iSd §§ 103 ff. InsO** und funktionsähnlicher Vorschriften von Bedeutung. Daneben werden die Empfehlungen die koordinierte **Verwertung** der Insolvenzmasse betreffen **oder** die koordinierte, unter den Mitgliedern der Unternehmensgruppe abgestimmte **Sanierung.**[1] 4

3. Gruppenkoordinationsplan (Abs. 1 lit. b). Der Gruppen-Koordinationsplan ist ein wichtiges Instrument im Rahmen des Gruppen-Koordinationsverfahrens. Der Plan enthält einen **Katalog geeigneter Maßnahmen zur Bewältigung der Insolvenz** der Gruppenmitglieder und spricht Empfehlungen sowie Vorschläge aus. Diese sollen auf die Wiederherstellung der wirtschaftlichen Leistungsfähigkeit und der Solvenz der Gruppe sowie dessen Mitglieder, die Beilegung gruppeninterner Streitigkeiten in Bezug auf gruppeninterne Transaktionen und Anfechtungsklagen sowie auf eine Vereinbarung zwischen den Verwaltern der insolventen Gruppenmitglieder und den Gläubigern abzielen. Der Koordinierungsplan darf allerdings **keine Empfehlungen zur Konsolidierung von Verfahren oder Insolvenzmassen** enthalten (Art. 72 Abs. 3). 5

In **taktischer Hinsicht** ist vorstellbar, dass einige Verwalter **zunächst Einwände** gegen den Plan geltend machen, um Zeit für die Entscheidung zu gewinnen, ob sie dem Koordinationsplan zustimmen. Sie könnten sich nach längerer Beobachtung **nachträglich nach Art. 69 dem Verfahren anschließen,** sobald sie mit allen Aspekten des Koordinationsverfahrens einverstanden sind.[2] Die nachträgliche Einbeziehung liegt freilich im Ermessen des Koordinations (Art. 69 Abs. 2), weshalb die Verhandlungsmacht der Verwalter zu diesem Zeitpunkt begrenzt ist. 6

Die Norm unterscheidet zwischen **Empfehlungen und** dem Vorschlag von Maßnahmen in einem **Gruppen-Koordinationsplan.** Dabei wird der Begriff der Empfehlungen konkrete Handlungsvorschläge meinen, während ein Gruppen-Koordinationsplan ein ausgearbeitetes Konzept mit einer Zielvorgabe für die Unternehmensgruppe enthalten muss.[3] Das Konzept kann eine konzernweite 7

---

1 MüKoInsO/*Reinhart* Rn. 5.

2 So auch *Moss/Fletcher/Isaacs,* The EU regulation on insolvency proceedings, 3. Aufl. 2016, Rn. 8.799.

3 MüKoInsO/*Reinhart* Rn. 6.

Sanierung der Einzelunternehmen beinhalten oder eine gruppenweite übertragende Sanierung im Wege eines asset deals oder share deals.[4] Aus Sicht des Koordinators ist bedeutsam, dass ihm die in Abs. 2 lit. e verankerte Möglichkeit der Aussetzung anderer Insolvenzverfahren (→ Rn. 16 ff.) nur aufgrund eines Gruppen-Koordinationsplans zusteht, nicht dagegen aufgrund von bloßen Empfehlungen.

8 Abs. 1 lit. b Ziff. i bis iii enthält **Regelbeispiele** zu den Bereichen, auf die sich der Koordinator mit seinen Vorschlägen beziehen kann. Genannt werden Maßnahmen zur Wiederherstellung der wirtschaftlichen Leistungsfähigkeit und der Solvenz der Gruppe, Vorschläge zur Beilegung gruppeninterner Rechtsstreitigkeiten sowie Vereinbarungen der Verwalter der insolventen Gruppenmitglieder. Letzteres zielt auf den Abschluss sog. protocols ab, wie sie im Rahmen der Kooperation von Haupt- und Sekundärverfahren verwendet werden. Nicht ausgeschlossen sind Poolvereinbarungen zur Verwertung, soweit die Rechte der Insolvenzmasse und der jeweiligen Gläubiger hierbei nicht finanziell beeinträchtigt werden.[5]

9 **4. Weitere Aufgaben und Rechte des Koordinators (Abs. 2). a) Überblick.** Art. 72 Abs. 2 zählt weitere Rechte des Koordinators auf, namentlich

- das Recht zur Anhörung und Mitwirkung in jedem Insolvenzverfahren über das Vermögens eines Mitglieds der Unternehmensgruppe (lit. a),
- das Recht zur Vermittlung zwischen mehreren Verwaltern von Gruppenmitgliedern (lit. b),
- das Recht zur Vorlage seines Plans bei nationalen Stellen (lit. c),
- das Recht, von jedem Verwalter Informationen anzufordern (lit. d), und zuletzt
- das Recht zur Stellung eines Aussetzungsantrages von Verfahren über das Vermögen jedes Mitglieds der Gruppe für bis zu sechs Monate (lit. e).

10 **b) Anhörung.** Die **Sachnorm des Abs. 2 lit. a** benennt als erstes Recht das **Recht des Koordinators,** in jedem Insolvenzverfahren eines Gruppenmitglieds **gehört zu werden** und an **Gläubigerversammlungen** teilzunehmen. Das Recht bezieht sich nur auf die an der Gruppen-Koordination teilnehmenden Gruppenmitglieder. Die Vorschrift gewärt dem Koordinator ergänzend zu den Vorschriften der jeweiligen lex fori concursus der Gruppenmitglieder besondere Teilnahmerechte. Sie ist Art. 45 Abs. 3 nachgebildet, der eine solche Teilnahmebefugnis im Verhältnis zwischen Haupt- und Sekundärverfahren regelt. Danach darf der Koordinator sich in der Gläubigerversammlung auch äußern. Stimmrechte stehen ihm nicht zu.

11 **c) Streitvermittlung. Abs. 2 lit. b** gibt dem Koordinator das Recht, bei allen Streitigkeiten zwischen zwei oder mehr Verwaltern zu vermitteln. Damit ist freilich **keine Streitentscheidungsbefugnis** verbunden, so dass die Streitvermittlung im Ergebnis alleine von der Kooperationsbereitschaft der betroffenen Verwalter abhängt. Die Befugnis zur Vermittlung bei Streitigkeiten steht im Zusammenhang mit dem Vorschlagsrecht nach Art. 72 Abs. 1 lit. b Ziff. ii, gruppeninterne Streitigkeiten beizulegen. Nach Abs. 2 lit. b könnte zur Vermeidung langjähriger Gerichtsverfahren etwa ein **Schiedsgericht für sämtliche gruppeninterne Streitigkeiten** eingerichtet werden. Dabei sollte dem Koordinator das Recht eingeräumt werden, in diesem Schiedsverfahren als Beteiligter aufzutreten.[6]

12 **d) Gruppen-Koordinationsplan.** Abs. 2 lit. c verstärkt im Hinblick auf den Gruppen-Koordinationsplan das Vorschlagsrecht (Abs. 1 lit. b) um ein **Recht auf Vorlage und Erläuterung des Plans.** Dieses Recht besteht „gegenüber den Personen und Stellen, denen [der Koordinator] aufgrund der nationalen Rechtsvorschriften seines Landes Bericht erstatten muss". Hier liegt ein **Redaktionsversehen** vor. Für den Koordinator der EuInsVO gibt es keine nationalen Rechtsvorschriften, die dessen Berichterstattungspflichten regeln.[7] Eine am Normzweck der Berichterstattung ausgerichtete berichtigende Auslegung führt zu einer Berichterstattungspflicht gegenüber den Personen und Stellen, denen die jeweiligen *Verwalter* der Gruppenmitglieder Bericht erstatten müssen. Denn die Derichterstattung soll gewährleisten, dass die Vorschläge des Koordinators zur Kenntnis genommen und berücksichtigt werden.

13 **e) Auskunftsrechte.** Nach Abs. 2 lit. d steht dem Koordinator gegenüber jedem einbezogenen (Abs. 4 iVm Art. 65, Art. 69) Verwalter das Recht zu, Informationen in Bezug auf das Gruppenmitglied anzufordern. Dem entspricht umgekehrt die Pflicht für die teilnehmenden Verwalter, die Information zu erteilen (Art. 74 Abs. 2). Gegenständlich **beschränkt** ist das **Informationsrecht** des Verwalters durch das **Erfordernis,** dass die Informationen bei der Festlegung und Darstellung

---

4 Zu den möglichen Verfahrenszielen unter der InsO MüKoInsO/*Görg/Janssen* InsO § 157 Rn. 5 ff.

5 MüKoInsO/*Reinhart* Rn. 7.

6 MüKoInsO/*Reinhart* Rn. 12.

7 Mankowski/Müller/Schmidt/*J. Schmidt* Rn. 38; MüKoInsO/*Reinhart* Rn. 13.

von Strategien und Maßnahmen **zur Koordinierung von Bedeutung** sein können. Diese Informationen können sich (nicht ausschließlich, aber auch) beziehen auf Zahl und Struktur der Beschäftigten, die Rechnungslegungsunterlagen, langfristige Verträge, Finanzdokumente.[8]

Der zur Auskunftserteilung aufgeforderte Verwalter darf die Auskunft jedenfalls dann **verweigern,** wenn das Auskunftsbegehren offensichtlich unbegründet oder willkürlich ist.[9] Auch können **Geheimhaltungsinteressen** oder Betriebsgeheimnisse der betroffenen Insolvenzmasse vorliegen, die im Rahmen der Verwertung einen eigenständigen Vermögenswert haben.[10] 14

Weder die EuInsVO noch Art. 102c EGInsO enthalten Vorschriften zur **Durchsetzung des Auskunftsanspruchs** des Koordinators. Das mitgliedstaatliche Recht muss dafür ein Verfahren vorsehen (Art. 4 Abs. 3 EUV). Es kann aus dem Sanktionssystem bei der Verletzung von Informationspflichten im Verhältnis zwischen Haupt-und Sekundärinsolvenzverwalter entwickelt werden (→ Art. 41 Rn. 30 ff.). Dafür spricht, dass sich die Regelung der Gruppeninsolvenz in großemUmfang an die Vorschriften über Zusammenarbeit und Kommunikation zwischen Haupt- und Sekundärinsolvenzverfahren anlehnt (→ Vor Art. 56 Rn. 7). 15

f) Aussetzung einzelner Insolvenzverfahren. Insbesondere das Recht, eine **Aussetzung von einzelnen Insolvenzverfahren** bei dem das Insolvenzverfahren betreibenden nationalen Gericht zu beantragen (Art. 72 Abs. 2 lit. e), eröffnet dem Koordinator ein wichtiges **Instrument zur Durchsetzung des Koordinationsplans.** Während die nationalen Insolvenzverwalter nach Art. 60 Abs. 1 lit. b nur die Aussetzung von Maßnahmen im Zusammenhang mit der Verwertung der Masse beantragen können, kann der Koordinator die Aussetzung des gesamten Insolvenzverfahrens begehren. Die Aussetzung ist nur für den absolut notwendigen Zeitraum zu gewähren und darf **sechs Monate** nicht überschreiten. Das Aussetzungsrecht steht dem Koordinator sowohl in den Haupt- als auch den Sekundärverfahren der beteiligten Gruppenmitglieder zu. Die Aussetzungsbefugnis ist Art. 46 (Art. 33 EuInsVO 2000) nachgebildet, der ein entsprechendes Recht des Verwalters des Hauptverfahrens im Sekundärverfahren vorsieht. Art. 46 ermächtigt jedoch nur zur Beantragung der Aussetzung der Verwertung, nicht jedoch des Verfahrens selbst. Zur Verzinsungspflicht s. EGInsO Art. 102c § 24 Nr. 2. 16

Das Aussetzungsrecht bedarf nach Art. 4 Abs. 3 EUV der Durchführung und verfahrensrechtlichen Absicherung in der lex fori concursus (Art. 7 Abs. 2 S. 1). Für deutsche Verfahren sind damit § 4 InsO iVm §§ 148 ff. ZPO, §§ 239 ff. ZPO maßgeblich.[11] Die Rechtsfolgen einer solchen Verfahrensaussetzung müssen aber mit dem **Erfordernis der Bewahrung der Insolvenzmasse** in Einklang stehen, weil sonst das Ziel der **Verfahrenseffizienz** verfehlt würde (Erwägungsgründe 3, 8, 56). Rechtsfolge einer Aussetzung kann daher nicht sein, dass der Vermögensbeschlag (§ 35 InsO) und der Übergang der Verwaltungs- und Verfügungsbefugnis (§ 80 InsO) aufgehoben wird. Denn sonst könnte der Schuldner während der Aussetzung Verfügungen vornehmen und Zahlungen entgegennehmen. Im Hinblick auf einen lebenden Geschäftsbetrieb, den es zu verwalten gilt, können diese Befugnisse nicht „ruhen". Aus Gründen der Rechtssicherheit sollte das Insolvenzgericht weniger einschneidende, dafür aber in den Rechtsfolgen konkrete Anordnungen trifft, wie etwa die Aussetzung der Verwertung im Gesamten oder die Aussetzung bestimmter Verwertungshandlungen.[12] 17

Abs. 2 lit. e bestimmt nichts zur **Rechtsmittelfähigkeit** des vom Insolvenzgericht zu erlassenden Aussetzungs-Beschlusses und ob ein mögliches Rechtsmittel Suspensiveffekt entfaltet. Ebenso wie der Eröffnungsbeschluss für das Gruppen-Koordinationsverfahren (→ Art. 68 Rn. 11) ist auch der Beschluss über die Aussetzung bzw. Nicht-Aussetzung rechtsmittelfähig. Das Rechtsmittelverfahren unterliegt nach Art. 7 Abs. 2 der lex fori concursus des angerufenen Insolvenzgerichts. Bei einer Aussetzung nach §§ 148 ff. ZPO ist die sofortige Beschwerde statthaft (§ 252 ZPO). 18

5. Ausübung der Rechte und Pflichten (Abs. 5). Nach Abs. 5 nimmt der Koordinator seine Rechte und Pflichten **unparteiisch** und mit der gebotenen **Sorgfalt** wahr. Beide Begriffe sind verordnungsautonom auszulegen, unterscheiden sich jedoch inhaltlich nicht von anderen Haftungsmaßstäben einer einfachen Fahrlässigkeit.[13] Abs. 5 ist keine eigenständige Haftungsnorm, sondern betrifft nur den **Pflichtenmaßstab.** Jedoch besteht durch die Anordnung des Gruppen-Koordinationsverfahrens eine rechtliche Sonderbeziehung zwischen dem Koordinator und den teilnehmenden Insolvenzverfahren, die grundsätzlich auch Grundlage einer **Haftung des Koordinators** bilden kann. Im Einzelnen richten sich Voraussetzung, Inhalt und Umfang der Haftung 19

---

8 Mankowski/Müller/Schmidt/*J. Schmidt* Rn. 45.

9 MüKoInsO/*Reinhart* Rn. 14.

10 Mankowski/Müller/Schmidt/*J. Schmidt* Rn. 46.

11 Dass diese Vorschriften im Übrigen im deutschen Insolvenzverfahren nicht anwendbar sind, MüKoInsO/*Ganter/Lohmann* InsO § 4 Rn. 15, steht dem nicht entgegen.

12 MüKoInsO/*Reinhart* Rn. 18.

13 MüKoInsO/*Reinhart* Rn. 22.

in entsprechender Anwendung des Art. 7 Abs. 2 nach dem Recht des Insolvenzgerichts, das den Koordinator bestellt hat.[14] Im deutschen Recht kommt § 60 InsO analog als Anspruchsgrundlage in Betracht.

20 Die **Pflichten und die Haftung des Koordinators** bestehen nur **gegenüber den Verwaltern der teilnehmenden Verfahren,** nicht gegenüber den Gläubigern dieser Verfahren. Eine Ausweitung der Pflichten auf einzelne Beteiligte würde für den Koordinator zu einer nicht überschaubaren Ausweitung der Haftungsrisiken führen. Da der Koordinator ohnehin nur unverbindliche Vorschläge unterbreiten kann (Art. 72 Abs. 1), ist es Aufgabe der einzelnen Verwalter, mögliche Verletzungen der Gläubiger im jeweiligen Verfahrens zu abzuwenden. Falls freilich der Koordinator eine Pflichtverletzung begeht, wird stets gleichzeitig eine Pflichtverletzung des den Vorschlag umsetzenden Verwalters gegeben sein, für die dieser im Rahmen eines Mitverschuldens mit einstehen müsste.[15]

21 **6. Überwachung der Kosten der Koordinierung (Abs. 6).** Abs. 6 verpflichtet den Koordinator zur **Information** der Verwalter, wenn die im Eröffnungsbeschluss genannte Kostenschätzung um 10 % überschritten wird oder wenn nach Ansicht des Koordinators die Wahrnehmung seiner Aufgaben zu einer erheblichen Kostensteigerung führen wird. Zudem muss der Koordinator die – vorherige oder nachträgliche – **Zustimmung des Gerichts** zu den weiteren Kosten einholen, das das Gruppen-Koordinationsverfahren eröffnet hat. Die niedrige Grenze von 10% bei einer Kostensteigerung dürfte in der Praxis dazu führen, dass die zu Beginn des Koordinationsverfahrens vorzunehmende Kostenschätzung (Art. 61 Abs. 3 lit. d) eher großzügig angesetzt werden wird.[16]

III. Wirkungskreis der Handlungen des Koordinators (Abs. 4)

22 Die Rechte und Pflichten des Koordinators erstrecken sich nur auf die am Gruppen-Koordinationsverfahren beteiligten Konzerngesellschaften (Art. 72 Abs. 4).

Art. 73 EuInsVO Sprachen

(1) Der Koordinator kommuniziert mit dem Verwalter eines beteiligten Gruppenmitglieds in der mit dem Verwalter vereinbarten Sprache oder bei Fehlen einer entsprechenden Vereinbarung in der Amtssprache oder in einer der Amtssprachen der Organe der Union und des Gerichts, das das Verfahren für dieses Gruppenmitglied eröffnet hat.

(2) Der Koordinator kommuniziert mit einem Gericht in der Amtssprache, die dieses Gericht verwendet.

I. Normzweck

1 Art. 73 regelt, in welchen **Sprachen** der Koordinator mit den beteiligten Verwaltern und Gerichten des Gruppen-Koordinationsverfahrens kommuniziert. Die Vorschrift gilt wegen ihrer Stellung in Unterabschnitt 2 (allgemeine Vorschriften zu Abschnitt 2 Koordinierung) **nur für das Gruppen-Koordinationsverfahren** nach Art. 61–77, und sinngemäß für Abschnitt 1 von Kap. V (Art. 56–60), → Art. 61 Rn. 9.

II. Kommunikation mit den Verwaltern (Abs. 1)

2 Der Koordinator kann mit den Verwaltern jeweils **vereinbaren,** in welcher Sprache er mit ihnen kommuniziert. Fehlt eine solche Vereinbarung, findet die Kommunikation in der **Amtssprache des Gerichts** statt, das den Insolvenzverwalter bestellt hat. Das kann im Ergebnis dazu führen, dass der Koordinator in einer Vielzahl von Sprachen kommunizieren muss, was zu gesteigerten Kosten der Koordinierung führen und im Hinblick auf Verzögerungen und Übersetzungsfehler zu Lasten der Effizienz des Verfahrens gehen wird.

III. Kommunikation mit den Gerichten (Abs. 2)

3 Der Koordinator kommuniziert mit den beteiligten Gerichten in der jeweiligen Amtssprache, die das Gericht verwendet. Eine entsprechende Vereinbarung kann mit den Insolvenzgerichten der Gruppenmitglieder nicht getroffen werden. Hier sieht Art. 73 Abs. 2 vor, dass der Koordinator mit einem Gericht in der Amtssprache kommunizieren muss, die das Gericht verwendet.

---

[14] MüKoInsO/*Reinhart* Rn. 23, 25.

[15] MüKoInsO/*Reinhart* Rn. 24.

[16] Zutr. Einschätzung bei MüKoInsO/*Reinhart* Rn. 10.

IV. Praxishinweis

Die **insolvenzrechtliche Fachsprache** ist wiedergegeben in der Fachbegriffs-Konkordanz in Kindler/Nachmann, Handbuch Insolvenzrecht in Europa (deutsch/englisch/russisch/spanisch/italienisch). Nützliche zweisprachige Normtexte finden sich ferner zB unter www.linguee.de. 4

Art. 74 EuInsVO Zusammenarbeit zwischen den Verwaltern und dem Koordinator

(1) Die für die Mitglieder der Gruppe bestellten Verwalter und der Koordinator arbeiten soweit zusammen, wie diese Zusammenarbeit mit den für das betreffende Verfahren geltenden Vorschriften vereinbar ist.

(2) Insbesondere übermitteln die Verwalter jede Information, die für den Koordinator zur Wahrnehmung seiner Aufgaben von Belang ist.

I. Normzweck

Die Norm verpflichtet die Verwalter und den Koordinator zur **Zusammenarbeit** (Abs. 1). 1 Insbesondere haben die Verwalter dem Koordinator diejenigen **Informationen** zukommen zu lassen, die dieser zur Wahrnehmung seiner Aufgaben benötigt (Abs. 2). Offen lässt die Vorschrift allerdings, wer bestimmt, ob eine Information für die Arbeit des Koordinators eine Rolle spielt.

Art. 74 ist das Gegenstück zur Regelung über die Zusammenarbeit und Kommunikation der 2 Verwalter einer Unternehmensgruppe nach Art. 56. Art. 74 erstreckt die Pflicht zur Zusammenarbeit auf den Koordinator und die Verwalter. Funktionsgleiche Vorschriften finden sich in Art. 41 und 46 für Sekundärverfahren.

II. Pflicht zur Zusammenarbeit

Abs. 1 begründet für die Verwalter der beteiligten Insolvenzverfahren und den Koordinator die 3 Pflicht, zusammenzuarbeiten, soweit die Zusammenarbeit mit den für das betreffende Verfahren geltenden Vorschriften vereinbar ist. **Einschränkungen** wie in Art. 56 Abs. 1 gibt es **nicht. Grenze** der Pflicht zur Zusammenarbeit ist daher lediglich das **jeweilige Insolvenzrecht des Verwalters** (Art. 7), zB dort bestimmte Geheimhaltungspflichten.

III. Informationsübermittlung

Nach Abs. 2 besteht die Pflicht der Verwalter, dem Koordinator **jede Information** zu übermit- 4 teln, die **für den Koordinator zur Wahrnehmung seiner Aufgaben von Belang** ist. Die Informationspflicht ist weiter als die Informationspflicht der Verwalter untereinander nach Art. 56 Abs. 2 lit. a. Die dort verankerte Informationspflicht besteht nur im Rahmen geeigneter Vorkehrungen zum Schutz vertraulicher Informationen. Aufgrund der neutralen Setllung des Koordinators und der Tatsache, dass dieser keine Insolvenzmasse vertritt, die im Wettbewerb mit den anderen Verwaltern stehen könnte, hat der EU-Gesetzgeber für den Koordinator einen besonderen Schutz für nicht notwendig erachtet.

Bei der Voraussetzung, dass die Information für den Koordinator zur Wahrnehmung seiner 5 Aufgaben von Belang sein muss, steht dem einzelnen Verwalter **kein Prüfungsspielraum** zu.[1] Eine Zurückweisung des Auskunftsbegehrens ist aber zulässig und geboten, sofern ein Fall des **Rechtsmissbrauches** vorliegt. Der Verwalter kann daher die Auskunft ua dann verweigern, wenn es um den Schutz von Betriebs- oder Geschäftsgeheimnissen geht. Dass Art. 74 Abs. 2 – anders als Art. 56 Abs. 2 lit. a – den Schutz vertraulicher Informationen nicht erwähnt, steht dem nicht entgegen. Die **rechtsmissbräuchliche Berufung auf EU-Recht** – hier: die Auskunftspflicht nach Abs. 2 – ist **ausgeschlossen.**[2]

Art. 75 EuInsVO Abberufung des Koordinators

Das Gericht ruft den Koordinator von Amts wegen oder auf Antrag des Verwalters eines beteiligten Gruppenmitglieds ab, wenn der Koordinator
a) zum Schaden der Gläubiger eines beteiligten Gruppenmitglieds handelt oder
b) nicht seinen Verpflichtungen nach diesem Kapitel nachkommt.

---

1 MüKoInsO/*Reinhart* Rn. 4.
2 *Kohler/Seyr/Püffer-Mariette* ZWuP 2019, 126 (134) mwN. MüKoInsO/*Reinhart* Rn. 4.

Schrifttum: *Eble,* Der Gruppenkoordinator in der reformierten EuInsVO – Bestellung, Abberufung und Haftung, ZIP 2016, 1619.

Übersicht

I. Normzweck

1 Art. 75 regelt die Abberufung des Koordinators, um **Schaden von den Gläubigern abzuwenden.** Die Abberufung kann von Amts wegen oder auf Antrag eines Verwalters einer der beteiligten Gruppenmitglieder erfolgen.

II. Abberufung des Koordinators

2 Das Gericht, welches das Gruppen-Koordinationsverfahren eröffnet hat, beruft den Koordinator auf Antrag eines beteiligten Verwalters oder von Amts wegen ab, wenn der Koordinator (a) zum Schaden der Gläubiger eines beteiligten Gruppenmitglieds handelt oder (b) seinen Verpflichtungen nicht nachkommt.

3 **1. Schaden der Gläubiger.** Ein **Schaden** auf seiten der Gläubiger setzt voraus, dass durch das Handeln des Gruppenverwalters die **Befriedigungsinteressen der Gläubiger konkret beeinträchtigt** werden. Das praktische Anwendungsfeld dieses Abberufungsgrundes dürfte gering sein. Denn eine Beeinträchtigung der Gläubigerinteressen setzt voraus, dass durch das Verhalten des Koordinators die **Insolvenzmasse geschmälert** wird. Diesen Kausalzusammenhang kann es aufgrund der Unverbindlichkeit der Vorschläge des Koordinators nicht kommen. Da die Vorschläge des Koordinators unverbindlich sind (Art. 72 Abs. 1), müssen diese zuvor vom Verwalter eines beteiligten Gruppenmitglieds geprüft und durchgeführt werden. Führt der Vorschlag aber zu einer Beeinträchtigung der Interessen der Gläubiger des von ihm geführten Insolvenzverfahrens, so hat in erster Linie der Verwalter des betroffenen Insolvenzverfahrens eine Pflichtverletzung begangen. Der Verwalter wird in einer solchen Situation kaum einen Abberufungsantrag gegen den Koordinator stellen.[1]

4 Die Norm **schützt nur die „beteiligten" Gläubiger.** Die Pflichten und Befugnisse des Gruppenkoordinators beziehen sich daher nur auf die Mitglieder der Gruppe (Art. 2 Nr. 13), die einer Einbeziehung nicht widersprochen (Art. 65) oder eine Einbeziehung nachträglich beantragt haben (Art. 69). Nicht erfasst ist der Fall, dass der Gruppenkoordinator ein Gruppenmitglied dadurch schädigt, dass er dessen Antrag auf nachträgliche Einbeziehung in das Gruppenverfahren ungerechtfertigt ablehnt.[2]

5 Handlungen des Gruppenkoordinators, die **allein das Gruppenmitglied selbst schädigen,** für seine Gläubiger aber neutral sind, werden begrifflich nicht erfasst. Freilich verkürzt eine Schädigung der Schuldnergesellschaft stets zugleich die Insolvenzmasse und somit die Befriedigungsaussichten der Gläubiger dieser Gesellschaft.[3]

6 Als „Schaden" ist **jede vermögensmäßige Schlechterstellung** im Vergleich zu einem hypothetischen Verlauf ohne Eingreifen des Gruppenkoordinators anzusehen.[4] **Beispiele:** die Veräußerung, Vermögenswerte zu einem Preis unterhalb des Marktwerts von einem Gruppenmitglied an ein in der Sphäre des Koordinator angesiedeltes Unternehmen; die Veräußerung von Geschäftsgeheimnissen eines Gruppenmitglieds zum Nutzen des Koordinators; die Nichtaufnahme eines profitablen Betriebsteils eines Gruppenmitglieds in den Gruppen-Koordinationsplan, weil der Koordinator ein Eigeninteresse daran hat, dass dieser Betriebsteil nicht weitergeführt wird.

7 Der Wortlaut des Art. 75 mit der Formulierung „zum Schaden […] handelt" legt es für einige Autoren nahe, dass **auch mittelbar, bloß potentiell schädliches Einwirken** durch Empfehlungen oder den Koordinationsplan einen Abberufungsgrund darstellt. Die Abberufung solle als zukunftsgerichtete Maßnahme des Koordinationsgerichts nicht nur vergangenes Fehlverhalten des Koordinators ausgleichen, sondern auch künftige Schädigungen verhindern.[5] Diese Auffassung ist abzulehnen. Sie

[1] MüKoInsO/*Reinhart* Rn. 2.
[2] *Eble* ZIP 2016, 1619 (1622).
[3] AA offenbar *Eble* ZIP 2016, 1619 (1622).
[4] Mankowski/Müller/Schmidt/*J. Schmidt* Rn. 9–11, auch zu den Beispielen im Text.
[5] *Eble* ZIP 2016, 1619 (1622).

erinnert an den fiktiven, ergebnisorienterten Schadensbegriff des Strafrechts („Gefährungsschaden")[6] und liegt außerhalb der Regelungsziele des Insolvenzrechts. **Pflichtwidriges Verhalten ohne Schadensfolge** wird von **lit. b** erfasst (Pflichtverletzung), → Rn. 9.

Die Norm scheint **jegliche Nachteilszufügung** zu sanktionieren. Mit den Erfordernissen einer effizienten Verfahrensführung in der Gruppeninsolvenz (Erwägungsgrund 56) scheint dies auf den ersten Blick kaum zu vereinbaren, müssen doch regelmäßig die Interessen der Gläubiger einer einzelnen Konzerngesellschaft bei einem Vorschlag zur Bewältigung der Gruppeninsolvenz hinter die Interessen der Gläubiger der Unternehmensgruppe in ihrer Gesamtheit zurücktreten. Indessen wird nur so der **Grundsatz der Einzelinsolvenz** einbehalten; der EU-Gesetzgeber hat sich ausweislich Art. 72 Abs. 3 bewusst gegen eine materielle oder auch nur verfahrensmäßige keine Konsolidierung entschieden (→ Vor Art. 56 Rn. 2 f.). Es gibt **kein eigenes Insolvenzsubjekt in Form der Gruppe;**[7] ein eigenes Gruppeninteresse, das die Interessen der einzelnen Teile überwiegen könnte (→ IntGesR Rn. 60), erkennt die EuInsVO nicht an. Das erhellt auch aus den Vorschriften über den Gruppen-Koordinationsplan: Nach Art. 72 Abs. 1 lit. b besteht der Gruppen-Koordinationsplan aus einem „umfassenden Katalog geeigneter Maßnahmen für einen integrierten Ansatz zur Bewältigung der Insolvenz *der Gruppenmitglieder*". **Bewältigt** werden soll demnach **nicht die Insolvenz der Unternehmensgruppe, sondern** die **Insolvenz der einzelnen Gruppenmitglieder** in integrierter Weise. Hier stehen die Interessen der Gruppenmitglieder und nicht die der Gruppe als Gesamtheit im Vordergrund. 8

2. Pflichtverletzung durch den Koordinator. Art. 75 lit. b ermöglicht darüber hinaus die Abberufung, wenn der Koordinator **nicht seinen Verpflichtungen** nach Art. 56–77 **nachkommt.** Das zielt insbesondere auf die in Art. 72 Abs. 1 enthaltenen Aufgaben des Koordinators. Im Zentrum stehen dabei die **Empfehlungen für eine koordinierte Durchführung der einzelnen Insolvenzverfahren und die Pflicht zur Aufstellung eines Gruppen-Koordinationsplans** (Art. 72 Abs. 1 lit. a und b).[8] Diese Pflichten hat der Koordinator unparteiisch und mit der gebotenen Sorgfalt auszuüben (Art. 72 Abs. 5). Der Gruppenkoordinator kann also entweder vollständig untätig bleiben oder bei der Festlegung von Empfehlungen oder der Aufstellung des Koordinationsplans nicht mit der gebotenen Sorgfalt vorgehen. In Betracht kommt eine Abberufung nach Art. 75 bei **Nichterfüllung oder Schlechterfüllung der Pflichten als Koordinator.** 9

III. Rechtsfolgen der Abberufung

Ungeregelt blieben die Rechtsfolgen der Abberufung. Hier geht es zunächst um die **Bestellung eines neuen Koordinators.** Ausgangspunkt einer Lösung anhand der Verordnung ist die Vorschrift des Art. 67. Danach kann das Gericht nur eine Person als Koordinator bestellen, die durch den **Antragsteller** nach Art. 61 Abs. 3 lit. b bzw. von einem Verwalter vorgeschlagen wurde, dessen Einwänden gegen den ursprünglichen Verwalter stattgegeben wurden. Aus der hieraus ableitbaren Verwalterautonomie bei der Bestellung des Koordinators folgt, dass zunächst wieder der ursprüngliche Antragsteller berechtigt ist und entsprechend aufzufordern ist, einen Vorschlag bezüglich der zu bestellenden Person zu unterbreiten.[9] Hierzu hat das Gericht die Verwalter analog Art. 64 zur Stellungnahme aufzufordern und – bei berechtigten Einwänden – der den Einwand geltend machende Verwalter. 10

Im Übrigen sind Lösungen aus dem innerstaatlichen Recht (Art. 7) zu entwickeln. Das gilt für die **Vergütung** des abberufenen Koordinators. 11

Art. 76 EuInsVO Schuldner in Eigenverwaltung

Die gemäß diesem Kapitel für den Verwalter geltenden Bestimmungen gelten soweit einschlägig entsprechend für den Schuldner in Eigenverwaltung.

Art. 76 stellt klar, dass die für den Insolvenzverwalter geltenden Vorschriften zum Gruppen-Koordinationsverfahren und zur Zusammenarbeit und Kommunikation der Verwalter auch für den Schuldner in Eigenverwaltung iSd Art. 2 Nr. 3 gelten. 1

Die in den Art. 57–77 geregelten Rechte und Pflichten der Verwalter finden daher sinngemäß Anwendung auf die gesetzlichen Vertretungsorgane des Schuldners in Eigenverwaltung. 2

6 Schönke/Schröder/*Perron* StGB § 266 Rn. 45.
7 *Eble* ZIP 2016, 1619 (1622).
8 *Eble* ZIP 2016, 1619 (1622 f.).
9 MüKoInsO/*Reinhart* Rn. 5.

Art. 77 EuInsVO Kosten und Kostenaufteilung

(1) Die Vergütung des Koordinators muss angemessen und verhältnismäßig zu den wahrgenommenen Aufgaben sein sowie angemessene Aufwendungen berücksichtigen.

(2) Nach Erfüllung seiner Aufgaben legt der Koordinator die Endabrechnung der Kosten mit dem von jedem Mitglied zu tragenden Anteil vor und übermittelt diese Abrechnung jedem beteiligten Verwalter und dem Gericht, das das Koordinationsverfahren eröffnet hat.

(3) [1]Legt keiner der Verwalter innerhalb von 30 Tagen nach Eingang der in Absatz 2 genannten Abrechnung Widerspruch ein, gelten die Kosten und der von jedem Mitglied zu tragende Anteil als gebilligt. [2]Die Abrechnung wird dem Gericht, das das Koordinationsverfahren eröffnet hat, zur Bestätigung vorgelegt.

(4) Im Falle eines Widerspruchs entscheidet das Gericht, das das Gruppen-Koordinationsverfahren eröffnet hat, auf Antrag des Koordinators oder eines beteiligten Verwalters über die Kosten und den von jedem Mitglied zu tragenden Anteil im Einklang mit den Kriterien gemäß Absatz 1 dieses Artikels und unter Berücksichtigung der Kostenschätzung gemäß Artikel 68 Absatz 1 und gegebenenfalls Artikel 72 Absatz 6.

(5) Jeder beteiligte Verwalter kann die in Absatz 4 genannte Entscheidung gemäß dem Verfahren anfechten, das nach dem Recht des Mitgliedstaats, in dem das Gruppen-Koordinationsverfahren eröffnet wurde, vorgesehen ist.

I. Normzweck

1 Art. 77 regelt in Grundzügen die Vergütung des Koordinators und die Aufteilung der entstehenden Kosten. Abs. 1 enthält die **Grundsatznorm** zur Vergütung des Koordinators, wonach diese angemessen und verhältnismäßig sein müsse. Die Abs. 2–5 regeln das **Kostenfestsetzungsverfahren.** Wie die Angemessenheit der Vergütung des Koordinators zu bestimmen ist, bleibt den nationalen Insolvenzrechten der Mitgliedstaaten überlassen.

II. Höhe der Vergütung (Abs. 1)

2 Die Höhe der Vergütung des Koordinators muss **angemessen und verhältnismäßig** zu seinen wahrgenommenen Aufgaben sein. Seine Aufwendungen sind zu berücksichtigen. Bei den wahrgenommenen Aufgaben sind **zwei Gesichtspunkte** von Bedeutung:[1] **(1)** Zum einen hat das den Koordinator bestellende Insolvenzgericht bei der Bestellung nach Art. 68 Abs. 1 lit. b auch über den Entwurf der Koordination zu entscheiden (→ Art. 68 Rn. 7). Wurden insoweit die **Aufgaben** des Koordinators in einer bestimmten Weise **definiert oder eingeschränkt,** so wäre dies entsprechend zu berücksichtigen. **(2)** Daneben hat das Insolvenzgericht zu berücksichtigen, **wie groß die Insolvenzmasse** ist, die in den Aufgabenkreis des Koordinators fällt, dh die Insolvenzmasse aller am Gruppen-Koordinationsverfahren beteiligten Schuldner. Je werthaltiger die Insolvenzmassen sind, desto höher muss die dem Koordinator gewährte Vergütung sein (vgl. § 2 InsVV).

3 Die **EuInsVO beziffert nicht,** was unter einer angemessenen Vergütung zu verstehen ist. Hierfür müssen die Insolvenzgerichte der Mitgliedstaaten auf ihr eigenes nationales Recht zurückgreifen (Art. 7 Abs. 2). Dort werden sich für die Vergütung von Insolvenzverwaltern Regelungen finden. Ob und in welchem Umfang diese für den Koordinator entsprechend anzuwenden sind, liegt im **Ermessen der mitgliedstaatlichen Gesetzgeber und Gerichte.** Der deutsche Gesetzgeber sollte entsprechende Vorschriften zur Vergütung des Koordinators in die InsVV aufzunehmen.[2] Den Mitgliedstaaten steht es nach Erwägungsgrund 61 offen, nationale Bestimmungen zu erlassen, mit denen die Bestimmungen der Verordnung ergänzt werden können.

4 Da der Koordinator über keine eigene Insolvenzmasse verfügt und nur den eingeschränkten Aufgabenkreis nach Art. 72 hat, wird jedenfalls aus deutscher Sicht – in Ermangelung besonderer Regelungen – **keine unbesehene Anwendung der Regelsätze** des § 2 InsVV in Betracht kommen. Angemessen erscheint eine Anwendung der **Regelsätze** der InsVV in **Kombination mit dem Abschlagstatbestand des § 3 Abs. 2 lit. d InsVV (geringe Arbeitsbelastung).** Allerdings kann gerade wegen des Auslandsbezugs ein Zuschlag nach § 3 Abs. 1 InsVV gerechtfertigt sein.[3]

---

1 MüKoInsO/*Reinhart* Rn. 3.

2 MüKoInsO/*Reinhart* Rn. 4.

3 Vgl. *Mock* FS Haarmeyer, 2013, 157 (170 ff.); LG Braunschweig Rpfleger 2001, 315 = ZInsO 2001, 552 = KTS 2001, 442.

III. Festsetzung der Vergütung (Abs. 2–5)

Der Koordinator legt nach Erfüllung seiner Aufgaben den Verwaltern und dem Gericht, das das Koordinationsverfahren eröffnet hat, eine **Endabrechnung** vor (Abs. 2). In der Endabrechnung hat er auch die **Höhe des von jedem Mitglied zu tragenden Anteils** aufzuschlüsseln, und zwar auf Basis der Parameter der Kostenschätzung nach Art. 68 Abs. 1 lit. c. Zur Festlegung des Anteils vgl. → Art. 68 Rn. 4. Diese Abrechnung ist den beteiligten Verwaltern und dem Gericht, das das Koordinationsverfahren eröffnet hat, zu übermitteln. Für die **Form der Übermittlung** sieht Art. 77 Abs. 2 keine besonderen Bestimmungen vor. Im Hinblick auf die 30-Tage-Frist für eine etwaige Anfechtung (Art. 77 Abs. 3) empfiehlt es sich jedoch, die Übermittlung **eingeschrieben mit Rückschein** aufzugeben, so dass der Fristenablauf zutreffend berechnet werden kann.[4] 5

Die Verwalter können **innerhalb von 30 Tagen ab Zugang der Endabrechnung** gegen diese **Widerspruch** einlegen (Abs. 3). Ansonsten gelten die Kosten als gebilligt. Erhebt ein Verwalter **Widerspruch gegen die Endabrechnung,** so entscheidet das Gericht, dass das Gruppen-Koordinationsverfahren eröffnet hat, nach Abs. 4 auf Antrag über die Kosten und den von jedem Mitglied zu tragenden Anteil nach eigenem Ermessen unter Berücksichtigung der Art. 77 Abs. 1, Art. 68 Abs. 1 und Art. 72 Abs. 6. Die so ergehende Entscheidung kann jeder beteiligte Verwalter nach Abs. 5 gemäß den Verfahrensvorschriften des Mitgliedstaats anfechten, in dem das Koordinationsverfahren eröffnet wurde. Die Anfechtung vor deutschen Gerichten unterliegt nach Art. 102c § 26 EGInsO den Vorschriften über die **sofortige Beschwerde** (→ EGInsO Art. 102c § 26 Rn. 1 f.). 6

Ungeregelt blieb, **bei welcher Stelle der Widerspruch einzulegen ist.** Abs. 3 S. 2 scheint zu besagen, dass der Widerspruch bei dem Koordinator einzulegen ist, der bei Ausbleiben eines Widerspruchs sodann die Abrechnung dem Gericht zur Bestätigung vorzulegen hat. Aus Gründen des Rechtsstaatsprinzips und des rechtlichen Gehörs ist Art. 77 Abs. 3 indessen dahin auszulegen, dass ein **Widerspruch** durch den Verwalter **beim Insolvenzgericht oder beim Koordinator** eingeleget werden kann.[5] 7

Legt einer der Verwalter **Widerspruch** ein, so **entscheidet das Insolvenzgericht** im Einklang mit Art. 77 Abs. 1 und unter Berücksichtigung der Kostenschätzung iSd Art. 68 Abs. 1 und ggf. Art. 72 Abs. 6. Die Entscheidung erstreckt sich auf die gesamten Kosten, einschließlich der Aufwendungen sowie die Verteilung der Kosten auf die beteiligten Insolvenzverfahren.[6] 8

Legt **kein Verwalter Widerspruch** ein, so **gilt** die **Abrechnung** nach Art. 77 Abs. 3 als **gebilligt** und muss vom Insolvenzgericht nur noch bestätigt werden. Das Insolvenzgericht hat in diesem Falle keine eigene Prüfungskompetenz. Es hat nur den Ablauf der 30-Tage-Frist sowie die Nichteinlegung eines Widerspruchs zu prüfen. 9

Kapitel VI. Datenschutz

Vorbemerkung (Vor Art. 78 EuInsVO)

Übersicht

4 MüKoInsO/*Reinhart* Rn. 5.

5 Mankowski/Müller/Schmidt/*J. Schmidt* Rn. 30; aA MüKoInsO/*Reinhart* Rn. 6: der Widerspruch sei nur beim Koordinationsgericht einzulegen.

6 MüKoInsO/*Reinhart* Rn. 7.

I. Überblick zum Datenschutz nach der EuInsVO

1 Die Art. 78–83 regeln den **Datenschutz** im Rahmen von grenzüberschreitenden Insolvenzverfahren. Sie verpflichten die Mitgliedstaaten (Art. 79) und die Kommission (Art. 80) zu einem verantwortlichen Umgang mit persönlichen Daten. Der Datenschutz hat mit den nach Art. 24 zu schaffenden **Insolvenzregistern und deren Vernetzung** nach Art. 25 an Bedeutung gewonnen. Hinsichtlich der Datenverarbeitung nehmen die Normen Bezug auf die europäische Datenschutz-RL und die europäische DS-GVO. Der Europäische Datenschutzbeauftragte hat die neuen Vorschriften grundsätzlich begrüßt.[1]

2 Nach Erwägungsgrund 83 S. 2 ist es eines der Ziele der EuInsVO, die Anwendung des **Art. 8 GRCh (Schutz personenbezogener Daten)** zu fördern. Die Spitzenvorschrift des Art. 78 erklärt die allgemeinen datenschutzrechtlichen EU-Rechtsinstrumente für anwendbar (→ Rn. 3 ff.). Dies wird in den nachfolgenden Artikeln näher konkretisiert. Art. 79 legt die Aufgaben der Mitgliedstaaten hinsichtlich der Verarbeitung personenbezogener Daten in nationalen Insolvenzregistern fest (→ Rn. 6 ff.), Art. 80 die Aufgaben der Kommission im Zusammenhang mit der Verarbeitung personenbezogener Daten (→ Rn. 9). Art. 81 regelt Informationspflichten der Kommission (→ Rn. 9), Art. 82 begrenzt die Speicherung personenbezogener Daten (→ Rn. 10), Art. 83 verweist für den Zugang zu personenbezogenen Daten über das Europäische Justizportal auf das nationale Recht (→ Rn. 11 f.).

II. Einzelfragen

3 **1. Anwendbare Datenschutzvorschriften (Art. 78).** Art. 78 hat einen **doppelten Regelungsgehalt.** Die Norm regelt das anwendbare Recht für den Datenschutz in den Mitgliedstaaten und durch die EU-Kommission

4 Art. 78 Abs. 1 bestimmt, dass die **Mitgliedstaaten** bei der Führung ihrer nationalen Insolvenzregister (Art. 24) an die **Datenschutz-RL** (RL 95/46/EG) gebunden sind, und zwar in Gestalt der jeweiligen Umsetzungsnormen in den Mitgliedstaaten. Für die BRepD wird damit auf das BDSG verwiesen. Mit Wirkung **ab dem 25.5.2018** gelten Verweise auf die Richtlinie als Verweise auf die **DS-GVO**[2] als Nachfolgeregelung zur RL 95/46/EG (Art. 94 DS-GVO). Art. 78 Abs. 1 DS-GVO gebietet es laut EuGH, dass ein rechtsverbindlicher Beschluss einer Aufsichtsbehörde einer vollständigen inhaltlichen Überprüfung durch ein Gericht unterliegt.[3]

5 Durch Art. 78 Abs. 2 wird der Anwendungsbereich der für die **Unionsorgane** geltenden **VO (EG) 45/2001** (EG-Datenschutz-Verordnung) auf die Verarbeitung personenbezogener Daten in der EuInsVO durch die Kommission erstreckt. Dies betrifft die Einrichtung des Europäischen Insolvenzregisters (Art. 25). Die VO (EG) 45/2001 bleibt neben der seit 25.5.2018 anwendbaren DS-GVO in Geltung (Art. 2 Abs. 3 DS-GVO und Erwägungsgrund 17).

6 **2. Aufgaben der Mitgliedstaaten; Informationsrecht (Art. 79).** Art. 79 legt die Aufgaben der Mitgliedstaaten bei der Verarbeitung personenbezogener Daten in den nationalen Register fest (Art. 24). Im Einzelen regelt die Norm die Mitteilung des für die Verarbeitung Verantwortlichen (Abs. 1), technische Maßnahmen zur Gewährleistung der Sicherheit (Abs. 2), die Einhaltung der Grundsätze in Bezug auf die Qualität der Daten (Abs. 3), die Erhebung, Speicherung und Zugänglichmachung der Daten (Abs. 4) und die Information der betroffenen Personen (Abs. 5).

7 Praktisch besonders bedeutsam dürfte die Regelung zum **Informationsrecht der betroffenen Personen** in Abs. 5 sein. Danach teilen die Mitgliedstaaten den betroffenen Personen mit, für welchen Zeitraum ihre in Insolvenzregistern gespeicherten personenbezogenen Daten zugänglich sind. Dies ist Teil der Information, die betroffene Personen erhalten, um ihre Rechte und insbesondere das Recht auf Löschung von Daten wahrnehmen zu können. Die Norm nimmt damit auf **Art. 10 Datenschutz-RL** Bezug. Danach sind Gegenstand der Mitteilung: der für die Verarbeitung Verantwortliche (lit. a), die Zweckbestimmung der Verarbeitung, für die die Daten bestimmt sind (lit. b) sowie weitere Informationen (lit. c). Als solche „weiteren Informationen" iSd lit. c haben die Mitgliedstaaten nach Abs. 5 mitzuteilen, für welchen Zeitraum ihre in Insolvenzregistern gespeicher-

---

[1] ABl. EU 2013 C 358, 15 f.; näher zur Entstehungsgeschichte des VI. Kapitels der EuInsVO Mankowski/Müller/Schmidt/*J. Schmidt* Rn. 1 f.

[2] Zur DS-GVO näher *Kühling/Martini* EuZW 2016, 448; *Hamann* BB 2017, 1090; *Neun/Lubitzsch* BB 2017, 2563.

[3] EuGH ECLI:EU:C:2023:958 = NJW 2024, 417 – UF; in diesem Urteil erklärt der EuGH die Praxis privater Wirtschaftsauskunfteien für unrechtmäßig (Art. 5 Abs. 1 DS-GVO), in ihren Datenbanken Informationen über die Erteilung einer Restschuldbefreiung zugunsten natürlicher Personen für einen Zeitraum zu speichern, der über die Speicherdauer der Daten im öffentlichen Register hinausgeht.

ten personenbezogenen Daten zugänglich sind. **Ab 25.5.2018** richten sich die Informationspflichten nach **Art. 13 DS-GVO** (→ Rn. 4).

Nach der 2017 durch das **Gesetz zur Durchführung der VO (EU) 2015/848 über Insolvenzverfahren** neu eingefügten Vorschrift des **§ 27 Abs. 2 Nr. 5 InsO**[4] enthält der Insolvenzeröffnungsbeschluss eine **abstrakte Darstellung der für personenbezogene Daten geltenden Löschungsfristen** nach § 3 InsIntBekV. Der Gesetzgeber ging dabei davon aus, dass eine konkrete Berechnung der Fristen von Art. 79 Abs. 5 nicht verlangt wird und dem Insolvenzgericht auch nicht möglich wäre.[5] Durch eine abstrakte Darstellung der Löschungsfristen im Eröffnungsbeschluss wird sichergestellt, dass die betroffenen Personen die erforderlichen Informationen erhalten, da der Eröffnungsbeschluss nach § 30 Abs. 1 InsO sowohl öffentlich bekannt zu machen als auch nach § 30 Abs. 2 InsO den Gläubigern und Schuldnern des Schuldners und dem Schuldner besonders zuzustellen ist. 8

3. Aufgaben und Pflichten der Kommission (Art. 80, 81). In Art. 80 sind die Aufgaben der Kommission im Zusammenhang mit der Verarbeitung der Daten für das System der vernetzten Insolvenzregister und innerhalb des Europäischen Justizportals verankert (zum Aufbau des Registers → Art. 24 Rn. 1). ImKern geht es dabei um die **technischen Lösungen** zur Erfüllung der Aufgaben als für die Verarbeitung Verantwortlicher (Abs. 2) und um technische Maßnahmen zur Gewährleistung der Sicherheit (Abs. 3). Art. 81 regelt die Verpflichtung der Kommission, betroffenen Personen durch **Bekanntmachung über das Europäische Justizportal** mitzuteilen, welche Rolle die Kommission bei der Datenverarbeitung und zu diesem Zwecke wahrnimmt. Insoweit geht Art. 81 über die Vorgaben der VO (EG) 45/2001 aF hinaus. 9

4. Speicherung personenbezogener Daten (Art. 82). Nach Art. 82 betrifft den **Speicherort** der personenbezogenen Daten. Es erfolgt **keine zentrale Speicherung** im Europäischen Justizportal. Vielmehr gelten personenbezogene Daten ausschließlich in den **nationalen Datenbanken** gespeichert, selbst wenn sie über das Europäische Justizportal abrufbar sind. Folgerichtig beurteilt sich auch die Löschung nach dem mitgliedstaatlichen Recht (Art. 83; → Rn. 12). 10

5. Zugänglichkeit personenbezogener Daten; Gleichlauf zum mitgliedstaatlichen Recht (Art. 83). Da das Europäische Insolvenzregister lediglich die nationalen Register zusammenführt, sind die nach Art. 24 gespeicherten **Daten** im Europäischen Justizportal **nur so lange zugänglich,** wie es nach dem für das jeweilige Ausgangsregisters maßgebenden **nationalen Recht** zugänglich sind. Sind sie dort zu löschen, dürfen sie nach Art. 83 auch im Europäischen Register nicht mehr zugänglich sein. Damit liegt Art. 83 auf einer Linie mit Art. 82, wonach die Speicherung nicht zentral, sondern dezentral bei den Mitgliedstaaten erfolgt. 11

In der BRepD wird die Funktion eines **Insolvenzregisters** durch die zentrale und länderübergreifende **öffentliche Bekanntmachung im Internet** nach § 9 InsO auf der Webseite <https://www.insolvenzbekanntmachungen.de> erfüllt.[6] Da im Gesetz zur Durchführung der VO (EU) 2015/848 über Insolvenzverfahren vom 5.6.2017 (→ Rn. 8) nichts anderes bestimmt ist, gelten für die Zugänglichkeit der dort gespeicherten personenbezogenen Daten über das Europäische Justizportal die **Löschungsfristen** des § 3 InsIntBekV.[7] Zugänglich sind die Daten danach grundsätzlich bis spätestens sechs Monate nach Aufhebung oder Rechtskraft der Einstellung des Insolvenzverfahrens. 12

Art. 78 EuInsVO Datenschutz

(1) Sofern keine Verarbeitungsvorgänge im Sinne des Artikels 3 Absatz 2 der Richtlinie 95/46/EG betroffen sind, finden die nationalen Vorschriften zur Umsetzung der Richtlinie 95/46/EG auf die nach Maßgabe dieser Verordnung in den Mitgliedstaaten durchgeführte Verarbeitung personenbezogener Daten Anwendung.

(2) Die Verordnung (EG) Nr. 45/2001 gilt für die Verarbeitung personenbezogener Daten, die von der Kommission nach Maßgabe der vorliegenden Verordnung durchgeführt wird.

Dazu → Vor Art. 78 Rn. 1ff. 1

---

4 IdF des Gesetzes vom 5.6.2017 (BGBl. 2017 I 1476); Begr. RegE, BR-Drs. 654/16.

5 BR-Drs. 654/16, 26 f.

6 Mankowski/Müller/Schmidt/*J. Schmidt* Art. 83 Rn. 5.

7 Mankowski/Müller/Schmidt/*J. Schmidt* Art. 83 Rn. 5.

Art. 79 EuInsVO Aufgaben der Mitgliedstaaten hinsichtlich der Verarbeitung personenbezogener Daten in nationalen Insolvenzregistern

(1) Jeder Mitgliedstaat teilt der Kommission im Hinblick auf seine Bekanntmachung im Europäischen Justizportal den Namen der natürlichen oder juristischen Person, Behörde, Einrichtung oder jeder anderen Stelle mit, die nach den nationalen Rechtsvorschriften für die Ausübung der Aufgaben eines für die Verarbeitung Verantwortlichen gemäß Artikel 2 Buchstabe d der Richtlinie 95/46/EG benannt worden ist.

(2) Die Mitgliedstaaten stellen sicher, dass die technischen Maßnahmen zur Gewährleistung der Sicherheit der in ihren nationalen Insolvenzregistern nach Artikel 24 verarbeiteten personenbezogenen Daten durchgeführt werden.

(3) Es obliegt den Mitgliedstaaten, zu überprüfen, dass der gemäß Artikel 2 Buchstabe d der Richtlinie 95/46/EG benannte für die Verarbeitung Verantwortliche die Einhaltung der Grundsätze in Bezug auf die Qualität der Daten, insbesondere die Richtigkeit und die Aktualisierung der in nationalen Insolvenzregistern gespeicherten Daten sicherstellt.

(4) Es obliegt den Mitgliedstaaten gemäß der Richtlinie 95/46/EG, Daten zu erheben und in nationalen Datenbanken zu speichern und zu entscheiden, diese Daten im vernetzten Register, das über das Europäische Justizportal eingesehen werden kann, zugänglich zu machen.

(5) Als Teil der Information, die betroffene Personen erhalten, um ihre Rechte und insbesondere das Recht auf Löschung von Daten wahrnehmen zu können, teilen die Mitgliedstaaten betroffenen Personen mit, für welchen Zeitraum ihre in Insolvenzregistern gespeicherten personenbezogenen Daten zugänglich sind.

1 Dazu → Vor Art. 78 Rn. 1 ff.

Art. 80 EuInsVO Aufgaben der Kommission im Zusammenhang mit der Verarbeitung personenbezogener Daten

(1) Die Kommission nimmt die Aufgaben des für die Verarbeitung Verantwortlichen gemäß Artikel 2 Buchstabe d der Verordnung (EG) Nr. 45/2001 im Einklang mit den diesbezüglich in diesem Artikel festgelegten Aufgaben wahr.

(2) Die Kommission legt die notwendigen Grundsätze fest und wendet die notwendigen technischen Lösungen an, um ihre Aufgaben im Aufgabenbereich des für die Verarbeitung Verantwortlichen zu erfüllen.

(3) Die Kommission setzt die technischen Maßnahmen um, die erforderlich sind, um die Sicherheit der personenbezogenen Daten bei der Übermittlung, insbesondere die Vertraulichkeit und Unversehrtheit bei der Übermittlung zum und vom Europäischen Justizportal, zu gewährleisten.

(4) Die Aufgaben der Mitgliedstaaten und anderer Stellen in Bezug auf den Inhalt und den Betrieb der von ihnen geführten, vernetzten nationalen Datenbanken bleiben von den Verpflichtungen der Kommission unberührt.

1 Dazu → Vor Art. 78 Rn. 1 ff.

Art. 81 EuInsVO Informationspflichten

Unbeschadet der anderen den betroffenen Personen nach Artikel 11 und 12 der Verordnung (EG) Nr. 45/2001 zu erteilenden Informationen informiert die Kommission die betroffenen Personen durch Bekanntmachung im Europäischen Justizportal über ihre Rolle bei der Datenverarbeitung und die Zwecke dieser Datenverarbeitung.

1 Dazu → Vor Art. 78 Rn. 1 ff.

Art. 82 EuInsVO Speicherung personenbezogener Daten

[1]Für Informationen aus vernetzten nationalen Datenbanken gilt, dass keine personenbezogenen Daten von betroffenen Personen im Europäischen Justizportal gespeichert werden. [2]Sämtliche derartige Daten werden in den von den Mitgliedstaaten oder anderen Stellen betriebenen nationalen Datenbanken gespeichert.

Dazu → Vor Art. 78 Rn. 1 ff. 1

Art. 83 EuInsVO Zugang zu personenbezogenen Daten über das Europäische Justizportal

Die in den nationalen Insolvenzregistern nach Artikel 24 gespeicherten personenbezogenen Daten sind solange [richtig wohl: „so lange"] über das Europäische Justizportal zugänglich, wie sie nach nationalem Recht zugänglich bleiben.

Dazu → Vor Art. 78 Rn. 1 ff. 1

Kapitel VII. Übergangs- und Schlussbestimmungen

Art. 84 EuInsVO Zeitlicher Anwendungsbereich

(1) [1]Diese Verordnung ist nur auf solche Insolvenzverfahren anzuwenden, die nach dem 26. Juni 2017 eröffnet worden sind. [2]Für Rechtshandlungen des Schuldners vor diesem Datum gilt weiterhin das Recht, das für diese Rechtshandlungen anwendbar war, als sie vorgenommen wurden.

(2) Unbeschadet des Artikels 91 der vorliegenden Verordnung gilt die Verordnung (EG) Nr. 1346/2000 weiterhin für Verfahren, die in den Geltungsbereich jener Verordnung fallen und vor dem 26. Juni 2017 eröffnet wurden.

I. Normzweck

Art. 84 regelt den zeitlichen Anwendungsbereich der EuInsVO. Die Vorschrift beruht auf Art. 43 EuInsVO 2000, wurde allerdings um einen Abs. 2 im Zuge der Reform 2015 ergänzt. 1

II. Insolvenzverfahren (Abs. 1 S. 1)

Nach Art. 84 Abs. 1 S. 1 werden von der Verordnung nur solche Insolvenzverfahren erfasst, die „nach dem 26.6.2017", mithin nach dem Anwendungsbeginn der EuInsVO gemäß Art. 92, eröffnet wurden. Zu einer rückwirkenden Abänderung von zeitlich davor begründeten Rechtsverhältnissen kommt es nicht (zum auf „alte" Insolvenzverfahren anwendbaren Recht vgl. → Rn. 5). Ungeregelt erscheint, ob auch die **am 26.6.2017 eröffneten Insolvenzverfahren** bereits der EuInsVO unterliegen. Dafür spricht, dass Abs. 1 S. 2 diesen Stichtag bereits der Neufassung zuordnet.[1] 2

Nach der **Legaldefinition des Art. 2 Nr. 8** (→ Art. 2 Rn. 14 ff.) ist ein Insolvenzverfahren eröffnet, wenn die Eröffnungsentscheidung **wirksam** wird.[2] Nicht entscheidend ist dagegen der Zeitpunkt, in dem die Eröffnungsentscheidung ergeht. Auf den Eintritt der Insolvenzwirkungen kommt es daher auch in den Fällen an, in denen die Insolvenzwirkungen mit einer gewissen zeitlichen Verzögerung eintreten (näher → Art. 1 Rn. 19 ff.). Unerheblich ist, ob der Antrag vor oder am 26.6.2017 bzw. danach gestellt wurde.[3] Bei einer Umwandlung des Verfahrens nach Art. 51 kommt es auf die Eröffnung des Erstverfahrens an. 3

Gesondert zu betrachten sind die Fälle, in denen **mehreren Verfahren** eröffnet wurden, von denen nicht alle in den zeitlichen Geltungsbereich der 2015 neu gefassten EuInsVO fallen. Dabei 4

1 Mankowski/Müller/Schmidt/*J. Schmidt* Rn. 4.

2 *Virgós/Schmit* Rn. 305; Supreme Court of Gibraltar ZIP 2017, 1772 = EWiR 2017, 571 m. Kurzkomm. *Bork*.

3 Mankowski/Müller/Schmidt/*J. Schmidt* Rn. 5; *Wimmer/Bornemann/Lienau*, Die Neuregelung der EuInsVO, 2016, Rn. 653; Supreme Court of Gibraltar ZIP 2017, 1772 = EWiR 2017, 571 m. Kurzkomm. *Bork*.

ist denkbar, dass ein Verfahren vor dem Anwendungsbeginn (26.6.2017) entweder am Interessenmittelpunkt oder im Niederlassungsstaat und nach der Eröffnung noch ein weiteres Verfahren eröffnet wird. Die Vorschrift des Art. 84 Abs. 1 S. 1 besagt hierzu eindeutig, dass die EuInsVO nicht zur Anwendung gelangt, wenn vor ihrem Anwendungsbeginn in einem Mitgliedstaat ein Verfahren über das schuldnerische Vermögen oder Teile dessen eröffnet worden ist. Es ist also gleichgültig, ob es sich bei dem zuvor eröffneten Verfahren nach den Maßstäben des Art. 3 um ein „Partikularinsolvenzverfahren" oder das „Hauptinsolvenzverfahren" handeln würde.[4] Gleichgültig ist auch, ob das zuvor eröffnete Verfahren universell wirkt oder bloß territorial. **Altverfahren unter der EuInsVO 2000** sind mithin auch bei parallel laufenden EuInsVO-Verfahren über denselben Schuldner **nicht nachträglich der EuInsVO** zu **unterstellen.**[5]

III. Rechtshandlungen (Abs. 1 S. 2)

5 Art. 84 Abs. 1 S. 2 legt den zeitlichen Anwendungsbereich der EuInsVO für Rechtshandlungen fest. Ist eine **Rechtshandlung vor dem 26.6.2017** vorgenommen worden, gilt für sie das Recht des Zeitpunktes, in dem sie vorgenommen worden sind. Insbesondere kann nicht ein Rechtsgeschäft nachträglich durch Anwendbarkeit der Verordnung anfechtbar werden (Art. 16). Rechtsfolgen, die nach nationalem Recht bereits eingetreten sind, bleiben unangetastet. Ein Statutenwechsel kommt nicht in Betracht.[6]

IV. Zeitlicher Anwendungsbereich EuInsVO 2000

6 Art. 84 Abs. 2 bestimmt, dass die EuInsVO 2000 für alle Insolvenzverfahren anwendbar bleibt, die *vor* dem 26.6.2017 eröffnet worden sind.[7] Dies hat Bedeutung auch für die Frage, wie Insolvenzverfahren zu behandeln sind, die *am* 26.6.2017 eröffnet wurden. In Zusammenschau mit Art. 92 („sie gilt ab dem 26. Juni 2017") bestätigt Art. 84 Abs. 2 die Auffassung, dass die neue EuInsVO für **alle Insolvenzverfahren** Anwendung findet, die **am oder nach dem 26.6.2017 eröffnet** wurden (→ Rn. 2).

Art. 85 EuInsVO Verhältnis zu Übereinkünften

(1) Diese Verordnung ersetzt in ihrem sachlichen Anwendungsbereich hinsichtlich der Beziehungen der Mitgliedstaaten untereinander die zwischen zwei oder mehreren Mitgliedstaaten geschlossenen Übereinkünfte, insbesondere

a) das am 8. Juli 1899 in Paris unterzeichnete belgisch-französische Abkommen über die gerichtliche Zuständigkeit, die Anerkennung und die Vollstreckung von gerichtlichen Entscheidungen, Schiedssprüchen und öffentlichen Urkunden;

b) das am 16. Juli 1969 in Brüssel unterzeichnete belgisch-österreichische Abkommen über Konkurs, Ausgleich und Zahlungsaufschub (mit Zusatzprotokoll vom 13. Juni 1973);

c) das am 28. März 1925 in Brüssel unterzeichnete belgisch-niederländische Abkommen über die Zuständigkeit der Gerichte, den Konkurs sowie die Anerkennung und die Vollstreckung von gerichtlichen Entscheidungen, Schiedssprüchen und öffentlichen Urkunden;

d) den am 25. Mai 1979 in Wien unterzeichneten deutsch-österreichischen Vertrag auf dem Gebiet des Konkurs- und Vergleichs-(Ausgleichs-)rechts;

e) das am 27. Februar 1979 in Wien unterzeichnete französisch-österreichische Abkommen über die gerichtliche Zuständigkeit, die Anerkennung und die Vollstreckung von Entscheidungen auf dem Gebiet des Insolvenzrechts;

f) das am 3. Juni 1930 in Rom unterzeichnete französisch-italienische Abkommen über die Vollstreckung gerichtlicher Urteile in Zivil- und Handelssachen;

g) das am 12. Juli 1977 in Rom unterzeichnete italienisch-österreichische Abkommen über Konkurs und Ausgleich;

h) den am 30. August 1962 in Den Haag unterzeichneten deutsch-niederländischen Vertrag über die gegenseitige Anerkennung und Vollstreckung gerichtlicher Entscheidungen und anderer Schuldtitel in Zivil- und Handelssachen;

---

[4] Mankowski/Müller/Schmidt/*J. Schmidt* Rn. 6; *Virgós/Schmit* Rn. 304; LG München I NZI 2018, 665 mAnm *Fuchs:* keine Anwendbarkeit der EuInsVO 2015 auf Sekundärverfahren, wenn das Hauptverfahren noch vor dem 26.6.2017 eröffnet wurde; zust. *Bork* EWiR 2018, 247.

[5] Mankowski/Müller/Schmidt/*J. Schmidt* Rn. 8.

[6] Mankowski/Müller/Schmidt/*J. Schmidt* Rn. 10.

[7] Beispiel: BGH NZI 2020, 383 Rn. 13.

i) das am 2. Mai 1934 in Brüssel unterzeichnete britisch-belgische Abkommen zur gegenseitigen Vollstreckung gerichtlicher Entscheidungen in Zivil- und Handelssachen mit Protokoll;

j) das am 7. November 1933 in Kopenhagen zwischen Dänemark, Finnland, Norwegen, Schweden und Irland geschlossene Konkursübereinkommen;

k) das am 5. Juni 1990 in Istanbul unterzeichnete Europäische Übereinkommen über bestimmte internationale Aspekte des Konkurses;

l) das am 18. Juni 1959 in Athen unterzeichnete Abkommen zwischen der Föderativen Volksrepublik Jugoslawien und dem Königreich Griechenland über die gegenseitige Anerkennung und Vollstreckung gerichtlicher Entscheidungen;

m) das am 18. März 1960 in Belgrad unterzeichnete Abkommen zwischen der Föderativen Volksrepublik Jugoslawien und der Republik Österreich über die gegenseitige Anerkennung und die Vollstreckung von Schiedssprüchen und schiedsgerichtlichen Vergleichen in Handelssachen;

n) das am 3. Dezember 1960 in Rom unterzeichnete Abkommen zwischen der Föderativen Volksrepublik Jugoslawien und der Republik Italien über die gegenseitige justizielle Zusammenarbeit in Zivil- und Handelssachen;

o) das am 24. September 1971 in Belgrad unterzeichnete Abkommen zwischen der Sozialistischen Föderativen Republik Jugoslawien und dem Königreich Belgien über die justizielle Zusammenarbeit in Zivil- und Handelssachen;

p) das am 18. Mai 1971 in Paris unterzeichnete Abkommen zwischen den Regierungen Jugoslawiens und Frankreichs über die Anerkennung und Vollstreckung gerichtlicher Entscheidungen in Zivil- und Handelssachen;

q) das am 22. Oktober 1980 in Athen unterzeichnete Abkommen zwischen der Tschechoslowakischen Sozialistischen Republik und der Hellenischen Republik über die Rechtshilfe in Zivil- und Strafsachen, der zwischen der Tschechischen Republik und Griechenland noch in Kraft ist;

r) das am 23. April 1982 in Nikosia unterzeichnete Abkommen zwischen der Tschechoslowakischen Sozialistischen Republik und der Republik Zypern über die Rechtshilfe in Zivil- und Strafsachen, der zwischen der Tschechischen Republik und Zypern noch in Kraft ist;

s) den am 10. Mai 1984 in Paris unterzeichneten Vertrag zwischen der Regierung der Tschechoslowakischen Sozialistischen Republik und der Regierung der Französischen Republik über die Rechtshilfe und die Anerkennung und Vollstreckung gerichtlicher Entscheidungen in Zivil-, Familien- und Handelssachen, der zwischen der Tschechischen Republik und Frankreich noch in Kraft ist;

t) den am 6. Dezember 1985 in Prag unterzeichneten Vertrag zwischen der Tschechoslowakischen Sozialistischen Republik und der Republik Italien über die Rechtshilfe in Zivil- und Strafsachen, der zwischen der Tschechischen Republik und Italien noch in Kraft ist;

u) das am 11. November 1992 in Tallinn unterzeichnete Abkommen zwischen der Republik Lettland, der Republik Estland und der Republik Litauen über Rechtshilfe und Rechtsbeziehungen;

v) das am 27. November 1998 in Tallinn unterzeichnete Abkommen zwischen Estland und Polen über Rechtshilfe und Rechtsbeziehungen in Zivil-, Arbeits- und Strafsachen;

w) das am 26. Januar 1993 in Warschau unterzeichnete Abkommen zwischen der Republik Litauen und der Republik Polen über Rechtshilfe und Rechtsbeziehungen in Zivil-, Familien-, Arbeits- und Strafsachen;

x) das am 19. Oktober 1972 in Bukarest unterzeichnete Abkommen zwischen der Sozialistischen Republik Rumänien und der Hellenischen Republik über die Rechtshilfe in Zivil- und Strafsachen mit Protokoll;

y) das am 5. November 1974 in Paris unterzeichnete Abkommen zwischen der Sozialistischen Republik Rumänien und der Französischen Republik über die Rechtshilfe in Zivil- und Handelssachen;

z) das am 10. April 1976 in Athen unterzeichnete Abkommen zwischen der Volksrepublik Bulgarien und der Hellenischen Republik über die Rechtshilfe in Zivil- und Strafsachen;

aa) das am 29. April 1983 in Nikosia unterzeichnete Abkommen zwischen der Volksrepublik Bulgarien und der Republik Zypern über die Rechtshilfe in Zivil- und Strafsachen;

ab) das am 18. Januar 1989 in Sofia unterzeichnete Abkommen zwischen der Volksrepublik Bulgarien und der Regierung der Französischen Republik über die gegenseitige Rechtshilfe in Zivilsachen;

ac) den am 11. Juli 1994 in Bukarest unterzeichneten Vertrag zwischen Rumänien und der Tschechischen Republik über die Rechtshilfe in Zivilsachen;

ad) den am 15. Mai 1999 in Bukarest unterzeichneten Vertrag zwischen Rumänien und der Republik Polen über die Rechtshilfe und die Rechtsbeziehungen in Zivilsachen.

(2) Die in Absatz 1 aufgeführten Übereinkünfte behalten ihre Wirksamkeit hinsichtlich der Verfahren, die vor Inkrafttreten der Verordnung (EG) Nr. 1346/2000 eröffnet worden sind.

(3) Diese Verordnung gilt nicht

a) in einem Mitgliedstaat, soweit es in Konkurssachen mit den Verpflichtungen aus einer Übereinkunft unvereinbar ist, die dieser Mitgliedstaat mit einem oder mehreren Drittstaaten vor Inkrafttreten der Verordnung (EG) Nr. 1346/2000 geschlossen hat;

b) im Vereinigten Königreich Großbritannien und Nordirland, soweit es in Konkurssachen mit den Verpflichtungen aus Vereinbarungen, die im Rahmen des Commonwealth geschlossen wurden und die zum Zeitpunkt des Inkrafttretens der Verordnung (EG) Nr. 1346/2000 wirksam sind, unvereinbar ist.

I. Wesentlicher Inhalt und Normzweck

1 Die Norm entspricht der Vorgängervorschrift Art. 44 EuInsVO 2000 und wurde im Rahmen der Reform 2015 lediglich ergänzt. Die **ersten beiden Absätze des Art. 85** regeln das Verhältnis der EuInsVO zu Übereinkünften mit anderen **Mitgliedstaaten.** Abs. 1 regelt die Rechtslage vor dem Inkrafttreten der EuInsVO, Abs. 2 die Rechtslage im Zeitraum danach. In Art. 85 **Abs. 3** wird das **Verhältnis zu Übereinkünften mit Drittstaaten** normiert. **Zweck** der Vorschrift ist, Klarheit über das bei grenzüberschreitenden insolvenzrechtlichen Tatbeständen anwendbare internationale Insolvenz- und Insolvenzverfahrensrecht zu schaffen.[1] Der in Abs. 3 normierte Vorrang internationaler Übereinkommen im Verhältnis zu Drittstaaten ermöglicht es den Mitgliedstaaten, ihre völkervertraglichen Verpflichtungen zu wahren.[2]

II. Ersetzung von Übereinkünften in den Beziehungen der Mitgliedstaaten untereinander (Abs. 1)

2 Die in Art. 85 Abs. 1 genannten Übereinkünfte – die Auflistung ist nicht abschließend („insbesondere") – werden durch die EuInsVO verdrängt. Die EuInsVO ist in den Beziehungen der Mitgliedstaaten untereinander lex specialis zu den Übereinkünften.[3] Welche Übereinkünfte betroffen sind, ergibt sich aus der Auflistung in Art. 85 Abs. 1 lit. a–d. Die Auflistung wurde im Zuge der EU-Osterweiterungen ergänzt.

3 Aus **deutscher Sicht** sind vor allem die Verträge mit **Österreich** und den **Niederlanden** bedeutsam. Außerdem ist das Istanbuler Übereinkommen von 1990 zu erwähnen, das allerdings nie in Kraft getreten ist (Art. 85 Abs. 1 lit. k).

4 Den Übereinkünften kommt auch **keine Subsidiarität für die Fälle** zu, in denen die EuInsVO **sachlich nicht anwendbar** ist.[4] Denkbar wäre eine solche Subsidiarität für Regelungen, die die EuInsVO nicht kennt, wie zB die Postsperre und Haft des Art. 10 DöKV (→ Einl. IntInsR Rn. 14). In der Tat kommt es aber zu einer **vollständigen Verdrängung** durch die EuInsVO. Das ergibt sich aus dem Wortlaut „ersetzt", der vom Text des Art. 48 EuInsÜ bewusst abweicht („Sofern dieses Übereinkommen anwendbar ist, ersetzt es in seinem sachlichen Anwendungsbereich […]"). Außerdem würde dies dem Zweck der Vereinheitlichung des internationalen Insolvenzrechts zuwider laufen.[5] Zulässig ist ein Rückgriff auf die Staatsverträge dagegen in den Fällen, die innerhalb der Bereichsausnahmen des Art. 1 Abs. 2 liegen. Dasselbe gilt hinsichtlich des räumlichen Anwendungsbereichs, wenn der Interessenmittelpunkt in einem Drittstaat liegt.[6]

---

1 Mankowski/Müller/Schmidt/*J. Schmidt* Rn. 1.
2 Mankowski/Müller/Schmidt/*J. Schmidt* Rn. 3.
3 Mankowski/Müller/Schmidt/*J. Schmidt* Rn. 4.
4 AA Mankowski/Müller/Schmidt/*J. Schmidt* Rn. 6.
5 MüKoInsO/*Thole* EuInsVO 2000 Art. 44 Rn. 2.
6 Duursma-Kepplinger/Duursma/Chalupsky/*Duursma* EuInsVO 2000 Art. 44 Rn. 19 f.

III. Altverfahren (Abs. 2)

Wenn ein Insolvenzverfahren vor Inkrafttreten der EuInsVO 2000 eröffnet worden ist (vgl. Art. 2 Nr. 8; → Art. 1 Rn. 19 ff.), bleiben die Übereinkünfte uneingeschränkt anwendbar (Art. 85 Abs. 2). 5

IV. Übereinkünfte mit Drittstaaten (Abs. 3)

1. Ältere Konkursabkommen. Nach Art. 85 Abs. 3 lit. a genießen ältere Konkursabkommen zwischen einem EU-Mitgliedstaat und einem Drittstaat Vorrang, wenn die Anwendung der EuInsVO 2000 mit den Verpflichtungen, die sich aus solchen Übereinkünften ergeben, unvereinbar ist (Art. 85 Abs. 3 lit. a). Unvereinbarkeit liegt vor, wenn die jeweiligen rechtlichen Folgen einander ausschließen.[7] In diesen Fällen schieben sich die alten Übereinkünfte wieder vor die EuInsVO.[8] 6

2. Vereinigtes Königreich und Nordirland. Art. 85 Abs. 3 lit. b enthält eine eigene Ausnahmeregelung für das Vereinigte Königreich und Nordirland. Die EuInsVO ist nicht anwendbar, soweit es in Konkurssachen mit den Verpflichtungen aus Vereinbarungen, die im Rahmen des Commonwealth geschlossen wurden und die zum Zeitpunkt des Inkrafttretens der EuInsVO 2000 wirksam sind, unvereinbar ist. 7

3. Kompetenz zum Abschluss weiterer Drittstaatenverträge. Art. 85 Abs. 3 statuiert für die Mitgliedstaaten keine Einschränkung der Abschlussbefugnis. Der EuGH hat in seiner **AETR-Doktrin** festgelegt, dass die Mitgliedstaaten nicht außerhalb des Rahmens der Unionsorgane Verpflichtungen eingehen könnten, welche Unionsnormen, die zur Verwirklichung des Vertragsziels ergangen seien, beeinträchtigen oder in ihrer Tragweite ändern könnten.[9] Nach der **gelockerten AETR-Doktrin** verlieren die Mitgliedstaaten nur in dem Maße die Abschlusskompetenz, wie gemeinsame Rechtsnormen erlassen werden, die durch diese Verpflichtung beeinträchtigt werden.[10] Untermauert wird dies durch die Erklärung des Rates (2000/C 183/02), wonach die Freiheit der EU-Staaten zum Abschluss von Verträgen mit Drittstaaten unter dem Vorbehalt der Verpflichtung steht, in kollisionsrechtlichen Vereinbarungen mit Drittstaaten Konflikte mit der Verordnung zu vermeiden.[11] 8

Art. 86 EuInsVO Informationen zum Insolvenzrecht der Mitgliedstaaten und der Union

(1) Die Mitgliedstaaten übermitteln im Rahmen des durch die Entscheidung 2001/470/EG des Rates[1] geschaffenen Europäischen Justiziellen Netzes für Zivil- und Handelssachen eine kurze Beschreibung ihres nationalen Rechts und ihrer Verfahren zum Insolvenzrecht, insbesondere zu den in Artikel 7 Absatz 2 aufgeführten Aspekten, damit die betreffenden Informationen der Öffentlichkeit zur Verfügung gestellt werden können.

(2) Die in Absatz 1 genannten Informationen werden von den Mitgliedstaaten regelmäßig aktualisiert.

(3) Die Kommission macht Informationen bezüglich dieser Verordnung öffentlich verfügbar.

I. Normzweck

Art. 86 wurde im Zuge der Reform 2015 neu eingeführt. Die Norm hat zum Ziel, der Öffentlichkeit einen **Überblick über das materielle Recht und die Insolvenzverfahren in den einzelnen Mitgliedstaaten** zu verschaffen. Dies soll den grenzüberschreitenden Insolvenzrechtsverkehr erleichtern. Art. 86 ist Teil des Bestrebens der EU zur Schaffung eines Europäischen Justiziellen Netzes nach der **Entscheidung 2001/470/EG.** Das Netz besteht aus Kontakt- und Zentralstellen und Verbindungsrichtern nach näherer Maßgabe des Art. 2 der Entscheidung. Es soll auch ein System zur Information der Öffentlichkeit erarbeiten, wie es das e-justice-Portal darstellt. Dort 1

7 *Virgós/Schmit* Rn. 310.
8 *Becker* JbItalR 18 (2005), 75 (Vortrag vom 8.10.2004).
9 EuGH ECLI:EU:C:2003:31 Rn. 81, 96 – AETR.
10 EuGH ECLI:EU:C:2015:494 Rn. 77 = EuZW 1995, 210 – WTO.
11 Zu den von der EU abgeschlossenen Staatsverträgen → Einl. IPR Rn. 48 ff.; Franzina (Hrsg.), The External Dimension of EU Private International Law After Opinion 1/13, 2016.
1 [Amtl. Anm.:] Entscheidung 2001/470/EG des Rates vom 28. Mai 2001 über die Einrichtung eines Europäischen Justiziellen Netzes für Zivil- und Handelssachen (ABl. L 174 vom 27.6.2001, S. 25).

werden die Informationen dann aller Voraussicht nach eungestellt (Abs. 3). Damit wird unter anderem die grenzüberschreitende Forderungsanmeldung (Art. 53 ff.) erleichtert.

2 **Weitere Hilfsmittel** zur Arbeit im ausländischen Insolvenzrecht (teilweise zugänglich über Beck-Online):
- Kindler/Nachmann (Hrsg.), Handbuch Insolvenzrecht in Europa;
- Münchener Kommentar zur Insolvenzordnung, Band 4, Länderberichte zum ausländischen Recht;
- McCormack/Keay/Brown (Hrsg.), European Insolvency Law: Reform and Harmonization, 2017 (mit 30 Länderberichten).

II. Übermittlung von Informationen (Abs. 1)

3 Die Mitgliedstaaten trifft gemäß Art. 86 Abs. 1 die Pflicht, der Kommission eine kurze Beschreibung ihres nationalen Recht und ihrer Verfahren zum Insolvenzrecht zu übermitteln. Diese Informationen sollen insbesondere auf die in Art. 7 Abs. 2 genannten Punkte Bezug nehmen. Diese Informationen sollen sodann der Öffentlichkeit im Rahmen des Europäischen Justiziellen Netzes für Zivil- und Handelssachen (→ Rn. 5) zur Verfügung gestellt werden.

III. Aktualisierung der Informationen (Abs. 2)

4 Art. 86 Abs. 2 fordert von den Mitgliedstaaten eine regelmäßige Aktualisierung der bereitgestellten Informationen zum nationalen Insolvenzrecht. Die Norm schreibt allerdings keinen festen Aktualisierungsintervall vor.

IV. Bekanntmachung der Informationen (Abs. 3)

5 Für die Bekanntmachung der Informationen ist gemäß Art. 86 Abs. 3 die Europäische Kommission zuständig. Diese wird die Informationen im Europäischen Justiziellen Netz für Zivil- und Handelssachen[2] veröffentlichen.

Art. 87 EuInsVO Einrichtung der Vernetzung der Register

[1]Die Kommission erlässt Durchführungsrechtsakte zur Einrichtung der Vernetzung der Insolvenzregister gemäß Artikel 25. [2]Diese Durchführungsrechtsakte werden gemäß dem in Artikel 89 Absatz 3 genannten Prüfverfahren erlassen.

I. Normzweck

1 Die im Rahmen der Reform 2015 neu eingeführte Norm regelt die Zuständigkeit und das Verfahren für den Erlass von **Durchführungsrechtsakten zur Vernetzung mitgliedstaatlicher Insolvenzregister** nach Art. 25. Durch die Vernetzung entsteht das Europäische Insolvenzregister. Art. 87 und das erleichterte Rechtssetzungsverfahren werden in Art. 25 Abs. 2 S. 1 in Bezug genommen. Art. 5 Komitologie-VO[1] regelt iVm Art. 89 Abs. 3 das sog. Prüfverfahren. Dieses ist nicht zu verwechseln mit dem Beratungsverfahren, auf das in Art. 88 Bezug genommen wird. Näher → Art. 25 Rn. 1 ff.

II. Zuständigkeit (S. 1)

2 Art. 87 S. 1 bestimmt, dass die Kommission für den Erlass von Durchführungsrechtsakten zur Vernetzung der Insolvenzregister gemäß Art. 25 zuständig ist. Dies folgt allerdings schon aus Art. 25 Abs. 1 S. 1.

III. Verfahren (S. 2)

3 Die Durchführungsrechtsakte werden nach dem Prüfverfahren nach Art. 89 Abs. 3 iVm Art. 5 Komitologie-VO (→ Rn. 1) erlassen.

Art. 88 EuInsVO Erstellung und spätere Änderung von Standardformularen

[1]Die Kommission erlässt Durchführungsrechtsakte zur Erstellung und soweit erforderlich Änderung der in Artikel 27 Absatz 4, Artikel 54, Artikel 55 und Artikel 64 Absatz 2

[2] S. https://e-justice.europa.eu/content_insolvency-447-de.do?clang=de (zuletzt abgerufen am 8.3.2024).

[1] Verordnung (EU) Nr. 182/2011 des Europäischen Parlaments und des Rates vom 16.2.2011 zur Festlegung der allgemeinen Regeln und Grundsätze, nach denen die Mitgliedstaaten die Wahrnehmung der Durchführungsbefugnisse durch die Kommission kontrollieren; ABl. EU 2011 L 55, 13.

genannten Formulare. [2]Diese Durchführungsrechtsakte werden gemäß dem in Artikel 89 Absatz 2 genannten Beratungsverfahren erlassen.

I. Normzweck

1 Die im Zuge der Reform 2015 neu eingeführte Norm regelt die **Zuständigkeit und das Verfahren** für den Erlass von Durchführungsrechtsakten zur Erstellung und Änderung der nach Art. 27 Abs. 4, Art. 54, 55 und Art. 64 Abs. 2 zu verwendenden **Standardformulare.** Art. 88 gibt der Kommission die Zuständigkeit und Befugnis, die Standardformulare im **Beratungsverfahren** nach Art. 4 Komitologie-VO (VO [EU] 182/2011) zu erlassen (Art. 89 Abs. 2). Dies ist im Wege einer Durchführungsverordung geschehen, s. die VO (EU) 2017/1105 vom 12.6.2017.

II. Zuständigkeit (S. 1)

2 Art. 88 S. 1 bestimmt, dass **die Kommission** für den Erlass von Durchführungsrechtsakten zur Erstellung und – sofern erforderlich – Änderung von Standardformularen nach Art. 27 Abs. 4, Art. 54, 55 und Art. 64 Abs. 2 zuständig ist.

III. Verfahren (S. 2)

3 Die Durchführungsrechtsakte werden im **Beratungsverfahren** nach Art. 89 Abs. 2 iVm Art. 4 Komitologie-VO (→ Rn. 1) erlassen.

Art. 89 EuInsVO Ausschussverfahren

(1) [1]Die Kommission wird von einem Ausschuss unterstützt. [2]Dieser Ausschuss ist ein Ausschuss im Sinne der Verordnung (EU) Nr. 182/2011.

(2) Wird auf diesen Absatz Bezug genommen, so gilt Artikel 4 der Verordnung (EU) Nr. 182/2011.

(3) Wird auf diesen Absatz Bezug genommen, so gilt Artikel 5 der Verordnung (EU) Nr. 182/2011.

I. Normzweck

1 Die im Rahmen der Reform 2015 neu eingeführte Norm regelt das **Ausschussverfahren,** nach welchem die Kommission ihre Durchführungsbefugnisse, die ihr im Rahmen der Verordnung eingeräumt werden, wahrnehmen kann. Außerdem bietet das Verfahren den Mitgliedstaaten die Möglichkeit, die Tätigkeit der Kommission zu überwachen. Art. 87 verweist auf Art. 89 Abs. 3, Art. 88 verweist auf Art. 89 Abs. 2.

II. Ausschuss (Abs. 1)

2 Die **Kommission** wird bei der Wahrnehmung ihrer Durchführungsbefugnisse **von einem Ausschuss unterstützt,** Art. 89 Abs. 1 S. 1. Dieser Ausschuss ist ein Ausschuss iSd Art. 3 Abs. 2 Komitologie-VO[1] (Art. 89 Abs. 1 S. 2). Dieser setzt sich nach Art. 3 Abs. 2 S. 1 Komitologie-VO aus Vertretern der Mitgliedstaaten zusammen. Den Vorsitz führt ein Vertreter der Kommission (Art. 3 Abs. 2 S. 2 Komitologie-VO).

III. Beratungsverfahren (Abs. 2)

3 Wird in der Verordnung auf Art. 89 Abs. 2 Bezug genommen, so kommt das Beratungsverfahren nach Art. 4 Komitologie-VO zur Anwendung. Insbesondere werden Durchführungsrechtsakte zur Erstellung und Änderung der nach Art. 27 Abs. 4, Art. 54, 55 und Art. 64 Abs. 2 zu verwendenden Standardformulare nach diesem Verfahren erlassen (Art. 88 S. 2).

4 Im Beratungsverfahren gibt der Ausschuss nach Art. 89 Abs. 1 S. 1 iVm Art. 3 Komitologie-VO seine Stellungnahme zum Entwurf des Durchführungsrechtsakts der Kommission ab (Art. 4 Abs. 1 Komitologie-VO). Die Kommission beschließt sodann über den Entwurf und hat soweit möglich die Stellungnahme des Ausschusses zu berücksichtigen (Art. 4 Abs. 2 Komitologie-VO).

[1] Verordnung (EU) Nr. 182/2011 des Europäischen Parlaments und des Rates vom 16.2.2011 zur Festlegung der allgemeinen Regeln und Grundsätze, nach denen die Mitgliedstaaten die Wahrnehmung der Durchführungsbefugnisse durch die Kommission kontrollieren, ABl. EU 2011 L 55, 13.

IV. Prüfverfahren (Abs. 3)

5 Wird in der Verordnung auf Art. 89 Abs. 3 Bezug genommen, so kommt das Prüfverfahren nach Art. 5 Komitologie-VO zur Anwendung. Insbesondere werden Durchführungsrechtsakte zur Vernetzung der nationalen Insolvenzregister nach diesem Verfahren erlassen (Art. 87 S. 2).

6 Im Prüfverfahren gibt der Ausschuss ebenso wie im Beratungsverfahren (→ Rn. 4) nach Art. 89 Abs. 1 S. 1 iVm Art. 3 Komitologie-VO seine Stellungnahme zum Entwurf des Durchführungsrechtsakts der Kommission ab (Art. 5 Abs. 1 Komitologie-VO). Befürwortet der Ausschuss den Entwurf, erlässt die Kommission den Durchführungsrechtsakt (Art. 5 Abs. 2 Komitologie-VO). Im Unterschied zum Beratungsverfahren ist ein Erlass des Durchführungsrechtsakts ohne oder entgegen der Stellungnahme des Ausschusses grundsätzlich nicht möglich (Art. 5 Abs. 3 ff. Komitologie-VO).

V. Änderung der Anhänge

7 Art. 89 regelt die Änderung der Anhänge der EuInsVO nicht. Entgegen dem in Art. 45 EuInsVO-E[2] ursprünglich vorgesehenen vereinfachten Änderungsverfahren hat sich der Reformgeber auf Druck der Mitgliedstaaten für eine Änderung der Anhänge im Wege des ordentlichen Gesetzgebungsverfahren nach Art. 81 Abs. 2 AEUV, Art. 289 Abs. 1 AEUV, Art. 294 AEUV entschieden, um eine umfassende Beteiligung aller Mitgliedstaaten zu gewährleisten.[3] Das ordentliche Gesetzgebungsverfahren fürt daher zu einem zeitintensiven Änderungsverfahren, da bis zu drei Lesungen im Europäischen Parlament erforderlich sein können.

Art. 90 EuInsVO Überprüfungsklausel

(1) [1]Die Kommission legt dem Europäischen Parlament, dem Rat und dem Europäischen Wirtschafts- und Sozialausschuss spätestens bis zum 27. Juni 2027 und danach alle fünf Jahre einen Bericht über die Anwendung dieser Verordnung vor. [2]Der Bericht enthält gegebenenfalls einen Vorschlag zur Anpassung dieser Verordnung.

(2) [1]Die Kommission legt dem Europäischen Parlament, dem Rat und dem Europäischen Wirtschafts- und Sozialausschuss spätestens bis zum 27. Juni 2022 einen Bericht über die Anwendung des Gruppen-Koordinationsverfahrens vor. [2]Der Bericht enthält gegebenenfalls einen Vorschlag zur Anpassung dieser Verordnung.

(3) Die Kommission übermittelt dem Europäischen Parlament, dem Rat und dem Europäischen Wirtschafts- und Sozialausschuss spätestens bis zum 1. Januar 2016 eine Studie zu den grenzüberschreitenden Aspekten der Haftung von Geschäftsleitern und ihres Ausschlusses von einer Tätigkeit.

(4) Die Kommission übermittelt dem Europäischen Parlament, dem Rat und dem Europäischen Wirtschafts- und Sozialausschuss spätestens bis zum 27. Juni 2020 eine Studie zur Frage der Wahl des Gerichtsstands in missbräuchlicher Absicht.

1 Art. 90 (wie auch die Vorgängervorschrift Art. 46 EuInsVO 2000) ist eine – in EU-Rechtsakten seit einiger Zeit übliche – **Überprüfungsklausel.**[1] Eine derartige Regelung fand sich schon in Art. 53 EuInsÜ.[2] Die Vorschrift entspricht in Abs. 1 mit der zehnjährigen Berichtspflicht dem bisherigen Art. 46 EuInsVO 2000.

2 Neben der Evaluierung der Verordnung alle fünf Jahre, erstmals bis zum 27.6.2027 (Art. 90 Abs. 1), hat die Kommission insbesondere einen Bericht über die Anwendung der Konzerninsolvenzverfahren bis zum 27.6.2022 (Art. 90 Abs. 2) und eine Studie zur Frage der Wahl des Gerichtsstands in missbräuchlicher Absicht bis zum 27.6.2020 zu erstellen (Art. 90 Abs. 4). Ferner hat die Kommis-

---

2 COM(2012) 744 final, 36.

3 102894/14 JUSTCIV 134 EJUSTICE 54 CODEC 1366, Rn. 19 f.; dies bedauernd *Parzinger* NZI 2016, 64 (64 f.).

1 Mankowski/Müller/Schmidt/*J. Schmidt* Rn. 1.

2 Art. 53 EuÜ: „Jeder Vertragsstaat kann beantragen, daß eine Konferenz zur Revision oder Evaluierung dieses Übereinkommens abgehalten wird. In diesem Fall beruft der Präsident des Rates der Europäischen Union die Konferenz ein. Hat innerhalb von zehn Jahren nach dem Inkrafttreten dieses Übereinkommens kein Vertragsstaat eine Evaluierungskonferenz beantragt, so wird eine solche Konferenz auf Veranlassung des Präsidenten des Rates der Europäischen Union einberufen".

sion am 1.1.2016 eine Studie unter anderem zur grenzüberschreitenden Geschäftsführerhaftung und ihres Ausschlusses (Art. 90 Abs. 3) vorgelegt („Insolvency Report 2016").[3]

Alle Berichte und Studien sind dem Europäischen Parlament, dem Rat und dem Wirtschafts- und Sozialausschuss vorzulegen. 3

Seit Beginn der **„Better Regulation"-Initiative** im Jahr 2002[4] enthalten zahlreiche EU-Rechtsakte derartige Überprüfungsklauseln.[5] Sie sollen dazu beitragen, dass die praktische Anwendung des Rechtsakts in einem angemessenen Zeitraum überprüft und bei Problemen Änderungen herbeigeführt werden. Dementsprechend wurde in die EuInsVO eine allgemeine Revisionsklausel aufgenommen. Darüber hinaus wurden aber auch die drei speziellen Revisionsklauseln in Abs. 2–4 ergänzt, um sicherzustellen, dass diese als besonders problemanfällig empfundenen Aspekte einer speziellen Überprüfung unterzogen werden. 4

Art. 91 EuInsVO Aufhebung

[1] Die Verordnung (EG) Nr. 1346/2000 wird aufgehoben.
[2] Verweisungen auf die aufgehobene Verordnung gelten als Verweisungen auf die vorliegende Verordnung und sind nach der Entsprechungstabelle in Anhang D dieser Verordnung zu lesen.

Art. 91 betrifft die Aufhebung der EuInsVO 2000. Die EuInsVO 2000 wird aufgehoben und ab 26.6.2017 (Art. 84) in der neuen EuInsVO fortgeführt. UAbs. 2 sorgt für eine Anpassung der Verweisungen aus externen Regelungswerken auf die EuInsVO. Anh. D enthält eine Synopse der bisherigen und der entsprechenden neuen Vorschriften. 1

Nach Art. 91 UAbs. 1 wird die EuInsVO 2000 durch diese Verordnung aufgehoben. Dabei ist zu beachten, dass die EuInsVO 2000 gemäß Art. 84 Abs. 2 noch auf vor dem 26.6.2017 eröffnete Insolvenzverfahren Anwendung findet (→ Art. 84 Rn. 6). 2

Art. 92 EuInsVO Inkrafttreten

[1] Diese Verordnung tritt am zwanzigsten Tag nach ihrer Veröffentlichung im Amtsblatt der Europäischen Union in Kraft.
[2] Sie gilt ab dem 26. Juni 2017 mit Ausnahme von
a) Artikel 86, der ab dem 26. Juni 2016 gilt,
b) Artikel 24 Absatz 1, der ab dem 26. Juni 2018 gilt und
c) Artikel 25, der ab dem 26. Juni 2019 gilt.

Der neue Art. 92 regelt das Inkrafttreten der Verordnung. Sie trat gemäß Art. 92 UAbs. 1 am zwanzigsten Tag nach ihrer Veröffentlichung im Amtsblatt der EU in Kraft. Da die Verordnung am 5.6.2015 im Amtsblatt veröffentlicht wurde,[1] mithin am 25.6.2015. Die Verpflichtung zur Bekanntmachung der EuInsVO leitet sich aus Art. 297 Abs. 2 AEUV (früher Art. 254 Abs. 2 EGV) ab. 1

Art. 92 UAbs. 2 betrifft die Geltung der Verordnung. Sie gilt grundsätzlich ab dem 26.6.2017 mit Ausnahme von 2
a) Artikel 86, der ab dem 26. Juni 2016 gilt,
b) Artikel 24 Absatz 1, der ab dem 26. Juni 2018 gilt und
c) Artikel 25, der ab dem 26. Juni 2019 gilt.

Weil Art. 92 UAbs. 2 den Zeitpunkt des Inkrafttretens explizit auf den 26.6.2017 festgelegt hat, bedarf es keines Rückgriffs auf die Subsidiarregel des Art. 297 Abs. 2 S. 3 AEUV (früher Art. 254 Abs. 2 S. 2 EGV). Die Verordnung ist in allen ihren Teilen verbindlich und gilt nach Art. 288 Abs. 2 AEUV in den Mitgliedstaaten. 3

---

3 European Commission, Study on a new approach to business failure and insolvency. Comparative legal analysis of the Member States' relevant provisions and practices, Tender No. JUST/2014/JCOO/PR/CIVI/0075, 42 ff. (verfasst von *McCormack, Keay, Brown* und *Dahlgreen*); dazu *Bayer/J. Schmidt* BB 2016, 1923 (1930).

4 Aktionsplan „Better Regulation" aus dem Jahr 2002, Mitteilung der Kommission, Aktionsplan „Vereinfachung und Verbesserung des Regelungsumfelds", KOM(2002) 278, 8 zu Überprüfungsklauseln; dazu Lutter/Bayer/J. Schmidt, Europäisches Unternehmens- und Kapitalmarktrecht, 5. Aufl. 2012, § 3 Rn. 34; ferner das neue „Better Regulation Package" vom 19.5.2015, COM(2015) 215.

5 Mankowski/Müller/Schmidt/*J. Schmidt* Rn. 2.

1 ABl. EU 2015 L 141, 19.

Anh. A–D

Anhang A. Insolvenzverfahren im Sinne von Artikel 2 Nummer 4[1]

BELGIQUE/BELGIË
- Het faillissement/La faillite,
- De gerechtelijke reorganisatie door een collectief akkoord/La réorganisation judiciaire par accord collectif,
- De gerechtelijke reorganisatie door een minnelijk akkoord/La réorganisation judiciaire par accord amiable,
- De gerechtelijke reorganisatie door overdracht onder gerechtelijk gezag/La réorganisation judiciaire par transfert sous autorité de justice,
- De collectieve schuldenregeling/Le règlement collectif de dettes,
- De vrijwillige vereffening/La liquidation volontaire,
- De gerechtelijke vereffening/La liquidation judiciaire,
- De voorlopige ontneming van het beheer, als bedoeld in artikel XX.32 van het Wetboek van economisch recht/Le dessaisissement provisoire de la gestion, visé à l'article XX.32 du Code de droit économique,

БЪЛГАРИЯ
- Производство по несъстоятелност,
- Производство по стабилизация на търговеца,

ČESKÁ REPUBLIKA
- Konkurs,
- Reorganizace,
- Oddlužení,

DEUTSCHLAND
- Das Konkursverfahren,
- Das gerichtliche Vergleichsverfahren,
- Das Gesamtvollstreckungsverfahren,
- Das Insolvenzverfahren,
- Die öffentliche Restrukturierungssache,

EESTI
- Pankrotimenetlus,
- Võlgade ümberkujundamise menetlus,

ÉIRE/IRELAND
- Compulsory winding-up by the court,
- Bankruptcy,
- The administration in bankruptcy of the estate of persons dying insolvent,
- Winding-up in bankruptcy of partnerships,
- Creditors' voluntary winding-up (with confirmation of a court),
- Arrangements under the control of the court which involve the vesting of all or part of the property of the debtor in the Official Assignee for realisation and distribution,
- Examinership,
- Debt Relief Notice,
- Debt Settlement Arrangement,
- Personal Insolvency Arrangement,

ΕΛΛΑΔΑ
- Η πτώχευση,
- Η ειδική εκκαθάριση εν λειτουργία,
- Σχέδιο αναδιοργάνωσης,
- Απλοποιημένη διαδικασία επί πτωχεύσεων μικρού αντικειμένου,
- Διαδικασία εξυγίανσης,

ESPAÑA
- Concurso,
- Procedimiento de homologación de acuerdos de refinanciación,
- Procedimiento de acuerdos extrajudiciales de pago,
- Procedimiento de negociación pública para la consecución de acuerdos de refinanciación colectivos, acuerdos de refinanciación homologados y propuestas anticipadas de convenio,

FRANCE

---

[1] Anh. A neu gefasst mWv 9.1.2022 durch VO v. 15.12.2021 (ABl. 2021 L 455, 4).

– Sauvegarde,
– Sauvegarde accélérée,
– Sauvegarde financière accélérée,
– Redressement judiciaire,
– Liquidation judiciaire,
HRVATSKA
– Stečajni postupak,
– Predstečajni postupak,
– Postupak stečaja potrošača,
– Postupak izvanredne uprave u trgovačkim društvima od sistemskog značaja za Republiku Hrvatsku,
ITALIA
– Fallimento
[bis 15. Mai 2022],
– Liquidazione giudiziale
[ab 16. Mai 2022],
– Concordato preventivo,
– Liquidazione coatta amministrativa,
– Amministrazione straordinaria,
– Accordi di ristrutturazione,
– Procedure di composizione della crisi da sovraindebitamento del consumatore (accordo o piano),
[bis 15. Mai 2022],
– Liquidazione dei beni,
[bis 15. Mai 2022],
– Ristrutturazione dei debiti del consumatore
[ab 16. Mai 2022],
– Concordato minore
[ab 16. Mai 2022],
– Liquidazione controllata del sovraindebitato
[ab 16. Mai 2022],
ΚΥΠΡΟΣ
– Υποχρεωτική εκκαθάριση από το Δικαστήριο,
– Εκούσια εκκαθάριση από μέλη,
– Εκούσια εκκαθάριση από πιστωτές,
– Εκκαθάριση με την εποπτεία του Δικαστηρίου,
– Διάταγμα παραλαβής και πτώχευσης κατόπιν Δικαστικού Διατάγματος,
– Διαχείριση της περιουσίας προσώπων που απεβίωσαν αφερέγγυα,
– Διορισμός Εξεταστή,
– Προσωπικά Σχέδια Αποπληρωμής,
LATVIJA
– Tiesiskās aizsardzības process,
– Juridiskās personas maksātnespējas process,
– Fiziskās personas maksātnespējas process,
LIETUVA
– Juridinio asmens restruktūrizavimo byla,
– Juridinio asmens bankroto byla,
– Juridinio asmens bankroto procesas ne teismo tvarka,
– Fizinio asmens bankroto procesas,
LUXEMBOURG
– Faillite,
– Gestion contrôlée,
– Concordat préventif de faillite (par abandon d'actif),
– Régime spécial de liquidation du notariat,
– Procédure de règlement collectif des dettes dans le cadre du surendettement,
MAGYARORSZÁG
– Csődeljárás,
– Felszámolási eljárás,
– Nyilvános szerkezetátalakítási eljárás
[ab 1. Juli 2022],
MALTA
– Xoljiment,

– Amministrazzjoni,
– Stralċ volontarju mill-membri jew mill-kredituri,
– Stralċ mill-Qorti,
– Falliment f'każ ta' kummerċjant,
– Proċedura biex kumpanija tirkupra,

NEDERLAND
– Het faillissement,
– De surséance van betaling,
– De schuldsaneringsregeling natuurlijke personen,
– De openbare akkoordprocedure buiten faillissement,

ÖSTERREICH
– Das Konkursverfahren (Insolvenzverfahren),
– Das Sanierungsverfahren ohne Eigenverwaltung (Insolvenzverfahren),
– Das Sanierungsverfahren mit Eigenverwaltung (Insolvenzverfahren),
– Das Schuldenregulierungsverfahren,
– Das Abschöpfungsverfahren,
– Das Europäische Restrukturierungsverfahren,

POLSKA
– Upadłość,
– Postępowanie o zatwierdzenie układu,
– Postępowanie o zatwierdzenie układu na zgromadzeniu wierzycieli przez osobę fizyczną nieprowadzącą działalności gospodarczej,
– Przyspieszone postępowanie układowe,
– Postępowanie układowe,
– Postępowanie sanacyjne,

PORTUGAL
– Processo de insolvência,
– Processo especial de revitalização,
– Processo especial para acordo de pagamento,

ROMÂNIA
– Procedura insolvenței,
– Reorganizarea judiciară,
– Procedura falimentului,
– Concordatul preventiv,

SLOVENIJA
– Postopek preventivnega prestrukturiranja,
– Postopek prisilne poravnave,
– Postopek poenostavljene prisilne poravnave,
– Stečajni postopek: stečajni postopek nad pravno osebo, postopek osebnega stečaja in postopek stečaja zapuščine,

SLOVENSKO
– Konkurzné konanie,
– Reštrukturalizačné konanie,
– Oddlženie,

SUOMI/FINLAND
– Konkurssi/konkurs,
– Yrityssaneeraus/företagssanering,
– Yksityishenkilön velkajärjestely/skuldsanering för privatpersoner,

SVERIGE
– Konkurs,
– Företagsrekonstruktion,
– Skuldsanering.

Anhang B. Verwalter im Sinne von Artikel 2 Nummer 5

BELGIQUE/BELGIË
– De curator/Le curateur,
– De gerechtsmandataris/Le mandataire de justice,
– De schuldbemiddelaar/Le médiateur de dettes,
– De vereffenaar/Le liquidateur,
– De voorlopige bewindvoerder/L'administrateur provisoire,

БЪЛГАРИЯ
– Назначен предварително временен синдик,
– Временен синдик,
– (Постоянен) синдик,
– Служебен синдик,
– Доверено лице,
ČESKÁ REPUBLIKA
– Insolvenční správce,
– Předběžný insolvenční správce,
– Oddělený insolvenční správce,
– Zvláštní insolvenční správce,
– Zástupce insolvenčního správce,
DEUTSCHLAND
– Konkursverwalter,
– Vergleichsverwalter,
– Sachwalter (nach der Vergleichsordnung),
– Verwalter,
– Insolvenzverwalter,
– Sachwalter (nach der Insolvenzordnung),
– Treuhänder,
– Vorläufiger Insolvenzverwalter,
– Vorläufiger Sachwalter,
EESTI
– Pankrotihaldur,
– Ajutine pankrotihaldur,
– Usaldusisik,
ÉIRE/IRELAND
– Liquidator,
– Official Assignee,
– Trustee in bankruptcy,
– Provisional Liquidator,
– Examiner,
– Personal Insolvency Practitioner,
– Insolvency Service,
ΕΛΛΑΔΑ
– Ο σύνδικος,
– Ο εισηγητής,
– Η επιτροπή των πιστωτών,
– Ο ειδικός εκκαθαριστής,
ESPAÑA
– Administrador concursal,
– Mediador concursal,
FRANCE
– Mandataire judiciaire,
– Liquidateur,
– Administrateur judiciaire,
– Commissaire à l'exécution du plan,
HRVATSKA
– Stečajni upravitelj,
– Privremeni stečajni upravitelj,
– Stečajni povjerenik,
– Povjerenik,
– Izvanredni povjerenik,
ITALIA
– Curatore,
– Commissario giudiziale,
– Commissario straordinario,
– Commissario liquidatore,
– Liquidatore giudiziale,
– Professionista nominato dal Tribunale,

– Organismo di composizione della crisi nella procedura di composizione della crisi da sovraindebitamento del consumatore,
– Liquidatore,
ΚΥΠΡΟΣ
– Εκκαθαριστής και Προσωρινός Εκκαθαριστής,
– Επίσημος Παραλήπτης,
– Διαχειριστής της Πτώχευσης,
LATVIJA
– Maksātnespējas procesa administrators,
– Tiesiskās aizsardzības procesa uzraugošā persona,
LIETUVA
– Bankroto administratorius,
– Restruktūrizavimo administratorius,
LUXEMBOURG
– Le curateur,
– Le commissaire,
– Le liquidateur,
– Le conseil de gérance de la section d'assainissement du notariat,
– Le liquidateur dans le cadre du surendettement,
MAGYARORSZÁG
– Vagyonfelügyelő,
– Felszámoló,
MALTA
– Amministratur Provviżorju,
– Riċevitur Uffiċjali,
– Stralċjarju,
– Manager Speċjali,
– Kuraturi f'każ ta' proċeduri ta' falliment,
– Kontrolur Speċjali,
NEDERLAND
– De curator in het faillissement,
– De bewindvoerder in de surséance van betaling,
– De bewindvoerder in de schuldsaneringsregeling natuurlijke personen,
ÖSTERREICH
– Masseverwalter,
– Sanierungsverwalter,
– Ausgleichsverwalter,
– Besonderer Verwalter,
– Einstweiliger Verwalter,
– Sachwalter,
– Treuhänder,
– Insolvenzgericht,
– Konkursgericht,
POLSKA
– Syndyk,
– Nadzorca sądowy,
– Zarządca,
– Nadzorca układu,
– Tymczasowy nadzorca sądowy,
– Tymczasowy zarządca,
– Zarządca przymusowy,
PORTUGAL
– Administrador da insolvência,
– Administrador judicial provisório,
ROMÂNIA
– Practician în insolvență,
– Administrator concordatar,
– Administrator judiciar,
– Lichidator judiciar,
SLOVENIJA

– Upravitelj,
SLOVENSKO
– Predbežný správca,
– Správca,
SUOMI/FINLAND
– Pesänhoitaja/boförvaltare,
– Selvittäjä/utredare,
SVERIGE
– Förvaltare,
– Rekonstruktör,
UNITED KINGDOM
– Liquidator,
– Supervisor of a voluntary arrangement,
– Administrator,
– Official Receiver,
– Trustee,
– Provisional Liquidator,
– Interim Receiver,
– Judicial factor.

Anhang C. Aufgehobene Verordnung mit Liste ihrer nachfolgenden Änderungen

(nicht abgedruckt)

Anhang D. Entsprechungstabelle

(nicht abgedruckt)

C. EGInsO

Einführungsgesetz zur Insolvenzordnung

vom 5. Oktober 1994 (BGBl. 1994 I 2911),
zuletzt geändert durch Gesetz vom 12. Juli 2024 (BGBl. 2024 I Nr. 234)
– Auszug –

Vorbemerkung (Vor Art. 102c EGInsO)

Schrifttum: DAV, Stellungnahme Nr. 49/16 zum Entwurf eines Gesetzes zur Durchführung der Verordnung (EU) 2015/848 über Insolvenzverfahren (abrufbar unter https://anwaltverein.de); *Fritz,* Besser Sanieren in Deutschland? Wesentliche Aspekte der Einpassung der Europäischen Insolvenzverordnung in das deutsche Recht, BB 2017, 131; *Madaus,* As simple as it can be? – Anregungen zum Gesetzentwurf der Bundesregierung zur Durchführung der Verordnung (EU) 2015/848 über Insolvenzverfahren (BT-Drs. 18/10823), NZI 2017, 203; *N. Schmidt/Gundlach,* Das Gesetz zur Durchführung der Verordnung (EU) 2015/848 – und die Änderungen der Insolvenzantragsregelungen, DStR 2017, 2057; *Skauradszun/Kümpel/Nijnens,* Zur (richtigen) Anwendung des Art. 102c EGInsO auf präventive Restrukturierungsrahmen, NZI 2023, 481; *Wimmer,* Einpassung der EU-Insolvenzverordnung in das deutsche Recht durch das Gesetz zur Neuregelung des Internationalen Insolvenzrechts, FS Kirchhof, 2003, 521.

Die EuInsVO ist eine Verordnung iSd Art. 288 Abs. 2 AEUV. Sie hat „allgemeine Geltung" 1 und ist in allen ihren Teilen verbindlich. Sie gilt unmittelbar in jedem Mitgliedstaat. Insofern ist eine **Umsetzung** in das nationale Recht zwar **nicht erforderlich.** Dennoch sind gewisse Anpassungen im Sinne einer Effizienz des Verfahrens (Erwägungsgrund 3 EuInsVO) wünschenswert,[1] wenn nicht geboten (Gebot der Zusammenarbeit mit der EU). Diese Anpassungsregelungen befinden sich – für die **bis zum 25.6.2017 eröffneten Verfahren** – in dem durch das Gesetz zur Neuregelung des internationalen Insolvenzrechts vom 14.3.2003 (BGBl. 2003 I 345) neu gefassten **Art. 102 EGInsO.**[2] Die Vorschriften des Art. 102 EGInsO stehen zur EuInsVO 2000 in einem „Ergänzungsverhältnis". Diese Hilfsfunktion gegenüber der EuInsVO bedingt, dass die Vorschriften des Art. 102 EGInsO im Zweifel nach Maßgabe der zur EuInsVO selbst vorhandenen Lit. und Rspr. auszulegen sind.[3] Das Gleiche gilt für die **Durchführungsbestimmungen zur EuInsVO in Art. 102c EGInsO,** welche nachfolgend abgedruckt und erläutert werden (→ EGInsO Art. 102c § 1 Rn. 1 ff.). Für die in Art. 102 EGInsO enthaltenen Durchführungsbestimmungen zur EuInsVO 2000, die über den 26.6.2017 hinaus für die davor eröffneten Verfahren gelten werden (Art. 84 Abs. 2 EuInsVO), wird auf die → 6. Aufl. 2015, Rn. 1 verwiesen.

Die Durchführungsbestimmungen zur EuInsVO finden sich in **Art. 102c §§ 1–26 EGInsO,** 2 der als Art. 3 (Rahmen-)Gesetz zur Durchführung der VO (EU) 2015/848 über Insolvenzverfahren vom 5.6.2017 (BGBl. 2017 I 1476) erlassen wurde.[4] Während die internationale Zuständigkeit in Art. 3 EuInsVO geregelt ist, normiert Art. 102c § 1 EGInsO die örtliche Zuständigkeit. Die VO sieht keine Regelung für den Fall eines Kompetenzkonfliktes vor. Hier greifen Art. 102c §§ 2, 3 und 4 EGInsO ein. Der sich aus den Publizitätsvorschriften (Art. 28 Abs. 1 EuInsVO, Art. 29 EuInsVO) ergebende Anpassungsbedarf wird durch Art. 102c §§ 7–9 EGInsO befriedigt. Klarstellende Wirkung hinsichtlich der Vollstreckung der Eröffnungsentscheidung hat Art. 102c § 10 EGInsO; hierfür wird auf Art. 32 Abs. 1 UAbs. 1 EuInsVO verwiesen. Art. 102c § 15 EGInsO betrifft den Insolvenzplan (Art. 45 Abs. 2 EuInsVO, Art. 41 Abs. 3 EuInsVO, Art. 47 EuInsVO) im Sekundärinsolvenzverfahren, § 16 den Schutz absonderungsberechtigter Gläubiger bei einer Aussetzung der Verwertung (s. auch Art. 46 Abs. 1 EuInsVO).

Im Vergleich zu Art. 102 EGInsO ist die Regelung des **Art. 102c EGInsO in vielfacher** 3 **Hinsicht erweitert.**[5] Sie folgt zwar in großem Umfang Art. 102 EGInsO und übernimmt auch die dort getroffene redaktionelle Grundentscheidung, die zur Durchführung EuInsVO erforderlichen

---

1 BT-Drs. 15/16, 12; BR-Drs. 654/16, 14.

2 Begr. RegE, BT-Drs. 15/16; dazu *Pannen/Riedemann* NZI 2004, 301.

3 AG Mannheim ZIP 2016, 2235 (2236) = LSK 2016, 108122.

4 Begr. RegE, BR-Drs. 654/16 vom 4.11.2016; zum RegE *Fritz* BB 2017, 131; *Madaus* NZI 2017, 203; Stellungnahme BR, BT-Drs. 18/10823 vom 11.1.2017; Beschlussempfehlung und Bericht RA, BT-Drs. 18/12154 vom 26.4.2017; dazu *N. Schmidt/Gundlach* DStR 2017, 2057.

5 Zum Folgenden BR-Drs. 654/16, 18 f.

Regelungen konzentriert in einem eigenen Artikel des EGInsO zu treffen und nicht auch punktuell Änderungen der InsO vorzunehmen. Die meisten der in Art. 102 EGInsO enthaltenen Regelungen finden sich daher mit den gebotenen Anpassungen auch in Art. 102c EGInsO. Dies gilt allerdings nicht für die in Art. 102 § 2 EGInsO enthaltene Verpflichtung, die Eröffnungsentscheidung zu begründen. Denn diese Pflicht ergibt sich unmittelbar aus Art. 4 Abs. 1 EuInsVO. Auch blieb Art. 102 § 11 EGInsO (Unterrichtung der Gläubiger) ohne Entsprechung in Art. 102c EGInsO. Denn schon Art. 54 EuInsVO erleichtert die grenzüberschreitende Forderungsanmeldung (Wegfall des Anwaltszwangs; Standardanmeldeformular).

4 Ohne Vorbild in Art. 102 EGInsO ist die Regelung über die **sofortige Beschwerde** gegen den Beschluss über die Eröffnung eines Insolvenzverfahrens oder eine vorläufige Sicherungsmaßnahme (Art. 102c § 4 EGInsO). Dieser Rechtsbehelf ermöglicht – iSd Art. 5 Abs. 1 EuInsVO – die gerichtliche Nachprüfung der Entscheidung zur Eröffnung des Hauptinsolvenzverfahrens.

5 Neu ist ferner die Regelung in Art. 102c § 5 EGInsO, wonach Schuldner bei Stellung eines Eröffnungsantrags in Fällen mit grenzüberschreitenden Bezügen **zusätzliche Angaben** in ihrem Antrag machen sollen, um dem befassten Gericht die **Prüfung der internationalen Zuständigkeit** zu erleichtern.

6 Ebenfalls ohne Vorbild in Art. 102 EGInsO ist die in Art. 102c § 6 EGInsO normierte örtliche Zuständigkeit deutscher Gericht für sog. **Annexklagen.** Sie beruht auf Art. 6 Abs. 1 EuInsVO.

7 Nach § 84 Abs. 1 S. 3, Abs. 2 S. 3 StaRUG, § 88 StaRUG finden zahlreiche Vorschriften des Art. 102c EGInsO in **öffentlichen Restrukturierungssachen** entsprechende Anwendung. Darauf ist im Sachzusammenhang einzugehen.[6]

Art. 102c EGInsO Durchführung der Verordnung (EU) 2015/848 über Insolvenzverfahren

Teil 1. Allgemeine Bestimmungen

Art. 102c § 1 EGInsO Örtliche Zuständigkeit; Verordnungsermächtigung

(1) Kommt in einem Insolvenzverfahren den deutschen Gerichten nach Artikel 3 Absatz 1 der Verordnung (EU) 2015/848 des Europäischen Parlaments und des Rates vom 20. Mai 2015 über Insolvenzverfahren (ABl. L 141 vom 5.6.2015, S. 19; L 349 vom 21.12.2016, S. 6), die zuletzt durch die Verordnung (EU) 2017/353 (ABl. L 57 vom 3.3.2017, S. 19) geändert worden ist, die internationale Zuständigkeit zu, ohne dass nach § 3 der Insolvenzordnung ein Gerichtsstand begründet wäre, so ist das Insolvenzgericht ausschließlich örtlich zuständig, in dessen Bezirk der Schuldner den Mittelpunkt seiner hauptsächlichen Interessen hat.

(2) [1]Besteht eine Zuständigkeit der deutschen Gerichte nach Artikel 3 Abs. 2 der Verordnung (EU) 2015/848, so ist das Insolvenzgericht ausschließlich örtlich zuständig, in dessen Bezirk die Niederlassung des Schuldners liegt. [2]§ 3 Absatz 2 der Insolvenzordnung gilt entsprechend.

(3) [1]Unbeschadet der Zuständigkeiten nach diesem Artikel ist für Entscheidungen oder sonstige Maßnahmen nach der Verordnung (EU) 2015/848 jedes Insolvenzgericht örtlich zuständig, in dessen Bezirk sich Vermögen des Schuldners befindet. [2]Zur sachdienlichen Förderung oder schnelleren Erledigung von Verfahren nach der Verordnung (EU) 2015/848 werden die Landesregierungen ermächtigt, diese Verfahren durch Rechtsverordnung für die Bezirke mehrerer Insolvenzgerichte einem von diesen zuzuweisen. [3]Die Landesregierungen können die Ermächtigung auf die Landesjustizverwaltungen übertragen.

---

6 Dazu *Skauradszun/Kümpel/Nijnens* NZI 2023, 481; AG Dresden NZI 2023, 968 (Verfahrenseröffung nach Art. 3 EuInsVO iVm § 84 StaRUG); umfassend *Greeve,* Die grenzüberschreitende Restrukturierung von Kapitalgesellschaften, 2023.

Übersicht

I. Normzweck und Anwendungsbereich

1 Während die internationale Zuständigkeit in Art. 3 EuInsVO geregelt ist (für Hauptverfahren in Art. 3 Abs. 1 EuInsVO, für Partikularverfahren in Art. 3 Abs. 2 EuInsVO), betrifft Art. 102c § 1 EGInsO die **örtliche Zuständigkeit.** Dabei sieht Abs. 1 die örtliche Zuständigkeit für die Eröffnung von Hauptinsolvenzverfahren iSd Art. 3 Abs. 1 EuInsVO vor, Abs. 2 für Partikularinsolvenzverfahren iSd Art. 3 Abs. 2 EuInsVO. Allerdings treffen Gerichte auch Entscheidungen, die sich nicht auf die Eröffnung eines Verfahrens beziehen. Die örtliche Zuständigkeit für derartige Entscheidungen regelt Art. 102c § 1 Abs. 3 EGInsO. Die örtliche Zuständigkeit für Annexverfahren richtet sich nach Art. 102c § 6 EGInsO (→ EGInsO Art. 102c § 6 Rn. 1 ff.). – Im Hinblick auf die **funktionelle Zuständigkeit** wird bei Verfahren mit grenzüberschreitendem Bezug häufig die Ausübung des **Richtervorbehalts** nach § 18 Abs. 2 RPflG in Betracht kommen, ferner § 3 Nr. 2 lit. g RPflG, § 19a Abs. 3 RPflG idF von Art. 1 Gesetz zur Durchführung der VO (EU) 2015/848 über Insolvenzverfahren vom 5.6.2017 (BGBl. 2017 I 1476).[1] Nach § 88 StaRUG findet Art. 102c § 1 EGInsO in **öffentlichen Restrukturierungssachen** entsprechende Anwendung.[2]

II. Hauptinsolvenzverfahren (Abs. 1)

2 Die örtliche Zuständigkeit zur Eröffnung eines Hauptinsolvenzverfahrens liegt nach Art. 102c § 1 Abs. 1 EGInsO bei dem Gericht, in dessen Bezirk sich der **Mittelpunkt der hauptsächlichen Interessen des Schuldners** befindet. Besonders hervorzuheben ist, dass der deutsche Gesetzgeber sich nicht der fragwürdigen Zusatzvermutungsregel des Art. 3 Abs. 1 S. 2 EuInsVO angeschlossen hat. Auch dies spricht für ihre geringe Bedeutung (→ EuInsVO Art. 3 Rn. 24, 29 ff.).

3 Ohne diese Regelung hätte es eines Rückgriffs auf § 3 Abs. 1 InsO bedurft. Nach § 3 Abs. 1 S. 2 InsO ist das Gericht örtlich zuständig, in dessen Bezirk der Mittelpunkt der schuldnerischen selbstständigen wirtschaftlichen Tätigkeit liegt. Dies unterscheidet sich schon sprachlich vom Interessenmittelpunkt iSd Art. 3 Abs. 1 S. 1 EuInsVO. **§ 3 Abs. 1 S. 2 InsO** hat mit seiner Begrenzung auf den **rein wirtschaftlichen** Aspekt des Handelns einen kleineren Anwendungsbereich als Art. 3 Abs. 1 S. 1 EuInsVO. Dies hätte im Einzelfall dazu führen können, dass deutsche Gerichte zwar nach dem „weiten" Art. 3 Abs. 1 S. 1 EuInsVO international zuständig gewesen wären, sich aber nach dem „engen" § 3 Abs. 1 S. 2 InsO keine örtliche Zuständigkeit für die Gerichte eines bestimmten Gerichtsbezirks in der BRepD ergeben hätte. Eine Zuständigkeitslücke hätte zB in dem Fall auftreten können, dass der Schuldner Arbeitnehmer ist und in Deutschland wohnt (Interessenmittelpunkt nach Art. 3 Abs. 1 S. 1 EuInsVO), in Frankreich aber sowohl abhängig beschäftigt ist als auch einer nebenberuflichen selbstständigen Tätigkeit nachgeht (vgl. § 3 Abs. 1 S. 2 InsO).[3] Zur **Vermeidung** derartiger **Zuständigkeitslücken** war eine Anpassung an die VO erforderlich. Hieraus ergibt sich das Gebot, den **„Interessenmittelpunkt"** des Art. 102c § 1 Abs. 1 EGInsO genau so auszulegen wie den des Art. 3 Abs. 1 S. 1 EuInsVO. Hierunter ist also der **Ort** zu verstehen, **an dem der Schuldner gewöhnlich der Verwaltung seiner Interessen nachgeht und der für Dritte feststellbar ist.**[4]

4 Vereinzelte Stimmen im Schrifttum zu Art. 102 § 1 EGInsO wollten über den Begriff des Interessenmittelpunktes eine Art **„Konzerngerichtsstand"** dadurch schaffen, dass man den Interessenmittelpunkt der Tochter und den des Mutterunternehmens an demselben Ort annimmt. Voraussetzung hierfür sei, dass es sich um ein konzernmäßig verbundenes Unternehmen handelt, dass ferner Vermögen in einem EU-Ausland belegen ist und schließlich die Tochter der Leitung der

---

1 Zum Richtervorbehalt *Vallender* KTS 2005, 283 (313 f.).

2 Dazu *Skauradszun/Kümpel/Nijnens* NZI 2023, 481; umfassend *Greeve,* Die grenzüberschreitende Restrukturierung von Kapitalgesellschaften, 2023.

3 *Pannen/Riedemann* NZI 2004, 301.

4 BT-Drs. 15/16, 14.

Konzernmutter unterstellt ist.[5] Die **Rspr.** zu Art. 3 EuInsVO ist dem vielfach gefolgt.[6] Dieser Standpunkt ist **abzulehnen** (→ EuInsVO Art. 2 Rn. 27 ff.; → EuInsVO Art. 3 Rn. 41 f.). Für die Beurteilung der örtlichen Zuständigkeit hat diese Streitfrage allerdings keine eigenständige Bedeutung. Bejaht man nämlich – entgegen der Vermutung des Art. 3 Abs. 1 S. 2 EuInsVO – ausnahmsweise die internationale Zuständigkeit der deutschen Gerichte für ein Hauptinsolvenzverfahren über die ausländische Tochter einer deutschen Konzernmutter (Fall Hettlage),[7] so besteht am Interessenmittelpunkt der Mutter auch eine örtliche Zuständigkeit nach Art. 102c § 1 Abs. 1 EGInsO. Dies folgt aus der Hilfsfunktion des autonomen Rechts gegenüber der EuInsVO (→ EGInsO Vor Art. 102c Rn. 1) und der Lückenlosigkeit des Zuständigkeitssystems (→ EGInsO Vor Art. 102c Rn. 3). Fallen der Interessenmittelpunkt der (deutschen) Konzernmutter und der (deutschen) Tochtergesellschaft auseinander, so ergibt sich auch aus Art. 102c § 1 EGInsO keine örtliche Zuständigkeit am Interessenmittelpunkt der Mutter.[8] Zur Konzerninsolvenz auch → EGInsO Art. 102c § 22 Rn. 1 ff.

III. Partikularinsolvenzverfahren (Abs. 2)

5 Parallel zu Art. 3 Abs. 2 S. 1 EuInsVO, der die internationale Zuständigkeit zur Eröffnung von Partikularinsolvenzverfahren regelt, enthält Art. 102c § 1 Abs. 2 EGInsO eine Vorschrift für die örtliche Zuständigkeit. Dabei wird wie bei der internationalen Zuständigkeit an die schuldnerische **Niederlassung** angeknüpft. Die Niederlassungsbegriffe sind inhaltlich identisch, so dass auch hierfür die Legaldefinition des **Art. 2 Nr. 10 EuInsVO** (→ EuInsVO Art. 2 Rn. 21 ff.) herangezogen werden kann. **Nicht hinreichend** ist demzufolge die reine **Vermögensbelegenheit.**[9] Daher scheidet auch die örtliche Zuständigkeit zur Eröffnung von Partikularinsolvenzverfahren aus, wenn anstatt einer Niederlassung etwa nur ein Grundstück vorhanden ist.[10]

6 Hat der Schuldner mehrere Niederlassungen, sind diese hierarchisch aufgebaut, und ist noch kein Antrag auf Eröffnung eines Sekundärinsolvenzverfahrens gestellt worden, ist der Ort der **Hauptniederlassung** (Art. 63 Brüssel Ia-VO) entscheidend.[11] Ansonsten greift Art. 102c § 1 Abs. 2 S. 2 EGInsO ein, der auf § 3 Abs. 2 InsO verweist. Danach ist entscheidend, bei welchem Gericht die Verfahrenseröffnung zuerst beantragt wurde **(Prioritätsprinzip).** Anders als bei der EuInsVO (Art. 2 Nr. 8 EuInsVO; → EuInsVO Art. 2 Rn. 14 ff.) kommt es also nicht auf den Zeitpunkt der wirksamen Verfahrenseröffnung an.[12]

IV. Mitwirkungshandlungen (Abs. 3)

7 Einer Mitwirkungshandlung inländischer Gerichte kann es auch bedürfen, wenn im Inland kein Verfahren eröffnet wird. Dabei ist an die **öffentliche Bekanntmachung** eines ausländischen Verfahrens im Inland (Art. 28 EuInsVO iVm Art. 102c § 7 EGInsO) zu denken oder an dessen **Eintragung in öffentliche Bücher und Register** (Art. 29 EuInsVO iVm Art. 102c § 8 EGInsO).[13] Für die örtliche Zuständigkeit in diesen Fällen sieht Art. 102c § 1 Abs. 3 EGInsO einen Vermögensgerichtsstand vor. Abs. 3 S. 1 sieht für Mitwirkungshandlungen deutscher Insolvenzgerichte, die nach EuInsVO erforderlich werden können und für die in Art. 102c EGInsO keine ausdrückliche Zuständigkeitsbestimmung getroffen ist, eine Auffangregelung vor.

8 Zur Förderung der Fachkompetenz bei den Gerichten enthält Art. 102c § 1 Abs. 3 S. 2 EGInsO eine **Konzentrationsermächtigung** für die Bundesländer.[14] Abweichend von der Regelung in

---

5 *Wehdeking* DZWiR 2003, 133 (136).

6 AG München NZG 2004, 782 = IPRax 2004, 433 m. Aufs. *Weller* IPRax 2004, 412 = EWiR 2004, 493 m. KurzKomm. *Paulus;* AG Offenburg NZI 2004, 673 = EWiR 2005, 73 m. KurzKomm. *Pannen/Riedemann;* AG Siegen NZI 2004, 673; in der ausländischen Rspr. zu Art. 3 EuInsVO zB High Court of Justice Birmingham NZI 2005, 467 mAnm *Penzlin/Riedemann* NZI 2005, 469 = EWiR 2005, 637 m. KurzKomm. *Mankowski;* zahlreiche wN bei *Mankowski* NZI 2005, 368 Fn. 2.

7 AG München NZG 2004, 782 = IPRax 2004, 433 m. Aufs. *Weller* IPRax 2004, 412 = EWiR 2004, 493 m. KurzKomm. *Paulus.*

8 BR-Drs. 654/16, 17. Danach „muss über jedes insolvente Mitglied der Unternehmensgruppe auch weiterhin ein eigenes Verfahren eröffnet werden; eine verfahrensrechtliche oder gar materielle Konsolidierung der Verfahren findet […] nicht statt."

9 MüKoInsO/*Thole* EGInsO Art. 102 § 1 Rn. 12.

10 Anders der it. Kassationshof zum Niederlassungsbegriff nach der EuInsVO: Grundstück soll ausreichen, Cass. (S.U.) Riv. dir. int. priv. proc. 2005, 450 (453) unter 3.2.

11 *Pannen/Riedemann* NZI 2004, 301 (302).

12 *Pannen/Riedemann* NZI 2004, 301 (302) m. Fn. 18.

13 BT-Drs. 15/16, 14.

14 MüKoInsO/*Thole* EGInsO Art. 102 § 1 Rn. 17.

Art. 102c § 1 Abs. 3 EGInsO wird in Abs. 3 S. 2 zudem klargestellt, dass aufgrund der Verordnungsermächtigung die Zuständigkeit für Verfahren insgesamt (und nicht nur für einzelne Entscheidungen oder Maßnahmen) bei einzelnen Insolvenzgerichten konzentriert werden kann.

V. Funktionelle Zuständigkeit

1. Grundsätzliche Zuständigkeit des Rechtspflegers. Das durch Art. 1 Gesetz zur Durchführung der EuInsVO vom 5.6.2017 (BGBl. 2017 I 1476) gleichfalls geänderte RPflG weist die funktionelle **Zuständigkeit** für Verfahren nach der EuInsVO und nach Art. 102c EGInsO **im Grundsatz dem Rechtspfleger** zu (§ 3 Nr. 2 lit. g RPflG). Dies entspricht der zu der bislang geltenden EuInsVO 2000 und zu Art. 102 EGInsO getroffenen Aufgabenverteilung wie auch der übrigen Systematik im Insolvenzrecht (§ 3 Nr. 2 lit. e RPflG). Richtervorbehalte finden sich sodann – neben dem generellen Vorbehalts- und Evokationsrecht des Richters nach § 18 Abs. 2 RPflG – in § 19a Abs. 3 RPflG. 9

2. Richtervorbehalte. Die Vorschrift des § 19a Abs. 3 Nr. 1 RPflG regelt zunächst eine Richterzuständigkeit für die Fortführung eines Insolvenzverfahrens als **Sekundärinsolvenzverfahren** nach Art. 102c § 2 Abs. 1 EGInsO. Dies ist folgerichtig, da auch die Eröffnung von Insolvenzverfahren nach § 18 Abs. 1 Nr. 1 RPflG in die Zuständigkeit des Richters fällt. 10

Nach **§ 19a Abs. 3 Nr. 2 RPflG** besteht eine Richterzuständigkeit für die **Einstellung des Insolvenzverfahrens** zugunsten eines anderen Mitgliedstaats in den Fällen des Art. 102c § 2 Abs. 1 EGInsO. Dies entspricht der Regelung in § 19a Abs. 3 Nr. 1 RPflG. 11

Einen weiteren Richtervorbehalt sieht **§ 19a Abs. 3 Nr. 3 RPflG** für die Entscheidung nach Art. 102c § 18 Abs. 1 EGInsO über das **Stimmrecht der lokalen Gläubiger** iSd Art. 2 Nr. 11 EuInsVO bei der **Abstimmung über die Zusicherung iSd Art. 36 Abs. 1 EuInsVO** und die auf ihrer Grundlage ermöglichte Abwicklung von synthetischen („virtuellen") Sekundärverfahren vor. In diesen Fällen muss zügig Klarheit darüber erzielt werden, ob die lokalen Gläubiger die Zusicherung wirksam gebilligt haben. 12

Zwar ist die Entscheidung über das Stimmrecht unanfechtbar, und dies auch unabhängig davon, ob der Richter oder der Rechtspfleger die Entscheidung trifft. Jedoch wäre bei einer Entscheidung des Rechtspflegers die Neufestsetzung des Stimmrechts nach § 18 Abs. 3 RPflG möglich. Danach kann der Richter auf Antrag eines Gläubigers oder des Insolvenzverwalters das Stimmrecht neu festsetzen und die Wiederholung der Abstimmung anordnen, wenn sich die Entscheidung des Rechtspflegers über die Gewährung des Stimmrechts nach § 77 InsO auf das Ergebnis der Abstimmung ausgewirkt hat. Im Interesse der **Beschleunigung** bestimmt § 19a Abs. 3 Nr. 3 RPflG, dass die Entscheidung über das Stimmrecht bei der Abstimmung über die Billigung einer Zusicherung nach Art. 102c § 18 Abs. 1 S. 2 EGInsO durch den Richter erfolgt. 13

Die Zuständigkeit des Richters für die Entscheidung über Rechtsbehelfe und die Anordnung von **Maßnahmen nach Art. 102c § 21 EGInsO** folgt aus **§ 19a Abs. 3 Nr. 4 RPflG.** Diese Zuständigkeit trägt der Eilbedürftigkeit der zu treffenden Entscheidungen und Anordnungen sowie dem Interesse einer raschen Klarheit Rechnung. Zugleich ergibt sich so eine umfassende Zuständigkeit des Richters für Entscheidungen im Zusammenhang mit einer Zusicherung nach Art. 36 EuInsVO. 14

Der in **§ 19a Abs. 3 Nr. 5 RPflG** getroffene Richtervorbehalt für die Anordnung von **Sicherungsmaßnahmen nach Art. 52 EuInsVO** entspricht der zur EuInsVO 2000 getroffenen Regelung in § 19a Abs. 1 Nr. 2 RPflG. 15

Nach **§ 19a Abs. 3 Nr. 6 RPflG** besteht ein umfassender Richtervorbehalt für Entscheidungen im Zusammenhang mit **Gruppen-Koordinationsverfahren** nach Art. 61–77 EuInsVO. Diese Zuständigkeit trägt der Komplexität derartiger Sachverhalte Rechnung und liegt auf einer Linie mit § 18 Abs. 1 Nr. 1 RPflG, wonach der Richter auch für die Eröffnung des Insolvenzverfahrens und die Bestellung des Insolvenzverwalters zuständig ist. 16

Art. 102c § 2 EGInsO Vermeidung von Kompetenzkonflikten

(1) [1] Hat das Gericht eines anderen Mitgliedstaats der Europäischen Union ein Hauptinsolvenzverfahren eröffnet, so ist, solange dieses Insolvenzverfahren anhängig ist, ein bei einem deutschen Insolvenzgericht gestellter Antrag auf Eröffnung eines solchen Verfahrens über das zur Insolvenzmasse gehörende Vermögen unzulässig. [2]Ein entgegen Satz 1 eröffnetes Verfahren ist nach Maßgabe der Artikel 34 bis 52 der Verordnung (EU) 2015/848 als Sekundärinsolvenzverfahren fortzuführen, wenn eine Zuständigkeit der deutschen Gerichte nach Artikel 3 Absatz 2 der Verordnung (EU) 2015/848 besteht; liegen die Voraussetzungen für eine Fortführung nicht vor, ist es einzustellen.

(2) Hat das Gericht eines Mitgliedstaats der Europäischen Union die Eröffnung des Insolvenzverfahrens abgelehnt, weil nach Artikel 3 Absatz 1 der Verordnung (EU) 2015/848 die deutschen Gerichte zuständig seien, so darf ein deutsches Insolvenzgericht die Eröffnung des Insolvenzverfahrens nicht mit der Begründung ablehnen, dass die Gerichte des anderen Mitgliedstaats zuständig seien.

I. Normzweck und Systematik

1 Wie schon die amtliche Überschrift des Art. 102c § 2 EGInsO zeigt, ist das Ziel der Vorschrift die **Vermeidung von Kompetenzkonflikten.** Die Eröffnung eines Hauptinsolvenzverfahrens in einem anderen Mitgliedstaat hindert die Eröffnung eines weiteren Hauptinsolvenzverfahrens in der BRepD, steht allerdings der Eröffnung eines Sekundärinsolvenzverfahrens nicht entgegen (Art. 19 Abs. 2 EuInsVO). Ob ein ausländisches Verfahren bereits eröffnet wurde oder dessen Eröffnung unmittelbar bevorsteht, sollte nach Möglichkeit auch im Wege der informellen Zusammenarbeit mit dem Insolvenzgericht des beteiligten ausländischen Staates geklärt werden.[1] Nach § 88 StaRUG findet Art. 102c § 2 EGInsO in **öffentlichen Restrukturierungssachen** entsprechende Anwendung.[2]

2 **Abs. 1** befasst sich mit dem **positiven, Abs. 2** mit dem **negativen Kompetenzkonflikt.** Nach Art. 102c § 2 Abs. 1 S. 1 EGInsO ist ein Antrag auf Eröffnung eines Hauptverfahrens **unzulässig,** wenn bereits in einem anderen Mitgliedstaat Gerichte ein Hauptverfahren eröffnet haben. Kommt es dennoch zur Eröffnung eines zweiten Hauptverfahrens, darf es nach Art. 102c § 2 Abs. 1 S. 2 EGInsO **nicht fortgeführt** werden. Durch Art. 102c § 2 Abs. 1 S. 3 EGInsO wird dem Hauptverwalter des zuerst eröffneten ausländischen Hauptverfahrens eine **Beschwerdebefugnis** eingeräumt. Im Falle eines negativen Kompetenzkonfliktes gilt: Haben die Gerichte eines anderen Mitgliedstaates den Antrag auf Eröffnung des Hauptverfahrens mit dem Hinweis abgelehnt, die deutschen Gerichte seien zuständig, dürfen sich die deutschen Gerichte nicht auf den Standpunkt stellen, die Gerichte des ersten Staates seien zuständig (Art. 102c § 2 Abs. 2 EGInsO).

3 Art. 102c § 2 EGInsO ist an **Art. 3 DöKV** (→ Einl. IntInsR Rn. 14, → Einl. IntInsR Rn. 23) angelehnt.[3]

II. Positiver Kompetenzkonflikt (Abs. 1)

4 **1. Eröffnetes Hauptinsolvenzverfahren im Ausland.** Durch **S. 1** soll verhindert werden, dass es zur Eröffnung eines weiteren Hauptverfahrens kommt. Ein Antrag, der auf die Eröffnung eines solchen Verfahrens gerichtet ist, ist **als unzulässig zurückzuweisen.** Dabei handelt es sich um eine Erweiterung der §§ 14, 26 InsO. Hierdurch wird der **Grundsatz des gemeinschaftlichen Vertrauens** präzisiert. Er besagt, dass die Gerichte eines Staates die Entscheidungen der Gerichte anderer Staaten anerkennen müssen.[4] Für die Lösung des Kompetenzkonfliktes wählte der deutsche Gesetzgeber demnach das **Prioritätsprinzip.**[5]

5 **Dennoch** kann es – etwa im Falle der Unkenntnis[6] – zur Eröffnung eines zweiten Hauptverfahrens kommen. In diesem Fall sieht Art. 102c § 2 Abs. 1 S. 2 EGInsO vor, dass das zweite Verfahren **einzustellen** ist. Für die Einstellung ist Art. 102c § 3 EGInsO maßgeblich. Die Eröffnung eines inländischen **Sekundärverfahrens** nach Art. 19 Abs. 2 EuInsVO, Art. 34 EuInsVO bleibt möglich (→ EuInsVO Art. 3 Rn. 54; → EuInsVO Art. 34 Rn. 11). Ein Insolvenzgericht, dem die Eröffnung eines Hauptinsolvenzverfahrens verwehrt ist oder das ein solches nicht hätte eröffnen dürfen, ist daher gehalten, durch **Auslegung des Eröffnungsantrags** zu ermitteln, ob dieser ausschließlich auf die Eröffnung eines Hauptinsolvenzverfahrens oder auch auf Eröffnung eines Sekundärinsolvenzverfahrens gerichtet ist.[7] Wenn der Antrag auch auf Eröffnung eines Sekundärinsolvenzverfahrens gerichtet ist und eine Zuständigkeit der deutschen Gerichte nach Art. 3 Abs. 2 EuInsVO besteht, kann ein Insolvenzverfahren nach Maßgabe der Art. 34–52 EuInsVO als Sekundärinsolvenzverfahren eröffnet oder fortgeführt werden. Liegen die Voraussetzungen für die Eröffnung oder Fortführung als Sekundärinsolvenzverfahren nicht vor, ist der Insolvenzantrag unzulässig, ein bereits eröffnetes Verfahren ist einzustellen. In diesem Fall richtet sich das weitere Verfahren nach Art. 102c § 3

---

1 Vorbildlich die Vorgehensweise nach *Vallender* FS Beck, 2016, 537 (547 f.): telefonische Kontaktaufnahme.
2 Dazu *Skauradszun/Kümpel/Nijnens* NZI 2023, 481; umfassend *Greeve,* Die grenzüberschreitende Restrukturierung von Kapitalgesellschaften, 2023.
3 BT-Drs. 15/16, 15.
4 AG Köln NZI 2005, 564.
5 *Herchen* ZIP 2005, 1401 (1402 f.) zu Stadtgericht Prag ZIP 2005, 1431.
6 AG Düsseldorf NZI 2004, 269; BT-Drs. 15/16, 15.
7 Dazu und zum Folgenden BR-Drs. 654/16, 27.

EGInsO. Zum **Richtervorbehalt** für die Entscheidung über die Fortführung eines Insolvenzverfahrens als Sekundärinsolvenzverfahren nach § 19a Abs. 3 Nr. 1 RPflG wie auch für die Einstellung (§ 19a Abs. 3 Nr. 2 RPflG) → EGInsO Art. 102c § 1 Rn. 10 f.

2. Aufhebung des inländischen Hauptinsolvenzverfahrens. Art. 102c § 2 EGInsO erfasst nach seinem Wortlaut nur den Fall, dass – wie im Fall NIKI mit der Entscheidung des ausländischen Insolvenzgerichts[8] – das Hauptinsolvenzverfahren im Ausland bereits eröffnet worden ist. Nach ihrem **Sinn und Zweck** ist diese Vorschrift aber **auch** anzuwenden, wenn in Deutschland die **Eröffnung des Hauptverfahrens aufgehoben** wird, in dem anderen Mitgliedstaat aber bisher nur ein Sekundärverfahren anhängig ist. Aus Art. 32 Abs. 1 EuInsVO folgt nämlich, dass das ausländische Gericht an die Entscheidung der deutschen Gerichte zur Verneinung der Zuständigkeit zugunsten dieses Gerichts gebunden ist, also nicht ihrerseits die Zuständigkeit verneinen darf.[9] In derartigen Fällen muss der andere Mitgliedstaat also das Verfahren als Hauptinsolvenzverfahren eröffnen. Demnach kann es aus inländischer Sicht für die Fortführung des deutschen Verfahrens unter Art. 102c § 2 Abs. 1 S. 2 EGInsO keinen Unterschied machen, ob das ausländische Verfahren bereits als Hauptverfahren eröffnet ist oder dies nur zu erwarten steht. 6

3. Beschwerdebefugnis. Art. 102 § 3 Abs. 1 S. 3 EGInsO legt für den **Anwendungsbereich der EuInsVO 2000** die **Beschwerdebefugnis** des Verwalters des zuerst eröffneten Hauptverfahrens gegen die Eröffnung eines weiteren Verfahrens dieser Art fest. Damit wird § 34 InsO erweitert.[10] Für die **EuInsVO** hat man diese Regelung **nicht übernommen.** Immerhin sieht Art. 39 EuInsVO ein verordnungsautonomes Anfechtungsrecht für den Hauptinsolvenzverwalter gegen die Eröffnung des Sekundärverfahrens vor. 7

III. Negativer Kompetenzkonflikt (Abs. 2)

Wenn das Gericht eines Mitgliedstaates seine internationale Zuständigkeit mit dem Hinweis verneint hat, das deutsche Gerichte international zuständig seien, dürfen die deutschen Gerichte nach Art. 102c § 2 Abs. 2 EGInsO nicht ihrerseits ihre internationale Zuständigkeit mit dem Hinweis verneinen, die Gerichte des erstgenannten Staates seien international zuständig. Allerdings können sie auf die internationale Zuständigkeit eines dritten Mitgliedstaates verweisen.[11] Mit dieser Regelung verhält sich der Gesetzgeber besonders unionstreu.[12] Art. 102c § 2 Abs. 2 EGInsO entspricht der Regelung des Art. 102 § 3 Abs. 1 EGInsO. 8

Art. 102c § 3 EGInsO Einstellung des Insolvenzverfahrens zugunsten eines anderen Mitgliedstaats

(1) [1]Vor der Einstellung eines bereits eröffneten Insolvenzverfahrens nach § 2 Absatz 1 Satz 2 soll das Insolvenzgericht den Insolvenzverwalter, den Gläubigerausschuss, wenn ein solcher bestellt ist, und den Schuldner hören. [2]Wird das Insolvenzverfahren eingestellt, so ist jeder Insolvenzgläubiger beschwerdebefugt.

(2) [1]Wirkungen des Insolvenzverfahrens, die vor dessen Einstellung bereits eingetreten und nicht auf die Dauer dieses Verfahrens beschränkt sind, bleiben auch dann bestehen, wenn sie Wirkungen eines in einem anderen Mitgliedstaat der Europäischen Union eröffneten Insolvenzverfahrens widersprechen, die sich nach der Verordnung (EU) 2015/848 auf die Bundesrepublik Deutschland erstrecken. [2]Dies gilt auch für Rechtshandlungen, die während des eingestellten Verfahrens vom Insolvenzverwalter oder ihm gegenüber in Ausübung seines Amtes vorgenommen worden sind.

(3) [1]Vor der Einstellung nach § 2 Absatz 1 Satz 2 hat das Insolvenzgericht das Gericht des anderen Mitgliedstaats der Europäischen Union, bei dem das Verfahren anhängig ist, und den Insolvenzverwalter, der in dem anderen Mitgliedstaat bestellt wurde, über die bevorstehende Einstellung zu unterrichten. [2]Dabei soll angegeben werden, wie die Eröffnung des einzustellenden Verfahrens bekannt gemacht wurde, in welchen öffentlichen Büchern und Registern die Eröffnung eingetragen wurde und wer Insolvenzverwalter ist. [3]In dem Einstellungsbeschluss ist das Gericht des anderen Mitgliedstaats zu bezeichnen, zu dessen Gunsten das Verfahren eingestellt wird. [4]Diesem Gericht ist eine Ausfertigung

8 Landesgericht Korneuburg ZIP 2018, 393.
9 *Thole* ZIP 2018, 401 (407) zum Fall NIKI; AG Charlottenburg NZI 2018, 171.
10 *Vallender* KTS 2005, 283 (318 f.).
11 BT-Drs. 15/16, 15.
12 *Oberhammer* ZInsO 2004, 761 (762).

des Einstellungsbeschlusses zu übersenden. [5]§ 215 Absatz 2 der Insolvenzordnung ist nicht anzuwenden.

Schrifttum: *Fehrenbach,* Die prioritätswidrige Verfahrenseröffnung im europäischen Insolvenzrecht, IPRax 2009, 51 (zu BGHZ 177, 12 = NZI 2008, 572).

Übersicht

I. Normzweck

1 Regelungsgegenstand des Art. 102c § 3 EGInsO ist die **Verfahrenseinstellung.**[1] In Abs. 1 geht es um die Anhörung der Verfahrensbeteiligten, Abs. 2 regelt die Wirkungen des einzustellenden Verfahrens und in Abs. 3 sind die Unterrichtungspflichten des Insolvenzgerichtes vor der Einstellung des Verfahrens normiert. Zum **Richtervorbehalt** für die Einstellung (§ 19a Abs. 3 Nr. 2 RPflG) → EGInsO Art. 102c § 1 Rn. 11.

2 Die Vorschrift trifft im Wesentlichen dieselben Regelungen zum weiteren Verfahren und zu den Folgen einer Einstellung zugunsten der Gerichte eines anderen Mitgliedstaats wie Art. 102 § 4 EGInsO. **Neu** im Vergleich zu Art. 102 § 4 Abs. 3 EGInsO ist die Regelung in Art. 102c § 3 Abs. 3 S. 1 EGInsO, wonach vor einer Einstellung des Verfahrens **auch der Verwalter des Hauptinsolvenzverfahrens** über die bevorstehende Einstellung **unterrichtet** werden soll.

II. Anhörung der Beteiligten (Abs. 1)

3 Art. 102c § 3 Abs. 1 EGInsO ist an **§ 3 DöKVAG** (→ Einl. IntInsR Rn. 14) angelehnt.[2] Nach § 88 StaRUG findet Art. 102c § 3 Abs. 1 EGInsO in **öffentlichen Restrukturierungssachen** entsprechende Anwendung.[3]

4 Wird nach der Eröffnung des Hauptinsolvenzverfahrens in einem anderen Mitgliedstaat noch ein weiteres Hauptverfahren eröffnet, so darf dieses nach Art. 102c § 2 Abs. 1 S. 2 EGInsO nicht fortgeführt werden und ist **von Amts wegen** einzustellen.

5 Nach Art. 102c § 3 Abs. 1 S. 1 EGInsO muss vor der Einstellung eine **Anhörung** des Insolvenzverwalters, des Gläubigerausschusses und des Schuldners erfolgen.

6 Art. 102c § 3 Abs. 1 S. 2 EGInsO räumt den Gläubigern des einzustellenden Verfahrens eine **Beschwerdebefugnis** ein. Denn ihre Rechte werden durch die Einstellung beeinträchtigt werden. **Insolvenzgläubiger** in diesem Sinne sind diejenigen der Legaldefinition des **§ 38 InsO.** Nicht zu den Insolvenzgläubigern zählen dagegen die absonderungsberechtigten Gläubiger. Das ergibt sich aus dem Wortlaut und aus der Ratio der Norm, denn die absonderungsberechtigten Gläubiger werden nicht durch die Einstellung des Verfahrens betroffen, da sie weiterhin aus ihren Sicherheiten vorgehen können.

III. Ausschluss der Rückwirkung (Abs. 2)

7 Wie sich aus Art. 102c § 3 Abs. 2 EGInsO ergibt, hat die Verfahrenseinstellung **keine Rückwirkung** auf vergangene Sachverhalte. Dies gilt auch für Wirkungen des Insolvenzverfahrens, die vor der Einstellung eingetreten sind und zwar auch für Rechtshandlungen, die während des eingestellten Verfahrens vom Insolvenzverwalter oder ihm gegenüber vorgenommen worden sind (Art. 102c § 3 Abs. 2 S. 2 EGInsO). Als Beispiel hiefür ist zu nennen, dass der Verwalter die Massegegenstände veräußert oder belastet.[4] Auch Rechtshandlungen, die gegenüber dem Insolvenzverwalter vorge-

---

[1] Beispielsfälle: AG Düsseldorf IPRax 2004, 431 m. Aufs. *Weller* IPRax 2004, 412 = NZI 2004, 269 mAnm *Liersch* NZI 2004, 271= EWiR 2004, 495 m. KurzKomm. *Herweg/Tschauner;* AG Düsseldorf ZIP 2004, 866 = EWiR 2004, 909 m. KurzKomm. *Westphal/Wilkens.*

[2] BT-Drs. 15/16, 15 = ZIP 2002, 2331; ein Beispiel für die historische Auslegung des Art. 102 § 4 EGInsO (jetzt Art. 102c § 3 EGInsO) gibt BGH ZIP 2008, 2029 = BeckRS 2008, 12737.

[3] Dazu *Skauradszun/Kümpel/Nijnens* NZI 2023, 481; umfassend *Greeve,* Die grenzüberschreitende Restrukturierung von Kapitalgesellschaften, 2023.

[4] *Pannen/Riedemann* NZI 2004, 301 (303).

nommen worden sind, bleiben wirksam.[5] Dies gilt auch dann, wenn sich die in Rede stehenden Wirkungen mit dem anderen fortzuführenden Hauptverfahren nicht vertragen (Art. 102c § 3 Abs. 2 S. 1 EGInsO). **Beschließt** aber das Insolvenzgericht in Kenntnis eines nach der EuInsVO in einem anderen EuInsVO-Staat eröffneten Hauptinsolvenzverfahrens, dessen Wirkungen sich auf die im Inland belegene Masse erstrecken (Art. 19, 20 EuInsVO), **prioritätswidrig die Eröffnung** eines inländischen Insolvenzverfahrens, so **findet § 3 Abs. 2 keine Anwendung.**[6] In diesem Falle ist die Eröffnung des inländischen Insolvenzverfahrens zumindest schwebend unwirksam. Der als Scheinverwalter anzusehende inländische Insolvenzverwalter darf über die Masse nicht verfügen. Ist das inländische Insolvenzverfahren nicht rechtswirksam eröffnet worden, kann der Scheinverwalter eine Zwangsvollstreckung wegen vermeintlicher Masseverbindlichkeiten im Wege der Vollstreckungserinnerung abwehren.[7]

Mit der Einstellung des Verfahrens erhält der Schuldner seine **Verfügungsbefugnis** zwar zurück 8
(Art. 102c § 3 Abs. 3 S. 5 EGInsO iVm § 215 Abs. 2 InsO). Aber das andere Verfahren erstreckt als Hauptverfahren nun seine Wirkungen auch auf das Gebiet des bislang existenten zweiten „Hauptverfahrens", es sei denn es wird ein Sekundärinsolvenzverfahren eröffnet.[8]

IV. Unterrichtungspflicht (Abs. 3)

Noch vor der Einstellung nach Abs. 1 hat das deutsche Gericht das **Gericht** des anderen 9
Mitgliedstaates und den Insolvenzverwalter, der in dem anderen Mitgliedstaat bestellt wurde, über die bevorstehende Einstellung zu unterrichten (Abs. 3 S. 1). Dies ermöglicht es dem dortigen Insolvenzverwalter, das in Deutschland belegene Vermögen sofort zu sichern (vgl. Art. 21, 28, 29 EuInsVO). Nach § 88 StaRUG findet Art. 102c § 3 Abs. 3 EGInsO in **öffentlichen Restrukturierungssachen** entsprechende Anwendung.[9]

Die Unterrichtungspflicht erstreckt sich auf die **Art und Weise der Bekanntmachung** der 10
Einstellung, auf die Frage, in welchen Büchern und Registern die Eröffnung **eingetragen** worden ist und wer der Verwalter ist (Abs. 3 S. 2). Erst diese Angaben versetzen den Insolvenzverwalter des fortzuführenden Hauptverfahrens tatsächlich in die Lage, das inländische Vermögen des Schuldners zu sichern.[10] Zudem ist nach Abs. 3 S. 3 das Gericht zu bezeichnen, zu dessen Gunsten das Verfahren eingestellt wird.

Nach Art. 102c § 3 Abs. 3 S. 4 EGInsO erfolgt die **Übersendung** einer Ausfertigung des 11
Einstellungsbeschlusses an das **ausländische Gericht.** Auch den in §§ 31, 33 InsO bezeichneten **inländischen Registern** sowie den **inländischen Grundbuchämtern** (§ 32 InsO) ist der Beschluss zu übermitteln (§ 200 Abs. 2 S. 3 InsO).

V. Weitere Folgen der Einstellung

Nach § 209 InsO hat der Verwalter nach der Einstellung des Verfahrens die entstandenen 12
Masseverbindlichkeiten zu berichtigen. Diese Verpflichtung besteht auch bei einer Einstellung nach Art. 102c § 3 EGInsO, nicht aber in den Fällen der prioritätswidrigen Eröffnung eines Inlandsverfahrens.[11] – Durch die Einstellung erhält der Schuldner nicht die **Verfügungsbefugnis** über sein in Deutschland belegenes Vermögen zurück. § 215 Abs. 2 InsO ist nach der ausdrücklichen Bestimmung des Art. 102c § 3 Abs. 3 S. 5 EGInsO nicht anzuwenden. Hintergrund ist die Beschlagnahmewirkung des ausländischen Verfahrens (Art. 19, 20 EuInsVO), die mit einer Wiederherstellung der Verfügungsbefugnis unvereinbar ist. Vielmehr hat der inländische Insolvenzverwalter die Gegenstände des Inlandsvermögens im Interesse des Hauptverfahrens zu sichern.

Art. 102c § 4 EGInsO Rechtsmittel nach Artikel 5 der Verordnung (EU) 2015/848

[1]Unbeschadet des § 21 Absatz 1 Satz 2 und des § 34 der Insolvenzordnung steht dem Schuldner und jedem Gläubiger gegen die Entscheidung über die Eröffnung des Hauptin-

---

5 *Pannen/Riedemann* NZI 2004, 301 (303).
6 BGHZ 177, 12 = NZI 2008, 572 mAnm *Mankowski* = IPRax 2009, 73 m. Aufs. *Fehrenbach* IPRax 2009, 51 (prioritätswidrige Verfahrenseröffnung und EuInsVO); ferner BGH ZIP 2008, 2029 = BeckRS 2008, 12737 Rn. 18 ff.
7 Näher BGHZ 177, 12 = NZI 2008, 572 mAnm *Mankowski* = IPRax 2009, 73 m. Aufs. *Fehrenbach* IPRax 2009, 51.
8 BT-Drs. 15/16, 15 = ZIP 2002, 2331.
9 Dazu *Skauradszun/Kümpel/Nijnens* NZI 2023, 481; umfassend *Greeve,* Die grenzüberschreitende Restrukturierung von Kapitalgesellschaften, 2023.
10 BT-Drs. 15/16, 15 = ZIP 2002, 2331.
11 *Wimmer* FS Kirchhof, 2003, 521 (527); *Pannen/Riedemann* NZI 2004, 301 (303); BGH ZIP 2008, 2029 = BeckRS 2008, 12737.

solvenzverfahrens nach Artikel 3 Absatz 1 der Verordnung (EU) 2015/848 die sofortige Beschwerde zu, wenn nach Artikel 5 Absatz 1 der Verordnung (EU) 2015/848 das Fehlen der internationalen Zuständigkeit für die Eröffnung eines Hauptinsolvenzverfahrens gerügt werden soll. [2]Die §§ 574 bis 577 der Zivilprozessordnung gelten entsprechend, wobei die Entscheidung über die Beschwerde gemäß § 6 Absatz 3 der Insolvenzordnung erst mit Rechtskraft wirksam wird.

I. Normzweck

1 Ohne Vorbild in Art. 102 EGInsO ist die Regelung über die **sofortige Beschwerde gegen den Beschluss über die Eröffnung eines Insolvenzverfahrens** oder eine vorläufige Sicherungsmaßnahme in Art. 102c § 4 EGInsO. Die Norm ergänzt Art. 5 Abs. 1 EuInsVO über die gerichtliche Nachprüfung der Entscheidung zur Eröffnung des Hauptinsolvenzverfahrens.[1] In **öffentlichen Restrukturierungssachen** ist im Hinblick auf deren Bekanntmachung die Vorschrift des Art. 102c § 4 EGInsO entsprechend anzuwenden (§ 84 Abs. 2 S. 3 StaRUG). Mit der **Neufassung durch das SanInsFoG** wurde zum 1.1.2021 klargestellt, dass § 6 Abs. 3 InsO im Rahmen von Beschwerdeverfahren anwendbar ist. Unter der EuInsVO 2000 stand Gläubigern kein Rechtsmittel gegen die Eröffnungsentscheidung zu. Nach § 34 Abs. 2 InsO kann allein der Schuldner die Verfahrenseröffnung im Wege der sofortigen Beschwerde anfechten. Art. 102c § 4 EGInsO räumt auch Gläubigern diese Beschwerdemöglichkeit ein, wenn und soweit diese nach Art. 5 Abs. 1 EuInsVO die **fehlende internationale Zuständigkeit** des eröffnenden Gerichts rügen. Nach Art. 24 Abs. 2 lit. j EuInsVO ist im Insolvenzregister über das Gericht zu informieren, das gemäß Art. 5 EuInsVO für eine Anfechtung zuständig ist und gegebenenfalls über die Frist bzw. die Kriterien für die Berechnung dieser Frist.

2 Das Gleiche gilt bei der **Anordnung von Sicherungsmaßnahmen.** Auch in der Anordnung von Sicherungsmaßnahmen, wie etwa in der Bestellung eines vorläufigen Verwalters, kann nämlich eine Verfahrenseröffnung iSd Art. 2 Nr. 7 EuInsVO liegen, gegen die das Rechtsmittel des Art. 5 EuInsVO statthaft ist (→ EuInsVO Art. 2 Rn. 12).

II. Sofortige Beschwerde

3 **1. Gegenstand der sofortigen Beschwerde.** Nach Art. 5 Abs. 1 EuInsVO haben der Schuldner und jeder Gläubiger das Recht, die **Entscheidung zur Eröffnung des Hauptinsolvenzverfahrens** (§ 27 InsO) mit der Begründung anzufechten, dass das eröffnende Gericht international unzuständig ist. Nach Art. 102c § 4 EGInsO handelt es sich bei diesem Rechtsbehelf um eine sofortige Beschwerde iSd §§ 567 ff. ZPO, §§ 574 ff. ZPO. Wie früher in Art. 102 § 7 EGInsO wird die entsprechende **Anwendbarkeit der Vorschriften über die Rechtsbeschwerde** aus Gründen der Rechtsklarheit ausdrücklich angeordnet.[2] Diese Beschwerde ist statthaft, soweit mit ihr nach Art. 5 Abs. 1 EuInsVO das Fehlen der internationalen Zuständigkeit für die Eröffnung und Durchführung eines Hauptinsolvenzverfahrens nach Art. 3 Abs. 1 EuInsVO gerügt werden soll. Nach § 84 Abs. 2 S. 3 StaRUG findet Art. 102c § 4 EGInsO in **öffentlichen Restrukturierungssachen** entsprechende Anwendung.[3]

4 Gegenstand der sofortigen Beschwerde kann auch die **Anordnung einer vorläufigen Maßnahme** (§ 21 InsO) sein. Die Norm trägt insoweit der Rspr. des EuGH Rechnung, wonach auch Anordnungen im Eröffnungsverfahren, wie insbesondere die Bestellung eines vorläufigen Verwalters (§ 22 InsO), der eigentlichen Eröffnungsentscheidung gleichstehen. Der EuGH setzte hierfür bislang voraus, dass die Bestellung des vorläufigen Verwalters mit einem Beschlag des schuldnerischen Vermögens verbunden ist.[4] Da die EuInsVO diese Rspr. aufgenommen hat und in Art. 1 Abs. 1 ausdrücklich auch vorläufige Verfahren in ihren Anwendungsbereich einbezieht, kommt es für die Gleichstellung des Eröffnungsverfahrens mit dem eröffneten Verfahren nicht auf dieses Erfordernis an. Weder die Verwalterbestellung noch der Vermögensbeschlag sind unter EuInsVO notwendige Merkmale eines in den Anwendungsbereich der Verordnung fallenden Insolvenzverfahrens. Nach Art. 1 Abs. 1 lit. b EuInsVO reicht eine gegebenenfalls nachgelagerte gerichtliche Kontrolle über die schuldnerische Geschäftsführung aus. Folglich ist es denkbar, dass über die Verwalterbestellung hinaus auch andere vorläufige Maßnahmen nach § 21 InsO die Anforderungen erfüllen, die nach

---

[1] Umfassend *C. Kleindiek,* Die Anfechtung der Eröffnungsentscheidung nach Art. 5 EuInsVO, 2022; *Brinkmann* FS Schilken, 2015, 631.

[2] BR-Drs. 654/16, 28.

[3] Dazu *Skauradszun/Kümpel/Nijnens* NZI 2023, 481; AG Dresden NZI 2023, 968; umfassend *Greeve,* Die grenzüberschreitende Restrukturierung von Kapitalgesellschaften, 2023.

[4] EuGH ECLI:EU:C:2006:281 Rn. 54 = NZI 2006, 360 – Eurofood.

der EuInsVO an eine der Verfahrenseröffnung gleichstehende Entscheidung zu stellen sind.[5] Der Gesetzeswortlaut stellt klar, dass **Gegenstand der sofortigen Beschwerde** nicht jede vorläufige Sicherungsmaßnahme nach § 21 InsO ist, sondern nur eine solche, die als **eine Entscheidung über die Eröffnung des Hauptinsolvenzverfahrens** nach Art. 3 Abs. 1 EuInsVO anzusehen ist.[6] Hier geht es im Kern um den Fall der Bestellung des vorläufigen Verwalters.[7] Andere Sicherungsmaßnahmen werden selten als Eröffnungsentscheidung in diesem Sinn einzustufen sein.[8]

2. Grenzüberschreitender Bezug. Der Rechtsbehelf gegen die Anordnung von vorläufigen Sicherungsmaßnahmen nach § 21 InsO (→ Rn. 4) besteht allerdings nur, wenn sich die Sicherungsmaßnahme auf **Vermögen** erstreckt, das sich **nicht nur in der BRepD** befindet. Ordnet das Insolvenzgericht Sicherungsmaßnahmen an, die sich auf das im Inland befindliche Vermögen beschränken, so bringt es gerade zum Ausdruck, dass es nicht eine internationale Zuständigkeit nach Art. 3 Abs. 1 EuInsVO für sich in Anspruch nehmen möchte. Der Rechtsbehelf gegen die Eröffnungsentscheidung (→ Rn. 3) setzt keinen derartigen grenzüberschreitenden Bezug voraus. 5

3. Instanzenzug und Vorlagepflicht. Die Ausgestaltung des Rechtsbehelfs nach Art. 5 EuInsVO als sofortige Beschwerde hat zur Folge, dass es **keine Rechtsbeschwerde** gibt und das LG als im Einzelfall letzte Instanz vorlagepflichtig nach **Art. 267 AEUV** ist.[9] 6

4. Konkurrierende Rechtsbehelfe. Die Norm stellt klar, dass der Rechtsbehelf nach Art. 102c § 4 EGInsO anderweitig bestehende oder weitergehende Rechtsbehelfe nach § 21 Abs. 1 S. 2 InsO und § 34 InsO unberührt lässt. Die Öffnungsklausel ist durch Art. 5 Abs. 2 EuInsVO gedeckt. 7

III. Kosten

Besondere Regeln bestehen hinsichtlich der **Wertvorschriften** im Kostenrecht. Für die Rechtsbehelfe nach Art. 102c § 4 EGInsO sieht § 58 Abs. 3 S. 2 GKG idF von 2017 vor, dass sich der Wert nach dem **Wert der Forderung des antragstellenden Gläubigers** bestimmt. Dies entspricht der bisherigen Systematik des § 58 GKG. 8

IV. EU-ausländische Verfahren

Die Rechtsbehelfe gelten naturgemäß nur für Insolvenzverfahren, die unter die EuInsVO fallen. Wird im EU-Ausland ein vorinsolvenzliches Sanierungsverfahren eröffnet, dass weder in den Anhängen der EuInsVO als Insolvenzverfahren verzeichnet wird noch auch sonst darunter fällt, bietet die EuInsVO hier auch keinen Rechtsschutz.[10] Ein solches Verfahren beinhaltet freilich keine Eröffnungsentscheidung bzw. Eröffnung eines Hauptinsolvenzverfahrens iSd Art. 102c § 2 EGInsO. Die Sperrwirkung dieser Vorschrift gilt nur für Hauptverfahren nach der EuInsVO. Derartige Verfahren unterliegen vielmehr dem autonomen deutschen internationalen Insolvenzrecht (§ 343 InsO). Eine Anerkennung setzt kumulativ voraus, dass das ausländische Verfahren überhaupt ein Insolvenzverfahren ist, dass auch nach deutschem Recht das ausländische Gericht für die Verfahrenseröffnung zuständig ist und kein Verstoß gegen den Ordre public vorliegt. Es kommt hier – anders als unter der EuInsVO – nicht darauf an, dass sich das ausländische Gericht für dieses Verfahren als zuständig ansieht, sondern auf den Mittelpunkt der wirtschaftlichen Tätigkeit des Schuldners in dem betreffenden Staat. 9

Art. 102c § 5 EGInsO Zusätzliche Angaben im Eröffnungsantrag des Schuldners

[1]Bestehen Anhaltspunkte dafür, dass auch die internationale Zuständigkeit eines anderen Mitgliedstaats der Europäischen Union für die Eröffnung eines Hauptinsolvenzverfahrens nach Artikel 3 Absatz 1 der Verordnung (EU) 2015/848 begründet sein könnte, so soll der Eröffnungsantrag des Schuldners auch folgende Angaben enthalten:

1. seit wann der Sitz, die Hauptniederlassung oder der gewöhnliche Aufenthalt an dem im Antrag genannten Ort besteht,

5 BR-Drs. 654/16, 28.
6 BT-Drs. 18/12154, 30.
7 EuGH ECLI:EU:C:2006:281 Rn. 54 = NZI 2006, 360 – Eurofood.
8 *Madaus* NZI 2017, 203 (207); BT-Drs. 18/12154, 31.
9 Mankowski/Müller/Schmidt/*Mankowski* EuInsVO Art. 5 Rn. 19 mit Verweis auf *Prager/Keller* NZI 2013, 57 (59).
10 Dazu und zum Folgenden *Fritz* BB 2017, 131 (133).

2. Tatsachen, aus denen sich ergibt, dass der Schuldner gewöhnlich der Verwaltung seiner Interessen in der Bundesrepublik Deutschland nachgeht,
3. in welchen anderen Mitgliedstaaten sich Gläubiger oder wesentliche Teile des Vermögens befinden oder wesentliche Teile der Tätigkeit ausgeübt werden und
4. ob bereits in einem anderen Mitgliedstaat ein Eröffnungsantrag gestellt oder ein Hauptinsolvenzverfahren eröffnet wurde.

[2]Satz 1 findet keine Anwendung auf die im Verbraucherinsolvenzverfahren nach § 305 Absatz 1 der Insolvenzordnung zu stellenden Anträge.

I. Normzweck und sachlicher Anwendungsbereich

1 Die Norm ist ohne Entsprechung in Art. 102 EGInsO. Sie regelt den **Eigenantrag des Schuldners** (§ 13 Abs. 1 S. 2–7 InsO) und verpflichtet den Schuldner, in Fällen mit grenzüberschreitenden Bezügen **zusätzliche Angaben im Eröffnungsantrag** zu machen, die dem befassten Gericht die **Prüfung der internationalen Zuständigkeit** erleichtern sollen. Die Regelung ergänzt damit Art. 4 Abs. 1 S. 2 EuInsVO. Die zusätzlichen Angaben betreffen die grenzüberschreitenden Bezüge sowie den für die internationale Zuständigkeit maßgeblichen Interessenmittelpunkt (zum COMI → EuInsVO Art. 3 Rn. 14 ff.). Die Angaben sollen dem Gericht unter anderem ermöglichen festzustellen, ob ein Wechsel des Satzungssitzes oder des Wohnorts innerhalb der anzuwendenden Suspektperioden (Art. 3 Abs. 1 UAbs. 3 und 4 EuInsVO) stattgefunden hat und daher bei der Bestimmung des Interessenmittelpunkts außer Betracht zu bleiben hat.[1] Die Norm findet keine Anwendung im Verbraucherinsolvenzverfahren nach (S. 2). Nach § 84 Abs. 1 S. 3 StaRUG findet Art. 102c § 5 EGInsO in **öffentlichen Restrukturierungssachen** entsprechende Anwendung.[2]

II. Anhaltspunkte für die Insolvenzeröffnungszuständigkeit eines anderen Mitgliedstaates

2 Ob für die Ermittlung der die Zuständigkeit begründenden Tatsachen der **Amtsermittlungsgrundsatz oder** der **Beibringungsgrundsatz,** richtet sich nach dem Verfahrensrecht des Gerichtsstaates.[3] Dies folgt aus Art. 7 Abs. 1 EuInsVO (lex fori-Prinzip). Soweit danach der Beibringungsgrundsatz gilt, bestimmt die lex fori auch über etwaige Erleichterungen beim Beweismaß zB in Gestalt einer bloßen Glaubhaftmachung (§ 294 ZPO). Schon nach der EuInsVO – Erwägungsgrund 32 EuInsVO – muss das Gericht in allen Fällen, in denen die Umstände des Falls Anlass zu Zweifeln an seiner Zuständigkeit geben, den Schuldner auffordern, zusätzliche Nachweise für seine Behauptung vorzulegen, und, wenn das für das Insolvenzverfahren geltende Recht dies erlaubt, den Gläubigern des Schuldners Gelegenheit geben, sich zur Frage der Zuständigkeit zu äußern. Die **Ermittlungspflicht** des Gerichts – die erste Aussage in Erwägungsgrund 32 EuInsVO – steht mithin nicht unter dem **Vorbehalt der lex fori.**[4]

3 Die Vorschrift des Art. 102c § 5 S. 1 EGInsO flankiert diese unionsrechtlichen Grundsätze und verpflichtet den Schuldner **beim Eigenantrag zu bestimmten Angaben,** die dem Gericht eine gründliche Prüfung seiner Eröffnungszuständigkeit ermöglichen sollen. Zugleich können die Angaben im Rahmen der Begründungspflicht nach Art. 4 Abs. 1 S. 2 EuInsVO verwertet werden (→ EuInsVO Art. 4 Rn. 3 ff.).[5] Bestehen Anhaltspunkte dafür, dass [auch] die internationale Zuständigkeit eines anderen Mitgliedstaats der EU für die Eröffnung des Hauptinsolvenzverfahrens begründet sein könnte, so muss der Schuldner zusätzliche Angaben im Eröffnungsantrag machen. Das Wort „auch" im Normtext ist insoweit missverständlich. Die Zuständigkeit der Gerichte eines anderen Mitgliedstaates besteht nämlich nicht „auch", dh nicht neben einer Zuständigkeit der deutschen Gerichte. Die EuInsVO setzt vielmehr voraus, dass es nur ein COMI gibt.[6] Das wird schon daraus deutlich, dass es in der EuInsVO keine Litispendenzregeln nach Art der Art. 29 ff. Brüssel Ia-VO gibt.

4 **Anhaltspunkte** für die Zuständigkeit eines anderen Mitgliedstaats liegen insbesondere dann vor, wenn eines der in Art. 3 Abs. 1 EuInsVO oder in Erwägungsgrund 30 genannten Kriterien zur Bestimmung des Mittelpunkts der hauptsächlichen Interessen – wie etwa der **Sitz,** die **Hauptniederlassung** oder der gewöhnliche Aufenthalt, die Hauptverwaltung, ein Großteil des Vermögens oder wesentliche Gläubiger des Schuldners – einen Bezug zu einem anderen Mitgliedstaat der EU

---

[1] BR-Drs. 654/16, 19; zu erhöhten Strafbarkeitsrisiken *Skauradszun* DB 2016, 2165 (2166).
[2] Dazu *Skauradszun/Kümpel/Nijnens* NZI 2023, 481; AG Dresden NZI 2023, 968; umfassend *Greeve,* Die grenzüberschreitende Restrukturierung von Kapitalgesellschaften, 2023.
[3] *Thole* ZEuP 2014, 39 (57); Mankowski/Müller/Schmidt/*Mankowski* EuInsVO Art. 5 Rn. 8.
[4] Mankowski/Müller/Schmidt/*Mankowski* EuInsVO Art. 5 Rn. 9.
[5] BR-Drs. 654/16, 29.
[6] Mankowski/Müller/Schmidt/*Mankowski* EuInsVO Art. 3 Rn. 167.

aufweist.[7] Ist ein solcher Bezug gegeben, so greift die Pflicht zur Erbringung der spezifischen Angaben nach S. 1 Nr. 1–4.

III. Einzelne Angaben im Eröffnungsantrag

1. Beginn der Ansässigkeit im Inland (S. 1 Nr. 1). Anzugeben ist zunächst, **seit wann** der Sitz, die Hauptniederlassung oder der gewöhnliche Aufenthalt an dem im Antrag genannten Ort besteht (Art. 102c § 5 S. 1 Nr. 1 EGInsO). Diese Pflicht des Schuldners soll dem **Insolvenztourismus** entgegenwirken, dh der gezielten Verlagerung des COMI in einen Staat mit besonders schuldnerfreundlichem Insolvenzrecht, zB im Hinblick auf eine Restschuldbefreiung (zum **forum shopping** auch Erwägungsgrund 31).[8] Hintergrund sind die unechten Sperrfristen in Art. 3 Abs. 1 UAbs. 2 S. 2, UAbs. 3 S. 2 und UAbs. 4 S. 2 EuInsVO (Mindestansässigkeit von drei bzw. sechs Monaten im Forumstaat). Unecht sind diese Sperrfristen deshalb, weil eine im Einzelfall geringere Ansässigkeit es nicht entbehrlich macht, konkret zu ermitteln, ob an dem Zielort tatsächlich ein neuer COMI begründet worden ist.[9] Der Ablauf der Sperrfrist ist aber durch die Angaben im Antrag jedenfalls leichter zu ermitteln. 5

2. Tatsachen, aus denen sich ergibt, dass der Schuldner gewöhnlich der Verwaltung seiner Interessen im Inland nachgeht (S. 1 Nr. 2). Anzugeben sind ferner Tatsachen, aus denen sich ergibt, dass der Schuldner gewöhnlich der Verwaltung seiner Interessen in der Bundesrepublik Deutschland nachgeht (Art. 102c § 5 S. 1 Nr. 2 EGInsO). Die Norm greift den Wortlaut von Art. 3 Abs. 1 UAbs. 1 S. 2 EuInsVO auf (zu den für die Lokalisierung des COMI relevanten Tatsachen → EuInsVO Art. 3 Rn. 16, 20, 23).[10] 6

3. Bezüge zu anderen Mitgliedstaaten (S. 1 Nr. 3). Anzugeben sind weiterhin, in welchen anderen Mitgliedstaaten sich **Gläubiger** oder wesentliche Teile des **Vermögens** befinden oder wesentliche Teile der **Tätigkeit** ausgeübt werden und (Art. 102c § 5 S. 1 Nr. 3 EGInsO). Dies gilt etwa für ein Warenlager (zu den für die Lokalisierung des COMI relevanten Tatsachen → EuInsVO Art. 3 Rn. 16; → EuInsVO Art. 3 Rn. 20; → EuInsVO Art. 3 Rn. 23).[11] 7

4. Bereits beantragte oder eröffnete Hauptinsolvenzverfahren in anderen Mitgliedstaaten (S. 1 Nr. 4). Schließlich ist offenzulegen, ob bereits in einem anderen Mitgliedstaat ein Eröffnungsantrag gestellt oder ein Hauptinsolvenzverfahren eröffnet wurde (Art. 102c § 5 S. 1 Nr. 4 EGInsO). Ein anderweitig eröffnetes Hauptverfahren entfaltet **Sperrwirkung** (→ EuInsVO Art. 19 Rn. 11). 8

Art. 102c § 6 EGInsO Örtliche Zuständigkeit für Annexklagen

(1) Kommt den deutschen Gerichten infolge der Eröffnung eines Insolvenzverfahrens die Zuständigkeit für Klagen nach Artikel 6 Absatz 1 der Verordnung (EU) 2015/848 zu, ohne dass sich aus anderen Vorschriften eine örtliche Zuständigkeit ergibt, so wird der Gerichtsstand durch den Sitz des Insolvenzgerichts bestimmt.

(2) Für Klagen nach Artikel 6 Absatz 1 der Verordnung (EU) 2015/848, die nach Artikel 6 Absatz 2 der Verordnung in Zusammenhang mit einer anderen zivil- oder handelsrechtlichen Klage gegen denselben Beklagten stehen, ist auch das Gericht örtlich zuständig, das für die andere zivil- oder handelsrechtliche Klage zuständig ist.

I. Örtliche Zuständigkeit am Ort des inländischen Insolvenzgerichts (Abs. 1)

Die Vorschrift des Art. 6 Abs. 1 EuInsVO regelt die internationale Zuständigkeit für sog. Annexklagen. Damit sind Klagen gemeint, die unmittelbar aus dem Insolvenzverfahren hervorgehen und in engem Zusammenhang damit stehen. Praktischer Hauptfall ist die **Insolvenzanfechtungsklage** (§§ 129 ff. InsO). Für solche Klagen sind nach Art. 6 Abs. 1 EuInsVO die Gerichte des Mitgliedstaats zuständig, in dem das Insolvenzverfahren eröffnet wurde (vis actractiva concursus). Da diese Vorschrift jedoch nur die internationale Zuständigkeit regelt (→ EuInsVO Art. 6 Rn. 1), kann es dazu 1

---

7 BR-Drs. 654/16, 29.

8 Näher *F. Fuchs,* Nationale und internationale Aspekte des Restschuldbefreiungs-Tourismus, 2015.

9 MüKoInsO/*Thole* EuInsVO Art. 3 Rn. 3.

10 Vgl. hierzu ferner die sonstigen Kommentierungen zu Art. 3 EuInsVO, zB Mankowski/Müller/Schmidt/*Mankowski* EuInsVO Art. 3 Rn. 84 ff.

11 Zum Warenlager auch *Kindler* KTS 2014, 25 (31 f.); vgl. hierzu ferner die sonstigen Kommentierungen zu Art. 3 EuInsVO, zB Mankowski/Müller/Schmidt/*Mankowski* EuInsVO Art. 3 Rn. 84 ff.

kommen, dass Gerichte in der BRepD international zuständig sind, aber eine innerstaatliche Regelung über die örtliche Zuständigkeit fehlt. Um diese Lücke zu schließen, bestimmt Art. 102c § 6 Abs. 1 EGInsO, dass bei Fehlen einer allgemeinen Regelung über die örtliche Zuständigkeit das **sachlich zuständige Gericht am Ort des Insolvenzgerichts** örtlich zuständig ist. Die Vorschrift entspricht der Regelung zur Bestimmung des Gerichtsstands aus § 19a ZPO und soll, wie diese, den **Sachzusammenhang zum Insolvenzverfahren** wahren. Sie überträgt die in Art. 6 Abs. 1 EuInsVO geregelte **vis actractiva concursus**-Regel auf die Ebene der örtlichen Zuständigkeit. Zugleich entspricht die Regelung der Rspr. des BGH, der die bislang bestehende Lücke hinsichtlich der örtlichen Zuständigkeit durch eine analoge Anwendung von § 19a ZPO geschlossen hat.[1] Nach § 88 StaRUG findet Art. 102c § 6 EGInsO in **öffentlichen Restrukturierungssachen** entsprechende Anwendung.[2]

II. Örtliche Zuständigkeit im Gerichtsstand konkurrierender Haftungsklagen aus allgemeinem Zivil- oder Handelsrecht (Abs. 2)

2 Durch Art. 6 Abs. 2 EuInsVO wird dem Insolvenzverwalter darüber hinaus ein **weiterer internationaler Gerichtsstand für die Erhebung der Annexklage** eröffnet. Für Klagen nach Art. 6 Abs. 1 EuInsVO, die im **Zusammenhang mit einer anderen zivil- oder handelsrechtlichen Klage** gegen denselben Beklagten stehen, sind auch die Gerichte des Mitgliedstaats zuständig, in denen der Beklagte seinen Wohnsitz hat. Diese Wohnsitzzuständigkeit setzt voraus, dass die Gerichte nach der Brüssel Ia-VO zuständig sind (Art. 4 Brüssel Ia-VO),[3] dh es darf keine abweichende Gerichtsstandsvereinbarung (Art. 23 Brüssel Ia-VO) vorliegen. Für derartige Klagen ist nach Art. 102c § 6 Abs. 2 EGInsO auch das Gericht örtlich zuständig, das für die andere zivil- oder handelsrechtliche Klage zuständig ist. Diese Regelung **vermeidet einander widersprechende Entscheidungen** deutscher Gerichte (innerer Entscheidungseinklang) und fördert meist die **Effizienz** des Insolvenzverfahrens.[4] Unter den beiden Gerichtsständen des Art. 102c § 6 EGInsO hat der Insolvenzverwalter die Wahl (§ 4 InsO iVm § 35 ZPO. Das Gleiche gilt für den Gegner im Falle einer negativen Feststellungsklage (→ EuInsVO Art. 6 Rn. 23).[5]

3 Der **Begriff des Zusammenhangs** ergibt sich aus Art. 6 Abs. 3 EuInsVO (→ EuInsVO Art. 6 Rn. 22). Beispiel hierfür die Verbindung einer insolvenzrechtlichen Haftungsklage mit einer gesellschafts- oder deliktsrechtlichen Klage genannt, zB nach §§ 31, 43, 64 GmbHG oder § 826 BGB (Existenzvernichtungshaftung, → IntGesR Rn. 436 aE, → IntGesR Rn. 599, → IntGesR Rn. 625, → IntGesR Rn. 649).

4 Die **konkurrierende Zuständigkeit** führt dazu, dass der Beklagte auch an einem anderen Gericht als an seinem Wohnsitzgericht (§§ 12, 13 ZPO) verklagt werden kann. Dies erscheint jedoch nicht unbillig. Denn der Beklagte müsste sich gegen die andere zivil- oder handelsrechtliche Klage ohnehin an dem anderen Gerichtsstand verteidigen.

5 Art. 102c § 6 Abs. 2 EGInsO vermeidet, dass in Fällen, in denen die **Annexklage gegen mehrere Beklagte** erhoben wird, die ihren Wohnsitz nicht in der Bundesrepublik Deutschland haben, eine Lücke hinsichtlich der Bestimmung der örtlichen Zuständigkeit für die Annexklage entsteht.

Art. 102c § 7 EGInsO Öffentliche Bekanntmachung

(1) Der Antrag auf öffentliche Bekanntmachung nach Artikel 28 Absatz 1 der Verordnung (EU) 2015/848 ist an das nach § 1 Absatz 2 zuständige Gericht zu richten.

(2) [1]Der Antrag auf öffentliche Bekanntmachung nach Artikel 28 Absatz 2 der Verordnung (EU) 2015/848 ist an das Insolvenzgericht zu richten, in dessen Bezirk sich der wesentliche Teil des Vermögens des Schuldners befindet. [2]Hat der Schuldner in der Bundesrepublik Deutschland kein Vermögen, so kann der Antrag bei jedem Insolvenzgericht gestellt werden.

(3) [1]Das Gericht kann eine Übersetzung des Antrags verlangen, die von einer hierzu in einem der Mitgliedstaaten der Europäischen Union befugten Person zu beglaubigen ist.

1 BGH NJW 2009, 2215 Rn. 11 ff.

2 Dazu *Skauradszun/Kümpel/Nijnens* NZI 2023, 481; umfassend *Greeve,* Die grenzüberschreitende Restrukturierung von Kapitalgesellschaften, 2023.

3 BR-Drs. 654/16, 30.

4 BR-Drs. 654/16, 30; zur Verfahrenseffizienz als Regelungsziel der EuInsVO s. Erwägungsgrund 3 EuInsVO.

5 Zur zuständigkeitsrechtlichen Gleichstellung von Leistungsklagen und negativen Feststellungsklagen EuGH ECLI:EU:C:2012:664 = NJW 2013, 287 – Folien Fischer.

[2]§ 9 Absatz 1 und 2 und § 30 Absatz 1 der Insolvenzordnung gelten entsprechend. [3]Ist die Eröffnung des Insolvenzverfahrens bekannt gemacht worden, so ist dessen Beendigung in gleicher Weise von Amts wegen bekannt zu machen.

(4) Geht der Antrag nach Absatz 1 bei einem unzuständigen Gericht ein, so leitet dieses den Antrag unverzüglich an das zuständige Gericht weiter und unterrichtet den Antragsteller hierüber.

Übersicht

I. Normzweck

Regelungsgegenstand des Art. 102c § 7 EGInsO sind das **Verfahren** und die **Zuständigkeit** der **öffentlichen Bekanntmachung** auf Antrag nach Art. 28 EuInsVO. Vorgängernorm war Art. 102 § 5 EGInsO. Dabei betrifft Abs. 1 die Pflicht zur Bekanntmachung in jedem Niederlassungsmitgliedstaat des Schuldners (Art. 28 Abs. 1 EuInsVO) und Abs. 2 die ermessensabhängige Bekanntmachung in weiteren Mitgliedstaaten (Art. 28 Abs. 2 EuInsVO). Die Bekanntmachung **bezweckt** insbesondere, den **gutgläubigen Erwerb** vom Schuldner und eine **schuldbefreiende Leistung** an den Schuldner (vgl. §§ 81, 82 InsO) **unmöglich zu machen** (Erwägungsgrund 75 S. 1 zur EuInsVO; → EuInsVO Art. 28 Rn. 1). 1

II. Antragspflicht zur Bekanntmachung bei Niederlassung des Schuldners im Inland (Abs. 1)

Art. 28 EuInsVO regelt die öffentliche Bekanntmachung in anderen Mitgliedstaaten als dem Eröffnungsstaat auf. Art. 28 Abs. 1 EuInsVO **verpflichtet zur Bekanntmachung** der Eröffnungsentscheidung und gegebenenfalls der Entscheidung zur Bestellung des Verwalters in jedem anderen Mitgliedstaat, in dem sich eine Niederlassung des Schuldners befindet. Art. 102c § 7 Abs. 1 EGInsO bestimmt nach dem Vorbild von Art. 102 § 5 Abs. 1 EGInsO, bei welchem Insolvenzgericht der Antrag zu stellen ist. 2

Derartige Bekanntmachungen erfolgen **auf Antrag des Insolvenzverwalters oder des Schuldners in Eigenverwaltung.** Im Eröffnungsstaat selbst erfolgt die Bekanntmachung von Amts wegen nach Art. 24, 27 EuInsVO. **Normadressaten** des Art. 102c § 7 Abs. 1 EGInsO sind daher allein der **ausländische Verwalter oder Schuldner in Eigenverwaltung** iSd Art. 2 Nr. 3 und 5 EuInsVO. Inländische Verwalter oder Schuldner trifft keine Pflicht zur Beantragung der Bekanntmachung im Inland, eben weil diese Bekanntmachung dort von Amts wegen erfolgt. 3

Nach Art. 102c § 7 Abs. 1 EGInsO hat sich der ausländische Verwalter oder Schuldner in Eigenverwaltung an das nach Art. 102c § 1 Abs. 2 EGInsO **zuständige inländische Insolvenzgericht** wenden, nicht unmittelbar an ein inländisches Publikationsorgan iSd §§ 9, 30, 200 InsO. Dieses Gericht ist besonders geeignet, die Voraussetzungen für die Veröffentlichung zu überprüfen, weil es bereits einen hinreichenden Sachverstand zur Behandlung grenzüberschreitender Insolvenzverfahren entwickelt hat.[1] Zuständig ist grundsätzlich das Gericht der inländischen Niederlassung iSd Art. 2 Nr. 10 EuInsVO (Art. 102c § 1 Abs. 2 EGInsO). 4

III. Antragsrecht zur Bekanntmachung bei sonstigen Inlandsbezügen (Abs. 2)

Nach Art. 28 Abs. 2 EuInsVO kann der Verwalter (Art. 2 Nr. 5 EuInsVO) nach seinem **Ermessen** beantragen, dass die Bekanntmachung der Eröffnungsentscheidung und der Entscheidung zur Bestellung des Verwalters auch in einem anderen Mitgliedstaat veröffentlicht wird. Die gleiche Antragsbefugnis steht dem Schuldner in Eigenverwaltung (Art. 2 Nr. 3 EuInsVO) zu. Dieser Antrag ist nach Art. 102c § 7 Abs. 2 S. 1 EGInsO bei dem **Gericht** zu stellen, **in dessen Bezirk sich die wesentlichen inländischen Vermögenswerte des Schuldners befinden.** Bilden diese Vermögenswerte eine Niederlassung (Art. 2 Nr. 10 EuInsVO), so besteht kein Ermessen, da in diesem Fall 5

[1] BT-Drs. 15/16, 16 mit dem anschaulichen Beispiel, dem Bundesanzeiger sei nicht zuzumuten, einen finnischen Eröffnungsbeschluss zu überprüfen.

bereits die Antragspflicht nach Art. 28 Abs. 1 EuInsVO eingreift und die Veröffentlichung nach Art. 102c § 7 Abs. 1 EGInsO beim Gericht an der Niederlassung des Schuldners zu beantragen ist (→ Rn. 2 ff.). Relevante Vermögenswerte sind etwa **Forderungen des Schuldners gegen im Inland ansässige Drittschulder** sowie die weiteren in Art. 2 Nr. 9 EuInsVO aufgeführten Vermögensgegenstände.

6 Für den Fall, dass sich in der Bundesrepublik Deutschland keinerlei Vermögenswerte des Schuldners befinden, sieht Art. 102c § 7 Abs. 2 S. 2 EGInsO ergänzend vor, dass der Antrag bei jedem inländischen Insolvenzgericht gestellt werden kann. Der Hauptanwendungsfall dieser **Auffangzuständigkeit** dürfte sein, dass der ausländische Insolvenzverwalter oder Schuldner in Eigenverwaltung (Art. 2 Nr. 3 EuInsVO) die öffentliche Bekanntmachung beantragt, weil er **unbekannte Gläubiger** in der Bundesrepublik Deutschland vermutet.[2]

IV. Verfahren und Kosten

7 Das **Verfahren der Bekanntmachung** richtet sich nach dem Recht des Veröffentlichungsstaates, mithin im Anwendungsbereich des Art. 102c § 7 EGInsO nach deutschem Recht (Art. 28 Abs. 1 S. 1 EuInsVO). Im Einzelnen:

8 Zur Arbeitserleichterung kann das Gericht eine **beglaubigte Übersetzung** verlangen. Entsprechend Art. 22 UAbs. 2 EuInsVO kann in Anlehnung an Art. 57 Brüssel Ia-VO die Beglaubigung der Übersetzung von einer dazu befugten Person verlangt werden (→ EuInsVO Art. 22 Rn. 8 f.).

9 Durch den Verweis von Art. 102c § 7 Abs. 3 S. 2 EGInsO auf § 9 Abs. 1 und 2 InsO, § 30 Abs. 1 InsO wird geregelt, dass die öffentliche Bekanntmachung in Bezug auf ausländische Verfahren ebenso vorzunehmen ist **wie bei inländischen Verfahren.** Sie hat demnach in dem für amtliche Bekanntmachungen des Gerichts bestimmten Blatt und auszugsweise im Bundesanzeiger zu erfolgen. Zudem erfolgt gemäß Art. 102c § 7 Abs. 3 S. 2 EGInsO nach § 9 InsO eine Veröffentlichung im Internet unter www.insolvenzbekanntmachungen.de, und zwar in deutscher Sprache; auch § 30 InsO findet Anwendung.

10 Nach Art. 102c § 7 Abs. 3 S. 3 EGInsO ist auch die **Beendigung eines Verfahrens** öffentlich bekannt zu machen. Dies gebietet das **„Interesse des Wirtschaftsverkehrs“**;[3] Dritten gegenüber soll offengelegt werden, dass auf Grund der Beendigung des Insolvenzbeschlages infolge der Beendigung des Verfahrens der Schuldner seine Verfügungs- und damit auch seine Prozessführungsbefugnis zurückerlangt hat (vgl. im deutschen Recht § 215 InsO). Die Norm stellt sicher, dass die Bekanntmachung über die Verfahrensbeendigung stets **von Amts wegen** zu erfolgen hat und nicht von einem Antrag abhängig ist, soweit auch die Eröffnung bekannt gemacht wurde. Ein **„Antrag“** auf Bekanntmachung der Verfahrensbeendigung ist als **Anregung** der Bekanntmachung von Amts wegen zu behandeln.[4] Dies entspricht weitgehend der bisherigen Regelung in Art. 102 § 5 Abs. 2 S. 2 EGInsO.

11 Ist der Antrag auf öffentliche Bekanntmachung an ein **unzuständiges Gericht** gegangen, muss dieses den Antrag nach Art. 102c § 7 Abs. 4 EGInsO an das zuständige Gericht weiterleiten.

12 Für die Entscheidung des inländischen Insolvenzgerichts über die Bekanntmachung der ausländischen Entscheidung fallen keine Gerichtsgebühren an. Allerdings entstehen **Bekanntmachungskosten** (vgl. KV 9004 GKG). Nach § 24 GKG ist der Antragsteller Kostenschuldner im Antragsverfahren nach Art. 102c § 7 Abs. 1 EGInsO. Dies steht im Einklang mit Art. 30 EuInsVO, wonach die mit der Bekanntmachung nach Art. 28 EuInsVO entstehenden Kosten vom Antragsteller zu tragen sind. Sie fallen der ausländischen Masse zur Last. Bei einer Veröffentlichung von Amts wegen folgt die Kostenschuldnerschaft aus § 23 Abs. 6 GKG.

Art. 102c § 8 EGInsO Eintragung in öffentliche Bücher und Register

(1) [1]Der Antrag auf Eintragung nach Artikel 29 Absatz 1 der Verordnung (EU) 2015/848 ist an das nach § 1 Absatz 2 zuständige Gericht zu richten. [2]Er soll mit dem Antrag nach Artikel 28 Absatz 1 der Verordnung (EU) 2015/848 verbunden werden. [3]Das Gericht ersucht die registerführende Stelle um Eintragung. [4]§ 32 Absatz 2 Satz 2 der Insolvenzordnung findet keine Anwendung.

(2) [1]Der Antrag auf Eintragung nach Artikel 29 Absatz 2 der Verordnung (EU) 2015/848 ist an das nach § 7 Absatz 2 zuständige Gericht zu richten. [2]Er soll mit dem Antrag nach Artikel 28 Absatz 2 der Verordnung (EU) 2015/848 verbunden werden.

(3) [1]Die Form und der Inhalt der Eintragung richten sich nach deutschem Recht. [2]Kennt

[2] BR-Drs. 654/16, 30.
[3] BR-Drs. 654/16, 30.
[4] BT-Drs. 18/12154, 31.

das Recht des Mitgliedstaats der Europäischen Union, in dem das Insolvenzverfahren eröffnet worden ist, Eintragungen, die dem deutschen Recht unbekannt sind, so hat das Insolvenzgericht eine Eintragung zu wählen, die der des Mitgliedstaats der Verfahrenseröffnung am nächsten kommt.

(4) § 7 Absatz 4 gilt entsprechend.

I. Unionsweite Publizität der Eröffnungsentscheidung (Art. 29 EuInsVO)

In **Art. 29 EuInsVO** regelt die Eintragung der Eröffnungsentscheidung in öffentliche Register eines anderen, vom Insolvenzeröffnungsmitgliedstaat verschiedenen Mitgliedstaaates. Art. 102c § 8 EGInsO enthält hierzu **Durchführungsbestimmungen.** Nach dem Vorbild von Art. 102 § 6 EGInsO wird dort bestimmt, dass der Antrag auf Eintragung in öffentliche Bücher und Register an das inländische Insolvenzgericht zu richten ist, das anschließend die registerführende Stelle um Eintragung ersucht (§§ 31–33 InsO). Zuständig ist das Insolvenzgericht, das nach Art. 102c §§ 1, 7 EGInsO auch für den Antrag auf öffentliche Bekanntmachung nach Art. 28 EuInsVO verantwortlich ist. Aus verfahrensökonomischen Gründen sollen beide Anträge verbunden werden (Art. 102c § 8 Abs. 1 S. 2 und Abs. 2 S. 2 EGInsO).[1] 1

Die Eintragung des Insolvenzvermerks ist **keine Voraussetzung für die Anerkennung** des ausländischen Insolvenzverfahrens. Sie dient allein der **Rechtssicherheit.**[2] 2

II. Antragspflicht zur Registereintragung bei Niederlassung des Schuldners im Inland (Abs. 1)

Art. 29 Abs. 1 EuInsVO regelt den Fall, dass der Schuldner in einem anderen als dem Eröffnungsmitgliedstaat (1) eine **Niederlassung** hat und diese Niederlassung in einem öffentlichen Register dieses Mitgliedstaats eingetragen ist **oder** (2) **unbewegliches Vermögen** hat. Ist im Niederlassungs- und/oder Belegenheitsstaat gesetzlich vorgeschrieben, dass die Informationen nach Art. 28 EuInsVO über die Eröffnung eines Insolvenzverfahrens im Grundbuch, Handelsregister oder einem sonstigen öffentlichen Register einzutragen sind, so hat der Verwalter (Art. 2 Nr. 5 EuInsVO) oder der Schuldner in Eigenverwaltung (Art. 2 Nr. 3 EuInsVO) die Eintragung im Register durch alle dazu erforderlichen Maßnahmen sicherzustellen. Dieser Pflichtantrag des ausländischen Verwalters auf Eintragung in die inländischen Register ist an das **zuständige inländische Gericht an der Niederlassung des Schuldners** zu richten (Art. 102c § 8 Abs. 1 S. 1 EGInsO).[3] Zuständig ist nach Art. 102c § 1 Abs. 2 EGInsO grundsätzlich das Gericht der inländischen Niederlassung. Wird der Antrag direkt an die Registerstelle gerichtet (Grundbuchamt, Registergericht), ist er als unzulässig zurückzuweisen. Das ergibt sich aus Art. 102c § 8 Abs. 1 S. 4 EGInsO iVm § 32 Abs. 2 S. 2 InsO. Sonstige Aufträge des ausländischen Verwalters unterliegen nicht der Vorschrift des Art. 102c § 8 EGInsO.[4] 3

Das Insolvenzgericht ersucht dann nach Art. 102c § 8 Abs. 1 S. 3 EGInsO die registerführende Stelle um Eintragung. Das **Insolvenzgericht** ist demnach als **„Prüfstelle"** zwischen Insolvenzverwalter und Registerstelle geschaltet. Dies hat den Vorteil, dass die **Register** führende Stelle **entlastet** wird. Sie muss keine schwierige Anerkennungsprüfung durchführen.[5] Zudem spricht die **Praktikabilität** für diese Lösung. Der Verwalter muss sich nur an eine einzige Stelle richten und nicht an alle relevanten Registerstellen. Diese zentrale Stelle veranlasst dann alle Eintragungen. Auf diese Weise wird das Verfahren erleichtert, was nach dem Erwägungsgrund 3 EuInsVO die Ziele der Verordnung fördert. Schließlich wird vermieden, dass es zu **unterschiedlichen Beurteilungen** der Anerkennungsfähigkeit durch die beteiligten Registerstellen kommt. 4

Nach Art. 29 Abs. 1 EuInsVO sind die relevanten Register das Grundbuch, das Handelsregister und „alle sonstigen öffentlichen Register". Letztere sind **teleologisch zu reduzieren** auf diejenigen, die die lex libri siti als eintragungsrechtlich relevant einordnet. 5

III. Antragsrecht zur Bekanntmachung bei sonstigen Inlandsbezügen (Abs. 2)

Art. 29 Abs. 2 EuInsVO erlaubt dem Verwalter und dem Schuldner in Eigenverwaltung (Art. 2 Nr. 3 EuInsVO), **bei fehlender Niederlassung und/oder Vermögensbelegenheit** iSd Art. 29 6

---

1 BR-Drs. 654/16, 30.
2 *Pannen/Riedemann* NZI 2004, 301 (304).
3 OLG Düsseldorf ZIP 2012, 1675 = IPRax 2013, 358; dazu *Mansel/Thorn/Wagner* IPRax 2013, 1 (32).
4 AG Duisburg NZI 2010, 199.
5 BT-Drs. 15/16, 16; *Pannen/Riedemann* NZI 2004, 301 (304).

Abs. 1 EuInsVO eine Registereintragung in einem anderen Mitgliedstaat herbeizuführen.[6] Das Antragsrecht steht allerdings unter dem Vorbehalt, dass das Recht des jeweiligen Mitgliedstaats die Eintragung zulässt. Es soll vermieden werden, dass die Register mit artfremden Eintragungen aus ausländischen Insolvenzverfahren belastet werden. Derartige Anträge sind gemäß Art. 102c § 8 Abs. 2 S. 1 EGInsO an das nach Art. 102c § 7 Abs. 2 EGInsO zuständige Gericht zu richten. Er soll mit dem Antrag nach Art. 28 Abs. 2 EuInsVO verbunden werden (Art. 102c § 8 Abs. 2 S. 1 EGInsO). Für die **Löschung** eines im Grundbuch eingetragenen Insolvenzvermerks über die Eröffnung eines ausländischen Insolvenzverfahrens **gilt Art. 102c § 8 Abs. 2 EGInsO entsprechend.** Es bedarf keines Rückgriffs auf § 346 InsO.[7]

7 Ob der ausländische Insolvenzverwalter einen Antrag auf Eintragung stellt, steht in seinem **Ermessen.**[8] Unterlässt er dies pflichtwidrig, ist dieses Verhalten für ihn aber haftungsrechtlich relevant.

IV. Form und Inhalt der Eintragung (Abs. 3)

8 Die Form und der Inhalt der Eintragung richten sich nach deutschem Recht (Art. 102c § 8 Abs. 3 S. 1 EGInsO). Kennt das deutsche Recht den einzutragenden Vorgang nicht,[9] ist eine Eintragung vorzunehmen, die der des Eröffnungsstaates am nächsten kommt (Art. 102c § 8 Abs. 3 S. 2 EGInsO). Ist eine solche **Substitution** nicht möglich, kann das Insolvenzgericht von dem Ersuchen zur Eintragung absehen.

V. Antrag an unzuständiges Gericht (Abs. 4)

9 Wird der Antrag des Insolvenzverwalters an ein sachlich oder örtlich unzuständiges Gericht gestellt, so ist er an das zuständige Gericht **weiterzuleiten.** Dies folgt aus dem Verweis auf Art. 102c § 7 Abs. 4 EGInsO in Art. 102c § 8 Abs. 4 EGInsO.

10 Anderes gilt bei einer **Vorbefassung** des Insolvenzgerichts mit einem Antrag auf Eintragung eines Insolvenzvermerks: Das Insolvenzgericht, das zuerst mit dem Antrag auf Eintragung von Insolvenzvermerken in Allein- und Miteigentumsanteile des Schuldners im Grundbuch durch einen Insolvenzverwalter aus dem EU-Ausland befasst ist, ist auch für nachfolgende Eintragungsersuchen zuständig; dies gilt unabhängig davon, ob seine örtliche Zuständigkeit gegeben ist. Dies folgt aus einer analogen Anwendung von § 348 Abs. 1 S. 1 Hs. 2 InsO.[10]

Art. 102c § 9 EGInsO Rechtsmittel gegen eine Entscheidung nach § 7 oder § 8

[1]Gegen die Entscheidung des Insolvenzgerichts nach § 7 oder § 8 findet die sofortige Beschwerde statt. [2]Die §§ 574 bis 577 der Zivilprozessordnung gelten entsprechend, wobei die Entscheidung über die Beschwerde gemäß § 6 Absatz 3 der Insolvenzordnung erst mit Rechtskraft wirksam wird.

1 Der antragstellende Insolvenzverwalter hat nach Art. 102c § 9 S. 1 EGInsO die Möglichkeit, gegen Entscheidungen nach § 7 oder § 8 eine **sofortige Beschwerde** einzulegen. Gegen die Entscheidung über die Beschwerde findet nach Art. 102c § 9 S. 2 EGInsO iVm §§ 574 ff. ZPO die **Rechtsbeschwerde** statt. Mit der **Neufassung durch das SanInsFoG** wurde zum 1.1.2021 klargestellt, dass § 6 Abs. 3 InsO im Rahmen von Beschwerdeverfahren anwendbar ist. Die Beschwerdefähigkeit der genannten Entscheidungen rechtfertigt sich damit, dass es bei der öffentlichen Bekanntmachung und der Eintragung in die Register um **Massesicherung** geht. Die Vorschrift ist wortgleich mit Art. 102 § 7 EGInsO.

2 Das Rechtsmittel des Art. 102c § 9 EGInsO greift dem Wortlaut nach nur ein, wenn das Insolvenzgericht den Antrag ablehnt, die Registerstelle um Eintragung zu ersuchen. Damit gewährt die Vorschrift ihrem Wortlaut nach allerdings nur einen lückenhaften Rechtsschutz. Denn im Interesse der Massesicherung muss in den Fällen des Art. 102c § 8 EGInsO genauso eine **Beschwerde gegen die Entscheidung der Registerstelle** möglich sein, dem Ersuchen des Insolvenzgerichts nicht nachzukommen. Dafür spricht auch, dass durch die Zwischenschaltung des Insolvenzgerichts der Registerstelle einerseits zwar jeder Entscheidungsspielraum genommen wird, andererseits das

---

[6] Beispiel: AG Mannheim ZIP 2016, 2235 zu Art. 22 EuInsVO 2000.
[7] OLG Köln ZIP 2019, 2168.
[8] BT-Drs. 15/16, 16.
[9] Zu diesem Merkmal AG Mannheim ZIP 2016, 2235 (2238).
[10] AG Mannheim ZIP 2016, 2235.

Insolvenzgericht aber keine Möglichkeit hat, die erbetene Eintragung zu erzwingen. Dass auch der Gesetzgeber eine sofortige Beschwerde gegen die ablehnende Entscheidung der Registerstelle zulassen wollte, ergibt sich aus den Materialien. Denn danach sollten auf die Entscheidung des Grundbuchamtes hinsichtlich des Ersuchens des Insolvenzgerichts außerdem die im Grundbuchverfahren geltenden Beschwerdevorschriften nach §§ 71 ff. GBO Anwendung finden.[1] Insofern gilt also **Art. 102c § 9 EGInsO analog.**

Art. 102c § 10 EGInsO Vollstreckung aus der Eröffnungsentscheidung

[1]Ist der Verwalter eines Hauptinsolvenzverfahrens nach dem Recht des Mitgliedstaats der Europäischen Union, in dem das Insolvenzverfahren eröffnet worden ist, befugt, auf Grund der Entscheidung über die Verfahrenseröffnung die Herausgabe der Sachen, die sich im Gewahrsam des Schuldners befinden, im Wege der Zwangsvollstreckung durchzusetzen, so gilt für die Vollstreckung in der Bundesrepublik Deutschland Artikel 32 Absatz 1 Unterabsatz 1 der Verordnung (EU) 2015/848. [2]Für die Verwertung von Gegenständen der Insolvenzmasse im Wege der Zwangsvollstreckung gilt Satz 1 entsprechend.

Nach **Art. 102c § 10 S. 1 EGInsO** gilt Art. 32 Abs. 1 UAbs. 1 EuInsVO für die Vollstreckung 1 aller Entscheidungen, die die Herausgabe von Massegegenständen an den Hauptverwalter betreffen. Die Vollstreckung erfolgt ohne weitere Förmlichkeiten. Es finden – mit Ausnahme der Art. 45, 46 Brüssel Ia-VO – die Art. 39–57 Brüssel Ia-VO Anwendung (Art. 102c § 10 S. 1 EGInsVO iVm Art. 32 Abs. 1 UAbs. 1 S. 2 EuInsVO).

Die Vorschrift entspricht weitgehend der Regelung des Art. 102 § 8 EGInsO und ergänzt 2 Art. 32 Art. 1 UAbs. 1 EuInsVO zur Anerkennung und Vollstreckbarkeit von Gerichtsentscheidungen. Art. 102c § 10 EGInsO berücksichtigt allerdings, dass durch die Brüssel Ia-VO das Exequatur-Verfahren abgeschafft wurde (Art. 39 Brüssel Ia-VO). Sie trifft nur noch eine Regelung zur Vollstreckung.

Art. 102c § 10 S. 1 EGInsO regelt folgenden Fall: In einem Mitgliedstaat wird das Hauptverfah- 3 ren eröffnet. Das hat nach Art. 21 Abs. 1 S. 1 EuInsVO zur Folge, dass der Verwalter dieses Verfahrens in Deutschland alle Befugnisse ausüben kann, die ihm nach der lex fori concursus zustehen. So wird er insbesondere die Insolvenzmasse in Besitz und Verwaltung nehmen (nach dem deutschen materiellen Insolvenzrecht ist er dazu gemäß § 148 Abs. 1 InsO verpflichtet). Hierzu dient ihm die vollstreckbare Ausfertigung des Eröffnungsbeschlusses als Herausgabetitel (vgl. im deutschen Recht § 148 Abs. 2 ZPO). Der ausländische Titel wird nach Art. 102c § 10 S. 1 EGInsO iVm Art. 32 Abs. 1 UAbs. 1 S. 2 EuInsVO ohne weitere Förmlichkeiten anerkannt und vollstreckt. Dies erleichtert dem Verwalter die Durchsetzung der Herausgabepflicht beträchtlich und dient damit der Verfahrenseffizienz iSd Erwägungsgrundes 3 EuInsVO.

Nach Art. 102c § 10 **S. 2** EGInsO greift das erleichterte Exequaturverfahren auch ein, wenn 4 der ausländische Verwalter Massebestandteile **im Wege der Zwangsvollstreckung verwerten will.**

Nach Art. 102 § 8 Abs. 2 EGInsO mit seinem Verweis auf Art. 102 § 6 Abs. 3 EGInsO war 5 unter der **EuInsVO 2000** ein Antrag des ausländischen Insolvenzverwalters an das unzuständige Gericht an das zuständige Gericht weiterzuleiten und der Antragssteller ist hiervon zu unterrichten. Die Vorschrift hat keine Entsprechung in Art. 102c § 10 EGInsO. Sie ist mit dem Wegfall der Vollstreckbarerklärung unter der Brüssel Ia-VO (→ Rn. 2) überflüssig geworden.

Teil 2. Sekundärinsolvenzverfahren

Vorbemerkung (Art. 102c Vor §§ 11–21 EGInsO)

Übersicht

[1] BT-Drs. 15/16, 16.
[1] BT-Drs. 15/16, 17.

I. Gesetzessystematik

1 Teil 2 von Art. 102c EGInsO enthält Vorschriften zur in Art. 36 EuInsVO ausführlich geregelten Durchführung von **„synthetischen“ Sekundärinsolvenzverfahren.** Dabei wird ein an sich zulässiges Sekundärinsolvenzverfahren (Art. 3 Abs. 2 EuInsVO, Art. 34 ff. EuInsVO) nicht förmlich eröffnet. Die Gläubiger sollen allerdings so gestellt werden, als sei es tatsächlich eröffnet worden (Art. 36 Abs. 1 S. 1 EuInsVO). Richtiger wäre daher die Bezeichnung **„virtuelles Sekundärverfahren“,**[1] doch soll hier in Übereinstimmung mit der in anderen Sprachen erschienenen Lit. auch im Deutschen vom „synthetischen“ Sekundärverfahren die Rede sein (→ EuInsVO Art. 36 Rn. 1).[2] Voraussetzung für ein solches Verfahren ist, dass der Insolvenzverwalter des Hauptinsolvenzverfahrens den Gläubigern des Niederlassungsstaates, in dem ein Sekundärinsolvenzverfahren *hätte eröffnet werden können* (Art. 3 Abs. 2 EuInsVO), zusichert, nach den Verteilungsregeln dieses Staates befriedigt zu werden. Außerdem müssen diese sog. lokalen Gläubiger (Art. 2 Nr. 11 EuInsVO) diese Zusicherung billigen.

2 Die Vorschrift des Art. 36 EuInsVO ermöglicht dem Insolvenzverwalter des Hauptverfahrens demnach die **Vermeidung von echten Sekundärverfahren** und den damit verbundenen Behinderungen durch den ausländischen Sekundärverwalter und das dortige Insolvenzgericht, wenn er die Interessen der lokalen Gläubiger (Art. 2 Nr. 11 EuInsVO) durch eine derartige **„Zusicherung“** hinreichend schützt. Die Zusicherung führt zur **Bildung einer – virtuellen – Untermasse,** nämlich der des möglichen Sekundärverfahrens, für die der Verwalter des Hauptverfahrens grundsätzlich die Vorschriften des hypothetischen Sekundärverfahrensstaates berücksichtigen muss. Die Durchführungbestimmungen zu Art. 36 EuInsVO unterscheiden in systematischer Hinsicht danach, ob in der BRepD das Hauptverfahren (→ Rn. 3 ff.) oder das synthetische Sekundärverfahren (→ Rn. 8 ff.) durchgeführt wird.

II. Inländisches Hauptinsolvenzverfahren

3 Die Vorschrift des Art. 102c EGInsO regelt zunächst in Teil 2 Abschnitt 1 (§§ 11 ff.) den Fall, dass **in der BRepD ein Hauptinsolvenzverfahren** eröffnet wurde und der Verwalter dieses Verfahrens eine „Zusicherung“ iSd Art. 36 EuInsVO zur Vermeidung eines Sekundärinsolvenzverfahrens in einem anderen Mitgliedstaat der EU gegeben hat.[3] Form und Verfahren für die Abgabe einer solchen Zusicherung richten sich nach dem internen Verfahrensrecht dieses Sekundärstaates (Art. 36 Abs. 4 und 5 EuInsVO). Die deutschen Durchführungsbestimmungen zur EuInsVO sehen insoweit vor, dass der inländische Verwalter vor der Abgabe einer Zusicherung die **Zustimmung des Gläubigerausschusses** einholt (Art. 102c § 11 Abs. 1 S. 1 EGInsO). Ist ein Gläubigerausschuss noch nicht bestellt worden, ist die Zustimmung des vorläufigen Gläubigerausschusses einzuholen (Art. 102c § 11 Abs. 1 S. 1 EGInsO iVm § 21 Abs. 2 Nr. 1a InsO).

4 Im Hinblick auf die Informationsinteressen der lokalen Gläubiger der virtuellen Sekundärmasse sollte die Zusicherung nach dem RegE **Angaben** darüber enthalten, ob der Verwalter vor ihrer Abgabe **Vermögenswerte aus der Bundesrepublik Deutschland entfernt** hat (Art. 102c § 11 Abs. 1 EGInsO idF des RegE). Die Regelung wurde nicht in das Gesetz übernommen.[4]

5 Die Zusicherung ist sodann vom Verwalter öffentlich **bekannt zu machen** und den bekannten Gläubigern **zuzustellen** (Art. 102c § 12 EGInsO). Außerdem muss der Verwalter die lokalen Gläubiger über das **Ergebnis der Abstimmung** über die Billigung der Zusicherung unterrichten (Art. 102c § 19 EGInsO).

6 Die lokalen Gläubiger müssen einen Bruch der Zusicherung durch den inländischen Insolvenzverwalter nicht hinnehmen. Sie haben das Recht, nach Art. 36 Abs. 7 S. 2 EuInsVO im Rahmen des Hauptinsolvenzverfahrens eine **Aussetzung von Verteilungshandlungen** zu erwirken, die vom Inhalt der Zusicherung abweichen. Dieser Rechtsbehelf ist aus Gründen der Rechtssicherheit und der Verfahrensbeschleunigung allerdings innerhalb einer zweiwöchigen **Notfrist** ab der Benachrichtigung über die beabsichtigte Verteilung ausüben (Art. 102c § 21 Abs. 1 S. 2 EGInsO). Der inländische Verwalter muss frühzeitig Klarheit darüber haben, ob und wann er mit der angekündigten Verteilung beginnen kann. Zudem lassen sich so unnötige Verzögerungen im Verfahrensablauf und – aus Sicht der Gläubiger – weitere Liquiditätsverluste vermeiden.

7 **Zuständig** für die Anordnung der Aussetzung von Verteilungshandlungen und sonstiger Maßnahmen, die nach Art. 37 Abs. 8 EuInsVO zur Sicherung der Ansprüche der lokalen Gläubiger

---

[1] KOM(2012) 744 endg., 8; *Bayer/J. Schmidt* BB 2013, 3 (9); *Prager/Keller* WM 2015, 805 (807).

[2] Ebenso Mankowski/Müller/Schmidt/*Mankowski* EuInsVO Art. 36 Rn. 4; vgl. „synthetic“/„synthéthique“ usw.

[3] Zum Folgenden BR-Drs. 654/16, 19 f.; zum inländischen Hauptverfahren (Art. 102c §§ 11–14 EGInsO) *Fritz* BB 2017, 131 (133 f.).

[4] BT-Drs. 18/12154, 13, 31.

erwirkt werden können, soll das **Insolvenzgericht** sein, das das **inländische Hauptinsolvenzverfahren** eröffnet hat (Art. 102c § 21 Abs. 1 S. 1 EGInsO).

III. Hauptinsolvenzverfahren in einem anderen Mitgliedstaat

In Art. 102c Teil 2 Abschnitt 2 (§§ 15 ff.) EGInsO finden sich Regelungen für den umgekehrten Fall, dass der Verwalter eines **in einem anderen Mitgliedstaat der EU eröffneten Hauptinsolvenzverfahrens** eine Zusicherung nach Art. 36 Abs. 1 EuInsVO abgibt und damit die Eröffnung eines Sekundärinsolvenzverfahrens in der BRepD vermieden wird.[5] Regelungsbedürftig ist hier zunächst das **Verfahren der Abstimmung über die Zusicherung.** Nach Art. 36 Abs. 5 S. 2 EuInsVO sind die Bestimmungen zum Verfahren und zu den Mehrheitserfordernissen anzuwenden, die nach dem Recht des Mitgliedstaats, in dem ein Sekundärinsolvenzverfahren *hätte eröffnet werden können,* für die Annahme von Sanierungsplänen gelten. Das sind in dieser Fallsituation die Bestimmungen der §§ 222 ff., 235 ff. InsO. Da aber zum Zeitpunkt der Zusicherung gerade noch kein Sekundärinsolvenzverfahren in der Bundesrepublik Deutschland eröffnet worden ist, musste geregelt werden, welche Person oder Stelle für die Durchführung der Abstimmung der lokalen Gläubiger verantwortlich sein soll. Nach den §§ 235 ff. InsO wäre dies an sich das Insolvenzgericht. Eine Befassung des für das zu vermeidende Sekundärinsolvenzverfahren zuständigen Insolvenzgerichts liefe aber dem Zweck des Art. 36 EuInsVO zuwider, ein förmliches Sekundärverfahren gerade zu vermeiden. Die Befassung des lokalen Insolvenzgerichts wäre zwangsläufig mit Zusatzaufwand und Zusatzkosten verbunden. Auch eine Befassung des Gerichts des Hauptinsolvenzverfahrens erscheint nicht sachgerecht. Denn nach der Systematik und dem Schutzzweck von Art. 36 Abs. 5 EuInsVO soll die Abstimmung gerade im Niederlassungsstaat durchgeführt werden. 8

Daher überantwortet das Gesetz dem **Verwalter des ausländischen Hauptinsolvenzverfahrens** die **Leitung der Abstimmung der lokalen inländischen Gläubiger über die Zusicherung** (Art. 102c § 17 Abs. 1 S. 1 EGInsO). Es liegt im Interesse dieses Verwalters und der Gläubiger des ausländischen Hauptinsolvenzverfahrens, dass die im Niederlassungsstaat befindlichen Vermögenswerte weiterhin zur Masse des Hauptinsolvenzverfahrens gehören und im Rahmen einer einheitlichen Verwertungsstrategie realisiert werden können. Auch können hierdurch die mit der Durchführung eines Sekundärinsolvenzverfahrens verbundenen Kosten und Aufwände vermieden werden. Daher ordnet Art. 102c § 17 Abs. 1 S. 2 EGInsO die entsprechende Geltung der **Mehrheits- und Verfahrensvorschriften des Insolvenzplanrechts** an und bestimmt den ausländischen Insolvenzverwalter zum Leiter der Abstimmung. 9

Die **sofortige Beschwerde** nach § 253 InsO **ist nicht statthaft;** gerichtliche Entscheidungen ergehen vielmehr nur in den von der EuInsVO oder Art. 102c EGInsO vorgesehenen Fällen. Anderenfalls müsste die Frage, ob eine wirksame Zusicherung vorliegt, in streitigen Fällen in einem unter Umständen zeitaufwändigen Verfahren von den Gerichten des Niederlassungsstaats, möglicherweise gar über mehrere Instanzen, entschieden werden. Dies lässt sich mit der Eilbedürftigkeit des Insolvenzverfahrens nicht vereinbaren. 10

Nach **Art. 36 Abs. 9 EuInsVO** sind die lokalen Gläubiger befugt, ihre Ansprüche aus der Zusicherung des Verwalters vor den Gerichten des Niederlassungsstaats sichern zu lassen. Dafür bestimmt Art. 102c § 21 Abs. 2 EGInsO die **örtliche Zuständigkeit** des nach Art. 102c § 1 Abs. 2 EGInsO für die Niederlassung zuständigen Insolvenzgerichts. 11

Abschnitt 1. Hauptinsolvenzverfahren in der Bundesrepublik Deutschland

Art. 102c § 11 EGInsO Voraussetzungen für die Abgabe der Zusicherung

(1) Soll in einem in der Bundesrepublik Deutschland anhängigen Insolvenzverfahren eine Zusicherung nach Artikel 36 der Verordnung (EU) 2015/848 abgegeben werden, hat der Insolvenzverwalter zuvor die Zustimmung des Gläubigerausschusses oder des vorläufigen Gläubigerausschusses nach § 21 Absatz 2 Satz 1 Nummer 1a der Insolvenzordnung einzuholen, sofern ein solcher bestellt ist.

(2) Hat das Insolvenzgericht die Eigenverwaltung angeordnet, gilt Absatz 1 entsprechend.

I. Normzweck

Das Erfordernis der Gläubigerzustimmung bezweckt die **Wahrung der Interessen der Gläubiger des Hauptinsolvenzverfahrens** im Rahmen der nach Art. 36 EuInsVO abgegebenen Zusiche- 1

5 Zum Folgenden BR-Drs. 654/16, 20 f.; zum ausländischen Hauptverfahren (Art. 102c §§ 15–21 EGInsO) *Fritz* BB 2017, 131 (134).

rung. Nach Art. 36 Abs. 4 S. 2 EuInsVO sind bei Abgabe der Zusicherung die nach dem Recht des Staates der Eröffnung des Hauptinsolvenzverfahren geltenden Formerfordernisse und Zustimmungserfordernisse hinsichtlich der Verteilung zu beachten. Den damit eröffneten Regelungsspielraum auf mitgliedstaatlicher Ebene füllt Art. 102c § 11 EGInsO aus. Mit dem Zustimmungserfordernis entlastet Art. 102c § 11 EGInsO den Verwalter, weil die Gesamtgläubigerschaft letztlich die Folgen von Fehleinschätzungen zu tragen hat.[1]

II. Zustimmung des inländischen Gläubigerausschusses (Abs. 1)

2 **1. Anlehnung an die Regelung der Verteilungshandlungen.** Die Voraussetzungen für die Abgabe von Zusicherungen sind inhaltlich an § 187 Abs. 3 S. 2 InsO angelehnt, wonach der Verwalter vor der Vornahme von Verteilungshandlungen die Zustimmung des Gläubigerausschusses einzuholen hat, sofern ein solcher bestellt ist. Dies entspricht Art. 36 Abs. 4 EuInsVO, wonach die Abgabe der Zusicherung den Form- und Zustimmungserfordernissen unterliegen soll, denen Verteilungsmaßnahmen unterliegen.[2]

3 **Das Zustimmungserfordernis verhindert eine Schädigung** derjenigen **Insolvenzgläubiger,** die in einem Sekundärinsolvenzverfahren kein Vorrecht genießen würden und somit primär auf die Masse des Hauptinsolvenzverfahrens angewiesen sind. Diese Gefahr besteht, wenn der Insolvenzverwalter bei seiner Zusicherung den Wert der im Niederlassungsstaat befindlichen Vermögenswerte zu hoch angibt (vgl. Art. 36 Abs. 1 S. 2 EuInsVO) und damit die lokalen Gläubiger einen nicht gerechtfertigten Vorteil zulasten der übrigen Insolvenzgläubiger erlangen könnten.

4 Die Zustimmung des Gläubigerausschusses muss der Erklärung der Zusicherung durch den Verwalter zeitlich vorausgehen. Durch diesen Ablauf ist die **Gläubigerautonomie** auch im Hinblick auf das Sekundärverfahren gesichert. Eine ohne Zustimmung nach Abs. 1 erklärte Zusicherung ist unwirksam.[3]

5 **2. Keine Beschränkung auf Zusicherungen „von besonderer Bedeutung".** Die im Gesetzentwurf der Bundesregierung noch vorgesehene Anlehnung an die §§ 160–164 InsO widersprach Art. 36 Abs. 4 EuInsVO, da die in Bezug genommenen Vorschriften nicht die Verteilung, sondern die Verwertung der Masse regeln.[4] Auf Tatbestandsseite führt die stattdessen dem Gesetz zugrundeliegende Anlehnung an § 187 Abs. 3 S. 2 InsO (→ Rn. 3 ff.) dazu, dass das **Zustimmungserfordernis nicht** davon abhängt, dass die Zusicherung für das Verfahren von besonderer Bedeutung ist. Die Zustimmung ist vielmehr immer und ohne weiteres dann einzuholen, wenn ein Gläubigerausschuss oder ein vorläufiger Gläubigerausschuss bestellt ist.[5] Fehlt es daran, ist eine Beteiligung nicht erforderlich.

6 Auf Rechtsfolgenseite hatte der Regierungsentwurf über die Verweisung auf § 160 Abs. 1 S. 2 InsO bei Fehlen eines Gläubigerausschusses eine **Befassung der Gläubiger*versammlung*** vorgesehen.[6] Dieses **Regelungsmodell** hat der Gesetzgeber **nicht übernommen,** weil die Befassung der Gläubigerversammlung für die Zwecke des Zusicherungsverfahrens zu umständlich und letztlich nicht erforderlich erschien.[7] Folglich kann die Zusicherung auch in einem Verfahrensstadium Wirksamkeit entfalten, in der es für eine Gläubigerversammlung zu früh ist bzw. eine außerordentliche Versammlung einzuberufen wäre. Der Schutz der Gläubigergesamtheit ist insoweit allein durch § 60 Abs. 1 InsO gewährleistet, wonach eine pflichtwidrige Abgabe von Zusicherungen haftungsbewehrt ist.[8]

III. Eigenverwaltung (Abs. 2)

7 Hat das Gericht die Eigenverwaltung angeordnet (§§ 270 ff. InsO), so hat der Schuldner nach Art. 102c § 11 Abs. 2 EGInsO iVm Art. 102c § 11 Abs. 1 EGInsO die **Zustimmung des Gläubigerausschusses** einzuholen, wenn die Zusicherung für das Insolvenzverfahren von besonderer Bedeutung (→ Rn. 5) ist. Damit kann gegebenenfalls auch die Zustimmung eines vorläufigen Gläubigerausschusses ausreichend sein.[9]

---

[1] BR-Drs. 654/16, 32.
[2] BT-Drs. 18/12154, 31.
[3] So noch § 12 Abs. 1 S. 2 RegE, BT-Drs. 18/12154, 14.
[4] *Madaus* NZI 2017, 203 (206); Gegenüberstellung zur Gesetzesfassung in BT-Drs. 18/12154, 13 f.
[5] BT-Drs. 18/12154, 31.
[6] Gegenüberstellung zur Gesetzesfassung in BT-Drs. 18/12154, 13 f.
[7] BT-Drs. 18/12154, 31 mit Verweis auf *Madaus* NZI 2017, 203 (206); *Brinkmann* KTS 2014 381 (396 f.).
[8] BT-Drs. 18/12154, 31.
[9] BR-Drs. 654/16, 33.

Art. 102c § 12 EGInsO Öffentliche Bekanntmachung der Zusicherung

[1]Der Insolvenzverwalter hat die öffentliche Bekanntmachung der Zusicherung sowie den Termin und das Verfahren zu deren Billigung zu veranlassen. [2]Den bekannten lokalen Gläubigern ist die Zusicherung durch den Insolvenzverwalter besonders zuzustellen; § 8 Absatz 3 Satz 2 und 3 der Insolvenzordnung gilt entsprechend.

I. Normzweck und Entstehungsgeschichte

Die Norm entspricht Art. 102c § 11 Abs. 2 EGInsO idF des RegE.[1] Die in Art. 102c § 11 Abs. 1 EGInsO-E idF des RegE vorgesehene Pflicht zur Abgabe einer Erklärung zur Verbringung von Vermögen in das EU-Ausland wurde nicht gesetzlich verankert. Sie lässt sich aus der Verordnung heraus begründen.[2] 1

Der **Normzweck** der öffentlichen Bekanntmachung erklärt sich aus Art. 36 Abs. 5 S. 4 EuInsVO. Danach hat der Verwalter die bekannten lokalen Gläubiger über die Zusicherung, die Regeln und Verfahren für deren Billigung sowie die Billigung oder deren Ablehnung zu unterrichten (→ EuInsVO Art. 36 Rn. 33 f.). Die öffentliche Bekanntmachung ergänzt diese individuelle Benachrichtigungspflicht und sichert die **informatorische Grundlage der Gläubigerautonomie** im Hinblick auf das synthetische Sekundärinsolvenzverfahren. 2

II. Bekanntmachung (S. 1)

Gleichfalls im Vorfeld der Abstimmung über die Zusicherung durch die lokalen Gläubiger (→ Rn. 2) unterliegt der Insolvenzverwalter **weitreichenden Informationspflichten.** Art. 102c § 12 S. 1 EGInsO verpflichtet ihn zur öffentlichen **Bekanntmachung der Zusicherung.** Hierdurch soll gewährleistet werden, dass alle Gläubiger, die sich an dem synthetischen Sekundärinsolvenzverfahren beteiligen wollen, vor der Billigung der Zusicherung (Art. 36 Abs. 5 EuInsVO) durch den Verwalter hinreichend Kenntnis von dem Inhalt der Zusicherung erhalten. Da nach Art. 36 Abs. 1 S. 1 EuInsVO alle Gläubiger und nicht nur die lokalen teilnahmeberechtigt sind und Vorrechte, die ihnen nach dem Insolvenzrecht des Niederlassungsstaates zustehen, geltend machen können, selbst wenn diese dem Recht des Hauptinsolvenzverfahrens unbekannt sind, muss gewährleistet werden, dass alle Gläubiger zeitnah über die Zusicherung unterrichtet werden. Die Regelung ist durch Art. 24 Abs. 3 EuInsVO gedeckt, wonach die Mitgliedstaaten zusätzliche Informationen in ihre Insolvenzregister aufnehmen können. 3

III. Zustellung (S. 2 und 3)

Eine weitere Informationspflicht enthält Art. 102c § 12 S. 2 EGInsO. Danach ist die Zusicherung **den lokalen Gläubigern besonders zuzustellen.** Die Vorschrift berücksichtigt, dass nach Art. 36 Abs. 5 S. 4 EuInsVO der Verwalter die bekannten lokalen Gläubiger von der Zusicherung individuell in Kenntnis setzen muss. Da nur die lokalen Gläubiger zur Abstimmung über die Zusicherung befugt sind, muss gewährleistet werden, dass sie zuverlässig über die Durchführung eines synthetischen Sekundärinsolvenzverfahrens unterrichtet werden. Eine öffentliche Bekanntmachung ist hierfür nicht ausreichend. 4

Die **Zustellung** muss **durch den Insolvenzverwalter** erfolgen. Diese Vorschrift greift § 8 Abs. 3 S. 1 InsO auf, wonach dem Insolvenzverwalter alle oder ein Teil der Zustellungen übertragen werden können. Auch bei der in Art. 102c § 12 S. 2 EGInsO geregelten **Amtszustellung** kann der Verwalter sich sämtlicher Zustellungsformen bedienen. Dies gilt auch für die **Aufgabe zur Post** (§ 184 ZPO). 5

Durch den Verweis auf § 8 Abs. 3 S. 2 InsO stellt Art. 102c § 12 S. 2 EGInsO klar, dass sich der Verwalter für die Durchführung der **Zustellung** auch **eigenen Personals** bedienen kann. Aus dem Verweis auf § 8 Ab. 3 S. 3 InsO folgt, dass der Verwalter verpflichtet ist, einen **Vermerk** zu fertigen, aus dem sich ergibt, zu welchem Zeitpunkt und unter welcher Adresse die Aufgabe zur Post geschehen ist; dieser Vermerk ist **zu den Gerichtsakten** zu reichen. Im Hinblick auf die – an die Billigung der Zusicherung (Art. 36 Abs. 5 EuInsVO) gekoppelte – **Frist** von 30 Tagen für den Antrag auf Eröffnung eines echten Sekundärverfahrens (Art. 37 Abs. 2 EuInsVO) muss Klarheit über den Zeitpunkt der Zustellung bestehen. Die Vorschrift gilt auch für den vorläufigen Insolvenzverwalter, da eine Zusicherung bereits im Eröffnungsverfahren abgegeben werden kann.[3] 6

---

[1] BT-Drs. 18/12154, 31.
[2] BT-Drs. 18/12154, 31.
[3] BR-Drs. 654/16, 32.

Art. 102c § 13 EGInsO Benachrichtigung über die beabsichtigte Verteilung

Für die Benachrichtigung nach Artikel 36 Absatz 7 Satz 1 der Verordnung (EU) 2015/848 gilt § 12 Satz 2 entsprechend.

1 Nach Art. 36 Abs. 7 S. 1 EuInsVO sind die lokalen Gläubiger (Art. 2 Nr. 11 EuInsVO) zu benachrichtigen, bevor Massegegenstände oder der Erlös aus der Verwertung von Massegegenständen verteilt werden.

2 Durch den Verweis in Art. 102c § 13 EGInsO auf Art. 102c § 12 S. 2 EGInsO wird sichergestellt, dass die **Unterrichtung** den lokalen Gläubigern **besonders zuzustellen** ist und sich der Insolvenzverwalter bei der Zustellung eigenen Personals bedienen darf.[1]

Art. 102c § 14 EGInsO Haftung des Insolvenzverwalters bei einer Zusicherung

Für die Haftung des Insolvenzverwalters nach Artikel 36 Absatz 10 der Verordnung (EU) 2015/848 in einem in der Bundesrepublik Deutschland anhängigen Insolvenzverfahren gilt § 92 der Insolvenzordnung entsprechend.

I. Haftung für fremdes Verschulden

1 Wird ein Hauptinsolvenzverfahren eröffnet und gibt dessen Insolvenzverwalter eine Zusicherung iSd Art. 36 EuInsVO ab, so haftet der Insolvenzverwalter nach **Art. 36 Abs. 10 EuInsVO** gegenüber den lokalen Gläubigern (Art. 2 Nr. 11 EuInsVO) für die Verletzung der Pflichten, die ihm aus der Zusicherung erwachsen. Die Norm verdrängt den allgemeinen Haftungstatbestand des § 60 InsO.

2 Art. 36 Abs. 10 EuInsVO enthält **keine Regelung der Haftung für fremdes Verschulden.** Insoweit hatte Art. 102c § 14 EGInsO idF des RegE noch vorgesehen, dass der Verwalter dann, wenn er zur Erfüllung seiner Pflichten **Angestellte des Schuldners** im Rahmen ihrer bisherigen Tätigkeit einsetzen muss, nur nach Maßgabe des § 60 Abs. 2 InsO haftet. Dies hätte bedeutet, dass er nur für die Überwachung dieser Angestellten und für Entscheidungen von besonderer Bedeutung verantwortlich ist, sofern diese Angestellten nicht offensichtlich ungeeignet sind.[1] Der Verweis auf § 60 Abs. 2 InsO wurde im Rechtsausschuss gestrichen. Dahinter stand die – zutreffende – Erwägung, dass Grund und Umfang einer Gehilfenhaftung des Insolvenzverwalters nach Art. 36 Abs. 10 EuInsVO durch Auslegung der Verordnung selbst zu entscheiden sind.[2] Zugleich wurde hierdurch der Vorwurf einer möglichen EU-Rechtswidrigkeit der Bestimmung[3] ausgeräumt.

II. Durchsetzung der Haftung

3 Haben die lokalen Gläubiger (Art. 2 Nr. 11 EuInsVO) durch eine Pflichtverletzung des Verwalters gemeinschaftlich einen Schaden erlitten, ist nach Art. 102c § 14 EGInsO für die Geltendmachung dieses Schadens **§ 92 InsO entsprechend** anwendbar. Zwar handelt es sich bei diesem Schaden regelmäßig nicht um einen Gesamtschaden iSd § 92 InsO, soweit nicht alle Insolvenzgläubiger gleichermaßen geschädigt sind.[4] Eine gemeinschaftliche Geltendmachung dieses Schadens entsprechend § 92 InsO ist aber gleichwohl gerechtfertigt, da die im Niederlassungsstaat befindlichen Vermögenswerte des Schuldners eine „Teilmasse der Insolvenzmasse bilden" (vgl. Erwägungsgrund 43 EuInsVO). Der Anspruch gegen den Insolvenzverwalter ist somit gemeinschaftlich für alle lokalen Gläubiger durch einen Sonderinsolvenzverwalter durchzusetzen.

Abschnitt 2. Hauptinsolvenzverfahren in einem anderen Mitgliedstaat der Europäischen Union

Art. 102c § 15 EGInsO Insolvenzplan

[1]Sieht ein Insolvenzplan in einem in der Bundesrepublik Deutschland eröffneten Sekundärinsolvenzverfahren eine Stundung, einen Erlass oder sonstige Einschränkungen der Rechte der Gläubiger vor, so darf er vom Insolvenzgericht nur bestätigt werden, wenn

---

[1] BR-Drs. 654/16, 33.

[1] BR-Drs. 654/16, 33.

[2] BT-Drs. 18/12154, 31.

[3] *Skauradszun* DB 2016, 2165 (2166) zum RegE.

[4] BR-Drs. 654/16, 33.

alle betroffenen Gläubiger dem Insolvenzplan zugestimmt haben. [2]Satz 1 gilt nicht für Planregelungen, mit denen in Absonderungsrechte eingegriffen wird.

I. Einstimmigkeitserfordernis (S. 1)

Mit Art. 102c § 15 EGInsO hält die **Angleichung an das autonome Internationale Insolvenzrecht** aufrecht und entspricht insoweit der Vorgängernorm in Art. 102 § 9 EGInsO. § 355 Abs. 2 InsO enthält eine Parallelnorm, allerdings ohne ausdrückliche Beschränkung auf in der BRepD eröffnete Sekundärinsolvenzverfahren. Nach § 88 StaRUG findet Art. 102c § 15 EGInsO in **öffentlichen Restrukturierungssachen** entsprechende Anwendung.[1] 1

Art. 45 Abs. 3 EuInsVO sieht vor, dass ein ausländischer Verwalter im inländischen Verfahren „wie ein Gläubiger" teilnehmen kann. Nach Art. 41 Abs. 2 lit. c EuInsVO muss der Sekundärverwalter dem Hauptverwalter Gelegenheit geben, Verwertungsvorschläge oder Vorschläge für eine andere Art der Verwertung zu machen. Art. 47 Abs. 1 EuInsVO räumt dem Hauptverwalter die Befugnis ein, einen Insolvenzplan im Sekundärverfahren vorzuschlagen, worin eine Modifikation von § 218 Abs. 1 S. 1 InsO liegt. 2

Allerdings kann ein Insolvenzplan im Sekundärverfahren nur dann Auswirkungen auf das nicht von dem Verfahren erfasste Vermögen haben, wenn **alle Gläubiger zustimmen** (Art. 47 Abs. 2 EuInsVO). Im Umkehrschluss bedeutet dies, dass der Plan nicht der Zustimmung aller Gläubiger bedarf, wenn er sich nur auf das Vermögen des Territorialverfahrens beschränkt. Diese Lösung verträgt sich jedoch nicht mit § 254 Abs. 1 InsO, wonach die Bestätigung des Insolvenzplans Wirkungen für alle Gläubiger entfaltet. Um diese Unstimmigkeit zu vermeiden, sieht Art. 102c § 15 S. 1 EGInsO vor, dass alle Gläubiger zustimmen müssen. Nur unter dieser Voraussetzung wirkt sich eine Beschränkung der Rechte der Gläubiger aus einer in einem Sekundärinsolvenzverfahren vorgeschlagenen Maßnahme (§ 227 InsO) zugleich auf das nicht von diesem Verfahren erfasste Vermögen des Schuldners aus.[2] 3

Gegen die Regelung wurde im Zuge des Gesetzgebungsverfahrens geltend gemacht, dass das Erfordernis einer einstimmigen Beschlussfassung den Grundsätzen der §§ 243–246 InsO widerspreche, nach denen Mehrheitsentscheidungen möglich sein sollen.[3] Der Zweck der Vorschrift, der darin bestehe, zu verhindern, dass Gläubigern durch den Plan die Grundlage für ihre Teilnahme am Hauptinsolvenzverfahren entzogen wird, werde bereits durch Art. 34 S. 3 EuInsVO abgesichert. Danach sind die Wirkungen eines Plans in einem Sekundärinsolvenzverfahren auf das im Inland belegene Vermögen beschränkt. Daraus ergebe sich auch, dass Pläne im Sekundärinsolvenzverfahren keine Regelungen enthalten könnten, durch welche in die Forderungsrechte der Gläubiger eingegriffen werde.[4] 4

Der Gesetzgeber hat sich diesen Bedenken nicht angeschlossen. In der Tat folgt aus der – aus Art. 34 S. 3 EuInsVO und Art. 47 Abs. 2 EuInsVO abzuleitenden – Beschränkung der Planwirkungen auf das Inlandsvermögen (als Bestandteil der Aktivmasse) noch nichts im Hinblick auf die möglichen Planwirkungen auf die Gläubigerforderungen (als Bestandteil der Passivmasse). Daher ist die Klarzustellung zu begrüßen, dass die Forderungsrechte der Gläubiger im Sekundärverfahren einem Zugriff durch Planregelungen entzogen sind.[5] 5

II. Absonderungsrechte (S. 2)

Von dem Einstimmigkeitserfordernis macht S. 2 eine Ausnahme für Planregelungen, mit denen in Absonderungsrechte eingegriffen wird. Das ergibt sich aus der Inlandsbelegenheit der betroffenen Gegenstände.[6] 6

Art. 102c § 16 EGInsO Aussetzung der Verwertung

Wird auf Antrag des Verwalters des Hauptinsolvenzverfahrens nach Artikel 46 der Verordnung (EU) 2015/848 in einem in der Bundesrepublik Deutschland eröffneten Sekundärinsolvenzverfahren die Verwertung eines Gegenstandes ausgesetzt, an dem ein Absonde-

---

1 Dazu *Skauradszun/Kümpel/Nijnens* NZI 2023, 481; umfassend *Greeve,* Die grenzüberschreitende Restrukturierung von Kapitalgesellschaften, 2023.
2 BR-Drs. 654/16, 34.
3 *Madaus* NZI 2017, 203 (203); *Skauradszun* DB 2016, 2165 (2166).
4 *Madaus* NZI 2017, 203 (203).
5 BT-Drs. 18/12154, 32.
6 BT-Drs. 18/12154, 32.

rungsrecht besteht, so sind dem Gläubiger laufend die geschuldeten Zinsen aus der Insolvenzmasse zu zahlen.

I. Normzweck

1 Art. 46 EuInsVO sieht vor, dass auf Antrag des Hauptverwalters die Verwertung im Sekundärverfahren ganz oder teilweise auszusetzen ist. Art. 102c § 16 EGInsO (früher Art. 102 § 10 EGInsO) greift in den Fällen ein, in denen bei einer solchen Aussetzung die **Interessen inländischer absonderungsberechtigter Gläubiger** betroffen sind. Damit diesen Gläubigern aus der Hinauszögerung der Verwertung kein Schaden entsteht, ordnet Art. 102c § 16 EGInsO eine **Verzinsungspflicht** nach § 169 InsO an.[1]

2 Art. 46 Abs. 1 S. 1 Hs. 2 EuInsVO sieht bereits vor, dass das Gericht vom Hauptverwalter Maßnahmen zum Schutz der Gläubiger des Sekundärinsolvenzverfahrens sowie einzelner Gruppen von Gläubigern verlangen kann. Als **Mindestschutz** gewährt Art. 102c § 16 EGInsO unabhängig von der Initiative des Hauptverwalters aber die angesprochene **Verzinsungspflicht.**[2] Daneben kann das Gericht weitere Maßnahmen anordnen, zB die Stellung einer Sicherheit durch den Hauptverwalter nach Maßgabe des deutschen Rechts (Art. 35 EuInsVO).

II. Voraussetzungen der Verzinsungspflicht

3 Es muss ein **ausländisches Hauptverfahren** bestehen.

4 Ferner bedarf es der Eröffnung eines **inländischen Sekundärinsolvenzverfahrens.**

5 Der Insolvenzverwalter des Hauptinsolvenzverfahrens muss einen Antrag auf **Aussetzung der Verwertung** gestellt haben, dem das inländische Gericht des Sekundärverfahrens entsprochen hat.

6 Von der Verwertungsaussetzung muss ein **Gegenstand** betroffen sein, an dem ein **Absonderungsrecht** besteht.

III. Rechtsgrund und Umfang der Verzinsung

7 Der Inhaber des Absonderungsrechts hat einen **Anspruch auf die „laufend geschuldeten Zinsen aus der Insolvenzmasse“.** Rechtsgrund der Verzinsungspflicht ist nicht die gesetzliche Anordnung in Art. 102c § 16 EGInsO oder § 169 InsO, sondern die für die Forderung bestehende gesetzliche oder vertragliche Anspruchsgrundlage. Welcher Rechtsordnung diese zu entnehmen ist, richtet sich nach dem allgemeinen Kollisionsrecht (Rom I-VO und Rom II-VO).[3] Die Höhe der Zinsen ergibt sich in erster Linie aus einer etwaigen Vereinbarung oder, wenn eine solche nicht existiert, aus dem gesetzlichen Zinssatz (Verzugszinsen).

8 Hinsichtlich der **Häufigkeit der Auszahlung** („laufend“), besteht ein Ermessen des Verwalters, welches dieser pflichtgemäß auszuüben hat (§ 60 Abs. 1 InsO). Grundsätzlich hat die Auszahlung **monatlich** zu erfolgen, wenn nichts anderes zwischen dem Verwalter und dem Gläubiger vereinbart ist und keine Besonderheiten vorliegen.[4]

9 Die Pflicht zur Zahlung der Zinsen endet mit **Abschluss der Verwertung,** also mit der Ausschüttung des Erlöses an die Gläubiger.

Art. 102c § 17 EGInsO Abstimmung über die Zusicherung

(1) [1]Der Verwalter des Hauptinsolvenzverfahrens führt die Abstimmung über die Zusicherung nach Artikel 36 der Verordnung (EU) 2015/848 durch. [2]Die §§ 222, 243, 244 Absatz 1 und 2 sowie die §§ 245 und 246 der Insolvenzordnung gelten entsprechend.

(2) [1] Im Rahmen der Unterrichtung nach Artikel 36 Absatz 5 Satz 4 der Verordnung (EU) 2015/848 informiert der Verwalter des Hauptinsolvenzverfahrens die lokalen Gläubiger, welche Fernkommunikationsmittel bei der Abstimmung zulässig sind und welche Gruppen für die Abstimmung gebildet wurden. [2]Er hat ferner darauf hinzuweisen, dass diese Gläubiger bei der Anmeldung ihrer Forderungen Urkunden beifügen sollen, aus denen sich ergibt, dass sie lokale Gläubiger im Sinne von Artikel 2 Nummer 11 der Verordnung (EU) 2015/848 sind.

---

1 BR-Drs. 654/16, 34.

2 BT-Drs. 15/16, 17 zur Vorgängernorm.

3 Mankowski/Müller/Schmidt/*Mankowski* EuInsVO Art. 46 Rn. 14.

4 MüKoInsO/*Tetzlaff* InsO § 169 Rn. 34.

Übersicht

I. Anwendbarkeit der Vorschriften über den Insolvenzplan

1 Die den inländischen lokalen Gläubigern (Art. 2 Nr. 11 EuInsVO) gegebene Zusicherung wird nach Art. 36 Abs. 5 EuInsVO erst wirksam, wenn sie von den bekannten lokalen Gläubigern gebilligt wurde. Für die **Abstimmung** über die Zusicherung schreibt Art. 36 Abs. 5 S. 2 EuInsVO vor, dass die **Regeln** über die qualifizierte Mehrheit und über die Abstimmung **für die Annahme von Sanierungsplänen** nach dem Recht des Staates, in dem das Sekundärinsolvenzverfahren *hätte eröffnet werden können,* maßgebend sein sollen. Damit sind in der BRepD die Vorschriften über den Insolvenzplan (§§ 217–269 InsO) angesprochen. Art. 102c § 17 EGInsO beschränkt sich nicht auf eine Pauschalverweisung auf die Regelung des Insolvenzplans, sondern enthält eine detaillierte Regelung der Abstimmung der inländischen lokalen Gläubiger über die vom ausländischen Hauptverwalter vorgeschlagene Zusicherung.[1]

II. Verfahren der Abstimmung

2 **1. Verfahrensleitung durch den Insolvenzverwalter.** Das Verfahren der Abstimmung wird in Art. 102c § 17 EGInsO näher geregelt. Nach Art. 102c § 17 Abs. 1 S. 1 EGInsO **führt der ausländische Insolvenzverwalter den Abstimmungsprozess** unter den inländischen lokalen Gläubigern durch. Er hat die erforderlichen Kenntnisse bezüglich der Verwertungsmöglichkeiten des in der BRepD belegenen Vermögens (Art. 36 Abs. 1 S. 2 EuInsVO). Auf seine Initiative hin wird das synthetische Sekundärinsolvenzverfahren iSd Art. 36 EuInsVO durchgeführt. Das Gericht des ausländischen Hauptinsolvenzverfahrens oder das Gericht des Niederlassungsstaats wird nach Art. 102c § 17 Abs. 1 S. 2 EGInsO nur dann mit der Sache befasst, wenn dies in der EuInsVO oder in Art. 102c EGInsO ausdrücklich angeordnet wird. Der ausländische Insolvenzverwalter hat sich daher mit den **Abstimmungsregeln** über Sanierungsverfahren im Niederlassungsstaat – hier: in der BRepD – **vertraut zu machen** und diese in der Abstimmung über die Billigung zur Geltung zu bringen.[2]

3 Die Formulierungen des RegE zum Verfahren bei der Abstimmung über die Zusicherung (Art. 102c § 17 EGInsO idF des RegE)[3] haben in verschiedener Hinsicht **Kritik** erfahren. So wurde geltend gemacht, dass die Abstimmung nicht vom Insolvenzverwalter, sondern vom **Insolvenzgericht** durchzuführen sei. Zur Begründung wurde angeführt, dass sich der Verweis des Art. 36 Abs. 5 S. 2 EuInsVO auf die Vorschriften über die „qualifizierte Mehrheit und über die Abstimmung, die für die Annahme von Sanierungsplänen […] gelten" auf die von diesen Vorschriften vorausgesetzte verfahrensinterne Zuständigkeit erstrecke, so dass mit der Anwendbarkeit der deutschen Regelungen zur Abstimmung über Insolvenzpläne auch gefordert sei, dass die Abstimmung von den Insolvenzgerichten durchzuführen sei.[4]

4 Ferner wurde demgegenüber nicht nur der vom RegE eingeschlagene Grundansatz gebilligt, dass es nicht erforderlich ist, die Abstimmung vor einem gerichtlichen Forum durchzuführen. Vielmehr soll gerade deshalb auch die im RegE vorgesehene gerichtliche Bestätigung streitiger Abstimmungsergebnisse verzichtbar sein. Eine solche verkompliziere und verzögere das Verfahren und sei zum Schutz der Betroffenen nicht erforderlich;[5] da das Insolvenzgericht die im Rahmen einer Bestätigungsentscheidung erforderlich werdenden Prüfungen ohnehin zu einem späteren Zeitpunkt, namentlich im Rahmen seiner Befassung mit einem Antrag auf Eröffnung eines Sekundärinsolvenz-

1 BR-Drs. 654/16, 34.
2 BR-Drs. 654/16, 34.
3 Wortlaut in BT-Drs. 18/12154, 15.
4 So Stellungnahme BR, BT-Drs. 18/10823, 43 f.
5 *Madaus* NZI 2017, 203 (204).

verfahrens nach Art. 38 Abs. 2 EuInsVO vornehmen könne und müsse, bedürfe es einer vorgelagerten gerichtlichen Befassung im Rahmen des Verfahrens über die Abstimmung nicht.[6]

5 Der Gesetzgeber hat den vom RegE verfolgten Grundansatz übernommen, nach welchem die Abstimmung durch den Verwalter des Hauptinsolvenzverfahrens durchzuführen ist: Nach Ar. 102c § 17 Abs. 1 S. 1 EGInsO wird die Abstimmung über die Zusicherung vom Verwalter des Hauptinsolvenzverfahrens durchgeführt.

6 **EU-rechtliche Bedenken** gegen die Zuweisung dieser Aufgabe an den Verwalter des Hauptinsolvenzverfahrens sind **nicht ersichtlich.**[7] Dem Art. 36 Abs. 5 S. 2 EuInsVO kann nämlich nicht entnommen werden, dass die Abstimmung über die Zusicherung auch von der Stelle durchgeführt werden muss, welche die Abstimmung über Insolvenzpläne durchführt. Selbst wenn man annehmen wollte, dass die Bezugnahme auf die Regelungen zur Abstimmung über Sanierungspläne die von diesen Regelungen vorausgesetzten verfahrensinternen Zuständigkeiten einschließt, wäre zu beachten, dass die EuInsVO die Maßgeblichkeit der nationalen Bestimmungen selbst auf ein Maß beschränkt sehen will, das im Lichte der Ziele der Verordnungsbestimmungen „angemessen" erscheint (Erwägungsgrund 44 EuInsVO). Die Verordnung adressiert dabei unter anderem die Derogation von zentralen Regelungen des Abstimmungsverfahrens, namentlich der Regelungen zur Bestimmung des Stimmrechts (Erwägungsgrund 44 EuInsVO). Durchbrochen wird das nationale Planabstimmungsrecht zudem durch Art. 36 Abs. 5 S. 4 EuInsVO, wonach es dem Verwalter ungeachtet etwaiger abweichender Bestimmungen des nationalen Rechts zukommt, die abstimmungsberechtigten Gläubiger über die den Gegenstand der Abstimmung bildende Zustimmung und die Regeln und Verfahren für die Billigung zu unterrichten.

7 **2. Anwendbare Vorschriften.** Art. 102c § 17 Abs. 1 S. 2 EGInsO listet die Vorschriften der Insolvenzordnung auf, die in der Abstimmung über die Billigung (Art. 36 Abs. 5 EuInsVO) entsprechend anzuwenden sind. Da der Abstimmungsprozess über die Zusicherung verwaltergesteuert ist (→ Rn. 2), bedarf es **keiner gerichtlichen Bestätigung.** Auf § 248 InsO wird daher nicht verwiesen.

8 Es ist auch **keine Zustimmung des Schuldners** erforderlich, weil durch die Zusicherung nicht in seine Interessensphäre eingegriffen wird. Auf § 247 InsO wird daher gleichfalls nicht verwiesen.

9 Auch die Vorschrift des § 240 InsO zur **Änderung des Vorschlags** wird von Art. 102c § 17 Abs. 1 S. 2 EGInsO **nicht** in Bezug genommen. Eine Anpassung der Zusicherung würde nämlich voraussetzen, dass der geänderte Zusicherungsvorschlag noch einmal allen lokalen Gläubigern gesondert zugestellt werden müsste. Wegen der Eilbedürftigkeit der Zusicherung schließt das Gesetz die Möglichkeit der Änderung der Zusicherung gemäß § 240 InsO aus.[8]

10 **3. Abstimmungsgruppen.** Meist werden die inländischen lokalen Gläubiger wohl **nur eine Abstimmungsgruppe** bilden. Wird dennoch im Einzelfall die Gruppe der nachrangigen Insolvenzgläubiger zur Abstimmung aufgefordert, so soll für deren Zustimmung § 246 InsO maßgebend sein.

11 Bildet der Insolvenzverwalter für die Abstimmung über die Zusicherung mehrere Gruppen der nicht nachrangigen lokalen Gläubiger, etwa der Finanzgläubiger, der Lieferanten und der Arbeitnehmer, so kann die Ablehnung der Zusicherung durch eine Gläubigergruppe unter den Voraussetzungen des **§ 245 InsO (Obstruktionsverbot/cram down)** unbeachtlich sein.

12 **4. Kein Minderheitenschutz.** Der noch im RegE vorgesehene Verweis auf § 251 InsO fehlt in S. 2. Der RegE sollte auch den Fall regeln, dass ein Gläubiger bei der Abstimmung über die Zusicherung geltend macht, er werde durch sie schlechter gestellt als bei Durchführung eines echten Sekundärinsolvenzverfahrens; dann sollte er **entsprechend § 251 InsO** gegenüber dem Insolvenzverwalter Minderheitenschutz verlangen können. Dabei hatten die Entwurfsverfasser den Fall vor Augen, dass der **Verdacht** besteht, dass die **Vermögenswerte** im Niederlassungsstaat vom Verwalter **zu niedrig bewertet** wurden.

13 Weil das Gesetz – entgegen Art. 102c § 19 EGInsO-E – die gerichtliche Bestätigung indessen nicht vorsieht, ist auch der Verweis auf § 251 InsO entfallen. Damit trägt die Gesetzesfassung dem Umstand Rechnung, dass bereits im Rahmen der Prüfung eines Antrags auf Eröffnung des Sekundärverfahrens nach Art. 38 Abs. 2 EuInsVO alle Gesichtspunkte Berücksichtigung finden, die im Rahmen einer Entscheidung über die Bestätigung einer Abstimmung über die Zusicherung beachtet werden können.[9] Von der Erreichung der erforderlichen Mehrheiten bei Einhaltung des anzuwendenden Verfahrens hängt nach Art. 36 Abs. 5 S. 2 Abs. 6 S. 1 EuInsVO ab, ob die Zusicherung

---

6 *Madaus* NZI 2017, 203 (204).

7 BT-Drs. 18/12154, 32 f.

8 BR-Drs. 654/16, 34.

9 BT-Drs. 18/12154, 33 mit Verweis auf MüKoInsO/*Reinhart* EuInsVO Art. 38 Rn. 10; *Madaus* NZI 2017, 203 (204).

verbindlich ist und im Rahmen des Hauptinsolvenzverfahrens zugunsten der lokalen Gläubiger wirkt. Daher ist es ein **Gebot der Verfahrensökonomie** und der praktischen Wirksamkeit des in der Verordnung vorgesehenen Instruments der synthetischen Abwicklung von Sekundärverfahren (Erwägungsgrund 41), dass das Insolvenzgericht nicht mit demselben Sachverhalt in zwei verschiedenen Verfahrenszügen befasst wird.[10]

5. Kommunikationsmittel. Nach Art. 36 Abs. 5 S. 3 EuInsVO können die lokalen Gläubiger (Art. 2 Nr. 11 EuInsVO) über **Fernkommunikationsmittel** an der Abstimmung teilnehmen, **sofern das nationale Recht dies gestattet.** Da die zugelassenen Fernkommunikationsmittel sich verändern können und es von Land zu Land Unterschiede geben kann, welche Fernkommunikationsmittel dort gebräuchlich sind, schreibt Art. 102c § 17 Abs. 2 S. 1 EGInsO vor, dass der Insolvenzverwalter die lokalen Gläubiger informiert, wie sie mit ihm in Verbindung treten können. Ebenso hat er sie davon in Kenntnis zu setzen, welche Gruppen von Gläubigern für die Abstimmung gebildet wurden. 14

6. Informationspflichten des ausländischen Hauptinsolvenzverwalters. Da nur die lokalen Gläubiger über die Zusicherung abstimmen dürfen (Art. 36 Abs. 5 S. 1 EuInsVO), müssen dem Insolvenzverwalter hinreichende Anhaltspunkte vorliegen, aus denen sich ergibt, dass der abstimmende Gläubiger tatsächlich zu dieser Gruppe zählt. Hierfür ist der **Nachweis** zu führen, dass die von ihm repräsentierte **Forderung aus oder im Zusammenhang mit dem Betrieb der Niederlassung herrührt,** die in dem Staat liegt, in dem ein Sekundärinsolvenzverfahren hätte eröffnet werden können. Das Erfordernis der **Betriebsbezogenheit** ergibt sich aus der Begriffsbestimmung der lokalen Gläubiger in Art. 2 Nr. 11 EuInsVO. Daher sind nach Art. 102c § 17 Abs. 2 S. 2 EGInsO die lokalen Gläubiger darüber zu unterrichten, dass sie Unterlagen beizufügen haben, aus denen sich dieser Ursprung der Forderung ergibt. 15

Art. 102c § 18 EGInsO Stimmrecht bei der Abstimmung über die Zusicherung

(1) Der Inhaber einer zur Teilnahme an der Abstimmung über die Zusicherung angemeldeten Forderung gilt vorbehaltlich des Satzes 2 auch dann als stimmberechtigt, wenn der Verwalter des Hauptinsolvenzverfahrens oder ein anderer lokaler Gläubiger bestreitet, dass die Forderung besteht oder dass es sich um die Forderung eines lokalen Gläubigers handelt. ²Hängt das Abstimmungsergebnis von Stimmen ab, die auf bestrittene Forderungen entfallen, kann der Verwalter oder der bestreitende lokale Gläubiger bei dem nach § 1 Absatz 2 zuständigen Gericht eine Entscheidung über das Stimmrecht erwirken, das durch die bestrittenen Forderungen oder eines Teils davon gewährt wird; § 77 Absatz 2 Satz 2 der Insolvenzordnung gilt entsprechend. ³Die Sätze 1 und 2 gelten auch für aufschiebend bedingte Forderungen. ⁴§ 237 Absatz 1 Satz 2 der Insolvenzordnung gilt entsprechend.

(2) Im Rahmen des Verfahrens über eine Zusicherung gilt die Bundesagentur für Arbeit als lokaler Gläubiger nach Artikel 36 Absatz 11 der Verordnung (EU) 2015/848.

I. Normzweck

Nach Art. 36 Abs. 5 EuInsVO erfolgt die Abstimmung der lokalen Gläubiger (Art. 2 Nr. 11 EuInsVO) über die Zusicherung nach den **Regeln,** die **für die Annahme von Sanierungsplänen,** also in der BRepD für Insolvenzpläne, gelten. Damit wäre für die Feststellung des Stimmrechts das Verfahren entsprechend § 237 InsO anzuwenden. Allerdings sieht Erwägungsgrund 44 EuInsVO vor, dass für die Zwecke der Abstimmung über die Zusicherung des Verwalters die Forderungen der Gläubiger als festgestellt gelten sollten, wenn die Abstimmungsregeln für die Annahme eines Sanierungsplans nach nationalem Recht die vorherige Feststellung dieser Forderungen vorschreiben. Art. 102c § 18 EGInsO trifft dazu eine **Regelung,** nach der beim Scheitern der Einigung über das Stimmrecht das **Insolvenzgericht** zeitnah das **Stimmrecht festsetzt.** Der Gesetzgeber hat sich bewusst gegen eine Regelung nach dem Vorbild des § 18 Abs. 3 RPflG entschieden.[1] 1

II. Feststellung des Stimmrechts

1. Stimmberechtigung auch bei bestrittener Forderung (Abs. 1 S. 1). Die in Abs. 1 S. 1 normierte Stimmberechtigung auch bei bestrittener Forderung trägt dem Umstand Rechnung, dass nach Erwägungsgrund 44 EuInsVO die Inhaber von Forderungen auch dann als stimmberechtigt 2

[10] BT-Drs. 18/12154, 33.
[1] Vgl. BR-Drs. 654/16, 35.

gelten sollten, wenn die Forderungen bestritten sind.[2] Eine unwiderlegliche Vermutung der Stimmberechtigung erschien dem Gesetzgeber allerdings zu weitgehend, auch im Hinblick auf das damit verbundene Obstruktionspotential. Das Gesetz folgt daher einer vermittelnden Lösung: Danach **gewähren bestrittene Forderungen zwar grundsätzlich eine Stimmberechtigung** (Abs. 1 S. 1). Allerdings hat der Verwalter die Möglichkeit, die Stimmberechtigung zu klären, wenn sich die Berücksichtigung von Stimmen, die durch bestrittene Forderungen gewährt werden, auf das Ergebnis der Abstimmung auswirkt (→ Rn. 3 ff.).

3 **2. Summarisches Verfahren vor dem Insolvenzgericht (Abs. 1 S. 2 Hs. 1).** Da die Wirksamkeit der Zusicherung iSd Art. 36, 37 Abs. 2 EuInsVO für den weiteren Gang des Insolvenzverfahrens von herausragender Bedeutung ist, muss **rasch Klarheit** bestehen, ob eine wirksame Billigung durch die lokalen Gläubiger vorliegt. Das Insolvenzgericht entscheidet möglichst zügig über die Stimmrechtsfestsetzung. Um der Eilbedürftigkeit dieser Entscheidung gerecht zu werden, sieht § **19a Abs. 3 Nr. 3 RPflG** vor, dass die Entscheidungen über das Stimmrecht vom Richter zu treffen sind (→ EGInsO Art. 102c § 1 Rn. 12).

4 Nach Abs. 1 S. 2 kann der Verwalter oder der bestreitende lokale Gläubiger bei Abstimmungserheblichkeit der Stimmen ausbestrittenen Forderungen (Abs. 1 S. 1) dem nach Art. 102c § 1 Abs. 2 EGInsO zuständigen Insolvenzgericht eine Entscheidung über die Festsetzung der Gewährung des Stimmrechts aufgrund einer bestrittenen Forderung oder eines Teils davon erwirken. Für dieses Verfahren gilt § 77 Abs. 2 S. 2 InsO entsprechend. Diese Entscheidung, die nach § 19a Abs. 1 Nr. 3 RPflG **dem Richter vorbehalten** bleibt, ist nach § 6 Abs. 1 InsO unanfechtbar. Art. 102c § 18 Abs. 1 S. 2 EGInsO regelt das Verfahren der Feststellung des Stimmrechts der lokalen Gläubiger. Kernpunkt ist dabei, wie ausgeführt (→ Rn. 1), dass beim **Scheitern der Einigung** über das Stimmrecht das **Insolvenzgericht** zeitnah das **Stimmrecht festsetzt.**

5 Dieses Regelungskonzept ist vom Wortlaut des Erwägungsgrunds 44 zur EuInsVO gedeckt („Für die Billigung der Zusicherung sollte, soweit angemessen, das nationale Recht Anwendung finden. Insbesondere sollten Forderungen der Gläubiger für die Zwecke der Abstimmung über die Zusicherung als festgestellt gelten, wenn die Abstimmungsregeln für die Annahme eines Sanierungsplans nach nationalem Recht die vorherige Feststellung dieser Forderungen vorschreiben. [..]").[3] Dieser kann nämlich auch so verstanden werden, dass für die Zwecke der Abstimmung eine Feststellung der Forderungen der Gläubiger (§§ 174 ff. InsO) nur dann erforderlich sein soll, wenn das nationale Recht für die Abstimmung eine vollständige Feststellung der Forderung – etwa durch einen Feststellungsprozess – voraussetzt. Dies ist im deutschen Recht jedoch gerade nicht der Fall (vgl. §§ 77, 237 InsO).

6 Die Vorschrift des Art. 102c § 18 Abs. 1 S. 2 Hs. 2 EGInsO iVm § 77 InsO bestimmt daher, dass in einem **summarischen Verfahren** vor dem Insolvenzgericht gesondert über das Stimmrecht entschieden werden kann. Das Insolvenzgericht hat dabei den jeweiligen Vortrag auf seine sachliche Glaubhaftigkeit und seine rechtliche Schlüssigkeit hin zu überprüfen. Dazu muss eine **kursorische Forderungsprüfung** anhand der vom jeweiligen lokalen Gläubiger vorgelegten Beweise erfolgen.[4] Kann ein Gläubiger seine Forderung durch **Urkunden** iSv § 174 Abs. 1 S. 2 InsO beweisen, so wird ihm im Zweifel ein volles Stimmrecht zugesprochen. Gleiches gilt, wenn seine Forderung **tituliert** ist. Damit wird der **Eilbedürftigkeit** der Abstimmung über die Billigung hinreichend Rechnung getragen.[5]

7 **3. Aufschiebend bedingte Forderungen (Abs. 1 S. 3).** Nach Abs. 1 S. 3 gelten die Regelungen in Abs. 1 S. 1 und 2 auch für aufschiebend bedingte Forderungen.

8 **4. Absonderungsberechtigte Gläubiger (Abs. 1 S. 4).** Das Stimmrecht der absonderungsberechtigten Gläubiger richtet sich nach § 237 Abs. 1 S. 2 InsO.

III. Gläubigerstellung der Bundesanstalt für Arbeit (Abs. 2)

9 Eine Behörde im Staat der Niederlassung, die nach der RL 2008/94/EG für die **Insolvenzsicherung der Arbeitnehmer** zuständig ist, gilt als lokaler Gläubiger, „sofern dies im nationalen Recht geregelt ist" (Art. 36 Abs. 11 EuInsVO). In der BRepD haben nach § 165 Abs. 1 S. 3 SGB III die im Inland beschäftigten Arbeitnehmer einen Anspruch auf Insolvenzgeld auch bei einem **ausländischen Insolvenzereignis.** Stellt ein solcher Arbeitnehmer einen Antrag auf Gewährung von Insolvenzgeld, so gehen dessen Ansprüche auf Arbeitsentgelt nach § 169 SGB III auf die Bundesagen-

---

[2] BT-*Drs. 18/12154, 33.*
[3] BR-Drs. 654/16, 36.
[4] MüKoInsO/*Ehricke* InsO § 77 Rn. 14.
[5] BR-Drs. 654/16, 36.

tur für Arbeit über. Bereits hieraus ergibt sich, dass die **Bundesagentur für Arbeit als lokaler Gläubiger** der inländischen Niederlassung ist. Aus „Gründen gesetzlicher Klarheit" wurde dennoch in Art. 102c § 18 Abs. 2 EGInsO bestimmt, dass die Bundesagentur für Arbeit als lokaler Gläubiger in einem Verfahren über die Zusicherung abstimmungsbefugt ist.[6]

Art. 102c § 19 EGInsO Unterrichtung über das Ergebnis der Abstimmung

Für die Unterrichtung nach Artikel 36 Absatz 5 Satz 4 der Verordnung (EU) 2015/848 gilt § 12 Satz 2 entsprechend.

Die Vorschrift entspricht Art. 102c § 20 EGInsO-RegE.[1] Sie ergänzt Art. 36 Abs. 5 S. 4 EuInsVO. Dort ist bestimmt, dass der Insolvenzverwalter die bekannten lokalen Gläubiger über das Ergebnis der Abstimmung **unterrichtet.** Art. 36 Abs. 5 S. 4 EuInsVO stellt auf die bekannten lokalen Gläubiger (Art. 2 Nr. 11 EuInsVO) ab, da die Information in Art. 36 Abs. 5 EuInsVO auch den Zeitraum vor der Billigung abdeckt. 1

Durch den Verweis in Art. 102c § 19 EGInsO auf Art. 102c § 12 S. 2 EGInsO wird sichergestellt, dass die Unterrichtung den lokalen Gläubigern besonders zuzustellen ist und sich der Insolvenzverwalter bei der Zustellung **eigenen Personals** bedienen darf. 2

Art. 102c § 20 EGInsO Rechtsbehelfe gegen Entscheidungen über die Eröffnung eines Sekundärinsolvenzverfahrens

(1) [1]Wird unter Hinweis auf die Zusicherung die Eröffnung eines Sekundärinsolvenzverfahrens nach Artikel 38 Absatz 2 der Verordnung (EU) 2015/848 abgelehnt, so steht dem Antragsteller die sofortige Beschwerde zu. [2]Die §§ 574 bis 577 der Zivilprozessordnung gelten entsprechend, wobei die Entscheidung über die Beschwerde gemäß § 6 Absatz 3 der Insolvenzordnung erst mit Rechtskraft wirksam wird.

(2) [1]Wird in der Bundesrepublik Deutschland ein Sekundärinsolvenzverfahren eröffnet, ist der Rechtsbehelf nach Artikel 39 der Verordnung (EU) 2015/848 als sofortige Beschwerde zu behandeln. [2]Die §§ 574 bis 577 der Zivilprozessordnung gelten entsprechend, wobei die Entscheidung über die Beschwerde gemäß § 6 Absatz 3 der Insolvenzordnung erst mit Rechtskraft wirksam wird.

Schrifttum: *Ehricke,* Zur Einflussnahme des Hauptinsolvenzverwalters auf die Verwertungshandlungen des Sekundärinsolvenzverwalters nach der EuInsVO, ZInsO 2004, 633.

I. Sofortige Beschwerde gegen die Ablehnung der Eröffnung eines Sekundärinsolvenzverfahrens

Wenn eine Zusicherung des Insolvenzverwalters von den lokalen Gläubigern gebilligt wurde (Art. 36 Abs. 5 EuInsVO iVm Art. 2 Nr. 11 EuInsVO), kann innerhalb einer Frist von 30 Tagen, die mit der Zustellung der Mitteilung über die Billigung zu laufen beginnt (Art. 37 Abs. 2 EuInsVO), ein Antrag auf Eröffnung eines förmlichen Sekundärinsolvenzverfahrens gestellt werden. Örtlich zuständig ist das in Art. 102c § 1 Abs. 2 EGInsO bezeichnete Gericht (→ EGInsO Art. 102c § 1 Rn. 5). Dem Antrag ist stattzugeben, wenn das angerufene Gericht der Überzeugung ist, durch die Zusicherung würden die Interessen der lokalen Gläubiger nicht angemessen geschützt (Art. 38 Abs. 2 EuInsVO). Gegen eine ablehnende Entscheidung steht dem Antragsteller nach Art. 102c § 20 Abs. 1 EGInsO das Rechtsmittel der sofortigen Beschwerde zu.[1] Mit der Neufassung durch das SanInsFoG wurde zum 1.1.2021 klargestellt, dass § 6 Abs. 3 InsO im Rahmen von Beschwerdeverfahren anwendbar ist. 1

Zwar sieht § 34 InsO für alle Arten von Insolvenzverfahren und damit auch für ein Sekundärinsolvenzverfahren ohnehin das Rechtsmittel der sofortigen Beschwerde vor. Angesichts der vielfältigen Rechtsbehelfe, die Art. 36 EuInsVO im Rahmen des Zusicherungsverfahrens vorsieht, wurde jedoch im Interesse der **Rechtsklarheit** ausdrücklich bestimmt, demjenigen, der erfolglos einen Antrag auf Eröffnung eines Sekundärinsolvenzverfahrens gestellt hat, die Beschwerdebefugnis durch Art. 102c § 20 Abs. 1 EGInsO zu eröffnen.[2] 2

[6] BR-Drs. 654/16, 36.
[1] BT-Drs. 18/12154, 16.
[1] BT-Drs.18/12154, 17.
[2] BR-Drs. 654/16, 37.

II. Sofortige Beschwerde gegen die Eröffnung eines Sekundärinsolvenzverfahrens

3 Selbst wenn eine wirksame Zusicherung iSd Art. 36 EuInsVO vorliegt, so kann dennoch – aufgrund eines innerhalb der Frist des Art. 37 Abs. 2 EuInsVO gestellten Antrags – ein Sekundärinsolvenzverfahren eröffnet werden. Hierdurch wird freilich massiv in die Verwaltungskompetenz des Hauptinsolvenzverwalters eingegriffen. In Art. 39 EuInsVO wird deshalb dem Verwalter die Befugnis eingeräumt, die Eröffnungsentscheidung anzufechten, wenn er der Auffassung ist, das Gericht habe den Anforderungen des Art. 38 EuInsVO nicht entsprochen.

4 Mit Art. 102c § 20 Abs. 2 EGInsO wird klargestellt, dass der mit Art. 39 EuInsVO eröffnete Rechtsbehelf als **sofortige Beschwerde** zu behandeln ist. Damit sind die allgemeinen Bestimmungen zur sofortigen Beschwerde nach den §§ 567 ff. ZPO und §§ 574–577 ZPO anwendbar. Die sofortige Beschwerde ist beim Insolvenzgericht einzulegen, dem die Möglichkeit zur Abhilfe zusteht.

Abschnitt 3. Maßnahmen zur Einhaltung einer Zusicherung

Art. 102c § 21 EGInsO Rechtsbehelfe und Anträge nach Artikel 36 der Verordnung (EU) 2015/848

(1) [1]Für Entscheidungen über Anträge nach Artikel 36 Absatz 7 Satz 2 oder Absatz 8 der Verordnung (EU) 2015/848 ist das Insolvenzgericht ausschließlich örtlich zuständig, bei dem das Hauptinsolvenzverfahren anhängig ist. [2]Der Antrag nach Artikel 36 Absatz 7 Satz 2 der Verordnung (EU) 2015/848 muss binnen einer Notfrist von zwei Wochen bei dem Insolvenzgericht gestellt werden. [3]Die Notfrist beginnt mit der Zustellung der Benachrichtigung über die beabsichtigte Verteilung.

(2) Für die Entscheidung über Anträge nach Artikel 36 Absatz 9 der Verordnung (EU) 2015/848 ist das Gericht nach § 1 Absatz 2 zuständig.

(3) Unbeschadet des § 58 Absatz 2 Satz 3 der Insolvenzordnung entscheidet das Gericht durch unanfechtbaren Beschluss.

Übersicht

I. Normzweck

1 Die Vorschrift dient der **Durchführung von Art. 36 EuInsVO,** und zwar insbesondere der **Durchsetzung der Zusicherung** durch eine Reihe von Rechtsbehelfen, die in Art. 36 Abs. 7, 8 und 9 EuInsVO geregelt sind. Sie entspricht Art. 102c § 22 EGInsO-RegE.[1] **Art. 36 Abs. 7 S. 2 EuInsVO** sieht vor, dass jeder lokale Gläubiger (Art. 2 Nr. 11 EuInsVO) die durch den Verwalter beabsichtigte Verteilung anfechten kann, wenn er der Auffassung ist, dass der Verwalter hierbei von der Zusicherung abweichen will. **Art. 36 Abs. 8 EuInsVO** bestimmt, dass lokale Gläubiger das Gericht des Mitgliedstaats, in dem das Hauptinsolvenzverfahren eröffnet wurde, anrufen können, um sicherzustellen, dass der Insolvenzverwalter die von ihm gegebene Zusicherung beachtet. Der in **Art. 36 Abs. 9 EuInsVO** vorgesehene Rechtsbehelf gestattet lokalen Gläubigern schließlich auch, die Gerichte des Mitgliedstaats anzurufen, in dem ein Sekundärinsolvenzverfahren eröffnet worden wäre, um die Einhaltung der Zusicherung durch den Verwalter einzufordern.

2 Nach § 19a Abs. 3 Nr. 4 RPflG unterliegt die Entscheidung über Rechtsbehelfe und Anträge nach Art. 102c § 21 EGInsO einem **Richtervorbehalt** (→ EGInsO Art. 102c § 1 Rn. 14).

3 Das Gesetz bestimmt **keine Fristen** für die Stellung eines **Antrags nach Art. 36 Abs. 8 EuInsVO oder nach Art. 36 Abs. 9 EuInsVO.** Jeweils geht es hier um Anträge, mit denen das zuständige Gericht veranlasst werden soll, geeignete Maßnahmen für die Umsetzung der Zusicherung zu treffen. Diese Maßnahmen müssen jederzeit zulässig sein, wenn sich die Gefahr abzeichnet, dass durch ein Verhalten des Insolvenzverwalters oder anderer Gläubiger zu besorgen ist, dass die Umsetzung der Zusicherung gefährdet wird.[2] Der Verzicht auf eine zeitliche Begrenzung der Antragsbefug-

[1] BT-Drs. 18/12154, 16.
[2] BR-Drs. 654/16, 39.

nis liegt auch auf einer Linie mit § 58 Abs. 2 S. 2 InsO. Danach kann das Gericht **jederzeit** einzelne Auskünfte oder einen Bericht über den Sachstand und die Geschäftsführung vom Insolvenzverwalter verlangen.

II. Verteilung von Massegegenständen und Erlösen (Abs. 1)

Art. 102c § 21 Abs. 1 S. 1 EGInsO trifft eine ergänzende Bestimmung zur **örtlichen Zuständigkeit** für die Rechtsbehelfe und Anträge nach Art. 36 Abs. 7 S. 2 EuInsVO und Art. 36 Abs. 8 EuInsVO. Diese Vorschriften kommen **in Fällen** zum Tragen, in denen **in der BRepD ein Hauptinsolvenzverfahren** eröffnet wurde und der Verwalter eine Zusicherung zur Vermeidung eines Sekundärinsolvenzverfahrens in einem anderen Mitgliedstaat der EU gegeben hat (Art. 102c §§ 11–14 EGInsO). Die EuInsVO regelt hierzu nur die internationale Zuständigkeit der Gerichte des Mitgliedstaats, in dem das Hauptinsolvenzverfahren eröffnet wurde. Nach Art. 102c § 21 Abs. 1 S. 1 EGInsO ist innerstaatlich das Insolvenzgericht ausschließlich örtlich zuständig, bei dem das Hauptinsolvenzverfahren anhängig ist. 4

Um möglichst rasch Klarheit darüber zu gewinnen, ob die vom Verwalter beabsichtigte Verteilung mit der von ihm abgegebenen Zusicherung in Einklang steht, ist nach Art. 102c § 21 Abs. 1 S. 2 EGInsO die „Anfechtung" nach **Art. 36 Abs. 7 S. 2 EuInsVO** innerhalb einer **Notfrist von zwei Wochen** beim Insolvenzgericht einzulegen. Die Frist beginnt nach Art. 102c § 21 Abs. 1 S. 3 EGInsO zu laufen, sobald dem betreffenden Gläubiger die Benachrichtigung über die vom Verwalter geplante Verteilung zugestellt worden ist. 5

Der Antrag nach **Art. 36 Abs. 8 EuInsVO** ist darauf gerichtet, den Verwalter durch „alle geeigneten Maßnahmen nach dem Recht des Staats, in dem das Hauptinsolvenzverfahren eröffnet wurde" zur **Einhaltung der Zusicherung** zu verpflichten. Wurde in der BRepD ein Hauptinsolvenzverfahren eröffnet, so steht der Insolvenzverwalter unter der **Aufsicht des Insolvenzgerichts.** Die geeigneten Maßnahmen ergeben sich daher aus **§ 58 InsO.** Danach kann das Gericht etwa eine **Auskunft von dem Insolvenzverwalter** über die Zusicherung und ihre Umsetzung verlangen. Bei Pflichtverletzungen kann das Gericht gegebenenfalls ein **Zwangsgeld** festsetzen.[3] 6

III. Einstweilige Maßnahmen und Sicherungsmaßnahmen (Abs. 2)

Die Vorschrift des **Art. 36 Abs. 9 EuInsVO** bestimmt, dass das Gericht auf Antrag eines lokalen Gläubigers (Art. 2 Nr. 11 EuInsVO) **einstweilige Maßnahmen oder Sicherungsmaßnahmen** erlässt, um den Verwalter zur Einhaltung der Zusicherung anzuhalten. Für den Fall der Insolvenzeröffnung in einem anderen Mitgliedstaat regelt Art. 102c § 22 Abs. 2 EGInsO regelt, dass das Insolvenzgericht, in dessen Bezirk die **Niederlassung** des Schuldners liegt, nach Art. 102c § 1 Abs. 2 EGInsO ausschließlich **örtlich** für die Entscheidung über den Antrag nach Art. 36 Abs. 9 EuInsVO **zuständig** ist. Unterhält der Schuldner mehrere Niederlassungen, aus deren Geschäftsbetrieb Verbindlichkeiten erwachsen sind, so gilt das Prioritätsprinzip des § 3 Abs. 2 InsO. Näher → EGInsO Art. 102c § 1 Rn. 5 f. 7

Dem Gericht ist bei der Entscheidung darüber, welche Maßnahmen zu ergreifen sind, ein **breites Ermessen** eröffnet.[4] Es hat alle Maßnahmen zu treffen, um die Einhaltung der Zusicherung iSd Art. 36 EuInsVO zu erreichen. Als **mögliche Maßnahme** nennt Art. 38 Abs. 3 UAbs. 2 EuInsVO die Befugnis des Gerichts, dem Verwalter des Hauptinsolvenzverfahrens **zu untersagen, Gegenstände der Masse aus dem Niederlassungsstaat zu entfernen.** Ferner kommt in Betracht, dass das Gericht dem Insolvenzverwalter aufgibt, die **Gegenstände** zu benennen, die **nach Antragstellung aus dem Niederlassungsstaat verbracht** worden sind.[5] Diese Pflicht könnte auch ausgedehnt werden, so dass jede Verlagerung von Vermögenswerten bis zu dem Zeitpunkt, zu dem die Billigung der Zusicherung wirksam geworden ist (Art. 37 Abs. 2 EuInsVO), dem Insolvenzgericht gemeldet werden muss. 8

IV. Entscheidung durch unanfechtbaren Beschluss (Abs. 3)

Die Vorschrift des Art. 102c § 21 Abs. 3 EGInsO bestimmt, dass das Gericht grundsätzlich durch unanfechtbaren Beschluss entscheidet. Diese Entscheidungsform entspricht den **Grundwertungen der InsO:**[6] Die Insolvenzordnung kennt im Interesse eines zügigen Ablaufs des Insolvenzverfahrens weder ein förmliches Antragsrecht der Verfahrensbeteiligten auf Einschreiten des Insol- 9

3 BR-Drs. 654/16, 38.
4 BR-Drs. 654/16, 38.
5 BR-Drs. 654/16, 38.
6 BR-Drs. 654/16, 39.

venzgerichts gegen Handlungen oder Unterlassungen des Insolvenzverwalters noch ein Rechtsmittel der Beteiligten, wenn das Gericht einem als Anregung zu verstehenden „Antrag" oder einer „Beschwerde" eines Beteiligten nicht nachkommt.

10 Zwar räumt Art. 36 Abs. 8 und 9 EuInsVO den lokalen Gläubigern ein Antragsrecht auf Einschreiten des Gerichts ein, das förmlich beschieden werden muss. Der deutsche Gesetzgeber hat sich aber dennoch dazu entschlossen, gegen die Entscheidung des Gerichts ein weiteres Rechtsmittel nicht zu eröffnen.[7] Ein Rechtsmittel besteht allerdings gegen den Beschluss, durch den das Gericht ein **Zwangsgeld** gegen den Verwalter festsetzt. Nach § 58 Abs. 2 S. 3 InsO steht dem Insolvenzverwalter gegen einen Zwangsgeldbeschluss die sofortige Beschwerde zu.

V. Kosten

11 Für **Anträge nach Art. 36 Abs. 7 S. 2 und Abs. 9 EuInsVO** werden in **§ 23 Abs. 3 und 4 GKG Sonderregelungen** zur Kostenhaftung getroffen. Diese Rechtsbehelfe fügen sich nicht in das bestehende System der Rechtsmittel der Insolvenzordnung ein.[8] Die Insolvenzordnung kennt bislang kein förmliches Antragsrecht der Verfahrensbeteiligten auf Einschreiten des Insolvenzgerichts gegen Handlungen oder Unterlassungen des Insolvenzverwalters (→ Rn. 9).

12 Nach § 23 Abs. 3 GKG **schuldet der antragstellende Gläubiger die Kosten** des Verfahrens wegen einer Anfechtung nach Art. 36 Abs. 7 S. 2 EuInsVO, wenn der Antrag abgewiesen oder zurückgenommen wird. Die Norm beruht auf der Einschätzung des Gesetzgebers, dass die Entscheidung des Insolvenzgerichts auf den Rechtsbehelf nach Art. 36 Abs. 7 S. 2 EuInsVO „quasi kontradiktorisch" zwischen dem antragstellenden lokalen Gläubiger (Art. 2 Nr. 11 EuInsVO) und dem Insolvenzverwalter ist.[9] War der Antrag nach Art. 36 Abs. 7 S. 2 EuInsVO erfolgreich, so richtet sich die Kostenhaftung nach § 23 Abs. 6 GKG. Danach trägt der **Schuldner** die Kosten. Das GKG folgt damit insoweit dem **Prinzip der Unterliegenshaftung** aus der streitigen Gerichtsbarkeit (vgl. § 91 ZPO).

13 Das Prinzip der **Unterliegenshaftung** (→ Rn. 12) trifft zwar im Grundsatz auch auf den Rechtsbehelf nach **Art. 36 Abs. 9 EuInsVO** zu. Hiervon abweichend schuldet nach § 23 Abs. 4 GKG der **antragstellende Gläubiger** die Kosten des Verfahrens über einstweilige Maßnahmen nach Art. 36 Abs. 9 EuInsVO. Das insoweit zugrundegelegte **Veranlasserprinzip** berücksichtigt, dass der Rechtsbehelf nach Art. 36 Abs. 9 EuInsVO in Konstellationen besteht, in denen in der BRepD kein Hauptinsolvenzverfahren eröffnet wurde, sondern vielmehr der Verwalter eines in einem anderen Mitgliedstaat der EU eröffneten Hauptinsolvenzverfahrens eine Zusicherung zur Vermeidung eines Sekundärinsolvenzverfahrens in der BRepD gegeben hat (→ Rn. 7). Durch die Kostenhaftung des antragstellenden Gläubigers wird vermieden, dass die deutsche Justiz hier angefallene Gerichtskosten in einem ausländischen Insolvenzverfahren geltend machen muss.[10]

Teil 3. Insolvenzverfahren über das Vermögen von Mitgliedern einer Unternehmensgruppe

Art. 102c § 22 EGInsO Eingeschränkte Anwendbarkeit des § 560 und der §§ 269a bis 269i der Insolvenzordnung

(1) [1]Gehören Unternehmen einer Unternehmensgruppe im Sinne von § 3e der Insolvenzordnung auch einer Unternehmensgruppe im Sinne von Artikel 2 Nummer 13 der Verordnung (EU) 2015/848 an,

1. findet § 269a der Insolvenzordnung keine Anwendung, soweit Artikel 56 der Verordnung (EU) 2015/848 anzuwenden ist,

2. finden § 56b Absatz 1 und § 269b der Insolvenzordnung keine Anwendung, soweit Artikel 57 der Verordnung (EU) 2015/848 anzuwenden ist.

(2) Gehören Unternehmen einer Unternehmensgruppe im Sinne von § 3e der Insolvenzordnung auch einer Unternehmensgruppe im Sinne von Artikel 2 Nummer 13 der Verordnung (EU) 2015/848 an, ist die Einleitung eines Koordinationsverfahrens nach den §§ 269d bis 269i der Insolvenzordnung ausgeschlossen, wenn die Durchführung des Koordinationsverfahrens die Wirksamkeit eines Gruppen-Koordinationsverfahrens nach den Artikeln 61 bis 77 der Verordnung (EU) 2015/848 beeinträchtigen würde.

---

7 BR-Drs. 654/16, 39.
8 BR-Drs. 654/16, 41.
9 BR-Drs. 654/16, 41.
10 BR-Drs. 654/16, 41.

I. Normzweck

Die Vorschrift des § 22 ergänzt die Bestimmungen der EuInsVO betreffend die Insolvenzverfahren über das Vermögen von Mitgliedern einer Unternehmensgruppe (→ EuInsVO Vor Art. 56 Rn. 1 ff.). Sie wurde erst im Rechtsausschuss in den Gesetzestext eingefügt.[1] § 22 regelt das **Verhältnis der EuInsVO-Regeln zu den** mit dem Gesetz zur Erleichterung der Bewältigung von Konzerninsolvenzen eingefügten, **ab 21.4.2018 anwendbaren §§ 56b, 269a ff. InsO.** § 22 Abs. 1 adressiert das Verhältnis Kommunikations- und Kooperationspflichten zueinander, § 22 Abs. 2 das Gruppen-Koordinationsverfahren. **Leitprinzip** ist, die durch Art. 56–77 EuInsVO angestrebten Ziele einer **effizienten Verfahrensführung** (Erwägungsgrund 51) und des Ausschöpfens von **Synergien** innerhalb der Gruppe (Erwägungsgrund 52 S. 3; → EuInsVO Art. 56 Rn. 1) zu gewährleisten. 1

II. Kommunikations- und Kooperationspflichten bei der Konzerninsolvenz (Abs. 1)

§ 22 Abs. 1 regelt das **Verhältnis** der Kommunikations- und Kooperationspflichten nach **§ 56b Abs. 1 InsO, § 269a InsO und § 269b InsO zu** den entsprechenden Pflichten nach **Art. 56, 57 EuInsVO.** Die EuInsVO macht nicht deutlich, ob die Art. 56, 57 EuInsVO im Verhältnis zwischen mehreren inländischen Verfahren anzuwenden sind. Klar ist nur, dass die Vorschriften zur Konzerninsolvenz in ihrem räumlichen Anwendungsbereich keine Gesellschaften einer Unternehmensgruppe erfassen, deren COMI nach Art. 3 EuInsVO in einem Drittstaat gelegen ist (→ EuInsVO Art. 56 Rn. 5). Denkbar wäre allerdings, dass die in Art. 56, 57 EuInsVO geregelten Kommunikations- und Kooperationspflichten nur zwischen Unternehmen bestehen, über deren Vermögen in zwei verschiedenen Mitgliedstaaten der EU Insolvenzverfahren eröffnet wurden. Da ein solches Verständnis die Wirksamkeit der Verordnungsbestimmungen beeinträchtigen würde,[2] sieht Art. 102c § 22 Abs. 1 EGInsO vor, dass die § 56b Abs. 1 InsO, §§ 269a, 269b InsO nicht anzuwenden sind, soweit die Art. 56, 57 EuInsVO eingreifen. 2

III. Gruppen-Koordinationsverfahren (Abs. 2)

Auch hinsichtlich des Verhältnisses des Koordinationsverfahrens nach den §§ 269d–269i InsO zum Gruppen-Koordinationsverfahren nach Art. 61–77 EuInsVO bestimmt das Gesetz einen **grundsätzlichen Vorrang der verordnungsrechtlichen Bestimmungen** und damit des EU-rechtlichen Gruppen-Koordinationsverfahrens. 3

Allerdings ist es **nicht ausgeschlossen,** dass die Durchführung des Koordinationsverfahrens iSd §§ 269d ff. InsO **im Einzelfall** einen **Koordinationsmehrwert** verspricht, der sich nicht ohne weiteres über die Durchführung des europäischen Gruppen-Koordinationsverfahrens erzielen lässt.[3] Denkbar ist etwa eine Koordination der in der BRepD eröffneten Verfahren auch im Rahmen und zur Unterstützung eines auf EU-Ebene eingeleiteten Gruppen-Koordinationsverfahrens. Wird die Wirksamkeit eines eingeleiteten oder später möglichen Gruppen-Koordinationsverfahrens iSd Art. 61–77 EuInsVO durch die Durchführung eines Koordinationsverfahrens iSd §§ 269d ff. InsO nicht beeinträchtigt, so steht die EuInsVO der Durchführung eines solchen Verfahrens nicht im Wege. Daher bestimmt Art. 102c § 22 Abs. 2 EGInsO, dass ein Koordinationsverfahren iSd §§ 269d ff. InsO bei Unternehmensgruppen, die zugleich auch Unternehmensgruppen iSd Art. 2 Nr. 13 EuInsVO sind, nur dann eingeleitet werden kann, wenn seine Durchführung nicht die Wirksamkeit eines Gruppen-Koordinationsverfahrens beeinträchtigt. 4

Art. 102c § 23 EGInsO Beteiligung der Gläubiger

(1) [1]Beabsichtigt der Verwalter, die Einleitung eines Gruppen-Koordinationsverfahrens nach Artikel 61 Absatz 1 der Verordnung (EU) 2015/848 zu beantragen und ist die Durchführung eines solchen Verfahrens von besonderer Bedeutung für das Insolvenzverfahren, hat er die Zustimmung nach den §§ 160 und 161 der Insolvenzordnung einzuholen. [2]Dem Gläubigerausschuss sind die in Artikel 61 Absatz 3 der Verordnung (EU) 2015/848 genannten Unterlagen vorzulegen.

(2) Absatz 1 gilt entsprechend

---

1 BT-Drs. 18/12154, 18, 33 f.

2 BT-Drs. 18/12154, 33 f. mit Verweis auf *Bornemann* in Wimmer/Bornemann/Lienau, Die neue EuInsVO, 2016, Rn. 550 ff., 558 f.; *Brünkmanns* ZInsO 2013, 797 (806); *Thole* ZEuP 2014, 39 (73); *Brünkmanns* KTS 2014, 351 (371 f.).

3 BT-Drs. 18/12154, 34.

1. **für die Erklärung eines Einwands nach Artikel 64 Absatz 1 Buchstabe a der Verordnung (EU) 2015/848 gegen die Einbeziehung des Verfahrens in das Gruppen-Koordinationsverfahren,**
2. **für den Antrag auf Einbeziehung des Verfahrens in ein bereits eröffnetes Gruppen-Koordinationsverfahren nach Artikel 69 Absatz 1 der Verordnung (EU) 2015/848 sowie**
3. **für die Zustimmungserklärung zu einem entsprechenden Antrag eines Verwalters, der in einem Verfahren über das Vermögen eines anderen gruppenangehörigen Unternehmens bestellt wurde (Artikel 69 Absatz 2 Buchstabe b der Verordnung (EU) 2015/848).**

I. Verwalterbefugnisse im Gruppen-Koordinationsverfahren – Grundlagen

1 Die Art. 56–59 EuInsVO bestimmten **Pflichten** der Verwalter und der Gerichte **zur Zusammenarbeit lösen keinen Anpassungsbedarf** auf mitgliedstaatlicher Ebene **aus.** Art und Reichweite der Pflichten werden bereits durch die Verordnung selbst festgelegt. Auch das durch Art. 60 EuInsVO den Verwaltern eingeräumte Recht zur Teilnahme an den Verfahren über andere Mitglieder der Unternehmensgruppe (Art. 2 Nr. 13 EuInsVO) bedarf keiner flankierenden Regelung im nationalen Recht.[1]

2 Das Gruppen-Koordinationsverfahren (Art. 61–77 EuInsVO) soll den **Gesamtnutzen aller Beteiligten aller Verfahren zu mehren.**[2] Es handelt sich dabei **nicht** um ein **Einheitsverfahren** über das Vermögen der Unternehmensgruppe, sondern um einen Rahmen zur Koordinierung der Einzelverfahren, die über das Vermögen der insolventen Mitglieder der Unternehmensgruppe eröffnet werden. Auch kollisionsrechtlich sind die von einer „Konzerninsolvenz" betroffenen Gesellschaften getrennt anzuknüpfen (→ IntGesR Rn. 760 ff.).

3 Im Koordinationsverfahren haben die **Verwalter** der betroffenen Gesellschaften **wichtige Befugnisse.** Dazu gehören das Recht, die Einleitung des Koordinationsverfahrens zu beantragen (Art. 61 EuInsVO), Einwände gegen die Einbeziehung in ein solches Koordinationsverfahren zu erheben (Opt-out) oder sich gegen die Bestellung des vorgeschlagenen Koordinators zu wenden (Art. 64 EuInsVO), die nachträgliche Einbeziehung des Verfahrens in ein Koordinationsverfahren zu beantragen (Opt-in, Art. 69 Abs. 1 EuInsVO) sowie die Zustimmung oder Ablehnung der nachträglichen Einbeziehung eines anderen Verfahrens zu erklären (Art. 69 Abs. 2 lit. b EuInsVO). In all diesen Fällen überlässt die EuInsVO dem mitgliedstaatlichen Gesetzgeber die **Regelung von Zuständigkeiten und Zustimmungsvorbehalten im Innenverhältnis.** Art. 102c § 23 EGInsO bindet insoweit die Ausübung der genannten Befugnisse des Insolvenzverwalters im Verfahren vor deutschen Insolvenzgerichten nach **§§ 160, 161 InsO** an die Zustimmung des Gläubigerausschusses bzw. der Gläubigerversammlung.

4 Nach § 19a Abs. 3 Nr. 6 RPflG besteht im Hinblick auf die funktionelle Zuständigkeit ein **Richtervorbehalt** für die Aufgaben des Insolvenzgerichts im Rahmen der Gruppen-Koordinationsverfahrens (→ EGInsO Art. 102c § 1 Rn. 16).

II. Zustimmung des Gläubigerausschusses bei Antrag auf Einleitung eines Gruppen-Koordinationsverfahrens (Abs. 1)

5 Nach Art. 102c § 23 Abs. 1 S. 1 EGInsO iVm §§ 160, 161 InsO hat der Verwalter vor der Stellung eines Antrags auf Einleitung eines Gruppen-Koordinationsverfahrens (Art. 61 EuInsVO) die **Zustimmung des Gläubigerausschusses** einzuholen, **wenn** die Durchführung des Koordinationsverfahrens **von besonderer Bedeutung** für das Insolvenzverfahren ist. Das wird in der Regel der Fall sein, da die Einleitung des Koordinationsverfahrens nur in Betracht kommt, wenn das Verfahren die effektive Führung der Einzelverfahren erleichtert.[3]

6 Dem Gläubigerausschuss sind nach Art. 102c § 23 Abs. 1 S. 2 EGInsO dieser Regelung die in Art. 61 Abs. 3 EuInsVO genannten **Unterlagen** vorzulegen, damit der Gläubigerausschuss die voraussichtlichen Vor- und Nachteile der Durchführung des angestrebten Koordinationsverfahrens abschätzen kann.

III. Zustimmung des Gläubigerausschusses bei laufenden Gruppen-Koordinationsverfahren (Abs. 2)

7 Den Zustimmungspflichten nach §§ 160, 161 InsO unterliegen nach Art. 102c § 23 Abs. 2 EGInsO ferner die Befugnis des Verwalters, der **Einbeziehung** des Verfahrens, für das er bestellt

---

1 BR-Drs. 654/16, 21.
2 BR-Drs. 654/16, 39.
3 BR-Drs. 654/16, 40.

wurde, in ein Gruppen-Koordinationsverfahren zu widersprechen (Nr. 1), die **nachträgliche Aufnahme** des Verfahrens in ein bereits eröffnetes Koordinationsverfahren zu **beantragen** (Nr. 2) oder der **nachträglichen Aufnahme** eines anderen Verfahrens in ein bereits eröffnetes Verfahren **zuzustimmen oder zu widersprechen** (Nr. 3). Zur Grundlage dieser Befugnisse in der EuInsVO → Rn. 3.

IV. Kosten

Nach 23 Abs. 5 GKG richtet sich, welcher Schuldner die Kosten eines Gruppen-Koordinationsverfahrens trägt. Die Vorschrift belastet den **Schuldner, dessen Verwalter die Einleitung des Koordinationsverfahrens beantragt hat.** 8

Art. 102c § 24 EGInsO Aussetzung der Verwertung

§ 16 gilt entsprechend bei der Aussetzung
1. **der Verwertung auf Antrag des Verwalters eines anderen gruppenangehörigen Unternehmens nach Artikel 60 Absatz 1 Buchstabe b der Verordnung (EU) 2015/848 und**
2. **des Verfahrens auf Antrag des Koordinators nach Artikel 72 Absatz 2 Buchstabe e der Verordnung (EU) 2015/848.**

I. Normzweck und Regelungszusammenhang

Ähnlich wie Art. 46 EuInsVO sehen Art. 60 EuInsVO und Art. 72 EuInsVO vor, dass die **Verwertung** der Masse in bestimmten Konzernsituationen ganz oder teilweise **auszusetzen** ist. Art. 102c § 24 EGInsO stellt durch Verweis auf Art. 102c § 16 EGInsO – die Durchführungsbestimmung zu Art. 46 EuInsVO – sicher, dass bei einer solchen Aussetzung die **Interessen inländischer absonderungsberechtigter Gläubiger** gewahrt werden. 1

II. Zinsanspruch absonderungsberechtigter Gläubiger bei Aussetzung der Verwertung im Kontext von Unternehmensgruppen

Damit diesen Gläubigern aus der Hinauszögerung der Verwertung kein Schaden entsteht, ordnet Art. 102c § 24 EGInsO iVm Art. 102c § 16 EGInsO eine **Verzinsungspflicht** nach § 169 InsO an. Somit stehen den Inhabern von Absonderungsrechten, die von einer Aussetzung der Verwertung nach Art. 60 Abs. 1 lit. b EuInsVO oder Art. 72 Abs. 2 lit. e EuInsVO betroffen sind, Ansprüche auf Zinsen aus der Insolvenzmasse zu.[1] 2

Art. 102c § 25 EGInsO Rechtsbehelf gegen die Entscheidung nach Artikel 69 Absatz 2 der Verordnung (EU) 2015/848

[1]Gegen die Entscheidung des Koordinators nach Artikel 69 Absatz 2 der Verordnung (EU) 2015/848 ist die Erinnerung statthaft. [2]§ 573 der Zivilprozessordnung gilt entsprechend.

I. Ausschluss vom Gruppen-Koordinierungsverfahren

Die vom Rechtsausschuss angeregte Norm[1] knüpft an Art. 69 EuInsVO an, der das **„nachträgliche Opt-in durch Verwalter"** regelt. Nach Art. 69 Abs. 1 EuInsVO kann jeder Verwalter im Anschluss an die gerichtliche Eröffnung eines Gruppen-Koordinationsverfahrens (Art. 68 EuInsVO) beim Koordinator die Einbeziehung des Verfahrens, für das er bestellt wurde, beantragen. Bei der Entscheidung über diesen Antrag hat der Koordinator ein weites Ermessen (Art. 69 Abs. 2 EuInsVO). Nach **Art. 69 Abs. 4 EuInsVO** kann allerdings jeder beteiligte Verwalter und jeder Verwalter, dessen Antrag auf Einbeziehung in das Gruppen-Koordinierungsverfahren abgelehnt wurde, die Entscheidung des Koordinators über die Einbeziehung eines Insolvenzverfahrens in das Gruppen-Koordinationsverfahren (Art. 69 Abs. 2 EuInsVO) gemäß dem Verfahren **anfechten,** das nach dem Recht des Mitgliedstaates, in dem das Gruppen-Koordinationsverfahren eröffnet wurde, bestimmt ist (→ EuInsVO Art. 69 Rn. 10 ff.). Art. 102c § 25 EGInsO regelt den hier statthaften Rechtsbehelf im deutschen Recht und das weitere Verfahren.[2] Nach § 88 StaRUG findet Art. 102c § 25 EGInsO in **öffentlichen Restrukturierungssachen** entsprechende Anwendung.[3] 1

---

1 BT-Drs. 18/12154, 34.

1 BT-Drs. 18/12154, 34.

2 BT-Drs. 18/12154, 34.

3 Dazu *Skauradszun/Kümpel/Nijnens* NZI 2023, 481; umfassend *Greeve,* Die grenzüberschreitende Restrukturierung von Kapitalgesellschaften, 2023.

II. Erinnerung als statthafter Rechtsbehelf (S. 1)

2 Art. 102c § 25 S. 1 EGInsO bestimmt, dass gegen die Entscheidung des Koordinators nach Art. 69 Abs. 2 EuInsVO (→ Rn. 1) die Erinnerung statthaft ist. Die Entscheidung des Koordinators soll zunächst durch das für das Gruppen-Koordinationsverfahren zuständige **Gericht** überprüft werden, das über die entsprechende **Sachnähe** verfügt.

III. Weiteres Verfahren (S. 2)

3 Für das weitere Verfahren verweist Art. 102c § 25 S. 2 EGInsO auf § 573 ZPO, sodass gegen die Entscheidung des Ausgangsgerichts über die Erinnerung die **sofortige Beschwerde** statthaft ist (§ 573 Abs. 2 ZPO). Gegen die Entscheidung des Beschwerdegerichts ist nach § 574 Abs. 1 Nr. 2 ZPO die **Rechtsbeschwerde** zulässig, wenn das Beschwerdegericht diese im Beschluss zugelassen hat. Die zulassungsfreie Rechtsbeschwerde ist (entsprechend den allgemeinen Grundsätzen nach Aufhebung des § 7 InsO) nicht eröffnet.[4] § 7 InsO wurde durch das Gesetz zur Änderung des § 522 ZPO vom 21.10.2011 (BGBl. 2001 I 2082) aufgehoben.

Art. 102c § 26 EGInsO Rechtsmittel gegen die Kostenentscheidung nach Artikel 77 Absatz 4 der Verordnung (EU) 2015/848

[1]Gegen die Entscheidung über die Kosten des Gruppen-Koordinationsverfahrens nach Artikel 77 Absatz 4 der Verordnung (EU) 2015/848 ist die sofortige Beschwerde statthaft. [2]Die §§ 574 bis 577 der Zivilprozessordnung gelten entsprechend, wobei die Entscheidung über die Beschwerde gemäß § 6 Absatz 3 der Insolvenzordnung erst mit Rechtskraft wirksam wird.

1 Nach Art. 77 Abs. 5 EuInsVO können die Verwalter der Verfahren, die in das Gruppen-Koordinationsverfahren einbezogen sind, gegen die **Entscheidung über die Vergütung des Koordinators** nach Art. 77 Abs. 4 EuInsVO das **Rechtsmittel** einlegen, das nach dem Recht des Mitgliedstaats vorgesehen ist, in dem das Koordinationsverfahren eröffnet wurde. Das mitgliedstaatliche Verfahrensrecht muss daher ein Rechtsmittel für den Fall vorsehen, dass Insolvenzgerichte im Rahmen eines von ihnen eröffneten Koordinationsverfahrens eine Entscheidung über die Kosten nach Art. 77 Abs. 4 EuInsVO treffen. Nach § 88 StaRUG findet Art. 102c § 26 EGInsO in **öffentlichen Restrukturierungssachen** entsprechende Anwendung.[1]

2 Nach Art. 102c § 26 EGInsO ist in diesen Fällen die **sofortige Beschwerde (§ 6 InsO) statthaft,** auf die die §§ 567 ff. ZPO und §§ 574–577 ZPO entsprechende Anwendung finden. Die Vorschrift ist wortgleich mit Art. 102c § 24 EGInsO idF des RegE.[2] Mit der Neufassung durch das SanInsFoG wurde zum 1.1.2021 klargestellt, dass § 6 Abs. 3 InsO im Rahmen von Beschwerdeverfahren anwendbar ist.

---

4 BT-Drs. 18/12154, 34.

1 Dazu *Skauradszun/Kümpel/Nijnens* NZI 2023, 481; umfassend *Greeve,* Die grenzüberschreitende Restrukturierung von Kapitalgesellschaften, 2023.

2 BT-Drs. 18/12154, 20.

D. Autonomes deutsches internationales Insolvenzrecht

Insolvenzordnung (InsO)

vom 5. Oktober 1994 (BGBl. 1994 I 2866),
zuletzt geändert durch Gesetz vom 15. Juli 2024 (BGBl. 2024 I Nr. 236)

– Auszug –

Elfter Teil. Internationales Insolvenzrecht

Vorbemerkung (Vor § 335 InsO)

Schrifttum: zum deutschen internationalen Insolvenzrecht (§§ 335 ff. InsO idF von 2003) s. Einl. IntInsR; *Brinkmann,* Die internationale Zuständigkeit für Anfechtungsklagen in der Insolvenz von Banken und Versicherungsunternehmen, IPRax 2014, 243; *Flessner,* Das künftige Internationale Insolvenzrecht im Verhältnis zum Europäischen Insolvenzübereinkommen, in Stoll, Vorschläge und Gutachten zur Umsetzung des EU-Übereinkommens über Insolvenzverfahren im deutschen Recht, 1997, 219; *Geimer,* Internationales Zivilprozeßrecht, 8. Aufl. 2019; *Häsemeyer,* Insolvenzrecht, 4. Aufl. 2007; *Hasselbach,* Insolvenzprivilegien für Kreditinstitute bei Zahlungssystemen?, ZIP 1997, 1491; *Leipold,* Internationale Zuständigkeit, inländische Einzelrechtsverfolgung trotz eines Auslandskonkurses, Auswirkungen eines ausländischen Konkurses auf im Inland anhängige Zivilprozesse, in Stoll, Stellungnahmen und Gutachten zur Reform des deutschen internationalen Insolvenzrechts, 1992, 72; *Leipold,* Zum künftigen Weg des deutschen Internationalen Insolvenzrechts, in Stoll, Vorschläge und Gutachten zur Umsetzung des EU-Übereinkommens über Insolvenzverfahren im deutschen Recht, 1997, 185; *Leipold,* Zuständigkeitslücken im neuen Europäischen Insolvenzrecht, FS Ishikawa, 2001, 221; *Linke/Hau,* Internationales Zivilprozessrecht, 7. Aufl. 2018; für weiteres Schrifttum aus der Zeit von 1985 (BGHZ 95, 256 = NJW 1985, 2896 – „Wendeentscheidung") bis 2002 s. MüKoInsO/*Reinhart* Vor § 335.

I. Entstehungsgeschichte

Die §§ 335 ff. InsO enthalten das deutsche autonome internationale Insolvenzrecht. Durch das Gesetz zur Neuregelung des Internationalen Insolvenzrechts vom 14.3.2003 (BGBl. 2003 I 345); wurden sie als neuer Elfter Teil in die InsO eingefügt.[1] Die Vorschriften ähneln den §§ 379 ff. InsO-RegE 1992 (→ Einl. IntInsR Rn. 18)[2] und treten an die Stelle der fragmentarischen Regelung des internationalen Insolvenzrechts in Art. 102 EGInsO aF; seit dem genannten Gesetz vom 14.3.2003 enthält Art. 102 EGInsO die Ausführungsbestimmungen zur EuInsVO 2000. Die Ausführungsbestimmungen zur 2015 reformierten EuInsVO enthält Art. 102c EGInsVO (näher → EGInsVO Art. 102c § 1 Rn. 1 ff.). 1

II. Verhältnis zur EuInsVO

Die EuInsVO geht in ihrem Anwendungsbereich den §§ 335 ff. InsO vor.[3] Die Vorschriften des autonomen deutschen internationalen Insolvenzrechts sind im Geltungsbereich der EuInsVO nicht anwendbar, soweit sie deren Vorschriften nicht nur ergänzt, sondern im Widerspruch zu ihnen steht.[4] Inhaltlich ist das deutsche autonome internationale Insolvenzrecht **weder ein bloßer Verweis auf die Regeln der EuInsVO, noch** sind die Vorschriften des autonomen Rechts mit denen der EuInsVO durchgehend **identisch.** Das ergibt sich daraus, dass die beiden Regelwerke von grundlegend **verschiedenen Interessenlagen** ausgehen. Die EuInsVO gilt zwischen den EU-Mitgliedstaaten und ist daher vom Geiste des gegenseitigen Vertrauens in diesem Kreise getragen (näher → EuInsVO Vor Art. 1 Rn. 20).[5] Das autonome Recht regelt dagegen den Rechtsverkehr zu 2

---

1 Begr. RegE, BT-Drs. 15/16, 1, 18 ff. = ZIP 2002, 2331 (2335 ff.).

2 Vgl. BT-Drs. 12/2443, 68.

3 BGH NZI 2015, 668 Rn. 4; BGHZ 188, 177 Rn. 11 = NJW 2011, 1818; BAG NZA 2013, 669 Rn. 53.

4 BGH NZI 2011, 120 Rn. 4; BT-Drs. 15/16, 12 f.

5 Allg. EuGH ECLI:EU:C:2006:281 Rn. 61 = NZI 2006, 360 – Eurofood; dazu *Freitag/Leible* RIW 2006, 641; *Hess/Laukemann/Seagon* IPRax 2007, 89; *Paulus* NZG 2006, 609; *Thole* ZEuP 2007, 1137; *Knof/Mock* ZIP 2006, 907; *Saenger/Klockenbrinck* EuZW 2006, 363; *J. Schmidt* ZIP 2007, 405.

Drittstaaten, wo ein vergleichbares Vertrauen fehlt. Am deutlichsten wird dies bei einer Gegenüberstellung der Anerkennungsvoraussetzungen (Art. 19, 32, 33 EuInsVO einerseits, § 343 InsO andererseits). Abgesehen davon wäre ein Verweis auf die Verordnung oder die Übernahme von deren Regeln auch für Drittstaatensachverhalte gar nicht möglich gewesen. So enthält die Verordnung zB Vorschriften, die auf die Koordinierung von Haupt- und Nebenverfahren zielen. Dies setzt aber voraus, dass in den Staaten, in denen die zu koordinierenden Verfahren stattfinden, ein einheitliches internationales Insolvenzrecht gilt. Ein weltweit einheitliches internationales Insolvenzrecht gibt es aber nicht; Rechtseinheit besteht nur im Rahmen der EU.[6] Zu Versuchen einer weltweiten Vereinheitlichung des internationalen Insolvenzrechts → Einl. IntInsR Rn. 15, → Einl. IntInsR 19. Der wohl signifikanteste **Unterschied zur EuInsVO** besteht bei der **Vollstreckung:** Die Zwangsvollstreckung aus einer Entscheidung, die in einem drittstaatlichen Insolvenzverfahren ergangen ist, erfordert ein deutsches **Exequaturурteil** (§ 353 InsO), während die Entscheidungen mitgliedstaatlicher Insolvenzgerichte grundsätzlich nach den Regeln der Brüssel Ia-VO vollstreckt werden, dh ohne ein solches Urteil (Art. 32 Abs. 1 EuInsVO).[7]

3 Dass trotz der unmittelbaren Geltung der EuInsVO (Art. 288 Abs. 2 AEUV) ein **Bedürfnis für ein autonomes internationales Insolvenzrecht** gegeben ist, erklärt sich ferner aus den **Bereichsausnahmen** des Art. 1 Abs. 2 EuInsVO. Hierfür war die RL 2001/17/EG für die Sanierung und Liquidation von Versicherungsunternehmen – heute Art. 267 ff. Solvabilität II-RL (→ EuInsVO Vor Art. 1 Rn. 26 f.) – ebenso umsetzungsbedürftig wie die Sanierungs-RL (→ EuInsVO Vor Art. 1 Rn. 24 f.). Kollisions- und verfahrensrechtlich musste dem ebenfalls durch die Neuregelung des autonomen internationalen Insolvenzrechts entsprochen werden. Dies ist leider nicht bruchlos gelungen. Denn nach diesen Richtlinien sind Sekundärinsolvenzverfahren gerade unzulässig, wohingegen sie das autonome internationale Insolvenzrecht in großem Maße zulässt, namentlich durch einen Vermögensgerichtsstand.[8]

III. Zeitlicher und räumlicher Anwendungsbereich; Brexit

4 Die §§ 335–358 InsO sind am **20.3.2003** in Kraft getreten (Art. 5 Gesetz vom 14.3.2003, BGBl. 2003 I 345). Für die zeitlich davor liegenden Sachverhalte gilt Art. 102 EGInsO aF. Das ergibt sich aus Art. 103a EGInsO analog.[9] Im **räumlichen Anwendungsbereich** der EuInsVO wird das autonome Recht verdrängt, soweit die EuInsVO Kollisions- oder Sachnormen enthält, die in grenzüberschreitenden Sachverhalten abschließende Regelungen treffen.[10] Insoweit gilt das autonome Recht nur für die **Sachverhalte mit Drittstaatenbezug,** ab dem Wirksamwerden eines **Brexit** (Art. 50 Abs. 3 EUV) mithin auch im Verhältnis zum Vereinigten Königreich.[11] Art. 126 BrexitAbk[12] sieht hierzu einen **Übergangszeitraum** vor, der **mit Ablauf des 31.12.2020** endete (→ EuInsVO Art. 1 Rn. 22). Nach Art. 127 Abs. 1 UAbs. 1 BrexitAbk gilt das Unionsrecht während des Übergangszeitraums für das Vereinigte Königreich sowie im Vereinigten Königreich, sofern im Abkommen nichts anderes bestimmt ist. Zum fortgeltenden Recht, das gem. Art. 127 Abs. 3 BrexitAbk die gleichen Rechtswirkungen wie innerhalb der Union und ihrer Mitgliedstaaten entfaltet und nach denselben Methoden und allgemeinen Grundsätzen ausgelegt und angewendet wird, die auch innerhalb der Union gelten, gehört die EuInsVO.[13] Nach Art. 67 Abs. 3 lit. c BrexitAbk ist die EuInsVO im Verhältnis zum Vereinigten Königreich allerdings noch auf **Verfahren** anzuwenden, die **bis zum Ablauf der Übergangsfrist eingeleitet** worden sind. Hierbei ist unter der **Einleitung** des Verfahrens nicht bereits die Antragstellung, sondern erst die **Verfahrenseröffnung** zu verstehen.[14] Nach dem European Union (Withdrawal) Bill (Sec. 2) hat das Vereinigte Königreich alle EU-Verordnungen in autonomes Recht überführt. Seit 1.1.2024 regelt dies der Retained EU Law (Revocation and Reform) Act 2023 (dazu *Eberhardt* RIW 2024, 273).

---

6 BT-Drs. 15/16, 13; BR-Drs. 515/02, 14.

7 Dies betont zu Recht *Kreuzer* RabelsZ 70 (2006), 1 (36 f., 77 f.).

8 Braun/*Tashiro* Rn. 30.

9 BGH NJW-RR 2013, 880 = ZIP 2013, 374 Rn. 20.

10 Braun/*Tashiro* Rn. 24 f.

11 *Freitag/Korch* ZIP 2016, 1849 (1854).

12 Abkommen über den Austritt des Vereinigten Königreichs Großbritannien und Nordirland aus der Europäischen Union und der Europäischen Atomgemeinschaft vom 24.12.2020.

13 BGH NZI 2023, 183 Rn. 34.

14 BGH NZI 2023, 183 Rn. 35 mit Verweis auf EuGH ECLI:EU:C:2022:209 = NZI 2022, 539 Rn. 38 – Galapagos BidCo.; dazu *Mansel/Thorn/Wagner* IPRax 2023, 109 (142 f.); *Fuchs* GWR 2021, 81; *J. Schmidt* ZInsO 2022, 925 (927); *Paulus* EWiR 2022, 337 (338); *J. Schmidt* BB 2022, 1859 (1874 f.); *Kern/Bönold* IPRax 2024, 298.

IV. Eingeschränkte Universalität

Wie die EuInsVO geht das autonome internationale Insolvenzrecht vom Grundsatz der **eingeschränkten Universalität** aus.[15] Zu diesem Grundsatz → Einl. IntInsR Rn. 8; → EuInsVO Vor Art. 1 Rn. 16. 5

V. Äußerer Aufbau und wesentlicher Inhalt; internationale Zuständigkeit

Der Elfte Teil der Insolvenzordnung gliedert sich **drei Abschnitte.** Im **ersten Abschnitt** finden sich **„Allgemeine Vorschriften".** Der dortige § 335 InsO bildet die Grundsatzkollisionsnorm **(Universalitätsprinzip),** die unabhängig von der Belegenheit des Schuldnervermögens die lex fori concursus zur Anwendung beruft. Ausnahmen hiervon enthalten die in diesem Abschnitt befindlichen Sonderkollisionsnormen und Sachnormen (§§ 338, 340 InsO). Der erste Abschnitt normiert ferner die Anknüpfung von noch nicht vollständig erfüllten Verträgen über unbewegliche Gegenstände, Arbeitsverträgen, Aufrechnungsmöglichkeiten, der Insolvenzanfechtung, von organisierten Märkten und der Ausübung von Gläubigerrechten. Dabei lehnt sich das autonome Recht stark an die EuInsVO an. Zum **Geltungsbereich** des Insolvenzstatuts enthalten die §§ 335 ff. InsO keine eigenständige Regelung. Die Regierungsbegründung verweist auf Art. 7 EuInsVO als „Interpretationshilfe".[16] 6

Der **zweite Abschnitt** befasst sich mit **Wirkung ausländischer Insolvenzverfahren im Inland.** Dabei geht es zunächst darum, in welchem Umfang diese anzuerkennen sind. Die grundsätzliche **Anerkennung** ergibt sich aus § 343 Abs. 1 S. 1 InsO. Danach richten sich die Wirkungen nach der lex fori concursus des Eröffnungsstaates. Anerkennungshindernisse enthält § 343 Abs. 1 S. 2 InsO. Der ausländische Verwalter ist nach § 344 InsO befugt, im Inland Sicherungsmaßnahmen nach deutschen Recht (§§ 21 f. InsO) zu beantragen. Zur typologischen Eingrenzung ausländischer Verfahren verweist die Regierungsbegründung auf Anh. A und B EuInsVO.[17] Nach § 343 InsO wird grundsätzlich jedes ausländische Verfahren im Inland anerkannt, allerdings unter dem Vorbehalt der nach inländischem Recht – spiegelbildlich – zu beurteilenden Eröffnungszuständigkeit des ausländischen Gerichts sowie der Übereinstimmung mit der inländischen öffentlichen Ordnung. 7

Der dritte Abschnitt regelt **inländische Verfahren mit Auslandsbezug** (§§ 354 ff. InsO). Sie haben **weltweite Geltung („Universalität"),** erfassen mithin auch das außerhalb des Eröffnungsstaates belegene Vermögen.[18] Die **Eröffnungszuständigkeit für inländische Hauptverfahren** besteht analog § 3 Abs. 1 S. 1 InsO bei einem allgemeinen Gerichtsstand des Schuldners im Inland, der bei Gesellschaften durch den Satzungssitz bestimmt wird (§ 17 ZPO). Liegt der Mittelpunkt der selbstständigen wirtschaftlichen Tätigkeit des Schuldners an einem anderen Ort, so ist für die internationale Zuständigkeit hieran anzuknüpfen (§ 3 Abs. 1 S. 2 InsO analog). Damit sind – wie im Geltungsbereich der EuInsVO – inländische Insolvenzverfahren über Auslandsgesellschaften mit effektivem Verwaltungssitz im Inland möglich. Ferner regelt das Gesetz die Zuständigkeit für **Partikularverfahren** (§ 354 InsO) und **Sekundärverfahren** (§ 356 InsO) über das im Inland belegene Schuldnervermögen. (Sekundärverfahren kommen nur bei Anerkennung eines ausländischen Hauptverfahrens in Betracht, Partikularverfahren ohne Rücksicht hierauf.) Wie ein Vergleich von Art. 3 Abs. 2 EuInsVO mit § 354 InsO zeigt, bestimmt das autonome Recht eine großzügigere internationale Zuständigkeit für Sonderverfahren. Dies ist Ausdruck der geringeren Kooperationsnotwendigkeiten im Rechtsverkehr mit Nicht-EU-Staaten. 8

VI. Internationale Zuständigkeit

1. Insolvenzeröffnung. Für die **internationale Zuständigkeit** sieht das Gesetz keine Regelung vor, so dass nach dem Grundsatz der **Doppelfunktionalität** (vgl. § 105 FamFG) auf die Regeln über die örtliche Zuständigkeit **(§ 3 InsO)** zurückzugreifen ist. Demnach ist der Anknüpfungspunkt für die internationale Zuständigkeit zur Eröffnung des Hauptverfahrens der „Mittelpunkt einer selbstständigen wirtschaftlichen Tätigkeit des Schuldners" **(§ 3 Abs. 1 S. 2 InsO analog).**[19] Für 9

15 *Liersch* NZI 2003, 302 (303); *Harten,* Universalität im Internationalen Insolvenzrecht, 2023.

16 Begr. RegE ZIP 2002, 2331 (2335); BGH NJW-RR 2017, 1080 Rn. 11 = IPRax 2018, 427 m. Aufs. *Piekenbrock* IPRax 2018, 392; BGH NZI 2020, 383 Rn. 16; *Hausmann* in Reithmann/Martiny IntVertragsR Rn. 6.689.

17 Begr. RegE ZIP 2002, 2331 (2335).

18 Braun/*Tashiro* Rn. 4.

19 OLG Frankfurt BeckRS 2013, 2536 = EWiR 2013, 159 m. KurzKomm. *Brinkmann;* dazu auch *Brinkmann* IPRax 2013, 243; AG Ludwigsburg ZIP 2006, 1507 Ls. 3; *Liersch* NZI 2003, 302 (304). Eingehend (zur örtlichen Zuständigkeit) AG Essen ZIP 2009, 1826 mAnm *Pluta* ZIP 2009, 1826 = EWiR 2009, 679 m. KurzKomm. *Brünkmans;* zu den Einzelumständen vgl. das Sachverständigengutachten in ZIP 2016, 1407.

dessen Ermittlung gilt die Offizialmaxime.[20] Die Abwicklung eines Unternehmens fällt nach der Rspr. nicht mehr unter den Begriff der selbstständigen wirtschaftlichen Tätigkeit.[21] Daneben können **Partikularinsolvenzverfahren** eröffnet werden. Die internationale Zuständigkeit hierfür knüpft an die Niederlassung oder die Vermögensbelegenheit an (§ 354 Abs. 1 InsO), woraus deutlich wird, dass das autonome internationale Insolvenzrecht die Eröffnung von inländischen Nebenverfahren unter leichteren Bedingungen ermöglicht als die EuInsVO.[22] Die internationale und örtliche Zuständigkeit für die Eröffnung eines **Nachlassinsolvenzverfahrens** richtet sich außerhalb des Anwendungsbereichs des Art. 3 EuInsVO nach **§ 315 InsO analog.**[23] Ein in einem **Drittstaat** gestellter **Eröffnungsantrag** hindert allein nicht die internationale Zuständigkeit deutscher Insolvenzgerichte.[24]

10 **2. Annexverfahren.** Die §§ 335 ff. InsO enthalten keine Zuständigkeitsgrundlage für Annexverfahren. Die Deko-Marty-Doktrin (→ EuInsVO Art. 3 Rn. 86 ff.) – Zuständigkeit für Annexklagen auch im forum concursus – wird von der Rspr. nicht in das autonome Recht übertragen.[25] Für eine solche Übertragung sprechen indessen die besseren Gründe (→ InsO § 339 Rn. 8). Dies gilt jedenfalls für Kreditinstitute (§ 46e KWG) und Versicherungsunternehmen (§ 312 VAG), da insoweit richtliniengebundenes nationales Recht vorliegt (→ EuInsVO Vor Art. 1 Rn. 23 f.).[26] Unabhängig davon kann sich eine internationale Zuständigkeit für Annexverfahren aus § 23 ZPO ergeben.[27] Der besondere Gerichtsstand der Mitgliedschaft nach § 22 ZPO gilt auch für Anfechtungsklagen des Insolvenzverwalters gegen einen Gesellschafter nach § 143 Abs. 3 S. 1 InsO, § 135 Abs. 2 InsO.[28]

Erster Abschnitt. Allgemeine Vorschriften

§ 335 Grundsatz

Das Insolvenzverfahren und seine Wirkungen unterliegen, soweit nichts anderes bestimmt ist, dem Recht des Staats, in dem das Verfahren eröffnet worden ist.

Schrifttum: s. Vor § 335 InsO.

I. Normzweck

1 Der erste Abschnitt des Elften Teils der InsO enthält Vorschriften, die für alle Insolvenzverfahren mit grenzüberschreitendem Bezug gelten. Dabei ist § 335 InsO neben § 343 InsO die zentrale Norm. Als **allseitige Kollisionsnorm** gilt sie sowohl für die Wirkungen eines inländischen als auch für die eines ausländischen Insolvenzverfahrens.[1] Sie ist eine insolvenzspezifische Ausprägung der allgemeinen **lex-fori-Maxime** des internationalen Verfahrensrechts.[2] Der Grundsatz, dass auf das Insolvenzverfahren das Recht des Eröffnungsstaates Anwendung findet, ist allgemein anerkannt. Entsprechende Vorschriften finden sich in Art. 7 EuInsVO (§ 335 InsO ist mit Art. 7 EuInsVO inhaltlich identisch), Art. 274 Solvabilität II-RL (→ EuInsVO Vor Art. 1 Rn. 26 f.) und Art. 10 Sanierungs-RL (→ EuInsVO Vor Art. 1 Rn. 24 ff.). § 335 InsO ist zudem wortgleich mit § 379 InsO-RegE.[3] Ziel der einheitlichen Anknüpfung ist die Verwirklichung der kollisions- und internationalverfahrensrechtlichen **Gläubigergleichbehandlung.**[4]

---

[20] BGH NJW 2012, 936 Rn. 10 ff.; dazu *Kayser* ZIP 2013, 1353.
[21] OLG Stuttgart ZIP 2009, 1928 (1930).
[22] Vgl. dazu *Torz,* Gerichtsstände im Internationalen Insolvenzrecht, 2005.
[23] BGH ZInsO 2010, 348; AG Niebüll ZIP 2015, 1746 = EWiR 2015, 551 m. Kurzkomm. *C. Paulus;* näher *B. Strauß,* Der notleidende Nachlass bei Auslandsberührung, 2015; *Biemans/Schreurs* RabelsZ 2019, 612.
[24] BGH NZI 2023, 183 mAnm *Bork* – Galapagos; *Kern/Bönold* IPRax 2024, 298.
[25] BGH NJW-RR 2013, 880 Rn. 13; OLG Frankfurt ZIP 2013, 277; abl. auch K. Schmidt/*Brinkmann* InsO § 339 Rn. 7.
[26] *Brinkmann* EWiR 2013, 159 (160).
[27] OLG Frankfurt ZIP 2013, 277; BGH NJW-RR 2013, 880 Rn. 13.
[28] OLG Frankfurt NZI 2015, 619.
[1] Braun/*Tashiro* Rn. 1; *Liersch* NZI 2003, 302 (304); *Hausmann* in Reithmann/Martiny IntVertragsR Rn. 6.628.
[2] *Geimer* IZPR Rn. 3375; zur lex-fori-Anknüpfung im Verfahrensrecht *Schack* IZVR Rn. 44 ff.
[3] BT-Drs. 12/2443, 68.
[4] *Kolmann,* Kooperationsmodelle im Internationalen Insolvenzrecht, 2001, 110; *Trunk* IntInsR 287.

§ 335 InsO ist die **Grundsatzkollisionsnorm,** zu der sich in den Folgevorschriften der **§§ 336 ff. InsO Ausnahmevorschriften** finden. Eine Regelung zur **internationalen Eröffnungszuständigkeit** der deutschen Gerichte enthält § 335 InsO unverständlicherweise nicht. Sie richtet sich nach dem – ungeschriebenen – Grundsatz der Doppelfunktionalität der Vorschriften über die örtliche Zuständigkeit (→ InsO Vor § 335 Rn. 8). 2

II. Anknüpfungsgegenstand

Der Anknüpfungsgegenstand des § 335 InsO ist „das Insolvenzverfahren und seine Wirkungen". Dabei steht das Wort **„Insolvenzverfahren"** für die **prozessualen Vorschriften.**[5] Was unter einem Insolvenzverfahren zu verstehen ist, ergibt sich aus § 1 InsO.[6] Darunter fallen jedenfalls nicht Konkurs-, Vergleichs- und Gesamtvollstreckungsverfahren des deutschen Rechts aus der Zeit vor Inkrafttreten der InsO,[7] wohl aber – seit 20.3.2003 (→ InsO Vor § 335 Rn. 4) – entsprechende ausländische Verfahren (→ Rn. 1). Gleichermaßen einbezogen sind Haupt- und Nebenverfahren (vgl. §§ 354 ff. InsO). Nach der **Rspr.** ist ein Insolvenzverfahren iSd § 343 Abs. 1 InsO ein staatlich geordnetes Verfahren zur Abwicklung der Vermögens- und Haftungsverhältnisse eines Schuldners zugunsten aller Gläubiger bei mutmaßlich nicht ausreichendem Schuldnervermögen, weshalb das englische **Vergleichsplanverfahren („Scheme of Arrangement") kein Insolvenzverfahren** in diesem Sinne ist.[8] Entscheidend ist nach dem **BGH,** dass mit dem Verfahren in etwa die **gleichen Ziele** verfolgt werden wie mit den in der **InsO** vorgesehenen Verfahren;[9] den in § 1 InsO formulierten Zielen des Insolvenzverfahrens dienen neben Verfahren, die in erster Linie auf alsbaldige **Liquidation** des Schuldnervermögens angelegt sind, **auch** solche, durch die der **Bestand eines Unternehmens** trotz des Vorliegens von Insolvenzgründen **erhalten** werden soll, sofern mit diesen Verfahren *auch* das Ziel der Befriedigung der Gläubiger verfolgt wird (§ 1 Abs. 1 S. 1 Alt. 2 InsO).[10] Die Endung **„und seine Wirkungen"** meint die **materiellrechtlichen Wirkungen** der Insolvenzverfahrenseröffnung.[11] Für die Abgrenzung zwischen den prozessualen und den materiell-rechtlichen Vorschriften besteht keine Vorschrift.[12] Eine scharfe Abgrenzung zu treffen, wäre auch kaum möglich. Denn gerade im internationalen Insolvenzrecht sind die verfahrensrechtlichen und die materiell-rechtlichen Wirkungen noch enger miteinander verbunden als im gewöhnlichen Zivilprozess. Dies bleibt aber wegen der einheitlichen Anknüpfung ohne Konsequenzen. Als Auslegungshilfe für die Frage, was hierunter zu verstehen ist, lässt sich die **Auflistung des Art. 7 Abs. 2 S. 2 EuInsVO heranziehen,** wenngleich der deutsche Gesetzgeber gezielt von einer solchen Aufzählung abgesehen hat, um eine möglichst prägnante Regelung zu schaffen.[13] 3

5 BT-Drs. 15/16, 18.

6 Braun/*Tashiro* Rn. 3; *Hanisch* FS Jahr, 1993, 455 (460) definiert im international-insolvenzrechtlichen Zusammenhang das Insolvenzverfahren als „jede Art von staatlich kontrollierten Verfahren der Verwaltung eines Inbegriffs von Vermögensgegenständen mit dem Ziel, alle Gläubiger, denen diese zur vollen Befriedigung voraussichtlich unzureichenden Vermögensgegenstände haften, gleichmäßig oder nach sachlich gerechtfertigten Differenzierungen gleichmäßig zu befriedigen.".

7 Braun/*Tashiro* Rn. 4.

8 Abl. zu einem englischen Vergleichsplanverfahren („Scheme of Arrangement") BGH NJW 2012, 2113 – Eqitable Life = NZI 2012, 425 mAnm *Paulus* NZI 2012, 428 = IPRax 2013, 264 m. Aufs. *Mäsch;* ebenso die Vorinstanz: OLG Celle ZIP 2009, 1968 (1970); *Eidenmüller* ZIP 2016, 145 (146); zum Sachrecht *Kindler* KTS 2014, 25 (26 ff.); *Chr. Paulus* RIW 2013, 577 (579 f.); näher *Sax/Swierczok* ZIP 2016, 1945; *Hoffmann/Giancristofano* ZIP 2016, 1951; *Freitag/Korch* ZIP 2016, 1849 (1854 ff.); aA *Piekenbrock* ZInsO 2022, 2512 (2516) mit Verweis auf die Definition des Gesamtverfahrens in Art. 2 Nr. 1 EuInsVO; *Thole* ZIP 2021, 2153 (2156 f.).

9 BGH BeckRS 2009, 29128 = ZIP 2009, 2217 Rn. 8 – Schnellverschlusskappe, mit Verweis auf Begr. RegE, BT-Drs. 15/16, 21; dazu *Rendels/Körner* EWiR 2009, 761; *J. Schmidt* DAJV 2010, 54; näher *Brinkmann* IPRax 2011, 143; *Paulus* ZZP 123 (2010), 243; *Paulus* ZIP 2011, 1077; für insolvenzrechtliche Qualifikation *Weller* FS Blaurock, 2013, 497 (508). Zum Sachrecht *Westpfahl/Knapp* ZIP 2011, 2033.

10 BGH ZIP 2009, 2217 Rn. 8 = BeckRS 2009, 29128 – Schnellverschlusskappe mit Verweis auf Begr. RegE zur InsO, BT-Drs. 12/2443, 236; BAG ZIP 2007, 2047 Rn. 19; BGH NZI 2012, 572 Rn. 32 ff.; ZIP 2014, 1997 = BeckRS 2014, 15813 = RIW 2015, 307 Rn. 52 ff., beide zum Schweizer Nachlassverfahren nach Art. 293 ff. SchKG = EWiR 2014, 667 m. KurzKomm. *Mankowski;* zum Ganzen *Brinkmann* IPRax 2011, 143; *J. Schmidt* DAJV 2010, 5; *Paulus* ZZP 123 (2010), 243.

11 BT-Drs. 15/16, 18; BGH NJW-RR 2017, 1080 Rn. 13= IPRax 2018, 427 m. Aufs. *Piekenbrock* IPRax 2018, 392.

12 BT-Drs. 12/2443, 239.

13 BT-Drs. 15/16, 18; BGH NJW-RR 2017, 1080 Rn. 11 = IPRax 2018, 427 m. Aufs. *Piekenbrock* IPRax 2018, 392.

4 Die materiell-rechtlichen Wirkungen in diesem Sinne sind die spezifisch insolvenzrechtlichen.[14] Darunter sind wiederum diejenigen zu fassen, die dem **Zweck des Insolvenzverfahrens** dienen, also solche, die erforderlich sind, damit das Insolvenzverfahren seine Aufgaben erfüllen kann.[15] Dem Zweck des Verfahrens dienen insbesondere Vorschriften, die zur **Eröffnung, Abwicklung und Beendigung** des Insolvenzverfahrens wesentlich sind.

5 Im Einzelnen sind dabei zu nennen: Regelungen, die für die Verfahrenseröffnung und -beendigung, die Befugnis zur Antragstellung, die betroffenen Vermögenswerte (Art und Umfang des Vermögensbeschlags),[16] die Anforderungen an die Anmeldung, Prüfung und Feststellung der Forderung,[17] den Rang der Forderung, die Verteilung des Erlöses nach der Verwertung,[18] die Verwaltung der Masse (Ernennung, Haftung, Vergütung und Abberufung)[19] und die Befugnisse des Verwalters eine Rolle spielen.[20] Auch die Befugnisse des Schuldners ergeben sich aus dem Insolvenzstatut,[21] ebenso wie die Rechte der Gläubiger über die nach der Eröffnung des Insolvenzverfahrens entstandenen Forderungen.[22]

6 Das **Insolvenzstatut** ist von den anderen Statuten, zB Schuld-, Forderungs-, Gesellschafts- und Deliktsstatut **abzugrenzen.**[23] Diese Abgrenzung kann im Einzelfall schwierig sein. Was die Grundsatzkollisionsnorm betrifft, besteht im europäischen und im deutschen Internationalen Insolvenzrecht die gleiche Interessenlage. Somit lassen sich die zu Art. 7 EuInsVO gewonnenen Erkenntnisse übertragen; die **EuInsVO** ist auch insoweit eine **Interpretationshilfe** für das autonome Recht.[24] zur Reichweite des Insolvenzstatuts nach der EuInsVO → Rn. 201 ff., → Rn. 201, → Rn. 212 ff. Die Norm erfasst alle Verfahrensarten, das sind namentlich neben dem Haupt-, die unabhängigen und sekundären Partikularinsolvenzverfahren.[25]

III. Rechtsfolge

7 Nach § 335 InsO kommt das Recht des Staates zur Anwendung, in dem das Insolvenzverfahren eröffnet worden ist. Anknüpfungspunkt ist damit der **Ort der Verfahrenseröffnung** bzw. – wenn kein Verfahren eröffnet wird – analog § 3 InsO der Ort, an dem der Schuldner den Mittelpunkt seiner selbstständigen wirtschaftlichen Tätigkeit hat (vgl. → EuInsVO Art. 7 Rn. 3). Die Berufung der lex fori concursus ist vor dem Hintergrund zu sehen, dass auf diese Weise die **größte Nähe des anwendbaren Rechts zum Schuldner** und den mit ihm in Zusammenhang stehenden Rechtsfragen gewährt wird.[26] Damit wird das Insolvenzverfahren grundsätzlich – nämlich dann, wenn nur ein Verfahren mit weltweiter Geltung eröffnet wird und keine Sonderanknüpfungen eingreifen – nur einem Recht unterworfen.[27] Bei § 335 InsO handelt es sich um eine Gesamtverweisung (→ EGBGB Art. 4 Rn. 28 ff.).[28]

8 Dies gilt allerdings nur, **„soweit nichts anderes bestimmt ist“.** Dies ist ein Hinweis auf die **Sonderkollisionsnormen** und **Sachnormen,** die sich im Elften Teil der Insolvenzordnung befinden. Es handelt sich um Vertrauenstatbestände bzw. Schutzvorschriften.

9 **Sonderkollisionsnormen** sind § 336 InsO (Vertrag über unbewegliche Sachen), § 337 InsO (Arbeitsvertrag), § 339 InsO (anfechtbare Rechtshandlungen), § 340 InsO (Wirkungen des Insolvenzverfahrens für Teilnehmer an organisierten Märkten, Pensionsgeschäfte), § 349 (Gutglaubenserwerb an inländischen Immobilien und registerpflichtigen Gegenständen),[29] sowie die §§ 351 Abs. 2, 354 Abs. 3 InsO.[30] Diese Sonderkollisionsnormen bringen alternativ oder kumulativ andere Rechtsordnungen zur Anwendung, wie etwa die lex rei sitae und die lex causae. Die Grundkollisionsnorm

14 BGH NJW-RR 2017, 1080 Rn. 11; MüKoInsO/*Reinhart* Rn. 8.
15 MüKoInsO/*Reinhart* Rn. 4.
16 MükoInsO/*Reinhart* Rn. 16 ff.; nach BGH NJW-RR 2017, 1080 Rn. 15 ff. = IPRax 2018, 427 m. Aufs. *Piekenbrock* IPRax 2018, 392 auch die Frage, ob auch unpfändbare Gegenstände in den Insolvenzbeschlag fallen.
17 MüKoInsO/*Reinhart* Rn. 94 f.
18 MüKoInsO/*Reinhart* Rn. 111 ff.
19 MükoInsO/*Reinhart* Rn. 87 ff.
20 BAG NZI 2013, 758 Rn. 37.
21 MüKoInsO/*Reinhart* Rn. 65.
22 MüKoInsO/*Reinhart* Rn. 46.
23 Braun/*Tashiro* Rn. 7.
24 So wörtlich Begr. RegE zu § 335 InsO, BT-Drs. 15/16, 18; BGH NJW-RR 2017, 1080 Rn. 11.
25 Braun/*Tashiro* Rn. 5.
26 Braun/*Tashiro* Rn. 1; *Liersch* NZI 2003, 302 (304).
27 MüKoInsO/*Reinhart* Rn. 9.
28 *Hausmann* in Reithmann/Martiny IntVerstragsR Rn. 6.696.
29 *Hausmann* in Reithmann/Martiny IntVertragsR Rn. 6.697.
30 Braun/*Tashiro* Rn. 1; *Liersch* NZI 2003, 302 (303).

des § 335 InsO wird außerdem durch die **Sachnormen** §§ 338, 351 InsO[31] und § 355 InsO[32] verdrängt.

§ 336 Vertrag über einen unbeweglichen Gegenstand

[1]Die Wirkungen des Insolvenzverfahrens auf einen Vertrag, der ein dingliches Recht an einem unbeweglichen Gegenstand oder ein Recht zur Nutzung eines unbeweglichen Gegenstandes betrifft, unterliegen dem Recht des Staats, in dem der Gegenstand belegen ist. [2]Bei einem im Schiffsregister, Schiffsbauregister oder Register für Pfandrechte an Luftfahrzeugen eingetragenen Gegenstand ist das Recht des Staats maßgebend, unter dessen Aufsicht das Register geführt wird.

I. Normzweck

§ 336 InsO, der sich an Art. 13 Abs. 3 DöKV (→ Einl. IntInsR Rn. 14; → Einl. IntInsR Rn. 23) und Art. 11 EuInsVO anlehnt,[1] stellt als **Sonderkollisionsnorm** eine Ausnahmevorschrift zu § 335 InsO dar. Sie bezieht sich auf Verträge über unbewegliche Gegenstände (§ 49 InsO), sowie Gegenstände, die in Schiffs- und Schiffsbauregister oder Register für Pfandrechte an Luftfahrzeugen einzutragen sind. Die Vorschrift dient dem Schutz der besonderen Interessen, die den Verträgen über unbewegliche Gegenstände in Bezug auf das anwendbare Recht als auch auf die internationale Zuständigkeit zugrunde liegen.[2] Der Gesetzgeber hat – anders als in § 380 InsO-RegE – von einer Beschränkung auf Miet- und Pachtverhältnisse abgesehen.[3] Anders als § 380 InsO-RegE geht § 336 InsO nicht den Umweg über das internationale Vertragsrecht (Art. 3 ff. Rom I-VO), sondern verweist unmittelbar auf das anwendbare Recht. Dies soll verhindern, dass es durch die Rechtswahl zu Spannungen mit der lex rei sitae bzw. der lex libri siti kommt.[4] Der dort verankerte Sozial- und Mieterschutz soll sich in jedem Fall durchsetzen. Aus dem Wortlaut der Vorschrift wird deren **Sachnormcharakter** nicht deutlich. Er folgt aber aus dem dargestellten Sinn der Verweisung (Art. 4 Abs. 1 S. 1 aE EGBGB) und aus einem Vergleich mit dem Wortlaut des § 337 InsO. § 336 erfasst nicht das Anfechtungsstatut (§ 339).[5] 1

II. Anknüpfungsgegenstand

Anknüpfungsgegenstand der Norm sind die Wirkungen des Insolvenzverfahrens auf den Vertrag, der ein dingliches Recht an einem der genannten Gegenstände oder die Nutzung an einem solchen betrifft (im deutschen Recht §§ 108 ff. InsO). 2

Dazu bedarf es zunächst eines **Gegenstandes** iSd § 336 InsO. Das sind nach § 336 S. 2 InsO alle Gegenstände, die in ein Schiffs-, Schiffsbauregister oder ein Register für Pfandrechte an Luftfahrzeugen einzutragen sind. Daneben kommen aber nach § 336 S. 1 InsO aber auch alle anderen unbeweglichen Gegenstände in Betracht. Ob ein solcher vorliegt, beurteilt sich nicht nach der lex fori concursus, sondern nach der lex rei sitae.[6] Nach § 49 InsO sind dies alle Gegenstände, die bei der Zwangsvollstreckung und der Zwangsversteigerung zu einer abgesonderten Befriedigung berechtigen (§§ 864, 865 ZPO).[7] 3

Der Gegenstand muss nicht im Eigentum des Schuldners stehen, so dass auch nicht erforderlich ist, dass er in die Insolvenzmasse fällt (→ EuInsVO Art. 11 Rn. 2). 4

Kritisiert wird, die Vorschrift sei zu weit, weil sie sich nicht nur auf Mietverträge über Wohn-, sondern auch Geschäftsräume beziehe, was über den Schutzzweck der Norm hinausgehe.[8] Betrachte man die Zielsetzung des Gesetzgebers, den „sozialen Schutz der Mieter und Pächter" vor den Unwägbarkeiten eines fremden Insolvenzrechts,[9] liege eine teleologische Reduktion auf Verträge über Wohnraum nahe. Hierfür fehlt aber im Ergebnis die erforderliche Regelungslücke. Denn die Regierungsbegründung hat nur einen Fall genannt („vor allem"), in dem das Schutzbedürfnis inländischer Gläubiger besonders stark sei. Im Übrigen besteht ein Schutzbedürfnis stets dann in 5

---

31 *Hausmann* in Reithmann/Martiny IntVertragsR Rn. 6.697.
32 *Liersch* NZI 2003, 302 (304).
1 BT-Drs. 15/16, 18.
2 BT-Drs. 15/16, 18.
3 *Hausmann* in Reithmann/Martiny IntVertragsR Rn. 6.711.
4 BT-Drs. 15/16, 18.
5 BGH ZIP 2018, 1455 Rn. 17 = EWiR 2018, 595 m. Kurzkomm. *Riedemann*.
6 MüKoInsO/*Reinhart* Rn. 5.
7 *Kolmann,* Kooperationsmodelle im Internationalen Insolvenzrecht, 2001, 105 m. Fn. 25.
8 Braun/*Tashiro* Rn. 8; *Liersch* NZI 2003, 302 (304).
9 BT-Drs. 15/16, 18.

besonderem Maße, wenn ein erheblicher Inlandsbezug besteht. Ein solcher ist in den vorliegenden Fällen bei Immobilien ebenso gegeben wie bei sonstigen Gegenständen, die in inländische Register einzutragen sind. Auch aus rechtspolitischer Sicht wäre eine Differenzierung zwischen „Groß- und Kleingläubigern", „Geschäfts- und Wohnräumen" unpraktikabel. Zudem würde sie sich nicht mit den Verkehrsschutzinteressen vertragen, die gerade bei Rechten von Bedeutung sind, die einer Eintragung in öffentliche Register bedürfen. Der betreffende **Vertrag** muss sich auf ein dingliches Recht[10] an einem solchen Gegenstand (§ 336 S. 1 Alt. 1 InsO) oder dessen Nutzung (§ 336 S. 1 Alt. 2 InsO) beziehen. Einbezogen sind sowohl **obligatorische** als auch **dingliche** Verträge. Obligatorische Verträge sind in diesem Fall insbesondere der Kauf- und der Schenkungsvertrag,[11] ferner Verträge über die Nutzung von Gegenständen wie Miet-, Pacht- und Leasingverträge.[12] Dingliche Verträge haben den Eigentumsübergang und die Belastung des Gegenstandes zum Inhalt.[13]

6 Der Vertrag muss **zum Zeitpunkt der Insolvenzverfahrenseröffnung** bereits bestanden haben. § 336 InsO gilt nicht für Verträge, die erst nach der Insolvenzverfahrenseröffnung abgeschlossen werden.[14]

III. Rechtsfolge

7 **1. Anknüpfungspunkt.** Hinsichtlich des Anknüpfungspunktes ist danach zu unterscheiden, um welchen Gegenstand es sich handelt. Bei einem Gegenstand iSd § 336 S. 2 InsO kommt es darauf an, welcher Staat der **registerführende** ist. Bei den sonstigen unbeweglichen Gegenständen iSd S. 1 ist die **Belegenheit** der Immobilie maßgeblich. Der Unterschied ist deshalb von Bedeutung, weil es bei Schiffen und Luftfahrzeugen – also den Gegenständen iSd S. 2 – naturgemäß wegen ihres Ortswechsels bei einer Anknüpfung an die Belegenheit zu einem Statutenwechsel kommen würde.[15]

8 **2. Verdrängung des Insolvenzstatuts.** § 336 InsO verdrängt die lex fori concursus. Es kommt bei den beweglichen Gegenständen des S. 1 die **lex rei sitae** zur Anwendung, bei denen des S. 2 die **lex libri siti.** Die Folgen für die Praxis sind weit reichend. Ist ein Vertrag über einen unbeweglichen Gegenstand geschlossen worden, der in Deutschland belegen ist, gelten für diesen Vertrag im Insolvenzfall stets die §§ 103 ff. InsO.[16] Das gilt selbst, wenn der Vertrag an sich insbesondere durch eine entsprechende Rechtswahl einer anderen Rechtsordnung unterstellt wurde.[17] Dies macht den Beratungsbedarf bereits beim Vertragsschluss vor Einritt des Insolvenzfalls deutlich, insbesondere wenn es sich um einen Sicherungsvertrag handelt, der oft vor dem Hintergrund des Insolvenzrisikos geschlossen wird.[18]

§ 337 Arbeitsverhältnis

Die Wirkungen des Insolvenzverfahrens auf ein Arbeitsverhältnis unterliegen dem Recht, das nach der Verordnung (EG) Nr. 593/2008 des Europäischen Parlaments und des Rates vom 17. Juni 2008 über das auf vertragliche Schuldverhältnisse anzuwendende Recht (Rom I) (ABl. L 177 vom 4.7.2008, S. 6) für das Arbeitsverhältnis maßgebend ist.

I. Normzweck

1 Auch § 337 InsO ist als **Sonderkollisionsnorm** eine Ausnahmeregelung zu § 335 InsO. Die Norm ist wortlautidentisch mit § 381 InsO-RegE und nähert sich Art. 13 Abs. 2 DöKV (→ Einl. IntInsR Rn. 23) sowie Art. 13 EuInsVO an. Sie gilt für Arbeitsverhältnisse. Der Grund für eine Sonderanknüpfung in diesem Bereich besteht darin, dass dem **Schutzgedanken** des Arbeitsrechts Rechnung getragen werden soll. Das Arbeitsverhältnis ist für den Arbeitnehmer von **existentieller Bedeutung.**[1] Daher soll er sich darauf verlassen können, dass ihm bekannte arbeitsrechtliche Vorschriften auch im Insolvenzfall anwendbar bleiben.[2]

---

[10] Was unter einem dinglichen Recht zu verstehen ist, leitet sich aus dem Sachenrecht ab. Hier geht es dabei vor allem um das Eigentum, die Grundpfandrechte und die Vormerkung, Braun/*Tashiro* Rn. 5.

[11] MüKoInsO/*Reinhart* Rn. 12.

[12] MüKoInsO/*Reinhart* Rn. 11.

[13] *Hausmann* in Reithmann/Martiny IntVertragsR Rn. 6.711.

[14] Braun/*Tashiro* Rn. 11.

[15] Braun/*Tashiro* Rn. 9.

[16] Braun/*Tashiro* Rn. 17.

[17] Braun/*Tashiro* Rn. 16.

[18] Braun/*Tashiro* Rn. 16.

[1] BT-Drs. 15/16, 18; Braun/*Tashiro* Rn. 1.

[2] *Liersch* NZI 2003, 302 (304).

Anders als bei §§ 335, 336 InsO wird nicht auf eine bestimmte Rechtsordnung verwiesen. Stattdessen hat der Gesetzgeber den Umweg über das Arbeitskollisionsrecht gewählt. Dadurch wird eine Rechtswahl zugelassen. Dem Schutzbedürfnis wäre aber wohl in größerem Maße durch eine rein objektive Anknüpfung Rechnung getragen worden. Der Gesetzgeber hat sich bewusst dagegen entschieden. Auf diese Weise wollte er verhindern, dass neben dem Insolvenzstatut und dem Arbeitsvertragsstatut noch das Recht eines dritten Staates zur Anwendung gelangen könnte. Im Ergebnis wirkt sich dies nicht nachteilig für den Arbeitnehmer aus, denn der Schutz, der ihm durch das Recht des Staates gewährt wird, in dem sich der gewöhnliche Arbeitsort befindet, kann ihm nicht durch eine Rechtswahl entzogen werden.[3] 2

Die Vorschrift gilt gleichermaßen in der Arbeitnehmer- und der Arbeitgeberinsolvenz.[4] 3

II. Anknüpfungsgegenstand

Anknüpfungsgegenstand sind die Wirkungen des Insolvenzverfahrens auf das Arbeitsverhältnis. Für den Begriff des Arbeitsverhältnisses ist mangels spezieller Definition im Internationalen Insolvenzrecht auf **Art. 8 Rom I-VO** zurückzugreifen, wie § 337 InsO in der seit 1.3.2012 geltenden Fassung durch Gesetz vom 7.12.2011 (BGBl. 2011 I 2582) ausdrücklich klarstellt. Ein sachlicher Unterschied zu § 337 aF ist damit nicht verbunden; danach waren die auf dem EVÜ beruhenden Vorschriften der Art. 27, 30 EGBGB aF für die Bestimmung des Arbeitsvertragsstatuts heranzuziehen.[5] Vgl. im Einzelnen → Rom I-VO Art. 8 Rn. 1 ff. Unter einem Arbeitsverhältnis sind jedenfalls der Arbeitsvertrag (vgl. § 611a BGB) und das faktische Arbeitsverhältnis zu verstehen. Dieses Begriffsverständnis ist identisch mit dem des Art. 13 EuInsVO.[6] Der **Arbeitsvertrag** ist die Vereinbarung zwischen dem Arbeitgeber und dem Arbeitnehmer, die eine unabhängige, weisungsgebundene und entgeltliche Tätigkeit zum Gegenstand hat. Auch Ausbildungsverhältnisse und Teilzeitbeschäftigungen fallen darunter. Andererseits scheiden selbstständige und unabhängige Tätigkeiten aus, während bei Scheinselbstständigkeit ein Arbeitsvertrag vorliegt. Unter einem **faktischen Arbeitsverhältnis** sind fehlerhafte, aber in Vollzug gesetzte Verträge zu verstehen (→ BGB § 611a Rn. 557 ff.). Ein mögliches **Insolvenzgeld** ist sozialversicherungsrechtlich zu qualifizieren und unterliegt dem Recht des Staates, welchem die sichernde Einrichtung angehört.[7] 4

Zum **Arbeitsvertragsstatut** gehören die Begründung und die Beendigung des Arbeitsverhältnisses. Zu letzterem zählt die vorzeitige Kündbarkeit[8] und die Modifikation des Kündigungsrechts (→ Rn. 7). Dagegen ist die Frage, ob ein Arbeitslohnanspruch eine Masseforderung darstellt, ebenso wenig dem Arbeitsvertragsstatut zuzuordnen wie die Einstufung der Sozialansprüche als Masseverbindlichkeit. Es bleibt bei § 335 InsO. Auch nicht dem Arbeitsvertragsstatut zuzuordnen ist die Entgeltsicherung. Hierfür greift das Recht des Staates des gewöhnlichen Aufenthaltes.[9] Zum Umfang des Arbeitsvertragsstatuts → Rom I-VO Art. 8 Rn. 107 ff. 5

III. Rechtsfolge

§ 337 InsO verweist auf das Recht, das **nach Art. 8 Rom I-VO für das Arbeitsverhältnis maßgeblich** ist.[10] Nach **Art. 8 Abs. 1 S. 1 Rom I-VO** wird grundsätzlich an den **Parteiwillen** angeknüpft (vgl. Art. 3 Rom I-VO). Allerdings gilt hiernach auch der Mindestschutz des **Art. 8 Abs. 1 S. 2 Rom I-VO.** Danach ist mittels eines Rechtsvergleichs festzustellen, ob die **lex loci labori** (Abs. 2 mit Hilfsanknüpfungen in Abs. 3 und 4) für den Arbeitnehmer günstiger ist.[11] Auf die lex loci labori ist nach Art. 8 Abs. 2 Rom I-VO auch zurückzugreifen, wenn die Parteien keine Rechtswahl getroffen haben (→ Rom I-VO Art. 8 Rn. 51 ff.). 6

In einem anerkannten ausländischen Insolvenzverfahren kann der für den ausländischen insolventen Schuldner Handelnde grundsätzlich in Wahrnehmung der **Befugnisse,** die ihm die dortige lex fori concursus verleiht, **im Inland die Masse sichern, sammeln und verwerten.** Der „debtor in possession" im Verfahren nach Chapter 11 B.C. kann die **Kündigung mit der Höchstfrist des § 113 S. 2 InsO** erklären, wenn diese Bestimmung über die Sonderanknüpfung in § 337 InsO auf 7

3 BT-Drs. 12/2443, 239.
4 Braun/*Tashiro* Rn. 6.
5 Zur Übereinstimmung des Arbeitskollisionsrechts im EVÜ und in der Rom I-VO s. *Junker* RIW 2014, 2 (14).
6 Braun/*Tashiro* Rn. 7.
7 *Mankowski* NZI 2011, 207 zu HessLAG NZI 2011, 203.
8 BAG NZA 2013, 669 Rn. 96.
9 *Liersch* NZI 2003, 302 (305) unter Verweis auf EuGH ECLI:EU:C:1999:617 = NZI 2000, 583 – Everson und Barrass.
10 Näher *Kindler,* Einführung in das neue IPR des Wirtschaftsverkehrs, 2009.
11 *Kindler,* Einführung in das neue IPR des Wirtschaftsverkehrs, 2009.

die Kündigung Anwendung findet. Insoweit ist im Wege der Substitution das Tatbestandsmerkmal des Insolvenzverwalters in § 113 InsO zu ersetzen.[12]

§ 338 Aufrechnung

Das Recht eines Insolvenzgläubigers zur Aufrechnung wird von der Eröffnung des Insolvenzverfahrens nicht berührt, wenn er nach dem für die Forderung des Schuldners maßgebenden Recht zur Zeit der Eröffnung des Insolvenzverfahrens zur Aufrechnung berechtigt ist.

Schrifttum: *Bork,* Die Aufrechnung im internationalen Insolvenzverfahren, ZIP 2002, 690; *v. Wilmowsky,* Aufrechnung in internationalen Insolvenzfällen, KTS 1998, 343.

I. Normzweck

1 § 338 InsO schafft eine Regelung, die im Reg-InsO nicht vorgesehen war.[1] Bei dieser Ausnahmevorschrift zu § 335 InsO handelt es sich um eine **Sachnorm** und nicht um eine Sonderkollisionsnorm wie §§ 336, 337 InsO.[2] Sie regelt die **Insolvenzfestigkeit der Aufrechnungslage.** Inhaltlich ist sie mit Art. 9 EuInsVO, Art. 23 Sanierungs-RL (→ EuInsVO Vor Art. 1 Rn. 24 ff.) und Art. 288 Solvabilität II-RL (→ EuInsVO Vor Art. 1 Rn. 26 f.) vergleichbar. Diese Richtlinien (→ EuInsVO Vor Art. 1 Rn. 24 ff.) werden im Bereich der Aufrechnung durch § 340 Abs. 3 InsO umgesetzt.

2 Der **Hintergrund** der Norm ist folgender: Die Aufrechnung bemisst sich im Fall der Insolvenz grundsätzlich nach der lex fori concursus. Dadurch werden regelmäßig auch gerechte Ergebnisse erzielt, zumal hierdurch die par conditio creditorum gefördert wird. Allerdings ist zu bedenken, dass die Aufrechnung im Insolvenzfall ähnlich wirkt wie ein Absonderungsrecht. Sie dient – wegen der ihr immanenten Vollstreckungsfunktion – der vorrangigen Befriedigung der Gläubiger.[3] Daher ist das **Vertrauen des Gläubigers** in eine einmal nach dem Aufrechnungsstatut entstandene **Aufrechnungslage** schutzwürdig.[4]

II. Schutzvoraussetzungen

3 **1. Zulässigkeit der Aufrechnung nach dem Statut der Hauptforderung.** Zunächst muss eine **Aufrechnungslage entstanden** sein. Ob dies der Fall ist, bemisst sich nicht nach der lex fori concursus, sondern nach allgemeinen kollisionsrechtlichen Regeln, die außerhalb der Insolvenz gelten. Die Entstehung der Aufrechnungslage richtet sich also nach dem Statut der Hauptforderung (Art. 17 Rom I-VO). Nach dieser Rechtsordnung muss die Aufrechnung trotz Insolvenz zulässig sein (vgl. im deutschen Recht §§ 94 ff. InsO).

4 **2. Maßgeblicher Zeitpunkt.** Die Aufrechungslage muss im Zeitpunkt der **Verfahrenseröffnung** bestehen.[5] Das ergibt sich aus dem Wortlaut der Norm („zur Zeit der Eröffnung des Insolvenzverfahrens"). Über den Zeitpunkt des Entstehens der Aufrechnungslage entscheidet ebenfalls das Statut der Hauptforderung. Ist die Aufrechnungslage erst nach der Eröffnung des Verfahrens entstanden, greift nicht die Ausnahmeregelung des § 338 InsO ein, vielmehr verbleibt es bei der Anwendung der lex fori concursus (§ 335 InsO).[6]

5 **3. Unzulässigkeit der Aufrechnung nach dem Insolvenzstatut?** Unerheblich ist, ob die **lex fori concursus** die Möglichkeit der Aufrechnung im Rahmen der Insolvenz einschränkt. Keine Anwendungsvoraussetzung des § 338 ist daher, ob das deutsche Recht die Aufrechnungsmöglichkeit in der Insolvenz einschränkt (§§ 94–96 InsO).[7] Die Prüfung der lex fori concursus erscheint insoweit nicht geboten, liegt es doch gerade in der Konsequenz der alternativen Anknüpfung des § 338 InsO, dass die Aufrechnung schon dann insolvenzfest ist, wenn sie es nur nach der lex causae ist.[8] Erlaubt

---

[12] BAG NZI 2015, 1041; dazu *Chr. Paulus* EWiR 2016, 121.

[1] BT-Drs. 12/2443, 68.

[2] Braun/*Tashiro* Rn. 4; *Liersch* NZI 2003, 302 (305).

[3] MüKoInsO/*Brandes/Lohmann* § 94 Rn. 16.

[4] BT-Drs. 15/16, 18; Braun/*Tashiro* Rn. 1; krit. *Schack* IZVR Rn. 1286 mit Verweis auf Erwägungsgrund 70 EuInsVO.

[5] Braun/*Tashiro* Rn. 7.

[6] AA MüKoInsO/*Reinhart* Rn. 10: Entscheidend sei nur, dass zum Zeitpunkt der Eröffnung bereits gegenseitige Forderungen vorliegen und dass es zur Herstellung der Aufrechnungslage keiner weiteren Rechtsgeschäfte oder rechtsgeschäftlichen Erklärungen (mit Ausnahme der Aufrechnungserklärung) zwischen dem Gläubiger und dem Schuldner bedürfe.

[7] *Liersch* NZI 2003, 302 (305).

[8] Zutr. *Brinkmann* EWiR 2018, 497 (498) gegen BGH NZI 2018, 721.

auch das deutsche Recht eine Einschränkung der Aufrechnungsmöglichkeiten, ist § 338 InsO indessen nicht von Bedeutung.[9]

III. Rechtsfolge: Insolvenzfestigkeit der Aufrechnungslage

Sind die oben genannten Voraussetzungen erfüllt, ordnet die Sachnorm des § 338 InsO an, dass sich die lex fori concursus mit ihrer Einschränkung der Aufrechnungsmöglichkeit nicht durchsetzt. Es setzt sich also im Ergebnis das **aufrechnungsfreundlichere Recht** durch. 6

§ 339 Insolvenzanfechtung

Eine Rechtshandlung kann angefochten werden, wenn die Voraussetzungen der Insolvenzanfechtung nach dem Recht des Staats der Verfahrenseröffnung erfüllt sind, es sei denn, der Anfechtungsgegner weist nach, dass für die Rechtshandlung das Recht eines anderen Staats maßgebend und die Rechtshandlung nach diesem Recht in keiner Weise angreifbar ist.

Schrifttum: *Kranemann,* Insolvenzanfechtung im deutschen Internationalen Insolvenzrecht und nach der Europäischen Insolvenzrechtsverordnung: dargestellt am Beispiel England – Deutschland, 2000; *Paulus,* Anfechtungsklagen im grenzüberschreitenden Insolvenzverfahren, ZInsO 2006, 295; *Stöber,* Restschuldbefreiung und Insolvenzanfechtung bei grenzüberschreitenden Insolvenzen mit Haupt- und Sekundärverfahren, IPRax 2016, 355.

I. Normzweck

Bei § 339 InsO – vergleichbar mit Art. 16 EuInsVO – handelt es sich um eine **Sonderkollisionsnorm,**[1] die in dieser Form bislang weder existierte noch nach dem InsO-RegE geplant war. Wie § 336 InsO dient sie unter anderem der Umsetzung der Art. 267 ff. Solvabilität II-RL (→ EuInsVO Vor Art. 1 Rn. 26 f.; früher RL 2001/17/EG) und der Sanierungs-RL (→ EuInsVO Vor Art. 1 Rn. 24 ff.). Die **Vorgängerbestimmung** in Art. 102 Abs. 2 EGInsO aF – sie entsprach § 382 InsO-RegE[2] – normierte noch eine **echte Kumulation.**[3] Nur wenn beide beteiligten Rechtsordnungen, die lex fori concursus und die lex causae, eine Insolvenzanfechtung ermöglichten, war diese erfolgreich. Normzweck war dabei der **Schutz des Vertrauens** in die Gültigkeit einer Rechtshandlung.[4] Diese strenge Regelung hatte jedoch zu einer massiven Einschränkung der Anfechtungsmöglichkeiten geführt.[5] Durch den erheblichen Einfluss der lex causae – so die zutreffende rechtspolitische Kritik im damaligen Schrifttum – werde die lex fori concursus zurückgedrängt, obwohl doch gerade diese Rechtsordnung für eine kollisionsrechtliche Gläubigergleichbehandlung sorge und zudem zwischen ihr und dem Anfechtungstatbestand die engste Verbindung bestehe.[6] Kritisch beurteilt wurde zudem, dass über den Einfluss des Vertragsstatuts der Rechtswahl eine erhebliche Bedeutung zukomme, wodurch die Insolvenzanfechtung gezielt ausgeschlossen werden könne.[7] Durch die Kumulationslösung komme es ferner zu Norm- und Anpassungswidersprüchen, durch welche die Anfechtung weiterhin erschwert werde.[8] 1

Dieser Kritik hat der Gesetzgeber in § 339 InsO mit Recht entsprochen. Zwar hat der Anfechtungsgegner durchaus ein schutzwürdiges Interesse daran, dass die einmal rechtmäßig erlangte, nicht angreifbare Position ihm auch im Insolvenzfall verbleibt. Allerdings ist auch die **Insolvenzanfechtung** von erheblicher Bedeutung. Sie führt Gegenstände wieder der Masse zu, die in der sog. „kritischen Phase" vor der Verfahrenseröffnung zu Lasten der späteren Gläubiger weggegeben worden sind.[9] Sie stellt auf diese Weise die **Gläubigergleichbehandlung** sicher.[10] In der Tat würde durch eine echte Kumulation von lex causae und lex fori concursus und dem damit verbundenen 2

9 MüKoInsO/*Reinhart* Rn. 6.
1 MüKoInsO/*Reinhart* Rn. 6.
2 Vgl. BT-Drs. 12/2443, 68 zu § 382 InsO-RegE: „Eine Rechtshandlung kann nur angefochten werden, wenn die Voraussetzungen der Insolvenzanfechtung nicht nur nach dem Recht des Staates der Verfahrenseröffnung erfüllt sind, sondern auch nach dem Recht, das für die Wirkungen der Rechtshandlung maßgeblich ist.".
3 BT-Drs. 15/16, 19; *Kolmann,* Kooperationsmodelle im Internationalen Insolvenzrecht, 2001, 196.
4 MüKoInsO/*Reinhart* Rn. 12.
5 *Hanisch* FS Stoll, 2001, 517; *Schack* IZVR Rn. 1288 ff.; *Sonnentag* IPRax 1998, 330 (334).
6 *Gottwald* Grenzüberschreitende Insolvenzen 38 f.; *Hanisch* ZIP 1985, 1240.
7 *Aderhold,* Auslandskonkurs im Inland, 1992, 266; *Kolmann,* Kooperationsmodelle im Internationalen Insolvenzrecht, 2001, 197.
8 *Kolmann,* Kooperationsmodelle im Internationalen Insolvenzrecht, 2001, 197 f.
9 MüKoInsO/*Kirchhof/Freudenberg* Vor § 129 Rn. 2.
10 Braun/*Tashiro* Rn. 1; *Hausmann* in Reithmann/Martiny IntVertragsR Rn. 6.723.

Einfluss der Rechtswahlmöglichkeiten der „listige", die Rechtsordnungen überblickende Anfechtungsgegner erheblich privilegiert. Darunter leiden insbesondere die Kleingläubiger. Daher ist schon aus Gerechtigkeitsgründen eine gewisse Zurückdrängung der lex causae iSd § 339 InsO zu begrüßen. Immerhin wird dem Anfechtungsgegner hierdurch nämlich die Beweislast für die Unangreifbarkeit der Rechtshandlung auferlegt. Als Ausnahmevorschrift ist § 339 InsO eng auszulegen.[11]

II. Tatbestand

3 **1. Zulässigkeit der Insolvenzanfechtung nach dem Insolvenzstatut; maßgeblicher Zeitpunkt.** Zunächst muss die Insolvenzanfechtung nach dem Recht des Verfahrenseröffnungsstaates anfechtbar sein. Darunter ist die Anfechtung durch den Verwalter, Sachwalter und den Gläubiger zu verstehen.[12] Voraussetzung ist jedenfalls die Eröffnung eines Insolvenzverfahrens.[13] Die Darlegungs- und Beweislast hierfür trägt der Insolvenzverwalter.[14] Als anfechtbare Rechthandlungen kommen nur solche in Betracht, die **vor der Eröffnung des Insolvenzverfahrens** vorgenommen worden sind. Rechtshandlungen nach der Verfahrenseröffnung sind ohnehin wegen des regelmäßigen Verlustes des Verwaltungs- und Verfügungsbefugnis unwirksam (§ 81 InsO).

4 **2. Rechtsordnung eines anderen Staates maßgebend.** Sodann muss für die fragliche Rechtshandlung das Recht eines anderen Staates maßgebend sein. Dies beurteilt sich nach dem allgemeinen IPR.[15] Die Darlegungs- und Beweislast hierfür trägt der Anfechtungsgegner.[16] Darin liegt eine erhebliche Arbeitserleichterung für den Insolvenzverwalter.[17]

5 **3. Unangreifbarkeit der Rechtshandlung.** Schließlich muss die Rechtshandlung nach der lex causae „in keiner Weise angreifbar" sein. Darunter fallen wegen des weiten Wortlautes nicht nur die Anfechtung selbst, sondern alle Regeln, die die Unantastbarkeit der Rechtshandlung berühren können, also auch materiell-rechtliche, sei es die Nichtigkeit, etwa wegen Sittenwidrigkeit oder die sonst auf Willensmängeln oder anderen Gründen beruhende Unwirksamkeit.[18] Unbeachtlich ist dagegen eine etwaige Verjährung der insolvenzrechtlichen Anfechtbarkeit. Hierbei handelt es sich um eine verfahrensrechtliche Regelung, die sich allein nach der lex fori concursus beurteilt.[19]

III. Rechtsfolge: Insolvenzfestigkeit der Rechtshandlung

6 Liegen die Voraussetzungen vor, setzt sich die anfechtungsfeindlichere lex causae durch. Die Rechtshandlung ist dann – trotz einer anders lautenden Rechtslage nach der lex fori concursus – nicht anfechtbar; der Verwalter muss die Schmälerung der Masse hinnehmen.

IV. Einredecharakter

7 § 339 InsO ist als Einrede ausgestaltet. Der Anfechtungsgegner muss sich also auf die Nichtangreifbarkeit berufen. Von Amts wegen ist sie nicht zu prüfen bei ungeklärter ausländischer Rechtslage soll dies zum Nachteil des Anfechtungsgegners wirken.[20]

V. Internationale Zuständigkeit

8 Nach der **Rspr.**[21] besteht **keine** internationale Zuständigkeit der deutschen Gerichte für Anfechtungsprozesse allein schon wegen des durch ein inländisches Gericht eröffneten Insolvenzverfahrens (keine „vis attractiva concursus"); nach dem Grundsatz der Doppelfunktionalität soll allein eine internationale Zuständigkeit in Analogie zu den Vorschriften über die örtliche Zuständigkeit

---

11 BGH NZI 2020, 383 Rn. 16.
12 Braun/*Tashiro* Rn. 4.
13 Braun/*Tashiro* Rn. 4; *Kranemann,* Insolvenzanfechtung im deutschen Internationalen Insolvenzrecht und nach der Europäischen Insolvenzrechtsverordnung: dargestellt am Beispiel England – Deutschland, 2000, 131.
14 MüKoInsO/*Reinhart* Rn. 14.
15 Braun/*Tashiro* Rn. 9.
16 Braun/*Tashiro* Rn. 15; eingehend BGH NZI 2020, 383 Rn. 17 ff.
17 Braun/*Tashiro* Rn. 22.
18 *Hausmann* in Reithmann/Martiny IntVertragsR Rn. 6.727 f.; BGH NZI 2020, 383 Rn. 18.
19 Braun/*Tashiro* Rn. 13; *Liersch* NZI 2003, 302 (305); aA *Kranemann,* Insolvenzanfechtung im deutschen Internationalen Insolvenzrecht und nach der Europäischen Insolvenzrechtsverordnung: dargestellt am Beispiel England – Deutschland, 2000, 145.
20 MüKoInsO/*Reinhart* Rn. 14; BGH NZI 2020, 383 Rn. 20.
21 BGH NJW 1990, 990; 2003, 2916; OLG Frankfurt BeckRS 2013, 2536 = ZIP 2013, 277 = EWiR 2013, 159 m. KurzKomm. *Brinkmann;* dazu auch *Brinkmann* IPRax 2014, 258.

(insbesondere § 23 ZPO) in Betracht kommen.[22] Dieser **restriktive Standpunkt** ist **abzulehnen.** Da die Anfechtung auf Wiederherstellung der Masse zielt, steht sie in engstem Zusammenhang mit dem Insolvenzverfahren. Schon der Gesichtspunkt der Sachnähe und die **Parallele zu der für die EuInsVO vom EuGH[23] bestätigten Lösung** (→ EuInsVO Art. 16 Rn. 18) sprechen für eine internationale Zuständigkeit der deutschen Gerichte für Insolvenzanfechtungsklagen, ferner der Charakter der EuInsVO als „Interpretationshilfe" für das Verständnis der §§ 335 ff. InsO.[24] Die anderslautende Rspr. des OLG Frankfurt a. M. ist abzulehnen.[25] Normativer Ansatzpunkt für die internationale Zuständigkeit ist eine erweiternde Auslegung des § 19a ZPO.[26]

Auch der besondere **Gerichtsstand der Mitgliedschaft** nach § 22 ZPO gilt für Anfechtungsklagen des Insolvenzverwalters gegen einen Gesellschafter nach den § 143 Abs. 3 S. 1 InsO, § 135 Abs. 2 InsO. Diese für die örtliche Zuständigkeit anerkannte Regel[27] ist nach dem Grundsatz der Doppelfunktionalität (→ InsO Vor § 335 Rn. 8) für die Begründung der internationalen Zuständigkeit der Gerichte des Staates des Gesellschaftssitzes heranzuziehen. 9

§ 340 Organisierte Märkte. Pensionsgeschäfte

(1) Die Wirkungen des Insolvenzverfahrens auf die Rechte und Pflichten der Teilnehmer an einem organisierten Markt nach § 2 Absatz 11 des Wertpapierhandelsgesetzes unterliegen dem Recht des Staats, das für diesen Markt gilt.

(2) Die Wirkungen des Insolvenzverfahrens auf Pensionsgeschäfte im Sinne des § 340b des Handelsgesetzbuchs sowie auf Schuldumwandlungsverträge und Aufrechnungsvereinbarungen unterliegen dem Recht des Staats, das für diese Verträge maßgebend ist.

(3) Für die Teilnehmer an einem System im Sinne von § 1 Abs. 16 des Kreditwesengesetzes gilt Absatz 1 entsprechend.

Schrifttum: *Schneider,* Netting und Internationales Insolvenzrecht, GS Bosch, 2006, 197.

Übersicht

I. Normzweck

Auch § 340 InsO stellt im Vergleich zu § 335 InsO eine **Sonderkollisionsnorm** dar.[1] Die Vorschrift weist erhebliche Ähnlichkeiten zu Art. 12 EuInsVO auf. Im InsO-RegE gab es keine vergleichbare Regelung, wohl aber in Art. 23 RL 2001/17/EG (heute Art. 289 Solvabilität II-RL) und in Art. 27 Sanierungs-RL (→ EuInsVO Vor Art. 1 Rn. 24 ff.). 1

22 Beispiel zu § 23 ZPO: BGH ZIP 2013, 374 Rn. 13.

23 EuGH ECLI:EU:C:2009:83= NJW 2009, 2189 – Deko Marty; dazu *R. Stürner/Kern* LMK 2009, 278572; *Mörsdorf-Schulte* ZIP 2009, 1456; *Paulus* Status:Recht 2009, 117; *Mankowski/Willemer* RIW 2009, 669; *Fehrenbach* IPRax 2009, 492.

24 Vgl. zu Letzterem Begr. RegE zu §§ 335 ff. InsO, ZIP 2002, 2331; BGH NZI 2020, 383 Rn. 16; BGH NJW-RR 2017, 1080 Rn. 11= IPRax 2018, 427 m. Aufs. *Piekenbrock* IPRax 2018, 392; → IntGesR Rn. 716.

25 OLG Frankfurt ZIP 2013, 277 = EWiR 2013, 159 m. KurzKomm. *Brinkmann.*

26 Dagegen aber mit beachtlichen Gründen *M. Stürner* FS Kaissis, 2011, 975 (984) (auch grds. gegen eine Übertragung der vis attractiva auf das autonome Recht); abl. auch OLG Frankfurt BeckRS 2013, 2536 = ZIP 2013, 277 = EWiR 2013, 159 m. KurzKomm. *Brinkmann;* dazu auch *Brinkmann* IPRax 2014, 243.

27 OLG Frankfurt NZI 2015, 619.

1 MüKoInsO/*Reinhart* Rn. 2.

2 § 340 InsO sieht Sonderanknüpfungen für bestimmte **Finanzdienstleistungen** vor, **bei denen im Interesse des Verkehrsschutzes eine Abweichung vom Recht des Eröffnungsstaates geboten ist.**[2] Sie lassen sich in drei Gruppen untergliedern. Abs. 1 befasst sich mit den organisierten Märkten, Abs. 2 mit den Pensionsgeschäften; die Sonderanknüpfung des Abs. 3 hat die Zahlungssysteme zum Gegenstand.

3 Bei der Abweichung von der Anwendung der lex fori concursus geht es um den **Verkehrsschutz** und die **Rechtssicherheit der Finanzgeschäfte.**[3] Es gilt im Interesse der **Funktionsfähigkeit der internationalen Finanz- und Kapitalmärkte** zu verhindern, dass in den genannten Bereichen bei Insolvenz eines Teilnehmers mehrere Rechtsordnungen nebeneinander Anwendung finden.[4] Die Erwägungen im **Erläuternden Bericht Nr. 120 zur EuInsVO** lassen sich insoweit auch auf das deutsche internationale Insolvenzrecht übertragen.[5]

II. Organisierte Märkte (Abs. 1)

4 **1. Schutzvoraussetzungen.** Nach § 340 Abs. 1 InsO ist für die Wirkungen eines Liquidationsverfahrens auf die Rechte und Pflichten eines Teilnehmers an einem **geregelten Markt** ausschließlich das Recht maßgeblich, das für diesen Markt gilt.[6] Unter einem „geregelten Markt" versteht man einen Markt für Finanzinstrumente, der in einem Verzeichnis in dem jeweiligen Mitgliedstaat eingetragen ist, regelmäßig funktioniert und in einem bestimmten Umfang reglementiert sein muss (Art. 2 Sanierungs-RL, Art. 4 Abs. 1 Nr. 21 RL 2014/65/EU).[7] Das deutsche Recht verwendet indes nicht den Begriff des „geregelten Marktes", sondern spricht von dem **„organisierten Markt".**[8] Dieser Begriff ist in **§ 2 Abs. 11 WpHG** legaldefiniert.

5 **2. Rechtsfolge: Verdrängung des Insolvenzstatuts.** § 340 Abs. 1 InsO verdrängt § 335 InsO und beruft die **lex causae** zur Anwendung, also das Recht des Staates, das für den Markt gilt.

III. Pensionsgeschäfte (Abs. 2)

6 **1. Schutzvoraussetzungen. Anknüpfungsgegenstand** in § 340 Abs. 2 InsO sind „die **Wirkungen des Insolvenzverfahrens auf Pensionsgeschäfte iSd § 340b des Handelsgesetzbuchs sowie auf Schuldumwandlungsverträge und Aufrechnungsvereinbarungen". Pensionsgeschäfte** sind Verträge, durch die ein Kreditinstitut oder der Kunde eines Kreditinstituts (Pensionsgeber) ihm gehörende Vermögensgegenstände einem anderen Kreditinstitut oder seinen Kunden (Pensionsnehmer) gegen Zahlung eines Betrages an den Pensionsgeber überträgt und in denen gleichzeitig vereinbart wird, dass die Vermögensgegenstände später gegen Entrichtung des empfangenen oder eines im voraus vereinbarten anderen Betrages an den Pensionsgeber zurückübertragen werden können oder müssen (§ 340b Abs. 1 HGB). Vereinfacht ausgedrückt handelt es sich dabei um Verkäufe mit gleichzeitiger Rückkaufvereinbarung.

7 Unter die **Schuldumwandlungsverträge und Aufrechnungsvereinbarungen** fallen finanzmarktspezifische Verrechnungsformen, sog. **Netting-Vereinbarungen.**[9] Bei den zahlreichen Formen des Netting geht es im Kern stets darum, dass die zur Begleichung mehrerer Zahlungsansprüche zu veranlassenden Zahlungsströme zu einem einzigen Saldo verrechnet werden.[10] Der Vorteil dieser Praxis liegt vor allem darin, dass weniger liquide Mittel benötigt werden, um die Zahlungen abzuwickeln. Insbesondere werden auch die Kosten für Transaktionen und das Risiko von Fehlbuchungen reduziert.

8 **2. Rechtsfolge: Verdrängung des Insolvenzstatuts.** Auch für diese Fälle wird die findet die **lex causae** Anwendung, dh das Recht des Staates, das für die tatbestandlich von § 340 Abs. 2 InsO erfassten Verträge nach allgemeinem IPR anwendbar ist. Das ist geboten, weil die Abwicklung dieser Geschäfte empfindlich gestört würde, wenn bei der Insolvenz ein Recht zur Anwendung käme, das wesentlich von dem sonst auf die Verträge anwendbaren Recht abweicht.[11] Für die Teilnehmer der Finanzmärkte ist es von essentieller Bedeutung, dass sie schon bei Abschluss des Vertrages vorhersehen

---

[2] Braun/*Tashiro* Rn. 1.
[3] BT-Drs. 15/16, 19; *Liersch* NZI 2003, 302 (305).
[4] BT-Drs. 15/16, 19.
[5] BT-Drs. 15/16, 19; MüKoInsO/*Jahn/Fried* Rn. 1.
[6] BT-Drs. 15/16, 19.
[7] BT-Drs. 15/16, 19.
[8] Braun/*Tashiro* Rn. 2.
[9] BGH NJW 2016, 2328 Rn. 52; näher zu § 340 Abs. 2 InsO *Schneider* GS Bosch, 2006, 197 (208 ff.).
[10] Braun/*Tashiro* Rn. 4.
[11] BT-Drs. 15/16, 20.

können, welches Recht Anwendung findet, und zwar auch für den Fall der Insolvenz. Erst dann haben diese Verträge für den Finanzplatz Deutschland tatsächlich einen positiven Effekt.[12]

IV. Schutz des Zahlungsverkehrs (Abs. 3)

Die Vorschrift des § 340 Abs. 3 InsO stimmt mit Art. 102 Abs. 4 EGInsO aF überein. Sie wurde 2004 im Zuge der Umsetzung der Finanzsicherheiten-RL (RL 2002/47/EG) durch Gesetz vom 5.4.2004 (BGBl. 2004 I 502) redaktionell neu gefasst. 9

1. Schutzvoraussetzungen; Anknüpfungsgegenstand. § 340 Abs. 3 InsO regelt die Wirkung des Insolvenzverfahrens auf ein System iSd § 1 Abs. 16 KWG. Darunter versteht man eine förmliche Vereinbarung zwischen mindestens drei Teilnehmern, die dem Recht eines von diesen Teilnehmern gewählten Staates unterliegt und gemeinsame Regeln über die Wirksamkeit von Abrechnungen in Zahlungs- sowie Wertpapierliefer- und Abrechnungssystemen enthält. Die Teilnehmer sind in der Regel Banken. 10

2. Rechtsfolge: Verdrängung des Insolvenzstatuts. § 340 Abs. 3 InsO verweist auf Abs. 1. Daher ist auch in diesem Fall die lex causae das anwendbare Recht, das Recht des Staates, dem das System nach allgemeinem IPR unterliegt. 11

§ 341 Ausübung von Gläubigerrechten

(1) Jeder Gläubiger kann seine Forderungen im Hauptinsolvenzverfahren und in jedem Sekundärinsolvenzverfahren anmelden.

(2) [1]Der Insolvenzverwalter ist berechtigt, eine in dem Verfahren, für das er bestellt ist, angemeldete Forderung in einem anderen Insolvenzverfahren über das Vermögen des Schuldners anzumelden. [2]Das Recht des Gläubigers, die Anmeldung abzulehnen oder zurückzunehmen, bleibt unberührt.

(3) Der Verwalter gilt als bevollmächtigt, das Stimmrecht aus einer Forderung, die in dem Verfahren, für das er bestellt ist, angemeldet worden ist, in einem anderen Insolvenzverfahren über das Vermögen des Schuldners auszuüben, sofern der Gläubiger keine anderweitige Bestimmung trifft.

Schrifttum: s. Vor § 335 InsO.

I. Normzweck

Der Normzweck des § 341 InsO zielt auf die **Erleichterung der Ausübung von Gläubigerrechten.** Die Bestimmung ist vergleichbar mit Art. 45 EuInsVO. Anders als nach der EuInsVO ist nach § 341 Abs. 3 InsO der Verwalter aber bevollmächtigt, das Stimmrecht aus einer in „seinem“ Verfahren angemeldeten Forderung in einem anderen Verfahren auszuüben. Dies ist im internationalen Insolvenzrecht der EU umstritten (→ EuInsVO Art. 45 Rn. 17) § 341 Abs. 1 InsO ist mit Art. 45 Abs. 1 EuInsVO wortgleich. § 341 Abs. 2 InsO entspricht inhaltlich dem Art. 45 Abs. 2 EuInsVO; klarstellend enthält Art. 45 Abs. 2 EuInsVO lediglich den Zusatz, dass die Anmeldung der Forderung in dem jeweils anderen Verfahren für den Gläubiger zweckmäßig sein muss. Dies gilt aber auch im deutschen internationalen Insolvenzrecht. 1

§ 341 Abs. 2 und 3 EuInsVO entsprechen zudem § 397 InsO-RegE. Auch § 397 InsO-RegE hatte die Funktion, die Geltendmachung inländischer Gläubigerrechte im ausländischen Insolvenzverfahren zu erleichtern.[1] 2

II. Teilnahmerecht (Abs. 1)

§ 341 Abs. 1 InsO setzt Art. 16 Sanierungs-RL (→ EuInsVO Vor Art. 1 Rn. 24 f.) um, allerdings ohne Beschränkung auf Kreditinstitute. § 341 Abs. 1 InsO normiert allgemein das Teilnahmerecht ausländischer Gläubiger.[2] Zu deren Gunsten normiert die Vorschrift ein **Diskriminierungsverbot.** Von einer ausdrücklichen Regelung, dass der Grundsatz der Gläubigergleichbehandlung gilt, hat der Gesetzgeber dabei abgesehen.[3] Dessen Verbindlichkeit ergibt sich aber bereits daraus, 3

---

[12] BT-Drs. 15/16, 20.
[1] BT-Drs. 15/16, 20; BT-Drs. 12/2443, 246.
[2] BT-Drs. 15/16, 20.
[3] BT-Drs. 15/16, 20.

dass die Insolvenzordnung keine Sonderregelungen für einzelne Gläubiger vorsieht.[4] Allerdings bedarf die Beteiligung von **Steuerforderungen** einer unions- oder völkerrechtlichen Grundlage; aus dem autonomen internationalen Insolvenzrecht ergibt sich für derartige Forderungen keine Anmeldeberechtigung.[5] Eine unionsrechtliche Grundlage besteht insoweit im auf der EU-Beitreibungs-RL (RL 2010/24/EU) beruhenden EUBeitrG,[6] was für dänische Steuerforderungen (Erwägungsgrund 88) und für Verfahren iSd Art. 1 Abs. 2 EuInsVO bedeutsam ist. Auf völkerrechtlicher Ebene bestehen bilaterale Abkommen unter anderem mit Kanada und dem Vereinigten Königreich.[7]

4 Grundsätzlich richtet sich die Anmeldung nach der lex fori concursus (§ 335 InsO). Das gilt vor allem für die Frist, Form und den Umfang der Anmeldung. Die **Sachnorm** des § 341 Abs. 1 InsO verdrängt insoweit die Kollisionsvorschrift des § 335 InsO. Danach hat jeder Gläubiger das Recht, seine Forderung in jedem Verfahren anzumelden. Es findet keine Begrenzung dahingehend statt, dass die Forderung einen Bezug zu der Niederlassung haben müsste, an welche die Zuständigkeit für das jeweilige Verfahren anknüpft (§ 3 Abs. 1 InsO analog; → InsO Vor § 335 Rn. 8; § 354 Abs. 1 InsO, näher → InsO § 354 Rn. 1 ff.). Eine Mehrfachanmeldung ist ausdrücklich erlaubt. Dadurch verbessert sich die Chance des Gläubigers auf die Befriedigung seiner Forderung.[8]

III. Forderungsanmeldung (Abs. 2)

5 Nach § 341 Abs. 2 InsO hat der Insolvenzverwalter die **Befugnis,** eine in „seinem" Verfahren angemeldete Forderung auch noch in einem anderen Verfahren **anzumelden.** Dies soll die Forderungsanmeldung vereinfachen.[9] Aus dieser Anmeldebefugnis ergibt sich aber nicht die Befugnis zur Feststellung der Forderung.[10] Außerdem ist der Insolvenzverwalter auch nicht zur Anmeldung verpflichtet.[11] Die Form der Anmeldung ist dieselbe wie beim Gläubiger selbst.[12]

6 Die Frage, ob eine Anmeldung erfolgen soll, hängt von dem Ergebnis der Abwägung zwischen der erzielbaren Quote in dem anderen Verfahren und den Kosten der Anmeldung ab, denn Kostenschuldner ist insoweit der Gläubiger.[13] Entscheidet sich der Verwalter demnach gegen die Anmeldung der Forderung, muss er zumindest sicherstellen, dass die Gläubiger von der Verfahrenseröffnung Kenntnis erlangen. Ausreichend ist dabei die Weitergabe der Gläubigerliste an den anderen Insolvenzverwalter nach § 152 InsO. Das Recht zur Weitergabe ist aus § 357 InsO zu entnehmen.[14]

7 Der **Gläubiger** bleibt zu jeder Zeit über seine Forderung **dispositionsbefugt.** Er kann stets die Anmeldung seiner Forderung in einem anderen Verfahren ablehnen oder eine bereits erfolgte Anmeldung zurücknehmen.[15]

IV. Stimmrecht (Abs. 3)

8 § 341 Abs. 3 InsO enthält eine gesetzliche Fiktion.[16] Der Verwalter gilt als bevollmächtigt, das **Stimmrecht** aus einer Forderung aus „seinem Verfahren" in einem anderen Verfahren auszuüben. Dadurch sollen die besonderen Interessen der Gläubiger gestärkt werden.[17] Die Ausübung des Stimmrechts des Hauptverwalters im Nebenverfahren ist sinnvoll, weil er auf diese Weise seine Vorstellungen über die Verwertung im Partikularinsolvenzverfahren äußern kann, zB auf eine Liquidation der Niederlassung (§ 354 Abs. 1 InsO) hinwirken kann. Umgekehrt hat der Verwalter des Sekundärinsolvenzverfahrens die Möglichkeit, durch die Forderungsanmeldung im Hauptverfahren die **Interessen „seiner" Gläubiger zu stärken.**[18]

9 Der Insolvenzverwalter kann seine Forderung nur so ausüben, wie es auch dem Gläubiger selbst zusteht. Daher müssen die Voraussetzungen des § 77 InsO erfüllt sein.[19] Der Gläubiger kann

---

4 BT-Drs. 15/16, 20.
5 *Piekenbrock* EWS 2016, 181 (191 f.).
6 *Piekenbrock* EWS 2016, 181 (185).
7 Vgl. die Einzelnachweise bei *Piekenbrock* EWS 2016, 181 (191).
8 *Kolmann,* Kooperationsmodelle im Internationalen Insolvenzrecht, 2001, 241.
9 MüKoInsO/*Reinhart* Rn. 17.
10 BT-Drs. 15/16, 20.
11 *Liersch* NZI 2003, 302 (309).
12 Braun/*Tashiro* Rn. 7.
13 BT-Drs. 15/16, 20; Braun/*Tashiro* Rn. 5; *Liersch* NZI 2003, 302 (309).
14 Braun/*Tashiro* Rn. 9.
15 BT-Drs. 15/16, 20; *Liersch* NZI 2003, 302 (309).
16 Braun/*Tashiro* Rn. 10.
17 BT-Drs. 15/16, 20.
18 BT-Drs. 15/16, 20.
19 MüKoInsO/*Reinhart* Rn. 20.

ausdrücklich oder konkludent eine anderweitige Bestimmung treffen.[20] So kann er etwa selbst an der Gläubigerversammlung teilnehmen. Auch kann er eine abweichende Auffassung zum Ausdruck bringen. Denn durch die Vorschrift sollen die besonderen Interessen der Gläubiger gestärkt und nicht eingeschränkt werden.

§ 342 Herausgabepflicht. Anrechnung

(1) [1]Erlangt ein Insolvenzgläubiger durch Zwangsvollstreckung, durch eine Leistung des Schuldners oder in sonstiger Weise etwas auf Kosten der Insolvenzmasse aus dem Vermögen, das nicht im Staat der Verfahrenseröffnung belegen ist, so hat er das Erlangte dem Insolvenzverwalter herauszugeben. [2]Die Vorschriften über die Rechtsfolgen einer ungerechtfertigten Bereicherung gelten entsprechend.

(2) [1]Der Insolvenzgläubiger darf behalten, was er in einem Insolvenzverfahren erlangt hat, das in einem anderen Staat eröffnet worden ist. [2]Er wird jedoch bei den Verteilungen erst berücksichtigt, wenn die übrigen Gläubiger mit ihm gleichgestellt sind.

(3) Der Insolvenzgläubiger hat auf Verlangen des Insolvenzverwalters Auskunft über das Erlangte zu geben.

Übersicht

I. Normzweck

1 § 342 InsO ist eine **Sachnorm**[1] und betrifft die **Herausgabe und Anrechnung von Quoten.** Parallelvorschriften sind Art. 23 EuInsVO und § 383 InsO-RegE. Nach § 342 Abs. 1 InsO müssen Insolvenzgläubiger **Sondererlöse,** die sie durch Zwangsvollstreckungsmaßnahmen oder in sonstiger Weise erlangt haben, dem Insolvenzverwalter **herausgeben.** Nach § 342 Abs. 2 InsO nimmt ein Gläubiger erst dann an der **Verteilung** in einem anderen Verfahren teil, wenn die anderen gleichrangigen Gläubiger dieses Verfahrens die gleiche Befriedigungsquote erlangt haben wie er (§ 342 Abs. 2 S. 1 InsO). Darüber hinaus ist er aber nicht zur Herausgabe verpflichtet (§ 342 Abs. 2 S. 2 InsO). § 342 Abs. 3 EuInsVO statuiert eine **Auskunftspflicht** des Gläubiger gegenüber dem Insolvenzverwalter hinsichtlich des Erlangten. Hierzu gibt es weder in § 383 InsO-RegE noch in Art. 23 EuInsVO eine Entsprechung.

2 § 342 Abs. 1 InsO soll dem **Universalitätsprinzip** Rechnung tragen. Ferner geht es um die **Sicherstellung der Gläubigergleichbehandlung.**[2] § 342 Abs. 2 InsO soll verhindern, dass ein Gläubiger durch die zulässige Beteiligung an mehreren Insolvenzverfahren gegenüber den anderen Vorteile in der Höhe der Befriedigung erlangt. Eine umfassende Gläubigergleichbehandlung wird dadurch freilich nicht gewährt. Denn § 342 Abs. 2 S. 1 InsO sieht vor, dass der Gläubiger, der in einem anderen Insolvenzverfahren – dh nicht in der Einzelvollstreckung, § 341 Abs. 1 InsO – etwas erlangt hat, dies behalten darf, und zwar auch dann, wenn die Gläubiger in den anderen Verfahren möglicherweise in geringerer Form befriedigt worden sind.

II. Herausgabeanspruch (Abs. 1)

3 **1. Voraussetzungen. a) Massegegenstand.** Durch § 342 Abs. 1 InsO werden die von der Rspr. des BGH entwickelten Grundsätze gesetzlich normiert.[3] Der Gläubiger muss **etwas** erlangt haben. Dabei kommt allein ein Gegenstand aus der **Insolvenzmasse** in Betracht („aus dem Vermö-

[20] Braun/*Tashiro* Rn. 11.
[1] MüKoInsO/*Reinhart* Rn. 3.
[2] BT-Drs. 15/16, 21; Braun/*Tashiro* Rn. 1.
[3] BGHZ 88, 147 = NJW 1983, 2174; vgl. zu § 383 InsO-RegE BT-Drs. 12/2443, 240; *Kolmann,* Kooperationsmodelle im Internationalen Insolvenzrecht, 2001, 253.

gen", „auf Kosten der Insolvenzmasse", § 342 Abs. 1 S. 1 InsO). Welche Vermögensgegenstände dazu gehören, beurteilt sich nach der lex fori concursus (§ 335 InsO). Ein Gegenstand oder eine Forderung kann demnach – nach Maßgabe des Insolvenzstatuts – erst nach der Eröffnung des Insolvenzverfahrens zur Masse gelangen (so im deutschen Recht ausdrücklich § 35 Abs. 1 Fall 2 InsO – Neuerwerb). Nach § 342 Abs. 1 S. 1 InsO darf der Gegenstand bzw. die Forderung auch nicht im Staat der Verfahrenseröffnung belegen sein.

4 **b) Art und Weise der Befriedigung.** Sodann muss der Insolvenzgläubiger den Gegenstand **durch Zwangsvollstreckung,** durch eine **Leistung des Schuldners** oder **in sonstiger Weise** erlangt haben. Die Zwangsvollstreckung ist im Rahmen der Insolvenz ausgeschlossen (§ 89 InsO). Der Wettlauf der Gläubiger soll durch die Gesamtvollstreckung beendet werden. Unter die Formulierung „in sonstiger Weise" fallen die unbefugte Nutzung, die Verbindung, Vermischung und Verarbeitung von Massengegenständen.[4] Nicht unzulässig ist die Befriedigung im Wege einer der genannten Formen, wenn es sich um einen dinglich gesicherten Gläubiger (vgl. § 351 InsO) handelt. Er darf behalten, was er aus der Verwertung erlangt hat. Denn er ist nicht mit den anderen Gläubigern gleichrangig. In diesen Fällen scheidet auch ein Verstoß gegen die par conditio creditorum aus. Und damit ist eine solche Handlung nicht vom Schutzzweck der Norm umfasst.[5]

5 **c) Eröffnung eines Hauptinsolvenzverfahrens; maßgeblicher Zeitpunkt.** Als Sondererlöse in diesem Sinne kommen nur diejenigen **nach** der **Insolvenzverfahrenseröffnung** in Betracht. Für die zeitlich davor liegenden Handlungen greifen die Vorschriften über die Insolvenzanfechtung ein. Der entscheidende Zeitpunkt ist derjenige, in dem die Forderung erfüllt wird. Wann dies ist, beurteilt sich wiederum nach der lex causae.[6] Insolvenzverfahren iSd § 342 Abs. 1 InsO kann nur ein **Hauptverfahren** sein. Denn dieses allein erfasst das Vermögen des Schuldners in einem **anderen** als dem Eröffnungsstaat (Wirkungserstreckung) mit der Folge eines Vollstreckungsverbotes.[7] Partikular- oder Sekundärinsolvenzverfahren haben auch keine „Insolvenzmasse" außerhalb des Staates der Verfahrenseröffnung iSd § 342 Abs. 1 InsO; vgl. § 354 Abs. 1 InsO, § 356 Abs. 1 S. 2 InsO („über das **inländische** Vermögen").

6 **2. Rechtsfolge; Gerichtszuständigkeit.** Nach § 342 Abs. 1 S. 1 InsO ist der Gläubiger zur **Herausgabe des Erlangten** verpflichtet. Darin liegt nach S. 2 eine **Rechtsfolgenverweisung** auf das inländische **Bereicherungsrecht.** Das Erlangte ist zunächst unmittelbar derjenige Gegenstand bzw. die Forderung, die dem Vermögen des Gläubigers zugeflossen ist. Ist dies nicht möglich, etwa weil der Gläubiger das Erlangte bereits verwertet hat, so ist er zur Leistung von **Wertersatz** verpflichtet (§ 818 Abs. 2 BGB iVm § 342 Abs. 1 S. 2 InsO).[8] Kannte der Gläubiger die Zugehörigkeit des ihm zugeflossenen Wertes zur Insolvenzmasse, greift die verschärfte Haftung des § 819 BGB ein.[9] Auch für derartige Klagen besteht die internationale Zuständigkeit der deutschen Gerichte analog § 19a InsO (vgl. → InsO § 339 Rn. 8).

7 **3. Verwalter ohne Verfügungsmacht.** Erkennt das ausländische Recht die Verfügungsmacht des inländischen Verwalters nicht an, hat dieser keine Möglichkeiten, auf das im Ausland belegene Vermögen zuzugreifen. Er kann aber einen Insolvenzgläubiger beauftragen, die Zwangsvollstreckung in das ausländische Vermögen zu betreiben, nachdem er einen Titel im Ausland erwirkt hat. Der Insolvenzverwalter hat einen Anspruch auf Herausgabe gegen den Gläubiger aus § 667 BGB. Der Gläubiger hat einen Anspruch auf Ersatz der Aufwendungen (§ 670 BGB). Denkbar ist auch eine Geschäftsbesorgung ohne Auftrag durch den Gläubiger.[10]

III. Konsolidierte Quotenberücksichtigung (Abs. 2)

8 Nach § 342 Abs. 2 S. 1 InsO darf der Insolvenzgläubiger zwar **behalten,** was er in einem Insolvenzverfahren erlangt hat. Allerdings muss er sich das in einem Verfahren Erlangte in dem anderen Verfahren **anrechnen** lassen (§ 342 Abs. 2 S. 2 InsO). Erst wenn die übrigen Gläubiger in diesem Verfahren dieselbe Quote erlangt haben wie er, wird er bei der Verteilung der Masse in diesem Verfahren berücksichtigt. Eine derartige konsolidierte Quotenberücksichtigung findet sich bereits in der früheren Rspr. des BGH.[11]

---

[4] BT-Drs. 12/2443, 240.
[5] BT-Drs. 15/16, 21.
[6] Uhlenbruck/*Lüer* Rn. 8.
[7] Braun/*Tashiro* Rn. 7.
[8] Braun/*Tashiro* Rn. 9; *Hausmann* in Reithmann/Martiny IntVertragsR Rn. 6.596; Uhlenbruck/*Lüer* Rn. 8.
[9] BT-Drs. 12/2443, 240.
[10] BT-Drs. 12/2443, 240.
[11] BGHZ 88, 147 (153 ff.) = NJW 1983, 2147.

Die Vorschrift steht vor dem Hintergrund, dass die Teilnahme an mehreren Verfahren eine weitergehende Befriedigung ermöglicht als die an nur einem Verfahren. Das privilegiert anmeldungs- und beteiligungsaktive Gläubiger. Darunter werden sich insbesondere Gläubiger befinden, die einen gewissen finanziellen Hintergrund haben und dementsprechend bereit sind, die Kosten der Beteiligung in einem ausländischen Verfahren zu tragen. Das geht dann zu Lasten der sog. „Kleingläubiger", die tendenziell weniger Bereitschaft aufweisen, sich an einem ausländischen Insolvenzverfahren zu beteiligen. Darunter leidet die **par conditio creditorum.** § 342 Abs. 2 S. 2 InsO soll die mit der mehrfachen Forderungsanmeldung verbundenen Gefahren für die Gläubigergleichbehandlung mindern. 9

Wegen Abs. 2 S. 1 ist die Gewährung der **Gläubigergleichbehandlung** aber **nicht umfassend.** Denn es besteht **kein Anspruch auf die Herausgabe** dessen, was ein Gläubiger in einem Verfahren in einem Staat A im Vergleich zu den Gläubigern in einem anderen Verfahren in einem Staat B mehr erhalten hat. Nach den Gesetzesmaterialien soll dieses „Behaltendürfen" nach § 342 Abs. 2 S. 1 InsO sicherstellen, dass neben dem deutschen Verfahren das ausländische **respektiert** wird.[12] Allerdings respektiert das deutsche Recht durch die Anrechnung nach S. 2 und die damit verbundene Berücksichtigung des ausländischen Vermögens das ausländische Verfahren keineswegs vollständig.[13] Auch soll es zu einer Anrechnung nach § 342 Abs. 2 S. 2 InsO nur dann kommen, wenn das ausländische Verfahren, in dem die teilweise Befriedigung erlangt wurde, den deutschen Anerkennungsvoraussetzungen genügt.[14] § 342 Abs. 2 InsO stellt nach alldem eine Kompromisslösung dar. Sie bewegt sich zwischen den Zielen, ein ausländisches Verfahren einschließlich der Verteilung der Masse **anzuerkennen** und andererseits die **Gläubigergleichbehandlung** zu wahren. 10

IV. Auskunftspflicht (Abs. 3)

§ 342 Abs. 3 InsO normiert die Auskunftspflicht des Insolvenzgläubigers gegenüber dem Insolvenzverwalter. Die Pflicht bezieht sich auf das Erlangte; sie dient der Vorbereitung von Herausgabeklagen durch den Verwalter nach § 342 Abs. 1 S. 1 InsO und ist nach allgemeinem Zivilprozessrecht durchzusetzen.[15] Zum Gerichtsstand → Rn. 6. Auch benötigt der Verwalter diese Angaben für die Frage, ob ein Gläubiger in einem anderen Verfahren zu beteiligen ist (§ 342 Abs. 2 S. 2 InsO).[16] 11

Das autonome Internationale Insolvenzrecht kommt zum Zuge, wenn weder die EuInsVO noch das EGInsO entsprechende Regelungen enthalten. So liegt es hier. Art. 23 EuInsVO enthält keine Vorschrift hinsichtlich der Auskunftspflicht, wenngleich eine solche aus den oben genannten Gründen erforderlich wäre. Das EU-Insolvenzrecht kann daher nicht als abschließend gewertet werden. Damit **ist § 342 Abs. 3 InsO auch im Europäischen Internationalen Insolvenzrecht anzuwenden.** 12

Zweiter Abschnitt. Ausländisches Insolvenzverfahren

§ 343 Anerkennung

(1) [1]Die Eröffnung eines ausländischen Insolvenzverfahrens wird anerkannt. [2]Dies gilt nicht,

1. wenn die Gerichte des Staats der Verfahrenseröffnung nach deutschem Recht nicht zuständig sind;

2. soweit die Anerkennung zu einem Ergebnis führt, das mit wesentlichen Grundsätzen des deutschen Rechts offensichtlich unvereinbar ist, insbesondere soweit sie mit den Grundrechten unvereinbar ist.

(2) Absatz 1 gilt entsprechend für Sicherungsmaßnahmen, die nach dem Antrag auf Eröffnung des Insolvenzverfahrens getroffen werden, sowie für Entscheidungen, die zur Durchführung oder Beendigung des anerkannten Insolvenzverfahrens ergangen sind.

Schrifttum: *Aderhold,* Auslandskonkurs im Inland, 1992; *Flessner,* Das künftige Internationale Insolvenzrecht im Verhältnis zum Europäischen Insolvenzübereinkommen, in Stoll, Vorschläge und Gutachten zur Umsetzung des EU-Übereinkommens über Insolvenzverfahren im deutschen Recht, 1997, 219; *Flessner,* Internationales

12 BT-Drs. 12/2443, 240 zu § 383 InsO-RegE.
13 *Kolmann,* Kooperationsmodelle im Internationalen Insolvenzrecht, 2001, 255.
14 *Kolmann,* Kooperationsmodelle im Internationalen Insolvenzrecht, 2001, 255.
15 Braun/*Tashiro* Rn. 19.
16 BT-Drs. 15/16, 21.

Insolvenzrecht in Deutschland nach der Reform, IPRax 1997, 1; *Flessner/Schulz,* Zusammenhänge zwischen Konkurs, Arrest und Internationaler Zuständigkeit, IPRax 1991, 162; *Hanisch,* Die Wende im deutschen Internationalen Insolvenzrecht, ZIP 1985, 1233; *Leipold,* Zum künftigen Weg des deutschen Internationalen Insolvenzrechts, in Stoll, Vorschläge und Gutachten zur Umsetzung des EU-Übereinkommens über Insolvenzverfahren im deutschen Recht, 1997, 185; *Leipold,* Zuständigkeitslücken im neuen Europäischen Insolvenzrecht, FS Ishikawa, 2001, 221 *Madaus,* The German Law on the Recognition of Foreign Insolvency and Restructuring Proceedings, Ned int privR 2022, 227.

Übersicht

I. Normzweck

1 § 343 InsO bestimmt getreu dem **Universalitätsprinzip** (→ InsO Vor § 335 Rn. 5; → InsO Vor § 335 Rn. 8) die **grundsätzliche Anerkennung** von ausländischen Insolvenzverfahrenseröffnungen, Sicherungsmaßnahmen und sonstigen Entscheidungen, die zur Durchführung oder Beendigung des anerkannten Insolvenzverfahrens ergangen sind. Auch die **Anerkennungshindernisse** werden dort normiert.

2 Die Vorschrift weist Parallelen zu § 384 InsO-RegE und zu Art. 19 EuInsVO auf. Inhaltlich identisch sind diese Regelungen allerdings nicht. So ist § 384 InsO-RegE negativ formuliert, § 343 Abs. 1 InsO dagegen positiv. Anders als bei Art. 19 EuInsVO ist der ordre public-Vorbehalt schon in § 343 Abs. 1 InsO enthalten, was dessen größere Bedeutung im Verhältnis zu Drittstaaten unterstreicht. Im Rahmen der EuInsVO ist dagegen auf Art. 33 EuInsVO zurückzugreifen. Anerkennungsfreundlicher ist Art. 19 EuInsVO auch insofern, als dort – anders als nach § 343 Abs. 1 S. 2 Nr. 1 InsO – die Eröffnungszuständigkeit des Erstgerichts nicht vorausgesetzt ist (→ EuInsVO Art. 19 Rn. 9).

3 § 384 InsO-RegE verfügte – anders als § 343 InsO – nicht über einen zweiten Absatz mit Vorschriften zur Anerkennung bestimmter Nebenentscheidungen. Insoweit ist § 343 Abs. 2 InsO die anerkennungsfreundlichere Norm.

4 Durch § 343 InsO kommt es zu einer **automatischen Anerkennung** des Verfahrens und der hiervon erfassten Entscheidungen durch **Wirkungserstreckung auf das Inland.** Eines aufwendigen und kosten- sowie zeitintensiven Exequaturverfahrens wie nach §§ 722, 723 ZPO bedarf es damit nicht.[1] Im Anwendungsbereich der EuInsVO wird § 343 InsO durch Art. 33 EuInsVO verdrängt (unrichtig FG Düsseldorf BeckRS 2024, 4398).

II. Anerkennung ausländischer Insolvenzeröffnungen (Abs. 1)

5 **1. Voraussetzungen.** Die hauptsächlichen Voraussetzungen der Anerkennung sind in § 343 Abs. 1 S. 2 InsO zu finden. Die dort enthaltene Aufzählung ist aber **nicht abschließend.**[2]

6 **a) Insolvenzverfahren. Gegenstand der Anerkennung** ist nach § 343 Abs. 1 S. 1 InsO ein Insolvenzverfahren (zum Begriff → InsO § 335 Rn. 3 ff.). Durch diese Voraussetzung wird gewährleistet, dass das anzuerkennende Verfahren funktionell dem deutschen Insolvenzverfahren vergleichbar ist.[3] Es ist von einem weiten und flexiblen Verständnis auszugehen, das über den des deutschen Insolvenzsachrechts hinausgeht.[4] Eine nähere Definition hat der Gesetzgeber nicht aufgestellt, weil

1 MüKoInsO/*Thole* Rn. 67.

2 *Graf,* Die Anerkennung ausländischer Insolvenzentscheidungen, 2003, 286.

3 BGH GRUR 2019, 549 Rn. 15 ff. = EWiR 2019, 341 m. Kurzkomm. *Paulus* betr. schweiz. Konkursverfahren nach §§ 197 ff. SchKG; BAG NZA 2013, 669 Rn. 93 f. betr. griechisches Sonderliquidationsverfahren; *Koch* FS Jayme, 2004, 437 (441).

4 *Kolmann,* Kooperationsmodelle im Internationalen Insolvenzrecht, 2001, 131.

sich die unverzichtbaren Elemente eines solchen Verfahrens nicht bestimmen ließen.[5] Zur Wahrung der Rechtssicherheit ist allerdings eine Konkretisierung geboten. Ein Insolvenzverfahren hat drei Merkmale: Es muss (1) der Tatbestand der Insolvenz vorliegen. Dieser muss (2) ein staatlich geleitetes Verfahrens auslösen. Und schließlich muss (3) der Zweck des ausländischen Verfahrens etwa die gleichen Ziele verfolgen wie ein deutsches Insolvenzverfahren.[6]

Ein **Tatbestand der Insolvenz** liegt vor, wenn keine hinreichende Aussicht darauf besteht, 7 dass der Schuldner seine Gläubiger alle wird befriedigen können (Vermögensinsuffizienz).[7] Das kann die Zahlungsunfähigkeit, die Überschuldung oder die drohende Zahlungsunfähigkeit sein.[8] Weil aber gerade ein weiteres Verständnis als das der deutschen Rechtsordnung zugrunde zu legen ist, muss nicht zwingend einer der Eröffnungsgründe der §§ 16 ff. InsO im technischen Sinne vorliegen.

Die Abwicklung dieses Tatbestandes muss in einem **Verfahren** geschehen, das einem gesetzli- 8 chen Rahmen unterliegt und unter der Aufsicht einer staatlichen, interessensneutralen **Stelle** stattfindet.[9] Diese Stelle muss nicht das Insolvenzgericht im herkömmlichen Sinne sein.[10] Anhaltspunkte gibt Art. 2 Nr. 6 EuInsVO (→ EuInsVO Art. 2 Rn. 11 f.).

Dieses Verfahren muss sodann etwa die **gleichen Ziele** verfolgen wie die Verfahren der deut- 9 schen Insolvenzordnung.[11] Die Ziele des Insolvenzverfahrens lassen sich aus § 1 InsO entnehmen.[12] Demnach dient das Insolvenzverfahren dazu, die Gläubiger eines Schuldners gemeinschaftlich zu befriedigen, indem das Vermögen des Schuldners verwertet und der Erlös verteilt oder in einem Insolvenzplan eine abweichende Regelung insbesondere zum Erhalt des Unternehmens getroffen werden (§ 1 S. 1 InsO). Auch liquidationsabwendende Maßnahmen sind danach in Betracht zu ziehen, zumal sich in zahlreichen Rechtsordnungen ohnehin keine scharfe Trennung zwischen dem Liquidations- und dem Reorganisationsverfahren findet.[13] Bei dieser Beurteilung bleiben rechtspolitische Wertungen außer Betracht.[14]

Insolvenzverfahren in diesem Sinne sind auch das US-amerikanische Chapter 11-Verfahren,[15] 10 ferner – bedeutsam für die Bereichsausnahmen des Art. 1 Abs. 2 EuInsVO – der französische redressement judiciare,[16] die italienische amministrazione stradordinaria[17] oder die englische administration.[18] Als Insolvenzverfahren eingestuft wurde auch das griechische Sonderliquidationsverfahren nach dem Gesetz Nr. 40/2006.[19] Das englische Scheme of Arrangement ist kein Insolvenzverfahren in diesem Sinne (→ Rn. 39).[20]

In Betracht kommen sowohl Universal- als auch Territorialverfahren. Unterschiede ergeben 11 sich nur beim Umfang der Anerkennung.[21]

b) Internationale Zuständigkeit. Nach § 343 Abs. 1 S. 2 Nr. 1 InsO scheitert die Anerken- 12 nung, wenn die Gerichte des Eröffnungsstaates nach deutschem Recht nicht zuständig sind. Dies entspricht den allgemeinen Regeln (vgl. § 328 Abs. 1 Nr. 1 ZPO, § 109 Abs. 1 Nr. 1 FamFG). Diese indirekte Zuständigkeit („Anerkennungszuständigkeit“)[22] des ausländischen Gerichts ist von Amts wegen zu prüfen.[23]

---

5 BT-Drs. 12/2443, 236, 239; MüKoInsO/*Thole* § 343 Rn. 14 verweist auf die von der UNCITRAL aufgestellten Kriterien („UNCITRAL Legislative Guide on Insolveny Law“).

6 HessLAG BeckRS 2012, 69394; BT-Drs. 15/16, 21; *Graf,* Die Anerkennung ausländischer Insolvenzentscheidungen, 2003, 270 ff.

7 *Kolmann,* Kooperationsmodelle im Internationalen Insolvenzrecht, 2001, 129 ff.

8 *Graf,* Die Anerkennung ausländischer Insolvenzentscheidungen, 2003, 270.

9 *Kolmann,* Kooperationsmodelle im Internationalen Insolvenzrecht, 2001, 131.

10 MüKoInsO/*Thole* § 343 Rn. 15.

11 BT-Drs. 15/16, 21; BT-Drs. 12/2443, 241; MüKoInsO/*Thole* § 343 Rn. 13.

12 *Kolmann,* Kooperationsmodelle im Internationalen Insolvenzrecht, 2001, 129.

13 *Kolmann,* Kooperationsmodelle im Internationalen Insolvenzrecht, 2001, 129.

14 *Kolmann,* Kooperationsmodelle im Internationalen Insolvenzrecht, 2001, 131.

15 BGH BeckRS 2009, 29128 = ZIP 2009, 2217 = EWiR 2009, 781 m. KurzKomm. *Rendels/Körner* – Schnellverschlusskappe; dazu *Brinkmann* IPRax 2011, 143; *J. Schmidt* DAJV 2010, 5; *Paulus* ZZP 123 (2010), 243; BAG NZI 2015, 1041; dazu *Chr. Paulus* EWiR 2016, 121.

16 *Kolmann,* Kooperationsmodelle im Internationalen Insolvenzrecht, 2001, 133.

17 *Kolmann,* Kooperationsmodelle im Internationalen Insolvenzrecht, 2001, 133 mwN.

18 *Schack* IZVR Rn. 1301; OLG Düsseldorf NZI 2004, 628; vgl. High Court of Justice Birmingham NZI 2005, 467.

19 BAG NZA 2013, 669 Rn. 93 f.

20 BGH NJW 2012, 2113 = NZI 2012, 425 mAnm *Paulus* NZI 2012, 428 = IPRax 2013, 264 m. Aufs. *Mäsch;* näher *Sax/Swierczok* ZIP 2016, 1945 – Equitable Life; *Hoffmann/Giancristofano* ZIP 2016, 1951; *Freitag/Korch* ZIP 2016, 1849 (1854 ff.); *Sax/Swierczok* ZIP 2017, 601 (602); *Schack* IZVR Rn. 1302.

21 *Kolmann,* Kooperationsmodelle im Internationalen Insolvenzrecht, 2001, 143.

22 *v. Bar/Mankowski* IPR I § 5 Rn. 124.

23 MüKoInsO/*Thole* § 343 Rn. 26.

13 Bei diesem Anerkennungserfordernis besteht ein wesentlicher **Unterschied zu Art. 19 EuInsVO.** Dort (→ EuInsVO Art. 19 Rn. 9) ist allein zu prüfen, ob sich das eröffnende Gericht für zuständig **gehalten hat.** § 343 Abs. 1 S. 2 Nr. 1 InsO fordert dagegen, dass die Gerichte des Eröffnungsstaates „nach deutschem Recht" tatsächlich zuständig **sind.** Dies ergibt der insoweit mit § 328 Abs. 1 Nr. 1 ZPO, § 109 Abs. 1 Nr. 1 FamFG übereinstimmende Wortlaut der Vorschrift wie auch dessen Entstehungsgeschichte: Für die Anerkennung einer Insolvenzverfahrenseröffnung hatte bereits der BGH in der Wendeentscheidung von 1985 gefordert: „Die den Konkurs eröffnende staatliche Stelle muss international zuständig sein; die Zuständigkeit bestimmt sich nach den Vorschriften der § 71 Abs. 1 KO, § 238 KO" (→ Rn. 7, → Rn. 11).[24] Diesem Modell hat sich der Gesetzgeber angeschlossen. Es erfolgt also eine positive Zuständigkeitsprüfung, bei der die deutschen Zuständigkeitsnormen nach dem **Spiegelbildprinzip** auf das Ausland übertragen werden.[25] Dabei ist eine hypothetische Prüfung vorzunehmen. Der Anerkennungsrichter prüft nicht, ob die Gerichte des Eröffnungsstaates nach der dortigen lex fori zuständig waren, sondern ob deutsches Zuständigkeitsrecht bei spiegelbildlicher, hypothetischer Anwendung eine Zuständigkeit der dortigen Gerichte begründet hätte.[26] Dies soll gewährleisten, dass das ausländische Gericht eine hinreichende Nähe zum Sachverhalt, dh vor allem zum Schuldner und dessen Vermögen aufweist.[27] Es soll verhindert werden, dass ausländische Staaten eine exorbitante Zuständigkeit in Anspruch nehmen.[28] Die eigene Zuständigkeit soll geschützt werden.[29] Positiver Effekt dieser Prüfung ist, dass Kompetenzkonflikte ausscheiden. Denn wenn das deutsche Recht die Gerichte des Eröffnungsstaates nicht für zuständig erachtet, wird das Verfahren in Deutschland nicht anerkannt. Damit ist der Weg für ein eigenes Universalverfahren frei. Negativ ist die sich daraus ergebende Möglichkeit mehrerer Universalverfahren in verschiedenen Staaten.[30]

14 Die internationale Zuständigkeit beurteilt sich für das ausländische Hauptverfahren, um dessen Anerkennung es geht, mangels ausdrücklicher Regelung analog den Vorschriften über die örtliche Zuständigkeit, dh § 3 InsO.[31] In erster Linie ist dabei auf den Mittelpunkt einer selbstständigen wirtschaftlichen Tätigkeit des Schuldners nach § 3 Abs. 1 S. 2 InsO analog,[32] hilfsweise auf den allgemeinen Gerichtsstand (§ 3 Abs. 1 S. 1 InsO, §§ 12 ff. ZPO analog) abzustellen.

15 Der entscheidende **Zeitpunkt** für die Beurteilung der internationalen Zuständigkeit ist der des Eingangs des Eröffnungsantrags.[33]

16 **c) Kein ordre public-Verstoß. aa) Allgemeines.** Dass kein Verstoß gegen den ordre public-Vorbehalt vorliegen darf, hat der BGH ebenfalls bereits in seiner Wendentscheidung zur Voraussetzung der Anerkennung fremder Auslandskonkurse gemacht.[34] Der Gesetzgeber hat dies bei der Neuregelung des autonomen Internationalen Insolvenzrechts übernommen (§ 343 Abs. 1 S. 2 Nr. 2 InsO). Auch insoweit folgt das internationale Insolvenzrecht den allgemeinen Regeln (vgl. § 328 Abs. 1 Nr. 4 ZPO, § 109 Abs. 1 Nr. 4 FamFG). Auf die dazu vorliegende Lit. und Rspr. kann daher zurückgegriffen werden, auch auf die deutsche Rspr. zu Art. 33 EuInsVO (→ EuInsVO Art. 33 Rn. 3 ff.).

17 Ob ein Verstoß gegen den ordre public-Vorbehalt vorliegt, ist **von Amts wegen zu prüfen.**[35] Entscheidend ist letztlich allein, ob das Ergebnis der Anerkennung gegen die ordre public-Grundsätze verstoßen würde. Bei der Entscheidung sind der bisherige und der aktuelle Verlauf des Insolvenzverfahrens zu berücksichtigen.[36] Ferner bedarf es einer **hinreichenden Inlandsbeziehung** der anzuerkennenden Entscheidung, wie zB bei deutscher Staatsangehörigkeit oder Wohnsitz/Sitz im Inland, ferner bei inländischer Vermögensbelegenheit (vgl. § 354 Abs. 1 InsO).

18 Aus dem Wort „soweit die Anerkennung […] unvereinbar ist", ergibt sich, dass auch nur einzelne Aspekte des ausländischen Verfahrens gegen den ordre public-Vorbehalt verstoßen können. Dann kommt es auch nur zu einer teilweisen Anerkennung.[37]

---

[24] BGHZ 95, 256 (270) = NJW 1985, 2896.
[25] *Geimer* IZPR Rn. 3406; *Trunk* IntInsR 286.
[26] BGHZ 52, 30 (37) = NJW 1969, 1536; *v. Bar/Mankowski* IPR I § 5 Rn. 124; Braun/*Ehret* Rn. 7.
[27] *v. Bar/Mankowski* IPR I § 5 Rn. 124; *Hausmann* in Reithmann/Martiny IntVertragsR Rn. 6.640.
[28] *v. Bar/Mankowski* IPR I § 5 Rn. 124.
[29] *Graf,* Die Anerkennung ausländischer Insolvenzentscheidungen, 2003, 289.
[30] Zu einer teleologischen Reduktion des Vermögensgerichtsstandes bei der compétence indirecte vgl. *Torz,* Gerichtsstände im Internationalen Insolvenzrecht, 2005, § 14 II.
[31] Braun/*Ehret* Rn. 8.
[32] Zu den Unklarheiten dieses Gerichtsstandes vgl. *Kolmann,* Kooperationsmodelle im Internationalen Insolvenzrecht, 2001, 136; zu den Einzelumständen vgl. das Sachverständigengutachten in ZIP 2016, 1407.
[33] *Kolmann,* Kooperationsmodelle im Internationalen Insolvenzrecht, 2001, 142.
[34] BGHZ 95, 256 (270) = NJW 1985, 2896: „Schließlich darf die Anerkennung der ausländischen Konkurseröffnung nicht den inländischen ordre public verletzen (Art. 30 EGBGB; § 328 Abs. 1 Nr. 4 ZPO; […]).".
[35] MüKoInsO/*Thole* § 343 Rn. 42.
[36] *Kolmann,* Kooperationsmodelle im Internationalen Insolvenzrecht, 2001, 149.
[37] MüKoInsO/*Thole* § 343 Rn. 47.

bb) Verstoß gegen wesentliche Grundsätze. Die Eröffnung des Verfahrens oder einzelne hiervon erzeugte Rechtsfolgen (wie ein Erlöschen von Ansprüchen)[38] müssen mit den wesentlichen Grundsätzen des deutschen Rechts unvereinbar sein. Diese Grundsätze können verfahrensrechtlicher oder materiell-rechtlicher Natur sein.[39] 19

(1) Verfahrensgrundsätze. Ein Verstoß gegen die Verfahrensgrundsätze liegt vor, wenn das ausländische Verfahren von den wesentlichen Grundprinzipien des deutschen Rechts so stark abweicht, dass den **rechtsstaatlichen Anforderungen** nicht mehr genügt wird. Der klassische Fall ist dabei der Verstoß gegen den **Grundsatz des rechtlichen Gehörs.**[40] Dabei muss es sich aber um eine elementare Verletzung der Anhörungs- und Mitwirkungsrechte handeln. So ist etwa nicht ausreichend für die Annahme eines Verstoßes, dass lediglich kürzere Fristen für die Mitwirkungsrechte der Gläubiger vorgesehen sind. Dasselbe gilt für die fehlende Anhörung nur im Zwischenverfahren und für den Fall, dass der Verwalter in dem ausländischen Verfahren mit stärkeren Befugnissen ausgestattet ist als es die deutsche Insolvenzordnung vorsieht.[41] Auch erfordert der Grundsatz des rechtlichen Gehörs nicht, dass vor der Entscheidung über die Insolvenzeröffnung sämtlichen Gläubigern des Schuldners Gelegenheit zur Stellungnahme gegeben werden muss.[42] Unbedenklich ist ferner, wenn das ausländische Verfahren die Selbstverwaltung der Gläubiger einschränkt und die Verwertungsentscheidung auf ein deutsches Gericht überträgt.[43] 20

(2) Materiell-rechtliche Vorschriften. Ein Verstoß gegen materiell-rechtliche Vorschriften (in diesem Fall Art. 3 GG) liegt klassischer Weise darin, dass ausländische **Gläubiger wegen** ihrer **Nationalität benachteiligt** werden.[44] Ein Verstoß gegen den inländischen ordre public-Vorbehalt ist aber auch darin zu erblicken, dass ein ausländisches Insolvenzorgan aus **politischer Willkür** gegen die Insolvenzvorschriften der lex fori handelt. Denn der Verstoß gegen den deutschen ordre public ist hier gerade in der politischen Willkür selbst zu erblicken.[45] Im Einzelfall kann die Abgrenzung schwierig sein, ob „nur" ein Verstoß gegen den ordre public gegeben ist, oder ob es bereits an einem Insolvenzverfahren (→ Rn. 6 ff.) fehlt.[46] Verstöße gegen den ordre public liegen zudem bei der **Beeinträchtigung dinglicher Rechte Dritter** an im Inland belegenen Vermögensgegenständen des Schuldners vor[47] oder wenn sich ein ausländischer gerichtlicher **Insolvenzplan diskriminierend** auf die Behandlung inländischer Gläubiger auswirkt.[48] Nicht ausreichend für einen Verstoß sind abweichende Regelungen hinsichtlich der Verteilung für ungesicherte Gläubiger, Eingriffe in die Vermögensrechte der Gläubiger, ferner industriepolitisch motivierte Sanierungsverfahren, bei denen die Beteiligung der Gläubiger gegenüber der Erhaltung des Unternehmens eine untergeordnete Rolle spielt.[49] Auch eine Mindestquote als Ergebnis eines Insolvenzverfahrens setzt das deutsche Recht nicht voraus, weshalb zB ausländische „Nullpläne" unter ordre public-Gesichtspunkten unbedenklich sind.[50] 21

(3) Weitere Einzelfälle. Nicht ausreichend für einen Verstoß ist, wie oben dargestellt, wenn die Anmeldefristen im ausländischen Recht kürzer sind als im deutschen. Allerdings ist es im Hinblick auf Art. 14 GG ordre public-widrig, wenn die Fristversäumnis zu einem **Verlust der Forderung** führt.[51] Dies ist nicht nur im früheren chinesischen Insolvenzverfahren der Fall (Art. 9 des „Versuchsweisen Gesetzes über den Konkurs staatseigener Unternehmen"), wonach die Forderung nach Ablauf der Frist als aufgegeben galt.[52] Im spanischen Insolvenzverfahren ist die Fristver- 22

---

38 Zu diesen beiden Gegenständen der ordre public-Prüfung s. BGH NZI 2009, 859 Rn. 21 ff.
39 MüKoInsO/*Thole* § 343 Rn. 43.
40 Art. 6, 25 MRK; BT-Drs. 12/2443 S. 241; OLG Düsseldorf KTS 1959, 175; *Paulus* ZIP 2003, 1725 (1729); *Herchen* ZIP 2005, 1401 (1404); *Hausmann* in Reithmann/Martiny IntVertragsR Rn. 6.642.
41 *Graf,* Die Anerkennung ausländischer Insolvenzentscheidungen, 2003, 305.
42 AG Mönchengladbach NZI 2004, 383 (384).
43 MüKoInsO/*Thole* § 343 Rn. 57.
44 MüKoInsO/*Thole* § 343 Rn. 61; *Hausmann* in Reithmann/Martiny IntVertragsR Rn. 6.642.
45 *Kolmann,* Kooperationsmodelle im Internationalen Insolvenzrecht, 2001, 159; *Schollmeyer,* Gegenseitige Verträge im internationalen Insolvenzrecht, 1997, 94 m. Fn. 28; *Trunk* IntInsR 272.
46 *Graf,* Die Anerkennung ausländischer Insolvenzentscheidungen, 2003, 306.
47 *Kolmann,* Kooperationsmodelle im Internationalen Insolvenzrecht, 2001, 146.
48 *Kolmann,* Kooperationsmodelle im Internationalen Insolvenzrecht, 2001, 147.
49 MüKoInsO/*Thole* § 343 Rn. 61.
50 BGH NJW 2002, 960 (961).
51 *Kolmann,* Kooperationsmodelle im Internationalen Insolvenzrecht, 2001, 148.
52 Vgl. auch MüKoInsO/*Neelmeier* 1. Aufl. 2003, EGInsO Art. 102 Anh. II: Länderberichte, VR China Rn. 12; zur Aufhebung des genannten Gestzes zum 1.6.2007 MüKoInsO/*Neelmeier* Länderbericht VR China Rn. 6.

säumnis mit einem Nachrang bei der Verteilung verbunden.[53] In diesen Fällen wird der Rechtssicherheit in – aus deutscher Sicht – exzessivem Maße Vorrang gegenüber der materiellen Gerechtigkeit eingeräumt.

23 Die Regelungen des US-amerikanischen **Chapter 11-Verfahrens** (→ Rn. 10) weichen erheblich von denen der deutschen Insolvenzordnung ab. Weitgehend wird auf das Erfordernis eines Insolvenzgrundes verzichtet (11 U.S.C. 303 (h)). Das öffnet der **missbräuchlichen Antragstellung durch den Schuldner** selbst Tür und Tor. Er kann sich auf diese Weise von für ihn lästigen Bindungen, etwa Tarifverträgen lossagen.[54] Die Verwaltungs- und Verfügungsbefugnis verbleibt grundsätzlich beim Schuldner und geht nicht auf den Insolvenzverwalter über (11 U.S.C. §§ 1101, 1104, 1107; anders das deutsche Recht in §§ 80, 270 InsO). Ein besonders deutlicher Unterschied zum deutschen Recht besteht auch darin, dass die Anforderungen an eine Restschuldbefreiung sehr niedrig sind. Im amerikanischen Recht ist sie nur dann zu versagen, wenn der Reorganisationsplan von vornherein eine Liquidation vorsieht, der Schuldner nicht mehr geschäftlich tätig ist und eine Entschuldung nach 11 U.S.C. 727 (a) versagt werden könnte (11 U.S.C. § 1141 (d) (3)). Ein solcher *discharge* kommt auch nicht zum Zuge, wenn die Plangenehmigung aufgehoben wurde (11 U.S.C. § 1144 (s) (2)). Vom *discharge* ausgenommen sind außerdem die in 11 U.S.C. 1141 (d) (2) aufgelisteten Forderungen. Die weitgehende Selbstverwaltung des Schuldners berührt das insolvenzrechtliche Prinzip der **Gläubigerautonomie.** Eine missbräuchliche Antragsstellung und die weitgehende erfolgsunabhängige Schuldbefreiung wirft Gerechtigkeitsbedenken auf. Zwar ist zutreffend, dass eine weitergehende Restschuldbefreiung als nach deutschem Recht allein nicht für einen Verstoß genügt.[55] Das Chapter 11-Verfahren führt aber häufig dazu, dass ein an dem wirtschaftlichen „Zusammenbruch" des Unternehmens maßgeblich beteiligter Schuldner im Verhältnis zu den Gläubigern wesentlich besser gestellt wird. Dies verträgt sich nicht mit den dem deutschen Recht immanenten Grundsätzen der austeilenden Gerechtigkeit. Diese Gesichtspunkte können im Einzelfall einen ordre public-Verstoß begründen.

24 Vertreten wird, dass die Eröffnung eines Insolvenzverfahrens in den Vereinigten Staaten, die darauf beruht, dass der Schuldner wegen eines punitive damage-Urteils vermögenslos ist, mit dem deutschen ordre public unvereinbar sei.[56] Dies geht zu weit. Auf den Grund der Vermögenslosigkeit kommt es für die Anerkennungsentscheidung nicht an. Auch bei einer inländischen Insolvenzverfahrenseröffnung kommt es nicht darauf an, weshalb Zahlungsunfähigkeit oder Überschuldung (§§ 16 ff. InsO) eingetreten sind. Ausreichend ist, dass ein Insolvenzeröffnungsgrund vorliegt. Es wäre daher inkonsequent, derartige Überlegungen bei der Anerkennung eines ausländischen Insolvenzverfahrens zu berücksichtigen. Eine Erstreckung der Anerkennungsprüfung auf die Insolvenzursachen hätte zudem eine erhebliche Rechtsunsicherheit zur Folge.

25 Auch im **französischen Insolvenzrecht** – für § 343 InsO relevant mit Blick auf die Bereichsausnahmen des Art. 1 Abs. 2 EuInsVO – sind die Gläubigerrechte erheblich schwächer als im deutschen Verfahren. Den Gläubigern kommen nur wenige Mitwirkungsrechte zu. Der Grund hierfür liegt darin, dass das Verfahren auf den Erhalt des Unternehmens, die Aufrechterhaltung der Geschäftstätigkeit und der Arbeitsplätze sowie die Bereinigung der Verbindlichkeiten gerichtet ist (Art. 620-1 Code de Commerce – procédure de sauvegarde).[57] In diesen Fällen aber sind die Gläubiger nicht rechtlos gestellt. Sie genießen nur in dem Verfahren selbst geringere Rechte. Dabei handelt es sich um eine gesetzgeberische Entscheidung zugunsten der Erhaltung des Unternehmens, die nicht annähernd so weit reicht wie im Rahmen des Chapter 11-Verfahrens (→ Rn. 10). Somit ist hier **kein Verstoß** gegen deutschen ordre public zu sehen. Auch das **Fehlen einer deutschen Wohlverhaltensperiode** stellt noch **keinen Verstoß** gegen den ordre public dar. Zwar werden die Gläubiger nach dem deutschen Insolvenzrecht durch die Wohlverhaltensperiode besser gestellt. Dieses Erfordernis zählt aber nicht zu den Grundprinzipien der deutschen Rechtsordnung.[58] Demnach ist auch nicht ausreichend, dass der Schuldner seinen Wohnsitz oder

[53] *Fries/Steinmetz* in Nachmann/Kindler, Handbuch Insolvenzrecht in Europa, 2014, LänderberichtSpanien Rn. 63.

[54] MüKoInsO/*Grauke/Horwitz* Länderbericht USA Rn. 18.; s. auch BGH NZI 2009, 859 = ZIP 2009, 2217 – Schnellverschlusskappe = EWiR 2009, 781 m. KurzKomm. *Rendels/Körner;* dazu *Brinkmann* IPRax 2011, 143; *J. Schmidt* DAJV 2010, 5; *Paulus* ZZP 123 (2010), 243; fragwürdig BAG NZI 2008, 122 Rn. 25: kein ordre public-Verstoß bei Unterbrechung des deutschen Kündigungsschutzprozesses, wenn der Arbeitgeber (Schuldner) in den USA – ohne jeden Nachweis eines Insolvenzeröffnungsgrundes – ein Ch. 11-Verfahren einleitet.

[55] *Ackmann/Wenner* IPRax 1990, 209 (213 f.); *Geimer* IZPR Rn. 3516; *Wolf* IPRax 1999, 444 (449).

[56] *Habscheid* NZI 2003, 238 (241).

[57] *Bauerreis* in Nachmann/Kindler, Handbuch Insolvenzrecht in Europa, 2014, Länderbericht Frankreich Rn. 63 ff.

[58] *Koch* FS Jayme, 2004, 437 (443).

Sitz in einen Staat verlegt, dessen Insolvenzrecht die Restschuldbefreiung nicht von einer Wohlverhaltensperiode abhängig macht.[59]

Ein **Verstoß** gegen den ordre public Vorbehalt ist in dem **Schweizer „Minikonkurs"** zu erblicken. Bei diesem Verfahren geht es darum, dass nach der Eröffnung eines aus schweizerischer Sicht ausländischen Insolvenzverfahrens ein inländisches Verfahren nach Art. 50 Abs. 1 SchKG eröffnet werden kann, wenn der Schuldner eine Zweigniederlassung in der Schweiz hat (Art. 166 Abs. 2 IPRG).[60] Dieses „Mini-Verfahren" dient dazu, die sog. kollozierten Gläubiger iSd Art. 172 Abs. 1 IPRG zu befriedigen. Die Voraussetzung für die Teilnahme an der Befriedigung ist nach Art. 172 Abs. 1 lit. b IPRG, dass der Gläubiger, der nach lit. a privilegiert ist, zudem einen Wohnsitz in der Schweiz hat. Gläubiger, für die dies nicht zutrifft, können an der Befriedigung des in der Schweiz belegenen Vermögens nicht teilnehmen. Sie können erst dann von der Verteilung profitieren, wenn alle Gläubiger iSd Art. 172 Abs. 1 IPRG voll umfänglich befriedigt worden sind (Art. 173 Abs. 1 IPRG). Im Großen und Ganzen läuft dies auf eine **Diskriminierung ausländischer Gläubiger** im Verhältnis zu den inländischen hinaus. Gegen die bloße Eröffnung eines Territorialverfahrens ist nichts einzuwenden. Eine solche Maßnahmen sehen die EuInsVO (Art. 3 Abs. 2 S. 1 EuInsVO) und auch das autonome deutsche Recht (§ 354 InsO) vor. Bei diesen Territorialverfahren wird aber jedem Gläubiger – dh auch einem außerhalb des Verfahrensstaates ansässigen Gläubiger – das Recht eingeräumt, seine Forderungen in diesem Verfahren anzumelden. 26

cc) Unvereinbarkeit mit dem deutschen Recht. § 343 Abs. 1 S. 2 Nr. 2 InsO setzt für einen Verstoß voraus, dass die Anerkennung mit dem deutschen Recht unvereinbar ist. Die Wortwahl des Gesetzes („unvereinbar") weicht von der des BGH im Rahmen der Wendeentscheidung ab („verletzen").[61] Allerdings liegt darin keine Anhebung der ordre public-Schwelle.[62] 27

dd) Offensichtlichkeit. Der Verstoß muss ferner „offensichtlich" sein. Das ist der Fall, wenn er sich dem verständigen Beobachter unmittelbar erschließt.[63] 28

d) Kein Partikularinsolvenzverfahren im Anerkennungsstaat. Soll es bei der Anerkennung des ausländischen Verfahrens um eine Wirkungserstreckung auf das deutsche Territorium gehen, darf in Deutschland kein Partikularverfahren eröffnet worden sein. Denn ein solches geht in seinen Wirkungen dem ausländischen Verfahren vor (vgl. § 354 Abs. 1 InsO aE). 29

e) Sonstige Voraussetzungen. Weiterer Voraussetzungen für die Anerkennung bedarf es nicht. Die ausländische Verfahrenseröffnung darf nicht Gegenstand einer inhaltlichen Überprüfung durch ausländische Gerichte (révision au fond) werden.[64] Auch muss der Eröffnungsstaat sich nicht selbst dazu bereit finden, deutsche Insolvenzverfahrenseröffnungen anzuerkennen (Gegenseitigkeit; strenger insoweit § 328 Abs. 1 Nr. 5 ZPO).[65] Bereits in der Wendeentscheidung BGHZ 95, 256 = NJW 1985, 2897 (→ Einl. IntInsR Rn. 7, → Einl. IntInsR Rn. 11) blieb dieses Kriterium unerwähnt und auch in § 343 Abs. 1 InsO hat man hierauf verzichtet. Das ist zu begrüßen, denn wenn beide Staaten die Gegenseitigkeit fordern, wartet jeder auf den ersten Schritt des jeweils anderen Staates.[66] Auch werden durch dieses Kriterium, das auf die Gleichheit zwischen den Staaten abzielt, die Interessen der Parteien geopfert.[67] 30

Die Eröffnung muss lediglich wirksam,[68] nicht aber formell rechtskräftig sein.[69] Wirksam ist der Eröffnungsbeschluss, wenn er nach dem Recht des Verfahrensstaates insolvenzrechtliche Wirkungen hervorruft.[70] 31

---

59 BGH NJW 2002, 960 (961 f.) = IPRax 2002, 525 mAnm *Ehricke* IPRax 2002, 505; *Mansel* FS v. Hoffmann, 2011, 683 (695).

60 Zur geplanten Reform des schweizer internationalen Insolvenzrechts *Domej* Preliminary Draf for a reform of Swiss International Insolveny Law, in http://conflictsoflaws.net (23.2.2016).

61 BGHZ 95, 256 (270) = NJW 1985, 2896.

62 AA *Habscheid* NZI 2003, 238 (241).

63 *Kemper* ZIP 2001, 1609; MüKoInsO/*Thole* § 343 Rn. 52.

64 MüKoInsO/*Thole* Rn. 25, 60; *Kolmann,* Kooperationsmodelle im Internationalen Insolvenzrecht, 2001, 128; *Hausmann* in Reithmann/Martiny IntVertragsR Rn. 6.641; MüKoZPO/*Gottwald* ZPO § 328 Rn. 116.

65 *Kolmann,* Kooperationsmodelle im Internationalen Insolvenzrecht, 2001, 128; *Hausmann* in Reithmann/Martiny IntVertragsR Rn. 6.644.

66 *Schack* IZVR Rn. 1026.

67 *Schack* IZVR Rn. 1027: „Man schlägt den Esel und meint den Herrn".

68 BGHZ 95, 256 (270) = NJW 1985, 2896; OLG Saarbrücken RIW 1990, 142; *Geimer* IZPR Rn. 3511; *Kolmann,* Kooperationsmodelle im Internationalen Insolvenzrecht, 2001, 128; MüKoInsO/*Thole* § 343 Rn. 21.

69 BT-Drs. 12/2443, 241; *Geimer* IZPR Rn. 3512; *Hausmann* in Reithmann/Martiny IntVertragsR Rn. 6.641; *Schack* IZVR Rn. 1306; *Trunk* IntInsR 273.

70 BGHZ 95, 256 (267) = NJW 1985, 2896; *Trunk* IntInsR 273.

32 Eine anderweitige Rechtshängigkeit hindert die Anerkennung nicht. Auch bedarf es keiner ordnungsgemäßen Zustellung des Insolvenzantrags, wenn dennoch das rechtliche Gehör (→ Rn. 20) gewahrt wurde.[71] Wie Art. 2 Nr. 6 EuInsVO verdeutlicht, muss das Verfahren auch nicht von einem Gericht – verstanden als Justizorgan – eröffnet und kontrolliert worden sein (→ EuInsVO Art. 2 Rn. 11 f.).[72] Die Verfahrenseröffnung muss ferner nicht bekannt gemacht werden.[73]

33 Ist die Entscheidung nach der ausländischen lex fori concursus fehlerhaft, hat dies nur Auswirkungen auf die Anerkennung, wenn zugleich ein Verstoß gegen den deutschen ordre public vorliegt.[74]

34 **2. Rechtsfolge: automatische Wirkungserstreckung.** Liegen die vorgenannten Voraussetzungen vor, wird die Eröffnung des ausländischen Insolvenzverfahrens anerkannt (§ 343 Abs. 1 S. 1 InsO). Dies geschieht automatisch, dh es bedarf keines förmlichen Anerkennungsverfahrens.[75] Handelt es sich bei dem anzuerkennenden Verfahren um ein Universalverfahren,[76] so kommt es grundsätzlich zu einer vollständigen Erstreckung auf das Inland derjenigen **Wirkungen,** die das **Recht des Eröffnungsstaates** dem Hoheitsakt beimisst.[77] Hauptsächliche Wirkung des ausländischen Verfahrens ist regelmäßig die **Beschlagnahme** des in Deutschland belegenen Vermögens,[78] ferner ein **Verbot der Einzelvollstreckung.**[79] Die Eröffnung eines anerkennungsfähigen ausländischen Insolvenzverfahrens über das Vermögen desjenigen, der beim Deutschen Patent- und Markenamt die **Löschung einer Marke** wegen absoluter Schutzhindernisse beantragt, führt zur Unterbrechung des Verfahrens, wenn der Löschungsantragsteller und der Markeninhaber Wettbewerber sind.[80] Über den Umfang des insolvenzfreien Vermögens entscheidet die lex fori concursus.[81] Das ausländische Recht kann in seinen Wirkungen auch weitergehen als das deutsche.[82] Hingegen hindert ein in einem **Drittstaat** gestellter **Eröffnungsantrag** allein nicht die internationale Zuständigkeit deutscher Insolvenzgerichte.[83]

35 Auch **Territorialverfahren** sind anzuerkennen. Allerdings kommt es dort nicht zu einer Wirkungserstreckung. Das Verfahren beschränkt sich auf das im ausländischen Eröffnungsstaat belegene Vermögen.[84] Es ist lediglich zu „respektieren"[85] und nicht in Frage zu stellen.[86]

III. Nebenentscheidungen (Abs. 2)

36 § 343 Abs. 2 InsO legt fest, dass unter den Voraussetzungen des Abs. 1 auch Sicherungsmaßnahmen und die sonstigen zur Durchführung und Beendigung des Insolvenzverfahrens getroffenen Entscheidungen anzuerkennen sind. § 343 InsO betrifft dabei allein die Anerkennung der Maßnahme, während die Vollstreckung sich aus § 353 Abs. 2 InsO ergibt.[87]

37 **1. Sicherungsmaßnahmen.** Im Sinne einer Sicherung des schuldnerischen Vermögens ist es unerlässlich, neben der Eröffnung selbst auch die – meist im Vorfeld ergangenen – Sicherungsmaßnahmen anzuerkennen.[88] Maßnahmen des einstweiligen Rechtsschutzes sind nur effektiv, wenn der

---

71 *Kolmann,* Kooperationsmodelle im Internationalen Insolvenzrecht, 2001, 274.
72 BT-Drs. 15/16, 21.
73 *Geimer* IZPR Rn. 35, 27; *Hausmann* in Reithmann/Martiny IntVertragsR Rn. 6.644; *Schack* IZVR Rn. 1306; *Trunk* KTS 1987, 424 ff.; einschr. LG München WM 1987, 1986.
74 MüKoZPO/*Gottwald* ZPO § 328 Rn. 119.
75 BT-Drs. 15/16, 21; BT-Drs. 12/2443, 241; MüKoInsO/*Thole* § 343 Rn. 67.
76 BGHZ 95, 256 (264 f.) = NJW 1985, 2896; BGHZ 122, 373 (376) = NJW 1993, 2312; BGHZ 125, 197 (203) = NJW 1994, 2549; *Geimer* IZPR Rn. 3512a; *Kolmann/Keller* in Gottwald InsR-HdB § 130 Rn. 2.
77 BGH BeckRS 2014, 15813 Rn. 55 ff. = EWiR 2014, 667 m. Kurzkomm. *Mankowski* zum Nachlassverfahren nach Schweizer Recht; BGHZ 95, 256 (261) = NJW 1985, 2896; *Geimer* IZPR Rn. 3501; 3511; *Reinhart* ZIP 1735, 1757; *Schack* IZVR Rn. 1303.
78 BGHZ 95, 256 (263 ff.) = NJW 1985, 2896; BGHZ 122, 373 (375 f.) = NJW 1993, 2312; BGHZ 125, 196 (200) = NJW 1994, 2549; BGHZ 134, 79 (82) = NJW 1997, 524; *Hausmann* in Reithmann/Martiny IntVertragsR Rn. 6.648.
79 HessLAG BeckRS 2012, 69394 Ls. 3 für brasilianisches Sanierungsverfahren.
80 BGH NZI 2019, 423 = EWiR 2019, 341 m. Kurzkomm. *Paulus.*
81 *Geimer* IZPR Rn. 3519; *Trunk* IntInsR 291; *Hausmann* in Reithmann/Martiny IntVertragsR Rn. 6.648.
82 *Trunk* IntInsR 286.
83 BGH NZI 2023, 183 mAnm *Bork* – Galapagos; *Kern/Bönold* IPRax 2024, 298.
84 *Trunk* IntInsR 288, der in diesem Zusammenhang von einer „partiellen Universalgeltung" spricht.
85 *Kolmann,* Kooperationsmodelle im Internationalen Insolvenzrecht, 2001, 143.
86 *Trunk* IntInsR 288.
87 MüKoInsO/*Thole* § 343 Rn. 76.
88 BT-Drs. 15/16, 21; MüKoInsO/*Thole* § 343 Rn. 77.

Überraschungseffekt ausgenutzt wird. Im Falle der Nichtanerkennung besteht die Gefahr von Verlusten für die Masse.[89]

2. Maßnahmen zur Durchführung und Beendigung eines anerkannten Insolvenzverfahrens. Die Anerkennung der übrigen Maßnahmen zur Durchführung und Beendigung des Verfahrens ist geboten, weil es sich bei der Insolvenzabwicklung um einen dynamischen Prozess handelt, der durch den Eröffnungsbeschluss lediglich eingeleitet wird. Im weiteren Verlauf kommt es dann zu Einzelentscheidungen, die für die Abwicklung aber ebenfalls von entscheidender Bedeutung sind. Zu nennen ist die Anfechtung, die Eintreibung von Forderungen, die insolvenzrechtliche Haftungsausdehnung auf den Leiter einer Gesellschaft, usw.[90] Eine weitere Maßnahme in diesem Sinne ist der **Insolvenzplan.** Da für die Anerkennung dieser Maßnahmen dasselbe gilt wie für die Eröffnungsentscheidung, darf auch hier das Anerkennungsergebnis nicht gegen den ordre public Vorbehalt verstoßen. Das ist aber der Fall, wenn bestimmte Gläubiger im Rahmen des Insolvenzplans unbillig an der Mitwirkung gehindert werden oder durch den Inhalt der getroffenen Regelung ohne einleuchtenden Grund erheblich schlechter gestellt werden als andere Gläubiger.[91] Art. 303 SchKG (Schweizerisches Bundesgesetz über Schuldbetreibung und Konkurs), **wonach ein in einem Schweizer Insolvenzverfahren geschlossener „Nachlassvertrag"** zu dem Erlöschen von Forderungen gegen Mitverpflichtete führen kann, entfaltet auch gegenüber nach deutschem Recht zu beurteilenden Ansprüchen Wirkung.[92] Anzuerkennen ist auch die **gerichtliche Bestätigung** des Nachlassvertrags nach Art. 304 Abs. 2 SchKG, welche – ähnlich wie § 254 Abs. 1 InsO – eine Forderungsmodifikation bewirkt.[93] 38

3. Zwangsvergleich nach englischem Recht (Solvent Scheme of Arrangement). Das **OLG Celle** hat einem britischen **Solvent Scheme of Arrangement** (§§ 425 f. Companies Act 1985; jetzt §§ 895 ff. Companies Act 2006)[94] hinsichtlich Ansprüchen von Versicherungsnehmern gegen eine britische Versicherungsgesellschaft die Anerkennung in Deutschland versagt.[95] Die betroffene Versicherungsgesellschaft hatte mit dem Scheme of Arrangement bestimmte Ansprüche aus Versicherungsverträgen einem Zwangsvergleich unterzogen. Dem OLG zufolge **steht** das Solvent Scheme of Arrangement **einem insolvenzrechtlichen Zwangsvergleich nach deutschem Recht nicht gleich.** Der maßgebliche Unterschied sei, dass das Solvent Scheme of Arrangement nur der Umstrukturierung *bestimmter* Gläubigerrechte diene. Anders als zB ein Insolvenzplan gehe das Solvent Scheme of Arrangement weder vom Vorliegen eines Insolvenzgrundes aus noch betreffe es die Gläubigergesamtheit. Für eine Anerkennung nach der Brüssel Ia-VO fehle es an einer „Entscheidung". Seine Annahme hänge im Wesentlichen von der Zustimmung bestimmter Gläubigerquoten ab. Das Gericht wirke zwar mit, sei aber nicht das eigentliche Entscheidungsorgan. Der **BGH** hat das **Urteil bestätigt.**[96] 39

Für eine zurückhaltende Anerkennungspraxis spricht ferner, dass die englischen Gerichte ihre Zuständigkeit für die Bestätigung des Zwangsvergleichs selbst dann bejahen, wenn keiner der Gläubiger der Gesellschaft seinen Sitz im Vereinigten Königreich hatte.[97] Schließlich liegt die Nichtanerkennung auch auf einer Linie mit Erwägungsgrund 16 S. 2 EuInsVO (zur Auslegung der §§ 335 ff. InsO in Anlehnung an die EuInsVO → InsO Vor § 335 Rn. 6).[98] 40

---

89 *Graf,* Die Anerkennung ausländischer Insolvenzentscheidungen, 2003, 285.

90 *Kolmann,* Kooperationsmodelle im Internationalen Insolvenzrecht, 2001, 156 f.

91 BT-Drs. 12/2443, 241.

92 BGH Beck RS 2014, 15813 Rn. 59 ff. = EWiR 2014, 667 m. Kurzkomm. *Mankowski;* OLG Hamm BeckRS 2013, 14286.

93 BGH BeckRS 2014, 15813 Rn. 52 ff.; dazu *Mankowski* EWiR 2014, 667.

94 Zum Sachrecht *Kindler* KTS 2014, 25 (29); ferner *Paulus* RIW 2013, 577 (579 f.); *Thole* ZGR 2013, 109 (111 f.).

95 OLG Celle ZIP 2009, 1968 = NZG 2009, 1220 = BeckRS 2009, 25777; OLG Frankfurt BeckRS 2012, 11229; zum scheme of arrangement auch High Court of Justice EWiR 2010, 167 m. KurzKomm. *Westpfahl/Knapp; Westpfahl/Knapp* ZIP 2011, 2033; *Eidenmüller/Frobenius* WM 2011, 1210; *Freitag/Korch* ZIP 2016, 1849 (1854 ff.); *Zehlicke/Herding/Parzinger* ZIP 2024, 164.

96 BGH NJW 2012, 2113 Rn. 23–24 = NZI 2012, 425 – Equitable Life mAnm *Paulus* NZI 2012, 428 = IPRax 2013, 264 m. Aufs. *Mäsch;* näher *Sax/Swierczok* ZIP 2016, 1945; *Sax/Swierczok* ZIP 2017, 601 (602) (für Anerkennung nach der Brüssel Ia-VO); *Hoffmann/Giancristofano* ZIP 2016, 1951; für Anerkennung nach der Brüssel Ia-VO auch *Rodriguez/Gübler* IPRax 2020, 372.

97 Vgl. High Court London (Chancery Div.), Primacom Holding GmbH vs. Credit Agricole und Primacom Holding GmbH v. Credit Agricole, RIW 2012, 587 *(Vorpeil);* High Court of Justice (Chancery Division) London (Justice Arnold) Beschl. v. 9.9.2016 – [2016] EWHC 2808 (Ch) = EWiR 2017, 85 m. Kurzkomm. *Sax/Swierczok.*

98 *Eidenmüller* ZIP 2016, 145 (146); *D. Schulz* ZIP 2015, 1912.

41 Seit dem **„harten" Brexit** – dh dem Ende der Anwendung sämtlichen EU-Rechts im Verhältnis zum Vereinigten Königreich zum Stichtag 1.1.2021 – kann die Anerkennung eines Scheme of Arrangement auch aus diesem Grund weder nach der EuInsVO noch nach der Brüssel Ia-VO erfolgen (→ InsO Vor § 335 Rn. 4; → EuInsVO Art. 19 Rn. 19). Eine Anerkennung nach § 343 InsO scheidet aus, weil keine gemeinschaftliche Befriedigung der Gläubiger im Rahmen eines Gesamtverfahrens bezweckt ist.[99] Eine Anerkennung nach § 328 ZPO scheitert daran, dass es an einem kontradiktorischen Verfahren fehlt und daher kein Urteil iSd Vorschrift vorliegt.[100]

§ 344 Sicherungsmaßnahmen

(1) Wurde im Ausland vor Eröffnung eines Hauptinsolvenzverfahrens ein vorläufiger Verwalter bestellt, so kann auf seinen Antrag das zuständige Insolvenzgericht die Maßnahmen nach § 21 anordnen, die zur Sicherung des von einem inländischen Sekundärinsolvenzverfahren erfassten Vermögens erforderlich erscheinen.

(2) Gegen den Beschluss steht auch dem vorläufigen Verwalter die sofortige Beschwerde zu.

Schrifttum: s. Einl. IntInsR.

Übersicht

I. Normzweck

1 § 344 InsO hat **kein Gegenstück im InsO-RegE.** Nach dem RegE sollte noch nicht einmal eine Anerkennung der Sicherungsmaßnahmen erfolgen, wie es in § 343 Abs. 2 InsO vorgesehen ist (vgl. § 384 InsO-RegE; → InsO § 343 Rn. 2). – § 344 InsO **gleicht Art. 52 EuInsVO.**

2 Die Vorschrift bezweckt den **Schutz der Masse,** die einem **späteren inländischen Sekundärinsolvenzverfahren** (§§ 354 ff. InsO) zur Verfügung stehen soll.[1] Zwar werden Sicherungsmaßnahmen, die in einem ausländischen Insolvenzantragsverfahren angeordnet werden, nach § 343 Abs. 2 InsO anerkannt. Weil es sich dabei aber nur um Maßnahmen nach der ausländischen lex fori concursus handeln kann, sind Schutzlücken bei der Sicherung inländischer Massegegenstände nicht ausgeschlossen. In diese Lücken tritt § 344 InsO. Die Vorschrift ermöglicht Sicherungsmaßnahmen nach dem inländischen Belegenheitsrecht, und zwar Maßnahmen iSd § 21 InsO. So schafft § 344 InsO einen Ausgleich dafür, dass der vorläufige Insolvenzverwalter keine Befugnis hat, die Eröffnung eines Sekundärinsolvenzverfahrens in einem anderen Staat zu beantragen. Daher wird sein Handlungsspielraum durch § 344 InsO für den Fall erweitert, dass die Voraussetzungen zur Eröffnung eines inländischen Sekundärinsolvenzverfahrens vorliegen. Ohne diese Regelung hätte der vorläufige Insolvenzverwalter keinerlei Handhabe, ein Schwinden der Masse in einem anderen Staat vor der Eröffnung des Hauptinsolvenzverfahrens zu verhindern.

3 Die **Bedeutung** des § 344 InsO auch **im EU-Insolvenzrecht** soll nach Meinung der Urheber der Vorschrift in der Benennung des im Falle des Art. 52 EuInsVO international zuständigen Gerichts liegen.[2] Zwar ergibt sich das örtlich und sachlich zuständige Gericht nicht aus § 344 InsO, sondern aus § 348 InsO. Die Bedeutung des § 344 InsO könnte sich aber aus folgendem ergeben: Art. 52 EuInsVO räumt dem vorläufigen Insolvenzverwalter die Befugnis ein, „Maßnahmen zur Sicherung und Erhaltung des Schuldnervermögens, das sich in einem anderen Staat befindet", zu beantragen.

[99] *Sax/Swierczok* ZIP 2017, 601 (603 f.) mit Verweis auf BGH NJW 2012, 2113 Rn. 23 – Equitable Life.
[100] OLG Celle ZIP 2009, 1968 = NZG 2009, 1220 = BeckRS 2009, 25777; Zöller/*Geimer* § 328 ZPO Rn. 76; aA *Sax/Swierczok* ZIP 2017, 601 (604 ff.); *Zehlicke/Herding/Parzinger* ZIP 2024, 164 (175).
[1] MüKoInsO/*Thole* Rn. 1.
[2] BT-Drs. 15/16, 22.

Dabei bleibt aber offen, ob der Antrag im Staat des Hauptverfahrens zu stellen ist, dh bei dem Gericht, das den vorläufigen Verwalter bestellt hat, oder im Staat des angestrebten Sekundärverfahrens, dh bei dem Gericht, in dessen Staat die Maßnahme eingreifen soll. § 344 Abs. 1 InsO könnte für die zweite Variante sprechen. Das ließe es zu, auf die internationale Zuständigkeit der deutschen Gerichte für derartige Sicherungsmaßnahmen schließen.

Dieser Konstruktion ist jedoch nicht zu folgen. Vielmehr ergibt sich die internationale Zuständigkeit der inländischen Gerichte zu Sicherungsmaßnahmen, die ein EU-ausländisches Hauptverfahren begleiten, unmittelbar aus einer Analogie zu Art. 3 Abs. 2 EuInsVO (→ EuInsVO Art. 52 Rn. 13).[3] 4

II. Anordnung von Sicherungsmaßnahmen (Abs. 1)

1. Voraussetzungen. a) Antrag zur Eröffnung eines Hauptverfahrens. Zwar darf das Hauptinsolvenzverfahren noch nicht eröffnet worden sein, aber es muss bereits ein Antrag auf die Eröffnung gestellt worden sein.[4] 5

b) Bestellung eines vorläufigen Insolvenzverwalters. Es muss im Ausland im Vorfeld des Hauptverfahrens ein vorläufiger Verwalter bestellt worden sein. Der Begriff des vorläufigen Verwalters ist weit auszulegen.[5] Die Anerkennung der Bestellung ist durch das deutsche Insolvenzgericht ebenso von Amts wegen zu prüfen wie die Frage, ob die ausländische lex fori concursus die Bestellung eines ausländischen Verwalters überhaupt vorsieht.[6] Allerdings darf diese Prüfung nicht zu einer révision au fond führen. 6

c) Erforderliche Sicherungsmaßnahmen. Nach § 344 Abs. 1 InsO aE muss für die Sicherungsmaßnahme ein Bedürfnis bestehen, die künftige Sekundärmasse zu sichern. Dies wiederum kommt nur in Frage, wenn die Eröffnung eines inländischen Sekundärinsolvenzverfahrens möglich ist.[7] Dafür bedarf es vor allem der internationalen Zuständigkeit der inländischen Gerichte zur Eröffnung eines solchen Verfahrens. Diese leitet sich aus § 354 InsO her. Erforderlich ist demnach das Vorhandensein einer Niederlassung oder zumindest die Belegenheit von Vermögenswerten. Bei der Belegenheit von Vermögenswerten besteht aber nach § 354 Abs. 2 S. 1 InsO eine Antragsbefugnis nur, wenn der antragstellende Gläubiger ein **besonderes Interesse an der Verfahrenseröffnung** hat. Das ist nach § 354 Abs. 2 S. 1 InsO aE insbesondere der Fall, wenn er in einem ausländischen Verfahren voraussichtlich erheblich schlechter stehen wird als in einem inländischen. Als Voraussetzung der Erforderlichkeit einer Sicherungsmaßnahme wird zum Teil verlangt, dass aus der Sicht des antragstellenden Gläubigers ein besonderes Interesse gerade hieran vorliegen müsse.[8] Dem kann nicht zugestimmt werden. Ein Bedürfnis für die Sicherungsmaßnahme kann nämlich bereits vorliegen, wenn noch keiner der Gläubiger einen Antrag gestellt hat. Das kann darauf beruhen, dass hiervon noch kein Gläubiger Kenntnis erlangt hat. Dann lässt sich aber noch gar nicht beurteilen, ob aus seiner Sicht ein besonderes Interesse vorliegt. Für die Erforderlichkeit von Sicherungsmaßnahmen genügt es daher, dass ein besonderes Gläubigerinteresse nicht von vornherein ausscheidet.[9] Ob diese Voraussetzungen vorliegen, überprüft das Insolvenzgericht von Amts wegen.[10] 7

d) Antrag auf Anordnung von Sicherungsmaßnahmen. Der vorläufige Insolvenzverwalter muss den Antrag auf Anordnung der Sicherungsmaßnahmen bei dem zuständigen Gericht stellen (§ 344 Abs. 1 InsO). Das sachlich und örtlich zuständige Gericht ergibt sich aus § 348 InsO. Zur internationalen Zuständigkeit → Rn. 4. Bevor der vorläufige Insolvenzverwalter den Antrag stellt, muss er abwägen, ob es günstiger ist, die Anordnung der Sicherungsmaßnahmen (1) im Ausland oder (2) im Inland zu beantragen und in letzterem Falle den Weg über die Anerkennung nach § 343 Abs. 2 InsO zu beschreiten. Aufschluss hierüber wird ein Rechtsvergleich zur Effizienz der nach den beteiligten Rechtsordnungen möglichen Maßnahmen ergeben.[11] 8

2. Rechtsfolge. Liegen die Voraussetzungen vor, so „kann" das Insolvenzgericht auf Antrag die zur Sicherung erforderlich erscheinenden Maßnahmen ergreifen. Damit wird dem Gericht in 9

---

[3] So auch Braun/*Ehret* § 348 Rn. 6.
[4] Braun/*Ehret* Rn. 3.
[5] Braun/*Ehret* Rn. 2.
[6] MüKoInsO/*Thole* Rn. 8.
[7] Braun/*Ehret* Rn. 8.
[8] Dazu näher (und mit Recht abl.) MüKoInsO/*Thole* Rn. 12.
[9] Noch weitergehender Braun/*Ehret* Rn. 9, wonach die Voraussetzungen des § 354 Abs. 2 InsO ganz unerheblich seien.
[10] MüKoInsO/*Thole* Rn. 14.
[11] Braun/*Ehret* Rn. 20.

jedem Fall ein Entschließungsermessen eingeräumt. Der Wortlaut des § 344 Abs. 1 InsO deutet aber auch darauf hin, dass es ein Auswahlermessen hat. Denn es kann alle „Maßnahmen nach § 21 anordnen" und nicht etwa nur die „beantragte Maßnahme". Damit ist das Gericht nicht an den Antrag des vorläufigen Verwalters gebunden. Das ist auch sachgerecht, denn das inländische Gericht wird gerade hinsichtlich der „heimischen" Sicherungsmaßnahmen eine größere Sachkenntnis haben als der ausländische Verwalter.

10 Über den Antrag entscheidet der Richter (vgl. § 18 Abs. 1 Nr. 3 RPflG).

11 Als Maßnahmen kommen die des § 21 InsO in Betracht. Das sind insbesondere einstweilige Verfügungsverbote, die Untersagung der Einzelzwangsvollstreckung und die Bestellung eines vorläufigen Insolvenzverwalters, der dann seinerseits Sicherungsmaßnahmen anordnen kann.[12] Die angeordnete Sicherungsmaßnahme ist nach § 23 InsO öffentlich bekannt zu machen.[13]

III. Rechtsbehelf (Abs. 2)

12 Der vorläufige Verwalter hat das Recht zur **sofortigen Beschwerde.**[14] Über § 21 Abs. 1 S. 2 InsO hinausgehend erweitert § 344 Abs. 2 InsO die Beschwerdeberechtigung in zweifacher Hinsicht: (1) Auch dem vorläufigen Verwalter kommt als Antragsteller das Beschwerderecht zu. (2) Sachlich erstreckt sie sich anders als bei § 21 InsO sowohl auf die Anordnung der Maßnahmen als auch auf deren Ablehnung; der Schuldner ist bei letzterem nicht beschwert. Die Erweiterung der Beschwerdeberechtigung rechtfertigt sich daraus, dass das Gericht ermessensbedingt über den Antrag hinausgehen, aber auch dahinter zurückbleiben kann.[15]

§ 345 Öffentliche Bekanntmachung

(1) [1]Sind die Voraussetzungen für die Anerkennung der Verfahrenseröffnung gegeben, so hat das Insolvenzgericht auf Antrag des ausländischen Insolvenzverwalters den wesentlichen Inhalt der Entscheidung über die Verfahrenseröffnung und der Entscheidung über die Bestellung des Insolvenzverwalters im Inland bekannt zu machen. [2]§ 9 Abs. 1 und 2 und § 30 Abs. 1 gelten entsprechend. [3]Ist die Eröffnung des Insolvenzverfahrens bekannt gemacht worden, so ist die Beendigung in gleicher Weise bekannt zu machen.

(2) [1]Hat der Schuldner im Inland eine Niederlassung, so erfolgt die öffentliche Bekanntmachung von Amts wegen. [2]Der Insolvenzverwalter oder ein ständiger Vertreter nach § 13e Abs. 2 Satz 5 Nr. 3 des Handelsgesetzbuchs unterrichtet das nach § 348 Abs. 1 zuständige Insolvenzgericht.

(3) [1]Der Antrag ist nur zulässig, wenn glaubhaft gemacht wird, dass die tatsächlichen Voraussetzungen für die Anerkennung der Verfahrenseröffnung vorliegen. [2]Dem Verwalter ist eine Ausfertigung des Beschlusses, durch den die Bekanntmachung angeordnet wird, zu erteilen. [3]Gegen die Entscheidung des Insolvenzgerichts, mit der die öffentliche Bekanntmachung abgelehnt wird, steht dem ausländischen Verwalter die sofortige Beschwerde zu.

Schrifttum: s. Vor § 335 InsO.

Übersicht

[12] Braun/*Ehret* Rn. 14; *Liersch* NZI 2003, 302 (306).
[13] MüKoInsO/*Thole* Rn. 15.
[14] MüKoInsO/*Thole* Rn. 19.
[15] MüKoInsO/*Thole* Rn. 19.

I. Normzweck

§ 345 InsO regelt die öffentliche Bekanntmachung einer ausländischen Insolvenzverfahrenseröffnung in Deutschland. § 345 Abs. 1 InsO betrifft den Fall, dass keine Niederlassung in Deutschland vorhanden ist und sieht hierfür eine öffentliche Bekanntmachung nur nach entsprechender Antragstellung durch den ausländischen Insolvenzverwalter vor. Anders ist dies, wenn im Inland eine Niederlassung existiert. Dann bedarf es für die Bekanntmachung keiner Antragstellung durch den Verwalter (§ 345 Abs. 2 InsO). Nach § 345 Abs. 3 S. 1 InsO muss die Anerkennung des ausländischen Verfahrens glaubhaft gemacht werden. Nach S. 2 ist dem Verwalter eine Ausfertigung der öffentlichen Bekanntmachung zu erteilen. Lehnt das Insolvenzgericht die öffentliche Bekanntmachung ab, räumt § 345 Abs. 3 S. 3 InsO dem ausländischen Verwalter die Möglichkeit einer sofortigen Beschwerde ein. 1

Eine § 345 InsO entsprechende Regelung auf der Ebene des europäischen internationalen Insolvenzrechts enthält Art. 28 EuInsVO. Auch dort wird danach unterschieden, ob eine Niederlassung (Art. 28 Abs. 2 EuInsVO) besteht oder nicht (Art. 28 Abs. 1 EuInsVO iVm Art. 102c § 7 EGInsO). Dabei ist hervorzuheben, dass § 345 Abs. 2 InsO nur bei einer Niederlassung und nicht schon bei Vorhandensein sonstiger Vermögenswerte eine öffentliche Bekanntmachung von Amts wegen fordert, wenngleich die Vermögensbelegenheit – anders als bei der EuInsVO – genügt, wenn ein besonderes Interesse des antragstellenden Gläubigers zur Eröffnung eines Partikularinsolvenzverfahrens vorliegt. Für die öffentliche Bekanntmachung ist diese Regel nicht übernommen worden. Das ist nicht einleuchtend. 2

Auch der InsO-RegE sah für die öffentliche Bekanntmachung mit seinem § 385 eine Norm vor. Allerdings fehlten dort dem § 345 Abs. 1 S. 3, Abs. 2, Abs. 3 S. 3 InsO entsprechende Normierungen. 3

Sinn der öffentlichen Bekanntmachung ist die **Unterrichtung der Beteiligten** und die **Sicherheit des Geschäftsverkehrs,** insbesondere in den Staaten, in denen eine schuldnerische Niederlassung besteht oder wo der Schuldner Vermögen besitzt.[1] Vor allem **beseitigt** die öffentliche Bekanntmachung den **guten Glauben** an die **Verfügungsbefugnis** des Schuldners. Damit wird verhindert, dass ein Dritter zu Lasten der Masse schuldbefreiend leistet.[2] Nur dafür hat die öffentliche Bekanntmachung eine unmittelbare juristische Bedeutung (vgl. § 350 InsO). Daher ist es zum Schutze der Masse wichtig, dass möglichst zeitnah eine Bekanntmachung der Verfahrenseröffnung und der Verwalterbestellung erfolgt. Denn die Wirkungen des ausländischen Insolvenzverfahrens treten im Inland – schon vor einer dortigen Bekanntmachung – in demselben Zeitpunkt ein wie im Eröffnungsstaat (§ 343 InsO). Eine Anerkennungsvoraussetzung stellt die öffentliche Bekanntmachung nicht dar.[3] 4

II. Bekanntmachung auf Antrag (Abs. 1)

1. Voraussetzungen. a) Anerkennung. Nach § 345 Abs. 1 S. 1 InsO sind nur solche Eröffnungsbeschlüsse öffentlich bekannt zu machen, die auch anerkannt werden. Die Anerkennungsvoraussetzungen ergeben sich aus § 343 InsO. Ob sie vorliegen, ist von dem Insolvenzgericht von Amts wegen zu prüfen.[4] Der ausländische Insolvenzverwalter muss die tatsächlichen Voraussetzungen für die Anerkennung allerdings glaubhaft machen (§ 345 Abs. 3 S. 1 InsO). Das gilt insbesondere für die Eröffnung des ausländischen Verfahrens und die internationale Zuständigkeit der Gerichte des Staates, in dem das Verfahren eröffnet worden ist. Liegen die Anerkennungsvoraussetzungen nicht vor, ist der Antrag des Verwalters auf die öffentliche Bekanntmachung als unzulässig zurückzuweisen.[5] 5

b) Antrag des ausländischen Verwalters. Im Fall des § 345 Abs. 1 InsO – wenn also **keine Niederlassung** im Inland besteht (arg. Abs. 2) – ist erforderlich, dass der ausländische Verwalter Antrag auf die Bekanntmachung stellt. Ob er dies tut, steht in seinem Ermessen.[6] Dies ist auch sachgerecht, weil eine Bekanntmachung erhebliche Kosten (§ 24 GKG; §§ 54, 55 InsO) zu Lasten der Masse verursacht. Bei der Ermessensausübung hat der Verwalter zwischen diesen Kosten und dem Nutzen für die Masse abzuwägen.[7] Der Nutzen überwiegt vor allem dann, wenn in dem Bekanntmachungsstaat erhebliche Vermögenswerte bestehen. Für eine Bekanntmachung spricht 6

1 BT-Drs. 15/16, 22.
2 Braun/*Ehret* Rn. 1; *Liersch* NZI 2003, 302 (307); *Hausmann* in Reithmann/Martiny IntVertragsR Rn. 6.743.
3 *Hausmann* in Reithmann/Martiny IntVertragsR Rn. 6.743.
4 BT-Drs. 15/16, 22.
5 MüKoInsO/*Thole* Rn. 6.
6 Braun/*Ehret* Rn. 3.
7 MüKoInsO/*Thole* Rn. 5.

auch, dass die Zahl der Gläubiger in dem fraglichen Staat groß ist.[8] Hoch ist ebenfalls das Risiko der Masseverkürzung durch eine gutgläubige und daher schuldbefreiende Leistung an den Schuldner. Bei einem Auslandsbezug sollte der Verwalter daher die Antragstellung großzügig handhaben. Andernfalls geht er ein erhöhtes Haftungsrisiko ein.[9]

7 **2. Veröffentlichung.** Liegen die Voraussetzungen vor, muss nach § 345 Abs. 1 S. 1, S. 2 InsO iVm § 30 Abs. 1 S. 1 InsO analog die **Geschäftsstelle** des zuständigen Insolvenzgerichts die **ausländische Eröffnungsentscheidung bekannt machen.** Die Bekanntmachung gilt als erfolgt, sobald nach dem Tag der Veröffentlichung zwei weitere Tage verstrichen sind (§ 345 Abs. 1 S. 2 InsO iVm § 9 Abs. 1 S. 2 InsO analog).

8 Das **örtlich zuständige Insolvenzgericht** ergibt sich aus § 348 Abs. 1 InsO. Das ist in erster Linie das Gericht, in dessen Bezirk der Schuldner eine Niederlassung hat. Ist keine solche vorhanden – und das ist bei der Konstellation des § 345 Abs. 1 InsO gerade der Fall (arg. Abs. 2) – ist auf den Vermögensgerichtsstand des § 348 Abs. 1 InsO zurückzugreifen. Die **funktionelle Zuständigkeit** liegt bei dem Richter (vgl. § 18 Abs. 1 lit. 3 RPflG). Zur internationalen Zuständigkeit → InsO § 344 Rn. 4, → InsO § 344 Rn. 8.

9 Der **Inhalt** der Bekanntmachung ist § 345 Abs. 1 S. 2 InsO iVm § 9 Abs. 1 InsO analog zu entnehmen. Der Schuldner ist genau zu bezeichnen, dh mit Anschrift und Geschäftszweig. Insbesondere muss die Bekanntmachung das ausländische Insolvenzgericht benennen, den Zeitpunkt der Verfahrenseröffnung und den Namen des Verwalters. Die Gläubiger sind zudem darauf hinzuweisen, ihre Forderungen fristgemäß anzumelden. Die Gerichtstermine sind bekannt zu machen.[10]

10 Für die **Art und Weise der Bekanntmachung** ist folgendes zu beachten: Es muss eine Veröffentlichung in dem für amtliche Bekanntmachungen des Gerichts bestimmten Blatt oder in einem für das Gericht bestimmten elektronischen Informations- und Kommunikationssystem (www.insolvenzbekanntmachungen.de) erfolgen.[11] Zudem ist die Verfahrenseröffnung nach § 345 Abs. 1 S. 2 InsO iVm § 30 Abs. 1 S. 2 InsO analog auszugsweise im Bundesanzeiger bekannt zu machen.[12]

11 Dem ausländischen Insolvenzverwalter ist schließlich eine Ausfertigung des Beschlusses über die Bekanntmachungsanordnung zuzuleiten (§ 345 Abs. 3 S. 2 InsO). Damit kann der Verwalter sich sodann im inländischen Rechtsverkehr legitimieren.[13]

12 Ist die Eröffnung des Verfahrens bekannt gemacht worden, muss auch die Beendigung zu veröffentlichen. Dies muss in gleicher Weise erfolgen (§ 345 Abs. 1 S. 3 InsO).

13 Teilweise wird vertreten, § 345 InsO sei analog auf die Bekanntmachung von Sicherungsmaßnahmen anzuwenden.[14] Dem kann nicht zugestimmt werden. Denn die Bekanntmachung ist stets mit erheblichen Kosten verbunden, die die Masse belasten. Daher muss die Pflicht zur Bekanntmachung auf wesentliche Entscheidungen begrenzt sein. Für wesentlich hielt der Gesetzgeber nur die Eröffnungsentscheidung. Eine Regelungslücke fehlt insoweit.

III. Bekanntmachung von Amts wegen (Abs. 2)

14 **1. Voraussetzungen. a) Anerkennung.** Auch im Falle des § 345 Abs. 2 InsO bedarf es einer Anerkennung der ausländischen Eröffnungsentscheidung nach § 343 InsO.

15 **b) Niederlassung.** Darüber hinaus muss der Schuldner eine Niederlassung im Inland haben. In Anlehnung an Art. 2 Nr. 10 EuInsVO handelt es sich dabei um jeden Tätigkeitsort, an dem der Schuldner einer wirtschaftlichen Aktivität von nicht vorübergehender Art nachgeht, die den Einsatz von Personal und Vermögenswerten erfordert. Ist eine Niederlassung in Deutschland vorhanden, ist die ausländische Verfahrenseröffnung im Inland von Amts wegen bekanntzumachen, ohne dass es einer Antragstellung durch den ausländischen Insolvenzverwalter bedarf. Der Grund liegt darin, dass bei der Existenz einer Niederlassung zu vermuten ist, dass zahlreiche geschäftliche Kontakte zu den im Inland ansässigen Personen bestehen,[15] dh mehr als bei bloßer Vermögensbelegenheit im Inland (§ 345 Abs. 1 InsO). Der ausländische Verwalter bzw. die oder der ständige Vertreter iSd § 13e Abs. 2 S. 5 Nr. 3 HGB (→ IntGesR Rn. 973 ff.) müssen das Gericht über die Verfahrenseröffnung unterrichten (§ 345 Abs. 2 S. 2 InsO).

---

[8] BT-Drs. 15/16, 22; *Liersch* NZI 2003, 302 (306).
[9] Braun/*Ehret* Rn. 19.
[10] MüKoInsO/*Ganter/Lohmann* § 9 Rn. 17.
[11] MüKoInsO/*Thole* Rn. 13.
[12] MüKoInsO/*Thole* Rn. 13.
[13] MüKoInsO/*Thole* Rn. 13.
[14] Braun/*Ehret* Rn. 5.
[15] BT-Drs. 15/16, 22.

2. Veröffentlichung. Die öffentliche Bekanntmachung erfolgt sodann von Amts wegen. § 3 Abs. 2 InsO, § 9 Abs. 1 und 2 InsO, §§ 23, 30, 200 InsO gelten entsprechend (im Übrigen → Rn. 7 ff.). 16

IV. Rechtsbehelf (Abs. 3 S. 3)

Gegen die Ablehnung des Gerichts, die Eröffnung öffentlich bekannt zu machen, steht dem ausländischen Verwalter das Rechtsmittel der **sofortigen Beschwerde** zu. Eine solche Möglichkeit sah der InsO-RegE noch nicht vor. Begründet wurde der Verzicht hierauf mit der begrenzten rechtlichen Wirkung der Bekanntmachung.[16] 17

V. Kosten

Kostenschuldner ist der **Antragsteller** (§ 24 GKG). Dies ist im Falle des Abs. 1 der ausländische Insolvenzverwalter. Dieser handelt im Sinne der Masse, die es durch die öffentliche Bekanntmachung zu schützen gilt und die auch von dieser Maßnahme profitiert. Daher fallen die Kosten im Ergebnis der Masse zur Last.[17] Von dem ausländischen Verwalter kann in beiden Fällen ein Vorschuss verlangt werden.[18] Eine Vorschusspflicht besteht aber nur im Falle des § 345 Abs. 1 InsO (vgl. § 17 Abs. 1 GKG). Wie bei Art. 102c § 7 EGInsO ist die öffentliche Bekanntmachung gerichtsgebührenfrei (→ EGInsO Art. 102c § 7 Rn. 12); die Bekanntmachungskosten nach KV 9004 GKG fallen dem Antragsteller und damit der Masse zur Last (§ 24 GKG). Die Vorschusspflicht regelt § 17 Abs. 1 GKG. 18

§ 346 Grundbuch

(1) Wird durch die Verfahrenseröffnung oder durch Anordnung von Sicherungsmaßnahmen nach § 343 Abs. 2 oder § 344 Abs. 1 die Verfügungsbefugnis des Schuldners eingeschränkt, so hat das Insolvenzgericht auf Antrag des ausländischen Insolvenzverwalters das Grundbuchamt zu ersuchen, die Eröffnung des Insolvenzverfahrens und die Art der Einschränkung der Verfügungsbefugnis des Schuldners in das Grundbuch einzutragen:
1. bei Grundstücken, als deren Eigentümer der Schuldner eingetragen ist;
2. bei den für den Schuldner eingetragenen Rechten an Grundstücken und an eingetragenen Rechten, wenn nach der Art des Rechts und den Umständen zu befürchten ist, dass ohne die Eintragung die Insolvenzgläubiger benachteiligt würden.

(2) [1]Der Antrag nach Absatz 1 ist nur zulässig, wenn glaubhaft gemacht wird, dass die tatsächlichen Voraussetzungen für die Anerkennung der Verfahrenseröffnung vorliegen. [2]Gegen die Entscheidung des Insolvenzgerichts steht dem ausländischen Verwalter die sofortige Beschwerde zu. [3]Für die Löschung der Eintragung gilt § 32 Abs. 3 Satz 1 entsprechend.

(3) Für die Eintragung der Verfahrenseröffnung in das Schiffsregister, das Schiffsbauregister und das Register für Pfandrechte an Luftfahrzeugen gelten die Absätze 1 und 2 entsprechend.

Schrifttum: s. Vor § 335 InsO; *Kysel/Röder,* Ausländische Insolvenz und deutsches Grundbuch, ZIP 2017, 1650.

Übersicht

---

16 BT-Drs. 12/2443, 242.
17 *Liersch* NZI 2003, 302 (306).
18 MüKoInsO/*Thole* Rn. 14.

I. Normzweck

1 Wie § 345 InsO zielt die **Sachnorm** des § 346 InsO auf die **Zerstörung des guten Glaubens** an die **Verfügungsbefugnis** des Schuldners. Ein gutgläubiger Erwerb nach § 349 InsO soll so verhindert werden. Dies geschieht durch die Eintragung der Eröffnung des ausländischen Insolvenzverfahrens und der Anordnung von Sicherungsmaßnahmen in das **Grundbuch und vergleichbare Register.**

2 Nach Abs. 2 S. 1 muss der ausländische Verwalter glaubhaft machen, dass die Verfahrenseröffnung bzw. die Sicherungsmaßnahmen die Anerkennungsvoraussetzungen erfüllen. § 346 Abs. 2 S. 2 InsO sieht das Rechtsmittel der sofortigen Beschwerde gegen die ablehnende Entscheidung des Insolvenzgerichts, eine Eintragung zu ersuchen, vor. § 346 Abs. 2 S. 3 InsO verweist für die Löschung der Eintragung auf § 32 Abs. 3 S. 1.

3 § 386 InsO-RegE war inhaltlich identisch mit § 346 InsO. Vergleichbar ist die Norm zudem mit Art. 29 EuInsVO, der allerdings – mit der Einbeziehung von Handelsregistereintragungen und Eintragungen in alle sonstigen öffentlichen Register – weiter gefasst ist. § 346 InsO versetzt den ausländischen Verwalter in dieselbe Position wie den inländischen (vgl. § 32 InsO): Beide können auf die Eintragung in deutschen Registern hinwirken, die die Rechtsverhältnisse an Gegenständen des Schuldnervermögens verlautbaren.[1]

II. Grundbucheintragung auf Antrag (Abs. 1)

4 **1. Voraussetzungen. a) Verfahrenseröffnung oder Anordnung einer Sicherungsmaßnahme.** Zunächst muss ein Insolvenzverfahren eröffnet worden sein oder Sicherungsmaßnahmen müssen angeordnet worden sein. Im Falle der Verfahrenseröffnung muss der Insolvenzverwalter den Eröffnungsbeschluss vorlegen (§ 29 Abs. 1 S. 2 GBO).[2]

5 **b) Einschränkung der Verfügungsbefugnis.** Durch die Verfahrenseröffnung bzw. die Anordnung von Sicherungsmaßnahmen muss es zu einer Einschränkung der schuldnerischen Verfügungsbefugnis gekommen sein. Zu den Einschränkungen zählt nicht allein das Verfügungsverbot, sondern jede Beschränkung, wie etwa auch die Anordnung eines Zustimmungsvorbehaltes.[3] Das Insolvenzgericht muss prüfen, ob es zu einer Einschränkung der Verfügungsbefugnis gekommen ist,[4] und – wenn ja – um welche Art der Verfügungsbeschränkung es sich handelt.[5] Die Art der Verfügungsbefugnis wird sodann im Wege der Transposition (→ Einl. IPR Rn. 220 ff.) für das Inland übernommen, und auch der Umfang der Verfügungsbeschränkung richtet sich nach dem Recht des Eröffnungsstaates.[6]

6 **c) Antrag.** Der ausländische Verwalter muss bei dem zuständigen deutschen Insolvenzgericht einen Antrag auf Eintragung in das Register stellen. Eine Eintragung von Amts wegen wie bei § 345 Abs. 2 InsO ist nicht vorgesehen, obwohl Art. 29 Abs. 2 EuInsVO dies nahe gelegt hätte.[7] Sonstige Anträge des ausländischen Verwalters unterliegen nicht dem § 346 InsO.[8]

7 **d) Anerkennung der ausländischen Entscheidung.** Die Eröffnung des ausländischen Insolvenzverfahrens muss anerkennungsfähig sein (§ 343 InsO). Das lässt sich aus § 346 Abs. 2 S. 1 InsO entnehmen. Dasselbe wird man auch für die Anordnung der Sicherungsmaßnahme fordern müssen,[9] wie § 343 Abs. 2 InsO zeigt. Die tatsächlichen Voraussetzungen zur Anerkennung muss der ausländische Insolvenzverwalter **glaubhaft machen** (§ 346 Abs. 2 S. 1 InsO). Maßgeblich ist insoweit § 294 ZPO als Ausnahme von dem Grundsatz des Vollbeweises nach § 286 ZPO. Der Insolvenzverwalter muss das Gericht davon überzeugen, dass eine überragende Wahrscheinlichkeit hinsichtlich des glaubhaft zu machenden Umstandes besteht.[10] Das Insolvenzgericht prüft sodann die Anerkennungsfähigkeit von Amts wegen.[11]

---

1 MüKoInsO/*Thole* Rn. 2.
2 BT-Drs. 15/16, 22; MüKoInsO/*Thole* Rn. 8.
3 Braun/*Ehret* Rn. 3.
4 *Kolmann,* Kooperationsmodelle im Internationalen Insolvenzrecht, 2001, 161; eingehend *Kysel/Röder* ZIP 2017, 1650.
5 MüKoInsO/*Thole* Rn. 4; *Kolmann,* Kooperationsmodelle im Internationalen Insolvenzrecht, 2001, 161.
6 MüKoInsO/*Thole* Rn. 4.
7 Zu Art. 29 Abs. 2 EuInsVO → EuInsVO Art. 29 Rn. 13 ff.
8 AG Duisburg NZI 2010, 199 zu einem Antrag auf Löschung einer Grundschuld.
9 Braun/*Ehret* Rn. 2.
10 MüKoInsO/*Thole* Rn. 8.
11 MüKoInsO/*Thole* Rn. 8; *Kolmann,* Kooperationsmodelle im Internationalen Insolvenzrecht, 2001, 161.

2. Eintragungsersuchen. Liegen die Voraussetzungen vor, ersucht das inländische Insolvenzgericht das Grundbuchamt um Eintragung, § 38 GBO. Ausgeschlossen ist, dass der ausländische Insolvenzverwalter selbst beim Grundbuchamt um Eintragung ersucht. Denn dann müsste die Registerstelle selbst prüfen, ob die Eröffnungsentscheidung bzw. die Anordnung der Sicherungsmaßnahme nach § 343 InsO anzuerkennen ist oder nicht. Damit aber wäre die Registerstelle in der Regel überfordert, weshalb der Gesetzgeber zwingend das inländische Insolvenzgericht als Prüfstelle zwischengeschaltet hat.[12] **8**

Das örtlich zuständige Insolvenzgericht ergibt sich aus § 348 Abs. 1 InsO. Funktional zuständig ist der Richter § 18 Abs. 1 Nr. 3 RPflG. Zur internationalen Zuständigkeit → InsO § 344 Rn. 4, → InsO § 344 Rn. 8. **9**

Die Form des Ersuchens ist aus § 29 Abs. 3 GBO zu entnehmen.[13] Das Insolvenzgericht beschreibt darin die Wirkung der Verfahrenseröffnung. Diese ist für das Ob der Eintragung maßgeblich. **10**

Inhalt und Form der Eintragung beurteilen sich nach deutschem Recht. Dabei soll die Eintragung zu ähnlichen Bedingungen erfolgen wie bei einem inländischen Insolvenzverfahren (vgl. § 29 Abs. 3 GBO).[14] Sie ist bei dem Grundstück (Abteilung II des Grundbuchs) vorzunehmen bzw. bei dem eingetragenen beschränkt dinglichen Grundstücksrecht oder dem sonstigen Recht (Abteilung III des Grundbuchs). Dabei ist denkbar, dass das ausländische Recht eine andere Maßnahme zur Herstellung der Publizität vorsieht, insbesondere weil das Registerwesen im Eröffnungsstaat ein anderes ist. Möglicherweise wählt das ausländische Recht auch eine andere Methode des Gutglaubensschutzes als das deutsche Recht. Dann kann die Eintragung für das deutsche Grundbuchsystem wesensfremd sein.[15] Die Lösung besteht in der Substitution (→ Einl. IPR Rn. 227 ff.). Es erfolgt die Eintragung des deutschen Äquivalents zu dem ausländischen Mittel. Im Grundbuch ist dann ein entsprechend angepasster Insolvenzvermerk vorzunehmen.[16] Die Verfügungsbeschränkung ist grundsätzlich so einzutragen, wie sie im Eröffnungsstaat besteht, ggf. wiederum im Wege einer funktionsäquivalenten Substitution **11**

III. Rechtsbehelf (Abs. 2 S. 2)

Nach § 346 Abs. 2 S. 2 InsO kann der Insolvenzverwalter gegen die ablehnende Entscheidung des Insolvenzgerichts, das Grundbuchamt zu ersuchen, **sofortige Beschwerde** einlegen. Dahinter steht die gesetzgeberische Erwägung, dass der Eintragung eine erhebliche Bedeutung für die Sicherung der Insolvenzmasse zukommt.[17] **12**

IV. Löschung (Abs. 2 S. 3)

Für die Löschung der Eintragung gilt nach § 346 Abs. 2 S. 3 InsO die Vorschrift des § 32 Abs. 3 S. 1 InsO entsprechend. Auch die Löschung der Eintragung wird nur auf Ersuchen des Insolvenzgerichts vorgenommen. Voraussetzung dafür ist, dass das Grundstück bzw. das Recht hieran vom Insolvenzverwalter freigegeben oder veräußert worden ist (§ 32 Abs. 3 S. 1 InsO) und der Verwalter einen Antrag gestellt hat. Das Insolvenzgericht ersucht dann ebenfalls das Grundbuchamt, die Löschung vorzunehmen. Der Verwalter selbst kann einen solchen Antrag nicht stellen, denn es wird bewusst nicht auf § 32 Abs. 2 S. 2 GBO verwiesen.[18] **13**

V. Schiffe und Luftfahrzeuge (Abs. 3)

Den §§ 878, 892, 893 BGB entsprechende Regelungen finden sich für eingetragene Schiffe in den § 3 Abs. 3 SchiffRG, §§ 16, 17 SchiffRG. Gutglaubensvorschriften für den Erwerb an Luftfahrzeugen sind in § 5 Abs. 3 SchiffRG, §§ 16, 17 LuftRG geregelt. **14**

§ 346 Abs. 3 InsO erweitert die Anordnungen in Abs. 1 und Abs. 2 auf die Eintragung in die Register für Luftfahrzeuge und Schiffe. Bei Luftfahrzeugen muss eine Eintragung in das deutsche Register für Pfandrechte an Luftfahrzeugen erfolgen und nicht etwa in die Luftfahrzeugrolle. **15**

---

12 BT-Drs. 15/16, 22.
13 MüKoInsO/*Thole* Rn. 9.
14 MüKoInsO/*Thole* Rn. 9.
15 MüKoInsO/*Thole* Rn. 11.
16 MüKoInsO/*Thole* Rn. 11.
17 BT-Drs. 15/16, 22.
18 MüKoInsO/*Thole* Rn. 12; zur Löschung auch *Kysel/Röder* ZIP 2017, 1650 (1652 f.).

§ 347 Nachweis der Verwalterbestellung. Unterrichtung des Gerichts

(1) [1]Der ausländische Insolvenzverwalter weist seine Bestellung durch eine beglaubigte Abschrift der Entscheidung, durch die er bestellt worden ist, oder durch eine andere von der zuständigen Stelle ausgestellte Bescheinigung nach. [2]Das Insolvenzgericht kann eine Übersetzung verlangen, die von einer hierzu im Staat der Verfahrenseröffnung befugten Person zu beglaubigen ist.

(2) Der ausländische Insolvenzverwalter, der einen Antrag nach den §§ 344 bis 346 gestellt hat, unterrichtet das Insolvenzgericht über alle wesentlichen Änderungen in dem ausländischen Verfahren und über alle ihm bekannten weiteren ausländischen Insolvenzverfahren über das Vermögen des Schuldners.

I. Normzweck

1 Regelungsgegenstand des § 347 Abs. 1 InsO ist die **Legitimation** des ausländischen Verwalters im Inland. Abs. 2 befasst sich mit den **Unterrichtungspflichten** des ausländischen Verwalters gegenüber inländischen Gerichten. Die Vorschrift gilt für Haupt- und Partikularverfahren gleichermaßen.[1] Für den vorläufigen Verwalter gilt sie entsprechend.

2 § 347 Abs. 1 InsO ist vergleichbar mit Art. 22 EuInsVO (näher → EuInsVO Art. 22 Rn. 1 ff.) und dient unter anderem der Umsetzung der Art. 293 Solvabilität II-RL (früher Art. 27 Abs. 1 RL 2001/17/EG) und Art. 28 Abs. 1 Sanierungs-RL. Zu diesen Richtlinien → EuInsVO Vor Art. 1 Rn. 24 ff. Die Unterrichtungspflicht des § 347 Abs. 2 InsO kommt Art. 18 UNCITRAL-Modellgesetz nahe.

II. Taugliche Nachweise für die Verwalterbestellung (Abs. 1 S. 1)

3 Der ausländische Insolvenzverwalter hat alle Befugnisse, die ihm das Recht des Verfahrenseröffnungsstaates (§ 335 InsO) einräumt. Eine effiziente Verwaltung fordert, dass der Verwalter grenzüberschreitend tätig wird.[2] Das ist aber nur möglich, wenn er sich gegenüber den ausländischen Behörden und Stellen, dem Personal, dem Gläubiger und Drittschuldnern ohne großen Aufwand legitimieren kann.[3]

4 Dabei regelt § 347 Abs. 1 S. 1 InsO lediglich den Nachweis der Legitimation und nicht die Legitimation selbst. Diese ergibt sich nach Maßgabe des Insolvenzstatuts (§ 335 InsO) unmittelbar aus dem Eröffnungsbeschluss.[4]

5 Für die **Art und Weise der Nachweiserbringung** gilt: Es ist entweder eine beglaubigte Abschrift vom Original der Entscheidung vorzulegen, durch die der Verwalter bestellt worden ist oder von einer Bescheinigung der zuständigen Stelle, die die Verwalterbestellung beurkundet hat.[5] Eine darüber hinausgehende **Legalisation** oder andere Förmlichkeit darf **nicht** verlangt werden. Insbesondere darf kein Verfahren nach § 438 ZPO gefordert werden und auch **keine Apostille** nach dem Haager Übereinkommen vom 5.10.1961 zur Befreiung ausländischer öffentlicher Urkunden von der Legalisation.[6]

6 Der ausländische Insolvenzverwalter trägt zudem die Darlegungs- und Beweislast für die seinen Befugnissen zugrundeliegenden Tatsachen. Die rechtliche Beurteilung erfolgt nach Maßgabe des nach § 4 InsO iVm § 293 ZPO zu ermittelnden ausländischen Rechts.[7] Die Erläuterungen zu → EuInsVO Art. 22 Rn. 11 f. gelten entsprechend.

III. Übersetzung (Abs. 1 S. 2)

7 Nach § 347 Abs. 1 S. 2 InsO kann das ausländische Insolvenzgericht eine **Übersetzung** ins Deutsche verlangen. Die Übersetzung muss den Erfordernissen genügen, die für Übersetzungen offizieller Dokumente allgemein verlangt werden. Notwendig ist insbesondere die **Beglaubigung** durch eine im Eröffnungsstaat hierzu befugte Person. Unverständlich ist, weshalb hier nicht – wie in allen anderen Fällen – die Beglaubigung durch einen bei einem inländischen Gericht öffentlich bestellten und beeidigten Übersetzer ausreichen soll. Gegenüber den anderen Verfahrensbeteiligten (Drittschuldner, Gläubiger usw.) bedarf es zur Legitimation keiner Übersetzung der Bestellung,

---

1 MüKoInsO/*Thole* Rn. 3.
2 BT-Drs. 15/16, 23.
3 MüKoInsO/*Thole* Rn. 2.
4 MüKoInsO/*Thole* Rn. 4.
5 MüKoInsO/*Thole* Rn. 4.
6 MüKoInsO/*Thole* Rn. 4.
7 Zutr. MüKoInsO/*Thole* Rn. 4.

wenngleich dies zweckmäßig ist.[8] Die Kosten der Übersetzung und deren Beglaubigung fallen der Masse zur Last.[9]

IV. Unterrichtung des Insolvenzgerichts (Abs. 2)

§ 347 Abs. 2 InsO normiert die Pflicht des ausländischen Verwalters, das inländische Insolvenzgericht über alle erheblichen Änderungen in dem ausländischen Verfahren zu unterrichten. **Erhebliche Änderungen** in diesem Sinne sind die Beendigung des ausländischen Verfahrens oder die Umwandlung von einem Reorganisations- in ein Liquidationsverfahren, die Änderung der Rechtsstellung des ausländischen Verwalters und seine Entlassung aus dem Amt.[10] Besonders bedeutsam sind diese Angaben, wenn das Insolvenzgericht Sicherungsmaßnahmen angeordnet hat, die infolgedessen angepasst oder aufgehoben werden müssen. 8

§ 348 Zuständiges Insolvenzgericht. Zusammenarbeit der Insolvenzgerichte

(1) [1]Für die Entscheidungen nach den §§ 344 bis 346 ist ausschließlich das Insolvenzgericht zuständig, in dessen Bezirk die Niederlassung oder, wenn eine Niederlassung fehlt, Vermögen des Schuldners belegen ist. [2]§ 3 Absatz 3 gilt entsprechend.

(2) Sind die Voraussetzungen für die Anerkennung eines ausländischen Insolvenzverfahrens gegeben oder soll geklärt werden, ob die Voraussetzungen vorliegen, so kann das Insolvenzgericht mit dem ausländischen Insolvenzgericht zusammenarbeiten, insbesondere Informationen weitergeben, die für das ausländische Verfahren von Bedeutung sind.

(3) [1]Die Landesregierungen werden ermächtigt, zur sachdienlichen Förderung oder schnelleren Erledigung der Verfahren durch Rechtsverordnung die Entscheidungen nach den §§ 344 bis 346 für die Bezirke mehrerer Insolvenzgerichte einem von diesen zuzuweisen. [2]Die Landesregierungen können die Ermächtigungen auf die Landesjustizverwaltungen übertragen.

(4) [1]Die Länder können vereinbaren, dass die Entscheidungen nach den §§ 344 bis 346 für mehrere Länder den Gerichten eines Landes zugewiesen werden. [2]Geht ein Antrag nach den §§ 344 bis 346 bei einem unzuständigen Gericht ein, so leitet dieses den Antrag unverzüglich an das zuständige Gericht weiter und unterrichtet hierüber den Antragsteller.

Schrifttum: s. Vor § 335 InsO.

I. Normzweck

§ 348 InsO bestimmt das **sachlich und örtlich zuständige inländische Gericht** bezogen auf die Befugnis des ausländischen Insolvenzverwalters, Sicherungsmaßnahmen (§ 344 InsO), öffentliche Bekanntmachungen (§ 345 InsO) und Eintragungen in das Grundbuch oder ähnliche Register (§ 346 InsO) zu beantragen. Notwendig ist eine Regelung der örtlichen Zuständigkeit in Bezug auf diese Maßnahmen, weil sie zu einem Zeitpunkt beantragt werden, in dem im Inland weder ein Verfahren eröffnet noch beantragt worden ist, so dass auch noch kein zuständiges Gericht bestimmt ist.[1] Eine ähnliche Regelung fand sich in § 387 InsO-RegE. Allerdings enthielt diese keinen Niederlassungs-, sondern nur einen Vermögensgerichtsstand. Zudem war dort die Möglichkeit der Weiterleitung von Anträgen wie nach § 348 Abs. 4 S. 2 InsO nicht vorgesehen. Zu Leitlinien der **Zusammenarbeit nach Abs. 2** → EuInsVO Art. 42 Rn. 1. 1

II. Zuständiges Insolvenzgericht (Abs. 1)

In § 348 Abs. 1 InsO wird die örtliche und sachliche Zuständigkeit normiert. **Sachlich** zuständig ist danach das Insolvenzgericht. Die **funktionelle Zuständigkeit** für die Entscheidung über Anträge in diesem Sinne liegt nach § 18 Abs. 1 Nr. 3 RPflG bei dem Richter. 2

Was die örtliche Zuständigkeit betrifft, so sieht **§ 348 Abs. 1 S. 1 Alt. 1 InsO** zunächst den **Niederlassungsgerichtsstand** vor. Die Niederlassung ist dabei so auszulegen wie in Art. 2 Nr. 10 EuInsVO.[2] Danach ist sie jeder Tätigkeitsort, an dem der Schuldner einer wirtschaftlichen Aktivität 3

8 *Liersch* NZI 2003, 302 (307).
9 Braun/*Ehret* Rn. 5.
10 BT-Drs. 15/16, 23; Braun/*Ehret* Rn. 6.
1 Braun/*Ehret* Rn. 1.
2 MüKoInsO/*Thole* Rn. 7.

von nicht nur vorübergehender Art nachgeht, die den Einsatz von Personal und Vermögenswerten voraussetzt. Die Niederlassung ist weit und ungleich dem Niederlassungsbegriff des Art. 7 Nr. 5 Brüssel Ia-VO auszulegen. Für die Bestimmung einer Niederlassung werden allein rechtlich unselbstständige Personen einbezogen, nicht dagegen Alleinvertriebshändler, Handelsvertreter und selbstständige Handelsmakler.[3]

4 Subsidiär zum Niederlassungsgerichtsstand wird durch § 348 Abs. 1 S. 1 Alt. 2 InsO der **Vermögensgerichtsstand** eingeführt. Besteht das Vermögen aus körperlichen Gegenständen, ist das Gericht örtlich zuständig, in dessen Bezirk der Gegenstand belegen ist. Bei Forderungen hingegen ist das Gericht örtlich zuständig, in dessen Bezirk der zur Leistung Verpflichtete seinen Wohnsitz hat.[4]

5 Im Hinblick auf die **internationale Zuständigkeit** ist zu unterscheiden.[5] Soweit es um Bekanntmachungen bzw. Maßnahmen nach Art. 28, 29, 52 EuInsVO mit §§ 344–346 InsO geht, beurteilt sich die internationale Zuständigkeit der inländischen Gerichte nach Art. 3 EuInsVO iVm Art. 102c §§ 7 f. EGInsO. Für Bekanntmachungen bzw. Maßnahmen im Rahmen drittstaatlicher Insolvenzverfahren und solcher des Art. 1 Abs. 2 EuInsVO gilt die allgemeine Regel, wonach die örtliche Zuständigkeit – hier: nach § 348 Abs. 1 S. 1 InsO – zugleich die internationale Zuständigkeit indiziert (Doppelfunktionalität; → InsO Vor § 335 Rn. 8).

6 Positive Kompetenzkonflikte – dh Fälle, in denen mehrere inländische Niederlassungen vorhanden sind – löst **§ 348 Abs. 1 S. 2 InsO iVm § 3 Abs. 2 InsO** nach dem **Prioritätsprinzip.** Zuständig ist dasjenige Gericht, bei dem die Bekanntmachung bzw. Maßnahme zuerst beantragt wurde.

III. Konzentration der Zuständigkeit (Abs. 3 und 4 S. 1)

7 § 348 Abs. 3 und 4 InsO befassen sich mit der **Zuständigkeitskonzentration.** Durch Abs. 3 S. 1 wird der Landesregierung die Befugnis eingeräumt, durch Rechtsverordnung einzelnen Gerichten die Zuständigkeit zuzuweisen; die Landesregierung kann diesbezüglich nach Abs. 3 S. 2 auch die Landesjustizverwaltung ermächtigen. § 348 Abs. 4 InsO geht noch weiter. Danach können mehrere Länder vereinbaren, dass die Entscheidungen nach §§ 344–346 InsO für mehrere Länder zugewiesen werden. Mit der Zuständigkeitskonzentration wird die **Förderung der Fach- und Sprachkompetenz** angestrebt.

IV. Weiterleitung von Anträgen (Abs. 4 S. 2)

8 Wird der Antrag an ein unzuständiges Gericht gerichtet, so erfolgt nach § 348 Abs. 4 S. 2 InsO eine **Weiterleitung** an das zuständige Gericht. Dies bezieht sich sowohl auf die örtliche als auch auf die sachliche Zuständigkeit.[6] Hintergrund der Vorschrift ist, dass es gerade für den ausländischen Insolvenzverwalter schwierig ist, das örtlich zuständige Gericht zu bestimmen. Die Antragsweiterleitung vermeidet Verzögerungen bei Maßnahmen und Bekanntmachungen nach §§ 344–346 InsO und effektuiert damit die Sicherung der Masse. Von der Weiterleitung ist der Antragsteller zu unterrichten.

§ 349 Verfügungen über unbewegliche Gegenstände

(1) Hat der Schuldner über einen Gegenstand der Insolvenzmasse, der im Inland im Grundbuch, Schiffsregister, Schiffsbauregister oder Register für Pfandrechte an Luftfahrzeugen eingetragen ist, oder über ein Recht an einem solchen Gegenstand verfügt, so sind die §§ 878, 892, 893 des Bürgerlichen Gesetzbuchs, § 3 Abs. 3, §§ 16, 17 des Gesetzes über Rechte an eingetragenen Schiffen und Schiffsbauwerken und § 5 Abs. 3, §§ 16, 17 des Gesetzes über Rechte an Luftfahrzeugen anzuwenden.

(2) Ist zur Sicherung eines Anspruchs im Inland eine Vormerkung im Grundbuch, Schiffsregister, Schiffsbauregister oder Register für Pfandrechte an Luftfahrzeugen eingetragen, so bleibt § 106 unberührt.

I. Normzweck

1 Die Vorschrift des § 349 Abs. 1 InsO entspricht **§ 388 InsO-RegE.** Vergleichbar ist sie zudem mit Art. 17 EuInsVO, der allerdings nur entgeltliche Verfügungen erfasst. Zudem wird bei **Art. 17**

[3] Uhlenbruck/*Lüer* Rn. 3.
[4] MüKoInsO/*Thole* Rn. 8.
[5] Braun/*Ehret* Rn. 6.
[6] MüKoInsO/*Thole* Rn. 11.

EuInsVO auf das Recht des Belegenheits- oder Registerstaates verwiesen, während § 349 InsO – weitergehend – auch die Vorschriften innerhalb des zur Anwendung berufenen Rechts benennt, nach denen ein gutgläubiger Erwerb zu beurteilen ist. Mit seiner Verweisung auf das inländische Recht ist § 349 InsO eine **einseitige Kollisionsnorm.** Zugleich ist er eine **Sonderkollisionsnorm,** die aus Gründen des **Verkehrsschutzes im Inland** die Grundsatzanknüpfung des § 335 InsO verdrängt.[1] Eine **Sachnorm zum Schutz der Vormerkung** enthält § 349 Abs. 2 InsO; sie entspricht funktional Art. 8 Abs. 3 EuInsVO (→ EuInsVO Art. 8 Rn. 28).[2]

§ 349 InsO bezweckt den **Schutz des inländischen Rechtsverkehrs.**[3] Der Vorschrift geht es darum, die **Vertrauensinteressen Dritter,** die von einem ausländischen Insolvenzverfahren erst später erfahren, zu schützen.[4] Für den **ausländischen Insolvenzverwalter** folgt aus § 349 InsO, die **Bekanntmachung** und die **Eintragung** des von ihm geführten Verfahrens **möglichst rasch** in Deutschland herbeizuführen (§§ 345, 346 InsO), um den guten Glauben möglicher Erwerber auszuschließen; auch Maßnahmen nach § 344 InsO kommen in Betracht. 2

II. Verfügungen (Abs. 1)

1. Tatbestand. Der Insolvenzschuldner muss über einen **Massegegenstand verfügen.** Die Massezugehörigkeit beurteilt sich dabei nach der ausländischen lex fori concursus (§ 335 InsO; → InsO § 335 Rn. 5).[5] In Betracht kommen allein Verfügungen **zeitlich nach der Verfahrenseröffnung** im Ausland,[6] wobei auch für die Bestimmung des Zeitpunktes der Verfahrenseröffnung die ausländische lex fori concursus heranzuziehen ist (§ 335 InsO; → InsO § 335 Rn. 5). Auf die Entgeltlichkeit oder Unentgeltlichkeit der Verfügung kommt es für die Verweisung nicht an. 3

Der Gegenstand muss in einem inländischen **Register eingetragen** sein. In Betracht kommen dabei für § 349 Abs. 1 InsO nur Grundstücke, Luftfahrzeuge und Schiffe sowie Rechte an derartigen Gegenständen. Für den gutgläubigen Erwerb anderer Gegenstände gelten demgegenüber die Anordnungen der lex fori concursus (§ 335 InsO; → InsO § 335 Rn. 5). 4

2. Rechtsfolge. Als Rechtsfolge werden die §§ 878, 892, 893 BGB, § 3 Abs. 3 SchiffRG, §§ 16, 17 SchiffRG bzw. § 5 Abs. 3 LuftRG, §§ 16, 17 LuftRG zur Anwendung berufen. Damit wird der gute Glaube in die Register ebenso geschützt wie in einem nur nationalen Insolvenzfall (vgl. § 81 Abs. 1 S. 2 InsO, § 91 Abs. 2 InsO). 5

a) § 878 BGB, § 3 Abs. 3 SchiffRG, § 5 Abs. 3 LuftRG. Bezogen auf § 878 BGB müssen alle Bedingungen für den Rechtserwerb mit Ausnahme der Eintragung ins Grundbuch, die für den Rechtserwerb konstitutiv ist, gegeben sein. Unbeachtlich ist, ob der Erwerber von der Insolvenzeröffnung Kenntnis hatte, denn § 878 BGB ist keine Gutglaubensvorschrift.[7] Für die § 3 Abs. 3 SchiffRG und § 5 Abs. 3 LuftRG gilt entsprechendes. 6

b) § 892 BGB, § 16 SchiffRG, § 16 LuftRG. Für einen gutgläubigen Erwerb nach § 892 BGB muss eine Einigung vor der Verfahrenseröffnung getroffen worden sein, die Eintragung muss bewilligt worden sein, der Erwerber muss nach der Insolvenzeröffnung den Antrag auf Eintragung gestellt haben. Er muss im Zeitpunkt der Antragstellung gutgläubig gewesen sein, wobei lediglich positive Kenntnis von der Insolvenzeröffnung (und nicht schon fahrlässige Unkenntnis) schadet. Keine Rolle spielt auch eine etwaige Bösgläubigkeit bei der Frage, ob das ausländische Insolvenzrecht mit der Verfahrenseröffnung eine Verfügungsbeschränkung verbindet.[8] Der Eintragungsantrag des Erwerbers muss schließlich vor dem Antrag auf Eintragung des Insolvenzvermerks eingegangen sein.[9] Für § 16 SchiffRG bzw. § 16 LuftRG gilt entsprechendes. 7

c) § 893 BGB, § 17 SchiffRG, § 17 LuftRG. Die § 893 BGB, § 17 SchiffRG, § 17 LuftRG beziehen sich auf die Leistung an einen Nichtberechtigten mit befreiender Wirkung. 8

d) Insolvenzanfechtung. Ungeachtet des auf diese Weise gewährten Gutglaubensschutzes besteht unter den Voraussetzungen des § 339 InsO weiterhin die Möglichkeit einer Insolvenzanfechtung (vgl. § 147 Abs. 1 InsO).[10] 9

1 *Liersch* NZI 2003, 302 (307).
2 Braun/*Ehret* Rn. 9.
3 BT-Drs. 15/16, 23; BT-Drs. 12/2443, 243; *Liersch* NZI 2003, 302 (307).
4 *Kolmann,* Kooperationsmodelle im Internationalen Insolvenzrecht, 2001, 194.
5 Unzutr. Braun/*Ehret* Rn. 3: § 35 InsO bestimme über die Massezugehörigkeit.
6 Braun/*Ehret* Rn. 3.
7 MüKoInsO/*Thole* Rn. 6.
8 MüKoInsO/*Thole* Rn. 10.
9 MüKoInsO/*Thole* Rn. 10.
10 MüKoInsO/*Thole* Rn. 14.

III. Insolvenzfestigkeit der Vormerkung (Abs. 2)

10 § 349 Abs. 2 InsO verweist auf § 106 InsO. Damit wird dem vormerkungsgeschützten Gläubiger die Durchsetzung seines Erfüllungsanspruchs gegen den ausländischen Insolvenzverwalter gewährleistet. Der Insolvenzverwalter hat dann kein Wahlrecht mehr, ob er den Vertrag erfüllen will oder sich davon lösen möchte.[11]

§ 350 Leistung an den Schuldner

[1]Ist im Inland zur Erfüllung einer Verbindlichkeit an den Schuldner geleistet worden, obwohl die Verbindlichkeit zur Insolvenzmasse des ausländischen Insolvenzverfahrens zu erfüllen war, so wird der Leistende befreit, wenn er zur Zeit der Leistung die Eröffnung des Verfahrens nicht kannte. [2]Hat er vor der öffentlichen Bekanntmachung nach § 345 geleistet, so wird vermutet, dass er die Eröffnung nicht kannte.

Schrifttum: s. Vor § 335 InsO.

I. Normzweck

1 Die Regelung betrifft die **Frage,** unter welchen Voraussetzungen sich der **Drittschuldner** durch die Erbringung der Leistung an den Insolvenzschuldner statt – wie ordnungsgemäß – an die Masse von seiner Verbindlichkeit **befreit** (vgl. im deutschen Recht § 82 InsO). Die Problematik tritt gerade in internationalen Insolvenzfällen häufig auf, da hier die Betroffenen in anderen Staaten oftmals keine Kenntnis von der Verfahrenseröffnung haben.[1]

2 Früher war **streitig,** wie der Drittschuldnerschutz anzuknüpfen war. Nach einer Auffassung sollte die lex fori concursus entscheiden.[2] Andere wollten sie der lex causae anheim – stellen. Schließlich wurde vorgeschlagen § 8 KO/§ 82 InsO anzuwenden, wenn die Leistung an den Schuldner im Inland erbracht worden war.[3] Bereits der InsO-RegE sah in seinem § 389 InsO die Lösung im Wege einer **Sachnorm** vor. Diese Regelung ist mit dem heutigen § 350 InsO wortgleich.

3 Auch in Art. 31 EuInsVO wurde ein solcher Weg beschritten. Die Vorschrift geht aber über § 389 InsO-RegE, § 350 InsO hinaus, da dort eine zusätzliche Vermutungsregel eingebaut wurde. Nach Art. 31 Abs. 2 S. 2 EuInsVO nämlich wird nach der öffentlichen Bekanntmachung vermutet, dass der Leistende die Eröffnung des Insolvenzverfahrens im Ausland kannte.[4] Eine solche Regelung sieht das autonome Recht nicht vor.

4 Die Vorschrift **bezweckt** – genau wie § 82 InsO – den **Schutz des gutgläubig** an den Insolvenzschuldner **Leistenden.**[5] Durch diese Regelung **drohen Verluste für die Masse,** wenn der ausländische Insolvenzverwalter nicht zeitnah eine Bekanntmachung nach § 345 InsO bewirkt.

II. Schutz des Drittschuldners (S. 1)

5 **1. Voraussetzungen.** Zunächst muss eine **Leistung** an den Schuldner erfolgt sein, und zwar im Inland. Das ist bei deutschem Recht als lex causae der Fall, wenn der **Leistungsort** iSd § 269 BGB im **Inland** liegt.[6] Darunter versteht man jeden Ort, an dem die Leistung erbracht werden muss. Dabei kommt es auf den Ort des Leistungserfolges nicht an.[7] Bei einer Warenlieferung oder Geldleistung genügt die Absendung im Inland.[8] Ob und unter welchen Voraussetzungen eine Leistung im Ausland schuldbefreiend wirkt, richtet sich nach dem Recht des ausländischen Eröffnungsstaates (lex fori concursus).[9]

6 Die Leistung muss **nach der Verfahrenseröffnung** liegen. Maßgeblich ist dabei allein die Hauptverfahrenseröffnung im Ausland; ausländische Partikularverfahren erfassen keine außerhalb des Verfahrensstaates zu erfüllenden Forderungen.[10] Vor der Verfahrenseröffnung ist der Insolvenzschuldner verwaltungs- und verfügungsbefugt. Damit ist die Leistung an ihn dann auch schuldbefreiend.

---

[11] BT-Drs. 15/16, 23.

[1] BT-Drs. 15/16, 23; BT-Drs. 12/2443, 243.

[2] *Geimer* IZPR Rn. 3542.

[3] LG München I WM 1987, 222 (zum DöKV); *Geimer* IZPR Rn. 3542 *Schack* IZVR Rn. 1276.

[4] *Liersch* NZI 2003, 302 (307).

[5] BT-Drs. 15/16, 23.

[6] Braun/*Ehret* Rn. 6; *Hausmann* in Reithmann/Martiny IntVertragsR Rn. 6.748 f.

[7] MüKoInsO/*Thole* Rn. 5.

[8] BT-Drs. 15/16, 23.

[9] BT-Drs. 12/2443, 243.

[10] Braun/*Ehret* Rn. 6.

Der **Leistende** muss ferner **gutgläubig** sein. Bösgläubig ist er allein dann, wenn er die Verfahrenseröffnung positiv kannte. Fahrlässige Unkenntnis genügt dagegen nicht.[11] An dieser Stelle ist die Vermutungsregel des § 350 S. 2 InsO bedeutsam. 7

2. Rechtsfolge. Liegen die Voraussetzungen vor, wird der Leistende von seiner Pflicht frei. Der Insolvenzverwalter kann demnach die Leistung nicht erneut fordern.[12] 8

III. Beweislast (S. 2)

§ 350 S. 2 InsO regelt die Beweislastverteilung hinsichtlich der **Gutgläubigkeit** und ist mit § 82 S. 2 InsO vergleichbar.[13] Erfolgt die Leistung **vor** der öffentlichen Bekanntmachung, wird widerleglich vermutet, dass der Leistende die Eröffnung nicht kannte. Den ausländischen Verwalter trifft die Darlegungs- und Beweislast dafür, dass der Leistende trotz fehlender Bekanntmachung Kenntnis von der Verfahrenseröffnung hatte. **Nach** der Bekanntmachung gelten die allgemeinen Beweislastregeln.[14] Der gute Glaube an die Verwaltungs- und Verfügungsbefugnis des Verwalters wird durch die Bekanntmachung zerstört.[15] 9

§ 351 Dingliche Rechte

(1) Das Recht eines Dritten an einem Gegenstand der Insolvenzmasse, der zur Zeit der Eröffnung des ausländischen Insolvenzverfahrens im Inland belegen war, und das nach inländischem Recht einen Anspruch auf Aussonderung oder auf abgesonderte Befriedigung gewährt, wird von der Eröffnung des ausländischen Insolvenzverfahrens nicht berührt.

(2) Die Wirkungen des ausländischen Insolvenzverfahrens auf Rechte des Schuldners an unbeweglichen Gegenständen, die im Inland belegen sind, bestimmen sich, unbeschadet des § 336 Satz 2, nach deutschem Recht.

Übersicht

I. Normzweck

§ 351 InsO schränkt im Interesse der **Insolvenzfestigkeit dinglicher Rechte** das Universalitätsprinzip ein.[1] **Abs. 1** sieht vor, dass die Eröffnung eines ausländischen Insolvenzverfahrens keinen Einfluss auf die **dinglichen Rechte eines Dritten** an einem Massegegenstand hat. Nach § 351 **Abs. 2** InsO gilt für die Wirkungen des ausländischen Insolvenzverfahrens auf **Rechte des Schuldners** an unbeweglichen Gegenständen das deutsche Recht. 1

Durch diese Vorschrift sollen der **inländische Rechtsverkehr** und der **Bestand von Sicherungsrechten geschützt** werden.[2] Außerdem geht es um die **Vereinfachung der Insolvenzabwicklung.** Die Kreditsicherungsrechte werden in den nationalen Rechtsordnungen sehr unterschiedlich beurteilt. Wollte man sie in das Insolvenzverfahren einbeziehen, käme es zu vielfältigen und schwierigen Anpassungsproblemen.[3] 2

§ 351 Abs. 1 InsO findet vergleichbare Regelungen in § 390 Abs. 1 InsO-RegE und Art. 8 EuInsVO; die Bestimmung dient auch der Umsetzung der Art. 286 Solvabilität II-RL (früher Art. 20 RL 2001/17/EG) und Art. 21 Sanierungs-RL.[4] Zu diesen Richtlinien → EuInsVO Vor Art. 1 Rn. 24 ff. § 351 Abs. 2 InsO hat seine Entsprechung in Art. 14 EuInsVO. 3

11 MüKoInsO/*Thole* Rn. 7.
12 MüKoInsO/*Thole* Rn. 10.
13 BT-Drs. 15/16, 23.
14 Braun/*Ehret* Rn. 8, 13.
15 *Hausmann* in Reithmann/Martiny IntVertragsR Rn. 6.748 f.
1 BT-Drs. 12/2443, 244.
2 *Liersch* NZI 2003, 302 (308); MüKoInsO/*Thole* Rn. 2.
3 BT-Drs. 12/2443, 243 f.
4 MüKoInsO/*Thole* Rn. 1.

II. Insolvenzfestigkeit dinglicher Rechte (Abs. 1)

4 § 351 Abs. 1 InsO ist eine **Sachnorm**[5] und wird als solche als die „bedeutendste Ausnahme" zu § 336 InsO betrachtet.[6] Der Vorschrift wird im Schrifttum vorgeworfen, sie schieße über ihr eigentliches Ziel hinaus.[7] Im Ergebnis werde sie zu einem Sanierungshindernis, das nur durch „Hilfskonstruktionen" überwunden werden könne. So bedürfe es regelmäßig einer Ablösung und Überführung des Gegenstandes ins Inland.[8]

5 **1. Tatbestand. a) Dingliches Recht.** Gegenstand der Regelung ist ein **„Recht** an einem Gegenstand der Insolvenzmasse, das […] einen Anspruch auf **Aussonderung oder abgesonderte Befriedigung gewährt".** Welche Rechte dies sind, ergibt sich – wegen des ausdrücklichen Verweises auf das inländische Recht – aus §§ 47–51 InsO.[9] Zu diesen Rechten zählen das Eigentum (§ 985 BGB), das Pfandrecht (§§ 1204 ff. BGB), das Pfändungspfandrecht (§ 804 ZPO),[10] das Sicherungseigentum (§ 51 Nr. 1 InsO), Hypotheken (§§ 1113 ff. BGB) und die Grundschuld (§§ 1192 ff. BGB).

6 **b) Entstehungszeitpunkt.** Das dingliche Rechts muss **vor der Verfahrenseröffnung** entstanden sein. Dies folgt aus dem Wortlaut von Abs. 1. Gleichgültig ist der Zeitpunkt der Insolvenzantragstellung.[11] Andernfalls bleibt es bei der Anwendbarkeit der ausländischen lex fori concursus (§ 335 InsO).

7 **c) Inlandsbezug.** Nach § 351 Abs. 1 InsO muss der Gegenstand, an dem das betreffende Recht besteht, außerdem im Zeitpunkt der Verfahrenseröffnung **im Inland belegen** gewesen sein. Gelangt er erst nach der Verfahrenseröffnung dorthin, findet die lex fori concursus (§ 335 InsO) Anwendung.[12]

8 **2. Sachrechtlicher Charakter.** Als Rechtsfolge legt § 351 Abs. 1 InsO fest, dass das Recht **„nicht berührt"** wird. Damit ist gemeint, dass es überhaupt nicht in die Verwertung einbezogen wird. Es unterliegt weder den Beschränkungen der lex fori concursus noch denen der lex rei sitae.[13] Insbesondere werden Beschränkungen eines anerkennungsfähigen ausländischen Insolvenzverfahrens auf inländische Sicherheiten nicht anerkannt. Die Gläubiger können ihre Sicherheiten frei verwerten.[14] Denn § 351 InsO ist eine Sachnorm, die auch entgegenstehende Sachvorschriften des deutschen Rechts verdrängt. Soll der Gegenstand, an dem das dingliche Recht besteht, dennoch in die Verwertung einbezogen werden, kommt aus Verwaltersicht neben einem **Freikaufen** vor allem die Eröffnung eines **Sekundärinsolvenzverfahrens** (§§ 354 ff. InsO) in Betracht. Dann richtet sich die Verwertung nach der lex fori concursus secundarii, in diesem Fall also nach dem deutschen Recht (§§ 165 ff. InsO).[15]

9 Vor allem vor der Schaffung dieser Sachnorm wurde diskutiert, wie die Sicherungsrechte in einem internationalen Insolvenzfall behandelt werden sollten. Man hat dies sogar als **„Knackpunkt des Internationalen Insolvenzrechts"** bezeichnet.[16] Vorgeschlagen wurde eine Behandlung nach den Maßstäben der lex fori concursus.[17] Andere sprachen sich demgegenüber für eine Kombination aus Schutzstatut und lex rei sitae aus. Das Insolvenzverteilungsrecht bemesse sich nach dem Insolvenzstatut, die Eingriffe in die Sicherungsrechte müssten sich aber auf solche beschränken, die nach der lex rei sitae möglich seien.[18] Um den größtmöglichen Schutz des dinglichen Rechts zu gewähren, hat sich der Gesetzgeber letztlich aber für die Sachnormlösung entschieden. So wird jeglicher Gefahr einer Einschränkung des dinglichen Rechts durch ausländisches Insolvenzrecht vorgebeugt. Dies verhindert, dass das Vertrauen der inländischen Gläubiger auf die Insolvenzfestigkeit ihrer Sicherungsrechte wesentlich erschüttert wird.[19]

---

5 *Liersch* NZI 2003, 302 (307).
6 *Kolmann,* Kooperationsmodelle im Internationalen Insolvenzrecht, 2001, 176.
7 Braun/*Ehret* Rn. 2; *Liersch* NZI 2003, 302 (308).
8 Braun/*Ehret* Rn. 2; *Liersch* NZI 2003, 302 (307).
9 Braun/*Ehret* Rn. 7.
10 LG Ravensburg BeckRS 2013, 18580; Gerechtshof Arnhem-Leeuwarden v. 21.3.2023 – 200.265.991/01, ZRI 2023, 875 mAnm *Bork.*
11 Braun/*Ehret* Rn. 9.
12 MüKoInsO/*Thole* Rn. 6; *Kolmann,* Kooperationsmodelle im Internationalen Insolvenzrecht, 2001, 174.
13 Braun/*Ehret* Rn. 10.
14 *Kolmann,* Kooperationsmodelle im Internationalen Insolvenzrecht, 2001, 175; *Hausmann* in Reithmann/Martiny IntVertragsR Rn. 6.698.
15 Braun/*Ehret* Rn. 13; MüKoInsO/*Thole* Rn. 10.
16 *Schack* IZVR Rn. 1280.
17 *Prütting* ZIP 1996, 1277 (1284); *Taupitz* ZZP 111 (1998), 315 (329 ff.).
18 *Liersch* NZI 2001, 15 (19).
19 BT-Drs. 15/16, 23 f.

III. Unbewegliche Gegenstände (Abs. 2)

§ 351 Abs. 2 InsO ist anders als Abs. 1 eine – einseitige – Kollisionsnorm. Die Vorschrift verweist ausschließlich auf das deutsche Recht. Im Unterschied zum ersten Absatz geht es hier um die **Rechte des Schuldners** an im Inland belegenen unbeweglichen Gegenständen. 10

Durch die Anwendung **ausschließlich deutschen Rechts** werden alle in ausländischen Rechtsordnungen vorgesehenen Rechte ausgeschlossen, die dem deutschen Recht fremd sind. Namentlich handelt es sich dabei um Generalhypotheken, Superprivilegien und mittelbare Beeinträchtigungen der dinglichen Rechte an unbeweglichen Gegenständen durch Rückgewähransprüche. Auch eine Aufhebung der Wohnungseigentümerschaft (vgl. § 11 Abs. 2 WEG) scheidet aus.[20] 11

Der Verweis auf das deutsche Recht gilt „unbeschadet des § 336 Satz 2". Dies geht auf den Vorschlag des Rechtsausschusses zurück.[21] Die Formulierung stellt klar, dass bei Gegenständen, die in Schiffsregister, Schiffsbauregister und Register für Pfandrechte an Luftfahrzeugen eingetragen sind, die lex libri siti zur Anwendung gelangt. 12

§ 352 Unterbrechung und Aufnahme eines Rechtsstreits

(1) [1]Durch die Eröffnung des ausländischen Insolvenzverfahrens wird ein Rechtsstreit unterbrochen, der zur Zeit der Eröffnung anhängig ist und die Insolvenzmasse betrifft. [2]Die Unterbrechung dauert an, bis der Rechtsstreit von einer Person aufgenommen wird, die nach dem Recht des Staats der Verfahrenseröffnung zur Fortführung des Rechtsstreits berechtigt ist, oder bis das Insolvenzverfahren beendet ist.

(2) Absatz 1 gilt entsprechend, wenn die Verwaltungs- und Verfügungsbefugnis über das Vermögen des Schuldners durch die Anordnung von Sicherungsmaßnahmen nach § 343 Abs. 2 auf einen vorläufigen Insolvenzverwalter übergeht.

Schrifttum: *Buntenbroich,* Unterbrechung eines Rechtsstreits bei ausländischen Insolvenzverfahren nur bei Einfluss des Insolvenzverfahrens auf anhängige Rechtsstreitigkeiten nach dem Recht des Insolvenzeröffnungsstaats?, NZI 2012, 547; *Kindler,* lex loci arbitri vs. lex fori concursus vs. lex societatis: Die Insolvenz der ausländischen Schiedspartei nach der (geplanten) Reform der EuInsVO, FS Schütze, 2014, 221.

Übersicht

I. Normzweck

§ 352 InsO ist eine **Sachnorm**[1] und befasst sich mit dem Schicksal innerstaatlicher Rechtsstreitigkeiten nach der ausländischen Insolvenzverfahrenseröffnung (Abs. 1) bzw. vor der Insolvenzverfahrenseröffnung bei dem Übergang der Verwaltungs- und Verfügungsbefugnis durch die Anordnung von Sicherungsmaßnahmen (Abs. 2). In diesen Fällen werden die inländischen Rechtsstreitigkeiten unterbrochen. Durch diese Vorschrift wird das **Universalitätsprinzip** gestärkt.[2] Die allgemeine Vorschrift des § 240 ZPO findet keine Anwendung, weil sie nicht Teil des von § 335 InsO grundsätzlich berufenen Rechts des Eröffnungsstaates ist.[3] 1

§ 391 InsO-RegE entsprach dem § 352 Abs. 1 InsO. Eine vergleichbare Vorschrift zu § 352 Abs. 2 InsO kannte der Regierungsentwurf indes nicht. Auch **Art. 18 EuInsVO** befasst sich mit 2

20 MüKoInsO/*Thole* Rn. 13.

21 BT-Drs. 15/323, 3.

1 BAG NZA-RR 2014, 32 Rn. 23; *Liersch* NZI 2003, 302 (308).

2 *Huber* ZZP 114 (2001), 133 (166).

3 Vgl. BGH ZIP 2009, 2217 Rn. 6 ff. = BeckRS 2009, 29128 – Schnellverschlusskappe, wo allein § 352 InsO herangezogen wird; dazu *Rendels/Körner* EWiR 2009, 781; *J. Schmidt* DAJV 2010, 54; näher *Brinkmann* IPRax 2011, 143; *Paulus* ZZP 123 (2010), 243.

der Wirkung der Insolvenzverfahrenseröffnung jenseits der Staatsgrenzen auf Rechtsstreite. Diese Vorschrift ist indes eine **Kollisionsnorm.** Sie bringt das Recht des Staates zur Anwendung, in dem der Rechtsstreit stattfindet. Handelt es sich um einen Rechtsstreit in Deutschland, kommen die § 240 ZPO, §§ 85–87 InsO zum Zuge.[4] Leider hat der Gesetzgeber anlässlich der EuInsVO-Reform die Vorschrift nicht auf Schiedsverfahren erweitert.[5]

3 **Entstehungsgeschichte:** Vor dieser Regelung war umstritten, ob die Verfahrenseröffnung im Ausland zu einer Rechtsstreitunterbrechung im Inland führen solle.[6] Zunächst stand der Verfahrensunterbrechung entgegen, dass dem ausländischen Insolvenzverfahren nur territoriale Geltung zukommen sollte. Zwar bedeutete die „Wendeentscheidung" von 1985 die Orientierung in Richtung Universalität.[7] In der Folge lehnte der BGH eine Verfahrensunterbrechung aber mit Blick auf die damit verbundene Einbuße an Rechtssicherheit ab.[8] Der Regierungsentwurf sah in seinem § 391 S. 1 InsO indessen die Verfahrensunterbrechung vor. Letztlich wurde der Entwurf aber nicht zum geltenden Recht, weil das Inkrafttreten der EuInsVO bevorstand. Statt dessen wurde die Rumpfregelung des internationalen Insolvenzrechts in Art. 102 EGInsO aF geschaffen. Dessen Abs. 1 regelte die Anerkennung und Wirkungserstreckung auf das inländische Gebiet. Daraus und aus der zunächst angestrebten Lösung des § 391 InsO-RegE zog der IX. Zivilsenat im Rahmen eines Vorlageverfahrens zutreffend den Schluss, dass eine Verfahrensunterbrechung erfolgen solle.[9] Dem hat sich der I. Senat des BFH angeschlossen. Das Verfahren vor dem Gemeinsamen Senat der obersten Gerichtshöfe wurde daraufhin mit Beschluss vom 28.1.1998 eingestellt.[10] Auch die Lit. ging nun einhellig davon aus, dass die ausländische Insolvenzeröffnung eine Verfahrensunterbrechung zur Folge haben sollte.[11] Nachdem die EuInsVO eine kollisionsrechtliche Lösung dieser Problematik gewählt hat (→ EuInsVO Art. 18 Rn. 13), hat sich der Gesetzgeber im Rahmen der Neuregelung des autonomen internationalen Insolvenzrechts mit § 352 InsO für die Verfahrensunterbrechung entschieden und betrachtet dies lediglich als eine „Klarstellung".[12]

II. Unterbrechung eines inländischen Rechtsstreits (Abs. 1 S. 1)

4 § 352 Abs. 1 S. 1 InsO ordnet an, dass ein inländischer Rechtsstreit, der die Insolvenzmasse betrifft und zur Zeit der ausländischen Insolvenzeröffnung anhängig ist, unterbrochen wird.

5 **1. Voraussetzungen. a) Rechtsstreit.** Zunächst muss es sich um einen tauglichen Rechtsstreit handeln. Hier ist ein weites Verständnis angezeigt. Betroffen sind – wie bei § 240 ZPO – zunächst alle Aktivprozesse über Forderungen des Insolvenzschuldners oder von diesem geltend gemachte Herausgabeansprüche, ferner **Kostenfestsetzungsverfahren**[13] und **Schuldenmassestreitigkeiten,** also solche, bei denen der Streitgegenstand eine Forderung ist, die als Insolvenzforderung eines Gläubigers einzuordnen ist.[14] Rechtsstreite in diesem Sinne sind auch **Mahnverfahren,** sofern der Mahnbescheid vor Eröffnung des Verfahrens zugestellt war[15] und Verfahren zur Erwirkung eines **Arrests** oder einer **einstweiligen Verfügung.**[16] Nach § 82 MarkenG fällt auch das **markenrechtliche Löschungsverfahren** (§ 54 MarkenG) unter § 352 InsO.[17]

6 Ob ein **Schiedsverfahren** genügt, hängt von der Schiedsordnung und – bei deutschem Schiedsverfahrensstatut (→ Rom I-VO Vor Art. 1 Rn. 122) – von §§ 1025 ff. ZPO ab, wonach die Unterbrechung nicht zwingend, aber aus Gründen des rechtlichen Gehörs sachgerecht ist.[18] Versteht man auch in diesem Zusammenhang die EuInsVO als „Interpretationshilfe" (→ InsO Vor § 335 Rn. 6), so kann **Art. 18 EuInsVO sinngemäß** herangezogen werden (→ EuInsVO Art. 18 Rn. 15 ff.). Sachliche Unterschiede dürften sich daraus ergeben, dass die drittstaatliche Insolvenzeröffnung restriktiveren Anerkennungsvoraussetzungen unterliegt als ein EuInsVO-Verfahren. Namentlich erfor-

---

4 *Liersch* NZI 2003, 302 (308); Art. 18 EuInsVO übersehen(!) von OLG Frankurt BeckRS 2012, 19325.
5 Zum Reformbedarf *Kindler* FS Schütze, 2014, 221 (228 f.).
6 BT-Drs. 12/2443, 244.
7 BGHZ 95, 256 = NJW 1985, 2896; → IntInsR Rn. 7, 11.
8 BGH NJW 1988, 3096 (3097).
9 BGH ZIP 1998, 659 (662) = NJW 1998, 928 = IPRax 1999, 42 m. Aufs. *Schollmeyer* IPRax 1999, 26.
10 Vgl. Anm. der Redaktion zu BGH ZIP 1998, 659 in ZIP 1998, 663.
11 Musielak/Voit/*Stadler* ZPO § 240 Rn. 4; Zöller/*Greger* ZPO § 240 Rn. 6.
12 BT-Drs. 15/16, 24.
13 MüKoInsO/*Thole* Rn. 7.
14 *Leipold* in Stoll, Stellungnahmen und Gutachen, 1992, 72, 91.
15 MüKoInsO/*Thole* Rn. 7.
16 MüKoInsO/*Thole* Rn. 7.
17 BGH GRUR 2019, 549 Rn. 22 ff. = EWiR 2019, 341 m. Kurzkomm. *Paulus.*
18 Näher *Nacimiento/Biner* NJOZ 2009, 4752 (4761); *Kindler* FS Schütze, 2014, 221 ff.

dert § 343 Abs. 1 Nr. 1 InsO die Zuständigkeit des ausländischen Insolvenzgerichts in spiegelbildlicher Anwendung der Vorschriften des deutschen Rechts (compétence indirecte), → Rn. 14.[19]

Unbeachtlich ist die Parteirolle, so dass sowohl **Aktiv**- als auch **Passivprozesse** in Betracht kommen.[20] Es kann sich auch um Streitigkeiten der **freiwilligen Gerichtsbarkeit** handeln. Selbst **verwaltungsrechtliche Streitigkeiten** kommen in Betracht, wenn es sich um massebezogene Maßnahmen handelt, wie etwa solche umweltpolizeilicher Art. Keine tauglichen Rechtsstreite sind solche im **Verwaltungsverfahren.** 7

Auch die **Zwangsvollstreckung** ist kein Prozess in diesem Sinne. Die Einzelzwangsvollstreckungsmaßnahmen werden aber regelmäßig ohnehin durch das Insolvenzverfahren ausgeschlossen (vgl. für das deutsche Recht § 89 InsO). 8

b) Massebezug. Der betreffende Rechtsstreit muss außerdem die Insolvenzmasse betreffen.[21] Das ist der Fall, wenn die lex fori concursus den fraglichen Gegenstand dem Konkursbeschlag unterwirft.[22] Massebezogen ist das Verfahren auch dann, wenn es gerade darum geht, die Massezugehörigkeit klären.[23] 9

Nichtvermögensrechtliche und vermögensrechtlich neutrale Streitigkeiten (etwa der Gesellschaftsbeschluss über die Abberufung eines Geschäftsführers) sind allerdings ebenso wenig massebezogen wie Rechtsstreite über insolvenzfreies Vermögen. 10

c) Anhängigkeit. Nach § 352 Abs. 1 InsO muss der Rechtsstreit im Zeitpunkt der Insolvenzeröffnung anhängig sein. Damit ist die **Rechtshängigkeit** gemeint. Diese ist nach der lex fori processus zu beurteilen.[24] Wurde das Insolvenzverfahren vor der Rechtshängigkeit des Rechtsstreits eröffnet, so tritt keine Unterbrechung nach § 352 Abs. 1 InsO ein.[25] 11

d) Eröffnung des Insolvenzverfahrens. Im **drittstaatlichen Ausland** muss ein Insolvenzverfahren eröffnet worden sein. Nicht gesetzlich geregelt ist, ob damit auch der **Verlust der Prozessführungsbefugnis** des Insolvenzschuldners verbunden sein muss. Die Prozessführungsbefugnis stellt das prozessuale Seitenstück zur materiell-rechtlichen Verwaltungs- und Verfügungsbefugnis dar. In aller Regel wird sich diese Frage nicht stellen, weil der Verlust auch der Prozessführungsbefugnis die typische Folge der Insolvenzeröffnung ist.[26] Bedeutsam wird dies allerdings in Fällen wie der deutschen Eigenverwaltung nach §§ 270 ff. InsO. Die Annahme einer Unterbrechungswirkung im Inland ist nicht gerechtfertigt, wenn das ausländische Insolvenzverfahren nach dem Recht des Insolvenzeröffnungsstaates keinerlei Wirkungen auf einen anhängigen Rechtsstreit entfaltet.[27] 12

Bereits für § 391 InsO-RegE – insoweit identisch mit § 352 Abs. 1 InsO – wurde darauf hingewiesen, dass es mit dem Wortlaut vereinbar sei, auf den Verlust der Prozessführungsbefugnis zu verzichten.[28] Gefolgt werden kann dem indes nicht. Denn der Verlust der Prozessführungsbefugnis ist gerade der Grund dafür, dass es zur Verfahrensunterbrechung kommt.[29] Das hat der Gesetzgeber so auch in den Materialien zum Ausdruck gebracht,[30] und diese Erwägung hat Niederschlag in der Norm selbst gefunden. Denn in Abs. 2 wird die Verfahrensunterbrechung bereits im Vorfeld angeordnet, wenn der Schuldner nur seine Prozessbefugnis verliert. Diese Regelung zeigt, dass es im Kern auf den Verlust der Prozessführungsbefugnis ankommt. Daher ist die Vorschrift teleologisch auf Fälle zu reduzieren, in denen es auch zum Verlust der Prozessführungsbefugnis kommt. 13

Wegen § 343 Abs. 1 S. 2 Nr. 1 InsO muss das ausländische Eröffnungsgericht in spiegelbildlicher Anwendung der deutschen Zuständigkeitskriterien international zuständig sein.[31] 14

2. Rechtsfolge. Liegen die og Voraussetzungen vor, wird der anhängige Rechtsstreit **unterbrochen.** Dies erfolgt **automatisch,** dh ohne einen gesonderten Beschluss. Ein solcher hätte allein 15

---

19 *Kindler* FS Schütze, 2014, 221 (229).
20 *Leipold* in Stoll, Stellungnahmen und Gutachen, 1992, 72, 91; MüKoInsO/*Thole* Rn. 7, auch zum Folgenden.
21 *Ackmann/Wenner* IPRax 1987, 187; MüKoInsO/*Thole* Rn. 10.
22 MüKoInsO/*Thole* Rn. 10.
23 MüKoInsO/*Thole* Rn. 10.
24 BAG NZA-RR 2014, 32 Rn. 22 ff.
25 BGH BeckRS 2023, 7724 Rn. 18 = ZIP 2023, 1150.
26 BT-Drs. 15/16, 24.
27 BGH NZI 2012, 572 Rn. 43 ff.; dazu *Buntenbroich* NZI 2012, 547.
28 *Kolmann,* Kooperationsmodelle im Internationalen Insolvenzrecht, 2001, 191; zust. MüKoInsO/*Thole* Rn. 5.
29 BGH NJW-RR 1989, 183; Musielak/Voit/*Stadler* ZPO § 240 Rn. 1.
30 BT-Drs. 15/16, 24; BT-Drs. 12/2443, 244.
31 OLG Frankfurt BeckRS 2012, 19325 verneint dies nur deshalb, weil verkannt wurde, dass gegenüber EuInsVO-Staaten § 352 keine Anwendung findet; die Unterbrechung richtet sich im Falle eines ausländischen EuInsVO-Verfahrens nach § 240 ZPO iVm Art. 8 EuInsVO, → EuInsVO Art. 18 Rn. 11.

deklaratorische Bedeutung.[32] Die Folgen der Unterbrechung ergeben sich aus dem deutschen Prozessrecht, insbesondere § 249 ZPO.[33] Die Unterbrechung endet – außer durch Aufnahme (→ Rn. 16) – nach § 352 Abs. 1 S. 2 Alt. 2 InsO mit der Beendigung des Insolvenzverfahrens. Gleichzuachten ist der Fall der Aufhebung der Verwaltungs- und Verfügungsbefugnis des vorläufigen Insolvenzverwalters (arg. Abs. 2).

III. Aufnahme des Rechtsstreits (Abs. 1 S. 2)

16 Nach § 352 Abs. 1 S. 2 InsO kann der Rechtsstreit nur von einer Person aufgenommen werden, die nach dem Insolvenzstatut dazu berechtigt ist. Regelmäßig wird dies der **Insolvenzverwalter** sein.[34] Diese – von § 240 ZPO abweichende – Regelung soll verhindern, dass in die Regelung der ausländischen insolvenzrechtlichen Befugnisse eingegriffen wird.[35] Die Art und Weise der Aufnahme des Prozesses bemisst sich bei deutschen Prozessen nach deutschen Recht (lex fori processus).[36]

IV. Sicherungsmaßnahmen im ausländischen Insolvenzverfahren (Abs. 2)

17 Zur Verfahrensunterbrechung kommt es nach § 352 Abs. 2 InsO bereits im Vorfeld der Insolvenzeröffnung, wenn die Verwaltungs- und Verfügungsbefugnis auf den vorläufigen Insolvenzverwalter übergeht. Dies entspricht dem § 22 Abs. 1 InsO.

§ 353 Vollstreckbarkeit ausländischer Entscheidungen

(1) [1]Aus einer Entscheidung, die in dem ausländischen Insolvenzverfahren ergeht, findet die Zwangsvollstreckung nur statt, wenn ihre Zulässigkeit durch ein Vollstreckungsurteil ausgesprochen ist. [2]§ 722 Abs. 2 und § 723 Abs. 1 der Zivilprozessordnung gelten entsprechend.

(2) Für die in § 343 Abs. 2 genannten Sicherungsmaßnahmen gilt Absatz 1 entsprechend.

Schrifttum: s. Vor § 335 InsO.

I. Normzweck

1 Der Regelungsgegenstand des § 353 InsO ist die **Vollstreckbarkeit** ausländischer insolvenzrechtlicher Entscheidungen. Abs. 1 betrifft dabei die **Entscheidungen** in einem anerkannten ausländischen Verfahren, Abs. 2 die **Sicherungsmaßnahmen,** die nach dem Antrag auf Insolvenzeröffnung getroffen werden. § 353 Abs. 1 InsO ist identisch mit § 392 InsO-RegE. Zu dem zweiten Absatz des § 353 InsO gab es in dem Regierungsentwurf demgegenüber keine Entsprechung. Das europäische Gegenstück zu § 353 InsO findet sich in Art. 32 EuInsVO. Der elementare Unterschied zwischen den beiden Normen besteht aber darin, dass Art. 32 EuInsVO ein vereinfachtes Exequaturverfahren vorsieht (Art. 39 ff. Brüssel Ia-VO), während das deutsche internationale Insolvenzrecht ein echtes Vollstreckungsurteil fordert.[1] § 353 InsO folgt in diesem Punkt dem § 722 ZPO (auch §§ 108 ff. FamFG), wo zwischen der Anerkennung und der Vollstreckung unterschieden wird. Auch dies zeigt, dass das Verhältnis der Mitgliedstaaten untereinander von größerem Vertrauen geprägt ist als das zwischen Deutschland und einem Drittstaat.

II. Ausländische insolvenzrechtliche Entscheidungen (Abs. 1)

2 Zunächst muss es sich überhaupt um eine **vollstreckbare Entscheidung** iSd Abs. 1 handeln. Das sind Entscheidungen, die nach dem Recht des Eröffnungsstaates einen vollstreckbaren Titel darstellen. Dabei sind insbesondere die Eröffnungsentscheidung, die Entscheidung des ausländischen Gerichts über Auskunftserteilung, **Verfahrensmitwirkung, Vorführung** oder **Verhaftung** von Verfahrensbeteiligten und die **Postsperre** zu nennen.[2] Vollstreckbare Entscheidungen stellen aber auch die Feststellung bestrittener Forderungen und die gerichtliche Bestätigung eines Insolvenzplans dar.[3]

---

32 MüKoInsO/*Thole* Rn. 11.
33 Braun/*Ehret* Rn. 5.
34 BT-Drs. 15/16, 24.
35 BT-Drs. 15/16, 24; BT-Drs. 12/2443, 244.
36 MüKoInsO/*Thole* Rn. 11.
1 OLG Frankfurt NJOZ 2005, 2532; *Liersch* NZI 2003, 302 (308); MüKoInsO/*Thole* Rn. 1.
2 BT-Drs. 15/16, 24; Bt-Drs. 12/2443, 244.
3 MüKoInsO/*Thole* Rn. 3.

Inzidenter ist zu prüfen, ob die Entscheidung nach § 343 InsO im Inland **anerkannt** ist.[4] 3

Zum Erlass des Vollstreckungsurteils muss das Gericht **örtlich zuständig** sein. Entscheidend hierfür ist nach § 353 Abs. 1 S. 2 InsO iVm § 722 Abs. 2 Hs. 1 ZPO der **Schuldnerwohnsitz,** im Übrigen nach § 353 Abs. 1 S. 2 InsO iVm § 722 Abs. 2 Hs. 2 ZPO, § 23 ZPO der Ort der **Vermögensbelegenheit.** 4

Nicht erforderlich ist demgegenüber die Gesetzmäßigkeit bzw. **materielle Rechtmäßigkeit** der Entscheidung (§ 353 Abs. 1 S. 2 InsO iVm § 723 Abs. 1 ZPO). Die Entscheidung zu vollstreckende Entscheidung muss auch nicht **rechtskräftig** sein.[5] Dies beschleunigt die Insolvenzabwicklung. Auch ist nicht notwendig, dass die **Gegenseitigkeit** verbürgt ist. Dies würde auch im Widerspruch zu § 343 InsO stehen, der bereits für die Anerkennung keine Gegenseitigkeit fordert. 5

Liegen diese Voraussetzungen vor, ergeht ein Vollstreckungsurteil, das die Zulässigkeit der Zwangsvollstreckung ausspricht.[6] Dann kann die Entscheidung vollstreckt werden (Abs. 1 S. 1). 6

III. Sicherungsmaßnahmen (Abs. 2)

Abs. 2 befasst sich mit der Vollstreckung von Sicherungsmaßnahmen. Danach gilt Abs. 1 entsprechend für die Sicherungsmaßnahmen, die nach dem Antrag auf Eröffnung des ausländischen Verfahrens angeordnet worden sind. 7

Dritter Abschnitt. Partikularverfahren über das Inlandsvermögen

Vorbemerkung (Vor § 354 InsO)

Das Hauptverfahren hat universale, das Partikularverfahren territoriale Geltung. Damit erfasst das Partikularverfahren nicht das weltweit vorhandene schuldnerische Vermögen, sondern erstreckt sich allein auf das im Verfahrensstaat belegene. Bei den Partikularverfahren ist im autonomen Recht – ebenso wie im Rahmen des europäischen internationalen Insolvenzrechts – zwischen dem **unabhängigen** und dem **sekundären** Partikularverfahren zu unterscheiden.[1] Sonderregeln für Sekundärinsolvenzverfahren sieht das autonome Recht in §§ 356 ff. InsO vor. 1

Vor allem sollen durch die Eröffnung eines Partikularverfahrens die **inländischen Interessen geschützt** werden **(Schutzfunktion).** Das geschieht dadurch, dass aufgrund des Spezialitätsprinzips das Partikularverfahren Vorrang vor dem Hauptverfahren genießt.[2] Somit werden die Wirkungen ausländischer Insolvenzverfahren – insbesondere der damit verbundene Vermögensbeschlag – durch das Territorialverfahren abgeblockt.[3] Mit inländischen Interessen kollidiert ein im Ausland eröffnetes reines Universalverfahren insbesondere bei der Durchsetzung von Ansprüchen von inländischen **Arbeitnehmern** aus einem Sozialplan sowie von Ansprüchen des inländischen **Fiskus.** Ferner ist es ganz allgemein im Interesse der inländischen Gläubiger, die Rechtsverfolgung nicht im Ausland betreiben zu müssen, schon wegen der Vermeidung des damit meist verbundenen erhöhten Zeit- und Kostenaufwandes sowie räumlichen und sprachlichen Zugangsbarrieren.[4] Gerechtigkeitsbedenken entstehen, wenn erhebliche Vermögenswerte im Inland an den ausländischen Insolvenzverwalter ausgehändigt werden müssten und inländische Gläubiger dadurch erheblich schlechtere Befriedigungschancen haben.[5] Zu der Schutzfunktion kommt die **Hilfsfunktion.** So wird durch die Schaffung von Parallelverfahren die Insolvenzabwicklung strukturiert und durch die Verwertung nach dem Ortsrecht (lex fori concursus particularis) vereinfacht, was insbesondere bei komplexen inländischen Rechtsverhältnissen ohne Entsprechung in der ausländischen Rechtsordnung Bedeutung erlangt.[6] Weiterhin sollen durch die Partikularverfahren **Zuständigkeitslücken geschlossen** werden, die vor allem bei erheblichen Vermögenswerten zu befürchten sind.[7] 2

Für das Partikularinsolvenzverfahren gilt die lex fori concursus particularis bzw. secundarii. Dies folgt aus der Grundsatzkollisionsnorm des internationalen Insolvenzrechts in § 335 InsO. Schon vor der Eröffnung eines solchen Verfahrens besteht die Möglichkeit, **Sicherungsmaßnahmen** zu erlas- 3

---

4 *Liersch* NZI 2003, 302 (308); *Hausmann* in Reithmann/Martiny IntVertragsR Rn. 6.658.
5 BT-Drs. 12/2443, 245; *Liersch* NZI 2003, 302 (308).
6 MüKoInsO/*Thole* Rn. 8.
1 MüKoInsO/*Reinhart* § 354 Rn. 1.
2 *Kolmann,* Kooperationsmodelle im Internationalen Insolvenzrecht, 2001, 123.
3 BT-Drs. 15/16, 25.
4 Zu weiteren Parteiinteressen in diesem Zusammenhang *Schack* IZVR Rn. 251 ff.
5 MüKoInsO/*Reinhart* § 354 Rn. 1.
6 MüKoInsO/*Reinhart* § 354 Rn. 1.
7 BT-Drs. 15/16, 25.

sen. Auch diese beurteilen sich nach der lex fori concursus particularis, hier also nach deutschem Recht.

4 Bei der Eröffnung eines Partikularverfahrens sind die Gläubiger zu benachrichtigen. Hierfür gelten nach § 335 InsO die Vorgaben der §§ 8 f. InsO. Da auch ausländische Gläubiger antragsberechtigt sind, ist regelmäßig eine **Bekanntmachung im Ausland** geboten.

§ 354 Voraussetzungen des Partikularverfahrens

(1) Ist die Zuständigkeit eines deutschen Gerichts zur Eröffnung eines Insolvenzverfahrens über das gesamte Vermögen des Schuldners nicht gegeben, hat der Schuldner jedoch im Inland eine Niederlassung oder sonstiges Vermögen, so ist auf Antrag eines Gläubigers ein besonderes Insolvenzverfahren über das inländische Vermögen des Schuldners (Partikularverfahren) zulässig.

(2) [1]Hat der Schuldner im Inland keine Niederlassung, so ist der Antrag eines Gläubigers auf Eröffnung eines Partikularverfahrens nur zulässig, wenn dieser ein besonderes Interesse an der Eröffnung des Verfahrens hat, insbesondere, wenn er in einem ausländischen Verfahren voraussichtlich erheblich schlechter stehen wird als in einem inländischen Verfahren. [2]Das besondere Interesse ist vom Antragsteller glaubhaft zu machen.

(3) [1]Für das Verfahren ist ausschließlich das Insolvenzgericht zuständig, in dessen Bezirk die Niederlassung oder, wenn eine Niederlassung fehlt, Vermögen des Schuldners belegen ist. [2]§ 3 Absatz 2 gilt entsprechend.

Schrifttum: *Flessner,* Internationales Insolvenzrecht in Deutschland nach der Reform, IPRax 1997, 1; *Hanisch,* Stellungnahme zu der Frage, ob und gegebenfalls in welcher Weise ein in seiner Wirkung territorial beschränktes Sonderinsolvenzverfahrem über das Inlandsvermögen eines Schuldners vorzusehen ist, wenn dieser den Mittelpunkt seiner hauptsächlichen Interessen im Ausland hat, in Stoll, Vorschläge und Gutachten zur Umsetzung des EU-Übereinkommens über Insolvenzverfahren im deutschen Recht, 1997, 202; *Mankowski,* Konkursgründe beim inländischen Partikularkonkurs, ZIP 1995, 1650; *Wimmer,* Die Besonderheiten von Sekundärinsolvenzverfahren unter besonderer Berücksichtigung des Europäischen Insolvenzübereinkommens, ZIP 1998, 982.

Übersicht

I. Normzweck

1 § 354 InsO regelt zentrale **Voraussetzungen der Eröffnung eines Partikularinsolvenzverfahrens.**[1] Abs. 1 bezieht sich auf die internationale, Abs. 3 auf die örtliche **Zuständigkeit;** Abs. 2 normiert die besondere **Antragsbefugnis** bei Insolvenzeröffnung am inländischen Vermögensgerichtsstand. Eine Vorgängerbestimmung enthielt der Regierungsentwurf von 1991 in § 393. Diese Regelung entspricht indes nur Abs. 1 und Abs. 3 des § 354 InsO. Die Antragsbefugnis war in § 396 InsO-RegE geregelt, allerdings sowohl auf den Niederlassungs- als auch auf den Vermögensgerichtsstand bezogen.

II. Internationale Zuständigkeit der deutschen Gerichte (Abs. 1)

2 **1. Keine Zuständigkeit für Hauptinsolvenzverfahren.** § 354 Abs. 1 InsO regelt die internationale Zuständigkeit zur Eröffnung eines Partikularverfahrens. Hierfür ist zunächst erforderlich, dass keine internationale Zuständigkeit zur Eröffnung des Hauptverfahrens gegeben ist. Wann dies der Fall ist, ergibt sich aus § 3 InsO analog (Doppelfunktionalität der örtlichen Zuständigkeit,

[1] Zur Verfassungsmäßigkeit der Norm vgl. *Torz,* Gerichtsstände im Internationalen Insolvenzrecht, 2005, 205 ff.

→ InsO Vor § 335 Rn. 8).[2] Das Vorliegen der internationalen Zuständigkeit der deutschen Gerichte zur Eröffnung eines Hauptverfahrens hindert ein inländisches Partikularverfahren auch dann, wenn in derselben Sache bereits ein ausländisches Hauptverfahren eröffnet ist, das mangels Zuständigkeit nicht anerkannt wird (§ 343 Abs. 1 S. 2 Nr. 1 InsO – Spiegelbildprinzip; → InsO § 343 Rn. 12 ff.). Darin liegt ein signifikanter Unterschied zum europäischen internationalen Insolvenzrecht. Weil dort die internationale Zuständigkeit des Erstgerichts nicht zu den Anerkennungsvoraussetzungen zählt, bleibt im Falle der Zuständigkeitsusurpation durch einen anderen Mitgliedstaat nur der Ausweg, im Inland ein Sekundärverfahren zu eröffnen, auch wenn dort in Wirklichkeit das COMI des Schuldners iSd Art. 3 Abs. 1 EuInsVO belegen ist (→ EuInsVO Art. 3 Rn. 46 ff.; → EuInsVO Art. 3 Rn. 54). Mehrere Hauptverfahren über denselben Schuldner kann es nach der EuInsVO nicht geben; Art. 102c §§ 2, 3 EGInsO setzt dieses Prinzip um.

2. Niederlassung im Inland. Sodann muss einer der in § 354 Abs. 1 InsO genannten **Gerichtsstände** gegeben sein, dh der Niederlassungs- oder der – subsidiäre – Vermögensgerichtsstand. Zwar ist der **Niederlassungsbegriff** dem deutschen Recht zu entnehmen.[3] Als Interpretationshilfe ist hier aber auf **Art. 2 Nr. 10 EuInsVO** zurückzugreifen (→ Vor § 335 InsO Rn. 6). Eine übermäßige Begrenzung der Zuständigkeit zur Eröffnung von Partikularverfahren ist hiervon nicht zu befürchten, da der deutsche Gesetzgeber – anders als in der EuInsVO – zusätzlich einen subsidiären Vermögensgerichtsstand geschaffen hat. 3

Eine Niederlassung ist jeder Tätigkeitsort, an dem der Schuldner einer wirtschaftlichen Aktivität von nicht nur vorübergehender Art nachgeht, die den Einsatz von Personal und Vermögenswerten voraussetzt. Damit unterscheidet sich der Begriff der Niederlassung von dem des Art. 5 Nr. 5 Brüssel Ia-VO. Die größte Abweichung liegt darin, dass im Rahmen des § 354 Abs. 1 Alt. 1 InsO bzw. Art. 2 Nr. 10 EuInsVO nur solche Gebilde in Betracht zu ziehen sind, die wirtschaftlich und rechtlich unselbstständig sind.[4] Damit scheiden Tochtergesellschaften des Schuldners aus. Unter einem Tätigkeitsort ist jeder Ort zu verstehen, an dem nach außen gerichtete wirtschaftliche Tätigkeiten entfaltet werden. Dabei ist gleichgültig, ob die Tätigkeit kommerzieller, industrieller oder freiberuflicher Art ist.[5] Insofern wurde bewusst der Begriff der „gewerblichen Niederlassung" vermieden.[6] Erforderlich ist ein Mindestmaß an Organisation.[7] Die Tätigkeit darf zudem nicht bloß gelegentlich sein.[8] 4

3. Vermögen im Inland. Hat der Schuldner in Deutschland keine Niederlassung, ist auf den **Vermögensgerichtsstand** (§ 354 Abs. 1 Alt. 2 InsO) zurückzugreifen. Einen derartigen Insolvenzeröffnungsgerichtsstand gibt es im Anwendungsbereich der EuInsVO nicht.[9] Vermögen sind körperliche und unkörperliche Gegenstände. Bereits die Zivilprozessordnung sieht in ihrem § 23 S. 1 einen solchen Gerichtsstand vor. Die hierzu anerkannten Einschränkungen im Sinne eines besonderen Inlandsbezuges sind auf § 354 Abs. 1 InsO nicht zu übertragen,[10] weil im Insolvenzrecht die Begrenzung des an sich exorbitanten Gerichtsstandes über das Erfordernis einer besonderen Antragsbefugnis (§ 354 Abs. 2 S. 1 InsO; → Rn. 6 ff.) erfolgt. Bei körperlichen Gegenständen ist der Lageort der Sache entscheidend. Unkörperliche Gegenstände sind dort belegen, wo der zur Leistung verpflichtete seinen Wohnsitz hat. Haftet für eine Forderung zudem noch eine Sache, kommt außerdem der Belegenheitsort der Sache in Betracht (§ 23 S. 2 ZPO).[11] 5

---

[2] Zwar hat der Gesetzgeber in den Materialien zum Ausdruck gebracht, dass hier dasselbe gelten soll, wie im Europäischen Internationalen Insolvenzrecht, dh dass es auf den Mittelpunkt der hauptsächlichen Interessen ankommen solle, BT-Drs. 15/16, 25. Hierfür hat er aber keine Regelung getroffen, so dass eine Lücke besteht, die einen Rückgriff auf die Vorschriften der örtlichen Zuständigkeit ermöglicht.

[3] Braun/*Delzant* Rn. 5.

[4] BT-Drs. 12/2443, 245.

[5] MüKoZPO/*Patzina* ZPO § 21 Rn. 6.

[6] Vgl. auch *Kolmann,* Kooperationsmodelle im Internationalen Insolvenzrecht, 2001, 214, der hervorhebt, dass es auf die Gewerblichkeit nicht ankomme.

[7] Insoweit auf das autonome Recht übertragbar: EuGH ECLI:EU:C:2011:671 Ls. 4 = NZI 2011, 990 – Interedil.

[8] MüKoZPO/*Patzina* ZPO § 21 Rn. 2.

[9] BGH NZI 2011, 120 Rn. 4.

[10] *Hausmann* in Reithmann/Martiny IntVertragsR Rn. 6.613, mit Blick auf BGHZ 115, 90 (92 ff.) = NJW 1991, 3092.

[11] MüKoInsO/*Reinhart* Rn. 14 f.; ein Rückgriff auf Art. 2 Nr. 9 viii EuInsVO (Art. 2 lit. g dritter Spiegelstrich EuInsVO 2000) scheitert daran, dass auch hier auf den „Mittelpunkt der hauptsächlichen Interessen" abgestellt wird, der der InsO fremd ist. Parallel zur internationalen Zuständigkeit für die Eröffnung des Hauptverfahrens ist also auch hier auf die Regelungen der Zivilprozessordnung zurückzugreifen.

III. Gläubigerantrag bei Fehlen einer Niederlassung im Inland (Abs. 2)

6 Für eine Insolvenzeröffnung im Vermögensgerichtsstand sieht § 354 Abs. 2 S. 1 InsO eine weitere Voraussetzung vor. Der antragstellende **Gläubiger** muss ein **besonderes Interesse** an der Eröffnung des Partikularverfahrens haben, das er nach § 354 Abs. 2 S. 2 InsO glaubhaft machen muss. Ein „besonderes Interesse" liegt vor, wenn (1) für den Gläubiger subjektiv eine auf die Verfolgung ausschließlicher eigener wirtschaftlicher oder rechtlicher Belange beruhende Motivationslage zur Stellung eines Eröffnungsantrages besteht, die ihn (2) objektiv gegenüber dem grundsätzlich zumutbaren Befriedigungsversuch in einem ausländischen Verfahren als schutzbedürftig erscheinen lässt, und zwar in einer das normale Maß übersteigenden Art und Weise.[12] Die Einschränkung durch das „besondere Interesse" ist ein Teil des Kompromisses zwischen der Universalität und der Territorialität. Wirtschaftlich vernünftig und zweckmäßig wäre es, nur ein Insolvenzverfahren zu eröffnen. Die inländischen Gläubiger sollen indes durch die Territorialverfahren geschützt werden.[13]

7 Ein besonderes Interesse an der Verfahrenseröffnung hat der Gläubiger nach § 354 Abs. 2 S. 1 Hs. 2 InsO, wenn er in dem ausländischen Verfahren voraussichtlich erheblich schlechter stehen würde als in dem inländischen. Der Maßstab für das „Schlechter-Stehen" sind die **Befriedigungsaussichten.** Weil der Gesetzgeber diese Fallgruppe mit dem Wort „insbesondere" versehen hat, kommen weitere Beispiele in Betracht. Ein besonderes Interesse an der Verfahrenseröffnung besteht anderem bei einem im ausländischen Verfahren drohenden Verlust oder Beeinträchtigung einer Rechtsposition oder einer Ungleichbehandlung ausländischer Gläubiger gegenüber Gläubigern aus dem Staat des ausländischen Verfahrens[14] Darunter fällt auch die Untätigkeit des Verwalters des Hauptverfahrens (→ EuInsVO Art. 3 Rn. 63).[15] Aus dem Wort „besonders" lässt sich entnehmen, dass das Interesse an der Verfahrenseröffnung über ein bloß „rechtliches Interesse" (§ 14 InsO) hinausgehen muss.[16] Zudem muss ein evidenter Widerspruch zu den Grundsätzen des deutschen Insolvenzrechts vorliegen,[17] etwa bei Diskriminierung deutscher Gläubiger in dem ausländischen Verfahren. Zur Gläubigerdiskriminierung schon als Anerkennungshindernis → InsO § 343 Rn. 21; → InsO § 343 Rn. 26.

8 Zu weit geht der Vorschlag, nur bei „evidenten Widersprüchen zu den Grundsätzen des deutschen Insolvenzrechts" ein „besonderes Interesse" an der Verfahrenseröffnung anzunehmen.[18] Das käme einem Verstoß gegen den ordre public Vorbehalt gleich. Hiervor ist der inländische Rechtsverkehr aber schon durch die Nichtanerkennung des Verfahrens nach § 343 Abs. 1 S. 2 Nr. 2 InsO geschützt. Bei dieser Betrachtungsweise hätte das Erfordernis des besonderen Interesses bei § 354 Abs. 2 InsO keinerlei eigenständige Bedeutung.

9 Das Vorliegen des besonderen Interesses ist ferner **glaubhaft** zu machen. Hierdurch wird die Prüfung des Antrages erleichtert.[19] Glaubhaft gemacht ist das besondere Interesse nach § 294 ZPO iVm § 4 InsO, wenn die Überzeugung der „überwiegenden Wahrscheinlichkeit" vermittelt worden ist.

IV. Örtliche Zuständigkeit (Abs. 3)

10 In § 354 Abs. 3 InsO ist die örtliche Zuständigkeit normiert. Dabei handelt es sich um eine ausschließliche Zuständigkeit. Die Vorschrift modifiziert und ergänzt § 3 InsO. Auch sie enthält einen **Niederlassungs-** und einen **Vermögensgerichtsstand.** Sind mehrere Gerichte örtlich zuständig gilt nach § 354 Abs. 3 S. 2 InsO die Prioritätsregel des § 3 Abs. 2 InsO. Zudem bestimmt § 354 Abs. 3 S. 2 InsO die **sachliche Zuständigkeit,** indem er das Insolvenzgericht – und damit das Amtsgericht – benennt.

V. Weitere Voraussetzungen des Partikularverfahrens

11 Bei einem **Sekundärinsolvenzverfahren** müssen die **Eröffnungsgründe** nach dem Insolvenzstatut des Hauptverfahrens **nicht nochmals geprüft** werden (§ 356 Abs. 3 InsO). Dies liegt in der Hilfsfunktion des Sekundärverfahrens gegenüber dem im Ausland bereits eröffneten Hauptverfah-

12 *Torz,* Gerichtsstände im Internationalen Insolvenzrecht, 2005, 196 ff.

13 BT-Drs. 12/2443, 246; krit. *Kolmann,* Kooperationsmodelle im Internationalen Insolvenzrecht, 2001, 220, demzufolge es widersprüchlich ist, das besondere Interesse nur von dem antragstellenden Gläubiger – und nicht auch von jedem anderen dann an dem Verfahren beteiligten Gläubiger – zu verlangen.

14 Uhlenbruck/*Lüer* Rn. 22.

15 BGH NZI 2011, 120 Rn. 4.

16 BT-Drs. 12/2443, 246; *Kolmann,* Kooperationsmodelle im Internationalen Insolvenzrecht, 2001, 219.

17 Braun/*Delzant* Rn. 8.

18 *Liersch* NZI 2003, 302 (309); auch Braun/*Delzant* Rn. 8.

19 MüKoInsO/*Reinhart* Rn. 42.

ren (→ InsO Vor § 354 Rn. 2) begründet und folgt aus dessen Anerkennung (§ 343 InsO). **Anders** ist dies bei einem **unabhängigen Partikularverfahren.** Da in diesen Fällen noch keine anderweitige Prüfung eines Insolvenzgrundes erfolgt ist, muss ein von der Insolvenzordnung vorgesehener Insolvenzgrund eigenständig festgestellt werden, arg. § 356 Abs. 3 InsO. Für die Zahlungsunfähigkeit (§ 17 InsO) ist dabei das weltweite Zahlungsverhalten von Bedeutung, nicht nur die Verhältnisse an der inländischen Niederlassung.[20] Die bloß drohende Zahlungsunfähigkeit (§ 18 InsO) ist nicht ausreichend, weil der Schuldner selbst nicht zur Beantragung eines Sekundärinsolvenzverfahrens befugt ist.[21] Auch bei der Prüfung des Insolvenzgrundes der Überschuldung (§ 19 InsO) ist das weltweit vorhandene Vermögen anzusetzen.[22]

Die **Verfahrenskosten** müssen nach § 54 InsO gedeckt sein. Dafür ist nur das im Inland befindliche Vermögen entscheidend, weil das Partikularinsolvenzverfahren keine exterritoriale Wirkung hat. 12

Antragsbefugt sind nur die Gläubiger (arg. § 354 Abs. 2 InsO) und der ausländische Insolvenzverwalter (§ 356 Abs. 2 InsO), **nicht** aber – abweichend von § 13 Abs. 1 S. 2 InsO – der **Schuldner.**[23] Da der **Erbe** im Nachlassinsolvenzverfahren als Schuldner anzusehen ist, ist er **nicht antragsbefugt,** weshalb der Antrag eines Erben auf Eröffnung eines Partikular-Nachlassinsolvenzverfahren als unzulässig zu verwerfen ist.[24] Zur Auslegung von Eröffnungsanträgen → EuInsVO Art. 3 Rn. 6 ff. 13

§ 355 Restschuldbefreiung. Insolvenzplan

(1) Im Partikularverfahren sind die Vorschriften über die Restschuldbefreiung nicht anzuwenden.

(2) Ein Insolvenzplan, in dem eine Stundung, ein Erlass oder sonstige Einschränkungen der Rechte der Gläubiger vorgesehen sind, kann in diesem Verfahren nur bestätigt werden, wenn alle betroffenen Gläubiger dem Plan zugestimmt haben.

Schrifttum: *Ehricke,* Die Wirkungen einer ausländischen Restschuldbefreiung im Inland nach deutschem Recht, RabelsZ 62 (1998), 712; *Mansel,* Grenzüberschreitende Restschuldbefreiung – Anerkennung einer (automatischen) discharge nach englischem Recht und ordre public, FS v. Hoffmann, 2011, 683.

I. Normzweck

§ 355 InsO enthält Sonderregelungen für die **Restschuldbefreiung** und den **Insolvenzplan** beim inländischen Partikularverfahren.[1] Die Norm entspricht dem § 394 InsO-RegE und ist mit Art. 34 Abs. 2 EuInsVO (→ EuInsVO Art. 34 Rn. 11 ff.) vergleichbar. Allerdings bezieht sich Art. 34 EuInsVO nicht auf alle, sondern allein auf sekundäre Partikularinsolvenzverfahren. Darüber hinaus legt Art. 34 Abs. 2 EuInsVO die Auswirkungen der Rechtebeschränkung auf das Schuldnervermögen außerhalb des Staates des Sekundärinsolvenzverfahrens fest. § 355 Abs. 1 InsO stellt demgegenüber klar, dass im Partikularinsolvenzverfahren die Vorschriften über die Restschuldbefreiung nicht gelten, da diese auch die Rechte der Gläubiger des Hauptverfahrens zum Erlöschen bringen würde. 1

Nach Abs. 2 kann ein Insolvenzplan, durch den die Rechte der Gläubiger eingeschränkt werden, nur gerichtlich bestätigt werden, wenn alle betroffenen Gläubiger – dh auch diejenigen des Hauptverfahrens – dieser Beschränkung zugestimmt haben. Dahinter steht der Gedanke, dass das Partikularverfahren allein dem **Schutz der inländischen Gläubiger** dienen soll. Damit wäre es nicht vereinbar, wenn ihre Rechte durch dieses Verfahren ohne ihre Zustimmung eingeschränkt würden.[2] Qualifizierte Mehrheit nach § 244 InsO genügt nicht. 2

II. Ausschluss der Restschuldbefreiung (Abs. 1)

Nach § 355 Abs. 1 InsO finden die Vorschriften über die Restschuldbefreiung (§§ 286–303 InsO) im Partikularinsolvenzverfahren keine Anwendung. Dies gilt sowohl für das unabhängige als 3

---

20 BGH NJW 1992, 624 = ZIP 1991, 1014.
21 Braun/*Delzant* Rn. 16.
22 Braun/*Delzant* Rn. 17.
23 Braun/*Delzant* Rn. 10 f.; *Hausmann* in Reithmann/Martiny IntVertragsR Rn. 6.615.
24 AG Niebüll ZIP 2015, 1746 (1747) = EWiR 2015, 551 m. Kurzkomm. *C. Paulus;* näher *B. Strauß,* Der notleidende Nachlass bei Auslandsberührung, 2015; *Biermans/Schreurs* RabelsZ 2019, 612.
1 MüKoInsO/*Reinhart* Rn. 1.
2 MüKoInsO/*Reinhart* Rn. 7.

auch für das sekundäre Partikularverfahren.[3] Der Hauptgrund besteht darin, dass die Restschuldbefreiung für die Gläubiger **nur zumutbar** ist, wenn das **gesamte** – dh nicht nur das territoriale – Vermögen des Schuldners zu ihrer Befriedigung **eingesetzt** worden ist. Im Partikularverfahren wird demgegenüber nur das inländische Vermögen zur Befriedigung verwertet.[4] Außerdem bezieht sich die territoriale Beschränkung nur auf die Aktiv- und nicht auf die Passivmasse.[5]

III. Zustimmung zum Insolvenzplan (Abs. 2)

4 Wie Abs. 1 soll auch § 355 Abs. 2 InsO verhindern, dass sich der Schutzzweck des Partikularverfahrens in sein Gegenteil verkehrt.[6] Die Rechte des Gläubigers sollen nicht gegen seinen Willen in einem Verfahren eingeschränkt werden, das gerade in seinem Interesse durchgeführt wird.[7] Daher dürfen durch einen Insolvenzplan die **Gläubigerrechte nicht ohne Zustimmung der Betroffenen verkürzt** werden. Zur Annahme des Insolvenzplans genügt folglich nicht schon die Mehrheit des § 244 InsO, und auch das Obstruktionsverbot des § 245 Abs. 1 InsO (cram down) entfällt.[8] Dennoch zeigt § 355 Abs. 2 InsO, dass die Möglichkeit eines Insolvenzplanes als Form der Liquidationsabwendung auch im Partikularverfahren bestehen muss.

5 Es ist freilich zu bedenken, dass in der Praxis kaum ein Fall auftreten wird, bei dem jeder einzelne Gläubiger einem Insolvenzplan zustimmt. Damit § 355 Abs. 2 InsO nicht leer läuft, genügt es deshalb für die Zustimmung, wenn eine Bestätigung von abgestimmten Insolvenzplänen in allen anderen über das Vermögen des Schuldners parallel eröffneten Verfahren erfolgt ist und es sich hierbei zumindest in einem Verfahren um ein universales Hauptverfahren handelt; im inländischen Verfahren bedarf es lediglich der allgemeinen Voraussetzungen für eine gerichtliche Bestätigung des Plans.[9]

6 „Betroffen" im Sinne der Vorschrift sind **alle Gläubiger,** deren Interessen durch die Maßnahme beeinträchtigt werden können (vgl. auch §§ 237, 238 InsO).[10] Für das Verfahren ist nach § 222 Abs. 2 InsO wenigstens eine Gruppe der ausländischen Gläubiger zu bilden.

§ 356 Sekundärinsolvenzverfahren

(1) [1]Die Anerkennung eines ausländischen Hauptinsolvenzverfahrens schließt ein Sekundärinsolvenzverfahren über das inländische Vermögen nicht aus. [2]Für das Sekundärinsolvenzverfahren gelten ergänzend die §§ 357 und 358.

(2) Zum Antrag auf Eröffnung des Sekundärinsolvenzverfahrens ist auch der ausländische Insolvenzverwalter berechtigt.

(3) Das Verfahren wird eröffnet, ohne dass ein Eröffnungsgrund festgestellt werden muss.

Schrifttum: *Bloching,* Pluralität und Partikularinsolvenz: eine Untersuchung zum deutschen internationalen Insolvenzrecht, 2000.

I. Normzweck

1 § 356 InsO ist die erste von drei Regelungen, die sich ausschließlich mit dem sekundären Partikularinsolvenzverfahren befasst. Für das unabhängige Partikularverfahren gelten allein die §§ 354, 355 InsO. § 356 Abs. 1 InsO entspricht § 395 Abs. 2 und 3 InsO-RegE. § 356 Abs. 2 InsO beruht auf § 396 Abs. 1 und 3 InsO-RegE. Eine ähnliche Regelung im europäischen internationalen Insolvenzrecht enthält Art. 27 EuInsVO.

2 Die Vorschrift regelt die **Zulässigkeit** und die **Voraussetzungen** eines **parallelen inländischen Sonderverfahrens.**[1] Das Sekundärverfahren verfolgt zum einen das **Ziel,** die lokalen Gläubiger zu **schützen.** Andererseits hilft es aber auch bei der **Strukturierung** der Insolvenzabwicklung bei unübersichtlichen Vermögensverhältnissen, da mit der lex fori concursus secundarii

[3] *Liersch* NZI 2003, 302 (309).
[4] BT-Drs. 15/16, 25; BT-Drs. 12/2443, 245; *Liersch* NZI 2003, 302 (309); *Hausmann* in Reithmann/Martiny IntVertragsR Rn. 6.747.
[5] MüKoInsO/*Reinhart* Rn. 1.
[6] BT-Drs. 15/16, 25.
[7] BT-Drs. 15/16, 25.
[8] MüKoInsO/*Reinhart* Rn. 8.
[9] So zutr. und m. ausf. Begr. Braun/*Delzant* Rn. 13 ff., 17; *Liersch* NZI 2003, 302 (309).
[10] MüKoInsO/*Reinhart* Rn. 9.
[1] MüKoInsO/*Reinhart* Rn. 1.

(§ 335 InsO) das Ortsrecht anwendbar ist. Mit der Eröffnung des Sekundärverfahrens wird ferner verhindert, dass das in Deutschland belegene Vermögen lediglich zur Deckung der Massekosten des Hauptverfahrens verwandt wird, anstatt der Befriedigung der inländischen Gläubiger zu dienen.[2]

II. Zulässigkeit von Sekundärverfahren (Abs. 1)

Abs. 1 befasst sich mit den Voraussetzungen zur Eröffnung des Sekundärinsolvenzverfahrens neben dem Hauptverfahren. Zunächst muss ein **Hauptverfahren** in einem Drittstaat **eröffnet** worden sein (§ 356 Abs. 1 S. 1 InsO). Dies muss ferner **anerkannt** werden (§ 356 Abs. 1 InsO). Das Gericht, das sich mit der Eröffnung eines Sekundärverfahrens befasst muss also inzident die Anerkennungsvoraussetzungen des Hauptverfahrens prüfen.[3] 3

Sodann muss die **Zuständigkeit** zur Eröffnung eines Sekundärinsolvenzverfahrens gegeben sein. Leitet sich die **internationale** Zuständigkeit aus § 354 Abs. 1 InsO ab, ergibt sich die **sachliche** und **örtliche** Zuständigkeit aus § 356 Abs. 3 InsO. 4

Ein **Antrag** auf Eröffnung des Sekundärinsolvenzverfahrens muss **gestellt** worden sein (§ 13 InsO). Hierzu sind der **Gläubiger** (arg. § 354 Abs. 2 InsO) und der **ausländische Insolvenzverwalter** (§ 356 Abs. 2 InsO) berechtigt. Der Schuldner kann sich nicht auf § 13 Abs. 1 S. 2 InsO stützen, wenn er einen Antrag stellen möchte. Hierzu ist er schon wegen des Verlustes seiner Verwaltungs- und Verfügungsbefugnis durch die Eröffnung des ausländischen Hauptinsolvenzverfahrens nicht mehr berechtigt.[4] Aus § 354 Abs. 2 S. 1 InsO ist ferner zu lesen, dass der ausländische Insolvenzverwalter nicht zur Stellung eines Antrags berechtigt ist, wenn nur Vermögen des Schuldners im Inland vorhanden ist und nicht etwa eine Niederlassung. 5

Im Falle des **Vermögensgerichtsstandes** muss zudem nach § 354 Abs. 2 S. 1 InsO ein besonderes Interesse das antragstellenden Gläubigers an der Eröffnung des Partikularinsolvenzverfahrens bestehen. 6

III. Kreis der Antragsberechtigten (Abs. 2)

Antragsberechtigt sind zunächst die **Gläubiger** und der **Schuldner.** Dies folgt aus § 13 Abs. 1 S. 2 InsO. Darüber hinaus normiert § 356 Abs. 2 InsO das Antragsrecht des **ausländischen Insolvenzverwalters.**[5] Eine vergleichbare Vorschrift findet sich in Art. 29 lit. a EuInsVO (→ EuInsVO Art. 34 Rn. 2 ff.). 7

Durch das eigene Antragsrecht soll der Verwalter die Möglichkeit haben, das Sekundärinsolvenzverfahren gezielt als **Werkzeug** zur Insolvenzabwicklung einzusetzen. Einen solchen Antrag wird er insbesondere stellen, wenn er einen Gegenstand verwerten will, der von dem ausländischen Verfahren nicht erfasst wird, zB weil die dortige lex fori die Insolvenzmasse enger definiert als die im deutschen Sekundärverfahren nach § 335 InsO anwendbaren §§ 35 ff. InsO. Durch die Anwendung des Ortsrechts wird zudem die Abwicklung erleichtert.[6] 8

Wenn der ausländische Insolvenzverwalter den Antrag auf Eröffnung eines Sekundärverfahrens nicht einreicht, wenngleich dies für eine bestmögliche Verwaltung erforderlich wäre, setzt er sich der Gefahr einer Schadensersatzpflicht aus.[7] Voraussetzung hierfür ist, dass „seine" Rechtsordnung eine dem § 60 InsO entsprechende Vorschrift enthält. 9

IV. Keine Prüfung von Eröffnungsgründen (Abs. 3)

Nach § 356 Abs. 3 InsO **muss** der **Eröffnungsgrund nicht gegeben sein,** wenn das Hauptinsolvenzverfahren bereits eröffnet worden ist. Hierbei handelt es sich keineswegs nur um eine widerlegbare Vermutung der schuldnerischen Insolvenz.[8] Vielmehr besteht für eine solche Überprüfung nach der anzuerkennenden ausländischen Hauptverfahrenseröffnung kein Raum mehr.[9] 10

---

2 *Bloching,* Pluralität und Partikularinsolvenz: eine Untersuchung zum deutschen internationalen Insolvenzrecht, 2000, 211 f.

3 MüKoInsO/*Reinhart* Rn. 6.

4 MüKoInsO/*Reinhart* Rn. 9.

5 Braun/*Delzant* Rn. 7.

6 MüKoInsO/*Reinhart* Rn. 3.

7 Vgl. MüKoInsO/*Brandes/Schoppmeyer* § 356 Rn. 31.

8 MüKoInsO/*Reinhart* Rn. 12; so aber *Kolmann,* Kooperationsmodelle im Internationalen Insolvenzrecht, 2001, 218.

9 *Liersch* NZI 2003, 302 (309).

§ 357 Zusammenarbeit der Insolvenzverwalter

(1) [1]Der Insolvenzverwalter hat dem ausländischen Verwalter unverzüglich alle Umstände mitzuteilen, die für die Durchführung des ausländischen Verfahrens Bedeutung haben können. [2]Er hat dem ausländischen Verwalter Gelegenheit zu geben, Vorschläge für die Verwertung oder sonstige Verwendung des inländischen Vermögens zu unterbreiten.

(2) Der ausländische Verwalter ist berechtigt, an den Gläubigerversammlungen teilzunehmen.

(3) [1]Ein Insolvenzplan ist dem ausländischen Verwalter zur Stellungnahme zuzuleiten. [2]Der ausländische Verwalter ist berechtigt, selbst einen Plan vorzulegen. [3]§ 218 Abs. 1 Satz 2 und 3 gilt entsprechend.

Übersicht

I. Normzweck

1 § 357 InsO ist identisch mit **§ 398 InsO-RegE** und vergleichbar mit **Art. 41, 45 Abs. 3 EuInsVO.** Die Vorschrift verpflichtet den **Haupt- und den Sekundärverwalter zur Zusammenarbeit.** § 357 Abs. 1 InsO normiert die **Kooperationspflicht** des Sekundärverwalters gegenüber dem Hauptverwalter. Nach Abs. 2 hat der Hauptverwalter ein **Teilnahmerecht** an dem deutschen Verfahren und Abs. 3 ermöglicht ihm eine **Stellungnahme** in Bezug auf einen **Insolvenzplan;** außerdem kann wird ihm die Befugnis eingeräumt, einen eigenen Insolvenzplan vorzulegen. Dabei handelt es sich um Mindestanforderungen. Die Verwalter können selbst über dieses Maß der Kooperation hinausgehen, indem sie Verträge schließen. § 357 verpflichtet nur Sekundärverwalter. Wünschenswert ist jedoch eine gegenseitige Zusammenarbeit.[1]

2 Die Vorschrift bezweckt eine **optimale Verwertung** des schuldnerischen Vermögens.[2] Der Auffassung, dass die Vorschrift auch auf eine Stärkung der Belange des Hauptverfahrens abziele,[3] kann nicht zugestimmt werden. Denn das autonome internationale Insolvenzrecht gilt vor allem im Verhältnis zwischen Deutschland und einem Drittstaat. Damit liegt der Zweck in erster Linie in dem Schutz des inländischen Rechtsverkehrs und nur sekundär in der Effizienz der Verwaltung.[4] Somit kann der Sinn der Vorschrift auch nicht darin bestehen, das ausländische Hauptverfahren zu stärken.

3 § 357 InsO gilt zunächst allein zwischen dem Haupt- und dem Sekundärverwalter und nicht im Verhältnis der Sekundärverwalter untereinander. Denn der Gesetzgeber hat gerade keine Regelung nach Art des Art. 41 Abs. 1 EuInsVO („für den Verwalter des Hauptinsolvenzverfahrens und für die Verwalter der Sekundärinsolvenzverfahren")[5] getroffen. Das Gesetz handelt stattdessen nur von dem Insolvenzverwalter und meint damit den des deutschen Sekundärverfahrens. Das ergibt sich schon aus der systematischen Stellung im Dritten Abschnitt. Dieser Sekundärverwalter soll dem ausländischen Verwalter die betreffenden Umstände mitteilen. Die Rede ist also nicht von „den ausländischen Verwaltern", dh nicht von weiteren Sekundärverwaltern, sondern nur von dem Hauptverwalter. Insofern ist keine Lücke ersichtlich. Daher ist die Kooperation der Sekundärverwalter untereinander allein im Wege von Verwaltungsverträgen vorzunehmen.[6]

4 § 357 InsO betrifft nur das Verhältnis zwischen den Verwaltern und nicht zwischen den **Gerichten.** Diese sind nicht durch § 357 InsO verpflichtet, können aber nach Bedarf eine Zusammenarbeit anstreben.

---

[1] Braun/*Delzant* Rn. 1 f.
[2] BT-Drs. 15/16, 26.
[3] MüKoInsO/*Reinhart* Rn. 2.
[4] Erkennen lässt sich dies ua daran, dass der Insolvenzverwalter im Falle eines Vermögensgerichtsstandes keine Antragsbefugnis nach § 354 Abs. 2 InsO hat.
[5] Dazu → EuInsVO Art. 41 Rn. 10 ff.
[6] *Liersch* NZI 2003, 302 (310).

II. Pflicht zur Unterrichtung (Abs. 1 S. 1)

§ 357 Abs. 1 S. 1 InsO regelt die **allgemeine Unterrichtungspflicht** des inländischen Sekundärverwalters gegenüber dem ausländischen Hauptverwalter. Hierdurch soll die territoriale Aufspaltung der Insolvenzmasse abgemildert und eine bestmögliche Verwaltung und Verwertung der auf mehrere Staaten verteilten Aktivmasse erreicht werden.[7] Auch soll der Hauptverwalter gewisse Möglichkeiten zur Einwirkung auf die Sekundärverfahren erlangen.[8] 5

Die Unterrichtungspflicht bezieht sich auf **„alle Umstände, die für die Durchführung des ausländischen Verfahrens Bedeutung haben können"**. Das sind Umstände, die bedeutende Teile der Masse oder wichtige verfahrensleitende Entscheidungen betreffen, um die Arbeit der Verwalter nicht unnötig zu erschweren. Dabei muss die rechtliche Selbstständigkeit der Verfahren gewahrt bleiben. Innerstaatliche Rechtsvorschriften können die Unterrichtungspflichten begrenzen. 6

Im Einzelnen muss der Sekundärverwalter den Hauptverwalter über folgende Aspekte informieren: die **Eröffnung des Sekundärverfahrens,** die **Vermögensübersicht,** die **Ergebnisse des allgemeinen Prüfungstermins,** die Vornahme einer **Verteilung** und die möglicherweise vorhandene Masseunzulänglichkeit, die **Aufhebung** oder **Einstellung** des Verfahrens,[9] in Aussicht genommene und rechtshängig gemachte **Rechtsstreitigkeiten** zur Wiederherstellung der Soll-Masse (Anfechtungsprozesse und Klagen auf Ersatz von Gesamtschäden, §§ 92, 93 InsO), im Sekundärinsolvenzverfahren **angemeldete Forderungen,** das **Ergebnis der Forderungsprüfung,** den Stand von **Feststellungsprozessen** oder vergleichbarer Verfahren, die **Rangfolge** der Gläubiger, die in Aussicht genommenen **Reorganisations- und Sanierungsmaßnahmen** und die nach den Teilungsverzeichnissen voraussichtlich zu erzielenden **Quoten.**[10] 7

§ 357 Abs. 1 InsO stellt eine **einseitige Pflicht des Sekundärverwalters** auf. Daraus folgt, dass der Sekundärverwalter nicht seine Informationspflicht verweigern kann, weil der Hauptverwalter ihn selbst nicht unterrichtet hat. 8

III. Vorschlagsrecht des ausländischen Verwalters (Abs. 1 S. 2)

§ 357 Abs. 1 S. 2 InsO legt eine besondere **Kooperations- und Unterrichtungspflicht** fest. Der Sekundärverwalter muss dem ausländischen Verwalter die Gelegenheit geben, Vorschläge für die Verwertung oder die sonstige Verwendung des inländischen Vermögens zu unterbreiten. Dies muss **vor** der Durchführung der Maßnahme erfolgen. Sind im inländischen Verfahren Verwertungsmaßnahmen geplant, so sind diese zurückzustellen.[11] Dem Hauptverwalter muss nur die Möglichkeit eingeräumt werden, **Äußerungen** und **Vorschläge** vorzubringen.[12] Ein solcher Vorschlag könnte etwa die übertragende Sanierung des Gesamtunternehmens beinhalten.[13] Der Hauptverwalter hat ein **Rederecht,** um seine Vorschläge äußern zu können. Insofern muss er auch **geladen** werden.[14] Im Übrigen hat er aber nicht die gleichen Befugnisse wie ein Gläubiger. Hätte der Gesetzgeber dies gewollt, hätte er eine dem Art. 45 Abs. 3 EuInsVO entsprechende Regelung getroffen. Der Sekundärverwalter ist auch nicht an die Vorschläge des Hauptverwalters gebunden.[15] 9

IV. Teilnahme an Gläubigerversammlungen (Abs. 2)

§ 357 Abs. 2 InsO räumt dem ausländischen Hauptverwalter die Befugnis ein, an der Gläubigerversammlung teilzunehmen. Damit wird der Personenkreis des § 74 InsO erweitert. 10

Welche Rechte dem Hauptverwalter im Einzelnen zukommen, ergibt sich nicht aus § 357 Abs. 2 InsO. Jedenfalls hat er das Recht, geladen zu werden, Verwertungsvorschläge zu unterbreiten und darüber abstimmen zu lassen. Allerdings hat er lediglich ein Äußerungsrecht und **kein Stimmrecht,** es sei denn er wurde iSd § 341 Abs. 3 InsO bevollmächtigt.[16] Ihm kommen nicht die Rechte eines Insolvenzgläubigers zu, denn hätte der Gesetzgeber dies gewollt, hätte er eine dem Art. 32 Abs. 3 EuInsVO entsprechende Regelung getroffen hiervon hatte er aber bewusst abgesehen. 11

---

7 MüKoInsO/*Reinhart* Rn. 2.
8 MüKoInsO/*Reinhart* Rn. 1 zur Koordinationsaufgabe des Verwalters des Hauptverfahrens.
9 BT-Drs. 15/16, 26; BT-Drs. 12/2443, 246; *Kolmann,* Kooperationsmodelle im Internationalen Insolvenzrecht, 2001, 240.
10 Braun/*Delzant* Rn. 3 f.; Uhlenbruck/*Lüer* Rn. 6 f.; *Virgós/Schmit* Rn. 230.
11 BT-Drs. 12/2443, 246.
12 *Liersch* NZI 2003, 302 (310).
13 BT-Drs. 15/16, 26; BT-Drs. 12/2443, 246.
14 BT-Drs. 15/16, 26.
15 *Liersch* NZI 2003, 302 (310).
16 Braun/*Delzant* Rn. 7.

V. Insolvenzplanverfahren (Abs. 3)

12 § 357 Abs. 3 InsO befasst sich mit den Befugnissen des ausländischen Insolvenzverwalters im inländischen Insolvenzplanverfahren im Rahmen des Sekundärinsolvenzverfahrens. Nach § 357 Abs. 3 S. 1 InsO ist der Insolvenzplan dem ausländischen Verwalter zur **Stellungnahme** zuzuleiten. Insofern kommt ihm eine Position zu, die mit derjenigen der zu informierenden Stellen iSv § 232 InsO vergleichbar ist.[17]

13 § 357 Abs. 3 S. 2 InsO geht weiter und räumt dem Hauptverwalter ein **eigenes Vorschlagsrecht** ein. Er hat insofern die gleiche Rechtsstellung wie Personen, die gemäß § 218 Abs. 1 S. 1 InsO zur Vorlage des Plans berechtigt sind.[18] Der Hauptverwalter kann die Planvorlage mit dem Antrag auf Eröffnung eines Partikularverfahrens verbinden *(prepackaged plan)*.[19] Dies folgt aus § 357 Abs. 3 S. 3 InsO iVm § 218 Abs. 1 S. 2 InsO. Geht der Plan erst nach dem Schlusstermin ein, so wird er nach § 357 Abs. 3 S. 3 InsO iVm § 218 Abs. 1 S. 3 InsO nicht berücksichtigt.

VI. Durchsetzung und Schadensersatzpflicht

14 Die Kooperationspflicht kann nicht durch das inländische Insolvenzgericht erzwungen werden.[20] § 357 Abs. 1 InsO gewährt dem ausländischen Hauptverwalter lediglich einen einklagbaren **Auskunftsanspruch.**[21] Im Übrigen besteht die Möglichkeit, beim Insolvenzgericht eine Aufsichtsmaßnahme nach § 58 InsO anzuregen.[22] Unterlässt der inländische Sekundärverwalter seine Informations- und Kooperationspflicht, kommt eine **Schadensersatzpflicht** nach § 60 InsO in Betracht.[23]

§ 358 Überschuss bei der Schlussverteilung

Können bei der Schlussverteilung im Sekundärinsolvenzverfahren alle Forderungen in voller Höhe berichtigt werden, so hat der Insolvenzverwalter einen verbleibenden Überschuss dem ausländischen Verwalter des Hauptinsolvenzverfahrens herauszugeben.

Schrifttum: *Flessner,* Internationales Insolvenzrecht in Deutschland nach der Reform, IPRax 1997, 1.

I. Normzweck

1 Die Sachnorm des § 358 InsO regelt die Pflicht zur **Herausgabe** eines im inländischen Sekundärverfahrens erzielten **Überschusses.** Dabei handelt es sich um eine nur **klarstellende** Regelung, weil die Sperrwirkung des Sekundärinsolvenzverfahrens mit der Beendigung dieses Verfahrens entfällt. Das bislang dem Sekundärverfahren zuzuordnende Vermögen ist nun wieder Gegenstand des Hauptverfahrens. Dies folgt aus dem Wiederaufleben der Wirkungserstreckung des ausländischen Hauptverfahrens auf das Inland. Immerhin bringt § 358 InsO den **Vorrang** zum Ausdruck, den das **Hauptverfahren** gegenüber dem Sekundärinsolvenzverfahren genießt.[1]

2 Eine praktische Bedeutung wird die Norm dagegen kaum erlangen. Ohnehin sind die Fälle gering, in denen in einem Insolvenzverfahren alle Gläubiger befriedigt werden können. Diese Chance wird zudem dadurch minimiert, dass die Möglichkeit der Mehrfachanmeldung besteht. Hierdurch wird die Gläubigerzahl erhöht.

3 **Ähnliche Vorschriften** wie der des § 358 InsO finden sich in § 399 InsO-RegE und Art. 49 EuInsVO. Im Vergleich zu Art. 49 EuInsVO ergeben sich keinerlei inhaltliche Änderungen.[2] Dass bei § 358 InsO vom „ausländischen Verwalter des Hauptinsolvenzverfahrens“[3] die Rede ist anstatt vom „ausländischen Verwalter“, ist eine reine Klarstellung dahingehend, dass eine Pflicht zur Herausgabe des Überschusses jedenfalls nicht gegenüber den Sekundärverwaltern besteht.

4 § 358 InsO **verdrängt § 199 InsO,** wonach die Herausgabe des Überschusses **an den Schuldner** erfolgen muss.[4] Mit dem obersten Ziel aller Insolvenzverfahren, dh einer weitestgehenden Befriedigung aller Gläubiger (vgl. § 1 S. 1 InsO) wäre es nämlich unvereinbar, wenn vor der Befriedi-

---

17 Uhlenbruck/*Lüer* Rn. 13.
18 MüKoInsO/*Reinhart* Rn. 16.
19 Braun/*Delzant* Rn. 8.
20 MüKoInsO/*Reinhart* Rn. 20.
21 MüKoInsO/*Reinhart* Rn. 20.
22 BT-Drs. 15/16, 26; Bt-Drs. 12/2443, 246.
23 MüKoInsO/*Reinhart* Rn. 21.
1 MüKoInsO/*Reinhart* Rn. 1.
2 Braun/*Delzant* Rn. 5.
3 Hervorhebung hinzugefügt.
4 BT-Drs. 15/16, 26; BT-Drs. 12/2443, 247; Braun/*Delzant* Rn. 1.

gung der Gläubiger des Hauptverfahrens eine Zahlung des Überschusses an den Schuldner bzw. dessen Gesellschafter erfolgen würde.[5]

II. Herausgabepflicht

Der deutsche Sekundärverwalter muss dem Hauptverwalter den Überschuss aushändigen.[6] Eine solche Verpflichtung besteht nicht **gegenüber den anderen Sekundärverwaltern.** Das ergibt sich aus dem eindeutigen Wortlaut der Vorschrift ferner aber auch daraus, dass nur ein Hauptverfahren dem Sekundärverfahren vorgeht. 5

Der **Überschuss** setzt sich aus der Geldsumme und Gegenständen zusammen, deren Verwertung nicht möglich war. Ein solcher Überschuss liegt nur vor, wenn alle Gläubiger vollständig befriedigt worden sind. Darunter sind auch die nachrangigen Gläubiger nach § 39 InsO zu verstehen. Denn der Anspruch der Hauptverfahrensmasse ist gegenüber dem der Sekundärverfahrensgläubiger nachrangig. Ferner sind die Masseverbindlichkeiten zunächst von den Aktiva zu subtrahieren. Masseverbindlichkeiten sind insbesondere finanzielle Belastungen, zB umweltrechtlicher Art. Der Abzug erfolgt nach den Vorschriften der inländischen lex fori concursus secundarii. 6

---

5 Braun/*Delzant* Rn. 1; *Liersch* NZI 2003, 302 (310).

6 MüKoInsO/*Reinhart* Rn. 4.

Teil 10. Internationales Finanzmarktrecht*

Schrifttum (allgemein): *Alexander/Eatwell/Dhumale,* Global Governance of Financial Systems, 2006; *Artamonov,* Cross-Border Application of OTC Derivatives Rules: Revisiting the Substituted Compliance Approach, 1 Journal of Financial Regulation 206 (2015); Assmann/Schneider/Mülbert (Hrsg), Wertpapierhandelsrecht, 8. Aufl. 2023; Assmann/Schütze/Buck-Heeb (Hrsg), Handbuch des Kapitalanlagerechts, 5. Aufl. 2020; Attanasio/Norton (Hrsg.), A New International Financial Architecture: A Viable Approach, 2001; *Avgouleas,* Governance of Global Financial Markets, 2012; *Benjamin,* Financial Law, 2007; *Bonneau/Drummond,* Droit des marchés financiers, 3. Aufl. 2010; *Bosch,* Extraterritorial Rules on Banking and Securities, in Meessen (Hrsg.), Extraterritorial Jurisdiction in Theory and Practice, 1996, 200; *Brummer,* Soft Law and the Global Financial System, 2. Aufl. 2015; *Buckley,* International Financial System, 2009; *Choi/Guzman,* The Dangerous Extraterritoriality of American Securities Laws, 17 Nw. J. Int'l L&Bus. 207 (1996–97); *Cosenza,* Paradise Lost: 10(b) after Morrison v National Australia Bank, 11 Chi. J. Int'l L. 343 (2010–2011); *Dalhuisen,* Dalhuisen on Transnational and Comparative Commercial, Financial and Trade Law, 6 Bde., 8. Aufl. 2022; *Davies/Green,* Global Financial Regulation, 2008; *Eatwell/Taylor,* Global Finance at Risk, 2000; *Einsele,* Bank- und Kapitalmarktrecht, 5. Aufl. 2022; *Florian,* Rechtsfragen des Wertpapierhandels im Internet, 2001; Fuchs/Zimmermann, Wertpapierhandelsrecht, 3. Aufl. 2024; *Goodhart,* The Regulatory Response to the Financial Crisis, 2008; *Gowland,* The Regulation of Financial Markets in the 1990s, 1990; *Jackson,* Substituted Compliance: The Emergence, Challenges, and Evolution of a New Regulatory Paradigm, 1 Journal of Financial Regulation 169 (2015); Habersack/Mülbert/Schlitt (Hrsg.), Handbuch der Kapitalmarktinformation, 3. Aufl. 2020; *Hanten,* Der europäische Paß für Zweigniederlassungen von Kredit- und Finanzdienstleistungsinstituten aus deutscher Sicht, ZBB 2000, 245; *Hanten,* Aufsichtsrechtliche Erlaubnispflicht bei grenzüberschreitenden Bankgeschäften und Finanzdienstleistungen, WM 2003, 1412; *Hudson,* The Law on Financial Derivatives, 6. Aufl. 2018; *Jackson/Fleckner/Gurevich,* Foreign Trading Screens in the United States, 1 Capital Markets Law Journal 54 (2006); *Kronke,* Capital Markets and Conflict of Laws, Recueil des cours de l'Academie de la Haye 286 (2000), 245; Kronke/Melis/Kuhn (Hrsg.), Handbuch des Internationalen Wirtschaftsrechts, 2. Aufl. 2017; Kümpel/Mülbert/Früh/Seyfried (Hrsg.), Bankrecht und Kapitalmarktrecht, 6. Aufl. 2022; *Laby,* Regulation of Global Financial Firms After *Morrison v. National Australia Bank,* 87 St. John's Law Review 561 (2013); Schäfer/Sethe/Lang (Hrsg.), Handbuch der Vermögensverwaltung, 3. Aufl. 2022; Lehmann/Kumpan (Hrsg.), European Financial Services Law, 2019; *Lehmann/Manger-Nestler,* Das neue Europäische Finanzaufsichtssystem, ZBB 2011, 2; *Lenenbach,* Kapitalmarktrecht, 2. Aufl. 2010; *Lutter/Bayer/J. Schmidt,* Europäisches Unternehmens- und Kapitalmarktrecht, 6. Aufl. 2017; *McCann,* Offshore Finance, 2006; *Melvin/Norrbin,* International Money and Finance, 9. Aufl. 2019; *Moloney,* EU Securities and Financial Markets Regulation, 4. Aufl. 2023; *Mülbert,* Systemrelevanz, FS Uwe H. Schneider, 2011, 855; *Müller,* Wertpapierprospektgesetz, 2. Online-Aufl. 2017; *Ohler,* Die Kollisionsordnung des Allgemeinen Verwaltungsrechts, 2005; *Partsch,* Droit bancaire et financier européen, 2. Aufl. 2016; *Picciotto,* Regulating Global Corporate Capitalism, 2011; *Ringe,* Regulatory Competition in Global Financial Markets – The Case for a Special Resolution Regime, 1 Annals of Corporate Law 175 (2016); *Romano,* Empowering Investors: A Market Approach to Securities Regulation, 107 Yale L.J. 2359 (1997–98); *Romano,* The Need for Competition in International Securities Regulation, 2 Theoretical Inq. L. 387 (2001); Schäfer/Hamann (Hrsg.), Kapitalmarktgesetze, 2 Bde., 7. Aufl. 2013; *Schalast,* RefE Zweites FiMaNoG: nichts als Umsetzung von MiFID II und MiFIR oder doch mehr?, Recht der Finanzinstrumente 2016, 265; *Schnyder,* Wirtschaftskollisionsrecht, 1990; *Schnyder,* Europäisches Banken- und Versicherungsrecht, 2005; *Schürger,* Equivalence and Substituted Compliance in Financial Markets Law, 2023; *Sethe,* Das Drittstaatenregime von MiFIR und MiFID II, SZW 2014, 615; *Sethe/Lehmann,* Internationales Bank- und Finanzdienstleistungsrecht, in Tietje/Nowrot (Hrsg.), Internationales Wirtschaftsrecht, 3. Aufl. 2022; Schwark/Zimmer (Hrsg.), Kapitalmarktrechtskommentar, 5. Aufl. 2020; *Scott/Gelpern,* International Finance, Transactions, Policy and Regulation, 24. Aufl. 2023; *Sousi-Roubi,* Droit bancaire européen, 1995; *Tennekoon,* The Law and Regulation of International Finance, 1991; *Thomale,* Rechtsquellen des Kapitalmarktrechts – Eine Neuvermessung, NZG 2020, 328; *Tietje,* Architektur der Weltfinanzordnung, in Fassbender/Wendehorst/de Wet ua (Hrsg.), Paradigmen im internationalen Recht. Implikationen der Weltfinanzkrise für das internationale Recht, Berichte der Deutschen Gesellschaft für Völkerrecht, (2012), 243; *Tietje/Lehmann,* The Role and Prospects of International Law in Financial Regulation and Supervision, Journal of International Economic Law 13 (2010), 663; Veil (Hrsg.), Europäisches und deutsches Kapitalmarktrecht, 3. Aufl. 2022; *Wymeersch,* Third-Country Equivalence and Access to the EU Financial Markets Including in Case of Brexit, 4 Journal of Financial Regulation 209–275 (2018); *Zetzsche,* Drittstaaten im Europäischen Bank- und Finanzdienstleistungsrecht, in Bachmann/Breig (Hrsg.), Finanzmarktregulierung zwischen Innovation und Kontinuität in Deutschland, Europa und Russland, 2014, 48; *Zetzsche,* Competitiveness of Financial Centers in Light of Financial and Tax Law Equivalence Requirements, in Buckley/Avgouleas/Arner (Hrsg.), Reconceptualising Global Finance and Its Regulation, 2016, 394–403; Zetzsche/Lehmann (Hrsg.), Grenzüberschreitende Finanzdienstleistungen, 2017.

Schrifttum (Spezialthemen):

Grenzüberschreitende Anforderungen an Banken und Finanzdienstleister: *Andenas/Panourgias,* Applied Monetary Policy and Bank Supervision by the ECB, in Norton/Andenas, International Monetary and Financial Law Upon Entering the New Millenium, 2002, 119; *Binder,* Verbesserte Krisenprävention durch paneuropäische

* Für die Unterstützung bei der Neuauflage danke ich Frau Susanne Brück, Herrn Fabian Schinerl und Herrn Felix Krysa.

Aufsicht?, GPR 2011, 34; *Bodmer/Kleiner/Lutz,* Kommentar zum Bundesgesetz über die Banken und Sparkassen (Schweiz), Stand: 23. Nachlieferung 2015; Fischer/Schulte-Mattler (Hrsg.), Kommentar zu Kreditwesengesetz, VO (EU) Nr. 575/2013 (CRR) und Ausführungsvorschriften, 2 Bde., 6. Aufl. 2023; *Gruson,* Consolidated and Supplementary Supervision of Financial Groups in the European Union, Institute for Law and Finance Working Paper Nr. 19; *Gurlit/Schnabel,* The New Actors of Macroprudential Supervision in Germany and Europe – A Critical Evaluation, ZBB 2015, 349; *Hanten,* Grenzüberschreitende Aspekte des Kreditwesengesetzes und der Wohlverhaltensregeln des Wertpapierhandelsgesetzes, in Baudenbacher, Aktuelle Entwicklungen des Europäischen und Internationalen Wirtschaftsrechts, Bd. 7, 2005, 153; *Hanten,* Outsourcing-Regelungen unter Geltung des § 25a Abs. 2 KWG in der Fassung des FRUG, BKR 2007, 489; *Lehmann/Manger-Nestler,* Einheitlicher Europäischer Aufsichtsmechanismus: Bankenaufsicht durch die EZB, ZBB 2014, 2; *Reimer,* Private Trustees Beware: A Review of the Sweeping New SEC Registration Requirements under the Dodd-Frank Wall Street Reform and Consumer Protection Act, 12 J. Bus. & Sec. L. 337 (2011–2012); *Sethe,* Grenzüberschreitende Kundenakquise – Verschärftes Finanzmarktaufsichtsrecht der EU, SZW 2022, 433; *Seebach,* Die Reichweite des Marktortprinzips im Inlandsmerkmal nach § 32 Abs. 1 Satz 1 KWG, WM 2010, 733; Sethe/Favre/Hess/Kramer/Schott (Hrsg.), Kommentar zum Finanzmarktinfrastrukturgesetz, 2017; *Steck/Campbell,* Die Erlaubnispflicht für grenzüberschreitende Bankgeschäfte und Finanzdienstleistungen, ZBB 2006, 354; *Tröger,* Der Einheitliche Aufsichtsmechanismus (SSM) – Allheilmittel oder quacksalberische Bankenregulierung?, ZBB 2013, 373; *Witte,* The Application of National Banking Supervision Law by the ECB: Three Parallel Modes of Executing EU Law?, 21 Maastricht Journal of European and Comparative Law 89 (2014); *Wymeersch,* Das neue europäische Finanzmarktregulierungs- und Aufsichtssystem, ZGR 2011, 443; *Zimmer,* Internationales Gesellschaftsrecht, 1996.

Rechtsfragen des Brexit: *Berger/Badenhoop,* Brexit – Folgen für Kreditinstitute, WM 2018, 1078; *Ceyssens/Tarde,* Äquivalenz im Finanzdienstleistungsrecht der Europäischen Union, EuZW 2019, 805; *Gallei/Mirtschink,* Derivate-Clearing nach dem Brexit, EuZW-Sonderausgabe 1/2020, 39; *Glander/Agirman,* Auswirkungen des Brexit auf die deutsche Fondsindustrie und den Marktzugang von UK-Finanzdienstleistern, Recht der Finanzinstrumente 2019, 4; *Hanten/Sacarcelik,* Die Auswirkungen des Brexit auf den Marktzugang von Kreditinstituten und Wertpapierfirmen, WM 2018, 1872; *Kastl,* Brexit – Auswirkungen auf den Europäischen Pass für Banken, Beiträge zum Transnationalen Wirtschaftsrecht, Bd. 149 (April 2018); *Lehmann,* Derivateclearing post-Brexit: Extraterritoriale Rechtsanwendung unter dem neuen Paradigma einer gemeinsamen Aufsicht, ZBB 2021, 177; *Lehmann/Schürger,* Brexit-Steuerbegleitgesetz und Brexit-Übergangsgesetz – Sicherheit trotz Unsicherheit?, BKR 2019, 365; *Moloney,* Financial Services under the Trade and Cooperation Agreement: Reflections on Unfinished Business for the EU and UK, Brexit Institute Working Paper Series, No 3/2021; *Nemeczek/Pitz,* Die Auswirkungen des Brexit auf den Europäischen Pass für CRR-Kreditinstitute und Wertpapierhandelsunternehmen, WM 2017, 120; *Lehmann/Zetzsche,* How Does It Feel to Be a Third Country? The Consequences of Brexit for Financial Market Law, in Fitzgerald/Lein (Hrsg.), Complexity's Embrace, 2018, 105; *Parrish/Ryngaert,* Cambridge Handbook of Extraterritoriality, 2023; *Partsch/Zeaiter,* Opérateurs Bancaires et financiers face au Brexit, in Bahurel/Bernard/Ho-Dac (Hrsg.), Le Brexit – Enjeux régionaux, nationaux et internationaux d'un retrait annoncé, 2017, 307; *Terhechte,* All's well that ends well? – Das EU/VK-Handels- und Kooperationsabkommen, NJW 2021, 417; *Wymeersch,* Brexit and the Provision of Financial Services into the EU and into the UK, ECFR 2018, 732; *Wymeersch,* Third-Country Equivalence and Access to the EU Financial Markets Including in Case of Brexit, Journal of Financial Regulation 2018, 209; *Zetzsche/Lehmann,* Das Vereinigte Königreich als Drittstaat?, AG 2017, 651.

Kollisionsrechtliche Fragen der Börsen und elektronischen Handelsplätze: *Christoph,* Börsenkooperationen und Börsenfusionen, 2007; Claussen/Erne (Hrsg.), Bank- und Börsenrecht, 6. Auflage 2023; *Kumpan,* Die Regulierung außerbörslicher Wertpapierhandelssysteme im deutschen, europäischen und US-amerikanischen Recht, 2006; *Licht,* Stock Exchange Mobility, Unilateral Recognition, and the Privatization of Securities Regulation, 41 Va. J. Int'l L. 583 (2000–2001); *Patz,* Handelsplattformen für Kryptowährungen und Kryptoassets, BKR 2019, 435; *Schammo,* Regulating Transatlantic Stock Exchanges, 57 ICLQ 827 (2008); *Schuster,* Die internationale Anwendung des Börsenrechts, 1996; *Schopper/Raschner,* Die aufsichtsrechtliche Einordnung von Krypto-Börsen in Österreich, ÖBA 2019, 249; *Vaupel,* Genehmigungszuständigkeit für grenzüberschreitenden computergestützten Börsenhandel, RIW 1993, 733.

Kollisionsrechtliche Fragen der Publizität auf dem Primär- und Sekundärmarkt: *Arons,* 'All roads lead to Rome': Beware of consequences! The law applicable to prospectus liability claims under the Rome II Regulation, Nederlands Internationaal Privaatrecht 2008, 481; *Assmann,* Neuemissionen von Wertpapieren über Internet – Initial Public Offerings (IPO's) als Gegenstand des deutschen Kapitalmarktrechts, FS Rolf A. Schütze, 1999, 15; *Bachmann,* Die internationale Zuständigkeit für Klagen wegen fehlerhafter Kapitalmarktinformation, IPRax 2007, 77; *Bischoff,* Die Prospekthaftung beruflicher Sachkenner de lege late und de lege ferenda, AG 2002, 489; *Einsele,* Internationales Prospekthaftungsrecht – Kollisionsrechtlicher Anlegerschutz nach der Rom II-Verordnung, ZEuP 2012, 23; *Buck-Heeb,* Whitepaper-Haftung nach MiCAR, BKR 2023, 689; *Fox,* Securities Disclosure in a Globalizing Market: Who Should Regulate Whom, 95 Mich. L. Rev. 2498 (1996–1997); *Fox,* Retaining Mandatory Securities Disclosure: Why Issuer Choice is Not Investor Empowerment, 85 Va. L. Rev. 1335 (1999); *Fox,* The Securities Disclosure Globalization Debate, 78 Wash. U. L. Q. 567 (2000); *Fox,* The Issuer Choice Debate, 2 Theoretical Inq. L. 563 (2001); *Fox,* U.S. Perspectives on Global Securities Market Disclosure Regulation: A Critical Review, EBOR 3 (2002), 337; *Freitag,* Internationale Prospekthaftung revisited – Zur Auslegung des europäischen Kollisionsrechts vor dem Hintergrund der „Kolassa"-Entscheidung des EuGH, WM 2015, 1165; *Garcimartín/Alférez,* The law applicable to prospectus liability in the European Union, Law and Financial Markets

Review 2011, 449; *Grundmann,* Binnenmarktkollisionsrecht – vom klassischen IPR zur Integrationsordnung, RabelsZ 54 (1990), 283; *v. Hein,* Die internationale Prospekthaftung im Lichte der Rom II-VO, in Baum/Fleckner/Hellgardt/M. Roth (Hrsg.), Perspektiven des Wirtschaftsrechts, 2008, 371; *v. Hein,* Financial Crisis and the Conflict of Laws in Berichte der Deutschen Gesellschaft für Völkerrecht (45) 2012, 369; *v. Hein,* Internationaler Gerichtsstand für Ansprüche geschädigter Kapitalanleger, JZ 2015, 946; *Hopt,* Emission, Prospekthaftung und Anleihetreuhand im internationalen Recht, FS W. Lorenz, 1991, 413; *Kollmorgen/Feldhaus,* Ungelöste Fragen der Anwendung des neuen Wertpapierprospektgesetzes, BB 2007, 225; *Kronke,* Capital Markets and Conflict of Law, Recueil des cours 2000, 245; *Lehmann,* Vorschlag für eine Reform der Rom II-Verordnung im Bereich der Finanzmarktdelikte, IPRax 2012, 399; *Mankowski,* Finanzverträge und das neue Internationale Verbrauchervertragsrecht des Art. 7 Rom-I-VO, RIW 2009, 98; *Nisi,* La giurisdizione in materia di responsabilitá delle agenzie di rating alla luce del regolamento Bruxelles I, Rivista di diritto internazionale privato e processuale 2013, 385; *Sánchez Fernández,* El folleto en las ofertas públicas de venta de valores negociables (OPV) y responsabilidad, 2015, 330; *Spindler,* Internet, Kapitalmarkt und Kollisionsrecht unter besonderer Berücksichtigung der E-Commerce-Richtlinie, ZHR 165 (2001), 324 (352); *Spindler,* Emissionen im Internet – Kapitalmarktrecht und Kollisionsrecht, NZG 2000, 1058; *Ringe,* Die Neuregelung des Internationalen Kapitalmarktpublizitätsrechts durch die Neufassung der Publizitätsrichtlinie, AG 2007, 809; *Thomale,* Internationale Kapitalmarktinformationshaftung, ZGR 2020, 332; *Weber,* Internationale Prospekthaftung nach der Rom II-Verordnung, WM 2008, 1581.

Kollisionsrechtliche Fragen des Insiderhandels: *Kehoe,* Exporting Insider Trading Laws: The Enforcement of U.S. Insider Trading Laws Internationally, 9 Emory Int'l L. Rev. 345 (1995); *Nietsch,* Internationales Insiderrecht, 2004.

Internationales Übernahmerecht: *Basnage/Curtin/Rubin,* Cross-Border Tender Offers and Other Business Combination Transactions and the U.S. Federal Securities Laws: An Overview, 61 Business Lawyer 1071 (2006); *v. Hein,* Grundfragen des europäischen Übernahmekollisionsrechts, AG 2001, 213; Van Gerven (Hrsg.), Common Legal Framework for Takeover Bids in Europe, 2 Bde., 2008/2010.

Kollisionsrechtliche Fragen der Wertpapierdienstleistungen: *Bliesener,* Aufsichtsrechtliche Verhaltenspflichten beim Wertpapierhandel, 1998; *Castagnino,* Derivatives, 3. Aufl. 2009; *Hanten,* Outsourcing-Regelungen unter Geltung des § 25a Abs. 2 KWG in der Fassung des FRUG, BKR 2007, 489; *Kiel,* Internationales Kapitalanlegerschutzrecht, 1994; *Spindler,* Internationale Kapitalmarktangebote und Dienstleistungen im Internet, WM 2001, 1689.

Internationales Investmentrecht: *Martin,* Private Investment Companies in the Wake of the Financial Crisis: Rethinking the Effectiveness of the Sophisticated Investor Exemption, 37 Del. J. Corp. L. 49 (2012–2013); *Möllers/Harrer/Krüger,* Die Regelung von Hedgefonds und Private Equity durch die neue AIFM-Richtlinie, WM 2011, 1537; *Ordower,* The Regulation of Private Equity, Hedge Funds, and State Funds, 58 Am. J. Comp. L. 295 (2010); *Schelm,* Sorgfalts- und Loyalitätspflichten im Investmentrecht, 2008; *Spindler/Tancredi,* Die Richtlinie über Alternative Investmentfonds (AIFM-Richtlinie), WM 2011, 1393 und WM 2011, 1441; *Wallach,* Umsetzung der AIFM-Richtlinie in deutsches Recht – erste umfassende Regulierung des deutschen Investmentrechts, Recht der Finanzinstrumente 2013, 92; Zetzsche (Hrsg.), The Alternative Investment Fund Managers Directive, 3. Aufl. 2020; *Zetzsche/Preiner,* Was ist ein AIF?, WM 2013, 2101.

Kollisionsrechtliche Fragen der Ratingagenturen: *Dutta,* Die neuen Haftungsregeln für Ratingagenturen in der Europäischen Union: Zwischen Sachrechtsvereinheitlichung und europäischem Entscheidungseinklang, WM 2013, 1729; *Dutta,* Die Haftung amerikanischer Ratingagenturen in Europa – Die Rolle des internationalen Privatrechts, IPRax 2014, 33.

Internationales Finanzmarktstrafrecht: *Popp,* Das Rätsel des § 38 Abs. 5 WpHG – Transnationales Regelungsbedürfnis und Gesetzgebungstechnik im Nebenstrafrecht, wistra 2011, 169.

Kollisionsrechtliche Fragen der FinTech: *Arner/Barberis/Buckley,* The Evolution of Fintech: A New Post-Crisis Paradigm?, University of Hong Kong Faculty of Law Research Paper No. 2015/047; *Arner/Zetzsche/Buckley/Kirkwood,* The Financialization of Crypto: Lessons from FTX and the Crypto Winter of 2022-2023, University of Hong Kong Faculty of Law Research Paper Nr. 2023/19; *García de la Cruz,* La irrupción del sandbox regulatorio: propuestas para las fintech españolas, Cuadernos de Información Económica Nr. 264 (2018), 15; *Greenberg,* Rethinking Technology Neutrality, Minnesota Law Review 2016, 1495; *Harman,* Neue Instrumente des Zahlungsverkehrs: PayPal & Co., BKR 2018, 457; *Ji,* Are Robots good Fiduciaries? Regulating Robo-Advisors under the Investment Advisers Act of 1940, Columbia Law Review 117 (2017), 1543; *Keding,* Die aufsichtsrechtliche Behandlung von Machine-to-Machine-Zahlungen unter Rückgriff auf Peer-to-Peer-Netzwerke, WM 2018, 64; *Lange,* Die Regulatory Sandbox für Fintechs, FS Schwintowski, 2017, 331; *Lehmann,* Global Rules for a Global Market Place? – The Regulation and Supervision of FinTech Providers, EBI Working Paper Series Nr. 45, 2019 = 39 Boston University International Law Journal 2019; *Lutz,* Regulatorische Herausforderung von Bezahlsystemen: PayPal & Co, ZVglRWiss 116 (2017), 177; Möslein/Omlor (Hrsg.), FinTech-Handbuch, 2. Aufl. 2021; *Palá Laguna,* La licencia sandbox para las Fintech: ¿es necesario un nuevo derecho para estos nuevos hechos?, Revista de derecho del mercado de valores 22 (2018), 4; *Ringe/Ruof,* A Regulatory Sandbox for Robo Advice, EBI Working Paper Series Nr. 26, 2018; *Robinson,* Easing the Burden on Mobile Payments: Resolving Current Deficiencies in Money Transmitter Regulation, 18 North Carolina Banking Institute 553 (2013) 564; *Zetzsche/Buckley/Barberis/Arner,* Regulating a Revolution: From Regulatory Sandboxes to Smart Regulation, 23 Fordham Journal of Corporate and Financial Law 31–103 (2017), 53.

Kollisionsrechtliche Fragen der Kryptowerte: *Aigner,* Das internationale Privatrecht und die Blockchain – ein unlösbarer gordischer Knoten?, ZfRV 2020, 211; *Barsan,* Legal Challenges of Initial Coin Offerings (ICO), Revue trimestrielle de droit financier, 2017, Nr. 3, 54; *Buhl,* Die dingliche Zuordnung von Kryptowerten im Kollisionsrecht, RDi 2024, 74; *Denga,* Non-Fungible Token im Bank- und Kapitalmarktrecht, BKR 2022, 288; *Drogemüller,* Blockchain-Netzwerke und Krypto-Token im Internationalen Privatrecht, 2023; *V. Ferrari,* The Regulation of Crypto-Assets in the EU – Investment and Payment Tokens under the Radar, Maastricht Journal of European and Comparative Law 2020, 325; *Fritz,* Anbieter von Kryptowerte-Dienstleistungen nach der MiCAR, BKR 2023, 747; *Fromberger/Haffke/Zimmermann,* Kryptowerte und Geldwäsche, BKR 2019, 377; *Guillaume,* Aspects of Private International Law Related to Blockchain Transactions, in Kraus/Obrist/Hari (Hrsg.), Blockchains, Smart Contracts, Decentralised Organisations and the Law, 2019, 49; *Hacker/Thomale,* Crypto-Securities Regulation: ICOs, Token Sales and Cryptocurrencies under EU Financial Law, 15(4) European Company and Financial Law Review 645-696 (2018); *Haentjens/de Graaf/Kokorin,* „The Failed Hopes of Disintermediation: Crypto-Custodian Insolvency, Legal Risks and How to Avoid Them" (2020) 2 Singapore Journal of Legal Studies 526; *Hanner,* Internationales Kryptowerterecht, 2022; *Hennecke,* „Darf ich in Bitcoin zahlen?" – Geldwäscherisiken für Industrie- und Handels-Unternehmen bei Bitcoin-Transaktionen, CCZ 2018, 120; *Höhlein/Weiß,* Krypto-Assets, ICO und Blockchain: prospektrechtliche Perspektive und aufsichtsrechtliche Praxis, Recht der Finanzinstrumente 2019, 116; *Hsiao,* Smart Contract on the Blockchain-Paradigm Shift for Contract Law, 14 US-China Law Review 685 (2017); *John/Patz,* ZuFinG und FinmadiG – eine Neuordnung der Krypto-Landschaft, BKR 2023, 849; *Jutzi/Abbühl,* Die Fintech-Massnahmen der EU und das „Finanzinstrument", EuZ 2022, 1; *Knöfel,* Elektronische Wertpapiere im Internationalen Privatrecht, FS v. Bar, 2022, 157; *Krönke,* Kryptoverwaltungsrecht, RDi 2024, 1; *Lehmann,* Who Owns Bitcoin? Private Law Facing the Blockchain, 21 Minn. J.L. Sci. & Tech. 93 (2019); *Lehmann,* Internationales Privat- und Zivilprozessrecht, in Omlor/Link (Hrsg.), Kryptowährungen und Token, 2021, 173; *Lehmann,* Wertpapierarten, in Omlor/Möslein/Grundmann (Hrsg.), Elektronische Wertpapiere, 2021, 59; *Lehmann,* National Blockchain Laws as a Threat to Capital Markets Integration, Uniform Law Review, 2021, 148; *Lehmann,* Das Gesetz zur Einführung von elektronischen Wertpapieren, NJW 2021, 2318; *Lehmann,* Kollisionsregeln für die Blockchain im Rechtsvergleich 122 (2023), 269; *Lehmann,* Neuer weltweiter Goldstandard oder Gift für die europäische Kryptoindustrie?, ÖBA 2024, 248; *Lehmann,* MiCAR – Gold Standard or Regulatory Poison for the Crypto Industry?, 61 Common Market Law Review 2024, 699; *Leimgruber/Flückiger,* Digitale Finanzdienstleistungen in der Schweiz, in Klebeck/Dobrauz (Hrsg.), Rechtshandbuch Digitale Finanzdienstleistungen, 2018, 33; *Mann,* Die Decentralized Autonomous Organization – ein neuer Gesellschaftstyp? Gesellschaftsrechtliche und kollisionsrechtliche Implikationen, NZG 2017, 1014; *Maume/Haffke/Zimmermann,* Bitcoin versus Bargeld – Die geldwäscherechtliche Verpflichtung von Güterhändlern bei Zahlungen mit Kryptowährungen, CCZ 2019, 149; Maume/Maute (Hrsg.), Rechtshandbuch Kryptowerte, 1. Aufl. 2020; *Maume,* Die Verordnung über Märkte für Kryptowerte (MiCAR) – Teil 1, RDi 2022, 461; *Maume,* Die Verordnung über Märkte für Kryptowerte (MiCAR) – Teil 2, RDi 2022, 497; *Maume/Siadat,* Struktur, Definitionen und Anwendungsfälle der Kryptoregulierung, NJW 2023, 1168; *Martiny,* Virtuelle Währungen, insbesondere Bitcoins, im Internationalen Privat- und Zivilverfahrensrecht, IPRax 2018, 553; *Michel/Schmitt,* MiCAR – Governance- & Compliance-Anforderungen für Kryptodienstleister, CCZ 2023, 261; *Möslein,* Smart Contracts im Zivil- und Handelsrecht, ZHR 183 (2019) 254; Müller/Pieper (Hrsg.), Gesetz über elektronische Wertpapiere (eWpG), 2022; *Ng,* Choice of law for property issues regarding Bitcoin under English law, JPIL 2019, 315; *Omlor,* Kryptowährungen im Geldrecht, ZHR 183 (2019) 294; *Omlor,* Stablecoins unter MiCAR: EU-Zahlungsverkehrsrecht für vermögenswertereferenzierte und E-Geld-Token, ZHR 187 (2023), 635; *Omlor,* PayPal Stablecoin (PYUSD) aus Sicht der MiCAR, RdZ 2023, 164; *Piska/Völkel* (Hrsg.) Blockchain Rules, 2. Aufl. 2024; *Raschner,* Das (neue) Marktmanipulationsrecht für Kryptowerte, BKR 2022, 217; *Rohr,* Smart Contracts and Traditional Contract Law, or: The Law of the Vending Machine, 67 Cleveland State Law Review 71 (2019); *Schwemmer,* Das Tokensachstatut, IPRax 2022, 331; *Siadat,* MiCAR – Regulierte Finanzinstrumente mit Schwerpunktsetzung auf NFT, RdF 2023, 4; *Skauradszun/Schweizer/Kümpel,* Das Kryptoverwahrgeschäft und der insolvenzrechtliche Rang der Kunden – Aussonderung oder Insolvenzquote?, ZIP 2022, 2101; *Smets/Kapeller,* Smart Contracts: Vertragsabschluss und Haftung, ÖJZ 2018, 293; *Spindler/Bille,* Rechtsprobleme von Bitcoins als virtuelle Währung, WM 2014, 1357; *Takahashi,* Law applicable to proprietary issues of crypto-assets, JIPL 2022, 339; *Temte,* Blockchain Challenges Traditional Contract Law: Just How Smart Are Smart Contracts?, 19 Wyoming Law Review 87 (2019); *Toman/Schinerl,* Kryptowerte zwischen WAG 2018 und MiCAR, ÖBA 2023, 178; *Toman/Schinerl,* Non Fungible Token unreguliert, ZFR 2023, 276; *Tomczak,* Crypto-assets and crypto-assets' subcategories under MiCA Regulation, CMLJ 2022, 365; *Trautman,* Virtual Currencies; Bitcoin & What Now after Liberty Reserve, Silk Road, and Mt. Gox?, 20(4) Richmond Journal of Law & Technology (2014); *Tu,* Perfecting Bitcoin, 52 Georgia Law Review 505 (2018); *van der Linden/Shirazi,* Markets in crypto-assets regulation: Does it provide legal certainty and increase adoption of crypto-assets? 9 Financial Innovation (2023); *Valerius,* Strafbarkeitsrisiken für Kryptowerte-Dienstleistende wegen (virtueller) Geldwäsche in Zeiten von MiCAR & Co., RDi 2023, 510; *De Vauplane,* L'analyse juridique du bitcoin, in Association d'économie financière (Hrsg.), Régulation, gouvernance et complexité dans la finance mondialisée, 2014, S. 351-360; *De Vauplane,* Blockchain and Conflict of Laws, Revue trimestrielle de droit financier, 2017, Nr. 4, 50; *De Vauplane,* Blockchain and intermediated securities, Nederlands Internationaal Privaatrecht 2018, 94; *Wendehorst,* Digitalgüter im Internationalen Privatrecht, IPRax 2020, 490; *Wendelstein,* Der Handel von Kryptowährungen aus der Perspektive des europäischen Internationalen Privatrechts, RabelsZ 86 (2022), 644; *Wilke,* Das IPR der elektronischen Wertpapiere, IPRax 2021, 502; *Zetzsche/Arner/Buckley/Föhr,* The ICO Gold Rush: It's a Scam, It's a Bubble, It's a Super

Challenge for Regulators, 63 Harvard International Law Journal 267 (2019); *Zimmermann,* Blockchain-Netzwerke und Internationales Privatrecht – oder: der Sitz dezentraler Rechtsverhältnisse, IPRax 2018, 566.

Internationales Finanzmarktprivatrecht: *Annunziata,* Speak, If You Can: What Are You? An Alternative Approach to the Qualification of Tokens and Initial Coin Offerings, ECFR 2020, 129; *Engel,* Internationales Kapitalmarktdeliktsrecht, 2019; *Einsele,* Kapitalmarktrechtliche Eingriffsnormen – Bedarf die Rom I-Verordnung einer Sonderregel für harmonisiertes europäisches Recht?, IPRax 2012, 481; *Freitag,* Internationale Prospekthaftung revisited – Zur Auslegung des europäischen Kollisionsrechts vor dem Hintergrund der „Kolassa"-Entscheidung des EuGH, WM 2015, 1165; *Garcimartín Alférez,* New Issues in the Rome I Regulation: The Special Provisions on Financial Markets Contracts, Yearbook of Private International Law 10 (2008), 245; *Garcimartín Alférez,* The Rome I Regulation: Exceptions to the Rules on Consumer Contracts and Financial Instruments, JPIL 2009, 85; *Gietzelt/Ungerer,* Die neue zivilrechtliche Haftung von Ratingagenturen nach Unionsrecht, GPR 2013, 333; *v. Hein,* Die Internationale Prospekthaftung im Lichte der Rom II-Verordnung, in Baum/Fleckner/Hellgardt/M. Roth (Hrsg.), Perspektiven des Wirtschaftsrechts, Beiträge für Klaus J. Hopt aus Anlass seiner Emeritierung, 2008, 371; *v. Hein,* Finanzkrise und Internationales Privatrecht, in Fassbender/Wendehorst/de Wet ua, Paradigmen im internationalen Recht. Implikationen der Weltfinanzkrise für das internationale Recht, Berichte der Deutschen Gesellschaft für Völkerrecht, 45 (2012), 369; *Hellgardt/Ringe,* Internationale Kapitalmarkthaftung als Corporate Governance – Haftungstatbestände und Kollisionsrecht in transatlantischer Perspektive, ZHR 173 (2009), 802; *Heuser,* Die zivilrechtliche Haftung von Ratingagenturen nach Art. 35a Rating-VO (EU) 462/2013, 2019; *Junker,* Der Reformbedarf im Internationalen Deliktsrecht der Rom II-Verordnung drei Jahre nach ihrer Verabschiedung, RIW 2010, 257; *Kuntz,* Internationale Prospekthaftung nach dem Inkrafttreten des Wertpapierprospektgesetzes, WM 2007, 423; *Langenbucher,* European Securities Law – are we in need of a new definition? A thought inspired by initial coin offerings, Revue de droit bancaire et financier 2018, 40; *Lehmann,* Financial Instruments, in Ferrari/Leible (Hrsg.), Rome I Regulation, 2009, 85; *Lehmann,* Finanzinstrumente – Vom Wertpapier- und Sachenrecht zum Recht der unkörperlichen Vermögensgegenstände, 2009; *Lehmann,* Grundriss des Bank- und Kapitalmarktrechts, 2. Aufl. 2023; *Lehmann,* Proposition d'une règle spéciale dans le Règlement Rome II pour les délits financiers, Rev. crit. dr. int. pr. 2012, 485; *Lehmann,* Vorschlag für eine Reform der Rom II-Verordnung im Bereich der Finanzmarktdelikte, IPRax 2012, 399; *Lehmann,* Prospectus liability and private international law – assessing the landscape after the CJEU's Kolassa ruling (Case C-375/13), JPIL 2016, 318; *Lehmann,* Bail-in and Private International Law: How to Make Bank Resolution Measures Effective Across Borders, 66 (2017) ICLQ 107; *Lehmann/Hoffmann,* Bankenrestrukturierung mit Hindernissen: Die Übertragung im Ausland belegener systemrelevanter Funktionen, WM 2013, 1389; *Lehmann/Schinerl,* The Concept of Financial Instruments: Drawing the Borderline between MiFID and MiCAR, EBI Working Paper Series Nr. 171, 2024; *Malvagna/Satori,* Cryptocurrencies as 'Fungible Digital Assets' Within the Italian Legal System: Regulatory and Private Law Issues, The Italian Law Journal 2022, 481; *Maume/Fromberger,* Regulation of Initial Coin Offerings: Reconciling U.S. and E.U. Securities Laws, Chicago Journal of International Law 2019, 548; *Nisi,* La giurisdizione in materia di responsabilità delle agenzie di rating alla luce del regolamento Bruxelles I, Rivista di diritto internazionale privato e processuale 2013, 385; *Pistor,* A legal theory of finance, J. Comp. Econ. 2013, 315; *Ribak,* Wertpapierrecht der Security Token Offerings, 2023; *Ringe/Hellgardt,* The International Dimension of Issuer Liability – Liability and Choice of Law from a Transatlantic Perspective, Oxford Journal of Legal Studies 2011, 23; *Sánchez Fernández,* Ley aplicable a la responsabilidad derivada del folleto, Diss. Madrid, 2014; *Schmitt,* Die kollisionsrechtliche Anknüpfung der Prospekthaftung im System der Rom II-Verordnung, BKR 2010, 366; *Szabo,* Formalizing and Securing Relationships on Public Networks, 2 Nr. 9 First Monday (1997); *Völkel,* MiCAR versus MiFID – Wann ist ein vermögenswertreferenzierter Token kein Finanzinstrument?, ZFR 2023, 268; *Weber,* Internationale Prospekthaftung nach der Rom II-Verordnung, WM 2008, 1581; *M.P. Weller/Grotz,* Staatsnotstand bei Staatsanleihen, JZ 2015, 989; *Wilhelmi,* Derivate und Internationales Privatrecht, RIW 2016, 253; Zerey (Hrsg.), Finanzderivate, 5. Aufl. 2023.

Übersicht

A. Grundlagen

I. Das Problem

1. Ziele der Regulierung von Finanzmärkten. Finanzmarktregulierung verfolgt klassischerweise **drei Ziele:** 1. Anlegerschutz, 2. Funktionsschutz und 3. Systemstabilität. Neben diese Trias sind in letzter Zeit außerfinanzmarktrechtliche Ziele getreten, insbesondere der Schutz vor dem Klimawandel. 1

a) Anlegerschutz. Dass das Finanzmarktrecht dem Anlegerschutz dienen soll,[1] leuchtet zunächst unmittelbar ein. Der Anleger soll seine Ersparnisse nicht verlieren, weil dies für ihn persönlich dramatische Folgen haben kann. Dieses Ziel ist individualschützend. 2

[1] Vgl. *Hopt,* Der Kapitalanlegerschutz im Recht der Banken, 1975, 10–14; *Hopt* ZHR 141 (1977), 389 (431); Kümpel/Mülbert/Früh/Seyfried Bank-/KapMarktR/ *Oulds* Rn. 11.51, 11.81; *Avgouleas,* Governance of Global Financial Markets, 2012, 218; *Dalhuisen,* Dalhuisen on Transnational and Comparative Commercial, Financial and Trade Law, Bd. 6, 2022, Ch. 1.1.7.; *Bonneau/Drummond,* Droit des marchés financiers, 3. Aufl. 2010, S. 652–654, Rn. 453.

3 **b) Funktionsschutz.** Darüber hinaus dient das Finanzmarktrecht dem **Schutz der Funktionsfähigkeit des Finanzmarkts.**[2] Der Finanzmarkt als Institution ist entscheidend für wirtschaftliches Wachstum und Prosperität in einer Volkswirtschaft.[3] Er spielt eine bedeutende Rolle bei der effizienten Allokation von Kapital und Risiken: Durch ihn wird überschüssiges Geld der Sparer zu geldsuchenden Unternehmen weitergeleitet und damit der volkswirtschaftlich gesehen sinnvollsten Verwendung zugeführt.[4] Daneben dient der Finanzmarkt auch zur Verbesserung der Risikoallokation, denn er erlaubt, ein diversifiziertes Portfolio zu niedrigen Transaktionskosten zu erstellen. Außerdem erzeugt er quasi als Nebenprodukt Informationen über den Preis, die es ermöglichen, den Marktwert von Finanzinstrumenten zu jeder Zeit sicher zu bestimmen.[5] Unter den einzelnen Aspekten der Funktionsfähigkeit unterscheidet man dabei die institutionelle, operationale und allokative Funktionsfähigkeit.[6] Die erste Art der Funktionsfähigkeit betrifft den Markt insgesamt und wird zB durch die Leichtigkeit des Marktzugangs determiniert; die zweite Art nimmt das Funktionieren des Markts hinsichtlich einzelner Operationen in den Blick, insbesondere die Kostengünstigkeit; mit der dritten Art schließlich bezeichnet man die Fähigkeit des Markts, Kapital dorthin zu leiten, wo es am effizientesten eingesetzt wird, zB in die Unternehmen einer bestimmten Branche.

4 **c) Systemstabilität.** Neben den beiden Zielen des Anleger- und Funktionenschutzes ist das dritte Ziel der **Schutz der Stabilität des Finanzsystems.** Dieses wurde zwar in der ökonomischen Lit. schon länger erörtert,[7] ist aber erst seit dem Ausbruch der Finanzkrise im Jahre 2007 und der anschließenden Staatsschuldenkrise in das Zentrum gesetzgeberischer Aufmerksamkeit vorgedrungen. Das Ziel des Schutzes der Stabilität des Finanzsystems unterscheidet sich vom zweiten Ziel, dem Schutz der Funktionsfähigkeit der Finanzmärkte, namentlich dadurch, dass es den Blick nicht auf die Gefahr des Zusammenbruchs eines einzelnen Instituts richtet, sondern auf die des gesamten Finanzsystems. Eingenommen wird damit eine makroökonomische Perspektive. Risiken für die Stabilität des Finanzsystems nennt man „systemische Gefahren".[8] Solche Gefahren resultieren aus der Möglichkeit von Dominoeffekten, die auf dem Finanzmarkt zu beobachten sind. Sie werden auf zweierlei Weise verursacht: Einerseits durch Ansteckung *(contagion),* das heißt die Ausbreitung der Folgen der Insolvenz eines Instituts auf andere, mit ihm vernetzte Institute, und andererseits durch *common shocks,* die mehrere Institute gleichzeitig betreffen, zB wenn und weil diese in Instrumente derselben Art investiert haben.[9]

5 **d) Zusammenhang.** Es ist allgemein anerkannt, dass der Schutz der Anleger und der Schutz der Funktionsfähigkeit des Finanzmarkts als Ziele nicht isoliert nebeneinander stehen, sondern **enge**

---

2 S. *Avgouleas,* Governance of Global Financial Markets, 2012, 218; *Beck* FS U.H. Schneider, 2011, 89 (93); *Bonneau/Drummond,* Droit des marchés financiers, 3. Aufl. 2010, 23 f., Rn. 22; *Hopt* ZHR 141 (1977), 389 (431); Kümpel/Mülbert/Früh/Seyfried Bank-/KapMarktR/*Oulds* Rn. 11.51; *Dalhuisen,* Dalhuisen on Transnational and Comparative Commercial, Financial and Trade Law, Bd. 6, 2022, Ch. 1.1.7.; *Veil* in Veil, Europäisches und deutsches Kapitalmarktrecht, 3. Aufl. 2022, § 2 Rn. 7–10.

3 S. zum Zusammenhang zwischen Finanzmärkten und volkswirtschaftlichem Wachstum die Studien von *King/Levine* Quarterly Journal of Economics 108 (1993), 717 (734 f.); *King/Levine* Journal of Monetary Economics 32 (1993), 513 (540); *Levine/Zervos* American Economic Review 88 (1998), 537 (553 f.); *Papaiannou* in Freixas/Hartmann/Mayer, Handbook of European Financial Markets and Institutions, 2008, 68–98; *Rajan/Zingales* American Economic Review 88 (1998), 559 (584); krit. *Wachtel* Federal Reserve Bank of Atlanta Economic Review 2003, 33–47; *Greenwood/Sanchez/Wang* National Bureau of Economic Research (NBER) working paper Nr. 15893, 2010.

4 *Mishkin/Eakins,* Financial Markets and Institutions, 9. Aufl. 2018, 57; *de Haan/Schoenmaker/Wierts,* Financial Markets and Institutions, 4. Aufl. 2020, 5.

5 Vgl. *Spremann/Gantenbein,* Kapitalmärkte, 5. Aufl. 2019, 18.

6 Kümpel/Mülbert/Früh/Seyfried Bank-/KapMarktR/*Oulds* Rn. 11.58–11.80; *Lenenbach,* Kapitalmarktrecht, 2. Aufl. 2010, Rn. 1.71–1.76; *Veil* in Veil, Europäisches und deutsches Kapitalmarktrecht, 3. Aufl. 2022, § 2 Rn. 7–10.

7 S. etwa *de Bandt/Hartmann,* Systemic Risk: A Survey, ECB working paper Nr. 35, 2000; *Schinasi,* Defining Financial Stability, IMF working paper 04/187, 2004; *Alexander/Eatwell/Dhumale,* Global Governance of Financial Systems, 2006, 23–26; *Eatwell/Taylor,* Global Finance at Risk, 2000, 17–20; s. auch schon International Organization of Securities Supervisors (IOSCO), Objectives and Principles of Securities Regulation, 2003, 1, die als Ziele der Finanzmarktregulierung neben dem Anlegerschutz und der Gewährleistung fairer, effizienter und transparenter Märkte auch die Reduzierung systemischen Risikos definieren.

8 Dazu *de Bandt/Hartmann,* Systemic Risk: A Survey, ECB working paper Nr. 35, 2000; *Mülbert* FS Uwe H. Schneider, 2011, 855–872.

9 *Elsinger/Lehar/Summer,* Risk Assessment for Banking Systems, EFA Annual Conference Paper 2003, 3 f.; *Cont/Moussa/Santos,* Network Structure and Systemic Risk in Banking Systems, 2010, 22; *Tarashev/Borio/Tsatsaronis,* Attributing Systemic Risk to Individual Institutions, BIS Working Paper Nr. 308, Mai 2010, 6.

Verbindungen aufweisen: Anleger werden am besten durch funktionierende Finanzmärkte geschützt, während umgekehrt Finanzmärkte nicht funktionieren können, wenn die Anleger das Vertrauen in diese verloren haben. Dieses Zusammenspiel von Anlegerschutz und Funktionenschutz ist anschaulich als „System kommunizierender Röhren“[10] beschrieben worden. Ein ähnlicher Zusammenhang besteht zum Schutz der Stabilität des Finanzsystems, welche gleichsam die dritte Röhre bilden: Die Finanzstabilität kann durch den Zusammenbruch eines einzelnen Instituts gefährdet werden. Sie fällt völlig weg, wenn Anleger plötzlich das Vertrauen in den Finanzmarkt verlieren. Umgekehrt ist die Finanzstabilität ein wichtiger Garant für den Anlegerschutz und die Funktionsfähigkeit des Finanzmarkts.

Zusammengefasst bedeutet dies, dass sich **alle drei Ziele nur gemeinsam** und nicht getrennt 6
voneinander verfolgen lassen. Ohne Stabilität des Finanzsystems gibt es keinen wirksamen Anleger- und Funktionenschutz. Ohne die Funktionsfähigkeit einzelner Institute gibt es keinen Anlegerschutz und keine Systemstabilität. Und ohne wirksamen Anlegerschutz gibt es keinen Funktionsschutz und keine Stabilität des Finanzsystems.

e) Außerfinanzmarktrechtliche Ziele. Zu den drei Kernzielen des Finanzmarktrechts sind 7
in letzter Zeit weitere Ziele hinzugetreten. Diese sind weniger mit dem Finanzsystem als solchem verbunden, sondern mit allgemeinpolitischen Fragen. Zunehmend wird insbesondere der Nachhaltigkeit („sustainability“) der finanzierten Aktivitäten Aufmerksamkeit geschenkt. Ziel ist die Förderung eines ethisch und sozial verantwortlichen Wirtschafts- und Finanzsystems, gemeinhin zusammengefasst unter dem Kürzel ESG (Ethical, Social, Governance).[11] Dabei steht der Kampf gegen den Klimawandel derzeit im Vordergrund. Mit Hilfe einer bestimmten Ausgestaltung der Finanzmarktregulierung sollen Investitionen in möglichst umweltfreundliche Technologien gefördert werden („Green Finance“).[12] Diese Ziele sind berechtigt, jedoch ist zu beachten, dass damit das Finanzmarktrecht für außerhalb des Finanzmarkts liegende Ziele in den Dienst genommen wird. Dies kann zu Wettbewerbsverzerrungen und *regulatory arbitrage* führen (→ Rn. 14).

Die Einführung des Kampfs gegen Klimawandel als Regulierungsziel lässt sich dennoch mit 8
den herkömmlichen Zwecken des Finanzmarktrechts vereinbaren.[13] Bei ihrer Tätigkeit sollten Finanzinstitutionen schon im eigenen Interesse geschäftliche Risiken aus der Veränderung der natürlichen Umweltbedingungen berücksichtigen. Sollten sie dies vernachlässigen, ist es die Aufgabe der Aufsicht, sie dazu anzuhalten. Dies ist auch aus makroökonomischer Sicht sinnvoll, um Instabilitäten am Finanzmarkt zB durch Umweltkatastrophen zu vermeiden. Daher lassen sich die Kernziele des Finanzmarktrechts mit dem Ziel der Nachhaltigkeit in Einklang bringen. Zusätzlich kann die Finanzmarktregulierung als Steuerungselement eingesetzt werden, um dem Klimawandel zu begegnen oder zumindest dessen Auswirkungen abzumildern. Es gibt durchaus vielversprechende Methoden in dieser Hinsicht, ua unter Berücksichtigung der Erkenntnisse der Verhaltensökonomie *(behavioural economics)*.[14] Der Kampf gegen den Klimawandel darf jedoch nicht auf Kosten der Finanzmarkteffizienz und -stabilität gehen. Daher sollten ESG-Maßnahmen, welche den Kernzielen des Finanzmarktrechts zuwiderlaufen, durch alternative Instrumente zur Unterstützung einer nachhaltigen Wirtschaft ersetzt werden, wie zum Beispiel im Bereich des Steuerrechts, des Umweltrechts und des Arbeitsrechts.

2. Zunehmende Interdependenz und Integration der Finanzmärkte. Die Verwirkli- 9
chung der drei erstgenannten klassischen Ziele des Finanzmarktrechts ist unter den aktuellen Bedingungen erheblich schwieriger als früher. Die derzeitige Situation ist durch die zunehmende **Entgrenzung der Finanzmärkte** gekennzeichnet.[15] Sie wird vor allem dadurch hervorgerufen, dass Anleger sich nicht mehr auf den heimischen Markt beschränken, sondern Investitionsmöglichkeiten außerhalb ihres Wohnsitzstaats suchen.[16] Dasselbe Phänomen lässt sich auch für die Aktivitäten der Institute beobachten, die ihre Produkte und Dienstleistungen in verschiedenen Staaten anbieten und zu multinationalen Akteuren geworden sind. Die tieferen Ursachen dieser Entwicklung sind politische

---

10 *Hopt,* Der Kapitalanlegerschutz im Recht der Banken, 1975, 52.

11 EU High-Level Expert Group on Sustainable Finance, Final Report, 2018, 6; *Bueren* ZGR 2019, 813 (816 ff.); *Schoenmaker/Schramade,* Principles of Sustainable Finance, 2019, 84 f.

12 *Gortsos* in Busch/Ferrarini/Grünewald, Sustainable Finance in Europe, 2021, 355; *Bose/Dong/Simpson,* The Financial Ecosystem, 2019, 2 ff.

13 AA *Colaert,* The Changing nature of financial regulation: Sustainable finance as a new policy goal, KU Leuven Working Paper Series 2022.

14 *Möslein/Sorensen* 24 Columbia Journal of European Law 2017, 319 (452 ff.).

15 Dazu *Lehmann* ARSP 98 (2012), 263 (266–270).

16 Zahlenmaterial bei *Scott/Gelpern,* International Finance, Transactions, Policy and Regulation, 24. Aufl. 2023, 20–25.

Entscheidungen, wie Deregulierung und Liberalisierung, bestimmte technologische Entwicklungen, wie der elektronische Handel,[17] sowie Finanzinnovationen, welche die Streuung von Risiken über weltweite Märkte erlauben.[18] Begünstigt wird die Entgrenzung dadurch, dass Finanzprodukte und -dienstleistungen in der Regel unkörperlich erbracht werden.[19]

10 Die grenzüberschreitende Aktivität von Anlegern und Finanzintermediären trägt zur zunehmenden **Integration der Märkte** bei.[20] Für einige Produkte hat sie zur **Entstehung eines echten globalen Markts** geführt, etwa des Eurodollar-Markts[21] oder des Markts für *asset-backed securities* oder *credit-default swaps.*[22] In anderen Bereichen sind die Märkte zwar weiterhin national verfasst. Allerdings hat die Entgrenzung hier zumindest zu einer **gegenseitigen Abhängigkeit (Interdependenz)** geführt, in der ein Ereignis auf einem Markt zu Auswirkungen in anderen Staaten führt. Ein anschauliches Beispiel dafür ist die im Jahre 2007 ausgebrochene US-amerikanische Hypothekenkrise, die unter anderem zum Zusammenbruch mehrerer deutscher Landesbanken geführt hat.

11 **3. Herausforderungen für das Finanzmarktrecht.** Aus der zunehmenden Interdependenz und Integration der Finanzmärkte erwachsen zahlreiche Schwierigkeiten für die Regulierung. Zunächst folgt aus dem grenzüberschreitenden Angebot von Finanzdienstleistungen und -produkten, dass sich der Schutz der Anleger nicht mehr verwirklichen lässt, wenn man sich auf die Kontrolle auf dem Gebiet ansässiger Anbieter beschränkt; vielmehr muss diese auch **aus dem Ausland stammende Angebote** erfassen. Zweitens folgt aus der grenzüberschreitenden Tätigkeit der Intermediäre, dass die im Inland ansässigen Institute nicht mehr hinreichend beaufsichtigt sind, wenn man sich auf ihre inländischen Geschäfte konzentriert. Gefahren für ihren Bestand können auch **aus Aktivitäten auf fremden Märkten** erwachsen. Drittens folgt aus der systemisch relevanten Vernetzung und Verflechtung der Akteure, dass makroökonomische Krisen sich ungeachtet staatlicher Grenzen ausbreiten. Daher können selbst **völlig exogene Ursachen** den inländischen Markt ins Wanken bringen. Viertens verkomplizieren die zusätzlichen, außerfinanzmarktrechtlichen Ziele, wie zB der Kampf gegen den Klimawandel („Green Finance"), das Bild des Internationalen Finanzmarktrechts weiter. Insbesondere droht die Gefahr einer Wettbewerbsverzerrung und die Kollision zum Teil gegenläufiger Politiken, zB hinsichtlich der Investition in Erdgas oder in Nukleartechnik. Daher bedürfen die außerrechtlichen Ziele, soweit sie planetare Bedeutung haben, dringend einer Abstimmung auf globaler Ebene.

12 **a) Fehlende Deckung von Zuständigkeit und Regelungsgegenstand.** Damit wird das **Grundproblem** der rechtlichen Regelung der Finanzmärkte deutlich: Dieses besteht darin, dass sich die Kompetenz der regelgebenden Institutionen nicht mit dem Regelungsgegenstand deckt. Während die Finanzmärkte zunehmend grenzüberschreitend vernetzt und integriert sind, bleibt die Kompetenz des Regelgebers auf das Staatsgebiet beschränkt. Das Ergebnis ist ein *„mismatch"* von rechtlicher Regelung und zu regelnder Realität.[23]

13 **b) Standortwettbewerb der Finanzplätze.** Zu diesem Grundproblem kommt ein weiteres Problem hinzu. Gesetzgeber sind von den Finanzmärkten nicht unabhängig. Vielmehr versuchen sie im Interesse der Schaffung von Arbeitsplätzen und der Generierung von Steuereinnahmen möglichst viele Finanzaktivitäten auf ihr Gebiet zu ziehen. Daraus folgt ein **intensiver Standortwettbewerb** der Staaten untereinander.[24] Äußerlicher Ausdruck dessen ist etwa der Erlass von Gesetzgebung

---

[17] S. *Schammo* ICLQ 57 (2008), 827 (830).

[18] Dazu *Avgouleas,* Governance of Global Financial Markets, 2012, 110–116; *Picciotto,* Regulating Global Corporate Capitalism, 2011, 258–265; *Goodhart,* The Regulatory Response to the Financial Crisis, 2008, 13–16; *Häusler,* The Globalization of Finance, 39 Finance & Development, 2002.

[19] Dazu *Lehmann* ARSP 98 (2012), 263 (264 f.); *Schammo* ICLQ 57 (2008), 827 (833).

[20] Vgl. für die Integration der europäischen Märkte die empirische Studie von *Baele/Ferrando/Hördahl/Krylova/Monnet* in Freixas/Hartmann/Mayer, Handbook of European Financial Markets and Institutions, 2008, 165–194.

[21] Zu diesem s. *Dufey/Giddy,* The International Money Market, 2. Aufl. 1994, 1–48; *Melvin/Norrbin,* International Money and Finance, 9. Aufl. 2019, 106-119.

[22] Zu diesen s. *Avgouleas,* Governance of Global Financial Markets, 2012, 40–49; *Haisch* in Haisch/Helios, Rechtshandbuch Finanzinstrumente, 2011, § 1 Rn. 59 f., 97 f.; *Hudson,* The Law on Financial Derivatives, 6. Aufl. 2018, Rn. 22, 156, 163; *Läger* in Zerey, Finanzderivate, 5. Aufl. 2023, § 2 Rn. 7; *Lehmann,* Finanzinstrumente, 2009, 125–132, 136–141; *Storck/Zerey* in Zerey, Finanzderivate, 5. Aufl. 2023, § 13.

[23] *Schammo* ICLQ 57 (2008), 827 (828); *Sheng* in Attanasio/Norton, A New International Financial Architecture: A Viable Approach, 2001, 35 f.

[24] Dazu *Picciotto,* Regulating Global Corporate Capitalism, 2011, 98.

zur Stärkung des Finanzplatzes.[25] Das Ziel, den eigenen Staat als Finanzplatz zu stärken, steht nicht selten in einem Spannungsverhältnis zum gesetzgeberischen Auftrag, die aus Sicht der Allgemeinheit sicherste Regelung zu treffen. Häufig bleiben daher die rechtlichen Anforderungen hinter dem sachlich Notwendigen zurück, wie etwa beim *light touch approach* der früheren britischen Financial Services Authority (FSA).[26] Gleichzeitig wird eine weltweit einheitliche Regelung meist verhindert, weil die Staaten sich im Kampf um Investitionen gegenseitig unterbieten.[27] Es droht ein ***race to the bottom.***

c) Regulatory arbitrage. Finanzmarktakteure können sich aufgrund der Unkörperlichkeit der von ihnen angebotenen Produkte und Dienstleistungen die für sie günstigsten Plätze als Standort aussuchen. Besonders häufiges Ziel der Delokalisierung sind **offshore-Zentren** oder **„Steueroasen“.** Auf diese Weise können die Akteure die Regelungen anderer, restriktiverer Jurisdiktionen umgehen, in denen sich ihre Tätigkeit auswirkt. Man spricht von Regulierungsarbitrage *(regulatory arbitrage).*[28] Die besondere Problematik dieser Regulierungsarbitrage liegt in den Externalitäten, welche laxe Regulierung in den Finanzstandorten in den Importstaaten verursacht. Die fehlende Deckung von Zuständigkeit und Regelungsgegenstand sowie der Standortwettbewerb der Finanzplätze verstärken diese Gefahren zusätzlich. Eine mögliche Antwort auf solche Umgehungsstrategien ist das Äquivalenzprinzip (→ Rn. 146 f.). Zusätzliche Motivationen für *regulatory arbitrage* können bestehen, soweit Finanzmarktakteure versuchen, einer strengen Umweltregulierung auszuweichen. 14

4. Internationalisierung des Finanzmarktrechts. Das Finanzmarktrecht hat auf diese Herausforderungen reagiert, indem die rechtliche Regulierung nicht mehr unabhängig vom nationalen Souverän getroffen wird, sondern zunehmend **regional und global eingebunden** ist. Immer mehr Organisationen und Foren beschäftigen sich mit Fragen der Finanzmärkte. Zutreffend ist die Charakterisierung als Mehrebenensystem oder *multilevel governance.*[29] 15

a) Europäisierung. Auf regionaler Ebene ist seit Langem zu beobachten, dass die **EU** und ihre Vorgängerorganisationen, die Europäische Gemeinschaft und die Europäische Wirtschaftsgemeinschaft, sich in immer stärkerem Maße mit dem Finanzmarktrecht beschäftigt haben.[30] Aus dem Financial Services Action Plan[31] entwickelte sich seit dem Jahre 1999 eine vierstufige Variante des Komitologie-Verfahrens, in das neben Rat, Parlament, Kommission und nationalen Aufsichtsbehörden auch die betroffenen Akteure eingebunden waren (sog. *Lamfalussy*-Verfahren).[32] Dieses wurde in Reaktion auf die Erfahrungen der Finanzkrise mit Wirkung zum 1.1.2011 durch ein neues Europäisches Finanzaufsichtssystem *(European System of Financial Supervision – ESFS)* ersetzt, in welchem eigens eingerichtete europäische Behörden die Tätigkeit der nationalen Aufsichtsbehörden koordinieren und überwachen (ESMA-VO).[33] Diese *European Supervisory Authorities* (ESAs) sind die Europäische Bankenaufsichtsbehörde (*European Banking Authority* – EBA), die Europäische Behörde für das Versicherungswesen und die betriebliche Altersversorgung (*European Insurance and Occupational Pensions Authority* – EIOPA) und die Europäische Wertpapier- und Marktaufsichtsbehörde (European 16

---

25 S. die vier deutschen Finanzmarktförderungsgesetze: Gesetz zur Verbesserung der Rahmenbedingungen der Finanzmärkte (Finanzmarktförderungsgesetz) vom 22.12.1990, BGBl. 1990 I 266; Gesetz über den Wertpapierhandel und zur Änderung börsenrechtlicher und wertpapierrechtlicher Vorschriften (Zweites Finanzmarktförderungsgesetz) vom 26.7.1994, BGBl. 1994 I 1749; Gesetz zur weiteren Fortentwicklung des Finanzplatzes Deutschland (Drittes Finanzmarktförderungsgesetz) vom 24.3.1998, BGBl. 1998 I 529; Gesetz zur weiteren Fortentwicklung des Finanzplatzes Deutschland (Viertes Finanzmarktförderungsgesetz) vom 21.6.2002, BGBl. 2002 I 2010.

26 Dazu den kritischen Bericht des Financial Services Authority Board, The failure of the Royal Bank of Scotland, Dezember 2011.

27 Dazu am Beispiel der Regulierung der Derivatemärkte *Lehmann* Recht der Finanzinstrumente 2011, 300 (303 f.).

28 *McCann,* Offshore Finance, 2006, 173; *Ringe* 1 Annals of Corporate Law 175, 176 ff. (2016); *Zetzsche* in Buckley/Avgouleas/Arner, Reconceptualising Global Finance and Its Regulation, 2016, 394, 398 ff.

29 *Picciotto,* Regulating Global Corporate Capitalism, 2011, 9; *Tietje* in Fassbender/Wendehorst/de Wet ua, Paradigmen im internationalen Recht, Berichte der Deutschen Gesellschaft für Völkerrecht 45 (2012), 243 (265).

30 Dazu *Moloney,* EU Securities and Financial Markets Regulation, 4. Aufl. 2023; *Partsch,* Droit bancaire et financier européen, 2. Aufl. 2016; *Schnyder,* Europäisches Banken- und Versicherungsrecht, 2005; *Sousi-Roubi,* Droit bancaire européen, 1995.

31 Europäische Kommission, Umsetzung des Finanzmarktrahmens: Aktionsplan, KOM (1999), 232 endg.

32 Dazu *Lenaerts/Verhoeven* CML Rev. 37 (2000), 645, passim; *Röhl* in Fehling/Ruffert, Regulierungsrecht, 2010, § 18 Rn. 114–119; *Schmolke* NZG 2005, 912 (913 f.); *Veil* in Veil, Europäisches und deutsches Kapitalmarktrecht, 3. Aufl. 2022, § 1 Rn. 16–18.

33 Dazu *Binder* GPR 2011, 34; *Lehmann/Manger-Nestler* ZBB 2011, 2; *Wymeersch* ZGR 2011, 443.

Securities and Markets Authority – ESMA). Sie werden durch das *European Systemic Risk Board* (ESRB) komplettiert, das makroökonomische Gefahren frühzeitig erkennen und auf diese hinweisen soll (VO (EU) 1092/2010).[34]

17 Für die Eurozone wird die Integration durch weitere Schritte vertieft. Der Einheitliche Aufsichtsmechanismus (*Single Supervisory Mechanism* – SSM) unterstellt die wichtigsten Banken der Eurostaaten der unmittelbaren Aufsicht der Europäischen Zentralbank (EZB), die diese mit Unterstützung durch die nationalen Behörden ausübt (SSM-VO).[35] Damit bildet der SSM die erste Säule des Plans einer Bankenunion, welcher die Währungsunion durch einheitliche Bankregulierung ergänzt.[36] Allerdings steht die Teilnahme auch Nicht-Euro-Staaten offen. Die zweite Säule ist der Einheitliche Abwicklungsmechanismus (SRM), der ein einheitliches Abwicklungsgremium (SRB) und den Aufbau eines einheitlichen Abwicklungsfonds (SRF) vorsieht (VO (EU) 806/2014); als dritte Säule ist ein Europäisches Einlagensicherungssystem geplant.[37]

18 **b) Globalisierung.** Auf globaler Ebene sind insbesondere seit dem Ausbruch der Finanzkrise Strukturen und Foren gebildet oder gestärkt worden, die der Koordination und Kooperation der internationalen Regulierungsbemühungen dienen.[38] Eine Führungsrolle nehmen dabei die **G20-Treffen** der Staatsoberhäupter, Finanzminister und Zentralbanken ein.[39] Ferner ist das Mandat des **Internationalen Währungsfonds (IWF)** im Bereich der Finanzmarktaufsicht beträchtlich ausgeweitet worden.[40] Außerdem wurde das früher nur sporadisch tagende Financial Stability Forum zum permanenten Gremium unter dem Namen **Financial Stability Board (FSB)** fortentwickelt und mit weitreichenden Aufgaben betraut.[41] Schließlich spielen Foren wie die **IOSCO,**[42] die **Financial Action Task Force**[43] oder der bei der Bank für Internationalen Zahlungsausgleich (BIZ) angesiedelte **Basler Ausschuss für Bankenaufsicht**[44] eine immer bedeutendere Rolle bei der rechtlichen Erfassung globaler Finanzmärkte. Insgesamt fehlt es bislang aber an einer überzeugenden Struktur der globalen Finanzmarktregulierung. Das Gewirr unterschiedlicher Foren wirkt vielmehr wie ein *„patchwork"*.[45]

19 **5. Ordnungspolitische Erwägungen. a) Unmöglichkeit weltweit einheitlicher materieller Regulierung.** Aufgrund der wachsenden internationalen Integration und Interdependenz der Finanzmärkte besteht dringender Handlungsbedarf. Die Regulierung und Aufsicht müssen an die entgrenzte Realität der Märkte angepasst werden. Teilweise wird daher die Schaffung **globaler Aufsichtsbehörden und einheitlicher Standards** verlangt.[46] Außer handgreiflichen politisch-

---

34 Dazu *Gurlit/Schnabel* ZBB 2015, 349.

35 VO (EU) 1024/2013 vom 15.10.2013 zur Übertragung besonderer Aufgaben im Zusammenhang mit der Aufsicht über Kreditinstitute auf die Europäische Zentralbank, ABl. 2013 L 287, 63, ber. ABl. 2015 L 218, 82; dazu *Lehmann/Manger-Nestler* ZBB 2014, 2; *Tröger* ZBB 2013, 373.

36 S. KOM (2012), 510–512 endg.

37 Vgl. den Vorschlag KOM(2015)586 endg.

38 Dazu *Avgouleas,* Governance of Global Financial Markets, 2012, 204–209; *Tietje* in Fassbender/Wendehorst/de Wet ua, Paradigmen im internationalen Recht, Berichte der Deutschen Gesellschaft für Völkerrecht 45 (2012), 243, 259–261.

39 Dazu *Avgouleas,* Governance of Global Financial Markets, 2012, 205 f.; *Tietje* in Fassbender/Wendehorst/de Wet ua, Paradigmen im internationalen Recht, Berichte der Deutschen Gesellschaft für Völkerrecht 45 (2012), 243, 262–264.

40 Dazu *Avgouleas,* Governance of Global Financial Markets, 2012, 206 f.; *Lastra* European Yearbook of International Economic Law (EYIEL) 2 (2011), 121; zurückhaltender bewertet durch *Tietje* in Fassbender/Wendehorst/de Wet ua, Paradigmen im internationalen Recht, Berichte der Deutschen Gesellschaft für Völkerrecht 45 (2012), 243, 267 f.

41 Dazu *Avgouleas,* Governance of Global Financial Markets, 2012, 207 f.; *Carrasco* 19 Transnat'l L. & Contemp. Probs. 203 (2010); *Porter* in Tietje/Brouder, Handbook of Transnational Economic Governance Regimes, 2009, 345–353; *Ruddigkeit,* Das Financial Stability Board in der internationalen Finanzarchitektur, Beiträge zum Transnationalen Wirtschaftsrecht, Bd. 111 (Juni 2011).

42 International Organization of Securities Commissions; zu ihr *Davies/Green,* Global Financial Regulation, 2008, 59–66.

43 Zu dieser *Davies/Green,* Global Financial Regulation, 2008, 57.

44 Zu ihm *Davies/Green,* Global Financial Regulation, 2008, 32–48; *Eatwell/Taylor,* Global Finance at Risk, 2000, 21; *Rost* in Tietje/Brouder, Handbook of Transnational Economic Governance Regimes, 2009, 319–328.

45 *Sheng* in Attanasio/Norton, A New International Financial Architecture: A Viable Approach, 2001, 35, 37.

46 S. zB *Avgouleas,* Governance of Global Financial Markets, 2012, 440–455; *Buckley,* International Financial System, 2009, 135; *Eatwell/Taylor,* Global Finance at Risk, 2000, 220–239; s. auch *Hüpkes* in Delimatsis/Herger, Financial Regulation at the Crossroads, 2011, 75, 88–92.

praktischen Problemen stellen sich jedoch auch aus theoretischer Sicht **mehrere Hindernisse,** die der Verwirklichung dieses Vorschlags entgegenstehen.

Zunächst besteht das Problem, dass globale Behörden und Standards **lokale Besonderheiten** kaum angemessen berücksichtigen können. Vielfach verfügen die nationalen Behörden über einen Wissensvorsprung und sind in der Lage, angemessenere und treffsicherere Regelungen zu verabschieden. Dieses Vorteils würde man sich berauben, wenn man die Aufsichts- und Regelungskompetenz zentral verortete. 20

Zweitens reagieren globale Aufsichtsbehörden und Regulierer **langsamer** auf Entwicklungen als nationale. Die Verfahrensabläufe bei Beteiligung der Vertreter verschiedener Staaten sind naturgemäß komplexer als bei rein inländischen Organisationen. Daher könnten globale Organe zu schwerfällig sein, um Fehlentwicklungen in einzelnen Teilen der Erde umgehend entgegenzusteuern. 21

Drittens wäre eine international einheitliche Aufsicht und Regulierung in gewisser Weise **kontraproduktiv.** Da Finanzmarktgesetzgebung weithin nach dem Prinzip *„trial and error"* funktioniert, würden sich die Fehler in der Regulierung automatisch auf den gesamten Globus auswirken. Außerdem würde der regulatorische Wettbewerb verschiedener Standardsetzer um die sinnvollste Regelung im Keim erstickt.[47] 22

b) Hindernisse für weltweit einheitliche Zuständigkeits- und Kollisionsregeln. Wenn eine globale Beaufsichtigung der Finanzmärkte damit derzeit weder realistisch noch wünschenswert ist, könnte man zumindest die **Aufteilung der Kompetenzen** für die Beaufsichtigung und Regulierung der weltweiten Märkte vereinheitlichen. Ansätze dazu gibt es. Die G20 haben auf ihrem Gipfel in Washington, D.C., im Herbst 2008 beschlossen, dass sämtliche Finanzmärkte, -produkte und -teilnehmer einer Regulierung und Überwachung unterliegen sollten.[48] Dieses ehrgeizige Ziel lässt sich nur verwirklichen, wenn man Lücken in der Aufsicht und Standardsetzung schließt. Gleichzeitig ist es zur Vermeidung übermäßiger Belastung von Aufsehern und Beaufsichtigten angebracht, auch eine Verdoppelung der Beaufsichtigung und Regulierung auszuschließen. Nötig wäre dazu eine abschließende internationale Zuständigkeitsverteilung. So berechtigt dieses Anliegen auch ist, stehen ihm jedoch gewichtige Hindernisse entgegen. 23

Zunächst ist eine sinnvolle Aufspaltung der Kompetenzen zur Beaufsichtigung und Regulierung angesichts der Integration und Interdependenz der Finanzmärkte **schwierig.** Benutzt man dazu komplexe Kriterien, steigen die Kosten ebenso wie die Wahrscheinlichkeit von Friktionen. Benutzt man sehr einfache Kriterien, etwa den Satzungssitz des zu beaufsichtigenden Instituts, so abstrahiert man von den Realitäten und riskiert den Verlust lokalen Wissens bei der Aufsicht und Regulierung. 24

Selbst wenn passende Kriterien gefunden wären, würden sich Doppelungen in der Aufsicht kaum vermeiden lassen. Denn die Staaten der Welt bringen sich in Fragen der Finanzmarktregulierung kein volles Vertrauen entgegen; vorherrschend ist vielmehr ein tiefes **Misstrauen** in die ordnungsgemäße Beaufsichtigung seitens des anderen. Dies rührt daher, dass den Behörden anderer Staaten – nicht ganz zu Unrecht – ein gewisses Desinteresse an den Auswirkungen der Tätigkeit der von ihnen beaufsichtigten Finanzinstitutionen im Ausland unterstellt wird. Noch verstärkt wird dieses Desinteresse durch den bereits erwähnten Standortwettbewerb, der die Anwendung laxer Kriterien bei der Beaufsichtigung von Auslandsaktivitäten opportun erscheinen lässt. Daher reicht es beispielsweise für die US-amerikanische *Securities and Exchange Commission* (SEC) nicht aus, dass ein Institut in einem Mitgliedstaat der EU beaufsichtigt wird, um dieses Finanzprodukte und -dienstleistungen in den USA anbieten zu lassen, während umgekehrt die gleiche Einstellung besteht. Angesichts dieser Situation werden grenzüberschreitend tätige Institute auch künftig mit doppelter Beaufsichtigung und Regulierung leben müssen. 25

c) Abmilderung durch internationale Koordination und Kooperation. Bei der globalen Regulierung bestimmter Arten von (vor allem systemischen) Risiken gibt es hoffnungsvolle Ansätze zur internationalen Zusammenarbeit. Diese wird zunehmend über globale Organisationen und Foren abgestimmt (→ Rn. 18). Auch bei der Durchsetzung eigenen Rechts helfen sich die Staaten gegenseitig. Insoweit existieren zahlreiche *Memoranda of Understanding,* auf deren Basis zB ein Informationsaustausch durchgeführt wird (→ Rn. 447). Schließlich gibt es den Äquivalenzmechanismus, über den die Anwendung eigenen Rechts und die Ausübung eigener Aufsicht zurückgenommen wird, soweit eine gleichwertige ausländische Regulierung oder Aufsicht besteht (→ Rn. 146). 26

Eine weitere Abmilderung könnte aus dem Grundsatz der freundlichen Zulassung ausländischen Rechts („comity") folgen, der ein Abwägen („balancing test") zwischen eigenen und fremden 27

47 S. *Romano* 2 Theoretical Inq. L. 387, 389–397 (2001); *Tietje/Lehmann* 13 Journal of International Economic Law 663, 679–681 (2010).

48 G20, Declaration: Summit on Financial Markets and the World Economy, 15.11.2008, 3.

Belangen nahelegt.[49] Allerdings sind die Interessen der Staaten im Finanzmarktrecht sehr verschieden und die Finanzmärkte zu eng verwoben, als dass sich eine weltweit harmonische und überschneidungsfreie Kompetenzausübung erzielen ließe. Man denke insoweit nur an die diametral unterschiedlichen Positionen von Finanzmarktoasen und solchen Ländern, in denen Kleinanleger beheimatet sind. Paradoxerweise erhöhen sich die internationalen Regelungskonflikte umso mehr, je weiter die Integration der globalen Finanzmärkte voranschreitet.

28 Daher sollte man auf die freiwillige Zurücknahme der Anwendung eigenen Rechts nicht allzu viele Hoffnungen setzen. Wenig Erleichterung bringt insoweit die Einschränkung der Reichweite amerikanischen Bundesrechts durch die „presumption against extraterritoriality", welche der Supreme Court im Urteil „Morrison v. Australia National Bank" verstärkt hat (→ Rn. 127). Diese Vermutung gegen die extraterritoriale Anwendbarkeit von US-Recht ist durch den Kongress in derselben Woche des Urteils für die wichtigsten Aufsichtsbefugnisse der SEC und des Department of Justice widerlegt worden (→ Rn. 128). Es ist daher falsch anzunehmen, dass die USA ihre nationalen Interessen im Finanzmarktbereich nicht vehement durchsetzen würden. Auch andere Staaten und Entitäten wenden ihr Recht extraterritorial an, zB die EU (→ Rn. 123 ff.). Die „presumption against extraterritoriality" ist zudem für das Bundesrecht der USA spezifisch und nicht ohne Grund von keinem anderen Staat kopiert worden. Sie taugt daher nicht als Prinzip transnationalen Rechts.

II. Gegenstand des „Internationalen Finanzmarktrechts"

29 **1. Begriff des Finanzmarkts. a) Grundsätzliches.** Um den Begriff „Internationales Finanzmarktrecht" definieren zu können, ist zunächst die Bedeutung des Ausdrucks „Finanzmarkt" zu klären. Der Begriff wird häufig mit dem des „Kapitals" in Verbindung gebracht. Nach verbreiteter Auffassung soll der Finanzmarkt ein Ort sein, auf dem sich **Angebot und Nachfrage** nach Kapital treffen.[50]

30 Diese Definition lässt jedoch unberücksichtigt, dass an modernen Finanzmärkten nicht nur Kapital im Sinne längerfristiger Investitionen zur Verfügung gestellt wird, sondern auch Devisen und kurzfristige Finanzierungen (zum Geldmarkt → Rn. 36 f.). Außerdem vernachlässigt sie, dass der Finanzmarkt auch dem Handel von Risiken dient.[51] Gegenstände des Finanzmarkts sind daher **Kapital, Gelder** und **Risiken.**

31 Darüber hinaus ist die Definition um ein weiteres wichtiges Element zu ergänzen. Die genannten Gegenstände werden am Finanzmarkt nicht in beliebiger Form angeboten und nachgefragt, sondern in Form von „Finanzinstrumenten".[52] Darunter versteht man rechtlich verfasste Titel, die typischerweise fungibel ausgestaltet sind und sich leicht übertragen lassen (zum Begriff näher § 2 Abs. 4 WpHG).[53] Der gesamte Finanzmarkt lässt sich als ein Nexus von Verträgen über die Schaffung und Übertragung solcher Titel begreifen. Genauer definiert man den Finanzmarkt daher als einen **Markt, auf dem Kapital, Geld und Risiken in Form von Finanzinstrumenten** gehandelt werden.[54]

32 Zu beachten ist, dass unter „Markt" **kein physischer Ort** zu verstehen ist.[55] Der Begriff ist vielmehr im Sinne der Wirtschaftswissenschaften ein gedachter Ort, an dem Angebot und Nachfrage zusammentreffen. Finanzmärkte existieren daher nicht nur in Form des Handels an klassischen Parkettbörsen, sondern auch in Form des Telefonhandels oder des elektronischen Handels.[56] Die großen Finanzmärkte sind heute meist **virtuelle Märkte.**[57]

33 **b) Segmente des Finanzmarkts.** Entsprechend der gehandelten Instrumente lässt sich der Finanzmarkt in die Segmente Kapitalmarkt, Geldmarkt, Derivatemarkt und Devisenmarkt einteilen.

34 **aa) Kapitalmarkt.** Auf dem Kapitalmarkt werden die klassischen Anlageinstrumente für längerfristige Investitionen gehandelt. Dazu zählen **Aktien und Anleihen.** Daneben gibt es eine

[49] BeckOGK/*Dornis,* 1.11.2022, Internationales und europäisches Finanzmarktrecht Rn. 110 f.

[50] Vgl. *Spremann/Gantenbein,* Kapitalmärkte, 5. Aufl. 2019, 18.

[51] *Neave,* Modern Financial Systems, 2009, 267 f.

[52] S. Begr. RegE zum Anlegerschutzverbesserungsgesetz, BT-Drs. 15/3174, 19; für eine konzeptionelle Definition von Finanzinstrumenten s. *Lehmann/Schinerl,* EBI Working Paper Nr. 171 (15–28).

[53] *Lehmann,* Finanzinstrumente, 2009, 283–303.

[54] Aus ökonomischer Sicht ebenso *Haan/Oosterloo/Schoenmaker,* European Financial Markets and Institutions, 2009, 5.

[55] *Schammo* ICLQ 57 (2008), 827 (833).

[56] *Dalhuisen,* Dalhuisen on Transnational and Comparative Commercial, Financial and Trade Law, Bd. 6, 2022, Ch. 1.5.3.

[57] Vgl. *Veil* in Veil, Europäisches und deutsches Kapitalmarktrecht, 3. Aufl. 2022, § 7 Rn. 8.

Reihe anderer Kapitalmarktinstrumente, zB **Investmentanteile, Genussscheine und sonstiges hybrides Kapital.**[58] Ebenfalls dazu gehören **Rechte auf die Zeichnung von Wertpapieren,** die selbständig gehandelt werden können, wie zB der Bezugsschein (vgl. § 2 Abs. 1 Nr. 3 lit. b WpHG).

Auf dem Kapitalmarkt werden auch **Vermögensanlagen** angeboten. Dabei handelt es sich um Werte, die nicht in gleichem Maße wie Aktien und Anleihen fungibel sind oder nur unter größeren Schwierigkeiten übertragen werden können als diese. Beispiele bilden etwa Anteile an Gesellschaften bürgerlichen Rechts oder Kommanditanteile (s. die Definition in § 1 Abs. 2 VermAnlG). In Deutschland ordnete man sie wegen dieser Besonderheiten lange Zeit dem sog. Grauen Kapitalmarkt zu und nahm sie von verschiedenen Bestimmungen des Kapitalmarktrechts aus.[59] Eine unterschiedliche Behandlung ist allerdings inhaltlich nicht gerechtfertigt, denn die Praktiken beim Verkauf dieser Instrumente rufen vergleichbare Regelungsbedürfnisse hervor wie bei anderen Werten. Mit dem Gesetz zur Novellierung des Finanzanlagenvermittler- und Vermögensanlagenrechts vom 6.12.2011 (BGBl. 2011 I 2481) wurden die Unterschiede beseitigt. Vermögensanlagen sind nunmehr ebenfalls Finanzinstrumente (§ 2 Abs. 4 Nr. 7 WpHG). Dies stimmt mit der Rechtslage in anderen Staaten überein, die schon bisher Vermögensanlagen den gleichen Verhaltenspflichten beim Verkauf unterwarfen. 35

bb) Geldmarkt. Auf dem Geldmarkt werden Darlehen mit **kurzer Laufzeit** angeboten. Typischerweise beträgt diese bis zu einem Jahr.[60] Die Darlehen werden in Form verschiedener Instrumente wie sog. *commercial paper,* Schuldscheinen oder Schatzwechseln gewährt. Sie haben meist Nennbeträge im mehrstelligen Millionenbereich. 36

Der Geldmarkt steht nicht jedermann offen. An ihm nehmen nur professionelle Akteure teil, vor allem Banken und Geldmarktfonds.[61] Der Geldmarkt ist außerdem ein **außerbörslicher Markt.** Geschäfte werden üblicherweise per Fernkommunikationsmittel abgeschlossen.[62] 37

cc) Derivatemarkt. Derivate sind Finanzinstrumente, die der **Übertragung von Risiken** ohne gleichzeitige Übertragung von Kapital dienen.[63] Typische Formen sind zB Optionen oder Futures. Die Eigenart der Derivate besteht darin, dass sie von einem Basiswert (sog. *underlying* oder *benchmark*) abgeleitet sind.[64] Dies kann eine Aktie oder eine Anleihe, aber auch ein Rohstoff oder sogar ein real nicht existierender Gegenstand wie etwa ein Aktienindex sein. Die an den Erwerber des Derivats zu leistende Zahlung hängt von der Entwicklung dieser Basiswerte über die Zeit ab. 38

Auch sog. **Kreditderivate** gehören in diese Kategorie.[65] Mit ihnen werden Kreditrisiken von einer Seite auf die andere übertragen. Eine Geldleistung ist nur dann geschuldet, wenn ein bestimmtes Ereignis (Kreditereignis) eintritt. Dieses kann von den Parteien definiert werden. Dabei kann es sich zB um den Ausfall eines Schuldners oder mehrerer Schuldner einer Partei handeln. Tritt das Ereignis ein, muss ihr die andere Seite eine vereinbarte Summe zahlen.[66] 39

Der Derivatemarkt hat in den letzten Jahrzehnten einen **sprunghaften Aufstieg** erlebt. Ende Juni 2021 waren Verträge in einem Gesamtvolumen von rund 610 Milliarden Dollar offen, die einen Marktwert von rund 12,6 Milliarden Dollar hatten, dh ein entsprechend hohes Risiko absicherten.[67] 40

---

58 Zu den verschiedenen Formen *Haisch* in Haisch/Helios, Rechtshandbuch Finanzinstrumente, 2011, § 1 Rn. 108–117; *Lehmann,* Finanzinstrumente, 2009, 283–303.

59 S. Kümpel/Mülbert/Früh/Seyfried Bank-/KapMarktR/*Oulds* Rn. 10.23 ff.; Assmann/Schütze/Buck-Heeb KapAnlR-HdB/*Assmann/Buck-Heeb* § 1 Rn. 8–15; Ellenberger/Bunte BankR-HdB/*Seiler/Geier,* 6. Aufl. 2022, § 83 Rn. 7 f.

60 S. *Bösch,* Finanzwirtschaft, 4. Aufl. 2019, 39; *Neave,* Modern Financial Systems, 2009, 237 Fn. 1; Schwark/Zimmer/*Kumpan* WpHG § 2 Rn. 33.

61 *Neave,* Modern Financial Systems, 2009, 238; Assmann/Schneider/Mülbert/*Assmann* WpHG § 2 Rn. 42.

62 *Lenenbach,* Kapitalmarktrecht, 2. Aufl. 2010, Rn. 1.48.

63 Vgl. *Castagnino,* Derivatives, 3. Aufl. 2009, S. 2 f., Rn. 1.04–1.06; *Neave,* Modern Financial Systems, 2009, 269 f.

64 Vgl. *Benjamin,* Financial Law, 2007, Rn. 4.31; *Castagnino,* Derivatives, 3. Aufl. 2009, S. 1 f., Rn. 1.01; *Hudson,* The Law on Financial Derivatives, 6. Aufl. 2018, Rn. 6; *Lehmann,* Finanzinstrumente, 2009, 91; *Schüwer* in Zerey, Finanzderivate, 5. Aufl. 2023, § 1 Rn. 1.

65 Zu ihnen *Castagnino,* Derivatives, 3. Aufl. 2009, Rn. 4.164–4.194; *Hudson,* The Law on Financial Derivatives, 6. Aufl. 2018, Rn. 154 f.; *Lehmann,* Finanzinstrumente, 2009, 136–141; *Schüwer* in Zerey, Finanzderivate, 5. Aufl. 2023, § 1 Rn. 31–46.

66 Zur Vertragsgestaltung *Castagnino,* Derivatives, 3. Aufl. 2009, Rn. 4.165–4.172; *Storck/Zerey* in Zerey, Finanzderivate, 5. Aufl. 2023, § 13 Rn. 103–126.

67 Bank für Internationalen Zahlungsausgleich, Statistical release: OTC derivatives statistics at end-June 2021, https://www.bis.org/publ/otc_hy2111.pdf (zuletzt abgerufen am 22.4.2024).

41 **dd) Devisenmarkt.** Das vierte Segment des Finanzmarkts ist der Devisenmarkt.[68] Auf ihm werden ausländische Währungen gehandelt. Hauptteilnehmer sind **Banken.**[69] Es gibt sowohl einen Spot- als auch einen Terminmarkt.[70]

42 **ee) Kryptomarkt.** Neben dem traditionellen Finanzmarkt ist in den letzten Jahren ein Markt für Kryptowerte – Kryptowährungen und Token – entstanden.[71] Dieser sollte der ursprünglichen Intention nach außerhalb des Rechts stehen. Bestimmte Kryptowerte, vor allem jene, die als Finanzinstrumente eingestuft werden, können allerdings unter die bestehenden Rechtsakte der Europäischen Union für Finanzdienstleistungen subsumiert werden (zur Nomenklatur von Kryptowerten → Rn. 564 ff.).[72] Somit unterliegen Emittenten solcher Kryptowerte und Unternehmen, die mit ihnen in Verbindung stehende Tätigkeiten ausüben, bereits einem umfassenden Regelungspaket gemäß Unionsrecht. Viele der auf dem Kryptomarkt gehandelten Produkte sind keine Finanzinstrumente und fallen daher aus dem Rahmen des traditionellen Finanzmarktrechts. Das gilt insbesondere für diejenigen Produkte, die die EU in der MiCAR (VO (EU) 2023/1114) geregelt hat. Dazu gehören zB *utility token, payment token* und *stablecoins.* Aufgrund der währungspolitischen und systemischen Gefahren von *stablecoins,* aber auch wegen der zum Teil erheblichen wirtschaftlichen Bedeutung und der Gefahren für Investoren und Verbraucher hat sich der Unionsgesetzgeber entschieden, Kryptowerte einer umfassenden Regulierung zu unterwerfen. Vereinfacht gesprochen, hat der EU-Gesetzgeber dafür das bestehende europäische Finanzmarktrecht als Vorlage herangezogen (insbesondere MiFID II, Prospekt-VO, MAR) und es an die Besonderheiten der Kryptoökonomie angepasst – das Ergebnis ist die am 29.6.2023 verabschiedete und ab 30.6.2024 geltende Markets in Crypto-Assets Regulation **(MiCAR).**[73] Dieser Ansatz birgt sowohl Vor- als auch Nachteile. Einerseits ermöglicht er es dem europäischen Gesetzgeber, in kurzer Zeit ein rechtliches Korsett zu schnüren. Auch für den Rechtsanwender bringt dieser Ansatz Vorteile mit sich, da er auf die Auslegung vieler bereits etablierter Parallelvorschriften zurückgreifen kann. Zum anderen hat diese gesetzgeberische Hast an vielen Stellen der MiCAR ihre Spuren hinterlassen.[74]

43 **c) Primärmarkt und Sekundärmarkt.** Von rechtlicher und wirtschaftlicher Bedeutung ist die Einteilung in Primär- und Sekundärmarkt.[75] Diese knüpft an den **Zeitpunkt** des Handels an.

44 Auf dem **Primärmarkt** werden die Titel erstmals begeben. Auf ihm treten der Emittent und die Anleger auf. Der Primärmarkt ist ein außerbörslicher Markt. Da die Titel typischerweise über ein aus verschiedenen Banken bestehendes Konsortium vertrieben werden, lässt sich der Primärmarkt nicht an einem bestimmten Ort lokalisieren. Vielmehr handelt es sich um einen gedachten Markt.

45 Auf dem **Sekundärmarkt** werden die bereits begebenen Titel von einem Anleger auf den anderen weiterübertragen. Er ermöglicht den Handel nach der Platzierung und wird auch als Zirkulationsmarkt bezeichnet.[76] An ihm treten nur Anleger auf; der Emittent ist regelmäßig nicht beteiligt. Der Sekundärmarkt kann ein physischer Ort sein, zB wenn der Handel an einer Börse stattfindet.

46 **d) Börsenhandel und außerbörslicher Handel.** Den Sekundärmarkt kann man weiter in den Börsenhandel und außerbörslichen Handel einteilen.[77] Diese rechtlich wichtige Unterscheidung knüpft an den **Handelsplatz** an.

---

[68] Zu ihm *Bösch,* Finanzwirtschaft, 4. Aufl. 2019, 39 f., 534-537; *Neave,* Modern Financial Systems, 2009, 294–298.

[69] *Bösch,* Finanzwirtschaft, 4. Aufl. 2019, 536.

[70] *Bösch,* Finanzwirtschaft, 4. Aufl. 2019, 536.

[71] Zu den Ähnlichkeiten zwischen dem Kryptomarkt und dem traditionellen Finanzmarkt siehe *Arner/Zetzsche/Buckley/Kirkwood,* The Financialization of Crypto: Lessons from FTX and the Crypto Winter of 2022–2023, University of Hong Kong Faculty of Law Research Paper No. 2023/19 (15).

[72] Erwägungsgrund 9 MiCAR; klarstellend Art. 18 VO (EU) 2022/858 des Europäischen Parlaments und des Rates vom 30. Mai 2022 über eine Pilotregelung für auf Distributed-Ledger-Technologie basierende Marktinfrastrukturen, ABl. EU 2022 L. 151, 1; *Maume* RDi 2022, 461 (462); *Toman/Schinerl* ÖBA 2023, 178 (182–184); für eine konzeptionelle Abgrenzung s. *Lehmann/Schinerl* EBI Working Paper Nr. 171, 1 (15–28); Piska/Völkel Blockchain Rules/*Schinerl* Rn. 15.35–15.90.

[73] VO (EU) 2023/1114 des Europäischen Parlaments und des Rates vom 31.5.2023 über Märkte für Kryptowerte und zur Änderung der Verordnungen (EU) Nr. 1093/2010 und (EU) Nr. 1095/2010 sowie der Richtlinien 2013/36/EU und (EU) 2019/1937, ABl. EU 2023 L 150, 40.

[74] So auch *Maume* RDi 2022, 461 (462): *Toman/Schinerl* ÖBA 2023, 178 (179).

[75] S. *Dalhuisen,* Dalhuisen on Transnational and Comparative Commercial, Financial and Trade Law, Bd. 6, 2022, Ch. 1.5.2. *Mishkin/Eakins,* Financial Markets and Institutions, 9. Aufl. 2018, 58 f.; *Spremann/Gantenbein,* Kapitalmärkte, 5. Aufl. 2019, 42–44; *Kronke/Haubold* in Kronke/Melis/Kuhn, HdB Internationales Wirtschaftsrecht, 2. Aufl. 2017, Teil L Rn. 51 f.; Kümpel/Mülbert/Früh/Seyfried Bank-/KapMarktR/*Oulds* Rn. 10.36–10.45.

[76] *Veil* in Veil, Europäisches und deutsches Kapitalmarktrecht, 3. Aufl. 2022, § 7 Rn. 7.

[77] Vgl. *Mishkin/Eakins,* Financial Markets and Institutions, 9. Aufl. 2018, 59 f.

Der **Börsenhandel** ist ein zentralisierter Handel. Alle Angebote zum Kauf und Verkauf werden von professionellen Maklern zusammengeführt. Soweit sie sich decken, werden Kaufverträge geschlossen. Außerdem wird ein einheitlicher Börsenpreis festgestellt. Hierdurch wird ein Höchstmaß an Transparenz erreicht. Zu beachten ist allerdings, dass es keinen Zwang zur Benutzung der Börse gibt. Vielmehr dürfen die Parteien auch außerhalb der Börse handeln. 47

Der **Handel außerhalb der Börse** (*over the counter* – OTC) ist dezentralisiert. Die Parteien finden ihre Partner auf individuellem Wege. Der Preis wird nach außen typischerweise nicht transparent gemacht. 48

e) Regulierter Markt und Freiverkehr. Innerhalb der Börse existieren unterschiedliche Segmente. Zu unterscheiden sind vor allem der sog. regulierte Markt und der Freiverkehr. Der Unterschied liegt in der **verschiedenen Regelungsintensität:**[78] Für die Zulassung zum Handel am regulierten Markt sind zahlreiche Voraussetzungen zu erfüllen; außerdem unterliegt der Emittent nach der Zulassung strengen Publizitätspflichten. Dagegen ist die Einbeziehung in den Freiverkehr einfacher; sie wird ohne Mitwirkung des Emittenten veranlasst. Dementsprechend folgen aus ihr für diesen keine besonderen Pflichten. Aus kollisionsrechtlicher Sicht ist die Unterscheidung zwischen beiden Segmenten bedeutsam, weil sie zu verschiedenen Anknüpfungen führt (→ Rn. 164 ff.). 49

f) Physischer und elektronischer Handel. Der technologische Fortschritt hat es möglich gemacht, den physischen Handel immer mehr durch den elektronischen zu verdrängen. Diese Entwicklung betrifft sowohl den Börsenhandel als auch den außerbörslichen Handel.[79] Bahnbrechend waren insoweit die sog. Multilateralen Handelssysteme ***(Multilateral Trading Facilities* – MTF),** die durch die neue Kategorie der Organisierten Handelssysteme ***(Organized Trading Facilities* – OTF)** ergänzt werden (→ Rn. 167 f.). Sie erlauben den Handel rund um die Uhr ohne Einschaltung von Maklern. 50

Eine besondere Variante des elektronischen Handels ist der mit **Kryptowerten.** Dies sind künstliche Werteinheiten, die auf der Blockchain abgebildet werden und unmittelbar von einer Person auf eine andere Person übertragen werden können.[80] Sie werden typischerweise an sog. Kryptobörsen gehandelt.[81] Der Begriff „Kryptobörse" umfasst dabei sowohl solche Stellen, auf denen Kryptowerte gegen offizielle Währungen veräußert oder gekauft werden, als auch solche, auf denen Kryptowerte gegen andere Kryptowerte ausgetauscht werden (s. Art. 3 Abs. 1 Nr. 18 MiCAR).[82] Der Handel ist insoweit zentralisiert;[83] lediglich die Abwicklung findet – zumindest teilweise – über die Blockchain statt und ist daher dezentralisert. 51

Jüngst sind zudem Decentralized Finance **(DeFi)**-Plattformen aufgekommen, bei denen auch der Handel dezentralisiert ist.[84] Dazu gehören ua die sog. Decentralized Exchanges **(DEX).** Diese sind keine Rechtspersonen, sondern Computerprogramme, die den Austausch von Kryptowerten direkt zwischen den Marktteilnehmern und ohne Einschaltung eines Intermediärs ermöglichen, und dabei beispielsweise die Funktion eines **Automated Market Maker** (AMM) erfüllen. Es handelt sich um Algorithmen *(smart contracts),* die automatisch ablaufen. Daraus erwachsen besondere Herausforderungen für die Aufsicht, weil es scheinbar an einem Adressaten für aufsichtsrechtliche Verfügungen mangelt. Trotzdem bedürfen auch diese einer Regulierung und Aufsicht. Anknüpfen sollte man in diesen Fällen mangels anderer Personen an den Programmierer des smart contract. 52

g) Kassamarkt und Terminmarkt. Bedeutsam ist schließlich die Unterscheidung zwischen sog. Kassa- oder Spotmärkten auf der einen Seite und Terminmärkten auf der anderen Seite.[85] Geschäfte über Finanzinstrumente sind auf Kassamärkten **innerhalb kürzester Frist** – in Deutsch- 53

---

78 S. Kümpel/Mülbert/Früh/Seyfried Bank-/KapMarktR/*Oulds* Rn. 10.49 f.

79 S. Kümpel/Mülbert/Früh/Seyfried Bank-/KapMarktR/*Oulds* Rn. 10.51 ff.

80 *Lehmann* in Omlor/Link, Handbuch Kryptowährungen und Token, 2021, Kap. 5 Rn. 28; zum Begriff des „Kryptowerts" s. auch *Fromberger/Haffke/Zimmermann* BKR 2019, 377.

81 Zur aufsichtsrechtlichen Einordnung von Kryptobörsen s. Patz BKR 2019, 435 (437–440); *Siedler* in Möslein/Omlor FinTech-HdB § 7 Rn. 158; *Denga* in Möslein/Omlor FinTech-HdB § 13 Rn. 37 f.; *Maume/Siadat* NJW 2023, 1168 (1171–1172); *Schopper/Raschner* ÖBA 2019, 249 (250–260).

82 BaFin, Virtuelle Währungen/Virtual Currency (VC), Stand 18.9.2020; Möslein/Omlor FinTech-HdB/*Denga* § 13 Rn. 30 spricht dagegen im ersten Fall von „Kryptowechselstellen" und nur im zweiten von „Kryptobörsen". Der Begriff „Kryptowechselstelle" ist verwirrend, denn er könnte genauso gut auf den zweiten Fall bezogen sein. In der Praxis werden beide Fälle unter dem Begriff „Kryptobörse" zusammengefasst.

83 *Arner et al.,* The Financialization of Crypto: Lessons from FTX and the Crypto Winter of 2022-2023, University of Hong Kong Faculty of Law Research Paper No. 2023/19 (15–18); *Sørensen/Zetzsche,* From Centralized to Decentralized Finance, 2021, 8–14, SSRN, https://papers.ssrn.com/sol3/papers.cfm?abstract_id=3978815 (zuletzt abgerufen am 22.4.2024); *Meier/Schneider/Schinerl* RDi 2023, 257 (257).

84 Vertiefend *Lehmann* et al., Journal of Business & Technology Law 2023, 53 (61–67).

85 Dazu Kümpel/Mülbert/Früh/Seyfried Bank-/KapMarktR/*Oulds* Rn. 10.14–10.22; *Spremann/Gantenbein,* Kapitalmärkte, 5. Aufl. 2019, S. 264 f.

land innerhalb von zwei Börsentagen[86] – **zu erfüllen;** typisches Beispiel ist etwa der Aktienkauf an der Frankfurter Wertpapierbörse. Gleiches gilt bei Geschäften über Waren, die auf Spotmärkten wie etwa auf einer Weizenbörse geschlossen werden.

54 Dagegen sind Geschäfte auf Terminmärkten **erst in der Zukunft** zu erfüllen. Typisches Beispiel ist etwa der Kauf einer Option an einer Derivatebörse. Da die Option erst nach einer gewissen Zeit ausgeübt werden kann, besteht keine sofortige Erfüllungspflicht.

55 **2. Begrenzung auf grenzüberschreitende Sachverhalte. a) „Internationales" Finanzmarktrecht.** Das Adjektiv „internationales" in „Internationales Finanzmarktrecht" soll andeuten, dass sich das Gebiet auf die Fragen des Finanzmarktrechts erstreckt, die einen besonderen **Bezug zum Ausland** aufweisen. Angesichts der Internationalisierung und Interdependenz der Finanzmärkte (→ Rn. 9 f.) spielen diese eine immer größere Rolle. Inhaltlich geht es um die Frage, welche finanzmarktrechtlichen Regelungen auf grenzüberschreitende Sachverhalte Anwendung finden.

56 **b) Bedeutung des Auslandsbezugs.** Der Bezug des Internationalen Finanzmarktrechts auf grenzüberschreitende Sachverhalte ist aus konzeptioneller Sicht sehr bedeutsam, weil er den Inhalt der in dieses Gebiet fallenden Regeln vorstrukturiert. Gleichwohl sollte man ihm nicht die Funktion eines eigenständigen Merkmals in dem Sinne beimessen, dass zunächst geprüft werden müsste, ob ein Auslandsbezug vorliegt, bevor man sich mit den hier interessierenden Fragen beschäftigt. Finanzmarktrechtliche Fälle weisen heute angesichts der Internationalisierung und Integration der Finanzmärkte **sehr häufig** Bezüge zu mehr als einer Rechtsordnung auf. Staaten können außerdem auch bei geringen Anknüpfungspunkten zum eigenen Recht die Anwendung eigener finanzmarktrechtlicher Regelungen vorschreiben, zB um eigene Staatsangehörige zu schützen.[87] Darüber hinaus sind die Antworten auf internationale Fragen meist in den Regelungen über den Anwendungsbereich der Finanzmarktregulierung versteckt. Diese sind daher ohnehin zu prüfen, wenn man finanzmarktrechtliche Fälle löst.

57 **3. Das Recht der internationalen Finanzmärkte.** Das Recht der internationalen Finanzmärkte kann unterschiedlich aufgefasst werden. Je nachdem, wie man es konzipiert, ist sein Inhalt und Umfang verschieden.

58 **a) Konzeption vom Markt oder vom Recht.** Zunächst ist es möglich, das Gebiet ausgehend von einer Marktperspektive zu definieren. In diesem Fall wären unter dem Begriff „Internationales Finanzmarktrecht" alle Regeln zu verstehen, die auf den internationalen Finanzmärkten anzuwenden sind. Dazu würden auch nicht international-spezifische Fragen gehören, zB das Schuldrecht, welches auf Kaufverträge anzuwenden ist, oder das Öffentliche Recht, dem die Börse untersteht.

59 Ein solches Verständnis ist für die Zwecke der vorliegenden Kommentierung jedoch zu weit. Stattdessen ist das Internationale Finanzmarktrecht ausgehend von der Perspektive der anzuwendenden Rechtsmaterie zu konzipieren. Im Mittelpunkt stehen die Regeln, die **speziell auf grenzüberschreitende Fragestellungen zugeschnitten** sind. Diese statutistische Betrachtung scheint in gewisser Weise anachronistisch, weil der von *Savigny* vollzogene Perspektivenwechsel von den Rechtsnormen hin zu den Rechtsverhältnissen nicht vollzogen wird.[88] Allerdings ist dies typisch für das Internationale Öffentliche Recht, das von den Rechtsnormen her gedacht ist und nach deren Anwendungsbereich fragt.[89] Dasselbe gilt für das Internationale Strafrecht. Das Internationale Öffentliche Recht und das Internationale Strafrecht aber sind zwei wichtige Bestandteile des Internationalen Finanzmarktrechts.

60 **b) Internationales Finanzmarktrecht als Kollisionsrecht.** Im Mittelpunkt der Kommentierung wird die Frage stehen, wie das auf einzelne Probleme auf Finanzmärkten **anzuwendende Recht zu bestimmen** ist. Das Internationale Finanzmarktrecht ist in diesem Sinne Kollisionsrecht, wenn man diesen Begriff so versteht, dass er alle Situationen erfasst, in denen ein Sachverhalt potentiell verschiedenen Rechtsordnungen unterfällt.[90]

61 Da das Internationale Finanzmarktrecht Kollisionsrecht ist, fügt es sich in das IPR klassischer Prägung ein. Auf der anderen Seite unterscheidet es sich von diesem, weil es sich sowohl auf die Kollision zivilrechtlicher als auch öffentlich-rechtlicher und strafrechtlicher Vorschriften bezieht.

---

86 Kümpel/Mülbert/Früh/Seyfried Bank-/KapMarktR/*Oulds* Rn. 10.14.

87 Vgl. *Scott/Gelpern,* International Finance, Transactions, Policy and Regulation, 24. Aufl. 2023, 10.

88 Zu diesem *Kropholler* IPR, 6. Aufl. 2006, § 2 III 1.

89 Vgl. *v. Bar/Mankowski* IPR, Bd. I, 2. Aufl. 2003, § 4 Rn. 57.

90 S. *Kegel/Schurig* IPR § 1 VII.1.; *Neuhaus,* Die Grundbegriffe des Internationales Privatrechts, 2. Aufl. 1976, § 1 I. Enger *Ohler,* Die Kollisionsordnung des Allgemeinen Verwaltungsrechts, 2005, 17, der den Begriff der Rechtskollision solchen Situationen vorbehalten will, in denen durch zwei inhaltlich konfligierende Normen derselbe Adressat angesprochen wird.

Alle drei dienen der Umsetzung finanzmarktrechtlicher Ziele und stehen insofern in engem Zusammenhang (→ Rn. 199 ff.).

c) Abgrenzung zum Völkerrecht. Nicht zu verwechseln mit dem Internationalen Finanzmarktrecht ist das **„Internationale Recht der Finanzmärkte"**. Das Internationale Recht im engen Wortsinn, dh das Völkerrecht, spielt zwar im Finanzmarktbereich eine erhebliche Rolle.[91] Allerdings erschöpft es dieses nicht. Es gibt daneben noch andere wichtige Quellen. Internationales Finanzmarktrecht im hier gemeinten, kollisionsrechtlichen Sinn schöpft vor allem aus nationalen und supranationalen Rechtsquellen. 62

d) Kollisionsrecht und Einheitsrecht. Angesichts der weltweiten Koordinationsbemühungen existieren zahlreiche Vorschriften, welche **sachrechtliche Standards** für internationale Finanzmärkte vorgeben. Dazu zählen zB die Empfehlungen des Basler Bankenausschusses zur Eigenmittelausstattung (Basel I–III). Diese einheitlichen Standards betreffen jedoch Sachprobleme und damit grundsätzlich andere Fragen als die hier zu erörternde kollisionsrechtliche Problematik. Einheitsrechtliche Fragen spielen daher nur insoweit eine Rolle, als gerade die Ermittlung des anzuwendenden Rechts vereinheitlicht wurde (einheitliches Kollisionsrecht).[92] 63

e) Bedeutung des Fremdenrechts. Viele finanzmarktrechtliche Vorschriften enthalten Sonderregeln für ausländische Akteure. In der internationalprivatrechtlichen Terminologie handelt es sich dabei um „Fremdenrecht".[93] **Traditionell** wird dieses nicht zum Kollisionsrecht, sondern zum **Sachrecht** gezählt.[94] 64

Innerhalb des Internationalen Finanzmarktrechts müssen fremdenrechtliche Regelungen jedoch **einbezogen** werden. Das folgt schon daraus, dass das Fremdenrecht ein Teil des Internationalen Öffentlichen Rechts ist,[95] welches das Internationale Finanzmarktrecht prägt. **Kollisionsrechtliche** Regelungen des Internationalen Finanzmarktrechts lassen sich zudem nur schwer von **fremdenrechtlichen Regelungen unterscheiden.** Da im Finanzmarktrecht typischerweise nur der Anwendungsbereich des eigenen Rechts festgelegt wird, ist es zum Teil schwierig festzustellen, ob eine Regelung das eigene Recht von ausländischen abgrenzen oder ein besonderes Regime innerhalb des innerstaatlichen Rechts errichten soll. 65

f) Konzentration auf Regulierung. Internationales Finanzmarktrecht beschäftigt sich im Kern mit dem Recht der Regulierung.[96] Der Begriff ist vielgestaltig und wird in unterschiedlichen Bedeutungen gebraucht. Regulierung setzt den äußeren Ordnungsrahmen für jegliche Aktivität auf dem Markt. Man kann insoweit auch von **„Marktordnungsrecht"** sprechen. Ziel ist es, ein Marktversagen zu verhindern oder auszugleichen und dadurch das Gemeinwohl zu sichern. Dazu werden verschiedene Regeln gesetzt, innerhalb derer die Akteure ihre private Tätigkeit ausüben. 66

Finanzmarktregulierung umfasst sowohl wichtige Aktivitäten auf dem Finanzmarkt als auch die Akteure selbst. Sie ist insofern weiter als die Regulierung der Kapitalmärkte, die sich auf den Handel mit Finanzinstrumenten beschränkt.[97] Die institutionellen Anforderungen an diese Akteure, zB an deren Ausstattung mit Eigenmitteln, nennt man prudentielle Aufsicht ***(prudential regulation)***, die Anforderungen an das Handeln auf dem Markt Verhaltensaufsicht ***(conduct of business regulation)***.[98] 67

g) Abgrenzung zum Transaktionsrecht. Den Gegensatz zum Regulierungsrecht bildet das Transaktionsrecht. Es regelt die individuellen Rechte und Pflichten der Parteien aus Rechtsgeschäften auf dem Finanzmarkt. Für diese Rechtsgeschäfte gibt es keine besondere kollisionsrechtliche Behandlung, sondern sie unterliegen den allgemeinen Vorschriften des IPR. Insoweit ist auf die Ausführungen zu diesem Thema zu verweisen.[99] 68

---

91 Dazu *Tietje/Lehmann* 13 Journal of International Economic Law 663–682 (2010).

92 Grdl. *Kropholler,* Internationales Einheitsrecht, 1975, 176 ff.

93 *Kegel/Schurig* IPR § 1 VIII 2a; *Kropholler* IPR, 6. Aufl. 2006, § 1 VI 2; *Bureau/Muir Watt,* Droit international privé, Bd. 1, 5. Aufl. 2021, 2.

94 S. *Kropholler* IPR, 6. Aufl. 2006, § 1 VI 2; *Bureau/Muir Watt,* Droit international privé, Bd. 1, 5. Aufl. 2021, 3.

95 Vgl. *Isay,* Das deutsche Fremdenrecht, 1926, 12 ff.; *Menzel,* Internationales Öffentliches Recht, 2011, 26 f.

96 Zum Regulierungsbegriff s. *Ruffert* in Fehling/Ruffert Regulierungsrecht, 2010, § 7; *Binder,* Regulierungsinstrumente und Regulierungsstrategien im Kapitalgesellschaftsrecht, 2012, 35–42; *Gowland,* The Regulation of Financial Markets in the 1990s, 1990, 1; *Stiglitz,* The Regularities of Regulation, 1988, 210.

97 *Walla* in Veil, Europäisches Kapitalmarktrecht, 2. Aufl. 2014, S. 40 f., § 4 Rn. 2.

98 S. *Goodhart,* The Organisational Structure of Banking Supervision, FSI Occasional Papers Nr. 1, November 2000, 11; *Hering/Carmassi* Financial Markets, Institutions and Instruments 17 (2008), 51 (53).

99 S. die Kommentierungen zur Rom I- und Rom II-VO. Zum IPR der Finanzmarkttransaktionen s. auch *Einsele,* Bank- und Kapitalmarktrecht, 5. Aufl. 2022, § 2 Rn. 11–32, und die Ausführungen bei den einzelnen Geschäftsarten; *Lehmann,* Finanzinstrumente, 2009, 490–507.

69 Auch Regulierung sieht allerdings zuweilen **Eingriffe in individuelle Transaktionen** vor. Beispielsweise kann sie ein bestimmtes Rechtsgeschäft verbieten (zB § 3 KWG), oder sie kann bestimmte Pflichten bei seiner Ausführung auferlegen, die marktordnende Funktion haben (zB §§ 63 ff. WpHG), oder sie kann eine zivilrechtliche Haftung vorsehen (zB §§ 21 f. WpPG). Manchmal werden diese Teile der Regulierung, welche in individuelle Verhältnisse eingreifen, als „Transaktionsrecht" bezeichnet.[100] Das ist insofern missverständlich, als Transaktionsrecht mit den Regelungen des allgemeinen Zivilrechts verwechselt werden könnte. Daher soll von diesem Verständnis hier Abstand genommen und der Begriff nur in der weiteren Bedeutung verwendet werden.

70 **h) Bedeutung des Verfahrensrechts.** Das Internationale Finanzmarktrecht ist ein Kollisionsrecht der materiellen Regelungen der Finanzmärkte und insofern vom Verfahrensrecht zu unterscheiden. Allerdings wird Finanzmarktrecht zu großen Teilen **durch spezielle Behörden angewandt.** Die internationale Zuständigkeit dieser Behörden ist in der Regel deckungsgleich mit dem Anwendungsbereich des Rechts, das ihnen zur Durchsetzung übertragen wird. Dadurch kommt es zu einem Gleichlauf zwischen Zuständigkeit und anzuwendendem Recht (→ Rn. 105).

71 Darüber hinaus ist den speziellen Behörden häufig die Befugnis eingeräumt, eigene **finanzmarktrechtliche Regelungen zu schaffen.** Diese ergänzen oft wichtige Details der gesetzlichen Regelungen, wie zB technische Standards (→ Rn. 87). Der Anwendungsbereich dieser untergesetzlichen Vorschriften darf aus kompetenzrechtlichen Gründen nicht weiter sein als die Zuständigkeit der Behörde. Daher kann insofern die Zuständigkeitsregelung umgekehrt verwendet werden, um den Anwendungsbereich der materiellrechtlichen Regelungen zu bestimmen.

72 Schließlich sind prozedurale Aspekte auch im Hinblick auf ausländisches Finanzmarktrecht bedeutsam. Inländische Behörden wenden dieses in aller Regel nicht an. Teilweise sind sie aber zur **Anerkennung** ausländischer Entscheidungen verpflichtet. Die Anerkennung stellt einen Alternativmechanismus zum Kollisionsrecht dar.[101] Dogmatisch ist sie Teil des Prozessrechts.

73 Alle drei Tatsachen zeigen einen engen Zusammenhang des Internationalen Finanzmarktrechts mit dem Verfahrensrecht. Daher werden in der vorliegenden Kommentierung auch prozessuale Probleme diskutiert, soweit sie Auswirkungen auf das anzuwendende Recht haben.

III. Rechtsquellen

74 **1. Internationale Rechtsquellen. a) Völkergewohnheitsrecht.** Finanzmarktrecht ist in erster Linie **nationaler Souveränität** unterworfen. Ähnlich wie im Währungsrecht[102] gibt es kaum Grundsätze des Völkerrechts, die den Staaten Vorgaben zur Ausgestaltung ihrer Regulierung machen. Insbesondere gibt es kein allgemeines Verbot extraterritorial wirkender Gesetzgebung oder Aufsichtsmaßnahmen (→ Rn. 125).

75 **b) Völkervertragsrecht.** Völkerrechtliche Verträge zum Finanzmarktrecht sind **selten.** Die Staaten haben sich mit dem Abschluss verbindlicher Abkommen in diesem Bereich extrem zurückgehalten. Dafür gibt es im Wesentlichen zwei Gründe: Einerseits ist der völkerrechtliche Vertrag als Instrument der Gesetzgebung zu schwerfällig, um angemessen auf die sich täglich ändernden Entwicklungen am Finanzmarkt zu reagieren. Andererseits wollten sich die Staaten offensichtlich einen von ihnen als notwendig erachteten Bereich souveräner Politik erhalten.

76 Aus den wenigen Regelungen des Völkervertragsrechts, welche das Internationale Finanzmarktrecht betreffen, ragen einige Vorschriften des **GATS** heraus, durch die die Staaten trotz der grundsätzlichen Verpflichtung zur Marktöffnung die Möglichkeit zur Regulierung der Finanzdienstleistungen erhalten.[103] Das **IWF-Übereinkommen** steht der Regulierung der Finanzmärkte ebenfalls nicht entgegen. Es erlaubt sogar die Einführung von Kapitalverkehrskontrollen (s. Art. VI (3) IWF-Übereinkommen). Ansonsten aber besagt es zu den Inhalten der Finanzmarktregulierung nicht viel. Es enthält lediglich eine singuläre Vorschrift, welche die Staaten zur Anwendung des Devisenrechts anderer Staaten anhält (Art. VIII (2) (b) IWF-Übereinkommen).[104]

77 **c) Internationale Verwaltungsabkommen.** Eine weitere Rechtsquelle des Internationalen Finanzmarktrechts sind Vereinbarungen, welche Finanzmarktbehörden miteinander geschlossen

---

100 So → 5. Aufl. 2010, Rn. 23 *(Schnyder)*.

101 Grdl. *Mansel* RabelsZ 70 (2006), 651.

102 Vgl. zum Grundsatz monetärer Souveränität *Proctor,* Mann on the Legal Aspect of Money, 7. Aufl. 2012, Rn. 19.01–19.27.

103 Dazu *Sethe/Lehmann* in Tietje/Nowrot Internationales Wirtschaftsrecht § 15 Rn. 12.

104 Dazu Ellenberger/Bunte BankR-HdB/*Schefold,* 6. Aufl 2022, § 117 Rn. 67–149; Staudinger/*Sturm/Sturm,* 2012, Einl. IPR Rn. 321-328; *Tennekoon,* The Law and Regulation of International Finance, 1991, 34–38.

haben. Diese dienen der Kooperation (→ Rn. 138). Oft haben sie die Form eines **„Memorandum of Understanding"** (zum Inhalt → Rn. 138). Sie können multilateral oder bilateral geschlossen werden. Ihr Anwendungsbereich kann institutsspezifisch, sektorspezifisch und sektorübergreifend sein.[105]

78 **d) Soft law.** Die meisten internationalen Regeln zum Finanzmarktrecht sind als soft law zu qualifizieren.[106] Mangels juristischer Verbindlichkeit haben sie **keine Rechtsqualität** im eigentlichen Sinne. Gleichwohl sind ihre Auswirkungen auf die praktische Ausgestaltung des Rechts in den verschiedenen Staaten kraft des politischen Einflusses zum Teil erheblich. Zum Beispiel richtet man sich bei der Auslegung der Reichweite des deutschen KWG nach einem Prinzipienpapier des Basler Ausschusses für Bankenaufsicht.[107] Auch haben die IOSCO-Offenlegungsnormen[108] Auswirkungen auf das EU-Prospektrecht gehabt (s. Erwägungsgrund Nr. 22 Prospekt-RL; diese RL wurde aufgehoben durch die Prospekt-VO).

79 Der Mechanismus zeigt, dass man sich stillschweigend auf einen **flexiblen Ansatz** geeinigt hat, bei dem die Regelgebung auf der höheren Ebene unverbindlich beginnt und auf den unteren Ebenen in verbindliche Bestimmungen mündet. Im Einzelnen sieht die Entwicklung folgendermaßen aus: Auf Ebene der G20 werden informell Leitlinien festgelegt. Meist werden darin internationale Foren oder Behörden, wie das FSB oder die IOSCO, mit der Ausarbeitung von Details beauftragt. Danach werden diese Leitlinien und Erläuterungen regional und national in Gesetze gegossen. Durch dieses System ist man in der Lage, auf Herausforderungen schnell, informell und angepasst an lokale Besonderheiten zu reagieren.

80 **2. Supranationale Rechtsquellen.** Der **weit überwiegende Teil** der mitgliedstaatlichen Vorschriften zum Finanzmarktrecht ist heute durch die EU beeinflusst. Es wird geschätzt, dass ca. 80 % der Vorschriften ihren Ursprung in Akten des europäischen Gesetzgebers haben.[109]

81 **a) Entwicklung.** Inhaltlich lassen sich **drei Generationen** von europäischen Rechtsakten unterscheiden, die zugleich für die kollisionsrechtliche Anknüpfung bedeutsam sind.

82 Eine **erste Generation** von Rechtsakten hat zum Ziel, die Voraussetzungen für die Verwirklichung des Binnenmarkts zu schaffen und die Märkte zu liberalisieren. In diesen Kontext ordnen sich zB die OGAW-RL[110] oder die zweite Bankenkoordinierungs-RL[111] ein. Diese sehen eine Anerkennungspflicht („europäischer Pass") für Finanzdienstleister oder deren Produkte vor. Die Beaufsichtigung erfolgt nach dem Herkunftslandprinzip durch die Behörden des Ursprungsstaats, die dabei ihre eigenen Regeln anwenden. Für die Gleichwertigkeit sorgt ein System mindestharmonisierender Vorschriften. Damit ist ein effizientes Kollisionsprinzip gefunden, nach dem die Beaufsichtigung in der Gemeinschaft bzw. Union organisiert werden kann.

83 Eine **zweite Generation** enthält vornehmlich materielle Regelungen. Ziel ist nicht länger nur die Liberalisierung der Märkte, sondern ihre Regulierung. Da die Voraussetzungen für den Binnenmarkt weitgehend hergestellt sind, geht es um die Verbesserung der Funktionsfähigkeit des nunmehr existenten grenzüberschreitenden Finanzmarkts. Insbesondere wird das Kapitalmarktrecht der Mitgliedstaaten perfektioniert.[112] Beispiele hierfür sind etwa die Transparenz-RL[113] oder die Marktmissbrauchs-RL 2003.[114] Diese stellen selbst Sachrecht auf und ermächtigen

105 Für eine Liste der von der BaFin abgeschlossenen Abkommen s. https://www.bafin.de/DE/Internationales/BilateraleZusammenarbeit/MoU/internationalekooperationsvereinbarungen_mou_node.html (zuletzt abgerufen am 22.4.2024).

106 Dazu *Brummer,* Soft Law and the Global Financial System, 2015; *Brummer* Journal of International Economic Law 13 (2010), 623 (627–634); *Picciotto,* Regulating Global Corporate Capitalism, 2011, 20–22; krit. *Avgouleas,* Governance of Global Financial Markets, 2012, 221–236.

107 S. Basel Committee on Banking Supervision, Management and Supervision of Cross-Border Electronic Banking Activities, 2003.

108 IOSCO, International Disclosure Standards für Cross-border Offering and Initial Listings by Foreign Issuers, Teil 1, September 1998.

109 Schimansky/Bunte/Lwowski BankR-HdB/*Seiler/Kniehase,* 4. Aufl. 2011, Vor § 104 Rn. 64.

110 RL 2009/65/EG vom 13.7.2009 zur Koordinierung der Rechts- und Verwaltungsvorschriften betreffend bestimmte Organismen für gemeinsame Anlagen in Wertpapieren (OGAW), ABl. EG 2009 L 302, 32.

111 Zweite RL 1989/646/EG vom 15.12.1989 zur Koordinierung der Rechts- und Verwaltungsvorschriften über die Aufnahme und Ausübung der Tätigkeit der Kreditinstitute, ABl. EG 1989 L 368, 1.

112 Assmann/Schütze/Buck-Heeb KapAnlR-HdB/*Assmann/Buck-Heeb* § 1 Rn. 51.

113 RL 2004/109/EG vom 15.12.2004 zur Harmonisierung der Transparenzanforderungen in Bezug auf Informationen über Emittenten, deren Wertpapiere zum Handel auf einem geregelten Markt zugelassen sind, ABl. EG 2004 L 390, 38.

114 RL 2003/6/EG vom 28.1.2003 über Insider-Geschäfte und Marktmanipulation (Marktmissbrauch), ABl. EG 2003 L 96, 16.

europäische Organe zur weiteren Präzisierung (zum *Lamfalussy*-Verfahren → Rn. 16). Die Durchsetzung hingegen ist weiterhin den nationalen Behörden überlassen. Die kollisionsrechtliche Frage, die sich in diesem Zusammenhang stellt, ist im Wesentlichen die Reichweite des Anwendungsbereichs sowie die Verteilung der Zuständigkeit innerhalb der Mitgliedstaaten für das *enforcement*.

84 Eine **dritte Generation** europäischer Rechtsakte dient dazu, die makroökonomischen Risiken zu bewältigen, welche unter anderem gerade aus der vorherigen grenzüberschreitenden Integration des europäischen Finanzmarkts folgen. Kennzeichen dieser Generation von Vorschriften ist einerseits, dass der bisherige Ansatz der Mindestharmonisierung zunehmend durch das Konzept der Vollharmonisierung verdrängt wird.[115] Andererseits überlässt man die Anwendung der Vorschriften nicht länger den nationalen Behörden: Weil erhebliche Probleme bei der einheitlichen Anwendung und Durchsetzung des Finanzmarktrechts festgestellt wurden, werden vielmehr eigene Behörden auf europäischer Ebene eingerichtet (zum ESFS, SSM und SRM → Rn. 16 f.).

85 **b) Richtlinien und Verordnungen.** Lange Zeit handelte die EU im Bereich der Finanzmarktregulierung durch **Richtlinien.** Häufig enthalten diese Bestimmungen zum internationalen Anwendungsbereich und zur Aufteilung der Zuständigkeiten zwischen den mitgliedstaatlichen Behörden. Da die Richtlinien jedoch jeweils in sich geschlossene Einzelakte sind und in verschiedenen Zeiten entstanden, sind sie häufig nicht aufeinander abgestimmt.

86 Seit der Finanzkrise operiert die EU zunehmend durch **Verordnungen.** Diese sind entweder von den europäischen Behörden oder von den Behörden und Gerichten der Mitgliedstaaten zu vollziehen. Kennzeichnend ist ihre unmittelbare Anwendbarkeit in den Mitgliedstaaten, ohne dass es einer ins nationale Recht umsetzenden Gesetzgebung bedarf (Art. 288 Abs. 2 AEUV). Verordnungen enthalten unter anderem Bestimmungen über den internationalen Anwendungsbereich und die Zuständigkeit.

87 **c) Technische Standards.** Schon unter dem *Lamfalussy*-System gab es Durchführungsverordnungen, die von der Kommission erlassen wurden. Seit der Einführung des ESFS im Jahre 2011 sind **technische Durchführungs- und Regulierungsstandards** zu unterscheiden. Beide werden von den Europäischen Aufsichtsbehörden vorgeschlagen und von der Kommission erlassen. Das Verfahren ist in den Verordnungen zum europäischen Finanzaufsichtssystem geregelt (→ Rn. 16). Rechtsgrundlage für die Kompetenz der Kommission zum Erlass solcher Standards ist entweder Art. 290 oder 291 AEUV. Im ersten Fall spricht man von „technischen Regulierungsstandards", im zweiten Fall von „technischen Durchführungsstandards".[116] Die Abgrenzung zwischen beiden fällt nicht leicht.[117]

88 **d) Weitere Instrumente.** Neben den technischen Standards verfügen die Europäischen Aufsichtsbehörden über weitere Mittel, um die einheitliche Anwendung des EU-Finanzmarktrechts in den Mitgliedstaaten zu sichern. Dazu zählen **Empfehlungen, Leitlinien** und **Beschlüsse.**[118] Diese haben bislang jedoch kaum Bedeutung für die internationale Anwendbarkeit der europäischen Finanzmarktregelungen erlangt.

89 **3. Nationale Rechtsquellen. a) Entwicklung.** Historisch gesehen war das staatliche Recht die **wichtigste Quelle** finanzmarktrechtlicher Regelungen.[119] Ebenso verhält es sich mit dem Internationalen Finanzmarktrecht. Das Kollisionsrecht des Finanzmarkts ist deshalb in erster Linie nationales Recht. Das gilt selbst dort, wo europäische Richtlinien erlassen wurden, denn diese bedürfen der Umsetzung in das Recht der Mitgliedstaaten. Lediglich EU-Verordnungen überlagern das nationale Kollisionsrecht.

90 Der vorwiegend nationale Ursprung international-finanzmarktrechtlicher Regelungen hat zur Folge, dass diese **in jedem Staat unterschiedlich** sind. Ein weltweites Internationales Finanzmarktrecht gibt es bislang nicht. Die Situation ist insofern dieselbe wie beim IPR. Im Gegensatz zu diesem fehlen allerdings sogar Prinzipien des Finanzmarktkollisionsrechts, die allgemein anerkannt wären. Das Recht der Internationalen Finanzmärkte wird vielmehr durch ein Geflecht unterschiedlicher und sich widersprechender nationaler Regelungen beherrscht. Der zunehmende Einfluss zwingenden

---

115 *Veil* in Veil, Europäisches und deutsches Kapitalmarktrecht, 3. Aufl. 2022, § 3 Rn. 21 f.

116 Vgl. *Lehmann/Manger-Nestler* ZBB 2011, 2 (10–12).

117 *Fabricius,* Der Technische Regulierungsstandard für Finanzdienstleistungen – Eine kritische Würdigung unter besonderer Berücksichtigung des Art. 290 AEUV, Beiträge zum Transnationalen Wirtschaftsrecht, Bd. 124 (Februar 2013), 38–41.

118 Dazu *Lehmann/Manger-Nestler* ZBB 2011, 2 (12–16).

119 S. *Capie* in Mayes/Wood, The Structure of Financial Regulation, 2007, 69–85.

supranationalen Rechts und internationalen *soft laws* bewirkt nur sehr langsam, dass sich die Regelungen einander annähern.

Die vorliegende Kommentierung konzentriert sich auf das Internationale Finanzmarktrecht **Deutschlands und der EU.** Die Aussagen zum **EU-Kollisionsrecht** gelten auch für andere Staaten. Vergleichende Hinweise zu weiteren Rechtsordnungen werden dort gezogen, wo dies zum Verständnis der Besonderheiten der eigenen oder der fremden Regelung hilfreich erscheint. **91**

b) Gesetze. International-finanzmarktrechtliche Regelungen sind in beinahe jedem für den Finanzmarkt bedeutenden Gesetz enthalten. Diese werden jedoch in der Regel nicht ausdrücklich hervorgehoben, sondern finden sich an **versteckter Stelle.** **92**

Nur manche Gesetze sehen eine explizite **Regelung zum Anwendungsbereich** vor (s. zB § 1 Abs. 1 WpÜG). Diese führt dann in Verbindung mit weiteren Definitionsnormen zum internationalen Anwendungsbereich (s. zB § 1 WpÜG; → Rn. 506 ff.). Diesem lässt sich eine Aussage darüber entnehmen, wann das deutsche Gesetz aus seiner Sicht anzuwenden ist (zur einseitigen Anknüpfung → Rn. 111). **93**

Andere Gesetze treffen **keine Aussage über den Anwendungsbereich.** Dieser ergibt sich vielmehr erst bei einer bestimmten Norm, die als Tatbestandsmerkmal einen bestimmten Bezug zum Inland enthält. Häufig ist der internationale Anwendungsbereich der unterschiedlichen Vorschriften dieser Gesetze verschieden. So verhält es sich insbesondere beim KWG und beim WpHG. Da diese für das Finanzmarktrecht von grundsätzlicher Bedeutung sind, wird im Folgenden überblicksartig dargestellt, welche kollisionsrechtlichen Aussagen sie enthalten. **94**

aa) KWG. Das KWG enthält verschiedene Normbereiche mit unterschiedlichem internationalen Anwendungsbereich. Zunächst verlangt **§ 32 KWG** eine Erlaubnis für das Betreiben von Bankgeschäften oder die Erbringung von Finanzdienstleistungen. Räumlich ist das Erlaubniserfordernis daran geknüpft, dass die Tätigkeit „im Inland" erfolgt. Die Auslegung dieses Kriteriums wirft zahlreiche Probleme auf (→ Rn. 224 ff.). **95**

Die sachlichen Anforderungen, wie etwa die Liquiditätsvorschriften (§ 11 KWG) oder die Vorgaben für Organkredite (§ 15 KWG), knüpfen hingegen an den Begriff des „Instituts" an. Dieser ist in § 1 Abs. 1b KWG definiert. Aus **§§ 53 ff. KWG** ergeben sich Modifikationen für ausländische Institute (→ Rn. 248 ff.). **96**

bb) WpHG. Der räumliche Anwendungsbereich der einzelnen Abschnitte des WpHG ist verschieden. So hängt der Anwendungsbereich der Vorschriften über die Missbrauchsüberwachung nach **Abschnitt 3** vom Handel der Waren, Emissionsberechtigungen und ausländischen Zahlungsmitteln an einer inländischen Börse oder einem vergleichbaren Markt innerhalb des Europäischen Wirtschaftsraums (EWR) ab (§ 25 WpHG). Die **Abschnitte 4, 5 und 8** betreffen die Ausführung europäischer Verordnungen und richten sich daher grundsätzlich nach deren Anwendungsbereich. Dagegen wenden sich die Transparenzpflichten nach **Abschnitt 6 und 7** grundsätzlich an Emittenten, für die die Bundesrepublik Deutschland der Herkunftsstaat ist (§ 33 Abs. 1, 2 WpHG, § 48 Abs. 1 WpHG iVm § 2 Abs. 13, 17 WpHG und § 4 WpHG). **Abschnitt 9** betrifft Warenderivate, die an einem inländischen Handelsplatz gehandelt werden (§§ 55 f. WpHG). Die Wohlverhaltenspflichten des **Abschnitts 11** gelten für Wertpapierdienstleistungen und -nebendienstleistungen, die im Inland angeboten werden (§ 1 Abs. 2 WpHG). Die in **Abschnitt 12** des WpHG geregelte Haftung für falsche oder unterlassene Kapitalmarktinformation greift nur bei Finanzinstrumenten, für die die Zulassung zum Handel an einem inländischen Handelsplatz genehmigt oder an einem inländischen regulierten Markt oder multilateralen Handelssystem beantragt ist (§ 97 Abs. 1 WpHG, § 98 Abs. 1 WpHG). Für die **Abschnitte 13 und 14,** die rechtssystematisch gesehen zum Zivilrecht gehören, fehlt es an jeglicher Regelung des internationalen Anwendungsbereichs; dieser ist abhängig vom jeweiligen Verbot zu bestimmen (→ Rn. 681 f.). **Abschnitt 15** knüpft an das Kriterium des Sitzes im Ausland an, das schwierige Interpretationsprobleme aufwirft (→ Rn. 196). Dagegen betreffen die Veröffentlichungspflichten nach **Abschnitt 16** sog. Inlandsemittenten (§ 114 Abs. 1 S. 1, 2 WpHG, § 115 Abs. 1, 4 S. 2 WpHG, § 116 Abs. 1 S. 1 WpHG iVm § 2 Abs. 14 WpHG). **97**

Noch komplizierter wird das Ganze dadurch, dass innerhalb bestimmter Abschnitte einige Vorschriften **spezielle Anknüpfungen** vorsehen, zB § 26 WpHG in Abschnitt 3 oder §§ 40 f. WpHG in Abschnitt 6 (→ Rn. 424, → Rn. 428). **98**

cc) Weitere Gesetze. Neben diesen beiden „Grundgesetzen" des Kapitalmarktrechts gibt es zahlreiche weitere, die zu beachten sind. Dazu gehören zB das WpIG, das BörsG, das WpPG, das KAGB, das VermAnlG oder das WpÜG. Jedes von ihnen hat einen eigenen internationalen **99**

Anwendungsbereich, der im jeweiligen Zusammenhang zu erörtern ist (→ Rn. 275 ff., → Rn. 329 ff., → Rn. 378 ff., → Rn. 472 ff., → Rn. 506 ff.).

100 **c) Verordnungen.** Internationalfinanzmarktrechtliche Regelungen können sich auch in ministeriellen oder behördlichen Verordnungen finden. Ein Beispiel dafür ist die Verordnung zum Anwendungsbereich des WpÜG.[120] Ein anderes Beispiel ist die WpAV.[121]

101 **d) Rundschreiben, Merkblätter, Emittentenleitfaden.** Keine Rechtsquelle im eigentlichen Sinn, aber eine wichtige **Rechtserkenntnisquelle** stellen die von der BaFin veröffentlichten Rundschreiben und Merkblätter dar.[122] Diese geben Auskunft über die Verwaltungspraxis. Die für Emittenten geltenden Anforderungen werden im ebenfalls von der BaFin herausgegebenen Emittentenleitfaden übersichtlich zusammengefasst.[123] Zuweilen enthalten diese Quellen Aussagen zum internationalen Anwendungsbereich.[124]

102 Rechtstechnisch gesehen handelt es sich bei diesen Texten um **norminterpretierende Verwaltungsvorschriften.**[125] Sie können die durch Gesetz festgelegte Rechtslage nicht ändern, erzeugen aber mittelbar über Art. 3 GG eine Selbstbindung der Behörde.[126] Das bedeutet, dass die BaFin von ihnen ohne triftigen Grund nicht abweichen kann.

103 **4. Selbstregulierung.** Zur Realität des Finanzmarktrechts gehört, dass dieses in vielen Beziehungen von den Beteiligten selbst gestaltet wird.[127] Ein Beispiel für solche Selbstregulierung findet sich im Börsenrecht: Der Börsenrat, gebildet aus Maklern und Anlegern, erlässt die Börsenordnung (§ 12 Abs. 1, 2 Nr. 1 BörsG, § 16 BörsG). Aufgrund dieser Vorschrift hat zB die Frankfurter Wertpapierbörse eine eigene Börsenordnung erlassen. Diese enthält auch Regelungen für Sachverhalte mit Auslandsbezug (s. zB § 12 Abs. 4 BörsO FWB, § 13 Abs. 2 BörsO FWB – Börsenordnung Frankfurter Wertpapierbörse).

IV. Prinzipien

104 **1. Gleichlauf von Zuständigkeit und Recht. a) In Verwaltungs- und Strafsachen.** Finanzmarktrecht ist eine Querschnittsmaterie, die sich aus öffentlich-rechtlichen, strafrechtlichen und zivilrechtlichen Vorschriften zusammensetzt (→ Rn. 199). Der Mischcharakter des Finanzmarktrechts führt dazu, dass dieses nicht ausschließlich oder auch nur hauptsächlich von Gerichten angewandt wird. Vielmehr hat jeder Staat neben den Gerichten auch **Behörden** damit betraut, dieses Recht zu vollziehen. Sie wurden zum Teil speziell für diese Aufgabe geschaffen.

105 Für das Internationale Finanzmarktrecht hat dies einschneidende Konsequenzen: Behörden wenden typischerweise **nur ihr eigenes Recht** an; mit dem Vollzug fremden Rechts sind sie nicht betraut. Ausländisches Recht spielt allenfalls bei der Beurteilung von Vorfragen oder als Tatbestandselement *(datum)* eine Rolle (→ Rn. 110). Die Folge der Beschränkung auf die Anwendung des eigenen Rechts ist eine Parallelität von Zuständigkeit und anwendbarem Recht: Die Zuständigkeit der Behörden reicht nur so weit wie der Anwendungsbereich ihres eigenen Rechts. Ist dieses nicht

---

120 Verordnung über die Anwendbarkeit von Vorschriften betreffend Angebote im Sinne des § 1 Abs. 2 und 3 des Wertpapiererwerbs- und Übernahmegesetzes (WpÜG-Anwendbarkeitsverordnung) vom 17.7.2006, BGBl. 2006 I 1698.

121 Verordnung zur Konkretisierung von Anzeige-, Mitteilungs- und Veröffentlichungspflichten sowie der Pflicht zur Führung von Insiderverzeichnissen nach dem Wertpapierhandelsgesetz (Wertpapierhandelsanzeige- und Insiderverzeichnisverordnung) vom 13.12.2004, BGBl. 2004 I 3376.

122 Dazu https://www.bafin.de/DE/RechtRegelungen/Verwaltungspraxis/verwaltungspraxis_node.html (zuletzt abgerufen am 22.4.2024).

123 5. Aufl., zuletzt geändert am 2.4.2024, https://www.bafin.de/DE/Aufsicht/BoersenMaerkte/Emittentenleitfaden/emittentenleitfaden_node.html (zuletzt abgerufen am 22.4.2024); zu vorherigen Fassungen des Emittentenleitfadens *Bedkowski* BB 2009, 394; *Merkner/Sustmann* NZG 2005, 729; *Merkner/Sustmann* NZG 2009, 813.

124 S. BaFin, Emittentenleitfaden 2020, 5. Aufl. 2018, Modul A, I.2.1; Modul B, I.2.2.1., https://www.bafin.de/DE/Aufsicht/BoersenMaerkte/Emittentenleitfaden/emittentenleitfaden_node.html (zuletzt abgerufen am 11.6.2024).

125 *Merkner/Sustmann* NZG 2005, 729 (730); *Weber-Rey/Baltzer* in Hopt/Binder/Böckling, HdB Corporate Governance von Banken und Versicherungen, 2. Aufl. 2020, 456.

126 *Merkner/Sustmann* NZG 2005, 729 (730); *Weber-Rey/Baltzer* in Hopt/Wohlmannstetter, HdB Corporate Governance von Banken, 2011, 457; allg. zu norminterpretierenden Verwaltungsvorschriften *Maurer/Waldhoff,* Allgemeines Verwaltungsrecht, 20. Aufl. 2020, § 24 Rn. 11, 27; *Möstl* in Ehlers/Pünder, Allgemeines Verwaltungsrecht, 16. Aufl. 2016, § 20 Rn. 20, 22; *Peine/Siegel,* Allgemeines Verwaltungsrecht, 13. Aufl. 2020, Rn. 74.

127 Dazu *Damrau,* Selbstregulierung im Kapitalmarktrecht, 2003; *Kronke,* Recueil des cours de l'Academie de la Haye 286 (2000), 245 (262); *Bachmann,* Private Ordnung, 2006, 29 f.

einschlägig, werden sie nicht tätig. Man spricht insoweit von **Gleichlauf.**[128] Dieser gilt auch innerhalb der EU: Soweit Finanzmarktbehörden bisweilen mit der Überwachung von Tätigkeiten außerhalb ihres Territoriums beauftragt sind, wenden sie auch insoweit ihr *eigenes* und kein fremdes Recht an.[129]

Der Gleichlauf gilt nicht nur für die Behörden, sondern wirkt sich mittelbar auch auf die **106** **Verwaltungsgerichte** aus: Da sie nur über Rechtsschutzbegehren bezüglich Maßnahmen von Behörden ihres Staats entscheiden, sind sie nur mit dem eigenen Recht unterliegenden Sachverhalten beschäftigt.

Die Parallelität von Zuständigkeit und anwendbarem Recht gilt schließlich ebenfalls für die **107** Behörden und Gerichte der **Strafjustiz:** Auch sie werden nur tätig, soweit das eigene Recht anzuwenden ist (vgl. etwa § 7 StGB). Mit ausländischem Recht unterliegenden Sachverhalten sind sie allenfalls im Rahmen von Rechtshilfeersuchen beschäftigt.

b) Sondersituation in Zivilsachen. Grundsätzlich anders als vor Behörden, Verwaltungs- **108** und Strafgerichten stellt sich die Situation jedoch vor Zivilgerichten dar. Ihr Auftrag erschöpft sich nicht in einer den Interessen des eigenen Staats verpflichteten Rechtsanwendung, sondern ihnen ist in erster Linie eine den Interessen der Parteien entsprechende Streitlösung aufgetragen. Die Zuständigkeit der Zivilgerichte ist daher **auch dann eröffnet, wenn der Sachverhalt nicht dem eigenen Recht unterliegt.** Sie können folglich finanzmarktrechtliche Regelungen auch des Auslands anwenden. Allerdings ist die Praxis insoweit zurückhaltend (→ Rn. 117).

2. Einseitigkeitsprinzip. a) Im Verwaltungs- und Strafrecht. Die Tatsache, dass Behörden **109** sowie Verwaltungs- und Strafgerichte vornehmlich das eigene Finanzmarktrecht anwenden, führt dazu, dass sich die Situation vor ihnen grundsätzlich anders darstellt als im IPR. Die Frage lautet nicht, *welches* Finanzmarktrecht auf einen bestimmten Sachverhalt anzuwenden ist. Stattdessen wird nur gefragt, *wie weit* das eigene Recht reicht, ob es insbesondere auf den vorliegenden Sachverhalt Anwendung findet. Es geht mit anderen Worten lediglich um die **Reichweite des eigenen Rechts.**

Das bedeutet nicht, dass fremdes Recht niemals zur Anwendung kommen könnte. Vielmehr **110** kann es zur Berücksichtigung von **Vorfragen,** die sich innerhalb des Sachrechts stellen, durchaus heranzuziehen sein, zB bei der Frage, ob ein Emittent den Rechtsgrundlagen in seinem Sitzstaat entspricht. Teilweise wird die Anwendbarkeit ausländischen Rechts in diesen Fällen ausdrücklich angeordnet (zB §§ 1, 4 BörsZulV), teilweise ergibt sie sich implizit (zB § 5 Abs. 1 BörsZulV). Auch als Tatsache ***(datum)*** kann es heranzuziehen sein,[130] etwa hinsichtlich der Frage, ob ein Unternehmen in seinem Sitzstaat hinreichend beaufsichtigt wird (§ 53c Abs. 1 Nr. 2 lit. a KWG).

Der grundsätzlich einseitige Charakter des Internationalen Finanzmarktrechts hat zur Folge, **111** dass dieses nicht jedem Sachverhalt ein bestimmtes Recht als anwendbar zuordnet. Es gibt also anders als im IPR **kein System allseitiger Kollisionsnormen,** das über das anzuwendende Recht aus einer Metasicht entscheidet. Vielmehr wird nur die Anwendbarkeit des Rechts einseitig bestimmt. Man kann dies als „einseitige Kollisionsnormen" bezeichnen, wobei es sich bei der „Kollision" nicht um widersprechende Handlungsanweisungen an dieselbe Institution handelt, sondern um die potentielle Anwendung mehrerer Rechtsnormen auf denselben Sachverhalt (→ Rn. 60).

Wegen seiner Blindheit gegenüber dem fremden Recht ist das Internationale Finanzmarktrecht – **112** insofern es Behörden sowie Verwaltungs- und Strafgerichte betrifft – von vornherein nicht darauf angelegt, Kollisionen mit ausländischen Rechten zu vermeiden. Vielmehr werden **internationale Konflikte bewusst in Kauf genommen.**

Solche Konflikte können verschiedener Art sein. Einerseits ist es denkbar, dass zwei oder mehr **113** Rechte ihre Anwendung auf denselben Sachverhalt vorsehen. Man spricht insofern von einem **positiven Gesetzeskonflikt.** Andererseits ist aber auch die umgekehrte Situation möglich, in der gar kein Recht seine Anwendung verlangt. Global gesehen sind die Folgen eines solchen **negativen Gesetzeskonflikts** nicht weniger bedenklich, sondern eher noch gefährlicher als die eines positiven Gesetzeskonflikts, denn statt zu nur überlappender Regelung führt dieser zu Lücken der Regulierung.

---

128 Allg. *v. Bar/Mankowski* IPR I, 2. Aufl. 2003, § 5 Rn. 146–151; *v. Hoffmann/Thorn* IPR, 9. Aufl. 2007, § 6 Rn. 84; *Kropholler* IPR, 6. Aufl. 2006, § 58 II 3; *Pfeiffer,* Internationale Zuständigkeit und prozessuale Gerechtigkeit, 1995, I. Teil § 3 B. Speziell für das Finanzmarktrecht s. *v. Hein* AG 2001, 213 (220); *Kronke* AcP 191 (1991), 171 (173); *Schnyder* ZSR 137 (1996), I, 151, 156.

129 Das EU-Recht als „fremdes Recht" zu bezeichnen, so *Ohler,* Die Kollisionsordnung des Allgemeinen Verwaltungsrechts, 2005, 142 f., überzeugt angesichts dessen unmittelbarer Anwendbarkeit in Deutschland nicht.

130 Zur Datumtheorie s. *Ehrenzweig* 16 Buffalo Law Review 55 (1966–1967); *Jayme* GS Ehrenzweig, 1976, 35; krit. *Kegel/Schurig* IPR § 1 VIII 2a.

114 **b) Im Zivilrecht.** Der einseitige Charakter des Finanzmarktrechts gilt nicht nur für Behörden sowie Verwaltungs- und Strafgerichte. **Empirisch gesehen** gilt er ebenfalls für Zivilgerichte. In ihrer Praxis hat sich für das Finanzmarktrecht ebenfalls ein System einseitiger Kollisionsnormen durchgesetzt. Ausländisches Finanzmarktrecht wenden sie so gut wie nie an.[131]

115 In der **Lit.** ist an diesem Zustand **Kritik** geübt worden. Insbesondere in den Vereinigten Staaten ist das *„public law taboo"* heftigen Angriffen ausgesetzt.[132] Es sei etwa nicht einzusehen, warum ein US-amerikanisches Gericht nicht die Verletzung britischen Insiderrechts mit einem zivilen Anspruch sanktionieren sollte.[133] Auch in Europa hat man geltend gemacht, dass sich für das Kapitalmarktrecht allseitige Kollisionsnormen entwickeln ließen.[134]

116 Den Kritikern ist darin zuzustimmen, dass es **a priori keinen triftigen Grund** gibt, warum Zivilgerichte nicht ausländisches Finanzmarktrecht anwenden sollten. Insbesondere können die Probleme bei der Ermittlung ausländischen Finanzmarktrechts nicht als Rechtfertigung angeführt werden, denn entsprechende Schwierigkeiten bestehen auch in anderen Bereichen, etwa im Familien- oder Erbrecht, werden dort aber nicht als Hindernis für die Anwendung ausländischen Rechts angesehen. Auch ein vermeintlich „politischer" Charakter des Finanzmarktrechts genügt als Rechtfertigung nicht, denn er ist anderen Gebieten wie dem Mietrecht oder dem Kulturgüterschutz ebenfalls nicht fremd. Genauso verfehlt wäre zu behaupten, dass es dem Finanzmarktrecht an der Austauschbarkeit der Zivilrechtsordnungen als Voraussetzung für die allseitige Anwendung fehle.[135] Die Verbote beispielsweise des Insiderhandels oder der Marktmanipulation sind etwa auf beiden Seiten des Atlantiks durchaus ähnlich.[136]

117 Die **Rspr.** zeigt nichtsdestoweniger eine Scheu vor der Anwendung ausländischen Finanzmarktrechts. So hat der BGH Ansprüche von Anlegern aus der Vermarktung türkischer Finanzprodukte in Deutschland mit der Begründung abgelehnt, dass es sich nicht um Investmentanteile im Sinne des deutschen Investmentgesetzes handele, deren Vertrieb im Inland anzeigepflichtig sei.[137] Er hat es aber unterlassen zu prüfen, ob diese dem türkischen Investmentrecht unterlagen. Im Rahmen von Klagen deutscher Anleger gegen Schweizer Vermögensberater hat er deliktische Ansprüche ausschließlich nach deutschem Recht geprüft, obwohl diese auch in der Schweiz gehandelt hatten.[138] Ebenso hat er in zwei Fällen Ansprüche gegen englische *broker* und deren Gehilfen aus der Vermittlung und dem Abschluss von Optionsgeschäften nur nach deutschem Recht beurteilt, ohne englisches Recht auch nur in Betracht zu ziehen.[139]

118 Für dieses **„Heimwärtsstreben"** gibt es verschiedene Erklärungen: Zum einen mag die Behandlung des Finanzmarktrechts durch die Behörden, die Verwaltungs- und die Strafgerichte auch auf die Zivilgerichtsbarkeit Ausstrahlungswirkung in dem Sinne gehabt haben, dass diese von grundsätzlich einseitigen Anknüpfungen ausgehen. Zum anderen bestimmen die Finanzmarktnormen ihren Anwendungsbereich häufig unterschiedlich, so dass es schwerfällt, einheitliche Anknüpfungspunkte zu finden. Drittens behandelt auch das IPR (Rom I-VO und Rom II-VO) Regelungen über den Finanzmarkt als Eingriffsnormen und damit grundsätzlich als einseitige Normen; ausländisches Recht wird insoweit nicht mit inländischem gleichbehandelt (→ Rn. 671 ff., → Rn. 695). Schließlich mag auch ein gewisses Unbehagen und die fehlende Gewohnheit im Umgang mit ausländischem Finanzmarktrecht ein Grund für die ablehnende Haltung der Rspr. sein.

119 Dies alles kann als Erklärung genügen, ist aber **keine Rechtfertigung.** Vielmehr kann die Verletzung ausländischen Finanzmarktrechts durchaus als Grundlage für zivilrechtliche Streitigkeiten im Inland dienen. Es muss noch viel Überzeugungsarbeit unter den Gerichten, aber auch den Rechtsanwälten geleistet werden, bis diese Einsicht völlig durchdringt.

120 **3. Auswirkungsprinzip.** Es gehört zu den grundlegenden Charakteristika des Finanzmarktrechts, dass dieses sich nicht auf Vorgänge im eigenen Territorium beschränkt. Der Gesetzgeber nimmt vielmehr, wie in anderen Gebieten des Wirtschaftsrechts auch, bereits Wirkungen auf das

---

[131] Siehe bspw. BGH NJW-RR 2010, 1554 (1555 ff.); BGHZ 187, 156 Rn. 22 = NJW 2011, 532; BGH NJW 2011, 2809 Rn. 31; BGH NJW-RR 2011, 197; 2011, 551.

[132] S. *Lowenfeld,* International Litigation and the Quest for Reasonableness, 1996, 3–5; *Dodge* 43 Harv. Int'l L.J. 161, 189–193 (2002); *McConnaughay* 35 Stan. J. Int'l L. 255, 273–284 (1999).

[133] Vgl. *Lowenfeld,* International Litigation and the Quest for Reasonableness, 1996, 4 f.

[134] S. namentlich *Kronke* Recueil des cours de l'Academie de la Haye 286 (2000), 245 (272); *Zimmer* IntGesR 72–74.

[135] Zur Diskussion im öffentlichen Recht *Menzel,* Internationales Öffentliches Recht, 2011, 778–780.

[136] Rechtsvergleich bei *Lenzen,* Unerlaubte Eingriffe in die Börsenkursbildung, 2000, 61–149; *Stamp/Welsh,* International Insider Dealing, 1996.

[137] BGH NJW-RR 2010, 1554 (1555 ff.).

[138] BGHZ 187, 156 Rn. 22 = NJW 2011, 532; BGH NJW 2011, 2809 Rn. 31.

[139] BGH NJW-RR 2011, 197; 2011, 551.

eigene Territorium zum Anlass, um regelnd einzugreifen. Es gilt das Auswirkungsprinzip.[140] Wegen der Internationalisierung und Integration der Finanzmärkte liegen solche **Auswirkungen** häufig vor. Beispielsweise kann die Weitergabe von Insiderinformationen über einen bestimmten Emittenten oder der Handel mit dessen Papieren im Ausland Rückwirkungen auf den inländischen Markt haben. Nach dem Auswirkungsprinzip können sie geahndet werden.

4. Territorialitätsprinzip. Hinsichtlich der **Durchsetzung** finanzmarktrechtlicher Regelungen gilt allerdings nicht das Auswirkungsprinzip, sondern ein strenges Territorialitätsprinzip. Dieses folgt aus dem Völkerrecht.[141] Es bedeutet, dass die deutschen Behörden **keine Hoheitsakte auf ausländischem Territorium** vornehmen dürfen. Sie dürfen zB nicht eine Maßnahme in einem anderen Staat vollstrecken. Auf eine Kurzform gebracht, umschreibt man diesen Zusammenhang damit, dass der Geltungsbereich des deutschen Rechts territorial sei. **121**

Trotz des Territorialitätsprinzips der Aufsicht gibt es verschiedene Mittel, um dennoch die **Wirksamkeit der Aufsicht** zu sichern. So besteht zB nach manchen Gesetzen die Möglichkeit, inländischen Akteuren die Ausführung von Aufträgen über Handelssysteme im Ausland zu untersagen (§ 105 WpHG; → Rn. 343). Ein anderes, besonders wichtiges Mittel ist das **Verbot der Auslagerung *(outsourcing)*** wesentlicher Geschäftsteile in das Ausland. Dieses zieht sich durch verschiedene Finanzmarktgesetze hindurch (§ 25b Abs. 2 KWG; § 5 Abs. 3 BörsG; § 36 Abs. 1 Nr. 4 KAGB; Art. 35 Abs. 1 OTC-VO; Art. 9 Rating-VO). Angesichts der unkörperlichen Natur ihrer Produkte sind Banken und Finanzdienstleister in der Lage, diese auch aus dem Ausland zu erbringen. Die Verlagerung wesentlicher Geschäftsteile in einen anderen Staat würde allerdings die Möglichkeiten der effizienten Aufsicht durch die inländischen Behörden erheblich einschränken. Diese könnten beispielsweise die Räume des Dienstleisters nicht mehr durchsuchen und auf Dokumente nur noch mit Hindernissen zugreifen. Daher wird die Auslagerung verboten, wenn sie die BaFin an der Wahrnehmung ihrer Aufgaben hindert (zB § 25b Abs. 3 S. 1 Hs. 1 KWG).[142] Es kommt damit zu einer durch das Aufsichtsrecht erzwungenen Territorialität. Allerdings ist eine Auslagerung in einen anderen Staat nicht völlig ausgeschlossen: Sie bleibt zulässig, wenn geeignete Vorkehrungen getroffen werden, um die Auskunfts- und Prüfungsrechte sowie Kontrollmöglichkeiten der Behörde zu sichern (zB § 25b Abs. 3 S. 1 Hs. 2 KWG). Unter diesen Umständen ist auch eine Auslagerung in einen Nicht-EWR-Staat denkbar.[143] **122**

5. Extraterritoriale Rechtsanwendung. Um extraterritoriale Rechtsanwendung zu verstehen, ist es notwendig, zwischen dem Anwendungsbereich und dem Geltungsbereich einer Regelung sauber zu unterscheiden.[144] Der Anwendungsbereich umschreibt die von einer Regelung erfassten Fälle; der Geltungsbereich beschreibt den Raum, in dem sie durchgesetzt werden kann. Extraterritoriale Rechtsanwendung bedeutet, dass ein Staat Fälle regelt, die außerhalb seines Territoriums stattfinden, auch wenn er die Folgen dieser Rechtsanwendung im Ausland nicht mit Hoheitsgewalt durchsetzen kann. Mit anderen Worten **übersteigt der Anwendungsbereich den Geltungsbereich** des Rechts. Extraterritoriale Rechtsanwendung ist im Wirtschaftsrecht häufig. Das Finanzmarktrecht ist geradezu ein Beispiel par excellence für extraterritoriale Rechtsanwendung. Das zeigt sich an verschiedenen Stellen seiner Regelungen, welche explizit die Anwendung auf Vorgänge im Ausland oder auf im Ausland sitzende Akteure vorschreiben. Aus europäischer Sicht ist insbesondere die Derivateregulierung zu nennen.[145] Aber auch die deutsche Gesetzgebung enthält extraterritoriale Elemente (s. etwa § 1 Abs. 2 WpHG, § 102 WpHG). An anderer Stelle ergibt sich eine entsprechende Wirkungserstreckung aus der Rspr. Zur Rspr. des BVerwG zur Anwendung des § 32 KWG → Rn. 226. **123**

Die extraterritoriale Anwendung ist im Finanzmarktrecht gerade wegen dessen **besonderer Funktion geboten.** Dieses hat die Anleger zu schützen und die Funktionsfähigkeit sowie die Stabilität des Finanzsystems zu gewährleisten (→ Rn. 1 ff.). Da alle drei Funktionen durch Ereignisse in anderen Staaten gefährdet werden können, ist es nicht abwegig, sondern im Gegenteil geradezu notwendig, **124**

140 Zu dessen Geltung im Finanzmarktrecht s. zB *Christoph* ZBB 2009, 117 (119); *Freiwald* WM 2008, 1537 (1543); *Spindler* WM 2001, 1689; *Voge* WM 2007, 381 (386).

141 Vgl. *Epping* in Ipsen, Völkerrecht, 7. Aufl. 2018, § 7 Rn. 59; *Geiger,* Staatsrecht III, 7. Aufl. 2018, § 51; *Herdegen,* Völkerrecht, 21. Aufl. 2022, § 26 Rn. 2, 4–8; *Ohler* WM 2002, 162 (165).

142 Zur Vorgängerregelung in § 25a Abs. 2 KWG aF *Hanten* BKR 2007, 489–493.

143 Dazu *Zetzsche* in Bachmann/Breig, Finanzmarktregulierung zwischen Innovation und Kontinuität in Deutschland, Europa und Russland, 2014, 48, 88–92.

144 Zur Unterscheidung von Anwendungsbereich und Geltungsbereich s. *Meessen,* Völkerrechtliche Grundsätze des internationalen Kartellrechts, 1975, 15; *Linke,* Europäisches Internationales Verwaltungsrecht, 2001, 28 f.; *Ohler,* Die Kollisionsordnung des Allgemeinen Verwaltungsrechts, 2005, 43 f.; *Eichelberger,* Das Verbot der Marktmanipulation (§ 20a WpHG), 2006, 221.

145 Dazu *Lehmann* ZBB 2021, 177.

dass das Finanzmarktrecht über das Territorium des jeweiligen Staats hinausgreift.[146] Die Sphären der Staaten sind nicht strikt räumlich abgegrenzt, sondern können auch durch Handlungen im Ausland betroffen sein. Häufig lässt sich nicht einmal eindeutig bestimmen, welche Ereignisse dem Territorium eines Staats zugerechnet werden können und welche nicht. Das ist insbesondere beim Finanzmarktrecht der Fall, das von der zunehmenden Entmaterialisierung der Handelsgegenstände und der Transaktionen geprägt ist (→ Rn. 9). Anlegerschutz, Funktionsschutz und Finanzsystemstabilität lassen sich daher nur gewährleisten, wenn man dem Auswirkungsprinzip folgt. Dass die Aufsicht ihre hoheitlichen Eingriffe nur im Inland vornehmen kann, ist kein Gegenargument. Nicht selten gibt es andere Mittel zur Durchsetzung (s. zB § 105 WpHG oder das Verbot der Auslagerung, → Rn. 122).

125 Die extraterritoriale Anwendung von Finanzmarktrecht verstößt nicht gegen das völkergewohnheitsrechtliche Territorialitätsprinzip. Entgegen einem in der Lit. weit verbreiteten Missverständnis[147] gilt dieses nur für die Durchsetzung von Hoheitsakten, nicht auch für die Rechtsanwendung. Insofern muss man genau zwischen Geltungs- und Anwendungsbereich unterscheiden (→ Rn. 123). Das Völkergewohnheitsrecht verbietet lediglich, öffentliche Gewalt auf fremdem Territorium auszuüben, aber nicht, Vorgänge in anderen Staaten zum Anlass für eigene Regelungen zu nehmen.[148] Es gibt daher **kein völkerrechtliches Verbot,** das eigene Recht auf Sachverhalte außerhalb des Staatsgebiets **anzuwenden.**[149] Solange der Staat sich darauf beschränkt, seine Maßnahmen auf seinem eigenen Territorium zu vollziehen, verletzt er das Völkerrecht grundsätzlich nicht, auch wenn diese Maßnahmen sich auf Vorgänge im Ausland beziehen.

126 Eine Grenze extraterritorialer Rechtsanwendung bildet lediglich das **Einmischungsverbot.**[150] Ob dieses verletzt ist, hängt von der Bedeutung der Regulierung für den erlassenden Staat, dem Schutz dessen berechtigter eigener Interessen sowie vom Verhältnis zu den Interessen des betroffenen Staats ab.[151] Eine Verletzung liegt jedenfalls vor, soweit keine vernünftigen Gründe zur Erstreckung einer Regelung auf Vorgänge im Ausland bestehen. Insofern setzt jede Regulierung als Mindestmaß einen *„genuine link"* zum erlassenden Staat voraus.[152] Aufgrund der vielfältigen internationalen Verknüpfungen der Finanzmärkte und der mannigfaltigen Ziele von Finanzmarktgesetzgebung lässt sich dieser jedoch meist darlegen.[153]

127 Trotz der grundsätzlichen völkerrechtlichen Zulässigkeit extraterritorialer Gesetzgebung ist nicht zu verkennen, dass die Anwendung des eigenen Rechts auf Auslandssachverhalte Friktionen und Spannungen hervorrufen kann. Möglich sind sowohl eine Duplizierung oder Multiplizierung des anzuwendenden Rechts als auch echte Rechtskonflikte im Sinne widersprechender Regelungen. Insoweit ist es erfreulich zu beobachten, dass in den letzten Jahren eine gewisse **Gegenbewegung** eingesetzt hat. Die Staaten versuchen, Konflikte mit anderen Staaten zu vermeiden und nur bei substantiellen Wirkungen auf das eigene Territorium einzugreifen. Ausgelöst wurde diese Entwicklung in den USA, wo der Supreme Court im Fall *Morrison v. National Australia Bank* eine grundsätzliche Kehrtwende vollzogen hat.[154] Ist man zuvor noch davon ausgegangen, dass der anlegerschützende

---

[146] S. *Alexander/Eatwell/Dhumale,* Global Governance of Financial Systems, 2006, 26; *Bosch* in Meessen, Extraterritorial Jurisdiction in Theory and Practice, 1996, 209; *Picciotto,* Regulating Global Corporate Capitalism, 2011, 35; vgl. auch *Schnyder,* Wirtschaftskollisionsrecht, 1990, Rn. 82.

[147] S. etwa Schwark/Zimmer/*Kumpan* BörsG § 3 Rn. 87; Schwark/Zimmer/*Beck/v. Hein* WpHG § 102 Rn. 4; *Christoph,* Börsenkooperationen und Börsenfusionen, 2007, 191.

[148] *Mann,* Recueil des cours de l'Academie de la Haye 111 (1964 I), 1 (127 f.); *Crawford,* Brownlie's Principles of Public International Law, 9. Aufl. 2019, 440 f.; *Epping* in Ipsen, Völkerrecht, 7. Aufl. 2018, § 7 Rn. 70. S. auch American Law Institute, Restatement (Fourth), Foreign Relations, 2018, § 407.

[149] Allg. *Epping* in Ipsen, Völkerrecht, 7. Aufl. 2018, § 7 Rn. 70; *Meessen,* Völkerrechtliche Grundsätze des internationalen Kartellrechts, 1975, 94–101; *Meng,* Extraterritoriale Jurisdiktion im öffentlichen Wirtschaftsrecht, 1994, 503; *Menzel,* Internationales Öffentliches Recht, 2011, 320 f.; für das Finanzmarktrecht vgl. *Kronke* Recueil des cours de l'Academie de la Haye 286 (2000), 245 (279); *Ohler* WM 2002, 162 (165); *Schuster,* Die internationale Anwendung des Börsenrechts, 1996, 71–75.

[150] *Meessen,* Völkerrechtliche Grundsätze des internationalen Kartellrechts, 1975, 200 f.; *Ziegenhain,* Extraterritoriale Rechtsanwendung und die Bedeutung des Genuine-Link-Erfordernisses, 1992, 31 ff.

[151] Vgl. American Law Institute, Restatement (Third), Foreign Relations, 1987, § 403 (2)(c),(d) und (g); *Meessen,* Völkerrechtliche Grundsätze des internationalen Kartellrechts, 1975, 202.

[152] BVerfGE 63, 343 (369); *Eichelberger,* Das Verbot der Marktmanipulation (§ 20a WpHG), 2006, 222; *Linke,* Europäisches Internationales Verwaltungsrecht, 2001, 95; *Schuster,* Die internationale Anwendung des Börsenrechts, 1996, 38–59.

[153] S. etwa die völkerrechtlichen Erwägungen in der amerikanischen Rspr. in Leasco Data Processing Equipment Corp. v. Maxwell Leasco Data Processing Equipment Corp., 468 F.2d 1326, 1333–1335 (1972); Bersch v. Drexel Firestone Inc. & Ios J H, 519 F.2d 974, 984–990 (1975).

[154] 561 US 247, 130 S. Ct. 2869 (2010). Dazu *Cosenza* 11 Chi. J. Int'l L. 343 (2010–2011); *Kaal/Painter* EFCLR 2011, 77; *Lehmann* RIW 2010, 841; *Mankowski* NZG 2010, 961; *Muir Watt* Rev. crit. dr. int. privé 2011, 714; *Painter/Dunham/Quackenbos* 20 Minn. J. Int'l L. 1–25 (2011); *Silbermann* YbPIL 12 (2010), 123.

Zweck des Securities Exchange Act 1934 und der Rule 10b-5 eine umfassende extraterritoriale Durchsetzung verlangten, so gilt nunmehr eine *presumption against*. Diese ist zwar nicht Teil des internationalen Rechts, wird aber aus Rechtsprinzipien unterhalb der *extra-territoriality* Ebene des Völkerrechts abgeleitet, vor allem aus dem Prinzip der *comity.*[155] Soweit durch Gesetz nichts anderes bestimmt ist, ist danach das US-Recht nur noch in zwei Fällen anzuwenden: wenn die Transaktion entweder an einer Börse in den Vereinigten Staaten notierte Titel betraf oder auf amerikanischem Boden stattfand.[156]

Allerdings folgt aus der dargestellten Gegenbewegung **keine strikte Reterritorialisierung** 128
des Finanzmarktrechts. Vielmehr bleibt es bei der grundsätzlichen Möglichkeit extraterritorialer Rechtsanwendung. Dafür gibt es gleich mehrere Gründe. Erstens kann die *presumption against extra-territoriality* durch den Gesetzgeber jederzeit mittels ausdrücklicher Erstreckung eines Rechtsakts auf Auslandssachverhalte widerlegt werden. Dies hat der US-amerikanische Gesetzgeber für die beiden wichtigsten Finanzmarktgesetze, den Securities Act of 1933 und den Securities Exchange Act of 1934, noch in der Woche des Erlasses des Urteils getan und damit den früher geltenden „conducts and effects test" wiedereingeführt.[157] Auf dieser Grundlage treiben beide Behörden die extraterritoriale Anwendung von US-Recht aggressiv weiter.[158] Sie werden dabei von den Gerichten unterstützt.[159] Zweitens ist auch in der *Morrison*-Rspr. ein extraterritorialer Aspekt angelegt. Das Kriterium der „domestic transaction" wird von den Gerichten sehr weitgehend ausgelegt; ausreichend soll bereits eine unwiderrufliche vertragliche Verpflichtung („irrevocable liability") oder ein Rechtsübergang im Inland sein.[160] Außerdem genügt zur Anwendung des eigenen Rechts auch die Börsennotierung im Inland. Soweit Papiere ausländischer Emittenten in den USA zugelassen sind, unterliegen diese daher US-amerikanischer Regulierung. Hintergrund dieser Anknüpfung sind die negativen Auswirkungen für die Reputation des eigenen Börsenplatzes, die durch die Notierung von Papieren minderer Qualität entstehen können. Mit der Position, dass die Börsennotierung eine Erstreckung des eigenen Rechts auf Auslandssachverhalte rechtfertigt, steht das US-amerikanische Recht im Übrigen nicht allein. Auch das europäische und das deutsche Recht sehen insoweit die Geltung der Maßstäbe der Börse vor (→ Rn. 367 f.). Daraus folgt ein weiter extraterritorialer Anwendungsanspruch auch des europäischen Rechts, so dass von der „new extraterritoriality of EU law" gesprochen wird.[161]

6. Marktortprinzip. Da das Territorialitätsprinzip im Wirtschaftsrecht angesichts dessen 129
besonderer Funktion nur eingeschränkte Bedeutung hat, ist nach anderen Anknüpfungen zu suchen. Dazu verwendet der Gesetzgeber meist das Kriterium des **betroffenen Markts.** Dieses entspricht dem sachrechtlichen Bedürfnis, alle Verhaltensweisen auf einem bestimmten Markt zu regeln. Das Kollisionsrecht ordnet sich diesem Bedürfnis unter.

Die Anknüpfung an den Markt ist im Finanzmarktrecht so dominierend, dass häufig von einem 130
„Marktortprinzip" gesprochen wird.[162] Jedoch ist mit diesem Ausdruck allein noch nicht viel gewonnen. Seine **Bedeutung** ist ausgesprochen **vielfältig.** Der territoriale Anknüpfungspunkt wird in den einzelnen Rechtsgebieten und Gesetzen sehr unterschiedlich formuliert.[163] Im Bankrecht steht beispielsweise die Erbringung von Dienstleistungen im Inland im Vordergrund; im Prospektrecht wird an den Markt angeknüpft, auf dem ein bestimmtes Instrument gehandelt wird; im Übernahmerecht kommt es dagegen auf die Börse an, auf der die Aktien der Zielgesellschaft gehandelt werden.

155 Dazu *Paul* 32 Harv. Int'l. L. J. 1–80 (1991).

156 561 US 247, 130 S.Ct. 2869, 2884 (2010).

157 Sec. 929P(b) Dodd-Frank Act 2010 (Wall Street Reform and Consumer Protection Act, Publ. L. 111–203, 124 Stat. 1376), durch welche sec. 22 des Securities Act of 1933 und sec. 27 of the Securities Exchange Act of 1934 geändert und den U.S. Gerichten eine Zuständigkeit für Klagen der SEC oder des Department of Justice auf der Basis der von sec. 17(a) Securities Act of 1933 und der „antifraud provisins" des Securities Exchange Act of 1934 eingeräumt wurde.

158 S. zB die Anwendung von US-Recht auf einen in Deutschland wohnhaften Programmierer im Fall „The DAO": SEC, „Report of Investigation Pursuant to Section 21(e) Securities Exchange Act of 1934: The DAO", Release No. 81207, 25.7.2017; s. außerdem zur Anwendung von US-Recht auf eine Gesellschaft in Singapur und deren in Südkorea beheimateten Gründer und CEO: Securities and Exchange Commission v. Terraform Labs PTE, Ltd. and Do Kwon, No. 21-mc-810 (S.D.N.Y filed 12.11.2021).

159 SEC v. Scoville, 913 F.3d 1204, 1218 (10th Cir. 2019), cert. denied, 140 S. Ct. 483 (2019); SEC v. Morrone, 997 F.3d 52, 60, n.7 (1st Cir. 2006).

160 Absolute Activist Value Master Fund Ltd. v. Ficeto, 677 F.3d 60, 67 (2d Cir. 2012); United States v. Georgiou, 777 F.3d 125, 137 (3d Cir. 2015); Stoyas v. Toshiba Corp., 896 F.3d 933, 949 (9th Cir. 2018).

161 Scott, 51 Common Market Law Review 1343 (2014).

162 S. *Spindler* NZG 2000, 1058 (1060 f.); *Kuntz* WM 2007, 432 (433); *Seebach* WM 2010, 733 (734); *Christoph* ZBB 2009, 117 (119); *Schmitt* BKR 2010, 366 (370).

163 *Schammo* ICLQ 57 (2008), 827 (834).

Der Begriff „Marktort" muss daher für die jeweiligen Gebiete und Sachprobleme ausdifferenziert werden.

131 **7. Herkunftslandprinzip.** Das Herkunftslandprinzip bedeutet, dass ein Staat Produkte oder Anbieter aus anderen Ländern auf seinem Markt zulässt, ohne diese einer eigenen Prüfung zu unterwerfen. Stattdessen begnügt er sich mit der Kontrolle durch die Behörden und Gesetze des Staats, aus dem die Anbieter und Produkte stammen (Herkunftsland; zur Bestimmung des Herkunftslands → Rn. 173 ff.). Das Herkunftslandprinzip steht in gewissem Gegensatz zum Marktortprinzip, weil der jeweilige Staat gerade nicht die auf seinem Markt tätigen Anbieter oder die von ihnen angebotenen Produkte regelt. Besondere Bedeutung hat es innerhalb des **Finanzmarktrechts der EU und des EWR.**[164] Es wird vom europäischen Gesetzgeber verwandt, um die Liberalisierung der Märkte voranzutreiben und Marktzutrittsschranken abzubauen.

132 Seinen Ursprung hat das Herkunftslandprinzip in der Rspr. des EuGH zur Warenverkehrsfreiheit.[165] Im Rahmen des Finanzmarktrechts bedeutet es, dass die Zulassung und Überwachung von Finanzdienstleistern und Finanzprodukten durch die Behörden des Heimatstaats für die Tätigkeit und den Vertrieb in anderen Mitgliedstaaten ausreicht (s. zB Art. 33 f. Eigenkapitalanforderungs-RL – früher Art. 23 f. RL 2006/48/EG; Art. 24 Abs. 1 Prospekt-VO; Art. 34 f. MiFID II, Art. 5 Abs. 1 OGAW-RL, Art. 6 Abs. 1 OGAW-RL). Erlaubnis- und Registrierungserfordernisse müssen daher nicht mehrmals, sondern nur einmal erfüllt werden. Als Metapher dafür dient der **Europäische Pass.**[166] Mit diesem Bild wird die Anerkennung der Aufsichtsmaßnahmen anderer Mitgliedstaaten beschrieben.

133 Das Herkunftslandprinzip wird in zahlreichen Richtlinien verwandt und ist insofern von grundlegender Bedeutung für das Finanzmarktrecht. Allerdings ist es **nicht ausdrücklich im Primärrecht verankert** und insofern **nicht unabänderlich.**[167] Ebenso wenig ist es geeignet, alle Probleme der grenzüberschreitenden Finanzmarktregulierung zu lösen.[168] Außerdem muss man auch das Herkunftslandprinzip differenziert betrachten: Es bedeutet nicht, dass die Aufsicht durch die Behörden des Herkunftsmitgliedstaats ausschließlich wäre. Vielmehr verbleiben den Behörden des Aufnahmemitgliedstaats nach vielen Richtlinien eigene Eingriffsbefugnisse (s. etwa Art. 153 f., 158 f. Eigenkapitalanforderungs-RL; Art. 85 f. MiFID II).

134 **8. Internationale Kooperation. a) Hintergrund.** Anders als im IPR gibt es im Internationalen Finanzmarktrecht kaum allseitige Kollisionsnormen. Auch ist die aus dem Internationalen Zivilprozessrecht bekannte Anerkennung und Vollstreckung von Entscheidungen aus anderen Staaten weitgehend unbekannt. Diese Ausgangssituation führt zu **überlappender oder lückenhafter Regulierung** und Aufsicht. Um die nachteiligen Effekte dennoch wenigstens abzumildern, arbeiten die Aufsichtsbehörden häufig eng zusammen.[169]

135 **b) Politische Programmsätze.** Diese aufsichtsbehördliche Zusammenarbeit wird auf der Ebene des ***soft law*** gefordert. Der Basler Ausschuss für Bankenaufsicht verlangt seit Langem eine konsolidierte Aufsicht über international tätige Kreditinstitute, zu der als wesentliches Element der Informationsaustausch zwischen den beteiligten Aufsichtsbehörden gehört.[170] Nach Ausbruch der Finanzkrise ist das Bedürfnis nach Zusammenarbeit deutlicher denn je vor Augen getreten. Auf dem G20 Gipfel in Washington, D.C., im November 2008 wurde als ein Schritt zur Reform der globalen Finanzmärkte gefordert, dass die nationalen Regulierungsbehörden enger kooperieren müssten.[171] Dies hat Widerhall in verschiedenen Texten anderer Foren gefunden. So verlangt das FSB eine Zusammenarbeit bei der Beaufsichtigung für das Weltfinanzsystem relevanter Institutionen (Global

[164] S. etwa *Enriques/Tröger* 67 Cambridge Law Journal 521, 528–534 (2008); Ellenberger/Bunte BankR-HdB/*Grundmann/Denga,* 6. Aufl. 2022, § 92 Rn. 82; *Lutter/Bayer/J. Schmidt* Europ. UnternehmensR § 36 Rn. 7.

[165] EuGH ECLI:EU:C:1979:42 Rn. 14 = NJW 1979, 1766 – Cassis de Dijon.

[166] Fischer/Schulte-Mattler/*Braun* KWG § 24a Rn. 1; Kümpel/Mülbert/Früh/Seyfried Bank-/KapMarktR/*Freis-Janik* Rn. 2.176 ff.; *Hanten* in Baudenbacher, Aktuelle Entwicklungen des Europäischen und Internationalen Wirtschaftsrechts, Bd. 7, 2005, 153, 160; *Hanten* ZBB 2000, 245.

[167] *Andenas/Panourgias* in Norton/Andenas, International Monetary and Financial Law Upon Entering the New Millenium, 2002, 121; *Ohler,* Die Kollisionsordnung des Allgemeinen Verwaltungsrechts, 2005, 64, 67.

[168] *Ohler,* Die Kollisionsordnung des Allgemeinen Verwaltungsrechts, 2005, 68.

[169] Aus transatlantischer Sicht *Bermann/Herdegen/Lindseth,* Transnational Regulatory Cooperation, 2001.

[170] S. zB Basler Ausschuss für Bankenaufsicht, Principles for the Supervision of Banks' Foreign Establishments (sog. „Konkordat"), 1993, 2; zB Basler Ausschuss für Bankenaufsicht, Core Principles for Effective Banking Supervision, 2012, 10 (Prinzip Nr. 3); Basler Ausschuss für Bankenaufsicht, High-level Principles for the Cross-border Implementation of the New Accord, 2003, 6; dazu *Eatwell/Taylor,* Global Finance at Risk, 2000, 199 f.

[171] G20, Declaration Summit on Financial Markets and the World Economy, 15.11.2008, unter Nr. 8.

Systemically Important Financial Institutions – G-SIFI).[172] Die IOSCO fordert ebenfalls mehr Koordination, Kooperation und Informationsaustausch zwischen nationalen Aufsichtsbehörden, um systemischen Risiken besser vorbeugen zu können.[173]

c) Rechtsgrundlagen. Doch existieren auch verbindliche Rechtsgrundlagen. Das **Völkerrecht** kennt das Kooperationsprinzip. Dessen grundlegende Bedeutung ist unter der Herrschaft des GG ebenfalls anerkannt.[174] 136

Das **europäische Recht** enthält vielfältige Regelungen zur Kooperation. Dabei sind zwei Aspekte zu unterscheiden: die intra-europäische und die extra-europäische Kooperation. Zum einen sind die nationalen Behörden zur Kooperation verpflichtet (s. zB Art. 111–118 Eigenkapitalanforderungs-RL; Art. 101 OGAW-RL). Zum anderen werden auch die europäischen Behörden (ESAs) zur Kooperation mit dem Ausland ermächtigt (s. Art. 33 EBA-VO,[175] Art. 33 ESMA-VO[176]). 137

Auf staatlicher Ebene bestehen **Verwaltungsabkommen.** Vielfach wurden zwischen Aufsichtsbehörden bilaterale und multilaterale *Memoranda of Understanding* geschlossen. Diese regeln die Kooperation zwischen Aufsichtsbehörden, zB durch Informationsaustausch.[177] Präzise Zuständigkeitsabgrenzungen enthalten sie aber nicht. Ihr Abschluss ist teilweise durch das europäische Recht vorgeschrieben (zB Art. 115 Eigenkapitalanforderungs-RL; früher Art. 131 RL 2006/48/EG); das inländische Recht enthält die notwendigen Ermächtigungen (zB § 8a Abs. 2 KWG; § 18 Abs. 10 S. 1 WpHG). 138

Im **nationalen Recht** sind spezielle Einzelbefugnisse eingeführt worden. Ein Beispiel ist § 111 WpHG, der die BaFin zur Zusammenarbeit mit ausländischen Behörden verpflichtet, die für die Untersuchung von Verstößen gegen Rechnungslegungsvorschriften zuständig sind. Umfangreiche Vorschriften über die internationale Zusammenarbeit kennt auch das KWG (s. §§ 8 f., 8c, 8e f. KWG). Besonders eng ist entsprechend den europäischen Vorgaben dabei die Pflicht zur Zusammenarbeit mit Behörden anderer Mitgliedstaaten des EWR (zB § 18 Abs. 1–8 WpHG). Gestattet ist aber auch die Kooperation mit Behörden von Drittstaaten (zB § 18 Abs. 10 WpHG). 139

d) Formen. Die internationale Kooperation kann unterschiedliche Gestalt annehmen. Am häufigsten ist der **Informationsaustausch** (§ 8 Abs. 3 S. 3–10, Abs. 4 KWG, § 18 Abs. 2 S. 1, Abs. 7 S. 1, Abs. 10 S. 1 WpHG, § 8 Abs. 2 S. 1, Abs. 3 S. 1 WpÜG). Er wird im Verhältnis zu den europäischen Behörden und den zuständigen Stellen anderer Mitgliedstaaten in verschiedenen Richtlinien vorgeschrieben (zB Art. 79 Abs. 1 UAbs. 3 S. 2 MiFID II, Art. 81, 84 Abs. 3 S. 2 MiFID II). Im Verhältnis zu Drittstaaten kann er durch *Memoranda of Understanding* geregelt werden (§ 18 Abs. 10 S. 1 WpHG). 140

Die deutschen Behörden führen auch **Untersuchungen auf Ersuchen ausländischer Stellen** durch (§ 18 Abs. 2 S. 1 WpHG). Diese Verpflichtung entspricht europäischem Recht (Art. 80 MiFID II). 141

Eine Form der Koordination ist die **Anerkennung der Rechtsakte ausländischer Behörden.** So ist zB entsprechend dem Herkunftslandprinzip die in anderen EWR-Staaten erteilte Zulassung von CRR-Kreditinstituten und Finanzdienstleistern für die Erbringung von Dienstleistungen im Wege des grenzüberschreitenden Verkehrs gültig (§ 53b Abs. 1 S. 1 Fall 2 KWG). Ein weiteres Beispiel ist die Möglichkeit, im Ausland zugelassene Finanzinstrumente in den inländischen Handel einzubeziehen (§ 33 Abs. 1 Nr. 1 lit. b, c BörsG). 142

Manche Gesetze sehen sogar einen **Vorrang ausländischer Maßnahmen** vor. Sie verpflichten die deutschen Behörden, vor der Anwendung inländischen Rechts zunächst die Behörden anderer EWR-Staaten zu unterrichten und deren Tätigwerden abzuwarten (zB § 53b Abs. 4 S. 1 KWG). Nur wenn diese untätig bleiben, dürfen sie selbst Maßnahmen ergreifen. 143

Andere Vorschriften enthalten verpflichtende Grundlagen für die **gemeinsame Beratung.** Wegweisend sind insbesondere die Vorschriften über Aufsichtskollegien *(colleges of supervisors),* in 144

172 FSB, Reducing the Moral Hazard Posed by Systemically Important Financial Institutions, 20.10.2010, 4 f.

173 IOSCO, Technical Committee, Mitigating Systemic Risk. A Role for Securities Regulators, OR01/11, Februar 2011, 27, 49.

174 Vgl. *Vogel,* Die Verfassungsentscheidung des Grundgesetzes für eine internationale Zusammenarbeit, 1964, 46; *Tietje,* Internationalisiertes Verwaltungshandeln, 2001, 211–237.

175 VO (EU) 1093/2010 vom 24.11.2010 zur Errichtung einer Europäischen Aufsichtsbehörde (Europäische Bankenaufsichtsbehörde), ABl. 2010 L 331, 12.

176 VO (EU) 1095/2010 vom 24.11.2010 zur Errichtung einer Europäischen Aufsichtsbehörde (Europäische Wertpapier- und Marktaufsichtsbehörde), ABl. EU 2010 L 331, 84.

177 S. etwa IOSCO, Multilateral Memorandum of Understanding Concerning Consultation and Cooperation and the Exchange of Information, 2002; Basel Committee on Banking Supervision, Essential Elements of a Statement of Cooperation Between Banking Supervisors, 2001.

denen sich die Aufseher mehrerer Mitgliedstaaten gegenseitig abstimmen (Art. 21 Abs. 1 S. 1 EBA-VO iVm Art. 116 Eigenkapitalanforderungs-RL; § 58 WpIG).

145 **e) Grenzen.** Die Grenzen der internationalen Kooperation werden zum einen durch das eigene Interesse der jeweiligen Staaten gezogen. Allerdings gibt es auch rechtliche Grenzen. Beschränkungen für einen Informationsaustausch zieht gemäß EU-Recht das **Berufsgeheimnis** der überwachten Kreditinstitute (Art. 53 Eigenkapitalanforderungs-RL, dort auch zu Ausnahmen), Wertpapierdienstleistungsunternehmen (Art. 76 MiFID II) und Emittenten (Art. 25 Transparenz-RL). Außerdem dürfen die bei einer Untersuchung gewonnenen Informationen nur zur Erfüllung der Überwachungszwecke verwendet werden (vgl. Art. Eigenkapitalanforderungs-RL). Auf diese Einschränkung sind die ausländischen Stellen hinzuweisen (§ 18 Abs. 2 S. 2 WpHG).

146 **9. Äquivalenzprinzip.** Soweit ein Finanzmarktakteur oder eine Transaktion bereits **in einem Drittstaat** einer **Aufsicht und Regulierung untersteht,** die der innerhalb des EWR **gleichwertig** ist, sieht der Gesetzgeber häufig von der Durchsetzung seiner eigenen Regeln ab, obwohl deren Anwendungsbereich an sich eröffnet ist. Diese Methode wird als Äquivalenzprinzip bezeichnet.[178] Beispiele für seine Befolgung finden sich etwa in der Kapitaladäquanz-VO (Art. 13 Abs. 3 Kapitaladäquanz-VO idF der Änderungen durch VO (EU) 2019/2033, Art. 115 Abs. 4 Kapitaladäquanz-VO und Art. 116 Abs. 5 Kapitaladäquanz-VO), in der Prospekt-VO (Art. 29 Abs. 1 Prospekt-VO), in der OTC-VO (Art. 13 OTC-VO), im KWG (§ 53c Abs. 2 KWG) und im WpHG (§ 103 Nr. 3 WpHG). Das Pendant in den USA lautet „substituted compliance".[179] Gemeinsam mit dem Äquivalenzprinzip ist es Ausdruck des Respekts vor der ausländischen Rechtsordnung, der sich im Zurückstellen der eigenen zugunsten der fremden Regelung ausdrückt *(deference).*

147 Das Äquivalenzprinzip hat viele **Vorteile:** Es verhindert die doppelte oder multiple Beaufsichtigung und Regulierung. Dadurch schont es staatliche Ressourcen, vermindert bürokratische Lasten und ebnet den Markt für ausländische Anbieter mit der Folge gesteigerten Wettbewerbs. Aus Sicht der Unternehmen vermeidet es die unangenehme Situation der **Pflichtenkollision,** die entsteht, wenn sie unterschiedlichen Regelungen ihres Heimatrechts und dem einer weiteren Rechtsordnung unterliegen. Gleichzeitig birgt das Äquivalenzprinzip aber auch die Gefahr, dass Unternehmen in Drittstaaten mit leichteren Standards abwandern könnten, um von dort aus den inländischen Markt zu versorgen (***regulatory arbitrage,*** → Rn. 14). Daher wird die Äquivalenz häufig an strenge **Voraussetzungen** geknüpft.

148 Der EU fehlt eine einheitliche Regelung der Äquivalenz im Finanzmarktbereich. Ihre Voraussetzungen und Folgen sind über eine Vielzahl von Rechtsakten verstreut, die im Detail voneinander abweichen.[180] Insgesamt lassen sich mehr als 40 verschiedene Regelungen unterscheiden. Meist genügt die materielle Gleichwertigkeit des ausländischen Regulierungs- und Aufsichtsregimes nicht, sondern es ist eine formelle Feststellung der Gleichwertigkeit durch eine Behörde nötig.[181] Ein Beispiel ist etwa Art. 13 Abs. 2 OTC-VO, der einen Durchführungsrechtsakt der Kommission verlangt. Zum Teil ist eine komplexe Prozedur zur Überwachung der Gleichwertigkeit des drittstaatlichen Rechts vorgesehen, um bei deren Wegfall das eigene Recht wieder voll zur Anwendung zu bringen (zB in Art. 13 Abs. 4 OTC-VO). Auf diese Weise soll der *regulatory arbitrage* vorgebeugt werden.

149 Der Pferdefuß vieler EU-Äquivalenzregelungen ist, dass sie der Europäischen Kommission ein Ermessen hinsichtlich der Gewährung von Äquivalenz einzuräumen scheinen, selbst wenn sämtliche rechtlichen Voraussetzungen erfüllt sind.[182] Dieses Ermessen wird von der Kommission zur Erreichung außerfinanzmarktrechtlicher Ziele ausgenutzt. Ein Beispiel ist die Schweizer Börsenregulierung: Die EU hat ihre diesbezügliche Äquivalenzerklärung[183] wegen mangelnder Fortschritte bei

[178] S. *Ceyssens/Tarde* EuZW 2019, 805; *Wymeersch* (2018) 4 Journal of Financial Regulation 209–275; *Zetzsche* in Buckley/Avgouleas/Arner, Reconceptualising Global Finance and Its Regulation, 2016, 394–403; *Zetzsche* in Bachmann/Breig, Finanzmarktregulierung zwischen Innovation und Kontinuität in Deutschland, Europa und Russland, 2014, 48, 78. Der Ausdruck darf nicht mit dem Äquivalenzprinzip des allgemeinen EU-Rechts verwechselt werden, wonach die Mitgliedstaaten beim Vollzug von EU-Recht dieselben Grundsätze zu befolgen haben wie bei der Anwendung vergleichbaren innerstaatlichen Rechts.

[179] *Jackson* (2015) 1 Journal of Financial Regulation 169; *Artamonov* (2015) 1 Journal of Financial Regulation 206.

[180] Übersicht bei *Ceyssens/Tarde* EuZW 2019, 805, 808-812; *Schürger,* Equivalence and Substituted Compliance in Financial Markets Law, 2023, S. 28–57; *Wymeersch* (2018) 4 Journal of Financial Regulation 209, 235 ff.

[181] *Zetzsche* in Bachmann/Breig, Finanzmarktregulierung zwischen Innovation und Kontinuität in Deutschland, Europa und Russland, 2014, 48, 97.

[182] Krit. *Wymeersch* (2018) 4 Journal of Financial Regulation 209, 225 f.

[183] Durchführungsbeschluss (EU) 2017/2441 der Kommission vom 21.12.2017 über die Gleichwertigkeit des für Börsen in der Schweiz geltenden Rechts- und Aufsichtsrahmens gemäß der Richtlinie 2014/65/EU des Europäischen Parlaments und des Rates, C/2017/9117.

der Verhandlung eines bilateralen Rahmenabkommens über die allgemeinen Beziehungen auslaufen lassen. Eine solche politische Instrumentalisierung der Äquivalenz läuft der Effizienz des Finanzmarkts und dem Wettbewerbsgedanken zuwider; sie ist zudem geeignet, erheblichen diplomatischen Schaden anzurichten. Mittlerweile hat der Schweizer Gesetzgeber Gegenmaßnahmen getroffen und den Handel Schweizer Finanzinstrumente an der Börse Zürich konzentriert, wodurch diese letztlich an Umsatz und Profit hinzugewonnen hat. Außerdem hat sich der Schweizer Bundesrat entschlossen, die Verhandlungen über das institutionelle Rahmenabkommen abzubrechen.[184] Dies zeigt, dass das Kalkül der Kommission nicht aufgegangen ist: Die Entziehung der Äquivalenz ist nur bedingt als Instrument zur Erreichung anderer politischer Ziele als der Finanzmarktregulierung geeignet.

10. Reziprozität. Auch der Gedanke der Reziprozität ist im Finanzmarktrecht verankert. **150** Danach werden ausländischen Firmen nur dann Vorteile gewährt, wenn sie umgekehrt auch der ausländische Staat den heimischen Firmen gewährt. Das Reziprozitätserfordernis ist zwar innerhalb der EU ausgeschlossen. Es findet aber im Zusammenhang mit drittstaatlichen Firmen Anwendung (zB nach Art. 47 Abs. 1 MiFIR; → Rn. 458) und nach § 53c Abs. 1 Nr. 2 lit. b KWG (→ Rn. 263).

V. Sonderregelungen betreffend den Brexit

Der Austritt des Vereinigten Königreichs aus der EU wirft aus Sicht des Finanzmarktrechts **151** vielfältige Fragen auf.[185] Das zwischen beiden Seiten gemäß Art. 50 Abs. 2 S. 2 EUV geschlossene **Austrittsabkommen** vom 24.1.2020 hatte eine Übergangsperiode vorgesehen, die mit dem 31.12.2020 endete (Art. 126 BrexitAbk). Britische Unternehmen haben seitdem ihre europäischen Pässe (→ Rn. 82) verloren und daher **keinen Zugang zum Binnenmarkt** mehr.

Dies verursacht nicht nur für britische Finanzdienstleister Probleme, sondern wegen der Abhän- **152** gigkeit von Liquidität aus London auch für europäische Unternehmen. Zur Vermeidung von Nachteilen für die heimische Wirtschaft hatte der deutsche Gesetzgeber eine Reihe von Sonderregelungen erlassen, welche den abrupten Übergang abfedern sollten.[186] Diese sind zwar mittlerweile gegenstandslos, da der Brexit vollzogen ist, könnten aber in Zukunft als Modell für neue Regelungen dienen, zB soweit das Austrittsabkommen von britischer Seite gekündigt wird oder andere Mitgliedstaaten aus der EU austreten.

Zu den Übergangsregelungen gehörte die Regelung in § 1 **Brexit-ÜG.**[187] Danach war das **153** Vereinigte Königreich während eines Übergangszeitraums bis zum 31.12.2020 weiterhin als Mitgliedstaat im Sinne des Bundesrechts anzusehen, auch wenn es europa- und völkerrechtlich gesehen diesen Status nicht mehr genoss. Britische Unternehmen wurden also wie solche aus einem Mitgliedstaat behandelt. Der Übergangszeitraum ist mittlerweile jedoch abgelaufen und damit dieses Privileg entfallen.

Weitere Sonderregelungen finden sich in Art. 8–12 **Brexit-StBG,** welches am 29.3.2019 in **154** Kraft getreten ist.[188] Danach kann die deutsche Verwaltung britischen Anbietern erlauben, im Falle des Ablaufs des Übergangszeitraums zum 31.12.2020 ohne Abschluss eines Handelsabkommens für 21 Monate weiterhin Finanzdienstleistungen in der EU zu erbringen (§ 53b Abs. 12, 64m KWG, § 39 Abs. 8 ZAG, § 66a Abs. 1 VAG; § 102 Abs. 4 WpHG).[189] Mit diesen Regelungen – sowohl denen für Banken, Finanzdienstleistern, Zahlungsdienste und Wertpapierdienstleistungen als auch mit denen für Versicherungen – wollte der Gesetzgeber das viel diskutierte Problem der Vertragskontinuität ***(contract continuity)*** bewältigen.

---

184 Europäische Kommission, Erklärung der Kommission zur Entscheidung des Schweizer Bundesrats die Verhandlungen über das institutionelle Rahmenabkommen zwischen der EU und der Schweiz abzubrechen, https://ec.europa.eu/commission/presscorner/detail/de/statement_21_2683 (zuletzt abgerufen am 22.4.2024).

185 Dazu *Berger/Badenhoop* WM 2018, 1078; *Glander/Agirmann* Recht der Finanzinstrumente 2018, 4; *Hanten/Sacarcelik* WM 2018, 1872; *Kastl,* Brexit – Auswirkungen auf den Europäischen Pass für Banken, Beiträge zum Transnationalen Wirtschaftsrecht, Bd. 149, April 2018; *Nemeczek/Pitz* WM 2017, 120; *Lehmann/Zetzsche* in Fitzgerald/Lein, Complexity's Embrace, 2018, 115; *Lehmann/Zetzsche* in Zetzsche/Lehmann, Grenzüberschreitende Finanzdienstleistungen, 2017, 75 ff.; *Partsch/Zeaiter* in Bahurel/Bernard/Ho-Dac, Le Brexit – Enjeux régionaux, nationaux et internationaux d'un retrait annoncé, 2017, 307; *Wymeersch* 4 (2018) Journal of Financial Regulation 209; *Wymeersch* ECFR 2018, 732; *Zetzsche/Lehmann* AG 2017, 651.

186 Dazu *Lehmann/Schürger* BKR 2019, 365.

187 Gesetz über den Übergangszeitraum nach dem Austritt des Vereinigten Königreichs Großbritannien und Nordirland aus der Europäischen Union (Brexit-Übergangsgesetz) vom 25.3.2019, BGBl. 2019 I 402.

188 Gesetz über steuerliche und weitere Begleitregelungen zum Austritt des Vereinigten Königreichs Großbritannien und Nordirland aus der Europäischen Union (Brexit-Steuerbegleitgesetz) vom 25.3.2019, BGBl. 2019 I 357.

189 Dazu Schwark/Zimmer/*v. Hein* § 102 Rn. 25–27; *Lehmann/Schürger* BKR 2019, 365 (368).

155 Vor dem Hintergrund der Zielsetzung des Schutzes europäischer Kunden und der Stabilität europäischer Kapitalmärkte waren diese Regelungen durchaus sinnvoll.[190] Sie sind auch mit dem EU-Recht vereinbar, da die Entscheidung über den Zugang drittstaatlicher Unternehmen in Ermangelung einer Äquivalenzentscheidung auf der nationalen Ebene liegt. Die genannten Regelungen waren jedoch auf den Fall eines **„harten Brexit"** beschränkt, dh eines Austritts des Vereinigten Königreichs aus der EU ohne Austrittsabkommen. Dieser Fall ist nicht eingetreten, da die EU und das Vereinigten Königreich sich auf ein **Austrittsabkommen** geeinigt haben (→ Rn. 151). Damit sind diese Regelungen gegenstandslos.[191] Jedoch sind die Gefahren, die mit dem Brexit verbunden sind, nicht gebannt, denn das Austrittsabkommen enthält keine Regelungen, welche die genannten Probleme anspricht.

156 Auch das zwischen der EU und dem Vereinigten Königreich geschlossene **Handels- und Kooperationsabkommen** sieht **keinen gegenseitigen Zugang zum Finanzmarkt** der anderen Seite und keine Regelung bezüglich der Erfüllung bestehender Verträge vor (Art. 137 f. HandelsAbk EU/UK). Es garantiert lediglich die Grundsätze der Inländerbehandlung *(national treatment)* und der Meistbegünstigung *(most favoured nation treatment)* für Investitionen, Dienstleistungen und Dienstleister der anderen Vertragspartei.[192] Es sieht acht speziell auf Finanzdienstleistungen zugeschnittene Bestimmungen vor (Art. 182 bis Art. 189 HandelsAbk EU/UK). Viele von ihnen beschränken sich allerdings weitgehend auf die normative Wiederholung von Selbstverständlichkeiten, wie den Schutz vertraulicher Informationen oder die Verpflichtung zur Einhaltung internationaler Normen (Art. 185 f. HandelsAbk EU/UK).

157 Andere Normen des Handels- und Kooperationsabkommens beschäftigen sich mit **Einzelfragen.** Dazu gehört die Einführung und Genehmigung **neuer Finanzdienstleistungen** im Gebiet einer Vertragspartei durch die dort niedergelassenen Finanzdienstleister der anderen Vertragspartei, für welche eine Pflicht zur Zulassung unter den gleichen Konditionen wie für inländische Unternehmen vorgeschrieben wird, soweit dazu keine gesetzlichen Regelungen geändert werden müssen (Art. 187 HandelsAbk EU/UK). Ebenso vorgesehen sind die Grundsätze der Inländerbehandlung und Meistbegünstigung für die Verpflichtung zur Teilnahme an und den Zugang zu **Selbstregulierungsorganisationen** (Art. 188 HandelsAbk EU/UK) sowie ein Zugangsrecht zu **Clearing- und Zahlungssystemen,** die von öffentlichen Stellen betrieben werden, sowie zu offiziellen Finanzierungs- und Refinanzierungsmöglichkeiten, die für die normale Ausübung der üblichen Geschäftstätigkeit zur Verfügung stehen (Art. 189 HandelsAbk EU/UK). Diesen Normen ist insgesamt kein privilegierter Zugang zum Finanzmarkt der anderen Seite zu entnehmen. Daher wird schon heute prognostiziert, dass es weiterer Regelungen bedürfen wird.[193]

158 Diese Situation ließe sich durch einen **neuen Vertrag** zwischen der EU und dem Vereinigten Königreich ändern, der entweder die Handelsbeziehungen insgesamt oder den Austausch von Finanzprodukten und -dienstleistungen auf eine neue Grundlage stellt. Der Abschluss eines derartigen Abkommens ist derzeit jedoch aus politischer Sicht unwahrscheinlich.

159 Daher verbleibt für eine Verbesserung des gegenseitigen Zugangs zum Finanzmarkt nur der Weg über **Äquivalenzentscheidungen** (→ Rn. 146 ff.). Diese sollten an sich leichtfallen, da das britische Recht im Moment des Austritts vollständig mit dem europäischen Recht kompatibel war. Auch stellt es einen anormalen Zustand dar, dass Finanzunternehmen zB aus Hongkong oder Australien den europäischen Markt leichter bedienen können als solche auf der anderen Seite des Ärmelkanals.

160 Eine Entscheidung über die Anerkennung der Äquivalenz der britischen Finanzmarktregelungen im Verhältnis zu denen der EU wurde jedoch **bislang in keinem Bereich** getroffen. Lediglich für das Derivateclearing durch Zentrale Kontrahenten (Central Counterparties – CCP) wurde eine **temporäre Äquivalenz** angeordnet, um europäische Unternehmen nicht von den globalen größten Clearingdienstleistern auszuschließen.[194] Die Regelung wurde mehrmals ver-

---

190 *Lehmann/Schürger* BKR 2019, 365 (369).

191 Ebenso für § 64m KWG Beck/Samm/Kokemoor/*Schmieszek*, 214. Aktualisierung 6/2007, KWG § 64m Übergangsvorschrift zum Brexit-Steuerbegleitgesetz Rn. 3.

192 Art. 129 f., 137 f. Abkommen über Handel und Zusammenarbeit, ABl. EU 2021, L 149/10 (HandelsAbk EU/UK).

193 *Moloney*, Brexit Institute Working Paper Series, No 3/2021; *Terhechte* NJW 2021, 417, 422; optimistisch dagegen *Ringe* in Kainer/Repasi, Trade Relations after Brexit, 2019, 247; Kramme/Baldus/Schmid-Kessel, Brexit: privat- und wirtschaftsrechtliche Folgen, 2. Aufl. 2020, Rn. 3.

194 Durchführungsbeschluss (EU) 2019/2211 der Kommission vom 19.12.2019 zur Änderung des Durchführungsbeschlusses (EU) 2018/2031 zur Feststellung der Gleichwertigkeit des für zentrale Gegenparteien im Vereinigten Königreich Großbritannien und Nordirland geltenden Rechtsrahmens gemäß der Verordnung (EU) Nr. 648/2012 des Europäischen Parlaments und des Rates für einen begrenzten Zeitraum, ABl. EU 2019 L 332, 157.

längert;[195] jedoch hat die Kommission angekündigt, dass diese im Jahre 2025 endgültig auslaufen wird. Die EU setzt auf den Aufbau eigener Marktinfrastrukturen und auf eine verschärfte extraterritoriale Kontrolle britischer CCP durch eine auf den Brexit zugeschnittene Reform der Verordnung über OTC-Derivate, zentrale Gegenparteien und Transaktionsregister (EMIR 2.2).[196] Sollte der Abschluss eines umfassenden Handelsabkommens bis dahin ausgeblieben sein und die EU – wie aufgrund der ökonomischen Gesetze des Netzwerkeffekts zu befürchten – keine eigenen global konkurrenzfähigen Zentralen Kontrahenten aufgebaut haben, drohen Wohlfahrtsverluste und erhöhte Kosten des Clearings für europäische Unternehmen, die sich bis zum Verbraucher fortsetzen können. Mithin täte die Kommission gut daran, die britische Derivateregulierung nicht nur temporär als gleichwertig anzuerkennen oder – alternativ – eine neue Vereinbarung mit dem Vereinigten Königreich zu schließen. Soweit dies wegen der fortbestehenden politischen Divergenzen zwischen der EU und dem Vereinigten Königreich nicht der Fall sein sollte, sollte der deutsche Gesetzgeber eigene Notfallregelungen treffen.

In anderen Bereichen – außerhalb des Clearings – scheinen die durch die fehlende Äquivalenz ausgelösten Probleme zwar signifikant, aber bewältigbar. Dennoch könnte es auch insoweit lohnenswert sein, die durch das Brexit-Steuerbegleitgesetz eingefügten Regelungen (§ 53b Abs. 12, 64m KWG, § 39 Abs. 8 ZAG, § 66a Abs. 1 VAG; § 102 Abs. 4 WpHG), die derzeit totes Recht sind, mit neuem Leben zu erfüllen. Dafür würde es genügen, die Anwendungsvoraussetzung „harter Brexit" aus den Normen zu streichen. Es verbliebe eine flexible Möglichkeit der deutschen Finanzbehörden, britischen Dienstleistern den Zugang zum deutschen Finanzmarkt zu ermöglichen, soweit dies im nationalen – dh deutschen – Interesse notwendig ist. Es ist nicht einzusehen, dass eine solche Möglichkeit auf den – nicht eingetretenen – Fall des harten Brexit beschränkt bleiben sollte. Allerdings ist dabei die in der CRD VI vorgesehene Harmonisierung des Drittstaatenregimes zu beachten, die von Deutschland noch umgesetzt werden muss.[197] 161

VI. Anknüpfungspunkte finanzmarktrechtlicher Regelungen

Trotz ihrer Verschiedenheit verwenden finanzmarktrechtliche Regelungen einen Kanon wiederkehrender Anknüpfungspunkte. Die wichtigsten unter ihnen werden im Folgenden erörtert. 162

1. Ort der Vermarktung von Finanzinstrumenten. Zahlreiche Regelungen beziehen sich auf ein bestimmtes Finanzinstrument oder eine Gattung von Finanzinstrumenten. Im Mittelpunkt der kollisionsrechtlichen Anknüpfung steht bei ihnen meist der Ort, an dem die Instrumente gehandelt werden. In wirtschaftlicher Terminologie handelt es sich dabei um den **Marktort.** Dies ist allerdings nicht streng geographisch in dem Sinne zu verstehen, dass der individuelle Ort gemeint ist, an dem das Instrument gezeichnet wird oder den Inhaber wechselt. Vielmehr werden abstrakte Kriterien verwendet, die auf den Markt für die gesamte Gattung abstellen. 163

a) Geregelter, organisierter und regulierter Markt. Das europäische Recht knüpft umfangreiche Pflichten an den Handel eines Instruments auf einem **geregelten Markt.** Beispiele sind das Insiderrecht und das Verbot der Marktmanipulation (Art. 2 MAR). Der Begriff des geregelten Markts ist in Art. 4 Abs. 1 Nr. 21 MiFID II definiert, auf den andere Regelungen verweisen, s. zB Art. 3 Abs. 1 Nr. 6 MAR. Es handelt sich um ein von einem Marktbetreiber betriebenes und/oder verwaltetes multilaterales System, das die Interessen einer Vielzahl Dritter am Kauf und Verkauf von Finanzinstrumenten innerhalb des Systems zusammenführt oder das Zusammenführen fördert und zu einem Vertrag in Bezug auf Finanzinstrumente führt. Geregelte Märkte finden sich auf Börsen oder elektronischen Handelsplattformen. Sie bedürfen einer besonderen staatlichen Zulassung. Finanzinstrumente werden nur auf Antrag des Emittenten in den Handel am geregelten Markt einbezogen. Angeknüpft wird an die **Zulassung oder Einbeziehung** des Finanzinstruments zum Handel an einem geregelten Markt und damit an einen Verwaltungsakt. Manche Regelungen gelten schon dann, wenn der Antrag auf Zulassung gestellt oder öffentlich angekündigt ist (Art. 2 Abs. 1 lit. a und b MAR) oder wenn die Zulassung nur beabsichtigt ist (§ 1 Abs. 1 WpPG). Das europäische Recht erfasst **alle in Staaten des EWR** betriebenen oder tätigen Märkte (s. Art. 4 Abs. 1 Nr. 21 164

[195] Durchführungsbeschluss (EU) 2022/174 der Kommission vom 8.2.2022 zur Feststellung der Gleichwertigkeit des des für zentrale Gegenparteien im Vereinigten Königreich Großbritannien und Nordirland geltenden Rechtsrahmens gemäß der Verordnung (EU) Nr. 648/2012 des Europäischen Parlaments und des Rates für einen begrenzten Zeitraum, ABl. EU 2022 L 28, 40.

[196] Dazu und zum Tauziehen zwischen der EU und dem Vereinigten Königreich um das Derivateclearing *Gallei/Mirtschink* EuZW-Sonderausgabe 1/2020, 39; *Lehmann* ZBB 2021, 177.

[197] S. Richtlinie (EU) 2024/1619 des Europäischen Parlaments und des Rates vom 31. Mai 2024 zur Änderung der Richtlinie 2013/36/EU im Hinblick auf Aufsichtsbefugnisse, Sanktionen, Zweigstellen aus Drittländern sowie Umwelt-, Sozial- und Unternehmensführungsrisiken, ABl. EU 2024 L 1619.

MiFID II) und die auf ihnen gehandelten Finanzinstrumente. Nicht entscheidend ist, wo das jeweilige Handelsgeschäft geschlossen oder ausgeführt wird. Das deutsche Recht nennt den „geregelten Markt" auch „organisierten Markt", meint damit inhaltlich aber nichts anderes (s. § 2 Abs. 11 WpHG).

165 Daneben gibt es den **regulierten Markt.** Der im BörsG verwendete, nicht definierte Begriff ist in Anlehnung an den des geregelten Markts im Sinne des europäischen Rechts zu bestimmen.[198] Wesentlicher Unterschied ist, dass sich der Begriff des regulierten Markts nur auf Börsen bezieht, deren **Satzungssitz im Inland** liegt (→ Rn. 196). Der Begriff geregelter Markt ist im Vergleich zum regulierten Markt der weitere Begriff, da er auch im Inland nur ansässige Märkte umfasst. Aus diesem Grund besteht Einigkeit darüber, dass jeder regulierte Markt iSd BörsG gleichzeitig „organisierter Markt" iSd WpHG, dh geregelter Markt ist.[199]

166 **b) Freiverkehr.** Der Freiverkehr ist ein Markt, der weniger strengen regulatorischen Anforderungen unterliegt als der geregelte oder regulierte Markt. Insbesondere sind die Publizitätspflichten geringer.[200] Ein Freiverkehr kann sowohl an einer klassischen Börse als auch auf einer Handelsplattform bestehen. Für die Anwendung der Regelungen über den Freiverkehr genügt die **Einbeziehung** des Finanzinstruments in den Markt. Sie erfolgt ohne Mitwirkung des Emittenten (vgl. § 48 Abs. 1 S. 4 BörsG). Nach der Einbeziehung ist das auf den Freiverkehr geltende Recht anzuwenden. Dieses wird mangels staatlicher Vorschriften überwiegend durch **Selbstregulierung** bestimmt (§ 48 Abs. 1 S. 2, 3 BörsG).

167 **c) Multilaterale und organisierte Handelsplattformen (MTF und OTF), Handelsplattformen für Kryptowerte.** Einige finanzmarktrechtliche Regelungen knüpfen an den Handel von Finanzinstrumenten auf einem inländischen multilateralen oder organisierten Handelssystem an, s. zB § 1 Abs. 2 Nr. 2 WpHG. „Multilaterales System" ist ein Mechanismus, der die Interessen einer Vielzahl Dritter am Kauf und Verkauf von Finanzinstrumenten zusammenführt (vgl. § 2 Abs. 21 WpHG, Art. 4 Abs. 1 Nr. 22 MiFID II). Ein **multilaterales Handelssystem** (*multilateral trading facility* – MTF) ist eine elektronische Handelsplattform, die ähnlich wie eine Börse funktioniert, aber keiner besonderen staatlichen Zulassung bedarf, soweit ihr Betreiber als Wertpapierdienstleistungsunternehmen beaufsichtigt wird. Ein MTF operiert nach nicht-diskretionären Regeln (Art. 4 Abs. 1 Nr. 22 MiFID II), dh der Betreiber hat beim Handel und bei der Preisermittlung keinen Ermessensspielraum (vgl. § 74 Abs. 2 WpHG). Auf MTF kann ein Freiverkehr (→ Rn. 166) betrieben werden.

168 Ein **organisiertes Handelssystem** (*organised trading facility* – OTF) ist ebenfalls ein multilaterales System und funktioniert rein elektronisch. Im Gegensatz zum MTF operiert es nach diskretionären Regeln (vgl. Art. 4 Abs. 1 Nr. 23 MiFID II), dh es liegt im Ermessen des Betreibers, ob, wann und in welchem Umfang er Aufträge zum Kauf oder Verkauf ausführt (vgl. § 75 Abs. 6 S. 3 WpHG). OTF unterliegen geringeren Transparenzanforderungen als MTF. Auf ihnen können außerdem keine Aktien gehandelt werden. Die Kategorie der OTF wurde durch MiFID II eingeführt, um den Besonderheiten im Handel mit Schuldverschreibungen und Derivaten Rechnung zu tragen. Es handelt sich um eine subsidiäre Kategorie, denn der Betreiber muss auf Verlangen eine ausführliche Erklärung abgeben, warum das System keinem geregelten Markt, MTF oder systematischen Internalisierer (→ Rn. 320) entspricht (§ 75 Abs. 7 S. 1 WpHG).

169 Der Begriff „Handelsplatz" fasst organisierte Märkte, MTF und OTF zusammen (§ 2 Abs. 22 WpHG). Davon zu unterscheiden ist der Begriff **„Handelsplattform für Kryptowerte"**, der durch die MiCAR (VO (EU) 2013/1114) neu eingeführt wurde. Es handelt sich dabei um ein multilaterales Sytem, das die Interessen einer Vielzahl Dritter am Kauf oder Verkauf von Kryptowerten zusammenführt (Art. 3 Abs. 1 Nr. 18 MiCAR). Nähere Anforderungen enthält Art. 78 MiCAR. Der definitorische Unterschied dieser „Kryptobörsen" gegenüber MTF und OTF ist die Art des gehandelten Gegenstands – Kryptowerte bei ersteren, Finanzinstrumente bei letzteren. Eine weitere Besonderheit besteht darin, dass die „Zulassung" neuer Handelsgegenstände bei der Kryptobörse meist von dieser selbst und nicht vom Emittenten veranlasst wird. So wird zB Coinbase oder Kraken selbst den Handel mit Kryptowährungen Bitcoin oder Ether einführen; bei Bitcoin ist dies schon deshalb unumgänglich, weil der Emittent nicht bekannt ist. Ebenso wie klassische Börsen, MTF und OTF verfügen aber auch Handelsplattformen für Kryptowerte in der Regel über einen Register-

---

198 Vgl. *Holzborn/Israel* NJW 2008, 791 (795) zur Annäherung des „regulierten" an den „organisierten" Markt.

199 Assmann/Schneider/Mülbert/*Assmann* WpHG § 2 Rn. 210–215; *Bröcker* in Claussen/Erne, Bank- und Kapitalmarktrecht, 6. Aufl. 2023, § 6 Rn. 46; Fuchs/Zimmermann/*Fuchs/Zimmermann* WpHG § 2 Rn. 190; Schwark/Zimmer/*Kumpan* WpHG § 2 Rn. 189; Kümpel/Mülbert/Früh/Seyfried Bank-/KapMarktR/*Oulds* Rn. 10.50.

200 *Bröcker* in Claussen/Erne, Bank- und Kapitalmarktrecht, 6. Aufl. 2023, § 6 Rn. 51.

und einen Verwaltungssitz, an den die Regulierung anknüpfen kann. Vgl. dazu Art. 59 Abs. 2 MiCAR (VO (EU) 2013/1114), der von Kryptowerte-Dienstleistern – zu denen auch die Betreiber einer Handelsplattformen für Kryptowerte zählen – verlangt, dass sie ihren (Register-)Sitz und den Ort ihrer tatsächlichen Geschäftsführung in der EU haben.

d) Öffentliches Angebot. Viele Regelungen beziehen sich auf den **außerbörslichen Markt** 170 (zum Begriff → Rn. 48). Das ist zB beim Recht der Vermögensanlagen (zum Begriff → Rn. 35) gemäß § 1 Abs. 1 VermAnlG der Fall. Einige Regelungen betreffen gleichzeitig den börslichen und den außerbörslichen Handel, beispielsweise das Wertpapierprospektrecht gemäß § 1 Abs. 1 WpPG. Auch die MiCAR (VO (EU) 2023/1114) regelt sowohl das außerbörsliche als auch das börsliche Angebot, vgl. zB Art. 4 f. MiCAR.

Bei Regelungen über den außerbörslichen Markt ist eine Anknüpfung an die Zulassung oder 171 die Einbeziehung eines Finanzinstruments nicht möglich. Ein konkreter Vertragsschlussort ließe sich nur schwer feststellen und wäre häufig von Zufälligkeiten abhängig. Stattdessen greift der Gesetzgeber daher auf ein anderes Kriterium zurück, um seine Regelungen durchzusetzen: Es kommt für deren Anwendbarkeit darauf an, dass das Finanzinstrument oder die Vermögensanlage in einem bestimmten Staat **öffentlich angeboten** wurde (§ 1 Abs. 1 WpPG; § 1 Abs. 1 VermAnlG). Der Markt wird durch das öffentliche Angebot konstituiert, daher wird er rechtlich an dessen Ort lokalisiert.

2. Ort der Erbringung von Finanzdienstleistungen. Bei Finanzdienstleistungen bereitet 172 die Anknüpfung noch größere Probleme als bei Finanzinstrumenten. Die Anwendung der wesentlichen Vorschriften über Kreditinstitute und Finanzdienstleistungsinstitute setzt gemäß § 32 KWG voraus, dass Bankgeschäfte oder Finanzdienstleistungen **im Inland** erbracht werden sollen. Gleiches gilt auch im Anwendungsbereich des WpIG (§ 15 WpIG). Auch die Wohlverhaltenspflichten im Zusammenhang mit Wertpapierdienstleistungen und -nebendienstleistungen knüpfen außer an den gewöhnlichen Aufenthalt des Kunden an die Erbringung im Inland an (→ Rn. 197). Wann eine Dienstleistung im Inland erbracht wird, ist im Einzelnen umstritten. Generelle Aussagen dazu sind nicht möglich; der Streit ist daher im jeweiligen Zusammenhang zu erörtern (→ Rn. 224 ff., → Rn. 283 ff., → Rn. 456 ff.).

3. Herkunftsstaat. Eine Reihe finanzmarktrechtlicher Regelungen knüpfen an den Herkunfts- 173 staat oder Herkunftsmitgliedstaat an. Dies ist eine direkte Folge des **Herkunftslandprinzips,** demzufolge die Zuständigkeit zur Regulierung und Beaufsichtigung von Finanzmarktprodukten oder -akteuren grundsätzlich bei den Behörden des Herkunftsstaats liegt. Damit ist allerdings noch nicht die Frage beantwortet, wie der Herkunftsstaat zu bestimmen ist. Die Antwort darauf ist von Gesetz zu Gesetz **verschieden.** Sachliche Unterschiede ergeben sich vor allem hinsichtlich der Person, auf die sich der Begriff bezieht.

a) Bezogen auf den Emittenten. aa) Herkunftsstaat des Emittenten. Viele finanzmarkt- 174 rechtliche Vorschriften beziehen sich auf den Herkunftsstaat des Emittenten. Das Konzept geht auf das **europäische Recht** zurück. Es wurde erstmals in der **Prospekt-RL** verwendet (s. Art. 17 Abs. 1 und 19 Art. 23 Prospekt-RL), weil der Herkunftsstaat nach Ansicht des europäischen Gesetzgebers am besten in der Lage ist, den Emittenten zu regulieren (Erwägungsgrund Nr. 14 Prospekt-RL und Art. 2 Abs. 1 lit. m Ziff. i Prospekt-RL; s. nunmehr Art. 24 Prospekt-VO). Die Prospekt-RL ist mittlerweile durch die Prospekt-VO aufgehoben worden.[201] Die **Transparenz-RL** griff das Kriterium im Bemühen auf, die Kohärenz zur Prospekt-RL zu wahren (Erwägungsgrund 6 S. 2 Transparenz-RL). Auf diese Weise ist es entscheidend für eine Reihe von Regelungen über die Beteiligungstransparenz (§§ 33, 38 f. WpHG) und über die Unterrichtung für die Wahrnehmung von Rechten aus Wertpapieren (§§ 48 f. WpHG) geworden. Auch die **MiCAR** greift das Konzept auf (s. zB Art. 8 Abs. 1 MiCAR zur Verpflichtung des Anbieters sonstiger Token zur Übermittlung des Whitepapers an die zuständige Behörde seines Herkunftsmitgliedstaats).

Die Bestimmung des Herkunftsstaats vollzieht sich im Prospektrecht und bei den der Transpa- 175 renz-RL unterliegenden Fragen nach ähnlichen Kriterien. Allerdings bestehen **Unterschiede im Detail.** Diese resultieren vor allem daraus, dass die Prospekt-VO sich auf die einzelne Emission bezieht, während die Transparenz-RL den Emittenten als solchen betrifft. Diese Unterschiede werden in der Kommentierung zu den einzelnen Bereichen näher erläutert (→ Rn. 387, → Rn. 421). An dieser Stelle sind lediglich die Grundzüge des Begriffs darzulegen.

Zur Bestimmung des Herkunftsstaats greift das europäische Recht auf verschiedene Kriterien 176 zurück. Bei Dividendenwerten – vor allem Aktien – sowie bei Schuldtiteln mit kleiner Stückelung

201 VO (EU) 2017/1129 des Europäischen Parlaments und des Rates vom 14.6.2017 über den Prospekt, der beim öffentlichen Angebot von Wertpapieren oder bei deren Zulassung zum Handel an einem geregelten Markt zu veröffentlichen ist, ABl. EU 2017 L 168, 12.

werden **objektive Kriterien** verwendet. Namentlich ist der Herkunftsstaat für die Emittenten von Aktien derjenige, in dem der Emittent seinen **Sitz** hat (s. Art. 2 lit. m Ziff. i Prospekt-VO, § 2 Abs. 13 Nr. 1 lit. a WpHG). Auch für Kryptowerte-Anbieter wird weitgehend auf einen objektiven Sitzbegriff zurückgegriffen (Art. 3 Abs. 1 Nr. 33 lit. a, d und f MiCAR). Der Inhalt des Sitzbegriffs – Verwaltungssitz oder Satzungssitz – ist im Wertpapierhandelsrecht str. (→ Rn. 422).

177 Bestimmten Emittenten wird dagegen hinsichtlich ihres Herkunftsstaats ein **Wahlrecht** eingeräumt. Dies sind die Emittenten von Nichtdividendenwerten – dh Instrumenten, auf die keine Dividende gezahlt wird, wie etwa Anleihen oder Derivate –, soweit sie eine Stückelung von mindestens 1.000 Euro aufweisen. Gleichgestellt sind im Prospektrecht die Emittenten von Nichtdividendenwerten, die das Recht zur Umwandlung in Wertpapiere oder das Recht auf eine Barzahlung verbriefen, sowie solcher auf eine ausländische Währung lautenden Nichtdividendenwerte, deren Wert der Mindeststückelung von 1.000 Euro entspricht (Art. 2 lit. m Ziff. ii Prospekt-VO). Sie können als Herkunftsstaat entweder ihren Sitzstaat oder einen Staat wählen, in dem ihre Wertpapiere zum Handel zugelassen sind, oder einen Staat, in dem diese öffentlich angeboten werden (Art. 2 lit. m Ziff. ii Prospekt-VO; § 2 Abs. 13 Nr. 2 WpHG). Durch die Einräumung eines Wahlrechts wird dem Emittenten größere Flexibilität gewährt (Erwägungsgrund 6 S. 3 Transparenz-RL). Da bei Anleihen mit einem großen Stückwert generell nicht zu erwarten ist, dass sie durch Kleinanleger erworben werden, kann man dem Emittenten getrost erlauben, ein anderes als das deutsche Recht zu wählen. Solange eine Wahl nicht erfolgt, gilt derjenige Mitgliedstaat als Herkunftsstaat, in dem die Papiere zum Handel zugelassen sind (Art. 2 lit. m Ziff. iii Prospekt-VO; § 2 Abs. 13 Nr. 3 WpHG). Wird der Handel in dem gewählten Herkunftsstaat beendet, muss ein neuer Mitgliedstaat ausgewählt werden, in dem die Instrumente zum Handel zugelassen sind (Art. 2 lit. m Ziff. iii Prospekt-VO iVm Art. 2 Abs. 1 lit. i Ziff. iii Transparenz-RL).

178 Daneben sind auch solche Emittenten zu regeln, die **ihren Sitz in einem Drittstaat** haben und gleichwohl der europäischen oder deutschen Regulierung unterliegen, zB weil sie im EWR Wertpapiere öffentlich anbieten oder zulassen wollen. Für sie kann nicht an den Sitz angeknüpft werden, weil andernfalls das europäische oder deutsche Recht nicht zur Anwendung käme. Sie können Deutschland als Herkunftsstaat wählen, soweit die von ihnen begebenen Finanzinstrumente zum Handel an einem geregelten oder organisierten (→ Rn. 164) Markt im Inland zugelassen sind (§ 2 Abs. 13 Nr. 1 lit. a WpHG; Art. 2 lit. m Ziff. iii Prospekt-VO). Im Prospektrecht ist zusätzlich die Wahl des Mitgliedstaats als Herkunftsstaat möglich, in dem das erstmalige öffentliche Angebot erfolgen soll (Art. 2 lit. m Ziff. iii Prospekt-VO). Werden die Titel in mehreren EWR-Staaten gehandelt oder öffentlich vertrieben, so kann der Emittent zwischen diesen wählen. Ebenso kann auch der drittstaatliche Anbieter unter der MiCAR zwischen verschiedenen Mitgliedstaaten wählen, in denen er eine Zweigniederlassung hat (Art. 3 Abs. 1 Nr. 33 lit. b MiCAR); er kann auch wählen zwischen dem Mitgliedstaat, in dem er die Kryptowerte erstmals öffentlich anbietet oder dem Mitgliedstaat, in dem er erstmals die Zulassung zum Handel beantragt hat (Art. 3 Abs. 1 Nr. 33 lit. c MiCAR). Der Begriff des „Anbieters" ist weiter als der des Emittenten, erfasst diesen aber auch, soweit er die von ihm emittierten Kryptowerte öffentlich anbietet (Art. 3 Abs. 1 Nr. 13 MiCAR). Angeknüpft wird damit auch hier an den Marktort.

179 Insgesamt ist das komplizierte Anknüpfungssystem **nicht überzeugend.** Die am Anlegerschutz orientierte Differenzierung nach Art und Stückelung der emittierten Papiere ist nur für das Prospektrecht gerechtfertigt. Dass sie auch bei der Beteiligungspublizität und den Informationspflichten verfolgt wird, liegt an einem insoweit verfehlten Bemühen der Transparenz-RL um Kohärenz mit dem Prospektrecht, die ohnehin nur teilweise erreicht wird. Gänzlich unübersichtlich ist die Anknüpfung durch die Umsetzung des deutschen Gesetzgebers, der zu langen, komplexen Beschreibungen und Doppelungen neigt.

180 **bb) Inlandsemittent.** Der Begriff des Inlandsemittenten hat **Bedeutung** für die Bestimmung des Anwendungsbereichs der Veröffentlichungspflichten gemäß § 26 WpHG (Ad-hoc-Mitteilungen) sowie der kapitalmarktorientieren Publizitätspflichten gemäß §§ 114–116 WpHG. Der **Ursprung** liegt im europäischen Recht. Die Transparenz-RL verpflichtet in Art. 21 Abs. 1 Transparenz-RL den Herkunftsmitgliedstaat sicherzustellen, dass der Emittent die von den Aktionären erhaltenen Informationen bekannt gibt. Soweit die Wertpapiere des Emittenten jedoch nicht im Herkunftsstaat zum Handel zugelassen sind, sondern lediglich in einem Aufnahmemitgliedstaat, richtet sich die Verpflichtung an diesen, s. Art. 21 Abs. 3 Transparenz-RL. Um beiden Fällen Rechnung zu tragen, hat das deutsche Recht das komplizierte Konzept des „Inlandsemittenten" entwickelt.

181 Das Konzept des Inlandsemittenten ist auf dem **Begriff des Herkunftsstaats aufgebaut,** den es teils einschränkt, teils ausdehnt.

182 Die **Einschränkung** besteht gemäß § 2 Abs. 14 Nr. 1 WpHG darin, dass die Finanzinstrumente des Emittenten zum Handel an einem organisierten Markt im Inland zugelassen sein müssen. Das ist nicht bei allen Emittenten mit Herkunftsstaat Deutschland der Fall (s. § 2 Abs. 13 Nr. 1 lit. a Nr. 2 WpHG, wonach es genügt, wenn die Wertpapiere des Emittenten in einem beliebigen EWR-Staat zugelassen sind). Der Begriff des Inlandsemittenten beschränkt sich also auf solche Emittenten, die aufgrund des Handels ihrer Instrumente innerhalb Deutschlands eine engere Verbindung zum Inland aufweisen als andere Emittenten.

Die **Ausdehnung** besteht gemäß § 2 Abs. 14 Nr. 2 WpHG darin, dass Inlandsemittenten auch Emittenten sind, für die nicht die Bundesrepublik Deutschland der Herkunftsstaat ist, vorausgesetzt, dass deren Instrumente zum Handel an einem organisierten Markt im Inland zugelassen sind. Grund der Einordnung als Inlandsemittent ist auch hier die Umsetzung des Art. 21 Abs. 3 Transparenz-RL. Die Zulassung von Finanzinstrumenten im Inland macht eine Einbeziehung in die deutsche Aufsicht nötig. **183**

Insgesamt lässt sich sagen, dass das Konzept des Inlandsemittenten **stärker auf den Vermarktungsort** bezogen ist als das des Herkunftsstaats. So ist ein Unternehmen mit Sitz in Deutschland, dessen Wertpapiere in einem anderen Staat zum Handel zugelassen sind, nur wegen seines Sitzes in Deutschland kein Inlandsemittent. Trotzdem kann sein Herkunftsstaat Deutschland sein. Umgekehrt kann ein Emittent als Inlandsemittent einzuordnen sein, obwohl sein Herkunftsstaat nicht Deutschland ist, wenn seine Finanzinstrumente zum Handel im Inland zugelassen sind. **184**

Zu beachten ist, dass die in § 2 Abs. 14 Nr. 1 WpHG vorgesehene Einschränkung sich nur auf solche Emittenten bezieht, deren Wertpapiere lediglich in einem anderen Mitgliedstaat zugelassen sind. Sind sie in **mehreren anderen Staaten** zugelassen, so wird der Emittent als Inlandsemittent eingeordnet, selbst wenn seine Finanzprodukte in Deutschland nicht börsengehandelt werden. Die fehlende Vermarktung im Inland als Anknüpfungskriterium wird also durch die Dispersion des Vertriebs im Ausland aufgehoben, vorausgesetzt, Deutschland ist der Herkunftsstaat. Diese Wertung entspricht Art. 21 Abs. 3 Transparenz-RL, der entweder den Staat des Sitzes oder den der alleinigen Vermarktung als zuständig ansieht. **185**

Darüber hinaus sind nach der deutschen Regelung in § 2 Abs. 14 Nr. 1 WpHG Inlandsemittenten auch diejenigen Emittenten, für die der Herkunftsstaat Deutschland ist und deren Finanzinstrumente zum Handel an einem organisierten Markt in einem anderen Staat des EWR zugelassen sind, dort aber **nicht Veröffentlichungs- und Mitteilungspflichten** entsprechend der Transparenz-RL unterliegen. Diese Vorschrift soll Regelungs- und Aufsichtslücken vermeiden.[202] Ihr Anwendungsbereich ist eröffnet, wenn in allen Staaten, in denen das Instrument zum Handel zugelassen ist, die Transparenz-RL nicht oder nicht ordnungsgemäß umgesetzt wurde. Allerdings dürfte dies nur selten der Fall sein. Insgesamt besteht wegen der Verpflichtung aller Mitgliedstaaten zur Umsetzung der Transparenz-RL nur ein geringes Bedürfnis für die Anwendung der Vorschrift. Deshalb verzichten andere Staaten auf eine entsprechende Regelung.[203] **186**

Der Begriff des Inlandsemittenten ist insgesamt **überkomplex** ausgestaltet. Das liegt unter anderem daran, dass ihn der Gesetzgeber auf dem Konzept des Herkunftsstaats aufbaut, statt ihn eigenständig zu definieren. Es wäre vorzugswürdig gewesen, die Vorgaben der Transparenz-RL schlicht zu übernehmen und einen zusätzlichen Vorbehalt für die Fälle zu schaffen, in denen der bezeichnete Staat die Richtlinienvorgaben nicht ordnungsgemäß umgesetzt hat. **187**

b) Bezogen auf Wertpapierdienstleistungsunternehmen und Datenbereitstellungsdienste. Für Wertpapierdienstleistungsunternehmen – im Unterschied zu den bisher erörterten Emittenten – regelt das WpHG den Begriff des Herkunftsmitgliedstaats in § 2 Abs. 17 Nr. 1 WpHG. Der Begriff spielt eine Rolle, wenn sich ein Wertpapierunternehmen bereit erklärt hat, als geeignete Gegenpartei behandelt zu werden, denn die Eignung bemisst sich nach dem Recht des Herkunftsmitgliedstaats (§ 67 Abs. 4 S. 2 Nr. 2 WpHG). Außerdem hat er **Bedeutung für die aufsichtsrechtliche Zusammenarbeit** (s. Art. 34 MiFID II, § 90 Abs. 2, 3 WpHG). Dieselbe Definition des Herkunftsmitgliedstaats gilt auch für Datenbereitstellungsdienste (s. § 2 Abs. 17 Nr. 3 WpHG). **188**

Bezüglich des Herkunftsmitgliedstaats differenziert § 2 Abs. 17 Nr. 1 WpHG nunmehr – im Einklang mit Art. 4 Abs. 1 Nr. 55 lit. a MiFID II – zwischen natürlichen und juristischen Personen. Bei ersteren wird an die Hauptverwaltung angeknüpft, bei zweiteren vorrangig an den Sitz und nur dann, wenn nach dem anwendbaren Recht kein Sitz bestimmt ist, an die Hauptverwaltung. Der Sitzbegriff war früher umstritten. Nach einer Ansicht sollte es sich um den effektiven oder tatsächlichen Verwaltungssitz handeln.[204] Nach anderer Auffassung ist in erster Linie der Satzungssitz und **189**

[202] Begr. RegE zum Transparenzrichtlinie-Umsetzungsgesetz, BT-Drs. 16/2498, 31.
[203] S. zB Art. L. 451-1-3 franz. Code monétaire et financier, der nur für Emittenten gilt, deren Finanzinstrumente an einem organisierten Markt in Frankreich zugelassen sind.
[204] Assmann/Schneider/Mülbert/*Assmann* WpHG § 2 Rn. 244.

nur hilfsweise die Hauptverwaltung gemeint.[205] Die Neufassung stellt klar, dass der Sitz nicht mit der Hauptniederlassung identisch ist. Daher kann nur der Satzungssitz gemeint sein. Diese bereits in der → 7. Aufl. 2018, Rn. 167 vertretene Auffassung ist auch allein mit der MiFID II konform. Dass diese mit dem „Sitz" den „Satzungssitz" meint, wird durch die anderen Sprachfassungen bestätigt (→ Rn. 196).[206] Diese Differenzierung ist im Wege richtlinienkonformer Auslegung auf § 2 Abs. 17 Nr. 1 WpHG zu übertragen.

190 **c) Bezogen auf den organisierten Markt.** Das WpHG definiert in § 2 Abs. 17 Nr. 2 WpHG den Herkunftsmitgliedstaat eines organisierten Markts. Die Begriffsbestimmung hat **geringe Bedeutung.** Sie ist lediglich dann einschlägig, wenn wegen der Verletzung von Pflichten durch den organisierten Markt die Behörden des Herkunftsstaats verständigt werden müssen (§ 90 Abs. 5 WpHG iVm § 90 Abs. 3 WpHG).

191 Als Herkunftsstaat des organisierten Markts sieht § 2 Abs. 17 Nr. 2 WpHG den **Staat der Zulassung oder Registrierung** an. Nur wenn er nach dem Recht dieses Mitgliedstaats keinen „Sitz" hat, soll Herkunftsstaat der Mitgliedstaat sein, in dem sich die Hauptverwaltung des organisierten Markts befindet. Diese Regelung soll Art. 4 Abs. 1 Nr. 55 lit. b MiFID II umsetzen. Sie entspricht den europäischen Vorgaben.[207] Allerdings sind zwei wichtige Punkte zu ergänzen: Erstens ist mit dem Sitz der **Satzungssitz** gemeint. Dies ergibt sich aus einer richtlinienkonformen Auslegung (→ Rn. 196). Zweitens muss der Satzungssitz des organisierten Markts im Herkunftsstaat liegen. Dies folgt daraus, dass der subsidiäre Verweis auf die inländische Hauptverwaltung wenig Sinn hätte, wenn nicht zuvor als Hauptanknüpfung ein inländischer Satzungssitz nötig wäre. Im Ergebnis ist also der Herkunftsstaat des organisierten Markts der Staat seines Satzungssitzes.

192 **4. Aufnahmestaat.** Der Begriff des Aufnahmemitgliedstaats hat seinen **Ursprung** in den europäischen Richtlinien. Dem Aufnahmemitgliedstaat wird eine residuale Zuständigkeit zur Beaufsichtigung und Regulierung von Finanzakteuren und -dienstleistungen zuerkannt (s. zB Art. 34 Abs. 2–5 MiFID II, Art. 21 Abs. 3 Transparenz-RL). Diese wird immer weiter zurückgedrängt, wie etwa die Prospekt-VO zeigt, die das früher vorgesehene Noteingriffsrecht der Behörden des Aufnahmemitgliedstaats (Art. 23 Prospekt-RL, aufgehoben durch die Prospekt-VO) nicht mehr enthält. Allerdings enthält die MiCAR eine Art Wiederbelebung des Konzepts des Aufnahmemitgliedstaats, an dessen Behörden z.B. Marketingmitteilungen für sonstige Kryptowerte zu übermitteln sind (Art. 8 Abs. 2 MiCAR).

193 Im deutschen Recht hat der Begriff **geringe Bedeutung.** Dies liegt daran, dass der Gesetzgeber präzisere Kriterien zur Feststellung verwendet, ob Deutschland Aufnahme(mitglied)staat ist, zB den Ort der Vermarktung von Finanzinstrumenten oder den Ort der Erbringung von Dienstleistungen (→ Rn. 163 ff., → Rn. 172). Wichtig werden die Begriffe Aufnahmestaat und Aufnahmemitgliedstaat daher nur dort, wo **andere Staaten gemeint** sind. So hat die BaFin nach § 8 Abs. 3 S. 7 KWG bei der Tätigkeit inländischer Institute im Ausland der zuständigen Stelle im Aufnahmestaat die für die Beurteilung der Zuverlässigkeit und fachlichen Eignung notwendigen Informationen zu erteilen. Art. 25 Abs. 1 Prospekt-VO sieht vor, dass den Behörden der Aufnahmestaaten Bescheinigungen über die Billigung eines Prospekts zuzusenden sind. Das WpHG ordnet in § 18 Abs. 7 S. 3 Hs. 2 WpHG an, dass bei einer Untersuchung einer ausländischen Zweigniederlassung eines inländischen Unternehmens die Behörde des Aufnahmemitgliedstaats durch die BaFin zu unterrichten ist.

194 Eine **Definition** für die Zwecke des Prospektrechts findet sich in Art. 2 lit. n Prospekt-VO. Diese betrifft nur zum EWR gehörige Staaten und verwendet daher den Terminus „Aufnahmemitgliedstaat". Dies ist derjenige Staat, in dem ein öffentliches Angebot von Wertpapieren unterbreitet oder die Zulassung zum Handel an einem geregelten Markt angestrebt wird. Für das Wertpapierhandelsrecht definiert § 2 Abs. 18 WpHG den „Aufnahmemitgliedstaat". Parallel dazu ist der Begriff für die Kryptowerte ausgestaltet (Art. 3 Abs. 1 Nr. 34 MiCAR). Für Wertpapierdienstleistungsunternehmen ist dieser der Staat, in dem es eine Zweigniederlassung unterhält oder Wertpapierdienstleistungen im Wege des grenzüberschreitenden Dienstleistungsverkehrs erbringt. Für organisierte Märkte ist der Aufnahmemitgliedstaat der Staat, in dem er geeignete Vorkehrungen bietet, um in diesem Staat niedergelassenen Teilnehmern den Zugang zum Handel über sein System zu erleichtern. Entscheidend ist also auch hier das Angebot von Leistungen oder der Zugang zu diesen.

195 **5. Sitzstaat.** Einige finanzmarktrechtliche Regeln bestimmen ihren Anwendungsbereich in Abhängigkeit von dem Staat, in dem ein Unternehmen seinen Sitz hat. **Bedeutung** hat dieses

[205] Schwark/Zimmer/*Kumpan* WpHG § 2 Rn. 199.
[206] So auch Schwark/Zimmer/*Kumpan* WpHG § 2 Rn. 199.
[207] Ebenso Schwark/Zimmer/*Kumpan* WpHG § 2 Rn. 125.

Kriterium zB für das Übernahmerecht (§ 1 Abs. 1 WpÜG iVm § 2 Abs. 3 WpÜG). Art. 4 Abs. 1 Rating-VO verlangt einen Sitz der Agentur innerhalb der Union, damit ihre Ratings für aufsichtsrechtliche Zwecke genutzt werden können. Die Wohlverhaltenspflichten sind auch auf Wertpapierdienstleister mit Sitz in einem Drittstaat anzuwenden, die ihre Leistungen im Inland erbringen wollen (§ 90 Abs. 1 S. 1 WpHG). Auch das Erlaubniserfordernis für ausländische elektronische Handelssysteme hängt vom Sitz ab, und zwar dem des „Markts" (dh des Handelssystems) und dem der Teilnehmer (§ 102 Abs. 1 WpHG, § 105 WpHG). Mittelbar spielt der Sitzstaat eine Rolle bei der Bestimmung des Herkunftsstaats (→ Rn. 176, → Rn. 189, → Rn. 191). Die MiCAR verlangt von Kryptowerte-Dienstleistern, dass sie ihren Sitz in dem Mitgliedstaat haben, in dem sie ihre Krypto-Dienstleistungsgeschäfte zumindest teilweise ausführen (Art. 59 Abs. 2 S. 1 MiCAR).

Der **Inhalt** des Begriffs „Sitz" ist nicht eindeutig. In Betracht kommen insbesondere der Satzungssitz oder der Verwaltungssitz. Häufig ist streitig, ob der eine oder der andere gemeint ist (→ Rn. 189, → Rn. 249 f., → Rn. 332 ff., → Rn. 422, → Rn. 508). Bei Handelsplattformen ist die Unsicherheit besonders groß, da diese keinen Satzungs- oder Verwaltungssitz haben (→ Rn. 324). Theoretisch muss der Sitzbegriff in jedem Rechtsakt neu bestimmt werden. Das EU-Recht folgt jedoch typischerweise einem formellen Sitzbegriff. Um Unsicherheiten aus der Bestimmung des Verwaltungssitzes und unterschiedliche Interpretationen dieses Begriffs durch die Mitgliedstaaten zu vermeiden, wird regelmäßig auf den Satzungssitz abgestellt. Manche Vorschriften stellen dies ausdrücklich klar (zB Art. 4 Abs. 1 Rating-VO). Dass Art. 59 Abs. 2 S. 1 MiCAR den Satzungssitz meint, folgt daraus, dass der nachfolgende Satz vom „Ort der Geschäftsführung" spricht und diesen dem Sitz gegenüberstellt. Bei Art. 4 Abs. 1 Nr. 55 lit. a, b MiFID II ergibt sich der Verweis auf den Satzungssitz aus den anderen Sprachfassungen (*registered office, siège statutaire, domicilio social*) sowie aus der Gegenüberstellung des Sitzes und des Orts der Hauptverwaltung (→ Rn. 189). Auch bei Art. 2 lit. m i Prospekt-VO folgt der Verweis auf den Satzungssitz aus den anderen Sprachfassungen als der deutschen. 196

6. Gewöhnlicher Aufenthalt. Bei einigen wenigen finanzmarktrechtlichen Normen spielt der gewöhnliche Aufenthalt eine Rolle. **Bedeutung** hat er zB bei den Wohlverhaltenspflichten, die gemäß § 90 Abs. 1 S. 1 WpHG auf Vermittler mit Sitz oder gewöhnlichem Aufenthalt im Inland erstreckt werden. Diese sind insoweit erfasst, als sie Wertpapierdienstleistungen oder -nebendienstleistungen im Inland erbringen. Für Kryptowerte-Dienstleister verlangt die MiCAR – wohl in dieser Form einmalig –, dass mindestens ein Mitglied der Geschäftsleitung in der Union „ansässig" ist. Offenbar soll damit sichergestellt sein, dass die Aufsichtsbehörden auf eine natürliche Person zugreifen können, um im Ernstfall Verfügungen ihr gegenüber zu vollstrecken. Unter „Ansässigkeit" wird man diesem Zweck zufolge den gewöhnlichen Aufenthalt verstehen müssen. 197

Der **Inhalt** des Terminus „gewöhnlicher Aufenthalt" ist bislang nicht legaldefiniert. Der Begriff ist vor allem aus dem IPR bekannt. Dort spielt er eine überragende Rolle (zB Art. 3 lit. a Brüssel IIa-VO, Art. 4 EuErbVO). Sollte im Einzelfall streitig sein, wo sich der gewöhnliche Aufenthalt einer Person befindet, kann auf die dort entwickelten Kriterien zurückgegriffen werden.[208] 198

VII. Einteilung in Internationales Finanzmarktaufsichtsrecht, -strafrecht und -privatrecht

1. Mischcharakter des Internationalen Finanzmarktrechts. Das Internationale Finanzmarktrecht ist eine **Querschnittsmaterie:** Es regelt nicht nur den Konflikt zwischen zivilrechtlichen Vorschriften, sondern auch zwischen solchen, die man üblicherweise als öffentlich-rechtlich oder strafrechtlich einordnet. Diese Eigenschaft des Internationalen Finanzmarktrechts erklärt sich daraus, dass sein materiell-rechtliches Pendant, das Finanzmarktrecht, sowohl Vorschriften des öffentlichen Rechts als auch des Strafrechts und des Zivilrechts enthält. Dieses Nebeneinander von öffentlich-rechtlichen, strafrechtlichen und zivilrechtlichen Vorschriften ist geradezu **typisch für das Wirtschaftsrecht.**[209] Das gilt auch und insbesondere im Finanzmarktrecht. Grund dafür ist, dass der Gesetzgeber seine Ziele mit verschiedenen Mitteln gleichzeitig verfolgt. Ein Verstoß gegen Marktregulierung kann zB sowohl durch eine Aufsichtsmaßnahme wie dem Entzug einer Erlaubnis (öffentliches Recht) als auch durch eine Geldstrafe (Strafrecht) oder durch einen Schadensersatzanspruch (Zivilrecht) sanktioniert werden. 199

---

208 S. etwa MüKoFamFG/*Gottwald* Brüssel IIa-VO Art. 3 Rn. 7 f.; Rauscher/*Rauscher* EuZPR/EuIPR IV, 4. Aufl. 2015, Brüssel IIa-VO Art. 3 Rn. 21 f., EG-ErbVO-E Einf. Rn. 14; *Rieck,* EG-EhesachenVO 2012, Brüssel IIa-VO Art. 3 Rn. 2.

209 S. *Hopt* in Grundmann, Systembildung und Systemlücken in Kerngebieten des Europäischen Privatrechts, 2000, 307, 315; *Schnyder,* Wirtschaftskollisionsrecht, 1990, Rn. 44–50.

200 Aufgrund des Mischcharakters ist eine strikte **Trennung zwischen Privatrecht und Öffentlichem Recht** für das Finanzmarktrecht **ungeeignet.** So existieren Vorschriften der Regulierung, die in individuelle Rechtsverhältnisse eingreifen (s. etwa § 100 Abs. 2 WpHG). Umgekehrt gibt es jedoch auch Vorschriften, die rechtsquellentheoretisch dem Zivilrecht zugeordnet werden, aber marktordnende Funktion haben (zB die Vorschriften über die Erhöhung der Geldleistung nach § 31 Abs. 4 WpÜG). Im **Strafrecht** fällt eine Trennung von den Vorschriften des Öffentlichen Rechts zwar leichter, weil an die Sanktion angeknüpft werden kann: Besteht diese in einer Strafe, so handelt es sich um Strafrecht, ansonsten um Öffentliches Recht. Auch die Einordnung des Ordnungswidrigkeitenrechts als materielles Strafrecht bereitet insofern nur geringe Probleme.[210] Jedoch wäre eine Abtrennung auch hier gekünstelt. Viele Vorschriften des Finanzmarktstrafrechts dienen der Durchsetzung im Kern öffentlich-rechtlicher Pflichten. Sie sind nichts anderes als ein Annex der öffentlich-rechtlichen Vorschriften.

201 Der Mischcharakter des Finanzmarktrechts wirkt sich auch auf dessen kollisionsrechtliches Pendant, das Internationale Finanzmarktrecht aus. Dieses umfasst notwendigerweise Kollisionsregeln für öffentlich-rechtliche, strafrechtliche und zivilrechtliche Rechtsverhältnisse. Aufgrund des inneren Zusammenhangs wäre es fehlerhaft, diese auseinanderzureißen.[211] Sie bilden vielmehr eine Einheit und beeinflussen sich gegenseitig (zB → Rn. 614).

202 **2. Notwendigkeit einer Abgrenzung.** Trotz des rechtsgebietsübergreifenden Charakters des Internationalen Finanzmarktrechts und des inneren Zusammenhangs der verschiedenen Kollisionsnormen ist für die juristische Beurteilung internationaler Rechtsfragen eine rechtsdogmatische Unterteilung in unterschiedliche Bereiche unverzichtbar.[212] In der EU ist eine Abgrenzung schon deshalb notwendig, weil das Unionsrecht mit der **Rom I-VO** und der **Rom II-VO** ein besonderes Kollisionsrecht für „Zivil- und Handelssachen" vorsieht (Art. 1 Abs. 1 S. 1 Rom I-VO; Art. 1 Abs. 1 S. 1 Rom II-VO). Sie erzwingen damit eine Feststellung, ob dem jeweiligen Streit ein privates Rechtsverhältnis zugrunde liegt, ob es sich um eine öffentlich-rechtliche oder eine strafrechtliche Angelegenheit handelt. Im Übrigen ist auch eine Abgrenzung des internationalen Strafrechts vom internationalen Aufsichtsrecht notwendig, denn die §§ 1–7 StGB sind nur auf strafrechtliche Sanktionen anwendbar.

203 Die Abgrenzung der zivilrechtlichen von öffentlich-rechtlichen und strafrechtlichen Rechtsverhältnissen hat nicht nach nationalen Kriterien, sondern **europäisch-autonom** zu erfolgen. Dies ergibt sich aus dem europäischen Hintergrund des Kollisionsrechts. Die zum deutschen Recht entwickelten Abgrenzungskriterien können daher nicht herangezogen werden.

204 **3. Einteilung nach Rechtsverhältnissen.** Für die europäisch-autonome Abgrenzung des Privatrechts von anderen Rechtsgebieten sind die Urteile des EuGH von besonderer Bedeutung. Für das Brüsseler Übereinkommen (EuGVÜ) judizierte dieser in ständiger Rspr., dass eine Zivil- und Handelssache nicht vorliegt, wenn der Rechtsstreit **im Zusammenhang mit der Ausübung hoheitlicher Befugnisse** steht.[213] Diese Auslegung gilt auch für die Nachfolger des Übereinkommens, die Brüssel I-VO[214] sowie die Brüssel Ia-VO. Von dort ist sie auf die Rom I-VO und die Rom II-VO zu übertragen (s. Erwägungsgrund Nr. 7 Rom I-VO und Rom II-VO).

205 Dreh- und Angelpunkt der Abgrenzung ist damit die Frage, ob eine bestimmte Norm Ausdruck der Ausübung hoheitlicher Befugnisse ist. Das ist beim **Internationalen Finanzmarktaufsichtsrecht** der Fall. Dieses umfasst die Kollisionsregeln, welche das auf die Beziehung zwischen der Aufsichtsbehörde und den Finanzmarktakteuren anzuwendende Recht bestimmen. Dazu gehören zB Regelungen über den Anwendungsbereich der Vorschriften, die zur Veröffentlichung eines Prospekts verpflichten oder dazu, einen Investmentfonds in bestimmter Weise zu organisieren.

206 Abzugrenzen davon ist das **Internationale Finanzmarktstrafrecht.** Die von ihm gesteuerten Normen sind ebenfalls Ausdruck der Ausübung hoheitlicher Befugnisse, haben jedoch besonderen Charakter. Sie dienen zur Verhängung von Strafen und Ordnungswidrigkeiten.

207 Zu unterscheiden ist weiterhin das **Internationale Finanzmarktprivatrecht,** welches das auf private Rechtsbeziehungen am Finanzmarkt anzuwendende Recht festlegt. Dieses wird teilweise

---

210 S. *Roxin/Greco,* StrafR AT, Bd. I, 5. Aufl. 2020, § 2 Rn. 131 ff.; Baumann/Weber/Mitsch/*Eisele,* StrafR AT, 13. Aufl. 2021, § 3 Rn. 9.

211 *Habermeier,* Neue Wege zum Wirtschaftskollisionsrecht, 1997, 113 f.; *v. Hein* AG 2001, 213 (221); *Schneider* AG 2001, 269 (271 f.).

212 *Lehmann* in Zetzsche/Lehmann, Grenzüberschreitende Finanzdienstleistungen, 2017, Rn. 8–11.

213 EuGH ECLI:EU:C:1976:177 Rn. 4 = NJW 1976, 489 – LTU/Eurocontrol; ECLI:EU:C:1993:144 Rn. 20 = NJW 1993, 2091 – Sonntag/Waidmann; ECLI:EU:C:2003:282 Rn. 22 = IPRax 2003, 528 – Préservatrice foncière TIARD/Niederlande.

214 *Kropholler* FS Max-Planck-Institut, 2001, 583 (589).

von Normen im Allgemeininteresse bestimmt. Diese sog. Eingriffsnormen verdrängen das nach den allgemeinen Kollisionsregeln normalerweise anzuwendende Recht. Da sie zivilrechtliche Verhältnisse gestalten, bleiben sie Teil des Zivilrechts im Sinne der autonomen Qualifikation.

B. Internationales Finanzmarktaufsichtsrecht

I. Allgemeines

Das Internationale Finanzmarktaufsichtsrecht bestimmt, welches Recht auf die Beziehung zwischen der Aufsichtsbehörde und den Finanzmarktakteuren anzuwenden ist. Insofern existieren **keine harmonisierten Kollisionsregeln,** sondern diese sind von Staat zu Staat verschieden. Überdies bestimmen die Internationalen Finanzmarktaufsichtsrechte der verschiedenen Staaten das anzuwendende Recht nicht für jeden Sachverhalt, sondern jeder Staat regelt lediglich die Reichweite seiner eigenen Vorschriften. Das bedeutet, dass nur **einseitige Kollisionsregeln** existieren. Diese sind für die meisten Normbereiche unterschiedlich. Insofern verfolgt das Internationale Finanzmarktaufsichtsrecht einen **statutistischen Ansatz.** 208

II. Institutionelle Anforderungen an Banken und Finanzdienstleister

1. Ökonomischer Hintergrund. Banken – im Sprachgebrauch des Gesetzes: Kreditinstitute – sind die **bedeutendsten Akteure des Finanzmarkts.** Sie erfüllen wichtige Funktionen, darunter Losgrößen-, Fristen- und Risikotransformation.[215] Unter allen Finanzmarktakteuren sind sie daher am dichtesten reguliert und beaufsichtigt. Zweck ist die **Gefahrenabwehr.** Durch vorbeugende Überwachung soll die Entstehung von Schäden, speziell Verluste der Institutsgläubiger, verhindert werden.[216] Dazu werden bestimmte Anforderungen an die Bank gestellt, zB an ihre Ausstattung mit Eigenmitteln, an ihre Kreditvergabe, ihr Risikomanagement und ihre Leitung im Allgemeinen. 209

Wertpapierdienstleister erfüllen ebenfalls wichtige Funktionen als Finanzmarktintermediäre. Die meisten von ihnen sind zugleich Kreditinstitute. Auch soweit dies nicht der Fall ist, unterliegen sie abhängig von ihrer Größe und dem Risikopotenzial abgeschwächten institutionellen Anforderungen (→ Rn. 213). 210

2. Regulierung. Den aufsichtsrechtlichen Rahmen für Kreditinstitute und Wertpapierfirmen bilden im Wesentlichen die **Eigenkapitalanforderungs-RL**[217] (Capital Requirements Directive – CRD), die **Kapitaladäquanz-VO**[218] (Capital Requirements Regulation – CRR), die **MiFIR** (Markets in Financial Instruments Regulation) sowie die **MiFID II** (Markets in Financial Instruments Directive). Für Wertpapierfirmen sind aufsichtsrechtliche Vorgaben insbesondere in Art. 5–22 MiFID II enthalten. Das CRD/CRR-Regime regelt in erster Linie die für Kreditinstitute oder Wertpapierfirmen notwendige Kapitalausstattung sowie andere Zulassungsvoraussetzungen, wie zum Beispiel die Eignung der Geschäftsführer (sog. prudentielle Anforderungen). Die Wohlverhaltenspflichten für die Erbringung von Finanzdienstleistungen finden sich hingegen in der MiFID II/MiFIR. Die Bestimmungen der Eigenkapitalanforderungs-RL/Kapitaladäquanz-VO sind größtenteils auf Kreditinstitute ausgelegt und basieren auf den Regulierungsstandards, die der Basler Ausschuss für Bankenaufsicht festgelegt hat (derzeit „Basel III"). Diese Regeln waren für kleinere und mittlere Finanzdienstleister unverhältnismäßig (Erwägungsgrund Nr. 2 IFR, Erwägungsgrund Nr. 2 IFD). Um den Grundsatz „same business – same risks – same rules"[219] besser Rechnung zu tragen, wurden die aufsichtsrechtlichen Regelungen neugeordnet. Für Kreditinstitute gelten weiterhin die Eigenkapitalanforderungs-RL und die Kapitaladäquanz-VO, Wertpapierinstitute hingegen unterliegen nunmehr abhängig von ihrer Relevanz für die Finanzstabilität einem komplexen Zusammenspiel von Eigenkapitalanforde- 211

215 *Büschgen,* Bankbetriebslehre, 5. Aufl. 1999, 39 f.

216 Vgl. Begr. RegE zum KWG, abgedruckt bei *Reischauer/Kleinhans,* Kreditwesengesetz, Stand: 3/2022, Kennzahl 575, S. 14.

217 RL 2013/36/EU vom 26.6.2013 über den Zugang zur Tätigkeit von Kreditinstituten und die Beaufsichtigung von Kreditinstituten und Wertpapierfirmen, ABl. EU 2013 L 176, 338, idF der Änderungen durch RL (EU) 2024/1619.

218 VO (EU) 575/2013 vom 26.6.2013 über Aufsichtsanforderungen an Kreditinstitute und Wertpapierfirmen, ABl. EU 2013 L 176, 1, idF der Änderungen durch VO (EU) 2023/2869.

219 Zu den ökonomischen Hintergründen der Reform s. *Krimphove* CB 2021, 183.

rungs-RL/Kapitaladäquanz-VO sowie der neu geschaffenen **IFD**[220] (Investment Firm Directive) und der dazugehörigen **IFR**[221] (Investment Firm Regulation). Mit der IFD/IFR wird nicht nur ein neues Aufsichtsregime für die meisten Wertpapierfirmen geschaffen, sondern es werden auch Änderungen der MiFID II und MiFIR vorgenommen, zum Beispiel im Hinblick auf den Marktzugang von Drittlandfirmen (Art. 63 IFR; Art. 64 IFD).[222]

212 Obwohl die europarechtlichen Grundlagen teilweise verschieden und die Geschäftsmodelle sehr unterschiedlich sind, wurden in Deutschland die wesentlichen Fragen der Überwachung von Kreditinstituten und Wertpapierfirmen bislang im **KWG** zusammengefasst. Darin sind Banken als „Kreditinstitute" (§ 1 Abs. 1 KWG) und Wertpapierdienstleister als „Finanzdienstleistungsinstitute" (§ 1 Abs. 1a KWG) bezeichnet. Das Kreditwesengesetz stellt in Umsetzung der europäischen Vorgaben bestimmte Anforderungen an die Institute, zB hinsichtlich der Geschäftsleitung (vgl. § 33 KWG).

213 Für Wertpapierdienstleister wurde nun im WpIG, welches die IFD in deutsches Recht umsetzt, ein weitgehend eigenes Regime geschaffen. Das WpIG orientiert sich grundsätzlich an der Systematik des KWG, differenziert aber hinsichtlich der prudentiellen Anforderungen nach Größe und Risikopotenzial des Wertpapierinstituts (s. zB § 38 Abs. 1, § 47 Abs. 1 und Abs. 4, § 52, § 65 WpIG).[223] Damit unterliegen nicht mehr alle Institute, die Finanzdienstleistungen erbringen, dem KWG.

214 **3. Kategorisierung der Wertpapierfirmen.** Es lassen sich vier verschiedene Klassen von Wertpapierfirmen unterscheiden: **Systemrelevante Wertpapierfirmen** sind vom Anwendungsbereich der IFD und IFR und damit auch des WpIG ausgenommen. Hierbei handelt es sich um Wertpapierfirmen, die aufgrund von Art. 2 Abs. 5 iVm Art. 4 Abs. 1 lit. b Kapitaladäquanz-VO idF der Änderungen durch VO (EU) 2019/2033 **als Kreditinstitute gelten.** Art. 4 Abs. 1 lit. b Kapitaladäquanz-VO umfasst Institute, deren Bilanzsumme allein oder konsolidiert 30 Milliarden Euro überschreitet und die das Emissionsgeschäft, den Eigenhandel oder das Eigengeschäft betreiben. Damit unterliegen Institute, die aufgrund ihrer Größe und Verflechtung mit anderen Finanz- und Wirtschaftsakteuren systemrelevant sind, weiterhin nur dem CRD/CRR-Regime und sind daher vom Anwendungsbereich des WpIG gänzlich ausgenommen (vgl. § 1 iVm § 2 Abs. 15 WpIG; das WpIG gilt nur für Wertpapierinstitute, systemrelevante Wertpapierfirmen gelten jedoch als CRR-Kreditinstitute und unterliegen daher nicht dem WpIG). Dies ist sachgerecht, da **systemrelevante Wertpapierfirmen** insoweit Banken ähnlich sind und vergleichbare Risiken übernehmen (vgl. Erwägungsgrund Nr. 9 IFR; Erwägungsgrund Nr. 6 IFD).

215 Unterhalb dieser Schwelle kommt das IFD/IFR Regime und damit auch das WpIG zur Anwendung, welches weiter zwischen kleinen, mittleren und großen Instituten differenziert (§ 2 Abs. 16–18 WpIG). Aktuell gibt es in Deutschland etwa 650 kleine und 70 mittlere Wertpapierinstitute, aber kein einziges großes Wertpapierinstitut.[224]

216 **Kleine Wertpapierinstitute** iSd WpIG werden von der IFR kleine und nicht verflochtene Wertpapierfirmen genannt (§ 2 Abs. 16 WpIG iVm Art. 12 Abs. 1 IFR). Kleine Wertpapierfirmen sind Institute, die alle Bedingungen des Art. 12 Abs. 1 IFR kumulativ erfüllen. Hierbei handelt es sich um bestimmte Schwellenwerte, die nicht überschritten werden dürfen. Für diese Institute gelten die Bestimmungen der IFR und des WpIG. Hervorzuheben ist jedoch, dass das WpIG zahlreiche Ausnahmen für kleine Wertpapierinstitute enthält, um dem Proportionalitätsgrundsatz Rechnung zu tragen.

217 Überschreiten kleine Wertpapierinstitute zumindest einen der Schwellenwerte des Art. 12 Abs. 1 IFR, gelten diese automatisch als **mittlere Wertpapierinstitute** (Art. 12 Abs. 3 IFR; § 2 Abs. 17 WpIG). Umgekehrt wird das mittlere Wertpapierinstitut bei Unterschreiten sämtlicher Schwellenwerte des Art. 12 Abs. 1 IFR nicht sofort zum kleinen Wertpapierinstitut. Art. 12 Abs. 4 IFR sieht insoweit eine Übergangsfrist von sechs Monaten vor, innerhalb derer die Schwellenwerte nicht überschritten werden dürfen. Die aufsichtsrechtlichen Anforderungen für mittlere Wertpapierinstitute bestimmen sich ebenfalls nach der IFR und dem WpIG. Diese Gruppe von Instituten ist von der Reform am stärksten betroffen, da sich die neuen Eigenkapitalanforderungen der IFR vorrangig an sie richten. Anders als bei großen Wertpapierinstituten berechnet sich das vorgeschriebene Eigenkapital nicht anhand der Bilanzwerte, sondern nach den Aktivitäten des Wertpapierinstituts (Art. 50 IFR).

---

[220] RL 2019/2034/EU vom 27.11.2019 über die Beaufsichtigung von Wertpapierfirmen, ABl. EU 2019 L 314, 64.

[221] VO (EU) 2019/2033 vom 27.11.2019 über Aufsichtsanforderungen an Wertpapierfirmen, ABl. EU 2019 L 314, 1.

[222] *Sethe/Brenncke* in Schäfer/Sethe/Lang Vermögensverwaltung-HdB § 3 Rn. 120.

[223] Vgl. auch *Sethe* in Schäfer/Sethe/Lang Vermögensverwaltung-HdB § 5 Rn. 178 ff.

[224] RegE WpIG, BT-Drs. 19/26929, 199.

Große Wertpapierinstitute sind Institute, die aufgrund von Art. 1 Abs. 2 und 5 IFR oder § 8 WpIG verpflichtet sind, die Vorschriften der Kapitaladäquanz-VO idF der Änderungen durch VO (EU) 2019/2033 einzuhalten. Art. 1 Abs. 2 IFR erfasst Institute, deren durchschnittliche Bilanzsumme in den vorausgegangenen zwölf Monaten mindestens 15 Mrd. Euro beträgt und die entweder das Emissionsgeschäft, den Eigenhandel oder das Eigengeschäft betreiben. Nach Art. 1 Abs. 5 IFR können Institute unter bestimmten Voraussetzungen jedoch auch selbst für die Anwendung der Kapitaladäquanz-VO optieren. Nach § 8 WpIG kann auch die BaFin eine entsprechende Anordnung treffen. Im Unterschied zu kleinen und mittleren Wertpapierinstituten ergeben sich die prudentiellen Anforderungen für große Wertpapierinstitute weitestgehend aus dem KWG; § 4 WpIG nimmt große Wertpapierinstitute von zahlreichen Bestimmungen des WpIG aus und erklärt weite Teile des KWG für anwendbar. Große Wertpapierinstitute unterliegen daher in der Regel denselben Vorschriften wie CRR-Kreditinstitute und systemrelevante Wertpapierfirmen, die als CRR-Kreditinstitute gelten. Diese Sonderbehandlung lässt sich damit rechtfertigen, dass große Wertpapierinstitute aufgrund ihrer Bilanzsumme und Tätigkeit ebenfalls eine Gefahr für die Finanzstabilität darstellen können. Eine völlige Gleichbehandlung – und damit eine Ausnahme aus dem WpIG – wird vom europäischen Gesetzgeber als nicht notwendig erachtet (Erwägungsgrund Nr. 42 IFR; Erwägungsgrund Nr. 6 IFD). 218

Zuweilen werden auch andere Bezeichnungen verwendet. So werden CRR-Kreditinstitute, die Wertpapier(neben)dienstleistungen betreiben, auch Klasse 1a-Wertpapierfirmen genannt. Große Institute nach Art. 1 Abs. 2 IFR werden auch Klasse 1b-Wertpapierfirmen genannt. Institute nach Art. 1 Abs. 5 IFR sind auch unter Klasse 1c-Wertpapierfirmen geläufig. Mittlere und kleine Wertpapierfirmen tragen auch den Namen Klasse 2- und Klasse 3-Wertpapierfirma.[225] Die Einteilung in drei Klassen (Klassen 1–3) entstammt einem Arbeitsdokument der EU-Kommission.[226] Sie wurde nicht in den Wortlaut der IFR oder IFD übernommen; ihre Benutzung ist im Rahmen des WpIG missverständlich und sollte vermieden werden. 219

4. Kollisionsrechtliche Erwägungen. Die Regulierung von Banken und Finanzdienstleistern ist in erster Linie institutsbezogen. Ziel der Gesetzgebung ist es, die Funktionsfähigkeit der einzelnen Institute aufrechtzuerhalten. Daher ist es sinnvoll, dass ein Staat in erster Linie die **auf seinem Territorium befindlichen Institute** reguliert. Anknüpfungspunkt ist dabei entweder der Satzungssitz oder die Hauptverwaltung, aber auch eine Zweigniederlassung oder Repräsentanz genügt. Allerdings hat die Regulierung von Banken und Finanzdienstleistern auch eine anlegerschützende Komponente. Dem Staat kann es schon wegen der Auswirkungen auf seine Sozialsysteme nicht gleichgültig sein, ob seine Einwohner ihr Vermögen durch die Machenschaften unseriöser Institute verlieren, selbst wenn diese sich im Ausland befinden. Zumindest soweit sie ihre Dienste im Inland anbieten, werden die Bürger auch mit einem gewissen Schutz durch ihren Heimatstaat rechnen. Insofern erscheint es gerechtfertigt und notwendig, auch die **inländische Aktivität im Ausland ansässiger Institute** zum Anlass für Regulierung zu nehmen. 220

Weil Staaten sowohl die in ihrem Territorium ansässigen Institute sowie die inländischen Aktivitäten ausländischer Institute regeln, kommt es zu zahlreichen **Überschneidungen** der Regulierung. Bereits im Jahre 1975 hat der Basler Ausschuss für Bankenaufsicht Prinzipien für die Zusammenarbeit im sog. „Basler Konkordat" formuliert.[227] Dieses wurde im Jahre 1983 reformiert.[228] Im Jahre 1990 folgte ein Dokument über den Informationsaustausch.[229] Nach der BCCI-Krise wurde das Konkordat durch die sog. Mindeststandards ergänzt.[230] Hinsichtlich verschiedener zu einer Gruppe gehörender Institute befürworten diese Texte als Grundprinzip die **konsolidierte Kontrolle** durch die Aufsichtsbehörde des Heimatstaats.[231] Diese ist zur Zusammenarbeit mit den Behörden des Gaststaats aufgerufen.[232] Letztere behalten die Aufsicht über die Aktivitäten des jeweiligen individuellen Insti- 221

225 Vgl. *Schuster/Nemeczek* ZBB 2021, 35; *Sethe* in Schäfer/Sethe/Lang Vermögensverwaltung-HdB § 3 Rn. 187 ff.

226 Factsheet: New prudential rules for investment fims vom 20.12.2017, https://ec.europa.eu/info/sites/default/files/171220-investment-firms-review-factsheet_en.pdf (zuletzt abgerufen am 22.4.2024).

227 Basel Committee on Banking Supervision, Report to the Governors on the Supervision of Banks, 1975.

228 Basel Committee on Banking Supervision, Principles for the Supervision of Banks' Foreign Establishments (Concordat), 1983.

229 Basel Committee on Banking Supervision, Information Flows Between Banking Supervisory Authorities, 1990.

230 Basel Committee on Banking Supervision, Minimum Standards for the Supervision of International Banking Groups and Their Cross-Border Establishments, 1992.

231 Basel Committee on Banking Supervision, Principles for the Supervision of Banks' Foreign Establishments (Concordat), 1983, 4.

232 Basel Committee on Banking Supervision, Principles for the Supervision of Banks' Foreign Establishments (Concordat), 1983, 4.

tuts auf ihrem Territorium, während der Heimatstaat für die Gruppe als Ganzes zuständig ist.[233] Das System ist eines ergänzender und sich überlappender Zuständigkeiten.[234]

222 **5. Ausländische Regelungen.** Das Recht der **USA** ist im Wesentlichen durch den Foreign Bank Supervision Enhancement Act 1991 geprägt.[235] Dieser sieht vor, dass ausländische Banken ab einer gewissen Größe für die Errichtung einer Zweigniederlassung oder einer Agentur *(„agency")*[236] in den USA der Zustimmung der Zentralbank *(Federal Reserve)* bedürfen (12 U.S.C. § 3105 (d) (1)). Die Erteilung der Zustimmung hängt davon ab, dass die Bank in ihrem Heimatstaat einer umfassenden Aufsicht unterliegt (12 U.S.C. § 3105 (d) (2) (A)). Außerdem kann in Betracht gezogen werden, ob die ausländische Aufsichtsbehörde der Errichtung zugestimmt hat (12 U.S.C. § 3105 (d) (3) (A)). Die ausländische Bank unterliegt dem Grundsatz der Inländergleichbehandlung *(national treatment)*, dh sie wird nicht schlechter, aber auch nicht besser als eine inländische Bank behandelt. Sie muss daher zum Beispiel die US-amerikanischen Vorschriften über Eigenmittel und über die Einlagensicherung einhalten (12 U.S.C. §§ 3102 (g) und 3104). Für Tochterfirmen gelten diese Anforderungen ohnehin, da diese als eigenständige juristische Personen der vollen Überwachung unterliegen. Für Finanzdienstleister, insbesondere Wertpapierhändler *(broker-dealer)*, enthalten der Securities Exchange Act 1934 und die dazu von der Securities and Exchange Commission (SEC) erlassenen Regeln organisatorische Anforderungen. Deren räumliche Reichweite entspricht der Reichweite der für sie geltenden Verhaltensregeln (→ Rn. 452).

223 In der **Schweiz** bedürfen Banken der Genehmigung durch die Eidgenössische Finanzmarktaufsicht (FINMA; Art. 3 Abs. 1 Bundesgesetz über die Banken und Sparkassen – BankG Schweiz). Dies gilt auch für die von ausländischen Banken errichteten Zweigniederlassungen sowie die von ihnen bestellten Vertreter (Art. 2 Abs. 1 BankG Schweiz). Eine Bank, die tatsächlich in der Schweiz geleitet wird oder die den überwiegenden Teil ihrer Geschäfte in oder von der Schweiz aus abwickelt, muss sich als schweizerische Bank organisieren und untersteht den Bestimmungen des Schweizer Rechts.[237] Entscheidend ist insoweit nicht das rechtliche Konstrukt, sondern die tatsächlich entfaltete Tätigkeit.[238] Soll eine Bank nach Schweizer Recht organisiert werden, auf die ein „beherrschender ausländischer Einfluss" besteht, so kann die FINMA die Genehmigung von Reziprozitätserwägungen abhängig machen und diese nur dann erteilen, wenn Schweizer Banken ein entsprechendes Recht zur Errichtung im Sitzstaat der Ausländer haben (Art. 3bis Abs. 1 lit. a BankG Schweiz). Außerdem kann die FINMA darauf bestehen, dass eine Firma verwendet wird, die nicht auf einen schweizerischen Charakter der Bank hinweist (Art. 3bis Abs. 1 lit. b BankG Schweiz). Entsprechende Einschränkungen gelten auch für die Errichtung von Zweigniederlassungen und für die Bestellung von Vertretern durch ausländische Institute (Art. 3bis Abs. 1 BankG Schweiz) sowie dann, wenn eine zunächst inländisch beherrschte Bank nachträglich unter ausländischen Einfluss gerät (Art. 3ter BankG Schweiz). Diese Bestimmungen sind nicht mehr rein wirtschaftspolizeilich motiviert.[239] Sie dienen auch politischen Zielen, unter anderem der Öffnung der Märkte ausländischer Staaten. Das Reziprozitätserfordernis kann allerdings nicht mehr gegenüber GATS-Staaten angewandt werden, da das Übereinkommen insoweit vorrangige völkerrechtliche Verpflichtungen enthält.[240] Für Finanzinstitute sind organisatorische Anforderungen im Finanzinstitutsgesetz (FINIG) vorgesehen.[241] Als Finanzinstitute gelten neben Wertpapierhäusern auch Verwalter von Kollektivvermögen und Fondsleitungen sowie Vermögensverwalter und Trustees (Art. 2 Abs. 1 FINIG). Sie bedürfen einer Bewilligung durch die FINMA, soweit sie nicht schon über eine Bewilligung als Bank verfügen (Art. 5 Abs. 1, Art. 6 Abs. 1 FINIG). Der räumliche Geltungsbereich des FINIG ist zwar nicht ausdrücklich festgelegt. Aus seinen Vorschriften folgt jedoch mittelbar, dass es nur für Institute gilt, die ihren Sitz in der Schweiz haben (Art. 18 Abs. 1, Art. 25, 33, 42 FINIG). Für Institute mit Sitz im Ausland gelten besondere Erfordernisse, wenn sie eine Zweigniederlassung oder Vertretung in der Schweiz

---

233 Basel Committee on Banking Supervision, Priniciples for the Supervision of Banks' Foreign Establishments (Concordat), 1983, 4.

234 Basel Committee on Banking Supervision, Priniciples for the Supervision of Banks' Foreign Establishments (Concordat), 1983, 4.

235 Pub. L. No. 102–242, 105 Stat. 2286, 12 U.S.C. §§ 3101–3111. Dazu *Fanikos* 16 Suffolk Transnational Law Review 482 (1993); *Gibson* 27 Case W. Res. J. Int'l L. 119 (1995); *Misback* 79 Fed. Res. Bull. 1 (1993).

236 Zum Begriff s. 12 U.S.C. § 3101 (1). Danach ist eine Agentur eine Stelle, in der Schecks ausgezahlt und Geld verliehen wird, die aber – im Unterschied zur Zweigstelle – keine Kredite vergibt.

237 Art. 1 Abs. 2 Verordnung der Eidgenössischen Finanzmarktaufsicht über die ausländischen Banken in der Schweiz (Auslandbankenverordnung-FINMA) vom 21.10.1996, AS 1997, 62.

238 BGE 130 II 351 unter 5.3.4.1.

239 Bodmer/Kleiner/Lutz/*Roth/Schwob* Schw. BankG Art. 3bis bis 3^{quater} Rn. 2.

240 S. Bodmer/Kleiner/Lutz/*Roth/Schwob* Schw. BankG Art. 3bis bis 3^{quater} Rn. 16.

241 Bundesgesetz über die Finanzinstitute (Finanzinstitutsgesetz, FINIG) vom 15.6.2018, BBl. 2018, 3557.

errichten wollen; in letzterem Fall kann der Bundesrat eine Befreiung vorsehen (Art. 52 Abs. 1 FINIG, Art. 58 Abs. 1 FINIG, Art. 60 FINIG). Institute, welche Finanzdienstleistungen im grenzüberschreitenden Verkehr in die Schweiz hinein erbringen, unterliegen dagegen nicht den Schweizer Organisationspflichten (zu den Verhaltenspflichten → Rn. 453). An dieser Stelle zeigt sich eine besondere Liberalität des Schweizer Gesetzgebers, der am globalen Freihandel von Finanzdienstleistungen interessiert ist.

6. Reichweite des KWG. a) Bankgeschäfte und Finanzdienstleistungen im Inland. Die wichtigste Vorschrift zur Bestimmung des räumlichen Anwendungsbereichs des KWG ist **§ 32 KWG.** Dieser knüpft an das Betreiben von Bankgeschäften und die Erbringung von Finanzdienstleistungen **im Inland** an. 224

aa) Streitstand. Die Frage, wann ein Bankgeschäft im Inland betrieben und eine Finanzdienstleistung im Inland erbracht wird, ist **umstritten.** Problematisch sind insbesondere solche Geschäfte und Dienstleistungen, die im Internet oder über sonstige Fernkommunikationsmittel angeboten werden. Im Wesentlichen werden folgende Auffassungen vertreten: Einer Ansicht zufolge soll es notwendig sein, dass der Anbieter eine physische Präsenz im Inland hat und den Dienst hier leistet (sog. **Präsenztheorie**).[242] Einer anderen, vor allem von der Aufsicht vertretenen Auffassung nach, soll es ausreichen, dass wesentliche Teilakte der Dienstleistung im Inland erbracht werden (sog. **Teilaktstheorie**).[243] Eine dritte Meinung lässt es genügen, dass sich ein Dienstleister aus dem Ausland zielgerichtet an Kunden mit gewöhnlichem Aufenthalt im Inland wendet, um Bankgeschäfte oder Finanzdienstleistungen anzubieten (sog. **vertriebsbezogene Theorie**).[244] Eine vereinzelt vertretene neue Ansicht will auf den Schwerpunkt des Marktorts abstellen (sog. **Markttheorie**).[245] 225

Das **BVerwG** nimmt eine vermittelnde Position ein. Seiner Ansicht nach genüge für ein „Betreiben im Inland", dass „einem ausländischen Institut zurechenbare Teilakte des Betreibens eines Bankgeschäfts im Inland stattfinden".[246] „Erforderlich und ausreichend" ist seiner Auffassung nach, dass „wesentliche zum Vertragsschluss hinführende Schritte im Inland vorgenommen werden".[247] Damit hält das Gericht an der Teilaktstheorie fest, lässt als wesentlichen Teilakt aber genügen, dass lediglich zum Vertragsschluss hinführende Schritte im Inland unternommen werden. Dazu gehört nach seiner Auffassung sowohl der Einsatz inländischer Kreditvermittler als auch der Versand von Formularen, die auf inländische Kunden zugeschnitten sind.[248] Ein bloßes Ausrichten der Tätigkeit auf das Inland hat das Gericht dagegen nicht als genügend angesehen.[249] 226

bb) Stellungnahme. Der Wortlaut des § 32 KWG, der das Betreiben eines Bankgeschäfts oder die Erbringung von Finanzdienstleistungen „im Inland" verlangt, klärt nicht eindeutig, ob grenzüberschreitende Dienstleistungen erfasst werden sollen oder nicht. Die historische Auslegung führt ebenfalls nicht weiter, da dem Gesetzgeber bei der Einführung der Vorschriften das Problem in seiner heutigen Bedeutung nicht präsent war.[250] Aus systematischer Sicht kann aus den Regelungen der §§ 53–53c KWG nicht geschlossen werden, dass die Tätigkeit im Ausland ansässiger Institute generell erlaubnisfrei sei.[251] Die Vorschriften regeln keine Erlaubnispflicht, sondern setzen sie 227

---

242 HessVGH BKR 2005, 160 (161 f.); *Hanten* WM 2003, 1412 (1414); *Hanten* in Baudenbacher, Aktuelle Entwicklungen des Europäischen und Internationalen Wirtschaftsrechts, Bd. 7, 2005, 153, 172–180; *Steck/Campbell* ZBB 2006, 354 (364).

243 So früher das Bundesaufsichtsamt für das Kreditwesen, vgl. Fischer/Schulte-Mattler/*Vahldiek* KWG § 53 Rn. 23. Anklänge finden sich noch heute in der Praxis der BaFin, s. BaFin, Merkblatt über die Erteilung einer Erlaubnis zum Betreiben von Bankgeschäften gemäß § 32 Abs. 1 KWG, 31.12.2007, S. 13.

244 VG Frankfurt a.M. BKR 2007, 341 (346); ähnlich auch schon VG Frankfurt a.M. WM 2004, 1917 (1920); BaFin, Hinweise zur Erlaubnispflicht nach § 32 Abs. 1 KWG in Verbindung mit § 1 Abs. 1 und Abs. 1a KWG von grenzüberschreitend betriebenen Bankgeschäften und/oder grenzüberschreitend erbrachten Finanzdienstleistungen, 1.4.2005; *Christoph* ZBB 2009, 117 (119); *Freiwald* WM 2008, 1537; *Voge* WM 2007, 381 (384–386); *Ohler* EuZW 2006, 691 (693); *Borges* WM 2001, 1542; Binder/Glos/Riepe Bankenaufsichtsr-HdB/*Binder,* 2. Aufl. 2020, § 3 Rn. 56 f.

245 BeckOGK/*Dornis,* 1.11.2022, Internationales und europäisches Finanzmarktrecht Rn. 375–378.

246 BVerwGE 133, 358 Rn. 36 = BeckRS 2009, 35960 – Fidium Finanz.

247 BVerwGE 133, 358 Rn. 36 = BeckRS 2009, 35960 – Fidium Finanz.

248 BVerwGE 133, 358 Rn. 24–35 = BeckRS 2009, 35960 – Fidium Finanz.

249 Fehlgehend BeckOG/*Dornis,* 1.11.2022, Internationales und europäisches Finanzmarktrecht, Rn. 358–360, der die Entscheidung unter Verweis auf Schwennicke/Auerbach/*Schwennicke* KWG § 32 Rn. 13 als Ausdruck einer – von ihm so genannten – „Auswirkungs- und Einwirkungstheorie" einordnet. Beide Ausdrücke fallen in der Entscheidung jedoch nicht, welche auf „Teilakte" und „Schritte im Inland" abstellt.

250 S. die historische Analyse bei VG Frankfurt a.M. BKR 2007, 341 (345); ebenso *Freiwald* WM 2008, 1537 (1541); *Christoph* ZBB 2009, 117 (118); *Voge* WM 2007, 381 (384).

251 So aber *Hanten* in Baudenbacher, Aktuelle Entwicklungen des Europäischen und Internationalen Wirtschaftsrechts, Bd. 7, 2005, 153, 163–165, 173.

voraus.[252] Für deren Bestehen kommt es allein auf § 32 KWG an. Sind dessen Voraussetzungen erfüllt, so besteht eine Erlaubnispflicht.

228 Wann ein Geschäft im Inland getätigt oder eine Dienstleistung im Inland erbracht ist, geht aus § 32 KWG nicht eindeutig hervor. Richtig ist eine **präzisierte Teilaktstheorie.** Grundsätzlich bedarf es der Vornahme wesentlicher Teilakte auf dem deutschen Territorium, damit die Erlaubnispflicht des § 32 KWG eingreift (Teilaktstheorie); jedoch reicht es aus, dass diese Teilakte statt vom Anbieter durch den Kunden vorgenommen werden. Dem folgt der Sache nach auch das BVerwG, wenn es den Versand von auf inländische Kunden zugeschnittene Formulare als ausreichend ansieht.[253] Das Gericht verlangt zwar, dass dem Unternehmen zurechenbare Teilakte des Betreibens im Inland stattfinden.[254] Das ist jedoch missverständlich, da die wesentlichen zum Vertragsschluss hinführenden Schritte im Inland in diesem Fall nicht vom Dienstleister, sondern vom Kunden vorgenommen werden. Der Dienstleister beschränkt sich auf das Versenden vom Ausland her. Es ist der Kunde, der die wesentlichen Schritte im Inland vornimmt, indem er das Formular vervollständigt und zurücksendet; auch empfängt er – wie vom Unternehmen geplant – die Dienstleistung im Inland. Diese Schritte muss man dem Unternehmen „zurechnen", weil es sein Angebot auf ihre Vornahme im Inland angelegt hat.

229 Auch diese Art der Dienstleistungserbringung sollte aus **teleologischer Sicht** erfasst sein. Für den mit dem Bankrecht zumindest auch verfolgten Schutz der Anleger (→ Rn. 2) ist es gleichgültig, ob Dienstleistungen mittels physischer Präsenz im Erbringungsstaat oder ohne solche erbracht werden.[255] Ebenso ist es nicht entscheidend, ob die Schritte zur Vervollständigung der Leistung im Inland durch den Dienstleister erbracht oder den Kunden selbst vorgenommen werden. Die Interessen der Anleger müssen auch vor solchen Unternehmen geschützt werden, die nicht im Inland ansässig sind und ihre Leistungen vollständig aus dem Ausland erbringen.[256] Daher ist eine Erlaubnis auch dann erforderlich, wenn das ausländische Unternehmen alle Schritte vorbereitet, damit der inländische Kunde die Leistung im Inland in Anspruch nehmen kann. Es kann keineswegs davon ausgegangen werden, dass das ausländische Unternehmen im Heimatstaat einer effizienten Aufsicht unterliegt. Dass sich eine Überwachung und Sanktionierung von Internetangeboten nur schwer durchführen lässt, ist kein Einwand gegen ihre rechtliche Notwendigkeit. Die Aufsicht muss sich den wandelnden Gegebenheiten der Märkte anpassen. Schließlich würde für die im Inland präsenten Anbieter ein ganz erheblicher Wettbewerbsnachteil entstehen, wären im Ausland ansässige Unternehmen – insbesondere solche aus Drittstaaten – nicht den gleichen Vorschriften wie inländische Institute unterworfen, soweit sie sich an inländische Kunden richten.[257]

230 Dagegen kann das **reine Ausrichten** der Tätigkeit auf den inländischen Markt für die Erlaubnispflicht **nicht genügen.** Die bloße Absicht der Vornahme oder Erbringung im Inland reicht für § 32 KWG – anders als der insoweit missverständliche Wortlaut der Vorschrift suggeriert – nicht aus. Der dort verwendete Ausdruck „will" soll lediglich sicherstellen, dass die Erlaubnis **zeitlich vor** dem Betreiben des Bankgeschäfts oder der Erbringung der Finanzdienstleistung eingeholt werden muss. Keinesfalls wollte der Gesetzgeber jedoch die Erlaubnispflicht an innere, subjektive Einstellungen knüpfen, denn ansonsten müsste zB auch derjenige, der gewerbsmäßige Geschäfte oder Dienstleistungen nur plant, bereits einen Erlaubnisantrag stellen.

231 Zusätzlich zu erfassen ist der Fall, in dem der Kunde zu einem Vertragsschluss **ins Ausland gelockt** wird und er dort die von seiner Seite wesentlichen Teilakte für die Dienstleistung vornimmt. Dieser Fall ist als **Gesetzesumgehung** zu qualifizieren und löst daher die Rechtsfolgen des § 32 KWG aus. Er ist allerdings kein hinreichender Anlass, die Vorschrift generell umzuinterpretieren und auf die Vornahme von Bankgeschäften und die Erbringung von Finanzdienstleistungen im Ausland anzuwenden.

232 Auch unter Hinzunahme der letztgenannten Ausnahme unterscheidet sich die hier vertretene präzisierte Teilaktstheorie von der **Vertriebstheorie.** Letztere stellt das grenzüberschreitende Ausrichten der Dienstleistung in den Mittelpunkt.[258] Ihr zufolge genügen bereits auf inländische Kunden zugeschnittene Angebote, um die die Erlaubnispflicht nach § 32 KWG auszulösen.[259] Es geht ihr

---

[252] BVerwGE 133, 358 Rn. 45 = BeckRS 2009, 35960 – Fidium Finanz.
[253] BVerwGE 133, 358 Rn. 39 = BeckRS 2009, 35960 – Fidium Finanz.
[254] BVerwGE 133, 358 Rn. 36 = BeckRS 2009, 35960 – Fidium Finanz.
[255] VG Frankfurt a.M. BKR 2007, 341 (346).
[256] AA *Freiwald* WM 2008, 1537; *Christoph* ZBB 2009, 117 (119); *Voge* WM 2007, 381 (385).
[257] Von einer Zugangshürde spricht BVerwGE 133, 358 Rn. 21 = BeckRS 2009, 35960 – Fidium Finanz.
[258] Binder/Glos/Riepe BankenaufsichtsR-HdB/*Binder,* 2. Aufl. 2020, § 3 Rn. 56; Schwennicke/Auerbach/*Schwennicke* KWG § 32 Rn. 11.
[259] Binder/Glos/Riepe BankenaufsichtsR-HdB/*Binder,* 2. Aufl. 2020, § 3 Rn. 56; Schwennicke/Auerbach/*Schwennicke* KWG § 32 Rn. 11.

also in Wahrheit nicht um den Vertrieb, sondern um das **Angebot;** sie sollte daher besser „Angebotstheorie" heißen. Das reine grenzüberschreitende Angebot allein, auch soweit es auf den Kunden zugeschnitten ist, kann allerdings nicht ausreichen, denn sonst läge kein Betreiben von Bankgeschäften oder Erbringen von Finanzdienstleistungen „im Inland", sondern lediglich „ins Inland" vor. Zum Angebot hinzukommen muss vielmehr immer noch, dass dieses plangemäß auf inländischem Territorium angenommen oder der Vertrag hier plangemäß ausgeführt wird. Geschäfte und Dienstleistungen, die vollständig im Ausland abgeschlossen oder erbracht werden, fallen dagegen nicht unter die Erlaubnispflicht, wenn man vom Sonderfall des Lockens einmal absieht. Die Erbringung zumindest eines Teils des grenzüberschreitenden Geschäfts oder der grenzüberschreitenden Leistung ist in § 32 KWG vorausgesetzt. Die Situation ist insofern anders als im Prospektrecht, wo es aufgrund der ausdrücklichen Gesetzesfassung nicht auf das Betreiben von Geschäften oder die Erbringung von Dienstleistungen, sondern auf das öffentliche Angebot von Finanzinstrumenten im Inland ankommt (→ Rn. 379 f.). Das genügt für die Erlaubnispflicht nach dem KWG gerade nicht.

Nach der Vertriebstheorie müsste konsequenterweise bereits die reine Übersendung auf den **233**
Kunden zugeschnittener Angebote durch drittstaatliche Anbieter eine **Strafbarkeit** nach § 54 KWG zur Folge haben. Vertreter dieser Theorie wollen dieses Ergebnis durch eine gespaltene Auslegung vermeiden, indem sie das Betreiben von Bankgeschäften und die Erbringung von Finanzdienstleistungen im Aufsichtsrecht anders als im Strafrecht interpretieren.[260] Eine gespaltene Auslegung verstößt jedoch gegen das Gebot der Einheit der Rechtsordnung. Diese ist methodisch gerade noch hinnehmbar, soweit sie das EU-Recht fordert; man sollte sie jedoch nicht ohne solche Not praktizieren. Vorzugswürdig ist es daher, § 32 KWG sowohl im Aufsichts- als auch im Strafrecht beim Wort zu nehmen und auf das **Betreiben** und die **Erbringung** statt auf das bloße **Angebot** von Bankgeschäften und Finanzdienstleistungen abzustellen.

Fehlgehend ist auch die Auslegung des Inlandsbezugs durch die **Markttheorie.**[261] Der Begriff **234**
„Markt" selbst ist unbestimmt und führt nicht weiter. Entscheidend ist, wie der Markt konstituiert ist und welche Aktivitäten als Tätigkeit auf dem Markt anzusehen sind. Genau dies ist das Ziel des § 32 KWG und der um ihn kreisenden Rspr. und Lit. Die Markttheorie tritt – unter Abkoppelung vom geltenden Recht – für ein äußerst weites „funktionsorientiertes" Verständnis ein mit dem Ziel, die immer noch vorhandenen Elemente der „handlungs- und aufenthaltsorientierten Anknüpfung" zu überwinden.[262] Welche Folgen dies hat, zeigt das von ihr zum Paradigma erhobene Beispiel eines Angebotes amerikanischer Finanzdienstleister an in Mallorca lebende Auswanderer mit deutscher Staatsangehörigkeit, die ihr Vermögen üblicherweise ganz oder überwiegend in Deutschland anlegen. Hier soll nach der Markttheorie eine Erlaubnispflicht nach § 32 KWG gegeben sein, unabhängig davon, dass keine der Parteien im Inland ansässig ist oder dort handelt.[263] Dies ist jedoch viel zu weitgehend. Zu Ende gedacht müsste danach auch ein deutsches Kreditinstitut, welches sich an die türkische Diaspora in Berlin wendet, unter Umständen eine Bankerlaubnis in der Türkei einholen. Ebenso müsste eine italienische Bank, die sich an russische Staatsbürger in der Schweiz mit Vermögen in Moskau wendet, sich möglicherweise um eine Bankerlaubnis der Russischen Föderation bemühen. Das sind geradezu absurde Folgen.

Die verfehlten Ergebnisse der Markttheorie zeigen deutlich, dass zur Bestimmung eines Markts **235**
und der Aktivitäten auf diesem auf den Ort der Handlungen und den des Aufenthalts der Beteiligten nicht völlig verzichtet werden kann. Die Welt ist in Staaten aufgeteilt, deren Zuständigkeit territorial und personal voneinander abgegrenzt ist. Die Märkte für Finanzprodukte und -dienstleistungen sind dagegen ganz überwiegend grenzüberschreitend. Die zunehmende Entgrenzung und Entmaterialisierung von Finanzprodukten und -dienstleistungen (→ Rn. 9) führt jedoch zu **keiner unbegrenzten staatlichen Zuständigkeit für den gesamten „Cyberspace".** Der „genuine link" des Völkerrechts ist nicht formal, sondern sachspezifisch zu verstehen. Die Staatsangehörigkeit, an sich ein valides Kriterium für die Anwendung eigenen Rechts, ist bei der Beurteilung der Kompetenz zur Regulierung von Finanzdienstleistungen sachfremd. Dasselbe gilt für die Konzentration von Vermögen der Anleger in einem bestimmten Staat. Beide spielen bei der Bestimmung des anwendbaren Finanzmarktrechts und der zuständigen Aufsichtsbehörde keine Rolle.

Die Anwendung des § 32 KWG im Sinne der präzisierten Teilaktstheorie verstößt nicht gegen **236**
die **Kapitalverkehrsfreiheit** (Art. 63 AEUV). Die Rspr. des BVerwG wurde vom EuGH ausdrücklich gebilligt.[264] Sie ist auch mit dem **GATS** vereinbar.[265] Konflikte mit den Aufsichtsbehörden

---

260 *Sethe* ZSR 2022, 433 (443).

261 BeckOGK/*Dornis,* 1.11.2022, Internationales und europäisches Finanzmarktrecht Rn. 375.

262 BeckOGK/*Dornis,* 1.11.2022, Internationales und europäisches Finanzmarktrecht Rn. 375.

263 BeckOGK/*Dornis,* 1.11.2022, Internationales und europäisches Finanzmarktrecht Rn. 378.

264 EuGH ECLI:EU:C:2006:631 Rn. 49–50 = EuZW 2006, 689 – Fidium Finanz AG.

265 Zu Art. XIV GATS iVm Abschnitt 2 lit. A Anlage zu Finanzdienstleistungen vgl. BVerwGE 133, 358 Rn. 59 = BeckRS 2009, 35960 – Fidium Finanz.

anderer Länder entstehen ebenfalls nicht, da der **Basler Ausschuss für Bankenaufsicht** für grenzüberschreitende elektronische Bankdienstleistungen ausdrücklich erlaubt, dass der Staat, in dem sich die angesprochenen Kunden gewöhnlich aufhalten, sein eigenes Recht anwendet.[266]

237 Die Auslegung durch das BVerwG hat zur Folge, dass Bankgeschäfte und Finanzdienstleistungen in der Regel **nur durch Institute mit Sitz im EWR** erbracht werden können.[267] Grundsätzlich ist gemäß § 33 Abs. 1 S. 1 Nr. 6 KWG der Inlandssitz Voraussetzung für die Erteilung der Bankerlaubnis. Eine Ausnahme gilt lediglich für Institute aus anderen Staaten des EWR (§ 53b KWG). Jedoch erlaubt § 53c KWG dem Bundesfinanzministerium, diese Vorschrift per Rechtsverordnung auch auf Anbieter mit Sitz in Drittstaaten auszudehnen. In diesem Fall bedarf es der Errichtung einer inländischen Niederlassung nicht. Daher können Bankgeschäfte aus Drittstaaten bei Einhaltung der notwendigen Voraussetzungen auch im Wege des grenzüberschreitenden Dienstleistungsverkehrs erbracht werden (→ Rn. 263). Zur Sondersituation des Brexit → Rn. 151 ff. Der deutsche Markt ist daher nicht länger gegenüber Angeboten drittstaatlicher Anbieter abgeschottet, sondern vorsichtig unter Wahrung der Belange von Systemstabilität und Wettbewerbsgleichheit geöffnet.

238 **cc) Kriterien zur Feststellung des Vorliegens einer Tätigkeit im Inland.** Nach Auffassung des BVerwG, der grundsätzlich zu folgen ist (→ Rn. 225), muss geklärt werden, ob wesentliche Teilakte plangemäß im Inland vorgenommen oder erbracht werden sollen. Dies ist jedenfalls dann zu verneinen, wenn **der Kunde selbst** das Unternehmen im Ausland aufsucht, um dessen Leistung dort in Anspruch zu nehmen, und dieses die Dienstleistung dort vornimmt.[268] In diesem Fall liegt eine sog. ***reverse solicitation*** vor. Sie ist durch die passive Dienstleistungsfreiheit der Kunden (Art. 56 AEUV) geschützt[269] und ist auch von der Erlaubnispflicht nach dem europäischen Sekundärrecht ausdrücklich ausgeschlossen (Art. 46 Abs. 5 UAbs. 3 MiFIR, Art. 42 MiFID II, Art. 61 MiCAR). Dabei müssen das kontaktierte und das die Dienste erbringende Unternehmen nicht notwendig identisch sein. Nach Ansicht der BaFin kann auch ein ausländisches Unternehmen derselben Gruppe Bankgeschäfte auf Grundlage eines mit dem inländischen Unternehmens abgeschlossenen Geschäftsbesorgungsvertrages erbringen.[270] Das ausländische Unternehmen bedarf in diesem Fall keiner eigenen Bankerlaubnis. Eine Ausnahme besteht allerdings, soweit der Kunde durch ein Angebot zum Vertragsabschluss ins Ausland gelockt wird (→ Rn. 231). In diesem Fall greift die Erlaubnispflicht nach § 32 KWG. Auch nach europäischem Recht ist dem drittstaatlichen Unternehmen nicht erlaubt, dem Kunden neue Kategorien von Anlageprodukten oder Wertpapierdienstleistungen zu vermarkten.[271]

239 Nach Auffassung der Aufsicht ist eine Erlaubnispflicht auch dann gegeben, wenn der Kunde durch **freie Mitarbeiter** des Unternehmens an seinem Wohnsitz aufgesucht wird, soweit dieser Besuch auf sein Verlangen hin geschieht.[272] Das ist zutreffend, sofern diese freien Mitarbeiter nicht in die Dienstleistung selbst eingeschaltet sind. Das BVerwG legt insoweit strenge Maßstäbe an. Es hat die Tätigkeit von Kreditvermittlern, die Kreditanträge nur vorprüfen und ausdrücklich nicht als Bevollmächtigte oder Vertreter des Unternehmens auftreten, diesem dennoch zugerechnet.[273]

240 Stellt das Unternehmen seine Dienstleistungen **vom Ausland** über Kommunikationsmittel wie das Internet zur Verfügung, so ist nach Auffassung des BVerwG der Ort des bestimmungsgemäßen Zugangs entscheidend.[274] Auch insofern sind jedoch nicht alle Zweifelsfragen beseitigt. Unproblematisch ist lediglich der Fall, dass der Anbieter sich individuell an einen Kunden wendet, sei es durch **Briefe** oder **E-Mails.** Unter diesen Umständen ist von einem Betreiben beziehungsweise Erbringen im Inland auszugehen, sofern auch wesentliche zum Vertragsschluss führende Schritte

---

[266] Basel Committee on Banking Supervision, Management and Supervision of Cross-Border Electronic Banking Activities, 2003, 10 f.

[267] Dazu *Sethe/Lehmann* in Tietje/Nowrot Internationales Wirtschaftsrecht § 15 Rn. 63-66.

[268] BVerwGE 133, 358 Rn. 47 = BeckRS 2009, 35960 – Fidium Finanz; BaFin, Hinweise zur Erlaubnispflicht nach § 32 Abs. 1 KWG in Verbindung mit § 1 Abs. 1 und Abs. 1a KWG von grenzüberschreitend betriebenen Bankgeschäften und/oder grenzüberschreitend erbrachten Finanzdienstleistungen, 1.4.2005.

[269] EuGH ECLI:EU:C:1984:35 – Luisi und Carbone; dazu *Lehmann/Zetzsche* in Fitzgerald/Lein Complexity's Embrace, 2018, 105, 124 f.

[270] BaFin, Hinweise zur Erlaubnispflicht nach § 32 Abs. 1 KWG in Verbindung mit § 1 Abs. 1 und Abs. 1a KWG von grenzüberschreitend betriebenen Bankgeschäften und/oder grenzüberschreitend erbrachten Finanzdienstleistungen, 1.4.2005, zuletzt geändert 11.3.2019.

[271] S. auch Art. 46 Abs. 5 UAbs. 3 S. 3 MiFIR, Art. 42 MiFID II.

[272] BaFin, Hinweise zur Erlaubnispflicht nach § 32 Abs. 1 KWG in Verbindung mit § 1 Abs. 1 und Abs. 1a KWG von grenzüberschreitend betriebenen Bankgeschäften und/oder grenzüberschreitend erbrachten Finanzdienstleistungen, 1.4.2005, zuletzt geändert 11.3.2019.

[273] BVerwGE 133, 358 Rn. 33–35 = BeckRS 2009, 35960 – Fidium Finanz.

[274] BVerwGE 133, 358 Rn. 41 = BeckRS 2009, 35960 – Fidium Finanz.

wie etwa das Ausfüllen der Vertragsunterlagen im Inland stattfinden. Das erfordert, dass zumindest ein Teil des Vertragsschlusses oder der Ausführung des Geschäfts oder der Dienstleistung nach dem Plan des Anbieters im deutschen Territorium stattfinden soll und tatsächlich auch stattfindet.

Vor diesem Hintergrund kann eine reine **Werbung** im Inland nicht genügen, selbst wenn sie 241 sich an Kunden im Inland richtet. Andernfalls wären auch bloße Internetauftritte erlaubnispflichtig, aufgrund derer sich inländische Bankkunden in das Ausland begeben und Geschäfte dort abschließen. Diese Fälle der „reverse solicitation" sind jedoch gerade nicht erlaubnispflichtig, außer wenn der Kunde ins Ausland gelockt wird (→ Rn. 231). Wenn man auch diese Fälle unter die Erlaubnispflicht fasste, würde dies zu einer krassen extraterritorialen Anwendung des deutschen Bankrechts und zu einer doppelten Erlaubnispflicht führen. Sie sind jedoch schon vom Wortlaut des § 32 KWG nicht erfasst, denn insofern kann gerade nicht davon gesprochen werden, das Unternehmen würde Bankgeschäfte im Inland „betreiben" oder Finanzdienstleistungen im Inland „erbringen". Die Tatsache, dass das BVerwG am Schluss seiner Entscheidung im Fall „Fidium Finanz" ein **Werbeverbot** ausgesprochen hat, sollte nicht zu der Annahme verleiten, bereits die Werbung sei durch § 32 KWG verboten.[275] Vielmehr wurde dieses gerichtliche Werbeverbot erst erlassen, nachdem die Verletzung der Vorschrift bereits festgestellt war; deren Voraussetzungen lagen im konkreten Fall vor, weil nach Auffassung des BVerwG Geschäfte im Inland betrieben wurden.

Die Zusendung von Schreiben, die privatrechtlich eine bloße ***invitatio ad offerendum*** darstellen, 242 kann für eine Erlaubnispflicht nach § 32 KWG nur unter der zusätzlichen Voraussetzung ausreichen, dass sie zur Abgabe eines Angebots durch Kunden im Inland führt; dieses ist der notwendige inländische Teilakt. Das meint auch das BVerwG, wenn es verlangt, dass wesentliche zum Vertragsschluss hinführende Schritte im Inland vorgenommen werden müssen.[276] Ebenfalls ausreichend ist, dass Angebote so vorstrukturiert sind, dass Leistungen von Kunden im Inland empfangen werden können, ohne dass diese sich ins Ausland zu begeben. Ein gewisser – physischer – Inlandsbezug bleibt unentbehrlich, um einen Bezug der Tätigkeit zum inländischen Markt herzustellen.

Ausdrücklich offengelassen hat das BVerwG die Frage, ob **die reine Abrufbarkeit einer** 243 **Internetseite** im Inland für eine Erlaubnispflicht genügt.[277] Nach der hier vertretenen Auffassung ist dies nicht der Fall. Das reine Betreiben von Webseiten stellt noch kein „Betreiben" von Bankgeschäften oder „Erbringen" von Finanzdienstleistungen im Inland dar. Erforderlich ist ein darüber hinausgehender Inlandsbezug in Form eines – irgendwie gearteten – Teilakts des Geschäfts oder der Dienstleistung auf deutschem Territorium.

Zu beachten ist, dass ein Betreiben von Bankgeschäften oder ein Erbringen von Finanzdienstleis- 244 tungen im Inland nur dann vorliegt, wenn sich der Anbieter **„wiederholt und geschäftsmäßig"** an inländische Unternehmen oder Personen wendet.[278] Diese Voraussetzung ist nicht auf ausländische Unternehmen zugeschnitten, sondern gilt für die Erlaubnispflicht allgemein. Letztere setzt eine Aktivität voraus, die entweder gewerbsmäßig ist oder einen Umfang erreicht, der einen in kaufmännischer Weise eingerichteten Geschäftsbetrieb erfordert (§ 32 KWG). Eine dieser beiden Voraussetzungen muss das Verhalten des ausländischen Unternehmens gerade im Inland erfüllen. Angebote, die spezifisch auf Kunden im Inland zugeschnitten sind, müssen daher in ausreichender Zahl angenommen oder Leistungen im Inland in ausreichendem Umfang erbracht werden. Die Erlaubnispflicht ist nicht verletzt, wenn ein Unternehmen im Ausland in dem beschriebenen Umfang tätig ist, im Inland dagegen nur sporadisch. Dadurch werden Härten der Anwendung des § 32 KWG abgemildert.

dd) Besonderheiten des Eigengeschäfts. Das Eigengeschäft ist definiert als „[d]ie Anschaf- 245 fung und die Veräußerung von Finanzinstrumenten für eigene Rechnung, die nicht Eigenhandel im Sinne des § 1 Absatz 1a Satz 2 Nummer 4 ist" (§ 1 Abs. 1a S. 3 KWG). Es gilt als Finanzdienstleistung, wenn erstens das Geschäft von einem Unternehmen betrieben wird, das dieses gewerbsmäßig oder in einem Umfang betreibt, der einen in kaufmännischer Weise eingerichteten Geschäftsbetrieb erfordert und zweitens das Unternehmen einer Instituts-, einer Finanzholding- oder gemischten Finanzholding-Gruppe oder einem Finanzkonglomerat angehört, der oder dem ein CRR-Kreditinstitut angehört (§ 1 Abs. 1a S. 3 KWG). Gemäß § 32 Abs. 1a KWG bedarf das Eigengeschäft unter diesen Umständen grundsätzlich einer Erlaubnis.

Eine **Ausnahme von der Erlaubnispflicht** gilt jedoch gemäß § 32 Abs. 1a S. 3 Nr. 4 KWG, 246 wenn das Eigengeschäft von einem in einem Drittstaat ansässigen Unternehmen betrieben wird, das Mitglied einer Börse oder Teilnehmer eines Handelsplatzes ist. In diesem Fall besteht nach Auffassung

275 So aber *Sethe* ZSR 2022, 433 (441, 444).
276 BVerwGE 133, 358 Rn. 36 = BeckRS 2009, 35960 – Fidium Finanz.
277 BVerwGE 133, 358 Rn. 41 = BeckRS 2009, 35960 – Fidium Finanz.
278 BaFin, Hinweise zur Erlaubnispflicht nach § 32 Abs. 1 KWG in Verbindung mit § 1 Abs. 1 und Abs. 1a KWG von grenzüberschreitend betriebenen Bankgeschäften und/oder grenzüberschreitend erbrachten Finanzdienstleistungen, 1.4.2005, zuletzt geändert 11.3.2019.

des Gesetzgebers kein Aufsichtsbedarf, denn das Eigengeschäft enthalte im Gegensatz zum Eigenhandel kein Dienstleistungselement; daher werde das grenzüberschreitend aus einem Drittstaat ins Inland betriebene Eigengeschäft nicht im Sinne einer aktiv angebotenen Dienstleistung betrieben; das Eigengeschäft habe also letztlich keine Zielrichtung im Inland.[279] Diese Auffassung des Gesetzgebers ist berechtigt, denn es ist kaum einzusehen, warum in Drittstaaten ansässige Unternehmen, die nur für eigene Rechnung handeln und sich nicht an deutsche Investoren wenden, durch deutsche Behörden beaufsichtigt werden sollten. Die Ausnahme ermöglicht insbesondere das zwischen Banken grenzüberschreitend betriebene Eigengeschäft (Interbankengeschäft), welches ein wichtiger Faktor zur gegenseitigen Risikoabsicherung und Liquiditätsversorgung der Kreditinstitute untereinander ist und das daher der Gesetzgeber nicht einschränken will.[280] Ein Aufsichtsbedarf besteht nach der Gesetzesbegründung auch dann nicht, wenn das Geschäft auf Grundlage einer Freistellung nach § 2 Abs. 5 S. 1 KWG betrieben wird.[281] Dem ist schon deshalb zuzustimmen, weil in diesem Fall das Unternehmen bereits durch den Herkunftsstaat beaufsichtigt wird und insoweit keiner zusätzlichen Aufsicht durch die BaFin bedarf.

247 **ee) Ausnahmen für Institute mit Sitz im EWR.** Nicht alle Unternehmen, die im Inland Bankgeschäfte betreiben oder Finanzdienstleistungen erbringen, bedürfen einer Erlaubnis. Einlagenkreditinstitute und Wertpapierhandelsunternehmen mit **Sitz innerhalb des EWR** und dortiger Zulassung genießen gemäß Art. 56 AEUV Dienstleistungsfreiheit. Sie werden daher in Art. 17, 33 f. Eigenkapitalanforderungs-RL und Art. 35 MiFID II privilegiert behandelt. Umgesetzt in deutsches Recht sind diese europäischen Vorschriften in § 53b KWG. Danach dürfen sog. CRR-Kreditinstitute (dh Kreditinstitute iSd Kapitaladäquanz-VO) und Wertpapierhandelsunternehmen aus anderen Staaten des EWR Bankgeschäfte und Finanzdienstleistungen jeder Art im Wege des grenzüberschreitenden Dienstleistungsverkehrs ohne Erlaubnis erbringen, und zwar auch durch vertraglich gebundene Vermittler mit gewöhnlichem Sitz im Herkunftsmitgliedstaat (§ 53b Abs. 1 KWG). Dasselbe gilt für sonstige Unternehmen aus anderen EWR-Staaten hinsichtlich bestimmter Geschäfte (§ 53b Abs. 7 KWG). Entsprechend dem Herkunftslandprinzip unterliegen diese Institute der Kontrolle ihres Herkunftsstaats; nur hinsichtlich einiger Aspekte verbleibt den deutschen Behörden eine Residualkontrolle (§ 53b Abs. 3, 7 S. 3 KWG; → Rn. 253).

248 **b) Inländischer Sitz des Instituts.** Aus der Fassung der §§ 53 ff. KWG lässt sich schließen, dass nach dem Willen des Gesetzgebers **alle Institute mit Sitz im Inland,** die Bankgeschäfte betreiben, dem KWG unterliegen.[282] Dabei ist es gleichgültig, ob diese ihre Geschäfte im Inland oder im Ausland betreiben. Auch solche Institute, die bei inländischem Sitz ausschließlich Kunden im Ausland bedienen, sind erlaubnispflichtig. Andernfalls käme es zu Widersprüchen, da inländische Zweigniederlassungen im Ausland sitzender Institute vom KWG erfasst sind, auch wenn sie ihre Geschäfte und Dienstleistungen ausschließlich im Ausland erbringen (→ Rn. 256). Jede andere Auffassung würde zudem zu Schutzlücken führen, da sich die Aufsicht aus dem Ausland über im Inland ansässige Institute nur schwierig beziehungsweise gar nicht führen lässt. Auch Art. 49 Abs. 1 Eigenkapitalanforderungs-RL und Art. 21 Abs. 1 MiFID II verlangen, dass die Behörden des Herkunftsstaats Kontrollaufgaben wahrnehmen. In Übereinstimmung damit sieht § 8 Abs. 3 KWG vor, dass die deutschen Aufsichtsbehörden mit den zuständigen Stellen bei der Beaufsichtigung solcher Institute kooperieren, die in einem anderen Staat des EWR Bankgeschäfte betreiben oder Finanzdienstleistungen erbringen. Diese Vorschrift hätte keinen Sinn, unterlägen diese Institute nicht der deutschen Aufsicht. Soweit die EZB nach § 1 Abs. 5 Nr. 1 KWG iVm Art. 4 Abs. 1a SSM-VO zuständige Aufsichtsbehörde ist, erfolgt die Zulassung zur Aufnahme der Tätigkeit eines Kreditinstitutes **nach dem Recht des Sitzstaats** (→ Rn. 306). Ist der Sitz in Deutschland belegen, so unterbreitet die BaFin der EZB nach Prüfung des § 32 Abs. 1, 2 S. 1 und Abs. 3 KWG einen Beschlussentwurf zur Erteilung der Zulassung (Art. 14 Abs. 2 SSM-VO, § 32 Abs. 7 S. 1 KWG).

249 Fraglich ist, wie der Sitz in §§ 53 ff. KWG zu bestimmen ist. Nach in Deutschland **hM** ist der **Ort der Hauptverwaltung** gemeint.[283] Diese argumentiert mit dem öffentlichen Zweck der Auf-

---

[279] RegE zum Gesetz zur Einführung von Sondervorschriften für die Sanierung und Abwicklung von zentralen Gegenparteien und zur Anpassung des Wertpapierhandelsgesetzes an die Unterrichtungs- und Nachweispflichten nach den Artikeln 4a und 10 der Verordnung (EU) Nr. 648/2012, BT-Drs. 19/15665, 38.

[280] RegE, BT-Drs. 19/15665, 38.

[281] RegE, BT-Drs. 19/15665, 38.

[282] Ebenso iErg Reischauer/Kleinhans/*Albert,* Stand: 3/2022, KWG § 32 Rn. 6; Beck/Samm/Kokemoor/*Hanten,* 124. Aktualisierung 6/2007, KWG § 53 Rn. 6.

[283] Schwennicke/Auerbach/*Auerbach* KWG § 53 Rn. 8; s. auch Beck/Samm/Kokemoor/*Hanten,* 124. Aktualisierung 6/2007, KWG § 53 Rn. 24, der jedoch auf den gewöhnlichen Aufenthalt der Geschäftsleiter abstellt. Dieser ist mit dem Verwaltungssitz allerdings nicht identisch, sondern dieser befindet sich an dem Ort, an dem die effektiven Entscheidungen der Geschäftsleitung getroffen werden, s. MHdB GesR VI/*Thölke* § 1 Rn. 72 f.

sicht, welcher verlangt, dass auf die für die Geschäftsleitung verantwortlichen Personen zugegriffen werden kann.[284] Weiter bestehe ein Zusammenhang mit der Anforderung an jedes Institut mit Sitz im Inland, seine Hauptverwaltung ebenfalls im Inland anzusiedeln.[285] Schließlich wird der systematische Zusammenhang mit § 24 Abs. 1 Nr. 5 KWG hervorgehoben.[286]

Dieser Ansicht ist zu **widersprechen.** Da die §§ 53 ff. KWG auch Institute aus anderen EWR- **250** Staaten erfassen, liegt der Sitzbegriff nicht im Belieben des deutschen Gesetzgebers. Er ist vielmehr im Einklang mit den Vorgaben des EU-Rechts zu interpretieren. Dabei kommt der Definition des Herkunftsmitgliedstaats in Eigenkapitalanforderungs-RL und MiFID II entscheidende Bedeutung zu, da von ihr die Verteilung der Zuständigkeiten innerhalb des EWR abhängt, s. Art. 49 Abs. 1 Eigenkapitalanforderungs-RL und Art. 5 Abs. 1 S. 2 MiFID II. Sowohl die Eigenkapitalanforderungs-RL als auch die MiFID II folgen einem formellen Sitzbegriff. Die Eigenkapitalanforderungs-RL ist hinsichtlich dessen Definition allerdings wenig ergiebig. Sie stellt auf den Staat ab, der die Zulassung erteilt hat (s. Art. 49 Abs. Eigenkapitalanforderungs-RL iVm Art. 4 Abs. 1 Nr. 43 Kapitaladäquanz-VO), und lässt damit die entscheidende Frage, wer zur Erteilung der Zulassung zuständig ist, gerade offen. Präziser ist die MiFID II. Diese verweist bei juristischen Personen auf deren Satzungssitz (Art. 4 Abs. 1 Nr. 55 lit. a Ziff. ii MiFID II; → Rn. 196). Das KWG ist daher europarechtskonform dahin auszulegen, dass mit „Sitz“ der Satzungssitz und nicht der Verwaltungssitz gemeint ist. Das gilt nicht nur für § 53b KWG, der unmittelbar der Umsetzung von Eigenkapitalanforderungs-RL und MiFID II dient, sondern auch für die übrigen Vorschriften der §§ 53 ff. KWG, da Hinweise darauf fehlen, dass der deutsche Gesetzgeber den Sitzbegriff dort anders verstehen wollte. § 24 Abs. 1 S. 5 KWG steht der hier befürworteten Interpretation nicht entgegen, sondern bestätigt sie gerade. Aus der Gegenüberstellung von „Sitz“ und „Niederlassung“ in dieser Norm folgt, dass beide Begriffe nicht identisch sind. Schutzlücken sind nicht zu befürchten, denn das KWG knüpft die Erlaubnispflicht in erster Linie an das Betreiben von Bankgeschäften und die Erbringung von Finanzdienstleistungen im Inland (§ 32 Abs. 1 KWG). Die Durchsetzung von Anordnungen gegenüber der Geschäftsleitung wird dadurch ermöglicht, dass § 33 Abs. 1 S. 1 Nr. 6 KWG von jedem erlaubnispflichtigen Institut verlangt, außer seinem Satzungs- auch seinen Verwaltungssitz im Inland anzusiedeln.

c) Inländische Tochterunternehmen. Im Inland ansässige Tochterunternehmen ausländi- **251** scher Gesellschaften sind grundsätzlich rechtlich eigenständige Institute. Sie unterliegen **in vollem Umfang** den Vorschriften des KWG.

d) Inländische Zweigniederlassung. aa) Zweigniederlassung von Unternehmen mit **252** **Sitz innerhalb des EWR.** Unternehmen mit Sitz innerhalb eines anderen EWR-Staats bedürfen für die Errichtung einer Zweigstelle in Deutschland **keiner Erlaubnis.** Sie genießen gemäß Art. 49 AEUV Niederlassungsfreiheit. Zum sekundärrechtlichen Hintergrund s. Art. 33 f. Eigenkapitalanforderungs-RL sowie Art. 35 MiFID II. Die Aufsicht über diese Zweigstellen übt grundsätzlich die zuständige Behörde des Herkunftsstaats aus (vgl. § 53b Abs. 1 S. 1 KWG). Zur Situation nach dem Brexit → Rn. 151 ff.

Für inländische Zweigniederlassungen von Instituten aus anderen EWR-Staaten gelten lediglich **253** einzelne, enumerativ in § 53b Abs. 3 KWG aufgezählte Vorschriften des KWG und anderer Gesetze. Den deutschen Behörden verbleibt nur eine **Residualaufsicht** über die Einhaltung der inländischen Vorschriften.[287] Selbst wenn diese nicht eingehalten werden, darf die deutsche Aufsicht nicht unmittelbar eingreifen, sondern muss zunächst das Institut und dann die Behörden des Herkunftsstaats verständigen, welche ein erstes Zugriffsrecht haben. Nur wenn diese nicht tätig werden oder die getroffenen Maßnahmen unzureichend sind, darf die deutsche Aufsicht selbst Maßnahmen bis hin zur Untersagung neuer Geschäfte im Inland ergreifen (§ 53b Abs. 4 KWG); eine Ausnahme ist lediglich für dringende Fälle vorgesehen (§ 53b Abs. 5 KWG). Der nationalen Aufsicht kommen allerdings größere Kompetenzen und Informationsrechte zu, soweit inländische Zweigniederlassungen als bedeutend eingestuft werden. Diesen sind ua Informationen über die Liquidität anderer Niederlassungen zu übermitteln (§ 8 Abs. 3 S. 7 KWG) und sie sind an Aufsichtskollegien zu beteiligen (§ 8e KWG). Für die Einstufung einer Zweigniederlassung als bedeutend sieht § 53b Abs. 8 und 9 KWG ein besonderes Verfahren vor.

Auch Tochterunternehmen von CCR-Kreditinstituten, die selbst keine beaufsichtigten Finanz- **254** institute sind, können bestimmte, in § 53b Abs. 7 KWG aufgezählte Bankgeschäfte betreiben und

284 Beck/Samm/Kokemoor/*Hanten,* 124. Aktualisierung 6/2007, KWG § 53 Rn. 24.
285 Beck/Samm/Kokemoor/*Hanten,* 124. Aktualisierung 6/2007, KWG § 53 Rn. 24.
286 Schwennicke/Auerbach/*Auerbach* KWG § 53 Rn. 8.
287 *Hanten* ZBB 2000, 245 (251); *Hanten* in Baudenbacher, Aktuelle Entwicklungen des Europäischen und Internationalen Wirtschaftsrechts, Bd. 7, 2005, 153, 170.

Finanzdienstleistungen erbringen. Voraussetzung dafür ist ua, dass das Tochterunternehmen die Tätigkeit auch im Herkunftsstaat ausübt, dass das Mutterunternehmen mindestens 90 % der Anteile des Tochterunternehmens hält, sich für dessen Verbindlichkeiten gesamtschuldnerisch verbürgt hat und dass das Tochterunternehmen in die konsolidierte Aufsicht des Mutterunternehmens einbezogen ist (s. § 53b Abs. 7 S. 1 KWG).

255 **bb) Zweigniederlassung von Unternehmen mit Sitz außerhalb des EWR.** § 53 KWG schreibt vor, dass eine inländische Zweigstelle eines Unternehmens mit Sitz im Ausland als **eigenes Institut** anzusehen ist (Abs. 1) und die **Vorschriften des KWG** für Institute auf die Zweigstelle anwendbar sind (Abs. 2). Dies weicht vom Gesellschaftsrecht ab, denn nach ihm kann die Zweigstelle mangels eigener Rechtsfähigkeit keinen eigenen Pflichten unterliegen. Das Aufsichtsrecht sieht das anders. Die Zweigstelle wird als Rechtsträger fingiert, um sie den inländischen Vorschriften zu unterwerfen.

256 Wegen der Sonderregeln für Unternehmen mit Sitz im EWR (§ 53b KWG) gilt die Vorschrift des § 53 KWG der Sache nach nur für Zweigstellen von **Instituten aus Drittstaaten.** Nicht entscheidend ist, dass die Zweigstelle ihre Geschäfte und Dienstleistungen **gerade im Inland anbietet.** Sie ist vielmehr auch anwendbar, wenn eine inländische Zweigstelle sich ausschließlich an Kunden mit gewöhnlichem Aufenthalt außerhalb Deutschlands wendet.[288] Diese unterliegen ebenfalls den Vorschriften des KWG und der deutschen Aufsicht. Zur Situation von Anbietern des Vereinigten Königreichs nach dem Brexit → Rn. 151 ff.

257 Die aufsichtsrechtlichen Vorschriften unterliegen lediglich geringen **Modifikationen,** um sie den Besonderheiten der Zweigstelle – im Gegensatz zu einem gesellschaftsrechtlich selbständigen Institut – anzupassen (§ 53 Abs. 2–3 KWG). Für gewisse Tatbestände wird die Zweigstelle als hundertprozentiges Tochterunternehmen angesehen (§ 53 Abs. 2a KWG). Dadurch kann zB die Erlaubnis versagt werden (§ 33 Abs. 1 S. 1 Nr. 8, Abs. 2 KWG, § 33a KWG). Außerdem bedarf die Auflösung der Zweigstelle der Zustimmung der BaFin (§ 53 Abs. 6 KWG), damit diese sich nicht der Aufsicht und ihren regulatorischen Verpflichtungen entziehen kann. Zudem wird sichergestellt, dass die Kunden am Sitz der Zweigstelle klagen können, indem § 53 Abs. 3 KWG verbietet, den Gerichtsstand der Zweigniederlassung auszuschließen.

258 **e) Inländische Repräsentanz.** Gemäß § 53a KWG dürfen ausländische Institute im Inland Repräsentanzen errichten und fortführen. Dies gilt nicht nur für Institute aus dem EWR, sondern auch für solche aus Drittstaaten. Die **Funktion** der Vorschrift besteht darin, das deutsche Territorium für solche Einrichtungen zu öffnen, die nicht unmittelbar auf dem Markt tätig werden.

259 Der Begriff der Repräsentanz wird im KWG **nicht definiert.** Dem Wortlaut und Zweck der Vorschrift nach kann es sich dabei nur um eine ortsgebundene physische Einrichtung handeln.[289] Anerkanntermaßen kann diese sowohl als unselbständige Einrichtung des Mutterinstituts als auch als eigenständige juristische Person organisiert sein.[290] Auch Mischrepräsentanzen mehrerer Institute sind zulässig.[291]

260 Der genaue **Umfang der erlaubten Tätigkeiten** ist im Einzelnen **strittig.** Übereinstimmung herrscht lediglich darüber, dass die allgemeine Werbung und Kontaktpflege zulässig sind.[292] Sehr umstritten ist jedoch, ob die Repräsentanz spezifische Geschäfte anbahnen oder vermitteln darf. Nach Ansicht der BaFin, der sich das BVerwG angeschlossen hat, muss sich die Repräsentanz auf beratende oder beobachtende Aufgaben beschränken und darf keinerlei eigene Bankgeschäfte oder Finanzdienstleistungen, auch nicht in Teilakten, ausführen.[293] Eine beachtliche Gegenmeinung widerspricht und hält zB die Tätigkeit als Botin bei der Anbahnung solcher Geschäfte und Dienstleistungen für zulässig.[294]

---

[288] Fischer/Schulte-Mattler/*Vahldiek* KWG § 53 Rn. 53.

[289] Vgl. Fischer/Schulte-Mattler/*Vahldiek* KWG § 53a Rn. 4; *Florian,* Rechtsfragen des Wertpapierhandels im Internet, 2001, 29.

[290] Beck/Samm/Kokemoor/*Hanten,* 124. Aktualisierung 6/2007, KWG § 53a Rn. 14; Fischer/Schulte-Mattler/*Vahldiek* KWG § 53a Rn. 5 f.

[291] Beck/Samm/Kokemoor/*Hanten,* 124. Aktualisierung 6/2007, KWG § 53a Rn. 14; Fischer/Schulte-Mattler/*Vahldiek* KWG § 53a Rn. 8.

[292] Schwennicke/Auerbach/*Auerbach* KWG § 53a Rn. 6; Beck/Samm/Kokemoor/*Hanten,* 124. Aktualisierung 6/2007, KWG § 53a Rn. 8; Fischer/Schulte-Mattler/*Vahldiek* KWG § 53a Rn. 12.

[293] BaFin, Merkblatt über die Erteilung einer Erlaubnis zum Betreiben von Bankgeschäften gemäß § 32 Abs. 1 KWG, 9.6.2008, zuletzt geändert 3.9.2012, S. 13; BVerwGE 133, 358 Rn. 27 = BeckRS 2009, 35960 – Fidium Finanz; grds. zust. Fischer/Schulte-Mattler/*Vahldiek* KWG § 53a Rn. 14–19.

[294] *Panowitz/Jung,* 1988, KWG § 53a Rn. 3; *Szagunn/Haug/Ergenzinger,* 6. Aufl. 1997, KWG § 53a Rn. 1; *Hanten* in Baudenbacher, Aktuelle Entwicklungen des Europäischen und Internationalen Wirtschaftsrechts, Bd. 7, 2005, 153, 182.

Der erstgenannten **hM** ist **zuzustimmen.** Für sie spricht zunächst der Wortlaut, der von rein repräsentativen Funktionen ausgeht. Daneben sind auch alle Argumente einschlägig, die zugunsten der vom BVerwG vertretenen Auslegung des § 32 KWG angeführt wurden (→ Rn. 227 ff.). Der Streit über den Umfang der zulässigen Tätigkeiten der Repräsentanz ist ein Spiegelbild der Diskussion über die richtige Interpretation dieser Vorschrift. Lösen wesentliche Teilakte einer Finanzdienstleistung im Inland, wie von der hM vertreten, die Erlaubnispflicht nach § 32 KWG aus, dann können diese folglich nicht ohne Erlaubnis über eine Repräsentanz nach § 53a KWG vorgenommen werden. 261

Die hM ist auch nicht aus völkerrechtlichen Gründen zu modifizieren. Einer Auffassung zufolge soll eine Fußnote des **GATS** implizieren, dass Repräsentanzen kommerziell tätig sein und Dienstleistungen ganz oder teilweise erbringen dürfen.[295] Diese Ansicht überstrapaziert jedoch die Vereinbarung. Richtig ist, dass das GATS in Art. XXVIII lit. d GATS verschiedene Formen der *„commercial presence"* kennt, zu denen neben Zweigniederlassungen auch Repräsentanzen *(„representative offices")* zählen. Allerdings schließt dies keineswegs aus, dass die Vertragsstaaten von ausländischen Anbietern zur Sicherung der Wirksamkeit makroprudentieller Aufsicht verlangen, für die Erbringung von Finanzdienstleistungen eine Zweigniederlassung zu errichten. Das Recht der Niederlassung wird damit nicht eingeschränkt, sondern bleibt erhalten. Lediglich der Umfang der zulässigen Aktivität einer Repräsentanz wird auf den ihrer Natur gemäßen Tätigkeitsbereich eingeschränkt. Wer mehr will, kann eine Zweigniederlassung errichten. 262

f) Erleichterungen für Institute mit Sitz in einem Drittstaat. Für **Unternehmen aus Drittstaaten** können gemäß § 53c KWG Erleichterungen gelten. Dem BMF wird erlaubt, die Vorschriften über die EWR-Institute mittels **Rechtsverordnung** auch auf drittstaatliche Unternehmen zu erstrecken. Dies schließt die Möglichkeit der Erbringung von Finanzdienstleistungen im Wege des grenzüberschreitendenden Verkehrs (§ 53b KWG) ein. § 53c KWG enthält zwei verschiedene Verordnungsermächtigungen. Die erste von ihnen **(§ 53c Abs. 1 Nr. 1 KWG)** setzt voraus, dass **Abkommen zwischen der EU und dem Drittstaat** bestehen, die eine entsprechende Freizügigkeit verlangen. Bislang scheinen lediglich Vereinbarungen deutscher Behörden mit drittstaatlichen Aufsichtsbehörden vorzuliegen.[296] Dennoch hat das BMF per Rechtsverordnung die Unternehmen von drei Staaten – USA, Japan und Australien – von der Anwendung zentraler Eigenmittelvorschriften befreit.[297] Die zweite Verordnungsermächtigung **(§ 53c Abs. 1 Nr. 2 KWG)** erlaubt dem BMF unabhängig vom EU-Recht **aus nationalen Erwägungen** bestimmten Drittstaaten Ausnahmen von den Regeln des Aufsichtsrechts zu gewähren. Dazu müssen vier Voraussetzungen vorliegen: 1. Es muss die Gegenseitigkeit gewährleistet sein, 2. das Unternehmen muss im Drittstaat einer nach international anerkannten Grundsätzen geführten Aufsicht unterliegen, 3. der Drittstaat muss Zweigniederlassungen deutscher Unternehmen in seinem Gebiet gleichwertige Erleichterungen einräumen und 4. die Behörden des Drittstaats müssen auf der Grundlage einer Vereinbarung mit der BaFin zusammenarbeiten. Sind diese Voraussetzungen erfüllt, kann die Anwendung des § 53b KWG über Unternehmen aus dem EWR hinaus auch auf Unternehmen aus dem betreffenden Drittstaat erstreckt werden. Damit ist die Errichtung einer Tochtergesellschaft im Inland nicht länger notwendig. Ebenso wenig zwingend ist die Errichtung einer inländischen Zweigniederlassung durch das drittstaatliche Unternehmen. Dadurch wird die Erbringung von Finanzdienstleistungen über die Grenze (Korrespondenzdienstleistung) ermöglicht. Insoweit sollte aber eine entsprechende Gegenseitigkeit im Drittstaat für inländische Firmen verlangt werden, und zwar über den Wortlaut des § 53c Abs. 1 Nr. 2 lit. b KWG hinaus, der gleichwertige Erleichterungen nur für drittstaatliche Zweigniederlassungen inländischer Unternehmen verlangt, aber auf die Situation der Korrespondenzdienstleistung nicht eingeht. Gleichzeitig werden die Bedenken hinsichtlich des Anlegerschutzes und des Schutzes der Finanzsystemstabilität durch die Erfordernisse der Gleichwertigkeit, der effektiven Aufsicht im Drittstaat und der Zusammenarbeit mit der BaFin ausgeräumt. Zusätzlich sieht **§ 53c Abs. 2 KWG** Erleichterungen vor, soweit die Aufsicht in einem Drittstaat von der ESMA in Anwendung der Art. 46–48 MiFIR als **äquivalent** mit der in der EU eingestuft wird (zum Äquivalenzprinzip (→ Rn. 146 f.). Diese Erleichterungen gelten allerdings nur für Dienstleistungen gegenüber professionellen Kunden und geeigneten Gegenparteien. Zur Situation nach dem Brexit → Rn. 151 ff. 263

[295] Fischer/Schulte-Mattler/*Vahldiek* KWG § 53a Rn. 23; *Vahldiek* BKR 2003, 971 (975). Konkret handelt es sich um Fn. 12 zu Art. XXVIII lit. G GATS. Dort heißt es: „Where the service is not supplied directly by a juridical person but through other forms of commercial presence such as a branch or a representative office, the service supplier (i.e. the juridical person) shall, nonetheless, through such presence be accorded the treatment provided for service suppliers under the Agreement."

[296] Fischer/Schulte-Mattler/*Vahldiek* KWG § 53c Rn. 4.

[297] Art. 1–3 Verordnung zur Anpassung von aufsichtsrechtlichen Verordnungen an das CRD-IV-Umsetzungsgesetz vom 30.1.2014, BGBl. 2014 I 322.

264 Schließlich können Erleichterungen im Einzelfall nach **§ 2 Abs. 5 KWG** gewährt werden. Diese Norm erlaubt es der **BaFin,** Unternehmen mit Sitz in einem Drittstaat von den wichtigsten Organisationsvorschriften des KWG freizustellen. Damit wird eine nationale Äquivalenz gewährt, die jedoch auf Einzelunternehmen beschränkt ist. Voraussetzung ist lediglich, dass diese wegen der Aufsicht in ihrem Herkunftsstaat einer zusätzlichen Beaufsichtigung durch die deutsche Behörde nicht bedürfen. Die Vorschrift kann auch auf Unternehmen aus dem EWR angewandt werden, die nicht schon nach § 53b KWG zum Zutritt auf den deutschen Markt berechtigt sind, zB weil ihre Zulassung die in Deutschland geplanten Geschäfte nicht abdeckt. Eine parallel ausgestaltete Befreiung von den Organisationsvorschriften des WpHG sieht § 91 WpHG vor (→ Rn. 459).

265 **g) Anzeigepflichten mit Auslandsbezug.** Gemäß Art. 33 f. Eigenkapitalanforderungs-RL ist den innerhalb des EWR ansässigen Instituten erlaubt, Dienstleistungen in anderen Mitgliedstaaten zu erbringen und dort Zweigniederlassungen zu errichten. Plant ein in Deutschland beaufsichtigtes Unternehmen solche *outbound*-Geschäfte, bedarf es dazu keiner gesonderten Erlaubnis. § 24a Abs. 1, 3 KWG sieht allerdings eine **Anzeigepflicht** gegenüber der BaFin und der Bundesbank vor **(Notifikationsverfahren).** Mit dieser soll sichergestellt werden, dass Deutschland seinen Aufsichtspflichten als Herkunftsmitgliedstaat nachkommen kann.

266 Die **BaFin** ist ihrerseits verpflichtet, den zuständigen Stellen des Aufnahmestaats Angaben über den Finanzdienstleister zu **übermitteln** (§ 24a Abs. 2, 3 S. 3 KWG). Das Institut darf seine Tätigkeit im Aufnahmestaat erst beginnen, nachdem es eine entsprechende Mitteilung von dessen zuständigen Stellen erhalten hat, spätestens aber zwei Monate nach seiner Anzeige an die deutschen Behörden (§ 24a Abs. 2 S. 4, Abs. 3 S. 4 KWG). Die BaFin kann die Mitteilung an die ausländischen Behörden allerdings auch ablehnen, wenn sie Zweifel an der Angemessenheit der Organisationsstruktur und der Finanzlage des Unternehmens hat (vgl. § 24a Abs. 2 S. 1, Abs. 3 S. 3 KWG). Dies ist ein Verwaltungsakt gegenüber dem betroffenen Institut.[298] Er muss diesem gegenüber begründet werden (§ 24a Abs. 2 S. 3, Abs. 3 S. 5 KWG). Das Institut kann ihn vor den Verwaltungsgerichten anfechten.[299]

267 Eine **Änderung der Verhältnisse,** die den deutschen Behörden durch das Institut angezeigt wird, haben diese den zuständigen Stellen des Aufnahmestaats weiterzuleiten (§ 24a Abs. 4 S. 5 KWG).

268 **h) Institutsgruppen, (gemischte) Finanzholdinggruppen und Finanzkonglomerate.** Häufig sind mehrere Kreditinstitute in einem Konzern oder einer ähnlichen Struktur verbunden. Der Basler Ausschuss für Bankenaufsicht verlangt, dass insoweit eine **Konsolidierung** stattfindet.[300] Die Konsolidierung hat zwei Aspekte: Einerseits ist sie entscheidend für die Festlegung der zuständigen Aufsichtsbehörde, andererseits bestimmt sie darüber, welches Institut die konsolidierten materiellrechtlichen Anforderungen für den gesamten Konzern erfüllen muss. Das europäische Recht regelt das Zuständigkeitsproblem in Art. 111 Eigenkapitalanforderungs-RL. Die Frage, welche Institution die konsolidierten Anforderungen zu erfüllen hat, regeln Art. 11 und 12 Kapitaladäquanz-VO. Diese Vorschriften sind mit denen der Eigenkapitalanforderungs-RL abgestimmt. Sie spielen außerdem mit § 10a KWG zusammen. Dieser bezeichnet das Unternehmen, bei dem die Konsolidierung stattfindet – das also Gegenstand der konsolidierten Aufsicht ist und die konsolidierten Anforderungen zu erfüllen hat – als „übergeordnetes Unternehmen". Das ist insoweit irreführend, als es sich dabei auch um ein Tochterunternehmen handeln kann. Die aufsichtsrechtliche Terminologie weicht insoweit von der gesellschaftsrechtlichen ab und ist gegenüber dieser eigenständig. Die Frage, bei welchem Unternehmen die Konsolidierung stattfindet, hängt davon ab, wie der Konzern organisiert ist.

269 **Institutsgruppen** sind reine Finanzgruppen. Sie setzen sich ausschließlich aus Kredit- und Finanzdienstleistungsinstituten und anderen Finanzintermediären zusammen.[301] Letztere können zB Verwaltungsgesellschaften sein, die Investmentfonds aufsetzen (§ 1 Abs. 14 KAGB), oder Finanzunternehmen wie etwa Leasing-Objektgesellschaften (zum Begriff des Finanzunternehmens s. § 1 Abs. 3 KWG). Die konsolidierte Aufsicht wird bei einer Institutsgruppe durch die Behörde wahrgenommen, die das Mutterinstitut beaufsichtigt (vgl. Art. 111 Abs. 1 Eigenkapitalanforderungs-RL). Dieses hat die konsolidierten materiellrechtlichen Anforderungen für die gesamte Gruppe zu erfüllen (Art. 11 Abs. 1 Kapitaladäquanz-VO). Es ist das „übergeordnete Institut" iSd § 10a Abs. 1 S. 2 KWG.

---

298 Vgl. Fischer/Schulte-Mattler/*Braun* KWG § 24a Rn. 44.

299 Fischer/Schulte-Mattler/*Braun* KWG § 24a Rn. 44.

300 Basel Committee on Banking Supervision, Principles for the Supervision of Bank's Foreign Establishments (Concordat), 1983, S. 4.

301 Vgl. § 10a Abs. 1 S. 1, 2 KWG aF. Diese Vorschrift ist zwar mittlerweile aufgehoben, jedoch ist in der Neufassung des KWG keine Definition des Begriffs der Institutsgruppe enthalten. Der Sache nach gilt daher die alte Definition fort.

Ein Mutterinstitut ist ein Institut, das ein Kredit- oder Finanzinstitut als Tochter hat oder eine Beteiligung an einem solchen Institut hält. Ein Institut ist allerdings kein Mutterinstitut, wenn es selbst Tochterunternehmen eines anderen Unternehmens ist; in diesem Fall ist letzteres das Mutterinstitut. Ist ein Institut außerhalb des EWR ansässig, so kann es nie Mutterinstitut sein, weil es nicht der Aufsicht eines Mitgliedstaats unterliegt.

Finanzholding-Gruppen bestehen aus einem Finanzunternehmen und Tochterunternehmen, 270
die ausschließlich oder hauptsächlich Finanzunternehmen sind und von denen mindestens eines ein beaufsichtigtes Institut iSd Kapitaladäquanz-VO – ein sog. CRR-Institut (§ 1 Abs. 3d S. 3 KWG) – ist. Die an der Spitze stehende Finanzholding-Gesellschaft selbst ist kein beaufsichtigtes CRR-Institut (vgl. Art. 4 Abs. 1 Nr. 20 Kapitaladäquanz-VO). Daraus erklärt sich, dass die Aufsicht bei Finanzholding-Gruppen nicht bei dem an der Konzernspitze stehenden Unternehmen konsolidiert wird, sondern gemäß Art. 111 Abs. 2 Eigenkapitalanforderungs-RL bei dem Tochterunternehmen, welches Kreditinstitut iSd Kapitaladäquanz-VO ist und als solches ohnehin einer Aufsicht untersteht. Dieses hat daher die Konsolidierungspflichten zu erfüllen (Art. 11 Abs. 2 UAbs. 1 Kapitaladäquanz-VO). Es ist das „übergeordnete Institut" iSd § 10a Abs. 1 S. 2 KWG. Ein besonderes Problem tritt auf, soweit nicht nur ein, sondern mehrere beaufsichtigte CRR-Institute zur Finanzholding-Gruppe gehören, die in unterschiedlichen Mitgliedstaaten ansässig sind und daher der Zuständigkeit verschiedener nationaler Behörden unterstehen. In diesem Fall kommt der Finanzholding-Gesellschaft entscheidende Bedeutung zu. Für die Beaufsichtigung der gesamten Gruppe zuständig sind die Behörden des Mitgliedstaats, in welchem diese ihren Sitz hat, vorausgesetzt, dass dort ebenfalls ein beaufsichtigtes CRR-Institut ansässig ist (vgl. Art. 111 Abs. 3 UAbs. 1 Eigenkapitalanforderungs-RL). Soweit dies nicht der Fall ist, also die Holding ihren Sitz in einem anderen Staat als alle ihre Tochtergesellschaften hat, liegt die Gesamtaufsicht bei der Behörde, welche für das Institut mit der größten Bilanzsumme zuständig ist (s. Art. 111 Abs. 4 Eigenkapitalanforderungs-RL). Weiter ist denkbar, dass beaufsichtigte Institute mehrere Mutterunternehmen haben. Beispielsweise könnten sich zwei Holdings zu jeweils 50 % an mehreren Instituten beteiligen. In diesem Fall liegt die Aufsicht bei der Behörde, welche für das Institut mit der größten Bilanzsumme zuständig ist (Art. 111 Abs. 3 UAbs. 2 Eigenkapitalanforderungs-RL).

Finanzkonglomerate sind ein Phänomen, das in den vergangenen Jahrzehnten an den Finanz- 271
märkten aufgetreten ist. In ihnen mischen sich Unternehmen über Branchengrenzen hinweg, zB Banken mit Versicherungen. Dazu wurde die Finanzkonglomerate-RL erlassen,[302] die der deutsche Gesetzgeber mit dem **FKAG** umgesetzt hat.[303] Hauptsächliches Kennzeichen des Finanzkonglomerats ist, dass ihm mindestens ein Institut der Versicherungsbranche und ein Institut der Bank- oder der Wertpapierdienstleistungsbranche angehört (Art. 2 Nr. 14 lit. d Finanzkonglomerate-RL). Die Tätigkeit in diesen Branchen muss jeweils erheblich sein (Art. 2 Nr. 14 lit. e Finanzkonglomerate-RL). Zur näheren Bestimmung des Begriffs „erheblich" s. Art. 3 Abs. 2 und 3 Finanzkonglomerate-RL. Außerdem ist Voraussetzung für die Existenz eines Konglomerats, dass entweder das Mutter- oder ein Tochterunternehmen einer Aufsicht untersteht (Art. 2 Nr. 14 lit. a Finanzkonglomerate-RL). An dieses werden in Art. 2 Nr. 14 lit. b und c Finanzkonglomerate-RL weitere Anforderungen gestellt. Für Finanzkonglomerate ist eine **zusätzliche Aufsicht** vorgesehen, die zur sektoralen Aufsicht über die Einzelunternehmen in den unterschiedlichen Branchen hinzukommt. Die Konsolidierung beschränkt sich auf die dem Finanzbereich angehörigen Unternehmen. Andere Unternehmen, wie zB ein zum Konglomerat gehöriger Automobilhersteller, sind nicht in die Rechnung einzubeziehen.[304] Die zusätzliche Aufsicht wird durch eine Behörde als sog. Koordinator durchgeführt. Hinsichtlich der Bestimmung des Koordinators muss nach Art. 10 Abs. 2 Finanzkonglomerate-RL unterschieden werden: Steht an der Spitze des Konglomerats ein beaufsichtigtes Kreditinstitut, so ist die für dieses zuständige Aufsichtsbehörde der Koordinator. Das beaufsichtigte Kreditinstitut ist mit anderen Worten das übergeordnete Unternehmen im Sinne des deutschen Rechts. Steht an der Konzernspitze dagegen kein beaufsichtigtes Institut, so liegt eine gemischte Finanzholding-Gruppe vor. Die Bestimmung des Koordinators erfolgt in diesem Fall nach sogleich darzustellenden Regeln (→ Rn. 272).

Gemischte Finanzholding-Gruppen sind Unterformen der Konglomerate. Ihre Besonder- 272
heit besteht darin, dass das an der Spitze des Konglomerats stehende Unternehmen keiner bankrechtlichen Aufsicht unterliegt. Dieses Mutterunternehmen nennt der Gesetzgeber „gemischte Finanzholding-Gesellschaft", s. Art. 2 Nr. 15 Finanzkonglomerate-RL. Bislang unterstanden Finanzholding-

302 RL 2002/87/EG vom 16.12.2002 über die zusätzliche Beaufsichtigung der Kreditinstitute, Versicherungsunternehmen und Wertpapierfirmen eines Finanzkonglomerats, ABl. EG 2003 L 35, 1.

303 Gesetz zur zusätzlichen Aufsicht über beaufsichtigte Unternehmen eines Finanzkonglomerats (Finanzkonglomerate-Aufsichtsgesetz – FKAG) vom 27.6.2013, BGBl. 2013 I 1862.

304 Ellenberger/Bunte BankR-HdB/*Kolossa,* 6. Aufl. 2022, § 123 Rn. 48.

Gesellschaften nur der zusätzlichen Aufsicht als Konglomerate, aber nicht einer eigenen sektoralen Aufsicht, weil sie keine Kredit- und Finanzdienstleistungsinstitute sind. Mit der Umsetzung der fünften Eigenkapitalanforderungs-RL hat sich dies geändert. Nunmehr werden auch die gemischten Finanzholdinggesellschaften selbst in die sektorale Gruppenaufsicht nach dem KWG einbezogen. Das bedeutet, dass etwa eine Versicherungsholdinggesellschaft, die eine Bank als Tochterunternehmen hinzukauft, der Bankaufsicht unterliegen kann.[305] Zur Vermeidung der Doppelung von Pflichten können die Aufsichtsbehörden allerdings gemäß Art. 120 Eigenkapitalanforderungs-RL von der sektoralen Aufsicht absehen. Die sektorale Aufsicht wird bei dem Konzernunternehmen, welches als Bankinstitut zugelassen ist, konsolidiert (Art. 111 Abs. 2 Eigenkapitalanforderungs-RL). Dieses hat die auf die gesamte Unternehmensgruppe bezogenen Pflichten zu erfüllen (Art. 11 Abs. 2 UAbs. 1 Kapitaladäquanz-VO). Es ist das „übergeordnete Institut" iSd § 10a Abs. 1 S. 2 KWG. Die Bestimmung erfolgt also ebenso wie bei Finanzholding-Gruppen. Das gilt auch, soweit mehrere beaufsichtigte CRR-Institute zur gemischten Finanzholding-Gruppe gehören (Art. 111 Abs. 3, 4 Eigenkapitalanforderungs-RL).

273 **Unterkonsolidierte Unternehmen** bilden einen Sonderfall. Bei ihnen wird überprüft, ob sie zusammen mit einem bestimmten Mutter- oder Tochterunternehmen die aufsichtsrechtlichen Anforderungen unabhängig vom Rest der Gruppe – isoliert – erfüllen (vgl. Art. 4 Abs. 1 Nr. 49 Kapitaladäquanz-VO).[306] Ein Beispielsfall ist Art. 22 Kapitaladäquanz-VO. Hat ein gruppenangehöriges Institut oder Unternehmen eine Tochtergesellschaft mit Sitz außerhalb des EWR, so ist es gemäß dieser Vorschrift verpflichtet, für die Tochtergesellschaft eine Unterkonsolidierung vorzunehmen. Eine Unterkonsolidierung kann auch von den Behörden angeordnet werden (Art. 11 Abs. 5 Kapitaladäquanz-VO).

274 **i) Sicherung der Effizienz der Aufsicht.** Die effiziente Aufsicht könnte umgangen werden, indem man Teile der Bank oder Wertpapierfirma in das Ausland verlegt. Dem schiebt **§ 25b KWG** einen Riegel vor. Er verlangt im Falle der Auslagerung wesentlicher Bereiche eines Instituts angemessene Vorkehrungen, um übermäßige zusätzliche Risiken zu vermeiden; außerdem darf die Auslagerung weder die Ordnungsmäßigkeit der Geschäfte und Dienstleistungen noch die Geschäftsorganisation beeinträchtigen (§ 25b Abs. 1 KWG). Vor allem darf gemäß § 25b Abs. 3 KWG die BaFin nicht an der Wahrnehmung ihrer Aufgaben gehindert werden. Die Vorschrift gilt ausdrücklich auch für Auslagerungen in andere EWR-Staaten. In diesem Fall ist allerdings wegen der engen Kooperation mit den dortigen Behörden nicht davon auszugehen, dass die BaFin an der Ausübung ihrer Aufsichtsaufgabe gehindert wird. Eine entsprechend enge Auslegung der Vorschrift verlangt das europäische Primärrecht, namentlich die Niederlassungs- und Dienstleistungsfreiheit.

275 **7. Reichweite des WpIG.** Mit Wirkung vom 26.6.2021 ist das Gesetz zur Beaufsichtigung von Wertpapierinstituten (Wertpapierinstitutsgesetz – WpIG) in Kraft getreten. Dieses dient der Umsetzung der IFD. Die Richtlinie soll einen für Wertpapierfirmen maßgeschneiderten Aufsichtsrahmen einführen, der sich von dem für Kreditinstitute unterscheidet. Sie gilt für alle Wertpapierinstitute, die nach der MiFID II zugelassen und beaufsichtigt sind (Art. 2 Abs. 1 IFD), mit Ausnahme systemrelevanter Wertpapierinstitute (→ Rn. 278). Ein Wertpapierinstitut ist ein Unternehmen, dass gewerbsmäßig oder in einem Umfang, der einen in kaufmännischer Weise eingerichteten Geschäftsbetrieb erfordert, Wertpapier(neben)dienstleistungen erbringt (§ 2 WpIG).

276 Vergleichbar mit der Parallelbestimmung des § 32 KWG normiert § 15 WpIG eine Erlaubnispflicht der BaFin für die Erbringung von Wertpapierdienstleistungen im Inland. Die Abgrenzung beider Vorschriften fällt nicht leicht. Insoweit sind folgende drei Konstellationen unterscheiden:

277 **a) Bankgeschäfte.** Institute, die Bankgeschäfte betreiben und Finanzdienstleistungen erbringen, unterliegen nach wie vor dem KWG. Sie bedürfen einer Erlaubnis nach § 32 KWG.

278 **b) Systemrelevante Wertpapierfirmen.** Institute, die keine Bankgeschäfte betreiben, sondern ausschließlich Wertpapierdienstleistungen erbringen, werden vom WpIG „Wertpapierinstitute" genannt. Dabei entspricht der Begriff der „Wertpapierdienstleistungen" iSd WpIG weitgehend dem Begriff der „Finanzdienstleistungen" iSd KWG. Systemrelevante Wertpapierinstitute unterfallen wei-

---

305 S. *Schwöbel/Thiebes/Eckardt,* Finanzkonglomerate – Neues Aufsichtsgesetz setzt Richtlinie um und bündelt Regelungen aus KWG und VAG, BaFin Journal, August 2013, 14, 16.

306 S. auch *Gruson,* Institute for Law and Finance Working Paper Nr. 19, 15. Die Kapitaladäquanz-VO spricht in ihrer deutschen Fassung insoweit von der „Teilkonsolidierung". Der deutsche Gesetzgeber bevorzugt allerdings – in Anlehnung an den englischen Wortlaut der Kapitaladäquanz-VO „sub-consolidation" – den Terminus „Unterkonsolidierung", s. zB § 45 Abs. 3 KWG.

terhin dem KWG (→ Rn. 277) und bedürfen somit ebenfalls einer Erlaubnis nach § 32 KWG (§ 32 Abs. 1 S. 2 KWG).[307]

Ein Wertpapierinstitut gilt als systemrelevant, wenn der gesamte Vermögenswert des Unternehmens über einen Zeitraum von zwölf aufeinander folgenden Monaten im Durchschnitt 30 Mrd. Euro überschreitet, oder diese Grenze auf konsolidierter Basis (Unternehmensgruppe) überschritten wird und das Unternehmen das Emissionsgeschäft, den Eigenhandel oder das Eigengeschäft betreibt (§ 32 Abs. 1 S. 2 KWG; s. auch Art. 4 Abs. 1 Nr. 1 lit. b Kapitaladäquanz-VO). **279**

c) Sonstige Wertpapierinstitute. Unterhalb dieser Schwelle tritt der Erlaubnisvorbehalt des § 32 KWG hinter § 15 WpIG zurück (§ 15 Abs. 7 WpIG; vgl. auch § 32 Abs. 1 S. 2 KWG). Unstrittig gilt dies für kleine und mittlere Wertpapierinstitute. Diese unterfallen damit jedenfalls der Erlaubnispflicht nach § 15 WpIG. **280**

Nicht eindeutig ist, was für große Institute gelten soll. § 4 S. 1 WpIG erklärt weite Teile des KWG auf große Wertpapierinstitute für anwendbar (→ Rn. 218), erwähnt aber gerade §§ 32 f. KWG nicht. § 4 S. 2 WpIG nimmt große Institute von verschiedenen Vorschriften des WpIG aus, aber gerade nicht von §§ 15–18 WpIG. Bereits aus der Gesetzessystematik folgt daher, dass § 15 WpIG auch auf große Wertpapierinstitute Anwendung finden soll.[308] Ein anderes Verständnis würde auch den Gesetzesmaterialen sowie dem klaren Wortlaut der Vorschrift widersprechen („Wer im Inland Wertpapierdienstleistungen […] erbringen will, ohne die in Absatz § 32 Absatz 1 Satz 2 des Kreditwesengesetzes bestimmt Schwelle zu überschreiten, bedarf einer Erlaubnis der Bundesanstalt [nach diesem Bundesgesetz]).[309] **281**

d) Übergangsbestimmungen. Bestehende Erlaubnisbescheide nach § 32 KWG haben durch das Inkrafttreten des WpIG nicht ihre rechtliche Wirkung verloren. Wertpapierinstitute, die nunmehr dem WpIG unterfallen, müssen daher keine neue Erlaubnis nach § 15 WpIG beantragen. Unternehmen, denen bis zum 26.6.2021 eine Erlaubnis nach § 32 KWG für gewisse Bankgeschäfte und Finanzdienstleistungen erteilt wurde, können daher diese Geschäfte weiterhin anbieten (§ 86 Abs. 1 WpIG). Ebenso werden entsprechende Beschränkungen oder Auflagen der Erlaubnis übernommen.[310] **282**

e) Wertpapierdienstleistungen im Inland. Gemäß § 1 WpIG ist dieses auf Wertpapierinstitute mit Sitz oder Tätigkeit **im Inland** anzuwenden. Für das Erbringen von Wertpapier(neben)dienstleistungen und Nebengeschäften im Inland verlangt **§ 15 WpIG** eine Erlaubnis durch die BaFin. Diese Verbotsnorm mit Erlaubnisvorbehalt ist parallel zu § 32 KWG ausgestaltet. **283**

Ebenso wie im KWG ist das Anknüpfungskriterium, dass die fraglichen Geschäfte im Inland betrieben und die fraglichen Leistungen im Inland erbracht werden. Unzweifelhaft erfasst sind daher Geschäftstätigkeiten mit dauerhafter physischer Präsenz im Inland. Wie auch im Anwendungsbereich das KWG ist problematisch, wie Aktivitäten mit bloß temporärer Präsenz oder gar völlig ohne physische Präsenz einzuordnen sind.[311] Dieses Erfordernis ist wie bei § 32 KWG im Sinne der **präzisierten Teilaktstheorie** auszulegen (→ Rn. 228). **284**

f) Ausnahmen für Institute mit Sitz im EWR. Wertpapierinstitute mit Sitz innerhalb des EWR genießen Dienstleistungsfreiheit gemäß Art. 56 AEUV. Daher werden sie in § 74 WpIG privilegiert behandelt. Derartige Institute dürfen ihre Wertpapier(neben)dienstleistungen **ohne Erlaubnis** grenzüberschreitend erbringen. Wie auch im Anwendungsbereich des KWG dürfen sie sich hierbei auch eines vertraglich gebundenen Vermittlers bedienen. Diese Institute unterliegen selbstverständlich weiterhin der Kontrolle ihres Herkunftsstaats (Herkunftslandprinzip); den deutschen Behörden bleibt nur die **Residualaufsicht** (§ 75 WpIG). **285**

g) Inländischer Sitz des Instituts. § 1 WpIG sieht vor, dass das Gesetz auf alle Wertpapierinstitute mit *Sitz* im Inland anzuwenden ist. Auch hier ist jedoch fraglich, wie der Sitz des Instituts zu bestimmen ist. Ebenso wie bei Kreditinstituten (→ Rn. 250 ff.) müssen insoweit die Vorgaben des Unionsrechts beachtet werden. Einschlägig sind insbesondere die IFD und die MiFID II, welche von einem formellen Sitzbegriff ausgehen (Art. 3 Abs. 1 Nr. 16 IFD iVm Art. 4 Abs. 1 Nr. 55 lit. a **286**

307 *Sethe* in Schäfer/Sethe/Lang Vermögensverwaltung-HdB § 5 Rn. 185.

308 Ähnlich *Schwennicke* BKR 2021, 150 (150); aA Schäfer/Sethe/Lang Vermögensverwaltung-HdB/*Sethe* § 5 Rn. 196.

309 RegE WpIG, BR-Drs. 7/21, 154.

310 BaFin, Neue Vorgaben für Wertpapierinstitute, FAQ Frage 6, zuletzt geändert am 2.12.2021.

311 Binder/Glos/Riepe BankenaufsichtsR-HdB/*Binder,* 2. Aufl. 2020, § 3 Rn. 56; BeckOGK/*Dornis,* 1.11.2022, Internationales und europäisches Finanzmarktrecht Rn. 350; *Hanten* in Baudenbacher, Aktuelle Entwicklungen des Europäischen und Internationalen Wirtschaftsrechts, Bd. 7, Basel, 2005, 153 ff.

Ziff. ii MiFID II). Das WpIG ist daher europarechtskonform dahingehend auszulegen, dass mit „Sitz" der **Satzungssitz** gemeint ist. Es gilt das bereits zum KWG Gesagte (→ Rn. 224 ff.).

287 **h) Inländische Tochterunternehmen.** Im Inland ansässige Tochterunternehmen ausländischer Gesellschaften unterliegen als rechtlich eigenständige Institute vollumfänglich den Vorschriften des WpIG.

288 **i) Inländische Zweigniederlassungen. aa) Zweigniederlassungen von Unternehmen mit Sitz innerhalb des EWR.** Wertpapierinstitute mit Sitz innerhalb des EWR genießen Niederlassungsfreiheit gemäß Art. 49 AEUV und können daher ohne Erlaubnis eine Zweigniederlassung im Inland begründen (§ 73 WpIG). Für diese Institute gelten lediglich einzelne, enumerativ in § 74 Abs. 5 WpIG genannte Bestimmungen. Den deutschen Behörden bleibt nach § 75 WpIG nur die Residualaufsicht über die Einhaltung der inländischen Vorschriften. Im Fall eines Verstoßes hat die deutsche Aufsicht zunächst die zuständige Behörde des Herkunftsstaats zu unterrichten. Erst bei Untätigkeit der ausländischen Behörde oder wenn die getroffenen Maßnahmen unzureichend sind, kann die deutsche Aufsicht selbst Maßnahmen ergreifen. Eingriffsintensivstes Zwangsmittel ist die Untersagung der Eingehung neuer Geschäfte im Inland.

289 **bb) Zweigniederlassungen von Unternehmen mit Sitz außerhalb des EWR.** Anders als das KWG (→ Rn. 224 ff.) enthält das WpIG keine speziellen Regeln für die Errichtung von Zweigstellen aus Drittstaaten im Inland. Dem Gesetz ist damit keine Aussage zu entnehmen, ob Zweigstellen im Inland zulässig sind oder nicht. Auch die Materialen schweigen zu diesem Thema. Für den umgekehrten Fall hat der Gesetzgeber jedoch eine Regelung getroffen: Die Errichtung, Verlegung oder Schließung einer Zweigstelle in einem Drittstaat ist der BaFin sowie der Deutschen Bundesbank unverzüglich anzuzeigen (§ 64 Abs. 1 Nr. 6 WpIG; s. außerdem § 72 Abs. 3 WpIG; eine entsprechende Rechtsverordnung wurde bis dato nicht erlassen).

290 Grundsätzlich wird das **Drittstaatenregime** für Wertpapierdienstleistungen in den Art. 46–49 MiFIR und Art. 39–42 MiFID II geregelt. Drittstaateninstitute, welche Wertpapierdienstleistungen für geeignete Gegenparteien oder geborene (dh qua Gesetz) professionelle Kunden erbringen, benötigen keine Zweigniederlassung, wenn sie die Voraussetzungen des Art. 46 Abs. 2 MiFIR erfüllen.[312] Dazu bedarf es ua eines Gleichwertigkeitsbeschlusses der Europäischen Kommission (→ Rn. 458). Die Bestimmungen der MiFIR gelten unmittelbar ohne Umsetzungsakt in allen Mitgliedstaaten. Bei Erfüllung der Voraussetzungen von Art. 46 MiFIR benötigt ein Drittstaateninstitut daher keine Zweigstelle im Inland. Anderes gilt für Drittstaateninstitute, die Wertpapierdienstleistungen an gekorene (dh qua Wahl) professionelle Kunden und Kleinanleger erbringen. Derartige Fälle werden nicht von der MiFIR, sondern von der MiFID II erfasst. Nach Art. 39 Abs. 1 MiFID II können die Mitgliedstaaten vorschreiben, dass ein Drittstaateninstitut eine Zweigniederlassung im Inland errichten muss. Der deutsche Gesetzgeber hat von dieser Möglichkeit im WpIG keinen Gebrauch gemacht.

291 Fraglich ist daher, was insoweit für Wertpapierinstitute gelten soll. Eine erste Möglichkeit wäre die **freie Zulässigkeit der Errichtung von Zweigstellen durch Wertpapierinstitute aus Drittstaaten** im Inland ohne jegliche regulatorische Vorgaben. Für eine solche Auslegung ließe sich der Grundsatz *in dubio pro libertate* anführen. Allerdings würde sie zu einem Wertungswiderspruch gegenüber der Behandlung von Kreditinstituten führen, deren Zweigstellen den Regelungen des § 53 KWG unterworfen sind. Zweigstellen drittstaatlicher Wertpapierinstitute wecken ähnliche Regulierungs- und Aufsichtsbedürfnisse wie solche drittstaatlicher Kreditinstitute. Diese Auslegung ist daher **abzulehnen.**

292 Eine andere Möglichkeit wäre ein **Verbot der Errichtung von Zweigstellen durch Wertpapierinstitute.** Dafür ließe sich anführen, dass diese im WpIG nicht erwähnt sind. Eine solche Auslegung würde jedoch der Absicht des Gesetzgebers widersprechen, der Wertpapierinstitute gerade leichteren und nicht strengeren Bedingungen als Kreditinstitute unterwerfen wollte. Zudem würde ein gänzliches Verbot der Errichtung von Zweigniederlassungen auch völkerrechtliche Vorgaben verletzen: Gemäß Art. I Abs. 2 lit. a–d GATS dürfen Dienstleistungen sowohl mittels einer ständigen Präsenz im Inland als auch mittels grenzüberschreitender Aktivitäten erbracht werden, dh auch ohne oder nur durch vorübergehende Präsenz im Inland.[313] Ein Verbot der Errichtung einer inländischen Zweigstelle durch Wertpapierinstitute aus Drittstaaten wäre damit unvereinbar. Auch bloß faktische

---

[312] Weiterführend *Zetzsche* in Lehmann/Kumpan, European Financial Services Law, MiFIR Art. 46 Rn. 1-15; *Moloney,* EU Securities and Financial Markets Regulation, 4. Aufl. 2023, 802–808; *Busch/Louisse* in Busch/Ferrarini, Regulation of the EU Financial Markets, Rn. 10.01–10.78.

[313] *Sethe/Lehmann* in Tietje/Nowrot Internationales Wirtschaftsrecht § 15 Rn. 21 ff.; *Steck/Campbell* ZBB 2006, 354–356.

Benachteiligungen gegenüber inländischen Anbietern widersprechen dem GATS. Es gilt das Gebot der Inländergleichbehandlung.[314]

293 Technisch gesehen werden die Vorschriften des KWG nur insofern durch das WpIG verdrängt, als dieses eigene Regelungen enthält. Insoweit ist das WpIG also *lex specialis* zum KWG. Da solche Regelungen für Zweigstellen im WpIG fehlen, ist § 53 KWG als Rückfallregelung voll anwendbar, ohne dass es methodischer Kunstgriffe wie zB einer Analogie bedarf. Desgleichen ist auch § 53b KWG auf **Wertpapierinstitute mit Sitz in einem anderen Staat des EWR** anwendbar. Für Zweigstellen gelten nach der Aufhebung der vormals für CRR-Wertpapierfirmen bestimmten Regelung des § 1a Abs. 2 KWG nun die strengeren Kapitalanforderungen gemäß § 1a Abs. 1 KWG. Dies führt zur misslichen Situation, dass die inländische Zweigstelle höheren Anforderungen unterliegt als das drittstaatliche Institut selbst. Dem ließe sich nur durch eine Gesetzesänderung abhelfen. Eine analoge Anwendung des WpIG auf inländische Zweigstellen muss mangels planwidriger Regelungslücke ausscheiden, denn die Kapitalanforderungen für Zweigniederlassungen von Wertpapierinstituten sind im KWG geregelt.

294 Will ein Wertpapierinstitut aus einem Drittstaat Leistungen an Privatkunden und/oder gekorene professionelle Kunden im Inland[315] erbringen, stehen somit zwei Wege offen: Das Drittstaateninstitut kann entweder eine Tochtergesellschaft im Inland (→ Rn. 251 ff.) oder eine Zweigstelle nach § 53 KWG gründen[316] (→ Rn. 255 ff.).

295 **j) Inländische Repräsentanz.** Das WpIG enthält keine dem KWG entsprechende Parallelbestimmung über Repräsentanzen von Instituten mit Sitz im Ausland. Auch insoweit gilt wieder (→ Rn. 258 ff.), dass die Vorschriften des KWG nur insofern durch das WpIG verdrängt werden, als dies eigene Regelung enthält. Demnach ist **§ 53a KWG unmittelbar anwendbar.**

296 **k) Erleichterungen für Institute mit Sitz in einem Drittstaat.** § 53c KWG (→ Rn. 263 ff.) ermächtigt das BMF, per Rechtsverordnung die Bestimmungen für EWR-Institute auf Drittstaateninstitute auszudehnen. Eine entsprechende Möglichkeit fehlt im WpIG. Auch insoweit ist die Regelung des KWG als Rückfallregelung (→ Rn. 293) einschlägig. Durch Rechtsverordnung gemäß § 53c KWG kann daher das BMF die Regeln für EWR-Institute auf Drittstaateninstitute erstrecken und somit für Erleichterungen sorgen. Zur Vereinfachung der Rechtsanwendung und zur Stärkung der Rechtssicherheit wäre jedoch eine gesetzliche Klarstellung in diesem Sinn im WpIG wünschenswert.

297 **l) Anzeigepflichten mit Auslandsbezug.** Das WpIG normiert **zwei Arten von Anzeigepflichten** mit Auslandsbezug. Die erste Art betrifft grenzüberschreitende Vorgänge innerhalb des EWR **(Notifizierungsverfahren).** So muss zB ein Wertpapierinstitut, welches die Errichtung einer Zweigniederlassung in einem anderen Vertragsstaat beabsichtigt, der BaFin und der Bundesbank eine Meldung erstatten (§ 70 Abs. 1 WpIG). Gleiches gilt, wenn ein Wertpapierinstitut seine Dienstleistungen in einem anderen Vertragsstaat anbieten möchte (§ 71 Abs. 1 WpIG). Sollten sich die angezeigten Umstände ändern, ist ebenfalls eine Meldung zu erstatten (§ 72 WpIG). Die Änderung der angezeigten Verhältnisse ist wie im Anwendungsbereich des KWG an die zuständigen Stellen des Aufnahmestaats weiterzuleiten (→ Rn. 267). Die zweite Art von Anzeigepflichten betrifft Fälle mit Bezug zu Drittstaaten. Ein inländisches Institut, welches eine Zweigstelle in einem Drittstaat errichten, verlegen oder schließen möchte, muss dies der BaFin und der Bundesbank anzuzeigen; selbiges gilt für die Aufnahme oder die Beendigung der Erbringung von grenzüberschreitenden Dienstleistungen ohne Errichtung einer Zweigstelle (§ 64 Abs. 1 Nr. 6 WpIG). Darüber hinaus kann die BaFin als auch die Bundesbank gemäß § 68 WpIG zusätzliche Anzeige- und Meldepflichten normieren, um einen vertieften Einblick zu erhalten.

298 **m) Wertpapierinstitutsgruppen, (gemischte) Wertpapierfinanzholdinggruppen und Wertpapierfinanzkomglomerate.** Wertpapierinstitute müssen die Anforderung der IFR grundsätzlich auf **Einzelbasis** erfüllen (Art. 5 IFR). Für kleine, nicht verflochtene Wertpapierinstitute sind Ausnahmen vorgesehen (Art. 6 IFR). Unions-Mutterunternehmen müssen zusätzlich die Kapitalanforderungen auf **konsolidierter Basis** erfüllen (Art. 7 IFR). Insoweit werden neue Begriffe eingeführt: Unions-Mutterwertpapierfirmen, Unions-Mutterinvestmentholdinggesellschaften und gemischte Unions-Mutterfinanzholdinggesellschaften. Die Definitionen dieser Unternehmensarten folgen den Begrifflichkeiten der Konglomeratsrichtlinie, auf die ausdrücklich verwiesen wird (Art. 4 Abs. 1 Nr. 56–58 IFR). Diese bildet auch das Modell für die Kreditinstitutsgruppen; daher kann auf

314 S. *Sethe/Lehmann* in Tietje/Nowrot Internationales Wirtschaftsrecht § 13 Rn. 24.

315 Die Dienstleistungserbringung an geborene professionelle Kunden und geeignete Gegenparteien wird vorrangig von Art. 46 ff. MiFIR behandelt; hierzu *Sethe* SZW 2014, 615 ff.

316 *Sethe/Lehmann* in Tietje/Nowrot Internationales Wirtschaftsrecht § 15 Rn. 48 ff.

die insoweit gemachten Ausführungen Bezug genommen werden (→ Rn. 268 ff. zu Institutsgruppen, Finanzholdinggruppen und gemischten Finanzholdinggruppen).

299 Für die Zwecke der Bestimmung der **zuständigen Aufsichtsbehörde** spielen die Begriffe Unions-Mutterwertpapierfirmen, Unions-Mutterinvestmentholdinggesellschaften und gemischte Unions-Mutterfinanzholdinggesellschaften abermals eine Rolle, s. Art. 46 IFD). Der deutsche Gesetzgeber hat diese Vorgabe in § 56 WpIG umgesetzt, spricht allerdings von „EU-Mutterwertpapierfirmen", „EU-Mutterinvestmentholdinggesellschaften" und „gemischten EU-Mutterfinanzholdinggesellschaften". Es gelten ähnliche Regeln wie bei Kreditinstitutsgruppen (→ Rn. 268 ff.). Die BaFin ist zuständig, soweit an der Spitze einer Wertpapierinstitutsgruppe eine EU-Mutterwertpapierfirma (Definition in Art. 4 Abs. 1 Nr. 56 Kapitaladäquanz-VO) mit Sitz in Deutschland steht (§ 56 Abs. 1 Nr. 1 WpIG). Sie ist auch zuständig für die Beaufsichtigung von Wertpapierinvestmentholdinggruppen oder gemischten Wertpapierinvestmentholdinggruppen, soweit zu ihnen ein einziges Wertpapierinstitut gehört, das seinen Sitz in Deutschland hat (§ 56 Abs. 1 Nr. 2 WpIG). Gehören mehrere Wertpapierinstitute aus unterschiedlichen Mitgliedstaaten zu einer solchen Gruppe, so hängt die Aufsicht durch die BaFin davon ab, dass neben einem Wertpapierinstitut auch die EU-Mutterinvestmentholdinggesellschaft oder die gemischte EU-Mutterinvestmentholdinggesellschaft ihren Sitz in Deutschland hat (§ 56 Abs. 1 Nr. 3 WpIG). Wenn kein Wertpapierinstitut seinen Sitz im selben Mitgliedstaat wie die Muttergesellschaft hat, kommt es darauf an, ob sich das Wertpapierinstitut mit der höchsten Bilanzsumme in Deutschland befindet (§ 56 Abs. 1 Nr. 5 WpIG). Dasselbe gilt in dem seltenen Fall, dass eine Gruppe mehrere Mutterunternehmen (zB zwei Unternehmen mit 50%iger Beteiligung) und mehrere Wertpapierinstitute hat, die in verschiedenen Mitgliedstaaten zugelassen sind (§ 56 Abs. 1 Nr. 4 WpIG).

300 Eine gewisse Flexibilität bei der Verteilung der Aufsicht sieht – den europarechtlichen Vorgaben durch Art. 46 Abs. 6 IFD folgend – § 56 Abs. 2 WpIG vor. Danach kann die BaFin im Einvernehmen mit den Behörden anderer Mitgliedstaaten von den in § 56 Abs. 1 Nr. 3–5 WpIG genannten Kriterien abweichen und eine andere Behörde als zuständig benennen. Die Regeln für die Verteilung der Zuständigkeit in den genannten Fällen sind daher nur **Leitlinien,** von denen im Einzelfall abgewichen werden kann. Anders verhält es sich bei § 56 Abs. 1 Nr. 1 und 2 WpIG, die ausnahmslos Anwendung finden.

301 Die Gruppenaufsicht hat verschiedene **Koordinierungspflichten** zur Folge. Beispielsweise müssen sich die Aufsichtsbehörden im Krisenfall – dh bei „ungünstigen Entwicklungen, die das ordnungsgemäße Funktionieren und die Integrität von Finanzmärkten oder die Stabilität des Finanzsystems in der Union als Ganzes oder in Teilen ernsthaft gefährden könnten" (Art. 17 Abs. 1 EBA-VO) – gegenseitig **warnen** (Art. 47 IFD, umgesetzt in deutsches Recht in § 57 WpIG). Das Gleiche gilt bei widrigen Entwicklungen an den Märkten, die die Marktliquidität und die Stabilität des Finanzsystems in einem der EWR-Staaten, in denen Unternehmen einer Wertpapierinstitutsgruppe zugelassen sind, gefährden könnten (Art. 47 IFD und gleichlautend § 57 WpIG).

302 Die BaFin kann auch **Nachprüfungen** bei Unternehmen auf Ersuchen der zuständigen Aufsichtsbehörden anderer Mitgliedstaaten durchführen (§ 60 WpIG). Es handelt sich um eine missglückte Umsetzung des Art. 50 IFD. Gemäß dem Titel der Vorschrift bezieht sich diese nur auf Unternehmen „in anderen Vertragsstaaten" – gemeint sind wohl Vertragsstaaten des EWR. Diese Einschränkung wurde offenbar aus dem Titel der Vorschrift des Art. 50 IFD übernommen. Dieser bezieht sich zwar auf „Mitgliedstaaten", die Ersetzung durch „Vertragsstaaten" in der deutschen Umsetzung lässt sich leicht mit der Geltung der Richtlinie auch im Bereich des EWR-Vertrags erklären. Der Titelzusatz ist dennoch verfehlt, denn die Richtlinie meint die Nachprüfung **in einem anderen Mitgliedstaat,** nicht eine Einschränkung auf Unternehmen **aus einem anderen Mitgliedstaat.** Der „andere" Mitgliedstaat in der Konstellation des § 60 WpIG ist Deutschland. Auf den Sitz des Unternehmens, welches von der Untersuchung betroffen ist, kommt es nicht an. Die Beschränkung auf Unternehmen in anderen Vertragsstaaten ist daher – zu Recht – auch im Text des § 60 WpIG nicht wiederzufinden, so dass eine unionskonforme Auslegung leicht fällt. Dennoch sollte der fehlerhafte Titelzusatz bei Gelegenheit durch den Gesetzgeber gestrichen werden.

303 Die BaFin kann, soweit sie für die Gruppenaufsicht nach § 56 WpIG zuständig ist, mit den Aufsichtsbehörden anderer Mitgliedstaaten **Aufsichtskollegien** (→ Rn. 144) gründen, um die Gruppe besser beaufsichtigen zu können (§ 58 WpIG, beruhend auf Art. 48 IFD. Den Vorsitz führt die für die Gruppenaufsicht zuständige Behörde, in den durch § 58 WpIG geregelten Fällen also die BaFin. Diese kann sich selbstverständlich auch an den von anderen zuständigen mitgliedstaatlichen Behörden gegründeten Aufsichtskollegien beteiligten. An den Sitzungen nimmt auch die EBA teil (§ 58 Abs. 4 WpIG). Diese kann von der BaFin um Unterstützung gebeten werden, wenn sie die aufsichtsführende Behörde ist und eine andere nationale Aufsichtsbehörde einem Ersuchen nach Zusammenarbeit nicht nachkommt (§ 59 Abs. 2 WpIG, der enger als Art. 48 Abs. 7 IFD formuliert

ist, welcher von „Uneinigkeit bezüglich einer Entscheidung der für die Gruppenaufsicht zuständigen Behörde über die Arbeitsweise der Aufsichtskollegien" spricht). Letztzuständig für Entscheidungen über die Gruppenaufsicht bleibt die zuständige mitgliedstaatliche Behörde, in den Fällen des § 56 WpIG also die BaFin.

n) Sicherung der Effizienz der Aufsicht. Die effiziente Aufsicht durch die Bundesanstalt soll nicht durch **Auslagerungen** bestimmter Aufgaben – zB ins Ausland – umgangen werden. Dies soll § 40 WpIG verhindern. Danach sind angemessene Vorkehrungen insbesondere dafür zu treffen, dass durch die Auslagerung weder die Ordnungsgemäßheit der Geschäfte noch die Geschäftsorganisation beeinträchtigt werden. Es werden jedoch nicht alle Auslagerungen erfasst, sondern nur **wesentliche,** d.h. solche, die entscheidende und wichtige betriebliche Aufgaben betreffen. Gemäß Art. 30 Abs. 1 DelVO (EU) 2017/565[317] handelt es sich hierbei um Aufgaben, deren unzureichende oder unterlassene Wahrnehmung die kontinuierliche Einhaltung der Zulassungsbedingungen und -pflichten oder der anderen Verpflichtungen der Wertpapierfirma gemäß der MiFID II, ihre finanzielle Leistungsfähigkeit oder die Solidität oder Kontinuität ihrer Wertpapierdienstleistungen und Anlagetätigkeiten wesentlich beeinträchtigen würde. Über § 40 Abs. 3 WpIG kann die Bundesanstalt sowohl gegenüber dem Wertpapierinstitut selbst als auch unmittelbar gegenüber dem Unternehmen, auf welches wesentliche Tätigkeiten ausgelagert werden, verhältnismäßige Anordnungen treffen, um übermäßige zusätzliche Risiken zu vermeiden. Hat das Auslagerungsunternehmen seinen Sitz in einem Drittstaat, muss das auslagernde Unternehmen dieses im Vertrag zur Benennung eines inländischen Zustellungsbevollmächtigten verpflichten, an den die BaFin Bekanntgaben und Zustellungen bewirken kann (§ 40 Abs. 2 S. 2 WpIG). Auf diese Weise wird die extraterritoriale Wirkung der deutschen Aufsicht sichergestellt. 304

8. Reichweite europäischen Rechts. Die Kapitaladäquanz-VO enthält – wie jede EU-Verordnung – in den Mitgliedstaaten unmittelbar anwendbares Recht. Sie bestimmt ihren räumlichen Anwendungsbereich jedoch nicht ausdrücklich. Sie gilt vielmehr für alle Kreditinstitute und Wertpapierfirmen, die im Rahmen der Eigenkapitalanforderungs-RL beaufsichtigt werden (Art. 1 Kapitaladäquanz-VO). Die Eigenkapitalanforderungs-RL legt ihrerseits ihren räumlichen Anwendungsbereich ebenfalls nicht fest. Sie verpflichtet lediglich die Mitgliedstaaten, von Kreditinstituten vor der Aufnahme ihrer Tätigkeit eine Zulassung zu verlangen (Art. 8 Abs. 1 Eigenkapitalanforderungs-RL). Für Wertpapierfirmen sieht Art. 5 Abs. 1 MiFID II ebenfalls ein solches Zulassungserfordernis vor, ohne dessen räumlichen Anwendungsbereich genau zu bestimmen. Den Mitgliedstaaten bleibt damit ein gewisses **Ermessen,** wie weit sie das Genehmigungserfordernis nach ihrem nationalen Recht erstrecken. Die Ausübung dieses Ermessens muss allerdings mit dem Ziel der genannten Richtlinien vereinbar sein. 305

9. Aufsicht durch die EZB. Im Oktober 2013 hat die EU als Teil der sog. Bankenunion eine Verordnung über den **Einheitlichen Aufsichtsmechanismus** *(Single Supervisory Mechanism)* verabschiedet (SSM-VO; → Rn. 17). Durch diesen wird die Europäische Zentralbank (EZB) seit dem 4.11.2014 mit wichtigen Aufsichtsaufgaben über die Kreditinstitute der Eurozone betraut.[318] Die EZB übt die unmittelbare Aufsicht über die systemrelevanten Institute aus, die durch bestimmte Schwellenwerte ermittelt werden (30 Mrd. Euro Aktiva oder Aktiva von mehr als 20% des Bruttoinlandsprodukts des Niederlassungsstaats); außerdem sind die drei größten Institute jedes Mitgliedstaats unabhängig von ihrer Systemrelevanz der EZB-Aufsicht unterstellt (vgl. Art. 6 Abs. 4 SSM-VO). Bezüglich aller übrigen Institute übt die EZB eine mittelbare Aufsicht aus: Sie erteilt Verordnungen, Leitlinien und allgemeine Weisungen gegenüber den nationalen Aufsichtsbehörden (Art. 6 Abs. 5 SSM-VO). Letztere kooperieren eng mit ihr. Innerhalb der Bank wurde ein spezielles Aufsichtsgremium *(Supervisory Board)* geschaffen, welches Beschlussentwürfe in allen die Beaufsichtigung von Kreditinstituten betreffenden Fragen vorbereitet. Letztentscheidungsbefugt ist der EZB-Rat. 306

Der Einheitliche Aufsichtsmechanismus betrifft nur die Aufsicht, das **anzuwendende Recht** vereinheitlicht er dagegen nicht. Der EZB ist daher neben der Anwendung europäischen Rechts auch die Anwendung nicht harmonisierter Teile des nationalen Rechts (sog. *national options and discretions)* übertragen. Soweit den Mitgliedstaaten durch EU-Verordnungen ein Wahlrecht eingeräumt wird, ist sie zur Anwendung der nationalen Rechtsvorschriften verpflichtet, durch die dieses 307

---

317 Delegierte VO (EU) 2017/565 der Kommission vom 25.4.2016 zur Ergänzung der Richtlinie 2014/65/EU des Europäischen Parlaments und des Rates in Bezug auf die organisatorischen Anforderungen an Wertpapierfirmen und die Bedingungen für die Ausübung ihrer Tätigkeit sowie in Bezug auf die Definition bestimmter Begriffe für die Zwecke der genannten Richtlinie, ABl. EU 2019 L 87, 1.

318 Ausf. zum Einheitlichen Aufsichtsmechanismus *Ferran/Babis,* The European Single Supervisory Mechanism, Cambridge Legal Studies Research Paper Series Nr. 10/2013, 11; *Lehmann/Manger-Nestler* ZBB 2014, 2; *Tröger* ZBB 2013, 373.

Wahlrecht ausgeübt wird; ebenso ist ihr die Anwendung nationalen Rechts zur Umsetzung von Richtlinien aufgetragen (s. Art. 4 Abs. 3 UAbs. 1 SSM-VO).[319] Das Verhältnis von Unionsorganen und Mitgliedstaaten ist damit in gewisser Weise auf den Kopf gestellt: Die EZB muss nationales Recht vollziehen. Die Verordnung bestimmt nicht ausdrücklich, welches nationale Recht von ihr anzuwenden ist. Allerdings ist aus systematischer Zusammenschau mit dem übrigen EU-Recht zu schließen, dass es sich um das Recht des Mitgliedstaats handelt, in dem das Kreditinstitut seinen Sitz hat (s. Art. 49 Abs. 1 Eigenkapitalanforderungs-RL iVm Art. 4 Abs. 1 Nr. 43 Kapitaladäquanz-VO iVm Art. 14 SSM-VO). Eine Parallele zu Art. 4 Abs. 1 Nr. 55 lit. a Ziff. ii MiFID II legt nahe, dass es sich dabei um den **Satzungssitz** handelt.

308 **10. Fremdenrecht.** Das KWG enthält einige fremdenrechtliche Vorschriften, die die Definition der erlaubnispflichtigen Geschäfte und Dienstleistungen betreffen. Ein Beispiel findet sich in § 1 Abs. 1a S. 2 Nr. 5 KWG. Danach ist die sog. **Drittstaateneinlagenvermittlung,** das heißt die Vermittlung von Einlagegeschäften mit Unternehmen mit Sitz außerhalb des EWR, eine Finanzdienstleistung. Bei der Vermittlung von Einlagegeschäften mit inländischen Unternehmen ist dies hingegen nicht der Fall. Die Vorschrift hat keinen europäischen, sondern einen rein nationalen Hintergrund. Sie soll die Umgehung der Einlegerschutzvorschriften des KWG verhindern.[320]

309 Ebenfalls zum Fremdenrecht kann man § 1 Abs. 1a S. 2 Nr. 7 KWG zählen. Danach ist das **Sortengeschäft** eine Finanzdienstleistung und unterliegt den Vorschriften des KWG. Unter dem Sortengeschäft versteht man den Tausch ausländischer Banknoten und Münzen sowie den An- und Verkauf von Reiseschecks.[321] Dabei handelt es sich um das typische Geschäft von Wechselstuben.

310 Zu beachten ist, dass für Unternehmen, die außer der Drittstaateneinlagenvermittlung und dem Sortengeschäft keine weiteren Finanzdienstleistungen im Sinne des deutschen Rechts erbringen, gemäß § 2 Abs. 7 KWG zahlreiche **Erleichterungen** gelten. Diese müssen zB die Anforderungen an die Eigenmittelausstattung nicht einhalten.

311 Auch hinsichtlich der **Beantragung der Erlaubnis** existieren fremdenrechtliche Vorschriften. Gemäß § 33 Abs. 1 S. 1 Nr. 1 KWG *muss* die BaFin die Erteilung einer Bankerlaubnis an ein **Tochterunternehmen eines ausländischen Kreditinstituts** versagen, wenn die für letzteres zuständige ausländische Aufsichtsbehörde der Gründung des Tochterunternehmens nicht zugestimmt hat. Sie *kann* die Erlaubnis gemäß § 33 Abs. 2 KWG versagen, wenn Tatsachen die Annahme rechtfertigen, dass die wirksame Aufsicht über das Institut beeinträchtigt wird. Das ist insbesondere dann der Fall, wenn dieses mit Personen oder Unternehmen verflochten ist, für die drittstaatliche Gesetze gelten (§ 33 Abs. 2 S. 2 Nr. 2 KWG). Außerdem ist eine Beeinträchtigung der Aufsicht anzunehmen, wenn das Institut ein Tochterunternehmen eines drittstaatlichen Instituts ist, das in seinem Heimatstaat nicht wirksam beaufsichtigt wird oder dessen Aufsichtsstelle nicht zu einer befriedigenden Zusammenarbeit mit der BaFin bereit ist (§ 33 Abs. 2 S. 2 Nr. 3 KWG). Solchen drittstaatlichen Instituten kann auch der **Erwerb einer bedeutenden Beteiligung** an einem inländischen Institut untersagt werden (§ 2c Abs. 1b S. 1 Nr. 3 KWG). Insgesamt handelt es sich dabei um Vorschriften der Gefahrenabwehr, die aus einem Misstrauen gegenüber ausländischen Instituten geboren sind.

312 Gemäß § 33a KWG kann die BaFin für Institute mit Sitz außerhalb der EU oder deren Tochterunternehmen das **Erlaubnisverfahren aussetzen** und eine bereits erteilte **Erlaubnis beschränken,** wenn ein entsprechender Beschluss des Rats oder der Kommission vorliegt.[322] Selbst Zweigniederlassungen ausländischer Institute kann die Tätigkeit untersagt werden, denn diese gelten gemäß § 53 Abs. 2a KWG als Tochterunternehmen. Der Zweck dieser Vorschrift besteht darin, den Organen der EU ein Druckmittel an die Hand zu geben, wenn sie mit anderen Staaten über die Beaufsichtigung von Finanzinstituten verhandeln.[323] Damit werden längst überholte Reziprozitätserfordernisse wiederbelebt und internationale Streite auf dem Rücken der Institute ausgetragen (zu einer entsprechenden Vorschrift im Schweizer Recht → Rn. 223). Zudem verstößt diese Praxis gegen das

---

[319] S. zu letzterem *Witte* 21 Maastricht Journal of European and Comparative Law 89 (2014).

[320] Vgl. Fischer/Schulte-Mattler/*Schäfer* KWG § 1 Rn. 175.

[321] Reischauer/Kleinhans/*Brogl,* Stand: 3/2022, KWG § 1 Rn. 233; Beck/Samm/Kokemoor/*Reschke,* 224. Aktualisierung 1/2022, KWG, § 1 Abs. 1a Rn. 665–669d, der allerdings darauf hinweist, dass die Verwaltungspraxis der BaFin aus teleologischen Gründen den An- oder Verkauf von Münzen alleine nicht für erlaubnispflichtig hält; Fischer/Schulte-Mattler/*Schäfer* KWG § 1 Rn. 177.

[322] Der Verweis des § 33a KWG auf Art. 147 Eigenkapitalanforderungs-RL ist dabei irreführend, denn dieser bezieht sich auf die Unterstützung der Kommission durch den Europäischen Bankenausschuss. Hintergrund sind vielmehr Art. 47 f. Eigenkapitalanforderungs-RL, welche die Beziehungen der EU zu Drittländern regeln.

[323] Fischer/Schulte-Mattler/*Fischer/Krolop* KWG § 33a Rn. 1.

GATS.[324] Im Wege der völkerrechtsfreundlichen Auslegung ist daher die Anwendung dieser Vorschrift gegenüber anderen Vertragsstaaten des GATS auszuschließen.

11. Kooperation mit europäischen und ausländischen Stellen. §§ 7a–7d KWG enthalten umfangreiche Vorschriften zur Kooperation mit anderen Stellen. Dazu gehören neben der **Europäischen Kommission** die Aufsichtsbehörden **EBA** und **ESMA,** der **Europäische Bankenausschuss** und der **Europäische Ausschuss für Systemrisiken.** Darüber hinaus sehen die §§ 8–8c KWG auch eine Zusammenarbeit mit den zuständigen Stellen **anderer EWR-Staaten** vor. Diese betrifft die Beaufsichtigung grenzüberschreitend tätiger Institute sowie die von Instituts- und Finanzholding-Gruppen. 313

Inhalt der Kooperation ist in erster Linie der **Informationsaustausch.** Der Europäischen Kommission sind vor allem Vorgänge mit Beziehung zu Drittstaaten[325] sowie Vorgänge mit Beziehung zu anderen EWR-Staaten[326] mitzuteilen. Die an die europäischen Aufsichtsbehörden EBA und ESMA weiterzugebenden Daten sind dagegen gegenständlich nicht eingeschränkt, sondern auf Verlangen sind alle für deren Tätigkeit notwendigen Informationen zur Verfügung zu stellen (§ 7b Abs. 1 S. 3 KWG). Dem Europäischen Bankenausschuss ist Meldung zu erstatten, wenn einem drittstaatlichen Institut die Erlaubnis zur Errichtung einer Zweigniederlassung im Inland erteilt wurde (§ 7c KWG). Der ESRB ist insbesondere über die Quote für den antizyklischen Kapitalpuffer nach § 10d KWG zu unterrichten (§ 7d S. 2 KWG). Gegenüber anderen EWR-Staaten besteht die Pflicht zum Austausch zweckdienlicher und grundlegender Informationen (§ 8 Abs. 3 S. 3 KWG). Dieser steht allerdings unter dem Vorbehalt der Vereinbarkeit mit datenschutzrechtlichen Bestimmungen. Besondere Informationspflichten sind bei der Errichtung ausländischer Zweigniederlassungen durch inländische Institute zu beachten (§ 24a Abs. 2 KWG; → Rn. 266). Als Aufsichtsbehörde einer Instituts- oder Finanzholdinggruppe ist die BaFin in Krisensituationen, die eine Gefahr für die Marktliquidität und die Stabilität der Finanzmärkte darstellen, zu weitgehender Unterrichtung und Information gegenüber dem BMF, der EBA, dem ESRB und der Bundesbank verpflichtet (§ 8 Abs. 7 S. 1 KWG). 314

Die Kooperationspflicht erstreckt sich auch auf **Amtshilfe** bei der Überwachung, einer Prüfung oder Ermittlung gegenüber konkreten Instituten (§ 8 Abs. 3a KWG). Grenzen ziehen nur Souveränitäts-, Sicherheits- oder sonstige öffentliche Interessen sowie die Unabhängigkeit der Rspr. und der Grundsatz der Unanfechtbarkeit von Verwaltungsakten (§ 8 Abs. 3a S. 3 KWG). 315

Zusätzliche Vorschriften für die Kooperation bei der Aufsicht über Wertpapierinstitute enthalten die §§ 10–11 WpIG und §§ 57–60 WpIG. Diese enthalten neben Informationspflichten (§§ 10–11 WpIG) auch Warnpflichten in Krisensituationen (§ 57 WpIG; → Rn. 304). Außerdem ist auch die Nachprüfung von Informationen über Unternehmen vorgesehen (§ 60 WpIG; → Rn. 304). 316

III. Regulierung und Beaufsichtigung von Börsen und anderen Handelsplätzen

1. Ökonomischer Hintergrund. Börsen dienen dem zentralisierten Handel von Finanzinstrumenten. In den letzten Jahren ist neben die Börsen eine Vielzahl anderer Handelsplätze getreten. So ist der klassische Parketthandel zunehmend durch elektronische Handelssysteme abgelöst worden. Außerdem sind nichtöffentliche Handelsplätze wie zB die sog. *dark pools* entstanden, an denen nur bestimmte Teilnehmer zugelassen sind, die in großen Volumina handeln. 317

Börsen und andere Handelsplätze erfüllen **wichtige volkswirtschaftliche Aufgaben:** Sie dienen der effizienten Deckung des Finanzierungsbedarfs von Unternehmen und der Möglichkeit der Anlage von Kapital durch Sparer. Damit sind sie Motor für Wachstum und Strukturwandel.[327] Durch die Zusammenführung von Kauf- und Verkaufsinteressen stellen sie einen liquiden und zentralisierten Markt dar. Infolgedessen erleichtern sie den schnellen Umsatz und die Erzielung optimaler Preise für alle Handelsteilnehmer. Außerdem senden sie durch die Feststellung des durchschnittlichen Handelspreises und des Handelsvolumens wichtige Signale an Dritte. 318

2. Grundstrukturen der Regulierung. Traditionell unterstehen Börsen und andere Handelsplätze der **Selbstverwaltung,** da ihre Gründung meist auf private Initiative zurückgeht. Aufgrund ihrer volkswirtschaftlichen Bedeutung werden sie allerdings einer zunehmend strengen **staatlichen Regulierung** unterworfen. Wegen ihrer Rolle bei der Vollendung des Binnenmarkts im Finanzsektor interessiert sich auch die EU für sie. 319

---

[324] *Sethe/Lehmann* in Tietje/Nowrot Internationales Wirtschaftsrecht § 15 Rn. 48.

[325] Beispielsweise die Erteilung einer Erlaubnis zur Errichtung einer Zweigniederlassung im Inland an ein drittstaatliches Institut, § 7a Abs. 1 Nr. 5 KWG.

[326] ZB Maßnahmen, die Deutschland als Aufnahmemitgliedstaat im Rahmen seiner Residualaufsicht gegenüber einem Institut aus einem anderen Staat des EWR trifft, § 7a Abs. 1 Nr. 4 KWG.

[327] Kümpel/Mülbert/Früh/Seyfried Bank-/KapMarktR/*Seiffert/Lembke* Rn. 14.130.

320 Die maßgeblichen Grundlagen des EU-Rechts finden sich in der MiFID II[328] und der MiFIR.[329] Sie enthalten unterschiedliche Vorschriften für **geregelte Märkte, multilaterale Handelssysteme** (*multilateral trading facilities* – MTF), organisierte Handelssysteme (*organised trading facilities* – OTF) sowie **systematische Internalisierer** (s. Art. 18 ff., 44 ff. MiFID II). Geregelte Märkte, MTF und OTF sind „multilaterale Systeme", die die Interessen einer Vielzahl von Dritten am Kauf oder Verkauf von Finanzinstrumenten zusammenführen (→ Rn. 164, Rn. 148 ff.). Sie werden auch als Handelsplätze bezeichnet (→ Rn. 169). Systematische Internalisierer sind keine Handelsplätze, sondern Wertpapierdienstleister – meist Banken –, die Kauf- und Verkaufsaufträge ihrer eigenen Kunden abwickeln, indem sie diese untereinander zum Ausgleich bringen (*„matchen"*). Sie treiben selbst Handel für eigene Rechnung (Art. 4 Abs. 1 Nr. 20 MiFID II).

321 Im **deutschen Recht** wurden die Regelungen der MiFID II in verschiedenen Gesetzen umgesetzt.[330] Die Vorschriften über geregelte Märkte finden sich im BörsG, die dort unter der Bezeichnung „regulierter Markt" firmieren. Die Regelungen über MTF und über systematische Internalisierer befinden sich in §§ 72–74 WpHG und § 79 WpHG. Wer über eine Zulassung als Börse verfügt, ist von den Pflichten des WpHG über multilaterale Handelssysteme ausgenommen (§ 3 Abs. 1 Nr. 13 WpHG). Soweit eine Börse ein MTF betreibt, finden die Bestimmungen des BörsG über den „Freiverkehr" Anwendung (§ 48 BörsG), die ihrerseits auf die Normen über geregelte Märkte verweisen. Die Betreiber vollelektronischer Börsen haben die Wahl, für diese eine Zulassung nach dem BörsG zu beantragen oder sie als multilaterales Handelssystem nach dem WpHG zu betreiben.[331]

322 Zu beachten ist, dass sich die Vorschriften der MiFID II und der MiFIR auf Handelsplätze konzentrieren, an denen **Finanzinstrumente** angeboten werden. Dies folgt aus der Ausrichtung auf Märkte für Finanzinstrumente.[332] Das deutsche Börsenrecht ist hingegen weiter, weil es auch den Handel mit Wirtschaftsgütern erfasst (§ 2 Abs. 1 BörsG). Daher sind etwa **Warenbörsen** einbezogen (§ 2 Abs. 3 BörsG).

323 **3. Kollisionsrechtliche Erwägungen.** Jeder Staat hat ein Interesse daran, dass die auf seinem Gebiet ansässigen **Börsen** dem eigenen Recht unterliegen. Das gilt sogar dann, wenn an ihnen ein Geschäft geschlossen wird, an dem ausschließlich ausländische Personen beteiligt sind, denn sie vertrauen regelmäßig auf eine ordnungsgemäße Überwachung der Börse durch deren Sitzstaat. Wird dieses Vertrauen enttäuscht, so hat das Rückwirkungen auf die Reputation des Staats und seiner Börsen. An deren Wahrung besteht ein erhebliches öffentliches Interesse. Insofern wird auf alle Fragen bezüglich einer Börse **stets die Regulierung des Börsenstaats** angewandt, gleichgültig, ob dort Finanzinstrumente ausländischer Emittenten gehandelt werden oder ausländische Parteien beteiligt sind.

324 Für rein **elektronische Handelsplätze** gelten grundsätzlich die gleichen Erwägungen wie für Börsen. Bei ihnen besteht allerdings die zusätzliche Schwierigkeit, den Standort zu bestimmen. Einen physischen Handelsort gibt es nicht. Würde man an den Standort eines Computers, etwa des Zentralrechners, anknüpfen, so liefe man Gefahr, dass dieser in einen Staat mit niedrigerer Aufsicht verlegt würde (***regulatory arbitrage,*** → Rn. 14). Dies wiederum führt zu einem Wettbewerb der Staaten, den derjenige mit den niedrigsten Anforderungen gewinnt (***race to the bottom;*** → Rn. 13 f.).[333] Um dies zu verhindern, müssen andere Anknüpfungspunkte gefunden werden. Sinnvoll erscheint es, abstrakte Kriterien wie zB den Sitz des Betreibers zu verwenden.

325 **Systematische Internalisierer** unterscheiden sich von Börsen und Handelsplätzen insofern, als sie Dritten nicht offenstehen, sondern nur eigenen Kunden. Meist sind sie als Wertpapierfirmen beaufsichtigt. Insofern genügt es, es bei der Regulierung als Wertpapierfirma und den dort verwendeten Anknüpfungskriterien zu belassen.

326 **4. Ausländische Regelungen.** In den **USA** ist die Zuständigkeit für die Börsenaufsicht auf zwei verschiedene Behörden aufgespalten. Für die Überwachung von Warenterminbörsen und -derivatebörsen ist nach dem *Commodity Exchange Act* die CFTC *(Commodity Futures Trading Commission)* zuständig (sec. 2 Commodity Exchange Act (7 U.S.C. § 2)). An diesen Börsen können Geschäfte wie Futures über Waren geschlossen werden (Sec. 4(a) Commodity Exchange Act (7 U.S.C. § 6(a))).

---

328 RL 2014/65/EU vom 15.5.2014 über Märkte für Finanzinstrumente, ABl. EU 2014 L 173, 349.

329 VO (EU) 600/2014 vom 15.5.2014 über Märkte für Finanzinstrumente, ABl. EU 2014 L 173, 84.

330 Zum RefE des 2. Finanzmarktnovellierungsgesetzes, durch das die MiFID II in deutsches Recht umgesetzt wurde, s. *Schalast,* Recht der Finanzinstrumente 2016, 265.

331 Schwark/Zimmer/*Kumpan* BörsG Einl. Rn. 40.

332 Neu aufgenommen wurden Finanzinstrumente über Waren und andere Derivate, die so konzipiert und gehandelt werden, dass sie mit traditionellen Finanzinstrumenten vergleichbar sind, sowie CO_2-Emissionszertifikate, vgl. Erwägungsgrund Nr. 8 und 11 MiFID II.

333 Vgl. auch *Licht* 41 Va. J. Int'l L. 583, 610–613 (2000–2001).

Die Zuständigkeit für die Aufsicht über Wertpapierbörsen unterfällt dagegen nach dem *Securities Exchange Act* aus dem Jahr 1934 der Zuständigkeit der SEC *(Securities Exchange Commission)* (Sec. 4 Securities Exchange Act 1934 (15 U.S.C. § 78d)). Nur die Aufsicht durch letztere wird im Folgenden näher dargestellt. Der *Securities Exchange Act* verlangt die Registrierung jeder Wertpapierbörse, die sich innerhalb des Gebiets oder der Zuständigkeit der Vereinigten Staaten befindet *(within or subject to the jurisdiction of the United States)* (Sec. 5 Securities Exchange Act 1934 (15 U.S.C. § 78e)). Fehlt eine solche Registrierung, dürfen die Instrumente des zwischenstaatlichen Verkehrs (Post, Telekommunikation) nicht benutzt werden, um die Dienste der Börse in Anspruch zu nehmen. Der Begriff *exchange* (Börse) umfasst sowohl klassische Börsen als auch elektronische Handelsplattformen (Sec. 3(a)(1) Securities Exchange Act 1934). Alternative Handelsplattformen mit beschränktem Zugang (*Alternative Trading Systems* – ATS) können wählen, ob sie sich als Börse oder als Wertpapierdienstleister *(broker-dealer)* zulassen.[334] Für Plattformen zum Abschluss von Swap-Verträgen wurde eine spezielle Erlaubnispflicht eingeführt (Sec. 3D(a)(1) Securities Exchange Act 1934). Die Auslegung des Merkmals „*within or subject to the jurisdiction of the United States*" bereitet erhebliche Schwierigkeiten, da sich Börsen im US-amerikanischen Sinn – vor allem elektronische – nur schwer lokalisieren lassen. Die SEC verfolgt insoweit einen strengen Ansatz.[335] Sie hat zB die Aufstellung von Handelsbildschirmen ausländischer Börsen auf amerikanischem Territorium untersagt.[336] Ausnahmen werden nur selten erlaubt.

In der **Schweiz** unterstellt das Bundesgesetz über die Finanzmarktinfrastrukturen und das Marktverhalten im Effekten- und Derivatehandel (FinfraG) das Betreiben einer Börse einem Genehmigungserfordernis (Art. 2 lit. a Nr. 1 iVm Art. 4 Abs. 1 FinfraG). Unter den Begriff „Börse" fällt jede Einrichtung zum multilateralen Handel von Effekten, an der Effekten kotiert werden und die den gleichzeitigen Austausch von Angeboten unter mehreren Teilnehmern sowie den Vertragsabschluss nach nichtdiskretionären Regeln bezweckt (Art. 26 lit. b FinfraG). Dabei stimmt der Begriff „Effekten" im Wesentlichen mit dem deutschen Ausdruck „Finanzinstrumente" überein.[337] Multilaterale Handelssysteme sind gemäß Art. 2 lit. a Nr. 2 FinfraG iVm Art. 4 Abs. 1 FinfraG ebenfalls einem Bewilligungserfordernis unterstellt. Der Begriff wird in Anlehnung an die Definition des EU-Rechts verstanden.[338] Art. 41 Abs. 1 FinfraG verlangt von allen Handelsplätzen die Anerkennung durch die FINMA, bevor sie in der Schweiz beaufsichtigten Teilnehmern direkten Zugang zu ihren Einrichtungen gewähren (Art. 41 Abs. 1 FinfraG). Nach Schweizer Auffassung ist ein solcher „Zutritt" durch Systeme mit einer technischen Präsenz im Inland, wie zB Handelsbildschirme, gewährt, auch wenn nur ein einziger Teilnehmer in der Schweiz sie nutzt; die Lit. ist gegenüber dieser weiten Auslegung kritisch und verlangt, dass sich wichtige technische Einrichtungen wie etwa der Zentralcomputer im Inland befinden.[339] Voraussetzungen der Anerkennung sind, 1. dass der Handelsplatz einer angemessenen Regulierung und Aufsicht im Ausland unterliegt, 2. dass die ausländischen Behörden keine Einwände gegen eine grenzüberschreitende Tätigkeit des Handelsplatzes in der Schweiz haben und 3. dass diese der FINMA zusichern, sie bei der Feststellung von Gesetzesverstößen und sonstigen Missständen zu benachrichtigen (Art. 41 Abs. 2 FinfraG). Die Angemessenheit der Regulierung und Aufsicht bedeutet dabei nicht Äquivalenz zum Schweizer Recht, sondern ist ein großzügigerer Standard.[340] Die Anerkennung kann zwar verweigert werden, wenn keine Reziprozität besteht, dh wenn der Staat, in dem der ausländische Handelsplatz seinen Sitz hat, den Schweizer Handelsplätzen weder tatsächlich Zugang zu seinen Märkten gewährt noch die gleichen Wettbewerbsmöglichkeiten bietet (Art. 41 Abs. 4 FinfraG). Allerdings ist insoweit das GATS vorrangig.[341] **327**

5. Inhalt und Reichweite des deutschen Rechts. a) Regulierung und Beaufsichtigung klassischer Börsen. aa) Regulierung. Die Grundlagen des deutschen Börsenrechts finden sich **328**

[334] SEC, Regulation ATS, Release No. 34–40760, 17 CFR § 240.3a1–1; dazu *Kumpan,* Die Regulierung außerbörslicher Wertpapierhandelssysteme im deutschen, europäischen und US-amerikanischen Recht, 2006, 147–149.

[335] Vgl. *Schammo* ICLQ 57 (2008), 827 (837).

[336] *Jackson/Fleckner/Gurevich* (2006) 1 Capital Markets Law Journal, 54; der deutsche § 102 WpHG ist eine Reaktion auf diese Praxis, s. Schwark/Zimmer/*v. Hein* WpHG § 102 Rn. 2.

[337] *Lehmann,* Finanzinstrumente, 2009, 162 f.

[338] *Schatt/Winkler* in Sethe ua, Kommentar zum Finanzmarktinfrastrukturgesetz, 2017, FinfraG Art. 26 Rn. 17.

[339] S. *Leisinger* in Sethe ua, Kommentar zum Finanzmarktinfrastrukturgesetz, 2017, FinfraG Art. 41 Rn. 2. Ebenso zum alten Recht Basler Kommentar zum Börsengesetz/*Daeniker/Waller,* 2. Aufl. 2011, BEHG § 3 Rn. 18 f.; *Weber* Börsenrecht, 2. Aufl. 2013, BEHG Art. 3 Rn. 22; zum FinfraG s. *Leisinger* in Sethe ua, Kommentar zum Finanzmarktinfrastrukturgesetz, 2017, FinfraG Art. 41 Rn. 2.

[340] *Leisinger* in Sethe ua, Kommentar zum Finanzmarktinfrastrukturgesetz, 2017, FinfraG Art. 41 Rn. 13.

[341] S. *Leisinger* in Sethe ua, Kommentar zum Finanzmarktinfrastrukturgesetz, 2017, FinfraG Art. 41 Rn. 31. Zum alten Recht Basler Kommentar zum Börsengesetz/*Schaad,* 2. Aufl. 2011, BEHG § 37 Rn. 5.

im Börsengesetz. Ziel ist die Gewährleistung der Funktionsfähigkeit der Börsen.[342] Der Gesetzgeber unterwirft die Errichtung der Börse dem Erfordernis einer **Erlaubnis** (§ 4 Abs. 1 BörsG) und unterstellt ihren Betrieb einer **laufenden staatlichen Überwachung** (§ 3 Abs. 1 S. 1 BörsG). §§ 3 ff. BörsG enthalten materielle Anforderungen an die Organisation der Börse und die Durchführung des Handels. Das BörsG setzt zum Teil Vorgaben der Art. 44–56 MiFID II über geregelte Märkte um, die den Binnenmarkt für Börsendienstleistungen liberalisieren.

329 **bb) Anwendungsbereich des deutschen Rechts.** Das deutsche **Börsengesetz** beschreibt seinen **räumlichen Anwendungsbereich** nicht ausdrücklich. Nach verbreiteter Ansicht soll sich das Gesetz nur auf in Deutschland befindliche Börsen beziehen. Dies wird aus dem Territorialitätsprinzip geschlossen: Der Anwendungsbereich des Börsengesetzes könne nicht weiter sein als der Geltungsbereich der deutschen Rechtsordnung.[343] Dem ist zu widersprechen. Das völkerrechtliche Territorialitätsprinzip engt nur den Geltungsbereich des Gesetzes ein. Der Anwendungsbereich kann aus völkerrechtlicher Sicht durchaus weiter sein (→ Rn. 125). Allerdings geht der Gesetzgeber des BörsG – im Einklang mit Art. 44 Abs. 4 MiFID II – davon aus, dass auf die Börse das Recht der zu ihrer Beaufsichtigung zuständigen Behörde Anwendung findet. Im Ausland ansässige Börsen können deutsche Behörden nicht beaufsichtigen. Die richtige Begründung für die territoriale Beschränkung des Anwendungsbereichs des BörsG ist daher das Prinzip des Gleichlaufs von Zuständigkeit und anzuwendendem Recht (→ Rn. 105).

330 Die territoriale Ausrichtung des Börsenrechts lässt die Frage offen, wie der **Standort der Börse** bestimmt werden soll. Zum Teil wird eine Anknüpfung an den Ort der Börsenveranstaltung befürwortet.[344] Diese ist jedoch angesichts der zunehmenden Verdrängung des Parketthandels durch den elektronischen Handel praktisch kaum durchführbar. Eine andere Möglichkeit wäre, auf den Standort des Zentralrechners abzustellen, weil sich hier Angebot und Nachfrage treffen. Jedoch würde dies zahlreiche Umgehungsmöglichkeiten eröffnen. Diese Anknüpfung ist daher ebenfalls abzulehnen.[345] Die Anwendung des Rechts am Sitz oder gewöhnlichen Aufenthalt der Handelsteilnehmer ist ebenfalls unangebracht, da dieser in verschiedenen Staaten liegen kann und daher eine Vielzahl von Rechtsordnungen anwendbar wäre.[346]

331 Die ganz hM verweist für den Standort der Börse auf deren **„Sitz“**.[347] Als Argument wird die Regelung des § 3 Abs. 1 S. 1 BörsG angeführt, welche die Börse der Aufsicht durch die zuständige oberste Landesbehörde unterstellt. Da sich deren Zuständigkeit nicht über die Grenzen ihres Bundeslandes hinaus erstrecken kann, müsse der Sitz als Anknüpfungsmerkmal dienen. Das Argument ist ein *non sequitur,* da die Beschränkung der Zuständigkeit auf die Landesgrenzen allein noch nicht besagt, mit Hilfe welchen Merkmals die Belegenheit innerhalb der Landesgrenzen zu bestimmen ist. Für die Anknüpfung an den Sitz der Börse spricht jedoch, dass dieser ein einheitliches Kriterium bietet, um die Zuständigkeit verschiedener Aufsichtsbehörden abzugrenzen. Das ist bei der Börsenaufsicht besonders wichtig, da aufgrund der nur landesweiten Zuständigkeit der Aufsichtsbehörden Kompetenzkonflikte nicht nur mit dem Ausland, sondern sogar innerhalb Deutschlands drohen.

332 Mit der Anknüpfung an den Sitz sind allerdings noch nicht alle Schwierigkeiten behoben. Dieser muss vielmehr noch näher bestimmt werden. Überwiegend wird der Sitz als **Verwaltungssitz** definiert.[348] Gemeint ist damit der Ort der Hauptverwaltung der Börse, nicht der ihres Betreibers.[349] Die Anknüpfung an den Verwaltungssitz wird damit begründet, dass von ihm aus die Organisation und der Betrieb des Markts gesteuert und beeinflusst werden können.[350] Dieser dient als eine Art Ersatz für die Börsenveranstaltung, die aufgrund der Ablösung des klassischen Parketthandels durch den elektronischen Handel nicht mehr zu lokalisieren ist.

---

342 Schwark/Zimmer/*Kumpan* BörsG Einl. Rn. 17–18; Kümpel/Mülbert/Früh/Seyfried Bank-/KapMarktR/*Seiffert* Rn. 14.139.

343 *Kümpel* BankR/KapMarktR, 3. Aufl. 2004, Rn. 17.40; *Christoph,* Börsenkooperationen und Börsenfusionen, 2007, 191.

344 *Schuster,* Die internationale Anwendung des Börsenrechts, 1996, 237–242.

345 Ebenso Schwark/Zimmer/*Kumpan* BörsG § 4 Rn. 2; *Christoph,* Börsenkooperationen und Börsenfusionen, 2007, 193; *Florian,* Rechtsfragen des Wertpapierhandels im Internet, 2001, 254 f.; *Vaupel* RIW 1993, 733 (737).

346 Schwark/Zimmer/*Kumpan* BörsG § 4 Rn. 2; s. zur geringen Bedeutung des Sitzes der Handelsteilnehmer auch *Seiffert* in Kümpel/Wittig BankR/KapMarktR, 4. Aufl. 2011, S. 312, Rn. 4.25.

347 Schwark/Zimmer/*Kumpan* BörsG § 3 Rn. 1; *Dreyling* WM 1990, 1529; *Riehmer/Heuser* NZG 2001, 385 (391); *Samm* WM 1990, 1265 (1268).

348 Schwark/Zimmer/*Kumpan* BörsG § 4 Rn. 2; *Christoph,* Börsenkooperationen und Börsenfusionen, 2007, 193; s. auch *Blumentritt,* Die privatrechtlich organisierte Börse, 2003, 78 mwN.

349 Deutlich *Christoph,* Börsenkooperationen und Börsenfusionen, 2007, 194 f.

350 Schwark/Zimmer/*Kumpan* BörsG § 4 Rn. 2.

333 Gegen die Anknüpfung an den Verwaltungssitz ist jedoch einzuwenden, dass sie mit zahlreichen **Unsicherheiten** belastet ist. Es besteht keine Einigkeit, nach welchen Kriterien der Verwaltungssitz zu ermitteln ist (→ Rn. 422). Hinzu kommen zahlreiche faktische Schwierigkeiten. Die Organisation und der Betrieb der Börse lassen sich von vielen Orten aus steuern und beeinflussen. Die Fragwürdigkeit der Anknüpfung wird besonders augenfällig bei in zwei oder mehreren Ländern gemeinschaftlich betriebenen Handelsplattformen, wie etwa der Deutsch-Schweizerischen Börse Eurex.[351] Entscheidend spricht gegen die Anknüpfung an den Verwaltungssitz, dass sie **europarechtliche Vorgaben verletzt.** Art. 44 Abs. 4 MiFID II sieht vor, dass „Systeme des geregelten Marktes" – das sind Börsen – dem Recht des Herkunftsmitgliedstaats unterliegen. Das ist nach Art. 4 Nr. 55 lit. b MiFID II der Staat, „in dem der geregelte Markt registriert ist". Nur wenn der geregelte Markt nach dem Recht des Registrierungsstaats keinen „Sitz" hat, ist der Ort der Hauptverwaltung entscheidend (Art. 4 Nr. 55 lit. b MiFID II). Der deutsche Gesetzgeber ist dieser Anknüpfung bei der Definition des geregelten Markts im Rahmen des WpHG gefolgt (§ 2 Abs. 17 Nr. 2 WpHG). Aufgrund der Richtlinienvorgaben hätte er dies auch für das Börsenrecht tun müssen.

334 Der Anwendungsbereich des BörsG ist daher richtlinienkonform dahin auszulegen, dass es vorrangig auf die **Registrierung** in Deutschland ankommt. Wie oben dargelegt (→ Rn. 191, → Rn. 196), muss der **statutarische Sitz** des organisierten Markts im Inland liegen. Auf den Verwaltungssitz kommt es lediglich bei den – wenigen – Börsen an, die keinen statutarischen Sitz haben. Auf Börsen mit Satzungssitz in anderen Staaten des EWR ist das deutsche Börsenrecht nur dann anwendbar, wenn sie nach dem Recht des anderen Staats keinen Satzungssitz haben und ihre Hauptverwaltung in Deutschland liegt (vgl. Art. 4 Nr. 55 lit. b MiFID II). Das deutsche Recht gilt selbst dann nicht, wenn die Börse ihren Satzungssitz im Ausland, ihre Hauptverwaltung hingegen auf deutschem Territorium hat. Umgehungsmöglichkeiten entstehen dadurch nicht. Börsen mit Sitz außerhalb des EWR unterliegen den Anforderungen des deutschen Rechts, sobald sie Handelsteilnehmern im Inland Marktzugang gewähren (§ 102 WpHG; → Rn. 343).

335 **cc) Sicherung der Effizienz der Aufsicht.** Die effiziente Aufsicht könnte umgangen werden, indem man Teile der Börse in das Ausland verlegt. Aus diesem Grund verbietet **§ 5 Abs. 3 BörsG** die Auslagerung wesentlicher Bereiche der Börse, soweit diese die ordnungsgemäße Durchführung und Abwicklung des Börsenhandels oder die Beaufsichtigung der Börse beeinträchtigt. Als Beeinträchtigung der Beaufsichtigung ist insbesondere die Auslagerung in das Ausland anzusehen, soweit nicht besondere Vorkehrungen getroffen werden, die Kontrollmöglichkeiten sicherstellen. Die Vorschrift ist sowohl inhaltlich als auch in rechtsstaatlicher Hinsicht kritisiert worden, weil sie viele unbestimmte Rechtsbegriffe verwendet.[352] Wie bei ihrer Parallelvorschrift im KWG ist vor allem bedenklich, dass sie die Niederlassungs- und Dienstleistungsfreiheit einschränkt (zu § 25b KWG → Rn. 274). Sie muss daher entsprechend eng ausgelegt werden.

336 **b) Regulierung und Beaufsichtigung multilateraler und organisierter Handelssysteme. aa) Regulierung.** Vorgaben für multilaterale und organisierte Handelsplattformen (MTF und OTF, → Rn. 167 f.) enthalten Art. 18, 19, 31, 32 MiFID II sowie Art. 33, 34 Abs. 6, 7, 38 **MiFID II.** Diese sind in Deutschland im **KWG,** im **WpHG** und im **BörsG** umgesetzt worden. § 1 Abs. 1a Nr. 1b und d, § 2 Abs. 6 Nr. 16, Abs. 12 KWG beschäftigen sich dabei vor allem mit den Fragen der Erlaubnispflicht. §§ 72 f. WpHG stellen Organisations- und Verhaltensregeln auf. Vorgesehen sind Regeln über den Zugang und die Ausführung von Aufträgen (§ 74 WpHG). Das BörsG betrifft multilaterale Handelsplattformen nur insoweit, als sie von Börsen betrieben werden (§ 48 BörsG).

337 **bb) Anwendungsbereich des KWG.** Grundsätzlich bedarf der Betrieb einer MTF oder OTF **im Inland** einer Erlaubnis, da dieser eine Finanzdienstleistung darstellt (§ 1 Abs. 1a S. 2 lit. 1b, 1d KWG). Aufgrund der tätigkeitsbezogenen Ausrichtung des § 32 KWG gilt dies schon dann, wenn die Tätigkeit des MTF oder OTF auf das Inland gerichtet ist und wesentliche Teilakte auf dem inländischen Territorium vorgenommen werden (→ Rn. 226, → Rn. 242). Auch die Vornahme von Eigengeschäften als Mitglied oder Teilnehmer eines inländischen MTF und OTF oder mit einem direkten elektronischen Zugang bedarf einer Erlaubnis, selbst wenn dieses an sich kein erlaubnispflichtiges Bankgeschäft oder keine erlaubnispflichtige Finanzdienstleistung darstellt, § 32 Abs. 1a S. 2 KWG (zu Ausnahmen s. § 32 Abs. 1a S. 3 KWG).

338 Betreiber solcher Systeme, die **in einem anderen EWR-Staat** als CRR-Kreditinstitut oder als Wertpapierhandelsunternehmen (zu den Begriffen CRR-Kreditinstitut und Wertpapierhandelsunternehmen s. § 1 Abs. 3d S. 1, 4 KWG) niedergelassen sind, bedürfen jedoch keiner Erlaubnis

351 Zu ihr s. Kümpel/Mülbert/Früh/Seyfried Bank-/KapMarktR/*Seiffert*/*Lembke* Rn. 14.284, 14.356–14.362.

352 S. Schwark/Zimmer/*Beck* BörsG § 5 Rn. 20–22.

nach dem KWG, da sie im Wege der Dienstleistungsfreiheit grenzüberschreitend Bankgeschäfte betreiben und Finanzdienstleistungen erbringen dürfen (§ 53b Abs. 1 KWG). Das entspricht europäischen Vorgaben (s. Art. 33 Eigenkapitalanforderungs-RL und Art. 6 Abs. 3 **MiFID II**).

339 Soweit der Betreiber über eine Zulassung nicht verfügt oder diese den Betrieb multilateraler oder organisierter Handelssysteme nicht deckt, ist grundsätzlich eine **Erlaubnis** nötig. Allerdings sieht § 2 Abs. 6 S. 1 Nr. 16 KWG eine Ausnahme für Betreiber organisierter Märkte vor, deren einzige Finanzdienstleistung im Betrieb eines MTF oder OTF besteht. Diese Betreiber sind von der Erlaubnispflicht im Inland **befreit,** selbst wenn sie in ihrem Herkunftsstaat nicht über eine Erlaubnis verfügen. Jedoch müssen sie gemäß § 2 Abs. 12 S. 1 KWG gewissen Anforderungen entsprechen. Dazu gehört eine ordnungsgemäße Geschäftsführung, einschließlich eines angemessenen und wirksamen Risikomanagements, ebenso wie die Zuverlässigkeit ihrer Geschäftsleiter (§§ 25a, 33 Abs. 1 S. 1 Nr. 2 KWG). Grundlage dieser Regelung ist Art. 5 Abs. 2 **MiFID II,** welcher die Mitgliedstaaten verpflichtet, Wertpapierfirmen aus anderen Mitgliedstaaten auch ohne Zulassung den Betrieb von MTF oder OTF unter der Voraussetzung zu gestatten, dass diese Firmen bestimmte Pflichten einhalten. Im Ergebnis heißt das: Betreiber multilateraler und organisierter Handelssysteme, die sonst keine Wertpapierdienstleistungen erbringen, sind sowohl im Herkunftsstaat wie auch in Deutschland erlaubnisfrei, unterliegen aber bestimmten materiellen Anforderungen.

340 Die Erlaubnisfreiheit nach dem KWG gilt nur für organisierte Märkte (§ 2 Abs. 6 S. 1 Nr. 16 KWG). Das sind solche multilateralen Systeme, die ihren Sitz innerhalb des EWR haben (§ 2 Abs. 11 WpHG). Sie erstreckt sich damit nicht auf die Betreiber von Märkten für Finanzinstrumente mit **Sitz in Drittstaaten.** Diese bedürfen einer Erlaubnis, wenn sie im Inland Finanzdienstleistungen durch multilaterale Handelssysteme erbringen (§ 32 KWG iVm § 1 Abs. 1a S. 2 Nr. 1b KWG). Sie können sich von diesem Erfordernis allerdings unter den in § 53c KWG genannten Voraussetzungen befreien lassen (→ Rn. 263).

341 **cc) Anwendungsbereich des WpHG.** Der Betrieb eines multilateralen oder organisierten Handelssystems ist eine Wertpapierdienstleistung und unterliegt damit grundsätzlich den Vorschriften des WpHG (§ 2 Abs. 8 S. 1 Nr. 8, 9 WpHG). Allerdings verfolgt das WpHG bei der Bestimmung des Anwendungsbereichs der Vorschriften über MTF und OTF nicht einem marktbezogenen, sondern einem institutsbezogenem Ansatz (§§ 72 f. WpHG). Seine Vorschriften sind anwendbar, wenn der Betreiber ein „Wertpapierdienstleistungsunternehmen“ im Sinne des Gesetzes ist.[353] Um diesen Begriff zu definieren, verweist § 2 Abs. 10 WpHG auf den Institutsbegriff des KWG. Dieser setzt einen **Sitz im Inland** voraus (→ Rn. 248). Der inländische Sitz des Instituts bestimmt daher grundsätzlich über die Reichweite der Vorschriften über multilaterale und organisierte Handelssysteme. Das Sitzerfordernis wurde in der ursprünglichen Fassung der Vorschrift deutlich hervorgehoben. Der Sache nach gilt es noch heute, da Kredit- und Finanzdienstleistungsinstitute ihren Sitz im Inland haben müssen (§ 33 Abs. 1 S. 1 Nr. 6 KWG). Zum Sitzbegriff → Rn. 249 f.

342 Betreiber mit **Sitz in einem anderen Staat des EWR** unterliegen **nicht** den Bestimmungen des WpHG über multilaterale und organisierte Handelssysteme. Das folgt daraus, dass sie mangels Sitzes im Inland keine Wertpapierdienstleistungsunternehmen sind (→ Rn. 341). Soweit sie außer dem Betrieb des MTF oder OTF keine sonstigen Wertpapierdienstleistungen erbringen, sind sie von den Vorschriften des WpHG befreit (§ 3 Abs. 1 Nr. 13 WpHG).[354] Auch ihre Zweigniederlassungen sind nicht an das deutsche Recht, sondern lediglich an ihr Heimatrecht gebunden (vgl. § 90 Abs. 1 S. 1 WpHG und die dort vorgesehene Ausnahmen (→ Rn. 455).

343 **Unternehmen mit Sitz in Drittstaaten,** die ein multilaterales Handelssystem betreiben, müssen die deutschen Vorschriften über multilaterale Handelssysteme ebenfalls nicht beachten. Das WpHG sieht allerdings für sie eine **besondere Erlaubnispflicht** vor, wenn sie Handelsteilnehmern mit Sitz im Inland über ein elektronisches Handelssystem einen unmittelbaren Marktzugang gewähren (§ 102 WpHG). Das ist insbesondere dann der Fall, wenn sie sog. *Remote Members* über Handelsbildschirme am Börsenhandel teilnehmen lassen.[355] Die Vorschrift beruht auf dem „Zielmarktprinzip“,[356] das nichts anderes als eine Form des Auswirkungsprinzips ist. Der Begriff „Märkte für Finanzinstrumente“ wurde gewählt, um solche Erscheinungen zu erfassen, die phänotypisch den organisierten Märkten oder multilateralen Handelssystemen des deutschen Rechts entsprechen, obwohl sie mangels Sitzes im EWR nicht in diese Kategorie fallen.[357] Vorgesehen ist ein besonderes Erlaubnisverfahren, das dem des KWG ähnelt. Die damit verbundene Möglichkeit der doppelten

[353] Assmann/Schneider/Mülbert/*Gebauer* WpHG § 72 Rn. 1; ebenso Schwark/Zimmer/*Röh* WpHG § 72 Rn. 6.

[354] S. Schwark/Zimmer/*Kumpan* WpHG § 3 Rn. 50–51.

[355] Assmann/Schneider/Mülbert/*Döhmel* WpHG § 102 Rn. 12.

[356] Schwark/Zimmer/*v. Hein* WpHG § 102 Rn. 4.

[357] Vgl. Schwark/Zimmer/*v. Hein* WpHG § 102 Rn. 4.

Überwachung und Regulierung wird bewusst in Kauf genommen, um auf entsprechende Anwendungsansprüche anderer Rechtsordnungen, insbesondere der US-amerikanischen, zu reagieren.[358] Sanktionen im Fall der Verletzung treffen vor allem die inländischen Handelsteilnehmer, denen die BaFin untersagen kann, Aufträge für Kunden über ein elektronisches Handelssystem des ausländischen Markts auszuführen (§ 105 WpHG). Das heißt jedoch nicht, dass der BaFin die aufsichtsrechtliche Zuständigkeit für den Betreiber fehle und sie daher gegenüber ihm keine Sanktionen erlassen könnte.[359] Ihr bleibt es vielmehr unbenommen, Maßnahmen nach § 6 WpHG an den ausländischen Betreiber zu richten, zB die Entfernung seiner Handelsbildschirme anzuordnen. Insbesondere steht ein angebliches Territorialitätsprinzip nicht entgegen, soweit sich die BaFin auf die Durchsetzung im Inland beschränkt (→ Rn. 125, → Rn. 127). Diese ist zwar bei einem im Ausland sitzenden Betreiber praktisch schwierig, aber nicht unmöglich. So lässt sich die Entfernung der Bildschirme ohne Weiteres im Inland vollstrecken.

dd) Anwendungsbereich des BörsG. Das BörsG regelt MTF nur insoweit, als diese von Börsen betrieben werden (§ 48 BörsG). Die Reichweite seiner Vorschriften über MTF deckt sich mit seinem allgemeinen Anwendungsbereich (→ Rn. 329 ff.). 344

c) Regulierung und Beaufsichtigung systematischer Internalisierer. aa) Regulierung. 345
Die systematische Internalisierung fällt unter den Begriff des Eigenhandels.[360] Dies ist durch § 1 Abs. 1a S. 2 Nr. 4 lit. b KWG ausdrücklich klargestellt. Als Finanzdienstleistung iSd **KWG** ist sie damit erlaubnispflichtig. Wertpapierdienstleistungsunternehmen, die bereits beaufsichtigt sind und die systematische Internalisierung erbringen wollen, müssen dies der BaFin gemäß § 79 WpHG anzeigen.

bb) Anwendungsbereich des deutschen Rechts. (1) Anwendungsbereich des KWG. 346
Der räumliche Anwendungsbereich der Erlaubnispflicht ist derselbe wie bei anderen Finanzdienstleistungen. Dies bedeutet, dass systematische Internalisierer einer Erlaubnis gemäß § 32 Abs. 1 KWG bedürfen, wenn sie ihre Dienstleistungen **im Inland** erbringen. Für die Auslegung gelten die allgemeinen Grundsätze (→ Rn. 224 ff.). Unternehmen mit **Sitz in einem anderen EWR-Staat** können systematische Internalisierung erlaubnisfrei über Zweigstellen oder im Wege des grenzüberschreitenden Dienstleistungsverkehrs erbringen (§ 53b KWG). Zum Sitzbegriff des KWG → Rn. 248 ff.

(2) Anwendungsbereich des WpHG. Die Anzeigepflicht gemäß § 79 WpHG bezieht sich auf Wertpapierdienstleistungsunternehmen. Da dieser Begriff seinerseits vom Institutsbegriff des KWG abhängt (§ 2 Abs. 10 WpHG; → Rn. 341), ist Anknüpfungspunkt in erster Linie der **Sitz** des Unternehmens im Inland. Zum alten Recht wurde die Auffassung vertreten, dass die Vorschriften über systematische Internalisierer auch Unternehmen mit Sitz im Ausland erfassen.[361] Spätestens seit der Neufassung ist diese Auffassung abzulehnen. Zum Sitzbegriff des KWG → Rn. 248 ff. 347

d) Regulierung und Beaufsichtigung von Handelsplattformen für Kryptowerte. Kryptobörsen – verstanden als Handelsplätze für den Austausch von Kryptowerten gegen offizielle Währungen oder gegen andere Kryptowerte (→ Rn. 51) – unterliegen erst seit kurzem einer spezifischen Regulierung. Es ist zu unterscheiden: Soweit die auf ihnen gehandelten Kryptowerte als Finanzinstrumente zu qualifizieren sind,[362] greifen die auch sonst geltenden aufsichtsrechtlichen Regelungen (→ Rn. 317 ff.). Abseits dessen greifen hingegen die Regelungen der MiCAR (Art. 59 ff.). 348

Der Betrieb einer Handelsplattform für Kryptowerte ist nunmehr auch abseits konventioneller Finanzinstrumente eine regulierte Dienstleistung (Art. 3 Abs. 1 Nr. 16 lit. b MiCAR). In Anlehnung an bekannte börsenrechtliche Definitionen wird sie definiert als „die Verwaltung eines oder mehrerer multilateraler Systeme, die die Interessen einer Vielzahl Dritter am Kauf und Verkauf von Kryptowerten – im System und gemäß dessen Regeln – auf eine Weise zusammenführen oder deren Zusammenführung erleichtern, dass ein Vertrag über den Tausch von Kryptowerten entweder gegen einen Geldbetrag oder den Tausch von Kryptowerten gegen andere Kryptowerte zustande kommt" (Art. 3 Abs. 1 Nr. 18 MiCAR). Der Betrieb einer solchen Handelsplattform ist erlaubnispflichtig, Art. 59 349

[358] Schwark/Zimmer/*v. Hein* WpHG § 102 Rn. 2.

[359] AA Begr. RegE zum 4. Finanzmarktförderungsgesetz, BT-Drs. 14/8017, 98 li. Sp.; zum alten Recht Schwark/Zimmer/*Beck/Röh* WpHG § 37i Rn. 2; Fuchs/Zimmermann/*Zimmermann* WpHG § 105 Rn. 2.

[360] Beck/Samm/Kokemoor/*Reschke,* 224. Aktualisierung 1/2022, KWG § 1 Abs. 1a Rn. 625 ff.; Fischer/Schulte-Mattler/*Schäfer* KWG § 1 Rn. 167.

[361] Zum alten Recht Fuchs/*Zimmermann* WpHG § 37i Rn. 4: „die durch §§ 32a ff. WpHG begründeten Pflichten für systematische Internalisierer dürften auch für Unternehmen mit Sitz in einem Drittstaat gelten, wenn diese in der von § 2 Abs. 10 beschriebenen Weise im Inland tätig werden".

[362] Zur Abgrenzung siehe *Lehmann/Schinerl* EBI Working Paper Series no. 171, 1 (15–37).

MiCAR. Das Zulassungsverfahren und dessen Anforderungen sind in Art. 62 f. MiCAR geregelt. Für bereits etablierte Finanzunternehmen (z.B. Kreditinstitute, Wertpapierdienstleistungsunternehmen und Zentralverwahrer) sind Vereinfachungen vorgesehen. Sie benötigen keine neue Zulassung, sondern können ihre bestehende Erlaubnis erweitern (**Ergänzungsverfahren,** vgl. Art. 60 MiCAR). In beiden Fällen gilt: Der tatsächliche Ort der Geschäftsführung (Verwaltungssitz) muss innerhalb der Union liegen (s. Art. 59 Abs. 2 letzter Satz MiCAR, für etablierte Finanzunternehmen s. z.B. Art. 13 Abs. 2 CRD, Art. 16 Abs. 1 CSDR, Art. 5 Abs. 4 MiFID II). Für genuine Krypto-Dienstleister nach MiCAR – also alle Dienstleister, die nach §§ 62 f. MiCAR zugelassen sind – gilt zusätzlich, dass mindestens einer der Geschäftsführer seinen Wohnsitz in der Union haben muss. Ein solches Erfordernis ist selbst im ansonsten strengen Finanzmarktrecht unbekannt.[363]

350 (freibleibend)

351 Abseits der Zulassungsanforderungen unterwirft die MiCAR die Betreiber von Krypto-Handelsplätzen allgemeinen Verhaltenspflichten (Wohlverhaltens-, Geschäftsorganisations- und Transparenzpflichten). Diese sind an die MiFID II bzw. das WpHG angelehent, vgl. §§ 63 ff. WpHG. So finden sich in der MiCAR u.a. Pflichten zu ehrlichem, redlichen und professionellem Handeln im besten Interesse der Kunden (Art. 66 MiCAR), Regeln zur Unternehmensführung (Art. 68 MiCAR) sowie Vorgaben i.Z.m. der Ermittlung, Vermeidung, Regelung und Offenlegungen von Interessenkonflikten (Art. 72 MiCAR). Die materiell-rechtlichen Verhaltenspflichten bleiben allerdings nach Art, Umfang und Regelungsdichte merklich hinter jenen der MiFID II zurück. In der Literatur wird daher treffend von einer **„MiFID light"-Regime** gesprochen.[364]

352 Die bisher geschilderten Anforderungen gelten grundsätzlich für alle Krypto-Dienstleister. Besondere Anforderungen an den Betrieb einer Kryptohandelsplattform finden sich in Art. 76 MiCAR. Diese Betriebsvorschriften verfolgen im Wesentlichen **drei Hauptziele.** Das erste Ziel betrifft die Compliance, insbesondere die Einhaltung und Sicherstellung der **Geldwäsche- und Terrorismusfinanzierungsprävention** (vgl. Art. 76 Abs. 1 lit. a, Abs. 2 zweiter Satz und Abs. 3 MiCAR).[365] So dürfen beispielsweise keine Kryptowerte zum Handel zugelassen werden, die über eine eingebaute Anonymisierungsfunktion verfügen (sog. Privacy Coins und Crypto-Mixer, Art. 76 Abs. 3 MiCAR). Zweitens geht es um **Transparenz** und den damit verbundenen **Kunden- oder Anlegerschutz.** Dazu gehören u.a. Vorgaben zur objektiven Ausführung von Kundenaufträgen (Art. 76 Abs. 1 lit. e MiCAR), ein grundsätzliches Verbot des Eigenhandels am Handelsplatz (Art. 76 Abs. 5 MiCAR) sowie Vorgaben zur Zusammenführung sich deckender Kundenaufträge und den damit verbundenen (horizontalen) Interessenkonflikten (Art. 76 Abs. 6 MiCAR). Schließlich ist auch die Förderung der **Marktstabilität und Resilienz** zu nennen. Hier stehen insbesondere Anforderungen an die Belastbarkeit und Kapazität der Handelsplattform im Vordergrund. So muss der Betrieb des Handelsplatzes auch unter extremen Stressbedingungen gewährleistet werden können, Art. 76 Abs. 7 lit. c MiCAR.

353 Bezüglich der räumlichen Reichweite der Erlaubnispflicht gelten die zur MiCAR getroffenen Ausführungen (→ Rn. 580 ff.).

354 **6. Fremdenrecht. a) Erstmalige Zulassung ausländischer Teilnehmer.** Börsen können ausländische Teilnehmer, sog. ***remote members,*** zum Handel im Inland zulassen. Das gilt sowohl für Teilnehmer mit Sitz innerhalb als auch außerhalb des EWR. Für Teilnehmer aus anderen Staaten sind jedoch besondere Regelungen vorgesehen: Soll einem von ihnen Zugang zu einem inländischen Handelssystem gewährt werden, hat die Geschäftsführung der Börse dies der Börsenaufsichtsbehörde und der BaFin anzuzeigen, sofern es sich um den ersten Teilnehmer aus dem betreffenden Staat handelt (§ 19 Abs. 10 BörsG). Diese Regelung soll die Kooperation innerhalb des EWR und mit drittstaatlichen Behörden sicherstellen.[366] Eine parallele Vorschrift gilt für die Zulassung zu einem MTF oder OTF (§ 24a Abs. 3a KWG). Im Falle der Börse kann die Geschäftsführung gemäß § 19 Abs. 9 BörsG deren Zulassung widerrufen oder ruhen lassen, wenn die Erfüllung der Meldepflichten nach § 22 WpHG oder der Informationsaustausch mit den Behörden des Heimatstaats bei der Überwachung von Insiderhandel und Marktmanipulation gefährdet ist. Diese Regelung soll verhindern, dass die im Ausland sitzenden Teilnehmer die Marktintegrität untergraben.[367]

355 **b) Börsenhandel mit ausländischen Zahlungsmitteln.** Obwohl der größte Teil des Devisenhandels außerbörslich stattfindet, werden an inländischen Börsen gewisse ausländische Währungen

[363] Vertiefend hierzu s. *Lehmann* ÖBA 2024, 248 (256); das österreichische Bankwesengesetz kennt hingegen eine vergleichbare Bestimmung, s. § 5 Abs. 1 Nr. 10 BWG.

[364] *Krönke* RDi 2024, 1 (6–7); *Michel/Schmitt* CCZ 2023, 261 (268).

[365] Vertiefend *Valerius* RDi 2023, 510; *Maume/Haffke/Zimmermann* CCZ 2019, 149; *Fromberger/Haffke/Zimmermann* BKR 2019, 377; *Hennecke* CCZ 2018, 120.

[366] Schwark/Zimmer/*Kumpan* BörsG § 19 Rn. 57.

[367] Schwark/Zimmer/*Kumpan* BörsG § 19 Rn. 56.

gehandelt. § 51 BörsG schreibt insoweit die **Geltung einiger Vorschriften des BörsG** vor. Insbesondere sind die §§ 27–29 BörsG über die Skontration anzuwenden, die eigentlich nur für Wertpapierbörsen gelten. Bedeutsamer ist jedoch, welche Vorschriften **nicht in Bezug genommen** sind. So gilt § 23 BörsG für den Börsenhandel in ausländischen Währungen nicht, dh es bedarf keiner vorherigen Zulassung durch die Geschäftsführung der Börse.

Für die an inländischen Börsen gehandelten ausländischen Devisen werden zuweilen Preise **356** amtlich festgestellt. Durch die Einführung des Euro ist die Bedeutung der ausländischen Preisfeststellung in der Praxis allerdings erheblich zurückgegangen.[368] Für die verbleibenden Fälle ermächtigt § 11 BörsG das Bundesministerium für Finanzen, die Preisfeststellung vorübergehend zu untersagen. Voraussetzung ist, dass eine **erhebliche Marktstörung** mit schwerwiegenden Gefahren für die Gesamtwirtschaft oder das Publikum droht. Dies ist dann der Fall, wenn die Zu- und Abflüsse von Devisen über das übliche Maß weit hinausgehen.[369] Dass der Kurs des Euro gegenüber anderen Devisen so weit abfällt, dass von einer „normalen Entwicklung" nicht mehr gesprochen werden kann, sollte man dagegen nicht als erhebliche Marktstörung ansehen.[370] Dies würde den Weg in die staatliche Kontrolle des Umrechnungskurses eröffnen und Konflikte mit der europäischen Währungspolitik provozieren. Welcher Kurs „normal" ist, kann der Markt am besten beurteilen; notfalls greift die EZB ein. Ohnehin lässt sich über die Aussetzung der Preisfeststellung an **inländischen Börsen** ein Abfallen des Umrechnungskurses **im Ausland** nicht verhindern.

c) Preisimport von ausländischen Börsen. Zuweilen sind die Umsätze einer Aktie oder **357** Anleihe so gering, dass ein Börsenkurs nicht festgestellt werden kann. In diesem Fall erlaubt § 24 Abs. 2 S. 3 BörsG den Import von Preisen. Das gilt auch von solchen organisierten Märkten, die im Ausland sitzen, sowie von MTF unabhängig von ihrem Sitz.

7. Kooperation mit ausländischen Stellen. Der BaFin obliegt nach § 18 Abs. 1 WpHG die **358** Pflicht zur Zusammenarbeit mit den **zuständigen Stellen der EU sowie denen anderer EWR-Staaten.** Trotz der systematischen Stellung im WpHG erfasst diese auch die Einhaltung des Börsengesetzes (vgl. § 18 Abs. 1 S. 2 WpHG). Als zuständige EU-Stelle ist vor allem die ESMA anzusehen (§ 19 WpHG). Unternehmen mit Sitz in anderen EWR-Staaten, die organisierte Märkte oder multilaterale Handelssysteme im Inland betreiben, unterliegen nach dem Herkunftslandprinzip der Aufsicht durch die Behörden ihres Heimatstaats. Stellt die BaFin allerdings fest, dass sie gegen das WpHG oder entsprechende Vorschriften des ausländischen Rechts verstoßen, so teilt sie dies der zuständigen Behörde des Herkunftsstaats mit (§ 90 Abs. 3–5 WpHG). Sind deren Maßnahmen unzureichend, so kann die BaFin selbst alle erforderlichen Maßnahmen ergreifen. Diese können bis hin zur Schließung des Handelsplatzes für inländische Teilnehmer reichen (§ 90 Abs. 3 S. 2, 3 WpHG).

Mit den zuständigen Behörden **von Drittstaaten** kann die BaFin Verwaltungsabkommen **359** *(Memoranda of Understanding)* schließen (§ 18 Abs. 10 WpHG). Ein solches Abkommen existiert zB mit der US-amerikanischen Aufsichtsbehörde für die Warenterminmärkte (*Commodity Futures Trading Commission* – CFTC).[371]

Die an der Börse eingerichtete **Handelsüberwachungsstelle** – ein Organ der Selbstverwal- **360** tung – kann den Stellen ausländischer Märkte Daten über Geschäftsabschlüsse übermitteln (§ 7 Abs. 4 S. 2 BörsG). Voraussetzung ist, dass diese Verschwiegenheitspflichten unterliegen, die denen des deutschen Rechts vergleichbar sind (§ 7 Abs. 4 S. 3 BörsG). Außerdem müssen die Börsenaufsichtsbehörde, die Börsengeschäftsführung und die BaFin im Vorhinein über die Art der auszutauschenden Daten informiert werden (§ 7 Abs. 4 S. 5 BörsG). Damit sind recht enge Kautelen zum Schutz inländischer Interessen aufgestellt.

IV. Zulassung von Finanzinstrumenten zum Handel

1. Ökonomischer Hintergrund. Die Börse ist ein besonderer, staatlicher Regulierung und **361** Überwachung unterliegender Handelsplatz. In diese **unabhängige und desinteressierte Kontrollinstanz** besteht besonderes Vertrauen des Publikums. Dieses erwartet, dass die an der Börse gehandelten Titel einer besonderen Prüfung unterzogen werden, zumindest dann, wenn sie am regulierten Markt gehandelt werden. Aus diesem Grund ist für die Zulassung von Finanzinstrumenten auf diesem Markt ein besonderes Verfahren zu durchlaufen. Dem Publikum soll durch Kontrollen seitens der Börse ein zutreffendes Urteil über die wirtschaftliche Situation des Emittenten und die Qualität der von ihm begebenen Finanzinstrumente ermöglicht werden.[372]

---

[368] Schwark/Zimmer/*Kumpan* BörsG § 11 Rn. 1.

[369] Schwark/Zimmer/*Kumpan* BörsG § 11 Rn. 4.

[370] AA Schwark/Zimmer/*Kumpan* BörsG § 11 Rn. 4.

[371] Schwark/Zimmer/*v. Hein* WpHG § 18 Rn. 16.

[372] Schwark/Zimmer/*Heidelbach* BörsG § 32 Rn. 1.

362 Neben dem regulierten Markt existiert mit dem Freiverkehr ein weiteres Börsensegment. In diesem werden Finanzinstrumente auch ohne Zustimmung des Emittenten gehandelt. Die Voraussetzungen des Handels sind daher weit geringer als für die Zulassung auf dem regulierten Markt.

363 **2. Regulierung.** Europäische Vorgaben über die Zulassung und Einbeziehung zum Handel an einem „amtlichen Markt" finden sich in der **Wertpapier-RL** (RL 2001/34/EG). Die materiellen Anforderungen enthalten **§§ 32–43 BörsG** sowie die **BörsZulV.**[373] Zu unterscheiden sind dabei die Vorschriften über die Zulassung, die nur auf Antrag des Emittenten erfolgen kann, und die Einbeziehung, die auf Antrag eines Handelsteilnehmers oder von Amts wegen durch die Geschäftsführung erfolgt (§§ 32 f. BörsG). Voraussetzungen der Zulassung sind (vgl. § 32 Abs. 3 BörsG): 1. die Einhaltung der rechtlichen Anforderungen an den Emittenten zum Schutz des Publikums und für einen ordnungsgemäßen Wertpapierhandel, 2. das Vorliegen eines ordnungsgemäßen Prospekts. Die Einbeziehung kann erfolgen, wenn das Instrument bereits zum Handel an einem regulierten Markt an einer anderen Börse zugelassen ist (§ 33 BörsG).

364 Die Einbeziehung in den Freiverkehr regelt **§ 48 BörsG.** Diese kann im Unterschied zur Börsenzulassung auch ohne Mitwirkung des Emittenten erfolgen. Wegen der überwiegend privatrechtlichen Organisation des Freiverkehrs ist für diesen die jeweilige Börsenordnung von ausschlaggebender Bedeutung.

365 **3. Kollisionsrechtliche Erwägungen.** Der Zweck des Zulassungsverfahrens, das Vertrauen der Anleger in die Kontrolle durch die Börse als unabhängige und desinteressierte Instanz zu schützen, lässt sich nur erreichen, wenn man dessen Voraussetzungen auf alle an einer Börse gehandelten Finanzinstrumente gleichermaßen bezieht. Sollten an einer Börse Instrumente von Emittenten notieren, welche nicht seriös oder gar betrügerisch agieren, so kann dadurch die Reputation des Handelsplatzes erheblich beschädigt werden. Daher müssen die Voraussetzungen der Zulassung oder Einbeziehung stets dem **Recht des Handelsplatzes** unterstehen. Das gilt auch für solche Instrumente, die von ausländischen Emittenten begeben werden. Allerdings betrifft die deutsche Kollisionsnorm wegen des unilateralen Charakters des Internationalen Finanzmarktrechts (→ Rn. 109 ff.) unmittelbar nur die Zulassung an inländischen Börsen. Sie kann allerdings aufgrund der weltweit verbreiteten Anknüpfung an den Handelsplatz als **allseitige Kollisionsnorm** ausgebaut werden.[374] Das bedeutet, dass die **Zulassung an ausländischen Börsen** aus inländischer Sicht dem dort geltenden Recht untersteht. Die Anwendung des Rechts der Börse auf die Zulassung lässt andere Fragen unberührt, zum Beispiel die Organisation des Emittenten, welche sich nach dem Gesellschaftsstatut richtet.

366 **4. Ausländische Regelungen.** Auch andere Rechtsordnungen unterwerfen die Zulassung von Finanzinstrumenten an inländischen Handelsplätzen den Anforderungen des inländischen Rechts. In den **USA** geht der Securities Exchange Act 1934 ganz selbstverständlich davon aus, dass die Zulassung eines Finanzinstruments *(„security")* an einer *„national securities exchange"* nur nach den Vorschriften des Gesetzes erfolgen kann (sec. 12(b) Securities Exchange Act 1934). In der **Schweiz** überlässt man die Voraussetzungen der Zulassung zum Handel der Selbstregulierung der Börse durch ein „Reglement" (Art. 35 Abs. 1 FinfraG). Dieses muss jedoch internationalen Standards Rechnung tragen und bestimmte Vorschriften vorsehen (Art. 35 Abs. 2 FinfraG). Die Zulassung von Effekten durch ein multilaterales Handelssystem wird ebenfalls einem Reglement der Selbstverwaltung vorbehalten (Art. 36 FinfraG).

367 **5. Anwendungsbereich des deutschen Rechts.** Art. 5 lit. a **Wertpapier-RL** verpflichtet die Mitgliedstaaten sicherzustellen, dass Wertpapiere nur dann zur amtlichen Notierung an einer in ihrem Gebiet ansässigen oder tätigen Wertpapierbörse zugelassen werden, wenn sie die Bedingungen der Richtlinie erfüllen. Anknüpfungspunkt ist also die **Ansässigkeit oder Tätigkeit der Börse.** Das stellt eine Abweichung von Art. 4 Abs. 1 Nr. 55 lit. b MiFID II dar, welcher die Zulassung der Börse dem Recht des Registrierungsstaats unterstellt. Zwar regeln beide Richtlinien verschiedene Fragen: Während die MiFID II sich auf die Zulassung der Börse selbst bezieht, betrifft die Zulassungs-RL die Zulassung von Instrumenten an dieser. Dennoch überschneidet sich ihr Anwendungsbereich, da Art. 51 Abs. 1 MiFID II von den Mitgliedstaaten verlangt, dass sie für die ihrem Recht unterstehenden geregelten Märkte klare und transparente Zulassungsregeln erlassen. In dem daraus entstehenden Konflikt kommt der MiFID II nach der lex posterior-Regel der Vorrang zu. Aus EU-rechtlicher Sicht gilt daher die Sitzanknüpfung.

---

[373] Verordnung über die Zulassung von Wertpapieren zum regulierten Markt an einer Wertpapierbörse (Börsenzulassungs-Verordnung – BörsZulV) vom 9.9.1998, BGBl. 1998 I 2832.

[374] *Kiel,* Internationales Kapitalanlegerschutzrecht, 1994, 172; *Kronke,* Recueil des cours de l'Academie de la Haye 286 (2000), 245 (293); *Sethe/Lehmann* in Tietje/Nowrot Internationales Wirtschaftsrecht § 15 Rn. 106; *Zimmer* IntGesR 58.

§§ 32 f. **BörsG** wählen als Anknüpfungspunkt der Zulassung oder Einbeziehung in den geregelten Markt den Begriff der „Börse". Wie gesehen setzt dieser in richtlinienkonformer Auslegung voraus, dass der Börsenbetreiber seinen Satzungssitz im Inland hat (→ Rn. 334). Die Zulassung zum Handel an einer solchen Börse richtet sich daher ausschließlich nach deutschem Recht. Dies gilt auch für **ausländische Emittenten,** die ihre Papiere an einem inländischen Markt zulassen möchten. Sie müssen unabhängig von dem auf sie anzuwendenden Gesellschaftsrecht die inländischen Zulassungsvoraussetzungen erfüllen. Das schließt nicht aus, dass das inländische Sachrecht für einzelne dieser Voraussetzungen auf das Gesellschaftsstatut verweist, um Vorfragen zu klären (vgl. § 1 BörsZulV). 368

Die Vorschriften über die Voraussetzungen der Einbeziehung in den **Freiverkehr** nach § 48 Abs. 1 S. 3 BörsG richten sich ebenfalls an eine „Börse". Ihre Anwendbarkeit ist daher gleichfalls vom inländischen Satzungssitz des Börsenbetreibers abhängig. 369

6. Fremdenrecht. Für Emittenten, deren Finanzinstrumente **bereits an einem organisierten Markt eines anderen Staats des EWR** zum Handel zugelassen sind, gelten verschiedene Erleichterungen. Insbesondere können ihre Instrumente ohne neues Zulassungsverfahren in den Handel an einem regulierten Markt im Inland einbezogen werden (§ 33 Abs. 1 Nr. 1 lit. b BörsG). Daneben bleibt es einem Emittenten unbenommen, ein neues Zulassungsverfahren anzustrengen. Erfüllt er die inländischen Zulassungsvoraussetzungen, hat er wie jeder andere Antragsteller einen Anspruch auf Zulassung, vgl. § 32 Abs. 3 BörsG („sind"). Allerdings gilt insoweit eine Erschwerung: Trotz Erfüllung der inländischen Voraussetzungen besteht kein Anspruch auf Zulassung, wenn der Emittent seine Pflichten auf einem anderen organisierten Markt nicht erfüllt (§ 32 Abs. 4 BörsG). Diese Regel ist keine Diskriminierung von Ausländern, sondern mit ihr wird die Nichterfüllung börsenmäßiger Pflichten grenzüberschreitend sanktioniert. 370

Für Emittenten mit Sitz außerhalb des EWR, deren Finanzinstrumente **erstmalig an einem organisierten Markt des EWR** zugelassen werden sollen, sieht § 10 BörsZulV eine Sonderregelung vor. Die Vorschrift geht auf Art. 51 Wertpapier-RL zurück. Die Zulassung darf danach nur dann erfolgen, wenn sich die zuständigen Behörden die Gewissheit verschafft haben, dass sie bisher nicht aus Gründen des Schutzes des Publikums unterblieben ist. Voraussetzung ist, dass der Zulassungsantrag weder gestellt noch abschlägig beschieden wurde und auch nicht abschlägig beschieden worden wäre, wenn man ihn gestellt hätte.[375] Zweck dieser Vorschrift ist es zu verhindern, dass Finanzinstrumente in einem EWR-Staat zur Umgehung von Publikumsschutzvorschriften zugelassen werden. 371

V. Publizität auf dem Primärmarkt: Prospektrecht

1. Ökonomischer Hintergrund. Das Prospektrecht soll eine **Reduktion der Informationsasymmetrie** zwischen Emittent und Anleger erreichen.[376] Die Anleger sind über die wirtschaftlichen Verhältnisse des Emittenten weit weniger informiert als dieser. Gleiches gilt von den Eigenheiten der von ihm begebenen Finanzinstrumente. Um dieses Informationsgefälle zu reduzieren, wird der Emittent durch Regulierung verpflichtet, umfangreiche Informationen über sich und die Instrumente zu erteilen. 372

2. Regulierung. Das europäische Recht regelt die Pflicht zur Veröffentlichung eines Prospekts für Finanzinstrumente, die zum Handel an einem organisierten Markt (zum Begriff → Rn. 164) zugelassen sind, in der Prospekt-VO.[377] Ergänzende Bestimmungen enthält das deutsche **WpPG.** Für Vermögensanlagen, welche im Freiverkehr oder außerbörslich gehandelt werden, gilt in Deutschland das **VermAnlG.** Für Anteile an Investmentfonds ist die Notwendigkeit der Veröffentlichung eines Prospekts durch das **KAGB** vorgesehen. Diese Verordnungen und Gesetze sehen außer der Prospektpflicht auch Vorschriften über die Billigung des Prospekts sowie über die Haftung im Fall fehlerhafter oder fehlender Prospekte vor. 373

3. Kollisionsrechtliche Erwägungen. Sind Instrumente am organisierten Markt eines Staats zugelassen, so hat der Staat ein Interesse daran, dass diese die Prospektpflichten des eigenen Rechts erfüllen, gleichgültig, wer diese veräußert oder erwirbt. Grund dafür ist die Gefahr für die **Reputation der eigenen Handelsplätze.** Daher liegt eine Anknüpfung an die Zulassung oder Einbeziehung in den Markt nahe. Gleichzeitig besteht aber unabhängig vom Ort der Börsennotierung auch ein Interesse am **Schutz der eigenen Bevölkerung** vor unseriösen Anlageformen, sodass als 374

---

375 Schwark/Zimmer/*Heidelbach* BörsZulV § 10 Rn. 1.

376 *Lutter/Bayer/J. Schmidt* EuropUnternehmensR § 34 Rn. 1.

377 VO (EU) 2017/1129 des Europäischen Parlaments und des Rates vom 14.6.2017 über den Prospekt, der beim öffentlichen Angebot von Wertpapieren oder bei deren Zulassung zum Handel an einem geregelten Markt zu veröffentlichen ist, ABl. EU 2017 L 168, 12.

Anknüpfungspunkt auch das Verbreiten der Finanzinstrumente im Inland oder gegenüber im Inland ansässigen Anlegern in Betracht kommt.

375 Die kollisionsrechtlichen Interessen sind damit geteilt. Es ist daher kaum verwunderlich, dass in der Lit. eine heftige Debatte über die richtige Anknüpfung der Prospektpflichten geführt wird. Einige US-amerikanische Autoren vertreten die Auffassung, dass dem Emittenten ein **Wahlrecht** hinsichtlich des anzuwendenden Prospektregimes eingeräumt werden sollte, da die Marktteilnehmer selbst entscheiden könnten, wie viel Transparenz sie erlauben wollen oder benötigen.[378] Andere widersprechen und meinen, wegen der öffentlichen Kosten falscher Informationserteilung sei eine **zwingende Anknüpfung** der Prospektpflicht nötig.[379] Innerhalb der letztgenannten Ansicht ist wiederrum umstritten, ob diese sich auf den **Ort der Vermarktung,** den **Wohnsitz des Anlegers** oder den **Herkunftsstaat des Emittenten** beziehen soll.[380] Diese Debatte betrifft nicht nur die Beziehung zwischen den US-Bundesstaaten, sondern erstreckt sich auch auf internationale Verhältnisse.[381]

376 **4. Ausländische Regelungen.** In den **USA** verbietet der Securities Act 1933 Angebote zum Verkauf von Finanzinstrumenten oder die Erfüllung von Kaufverträgen, wenn nicht zuvor ein Prospekt bei der SEC hinterlegt wurde, welcher den Anforderungen des Gesetzes genügt (Sec. 5(a), (b) Securities Act 1933). Das Verbot gilt nur, soweit für die Angebote oder die Erfüllung geschlossener Verträge die Instrumente des zwischenstaatlichen Transports (wie zB die Post) oder der zwischenstaatlichen Kommunikation (wie zB das Telefon) benutzt werden. Damit wird abgesichert, dass der Bund seine Regelungskompetenz unter der Verfassung nicht überschreitet. Zugleich wird aber auch der räumliche Anwendungsbereich des Verbots festgelegt. Dieser wird durch eine von der SEC erlassenen *safe harbour*-Verwaltungsvorschrift, der Regulation S. näher bestimmt (Rule 903(a)(1), (2) Regulation S). Regulation S. folgt einem strengen Territorialitätsprinzip. Die SEC begründet dies mit dem bemerkenswerten Satz: *„As investors choose their markets, they choose the laws and regulations applicable in such markets“.*[382] Voraussetzung für die Ausnahme ist, dass es sich um ein Geschäft außerhalb der USA *(offshore transaction)* handelt und keine direkten Verkaufsanstrengungen *(direct selling efforts)* im Inland unternommen werden. Neben diesen müssen noch weitere Bedingungen eingehalten werden, zB Vorkehrungen gegen den Weiterverkauf an Anleger in den USA (S. Rule 903(a)(3), (b)(2)(i), (3)(i) Regulation S.). Sind diese Voraussetzungen erfüllt, ist das Angebot von der Geltung des US-Rechts ausgenommen, selbst wenn US-Staatsangehörige darauf eingehen. Außer auf Regulation S. können sich ausländische Anbieter auch auf andere Ausnahmen vom *Securities Act* stützen, zB die Ausnahme für nicht öffentliche Angebote *(private placement).*[383] Zu beachten ist, dass das amerikanische Recht die Anleger außer durch das Prospekterfordernis auch durch materielle Bestimmungen zur Betrugsbekämpfung schützt.[384] Zu diesen *„antifraud provisions“* gibt es keine Ausnahmen. Sie gelten auch extraterritorial. Zur extraterritorialen Anwendung des US-Aufsichtsrechts → Rn. 438.

377 In der **Schweiz** ist das früher auf verschiedene Gesetze verstreute Prospektrecht durch das Bundesgesetz über die Finanzdienstleistungen (FIDLEG) vom 15.6.2018 (BBl. 2018, 3615) vereinheitlicht worden (Art. 35 ff. FIDLEG). Das FIDLEG gilt für Effekten, dh vereinheitlichte und zum massenweisen Handel geeignete Wertpapiere, Wertrechte, Derivate und Bucheffekten, dh Aktien und Anleihen (Art. 3 lit. B FIDLEG). Darunter fallen auch sog. DLT (Distributed Ledger Technology)-Effekten, dh Kryptowerte (Art. 35 Abs. 1bis FIDLEG iVm Art. 2 lit. B-bis FinFraG). Der Prospektpflicht unterliegt, wer in der Schweiz ein öffentliches Angebot zum Erwerb von Effekten verbreitet oder um deren Zulassung zum Handel an einem Handelsplatz in der Schweiz nachsucht (Art. 35 Abs. 1 FIDLEG). Keine Prospektpflicht besteht, wenn sich das Angebot nur an professionelle Kunden oder an weniger als 500 Anleger richtet, wenn jeder Erwerber mindestens 100.000 CHF erwirbt oder das Angebot eine Mindeststückelung von 100.000 CHF aufweist oder einen jährlichen Umfang von 8 Mio. CHF nicht überschreitet (Art. 36 Abs. 1 FIDLEG). Eine Ausnahme ist für Effekten vorgesehen, die an einem ausländischen Handelsplatz zugelassen sind, soweit dessen Regulierung durch den Schweizer Handelsplatz als äquivalent anerkannt worden ist (Art. 38 Abs. 1 lit. C

[378] *Choi/Guzman* 17 Nw. J. Int'l L. & Bus. 207 (1996); *Choi/Guzman* 71 S. Cal. L. Rev. 903 (1998); *Romano* 107 Yale L.J. 2359 (1998).

[379] *Fox* 85 Va. L. Rev. 1335–1420 (1999); *Fox* 2 Theoretical Inquiries in Law 563–612 (2001).

[380] Vgl. *Fox* 95 Mich. L. Rev. 2498, 2582–2584 (1996–1997); *Fox* 78 Wash. U. L. Q. 567–596 (2000); *Hellgardt/Ringe* ZHR 173 (2009), 802 (814–826); *Ringe/Hellgardt* Oxford Journal of Legal Studies 2011, 23 (33–45).

[381] S. *Choi* 2 Theoretical Inq. L. 613 (2001); *Fox* 95 Mich. L. Rev. 2498 (1996–1997); *Fox* 78 Wash. U. L. Q. 567 (2000); *Fox* EBOR 3 (2002), 337–370; *Hellgardt/Ringe* ZHR 173 (2009), 802; *Ringe/Hellgardt* Oxford Journal of Legal Studies 2011, 23.

[382] SEC, Securities Act Release 33–6383 (1990).

[383] Sec. 4(2) Securities Act 1933 und die darunter von der SEC erlassene Rule 144A.

[384] Sec. 10(B) des Securities Exchange Act 1934 und die darunter von der SEC erlassene Rule 10b–5.

FIDLEG; → Rn. 146 f.). Für Emittenten, deren Effekten an einem solchen Handelsplatz notieren, kann der Bundesrat Erleichterungen vorsehen (Art. 47 Abs. 2 lit. C FIDLEG). Die Prüfstelle kann nach ausländischen Rechtsvorschriften erstellte Prospekte genehmigen, sowie sie internationalen Standards entsprechen und die Informationspflichten nach dem ausländischen Recht mit den Schweizer Anforderungen gleichwertig sind (Art. 54 Abs. 1 FIDLEG). Für im Ausland genehmigte Prospekte kann sie vorsehen, dass sie auch in der Schweiz als genehmigt gelten (Art. 54 Abs. 2 FIDLEG). Dabei veröffentlichet sie eine Liste aller Länder, deren Prospektgenehmigung in der Schweiz anerkannt ist (Art. 54 Abs. 2 FIDLEG). Für den Vertrieb von ausländischen Investmentfonds sind Sonderregelungen vorgesehen, insbesondere die Pflicht zur Bestellung eines Vertreters in der Schweiz sowie zur Veröffentlichung der Jahres- und Halbjahresberichte in einer Schweizer Amtssprache (Art. 123–125 KAG sowie Art. 133 KKV – Verordnung über die kollektiven Kapitalanlagen – Kollektivanlagenverordnung).

5. Anwendungsbereich des europäischen und deutschen Rechts. a) Marktortanknüpfung. Der räumliche Anwendungsbereich des Prospektrechts bestimmt sich nach dem **Markt,** auf dem das Instrument gehandelt wird. Diese Anknüpfung hat zwei Ausprägungen. 378

aa) Öffentliches Angebot in der EU oder im Inland. Das europäische Prospektrecht ist grundsätzlich anwendbar, wenn Wertpapiere, oder Vermögensanlagen in der EU öffentlich angeboten werden (Art. 3 Abs. 1 Prospekt-VO); für das deutsche Recht gilt eine entsprechende Anknüpfung an das öffentliche Angebot im Inland (§ 1 Abs. 1 VermAnlG). Ein **öffentliches Angebot** ist eine „Mitteilung an die Öffentlichkeit in jedweder Form und auf jedwede Art und Weise, die ausreichende Informationen über die Angebotsbedingungen und die anzubietenden Wertpapiere enthält, um einen Anleger in die Lage zu versetzen, sich für den Kauf oder die Zeichnung jener Wertpapiere zu entscheiden" (Art. 2 lit. d Prospekt-VO). Eine Willenserklärung ist danach für ein Angebot nicht nötig; andererseits reicht eine bloße Werbung nicht aus.[385] Unter der „Öffentlichkeit" dürfte man – im Einklang mit der früheren Auslegung des Begriffs des „Publikums" – einen unbestimmten Kreis von Personen verstehen.[386] Ein Angebot **in der EU oder im Inland** liegt nur dann vor, wenn potentielle Anleger im Geltungsbereich des europäischen oder deutschen Rechts gezielt angesprochen werden.[387] Es gilt also eine enge Begrenzung auf das **Territorium.** Insoweit besteht eine deutliche Parallele zur vertriebsbezogenen Auslegung des KWG, mit dem Unterschied, dass letzteres wesentliche Teilakte auf deutschem Territorium voraussetzt (→ Rn. 226 ff.). 379

Angebote im **Internet** sind besonders problematisch. Grundsätzlich sind diese taugliches Mittel für ein öffentliches Angebot,[388] doch muss der territoriale Bezug zur EU oder zu Deutschland im Einzelfall festgestellt werden. Zu diesem Zweck können die im Rahmen der Auslegung des § 32 KWG entwickelten Grundsätze herangezogen werden (→ Rn. 238 ff.).[389] Mit einem ausdrücklichen ***disclaimer*** kann klargestellt werden, dass sich ein im Internet erfolgtes Angebot nicht auf die EU oder Deutschland bezieht.[390] Nach alter aufsichtsrechtlicher Praxis in Deutschland und einer auch heute noch verbreiteten Ansicht muss dieser in deutscher Sprache abgefasst sein.[391] Das kann für die Prospekt-VO schon wegen ihres transeuropäischen Anwendungsbereichs nicht gelten, denn dieser würde folgerichtig weitergedacht einen *disclaimer* in allen 24 Amtssprachen voraussetzen. Aber auch für den Anwendungsbereich deutscher Gesetze ist der genannten Ansicht zu widersprechen. Soweit das Angebot nicht selbst auf Deutsch abgefasst ist, muss auch ein fremdsprachiger *disclaimer* 380

385 Zum früheren § 2 Nr. 4 WpPG Just/Voß/Ritz/Zeising/*Ritz/Zeising* WpPG § 2 Rn. 129; vgl. auch *Sethe/Lehmann* in Tietje/Nowrot Internationales Wirtschaftsrecht § 15 Rn. 118; zur neuen Prospekt-VO *Groß* Kapitalmarktrecht, 8. Aufl. 2022, WpPG § 2 Rn. 16.

386 Diese Auslegung wurde zum früher in § 2 Nr. 4 WpPG gebrauchten Begriff des „Publikums" vertreten, s. *Bruchwitz* in Lüdicke/Arndt, Geschlossene Fonds, 6. Aufl. 2013, 116; Assmann/Schlitt/v. Kopp-Colomb/*v. Kopp-Colomb/Knobloch* WpPG § 2 Rn. 36; Habersack/Mülbert/Schlitt KapMarktInfo-HdB/Habersack/Mülbert/Schlitt/*Schlitt* § 3 Rn. 32; Habersack/Mülbert/Schlitt KapMarktInfo-HdB/*Zwissler* § 8 Rn. 12; Einzelfälle bei Just/Voß/Ritz/Zeising/*Ritz/Zeising* WpPG § 2 Rn. 102–112.

387 *Bruchwitz* in Lüdicke/Arndt, Geschlossene Fonds, 6. Aufl. 2013, 117; Just/Voß/Ritz/Zeising/*Ritz/Zeising* WpPG § 2 Rn. 170.

388 Habersack/Mülbert/Schlitt KapMarktInfo-HdB/*Schlitt* § 3 Rn. 33; Just/Voß/Ritz/Zeising/*Ritz/Zeising* WpPG § 2 Rn. 172.

389 Zur Übertragung auf das WpPG aF Just/Voß/Ritz/Zeising/*Ritz/Zeising* WpPG § 2 Rn. 173.

390 Zum deutschen Recht *Bruchwitz* in Lüdicke/Arndt, Geschlossene Fonds, 6. Aufl. 2013, 117; Assmann/Schlitt/v. Kopp-Colomb/*v. Kopp-Colomb/Knobloch* WpPG § 2 Rn. 36; Habersack/Mülbert/Schlitt KapMarktInfo-HdB/*Zwissler* WpPG § 8 Rn. 13.

391 S. *Bruchwitz* in Lüdicke/Arndt, Geschlossene Fonds, 6. Aufl. 2013, 117; Assmann/Schlitt/v. Kopp-Colomb/*v. Kopp-Colomb/Gajdos* WpPG § 3 Rn. 8; Just/Voß/Ritz/Zeising/*Ritz/Zeising* WpPG § 2 Rn. 174; Habersack/Mülbert/Schlitt KapMarktInfo-HdB/*Zwissler* WpPG § 8 Rn. 13.

genügen,[392] denn wenn der Anleger in der Lage ist, zB ein englischsprachiges Angebot zu verstehen, dann versteht er auch den *disclaimer.* Außerdem kann von einem ausländischen Anbieter nicht verlangt werden, dass er sein Angebot mit einem *disclaimer* in deutscher Sprache versieht, wenn dieses selbst in einer anderen Sprache verfasst ist. Daneben sind technische Maßnahmen denkbar, mit denen der Anbieter verhindert, dass ein inländischer Anleger das Angebot annehmen kann.[393] Man spricht von sog. ***filters.***[394] Beispiele sind die Abfrage des Wohnorts oder die Entgegennahme von Zahlungen nur über inländische Banken. Außer Frage steht, dass solche Filter geeignet sind, die Anleger anderer Staaten vom Angebot auszuschließen. Einer Auffassung nach sollen sie aber neben dem *disclaimer* notwendig sein; dieser allein habe nur „deklaratorische Wirkung".[395] Diese Auffassung wirkt allzu paternalistisch: Der Anbieter kann nicht genötigt werden, den Anleger vor sich selbst zu schützen, denn dieser könnte sich auch in das Ausland begeben und dort nach Angeboten suchen. Der *disclaimer* allein reicht daher aus, um das Angebot einzuschränken.

381 **bb) Zulassung in der EU.** Das europäische Prospektrecht ist außer bei einem öffentlichen Angebot im Inland auch dann anwendbar, wenn Finanzinstrumente zum **Handel an einem geregelten Markt in der Union** zugelassen werden sollen (Art. 3 Abs. 3 Prospekt-VO). Ein entsprechendes, auf Deutschland beschränktes Anknüpfungskriterium gilt nicht für das VermAnlG und das KAGB, weil diese keine börsengehandelten Papiere erfassen. Das Zulassungskriterium der Prospekt-VO steht im Zusammenhang mit dem Börsenrecht, das den ähnlichen Begriff des „regulierten" Markts verwendet (→ Rn. 165). Die enge Verzahnung beider Gebiete folgt daraus, dass das Vorliegen eines Prospekts bei der Zulassung zum Handel an einem regulierten Markt geprüft wird (§ 32 Abs. 3 Nr. 2 BörsG).

382 **cc) Vertrieb und Erwerb im Inland.** Im **Investmentrecht** gilt eine abweichende Rechtslage. Die früher gebräuchliche Unterscheidung zwischen „öffentlichem Vertrieb" und Privatplatzierung ist nach dem Inkrafttreten des KAGB entfallen (→ Rn. 485).[396] Nunmehr kommt es in erster Linie auf den Vertrieb und auf den Erwerb im Inland an. Ob dieser öffentlich erfolgt, ist gleichgültig. Zur Lokalisierung des Vertriebs und Erwerbs → Rn. 487.

383 **b) Ausnahmen.** Von der Prospektpflicht sind verschiedene materiellrechtliche Ausnahmen für bestimmte Arten des Angebots und bestimmte Arten von Instrumenten vorgesehen. Ausnahmen im Hinblick auf die **Art des Angebots** finden sich in Art. 1 Abs. 4 Prospekt-VO. Keine Pflicht zur Veröffentlichung eines Prospekts besteht etwa für Angebote an qualifizierte Anleger oder für Angebote mit einer besonders hohen Stückelung (Art. 1 Abs. 4 lit. a, c Prospekt-VO), weil der Gesetzgeber insofern – zu Recht oder zu Unrecht – davon ausgeht, dass bei vermögenden Kunden der Bedarf für Anlegerschutz eingeschränkt ist. Ebenfalls ausgenommen sind ganz geringfügige Angebote mit einer Gesamthöhe von weniger als 100.000 Euro pro Jahr (Art. 1 Abs. 4 lit. d Prospekt-VO).

384 Für internationale Angebote relevant ist insbesondere die ***de-minimis*-Ausnahme** des Art. 1 Abs. 4 lit. b Prospekt-VO. Danach besteht keine Prospektpflicht, wenn sich das Angebot an sich an weniger als 150 natürliche oder juristische Personen pro Mitgliedstaat richtet, bei denen es sich nicht um qualifizierte Anleger handelt (zum Begriff der qualifizierten Anleger s. Art. 2 lit. e Prospekt-VO). Ob dies der Fall ist, muss nach dem Wortlaut der Verordnung für jeden Staat des EWR einzeln geprüft werden. Richtet sich das Angebot etwa an 150 nicht qualifizierte Anleger in Norwegen, so ist es in Deutschland prospektpflichtig, selbst wenn im Inland nur zehn Anleger angesprochen werden. Einer zum ähnlich lautenden § 3 Abs. 2 S. 1 Nr. 2 WpPG aF vertretenen Ansicht zufolge soll dieses Ergebnis sinnwidrig sein; ihm solle durch eine Reduktion der Prospektpflicht auf solche Fälle begegnet werden, in denen in Deutschland 150 oder mehr nicht qualifizierte Anleger angesprochen sind.[397] Dieser Ansicht war jedoch schon nach altem Recht zu widersprechen (→ 7. Aufl. 2018, Rn. 306). Unter der Prospekt-VO ist diese Ansicht vollends unhaltbar, denn diese ist nach

---

392 Ebenso zur früheren Rechtslage Schwark/Zimmer/*Heidelbach* WpPG § 3 Rn. 10; *Spindler* in Noack/Spindler, Unternehmensrecht und Internet, 2001, 137, 147.

393 Assmann/Schlitt/v. Kopp-Colomb/*v. Kopp-Colomb/Gajdos* WpPG § 3 Rn. 9; Just/Voß/Ritz/Zeising/*Ritz/Zeising* WpPG § 2 Rn. 174; FK-WpPG/*Schnorbus* WpPG § 3 Rn. 9.

394 FK-WpPG/*Schnorbus* WpPG § 3 Rn. 10.

395 Just/Voß/Ritz/Zeising/*Ritz/Zeising* WpPG § 2 Rn. 174.

396 *Emde/Dreibus* BKR 2013, 89 (97); *Wallach* Recht der Finanzinstrumente 2013, 92 (100 f.).

397 *Groß* Kapitalmarktrecht, 6. Aufl. 2016, WpPG § 3 Rn. 7a; anders aber in der aktuellen Auflage *Groß,* Kapitalmarktrecht, 8. Aufl. 2022, Prospekt-VO Art. 1 Rn. 16; Schwark/Zimmer/*Heidelbach* WpPG § 3 Rn. 16; Just/Voß/Ritz/Zeising/*Ritz/Zeising* WpPG § 3 Rn. 42, der schon den Wortlaut des § 3 Abs. 2 S. 1 Nr. 2 WpPG so versteht, dass diese Ausnahme für jeden EWR-Mitgliedstaat, in dem die Grenze von 150 nicht qualifizierten Anlegern nicht erreicht wird, einzeln eingreift; *Kollmorgen/Feldhaus* BB 2007, 225 (227 f.).

autonom-europäischen und nicht nach deutschen Maßstäben auszulegen. Zudem ist es keineswegs sinnwidrig, sondern aus der Sicht des einheitlichen Schutzes im Binnenmarkt im Gegenteil sehr sinnvoll, bei Überschreiten der Grenze der angesprochenen nicht qualifizierten Anleger in einem Mitgliedstaat in der gesamten EU eine Prospektpflicht vorzusehen. Eine solche Pflicht ist auch nicht unverhältnismäßig, denn sie bedeutet nicht, dass in jedem Mitgliedstaat ein Prospekt beantragt werden müsste. Vielmehr kann durch das Prinzip des europäischen Passes der in einem Staat gebilligte Prospekt für das Angebot in anderen Staaten verwandt werden. Festzuhalten ist damit, dass bei Erreichen oder Überschreiten der Zahl von 150 Anlegern *in einem* Mitgliedstaat eine Prospektpflicht in allen Mitgliedstaaten besteht.[398] Möglich bleibt, das Finanzinstrument in einem Staat unter Verwendung eines Prospekts anzubieten, im anderen aber ohne, wenn es sich dabei nicht um ein öffentliches Angebot, sondern um eine sog. Privatplatzierung handelt.[399]

Ausnahmen im Hinblick auf bestimmte **Arten von Wertpapieren** enthält Art. 1 Abs. 5 Prospekt-VO. Diese betreffen zB solche Wertpapiere, die mit bereits am selben geregelten Markt zugelassenen Wertpapieren fungibel sind (Art. 1 Abs. 5 lit. a Prospekt-VO). Dafür wird man identische Merkmale verlangen müssen, insbesondere im Hinblick auf Stimmrechte und Dividende oder Verzinsung. Allerdings dürfen die neuen Papiere nicht mehr als 20% der im letzten Jahr zugelassenen Papiere ausmachen; andernfalls ist ein Prospekt nötig. Unter der gleichen Voraussetzung von der Prospektpflicht befreit sind Aktien aus der Umwandlung, dem Eintausch oder der Ausübung von Rechten aus anderen Wertpapieren (Art. 1 Abs. 5 lit. b Prospekt-VO). Bei der „Rechten aus anderen Wertpapieren", die ausgeübt werden, dürfte es sich um Options- und Bezugsrechte handeln. Ebenfalls befreit sind Wertpapiere aus der Ausübung der Befugnisse einer Abwicklungsbehörde nach der Bankenabwicklungs-RL, zB im Rahmen eines *„bail-in"* oder einer Herabschreibung oder Umwandlung von Kapitalinstrumenten (Art. 1 Abs. 5 lit. c Prospekt-VO; → Rn. 757). Diese Papiere sind dem Markt in anderer Form bereits bekannt. Weitere Ausnahmen betreffen Wertpapiere, die im Austausch für andere Papiere, im Zuge einer Übernahme oder einer Umwandlung (Verschmelzung oder Spaltung) erworben werden, unentgeltlich zugeteilte Aktien, Wertpapiere zur Vergütung von Mitarbeitern und dauernd oder wiederholt begebene Nichtdividendenwerte (Art. 1 Abs. 5 lit. d–i Prospekt-VO). Zu bereits im Ausland genehmigten Prospekten → Rn. 386 und → Rn. 391. 385

6. Unionsweite Anerkennung gebilligter Prospekte. Innerhalb des EWR gilt das **Herkunftslandprinzip:** Für die Billigung des Prospekts sind die Behörden des Herkunftsstaats zuständig. Das ergibt sich nicht direkt, sondern nur indirekt aus verschiedenen Bestimmungen der Prospekt-VO (s. Art. 8 Abs. 5 Prospekt-VO, Art. 9 Abs. 2 Prospekt-VO, Art. 18 Abs. 1 Prospekt-VO, Art. 20 Abs. 8 Prospekt-VO, Art. 21 Abs. 5 Prospekt-VO, Art. 24 Abs. 1 Prospekt-VO, Art. 25 Abs. 1 Prospekt-VO). Der von diesen gebilligte Prospekt kann in allen Mitgliedstaaten des EWR verwendet werden („Europäischer Pass"). Das gilt für alle Prospekte, die auf harmonisiertem Recht beruhen. 386

Der **Herkunftsstaat** wird abhängig von der Art der begebenen Titel bestimmt (→ Rn. 176 ff.). Bei Emissionen von Dividendenwerten – zB Aktien – oder Nichtdividendenwerten – dh Anleihen – mit einer Stückelung von weniger als 1.000 Euro wird objektiv an den Sitz angeknüpft (Art. 2 lit. m Ziff. i Prospekt-VO). Bei Nichtdividendenwerten mit einer Stückelung von mindestens 1.000 Euro kann der Emittent wählen zwischen dem Sitzstaat, dem Staat der Zulassung seiner Instrumente oder dem Staat ihres öffentlichen Angebots (Art. 2 lit. m Ziff. ii Prospekt-VO). Dasselbe Recht gilt bei Nichtdividendenwerten, die das Recht zur Umwandlung in Wertpapiere oder das Recht auf eine Barzahlung verbriefen, sowie solche auf eine ausländische Währung lautenden Nichtdividendenwerte, deren Wert der Mindeststückelung von 1.000 Euro entspricht. Eine Besonderheit des Prospektrechts – insbesondere im Vergleich zum Wertpapierhandelsrecht – besteht darin, dass der Emittent dieses Wahlrecht für jede Emission neu ausüben kann.[400] Emittenten aus Drittstaaten können zwischen dem Recht des erstmaligen öffentlichen Angebots oder der erstmaligen Zulassung innerhalb des EWR wählen (Art. 2 lit. m Ziff. iii Prospekt-VO). Mit Sitz ist nach einhelliger Auffassung der Satzungssitz gemeint.[401] 387

Das Herkunftslandprinzip und der Europäische Pass gelten zunächst für Wertpapierprospekte. Die Prospekt-VO spricht insoweit davon, der Prospekt sei für ein öffentliches Angebot und die 388

---

398 S. *Groß* Kapitalmarktrecht, 8. Aufl. 2022, Prospekt-VO Art. 1 Rn. 16; ebenso bereits zum alten Recht FK-WpPG/*Schnorbus* WpPG § 3 Rn. 32; *Schnorbus* AG 2008, 389 (404).

399 Zum alten Recht FK-WpPG/*Schnorbus* WpPG § 3 Rn. 31.

400 So zum alten Recht Schwark/Zimmer/*Heidelbach* WpPG § 2 Rn. 74; Just/Voß/Ritz/Zeising/*Ritz/Zeising* WpPG § 2 Rn. 253; FK-WpPG/*Schnorbus* WpPG § 2 Rn. 134.

401 Zur früheren Prospekt-RL *van Gerven,* Prospectus for the Public Offering of Securities in Europe, Bd. 1, 2008, 26; *Groß* Kapitalmarktrecht, 8. Aufl. 2022, WpPG § 2 Rn. 32; zu § 2 Nr. 13 WpPG aF *Müller* WpPG § 2 Rn. 15; Just/Voß/Ritz/Zeising/*Ritz/Zeising* WpPG § 2 Rn. 249; FK-WpPG/*Schnorbus* WpPG § 2 Rn. 129; *Kullmann/Sester* WM 2005, 1068 (1070).

Zulassung der Finanzinstrumente zum Handel in anderen Mitgliedstaaten „gültig", s. Art. 24 Prospekt-VO. Ein Prospekt ist aber nicht „gültig" oder „ungültig". Gemeint ist, dass die Behörden des Aufnahmestaats zur **Anerkennung** der Billigung durch die Behörden des Herkunftsstaats verpflichtet sind. Ein besonderes Verfahren ist nicht vorgesehen. Die Behörden des Herkunftsstaats sind lediglich verpflichtet, die Billigung der ESMA und den zuständigen Behörden jedes Aufnahmestaats mitzuteilen (Notifizierung, Art. 25 Prospekt-VO). Weitere Voraussetzungen der Anerkennung existieren im Gegensatz zum alten Recht nicht mehr, denn die Sprachenfrage ist mittlerweile abschließend in der Prospekt-VO geregelt (→ 7. Aufl. 2018, Rn. 309).

389 Das Herkunftslandprinzip gilt auch für Prospekte über **Investmentanteile** (Art. 74 OGAW-RL). Insoweit fehlt es zwar an einer ausdrücklichen Bestimmung über die Pflicht zur Anerkennung der Billigung des Prospekts. Sie ergibt sich aber aus dem Recht des OGAW, seine Tätigkeit im Rahmen des freien Dienstleistungsverkehrs auszuüben (Art. 16 Abs. 1 S. 1 OGAW-RL), sowie aus der alleinigen Zuständigkeit der Behörden des Herkunftsstaats zur Überprüfung der Einhaltung der Rechts- und Verwaltungsvorschriften (Art. 108 Abs. 1 UAbs. 1 OGAW-RL). Will eine Verwaltungsgesellschaft nach deutschem Recht Anteile oder Aktien an einem OGAW im EWR-Ausland vertreiben, hat sie dies der BaFin gegenüber anzuzeigen (§ 312 KAGB).

390 Das Herkunftslandprinzip und der Europäische Pass gelten **nicht für Vermögensanlagen.** Bei ihnen beruht die Prospektpflicht auf autonomen Vorgaben des deutschen Rechts (§§ 6 f. VermAnlG). Ausnahmen für die Vermögensanlagen aus anderen EWR-Staaten sind nicht vorgesehen. Soweit diese in Deutschland öffentlich angeboten werden, muss ein Prospekt nach dem VermAnlG erstellt werden.

391 **7. Fremdenrecht. a) Einschränkung der Prospektpflicht. aa) Ausnahmen von der Prospektpflicht bei bereits im EWR zum Handel zugelassenen Finanzinstrumenten.** Für die Zulassung von Finanzinstrumenten an einem geregelten Markt ist grundsätzlich ein Prospekt nötig (Art. 3 Abs. 3 Prospekt-VO). Eine Ausnahme greift gemäß Art. 1 Abs. 5 lit. j Prospekt-VO, wenn das Finanzinstrument **bereits länger als 18 Monate auf einem anderen organisierten Markt zugelassen** ist. Diese gilt auch dann, wenn sich dieser organisierte Markt in einem anderen Staat des EWR befindet. Die Vorschrift ist für **Altfälle** vor Inkrafttreten der Prospekt-VO gedacht; zu diesem Zeitpunkt bereits zugelassene Papiere sind von der Prospektpflicht ausgenommen. Jedoch ist ihr Wortlaut nicht auf diese Fälle beschränkt. Allerdings müssen die Publizitätspflichten im anderen Markt eingehalten werden; außerdem ist für jeden weiteren Markt zumindest eine Prospektzusammenfassung zu erstellen.

392 **bb) Möglichkeit der Befreiung von der Wertpapierprospektpflicht bei Emittenten aus Drittstaaten.** Emittenten aus nicht zum EWR gehörenden **Drittstaaten,** die in der EU Finanzinstrumente anbieten oder zulassen wollen, unterliegen in vollem Umfang dem europäischen Prospektrecht und müssen dessen Vorschriften einhalten. Soweit sie bereits über einen Prospekt verfügen, können sie allerdings gemäß Art. 29 Prospekt-VO von der europäischen Prospektpflicht durch die zuständige Behörde des Herkunftsmitgliedstaats befreit werden. Voraussetzung dafür ist erstens, dass der Prospekt im Einklang mit internationalen Standards, insbesondere denen der IOSCO,[402] erstellt wurde, und zweitens, dass der Emittent Informationspflichten unterliegt, die denen des deutschen Rechts gleichwertig sind. Es gilt das Äquivalenzprinzip (→ Rn. 146 f.). Die Übereinstimmung mit den internationalen Standards wird von der BaFin selbst überprüft; im Unterschied zur Behandlung von in anderen EWR-Staaten gebilligten Prospekten erkennt diese nicht die ausländische Entscheidung über die Billigung an, sondern wendet selbst internationales *soft law* an. Bei den Informationspflichten wird nicht geprüft, ob die Bestimmungen des fremden Rechts eingehalten sind, sondern nur deren abstrakte Gleichwertigkeit mit denen des europäischen Rechts.[403] Die Kommission kann delegierte Rechtsakte zur Ergänzung der Prospekt-VO erlassen, in denen die allgemeinen Kriterien für die Gleichwertigkeit festgelegt werden (Art. 29 Abs. 3 Prospekt-VO).

393 **cc) Prospektpflicht für Anteile an EU-AIF und ausländischen AIF.** Anteile an EU-AIF und ausländischen AIF können unter den restriktiven Vorgaben des § 317 KAGB an Privatanleger in Deutschland vertrieben werden. Voraussetzung ist allerdings, dass ein Verkaufsprospekt erstellt wurde (§ 317 Abs. 1 Nr. 8 KAGB). Muss der AIF ohnehin einen Prospekt veröffentlichen, weil er die Finanzinstrumente in einem anderen Mitgliedstaat öffentlich anbietet oder sie dort zum Handel an einem geregelten Markt zugelassen sind, so richten sich die Mindestangaben des Prospekts gemäß

[402] S. IOSCO, International Disclosure Standards for Crossborder Offerings and Initial Listings by Foreign Issuers, 1.9.1998. Zur IOSCO → Rn. 18.

[403] Zu § 20 WpPG aF *Seibt/v. Bonin/Isenberg* AG 2008, 565 (570).

§ 318 Abs. 3 S. 1 KAGB nach der Prospekt-VO und einer dazu ergangenen delegierten Verordnung.[404]

b) Sprache des Prospekts. aa) Grundlagen. In einem vielsprachigen Raum wie dem EWR ist die Frage, in welcher Sprache der Prospekt verfasst sein muss, von besonderer Bedeutung. Sowohl die Prospekt-VO (Art. 27 Prospekt-VO) als auch das KAGB (§ 298 Abs. 1 S. 1 KAGB, § 310 Abs. 2 S. 1 KAGB, § 296 Abs. 1, 3 KAGB) sehen dazu komplexe Regeln vor. Diese haben keinen kollisionsrechtlichen Charakter, sondern schaffen besonderes Sachrecht, genauer: Fremdenrecht. **Ziel** ist einerseits, dem Anbieter die Erstellung zusätzlicher Übersetzungen soweit wie möglich zu ersparen, andererseits aber sicherzustellen, dass der Prospekt soweit wie möglich vom angesprochenen Publikum verstanden wird. **394**

bb) Anwendungsbereich der europäischen und deutschen Regelungen. Die Regelungen zur Sprache beziehen sich auf zwei verschiedene Situationen. Einerseits betreffen sie die **Billigung** von Prospekten durch die Behörde des Herkunftsstaats des Emittenten, der Kapitalverwaltungsgesellschaft oder des Investmentvermögens oder die Anzeige an diese (s. Art. 27 Abs. 1, 2 UAbs. 3 Prospekt-VO, § 312 Abs. 1 KAGB). Andererseits gelten die Sprachenregelungen für die **Anerkennung** im Ausland gebilligter Prospekte durch den Aufnahmestaat (s. Art. 27 Abs. 2 UAbs. 1, 2 Prospekt-VO, § 303 Abs. 1, § 310 Abs. 2 KAGB). Geregelt ist mit anderen Worten die Erteilung des Europäischen Passes für einen Prospekt sowie die Akzeptanz eines im Ausland gebilligten Prospekts. Beide Fälle, die „outbound" und die „inbound"-Situation, sind strikt zu unterscheiden. **395**

cc) Zulässige Sprachen. In beiden Konstellationen sehen die Prospekt-VO und das KAGB eine Reihe **verschiedener Sprachen** des Prospekts vor. In Betracht kommen die Amtssprache, eine „in internationalen Finanzkreisen gebräuchliche" oder eine von der zuständigen Behörde „anerkannte" Sprache. Dabei versteht sich nur der Begriff der **Amtssprache** von selbst. Diese ist die von jedem Mitgliedstaat als solche festgelegte Sprache. **396**

Einen Prospekt **„in einer in internationalen Finanzkreisen gebräuchlichen Sprache"** verlangt das Gesetz typischerweise dann, wenn ein Angebot auf mehreren Märkten gleichzeitig erfolgt (Art. 27 Abs. 2 UAbs. 1 und 3, Abs. 3 UAbs. 1 Prospekt-VO; § 298 Abs. 1 S. 1 KAGB, § 310 Abs. 2 S. 1 KAGB). Die Bedeutung des Begriffs ist allerdings nicht klar. Im Rahmen von § 19 WpPG aF verstand ein Teil der Lit. darunter ausschließlich das Englische,[405] während die Gegenansicht auch andere Sprachen für zulässig hielt.[406] Zwar ist die englische Sprache derzeit in internationalen Finanzkreisen die einzig gebräuchliche. Allerdings hat der europäische Gesetzgeber eine Festlegung auf eine bestimmte Sprache – nicht zuletzt wegen des Ziels der Sprachenvielfalt – bewusst vermieden. Das Gesetz ist daher offen auch für andere Sprachen, wenn sich an der faktischen Dominanz des Englischen in Zukunft etwas ändern sollte. Abzulehnen ist dagegen die zu § 19 WpPG aF vertretene Auffassung, dass unabhängig hiervon außer dem Englischen andere Sprachen in Betracht kämen, weil die Gebräuchlichkeit relativ nach dem Adressatenkreis der Emission bestimmt werden könne.[407] Der Wortlaut stellt auf die „internationalen Finanzkreise" ab, die objektiv feststehen und nicht von Emission zu Emission wechseln. **397**

An manchen Stellen verlangt das Prospektrecht eine von der zuständigen Behörde **„anerkannte Sprache" oder „akzeptierte Sprache"** (Art. 27 Abs. 1–3 Prospekt-VO; § 312 Abs. 2 Nr. 3 KAGB). Dies ist dann der Fall, wenn der Herkunftsstaat des Emittenten nicht mit dem Aufnahmestaat übereinstimmt oder das Angebot sich in erster Linie an einen bestimmten ausländischen Markt richtet. Die Notwendigkeit der Verwendung einer von den Behörden anerkannten Sprache erklärt sich daraus, dass die Sprachkenntnisse der Mitarbeiter an ihre Grenzen stoßen können. Daher soll die Prüfung in einer ihnen verständlichen Sprache ermöglicht werden.[408] Für das Prospektrecht ist in Deutschland gesetzlich festgelegt, dass neben der deutschen Sprache auch die englische als anerkannte Sprache gilt, soweit eine Übersetzung der Zusammenfassung ins Deutsche erfolgt (§ 21 WpPG). In der Praxis der BaFin dürften auch sonst das Deutsche und das Englische die beiden anerkannten Sprachen sein. **398**

---

[404] Delegierte VO (EU) 2019/980 der Kommission vom 14.3.2019 zur Ergänzung der VO (EU) 2017/1129 des Europäischen Parlaments und des Rates hinsichtlich der Aufmachung, des Inhalts, der Prüfung und der Billigung des Prospekts, der beim öffentlichen Angebot von Wertpapieren oder bei deren Zulassung zum Handel an einem geregelten Markt zu veröffentlichen ist, ABl. EU 2019 L 166, 26, Abschnitte II–IV.

[405] Assmann/Schlitt/v. Kopp-Colomb/*v. Ilberg* WpPG § 19 Rn. 23; *Müller* WpPG § 19 Rn. 1; Just/Voß/Ritz/Zeising/*Ritz/Voß* WpPG § 19 Rn. 12 f.; FK-WpPG/*Wolf* WpPG § 19 Rn. 6.

[406] Schwark/Zimmer/*Heidelbach* WpPG § 19 Rn. 5; *Mattil/Möslein* WM 2007, 819 (821).

[407] Schwark/Zimmer/*Heidelbach* WpPG § 19 Rn. 5.

[408] Schwark/Zimmer/*Preuße* WpPG § 21 Rn. 12; Assmann/Schlitt/v. Kopp-Colomb/*v. Ilberg* WpPG § 19 Rn. 42; Just/Voß/Ritz/Zeising/*Ritz/Voß* WpPG § 19 Rn. 22.

399 Das Prospektrecht soll den **Zwang zur Übersetzung** so gering wie möglich halten. In den Fällen, in denen ein Prospekt weder in einer Amtssprache oder anerkannten Sprache des Aufnahmestaats abzufassen ist, muss er jedoch zumindest eine Übersetzung oder eine Zusammenfassung in eine dieser Sprachen enthalten (→ Rn. 398). Man kann insoweit von einem **gebrochenen Sprachenregime** sprechen.[409] Der Inhalt der Zusammenfassung ergibt sich aus den allgemeinen Regeln des Prospektrechts. Danach muss diese kurz und allgemein verständlich die wesentlichen Merkmale und Risiken des Papiers, des Emittenten sowie eines etwaigen Garantiegebers nennen und auch bestimmte Warnhinweise enthalten (§ 5 Abs. 2 WpPG).

400 **dd) Sprache des Wertpapierprospekts.** Für Wertpapierprospekte ist die Sprachenregelung äußerst komplex. Grundsätzlich kommen in Betracht: 1. die Amtssprache des **Herkunftsstaats** des Emittenten oder eine von diesem anerkannte Sprache, 2. die Amtssprache des **Aufnahmestaats** oder eine von diesem anerkannte Sprache und 3. eine **in internationalen Finanzkreisen gebräuchliche Sprache** (→ Rn. 397). Die Prospekt-VO sieht eine Liste verschiedener Fallgruppen vor, die sich aus einer Kombination dieser drei Sprachen ergeben (Art. 27 Prospekt-VO). Der Herkunftsstaat ist dabei nach allgemeinen Regeln zu bestimmen, wie sie auch im WpHG gelten (→ Rn. 174 ff.). Im Prospektrecht besteht allerdings die Besonderheit, dass der Emittent den Herkunftsstaat für jede Emission neu wählen kann.[410] Der Aufnahmestaat ist der Mitgliedstaat, in dem ein öffentliches Angebot von Wertpapieren unterbreitet oder die Zulassung zum Handel an einem geregelten Markt angestrebt wird (Art. 2 lit. n Prospekt-VO).

401 Wenn Wertpapiere **nur im Herkunftsstaat vertrieben** werden, so muss der Prospekt in einer dort anerkannten Sprache veröffentlicht werden (Art. 27 Abs. 1 Prospekt-VO). In diesem Fall ist die Beziehung zum Herkunftsstaat besonders eng.

402 Werden Wertpapiere **nur außerhalb des Herkunftsstaats des Emittenten vertrieben,** kann eine von den Behörden des oder der **Aufnahmestaaten** anerkannte Sprache oder eine „in internationalen Finanzkreisen gebräuchliche Sprache" – dh das Englische – verwendet werden (Art. 27 Abs. 2 UAbs. 1 Prospekt-VO). Die Wahl liegt beim Emittenten. Allerdings muss im Fall der Wahl einer in internationalen Finanzkreisen gebräuchlichen Sprache zumindest die Zusammenfassung in einer vom Aufnahmestaat anerkannten Sprache verfasst sein (Art. 27 Abs. 2 UAbs. 2 Prospekt-VO). Außerdem muss der Prospekt für die Zwecke der Prüfung und Billigung in einer vom **Herkunftsstaat** anerkannten Sprache oder in einer in internationalen Finanzkreisen gebräuchlichen Sprache verfasst sein (Art. 27 Abs. 2 UAbs. 3 Prospekt-VO). Dies ist nötig, damit die deutsche Behörde überhaupt in die Lage versetzt wird, den Prospekt zu prüfen, denn ihre Beamten beherrschen nicht die Sprachen aller möglichen Aufnahmestaaten (→ Rn. 398). Da die zusätzliche Prospekterstellung zu Kosten führt, fasst man den Prospekt in der Praxis meist gleich in einer in internationalen Finanzkreisen gebräuchlichen Sprache – dh auf Englisch – ab.[411]

403 Werden die Papiere sowohl **im Herkunftsstaat als auch in Aufnahmestaaten** zugelassen oder öffentlich angeboten, dann kann der Prospekt sowohl auf in einer im Herkunftsstaat anerkannten als auch in einer in internationalen Finanzkreisen üblichen Sprache abgefasst werden; darüber hinaus sind – je nach Wahl des Emittenten – eine oder mehrere zusätzliche Fassungen entweder in den in den jeweiligen Aufnahmestaaten anerkannten oder in einer in internationalen Finanzkreisen gebräuchlichen Sprache zu erstellen (Art. 27 Abs. 3 UAbs. 2 Prospekt-VO). Aus praktischen Erwägungen wird man die zusätzliche Fassung einheitlich auf Englisch erstellen, es sei denn, in allen Aufnahmestaaten wird dieselbe Sprache gesprochen (zB in Deutschland und Österreich). In jedem Fall ist allerdings zumindest eine **Zusammenfassung** in einer **Amtssprache** der Aufnahmestaaten notwendig (Art. 27 Abs. 3 UAbs. 3 Prospekt-VO).

404 Für sog. **Basisprospekte,** die einer Reihe von Emissionen zugrunde liegen (zum Begriff Art. 8 Prospekt-VO) gilt das Gebot der Sprachenkontinuität: Die endgültigen Bedingungen und die Zusammenfassung für jede einzelne Emission muss in derselben Sprache abgefasst werden wie der gebilligte Basisprospekt (Art. 27 Abs. 4 UAbs. 1 Prospekt-VO). Sind diese weder im Basisprospekt oder einem Nachtrag enthalten, sondern werden dem Aufnahmestaat lediglich elektronisch übersandt, so müssen diese in dessen Amtssprache abgefasst werden; ist der Basisprospekt zu übersetzen, dann müssen auch die endgültigen Bedingungen und die Zusammenfassung übersetzt werden (Art. 27 Abs. 4 UAbs. 2 Prospekt-VO).

405 Eine **Ausnahme** von allen zuvor genannten Regeln gilt bei Nichtdividendenwerten (zB Anleihen), die entweder in einem geregelten Markt oder einem besonderen Segment des geregelten

[409] So zum § 19 WpPG aF Schwark/Zimmer/*Heidelbach,* 4. Aufl. 2010, WpPG § 19 Rn. 6; *Müller* WpPG § 19 Rn. 1.

[410] So zum alten Recht Just/Voß/Ritz/Zeising/*Ritz/Voß* WpPG § 2 Rn. 253.

[411] Schwark/Zimmer/*Preuße* WpPG § 21 Rn. 7.

Markts gehandelt werden, zu dem ausschließlich qualifizierte Anleger Zugang haben, oder die über eine Mindeststückelung von 100.000 Euro verfügen. Bei ihnen besteht Wahlfreiheit. Gewählt werden kann zwischen 1. einer im Herkunftsstaat anerkannten Sprache, 2. einer in allen Aufnahmestaaten anerkannten Sprache und 3. einer in internationalen Finanzkreisen gebräuchlichen Sprache (Englisch) (Art. 27 Abs. 5 Prospekt-VO). Auch wenn der Herkunftsstaat des Emittenten Deutschland ist und/oder die Papiere ausschließlich in Deutschland gehandelt werden sollen, muss der Prospekt daher nicht notwendigerweise in Deutsch abgefasst sein. Selbst eine deutsche Zusammenfassung ist nicht nötig. Diese Regelung scheint auf der Annahme zu gründen, dass qualifizierte Anleger und Interessenten für Anleihen in sehr großer Stückelung typischerweise international bewandert sind und über entsprechende Sprachkenntnisse verfügen.

ee) Sprache des Prospekts für Investmentanteile. Für den Vertrieb von **EWR-Investmentanteilen** enthält Art. 94 OGAW-RL die maßgeblichen Grundlagen über das Sprachenregime. 406
Die Richtlinie geht davon aus, dass der Prospekt immer in einer Amtssprache des Herkunftsstaats verfasst ist. Sollen die Anteile in anderen EWR-Staaten vertrieben werden, müssen zumindest die wesentlichen Anlegerinformationen in die oder eine der Amtssprachen des Aufnahmestaats oder einer von den dortigen Behörden akzeptierten Sprache verfasst sein (Art. 94 Abs. 1 UAbs. 1 lit. b OGAW-RL. Für alle anderen Informationen, dh auch den Prospekt selbst, kann statt dieser Sprache eine in internationalen Finanzkreisen übliche Sprache, dh das Englische, gewählt werden (Art. 94 Abs. 1 UAbs. 1 lit. c OGAW-RL.

Der deutsche Gesetzgeber hat diese recht einfache Regelung in zwei getrennten und inhaltlich 407
verschiedenen Vorschriften auf komplizierte Weise umgesetzt. Den **Vertrieb inländischer OGAW im EWR-Ausland** regelt § 312 Abs. 1 KAGB. Diese Regelung geht davon aus, dass der Prospekt auf Deutsch abgefasst ist, da er sich auf einen Anteil an einem inländischen Investmentvermögen bezieht (vgl. § 303 Abs. 1 KAGB). Die Verwaltungsgesellschaft muss ihren Willen zum Vertrieb im EWR-Ausland der BaFin anzeigen (→ Rn. 389). Der Anzeige ist eine **Übersetzung** des Verkaufsprospekts beizufügen (§ 312 Abs. 2 KAGB). Als Sprache werden eine der oder die Amtssprache des Aufnahmestaats oder eine von den dortigen Behörden akzeptierte Sprache sowie eine in internationalen Finanzkreisen übliche Sprache zur Wahl gestellt. Wird letztere gewählt, so sind zumindest die wesentlichen Anlegerinformationen in einer Sprache des Aufnahmestaats abzufassen (§ 312 Abs. 3 S. 1 KAGB).

Sollen **EU-OGAW in Deutschland** vertrieben werden, so richtet sich das Sprachenregime 408
nach § 310 KAGB (zum Begriff der EU-OAGW s. § 1 Abs. 2 KAGB iVm § 1 Abs. 8 KAGB; → Rn. 488). Diese Vorschrift verhält sich spiegelbildlich zu § 312 KAGB: Da Deutschland der Aufnahmestaat ist, muss der Prospekt auf Deutsch abgefasst sein. Eine andere Sprache wird von der BaFin nicht akzeptiert, auch wenn ihr das nach der OGAW-RL möglich ist. Außer dem Deutschen ist lediglich eine in internationalen Finanzkreisen übliche Sprache zulässig (§ 310 Abs. 2 S. 1 KAGB). Auch in diesem Fall müssen aber die wesentlichen Anlegerinformationen auf Deutsch abgefasst sein (§ 310 Abs. 2 S. 2 KAGB).

Soweit **Anteile an AIF** an Privatanleger in Deutschland vertrieben werden sollen, verlangt 409
§ 303 Abs. 1 S. 1 KAGB, dass sämtliche Veröffentlichungen und Werbeschriften auf Deutsch abzufassen oder auf Deutsch zu übersetzen sind. Das gilt unabhängig davon, ob der AIF aus Deutschland, einem anderen EWR-Staat oder einem Drittstaat stammt. Die deutsche Sprache ist auch für alle Dokumente nach § 297 Abs. 1–5, 9 KAGB, einschließlich des Verkaufsprospekts, vorgeschrieben. Ausnahmen sind nicht vorgesehen.

8. Kooperation mit europäischen und ausländischen Stellen. Soweit das Prospektrecht 410
durch EU-Recht harmonisiert ist, hat die BaFin die Pflicht, mit der European Securities and Markets Authority **(ESMA)** zu kooperieren. Das Investmentrecht schreibt eine „enge" Zusammenarbeit vor (§ 9 Abs. 1 S. 1 KAGB). Dies geht noch über das EU-Recht hinaus, welches nur von Zusammenarbeit spricht (Art. 101 Abs. OGAW-RL, Art. 50 Abs. 1 AIFM-RL[412]). Im Wertpapierprospektrecht ist vorgesehen, dass die zuständigen Behörden mit der ESMA zusammenarbeiten (Art. 34 Abs. 1 Prospekt-VO).

Gegenüber den **Behörden anderer EWR-Staaten** ist die BaFin verpflichtet, deren Entschei- 411
dungen über die Billigung von Prospekten anzuerkennen. Darüber hinaus schreibt zB Art. 33 Abs. 1 Prospekt-VO eine allgemeine Pflicht der Behörden zur Zusammenarbeit untereinander vor. Diese umfasst auch die Übermittlung von Informationen und die Überprüfung und Ermittlung vor Ort (Art. 33 Abs. 3 f. Prospekt-VO). Davon kann nur in außergewöhnlichen Umständen wie einer Behinderung eigener Ermittlungsmaßnahmen oder eines anhängigen oder rechtskräftig abgeschlosse-

412 RL 2011/61/EU vom 8.6.2011 über die Verwalter alternativer Investmentfonds (AIFM), ABl. EU 2011 L 174, 1.

nen Verfahrens in derselben Sache im Inland abgesehen werden (Art. 33 Abs. 3 Prospekt-VO). Auch das deutsche Kapitalanlagegesetzbuch verlangt eine enge Zusammenarbeit mit den zuständigen Behörden anderer Mitgliedstaaten (§ 9 Abs. 1 S. 1 KAGB).

412 Bei **Verstößen gegen Prospektvorschriften** durch ausländische Anbieter sieht das europäische Prospektrecht ein bestimmtes Prozedere vor. Man kann insoweit von einer koordinierten Eskalation der Eingriffsstufen sprechen, bei der der Aufnahmestaat schrittweise eine Aufsichtskompetenz erlangt. Nach Art. 37 Abs. 1 Prospekt-VO hat die zuständige Behörde des Aufnahmemitgliedstaats sowohl die ESMA als auch die zuständige Behörde des Herkunftsstaats zu befassen, soweit sie „klare und nachweisliche Gründe" für die Annahme eines solchen Verstoßes hat. Mit letzterer Formulierung soll die Befassungsmöglichkeit eingeschränkt werden, offenbar in der Absicht, Schikanen gegen ausländische Emittenten durch die Behörde des Aufnahmestaats vorzubeugen. Liegen die von der Verordnung geforderten klaren und nachweislichen Gründe vor, ist es zunächst an der zuständigen Behörde des Herkunftsstaats, Maßnahmen zu ergreifen. Wenn der Emittent – trotz entsprechender Maßnahmen der zuständigen Behörde des Herkunftsstaats – weiterhin gegen seine Pflichten verstößt, hat der Aufnahmestaat die zuständige Behörde des Herkunftsstaats und die ESMA davon zu unterrichten; erst danach kann er „alle für den Schutz der Anleger erforderlichen Maßnahmen" treffen (Art. 37 Abs. 2 Prospekt-VO). Die Kommission und ESMA sind von diesen Maßnahmen zu unterrichten. Die Einschaltung der Kommission zeigt, welche Bedeutung diesem Vorgang beigemessen wird. Nach ähnlichen Grundsätzen funktioniert auch die koordinierte Eskalation im deutschen Investmentrecht. Gemäß § 311 Abs. 2 KAGB hat die BaFin bei einem Verstoß einer EU-Verwaltungsgesellschaft gegen Vorschriften des KAGB beim Vertrieb von EU-OGAW im Inland die Behörden des Herkunftsmitgliedstaats des OGAW zu informieren, sofern sie nicht nach § 311 Abs. 1 KAGB unmittelbar eingreifen kann. Verstößt der ausländische Anbieter weiterhin gegen die Vorschriften oder erweisen sich die von der Behörde des Herkunftsstaats getroffenen Maßnahmen als unzweckmäßig, ungeeignet oder unzulänglich, kann die BaFin – nach Unterrichtung der Behörden des Herkunftsstaats – alle für den Schutz des Publikums erforderlichen Maßnahmen ergreifen; die Kommission und ESMA sind davon zu unterrichten (§ 311 Abs. 3 S. 1 Nr. 1, S. 3 KAGB). Alternativ hierzu kann die BaFin auch ESMA um Hilfe bitten (§ 311 Abs. 3 S. 1 Nr. 2 KAGB).

VI. Publizität auf dem Sekundärmarkt

413 **1. Ökonomischer Hintergrund.** Auch nach der Emission des Finanzinstruments ist Transparenz notwendig, damit **informierte Entscheidungen** über Investition und Desinvestition getroffen werden können. Der Gesetzgeber legt daher den Emittenten zahlreiche Informationspflichten gegenüber dem Sekundärmarkt auf. Dies dient dem Anlegerschutz, der Stärkung des Vertrauens in die Finanzmärkte und der Erhöhung der Markteffizienz (Erwägungsgrund Nr. 1 Transparenz-RL).

414 **2. Regulierung.** Die **Transparenz-RL** schreibt periodische Publizität in Gestalt von Jahres- und Halbjahresfinanzberichten sowie Zwischenmitteilungen vor (Art. 4–8 Transparenz-RL). Nach ihr muss auch die Veränderung bedeutender Beteiligungen offengelegt werden (Art. 9–16 Transparenz-RL). Schließlich sollen nach der Richtlinie Emittenten verpflichtet werden, den Inhabern von Wertpapieren alle zur Ausübung ihrer Rechte notwendigen Informationen zur Verfügung zu stellen, etwa Ort, Zeitpunkt und Tagesordnung einer Hauptversammlung (Art. 17 f. Transparenz-RL). Diese Regelungen sind in Abschnitt 6 (§§ 33–47 WpHG) sowie in Abschnitt 16 Unterabschnitt 2 (§§ 114–118 WpHG) des **WpHG** umgesetzt.

415 Die **MAR** verpflichtet die Mitgliedstaaten dafür zu sorgen, dass Insider-Informationen so bald wie möglich der Öffentlichkeit durch sog. Ad-hoc-Mitteilungen des Emittenten bekannt gegeben werden (Art. 17 Abs. 1 MAR). Auch müssen Personen, die beim Emittenten Führungsaufgaben wahrnehmen oder mit solchen Personen in enger Verbindung stehen, Eigengeschäfte mit Finanzinstrumenten des Emittenten (sog. *directors dealings*)[413] bekanntgeben (Art. 19 Abs. 1 MAR).

416 Diese Regeln beziehen sich nur auf klassische Finanzinstrumente, wie Aktien, Anleihen und Derivate. Eine entsprechende Regulierung für Kryptowerte findet sich in der MiCAR (→ Rn. 568 ff.).[414]

417 **3. Kollisionsrechtliche Erwägungen.** Informationen über einen Emittenten sind unteilbar. Zudem werden solche Informationen, wenn sie einmal in die Öffentlichkeit gelangt sind, sofort in alle Richtungen weiterverbreitet. Diese können daher nicht von Markt zu Markt verschieden begeben werden. Aus diesem Grund ist es notwendig, ein **einheitliches Statut** für die Informationspflichten auf dem Sekundärmarkt zu finden.

---

[413] *Lutter/Bayer/J. Schmidt* Europ. UnternehmensR § 14 Rn. 87; § 35 Rn. 65–73; *Veil* in Veil, Europäisches und deutsches Kapitalmarktrecht, 3. Aufl. 2022, § 21.

[414] Für einen gelungenen Überblick s. *Raschner* BKR 2022, 217; s. auch *Maume* RDi 2022, 497 (505).

Damit ist noch nicht die Frage beantwortet, welches Recht einheitlich Anwendung finden soll. Naheliegend ist die **Anknüpfung an den Emittentensitz.** Jedoch birgt diese die Gefahr, dass der Emittent seinen Sitz in einen Staat mit geringen Transparenzpflichten verlegt. Die Folge wäre einerseits eine Umgehung legitimer Regelungen zum Schutz der Interessen des Marktstaats, andererseits ein unvermeidliches *race to the bottom* zwischen den Staaten hinsichtlich der Transparenzanforderungen. Daher sollte auch der **Ort des Vertriebs** der Finanzinstrumente berücksichtigt werden. 418

4. Ausländische Regelungen. In den **USA** sieht sec. 13 Securities Exchange Act 1934 periodisch zu erfüllende Publizitätspflichten des Emittenten vor, dessen Finanzinstrumente bei der SEC registriert sind. Ad hoc-Publizitätspflichten folgen aus der dort vorgesehenen Pflicht des Emittenten, seine bei der Registrierung angegebenen Informationen auf aktuellem Stand zu halten. Für die Erfüllung schreibt die SEC zwei verschiedene Formulare (10-K und 8-K) vor. Der Registrierungspflicht unterliegen alle Emittenten, die sich im Handel zwischen den Bundesstaaten *(interstate commerce)* betätigen oder deren Finanzinstrumente zwischen den Bundesstaaten gehandelt werden. In letzterem Fall ist vorausgesetzt, dass ihr Vermögen eine bestimmte Größe überschreitet (derzeit 10 Mio. US-Dollar) und ihre Instrumente von mindestens 500 nicht qualifizierten Investoren oder von 2000 Investoren gehalten werden.[415] Dies führt zu einer weiten extraterritorialen Geltung der Publizitätspflichten. Für ausländische Emittenten besteht allerdings eine Ausnahme, wenn sie weniger als 300 in den USA ansässige Investoren haben.[416] Die Regeln über *securities* werden von der SEC auch auf Kryptowerte erstreckt.[417] 419

In der **Schweiz** ist die Zulassung von Effekten zum Handel der Selbstregulierung durch ein Reglement der Börse überlassen (→ Rn. 366). Dieses legt auch fest, „welche Informationen für die Beurteilung der Eigenschaften der Effekten und der Qualität des Emittenten durch die Anleger nötig sind" (Art. 35 Abs. 2 FinfraG). So sieht etwa das Kotierungsreglement der SIX Swiss Exchange sowohl periodische als auch Ad-hoc-Publizitätspflichten vor.[418] Diese Pflichten gelten naturgemäß nur für Emittenten, deren Titel an der Börse kotiert sind. Die Beteiligungspublizität nach Art. 120 FinfraG gilt für alle Gesellschaften mit Sitz in der Schweiz, deren Aktien ganz oder teilweise in der Schweiz notieren, sowie für Gesellschaften mit Sitz im Ausland, deren Beteiligungspapiere ganz oder teilweise in der Schweiz „hauptkotiert" sind. Auf die Emittenten von Kryptowerten sind diese Vorschriften nicht anwendbar. 420

5. Anwendungsbereich des deutschen Rechts. a) Anknüpfungskriterien. aa) Herkunftsstaat. Zur Durchsetzung der Transparenzvorschriften erklären die europäischen Regeln den Herkunftsmitgliedstaat für zuständig (Art. 22 Abs. 1 MAR; zur Definition des Herkunftsmitgliedstaats s. Art. 2 Abs. 1 lit. i Transparenz-RL). Parallel zu dieser Vorgabe bezieht das WpHG einige seiner Pflichten auf solche Emittenten, deren **Herkunftsstaat Deutschland** ist (§ 33 Abs. 1 S. 1, Abs. 2 S. 1 WpHG, § 38 Abs. 1 S. 1 WpHG, § 39 Abs. 1 S. 1 WpHG, § 43 Abs. 1 S. 1 WpHG, § 48 Abs. 1 WpHG, § 49 Abs. 1 S. 1 WpHG). Ob Deutschland der Herkunftsmitgliedstaat eines Emittenten ist, hängt davon ab, ob er seinen Sitz im Inland hat und seine Finanzinstrumente zum Handel an einem organisierten Markt innerhalb des EWR zugelassen sind (§ 2 Abs. 13 lit. a WpHG; zum Konzept des Herkunftsstaats → Rn. 176 ff.). Emittenten, die ausschließlich besonders groß gestückelte Nichtdividendenwerte (Anleihen) im Wert von mindestens 1.000 Euro in verschiedenen EWR Staaten begeben, dürfen statt des Sitzstaats den Staat der Zulassung der Instrumente als Herkunftsstaat wählen (§ 2 Abs. 13 lit. b WpHG). Dieses Wahlrecht kann – anders als im Prospektrecht – nicht für jede Emission gesondert, sondern nur einheitlich ausgeübt werden,[419] da sonst der Emittent verschiedenen Informationspflichten unterläge. Im Wertpapierhandelsrecht kann der Emittent immer nur einen Herkunftsstaat haben.[420] Für Emittenten aus nicht zum EWR gehörenden Drittstaaten ist Herkunftsstaat grundsätzlich der Staat des EWR, in dem sie ihre Papiere zur Zulassung 421

---

415 Sec. 12g Securities Exchange Act 1934.

416 SEC, Rule 12g3-2, 17 CFR 240.12g3-2.

417 SEC, „Report of Investigation Pursuant to Section 21(a) of the Securities Exchange Act of 1934: The DAO", Release No. 81207, 25.7.2017, https://www.sec.gov/litigation/investreport/34-81207.pdf (zuletzt abgerufen am 17.6.2024). Jüngst hat die SEC die US-Kryptobranche mit einer regelrechten Klageflut aufgerüttelt. S. beispielhaft SEC v. Binance Holdings Ltd., 1:23-cv-01599 (SDNY 6.5.2023); SEC v. Terraform Labs Pte. Ltd., 1:23-cv-01356-JSR (SDNY 31.6.2023); SEC v. Coinbase, Inc., 1:23-cv-04736-KPF (SDNY 31.3.2024).

418 Art. 49 ff., 53 ff. Kotierungsreglement der SIX Swiss Exchange.

419 BaFin, Emittentenleitfaden der BaFin – Modul C, 5. Aufl. 2020, geändert 14.1.2022, I.3.2.1.2.1.1; Schwark/Zimmer/*Kumpan,* 5. Aufl. 2020, WpHG § 2 Rn. 192.

420 BaFin, Emittentenleitfaden der BaFin – Modul C, 5. Aufl. 2020, geändert 14.1.2022, I.3.2.1.2.1.1; Schwark/Zimmer/*Kumpan* WpHG § 2 Rn. 192.

angemeldet oder öffentlich angeboten haben; soweit sie in mehreren zugelassen oder gehandelt werden, ist ihnen ein Wahlrecht eingeräumt (§ 2 Abs. 13 lit. c WpHG; → Rn. 178).

422 Wie man das **Sitzkriterium** zu verstehen hat, ist **streitig.** Während eine vereinzelte Auffassung auf den effektiven Verwaltungssitz abstellen will,[421] spricht sich die überwiegende Meinung für den Satzungssitz aus.[422] Letzterer Ansicht ist zuzustimmen, um die Parallele zum Prospektrecht zu wahren. Im Prospektrecht ist nämlich unbestritten der Satzungssitz entscheidend (→ Rn. 387). Für eine parallele Auslegung in beiden Rechtsgebieten spricht, dass der Gesetzgeber mit der Verwendung des Sitzkriteriums in der Transparenz-RL „auf jeden Fall" Kohärenz zur Prospekt-RL erzielen wollte (Erwägungsgrund Nr. 6 S. 2 Transparenz-RL). Darüber hinaus spricht gegen eine Anknüpfung an den effektiven Verwaltungssitz, dass dieser nicht einheitlich bestimmt wird. Schon innerhalb der deutschen Lehre und Rspr. sind seine Voraussetzungen umstritten.[423] Die Unsicherheit zwischen verschiedenen Mitgliedstaaten wäre noch wesentlich größer. Außerdem ist zu bedenken, dass sich im Internationalen Gesellschaftsrecht die Anknüpfung an den Satzungssitz infolge der Rspr. des EuGH immer mehr durchsetzt.[424] Schließlich weisen die über das Kriterium des Herkunftsstaats gesteuerten Fragen der Beteiligungspublizität und der für die Wahrnehmung von Rechten aus Finanzinstrumenten notwendigen Informationen einen engen Bezug zu Angelegenheiten der Gesellschaftsorganisation auf. Es liegt daher nahe, sie ebenfalls der gesellschaftsrechtlichen Anknüpfung an den Satzungssitz zu unterwerfen.

423 **bb) Inlandsemittent.** Andere europäische Publizitätsvorschriften richten sich an alle Emittenten, deren Finanzinstrumente in einem Mitgliedstaat zugelassen sind (s. etwa Art. 17 Abs. 1 MAR). Dieser Begriff baut auf dem des Herkunftsmitgliedstaats auf, ist aber stärker auf die Zulassung der Instrumente zum Handel bezogen (→ Rn. 181 ff.). Immer wenn sich eine Vorschrift an den Inlandsemittenten richtet, bedeutet dies daher, dass dieser seine Instrumente in Deutschland anbietet (s. im Einzelnen § 2 Abs. 14 WpHG).

424 **b) Anwendung im Einzelfall. aa) Ad-hoc-Mitteilungen und *directors' dealings*.** Die Verpflichtung, Insiderinformationen den Aufsichtsbehörden zu übermitteln und zu veröffentlichen, ist an alle Emittenten gerichtet, deren Finanzinstrumente zum Handel an einem Handelsplatz (geregelter Markt, multilaterales Handelssystem, organisierte Handelseinrichtung) zugelassen worden sind oder für deren Finanzinstrumente eine Zulassung zum Handel beantragt worden ist (Art. 17 Abs. 1 UAbs. 3 MAR). Die Einhaltung dieser Pflicht hat der Herkunftsmitgliedstaat bei Aufnahme zum Handel in nur einem Mitgliedstaat sicherzustellen (Art. 17 Abs. 1 UAbs. 2 MAR, Art. 21 Abs. 1, 3 Transparenz-RL). Die Verwendung dieses Kriteriums erklärt sich daraus, dass die Informationspflichten in engerem Zusammenhang mit der Vermarktung von Wertpapieren stehen als beispielsweise die Pflichten über die Beteiligungstransparenz. Daher ist der Staat der ausschließlichen Vermarktung zur Durchsetzung geeigneter als der Herkunftsstaat.

425 Für die Pflicht der Personen mit Führungsaufgaben beim Emittenten sowie ihnen nahestehenden Personen *(directors' dealings)* ist eine **besondere Regelung** über den Anwendungsbereich vorgesehen. Gemäß Art. 19 Abs. 4 MAR greift diese schon dann, wenn die Aktien des Emittenten an einem Handelsplatz zugelassen worden sind oder die Zulassung zum Handel beantragt worden ist. Die *directors' dealings* sind dann nach deutschem Recht zu veröffentlichen, wenn der Emittent in Deutschland registriert ist (Art. 19 Abs. 2 UAbs. 2 S. 1 MAR). Falls der Emittent in keinem Mitgliedstaat registriert ist, muss er sich bei der zuständigen Behörde des Herkunftsmitgliedstaats melden (Art. 19 Abs. 2 UAbs. 2 S. 3 MAR). Mit dieser Regelung sollen mögliche Pflichten zu Doppelmeldungen in verschiedenen Staaten des EWR vermieden werden.[425] Drittstaatenemittenten können dagegen zu Doppelmeldungen verpflichtet sein, wenn ihre Papiere auch außerhalb des EWR notieren.

426 Gemäß Art. 19 Abs. 1 UAbs. 1 MAR gilt die Veröffentlichungspflicht in Bezug auf Emittenten von Anteilen, Schuldtiteln, Derivaten und weiteren Finanzinstrumenten. Das heißt, es werden nicht nur wie bei der Beteiligungspublizität die Emittenten von Aktien erfasst, sondern die **aller Arten von Finanzinstrumenten.**[426]

---

421 So früher Assmann/Schneider/Mülbert/*Assmann* WpHG § 2 Rn. 169, der unter Verweis auf die Rspr. des EuGH nunmehr aber auch den Satzungssitz für maßgeblich erachtet, vgl. Assmann/Schneider/Mülbert/*Assmann* WpHG § 2 Rn. 224.

422 Schwark/Zimmer/*Kumpan* WpHG § 2 Rn. 192; Fuchs/Zimmermann/*Fuchs/Zimmermann* WpHG § 2 Rn. 204; *Ringe* AG 2007, 809 (810 f.).

423 Vgl. Scholz/*Emmerich* GmbHG § 4a Rn. 7, 28 f.; MHLS/*Leible* GmbHG Syst. Darst. 2 Rn. 84.

424 S. MHdB GesR VI/*Lehmann* § 5 Rn. 19.

425 S. Schwark/Zimmer/*Zimmer/Osterloh*, 4. Aufl. 2010, WpHG § 15a aF Rn. 30.

426 Zum früheren, gegen die RL verstoßenden deutschen Recht vgl. Assmann/Schneider/*Sethe*, 6. Aufl. 2012, WpHG § 15a aF Rn. 28.

bb) Beteiligungstransparenz. Die Vorschriften über die Beteiligungstransparenz knüpfen an das **Herkunftsstaatskriterium** an. Wer wesentliche Beteiligungen an einem Emittenten mit dem Herkunftsstaat Deutschland erwirbt, ist gemäß § 33 WpHG zur Information verpflichtet. Dabei ist nicht entscheidend, wer diese Person ist. Beispielsweise muss der saudi-arabische Erwerber eines Anteils an einem Unternehmen mit Herkunftsstaat Deutschland eine Mitteilung abgeben. Die gleiche räumliche Reichweite haben die Pflichten über das Halten der in §§ 38 f. WpHG geregelten Finanzinstrumente. **427**

Die Verpflichtung des Emittenten nach §§ 40 f. WpHG, die von ihm erhaltenen Informationen an die Aufsichtsbehörde weiterzuleiten und zu veröffentlichen, richtet sich dagegen nur an **Inlandsemittenten** als Adressaten. Dieses Kriterium soll dazu dienen, Veröffentlichungspflichten in mehreren Mitgliedstaaten zu vermeiden.[427] Damit ist allerdings noch nicht geklärt, warum die Anknüpfung an den Inlandsemittenten gegenüber der des Herkunftsstaats des Emittenten – auf den die §§ 38 f. WpHG abstellen – bevorzugt wurde. Möglicherweise hielt man die Behörde des Marktstaats für geeigneter als die des Herkunftsstaats zur Überwachung der Veröffentlichung. Jedenfalls führt die Wahl eines abweichenden Kriteriums dazu, dass der Emittent verpflichtet sein kann, als Inlandsemittent erlangte Informationen weiterzuleiten und zu veröffentlichen, die er von seinen Aktionären nach dem Recht seines abweichenden Herkunftsstaats erhalten hat.[428] Durch die Anwendbarkeit unterschiedlicher Rechtsregime können Synchronisationsprobleme auftreten. **428**

cc) Notwendige Informationen für die Wahrnehmung von Rechten aus Wertpapieren. Die Pflichten zur Mitteilung von Informationen nach §§ 48–49 WpHG knüpft das Gesetz in Übereinstimmung mit europäischem Recht (s. Art. 19 Transparenz-RL) an den **Herkunftsstaat** an. Das erscheint sachgerecht, da diese Pflichten einen starken Bezug zur gesellschaftsrechtlichen Organisation und weniger zur Vermarktung der Wertpapiere des Emittenten haben. Die europarechtlich bedenkliche Norm des § 30d WpHG aF, die eine inhaltliche Kontrolle der ausländischen Vorschriften an den Maßstäben des deutschen Rechts vorsah,[429] wurde im Zuge der MiFID II-Umsetzung ersatzlos gestrichen. **429**

dd) Periodische Publizität. Die Pflichten zur Veröffentlichung von Jahres- und Halbjahresberichten sowie von Zwischenmitteilungen nach §§ 114–116 WpHG richten sich ebenfalls an **„Inlandsemittenten“.** Dass sie nicht stattdessen auf den Herkunftsstaat verweisen, ist durch ihren engen Bezug zum Kapitalmarkt gerechtfertigt. **430**

6. Sprachenregelung. a) Ad-hoc-Mitteilungen und periodische Publizität. Die Sprache, in welcher die Verpflichtungen nach §§ 33–47 sowie nach §§ 114–118 WpHG zu veröffentlichen sind, wird durch § 3b **WpAV** (Wertpapierhandelsanzeige- und Insiderverzeichnisverordnung) bestimmt. Dieser setzt europäische Vorgaben um (s. Art. 20 Transparenz-RL). Drei Gruppen können für ihre Veröffentlichungen danach das Englische wählen: Emittenten mit Sitz im Ausland, Emittenten mit Herkunftsstaat Deutschland nach § 2 Abs. 13 Nr. 3 WpHG (dh Emittenten aus Drittstaaten, die keine Aktien oder Schuldtitel mit einer Stückelung von weniger als 1.000 Euro begeben) sowie Emittenten, die einen Prospekt in englischer Sprache bei der BaFin hinterlegt haben (§ 3b Abs. 1 S. 1 WpAV). Emittenten mit Herkunftsstaat Deutschland, deren Papiere in mehreren Staaten zugelassen sind, können zwischen Deutsch, Englisch und einer von den zuständigen Behörden der betreffenden Staaten anerkannten Sprache wählen (§ 3b Abs. 2 S. 2 WpAV). Emittenten mit Herkunftsstaat Deutschland, deren Papiere lediglich zum Handel im Inland zugelassen sind, sowie Inlandsemittenten aus Drittstaaten (vgl. zu ihnen § 2 Abs. 14 Nr. 2 WpHG) müssen immer auf Deutsch veröffentlichen (§ 3b Abs. 2 S. 1, Abs. 3 WpAV). Für die Emittenten besonders großer Titel gilt gemäß § 3b Abs. 4 WpAV eine Sonderregelung. **431**

b) Notwendige Informationen für die Wahrnehmung von Rechten aus Wertpapieren. **432**
Die Sprache, in welcher Informationen nach §§ 48–50 WpHG zu verfassen sind, ist im WpHG **nicht geregelt.** Nach früher hM zu den Vorgängernormen der §§ 30a–30g WpHG aF sollte zwingend und stets die deutsche Sprache zu verwenden sein, wie aus § 23 VwVfG gefolgert wurde.[430] Allerdings passt diese Vorschrift nicht, weil sie nur für Verwaltungsverfahren gilt. Außerdem verstößt diese Auslegung gegen Art. 20 Transparenz-RL, der das Sprachenregime allgemein regelt und auch andere Sprachen als die des Herkunftsstaats vorsieht. Mithin ist auch eine Veröffentlichung in engli-

---

427 Begr. RegE zum Transparenzrichtlinie-Umsetzungsgesetz, BT-Drs. 16/2498, 37 f.

428 Assmann/Schneider/Mülbert/*Schneider* WpHG § 40 Rn. 8.

429 Dazu → 6. Aufl. 2015, Rn. 345.

430 Schwark/Zimmer/*Heidelbach* WpHG Vor §§ 48–52 Rn. 5; Assmann/Schneider/*Mülbert,* 6. Aufl. 2012, WpHG § 30c Rn. 10.

scher Sprache zulässig.[431] Die Regelung des WpAV sollte daher in richtlinienkonformer Auslegung auch auf die Informationen für die Wahrnehmung von Rechten aus Wertpapieren ausgedehnt werden.

VII. Insiderhandel und Marktmanipulation

433 **1. Ökonomischer Hintergrund.** Dass **Insiderhandel** verboten sein sollte, ist in der Ökonomik nicht unbestritten. In den USA wird von einer einflussreichen Schule eingewandt, dass Insiderhandel für die Verbreitung von Information und damit für die Effizienz des Kapitalmarkts nützlich sei.[432] In der modernen Lit. wird dieser Ansatz jedoch meist verworfen. Stattdessen wird hervorgehoben, dass Insiderhandel die Chancengleichheit im Markt beeinträchtigt, dadurch das Vertrauen der Anleger untergräbt und damit zugleich die Funktionsfähigkeit der Finanzmärkte schädigt.[433] Empirische Untersuchungen bestätigen, dass Insiderhandel die Liquidität im Markt negativ beeinflusst.[434]

434 **Marktmanipulation,** also die rechtswidrige Einflussnahme auf Preise, ist ebenfalls schädlich für die Integrität des Markts. Das ist unstreitig.[435] Die Schädlichkeit folgt daraus, dass die Kapitalmärkte ihre Funktion, Preisinformationen effizient zur Verfügung zu stellen,[436] nicht mehr erfüllen können. Dadurch werden Anleger geschädigt, so dass auch der Anlegerschutz für ein Verbot der Marktmanipulation spricht.[437]

435 **2. Regulierung.** Der europäische Gesetzgeber bekämpft Insiderhandel und Marktmanipulation mit der **MAR** (Market Abuse Regulation). Sie sieht neben verschiedenen Informationspflichten über Insiderinformationen und *directors' dealings,* welche an anderer Stelle behandelt wurden (→ Rn. 425 f.), vor allem das Verbot beider Verhaltensweisen vor (Art. 14, 15 MAR). Daneben verlangen Art. 18 MAR und § 27 WpHG organisatorische Vorkehrungen gegen Insiderhandel, insbesondere die Führung von Insiderverzeichnissen und gewisse Aufzeichnungen. Die neue MAR verlangt von den Mitgliedstaaten die Einführung strafrechtlicher Sanktionen; der deutsche Gesetzgeber hat sie in § 119 WpHG umgesetzt. Verbote von Insiderhandel und Marktmanipulation in Bezug auf Kryptowerte finden sich in der **MiCAR,** vgl. Art. 89–91 MiCAR. Diese sind vom Modell der MAR inspiriert, weichen jedoch an einigen Stellen von ihre ab. So sind in der MiCAR zB keine Vorschriften über *directors' dealings* enthalten.

436 **3. Kollisionsrechtliche Erwägungen.** Insiderhandel und Marktmanipulation lassen sich auch aus dem Ausland begehen. Vor dem Hintergrund seines Zwecks, die Integrität des Finanzmarkts und den Schutz der Anleger zu gewährleisten, muss das Verbot auch in diesen Fällen eingreifen und darf nicht an nationalen Grenzen enden. Insiderhandel und Marktmanipulation sind daher geradezu paradigmatische Beispiele für die Notwendigkeit **extraterritorialer Rechtsanwendung** im internationalen Finanzmarktrecht. Nach allgemeiner Auffassung im Völkerrecht ist diese unbedenklich (allgemein → Rn. 125).[438] Der *„genuine link"* zum eigenen Territorium kann daraus resultieren, dass die betroffenen Finanzinstrumente an Börsen im Inland gehandelt werden. Die extraterritoriale Rechtsanwendung ist zwar nur dann gerechtfertigt, soweit die Beeinträchtigung wesentlich, dh spürbar ist.[439] Das dürfte allerdings bei der Marktmanipulation immer der Fall sein. Auch beim Insiderhandel sollte man sich insoweit nicht zu zurückhaltend zeigen und zB keinen negativen Effekt auf die Preisentwicklung fordern.

437 Der Unrechtsgehalt von Insiderhandel und Marktmanipulation ist so universell anerkannt, dass sogar zu erwägen ist, ob man nicht eine **allseitige Kollisionsnorm** entwickeln sollte, welche auch ausländischen Verboten im Inland Geltung verschafft.[440] Für Gerichte ist dem zu folgen. Allerdings ist zu befürchten, dass die deutschen Behörden mit der Anwendung ausländischen Finanzmarktrechts

---

[431] BaFin, Emittentenleitfaden der BaFin – Modul B, 5. Aufl. 2018, zuletzt geändert 9.5.2022, II. 3.1.

[432] Grdl. *Manne,* Insider Trading and the Stock Market, 1966; *Manne* 44 Harv. Business Rev. 113, 166 f. (1966); *Carlton/Fishel* 35 Stanford L. Rev. 857, 868 (1983).

[433] Ausf. *Damrau,* Selbstregulierung im Kapitalmarktrecht, 2003, 183–188, *Krauel,* Insiderhandel, 2000, 42–59; *Lahmann,* Insiderhandel, 1994, 106–159; *Schäfer/Ott,* Lehrbuch der ökonomischen Analyse des Zivilrechts, 6. Aufl. 2020, Kap. 25.8; s. auch Assmann/Schneider/Mülbert/*Assmann* MAR Vor Art. 7 Rn. 29.

[434] S. *Heilmann/Läger/Oehler* ZBB 2000, 361.

[435] Statt aller Fuchs/Zimmermann/*Poelzig* WpHG Art. 15 MAR Rn. 2; Kölner Komm WpHG/*Mock,* 2. Aufl. 2014, WpHG § 20a Rn. 17 f.; Assmann/Schneider/Mülbert/*Mülbert* MAR Art. 15 Rn. 11; *Poelzig* in Zetzsche/Lehmann Grenzüberschreitende Finanzdienstleistungen, 2017, § 14 Rn. 19.

[436] Vgl. *Hayek* 35 American Economic Review 519, 525 f. (1945).

[437] Kölner Komm WpHG/*Mock,* 2. Aufl. 2014, WpHG § 20a Rn. 174.

[438] Vgl. *Bosch* in Meessen, Extraterritorial Jurisdiction in Theory and Practice, 1996, 200, 209.

[439] *Poelzig* in Zetzsche/Lehmann, Grenzüberschreitende Finanzdienstleistungen, 2017, § 14 Rn. 20.

[440] Dazu *Zimmer* IntGesR 83 f.

aufgrund fehlender Sprach- und Rechtskenntnisse überfordert wären. Anders als Gerichte können sie auch keine Sachverständigen zur Ermittlung des fremden Rechts berufen. Das geltende Recht wählt daher einen anderen Weg, indem es ausländische Verbote den inländischen gleichstellt und dann die Verletzung letzterer verfolgen lässt (→ Rn. 617 ff.).

4. Ausländische Regelungen. In den **USA** wird das Verbot manipulativer oder täuschender Vorgehensweisen nach sec. 10(b) Securities Exchange Act 1934 (15 U.S.C. § 78c) und der darunter verabschiedeten Rule 10b-5 (17 C.F.R. 240.10b-5) auch auf Taten im Ausland angewandt.[441] Daran hat die grundsätzliche Einschränkung der extraterritorialen Rechtsanwendung nach dem „Morrison"-Urteil des Supreme Court nichts geändert, denn dieses hat eine Ausnahme im Fall ausdrücklicher gesetzlicher Ermächtigung vorgesehen.[442] Eine solche Ermächtigung hat der Kongress unmittelbar nach dem Erlass des Urteils über den Dodd-Frank Act in den Securities Exchange Act eingefügt.[443] Danach gilt im Wesentlichen der in der früheren Rspr. sog. *conducts and effects test* weiter.[444] Das amerikanische Aufsichtsrecht ist daher anzuwenden, soweit wesentliche Schritte *(significant steps)* in den USA unternommen werden, oder wenn ein Verhalten im Ausland vorhersehbare substantielle Auswirkungen *(foreseeable substantial effects)* in den USA hat.[445] Bei der praktischen Durchsetzung helfen bilaterale Kooperationsvereinbarungen, welche die SEC mit ausländischen Behörden geschlossen hat. Diese Vereinbarungen begrenzen die einseitige Anwendung US-amerikanischen Rechts auf Auslandssachverhalte nicht, sondern setzen diese gerade voraus.[446] Nicht zu unterschätzen ist zudem der politische Druck, mit Hilfe dessen die USA die Kriminalisierung insbesondere von Insiderstraftaten in zahlreichen Staaten erreicht haben.[447] 438

In der **Schweiz** gibt es zwei Insiderhandelsverbote: ein aufsichtsrechtliches in Art. 142 Finanzmarktinfrastrukturgesetz (FinfraG)[448] und ein strafrechtliches in Art. 154 FinfraG. Beide Verbote betreffen Effekten – das heißt Finanzinstrumente[449] –, die an einer Börse oder einer börsenähnlichen Einrichtung in der Schweiz zum Handel zugelassen sind. Ebenso ist auch das Marktmanipulationsverbot zweigeteilt in ein aufsichtsrechtliches nach Art. 143 FinfraG und ein strafrechtliches nach Art. 155 FinfraG. Beide Normen beziehen sich auf Verhaltensweisen, die sich auf das Angebot, die Nachfrage oder den Kurs solcher Effekten auswirken. Gleichgültig ist, an welchem Ort der Insider handelt oder von wo aus der Schweizer Markt manipuliert wird. 439

5. Anwendungsbereich des europäischen Rechts. a) Betroffene Finanzinstrumente und Kryptowerte. Insiderhandel und Marktmanipulation fallen nur dann unter die MAR, wenn sie sich auf Instrumente beziehen, die zum Handel an einem geregelten Markt zugelassen sind, für die die Zulassung beantragt ist oder die in einem multilateralen oder organisierten (zu diesen Begriffen → Rn. 167 f.) Handelssystem tatsächlich gehandelt werden (Art. 2 MAR). Die Vorschriften der MiCAR über Marktmissbrauch gelten für Kryptowerte, die zum Handel zugelassen sind oder deren Zulassung zum Handel beantragt wurde (Art. 86 Abs. 1 MiCAR). Gemeint sein kann hier – ebenso wie unter der MAR – nur die Zulassung zum Handel in der EU, da der Union schon aus völkerrechtlichen Gründen die Kompetenz mangelt, Marktmanipulation für alle Kryptowerte der Welt zu regeln. Das Anknüpfungskriterium ist also nicht das inkriminierte Verhalten, sondern der **Ort der Zulassung des betroffenen Finanzinstruments oder Kryptowerts** zum Handel. Es genügt, dass dieser innerhalb der EU liegt; dagegen ist gleichgültig, wo der Insiderhandel stattfindet. Art. 1 Abs. 4 MAR und Art. 86 Abs. 3 MiCAR bestätigen dies, indem sie hervorheben, dass auch Handlungen oder Unterlassungen in Drittländern im Zusammenhang mit den jeweiligen Titeln geregelt werden. Daraus folgt ein weiter extraterritorialer Anwendungsbereich.[450] Erfasst werden darüber hinaus auch Derivate, die zwar nicht in der EU gehandelt werden, aber sich auf dort zum Handel zugelassene Instrumente beziehen (Art. 2 Abs. 1 lit. d MAR). Dies dient zum Umgehungsschutz. 440

---

441 Vgl. den leading case Leasco Data Processing Equity Corp. v. Maxwell, 468 F.2d 1326, 1334 (2d Cir. 1972); speziell für Insiderhandel SEC v. Katz, (1986–87) Federal Securities Reporter (CCH) 92.867, 94.226 (S.D.N.Y. 1986); SEC v. Banca della Svizzera Italiana, 92 F.R.D. 111, 117 (S.D.N.Y. 1981).

442 130 S.Ct. 2869, 2883, Fn. 8 (2010). Dazu *Cosenza* 11 Chi. J. Int'l L. 343, 382 (2010–2011); *Lehmann* RIW 2010, 841 (844); *Mankowski* NZG 2010, 961 (964).

443 Sec. 27 Securities Exchange Act (15 U.S.C. § 78aa), eingefügt durch sec. 929P(b)(2) Dodd-Frank-Act.

444 Zu diesem *Lehmann* RIW 2010, 841 (843).

445 S. sec. 27 Securities Exchange Act (15 U.S.C. § 78aa) und sec. 214 Investment Advisers Act (15 U.S.C. 80b–14) idF durch sec. 929P(b)(2), (3) Dodd-Frank-Act.

446 AA *Hausmaniger* in Kronke/Melis/Schnyder, Handbuch des Internationalen Wirtschaftsrechts, 2005, Teil L Rn. 581.

447 Instruktiv *Kehoe* 9 Emory Int'l L. Rev. 345–375 (1995).

448 AS 2015, 5339.

449 S. *Lehmann,* Finanzinstrumente, 2009, 161–163.

450 *Gerner-Beuerle* in Lehmann/Kumpan, European Financial Services Law, MAR Art. 3 Rn. 7.

Wann immer die genannten Instrumente betroffen sind, ist das europäische Recht anzuwenden. Es gilt mit anderen Worten das Auswirkungsprinzip (→ Rn. 120).[451]

441 Bemerkenswert ist, dass sich die Verbote des Insiderhandels und des Marktmissbrauchs auch auf solche Titel erstrecken, die in **anderen Staaten des EWR zum Handel zugelassen** sind (oder für die dort ein Zulassungsantrag gestellt oder öffentlich angekündigt wurde). Nach Art. 2 MAR wird jedes in der EU gehandelte Finanzinstrument von den Verboten der MAR erfasst. Dasselbe gilt nach Art. 86 Abs. 1 MiCAR für in der EU zum Handel zugelassene Kryptowerte oder solche, für die die Zulassung zum Handel beantragt wurde. Dies entspricht dem europäischen Konzept eines geografisch weit gefassten Anwendungsbereichs. Die Folge ist eine Universalisierung der Insiderhandels- und Marktmissbrauchsvorschriften.

442 **b) Erfasste Aktivitäten.** Nach Art. 22 MAR ist jede zuständige Behörde verpflichtet, **in ihrem Hoheitsgebiet** vorgenommene inkriminierte Handlungen zu verfolgen. Daneben ist sie auch zur Ahndung von Handlungen zuständig, die **im Ausland vorgenommen** werden und in der EU notierte oder gehandelte Titel betreffen. Der Begriff des „Auslands" umfasst dabei nicht nur andere Mitgliedstaaten, sondern alle Länder der Welt. Damit ist die behördliche Zuständigkeit extraterritorial ausgestaltet (→ Rn. 123 ff.). Die Vollzugsbefugnisse sind freilich auf das Gebiet des jeweiligen Mitgliedstaats der Behörde beschränkt, weil sie keine öffentliche Gewalt auf fremdem Territorium ausüben darf (→ Rn. 125). Lediglich hinsichtlich von Finanzinstrumenten, für die nur ein Antrag auf Zulassung gestellt wurde, ist ausschließlich die Behörde des Staats der Antragstellung zuständig (Art. 22 MAR). Eine entsprechende explizite Vorschrift fehlt zwar in der MiCAR, jedoch dürfte in der Sache dasselbe gelten.

443 **c) Eignung zur Einwirkung auf Börsen- oder Marktpreis.** Das Marktmissbrauchsverbot nach **Art. 15 MAR** ist auf solche Verhaltensweisen beschränkt, die geeignet sind, auf den Börsen- oder Marktpreis eines Finanzinstruments einzuwirken (vgl. Art. 12 Abs. 1 lit. a–c MAR). Ebenso ist auch das Verbot von Insidergeschäften nach **Art. 89 MiCAR** auf solche Verhaltensweisen beschränkt, die geeignet sind, den Kurs eines Kryptowerts oder eines mit diesem verbundenen Kryptowerts zu beeinflussen (vgl. die Definition der Insiderinformation in Art. 87 MiCAR). Auf einen Erfolgseintritt kommt es nicht an, so dass es nicht tatsächlich zu einer Einwirkung gekommen sein muss.[452] Eine Sonderregel gilt für die Manipulation von Referenzwerten (Art. 12 Abs. 1 lit. d MAR). Aus Art. 1 Abs. 2 MiFIR ergibt sich, dass nur die Einwirkung auf den Börsen- oder Marktpreis eines solchen Finanzinstruments pönalisiert wird, welches zum Handel an einem Handelsplatz innerhalb der Union zugelassen wurde oder für welches ein Antrag auf Zulassung zum Handel gestellt worden ist. Gemäß Art. 2 Abs. 3 und Abs. 4 MAR kann die Manipulationshandlung selbst jedoch auch außerhalb eines Handelsplatzes und außerhalb der Union vorgenommen werden.

444 **6. Kooperation mit europäischen und ausländischen Stellen.** Wegen ihrer extraterritorialen Wirkung bedürfen die Verbote des Insiderhandels und der Marktmanipulation zu ihrer Durchsetzung der Mitwirkung ausländischer und supranationaler Behörden. Diese Zusammenarbeit sieht das deutsche Recht im zweiten Abschnitt des WpHG (§§ 18 ff. WpHG) vor. Für die Kryptoindustrie enthalten Art. 95 und 107 MiCAR entsprechende Vorschriften. Insgesamt ergibt sich daraus eine **transnationale Verwaltungskooperation,** welche von der herkömmlichen Idee des territorial beschränkten *enforcement* sehr weit entfernt ist.

445 **a) Kooperation innerhalb des EWR.** Die MAR verpflichtet die Mitgliedstaaten in Art. 24 f. MAR zur Zusammenarbeit in Form gegenseitiger Amtshilfe und zur Kooperation mit der ESMA. Dazu gehören vor allem der Austausch von Informationen und die Zusammenarbeit bei der Ermittlung. Letztere ist im deutschen Recht – entsprechend den europäischen Vorgaben – in folgender Weise ausgestaltet: Auf Ersuchen der zuständigen Stellen der EU oder anderer EWR-Staaten führt die BaFin **Untersuchungen im Inland** durch und übermittelt diesen die für die Aufsicht **notwendigen Informationen** (§ 18 Abs. 2 WpHG). Bei der Durchführung solcher Untersuchungen kann sie die Teilnahme Bediensteter ausländischer Stellen gestatten (§ 18 Abs. 4 WpHG). Eine **Verweigerung** der Zusammenarbeit ist nur aus den in § 18 Abs. 6 WpHG abschließend genannten Gründen möglich. Kommt es zum Streit mit anderen Aufsichtsbehörden, entscheidet die ESMA (Art. 19 ESMA-VO iVm Art. 25 Abs. 7 MAR).

446 Die BaFin kann auch selbst entsprechende Ersuchen um **Untersuchungen im Ausland** an die zuständigen Stellen anderer EWR-Staaten richten (§ 18 Abs. 7 WpHG). Diese sind dann durch die MAR zu entsprechender Kooperation verpflichtet. Das Gesagte gilt, soweit es sich um eigene Ermittlungen der BaFin über inländische Verletzungen handelt. Wenn hinreichende Anhaltspunkte

[451] Fuchs/Zimmermann/*Fuchs/Zimmermann* WpHG § 1 Rn. 8.

[452] *Poelzig* in Zetzsche/Lehmann Grenzüberschreitende Finanzdienstleistungen, 2017, § 14 Rn. 27.

für **Verstöße im Ausland** vorliegen, ist gemäß § 18 Abs. 8 WpHG ein besonderes Prozedere zu befolgen: Zunächst informiert die BaFin die ESMA, den Staat, in dem das Verhalten stattgefunden hat, denjenigen, in dem die Finanzinstrumente zum Handel zugelassen sind, sowie den nach dem Recht der EU für die Verfolgung zuständigen Staat. Nur wenn deren Maßnahmen unzureichend sind oder sich die Verstöße fortsetzen, wird sie selbst tätig, nachdem sie zuvor die genannten Stellen unterrichtet hat. Eine Mitteilungspflicht besteht gemäß § 23 Abs. 2 WpHG auch, wenn der BaFin Verdachtsfälle von privater Seite mitgeteilt werden, die im Ausland gehandelte Finanzinstrumente betreffen.

b) Kooperation mit Staaten außerhalb des EWR. Die BaFin ist gemäß § 18 Abs. 10 WpHG ausdrücklich ermächtigt, Vereinbarungen über den Informationsaustausch (sog. ***Memoranda of Understanding***) mit anderen Stellen als denen der EU und des EWR zu schließen (→ Rn. 140). Ein sehr frühes Beispiel einer solchen Vereinbarung ist das Europarat-Übereinkommen über den Insiderhandel, welches noch vor Inkrafttreten des WpHG abgeschlossen wurde.[453] Dieses ist allerdings bislang nur von acht Staaten ratifiziert worden; Deutschland befindet sich nicht darunter.[454] 447

VIII. Wertpapierdienstleistungen

1. Ökonomischer Hintergrund. Vor der Investition von Kapital ist der regulatorische Zwang zur Beratung nützlich. Man spricht insoweit von Wohlverhaltenspflichten. Diese dienen einmal zur Überwindung von **Informationsasymmetrien** zwischen den Wertpapierdienstleistern und den typischerweise weniger informierten Anlegern. Beratung ist zugleich aber auch notwendig, um bestimmte **psychologische Defizite** zu überwinden, denen Anleger häufig unterliegen. Selbst die Wirtschaftswissenschaften haben mittlerweile Abschied von der Vorstellung des stets aus rationalen Erwägungen heraus handelnden *homo oeconomicus* genommen und erkennen an, dass irrationales Handeln auf den Kapitalmärkten eine wichtige Rolle spielt.[455] 448

Die Beseitigung beider Faktoren, der Informationsasymmetrien wie der psychologischen Defizite, durch eingehende Beratungspflichten dient der effizienten Allokation von Ressourcen: Kapital soll dorthin fließen, wo es am besten genutzt wird. Damit liegt die Regulierung von Wertpapierdienstleistungen im Interesse der **Funktionsfähigkeit des Kapitalmarkts.**[456] Nicht zu verkennen ist darüber hinaus jedoch die Komponente des **Anlegerschutzes.** Diese folgt nicht etwa aus einer paternalistischen Einstellung oder einer verfehlten Einführung des Verbraucherschutzgedankens in das Finanzmarktrecht, sondern entspringt der Tatsache, dass sich Funktionsschutz nur über den sachgerechten Schutz der Interessen individueller Anleger erreichen lässt. Dieser ist nicht nur ein Nebenzweck,[457] sondern vielmehr ein dem Funktionsschutz gleichwertiger Hauptzweck der Beratungspflichten.[458] 449

2. Regulierung. Eingehende Bestimmungen zur Art der Erbringung von Wertpapierdienstleistungen enthalten Art. 23–31 MiFID II sowie die zugehörige **Durchführungsverordnung.**[459] Vorgesehen sind Beratungspflichten, Pflichten zur Vermeidung von Interessenkonflikten, die Pflicht zur kostengünstigsten Ausführung von Aufträgen, Pflichten zur Vor- und Nachhandelstransparenz sowie Anforderungen an die Organisation von Wertpapierfirmen. Die Vorgaben der Richtlinie werden durch §§ 63–69 WpHG umgesetzt. 450

3. Kollisionsrechtliche Erwägungen. Vor dem Hintergrund ihres Zwecks, sowohl die Funktionsfähigkeit des Finanzmarkts als auch Anleger zu schützen, sollten Regelungen über die **Ausführung** von Wertpapierdienstleistungen an die Erbringung von **Dienstleistungen im Inland** geknüpft werden. Bei den Organisationspflichten könnten allerdings insoweit Konflikte auftreten, als ein 451

---

453 Convention on Insidertrading, gezeichnet in Straßburg, 20.4.1989. Dazu *Hausmaninger* in Kronke/Melis/Schnyder, Handbuch des internationalen Wirtschaftsrechts, 2005, Teil L Rn. 592 f.

454 Liste der Vertragsstaaten: http://conventions.coe.int/Treaty/Commun/ChercheSig.asp?NT=130&CM=8&DF=16/01/2013&CL=ENG (zuletzt abgerufen am 22.4.2024).

455 Dazu *Klöhn,* Kapitalmarkt, Spekulation und Behavioral Finance, 2006; *Fleischer* ZBB 2008, 137–147; Assmann/Schneider/Mülbert/*Koller* WpHG § 63 Rn. 3.

456 *Bliesener,* Aufsichtsrechtliche Verhaltenspflichten beim Wertpapierhandel, 1998, 43; Assmann/Schneider/Mülbert/*Koller* WpHG § 63 Rn. 2; Schwark/Zimmer/*Rothenhöfer* WpHG Vor §§ 63 ff. Rn. 1.

457 So aber *Döhmel* in Vortmann, Prospekthaftung und Anlageberatung, 2000, § 4 Rn. 17; s. auch Assmann/Schneider/Mülbert/*Koller* WpHG § 63 Rn. 2.

458 Schwark/Zimmer/*Rothenhöfer* WpHG Vor §§ 63 ff. Rn. 1.

459 VO (EG) 1287/2006 vom 10.8.2006 zur Durchführung der RL 2004/39/EG des Europäischen Parlaments und des Rates betreffend die Aufzeichnungspflichten für Wertpapierfirmen, die Meldung von Geschäften, die Markttransparenz, die Zulassung von Finanzinstrumenten zum Handel und bestimmte Begriffe im Sinne dieser RL, ABl. EG 2006 L 241, 1.

Unternehmen in verschiedenen Staaten Wertpapierdienstleistungen erbringen und insofern – möglicherweise widersprüchlichen – Anforderungen unterliegen kann. Folglich ist für **Organisationspflichten** eine **Sitzanknüpfung** gerechtfertigt, wenn sichergestellt ist, dass der Sitzstaat über entsprechende Regeln und eine effiziente Aufsicht verfügt (→ Rn. 458).

452 **4. Ausländische Regelungen.** In den **USA** sind die Regeln für Wertpapierdienstleistungen auf unterschiedliche Gesetze verteilt. Für Wertpapierhändler *(broker-dealers)* gelten die Anforderungen des Securities Exchange Act 1934. Anlageberater *(investment advisers)* werden durch den Investment Advisers Act 1940 reguliert. Beide Gesetzgebungsakte sehen neben Registrierungspflichten strenge Verhaltensanforderungen vor. Ihr räumlicher Anwendungsbereich wurde von der SEC traditionell sehr weit gefasst.[460] Diese Praxis war durch das Urteil im Fall Morrison v. National Australia Bank[461] in Frage gestellt, welches von einer Vermutung gegen die extraterritoriale Anwendbarkeit von US-Recht ausgeht. Aus diesem Grund hat der US-amerikanische Kongress im Dodd-Frank Act umgehend Bestimmungen erlassen, welche die räumliche Reichweite der Aufsicht sichern sollen (sec. 929P(b) Dodd-Frank Act). Ob die Vorschriften genügen, um die durch das „Morrison"-Urteil aufgestellte Vermutung gegen extraterritoriale Anwendung zu entkräften, ist freilich zweifelhaft, unter anderem, weil sie verhaltens- und wirkungsbezogen formuliert sind und daher für die Festlegung einer Registrierungspflicht von Intermediären nicht recht passen.[462] Die Diskussion ist insoweit nicht abgeschlossen. Gleichzeitig hat der Dodd-Frank Act eine Ausnahme von der Registrierungspflicht für sog. *foreign private advisers* in sec. 202 Investment Advisers Act 1940 eingeführt (sec. 402–403 Dodd-Frank Act). Dies sind solche Berater, die nicht in den USA niedergelassen sind, weniger als 15 Kunden in den USA haben, weniger als 25 Mio. US-Dollar an Vermögenswerten für US-Kunden verwalten und sich weder als *„investment adviser"* bezeichnen noch US-Investment Companies beraten, sec. 202(a)(30) Investment Advisers Act 1940. Die SEC hat eine entsprechende Rule erlassen, welche Einzelheiten ausformuliert.[463] Neben den genannten bundesrechtlichen Regelungen können außerdem noch Gesetze der Bundesstaaten *(„blue sky laws")* eingreifen. Dieselben Regeln wie für klassische *securities* werden auch auf Kryptowerte angewandt (→ Rn. 576).[464] Für völlig dezentralisierte Kryptowährungen, namentlich Bitcoin und Ether, vertritt allerdings die Commodities Futures Trading Commission (CFTC) eine Einordnung als Ware *(commodity)*.[465] Diese Qualifikation hat auch vor Gericht Billigung gefunden.[466] Auf den Handel mit Bitcoin und Ether sowie auf diesen beruhenden Derivate (Futures, Forwards) sind danach die Vorschriften des Commodities Exchange Act[467] anwendbar, insbesondere diejenigen gegen Betrug *(antifraud provision)*.[468]

453 In der **Schweiz** werden Wertpapierdienstleistungen durch das Finanzdienstleistungsgesetz (FIDLEG) (→ Rn. 377) geregelt, das die Voraussetzungen und die Modalitäten für das Erbringen von Finanzdienstleistungen festlegt. Unter den Begriff der Finanzdienstleistung fallen gemäß Art. 3 lit. c FIDLEG 1. Der Erwerb oder die Veräußerung von Finanzinstrumenten, 2. Die Annahme und Übermittlung von Aufträgen, die Finanzinstrumente zum Gegenstand haben, 3. Die Verwaltung von Finanzinstrumenten (Vermögensverwaltung), 4. Die Erteilung von persönlichen Empfehlungen, die sich auf Geschäfte mit Finanzinstrumenten beziehen (Anlageberatung) und 5. Die Gewährung von Krediten für die Durchführung von Geschäften mit Finanzinstrumenten (Art. 3 lit. c FIDLEG). Als Finanzinstrumente iSd FIDLEG gelten auch Kryptowerte, die das Schweizer Recht als „Registerwertrechte" bezeichnet (Art. 3 lit. b FIDLEG iVm Art. 973d OR Schweiz). Den Regelungen des

---

460 S. SEC, Registration Requirements for Foreign Broker Dealers, Exchange Act Release No. 27017, 54 Fed. Reg. 30013, 30016 vom 18.7.1989; Registration Under the Advisers Act of Certain Hedge Fund Advisers, Advisers Act Release 2333, 69 Fed. Reg. 72054 vom 10.12.2004; dazu *Reimer* 12 J. Bus. & Sec. L. 337, 360–362 (2011–2012); *Laby* 87 Nr. 2 St. John's Law Review 561, 571–582 (2013).

461 130 S. Ct. 2869 (2010). Dazu *Cosenza* 11 Chi. J. Int'l L. 343 (2010–2011); *Kaal/Painter* EFCLR 2011, 77; *Lehmann* RIW 2010, 841; *Mankowski* NZG 2010, 961; *Muir Watt* Rev. crit. Dr. int. privé 2011, 714; *Painter/Dunham/Quackenbos* 20 Minn. J. Int'l L. 1–25 (2011); *Silbermann* YbPIL 12 (2010), 123.

462 *Laby* 87 St. John's Law Review 561, 585 f. (2013).

463 SEC, Exemptions for Advisers to Venture Capital Funds, Private Fund Advisers With Less Than USD 150 Million in Assets Under Management, and Foreign Private Advisers, Investment Advisers Act Release No. 3222, 6 Fed. Reg. 39, 646, 39, 668–72 vom 6.7.2011.

464 SEC, „Report of Investigation Pursuant to Section 21(a) of the Securities Exchange Act of 1934: The DAO", Release No. 81207, 25.7.2017, https://www.sec.gov/litigation/investreport/34-81207.pdf (zuletzt abgerufen am 22.4.2024).

465 CFTC, In the Matter of Coinflip, Inc., d/b/a Derivabit, and Francisco Riordan, CFTC Docket No. 15-29; CFTC v. Gelfman Blueprint, Inc., Case No. 17-7181 (S.D.N.Y. filed 21.9.2017).

466 CFTC v. McDonell, 18-CV-361 (E.D.N.Y. 6.3.2018).

467 7 U.S.C. §§ 1-27 f.

468 7 U.S.C. § 6b. Zu einem Anwendungsfall s. CFTC v. Gelfman Blueprint, Inc., Case No. 17-7181 (S.D.N.Y. filed 21.9.2017).

FIDLEG unterliegen alle Personen, die gewerbsmäßig Finanzdienstleistungen in der Schweiz oder für Kundinnen und Kunden in der Schweiz erbringen (Art. 3 lit. d FIDLEG). Diese müssen die in Art. 7 ff. FIDLEG vorgesehenen Verhaltens- und Organisationspflichten erfüllen. Da unter den Begriff der Finanzdienstleistungen auch der Vertrieb von Investmentfonds fällt, hat der Gesetzgeber die bisherigen spezialgesetzlichen Vorschriften zu diesem Thema (Art. 20 ff. Schweiz. Gesetz über kollektive Kapitalanlagen) aus dem KAG gestrichen. Dieses Gesetz erfasst künftig nur noch die kollektiven Kapitalanlagen selbst. Insoweit gilt es sowohl für schweizerische als auch für ausländische Fonds, die in der Schweiz vertrieben werden (Art. 2 Abs. 1 Schweiz. KAG). Der Vertrieb letzterer bedarf gemäß Art. 120 Schw. KAG einer besonderen Genehmigung der FINMA (im Einzelnen → Rn. 471).

5. Anwendungsbereich des deutschen Rechts. a) Wertpapierdienstleister mit Sitz im EWR. Das WpHG richtet die meisten der in Abschnitt 11 vorgesehen Pflichten an „Wertpapierdienstleistungsunternehmen". Das sind Kreditinstitute, Finanzdienstleistungsinstitute und die Zweigstellen ausländischer Institute (§ 2 Abs. 10 WpHG). Aus dem Verweis auf den Institutsbegriff des KWG folgt, dass diese **im Inland ansässig sein** müssen, damit sie den Vorschriften des WpHG unterliegen. In richtlinienkonformer Auslegung ist unter dem Sitz im KWG der **Satzungssitz** zu verstehen (→ Rn. 250). Auf Wertpapierdienstleister mit Satzungssitz in anderen EWR-Staaten sind daher die deutschen Anforderungen nicht anzuwenden, selbst wenn sie Wertpapierdienstleistungen im Inland erbringen. Dies entspricht dem in Art. 34 MiFID II verankerten **Herkunftslandprinzip.** 454

Die Vorschriften des Abschnitt 11 des WpHG über Verhaltenspflichten, Organisationspflichten und Transparenzpflichten von Wertpapierdienstleistern gelten gemäß § 90 WpHG auch für **inländische Zweigniederlassungen** von Instituten mit Sitz in einem anderen EWR-Staat. Das ist auf die Anordnung des europäischen Gesetzgebers zurückzuführen, nach dem das Recht des Gaststaats die Tätigkeit der Zweigniederlassungen regulieren soll.[469] Die Organisation unterliegt dagegen dem Recht des Herkunftsstaats. Die Zweigniederlassungen von Unternehmen aus anderen EWR-Staaten sind daher von bestimmten Vorschriften ausgenommen. Dazu gehören die allgemeinen Organisationspflichten (§ 80 Abs. 1–6 und 9–13 WpHG), die Regelungen über Geschäftsleiter (§ 81 WpHG), die Aufzeichnung und Aufbewahrung (§ 83 WpHG), die Verwahrung von Vermögen und Finanzsicherheiten (§ 84 WpHG), die Organisation von Unternehmen, die Anlage(strategie)empfehlungen erstellen oder verbreiten (§ 85 WpHG) und über den Einsatz von Mitarbeitern (§ 87 WpHG). 455

b) Wertpapierdienstleister mit Sitz in Drittstaaten. Gemäß § 1 Abs. 2 S. 1 Nr. 3 WpHG gilt Abschnitt 11 des Gesetzes, in dem die Verhaltenspflichten, Organisationspflichten und Transparenzpflichten bei Wertpapierdienstleistungen geregelt sind, auch für im Inland angebotene Wertpapierdienstleistungen und -nebendienstleistungen. Das Anknüpfungskriterium **„im Inland"** ist in Anlehnung an § 32 KWG formuliert. Anders als dort ist es jedoch nicht nötig, dass die Leistung im Inland erbracht wird; es genügt vielmehr das reine Angebot. Daher wird man die Auslegung des § 32 KWG nicht ohne Weiteres auf Abschnitt 11 des WpHG übertragen können. Für die Anwendbarkeit des WpHG ist daher nicht erforderlich, dass wesentliche zum Vertragsschluss führende Schritte wie etwa das Ausfüllen der Vertragsunterlagen im Inland stattfinden (→ Rn. 240); stattdessen genügt das Angebot gegenüber inländischen Kunden. Ob ein Angebot sich an inländische Kunden richtet, wird man nach ähnlichen Kriterien wie beim Begriff des „Ausrichtens" in Art. 6 Abs. 1 lit. b Rom I-VO zu entscheiden haben. Daraus folgt eine Parallele des anwendbaren Aufsichtsrechts zum anwendbaren Privatrecht. Das einmalige Angebot genügt allerdings nicht für die Anwendbarkeit der Wohlverhaltenspflichten, denn aus § 91 WpHG (→ Rn. 459) folgt mittelbar, dass drittstaatliche Anbieter nur dann unter die Bestimmungen des deutschen Aufsichtsrechts fallen, wenn sie Wertpapierdienstleistungen gewerbsmäßig oder in einem Umfang erbringen wollen, der einen in kaufmännischer Weise eingerichteten Geschäftsbetrieb erfordert. 456

Die deutsche und europäische Regulierung greift dagegen nicht im Fall der ***reverse solicitation,*** bei der sich der Kunde in Eigeninitiative an einen Dienstleister in einem Drittstaat wendet und die Leistung veranlasst. Diese Art der Erbringung ist durch die passive Dienstleistungsfreiheit der Kunden (Art. 56 AEUV) geschützt (→ Rn. 238) und ausdrücklich durch das europäische Sekundärrecht zugelassen (vgl. Art. 42 MiFID II, Art. 46 Abs. 5 UAbs. 3 MiFIR). Grundsätzlich ist eine Leistung als auf Veranlassung eines Kunden erbracht anzusehen, es sei denn, der Kunde fordert sie als Reaktion auf eine an ihn persönlich gerichtete Mitteilung an, mit der er zum Abschluss eines bestimmten Geschäfts bewogen werden soll (Erwägungsgrund Nr. 85 MiFID II). Eine Wertpapierdienstleistung kann auch dann als auf Veranlassung des Kunden erbracht anzusehen sein, wenn der Kunde sie auf Grund einer allgemeinen Mitteilung oder Werbung an das Publikum generell oder eine größere Gruppe oder Gattung von Kunden oder potenziellen Kunden anfordert (Erwägungsgrund 85 MiFID 457

---

[469] S. Schwark/Zimmer/*Fett* WpHG § 90 Rn. 7.

II). Bei bereits bestehenden Kontakten zwischen dem Dienstleister und dem Kunden sind die Grenzen der Zulässigkeit der *reverse solicitation* besonders schwer zu ziehen.[470] Grundsätzlich darf der Dienstleister dem Kunden keine völlig neuen oder andersartigen Produkte angeboten werden als diejenigen, wegen der sich der Kunde an den Dienstleister gewandt hat.

458 Die Regelung des WpHG steht unter dem Vorbehalt des Titel VIII der MiFIR (Art. 46–49 MiFIR). Danach kann drittstaatlichen Firmen der Zugang zum Markt der EU gewährt werden.[471] Für die Gewährung eines solchen **Drittstaatenzugangs** müssen vier Voraussetzungen erfüllt sein: Erstens muss das Unternehmen in seinem Heimatstaat einer gleichwertigen Regulierung und Aufsicht unterliegen, zweitens muss der Heimatstaat des Unternehmens über ein wirksames System zur Anerkennung ausländischer Wertpapierfirmen verfügen, drittens muss der Heimatstaat eine Vereinbarung über die Zusammenarbeit mit der ESMA geschlossen haben und viertens muss das Unternehmen die erforderlichen Vorkehrungen und Verfahren zur Erfüllung der Informationspflichten nach Abs. 6a eingerichtet haben (vgl. Art. 46 f. MiFIR). Die ersten beiden Voraussetzungen kann man mit den Begriffen Äquivalenz und Reziprozität (→ Rn. 146 ff.) zusammenfassen. Über ihr Vorliegen entscheidet die Kommission durch Beschluss nach Art. 47 MiFIR. Der Drittstaatenzugang gilt in der gesamten EU nach dem Prinzip des europäischen Passes (→ Rn. 132), dh das Unternehmen kann Dienstleistungen im Wege des grenzüberschreitenden Verkehrs erbringen, ohne eine Zweigniederlassung gründen zu müssen (Art. 47 Abs. 3 S. 1 MiFIR). Das drittstaatliche Unternehmen darf allerdings nur Geschäfte mit geeigneten Gegenparteien und professionellen Kunden in der EU schließen (Art. 46 Abs. 1 MiFIR). Es muss seine Vertragspartner darauf wie auf die Tatsache hinweisen, dass es keiner Aufsicht in der EU unterliegt (Art. 46 Abs. 5 Uabs. 1 MiFIR). Außerdem muss es dem Kunden die Streiterledigung durch ein Gericht oder Schiedsgericht in der EU anbieten (Art. 46 Abs. 6 MiFIR).

459 Unabhängig von dem durch die ESMA gewährten Drittstaatenzugang kann die BaFin im Einzelfall drittstaatlichen Anbietern eine **Befreiung** von bestimmten Vorschriften des Abschnitts 11 erteilen. Diese Möglichkeit ist insbesondere für Angebote an Kleinanleger bedeutsam. Sie greift aber auch für Angebote an professionelle Kunden, soweit ESMA keine Äquivalenzentscheidung über den Herkunftsstaat des Anbieters getroffen hat. Die Befreiung gilt für die in § 90 WpHG genannten Organisationspflichten (→ Rn. 456). Die Anwendung dieser Vorschriften wäre aus Sicht der Unternehmen besonders belastend, weil sie sich mit den Vorschriften des Rechts ihres Heimatstaats überschneiden können. Die Befreiung wird auf Antrag erteilt. Diesen können drittstaatliche Unternehmen stellen, die nicht unter den EU-Drittstaatenzugang fallen, und die Wertpapierdienstleistungen oder -nebendienstleistungen im Inland gewerbsmäßig oder in einem Umfang erbringen wollen, der einen in kaufmännischer Weise eingerichteten Geschäftsbetrieb erfordert. Für die Auslegung dieser Begriffe kann man sich an § 32 KWG orientieren (→ Rn. 244). Die Befreiung ist schon *vor* der Erbringung der Dienstleistungen zu beantragen; mit ihr darf daher nicht begonnen werden, solange keine Befreiung vorliegt. Voraussetzung der Befreiung ist, dass das Unternehmen wegen seiner Aufsicht durch die zuständige Herkunftsstaatsbehörde nicht zusätzlich der Aufsicht durch die BaFin bedarf. Zu prüfen ist damit die **Äquivalenz** der Aufsicht im Herkunftsstaat (→ Rn. 146 ff.). Der deutsche Gesetzgeber hat von der ihm durch Art. 39 Abs. 1 MiFID II eingeräumten Möglichkeit, von dem drittstaatlichen Unternehmen die Errichtung einer Zweigniederlassung zu verlangen, keinen Gebrauch gemacht. Dem Unternehmen kann nötigenfalls die Auflage erteilt werden, eine gleichwertige Überwachung und Prüfung zu ermöglichen (§ 91 S. 2 WpHG). Die Befreiung gemäß § 91 WpHG wirkt nur für das deutsche Staatsgebiet, nicht für andere Mitgliedstaaten des EWR. Sie gilt außerdem nicht für ganze Drittländer, sondern nur für einzelne Unternehmen. Eine parallel ausgestaltete Befreiung von den Organisationsvorschriften des KWG sieht § 2 Abs. 5 KWG vor (→ Rn. 264).

460 **6. Fremdenrecht und Behandlung von Vorfragen.** Das Wertpapierhandelsrecht sieht eine Reihe **fremdenrechtlicher Regelungen** für Fälle mit Auslandsbezug vor. So tritt gemäß § 64 Abs. 2 S. 3 Nr. 4 WpHG bei der Anlageberatung für EU- und ausländische alternative Investmentfonds die wesentliche Anlegerinformation nach § 318 Abs. 5 KAGB an die Stelle des Informationsblatts. Nach § 84 Abs. 2 S. 1 WpHG können Kundengelder außer bei inländischen Kreditinstituten auch bei CRR-Kreditinstituten und Wertpapierdienstleistern des EWR sowie vergleichbaren Instituten in einem Drittstaat verwahrt werden, die zum Betreiben des Einlagengeschäfts befugt sind. Ebenfalls zulässig ist die Verwahrung bei einer Zentralbank oder einem qualifizierten Geldmarktfonds. Mit Zentralbanken sind offenbar auch ausländische gemeint, sonst hätte man die Deutsche

[470] Dazu *Rebholz* in Zetzsche/Lehmann, Grenzüberschreitende Finanzdienstleistungen, 2017, § 6 Rn. 18–32.
[471] Dazu *Sethe* SZW 2014, 615; *Zetzsche* in Bachmann/Breig, Finanzmarktregulierung zwischen Innovation und Kontinuität in Deutschland, Europa und Russland, 2014, 48, 106–108.

Bundesbank ausdrücklich bezeichnet. Dass Geldmarktfonds ihren Sitz in einem anderen EWR-Staat haben können, ergibt sich aus § 14a Abs. 11 WpDVerOV (Verhaltens- und Organisationsverordnung für Wertpapierdienstleistungsunternehmen).

Teilweise wird zur Beurteilung von **Vorfragen** auf ausländisches Recht verwiesen. So können Unternehmen aus anderen EWR-Staaten geeignete Gegenparteien sein, wenn sie nach dem Recht ihres Herkunftsmitgliedstaats als solche anzusehen sind (§ 67 Abs. 4 S. 2 Nr. 2 WpHG). **461**

IX. Investmentrecht

1. Ökonomischer Hintergrund. Investmentfonds erleichtern die Geldanlage. Gegenüber anderen Anlageformen zeichnen sie sich durch die Möglichkeit zur Kollektivanlage, Risikodiversifikation und Fremdverwaltung aus.[472] Allerdings bergen Investmentfonds selbst **eigene anlageformspezifische Risiken,** zB der Unterschlagung des übertragenen Vermögens oder der Anlage abweichend von den Interessen des Investors. Außerdem besteht auch bei ihnen eine **Informationsasymmetrie** zwischen den Anlegern und den Fondsverwaltern. Diesen Nachteilen zu begegnen ist Ziel der Regulierung von Investmentfonds. Ihre oberste Priorität ist der **Anlegerschutz.**[473] Da Fonds zugleich wichtige Investoren auf dem Finanzmarkt sind, dient sie aber auch dem Interesse an dessen **Funktionsfähigkeit.** **462**

Bislang standen diese beiden Ziele ganz im Vordergrund. Die Regulierung war daher in erster Linie auf solche Fonds ausgerichtet, die der Öffentlichkeit angeboten werden. Für alternative kollektive Anlageformen, wie Hedgefonds und Private Equity-Fonds,[474] interessierte sich der Gesetzgeber dagegen kaum. Diese werden im Wege der sog. Privatplatzierung, dh ohne öffentliches Angebot, vorwiegend an eine kleine Zahl vermögender Anleger vertrieben. Aus diesem Grund meinte man, dass sich Sorgen um das Publikum erübrigten.[475] Durch die Finanzkrise sind allerdings die von alternativen Investmentfonds drohenden **Risiken für die Finanzsystemstabilität** in den Fokus gerückt. Da diese Fonds ökonomisch gesehen zum Teil bankähnliche Funktionen wahrnehmen, werden sie auch als „Schattenbanken“ charakterisiert.[476] Weil sie gigantische Vermögenswerte verwalten, befürchtet man, dass durch den Zusammenbruch eines oder mehrerer von ihnen weitere Kapitalmarktteilnehmer und schließlich das gesamte Finanzsystem in Mitleidenschaft gezogen werden könnten.[477] Dies löste weitere regulatorische Schritte Für sog. alternative Investmentfonts aus. **463**

2. Regulierung. Auf **europäischer Ebene** ist die Regulierung von Investmentfonds entsprechend den unterschiedlichen ökonomischen Hintergründen zweigeteilt: in die OGAW-RL und die AIFM-RL. Erstere enthält Vorschriften für sog. Publikumsfonds, dh solche Fonds, die öffentlich vertrieben werden. Letztere betrifft dagegen alternative Investmentfonds, genauer: deren „Manager“. Das sind nicht notwendig natürliche Personen, sondern im Gegenteil in der Regel Verwaltungsgesellschaften. **464**

Die **OGAW-RL** (→ Rn. 82) enthält seit ihrer ersten Version aus dem Jahre 1985 Vorschriften über in der EU öffentlich vertriebene Fonds. Sie stellt im Kern Aufsichtserfordernisse sowie materielle Mindeststandards etwa hinsichtlich der Anlagegegenstände, der Risiken und der Depotverwaltung solcher Fonds auf. Wenn diese erfüllt sind, wird ein Europäischer Pass ausgestellt, der zum Vertrieb des Fonds im gesamten EWR berechtigt (→ Rn. 132). Die derzeit gültige sechste Version (RL 2009/65/EG) bringt als Neuerung den EU-Pass für die Verwaltungsgesellschaft selbst, die nunmehr Zweigniederlassungen in anderen Mitgliedstaaten errichten oder Fonds nach deren Recht „aufsetzen“ kann (Art. 19 Abs. 1, 3 OGAW-RL). Dazu ist eine getrennte Aufsicht über Verwaltungsgesellschaft und Fonds vorgesehen (Art. 5 Abs. 1 OGAW-RL, Art. 6 Abs. 1 OGAW-RL). **465**

Die im Jahre 2011 erlassene **AIFM-RL** (→ Rn. 410) sieht dagegen Regelungen für die Verwaltungsgesellschaften der nicht bereits von der OGAW-RL erfassten Anlagevehikel vor.[478] Dies sind vor allem Hedgefonds und Private-Equity-Fonds, aber auch Immobilien-, Rohstoff- oder Infrastruk- **466**

---

472 → 9. Aufl. 2024, BGB § 741 Rn. 53; Ellenberger/Bunte BankR-HdB/*Köndgen/Schmies,* 6. Aufl. 2022, § 93 Rn. 1–6; *Lehmann,* Finanzinstrumente, 2009, 115.

473 Ellenberger/Bunte BankR-HdB/*Köndgen/Schmies,* 6. Aufl. 2022, § 93 Rn. 53.

474 Zu beiden Begriffen *Lehmann* in Leible/Lehmann, Hedgefonds und Private Equity – Fluch oder Segen?, 2009, 17, 18 f.

475 S. *Ordower* 58 Am. J. Comp. L. 295, 299 f. (2010); *Martin* 37 Del. J. Corp. L. 49, 71 (2012–2013).

476 Financial Stability Board, Global Shadow Banking Monitoring Report 2012, 15–18; *Greene/Broomfield* 8 (1) Capital Markets Law Journal 6, 9 (2013); *Rehahn,* Regulierung von „Schattenbanken“: Notwendigkeit und Inhalt, Beiträge zum Transnationalen Wirtschaftsrecht, Bd. 125, April 2013, 18–20.

477 *Ordower* 58 Am. J. Comp. L. 295, 315–317 (2010); *Martin* 37 Del. J. Corp. L. 49, 96–99 (2012–2013).

478 Einen Überblick über die Richtlinie geben *Möllers/Harrer/Krüger* WM 2011, 1537–1544; *Spindler/Tancredi* WM 2011, 1393–1405, 1441–1451. Zum sachlichen Anwendungsbereich der RL s. *Zetzsche* in Zetzsche, The Alternative Investment Fund Managers Directive, 3. Aufl. 2020, 25-61.

turfonds kommen in Betracht.[479] Die AIFM-RL verlangt eine besondere aufsichtsrechtliche Zulassung der Verwaltungsgesellschaft, die Mindestanforderungen zB hinsichtlich der Vermögensausstattung sowie der Zuverlässigkeit und Erfahrung ihrer Geschäftsleiter zu erfüllen hat (Art. 6, 8 Abs. 1 AIFM-RL).

467 In Deutschland wurde die Umsetzung der AIFM-RL dazu genutzt, ein einziges Regelwerk für alle Investmentfonds und ihre Manager zu schaffen: das **KAGB.**[480] Dieses ist am 22.7.2013 in Kraft getreten und hat das InvG abgelöst. Dem KAGB liegt – im Gegensatz zum früheren InvG – ein materieller Investmentfondsbegriff zugrunde: Die Verwaltung von Investmentvermögen durch eine Kapitalverwaltungsgesellschaft ist gemäß § 20 Abs. 1–4 KAGB stets erlaubnispflichtig, ohne dass es auf die Organisationsform dieses Vermögens ankommt.[481] Unter „Investmentvermögen" ist jeder Organismus für gemeinsame Anlagen zu verstehen, der sein Kapital von einer Anzahl von Anlegern einwirbt und diese Mittel gemäß einer festgelegten Anlagestrategie zum Nutzen der Anleger investiert (§ 1 Abs. 1 S. 1 KAGB). Sowohl Organismen für gemeinsame Anlagen in Wertpapieren als auch alternative Investmentfonds sind umfasst (§ 1 Abs. 2 und 3 KAGB). Das liegt daran, dass das KAGB sowohl die OGAW-RL als auch die AIFM-RL umsetzt. Allerdings wird bei den materiellrechtlichen Vorgaben häufig danach unterschieden, welche Art von Investmentvermögen verwaltet wird (zB § 27 Abs. 3–6 KAGB, § 28 Abs. 2–4 KAGB, § 35 KAGB).

468 **3. Kollisionsrechtliche Erwägungen.** Soweit das Investmentrecht den Anlegerschutz zum Ziel hat, sollte es in allen Fällen anzuwenden sein, in denen Fondsanteile im Inland ansässigen Anlegern zum Erwerb angeboten werden. Auch der Funktionsschutz gebietet diese Anknüpfung, denn wenn die inländischen Anleger das Vertrauen in ihnen angebotene Fonds verlieren, ist die Funktionsfähigkeit des Finanzmarkts gefährdet. Anknüpfungspunkt der Regulierung von Publikumsfonds sollte daher der **Vermarktungsort** der Anteile sein.

469 Anders verhält es sich dagegen, soweit die Regulierung die systemischen Gefahren bekämpfen soll, die von Fonds ausgehen, wie etwa bei der Regulierung alternativer Investmentvehikel. Systemische Gefahren drohen unabhängig davon, ob diese Fonds im Inland vertrieben werden oder nicht. Die regulatorische Anknüpfung muss daher weiter ausgreifen. Im Grunde ist wegen der Vernetzung der Weltfinanzwirtschaft **jeder völkerrechtlich zulässige Anknüpfungspunkt** recht, der noch einen ausreichenden Bezug im Sinne eines *genuine link* zum regulierenden Staat enthält. Jedoch sollte man darauf achten, dass die Kriterien zur Bestimmung des Anwendungsbereichs verschiedener Gesetzgebungen untereinander hinreichend abgestimmt sind, damit weder Lücken noch Überlappungen in der Aufsicht auftreten.

470 **4. Ausländische Regelungen.** In den **USA** gilt für kollektive Kapitalanlagen der Investment Company Act aus dem Jahre 1940. Als Investment Company definiert der Act unter anderem jede Gesellschaft, die für andere in Finanzinstrumente investiert, sec. 3(a)(1)(C). Sec. 7(a) verbietet nicht bei der SEC registrierten *Investment Companies* die Benutzung der Post oder anderer Mittel des Verkehrs zwischen den Bundesstaaten zum Angebot oder zur Lieferung von Finanzinstrumenten. Dazu existieren zwei wichtige Ausnahmen. Zum einen werden solche Gesellschaften nicht von der Registrierungspflicht erfasst, in die weniger als 100 Anleger investiert haben, sec. 3(c)(1) Investment Company Act 1940. Zum anderen sind Gesellschaften ausgenommen, die sich nur an sog. qualifizierte Investoren richten, sec. 3(c)(7) Investment Company Act 1940. Beide Ausnahmen sind nicht spezifisch für ausländische Fondsgesellschaften, sondern gelten auch für inländische Anlagevehikel. Zusätzlich sind sowohl die Verwalter von Investmentfonds als auch die Vermittler durch den Investment Advisers Act 1940 reguliert.[482] Dieser wurde in Reaktion auf die Finanzkrise durch den Dodd-Frank Act geändert, um auch die Verwalter von Hedgefonds und anderen Fonds zu erfassen (sog. *private funds*).[483] Diese müssen sich nunmehr bei der SEC registrieren, die von ihnen Daten zur Erfassung systemischer Risiken sammelt.[484] Allerdings sind *private fund advisers* von der Registrierungspflicht ausgenommen, wenn die von ihnen betreuten Fonds Vermögenswerte von weniger als

---

479 S. Europäische Kommission, Vorschlag für eine Richtlinie des Europäischen Parlaments und des Rates über die Verwalter alternativer Investmentfonds und zur Änderung der Richtlinien 2004/39/EG und 2009/…/EG, 2009/0064 (COD) endg. 2.

480 Art. 1 Gesetz zur Umsetzung der RL 2011/61/EU über die Verwalter alternativer Investmentfonds (AIFM-Umsetzungsgesetz) vom 4.7.2013, BGBl. 2013 I 1981.

481 So schon zum RegE Emde/Dornseifer/Dreibus/*Emde* Einl. Rn. 75; *Emde/Dreibus* BKR 2013, 89 (90); *Wallach* Recht der Finanzinstrumente 2013, 92 (94); ebenso *Zetzsche/Preiner* WM 2013, 2101.

482 *Schelm,* Sorgfalts- und Loyalitätspflichten im Investmentrecht, 2008, 31. Zur Reichweite des Investment Advisers Act 1940 und zur Ausnahme für *foreign private advisers* → Rn. 452.

483 S. Dodd-Frank Wall Street Reform and Consumer Protection Act, Publ. L. 111–203, 124 Stat. 1376, Title IX, subtitle D.

484 Sec. 204 Investment Advisers Act 1940, eingefügt durch sec. 404 Dodd-Frank Act.

150 Mio. US-Dollar in den USA verwalten.[485] Die SEC hat eine entsprechende Rule erlassen, welche Einzelheiten der Berechnung enthält.[486]

In der **Schweiz** unterliegen Investmentfonds dem Gesetz über kollektive Kapitalanlagen (Kollektivanlagengesetz – KAG Schweiz). Dieses gilt auch für ausländische kollektive Kapitalanlagen, die in der Schweiz vertrieben werden (Art. 2 Abs. 1 lit. b KAG Schweiz).[487] Der Begriff der ausländischen kollektiven Kapitalanlagen ist nach Art. 119 KAG Schweiz rechtsformneutral ausgestaltet. Erfasst sind alle Vermögen zum Zweck der kollektiven Kapitalanlage mit Sitz und Hauptverwaltung im Ausland, gleichgültig, in welcher Rechtsform sie betrieben werden und ob sie als offene oder geschlossene Fonds ausgestaltet sind.[488] Voraussetzung für den Vertrieb ausländischer kollektiver Kapitalanlagen in der Schweiz ist eine besondere Genehmigung durch die FINMA (Art. 120 KAG Schweiz). Mit „Vertrieb" ist jedes Anbieten und jede Werbung gemeint,[489] es sei denn, diese richtet sich ausschließlich an qualifizierte Anleger. Im Rahmen des Genehmigungsverfahrens muss unter anderem der Verkaufsprospekt vorgelegt werden. Genehmigungsvoraussetzung ist das Bestehen einer dem Anlegerschutz dienenden öffentlichen Aufsicht über den Fonds, den Verwalter und die Verwahrstelle, die der schweizerischen Aufsicht gleichwertig sein muss. Zudem darf die Bezeichnung der kollektiven Kapitalanlage nicht zu Täuschung oder Verwechslung Anlass geben. Außerdem muss die ausländische Aufsichtsbehörde eine Vereinbarung mit der FINMA über einen Informationsaustausch geschlossen haben (Art. 120 Abs. 2 KAG Schweiz). Schließlich ist auch die Bestellung eines Vertreters und einer Zahlstelle in der Schweiz notwendig (Art. 120 Abs. 2 lit. d KAG Schweiz, Art. 123 KAG Schweiz). Eine besondere Regulierung für alternative Investmentfonds existiert bislang nicht. **471**

5. Anwendungsbereich des deutschen Rechts. Das KAGB enthält keine zentrale Vorschrift über seinen Anwendungsbereich.[490] Im Kern regelt es drei Gegenstände: deutsche Kapitalverwaltungsgesellschaften, inländische Investmentvermögen sowie den Vertrieb und den Erwerb von Investmentvermögen im Inland. **472**

a) Inländische Kapitalverwaltungsgesellschaften. Kapitalverwaltungsgesellschaften (KVG) sind nach der Legaldefinition des § 17 Abs. 1 KAGB Unternehmen mit Satzungssitz und Hauptverwaltung im Inland, deren Geschäftsbetrieb darauf gerichtet ist, Investmentvermögen zu verwalten. Nur diese Verwaltungsgesellschaften sind durch das KAGB reguliert. Anknüpfungspunkte der Vorschriften über KVG sind damit der Ort des **Satzungssitzes** und der **Hauptverwaltung** der KVG. Diese Regelung dürfte mit europäischem Recht vereinbar sein, auch wenn die AIFM-RL nur auf den Satzungssitz abstellt (s. Art. 4 Abs. 1 lit. j Ziff. i AIFM-RL). Das Kriterium des Satzungssitzes ist nur für die Abgrenzung der Zuständigkeiten zwischen den EU-Mitgliedstaaten von Bedeutung, aber nicht im Verhältnis zu Drittstaaten. Andernfalls könnte sich eine KVG der Aufsicht in der EU entziehen, indem sie sich unter einem drittstaatlichen Recht inkorporiert.[491] Gleichgültig ist, welchem Recht die verwalteten Investmentvermögen unterstehen. Hat eine KVG eine Erlaubnis der BaFin erhalten, kann sie diese zur Verwaltung auch ausländischer Investmentvermögen nutzen. Dies entspricht den Vorgaben der EU, welche eine getrennte Beaufsichtigung von Verwaltungsgesellschaft und Fonds ermöglichen will (→ Rn. 465). **473**

Liegen **Satzungssitz oder Hauptverwaltung im Ausland,** so findet das deutsche Recht auf die Verwaltungsgesellschaft keine Anwendung. Mit der OGAW-RL ist dies vereinbar, auch wenn diese die Hauptverwaltung und den Sitz der Verwaltungsgesellschaft im Inland als Erlaubnisvoraussetzungen und nicht als Anknüpfungsmerkmale ansieht (Art. 7 Abs. 1 S. 1 lit. d OGAW-RL). Die andere Struktur des deutschen Rechts schadet insoweit nicht, denn auf wen das KAGB nicht anzuwenden ist, der kann auch nicht als KVG zugelassen werden. Dagegen enthält das KAGB einen **Verstoß gegen die AIFM-RL.** Nach Art. 7 Abs. 1 AIFM-RL haben die Mitgliedstaaten vorzuschreiben, dass AIFM bei den zuständigen Behörden ihres Herkunftsmitgliedstaats eine Zulassung beantragen. Da der Herkunftsmitgliedstaat in Art. 4 Abs. 1 lit. q AIFM-RL allein in Abhängigkeit vom Satzungssitz definiert wird, ist Deutschland verpflichtet, alle AIFM mit Satzungssitz in Deutsch- **474**

---

485 Sec. 203(m)(1) Investment Advisers Act 1940, eingefügt durch sec. 408 Dodd-Frank Act.

486 SEC, Exemptions for Advisers to Venture Capital Funds, Private Fund Advisers With Less Than USD 150 Million in Assets Under Management, and Foreign Private Advisers, Investment Advisers Act Release No. 3222, 6 Fed. Reg. 39, 646, 39, 668–72 vom 6.7.2011.

487 Zum Begriff der ausländischen kollektiven Kapitalanlagen s. Art. 119 Abs. 2 KAG sowie *Amstutz/Dömer/Imwinkelried/Kühne/Lengauer,* Recht der kollektiven Kapitalanlagen, 2007, Rn. 705–708.

488 Vgl. *Amstutz/Dömer/Imwinkelried/Kühne/Lengauer,* Recht der kollektiven Kapitalanlagen, 2007, Rn. 705–708.

489 *Amstutz/Dömer/Imwinkelried/Kühne/Lengauer,* Recht der kollektiven Kapitalanlagen, 2007, Rn. 703.

490 Krit. *Emde/Dreibus* BKR 2013, 89 (90).

491 Ebenfalls für Einbeziehung des Sitzkriteriums unter der RL *Zetzsche/Veidt* in Zetzsche, The Alternative Investment Fund Managers Directive, 3. Aufl. 2020, 797–803.

land einem Zulassungserfordernis zu unterwerfen. Der Grund dafür ist das Ziel der Richtlinie, die Finanzsystemstabilität innerhalb der EU flächendeckend zu sichern. Das KAGB erfüllt diese Vorgaben nicht, da es seinem eigenen Anspruch nach nur anwendbar ist, wenn sowohl der Satzungssitz als auch die Hauptverwaltung des AIFM in Deutschland liegen. Dadurch entsteht unter dem KAGB eine **Aufsichtslücke:** AIFM können unbeaufsichtigt Vermögen verwalten, wenn ihr Satzungssitz in Deutschland, ihre Hauptverwaltung aber im Ausland liegt. Dies ist mit dem Ziel der Richtlinie, AIFM umfassend zu beaufsichtigen, nicht zu vereinbaren. Eine richtlinienkonforme Auslegung kommt wegen des eindeutigen Wortlauts des KAGB nicht in Betracht. Deutschland verletzt daher EU-Recht.

475 **b) Inländische Investmentvermögen. aa) Hintergrund.** Ein weiterer Anknüpfungspunkt des deutschen Rechts ist das Investmentvermögen. Dabei ist zwischen inländischen Investmentvermögen, EU-Investmentvermögen und ausländischen Investmentvermögen zu unterscheiden. Nur **inländische Investmentvermögen** unterliegen deutschem Recht (§ 1 Abs. 7 KAGB). EU-Investmentvermögen unterstehen dagegen dem Recht eines anderen EWR-Staats und nicht dem des deutschen Rechts (§ 1 Abs. 8 KAGB). Sie dürfen kraft der Dienstleistungs- und Kapitalverkehrsfreiheit dennoch in Deutschland vertrieben werden (→ Rn. 492 ff.). Ausländische Investmentvermögen schließlich sind solche, die dem Recht eines Drittstaats unterstehen (§ 1 Abs. 9 KAGB). Der Begriff ist missverständlich, da er Investmentvermögen aus gewissen ausländischen Staaten – den EWR-Staaten – nicht erfasst.

476 Innerhalb des EWR herrscht hinsichtlich der Gründung von Investmentvermögen **Rechtswahlfreiheit.** Eine Verwaltungsgesellschaft mit Sitz in einem EWR-Mitgliedstaat kann frei wählen, nach welchem mitgliedstaatlichen Recht sie den Fonds organisiert (→ Rn. 473). Daher ist es möglich, dass Gesellschaften aus einem anderen EWR-Staat einen Fonds nach deutschem Recht „aufsetzen", dh nach diesem organisieren. Sie kann allerdings auch ein Investmentvermögen nach dem Recht eines anderen EWR-Staats organisieren und Anteile an diesem in Deutschland vertreiben. Gesellschaften aus Drittstaaten genießen eine vergleichbare Freiheit nicht. Sie können zwar Fonds nach deutschem Recht aufsetzen, unterliegen insoweit aber engen Einschränkungen.

477 **bb) Verwaltung durch inländische oder EWR-Verwaltungsgesellschaft.** Das KAGB enthält ausführliche Vorschriften über inländische Investmentvermögen (§§ 91 ff. KAGB). Mit dem Begriff „inländisch" ist nicht gemeint, dass sich das Vermögen innerhalb des deutschen Territoriums befinden muss. Vielmehr geht es allein darum, dass der Fonds **inländischem Recht unterliegt** (§ 1 Abs. 7 KAGB). Inländische Investmentvermögen können sowohl von inländischen Verwaltungsgesellschaften als auch von Verwaltungsgesellschaften aus anderen EWR-Staaten gegründet werden. Die Anwendbarkeit deutschen Rechts folgt aus der autonomen Entscheidung der Verwaltungsgesellschaft, den Fonds nach deutschem Recht aufzusetzen.

478 **cc) Verwaltung durch drittstaatliche Verwaltungsgesellschaft.** Darüber hinaus ist es sogar möglich, dass eine Verwaltungsgesellschaft aus einem Staat außerhalb des EWR einen Fonds nach deutschem Recht organisiert. Diese können allerdings **nur alternative Investmentfonds** nach deutschem Recht aufsetzen, nicht auch inländische OGAW (§ 57 KAGB, Umsetzung von Art. 37 AIFM-RL). Letzteres bleibt Verwaltungsgesellschaften aus dem EWR vorbehalten.

479 Die Regelung über die Organisation inländischer AIF durch drittstaatliche Fonds gilt jedoch – ebenso wie die über den Vertrieb der Anteile des Fonds mittels europäischen Passes (→ Rn. 132) – erst nach dem sog. **Drittstaatenstichtag** (vgl. §§ 344, 295 Abs. 2 KAGB). Dieser ist von der Kommission in einem delegierten Rechtsakt auf Vorschlag der ESMA festzusetzen (s. Art. 66 Abs. 3 AIFM-RL iVm Art. 67 Abs. 6 AIFM-RL). Zum Drittstaatenstichtag vgl. auch § 344 KAGB. Die ESMA hat dazu bislang zwei Vorschläge unterbreitet.[492] Sie spricht sich dafür aus, den Drittstaatenstichtag nicht einheitlich, sondern aufgeteilt nach Ländern festzusetzen. Eine Entscheidung der Kommission steht noch aus.

480 Auch nach dem Drittstaatenstichtag werden außerhalb des EWR beheimatete Verwaltungsgesellschaften einer besonderen Erlaubnis bedürfen, um inländische Fonds aufzusetzen. Diese behördliche Erlaubnis wird durch den **Referenzmitgliedstaat** erteilt, der gemäß Art. 37 Abs. 4 AIFM-RL bestimmt wird; die Regelung ist in § 56 KAGB umgesetzt. Danach ist Deutschland zB dann Referenzmitgliedstaat, wenn alle von der drittstaatlichen Verwaltungsgesellschaft betreuten AIF in Deutschland domiziliert sind und ein Vertrieb der Anteile mit einem europäischen Pass nicht angestrebt wird. Bei der Verwaltung von Fonds in unterschiedlichen Mitgliedstaaten oder beim (ange-

[492] ESMA, Advice to the European Parliament, the Council and the Commission on the application of the AIFMD passport to non-EU AIFMs and AIFs vom 30.7.2015 (ESMA/2015/1236) und vom 18.7.2016, (ESMA/2016/1140).

strebten) Vertrieb desselben Fonds in mehreren Mitgliedstaaten entscheiden der Schwerpunkt der Organisation der Fonds oder des Vertriebs. Kommt auch ein anderer EU- oder EWR-Staat als Referenzmitgliedstaat in Betracht, etwa weil die verwalteten AIF ihren Sitz in verschiedenen Ländern haben, müssen sich die betroffenen Aufsichtsbehörden einigen. Anderenfalls ist die ausländische AIF-Verwaltungsgesellschaft befugt, selbst einen Referenzmitgliedstaat zu benennen (Art. 37 Abs. 4 UAbs. 2 AIFM-RL, umgesetzt in § 56 Abs. 1 Nr. 2, Abs. 2 und 4 KAGB). Ist eine nationale Behörde mit der Bestimmung des Referenzmitgliedstaats nicht einverstanden, entscheidet die ESMA (Art. 37 Abs. 6, 7 AIFM-RL iVm Art. 19 ESMA-VO).

Voraussetzung für die Erteilung der Genehmigung zum Aufsetzen eines inländischen Fonds ist grundsätzlich die **Einhaltung** der Anforderungen der AIFM-RL in der durch den Referenzmitgliedstaat umgesetzten Form (Art. 37 Abs. 2 AIFM-RL). In Deutschland muss die drittstaatliche Verwaltungsgesellschaft die Vorschriften des KAGB vollständig erfüllen (§ 56 KAGB). **481**

Eine Ausnahme gilt, soweit das Recht des Referenzmitgliedstaats zum Heimatrecht der drittstaatlichen Verwaltungsgesellschaft in Widerspruch steht. Um der Gesellschaft eine Pflichtenkollision zu ersparen, begnügt sich das europäische und das zu seiner Umsetzung erlassene deutsche Recht mit der Einhaltung der Vorschriften des drittstaatlichen Rechts. Voraussetzung dafür ist die **Gleichwertigkeit** (→ Rn. 147) der Regelungen des Drittstaats mit denen der EU: Die Rechtsvorschriften des Drittstaats müssen dem gleichen Regelungszweck dienen und das gleiche Schutzniveau für die Anleger des betreffenden AIF enthalten (Art. 37 Abs. 2 S. 2 AIFM-RL, § 57 Abs. 2 S. 2 Nr. 2 KAGB). Die Gleichwertigkeitsprüfung erfolgt in komplexem Zusammenspiel zwischen Referenzmitgliedstaat und ESMA, bei der der Referenzmitgliedstaat das letzte Wort hat. Er kann die Anerkennung ablehnen, wenn das drittstaatliche Recht den Anforderungen seines inländischen Rechts zur Umsetzung der AIFM-RL nicht genügt (Art. 37 Abs. 5 UAbs. 2 AIFM-RL; s. für das deutsche Recht § 58 Abs. 2 KAGB). Soweit er der Auffassung ist, dass die Gleichwertigkeit des drittstaatlichen mit dem (umgesetzten) europäischen Regime gegeben ist, ersucht er die ESMA um eine entsprechende Empfehlung. Die Äußerung der **ESMA** hat jedoch aufgrund ihrer Rechtsnatur als Empfehlung für die mitgliedstaatliche Behörde **keine verbindliche Wirkung.** Selbst wenn die ESMA sich dafür ausspricht, die Einstufung als gleichwertig abzulehnen, kann der Mitgliedstaat der drittstaatlichen Verwaltungsgesellschaft das Aufsetzen eines inländischen Fonds erlauben. Sie hat davon die ESMA unter Angabe von Gründen in Kenntnis zu setzen, die diese Tatsache sowie unter Umständen die Gründe veröffentlicht (Art. 37 Abs. 5 UAbs. 4 AIFM-RL). Es gilt also ein *comply-or-explain*-Mechanismus. Das Verhältnis der Gleichwertigkeitsprüfung zum delegierten Rechtsakt der Kommission (Art. 66 Abs. 3 AIFM-RL iVm Art. 67 Abs. 6 AIFM-RL), in der diese ua den Drittstaatenstichtag (→ Rn. 480) festlegt, ist nicht unproblematisch. Nach den Vorschlägen der ESMA (→ Rn. 480) soll dieser nicht einheitlich, sondern länderspezifisch festgelegt werden. In diesem Zusammenhang wird die Qualität der Aufsicht und Regulierung in den jeweiligen Drittstaaten beurteilt. Es erscheint kaum vorstellbar, dass ein Mitgliedstaat von dieser Beurteilung durch die Kommission abweichen könnte. Vielmehr ist davon auszugehen, dass die Kommission die Gleichwertigkeit für die EU **einheitlich und verbindlich** festlegen wird. **482**

Auch wenn das Rechtsregime eines Drittstaats als gleichwertig anerkannt ist, genügt dies allein nicht, um einen AIF in Deutschland aufzusetzen. Die dazu erforderliche besondere Erlaubnis (§ 58 Abs. 1 KAGB) ist außer an die Gleichwertigkeit an **weitere Voraussetzungen** geknüpft. Dazu gehören unter anderem die Bestellung eines gesetzlichen Vertreters mit Sitz im Inland, das Bestehen eines Übereinkommens über den effizienten Informationsaustausch zwischen den Aufsichtsbehörden des Sitzstaats der Verwaltungsgesellschaft und der Bundesrepublik Deutschland, seine Kooperation bei der Bekämpfung von Geldwäsche und Terrorismus sowie der Abschluss einer Vereinbarung zur Vermeidung von Doppelbesteuerung und über einen Informationsaustausch in Steuerangelegenheiten (§ 58 Abs. 7 KAGB). Wird eine Erlaubnis gewährt, unterliegt die Verwaltungsgesellschaft der Aufsicht der Bundesanstalt (§ 57 Abs. 1 S. 3 KAGB). Die ESMA ist gemäß § 60 KAGB über den Fortgang des Erlaubnisverfahrens zu unterrichten. **483**

c) Vertrieb und Erwerb von Investmentvermögen im Inland. Als dritten Bereich widmet sich das KAGB dem Vertrieb und dem Erwerb von Investmentvermögen. Dieser bezieht sich auf den Vertrieb und den Erwerb von Anteilen und Aktien an Fonds im Inland. **484**

aa) Begriffe „Vertrieb" und „Erwerb". Unter **Vertrieb** versteht das Gesetz das direkte oder indirekte Anbieten oder Platzieren von Anteilen oder Aktien (§ 293 Abs. 1 S. 1 KAGB). Keine Rolle spielt, ob der Vertrieb öffentlich oder als sog. Privatplatzierung erfolgt. Auch die bloße Werbung für Anteile oder Aktien ist von dem Vertriebsbegriff umfasst.[493] Gegenüber semiprofessionellen und professionellen Anlegern (zu diesen Begriffen → Rn. 489) gilt allerdings ein einge- **485**

493 Begr. RegE zum AIFM-Umsetzungsgesetz, BT-Drs. 17/12249, 510.

schränkter Vertriebsbegriff: Ein Vertrieb an sie liegt nach § 293 Abs. 1 S. 3 KAGB nur dann vor, wenn die Absatzbemühungen auf die Initiative der Verwaltungsgesellschaft zurückgehen oder in ihrem Auftrag vorgenommen werden. Daraus soll im Umkehrschluss zu folgern sein, dass eine Vermarktung gegenüber Privatanlegern auch dann vorliege, wenn diese sich selbst an die Verwaltungsgesellschaft wenden.[494] Die AIFM-RL folgt allerdings einem engeren Begriff des Vertriebs. Nach ihrem Art. 4 Abs. 1 lit. x AIFM-RL setzt dieser eine Initiative des AIFM oder dessen Auftrag voraus. Allerdings wollte der deutsche Gesetzgeber bewusst über den engeren Vertriebsbegriff des Art. 4 Abs. 1 lit. x AIFM-RL hinausgehen.[495] Ein solch weiter deutscher Vertriebsbegriff ist jedoch mit dem vollharmonisierenden Ziel der Richtlinie zur Schaffung eines *„Single Rulebook"* nicht zu vereinbaren. Der nationale Gesetzgeber kann den Vertrieb an Kleinanleger gestatten und in diesem Rahmen strengere Auflagen als für professionelle Anleger vorsehen (s. Art. 43 Abs. 1 UAbs. 2 AIFM-RL). Er kann aber nicht den Begriff des Vertriebs selbst gegenüber den Vorgaben der Richtlinie verschärfen. Dieser Begriff ist in der Richtlinie eindeutig definiert und steht nicht zur Disposition des nationalen Gesetzgebers. Eine Erweiterung des Vertriebsbegriffs auf nicht von der Richtlinie erfasste Tätigkeiten kann überdies die passive Dienstleistungsfreiheit verletzen. Das KAGB stimmt daher auch insoweit nicht mit dem EU-Recht überein.

486 Schließlich ist zu beachten, dass viele der Vorschriften des KAGB nicht nur für den Vertrieb, sondern auch für den **Erwerb** durch semiprofessionelle und professionelle Anleger gelten (s. zB § 295 Abs. 4, 5 KAGB). Dieser Begriff kennzeichnet den aktiven Anleger, der sich selbst an die Verwaltungsgesellschaft wendet, um von dieser Anteile oder Aktien zu erhalten. Damit sollen offenbar Lücken geschlossen werden, die aus dem engen Vertriebsbegriff folgen. Auch dies dürfte mit dem vollharmonisierenden Ziel der Richtlinie unvereinbar sein. Zudem ist die Regelung zu unbestimmt, um rechtsstaatlichen Grundsätzen standzuhalten, denn der Ort des Erwerbs von Fondsanteilen ist schwer präzise zu ermitteln.

487 **bb) Begriff „im Inland".** Vertrieb und Erwerb müssen gemäß §§ 294 f. KAGB „im Geltungsbereich dieses Gesetzes", also auf deutschem Territorium stattfinden. Das Gesetz folgt insoweit einer streng territorialen Anknüpfung. Diese erklärt sich einerseits aus den beschränkten Möglichkeiten zur Durchsetzung von Vertriebsbeschränkungen im Ausland, andererseits aus dem hauptsächlichen Zweck des Gesetzes, im Inland ansässige Anleger zu schützen. Beim Vertrieb ist relativ eindeutig, dass die Vertriebsbemühungen im inländischen Territorium vorgenommen werden. Unklar ist dagegen, anhand welcher Kriterien man den Ort des Erwerbs zu bestimmen hat. In Frage kommen etwa das Annahmeangebot durch den Kunden oder die Übertragung der Fondsanteile.

488 **cc) Differenzierte Vertriebs- und Erwerbsvorschriften.** Nach dem integrativen Ansatz des KAGB sollen die Vorschriften für OGAW und AIF miteinander in einem Gesetz kombiniert werden. Gerade beim Vertrieb und Erwerb hat sich der Gesetzgeber jedoch gezwungen gesehen, beide **unterschiedlichen Vorschriften** zu unterstellen (§§ 294 f. KAGB). Innerhalb von OGAW und AIF wird weiter unterteilt nach EU-Fonds und drittstaatlichen Fonds („ausländischen Fonds"), weil für erstere der europäische Pass (→ Rn. 132) gilt, für letztere jedoch nicht. Das Gesetz benutzt dazu die Begriffe EU-OGAW und EU-AIF, ohne sie näher zu definieren. Gemeint sind mit EU-OGAW Organismen für die gemeinsame Anlage in Wertpapieren, die dem Recht eines anderen EWR-Staats unterliegen. EU-AIF sind hingegen alternative Investmentfonds, die dem Recht eines anderen EWR-Staats unterliegen. Die Verwendung des Kürzels „EU" statt „EWR" ist dabei geeignet, Missverständnisse hervorzurufen.

489 Darüber hinaus differenziert das KAGB danach, ob die Fondsanteile und -aktien an private, semiprofessionelle oder professionelle Anleger vertrieben werden. Ein **professioneller Anleger** ist in Übereinstimmung mit der Definition in Art. 4 Abs. 1 lit. a, g AIFM-RL jeder Investor, der nach Anh. II MiFID II als professioneller Kunde angesehen wird oder auf seinen Antrag als solcher eingestuft ist (§ 1 Abs. 19 Nr. 32 KAGB). Während die AIFM-RL neben dem professionellen Anleger nur noch den Kleinanleger kennt (Art. 4 Abs. 1 lit. a, j AIFM-RL), unterscheidet der deutsche Gesetzgeber innerhalb dieser Kategorie weiter zwischen semiprofessionellen und privaten Anlegern. Die Definition des **semiprofessionellen Anlegers** orientiert sich teilweise an Art. 6 VO (EU) 345/2013[496] und § 2 Nr. 3 lit. c VermAnlG.[497] Danach gibt es drei Gruppen von Investoren, die als semiprofessionelle Anleger zu qualifizieren sind: 1. Anleger mit einer Mindestanlagesumme von 200.000 Euro, sofern sie schriftlich versichern, sich der Risiken ihrer Anlageentscheidung bewusst zu sein, und bei denen die AIF-Verwaltungsgesellschaft nach einer Bewertung der Erfahrungen,

[494] *Emde/Dreibus* BKR 2013, 89 (97).
[495] Begr. RegE zum AIFM-Umsetzungsgesetz, BT-Drs. 17/12249, 510.
[496] VO (EU) 345/2013 vom 17.4.2013 über Europäische Risikokapitalfonds, ABl. EU 2013 L 115, 1.
[497] Begr. RegE zum AIFM-Umsetzungsgesetz, BT-Drs. 17/12249, 373.

Kenntnisse und des Sachverstands davon ausgehen darf, dass diese Anleger die Entscheidung selbst treffen können und die Anlage angemessen ist; 2. Geschäftsleiter und Mitarbeiter der Verwaltungsgesellschaft iSd § 37 Abs. 1 KAGB sowie Geschäftsführer und Vorstandsmitglieder einer extern verwalteten Investmentgesellschaft; 3. Anleger mit einer Mindestanlagesumme von 10 Mio. Euro (§ 1 Abs. 19 Nr. 33 KAGB). Alle anderen Anleger sind nach § 1 Abs. 19 Nr. 31 KAGB als **Privatanleger** einzuordnen.

Schließlich unterscheidet das Gesetz noch danach, wer den jeweiligen Fonds aufgesetzt hat. In Frage kommen eine deutsche Kapitalverwaltungsgesellschaft **(KVG),** eine **EU-Verwaltungsgesellschaft** oder eine **„ausländische" Verwaltungsgesellschaft.** Eine KVG hat ihren Satzungssitz und ihre Hauptverwaltung stets im Inland (→ Rn. 473). Eine EU-Verwaltungsgesellschaft hat ihren Sitz in einem anderen Staat des EWR (Art. 1 Abs. 17 KAGB); insoweit ist der Begriff „EU"-Verwaltungsgesellschaft durchaus missverständlich. Ebenfalls missverständlich ist der Begriff der „ausländischen" Verwaltungsgesellschaft (→ Rn. 479). Er erfasst nicht etwa alle Verwaltungsgesellschaften mit Sitz im Ausland, sondern nur solche mit Sitz in einem Drittstaat (Art. 1 Abs. 18 KAGB), dh in einem nicht zum EWR gehörigen Staat. 490

Insgesamt resultiert daraus eine **komplexe Matrix mit vier Dimensionen:** 1. das Investmentvermögen ist OGAW oder AIF; 2. es unterliegt dem Recht eines EWR-Staats oder eines Drittstaats; 3. die Verwaltungsgesellschaft ist eine KVG, eine EU- oder ausländische Verwaltungsgesellschaft; 4. der Vertrieb erfolgt an professionelle, semi-professionelle oder private Anleger. Diese Matrix bildet die Vielzahl der geregelten Fallgruppen ab, sodass sie sehr unübersichtlich wirkt (s. zB §§ 321 ff. KAGB). Allen Gruppen ist gemein, dass Kern der Anknüpfung der Vertrieb und/oder Erwerb im Inland ist. Die materiellen und prozeduralen Vertriebs- und Erwerbsvoraussetzungen unterscheiden sich jedoch. 491

Für den Vertrieb von Anteilen oder Aktien an **EU-OGAW** durch eine EU-Verwaltungsgesellschaft oder eine OGAW-KVG im Inland gelten – entsprechend europäischem Recht (Art. 16 Abs. 1 UAbs. 2 OGAW-RL – erleichterte Vorschriften (§§ 309–311 KAGB). **Voraussetzungen** sind lediglich: 1. die Benennung mindestens einer inländischen Zahlstelle, über die die Zahlungen an die Anleger und die Rücknahme ihrer Anteile oder Aktien abgewickelt werden können (§ 309 Abs. 1 KAGB); 2. Vorkehrungen für die Information der Anleger (§ 309 Abs. 2 KAGB); 3. die Unterrichtung der Verwaltungsgesellschaft durch die zuständige Stelle des Herkunftsmitgliedstaats des EU-OGAW darüber, dass die notwendigen Unterlagen an die BaFin übermittelt wurden (§ 310 Abs. 1 S. 2 KAGB). Eine sofortige Untersagung des Vertriebs durch die BaFin kommt gemäß § 311 Abs. 1 KAGB nur in Betracht, wenn die Art und Weise des Vertriebs gegen Rechtsvorschriften verstößt oder wenn Pflichten nach § 309 KAGB verletzt werden. Bei anderen Rechtsverstößen muss die Bundesanstalt zunächst die Behörden des Herkunftsmitgliedstaats des EU-OGAW zum Tätigwerden auffordern. Bleiben diese Behörden untätig oder sind die von ihnen ergriffenen Maßnahmen ungeeignet, kann die BaFin selbst einschreiten oder die ESMA um Hilfe bitten (§ 311 Abs. 2, 3 KAGB). 492

Für den Vertrieb von **EU-AIF und ausländischen AIF** wird zwischen Privatanlegern, semiprofessionellen und professionellen Anlegern unterschieden. Weist der Vertrieb einen **Drittstaatenbezug** auf, ist ferner zwischen den Zeiträumen vor und nach dem Drittstaatenstichtag (→ Rn. 479) zu differenzieren (§ 295 Abs. 2 KAGB). Ein Vertrieb mit Drittstaatenbezug liegt vor, wenn eine AIF-KVG oder eine EU-Verwaltungsgesellschaft ausländische AIF vermarktet oder eine ausländische Verwaltungsgesellschaft irgendwelche (auch inländische) AIF vertreibt.[498] Vor dem Drittstaatenstichtag können Anteile an ausländischen AIF nur ohne europäischen Pass, dh lediglich innerhalb des Sitzstaats der Verwaltungsgesellschaft vertrieben werden (Art. 36 AIFM-RL). Es gelten die in §§ 295 Abs. 2 Nr. 2, Abs. 3 Nr. 2 KAGB genannten Vorschriften. Zur Situation nach dem Drittstaatenstichtag → Rn. 498. 493

Der Vertrieb der Anteile von EU-AIF und ausländischen AIF **an Privatanleger** unterliegt strengen Anforderungen (§§ 317–320 KAGB), die unter Verweis auf Art. 43 Abs. 1 UAbs. 2 AIFM-RL über das Schutzniveau der AIFM-RL hinausgehen.[499] Voraussetzung für den Vertrieb ist insbesondere, dass 1. der AIF und seine Verwaltungsgesellschaft einen gemeinsamen Sitzstaat haben und dort einer wirksamen öffentlichen Aufsicht durch eine Stelle unterliegen, die mit der BaFin kooperiert (§ 317 Abs. 1 Nr. 1, 2 KAGB); 2. ein inländisches Kreditinstitut oder eine geeignete Person mit Sitz oder Wohnsitz im Geltungsbereich des KAGB als Repräsentant zur gerichtlichen und außergerichtlichen Vertretung des EU-AIF oder ausländischen AIF bestellt wird (§ 317 Abs. 1 Nr. 4 KAGB, § 319 Abs. 1 KAGB); 3. mindestens eine inländische Zahlstelle benannt wird (§ 317 Abs. 1 Nr. 6 KAGB); 4. ein adäquater Verkaufsprospekt verwendet wird, das wesentliche Anlegerinformationen enthält (§ 318 KAGB); 5. die Anlagebedingungen, die Satzung oder der Gesellschaftsvertrag 494

[498] Begr. RegE zum AIFM-Umsetzungsgesetz, BT-Drs. 17/12249, 357.
[499] Begr. RegE zum AIFM-Umsetzungsgesetz, BT-Drs. 17/12249, 524.

den Anforderungen des § 317 Abs. 1 Nr. 7 KAGB genügen. Der Vertrieb von drittstaatlichen AIF, die von einer drittstaatlichen Gesellschaft verwaltet werden, ist nach § 317 Abs. 2 KAGB an weitere Voraussetzungen gebunden, insbesondere an den Abschluss einer Kooperationsvereinbarung, die eine Zusammenarbeit der BaFin mit den zuständigen Behörden im Drittstaat erlaubt. Die EU- oder ausländische Verwaltungsgesellschaft muss die Absicht der Vermarktung an Privatanleger im Inland der BaFin anzeigen und dabei umfangreiche Unterlagen vorlegen (§ 320 Abs. 1 KAGB).

495 Für den Vertrieb von EU-AIF **an semiprofessionelle oder professionelle Anleger** durch eine KVG oder eine EU-Verwaltungsgesellschaft gelten dieselben Bedingungen wie für die Vermarktung von inländischen Spezial-AIF (§ 321 Abs. 1 KAGB, § 323 Abs. 1 KAGB). Die Vorschriften gehen auf Art. 31 Abs. 1 AIFM-RL, Art. 32 Abs. 1 AIFM-RL zurück. AIF-KVG, die Anteile oder Aktien dieser Investmentvermögen vermarkten wollen, müssen dies bei der BaFin anzeigen und insbesondere sicherstellen, dass die Anteile und Aktien nicht für Privatanleger zugänglich sind (§ 321 Abs. 1 S. 1 Nr. 7 KAGB). Bei EU-Verwaltungsgesellschaften erfolgt die Anzeige über die Aufsichtsbehörden ihres Herkunftsmitgliedstaats (§ 323 Abs. 1 KAGB).

496 Die Vermarktung von EU-AIF **durch eine drittstaatliche** („ausländische") **Verwaltungsgesellschaft** ist vorerst nur innerhalb des Sitzstaats des AIFM möglich. § 330 Abs. 1 S. 1 Nr. 1 und Nr. 2 KAGB dienen der Umsetzung von Art. 42 und 43 AIFM-RL, die es den Mitgliedstaaten freistellen, die Vermarktung von AIF durch nicht aus dem EWR stammende Verwaltungsgesellschaften zu gestatten. Die Vermarktung kann an professionelle und semiprofessionelle Investoren im Wege der Privatplatzierung erfolgen. Sie ist jedoch auf das Territorium des jeweiligen Mitgliedstaats beschränkt. Außerdem müssen gewisse Voraussetzungen erfüllt sein. Dazu gehört beim Vertrieb an professionelle Anleger, dass die ausländische Verwaltungsgesellschaft die Meldepflichten erfüllt, dass ggf. die Sondervorschriften für Private Equity beachtet werden, dass eine Stelle zur Wahrnehmung der Aufgaben einer Verwahrstelle benannt wird und dass den Informationspflichten gegenüber den Anlegern entsprochen wird (§ 330 Abs. 1 S. 1 Nr. 1 KAGB). Beim Vertrieb an semiprofessionelle Anleger ist erforderlich, dass die Verwaltungsgesellschaft und die Verwaltung des AIF allen Anforderungen der Richtlinie genügen (§ 330 Abs. 1 S. 1 Nr. 2 KAGB). Für die Vermarktung gegenüber beiden Anlegergruppen sind die Voraussetzungen des § 330 Abs. 1 S. 1 Nr. 3 KAGB einzuhalten, darunter die Sicherstellung der Zusammenarbeit zwischen den Aufsichtsbehörden.

497 Eine KVG oder eine EU-Verwaltungsgesellschaft, die **ausländische AIF an semiprofessionelle oder professionelle Anleger** im Inland vertreiben möchte, hat vor dem Drittstaatenstichtag die Voraussetzungen nach § 329 KAGB zu erfüllen. Hiernach wird der Vertrieb an professionelle Anleger in Übereinstimmung mit Art. 36 Abs. 1 AIFM-RL gestattet, wenn die Gesellschaften und die Verwaltung des AIF den Vorgaben des KAGB oder entsprechender Regelwerke des Herkunftsmitgliedstaats mit Ausnahme der Vorschriften über die Verwahrstelle genügen und eine Stelle zur Wahrnehmung der Aufgaben einer Verwahrstelle benannt wird (§ 329 Abs. 1 S. 1 Nr. 1 KAGB). Die Vermarktung an semiprofessionelle Anleger setzt voraus, dass den Bestimmungen des KAGB oder entsprechender Gesetze vollumfänglich entsprochen wird (§ 329 Abs. 1 S. 1 Nr. 2 KAGB). § 329 Abs. 1 S. 1 Nr. 3 KAGB benennt weitere Voraussetzungen, die für den Vertrieb an beide Anlegergruppen zu erfüllen sind.

498 **Nach dem Drittstaatenstichtag** (→ Rn. 479) werden für den Vertrieb von AIF-Anteilen durch in Nicht-EWR-Staaten ansässige Verwaltungsgesellschaften erleichterte Voraussetzungen gelten. So können Anteile an Feeder-Fonds auch dann vertrieben werden, wenn sich der Master-Fond außerhalb des EWR befindet (Art. 35 AIFM-RL, umgesetzt in § 322 KAGB). Außerdem werden auch drittstaatliche Verwaltungsgesellschaften den **europäischen Pass** (→ Rn. 132) für ihre in der EU aufgesetzten Fonds nutzen können (Art. 39 AIFM-RL, umgesetzt in §§ 325, 327 KAGB). Sie unterliegen daher nicht länger den nationalen Vorgaben des jeweiligen Vertriebsstaats. Es wird lediglich eine Anzeigepflicht gelten (§§ 325, 327 KAGB).

499 **6. Fremdenrecht.** Das KAGB enthält zahlreiche fremdenrechtliche Regelungen. Beispielsweise sind die **Anlagegegenstände,** die eine OGAW-KVG für einen inländischen OGAW erwerben darf, oft auf solche aus anderen EU- oder EWR-Staaten beschränkt (§ 193 Abs. 1 S. 1 Nr. 1, 3 KAGB, § 194 Abs. 1 Nr. 1 KAGB). Will die Kapitalverwaltungsgesellschaft andere Gegenstände erwerben, so ist häufig Voraussetzung, dass diese von der BaFin zugelassen werden (§ 193 Abs. 1 S. 1 Nr. 2, 4 KAGB, § 194 Abs. 1 Nr. 2 KAGB). Für die Anlage in Schuldverschreibungen von Kreditinstituten mit Sitz in der EU oder im EWR gilt die besondere Anlagegrenze des § 206 Abs. 3 KAGB. Spezielle Vorschriften gelten auch für **Master-Feeder-Strukturen** (insbesondere §§ 171–180 KAGB). Bei ihnen investieren einzelne Fonds (Feederfonds oder Feeder-AIF) in einen gemeinsamen Fonds (Masterfonds oder Master-AIF; s. zu den Begriffen § 1 Abs. 19 Nr. 11–

14 KAGB). Ziel ist es, die Mittel in einem finanzkräftigen Anlagepool zu konzentrieren.[500] Dafür erlangen die Feederfonds oder Feeder-AIF Anteile am Masterfonds oder Master-AIF. Investiert ein inländischer Feederfonds in einen ausländischen Masterfonds, ist er bei dessen Spaltung grundsätzlich abzuwickeln, es sei denn, die BaFin genehmigt das Weiterbestehen (§ 179 Abs. 2 KAGB).

7. Kooperation. Auch das Investmentrecht sieht Pflichten der BaFin zur Zusammenarbeit mit den zuständigen Stellen der EU und anderer EWR-Staaten vor (§§ 9–12 KAGB). **500**

X. Übernahmerecht

1. Ökonomischer Hintergrund. Übernahmen erfüllen eine wichtige Funktion: Wer meint, ein Unternehmen besser führen zu können als dessen derzeitige Geschäftsleitung, hat mittels einer Übernahme die Möglichkeit, diese zu ersetzen. Die Unternehmensleitung steht damit im Wettbewerb. Man spricht insoweit von einem **Markt für Unternehmenskontrolle.**[501] Allerdings weckt dieser auch Regelungsbedürfnisse. Aktionäre der Zielgesellschaft könnten durch unklare Angebotsbedingungen irregeführt werden und durch zeitlich befristete Angebote unter Zustimmungsdruck geraten. Außerdem ist zu verhindern, dass sie im Hinblick auf die Übernahmeprämie ungleich behandelt werden. Der Vorstand und die Arbeitnehmer des Zielunternehmens haben berechtigte Bedürfnisse nach Information. Auch muss ausgeschlossen werden, dass sich der Vorstand zum Schutz des eigenen Arbeitsplatzes gegen eine Übernahme zur Wehr setzt *(entrenchment)*. Alle diese Aufgaben erfüllt das Übernahmerecht. Es setzt Übernahmeangeboten einen rechtlichen Rahmen. Seine Ziele bestehen sowohl im **Funktionen- als auch im Individualschutz.**[502] **501**

2. Regulierung. Die Grundlagen des deutschen Übernahmerechts enthält das Wertpapiererwerbs- und Übernahmegesetz **(WpÜG).** Dieses wurde 2001 erlassen. Im Jahr 2006 wurde es an die zwischenzeitlich ergangene **Übernahme-RL**[503] angepasst. Das WpÜG enthält nicht nur Regelungen für die auf die Kontrolle von Unternehmen gerichteten Angebote (Übernahmeangebote) und die Pflicht zur Abgabe von Angeboten bei Kontrollerlangung (Pflichtangebote), sondern auch für einfache öffentliche Angebote zum Erwerb von Wertpapieren. **502**

3. Kollisionsrechtliche Erwägungen. Die Regelungen von Übernahmeangeboten dienen dem Schutz der Aktionäre des Zielunternehmens, seines Vorstands und seiner Arbeitnehmer. Insofern ist deutlich, dass ihr Anwendungsbereich abhängig von der jeweils betroffenen **Zielgesellschaft** sein sollte.[504] Nicht einfach zu entscheiden ist allerdings, wie dieser Bezug zu präzisieren ist. Da im Vordergrund der Schutz der Aktionäre steht, kommt eine Anwendung des Gesellschaftsstatuts in Betracht: Soweit das Angebot auf eine Gesellschaft zielt, die inländischem Recht untersteht, würde dieses auch über die bei der Übernahme einzuhaltenden Pflichten bestimmen. Wegen des Bezugs zu einem Finanzmarkt kommt jedoch ebenso eine Anknüpfung an den Ort in Betracht, an dem die Aktien des Zielunternehmens notiert sind. Schließlich könnte man wegen des Vorstands und der im Inland betroffenen Arbeitnehmer auch an eine Anknüpfung an den Verwaltungssitz der Zielgesellschaft denken. **503**

4. Ausländische Regelungen. Das Übernahmerecht der **USA** ist im Williams Act enthalten, welcher den Securities Exchange Act 1934 ändert.[505] Der Williams Act ist auf alle Angebote zum Erwerb von mehr als 5 % der Aktien eines in den USA registrierten Emittenten anzuwenden. Wegen der Anknüpfung an die Registrierung läuft der räumliche Anwendungsbereich des Übernahmerechts parallel zu dem der Registrierungspflicht nach sec. 12(g) Securities Exchange Act (→ Rn. 419). Eine nach deutschem Recht gegründete Gesellschaft, deren Aktien auch in den USA notieren, kann danach sowohl deutschem als auch US-amerikanischem Übernahmerecht unterliegen.[506] Allerdings existieren von der SEC erlassene Ausnahmen für ausländische Emittenten, die in den USA notiert **504**

---

500 Vgl. Ellenberger/Bunte BankR-HdB/*Köndgen/Schmies,* 6. Aufl. 2022, § 93 Rn. 181; *Schmies,* Die Regulierung von Hedgefonds, 2010, 60.

501 Grdl. *Manne* 73 J. Pol. Econ. 110 (1965); s. auch *Gilson/Black,* The Law and Finance of Corporate Acquisitions, 2. Aufl. 1995, 370 f.; *Coffee* 84 Col. L. Rev. 1145 (1984); *Easterbrook/Fischel* 91 Yale L.J. 698 (1981/82); *Grundmann/Möslein* ZvglRWiss 102 (2003), 289 (291); *Kirchner* AG 1999, 481 (483 f.).

502 *Hopt* ZHR 166 (2002), 383 (386); VorstandsR-HdB/*Fuchs,* 2006, § 22 Rn. 9 (S. 860); ausf. *Hellgardt,* Kapitalmarktdeliktsrecht, 2008, 190–194.

503 RL 2004/25/EG vom 21.4.2004 betreffend Übernahmeangebote, ABl. EG 2004 L 142, 12.

504 *Kiel,* Internationales Kapitalanlegerschutzrecht, 1994, 292; *Zimmer* IntGesR 99 f.; *v. Hein* AG 2001, 213 (226).

505 Sec. 14(d), I Securities Exchange Act 1934 (15 U.S.C. § 78n (d), (e)).

506 *Ekkenga/Kuntz* WM 2004, 2427 (2428).

sind.[507] Ein Angebot zum Erwerb ihrer Aktien ist von den US-Vorschriften vollständig ausgenommen, wenn US-Anleger nicht mehr als 10 % der Aktien halten, deren Erwerb angeboten wird, vorausgesetzt, die US-Anleger werden nicht ungleich behandelt (17 CFR 240.14d–1(c)). Darüber hinaus gibt es einige materielle Erleichterungen gegenüber den Vorschriften des Williams Act, wenn US-Anleger nicht mehr als 40 % der nachgefragten Aktien halten (17 CFR 240.14d–1(d)).

505 In der **Schweiz** gelten die Bestimmungen des Finanzmarktinfrastrukturgesetzes (FinfraG) über öffentliche Kaufangebote sowohl für den Erwerb von Beteiligungen an Gesellschaften mit Sitz in der Schweiz, die mindestens teilweise an einer Börse in der Schweiz kotiert (= notiert) sind, als auch für den Erwerb von Beteiligungen an Gesellschaften mit Sitz im Ausland, die mindestens teilweise an einer Börse in der Schweiz hauptkotiert sind (Art. 125 Abs. 1 FinfraG). Nach Art. 115 Abs. 1 FinfraV (Finanzmarktinfrastrukturverordnung) gelten die Beteiligungspapiere einer Gesellschaft mit Sitz im Ausland als in der Schweiz hauptkotiert, wenn die Gesellschaft mindestens dieselben Pflichten für die Kotierung und die Aufrechterhaltung der Kotierung an einer Börse in der Schweiz zu erfüllen hat wie Gesellschaften mit Sitz in der Schweiz. Ist im Zusammenhang mit einem öffentlichen Kaufangebot gleichzeitig schweizerisches und ausländisches Recht anwendbar, so kann unter bestimmten Voraussetzungen auf die Anwendung der Vorschriften des schweizerischen Rechts verzichtet werden (Art. 125 Abs. 2 FinfraG).[508]

506 **5. Räumlicher Anwendungsbereich des deutschen Rechts. a) Anknüpfung an Sitz und Markt.** Das WpÜG sieht – entsprechend europäischen Vorgaben in Art. 4 Abs. 2 lit. a, b Übernahme-RL – eine **kombinierte Anknüpfung** vor, die sowohl die Zielgesellschaft als auch den Ort der Vermarktung ihrer Aktien in den Blick nimmt. Voraussetzung für die Anwendbarkeit des WpÜG ist erstens, dass das Angebot den Erwerb von Wertpapieren eines Zielunternehmens mit Sitz in Deutschland oder innerhalb eines anderen Staats des EWR betrifft (§ 1 Abs. 1 WpÜG iVm § 2 Abs. 3 WpÜG). Zweites müssen die Wertpapiere des Zielunternehmens zum Handel an einem organisierten Markt im Inland oder in einem anderen Staat des EWR zugelassen sein (§ 1 Abs. 1 WpÜG iVm § 2 Abs. 7 WpÜG).

507 Beide Voraussetzungen betreffen das **Zielunternehmen,** dessen Aktien erworben werden sollen. Sitz und Staatsbürgerschaft des Bieters oder der Adressaten des Angebots, dh der Gesellschafter der Zielgesellschaft, spielen demgegenüber keine Rolle.[509] Dies erklärt sich daraus, dass die Vorschriften des Übernahmerechts alle Aktionäre, Anleger und Arbeitnehmer des Zielunternehmens gleichmäßig schützen sollen.

508 Der **Begriff des Sitzes** ist streitig. Nach nunmehr ganz hM ist dieser im Sinne des Satzungssitzes zu verstehen.[510] Einige Autoren meinen dagegen, es sei der Verwaltungssitz maßgebend.[511] Seit der Umsetzung der Übernahme-RL wurde diese Ansicht allerdings von den meisten ihrer Vertreter aufgegeben.[512] Schließlich spricht sich eine vereinzelte Ansicht für einen eigenständigen Sitzbegriff des WpÜG aus.[513] Wie von der ganz hM angenommen, verlangt die Übernahme-RL die Anknüpfung an den Satzungssitz. Das ist auch im Ausland anerkannt.[514] Für diese Auslegung spricht schon, dass der Begriff „Sitz" in den anderen europäischen Richtlinien zum Finanzmarktrecht in diesem Sinne verwendet wird (→ Rn. 189, → Rn. 196, → Rn. 250, → Rn. 333, → Rn. 387, → Rn. 422). Des Weiteren ließe sich die von der Richtlinie angestrebte Koordination nicht erreichen, wenn jeder Staat an einen – häufig umstrittenen – Verwaltungssitz anknüpfen könnte (auch → Rn. 422). Schließlich liefe es der von der Richtlinie angestrebten Parallelität von Übernahme- und Gesellschaftsstatut (s. etwa Art. 4 Abs. 2 lit. e S. 2 Übernahme-RL) zuwider, wenn das Übernahmestatut an den Verwaltungssitz oder einen eigenständigen Sitz iSd WpÜG angeknüpft würde, da das Gesellschaftsstatut seit der Rspr.

[507] Dazu *Basnage/Curtin/Rubin* 61 Business Lawyer, 1071–1133 (2006); Kölner Komm WpÜG/*von Bülow/Schwarz,* 3. Aufl. 2022, WpÜG § 24 Rn. 52–58.

[508] Vgl. *Fahrländer* in Bovet, Finanzmarktaufsicht, 2016, Rn. 451.

[509] Angerer/Brandi/Süßmann/*Angerer,* 4. Aufl. 2023, WpÜG § 1 Rn. 125.

[510] Baums/Thoma/*Baums/Hecker,* Stand: Dezember 2020, WpÜG § 2 Rn. 88; Kölner Komm WpÜG/*Heinrich/Mock,* 3. Aufl. 2022, WpÜG § 2 Rn. 112; Schwark/Zimmer/*Noack/Holzborn* WpÜG § 2 Rn. 22; Steinmeyer/Häger/*Santelmann,* 4. Aufl. 2019, WpÜG § 1 Rn. 34; FK-WpÜG/*Schüppen* WpÜG § 2 Rn. 35; *Kiesewetter* RIW 2006, 518–521; *Seibt/Heiser* ZGR 2005, 200 (205–208). Zu § 2 WpÜG aF bereits Assmann/Pötzsch/Schneider/*Pötzsch/Favoccia,* 2. Aufl. 2013, WpÜG § 2 Rn. 68 f.

[511] *v. Hein* AG 2001, 213 (231); *Mülbert* NZG 2004, 633 (636); Ehricke/Ekkenga/Oechsler/*Oechsler,* 2003, WpÜG § 1 Rn. 6, anders nunmehr aber in Beurskens/Ehricke/Ekkenga/*Beurskens,* 2. Aufl. 2021, WpÜG § 1 Rn. 5; Angerer/Brandi/Süßmann/*Angerer,* 4. Aufl. 2023, WpÜG § 1 Rn. 50.

[512] *v. Hein* ZGR 2005, 528 (545–554); Angerer/Geibel/Süßmann/*Angerer,* 3. Aufl. 2017, WpÜG § 1 Rn. 51; *Mülbert* NZG 2004, 633 (638).

[513] MüKoAktG/*Wackerbarth,* 5. Aufl. 2021, WpÜG § 1 Rn. 16.

[514] *Van Gerven* in van Gerven, Common Legal Framework for Takeover Bids in Europe, Bd. 1, 2008, Rn. 1.7.

des EuGH im Verhältnis der EWR-Staaten untereinander beinahe vollständig durch den Satzungssitz determiniert wird.[515] Zwar steht es den Mitgliedstaaten frei, den Schutz ihres Übernahmerechts auch auf drittstaatliche Gesellschaften zu erstrecken, die lediglich ihren Verwaltungssitz im Inland haben.[516] Dies hat der deutsche Gesetzgeber jedoch nicht getan.

Ob die **Zielgesellschaft** als solche rechtlich **existent** ist, ist eine Vorfrage. Sie bestimmt sich nicht nach dem WpÜG, sondern nach den Vorschriften des Gesellschaftsrechts, das aus kollisionsrechtlicher Sicht anzuwenden ist. Insoweit entspricht es der Rspr. des EuGH, dass Gesellschaften, die in einem anderen EU-Staat wirksam gegründet sind, im Inland als rechtsfähig anerkannt werden müssen.[517] Gleiches gilt für Gesellschaften aus anderen EWR-Staaten und aus den USA.[518] **509**

b) Sitz und Zulassung zum Handel im Inland. Eine Ausdehnung der deutschen Vorschriften auf alle Zielgesellschaften, die ihren Sitz innerhalb des EWR haben und deren Aktien dort gehandelt werden, wäre offensichtlich zu weit, denn das deutsche Recht kann nicht alle Übernahmen im EWR regeln. Das WpÜG findet daher **in vollem Umfang** nur auf solche Angebote zum Aktienerwerb Anwendung, bei denen die Zielgesellschaft ihren Satzungssitz im Inland hat und deren Aktien zum Handel an einem inländischen Markt zugelassen sind. **510**

c) Sitz und Zulassung in verschiedenen Staaten des EWR. Für Angebote zum Erwerb einer Beteiligung an einer Zielgesellschaft, deren Aktien in anderen EWR-Staaten notieren oder deren Sitz sich in einem anderen EWR-Staat befindet, gilt nur ein Teil der Vorschriften des WpÜG (§ 1 Abs. 2, 3 S. 2 WpÜG). Für alle übrigen Fragen im Zusammenhang mit der Übernahme gilt dagegen das Recht des anderen EWR-Staats. Insofern kommt es zu einer **gespaltenen Rechtsanwendung.**[519] Dies entspricht den Vorgaben in der Übernahme-RL (Art. 4 Abs. 2 lit. e Übernahme-RL). Die Spaltung des anzuwendenden Rechts bezweckt, für verschiedene materielle Rechtsfragen das jeweils sachnächste Recht zu berufen. Dabei ist zwischen verschiedenen Konstellationen zu unterscheiden. **511**

Hat das Zielunternehmen seinen **Sitz im Inland,** sind aber seine Aktien zum **Handel in einem anderen EWR-Staat** zugelassen, so finden gemäß § 1 Abs. 2 WpÜG nur die Vorschriften des Gesetzes Anwendung, welche die Kontrolle, die Verpflichtung zur Abgabe eines Angebots, die Unterrichtung der Arbeitnehmer und andere gesellschaftsrechtliche Fragen betreffen. Der vom Gesetzgeber verwendete Ausdruck „andere gesellschaftsrechtliche Fragen“ ist insofern irreführend, als es sich nicht bei allen zuvor genannten Problemen um solche des Gesellschaftsrechts handelt, etwa nicht bei der Unterrichtung der Arbeitnehmer.[520] Die Übernahme-RL vermeidet zu Recht den Zusatz „andere“ vor „gesellschaftsrechtliche Fragen“ und stellt letztere als eine zusätzliche Kategorie dar (Art. 4 Abs. 2 lit. e Übernahme-RL). Man sollte zur Bezeichnung aller gemeinten Fragen statt von gesellschaftsrechtlichen treffender von gesellschaftsinternen Fragen sprechen. Die Unterwerfung dieses Problemkreises unter die Anknüpfung an den Sitz ist insofern sinnvoll, als sich viele von ihnen nach dem Sitz bestimmen, zB das Verhältnis des Vorstands zu den Aktionären. Auch ist für die Unterrichtung der Arbeitnehmer die Anwendung des Sitzrechts sachgerechter als die des Marktrechts. Zu beachten ist, dass die Regelung des § 1 Abs. 2 WpÜG sich nur auf Übernahme- und Pflichtangebote bezieht. Bei einfachen Erwerbsangeboten, die nicht auf die Erlangung der Kontrolle der Zielgesellschaft gerichtet sind (vgl. §§ 10, 29 WpÜG), bleibt es bei der Grundregelung des § 1 Abs. 1 WpÜG, dh das deutsche Recht kann in vollem Umfang Anwendung finden.[521] Hintergrund ist, dass diese Angebote nicht von der Übernahme-RL erfasst sind (s. Art. 1 Abs. 1 Übernahme-RL). **512**

Hat das Zielunternehmen dagegen seinen **Sitz in einem anderen EWR-Staat** und sind seine Aktien zum **Handel im Inland** zugelassen, so finden gemäß § 1 Abs. 3 WpÜG nur die Vorschriften des WpÜG Anwendung, welche die Gegenleistung, den Inhalt des Angebotsverfahrens und das Angebotsverfahren regeln. Man kann insoweit von Fragen des Angebots sprechen. Ihre Unterstellung unter die Marktanknüpfung ist insofern sinnvoll, als sie die Aktionäre als Investoren und nicht **513**

515 S. MHLS/*Leible* GmbHG Syst. Darst. 2 Rn. 61; MHdB GesR VI/*Lehmann* § 5 Rn. 19.

516 *Van Gerven* in van Gerven, Common Legal Framework for Takeover Bids in Europe, Bd. 1, 2008, Rn. 1.7.

517 EuGH ECLI:EU:C:2002:632 Rn. 94 = NZG 2002, 1164 – Überseering; s. auch MHLS/*Leible* GmbHG Syst. Darst. 2 Rn. 26–30; MHdB GesR VI/*Lehmann* § 5 Rn. 19.

518 MHLS/*Leible* GmbHG Syst. Darst. 2 Rn. 70, 74; MHdB GesR VI/*Lehmann* § 5 Rn. 21 f.

519 Von „gespaltener Rechtsanwendung“ spricht Kölner Komm WpÜG/*Mock,* 3. Aufl. 2022, WpÜG § 1 Rn. 13, 58, 80; von „Trennung von Gesellschafts- und Transaktionsrecht“ spricht *Eckert* in Zetzsche/Lehmann, Grenzüberschreitende Finanzdienstleistungen, 2017, § 13 Rn. 122.

520 S. zur Abgrenzung auch *Eckert* in Zetzsche/Lehmann, Grenzüberschreitende Finanzdienstleistungen, 2017, § 13 Rn. 123–125.

521 Steinmeyer/Häger/*Santelmann,* 4. Aufl. 2019, WpÜG § 1 Rn. 6; Kölner Komm WpÜG/*Mock,* 3. Aufl. 2022, WpÜG § 1 Rn. 54.

deren gesellschaftsrechtliche Beziehungen etwa zum Vorstand betreffen. Das deutsche Recht findet allerdings nur dann auf diese Fragen Anwendung, wenn es sich um ein „europäisches Angebot" zum Erwerb stimmberechtigter Wertpapiere handelt. Zur Ausfüllung dieses Begriffs verweist § 2 Abs. 1a WpÜG auf das Recht am Sitz der Gesellschaft. Dieses bestimmt also letztlich darüber, ob überhaupt ein der deutschen Regulierung unterfallendes Erwerbs- oder Übernahmeangebot vorliegt. Diese Entscheidungshoheit des Sitzrechts ist deshalb bedeutsam, weil die EWR-Staaten den Anwendungsbereich des Übernahmerechts unterschiedlich definieren dürfen, zB die Schwelle der Kontrolle, ab der ein Pflichtangebot zu machen ist (Art. 5 Abs. 3 Übernahme-RL).

514 Sind die Aktien der Gesellschaft in verschiedenen Staaten zum Handel zugelassen **(Mehrfachzulassung),** gilt Folgendes: Soweit die Gesellschaft ihren Sitz im Inland hat und die Aktien zumindest auch im Inland gehandelt werden, ist deutsches Recht in vollem Umfang anzuwenden (§ 1 Abs. 1 WpÜG). In allen anderen Fällen kommt seine Anwendung nur beschränkt auf das Angebot in Betracht. Liegt der Sitz in einem anderen EWR-Staat und werden die Aktien unter anderem auch in Deutschland gehandelt, so ist deutsches Marktrecht auf das Angebot nur dann anzuwenden, wenn die erste Zulassung zum Handel an einem organisierten Markt im Inland erfolgte (§ 1 Abs. 3 S. 1 Nr. 2 lit. b aa WpÜG). Es gilt ein strenges **Prioritätsprinzip.**[522] Im Fall gleichzeitiger Zulassung in mehreren Mitgliedstaaten kann die Zielgesellschaft wählen, ob deutsches Recht auf das Angebot anzuwenden ist, indem sie die BaFin als Aufsichtsbehörde wählt (§ 1 Abs. 3 S. 1 Nr. 2 lit. b bb WpÜG). Diese Wahl muss sie gemäß § 1 Abs. 5 S. 2 WpÜG der BaFin mitteilen und veröffentlichen. Der Zeitpunkt und die Form der Mitteilung sind durch eine besondere Rechtsverordnung geregelt.[523]

515 Die **offengebliebenen Fragen** werden jeweils spiegelbildlich durch das Übernahmerecht des anderen EWR-Staats geregelt, in welchem die Aktien der Zielgesellschaft zum Handel an einem organisierten Markt zugelassen sind oder in dem die Zielgesellschaft ihren Sitz hat. Das ergibt sich jedoch nicht aus dem WpÜG, sondern aus Art. 4 Abs. 2 lit. a, b Übernahme-RL iVm den sie umsetzenden Vorschriften des Rechts des anderen EWR-Staats.

516 Die **Rechtsnatur des § 1 WpÜG** ist die einer einseitigen Kollisionsnorm, da sie nur über den Anwendungsbereich des deutschen Rechts entscheidet.[524] Das gilt jedenfalls insoweit, als sie die Zuständigkeit und das anzuwendende Recht in Aufsichtsfragen verteilt. Zum internationalprivatrechtlichen Gehalt der Vorschrift → Rn. 711.

517 **d) Sitz oder Zulassung zum Handel in einem Drittstaat.** Liegen Sitz und Aktienhandel außerhalb des EWR, besteht für die Anwendung des deutschen Rechts kein Bedarf. Interessant sind jedoch die Fälle, in denen nur einer dieser beiden Anknüpfungspunkte auf das inländische, der andere dagegen auf das Recht eines Drittstaats zeigt. Das deutsche Recht ist hier **sehr zurückhaltend.** Befindet sich der Sitz der Gesellschaft im Inland, notieren deren Aktien aber weder im Inland noch in einem anderen Staat des EWR, sondern ausschließlich in einem oder mehreren Drittstaaten, so ist das WpÜG gemäß § 1 Abs. 1 iVm § 2 Abs. 3, 7 WpÜG nicht anzuwenden. Ebenso wenig ist es nach denselben Vorschriften auf den umgekehrten Fall anwendbar, in dem die Aktien einer Gesellschaft mit Sitz in einem Drittstaat in Deutschland zum Handel an einem organisierten Markt zugelassen sind.

518 Diese Zurückhaltung des deutschen Gesetzgebers ist insofern erstaunlich, als er sonst bei der Durchsetzung von Marktrecht räumlich weitreichend zu regulieren pflegt. Erklären lässt sich die Position des deutschen Rechts mit einer etwas zu wörtlichen Umsetzung der Übernahme-RL. Art. 4 Abs. 2 Übernahme-RL knüpft an den Sitz des Unternehmens und an die Zulassung seiner Aktien zum Handel an einem organisierten Markt an. Diese Anknüpfungspunkte folgen jedoch aus dem Zweck der Richtlinie: Ihr Ziel ist lediglich eine Koordination des Übernahmerechts zwischen den Staaten des EWR (s. Erwägungsgrund Nr. 1 Übernahme-RL und Art. 1 Abs. 1 Übernahme-RL). Dass die Mitgliedstaaten den Schutz ihres Übernahmerechts in Fällen mit Beziehung ausschließlich zum Inland und zu Drittstaaten nicht eingreifen lassen sollen, ist damit nicht gesagt.

519 Aus dem eingeschränkten Anwendungsbereich des WpÜG können **Schutzlücken** entstehen. Trifft das drittstaatliche Recht dieselbe Regelung zu seinem Anwendungsbereich wie das deutsche Recht, so ist es in dem in → Rn. 517 genannten Beispiel ebenfalls nicht auf Erwerbs- und Übernahmeangebote betreffend dieser Gesellschaft anwendbar. Konsequenz ist ein **Normenmangel,** weil weder das deutsche noch das drittstaatliche Recht regulierend eingreifen.[525] Dieser kann anders als

---

522 Vgl. *v. Hein* AG 2001, 213 (215) zu § 1 WpÜG aF.

523 WpÜG-Beaufsichtigungsmitteilungsverordnung vom 13.10.2006, BGBl. 2006 I 2266.

524 Kölner Komm WpÜG/*Mock,* 3. Aufl. 2022, WpÜG § 1 Rn. 2, 84; MüKoAktG/*Wackerbarth,* 5. Aufl. 2021, WpÜG § 1 Rn. 9; *Ekkenga/Kuntz* WM 2004, 2427 (2430–2432); *Hahn* RIW 2002, 741.

525 Ebenso Kölner Komm WpÜG/*Mock,* 3. Aufl. 2022, WpÜG § 1 Rn. 39.

im IPR nicht durch Anpassung behoben werden, weil im Aufsichtsrecht der Gesetzesvorbehalt gilt. Daher ist eine Korrektur durch den Gesetzgeber notwendig.

6. Anerkennung von Angebotsunterlagen. Entsprechend den europäischen Vorgaben in Art. 6 Abs. 2 UAbs. 2 Übernahme-RL gewährt der deutsche Gesetzgeber in **§ 11a WpÜG** einen „Europäischen Pass" für die von den zuständigen Behörden anderer Mitgliedstaaten gebilligten Angebotsunterlagen. Der Anwendungsbereich der Vorschrift wird in der Lit. als (äußerst) gering angesehen.[526] Diese Aussage muss man verschärfen: Er ist gleich Null. Die Anerkennungspflicht gilt nach dem Wortlaut des § 11a WpÜG nur für europäische Angebote zum Erwerb von Beteiligungen an Zielgesellschaften iSd § 2 Abs. 3 Nr. 2 WpÜG, deren Wertpapiere im Inland zum Handel an einem organisierten Markt zugelassen sind. Für diese Angebote sind jedoch die deutschen Angebotsvorschriften nur anwendbar, soweit die Voraussetzungen des § 1 Abs. 3 WpÜG erfüllt sind. Ist dies der Fall, ist die BaFin die für die Billigung der Angebotsunterlage zuständige Aufsichtsstelle. Eine Anerkennung der Billigung durch eine ausländische Behörde nach § 11a WpÜG kommt daher nicht in Betracht. Eine verbreitete Auffassung will der Vorschrift dagegen Bedeutung bei Zielgesellschaften einräumen, deren Aktien nicht in ihrem Sitzstaat zugelassen sind, wenn die Zulassung der Aktien zuerst in einem anderen Mitgliedstaat erfolgte oder eine ausländische Behörde für die Aufsicht gewählt wurde.[527] Unter diesen Umständen sind die Anforderungen des deutschen Rechts an die Angebotsunterlage jedoch gemäß § 1 Abs. 3 WpÜG nicht anwendbar. Die Vorschrift des § 11a WpÜG läuft daher praktisch leer, woran auch der Einschub „vorbehaltlich des § 11a" in § 1 Abs. 3 S. 1 WpÜG nichts ändert. Der Grund für die Bedeutungslosigkeit der Regelung ist die überschneidungsfreie Aufteilung des anzuwendenden Rechts durch § 1 Abs. 3 WpÜG und die darin umgesetzte Regelung des Art. 4 Abs. 2 Übernahme-RL. Danach ist entweder das deutsche Recht oder ein ausländisches Recht anwendbar, niemals aber beide. Zur Notwendigkeit einer Anerkennung kann es daher nicht kommen. 520

7. Fremdenrecht. Regelungen des Fremdenrechts enthält das WpÜG nur wenige. Die **Sprache der Angebotsunterlage** muss immer Deutsch sein, wenn das deutsche Recht anzuwenden ist (§ 11 Abs. 1 S. 4 WpÜG). Bei Übernahme- und Pflichtangeboten muss nach § 31 Abs. 2 S. 1 WpÜG, § 39 WpÜG die **Gegenleistung** in Euro oder in Aktien bestehen, die zum Handel an einem organisierten Markt – dh innerhalb des EWR (zum Begriff des organisierten Markts s. § 2 Abs. 7 WpÜG) – zugelassen sind. Andere Währungen – auch des EWR, zB Dänische Kronen – oder in Nicht-EWR-Staaten gehandelte Aktien sind ausgeschlossen. Zudem müssen sich Übernahme- und Pflichtangebote gemäß §§ 32, 39 WpÜG grundsätzlich an alle **Inhaber der Aktien** richten, gleichgültig, wo sie ihren Sitz oder gewöhnlichen Aufenthalt haben. Sollte der Bieter allerdings widersprechenden Vorschriften eines Nicht-EWR-Staats unterliegen, so kann ihm die BaFin auf Antrag gestatten, die **in Nicht-EWR-Staaten ansässigen Inhaber** von Wertpapieren vom Angebot auszunehmen (§ 24 WpÜG). Dadurch soll die gleichzeitige Anwendbarkeit des fremden Rechts vermieden werden.[528] Dies ist eine seltene gesetzliche Regelung zur Lösung einer **Pflichtenkollision.** Die Zulässigkeit des Ausschlusses ausländischer Aktionäre hängt nach dem Wortlaut allerdings nicht davon ab, dass dadurch die Anwendung ausländischen Rechts tatsächlich abgewandt werden kann.[529] Vielmehr ist dies von der BaFin im Rahmen der Ermessensausübung zu berücksichtigen. 521

8. Kooperation. Das WpÜG sieht in § 8 WpÜG weitreichende Vorschriften über die Zusammenarbeit mit zuständigen Stellen im Ausland vor. Diese Vorschriften sind nicht auf **EWR-Staaten** beschränkt, sondern betreffen auch die Behörden von **Drittstaaten.** Mitzuteilen sind alle für die Überwachung von Angeboten erforderlichen Informationen. Ausnahmen gelten nach § 9 WpÜG für Informationen, an deren Geheimhaltung der Verpflichtete ein Interesse hat, insbesondere Betriebs- und Geschäftsgeheimnisse sowie personenbezogene Daten. Im Rahmen der Zusammenarbeit können auch ***Memoranda of Understanding*** (→ Rn. 138) zwischen den Aufsichtsbehörden geschlossen werden.[530] 522

526 *Holzborn/Peschke* BKR 2007, 101 (102); FK-WpÜG/*Renner* WpÜG § 11a Rn. 21 f.; *Seibt/Heiser* AG 2006, 301 (305); Kölner Komm WpÜG/*Seibt,* 3. Aufl. 2022, WpÜG § 11a Rn. 16.

527 *Holzborn/Peschke* BKR 2007, 101 (102); *Meyer* WM 2006, 1135 (1138); *Seibt/Heiser* AG 2006, 301 (305); Kölner Komm WpÜG/*Seibt,* 3. Aufl. 2022, WpÜG § 11a Rn. 16.

528 Kölner Komm WpÜG/*v. Bülow/Schwarz,* 3. Aufl. 2022, WpÜG § 24 Rn. 2.

529 MüKoAktG/*Wackerbarth,* 5. Aufl. 2021, WpÜG § 24 Rn. 17; aA Kölner Komm WpÜG/*v. Bülow/Schwarz,* 3. Aufl. 2022, WpÜG § 24 Rn. 18.

530 Kölner Komm WpÜG/*Hippeli,* 3. Aufl. 2022, WpÜG § 8 Rn. 8; FK-WpÜG/*Linke* WpÜG § 8 Rn. 11.

XI. Ratingagenturen

523 **1. Ökonomischer Hintergrund.** Ratingagenturen sammeln Informationen über die Bonität von Emittenten und die Qualität der von ihnen begebenen Instrumente. Aufgrund Spezialisierung und Zentralisierung dieser Aufgabe in nur wenigen Agenturen wird diese wesentlich effizienter wahrgenommen, als wenn sie jeder Investor selbst erfüllen müsste. Damit kommt den Ratingagenturen eine **wichtige Informationsfunktion** für den gesamten Finanzmarkt zu.[531] Weil ihrem Urteil besonders vertraut wird und dieses enorme Auswirkungen auf die Marktverhältnisse hat, tragen sie allerdings zugleich besondere Verantwortung. Insbesondere ihre Abhängigkeit vom Emittenten und ihre Verquickung mit den Emittenten im Rahmen von Verbriefungsstrukturen weckten Argwohn.[532] Daraus folgt in der allgemeinen Wahrnehmung ein Bedürfnis nach Regulierung und öffentlicher Aufsicht.

524 **2. Regulierung.** Traditionell waren Ratingagenturen als private Akteure, die keine Bankaufgaben wahrnehmen, nicht reguliert. Das änderte sich nach der Finanzkrise. Die **Rating-VO**[533] errichtet ein europaweit unmittelbar anwendbares Regime. Dies wurde inzwischen durch die VO (EG) 513/2011 geändert (ABl. EU 2011 L 145, 30), eine weitere Änderung ist inzwischen ebenfalls in Kraft getreten (ABl. EU 2013 L 146, 1). Kernpunkt ist die Verpflichtung der Rating-Agentur zur Registrierung (Art. 14 Abs. 1 Rating-VO). Daneben bestehen Verpflichtungen zur Sicherung der Unabhängigkeit und zur Vermeidung von Interessenkonflikten (Art. 6 Rating-VO). Außerdem sind Vorkehrungen zur Sicherstellung der Qualität des Ratings zu treffen, wie die Einstellung von Mitarbeitern mit angemessenen Kenntnissen und Erfahrungen oder die Offenlegung der verwendeten Methoden, Modelle und Annahmen (Art. 7 f. Rating-VO).

525 **3. Kollisionsrechtliche Erwägungen.** Würde man dem Sitzstaat ein alleiniges Regulierungsrecht einräumen, so wären faktisch nur die USA kompetent, da die marktbeherrschenden Agenturen (Standard & Poor's, Moody's und Fitch) ihren Sitz allesamt in den Vereinigten Staaten haben. Das regulatorische Interesse an Ratingagenturen beruht aber auf den von ihnen gegebenen Ratings. Daher liegt es nahe, an die **Verwendung des Ratings** anzuknüpfen.

526 **4. Ausländische Regelungen.** In den **USA** werden *Rating Agencies* durch sec. 15E Securities Exchange Act 1934 reguliert. Dieser geht auf den Credit Rating Agency Reform Act 2006 zurück, der Anforderungen an sog. *„Nationally Recognized Statistical Rating Organizations"* (NRSRO) einführte. Sie wurden durch den Dodd-Frank Act erheblich verschärft (sec. 932 Dodd-Frank Act). Während es früher genügte, die Vertrauenswürdigkeit und Verlässlichkeit des Ratings unter Beweis zu stellen, müssen nunmehr zB die Verfahren und Methoden der Bewertung sowie eventuelle Interessenkonflikte gegenüber der Aufsicht offengelegt werden. Die Registrierung ist allerdings nach wie vor freiwillig. Gleichzeitig haben sich die Anreize zu einer solchen Registrierung erheblich vermindert, da im Zuge der Reform durch den Dodd-Frank Act Bezugnahmen auf Ratings aus einer Reihe von Gesetzen entfernt und die Regulierungsbehörden verpflichtet wurden, für ihre Rechtsakte dasselbe zu tun (sec. 939 und 939A Dodd-Frank Act).

527 In der **Schweiz** werden Ratingagenturen grundsätzlich nicht reguliert. Von der FINMA beaufsichtigte Institute dürfen für aufsichtsrechtliche Zwecke Bonitätsbeurteilungen aber nur von solchen Ratingagenturen nutzen, die anerkannt worden sind.[534] Die Anerkennung richtet sich nach den Vorgaben des von IOSCO verabschiedeten „Code of Conduct Fundamentals for Credit Rating Agencies".

528 **5. Räumlicher Anwendungsbereich des EU-Rechts.** Die Rating-VO ist gemäß Art. 2 Abs. 1 Rating-VO grundsätzlich auf Ratings anzuwenden, die von in der EU ansässigen und registrierten Ratingagenturen abgegeben und in der Union bekanntgemacht oder weitergegeben werden. Zur Registrierung ist gemäß Art. 14 Abs. 1 Rating-VO jede in der EU sitzende Ratingagentur verpflichtet. Anknüpfungspunkt ist damit der **Sitz der Ratingagentur in der EU.**

529 Darüber hinaus verpflichtet jedoch Art. 4 Abs. 1 Rating-VO die wichtigsten Finanzmarktakteure, für regulatorische Zwecke nur Ratings von Agenturen zu verwenden, die ihren Sitz in der Union haben und registriert sind. Anknüpfungspunkt ist also insoweit die **Verwendung von Ratings** durch einen dem EU-Recht unterfallenden Finanzmarktakteur. Gemeint sind damit alle Kreditinstitute, Wertpapierfirmen, Versicherungsunternehmen und Rückversicherungsunterneh-

531 *Bannier/Hirsch* Journal of Banking & Finance 34 (2010), 3037–3049; *Behr/Güttler* Journal of Banking & Finance 32 (2008), 587–599; *Frost* Journal of Accounting, Auditing and Finance 22 (2007), 469–492.

532 S. zB *Darcy* 2009 Colum. Bus. L. Rev. 605–668 (2009); *Lynch* 59 Case W. Res. L. Rev. 227–304 (2009); *Möllers* JZ 2009, 861 (861–863).

533 VO (EG) 1060/2009 vom 16.9.2009 über Ratingagenturen, ABl. EG 2009 L 302, 1.

534 S. FINMA Rundschreiben 2012/1 vom 29.6.2011 „Ratingagenturen".

men, OGAW- und alternativen Investmentfonds sowie Einrichtungen der betrieblichen Altersversorgung (vgl. Art. 4 Abs. 1 Rating-VO).

Sitzt die Agentur in einem **Drittstaat,** dh außerhalb der EU, so darf das Rating nur dann für regulatorische Zwecke genutzt werden, wenn es von einer innerhalb der EU ansässigen und registrierten Agentur übernommen wurde (Art. 4 Abs. 4 Rating-VO). Damit sollen die großen, vorwiegend in den USA sitzenden Agenturen in den regulatorischen Bereich der EU einbezogen werden. Diese haben mittlerweile Tochtergesellschaften in der EU gegründet, die ihre Ratings bestätigen. Der Hebel zur Regulierung außerhalb der EU sitzender Ratingagenturen ist die Verpflichtung zur Übernahme des Ratings durch eine EU-Ratingagentur. 530

6. Zuständige Behörde. Die Aufsicht über eine in der EU ansässige Agentur wird gemäß Art. 21 Rating-VO hauptsächlich von der **ESMA** ausgeübt. Bei ihr ist gemäß Art. 15 Rating-VO der Registrierungsantrag zu stellen, über den sie selbst entscheidet. Sie nimmt auch die laufende Überwachung wahr. Dabei wird sie von den nationalen zuständigen Behörden unterstützt, die die Mitgliedstaaten gemäß Art. 22 Rating-VO benennen. In Deutschland ist dies gemäß § 29 WpHG die **BaFin.** In Staaten, die über keine Allfinanzaufsicht verfügen, sind die jeweiligen sektoralen Behörden zuständig (Art. 3 Abs. 2 lit. r Rating-VO). 531

7. Fremdenrecht. Die Rating-VO sieht in Art. 4 Abs. 3 Rating-VO besondere Regelungen für die **Übernahme von Ratings** von Agenturen in Drittstaaten durch in der EU ansässige und registrierte Agenturen vor. Diese Regelungen sind extrem strikt. Insbesondere muss die übernehmende Agentur ständig nachweisen, dass die das Rating erlassende Agentur in ihrem Heimatstaat Anforderungen unterliegt, die mindestens so streng wie die des europäischen Rechts sind (Art. 4 Abs. 3 lit. b Rating-VO). Außerdem muss die ESMA ständig bewerten und überwachen können, ob die erlassende Agentur die Anforderungen des europäischen Rechts einhält (Art. 4 Abs. 3 lit. c Rating-VO). Zusätzlich wird auch noch eine Zulassung und Aufsicht im Drittland verlangt (Art. 4 Abs. 3 lit. f Rating-VO). 532

Ohne Übernahme können Ratings von außerhalb der EU sitzenden Agenturen nur verwendet werden, wenn diese den Anforderungen des Art. 5 Rating-VO genügen. Notwendig ist dazu insbesondere die **Gleichwertigkeit** der Aufsicht durch die Behörden des Heimatsstaats der Agentur mit der europäischen Aufsicht sowie die Existenz einer **Kooperationsvereinbarung** zwischen der ESMA und der zuständigen Aufsichtsbehörde (Art. 5 Abs. 1 lit. a, c Rating-VO). Darüber hinaus muss die drittstaatliche Rating-Agentur einen Antrag auf **Zertifizierung** stellen, welcher der ESMA übermittelt wird (Art. 5 Abs. 1 lit. e, Abs. 2 Rating-VO). Die europäische Aufsicht behält also auch hier weitgehende Einflussmöglichkeiten. 533

8. Kooperation. Die Rating-VO verpflichtet in Art. 26 Rating-VO die ESMA und die zuständigen nationalen Behörden zur Zusammenarbeit. Dazu gehört insbesondere der Informationsaustausch (Art. 27 Rating-VO). Die Verpflichtung zur Zusammenarbeit geht aber weit darüber hinaus. Die nationalen Behörden unterstützen die ESMA etwa aktiv bei der Durchführung von Prüfungen vor Ort (Art. 23d Abs. 5 Rating-VO). 534

XII. Leerverkäufe

1. Ökonomischer Hintergrund. Ein Leerverkauf *(short sale)* ist ein Verkauf mit hinausgeschobenem Liefertermin, bei welchem dem Verkäufer im Zeitpunkt des Verkaufs kein Eigentum an den verkauften Gegenständen zusteht. Der Verkäufer schließt dieses Geschäft ab, weil er davon ausgeht, der Kurs des verkauften Finanzinstruments werde fallen und er könne sich daher zum Lieferzeitpunkt billig mit ihm eindecken, um seine Lieferverpflichtung zu erfüllen. Das typische Motiv des Käufers ist es hingegen, dass er die gekauften Instrumente an einem bestimmten Termin zu einem bereits jetzt festgesetzten Kurs erhält. Der Leerverkauf erlaubt damit einerseits die Spekulation auf fallende Kurse, andererseits die Absicherung gegen steigende Kurse. Ob Leerverkäufe ökonomisch nützlich oder schädlich sind, wird in der Wirtschaftswissenschaft seit langem **heftig debattiert.**[535] Tatsächlich erhöhen sie die Liquidität des Finanzmarkts, weil sie die Zahl der transaktionsbereiten Verkäufer vergrößern. Außerdem gehen von Leerverkäufen wichtige Informationssignale aus, die notwendige Preiskorrekturen indizieren und die Bildung von Blasen verhindern können. Heute sieht man vor allem zwei Risiken von Leerverkäufen, welche regulatorischer Aufmerksamkeit bedürfen: Erstens besteht die Gefahr, dass die Nichterfüllung des Geschäfts durch den Verkäufer die Solvenz weiterer 535

535 S. zB *Gruenewald/Wagner/Weber* International Journal of Disclosure and Governance 7 (2010), 108, 112–117; *Miller* Journal of Finance 32 (1977), 1151–1168; *Harrison/Kreps* Quarterly Journal of Economics 92 (1978), 323–336; *Safieddine/Wilhelm* Journal of Finance 51 (1996), 729–749; *Jones/Lamont* Journal of Financial Economics 66 (2002), 207–239.

Marktteilnehmer beeinträchtigen kann; diese Gefahr ist insbesondere bei ungedeckten Leerverkäufen *(naked short sales)* groß.[536] Zweitens besteht die Gefahr des Marktmissbrauchs, denn der Leerverkäufer hat einen Anreiz, durch die Streuung negativer Gerüchte den Kurs des verkauften Instruments abzusenken, um sein Geschäft profitabel werden zu lassen.

536 **2. Regulierung.** Nachdem die BaFin – ebenso wie andere Aufsichtsbehörden – während der Finanzkrise Leerverkäufe beschränkte,[537] hatte sich der deutsche Gesetzgeber des Themas angenommen (§§ 30h–30j WpHG aF).[538] Dessen Regelungen wurden allerdings mit dem Erlass der **Leerverkaufs-VO** obsolet.[539] Diese verbietet ungedeckte Leerverkäufe von Unternehmensaktien und öffentlichen Schuldtiteln, vor allem Staatsanleihen (Art. 12 f. Leerverkaufs-VO). Außerdem beschränkt sie den Abschluss von *Credit Default Swaps*[540] in öffentlichen Schuldtiteln, mit denen ähnliche Ergebnisse erzielt werden können wie mit Leerverkäufen (Art. 14 Leerverkaufs-VO). Schließlich sieht die Verordnung Meldepflichten an Behörden und Pflichten zur Offenlegung gegenüber der Öffentlichkeit vor (Art. 5–11 Leerverkaufs-VO).

537 **3. Kollisionsrechtliche Erwägungen.** Der erste Zweck der Regulierung von Leerverkäufen, für die Risiken aus der Nichterfüllung durch den Verkäufer Vorsorge zu tragen, würde die Anwendung des Rechts am **Sitz des Geschäftspartners** nahelegen. Allerdings ist dieser im Einzelnen schwer zu determinieren. Der zweite Zweck, den Marktmissbrauch zu verhindern, spricht dagegen für die Anknüpfung an den **Ort des Handels des betroffenen Instruments.**

538 **4. Ausländische Regelungen.** In den **USA** bestehen schon seit langer Zeit Beschränkungen von Leerverkäufen. Der Securities Exchange Act 1934 verbietet in sec. 10(a)(1) Leerverkäufe, die den Regelungen der SEC zuwiderlaufen. Von dieser Ermächtigung machte die SEC bereits im Jahre 1938 mit der sog. *uptick rule* Gebrauch, die eine Abwärtsspirale der Preise verhindern sollte. Zu diesem Zweck wurde vorgeschrieben, dass der Preis des Leerverkaufs immer größer oder gleich dem der letzten Markttransaktion sein muss, wobei Preisgleichheit nur dann genügte, wenn die letzte Markttransaktion ihrerseits zu einem höheren Preis abgeschlossen war als die vorhergehende (Rule 10a-1, Securities Exchange Act Release No. 1, 548, 3 Fed. Reg. 213 (24.1.1938)). Die Regelung ist mittlerweile aufgehoben.[541] Die derzeit wichtigste Beschränkung von Leerverkäufen enthält die Regulation SHO. Diese im Jahre 1984 eingeführte Regelung stellt bestimmte Anforderungen an ungedeckte Leerverkäufe von Aktien.[542] Wertpapierhändler *(broker-dealers)* sind nach ihr verpflichtet, Aufträge für Leerverkäufe nur dann anzunehmen, wenn Vorkehrungen für die Lieferung der leerverkauften Aktien getroffen wurden (Rule 203 (b) (1), 17 CFR 242.203 (b) (1)). Darüber hinaus müssen Teilnehmer von Clearing-Einrichtungen alle Geschäfte in sog. *threshold securities,* die in einer Liste im Einzelnen aufgeführt sind, sofort glattstellen, wenn sie 13 Tage lang nicht beliefert werden (Rule 203 (b) (3), 17 CFR 242.203 (b) (3)). Ziel dieser Regelungen ist es, Lieferausfälle zu verhindern. Sie sind nur auf Aktien anwendbar, die an US-amerikanischen Börsen notieren.

539 In der **Schweiz** findet sich auf Gesetzesebene keine Regelung zu Leerverkäufen. Eine solche hat jedoch die SIX Swiss Exchange in Absprache mit der FINMA auf der Stufe der Selbstregulierung erlassen.[543] Danach sind Leerverkäufe mit an der SIX Swiss Exchange gehandelten Effekten erlaubt, sofern der Verkäufer den Leerverkauf spätestens bei Vollzug des Abschlusses abwickelt.[544] In besonderen Situationen kann die Geschäftsleitung der Börse Regelungen betreffend Leerverkäufe erlassen. In diesem Fall muss die Börse die Teilnehmer via Mitteilung informieren.[545]

540 **5. Räumlicher Anwendungsbereich des EU-Rechts.** Die Leerverkaufs-VO ist auf Finanzinstrumente anwendbar, die zum Handel in der EU zugelassen sind (Art. 1 Abs. 1 Leerverkaufs-

---

536 Zum Begriff *Gruenewald/Wagner/Weber* International Journal of Disclosure and Governance 7 (2010), 108 (117); *Mock* WM 2010, 2248 (2250 f.).

537 Dazu *Avgouleas* in Alexander/Moloney, Law Reform and Financial Markets, 2011, 71, 73; *Tyrolt/Bingel* BB 2010, 1419–1426.

538 Dazu *Mock* WM 2010, 2248–2256.

539 VO (EU) 236/2012 vom 14.3.2012 über Leerverkäufe und bestimmte Aspekte von Credit Default Swaps, ABl. EU 2012 L 86, 1.

540 Zum Begriff *Lehmann,* Finanzinstrumente, 2009, 136 f.; *Läger* in Zerey, Finanzderivate, 5. Aufl. 2023, § 2 Rn. 7.

541 *McGavin* 30 Nw. J. Int'l L. & Bus. 201, 220 (2010).

542 SEC, Regulation SHO Final Rule and Interpretation, Exchange Act Release No. 34–50103, 69 Fed. Reg. 48, 008, (6.8.2004).

543 SIX Swiss Exchange AG, Weisung 3: Handel, 6.12.2021, https://www.ser-ag.com/dam/downloads/regulation/trading/directives/dir03-de.pdf (zuletzt abgerufen am 22.4.2024), Nr. 25 ff.

544 SIX Swiss Exchange AG, Weisung 3: Handel, 6.12.2021, Nr. 25.

545 SIX Swiss Exchange AG, Weisung 3: Handel, 6.12.2021, Nr. 26.

VO). Wegen der EWR-Relevanz gilt die Verordnung auch für Instrumente, die in Island, Liechtenstein und Norwegen gehandelt werden. Anknüpfungspunkt ist damit **das betroffene Finanzinstrument.** Dabei ist der Ort des Abschlusses des Leerverkaufs gleichgültig. Leerverkäufe, die in nicht zum EWR gehörenden Drittstaaten getätigt wurden, sind ebenfalls erfasst. Diese extraterritoriale Rechtsanwendung ist völkerrechtlich unbedenklich, da wegen des Bezugs auf ein in der EWR gehandeltes Finanzinstrument ein *genuine link* zur Union besteht (auch → Rn. 126). Allerdings ist mit erheblichen Vollzugsdefiziten zu rechnen, weil die Behörden der Mitgliedstaaten nicht außerhalb des Geltungsbereichs der Verordnung hoheitlich tätig werden können.

Die Verordnung enthält in Art. 16 Leerverkaufs-VO eine **Ausnahme** für solche Aktien, die zwar im EWR notieren, deren Haupthandelsplatz aber in einem Drittstaat liegt. Für sie gelten weder das Verbot des ungedeckten Leerverkaufs noch die Melde- und Offenlegungspflichten. Wo der Haupthandelsplatz einer Aktie liegt, legt die zuständige Behörde aufgrund technischer Regulierungsstandards der ESMA fest (Art. 16 Abs. 2, 3 Leerverkaufs-VO). Die Regelung zeigt, dass der europäische Gesetzgeber bereit ist, seine Finanzmarktzuständigkeit maßvoll auszuüben. **541**

6. Kooperation. a) Innerhalb des EWR. Mit der Anwendung der Verordnung sind die Behörden der Mitgliedstaaten betraut, deren Tätigkeit durch die ESMA koordiniert wird (Art. 27, 32 Leerverkaufs-VO). Die zuständigen Behörden der Mitgliedstaaten sind zur Zusammenarbeit mit der ESMA und mit den Behörden anderer Mitgliedstaaten verpflichtet (Art. 35 f. Leerverkaufs-VO). Die Verordnung sieht dazu ein **originelles Verfahren** vor: Die nationalen Behörden müssen von ihnen ergriffene Maßnahmen innerhalb von 24 Stunden auf der Webseite der ESMA veröffentlichen; diese kann dann entscheiden, ob eine Ausnahmesituation vorliegt und sie unter Inanspruchnahme ihrer Befugnisse für den Krisenfall selbst tätig werden will (Art. 27 Abs. 3 Leerverkaufs-VO). **542**

b) Mit Drittstaaten. Weil die Leerverkaufs-VO extraterritoriale Wirkungen hat, ist zu ihrer Durchsetzung die Zusammenarbeit mit Ländern außerhalb des EWR unabdingbar. Aus diesem Grund ist es vorgeschrieben, dass die zuständigen Behörden **Kooperationsvereinbarungen** mit Aufsichtsstellen von Drittländern schließen, „[w]ann immer dies möglich ist" (Art. 38 Abs. 1 UAbs. 1 Leerverkaufs-VO). Die *Memoranda of Understanding* (→ Rn. 138) können den Informationsaustausch, die Durchsetzung von Verpflichtungen nach der Verordnung sowie vergleichbare Maßnahmen nach dem Recht anderer Länder betreffen. **543**

XIII. FinTech

1. Ökonomischer und technischer Hintergrund. Das Schlagwort ***Financial Technology* (FinTech)** bezeichnet technologiebasierte Lösungen für die Erbringung von Finanzdienstleistungen.[546] Der Begriff umfasst neben **Dienstleistungen** auch die **Anbieter** derselben („FinTechs"). Die BaFin definiert sie als „junge Unternehmen, die mit Hilfe technologiebasierter Systeme spezialisierte und auf bestimmte Kundengruppen zugeschnittene Finanzdienstleistungen anbieten".[547] FinTech-Anbieter treten häufig in Konkurrenz zu herkömmlichen Anbietern von Finanzdienstleistungen. Ihre innovativen, spezialisierten Angebote betreffen meist einen Ausschnitt derer einer klassischen Universalbank. In ihrem jeweiligen Spezialgebiet haben sie **disruptive Wirkungen** auf dem Finanzmarkt, vergleichbar denen anderer Technologieunternehmen etwa auf dem Markt für Bücher, Handelswaren, Flüge, Hotelbuchungen oder Taxidienstleistungen. **544**

Zwar gibt es keine eindeutige **Definition** von FinTech, jedoch lässt sich das **Geschäftsmodell** anhand typischer Merkmale beschreiben. FinTech-Anbieter arbeiten regelmäßig mit Algorithmen, um Abläufe zu automatisieren.[548] Dies erlaubt es ihnen, eine Vielzahl von Kunden schnell und rund um die Uhr zu bedienen. Zugleich werden aufwändige Zweigstellen und Personal eingespart. Die Kommunikation mit dem Kunden erfolgt direkt über moderne Technologien. Dadurch wird die Einschaltung von Zwischenpersonen vermieden **(Disintermediation).**[549] Aus Sicht des Kunden haben FinTechs den Vorteil, dass er ihre Leistung überall abrufen kann **(Ubiquität).** Typischerweise sind sie nicht auf einen bestimmten nationalen Markt beschränkt, sondern erbringen ihre Leistungen weltweit **(Transnationalität).**[550] Das erlaubt signifikante ökonomische Skaleneffekte *(economies of scale)*. Hinzu kommen Netzwerkeffekte, die daraus resultieren, dass viele Kunden über denselben Dienst verbunden sind. Dies hat Vorteile zB bei Überweisungen. **545**

---

546 *Arner/Barberis/Buckley* University of Hong Kong Faculty of Law Research Paper No. 2015/047, 1; s. auch Kommission, KOM(2018) 109, 1: „technology-enabled innovation in financial services".

547 BaFin, Jahresbericht 2016, 66.

548 Möslein/Omlor FinTech-HdB/*Möslein/Omlor* § 1 Rn. 6.

549 Möslein/Omlor FinTech-HdB/*Möslein/Omlor* § 1 Rn. 4.

550 Möslein/Omlor FinTech-HdB/*Möslein/Omlor* § 1 Rn. 5.

546 FinTech-Anbieter sind in einer Vielzahl von **Geschäftsbereichen** aktiv. Dazu gehören klassische Bankfunktionen, wie etwa elektronische **Zahlungsdienste** oder die **Kreditvergabe** mit direktem Kontakt zwischen Darlehensgeber und -nehmer durch sog. ***peer-to-peer lenders.***[551] Das Angebot von Kryptowerten, dessen Ursprung ebenfalls in der Kombination von Technologie und Finanzen liegt, hat sich mittlerweile zu einer eigenen Industrie mit eigenen Regeln entwickelt und wird daher gesondert betrachtet (→ Rn. 562 ff.). FinTechs bieten auch Wertpapierdienstleistungen an, zB **Robo-Advisers,** welche Wertpapiergeschäfte empfehlen oder Vermögen verwalten.[552] Daneben gibt es elektronische Plattformen für den vollautomatisierten **Handel mit Finanzinstrumenten.** FinTechs erobern ebenfalls den Investmentbereich, zB Anbieter von Schwarmfinanzierungen ***(crowdfunding),*** die kollektiv Kapital für bestimmte Projekte zur Verfügung stellen. Soweit es sich dabei um Eigenkapital handelt, spricht man vom ***crowdinvesting,*** bei Fremdkapital vom ***crowdlending.***[553] Sog. **InsurTechs** bieten Versicherungen an.

547 **2. Regulierung.** Die Regulierungspraxis hinsichtlich FinTech ist **von Staat zu Staat** verschieden. Sie zeugt von **großer Unsicherheit** hinsichtlich der richtigen Einordnung und der anwendbaren Vorschriften von FinTech-Anbietern und -Angeboten. Dahinter stehen zum einen **Unklarheiten hinsichtlich der Technologie.** Diese ist nicht leicht zu verstehen; außerdem gibt es außerordentlich vielfältige Formen, die sich zudem ständig weiterentwickeln. Unsicherheit besteht auch hinsichtlich der angemessenen regulatorischen und aufsichtsrechtlichen Behandlung der neuen Technologien. Teilweise werden deren **Chancen** hervorgehoben, insbesondere die schnellere, bequemere und kostengünstigere Erbringung von Finanzdienstleistungen. Andererseits bestehen nicht geringe **Gefahren,** insbesondere **für Anleger.**

548 Manche Staaten sehen **regulatorische Erleichterungen** für FinTech-Dienstleistungen vor, um die Entwicklung von Technologien zu fördern und deren Anbieter auf das eigene Territorium anzuziehen. Beispielhaft dafür sind die ***regulatory sandboxes,*** dh Freistellungen von den normalerweise anzuwendenden Regelungen des Finanzmarktrechts für die Anbieter innovativer Technologielösungen.[554] Die Ausgestaltung ist von Rechtsordnung zu Rechtsordnung unterschiedlich.[555]

Zur Illustration kann die **FinTech-Bewilligung** dienen, die in der **Schweiz** am 1.1.2019 unter der Überschrift Innovationsförderung in Art. 1b Bankengesetz eingefügt wurde. Dabei handelt es sich um einen besonderen Innovationsraum für Finanztechnologie, die ***„FinTech Sandbox“.***[556] Diese orientiert sich an der Bankbewilligung, ist aber mit erleichterten Anforderungen versehen (daher auch „Bankbewilligung light“ genannt). Mit ihr sollen Marktzugangsschranken abgebaut und Innovation gefördert werden. Die Inhaber der FinTech-Bewilligung können Bankdienstleistungen unter **erleichterten Bedingungen** sowohl für Einleger klassischer Währungen als auch für solche kryptobasierter Vermögenswerte erbringen. So werden beispielsweise die Eigenmittel- und Liquiditätsanforderungen herabgesetzt (vgl. Art. 17a Bankenverordnung). Um in den Genuss dieser Erleichterungen zu gelangen, darf der Gesamtwert der gewerbsmäßig verwalteten Publikumseinlagen oder kryptobasierten Vermögenswerte jedoch 100 Millionen Franken nicht überschreiten. Zudem dürfen die verwalteten Publikumseinlagen und kryptobasierten Vermögenswerte weder angelegt noch verzinst werden. Der Schwellenwert von 100 Millionen Franken wird gemäß Art. 24a Abs. 1 Bankenverordnung auf konsolidierter Grundlage berechnet. Etablierte Banken sind damit aufgrund ihrer ausgedehnten Konzernstruktur eher geneigt, diesen Schwellenwert zu überschreiten. Widerstand aus der Finanzbranche hat zur Einführung einer Ausnahmeregelung gesorgt (Art. 1b Abs. 2 Bankengesetz). Die FINMA kann qua Ausnahmeregelung unabhängige Gruppengesellschaften aus der Konsolidierung ausnehmen.[557] Ergänzt wird die FinTech-Bewilligung durch eine spezielle Sandbox für Kryptodienstleister (zu dieser → Rn. 578). Wie auch bei letzterer unterliegen die Publikumseinlagen und kryptobasierten Vermögenswerte nicht der Einlagensicherung; die Kunden sind darüber zu unterrichten (Art. 7a Abs. 1 lit. b Bankenverordnung; → Rn. 578). Über die Anforderungen der Bewilli-

---

551 S. *Keding* WM 2018, 64.

552 Dazu *Ji* 117 Columbia Law Review 1543, 1557–1563 (2017); *Ringe* EBI Working Paper Series Nr. 26 (2018).

553 Zur Terminologie s. Möslein/Omlor FinTech-HdB/*Riethmüller* § 22 Rn. 4.

554 Dazu allg. *García de la Cruz* Cuadernos de Información Económica Nr. 264 (2018), 15–23; *Lange* FS Schwintowski, 2017, 331–341; *Palá Laguna* Revista de derecho del mercado de valores 22 (2018), 4; *Ringe* EBI Working Paper Series Nr. 26 (2018); *Zetzsche/Buckley/Barberis/Arner* 23 Fordham J. Corp. and Fin. L. 31 (2017).

555 Rechtsvergleichender Überblick bei *Zetzsche/Buckley/Barberis/Arner* 23 Fordham J. Corp. and Fin. L. 31, 53–58 (2017).

556 S. Art. 6 Abs. 2 Schweizer Verordnung über die Banken und Sparkassen (Bankenverordnung – BankV). S. auch Art. 1b Schweizer Bundesgesetz über die Banken und Sparkassen (Bankengesetz – BankG).

557 Möslein/Omlor FinTech-HdB/*Bertschinger* § 37 Rn. 41–45.

gung hinausgehend haben Personen nach Art. 1b Bankengesetz ihre Kunden über die mit dem Geschäftsmodell, der Dienstleistung oder angewandten Technologie verbundenen Risiken zu informieren (Art. 7a Abs. 1 lit. a Bankenverordnung). Die neu geschaffene Bewilligungskategorie wurde bislang jedoch zögerlich angenommen; aktuell wurden lediglich fünf FinTech-Bewilligungen ausgestellt.[558]

Andere Staaten sehen hingegen wegen der besonderen Gefahren der neuen Technologien besondere Erlaubnispflichten vor. Diese können FinTech-Anbieter allgemein treffen (s. zB die „BitLicense" des Staats New York → Rn. 475b ff.). Sie können allerdings auch auf bestimmte Dienstleistungen beschränkt sein (zu crowdfunding → Rn. 553 ff.). **549**

In den meisten Staaten gibt es hingegen **keine FinTech-spezifische Regelung.** Vielmehr werden FinTech-Anbieter und Dienstleistungen dem Prinzip der Technologieneutralität folgend in die traditionellen Kategorien des Finanzmarktrechts eingeordnet (s. zB zu den *money transmitters* in den USA → Rn. 551). **550**

a) Zahlungsdienste. aa) Rechtsvergleich. Zunächst können die Anbieter von FinTech einer Regulierung und Aufsicht unterliegen. Typischerweise ist diese mit einer Registrierungs- oder Erlaubnispflicht verbunden. In den USA haben zB verschiedene elektronische Zahlungsdienste eine Zulassung als ***money transmitter*** nach einzelstaatlichem Recht erhalten.[559] Anders als in der EU kennt das Schweizer Recht das Konzept des Zahlungsdienstleister nicht. Es gibt keinen der **Zahlungsdienste-RL**[560] (Payment Services Directive – PSD II) vergleichbaren umfassenden Gesetzgebungsakt. Es ist daher im Einzelfall zu prüfen, ob ein Zahlungsdienstleister aufgrund seiner Tätigkeit in den Anwendungsbereich der Schweizer Finanzmarktgesetze, insbesondere des Finanzmarktinfrastrukturgesetzes (FinfraG), des Bankengesetzes und/oder des Geldwäschereigesetzes fällt.[561] Einschlägig sein könnte insbesondere das Erlaubniserfordernis für Zahlungssysteme nach Art. 81 FinfraG. Danach wird ein Zahlungssystem als Einrichtung definiert, die gestützt auf einheitliche Regeln und Verfahren Zahlungsverpflichtungen abrechnet und abwickelt. Implizit wird dadurch ein auf bestimmte Dauer ausgelegtes System mit Mindestmaß an Infrastruktur vorausgesetzt.[562] Zudem können auch das Konsumkreditgesetz[563] und das Nationalbankgesetz[564] zur Anwendung kommen. **551**

bb) EU/Deutsches Recht. In Europa werden sie als **Zahlungsdienstleister** iSd **Zahlungsdienste-RL** (→ Rn. 551) und des diese in Deutschland umsetzenden ZAG angesehen. *Peer-to-peer* Kreditplattformen, die sich darauf beschränken, Darlehensverträge zwischen potentiellen Darlehensgebern und -nehmern zu übermitteln, sind keine Kredit- oder Finanzdienstleistungsinstitute iSd KWG, können jedoch eine **Gewerbeerlaubnis** nach § 34c GewO oder § 34f GewO benötigen.[565] In den USA wird derzeit diskutiert, ob Robo-Adviser unter den ***Investment Adviser Act 1940*** fallen;[566] aus Sicht der BaFin erbringen sie Finanzdienstleistungen in Gestalt der **Portfolioverwaltung** und bedürfen daher einer Erlaubnis nach § 32 KWG.[567] **552**

b) Schwarmfinanzierungen (crowdfunding). Weltweit bislang einzigartig hat die EU eine Regelung für Schwarmfinanzierungen getroffen. Diese findet sich in der **ECSP-VO** (European Crowdfunding Service Providers Verordnung).[568] Danach können Schwarmfinanzierungsdienstleistungen nur von in der EU niedergelassenen juristischen Personen erbracht werden (Art. 3 Abs. 1 ECSP-VO). Die Verordnung stellt darüber hinaus Anforderungen an die Geschäftsleitung, die Kapitalausstattung und das Verhalten von Schwarmfinanzierungsdienstleistern (s. Art. 3 Abs. 2–6 ECSP-VO und Art. 4–11 ECSP-VO). Zur Sicherstellung der Erfüllung dieser Anforderungen sieht die Verordnung eine Erlaubnispflicht vor (Art. 12 Abs. 1 ECSP-VO). **553**

---

558 FINMA, Fintech-Bewilligungen, https://www.finma.ch/de/finma-public/bewilligte-institute-personen-und-produkte/ (zuletzt abgerufen am 2.10.2024).

559 *Trautman* 20 Richmond Journal of Law & Technology 1, 24 (2014); Übersicht über die Regelungen bei *Robinson* 18 North Carolina Banking Institute 553, 564–567 (2013).

560 RL (EU) 2015/2366 vom 25.11.2015 über Zahlungsdienste im Binnenmarkt, ABl. EU 2015 L 337, 35.

561 *Flühmann/Hsu/Ender* GesKR 2017, 5 (6 f.).

562 Sethe/Favre/Hess/Kramer/Schott/*Hess/Kalbermatter/Weiss Voigt,* Kommentar zum Finanzmarktinfrastrukturgesetz, 2017, FinfraG Art. 81 Rn. 29 f.

563 AS 2002, 3846.

564 AS 2004, 1985.

565 RegE Kleinanlegerschutzgesetz, BT-Drs. 18/3994, 39.

566 *Ji* 117 Columbia Law Review 1543, 1563–1567 (2017).

567 S. BaFin, Automatisierte Finanzportfolioverwaltung, https://www.bafin.de/DE/Aufsicht/FinTech/Geschaeftsmodelle/geschaeftsmodelle_artikel.html (zuletzt abgerufen am 22.4.2024).

568 VO (EU) 2020/1503 des Europäischen Parlaments und des Rates vom 7.10.2020 über Europäische Schwarmfinanzierungsdienstleister für Unternehmen, ABl. EU 2020 L 347, 1.

554 Der deutsche Gesetzgeber behandelt Schwarmfinanzierungen bevorzugt, um ihren Besonderheiten Rechnung zu tragen. § 2a VermAnlG nimmt bestimmte Schwarmfinanzierungen von den Vorschriften des Gesetzes aus. Eine weitere Sonderregelung enthält § 65 WpHG, der Wertpapierdienstleistungsunternehmen verpflichtet, von Kunden vor dem Abschluss eines Vertrags über die Anlage in eine Schwarmfinanzierung eine Selbstauskunft über deren Vermögen oder Einkommen einzuholen. Diese Regelungen dürften mit der ECSP-VO vereinbar sein, weil sie deutsche Regeln für unanwendbar erklären oder andere Gegenstände betreffen.

555 **3. Kollisionsrechtliche Erwägungen.** Das Aufsichtskollisionsrecht wird durch FinTech auf eine besondere Probe gestellt. Dieses ist auf nationale Märkte ausgerichtet, während der Aktionsradius von FinTech-Anbietern typischerweise **global** ist. Daraus resultieren verschiedene Konflikte.

556 Oftmals bedenkt der Gesetzgeber den globalen Zusammenhang nicht und vergisst, den räumlichen Anwendungsbereich näher zu bestimmen. Ein Beispiel dafür ist die ECSP-VO, welche schlicht „die Erbringung von Schwarmfinanzierungsdienstleistungen in der Union" regelt (Art. 1 Abs. 1 ECSP-VO). Der Interpret kann nur raten, ob insoweit die Erbringung gegenüber Anlegern mit gewöhnlichem Aufenthalt oder eine Tätigkeit in der Union gemeint ist. Analogieschlüsse von anderen Rechtsakten der Union wie der MiFID II sind methodisch unzulässig. Daher besteht erhebliche Rechtsunsicherheit hinsichtlich des territorialen Anwendungsbereichs der Verordnung.

557 Um wirksam zu sein, muss eine Regulierung und Aufsicht von FinTech häufig **extraterritorial** ausgreifen.[569] Die Anbieter solcher Dienste sind meist in einem einzigen Staat beheimatet, von dem aus sie ihre Leistungen weltweit erbringen. Daher ist es nicht ausreichend, sich auf Institute im Inland oder Zweigniederlassungen ausländischer Institute zu konzentrieren. Vielmehr muss gerade der direkte grenzüberschreitende Dienstleistungsverkehr einer Regelung unterworfen werden. Dies bedeutet große Herausforderungen einerseits aufgrund der Vielzahl der Angebote und andererseits wegen der Schwierigkeiten, effektive Aufsicht gegenüber Anbietern auszuüben, die viele tausend Kilometer entfernt sitzen.

558 Die meist extraterritoriale Regulierung und Aufsicht durch mehrere Staaten führt zu zahlreichen **Kollisionen verschiedener Regime.** Die Regelungen und Verwaltungsakte einer Reihe von Ländern erheischen gleichzeitig Beachtung durch denselben Anbieter. Die im Finanzwesen ohnehin typische Überlagerung unterschiedlicher Rechtsordnungen wird auf die Spitze getrieben. Potentiell untersteht ein globaler FinTech-Anbieter der Regelungs- und Aufsichtsgewalt aller Staaten der Erde.

559 In der **Konsequenz** sind FinTech-Anbieter gezwungen, verschiedene Regelungen unterschiedlicher Staaten zu beachten. Dies ist ihnen teilweise möglich: Wenn etwa verschieden hohe Anforderungen an das Eigenkapital gestellt werden, dann können die Anbieter dem durch den höchsten Satz Rechnung tragen. Teilweise widersprechen sich die Regelungen allerdings, zB hinsichtlich der Organisation der Geschäftsleitung oder der Bearbeitung der Daten der Kunden. In diesem Fall kann der Anbieter nur eine oder die andere nationale Regelung einhalten. Er wird daher gezwungen, entweder eine Geschäftsorganisation auf mehrere selbständige Einheiten aufzuteilen oder sich aus gewissen nationalen Märkten ganz zurückzuziehen. Eine Aufspaltung der Regulierung entlang nationaler Grenzen oder ein Rückzug auf nationale Teilmärkte führt jedoch zu **Wohlfahrtsverlusten.** Sie widerspricht dem globalen Geschäftsmodell der FinTech-Anbieter und schränkt die Vorteile ihrer Dienstleistungen stark ein, etwa die weltweite Erreichbarkeit, Verfügbarkeit und Netzwerkeffekte. Außerdem führt die fragmentierte weltweite Regulierung zu einer Verteuerung der FinTech-Dienstleistungen, weil sie mögliche Skaleneffekte reduziert. Damit wird das den FinTech innewohnende Potential nicht voll ausgeschöpft. Dies kann sich insbesondere negativ auf Entwicklungsländer auswirken, die mangels bestehender Finanzinstitutionen auf den Zugang zu Kapital und Finanzdienstleistungen über die neuen Technologien angewiesen sind.

560 Eine logische Antwort wäre eine **globale Regulierung von FinTech.**[570] Allein diese scheint dem globalen Geschäftsmodell der neuen Anbieter angemessen. Jedoch haben sich die Institutionen mit einer weltweiten Zuständigkeit früh gegen die Standardsetzung für FinTech entschieden. Das Financial Stability Board (FSB) beispielsweise hat sich unter Hinweis auf seine Kompetenzen darauf zurückgezogen, die systemischen Gefahren von FinTech zu überwachen.[571] Die naheliegende Möglichkeit einer Ausweitung des – völkerrechtlich ohnehin nicht festgelegten – Aufgabenbereichs wurde nicht verfolgt. Andere internationale Fora, wie die Haager Konferenz, UNCITRAL oder

---

569 Dazu Parrish/Ryngaert, Cambridge Handbook of Extraterritoriality/*Lehmann,* 413 f.

570 S. *Lehmann* EBI Working Paper Series Nr. 45, 2019 = 37 Boston University Journal of International Law 2019.

571 FSB, Financial Stability Implications from FinTech, 27.6.2017, https://www.fsb.org/wp-content/uploads/R270617.pdf (zuletzt abgerufen am 22.4.2024).

UNIDROIT, beschäftigen sich traditionell eher mit privatrechtlichen Aspekten. In absehbarer Zeit ist daher nicht mit einer global einheitlichen Regulierung von FinTech zu rechnen.

Als Alternative bleibt daher nur die **Koordinierung der Regulierung und Aufsicht** zwischen **561** den einzelnen Staaten. Aufgrund des globalen Geschäftsmodells der FinTech-Anbieter und ihrer weltweit einheitlich erbrachten Dienstleistungen ist eine territoriale Aufspaltung unmöglich. Eine Anknüpfung nach dem Kriterium der engsten Beziehung würde den teilweise widersprechenden Interessen und Regulierungen der Staaten nicht gerecht. Es verbleibt daher nur die *deference,* dh die Zurücknahme der eigenen Regelung zugunsten der anderer Länder (→ Rn. 146). Diese ist insbesondere angebracht, soweit die Regelung eines anderen Staats ähnlichen Zielen dient und zu vergleichbaren Ergebnissen führt. Allerdings sollte man das Erfordernis der Äquivalenz nicht allzu eng verstehen. Die Kunden von FinTech sind ebenfalls in die Verantwortung zu nehmen. Ihnen muss bewusst sein, dass sie sich auf einen globalen Markt begeben und daher nicht mit dem vollen Schutz ihrer heimischen Rechtsordnung rechnen können. Es gilt der Satz der SEC: *„As investors choose their markets, they choose the laws and regulations applicable in such markets"* (→ Rn. 376). Anders als durch eine Selbstbeschränkung auf die wichtigsten lokalen Anbieter können Aufsichtsbehörden der Vielzahl der Angebote auch nicht nachkommen. Anleger sollten daher selbst die das Angebot regulierenden Vorschriften und die für den Anbieter zuständige Heimatbehörde achten. Das Internet bietet dabei Hilfestellung durch zahlreiche verfügbare Informationen. Wenn dieser Ansatz konsequent verfolgt wird, könnte sich ein wohlfahrtsstiftender Wettbewerb zwischen den Standorten um die sicherste und anlegerfreundlichste Regulierung und Aufsicht entwickeln. Der Effekt könnte durch den Zwang zu einer Angabe des anwendbaren Rechts und der zuständigen Aufsichtsbehörde noch verstärkt werden.

XIV. Kryptowerte

1. Ökonomisch-technologischer Hintergrund. Kryptowerte sind neue Erscheinungen auf **562** dem Finanzmarkt. Diese umfassen eine Vielzahl verschiedener Arten, die nach ihren unterschiedlichen Zwecken klassifiziert werden können. Die historisch ersten Kryptowerte sind **Kryptowährungen,** die als Zahlungsmedium und Wertspeicher dienen, wie zB Bitcoin oder Ether.[572] Da diese auf einer eigenen Blockchain begeben werden, bezeichnet man sie auch als *native assets.*[573]

Davon zu unterschieden sind sog. Token, die auf einer bereits existenten Blockchain im Rahmen **563** eines ITO (Initial Token Offerings) mit Hilfe sog. *smart contracts* – Computerprogramme, die einfache „Wenn … Dann"-Funktionen ausüben können (im Detail → Rn. 660 ff.) – emittiert werden. Üblicherweise orientieren sich die Emittenten der Token dabei an gewissen Standards (zB den verschiedenen Tokenstandards auf der Ethereum Blockchain).[574] Hierbei handelt es sich in erster Linie um einfache Baupläne, nach welchen die Token kreiert werden können. Grundsätzlich dienen diese Kryptowerte ganz unterschiedlichen Zwecken.

Unter den **finanzmarktgängigen Token** wird häufig zwischen *security token, payment token* **564** und *utility token* unterschieden.[575] ***Security token*** dienen Investitionszwecken; unter diese Kategorie fallen zB tokenisierte Aktien oder Anleihen. ***Payment token*** haben ähnlich wie Kryptowährungen Zahlungsfunktion. ***Utility token*** repräsentieren Forderungen, zB ein Nutzungsrecht oder einen Anspruch auf eine Dienstleistung. Diese verschiedenen Funktionen können gemischt werden; in diesem Fall spricht man von ***hybrid token.*** Zu den genannten Kategorien treten sog. vermögenswertreferenzierte Token (***asset-referenced token***) hinzu, deren Wert von dem eines anderen körperlichen oder unkörperlichen Vermögensgegenstands abhängt.[576] Die prominenteste Art sind die sog. *stablecoins,* deren Wert durch den Bezug auf andere Gegenstände stabilisiert werden soll. Diese Einteilung ist jedoch für die Zwecke des Finanzmarktrechts **problematisch.** So knüpfen die Normen des

---

572 Aus der mittlerweile umfangreichen Lit. s. Maume/Maute Rechtshandbuch Kryptowerte/*Gschaidtner* § 2 Rn. 17–26; Omlor/Link Kryptowährungen und Token/*Diehl,* 2. Aufl. 2023; Kap. 2 Rn. 1–14; *Omlor* ZHR 183 (2019), 294–345; *Spindler/Bille* WM 2014, 1357; *Trautman* 20 Richmond Journal of Law & Technology 1 (2014); *Tu* 52 Georgia L. Rev. 505 (2018); *Vauplane* in Association d'économie financière, Régulation, gouvernance et complexité dans la finance mondialisée, 2014, 351.

573 Zur Terminologie *Ankenbrand et al* 'Proposal for a Comprehensive (Crypto) Asset Taxonomy' (arXiv, 23 July 2020), http://arxiv.org/abs/2007.11877 (zuletzt abgerufen am 22.4.2024), 3–4.

574 Zu den drei gängigsten Tokenstandards ERC-20, ERC-721 und ERC-1155 s. *Toman/Schinerl* ZFR 2023, 276 (276–277).

575 Dazu *Barsan* Revue trimestrielle de droit financier 2017, Nr. 3, 54; *Langenbucher* AcP 218 (2018), 385; *Zetzsche/Arner/Buckley/Föhr* 63 Harv. J. Int'l Law (2019).

576 Auch als „Asset-backed Token" oder „Asset Token" bezeichnet, s. Maume/Maute Rechtshandbuch Kryptowerte/*Fromberger/Zimmermann* § 1 Rn. 75; Omlor/Link Kryptowährungen und Token/*Berger/Fischer,* 2. Aufl. 2023, Kap. 12 Rn. 71.

europäischen Finanzmarktrechts nicht oder zumindest nicht explizit an diese Archetypen an. Zudem ist häufig unklar, wie die Funktion eines Kryptowerts im Einzelnen zu bestimmen ist;[577] als alleiniges Abgrenzungskriterium taugt die Funktion daher nicht. Vorzuziehen ist ein flexibler Ansatz, vgl. → Rn. 570.

565 Während diese Token typischerweise massenhaft in identischer Form begeben werden, gibt es auch individualisierte, nicht vertretbare Token – die sog. ***non-fungible token*** (NFT). Diese können zudem Gegenstände, gleich ob materieller oder immaterieller Natur, repräsentieren. Der Erwerb des Token sichert allerdings nur in den seltensten Fällen ein Eigentumsrecht oder ein Urheberrecht an den Gegenständen zu. Meist handelt es sich nur um ein digitales Abbild, das kein Exklusivrecht am abgebildeten Gegenstand vermittelt. NFT haben für den Finanzmarkt geringere Bedeutung.[578]

566 Sog. ***governance token*** sind eine Unterkategorie der *utility token.* Sie vermitteln Mitgliedschaftsrechte, insbesondere Stimmrechte, in dezentralen autonomen Organisationen (*Decentralized Autonomous Organisations* – DAOs).[579] Sie enthalten – zumindest in ihrer Reinform – kein Recht auf eine Dividende oder andere Vermögensrechte.[580] Auch sie sind daher für das Finanzmarktrecht nicht von Bedeutung.

567 **2. Regulierung.** Das Finanzmarktrecht unterscheidet grundsätzlich nicht nach der technologischen Ausgestaltung der emittierten Produkte, sondern verhält sich insoweit neutral entsprechend dem **Grundsatz der Technologieneutralität** (vgl. zu diesem zB § 1 Abs. 1 TKG).[581] Es kommt daher nicht darauf an, ob die Finanzmarktprodukte in Papier oder in anderer Form verbrieft sind (s. insbesondere die Formulierung „auch wenn keine Urkunden über sie ausgestellt sind" in § 2 Abs. 1 WpHG). Manche Kryptowerte erfüllen den aufsichtsrechtlichen Begriff des „Wertpapiers" oder den weitergehenden des „Finanzinstruments" und fallen somit unter die **bestehende Finanzmarktregulierung,** insbesondere unter das WpHG (bzw. die tonangebende MiFID II) und die MiFIR, die Prospekt-VO und die MAR.

568 Die EU hat die bestehende Regulierung mit der **MiCAR** erweitert.[582] Diese erfasst eine Reihe von Kryptowerten, die nicht der klassischen Finanzmarktregulierung unterfallen, zB *utility token* und *stablecoins.* Zugleich enthält sie aber gewisse Ausnahmen, zB für strukturierte Einlagen oder Geldbeträge (s. Art. 2 Abs. 4 MiCAR).

569 Die MiCAR sieht für die Emittenten der von ihr erfassten Kryptowerte sowie die Erbringer von Dienstleistungen in Bezug auf diese, wie zB der Verwahrung oder Vermittlung, eine Reihe von **Pflichten** vor. Diese zielen insbesondere auf die Transparenz am Primärmarkt und auf die Integrität des Sekundärmarkts ab und erinnern an die Regulierung des übrigen Finanzmarktrechts.[583] In mancherlei Hinsicht sind diese Pflichten jedoch anders formuliert oder weniger weitgehend. Ein Beispiel dafür sind die Vorschriften hinsichtlich des Kryptowerte-Whitepaper, welches funktional an die Stelle des Prospekts tritt, aber weniger weitreichenden inhaltlichen Anforderungen unterworfen ist als dieser. Wegen Abweichungen wie dieser kommt es auf die **genaue rechtliche Einordnung** von Instrumenten als Finanzinstrument iSd MiFID II oder als Kryptowert iSd MiCAR an.[584] In der Literatur sind bereits zahlreiche Abgrenzungsversuche unternommen worden.[585] Ihnen fehlt

---

577 So hat das italienische Höchstgericht in Zivilsachen, der Corte die Cassazione, unlängst auf die subjektiven Sichtweise von Einzelpersonen oder der allgemeinen Marktwahrnehmung abgestellt, s. Corte di Cassazione, Nr. 26807/2020; Corte di Cassazione, Nr. 44378/2022. Für Kritik s. *Malvagna/Satori* The Italian Law Journal 2022, 481 (486–487); s. auch Piska/Völkel Blockchain Rules/*Schinerl* Rn. 15.11–15.15 sowie 15.21–15.24.

578 ErwGr 10 letzter Satz MiCAR.

579 Der Begriff DAO wurde zuerst von *Vitalik Buterin,* dem Begründer der Ethereum Blockchain verwendet; s. *Vitalik Buterin,* Ethereum – A Next Generation Smart Contract & Decentralized Application Platform, Blockchain research network, 2013, 1, https://ethereum.org/content/whitepaper/whitepaper-pdf/Ethereum_Whitepaper_-_Buterin_2014.pdf (zuletzt abgerufen am 10.6.2024); s. auch *Jentzsch,* Decentralized Autonomous Organization to Automate Governance, 2016, https://lawofthelevel.lexblogplatformthree.com/wp-content/uploads/sites/187/2017/07/WhitePaper-1.pdf (zuletzt abgerufen am 22.4.2024).

580 Für Beispiele s. *Lehmann/Schinerl* EBI Working Paper Series Nr. 171, 1 (29–30).

581 Im Finanzmarktrecht s. *Nathmann,* FinTech – Herausforderungen bei der Regulierung digitaler Geschäftsmodelle anhand von Gestaltungen aus dem Wertpapierbereich, 2019, 231. Für Kritik am Grundsatz der Technologieneutralität s. *Greenberg* Minnesota Law Review 2016, 1495.

582 VO (EU) 2023/114 des Europäischen Parlaments und des Rates vom 3.5.2023 über Märkte für Kryptowerte, ABl. EU 2023 L 150, 40.

583 Für einen Überblick s. *Annunziata* EBI Working Paper Series Nr. 158, 1; *Lehmann* ÖBA 2024, 248; *Lehmann* 61 CMLR 699 (2024).

584 Zu den Folgen einer fehlerhaften Qualifikation s. Piska/Völkel Blockchain Rules/*Schinerl* Rn. 15.22–15.27.

585 *Hacker/Thomale* ECFR 2018, 645 (657–689); *Barsan* Revue trimestrielle de droit financier 2017, 54 (56–60); *Langenbucher* Revue trimestrielle de droit financier 2018, 40 (43–48); *Annunziata* ECFR 2020, 129 (142–154); *Maume/Fromberger* Chic. J. Int. Law 2019, 548 (572–584); *Maume/Maute/Fromberger* The Law of Crypto Assets/Zickgraf Rn. 48–71; *Ribak,* Wertpapierrecht der Security Token Offerings 531–548.

jedoch ein klares dogmatisches Konzept, anhand dessen eine Abgrenzung im Einzelfall vorgenommen werden kann. Vorzuziehen ist ein flexibler Ansatz, der die rechtliche Ausgestaltung, den Markt und seine Bedürfnisse sowie den wirtschaftlichen Gehalt der gehandelten Produkte berücksichtigt.[586] Der Vorteil dieser Definition liegt in ihrer Flexibilität; sie ist konstruktiv mehrdeutig.[587] Die im Folgenden aufgeführten Elemente sind nicht als starr oder feststehend zu betrachten, sondern vielmehr als Merkmale, die üblicherweise bei Wertpapieren und anderen Finanzinstrumenten anzutreffen sind. Die Entscheidung, ob ein Produkt unter den Begriff „Finanzinstrument" fällt, erfordert eine holistische Betrachtung aller gegebenen Elemente. Die Einstufung eines bestimmten Instruments hängt somit nicht von der Übereinstimmung aller Merkmale ab, sondern vielmehr von der Möglichkeit, dass das Fehlen eines Elements durch das ausgeprägte Vorhandensein eines anderen kompensiert werden kann.

Ausgangspunkt dieser flexiblen Definition ist die rechtliche Genese des Produkts. Finanzinstrumente entstehen nicht im luftleeren Raum, sondern sind das Ergebnis einer Vereinbarung zwischen zwei Parteien – im Falle von Wertpapieren dem Emittenten und dem Anleger, im Falle von Derivaten zwei Parteien –, in der die jeweiligen Rechte und Pflichten in Bezug auf das einzelne Anlageobjekt festgelegt werden. Finanzinstrumente sind also im Kern ein **Bündel von Rechten und Pflichten.** Dies ist ihr kleinster gemeinsamer Nenner.[588] Finanzinstrumente unterscheiden sich allerdings von herkömmlichen Verträgen dadurch, dass sie auf Finanzmärkten gehandelt werden. Auf diesen Märkten ist das Vertragsverhältnis nicht auf die ursprünglich beteiligten Parteien beschränkt, sondern diese Verträge sind in der Regel auf Übertragbarkeit angelegt. Das Finanzinstrument ist somit mehr als ein bloßer Vertrag ***(negotium)*** – seine Präsenz auf den Finanzmärkten macht es zu einem Instrument ***(instrumentum).***[589] Finanzinstrumente sind daher nicht ohne Markt und institutionalisierten Handel denkbar.[590] Schließlich sind Finanzinstrumente durch ihren Zweck und ihre Funktion gekennzeichnet: Sie dienen der Investition. Finanzinstrumente sind somit Produkte, welche die Erwartung **künftiger finanzieller Erträge** in einem Rechtsprodukt abbilden.[591] **570**

Dieses theoretische Konstrukt lässt sich wie folgt auf einzelne Kategorien von Kryptowerten übertragen: Kryptowährungen sind grundsätzlich nicht als Finanzinstrumente anzusehen, da sie weder über einen Emittenten verfügen noch Rechte repräsentieren.[592] Sie unterfallen jedoch der MiCAR, mit Ausnahme des Titel 2, der nicht gilt, soweit die Werte vor dem 30.6.2024 begeben wurden (s. Art. 143 Abs. 1 MiCAR). Außerdem hat der deutsche Gesetzgeber sie für die Zwecke des Aufsichtsrechts den Finanzinstrumenten gleichgestellt (vgl. § 1 Abs. 11 S. 1 Nr. 10, S. 3 KWG). Das hat Folgen insbesondere für die Erlaubnispflicht nach § 32 KWG. ***Security token*** haben einen Aussteller und repräsentieren Mitgliedschafts- und/oder Vermögensrechte. Trotz ihrer elektronischen Form sind sie daher als Wertpapiere iSd WpHG anzusehen.[593] Sie unterfallen ebenfalls der Prospekt-VO und der MAR. Dies gilt auch für Kryptowertpapiere, die unter dem eWpG begeben werden (vgl. § 2 Abs. 2 eWpG). Anderes gilt für ***governance token,*** die lediglich mitgliedschaftliche Stimmrechte vermitteln.[594] Bei ihnen handelt es sich weder um Wertpapiere noch um andere Finanzinstrumente;[595] sie unterfallen jedoch der MiCAR. ***Payment token*** fallen nicht unter das WpHG, da sie eine Zahlungsfunktion und keine Investitionsfunktion erfüllen (s. die Ausnahme von Zahlungsinstru- **571**

---

586 Vertiefend *Lehmann/Schinerl* EBI Working Paper Nr. 171, 1 (15–18).

587 Zum Hintergrund dieses Begriffs s. *Lehmann/Schinerl* EBI Working Paper Nr. 171, 1 (5–7).

588 Vertiefend *Pistor* J. Comp. Econ. 2013, 315 (317); *Lehmann/Schinerl* EBI Working Paper Nr. 171, 1 (18–20); *Völkel* ZFR 2023, 268 (272); Piska/Völkel Blockchain Rules/*Schinerl* Rn. 15.43.

589 *Lehmann,* Finanzinstrumente 309.

590 Piska/Völkel Blockchain Rules/*Schinerl* Rn. 15.98.

591 So bereits *Hacker/Thomale* ECFR 2018, 645 (657–689); *Barsan* Revue trimestrielle de droit financier 2017, 54 (58–62); *Langenbucher* Revue trimestrielle de droit financier 2018, 40 (43–44); *Maume/Fromberger* Chicago Journal of International Law 2019, 548 (572–584); *Annunziata* ECFR 2020, 129 (137–142); *Tomczak* CMLJ 2022, 365 (374); *Jutzi/Abbühl* EuZ 2022, 1 (9–10); *Ferrari* Maastricht Journal of European and Comparative Law 2020, 325 (329–330); *Lehmann/Schinerl* EBI Working Paper Nr. 171, 1 (23–28).

592 Schwark/Zimmer/*Kumpan* WpHG § 2 Rn. 85; Maume/Maute Rechtshandbuch Kryptowerte/*Zickgraf* § 11 Rn. 68; *Toman/Schinerl* ÖBA 2023, 178 (183); Piska/Völkel Blockchain Rules/*Schinerl* Rn. 15.56; zu Bitcoin s. *Lehmann/Schinerl* EBI Working Paper Nr. 171, 1 (29).

593 Maume/Maute Rechtshandbuch Kryptowerte/*Zickgraf* § 11 Rn. 51; *Hacker/Thomale* ECFR 2018, 645 (657–689); für die typischen *investment token* auch Omlor/Link Kryptowährungen und Token/*Schwennicke,* 2. Aufl. 2023, Kap. 8 Rn. 86; für Einordnung als Wertpapiere oder Vermögensanlagen s. Schwark/Zimmer/*Kumpan* WpHG § 2 Rn. 84; *Ribak,* Wertpapierrecht der Security Token Offerings 531–548.

594 Zu Uniswap s. *Lehmann/Schinerl* EBI Working Paper Nr. 171, 1 (29).

595 Omlor/Link Kryptowährungen und Token/*Schwennicke,* 2. Aufl. 2023, Kap. 8 Rn. 87, der insoweit missverständlich von „investment token" spricht; Maume/Maute Rechtshandbuch Kryptowerte/*Zickgraf* § 11 Rn. 52.

menten vom Begriff des Finanzinstruments Art. 4 Abs. 1 Nr. 44 MiFID II).[596] Diese unterfallen allerdings der MiCAR. Für sie gilt außerdem die PSD II,[597] deren Regelungen im Zahlungsdienstegesetz (ZAG) umgesetzt sind.[598] Die Behandlung von ***utility token*** ist umstritten.[599] Soweit sie lediglich ein Recht auf eine Nutzung oder eine Dienstleistung vermitteln, sind sie mit den Finanzinstrumenten nicht vergleichbar, welche regelmäßig auf eine Geldzahlung gerichtet sind. Sie sollten daher nicht als Finanzinstrument angesehen werden.[600] Sie unterfallen jedoch der MiCAR. Sog. ***stablecoins*** und andere vermögenswertreferenzierte Token passen in keine der traditionellen Kategorien der Finanzinstrumente. Sie unterfallen der MiCAR, die für sie spezielle Regelungen bereithält (Art. 16–42 MiCAR).[601] **NFT** unterfallen nicht dem traditionellen Finanzmarktrecht, weil sie typischerweise nicht massenhaft begeben und gehandelt werden.[602] Die MiCAR nimmt Token, die „einmalig und nicht mit anderen Kryptowerten fungibel" sind, von ihrem Anwendungsbereich aus (Art. 2 Abs. 3 MiCAR). Die Fungibilität ist dabei allerdings nicht im technischen, sondern im wirtschaftlichen Sinn zu verstehen. Wird ein NFT als Teil einer Kollektion oder Sammlung begeben, so spricht dies grundsätzlich für seine Fungibilität (Indizwirkung).[603] Von der MiCAR ebenfalls erfasst sind **E-Geld Token.** Hierbei handelt es sich um Token, die eine bestimmte Währung repräsentieren. Die MiCAR enthält für sie spezielle Regelungen, erklärt aber zugleich die E-Geld-Richtlinie[604] für anwendbar (Art. 48 Abs. 2 MiCAR). Zur entsprechenden Geltung der Titel II und III der E-Geld-Richtlinie s. Art. 48 Abs. 3 MiCAR.[605]

572 Für die **Kryptoverwahrung** hat der deutsche Gesetzgeber einen eigenen Erlaubnistatbestand geschaffen (§ 1 Abs. 1a Nr. 6 KWG). Dieser wurde durch das Inkrafttreten der MiCAR überlagert, da sie eigene Vorschriften über die Verwahrung enthält (Art. 75 MiCAR).[606] Der Umtausch von Kryptowährungen und gesetzlichen Zahlungsmitteln sowie das Angebot sog. *wallets* zur Verwahrung von Kryptowährungen wird von der RL (EU) 2018/843 (sog. 5. Geldwäsche-RL) ausdrücklich erfasst (Art. 2 Abs. 1 Nr. 3 lit. g, h RL (EU) 2015/849 idF durch Art. 1 Nr. 1 lit. c RL (EU) 2018/843). Diese wurde in § 1 Abs. 29 GwG umgesetzt. Zu beachten ist, dass die Gleichstellung von Kryptowerten mit Finanzinstrumenten bislang nur für das KWG gilt, aber nicht für das WpHG nachvollzogen wurde; insoweit besteht Rechtsunsicherheit, ob und inwieweit Kryptowerte erfasst sind (→ Rn. 570 f.). Auch die Prospektpflicht für die Emission von Kryptowerten ist ungeklärt (→ Rn. 570 f.).

573 Darüber hinaus wurde durch das Gesetz über elektronische Wertpapiere **(eWpG)** vom 3.6.2021 (BGBl. 2021 I 1423) eine neue Art von Wertpapier eingeführt: das **elektronische Wertpapier.** Erstmals ist damit die Möglichkeit der Begebung eines Wertpapiers ohne urkundliche Verbriefung geschaffen.[607] Im eWpG finden sich neben aufsichtsrechtlichen Regelungen zugleich solche des Privatrechts (§ 2 Abs. 3 eWpG, §§ 24–26 eWpG) und des IPR (§ 32 eWpG; → Rn. 792). Zwar sind die im eWpG geregelten Rechtsbereiche vielfältig, jedoch ist dessen Anwendungsbereich eng beschränkt. Dieser umfasst nur ganz bestimmte Wertpapiere, namentlich Aktien, Inhaberschuldverschreibungen, Pfandbriefe und gewisse Arten von Investmentanteilsscheinen.[608]

---

596 Schwark/Zimmer/*Kumpan* WpHG § 2 Rn. 85; Maume/Maute Rechtshandbuch Kryptowerte/*Zickgraf* § 11 Rn. 68.

597 S. van der *Linden/Shirazi,* Markets in crypto-assets regulation: Does it provide legal certainty and increase adoption of crypto-assets?, 2023, 9 (22) Financial Innovation.

598 S. hierzu auch *Omlor* ZHR 2023, 635.

599 Zum Streitstand Maume/Maute Rechtshandbuch Kryptowerte/*Zickgraf* § 11 Rn. 55; zu Filecoin s. *Lehmann/Schinerl* EBI Working Paper Nr. 171, 1 (30).

600 Ebenso *Hacker/Thomale* ECFR 2018, 645 (673–675); Schwark/Zimmer/*Kumpan* WpHG § 2 Rn. 86; für reine *utility token* auch Omlor/Link Kryptowährungen und Token/*Schwennicke,* 2. Aufl. 2023, Kap. 8 Rn. 92; aA Maume/Maute Rechtshandbuch Kryptowerte/*Zickgraf* § 11 Rn. 58, der die Eigenschaft als Finanzinstrument bejaht, soweit ein „objektiv unternehmens- bzw. emittentenbezogenes Informationsbedürfnis der Anleger besteht".

601 Zu Tether und Pax Gold s. *Lehmann/Schinerl* EBI Working Paper Nr. 171, 1 (31–33).

602 *Denga* BKR 2022, 288.

603 Vgl. hierzu auch ErwGr 10 und 11 MiCAR; zur Abgrenzung s. *Toman/Schinerl* ZFR 2023, 276 (277–279); für weitere Praxisbeispiele s. *Siadat* RdF 2023, 4 (7–10).

604 RL 2009/110/EG des Europäischen Parlaments und des Rates vom 16.9.2009 über die Aufnahme, Ausübung und Beaufsichtigung der Tätigkeit von E-Geld-Instituten, ABl. EU 2009 L 267, 7.

605 Für ein praktisches Anwendungsbeispiel (PYUSD) s. *Omlor* RdZ 2023, 164.

606 Vertiefend s. *Maume/Siadat* NJW 2023, 1168 (1170).

607 *Lehmann* NJW 2021, 2318.

608 § 1 eWpG; Omlor/Möslein/Grundmann Elektronische Wertpapiere/*Lehmann,* 2021, 58; der ursprünglich noch stärker begrenzte Anwendungsbereich wurde durch das Zukunftsfinanzierungsgesetz (ZuFinG, BGBl. 2023 I 354) auf Aktien erweitert.

Inhaltlich **unterscheidet** das eWpG zwischen Zentralregisterwertpapieren und Kryptowertpapieren. Das **Zentralregisterwertpapier** ist ein elektronisches Wertpapier, das in ein zentrales Register eingetragen ist (§ 4 Abs. 2 eWpG); im Kern handelt es sich um eine digitale Sammelurkunde. Das **Kryptowertpapier** ist ein elektronisches Wertpapier, das in ein Kryptowertpapierregister eingetragen ist (§ 4 Abs. 3 eWpG); dies zielt auf blockchainbasierte Vermögenswerte ab. Das Gesetz regelt Anforderungen an die jeweiligen Register (§§ 12–23 eWpG), die registerführende Stelle (§ 7 eWpG) und im Fall von Kryptowertpapieren auch an den Emittenten (§ 21 eWpG). Die registerführende Stelle unterliegt der Aufsicht durch die BaFin (§ 11 eWpG). 574

3. Kollisionsrechtliche Erwägungen. Ebenso wie im sonstigen Recht sollte auch im Aufsichtskollisionsrecht der **Grundsatz der Technologieneutralität** (→ Rn. 567) gelten. Aus kollisionsrechtlicher Sicht besteht kein Anlass, die Emittenten von Finanzinstrumenten unterschiedlich zu behandeln je nachdem, in welcher Form ihre Instrumente gespeichert sind, ob in Papier- oder in digitaler Form, und soweit letzteres, ob in zentraler oder dezentraler Form. Die ökonomischen Herausforderungen, wie zB die Informationsasymmetrie oder Prinzipal-Agenten-Probleme, sind dieselben. Die bisher getroffenen Erwägungen sollten daher auch für solche Werte gelten, die auf der Blockchain digital und dezentral abgebildet sind. 575

4. Ausländische Regelungen. Die **USA** nehmen den Grundsatz der Technologieneutralität sehr ernst. Eine spezielle bundesgesetzliche Erlaubnispflicht für Kryptodienstleistungen ist nicht vorgesehen. Vielmehr gelten insoweit die allgemeinen Bundesgesetze (→ Rn. 366, 376, 452, 470). Die Bundesbehörden wenden diese strikt auf die Kryptoindustrie an. In zahlreichen Entscheidungen hat die SEC Kryptowerte als „securities" iSd Securities Act 1933 und des Securities Exchange Act 1934 angesehen und die Anbieter mangels Registrierung verfolgt.[609] Die CFTC ordnet die Kryptowährungen Bitcoin und Ether als „commodities" ein und ist auf der Basis des Commodities Exchange Act gegen die Anbieter von Derivaten über diese Kryptowährungen vorgegangen.[610] 576

Abweichungen vom Grundsatz der Technologieneutralität gibt es in einzelnen Staaten. Der Bundesstaat New York hat die Anbieter von geschäftlichen Aktivitäten in Kryptowährungen einer besonderen Regelung im Hinblick auf den Anlegerschutz unterworfen. In diesem Staat beheimatete Finanzdienstleister müssen über die sog. **BitLicense** verfügen, um Aktivitäten wie die Emission, den Handel oder die Verwaltung von Kryptowährungen durchführen zu können.[611] Der Grundgedanke dieses Gesetzes ist, dass die Anbieter der neuen Technologien wegen ihrer besonderen Gefahren einer stärkeren Regulierung und Beaufsichtigung bedürfen. Die BitLicense hat jedoch zu einem Exodus von Kryptodienstleistern aus dem Staat New York geführt. In anderen US-Bundesstaaten verfolgte ähnliche Projekte[612] wurden danach fallengelassen. 577

Einige Staaten, wie zB Liechtenstein, Malta oder die Seychellen, stehen der Kryptoindustrie besonders freundlich gegenüber. Dasselbe gilt auch für die **Schweiz.** Sie hat für das Angebot von Kryptodienstleistungen eine besondere Sandbox geschaffen, innerhalb derer Unternehmen **ohne Bewilligung und Kontrolle** durch die FINMA ihre Dienstleistungen erbringen können.[613] Um von diesem Innovationsraum Gebrauch zu machen, dürfen bestimmte Schwellenwerte nicht überschritten werden. Hierbei wird auf die Definition der **Gewerbsmäßigkeit** in Art. 6 Bankenverordnung abgestellt. Ein Unternehmer handelt nicht gewerbsmäßig, wenn er dauernd mehr als 20 Publikumseinlagen oder sammelverwahrte kryptobasierte Vermögenswerte entgegennimmt oder sich öffentlich dafür empfiehlt, wenn deren Gesamtwert höchstens 1 Million Franken beträgt.[614] Zudem darf mit diesen Einlagen kein Zinsdifferenzgeschäft betrieben werden. Hierdurch sollen Mini-Banken im Rahmen der Sandbox vermieden werden, indem das Zinsdifferenzgeschäft samt den in der Fristentransformation gelegenen Risiken den Vollbanken vorbehalten bleibt.[615] Zusätzlich müssen 578

609 Beispielhaft s. SEC Press Release 2021-147, https://www.sec.gov/news/press-release/2021-147; SEC Litigation Release No. 25198, https://www.sec.gov/litigation/litreleases/2021/lr25198.htm; SEC Litigation Release No. 25262, https://www.sec.gov/litigation/litreleases/2021/lr25262.htm; SEC v. Telegram, 19. Civ. 9439, https://www.sec.gov/litigation/complaints/2019/comp-pr2019-212.pdf; und viele weitere.

610 CFTC, Coinflip, Inc., d/b/a Derivabit, and Francisco Riordan, CFTC Docket No. 15-29.

611 New York Codes, Rules and Regulations (CRR-NY), Title 23, Part 20; CFTC v. Gelfman Blueprint, Inc., Case No. 17-7181 (S.D.N.Y. eingereicht am 21.9.2017); CFTC v. McDonell, 287 F. Supp. 3d 213, 228 (E.D.N.Y. 6.3.2018); CFTC v. My Big Coin Pay, Inc., 334 F. Supp. 3d 492, 495-98 (D. Mass. 2018); CFTC v. Reynolds, (S.D.N.Y. 2.3.2021) Comm. Fut. L. Rep. P 34,935 Rn. 25; und viele weitere.

612 S. für Kalifornien den Vorschlag eines „Virtual Currency Act" (AB 1489, 2019–2020), sowie auch „Virtual currency: payment for goods and services" (AB 2689, 2021–2022).

613 Möslein/Omlor FinTech-HdB/*Bertschinger* § 37 Rn. 8.

614 Für Kritik an diesem niedrigen Schwellenwert s. Möslein/Omlor FinTech-HdB/*Bertschinger* § 37 Rn. 34; Klebeck/Dobrauz Rechtshandbuch Digitale Finanzdienstleistungen/*Leimgruber/Flückiger*, 49.

615 Eidgenössisches Finanzdepartement (EFD), Revision der Bankenverordnung (BankV) „FinTech-Bewilligung", Erläuterungen, 30.11.2018, S. 11.

Einleger, bevor sie eine Einlage tätigen, in Kenntnis gesetzt werden, dass keine Aufsicht durch die FINMA erfolgt und die Einlagen nicht von der Einlagensicherung erfasst werden. Dieser Hinweis hat schriftlich oder auf eine andere Weise, welche den Nachweis durch Text ermöglicht, zu erfolgen. Ein Hinweis in den allgemeinen Geschäftsbedingungen ist nicht ausreichend. Hingegen soll ein Hinweis auf der Website des Dienstleisters ausreichend sein, sobald der Disclaimer von anderen Informationen isoliert dargestellt wird und eine Kenntnisnahme durch den Einleger ausdrücklich erfolgt.[616] Bei Überschreiten der Schwellenwerte ist binnen zehn Tagen eine Meldung an die FINMA zu erstatten. Anschließend muss innerhalb von 30 Tagen ein Bewilligungsgesuch eingereicht werden. Bis zur rechtskräftigen Entscheidung über die Erteilung der Bewilligung kann die FINMA dem Gesuchsteller untersagen weitere Publikumseinlagen entgegenzunehmen (Art. 6 Abs. 4 Bankenverordnung).

579 Viele **andere Staaten** stehen der Kryptoindustrie skeptisch bis ablehnend gegenüber. Sie verbieten oder beschränken den Handel mit Kryptowerten und engen den Zugang ihrer Bürger zu Kryptodienstleistungen ein. Entsprechende Verbote oder Beschränkungen existieren zB in der Volksrepublik China, in Russland, der Türkei, Kasachstan oder Ägypten.[617] Viele dieser Verbote gelten extraterritorial, dh sie erstrecken sich auch auf das Angebot von Kryptowerten und -dienstleistungen aus dem Ausland.

580 **5. Räumlicher Anwendungsbereich. a) Räumlicher Anwendungsbereich des EU-Rechts.** Soweit Kryptowerte unter das **traditionelle Finanzmarktrecht** fallen, gelten die bisher getroffenen kollisionsrechtlichen Erwägungen für sie in vollem Umfang. Das ist insbesondere für *security token* der Fall. Diese unterliegen den Transparenzpflichten nach der Prospekt-VO sowie den Vorschriften des WpHG innerhalb deren räumlichen Anwendungsbereichs.

581 Für die **MiCAR** und die ihr unterfallenden Kryptowerte gelten besondere Erwägungen. Der räumlich-persönliche Anwendungsbereich der Verordnung erstreckt sich auf „natürliche und juristische Personen und bestimmte andere Unternehmen, die in der Union mit der Ausgabe, dem öffentlichen Angebot und der Zulassung zum Handel von Kryptowerten befasst sind oder die Dienstleistungen im Zusammenhang mit Kryptowerten erbringen" (Art. 2 Abs. 1 MiCAR). Entgegen dem missverständlichen Wortlaut sollen damit nicht nur in der Union tätige Personen und Unternehmen erfasst werden, sondern auch solche, die Kryptowerte und -dienstleistungen an Kunden in der Union erbringen. Es gilt mit anderen Worten das Marktortprinzip (→ Rn. 129 ff.).

582 Unter der MiCAR dürfen Personen, gleich wo sie sich befinden, **vermögenswertreferenzierte Token** nicht öffentlich in der Union anbieten oder ihre Zulassung zum Handel in der Union beantragen, es sei denn, sie erfüllen die Voraussetzungen des Art. 16 MiCAR. Entsprechendes gilt für die Emittenten von **E-Geld Token** nach Art. 48 MiCAR. Das Angebot von anderen Kryptowerten – dh solchen, die weder vermögenswertreferenzierte Token noch E-Geld Token sind – in der Union unterliegt den Anforderungen des Art. 4 MiCAR. Personen, welche die Zulassung solcher Kryptowerte zum Handel in der Union beantragen möchten, müssen die Bedingungen des Art. 5 MiCAR erfüllen und die Pflichten des Art. 14 MiCAR einhalten.

583 Die Erbringer von **Kryptodienstleistungen** in der Union, wie zB die Verwahrung von Kryptowerten oder der Betrieb einer Handelsplattform für diese, bedürfen der Zulassung durch die zuständige Behörde eines Mitgliedstaats (Art. 59 Abs. 1 MiCAR). Auch die Regelungen über die **Übernahme von Emittenten vermögenswertreferenzierter Token** haben einen weiten extraterritorialen Anwendungsbereich, denn sie gelten unabhängig davon, wo sich der Übernehmer befindet (s. Art. 41 MiCAR).

584 **b) Räumlicher Anwendungsbereich des deutschen Rechts.** Auch im deutschen Recht finden sich vereinzelt Erlaubnistatbestände für die Erbringung bestimmter Krypto-Dienstleistungen. Diese betreffen Dienstleistungen, die nicht von der MiCAR erfasst sind (zB die Führung eines Kryptowertpapierregisters nach § 1 Abs. 1a Nr. 8 KWG, dazu → Rn. 586).[618] Ihre Reichweite richtet sich daher nach den Erwägungen über dessen Anwendungsbereich (→ Rn. 224 ff.). Daher kommt es darauf an, ob zumindest Teilakte der Dienstleistung auf deutschem Territorium erbracht werden. Soweit das nicht der Fall ist, greift das deutsche Aufsichtsrecht nicht ein.

585 Das **eWpG** enthält keine Bestimmung über seinen räumlichen Anwendungsbereich. Die Kollisionsnorm des § 32 eWpG gilt lediglich für die privatrechtlichen Aspekte, nicht jedoch für die

---

616 FINMA Rundschreiben 2008/3, Publikumseinlagen bei Nichtbanken, Rn. 8.3.

617 Rechtsvergleichender Überblick bei *Lehmann/Morishita* in Lehmann/Morishita, Cryptocurrencies – The Impossible Domestic Law Regime? (im Erscheinen).

618 Die Reichweite des KWG wurde durch die MiCAR zurückgedrängt, s. *John/Patz* BKR 2023, 849; *Maume/Siadat* NJW 2023, 1168 (1170–1171).

regulatorischen Vorschriften des Gesetzes. Der Anwendungsbereich letzterer ist nach dem Sinn und Zweck des Gesetzes unter Berücksichtigung dessen Inhalts festzustellen.

Das eWpG ist vor allem auf den **Registerführer** ausgerichtet. Dieser wird verschiedenen Pflichten und der Aufsicht der BaFin unterworfen (→ Rn. 573). Die Kryptowertpapierregisterführung bedarf zudem einer Erlaubnis nach § 1 Abs. 1a Nr. 8 KWG, über deren Notwendigkeit nach § 32 KWG zu entscheiden ist. Daher scheint es sinnvoll, den internationalen Anwendungsbereich des eWpG parallel zu dieser Norm zu bestimmen. Das eWpG ist danach einschlägig, soweit die Registerführung auf deutschem Territorium erfolgt.[619] Dazu müssen wesentliche Teilakte der Registerführung auf deutschem Territorium stattfinden (→ Rn. 588 ff.). Dies umfasst beispielsweise die Aktualisierung des Registers oder die Überwachung der Sicherheitsvorkehrungen. Da die Registerführung allein durch den Registerführer erfolgt und nicht durch den Inhaber der Kryptowerte, kommt die Präzisierung der Teilaktstheorie (→ Rn. 228 ff.) hier nicht zum Tragen, so dass allein die Aktivitäten des Registerführers maßgeblich sind. Zumindest ein wesentlicher Teil dieser Aktivitäten muss in Deutschland stattfinden, damit der räumliche Anwendungsbereich des eWpG eröffnet ist. Nur das entspricht auch den aufsichtsrechtlichen Bedürfnissen, zB nach örtlichen Begehungen. 586

Es stellt sich zudem die Frage, ob auch **Emittenten mit Sitz außerhalb Deutschlands und/ oder in ausländischer Rechtsform** elektronische Wertpapiere nach dem eWpG begeben können. Dem scheint die Begründung der Bundesregierung entgegenzustehen, nach der das Gesetz dazu dient, dass „[d]ie deutsche Finanzindustrie […] möglichst ohne großen Umstellungsaufwand die Vorteile elektronischer Wertpapiere nutzen können" soll.[620] Die letztgenannte Formulierung deutet auf eine räumliche Begrenzung des Gesetzes auf deutsche Emittenten hin, zB solche mit tatsächlichem Verwaltungssitz im Inland oder in deutscher Rechtsform. Eine solche zusätzliche räumliche Beschränkung neben dem Ort der Registerführung ist jedoch – sollte sie überhaupt intendiert sein – abzulehnen. Es steht ausländischen Emittenten frei, Schuldverschreibungen nach deutschem Recht zu begeben; ebenso können ausländische Kapitalverwaltungsgesellschaften Investmentfonds nach deutschem Recht auflegen. Folgerichtig muss es ihnen ebenfalls möglich sein, solche Schuldverschreibungen und die Anteile an diesen Investmentfonds nach dem eWpG mittels eines elektronischen Wertpapierregisters zu begeben. Dabei handelt es sich lediglich um eine andere Form der Emission desselben Instruments. Nur diese Auffassung steht im Einklang mit dem Bekunden der Bundesregierung, mit Hilfe des eWpG die „Attraktivität des hiesigen Finanzstandorts" und die „Öffnung des deutschen Rechts für innovative Technologien" fördern zu wollen.[621] Die Attraktivität des deutschen Rechts und des Finanzstandorts Deutschland würde kaum verbessert, wenn innovative Technologien wie die Begebung von Wertpapieren mittels eines elektronischen Wertpapierregisters nur inländischen und nicht auch ausländischen Unternehmen zugänglich wären. Eine solche persönliche Beschränkung des räumlichen Anwendungsbereichs wäre auch schwerlich mit den Grundfreiheiten des EU-Rechts, insbesondere der Niederlassungsfreiheit, vereinbar. Schließlich würde sie ausländische Emittenten trotz Wahl des deutschen Rechts schlechter stellen als inländische Emittenten. Daher ist davon auszugehen, dass auch ausländische Emittenten das eWpG für die Emission elektronischer Wertpapiere nutzen können, soweit das Register zu wesentlichen Teilen in Deutschland geführt wird. 587

6. Territoriale Beschränkungen. Das EU-Recht erlaubt nicht jedem Anbieter das Angebot von Kryptowerten und die Erbringung von Kryptodienstleistungen, sondern unterwirft diese strengen territorialen Beschränkungen. Diese gelten **in Abhängigkeit der angebotenen Kryptowerte oder Dienstleistungen.** 588

Die geringsten Anforderungen bestehen nach der MiCAR für die **Emittenten von Kryptowerten, die weder vermögenswertreferenzierte noch E-Geld Token** sind, also zB *utility token*. Diese Emittenten können sowohl in der EU als auch außerhalb dieser ansässig sein.[622] Für die Zwecke der Regulierung und Aufsicht ist es jedoch in jedem Fall notwendig, einen „Herkunftsmitgliedstaat" zu definieren. Der Behörde des Herkunftsstaats müssen zB das Whitepaper und die Marketingmitteilungen übermittelt werden (Art. 8 Abs. 1, 2 MiCAR), und das Whitepaper muss – falls nicht in einer in der internationalen Finanzwelt gebräuchlichen Sprache (Englisch) – in der Amtssprache des Herkunftsstaats abgefasst sein (Art. 6 Abs. 9 MiCAR). Der Herkunftsmitgliedstaat ist in der MiCAR definiert als 1. der Staat des Sitzes in der EU; 2. bei einem Sitz in einem Drittland der Staat der Zweigniederlassung in der EU, den der Emittent auswählt; oder 3. bei Fehlen von Sitz und Zweigniederlassung in der EU der Staat des ersten öffentlichen Angebots von Kryptowerten in 589

619 Ebenso Müller/*Pieper*, 2022, eWpG § 1 Rn. 28.

620 RegE Gesetz zur Einführung von elektronischen Wertpapieren, BT-Drs. 16/26925, 29.

621 RegE Gesetz zur Einführung von elektronischen Wertpapieren, BT-Drs. 16/26925, 29.

622 Zum räumlichen Anwendungsbereich der MiCAR s. auch *Krönke* RDi 2024, 1 (3).

der Union oder des ersten Antrags der Zulassung zum Handel, soweit der Antragsteller letzteres wählt (Art. 3 Abs. 1 Nr. 33 lit. a–c MiCAR). Diese Definition ist an die des Art. 4 Abs. 1 Nr. 55 MiFID II angelehnt, weicht aber insofern ab, als sie auch auf einfache Zweigniederlassungen oder auf das Angebot oder den Antrag der Zulassung zum Handel abstellt und dem Emittenten Wahlrechte zwischen mehreren Staaten einräumt. Diese sind insofern unbedenklich, als die MiCAR die regulatorischen Anforderungen innerhalb der Union vereinheitlicht. Der in Art. 3 Abs. 1 Nr. 33 MiCAR verwandte Begriff des „Sitzes" ist als Satzungssitz zu verstehen, wie aus den anderen Sprachfassungen folgt (*registered office, siège statutaire*).[623]

590 **Emittenten von vermögenswertreferenzierten Token und von E-Geld Token** können nur juristische Personen oder andere Unternehmen, die in der EU niedergelassen sind und von der zuständigen Behörde ihres Herkunftsmitgliedstaats eine Zulassung erhalten haben, oder CRR-Kreditinstitute sein (Art. 16 Abs. 1 MiCAR iVm Art. 3 Abs. 1 Nr. 28 MiCAR). Herkunftsmitgliedstaat ist bei Emittenten vermögenswertreferenzierter Token der Mitgliedstaat des (Satzungs-)Sitzes, bei E-Geld Token der Staat der Zulassung als Kreditinstitut (Art. 3 Abs. 1 Nr. 33 lit. d, e MiCAR). Anbieter außerhalb der Union dürfen damit innerhalb der EU – dh Personen mit gewöhnlichem Aufenthalt in der EU – keine Token der genannten Arten anbieten. Dies wird im Hinblick auf die Erstreckung der Verordnung auf den EWR auf Anbieter aus Norwegen, Liechtenstein und Island auszuweiten sein, bedeutet aber dennoch eine bedeutsame Einschränkung des Zugangs zum Binnenmarkt.

591 **Anbieter von Kryptodienstleistungen,** wie der Kryptoverwahrung oder des Handels von Kryptowerten auf Plattformen, können entweder juristische Personen und andere Unternehmen oder bestimmte zugelassene und beaufsichtigte Institute sein (Art. 59 Abs. 1 MiCAR). Die juristischen Personen oder anderen Unternehmen müssen gleich drei räumliche Anforderungen erfüllen: 1. sie müssen ihren Sitz innerhalb des Mitgliedstaats haben, in dem sie zumindest einen Teil ihrer Krypto-Dienstleistungsgeschäfte ausführen, 2. der Ort ihrer tatsächlichen Geschäftsführung muss sich in der Union befinden, sowie 3. einer der Geschäftsführer muss in der Union ansässig sein (Art. 59 Abs. 2 MiCAR). Die erste Anforderung bezieht sich auf den Satzungssitz (vgl. die englische und französische Sprachfassung), die zweite auf den Verwaltungssitz. Die dritte, auf den Geschäftsführer bezogene Anforderung ist neu und dient offenbar der Sicherung einer realen Verbindung zur EU, da angesichts der Möglichkeiten von Online-Kommunikation und Video-Meetings der Geschäftsführung selbst der Verwaltungssitz nicht länger gesichert verortet werden kann. Der Anbieter von Kryptodienstleistungen bedarf einer Zulassung durch die zuständige Aufsichtsbehörde des Herkunftsmitgliedstaats nach Art. 63 MiCAR. Der Herkunftsmitgliedstaat wird dabei durch den (Satzungs-)Sitz definiert (Art. 3 Abs. 1 Nr. 33 lit. f MiCAR).

592 Die Liste der **zugelassenen und beaufsichtigten Institute** in Art. 59 Abs. 1 lit. b MiCAR ist wesentlich länger als bei den möglichen Emittenten von vermögenswertreferenzierten Token und von E-Geld Token. Neben CRR-Kreditinstituten umfasst sie auch Zentralverwahrer iSd CSDR,[624] Wertpapierfirmen iSd MiFID II (s. Art. 3 Abs. 1 Nr. 29 MiCAR), Marktteilnehmer,[625] E-Geld-Institute iSd E-Geld-Richtlinie,[626] OGAW-Verwaltungsgesellschaften (Art. 2 Abs. 1 lit. b OGAW-RL) oder Verwalter alternativer Investmentfonds (Art. 2 Abs. 1 lit. b AIFM-RL). Diese weite Fassung dient dazu, den Krypto-Dienstleistungsmarkt weiteren beaufsichtigten Akteuren zu öffnen.

593 Klärungsbedürftig ist noch der Begriff der **„anderen Unternehmen"**, welche vermögenswertreferenzierte Token und E-Geld Token emittieren sowie Kryptodienstleistungen erbringen können (s. Art. 16 Abs. 1 lit. a und Art. 59 Abs. 1 lit. a MiCAR). Dieser verlangt keine Rechtspersönlichkeit, jedoch muss ihre „Rechtsform ein Schutzniveau in Bezug auf die Interessen Dritter sicherstell[en], das dem durch juristische Personen gewährten Schutzniveau gleichwertig ist"; außerdem müssen sie „einer gleichwertigen, ihrer Rechtsform entsprechenden prudentiellen Aufsicht unterliegen" (Art. 16 Abs. 1 UAbs. 3 und Art. 59 Abs. 3 MiCAR).[627] Diese Anforderungen können sowohl auf materiell-rechtlicher als auch auf internationaler Ebene eine Rolle spielen. Einerseits sollte man verlangen, dass die jeweilige Rechtsform innerhalb des nationalen Rechts ein der juristischen Person gleichwertiges Schutzniveau garantiert, insbesondere eine haftende Person, die auch beaufsichtigt

623 So auch *Fritz* BKR 2023, 747 (749).

624 VO (EU) 909/2014 des Europäischen Parlaments und des Rates vom 23.7.2014 zur Verbesserung der Wertpapierlieferungen und -abrechnungen in der Europäischen Union und über Zentralverwahrer, ABl. 2014 L 257, 1.

625 Der Begriff ist in der MiCAR nicht definiert, wird aber in der MiFID II verwendet, s. zB Art. 4 Abs. 1 Nr. 25 lit. b MiFID II.

626 RL 2009/110/EG des Europäischen Parlaments und des Rates vom 16.9.2009 über die Aufnahme, Ausübung und Beaufsichtigung der Tätigkeit von E-Geld-Instituten, ABl. EU 2009 L 267, 7.

627 Zu Personengesellschaften und Einzelkaufleuten s. *Fritz* BKR 2023, 747 (748–749).

wird. Andererseits muss auch international eine Vergleichbarkeit ausländischer Rechtsformen mit denen der juristischen Person gewährleistet sein. Dies dürfte bei vielen Personengesellschaften der Fall sein. Fraglich ist dagegen, ob auch sog. Dezentrale Autonome Organisationen (DAOs) diese Anforderungen erfüllen.[628] Das könnte dann der Fall sein, wenn diese in einem bestimmten Staat registriert und beaufsichtigt sind. Zivilrechtliche Regime für DAOs stellen einige Bundesstaaten der USA und die Marshall Islands zur Verfügung;[629] diese führen jedoch meist nicht zu einer prudentiellen Aufsicht. Daher können auch inkorporierte DAOs keine vermögenswertreferenzierten Token und E-Geld Token emittieren oder Kryptodienstleistungen erbringen.

Die qualifizierten Unternehmen und Institute dürfen Kryptodienstleistungen in der gesamten Union im Wege des grenzüberschreitenden Dienstleistungsverkehrs erbringen, ohne dass es einer physischen Präsenz im jeweiligen Mitgliedstaat bedarf (Art. 59 Abs. 7 MiCAR). Es gilt das Prinzip des **europäischen Passes** (→ Rn. 82 ff.). 594

Erlaubnisfrei bleibt die ***reverse solicitation*** (Art. 61 MiCAR). Die Kunden können sich daher selbst an drittstaatliche Anbieter wenden und deren Dienstleistungen in Anspruch nehmen. Der leider völlig verunglückte deutsche Wortlaut des Art. 61 MiCAR erweckt den falschen Eindruck, als ob der Kunde die Dienstleistung selbst erbringen würde. 595

Insgesamt führen die Vorschriften der MiCAR zu einer sehr engen territorialen Begrenzung von Kryptoangeboten in der Union. Diese führen zu einer **Abschottung des Binnenmarkts** gegenüber drittstaatlichen Anbietern. Eine solche „Fortress Europe" mag zu einer höheren Sicherheit für Investoren führen und sogar als eine Art Herkunftslabel von Emittenten und Dienstleistern begehrt sein.[630] Sie könnte aber auch umgekehrt dazu führen, dass Anbieter die EU meiden, diese von technologischen Errungenschaften abgekoppelt wird und den europäischen Anlegern lukrative Anlagechancen vorenthalten bleiben werden. Welche dieser beiden Möglichkeiten sich materialisieren wird, ist derzeit offen. 596

7. Kooperation. Die MiCAR sieht Vorschriften über die Zusammenarbeit der Mitgliedstaaten untereinander und mit den europäischen Aufsichtsbehörden EBA und ESMA vor (Art. 95 f. MiCAR). Dagegen gibt es **kaum Regelungen über die internationale Kooperation.** Eine Zusammenarbeit mit drittstaatlichen Behörden ist lediglich für Tätigkeiten von Krypto-Emittenten und Dienstleistern vorgesehen, die *außerhalb* des Anwendungsbereichs der Verordnung fallen (Art. 98 MiCAR). Ein **Äquivalenzregime,** wie es in vielen anderen EU-Rechtsakten existiert, **fehlt** ebenfalls. Die EU begibt sich damit in eine isolationistische Position. Entweder ist ihr Recht anwendbar und der Anbieter in der EU ansässig, oder das Angebot gegenüber EU-Kunden ist völlig ausgeschlossen. Dies läuft der globalen Natur der Kryptoindustrie diametral zuwider. 597

C. Internationales Finanzmarktstrafrecht

I. Grundlagen

1. Gegenstand. Das **Finanzmarktstrafrecht** umfasst alle Normen, die als Rechtsfolge der Verletzung von Finanzmarktrecht eine Strafe im weiteren Sinn vorsehen. Der Begriff der Strafe im weiteren Sinne umfasst sowohl Strafen im engeren Sinn (Freiheits- und Geldstrafen) als auch Geldbußen.[631] Zum Finanzmarktstrafrecht gehört daher neben dem Strafrecht im engeren Sinne auch das Ordnungswidrigkeitenrecht. 598

Das **Internationale Finanzmarktstrafrecht** besteht aus Kollisionsnormen, welche über die Anwendung des Finanzmarktstrafrechts in Fällen mit Auslandsberührung bestimmen. Insbesondere legt es die räumliche Reichweite der Vorschriften fest, welche die Verletzung des Finanzmarktrechts sanktionieren. 599

2. Rechtsquellen. Das **EU-Recht** enthält traditionell kaum Vorgaben für das nationale Strafrecht. Die meisten Richtlinien klammerte diesen Bereich aus (s. etwa Art. 28 Transparenz-RL; 600

628 Krit. *Könke* RDi 2024, 1 (3).

629 Vermont, An act relating to blockchain business development, No. 20; Wyoming, An act relating to corporations; providing for the formation and management of decentralized autonomous organizations; providing definitions; and providing for an effective date, No. 73 (SF0038); Tennessee, Tenn. Code Ann 48-250-101 ff.; Republic of the Marshall Islands, An Act to provide for the formation and management of decentralized autonomous organizations as domestic limited liability companies pursuant to the Limited Liability Company Act 1996, Chapter 4 of Title 52.

630 S. hierzu auch *Lehmann* ÖBA 2023, 248 (255–257).

631 BVerfGE 27, 18 (29 f.) = NJW 1969, 1619 = DÖV 1969, 715.

Art. 51 MiFID I). Nach früher in Deutschland hM fehlte der Gemeinschaft die Kompetenz, strafrechtliche Regelungen zu erlassen.[632] Als Argument dafür wurde unter anderem auf einige ausdrückliche Ausnahmen strafrechtlicher Regelungen von den Zuständigkeitsvorschriften des Gemeinschafts- und Unionsrechts hingewiesen (Art. 135 S. 2 EGV, Art. 280 Abs. 4 S. 2 EGV aF). Schon bisher ging es jedoch zu weit, aus diesen Bestimmungen eine allgemeine „Europarechtsresistenz" des Strafrechts abzuleiten, denn das EU-Recht ist blind für die Kategorisierungen der nationalen Rechte und wirkt sich ebenso wie auf das Zivilrecht und das öffentliche Recht auch auf das Strafrecht aus. Mit dem Inkrafttreten des Vertrags von Lissabon soll sich die Situation auch nach den Vertretern der bislang hM geändert haben.[633] Dieser hat die früher vorhandenen Ausnahmen für den Bereich des Strafrechts aus dem Primärrecht getilgt. Schon heute sieht auch das Sekundärrecht eigene Bußgeldtatbestände vor, darunter auch für den Bereich der Regulierung der Finanzmärkte (Art. 23e, 36a Rating-VO). Diese europäischen Bußgeldtatbestände sind von den Gerichten der Mitgliedstaaten unmittelbar anzuwenden und wie nationales Recht zu vollziehen. Über ihren internationalen Anwendungsbereich bestimmen sie selbst. Auch im Bereich des Richtlinienrechts, das von den Mitgliedstaaten in nationales Recht zu transformieren ist, finden sich inzwischen spezielle Rechtsakte zum Finanzmarktstrafrecht: Bei der Reform der Marktmissbrauchs-RL wurde neben der neu geschaffenen MAR eine eigene Richtlinie über strafrechtliche Sanktionen bei Marktmanipulation erlassen **(Marktmissbrauchs-RL).**[634]

601 Die wichtigste Quelle des Finanzmarktstrafrechts ist jedoch nach wie vor das **nationale Recht.** In Deutschland finden sich strafrechtliche Vorschriften in der Regel in den jeweiligen Finanzmarktgesetzen. Praktisch bedeutsam sind wegen der hohen Strafdrohung vor allem die unerlaubte Erbringung von Bankgeschäften oder Finanzdienstleistungen im Inland (§ 54 Abs. 1 Nr. 2 KWG). Daneben gibt es eine ganze Reihe weiterer Straf- und Bußgeldtatbestände (s. zB § 35 WpPG; §§ 28–30 VermAnlG; §§ 339 f. KAGB; § 60 WpÜG; §§ 49 f. BörsG). Sie gehören zum Nebenstrafrecht. Es ist als Annex zum Aufsichtsrecht konzipiert und soll dessen Verletzung sanktionieren. Die Voraussetzungen der Strafbarkeit sind daher beinahe vollständig mit denen des Aufsichtsrechts identisch. Die Anknüpfung der Strafvorschriften ist dem nationalen Recht zu entnehmen.

602 **3. Zuständigkeit und anzuwendendes Recht.** Für die Anwendung der Vorschriften des Finanzmarktstrafrechts im engeren Sinne ist die Staatsanwaltschaft zuständig. Soweit es sich um Ordnungswidrigkeiten handelt, ist dagegen die Zuständigkeit der BaFin begründet (§ 36 Abs. 1 Nr. 1 OWiG iVm zB § 60 KWG, § 121 WpHG), es sei denn, die Tat ist zugleich eine Straftat (vgl. § 40 OWiG). Staatsanwaltschaft und BaFin verfolgen nur Delikte nach deutschem Recht. Es besteht damit ein **strikter Gleichlauf:** Die Kollisionsregeln des Internationalen Finanzmarktstrafrechts entscheiden zugleich über die Zuständigkeit deutscher Behörden und die Anwendbarkeit deutschen Rechts (→ Rn. 105 ff.). Das schließt nicht aus, dass ausländisches Recht über bestimmte Vorfragen entscheidet, wie zB das zivilrechtliche Eigentum an gewissen Gegenständen oder die Existenz einer Gesellschaft.[635]

603 **4. Bedeutung des Analogieverbots und des Bestimmtheitsgrundsatzes.** Im Internationalen Finanzmarktstrafrecht sind – insbesondere im Vergleich zum Internationalen Finanzmarktaufsichtsrecht – einige Besonderheiten zu beachten. Dazu gehört der mit Verfassungsrang ausgestattete Grundsatz ***nulla poena sine lege*** (Art. 103 Abs. 2 GG, § 1 StGB, Art. 7 EMRK). Aus ihm folgt zum einen das Verbot der analogen Anwendung von Strafrechtsnormen zulasten des potentiellen Täters.[636] Zum anderen lässt sich aus ihm der Bestimmtheitsgrundsatz ableiten, dem zufolge der Gesetzgeber die Voraussetzungen der Strafbarkeit so konkret umschreiben muss, dass der potentielle Täter die Tragweite und den Anwendungsbereich der Straftatbestände zum Zeitpunkt der Tat erkennen kann.[637]

---

[632] S. *Griese* EuR 1998, 462 (476); *Müller-Gugenberger* in Müller-Gugenberger/Bieneck, Wirtschaftsstrafrecht, 6. Aufl. 2015, § 6 Rn. 73 (aA nunmehr *Engelhart* in Müller-Gugenberger/Bieneck, Wirtschaftsstrafrecht, 7. Aufl. 2021, Rn. 6.78); *Veil* in Veil, Europäisches Kapitalmarktrecht, 2. Aufl. 2014, § 7 Rn. 4 (anders nunmehr *Veil* in Veil, Europäisches und deutsches Kapitalmarktrecht, 3. Aufl. 2022, § 3 Rn. 11).

[633] *Satzger,* Internationales und Europäisches Strafrecht, 10. Aufl. 2022, § 8 Rn. 20 ff.; ebenfalls die Bedeutung des Vertrages von Lissabon betonend *Engelhart* in Müller-Gugenberger/Bieneck, Wirtschaftsstrafrecht, 7. Aufl. 2021, Rn. 6.66, 6.76-6.79.

[634] RL 2014/57/EU vom 16. April 2014 über strafrechtliche Sanktionen bei Marktmanipulation vom 16.4.2014, ABl. EU 2014 L 173, 179.

[635] *Vgl. Mankowski/Bock ZStW 120* (2008), 704 ff.

[636] LK-StGB/*Dannecker/Schuhr,* 13. Aufl. 2020, StGB § 1 Rn. 238; Lackner/Kühl/*Kühl,* 30. Aufl. 2023, StGB § 1 Rn. 5.

[637] BVerfGE 25, 269 (285); 73, 206 (234); 75, 329 (341).

Wegen dieser Besonderheiten kann es bisweilen zu einem Auseinanderdriften von öffentlichem Recht und Strafrecht kommen. Im Extremfall führt dies zu einer sog. **gespaltenen Auslegung:** Ein und dieselbe Norm hat unterschiedliche Bedeutung, je nachdem, ob sie von den Aufsichts- oder den Strafbehörden angewandt wird.[638] Freilich ist dies nur dort der Fall, wo die Zwecke des Aufsichtsrechts eine analoge oder vom strikten Wortlaut des Gesetzes abweichende Auslegung notwendig machen. 604

II. Anknüpfungen des Internationalen Finanzmarktstrafrechts

1. Einfluss des Internationalen Strafrechts. a) Begriff. Das Strafgesetzbuch (StGB) enthält in Abschnitt 1 Titel 1 des Allgemeinen Teils Regelungen über seinen internationalen „Geltungsbereich" (§§ 3–7 StGB). Genau besehen betreffen diese jedoch nicht den Geltungsbereich des Gesetzes – der mit dem deutschen Territorium identisch ist –, sondern dessen räumlichen Anwendungsbereich (zur Unterscheidung zwischen Geltungs- und Anwendungsbereich → Rn. 123). Man bezeichnet diese Vorschriften auch als **„Internationales Strafrecht"**, ungeachtet dessen, dass dieser Ausdruck Verwechslungen mit dem Völkerstrafrecht nahelegt.[639] Die Regelungen des Internationalen Strafrechts finden kraft ausdrücklicher gesetzlicher Anweisung in Art. 1 Abs. 1 EGStGB auch auf das Nebenstrafrecht Anwendung. An ihrer grundsätzlichen Geltung für das Finanzmarktstrafrecht kann daher kein Zweifel bestehen.[640] Ausnahmen können sich allerdings aus supranationalem Recht ergeben (→ Rn. 617 ff.). 605

b) Anknüpfungsprinzipien. Den Regelungen des Internationalen Strafrechts liegen verschiedene **Anknüpfungsprinzipien** zugrunde, die zum Teil aus dem Völkerrecht stammen.[641] Die wichtigsten von ihnen werden im Folgenden auf ihre Relevanz aus finanzmarktrechtlicher Sicht überprüft. 606

Das **Territorialitätsprinzip** (§ 3 StGB) als Grundprinzip knüpft an den inländischen Tatort an. Dabei ist zu beachten, dass der Begriff des „Tatorts" jeden Ort umfasst, an dem der Täter gehandelt hat oder hätte handeln müssen (§ 9 Abs. 1 StGB). Eine Inlandstat liegt daher bereits dann vor, wenn nur ein Teilakt der Handlung auf deutschem Boden vorgenommen wurde.[642] Somit fällt die Erbringung von Bankgeschäften und Finanzdienstleistungen im Inland ohne die dazu notwendige Erlaubnis unter deutsches Strafrecht, wenn dafür notwendige Schritte im Inland vorgenommen wurden. Darüber hinaus ist als Tatort auch der Ort anzusehen, an dem der zum Tatbestand gehörende Erfolg eingetreten ist.[643] Das hat allerdings nur Bedeutung für sog. Erfolgsdelikte, nicht jedoch für die im Finanzmarktstrafrecht häufigen Tätigkeitsdelikte. Ein Beispiel eines Erfolgsdelikts ist die Marktmanipulation gemäß § 119 Abs. 1 WpHG, § 120 Abs. 15 Nr. 2 WpHG iVm Art. 15 MAR. 607

Das **Schutzprinzip** (§ 5 StGB) erlaubt es, negative Auswirkungen auf inländische Rechtsgüter nach deutschem Strafrecht zu ahnden. Allerdings beschränkt es sich auf die in § 5 StGB enumerativ aufgeführten Rechtsgüter. Darunter sind keine, die das Finanzmarktrecht schützen. Eine analoge Anwendung ist wegen des strafrechtlichen Analogieverbots (Art. 103 Abs. 2 GG, § 1 StGB, Art. 7 EMRK) ausgeschlossen (→ Rn. 603). Daher hat § 5 StGB für das Internationale Finanzmarktrecht keine Bedeutung. 608

Das **Universalitätsprinzip** (§ 6 StGB) kann herangezogen werden, um die Verletzung international geschützter Rechtsgüter strafrechtlich zu ahnden, unabhängig vom Tatort und der Staatsangehörigkeit von Opfer und Täter. Allerdings ist es auf die in § 6 StGB genannten Delikte beschränkt. Obwohl manchen von ihnen eine gewisse Nähe zum Finanzmarktrecht nicht abgesprochen werden kann (s. die Geld- und Wertpapierfälschung sowie die Fälschung von Zahlungskarten mit Garantiefunktion und Vordrucken von Euroschecks, § 6 Nr. 7 StGB), sind keine spezifisch finanzmarktrechtlichen Tatbestände darunter. Eine analoge Anwendung ist wiederum wegen des strafrechtlichen Analogieverbots ausgeschlossen (→ Rn. 603). 609

Das **passive Personalitätsprinzip** (§ 7 Abs. 1 StGB) knüpft an die Staatsangehörigkeit des Opfers an. Deutsches Strafrecht ist danach anzuwenden, wenn das Opfer ein Deutscher ist. Das setzt 610

---

638 *Schröder,* KapitalmarktstrafR-HdB, 4. Aufl. 2020, Rn. 124; *Popp* wistra 2011, 169 (174).

639 MüKoStGB/*Ambos,* 4. Aufl. 2020, StGB Vor § 3 Rn. 1.

640 S. *Kondring* WM 1998, 1369; *Nietsch,* Internationales Insiderrecht, 2004, 93; *Schuster,* Die internationale Anwendung des Börsenrechts, 1996, 469 f.

641 MüKoStGB/*Ambos,* 4. Aufl. 2020, StGB Vor § 3 Rn. 18–61; Schönke/Schröder/*Eser/Weißer,* 30. Aufl. 2019, StGB Vor §§ 3–9 Rn. 16–37; LK-StGB/*Werle/Jeßberger,* 12. Aufl. 2007, StGB Vor § 3 Rn. 216–256.

642 Kölner Komm WpHG/*Altenhain,* 2. Auf. 2014, WpHG § 38 Rn. 126; Schäfer/Hamann/*Schröder* WpHG § 38 Rn. 124.

643 MüKoStGB/*Ambos,* 4. Aufl. 2020, StGB § 9 Rn. 16; Schönke/Schröder/*Eser/Weißer,* 30. Aufl. 2019, StGB § 9 Rn. 6; LK-StGB/*Werle/Jeßberger,* 12. Aufl. 2007, StGB § 9 Rn. 21–41.

zunächst voraus, dass sich ein konkretes Opfer ermitteln lässt. Das ist im Finanzmarktrecht nicht immer der Fall, zB typischerweise nicht beim Insiderhandel, der darum auch als *victimless crime* bezeichnet wird.[644] Soweit ein konkretes Opfer ermittelt werden kann, ist weitere Voraussetzung, dass die Tat auch am Tatort mit Strafe bedroht ist. Die meisten Vorschriften des Finanzmarktstrafrechts schützen allerdings nur inländische Rechtsgüter und ahnden die Sanktionierung spezifischer inländischer Aufsichtsregeln (zB §§ 54–60b KWG, § 35 WpPG; §§ 28–30 VermAnlG; §§ 339 f. KAGB; § 60 WpÜG; §§ 49 f. BörsG). Es ist daher unwahrscheinlich, dass sie auch am ausländischen Tatort sanktioniert werden.

611 Das **aktive Personalitätsprinzip** (§ 7 Abs. 2 Nr. 1 StGB) greift ein, soweit der Täter zur Zeit der Tat Deutscher war. Weiter setzt es voraus, dass die Tat sowohl nach deutschem Recht als auch nach dem Recht des Tatorts mit Strafe bedroht ist. Hier bestehen dieselben Probleme wie beim passiven Personalitätsprinzip: Die meisten Vorschriften des Finanzmarktstrafrechts schützen nur inländische Rechtsgüter und ahnden die Sanktionierung spezifischer inländischer Aufsichtsregeln. Es ist daher nicht anzunehmen, dass sie auch am ausländischen Tatort unter Strafe stehen.

612 Das **Prinzip der stellvertretenden Strafrechtspflege** (§ 7 Abs. 2 Nr. 2 StGB) erlaubt es, in Deutschland ergriffene Täter ausländischer Staatsangehörigkeit, die eine Tat im Ausland begangen haben, nach deutschem Recht zu verurteilen. Voraussetzung ist, dass die Tat am Tatort mit Strafe bedroht ist und der Täter nicht ausgeliefert wird, obwohl eine Auslieferung grundsätzlich zulässig wäre. Der deutsche Staat führt in diesem Fall „stellvertretend" für den ausländischen Staat das Verfahren nach deutschem Recht. Das gilt allerdings nur, wenn die Tat auch nach deutschem Recht strafbar wäre. Die meisten Vorschriften des Finanzmarktstrafrechts schützen jedoch nur inländische Rechtsgüter und ahnden die Sanktionierung spezifischer inländischer Aufsichtsregeln, so dass eine Strafbarkeit nach deutschem Recht kaum in Betracht kommt.

613 **c) Bewertung.** Insgesamt hinterlässt das Internationale Strafrecht für das Finanzmarktrecht ein **gemischtes Bild.** In der Praxis hat in der Regel nur das Territorialitätsprinzip Bedeutung. Die meisten anderen Anknüpfungspunkte sind aus finanzmarktstrafrechtlicher Sicht unergiebig. Das bedeutet, dass Taten nur dann geahndet werden können, wenn sie – zumindest teilweise – im Inland begangen wurden. Dies steht in erheblichem Widerspruch zu dem im Internationalen Finanzmarktrecht sonst vorherrschenden Auswirkungsprinzip, welches Effekte auf das deutsche Territorium als Anknüpfungspunkt ausreichen lässt (→ Rn. 120). Eine solche Selbstbeschränkung ist nicht durch das Völkerrecht geboten, denn dieses erklärt nur die zwangsweise Durchsetzung eigenen Rechts im Ausland für unzulässig. Eine Anwendung auf im Ausland stattfindende Vorgänge ist durchaus zulässig (→ Rn. 125). Für den wichtigen Bereich des Insiderhandels und der Marktmanipulation ist der Anwendungsbereich des deutschen Rechts hingegen weiter als es die §§ 1–7 StGB nahelegen.

614 **2. Einfluss des Internationalen Finanzmarktaufsichtsrechts. a) Parallele Rechtsanwendung.** Außer durch die §§ 3–7 StGB wird das Internationale Finanzmarktstrafrecht durch das **Internationale öffentliche Aufsichtsrecht** determiniert. Dies liegt daran, dass die Vorschriften des Finanzmarktstrafrechts als Annex zum Aufsichtsrecht konzipiert sind. Da sie dessen Verletzung sanktionieren sollen, können sie nur insoweit einschlägig sein, als der räumliche Anwendungsbereich der Verbote eröffnet ist.

615 **b) Anknüpfungsprinzipien.** Der Anwendungsbereich der aufsichtsrechtlichen Normen wurde bereits erörtert (→ Rn. 224 ff., → Rn. 329 ff., → Rn. 367 ff., → Rn. 378 ff., → Rn. 421 ff., → Rn. 440 ff., → Rn. 454 ff., → Rn. 472 ff., → Rn. 506 ff., → Rn. 528 ff.). Die dazu gemachten Ausführungen sind daher auf das Internationale Finanzmarktstrafrecht **zu übertragen.** Dazu ein Beispiel: Die Straf- und Bußgeldvorschriften der §§ 54–60b KWG sanktionieren den Verstoß gegen Vorschriften des KWG. Deren internationaler Anwendungsbereich kann daher nicht weiter sein als der der verletzten Vorschriften. Im Fall der Verletzung der Erlaubnispflicht für das Betreiben von Bankgeschäften und die Erbringung von Finanzdienstleistungen ist daher zB die vertriebsbezogene Auslegung des § 32 KWG auch für das Strafrecht mittelbar relevant.

616 **3. Notwendigkeit der Doppelprüfung von Internationalem Strafrecht und Internationalem Finanzmarktaufsichtsrecht. a) Grundsatz.** Mit der heute einhelligen Lit. ist grundsätzlich von der Notwendigkeit einer **zweistufigen Prüfung** auszugehen: Eine Tat fällt nur dann in den Anwendungsbereich des deutschen Finanzmarktstrafrechts, wenn sowohl die Voraussetzungen des Internationalen Strafrechts als auch die des Internationalen Aufsichtsrechts erfüllt sind.[645] Weder

644 S. *Manne* 4 Cato J. 933, 937 (1984–85).

645 *Kondring* WM 1998, 1369 (1371); Kölner Komm WpHG/*Altenhain,* 2. Aufl 2014, WpHG § 38 Rn. 122; Assmann/Schneider/Mülbert/*Spoerr* WpHG § 120 Rn. 73; *Eichelberger,* Das Verbot der Marktmanipulation (§ 20a WpHG), 2006, 226 mwN zu älteren Gegenauffassungen.

die grundsätzliche Anwendbarkeit deutschen Strafrechts (§§ 3–7 StGB) noch die Verletzung deutschen Aufsichtsrechts genügen allein, um eine Zuständigkeit deutscher Strafverfolgungsbehörden zu begründen. Beide sind notwendige, aber nicht hinreichende Bedingung für die Anwendung deutschen Finanzmarktstrafrechts. Welche Stufe als erste geprüft werden muss, das Internationale Strafrecht oder das Internationale Aufsichtsrecht,[646] ist eine nur theoretische Frage, die offengelassen werden kann.

b) Ausnahme (Marktmissbrauchs-RL). Die zum früheren Recht ganz hM geht davon aus, dass die Doppelprüfung ausnahmslos zu vollziehen ist.[647] Das war jedoch bereits nach altem Recht zweifelhaft (→ 7. Aufl. 2018, Rn. 477 ff.). Erst recht ist dieser Auffassung unter dem neuen Recht zu widersprechen. Für die Delikte des **Insiderhandels und** der **Marktmanipulation** besteht eine besondere Regelung über den räumlichen Anwendungsbereich in **Art. 1 Abs. 2 Marktmissbrauchs-RL.** Nach Art. 1 Abs. 2 lit. a–c Marktmissbrauchs-RL erfassen die Vorschriften der Richtlinie alle Finanzinstrumente, die an einem geregelten Markt, einem MTF (→ Rn. 167) oder einem OTF (→ Rn. 168) gehandelt werden. Noch weitergehend erfasst Art. 1 Abs. 2 lit. d Marktmissbrauchs-RL sogar Finanzinstrumente, die nicht in der EU gehandelt werden, deren Kurs oder Wert aber von in der EU gehandelten Finanzinstrumenten abhängt oder sich auf sie auswirkt. Ein Beispiel dafür sind in den USA gehandelte Derivate (Futures oder Optionen) auf in der EU notierende Aktien. Die Vorschrift des Art. 1 Abs. 2 Marktmissbrauchs-RL verwirklicht damit das Schutzprinzip (→ Rn. 608) in Gestalt des Auswirkungsprinzips (→ Rn. 120): Der Ort des Verhaltens ist gleichgültig, solange es sich auf inländische Rechtsgüter auswirkt. 617

Eine ebenso weite Anknüpfung sieht Art. 1 Abs. 2 MAR für die Verbote des Insiderhandels und der Marktmanipulation vor. Diese sind auf Finanzinstrumente anzuwenden, die an geregelten Märkten, MTF und OTF in der EU gehandelt werden. Ebenso sind in Drittstaaten gehandelte Finanzinstrumente erfasst, deren Wert oder Preis von in der EU gehandelten Finanzinstrumenten abhängt oder sich auf diese auswirkt. 618

Der deutsche Gesetzgeber hat die weite Anknüpfung der Marktmissbrauchs-RL und der MAR in § 119 WpHG umgesetzt. Die Norm stellt außer der Manipulation inländischer Preise auch die Manipulation von Preisen an Märkten anderer EWR-Staaten unter Strafe (§ 119 Abs. 1 Nr. 2 WpHG). Für den Insiderhandel verweist sie auf die MAR mit ihrem weiten Anwendungsbereich (§ 119 Abs. 3 WpHG), der auch in anderen Mitgliedstaaten und sogar außerhalb der EU gehandelte Finanzinstrumente erfasst. Diese Vorschriften sind **Spezialregelungen** zu den Vorschriften des Internationalen Strafrechts im Allgemeinen Teil des StGB. Bei letzteren handelt es sich lediglich um einfache Bundesgesetze. Dass sie durch andere Gesetze verdrängt werden können, hebt Art. 1 EGStGB ausdrücklich hervor („soweit das Gesetz nichts anderes bestimmt"). 619

Dennoch könnten Zweifel bestehen, ob § 119 Abs. 1, 3 WpHG die Vorschriften des deutschen Internationalen Strafrechts tatsächlich verdrängt. Insbesondere stellt § 1 Abs. 2 WpHG nF im Gegensatz zur früheren Fassung nicht mehr ausdrücklich klar, dass sich der Anwendungsbereich des WpHG auf Marktmanipulation oder Insiderhandel durch Handlungen im Ausland erstreckt. Doch hat sich der Rechtszustand dadurch nicht geändert. Letztlich durchschlagend dafür ist ein **europarechtliches Argument:** Seit der Marktmissbrauchs-RL dienen die strafrechtlichen Vorschriften zur Bekämpfung von Insiderhandel und Marktmanipulation in § 119 Abs. 1, 3 WpHG unmittelbar der Umsetzung europäischen Rechts. Sie müssen daher richtlinienkonform ausgelegt und angewandt werden. Das europäische Recht kennt aber keine territorialen Einschränkungen, die denen des Internationalen Strafrechts des deutschen StGB vergleichbar wären. Es knüpft lediglich an den Verstoß gegen die Verbote des Insiderhandels, der Offenlegung von Insiderinformationen und der Marktmanipulation durch die MAR an. Die Feststellung eines Verstoßes ist vom Begehungsort weitgehend unabhängig (→ Rn. 440 f.). Die Anwendbarkeit europäischen Rechts folgt allein aus der Zulassung oder dem Handel des Finanzinstruments im EWR (Art. 1 Abs. 2 Marktmissbrauchs-RL und Art. 1 Abs. 2 MAR). Folglich können die Einschränkungen des territorialen Anwendungsbereichs des deutschen Strafrechts durch §§ 3 ff. StGB nicht auf die Verfolgung von Insiderhandel und Marktmissbrauch angewandt werden. 620

Daher ist davon auszugehen, dass § 119 Abs. 1, 3 WpHG die Regelungen des Internationalen Strafrechts im StGB komplett verdrängt und die Tatbestände des Insiderhandels und der Marktmanipulation auch auf Handlungen im Ausland anzuwenden sind. Die **praktische Folge** ist, dass der 621

---

646 Dazu Assmann/Schneider/Mülbert/*Spoerr* WpHG § 120 Rn. 73; Systematischer Kommentar zum StGB/*Hoyer,* 9. Aufl. 2017, StGB Vor § 3 Rn. 31.

647 S. *Kondring* WM 1998, 1369 (1371); Kölner Komm WpHG/*Altenhain,* 2. Aufl. 2014, WpHG § 38 Rn. 122; Assmann/Schneider/*Vogel,* 6. Aufl. 2012, WpHG § 38 Rn. 64; *Alt,* Der strafrechtliche Anlegerschutz vor Kursmanipulation, 2004, 352, 360; *Eichelberger,* Das Verbot der Marktmanipulation (§ 20a WpHG), 2006, 226; *Nietsch,* Internationales Insiderrecht, 2004, 124–126.

räumliche Anwendungsbereich des deutschen Strafrechts auf im Ausland begangene Taten erweitert wird. Dies entspricht den tatsächlichen Bedürfnissen: Für die Wirksamkeit des Insiderhandelsverbots und des Verbots der Marktmanipulation ist es unabdingbar, die Strafdrohung auch auf Auslandstaten zu erstrecken. Ansonsten könnte zB der Insider im Nicht-EWR-Gebiet, etwa in der Schweiz, straflos mit in Deutschland oder in Frankreich notierten Aktien handeln. Der Geltungsbereich des deutschen Rechts bleibt dagegen auf das Inland beschränkt. In manchen Fällen werden die deutschen Strafverfolgungsorgane zur Durchsetzung daher der Rechtshilfe durch ausländische Behörden bedürfen. Es ist jedoch keineswegs ausgeschlossen, dass der Täter nach der Tat deutsches Staatsgebiet betritt und im Inland verfolgt werden kann.

622 Die hier vertretene Auslegung verstößt nicht gegen den **Bestimmtheitsgrundsatz,** da sie zwingend aus der Akzessorietät des Strafrechts gegenüber dem Aufsichtsrecht folgt. Die extraterritoriale Anwendung deutschen Strafrechts auf Auslandstaten verletzt auch nicht **Völkerrecht.** Denn zum Völkergewohnheitsrecht gehört auch das Schutzprinzip in der besonderen Form des Auswirkungsprinzips (→ Rn. 120).[648] Dieses erlaubt den Schutz inländischer Rechtsgüter vor Handlungen oder Unterlassungen, die im Ausland vorgenommen werden, aber sich im Inland auswirken. Diese Inlandswirkung ist in Art. 1 Abs. 2 Marktmissbrauchs-RL und Art. 1 Abs. 2 MAR dadurch beschrieben, dass das Verhalten im EWR gehandelte Finanzinstrumente betreffen muss. Daneben ist eine besondere Spürbarkeit der Inlandswirkung, zB eine tatsächliche Auswirkung einer Marktmanipulation auf den inländischen Marktpreis, erforderlich.[649] Diese ist zum Teil bereits als ausdrückliche Voraussetzung in den Tatbestand der Strafnormen aufgenommen worden (s. zB das Erfordernis des Einwirkens in § 119 Abs. 1 WpHG).

623 **4. Sanktionierung ausländischer Verbote.** Mit Einführung der MAR und der Marktmissbrauchs-RL beruhen die Verbote des Insiderhandels und der Marktmanipulation nicht mehr auf mitgliedstaatlichem, sondern auf europäischem Recht. Zum Schutz der in der EU zugelassenen oder gehandelten Titel gelten damit einheitliche Vorschriften. Konsequenterweise hat der deutsche Gesetzgeber die Regelung des § 38 Abs. 5 WpHG aF aufgehoben, nach der ausländische Verbote den inländischen gleichstehen. Dieser Regelung bedarf es nicht mehr, da sich die Verbote aus EU-Regelungen ergeben. Damit sind die von dieser Vorschrift aufgeworfenen Zweifelsfragen erledigt.[650]

624 Jedoch ist nach wie vor bedenklich, dass der Gesetzgeber jedes Verhalten straflos lässt, das **in Drittstaaten gehandelte Titel** betrifft.[651] Mittlerweile können Insiderhandel und Marktmanipulation als Straftaten gegen universell geschützte Rechtsgüter angesehen werden, ähnlich dem Diebstahl oder dem Betrug. Warum diese selbst dann, wenn sie im Inland begangen werden, nur unter der Bedingung strafbar sein sollen, dass sie sich auf im EWR zum Handel zugelassene Titel beziehen, bleibt unerfindlich. In letzter Konsequenz könnte Deutschland zu einem Hort des Insiderhandels und der Marktmanipulation werden, da es diese Taten von seinem Gebiet aus zulässt, soweit sie „nur" Nicht-EWR-Staaten betreffen. Stattdessen sollten Taten, die in Drittstaaten gehandelte Finanzinstrumente betreffen und ihrem äußeren Erscheinungsbild nach den in der MAR verbotenen Handlungen entsprechen, ebenfalls geahndet werden. Das europäische Recht steht einer solchen internationalen Kooperation nicht entgegen.

625 **5. Kooperation mit ausländischen Strafverfolgungsbehörden.** Bei der Durchsetzung der **strafrechtlichen Normen** im engeren Sinne arbeiten die Staatsanwaltschaften mit den vergleichbaren Behörden anderer Staaten zusammen. Es gelten die allgemeinen Voraussetzungen der **Rechtshilfe in Strafsachen** (vgl. IRG).[652] Teilweise wird dies in den Finanzmarktgesetzen ausdrücklich klargestellt (§ 18 Abs. 9 WpHG; § 8 Abs. 4 WpÜG). Voraussetzung der Rechtshilfe ist damit grundsätzlich die gleichzeitige Strafbarkeit nach dem Recht des ersuchten und des ersuchenden Staats (§ 3 Abs. 1 IRG, § 43 Abs. 3 S. 1 Nr. 1 IRG, § 49 Abs. 1 Nr. 3 IRG). Es gilt das Prinzip der beiderseitigen Strafbarkeit. Eine Ausnahme davon besteht zwar für den europäischen Haftbefehl (§ 81 Nr. 4 IRG), doch zählen Finanzmarktdelikte nicht zu den einschlägigen Deliktsgruppen.[653] Über ausländische Rechtshilfeersuchen und über die Stellung eigener Ersuchen an ausländische Staaten entscheidet das Bundesministerium der Justiz im Einvernehmen mit dem Auswärtigen Amt (§ 74 Abs. 1 S. 1 IRG).

---

648 Speziell für das Strafrecht s. MüKoStGB/*Ambos,* 4. Aufl. 2021, StGB Vor § 3 Rn. 21–26.

649 Kölner Komm WpHG/*Altenhain,* 2. Aufl. 2014, WpHG § 38 Rn. 131; *Holzborn/Israel* WM 2004, 1948 (1949); *Spindler* NJW 2004, 3449.

650 Dazu → 6. Aufl. 2015, Rn. 482–489.

651 Ebenso Assmann/Schneider/*Vogel,* 6. Aufl. 2012, WpHG § 38 Rn. 68.

652 Gesetz über die Internationale Rechtshilfe in Strafsachen (IRG) idF der Bek. vom 27.6.1994, BGBl. 1994 I S. 1537.

653 S. Art. 2 Abs. 2 Rahmenbeschluss 2002/584/JI des Rates vom 13.6.2002 über den Europäischen Haftbefehl und die Übergabeverfahren zwischen den Mitgliedstaaten, ABl. EG 2002 L 190, 1.

Für die Ermittlung und Vollstreckung im Zusammenhang mit **Ordnungswidrigkeiten** gelten die allgemeinen Vorschriften über die **Kooperation in Verwaltungssachen.** Bevor die BaFin ausländischen Auskunftsersuchen entsprechen kann, hat sie zu untersuchen, ob diese im Zusammenhang mit strafrechtlichen Ermittlungen stehen.[654] Allerdings kann sie aufgrund einer Generalbewilligung des Bundesjustizministeriums iSd § 74 Abs. 1 S. 3 IRG selbst entscheiden, ob Rechtshilfe in Strafsachen zu gewähren ist.[655] 626

D. Internationales Finanzmarktprivatrecht

I. Grundlagen

1. Gegenstand. Gegenstand des Internationalen Finanzmarktprivatrechts sind **die kollisionsrechtlichen Auswirkungen finanzmarktrechtlicher Regelungen auf private Rechtsverhältnisse.** Entsprechend der Konzentration des Internationalen Finanzmarktrechts auf Maßnahmen der Regulierung (→ Rn. 66) sind lediglich regulatorische Einflüsse auf zivilrechtliche Verhältnisse zu untersuchen. Es geht zB darum, wie diese das auf Verträge anzuwendende Recht verändern oder eigene deliktsähnliche Haftungsgrundlagen begründen. 627

Beispiele solcher Regelungen finden sich etwa hinsichtlich der Erlaubnisbedürftigkeit von Bankgeschäften und Finanzdienstleistungen (§ 32 KWG), der Pflichten beim Vertrieb von EU-OGAW (§§ 309–311 KAGB) und EU-AIF (§§ 317–320 KAGB), der Wohlverhaltenspflichten beim Vertrieb von Finanzinstrumenten (§§ 63 ff. WpHG), der Prospekthaftung (§§ 21 ff. WpPG; §§ 20 ff. VermAnlG; § 306 KAGB) oder des Verbots von Insidergeschäften (Art. 14 MAR). 628

2. Abgrenzung zu anderen Gebieten. a) Abgrenzung zum Transaktionsrecht. Nicht erfasst sind die Kollisionsregeln, welche das Recht bestimmen, das allgemein auf Transaktionen auf dem Finanzmarkt anzuwenden ist. Diese sind dem allgemeinen Internationalen Schuldrecht zu entnehmen und werden im Zusammenhang mit dessen Kommentierung erörtert (zur Rom I-VO → Rn. 654 ff.). Im Vordergrund der kollisionsrechtlichen Anknüpfung von Schuldverträgen stehen der Grundsatz der Parteiautonomie und die Suche nach der engsten Verbindung. Innerhalb des Internationalen Finanzmarktrechts ist dagegen zu diskutieren, inwieweit von diesen Prinzipien zur Verwirklichung regulatorischer Ziele abgewichen werden muss. 629

b) Abgrenzung zum Internationalen Gesellschaftsrecht. Ebenfalls **nicht erfasst** sind Fragen des Internationalen Gesellschaftsrechts. Dazu gehören zB alle Fragen bezüglich der Gründung, Rechtsfähigkeit, internen Organisation und Vertretung von Gesellschaften sowie der Haftung ihrer Mitglieder. Das anwendbare Recht wird durch besondere Kollisionsregeln bestimmt, die teils durch die nationale, teils durch die europäische Rspr. entwickelt wurden (→ IntGesR Rn. 1 ff.). Zum Einfluss des Finanzmarktrechts → Rn. 718 ff. 630

3. Unabhängigkeit von der Zuständigkeit. Bei der Entscheidung über zivilrechtliche Ansprüche sind Zuständigkeit und anwendbares Recht **getrennt** zu betrachten. Deutsche Gerichte können daher verpflichtet sein, ausländisches Finanzmarktrecht anzuwenden. Fragen ihrer Zuständigkeit unterliegen der Brüssel Ia-VO und dem autonomen nationalen Zivilprozessrecht (§§ 12 ff. ZPO analog). Sie werden hier nicht erörtert. 631

II. Finanzmarktrecht und internationales Schuldrecht

1. Rechtsquellen. a) Rom-Verordnungen. aa) Grundsätzliche Anwendbarkeit. Die Kollisionsregeln für grenzüberschreitende Schuldverhältnisse sind umfänglich durch das europäische Recht festgelegt. Die Rom I-VO und die Rom II-VO sind auf **vertragliche und außervertragliche Schuldverhältnisse in Zivil- und Handelssachen** anzuwenden (Art. 1 Abs. 1 UAbs. 1 Rom I-VO, Art. 1 Abs. 1 UAbs. 1 Rom II-VO). Sie erfassen auch private Schuldverhältnisse, die durch finanzmarktrechtliche Regelungen beeinflusst sind. 632

bb) Keine Ausnahmen. Durch Finanzmarktregulierung beeinflusste private Schuldverhältnisse unterfallen auch nicht einer der **Ausnahmen** vom Anwendungsbereich der Verordnungen. 633

Insbesondere sind sie keine **Verpflichtungen aus Wechseln, Schecks, Eigenwechseln und anderen Wertpapieren,** die **aus deren „Handelbarkeit“** entstehen (Art. 1 Abs. 2 lit. d Rom I-VO, Art. 1 Abs. 2 lit. c Rom II-VO). Gemeint sind damit spezifisch wertpapierrechtliche Verpflich- 634

654 Angerer/Geibel/Süßmann/*Süßmann,* WpÜG, 3. Aufl. 2017, WpÜG § 8 Rn. 14.
655 Steinmeyer/Häger/*Klepsch,* WpÜG, 4. Aufl. 2019, WpÜG § 8 Rn. 12.

tungen, wie etwa die gesetzliche Garantiehaftung des Indossanten gemäß Art. 15 Abs. 1 WG, Art. 18 Abs. 1 ScheckG. Diese sind Gegenstand internationalen Einheitsrechts[656] und sollten daher nicht einer zusätzlichen kollisionsrechtlichen Regelung unterworfen werden.[657] Das Finanzmarktrecht ist aber – trotz der missverständlichen Bezeichnung als „Wertpapierhandelsrecht" – kein Wertpapierrecht im Sinne eines besonderen zivilrechtlichen Regimes für bestimmte Urkunden, sondern ein genuin öffentlichen Interessen dienendes, regulatorisches Rechtsregime.

635 Das Finanzmarktrecht ist **auch nicht** mit dem gemäß Art. 1 Abs. 2 lit. f Rom I-VO, Art. 1 Abs. 2 lit. d Rom II-VO von den Verordnungen ausgenommenen **Gesellschaftsrecht** gleichzusetzen. Es befasst sich grundsätzlich nicht mit Fragen der Errichtung, der Handlungs- und Rechtsfähigkeit oder der inneren Verfassung von Gesellschaften (→ Rn. 630). Insoweit sich finanzmarktrechtliche Regelungen ausnahmsweise auf diese Materien auswirken, sind sie nach Kollisionsregeln außerhalb der Rom-Verordnungen anzuknüpfen (→ Rn. 722 ff.).

636 **cc) Folgerungen.** Das Verhältnis zwischen Internationalem Wirtschaftsrecht und IPR ist grundsätzlich problematisch.[658] Unter dem Regime der Rom-Verordnungen stellt es sich in neuem Gewand dar. Nunmehr geht es nicht allein um einen Konflikt zwischen allgemeinen und speziellen Kollisionsnormen desselben Gesetzgebers, sondern auch um einen Konflikt zwischen Normen unterschiedlicher Ebenen – der europäischen und der nationalen.

637 Die Rom-Verordnungen gehen innerhalb ihres Anwendungsbereichs als supranationales Recht allen nationalen Vorschriften vor. Es kommt damit zu einer **Überlagerung** der nationalen Kollisionsregeln. Dies gilt sowohl für diejenigen, die in nationalen Kodifikationen des IPR enthalten sind, als auch für solche, die sich in finanzmarktrechtlichen Spezialgesetzen wie dem KWG oder dem WpHG befinden. Die Frage des anzuwendenden Rechts auf Schuldverhältnisse ist nunmehr, vorbehaltlich eng definierter Ausnahmen, ausschließlich nach europäischem Recht zu bestimmen.

638 Damit sind **ältere Ansätze obsolet,** die nach spezifischen kollisionsrechtlichen Regeln im nationalen Finanzmarktrecht suchten.[659] Beispielsweise kann das auf die Prospekthaftung anzuwendende Recht nicht nach § 45 BörsG aF oder dessen Nachfolgeregeln, dem § 20 WpPG, angeknüpft werden. Diese Regeln kreieren außervertragliche Schuldverhältnisse; das Kollisionsrecht für diese ist nunmehr in der Rom II-VO enthalten. Genauso verhält es sich mit der Anknüpfung der Haftung für Verstöße gegen das Insiderverbot. Sie kann weder unmittelbar noch mittelbar aus dem WpHG entnommen, sondern muss auf die Rom II-VO gestützt werden. Auch bei Fragen des Übernahmerechts ist nicht auf eine Kollisionsnorm des WpÜG Bezug zu nehmen, sondern auf das europäische Recht.

639 Trotz der grundsätzlichen Anwendbarkeit der Rom-Verordnungen sind jedoch nicht alle Fragen geklärt. Die Rom I-VO und die Rom II-VO können sowohl durch Völkerrecht als auch durch speziellere Normen des EU-Rechts verdrängt werden.

640 **b) Völkerrechtliche Verträge.** Die Rom-Verordnungen erkennen den Vorrang völkerrechtlicher Verträge an, die von den Mitgliedstaaten abgeschlossen wurden, soweit diese im Zeitpunkt der Annahme der Verordnungen **bereits bestanden** (Art. 25 Rom I-VO; Art. 28 Rom II-VO). Allerdings existieren solche Verträge für das Internationale Finanzmarktrecht nicht.

641 Als völkerrechtsoffene Rechtsordnung lässt das EU-Recht auch **neue** völkerrechtliche Verträge im Bereich des Internationalen Finanzmarktprivatrechts zu. Für ihren Abschluss ist allerdings die EU selbst zuständig, soweit sie in den Bereich der bereits existierenden EU-Gesetzgebung fallen. Das folgt aus der sog. AETR-Doktrin,[660] die auch für das IPR gilt.[661] Bislang sind solche Verträge nicht von der EU gezeichnet worden.

642 **c) Kollisionsrechtliche Regelungen sonstigen Sekundärrechts.** Die Rom-Verordnungen sehen darüber hinaus den Vorrang von Vorschriften des Gemeinschaftsrechts – jetzt: Unionsrechts – vor, welche **in besonderen Bereichen Kollisionsnormen für Schuldverhältnisse** enthalten (Art. 23 Rom I-VO; Art. 27 Rom II-VO). Das allgemeine IPR ist damit nicht abschließend, sondern wird durch spezielleres verdrängt. Das ist problematisch, da diese Kollisionsnormen nur schwer

---

[656] S. die drei Genfer Übereinkommen vom 7.6.1930 über das Wechselrecht, RGBl. 1933 II 378, 444, 468; sowie die drei Genfer Übereinkommen vom 7.6.1930 über das Scheckrecht, RGBl. 1933 II 538, 594, 619.

[657] *Giuliano/Lagarde,* Bericht über das Übereinkommen über das auf vertragliche Schuldverhältnisse anzuwendende Recht, ABl. EG 1980 C 282, 1, 13, § 1 Nr. 4 zum Römischen Übereinkommen von 1980.

[658] Vgl. *v. Hein* AG 2001, 213 (219–223).

[659] S. zB *Kiel,* Internationales Kapitalanlegerschutzrecht, 1994, 302–317; *Grundmann* RabelsZ 54 (1990), 283 (304–313).

[660] EuGH ECLI:EU:C:1971:32 Rn. 15, 19 – AETR.

[661] S. *Bischoff,* Die Europäische Gemeinschaft und die Konventionen des einheitlichen Privatrechts, 2010, 139 ff.

aufzufinden sind. Zusätzlich bereitet auch die Auslegung der Vorschriften der Rom-Verordnung, welche das Verhältnis zu ihnen steuern, Probleme.

Manche Autoren meinen, besondere Kollisionsnormen iSd Art. 23 Rom I-VO, Art. 27 Rom II-VO seien in den **speziellen EU-Sekundärrechtsakten zur Regulierung der Finanzmärkte** zu finden. So wurde zB behauptet, das in der Prospekt-RL verankerte Herkunftslandprinzip sei auf die zivilrechtliche Haftung zu übertragen und bestimme über das auf diese anzuwendende Recht.[662] Tatsächlich regelte dieser Text aber nur aufsichtsrechtliche Fragen und klammerte die zivilrechtliche Haftung aus. Dies gilt auch für den Nachfolgerechtsakt – die Prospekt-VO – die die Regelung der zivilrechtlichen Haftung den Mitgliedstaaten aufträgt (vgl. Art. 11 Abs. 2 Prospekt-VO). Erst recht enthalten diese Rechtsakte keine Kollisionsnormen für Schuldverhältnisse, welche die allgemeinen Regeln der Rom-Verordnungen verdrängen würde.[663] 643

Eine andere Auffassung geht davon aus, den genannten Sekundärrechtsakten könne die **Zuweisung von Regelungszuständigkeiten** an die Mitgliedstaaten entnommen werden.[664] Diese Zuweisung betreffe zwar in erster Linie die Aufsicht, allerdings seien die Mitgliedstaaten durch das Unionsrecht verpflichtet, sie auch sonst zu respektieren. Im Rahmen einer erweiternden Auslegung des Art. 23 Rom I-VO habe sie auch für das IPR Bedeutung.[665] Das zeige insbesondere Erwägungsgrund 40 S. 3 Rom I-VO, der weit genug formuliert sei, um den Vorrang der Rechtsanwendungsregeln des europäischen Kapitalmarktrechts zu erfassen.[666] Letztlich kann jedoch auch dieser subtilere Versuch der Herleitung spezieller finanzmarktrechtlicher Kollisionsnormen nicht überzeugen. Zunächst ist in dem genannten Erwägungsgrund vom Kapitalmarktrecht nicht die Rede. Außerdem verpflichten die Richtlinien auf dem Gebiet des europäischen Finanzmarktrechts die Mitgliedstaaten zum Erlass eigener Vorschriften, nicht aber zur Anwendung der Vorschriften anderer Mitgliedstaaten. Die implizite Verpflichtung, deren Zuständigkeit für ihren jeweiligen Bereich zu **respektieren,** ist mit einem Befehl, die aufgrund dieser Zuständigkeit erlassenen Normen **anzuwenden,** nicht gleichzusetzen. In diesem Sinne werden die Richtlinien auch von den Gerichten verstanden, in deren Praxis finanzmarktrechtliche Vorschriften anderer Mitgliedstaaten bislang keine Rolle spielen. 644

Insgesamt kann man damit nur zu einer ernüchternden Schlussfolgerung gelangen: Derzeit sind **keine besonderen Kollisionsnormen** für finanzmarktrechtliche Schuldverhältnisse im EU-Recht ersichtlich, welche die Rom-Verordnungen verdrängen würden. Das EU-Aufsichtsrecht beschäftigt sich mit Fragen des Aufsichtsrechts und in der Regel nicht mit privaten Schuldverhältnissen. Daher lassen sich ihm auch keine Normen des IPR entnehmen. Sonstige besondere Kollisionsregeln existieren nicht. 645

d) Einheitsrecht. Eine besondere Situation besteht hinsichtlich der **Rating-VO.** Seit ihrer Änderung im Jahre 2013 enthält Art. 35a Rating-VO eine spezielle Haftungsgrundlage für Ratingagenturen.[667] Dieser ist seiner Rechtsnatur nach vereinheitlichtes europäisches Sachrecht. Er geht damit den Rom-Verordnungen vor. Zwar erwähnen sowohl Art. 23 Rom I-VO als auch Art. 27 Rom II-VO nur **Kollisionsnormen** für besondere Gegenstände und keine Sachrechtsnormen. Allerdings sind auch letztere erfasst. Dies folgt aus einer teleologischen Auslegung, denn Ziel des europäischen Gesetzgebers war es, Widersprüche innerhalb der Unionsrechtsordnung zu vermeiden. 646

Inhaltlich knüpft die Haftungsgrundlage des Art. 35a Abs. 1 Rating-VO die Verantwortlichkeit der Agentur an eine Zuwiderhandlung gegen aufsichtsrechtliche Pflichten, die im Einzelnen in der Verordnung aufgezählt sind. Insofern handelt es sich bei der zivilrechtlichen Haftung der Ratingagentur um ein Anhängsel zum Aufsichtsrecht. Außerdem verlangt die Verordnung einen Kausalnexus zwischen der Pflichtverletzung und dem durch den Investor erlittenen Schaden. Schließlich muss die Pflichtverletzung sich auch auf das Rating ausgewirkt haben. Außerdem sind weitere Voraussetzungen für Ansprüche von Anlegern und Emittenten vorgesehen (Art. 35a Abs. 1 UAbs. 2 und 3 Rating-VO).[668] 647

Trotz der durch Art. 35a Rating-VO erzielten materiellrechtlichen Vereinheitlichung besteht weiterhin **Bedarf für die Bestimmung des anzuwendenden Rechts,** und zwar aus zwei Gründen. Zunächst ist zu ermitteln, ob die Verordnung **überhaupt anzuwenden** ist. Die Regelung des Art. 1 Rating-VO betrifft nur den Anwendungsbereich der Verordnung, enthält aber keine eigene Kollisionsnorm. Daher muss für jeden Anspruch gegen eine Ratingagentur wegen Verletzung ihrer Pflichten zunächst ermitteln werden, ob überhaupt europäisches Recht anzuwenden ist. Dabei ist 648

662 *Tschäpe/Kramer/Glück* RIW 2008, 657 (664–666).
663 *Lehmann* Rev. crit. dr. int. pr. 2012, 485 (499 f.); *Lehmann* IPRax 2012, 399 (401).
664 *Einsele* IPRax 2012, 481 (488).
665 *Einsele* IPRax 2012, 481 (488–490).
666 *Einsele* IPRax 2012, 481 (490 f.).
667 Dazu *Dutta* WM 2013, 1729; *Dutta* IPRax 2014, 33; *Gietzelt/Ungerer* GPR 2013, 333.
668 Ausf. zum Inhalt *Gietzelt/Ungerer* GPR 2013, 333 (340–343).

den allgemeinen Regeln des EU-IPR zu folgen. Daneben ist die Bestimmung des anzuwendenden Rechts auch deshalb notwendig, weil die Verordnung **unvollständig** ist. Zur Ausfüllung wichtiger Begriffe verweist sie auf das „jeweils geltende nationale Recht nach den einschlägigen Bestimmungen des Internationalen Privatrechts" (Art. 35a Abs. 4 Rating-VO). Auch insofern bleibt die Ermittlung des anzuwendenden Rechts weiterhin notwendig. Diese folgt den Grundsätzen des allgemeinen europäischen IPR.

649 Die Ermittlung des anzuwendenden Rechts setzt zunächst die Identifikation der einschlägigen Verordnung voraus. Im Regelfall bestehen zwischen den Beteiligten keine Vertragsbeziehungen. Das gilt insbesondere bei Klagen von Anlegern gegen Ratingagenturen. Ebenso verhält es sich bei Klagen von Emittenten gegen Ratings, für die sie keinen Auftrag erteilt haben *(unsolicited ratings)*. Die Bestimmung des anzuwendenden nationalen Rechts erfolgt in diesem Fall nach der **Rom II-VO.**[669] Nur im Fall eines besonderen Auftrags des Emittenten oder Anlegers zur Erstellung der Bewertung *(solicited rating)* ist das anzuwendende Recht nach der Rom I-VO zu bestimmen. Insoweit konkurriert die Haftung nach Art. 35a Rating-VO zwar mit vertraglichen Ansprüchen (s. Erwägungsgrund Nr. 32 letzter S. Rating-VO). Sie ist aber gemäß Art. 4 Abs. 3 Rom II-VO wie die vertraglichen Ansprüche anzuknüpfen.

650 Insgesamt hat der Gesetzgeber die Rating-VO damit den allgemeinen Regeln des europäischen IPR unterworfen. Diese Entscheidung ist **richtungsweisend.** Sie bedeutet eine klare Absage an Sonderkollisionsnormen in EU-Sekundärrechtsakten außerhalb der Rom I-VO und der Rom II-VO. Nichtsdestoweniger ist der Verzicht auf eigene Kollisionsnormen **problematisch,** denn gerade bei Ansprüchen gegen Ratingagenturen bereitet die Ermittlung des anzuwendenden Rechts nach der Rom II-VO enorme Schwierigkeiten (→ Rn. 709).

651 **e) Zusammenfassung.** Das Internationale Finanzmarktprivatrecht der EU ist wesentlich durch die Rom-Verordnungen determiniert. Diese bilden die Quelle, aus der die Kollisionsnormen zur Bestimmung des anzuwendenden Rechts zu schöpfen sind.

652 **2. Einteilung in vertragliche und außervertragliche Schuldverhältnisse.** Die Struktur der Rom I- und Rom II-VO verlangt zunächst eine Entscheidung darüber, ob es sich um ein vertragliches oder außervertragliches Schuldverhältnis handelt – in internationalprivatrechtlicher Terminologie eine Qualifikation. Diese ist nach **autonom-europäischen Kriterien** vorzunehmen (→ Rom I-VO Art. 1 Rn. 5).[670]

653 Der materielle Anwendungsbereich und die Bestimmungen der Rom-Verordnungen sind im Einklang mit der Brüssel Ia-VO auszulegen (s. Erwägungsgrund Nr. 7 Rom I-VO, Erwägungsgrund Nr. 7 Rom II-VO). Nach der Rspr. des EuGH zu deren Vorgängerregelung, dem EuGVÜ, hängt die Abgrenzung zwischen vertraglichen und außervertraglichen Verpflichtungen von der **Freiwilligkeit der Verpflichtung** ab.[671] Diese Rspr. ist auch auf die Brüssel Ia-VO übertragen worden[672] und muss daher bei der Auslegung der Rom-Verordnungen berücksichtigt werden. Das Kriterium der freiwilligen Verpflichtung darf man jedoch nicht zu eng verstehen, denn durch das Finanzmarktrecht auferlegte Verpflichtungen werden von den Adressaten nie freiwillig eingegangen, sondern ihnen durch Gesetz auferlegt. Stattdessen ist auf das **Schuldverhältnis als Ganzes** und nicht auf die einzelne Pflicht abzustellen. Greift zB eine finanzmarktrechtliche Norm in die Ausgestaltung eines Vertrags ein, indem sie dessen Pflichtenprogramm erweitert – wie unter Umständen die Wohlverhaltenspflichten nach §§ 63 ff. WpHG –, so bleibt es bei der Einordnung als „vertragliche Verpflichtung", weil diese Pflicht in ein umfangreicheres Schuldverhältnis eingebettet ist, das freiwillig eingegangen wurde. Werden dagegen zwischen bislang nicht miteinander in Kontakt stehenden Personen einzelne Pflichten statuiert – wie zB die Prospekthaftung des Emittenten gegenüber dem Anleger – so kommt nur eine außervertragliche Qualifikation in Frage.

654 **3. Finanzmarktrecht und Internationales Vertragsrecht. a) Abgrenzung zur Berücksichtigung auf der Ebene des Sachrechts.** Nach ganz hM werden ausländische Vorschriften zum Schutz von Allgemeininteressen auf der Ebene des anzuwendenden Sachrechts berücksichtigt (→ Einl. IPR Rn. 291 ff.).[673] Dies gilt auch für Vorschriften des Finanzmarktrechts. Diese können über verschie-

---

[669] *Dutta* IPRax 2014, 33 (37).

[670] Rauscher/*v. Hein* EuZPR/EuIPR III, 5. Aufl. 2023, Rom I-VO Einl. Rn. 23; *Lüttringhaus* RIW 2008, 193 (195).

[671] EuGH ECLI:EU:C:2002:499 Rn. 23 = NJW 2002, 3159 – Tacconi.

[672] Musielak/Voit/*Stadler*/*Krüger* Brüssel Ia-VO Art. 7 Rn. 2 ff.

[673] S. RGZ 93, 182 (184); *Zweigert* RabelsZ 14 (1942), 283 (302); Staudinger/*Magnus,* 2021, Rom I-VO Art. 9 Rn. 140; *Remien* RabelsZ 54 (1990), 431 (469 f.); *Kropholler* IPR, 6. Aufl. 2006, § 52 X 2; *Schnyder,* Wirtschaftskollisionsrecht, 1990, Rn. 353; *Piehl* RIW 1988, 841 (842 f.); krit. *Kreuzer,* Ausländisches Wirtschaftsrecht vor deutschen Gerichten, 1986, 86–88.

dene Klauseln auf das Sachrecht einwirken. Sie können zB die Nichtigkeit des Vertrags wegen Verstoßes gegen die guten Sitten (§ 138 Abs. 1 BGB), die Unmöglichkeit der Leistung (§ 275 Abs. 1 BGB) oder deren Unzumutbarkeit (§ 275 Abs. 3 BGB) begründen. Die methodische Rechtfertigung dafür liefert die **Datumtheorie.** Nach ihr können ausländische Rechtsvorschriften als tatsächlicher Umstand bei der Anwendung des nach dem IPR berufenen Rechts eine Rolle spielen.[674] Dies gilt auch und gerade für Vorschriften des ausländischen öffentlichen Rechts (→ Einl. IPR Rn. 349 ff.).[675]

Die Möglichkeit der Berücksichtigung von Finanzmarktrecht als Datum wird mittlerweile auch **655** vom EuGH hervorgehoben.[676] Genau besehen folgt sie bereits aus der konsequenten Anwendung des Sachrechts (so zu Recht → Einl. IPR Rn. 301). Allerdings hat diese Methode einige **Schwächen.** Zunächst bietet sie keine Gewähr dafür, dass und in welchem Umfang das Finanzmarktrecht anderer Staaten tatsächlich berücksichtigt wird. Sie überlässt dies vielmehr dem Inhalt des jeweils anzuwendenden Sachrechts. Möglicherweise sieht dieses den Vertrag trotz Verstoßes gegen ein ausländisches Verbot als wirksam an oder es lässt die Anerkennung eines Leistungshindernisses nicht zu. Außerdem ist die Anknüpfung an den Erfüllungsort sehr eng. Auch andere Staaten als der, in welchem ein Vertrag zu erfüllen ist, können ein berechtigtes Interesse an der Anwendung ihres eigenen Rechts haben. Eine weitere Schwäche der Datumtheorie besteht darin, dass sie keine inhaltliche Überprüfung des ausländischen Rechts ermöglicht. Soweit letzteres die Erfüllung rein faktisch behindert, muss es berücksichtigt werden, gleich ob das inländische Recht seine Bewertungen teilt.

Als praktischer Anwendungsfall der Datumtheorie wird zum Teil die **Staateninsolvenz** angese- **656** hen. Nach einem Vorschlag in der Lit. sollen durch Gesetz verhängte Zahlungsmoratorien als Fall der Unzumutbarkeit der Leistung iSd § 275 Abs. 3 BGB analog anzusehen sein.[677] Diese Auffassung ist aus mehreren Gründen bedenklich. Zunächst erscheint es wenig überzeugend, dass der Schuldner durch eigene Gesetzgebung eine Unzumutbarkeit der Leistung herbeiführen kann. Die genannte Auffassung erlaubt keine Bewertung der Notwendigkeit des Zahlungsmoratoriums, sondern nimmt dieses einfach als Faktum hin. Außerdem sind die für § 275 Abs. 3 BGB gedachten Fallgruppen einer Unzumutbarkeit der Leistung aus persönlichen Gründen nicht mit jener des Geldmangels vergleichbar. Eine solche Auslegung würde schließlich auch dem Grundsatz der Einstandspflicht für die eigene finanzielle Leistungsfähigkeit („Geld hat man zu haben") zuwiderlaufen. Die Lösung hat daher vielmehr über die Berücksichtigung als Eingriffsnorm (→ Rn. 685) zu erfolgen.

b) Allgemeine Anknüpfung. Unter der Rom I-VO bleiben nur wenige Möglichkeiten, die **657** Anknüpfung des Schuldverhältnisses durch spezielle finanzmarktrechtliche Erwägungen zu beeinflussen. Im Vordergrund des Regelungssystems stehen **Individualinteressen.** Die Grundregeln der Anknüpfung sind das Prinzip der Parteiautonomie und die Suche nach der engsten Verbindung (Art. 3 f. Rom I-VO). Außerdem sind für bestimmte Vertragstypen Sonderregeln vorgesehen, die dem Schutz der vermutetermaßen schwächeren Partei dienen (Art. 5–8 Rom I-VO). Beispielsweise sind Verbraucher wegen Art. 6 Abs. 1, 2 Rom I-VO regelmäßig durch die zwingenden Vorschriften an ihrem gewöhnlichen Aufenthalt geschützt. Gemeinwohlerwägungen haben in diesem System nur ausnahmsweise Platz. Daher ist die Beziehung zum Finanzmarktrecht problematisch. Bevor auf diese einzugehen ist, werden im Folgenden einige typische Geschäfte des Finanzmarkts und das auf sie nach der Rom I-VO anzuwendende Recht dargestellt.

aa) Derivate. Derivateverträge werden typischerweise nach einem Modellvertrag zwischen **658** professionellen Parteien geschlossen. Der wichtigste Modellvertrag ist das **ISDA Master Agreement.** Dieser enthält in seiner klassischen Version eine Klausel, die den Parteien eine Rechtswahl zwischen dem englischen Recht und dem Recht des Staats New York erlaubt. Mittlerweile gibt es auch eine französische und irische Version mit der Wahl des entsprechenden Rechts. Die Klausel ist als Rechtswahl gemäß Art. 3 Abs. 1 Rom I-VO zu beachten. Haben die Parteien sie nicht eingefügt oder – im Fall der klassischen Version – keines der angegebenen Rechte angekreuzt, so ist das anzuwendende Recht nach Art. 4 Rom I-VO zu bestimmen. Zum Teil wird man Derivate als Dienstleistungen ansehen können, insbesondere wenn eine Partei sie der anderen gewerbsmäßig anbietet. In diesem Fall greift die Anknüpfung an den gewöhnlichen Aufenthalt des Dienstleisters nach Art. 4 Abs. 1 lit. b Rom I-VO.[678] Soweit dies nicht der Fall ist, unterliegt das Derivat gemäß

674 Grdl. *Ehrenzweig* 16 Buff. L. Rev. 55 (1966); s. auch *Jayme* GS Ehrenzweig, 1976, 35 (39–49); *Harms,* Neuauflage der Datumtheorie im Internationalen Privatrecht, 2019.

675 Zu ausländischen Devisenvorschriften Ellenberger/Bunte BankR-HdB/*Schefold,* 6. Aufl. 2022, § 100 Rn. 173–181.

676 EuGH ECLI:EU:C:2016:774 Rn. 51 = NJW 2017, 141 – Nikiforidis.

677 *M.P. Weller/Grotz* JZ 2015, 989 (991–994).

678 AA *Wilhelmi* RIW 2016, 253 (256), der Art. 4 Abs. 1 lit. b Rom I-VO eng auslegen will. Diese Auffassung widerspricht jedoch dem autonom-europäischen Verständnis des Begriffs der Dienstleistung, s. zB die Einbeziehung des Darlehensvertrags durch EuGH ECLI:EU:C:2017:472 Rn. 37 = ZIP 2017, 1734 – Kareda.

Art. 4 Abs. 2 Rom I-VO dem Recht des Staats des gewöhnlichen Aufenthalts derjenigen Partei, die die charakteristische Leistung erbringt. Das dürfte zB bei einem **Future,** dh einem Festgeschäft über die künftige Leistung, der Verkäufer sein, und zwar auch dann, wenn dieses nicht durch physische Lieferung, sondern durch Barausgleich („Glattstellung“) erfüllt wird.[679] Bei einer **Option** erbringt die charakteristische Leistung der sog. Stillhalter, da dieser das Risiko übernimmt; dies gilt unabhängig davon, ob es sich um eine call- oder put-Option handelt. Nach anderer Auffassung soll das auf den Hauptvertrag anzuwendende Recht auch auf die Option Anwendung finden.[680] Jedoch muss es zu dessen Abschluss nicht unbedingt kommen, denn auch Optionen werden meist durch Barausgleich („Glattstellung“) erfüllt.

659 Besondere Schwierigkeiten bereitet der **Swap-Vertrag,** da bei diesem jede der Parteien zu einer – inhaltlich identischen – Leistung verpflichtet sein kann. Nach einer Auffassung soll bereits mit der Verwendung der klassischen Version des ISDA Master Agreement eine „alternative Rechtswahl“ des englischen oder New Yorker Rechts verbunden sein; die Anknüpfung nach Art. 4 Rom I-VO könne dann nur noch zu einer der beiden Rechtsordnungen führen.[681] Eine solche Rechtswahl, deren Bedeutung sich in einer Einengung der zur Verfügung stehenden Rechte erschöpft, widerspricht jedoch der Methodik der Rom I-VO. Nach dieser ist entweder eine subjektive Anknüpfung nach Art. 3 oder eine objektive Anknüpfung nach Art. 4 durchzuführen, niemals jedoch eine Mischung aus beiden. Näher liegt es, angesichts einer unterlassenen Auswahl des englischen oder New Yorker Rechts vom Fehlen einer Rechtswahl auszugehen und das Recht allein nach Art. 4 Abs. 4 Rom I-VO zu bestimmen. Dabei wird man schon wegen der Verwendung der Terminologie und der Konzepte des *common law* von einer engen Verbindung des Vertrags zum englischen oder zum New Yorker Recht ausgehen können.[682] Nicht zulässig ist im Rahmen des Art. 4 Rom I-VO eine *dépeçage,* dh die Aufspaltung in zwei verschiedene Rechte.[683] Sie würde auch den einheitlichen Vertragsbedingungen und dem Konnex der Leistungspflichten widersprechen.

660 **bb) Smart contracts.** Smart contracts sind ein vielbeachtetes Phänomen.[684] Ihre Bezeichnung ist irreführend: Weder handelt es sich um Verträge, noch sind diese „smart“ im Sinne von intelligent. Stattdessen sind smart contracts **Computerprogramme,** welche die **automatische Durchführung** von Verträgen ermöglichen.[685] Smart contracts funktionieren auf den Blockchains neuerer Generationen, welche die Integration komplexer Softwareanwendungen erlauben. Diese Softwareanwendungen sind dahingehend programmiert, dass bei Eintreten bestimmter Bedingungen vorab definierte Vorgänge ausgelöst werden. Beispielsweise wird beim Öffnen eines Mietfahrzeugs mit einem Smartphone das (typischerweise in Kryptowährung) geführte Konto des Kunden belastet. Die Vertragserfüllung kann aber auch rein virtuell erfolgen. So können zB Kryptowerte zur Erfüllung eines Derivatevertrags auf der Blockchain übertragen werden. Rechtlich gesehen handelt es sich dabei um eine **Vertragserfüllung.** In anderen Fällen können smart contracts auch zu einem **automatisierten Vertragssschluss** führen, so zB wenn ein Kühlschrank verbrauchte Lebensmittel über das Internet nachbestellt oder sich ein selbstfahrender PKW an einer Elektrotankstelle gegen Bezahlung selbst auflädt.[686]

661 **Rechtliche Fragen** können zB entstehen, wenn ein Softwarefehler zu einer unberechtigten Belastung des Kontos oder des Kryptoportfolios eines Kunden führt. Ebenso ist es denkbar, dass der Abschluss eines Vertrags unterbleibt und daher Rückforderungsansprüche entstehen. Besondere Probleme resultieren daraus, dass smart contracts auf der Blockchain ausgeführt werden. Daher können Vorgänge grundsätzlich nicht technisch rückgängig gemacht werden. Umso wichtiger ist die Frage des Bestehens und der Durchsetzung von Rückforderungsansprüchen.

662 Ob solche Ansprüche bestehen und welchen Inhalt sie haben, bestimmt das **Vertragsstatut** (Art. 12 Abs. 1 lit. c, e Rom I-VO).[687] Soweit es sich um einen automatisiert abgeschlossenen Vertrag

---

679 *Wilhelmi* RIW 2016, 253 (256).

680 *Wilhelmi* RIW 2016, 253 (256).

681 *Wilhelmi* in Zetzsche/Lehmann, Grenzüberschreitende Finanzdienstleistungen, 2017, § 10 Rn. 52.

682 AA *Wilhelmi* RIW 2016, 253 (257), dem zufolge sich aus der Verwendung des Englischen als „lingua franca“ des Geschäftslebens keine Rückschlüsse auf das anzuwendende Recht ziehen ließen. Dieses Argument verkennt die Verwendung einer spezifisch rechtlichen Sprache im ISDA Master Agreement, welche durch das *common law* geprägt ist.

683 AA *Wilhelmi* RIW 2016, 253 (258).

684 Grdl. *Szabo* 2 Nr. 9 First Monday (1997); s. aus der neueren Lit. *Hsiao* 14 US-China L. Rev. 685 (2017); *Mann* NZG 2017, 1014 (1015); *Martiny* IPRax 2018, 553, (559); *Möslein* ZHR 183 (2019), 254; *Rohr* 67 Cleveland State Law Review 71 (2019); *Schrey/Thalhofer* NJW 2018, 1431; *Smets/Kapeller* ÖJZ 2018, 293; *Temte* 19 Wyoming Law Review 87 (2019); *Zimmermann* IPRax 2018, 566 (568 f.).

685 *Rohr* 67 Cleveland State Law Review 71, 72 (2019).

686 Letzeres Beispiel bei *Möslein* ZHR 183 (2019), 254 (262).

687 *Zimmermann* IPRax 2018, 566 (569).

handelt, ist dessen Wirksamkeit grundsätzlich nach diesem zu beurteilen (Art. 10 Abs. 1 Rom I-VO). Dabei mag es im Einzelfall schwierig sein, eine Rechtswahl oder den gewöhnlichen Aufenthalt einer Partei zu ermitteln. Weit häufiger dienen smart contracts aber der Durchführung von Verträgen, die durch von Menschen abgegebene Willenserklärungen geschlossen werden. Insofern sind sie eine Vertragserfüllungsmodalität. Sie unterstehen als solche gemäß Art. 12 Abs. 1 lit. b Rom I-VO ebenfalls dem Vertragsstatut.[688] Daneben ist gemäß Art. 12 Abs. 2 Rom I-VO für die Art und Weise der Erfüllung das Recht am Erfüllungsort zu berücksichtigen. Soweit aufgrund des smart contracts Produkte oder Leistungen in der realen Welt geliefert oder erbracht werden, wie zB die Lebensmittel im Kühlschrank oder das Aufladen des Elektroautos (→ Rn. 660), bereitet die Ermittlung des Erfüllungsorts kaum Schwierigkeiten. Sind dagegen rein virtuelle Produkte oder Leistungen Vertragsgegenstand, dann wird dieser Erfüllungsort nicht zu lokalisieren sein und Art. 12 Abs. 2 Rom I-VO kann nicht angewandt werden.

c) Einflüsse der Finanzmarktregulierung. Allerdings gibt es einige Kollisionsnormen in der Rom I-VO, die **an die Bedürfnisse des Finanzmarktrechts angepasst** sind. Diese bilden eine Art Schnittstelle zwischen dem Internationalen Finanzmarktrecht und dem Internationalen Schuldrecht. **663**

Die erste dieser Vorschriften ist **Art. 4 Abs. 1 lit. h Rom I-VO.** Sie enthält eine besondere Anknüpfung für in einem bestimmten System geschlossene Verträge über Finanzinstrumente. Die Kollisionsnorm ist eng an regulatorische Vorbilder angelehnt. So ist die Beschreibung des Systems teilweise deckungsgleich mit der Definition des MTF in Art. 4 Nr. 22 MiFID II.[689] Für die Definition des Finanzinstruments verweist die Kollisionsnorm ausdrücklich auf den Anhang der MiFID II. Nach Aussage eines an der Ausarbeitung der Rom I-VO Beteiligten verfolgt der Gesetzgeber mit der Norm zwei Ziele: 1. die Anwendbarkeit eines einheitlichen Rechts auf alle im System geschlossenen Verträge, unabhängig von deren Inhalt sowie der Staatsangehörigkeit und des gewöhnlichen Aufenthalts der Parteien, 2. die Anwendbarkeit desselben Rechts auf öffentlich-rechtliche und privatrechtliche Aspekte des Markts.[690] Die Norm dient nach der Vorstellung der Verfasser der Funktionsfähigkeit des Finanzmarkts und damit genuin finanzmarktrechtlichen Zielen. Allerdings ist sie dafür zu eng gefasst, weil sie nicht alle Arten von Börsen und Handelsplattformen erfasst.[691] Vor allem ist sie von geringer praktischer Bedeutung, da sie lediglich eine zur Rechtswahl der Parteien (Art. 3 Rom I-VO) subsidiäre Anknüpfung vorsieht und die Allgemeinen Geschäftsbedingungen des jeweiligen Markts in der Regel eine Rechtswahlklausel enthalten, die das anzuwendende Recht determiniert. **664**

Die zweite speziell finanzmarktrechtliche Vorschrift ist **Art. 6 Abs. 4 lit. d Rom I-VO.** Sie erfasst drei Gegenstände: 1. Rechte und Pflichten aus Finanzinstrumenten, 2. Rechte und Pflichten im Zusammenhang mit der Ausgabe von Finanzinstrumenten und öffentlichen Angeboten dieser Instrumente sowie öffentlichen Übernahmeangeboten, 3. Rechte und Pflichten im Zusammenhang mit der Zeichnung oder dem Rückkauf von Investmentanteilen. Ausdrücklich nicht erfasst ist die Erbringung von Finanzdienstleistungen. Funktional gesehen bildet die Vorschrift eine Ausnahme von den speziellen Kollisionsnormen für Verbraucher. Grund dafür ist, dass Art. 6 Rom I-VO auf den gewöhnlichen Aufenthalt der Verbraucher und damit im Falle transnationaler Geschäfte auf eine Vielzahl unterschiedlicher Rechte verweist. Art. 6 Abs. 4 lit. d Rom I-VO soll demgegenüber ermöglichen, dass alle erfassten Erscheinungen einem einheitlichen Recht unterstellt werden können.[692] Insofern dient er auch der Erhaltung der ökonomischen Einheit der erfassten Transaktionen. Die Vorschrift ist aus diesem Grund weit auszulegen.[693] Allerdings ist ihre Bedeutung beschränkt. Viele der in der ersten Gruppe genannten Rechte und Pflichten fallen von vornherein aus dem Anwendungsbereich der Rom I-VO heraus (für die Rechte und Pflichten aus Aktien s. Art. 1 Abs. 2 lit. f Rom I-VO). Auch die für die zweite und dritte Gruppe iVm Erwägungsgrund Nr. 29 Rom I-VO vorgesehenen Anknüpfungen sind nicht frei von Redundanzen.[694] Außerdem enthält Art. 6 Abs. 4 lit. d Rom I-VO aE eine Rückausnahme, soweit es sich um Finanzdienstleistungen handelt. Diese erfasst alle Angelegenheiten, die nicht das Kollektiv der Anleger betreffen, sondern lediglich die **665**

---

688 *Zimmermann* IPRax 2018, 566 (569).

689 Zum Begriff des Systems in Art. 4 Abs. 1 lit. h Rom I-VO *Kumpan* in Zetzsche/Lehmann, Grenzüberschreitende Finanzdienstleistungen, 2017, § 9 Rn. 41–50.

690 *Garcimartín Alférez* YbPIL 10 (2008), 245 (247); *Garcimartín Alférez* JPIL 2009, 85 (98 f.).

691 S. *Lehmann* in Ferrari/Leible Rome I Regulation 85, 91 f. Für die analoge Anwendung des Art. 4 Abs. 1 lit. h Rom I-VO auf OTF *Kumpan* in Zetzsche/Lehmann, Grenzüberschreitende Finanzdienstleistungen, 2017, § 9 Rn. 51.

692 *Garcimartín Alférez* YbPIL 10 (2008), 245 (251); *Garcimartín Alférez* JPIL 2009, 85 (92).

693 *Zetzsche* in Zetzsche/Lehmann, Grenzüberschreitende Finanzdienstleistungen, 2017, § 17 Rn. 45.

694 Näher *Lehmann* in Ferrari/Leible Rome I Regulation 85, 92–96.

individuelle Beziehung zwischen dem Anleger und dem Finanzintermediär, welcher das betreffende Instrument vertreibt.[695]

666 Die dritte Vorschrift, die sich speziell mit finanzmarktrechtlichen Fragen befasst, ist **Art. 6 Abs. 4 lit. e Rom I-VO.** Diese nimmt Verträge iSd Art. 4 Abs. 1 lit. h Rom I-VO von den speziellen Anknüpfungen der Verbraucherverträge aus. Damit soll die freie Rechtswahl und die subsidiäre Geltung einheitlichen Rechts nach Art. 4 Abs. 1 lit. h Rom I-VO abgesichert werden.[696] Allerdings ist diese Vorschrift von nur geringer praktischer Bedeutung, weil in der Realität Verbraucher nicht selbst an den Börsen Verträge schließen, sondern über Intermediäre handeln.[697]

667 Die Aussagen des Internationalen Schuldrechts der Rom I-VO zur Finanzregulierung sind daher insgesamt **von sehr beschränkter Bedeutung.** Andere Vorschriften, die sich speziell mit finanzmarktrechtlichen Problemen befassen, enthält die Rom I-VO nicht.

668 **d) Anwendung von Finanzmarktregulierung als Teil des Schuldstatuts.** Normen des Privatrechts, mit denen zugleich Finanzmärkte geregelt werden, könnten aber nach den allgemeinen Kollisionsregeln anzuwenden sein. Die früher vertretene **Schuldstatutstheorie** befürwortet, Staats- oder Allgemeininteressen dienenden Normen auch dann zu befolgen, wenn sie nach allgemeinen Kollisionsregeln auf den Vertrag anwendbar sind.[698] Dies schließt grundsätzlich alle Vorschriften des Finanzmarktrechts ein, die in private Rechtsverhältnisse eingreifen. Nach der Schuldstatutstheorie sind sie grundsätzlich auch beachtlich, soweit sie zum Vertragsstatut gehören.

669 Diese Theorie wird heute zu Recht **abgelehnt.**[699] Sie übergeht, dass die Kollisionsregeln des IPR in erster Linie auf private Interessen ausgerichtet sind, während die hier erörterten Normen vorrangig Gemeinwohlbelangen dienen.[700] Es ist nicht einzusehen, warum die Parteien zB durch die Wahl eines bestimmten Rechts nach dem Grundsatz der Parteiautonomie zugleich über die Anwendung dieser Vorschriften mitbestimmen sollten. Vielmehr sind letztere gesondert anzuknüpfen. Diese Auffassung wird durch die besonderen Regeln über Eingriffsnormen in Art. 9 Rom I-VO bestätigt (→ Rn. 671 ff.).

670 In der **Konsequenz** bedeutet dies, dass finanzmarktrechtliche Normen eines Staats nicht schon deshalb zu ignorieren sind, weil sie nicht zum Vertragsstatut gehören. Umgekehrt sind die finanzmarktrechtlichen Vorschriften eines Staats nicht schon deshalb auf einen Vertrag anzuwenden, weil dieser dessen Recht untersteht. Vielmehr kommt es darauf an, dass 1. sie auf den entsprechenden Vertrag auch angewandt werden wollen, dh dass dieser in ihren räumlichen, persönlichen und sachlichen Anwendungsbereich fällt und 2. ein Grund existiert, diese unabhängig vom Vertragsstatut anzuwenden. Dies kann zB daran liegen, dass diese Normen als Eingriffsnormen zu qualifizieren sind und die Kriterien für die Anwendung von ausländischen Eingriffsnormen erfüllt sind (→ Rn. 671 ff.). Finanzmarktrechtliche Normen können aber auch als Teil des Deliktsstatuts berufen sein (→ Rn. 687 ff.).

671 **e) Anwendung als Eingriffsnormen.** Die Anwendung von Finanzmarktrecht bestimmt sich im europäischen Kollisionsrecht nach **Art. 9 Rom I-VO.** Diese Vorschrift ist Dreh- und Angelpunkt des Verhältnisses zwischen den allgemeinen Kollisionsregeln des Schuldvertragsrechts und der Finanzmarktregulierung. Letztere findet über sie in das Vertragsregime Eingang.

672 Damit Art. 9 Rom I-VO angewandt werden kann, muss zunächst der **Anwendungsbereich** einer Eingriffsnorm eröffnet sein. Diese muss ihre eigene Anwendung unabhängig vom Vertragsstatut verlangen. Entscheidend sind dafür die Kriterien des Aufsichtsrechts (aus Sicht des deutschen Rechts → Rn. 208 ff.).

673 Die **Qualifikation** als Eingriffsnorm bestimmt sich nach Art. 9 Abs. 1 Rom I-VO. Finanzmarktrechtliche Regeln, die in Privatrechtsverhältnisse eingreifen, werden der dort vorgesehenen Definition praktisch immer genügen. Sie sind in aller Regel zwingend ausgestaltet und mit öffentlichen Interessen eng verbunden. Naturgemäß dienen sie der wirtschaftlichen Organisation des Staats.

---

[695] *Zetzsche* in Zetzsche/Lehmann, Grenzüberschreitende Finanzdienstleistungen, 2017, § 17 Rn. 47.

[696] *Garcimartín Alférez* JPIL 2009, 85 (101).

[697] *Lehmann* in Ferrari/Leible Rome I Regulation 85, 97 f.; ebenso *Garcimartín Alférez* JPIL 2009, 85 (101).

[698] *Mann,* Recueil des cours de l'Academie de la Haye 132 (1971 I), 107 (157–165); *Mann* FS Wahl, 1973, 139 (156–159); *Busse* ZVglRWiss 95 (1996), 386 (416–418). Die Anwendung der Handelsvertreter-RL aufgrund Rechtswahl abl. EuGH ECLI:EU:C:2017:129 Rn. 26–36 = BeckRS 2017, 101794 – Agro Foreign Trade.

[699] Staudinger/*Magnus,* 2021, Rom I-VO Art. 9 Rn. 132-137; → 5. Aufl. 2010, Einl. IPR Rn. 47 *(Sonnenberger);* Grüneberg/*Thorn,* 82. Aufl. 2023, Rom I-VO Art. 9 Rn. 15; *Kiel,* Internationales Kapitalanlegerschutzrecht, 1994, 234 f.; *Kronke/Haubold* in Kronke/Melis/Kuhn, Handbuch des Internationalen Wirtschaftsrechts, 2. Aufl. 2017, Teil L Rn. 47.

[700] Zu Eingriffsnormen und Schuldstatutstheorie allg. → 5. Aufl. 2010, Einl. IPR Rn. 47 *(Sonnenberger); Staudinger* in Ferrari IntVertragsR, 3. Aufl. 2018, Rom I-VO Art. 9 Rn. 8; Rauscher/*Thorn* EuZPR/EuIPR III, 5. Aufl. 2023, Rom I-VO Art. 9 Rn. 10; *Kiel,* Internationales Kapitalanlegerschutzrecht, 1994, 234 f.

Daher werden sie vom erlassenden Staat als so entscheidend angesehen, dass sie sich gegenüber anderen Rechten durchsetzen müssen.[701] Finanzmarktrecht ist deshalb archetypisches Eingriffsrecht. Zu einer Aufzählung einzelner Eingriffsnormen → Rn. 678 ff.

Nach Art. 9 Abs. 2 Rom I-VO ist das Gericht frei, die **Eingriffsnormen der *lex fori,*** das heißt des eigenen nationalen Rechts, anzuwenden. Das gilt nach dem Gesagten auch für das Finanzmarktrecht, welches in Privatrechtsverhältnisse eingreift. Die Rechtsfolge der Norm ist zwar recht vage („unberührt"). Allerdings ist der Richter an die Eingriffsnormen des eigenen Rechts gebunden. Daher muss er sie gegenüber abweichendem Recht durchsetzen.[702] Voraussetzung dafür ist, dass die Eingriffsnorm ihrem eigenen Anwendungsbereich nach einschlägig ist, also „Anwendungswillen" in Bezug auf den jeweiligen Sachverhalt hat. Dazu können die Ausführungen zum Finanzmarktaufsichtsrecht (→ Rn. 208 ff.) herangezogen werden. 674

Die Anwendung der **Eingriffsnormen von Drittstaaten,** deren Recht nicht von der Rom I-VO als anwendbar bezeichnet wird und deren Gerichte nicht über den betreffenden Rechtsstreit entscheiden, regelt Art. 9 Abs. 3 Rom I-VO. Dieser lässt sie nicht unter allen Umständen, sondern nur unter engen Kautelen zu. Liegen die von ihm aufgestellten Voraussetzungen vor, dürfen Gerichte in der EU aber dennoch nicht von dem nach den allgemeinen Kollisionsregeln anzuwendenden Vertragsrecht abweichen.[703] Erforderlich ist zunächst, dass der Anwendungsbereich der fremden Eingriffsnorm eröffnet ist (→ Rn. 208 ff. und dort die Ausführungen zum US-amerikanischen und Schweizer Recht). Weiterhin muss gemäß Art. 9 Abs. 3 S. 1 Rom I-VO der Erfüllungsort der Vertragspflichten im betreffenden Drittstaat liegen. Diese Voraussetzung erlaubt eine sinnvolle Anknüpfung mancher finanzmarktrechtlicher Regelungen, zB der Wohlverhaltenspflichten, die jedoch aus anderem Grund ausgeschlossen sind (→ Rn. 680). Sie verhindert allerdings in vielen Fällen die Anwendung des sachlich naheliegenden Rechts. So ist es zB bei Insidergeschäften nicht möglich, das Verbot des Staats anzuwenden, in dem die betreffenden Instrumente zum Handel zugelassen sind, soweit von den Parteien ein anderer Staat als Erfüllungsort gewählt wurde. Erforderlich ist des Weiteren, dass die Eingriffsnorm des Drittstaats die Erfüllung des Vertrags unrechtmäßig werden lässt. Damit ist gemeint, dass die Erfüllung insgesamt rechtswidrig ist, nicht nur, dass eine bestimmte Art und Weise der Erfüllung möglicherweise zu Schadensersatzansprüchen führt.[704] Die Erfüllung des Vertrags muss durch die Eingriffsnorm insgesamt verboten sein. Diese drakonische Rechtsfolge sehen nur wenige finanzmarktrechtliche Regelungen vor (zB § 3 KWG, Art. 12 Abs. 1 Leerverkaufs-VO, Art. 13 Abs. 1 Leerverkaufs-VO, Art. 14 Abs. 1 Leerverkaufs-VO sowie die aufgrund der Ermächtigung gemäß § 100 WpHG erlassenen Verbote). Die meisten anderen regeln lediglich die Art und Weise des Abschlusses oder der Erfüllung des Vertrags oder sehen eine zusätzliche Haftung vor. Diese Vorschriften können daher über Art. 9 Abs. 3 Rom I-VO nicht angewandt werden.[705] Selbst soweit die engen Voraussetzungen des Art. 9 Abs. 3 S. 1 Rom I-VO ausnahmsweise erfüllt sind, ist die Berücksichtigung finanzmarktrechtlicher Eingriffsnormen eines Drittstaats noch nicht ohne Weiteres geboten. Vielmehr muss der Richter in diesem Fall nach Art. 9 Abs. 3 S. 2 Rom I-VO eine Entscheidung darüber treffen, bei der er Art und Zweck dieser Normen sowie die Folgen einzubeziehen hat, die sich aus ihrer Anwendung oder Nichtanwendung ergeben würden. An dieser Stelle ist eine Beurteilung und Abwägung geboten, welche die Anlegerinteressen sowie die Funktionsfähigkeit und den Systemschutz des jeweiligen nationalen Finanzmarkts in den Mittelpunkt rückt. Grundsätzlich gilt dabei, dass die ausländischen Regelgeber ein ebenso berechtigtes Interesse an der Ordnung der Finanzmärkte haben wie der deutsche Gesetzgeber. Negative Auswirkungen für Anleger oder Märkte in Drittstaaten sollten daher dazu führen, dass den ausländischen Vorschriften Wirkung verliehen wird, soweit der von ihnen vorgesehene Eingriff in das private Rechtsverhältnis angemessen ist. 675

f) *Ordre public.* Schließlich ist es möglich, über Art. 21 Rom I-VO die Anwendbarkeit fremden Rechts aufgrund des *ordre public* zu durchbrechen. Mit Hilfe dieser Vorschrift lassen sich im Gegensatz zu Art. 9 Rom I-VO nicht einzelne Vorschriften durchsetzen, sondern nur grundlegende Wertvorstellungen.[706] Außerdem stellt Art. 21 Rom I-VO auf das Ergebnis der Anwendung einer Vorschrift ab, das dem ordre public zuwiderlaufen muss. Dies dürfte bei durch Finanzmarktrecht beeinflusste 676

---

701 *Einsele* IPRax 2012, 481 (481 f.).

702 AllgM, s. zB *Staudinger* in Ferrari IntVertragsR, 3. Aufl. 2018, Rom I-VO Art. 9 Rn. 46; *Mayer/Heuzé/Remy,* Droit international privé, 12. Aufl. 2019, Rn. 124; *Bureau/Muir Watt,* Droit international privé, Bd. 2, 5. Aufl. 2021, Rn. 910; *Dicey/Morris/Collins,* The Conflict of Laws, 16. Aufl. 2022, Rn. 1-054.

703 EuGH ECLI:EU:C:2016:774 Rn. 50 = NJW 2017, 141 – Nikiforidis.

704 *Einsele* IPRax 2012, 481 (485).

705 *Einsele* IPRax 2012, 481 (485).

706 Zum Verhältnis zwischen Art. 9 und Art. 21 Rom I-VO → 5. Aufl. 2010, Rom I-VO Art. 9 Rn. 111 *(Martiny)*; Staudinger/*Hausmann,* 2021, Art. 21 Rom I-VO Rn. 2.

Rechtsverhältnisse, die regelmäßig monetäre Ansprüche zum Gegenstand haben, nur äußert selten der Fall sein. Das sich aufdrängende Beispiel der *punitive damages* ist bei außervertraglichen Schuldverhältnissen häufiger als bei vertraglichen. Schließlich erlaubt Art. 21 Rom I-VO eine Abweichung vom sonst anzuwendenden Recht nur zugunsten der *lex fori*. Die Berücksichtigung grundlegender Werte und Rechtsvorstellungen anderer Staaten ist damit ausgeschlossen.

677 **g) Einzelfälle.** Die folgenden Beispiele illustrieren das Zusammenspiel von Vertragsrecht und Finanzmarktrecht unter der Rom I-VO. Als Ausgangspunkt dienen dabei, entsprechend dem Zweck dieser Kommentierung, Normen des deutschen Finanzmarktrechts.

678 **aa) Bankrecht.** Das **Erfordernis der Bankerlaubnis (§ 32 KWG oder § 15 WpIG)** greift ein, wenn Bankgeschäfte oder Finanzdienstleistungen im Inland erbracht werden. Soweit solche Geschäfte und Dienstleistungen ausländischem Recht unterstellt und ohne Erlaubnis erbracht werden, stellt sich die Frage, welche Wirkung der Vorschrift aus internationalprivatrechtlicher Sicht zukommt. Dafür ist zunächst entscheidend, ob ein Verbraucher beteiligt ist und ob der Vertrag in einer der in Art. 6 Abs. 1 lit. a oder b Rom I-VO beschriebenen Situationen mit einem Bezug zu Deutschland geschlossen wurde. Sollte dies der Fall sein, so bleibt § 32 KWG oder § 15 WpIG als zwingende Vorschrift des deutschen Rechts gemäß Art. 6 Abs. 2 S. 2 Rom I-VO trotz entgegenstehender Rechtswahl anwendbar. Ist dies nicht der Fall, so kann die Vorschrift über Art. 9 Rom I-VO angewandt werden, denn es handelt sich um eine Eingriffsnorm (str.).[707] Zwar ist das Rechtsgeschäft zivilrechtlich nicht ohne Weiteres unwirksam, wenn die nötige Erlaubnis fehlt.[708] Die BaFin kann aber die unverzügliche Abwicklung des Geschäfts anordnen (§ 37 Abs. 1 S. 1 KWG – diese Regelung gilt auch für große Wertpapierinstitute, s. § 4 S. 1 WpIG). Diese Regelung ist zwingend und beansprucht auch gegenüber abweichenden Vorschriften des Vertragsstatuts Geltung. Soweit der Rechtsstreit von einem deutschen Gericht entschieden wird, hat dieses daher die Abwicklungsanordnung gemäß Art. 9 Abs. 2 Rom I-VO anzuwenden. Ist ein Gericht eines anderen Mitgliedstaats zuständig, könnte Art. 9 Abs. 3 Rom I-VO Anwendung finden. Der Erfüllungsort dürfte in der beschriebenen Situation regelmäßig in Deutschland liegen. Die Abwicklungsanordnung sollte man dem Verbot der Erfüllung gleichstellen, weil sie ihm funktionell entspricht. Daher sind die Regelungen des § 32 KWG und des § 15 WpIG auch von den Gerichten anderer Staaten bei Wahl eines anderen als des deutschen Rechts zu beachten. Daneben kommen auch Ansprüche auf Schadensersatz wegen Verletzung eines Schutzgesetzes nach § 823 Abs. 2 BGB in Betracht (→ Rn. 688).

679 Das **Verbot bestimmter Bankgeschäfte (§ 3 KWG)** ist als Eingriffsnorm iSd Art. 9 Rom I-VO zu qualifizieren. Es setzt sich daher auch gegenüber ausländischem Vertragsstatut durch, wenn inländische Gerichte zuständig sind (Art. 9 Abs. 2 Rom I-VO). Gerichte anderer Mitgliedstaaten können es nur beachten, wenn der Erfüllungsort des Bankvertrags in Deutschland liegt (Art. 9 Abs. 3 Rom I-VO).

680 **bb) Wertpapierhandelsrecht.** Das Verhältnis der aufsichtsrechtlichen **Wohlverhaltenspflichten (§§ 63 ff. WpHG)** zu den zivilrechtlichen Vertragspflichten des Wertpapierdienstleisters zu seinen Kunden ist umstritten.[709] Nach einer in der Lit. vertretenen Ansicht haben diese Ausstrahlungswirkung auf das Zivilrecht.[710] Die Rspr. hat diese Ansicht zwar abgelehnt, sich bei der Ausformung vertraglicher Pflichten aber an aufsichtsrechtlichen Regeln orientiert.[711] Die Neufassung der MiFID verlangt von den Mitgliedstaaten zivilrechtliche Sanktionen für die Verletzung der Wohlverhaltenspflichten (Art. 69 Abs. 3 MiFID II). Ein Einfluss auf das vertragliche Pflichtenprogramm kann ihnen daher nicht abgesprochen werden. Das gilt allerdings nur innerhalb ihrer räumlichen Reichweite. Nach deutschem Recht sollen die Wohlverhaltenspflichten des WpHG auf grenzüberschreitende Geschäfte Anwendung finden, wenn die Leistung im Inland angeboten wird (§ 1 Abs. 2 WpHG). Insoweit entfalten die Wohlverhaltenspflichten aufsichtsrechtliche Wirkungen auch bei ausländischem Vertragsstatut. Im Sinne der Koordination von Aufsichtsrecht und Zivilrecht müssen sie auch auf fremdem Recht unterstehende Verträge zurückwirken. Soweit Wohlverhaltenspflichten dem Schutz der Anleger dienen, setzen sie sich über den in Art. 6 Abs. 2 Rom I-VO vorgesehenen

---

[707] AA Reithmann/Martiny IntVertragsR/*Freitag* Rn. 13.25.

[708] BGH WM 1978, 1268 (1269); BGHZ 76, 119 (126 f.); Fischer/Schulte-Mattler/*Fischer/Krolop* KWG § 37 Rn. 13.

[709] Zu den verschiedenen Theorien *Lehmann,* Grundriss des Bank- und Kapitalmarktrechts, 2. Aufl. 2023, Rn. 556–566; s. auch monographisch dazu *Daams,* Private Enforcement im Kapitalmarktrecht, 2021.

[710] *Assmann* FS U.H. Schneider, 2011, 37 (47); *Bliesener,* Aufsichtsrechtliche Verhaltenspflichten beim Wertpapierhandel, 1998, 157 f.; *Buck-Heeb,* Kapitalmarktrecht, 12. Aufl. 2022, Rn. 947-953; Fuchs/Zimmermann/*Dieckmann* WpHG Vor §§ 63 ff. Rn. 22; *Stephan,* Sicherstellung der Wohlverhaltensregeln bei grenzüberschreitendem Bezug, 2001, 133.

[711] S. BGH NZG 2013, 1226.

Günstigkeitsvergleich gegenüber niedrigeren Standards ausländischen Rechts durch. Im Übrigen sind sie über Art. 9 Abs. 2 Rom I-VO von inländischen Gerichten zu beachten (→ Rn. 674). Art. 9 Abs. 3 Rom I-VO ist hingegen nicht anwendbar, weil die Wohlverhaltenspflichten die Vertragserfüllung nicht unrechtmäßig werden lassen.[712] Daher kann ein ausländisches Gericht sie nur dann beachten, wenn das vereinbarte Vertragsstatut dies ermöglicht. So ist zB denkbar, dass die Parteien eines Vertrags über im Ausland angebotene Leistungen die Verhaltensregeln des deutschen Rechts über das vom Dienstleister einzuhaltende Pflichtenprogramm bestimmen lassen wollen. Dann können die §§ 63 ff. WpHG als Teil des Vertrags zu beachten sein (Inkorporation).

Der **Termineinwand (§ 762 BGB)** ist eine Norm des deutschen Bürgerlichen Rechts, deren **681** Anwendungsbereich durch das Aufsichtsrecht in § 99 WpHG beschränkt wird. Grundsätzlich findet die Vorschrift nur dann Anwendung, wenn der Vertrag nach den Anknüpfungsregeln der Rom I-VO deutschem Recht untersteht. Bei Verbraucherverträgen mit deutschen Kunden in den von Art. 6 Abs. 1 lit. a und b Rom I-VO beschriebenen Situationen setzt die Vorschrift sich gegen eine abweichende Rechtswahl durch (Art. 6 Abs. 2 S. 2 Rom I-VO). Allerdings handelt es sich nicht um eine Eingriffsnorm iSd Art. 9 Rom I-VO. Der Schutz der Parteien von Finanztermingeschäften wird vorwiegend über Informationspflichten durchgesetzt; eine Unwirksamkeit des Vertrags kommt bei ausländischem Vertragsstatut nicht in Betracht.

Die Ermächtigung des Bundesfinanzministeriums zum **Verbot bestimmter Termingeschäfte** **682** **(§ 100 WpHG)** umfasst auch solche Verträge, die ausländischem Recht unterstehen.[713] Die auf ihrer Grundlage erlassenen Verbote sind als Eingriffsnorm iSd Art. 9 Rom I-VO zu qualifizieren.[714] Der Anwendungsbereich des Verbots ist durch die jeweilige Verordnung determiniert. Allerdings sind die durch die Dienstleistungsfreiheit und die Kapitalverkehrsfreiheit (Art. 56 ff., 63 ff. AEUV) gezogenen Schranken zu beachten. Die Verbote müssen daher nicht-diskriminierend ausgestaltet sowie erforderlich und geeignet sein, die im Mittelpunkt stehenden Allgemeininteressen zu schützen.[715]

cc) Investmentrecht. Die Vorschriften über den **Vertrieb von Anteilen an ausländischen** **683** **OGAW und AIF (§§ 293 ff. KAGB)** sind Eingriffsnormen iSd Art. 9 Rom I-VO.[716] Sie sind daher von deutschen Gerichten auch bei ausländischem Vertragsstatut zu beachten. Das gilt auch für das Widerrufsrecht nach § 305 KAGB.[717]

dd) Leerverkäufe. Das in Art. 12 Abs. 1 Leerverkaufs-VO, Art. 13 Abs. 1 Leerverkaufs-VO **684** geregelte europäische **Verbot ungedeckter Leerverkäufe** ist ebenfalls als Eingriffsnorm zu beachten. Aufgrund seines supranationalen Charakters gilt es in allen Mitgliedstaaten als Eingriffsnorm der *lex fori* iSd Art. 9 Abs. 2 Rom I-VO. Zur Reichweite → Rn. 540 f.

ee) Staateninsolvenz. Ein Fall, in welchem drittstaatliche Eingriffsnormen angewandt werden **685** können, ist der der **Staateninsolvenz** (→ Rn. 656). Verhängt ein Staat ein Zahlungsmoratorium wegen Zahlungsunfähigkeit, so kann dieses von inländischen Gerichten zu beachten sein, selbst wenn die betroffenen Staatsschulden einem anderen Recht als dem des schuldnerischen Staats unterstehen. Der BGH hat eine Berücksichtigung des argentinischen Zahlungsmoratoriums zwar unter Art. 34 EGBGB aF unter Hinweis auf die – zweifelhafte – territoriale Beschränkung ausländischen Eingriffsrecht ausdrücklich abgelehnt.[718] Die Rechtslage hat sich jedoch mit der Rom I-VO verändert. Das Zahlungsmoratorium lässt die Erfüllung des Vertrags unrechtmäßig werden. Soweit der schuldende Staat auch der Erfüllungsstaat ist, kann es daher gemäß Art. 9 Abs. 3 S. 1 Rom I-VO durchgesetzt werden. Gemäß Art. 9 Abs. 3 S. 2 Rom I-VO sind dabei allerdings Art und Zweck der Eingriffsnorm sowie die Folgen der Anwendung oder Nichtanwendung zu berücksichtigen. Daher sollte man einem Zahlungsmoratorium nur Wirkung verleihen, soweit der fremde Staat ohne dieses essentiellen Aufgaben wie der Grundversorgung der eigenen Bevölkerung nicht nachkommen kann. Im Ergebnis wird über die Berücksichtigung ausländischer Moratorien als Eingriffsnorm

---

712 *Einsele* IPRax 2012, 481 (485 f.).

713 Assmann/Schneider/Mülbert/*Mülbert* WpHG § 100 Rn. 4; Kölner Komm WpHG/*G. Roth*, 2. Aufl. 2014, WpHG § 37g Rn. 6; Schwark/Zimmer/*Zimmer* WpHG § 100 Rn. 3.

714 Staudinger/*Magnus*, 2021, Rom I-VO Art. 9 Rn. 176.

715 Vgl. *Ehlers/Germelmann* in Ehlers/Germelmann, Europäische Grundrechte und Grundfreiheiten, 5. Aufl. 2023, § 7 Rn. 114 ff.; *Jarass* EuR 2000, 705 (721–723).

716 Zu den früheren §§ 130 ff. InvG → 5. Aufl. 2010, Rom I-VO Art. 9 Rn. 79 *(Martiny)*; Staudinger/*Magnus*, 2021, Rom I-VO Art. 9 Rn. 174.

717 So zum früheren § 11 AuslInvestmG Staudinger/*Magnus*, 2002, EGBGB Art. 34 Rn. 101; aA zum früheren § 126 InvG aber Staudinger/*Magnus*, 2021, Rom I-VO Art. 9 Rn. 174: „schützt vorwiegend das Individualinteresse des Erwerbers".

718 BGH NJW 2015, 2328 Rn. 53.

ein international privatrechtlicher Ausgleich für die Nichtexistenz eines Insolvenzrechts für Staaten geschaffen.[719]

686 **h) Reformbedarf.** Insgesamt zeigt sich, dass das IPR und das Internationale Finanzmarktaufsichtsrecht **unzureichend abgestimmt** sind. Die Rom I-VO bringt zwingende finanzmarkrechtliche Vorschriften vor allem dann zur Geltung, wenn Verbraucher beteiligt sind. Außerdem kann ihnen über Art. 9 Abs. 2 Rom I-VO als Eingriffsnormen Wirkung verliehen werden, wenn eigene Gerichte zuständig sind. Dagegen ist die Berücksichtigung drittstaatlicher Eingriffsnormen viel zu eng formuliert. Die insoweit einschlägige Regelung des Art. 9 Abs. 3 Rom I-VO ist vor allem auf die Berücksichtigung von Erfüllungshindernissen durch Verbote im Erfüllungsstaat zugeschnitten. Sie ist blind für die spezifischen Bedürfnisse des Finanzmarktrechts. Eine Änderung kann nur durch den europäischen Gesetzgeber erfolgen. Diese ist dringend wünschenswert. Vorgesehen werden sollte, dass drittstaatliche Eingriffsnormen berücksichtigt werden können, wenn der erlassende Staat betroffen ist und die von ihm vorgesehene Regelung berechtigten Zielen dient. Ein solcher Ansatz findet sich etwa bereits in Art. 19 IPRG Schweiz.

687 **4. Finanzmarktrecht und Internationales Deliktsrecht. a) Grundlagen.** Zahlreiche finanzmarktaufsichtsrechtliche Gesetze sehen schuldrechtliche Ansprüche vor, falls gegen ihre Bestimmungen verstoßen wird. Dabei setzen sie eine vertragliche Verbindung zwischen den Parteien nicht voraus. So verhält es sich zB bei der Prospekthaftung (§§ 21 ff. WpPG, §§ 20 ff. VermAnlG, § 306 KAGB). Liegt ein Bezug zu mehr als einem Staat vor, stellen sich Fragen der kollisionsrechtlichen Anknüpfung.

688 **b) Abgrenzung zur Berücksichtigung auf der Ebene des Sachrechts.** Die kollisionsrechtliche Anknüpfung spezieller Haftungsnormen ist zu unterscheiden von der Berücksichtigung des Verstoßes gegen fremde Normen auf der Ebene des Sachrechts. So kann im Rahmen des § 823 Abs. 2 BGB auch der Verstoß gegen **ausländische Schutzgesetze** zu Schadensersatzansprüchen führen.[720] Die Möglichkeit der zivilrechtlichen Ahndung der Verletzung ausländischer Finanzmarktregeln ist eine Frage des anzuwendenden Sachrechts. Sie sollte unter Berücksichtigung des Ziels der jeweiligen Vorschriften und der Auswirkung ihrer Anwendung erfolgen. Zunächst muss jedoch geklärt sein, welchem Recht das Delikt nach den allgemeinen kollisionsrechtlichen Anknüpfungen untersteht.

689 **c) Allgemeine Anknüpfung.** Hinsichtlich der Anknüpfung von finanzmarktrechtlichen Vorschriften unter der Rom II-VO ist zu unterscheiden. Bestimmte Vorschriften des Finanzmarktrechts stellen **vorvertragliche Pflichten** auf. Dies gilt vor allem für die Wohlverhaltensregeln (§§ 63 ff. WpHG). Der BGH lehnt zivilrechtliche Ansprüche im Falle deren Verletzung zwar ab,[721] jedoch könnte ein ausländisches Recht dies anders sehen. Das anzuwendende Recht ist in diesem Fall nach **Art. 12 Rom II-VO** zu bestimmen.[722] Die Vorschrift stellt in Abs. 1 in erster Linie auf das Vertragsstatut ab. Dieses richtet sich nach der Rom I-VO. Dabei ist die Natur der Wohlverhaltenspflichten als Eingriffsnormen zu beachten, die sich gegen sonstige Regelungen des Vertragsstatuts durchsetzen (→ Rn. 680).

690 Das für die Anwendung **sonstiger Vorschriften** maßgebliche Recht bestimmt sich mangels Spezialregelung nach der allgemeinen Kollisionsnorm für unerlaubte Handlungen **(Art. 4 Rom II-VO).** Die in Art. 4 Abs. 1 Rom II-VO vorgesehene Anknüpfung an den **Ort des Schadenseintritts** ist aus finanzmarktrechtlicher Sicht unpassend, da sie die marktordnende Funktion der Haftung außer Acht lässt.[723] Gerade bei allgemeinen Vermögensschäden, wie sie durch Finanzmarktdelikte hervorgerufen werden, ist der Ort des Schadenseintritts notorisch schwer zu bestimmen. Eine verbreitete Ansicht will ihn mit dem gewöhnlichen Aufenthalt des Geschädigten als dessen „Vermögens-

[719] Zur Notwendigkeit eines Insolvenzverfahrens für staatliche Schuldner MüKoInsO/*Stürner,* 4. Aufl. 2019, Einl. Rn. 102; *Paulus* WM 2002, 725; *Paulus* ZIP 2011, 2433; *Ohler* JZ 2005, 590. Für die Berücksichtigung des Moratoriums auf Sachrechtsebene dagegen *M.P. Weller/Grotz* JZ 2015, 989.

[720] Staudinger/*v. Hoffmann,* 2001, EGBGB Vor Art. 40 Rn. 56–60; Soergel/*Lüderitz,* 12. Aufl. 1996, EGBGB Art. 38 Rn. 91; BeckOK BGB/*Förster,* 70. Edition 1.5.2024, BGB § 823 Rn. 269: nur soweit ausländisches Recht unmittelbar für Inländer gilt; *Stoll* in v. Caemmerer, Vorschläge und Gutachten zur Reform des deutschen IPR der außervertraglichen Schuldverhältnisse, 1983, 160, 174.

[721] BGHZ 170, 226 Rn. 18 f. = NJW 2007, 1876; BGHZ 175, 276 Rn. 15 = NJW 2008, 1734.

[722] Reithmann/Martiny IntVertragsR/*Freitag* Rn. 13.77.

[723] Ausf. dazu *Lehmann* IPRax 2012, 399 (400); *Lehmann* Rev. crit. dr. int. pr. 2012, 485 (493–497); ebenso *Einsele* ZEuP 2012, 23 (29 f.); *v. Hein* in Baum/Fleckner/Hellgardt/M. Roth, Perspektiven des Wirtschaftsrechts, 2008, 371, 389 f.; *v. Hein* in Fassbender/Wendehorst/De Wet ua, Paradigmen im internationalen Recht, Berichte der Deutschen Gesellschaft für Völkerrecht 45 (2012), 369 (414–416).

zentrale“ gleichsetzen.[724] Dem steht jedoch die Rspr. des EuGH entgegen, der diese Theorie im Rahmen der Auslegung des Art. 5 Nr. 3 EuGVÜ ausdrücklich verworfen hat.[725] Stattdessen sei auf den Ort des geschädigten Vermögenswerts abzustellen. Dieser befindet sich gemäß der **Kolassa-Entscheidung** des EuGH im Wohnsitzstaat des Geschädigten, wenn sich der behauptete Schaden unmittelbar auf einem Bankkonto des Klägers bei einer dortigen Bank verwirklicht.[726] In zwei nachfolgenden Entscheidungen hat der EuGH die Anknüpfung nach der Kolassa-Rspr. zwar mit den besonderen Eigenheiten dieses Falles begründet, zu denen die Tatsache gehörte dass ein Prospekt im Wohnsitzstaat des Investors verteilt wurde.[727] Selbst mit dieser Einschränkung führt die Kolassa-Rspr. jedoch meist zu einer Zersplitterung des anzuwendenden Haftungsrechts, denn der Prospekt wird regelmäßig in verschiedenen Staaten verteilt.[728]

In der Rechtssache VEB/BP hatte der **EuGH** erstmals den Schadensort für Verletzungen der Informationspflichten auf dem Sekundärmarkt (Pflicht zur Veröffentlichung von Ad-hoc-Meldungen) festzustellen.[729] Dabei entschied er, dass „in Anknüpfung an die Verwirklichung des Schadens nur die Zuständigkeit der Gerichte derjenigen Mitgliedstaaten begründet werden [kann], in denen dieses Unternehmen die gesetzlichen Offenlegungspflichten für seine Börsennotierung erfüllt hat“.[730] Die Entscheidung erging abermals zur Brüssel Ia-VO, ist aber nach dem Gebot der parallelen Auslegung auf Art. 4 Abs. 1 Rom II-VO zu übertragen. Außerdem betrifft sie nur Ad-hoc-Pflichten und damit einen Sonderfall. Da Unternehmen ihre gesetzlichen Offenlegungspflichten am Ort der Börse zu erfüllen haben (→ Rn. 702), bedeutet das Urteil eine Wende hin zur markbezogenen Anknüpfung, dh zur Lokalisierung des Schadens aus der Anlage in Finanzinstrumenten am Ort deren Börsennotierung. Diese Anknüpfung wurde in der Lit. bereits seit längerem vertreten.[731] Trotz der an sich klaren Neuorientierung wirft das Urteil viele Fragen auf (→ Rn. 702).[732] **691**

Die Anknüpfung an den Ort des Schadenseintritts wird gemäß Art. 4 Abs. 2 Rom II-VO durch das **Recht am gemeinsamen gewöhnlichen Aufenthalt von Opfer und Täter** verdrängt. Aus finanzmarktrechtlicher Sicht ist diese Anknüpfung ebenfalls unpassend. Sie missachtet die maßgeblichen Allgemeininteressen und führt aus regulatorischer Sicht zu zufälligen Ergebnissen.[733] **692**

Die **Ausweichklausel** des Art. 4 Abs. 3 Rom II-VO ist nicht in der Lage, diese Ergebnisse abzumildern. Insbesondere kann ihr nicht ein Herkunftslandprinzip entnommen werden.[734] Die Ausweichklausel ist auf Ausnahmefälle beschränkt und kann die notwendige differenzierte Anknüpfung von Finanzmarktdelikten nicht leisten.[735] **693**

Zur Vermeidung dieser Ergebnisse werden verschiedene **Ausweichstrategien** vorgeschlagen. Vertreten wird zum einen eine generelle Identifikation des Schadenseintrittsorts mit dem betroffenen **694**

---

[724] S. Staudinger/*v. Hoffmann,* 2001, EGBGB Art. 40 Rn. 282a; Soergel/*Lüderitz,* 12. Aufl. 1996, EGBGB Art. 38 Rn. 11; Grüneberg/*Thorn,* 82. Aufl. 2023, Rom II-VO Art. 4 Rn. 9; AnwK-BGB/*G. Wagner,* 2005, EGBGB Art. 40 Rn. 21.

[725] S. EuGH ECLI:EU:C:2004:364 = EuZW 2004, 477 – Kronhofer; ausdrücklich aufrechterhalten durch EuGH ECLI:EU:C:2015:37 Rn. 48 = NJW 2015, 1581 – Kolassa; näher *v. Hein* in Fassbender/Wendehorst/de Wet ua, Paradigmen im internationalen Recht, Berichte der Deutschen Gesellschaft für Völkerrecht 45 (2012), 369, 397; *Lehmann* JPIL 2011, 527 (543 f.); *Engert/Groh* IPRax 2011, 458 (463).

[726] EuGH ECLI:EU:C:2015:37 Rn. 50 = NJW 2015, 1581 – Kolassa; dazu *Freitag* WM 2015, 1165; *v. Hein* JZ 2015, 946; *Lehmann* JPIL 2016, 318.

[727] EuGH ECLI:EU:C:2016:449 Rn. 37 = NJW 2016, 2167 unter Verweis auf Schlussanträge GA Szpunar Rn. 45 – Universal Music; ECLI:EU:C:2018:701 Rn. 29 f. = NJW 2019, 307 – Helga Löber.

[728] Krit. *Freitag* WM 2015, 1165 (1169); *Lehmann* JPIL 2016, 318 (337 ff.).

[729] EuGH ECLI:EU:C:2021:377 Rn. 11 = NZG 2021, 842 – VEB.

[730] EuGH ECLI:EU:C:2021:377 Rn. 11 = NZG 2021, 842 Rn. 35 – VEB.

[731] *Arons* Nederlands Internationaal Privaatrecht 2008, 481 (486); *Assmann* FS Rolf A. Schütze, 1999, 15 (28); *Bachmann* IPRax 2007, 77 (79); *Bischoff* AG 2002, 489 (492 f.); *Garcimartín/Alférez* Law and Financial Markets Review 2011, 449 (453); *Einsele* ZEuP 2012, 23 (38-40); *Grundmann* RabelsZ 54 (1990), 283 (305-308); *v. Hein* in Baum/Fleckner/Hellgardt/M. Roth, Perspektiven des Wirtschaftsrechts, 2008, 371 (389–391); *v. Hein* in Berichte der Deutschen Gesellschaft für Völkerrecht 45 (2012), 369 (414–416); *v. Hein* JZ 2015, 946 (949); *Hopt* FS W. Lorenz, 1991, 413 (422); *Kronke,* Recueil des cours de l'Academie de la Haye 286 (2000), 245 (308–312); *Mankowski* RIW 2009, 98 (116); Reithmann/Martiny IntVertragsR/*Mankowski* Rn. 19.127; *Nisi* Rivista di diritto internazionale privato e processuale 2013, 385 (413); *Sánchez Fernández* El folleto en las ofertas públicas de venta de valores negociables (OPV) y responsabilidad, 2015, 330-339; *Spindler* ZHR 165 (2001), 324 (352); *Thomale* ZGR 2020, 332 (346 f.); *Weber* WM 2008, 1581 (1587).

[732] Dazu *Lehmann* IPRax 2022, 147 (151).

[733] *Lehmann* IPRax 2012, 399 (401); aA *Junker* RIW 2010, 257 (262).

[734] *Lehmann* IPRax 2012, 399 (402); *Lehmann* Rev. crit. dr. int. pr. 2012, 485 (501–503); aA *v. Hein* in Baum/Fleckner/Hellgardt/M. Roth, Perspektiven des Wirtschaftsrechts, 2008, 371, 389 f.

[735] *Einsele* ZEuP 2012, 23 (31–37); *Lehmann* IPRax 2012, 399 (402); *Lehmann* Rev. crit. dr. int. pr. 2012, 485 (501 f.).

Markt.[736] Diese ist für Einzelfallgruppen, wie etwa börsengehandelte Instrumente, zutreffend, kann aber nicht durchgehend die individuelle Schadensermittlung verdrängen, welche sowohl der Wortlaut als auch die Entstehungsgeschichte und die Systematik der Verordnung verlangen.[737] Alternativ wird die Bildung einer ungeschriebenen Kollisionsnorm nach dem Vorbild des Art. 6 Rom II-VO befürwortet.[738] Dies ist dem Richter jedoch wegen der rechtsvereinheitlichenden Zielsetzung der Rom II-VO nicht erlaubt.[739] Keine dieser Ausweichstrategien ist daher überzeugend. Es verbleibt bei den allgemeinen Anknüpfungsgrundsätzen, mit Präzisierungen der Schadenslokalisierung bei bestimmten Fallgruppen. Das bedeutet eine erhebliche Verkomplizierung der Anwendung des Art. 4 Rom II-VO insbesondere bei reinen Vermögensschäden.

695 **d) Anwendung als Eingriffsnormen.** Für finanzmarktrechtliche Vorschriften des inländischen Rechts ist die Situation allerdings durch **Art. 16 Rom II-VO** abgemildert. Dieser erlaubt dem Gericht die Anwendung von Eingriffsnormen der *lex fori*. Vorschriften, die aus finanzmarktregulatorischen Gründen in Privatrechtsverhältnisse eingreifen, genügen regelmäßig dieser Definition (zur entsprechenden Norm in der Rom I-VO → Rn. 673). Allerdings gilt die Vorschrift nur für die Finanzmarktnormen des eigenen Rechts. Drittstaatliche Normen können mit ihr nicht berücksichtigt werden. Zwar ist eine entsprechende Berücksichtigung deshalb nicht unzulässig, doch gibt das europäische Recht keine Kriterien vor.[740] Eine analoge Anwendung des Art. 9 Abs. 3 Rom I-VO ist nicht möglich, da dieser auf Vertragsverhältnisse zugeschnitten ist. Schließlich verdrängt auch Art. 16 Rom II-VO das sonst anzuwendende Recht nicht vollständig, sondern überlagert dieses. Es kommt damit zu einer komplexen Überschneidung unterschiedlicher Rechte.

696 **e) Berücksichtigung finanzmarktrechtlicher Vorschriften als Verhaltensregeln.** Gemäß **Art. 17 Rom II-VO** sind bei der Beurteilung des Verhaltens einer Person die Sicherheits- und Verhaltensregeln am Ort des haftungsbegründenden Ereignisses zu berücksichtigen. Mit Hilfe dieser Norm kann zwar eine teilweise Abstimmung zwischen der Rom II-VO und dem Finanzmarktaufsichtsrecht in dem Sinne erreicht werden, dass die Befolgung von Verhaltensregeln nach einem (Finanzmarktaufsichts-)Recht nicht zu einer Haftung nach einem anderen (Delikts-)recht führt. Allerdings verbleibt das Problem unterschiedlicher Haftungsfolgen für dasselbe Verhalten am Finanzmarkt und die Unvorhersehbarkeit des anzuwendenden Rechts (→ Rn. 690). Zudem identifiziert die Präambel den Ort des haftungsbegründenden Ereignisses mit dem Ort, an dem die „schädigende Handlung begangen wurde" (Erwägungsgrund Nr. 34 S. 1 Rom II-VO). Diese Anknüpfung ist aus regulatorischer Sicht unpassend, weil sie häufig nicht zur Anwendung des Rechts des betroffenen Staats führt. Hat etwa ein Insider Informationen über ein in Deutschland notiertes Unternehmen in der Ukraine weitergegeben, so ist die Anwendung ukrainischen Insiderrechts zur Beurteilung seines Handelns völlig unangemessen.

697 **f) Einzelfälle. aa) Fehlerhafte oder unterlassene Finanzmarktinformation.** Bei der **Prospekthaftung** ist der Ort des Schadenseintritts iSd Art. 4 Abs. 1 Rom II-VO nach einer verbreiteten Ansicht der Ort, an dem das Bankkonto verwaltet wird, über das der Anleger die betreffenden Instrumente bezahlt hat.[741] Der EuGH hat dem unter der Brüssel I-VO für die Konstellation zugestimmt, dass der Anleger an diesem Ort zugleich seinen Wohnsitz hat.[742] Nicht geklärt hat er jedoch, wie bei einem Auseinanderfallen von beiden Orten zu verfahren ist.[743] Angesichts der Tatsache, dass dem Wohnort des Geschädigten nach seiner Ansicht keine Bedeutung zukommen soll, wird man annehmen können, dass er als Schadensort auch in diesem Fall den Ort der Verwaltung des Bankkontos ansieht, von dem das Geld abgeflossen ist. Überträgt man diese Rspr. auf die Rom II-VO, wie es Erwägungsgrund Nr. 7 Rom II-VO verlangt, sind die Folgen dramatisch.[744] Es kommt

---

[736] Dafür Reithmann/Martiny IntVertragsR/*Mankowski* Rn. 19.127; *Nisi* Rivista di diritto internazionale privato e processuale 2013, 385 (413); *Sánchez Fernández,* Ley aplicable a la responsabilidad derivada del folleto, Diss. Madrid 2014; sympathisierend auch *Weber* WM 2008, 1581 (1587).

[737] *Junker* RIW 2010, 257 (262); *v. Hein* in Baum/Fleckner/Hellgardt/M. Roth, Perspektiven des Wirtschaftsrechts, 2008, 371, 415.

[738] *Einsele* ZEuP 2012, 23 (38–40).

[739] *Lehmann* IPRax 2012, 399 (402); *Lehmann* Rev. crit. dr. int. pr. 2012, 485 (504).

[740] *v. Hein* VersR 2007, 440 (446); *Leible* RIW 2008, 257 (263); *Leible/Lehmann* RIW 2007, 721 (726).

[741] *v. Hein* in Baum/Fleckner/Hellgardt/M. Roth, Perspektiven des Wirtschaftsrechts, 2008, 371, 389 f.; *Lehmann* JPIL 2011, 527; *Engert/Groh* IPRax 2011, 458 (463 f.).

[742] EuGH ECLI:EU:C:2015:37 Rn. 48 = NJW 2015, 1581 – Kolassa, mAnm *Freitag* WM 2015, 1165; *v. Hein* JZ 2015, 946.

[743] *Freitag* WM 2015, 1165 (1167); Engel, Internationales Kapitalmarktdeliktsrecht, S. 194.

[744] *Freitag* WM 2015, 1165 (1169); *Lehmann* JPIL 2016, 318 (337 ff.).

zu einer Zersplitterung des Prospekthaftungsstatuts. Dieses ist für den Emittenten kaum noch zu ermitteln, da er nicht vorhersehen kann, von welchem Konto der Anleger zahlt.

Als **Alternative** wurde vorgeschlagen, statt auf den Ort des Vermögensabflusses auf den Verfügungsort abzustellen.[745] Diese Anknüpfung kann jedoch ebenfalls nicht befriedigen, denn sie bietet kaum mehr Rechtssicherheit und ist für den Emittenten gleichfalls unvorhersehbar. **698**

Eine andere Idee ist, das **Herkunftslandsprinzip** auch im IPR fruchtbar zu machen und die Prospekthaftung dem **Emittentenstatut** zu unterstellen.[746] Positivrechtlich soll dies über die Ausweichklausel des Art. 4 Abs. 3 Rom II-VO oder über Art. 27 Rom II-VO möglich sein, welcher Kollisionsnormen in besonderen Rechtsakten der EU vorbehält.[747] Dieser Vorschlag vermag jedoch aus mehreren Gründen nicht zu überzeugen.[748] Zunächst übersieht er die Trennung zwischen Aufsichtsrecht und IPR. Der Prospekt-VO, die sich in privatrechtlichen Fragen sehr bedeckt hält, kann keine Kollisionsnorm für die Anwendung nationaler Privatrechte entnommen werden. Zudem ist sie auf die EU beschränkt und erfasst keine Drittstaaten; ihre vorranginge Anwendung gegenüber der Rom II-VO hätte ein gespaltenes Kollisionsrecht zur Folge, das der europäische Gesetzgeber gerade vermeiden wollte. Außerdem hat der Gesetzgeber mit der Anknüpfung an den Schadensort in Art. 4 Abs. 1 Rom II-VO gerade den Opferschutz in den Vordergrund gestellt, welchem eine Anwendung des Emittentenstatuts diametral zuwiderlaufen würde. Schließlich wird selbst in den USA, die oft als Vorbild herangezogen werden, das Emittentenstatut auf gesellschaftsrechtliche Fragen beschränkt, während die Prospekthaftung dem Recht des Orts der Börsennotierung untersteht.[749] **699**

Eine andere, neuere Auffassung schlägt vor, die Prospekthaftung dem **Informationspflichtstatut** zu unterstellen, also dem Recht des Staates, in dem der Emittent die der Prospekthaftung zugrundeliegende Prospektpflicht zu erfüllen hat.[750] Diese Auffassung verfolgt den an sich berechtigten Zweck, das Prospekthaftungsstatut mit dem Prospektpflichtstatut zu vereinheitlichen, um eine einheitliche abschreckende Wirkung und eine Rechtsvereinfachung zu erzielen. Außerdem könnte für sie sprechen, dass sich der EuGH bei der Bestimmung des Orts des Schadens, der durch fehlerhafte Information auf dem Sekundärmarkt entsteht, präzise auf die Erfüllung der Informationspflichten bezieht (→ Rn. 691). Der grundlegende Unterschied besteht jedoch darin, dass die Prospektpflicht bei grenzüberschreitenden Emissionen in vielen Staaten gleichzeitig und nicht an einem Börsenort (oder – bei mehrfacher Notierung – an wenigen Börsenorten) konzentriert zu erfüllen ist. Die dargestellte Auffassung will dem Rechnung tragen, indem sie auf die für die Billigung des Prospekts zuständige Aufsichtsbehörde abstellt. Damit setzt sie sich denselben Bedenken aus wie diejenige Ansicht, welche auf das Emittenstatut abstellt (→ Rn. 699). Mehr noch: welcher Staat den Prospekt prüft, kann verwaltungstechnischen Zufälligkeiten unterliegen. So ist es zB möglich, dass die zuständige Behörde des Herkunftsmitgliedstaats die Billigung des Prospekts auf Antrag der zuständigen Behörde eines anderen Mitgliedstaats überträgt (s. Art. 20 Abs. 8 Prospekt-VO). Damit hätte es die antragsberechtigte Person – der Emittent, der Anbieter oder die die Zulassung beantragende Person – in der Hand, das Prospekthaftungsstatut zu ändern. Das kann kaum die Intention des EU-Gesetzgebers gewesen sein, der sich lediglich um die verwaltungsrechtliche Zweckmäßigkeit, nicht aber um die kollisionsrechtlich zutreffende Anknüpfung Gedanken gemacht hat. Zur Rechtsordnung der für die Prüfung des Prospekts zuständigen Aufsichtsbehörde besteht daher nicht immer die engste Verbindung iSd IPR. Auch diese Auffassung ist daher abzulehnen.[751] **700**

Zu den Schwierigkeiten der Schadenslokalisierung gemäß Art. 4 Abs. 1 Rom II-VO kommt die Durchbrechung des allgemeinen Deliktsstatuts gemäß Art. 4 Abs. 2 Rom II-VO bei einem gemeinsamen gewöhnlichen Aufenthalt des Emittenten und des Anlegers in einem Staat hinzu. Diese führt dazu, dass einzelne Anleger abhängig von ihrem Wohnsitz gegenüber anderen bevorteilt werden, die Instrumente derselben Emission erworben haben. Aus ökonomischer Sicht vorzugswürdig wäre eine Anknüpfung an den Markt, an dem das jeweilige Produkt erworben wurde.[752] Diese lässt sich nach dem Wortlaut der Rom II-VO nicht erreichen. Insgesamt ist die derzeitige Anknüp- **701**

---

745 *v. Hein* JZ 2015, 946 (949).

746 *v. Hein* in Baum/Fleckner/Hellgardt/M. Roth, Perspektiven des Wirtschaftsrechts, 2008, 371, 394; *Hellgardt/Ringe* ZHR 2009, 802 (830–832); *Ringe/Hellgardt,* The International Dimension of Issuer Liability – Liability and Choice of Law from a Transatlantic Perspective, 31 Oxford Journal of Legal Studies 23 (57 f.); *Kuntz* WM 2007, 432 (436 f.); *Tschäpe/Kramer/Glück* RIW 2008, 657 (664–666); *Lehmann* IPRax 2012, 399 (403).

747 S. *v. Hein* in Baum/Fleckner/Hellgardt/M. Roth, Perspektiven des Wirtschaftsrechts, 2008, 371, 391; *Tschäpe/Kramer/Glück* RIW 2008, 657 (666).

748 S. *Engel,* Internationales Kapitalmarktdeliktsrecht, S. 204–206. *Lehmann* IPRax 2012, 399 (401 f.); *Thomale* ZGR 2020, 332 (347 f.).

749 Zu alledem *Lehmann* IPRax 2012, 399 (402); *Thomale* ZGR 2020, 332 (347 f.).

750 Assmann/Schneider/Mülbert/*Hellgardt* WpHG §§ 97 f. Rn. 176.

751 Ebenso *Thomale* ZGR 2020, 332, 351 f.

752 *Lehmann* Rev. cr. dr. int. pr. 2012, 485 (507–512).

fung der Prospekthaftung nach dem IPR der EU daher unbefriedigend. Dies erklärt die Rufe nach einer Reform (→ Rn. 717).

702 Bei fehlerhaften oder unterlassenen **Ad-hoc-Mitteilungen** hat der EuGH in der Rechtssache „VEB/BP" eine abweichende Anknüpfung vorgenommen. Insoweit soll der Schadensort dort liegen, wo der Emittent seine Veröffentlichungspflichten zu erfüllen hat (→ Rn. 691). Das ist regelmäßig am Ort der Börsennotierung der Fall, der daher mit dem Schadensort gleichzusetzen ist. Allerdings wirft das Urteil zahlreiche Fragen auf. Zum Beispiel ist unklar, ob der Wohnsitz des Investors oder der Sitz des Kreditinstituts damit als Kriterium vollständig verworfen werden oder im Rahmen eines Multifaktortests weiterhin relevant bleiben. Richtigerweise sollte man ausschließlich an den Marktort anknüpfen.[753] Die Lokalisierung am Marktort sollte auch für elektronische Handelsplätze (MTF und OTF) (→ Rn. 167) gelten. Bei Mehrfachnotierungen desselben Finanzinstruments an mehreren Börsen sollte der Ort der tatsächlichen Erwerbs entscheiden.[754]

703 Zu diesen Problemen gesellt sich noch ein **scheinbarer Konflikt zwischen dem deutschen und dem europäischen Recht.**[755] Die sachrechtliche Regelung der Haftung für fehlerhafte Sekundärmarktinformationen in §§ 97 f. WpHG gilt ihrem Wortlaut nach nur für einen Emittenten, der für seine Finanzinstrumente die Zulassung zum Handel an einem inländischen Handelsplatz genehmigt oder an einem inländischen regulierten Markt oder multilateralen Handelssystem beantragt hat. Dagegen stellt Art. 4 Rom II-VO auf andere Kriterien – namentlich den Schadensort, den gemeinsamen gewöhnlichen Aufenthalt oder eine offensichtlich engere Verbindung – ab.

704 Das Problem wurde durch das Urteil des EuGH in der Rs. „VEB/BP" wesentlich reduziert. Der EuGH lokalisiert den Schaden gemäß Art. 4 Abs. 1 Rom II-VO in Fällen der fehlerhaften Information des Sekundärmarkts nunmehr am Ort der Börsennotierung. Das steht im Einklang mit den Kriterien der §§ 97 f. WpHG. Es verbleiben dennoch Unterschiede. Insbesondere sehen §§ 97 f. WpHG keine Ausnahmen im Fall des gemeinsamen gewöhnlichen Aufenthaltsstaats von Anleger und Emittent oder im Fall einer offensichtlich engeren Verbindung vor.

705 In den unterschiedlichen räumlichen Kriterien wird in der Lit. zum Teil ein Widerspruch zwischen zwei verschiedenen kollisionsrechtlichen Anknüpfungen – eine nach Art. 4 Rom II-VO und eine andere nach §§ 97 f. WpHG – gesehen.[756] Dieser sei wegen des Grundsatzes des Vorrangs des EU-Rechts vor dem nationalen Recht zugunsten der Rom II-VO zu lösen.[757] Allerdings ist nach den Materialien zu §§ 97 f. WpHG keineswegs sicher, dass der deutsche Gesetzgeber tatsächlich eine kollisionsrechtliche Regelung treffen wollte.[758] Daher sollte man nicht unnötig einen Widerspruch zur Rom II-VO konstruieren, sondern das deutsche Recht – wie sonst auch – im Einklang mit dem Unionsrecht auslegen. Dies bedeutet, dass **§§ 97 f. WpHG keinen kollisionsrechtlichen Regelungsgehalt** haben. Vielmehr handelt es sich bei der Einschränkung auf einen Emittenten, der für seine Finanzinstrumente die Zulassung zum Handel an einem inländischen Handelsplatz genehmigt oder an einem inländischen regulierten Markt oder multilateralen Handelssystem beantragt hat, lediglich um eine Beschränkung des räumlichen Anwendungsbereichs der Norm.[759]

706 Es verbleibt das Problem, dass die kollisionsrechtliche Regelung der EU das deutsche Recht auch in solchen Haftungsfällen für anwendbar erklärt, die nicht in dessen räumlichen Anwendungsbereich fallen.[760] Dieses Problem tritt auf, wenn die Finanzinstrumente eines Anbieters nicht an einer deutschen Börse zum Handel zugelassen sind – also §§ 97 f. WpHG nicht anwendbar sind, aber dennoch nach Art. 4 Rom II-VO deutsches Recht maßgeblich ist. Ein denkbares Beispiel wäre, dass ein deutscher Emittent seine Finanzinstrumente an einer Börse im Ausland zugelassen hat, und ein Anleger mit gewöhnlichem Aufenthalt in Deutschland in diese investiert. In dieser Situation wäre nach Art. 4 Abs. 2 Rom II-VO deutsches Recht anwendbar, obwohl die §§ 97 f. WpHG nach ihrem Wortlaut nicht einschlägig sind. Dieses Problem ist am zweckmäßigsten mithilfe der kollisionsrechtlichen Methode der Anpassung zu lösen.[761] Die Anknüpfung des IPR der EU führt zur Anwendung des deutschen Rechts, das jedoch keine sachrechtliche Norm für diesen Fall bereithält; insbesondere

---

753 S. *Lehmann* IPRax 2022, 399 (403).

754 S. *Lehmann* IPRax 2022, 399 (403 f.).

755 Zum Folgenden *Sethe/Lehmann* in Tietje/Nowrot, Internationales Wirtschaftsrecht § 15 Rn. 190–200; *Thomale* NZG 2020, 328 (331–333).

756 *Thomale* NZG 2020, 328 (331–333).

757 *Thomale* NZG 2020, 328 (333).

758 *Thomale* NZG 2020, 328 (333), der deshalb die Bezeichnung „unbewusstes Sonderkollisionsrecht" wählt.

759 Ebenso *Seiler/Singhof* in Berrar/Meyer/Schnorbus/Singhof/Wolf, WpPG und EU-Prospekt-VO, 2. Aufl. 2017, WpPG Vor §§ 21 ff. Rn. 14, § 21 Rn. 34 f.; *Groß,* Kapitalmarktrecht, 8. Aufl. 2022, WpPG § 9 Rn. 91–93.

760 Dazu *Thomale* NZG 2020, 328 (331–333).

761 *Sethe/Lehmann* in Tietje/Nowrot Internationales Wirtschaftsrecht, § 15 Rn. 195 f.

ist eine Haftung aus einer anderen als der spezialgesetzlichen Grundlage der §§ 97 f. WpHG, zB aus culpa in contrahendo, wegen der außervertraglichen Natur der Haftung nicht denkbar. Die entstehende Lücke ist zu schließen, indem die spezialgesetzliche Grundlage auf alle Fälle erstreckt wird, in denen das deutsche Recht für die Haftung wegen fehlerhafter Information des sekundären Kapitalmarkts zur Anwendung berufen ist.[762]

Die Verletzung der Regeln über die **Beteiligungspublizität** führt ebenfalls zu einer Zersplitterung des anzuwendenden Haftungsrechts. Dies ist ganz besonders misslich, da der Publizitätspflichtige nicht über den geringsten Anhaltspunkt darüber verfügt, wo der Schaden eintritt oder sich der gewöhnliche Aufenthalt des Opfers befindet. 707

bb) Fehlerhafte Ratings. Auch das auf die Verantwortlichkeit für fehlerhafte Ratings anzuwendende Recht ist nach internationalprivatrechtlichen Grundsätzen zu bestimmen. Insbesondere etabliert Art. 35a Rating-VO kein kollisionsrechtsfreies Wirtschaftsrecht.[763] Ein solches würde zum einen zu weit reichen, denn es würde in der EU sitzende Ratingagenturen für Schäden weltweit haften lassen, unabhängig davon, wo der Schaden eingetreten ist oder welchem Recht die von diesen geschlossenen Verträge unterstehen. Zum anderen würde ein kollisionsrechtsfreies Haftungsrecht zu kurz greifen, denn Ratingagenturen, die nicht in der EU sitzen und keine Schäden in der EU verursachen, würden überhaupt nicht haften. Gegen die These einer „Kollisionsrechtsfreiheit" der Verordnung spricht zudem die Tatsache, dass diese selbst für die Auslegung ihrer Begriffe auf das nach kollisionsrechtlichen Grundsätzen anzuwendende Recht verweist. Es käme zu gravierenden Friktionen, wenn dieses ein anderes als ein mitgliedstaatliches Recht wäre. 708

Hinsichtlich der einschlägigen Anknüpfungsregeln ist zwischen den verschiedenen Arten des Ratings zu differenzieren. Beim *solicited rating* besteht zwischen den Parteien typischerweise ein Vertragsverhältnis, so dass die Rom I-VO anwendbar ist (→ Rn. 649).[764] Beim *unsolicited rating* fehlt es an einem Vertragsverhältnis zwischen den Beteiligten, so dass die Rom II-VO greift (→ Rn. 649). Mangels spezieller Regelung ist deren Art. 4 einschlägig. Bei der Lokalisierung des Schadens ist zu unterscheiden, wer die Ansprüche geltend macht. Der Schaden eines Emittenten wegen eines zu negativen Ratings besteht in der Erhöhung der Kosten der Refinanzierung. Genau genommen entstehen diese an den Refinanzierungsmärkten; jedoch ist es zumindest vertretbar und im Sinne einer einheitlichen Anknüpfung zu befürworten, den Ort des Sitzes des bewerteten Unternehmens als Schadensort anzusehen.[765] Schwieriger sind Ansprüche geschädigter Anleger zu beurteilen. Der Sitz des Emittenten muss insoweit schon nach dem Wortlaut des Art. 4 Abs. 1 Rom II-VO als Schadensort ausscheiden, denn dort tritt kein Verlust des Investors ein.[766] Im Rahmen der Brüssel Ia-VO wird zum Teil auf den Ort abgestellt, an dem der Anleger die Finanzinstrumente erworben hat.[767] Jedoch erwerben Anleger in der Regel nicht unmittelbar an der Börse, sondern von ihrem Finanzdienstleister oder über diesen als Kommissionär.[768] Auch erscheint es bedenklich, den Vertragsabschlussort als Schadensort anzusehen.[769] Abzustellen ist vielmehr auf den Ort des geschädigten Vermögensteils. Im Falle des Erwerbs der Titel durch Zahlung von einem Bankkonto ist damit der Ort der Verwaltung dieses Kontos entscheidend. Das Ergebnis ist ein Mosaik unterschiedlicher Rechte (→ Rn. 690). Das muss man hinnehmen, solange der Gesetzgeber keine andere Regelung trifft (zum Reformvorschlag → Rn. 717). Nicht überzeugend ist dagegen die einheitliche Anknüpfung an den Satzungssitz der Ratingagentur über Art. 4 Abs. 3 Rom II-VO.[770] Gegen diese Auffassung sprechen zunächst methodische Bedenken, weil sie eine ganze Kategorie von Fällen aus der Regel der Art. 4 Abs. 1, 2 Rom II-VO herausnimmt und damit die eng zu verstehende Ausweichklausel überstrapaziert. Außerdem besteht zum Sitz der Ratingagentur gerade keine „wesentlich" engere Verbindung als zB zum Staat, in dem sich der Ort des Schadenseintritts befindet. Schließlich sind die Folgen dieser Auffassung bedenklich, denn sie konzentriert ohne Not die Ansprüche aller Anleger weltweit in der Regel auf ein einziges – regelmäßig US-amerikanisches – Recht und leistet damit der Regulierungsarbitrage Vorschub. 709

762 *Sethe/Lehmann* in Tietje/Nowrot Internationales Wirtschaftsrecht, § 15 Rn. 195 f.

763 AA *Heuser,* Die zivilrechtliche Haftung von Ratingagenturen nach Art. 35a Rating-VO (EU) 462/2013, 2019, 201–208.

764 Ebenso *Schroeter* in Zetzsche/Lehmann, Grenzüberschreitende Finanzdienstleistungen, 2017, § 11 Rn. 87.

765 So auch *Dutta* IPRax 2014, 33 (39).

766 AA *Dutta* IPRax 2014, 33 (39).

767 Italienischer Corte di cassazione Rivista di diritto internazionale privato e processuale 2013, 431 (432 f.); zust. *Nisi* Rivista di diritto internazionale privato e processuale 2013, 385 (413).

768 S. *Einsele,* Bank- und Kapitalmarktrecht, 5. Aufl. 2022, § 8 Rn. 6.

769 S. *Lehmann* JPIL 2011, 527 (557).

770 Dafür aber *Schroeter* in Zetzsche/Lehmann, Grenzüberschreitende Finanzdienstleistungen, 2017, § 11 Rn. 84.

710 **cc) Marktmissbrauch.** Bei den **Insiderdelikten** und der **Marktmanipulation** lässt sich ein geschädigtes Opfer meist nicht identifizieren („*victimless crime*"). Ist dies ausnahmsweise doch der Fall, wäre die Frage der zivilrechtlichen Haftung gegenüber diesem nach dem Recht am Schadensort zu bestimmen (→ Rn. 690). Dabei wird allerdings der regulatorischen Funktion des zivilrechtlichen Schadensersatzanspruchs *(regulation through litigation)* nicht Rechnung getragen, die eine Anknüpfung an den betroffenen Markt nahelegt.[771] Über Art. 17 Rom II-VO wird dieses Ergebnis nur unzureichend korrigiert, da die Norm unter Einbeziehung des Erwägungsgrundes Nr. 34 Rom II-VO auf den Handlungsort und nicht auf den betroffenen Markt abstellt.[772] Helfen kann insoweit nur eine Änderung der Rom II-VO (→ Rn. 717).

711 **dd) Übernahmerecht.** Fehlerhafte **Übernahmeangebote** werden nach der Rom II-VO ebenfalls gemäß eines zersplitterten Haftungsregime sanktioniert. Dadurch wird die marktordnende Funktion des Übernahmerechts vernachlässigt. Vorzugswürdig wäre die Anknüpfung an den betroffenen Markt. Damit stimmt der in der Lit. vorgeschlagene Ausbau der einseitigen Anknüpfung des § 1 WpÜG zu einer allseitigen Kollisionsregel überein.[773] Ihm steht jedoch der Text der Rom II-VO entgegen. Für einen Reformvorschlag → Rn. 717.

712 **g) Kryptowerte.** Neue zivilrechtliche Regeln sind durch die **MiCAR** eingeführt worden. Diese sieht zum einen für gewisse Fälle **unionsweit einheitliche zivilrechtliche Haftungsregeln** vor. So enthält die Verordnung eine Schadensersatzpflicht der Emittenten von Token für fehlerhafte Informationen im Kryptowertpapiere-Whitepaper, gleich ob dieses für vermögensreferenzierte Token, E-Geld Token oder andere Arten von Token erstellt wurde (Art. 15, 26, 52 MiCAR).[774] Darüber hinaus stellt sie für die Verwahrer und Verwalter von Kryptowerten eine Haftung im Fall von Verlusten solcher Werte oder der Zugangsmittel für diese bereit (Art. 75 Abs. 8 MiCAR). Zum anderen enthält die Verordnung ein Widerrufsrecht für nicht börsengehandelte Token, die weder ART noch EMT (dh keine *stablecoins*) sind (Art. 13 MiCAR).

713 Die **Anknüpfung** dieser zivilrechtlichen Grundlagen fällt nicht leicht. Einerseits könnte man sie den allgemeinen Regeln der Rom I- und Rom II-VO unterwerfen.[775] Hiernach unterläge die Haftung für fehlerhafte Informationen im Whitepaper dem Art. 4 Rom II-VO; die Haftung für verlorene Kryptowerte den Art. 3 ff. Rom I-VO. Für eine solche Anknüpfung spricht, dass es sich im Unterschied zu den übrigen Regeln der MiCAR um zivilrechtliche Regelungen handelt, für die grundsätzlich das allgemeine IPR gilt.

714 Allerdings könnte man einwenden, dass die Regelungen über die Haftung für fehlerhafte Whitepaper Teil des vom europäischen Gesetzgeber erdachten Sonderregimes für die Kryptoindustrie sind. Sie dienen dazu, die aufsichtsrechtlichen Vorschriften der MiCAR um ein *private enforcement* zu ergänzen, und sollten daher möglicherweise parallel zu diesen anzuwenden sein. Das ergibt sich auch aus der Bezugnahme auf die Verletzung konkreter aufsichtsrechtlicher Pflichten in einzelnen Haftungsnormen (zB in Art. 15 Abs. 1 und Abs. 5 MiCAR). Eine Ausnahme von der Haftung, soweit der Schaden außerhalb der EU eintritt oder ein drittstaatliches Recht gewählt wurde, könnte dem Zweck der Disziplinierung der Industrie und der Durchsetzung finanzmarktrechtlicher Standards gegenüber allen der MiCAR unterworfenen Emittenten entgegenlaufen. Die Haftungsregeln könnten daher auf alle Anbieter anzuwenden sein, die der MiCAR unterliegen.

715 Gegen diese – durchaus berechtigten – Erwägungen spricht jedoch, dass der EU-Gesetzgeber nicht schlechthin private Rechte kreieren möchte, unabhängig vom Schadensort und dem gewöhnlichen Aufenthaltsort des Geschädigten. Dem Art. 4 Rom II-VO lässt sich die Grundsatzentscheidung entnehmen, dass über die Existenz privater Ansprüche wegen unerlaubter Handlungen das Recht am Schadenseintrittsort oder am gemeinsamen gewöhnlichen Aufenthalt von Schädiger und Geschädigtem entscheiden soll. Dieser Grundsatz beruht auf dem Gedanken der engsten Beziehung, der für das Internationale Privatrecht maßgeblich ist. Er hat auch bei aus der Verletzung von Regulierung resultierenden Schäden seine Berechtigung und darf daher nicht außer Acht gelassen werden, wenn das auf die Whitepaper-Haftung anzuwendende Recht bestimmt wird. Daher ist davon auszugehen, dass sich die internationale Anwendung der Haftungsregelungen der Art. 15, 26, 52, 75 Abs. 8 MiCAR nach den gleichen Kriterien wie sonstige vertragliche und außervertragliche Schuldverhältnisse bestimmt. Dies bedeutet, dass die zivilrechtliche Haftung immer dann greift, wenn 1. der **allgemeine Anwendungsbereich der Verordnung** gemäß Art. 2 MiCAR eröffnet ist und 2. das

---

771 *Lehmann* Rev. cr. dr. int. pr. 2012, 485 (496).

772 S. *Lehmann* Rev. cr. dr. int. pr. 2012, 485 (518).

773 Dafür *Hahn* RIW 2002, 741 (742); Kölner Komm WpÜG/*Versteegen*, 2. Aufl. 2010, WpÜG § 1 Rn. 69; MüKoAktG/*Wackerbarth* WpÜG § 1 Rn. 24.

774 Vertiefend hierzu *Buck-Heeb* BKR 2023, 689.

775 Dafür wohl BeckOGK/*Dornis*, 1.11.2022, Internationales und europäisches Finanzmarktrecht Rn. 747.

gemäß der Rom I-VO bzw. Rom II-VO zur Anwendung berufene Privatrecht die Verletzung regulatorischer Regeln wie der der MiCAR mit einem Schadensersatzanspruch ahndet. Anwendbar sind also einerseits die Regeln der MiCAR als regulatorische Verhaltensregeln, andererseits die Regeln des nach der Rom I-VO bzw. Rom II-VO berufenen nationalen Haftungsrechts. Diese Lösung gilt vor allen Gerichten innerhalb der EU (mit Ausnahme Dänemarks). Ein drittstaatliches Gericht wird dagegen möglicherweise abweichende Kollisionsregeln anwenden. Es könnte z.B. die regulatorischen Vorschriften der EU nicht anwenden oder Schadensersatzansprüche anders anknüpfen.

Ähnlich stellt sich die Situation für das in Art. 13 MiCAR geregelte Widerrufsrecht dar. Obwohl **716** in einem regulatorischen Text enthalten, betrifft dieses das vertragliche Schuldverhältnis zwischen Veräußerer und Erwerber. Insoweit gelten daher die Vorschriften des IPR, insbesondere Art. 6 Rom I-VO. Das bedeutet, dass drittstaatliche Anleger, deren Vertrag einem Nicht-EU-Recht unterliegt, sich auf das Widerrufsrecht nicht berufen können, selbst wenn sie Kryptowerte von einem nach der MiCAR beaufsichtigten Unternehmen erwerben.

h) Reformbedarf. Um die oben (→ Rn. 697 ff.) genannten Widersprüche zwischen dem **717** Finanzmarktrecht und dem Internationalen Deliktsrecht zu vermeiden, hat der Deutsche Rat für IPR vorgeschlagen, in die Rom II-VO eine besondere Kollisionsnorm für Finanzmarktdelikte einzufügen.[776] Diese verweist in erster Linie auf den Ort des betroffenen Markts, und, soweit dieser nicht festgestellt werden kann, auf den Erwerbsort der Finanzinstrumente. Eine Ausnahme- und eine Auffangklausel sind ebenso vorgesehen wie eine Sonderregel für bilaterale Verhältnisse und den kollektiven Rechtsschutz. Bislang ist diese besondere Kollisionsnorm jedoch nicht eingeführt. Es bleibt daher bei den dargestellten Ergebnissen.

III. Finanzmarktrecht und Internationales Gesellschaftsrecht

1. Notwendigkeit der Unterscheidung. Das Internationale Finanzmarktprivatrecht ist vom **718** Internationalen Gesellschaftsrecht streng zu unterscheiden (→ Rn. 630). Beide bilden **getrennte kollisionsrechtliche Kategorien.** Im Vordergrund der gesellschaftsrechtlichen Anknüpfung stehen die Interessen der Gesellschafter und ihrer Gläubiger. Dagegen richtet sich das anzuwendende Finanzmarktrecht an den regulatorischen Zielen des Anlegerschutzes, der Erhaltung der Funktionsfähigkeit des Finanzsystems und der Systemstabilität aus (→ Rn. 2 ff.).

Diese Regelungsziele legen für das Gesellschaftsrecht die Anknüpfung an den Ort der Gründung **719** oder an den Sitz der Hauptverwaltung nahe. Für das Finanzmarktrecht empfiehlt sich hingegen *de lege ferenda* eine Anknüpfung an den Ort des Finanzmarkts, auf dem Finanzinstrumente – einschließlich Aktien einer Gesellschaft – erworben oder sonst gehandelt wurden (→ Rn. 717).[777] *De lege lata* ergibt sich die unterschiedliche Anknüpfung schon daraus, dass viele Fragen des Finanzmarktprivatrechts den **Rom-Verordnungen** unterfallen, gesellschaftsrechtliche Fragen hingegen nicht (Art. 1 Abs. 2 lit. f Rom I-VO, Art. 1 Abs. 2 lit. d Rom II-VO; → Rn. 635).

2. Überschneidungsbereiche. Es gibt allerdings einige finanzmarktrechtliche Regelungen, **720** die nicht Schuldverhältnisse, sondern **gesellschaftsrechtliche Verhältnisse** betreffen. Diese sind daher von den Rom-Verordnungen ausgenommen. Für sie ist nach anderen Anknüpfungen zu suchen.

Beispiele bilden die aufsichtsrechtlichen Regeln zur Berechnung der Vergütung von Geschäfts- **721** leitern eines Kredit- oder Finanzdienstleistungsinstituts (§ 25a Abs. 1 S. 3 Nr. 6, Abs. 5 KWG) oder die Verhaltenspflichten des Vorstands im Rahmen einer Übernahme (§§ 27, 33–33c WpÜG). Besonders häufig sind solche Regelungen im Recht der USA anzutreffen, weil der Bundesgesetzgeber nicht über eine eigene Zuständigkeit im Gesellschaftsrecht, sondern nur für den Handel mit Finanzinstrumenten *(securities law)* verfügt. Daher greift er mit finanzmarktrechtlich ausgestalteten Gesetzen häufig in die Organisation der Unternehmen ein. Beispiele sind etwa die Regelungen über die Stimmrechtsvertretung der Aktionäre in Hauptversammlungen *(proxy rules)* oder die Organisation der Erstellung von Bilanzen und die Haftung für fehlerhafte Bilanzierungen (Sarbanes-Oxley Act). Ebenfalls an der Grenze zwischen Finanzmarktrecht und Aufsichtsrecht stehen dezentrale Organisationstypen, die mit Hilfe der Blockchain geschaffen und umgesetzt werden. Archetypus ist hierfür das Projekt „Decentralized Autonomous Organization (DAO)“.[778] Bei diesem erbrachten die Teilnehmer Beiträge in Kryptowährung und konnten über deren Verwendung abstimmen. Das Projekt wurde nach dem „Diebstahl“ von Währungseinheiten abgebrochen.

---

[776] Deutscher Rat für IPR, Unterkommission „Finanzmarktrecht“ der Zweiten Unterkommission, Beschluss vom 31.3.2012, IPRax 2012, 470.

[777] S. auch *Grundmann,* Europäisches Gesellschaftsrecht, 2. Aufl. 2011, Rn. 636 f.

[778] Dazu *Mann* NZG 2017, 1014; *Zimmermann* IPRax 2018, 566 (570).

722 **3. Lösungsansätze.** Viele der entstehenden Probleme lassen sich durch eine **zutreffende Qualifikation** lösen. Diese ist, wenngleich auch von den Begriffen des Sachrechts gelöst, grundsätzlich an den Kategorien des eigenen Rechts zu orientieren. Daher können die genannten US-amerikanischen Regelungen zur Vertretung der Aktionäre in Hauptversammlungen aus der Sicht deutscher Gerichte nur gesellschaftsrechtlich eingeordnet werden. Auch die Regelungen des Sarbanes-Oxley Acts sind aus Sicht des deutschen Kollisionsrechts gesellschaftsrechtlich zu qualifizieren; dass viele nach deutschem Recht organisierte Unternehmen sie dennoch beachten, um den US-amerikanischen Kapitalmarkt in Anspruch nehmen zu können, steht auf einem anderen Blatt.

723 Andere Schwierigkeiten erledigen sich durch eine **parallele Anknüpfung.** So verlangt das deutsche Bankaufsichtsrecht, dass Kredit- und Finanzdienstleistungsinstitute ihre Hauptverwaltung und ihren Satzungssitz im Inland haben (§ 33 Abs. 1 S. 1 Nr. 6 KWG). Damit ist ein Gleichlauf der gesellschaftsrechtlichen und der bankaufsichtsrechtlichen Regelungen erreicht, und zwar unabhängig davon, ob man der Gründungs- oder der Sitztheorie folgt. Auf dieser Weise lässt sich der oben (→ Rn. 721) genannte Konflikt um die Vergütungsregelung für Geschäftsleiter leicht lösen.

724 Jedoch verbleiben **Zweifelsfälle.** So werden die **Verhaltenspflichten des Vorstands im Rahmen einer Übernahme** teils gesellschaftsrechtlich,[779] teils finanzmarktrechtlich[780] qualifiziert. Vordergründig zielen diese vor allem auf das Verhältnis zwischen Vorstand und Aktionären ab: Ihr Zweck besteht darin, den Aktionären der Gesellschaft zutreffende Informationen zu liefern und eine eigenen Interessen dienende Abwehr des Angebots durch den Vorstand *(entrenchment)* zu verhindern (→ Rn. 501). Allerdings sind die Aktionäre nicht als solche, sondern als Anleger angesprochen, denen ein Angebot zur Veräußerung ihrer Aktien auf einem bestimmten Finanzmarkt gemacht wird. Daher ist eine finanzmarktrechtliche Qualifikation vorzuziehen. Diese hat sich an den Anknüpfungskriterien des § 1 WpÜG auszurichten. Der Vorstand der Zielgesellschaft schuldet die Einhaltung der im WpÜG vorgesehenen Pflichten daher auch dann, wenn diese nicht nach deutschem Gesellschaftsrecht organisiert ist. Die Frage, wie er im Falle der Verletzung der Pflichten haftet, beurteilt sich nach dem gemäß der Rom II-VO anzuwendenden Recht (→ Rn. 711).

725 Auch die zutreffende Anknüpfung **dezentraler autonomer Organisationen** (→ Rn. 721) ist zweifelhaft. Soweit diese nicht als juristische Person ausgestaltet sind,[781] wird ein Rückgriff auf den Tätigkeitsort der Gesamtheit der Kapitalgeber befürwortet.[782] Nach einer anderer Ansicht soll sich das Statut akzessorisch zum jeweiligen Teilnehmer wandeln.[783] Beiden Auffassungen zufolge soll das angerufene Gericht hilfsweise seine *lex fori* anwenden.[784] Der Tätigkeitsort der Gesamtheit der Kapitalgeber wird jedoch nur in den seltensten Fällen identisch sein. Zudem lässt er sich aufgrund deren Pseudonymität nicht zuverlässig ermitteln. Eine sich je nach Teilnehmer wandelnde Anknüpfung oder die Anwendung der *lex fori* führt zur Anwendung verschiedener Rechte auf dieselbe Einheit. Diese kann dadurch als Organisation nicht funktionieren. Beispielsweise ist eine Abstimmung nach unterschiedlichen Rechten schlicht nicht denkbar. Es bedarf daher unbedingt einer einheitlichen Anknüpfung. Dabei sollte man auch vor scheinbar schwachen Anknüpfungskriterien nicht zurückschrecken, zB den gewöhnlichen Aufenthalt des Initiators.[785] Eine solche Anknüpfung ist einer uneinheitlichen in jedem Fall vorzuziehen.

IV. Finanzmarktrecht und Internationales Vermögensrecht

726 **1. Das Kollisionsrecht der intermediärverwahrten Finanzinstrumente.** Finanzinstrumente werden heute fast ausschließlich durch Intermediäre gehalten. Die Bestimmung des auf sie anwendbaren Eigentumsrechts folgt aus speziellen europäischen und deutschen Regeln. Die erste von ihnen ist § 17a DepotG, der Art. 9 Abs. 2 Finalitäts-RL[786] und Art. 9 Finanzsicherheiten-RL[787] in deutsches Recht umsetzen soll.[788] Nach dieser Vorschrift ist für Verfügungen über Wertpapiere

[779] S. *Mülbert* NZG 2004, 633 (638).
[780] *v. Hein* ZGR 2005, 528 (557 f.).
[781] *De Lima Pinheiro* International Journal of Cryptocurrency Research 2023, 16, 35, 37 f.
[782] *Mann* NZG 2017, 1014 (1018).
[783] *Zimmermann* IPRax 2018, 566 (571).
[784] *Mann* NZG 2017, 1014 (1019); *Zimmermann* IPRax 2018, 566 (571); Assmann/Schütze/Buck-Heeb KapAnlR-HdB/*Schütze/Vorpeil* § 7 Rn. 101; s. zu den möglichen Anknüpfungspunkten und krit. zur Anwendung der lex fori auch *De Lima Pinheiro* International Journal of Cryptocurrency Research 2023, 16, 37.
[785] AA *Mann* NZG 2017, 1014 (1018).
[786] RL 98/26/EG vom 19.5.1998 über die Wirksamkeit von Abrechnungen in Zahlungs- sowie Wertpapierliefer- und -abrechnungssystemen, ABl. EG 1998 L 166, 45.
[787] RL 2002/47/EG vom 6.6.2002 über Finanzsicherheiten, ABl. EG 1998 L 168, 43.
[788] Zur Mangelhaftigkeit der Umsetzung *Ege,* Das Kollisionsrecht der indirekt gehaltenen Wertpapiere, 2006, 105 ff.; *Lehmann,* Finanzinstrumente, 2009, 493 ff.

oder Sammelbestandanteile, die mit rechtsbegründender Wirkung in ein Register eingetragen oder auf einem Konto verbucht werden, das Recht des Staates anzuwenden, unter dessen Aufsicht das Register geführt wird, in dem unmittelbar zugunsten des Verfügungsempfängers die rechtsbegründende Eintragung vorgenommen wird, oder in dem sich die kontoführende Haupt- oder Zweigstelle des Verwahrers befindet, die dem Verfügungsempfänger die rechtsbegründende Gutschrift erteilt. Anwendbar ist also, kurz gesagt, das Recht des aufsichtsführenden Staats oder, mangels eines solchen, das Recht des kontoführenden Verwahrers. Die Regelung ist missglückt, weil sie ausgerechnet auf die deutsche Praxis der intermediärverwahrten Wertpapiere keine Anwendung findet, bei der nicht Eintragung, sondern Einigung und Übergabe nach §§ 929–931 BGB rechtsbegründende Wirkung haben.[789] Die Anwendung des deutschen Eigentumsrechts bestimmt sich daher gemäß Art. 43 Abs. 1 EGBGB nach der Regel der *lex cartae sitae.* Dagegen gilt § 17a DepotG für die Rechtsordnungen derjenigen Staaten, die der Buchung rechtsbegründende Wirkung zuerkennen. Dazu im Einzelnen → EGBGB Art. 38 Rn. 1 ff.

2. Das Kollisionsrecht der Kryptowährungen und -vermögensgegenstände. Eine Herausforderung für das IPR stellt die ***Distributed Ledger Technology*** **(DLT),** deren bekanntester Anwendungsfall die **„Blockchain“** ist, dar.[790] Mit Hilfe dieser lassen sich sowohl virtuelle Gegenstände als auch solche der realen Welt übertragen. Benötigt werden lediglich ein sog. privater Schlüssel, dh eine Zahlen- und Buchstabenfolge, die nur der Inhaber kennt, sowie die Adresse bzw. der öffentliche Schlüssel des Adressaten. Der Transfer wird nach einer Verifikation auf der Blockchain festgeschrieben. Die Verifikation sowie die Speicherung der Blockchain wird von Computern auf der ganzen Welt dezentral vorgenommen. Sie lässt sich technisch nicht ohne Weiteres rückgängig machen. 727

Aufgrund der Dezentralität der DLT und insbesondere der Blockchain ist die Bestimmung des auf Kryptowährungen und -vermögensgegenstände anwendbaren Rechts häufig mit besonderen Schwierigkeiten verbunden. Wie auch sonst im Kollisionsrecht ist hierfür zwischen den jeweiligen rechtlichen Fragestellungen, die der Sachverhalt aufwirft, zu differenzieren. Für schuldrechtliche Verträge über Kryptowerte kann die Ermittlung des anzuwendenden Rechts mit den üblichen Kollisionsnormen bewerkstelligt werden.[791] Davon zu unterscheiden ist die Bestimmung des auf die Übertragung des Kryptowerts selbst anwendbaren Rechts. Ein Blockchain-Transfer ist im Kern eine **Übertragung von Vermögenswerten.** Der Vorgang soll nach der Absicht der Beteiligten zu einer eigentümergleichen Stellung und nicht nur zu einer vertraglichen Forderung des Empfängers führen. Daher muss über das insoweit anzuwendende Recht nach den Grundsätzen des Internationalen Sachen- bzw. Eigentumsrechts (besser: Vermögensrechts) entschieden werden.[792] Dieses regelt sowohl die Wirksamkeit des Transfers als auch den Inhalt der Rechte, die aus der Inhaberstellung resultieren. Allerdings bereitet das Auffinden und die Formulierung der einschlägigen Grundsätze des Internationalen Vermögensrechts für Kryptowerte keine geringen Probleme.[793] UNIDROIT, das Institut zur Vereinheitlichung des Zivilrechts, hat dazu im Jahr 2023 Prinzipien veröffentlicht.[794] In Principle 5 sind auch Vorschläge zur Vereinheitlichung des Kollisionsrechts enthalten. In erster Linie soll es danach auf das – entweder im Netzwerk oder im jeweiligen Kryptowert – gewählte Recht ankommen; mangels Rechtswahl wird das Recht des Emittenten oder des Verwahrers des Kryptowerts berufen. Soweit diese fehlen, sind die Sachnormen der lex fori oder die Principles selbst anzuwenden; an letzter Stelle das IPR des Forums. Die Rechtswahlmöglichkeit findet sich auch in den USA in Art. 12–107 Uniform Commercial Code (UCC) wieder. Das deutsche Recht hat dagegen für Teilbereiche eine abweichende Anknüpfung gewählt, die im Folgenden dargestellt werden.[795] 728

a) Netzwerke unter staatlicher Aufsicht. Das deutsche Recht hält für die Bestimmung des auf Kryptowerte anwendbaren Vermögensrechts zwei konkurrierende Kollisionsnormen bereit. Die erste von ihnen ist **§ 17a DepotG.** Diese gilt für Rechtsordnungen, in denen die Registereintragung 729

[789] *Einsele* WM 2001, 7 (15 f.); *Einsele* WM 2001, 2415 (2421 ff.); *Lehmann,* Finanzinstrumente, 2009, 494; *Reuschle* IPRax 2003, 495 (498); aA *Keller* WM 2000, 1269 (1281); *Schefold* IPRax 2000, 468 (475 f.), die jedoch die Rechtslage nach deutschem materiellen Recht verkennen.

[790] Dazu *Guillaume* in Kraus/Obrist/Hari, Blockchains, Smart Contracts, Decentralised Organisations and the Law, 2019, 49; *Martiny* IPRax 2018, 553; *Zimmermann* IPRax 2018, 566.

[791] Dazu *Wendelstein* RabelsZ 86 (2022) 644; *Lehmann* in Omlor/Link, Kryptowährungen und Token, Kap. 5 Rn. 192-210; *Drogemüller,* Blockchain-Netzwerke und Krypto-Token im Internationalen Privatrecht, 2023, 156-256.

[792] Ebenso *Ng* JPIL 2019, 315 (321); siehe hierzu umfassend auch Takahashi JPIL 2022, 339.

[793] Dazu FMLC, Distributed Ledger Technology and Governing Law: Issues of Legal Uncertainty, 2018.

[794] UNIDROIT, Principles on Digital Assets and Private Law, 2023.

[795] S. zu einem Rechtsvergleich *Lehmann* ZVglRWiss 2023, 269.

oder Kontobuchung rechtsbegründende Wirkung hat, und verweist auf das Recht des aufsichtsführenden Staats (→ Rn. 573). Die zweite Regelung ist **§ 32 eWpG.** Nach dessen Abs. 1 unterliegen Rechte an einem elektronischen Wertpapier und Verfügungen über ein elektronisches Wertpapier dem Recht des Staates, unter dessen Aufsicht die registerführende Stelle steht. Fehlt es an einer solchen Aufsicht, ist nach § 32 Abs. 2 eWpG das Recht am Sitz der registerführenden Stelle oder, falls dieser nicht bestimmt werden kann, das Recht am Sitz des Emittenten des elektronischen Wertpapiers anwendbar.

730 Zwischen § 17a DepotG und § 32 eWpG kommt es zu **Überlappungen,** weil die elektronischen Wertpapiere des eWpG gemäß § 1 Abs. 1 S. 3 DepotG zugleich Wertpapiere iSd DepotG sind. Daher wäre grundsätzlich auf elektronische Wertpapiere neben § 32 eWpG zugleich auch die kollisionsrechtliche Regelung des § 17a DepotG anwendbar. Das Verhältnis beider Regelungen klärt der Wortlaut des § 32 Abs. 1 eWpG indes zugunsten eines Vorrangs des § 17a DepotG. Dieser Vorrang gilt jedoch nur innerhalb des Anwendungsbereichs des DepotG. Dies führt zur Frage, welche elektronischen Wertpapiere dem DepotG unterliegen und welche nicht. Zutreffend scheint insoweit eine Abgrenzung nach der Art der Eintragung: § 17a DepotG ist nur auf elektronische Wertpapiere in Sammeleintragung anwendbar, aber nicht auf elektronische Wertpapiere in Einzeleintragung.[796] Zwar kennt § 2 DepotG die Sonderverwahrung von Wertpapieren; allerdings ist diese der Einzeleintragung elektronischer Wertpapiere nicht gleichzusetzen. So lässt § 2 DepotG die allgemeinen sachenrechtlichen Regelungen unberührt,[797] während für elektronische Wertpapiere in Einzeleintragung Sondervorschriften bestehen (s. §§ 24–27 eWpG). Nur die elektronischen Wertpapiere in Sammeleintragung unterstehen daher den Vorschriften des DepotG, und nur für diese gilt daher die kollisionsrechtliche Anknüpfung des § 17a DepotG. Damit sind allerdings nicht alle Schwierigkeiten beseitigt, da Einzel- und Sammeleintragungen zumindest theoretisch im selben Register vorgenommen werden können.

731 Diese Schwierigkeiten sind im Ergebnis jedoch **nicht von großer Brisanz,** denn inhaltlich bestehen zwischen den Anknüpfungspunkten des DepotG und des eWpG kaum Unterschiede. Beide Regelungen stellen in erster Linie auf die zuständige Aufsichtsbehörde ab. Ob diese die Aufsicht über eine bestimmte Person oder eine bestimmte Tätigkeit ausübt, dürfte kaum relevant sein, weil der Registerführer seine Tätigkeit (dh die Führung des elektronischen Registers) typischerweise an seinem Sitz vornehmen wird.[798] Die sekundären Anknüpfungspunkte des § 17a DepotG und des § 32 eWpG unterscheiden sich zu einem gewissen Grad. Insbesondere fehlt der Verweis auf das Recht am Sitz des Emittenten in § 17a DepotG völlig. Jedoch wird diese sub-subsidiäre Regelung nur selten anwendbar sein. Daher lässt sich eine gewisse Kongruenz der beiden Kollisionsregelungen feststellen. Viel spricht folglich dafür, sie *de lege ferenda* in einer Regelung zu vereinheitlichen.

732 Problematisch ist aber die **internationale Reichweite des § 32 eWpG.** Offensichtlich soll diese Norm nicht auf unter dem eWpG begebene Werte beschränkt sein, denn sonst könnte sie ihrer Aufgabe als kollisionsrechtliche Norm nicht gerecht werden.[799] Sie ist daher auf **funktionsgleiche Werte ausländischen Rechts zu erstrecken.**[800] Dabei sollte man sich nicht zu engherzig am sachlichen Anwendungsbereich des eWpG orientieren, der auf Inhaberschuldverschreibungen, Pfandbriefe und gewisse Aktien und Investmentanteile beschränkt ist, sondern auch Register über andere Werte ins Auge fassen.[801] Entscheidend ist, dass die Werte elektronisch begeben werden, registriert sind und nicht in Sammelverwahrung geführt werden.[802] Die Anknüpfung nach § 32 eWpG gilt daher zB auch für Finanzinstrumente, die auf einer der französischen Aufsicht unterstehenden *DEEP (dispositif d'enregistrement électronique partagé)* gespeichert sind. Ebenso gilt sie für Schweizer „Registerwertrechte" (§ 973d OR Schweiz) oder für nach liechtensteinischem Recht begebene „Token" (Art. 3 TVTG – Liechtensteinisches Gesetz über Token und VT (Vertrauenswürdige Technologien)-Dienstleister). In all diesen Fällen ist aber vorauszusetzen, dass die Kryptowerte nicht in Sammeleintragung geführt sind und deshalb unter § 17a DepotG fallen.

733 Die Norm des § 32 eWpG stellt auf das Recht des Staats ab, der die Aufsicht über die registerführende Stelle ausübt. Für die dem eWpG unterliegenden Register ist dies die Bundesre-

---

[796] So auch *Knöfel* FS v. Bar, 2022, 167; Müller/Pieper/*Müller* eWpG § 32 Rn. 3; *Wilke* IPRax 2021, 502 (505); *Drogemüller,* Blockchain-Netzwerke und Krypto-Token im Internationalen Privatrecht, 2023, 309 f.

[797] MüKoHGB/*Einsele* Depotgeschäft Rn. 42; Nomos-BR/*Böttcher,* 2012, DepotG § 2 Rn. 2.

[798] Eine praktische Relevanz verneinend auch Müller/Pieper/*Müller* eWpG § 32 Rn. 3.

[799] S. *Knöfel* FS v. Bar, 2022, 165 f.

[800] *Knöfel* FS v. Bar, 2022, 164; Müller/Pieper/*Müller* eWpG § 32 Rn. 4; *Wilke* IPRax 2021, 502 (505); *Schwemmer* IPRax 2022, 331 (335); *Drogemüller,* Blockchain-Netzwerke und Krypto-Token im Internationalen Privatrecht, 2023, 328 f.

[801] Ebenso *Knöfel* FS v. Bar, 2022, 164; Müller/Pieper/*Müller* eWpG § 32 Rn. 4.

[802] Vgl. *Knöfel* FS v. Bar, 2022, 164; ähnlich *Drogemüller,* Blockchain-Netzwerke und Krypto-Token im Internationalen Privatrecht, 2023, 329.

publik Deutschland (s. § 11 eWpG). Welche Register dem eWpG unterfallen, bestimmt sich gemäß dessen internationalen Anwendungsbereich, der in Anlehnung an § 32 KWG zu bestimmen ist (→ Rn. 732).[803] Die auf einer *DEEP* begebenen Werte unterliegen dagegen der Aufsicht Frankreichs, die dem TVTG unterstehenden Register der Aufsicht Liechtensteins. Der Fall mehrfacher Aufsicht über dasselbe Register ist im Sinn des Vorrangs der deutschen Aufsicht und der daraus folgenden Anwendbarkeit deutschen Privatrechts zu lösen.[804] Dies ergibt sich jedoch nicht etwa aus einer analogen Anwendung des Art. 5 Abs. 1 S. 2 EGBGB, sondern aus den allgemeinen Grundsätzen des Internationalen Öffentlichen Rechts, die dem eigenen Recht bei Rechtskonflikten den Vorrang einräumen (→ Rn. 65).

b) Netzwerke ohne staatliche Aufsicht. Die meisten Blockchain-Netzwerke unterstehen jedoch keiner staatlichen Aufsicht. Bei ihnen ist die Bestimmung des anwendbaren Rechts unter Rückgriff auf die allgemeinen Kollisionsregeln besonders schwierig. 734

aa) Subjektive Anknüpfung. In Betracht kommt zunächst der **Grundsatz der Parteiautonomie.**[805] Eine freie Rechtswahl ist im Sachen- bzw. Vermögensrecht wegen der Auswirkungen auf Dritte zwar unüblich. Soweit der Urheber des Netzwerkes indes ein bestimmtes Recht vorgesehen hat, kann davon ausgegangen werden, dass alle Beteiligten dessen Geltung durch ihre Teilnahme zustimmen.[806] In der Praxis fehlt es jedoch häufig an einer solchen Rechtswahl. 735

bb) Objektive Anknüpfung. In **Abwesenheit einer Rechtswahl** ist die Suche nach anderen Anknüpfungspunkten nötig. Diese fällt wegen der dezentralen Natur des Netzwerks und der Speicherung der Blockchain auf Computern in der gesamten Welt nicht leicht. Vorgeschlagen wird zB eine Anknüpfung an den Lageort des privaten Schlüssels *(private key)*,[807] der für die Autorisierung jeder Transaktion erforderlich ist und der eine einheitliche Anknüpfung für alle ihm zugewiesenen Kryptowerte ermöglicht. Hiergegen spricht jedoch, dass dieser Schlüssel beliebig oft vervielfältigt werden kann.[808] Außerdem würde ein Abstellen auf seinen Belegenheitsort Manipulationsmöglichkeiten Tür und Tor öffnen. Ein Rückgriff auf die Kollisionsregeln über die Abtretung ist insoweit ebenfalls nicht zielführend. Diese bauen auf einer Dreiecks-Konstellation auf, die bei Kryptowerten nicht notwendig gegeben ist.[809] Auch die Anwendung des Rechts am gewöhnlichen Aufenthalt des Programmierers empfiehlt sich nicht.[810] Dieser ist wandelbar, zum Teil unbekannt (zB bei Bitcoin) und führt bei den häufig internationalen Gruppen von Programmierern nicht weiter.[811] Aus ähnlichen Gründen kann auch nicht auf den Sitz des Inhabers des privaten Schlüssels abgestellt werden.[812] In der Lit. wird zum Teil die Anwendung der *lex fori* des angerufenen Gerichts befürwortet.[813] Dadurch würde jedoch das anzuwendende Recht fragmentiert und dem forum shopping Vorschub geleistet.[814] Diese Lösung ist daher nicht akzeptabel. 736

---

803 IErg ebenso *Drogemüller,* Blockchain-Netzwerke und Krypto-Token im Internationalen Privatrecht, 2023, 332, der § 32 KWG unmittelbar heranziehen will.

804 Ebenso *Wilke* IPRax 2021, 502 (506); Müller/Pieper/*Müller* eWpG § 32 Rn. 32; aA *Knöfel* FS v. Bar, 2022, 169 f., der die Regelung des § 32 eWpG in diesem Fall nicht für anwendbar hält.

805 S. FMLC, Distributed Ledger Technology and Governing Law: Issues of Legal Uncertainty, 2018, 15; ähnlich vor dem Hintergrund der Haager Konvention über das auf intermediärverwahrte Wertpapiere anzuwendende Recht *Guillaume* in Kraus/Obrist/Hari, Blockchains, Smart Contracts, Decentralised Organisations and the Law, 2019, 49, 80; hierfür *de lege ferenda* ebenfalls *Drogemüller,* Blockchain-Netzwerke und Krypto-Token im Internationalen Privatrecht, 2023, 372; *Hanner,* Internationales Kryptowerterecht, 2022, 298 f.; *Takahashi* JPIL 2022, 339 (349 f.).

806 *Lehmann* ULR 2021, 1 (31); zust. *Schwemmer* IPRax 2022, 331 (337).

807 *De Vauplane* Nederlands Internationaal Privaatrecht 2018, 94 (102); *De Vauplane* Revue trimestrielle de droit financier 2017, Nr. 4, 50 (52); die Bedeutung des Belegenheitsorts der Wallet hervorhebend *Aigner* ZfRV 2020, 211 (216 f., 218 f., 220); krit. hierzu *Drogemüller,* Blockchain-Netzwerke und Krypto-Token im Internationalen Privatrecht, 2023, 367 f. und *Takahashi* JPIL 2022, 339 (358).

808 FMLC, Distributed Ledger Technology and Governing Law: Issues of Legal Uncertainty, 2018, 20.

809 Hierzu ausf. FMLC, Distributed Ledger Technology and Governing Law: Issues of Legal Uncertainty, 2018, 17 f., 20.

810 S. FMLC, Distributed Ledger Technology and Governing Law: Issues of Legal Uncertainty, 2018, 21; so auch *Hanner,* Internationales Kryptowerterecht, 2022, 218 f.

811 Kritisch insoweit daher auch *Zimmermann* IPRax 2018, 566 (569 f.).

812 Die Anknüpfung an den Sitz des Inhabers des privaten Schlüssels ebenfalls abl. FMLC, Distributed Ledger Technology and Governing Law: Issues of Legal Uncertainty, 2018, 19 f.; *Wendehorst* IPRax 2020, 490 (497); *Ng* JPIL 2019, 315 (334 f.).

813 *Guillaume* in Kraus/Obrist/Hari, Blockchains, Smart Contracts, Decentralised Organisations and the Law, 2019, 49, 80; *Zimmermann* IPRax 2018, 566 (570).

814 So auch *Drogemüller,* Blockchain-Netzwerke und Krypto-Token im Internationalen Privatrecht, 2023, 370.

737 Soweit Kryptowerte, wie zB Token, eine erkennbare registerführende Stelle oder einen erkennbaren Emittenten haben, ist auf das Recht des Staats am Sitz der registerführenden Stelle oder subsidiär am Sitz des Emittenten abzustellen. Als Rechtsgrundlage kann insoweit § 32 eWpG herangezogen werden. Diese Vorschrift gilt unmittelbar, wenn man – wie hier befürwortet – ihren Anwendungsbereich auf funktional vergleichbare Gegenstände anderer Rechte erstreckt (→ Rn. 732); wer dem nicht folgt, wird eine Analogie ziehen.[815] Damit sind jedoch nicht alle Fragen gelöst, denn bei weitem nicht alle Kryptowerte haben eine (identifizierbare) registerführende Stelle oder einen (identifizierbaren) Emittenten. Beides fehlt zB bei Bitcoin, dem Archetyp der Kryptowerte.

738 Hilfsweise könnte zur Bestimmung des anwendbaren Rechts auch auf Intermediäre zurückgegriffen werden. So werden die meisten Kryptowerte durch **Intermediäre** wie *wallet provider* oder Kryptobörsen „verwahrt“, dh die Kryptowerte werden von ihnen verwaltet (zur Kryptoverwahrung aus aufsichtsrechtlicher Sicht → Rn. 476a). Soweit der Sitz der registerführenden Stelle und des Emittenten oder dessen Gründungsstaat nicht bestimmt werden kann, besteht die engste Verbindung zu diesem Intermediär.[816] Für die Ermittlung des anzuwendenden Vermögensrechts kann man auf dessen Sitz oder, mangels Ermittelbarkeit eines solchen, auf den Ort dessen Gründung (Inkorporation) abstellen.

739 Soweit diese Anknüpfungspunkte versagen, ist für die Bestimmung des anwendbaren Rechts zwischen den **verschiedenen Arten** von DLT-Netzwerken zu unterscheiden. Bei sog. ***permissioned networks*** bedarf jeder Teilnehmer oder zumindest jeder zur Validierung von Transfers Befugte einer Autorisierung durch eine zentrale Stelle (sog. *operating authority*). Der gewöhnliche Aufenthalt oder Sitz dieser Stelle kann zur Bestimmung des anzuwendenden Rechts herangezogen werden (sog. PROPA – Place of the Relevant Operating Authority).[817]

740 An sog. ***permissionless networks*** kann dagegen jede beliebige Person teilnehmen und Validierungsfunktionen ausüben, die über einen Computer verfügt und das sog. Blockchain-Protokoll (eine Software) herunterlädt. Hier kommen nur hilfsweise Anknüpfungen in Betracht.

741 Hierfür wird man an den **gewöhnlichen Aufenthalt oder den Sitz des Inhabers** des Kryptowerts anknüpfen müssen.[818] Der pseudonyme Inhaber lässt sich durch die auf der Blockchain gespeicherten Informationen ermitteln; gemeinsam mit weiteren Informationen, die zB durch eine Kryptobörse geliefert werden können, lässt sich dieser unter Umständen identifizieren. Das an seinem gewöhnlichen Aufenthalt oder – bei Gesellschaften und juristischen Personen – Sitz geltende Recht kann dazu dienen, sowohl die Inhaberschaft als auch die Wirksamkeit einer Übertragung durch den Inhaber zu prüfen. Diese Anknüpfung hat zwar den Nachteil, dass die Verbindung zu diesem Ort schwach, wandelbar und für die Teilnehmer am Netzwerk schwer voraussehbar ist. Im äußersten Fall eines Netzwerks und Kryptowerts ohne Beziehung zu einem bestimmten nationalen Recht – wie zB Bitcoin – wird man zu ihr jedoch keine Alternative haben. Jedenfalls ist sie einer Anwendung der *lex fori* vorzuziehen, denn diese käme dem Aufgeben der Suche nach der engsten Beziehung und damit des IPR als solchem gleich.

742 Insgesamt kann das auf Kryptowerte anzuwendende Vermögensrecht zumindest bei ***permissionless networks*** nur unter großen Schwierigkeiten bestimmt werden. Glücklicherweise bedarf es dieses Rechts jedoch meist nicht, denn die von der Blockchain produzierten Ergebnisse können und sollten in der Regel als korrekt hingenommen werden.[819] Das ist schon deshalb notwendig, weil die Blockchain als Register wertlos wäre, wenn die gesamte Kette auf ihr verzeichneter Transfers juristisch rekonstruiert werden müsste. Zwar kann das Prinzip des gutgläubigen Erwerbs davor zu einem

---

[815] Für analoge Anwendung *Schwemmer* IPRax 2022, 331 (338); zur Anknüpfung an den Emittent s. auch *Hanner,* Internationales Kryptowerterecht, 2022, 217, 220; *Drogemüller,* Blockchain-Netzwerke und Krypto-Token im Internationalen Privatrecht, 2023, 363 f.

[816] *Haentjens/de Graaf/Kokorin,* „The Failed Hopes of Disintermediation: Crypto-Custodian Insolvency, Legal Risks and How to Avoid Them“ (2020) 2 Singapore Journal of Legal Studies 526, 526–563; iErg wohl auch *Drogemüller,* Blockchain-Netzwerke und Krypto-Token im Internationalen Privatrecht, 2023, 368 f., 373 f.; *Hanner,* Internationales Kryptowerterecht, 2022, 214 f.

[817] Ebenso FMLC, Distributed Ledger Technology and Governing Law: Issues of Legal Uncertainty, 2018, 18; *Drogemüller,* Blockchain-Netzwerke und Krypto-Token im Internationalen Privatrecht, 2023, 361 f.; *Hanner,* Internationales Kryptowerterecht, 2022, 216 f.; *Takahashi* JPIL 2022, 339 (355).

[818] *Schwemmer* IPRax 2022, 331 (338); European Law Institute (ELI), ELI Principles on the Use of Digital Assets as Security, https://www.europeanlawinstitute.eu/fileadmin/user_upload/p_eli/Publications/ELI_Principles_on_the_Use_of_Digital_Assets_as_Security.pdf (zuletzt abgerufen am 22.4.2024), 25, 30; FMLC, Distributed Ledger Technology and Governing Law: Issues of Legal Uncertainty, 2018, 19 f.; *Takahashi* JPIL 2022, 339 (357 f.).

[819] *Lehmann* 21 Minn. J. L. Sci. & Tech. 93 (2019), 118 ff.

gewissen Grad schützen, jedoch müsste man zuvor das nationale Recht bestimmen, welchem dieses Prinzip mit seinen konkreten Bedingungen und Folgen entnommen wird.

Die meisten Rechtsprobleme lassen sich zudem mit den **Mitteln des Schuldrechts** lösen. Bei fehlerhaften Transfers kann eine Rückabwicklung nach vertragsrechtlichen Grundsätzen erfolgen, zB weil eine Partei vom zugrunde liegenden Schuldvertrag zurückgetreten ist. Das anzuwendende Vertragsrecht auf diesen Schuldvertrag, der außerhalb der Blockchain geschlossen wird, ist nach allgemeinen kollisionsrechtlichen Grundsätzen (Rechtswahl, gewöhnlicher Aufenthalt der die charakteristische Leistung erbringenden Partei) zu ermitteln.[820] Der „Diebstahl" von Kryptowerten, zB durch Hacken des privaten Schlüssels, ist ebenso wie der Fall einer erpressten oder sonst erzwungenen Übertragung durch die Anwendung von Deliktsrecht zu korrigieren, das nach allgemeinen Grundsätzen zu ermitteln ist. Die von der Rom II-VO insoweit vorgesehene grundsätzliche Anwendung des Rechts am Schadensort führt zu Schwierigkeiten, die sich jedoch mittels einer Identifikation mit dem gewöhnlichen Aufenthalt des Inhabers des privaten Schlüssels beheben lassen. Ebenfalls in Betracht kommt eine Rückabwicklung nach bereicherungsrechtlichen Regeln, zB bei der Übertragung aufgrund eines nichtigen Vertrags. Das anzuwendende Recht ist auch insoweit nach allgemeinen Grundsätzen zu ermitteln (vgl. Art. 10 Rom II-VO). **743**

c) Sonderfall: extrinsische Token. Besondere Grundsätze für die Bestimmung des anwendbaren Rechts gelten für **extrinsische Token.** Diese repräsentieren – im Gegensatz zu **intrinsischen Token** ohne äußeren Wert wie zB Bitcoin oder Ether – Vermögensgegenstände außerhalb der Blockchain, wie etwa Gesellschaftsanteile, Forderungen, Grundstücke oder Waren. In Anlehnung an das Internationale Wertpapierrecht ist bei extrinsischen token zwischen dem **Kryptorechtsstatut** und dem **Kryptosachstatut** zu unterscheiden.[821] **744**

Das **Kryptorechtsstatut** ist das auf die durch die Kryptowerte repräsentierten Gegenstände anwendbare nationale Recht. Dieses ist – ebenso wie das Wertpapierrechtsstatut – nach den allgemeinen Kollisionsregeln zu ermitteln, die für die repräsentierten Gegenstände gelten. Für körperliche Gegenstände, die auf der Blockchain abgebildet sind, gilt daher zB die *lex rei sitae*-Regel, für Forderungen das auf die Abtretung anzuwendende Recht und für Gesellschaftsanteile die *lex societatis.* **745**

Das **Kryptosachstatut** ist das Recht, welches auf den Kryptowert selbst anzuwenden ist. Das Kryptosachstatut ist in der Regel von den repräsentierten Gegenständen unabhängig und nach den oben genannten Kollisionsregeln (→ Rn. 729) zu ermitteln. Soweit sich allerdings – wie häufig bei *permissionless networks* – das Kryptosachstatut nicht oder unter enormen Schwierigkeiten ermitteln lässt, kann unter Heranziehung des kollisionsrechtlichen Grundsatzes der engsten Beziehung zur Bestimmung des Kryptosachstatuts unter Umständen auf das Kryptorechtsstatut zurückgegriffen werden. Vermitteln beispielsweise sog. *investment tokens* einen Anteil an einer Gesellschaft und unterliegen diese nicht einem spezielleren Recht – etwa einem gewählten Recht oder dem Recht des PROPA –, kann das auf diese anzuwendende Recht *(lex societatis)* auch die Rechte am Token sowie dessen Übertragung regeln. Ebenso kann zum Beispiel bei einem Token, der Rechte an einem Grundstück repräsentiert, auf die *lex rei sitae* abgestellt werden, weil zu diesem die engste Verbindung besteht. **746**

Der zuletzt genannte Ansatz ist jedoch nicht gangbar, soweit der extrinsische Token eine Vielzahl von Vermögenswerten repräsentiert. Ein Beispiel hierfür sind solche **stablecoins,** die durch ein Portfolio von Forderungen nach unterschiedlichen Rechten oder Grundstücke in verschiedenen Ländern abgesichert sind. Ebenso verhält es sich, soweit der Kryptowert einen transnational beweglichen Gegenstand repräsentiert, zB grenzüberschreitend gehandelte Waren. Hier muss notwendigerweise ein eigenständiges Kryptosachstatut bestehen, das nach den oben beschriebenen Grundsätzen (→ Rn. 729) zu ermitteln ist. **747**

d) Übertragungen außerhalb der Blockchain. Übertragungen virtueller Vermögensgegenstände **außerhalb der Blockchain** folgen den allgemeinen Grundsätzen.[822] Ihre Behandlung im Erbfall richtet sich nach dem anzuwendenden Erbrecht, das nach allgemeinen Grundsätzen (letzter gewöhnlicher Aufenthalt des Erblassers) zu ermitteln ist. Ihr Schicksal im Insolvenzfall richtet sich nach dem allgemeinen Insolvenzstatut.[823] **748**

---

820 Dazu *Zimmermann* IPRax 2018, 566 (569).

821 *Wendehorst* IPRax 2020, 490 (494 f.); *Knöfel* FS v. Bar, 2022, 161; *Lehmann* in Omlor/Link, Kryptowährungen und Token, Kap. 5 Rn. 131 f.; *Schwemmer* IPRax 2022, 331; *Drogemüller,* Blockchain-Netzwerke und Krypto-Token im Internationalen Privatrecht, 2023, 369 f.; *Hanner,* Internationales Kryptowerterecht, 2022, 219; so auch – mit anderer Terminologie – Buhl RDi 2024, 74 (Rn. 16 f.).

822 S. hierzu *Gössl,* Internetspezifisches Kollisionsrecht?, 2014.

823 S. zu alledem *Lehmann* 21 Minn. J.L. Sci. & Tech. 93 (2019) 133 f.; s. zum Internationalen Insolvenzrecht in der Insolvenz eines Kryptoverwahrers auch *Skauradszun/Schweizer/Kümpel* ZIP 2022, 2101.

749 **3. Einwirkungen durch Bankenrestrukturierung und -abwicklung. a) Grundlagen.** Eine neuere Erscheinung ist, dass finanzmarktrechtliche Regelungen auch in die private Vermögensordnung eingreifen. Dieses Phänomen tritt vor allem im Zusammenhang mit der **Restrukturierung systemrelevanter Kredit- und Finanzdienstleistungsinstituten** auf. Deren Grundlage ist globales *soft law,* das vom FSB unter Billigung durch die G20 Staatsoberhäupter entwickelt wurde.[824] Die EU hat dem folgend die Bankenabwicklungs-RL[825] (Bank Recovery and Resolution Directive – BRRD) erlassen, die in Deutschland durch das **SAG**[826] umgesetzt wurde. Ziel aller dieser Maßnahmen ist die Bewahrung der Finanzsystemstabilität: Im Falle der Krise sollen Banken geordnet aus dem Markt austreten, ohne dass dies Rückwirkungen auf andere Marktteilnehmer oder auf die Kunden hat.

750 Zum Zweck der Bankenabwicklung wurden verschiedene Instrumente entwickelt. Das praktisch wichtigste ist der ***bail-in,*** also die Beteiligung der Gesellschafter und Gläubiger durch Herabschreibung und Umwandlung ihrer Kapitalinstrumente (§§ 89–106 SAG). Ein anderes Instrument ist der **Vermögenstransfer,** dh die Übertragung von Vermögenswerten der fallierenden Bank auf eine andere Bank, ein Brückeninstitut oder eine Vermögensverwaltungsgesellschaft (§§ 107–135 SAG). Der *bail-in* und die Vermögensübertragung vollziehen sich durch einen Verwaltungsakt der Aufsicht, die sog. Abwicklungsanordnung. Diese greift tief in privatrechtliche Verhältnisse ein. Beispielsweise können Kapitalinstrumente durch den *bail-in* bis auf null herabgeschrieben oder in andere Instrumente umgewandelt werden (§§ 89 f. SAG). Der Vermögenstransfer verändert die vermögensrechtliche Zuordnung von Anteilen und anderen Vermögenswerten, Verbindlichkeiten und ganzen Rechtsverhältnissen (§ 107 SAG).

751 **b) Internationalprivatrechtliche Einordnung.** Banken verfügen in Zeiten globalisierter Märkte immer häufiger über Vermögensgegenstände in verschiedenen Ländern. Damit die Abwicklungsanordnung die gewünschte Wirkung der Sicherung der Finanzstabilität und Rekapitalisierung des Unternehmens haben kann, muss diese auch für solche Vermögensgegenstände wirken, die in anderen Staaten als dem der Abwicklungsbehörde belegen sind. Außerdem muss sie auch solche Schulden der Bank erfassen, die einem ausländischen Recht unterfallen. Die Anordnung muss mit anderen Worten **grenzüberschreitend** und **rechtsordnungsübergreifend** wirken. Damit gerät sie in Konflikt mit den Regeln des IPR.[827]

752 Das IPR sieht **keine einheitliche Anknüpfung** aller Vermögensgegenstände, Verbindlichkeiten und Rechtsverhältnisse vor, die einem Kreditinstitut zustehen oder an denen es beteiligt ist. Vielmehr unterscheidet es nach den in Rede stehenden Ausgliederungsgegenständen. Daher ist das anzuwendende Recht für diese verschieden zu ermitteln, zB für vertragliche Schuldverhältnisse, bewegliche und unbewegliche Sachen sowie für Gesellschaftsanteile.[828] Die Abwicklungsanordnung wird dagegen von der Abwicklungsbehörde erlassen und kann unmittelbar nur die ihrer Rechtsordnung unterliegenden Gegenstände erfassen. Dies gefährdet die vom Gesetzgeber angestrebte Einheitlichkeit der Wirkung der Übertragungsanordnung auf alle Vermögenswerte der Bank.

753 **c) Regelungen des Insolvenzrechts.** Bestimmte Richtlinien und Verordnungen der EU sehen Regeln über Insolvenzverfahren vor. Diese sind auf **Anerkennung** der in anderen Mitgliedstaaten geschaffenen Rechtslagen gerichtet. Außerdem gehen sie den allgemeinen Regeln des IPR vor (s. ausdrücklich Art. 23 Rom I-VO). Sie könnten zur Lösung des Konflikts zwischen Bankenrestrukturierung und IPR beitragen.

754 Im Zusammenhang mit der Bankenrestrukturierung wichtig ist vor allem die **Sanierungs-RL.**[829] Diese unterstellt die Sanierung und Liquidation dem Recht des Herkunftsstaats. Art. 3 Abs. 2 UAbs. 3 Sanierungs-RL sieht unter anderem vor, dass vom Herkunftsstaat getroffene Sanierungsmaßnahmen in der gesamten Gemeinschaft (scil. Union) wirksam sind. Wichtig im Zusammenhang mit der Bankenrestrukturierung ist, dass die Bankenabwicklungs-RL Restrukturierungsmaßnahmen den

---

[824] S. G20, The Seoul Summit Leaders' Declaration, 12.11.2010; FSB, Key Attributes of Effective Resolution Regimes, 2011 (Aktualisierung 2014); FSB, Principles for Cross-Border Effectiveness of Resolution Actions, 3.11.2015.

[825] RL 2014/59/EU vom 15.5.2014 zur Festlegung eines Rahmens für die Sanierung und Abwicklung von Kreditinstituten und Wertpapierfirmen, ABl. EU 2014 L 173, 190.

[826] Gesetz zur Sanierung und Abwicklung von Instituten und Finanzgruppen, eingeführt durch Art. 1 Gesetz zur Umsetzung der Richtlinie 2014/59/EU des Europäischen Parlaments und des Rates vom 15.5.2014 zur Festlegung eines Rahmens für die Sanierung und Abwicklung von Kreditinstituten und Wertpapierfirmen, BGBl. 2014 I S. 2091.

[827] S. *Lehmann/Hoffmann* WM 2013, 1389 (1391); *Lehmann* 66 (2017), ICLQ 107.

[828] S. ausf. *Lehmann/Hoffmann* WM 2013, 1389 (1392 ff.).

[829] RL 2001/24/EG vom 4.4.2001 über die Sanierung und Liquidation von Kreditinstituten, ABl. EG 2001 L 125, 15.

Sanierungsmaßnahmen gleichstellt (Art. 117 Abs. 1 Bankenabwicklungs-RL). Damit verleiht sie ihnen unionsweite Wirkung.

Allerdings ist der sachliche **Anwendungsbereich** der Sanierungs-RL **stark eingeschränkt.** **755** Ausgenommen sind zB dingliche Rechte an Grundstücken, die im Ausland belegen sind (Art. 20 lit. c Sanierungs-RL). Netting-Vereinbarungen und repurchase agreements *(Repos)* werden ebenfalls nicht berührt, sondern unterliegen dem nach allgemeinen internationalprivatrechtlichen Grundsätzen anzuwendenden Recht (Art. 25 f. Sanierungs-RL). Schließlich greift die Richtlinie auch nicht in das Statut von Geschäften ein, die am geregelten Markt einer Börse geschlossen werden (Art. 27 Sanierungs-RL). Dies sind in der Praxis extrem wichtige Vermögensgegenstände und Rechtsverhältnisse, die einen Großteil der potentiellen Ausgliederungsgegenstände ausmachen. Die Vereinheitlichung der Wirkung der Übertragungsanordnung ist damit in den entscheidenden Bereichen lückenhaft.[830]

d) Regelungen der Bankenabwicklungs-RL. Um die Wirkung der Abwicklungsanordnung **756** auf ausländischem Recht unterliegenden Vermögensgegenstände und Rechtsverhältnisse dennoch sicherzustellen, hat der Gesetzgeber eine originelle Lösung in Art. 66 Bankenabwicklungs-RL[831] vorgesehen. Danach wird den Mitgliedstaaten die Verpflichtung auferlegt, die Wirksamkeit des Vermögenstransfers nach dem anwendbaren mitgliedstaatlichen Recht herzustellen (Art. 66 Abs. 1 Bankenabwicklungs-RL). Sie haben sich dazu jede angemessene Unterstützung zur Verfügung zu stellen. Inhalt ist hier die **zwischenstaatliche Kooperation.** Dazu ist es notwendig, dass sich die Staaten gegenseitig über ihre Privatrechte sowie über die notwendigen Schritte zur Rechtsänderung des Eigentums an bestimmten Vermögenswerten, wie etwa Grundstücke, zu informieren haben. Außerdem können sie zur Mitteilung konkreter Informationen etwa über die eingetragenen Berechtigten verpflichtet sein.

Einen etwas anderen Mechanismus verfolgt die Bankenabwicklungs-RL für den ***bail-in*** (Art. 53 **757** Bankenabwicklungs-RL) und die sachlich ähnliche **Herabschreibung und Umwandlung von Kapitalinstrumenten** (Art. 59 Bankenabwicklungs-RL). Insofern verpflichtet sie den Mitgliedstaat, dessen Recht auf ein Kapitalinstrument anwendbar ist, dafür zu sorgen, dass die Herabschreibung oder Umwandlung nach seinem Recht wirksam wird (Art. 66 Abs. 4 Bankenabwicklungs-RL). Dies kann er nur durch die Zuerkennung unmittelbarer Rechtswirkungen der ausländischen Abwicklungsanordnung erreichen. Das europäische Recht verlangt daher insoweit die grenzüberschreitende **Anerkennung** des *bail-in* als Verwaltungsakt.

Für die Zusammenarbeit mit **Nicht-EU-Staaten** sieht die Bankenabwicklungs-RL die Mög- **758** lichkeit des Abschlusses von Kooperationsvereinbarungen vor (Art. 93 Bankenabwicklungs-RL). Ermächtigt dazu sind der Rat, die Kommission und subsidiär die Mitgliedstaaten. Außerdem sollen letztere autorisiert werden, Abwicklungsanordnungen von Drittstaaten einseitig anzuerkennen (Art. 94 Bankenabwicklungs-RL).

e) Regelungen des SAG. Das SAG sieht einen generellen Mechanismus zur **Anerkennung** **759** ausländischer Abwicklungsanordnungen vor. Danach wirkt die Übertragung oder der *bail-in* durch die Behörde eines anderen Mitgliedstaats wie eine Abwicklungsanordnung der für Deutschland zuständigen Behörde, also der BaFin (§ 155 Abs. 1, 2 SAG). Damit geht der deutsche Gesetzgeber in überschießender Umsetzung teilweise über die Vorgaben der Bankenabwicklungs-RL hinaus, die eine Zuerkennung unmittelbarer Rechtswirkungen nur für den *bail-in* vorsieht. Für die Zusammenarbeit mit Drittstaaten sind verschiedene Möglichkeiten vorgesehen, die unter Umständen ebenfalls in einer Anerkennung münden können (s. iE § 169 SAG). Die ausländische Abwicklungsanordnung ist damit ein privatrechtsgestaltender Verwaltungsakt mit grenzüberschreitender Wirkung.

Voraussetzung für die Anerkennung ist, dass der Rechtsakt in den Anwendungsbereich des **760** SAG – ausgelegt in Übereinstimmung mit der Bankenabwicklungs-RL – fällt. Dieser erfasst nur Kreditinstitute und Wertpapierfirmen, die über eine Zulassung iSd Kapitaladäquanz-VO verfügen (§ 1 SAG). Im „Heta"-Fall hatte Österreich die Schulden einer bereits in Abwicklung befindlichen Einheit und die für diese abgegebenen Garantien per Gesetz gekürzt. Die Einheit war jedoch mangels Bankerlaubnis weder vom SAG noch vom zugrundeliegenden Europarecht erfasst. Die Kürzung wurde daher vom LG München I zu Recht versagt.[832] Im Folgenden prüfte das Gericht weiter, ob das österreichische Sanierungsgesetz als **Eingriffsnorm** iSd Art. 9 Abs. 3 Rom I-VO anzusehen sei. Nicht überzeugend ist dabei die Begründung, dass die Norm die Erfüllung nicht „unrechtmäßig"

---

830 *Lehmann/Hoffmann* WM 2013, 1389 (1395 ff.).

831 RL 2014/59/EU vom 15.5.2014 zur Festlegung eines Rahmens für die Sanierung und Abwicklung von Kreditinstituten und Wertpapierfirmen, ABl. EU 2014 L 173, 190.

832 LG München I BeckRS 2015, 15096 (Zusammenfassung in GWR 2015, 406).

werden lasse,[833] denn dazu ist eine Bewertung als „rechtlich missbilligt" nicht unbedingt notwendig. Ebenso wenig durchschlagend ist, dass die Anerkennungspflicht sich lediglich auf Verwaltungsakte und nicht auf gesetzlich angeordnete Abwicklungen beziehe, da man letztere *a fortiori* einbeziehen muss. Zutreffend ist aber das Argument, dass das öffentliche Interesse an der Befreiung von Schulden nicht höher zu gewichten sei als das Interesse der Geldgeber an der Geltung des vereinbarten deutschen Rechts. Im Ergebnis wurde die Anwendung des österreichischen Gesetzes damit zu Recht abgelehnt.[834]

---

[833] LG München I BeckRS 2015, 15096.

[834] *Lehmann* ICLQ 66 (2017), 107 (133); zust. auch *Fest* NZG 2015, 1108 (1111).

Teil 11. Art. 50–253 EGBGB

Einführungsgesetz zum Bürgerlichen Gesetzbuche

in der Fassung der Bekanntmachung vom 21. September 1994
(BGBl. 1994 I 2494, ber. BGBl. 1997 I 1061),
zuletzt geändert durch Gesetz vom 10. Oktober 2024 (BGBl. 2024 I Nr. 306)

Zweiter Teil. Verhältnis des Bürgerlichen Gesetzbuchs zu den Reichsgesetzen

Art. 50 [Grundsatz]

[1]Die Vorschriften der Reichsgesetze bleiben in Kraft. [2]Sie treten jedoch insoweit außer Kraft, als sich aus dem Bürgerlichen Gesetzbuch oder aus diesem Gesetz die Aufhebung ergibt.

Die Bestimmung enthält in S. 2 den **kollisionsrechtlichen Grundsatz des intertemporalen** 1
Rechts, wonach Vorschriften des alten Rechts ihre Gültigkeit verlieren, soweit sich aus später in Kraft getretenem Recht (BGB, EGBGB) die Aufhebung ergibt. Soweit Vorschriften nach S. 1 weitergelten, sind sie so zu behandeln, wie wenn sie mit dem BGB und dem EGBGB in einem Gesetz enthalten wären.[1] Sie sind unter dem Gesichtspunkt systematischer Auslegung so zu interpretieren, dass sie sich mit dem neugeschaffenen Recht zu einem **kohärenten Sinnganzen** zusammenfügen (→ Einl. BGB Rn. 139 ff.). Das Handelsrecht genießt im Verhältnis zu den Vorschriften des Bürgerlichen Gesetzbuchs Anwendungsvorrang gemäß Art. 2 EGHGB, soweit nichts anderes bestimmt ist. Im Verhältnis zum FamFG, zur GBO und zum ZVG ist Art. 50 analog anzuwenden.[2]

Art. 51 [Verwandtschaft und Schwägerschaft]

Soweit in dem Gerichtsverfassungsgesetz, der Zivilprozeßordnung, der Strafprozeßordnung, der Insolvenzordnung und in dem Anfechtungsgesetz an die Verwandtschaft oder die Schwägerschaft rechtliche Folgen geknüpft sind, finden die Vorschriften des Bürgerlichen Gesetzbuchs oder des Lebenspartnerschaftsgesetzes über Verwandtschaft oder Schwägerschaft Anwendung.

Art. 51 wurde zuletzt geändert durch Gesetz vom 15.12.2004 (BGBl. 2004 I 3396). Die Vor- 1
schrift legt ausdrücklich fest, dass die im BGB und im LPartG verwandten **Begriffe der Verwandtschaft und Schwägerschaft** (§ 1589 BGB, § 1590 BGB, §§ 1754 ff. BGB, § 1767 Abs. 2 BGB, § 1770 BGB, § 11 LPartG) auch im Rahmen des GVG (§ 155 Abs. 1 Nr. 3 GVG und § 155 Abs. 2 Nr. 3 GVG), der ZPO (§ 41 Nr. 3 ZPO, § 49 ZPO, § 383 Abs. 1 Nr. 3 ZPO, § 408 ZPO) und der StPO (§§ 22 Nr. 3 StPO, § 31 StPO, § 52 Nr. 3, § 61 StPO, § 72 StPO, § 361 StPO), der InsO (§ 138 Abs. 1 Nr. 2 InsO, § 145 Abs. 2 Nr. 2 InsO) und des AnfG (§ 3 Abs. 2 AnfG, § 15 Abs. 2 Nr. 2 AnfG) zur Anwendung gelangen. Außerhalb dieser ausdrücklich aufgeführten Gesetze können die im BGB oder im LPartG definierten Begriffe von Verwandtschaft und Schwägerschaft nicht, auch nicht sinngemäß angewandt werden. Das gilt namentlich für das Strafrecht, das in § 11 Abs. 1 Nr. 1 StGB eigenständige Definitionen gibt. Die Nichtanwendung der zivilrechtlichen Begriffe wird auch auf die Strafprozessordnung übertragen, sodass für das Zeugnisverweigerungsrecht der Verlobten gemäß § 52 Abs. 1 Nr. 1 StPO kein wirksames Verlöbnis im Sinne des BGB vorliegen muss.[1]

---

1 RGZ 63, 349; BGHZ 2, 355 (357) = NJW 1951, 757; KG NJW 1958, 28.
2 Staudinger/*Merten*, 2018, Rn. 11.
1 Vgl Soergel/*Hartmann* Rn. 4.

2 Soweit es sich um **nach Inkrafttreten** des BGB erlassene privatrechtliche Normen handelt, können die im BGB enthaltenen Definitionen grundsätzlich angewandt werden.[2] Für die **vor Inkrafttreten** erlassenen privatrechtlichen Normen des Reichs- und Landesrechts ist die Verweisungsnorm des Art. 4 EGBGB aF weggefallen; der Anwendungsbereich dieser Vorschrift dürfte allerdings ohnehin nur noch gering gewesen sein.

Art. 52 [Rechte Dritter bei Enteignungsentschädigung]

Ist auf Grund eines Reichsgesetzes dem Eigentümer einer Sache wegen der im öffentlichen Interesse erfolgenden Entziehung, Beschädigung oder Benutzung der Sache oder wegen Beschränkung des Eigentums eine Entschädigung zu gewähren und steht einem Dritten ein Recht an der Sache zu, für welches nicht eine besondere Entschädigung gewährt wird, so hat der Dritte, soweit sein Recht beeinträchtigt wird, an dem Entschädigungsanspruch dieselben Rechte, die ihm im Falle des Erlöschens seines Rechts durch Zwangsversteigerung an dem Erlös zustehen.

1 Die Norm hat eine **ergänzende Funktion.** Sie ergänzt diejenigen Reichs- und Bundesgesetze, die wegen einer im öffentlichen Interesse erfolgten Sachentziehung, Sachnutzung oder Eigentumsbeschränkung dem Sacheigentümer eine Entschädigung gewähren, aber nicht den Fall regeln, dass einem Dritten an der Sache ein Recht zusteht. Ohne eine besondere Regelung dieser Situation erhielte der Eigentümer die Entschädigung, der durch ein Recht am Eigentum begünstigte Dritte würde aber durch den Eingriff in seiner Rechtsstellung ohne Entschädigung beeinträchtigt, weil der Gegenstand (möglicherweise völlig) verloren ginge. Das Schutzbedürfnis des Dritten/Rechtsbeeinträchtigten im Verhältnis zum Eigentümer/Entschädigungsbeeinträchtigten regelt Art. 52 grundsätzlich in der Weise, dass dem Dritten am Entschädigungsanspruch dieselben Rechte zustehen, die er im Falle des Erlöschens seiner Rechte durch Zwangsversteigerung am Erlös hätte. Einen allgemeinen Grundsatz dieses Inhalts gibt es jedoch nicht. Der Dritte erhält keinen Primäranspuch, sondern ihm wird lediglich ein Surrogatsanspruch gegenüber dem entschädigten Eigentümer zugebilligt. Daher greift die Rechtsfolge des Art. 52 bei enteignenden Landesgesetzen nur, wenn sie durch das Gesetz angeordnet wird.[1]

2 Bei den enteigneten Sachen ist zu unterscheiden zwischen beweglichen und unbeweglichen. Für den enteignenden **Eingriff in Grundstücke** gilt neben der Rechtsfolge des Art. 52, nach der §§ 92, 10, 105 ff. ZVG Anwendung finden, noch die besondere Rechtsfolge des Art. 53. Nach §§ 10, 105 ff. ZVG wird ein Recht, das auf Zahlung eines Kapitals gerichtet ist, durch einen Anspruch auf Zahlung aus der Entschädigungssumme ersetzt. Für ein Recht, das nicht auf Zahlung eines Kapitals gerichtet ist, wird Wertersatz gezahlt (§ 92 ZVG).

3 Für die **Enteignung beweglicher Sachen** gilt § 1247 S. 2 BGB. Der Erlös, dh die Enteignungsentschädigung, tritt an die Stelle des Pfandes; es handelt sich mithin um einen Fall dinglicher Surrogation. Die Entschädigungssumme haftet dem Dritten.

4 Die **praktische Bedeutung** der Norm ist **gering.** Moderne Enteignungsgesetze sehen in der Regel eine Entschädigung auch für den dinglich beschränkt Berechtigten vor, da eine solche Regelung aufgrund des weiten Eigentumsbegriffs des Art. 14 GG von Verfassungs wegen erforderlich ist (Art. 14 Abs. 3 S. 2 GG).[2] Bedeutung erlangt Art. 52 vor allem dadurch, dass diverse Spezialgesetze auf ihn verweisen (vgl. zB § 19 LuftVG, § 10 KSpG und §§ 37, 39, 117, 160 BBergG).

Art. 53 [Rechte von Grundstücksgläubigern]

(1) [1]Ist in einem Falle des Artikels 52 die Entschädigung dem Eigentümer eines Grundstücks zu gewähren, so finden auf den Entschädigungsanspruch die Vorschriften des § 1128 des Bürgerlichen Gesetzbuchs entsprechende Anwendung. [2]Erhebt ein Berechtigter innerhalb der im § 1128 bestimmten Frist Widerspruch gegen die Zahlung der Entschädigung an den Eigentümer, so kann der Eigentümer und jeder Berechtigte die Eröffnung eines Verteilungsverfahrens nach den für die Verteilung des Erlöses im Falle der Zwangsversteigerung geltenden Vorschriften beantragen. [3]Die Zahlung hat in diesem Fall an das für das Verteilungsverfahren zuständige Gericht zu erfolgen.

---

[2] Vgl. dazu Staudinger/*Merten,* 2018, Rn. 6.
[1] Vgl. RGZ 94, 20 (22).
[2] Vgl. Staudinger/*Merten,* 2018, Rn. 4, 5.

(2) [1]Ist das Recht des Dritten eine Reallast, eine Hypothek, eine Grundschuld oder eine Rentenschuld, so erlischt die Haftung des Entschädigungsanspruchs, wenn der beschädigte Gegenstand wiederhergestellt oder für die entzogene bewegliche Sache Ersatz beschafft ist. [2]Ist die Entschädigung wegen Benutzung des Grundstücks oder wegen Entziehung oder Beschädigung von Früchten oder von Zubehörstücken zu gewähren, so finden die Vorschriften des § 1123 Abs. 2 Satz 1 und des § 1124 Abs. 1 und 3 des Bürgerlichen Gesetzbuchs entsprechende Anwendung.

I. Allgemeines

Zum Normzweck und zur praktischen Bedeutung → Art. 52 Rn. 1, → Art. 52 Rn. 4. 1

Ist der Dritte durch ein **Recht am Grundstück** berechtigt und wird in dieses eingegriffen 2 und deswegen entschädigt, so findet § 1128 BGB Anwendung. Der Entschädigungsverpflichtete kann mit Wirkung gegenüber dem Dritten an den Entschädigungsberechtigten erst dann zahlen, wenn er oder der Entschädigungsberechtigte dem Dritten den Entschädigungsfall angezeigt haben und seit der Anzeige ein Monat verstrichen ist. Erhebt der Dritte innerhalb der Monatsfrist Widerspruch gegen die Zahlung der Entschädigung an den Eigentümer, so kann der Eigentümer und jeder Berechtigte die Eröffnung eines Verteilungsverfahrens nach den §§ 105–145 ZVG verlangen. Die Zahlung der Entschädigungssumme hat an das zuständige Gericht zu erfolgen.

II. Abs. 2 S. 1

Die **Haftung des Entschädigungsanspruchs** erlischt dann, wenn das Recht des Dritten auf 3 ein dingliches Recht aus dem Grundstück (Hypothek, Grundschuld, Rentenschuld, Reallast) gerichtet war und die Sache dem Eigentümer beschädigt wurde, aber wiederhergestellt ist oder wenn die Sache dem Eigentümer zwar entzogenen wurde, eine Naturalrestitution jedoch möglich erscheint. In diesen Fällen bleibt der zu sichernde Gegenstand erhalten, so dass ein Bedürfnis des Dritten auf Zugriff auf die Entschädigungssumme nicht besteht. Im Falle der Erteilung eines **Unschädlichkeitszeugnis** gemäß Art. 120 Abs. 2 Nr. 3 wird der Eigentümer ebenfalls von dem Endschädigungsanspruch des Dritten befreit.[1]

III. Abs. 2 S. 2

Ist die Entschädigung wegen Benutzung des Grundstücks oder wegen Entziehung oder Beschä- 4 digung von Früchten oder Zubehörstücken zu gewähren, so hat der Dritte ein Jahr lang Anspruch auf Beschlagnahme der Entschädigung zu seinen Gunsten. Der Entschädigungsverpflichtete kann, wenn keine Beschlagnahme der Entschädigung erfolgt, ohne Zustimmung des Dritten an den Eigentümer zahlen.

Art. 53a [Entschädigungsanspruch bei Schiffen]

(1) Ist in einem Falle des Artikels 52 die Entschädigung dem Eigentümer eines eingetragenen Schiffs oder Schiffsbauwerks zu gewähren, so sind auf den Entschädigungsanspruch die Vorschriften der §§ 32 und 33 des Gesetzes über Rechte an eingetragenen Schiffen und Schiffsbauwerken vom 15. November 1940 (Reichsgesetzbl. I S. 1499) entsprechend anzuwenden.

(2) Artikel 53 Abs. 1 Satz 2 und 3 gilt entsprechend.

Vgl. → Art. 53 Rn. 1 ff. Die §§ 32, 33 SchiffRG regeln, dass eine Schiffshypothek sich auf die 1 Versicherungsforderung erstreckt, die Wirkung von Zahlungen durch die Versicherungsgesellschaft und das Erlöschen der Forderung gegen die Versicherungsgesellschaft. Zu beachten ist die verkürzte Widerspruchsfrist des Dritten auf zwei Wochen gemäß § 32 Abs. 2 SchiffRG sowie die Rechtswirksamkeit einer Entschädigungszahlung an den Eigentümer gegenüber dem Dritten gemäß § 33 Abs. 1 SchiffRG, soweit diese zum Zweck der Wiederherstellung des Schiffs bewirkt wurde und die Wiederherstellung auch gesichert ist.

Art. 54 *(gegenstandslos)*

Das in Art. 54 genannte Gesetz betreffend die Beschränkungen des Grundeigentums in der 1 Umgebung von Festungen (sog. „Rayon-Gesetz") vom 21.12.1871 (RGBl. 1871, 459) ist durch das

1 So auch Staudinger/*Merten,* 2018, Rn. 15.

ebenfalls aufgehobene Schutzbereichsgesetz vom 24.1.1935 (RGBl. 1935 I 459) außer Kraft gesetzt worden. Entsprechend wird Art. 54 in der Neubekanntmachung des EGBGB vom 21.9.1994 (BGBl. 1994 I 2494) als gegenstandslos bezeichnet.

Dritter Teil. Verhältnis des Bürgerlichen Gesetzbuchs zu den Landesgesetzen

Art. 55 [Allgemeiner Grundsatz]

Die privatrechtlichen Vorschriften der Landesgesetze treten außer Kraft, soweit nicht in dem Bürgerlichen Gesetzbuch oder in diesem Gesetz ein anderes bestimmt ist.

1 Während der Zweite Teil das Verhältnis von altem zu neuem Reichsrecht entsprechend der rechtsquellentheoretischen Zeitkollisionsregel, die für formal ranggleiche Rechtsquellen, dh „in der Horizontalen qualitativ gleichwertiger Normen“[1] gilt, regelt Art. 55 durch eine **Rang- und Kompetenzkollisionsregel** das Verhältnis von Bundesprivatrecht zu Landesprivatrecht. Die Anwendungsbreite dieser Rang- und Kompetenzkollisionsregel ist durch Auslegung des Bürgerlichen Gesetzbuchs zu ermitteln. Dies gilt, soweit nicht bereits Art. 31 GG eingreift, erst recht für privatrechtliche Normen, zB mietrechtliche Vorschriften, die nach 1900 erlassen worden sind[2] (Ausnahme: Art. 93). Dieses will im Verhältnis zum Landesrecht eine grundsätzlich abschließende Kodifikation des Privatrechts geben. Die privatrechtlichen Rechtsnormen treten daher außer Kraft, soweit nicht Vorbehalte zu Gunsten des Landesrechts iSv Art. 1 Abs. 2 bestehen. Dem Wortlaut und dem Sinn der Vorschrift gemäß bleibt dagegen dem öffentlichen Recht angehörendes Landesrecht[3] sowie sonstiges nicht bürgerlich-rechtliches Landesrecht[4] bestehen.

2 Nicht aufgehoben ist das Landesprivatrecht, soweit **§§ 44, 85, 907, 919, 1784, 1807, 1888, 2194 BGB und § 2249 BGB** bzw. **Art. 56–152** Vorbehalte zu Gunsten des Landesrechts enthalten. Landesprivatrechtliche Regelungen finden sich namentlich im Bereich des Nachbarrechts (→ BGB § 903 Rn. 21 ff.) sowie in den Ausführungsgesetzen der Länder zum Bürgerlichen Gesetzbuch.

3 Zu den **landesrechtlichen Regelungen im Einzelnen** → Art. 124 Rn. 5.

Art. 56 [Länderstaatsverträge]

Unberührt bleiben die Bestimmungen der Staatsverträge, die ein Bundesstaat mit einem ausländischen Staat vor dem Inkrafttreten des Bürgerlichen Gesetzbuchs geschlossen hat.

1 Art. 56 ordnet in Übereinstimmung mit dem Völkervertragsrecht an, dass gültige **völkerrechtliche Verträge,** die ein Bundesstaat des Deutschen Reiches vor Inkrafttreten des BGB mit einem ausländischen Staat abgeschlossen hat, weiterhin gültig bleiben. Soweit diese Verträge nicht völkerrechtlich wirksam aufgehoben worden sind, gelten sie fort. Auch das den Übergang der Landeshoheit auf das Reich anordnende Gesetz vom 30.1.1934 (RGBl. 1934 I 75) konnte daher bestehende völkerrechtliche Altverträge der Länder nicht aufheben.[1] Für **neue völkerrechtliche Verträge** gilt Art. 32 Abs. 3 GG, wonach die Länder Verträge mit auswärtigen Staaten abschließen können, solange

---

[1] Vgl. dazu *Ipsen* in Aktuelle Fragen des europäischen Gemeinschaftsrechts, Abhandlungen aus dem gesamten bürgerlichen Recht, Handels- und Wirtschaftsrecht, Heft 29, 1965, 1, 23; *Nawiasky,* Allgemeine Rechtslehre, 2. Aufl. 1948, 91 f.; *Kelsen,* Reine Rechtslehre, 2. Aufl. 1966, 209 ff.; *Engisch,* Die Einheit der Rechtsordnung, 1935, 47 ff.; *Maschke,* Die Rangordnung der Rechtsquellen, 1932, 8 ff.; *Säcker,* Gruppenautonomie und Übermachtkontrolle im Arbeitsrecht, 1972, 284 ff.

[2] Vgl. BVerfG NJW 2021, 1377.

[3] BVerfGE 61, 149 (186) = NJW 1983, 25.

[4] Entgegen BVerwGE 7, 350 = NJW 1959, 547 ist das Arbeitsrecht iSv Art. 55 als Privatrecht anzusehen mit der Folge, dass landesgesetzliche Regelungen des Arbeitsrechts nicht mehr zulässig sind, zutr. BAG NJW 1980, 1642 = AP GG Art. 9 Arbeitskampf Nr. 64.

[1] Soergel/*Hartmann* Rn. 3; Staudinger/*Merten,* 2018, Rn. 11; aA RGSt 70, 286 (287) = JW 1936, 3198.

gemäß Art. 74 Abs. 1 GG der Bund von seiner Gesetzgebungszuständigkeit nicht durch Gesetz Gebrauch gemacht hat.[2]

Art. 57, 58 [Sonderrechte der landesherrlichen Häuser und des hohen Adels]

Art. 57, 58 sind gegenstandslos auf Grund der gemäß Art. 17 Abs. 1 S. 1 WRV, Art. 109 Abs. 1 S. 1 WRV erlassenen Reichs- und Landesgesetze. 1

Art. 59 [Familienfideikommisse, Lehen, Stammgüter]

Unberührt bleiben die landesgesetzlichen Vorschriften über Familienfideikommisse und Lehen, mit Einschluß der allodifizierten Lehen, sowie über Stammgüter.

Art. 59 wurde förmlich durch das Gesetz vom 28.12.1968 (BGBl. 1968 I 1451) iVm dem Gesetz vom 10.7.1958 (BGBl. 1958 I 437) **aufgehoben,** und demzufolge nicht mehr als geltende Bestimmung in das BGBl. Teil III aufgenommen.[1] Ob diese Wirkung bereits auf Art X Abs. 2 KRG Nr. 45 vom 20.2.1947 (ABl. KR 1947, 256) beruhte, war umstritten, aber angesichts der seinerzeit getroffenen Regelung ohne praktischen Belang. Nunmehr ist Art. 59 in der **Neubekanntmachung des EGBGB** vom 28.9.1994 (BGBl. 1994 I 2495) wieder abgedruckt. Das hat jedoch nicht zur Folge, dass bereits aufgehobenes Recht erneut in Kraft tritt.[2] Die Ermächtigung zur Neubekanntmachung eines Gesetzes beinhaltet keine Gesetzgebungsbefugnis, sondern nur das Recht, einen vom Gesetzgeber geänderten Gesetzestext redaktionell zu überarbeiten und neu bekannt zu machen.[3] 1

Ein **Familienfideikommiss** war ein durch privates Rechtsgeschäft gebundenes Sondervermögen, das grundsätzlich unveräußerlich und unbelastbar ist, von bestimmten Familienmitgliedern nacheinander in einer von vornherein festgelegten Folgeordnung genutzt wird und dazu bestimmt ist, die wirtschaftliche Kraft und das soziale Ansehen einer Familie dauernd zu erhalten.[4] Familienfideikommisse und sonstige gebundene Vermögen sind bereits durch das Reichsgesetz vom 6.7.1938 (RGBl. 1938 I 825) am 1.1.1939 erloschen. Daher ist die Festlegung der Erbfolge durch Stiftungsgeschäft über eine unbegrenzte Zahl von Generationen mit der Wirkung, dass der Nachlass zugleich für den jeweiligen Eigentümer und seine Gläubiger unverfügbar wurde, nicht mehr möglich,[5] die Auflösung der Fideikommisse gilt heute als im Wesentlichen abgeschlossen.[6] Seitdem hat nur das **Fideikommissauflösungsrecht** Bedeutung. Das Fideikommissauflösungsrecht war vorkonstitutionell in Reichs- und Landesgesetzen geregelt, die mit der Aufnahme in die Sammlung des Bundesrechts durch den nachkonstitutionellen Bundesgesetzgeber zu Bundesrecht wurden.[7] Bereits 1950 wurden die Länder aber vom Bundesgesetzgeber zur Aufhebung oder Umgestaltung der Materie ermächtigt (vgl. §§ 1, 4 Gesetz zur Änderung von Vorschriften des Fideikommiss- und Stiftungsrechts vom 28.12.1950). Nachdem bis 2007 nur einige Länder (zB ist in Baden-Württemberg das Auflösungsrecht durch Gesetz vom 21.11.1983, GBl. 1983 S. 693, außer Kraft gesetzt worden) von der Ermächtigung Gebrauch gemacht hatten, hat der Bundesgesetzgeber mit Art. 64 Zweites Gesetz über die Bereinigung von Bundesrecht im Zuständigkeitsbereich des Bundesministeriums der Justiz vom 23.11.2007 (BGBl. 2007 I 2614) das geltende Fideikommissauflösungsrecht als Bundesrecht aufgehoben,[8] wobei aber einige Übergangsregelungen gelten (vgl. § 2 Aufhebungsgesetz). Im Übrigen sei nicht ausgeschlossen, dass vorkonstitutionelle landesrechtliche Regelungen nun als Landesrecht fortgelten.[9] 2

Art. 60 [Revenuenhypothek]

Unberührt bleiben die landesgesetzlichen Vorschriften, welche die Bestellung einer Hypothek, Grundschuld oder Rentenschuld an einem Grundstück, dessen Belastung nach den

2 Dürig/Herzog/Scholz/*Nettesheim* GG Art. 32 Rn. 114.
1 Vgl. Staudinger/*Mittelstädt,* 2018, Rn. 1.
2 Staudinger/*Mittelstädt,* 2018, Rn. 1.
3 BVerfGE 14, 245 (250) = NJW 1962, 1563; BVerfGE 17, 364 (368 f.) = NJW 1964, 1412.
4 *Koehler-Heinemann,* Das Erlöschen der Familienfideikommisse und sonstigen gebundenen Vermögens, 1940, 67.
5 Staudinger/*Avenarius,* 2019, BGB Vor §§ 2100–2146 Rn. 18.
6 Vgl. BT-Drs. 63/07, 80.
7 Vgl. BT-Drs. 63/07, 78.
8 Vgl. BT-Drs. 63/07, 80.
9 BT-Drs. 63/07, 80. Zur Gesetzgebungsgeschichte ausf. Staudinger/*Mittelstädt,* 2018, Rn. 22 ff.

in den Artikeln 57 bis 59 bezeichneten Vorschriften nur beschränkt zulässig ist, dahin gestatten, daß der Gläubiger Befriedigung aus dem Grundstück lediglich im Wege der Zwangsverwaltung suchen kann.

1 Eine **Revenuenhypothek** war dadurch gekennzeichnet, dass nur die Nutzungen eines Grundstücks für Kapital und Zinsen hafteten, die Befriedigung aus dem Grundstück selbst jedoch nicht möglich war.[1] Art. 60 ist durch Art X Abs. 2 Kontrollratsgesetz Nr. 45 vom 20.2.1947 (ABl. KR 1947 S. 256) **aufgehoben** worden, soweit die Vorschrift Art III KRG Nr. 45 widersprach.[2] Die Vorschrift war dementsprechend in BGBl. III nur noch als nicht mehr fortgeltendes Gesetzesrecht abgedruckt. In die **Neubekanntmachung des EGBGB** vom 28.9.1994 (BGBl. 1994 I 2495) ist sie jedoch ohne Einschränkung wieder aufgenommen worden. Das hat jedoch nicht zur Folge, dass bereits aufgehobenes Recht erneut in Kraft tritt.[3] Die Ermächtigung zur Neubekanntmachung eines Gesetzes beinhaltet keine Gesetzgebungsbefugnis, sondern nur das Recht, einen vom Gesetzgeber geänderten Gesetzestext redaktionell zu überarbeiten und neu bekannt zu machen.[4]

Art. 61 [Schutz des gutgläubigen Erwerbers]

Ist die Veräußerung oder Belastung eines Gegenstandes nach den in den Artikeln 57 bis 59 bezeichneten Vorschriften unzulässig oder nur beschränkt zulässig, so finden auf einen Erwerb, dem diese Vorschriften entgegenstehen, die Vorschriften des Bürgerlichen Gesetzbuchs zugunsten derjenigen, welche Rechte von einem Nichtberechtigten herleiten, entsprechende Anwendung.

1 Familienfideikommisse und sonstige gebundene Vermögen sind bereits durch das Reichsgesetz vom 6.7.1938 (RGBl. 1938 I 825) am 1.1.1939 erloschen. Die Vorschrift des Art. 61 war zwischenzeitlich durch § 3 Abs. 1 S. 2 Gesetz vom 10.7.1958 (BGBl. 1958 I 437) iVm §§ 2, 3 Gesetz vom 28.12.1968 (BGBl. 1968 I 1451) förmlich **aufgehoben** worden; sie ist jedoch in der **Neubekanntmachung des EGBGB** vom 28.9.1994 (BGBl. 1994 I 2495) unverändert enthalten. Das hat aber nicht zur Folge, dass bereits aufgehobenes Recht erneut in Kraft tritt.[1] Die Ermächtigung zur Neubekanntmachung eines Gesetzes beinhaltet keine Gesetzgebungsbefugnis, sondern nur das Recht, einen vom Gesetzgeber geänderten Gesetzestext redaktionell zu überarbeiten und neu bekannt zu machen.[2]

Art. 62 [Rentengüter]

Unberührt bleiben die landesgesetzlichen Vorschriften über Rentengüter.

1 Unter Rentengut war ein Grundstück zu verstehen, das nicht gegen eine Kapitalzahlung, sondern gegen Entrichtung einer festen, fortlaufenden zu zahlenden Rente zu Eigentum übertragen wurde (vgl. § 1 Abs. 1 preuß. Gesetz über Rentengüter vom 27.6.1890, PrGS 1890, 209). Rentengüter sind bereits durch das Reichsgesetz vom 6.7.1938 (RGBl. 1938 I 825) am 1.1.1939 erloschen. Die Vorschrift des Art. 62 war zwischenzeitlich durch § 3 Abs. 1 S. 2 Gesetz vom 10.7.1958 (BGBl. 1958 I 437) iVm §§ 2, 3 Gesetz vom 28.12.1968 (BGBl. 1968 I 1451) förmlich **aufgehoben** worden.[1] Sie ist jedoch in der **Neubekanntmachung des EGBGB** vom 28.9.1994 (BGBl. 1994

---

1 Staudinger/*Wolfsteiner,* 2019, BGB Vor §§ 1199 ff. Rn. 9.

2 Für eine Aufhebung „spätestens" mit § 3 Abs. 1 S. 2 Gesetz vom 10.7.1958 (BGBl. 1958 I 437) iVm §§ 2, 3 Gesetz vom 28.12.1968 (BGBl. 1968 I 1451) Staudinger/*Mittelstädt,* 2018, Rn. 1.

3 Staudinger/*Mittelstädt,* 2018, Rn. 1.

4 BVerfGE 14, 245 (250) = NJW 1962, 1563; BVerfGE 17, 364 (368) f. = NJW 1964, 1412.

1 Staudinger/*Albrecht,* 2018, Rn. 1.

2 BVerfGE 14, 245 (250) = NJW 1962, 1563; BVerfGE 17, 364 (368 f.) = NJW 1964, 1412.

1 AA Staudinger/*Albrecht,* 2018, Rn. 3, der von einer teilweisen Weitergeltung des Art. 62 ausgeht: Der Gesetzgeber habe bei der Sammlung des Bundesrechts die Norm im BGBl. III kursiv aufgenommen und somit die Aufhebung nicht klar vorgenommen, denn Art. 62 sei bereits durch Art. X Nr. 1 KRG Nr. 45 vom 20.2.1947 als aufgehoben betrachtet worden. Da aber Art. X Nr. 1 KRG Nr. 45 nur eine beschränkte Außerkraftsetzung bewirkt habe, sei mit der Neubekanntmachung des EGBGB vom 28.9.1994 die deklaratorische Feststellung verbunden, dass Art. 62 in den von dem KRG Nr. 45 unberührt gelassenen Teilen fortgelte. Die kursive Aufnahme drückt entgegen *Albrecht* die Wertung des Gesetzgebers aus, dass die Norm, sofern sie in Teilen noch fortgelten sollte, nunmehr insgesamt außer Kraft sei.

I 2495) unverändert enthalten. Das hat jedoch nicht zur Folge, dass bereits aufgehobenes Recht erneut in Kraft tritt.[2] Die Ermächtigung zur Neubekanntmachung eines Gesetzes beinhaltet keine Gesetzgebungsbefugnis, sondern nur das Recht, einen vom Gesetzgeber geänderten Gesetzestext redaktionell zu überarbeiten und neu bekannt zu machen.[3]

Art. 63 [Erbpachtrecht]

[1]Unberührt bleiben die landesgesetzlichen Vorschriften über das Erbpachtrecht, mit Einschluß des Büdnerrechts und des Häuslerrechts, in denjenigen Bundesstaaten, in welchen solche Rechte bestehen. [2]Die Vorschriften des *§ 1017 des Bürgerlichen Gesetzbuchs* finden auf diese Rechte entsprechende Anwendung.

Das **Erbpachtrecht** ist ein dingliches, frei veräußerliches, belastbares und vererbliches Nutzungsrecht an einem fremden Grundstück, durch das der Erbpächter eine dem Eigentümer ähnliche Rechtsstellung erhält – das Nutzeigentum –, während dem Grundeigentümer das Obereigentum verbleibt.[1] Erbpachtrechte und sonstige Formen des dinglichen Nutzeigentums sind bereits durch das Reichsgesetz vom 6.7.1938 (RGBl. 1938 I 825) am 1.1.1939 erloschen. Die Vorschrift des Art. 63 war zwischenzeitlich durch § 3 Abs. 1 S. 2 Gesetz vom 10.7.1958 (BGBl. 1958 I 437) iVm §§ 2, 3 Gesetz vom 28.12.1968 (BGBl. 1968 I 1451) förmlich **aufgehoben** worden.[2] Sie ist jedoch in der **Neubekanntmachung des EGBGB** vom 28.9.1994 (BGBl. 1994 I 2495) unverändert enthalten. Das hat jedoch nicht zur Folge, dass bereits aufgehobenes Recht erneut in Kraft tritt. Die Ermächtigung zur Neubekanntmachung eines Gesetzes beinhaltet keine Gesetzgebungsbefugnis, sondern nur das Recht, einen vom Gesetzgeber geänderten Gesetzestext redaktionell zu überarbeiten und neu bekannt zu machen.[3] 1

Art. 64 [Anerbenrecht]

(1) Unberührt bleiben die landesgesetzlichen Vorschriften über das Anerbenrecht in Ansehung landwirtschaftlicher und forstwirtschaftlicher Grundstücke nebst deren Zubehör.

(2) Die Landesgesetze können das Recht des Erblassers, über das dem Anerbenrecht unterliegende Grundstück von Todes wegen zu verfügen, nicht beschränken.

Das **Anerbenrecht** sieht eine Sondererbfolge dergestalt vor, dass ein Hof nebst Bestandteilen und Zubehör immer nur an einen Hoferben, den Anerben, fällt, um den Hofes als wirtschaftliche Einheit bei der Erbfolge zu erhalten (→ Einl. ErbR Rn. 146). Der Vorbehalt zu Gunsten landesrechtlicher Vorschriften über das Anerbenrecht gilt nach seiner Aufhebung durch das Reichserbhofgesetz heute erneut, da **Art II Kontrollratsgesetz Nr. 45 vom 20.2.1947** (ABl. KR 1947, 256) die am 1.1.1933 in Kraft gewesenen Gesetze über die Vererbung von Liegenschaften **wieder in Kraft gesetzt hat,** soweit sie nicht anderen Vorschriften des Kontrollratsgesetzes widersprachen.[1] Für die Rechtslage auf Länderebene gilt Folgendes: 1

Landesgesetze gelten in:[2] **Baden-Württemberg:** allerdings unterschiedlich für die drei Landesteile: Baden: Gesetz die geschlossenen Hofgüter betreffend (BadHofgG) vom 20.8.1898 (GBl. 1898, 288), zuletzt geändert durch 6.12.2022 (GBl. 2022, 617) (→ Einl. ErbR Rn. 152);[3] Württemberg-Baden: Gesetz über das Anerbenrecht idF der Bekanntmachung vom 30.7.1948 (RegBl. 1948, 165), außer Kraft seit 1.1.2001; Württemberg-Hohenzollern: Gesetz vom 8.8.1950 (RegBl. 1950, 279), zuletzt geändert durch Gesetz vom 25.11.1985 (GBl. 1985, 385), außer Kraft seit 1.1.2001, noch anwendbar auf Rechtsbeziehungen, die während der Geltung des Gesetzes be- oder entstan- 2

---

[2] Teilweise abw. Staudinger/*Albrecht,* 2018, Rn. 3.

[3] BVerfGE 14, 245 (250) = NJW 1962, 1563; BVerfGE 17, 364 (368 f.) = NJW 1964, 1412.

[1] RGZ 18, 252, (254).

[2] AA Staudinger/*Albrecht,* 2018, Rn. 2, der die bei Art. 62 Fn. 1 dargestellte Begründung anführt. Gegen die von *Albrecht* befürwortete eingeschränkte Aufhebungswirkung durch das KRG Nr. 45 im Hinblick auf Büdnereien OLG Rostock NJOZ 2006, 3305 = OLGR 2006, 649.

[3] BVerfGE 14, 245 (250) = NJW 1962, 1563; BVerfGE 17, 364 (368 f.) = NJW 1964, 1412.

[1] Vgl. dazu Grüneberg/*Weidlich* Rn. 1; zur Bedeutung des Anerben- und Höferechts vgl. 4. Aufl. 2004, Einl. ErbR Rn. 119 ff.

[2] Vgl. Grüneberg/*Weidlich* Rn. 2 ff.; Soergel/*Hartmann* Rn. 1; Staudinger/*Mittelstädt,* 2018, Rn. 103 ff.; aA *Klunzinger,* Anerbenrecht und gewillkürte Erbfolge, 1966.

[3] *Steffen* RdL 1997, 144 (146); Staudinger/*Mittelstädt,* 2018, Rn. 111.

den;[4] **Bayern:** kein landwirtschaftliches Erbrecht eingeführt;[5] **Berlin:** keine höferechtliche Sonderregelung, vgl. aber das Gesetz über das gerichtliche Verfahren in Landwirtschaftssachen (LwVG) vom 21.7.1953 (BGBl. 1953, 667), zuletzt geändert durch Gesetz vom 27.8.2017 (BGBl. 2017 I 3295); **Bremen:** Höfegesetz (BremHöfeG) vom 19.7.1948 (GBl. 1948, 124), zuletzt geändert durch Gesetz vom 19.12.2014 (GBl. 2014, 775); **Hamburg:** HöfeO idF der Bekanntmachung vom 26.7.1976 (BGBl. 1976 I 1933), zuletzt geändert durch Gesetz vom 20.11.2015 (BGBl. 2015 I 2010); **Hessen:** Hessische Landgüterordnung (LandgO) idF der Bekanntmachung vom 13.8.1970 (GVBl. 1970 I 547), geändert durch Gesetz vom 26.3.2010 (GVBl. 2010 I 114); **Niedersachsen:** HöfeO (s. Hamburg); Erbbrauchverordnung (NdsErbbrVO) vom 12.12.1995 (GVBl. 1995, 485); **Nordrhein-Westfalen:** HöfeO (s. Hamburg); **Rheinland-Pfalz:** Landesgesetz über die Höfeordnung (HO-RhPf) idF der Bekanntmachung vom 18.4.1967 (GVBl. 1967, 138), zuletzt geändert durch Gesetz vom 2.3.2017 (GVBl. 2017, 21); DVO vom 27.4.1967 (GVBl. 1967, 146), zuletzt geändert durch VO vom 14.1.2005 (GVBl. 2005, 16); Landesverordnung über die Höferolle (HöfeRLVO) idF der Bekanntmachung vom 14.3.1967 (GVBl. 1967, 143), zuletzt geändert durch VO vom 14.10.2016 (GVBl. 2016, 573); **Schleswig-Holstein:** HöfeO (s. Hamburg).

3 In den **neuen Bundesländern** gelten derzeit grundsätzlich keine Anerbenrechte, weil die frühere DDR auf Grund ihrer Verfassung vom 7.10.1949 auf ihrem Gebiet Anerbenrechte der Länder als gegenstandslos betrachtet[6] und bestimmte Anerbenrechte durch Art. 15 Abs. 2 EGZGB später noch ausdrücklich aufgehoben hat. In **Mecklenburg-Vorpommern** geschah dies zusätzlich durch das Aufhebungsgesetz vom 24.8.1951 (RegBl. 1951, 84).[7] Zweifelhaft kann somit allenfalls die Geltung nicht ausdrücklich aufgehobener landesrechtlicher Anerbenrechte sein. Dies betrifft **Brandenburg** und den ehemals schlesischen Teil von **Sachsen.**[8] In den **Ländern ohne Höferecht** richtet sich die Vererbung eines Landguts nach den allgemeinen Vorschriften des BGB; zusätzlich sind bei gesetzlicher Erbfolge §§ 13 ff. GrdstVG zu beachten, die den landwirtschaftlichen Betrieb gerichtlich einem der Miterben zuweisen (→ Einl. ErbR Rn. 133).

Art. 65 *(aufgehoben)*

Art. 66 [Deich- und Sielrecht]

Unberührt bleiben die landesgesetzlichen Vorschriften, welche dem Deich- und Sielrecht angehören.

1 Das Deich- und Sielrecht ist durch §§ 67 ff. WHG (vgl. § 67 Abs. 2 S. 3 WHG) und die Wassergesetze der Länder[1] sowie durch folgende spezialgesetzliche Normierungen geregelt: **Hamburg:** Sielabgabengesetz (SielAbgG) idF der Bekanntmachung vom 12.7.2005 (GVBl. 2005, 292), zuletzt geändert durch Gesetz vom 20.4.2012 (GVBl. 2012, 149); Deichordnung (DeichO) vom 27.5.2003 (GVBl. 2003, 151); **Niedersachsen:** Niedersächisches Deichgesetz (NDG) idF der Bekanntmachung vom 23.2.2004 (GVBl. 2004, 83), zuletzt geändert durch Gesetz vom 28.6.2022 (GVBl. 2022, 388); Allgemeine Gebührenordnung (AllGO) vom 5.6.1997 (GVBl. 1997, 171, 98, 501), zuletzt geändert durch Gesetz vom 26.9.2023 (GVBl. 2023, 241).

Art. 67 [Bergrecht]

(1) Unberührt bleiben die landesgesetzlichen Vorschriften, welche dem Bergrecht angehören.

(2) Ist nach landesgesetzlicher Vorschrift wegen Beschädigung eines Grundstücks durch Bergbau eine Entschädigung zu gewähren, so finden die Vorschriften der Artikel 52 und 53 Anwendung, soweit nicht die Landesgesetze ein anderes bestimmen.

---

4 *Steffen* RdL 1997, 144 ff.

5 Hingegen ist hier eine Anerbensitte in Form der lebzeitigen Hofübergabe weit verbreitet; vgl. Grüneberg/*Weidlich* Rn. 3; *Kreuzer* AgrarR 1990, Beil. II; BVerfG FamRZ 1995, 405.

6 *Adlerstein/Desch* DtZ 1991, 193 (200).

7 Vgl. dazu OLG Rostock NJ 1993, 563; AG Pinneberg DtZ 1992, 300, unrichtig daher LG Zweibrücken Rpfleger 1992, 107.

8 Vgl. *Lange/Wulff/v. Jeinsen* HöfeO, 11. Aufl. 2015, Einl. Rn. 41; gegen eine Fortgeltung Staudinger/*Mittelstädt,* 2018, Rn. 121.

1 Aufgeführt bei Staudinger/*Hönle/Hönle,* 2018, Rn. 3.

Der Regelungsvorbehalt ist seit dem Inkrafttreten des BBergG am 1.1.1981 gegenstandslos. Mit dem BBergG sind die **landesrechtlichen Vorschriften** des Bergrechts außer Kraft getreten; vgl. die Zusammenstellung in § 176 BBergG. 1

Das **Bergschadensrecht** ist nunmehr in §§ 114 ff. BBergG geregelt;[1] Art. 67 Abs. 2 ist somit obsolet.[2] 2

Art. 68 [Abbaurecht]

[1]Unberührt bleiben die landesgesetzlichen Vorschriften, welche die Belastung eines Grundstücks mit dem vererblichen und veräußerlichen Rechte zur Gewinnung eines den bergrechtlichen Vorschriften nicht unterliegenden Minerals gestatten und den Inhalt dieses Rechtes näher bestimmen. [2]Die Vorschriften der §§ 874, 875, 876, *1015, 1017* des Bürgerlichen Gesetzbuchs finden entsprechende Anwendung.

I. Bedeutung

Die Vorbehaltsrechte aus Art. 68 haben nach Inkrafttreten des Bundesberggesetzes ihre Bedeutung weitgehend verloren. Das Recht der **Mineraliengewinnung** ist nunmehr **abschließend** vom **Bundesberggesetz** geregelt; das Gewinnungsrecht der §§ 39 ff. BBergG bezieht sich auf alle mineralischen Rohstoffe (vgl. § 3 Abs. 1–3 BBergG). Praktische Bedeutung haben die Vorbehaltsrechte heute allein als **Übergangsrecht.**[1] 1

II. Altrechte

Bereits begründete dingliche Gewinnungsrechte bleiben über **§ 149 Abs. 1 Nr. 5 BBergG** weiterhin bestehen, soweit diese Rechte a) nach den beim Inkrafttreten dieses Gesetzes geltenden bergrechtlichen Vorschriften der Länder oder der Vorschriften des Gesetzes der Regelung der Rechte am Festlandssockel aufrecht erhalten, eingeführt, übertragen, begründet oder nicht aufgehoben worden sind, b) innerhalb von drei Jahren nach Inkrafttreten dieses Gesetzes unter Beifügung der zum Nachweis ihres Bestehens erforderlichen Unterlagen bei der zuständigen Behörde angezeigt werden und c) ihre Aufrechterhaltung von der zuständigen Behörde bestätigt wird (vgl. § 149 Abs. 1 S. 1 aE BBergG). 2

Zur **Behandlung eingetragener Rechte** nach dem Bundesberggesetz vgl. § 149 Abs. 2 BBergG. Als derartige, vom BBergG anerkannte Altrechte kommen insbesondere die sog. **dinglichen selbstständigen Gerechtigkeiten** gemäß Art. 40 PrAGBGB zum BGB in Betracht, die in folgenden Gebieten Anwendung gefunden haben: **Niedersachsen:** GVBl. Sb III 400; **Nordrhein-Westfalen:** SGV NW 40; **Rheinland-Pfalz:** GVBl. 1967 Nr. 1a 75/13; **Schleswig-Holstein:** GVBl. 1971, 182. Daneben bestehen in **Bayern** ohne ausdrückliche Rechtsgrundlage als gewohnheitsrechtlich anerkannte Rechtsinstitute veräußerliche und vererbliche Personalservitute.[2] 3

Auf diese **selbstständigen Gerechtigkeiten** findet § 11 ErbbauRG Anwendung, der gemäß § 37 ErbbauRG an die Stelle der §§ 1015, 1017 BGB aF (aufgehoben durch Art. 1 SchRModG) getreten ist. 4

Für die wenigen Gebiete, in denen das Verfügungsrecht des Grundeigentümers über mineralische Bodenschätze nach der Rechtslage vor Inkrafttreten des Bundesberggesetzes nicht entzogen war, bleiben begonnene Nutzungen der Bodenschätze nach Maßgabe des **§ 149 Abs. 3 BBergG** auch weiterhin **zulässig.** 5

Art. 69 [Jagd und Fischerei]

Unberührt bleiben die landesgesetzlichen Vorschriften über *Jagd und* Fischerei, unbeschadet der Vorschrift des § 958 Abs. 2 des Bürgerlichen Gesetzbuchs *und der Vorschriften des Bürgerlichen Gesetzbuchs über den Ersatz des Wildschadens.*

1 Zum Bergrecht *Piens/Graf Vitzthum/Schulte* BBergG, 3. Aufl. 2020; *Boldt/Weller/Kühne/v. Mäßenhausen* BBergG, 3. Aufl. 2023.

2 Zum Bergschadensrecht vgl. *Zeiler* DB 1980, 529; Soergel/*Hartmann* Rn. 4; *Boldt/Weller/Kühne/v. Mäßenhausen* BBergG, 2. Aufl. 2015, S. 1059 ff.

1 Vgl. dazu Boldt/Weller/Kühne/v. Mäßenhausen/*v. Hammerstein* BBergG § 3 Rn. 2.

2 Vgl. BayObLGE 13, 723.

Schrifttum zum Jagdrecht: a) Bundesrecht. *Leonhardt/Pießkalla,* Jagdrecht, Stand März 2024; *Leonhardt/Bauer/Schätzler/v. Löwis of Menar,* Wild- und Jagdschadensersatz, Stand 2020; *Linnenkohl,* Bundesjagdgesetz und ergänzende Vorschriften, 12. Aufl. 1998; *Lorz/Metzger,* Jagdrecht, Fischereirecht, 5. Aufl. 2023; *Mayer-Ravenstein,* Das Jagdrecht im Prozess der Föderalismusreform, RdL 2005, 29; *Mitzschke/Schäfer,* Kommentar zum Bundesjagdgesetz, 4. Aufl. 1982; *Prützel/Eisenführ,* Das Jagdrecht in der Bundesrepublik Deutschland, 1978; *Rühling/Selle,* Das Bundesjagdgesetz, 2. Aufl. 1971; *Schuck,* Bundesjagdgesetz, Kommentar, 3. Aufl. 2019; *Thies,* Wild- und Jagdschaden, 9. Aufl. 2011; *Vollbach/Linnenkohl,* Das Bundesjagdgesetz, 8. Aufl. 1977.

b) Landesrecht. Baden-Württemberg: *Kraft/Schniepp/Kübler,* Das Jagdrecht in Baden-Württemberg, 20. Aufl. 2003; *Kümmerle/Nagel,* Jagdrecht in Baden-Württemberg, 11. Aufl. 2010; *Rienhardt/Müller,* Das Jagdrecht in Baden-Württemberg, Stand 04/2014; **Bayern:** *v. Bary,* Das Jagdrecht im Lande Bayern, 2. Aufl. 1972; *Kaestl/Krinner,* Bayerisches Jagdrecht, 3. Aufl. 2016; *Leonhardt/Pießkalla,* Jagdrecht, Stand 03/2024; *Frank/Käsewieter,* Das Jagdrecht in Bayern, Stand 17. EL 2022; **Brandenburg:** *Fitzner/Oeser,* Jagdrecht Brandenburg, 2. Aufl. 2006; **Bremen:** *Kleinschmit,* Das Jagdrecht in den Ländern Niedersachsen und Bremen, 3. Aufl. 1979; *Lipps,* Jagdrecht in Brandenburg, 2004; **Hamburg:** *Rühling,* Das Jagdrecht im Lande Schleswig-Holstein und Hamburg, 2. Aufl. 1972; **Hessen:** *Dunze,* Rechtsgrundlagen der Jägerpraxis in Hessen, 2. Aufl. 1983; *Kopp,* Das Jagdrecht im Lande Hessen, 9. Aufl. 2010; *Meixner,* Das Jagdrecht in Hessen, Stand 38. EL 2021; *Vogl,* Das Jagdrecht im Lande Hessen, 5. Aufl. 1981; **Mecklenburg-Vorpommern:** *Schulz,* Das Jagdrecht in Mecklenburg-Vorpommern, Stand 9. EL 2023; *Siefke/Voth/Spindler/Rackwitz,* Jagdrecht in Mecklenburg-Vorpommern, 2. Aufl. 2004; **Niedersachsen:** *Heinichen,* Das Jagdrecht in Niedersachsen, 2. Aufl. 1981; *Pardey/Hons/Brandt,* Das Jagdrecht in Niedersachsen, Stand 18. EL 2023; *Ritter,* Niedersächsisches Jagdgesetz und Waldgesetz, 1974; *Rose,* Jagdrecht in Niedersachsen, Stand 35. EL 2024; **Nordrhein-Westfalen:** *Belgard,* Jagdrecht im Lande NRW, 21. Aufl. 2000; *Drees/Thies/Müller-Schallenberg,* Das Jagdrecht in Nordrhein-Westfalen, Stand 18. EL 2024; *Hencke,* Jagdrecht Nordrhein-Westfalen, 3. Aufl. 1980; *Rose,* Jagdrecht in Nordrhein-Westfalen, 2. Aufl. 2011; **Rheinland-Pfalz:** *Asam/Konrad/Schaefer,* Landesjagdgesetz Rheinland-Pfalz, Stand 18. EL 2020; *Bogner/Wagner,* Jagdrecht Rheinland-Pfalz, 9. Aufl. 2000; **Sachsen:** *Rincke/Rübartsch,* Das Jagdrecht im Freistaat Sachsen, 3. Aufl. 2016; **Schleswig-Holstein:** *Schulz,* Das Jagdrecht in Schleswig-Holstein, Stand 14. EL 2022; *Maurischat,* Jagdrecht Schleswig-Holstein, 13. Aufl. 2022; **Thüringen:** *Müller/Herrmann/Herrmann,* Jagdrecht in Thüringen, 2010.

Schrifttum zum Fischereirecht: *Anders,* Deutsches Fischereirecht, 5. Aufl. 1966; *Böhringer,* Amtsermittlungspflicht und Einbuchungsverfahren bei Fischereirechten, BWNotZ 1986, 126; *Böhringer,* Vermeintlich bestehendes Fischereirecht – eine inhaltlich unzulässige Grundbuch-Eintragung?, BWNotZ 1984, 153; *Braun/Keiz,* Fischereirecht in Bayern, Stand 88. EL 2023; *Endres/Herold/Reither,* Fischereigesetz für Bayern, Stand 20. EL 2023; *Franz/Schwabe,* Das Fischereirecht in Schleswig-Holstein, Stand 2013; *Gebhard,* Reichsfischereirecht (Teil III), 1939/1941; *Hoffmeister,* Fischereirecht in Schleswig-Holstein, 3. Aufl. 1990; *Luginger,* Das Fischereirecht in Bayern, 1955; zur Rechtslage nach dem AufhebungsG vom 30.7.1981 vgl. *Metzger* in Erbs/Kohlhaas, Strafrechtliche Nebengesetze, Stand 250. EL 2023; *Tesmer/Messal,* Niedersächsisches Fischereigesetz, 8. Aufl. 2019; *Ulshöfer,* Öffentliche Gewässer – Kriterium für Fischereirechte des Landes und der Gemeinden, BNotZ 1990, 13.

I. Gegenstand des Vorbehalts im Jagdrecht

1 Das Jagdrecht war nach dem Willen des BGB-Gesetzgebers Sache der Länder. Das Reichsjagdgesetz vom 3.7.1934 (RGBl. 1934 I 549) vereinheitlichte das Recht der Jagd. Die Reichseinheit ging allerdings in den Nachkriegsjahren verloren. Erst das Bundesjagdgesetz vom 29.11.1952 (BGBl. 1952 I 780, 843) idF der Bekanntmachung vom 29.9.1976 (BGBl. 1976 I 2849) versuchte die verlorene Reichseinheit zurückzugewinnen. Das **Bundesjagdgesetz** konnte indes nach bis zum 31.8.2006 geltendem Verfassungsrecht nur als Rahmengesetz ergehen; der im Bundesjagdrecht vorgezeichnete Rahmen war daher durch gesetzliche Bestimmungen der Länder auszufüllen.

2 Seit Inkrafttreten des Förderalismusreformgesetzes vom 28.8.2006 (BGBl. 2006 I 2034) unterfällt das Jagdrecht der **konkurrierenden Gesetzgebung** (Art. 74 Abs. 1 Nr. 28 GG). Den Ländern steht nunmehr eine Abweichungskompetenz für den Bereich des Jagdwesens (ohne das Recht der Jagdscheine) nach Art. 72 Abs. 3 Nr. 1 GG zu, so dass für das Verhältnis von Bundes- und Landesrecht jetzt die lex posterior-Regel des Art. 72 Abs. 3 S. 3 GG gilt. Dem landesrechtlichen Jagdrecht kommt insoweit eine erhebliche Bedeutung zu.

3 Weitere **bundesrechtliche Vorschriften** enthalten die Bundeswildschutzverordnung (BWildSchV) vom 25.10.1985 (BGBl. 1985 I 2040), zuletzt geändert durch VO vom 28.6.2018 (BGBl. 2018 I 1159), die Verordnung über die Jagdzeiten (JagdZV) vom 2.4.1977 (BGBl. 1977 I 531), zuletzt geändert durch VO vom 7.3.2018 (BGBl. 2018 I 226), ferner die Verordnung zum Schutz gegen die Tollwut (TollwutV) idF der Bekanntmachung vom 4.10.2010 (BGBl. 2010 I 1313), zuletzt geändert durch VO vom 29.12.2014 (BGBl. 2014 I 2481) und die Bundesartenschutzverordnung (BArtSchV) vom 16.2.2005 (BGBl. 2005 I 258), zuletzt geändert durch Verordnung vom 21.1.2013 (BGBl. 2013 I 95).

4 Alle Länder haben Regelungen in Form von Landesjagdgesetzen erlassen.

II. Gegenstand des Vorbehalts im Fischereirecht

Regelungsgegenstand des Vorbehalts ist allein das Recht der **Binnenfischerei,** dh das Recht der Fischerei in stehenden und fließenden Gewässern, einschließlich der Teichwirtschaft,[1] soweit nicht die Hochsee- und Küstenfischerei betroffen ist. Die Hochsee- und Küstenfischerei gehört gemäß Art. 74 Nr. 17 GG zur konkurrierenden Zuständigkeit des Bundes; s. hierzu das Seefischereigesetz (SeeFischG) vom 6.7.1988, BGBl. 1988 I 1791, zuletzt geändert durch Gesetz vom 20.12.2022, BGBl. 2022 I 2752). Das Recht der Regelung der Binnenfischerei ist dagegen Sache der Länder. Hier greift Art. 74 Nr. 17 GG nicht ein.[2] 5

Angesichts dieser Zuständigkeitsverteilung ist eine **einheitliche Regelung** des Fischereirechts auf Bundesebene **nicht gegeben.**[3] 6

Die Länder haben Regelungen getroffen, die sowohl das (materielle) **Fischereirecht** als auch das (formelle) **Fischereischeinrecht** betreffen. 7

Art. 70–72 *(aufgehoben)*

Art. 70–72 wurden durch § 46 BJagdG idF vom 29.11.1952 (BGBl. 1952 I 780, 843) aufgehoben. 1

Art. 73 [Regalien]

Unberührt bleiben die landesgesetzlichen Vorschriften über Regalien.

I. Gegenstand des Vorbehalts

Der rechtshistorisch gewachsene Begriff der Regalien bezeichnet aus der ursprünglichen Staatsgewalt abgeleitete, von Privatpersonen oder juristischen Personen des öffentlichen Rechts erworbene Herrschafts- und Nutzungsrechte. Regelungsgegenstand des Art. 73 sind allein die sog. **niederen Regalien,** dh die vermögenswerten Nutzungs- und Aneignungsrechte, nicht hingegen die eigentlichen Hoheitsrechte, die sog. höheren Regalien.[1] 1

II. Bedeutung des Vorbehalts

Die Bedeutung des Regalienrechts ist darauf beschränkt, dass nach altem Recht begründete Regalien noch heute fortgelten. Die **Neubegründung von neuartigen Regalien** wird dagegen nach modernem Verfassungsverständnis als nicht mehr zulässig angesehen.[2] 2

Die historische Bedeutung der Regalien lag insbesondere bei den Bergregalien, die das Bergbaurecht und verwandte Rechte betrafen. Soweit diese Bergregalien noch heute fortbestehen, gelten diese auch nach Inkrafttreten des Bundesberggesetzes nach Maßgabe des § 149 BBergG fort. Das Bundesberggesetz macht die Fortgeltung bergrechtlicher Regale allerdings insbesondere von einer **fristgerechten Anzeige** abhängig (§ 149 Abs. 1 Nr. 9 lit. b BBergG); wird die fristgerechte Anzeige unterlassen, gelten die Bergregale nach § 149 Abs. 5 BBergG als erloschen. 3

Der **Umfang der fortgeltenden Bergregale** ist insbesondere deswegen sehr eingeschränkt, weil die im Anwendungsbereich des Preußischen Allgemeinen Berggesetzes bestehenden privaten Regalien durch die preußischen Gesetze vom 19.10.1920 und vom 29.12.1942 aufgehoben wurden. Nach diesen in Ausführung von Art. 155 Abs. 4 WRV ergangenen Gesetzen blieben lediglich die auf Grund von Regalien begründeten Bergbaurechte unberührt.[3] 4

Eine (wenn auch nicht erhebliche) Bedeutung hat das Regalienrecht noch heute im **Wasserrecht.**[4] Wasserrechtliche Regalien existieren in Form von Abschöpfungs- (zB Sandabschöpfrecht)[5] und Gebrauchsrechte (zB Fährregale).[6] Die Wassergesetze der Länder regeln die Aufrechterhaltung alter wasserrechtlicher Befugnisse. Wasserregalien als rein privatrechtliche Berechtigungen können 5

---

1 BayVGH BayVBl. 1979, 81; aA Staudinger/*Mittelstädt,* 2018, Rn. 30.
2 Vgl. BayVGH BayVBl. 1979, 81; aA Staudinger/*Mittelstädt,* 2018, Rn. 29.
3 Vgl. zu tierschutzrechtlichen Aspekten der Fischerei *Lorz* NuR 1984, 41 (43 f.).

1 Vgl. RGZ 80, 19 mwN.
2 Soergel/*Hartmann* Rn. 2; Staudinger/*Albrecht,* 2018, Rn. 10.
3 Vgl. zum Ganzen Staudinger/*Albrecht,* 2018, Rn. 14; Soergel/*Hartmann* Rn. 2.
4 Ausf. Staudinger/*Albrecht,* 2018, Rn. 16 ff.
5 In Bayern existieren solche Rechte ohne gesetzliche Grundlage, vgl. BayObLGZ 1962, 421.
6 Fährregale eröffnen das ausschließliche Recht, einen entgeltlichen Fährbetrieb über ein fließendes Gewässer zu betreiben. Zu deren Rechtsnatur vgl. PrOVG 86, 347.

aber nur unter Beachtung des öffentlich-rechtlichen Wasserrechts ausgeübt werden (vgl. § 20 WHG für Privilegierung von Vorhaben aufgrund von Altrechten bezüglich Erlaubnissen und Bewilligungen).

Art. 74 [Zwangs- und Bannrechte]

Unberührt bleiben die landesgesetzlichen Vorschriften über Zwangsrechte, Bannrechte und Realgewerbeberechtigungen.

I. Begriffe und Normzweck

1 Der gesetzlich nicht definierte Ausdruck **Zwangs- und Bannrechte** ist eine Sammelbezeichnung für recht unterschiedliche Gewerbebeschränkungen in Form von Abnahmepflichten und Konkurrenzverboten (näher → BGB § 1018 Rn. 43, dort auch zum Verhältnis der Zwangs- und Bannrechte zu den wettbewerbsbeschränkenden Dienstbarkeiten). Realgewerbeberechtigungen sind Berechtigungen zur Ausübung eines Gewerbes, die entweder als unselbstständiges Recht mit einem Grundstück verbunden sind oder als in der Regel ehemals staatlich verliehenes selbstständiges Recht kraft Gesetzes wie ein dingliches Recht behandelt werden (zu letzterem Fall s. etwa Art. 40 prAGBGB, dort als „selbständige Gerechtigkeiten" bezeichnet). Eine allgemeine reichsrechtliche Regelung der genannten Rechte gab es bei Inkrafttreten des BGB nicht. Die Regelung wurde deshalb weiterhin dem Landesrecht überlassen, was nach § 7 Abs. 2 GewO, § 8 Abs. 2 GewO auch für die Ablösungs- und Entschädigungsfragen bei Zwangs- und Bannrechten gilt.

II. Heutige Bedeutung

2 Der Vorbehalt hat heute **keine wesentliche Bedeutung** mehr. Die Zwangs- und Bannrechte sind weitgehend durch § 7 GewO **aufgehoben** bzw. auf Grund des § 8 GewO **abgelöst** worden. Eine Neubegründung ist seit Inkrafttreten der GewO nach § 10 Abs. 1 GewO ausgeschlossen. An der Geltung dieser Bestimmungen hat sich durch die Einführung des BGB nichts geändert (Art. 50 S. 1). Die **Realgewerbeberechtigungen** sind zwar nicht allgemein aufgehoben oder für ablösbar erklärt worden, können aber seit Inkrafttreten der Gewerbeordnung ebenfalls nicht mehr neu begründet werden (§ 10 Abs. 2 GewO). Sie haben ihre frühere Bedeutung bereits durch die Einführung der allgemeinen Gewerbefreiheit weitgehend verloren. Insbesondere wurde ihnen der Charakter der Ausschließlichkeit genommen;[1] für das heutige Recht würde die Ausschließlichkeit in der Regel gegen Art. 12 GG verstoßen.[2] § 24 Abs. 2 GastG ermächtigt die Länder, Regelungen zur Übertragung von Realrechten zu erlassen. Dieser Vorbehalt gilt nur für auf andere Grundstücke übertragbare Realgewerbeberechtigungen.[3] In der Praxis spielen diese Rechte keine Rolle, da sie keine Befreiung von gewerberechtlichen Bestimmungen einräumen;[4] insbesondere wurde in keinem Land von dem Vorbehalt des § 24 Abs. 2 GastG Gebrauch gemacht.[5]

3 Die Aufhebungs-, Ablösungs- und Verbotsbestimmungen der §§ 7–10 GewO gelten nicht für die in § 6 GewO genannten Tätigkeiten, insbesondere das **Apothekenwesen** (vgl. §§ 26, 27 ApoG). Gerade in diesem Bereich hatten Realgewerbebestimmungen eine große Bedeutung. Nachdem seit BVerfGE 7, 377, 413 ff. die Bedürfnisprüfung entfallen ist, kommt ihnen aber ebenfalls nur noch eine eingeschränkte Bedeutung zu (→ Rn. 5).[6]

4 Die Schornsteinfegerrealrechte wurden durch § 39a GewO aF (weggefallen durch Gesetz vom 24.8.2002 (BGBl. 2002 I 3412) aufgehoben.[7] Inzwischen ist ohnehin die Monopolstellung des Bezirksschornsteinfegers durch das am 1.1.2013 in Kraft getretene Schornsteinfeger-Handwerksgesetz (SchfHwG) vom 26.11.2008 (BGBl. 2008 I 2242) erheblich eingeschränkt worden.

Art. 75 [Versicherungsrecht] *(gegenstandslos)*

1 Der Vorbehalt zu Gunsten der Landesgesetzgebung ist durch das Gesetz über den Versicherungsvertrag (VVG) vom 30.5.1908 (RGBl. 1908 I 233) **überholt** und durch das Gesetz vom 28.12.1968

---

1 Für das bayerische Recht s. BayObLGZ 1954, 303 (305 f.).
2 Vgl. BGH DVBl 1966, 746 f. m. zust. Anm. *Sellmann.*
3 *Schönleiter,* 1. Aufl. 2012, GastG § 24 Rn. 1.
4 Erbs/Kohlhaas/*Ambs* GastG § 24 Rn. 1 ff.
5 *Schönleiter,* 1. Aufl. 2012, GastG § 24 Rn. 1.
6 Soergel/*Hartmann* Rn. 2.
7 Vgl. BVerwGE 38, 244 = NVwZ 1988, 1026 Ls.; BVerfG BayVBl. 1988, 495.

(BGBl. 1968 I 1451) **außer Kraft** gesetzt worden. Es gilt heute das VVG vom 23.11.2007 (BGBl. 2007 I 2631).

Art. 76 [Verlagsrecht]

Unberührt bleiben die landesgesetzlichen Vorschriften, welche dem Verlagsrecht angehören.

Der landesrechtliche Vorbehalt ist durch das Gesetz über das Verlagsrecht (VerlG) vom 19.6.1901 (RGBl. 1901 I 217) **gegenstandslos** geworden. Der früher in Bayern geltende Art. 68 Gesetz zum Schutze der Urheberrechte an literarischen Ereignissen und Werken der Kunst vom 28.6.1865 (BS II 627) ist durch das Gesetz über die Ablieferung von Pflichtstücken (PflStG) vom 6.8.1986 (GVBl. 1986, 216) außer Kraft gesetzt worden. 1

Art. 77 [Staatshaftung für Beamte und Haftung des Beamten für Hilfspersonen]

Zu Abdruck und Kommentierung → 3. Aufl. 1999, Art. 77 Rn. 1 ff. 1

Art. 78 [Haftung der Beamten für Hilfspersonen]

Zu Abdruck und Kommentierung → 3. Aufl. 1999, Art. 78 Rn. 1 ff. 1

Art. 79 [Haftung von Grundstücksschätzern]

Unberührt bleiben die landesgesetzlichen Vorschriften, nach welchen die zur amtlichen Feststellung des Wertes von Grundstücken bestellten Sachverständigen für den aus einer Verletzung ihrer Berufspflicht entstandenen Schaden in weiterem Umfang als nach dem Bürgerlichen Gesetzbuch haften.

Art. 79 erlaubt den Landesgesetzgebern den Erlass von Haftungsregeln für **nicht beamtete Grundstücksschätzer.** In Betracht kommt hier insbesondere der Schutz Dritter, die keinen vertraglichen Anspruch gegen den Sachverständigen besitzen.[1] 1

Von diesem Vorbehalt wird derzeit in keinem Bundesland Gebrauch gemacht.[2] Zu den ehemaligen Regelungen → 5. Aufl. 2010, Art. 79 Rn. 1 ff. 2

Art. 80 [Vermögensrechtliche Ansprüche von Beamten, Pfründenrecht]

(1) Unberührt bleiben, soweit nicht in dem Bürgerlichen Gesetzbuch eine besondere Bestimmung getroffen ist, die landesgesetzlichen Vorschriften über die vermögensrechtlichen Ansprüche und Verbindlichkeiten der Beamten, der Geistlichen und der Lehrer an öffentlichen Unterrichtsanstalten aus dem Amts- oder Dienstverhältnis, mit Einschluß der Ansprüche der Hinterbliebenen.

(2) Unberührt bleiben die landesgesetzlichen Vorschriften über das Pfründenrecht.

Art. 80 Abs. 1 ist **gegenstandslos.** Die im Abs. 1 erwähnten vermögensrechtlichen Ansprüche und Verbindlichkeiten sind für Bundesbeamte im BeamtVG und im BBG geregelt (vgl. § 75 BBG). Für Landes- und Gemeindebeamte finden neben dem BeamtStG (vgl. § 48 BeamtStG) die Beamtengesetze der Länder Anwendung.[1] Das BeamtVG gilt nur in den Ländern fort, die noch keinen Gebrauch der ihnen in diesem Bereich durch die Föderalismusreform übertragene Kompetenz (vgl. Art. 74 Abs. 1 Nr. 27 GG) gemacht haben (vgl. § 108 BeamtVG). Zurzeit findet das BeamtVG noch in Berlin, Brandenburg, Nordrhein-Westfalen, Rheinland-Pfalz, Sachsen und Sachsen-Anhalt Anwendung. Auf die Rechtsverhältnisse der nicht verbeamteten Lehrer findet das Arbeitsrecht 1

---

1 Zur Haftung nach BGB s. BGH NJW 1982, 2431.

2 AA Staudinger/*Merten,* 2018, Rn. 5, der von der Weitergeltung in Rheinland-Pfalz aufgrund einer nicht ausdrücklichen Aufhebung gemäß § 27 Abs. 1 Nr. 1 lit. b und Nr. 2 lit. a RPAGBGB ausgeht.

1 Zu den Beamtengesetzen der Länder Staudinger/*Merten,* 2018, Rn. 14.

Anwendung. Geistliche im Sinne dieser Vorschrift sind nur diejenigen, die zugleich Beamte im staatsrechtlichen Sinne sind (zB geistlicher Studienrat). Für sie gelten die genannten Gesetze. Das Recht der Kirche, über die vermögensrechtlichen Ansprüche der Geistlichen, die nicht Staatsbeamte, also Kirchenbedienstete sind, selbst zu bestimmen, garantiert Art. 140 GG iVm Art. 137 Abs. 3 WRV.[2]

2 Für das im **Abs. 2** erwähnte **Pfründenrecht,** ein privatrechtliches Nutzungsrecht an Grundstücken, beweglichen Sachen, Kapitalien etc, gilt Landesrecht. In Berlin, Hamburg und im Gebiete des ehemaligen Landes Braunschweig sowie in Schleswig-Holstein gibt es kein Pfründenrecht bzw. hat es keine praktische Bedeutung mehr.[3]

Art. 81 [Übertragung und Aufrechnung von Gehaltsansprüchen]

Unberührt bleiben die landesgesetzlichen Vorschriften, welche die Übertragbarkeit der Ansprüche der in Artikel 80 Abs. 1 bezeichneten Personen auf Besoldung, Wartegeld, Ruhegehalt, Witwen- und Waisengeld beschränken, sowie die landesgesetzlichen Vorschriften, welche die Aufrechnung gegen solche Ansprüche abweichend von der Vorschrift des § 394 des Bürgerlichen Gesetzbuchs zulassen.

1 Die Norm hat keine Bedeutung mehr. Für Beamte gelten die bei Art. 80 aufgeführten bundes- und landesrechtlichen Regelungen. Nicht verbeamteten Lehrern können die in Art. 81 bezeichneten Ansprüche mangels Beamtenstatus nicht zustehen.[1]

Art. 82 [Wirtschaftliche Vereine]

Unberührt bleiben die Vorschriften der Landesgesetze über die Verfassung solcher Vereine, deren Rechtsfähigkeit auf staatlicher Verleihung beruht.

1 Art. 82 gestattet der Landesgesetzgebung, spezifische Vorschriften für die **innere Organisationsstruktur** wirtschaftlicher Vereine, deren Rechtsfähigkeit auf staatlicher Verleihung beruht (§ 22 BGB), zu treffen.[1] Die Vorschrift ist insoweit eine lex specialis zu Art. 163.[2] Nach Art. 82 ist es somit möglich, die Binnenstruktur wirtschaftlicher Vereine den zwingenden Schutzvorschriften des Kapitalgesellschaftsrechts anzunähern; näher → BGB §§ 21, 22 Rn. 61 ff. sowie die speziellen Übergangsvorschriften in den Ausführungsgesetzen der Länder zum BGB als Altvereine. EU-rechtliche Normen können in landesrechtlichen Vorschriften nur übernommen werden, soweit diese keinen abschließenden Charakter haben (EuGH, 16.5.2024, Rs. 706/22).

Art. 83 [Waldgenossenschaften]

Unberührt bleiben die landesgesetzlichen Vorschriften über Waldgenossenschaften.

1 Das Recht der Waldgenossenschaften ist in den Landeswaldgesetzen der einzelnen Bundesländer geregelt.

---

2 BGHZ 46, 96 (98 f.) = NJW 1966, 2162.

3 Vgl. für die einschlägigen Rechtsvorschriften anderer Länder Soergel/*Hartmann* Rn. 5: Landesgesetze gelten in Baden-Württemberg: in Baden gilt für die Pfarrpfründen das Stiftungsgesetz vom 19.7.1918 (GVBl 1918 254), das kirchliche Gesetz, die Verwaltung des evangelischen Pfründevermögens betreffend (Kirchengesetz vom 21.12.1881, KGVBl 1882 2) wurde mit Wirkung zum 1. November 2005 durch Gesetz vom 20. Oktober 2005 (GVBl 2005 179) aufgehoben; Bayern: hier genießt das bayrische Gewohnheitsrecht über die Rechtsstellung des Pfründebesitzers zur Pfründe Vorrang gegenüber dem Nießbrauchsrecht des BGB (Soergel/*Hartmann* Rn. 5; Bayrischer VGH SeuffBl 1912, 526); Hessen: die bestehenden Pfründestiftungen beruhen auf gemeinem Recht, für Wiesbaden und Kassel gilt das Gesetz vom 2.7.1898 (PrGS 1898 155) mit Anlagen; Niedersachsen: für Schaumburg-Lippe gilt das Gesetz vom 25.3.1900 (GVBl 1900 Sb III 222), für Oldenburg gilt das Gesetz vom 28.4.1924 (GVBl 1924 Sb II 222); Saarland: hier gelten Art. 1, 5 des Vertrags mit den Bistümern Speyer und Trier vom 29.6.1977 (ABl. 1977 674), weiterhin finden das Gesetz vom 18.6.1918 (BS Saar 2221-2) und die DVO vom 17.1.1922 (BS Saar 2221-2-1) Anwendung.

1 So auch Staudinger/*Merten*, 2018, Rn. 8.

1 RG HRR 36, 1100.

2 RGZ 81, 244.

Art. 84 [Religionsgesellschaften] *(gegenstandslos)*

Art. 84 ist durch Art. 137 Abs. 4 WRV **gegenstandslos** geworden; vgl. Neubekanntmachung des EGBGB vom 21.9.2004 (BGBl. 2004 I 2494). Art. 137 Abs. 4 WRV gilt gemäß Art. 140 GG als Bestandteil des Grundgesetzes fort. 1

Art. 85 [Vermögen aufgelöster Vereine]

Unberührt bleiben die landesgesetzlichen Vorschriften, nach welchen im Falle des § 45 Abs. 3 des Bürgerlichen Gesetzbuchs das Vermögen des aufgelösten Vereins an Stelle des Fiskus einer Körperschaft, Stiftung oder Anstalt des öffentlichen Rechts anfällt.

Von dem Vorbehalt wird zurzeit in keinem Bundesland Gebrauch gemacht. 1

Art. 86 [Aufhebung von Erwerbsbeschränkungen für Ausländer und ausländische juristische Personen; Ausnahmen]

[1]Vorschriften, die den Erwerb von Rechten durch Ausländer oder durch juristische Personen, die ihren satzungsmäßigen Sitz, ihre Hauptverwaltung oder ihre Hauptniederlassung nicht im Bundesgebiet haben (ausländische juristische Personen), beschränken oder von einer Genehmigung abhängig machen, finden vom 30. Juli 1998 keine Anwendung mehr. [2]Die Bundesregierung wird ermächtigt, durch Rechtsverordnung mit Zustimmung des Bundesrates den Erwerb von Rechten durch Ausländer oder ausländische juristische Personen zu beschränken und von der Erteilung einer Genehmigung abhängig zu machen, wenn Deutsche und inländische juristische Personen in dem betreffenden Staat in dem Erwerb von Rechten eingeschränkt werden und außenpolitische Gründe, insbesondere das Retorsionsrecht, dies erfordern. [3]Satz 2 gilt nicht für Ausländer und ausländische juristische Personen aus Mitgliedstaaten der Europäischen Union.

Art. 86 regelte in seiner **ursprünglichen Fassung** einen Vorbehalt zugunsten landesrechtlicher Vorschriften, die einen Erwerb von Rechten durch juristische Personen von einer staatlichen Genehmigung abhängig machten. Die Bedeutung des Vorbehalts wurde 1953[1] und 1964[2] jeweils eingeschränkt, da landesgesetzliche Erwerbsbeschränkungen nur noch für ausländische juristische Personen mit Sitz außerhalb der EU zulässig waren. Mit Gesetz vom 23.7.1998 (BGBl. 1998 I 1886) wurde die heute Fassung des Art. 86 geschaffen. Die Norm enthält nunmehr **keinen Vorbehalt zugunsten der Länder,** sondern schließt die Anwendung von Vorschriften, die Erwerbsbeschränkungen für ausländische natürliche und juristische Personen enthalten, aus (Grundsatz der Erwerbsfreiheit), ermächtigt aber die **Bundesregierung** unter engen Bedingungen zur Begründung von Erwerbsbeschränkungen durch Verordnung.[3] 1

Art. 87 *(weggefallen)*

Art. 88 *(aufgehoben)*

Art. 89 [Privatpfändung]

Unberührt bleiben die landesgesetzlichen Vorschriften über die zum Schutz der Grundstücke und der Erzeugnisse von Grundstücken gestattete Pfändung von Sachen, mit Einschluß der Vorschriften über die Entrichtung von Pfandgeld oder Ersatzgeld.

Derzeit macht allein **Bremen** vom Vorbehalt Gebrauch, vgl. §§ 9 ff. Feldordnungsgesetz (FeldOG) vom 13.4.1965 (GBl. 1965, 71), zuletzt geändert durch Gesetz vom 30.3.2021 (GBl. 2021, 300). Zu den ehemaligen Regelungen anderer Länder → 5. Aufl. 2010, Art. 89 Rn. 1 ff. 1

1 Gesetz zur Wiederherstellung der Gesetzeseinheit auf dem Gebiete des bürgerlichen Rechts vom 5.3.1953 (BGBl. 1953 I 33).

2 Gesetz zur Aufhebung von Erwerbsbeschränkungen für Staatsangehörige und Gesellschaften der Mitgliedstaaten der Europäischen Wirtschaftsgemeinschaft vom 2.4.1964 (BGBl. 1964 I 248).

3 Zur Ermächtigung iE Staudinger/*Merten,* 2018, Rn. 35 ff.

Art. 90 [Sicherheitsleistung für Amtsführung]

Unberührt bleiben die landesgesetzlichen Vorschriften über die Rechtsverhältnisse, welche sich aus einer auf Grund des öffentlichen Rechts wegen der Führung eines Amtes oder wegen eines Gewerbebetriebs erfolgten Sicherheitsleistung ergeben.

1 Von diesem Vorbehalt wird derzeit in keinem Bundesland Gebrauch gemacht.

Art. 91 [Sicherungshypothek für öffentlich-rechtliche Körperschaften]

[1]Unberührt bleiben die landesgesetzlichen Vorschriften, nach welchen der Fiskus, eine Körperschaft, Stiftung oder Anstalt des öffentlichen Rechts oder eine unter der Verwaltung einer öffentlichen Behörde stehende Stiftung berechtigt ist, zur Sicherung gewisser Forderungen die Eintragung einer Hypothek an Grundstücken des Schuldners zu verlangen, und nach welchen die Eintragung der Hypothek auf Ersuchen einer bestimmten Behörde zu erfolgen hat. [2]Die Hypothek kann nur als Sicherungshypothek eingetragen werden; sie entsteht mit der Eintragung.

1 Art. 91 gestattet der Landesgesetzgebung anstelle der nach früherem Recht zulässigen gesetzlichen Hypothekentitel, den genannten juristischen Personen des öffentlichen Rechts zur Sicherstellung gewisser Forderungen die Möglichkeit zur Eintragung einer Sicherungshypothek nach §§ 1184, 1185 BGB und § 1190 BGB durch Ersuchen an das Grundbuchamt zu verschaffen. Die Art der Forderungen bestimmt das Landesrecht.

2 Derzeit bestehen keine landesrechtlichen Sondervorschriften mehr. Zum früheren Landesrecht → 3. Aufl. 1999, Art. 91 Rn. 3.[1]

Art. 92 *(weggefallen)*

Art. 93 [Mieträumungsfristen]

Unberührt bleiben die landesgesetzlichen Vorschriften über die Fristen, bis zu deren Ablauf gemietete Räume bei Beendigung des Mietverhältnisses zu räumen sind.

1 Der Vorbehalt differenziert nicht zwischen **Wohn- und Geschäftsräumen;** der Gesetzgeber ist andererseits nicht gehindert, die Vorbehaltsrechte nur bezüglich von Wohnräumen oder Geschäftsräumen auszuüben. Vom Bundesgesetzgeber geregelt sind die zwangsvollstreckungsrechtlichen Räumungsfristen (vgl. §§ 721, 765a Abs. 3 ZPO).

2 Zu beachten sind folgende Bestimmungen: **Bremen:** (für Wohnraummiete) § 13 BremAGBGB vom 18.7.1899 (GVBl. 1899, 61), zuletzt geändert durch Gesetz vom 14.3.2017 (GBl. 2017, 121); **Hamburg:** (für Raummiete allgemein) § 25 Abs. 1 HmbAGBGB idF der Bekanntmachung vom 1.7.1958 (GVBl. 1958, 195), zuletzt geändert durch Gesetz vom 20.12.2022 (GVBl. 2022, 659).

Art. 94 [Pfandleihgewerbe]

(1) Unberührt bleiben die landesgesetzlichen Vorschriften, welche den Geschäftsbetrieb der Pfandleihanstalten betreffen.

(2) Unberührt bleiben die landesgesetzlichen Vorschriften, nach welchen öffentlichen Pfandleihanstalten das Recht zusteht, die ihnen verpfändeten Sachen dem Berechtigten nur gegen Bezahlung des auf die Sache gewährten Darlehens herauszugeben.

1 Abs. 1 ist nach Inkrafttreten der Verordnung über den Geschäftsbetrieb der gewerblichen Pfandleiher (PfandlV) vom 1.6.1976 (BGBl. 1976 I 1335), zuletzt geändert durch Gesetz vom 28.4.2016 (BGBl. 2016 I 1046), die den Geschäftsbetrieb der gewerblichen Pfandleiher **bundeseinheitlich** regelt, nicht mehr anzuwenden; die Landesgesetze sind bereits nach § 13 PfandlV aF außer Kraft getreten: Anwendbar bleiben diejenigen landesrechtlichen Vorschriften, die das **Recht der Pfandleihanstalten** regeln.

---

[1] Zur Aufhebung der anderen landesrechtlichen Bestimmungen vgl. Staudinger/*Hönle/Hönle,* 2018, Rn. 9 ff.

Landesrechtliche Regelungen gibt es in Baden-Württemberg, Bayern, Berlin, Hamburg und **Niedersachsen.** 2

Art. 95 [Gesinderecht] *(gegenstandslos)*

Die landesrechtlichen Gesindeordnungen sind durch Nr. 8 des Aufrufs des Rates der Volksbeauftragten an das deutsche Volk vom 12.11.1918 (RGBl. 1918, 1303) **aufgehoben:** der Aufruf ist sanktioniert worden durch § 1 Abs. 2 Übergangsgesetz vom 4.3.1919 (RGBl. 1919, 285). 1

Art. 96 [Altenteilsverträge]

Unberührt bleiben die landesgesetzlichen Vorschriften über einen mit der Überlassung eines Grundstücks in Verbindung stehenden Leibgedings-, Leibzuchts-, Altenteils- oder Auszugsvertrag, soweit sie das sich aus dem Vertrag ergebende Schuldverhältnis für den Fall regeln, daß nicht besondere Vereinbarungen getroffen werden.

Schrifttum: *Berger,* Zur Zulässigkeit von Wegzugsklauseln in Überlassungsverträgen, ZNotP 2009, 263; *Böhringer,* Die Wohnungsgewährung als Leibgeding, BWNotZ 1987, 129; *Böhringer,* Das Altenteil in der notariellen Praxis, MittBayNot 1988, 103; *Brückner,* Wohnungsrecht und subjektives Ausübungshindernis, NJW 2008, 1111; *Crusen/Müller,* Das Preuß. Ausführungsgesetz zum BGB, 1901; *Faßbender,* Zur Hofübergabe, DNotZ 1986, 67; *V. Fischer,* Das Altenteil bei Ehescheidung, AgrarR 1997, 354; *Gehse,* Zur Hofübergabe unter Vorbehalt eines Nießbrauchsrechts, RNotZ 2009, 160; *Goetz/Kroeschell/Winkler,* Handwörterbuch des Agrarrechts, Bd. I, 1981, Sp. 231 ff., Art. „Altenteil" *(Faßbender); Harryers,* Pflegeverträge und deren Ausgestaltung in der notariellen Praxis, RNotZ 2013, 1; *Kahlke,* Erlöschen des Altenteils in der Zwangsversteigerung?, Rpfleger 1990, 233; *Krauß,* Überlassungen und Übergaben im Lichte des Sozialrechts, MittBayNot 1992, 77; *Krüger,* Hausübergabe gegen Versorgung, ZNotP 2010, 2; *Lüdtke-Handjery,* Hofübergabe als vertragliche und erbrechtliche Nachfolge, DNotZ 1985, 332; *J. Mayer,* Wohnungsrecht und Sozialhilferegress, DNotZ 2008, 672; *J. Mayer,* Leibgedingsrechte und Leistungsstörung, MittBayNot 1990, 149; *J. Mayer,* Die Rückforderung der vorweggenommenen Erbfolge, DNotZ 1996, 604; *J. Mayer,* Pflegepflichten: Zwei Jahre Pflegeversicherungsgesetz und dessen Auswirkungen auf die notarielle Vertragsgestaltung, ZEV 1997, 176; *U. Mayer,* Abschied vom Altenteil?, Rpfleger 1993, 320; *Meder,* Mehrere Begünstigte bei Leibgedingsrechten, BWNotZ 1982, 36; *W. Meyer,* Der Übergabevertrag, 1935; *Raude,* Der Hofübergabevertrag in der notariellen Praxis, RNotZ 2016, 69; *Scheyhing,* Altenteilsverträge in der Immobiliarzwangsvollstreckung, SchlHA 1965, 122; *Schwarz,* Privatrechtliche Versorgungsansprüche und sozialhilferechtliches Subsidiaritätsprinzip, ZEV 1997, 309; *Spiegelberger,* Zur Dogmatik der vorweggenommenen Erbfolge, FS 50 Jahre Deutsches Anwaltsinstitut e.V., 2003, 413; *Steffen,* Altenteilsverträge, RdL 1980, 87; *Volmer,* Neue Gestaltungsmöglichkeiten gegen die Überleitung von Versorgungsansprüchen auf die Sozialhilfe, MittBayNot 2009, 276; *Weyland,* Pflegeverpflichtung in Übergabeverträgen, MittRhNotK 1997, 55; *Wirich,* Das Leibgeding, 2006; *Wirich,* Das Leibgeding im Landesrecht unter besonderer Berücksichtigung des Wohnrechts, ZEV 2008, 372; *Wirich,* Der Schutz des Leibgedings in der Zwangsvollstreckung und die Besonderheiten des baden-württembergischen Rechts, ZErb 2010, 159; *G. Wolf,* Das Leibgeding – ein alter Zopf?, MittBayNot 1994, 117; *Wulff,* Zur Rechtsnatur des Übergabevertrages, RdL 1952, 113.

Übersicht

I. Einführung

1 **1. Inhalt und Zweck der Vorschrift.** Bereits vor dem Inkrafttreten des BGB waren insbesondere bei Übergaben landwirtschaftlicher Betriebe an nachfolgende Generationen Vereinbarungen zwischen den Beteiligten üblich, nach denen die Übergeber in der Regel auf Lebenszeit wiederkehrende Versorgungsleistungen aus dem übergebenden Vermögen verlangen konnten.[1] Auch heute noch finden sich in Übergabeverträgen häufig Regelungen, nach denen der Übernehmer von Vermögen (insbesondere landwirtschaftlichen Grundbesitz) die Verpflichtung übernimmt, an den Übergeber Versorgungsleistungen (Altenteilsleistungen) zu erbringen.[2] Wegen der regional unterschiedlichen Rechtstraditionen hat der BGB-Gesetzgeber darauf verzichtet, das Altenteilsrecht einheitlich zu regeln. Vielmehr ermöglicht Art. 96 es den einzelnen Ländern die Ausgestaltung der schuldrechtlichen Regelungen näher zu bestimmen. Jedoch bleibt der Grundsatz der **Vertragsfreiheit**[3] **vorrangig.** Landesrechtliche Regelungen haben deshalb nur vertragsergänzende Funktion und sind durch die Beteiligten abdingbar.[4] In inhaltlicher Hinsicht sind sie dadurch gekennzeichnet, dass dem Altenteiler das Recht zum Rücktritt vom Vertrag und die Rückabwicklung nach § 527 BGB versagt und dadurch der Überlassung der wirtschaftlichen Lebensgrundlage des Altenteilers eine erhöhte Bestandskraft verliehen wird (→ Rn. 30 ff.).

2 **2. Gesetzesübersicht.**[5] **Baden-Württemberg:** BWAGBGB vom 26.11.1974 (GBl. 1974, 498), zuletzt geändert durch Gesetz vom 6.12.2022 (GBl. 2022, 617), §§ 6–17 BWAGBGB. – **Bayern:** BayAGBGB vom 20.9.1982 (GVBl. 1982, 803), zuletzt geändert durch Gesetz vom 23.12.2022 (GVBl. 2022, 718), Art. 7–23 BayAGBGB. – **Berlin:** PrAGBGB vom 20.9.1899 (GS 1899, 177), zuletzt geändert durch Gesetz vom 22.1.2021 (GVBl. 2021, 75); Art. 15 §§ 1–10 BlnAGBGB. **Bremen:** BremAGBGB vom 18.7.1899 (GBl. 1899, 61), zuletzt geändert durch Gesetz vom 14.3.2017 (GBl. 2017, 171), §§ 26 f. BremAGBGB. – **Hessen:** HESAGBGB vom 18.12.1984 (GVBl. 1984 I 344), zuletzt geändert durch Gesetz vom 7.5.2020 (GVBl. 2020, 318), §§ 4–18 HESAGBGB. – **Niedersachsen:** NdsAGBGB vom 4.3.1971 (GVBl. 1971, 73),[6] zuletzt geändert durch Gesetz vom 17.3.2011 (GVBl. 2011, 89), §§ 5–17 NdsAGBGB. – **Nordrhein-Westfalen:** PrAGBGB,[7] zuletzt geändert durch Gesetz vom 6.12.2022 (GV. NRW 2022, 1072), Art. 15 NRWAGBGB, bzw. § 23 Lippisches AGBGB idF vom 12.8.1933. – **Rheinland-Pfalz:** RPAGBGB vom 18.11.1976 (GVBl. 1976, 259), zuletzt geändert durch Gesetz vom 22.12.2015 (GVBl. 2015, 461), §§ 2–18 RPAGBGB. – **Saarland:** AGJusG – Gesetz zur Ausführung bundesrechtlicher Justizgesetze vom 5.2.1997 (ABl. 1997, 258), zuletzt geändert durch Gesetz vom 8.12.2021 (ABl. 2021 I 2629), §§ 6–22 AGJusG. – **Schleswig-Holstein:** SHAGBGB vom 27.9.1974 (GVOBl. 1974, 357), zuletzt geändert durch Gesetz vom 6.12.2022 (GVOBl. 2022, 1002), §§ 1–12 SHAGBGB.[8] – **Thüringen:** ThürAGBGB vom 3.12.2002 (GVBl. 2002, 424), zuletzt geändert durch Gesetz vom 25.11.2004 (GVBl. 2004, 853), §§ 4–22 ThürAGBGB.[9] – Im Übrigen keine Regelungen in den neuen Bundesländern.[10] – Zu beachten ist ferner die in **Hamburg, Niedersachsen, Nordrhein-Westfalen** und **Schleswig-Holstein** geltende **HöfeO**[11] idF vom 26.7.1976 (BGBl. 1976 I 1933),

---

1 Vgl. zur historischen Entwicklung Staudinger/*Albrecht,* 2018, Rn. 4.

2 BeckOGK/*Wirich* Rn. 2.

3 Vertragsmuster bei Beck-FormB BHW/*Dieckmann* Form. IV.17; MVHdB BürgerlR II/*Spiegelberger* Form. V. 3, 4; *Schöner/Stöber* GrundbuchR Rn. 934; Regelungen zum Altenteilsrecht enthalten üblicherweise auch Hofübergabeverträge, vgl. ausf. Muster bei *Ruby,* Landwirtschaftliches Sondererbrecht in Groll/Steiner, Praxis-Handbuch Erbrechtsberatung, 6. Aufl. 2023, § 17 S. 846; *Roemer/Führ* in Weise/Forst, Beck'sches Formularbuch Immobilienrecht, 3. Aufl. 2018, A II. 5; *Roemer* in Hannes, Formularbuch Vermögens- und Unternehmensnachfolge, 2. Aufl. 2017, C. 4.40 ff.; *Fackelmann* in Kersten/Bühling, Formularbuch und Praxis der Freiwilligen Gerichtsbarkeit, 27. Aufl. 2023, § 36 Rn. 169; vgl. hierzu auch *Raude* RNotZ 2016, 79 ff.

4 Dazu BGH NJW 2002, 440 (441); LM PrAGBGB Art. 15 Nr. 1; Soergel/*Hartmann* Rn. 1; Grüneberg/*Herrler* Rn. 6; *Wirich* ZEV 2008, 372; aber → Rn. 5 ff.

5 Abdruck der Landesgesetze in *Wöhrmann/Graß,* Das Landwirtschaftserbrecht, 11. Aufl. 2018, 549 ff.

6 Vgl. dazu OLG Celle NJOZ 2006, 2592.

7 Dazu *Dressel* AgrarR 1971/1972, 239; *Riggers* JurBüro 1971, 815.

8 Dazu *Schwede* RdL 1974, 169.

9 Text bei *Wöhrmann/Graß,* Das Landwirtschaftserbrecht, 11. Aufl. 2018, 582 ff.

10 Die AGBGB der früheren Länder wurden mit der Einführung des ZGB der DDR aufgehoben und sind nach hM auch nicht im Zuge der Wiedervereinigung wieder in Kraft getreten; eingehend dazu Staudinger/*Albrecht,* 2018, Rn. 38 mit Hinweis auf die Möglichkeit der rechtsgeschäftlichen Bezugnahme auf ein AGBGB eines anderen Bundeslandes oder auf ein aufgehobenes AGBGB uU auch im Wege der ergänzenden Vertragsauslegung; hierzu auch *Kappler/Kappler,* Die vorweggenommene Erbfolge, 2017, Rn. 435 f.; s. ferner OLG Brandenburg ZMR 2014, 581 (582).

11 Staudinger/*Albrecht,* 2018, Rn. 39; *Lüdtke-Handjery/v. Jeinsen* HöfeO, 11. Aufl. 2015; *Fassbender/Hötzel/v. Jeinsen/Pikalo* HöfeO, 3. Aufl. 1994; *Gehse* RNotZ 2009, 160 ff.; *Becker/Bolte/Lückemeier,* Höfeordnung mit Höfeverfahrensordnung, 5. Aufl. 2023; *Wöhrmann/Graß,* Das Landwirtschaftserbrecht, 11. Aufl. 2018.

zuletzt geändert durch Gesetz vom 20.11.2015 (BGBl. 2015 I 2010). Nach § 14 Abs. 2 HöfeO kann der überlebende Ehegatte des Erblassers unter näher bezeichneten Umständen von dem Hoferben auf Lebenszeit „den in solchen Verhältnissen üblichen Altenteil“ verlangen. Ähnliches bestimmt § 23 Abs. 2 und 3 HO-RhPf idF der Bekanntmachung vom 18.4.1967 (GVBl. 1967, 138), zuletzt geändert durch Gesetz vom 2.3.2017 (GVBl. 2017, 21). Eine ähnliche Regelung ist auch in § 14 der 2019 in **Brandenburg** neu in Kraft getretenen Höfeordnung (BbgHöfeOG) enthalten (GVBl. I/19, Nr. 28).[12]

II. Anwendungsbereich

1. Begriff des Altenteils. a) Gesetzliche Regelung. Das Gesetz verwendet **an verschiedenen Stellen** (§ 850b Abs. 1 Nr. 3 ZPO, § 9 EGZVG; ferner § 49 GBO, § 23 Nr. 2 lit. g GVG) den Begriff des Altenteils. Eine nähere Bestimmung seines Tatbestandes oder auch nur seiner wesentlichen Merkmale fehlt jedoch.[13] Dies liegt auch darin begründet, dass die partikularrechtlich geprägten Regelungen zum Altenteil bereits vor Entstehung des BGB in der Praxis Verwendung fanden und daher die Bekanntheit des Begriffs vorausgesetzt wurde, wobei auch zu dieser Zeit die Begriffsverwendung keinesfalls einheitlich war.[14] In der Praxis entstehen aus dieser fehlenden Begriffsbestimmung nicht selten Unklarheiten, die letztlich nur durch eine entsprechend eindeutige Vertragsgestaltung vermieden werden können. Streitigkeiten darüber, ob Rechte als Altenteil anzuerkennen sind, ergeben sich vor allem im Verhältnis zu Gläubigern des Berechtigten (→ Rn. 37) oder des Grundstückseigentümers (→ Rn. 38) aus der Inanspruchnahme der dem Altenteilsrecht zugebilligten vollstreckungsrechtlichen Privilegien sowie daraus, dass die Landesgesetze dem Altenteiler einen Rücktritt vom Übergabevertrag wegen Leistungsstörungen verwehren (→ Rn. 30 ff.). 3

b) Zweck. Das Institut des Altenteils oder Leibgedinges[15] hat seinen **Ursprung**[16] in bäuerlichen Verhältnissen und bildet dort noch heute eine sinnvolle Ergänzung des die Wirtschaftseinheit des Hofes erhaltenden Anerbenrechts.[17] Es diente der Versorgung des Altbauern im Falle der **Hofübergabe unter Lebenden** und ferner der Absicherung des überlebenden Ehegatten und unversorgter Angehöriger im Falle der Erbnachfolge, insbesondere wenn der landwirtschaftliche Besitz aufgrund landesrechtlicher Anerbenrechte nur an einen Nachfolger übergehen konnte. Auch familienfremde Personen konnten einbezogen werden. Es entwickelte sich ferner eine Ausdehnung auf gewerblich genutzten und städtischen Grundbesitz.[18] 4

Für eine förmliche **Begriffsbestimmung** bleibt bei einem so weiten Anwendungsbereich nur eine funktionale Umschreibung. „Leibgedinge (Leibzucht, Altenteil oder Auszug) ist ein Inbegriff von Rechten verschiedener Art, die durch ihre Zweckbestimmung, dem Berechtigten ganz oder teilweise, für eine bestimmte Zeit oder dauernd Versorgung zu gewähren, zu einer Einheit verbunden sind.“[19] Es müssen dabei bestimmte Voraussetzungen erfüllt sein, über die sich die Beteiligten nicht hinwegsetzen können, ohne die besonderen Wirkungen des Altenteilsrechts zu verfehlen. Danach liegt der rechtlich wesentliche „Grundzug“ des Altenteils in einem „Nachrücken der folgenden Generation in eine die Existenz – wenigstens teilweise – begründende Wirtschaftseinheit“,[20] wobei 5

---

12 Ein Überblick zu der neuen Regelung findet sich bei *Seutemann* RdL 2019, 280 ff.

13 Staudinger/*Albrecht,* 2018, Rn. 2; s. ferner BGH NJW-RR 2007, 1390: der Begriff des Altenteils in § 850b Abs. 1 Nr. 3 ZPO entspricht demjenigen des Art. 96.

14 Staudinger/*Albrecht,* 2018, Rn. 2.

15 Mit den verschiedenen überkommenen Bezeichnungen verbinden sich heute keine begrifflich unterscheidbaren Inhalte mehr; zum sprachlichen Verständnis → BGB § 759 Rn. 1; vgl. hierzu auch BeckOGK/*Wirich* Rn. 3 f.

16 Zusammenfassend RGZ 162, 52 (54 ff.); *Dernburg* SachenR, 4. Aufl. 1908, § 205; vgl. zur geschichtlichen Entwicklung auch bei *Wirich,* Das Leibgeding, 2006, 19 ff.

17 Hierzu auch *Raude* RNotZ 2016, 69 ff.

18 Mot. zum EGBGB 187; Prot. VI 419; RGZ 152, 104 (107); BGHZ 3, 206 (211) = NJW 1952, 20; BGH NJW 1962, 2249 (2250); FamRZ 1964, 506; BGHZ 53, 41 (43) = NJW 1970, 282; BGH WM 1980, 826; NJW 1981, 2568 f.; NJW-RR 2007, 1390 (1391); OLG Koblenz ZEV 2007, 589 (590); BayObLGZ 1964, 344 (346) = RdL 1965, 51; BayObLGZ 1975, 132 (135); Staudinger/*Albrecht,* 2018, Rn. 11; aber → Rn. 18.

19 BGH NJW 1962, 2249 (2250); BayObLGZ 1993, 192 (194 f.) = DNotZ 1993, 603 (604); Soergel/*Hartmann* Rn. 1; Staudinger/*Albrecht,* 2018, Rn. 6.

20 BGH NJW-RR 2007, 1390 (1391); BGHZ 53, 41 (43) = NJW 1970, 282; BGH WM 1989, 70 = NJW-RR 1989, 451; WM 2000, 586 = MittBayNot 2000, 223; NJW 2003, 1325 (1326); OLG Hamm NJW-RR 1996, 1360 (1361); RNotZ 2007, 544 (545); LG Münster NJW-RR 2008, 15; Staudinger/*Albrecht,* 2018, Rn. 4; Grüneberg/*Herrler* Rn. 2; *J. Mayer* DNotZ 1996, 604 (622 ff.); vgl. ferner OLG Koblenz ZEV 2007, 589 (590); *Brückner* NJW 2008, 1111 (1112); *Wirich* ZEV 2008, 372 (373); detaillierte Darstellung der instanzgerichtlichen Praxis bei *Lange-Parpart* RNotZ 2008, 377 (395 f.).

unter Abwägung des Versorgungsinteresses des abziehenden Altenteilers und des Nutzungsinteresses des Übernehmers eine **personale Bindung** geknüpft wird.[21] Diese besondere Beziehung unterscheidet die Übertragung des Grundstücks von der gewöhnlichen entgeltlichen Veräußerung gegen Einräumung einer Leibrente. Dazu und zu den auch bei der Leibrente vorkommenden gemischten Verträgen mit Versorgungszweck → BGB § 759 Rn. 31 ff. Über die Einzelheiten herrscht in Literatur und Rspr. nur teilweise Einigkeit (→ Rn. 18 ff.).[22]

6 Das wesentliche Merkmal der besonderen persönlichen Beziehung der Vertragsparteien des Altenteilsverhältnisses ergibt sich aus dem **Begriff des Überlassungs- oder Übergabevertrages,**[23] durch den ein Beteiligter dem anderen nach Art einer vorweggenommenen Erbfolge seine wirtschaftliche Lebensgrundlage überträgt, um dafür in die **persönliche Gebundenheit** eines abhängigen Versorgungsverhältnisses einzutreten, während der Übernehmer dadurch eine wirtschaftlich selbstständige Lebensstellung erlangt[24] (→ Rn. 18, → Rn. 30) und in die Lage versetzt wird, die vereinbarte Versorgung aus dem übernommenen Vermögen zu erwirtschaften. Eine solche Vermögensüberlassung kann als **gemischttypisches Rechtsverhältnis** Anteile entgeltlichen Vermögensaustausches und unentgeltlicher Vermögenszuwendung enthalten. Für das Altenteilsrecht wesentlich ist, dass es *auch* die aus der Überlassung der wirtschaftlichen Existenzgrundlage gegen Übernahme der persönlichen Versorgung folgende **wechselseitige Gebundenheit** begründet.[25] Andernfalls liegt ein Altenteil im Rechtssinne nicht vor. Der Versorgungsanspruch des Altenteilers ist nicht einem familienrechtlichen gleichzustellen. Er entfällt nicht gemäß § 1602 BGB mit dem Unterhaltsbedarf.[26] – Zum Einfluss veränderter Umstände → Rn. 33 ff. Die für Altenteilsverhältnisse bestimmten oder entwickelten Anpassungsregeln werden bisweilen auf **ähnliche Versorgungsverträge** übertragen;[27] in der neueren Rspr. ist diesbezüglich allerdings eine restriktive Tendenz festzustellen.[28]

7 **c) Kriterien.** Ob ein Altenteilsrecht anzunehmen ist, hängt nicht allein von der Begriffsverwendung im Vertrag ab, sondern von einer **rechtlichen Bewertung** der Umstände (→ Rn. 25).[29] Wesentlich ist vor allem, dass nach dem beiderseitigen Vertragszweck der Vermögensübergabe das Interesse des Übernehmers an einer gesicherten Lebensgrundlage und das Versorgungsinteresse des Übergebers gerade in seinen unabsehbaren Risiken die **wechselseitige dauerhafte** (→ Rn. 30 ff.) **Verbundenheit** der Beteiligten begründen sollen.[30] Insofern entzieht sich der beiderseitige Leistungsaustausch im Verhältnis der Parteien zueinander[31] dem für Verkehrsgeschäfte entwickelten

---

21 Vgl. ferner insbes. BGH NJW 1962, 2249 (2250); LM PrAGBGB Art. 15 Nr. 6; NJW 1981, 2568 f.; OLG Hamm OLGZ 1970, 49; OLG Schleswig Rpfleger 1980, 348.

22 BeckOGK/*Wirich* Rn. 6 ff.

23 Vgl. dazu insbes. *Wulff* RdL 1952, 113; *Schulte* RdL 1967, 175; *Olzen,* Die vorweggenommene Erbfolge, 1984, 22 ff.; *J. Mayer* DNotZ 1996, 604 ff., insbes. zur schenkweise vorweggenommenen Erbfolge; ferner RGZ 118, 17 (20); BGH RdL 1952, 132 (133) = BeckRS 1952, 31204624 = LM HöfeO § 17 Nr. 4; RdL 1953, 10 = BeckRS 1952, 31199366; RdL 1955, 29 = BeckRS 1954, 31375433; RdL 1957, 40; RdL 1965, 179 = NJW 1965, 1526 = LM BGB § 2325 Nr. 5; OLG Hamm RdL 1960, 292; 1965, 73 f.; OLG Celle RdL 1960, 292 f.; 1960, 293 (294 f.); OLG Schleswig RdL 1964, 217; ein engerer Begriff liegt wegen der unmittelbaren erbrechtlichen Folgen dem § 17 HöfeO zugrunde.

24 Vgl. insbes. BGH WM 1980, 826 = BeckRS 1980, 31074516; NJW 2007, 1884 (1885); NJW-RR 2007, 1390 (1391); OLG Celle ZEV 2008, 396 (397); *J. Mayer* DNotZ 2008, 672 (676); *Auktor* MittBayNot 2008, 14 (16); BeckOGK/*Wirich* Rn. 175 ff., der die Förderung der wirtschaftlichen Selbständigkeit des Übernehmers genügen lässt.

25 Staudinger/*Albrecht,* 2018, Rn. 8; BeckOGK/*Wirich* Rn. 18 ff.

26 OLG Celle AgrarR 1983, 306 f.; RdL 1965, 271.

27 BGH WM 1981, 657 = MittBayNot 1982, 63; OLG Düsseldorf NJW-RR 1994, 201 f.; Rpfleger 2001, 542; OLG Schleswig SchlHA 1998, 48; OLG Celle NJW-RR 1999, 10 (11); für ergänzende Vertragsauslegung BGH NJW 2007, 1884 (1886); OLG Düsseldorf RNotZ 2005, 485.

28 OLG Hamm NJW-RR 1996, 1360 f.; RNotZ 2007, 544 (545); OLG Koblenz ZEV 2007, 589 (590); OLG Schleswig NJW-RR 2008, 1705 (1706); OLG Celle ZEV 2008, 396 (397).

29 RGZ 152, 104 (109 f.); 162, 52 (62); OLG Hamm RdL 1960, 292 (293); OLG Düsseldorf JMBl. NRW 1961, 237; OLG Hamm OLGZ 1969, 380 (381) = DNotZ 1970, 37; BayObLG DNotZ 1993, 603 (604); OLG Köln MittRhNotK 1993, 162 (163).

30 Dazu ausf. *J. Mayer* DNotZ 1996, 604 (620 ff.); *Wirich* ZErb 2009, 229 ff.

31 Eine andere Frage ist, wie die Vermögensübergabe gegen Altenteil im Verhältnis zu Interessen Dritter rechtlich zuzuordnen ist, vgl. etwa BGH NJW-RR 1990, 1283; OLG Schleswig FamRZ 1991, 943; OLG Bamberg NJW-RR 1995, 258 zur Abgrenzung gegen Zugewinn nach § 1374 Abs. 2 BGB; dazu und zum Folgenden *V. Fischer* AgrarR 1997, 354; BGH NJW-RR 1993, 901 = LM BGB § 1587 Nr. 68 mAnm *Langenfeld* zum Versorgungsausgleich; NJW 1995, 1349 zur Abgrenzung gegen unentgeltliche Zuwendung nach § 516 BGB; OLG München NJW-RR 1987, 1484; OLG Oldenburg FamRZ 1994, 1423 betr.

begrifflichen Gegensatz **entgeltlich-unentgeltlich**[32] und erfordert keine wirtschaftliche Ausgewogenheit von Leistung und Gegenleistung (→ Rn. 29).[33] Auch führt es nicht zur nachträglichen Bewertung des Vertrages als unentgeltliches Rechtsgeschäft, wenn die Versorgungslast durch den frühen Tod des Altenteilers für den Übernehmer tatsächlich geringfügig geblieben ist. Die Erben des Erwerbers können daher keine Anpassung des Vertrages im Wege der ergänzenden Vertragsauslegung noch nach den Grundsätzen des Wegfalls der Geschäftsgrundlage verlangen und damit eine Ausgleichszahlung des Erwerbs für die weggefallenen Altenteilsrechte verlangen.[34] Jedoch kommt eine Rückabwicklung nach § 528 BGB bei Vorliegen einer **gemischten Schenkung** in Betracht, wenn die Vermögensübergabe erkennbar von der Absicht geprägt ist, letztlich die Mittellosigkeit des Übergebers herbeizuführen, um die Kosten einer späteren Heimunterbringung der Allgemeinheit aufzubürden (→ Rn. 29, → Rn. 33; → BGB § 528 Rn. 2).[35] Eine Vertragsanpassung bei unerwartet langer Laufzeit aufgrund besonderer „Langlebigkeit" des Veräußerers kommt üblicherweise nicht in Betracht.[36] Für die Vertragsgestaltung bedeutet dies, dass, sollen bestimmte Verpflichtungen im Falle des frühen Todes des Altenteilers zugunsten des Erben eingreifen oder eine besonders lange Laufzeit zu Erleichterungen beim Erwerber führen, dies im Vertrag ausdrücklich geregelt werden muss und den Beteiligten daher die Besonderheit dieses letztlich einer „Wette" ähnelnden Geschäfts vor Augen geführt werden sollte.[37]

Je weniger die Verhältnisse des Berechtigten von der **Preisgabe der persönlichen Selbstständigkeit** geprägt sind, desto eher wird die Annahme eines Altenteilsvertrages ausscheiden.[38] Auch ein Übergewicht der Vermögenszuwendung gegenüber dem zu erwartenden Aufwand der Versorgung macht eine Unterhaltsvereinbarung nicht zum Altenteil, wenn es an der erforderlichen Verknüpfung der beiderseitigen Lebensverhältnisse (→ Rn. 18 ff.) fehlt. Elemente eines nicht am Bedarf, sondern am **Gegenwert** bemessenen Vermögensaustausches[39] sprechen gegen ein Altenteil; so schon der nur zum entgeltlichen Verkehrsgeschäft passende Ausschluss kaufrechtlicher Gewährleistung.[40] Hierbei ist allerdings zu differenzieren, da ein Gewährleistungsausschluss üblicherweise auch in unentgeltlichen Übergabeverträgen zu finden ist, die Aufnahme eines solchen also nicht unbedingt für die Annahme eines Verkehrsgeschäftes sprechen muss. Auch Wertsicherungsklauseln nehmen einem Rentenanspruch nicht den Charakter des Gegenwerts, da sie in der Regel den Ausgleichszweck nicht aufheben. Kein Kaufpreis ist aber eine dem Übernehmer auferlegte Zahlung an weichende Erben.[41] Ein geringerwertiges oder schon belastetes Anwesen ist wiederum nicht allein deshalb von der Verknüpfung mit Altenteilsrechten ausgeschlossen.[42] 8

Familiäre Bindungen sprechen eher für ein Altenteil; dabei ist unerheblich, inwieweit die zugesagten Leistungen sich mit ohnehin bestehenden gesetzlichen Unterhaltspflichten decken. Die Ver- 9

---

erbvertragswidrige Schenkung nach § 2287 BGB; BGH RdL 1953, 66 mAnm *Wulff* = NJW 1953, 219; NJW 1985, 382 zum Übergabevertrag des Vorerben; RdL 1955, 29 = NJW 1955, 218 zum Übergabevertrag und Bindung an Ehegattentestament; BGH FamRZ 1967, 214 = NJW 1967, 980 = LM BGB § 2330 Nr. 2; OLG Oldenburg NJW-RR 1992, 778; OLG Hamburg FamRZ 1992, 228; OLG Oldenburg MDR 1998, 111; LG Münster MittBayNot 1997, 113; Staudinger/*Albrecht,* 2018, Rn. 55 betr. Übergabevertrag und Pflichtteilsergänzung nach § 2325 BGB; zur Frage der Anwendbarkeit von § 816 Abs. 1 BGB im Verhältnis zu benachteiligten Dritten vgl. BGH WM 1964, 614.

32 Vgl. BGH RdL 1957, 40 (41); BayObLGZ 1975, 132 (135 f.); OLG Schleswig SchlHA 1964, 167; ferner BGH NJW 1962, 2249 (2250); *Wulff* RdL 1952, 113; s. aber auch OLG Celle BeckRS 2013, 01304: Anwendung des § 530 BGB, wenn die vom Übernehmer übernommenen Gegenleistungen weniger als 50 % der ihm übertragenen Werte ausmachen.

33 BayObLG DNotZ 1994, 869 zu § 138 Abs. 2 BGB; Staudinger/*Albrecht,* 2018, Rn. 9; s. ferner BGH NJW 2009, 1346.

34 OLG Frankfurt NZM 2020, 116.

35 Vgl. ferner OLG Düsseldorf DNotZ 1996, 652; zur Überleitbarkeit einzelner Rechte bzw. von Geldersatzansprüchen auf den Sozialhilfeträger vgl. DNotI-Abrufgutachten 125336; → Rn. 25 aE.

36 Vgl. hierzu DNotI-Report 2018, 114.

37 Vgl hierzu Anm. *Winkelmann* MittBayNot 2020, 358, 362.

38 BGHZ 53, 41 (42 f.) = NJW 1970, 282; KG MDR 1960, 234; BGH WM 1982, 208 f. = BeckRS 1982, 06046; vgl. auch BGH NJW-RR 2007, 1390 (1391); Staudinger/*Albrecht,* 2018, Rn. 8.

39 Vgl. insbes. BGH NJW-RR 2007, 1390 (1391); NJW 1981, 2568; WM 1989, 70; OLG Hamm OLGZ 1970, 49 = DNotZ 1970, 659 = Rpfleger 1969, 396; ferner RGZ 101, 275: Versorgung für Dritten in Anrechnung auf den Kaufpreis.

40 OLG Freiburg RdL 1953, 11 (12).

41 BGHZ 3, 206 (211) = NJW 1952, 20.

42 OLG Düsseldorf JMBl. NRW 1961, 237; Staudinger/*Albrecht,* 2018, Rn. 10; vgl. auch OLG Celle RdL 1968, 238 (239); Mot. zum EGBGB 187; zweifelnd OLG Schleswig RdL 1964, 217; zurückhaltend OLG Hamm NJW-RR 1996, 1360 (1361); besonderes gilt für den gesetzlichen Altenteil nach § 14 Abs. 2 HöfeO, vgl. OLG Hamm RdL 1965, 73; 1969, 105.

einbarung eines Altenteilsvertrages kommt aber auch zwischen **Familienfremden**[43] in Betracht. In diesen Fällen ist die rechtsgeschäftliche Motivation der Parteien jedoch genauer zu prüfen und an den sonstigen Umständen zu messen.[44] Überlassungsverträge mit einer **juristischen Person**[45] oder einem **gewerblich tätigen Immobilienhändler** können nur unter besonderen Umständen Altenteilsrechte begründen.

10 **2. Andere Formen der Übergabe.** Gewandelte Familienbeziehungen und die Fortentwicklung der Vertragspraxis führen zunehmend zu anderen, insbesondere durch **„Wirtschaftsüberlassungsverträge"**[46] zeitlich abgestuften Übergabeformen (vielfach **„gleitende Hofübergabe"**[47] genannt). Dadurch wird die überkommene Gewährung von Unterhalt und Versorgung in der Form von Altenteilsrechten modifiziert oder abgelöst. In Betracht kommen insbesondere die volle Eigentumsübertragung unter Vorbehalt des Totalnießbrauchs (→ Rn. 19) und dessen Verpachtung an den Übernehmer (sog. **„Rheinische Hofübergabe"**)[48] oder die Einbringung des Anwesens oder auch nur dessen wirtschaftlicher Nutzung in gesellschaftsrechtliche Beteiligungsformen,[49] die beiden Seiten bis zum Ableben der älteren Generation die gewünschte Sicherheit bieten. Das elementare Bedürfnis nach persönlicher Versorgung[50] und steuerliche Vorteile (→ Rn. 11) führen jedoch dazu, dass das Altenteil weiterhin eine interessante Gestaltungsalternative bleibt.

11 **3. Steuerrecht.** Steuerlich eröffnet das Altenteilsrecht nach Maßgabe des § 10 Abs. 1 Nr. 2 lit. b EStG die Möglichkeit, die im Übergabevertrag vereinbarte Versorgungslast dem Altenteiler als steuerbares Einkommen zuzuweisen und damit zugleich bei dem wirtschaftlichen Übernehmer zum vollen Abzug zuzulassen,[51] woraus sich wegen der typischerweise unterschiedlich wirksamen Steuerprogression im gesamtfamiliären Zusammenhang Vorteile ergeben können. Damit wird dem hergebrachten Rechtsgedanken, nach dem die Vermögensübertragung unter Lebenden unter Vorbehalt[52] lebenslänglicher Versorgung als eigenständiges Rechtsinstitut zu verstehen ist (→ Rn. 6),[53] auch steuerrechtlich Raum gegeben.[54] Zu Einzelheiten → BGB § 759 Rn. 17–19.

III. Einzelheiten

12 **1. Entstehung, Rechtsgrund.** Das Altenteil ist, obwohl notwendig (→ Rn. 16) grundstücksbezogen, nach heutigem Recht nicht primär dingliches Recht,[55] sondern zunächst **schuldrechtli-**

---

[43] RG JW 1924, 813; LG Lübeck SchlHA 1956, 116; LG Kiel SchlHA 1957, 307; OLG Düsseldorf JMBl. NRW 1961, 237; Soergel/*Hartmann* Rn. 3; Staudinger/*Albrecht*, 2018, Rn. 8; vgl. auch BGH LM PrAGBGB Art. 15 Nr. 6; BayObLG DNotZ 1993, 603 (605); OLG Köln DNotZ 1990, 513; BFH ZEV 1998, 153; eingehend dazu sowie zur Verpflichtungsfähigkeit der juristischen Person *Wirich*, Das Leibgeding, 2006, Rn. 185 ff.

[44] Vgl. insbes. OLG Schleswig Rpfleger 1980, 348; BGH NJW 1981, 2568; OLG Hamm OLGZ 1970, 49; ferner BGH RdL 1957, 40 (41).

[45] KG MDR 2014, 1310; s. ferner OLG Oldenburg RdL 1967, 72 = MDR 1967, 764; dazu *Schulte* RdL 1967, 175.

[46] Dazu auch BFH BStBl. II 1993, 546.

[47] *Pikalo* DNotZ 1968, 69; *Pikalo* in Goetz/Kroeschell/Winkler, Handwörterbuch des Agrarrechts, Bd. I, 1981, Sp. 786 ff., Art. „Gleitende Hofübergabe".

[48] Dazu OLG Hamm AgrarR 1982, 164; *Wöhrmann/Graß*, Das Landwirtschaftserbrecht, 11. Aufl. 2019, § 17 Rn. 53 ff.; *Gehse* RNotZ 2009, 160 (162); *Niewerth* AgrarR 1979, 215; *Steffen* RdL 1980, 34; *Faßbender* DNotZ 1986, 67 (73 ff.); hier können sich uU Schwierigkeiten im Hinblick auf eine etwaig erforderliche landwirtschaftsgerichtliche Genehmigung ergeben, vgl. hierzu auch *Raude* RNotZ 2016, 69 (80 f.).

[49] Dazu *Hiller* ua BWNotZ 1985, 108; *G. Neumann*, Gesellschaftsverträge zwischen dem Bauern und seinem Sohn, 1965; *Langenfeld* ZEV 1995, 157; dies kommt bei Vorliegen eines Hofes iSd HöfeO freilich erst nach Aufhebung der Hofeigenschaft in Betracht.

[50] Dazu *J. Mayer* DNotZ 1996, 604 (629).

[51] Näher dazu BFHE 228, 77 = DStR 2010, 593; ferner BFH BStBl. II 1996, 157; FG Nds. EFG 2013, 1486; zur Bewertung unbarer Leistungen NdsFG DStRE 2011, 75 f.; hierzu auch Scherer, Unternehmensnachfolge/Stenger, 6. Aufl. 2020, § 22 Rn. 158.

[52] Zur Neuregelung durch das JahressteuerG 2008 vom 20.12.2007 (BGBl. 2007 I 3150) Begr. RegE, BR-Drs. 544/07, 66; FG Nds. EFG 2013, 1486; *Wälzholz* DStR 2008, 273 (275); *Spiegelberger* DB 2008, 1063 (1065); ferner Schmidt/*Krüger*, 38. Aufl. 2019, EStG § 10 Rn. 130, 147; BFHE 161, 317 (328 f.) = BStBl. II 1990, 847 (852) zum alten Recht; BFH BStBl. II 1995, 836 (838); BB 1996, 2504 (2506).

[53] Zum Erfordernis lebenslanger Laufzeit Schmidt/*Krüger*, 38. Aufl. 2019, EStG § 10 Rn. 140; vgl. ferner insbes. BFH BStBl. II 1992, 499 (501) = MittBayNot 1992, 298 f.; NJW 1997, 215; 1998, 775; *Weimer* MittRhNotK 1997, 164 (170); *Warnke* BB 1999, 85.

[54] Vgl. insbes. BFH BStBl. II 1994, 107 = MittBayNot 1994, 262; ZEV 1998, 38 = DStR 1997, 1922; BVerfG NJW 1993, 2093 f. = DStR 1993, 315; daneben Staudinger/*Albrecht*, 2018, Rn. 62; eingehend Schmidt/*Weber-Grellet*, 38. Aufl. 2019, EStG § 22 Rn. 77 ff.

cher Vertrag, der auch ohne Belastung des Grundstücks entstehen und bestehen kann.[56] Der Altenteiler hat mithin einen unmittelbar klagbaren Anspruch auf Leistung und nicht nur einen Anspruch auf die Bestellung dinglicher Rechte, auf Grund derer ihm fortlaufende Leistungen zu erbringen sind.[57] Ob daneben auch ein Anspruch auf **dingliche Sicherung** (→ Rn. 22 ff.) besteht, bestimmt sich nach dem Inhalt des Rechtsverhältnisses. Die landesrechtlichen Regelungen sehen einen solchen Anspruch als vertragstypisch vor (zB Art. 15 § 1 PrAGBGB; Art. 16 BayAGBGB; im Übrigen → Rn. 2).[58] Für die gesetzlichen Altenteilsrechte nach § 14 Abs. 2 HöfeO wird ein Anspruch auf Sicherung vielfach nur nach Treu und Glauben im Fall der Gefährdung bejaht.[59] Andererseits bleibt denkbar, dass dem Berechtigten nur die Einräumung dinglicher Rechte und die daraus folgenden Vorteile zugedacht werden sollten.[60] Dann bestehen freilich Zweifel an der für das Altenteilsrecht erforderlichen persönlichen Gebundenheit. Durch eine **Veräußerung** des übernommenen Grundstücks wird der Schuldner nicht von seiner persönlichen Verbindlichkeit frei.[61] Der Erwerber haftet aber seinerseits nur im Rahmen einer im Grundbuch eingetragenen dinglichen Sicherung (→ Rn. 22 ff.), sofern er nicht durch vertragliche Schuldübernahme auch schuldrechtlich in die Verpflichtung eingetreten ist.[62]

a) Schuldrechtlicher Vertrag. Als Rechtsgrund des Altenteils kommt vor allem ein schuldrechtlicher Vertrag zwischen dem Altenteilsberechtigten und dem Verpflichteten, aber auch ein **Vertrag zu Gunsten Dritter** (§ 328 BGB)[63] in Betracht. Typisch ist die Verknüpfung mit einem auf Eigentumsverschaffung gerichteten Übergabevertrag (→ Rn. 6). In Betracht kommt auch eine Vereinbarung im Rahmen einer Erbauseinandersetzung[64] oder die Verknüpfung mit der Übertragung langfristiger Besitz- und Nutzungsrechte an einem Grundstück, sofern sie die Aufrechterhaltung der für den Altenteil kennzeichnenden persönlichen Verbundenheit (→ Rn. 6 ff., → Rn. 18 f.) ermöglicht.[65] **13**

Einer **Form** unterliegt die Altenteilsvereinbarung für sich allein nicht. Soweit sie Zahlungsansprüche mit Unterhaltszweck enthält, unterliegt sie auch nicht der Schriftform des nach hM eng auszulegenden § 761 BGB (→ BGB § 761 Rn. 1; → BGB § 759 Rn. 8 f.).[66] Im praktischen Hauptfall der mit der Grundstücksübereignung verbundenen Altenteilsvereinbarung unterliegt diese dem Formzwang des **§ 311b Abs. 1 S. 1 BGB.**[67] Beurkundet werden muss ein Mindestbestand an Verpflichtungen, der ihren Gegenstand als Altenteil qualifiziert. Die Anforderungen an die Bestimmtheit sind nach der Natur des Rechtsgeschäfts gering.[68] Bleiben darüber hinaus Abreden unbeurkundet, die mit ergänzenden gesetzlichen Regelungen übereinstimmen, so ist dies unschädlich. Im Übrigen gilt die heilende Wirkung des § 311b Abs. 1 S. 2 BGB (näher → BGB § 311b Rn. 75 ff.).[69] Zur Vermeidung von Streitigkeiten im Rahmen des auf lange Dauer angelegten Vertragsverhältnisses empfiehlt es sich gleichwohl eine möglichst umfassende ausdrückliche Regelung zu treffen, was ohnehin Ziel einer jedweden notariellen Beurkundung sein dürfte (vgl. hierzu nur § 17 BeurkG). **14**

---

55 So noch RG JW 1909, 140 Nr. 19; *Josef* Gruchot 54 (1910), 89 f.; wohl auch noch RGZ 104, 272; 162, 52 (55 f.); vermittelnd schon RGZ 27, 230 zum Anspruch auf Sicherung; dazu *Kahlke* Rpfleger 1990, 233 f.

56 BGHZ 53, 41 (42) = NJW 1970, 282; BayObLGZ 1975, 132 (134 f.); Grüneberg/*Herrler* Rn. 6; Staudinger/*Albrecht,* 2018, Rn. 23; vgl. auch OLG Celle NJW 1968, 896 = Rpfleger 1968, 92 zu § 14 Abs. 2 HöfeO.

57 Eingehend *W. Meyer,* Der Übergabevertrag, 1935, 181 ff.; so auch *Scheyhing* SchlHA 1965, 122 (123).

58 Staudinger/*Albrecht,* 2018, Rn. 23; der Anspruch steht im Zweifel auch mitberechtigten Dritten iSd § 328 BGB zu: OLG Hamm Rpfleger 1959, 381 zu Art. 15 PrAGBGB; zur Abdingbarkeit → Rn. 1.

59 OLG Celle RdL 1956, 118; 1957, 185 f.; OLG Hamm RdL 1965, 72; 1965, 208; OLG Oldenburg AgrarR 1973, 370 = NdsRpfl. 1973, 234; weitergehend *Wöhrmann/Graß,* Das Landwirtschaftserbrecht, 11. Aufl. 2019, § 14 Rn. 46.

60 Vgl. OLG Nürnberg RdL 1967, 183; Soergel/*Hartmann* Rn. 3.

61 Vgl. RGZ 147, 94 (99 f.); OLG Celle RdL 1950, 305; NdsRpfl. 1965, 221; OLG Hamm RdL 1965, 322; RdL 1962, 157; OLG Schleswig RdL 1961, 318; OLG Celle RdL 1989, 186 (188) = AgrarR 1990, 24 (25).

62 BGH NJW-RR 1989, 1098 = WM 1989, 956; OLG Celle RdL 156, 13.

63 BGH NJW 1962, 2249 (2250); OLG Hamm Rpfleger 1959, 381; Soergel/*Hartmann* Rn. 3; Staudinger/*Albrecht,* 2018, Rn. 9.

64 OLG Düsseldorf MittRhNotK 1972, 708; LG Bonn MittRhNotK 1976, 573; vgl. auch OLG Frankfurt Rpfleger 1968, 358 = DNotZ 1969, 98; BGHZ 125, 69 = NJW 1994, 1158; BFH BStBl. II 1981, 263 = AgrarR 1982, 46.

65 Vgl. den Fall OLG Celle RdL 1954, 47 zum Pachtanwesen.

66 RGZ 104, 272; Soergel/*Hartmann* Rn. 4; aA OLG Kiel OLGE 18, 36.

67 BGH DNotZ 1961, 581 f.; WM 1987, 1467 = NJW-RR 1988, 185; RG JW 1937, 3153; OLG Braunschweig OLGE 22, 385 f.; Staudinger/*Albrecht,* 2018, Rn. 14.

68 So auch BGHZ 3, 206 (207) = NJW 1952, 20; aA Staudinger/*Albrecht,* 2018, Rn. 16.

69 BGH NJW 1981, 2568.

15 **b) Letztwillige Zuwendung.** Rechtsgrund kann auch eine letztwillige Zuwendung[70] zu Lasten des Erben eines Anwesens sein. Auch hierauf sind die ergänzenden gesetzlichen Regelungen entsprechend anzuwenden, soweit vom Erblasser nichts anderes bestimmt ist.[71]

16 **c) Überlassung eines Grundstücks.** Die Begründung des Altenteilsrechts muss mit der Überlassung eines Grundstücks „in Verbindung" stehen.[72] Art. 96 stellt diesen Zusammenhang allein für schuldrechtliche Verträge her, weil auch nur diese Gegenstand der Regelung sind. Indessen ist die Verknüpfung rechtsbegrifflich notwendig. Die Übertragung einer grundstücksgebundenen wirtschaftlichen Lebensgrundlage ist der einzige Rechtsgrund, der eine Sonderbehandlung des Altenteilsrechts gegenüber anderen Versorgungsansprüchen rechtfertigt.[73] Die Begründung von Altenteilsrechten muss deshalb dem Bild des „vorbehaltenen" (→ Rn. 11),[74] dem Übernehmer nicht mitübertragenen Anteils einer Lebensgrundlage entsprechen. Ein Grundstückseigentümer kann nicht lediglich ein vollstreckungsrechtlich (→ Rn. 38) privilegiertes Versorgungsrecht an seinem Grundstück bestellen.[75]

17 Das **Grundstück** braucht nicht aus dem Vermögen des Begünstigten oder Mitbegünstigten zu stammen, insbesondere nicht, wenn es um die Versorgung von Angehörigen geht. Es genügt, wenn dem Verpflichteten nicht das Grundstück unmittelbar, sondern nur die Mittel zum Erwerb des Anwesens, das mit dem Altenteil belastet werden soll, gewährt werden.[76] Doch darf dies nicht nur darlehensweise geschehen, weil es sich dann um ein überwiegend entgeltliches Verkehrsgeschäft handelt (→ Rn. 8). Der **Zusammenhang** mit der Überlassung eines Grundstücks ist gewahrt, wenn der Berechtigte das Grundstück zunächst unter Vorbehalt eines Totalnießbrauchs (→ Rn. 19) übereignet und sich erst später unter Verzicht auf den Nießbrauch einen Altenteil einräumen lässt.[77] Er wird nicht unterbrochen durch Änderungsvereinbarungen, die sich im Rahmen des ursprünglichen Versorgungszwecks halten.

18 **2. Mindesterfordernisse, Abgrenzungen.** Ur- und Vorbild des Altenteilsrechts bleibt die bäuerliche Hofübergabe, bei der die abtretende ältere Generation nach Art einer vorweggenommenen Erbfolge ihrer Wirtschaftsgrundlage ganz weitergibt, um dafür eine den jeweiligen Bedarf deckende Versorgung zu erhalten. Das steht zwar einer Anwendung im Bereich nicht-landwirtschaftlicher und auch städtischer Grundstücke nicht entgegen, setzt jedoch ein besonders qualifiziertes Übergabeobjekt als Gegenstand des Altenteilsvertrages in Form einer die Existenz – wenigstens teilweise – sichernden Wirtschaftseinheit voraus (→ Rn. 5). Deshalb kann nach zutreffender, wenn auch bestrittener Auffassung die Übertragung von **selbstgenutztem Wohneigentum,** das Wirtschaftserträge nicht abwirft, nicht Grundlage von Altenteilsrechten sein.[78] Darüber hinaus muss die

[70] RGZ 162, 52 (55); RG WarnR 1935 Nr. 83 S. 172; KG JW 1934, 3004; OLG Oldenburg RdL 1968, 236; OLG Celle AgrarR 1971/72, 471; RdL 1987, 272; Grüneberg/*Herrler* Rn. 2; vgl. auch BFHE 173, 360 = BStBl. II 1994, 633.

[71] OLG Celle RdL 1985, 11; LG Hannover AgrarR 1987, 22; einschr. *Dressel* RdL 1970, 61; aA *Sprau/Ott,* Justizgesetze in Bayern, 1988, BayAGBGB Art. 7 Rn. 15; OLG München DNotZ 1954, 102 m. krit. Anm. *Ring.*

[72] BGH NJW 1962, 2249 (2250); LM PrAGBGB Art. 15 Nr. 6; BGHZ 53, 41 (43) = NJW 1970, 282; BayObLG Recht 1922 Nr. 1354; *W. Meyer,* Der Übergabevertrag, 1935, 163; *Crusen/Müller,* Das Preuß. Ausführungsgesetz zum BGB, 1901, 204; Grüneberg/*Herrler* Rn. 4; so auch BGHZ 125, 69 (71) = NJW 1994, 1158 zum Altenteil ieS des Art. 96 (zu dieser Entscheidung → Rn. 24 aE); aA RGZ 162, 52 (56 f.); ferner BayObLGZ 1975, 132 (135 f.); *Sprau/Ott,* Justizgesetze in Bayern, 1988, BayAGBGB Art. 7 Rn. 9; BeckOGK/*Wirich* Rn. 205 ff.

[73] So Mot. zum EGBGB 186 f.; vgl. auch OLG Oldenburg NJW-RR 1992, 778 zum Erbbaurecht; hierzu auch BeckOGK/*Wirich* Rn. 25.

[74] So RGZ 27, 230; 43, 346 (347) und die ältere Rechtssprache.

[75] So aber RGZ 162, 52 (59 f.) für einen Grenzfall, in dem zu einer nachträglichen Rechtssicherung verholfen werden sollte.

[76] RG WarnR 1935, Nr. 43 S. 91 = SeuffA 89 Nr. 90 S. 187 = HRR 1935 Nr. 1070: Erlös aus der Veräußerung eines anderen Grundstücks; zust. Soergel/*Hartmann* Rn. 3; wohl auch RErbhG JW 1938, 197 = HRR 1938 Nr. 238; zurückhaltend BGH LM PrAGBGB Art. 15 Nr. 3 = MDR 1960, 915; vgl. auch OLG Frankfurt Rpfleger 1980, 387.

[77] Vgl. dazu OLG Hamm OLGZ 1969, 380 (383 f.); Staudinger/*Albrecht,* 2018, Rn. 33; vgl. auch BFHE 169, 127 = BStBl. II 1993, 98; BFH BStBl. II 1993, 23.

[78] BGH NJW 2003, 1126 (1127); WM 2000, 586; OLG Hamm RNotZ 2007, 544 (545); NJW-RR 1996, 1360 f.; OLG Koblenz ZEV 2007, 589 (590); OLG Celle ZEV 2008, 396 (397); OLG Düsseldorf Rpfleger 2001, 542; OLG Köln FamRZ 1998, 431; Rpfleger 1992, 431 (432); vgl. auch BGH NJW 1981, 2568 (2569); NJW-RR 1995, 77 (78); aA BayObLG DNotZ 1993, 603 (605); LG Bamberg MittBayNot 1992, 144; OLG Zweibrücken MittBayNot 1996, 211 f.; DNotZ 1997, 327 (328); Staudinger/*Albrecht,* 2018, Rn. 11; *U. Mayer* Rpfleger 1993, 320 f.; *G. Wolf* MittBayNot 1994, 117; *Spiegelberger* FS 50 Jahre Deutsches Anwaltsinstitut, 2003, 413 (424); zur ebenfalls str. Frage, ob ein Altenteil bei Überlassung eines reinen Wohngrundstücks mit einem Zweifamilienhaus in Betracht kommt vgl. Staudinger/*Albrecht,* 2018, Rn. 11 mwN.

Existenzgrundlage vom Übergeber bereits geschaffen worden sein und der Übernehmer in diese eintreten; es reicht daher nicht aus, dass der Übernehmer in den übergebenen Räumen seine Berufstätigkeit aufnimmt oder fortsetzt.[79] Zu einem Altenteil gehören üblicherweise ein Wohnrecht, die Verpflegung bei Tisch oder durch Naturalien, Wartung und Pflege[80] sowie Kostenübernahme bei Krankheiten,[81] auch einmalige Zahlungen.[82] Hinzukommen können Nutzungsrechte an einem gesonderten Altenteilsanwesen samt Garten und Viehhaltung. Von dieser Vollversorgung[83] sind Abstriche möglich, soweit der **Grundzug des Altenteilsrechts,** die weitgehende Aufgabe der wirtschaftlichen Selbstständigkeit zu Gunsten einer persönlichen Versorgung und eine gewisse Verknüpfung der beiderseitigen Lebensverhältnisse, noch erhalten bleibt. An die inhaltliche Bestimmtheit der vereinbarten Versorgung sind mit Rücksicht auf die Veränderlichkeit der Bedürfnisse keine übertriebenen Anforderungen zu stellen, wenn auch im Interesse der Rechtssicherheit aller Beteiligten eine möglichst genaue Umschreibung des Geschuldeten grundsätzlich erstrebenswert ist.[84] Vgl. → Rn. 33.

Kein Altenteil liegt vor, wenn die Übergabe nur einen **Teil der Wirtschaftseinheit** umfasst und der Übergeber sich somit seine bisherige Lebensgrundlage noch überwiegend vorbehält;[85] ebenso nicht, wenn er sich die durch Totalnießbrauch gesicherte Nutzung des Anwesens vorbehält und somit die tatsächliche Herrschaft und Bewirtschaftung noch nicht abgibt.[86] Doch schließt ein Sicherungsnießbrauch, dessen Ausübung nach § 1059 BGB dem Übernehmer überlassen worden ist, die Anerkennung weiterer Rechte als Altenteil nicht aus.[87] Andererseits ergibt sich ein Altenteilsrecht auch dann nicht, wenn der Berechtigte die räumliche Beziehung zum Grundstück mit der Übergabe von vornherein ganz aufgibt.[88] Ein Altenteilsrecht kann auch dann zu verneinen sein, wenn eine im Verhältnis zu den anderen Leistungen wesentliche Pflegevereinbarung gerade im Notfall ersatzlos entfallen soll, also darauf zugeschnitten ist, den Bedürftigen einer Heimunterbringung auf Kosten der öffentlichen Fürsorge zu überlassen (aber → Rn. 29).[89] 19

Das Altenteilsrecht braucht dem Berechtigten nicht den ganzen **Lebensunterhalt** und die volle Versorgung, derer er jeweils bedarf, zu gewährleisten.[90] Es behält deshalb seine Berechtigung auch nach der Einbeziehung der Landwirtschaft in die sozialrechtliche Fürsorge durch das GAL[91] und nach Einführung der gesetzlichen Pflegeversicherung durch SGB XI.[92] Die Versorgung des Altenteilers braucht auch nicht „aus" dem Grundstück erwirtschaftet zu werden.[93] Ein Wohnrecht allein,[94] 20

---

79 BGH NJW 2003, 1325 (1326); Grüneberg/*Herrler* Rn. 2; idS auch OLG Hamm RNotZ 2007, 544 (545); *Wirich* ZEV 2008, 372 (373); vgl. daneben BFH BStBl. II 1998, 190 zu II 1b.

80 Zu „Hege und Pflege" vgl. OLG Celle RdL 1970, 96.

81 Vgl. dazu OLG Celle RdL 1960, 43; 1962, 160; 1963, 99; NdsRpfl. 1996, 240; Soergel/*Hartmann* Rn. 6.

82 BayObLGZ 1970, 100 = DNotZ 1970, 415 = Rpfleger 1970, 202; Staudinger/*Albrecht,* 2018, Rn. 20 betr. Übergabeschilling, Gutsabstandsgeld; KG HRR 1933 Nr. 1353; OLG Schleswig RdL 1963, 154; OLG Celle RdL 1968, 74; AG Brake AgrarR 1987, 76; Soergel/*Hartmann* Rn. 6 zu Begräbniskosten; vgl. auch BayObLGZ 1983, 113.

83 Weitere Einzelheiten bei *Böhringer* MittBayNot 1988, 103 (110).

84 So auch Staudinger/*Albrecht,* 2018, Rn. 16.

85 OLG Zweibrücken NJW-RR 1994, 209 = MittBayNot 1994, 136 f. = MDR 1994, 104.

86 BayObLGZ 1975, 132 (136); OLG Hamm OLGZ 1969, 380 (382); LG München I MittBayNot 1972, 294 mAnm *Promberger;* LG Oldenburg Rpfleger 1982, 298 m. krit. Anm. *Hornung;* BGH WM 1980, 826 = BeckRS 1980, 31074516; DNotZ 1982, 697 = WM 1982, 208 f.; wohl auch BGH LM PrAGBGB Art. 15 Nr. 6; vermittelnd Staudinger/*Heinze,* 2017, BGB Vor § 1030 Rn. 59; aA wohl BayObLG DNotZ 1993, 603 (604 f.); vgl. dazu auch BFHE 172, 324 = BStBl. II 1994, 19 = ZEV 1994, 59; Schmidt/*Weber-Grellet,* 38. Aufl. 2019, EStG § 22 Rn. 71.

87 BayObLGZ 1975, 132 (136).

88 RGZ 162, 52 (57); BayObLGZ 1975, 132 (136 f.); 1994, 12 (19 f.); Soergel/*Hartmann* Rn. 1; zum Fortzug aus begründetem Anlass vgl. aber → Rn. 32, 33.

89 Zur Frage einer möglichen Sittenwidrigkeit derartiger Vereinbarungen Staudinger/*Albrecht,* 2018, Rn. 49; *Harryers* RNotZ 2013, 1 (19).

90 RGZ 152, 104 (107); BGH NJW 1962, 2249 (2250); BayObLGZ 1964, 344 (347); LG Kiel SchlHA 1957, 307; strenger OLG Zweibrücken MittBayNot 1994, 136 (137).

91 BGBl. 1994 I 1891; dazu *Krauß* MittBayNot 1992, 77.

92 Zur Einbeziehung in die Vertragsgestaltung *Amann* DNotI-Report 1995, 62; *J. Mayer* DNotZ 1995, 571; *J. Mayer* ZEV 1995, 269; *J. Mayer* ZEV 1997, 176; *Weyland* MittRhNotK 1997, 55.

93 BGH WM 1964, 614 (616); BayObLGZ 1993, 192 (196); OLG Düsseldorf MittRhNotK 1972, 708 (709 f.); Staudinger/*Albrecht,* 2018, Rn. 9; iÜ → BGB § 1105 Rn. 12.

94 RGZ 152, 104 (109); BGH NJW 1962, 2249 (2250); RdL 1964, 299; OLG Hamm Rpfleger 1986, 270; LG Göttingen NJW-RR 1988, 327; LG Frankenthal Rpfleger 1989, 324; LG Köln NJW-RR 1997, 594 = FamRZ 1997, 937; aA LG Kassel WoM 1975, 77 f.

ebenso Ansprüche auf Pflege und Versorgung für sich allein[95] und auch bloße Zahlungsansprüche[96] sind für ausreichend angesehen worden, sofern im Übrigen die auf Versorgung ausgerichtete **persönliche Bindung** bestand. Der Annahme eines Altenteils steht es nicht entgegen, wenn der Berechtigte sich seinerseits zu Arbeitsleistungen[97] oder zu einem finanziellen Beitrag[98] verpflichtet. Besondere Bestandteile des Altenteils wie der Anspruch auf Übernahme der Begräbniskosten[99] und Grabpflege begünstigen rechtlich erst den oder die Erben.[100]

21 Das Altenteilsrecht muss nicht auf **Lebenszeit** des Berechtigten vereinbart werden, sondern kann (insbesondere bei zu versorgenden jüngeren Angehörigen) mit einem fest bestimmten oder bedingten Zeitpunkt (Verheiratung,[101] Abschluss einer Ausbildung, Fortzug[102]) enden.

22 **3. Dingliche Sicherung.** Das BGB kennt **kein einheitliches dingliches Altenteilsrecht**[103] am Grundstück. Sicherungsrechte können daher nur in den gesetzlich vorgesehenen Rechtsformen für die einzelnen, zu einem Altenteil zusammengefassten persönlichen Berechtigungen je nach deren Eigenart bestehen. Voraussetzung sind grundsätzlich Einigung und Eintragung im Grundbuch (§ 873 BGB).[104] Doch führen Eintragungserleichterungen (→ Rn. 24) zu einer nicht nur praktisch, sondern auch rechtlich einheitlichen Belastung, die dem Altenteilsrecht einen materiell-rechtlichen Gesamtinhalt als akzessorisches Sicherungsrecht verleiht.

23 **a) Arten.** Als dingliche Rechte kommen in Betracht: der **Nießbrauch** (§§ 1030 ff. BGB), etwa für eine alleinige Nutzung eines abgesonderten Altenteilsanwesens,[105] die **beschränkte persönliche Dienstbarkeit** (§§ 1090 ff. BGB) für das Recht an bestimmten Wohnräumen[106] und für sonstige Benutzungsrechte, die **Reallast** (§§ 1105 ff. BGB)[107] für die verschiedenen Naturalleistungsansprüche[108] einschließlich des Rechts auf angemessene Unterbringung[109] sowie Erhaltung und Unterhaltung der Wohnräume[110] und für Ansprüche auf fortlaufende Zahlungen. Die Reallast kann ausnahmsweise auch vereinzelte und einmalige Leistungen umfassen, die zum typischen Versorgungsbedürfnis des Berechtigten gehören.[111] Ansprüche auf Abstandsgelder können nur durch Hypothek oder Grundschuld gesichert werden, die nicht an den Privilegien des Altenteilsrechts teilhaben.[112] Durch eine Grundstückshaftung nicht unmittelbar sicherbar, weil wegen § 888 Abs. 2 ZPO überhaupt nicht durch Vollstreckung erzwingbar, ist freilich der für

---

[95] LG Bonn MittRhNotK 1976, 573.

[96] RGZ 128, 198 (203); 140, 60 (63); BGH NJW 1993, 3073 (3075).

[97] RG SeuffA 61 Nr. 37 S. 64; BGH NJW 1962, 2249 (2250).

[98] LG Köln MittRhNotK 1969, 654.

[99] Zur steuerrechtlichen Anerkennung BFH DStR 2006, 697; zur Vererblichkeit der Reallast in solchen Fällen *Lange-Parpart* RNotZ 2008, 377 (399); eine Löschungserleichterungsklausel (Löschung der dinglichen Sicherheit allein auf Grundlage eines Todesnachweises des Berechtigten) kommt dann uU nicht mehr in Betracht, vgl. *Raude* RNotZ 2016, 69 (85); OLG München FGPrax 2012, 250.

[100] BayObLGZ 1983, 113 = Rpfleger 1983, 308; BayObLG NJW-RR 1988, 464 = Rpfleger 1988, 98; OLG Hamm NJW-RR 1988, 1101; Soergel/*Hartmann* Rn. 6; Staudinger/*Albrecht,* 2018, Rn. 21.

[101] RG WarnR 1935 Nr. 83 S. 172; OLG Hamm Rpfleger 1959, 381; AG Pinneberg RdL 1954, 196.

[102] OLG Hamm RdL 1959, 300; OLG Celle AgrarR 1971/72, 472 = NdsRpfl. 1972, 214; Staudinger/*Albrecht,* 2018, Rn. 9; vgl. auch OLG Celle BeckRS 2008, 19224, allerdings ein Wohnrecht mit sonstigen Versorgungsleistungen betreffend.

[103] OLG Hamm OLGZ 1973, 174 = DNotZ 1973, 376; OLG Köln Rpfleger 1992, 431; OLG Zweibrücken MittBayNot 1996, 21; Staudinger/*Albrecht,* 2018, Rn. 24; Grüneberg/*Herrler* Rn. 7.

[104] Vgl. nur OLG Celle NJW 1968, 896; das gilt auch für Altenteilsvermächtnisse; zweifelhaft daher KG JW 1934, 3004.

[105] Zu baurechtlichen Fragen VGH Mannheim NuR 1994, 194; *Stollmann* DÖV 1993, 706; Staudinger/*Albrecht,* 2018, Rn. 60.

[106] BGHZ 58, 57 (58) = NJW 1972, 540; BayObLG NJW-RR 1993, 283 f.

[107] Vgl. dazu etwa LG Braunschweig NdsRPfl. 1971, 233; LG Aachen Rpfleger 1986, 211.

[108] BGH NJW 1990, 3018 (3019); OLG Zweibrücken MittBayNot 1996, 211 (213); LG Aachen Rpfleger 1986, 211 zur Pflegeperson; das gilt auch in NRW; zu der von OLG Düsseldorf (MittRhNotK 1986, 119 = Rpfleger 1986, 366) verursachten Irritation vgl. *Custodis* MittRhNotK 1986, 177 = Rpfleger 1987, 233; *Meyer-Stolte* Rpfleger 1986, 366; LG Köln NJW-RR 1987, 1414 = Rpfleger 1987, 362; LG Aachen MittRhNotK 1987, 280.

[109] BGHZ 58, 57 (58) = NJW 1972, 540.

[110] Vgl. dazu OLG Hamm OLGZ 1975, 422 (424 f.) = DNotZ 1976, 229; BayObLG Rpfleger 1981, 353 = MittBayNot 1981, 186 = MDR 1981, 759; *Böhringer* BWNotZ 1987, 129 (131 f.).

[111] BayObLGZ 1983, 113; 1970, 100 (103); LG Coburg Rpfleger 1983, 145 betr. Beerdigungskosten; BayObLG NJW-RR 1988, 464 betr. Grabpflege; *Böhringer* MittBayNot 1988, 103 (110); näher *Lange-Parpart* RNotZ 2008, 377 (394 ff.) zum Gewohnheitsrecht.

[112] BayObLGZ 1970, 100 (103) = DNotZ 1970, 415; KG KGJ 53, 166; Staudinger/*Albrecht,* 2018, Rn. 24.

den Altenteil charakteristische persönliche Anteil der Fürsorge und Versorgung. Hier kommt es darauf an, etwaige erst auf Grund von Leistungsstörungen (→ Rn. 32) oder veränderten Verhältnissen (→ Rn. 33 ff.) entstehende Zahlungsansprüche von vornherein mit zu sichern. Dem kommen die Eintragungsgrundsätze entgegen.

b) Grundbucheintrag. Nach § 49 GBO *können* die zu einem Altenteil (→ Rn. 12) gehörenden Sicherungsrechte[113] unter Bezugnahme auf die Eintragungsbewilligung **als „Altenteil"** (bzw. Leibgedinge, Leibzucht oder Auszug) eingetragen werden.[114] Damit erübrigt sich über § 874 BGB hinaus nicht nur die Verlautbarung der einzelnen (→ Rn. 23), zu einem Altenteil gehörenden dinglichen Rechte im Grundbuch, sondern auch ihre inhaltlich gesonderte Bestimmung durch dingliche Einigung (§ 873 Abs. 1 BGB). Das ist zwar vordergründig als technische Erleichterung der Eintragungserfordernisse gemeint,[115] schafft aber darüber hinaus auch eine Befreiung der dinglichen Absicherung des Altenteilsrechts von der starren Zuweisungsordnung des sachenrechtlichen Typenzwangs und ermöglicht die nachträgliche Umwandlung und Erweiterung[116] der einzelnen Sicherungsrechte ohne Rangverlust je nach der Fortentwicklung (→ Rn. 32, → Rn. 33 ff.)[117] des schuldrechtlichen Versorgungsverhältnisses (→ BGB § 1105 Rn. 46, → BGB § 1105 Rn. 48).[118] Die dinglich zu sichernden Rechte müssen jedoch **im Einzelnen bestimmbar** sein.[119] Dafür genügt in der Regel ihre Konkretisierbarkeit aus den ergänzenden gesetzlichen Regeln (→ Rn. 32 f.). Es genügt nach der jüngeren Rspr., wenn die höchstmögliche Belastung des Grundstücks für jeden Fritten erkennbar ist und der Umfang der Haftung – notfalls durch eine richterliche Entscheidung bestimmter Umstände – in einem bestimmten Zeitpunkt aufgrund der in der Eintragunsbewilligung enthaltenen Voraussetzungen bestimmt werden kann.[120] Der Maßstab ist also gemessen am sachenrechtlichen Bestimmtheitsprinzip sehr großzügig gestaltet. Die als Altenteil geschuldete Versorgung darf andererseits aber nicht durch vertragliche Vorbehalte willkürlich und unbestimmbar gemacht worden sein.[121] Die von § 49 GBO bezweckte rechtstechnische Vereinfachung erstreckt sich schließlich auch auf die Frage, ***ob* ein Rechtsverhältnis vorliegt,** das als Altenteil Sicherung finden kann.[122] Eine derartige, notwendig die wirtschaftlichen Einzelheiten der schuldrechtlichen Abreden einbeziehende Prüfung würde das Grundbuchamt mit Aufgaben belasten, die dem formellen Grundbuchrecht fremd sind; daher kommt allenfalls ein Zurückweisungsrecht wegen offensichtlichen Fehlens der materiellen Voraussetzungen in Betracht.[123] 24

c) Rechtsfeststellung. Grundlage der dinglichen Sicherung ist über die gestattete Bezugnahme auf die Eintragungsbewilligung, die aber in der Regel ihrerseits nicht ohne Rückgriff auf das zu Grunde liegende Rechtsgeschäft inhaltlich ausfüllbar ist, letztlich der beurkundete Schuldvertrag der Beteiligten (→ Rn. 7), der **allgemeinen Auslegungsgrundsätzen** sowie der **Ergänzung** durch die dispositiven 25

113 Und zwar auch der Nießbrauch, soweit er Inhalt eines Altenteils ist → Rn. 23; vgl. OLG Hamm OLGZ 1969, 380 (383 f.); Staudinger/*Heinze,* 2017, BGB Vor § 1030 Rn. 57; wohl auch BayObLGZ 1975, 132 (136 f.); vgl. dazu auch BeckOK GBO/*Reetz* GBO § 49 Rn. 21 f.

114 Dazu *Böhringer* BWNotZ 1987, 129 (132 f.); zur Belastung mehrerer Grundstücke mit einem einheitlichen Altenteil vgl. BGHZ 58, 57 = NJW 1972, 540; OLG Hamm OLGZ 1973, 174; 1975, 422; OLG Oldenburg Rpfleger 1978, 411; *Feldmann* JurBüro 1973, 179; zur Löschung, wenn das eingetragene Recht die Kosten einer standesgemäßen Bestattung umfasst, OLG München FGPrax 2012, 250.

115 BGHZ 58, 57 (58) = NJW 1972, 540; BGHZ 73, 211 (215) = NJW 1979, 421.

116 BayObLG DNotZ 1980, 94 = MittBayNot 1979, 233 (235) mAnm *Amann* MittBayNot 1979, 219; MittBayNot 1987, 94 = MittRhNotK 1987, 280.

117 Zu Änderungsvereinbarungen LG Traunstein MittBayNot 1980, 65.

118 BayObLGZ 1975, 132 (133 f.) = DNotZ 1975, 622; OLG Celle RdL 1950, 280.

119 BayObLG MittBayNot 1987, 94 = MittRhNotK 1987, 280; OLG Hamm NJW-RR 1988, 333; OLG Frankfurt Rpfleger 1988, 247; OLG Frankfurt Rpfleger 2012, 622; OLG Oldenburg NJW-RR 1991, 1174; BayObLGZ 1993, 228 = NJW-RR 1993, 1171; LG Kassel Rpfleger 1993, 63; LG Braunschweig NdsRpfl. 1971, 233; LG München II MittBayNot 1990, 244; *Böhringer* MittBayNot 1988, 103 (109 f.); Staudinger/*Albrecht,* 2018, Rn. 16, 26 f.; Grüneberg/*Herrler* Rn. 8; zu formalistisch OLG Zweibrücken DNotZ 1997, 327 (329 f.); vgl. auch BGH WM 1989, 956 = NJW-RR 1989, 1098.

120 OLG Frankfurt DNotZ 2020, 624, insbesondere zur Frage der Bestimmbarkeit des Begriffes „standesgemäß".

121 OLG Düsseldorf MittRhNotK 1990, 167 f.; BGHZ 130, 342 = NJW 1995, 2780 lässt (mit OLG Stuttgart DNotZ 1995, 317 und gegen BayObLG DNotZ 1994, 180 = MittBayNot 1993, 370) Pflichten nach „Zumutbarkeit" genügen; vgl. auch OLG Hamm NJW-RR 1988, 333.

122 So BGHZ 125, 69 (72 f.) = NJW 1994, 1158), wonach es für ein Altenteilsrecht iSv § 49 GBO lediglich darauf ankommt, „dass es sich um eine Bündelung von Rechten handelt, die typischerweise zu Versorgungszwecken als Altenteil im Grundbuch eingetragen werden"; so auch OLG Zweibrücken MittBayNot 1994, 334; *Demharter* EWiR 1994, 357; aA OLG Hamm NJW-RR 1993, 1299; OLG Köln Rpfleger 1992, 431 (432); → 3. Aufl. 1999, Rn. 23 *(Pecher).*

123 Zutr. Staudinger/*Albrecht,* 2018, Rn. 31 aE.

Regelungen des jeweiligen AGBGB unterliegt. Für einen Grundstückserwerber mindert das den grundbuchrechtlichen Verkehrsschutz, der hier freilich nicht vorrangig sein soll. Die Entscheidung darüber, ob eine dingliche Sicherung als Altenteilsrecht anzuerkennen ist, obliegt nicht dem mit einem Eintragungsantrag befassten Grundbuchamt (→ Rn. 24), wohl aber jedem mit dem Rechtstatbestand befassten Gericht selbstständig. Eine als „Altenteil" eingetragene Belastung muss also nicht allein deshalb als Altenteilsrecht anerkannt werden;[124] umgekehrt können einem weder von den Beteiligten noch bei der Eintragung als Altenteil bezeichneten Recht dessen Privilegien zuerkannt werden.[125]

26 **4. Mehrere Berechtigte.** Sind mehrere Personen altenteilsberechtigt, so bestimmt sich die Verbundenheit ihrer Rechte nach dem zu Grunde liegenden Rechtsverhältnis.[126] Für die einzelnen Berechtigungen (wie Wohnrecht und Zahlungsansprüche) kann sich Verschiedenes ergeben. In Betracht kommen[127] vor allem: selbstständige Teilansprüche (§ 420 BGB), Gesamtgläubigerschaft (§ 428 BGB), Mitberechtigung (§ 432 BGB), Sukzessivberechtigung[128] und Gesamthandsgemeinschaft.[129] Die Landesgesetze (→ Rn. 2) geben ergänzende Bestimmungen, insbesondere für den Fortfall eines Berechtigten.

27 Soll eine **dingliche Sicherung** im Grundbuch eingetragen werden, so bedarf es der eindeutigen Bestimmtheit des Berechtigungsverhältnisses zumindest in der Eintragungsbewilligung.[130] **Dritte,** die beim Abschluss des Übergabe- und Altenteilsvertrages (→ Rn. 13) nicht vertreten werden,[131] können ein dingliches Sicherungsrecht für die ihnen nach § 328 BGB zustehenden schuldrechtlichen Ansprüche jedenfalls dann erwerben, wenn sie erst nach dem Tode des Vertragspartners als dessen Rechtsnachfolger anspruchsberechtigt werden sollen (→ BGB § 759 Rn. 41).[132]

28 **5. Geltendmachung, Einwendungen.** Die Rechtsverfolgung gegen den persönlichen Schuldner (→ Rn. 12) unterliegt den allgemeinen Regeln für Leistungsklagen. Auch eine inhaltlich unbestimmte Vereinbarung (→ Rn. 33) entbindet den Gläubiger nicht von dem Erfordernis eines bestimmten Klageantrags (§ 253 Abs. 2 Nr. 2 ZPO). Es kann freilich auch eine Feststellungsklage (§ 256 ZPO) über das Rechtsgrundverhältnis in Betracht kommen.[133] Der einzelne Anspruch auf wiederkehrende Leistungen unterliegt nunmehr[134] der **Regelverjährung** des § 195 BGB. Ansprüche für die Vergangenheit erlöschen nicht nach dem unterhaltsrechtlichen Grundsatz des § 1613 BGB.[135] Für nicht erbrachte Naturalleistungen ist Ersatz in Geld zu zahlen.[136] Ansprüche aus Rückständen sind vererblich.[137] Je nach Art der Wirtschaft, aus der der Altenteiler mit unterhalten werden soll, kann einer verzögerten Geltendmachung (insbesondere, aber nicht nur) von Naturalleistungen alsbald der Einwand der **Verwirkung** entgegenstehen.[138] Andererseits sind wegen des Versorgungszwecks **Zurückbehaltungsrechte** des Schuldners in der Regel ausgeschlossen.[139] Die enge Verbundenheit der Beteiligten hat auch zur Folge,

---

[124] OLG Celle ZEV 2008, 396 (397); LG München MittBayNot 1972, 294 (295); vgl. auch OLG Celle BeckRS 2008, 19224; *Auktor* MittBayNot 2008, 14 (16).

[125] RGZ 152, 104 (109 f.); RG JW 1935, 3040 = WarnR 1935 Nr. 83 S. 172; RGZ 162, 52 (62); OLG Hamm OLGZ 1969, 380 (381); OLG Hamm Rpfleger 1986, 270; dazu *Fuchs* Rpfleger 1987, 76 f.

[126] Zum Verhältnis der Berechtigten untereinander BGH NJW 1996, 2153.

[127] Vgl. dazu *Meder* BWNotZ 1982, 36; aus der Praxis: BGHZ 46, 253 = NJW 1967, 627; BayObLGZ 1975, 191 = DNotZ 1975, 619; OLG Köln DNotZ 1965, 686; OLG Hamm OLGZ 1988, 181 (183) = NJW-RR 1988, 1101; LG Flensburg AgrarR 1980, 316 betr. Scheidung.

[128] BeckOK GBO/*Reetz* GBO § 49 Rn. 32.

[129] BayObLGZ 1967, 480 = DNotZ 1968, 493; OLG Frankfurt Rpfleger 1973, 394 f. zur ehelichen Gütergemeinschaft.

[130] BGHZ 73, 211 = NJW 1979, 421; Staudinger/*Albrecht*, 2018, Rn. 29; vgl. aber auch BGH NJW 1981, 176.

[131] Vgl. den Fall OLG Nürnberg RdL 1967, 183; ferner BGH NJW 1962, 2249; OLG Schleswig RdL 1960, 128.

[132] *Amann* DNotZ 1990, 225 ff.; aA BGHZ 123, 178 = NJW 1993, 2617: generell keine Verfügungen zu Gunsten Dritter; umgekehrt für die Anwendung von § 328 BGB auf dingliche Drittbegünstigungen, soweit Leistungen ersatzweise an einen Dritten erbracht werden sollen, → BGB § 328 Rn. 277; → BGB § 873 Rn. 58; → BGB § 759 Rn. 41.

[133] OLG Darmstadt SeuffA 64 Nr. 166 S. 349.

[134] Früher galt § 197 BGB aF (vier Jahre); zu dessen Aufhebung im Zuge des SchuldRModG s. Begr. RegE, BT-Drs. 14/6040, 99: nach der Reduktion der Regelverjährungsfrist auf drei Jahre entfalle das Bedürfnis für diese Sondervorschrift.

[135] OLG Celle RdL 1956, 13 (14).

[136] OLG Celle RdL 1978, 319.

[137] LG Wuppertal MittRhNotK 1978, 42; LG Köln MittRhNotK 1982, 15 zum Erfordernis einer Löschungsbewilligung von Erben.

[138] OLG Celle RdL 1962, 45; 1968, 74.

[139] RG SeuffA 61 Nr. 37 S. 64; Soergel/*Hartmann* Rn. 5.

dass der Schuldner für Mehrleistungen in der Regel keinen Ausgleich verlangen kann.[140] Für die Rechtsverfolgung in erster Instanz **zuständig** ist das Amtsgericht (§ 23 Nr. 2 lit. g GVG), in höferechtlichen Sachen[141] als Landwirtschaftsgericht (§ 1 Nr. 5 LwVG).

6. Rechtsverzichte. Ein Verzicht des Gläubigers auf schuldrechtliche Ansprüche (→ Rn. 12) erfordert nach § 397 BGB einen **Erlassvertrag,** der auch bei Unentgeltlichkeit als vollzogene Schenkung (§ 518 Abs. 2 BGB) formfrei wirksam ist (→ BGB § 397 Rn. 2). Ist das gewährte Recht für den Berechtigten nutzlos geworden, bspw. weil er ein eingeräumtes Wohnungsrecht aufgrund dauerhafter Unterbringung in einem Pflegeheim nicht mehr nutzen kann, kann eine Schenkung auch ausscheiden.[142] Im Zweifel ist nur ein Verzicht auf einzelne, insbesondere gegenwärtig oder in überschaubarem Zeitraum fällig werdende Leistungen anzunehmen. Auch aus einer längeren Nichtgeltendmachung kann deshalb nicht auf einen völligen Verzicht geschlossen werden. Auf einen unentgeltlichen Erlass für die Zukunft findet bei späterer Not § 528 BGB Anwendung. Ein wirksamer Erlass ergreift nicht mit Wirkung für die Zukunft daneben bestehende gesetzliche Unterhaltsansprüche (§ 1614 BGB). Die Aufgabe dinglicher Sicherungsrechte (→ Rn. 22 ff.) unterliegt § 875 BGB.[143] Ein Verzicht auf Versorgungsrechte, wie auch schon ihr **Ausschluss im Übergabevertrag** für bestimmte Fälle (wie das gerade bei besonderer Bedürftigkeit in Betracht kommende Verlassen des Hofes), unterliegen, soweit sie erkennbar auf die alleinige **Inanspruchnahme von Fürsorgeträgern** abzielen, der Anfechtung nach § 3 Abs. 1 AnfG.[144] Fehlt der Vermögensübergabe gerade dieser wesentliche Bestandteil der Versorgungssicherheit (→ Rn. 33), so kann ein Altenteilsrecht zu verneinen sein (→ Rn. 19 aE). Dem Fürsorgeträger eröffnet sich daraus die Möglichkeit der Überleitung (→ Rn. 37 aE) schenkungsrechtlicher Rückabwicklungsansprüche aus §§ 528 f. BGB.[145] 29

7. Leistungsstörungen. Nach herkömmlicher Rechtsauffassung soll die „Übergabe" (→ Rn. 6) endgültig sein. Einzelne Landesgesetze (→ Rn. 2)[146] versagen deshalb dem Altenteiler das Recht zum **Rücktritt** vom Vertrag nach § 323 BGB wegen nicht oder nicht vertragsgemäß erbrachter Leistung.[147] Die hM hat dem die Fälle der §§ 280, 324 BGB hinzugefügt.[148] Ausgeschlossen ist ferner die Rückabwicklung nach § 527 BGB. Der Übernehmer, der sich mit dem übernom- 30

---

140 OLG Braunschweig OLGE 42, 266; zur Möglichkeit ergänzender Vertragsauslegung OLG Hamm AUR 2010, 174; AG Celle NdsRpfl 2011, 19; für die Bestellung eines Wohnungsrechts BGH NJW 2009, 1348 Rn. 9 ff.; dazu *Volmer* MittBayNot 2009, 276 ff.

141 Dazu *Steffen* RdL 1980, 87.

142 Mit der Folge, dass eine Aufgabe des Rechts auch bei Betreuung des Berechtigten nicht an dem Schenkungsverbot des § 1804 scheitern muss, vgl. BGH NotBZ 2012, 270 = NJW 2012, 1956 mAnm *Müller;* hierzu aber auch OLG Nürnberg NotBZ 2013, 403 mAnm *Müller.*

143 Dazu BGH WM 1963, 217 (218); vgl. auch OLG Zweibrücken OLGZ 1987, 27: Fortzug wegen Krankheit führt nicht zum Erlöschen eines dinglichen Wohnrechts; zu Erlass und dinglichem Verzicht bei Gesamtgläubigerschaft BayObLG DNotZ 1975, 619.

144 Vgl. auch BGH NJW 2009, 1348 = JR 2009, 162 mAnm *Chr. Weber,* wo ein Vertrag über die Übertragung eines Hausgrundstücks unter Vereinbarung eines Wohnrechts und von Kost und Pflege als gemischte Schenkung eingestuft und die Klausel, dass Kost und Pflege nur gewährt würden, solange der Berechtigte im Haus wohne, und bei Unterbringung in einem Altersheim kein Ausgleich bzw. Ersatz dafür zu leisten sei, als wirksam angesehen (und der Sozialhilfeträger damit auf § 528 BGB verwiesen) wird; ferner BGH NJW 2012, 605 Rn. 12 ff. = FamRZ 2012, 207 mAnm *Bergschneider;* näher zur Problematik *Berger* ZNotP 2009, 263 ff.; *Krüger* ZNotP 2010, 2 ff.; *Volmer* MittBayNot 2009, 276 ff.; allg. → BGB § 138 Rn. 45.

145 Vgl. BGH NJW 2009, 1348 = JR 2009, 162 mAnm *Chr. Weber;* NJW 2012, 605 Rn. 12 ff. = FamRZ 2012, 207 mAnm *Bergschneider; Berger* ZNotP 2009, 263 ff.; BGH NJW 1995, 2287; 1995, 1349 (dazu *Krauß* MittBayNot 1992, 77 [81 f.]; OLG Hamm NJW-RR 1993, 1413 f.; *Krüger* ZNotP 2010, 2 ff.; *Volmer* MittBayNot 2009, 276 ff.; OLG Schleswig SchlHA 1998, 48 zu § 138 BGB; AG Nienburg ESLR 1, 383 f. zur Nichtgenehmigung nach § 17 HöfeO wegen Sittenwidrigkeit; *Schwarz* ZEV 1997, 309 [311]; *Wirich* ZEV 2008, 372 [376]; *Mayer* DNotZ 2008, 672; *Brückner* NJW 2008, 1111; Staudinger/*Albrecht,* 2018, Rn. 49).

146 Vgl. zu Modifikationen iE Art. 15 § 7 PrAGBGG; § 13 BWAGBGB; Art. 17 BayAGBGB; § 5 SHAGBGB; demgegenüber lassen § 16 HESAGBGB, § 13 RPAGBGB und § 17 AGJusG das Rücktrittsrecht zu, wenn die Leistungen, zu denen der Verpflichtete rechtskräftig verurteilt oder mit denen er in Verzug ist, von verhältnismäßiger Erheblichkeit sind und auch für die Zukunft keine Gewähr für die gehörige Erfüllung der Leistungen besteht; s. zum Ganzen Staudinger/*Albrecht,* 2018, Rn. 41; *Wirich* ZEV 2008, 372 (373).

147 Vgl. dazu insbes. BGH LM PrAGBGB Art. 15 Nr. 6; BeckRS 2016, 05221; BayObLGZ 1964, 344 (348); OLG Braunschweig NdsRpfl. 1951, 184; OLG Schleswig SchlHA 1971, 85; LG Kiel SchlHA 1986, 87; andererseits OLG Hamm MDR 1979, 401; BGH NJW-RR 1995, 77 (78); BayObLGZ 1994, 11 (19 f.).

148 RG LZ 1924, 825; BGHZ 3, 206 (209 f.) = NJW 1952, 380; BGH NJW 1981, 2568 (2569); BayObLG DNotZ 1993, 603 (605 f.); BayObLGZ 1995, 186 (190); Staudinger/*Albrecht,* 2018, Rn. 42; vgl. andererseits BGH WM 1980, 826 = BeckRS 1980, 31074516; BGH DNotZ 1982, 697.

menen Vermögen typischerweise auf eine bestimmte Lebensform und Erwerbstätigkeit festgelegt hat (→ Rn. 6), soll nicht durch eine Rückabwicklung existenzlos gestellt werden. Der Altenteiler bleibt mithin auf die Durchsetzung seiner Rechte angewiesen. Den Vertragspartnern steht allerdings die Vereinbarung von Rücktrittsrechten frei (→ Rn. 1).[149] Unter besonderen Umständen kann auch ein Rückübertragungsanspruch wegen Fortfalls der Geschäftsgrundlage anzunehmen sein; dies ist jedoch auf besondere Ausnahmefälle zu begrenzen, da gewisse Unwägbarkeiten hinsichtlich der zukünftigen Entwicklung dem Altenteil an sich immanent sind.[150] – Für die Weiterveräußerung eines Grundstücks unter Übernahme bestehender Altenteilslasten gilt der gesetzliche Ausschluss des Rücktrittsrechts nicht.[151] Insbesondere führt eine Scheidung nicht zum Wegfall der gemeinsamen Verpflichtungen aus einem Altenteilsvertrags.[152] Es empfiehlt sich daher für den Fall der Scheidung vertragliche Regelungen zu treffen.[153]

31 Eine nach wie vor verbreitete Meinung[154] sucht diese Sonderregelung für Leistungsstörungen durch eine großzügige Zulassung des **Widerrufs** einer Schenkung **wegen groben Undanks** (§ 530 BGB) einzuengen. Das ist jedenfalls nicht in dem angedeuteten Umfang zulässig.[155] Die Übergabe gegen Altenteil kann nämlich nicht insoweit, wie sie unter den auf Verkehrsgeschäfte zugeschnittenen Begriff der Entgeltlichkeit nicht passt, als unentgeltliche Zuwendung angesehen werden. Der typische Übergabevertrag unterliegt im Verhältnis der Beteiligten eigenen Maßstäben und kann weder den entgeltlichen noch den unentgeltlichen Geschäften zugeordnet werden (→ Rn. 7), sondern soll grundsätzlich eine endgültige Regelung zwischen den Beteiligten herbeiführen.[156] Nur unter besonderen Umständen, etwa bei einem groben Missverhältnis der übergebenen Vermögenswerte zu der zu erwartenden Versorgung[157] oder etwa, soweit die Beteiligten selbst die Übertragung von Vermögen nicht im Zusammenhang mit der zu erbringenden Versorgung gesehen haben, kommt die Anwendung von Schenkungsrecht in Betracht.[158]

32 Die **Landesgesetze** (→ Rn. 2) kompensieren den Ausschluss des Rücktrittsrechts durch besondere Regeln über die **Abänderung** des Altenteilsverhältnisses. Ist dem Altenteiler das weitere Verbleiben auf dem Grundstück auf Grund von Umständen unzumutbar, die dem Verpflichteten zuzurechnen sind, so kann er ausziehen und Schadensersatz, insbesondere den ihm zustehenden Unterhalt in Geld, verlangen.[159] Entsprechendes hat für die Ablehnung persönlicher Dienstleistungen

---

[149] BGH LM PrAGBGB Art. 15 Nr. 6; OLG Hamm RdL 1965, 271 f.; *Wöhrmann/Graß,* Das Landwirtschaftserbrecht, 11. Aufl. 2019, HöfeO § 17 Rn. 75 ff.; *Lüdtke-Handjery/v. Jeinsen/Roemer,* 11. Aufl. 2015, HöfeO § 17 Rn. 117, zugleich zur höferechtlichen Genehmigungsfähigkeit; *Sprau/Ott,* Justizgesetze in Bayern, 1988, BayAGBGB Art. 17 Rn. 13; *Faßbender* DNotZ 1986, 67 (75 ff.); Soergel/*Hartmann* Rn. 5; zurückhaltend *Lüdtke-Handjery* DNotZ 1985, 332 (351 ff.); vgl. auch OLG Köln RdL 1982, 49.

[150] OLG Celle BeckRS 2013, 1304: bei Vorliegen der Voraussetzungen des § 2333 BGB; LG Aachen MDR 1988, 142 gegen Ehefrau des Sohnes nach Trennung und Fortzug; zurückhaltend Staudinger/*Albrecht,* 2018, Rn. 42; OLG München BeckRS 2015, 117958: nur bei Vorliegen eines schwerwiegenden Fehlverhaltens des Übernehmers; OLG Köln MittBayNot 2015, 432: Umzug in ein Pflegeheim kein Grund für Vertragsanpassung; OLG Nürnberg MittBayNot 2020, 429: freiwilliger Auszug kein Grund für einen Anspruch auf Zahlung einer Geldrente; vgl. aber auch BGH WM 1981, 657 = NJW 1981, 1563; für die Bestellung eines lebenslangen Wohnungsrechts BGH NJW 2009, 1348 Rn. 11 mwN; näher → BGB § 759 Rn. 31 ff.

[151] RGZ 101, 275 (277 f.).

[152] OLG Hamm, RNotZ 2013, 496.

[153] Scherer, Unternehmensnachfolge/*Stenger,* 6. Aufl. 2020, § 33 Rn. 159; hierzu auch *Höhler-Heun* FamFR 2013, 306.

[154] BGH RdL 1951, 294 = BeckRS 1951, 31202258 = LM BGB § 986 Nr. 1; BGHZ 3, 206 (210 ff.) = NJW 1952, 20; BGH RdL 1959, 188 (insoweit nicht in BGHZ 30, 120 und BGH NJW 1959, 1363); BGHZ 107, 156 (158) = NJW 1989, 2122 = JR 1990, 192 m. krit. Anm. *Probst;* BayObLGZ 1964, 344 (348 f.); BayObLG RdL 1988, 314 (315) = MittRhNotK 1989, 14; RGZ 54, 107 (110); OLG Frankfurt NJW-RR 1996, 781; *Wöhrmann/Graß,* Das Landwirtschaftserbrecht, 11. Aufl. 2019, HöfeO § 17 Rn. 59 f.; vgl. aber auch OLG Kassel RdL 1951, 295; OLG Nürnberg RdL 1971, 38; LG Passau RdL 1975, 70.

[155] Krit. *Wulff* RdL 1952, 113; *Steppuhn* RdL 1960, 229 (230) zu 5c, bb; Staudinger/*Albrecht,* 2018, Rn. 43; zurückhaltend auch LG Kiel SchlHA 1986, 87; dazu auch *Olzen,* Die vorweggenommene Erbfolge, 1984, 270 ff.

[156] So für den Hofübergabevertrag auch Lüdtke-Handjery/v. Jeinsen/*Roemer,* 11. Aufl. 2015, HöfeO § 17 Rn. 21.

[157] BayObLGZ 1995, 186 (192); 1996, 20 = DNotZ 1996, 647 (651); vgl. auch BGH NJW-RR 1995, 77 f. = DNotZ 1996, 636.

[158] BayObLGZ 1995, 186 (196); Staudinger/*Albrecht,* 2018, Rn. 43.

[159] BayObLGZ 1974, 386 = MittBayNot 1975, 24; OLG Oldenburg RdL 1968, 236; OLG Hamm MittBayNot 1983, 228 = MDR 1983, 756; vgl. auch OLG Hamm RdL 1960, 98; OLG Oldenburg RdL 2004, 130 zur Verweigerung der Wiederaufnahme; ferner OLG Celle NJOZ 2006, 2592: Pflicht zur Geldzahlung nach dem AGBGB Niedersachsen auch dann, wenn der Altenteiler die Altenteilerwohnung aus eigenem Antrieb für dauernd verlässt, ohne dafür irgendeinen bestimmten Grund (wie etwa Pflegebedürftigkeit) zu

zu gelten.[160] Ebenso kann bei Störungen des Verhältnisses durch den Altenteiler der Schuldner dessen Auszug verlangen, bleibt ihm aber zu einem aus der Abwägung der beiderseitigen berechtigten Interessen zu bestimmenden Unterhalt verpflichtet.[161] Die Beteiligten haben für die ihnen zuzurechnenden weiteren Personen, insbesondere für Familienangehörige, nach § 278 BGB einzustehen.[162] Es können aber auch einzelne Ansprüche auf persönliche Dienste in Zahlungsansprüche umgewandelt werden, wenn dem Altenteiler dadurch ein Verbleiben auf dem Anwesen ermöglicht wird.[163] Eine Prüfung der Umstände (insbesondere der beiderseitigen Unverträglichkeit) kann sich erübrigen, wenn dem Altenteiler ein Verbleiben jedenfalls nicht mehr zumutbar ist (→ Rn. 33).[164]

8. Änderung der Verhältnisse. Dem Wandel des Versorgungsbedürfnisses (insbesondere von 33
Eltern) trägt weithin schon die Vertragspraxis durch eine lediglich allgemein bedarfsbezogene Umschreibung von Altenteilsrechten Rechnung. Das ist zulässig.[165] Insoweit unterliegt die nähere Ausfüllung der Ansprüche § 315 BGB, wobei dem Altenteiler die Erhaltung eines den Verhältnissen des übergebenen Anwesens entsprechenden Lebenszuschnitts[166] und ein angemessener Spielraum freier Lebensgestaltung zusteht. Im Übrigen verlangen **Treu und Glauben** bei der Vertragsauslegung eine weitgehende Berücksichtigung der persönlichen Interessen des Altenteilers.[167] Dem dienen auch einzelne **ergänzende Regeln des Landesrechts.**[168] So etwa darf der Altenteiler statt vereinbarter Naturalien und Betreuung auf dem Grundstück Unterhalt in Geld verlangen, wenn er genötigt ist, den Aufenthalt auf dem Grundstück dauernd[169] aufzugeben.[170] Jedoch beschränkt sich der umgewandelte Zahlungsanspruch auf den Wert der durch den Fortzug eingetretenen Ersparnisse;[171] zumindest ist er durch die Ertragsfähigkeit des abgegebenen Wirtschaftsguts beschränkt.[172] Ist angesichts der Höhe der übertragenen Vermögenswerte eine gemischte Schenkung anzunehmen (→ Rn. 7 aE), so kommt ein Anspruch des verarmten Schenkers nach § 528 BGB in Betracht, den

---

haben; genau anders hier das Bayrische AGBGB, vgl. OLG Nürnberg MittBayNot 2020, 429; vgl. auch BGH NJW-RR 2017, 140: Schicksal eines dinglichen Wohnungsrechts nach Tötung des Verpflichteten durch den Berechtigten.

160 BGHZ 25, 293 (300) = NJW 1957, 1798; RG SeuffA 79 Nr. 187 S. 303; Staudinger/*Albrecht,* 2018, Rn. 44.

161 BayObLGZ 1989, 479 (482) = AgrarR 1990, 325 = MittBayNot 1990, 168; OLG Celle SeuffA 67 Nr. 14 S. 26 f.

162 BayObLGZ 1972, 232 (238 f.) = RdL 1972, 288 (291); *Dressel* RdL 1970, 87.

163 BGHZ 25, 293 (299 f.) = NJW 1957, 1798; OLG Celle AgrarR 1983, 306 f.; *J. Mayer* MittBayNot 1990, 149; sehr zurückhaltend BayObLG 1989, 479 (482 f.).

164 Vgl. dazu insbes. OLG Oldenburg RdL 1968, 236; OLG Hamm MittBayNot 1983, 228; ferner BGH NJW 1962, 2249 (2250).

165 BGHZ 3, 206 (207 f.) = NJW 1952, 20; LG Braunschweig NdsRpfl. 1971, 233; zur Vereinbarung der Pflege durch Dritte LG Kleve FamRZ 1997, 938; zur Vertragsgestaltung vgl. aber auch *J. Mayer* ZEV 1997, 196.

166 OLG Celle RdL 1960, 43.

167 Vgl. etwa OLG Celle NdsRpfl. 1962, 131; RdL 1970, 96 zu „Hege und Pflege".

168 Vgl. OLG Celle NJOZ 2006, 2592; ferner *Auktor* MittBayNot 2008, 14 (16) und *J. Mayer* DNotZ 2008, 672 (676), jeweils vor dem Hintergrund der Überleitung des Geldanspruchs auf den Sozialhilfeträger nach § 93 SGB XII; zum Anspruch auf Geldrente nach Art. 18 BayAGBGB OLG Nürnberg ZMR 2006, 885 (886); LG Regensburg ZMR 2006, 317 f.

169 Insbes. dazu BGH WM 1989, 70 (71) = NJW-RR 1989, 451; OLG Köln NJW-RR 1989, 138; MittRhNotK 1993, 162; Staudinger/*Albrecht,* 2018, Rn. 49.

170 Vgl. zu Modifikationen iE Art. 15 § 9 Abs. 3 PrAGBGG; § 14 BWAGBGB; Art. 18 BayAGBGB; § 14 HESAGBGB; § 16 NdsAGBGB; § 14 RPAGBGB; § 10 SHAGBGB; aus der Praxis: OLG Hamm RdL 1965, 208; OLG Celle NdsRpfl. 1966, 240; OLG Nürnberg RdL 1967, 183 (186) betr. Krankenhausaufenthalt; OLG Schleswig SchlHA 1998, 48 (49); 1961, 194 = RdL 1961, 186; LG Duisburg DAVorm 1984, 922 (928); NJW-RR 1987, 1349; AG Springe AgrarR 1987, 20; OLG Düsseldorf NJW-RR 1988, 326; 1994, 201; AG Amberg FamRZ 1992, 1286; BGH NJW 1995, 2790; OLG Hamm DNotZ 1999, 719 (722) betr. Altersheim; OLG Schleswig AgrarR 1974, 140 zur Trennung von Eheleuten; OLG Hamm RdL 1961, 133 zur neuen Schwiegertochter; OLG Köln AgrarR 1978, 343; OLG Hamm RdL 1965, 208; MittBayNot 1983, 228 = MDR 1983, 756; OLG Celle RdL 1985, 11; LG Göttingen NJW-RR 1988, 327 zum Fortzug des Verpflichteten; zur vertraglichen Begrenzung der Altenteilslast für den Fall des Fortzugs vgl. AG Hildesheim RdL 1984, 234 und dazu *Henze* RdL 1984, 229; AG Hildesheim RdL 1987, 126.

171 BGH NJW 2002, 440; NJW-RR 2003, 577 f. zur Verpflichtung zur Beteiligung an den Kosten einer Heimunterbringung in Höhe der ersparten Aufwendungen; OLG Hamm DNotZ 1999, 719 (722 f.); LG Osnabrück NJW-RR 1992, 453 f.; Soergel/*Hartmann* Rn. 6; zur Wertermittlung *Schwarz* AgrarR 1991, 95; zur vertraglichen Begrenzung der Leistungspflichten bei Heimunterbringung *Schwarz* ZEV 1997, 309 (311 ff.); solche Klauseln stellten freilich die steuerrechtliche Qualität der Versorgung als dauernde Last gemäß § 10a EStG aF (→ Rn. 11) in Frage; vgl. zur Thematik auch Gutachten DNotI-Report 2018, 114.

172 BayObLGZ 1974, 386 (395); 1989, 479 (482).

auch ein in Anspruch genommener Fürsorgeträger geltend machen kann (→ Rn. 37 aE).[173] – Insbesondere für Zahlungsansprüche ist die Vereinbarung von Wertsicherungsklauseln sachgerecht und üblich (→ BGB § 245 Rn. 72 ff.; → BGB § 759 Rn. 25 f.).[174]

34 Auch bestimmt vereinbarte[175] Leistungspflichten sind nach den Grundsätzen über die **Geschäftsgrundlage** an veränderte Verhältnisse anzupassen.[176] Treu und Glauben verlangen eine großzügige Handhabung; die auf die Risikoverteilung bei Verkehrsgeschäften zugeschnittenen Erfordernisse formaler Vertragstreue passen hier nicht.[177] Das vor der uneingeschränkten Anerkennung dieser Grundsätze erlassene Reichsgesetz über die anderweitige Festsetzung von Geldbeträgen aus Altenteilsverträgen vom 18.8.1923 (RGBl. 1923, 815) ist durch die Fortentwicklung der Rspr. überholt[178] und kann als obsolet außer Betracht bleiben.

35 Als Grund für eine **Erhöhung** von Altenteilsleistungen[179] kommen die allgemeine Verteuerung der Lebenshaltung,[180] aber auch individuelle Umstände wie eine verbesserte Ertragskraft[181] oder eine günstige Veräußerung des Hofs[182] in Betracht. Soweit nach dem Sinn des Vertrages der Altenteil aus dem übergebenen Grundstück mit erwirtschaftet werden soll, muss der Altenteiler auch das wirtschaftliche Risiko mittragen und sich mit geringeren Verbesserungen begnügen[183] oder sogar **Einschränkungen** hinnehmen.[184] Schlechte Wirtschaftsführung entlastet den Schuldner jedoch nicht.[185] Wird der Wirtschaftsbetrieb aufgegeben oder veräußert, erübrigt sich die Rücksicht auf seine Leistungsfähigkeit.[186] Verbesserungen in der gesetzlichen Daseinsvorsorge können den Übernehmer von zweckgebundenen vertraglichen Pflichten entlasten.[187] Im Übrigen entfallen die Rechte des Altenteilers nicht entsprechend § 1602 Abs. 1 BGB schon mit dem Fortfall des Unterhaltsbedürfnisses.[188]

36 Ist die im Grundbuch eingetragene Sicherung der Höhe nach fest bestimmt (das ist nicht erforderlich, → Rn. 24), so hat der Altenteiler im Falle der Erhöhung des gesicherten Anspruchs auch einen Anspruch auf **Anpassung des Sicherungsrechts.**[189] Auch der lediglich dinglich haftende Zweiterwerber des Grundstücks muss sich auf eine inhaltliche Anpassung von Altenteilsrechten einlassen.[190]

37 **9. Abtretung, Pfändung, Aufrechnung.** Das Altenteil umfasst in der Regel (→ Rn. 18) unterschiedliche Rechte, die nur durch ihren Zweck verbunden sind. Verfügungen können sich nur

---

173 BGH NJW 1995, 2287; vgl. auch BGH NJW 1995, 1349; dazu *Krauß* MittBayNot 1992, 77 (81 f.); OLG Hamm NJW-RR 1993, 1413 f.

174 Dazu *Hessler* AgrarR 1976, 1; *Dürkes,* Wertsicherungsklauseln, 10. Aufl. 1992, D 44 ff.; *Wirich,* Das Leibgeding, 2006, Rn. 260 ff.

175 Zur Anpassung testamentarischer Altenteilsrechte vgl. OLG Celle RdL 1985, 11; Staudinger/*Albrecht,* 2018, Rn. 50.

176 Vgl. zum Wohnrecht aber auch BGH NJW 2007, 1884 (1886); ferner OLG Hamm RNotZ 2007, 544 (545); OLG Schleswig NJW-RR 2008, 1705 (1706); OLG Koblenz ZEV 2007, 589 (590); OLG Celle ZEV 2008, 396 (397); BeckRS 2008, 19224; anders in der Tendenz (Zahlungsanspruch wegen Wegfalls der Geschäftsgrundlage) LG Regensburg ZMR 2006, 317 (318); bestätigt durch OLG Nürnberg ZMR 2006, 885.

177 Zu den unterschiedlichen Modalitäten bei der Leibrente → BGB § 759 Rn. 31 ff.

178 Vgl. BGHZ 25, 293 (297 ff.) = NJW 1957, 1798; OLG Schleswig SchlHA 1957, 110; ferner BGHZ 28, 330 = NJW 1959, 292; RGZ 147, 94 (98).

179 Vgl. dazu auch *Dressel* RdL 1970, 85 f.

180 BGH NJW 1995, 2790; RGZ 107, 215 (217); 108, 292 (294 f.); RG WarnR 1924 Nr. 78 S. 94 f.; OLG Celle RdL 1950, 305; 1958, 75 f.; Staudinger/*Albrecht,* 2018, Rn. 51.

181 BGH RdL 1957, 297 (299 f.); OLG Hamm RdL 1951, 106; OLG Schleswig RdL 1954, 103; Soergel/*Hartmann* Rn. 7.

182 BGHZ 40, 334 = NJW 1964, 861; OLG Celle AgrarR 1971/72, 471 f.; vgl. auch OLG Hamm RdL 1965, 208.

183 RG WarnR 1924 Nr. 77 S. 94 zur Leistungsfähigkeit des Hofs als Grenze; vgl. auch OLG Celle RdL 1962, 45; 1965, 271; *Dressel* RdL 1970, 61 f.

184 RGZ 147, 94 (99 f.); OLG Celle RdL 1950, 305 betr. Ertragseinbußen; NdsRpfl. 1965, 221 zum Umzug aus Rücksicht auf günstige Verpachtbarkeit des Hofs; OLG Hamm RdL 1965, 322 betr. eigene Einkünfte; RdL 1962, 157 zur Pflicht zur Pfandentlastung; OLG Schleswig RdL 1961, 318; OLG Celle RdL 1989, 186 (188) = AgrarR 1990, 24 (25).

185 OLG Celle RdL 1958, 183; Staudinger/*Albrecht,* 2018, Rn. 50.

186 OLG Celle AgrarR 1983, 306 f.; OLG Stuttgart AgrarR 1975, 25 (26 f.); vgl. auch BGHZ 40, 334 = NJW 1964, 861.

187 OLG Oldenburg AgrarR 1974, 178 betr. private Krankenversicherung.

188 OLG Celle AgrarR 1983, 306 (307); RdL 1965, 271; *Wirich,* Das Leibgeding, 2006, Rn. 183.

189 BayObLG MittBayNot 1979, 233 (235); OLG Schleswig SchlHA 1961, 242.

190 RG JW 1922, 1513; RGZ 108, 292 (295); RG JW 1925, 136 f.; OLG Braunschweig OLGE 43, 11; OLGE 43, 193; OLG Schleswig MDR 1966, 1002 = MittBayNot 1967, 29.

auf diese einzelnen Rechte beziehen und setzen hinreichende Bestimmbarkeit voraus.[191] Deshalb ist zu unterscheiden: Soweit das einzelne Recht von der persönlichen Verbundenheit der Beteiligten geprägt ist, kann es seines Inhalts wegen nicht übertragen werden (§ 399 Alt. 1 BGB)[192] und bleibt schlechthin unpfändbar (§ 851 ZPO). Insoweit ist nach § 394 BGB auch eine Aufrechnung ausgeschlossen.[193] Im Übrigen sind Altenteilsrechte im Zweifel nach dem Sinn des Vertrages (§ 399 Alt. 2 BGB) nicht übertragbar.[194] Auch soweit es sich um Zahlungsansprüche handelt, sind sie nach § 850b Abs. 1 Nr. 3 ZPO, § 850b Abs. 2 ZPO nur bedingt pfändbar und in der Folge nach § 400 BGB nur bedingt abtretbar.[195] Insoweit kommt es auf die genaue Abgrenzung von der nach hM frei pfändbaren Kaufpreisrente an (→ BGB § 759 Rn. 16).[196] Doch ist die Abtretung an denjenigen zulässig, der für den Unterhalt des Altenteilers eingetreten ist (→ BGB § 400 Rn. 6).[197] Unpfändbar ist schließlich das Wahlrecht zu Gunsten eines pfändbaren Anspruchs.[198] Ein seiner Art nach pfändbarer, mithin auch ein durch Umwandlung (→ Rn. 32, → Rn. 33 ff.) auf Zahlung gerichteter Anspruch[199] kann ohne Rücksicht auf Pfändungsgrenzen nach § 33 SGB II, § 93 SGB XII auf einen Fürsorgeträger **übergeleitet** werden (→ Rn. 29 aE).[200] Eine Haftungserstreckung nach § 3 AnfG kommt in Betracht.[201] In der Gestaltungsliteratur wird daher der vertragliche Ausschluss der Umwandlung in Geldersatzansprüche empfohlen.[202]

10. Zwangsversteigerung. Bei der Zwangsversteigerung des belasteten Grundstücks erlö- **38**
schen nach allg. Regeln dingliche Rechte, die dem betreibenden Gläubiger im Range nachgehen und somit nicht in das geringste Gebot fallen (§ 44 ZVG, § 52 Abs. 1 ZVG, § 91 Abs. 1 ZVG). Nachrangige Rechte können nur aus dem Versteigerungserlös Befriedigung finden (§ 92 ZVG). Da dies nicht dem Versorgungsinteresse des Altenteilers entspricht, hat § 9 EGZVG die Landesgesetzgeber ermächtigt, durch besondere Regelung den Fortbestand auch nachrangiger Altenteilsrechte anzuordnen. Davon haben fast alle Landesgesetzgeber in ihren AGZVG Gebrauch gemacht.[203] Ein Ersteher muss also den Altenteiler mit übernehmen.[204] Führen Versteigerungsversuche unter diesen Bedingungen für die Beteiligten nicht zu einem hinreichenden Erfolg, kann das Grundstück auf Antrag durch **„Doppelausgebot"** nach den allgemeinen Regeln versteigert werden, die zum Erlöschen der Altenteilsrechte führen.[205]

Art. 97 [Staatsschuldbuch]

(1) Unberührt bleiben die landesgesetzlichen Vorschriften, welche die Eintragung von Gläubigern des *Bundesstaats* in ein Staatsschuldbuch und die aus der Eintragung sich erge-

---

[191] KG JW 1932, 1564 = HRR 1931 Nr. 1706 zur Pfändung; OLGE 14, 131 zur Abtretung.
[192] BGHZ 25, 293 (299) = NJW 1957, 1798; BGH NJW-RR 2010, 1235 Rn. 12 ff.: nicht bei Zahlungsansprüchen.
[193] OLG Celle RdL 1978, 319 = AgrarR 1979, 61; AgrarR 1983, 306 f.; Soergel/*Hartmann* Rn. 5.
[194] OLG Dresden OLGE 31, 343; KG KW 1935, 2439 = HRR 1935 Nr. 723; BayObLGZ 1975, 191 (196 f.).
[195] BGHZ 53, 41 = NJW 1970, 282; BGH NJW-RR 2010, 1235 Rn. 15 ff.; LG Oldenburg Rpfleger 1982, 298 mAnm *Hornung;* Staudinger/*Albrecht,* 2018, Rn. 52, 56; Soergel/*Hartmann* Rn. 5.
[196] OLG Hamm OLGZ 1970, 49; OLG Düsseldorf JMBl. NRW 1961, 237; Staudinger/*Albrecht,* 2018, Rn. 52; *Lange-Parpart* RNotZ 2008, 377 (398).
[197] BGH NJW 1970, 282 (283) aE; OLG Celle RdL 1956, 13; einen Sonderfall betrifft RGZ 140, 60.
[198] OLG Braunschweig OLGE 22, 384; 25, 191 (193).
[199] Also nicht ein Wohnrecht als solches, OLG Braunschweig NdsRpfl. 1996, 93.
[200] BGH NJW 1995, 2790; BVerwGE 92, 281 = NJW 1994, 64 f.; BGH NJW-RR 1992, 566 f.; OLG Köln MittRhNotK 1993, 162; OLG Düsseldorf NJW-RR 1988, 326; OLG Nürnberg RdL 1967, 183 (185 f.); LG Duisburg DNotZ 1984, 571; LG Köln NJW-RR 1997, 594 f.
[201] OLG Bremen ZIP 1987, 1067.
[202] Vgl. BeckOGK/*Wirich* Rn. 185 f. mit Formulierungsvorschlag.
[203] Texte bei *Stöber* ZVG, 22. Aufl. 2019, 162 ff.; näher dazu *Lange-Parpart* RNotZ 2008, 377 (402); speziell zu Baden-Württemberg *Wirich* ZErb 2010, 159 ff.
[204] OLG Hamm RdL 1954, 75; Rpfleger 1986, 270 zum Wohnrecht; RG WarnR 1935 Nr. 83 S. 172; Staudinger/*Albrecht,* 2018, Rn. 57; Grüneberg/*Herrler* Rn. 9; vgl. auch BGH NJW 1991, 2759 f. betr. Hinweispflicht und Amtshaftung; → Rn. 25.
[205] Vgl. dazu iE *Stöber,* 22. Aufl. 2019, ZVG § 52 Rn. 3 mN; *Sprau/Ott,* Justizgesetze in Bayern, 1988, BayAGGVG Art. 30; Beispiele bei *Wirich,* Das Leibgeding, 2006, Rn. 311 ff.; aus der Rspr.: BGH NJW-RR 2012, 455 Rn. 5 ff. = Rpfleger 2012, 331 mAnm *Hintzen* = ZflR 2012, 369 mAnm *Alff;* RGZ 152, 104; 162, 52; 148, 310; OLG Celle ZflR 2009, 528; OLG Hamm OLGZ 1969, 380; LG Kiel SchlHA 1957, 307; LG Flensburg SchlHA 1965, 146; LG Arnsberg Rpfleger 1984, 427; vgl. auch BGH LM Nr. 1 § 9 EGZVG = BeckRS 1984, 31078667 = WM 1984, 878; NJW 1996, 522 (524) zu III 2; ausf. hierzu auch BeckOGK/*Wirich* Rn. 142 ff.

benden Rechtsverhältnisse, insbesondere die Übertragung und Belastung einer Buchforderung, regeln.

(2) [1]Soweit nach diesen Vorschriften eine *Ehefrau* berechtigt ist, selbständig Anträge zu stellen, ist dieses Recht ausgeschlossen, wenn ein Vermerk zugunsten des *Ehemanns* im Schuldbuch eingetragen ist. [2]Ein solcher Vermerk ist einzutragen, wenn die *Ehefrau* oder mit ihrer Zustimmung der *Ehemann* die Eintragung beantragt. [3]Die *Ehefrau* ist dem *Ehemann* gegenüber zur Erteilung der Zustimmung verpflichtet, wenn sie nach dem unter ihnen bestehenden Güterstand über die Buchforderung nur mit Zustimmung des *Ehemanns* verfügen kann.

1 Die neuen Landesgesetze machen von den Vorbehaltsrechten des **Abs. 1** überwiegend durch Verweisung auf das **Bundesschuldenwesengesetz** (BSchuWG) vom 12.7.2006 (BGBl. 2006 I 1466), zuletzt geändert durch Gesetz vom 16.7.2021 (BGBl. 2021 I 3372), bezüglich des Landesschuldbuchs Gebrauch. Dadurch wird dem Landesgesetzgeber ermöglicht, ein Staatsschuldbuch ein- bzw. fortzuführen, ohne die Vorgaben des BGB einzuhalten. Das Reichsschuldbuchgesetz wurde mit Wirkung zum 1.1.2002 aufgehoben, jedoch galten gemäß § 17 Abs. 1 BWpVerwG dessen Bestimmungen bis zu einer Neuregelung durch die Länder fort, soweit in den Landesgesetzen auf diese verwiesen wird. Zwar wurde das BWpVerwG zum 11.12.2001 (BGBl. 2001 I 3519) außer Kraft gesetzt, dennoch ordnet das Landesgesetz über das Landesschuldbuch für Rheinland-Pfalz die Anwendung des RSchBG an. Abs. 2 S. 3 ist, soweit die Norm überhaupt noch einen Anwendungsbereich haben sollte, nichtig; der Verlust der verfügungsrechtlich relevanten Antragsbefugnis, verbunden mit der Verpflichtung im Innenverhältnis zum Ehemann, die Zustimmung nach altem Güterstandsrecht zu erteilen, verstößt gegen Art. 3 Abs. 2 GG.[1]

2 **Landesgesetze: Baden-Württemberg:** Landesschuldbuchgesetz (BWSchuldbG) vom 1.3.2010 (GBl. 2010, 265); **Bayern:** Staatsschuldbuchgesetz (StSchuldbuchG) idF vom 30.3.2003 (GVBl. 2003, 302), zuletzt geändert durch Verordnung vom 26.3.2019 (GVBl. 2019, 98); **Berlin:** Schuldbuch-Gesetz (BlnSchBG) vom 17.12.2008 (GVBl. 2008, 477); die Verordnung zur Durchführung des Schuldbuch-Gesetzes für das Land Berlin vom 21.7.1953 (GVBl. 1953, 721) ist nach wie vor in Kraft; **Brandenburg:** Landesschuldbuchgesetz (BbgLSBG) vom 29.6.2004 (GVBl. 2004, 269), geändert durch Gesetz vom 9.1.2012 (GVBl. 2012 I Nr. 2); **Bremen:** Schuldbuchgesetz (BrSchBG) vom 16.12.2008 (GBl. 2008, 407); **Hamburg:** Schuldbuchgesetz (HbgSchBuchG) vom 21.5.2013 (GVBl. 2013, 249); **Hessen:** Landesschuldengesetz (HLSchuldG) vom 27.6.2012 (GVBl. 2012 I 222); **Niedersachsen:** Gesetz über das Schuldenwesen (NdsSchuldwG) vom 12.12.2003 (GVBl. 2003, 446), zuletzt geändert durch Gesetz vom 17.12.2007 (GVBl. 2007, 775); **Nordrhein-Westfalen:** Landesschuldenwesengesetz (NRWLSchuWG) vom 18.11.2008 (GV 2008, 721); **Rheinland-Pfalz:** Landesgesetz über das Schuldbuch (SchuldBG RhPf) vom 20.11.1978 (GVBl. 1978, 709); **Saarland:** Landesschuldenordnung (SaarLSO) vom 12.12.2002 (ABl. 2003, 8), geändert durch Gesetz vom 15.2.2006 (ABl. 2006, 474); **Sachsen:** Gesetz über das Staatsschuldbuch (StschuldbG) vom 13.12.2012 (GVBl. 2012, 725); **Sachsen-Anhalt:** Schuldenordnung (LSO) vom 21.12.1992 (GVBl. 1992, 870), geändert durch Gesetz vom 24.3.2020 (GVBl. 2020, 108, 109); **Schleswig-Holstein:** Landesschuldenwesengesetz (SHLSchuWG) vom 21.12.2011 (GVOBl. 2011, 72); **Thüringen:** Landesschuldbuchgesetz (ThürLSBG) vom 10.2.2011 (GVBl. 2011, 1), zuletzt geändert durch Gesetz vom 13.3.2014 (GVBl. 2014, 92).

Art. 98 [Rückzahlung von Staatsschulden]

Unberührt bleiben die landesgesetzlichen Vorschriften über die Rückzahlung oder Umwandlung verzinslicher Staatsschulden, für die Inhaberpapiere ausgegeben oder die im Staatsschuldbuch eingetragen sind.

1 Von vorstehendem Vorbehalt wird in den Bundesländern kein Gebrauch mehr gemacht.

Art. 99 [Sparkassen]

Unberührt bleiben die landesgesetzlichen Vorschriften über die öffentlichen Sparkassen, unbeschadet der Vorschriften des § 808 des Bürgerlichen Gesetzbuchs und der Vorschriften des Bürgerlichen Gesetzbuchs über die Anlegung von Mündelgeld.

---

[1] Ebenso Staudinger/*Mittelstädt,* 2018, Rn. 12.

Schrifttum: *Biesok,* Sparkassenrecht, 2021; *Blume,* Sparkassen im Spannungsfeld zwischen öffentlichem Auftrag und kreditwirtschaftlichem Wettbewerb, 2000; *Bowmann,* Sparkassenprivatisierungsverbot durch den Landessparkassengesetzgeber, 2010; *Schlierbach/Püttner,* Das Sparkassenrecht in der Bundesrepublik Deutschland, 5. Aufl. 2003; *Hoffmann-Theinert,* Rechtsprechung zum Sparkassenrecht, 2012.

Schrifttum zum Landesrecht: Baden-Württemberg: *Klüpfel/Gaberdiel/Gnamm/Höppel,* Das Sparkassenrecht in Baden-Württemberg, Kommentar zum Sparkassengesetz für Baden-Württemberg, 9. Aufl. 2017; **Bayern:** *Krebs/Dülp/Schröer,* Bayerisches Sparkassenrecht, Stand 2002; **Hessen:** *Schlierbach,* Das Sparkassenrecht in Hessen, 5. Aufl. 1981; **Niedersachsen:** *Berger,* Sparkassengesetz für das Land Niedersachsen, 2. Aufl. 2006; **Nordrhein-Westfalen:** *Heinevetter/Engau/Menking,* Sparkassengesetz Nordrhein-Westfalen, Kommentar, Stand 9. EL 2022; **Rheinland-Pfalz:** *Dietrich,* Sparkassengesetz Rheinland-Pfalz, 7. Aufl. 2001; **Schleswig-Holstein:** *Krüger,* Sparkassengesetz für das Land Schleswig-Holstein, Kommentar, 2000.

Organisation und Beaufsichtigung der öffentlichen Sparkassen können die Länder kraft ihrer Zuständigkeit für das Kommunalrecht regeln. Der Vorbehalt unterstellt auch die **privatrechtlichen Beziehungen** dem Landesrecht.[1] Für die Rechtsverhältnisse der öffentlichen Sparkassen gilt damit grundsätzlich das bürgerliche Recht; lediglich Modifizierungen können vom Landesgesetzgeber vorgenommen werden.[2] Von dem Vorbehalt nicht erfasst sind **Inhaberpapiere** nach § 808 BGB sowie die **Anlegung von Mündelgeldern** iSd §§ 1805 ff. BGB aF, § 1908i BGB aF und § 1915 BGB aF. Die Regelungsbefugnis findet außerdem im KWG seine Grenzen: Nach § 62 Abs. 1 S. 1 KWG bleiben landesrechtliche Vorschriften nur insoweit bestehen, als sie den Bestimmungen des Gesetzes nicht zuwiderlaufen. In **Hamburg** gilt die Besonderheit, dass es kein landesrechtliches Sparkassengesetz gibt. Die „Hamburger Sparkasse, welche aus Verschmelzung der „Hamburger Sparcasse von 1827" und der „Neuen Sparcasse von 1864" entstand, ist eine öffentliche Sparkasse des Privatrechts.[3] 1

Art. 100 [Schuldverschreibungen öffentlich-rechtlicher Körperschaften]

Unberührt bleiben die landesgesetzlichen Vorschriften, nach welchen bei Schuldverschreibungen auf den Inhaber, die der *Bundesstaat* oder eine ihm angehörende Körperschaft, Stiftung oder Anstalt des öffentlichen Rechts ausstellt:

1. **die Gültigkeit der Unterzeichnung von der Beobachtung einer besonderen Form abhängt, auch wenn eine solche Bestimmung in die Urkunde nicht aufgenommen ist;**
2. **der im § 804 Abs. 1 des Bürgerlichen Gesetzbuchs bezeichnete Anspruch ausgeschlossen ist, auch wenn die Ausschließung in dem Zins- oder Rentenschein nicht bestimmt ist.**

Art. 100 ermöglicht den Ländern, vom Land oder seinen öffentlich-rechtliche Körperschaften ausgestellte Inhaberpapiere von der Beachtung der Formvorschrift des **§ 793 Abs. 2 S. 1 BGB freizustellen.** Weiterhin kann der Landesgesetzgeber festlegen, dass der **Anspruch nach § 804 Abs. 1 BGB ausgeschlossen ist,** wonach im Falle des Abhandenkommens oder Vernichtung eines Inhaberpapiers das Forderungsrecht des bisherigen Inhabers gegenüber des Ausstellers nicht besteht (→ BGB § 804 Rn. 4 ff.). 1

Die Länder **Bayern, Berlin, Nordrhein-Westfalen und Schleswig-Holstein** haben von dieser Möglichkeit in ihren AGBGB Gebrauch gemacht. 2

Art. 101 [Umschreibung von Schuldverschreibungen auf den Namen]

Unberührt bleiben die landesgesetzlichen Vorschriften, welche den *Bundesstaat* oder ihm angehörende Körperschaften, Stiftungen und Anstalten des öffentlichen Rechts abweichend von der Vorschrift des § 806 Satz 2 des Bürgerlichen Gesetzbuchs verpflichten, die von ihnen ausgestellten, auf den Inhaber lautenden Schuldverschreibungen auf den Namen eines bestimmten Berechtigten umzuschreiben, sowie die landesgesetzlichen Vorschriften, welche die sich aus der Umschreibung einer solchen Schuldverschreibung ergebenden Rechtsverhältnisse, mit Einschluß der Kraftloserklärung, regeln.

1 Zum Verhältnis Bundes-/Landesrecht Staudinger/*Albrecht,* 2018, Rn. 9; *Igelspacher,* Die Bundeszuständigkeit im kommunalen Sparkassenwesen, Diss. München 1971.
2 BGHZ 154, 146 = NJW 2003, 1658.
3 BVerwGE 69, 11 = NVwZ 1987, 221; Staudinger/*Albrecht,* 2018, Rn. 14.

1 Die Vorschrift ermöglicht den Ländern, die Aussteller öffentlicher Schuldverschreibungen entgegen § 806 S. 2 BGB **zur Umschreibung zu verpflichten.**

2 Von dieser Möglichkeit ist in den Landesgesetzen von **Bayern, Berlin und Nordrhein-Westfalen** Gebrauch gemacht worden.

Art. 102 [Kraftloserklärung von Legitimationspapieren]

(1) Unberührt bleiben die landesgesetzlichen Vorschriften über die Kraftloserklärung und die Zahlungssperre in Ansehung der im § 807 des Bürgerlichen Gesetzbuchs bezeichneten Urkunden.

(2) Unberührt bleiben die landesgesetzlichen Vorschriften, welche für die Kraftloserklärung der im § 808 des Bürgerlichen Gesetzbuchs bezeichneten Urkunden ein anderes Verfahren als das Aufgebotsverfahren bestimmen.

1 Von der in Abs. 1 eröffneten Möglichkeit, eine Kraftloserklärung und Zahlungssperre bei den in § 807 BGB bezeichneten Urkunden vorzusehen, hat **kein** Bundesland bislang **Gebrauch** gemacht.

2 Die nachfolgenden Länder haben für die Kraftloserklärung der in § 808 BGB genannten Urkunden ein vom Aufgebotsverfahren **abweichendes Verfahren** vorgesehen: **Baden-Württemberg, Bayern, Berlin, Bremen, Niedersachsen, Nordrhein-Westfalen, Rheinland-Pfalz und das Saarland.**

Art. 103 [Ersatz für öffentlichen Unterhalt] *(gegenstandslos)*

1 Die Vorschrift ist **gegenstandslos** geworden durch das frühere BSHG idF der Bekanntmachung vom 13.2.1976 (BGBl. 1976 I 289); vgl. Neubekanntmachung des EGBGB vom 21.7.2004 (BGBl. 2004 I 2494).

Art. 104 [Rückerstattung von Abgaben und Kosten]

Unberührt bleiben die landesgesetzlichen Vorschriften über den Anspruch auf Rückerstattung mit Unrecht erhobener öffentlicher Abgaben oder Kosten eines Verfahrens.

1 In Betracht kommen hauptsächlich landesrechtliche Regelungen über die **Verjährung** oder das **Erlöschen** von Rückforderungsansprüchen sowie Vorschriften über das **Verfahren** bei der Verfolgung solcher Ansprüche.

2 Art. 104 hat durch **bundesrechtliche Regelungen** weitgehend an Bedeutung verloren. Für den Geltungsbereich der AO ist er gemäß § 449 RAbgO außer Kraft getreten. Heute gelten für Steuererstattungsansprüche die §§ 37, 38, 218 AO. Für den Bereich der Justiz bestehen bundeseinheitliche Vorschriften in § 5 Abs. 2 GKG; §§ 6, 11 ff. GNotKG; § 8 Abs. 2 GvKostG und § 5 JVKostG.

Art. 105 [Haftung für gefährliche Betriebe]

Unberührt bleiben die landesgesetzlichen Vorschriften, nach welchen der Unternehmer eines *Eisenbahnbetriebs oder eines anderen* mit gemeiner Gefahr verbundenen Betriebs für den aus dem Betrieb entstehenden Schaden in weiterem Umfang als nach den Vorschriften des Bürgerlichen Gesetzbuchs verantwortlich ist.

1 Die Vorschrift ermöglicht dem Landesgesetzgeber, für die Haftung des Unternehmers eines Betriebes abweichend von §§ 823, 831 BGB eine **Gefährdungshaftung** einzuführen. Die Länder haben von diesem Vorbehalt **keinen Gebrauch** gemacht. Nach dem Inkrafttreten bundeseinheitlicher Haftungsregeln ist der Vorbehalt für folgende Bereiche überholt: Für den Betrieb von Eisenbahnen und Straßenbahnen und für Elektrizitäts- und Gaswerke gilt das HPflG. Das UmweltHG normiert eine Gefährdungshaftung für Umwelteinwirkungen. Die Gefährdungshaftung für Kernanlagen ist im AtG geregelt. Die Gefährdungshaftung bei dem Betrieb von Kraft- und Luftfahrzeugen ist im StVG und im LuftVG geregelt.

Art. 106 [Haftung bei Benutzung öffentlicher Grundstücke]

Unberührt bleiben die landesgesetzlichen Vorschriften, nach welchen, wenn ein dem öffentlichen Gebrauch dienendes Grundstück zu einer Anlage oder zu einem Betrieb benutzt werden darf, der Unternehmer der Anlage oder des Betriebs für den Schaden verantwortlich ist, der bei dem öffentlichen Gebrauch des Grundstücks durch die Anlage oder den Betrieb verursacht wird.

Der Vorbehalt betrifft Anlagen und Betriebe jeder Art, sofern für sie ein öffentliches Grundstück benutzt wird und dessen Benutzung erlaubt ist. Bei widerrechtlicher Benutzung gelten allein die §§ 823 ff., insbesondere § 823 Abs. 2 BGB. 1

Derzeit bestehen **keine landesrechtlichen Regelungen** mehr. Art. 106 ist bedeutungslos geworden, da die Haftung der Unternehmen durch Bundesgesetz einheitlich geregelt ist (vgl. Art. 105). 2

Art. 107 [Haftung bei Verstoß gegen Grundstücks-Schutzgesetze]

Unberührt bleiben die landesgesetzlichen Vorschriften über die Verpflichtung zum Ersatz des Schadens, der durch das Zuwiderhandeln gegen ein zum Schutz von Grundstücken erlassenes Strafgesetz verursacht wird.

Der Vorbehalt gestattet dem Landesgesetzgeber eine Regelung der deliktsrechtlichen Schadenshaftung bei Verstößen gegen Strafgesetze zum Schutz von Grundstücken, die von den Haftungsgrundsätzen der §§ 823 ff. BGB abweichen. Der Landesgesetzgeber kann insbesondere die **deliktsrechtliche Verschuldenshaftung** für Eigen- und Drittverschulden abweichend von den §§ 31, 823 Abs. 2 BGB, §§ 831, 832 BGB regeln, sowie für die **Berechnung des Schadens** Verjährungsbestimmungen und verfahrensrechtliche Besonderheiten der **Schadensersatzklage** bestimmen. 1

Der Vorbehalt ist in den meisten **Feld- und Forstschutzgesetzen** der Länder genutzt worden; dies gilt allerdings nicht für die Landesgesetze der Länder Brandenburg, Mecklenburg-Vorpommern, Sachsen, Sachsen-Anhalt und Thüringen. 2

Art. 108 [Tumultschäden]

Unberührt bleiben die landesgesetzlichen Vorschriften über die Verpflichtung zum Ersatz des Schadens, der bei einer Zusammenrottung, einem Auflauf oder einem Aufruhr entsteht.

Die Vorschrift verweist für den Ersatz von Schäden, die bei einer Zusammenrottung, einem Aufstand oder einem Aufruhr entstehen, auf das Landesrecht.[1] Das seit 1920 geltende, 1924 durch die Verordnung zur Überleitung der Tumultschädenregelung auf die Länder[2] als Landesrecht fortgeltende Gesetz über die durch innere Unruhen verursachten Schäden (Tumultschädengesetz) vom 12.5.1920 (RGBl. 1920, 941) gilt gemäß Art. 123 ff. GG als Landesrecht weiter. Es ist aber in Baden-Württemberg,[3] Bayern,[4] Hessen,[5] Niedersachsen,[6] Rheinland-Pfalz[7] und dem Saarland[8] außer Kraft getreten.[9] Das Tumultschadensrecht[10] gehört zum **öffentlichen Recht.** Deshalb findet die Regelungssperre 1

1 Vgl. dazu *Hestermeyer* DÖV 2018, 260, 264.
2 Verordnung zur Überleitung der Tumultschädenregelung auf die Länder, RGBl. 1924 I 381.
3 Art. 1, Anl. 1, Drittes RBG vom 18.12.1995 (GBl. 1996, 29).
4 Zweites AufenthG vom 9.7.2003 (GVBl. 2003, 416).
5 Art. 2 Nr. 5 Gesetz vom 17.12.2007 (GVBl. 2007 I 911).
6 Art. 6 Abs. 2 Nr. 1 Gesetz vom 7.10.2010 (GVBl. 2010, 465).
7 Art. 1 Abs. 4 Nr. 11 Achtes RBG vom 12.10.1995 (GVBl. 1995, 421).
8 Art. 3 Abs. 11 Nr. 3 Fünftes RBG vom 5.2.1997 (ABl. 1997, 258).
9 Näher dazu *Kimmel,* Staatshaftung für Tumultschäden, 2003, 112 ff. krit. zur Frage der Weitergeltung in den neuen Bundesländern.
10 Zum Tumultschadensrecht s. *Brintzinger* DÖV 1972, 227; *Diederichsen-Marburger* NJW 1970, 777; *Brodöfel,* in Geigel/Schlegelmilch, Der Haftpflichtprozess, 28. Aufl. 2020, 214 ff.; *Geitner* VersR 1983, 5; *Häupke* NJW 1968, 2229; *Heinrichs* NJW 1968, 973; *Heinrichs* NJW 1968, 2230; *Karpen* ZRP 1987, 349, *Kimmel,* Staatshaftung für Tumultschäden, 2003; *Merten* NJW 1970, 1625; *Rieve,* Kollektive Sicherungssysteme bei Tumultschäden, Diss. 1997; *Armbrüster/Schreier* VersR 2017, 1173; *Bergwanger* NVwZ 2017, 1348.

für den Landesgesetzgeber durch das Kodifikationsprinzip keine Anwendung.[11] Der Haftungsgrund für Tumultschäden besteht nicht in der Begehung zivilistischen Unrechts, sondern darin, dass der Staat seine sozial- und rechtsstaatsimmanente Aufgabe als Garant der öffentlichen Sicherheit und Ordnung im konkreten Fall nicht erfüllt hat.[12]

2 Die im Zusammenhang mit der Verabschiedung des Staatshaftungsgesetzes vorgesehene **Neuordnung des Tumultschadensrechts** ist nicht erfolgt, da die dafür erforderliche Erweiterung der Bundesgesetzgebungskompetenz nicht durchgesetzt werden konnte.[13] Aus diesem Grund kommt derzeit auch eine Aufnahme des Tumultschadensrechts in das Sozialgesetzbuch nicht in Betracht.[14]

3 Ein **Anspruch** aus dem Gesetz besteht bei Eintritt eines Schadens durch offene Gewalt, der der Staat keinen Einhalt gebietet, sofern iSv § 1 Tumultschädengesetz die Gewalt die Dimension einer **„inneren Unruhe"** erreicht. Mit diesem Begriff ist aber keine Einschränkung der in Art. 108 aufgezählten drei Haftungsvoraussetzungen verbunden. Entgegen der historisch an die revolutionären Vorgänge aus dem Jahr 2018 und 2019 anknüpfenden engen Begriffsdefinition der hL und Rspr.,[15] die auch dem restriktiven Verständnis in Art. 87a Abs. 4 GG zugrunde liegt und in welcher es um die Begrenzung des Einsatzes der Bundeswehr bei internen Auseinandersetzungen geht, sollte vielmehr auf Situationen Bezug genommen werden, wo trotz offener Gewalt die Täter als Folge staatlicher Untätigkeit nicht erfasst werden können, um einen „Billigkeitsanspruch"[16] gegen den Staat wegen der Nichtbeherrschung der Situation zu gewähren. Die Anforderungen dürfen daher entgegen der hL und Rspr. nicht zu hoch angesetzt werden. Der von 23.000 Polizeibeamten nicht zu beherrschende gewalttätige Auflauf im Zusammenhang mit dem G20-Gipfel in Hamburg am 6./7.7.2017 stellte eine solche „innere Unruhe" dar.[17]

Art. 109 [Enteignung]

[1]Unberührt bleiben die landesgesetzlichen Vorschriften über die im öffentlichen Interesse erfolgende Entziehung, Beschädigung oder Benutzung einer Sache, Beschränkung des Eigentums und Entziehung oder Beschränkung von Rechten. [2]Auf die nach landesgesetzlicher Vorschrift wegen eines solchen Eingriffs zu gewährende Entschädigung finden die Vorschriften der Artikel 52 und 53 Anwendung, soweit nicht die Landesgesetze ein anderes bestimmen. [3]Die landesgesetzlichen Vorschriften können nicht bestimmen, daß für ein Rechtsgeschäft, für das notarielle Beurkundung vorgeschrieben ist, eine andere Form genügt.

1 Art. 109 S. 1 stellt keine dem heutigem Rechtsverständnis entsprechende Definition der Enteignung[1] dar. Die Vorschrift dient lediglich der **Klarstellung,** dass die dem öffentlichen Recht zuzuordnenden landesrechtlichen Enteignungsvorschriften nicht durch die Aufhebung der landesrechtlichen Privatrechtsvorschriften berührt werden. Sie ermächtigt jedoch nicht den Landesgesetzgeber, dem im dritten Buch des BGB geregelten Sachenrecht widersprechende Vorschriften zu erlassen.[2] **Enteignende, enteignungs- oder aufopferungsgleiche Eingriffe** fallen **nicht** unter Art. 109; der Vorbehalt will nicht die Folgen von zufälligen, rechtswidrigen oder gar schuldhaften Eingriffen sondern vielmehr die gesetzlich erlaubten Beeinträchtigungen von Rechten erfassen.[3]

---

11 Vgl. Soergel/*Hartmann* Rn. 2.
12 Vgl. zB *Schäfer/Bonk* Staatshaftungsgesetz, 1990, StHG § 15 Rn. 89 aE; *Hestermeyer* DÖV 2018, 260, 264.
13 Vgl. hierzu BT-Drs. 8/2080 und *Rabt* in BT-Drs. 8/4144, 37.
14 Vgl. dazu *Schäfer/Bonk,* Staatshaftungsgesetz, 1990, StHG § 15 Rn. 90.
15 Vgl. *Waschew* JW 1925, 1263 f.; aus der Rspr. RGZ 100, 243, 245; 101, 385, 387.
16 *Armbrüster/Schreier* VersR 2017, 1173.
17 Näher dazu *Hestermeyer* DÖV 2018, 260 ff. – allerdings mit Beharren auf dem engen Verständnis von „innerer Unruhe".
1 Zur Enteignung s. *Aust/Jacobs/Pasternak/Friedrich,* Die Enteignungsentschädigung, 8. Aufl. 2021; *Meyer/Thiel/Frohberg,* Enteignung von Grundeigentum, 5. Aufl. 1959; *Schmitt* BayVBl. 1973, 91; *Joachim* NJW 1974, 1275; *Krohn,* Enteignung und Enteignungsentschädigung unter besonderer Berücksichtigung der Rspr. des BGH, 1980; *Krohn,* Enteignung, Entschädigung, Staatshaftung, 1993; *Ossenbühl,* Staatshaftungsrecht, 6. Aufl. 2013; *Nüßgens/Boujong,* Eigentum, Sozialbindung, Enteignung, 1987, Rn. 324 ff.; *Windthorst,* Staatshaftungsrecht, 2. Aufl. 2019; *Böckenförde* NJW 2009, 2484; *Froese* NJW 2017, 444; *Kühne* NVwZ 2014, 321; *Kullick* NZBau 2013, 755; *Scheidler* ZfBR 2017, 122; *Ogorek* DÖV 2018, 465; *Haaß* LKV 2019, 145; *Schede/Schuldt* ZRP 2019, 78.
2 BVerfGE 45, 297 (342) = NJW 1977, 2349.
3 Staudinger/*Merten,* 2018, Rn. 21.

Landesgesetzliche Vorschriften iSd Art. 109 sind alle enteignungsrechtlichen Normen der Länder; so zB die Enteignungsgesetze,[4] die Landesgesetze über Denkmalschutz, Naturschutz und Landschaftspflege, etc. 2

Art. 109 S. 3 ist durch § 57 Abs. 4 Nr. 1 BeurkG aF angefügt worden. Damit entfallen diejenigen Landesvorschriften, die eine einfachere Form genügen ließen. Art. 109 S. 3 ist nach seinem Normzweck weit auszulegen. 3

Art. 110 [Wiederherstellung zerstörter Gebäude]

Unberührt bleiben die landesgesetzlichen Vorschriften, welche für den Fall, daß zerstörte Gebäude in anderer Lage wiederhergestellt werden, die Rechte an den beteiligten Grundstücken regeln.

Der Vorbehalt ist in Zusammenhang mit versicherungsrechtlichen **Wiederaufbaupflichten** zu sehen, die auf landesgesetzlichen Vorschriften oder den Versicherungsbestimmungen[1] (vgl. § 93 VVG) beruhen können. Die durch Art. 110 aufrechterhaltenen Vorschriften gestatteten ausnahmsweise den Wiederaufbau auf einem anderen Grundstück und regelten für diesen Fall die Rechtsverhältnisse derjenigen, die an dem zerstörten Grundstück bzw. dem neuen Bauplatz dingliche Rechte haben. Diese sogenannten **Retablissementsgesetze** sahen beispielsweise vor, dass dingliche Rechte, die auf der alten Baustelle lasten, auf die neue Baustelle übertragen werden oder dass die Rechte, die an der neuen Baustelle bestanden haben, hinter die von der bisherigen Baustelle übergegangenen Rechte ganz oder teilweise zurücktreten müssen. Da auf diese Weise den Interessen der Realgläubiger Rechnung getragen wird, kann verhindert werden, dass diese sich an die Versicherungs- oder Entschädigungssumme halten (vgl. § 1127 BGB) und dadurch der Wiederaufbau erschwert wird.[2] 1

Es bestehen, soweit ersichtlich, **derzeit keine landesrechtlichen Regelungen** über die Fortwirkung von dinglichen Rechten bei einem Wiederaufbau an einem anderen Ort. Die bisher in acht der alten Bundesländer geltende Beschränkung, Gebäude gegen Feuerrisiko nur bei öffentlich-rechtlichen Monopolanstalten versichern zu können, ist seit dem 1.7.1994 entfallen.[3] Die Landesgesetze über diese öffentlich-rechtlichen Versicherungsanstalten, die einige einschlägige Normen enthielten, wurden in der Folgezeit aufgehoben. 2

Die mWv 1.1.2016 aufgehobene RL 92/49 EWG des Rates vom 18.6.1992 zur Koordinierung der Rechts- und Verwaltungsvorschriften für die Direktversicherung (mit Ausnahme der Lebensversicherung) (Dritte Richtlinie Schadenversicherung, ABl. EG 1992 L 228, 1) wurde durch alle Landesgesetzgeber umgesetzt.[4] Die Entwicklung unter der RL 2009/138/EG des Europäischen Parlaments und des Rates vom 25.11.2009 betreffend die Aufnahme und Ausübung der Versicherungs- und der Rückversicherungstätigkeit (Solvabilität II-RL) bleibt abzuwarten. 3

Art. 111 [Eigentumsbeschränkungen]

Unberührt bleiben die landesgesetzlichen Vorschriften, welche im öffentlichen Interesse das Eigentum in Ansehung tatsächlicher Verfügungen beschränken.

Der Vorbehalt gestattet die landesrechtliche Regelung **privatrechtlicher Eigentumsschranken,** die die allgemeinen Herrschaftsbefugnisse des Eigentümers begrenzen bzw. einer inhaltlichen Verhaltensbindung unterwerfen. Erfasst werden nur landesgesetzliche Vorschriften, welche das Eigentum **unmittelbar** inhaltlich oder begrifflich beschränken und nicht solche, die erst durch einen Verwaltungsakt vollzogen werden müssen.[1] Die Vorbehaltsrechte greifen nur dann, wenn die Privatrechtsnormen ohne Einhaltung eines behördlichen Vorverfahrens die Grenze des Eigentums gegenüber anderen Teilnehmern des Privatrechtsverkehrs festlegen. Nur dann ist die Regelung von Eigentumsschranken nur nach Maßgabe der Vorbehaltsrechte des Art. 109 zulässig. 1

---

4 Vgl. die Nachweise bei Staudinger/*Merten* (2005) Rn. 29.

1 Vgl. zur Möglichkeit des Wiederaufbaus an anderer Stelle im Zusammenhang mit Versicherungsbestimmungen OLG Karlsruhe NJOZ 2004, 1336.

2 Staudinger/*Hönle/Hönle,* 2018, Rn. 1.

3 Vgl. Soergel/*Hartmann* Rn. 2.

4 Staudinger/*Hönle/Hönle,* 2018, Rn. 11.

1 RGZ 116, 268 (273).

2 Unter **tatsächlichen Verfügungen** sind nicht nur Eigentumsbeschränkungen zu verstehen, die auf ein Dulden oder Unterlassen gerichtet sind; miterfasst wird auch die **rechtliche Verfügungsgewalt** als Recht zur Veräußerung, Teilung, Belastung der Sache.[2]

3 Die Eigentumsbeschränkungen dürfen nur in Verfolgung **öffentlicher Interessen,** zB im Interesse des Natur- und Umweltschutzes, erfolgen. Im Interesse privater Belange, insbesondere mit Rücksicht auf den Nachbarschutz, wird das Eigentum durch die §§ 904 ff. BGB (vgl. Erl. zu §§ 904 ff. BGB) und die sonstigen Eigentumsschranken des Privatrechts (→ BGB § 903 Rn. 28) begrenzt. Erweiterte Vorbehaltsrechte eröffnet Art. 124, der nicht auf die Berücksichtigung öffentlicher Interessen abstellt, sondern dem Landesgesetzgeber die Festlegung von Schranken des Grundeigentums zu Gunsten der Nachbarn gestattet (→ Art. 124 Rn. 1).

4 Eigentumsbeschränkungen im öffentlichen Interesse sind überwiegend Regelungsgegenstand **öffentlich-rechtlicher Normen.** Hieraus ergeben sich Überschneidungen mit den Vorbehaltsrechten aus Art. 111, die eine Zuordnung der eigentumsbeschränkenden Normen zum öffentlichen oder Privatrecht erschweren.

5 Landesrechtliche Eigentumsbeschränkungen finden sich insbesondere in den Naturschutz-, Denkmalschutz-, Waldschutz- und Forstgesetzen sowie im Bauordnungsrecht.[3]

Art. 112 [Bahneinheiten]

Unberührt bleiben die landesgesetzlichen Vorschriften über die Behandlung der einem Eisenbahn- oder Kleinbahnunternehmen gewidmeten Grundstücke und sonstiger Vermögensgegenstände als Einheit (Bahneinheit), über die Veräußerung und Belastung einer solchen Bahneinheit oder ihrer Bestandteile, insbesondere die Belastung im Falle der Ausstellung von Teilschuldverschreibungen auf den Inhaber, und die sich dabei ergebenden Rechtsverhältnisse sowie über die Liquidation zum Zwecke der Befriedigung der Gläubiger, denen ein Recht auf abgesonderte Befriedigung aus den Bestandteilen der Bahneinheit zusteht.

1 Die praktische Bedeutung des Vorbehalts ist gering. Er gilt nur für solche Bahnen, die **nicht** durch Staatsvertrag vom 31.3.1920 (RGBl. 1920, 774) **auf das Reich übernommen** wurden. Auf die Deutsche Bahn AG (ehemals Bundesbahn) ist Art. 112 nicht anwendbar, da die Bundeseisenbahnen gemäß Art. 73 Nr. 6 GG der ausschließlichen Gesetzgebungskompetenz des Bundes unterliegen.

2 Der Bund hat die Ordnung der Privatbahnen und Kleinbahnen weitgehend den Ländern überlassen. Diese haben zum Teil neue Eisenbahngesetze erlassen, so **Baden-Württemberg:** BWLEisenbG vom 8.6.1995 (GBl. 1995, 417), zuletzt geändert durch Gesetz vom 11.11.2020 (GVBl. 2020, 1043); **Bayern:** BayESG idF vom 9.8.2003 (GVBl. 2003, 598); zuletzt geändert durch VO vom 26.3.2019 (GVBl. 2019, 98); Seilbahnverordnung (BaySeilbV) vom 15.6.2011 (GVBl. 2011, 271), zuletzt geändert durch VO vom 23.12.2019 (GVBl. 2019, 737); **Bremen:** BremLEG vom 3.4.1973 (GBl. 1973, 33), zuletzt geändert durch Geschäftsverteilung des Senats vom 20.10.2020 (GBl. 2020, 1172); **Hamburg:** HbgLEG vom 4.11.1963 (GVBl. 1963, 205), zuletzt geändert durch Gesetz vom 22.9.1987 (GVBl. 1987, 177); **Hessen:** HEisenbG vom 25.9.2006 (GVBl. 2006 I 491), zuletzt geändert durch Gesetz vom 6.9.2019 (GVBl. 2019, 224); **Rheinland-Pfalz:** RPLEisenbG vom 23.3.1975 (GVBl. 1975, 141), zuletzt geändert durch Gesetz vom 22.12.2015 (GVBl. 2015, 516); **Saarland:** SaarlESBG vom 26.4.1967 (ABl. 1967, 402), zuletzt geändert durch Gesetz vom 8.12.2021 (ABl. 2021 I 2629); **Sachsen:** SächsLEisenbG vom 12.3.1998 (GVBl. 1998, 97), zuletzt geändert durch Gesetz vom 19.5.2010 (GVBl. 2010, 142); **Sachsen-Anhalt:** LSALEG vom 12.8.1997 (GVBl. 1997, 750), zuletzt geändert durch Gesetz vom 15.11.2012 (GVBl. 2012, 526); **Schleswig Holstein:** SHLEisenbG für das Land Schleswig-Holstein vom 27.6.1995 (GVOBl. 1995, 266), zuletzt geändert durch VO vom 16.1.2019 (GVOBl. 2019, 30).

3 Das **preußische Bahneinheiten-Gesetz** vom 19.8.1895 gilt noch in Berlin (GVBl. Sb I 903-3), Hessen (GVBl. II 62-6) und wurde in Nordrhein-Westfalen durch das Gesetz und Verordnungsblatt vom 8.2.2010 (GV. NW. 2010, 93) ersetzt. Für Baden-Württemberg ist § 35 Abs. 3 S. 2 LFGG vom 12.2.1975 (GBl. 1975, 116), zuletzt geändert durch Gesetz vom 6.12.2022 (GBl. 2022, 617) und § 9 GBVO vom 21.5.1975 (GBl. 1975, 398), zuletzt geändert durch Gesetz vom 25.11.2015 (GBl. 2015, 1114) zu beachten.

---

[2] Staudinger/*Hönle/Hönle,* 2018, Rn. 3.

[3] Zu einer Auflistung der Vorschriften → 5. Aufl. 2010, Art. 111 Rn. 1 ff.

Art. 113 [Flurbereinigung]

[1]Unberührt bleiben die landesgesetzlichen Vorschriften über die Zusammenlegung von Grundstücken, über die Gemeinheitsteilung, die Regulierung der Wege, die Ordnung der gutsherrlich-bäuerlichen Verhältnisse sowie über die Ablösung, Umwandlung oder Einschränkung von Dienstbarkeiten und Reallasten. [2]Dies gilt insbesondere auch von den Vorschriften, welche die durch ein Verfahren dieser Art begründeten gemeinschaftlichen Angelegenheiten zum Gegenstand haben oder welche sich auf den Erwerb des Eigentums, auf die Begründung, Änderung und Aufhebung von anderen Rechten an Grundstücken und auf die Berichtigung des Grundbuchs beziehen.

Der Vorbehalt bezüglich der **Zusammenlegung von Grundstücken** ist heute gegenstandslos. Diese Materie ist **bundesrechtlich geregelt,** für ländliche Grundstücke durch das FlurbG[1] mit landesrechtlichen Ausführungsgesetzen,[2] für städtische Grundstücke durch §§ 45 ff. BauGB und §§ 80 ff. BauGB. Landesrecht kann insoweit nur noch Bedeutung haben für fortdauernde Rechtswirkungen von Umlegungen, die nach früherem Landesrecht vorgenommen worden waren.[3] 1

Gemeinheitsteilung[4] ist die Verteilung von gemeinschaftlich genutzten Grundstücken oder gemeinschaftlich ausgeübten Dienstbarkeiten unter den Berechtigten.[5] Für die Anwendung des Vorbehalts ist es unerheblich, ob es sich um Eigentum einer politischen Gemeinde oder einer Realgemeinde oder um sog. Interessenteneigentum[6] handelt.[7] Für Teilungen im Umlegungsverfahren gelten die in → Rn. 1 genannten Gesetze (§ 48 FlurbG, § 62 BauGB). 2

Die Bestimmung über die **Regulierung der Wege** enthält keinen selbstständigen Vorbehalt für das gesamte Wegerecht,[8] sondern ist nur als Klarstellung gedacht, dass die Zusammenlegung von Grundstücken und die Gemeinheitsteilung diesen Bereich miterfasst.[9] Der Vorbehalt betrifft daher heute nur noch die Gemeinheitsteilung. 3

Die Ordnung der **gutsherrlich-bäuerlichen Verhältnisse** bezieht sich auf die Rechtsverhältnisse der früheren ständischen Verfassung, die schon im vorigen Jahrhundert weitgehend umgestaltet waren. Eine erhebliche gegenwärtige Bedeutung des Vorbehalts ist nicht feststellbar. 4

Der Vorbehalt über die Ablösung, Umwandlung oder Einschränkung von **Dienstbarkeiten** und **Reallasten** ist umfassend und bezieht sich auf alle genannten Regelungen für bereits bestehende Dienstbarkeiten und Reallasten, während Art. 115 neu begründete Dienstbarkeiten und Reallasten dem Landesrecht im Sinne einer Ausfüllungsermächtigung unterwirft.[10] 5

Die Regelung neu zu begründender Dienstbarkeiten und Reallasten ist dem Landesgesetzgeber durch Art. 115 vorbehalten. Im Bereich der Zusammenlegung von Grundstücken gelten die in → Rn. 1 genannten Gesetze (§ 49 FlurbG, § 61 BauGB).

Im dargestellten Anwendungsbereich hat der Landesgesetzgeber, wie **S. 2** zeigt, eine weitreichende Regelungsbefugnis auch für Angelegenheiten, die mit den Vorbehalten in sachlichem Zusammenhang stehen. Er kann etwa vorsehen, dass der Eigentumserwerb ohne Auflassung erfolgt. Verfahrensrechtlich wird die Kompetenz des Landesgesetzgebers außerdem durch § 143 GBO, § 3 EGZVG, § 61 Nr. 9 BeurkG ergänzt. Für bestimmte Reallasten gilt Art. 113 nach Art. 116 nicht. 6

Für eine ausführliche Darstellung der landesrechtlichen Regelungen → 5. Aufl. 2010, Art. 113 Rn. 1 ff. 7

---

[1] Seit der Neufassung des Art. 74 Abs. 1 Nr. 17 GG im Rahmen der Föderalismusreform 2006 fällt das Recht der Flurbereinigung nunmehr in die Kompetenz der Länder, vgl. BT-Drs. 16/813, 13. Soweit die Länder von ihrer Kompetenz keinen Gebrauch machen, besteht das aktuelle FlurbG nach Art. 125a Abs. 1 S. 1 GG als Bundesrecht fort.

[2] Vgl. Nachweise bei Staudinger/*Mittelstädt,* 2018, Rn. 103 ff.

[3] Ebenso BGH MDR 1986, 129 f. zur Fortgeltung eines Separationsrezesses aus dem Jahr 1895.

[4] S. dazu OLG Hamm RdL 1974, 73.

[5] *Planck* BGB, 3. Aufl. 1905, 6. Bd., Anm. 2b.

[6] Zum Begriff OLG Hamm RdL 1974, 73 (74 f.); aA Staudinger/*Mittelstädt,* 2018, Rn. 91, wonach der Vorbehalt auch dann gilt, wenn das Nutzungsrecht als Servitut am Grundstück eines anderen besteht und es statt zu dessen Ablösung zu einer Aufteilung des Grundstücks unter Einbeziehung der Nutzungsberechtigten kommt.

[7] Prot. VI 743.

[8] Vgl. RGZ 53, 384 (386).

[9] Vgl. Prot. VI 373.

[10] AA Staudinger/*Mittelstädt,* 2018, Rn. 95, der aus dem Zusammenhang mit den anderen in Art. 113 geregelten Gegenständen den Regelungsbereich einschränken will, ohne dafür klare Kriterien aus der ratio legis angeben zu können.

Art. 114 [Staatliche Ablösungsrenten]

Unberührt bleiben die landesgesetzlichen Vorschriften, nach welchen die dem Staat oder einer öffentlichen Anstalt infolge der Ordnung der gutsherrlich-bäuerlichen Verhältnisse oder der Ablösung von Dienstbarkeiten, Reallasten oder der Oberlehnsherrlichkeit zustehenden Ablösungsrenten und sonstigen Reallasten zu ihrer Begründung und zur Wirksamkeit gegenüber dem öffentlichen Glauben des Grundbuchs nicht der Eintragung bedürfen.

I. Normzweck und Bedeutung

1 Die genannten Rechte wurden vom Gesetzgeber als private Rechte angesehen, die grundsätzlich dem Eintragungszwang des BGB unterliegen; das zum Teil abweichende Landesrecht, vor allem in Bayern, sollte aber aufrecht erhalten bleiben.[1] Der Vorbehalt ist gleichwohl im Wesentlichen überflüssig, da nach **Art. 113 S. 2** mit Ausnahme der dort nicht geregelten Ablösung der Oberlehensherrlichkeit der Eintragungszwang ohnehin zur **Disposition** des **Landesgesetzgebers** steht. Eine wesentliche **praktische Bedeutung** des Vorbehalts in der Gegenwart lässt sich nicht feststellen. Das Landesrecht betrifft zumeist die den Rentenbanken überwiesenen Renten und die Domänen-Amortisationsrenten (→ Rn. 4). Eine Ausnahme zu Art. 114 enthält Art. 116.

II. Anwendungsbereich

2 Der Vorbehalt betrifft die dem Staat oder einer öffentlichen Anstalt (zB Rentenbank) zustehenden Ablösungsrenten und sonstige Reallasten, die infolge a) der Ordnung der gutsherrlich-bäuerlichen Verhältnisse, b) der Ablösung von Dienstbarkeiten und Reallasten oder c) der Ablösung der Oberlehensherrlichkeit begründet werden.

3 Das Landesrecht kann bestimmen, dass die genannten Rechte entgegen § 873 BGB **ohne Eintragung** im Grundbuch **begründet** werden können und auch **nicht** durch gutgläubigen Erwerb des Grundstückseigentums nach § 892 BGB **erlöschen.** Durch § 143 GBO ist der Vorbehalt erstreckt auf das Grundbuchwesen, durch § 2 EGZVG auf das Zwangsversteigerungsverfahren.

Art. 115 [Belastungsverbote]

Unberührt bleiben die landesgesetzlichen Vorschriften, welche die Belastung eines Grundstücks mit gewissen Grunddienstbarkeiten oder beschränkten persönlichen Dienstbarkeiten oder mit Reallasten untersagen oder beschränken, sowie die landesgesetzlichen Vorschriften, welche den Inhalt und das Maß solcher Rechte näher bestimmen.

I. Normzweck und Anwendungsbereich

1 Der Gesetzgeber wollte das Agrarrecht der Landesgesetzgebung vorbehalten und sah die genannten Rechte im Wesentlichen als **Teil des Agrarrechts** an. Der Vorbehalt gilt aber auch für **städtischen Grundbesitz.** Er betrifft nicht die Erbbauzinsreallast (§ 9 Abs. 1 S. 2 ErbbauRG) und die in Art. 116 genannten Rechte. Von den bereits nach Art. 113 bestehenden Möglichkeiten zur landesrechtlichen Regelung ist der Vorbehalt dadurch abgegrenzt, dass es sich hier um **neu zu begründende,** dort aber um bereits bestehende Rechte handelt.

II. Regelungsmöglichkeiten

2 Der Vorbehalt ist für Reallasten ein allgemeiner, dh das Landesrecht kann die Begründung von Reallasten überhaupt untersagen oder die Möglichkeit dazu für alle Reallasten beschränken. In **Nordrhein-Westfalen** gilt die Besonderheit, dass die Reallast nur dann ins Grundbuch eingetragen wird, wenn diese eine wiederkehrende Geldrente zum Gegenstand hat (Geldrentenversicherung).[1]

3 Dagegen bezieht sich der Vorbehalt nur auf gewisse **Grunddienstbarkeiten und beschränkte persönliche Dienstbarkeiten;** der Landesgesetzgeber kann insoweit also nur einzelne, von ihm zu bestimmende Dienstbarkeiten regeln. In diesem Umfang kann das Landesrecht auch den rechtlichen Inhalt und das Maß der genannten Rechte regeln, zB die Ablösbarkeit[2] vorsehen. Es handelt sich um eine **Ausfüllungsermächtigung.** Der Landesgesetzgeber kann nicht die Bestimmungen des BGB ändern, sondern nur Regelungen treffen, soweit das BGB hierfür Raum lässt (→ BGB § 1105

[1] Prot. VI 373.

[1] Vgl. *Custodis* Rpfleger 1987, 233; *Custodis* MittRhNotK 1986, 177; *Meyer-Stolte* Rpfleger 1986, 366; *Streuer* Rpfleger 1989, 57.

[2] Zur zwangsweisen Ablösung ruhender Forstrechte nach bayerischem Landesrecht vgl. BVerwG DVBl 1987, 490.

Rn. 1). Das Landesrecht kann den Inhalt einer Grunddienstbarkeit zB nicht über die Grenzen hinaus ausdehnen, die der Grunddienstbarkeit durch § 1019 BGB gesetzt sind (→ BGB § 1019 Rn. 1).

Art. 116 [Überbau- und Notwegrente]

Die in den Artikeln 113 bis 115 bezeichneten landesgesetzlichen Vorschriften finden keine Anwendung auf die nach den §§ 912, 916 und 917 des Bürgerlichen Gesetzbuchs zu entrichtenden Geldrenten und auf die in den §§ 1021 und 1022 des Bürgerlichen Gesetzbuchs bestimmten Unterhaltungspflichten.

Für die bereits im BGB umfassend geregelten Reallasten besteht **kein Bedürfnis** für eine 1 Regelungsbefugnis des Landesgesetzgebers; die Regelungen über **Überbau- und Notwegrenten sowie die Unterhaltungspflicht bei Grunddienstbarkeiten** sind als abschließend anzusehen. Deshalb entzieht Art. 116 die Reallasten der landesrechtlichen Einwirkung.

Art. 117 [Belastungsbeschränkungen]

(1) Unberührt bleiben die landesgesetzlichen Vorschriften, welche die Belastung eines Grundstücks über eine bestimmte Wertgrenze hinaus untersagen.

(2) Unberührt bleiben die landesgesetzlichen Vorschriften, welche die Belastung eines Grundstücks mit einer unkündbaren Hypothek oder Grundschuld untersagen oder die Ausschließung des Kündigungsrechts des Eigentümers bei Hypothekenforderungen und Grundschulden zeitlich beschränken und bei Rentenschulden nur für eine kürzere als die in § 1202 Abs. 2 des Bürgerlichen Gesetzbuchs bestimmte Zeit zulassen.

I. Inhalt des Vorbehalts

Abs. 1 ermächtigt den Landesgesetzgeber, eine allgemeine **Verschuldensgrenze** festzulegen. 1 Die Verschuldensgrenze bezeichnet den Prozentsatz des Grundstückswertes, bis zu welchem der Eigentümer sein Grundstück belasten darf. Mit der Festlegung einer Verschuldensgrenze ist der Schutz des Eigentümers/Schuldners bezweckt – im Gegensatz zur sog. Beleihungsgrenze (vgl. zB § 14 PfandBG), die die Interessen des Gläubigers im Auge hat.[1]

Abs. 2 betrifft die **Kündigung** von Hypotheken, Grundschulden und Rentenschulden. Der 2 vertragliche Ausschluss des Kündigungsrechts kann entweder völlig untersagt oder zeitlich beschränkt werden. Dabei bezieht sich die erste Variante auf das Kündigungsrecht von Gläubiger und Schuldner, während die Möglichkeit der zeitlichen Beschränkung nur das Kündigungsrecht des Eigentümers erfasst. Für die Rentenschuld gestattet der Vorbehalt eine abweichende Regelung von § 1202 BGB, wonach das Kündigungsrecht des Eigentümers für längstens 30 Jahre ausgeschlossen werden kann.

Praktische Bedeutung hat der Artikel insoweit, als die Ausschließung des Kündigungsrechts bei 3 Grundpfandrechten **zeitlich beschränkt** werden kann. Das Landesrecht legt regelmäßig einen Zeitraum von 20 Jahren fest (Ausnahme: §§ 26, 27 HESAGBGB, § 23 RPAGBGB, § 27 AGJusG Saarland, § 24 ThürAGBGB: 30 Jahre). Ist das Kündigungsrecht nach einer vertraglichen Vereinbarung für einen längeren Zeitraum ausgeschlossen, als es das Landesrecht zulässt, ist die Nichtigkeit der gesamten Belastung trotz des Gesetzesverstoßes in der Regel nicht anzunehmen. Der Parteiwille wird meist dahin auszulegen sein, dass die Belastung des Grundstücks auch ohne die unzulässige Kündigungsabrede erfolgt wäre. Damit greift der **Ausnahmetatbestand des § 139 BGB** ein. Für die die Kündbarkeit betreffende Vereinbarung gilt folgendes: Die Klausel ist nicht völlig unwirksam, sondern nur insoweit, als sie die Kündigung weiter beschränkt, als es das Landesrecht zulässt.[2] Die Reduktion des Kündigungsausschlusses auf das gesetzlich zulässige Maß lässt sich mit dem Zweck der Regelung rechtfertigen. Zum Schutz des Eigentümers soll die Ausschließung des Kündigungsrechts auf einen zumutbaren Zeitraum begrenzt werden. Nach der Wertung des Gesetzgebers stellt ein 20-jähriger Ausschluss keine unangemessene Regelung dar. Die Interessen des Eigentümers erfordern es somit nicht, die völlige Nichtigkeit der Klausel anzunehmen.

Da sich die zeitliche Beschränkung der Unkündbarkeit des Grundpfandrechts unmittelbar aus 4 dem Gesetz ergibt, bedarf es insofern keiner **Eintragung im Grundbuch.**[3]

---

1 Zur Begriffsbestimmung *Baur/Stürner* SachenR, 18. Aufl. 2009, § 36 I 5, 445 f.
2 Staudinger/*Mittelstädt,* 2018, Rn. 7.
3 OLG Schleswig SchlHA 1960, 57 zu Art. 32 § 1 PrAGBGB.

II. Landesrecht

5 Bestimmungen über die **Kündigung von Grundpfandrechten** (Abs. 2) bestehen in: **Baden-Württemberg:** § 34 BWAGBGB vom 26.11.1974 (GBl. 1974, 498), zuletzt geändert durch Gesetz vom 30.4.2024 (GBl. 2024 Nr. 29); Bayern: Art. 63 AGBGB vom 20.9.1982 (GVBl. 1982, 803), zuletzt geändert durch 23.12.2022 (GVBl. 2022, 718); **Berlin:** Art. 32 § 1 BlnAGBGB – Preußisches AGBGB vom 20.9.1899 (PrGS 1899, 177), zuletzt geändert durch Gesetz vom 22.1.2021 (GVBl. 2021, 75); **Hessen:** § 27 HESAGBGB vom 18.12.1984 (GVBl. 1984 I 344), zuletzt geändert durch Gesetz vom 7.5.2020 (GVBl. 2020, 318); **Niedersachsen:** § 21 NdsAGBGB vom 4.3.1971 (GVBl. 1971, 73), zuletzt geändert durch Gesetz vom 17.3.2011 (GVBl. 2011, 89); **Nordrhein-Westfalen:** Art. 32 § 1 NRWAGBGB – Preußisches AGBGB vom 20.9.1899 (PrGS. NW. 1899, 104), zuletzt geändert durch Gesetz vom 3.12.2022 (GVBl. 2022, 1072); **Rheinland-Pfalz:** § 23 RPAGBGB vom 18.11.1976 (GVBl. 1976, 259), zuletzt geändert durch Gesetz vom 22.12.2022 (GVBl. 2022, 481); **Saarland:** §§ 26, 27 AGJusG vom 5.2.1997 (ABl. 1997, 258), zuletzt geändert durch Gesetz vom 13.3.2024 (ABl. I 2024, 310); **Schleswig-Holstein:** § 22 SHAGBGB vom 27.9.1974 (GVOBl. 1974, 357), zuletzt geändert durch Gesetz vom 6.12.2022 (GVOBl. 2022, 1002); **Thüringen:** § 24 ThürAGBGB vom 3.12.2002 (GVBl. 2002, 424), zuletzt geändert durch Gesetz vom 25.11.2004 (GVBl. 2004, 853).

Art. 118 [Vorrang von Meliorationsdarlehen]

[1]Unberührt bleiben die landesgesetzlichen Vorschriften, welche einer Geldrente, Hypothek, Grundschuld oder Rentenschuld, die dem Staat oder einer öffentlichen Anstalt wegen eines zur Verbesserung des belasteten Grundstücks gewährten Darlehens zusteht, den Vorrang vor anderen Belastungen des Grundstücks einräumen. [2]Zugunsten eines Dritten finden die Vorschriften der §§ 892 und 893 des Bürgerlichen Gesetzbuchs Anwendung.

1 Ein **Meliorationsdarlehen** ist ein Darlehen, das zum Zwecke der Verbesserung eines Grundstücks aufgenommen wird und nicht zu sonstigen Werterhöhungen dient.[1] Von dem Vorbehalt hat die Landesgesetzgebung bislang **keinen Gebrauch** gemacht. Beachtlich können indes **öffentlich-rechtliche Regeln** sein, die Verpflichtungen aus bestimmten Darlehen als vorrangige öffentliche Last eines Grundstücks ausgestalten.[2] Diese öffentlich-rechtlichen Regeln sind nicht Ausdruck der Vorbehaltsrechte des Art. 118. Folglich kann der Landesgesetzgeber dann, wenn er das Darlehen als öffentliche Last ausgestaltet, auch Ausnahmen von Art. 118 S. 2 vorsehen, wonach der Schutz Dritter gegenüber dem öffentlichen Glauben des Grundbuchs von der Eintragung im Grundbuch abhängig ist.

Art. 119 [Veräußerungs-, Teilungs- und Vereinigungsbeschränkungen]

Unberührt bleiben die landesgesetzlichen Vorschriften, welche
1. **die Veräußerung eines Grundstücks beschränken;**
2. **die Teilung eines Grundstücks oder die getrennte Veräußerung von Grundstücken, die bisher zusammen bewirtschaftet worden sind, untersagen oder beschränken.**

I. Normzweck

1 Art. 119[1] will einer **unkontrollierten „Güterzertrümmerung"** vorbeugen;[2] der Grundsatz der Privatautonomie wird abgeschwächt, indem der Landesgesetzgeber Verfügungsbeschrän-

---

1 Staudinger/*Mittelstädt,* 2018, Rn. 3.

2 Vgl. den ehemaligen Art. 21 Bay. Gesetz über die Landesbodenkreditanstalt vom 19.4.1949 (BayBS III 564), aufgehoben durch das Gesetz über die Bayerische Landesbank vom 27.6.1972 (GVBl. 1972, 210).

1 *Böhringer* ZfIR 2011, 1; *Böttcher* ZfIR 2010, 6; *Ehrenfort,* Reichssiedlungsgesetz und Grundstücksverkehrsgesetz, 1965; *Eickmann,* Grundstücksrecht in den neuen Bundesländern, 3. Aufl. 1996; *Glantz* DtZ 1992, 108; *Grauel* MittRhNotK 1993, 243; *Grauel* MittRhNotK 1994, 190; *Hägele,* Die Beschränkungen im Grundstücksverkehr, systematische Darstellung für das gesamte Bundesgebiet, 3. Aufl. 1970; *Hötzel,* Grundstücksverkehrsgesetz und Landpachtverkehrsgesetz in rechtspolitischer Diskussion, AgarR 2000, 1; *Krauß,* Immobilienkaufverträge in der Praxis, 9. Aufl. 2020, Rn. 4224 ff.; *Krauß,* Beck'sches Notar-Handbuch, 6. Aufl. 2015, Kap. A IX; *Netz,* Grundstücksverkehrsgesetz, 8. Aufl. 2018; *Pikalo/Bendel,* Grundstücksverkehrsgesetz, 1963; *Prütting/Zimmermann/Heller,* Grundstücksrecht Ost, 2003; *Schöner/Stöber,* Grundbuchrecht, 16. Aufl. 2020; *Wöhrmann,* Grundstücksverkehrsgesetz, 1963; *Mitschang* UPR 2017, 321; *Rieke* MDR 2017, 121.

2 Vgl. Staudinger/*Mittelstädt,* 2018, Rn. 1.

kungen zulasten des Grundstückseigentümers anordnen kann. Dieser Zweck wird heute durch die Gesetze zum Grundstücksverkehr in der Landwirtschaft und die einschlägigen Vorschriften des BauGB verwirklicht. Das landwirtschaftliche Grundstücksverkehrsrecht ist im GrdstVG sowie in den dazu ergangenen Ausführungsgesetzen der Länder geregelt (Agrarstrukturverbesserungsgesetz vom 10.11.2009, GBl. 2009, 645). Seit der Föderalismusreform 2006 steht den Ländern die maßgebliche Gesetzgebungskompetenz zu. Bislang hat hiervon nur Baden-Württemberg Gebrauch gemacht,[3] sodass in den übrigen Ländern weiterhin das GrdstVG Anwendung findet (Art. 125a Abs. 1 S. 1 GG).[4] Im Anwendungsbereich dieser Bestimmungen hat der Vorbehalt seine Bedeutung verloren.

II. Regelungsinhalt im Einzelnen

Nr. 1 betrifft nur Veräußerungs-, nicht hingegen Erwerbsbeschränkungen;[5] Erwerbsbeschränkungen sind nur zulässig, wenn sie durch die Vorbehaltsrechte der Art. 86, 88 gedeckt sind. Weiterhin kann der Landesgesetzgeber gesetzliche Vorkaufsrechte unter Beachtung der verfassungsrechtlichen Vorgaben statuieren.[6] 2

Nr. 2 ermächtigt zur Beschränkung und weitergehend zur vollständigen Untersagung von **Grundstücksteilungsverkäufen.** Die Vorbehaltsrechte dienen der Erhaltung der Landeskultur, um einerseits die zusammenhängende und nachhaltige landwirtschaftliche Bewirtschaftung von land- und forstwirtschaftlichen Grundstücken und anderseits die ungehinderte Zugänglichkeit des Grundstücks zu ermöglichen. 3

Art. 120 [Unschädlichkeitszeugnis]

(1) Unberührt bleiben die landesgesetzlichen Vorschriften, nach welchen im Falle der Veräußerung eines Teiles eines Grundstücks dieser Teil von den Belastungen des Grundstücks befreit wird, wenn von der zuständigen Behörde festgestellt wird, daß die Rechtsänderung für die Berechtigten unschädlich ist.

(2) Unberührt bleiben die landesgesetzlichen Vorschriften, nach welchen unter der gleichen Voraussetzung:
1. **im Falle der Teilung eines mit einer Reallast belasteten Grundstücks die Reallast auf die einzelnen Teile des Grundstücks verteilt wird;**
2. **im Falle der Aufhebung eines dem jeweiligen Eigentümer eines Grundstücks an einem anderen Grundstück zustehenden Rechts die Zustimmung derjenigen nicht erforderlich ist, zu deren Gunsten das Grundstück des Berechtigten belastet ist;**
3. **in den Fällen des § 1128 des Bürgerlichen Gesetzbuchs und des Artikels 52 dieses Gesetzes der dem Eigentümer zustehende Entschädigungsanspruch von dem einem Dritten an dem Anspruch zustehenden Recht befreit wird.**

I. Allgemeines

Eine Veränderung an dinglichen Rechten kann nach den Grundvorschriften der §§ 873 ff. BGB nur unter Mitwirkung der dinglich Berechtigten erfolgen (sog. materielles Konsensprinzip). Das Mitwirkungserfordernis ist nicht nur kostenwirksam, ihm kann aus tatsächlichen Gründen auch oft nur schwer Rechnung getragen werden (zB Vielzahl von Berechtigten), so dass eine verkehrsgerechte Abwicklung grundstücksrechtlicher Vorgänge erschwert ist. Der Vorbehalt ermächtigt den Landesgesetzgeber, **Ausnahmen von dem Konsensprinzip** der §§ 873 ff. BGB zu statuieren. Die nach Landesrecht zuständige Behörde kann die Unschädlichkeit der dinglichen Rechtsänderung für die Berechtigten feststellen (sog. Unschädlichkeitszeugnis); diese Feststellung ersetzt die Zustimmung der Berechtigten zur Rechtsänderung. § 143 Abs. 1 GBO ergänzt den 1

3 Gesetz über Maßnahmen zur Verbesserung der Agrarstruktur in Baden-Württemberg (ASVG) vom 10.11.2009 (GVBl. 2009, 645).

4 Vgl. die Nachweise in *Schönfelder,* Gesetzessammlung, ErgBd. Ordnungsnr. 40 Fn. 1.

5 Vgl. Soergel/*Hartmann* Rn. 1; Staudinger/*Mittelstädt,* 2018, Rn. 4.

6 OVG Berlin-Brandenburg BeckRS 2014, 50996; grdl. RGZ 112, 72 (78). Zur Fortgeltung des dreijährigen Veräußerungsverbots aus dem DDR-Verkaufsgesetz vom 7.3.1990 vgl. *Glantz* DtZ 1992, 108 (110).

1 Zum Unschädlichkeitszeugnis *Bengel/Simmerdering,* Grundbuch, Grundstück, Grenze, 5. Aufl. 2000; *Demharter* MittBayNot 2004, 17; *Kirchmayer* Rpfleger 2004, 203 für Bayern; *J. Mayer* MittBayNot 1993, 333; *Panz* BWNotZ 1998, 16; *Sprau,* Justizgesetze in Bayern, 1988; *Thomas* VIZ 1998, 183; *Demharter* MittBayNot 2013, 104; *Thomas* Agrar- und Umweltrecht 2015, 441; *Francastel* RNotZ 2015, 385; *Stöhr* RNotZ 2016, 137.

Vorbehalt, indem die Vorlage des Unschädlichkeitszeugnisses neben der materiellen Zustimmung auch die sonst erforderliche formelle Bewilligung für das Grundbuchverfahren ersetzt. Der Vorbehalt ermöglicht so den Vollzug einer dinglichen Rechtsänderung ohne die materiell- und formellrechtlich erforderliche Mitwirkung der dinglich Berechtigten. Die Erteilung des Unschädlichkeitszeugnisses dient der **Erleichterung des Rechtsverkehrs;** einerseits wird dem Erwerber einer Teilfläche der lastenfreie Erwerb ermöglicht, anderseits kann der Veräußerer seiner Pflicht zur Lastenfreistellung nachkommen.[2]

II. Inhalt

2 Der Vorbehalt erfasst eine Reihe **unterschiedlicher Sachverhalte:** Die Vorbehaltsrechte nach **Abs. 1** ermöglichen die **lastenfreie Abschreibung von Grundstücksteilen;** das Unschädlichkeitszeugnis ersetzt dabei die nach §§ 875, 876 BGB erforderliche Mitwirkung der dinglich Berechtigten und der an deren Rechten berechtigten Dritten. Der Vorbehalt erfasst über den Wortlaut hinaus im Interesse eines erleichterten Grundstücksverkehrs auch die lastenfreie Veräußerung eines **ganzen Grundstücks,** wenn dessen Belastungen auch auf anderen Grundstücken desselben Eigentümers ruhen.[3] Ebenso vereinfacht das Unschädlichkeitszeugnis die lastenfreie Veräußerung von Eigentumswohnungen (bzw. Teileigentum) nach dem WEG,[4] von Miteigentumsanteilen[5] und von Erbbaurechten.[6] Bayerisches Landesrecht kommt nicht zur Anwendung, wenn die Teilfläche eines Grundstücks lastenfrei abgeschrieben werden soll, um sie einem anderen Grundstück desselben Eigentümers zuschreiben zu lassen.[7] Unschädlichkeitszeugnisse erfassen Nacherbenvermerke nicht als „Belastungen" des Grundstücks.[8]

3 Die Vorbehaltsrechte des **Abs. 2 Nr. 1** ermächtigen den Landesgesetzgeber im Falle einer Teilung eines mit einer Reallast belasteten Grundstücks, die Teilung in der Weise zu erleichtern, dass – wenn eine lastenfreie Abtrennung von Grundstücksteilen nicht in Betracht kommt – die **Reallast auf die einzelnen Grundstücke verteilt** wird. Die Unschädlichkeitsbescheinigung bezieht sich damit in diesem Fall auf die unverminderte Sicherheit des Berechtigten.[9]

4 Die Aufhebung subjektiv-dinglicher Rechte kann nach **Abs. 2 Nr. 2** abweichend von § 876 S. 2 BGB dadurch erleichtert werden, dass ein Unschädlichkeitszeugnis die **Zustimmung** der am herrschenden Grundstück **Drittberechtigten** ersetzt.

5 **Abs. 2 Nr. 3:** Bei diesem von der Reichstagskommission eingefügten Vorbehalt kommt dem Unschädlichkeitszeugnis die Funktion zu, die sonst erforderliche Erklärung des Hypotheken- oder Grundschuldgläubigers zur Pfandrechtsaufhebung (§ 1255 BGB) bezüglich seines **Ersatzpfandrechtes an einer Gebäudeversicherungsforderung** (§ 1128 BGB) entbehrlich zu machen; Gleiches gilt für die Gläubigerrechte an einem Entschädigungsanspruch aus Enteignung iSd Art. 52.

Art. 121 [Reallasten für den Staat]

Unberührt bleiben die landesgesetzlichen Vorschriften, nach welchen im Falle der Teilung eines für den Staat oder eine öffentliche Anstalt mit einer Reallast belasteten Grundstücks nur ein Teil des Grundstücks mit der Reallast belastet bleibt und dafür zugunsten des jeweiligen Eigentümers dieses Teiles die übrigen Teile mit gleichartigen Reallasten belastet werden.

1 Art. 121 gibt dem Landesgesetzgeber die Möglichkeit, die Rechtsfolgen bei der Teilung eines Grundstücks, das mit einer Reallast für den Staat belastet ist, **abweichend von § 1108 Abs. 2 BGB** zu regeln. Mit dem Vorbehalt sollte alten sächsischen Vorschriften Rechnung getragen werden, die aber bereits zur Jahrhundertwende außer Kraft traten.[1] **Landesrechtliche Regelungen** finden sich – soweit ersichtlich – nur in Art. 31 S. 1 NRWAGBGB vom 20.9.1899 (PrGS. NW. 1899, 105), zuletzt

[2] OLG München NJOZ 2013, 1170 (117); Staudinger/*Mittelstädt,* 2018, Rn. 10.
[3] BGHZ 18, 296 (297) = NJW 1955, 1878.
[4] BayObLG NJW-RR 1988, 592; WuM 1993, 689; ZfIR 2003, 781; OLG Hamburg OLGR 2003, 1; LG München I MittBayNot 1983, 174.
[5] BayObLGZ 1965, 466 (468).
[6] BayObLGZ 1962, 396 (399 ff.); LG Lübeck SchlHA 1965, 216.
[7] BayObLG DNotZ 1990, 294.
[8] LG Frankfurt a. M. Rpfleger 1986, 472.
[9] Vgl. Staudinger/*Mittelstädt,* 2018, Rn. 27.
[1] Zur Entstehungsgeschichte Staudinger/*Dittmann,* 11. Aufl. 1973.

geändert durch Gesetz vom 10.12.2022 (GV. NRW. 2022, 1072), der die Fortgeltung der Regelungen im Ablösungsgesetz vom 2.3.1850[2] bestimmt.

Art. 122 [Nachbarrecht bei Obstbäumen]

Unberührt bleiben die landesgesetzlichen Vorschriften, welche die Rechte des Eigentümers eines Grundstücks in Ansehung der auf der Grenze oder auf dem Nachbargrundstück stehenden Obstbäume abweichend von den Vorschriften des § 910 und des § 923 Abs. 2 des Bürgerlichen Gesetzbuchs bestimmen.

Der Vorbehalt will einen erweiterten **Schutz für Obstbäume** erreichen.[1] Der Begriff der 1
Obstbäume bestimmt sich nach dem allgemeinen Sprachgebrauch.[2] Der Landesgesetzgeber kann mithin Beschränkungen des Selbsthilferechts nach § 910 BGB bzw. § 923 Abs. 2 BGB vorsehen. Eine nach der unpräzisen Gesetzesfassung mögliche Erweiterung der Rechte des Nachbarn ist mit dem Gesetzeszweck unvereinbar.[3]

Der Vorbehalt hat zurzeit nur für **Baden-Württemberg** Bedeutung: vgl. §§ 23 ff. BWNRG – 2
Gesetz über das Nachbarrecht idF vom 8.1.1996 (GBl. 1996, 54), zuletzt geändert durch Gesetz vom 6.12.2022 (GBl. 2022, 617).

Art. 123 [Notweg]

Unberührt bleiben die landesgesetzlichen Vorschriften, welche das Recht des Notwegs zum Zwecke der Verbindung eines Grundstücks mit einer Wasserstraße oder einer Eisenbahn gewähren.

Durch den Vorbehalt wird der sachlichen Anwendungsbereich der §§ 917, 918 BGB von öffent- 1
lichen Wegen auf Wasserstraßen und Eisenbahnen erweitert;[1] hiervon hat die Landesgesetzgebung bislang keinen Gebrauch gemacht.

Art. 124 [Nachbarrechtliche Beschränkungen]

[1]Unberührt bleiben die landesgesetzlichen Vorschriften, welche das Eigentum an Grundstücken zugunsten der Nachbarn noch anderen als den im Bürgerlichen Gesetzbuch bestimmten Beschränkungen unterwerfen. [2]Dies gilt insbesondere auch von den Vorschriften, nach welchen Anlagen sowie Bäume und Sträucher nur in einem bestimmten Abstand von der Grenze gehalten werden dürfen.

I. Zweck des Vorbehalts

Anders als Art. 122 gestattet der Vorbehalt des Art. 124[1] lediglich die Einführung **weiterer** 1
Beschränkungen des Eigentums, **nicht** hingegen eine **Modifikation** der Vorschriften des BGB.[2]

2 Außer Kraft getreten am 1.1.1962, PrGS NW, Anlage zu § 5 Gesetz zur Bereinigung des in Nordrhein-Westfalen geltenden preußischen Rechts, Nr. 4m.

1 Vgl. Prot. III 143 ff.

2 Staudinger/*Mittelstädt,* 2018, Rn. 5; Soergel/*Hartmann* Rn. 1.

3 BGHZ 29, 376 = NJW 1959, 1364; OLG Karlsruhe NJOZ 2009, 4548; BGH NJW-RR 2015, 1425 (1427); LG Freiburg NJOZ 2015, 727.

1 Staudinger/*Mittelstädt,* 2018, Rn. 2.

1 Gesamtdarstellungen und Allgemeines: *Alheit,* Nachbarrecht von A–Z, 12. Aufl. 2010; *Bender/Dohle,* Nachbarschutz im Zivil- und Verwaltungsrecht, 1972; *Biehler* LKV 1993, 296; Birkl (Hrsg.), Praxishandbuch des Bauplanungs- und Immissionsschutzrechts, Loseblattausgabe; *Breloer,* Bäume, Sträucher und Hecken im Nachbarrecht, 6. Aufl. 2002; *Dehner,* Nachbarrecht. Gesamtdarstellung des privaten und öffentlichen Nachbarrechts des Bundes und der Länder (mit Ausnahme des Landes Bayern), Loseblattausgabe; *Foag,* Nachbarrecht, 4. Aufl. 1968; *Fritzsche* NJW 1995, 1121; *Fullenkamp/König* BauR 1986, 157; *Glaser/Dröschel,* Das Nachbarrecht in der Praxis, 3. Aufl. 1971; *Glaser,* Das Nachbarrecht in der Rechtsprechung, 2. Aufl. 1973; *Grziwotz/Lüke/Saller,* Praxishandbuch Nachbarrecht, 3. Aufl. 2020; *Haag,* Öffentliches und privates Nachbarrecht, Diss. 1996; *Kleinlein,* Das System des Nachbarrechts, Diss. 1986; *Ring,* Grundriß des Nachbarrechts, 1997; *Maetschke* ZfIR 2015, 366; *Rödel,* Nachbarrechtsstreitigkeiten in der anwaltlichen Praxis, Loseblattausgabe; *Timmermann,* Der baurechtliche Nachbarschutz, 2. Aufl. 2008; *Weick* NJW 2011, 1702; *Zabel/Mohr* ZfIR 2010, 561.

2 So auch Grüneberg/*Herrler* Rn. 1; BGHZ 29, 372 (376) = NJW 1959, 1364; OLG Karlsruhe NJOZ 2009, 4548.

Der Vorbehalt eröffnet dem Landesgesetzgeber nur in „anderen" als den im Bürgerlichen Gesetzbuch getroffenen nachbarrechtlichen Regelungsbereichen, zB bei negativen Immissionen[3] die Befugnis zum Erlass landesrechtlicher Bestimmungen. So fallen nach ständiger Rechtsprechung nicht unter § 906 BGB „negative Einwirkungen" auf das Grundstück, wie zB eine Verschattung eines Grundstückteils, die von hohen Bäumen auf dem Nachbargrundstück[4] oder von überhängenden Ästen[5] ausgeht. Hier besteht landesrechtlich Spielraum zur Einführung weiterer Beschränkungen des Grundeigentums. Die Landesgesetzgeber haben davon in aller Regel durch nachbarrechtliche Regelungen in Nachbarrechtsgesetzen oder in Landesbauordnungen, zum Teil auch in Bebauungsplänen, Gebrauch gemacht, indem sie zB den Abstand regeln, den Baumstämme von der Grundstücksgrenze einzuhalten müssen, oder indem sie die Höhe von Toren und Zäunen begrenzen. Alle Einschränkungen des Grundeigentums durch Beschränkungen, die über die §§ 904 ff. BGB hinausgehen, müssen sich auch an Art. 14 GG bzw. an den landesrechtlichen Grundrechtsverbürgungen messen lassen. Sie dürfen daher nicht einseitig nur auf die Sozialpflichtigkeit des Eigentums abstellen, sondern müssen zugleich auch dem Grundsatz der Verhältnismäßigkeit des Eingriffs in das Eigentum Rechnung tragen. Auch Wärmedämmungsmaßnahmen an den Außenwänden müssen daher, wenn sie das Grundstück des Nachbarn grenzüberschreitend überbauen, erforderlich und verhältnismäßig sein[6] (näher → BGB § 903 Rn. 11).

2 Zu weitrechende landesrechtliche Regelungen zum Schutz der Nachbarn, zB Einschränkungen der Bepflanzung, der Umzäunung, der Grundstückszufahrten und Tore können die Privatnützigkeit des Eigentums beeinträchtigen, indem sie die Privatsphäre des Eigentümers bei der Grundstücksnutzung unverhältnismäßig einschränken. Zum Eigentumsschutz gehört auch die Befugnis des Grundeigentümers, sich mit rechtlich zulässigen Mitteln vor Einbruchsdiebstählen und sonstigen Eigentumsdelikten durch die Sicherung seines Grundstücks zu schützen. Wohn- und Geschäftshäuser dürfen daher vor einem „Ausspionieren" zum Zweck späteren Einbruchs geschützt werden. Damit unvereinbar ist die in manchen Landesgesetzen statuierte Verpflichtung des Grundeigentümers, Zaum- und Toranlagen transparent zum Zwecke der Einsichtnahme durch Dritte zu gestalten bzw. die Tore und Zäune in ihrer Höhe so zu begrenzen, dass jedermann ein leichtes Überklettern möglich ist. Solche landesrechtlichen Regelungen stellen eine unverhältnismäßige Beeinträchtigungen des durch Art. 14 GG geschützten Eigentums dar und sind daher unwirksam.

3 Die Regelung des Art. 124 dient zwar dazu, der konkreten Situationsbezogenheit und der Lage des Grundstücks im Raum Rechnung zu tragen. Sie soll nach dem Willen des BGB-Gesetzgebers aber von den Ländern nicht dazu genutzt werden, **besondere** lokale Bedürfnisse zu befriedigen, die subjektive Empfindsamkeit und Idyllen pflegen, und Observanzen entstehen lassen. In den Motiven heißt es ausdrücklich, dass das BGB „nur ein solches Maß von Eigentumsbeschränkungen bestimmt, welches für **alle** lokalen Verhältnisse passt,[7] wie das Beispiel in S. 2 verdeutlicht. Andernfalls bestünde die Gefahr, dass über § 906 Abs. 2 BGB hinaus lokale Wünsche zu einer sozialen oder ökologischen Zersplitterung des Grundeigentums führen, die das BGB als einheitliche Lebensordnung für Deutschland erkennbar nicht will. Solche Regelungen stehen im Widerspruch zu dem aus Art. 3, 55, 218 abgeleiteten Kodifikationsprinzip (→ Art. 55 Rn. 1 ff.).

II. Reichweite des Vorbehalts

4 **1. Hintergrund.** Mit den §§ 903 ff. BGB und den Vorbehaltsrechten des Art. 124 hat der Gesetzgeber das nachbarliche Zusammenleben erleichtern wollen. Die Auslegung der gemäß Art. 124 ergangenen privatnachbarrechtlichen Landesregeln steht daher unter dem **Gebot der Förderung nachbarlicher Gemeinschaftlichkeit** unter Beachtung der Verhältnismäßigkeit des Eingriffs in die Nutzungsbefugnis des Grundeigentümers.[8] Die Vorbehaltsrechte bestehen unabhängig von der juristischen Konstruktion und erstrecken sich auf Eigentum und Miteigentum.[9] Im Rahmen der nachbarrechtlichen Gemeinschaftsverträglichkeit können uU auch nicht unerhebliche Beeinträchtigungen ideellen und immateriellen Charakters hinzuzunehmen sein.[10] Der Grundstückseigentümer kann daher die Abänderung einer Einzäunung vom Nachbarn grundsätzlich verlangen, wenn diese landschaftsarchitektonisch das ortsübliche Erscheinungsbild verschan-

[3] Vgl. BGH NJW-RR 2015, 1425.
[4] Vgl. BGH NJW-RR 2015, 1425.
[5] BGH NJW-RR 2019, 590.
[6] Vgl. BGH MDR 2022, 94.
[7] Vgl. Mot. III 259.
[8] BGHZ 29, 372 (376) = NJW 1959, 1364.
[9] BGHZ 29, 372 (376) = NJW 1959, 1364.
[10] Vgl. BGH AgrarR 1977, 141; NJW-RR 2015, 1425 (1427).

delt.[11] Das Nachbarschaftsrecht darf dabei aber nicht als Hebel zur Uniformität des Quartiers oder Ausgrenzung neuer ästhetischer Gestaltungen eingesetzt werden. Dies wäre mit Art. 14 GG unvereinbar. Ebenso kann der Grundstückseigentümer verlangen, dass nicht neben eine zulässige Einfriedung eine weitere gesetzt wird, die diese in ihrem Erscheinungsbild völlig verändert.[12] Treu und Glauben im nachbarschaftlichen Gemeinschaftsverhältnis schließen eine Berufung auf die privatnachbarlichen Landesregeln aus, wenn dies (zB wegen unverhältnismäßiger Aufwendungen) rechtsmissbräuchlich erscheint.[13]

2. Landesrechtliche Regelungen. In allen Ländern gelten nachbarrechtliche Vorschriften. Die Landesgesetze enthalten zB Regelungen zu Antennenanlagen, zum Wenderecht (Schwengelrecht, Tripprecht; diese Rechte eröffnen Betretungsrechte für das Nachbargrundstück zum Zwecke der Bewirtschaftung des eigenen Bodens), zur Bodenerhöhung, zu Einfriedungen, zum Fensterrecht, zum Grenzabstand von Gebäuden und Pflanzen, zum Grenzwand, zum Grundwasser, zum Hammerschlags- und Leiterrecht (diese geben das Recht, das Nachbargrundstück zu betreten, um das eigene Gebäude auszubessern; das Hammerschlags- und Leiterrecht umfassen das vorübergehende Ausheben von Erdreich),[14] zum Lichtrecht, zu Lüftungsleitungen, zur Nachbarwand, zum Notwegerecht, zum Traufrecht, zu Schornsteinen, zum Wasserabfluss und zu Versorgungsleitungen. 5

Landesrechtliche Regelungen finden sich in den Ausführungsgesetzen zum BGB (→ Rn. 6), in den Landeswaldgesetzen (→ Rn. 7), den Landesforstgesetzen (→ Rn. 8) sowie in den **Landesnachbarrechtsgesetzen: Baden-Württemberg:** Gesetz über das Nachbarrecht (BWNRG) idF vom 8.1.1996 (GBl. 1996, 54), zuletzt geändert durch Gesetz vom 6.12.2022 (GBl. 2022, 617); **Berlin:** Nachbarrechtsgesetz (BlnNachbG) vom 28.9.1973 (GVBl. 1973, 1654), zuletzt geändert durch Gesetz vom 17.12.2009 (GVBl. 2009, 870); **Brandenburg:** Nachbarrechtsgesetz (BbgNRG) vom 28.6.1996 (GVBl. 1996 I 226), geändert durch Gesetz vom 3.6.2014 (GVBl. I/14, Nr. 22); **Hessen:** Nachbarrechtsgesetz (HESNachbRG) vom 24.9.1962 (GVBl. 1962 I 417), zuletzt geändert durch Gesetz vom 22.9.2022 (GVBl. 2022 I 460); **Niedersachsen:** Nachbarrechtsgesetz (NNachbG) vom 31.3.1967 (GVBl. 1967, 91), zuletzt geändert durch Gesetz vom 23.7.2014 (GVBl. 2014, 206); **Nordrhein-Westfalen:** Nachbarrechtsgesetz (NachbG NRW) vom 15.4.1969 (GV. NW. 1969, 190), zuletzt geändert durch Gesetz vom 17.12.2021 (GV 2021, 1477); **Rheinland-Pfalz:** Nachbarrechtsgesetz (RPLNRG) vom 15.6.1970 (GVBl. 1970, 198), zuletzt geändert durch Gesetz vom 21.7.2003 (GVBl. 2003, 209); AGBGB vom 18.11.1976 (GVBl. 1976, 259), geändert durch Gesetz vom 22.12.2015 (GVBl. 2015, 461); **Saarland:** Nachbarrechtsgesetz (SaarNachbRG) vom 28.2.1973 (ABl. 1973, 210), zuletzt geändert durch Gesetz vom 15.7.2015 (ABl. 2015 I 632); **Sachsen:** Nachbarrechtsgesetz (SächsNRG) vom 4.7.2023 (GVBl. 2023, 446); **Sachsen-Anhalt:** Nachbarschaftsgesetz (LSANbG) vom 13.11.1997 (GVBl. 1997, 958), zuletzt geändert durch Gesetz vom 18.5.2010 (GVBl. 2010, 340); **Schleswig-Holstein:** Nachbarrechtsgesetz (SHNachbG) vom 24.2.1971 (GVOBl. 1971, 54), zuletzt geändert durch Gesetz vom 15.9.2021 (GVOBl. 2021, 1067); **Thüringen:** Nachbarrechtsgesetz (ThürNRG) vom 22.12.1992 (GVBl. 1992, 599), geändert durch Gesetz vom 8.3.2016 (GVBl. 2016, 149). 6

Ausführungsgesetze zum BGB: Bedeutung haben im Rahmen des Art. 124 insbesondere noch die Ausführungsgesetze von **Baden-Württemberg:** BWAGBGB vom 26.11.1974 (GBl. 1974, 498), zuletzt geändert durch Gesetz vom 6.12.2022 (GBl. 2022, 617); **Bayern:** Art. 43 ff. BayAGBGB vom 20.9.1982 (GVBl. 1982, 803), zuletzt geändert durch Gesetz vom 23.12.2022 (GVBl. 2022, 718); **Berlin:** BlnAGBGB vom 20.9.1899 (PrGS 1899, 177), zuletzt geändert durch Gesetz vom 22.1.2021 (GVBl. 2021, 75); **Bremen:** BremAGBGB vom 18.7.1899 (GBl. 1899, 61), zuletzt geändert durch Gesetz vom 14.3.2017 (GBl. 2017, 121); **Hamburg:** HbgAGBGB idF vom 1.7.1958 (GVBl. 1958, 195), zuletzt geändert durch Gesetz vom 20.12.2022 (GVBl. 2022, 659); **Hessen:** HESAGBGB vom 18.12.1984 (GVBl. 1984 I 344), zuletzt geändert durch Gesetz vom 7.5.2020 (GVBl. 2020, 318); **Niedersachsen:** NdsAGBGB vom 4.3.1971 (GVBl. 1971, 73), zuletzt geändert durch Gesetz vom 17.3.2011 (GVBl. 2011, 89); **Nordrhein-Westfalen:** PrAGBGB vom 20.9.1899 (PrGS. NW. 1899, 105), zuletzt geändert durch Gesetz vom 6.12.2022 (GVBl. 2022, 1072); **Rheinland-Pfalz:** RPAGBGB vom 18.11.1976 (GVBl. 1976, 259), zuletzt geändert durch Gesetz vom 22.12.2015 (GVBl. 2015, 461); **Saarland:** AGJusG vom 5.2.1997 (ABl. 1997, 258), zuletzt geändert 7

11 BGH NJW 1979, 1409.
12 BGH NJW 1979, 1408.
13 Vgl. BGH DB 1977, 908.
14 Vgl. OLG Braunschweig NdsRPfl. 1971, 231.

durch Gesetz vom 8.12.2021 (ABl. I 2021, 2629); **Schleswig-Holstein:** SHAGBGB vom 27.9.1974 (GVOBl. 1974, 357), zuletzt geändert durch Gesetz vom 6.12.2022 (GVOBl. 2022, 1002).

Art. 125 [Verkehrsunternehmungen]

Unberührt bleiben die landesgesetzlichen Vorschriften, welche die Vorschrift des *§ 26 der Gewerbeordnung* auf Eisenbahn-, Dampfschiffahrts- und ähnliche Verkehrsunternehmungen erstrecken.

1 Nach Wegfall des § 26 GewO bezieht sich der Verweis nunmehr auf **§ 14 BImSchG** (vgl. § 71 BImSchG). Diese Vorschrift schränkt den Unterlassungsanspruch des § 1004 BGB ein.[1]

2 Der Vorbehalt gestattet dem Landesgesetzgeber, § 14 BImSchG auf die genannten Unternehmungen zu erstrecken, um deren Betrieb zu sichern. Damit wird der **Anspruch auf Betriebseinstellung** ausgeschlossen. Es können nur Vorkehrungen verlangt werden, die die benachteiligenden Wirkungen ausschließen sowie ein etwaiger Ausgleichanspruch nach § 906 Abs. 2 S. 2 BGB analog geltend gemacht werden (→ BGB § 906 Rn. 169).

Art. 126 [Eigentumsübertragung durch Gesetz]

Durch Landesgesetz kann das dem Staat an einem Grundstück zustehende Eigentum auf einen Kommunalverband und das einem Kommunalverband an einem Grundstück zustehende Eigentum auf einen anderen Kommunalverband oder auf den Staat übertragen werden.

1 Der Vorbehalt betrifft den **Eigentumswechsel** an Grundstücken **zwischen Staat und Kommunalverbänden.**[1] Die Vorschrift beruht auf der Erwägung, dass es sich hierbei um eine innere, den Privatverkehr nicht interessierende Angelegenheit der beteiligten öffentlichen Gemeinwesen handele und durch die Ausnahmeregelung unnötige und beschwerliche Weiterungen erspart werden können.[2] Nach Art. 126 kann abweichend von §§ 873, 925 BGB unmittelbar durch Gesetz der Eigentumsübergang herbeigeführt werden.

2 Der Vorbehalt deckt nur den Eigentumswechsel **unmittelbar durch das Gesetz selbst.** Es reicht also nicht aus, dass ein Landesgesetz den Eigentumsübergang an den Eintritt bestimmter Voraussetzungen knüpft.[3]

3 Der Landesgesetzgeber darf auf Grund des Vorbehalts auch solche Fragen regeln, die sich **erst infolge der Eigentumsübertragung** im Verhältnis zwischen dem bisherigen und dem neuen Eigentümer ergeben. Beispielsweise kann bestimmt werden, wer nach dem Eigentumswechsel eventuell entstehende Folgekosten zu tragen hat.[4]

4 Mit Kommunalverbänden sind nur **politische Gemeinden,** nicht auch Kirchengemeinden gemeint.[5]

Art. 127 [Eigentumsübertragung bei buchungsfreien Grundstücken]

Unberührt bleiben die landesgesetzlichen Vorschriften über die Übertragung des Eigentums an einem Grundstück, das im Grundbuch nicht eingetragen ist und nach den Vorschriften der Grundbuchordnung auch nach der Übertragung nicht eingetragen zu werden braucht.

I. Gegenstand des Vorbehalts

1 Als Ausnahme vom Buchungszwang des § 3 Abs. 1 S. 1 GBO bestimmt § 3 Abs. 2 GBO, dass bestimmte Grundstücke zwar **buchungsfähig, aber nicht buchungspflichtig** sind. Es handelt sich um Grundstücke, die ihrer Art nach nicht dazu bestimmt sind, am Rechtsverkehr teilzunehmen und deren Eigentumsverhältnisse auch ohne Grundbuch leicht feststellbar sind. Buchungsfreie

---

[1] Eingehend dazu Ule/Laubinger/*Storost*, 219. EL Stand 2/2018, BImSchG § 14 Rn. A1 ff.

[1] *Mainusch* NJW 1999, 2148; *Prahl* VR 1992, 126; *Renck* BayVBl. 1978, 12; *Schieder* BayVBl. 1978, 14.

[2] Staudinger/*Hönle/Hönle,* 2018, Rn. 1.

[3] So zutr. *Heydt* DVBl 1965, 509 (513); aA Soergel/*Hartmann* Rn. 1.

[4] BGHZ 52, 229 (233) = NJW 1969, 1960; aA *Wiecher* DVBl. 1963, 417 (422).

[5] OLG Hamm OLGZ 1980, 170 (178).

Grundstücke erhalten nur auf Antrag des Eigentümers oder des Berechtigten ein Grundbuchblatt.[1] Ein dem Buchungszwang nicht unterliegendes Grundstück kann jederzeit aus dem Grundbuch ausgeschieden, dh ausgebucht werden (§ 3 Abs. 3 GBO).

II. Zweck des Vorbehalts

Die rechtsgeschäftliche Übertragung des Eigentums an Grundstücken erfordert materiellrechtlich die Einigung (Auflassung) und die Eintragung (§§ 873, 925 BGB). Letztere setzt das Bestehen eines Grundbuchblattes voraus. Ist das Grundstück auch in der Hand des neuen Eigentümers nicht buchungspflichtig, wäre die Anlegung eines Grundbuchblattes eine **reine Formalität,** da der Erwerber nach § 3 Abs. 3 GBO jederzeit die Ausbuchung verlangen kann. Der Vorbehalt gestattet dem Landesgesetzgeber daher, die Eigentumsübertragung an buchungsfreien Grundstücken abweichend von §§ 873, 925 BGB zu regeln, um die Anlegung eines Grundbuchblattes zu vermeiden. 2

III. Voraussetzungen im Einzelnen

Der Vorbehalt setzt voraus, dass das Grundstück tatsächlich nicht im Grundbuch eingetragen ist und auch nach der Übereignung nicht eintragungspflichtig ist. Sowohl Veräußerer als auch Erwerber müssen also zu dem **Personenkreis des § 3 Abs. 2 GBO** gehören. Erfolgt die Übertragung an eine Person, die keine Buchungsfreiheit genießt, bedarf es im Hinblick auf § 39 GBO der Anlegung eines Grundbuchblattes auf den Namen des Veräußerers.[2] Der Vorbehalt betrifft **nur die Eigentumsübertragung,** nicht dagegen die Belastung eines buchungsfreien Grundstücks (vgl. aber Art. 128). Da der Vorbehalt nur das **dingliche Verfügungsgeschäft** erfasst, gilt für das schuldrechtliche Verpflichtungsgeschäft weiterhin die Formvorschrift des § 311b BGB.[3] 3

Das Landesrecht kann die **Form der Übertragung** frei regeln. Es kann beispielsweise bestimmen, dass die Einigung des Veräußerers und des Erwerbers ausreicht. 4

Art. 128 [Dienstbarkeit bei buchungsfreien Grundstücken]

Unberührt bleiben die landesgesetzlichen Vorschriften über die Begründung und Aufhebung einer Dienstbarkeit an einem Grundstück, das im Grundbuch nicht eingetragen ist und nach den Vorschriften der Grundbuchordnung nicht eingetragen zu werden braucht.

Art. 128 gibt dem Landesgesetzgeber die Möglichkeit, die Begründung und Aufhebung einer Dienstbarkeit an buchungsfreien Grundstücken (§ 3 Abs. 2 GBO), die auch tatsächlich nicht im Grundbuch eingetragen sind, frei zu regeln. Die Bestimmung knüpft an Art. 127 an, der bezüglich des **Eigentumserwerbs** an buchungsfreien Grundstücken landesrechtliche Regelungen gestattet, die von §§ 873, 925 BGB abweichen. Durch Art. 128 wird die Regelungsfreiheit des Landesgesetzgebers auf die **Belastung** eines buchungsfreien Grundstücks mit einer Dienstbarkeit erweitert. Infolge des Vorbehalts kann bei der Begründung einer Dienstbarkeit die Anlegung eines Grundbuchblattes vermieden werden. 1

Der Vorbehalt gilt **für alle Dienstbarkeiten;** erfasst werden der Nießbrauch gemäß §§ 1030 ff. BGB, Grunddienstbarkeiten gemäß §§ 1018 ff. BGB, beschränkte persönliche Dienstbarkeiten gemäß §§ 1090 ff. BGB sowie das Dauerwohnrecht und das Dauernutzungsrecht nach § 31 WEG. Er betrifft aber **nur die Begründung** und **Aufhebung,** nicht dagegen die Übertragung.[1] Außerdem ist der Anwendungsbereich auf den Fall beschränkt, dass das buchungsfreie Grundstück tatsächlich nicht im Grundbuch eingetragen ist. Der Buchungsfreiheit muss **nur das zu belastende Grundstück** unterliegen. Dagegen ist nicht erforderlich, dass auch das Grundstück, zu dessen Gunsten die Dienstbarkeit begründet wird oder besteht, buchungsfrei ist. Das Landesrecht kann beispielsweise bestimmen, dass zur Begründung einer Dienstbarkeit an einem buchungsfreien Grundstück die **Einigung der Beteiligten,** zur Aufhebung die dem Eigentümer gegenüber abzugebende **Erklärung des Berechtigten,** dass er das Recht aufgebe, genügt (so zB § 20 NdsAGBGB). 2

Art. 129 [Aneignung von Grundstücken]

Unberührt bleiben die landesgesetzlichen Vorschriften, nach welchen das Recht zur Aneignung eines nach § 928 des Bürgerlichen Gesetzbuchs aufgegebenen Grundstücks an Stelle des Fiskus einer bestimmten anderen Person zusteht.

---

1 Zur Antragsberechtigung BayObLG 1965, 400.
2 RGZ 164, 385.
3 Staudinger/*Hönle/Hönle,* 2018, Rn. 4.
1 BayObLGZ 1965, 400 (406); OLG Düsseldorf RheinArch 109, 305.

1 Das geltende Landesrecht macht von der Befugnis, abweichend von § 928 Abs. 2 BGB die **Person des Aneignungsberechtigten** zu bestimmen, keinen Gebrauch. Vgl. auch Art. 190.

Art. 130 [Aneignung von Tauben]

Unberührt bleiben die landesgesetzlichen Vorschriften über das Recht zur Aneignung der einem anderen gehörenden, im Freien betroffenen Tauben.

1 Nach dem Grundsatz des § 958 Abs. 1 BGB unterliegen nur **herrenlose bewegliche Sachen** der Aneignung. Der Vorbehalt erfasst landesgesetzliche Regelungen, nach denen eine Aneignung von Tauben möglich ist, die in **fremdem Eigentum** stehen. Durch diese Bestimmungen soll den Grundstückseigentümern die Möglichkeit gegeben werden, ihr Grundstück vor der Beschädigung durch Tauben zu schützen.[1]

2 **„Im Freien betroffen"** ist eine Taube nicht schon dann, wenn sie sich außerhalb ihres gewöhnlichen Verwahrungsortes aufhält.[2] Vielmehr ist der Aufenthalt auf Äckern oder sonstigen landwirtschaftlich oder gärtnerisch genutzten Grundstücken gemeint.[3]

3 **Spezialgesetzliche Regelungen** gelten derzeit nicht mehr.

Art. 131 [Stockwerkseigentum]

Unberührt bleiben die landesgesetzlichen Vorschriften, welche für den Fall, daß jedem der Miteigentümer eines mit einem Gebäude versehenen Grundstücks die ausschließliche Benutzung eines Teiles des Gebäudes eingeräumt ist, das Gemeinschaftsverhältnis näher bestimmen, die Anwendung der §§ 749 bis 751 des Bürgerlichen Gesetzbuchs ausschließen und für den Fall des Insolvenzverfahrens über das Vermögen eines Miteigentümers das Recht, für die Insolvenzmasse die Aufhebung der Gemeinschaft zu verlangen, versagen.

1 Von den Vorbehaltsrechten hat nach Außerkrafttreten des baden-württembergischen Gesetzes vom 12.6.1950 (GBl. 1950, 57) durch Gesetz vom 16.2.1953 (GBl. 1953, 9) lediglich **Bayern** Gebrauch gemacht (vgl. Art. 62 BayAGBGB).[1]

2 Art. 131 erfasst lediglich das sog. **uneigentliche Stockwerkseigentum,** bei dem Grundstück und Gebäude in ideellem Miteigentum liegen und der Gebrauch so geregelt ist, dass jeder Miteigentümer je ein Stockwerk alleine benutzt; die Aufhebung der Miteigentümergemeinschaft ist dauerhaft ausgeschlossen. Demgegenüber ist das sog. echte bzw. eigentliche Stockwerkseigentum Gegenstand der Regelung in Art. 182, welches seit dem Inkrafttreten des BGB gemäß Art. 189 Abs. 1 S. 3 nicht mehr wirksam begründet werden kann.

Art. 132 [Kirchen- und Schulbaulast]

Unberührt bleiben die landesgesetzlichen Vorschriften über die Kirchenbaulast und die Schulbaulast.

1 Mit Kirchen- und Schulbaulast[1] wird die Verpflichtung bezeichnet, Kirchenbauten und Wohngebäude kirchlicher Bediensteter sowie Schulgebäude zu erhalten, wiederherzustellen oder neu

---

[1] Mot. II 102.

[2] So aber RGSt 20, 271 (272); 48, 348 (385).

[3] Staudinger/*Hönle/Hönle,* 2018, Rn. 2; Soergel/*Hartmann* Rn. 1.

[1] Zum Stockwerkseigentum in Baden, das französischem Recht folgt, vgl. *Thümmel* BWNotZ 1984, 5.

[1] Allg. *Avenarius/Hanschmann,* Schulrecht, 9. Aufl. 2018/19; *Brauns,* Staatsleistungen an die Kirchen und ihre Ablösung, 1970; *Böttcher,* Evangelisches Staatslexikon, 3. Aufl. 1987, Art. Baulast, Sp. 163 ff.; *Droege,* Baulast an Kirchengebäuden, in Pirson/Rüfner/Germann/Muckel, Handbuch des Staatskirchenrechts der Bundesrepublik Deutschland 3. Aufl. 2020, § 64; *v. Campenhausen/de Wall,* Religionsverfassungsrecht, 5. Aufl. 2022, 326 ff.; *Hermann,* Das Recht des Kirchenpatronats in Preußen, 1928; *Lindner,* Baulasten an kirchlichen Gebäuden, 1995; *Renck* BayVBl. 1996, 554; *Neumann,* Erlöschen vertraglich vereinbarter gemeindlicher Kirchenbaulasten nach Beitritt der DDR, jurisPR-BVerwG 6/2009 Anm. 3; *Scheuner,* Schriften zum Staatskirchenrecht, 1973; Smend, Abhandlungen zum Kirchen- und Staatskirchenrecht, 2019; *Sperling* BayVBl. 1974, 337; *de Wall/Muckel,* Kirchenrecht, 6. Aufl. 2022; *Wiesenberger,* Kirchenbaulasten politischer Gemeinden und Gewohnheitsrecht, 1981; *Zängl* BayVBl. 1988, 609; *Zängl* BayVBl. 1988, 649; *Frisch* ZevKR 44, 244; *Traulsen* NVwZ 2009, 1019; *Knöppel* ThürVBl 2000, 8; *Renck* NVwZ 2007, 1383; *Rauscher* VBlBW 2015, 407; *Kahl,* Die Integrationsfertigkeit des deutschen Staatskirchenrechts, ZevKR 2020, 107 ff.

einzurichten. Ihre Besonderheit besteht darin, dass sie nicht nur den am Gebäude eigentums- oder nutzungsberechtigten Rechtsträgern, sondern **auch Dritten,** zB dem Staat, Kommunen, Stiftungen oder vereinzelt Patronen,[2] obliegen kann.[3]

Die Kirchenbaulast kann beruhen auf den **allgemeinen Baulasttiteln** Gesetz, Gewohnheitsrecht oder Observanz.[4] Als **besondere Baulasttitel** kommen rechtskräftige Entscheidungen von Verwaltungsbehörden oder Gerichten, Verträge, Anerkenntnisse, Ersitzung, Herkommen[5] oder unvordenkliche Verjährung[6] in Betracht, bei deren Vorliegen es keines Rückgriffs auf allgemeine Titel bedarf.[7] Zur Frage der rechtlichen Natur und der Auslegung einer Kirchenbaulast vgl. HessVGH VGHE 12, 165. 2

Kirchenbaulasten stehen nicht im Widerspruch mit dem verfassungsrechtlichen Neutralitäts- und Paritätsgrundsatz[8] und sind nach der Rechtsprechung auch nicht durch die neueren tatsächlichen Entwicklungen insgesamt in Frage gestellt.[9] Unter bestimmten Voraussetzungen (grundlegende Änderung der konkreten örtlichen Verhältnisse, zB Wechsel der konfessionellen Zusammensetzung der politisch-geographischen Gemeinde, Wegfall oder grundlegender Wandel der Zweckbestimmung des Gegenstands der Baulast) kann ein Wegfall von kirchlichen Baulastverpflichtungen mit Rücksicht auf die Grundsätze der clausula rebus sic stantibus erfolgen.[10] Bei dinglichen Kirchenbaulasten, bei denen die Baulastverpflichtung auf dem Grund und Boden ruht, kommt ein Wegfall der Baulastverpflichtungen wegen einer „völligen Veränderung der Verhältnisse" nicht in Betracht.[11] In Betracht kommt eine Verjährung nach den Grundsätzen der erlöschenden Verjährung oder Observanz, wofür aber die bloße Nichtinanspruchnahme der Baulastverpflichtung über längere Zeit nicht ausreicht, sondern von anderer Seite Baufälle gewendet sein müssen.[12] 3

Inhalt und Umfang der Kirchenbaulast:[13] Sie erstreckt sich regelmäßig auf die Unterhaltung des übernommenen Baubestandes und erfasst auch die Wiederherstellung zerstörter Teile (Ersatzbaupflicht).[14] Regelmäßig handelt es sich um eine Kostendeckungspflicht, möglich ist aber auch eine Naturalleistungspflicht.[15] Allgemein gilt im Baulastenrecht der Bedürfnisgrundsatz[16] unter Beschränkung auf das „unumgänglich Notwendige".[17] Die Kosten für einen Erweiterungsbau werden im Falle des einen Vertrag ersetzenden Herkommens nicht ohne Weiteres von der Kirchenbaulast erfasst, vielmehr hängt die Entscheidung darüber von der Übung der Beteiligten in Bezug auf die Unterhaltung ab.[18] Der Landesgesetzgeber kann nicht nur materielle, sondern auch formelle Annexbestimmungen erlassen.[19] 4

Unter die **Schulbaulast** fällt die dem Schulträger obliegende Pflicht, den Bau des Schulgebäudes zu finanzieren und zu unterhalten.[20] Eine Schulbaulast kann sowohl öffentlich als auch privatrechtli- 5

---

2 Zum Patronat vgl. *Landau* in Theologische Realenzyklopädie, Bd. XXVI Lieferung 1/2, 1996, Art. Patronat, 106 ff.; *Thier,* Patronatswesen, in Pirson/Rüfner/Germann/Muckel, Handbuch des Staatskirchenrechts der Bundesrepublik Deutschland, 3. Aufl. 2020, § 63.

3 Zum Träger der Baulast vgl. *Droege* in Pirson/Rüfner/Germann/Muckel, Handbuch des Staatskirchenrechts der Bundesrepublik Deutschland, 3. Aufl. 2020, § 64 I.

4 BVerwGE 38, 76 (82) = BeckRS 1971, 30434705; BayVGH VGH nF 35, 88 (96) mwN.

5 BGHZ 31, 115 (121 f.) = NJW 1960, 242; BGH MDR 1963, 997; zT auch synonym für Observanz gebraucht, vgl. BayVGH VGH nF 35, 88 (97).

6 Vgl. BayVGH BayVBl. 1973, 585.

7 Zu den Rechtsgrundlagen der Baulast vgl. *Droege* in Pirson/Rüfner/Germann/Muckel, Handbuch des Staatskirchenrechts der Bundesrepublik Deutschland, 3. Aufl. 2020, § 64 II.

8 Vgl. BVerwGE 38, 76 (77 ff.) = BeckRS 1971, 30434705.

9 BayVGH VGH nF 26, 137 (146 ff.); 37, 124 (138); 47, 104 (114); krit. hierzu *Renck* BayVBl. 1996, 554 (555 f.).

10 Vgl. BVerwGE 38, 76 (81 ff.) mwN = BeckRS 1971, 30434705; BayVGH VGH nF 47, 104 (114); *Böttcher* in Listl/Pirson, Handbuch des Staatskirchenrechts der Bundesrepublik Deutschland, 2. Aufl. 1995, § 39 VII, 40 ff.

11 BayVGH BayVBl. 1973, 584 (587).

12 BayVGH VGH nF 47, 104 (113 f.); 37, 124 (137 f.) mwN.

13 RGZ 90, 348; vgl. eingehend *Zängl* BayVBl. 1988, 649 ff. und *Droege* in Pirson/Rüfner/Germann/Muckel, Handbuch des Staatskirchenrechts der Bundesrepublik Deutschland, 3. Aufl. 2020, § 64 I.

14 Vgl. BayVGH BayVBl. 1973, 586.

15 *Droege* in Pirson/Rüfner/Germann/Muckel, Handbuch des Staatskirchenrechts der Bundesrepublik Deutschland, 3. Aufl. 2020, § 64 I; als Beispiel für Letztere vgl. BayVGH VGH nF 37, 124 (138).

16 *Droege* in Pirson/Rüfner/Germann/Muckel, Handbuch des Staatskirchenrechts der Bundesrepublik Deutschland, 3. Aufl. 2020, § 64 III, 31.

17 BayVGH VGH nF 37, 124 (129 f.); vgl. auch *Zängl* BayVBl. 1988, 649 (650 f.).

18 BGH MDR 1963, 997.

19 BGHZ 31, 115 (117) = NJW 1960, 242.

20 *Avenarius/Füssel,* Schulrecht, 8. Aufl. 2010, 211 f Nr. 11.2.

cher Natur sein; ausschlaggebend ist die Organisation der Schule in Form eines privaten Trägers oder einer juristischen Person des öffentlichen Rechts.[21]

6 Zu den für die Kirchenbaulast in den **Ländern** maßgeblichen Vorschriften s. die Zusammenstellungen bei Soergel/*Hartmann* Rn. 5. Ältere Vorschriften über privatrechtliche Schulbaulasten bestehen nicht mehr. Zum Schulwesen vgl. die Schulgesetze der Länder.

7 Für Kirchenbaulaststreitigkeiten ist, obwohl sie teilweise „altrechtlich" dem bürgerlichen Recht zugerechnet wurden,[22] der **Rechtsweg zu den Verwaltungsgerichten** eröffnet.[23] Für den öffentlich-rechtlichen Charakter von Rechtsverhältnissen, die Leistungen für kirchliche Zwecke zum Gegenstand haben, spricht nach der Rechtsprechung eine Vermutung.[24]

Art. 133 [Kirchenstühle, Begräbnisplätze]

Unberührt bleiben die landesgesetzlichen Vorschriften über das Recht zur Benutzung eines Platzes in einem dem öffentlichen Gottesdienst gewidmeten Gebäude oder auf einer öffentlichen Begräbnisstätte.

1 Das Recht zur Benutzung eines Platzes in einem dem öffentlichen Gottesdienst gewidmeten Gebäude **(Kirchenstuhlrecht)** oder auf einer öffentlichen Begräbnisstätte wird nach dem heutigen Verständnis[1] der Unterscheidung des privaten und des öffentlichen Rechts dem **Gebiet des öffentlichen Rechts** zugerechnet.[2] Die Vorbehaltsrechte zu Gunsten des Privatrechtsgesetzgebers sind daher heute **gegenstandslos.**

2 Das Recht zur Benutzung einer öffentlichen Begräbnisstätte ist von den Gemeindeordnungen als **Anstaltsbenutzungsrecht** ausgestaltet; ihm korrespondiert der **Friedhofszwang,** dh die Pflicht, Bestattungen grundsätzlich nur auf einem öffentlichen Friedhof vornehmen zu lassen.[3] Privatrechtliche Nutzungsverhältnisse sind regelmäßig ausgeschlossen.[4] Auf Grund der heutigen Unterscheidung von privatem und öffentlichem Recht sind auch die Benutzungsrechte älterer Sondergräber **(Erb- oder Familienbegräbnisse)** als öffentlich-rechtlich anzusehen.[5] Ausnahmsweise sollen sie privatrechtlicher Natur sein, wenn der Nachweis erbracht wird, dass der Erwerb solcher Sonderrechte auf (privatrechtlicher) Vereinbarung beruht.[6] An diesen Nachweis werden mit Rücksicht auf die in den älteren Urkunden nicht getroffene Unterscheidung zwischen öffentlichem (Nutzungs-)Recht und privatem (Kauf-)Recht strenge Anforderungen gestellt.[7]

3 Diese Unterscheidung wurde vor allem dann als erheblich angesehen, wenn zeitlich unbegrenzte oder langdauernde Grabrechte durch den Erlass oder die Änderung einer Friedhofsordnung in ihrer Dauer befristet und ihre Verlängerung einer Gebührenpflicht unterworfen wurde.[8] Insbesondere die Beantwortung der Frage, ob die Rechte dem **Eigentumsschutz des Art. 14 Abs. 1 GG** unterfallen, wurde von der privatrechtlichen Rechtsnatur abhängig gemacht.[9] Selbst wenn man die Eigentumsqualität der Erb- bzw. Familienbegräbnisrechte bejaht,[10] ist deren Überleitung in Form der

---

[21] BVerwG VerwRspr 18, 147.

[22] Vgl. *Renck* BayVBl. 1996, 554 m. Fn. 8.

[23] Vgl. BGHZ 31, 115 (120 ff.) = NJW 1960, 242; BayVGH VGH nF 22, 78 (79); BayVBl. 1996, 564 – insoweit nicht in VGH nF 47, 104 abgedruckt; *Kopp/Schenke,* 27. Aufl. 2021, VwGO § 40 Rn. 40; Staudinger/*Merten,* 2018, Rn. 18.

[24] BayVGH BayVBl. 1996, 564 – insoweit nicht in VGH nF 47, 104 abgedruckt; BayVGH VGH nF 22, 78 (79).

[1] Allg. *Gaedke,* Handbuch des Friedhofs- und Bestattungsrechts, 13. Aufl. 2022; *Engelhardt,* Bestattungswesen und Friedhofsrecht, in Listl/Pirson, Handbuch Staatskirchenrecht, 2. Aufl. 1995, § 43.

[2] Vgl. BVerwG DÖV 1960, 793; OVG Münster DÖV 2016, 792; *Forsthoff,* Allgemeines Verwaltungsrecht, 10. Aufl. 1973, § 22; *Wolff/Bachof/Stober,* Verwaltungsrecht III, 5. Aufl. 2004, § 88 II 6b; Staudinger/*Merten,* 2018, Rn. 3.

[3] *Gaedke,* Handbuch des Friedhofs- und Bestattungsrechts, 13. Aufl. 2022, 110 ff.; *Engelhardt* in Listl/Pirson, Handbuch des Staatskirchenrechts der Bundesrepublik Deutschland, 2. Aufl. 1995, § 43 V 2a.

[4] Staudinger/*Merten,* 2018, Rn. 12, wonach privatrechtlich begründete Nutzungsrechte immer noch auf Art. 133 gestützt werden können.

[5] Vgl. *Gaedke,* Handbuch des Friedhofs- und Bestattungsrechts, 13. Aufl. 2022, 351 f.; Staudinger/*Merten,* 2018, Rn. 3, 14.

[6] Staudinger/*Merten,* 2018, Rn. 13; vgl. zusammenfassend VG Hannover MDR 1965, 775.

[7] Vgl. BVerwGE 11, 68 (73); OVG NRW DVBl 1954, 305.

[8] Eingehend hierzu *Gaedke,* Handbuch des Friedhofs- und Bestattungsrechts, 13. Aufl. 2022, 353 ff.

[9] *Gaedke,* Handbuch des Friedhofs- und Bestattungsrechts, 13. Aufl. 2022, 354 f.; vgl. auch BVerwGE 11, 68 (73 f.).

[10] So etwa Staudinger/*Merten,* 2018, Rn. 9 f. mwN.

Befristung und Gebührenpflichtigkeit unter Wahrung des Verhältnismäßigkeitsgrundsatzes als Inhalts- und Schrankenbestimmung iSv Art. 14 Abs. 1 S. 2 GG zulässig.[11] Insoweit lässt sich die Argumentation des BVerfG in seinem Beschluss vom 19.6.1985[12] heranziehen, wonach der Gesetzgeber bei der Neuordnung eines Rechtsgebiets individuelle Rechtspositionen durch angemessene und zumutbare Übergangsregelungen umgestalten kann, er also nicht vor der Alternative steht, alte Rechtspositionen zu konservieren oder gegen Entschädigung zu entziehen. Insbesondere kann er bestimmen, dass die neuen Vorschriften mit ihrem Inkrafttreten für die bisherigen Rechte und Rechtsverhältnisse gelten, wenn dies durch Gründe des öffentlichen Interesses unter Berücksichtigung des Grundsatzes der Verhältnismäßigkeit gerechtfertigt ist.[13]

Zu den geltenden Bestimmungen für die Rechtsgebiete des Friedhofswesens-, Personenstands-, Leichenschau-, Leichenöffnungs-, Leichenbeförderungs-, Kriegsfürsorge- und Feuerbestattungsrechts vgl. die Zusammenstellung bei *Gaedke,* Handbuch des Friedhofs- und Bestattungsrechts, 13. Aufl. 2022, 618 ff. 4

Art. 134–136 *(aufgehoben)*

Art. 137 [Ertragswert eines Landguts]

Unberührt bleiben die landesgesetzlichen Vorschriften über die Grundsätze, nach denen in den Fällen des § 1376 Abs. 4, § 1515 Abs. 2 und 3, § 1934b Abs. 1, und der §§ 2049 und 2312 des Bürgerlichen Gesetzbuchs sowie des § 16 Abs. 1 des Grundstücksverkehrsgesetzes in der im Bundesgesetzblatt Teil III, Gliederungsnummer 7810–1, veröffentlichten bereinigten Fassung, das zuletzt durch Artikel 2 Nr. 22 des Gesetzes vom 8. Dezember 1986 (BGBl. I S. 2191) geändert worden ist, der Ertragswert eines Landguts festzustellen ist.

I. Gründe für die Bevorzugung des Ertragswertes

Die genannten Vorschriften besagen, dass der Ertragswert und nicht der Verkehrswert der Auseinandersetzung zu Grunde gelegt werden soll, weil der letztgenannte beträchtlichen Schwankungen ausgesetzt ist; auch ist der Verkehrswert im Verhältnis zu den Erträgnissen eines Landgutes häufig unverhältnismäßig hoch und würde, wenn er der Auseinandersetzung zu Grunde zu legen wäre, entweder zu einer allzu großen Verschuldung des Übernehmenden führen oder bewirken, dass das Landgut nicht in der Familie übernommen werden könnte, sondern zu versilbern wäre. Beides würde den Interessen an der Erhaltung intakten landwirtschaftlichen Besitzes entgegenwirken.[1] Der Ertragswertbewertung kommt in den Ländern, die kein Anerbenrecht kennen, eine besondere Bedeutung zu,[2] da hier nur das Landgütererbrecht des BGB angewandt wird.[3] 1

II. Grenzen landesgesetzlicher Regelung

Da § 2049 Abs. 2 BGB bereits anordnet, dass der Ertragswert sich nach dem Reinertrag bestimmt, den das Gut nach seiner bisherigen wirtschaftlichen Bestimmung bei ordnungsgemäßer Bewirtschaftung nachhaltig gewähren kann, hat das Landesrecht nur zu regeln, wie der Reinertrag zu ermitteln ist und wie sich daraus der Ertragswert errechnet. Eine Regelung hierüber im BGB, die den Vorteil gehabt hätte, für das ganze Reichsgebiet einheitlich zu sein, scheiterte, weil man die örtlichen Verhältnisse für zu unterschiedlich ansah.[4] Auch eine Definition des Landgutes kam nicht zustande, indes ohne dass dieser Punkt dem Landesgesetzgeber überwiesen worden wäre; man überließ dies lieber der Auslegung.[5] Zum Begriff des Landgutes → BGB § 2049 Rn. 3 ff.; → BGB § 2312 Rn. 12 ff. 2

Durch die Änderung des Art. 137 (BGBl. 1994 I 2324) wurde die teilweise statische Verweisung[6] durch eine dynamische Verweisung ersetzt.[7] Den Ländern wurde die Möglichkeit eröffnet, die Ertragswertberechnung auch mit Wirkung für den Zugewinnausgleich zur regeln. Zur Verdeutli- 3

---

11 Ebenso *Gaedke,* Handbuch des Friedhofs- und Bestattungsrechts, 13. Aufl. 2022, 355 mwN.

12 BVerfGE 70, 191 (201 f.) = NVwZ 1986, 113.

13 BVerfGE 70, 191 (201 f.) mwN.

1 Prot. VI 330 ff.

2 Bayern, Berlin, Saarland sowie den neuen Bundesländern, vgl. BeckOK KostR/*von Selle* LwVG § 1 Rn. 62 f.

3 Staudinger/*Mittelstädt,* 2018, Rn. 3.

4 Prot. VI 334.

5 Prot. VI 449.

6 BVerfGE 67, 348 = NJW 1985, 1329 = FamRZ 1985, 256.

7 BT-Drs. 12/7134, 8; aA Soergel/*Hartmann* Rn. 2.

chung des Vorbehalts für die Landesgesetzgebung wurden auch § 1934b BGB (zwischenzeitlich aufgehoben) und § 16 GrdstVG in den Gesetzestext aufgenommen.[8]

Art. 138 [Erbrecht öffentlich-rechtlicher Körperschaften]

Unberührt bleiben die landesgesetzlichen Vorschriften, nach welchen im Falle des § 1936 des Bürgerlichen Gesetzbuchs an Stelle des Fiskus eine Körperschaft, Stiftung oder Anstalt des öffentlichen Rechts gesetzlicher Erbe ist.

1 Zur Kommentierung → 5. Aufl. 2010, Art. 138 Rn. 1 ff.

Art. 139 [Nachlass einer verpflegten Person]

Unberührt bleiben die landesgesetzlichen Vorschriften, nach welchen dem Fiskus oder einer anderen juristischen Person in Ansehung des Nachlasses einer verpflegten oder unterstützten Person ein Erbrecht, ein Pflichtteilsanspruch oder ein Recht auf bestimmte Sachen zusteht.

1 Zur Kommentierung → 5. Aufl. 2010, Art. 139 Rn. 1 ff.

Art. 140 [Nachlassverzeichnis]

Unberührt bleiben die landesgesetzlichen Vorschriften, nach welchen das Nachlaßgericht auch unter anderen als den in § 1960 Abs. 1 des Bürgerlichen Gesetzbuchs bezeichneten Voraussetzungen die Anfertigung eines Nachlaßverzeichnisses sowie bis zu dessen Vollendung die erforderlichen Sicherungsmaßregeln, insbesondere die Anlegung von Siegeln, von Amts wegen anordnen kann oder soll.

1 Zur Kommentierung → 5. Aufl. 2010, Art. 140 Rn. 1 ff.

Art. 141 *[weggefallen]*

1 Art. 141 wurde durch das BeurkG vom 28.8.1969 (BGBl. 1969 I 1513) aufgehoben.

Art. 142 *[weggefallen]*

1 Art. 142 wurde durch das BeurkG vom 28.8.1969 (BGBl. 1969 I 1513) aufgehoben.

Art. 143 [Auflassung]

(1) *(weggefallen)*
(2) Unberührt bleiben die landesgesetzlichen Vorschriften, nach welchen es bei der Auflassung eines Grundstücks der gleichzeitigen Anwesenheit beider Teile nicht bedarf, wenn das Grundstück durch einen Notar versteigert worden ist und die Auflassung noch in dem Versteigerungstermin stattfindet.

1 Abs. 1 wurde durch das BeurkG vom 28.8.1969 (BGBl. 1969 I 1513) aufgehoben.
2 Von dem Vorbehalt des **Abs. 2** haben folgende Länder Gebrauch gemacht: **Berlin, Bremen, Hessen, Nordrhein-Westfalen, Rheinland-Pfalz und das Saarland.** Näher → 6. Aufl. 2015, Rn. 1 ff.

Art. 144 [Beistandschaft für Vereine]

Die Landesgesetze können bestimmen, daß das Jugendamt die Beistandschaft mit Zustimmung des Elternteils auf einen nach § 54 des Achten Buches Sozialgesetzbuch anerkannten Vormundschaftsverein übertragen kann.

---

8 BT-Drs. 12/7134, 8.

I. Normzweck

1 Die Norm betrifft die Beistandschaft gemäß § 1712 BGB, § 52a Abs. 1 S. 2 Nr. 4, § 54 Abs. 3, § 55 f. SGB VIII. Gemäß § 1712 BGB, § 55 Abs. 1 SGB VIII wird stets das Jugendamt Beistand. Nach Art. 144, § 54 Abs. 3 können jedoch die Landesgesetze vorsehen, dass das Jugendamt die Beistandschaft auf einen rechtsfähigen Verein, also einen Träger der freien Jugendhilfe gemäß § 3 Abs. 2 S. 1 SGB VIII übertragen kann. Diese Möglichkeit entsprach einem „Anliegen einzelner Bundesländer“,[1] dem durch Art. 3 Nr. 1 Beistandsgesetz vom 4.12.1997 (BGBl. 1997 I 2846) entsprochen wurde. Von dieser Möglichkeit haben Gebrauch gemacht: **Bayern:** Art. 61 BayAGSG (Gesetz zur Ausführung der Sozialgesetze vom 8.12.2006, GVBl. 2006, 942, zuletzt geändert durch Gesetz vom 24.7.2023, GVBl. 2023, 443); **Sachsen-Anhalt:** § 30 KJHG-LSA (Kinder- und Jugendhilfegesetz vom 5.5.2000, GVBl. 2000, 236, zuletzt geändert durch Gesetz vom 17.1.2023, GVBl. 2023, 2); **Berlin:** § 54 Abs. 3 BlnAGKJHG (Gesetz zur Ausführung des Kinder- und Jugendhilfegesetzes vom 27.4.2001, GVBl. 2001, 134, zuletzt geändert durch Gesetz vom 27.8.2021, GVBl. 2021, 995); **Sachsen:** §§ 38, 39 SächsLJHG (Landesjugendhilfegesetz vom 4.9.2008, GVBl. 2008, 578, zuletzt geändert durch VO vom 31.1.2023, GVBl. 2023, 64). In **Nordrhein-Westfalen** gibt es entsprechende Bestimmungen über die Zuständigkeit: § 2 Abs. 3 Nr. 10 LVR-LJAStzg (Satzung für das LVR-Landesjugendamt Rheinland vom 12.12.2008, GV 2009, 30, zuletzt geändert durch Gesetz vom 29.9.2014, GVBl. 2014, 678) und § 1 Abs. 3 Nr. 10 NRWLWLLJAS (LWL-Landesjugendamt-Satzung vom 7.11.1991, GVBl. 1991, 434, zuletzt geändert durch Gesetz vom 20.11.2014, GVBl. 2014, 864).

II. Voraussetzungen

2 Die Übertragung der jeweiligen Beistandschaft auf einen Verein erfolgt durch das Jugendamt, nicht durch das Familiengericht.[2] Mit der Übertragung geht nicht nur die Ausführung der Aufgabe, sondern die Aufgabe selbst auf den Verein über. Sie setzt die landesgesetzliche Ermächtigung, die Zustimmung des alleinsorgeberechtigten Elternteils, die Rechtsfähigkeit des Vereins und die Anerkennung des Vereins gemäß § 54 Abs. 1, 2 SGB VIII voraus. Die Übertragung ist keine Beleihung mit hoheitlichen Befugnissen, da die Beistandschaft ein privatrechtliches Institut ist.[3]

3 Die Voraussetzungen, unter denen die Übertragung erfolgt, richten sich nach dem jeweiligen Landesrecht. Das Jugendamt muss, unabhängig von der Zustimmung des Elternteils, im Einzelfall nach pflichtgemäßem Ermessen prüfen, ob die Voraussetzungen vorliegen. Dabei ist auch zu prüfen, ob die Übertragung dem Kindeswohl entspricht. Das bayrische Gesetz und die Gesetze der Länder Sachsen und Sachsen-Anhalt sehen in einer Sollvorschrift vor, dass die Übertragung auf den freien Träger erfolgen soll, wenn sie dem Kindeswohl nicht widerspricht.

Art. 145, 146 *(weggefallen)*

Art. 147 [Vormundschafts- und Nachlassbehörden]

Unberührt bleiben die landesgesetzlichen Vorschriften, nach denen für die Aufgaben des Betreuungsgerichts oder des Nachlassgerichts andere Stellen als Gerichte zuständig sind.

1 Zur Kommentierung → 5. Aufl. 2010, Rn. 1 ff.

Art. 148 *(aufgehoben)*

Art. 149–151 *(weggefallen)*

Art. 152 [Rechtshängigkeit]

[1]Unberührt bleiben die landesgesetzlichen Vorschriften, welche für die nicht nach den Vorschriften der Zivilprozeßordnung zu erledigenden Rechtsstreitigkeiten die Vorgänge

1 Beschlussempfehlung und Bericht RA, BT-Drs. 13/8509, 17.

2 Zur Tragung von Aufwendungen des Vereins vgl. OLG München JAmt 2010, 501.

3 Anders Kunkel/Kepert/Pattar/*Kunkel/Leonhardt/Sievertsen,* SGB VIII – Kinder- und Jugendhilfe, 8. Aufl. 2022, SGB VIII Exkurs vor §§ 52a–58a Rn. 91; Wiesner/Wapler/*Walther,* 6. Aufl. 2022, SGB VIII § 55 Rn. 48.

bestimmen, mit denen die nach den Vorschriften des Bürgerlichen Gesetzbuchs an die Klageerhebung und an die Rechtshängigkeit geknüpften Wirkungen eintreten. [2]Soweit solche Vorschriften fehlen, finden die Vorschriften der Zivilprozeßordnung entsprechende Anwendung.

1 Zum Bundesrecht vgl. §§ 204, 286, 291 ff., 818 Abs. 4, 941, 987 ff., 1002, 1435, 2023 BGB; § 3 EGZPO; §§ 13, 13a, 14 GVG.

Vierter Teil. Übergangsvorschriften

Art. 153–162 *(gegenstandslos)*

Art. 163 [Juristische Personen]

Auf die zur Zeit des Inkrafttretens des Bürgerlichen Gesetzbuchs bestehenden juristischen Personen finden von dieser Zeit an die Vorschriften der §§ 25 bis 53 und 85 bis 89 des Bürgerlichen Gesetzbuchs Anwendung, soweit sich nicht aus den Artikeln 164 bis 166 ein anderes ergibt.

1 Die Vorschrift findet ausschließlich auf juristische Personen, dh auf Stiftungen und **rechtsfähige Vereine,** nicht aber auf Vereine ohne Rechtsfähigkeit oder auf als Gesamthand organisierte Gruppen[1] oder Konzerne[2] Anwendung. Hier bleibt bei Altvereinen für die Binnenverfassung nach wie vor das alte Recht anwendbar.[3] Rechtsfähige Vereine, Gesellschaften und Stiftungen werden dagegen grundsätzlich den Regelungen des BGB unterstellt, soweit sich nicht aus landesrechtlichen Vorbehalten (s. Art. 82) bzw. aus den nachfolgenden Vorschriften (Art. 164–166) Besonderheiten ergeben.

Art. 164 [Realgemeinden]

[1]In Kraft bleiben die landesgesetzlichen Vorschriften über die zur Zeit des Inkrafttretens des Bürgerlichen Gesetzbuchs bestehenden Realgemeinden und ähnlichen Verbände, deren Mitglieder als solche zu Nutzungen an land- und forstwirtschaftlichen Grundstücken, an Mühlen, Brauhäusern und ähnlichen Anlagen berechtigt sind. [2]Es macht keinen Unterschied, ob die Realgemeinden oder sonstigen Verbände juristische Personen sind oder nicht und ob die Berechtigung der Mitglieder an Grundbesitz geknüpft ist oder nicht.

1 Art. 164 beinhaltet eine **Ausnahme der Ausnahme.** Während Art. 163 bestimmt, dass die am 1.1.1900 bestehenden juristischen Personen den §§ 25 ff. BGB unterstehen, stellt Art. 164 den das Einführungsgesetz beherrschenden **Grundsatz der Nichtrückwirkung** wieder her.[1] Für Realgemeinden und ähnliche Verbände bleiben die vorhandenen Regelungen in Kraft. Der Gesetzgeber wollte dadurch Unzuträglichkeiten verhüten, die bei Beseitigung des Landesrechts entstanden wären, und den Fortbestand dieser Verbände sichern.[2]

2 Realgemeinden sind alle Arten der in Deutschland unter verschiedenen Namen vorkommenden **agrarischen und forstwirtschaftlichen Genossenschaften,** insbesondere auch diejenigen, bei welchen ein Zusammenhang zwischen Grundbesitz der Mitglieder und Nutzungsrecht nicht besteht;[3] dazu gehören auch Dorfschaften.[4]

3 Zu den **„ähnlichen Verbänden"** sind alle jene zu zählen, mit deren Mitgliedschaft eine Benutzung des Grund und Bodens zu land- und forstwirtschaftlichen Zwecken verbunden ist.[5] Als

---

1 Vgl. zur Abgrenzung *Dieckmann,* Gesamthand und juristische Person, 2019.
2 Vgl. *K. Schmidt* FS Rokas, 2012, 893 (897).
3 RGZ 77, 429.
1 Vgl. Staudinger/*Mittelstädt,* 2018, Vor Art. 163 Rn. 1 ff.
2 Einzelheiten bei Staudinger/*Mittelstädt,* 2018, Rn. 1 f.
3 Prot. I 612; Prot. VI 491.
4 LG Itzehoe SchlHA 1986, 10.
5 BayObLGZ 27, 8.

Beispiel seien Alpengenossenschaften, Weidegenossenschaften, Brunnengesellschaften, Markgenossenschaften und Haubergverbände genannt.[6] Für Waldgenossenschaften, die begrifflich zu Art. 164 gehören, gilt daneben die weitergehende die Sonderregelung des Art. 83.

Art. 164 bezieht sich nur auf die am 1.1.1900 **bereits bestehenden** Realgemeinden. Die Frage der **Rechtsfähigkeit** spielt keine Rolle (Art. 164 S. 2). 4

Art. 165 [Bayerische Vereine]

In Kraft bleiben die Vorschriften der bayerischen Gesetze, betreffend die privatrechtliche Stellung der Vereine sowie der Erwerbs- und Wirtschaftsgesellschaften, vom 29. April 1869 in Ansehung derjenigen Vereine und registrierten Gesellschaften, welche auf Grund dieser Gesetze zur Zeit des Inkrafttretens des Bürgerlichen Gesetzbuchs bestehen.

Der Vorbehalt ist gegenstandslos. 1

Art. 166 [Sächsische Vereine]

In Kraft bleiben die Vorschriften des sächsischen Gesetzes vom 15. Juni 1868, betreffend die juristischen Personen, in Ansehung derjenigen Personenvereine, welche zur Zeit des Inkrafttretens des Bürgerlichen Gesetzbuchs die Rechtsfähigkeit durch Eintragung in das Genossenschaftsregister erlangt haben.

Der Vorbehalt ist gegenstandslos. 1

Art. 167 [Landschaftliche Kreditanstalten]

In Kraft bleiben die landesgesetzlichen Vorschriften, welche die zur Zeit des Inkrafttretens des Bürgerlichen Gesetzbuchs bestehenden landschaftlichen oder ritterschaftlichen Kreditanstalten betreffen.

Der Vorbehalt ermöglicht es den Ländern, die zur Zeit des Inkrafttretens des BGB bereits 1
bestehenden Kreditanstalten unverändert fortzuführen.[1]

Art. 168 [Verfügungsbeschränkungen]

Eine zur Zeit des Inkrafttretens des Bürgerlichen Gesetzbuchs bestehende Verfügungsbeschränkung bleibt wirksam, unbeschadet der Vorschriften des Bürgerlichen Gesetzbuchs zugunsten derjenigen, welche Rechte von einem Nichtberechtigten herleiten.

Die Vorschrift lässt für die zur Zeit des Inkrafttretens des BGB bestehenden Verfügungsbeschrän- 1
kungen eine Durchbrechung des numerus clausus der dinglichen Rechte und Verfügungsbeschränkungen des BGB zu, soweit sie mit den zwingenden öffentlich-rechtlichen Vorschriften vereinbar sind.[1]

Art. 169 [Verjährung]

(1) [1]Die Vorschriften des Bürgerlichen Gesetzbuchs über die Verjährung finden auf die vor dem Inkrafttreten des Bürgerlichen Gesetzbuchs entstandenen, noch nicht verjährten Ansprüche Anwendung. [2]Der Beginn sowie die Hemmung und Unterbrechung der Verjährung bestimmen sich jedoch für die Zeit vor dem Inkrafttreten des Bürgerlichen Gesetzbuchs nach den bisherigen Gesetzen.

(2) [1]Ist die Verjährungsfrist nach dem Bürgerlichen Gesetzbuch kürzer als nach den bisherigen Gesetzen, so wird die kürzere Frist von dem Inkrafttreten des Bürgerlichen Gesetzbuchs an berechnet. [2]Läuft jedoch die in den bisherigen Gesetzen bestimmte längere Frist

[6] Beispiele mN der Rspr. bei Soergel/*Hartmann* Rn. 3.

[1] Eine Zusammenstellung dieser Anstalten findet sich bei Staudinger/*Promberger,* 11. Aufl. 1973, Rn. 2.

[1] KG KGJ 40, 227.

früher als die im Bürgerlichen Gesetzbuch bestimmte kürzere Frist ab, so ist die Verjährung mit dem Ablauf der längeren Frist vollendet.

1 Zur Kommentierung → 5. Aufl. 2010, Art. 169 Rn. 1 ff.

Art. 170 [Schuldverhältnisse]

Für ein Schuldverhältnis, das vor dem Inkrafttreten des Bürgerlichen Gesetzbuchs entstanden ist, bleiben die bisherigen Gesetze maßgebend.

1 Zur Kommentierung → 5. Aufl. 2010, Rn. 1 ff.

Art. 171 [Dienst-, Miet- und Pachtverhältnisse]

Ein zur Zeit des Inkrafttretens des Bürgerlichen Gesetzbuchs bestehendes Miet-, Pacht- oder Dienstverhältnis bestimmt sich, wenn nicht die Kündigung nach dem Inkrafttreten des Bürgerlichen Gesetzbuchs für den ersten Termin erfolgt, für den sie nach den bisherigen Gesetzen zulässig ist, von diesem Termin an nach den Vorschriften des Bürgerlichen Gesetzbuchs.

1 Zur Kommentierung → 5. Aufl. 2010, Art. 171 Rn. 1 ff.

Art. 172 [Rechte des Mieters bei Veräußerung]

[1]Wird eine Sache, die zur Zeit des Inkrafttretens des Bürgerlichen Gesetzbuchs vermietet oder verpachtet war, nach dieser Zeit veräußert oder mit einem Rechte belastet, so hat der Mieter oder Pächter dem Erwerber der Sache oder des Rechts gegenüber die im Bürgerlichen Gesetzbuche bestimmten Rechte. [2]Weitergehende Rechte des Mieters oder Pächters, die sich aus den bisherigen Gesetzen ergeben, bleiben unberührt, unbeschadet der Vorschrift des Artikels 171.

1 Zur Kommentierung → 5. Aufl. 2010, Art. 172 Rn. 1 ff.

Art. 173 [Gemeinschaft nach Bruchteilen]

Auf eine zur Zeit des Inkrafttretens des Bürgerlichen Gesetzbuchs bestehende Gemeinschaft nach Bruchteilen finden von dieser Zeit an die Vorschriften des Bürgerlichen Gesetzbuchs Anwendung.

1 Zur Kommentierung → 5. Aufl. 2010, Art. 173 Rn. 1 ff.

Art. 174 [Schuldverschreibungen]

(1) [1]Von dem Inkrafttreten des Bürgerlichen Gesetzbuchs an gelten für die vorher ausgestellten Schuldverschreibungen auf den Inhaber die Vorschriften der §§ 798 bis 800, 802 und 804 und des § 806 Satz 1 des Bürgerlichen Gesetzbuchs. [2]Bei den auf Sicht zahlbaren unverzinslichen Schuldverschreibungen sowie bei Zins-, Renten- und Gewinnanteilscheinen bleiben jedoch für die Kraftloserklärung und die Zahlungssperre die bisherigen Gesetze maßgebend.

(2) Die Verjährung der Ansprüche aus den vor dem Inkrafttreten des Bürgerlichen Gesetzbuchs ausgestellten Schuldverschreibungen auf den Inhaber bestimmt sich, unbeschadet der Vorschriften des § 802 des Bürgerlichen Gesetzbuchs, nach den bisherigen Gesetzen.

1 Zur Kommentierung → 5. Aufl. 2010, Art. 174 Rn. 1 ff.

Art. 175 [Zins-, Renten-, Gewinnanteilscheine]

Für Zins-, Renten- und Gewinnanteilscheine, die nach dem Inkrafttreten des Bürgerlichen Gesetzbuchs für ein vor dieser Zeit ausgestelltes Inhaberpapier ausgegeben werden, sind die Gesetze maßgebend, welche für die vor dem Inkrafttreten des Bürgerlichen Gesetzbuchs ausgegebenen Scheine gleicher Art gelten.

Zur Kommentierung → 5. Aufl. 2010, Art. 175 Rn. 1 ff. 1

Art. 176 [Außerkurssetzung von Schuldverschreibungen]

[1]Die Außerkurssetzung von Schuldverschreibungen auf den Inhaber findet nach dem Inkrafttreten des Bürgerlichen Gesetzbuchs nicht mehr statt. [2]Eine vorher erfolgte Außerkurssetzung verliert mit dem Inkrafttreten des Bürgerlichen Gesetzbuchs ihre Wirkung.

Zur Kommentierung → 5. Aufl. 2010, Art. 176 Rn. 1 ff. 1

Art. 177 [Hinkende Inhaberpapiere]

Von dem Inkrafttreten des Bürgerlichen Gesetzbuchs an gelten für vorher ausgegebene Urkunden der in § 808 des Bürgerlichen Gesetzbuchs bezeichneten Art, sofern der Schuldner nur gegen Aushändigung der Urkunde zur Leistung verpflichtet ist, die Vorschriften des § 808 Abs. 2 Satz 2 und 3 des Bürgerlichen Gesetzbuchs und des Artikels 102 Abs. 2 dieses Gesetzes.

Zur Kommentierung → 5. Aufl. 2010, Art. 177 Rn. 1 ff. 1

Art. 178 [Verfahren der Kraftloserklärung nach altem Recht]

[1]Ein zur Zeit des Inkrafttretens des Bürgerlichen Gesetzbuchs anhängiges Verfahren, das die Kraftloserklärung einer Schuldverschreibung auf den Inhaber oder einer Urkunde der in § 808 des Bürgerlichen Gesetzbuchs bezeichneten Art oder die Zahlungssperre für ein solches Papier zum Gegenstand hat, ist nach den bisherigen Gesetzen zu erledigen. [2]Nach diesen Gesetzen bestimmen sich auch die Wirkungen des Verfahrens und der Entscheidung.

Die Vorschrift hat durch Zeitablauf ihre Bedeutung verloren. 1

Art. 179 [Dingliche Wirkung von Schuldansprüchen]

Hat ein Anspruch aus einem Schuldverhältnis nach den bisherigen Gesetzen durch Eintragung in ein öffentliches Buch Wirksamkeit gegen Dritte erlangt, so behält er diese Wirksamkeit auch nach dem Inkrafttreten des Bürgerlichen Gesetzbuchs.

Zur Kommentierung → 5. Aufl. 2010, Art. 179 Rn. 1 ff. 1

Art. 180 [Besitzverhältnis]

Auf ein zur Zeit des Inkrafttretens des Bürgerlichen Gesetzbuchs bestehendes Besitzverhältnis finden von dieser Zeit an, unbeschadet des Artikels 191, die Vorschriften des Bürgerlichen Gesetzbuchs Anwendung.

Zur Kommentierung → 5. Aufl. 2010, Art. 180 Rn. 1 ff. 1

Art. 181 [Eigentum]

(1) Auf das zur Zeit des Inkrafttretens des Bürgerlichen Gesetzbuchs bestehende Eigentum finden von dieser Zeit an die Vorschriften des Bürgerlichen Gesetzbuchs Anwendung.

(2) Steht zur Zeit des Inkrafttretens des Bürgerlichen Gesetzbuchs das Eigentum an einer Sache mehreren nicht nach Bruchteilen zu oder ist zu dieser Zeit ein Sondereigentum an stehenden Erzeugnissen eines Grundstücks, insbesondere an Bäumen, begründet, so bleiben diese Rechte bestehen.

1 Zur Kommentierung → 5. Aufl. 2010, Art. 181 Rn. 1 ff.

Art. 182 [Stockwerkseigentum]

[1]Das zur Zeit des Inkrafttretens des Bürgerlichen Gesetzbuchs bestehende Stockwerkseigentum bleibt bestehen. [2]Das Rechtsverhältnis der Beteiligten untereinander bestimmt sich nach den bisherigen Gesetzen.

1 Zur Kommentierung → 5. Aufl. 2010, Art. 182 Rn. 1 ff.

Art. 183 [Waldgrundstück]

Zugunsten eines Grundstücks, das zur Zeit des Inkrafttretens des Bürgerlichen Gesetzbuchs mit Wald bestanden ist, bleiben die landesgesetzlichen Vorschriften, welche die Rechte des Eigentümers eines Nachbargrundstücks in Ansehung der auf der Grenze oder auf dem Waldgrundstück stehenden Bäume und Sträucher abweichend von den Vorschriften des § 910 und des § 923 Abs. 2 und 3 des Bürgerlichen Gesetzbuchs bestimmen, bis zur nächsten Verjüngung des Waldes in Kraft.

1 Zur Kommentierung → 5. Aufl. 2010, Art. 183 Rn. 1 ff.

Art. 184 [Altrechtliche Belastungen]

[1]Rechte, mit denen eine Sache oder ein Recht zur Zeit des Inkrafttretens des Bürgerlichen Gesetzbuchs belastet ist, bleiben mit dem sich aus den bisherigen Gesetzen ergebenden Inhalt und Rang bestehen, soweit sich nicht aus den Artikeln 192 bis 195 ein anderes ergibt. [2]Von dem Inkrafttreten des Bürgerlichen Gesetzbuchs an gelten jedoch für ein Erbbaurecht die Vorschriften des *§ 1017,* für eine Grunddienstbarkeit die Vorschriften der §§ 1020 bis 1028 des Bürgerlichen Gesetzbuchs.

1 Zur Kommentierung → 5. Aufl. 2010, Art. 184 Rn. 1 ff.

Art. 185 [Ersitzung]

Ist zur Zeit des Inkrafttretens des Bürgerlichen Gesetzbuchs die Ersitzung des Eigentums oder Nießbrauchs an einer beweglichen Sache noch nicht vollendet, so finden auf die Ersitzung die Vorschriften des Artikel 169 entsprechende Anwendung.

1 Zur Kommentierung → 5. Aufl. 2010, Art. 185 Rn. 1 ff.

Art. 186 [Anlegung des Grundbuchs]

(1) Das Verfahren, in welchem die Anlegung der Grundbücher erfolgt, sowie der Zeitpunkt, in welchem das Grundbuch für einen Bezirk als angelegt anzusehen ist, werden für jeden *Bundesstaat* durch *landesherrliche* Verordnung bestimmt.

(2) Ist das Grundbuch für einen Bezirk als angelegt anzusehen, so ist die Anlegung auch für solche zu dem Bezirk gehörende Grundstücke, die noch kein Blatt im Grundbuch haben, als erfolgt anzusehen, soweit nicht bestimmte Grundstücke durch besondere Anordnung ausgenommen sind.

1 Zur Kommentierung → 5. Aufl. 2010, Art. 186 Rn. 1 ff.

Art. 187 [Eintragung von Grunddienstbarkeiten]

(1) [1]Eine Grunddienstbarkeit, die zu der Zeit besteht, zu welcher das Grundbuch als angelegt anzusehen ist, bedarf zur Erhaltung der Wirksamkeit gegenüber dem öffentlichen Glauben des Grundbuchs nicht der Eintragung. [2]Die Eintragung hat jedoch zu erfolgen, wenn sie von dem Berechtigten oder von dem Eigentümer des belasteten Grundstücks verlangt wird; die Kosten sind von demjenigen zu tragen und vorzuschießen, welcher die Eintragung verlangt.

(2) [1]Durch Landesgesetz kann bestimmt werden, daß die bestehenden Grunddienstbarkeiten oder einzelne Arten zur Erhaltung der Wirksamkeit gegenüber dem öffentlichen Glauben des Grundbuchs bei der Anlegung des Grundbuchs oder später in das Grundbuch eingetragen werden müssen. [2]Die Bestimmung kann auf einzelne Grundbuchbezirke beschränkt werden.

Zur Kommentierung → 5. Aufl. 2010, Art. 187 Rn. 1 ff. 1

Art. 188 [Eintragung von gesetzlichen Pfandrechten und Miet- und Pachtrechten]

(1) Durch *landesherrliche* Verordnung kann bestimmt werden, daß gesetzliche Pfandrechte, die zu der Zeit bestehen, zu welcher das Grundbuch als angelegt anzusehen ist, zur Erhaltung der Wirksamkeit gegenüber dem öffentlichen Glauben des Grundbuchs während einer zehn Jahre nicht übersteigenden, von dem Inkrafttreten des Bürgerlichen Gesetzbuchs an zu berechnenden Frist nicht der Eintragung bedürfen.

(2) Durch *landesherrliche* Verordnung kann bestimmt werden, daß Mietrechte und Pachtrechte, welche zu der im Absatz 1 bezeichneten Zeit als Rechte an einem Grundstück bestehen, zur Erhaltung der Wirksamkeit gegenüber dem öffentlichen Glauben des Grundbuchs nicht der Eintragung bedürfen.

Von den Ermächtigungen macht derzeit kein Bundesland Gebrauch. 1

Art. 189 [Dingliche Rechtsänderungen vor Grundbuchanlegung]

(1) [1]Der Erwerb und Verlust des Eigentums sowie die Begründung, Übertragung, Belastung und Aufhebung eines anderen Rechts an einem Grundstück oder eines Rechts an einem solchen Recht erfolgen auch nach dem Inkrafttreten des Bürgerlichen Gesetzbuchs nach den bisherigen Gesetzen, bis das Grundbuch als angelegt anzusehen ist. [2]Das gleiche gilt von der Änderung des Inhalts und des Ranges der Rechte. [3]Ein nach den Vorschriften des Bürgerlichen Gesetzbuchs unzulässiges Recht kann nach dem Inkrafttreten des Bürgerlichen Gesetzbuchs nicht mehr begründet werden.

(2) Ist zu der Zeit, zu welcher das Grundbuch als angelegt anzusehen ist, der Besitzer als der Berechtigte im Grundbuch eingetragen, so finden auf eine zu dieser Zeit noch nicht vollendete, nach § 900 des Bürgerlichen Gesetzbuchs zulässige Ersitzung die Vorschriften des Artikels 169 entsprechende Anwendung.

(3) Die Aufhebung eines Rechts, mit dem ein Grundstück oder ein Recht an einem Grundstück zu der Zeit belastet ist, zu welcher das Grundbuch als angelegt anzusehen ist, erfolgt auch nach dieser Zeit nach den bisherigen Gesetzen, bis das Recht in das Grundbuch eingetragen wird.

Zur Kommentierung → 5. Aufl. 2010, Art. 189 Rn. 1 ff. 1

Art. 190 [Aneignungsrecht des Fiskus]

[1]Das nach § 928 Abs. 2 des Bürgerlichen Gesetzbuchs dem Fiskus zustehende Aneignungsrecht erstreckt sich auf alle Grundstücke, die zu der Zeit herrenlos sind, zu welcher das

Grundbuch als angelegt anzusehen ist. [2]Die Vorschrift des Artikel 129 findet entsprechende Anwendung.

1 Zur Kommentierung → 5. Aufl. 2010, Art. 190 Rn. 1 ff.

Art. 191 [Besitzschutz bei Dienstbarkeiten]

(1) Die bisherigen Gesetze über den Schutz im Besitz einer Grunddienstbarkeit oder einer beschränkten persönlichen Dienstbarkeit finden auch nach dem Inkrafttreten des Bürgerlichen Gesetzbuchs Anwendung, bis das Grundbuch für das belastete Grundstück als angelegt anzusehen ist.

(2) [1]Von der Zeit an, zu welcher das Grundbuch als angelegt anzusehen ist, finden zum Schutz der Ausübung einer Grunddienstbarkeit, mit welcher das Halten einer dauernden Anlage verbunden ist, die für den Besitzschutz geltenden Vorschriften des Bürgerlichen Gesetzbuchs entsprechende Anwendung, solange Dienstbarkeiten dieser Art nach Artikel 128 oder Artikel 187 zur Erhaltung der Wirksamkeit gegenüber dem öffentlichen Glauben des Grundbuchs nicht der Eintragung bedürfen. [2]Das gleiche gilt für Grunddienstbarkeiten anderer Art mit der Maßgabe, daß der Besitzschutz nur gewährt wird, wenn die Dienstbarkeit in jedem der drei letzten Jahre vor der Störung mindestens einmal ausgeübt worden ist.

1 Zur Kommentierung → 5. Aufl. 2010, Art. 191 Rn. 1 ff.

Art. 192 [Altrechtliche Hypotheken]

(1) [1]Ein zu der Zeit, zu welcher das Grundbuch als angelegt anzusehen ist, an einem Grundstücke bestehendes Pfandrecht gilt von dieser Zeit an als eine Hypothek, für welche die Erteilung des Hypothekenbriefs ausgeschlossen ist. [2]Ist der Betrag der Forderung, für die das Pfandrecht besteht, nicht bestimmt, so gilt das Pfandrecht als Sicherungshypothek.

(2) Ist das Pfandrecht dahin beschränkt, daß der Gläubiger Befriedigung aus dem Grundstück nur im Wege der Zwangsverwaltung suchen kann, so bleibt diese Beschränkung bestehen.

1 Art. 192 ist eine lex specialis zu Art. 184. Zu Abs. 2 vgl. Art. 60.

Art. 193 [Umwandlung von Hypotheken]

Durch Landesgesetz kann bestimmt werden, daß ein Pfandrecht, welches nach Artikel 192 nicht als Sicherungshypothek gilt, als Sicherungshypothek oder als eine Hypothek gelten soll, für welche die Erteilung des Hypothekenbriefs nicht ausgeschlossen ist, und daß eine über das Pfandrecht erteilte Urkunde als Hypothekenbrief gelten soll.

1 Zur Kommentierung → 5. Aufl. 2010, Art. 193 Rn. 1 ff.

Art. 194 [Einführung von Löschungsansprüchen bei Konfusion]

Durch Landesgesetz kann bestimmt werden, daß ein Gläubiger, dessen Pfandrecht zu der im Artikel 192 bezeichneten Zeit besteht, die Löschung eines im Rang vorgehenden oder gleichstehenden Pfandrechts, falls dieses sich mit dem Eigentum in einer Person vereinigt, in gleicher Weise zu verlangen berechtigt ist, wie wenn zur Sicherung des Rechts auf Löschung eine Vormerkung im Grundbuch eingetragen wäre.

1 Zur Kommentierung → 5. Aufl. 2010, Art. 194 Rn. 1 ff.

Art. 195 [Grundschulden]

(1) [1]Eine zu der Zeit, zu welcher das Grundbuch als angelegt anzusehen ist, bestehende Grundschuld gilt von dieser Zeit an als Grundschuld im Sinne des Bürgerlichen Gesetz-

buchs und eine über die Grundschuld erteilte Urkunde als Grundschuldbrief. [2]Die Vorschrift des Artikel 192 Abs. 2 findet entsprechende Anwendung.

(2) Durch Landesgesetz kann bestimmt werden, daß eine zu der im Absatz 1 bezeichneten Zeit bestehende Grundschuld als eine Hypothek, für welche die Erteilung des Hypothekenbriefs nicht ausgeschlossen ist, oder als Sicherungshypothek gelten soll und daß eine über die Grundschuld erteilte Urkunde als Hypothekenbrief gelten soll.

Zur Kommentierung → 5. Aufl. 2010, Art. 195 Rn. 1 ff. 1

Art. 196 [Grundstücksgleiche Rechte]

Durch Landesgesetz kann bestimmt werden, daß auf ein an einem Grundstück bestehendes vererbliches und übertragbares Nutzungsrecht die sich auf Grundstücke beziehenden Vorschriften und auf den Erwerb eines solchen Rechts die für den Erwerb des Eigentums an einem Grundstück geltenden Vorschriften des Bürgerlichen Gesetzbuchs Anwendung finden.

Zur Kommentierung → 5. Aufl. 2010, Art. 196 Rn. 1 ff. 1

Art. 197 [Neubegründung bäuerlicher Nutzungsrechte]

In Kraft bleiben die landesgesetzlichen Vorschriften, nach welchen in Ansehung solcher Grundstücke, bezüglich deren zur Zeit des Inkrafttretens des Bürgerlichen Gesetzbuchs ein nicht unter den Artikel 63 fallendes bäuerliches Nutzungsrecht besteht, nach der Beendigung des Nutzungsrechts ein Recht gleicher Art neu begründet werden kann und der Gutsherr zu der Begründung verpflichtet ist.

Zur Kommentierung → 5. Aufl. 2010, Art. 197 Rn. 1 ff. 1

Art. 198–211 *(gegenstandslos)*

(vom Abdruck wurde abgesehen) 1

Art. 212 [Mündelsicherheit von Wertpapieren]

In Kraft bleiben die landesgesetzlichen Vorschriften, nach welchen gewisse Wertpapiere zur Anlegung von Mündelgeld für geeignet erklärt sind.

Zur Kommentierung → 5. Aufl. 2010, Art. 212 Rn. 1 ff. 1

Art. 213–217 *(gegenstandslos)*

(vom Abdruck wurde abgesehen) 1

Art. 218 [Länderkompetenz]

Soweit nach den Vorschriften dieses Abschnitts die bisherigen Landesgesetze maßgebend bleiben, können sie nach dem Inkrafttreten des Bürgerlichen Gesetzbuchs durch Landesgesetz auch geändert werden.

Vgl. die Erläuterungen zu Art. 1 Abs. 2 (→ Art. 1 Rn. 5). 1

Fünfter Teil. Übergangsvorschriften aus Anlaß jüngerer Änderungen des Bürgerlichen Gesetzbuchs und dieses Einführungsgesetzes

Art. 219 Übergangsvorschrift zum Gesetz vom 8. November 1985 zur Neuordnung des landwirtschaftlichen Pachtrechts

(1) [1]Pachtverhältnisse auf Grund von Verträgen, die vor dem 1. Juli 1986 geschlossen worden sind, richten sich von da an nach der neuen Fassung der §§ 581 bis 597 des Bürgerlichen Gesetzbuchs. [2]Beruhen vertragliche Bestimmungen über das Inventar auf bis dahin geltendem Recht, so hat jeder Vertragsteil das Recht, bis zum 30. Juni 1986 zu erklären, daß für den Pachtvertrag insoweit das alte Recht fortgelten soll. [3]Die Erklärung ist gegenüber dem anderen Vertragsteil abzugeben. [4]Sie bedarf der schriftlichen Form.

(2) [1]Absatz 1 gilt entsprechend für Rechtsverhältnisse, zu deren Regelung auf die bisher geltenden Vorschriften der §§ 587 bis 589 des Bürgerlichen Gesetzbuchs verwiesen wird. [2]Auf einen vor dem in Absatz 1 Satz 1 genannten Tag bestellten Nießbrauch ist jedoch § 1048 Abs. 2 in Verbindung mit den §§ 588 und 589 des Bürgerlichen Gesetzbuchs in der bisher geltenden Fassung der Vorschriften weiterhin anzuwenden.

(3) In gerichtlichen Verfahren, die am Beginn des in Absatz 1 Satz 1 genannten Tages anhängig sind, ist über die Verlängerung von Pachtverträgen nach dem bisher geltenden Recht zu entscheiden.

1 Zur Kommentierung → 5. Aufl. 2010, Art. 219 Rn. 1 ff.

Art. 220 Übergangsvorschrift zum Gesetz vom 25. Juli 1986 zur Neuregelung des Internationalen Privatrechts

(1) Auf vor dem 1. September 1986 abgeschlossene Vorgänge bleibt das bisherige Internationale Privatrecht anwendbar.

(2) Die Wirkungen familienrechtlicher Rechtsverhältnisse unterliegen von dem in Absatz 1 genannten Tag an den Vorschriften des Zweiten Kapitels des Ersten Teils.

(3) [1]Die güterrechtlichen Wirkungen von Ehen, die nach dem 31. März 1953 und vor dem 9. April 1983 geschlossen worden sind, unterliegen bis zum 8. April 1983

1. dem Recht des Staates, dem beide Ehegatten bei der Eheschließung angehörten, sonst
2. dem Recht, dem die Ehegatten sich unterstellt haben oder von dessen Anwendung sie ausgegangen sind, insbesondere nach dem sie einen Ehevertrag geschlossen haben, hilfsweise
3. dem Recht des Staates, dem der Ehemann bei der Eheschließung angehörte.

[2]Für die Zeit nach dem 8. April 1983 ist Artikel 15 in der bis einschließlich 28. Januar 2019 geltenden Fassung anzuwenden. [3]Dabei tritt für Ehen, auf die vorher Satz 1 Nr. 3 anzuwenden war, an die Stelle des Zeitpunkts der Eheschließung der 9. April 1983. [4]Soweit sich allein aus einem Wechsel des anzuwendenden Rechts zum Ablauf des 8. April 1983 Ansprüche wegen der Beendigung des früheren Güterstands ergeben würden, gelten sie bis zu dem in Absatz 1 genannten Tag als gestundet. [5]Auf die güterrechtlichen Wirkungen von Ehen, die nach dem 8. April 1983 geschlossen worden sind, ist Artikel 15 in der bis einschließlich 28. Januar 2019 geltenden Fassung anzuwenden. [6]Die güterrechtlichen Wirkungen von Ehen, die vor dem 1. April 1953 geschlossen worden sind, bleiben unberührt; die Ehegatten können jedoch eine Rechtswahl nach Artikel 15 Absatz 2 und 3 in der bis einschließlich 28. Januar 2019 geltenden Fassung treffen.

(4) (weggefallen)

(5) (weggefallen)

1 Zur Kommentierung → 5. Aufl. 2010, Art. 220 Rn. 1 ff.

Art. 221 Übergangsvorschrift zum Gesetz vom 26. Juni 1990 zur Änderung des Arbeitsgerichtsgesetzes und anderer arbeitsrechtlicher Vorschriften

Bei einer vor dem 1. Juli 1990 zugegangenen Kündigung werden bei der Berechnung der Beschäftigungsdauer auch Zeiten, die zwischen der Vollendung des fünfundzwanzigsten

Lebensjahres und der Vollendung des fünfunddreißigsten Lebensjahres liegen, berücksichtigt, wenn am 1. Juli 1990
1. das Arbeitsverhältnis noch nicht beendet ist oder
2. ein Rechtsstreit über den Zeitpunkt der Beendigung des Arbeitsverhältnisses anhängig ist.

Zur Kommentierung → 5. Aufl. 2010, Rn. 1 ff. 1

Art. 222 Übergangsvorschrift zum Kündigungsfristengesetz vom 7. Oktober 1993

Bei einer vor dem 15. Oktober 1993 zugegangenen Kündigung gilt Artikel 1 des Kündigungsfristengesetzes vom 7. Oktober 1993 (BGBl. I S. 1668), wenn am 15. Oktober 1993
1. das Arbeitsverhältnis noch nicht beendet ist und die Vorschriften des Artikels 1 des Kündigungsfristengesetzes vom 7. Oktober 1993 für den Arbeitnehmer günstiger als die vor dem 15. Oktober 1993 geltenden gesetzlichen Vorschriften sind oder
2. ein Rechtsstreit anhängig ist, bei dem die Entscheidung über den Zeitpunkt der Beendigung des Arbeitsverhältnisses abhängt von
a) der Vorschrift des § 622 Abs. 2 Satz 1 und Satz 2 erster Halbsatz des Bürgerlichen Gesetzbuchs in der Fassung des Artikels 2 Nr. 4 des Ersten Arbeitsrechtsbereinigungsgesetzes vom 14. August 1969 (BGBl. I S. 1106) oder
b) der Vorschrift des § 2 Abs. 1 Satz 1 des Gesetzes über die Fristen für die Kündigung von Angestellten in der im Bundesgesetzblatt Teil III, Gliederungsnummer 800–1, veröffentlichten bereinigten Fassung, das zuletzt durch Artikel 30 des Gesetzes vom 18. Dezember 1989 (BGBl. I S. 2261) geändert worden ist, soweit danach die Beschäftigung von in der Regel mehr als zwei Angestellten durch den Arbeitgeber Voraussetzung für die Verlängerung der Fristen für die Kündigung von Angestellten ist.

Zur Kommentierung → 5. Aufl. 2010, Rn. 1 ff. 1

Art. 223 Übergangsvorschrift zum Beistandschaftsgesetz vom 4. Dezember 1997

(1) [1]Bestehende gesetzliche Amtspflegschaften nach den §§ 1706 bis 1710 des Bürgerlichen Gesetzbuchs werden am 1. Juli 1998 zu Beistandschaften nach den §§ 1712 bis 1717 des Bürgerlichen Gesetzbuchs. [2]Der bisherige Amtspfleger wird Beistand. [3]Der Aufgabenkreis des Beistands entspricht dem bisherigen Aufgabenkreis; vom 1. Januar 1999 an fallen andere als die in § 1712 Abs. 1 des Bürgerlichen Gesetzbuchs bezeichneten Aufgaben weg. [4]Dies gilt nicht für die Abwicklung laufender erbrechtlicher Verfahren nach § 1706 Nr. 3 des Bürgerlichen Gesetzbuchs.

(2) [1]Soweit dem Jugendamt als Beistand Aufgaben nach § 1690 Abs. 1 des Bürgerlichen Gesetzbuchs übertragen wurden, werden diese Beistandschaften am 1. Juli 1998 zu Beistandschaften nach den §§ 1712 bis 1717 des Bürgerlichen Gesetzbuchs. [2]Absatz 1 Satz 3 gilt entsprechend. [3]Andere Beistandschaften des Jugendamts enden am 1. Juli 1998.

(3) [1]Soweit anderen Beiständen als Jugendämtern Aufgaben nach § 1690 Abs. 1 des Bürgerlichen Gesetzbuchs übertragen wurden, werden diese Beistandschaften am 1. Juli 1998 zu Beistandschaften nach den §§ 1712 bis 1717 des Bürgerlichen Gesetzbuchs. [2]Absatz 1 Satz 3 Halbsatz 1 gilt entsprechend. [3]Diese Beistandschaften enden am 1. Januar 1999.

Zur Kommentierung → 5. Aufl. 2010, Art. 223 Rn. 1 ff. 1

Art. 223a Übergangsvorschrift aus Anlaß der Aufhebung von § 419 des Bürgerlichen Gesetzbuchs

§ 419 des Bürgerlichen Gesetzbuchs ist in seiner bis zum Ablauf des 31. Dezember 1998 geltenden Fassung auf Vermögensübernahmen anzuwenden, die bis zu diesem Zeitpunkt wirksam werden.

Zur Kommentierung des § 419 → 5. Aufl. 2010, Art. 223a Rn. 1 ff. 1

Art. 224 Übergangsvorschrift zum Kindschaftsrechtsreformgesetz vom 16. Dezember 1997

§ 1 Abstammung

(1) Die Vaterschaft hinsichtlich eines vor dem 1. Juli 1998 geborenen Kindes richtet sich nach den bisherigen Vorschriften.

(2) Die Anfechtung der Ehelichkeit und die Anfechtung der Anerkennung der Vaterschaft richten sich nach den neuen Vorschriften über die Anfechtung der Vaterschaft.

(3) § 1599 Abs. 2 des Bürgerlichen Gesetzbuchs ist entsprechend anzuwenden auf Kinder, die vor dem in Absatz 1 genannten Tag geboren wurden.

(4) [1]War dem Kind vor dem in Absatz 1 genannten Tag die Anfechtung verwehrt, weil ein gesetzlich vorausgesetzter Anfechtungstatbestand nicht vorlag, oder hat es vorher von seinem Anfechtungsrecht keinen Gebrauch gemacht, weil es vor Vollendung des zwanzigsten Lebensjahres die dafür erforderlichen Kenntnisse nicht hatte, so beginnt für das Kind an dem in Absatz 1 genannten Tag eine zweijährige Frist für die Anfechtung der Vaterschaft. [2]Ist eine Anfechtungsklage wegen Fristversäumnis oder wegen Fehlens eines gesetzlichen Anfechtungstatbestandes abgewiesen worden, so steht die Rechtskraft dieser Entscheidung einer erneuten Klage nicht entgegen.

(5) [1]Der Beschwerde des Kindes, dem nach neuem Recht eine Beschwerde zusteht, steht die Wirksamkeit einer Verfügung, durch die das Vormundschaftsgericht die Vaterschaft nach den bisher geltenden Vorschriften festgestellt hat, nicht entgegen. [2]Die Beschwerdefrist beginnt frühestens am 1. Juli 1998.

1 Zur Kommentierung → 6. Aufl. 2010, Art. 224 § 3 Rn. 1 ff.

§ 2 Elterliche Sorge

(1) [1]Ist ein Kind auf Antrag des Vaters für ehelich erklärt worden, so ist dies als Entscheidung gemäß § 1671 Absatz 2 des Bürgerlichen Gesetzbuchs anzusehen. [2]Hat die Mutter in die Ehelicherklärung eingewilligt, so bleibt der Vater dem Kind und dessen Abkömmlingen vor der Mutter und den mütterlichen Verwandten zur Gewährung des Unterhalts verpflichtet, sofern nicht die Sorge wieder der Mutter übertragen wird.

(2) Ist ein Kind auf seinen Antrag nach dem Tod der Mutter für ehelich erklärt worden, so ist dies als Entscheidung gemäß § 1680 Abs. 2 Satz 2 des Bürgerlichen Gesetzbuchs anzusehen.

1 Zur Kommentierung → 6. Aufl. 2015, Art. 224 § 2 Rn. 1 ff.

§ 3 Name des Kindes

(1) [1]Führt ein vor dem 1. Juli 1998 geborenes Kind einen Geburtsnamen, so behält es diesen Geburtsnamen. [2]§ 1617a Abs. 2 und die §§ 1617b, 1617c und 1618 des Bürgerlichen Gesetzbuchs bleiben unberührt.

(2) § 1617 Abs. 1 und § 1617c des Bürgerlichen Gesetzbuchs gelten für ein nach dem 31. März 1994 geborenes Kind auch dann, wenn ein vor dem 1. April 1994 geborenes Kind derselben Eltern einen aus den Namen der Eltern zusammengesetzten Geburtsnamen führt.

(3) [1]In den Fällen des Absatzes 2 können die Eltern durch Erklärung gegenüber dem Standesbeamten auch den zusammengesetzten Namen, den das vor dem 1. April 1994 geborene Kind als Geburtsnamen führt, zum Geburtsnamen ihres nach dem 31. März 1994 geborenen Kindes bestimmen. [2]Die Bestimmung muß für alle gemeinsamen Kinder wirksam sein; § 1617 Abs. 1 Satz 2 und 3 sowie § 1617c Abs. 1 des Bürgerlichen Gesetzbuchs gelten entsprechend.

(4) [1]Ist in den Fällen des Absatzes 2 für das nach dem 31. März 1994 geborene Kind bei Inkrafttreten dieser Vorschriften ein Name in ein deutsches Personenstandsbuch eingetra-

gen, so behält das Kind den eingetragenen Namen als Geburtsnamen. [2]Die Eltern können jedoch binnen eines Jahres nach dem Inkrafttreten dieser Vorschrift den Geburtsnamen des vor dem 1. April 1994 geborenen Kindes zum Geburtsnamen auch des nach dem 31. März 1994 geborenen Kindes bestimmen. [3]Absatz 3 Satz 2 gilt entsprechend.

(5) [1]Ist für ein Kind bei Inkrafttreten dieser Vorschrift ein aus den Namen der Eltern zusammengesetzter Name als Geburtsname in ein deutsches Personenstandsbuch eingetragen, so können die Eltern durch Erklärung gegenüber dem Standesbeamten den Namen, den der Vater oder den die Mutter zum Zeitpunkt der Erklärung führt, zum Geburtsnamen dieses Kindes bestimmen. [2]Absatz 3 Satz 2 gilt entsprechend. [3]Haben die Eltern bereits den Namen des Vaters oder den Namen der Mutter zum Geburtsnamen eines ihrer gemeinsamen Kinder bestimmt, so kann auch für die anderen gemeinsamen Kinder nur dieser Name bestimmt werden.

(6) Die Absätze 3 bis 5 gelten nicht, wenn mehrere vor dem 1. April 1994 geborene Kinder derselben Eltern unterschiedliche Geburtsnamen führen.

Die Vorschrift ist durch Zeitablauf praktisch gegenstandslos. Zur Kommentierung → 6. Aufl. 2010, Art. 224 § 3 Rn. 1 ff. 1

Art. 225 Überleitungsvorschrift zum Wohnraummodernisierungssicherungsgesetz

[1]Artikel 231 § 8 Abs. 2 ist nicht anzuwenden, wenn vor dem 24. Juli 1997 über den Bestand des Vertrages ein rechtskräftiges Urteil ergangen oder eine wirksame Vereinbarung geschlossen worden ist. [2]Artikel 233 § 2 Abs. 2, § 11 Abs. 3 Satz 5 und Abs. 4 Satz 3 und §§ 13 und 14 sowie Artikel 237 § 1 gelten nicht, soweit am 24. Juli 1997 in Ansehung der dort bezeichneten Rechtsverhältnisse ein rechtskräftiges Urteil ergangen oder eine Einigung der Beteiligten erfolgt ist.

Zur Kommentierung → 5. Aufl. 2010, Art. 225 Rn. 1 ff. 1

Art. 226 Überleitungsvorschrift zum Gesetz vom 4. Mai 1998 zur Neuordnung des Eheschließungsrechts

(1) Die Aufhebung einer vor dem 1. Juli 1998 geschlossenen Ehe ist ausgeschlossen, wenn die Ehe nach dem bis dahin geltenden Recht nicht hätte aufgehoben oder für nichtig erklärt werden können.

(2) Ist vor dem 1. Juli 1998 die Nichtigkeits- oder Aufhebungsklage erhoben worden, so bleibt für die Voraussetzungen und Folgen der Nichtigkeit oder Aufhebung sowie für das Verfahren das bis dahin geltende Recht maßgebend.

(3) Im übrigen finden auf die vor dem 1. Juli 1998 geschlossenen Ehen die Vorschriften in ihrer ab dem 1. Juli 1998 geltenden Fassung Anwendung.

Zur Kommentierung → 5. Aufl. 2010, Art. 226 Rn. 1 ff. 1

Art. 227 Übergangsvorschrift zum Gesetz zur erbrechtlichen Gleichstellung nichtehelicher Kinder vom 16. Dezember 1997

(1) Die bis zum 1. April 1998 geltenden Vorschriften über das Erbrecht des nichtehelichen Kindes sind weiter anzuwenden, wenn vor diesem Zeitpunkt
1. der Erblasser gestorben ist oder
2. über den Erbausgleich eine wirksame Vereinbarung getroffen oder der Erbausgleich durch rechtskräftiges Urteil zuerkannt worden ist.

(2) Ist ein Erbausgleich nicht zustande gekommen, so gelten für Zahlungen, die der Vater dem Kinde im Hinblick auf den Erbausgleich geleistet und nicht zurückgefordert hat,

die Vorschriften des § 2050 Abs. 1, des § 2051 Abs. 1 und des § 2315 des Bürgerlichen Gesetzbuchs entsprechend.

1 Zur Kommentierung → 5. Aufl. 2010, Art. 227 Rn. 1 ff.

Art. 228 Übergangsvorschrift zum Überweisungsgesetz

(1) Die §§ 675a bis 676g des Bürgerlichen Gesetzbuchs gelten nicht für Überweisungen, Übertragungs- und Zahlungsverträge, mit deren Abwicklung vor dem 14. August 1999 begonnen wurde.

(2) [1]Die §§ 675a bis 676g gelten nicht für inländische Überweisungen und Überweisungen in andere als die in § 676a Abs. 2 Satz 2 Nr. 1 des Bürgerlichen Gesetzbuchs bezeichneten Länder, mit deren Abwicklung vor dem 1. Januar 2002 begonnen wurde. [2]Für diese Überweisungen gelten die bis dahin geltenden Vorschriften und Grundsätze.

(3) Die §§ 676a bis 676g gelten nicht für inländische Überweisungen im Rahmen des Rentenzahlverfahrens der Rentenversicherungsträger und vergleichbare inländische Überweisungen anderer Sozialversicherungsträger.

(4) Die §§ 676a bis 676g des Bürgerlichen Gesetzbuchs lassen Vorschriften aus völkerrechtlichen Verträgen, insbesondere aus dem Postgiroübereinkommen und dem Postanweisungsübereinkommen unberührt.

1 Zur Kommentierung → 5. Aufl. 2010, Rn. 1 ff.

Art. 229 Weitere Überleitungsvorschriften

§ 1 Überleitungsvorschrift zum Gesetz zur Beschleunigung fälliger Zahlungen

(1) [1]§ 284 Abs. 3 des Bürgerlichen Gesetzbuchs in der seit dem 1. Mai 2000 geltenden Fassung gilt auch für Geldforderungen, die vor diesem Zeitpunkt entstanden sind. [2]Vor diesem Zeitpunkt zugegangene Rechnungen lösen die Wirkungen des § 284 Abs. 3 nicht aus. [3]§ 288 des Bürgerlichen Gesetzbuchs und § 352 des Handelsgesetzbuchs in der jeweils seit dem 1. Mai 2000 geltenden Fassung sind auf alle Forderungen anzuwenden, die von diesem Zeitpunkt an fällig werden.

(2) [1]§§ 632a, 640, 641, 641a und 648a in der jeweils ab dem 1. Mai 2000 geltenden Fassung gelten, soweit nichts anderes bestimmt wird, nicht für Verträge, die vor diesem Zeitpunkt abgeschlossen worden sind. [2]§ 641 Abs. 3 und § 648a Abs. 5 Satz 3 in der seit dem 1. Mai 2000[1] sind auch auf vorher abgeschlossene Verträge anzuwenden. [3]§ 640 gilt für solche Verträge mit der Maßgabe, dass der Lauf der darin bestimmten Frist erst mit dem 1. Mai 2000 beginnt.

I. Allgemeines

1 Die heutige Vorschrift des Art. 229 § 1 ist durch Art. 2 Abs. 1 Gesetz zur Beschleunigung fälliger Zahlungen vom 30.3.2000 (BGBl. 2000 I 330) als Art. 229 in das EGBGB eingestellt worden und erhielt durch das Gesetz vom 27.6.2000 (BGBl. 2000 I 897) ihre aktuelle Bezeichnung. Die Vorschrift war im ursprünglichen Gesetzentwurf[2] nicht enthalten, sondern geht auf die Beschlussempfehlung des BT-Rechtsausschusses zurück.[3] Soweit in der Begründung zur Beschlussempfehlung sinngemäß darauf hingewiesen wird, mit der Regelung des Art. 229 § 1 solle die uneingeschränkte Anwendung der dort genannten Vorschriften auf Altverträge verhindert werden,[4] beziehen sich diese Ausführungen ersichtlich nur auf Abs. 2 des Art. 229 § 1.

II. Regelungsinhalt von Abs. 1

2 Der Art. 229 § 1 **Abs. 1** bezieht sich auf die mit dem Gesetz zur Beschleunigung fälliger Zahlungen geänderten Bestimmungen über den **Schuldnerverzug** (§ 284 Abs. 3) und die Höhe der **Verzugszin-**

1 Wohl einzufügen: „geltenden Fassung".
2 Entwurf eines Gesetzes zur Beschleunigung fälliger Zahlungen vom 23.6.1999, BT-Drs. 14/1246.
3 Vgl. Beschlussempfehlung und Bericht BT-RA vom 21.2.2000, BT-Drs. 14/2752, 7.
4 Vgl. Beschlussempfehlung und Bericht BT-RA vom 21.2.2000, BT-Drs. 14/2752, 14.

sen (§ 288 BGB, § 352 HGB), die am 1.5.2000 in Kraft getreten sind. Die in Art. 229 § 1 Abs. 1 genannten Bestimmungen des BGB sind durch das am 1.1.2002 in Kraft getretene Schuldrechtsmodernisierungsgesetz erneut geändert worden. Im Falle des § 284 Abs. 3 BGB hat sich auch der Standort geändert (jetzt § 286 Abs. 3 BGB). Die **Regelung zum Schuldnerverzug (Abs. 1 S. 1, 2)** gilt daher nur für Geldforderungen (Hauptforderungen),[5] die vor dem 1.1.2002 entstanden sind (Art. 229 § 5 S. 1). Auf eine danach entstandene Geldforderung ist § 286 Abs. 3 BGB anzuwenden. Soweit es sich um eine Forderung aus einem Dauerschuldverhältnis handelt, ist seit 1.1.2003 nur das BGB in der zu diesem Zeitpunkt geltenden Fassung anzuwenden (Art. 229 § 5 S. 2). Die Bedeutung von Abs. 1 S. 1 liegt darin, dass § 284 Abs. 3 BGB auch auf Forderungen anzuwenden ist, die bereits unter dem zuvor geltenden Recht, also vor dem 1.5.2000, entstanden sind.[6] Diese Aussage wird durch Abs. 1 S. 2 allerdings insoweit eingeschränkt, als vor dem 1.5.2000 zugegangene Rechnungen die Verzugswirkungen nicht auslösen können, so dass der Gläubiger insoweit eine zweite Rechnung stellen musste. Für die **Höhe der Verzugszinsen (Abs. 1 S. 3)** war bei (Teil-)Forderungen, die seit dem 1.5.2000 fällig geworden sind, zwischenzeitlich auf § 288 BGB aF abzustellen, wonach für Verzugszinsen ein Zinssatz von fünf Prozentpunkten über dem Basiszinssatz nach dem Diskontsatz-Überleitungsgesetz galt.[7] Seit dem 1.1.2002 gilt – auch für vor diesem Zeitpunkt entstandene „Altforderungen" (vgl. Art. 229 § 7 Abs. 1 Nr. 1) – die Vorschrift des § 247 BGB, die als Bezugsgröße für die Höhe der Verzugszinsen den Basiszinssatz des BGB nennt. Im **Handelsrecht** ist seit dem 1.5.2000 der gesetzliche Zinssatz des § 352 HGB nicht mehr auf Verzugszinsen anzuwenden.

III. Regelungsinhalt von Abs. 2

Der Art. 229 § 1 **Abs. 2** regelt das Übergangsrecht für die durch das Gesetz zur Beschleunigung fälliger Zahlungen neu in das BGB inkorporierten (§§ 632a, 641a BGB) bzw. geänderten (§§ 640, 641, 648a BGB) **Vorschriften des Werkvertragsrechts.** Die Vorschriften der §§ 632a, 641 BGB und § 648a BGB sind durch das Forderungssicherungsgesetz vom 23.10.2008 (BGBl. 2008 I 2022) mit Wirkung zum 1.1.2009 erneut geändert worden (zum Übergangsrecht Art. 229 § 19 Abs. 1); die Vorschrift des § 641a BGB wurde aufgehoben (zum Übergangsrecht Art. 229 § 19 Abs. 2). Mit dem Gesetz zur Reform des Bauvertragsrechts[8] (zum Übergangsrecht Art. 229 § 39) haben § 632a BGB und § 640 BGB mWv 1.1.2018 eine neuerliche Änderung erfahren; die bisherige Vorschrift des § 648a BGB hat ihren Platz gewechselt und figuriert nunmehr mit kleineren inhaltlichen Modifikationen als § 650f BGB (→ BGB § 650f Rn. 1). 3

Im **Grundsatz** sind die in Abs. 2 genannten Vorschriften in der am 1.5.2000 in Kraft getretenen Fassung auf Verträge, die vor dem 1.5.2000 abgeschlossen wurden, nicht anzuwenden. Maßgebend für die Unanwendbarkeit ist insoweit, dass die Annahme des Antrags vor dem 1.5.2000 erfolgt ist. Das vor dem 1.5.2000 geltende Recht ist auch im Falle bedingter und betagter Rechtsgeschäfte maßgebend, wenn die entsprechende Bedingung oder Befristung erst nach dem 30.4.2000 wirksam geworden ist.[9] Privatautonom kann allerdings nach dem „soweit"-Satz Abweichendes vereinbart werden.[10] Eine gesetzliche **Ausnahme** besteht im Übrigen gemäß Abs. 2 S. 2 und 3 für § 641 Abs. 3 BGB aF, § 648a Abs. 5 S. 3 BGB aF und § 640 BGB aF: Die Vorschriften der § 641 Abs. 3 BGB, § 648a Abs. 5 S. 3 BGB in der ab 1.5.2000 geltenden Fassung sind danach auch auf vor dem 1.5.2000 abgeschlossene Verträge anzuwenden (Abs. 2 S. 2). Der Grund ist für § 641 Abs. 3 BGB darin zu sehen, dass die Vorschrift lediglich die schon zuvor zu § 320 BGB ergangene Entscheidungspraxis aufgreift (→ BGB § 641 Rn. 31). Zu § 648a BGB aF wird in der Beschlussempfehlung des BT-Rechtsausschusses erwähnt, dass die in dieser Norm vorgenommenen Änderungen auch für Altverträge gelten sollen.[11] Der Wortlaut des Art. 229 § 1 Abs. 2 S. 2 ist allerdings enger: Er bezieht sich mit dem Hinweis auf § 648a Abs. 5 S. 3 BGB aF nur auf die vom BT-Rechtsausschuss zusätzlich vorgeschlagene Ergänzung des § 648a BGB aF und nicht auch auf die bereits im ursprünglichen Gesetzentwurf vorgeschlagenen Änderungen.[12] Ob insoweit ein 4

5 OLG Düsseldorf BeckRS 2011, 5485 unter II.B.2; BeckRS 2011, 1720 = NJOZ 2011, 1442 unter II.B.1b.

6 AA – für bereits abgeschlossene Altverträge – *Fabis* ZIP 2000, 865 (867).

7 OLG Düsseldorf BeckRS 2011, 1720 = NJOZ 2011, 1442 unter II.B.1b; OLG Koblenz BeckRS 2010, 560.

8 Gesetz zur Reform des Bauvertragsrechts, zur Änderung der kaufrechtlichen Mängelhaftung, zur Stärkung des zivilprozessualen Rechtsschutzes und zum maschinellen Siegel im Grundbuch und Schiffsregisterverfahren vom 28.4.2017, BGBl. 2017 I 969; dazu RegE, BT-Drs. 18/8486; Beschlussempfehlung und Bericht BT-RA, BT-Drs. 18/11437.

9 Vgl. zur Parallelproblematik bei Art. 229 § 5 Palandt/*Grüneberg,* 78. Aufl. 2019, Art. 229 § 5 Rn. 3.

10 Staudinger/*Löwisch,* 2016, Rn. 9; NK-BGB/*Schulte-Nölke,* 2. Aufl. 2012, Rn. 10.

11 Beschlussempfehlung und Bericht BT-RA vom 21.2.2000, BT-Drs. 14/2752, 14.

12 Dazu Beschlussempfehlung und Bericht BT-RA vom 21.2.2000, BT-Drs. 14/2752, 6 f.; zu § 648a Abs. 5 S. 3 BGB aF → BGB § 650f Rn. 41.

Redaktionsversehen vorliegt, erscheint allerdings zweifelhaft. Darüber hinaus ist nach Abs. 2 S. 3 auch § 640 BGB in der seit 1.5.2000 geltenden Fassung – mit den dort in Abs. 1 S. 2 und 3 aF (S. 3 mit verändertem Inhalt nunmehr Abs. 2) eingefügten Bestimmungen (→ BGB § 640 Rn. 12 ff., → BGB § 640 Rn. 33) zur Vermeidung von Abnahmeverzögerungen – auf Verträge anzuwenden, die vor dem 1.5.2000 abgeschlossen wurden. Der Lauf der in § 640 Abs. 1 S. 3 BGB aF bestimmten Frist, innerhalb derer der Besteller das Werk abzunehmen hat, wird freilich erst mit dem 1.5.2000 in Gang gesetzt. Unabhängig davon schließt Art. 229 § 1 Abs. 2 S. 1 und 3 die Anwendung der bereits vor dem 1.5.2000 entwickelten Rechtsprechungsgrundsätze zur Abnahmereife auf Altfälle nicht aus.[13]

§ 2 Übergangsvorschriften zum Gesetz vom 27. Juni 2000

Die §§ 241a, 361a, 361b, 661a und 676h des Bürgerlichen Gesetzbuchs sind nur auf Sachverhalte anzuwenden, die nach dem 29. Juni 2000 entstanden sind.

I. Allgemeines

1 Die Norm enthält Regelungen zur Einführung des Gesetzes über Fernabsatzverträge und andere Fragen des Verbraucherrechts vom 27.6.2000 (BGBl. 2000 I 897, berichtigt am 21.7.2000, BGBl. 2000 I 1139), das seinerseits untern anderem der Umsetzung der RL 97/7/EG vom 20.5.1997 über den Verbraucherschutz bei Verträgen im Fernabsatz (ABl. EG 1997 L 144, 19) und der RL 98/27/EG vom 19.5.1998 über Unterlassungsklagen zum Schutz der Verbraucherinteressen (ABl. EG 1998 L 166, 51) diente (näher → 6. Aufl. 2012, BGB Vor § 312b Rn. 8, 13; → 5. Aufl. 2010, Rn. 8, 13 ff.). Sie betrifft teilweise Recht, das inzwischen schon nicht mehr gilt, weil es durch das SchuldRModG umgestaltet worden ist (zur Überleitung insoweit s. Art. 229 § 5).

II. Regelungsgehalt

2 Die Norm entspricht dem in Art. 170 zum Ausdruck gekommenen Grundsatz (→ 5. Aufl. 2010, Art. 170 Rn. 1 ff.). Die genannten, neu eingeführten Vorschriften sind nur auf Sachverhalte anwendbar, die nach Inkrafttreten dieser Normen entstanden sind (zur Bedeutung des Entstandenseins → 5. Aufl. 2010, Art. 170 Rn. 4–6). Für § 361a BGB und § 361b BGB, die inzwischen aufgehoben und inhaltlich in die Vorschriften der §§ 355, 357 BGB integriert worden sind, gilt dies nur für einen kurzen Zeitraum, nämlich bis zum Inkrafttreten der durch das SchuldRModG eingetretenen Änderungen (→ BGB § 355 Rn. 6). Für diese Überleitung gilt dann Art. 229 § 5.

§ 3 Übergangsvorschriften zum Gesetz zur Neugliederung, Vereinfachung und Reform des Mietrechts vom 19. Juni 2001

(1) Auf ein am 1. September 2001 bestehendes Mietverhältnis oder Pachtverhältnis sind

1. im Falle einer vor dem 1. September 2001 zugegangenen Kündigung § 554 Abs. 2 Nr. 2, §§ 565, 565c Satz 1 Nr. 1b, § 565d Abs. 2, § 570 des Bürgerlichen Gesetzbuchs sowie § 9 Abs. 1 des Gesetzes zur Regelung der Miethöhe jeweils in der bis zu diesem Zeitpunkt geltenden Fassung anzuwenden;

2. im Falle eines vor dem 1. September 2001 zugegangenen Mieterhöhungsverlangens oder einer vor diesem Zeitpunkt zugegangenen Mieterhöhungserklärung die §§ 2, 3, 5, 7, 11 bis 13, 15 und 16 des Gesetzes zur Regelung der Miethöhe in der bis zu diesem Zeitpunkt geltenden Fassung anzuwenden; darüber hinaus richten sich auch nach dem in Satz 1 genannten Zeitpunkt Mieterhöhungen nach § 7 Abs. 1 bis 3 des Gesetzes zur Regelung der Miethöhe in der bis zu diesem Zeitpunkt geltenden Fassung, soweit es sich um Mietverhältnisse im Sinne des § 7 Abs. 1 jenes Gesetzes handelt;

3. im Falle einer vor dem 1. September 2001 zugegangenen Erklärung über eine Betriebskostenänderung § 4 Abs. 2 bis 4 des Gesetzes zur Regelung der Miethöhe in der bis zu diesem Zeitpunkt geltenden Fassung anzuwenden;

4. im Falle einer vor dem 1. September 2001 zugegangenen Erklärung über die Abrechnung von Betriebskosten § 4 Abs. 5 Satz 1 Nr. 2 und § 14 des Gesetzes zur Regelung der Miethöhe in der bis zu diesem Zeitpunkt geltenden Fassung anzuwenden;

5. im Falle des Todes des Mieters oder Pächters die §§ 569 bis 569b, 570b Abs. 3 und § 594d Abs. 1 des Bürgerlichen Gesetzbuchs in der bis zum 1. September 2001 gelten-

[13] OLG Brandenburg NJW-RR 2009, 957 (958).

den Fassung anzuwenden, wenn der Mieter oder Pächter vor diesem Zeitpunkt verstorben ist, im Falle der Vermieterkündigung eines Mietverhältnisses über Wohnraum gegenüber dem Erben jedoch nur, wenn auch die Kündigungserklärung dem Erben vor diesem Zeitpunkt zugegangen ist;

6. **im Falle einer vor dem 1. September 2001 zugegangenen Mitteilung über die Durchführung von Modernisierungsmaßnahmen § 541b des Bürgerlichen Gesetzbuchs in der bis zu diesem Zeitpunkt geltenden Fassung anzuwenden;**
7. **hinsichtlich der Fälligkeit § 551 des Bürgerlichen Gesetzbuchs in der bis zum 1. September 2001 geltenden Fassung anzuwenden.**

(2) Ein am 1. September 2001 bestehendes Mietverhältnis im Sinne des § 564b Abs. 4 Nr. 2 oder Abs. 7 Nr. 4 des Bürgerlichen Gesetzbuchs in der bis zum 1. September 2001 geltenden Fassung kann noch bis zum 31. August 2006 nach § 564b des Bürgerlichen Gesetzbuchs in der vorstehend genannten Fassung gekündigt werden.

(3) Auf ein am 1. September 2001 bestehendes Mietverhältnis auf bestimmte Zeit sind § 564c in Verbindung mit § 564b sowie die §§ 556a bis 556c, 565a Abs. 1 und § 570 des Bürgerlichen Gesetzbuchs in der bis zu diesem Zeitpunkt geltenden Fassung anzuwenden.

(4) Auf ein am 1. September 2001 bestehendes Mietverhältnis, bei dem die Betriebskosten ganz oder teilweise in der Miete enthalten sind, ist wegen Erhöhungen der Betriebskosten § 560 Abs. 1, 2, 5 und 6 des Bürgerlichen Gesetzbuchs entsprechend anzuwenden, soweit im Mietvertrag vereinbart ist, dass der Mieter Erhöhungen der Betriebskosten zu tragen hat; bei Ermäßigungen der Betriebskosten gilt § 560 Abs. 3 des Bürgerlichen Gesetzbuchs entsprechend.

(5) [1]Auf einen Mietspiegel, der vor dem 1. September 2001 unter Voraussetzungen erstellt worden ist, die § 558d Abs. 1 und 2 des Bürgerlichen Gesetzbuchs entsprechen, sind die Vorschriften über den qualifizierten Mietspiegel anzuwenden, wenn die Gemeinde ihn nach dem 1. September 2001 als solchen veröffentlicht hat. [2]War der Mietspiegel vor diesem Zeitpunkt bereits veröffentlicht worden, so ist es ausreichend, wenn die Gemeinde ihn später öffentlich als qualifizierten Mietspiegel bezeichnet hat. [3]In jedem Fall sind § 558a Abs. 3 und § 558d Abs. 3 des Bürgerlichen Gesetzbuchs nicht anzuwenden auf Mieterhöhungsverlangen, die dem Mieter vor dieser Veröffentlichung zugegangen sind.

(6) [1]Auf vermieteten Wohnraum, der sich in einem Gebiet befindet, das aufgrund

1. **des § 564b Abs. 2 Nr. 2, auch in Verbindung mit Nr. 3, des Bürgerlichen Gesetzbuchs in der bis zum 1. September 2001 geltenden Fassung oder**
2. **des Gesetzes über eine Sozialklausel in Gebieten mit gefährdeter Wohnungsversorgung vom 22. April 1993 (BGBl. I S. 466, 487)**

bestimmt ist, sind die am 31. August 2001 geltenden vorstehend genannten Bestimmungen über Beschränkungen des Kündigungsrechts des Vermieters bis zum 31. August 2004 weiter anzuwenden. [2]Ein am 1. September 2001 bereits verstrichener Teil einer Frist nach den vorstehend genannten Bestimmungen wird auf die Frist nach § 577a des Bürgerlichen Gesetzbuchs angerechnet. [3]§ 577a des Bürgerlichen Gesetzbuchs ist jedoch nicht anzuwenden im Falle einer Kündigung des Erwerbers nach § 573 Abs. 2 Nr. 3 jenes Gesetzes, wenn die Veräußerung vor dem 1. September 2001 erfolgt ist und sich die veräußerte Wohnung nicht in einem nach Satz 1 bezeichneten Gebiet befindet.

(7) § 548 Abs. 3 des Bürgerlichen Gesetzbuchs ist nicht anzuwenden, wenn das selbständige Beweisverfahren vor dem 1. September 2001 beantragt worden ist.

(8) § 551 Abs. 3 Satz 1 des Bürgerlichen Gesetzbuchs ist nicht anzuwenden, wenn die Verzinsung vor dem 1. Januar 1983 durch Vertrag ausgeschlossen worden ist.

(9) § 556 Abs. 3 Satz 2 bis 6 und § 556a Abs. 1 des Bürgerlichen Gesetzbuchs sind nicht anzuwenden auf Abrechnungszeiträume, die vor dem 1. September 2001 beendet waren.

(10) [1]§ 573c Abs. 4 des Bürgerlichen Gesetzbuchs ist nicht anzuwenden, wenn die Kündigungsfristen vor dem 1. September 2001 durch Vertrag vereinbart worden sind. [2]Für Kündigungen, die ab dem 1. Juni 2005 zugehen, gilt dies nicht, wenn die Kündigungsfristen des § 565 Abs. 2 Satz 1 und 2 des Bürgerlichen Gesetzbuchs in der bis zum

1. September 2001 geltenden Fassung durch Allgemeine Geschäftsbedingungen vereinbart worden sind.

(11) [1]Nicht unangemessen hoch im Sinn des § 5 des Wirtschaftsstrafgesetzes 1954 sind Entgelte für Wohnraum im Sinn des § 11 Abs. 2 des Gesetzes zur Regelung der Miethöhe in der bis zum 31. August 2001 geltenden Fassung, die

1. bis zum 31. Dezember 1997 nach § 3 oder § 13 des Gesetzes zur Regelung der Miethöhe in der bis zum 31. August 2001 geltenden Fassung geändert oder nach § 13 in Verbindung mit § 17 jenes Gesetzes in der bis zum 31. August 2001 geltenden Fassung vereinbart oder

2. bei der Wiedervermietung in einer der Nummer 1 entsprechenden Höhe vereinbart worden sind. [2]Für Zwecke des Satzes 1 bleiben die hier genannten Bestimmungen weiterhin anwendbar.

Schrifttum: s. 4. Aufl. 2006.

Übersicht

I. Normzweck und Anwendungsbereich

1 Art. 229 § 3, durch Art. 2 Nr. 1 Mietrechtsreformgesetz[1] in das EGBGB eingefügt und am 1.9.2001 in Kraft getreten, sollte das Reformziel des Gesetzgebers, die materiellen Änderungen der Mietrechtsreform sofort zum Tragen zu bringen, unterstützen, um den damals als „unbefriedigend"[2] angesehenen Rechtszustand möglichst schnell zu beenden. Von diesem – wegen der Verweisung in § 581 Abs. 2 BGB auch für Pachtverhältnisse einschließlich der Landpacht geltenden – Beweggrund hat das Gesetz aus Gründen des Vertrauensschutzes[3] verschiedene Ausnahmen für **bestehende Vertragsverhältnisse** getroffen, wobei die Regelungen allerdings vielfach durch Zeitablauf (→ Rn. 3) ihre Bedeutung verloren haben.

2 Maßgeblich für die Annahme des **„Bestehens"** eines Miet- oder Pachtverhältnisses zum Stichtag 1.9.2001 ist nicht der Vollzug des Mietverhältnisses, sondern der Zeitpunkt des Vertragsabschlusses.[4] Dies gilt auch dann, wenn nach dem Stichtag etwa ein weiterer Mieter in den Vertrag eintritt. Entscheidend für die Anwendbarkeit der Bestimmung ist der Zeitpunkt des Entstehens des Mietverhältnisses.[5] Nur dann, wenn der Eintritt eines weiteren Mieters den Mietvertrag in seinem sachlichen Gehalt derart abändert, dass von einem neuen Vertragsverhältnis ausgegangen werden müsste (etwa dann, wenn aus einem Wohnraummietverhältnis ein solches über Geschäftsräume wird oder umgekehrt), müsste auf den Änderungszeitpunkt abgestellt werden.[6]

1 Gesetz zur Neugliederung, Vereinfachung und Reform des Mietrechts (Mietrechtsreformgesetz) vom 19.6.2001 (BGBl. 2001 I 1149); s. dazu Begr. RegE, BT-Drs. 14/4553, 75 ff.; Beschlussempfehlung und Bericht des RA, BT-Drs. 14/5663.

2 Begr. RegE, BT-Drs. 14/4553, 75; vom RA, BT-Drs. 14/5663, 84 nur in Einzelheiten geändert.

3 Begr. RegE, BT-Drs. 14/4553, 75 ff.; *Grundmann* NJW 2001, 2497 (2499); *Jansen* NJW 2001, 3151 (3152); welch geringer Stellenwert der Vertrauensschutz allerdings in der Rspr. besitzt, zeigt – eindrucksvoll, aber nicht überzeugend – das Urteil des BGH vom 5.3.2008 (BGH NJW 2008, 1438), mit dem die jahrelang zuvor zur Frage der Wirksamkeit einer bestimmten Abgeltungsklausel (→ BGB § 535 Rn. 130, 131) für nicht durchgeführte Schönheitsreparaturen vertretene Auffassung von einem Tag auf den anderen ohne „Übergangsregelung" aufgegeben worden ist.

4 Begr. RegE, BT-Drs. 14/4553, 75 ff.: „Miet- und Pachtverträge"; BGH GE 2006, 1472 Rn. 6 unter Wiedergabe in der hM im Schrifttum; aA (immer noch) *Lammel,* Wohnraummietrecht, 3. Aufl. 2007, BGB § 575 Rn. 86 unter Hinweis auf Umgehungsmöglichkeiten; *Gellwitzki* WuM 2001, 373.

5 BGH GE 2007, 1184 = NJW-RR 2007, 668.

6 Vgl. hierzu Palandt/*Grüneberg,* 70. Aufl. 2011, Art. 229 § 3 Rn. 3.

II. Erledigung durch Zeitablauf

Durch Zeitablauf erledigt sind folgende Regelungen: Abs. 1 Nr. 1–6, Abs. 2, Abs. 5, Abs. 6 S. 1, Abs. 7, Abs. 9. Die Regelung in Abs. 11 ist durch Zeitablauf bedeutungslos geworden (zur Kommentierung → 4. Aufl. 2006, Art. 229 § 3 Rn. 1 ff.). 3

III. Verbleibende Regelungen

1. Abs. 1 Nr. 7 (Fälligkeit von Miete und Pacht). Für „Altverträge“ ist die Miete oder Pacht nach § 551 BGB aF entgegen § 556b Abs. 1 BGB, § 579 Abs. 2 BGB, § 581 Abs. 2 BGB weiterhin am Ende des jeweiligen Zahlungszeitraums fällig. Vereinbarungen (auch formularvertraglicher Art), in denen die Fälligkeit zu Beginn eines Zahlungszeitraums festgelegt ist, haben weiterhin Bestand. Das gilt allerdings dann nicht, wenn die (formularmäßig) vereinbarte **Vorauszahlungsklausel** mit Vereinbarungen im Mietvertrag zusammentrifft, durch die Gewährleistungsrechte des Mieters beschränkt oder von einer vorherigen Ankündigung mit einer solchen Frist abhängig gemacht werden, dass jedenfalls eine Monatsmiete stets ungemindert zu zahlen wäre. Diese Vereinbarungen sind nach § 307 Abs. 1 S. 1 BGB unwirksam, so dass es bei der ehemaligen gesetzlichen Regelung verbleibt.[7] Hieran hat auch die ab dem 1.1.2003 geltende Regelung für Dauerschuldverhältnisse in Art. 229 § 5 S. 2 nichts geändert. Die Bestimmungen in Art. 229 § 3 sind ausdrücklich auf die besonderen mietrechtlichen Gegebenheiten bei Inkrafttreten der Mietrechtsreform zugeschnitten und gehen deshalb der allgemein gefassten Übergangsregelung in Art. 229 § 5 S. 2 als speziellere Bestimmung vor.[8] 4

2. Abs. 3 (Zeitmietverträge). Für die vor dem 1.9.2001 abgeschlossenen Zeitmietverträge (einfache oder qualifizierte nach § 564c Abs. 1 und 2 BGB aF) gelten die bisherigen Vorschriften **dauerhaft fort.**[9] Für ein auf bestimmte Zeit eingegangenes Mietverhältnis mit **Verlängerungsklausel iSd § 565a Abs. 1 BGB aF** hat das zur Folge, dass auch nach dem 31.8.2001 eine Kündigung nur zu dem im Vertrag vereinbarten Ablauftermin möglich ist.[10] Das gilt auch für den Fall, dass eine Verlängerung des Vertrages um jeweils fünf Jahre vorgesehen ist.[11] Haben die Parteien die Verlängerung (auch formularmäßig, ggf. auch durch Option)[12] um einen bestimmten Zeitraum geregelt und nach Mietdauer gestaffelte Kündigungsfristen vereinbart, kann sich der Vermieter auf die aus § 573c Abs. 1 S. 2 BGB folgende Höchstfrist von neun Monaten nicht berufen; § 573c Abs. 4 BGB verbietet abweichende (also längere Kündigungsfristen) nur zum Nachteil des Mieters (→ BGB § 573c Rn. 15).[13] 5

3. Abs. 4 (Erhöhung der Betriebskosten). Enthält der Mietvertrag hinsichtlich der Betriebskosten eine Vereinbarung von Pauschalen (§ 560 Abs. 1 BGB) oder Vorauszahlungen (§ 560 Abs. 5 BGB), können Erhöhungen auf die Mieter nur dann umgelegt werden, wenn der Vertrag eine entsprechende Regelung (in der Regel einen Vorbehalt des Vermieters bei Preissteigerungen) enthält.[14] Für Verträge, die vor dem 1.9.2001 abgeschlossen worden sind, enthält Abs. 4 eine Ausnahme.[15] Eine Erhöhung ist danach schon dann möglich, wenn der Mietvertrag lediglich die Rege- 6

---

7 BGH NJW 2009, 1491; AG Hamburg NZM 2009, 19; *Schach* GE 2009, 547; vgl. hierzu allerdings auch *Lammel*, Wohnraummietrecht, 3. Aufl. 2007, BGB § 556b Rn. 51 unter Hinweis darauf, dass Unwirksamkeit nach § 307 Abs. 1 S. 1 BGB dann nicht angenommen werden könne, wenn die beanstandete Vereinbarung lediglich die spätere Gesetzeslage vorweggenommen habe: abgesehen davon, dass kein Zeitrahmen zwischen damaliger Vereinbarung und späterer Gesetzesänderung festgelegt werden könnte, ist doch entscheidend die Rechtslage zum Zeitpunkt des Abschlusses der jeweiligen Vereinbarung und nicht die spätere Betrachtungsweise.

8 BGH NJW 2009, 1491.

9 AG Recklinghausen BeckRS 2018, 40710; AG Berlin-Charlottenburg BeckRS 2016, 113183 = GE 2017, 109.

10 Zuletzt BGH NZM 2018, 1017 Rn. 51, 52; NJW 2007, 2760; aA *Gellwitzki* WuM 2004, 575; *Gellwitzki* WuM 2005, 436, wonach eine erst nach dem 1.9.2001 eingetretene Verlängerung des Mietverhältnisses als neuer Zeitmietvertrag in vollem Umfang unter die Neuregelungen in § 575 Abs. 2 BGB, § 573c Abs. 1 und 4 BGB fallen soll. Vgl. hierzu auch AG Tempelhof-Kreuzberg und LG Berlin, jeweils GE 2016, 1093,1094: Kein Mietverhältnis auf bestimmte Zeit, wenn der Vertrag für den Mieter ein „Mindestwohnrecht 5 Jahre“ vorsieht.

11 BGH NJW 2010, 3431, auch zu der Frage, ob die Vereinbarung derartig langer Fristen nach § 307 Abs. 1 S. 1, Abs. 2 unwirksam sein kann (dort verneint).

12 AG Hamburg-Blankenese ZMR 2011, 394.

13 BGH NJW 2008, 1661 (1662).

14 *Kinne/Schach/Bieber,* Miet- und Mietprozessrecht, 7. Aufl. 2013, BGB § 560 Rn. 15.

15 BGH BeckRS 2011, 25356 = GE 2011, 1549.

lung enthält, dass der Mieter Erhöhungen der Betriebskosten zu tragen hat.[16] Entsprechendes gilt bei Ermäßigungen der Betriebskosten (Abs. 4 Hs. 2).[17]

7 **4. Abs. 6 S. 2, 3 (Kündigungssperren bei Umwandlung in Eigentumswohnungen oder bei Verwertung).** Ab 1.9.2004 gilt in Gebieten, in denen eine ausreichende Versorgung der Bevölkerung mit Mietwohnungen zu angemessenen Bedingungen nicht gefährdet und deshalb eine auf § 577a Abs. 2 BGB gestützte Nachfolgeverordnung nicht ergangen ist, nur noch die dreijährige Frist des § 577a Abs. 1 BGB. Nach **Abs. 6 S. 2** wird die unter früheren Verordnungen der Länder nach § 564b Abs. 2 Nr. 2 BGB aF oder nach dem Sozialklauselgesetz gelaufene Sperrfrist für eine bestimmte Wohnung auf die Frist nach § 577a Abs. 1 BGB bzw. eine nach § 577a Abs. 2 BGB bestimmte längere Frist **angerechnet.**[18] Für den Fall, dass die **Verwertungskündigung** in Umwandlungsfällen für eine Wohnung bis zur Mietrechtsreform keiner Kündigungssperrfrist unterlag (s. § 564b Abs. 2 S. 1 Nr. 2, Nr. 3 S. 4 BGB aF), gilt dies auch für die Zeit nach dem Inkrafttreten der Mietrechtsreform, wenn die Veräußerung vor dem 1.9.2001 erfolgt ist und die Wohnung nicht in einem Gebiet mit gefährdeter Wohnungsversorgung lag, in dem eine längere als die dreijährige Sperrfrist galt. Für Veräußerungen nach dem 1.9.2001 gilt dagegen die Sperrfrist des § 577a Abs. 1 BGB oder eine vor der Veräußerung nach § 577a Abs. 2 BGB bestimmte längere Frist. **Veräußerung** im Sinne der Vorschrift ist nicht der auf die Veräußerung des Wohnungseigentums gerichtete schuldrechtliche Vertrag, sondern – wie bei §§ 566, 566a, 577a BGB – der **Vollzug im Grundbuch** (→ BGB § 577a Rn. 4).[19]

8 **Kündigungssperrfristverordnungen** bestehen (Stand: Juni 2022) noch in folgenden Bundesländern: Bayern (bis zu zehn Jahre), Berlin (zehn Jahre), Hamburg (zehn Jahre) und Hessen (fünf Jahre in neun Städten).

9 **5. Abs. 8 (vor dem 1.1.1983 vereinbarter Ausschluss der Kautionsverzinsung).** § 551 Abs. 3 S. 1 BGB entspricht der bisherigen Regelung in § 550b Abs. 2 S. 1 BGB, die durch Art. 1 Nr. 3 Gesetz zur Erhöhung des Angebots an Mietwohnungen vom 20.12.1982 (BGBl. 1982 I 1912) eingefügt worden war. Nach dessen Art. 4 fand die Verzinsungspflicht keine Anwendung auf solche Mietverträge, die einen vor Inkrafttreten des Gesetzes am 1.1.1983 getroffene Vereinbarung über den Ausschluss der Zinsverpflichtung enthielten.[20] Diese Regelung ist in Abs. 8 für vor dem 1.1.1983 durch Vertrag ausgeschlossene Verzinsungen übernommen worden. In der zum alten Recht vor Inkrafttreten des § 550b BGB aF ergangenen Rechtsprechung[21] ist die **Wirksamkeit** einer vor dem 1.1.1983 getroffenen **Vereinbarung** danach beurteilt worden, ob diese **formularmäßig oder einzelvertraglich** getroffen worden war. Unter Hinweis drauf, dass die Kaution über §§ 232, 233 BGB zu einem Pfandrecht des Vermieters führte, das aber zur Ziehung von Früchten und damit Zinsen nur im Falle einer Vereinbarung nach § 1213 BGB berechtigt, wurde der formularmäßig gefasste **Ausschluss der Verzinsung als unwirksam nach § 9 Abs. 2 Nr. 1 AGBG** in der damaligen Fassung angesehen.[22] Ob diese Betrachtungsweise auch unter der Übergangsregelung in Abs. 8 gilt, erscheint fraglich: da die Regelung auf eine „durch Vertrag" ausgeschlossenen Verzinsungspflicht abstellt, betrifft das alle Arten von Verträgen, also auch solche, die formularmäßige Regelungen enthalten.[23] Wenn der Gesetzgeber, dem die Problematik der Wirksamkeit oder Unwirksamkeit etwaiger vorformulierter Bestimmungen bekannt gewesen sein musste, gleichwohl keine Einschränkung vorgenommen hat, muss davon ausgegangen werden, dass ein Ausschluss solcher Vereinbarun-

---

[16] LG Berlin BeckRS 2011, 28798 = GE 2011, 1620. Enthält die Regelung im Mietvertrag allerdings Betriebskosten, die mit BGB § 560 Abs. 1 und 2 nicht vereinbar sind, entfällt auch im Anwendungsbereich des Abs. 4 die Berechtigung zur Erhöhung der Pauschale, vgl. AG München ZMR 2014, 893; Schmidt-Futterer/*Langenberg,* Mietrecht, 12. Aufl. 2005, BGB § 560 Rn. 13, 14. Eine Regelung im Altvertrag, wonach eine Erhöhung der Betriebskosten nach dem Verhältnis der Wohnflächen möglich ist, stellt nach Auffassung des AG Köln (ZMR 2017, 67 = BeckRS 2016, 114564) einen beachtlichen Vorbehalt dar, der auch bei jahrelanger Zahlung einer Pauschale zur Erhöhung berechtigen soll.

[17] AG Berlin-Charlottenburg BeckRS 2016, 20003. Zu den besonderen Berliner Verhältnissen, wonach Betriebskostenerhöhungsklauseln bis zum Ende der Preisbindung 1987 preisrechtswidrig gewesen wären, vgl. *Blümmel* GE 2011, 1590; *Sonnenschein,* Wohnraummiete, 1995, 106; auch LG Berlin GE 2011, 1620.

[18] NK-BGB/*Klein-Blenkers* Rn. 43, 44.

[19] Anders → 4. Aufl. 2006, Rn. 22; vgl. zur Frage, unter welchen Umständen doch auf den Zeitpunkt des schuldrechtlichen Vertragsabschlusses abgestellt werden müsste, die zu § 566a BGB (maßgeblicher Zeitpunkt der Veräußerung hinsichtlich der Haftung des Grundstückserwerbers für die Rückzahlung der Kaution) ergangene Entscheidung des KG GE 2007, 1628 = ZMR 2008, 48.

[20] Zur geschichtlichen Entwicklung → 3. Aufl. 1995, BGB § 550b Rn. 4, 11 *(Voelskow).*

[21] ZB LG Itzehoe WuM 1989, 290.

[22] Vgl. hierzu auch *Kinne/Schach/Bieber,* Miet- und Mietprozessrecht, 7. Aufl. 2013, BGB § 551 Rn. 2.

[23] BGH BeckRS 26268 = GE 2018, 1453; AG Nürnberg BeckRS 2016, 133811.

gen gerade nicht gewollt war.[24] Hinzu kommt, dass vor dem 1.1.1983 eine Verzinsungspflicht gesetzlich (noch) nicht bestanden hat, eine unangemessene Benachteiligung des Mieters durch formularmäßigen Ausschluss schon aus diesem Grund nicht angenommen werden kann.[25]

Mangels weiterer Übergangsvorschriften ist § 551 BGB im Übrigen auch auf Kautionsvereinbarungen aus der Zeit vor dem 1.9.2001 anzuwenden.[26] Nach früherem Recht wirksam getroffene Abreden, etwa über drei Monatsmieten einschließlich Betriebskostenpauschale, bleiben von § 551 Abs. 2 BGB aber unberührt.[27] **10**

6. Abs. 10 (Fortgeltung vor dem 1.9.2001 vereinbarter Kündigungsfristen). Abs. 10 S. 1 soll aus Gründen des **Vertrauensschutzes** sicherstellen, dass von § 573c Abs. 4 BGB abweichende Kündigungsfristen dann wirksam bleiben, wenn sie vor dem 1.9.2001 **„durch Vertrag vereinbart"** worden sind.[28] Der BGH hat die nach Inkrafttreten der Mietrechtsreform umstrittene Frage,[29] ob eine **Vereinbarung** in diesem Sinne auch dann anzunehmen ist, wenn die damaligen gesetzlichen Kündigungsfristen – wie in den meisten älteren Vertragsformularen üblich – im **Vertragstext oder in einer Fußnote des Vertrags** lediglich wiedergegeben oder wörtlich **wiederholt** worden sind, entgegen den Erwartungen des Gesetzgebers[30] zu Recht als „echte" Vereinbarung bejaht.[31] Dagegen soll eine Vereinbarung im Sinne der Bestimmung dann nicht anzunehmen sein, wenn im Mietvertrag auf die gesetzlichen Kündigungsfristen mit dem Geltungszusatz: „zur Zeit" verwiesen wird.[32] Die Begründung des BGH, wonach diese Vertragsgestaltung lediglich einen „informatorischen Hinweis" auf die im Zeitpunkt des Vertragsschlusses geltenden Kündigungsfristen enthalte und somit auf eine veränderliche gesetzliche Regelung Bezug nehme, trifft zwar zu. Ob deshalb aber eine **Vereinbarung** von Kündigungsfristen **ausscheidet,** erscheint zweifelhaft: eine Vereinbarung im Sinne einer vertraglichen Absprache liegt doch auch dann vor, wenn der Inhalt der getroffenen Regelung von der jeweiligen Gesetzeslage bestimmt wird. Fraglich ist aber, ob im Falle der formularmäßigen Vereinbarung dem **Transparenzgebot** des § 307 Abs. 1 S. 2 BGB genügt wird. Stellt man im Rahmen dieser Bestimmung allein auf die Intransparenz ab, muss von der Unwirksamkeit einer entsprechenden Regelung ausgegangen werden. Wird dagegen auch eine **Angemessenheitskontrolle** vorgenommen (→ BGB § 307 Rn. 53), muss die Wirksamkeit der Regelung von der jeweiligen Gesetzeslage abhängen: wird im konkreten Fall unter der Geltung einer bestimmten gesetzlichen Regelung die Rechtsstellung des Mieters nicht „unausgewogen" beeinträchtigt, liegt auch keine Unwirksamkeit nach § 307 Abs. 1 S. 2 BGB vor. Das dürfte auch dann der Fall sein, wenn die Kündigung jeweils nur zum 30.6. eines jeden Jahres zulässig sein soll: Das verstößt zwar gegen § 573c Abs. 4 BGB, ist aber im Altvertrag wirksam.[33] **11**

Durch **Art. 229 § 5 S. 2** hat sich die Betrachtungsweise zu S. 1 (→ Rn. 11) nicht geändert: Die Übergangsregelung zum Mietrechtsreformgesetz geht der ab 1.1.2003 geltenden Überleitungsvorschrift zum SchuldRModG für alte Dauerschuldverhältnisse vor.[34] S. 1 findet daher **dauerhaft**[35] Anwendung auf Kündigungen, die nach dem 1.9.2001 zugegangen sind; S. 2 begrenzt die Wirksamkeit formularmäßig vereinbarter Kündigungsfristen im Sinne der Rechtsprechung des BGH (→ Rn. 11) auf die Zeit bis zum 31.5.2005. Gleiches gilt für den Fall, dass die Mietvertragsparteien nach dem 31.8.2001 den **Beitritt eines weiteren Mieters** zu einem sonst unveränderten Vertrag vereinbart haben; auch in diesem Fall gelten die (wirksam) vereinbarten Kündigungsfristen des alten Mietrechts.[36] **12**

Nach dem 31.5.2005 können die vor Inkrafttreten des Mietrechtsreformgesetzes geltenden Kündigungsfristen oder Fristen anderer Art nur berücksichtigt werden, wenn sie (in der Praxis so gut wie ausgeschlossen) individualvertraglich vereinbart worden sind.[37] **13**

---

24 AA offensichtlich Palandt/*Weidenkaff,* 70. Aufl. 2011, Rn. 6.

25 BGH GE 2018, 1453.

26 BGH NZM 2004, 613 = WuM 2004, 473; für den Fall der Nichtweiterleitung der Kaution unter Geltung des § 572 BGB aF vgl. BGH BeckRS 2011, 17993 = GE 2011, 1080.

27 NK-BGB/*Klein-Blenkers* Rn. 51.

28 Begr. RegE, BT-Drs. 14/4553, 77 Nr. 9.

29 Nachweise bei Palandt/*Weidenkaff,* 62. Aufl. 2003, BGB § 573c Rn. 3.

30 Begr. RegE, BT-Drs. 14/4553, 77 Nr. 9.

31 Ausf. und überzeugend BGH NJW 2003, 2739; NZM 2004, 336: Fußnotenverweis im Vertragsformular.

32 BGH NJW 2006, 1867 = GE 2006, 707.

33 LG Berlin BeckRS 2011, 19646 = GE 2011, 954.

34 BGH NJW 2005, 1572 = WuM 2005, 342 mzN zu Rspr. und Lit.; WuM 2005, 520; 2005, 583; so auch LG Berlin GE 2005, 185; AG Schmallenberg DWW 2005, 157; krit. *Blank* NZM 2005, 401; *Gellwitzki* WuM 2005, 345; unter methodischen Gesichtspunkten auch *Koch* NZM 2004, 1.

35 BGH NJW 2005, 1572 (1574).

36 BGH NJW-RR 2007, 668; *Bieber* jurisPR-MietR 5/2008 Anm. 4.

37 AG Borken WuM 2008, 90.

14 **7. Abs. 11.** Der durch Gesetz vom 23.11.2007 (BGBl. 2007 I 2614) mWv 30.11.2007 eingefügte Abs. 11 soll die Rückforderung unter Umständen gegen § 5 WiStG verstoßender Mietzahlungen verhindern. Im Hinblick auf den Zeitlauf ist (auch) diese Bestimmung praktisch bedeutungslos.

§ 4 Übergangsvorschrift zum Zweiten Gesetz zur Änderung reiserechtlicher Vorschriften

(1) Die §§ 651k und 651l des Bürgerlichen Gesetzbuchs sind in ihrer seit dem 1. September 2001 geltenden Fassung nur auf Verträge anzuwenden, die nach diesem Tag geschlossen werden.

(2) Abweichend von § 651k Abs. 2 Satz 1 des Bürgerlichen Gesetzbuchs gelten für die nachfolgenden Zeiträume folgende Haftungshöchstsummen:
1. vom 1. November 1994 bis zum 31. Oktober 1995 70 Millionen Deutsche Mark,
2. vom 1. November 1995 bis zum 31. Oktober 1996 100 Millionen Deutsche Mark,
3. vom 1. November 1996 bis zum 31. Oktober 1997 150 Millionen Deutsche Mark,
4. vom 1. November 1997 bis zum 31. Oktober 2000 200 Millionen Deutsche Mark und
5. vom 1. November 2000 bis zum 1. September 2001 110 Millionen Euro.

1 Die Vorschrift hat praktisch keine Bedeutung mehr.

§ 5 Allgemeine Überleitungsvorschrift zum Gesetz zur Modernisierung des Schuldrechts vom 26. November 2001

[1]Auf Schuldverhältnisse, die vor dem 1. Januar 2002 entstanden sind, sind das Bürgerliche Gesetzbuch, das AGB-Gesetz, das Handelsgesetzbuch, das Verbraucherkreditgesetz, das Fernabsatzgesetz, das Fernunterrichtsschutzgesetz, das Gesetz über den Widerruf von Haustürgeschäften und ähnlichen Geschäften, das Teilzeit-Wohnrechtegesetz, die Verordnung über Kundeninformationspflichten, die Verordnung über Informationspflichten von Reiseveranstaltern und die Verordnung betreffend die Hauptmängel und Gewährfristen beim Viehhandel, soweit nicht ein anderes bestimmt ist, in der bis zu diesem Tag geltenden Fassung anzuwenden. [2]Satz 1 gilt für Dauerschuldverhältnisse mit der Maßgabe, dass anstelle der in Satz 1 bezeichneten Gesetze vom 1. Januar 2003 an nur das Bürgerliche Gesetzbuch, das Handelsgesetzbuch, das Fernunterrichtsschutzgesetz und die Verordnung über Informationspflichten nach bürgerlichem Recht in der dann geltenden Fassung anzuwenden sind.

Übersicht

I. Überblick

1 Die Vorschrift entspricht in S. 1 der Regelung des Art. 170. Das neue, durch das SchRModG geschaffene Recht gilt grundsätzlich für Schuldverhältnisse, die nach dem 31.12.2001 entstanden sind; für vorher entstandene Schuldverhältnisse gilt altes Recht. S. 2 greift für Dauerschuldverhältnisse das in Art. 171 zum Ausdruck gekommene Ziel einer baldigen Umstellung auf das neue Recht zwar auf, regelt die Umstellung aber einfacher als in Art. 171, indem sie nach einer Übergangszeit von einem Jahr die Schuldverhältnisse ab dann generell dem neuen Recht unterwirft. Gesondert geregelt sind die Überleitung der Verjährungsvorschriften (Art. 229 § 6) und der Zinsvorschriften (Art. 229 § 7).

II. Regelungsgehalt

2 **1. Allgemeines.** Die Vorschrift gilt für vertragliche wie für gesetzliche Schuldverhältnisse. Entscheidender Zeitpunkt für die Frage, ob altes oder neues Recht gilt, ist der Entstehenszeitpunkt

des Schuldverhältnisses (zu Besonderheiten bei Dauerschuldverhältnissen → Rn. 12 f.). Liegt er vor dem 1.1.2002, gilt altes Recht, ab dann neues.

3 **2. Vertragliche Schuldverhältnisse.** Bei vertraglichen Schuldverhältnissen ist der Entstehenszeitpunkt der des Vertragsschlusses, im Allgemeinen also der des Wirksamwerdens der Annahmeerklärung (→ 5. Aufl. 2010, Art. 170 Rn. 4). Wurde das Angebot vor dem 1.1.2002 gemacht, während die Annahme erst danach zuging, so ist neues Recht anzuwenden.[1]

4 Anders ist es, wenn jemand in einen vor dem 1.1.2002 geschlossenen **Vertrag eintritt oder ihm beitritt.** Für den Vertrag gilt altes Recht; in diesen nach diesem Recht zu beurteilenden Vertrag tritt der neue Vertragspartner ein, bzw. er tritt ihm bei. Ebenso ist es, wenn jemand nach dem Stichtag von einer ihm eingeräumten Option Gebrauch macht und einen vorher ausformulierten Vertrag zustande bringt.[2] Zwar wird der Vertrag dann erst nach dem Stichtag geschlossen; doch bezieht sich die Option auf einen vor dem Stichtag, nach altem Recht, festgelegten Vertrag. Die Situation ist mit einem Vertragseintritt oder -beitritt vergleichbar.

5 Altes Recht bleibt auch anwendbar, wenn ein vor dem 1.1.2002 geschlossener Vertrag **befristet** ist oder unter einer aufschiebenden **Bedingung** steht.[3]

6 Zweifelhaft ist es bei der Ausübung eines **Vorkaufsrechts.** Die Ausübung des Vorkaufsrechts bedeutet keinen Vertragseintritt. Vielmehr kommt ein neuer selbständiger Kaufvertrag zwischen dem Verkäufer und dem Vorkaufsberechtigten zustande (§ 464 Abs. 2 BGB). Das spricht für die Anwendung neuen Rechts auf diesen Vertrag, wenn das Vorkaufsrecht nach dem Stichtag ausgeübt wird. Doch gelten für diesen neuen Vertrag die Bestimmungen des Erstvertrages. Daher sollte auch der neue Vertrag dem alten Recht unterworfen sein, wenn dieser vor dem Stichtag geschlossen wurde. Anderenfalls träte auch die seltsame Folge ein, dass der Verkäufer einmal nach neuem und einmal nach altem Recht haftete, ohne dass er bei der Vertragsgestaltung auf das neue Recht hätte Bedacht nehmen können.

7 Bei **genehmigungsbedürftigen Verträgen** ist zu unterscheiden. Wirkt die nach dem Stichtag erteilte Genehmigung auf den vor dem Stichtag geschlossenen Vertrag – wie zumeist – zurück, so gilt altes Recht,[4] zB bei der Genehmigung eines von einem vollmachtlosen Vertreter geschlossenen Vertrages (§ 184 Abs. 1 BGB) oder bei einer Genehmigung nach dem GrdstVG. Wirkt sie ausnahmsweise nicht zurück, so kommt der Vertrag erst nach dem Stichtag zustande, und es ist neues Recht anzuwenden.[5]

8 **3. Gesetzliche Schuldverhältnisse.** Der Zeitpunkt des Entstehens eines gesetzlichen Schuldverhältnisses beurteilt sich nach dem jeweiligen Tatbestand. Es müssen grundsätzlich sämtliche Tatbestandsvoraussetzungen vorliegen.[6] Bei Schadensersatzansprüchen gehört der Eintritt eines Schadens zum Tatbestand. Gleichwohl wird man es für die Anwendung alten Rechts für ausreichend erachten müssen, dass die pflichtwidrige und schuldhafte Handlung vor dem Stichtag vorgenommen wurde, auch wenn der Schaden erst danach eingetreten ist (oder sich weiter entwickelt hat).[7] Denn der wesentliche Anknüpfungspunkt für die Haftung ist die pflichtwidrig schuldhafte Handlung, und nur insoweit hat das SchRModG Neuerungen eingeführt (etwa bei der cic). In der Praxis treten indes keine Anwendungsprobleme auf, da mit dem neuen Recht keine wesentlichen inhaltlichen Änderungen gesetzlicher Schuldverhältnisse verbunden sind.

9 **4. Wirkungen.** Das anwendbare – alte oder neue – Recht gilt grundsätzlich für das **gesamte Schuldverhältnis,** also nicht nur für die Frage, ob ein Schuldverhältnis wirksam begründet wurde, sondern auch für Fragen des Erlöschens, insbesondere durch Erfüllung, für Fragen der Abwicklung, etwa in Folge einer Leistungsstörung oder qua Rücktrittsrecht oder für Haftungs- und Garantiefragen sowie für die Prüfung von Einreden oder Einwendungen.[8]

---

1 *Brambring* DNotZ 2001, 590; *Hertel* DNotZ 2001, 742 (743 f.); NK-BGB/*Budzikiewicz,* 4. Aufl. 2021, Rn. 27; Staudinger/*Löwisch,* 2016, Rn. 10.

2 Vgl. *Hertel* DNotZ 2001, 742 (747); *Brambring* DNotZ 2001, 590; NK-BGB/*Budzikiewicz,* 4. Aufl. 2021, Rn. 31.

3 *Brambring* DNotZ 2001, 590; *Hertel* DNotZ 2001, 742 (744); *Ziegler/Rieder* ZIP 2001, 1789 (1793); NK-BGB/*Budzikiewicz,* 4. Aufl. 2021, Rn. 30. Vgl. auch → 5. Aufl. 2010, Art. 170 Rn. 4.

4 *Hertel* DNotZ 2001, 742 (744 f.); allgM.

5 *Hertel* DNotZ 2001, 742 (744 f.); Erman/*Schmidt-Räntsch,* 15. Aufl. 2017, Anh. Einl. § 241 (Art. 229 § 5) Rn. 4; Palandt/*Grüneberg,* 78. Aufl. 2019 Rn. 3; vgl. auch BGHZ 108, 380 (384) = NJW 1990, 508; aA Staudinger/*Löwisch,* 2016, Rn. 14.

6 *Ziegler/Rieder* ZIP 2001, 1789 (1793).

7 So NK-BGB/*Budzikiewicz,* 4. Aufl. 2021, Rn. 40; für cic s. *Heß* NJW 2002, 253 (255).

8 Vgl. NK-BGB/*Budzikiewicz,* 4. Aufl. 2021, Rn. 50; → 5. Aufl. 2010, Art. 170 Rn. 5.

10 Auch wenn grundsätzlich altes Recht zur Anwendung gelangt, so können **einzelne Umstände** nach **neuem Recht** zu beurteilen sein, dann nämlich, wenn es sich um neue von außen an das Schuldverhältnis herantretende Umstände handelt (→ 5. Aufl. 2010, Art. 170 Rn. 6), insbesondere wenn es um Umstände geht, die das Schuldverhältnis ändern.[9] Beispiele dafür sind Schuldanerkenntnisse, Aufhebungsverträge, Anfechtung. Nicht dazu zählt die Frage der Heilungswirkung eines formunwirksam abgeschlossenen Grundstückskaufvertrages.[10] Bei vertraglichen **inhaltlichen Änderungen** kommt auch eine vollständige Unterstellung des Schuldverhältnisses unter das neue Recht in Betracht, wenn die Änderungen nämlich den Vertrag auf eine neue Grundlage stellen. Letzteres ist zB zu verneinen, wenn Leistungspflichten lediglich modifiziert werden (zB durch Kaufpreisreduzierung) oder wenn eine Frist zur Erfüllung einer Bebauungspflicht nach dem Stichtag verlängert wird.

11 Gilt altes Recht, so finden neben dem BGB aF auch die in der Norm genannten sondergesetzlichen Bestimmungen Anwendung, die bis zum Stichtag in Kraft waren, also insbesondere AGBG, VerbrKrG, FernAbsG, HaustürWG und TzWrG.

12 **5. Dauerschuldverhältnisse.** Für Dauerschuldverhältnisse sieht **S. 2** eine Verschiebung der Umstellung vom alten zum neuen Recht um ein Jahr vor. Dadurch sollte den Parteien die Möglichkeit gegeben werden, ihre Verträge dem neuen Recht anzupassen.[11] Sie konnten also das neue Recht durch Vereinbarung eher einführen. Wenn sie nichts unternommen haben, gilt das neue Recht ab dem 1.1.2003. Allerdings gilt altes, nicht neues Recht für solche Ansprüche aus Dauerschuldverhältnissen, die vor Ablauf des 1.1.2003 zu erfüllen waren.[12]

13 Den Begriff „Dauerschuldverhältnis" definiert das Gesetz nicht. Zurückzugreifen ist daher auf die von der Lehre entwickelten Umschreibungen, die im Wesentlichen darin übereinstimmen, dass es sich dabei um Schuldverhältnisse handelt, bei denen dem Zeitmoment eine besondere Bedeutung zukommt, indem nämlich der Umfang der beiderseits geschuldeten Leistungen von der Dauer der Zeit abhängen, während derer sie fortlaufend zu erbringen sind (→ BGB § 314 Rn. 9 f. mwN).[13] Als Dauerschuldverhältnisse sind insbesondere anerkannt Miet- und Pachtverträge (für Mietverträge s. Art. 229 § 3), Dienst-, vor allem Arbeitsverhältnisse, Leihverträge, Darlehensverträge, aber auch in der Praxis entwickelte Mischformen wie Leasing, Franchising, Bierlieferungsverträge, Bezugsverträge (Gas, Wasser, Strom) uÄ.[14] Ob solche Verträge als **Sukzessivlieferungsverträge** von Dauerschuldverhältnissen zu unterscheiden sind und dann auch von der Norm erfasst werden, ist umstritten.[15] Zur Terminologie → BGB § 314 Rn. 16 mwN. Richtigerweise ist das zu bejahen, da es dem Parteiwillen entspricht, auch solche Verträge einheitlich umzustellen. Dasselbe gilt für solche Fallgestaltungen, bei denen die Einzelverträge in einen **Rahmenvertrag** eingebettet sind, dies zumindest dann, wenn der Rahmenvertrag über die späteren Einzelverträge hinausgreifende Regelungen enthält.[16] Es stellt dann keine angemessene Lösung dar, einen Teil des durch den Rahmenvertrag geprägten Rechtsverhältnisses nach altem, und einen anderen Teil nach neuem Recht zu beurteilen.

14 **6. Abdingbarkeit.** In der Übergangszeit vom alten zum neuen Recht ist bisweilen diskutiert worden, ob das neue Recht einfach abbedungen werden kann.[17] Das ist zu verneinen. Das neue Recht sieht eine solche Wahlmöglichkeit nicht vor. Zudem enthält das neue Recht vielfach zwingende Normen, die auf der Umsetzung von EU-Richtlinien beruhen und durch eine generelle (kollisionsrechtliche) **Rechtswahl** nicht unterlaufen werden können.[18] Geht man hiervon aus, ist es auch nicht möglich, bei einem Vertragsschluss durch Angebot vor dem Stichtag und Annahme nach dem Stichtag eine konkludente Vereinbarung des alten Rechts anzunehmen.[19]

15 Unbenommen ist es den Parteien hingegen, **einzelne nicht zwingende Normen** des neuen Rechts durch Vorschriften des alten Rechts zu ersetzen. Darin liegt keine unzulässige

---

[9] Vgl. NK-BGB/*Budzikiewicz,* 4. Aufl. 2021, Rn. 51; zu Art. 232 § 1 vgl. BGHZ 123, 58 (62 f.) = NJW 1993, 2525.

[10] BGH NJW 2012, 3171 Rn. 9.

[11] Vgl. BT-Drs. 14/6040, 273.

[12] BGH NJW-RR 2008, 172.

[13] *Huber* Leistungsstörungen II 437.

[14] Näher *Heß* NJW 2002, 253 (256) mwN.

[15] Bejahend *Heß* NJW 2002, 253 (256); verneinend (für § 28 Abs. 2 AGBG) BGHZ 92, 200 (202) = NJW 1985, 426.

[16] Staudinger/*Löwisch,* 2016, Rn. 38.

[17] Vgl. etwa *Hertel* DNotZ 2001, 742 (745 f.); *Brambring* DNotZ 2001, 590.

[18] Näher NK-BGB/*Budzikiewicz,* 4. Aufl. 2021, Rn. 19 f.; auch *Heß* NJW 2002, 253 (255).

[19] So aber *Heß* NJW 2002, 253 (255); wie hier demgegenüber *Brambring* DNotZ 2001, 590; *Ott* MDR 2002, 1 (3 f.).

generelle Rechtswahl, sondern eine zulässige materielle Vertragsgestaltung im Rahmen der Privatautonomie.[20]

Für zulässig wird es erachtet, Altverträge pauschal **durch Vereinbarung neuem Recht** zu unterwerfen.[21] Dem ist zuzustimmen. Was der Gesetzgeber ab 1.1.2002 als Recht erklärt, können die Parteien antizipieren. Anders wäre es nur, wenn insoweit ein gesetzlicher Ausschluss bestünde. Das ist aber nicht der Fall.[22] Infolgedessen können die Parteien durch Vereinbarung auch den Umstellungszeitpunkt bei Dauerschuldverhältnissen (1.1.2003; vgl. S. 2 der Norm) vorziehen.[23] 16

§ 6 Überleitungsvorschrift zum Verjährungsrecht nach dem Gesetz zur Modernisierung des Schuldrechts vom 26. November 2001

(1) [1]Die Vorschriften des Bürgerlichen Gesetzbuchs über die Verjährung in der seit dem 1. Januar 2002 geltenden Fassung finden auf die an diesem Tag bestehenden und noch nicht verjährten Ansprüche Anwendung. [2]Der Beginn, die Hemmung, die Ablaufhemmung und der Neubeginn der Verjährung bestimmen sich jedoch für den Zeitraum vor dem 1. Januar 2002 nach dem Bürgerlichen Gesetzbuch in der bis zu diesem Tag geltenden Fassung. [3]Wenn nach Ablauf des 31. Dezember 2001 ein Umstand eintritt, bei dessen Vorliegen nach dem Bürgerlichen Gesetzbuch in der vor dem 1. Januar 2002 geltenden Fassung eine vor dem 1. Januar 2002 eintretende Unterbrechung der Verjährung als nicht erfolgt oder als erfolgt gilt, so ist auch insoweit das Bürgerliche Gesetzbuch in der vor dem 1. Januar 2002 geltenden Fassung anzuwenden.

(2) Soweit die Vorschriften des Bürgerlichen Gesetzbuchs in der seit dem 1. Januar 2002 geltenden Fassung anstelle der Unterbrechung der Verjährung deren Hemmung vorsehen, so gilt eine Unterbrechung der Verjährung, die nach den anzuwendenden Vorschriften des Bürgerlichen Gesetzbuchs in der vor dem 1. Januar 2002 geltenden Fassung vor dem 1. Januar 2002 eintritt und mit Ablauf des 31. Dezember 2001 noch nicht beendigt ist, als mit dem Ablauf des 31. Dezember 2001 beendigt, und die neue Verjährung ist mit Beginn des 1. Januar 2002 gehemmt.

(3) Ist die Verjährungsfrist nach dem Bürgerlichen Gesetzbuch in der seit dem 1. Januar 2002 geltenden Fassung länger als nach dem Bürgerlichen Gesetzbuch in der bis zu diesem Tag geltenden Fassung, so ist die Verjährung mit dem Ablauf der im Bürgerlichen Gesetzbuch in der bis zu diesem Tag geltenden Fassung bestimmten Frist vollendet.

(4) [1]Ist die Verjährungsfrist nach dem Bürgerlichen Gesetzbuch in der seit dem 1. Januar 2002 geltenden Fassung kürzer als nach dem Bürgerlichen Gesetzbuch in der bis zu diesem Tag geltenden Fassung, so wird die kürzere Frist von dem 1. Januar 2002 an berechnet. [2]Läuft jedoch die im Bürgerlichen Gesetzbuch in der bis zu diesem Tag geltenden Fassung bestimmte längere Frist früher als die im Bürgerlichen Gesetzbuch in der seit diesem Tag geltenden Fassung bestimmten Frist ab, so ist die Verjährung mit dem Ablauf der im Bürgerlichen Gesetzbuch in der bis zu diesem Tag geltenden Fassung bestimmten Frist vollendet.

(5) Die vorstehenden Absätze sind entsprechend auf Fristen anzuwenden, die für die Geltendmachung, den Erwerb oder den Verlust eines Rechts maßgebend sind.

(6) Die vorstehenden Absätze gelten für die Fristen nach dem Handelsgesetzbuch und dem Umwandlungsgesetz entsprechend.

Schrifttum: s. 5. Aufl. 2010.

Übersicht

20 NK-BGB/*Budzikiewicz*, 4. Aufl. 2021, Rn. 21; Palandt/*Grüneberg*, 78. Aufl. 2019, Rn. 2.
21 NK-BGB/*Budzikiewicz*, 4. Aufl. 2021, Rn. 10 ff.; Palandt/*Grüneberg*, 78. Aufl. 2019 Rn. 2.
22 NKNK-BGB/*Budzikiewicz*, 4. Aufl. 2021, Rn. 10 ff.
23 *Heß* NJW 2002, 253 (256).

I. Grundregel (Abs. 1 S. 1)

1 Art. 229 § 6 enthält das intertemporale Verjährungsrecht des Schuldrechtsmodernisierungsgesetzes 2002. Die Vorschrift, die sich im Kern an Art. 169 und Art. 231 § 6 orientiert, bezweckt eine möglichst rasche Umstellung auf das aktuelle Recht[1] sowie den Vorrang der früher vollendeten Verjährung.[2] Gemäß § 6 Abs. 1 S. 1 gelangen grundsätzlich die neuen Verjährungsregeln auf alle Ansprüche zur Anwendung, die am 1.1.2002 bestanden haben und (nach altem Recht) noch nicht verjährt waren. Hierzu zählen natürlich Ansprüche aus dem BGB, daneben aber auch solche auf Grund anderer Gesetze, sofern sich ihre Verjährung ganz oder teilweise nach den allgemeinen Regeln des BGB bestimmt.[3] Um dem heute geltenden Recht zu unterfallen, bedarf es keiner bereits vor dem Stichtag eingetretenen Fälligkeit des Anspruchs. Der Terminus „bestehen" ist also inhaltlich nicht identisch mit dem Entstehensbegriff in § 199 BGB (→ BGB § 199 Rn. 4 ff.) und in § 198 BGB aF.

2 Ebenso wenig scheitert die Anwendung des aktuellen Verjährungsrechts, wenn der Anspruch nach dem Stichtag aus einem Schuldverhältnis hervorgeht, das seinerseits bereits vor dem Stichtag unter altem Recht entstanden ist.[4] Zwar enthält der Normtext des Abs. 1 S. 1 insoweit keine Aussage, die ratio legis gebietet jedoch eine Analogie:[5] Gegenüber Art. 229 § 5, demzufolge Schuldverhältnisse, die bis Ende 2001 entstanden sind, altem Recht unterliegen, enthält Art. 229 § 6 für Verjährungsfragen eine vorrangige Spezialregelung. Wenn ihr zufolge aber schon vor dem Stichtag bestehende Ansprüche grds. den novellierten Verjährungsregeln unterfallen, muss dies erst recht für Ansprüche gelten, die nach dem Stichtag zur Entstehung gelangt sind.[6] Dies entspricht bereits zu Art. 231 § 6 der hM[7] und deckt sich mit dem Anliegen des Gesetzgebers, die Wertungen jener Norm im Interesse schneller Umstellung auf das neue Verjährungsrecht fortzuschreiben. Bei vertraglichen Ansprüchen mag im Einzelfall das Vertrauen einer der Parteien auf den Fortbestand der alten, für ihn günstigeren Regeln enttäuscht werden. Hier jedoch helfen dem Schuldner die ebenfalls analog anzuwendenden Abs. 3 und 4,[8] während der Gläubiger sich in casu ggf. auf § 242 BGB stützen kann (→ BGB Vor § 194 Rn. 15 ff.).

3 Unter Rückgriff auf den Zweck der Übergangsvorschrift, die Anwendbarkeit des alten Rechts möglichst rasch zu beenden, lassen sich auch die **Wirkungen** der vor dem Stichtag nach altem Recht eingetretenen Verjährung einordnen. Erhebt der Schuldner in einem solchen Fall die Einrede nach dem Stichtag, gelangen die §§ 214 ff. BGB zur Anwendung, nicht die (inhaltlich allerdings entsprechenden) §§ 222 ff. BGB aF.[9]

II. Die Ausnahmefälle des Abs. 1 S. 2 und S. 3

4 Abs. 1 S. 1 formuliert nur einen Grundsatz, von dem mehrere Ausnahmen bestehen. Eine erste Ausnahme betrifft den Verjährungsbeginn sowie Hemmung, Ablaufhemmung und Neubeginn der Verjährung. Für sie alle gilt das in Abs. 1 S. 2 enthaltene Stichtagsprinzip.

5 **1. Verjährungsbeginn.** Hat hiernach der Lauf der Verjährung vor dem 1.1.2002 und damit **unter altem Recht begonnen,** bleibt es dabei, mögen auch die neuen Vorschriften, namentlich § 199 BGB, Voraussetzungen aufstellen, die noch nicht erfüllt sind. Erst ab dem Stichtag bestimmt sich der (bis dahin noch nicht eingetretene) Verjährungsbeginn anhand des novellierten Rechts. Art. 229

[1] *Heß* NJW 2002, 253 (254).
[2] *Gsell* NJW 2002, 1297.
[3] Begr. RegE, BT-Drs. 14/6040, 273; vgl. ferner BGH NJW-RR 2007, 1358 (1360).
[4] BGH NJW 2005, 739 (740); 2006, 44 f.; NJW-RR 2008, 459; NJW 2013, 601 (602); OLG Saarbrücken NJW-RR 2006, 163; LG Kaiserslautern NJW-RR 2005, 1114 (1115).
[5] AA *Budzikiewicz* AnwBl 2002, 394 (395). Konsequenz dieser Gegenmeinung wäre – entgegen *Budzikiewicz* – die Anwendbarkeit des Art. 229 § 5 und damit die Geltung alten Verjährungsrechts.
[6] Grüneberg/*Ellenberger* Rn. 2 f.
[7] BGHZ 129, 282 (287) = NJW 1995, 647; OLG Naumburg OLG-NL 1995, 151 (153); OLG Dresden OLG-NL 2000, 179 (181); ferner → 4. Aufl. 2006, Art. 231 § 6 Rn. 1.
[8] Vgl. BGH NJW 2006, 44 f.; *Gsell* NJW 2002, 1297 (1303).
[9] *Heinrichs* BB 2001, 1417 (1422) Fn. 39; NK-BGB/*Budzikiewicz* Rn. 19; aA *Heß* NJW 2002, 253 (257); *Heß* DStR 2002, 455 (456); Staudinger/*Peters/Jacoby,* 2016, Rn. 3.

§ 6 Abs. 1 S. 1 erfasst auch Ansprüche iSd §§ 196, 197 BGB aF, wenn sie im Jahre 2001 entstanden sind, so dass die Verjährung gemäß § 201 BGB aF mit Ablauf des 31.12.2001 zu laufen begann.[10]

2. Hemmung, Ablaufhemmung, Neubeginn. Entsprechendes gilt für Hemmung, Ablaufhemmung und Neubeginn der Verjährung. Vor dem Stichtag abgeschlossene Tatbestände unterliegen mithin altem Recht. Reichen die tatbestandsrelevanten Umstände hingegen zeitlich über den Stichtag hinaus, unterliegen ihre Folgen ab 1.1.2002 ebenso dem heute geltenden Recht wie Tatbestände, die vollständig nach dem Stichtag verwirklicht werden. Neugeschaffene, dem alten Recht unbekannte Hemmungsgründe beispielsweise (wie § 203 BGB oder § 208 BGB) führen erst ab diesem Zeitpunkt dazu, dass der Ablauf der Verjährungsfrist hinausgeschoben wird.[11] Dabei muss der jeweiligen neurechtlichen Sachnorm durch Auslegung entnommen werden, ob und inwieweit sie auch Ansprüche nach altem Recht erfasst. Im Falle der Ablaufhemmung gemäß § 479 Abs. 2 BGB aF (heute § 445b Abs. 2 BGB) etwa war dies zu bejahen, weil ein zufälliger Abbruch des Regresses in der Lieferkette, wie er als Folge von Art. 229 § 6 Abs. 3 eintreten könnte, dem Normzweck entgegenstünde.[12] 6

Eine weitergehende Präzisierung enthält **Abs. 1 S. 3,** demzufolge die frühere Rechtslage auch in solchen Fällen maßgeblich bleibt, in denen eine vor dem Stichtag eingetretene Unterbrechung durch einen nach dem Stichtag eingetretenen Umstand als nicht erfolgt oder als erfolgt gilt. Nach dieser hauptsächlich auf **§ 212 Abs. 1 BGB aF, § 215 Abs. 2 BGB aF** zugeschnittenen Norm beurteilt sich in vollem Umfang nach altem Recht, ob durch Klagerücknahme, Prozessurteil oder mehr als sechsmonatige Untätigkeit die ex ante bewirkte Unterbrechung rückwirkend wieder entfallen ist. Eine **kraft Abs. 2 mit dem 1.1.2002 eingetretene Hemmung** teilt das Schicksal der bisherigen altrechtlichen Unterbrechung.[13] Wollte man lediglich eine vor dem Stichtag eingetretene Unterbrechung als beseitigt ansehen, wäre der Regelungsgehalt von Abs. 1 S. 3 in kaum nachvollziehbarer Weise marginalisiert.[14] Auch das Prinzip vom Vorrang der früher eingetretenen Verjährung (näher → Rn. 1, → Rn. 9) gebietet, dass Abs. 1 S. 3 eine nach dem Stichtag übergeleitete Hemmung unter den gleichen Voraussetzungen zum rückwirkenden Wegfall bringt wie eine Unterbrechung vor dem Stichtag. Altes Recht (§ 212 Abs. 2 BGB aF) entscheidet umgekehrt auch darüber, unter welchen Voraussetzungen eine neuerliche Klageerhebung nach dem Stichtag dazu führt, dass eine Unterbrechung schon als vor dem Stichtag eingetreten gilt. Natürlich bestimmen sich die Wirkungen dieser Unterbrechung seit 1.1.2002 aber nach § 209 BGB. Die Vorschrift des Abs. 1 S. 3 hat daneben Konsequenzen für **rückwirkende Verjährungseinwirkungen durch „Zustellung demnächst"** (§ 167 ZPO; → § 204 Rn. 27 ff.). Erfolgte die Zustellung nach dem Stichtag, konnte daher wegen eines zuvor gestellten Antrags auf Rechtsverfolgung noch Unterbrechung nach altem Recht eintreten, die sich ab dem Stichtag dann als Hemmung fortsetzte.[15] 7

Abs. 2, der die Überleitung von **ehemaligen Unterbrechungsregeln in Hemmungstatbestände** zum Gegenstand hat und vor allem die Rechtsverfolgung iSd § 209 BGB aF erfasst, besitzt lediglich klarstellenden Charakter. Eine derartige Unterbrechung, wenn sie vor dem Stichtag eingetreten und noch nicht beendet war, endete danach mit Ablauf des 31.12.2001. Als Konsequenz begann am 1.1.2002 die (vorbehaltlich Abs. 3 und 4 nach jetzt geltendem Recht zu bemessende) Verjährung neu[16] und wurde sogleich nach § 204 BGB gehemmt. 8

III. Verjährungsdauer

Ausnahmen von Abs. 1 S. 1 bestehen ferner im Hinblick auf die Länge der Verjährungsfristen. Dabei entspricht Abs. 4 dem Regelungsgehalt der Art. 169 Abs. 2, Art. 231 § 6 Abs. 2, während Abs. 3 ein Novum im deutschen intertemporalen Verjährungsrecht darstellt. Im Verein führen die beiden Absätze dazu, dass sich bei Fristabweichungen zwischen altem und neuem Recht stets die **kürzere Frist durchsetzt,** dh der im Ergebnis frühere Verjährungseintritt entscheidet. Enthalten altes und neues Recht gleich lange Fristen, stellen sich auf der Grundlage des Abs. 1 S. 1 keine besonderen Probleme. Zu einem Fristenvergleich analog Abs. 3 und 4 kommt es nicht.[17] Zu beachten sind gemäß Abs. 1 S. 2 lediglich jene Verschiebungen, die als Folge von Hemmungs- und Unterbrechungs- bzw. Neubeginnsgründen auftreten (→ Rn. 6). Die durch das SchuldRModG **neu einge-** 9

[10] *Gsell* NJW 2002, 1297 (1300 f.).
[11] KG ZEV 2008, 481 (482).
[12] *Heß* NJW 2002, 253 (259 f.); aA *Budzikiewicz* AnwBl 2002, 394 (399).
[13] BGH NJW 2007, 2034 (2035), allerdings mit zweifelhafter Begr.
[14] Eingehend *Grothe* WuB IV B. Art. 229 § 6 EGBGB 1.07.
[15] BGH NJW 2008, 1674 f. gegen OLG München NJW-RR 2005, 1108 (1109).
[16] OLG Düsseldorf NJOZ 2006, 3202 (3203 f.).
[17] Offengelassen von OLG Düsseldorf NJOZ 2006, 3202 (3204); aA *Gsell* NJW 2002, 1297 (1302); s. auch Staudinger/*Peters/Jacoby,* 2016, Rn. 13 f., der zwischen „gleiche(n)" und „unveränderte(n) Fristen" trennt.

führten Tatbestände der **Ablaufhemmung,** namentlich § 210 Abs. 1 S. 1 Alt. 1 BGB, § 438 Abs. 3 S. 2 BGB, § 479 Abs. 2 BGB aF (heute § 445b Abs. 2 BGB) und § 634a Abs. 3 S. 2 BGB, üben keinen Einfluss auf die Verjährungsfrist selbst aus, sondern spielen nur im konkreten Einzelfall für den Verjährungseintritt eine Rolle. Es handelt sich um bloße Verjährungsmodalitäten. Ausweislich Abs. 1 S. 2 hat der Gesetzgeber ihre intertemporale Bedeutung erkannt, so dass eine entsprechende Anwendung der Abs. 3 und 4 mangels Regelungslücke nicht gerechtfertigt ist.[18] Die genannten Bestimmungen können vielmehr in gleicher Weise wie neue Hemmungsgründe in casu zu einer Verlängerung der Verjährung führen.

10 **1. Längere Frist nach neuem Recht (Abs. 3).** Aus Gründen des Schuldnerschutzes bleibt es bei der Frist des alten Rechts, sofern das neue Recht abstrakt eine längere Frist vorsieht. Der konkrete Verjährungseintritt bestimmt sich nach näherer Maßgabe der Ausführungen in → Rn. 6. Wichtige Anwendungsfälle von Abs. 3 bilden die im Vergleich zu § 438 Abs. 1 BGB, § 634a Abs. 1 BGB erheblich kürzeren Gewährleistungsregeln der § 477 Abs. 1 BGB aF, § 638 Abs. 1 BGB aF. Dies gilt unter Berücksichtigung des in → Rn. 2 Gesagten auch dann, wenn der Anspruch nach dem 31.12.2001 einem Vertragsverhältnis entsprang, das vor dem Stichtag entstanden ist.[19] Die Gegenmeinung[20] führt zu einem vom Gesetzgeber nicht gewollten Eingriff in das vertragliche Äquivalenzverhältnis und damit in die Parteiautonomie.

11 Probleme bereiten **vertragliche Fristverlängerungen,** die vor dem 1.1.2002 vereinbart worden und wegen § 225 BGB aF iVm § 134 BGB unwirksam geblieben sind, nach heute geltendem Recht jedoch Wirksamkeit entfalten würden (§ 202 Abs. 2 BGB). Zwar führt der nachträgliche Wegfall eines Verbotsgesetzes grundsätzlich nicht zur **Heilung früherer verbotswidriger Parteivereinbarungen.**[21] Mit Art. 229 § 6 hat der Gesetzgeber indes eine spezielle Übergangsregelung geschaffen, die dem novellierten Verjährungsrecht schnellstmöglich zu voller Wirksamkeit verhelfen soll.[22] Dieser ratio entspricht es, § 202 Abs. 2 BGB ab dem Stichtag auch auf früher getroffene Verjährungsabreden zu erstrecken, so dass es keiner neuerlichen Vereinbarung bedarf.[23] Voraussetzung ist allerdings, dass der Anspruch nicht bereits vor dem Stichtag verjährt war. Ungewöhnlich ist die skizzierte Heilung nichtiger Abreden nicht; auch im Rahmen des Art. 25 Abs. 2 aF[24] entsprach sie der hM.[25] Der Fristenvergleich nach Art. 229 § 6 Abs. 3 steht dem verlängerten Verjährungslauf nicht entgegen. Zum einen spricht die Norm von „Verjährungsfristen nach dem Bürgerlichen Gesetzbuch", zum anderen bleibt bei einer Parteivereinbarung für den Schuldnerschutzgedanken des Abs. 3 kein Raum.[26]

12 **2. Kürzere Frist nach neuem Recht (Abs. 4).** Enthält das novellierte Recht abstrakt eine kürzere Frist als das alte Recht, beginnt Abs. 4 S. 1 zufolge die neue Frist erst am Stichtag zu laufen. Die Vorschrift dient dem Schutz des Gläubigers. Der Gesetzgeber wollte verhindern, dass als Folge von Abs. 1 S. 1 die anwendbare kürzere Frist im Extremfall am 1.1.2002 bereits abgelaufen ist.[27] Als Korrektiv zu Gunsten der Schuldnerbelange statuiert Abs. 4 S. 2 jedoch ein **Günstigkeitsprinzip:** Die alte Frist bleibt maßgeblich, sofern nach ihr im konkreten Einzelfall, also auch unter Berücksichtigung des in → Rn. 6 Gesagten, die Verjährung früher eintritt als nach dem Modus des Abs. 4 S. 1. Insbesondere weil der Reformgesetzgeber die dreißigjährige Regelverjährung durch §§ 195, 199 BGB ersetzt hat, besitzt die Bestimmung große praktische Relevanz.

13 **3. Fristenvergleich.** Der nach Abs. 3 und Abs. 4 anzustellende Fristenvergleich wirft die Frage auf, ob es im Rahmen des neuen Rechts auf die Regelverjährung des § 195 BGB, ggf. unter Hinzuziehung der Bestimmung des Fristbeginns in § 199 Abs. 1 BGB, oder auf die Höchstfristen

---

18 *Pfeiffer* ZGS 2002, 17; vgl. auch BGHZ 142, 172 (181 f.) = NJW 1999, 3332 zu Art. 231 § 6; aA *Budzikiewicz* AnwBl 2002, 394 (398).

19 BGH NJW 2006, 44 (45); LG Kaiserslautern NJW-RR 2005, 1114 (1115); *Gsell* NJW 2002, 1297 (1303); Grüneberg/*Ellenberger* Rn. 5.

20 NK-BGB/*Budzikiewicz* Rn. 46; *Budzikiewicz* AnwBl 2002, 394 (395).

21 BGHZ 11, 59 (60) = NJW 1954, 549; Staudinger/*Seibl/Fischinger/Hengstberger,* 2021, BGB § 134 Rn. 86.

22 Dagegen will *Lakkis* AcP 203 (2003), 763 (783) auf die Übergangsvorschrift des Art. 229 § 5 statt der des Art. 229 § 6 abstellen.

23 Vgl. NK-BGB/*Budzikiewicz* Rn. 49 f.; aA Staudinger/*Peters/Jacoby,* 2016, Rn. 9.

24 Zur Nichtigkeit vor dem 1.9.1986 s. BGH NJW 1972, 1001 (1003); Staudinger/*Dörner,* 2007, Art. 25 Rn. 12, 16.

25 LG Hamburg IPRspr. 1991 Nr. 142 S. 264 (274 f.); bestätigt durch OLG Hamburg IPRspr. 1992 Nr. 162 (S. 352); Palandt/*Thorn,* 2015, Art. 26 Rn. 8; *v. Bar* IPR II, 1. Aufl. 1991, Rn. 359; *Lange* DNotZ 2000, 343; aA Staudinger/*Dörner,* 2007, Art. 25 Rn. 16; Soergel/*Schurig,* 12. Aufl. 1996, Art. 25 Rn. 21.

26 NK-BGB/*Budzikiewicz* Rn. 53.

27 Begr. RegE, BT-Drs. 14/6040, 273.

nach § 199 Abs. 2–4 BGB ankommt.[28] Wenngleich der Normtext des Abs. 4 S. 1 lediglich auf die Fristdauer abhebt und einen fixen Fristbeginn zum 1.1.2002 nahe legt, sprechen doch Sinn und Zweck der Vorschrift dagegen, die neugeschaffene Dreijahresfrist losgelöst von der Regelung ihres Beginns zu betrachten. Für die Annahme, der Gesetzgeber habe den Überleitungsgläubiger ungünstiger stellen wollen, als dies altes und neues Recht isoliert vorsehen, fehlt jeder Anhaltspunkt. Abs. 4 S. 1 ordnet also **keinen fixen Fristbeginn zum 1.1.2002** an,[29] sondern erklärt den konkretfrühesten Fristenlauf für maßgeblich.[30] Begreift man zudem das neue Verjährungsrecht im Rahmen der Übergangsregeln als Einheit, kommt es darauf an, welche neue Verjährungsfrist jeweils nach den Umständen im Vergleichszeitpunkt maßgeblich ist.[31] Das subjektive Modell der §§ 195, 199 Abs. 1 BGB kann daher für den Vergleich nur unter der Mindestvoraussetzung herangezogen werden, dass **Kenntnis bzw. grobfahrlässige Unkenntnis bereits feststehen** (→ BGB § 199 Rn. 27 ff.).[32] Maßgeblich ist dabei frühestens der Stichtag. Haben die subjektiven Voraussetzungen in der Vergangenheit einmal vorgelegen, sind sie vor dem Stichtag dann jedoch wieder entfallen (etwa durch Vergessen des Gläubigers oder Untertauchen des Schuldners), fehlt es daran. Wollte man abweichend entscheiden, würde der Charakter des von §§ 195, 199 Abs. 1 BGB eingeräumten Zeitraums als Überlegungsfrist missachtet.[33] Sind die subjektiven Kriterien hingegen am Stichtag oder später erfüllt, kommt es darauf an, ob in casu die Dreijahresfrist oder die mit dem Stichtag beginnende Höchstfrist früher abläuft. Mit der solchermaßen ermittelten Frist des neuen Rechts ist dann die Verjährungsdauer nach altem Recht zu vergleichen. Bei alledem kann der These, wonach auch bei Kenntniserlangung vor dem 1.1.2002 die **Ultimo-Regel des § 199 Abs. 1** eingreife, was im Verein mit § 195 zu einem Ablauf der Verjährungsfrist erst am 2.1.2006 führe,[34] nicht gefolgt werden.[35] Art. 229 § 6 Abs. 4 EGBGB spricht von „Berechnung", nicht von „Beginn", und bringt damit zum Ausdruck, dass die neue Frist ab dem Stichtag zahlenmäßig anzuwenden ist. Auch Sinn und Zweck der Vorschrift lassen jeden Grund dafür vermissen, warum dem Altgläubiger ein Jahr geschenkt werden sollte, das ihm auch nicht zu Gute käme, wenn die §§ 195, 199 ohne Übergangsregel zur Anwendung gelangt wären. Zum Zuge gelangt die Ultimo-Regel aber natürlich, wenn die subjektiven Voraussetzungen des § 199 Abs. 1 erst nach dem Stichtag vorliegen.[36]

IV. Sonstige Fristen (Abs. 5)

Ungeachtet aller Unterschiede zwischen Verjährungsregeln und **Ausschlussfristen** (→ BGB Vor § 194 Rn. 10) finden die intertemporalen Regeln der Abs. 1–4 auf solche Fristen analoge Anwendung, die für die Geltendmachung eines Rechts maßgebend sind. Im Vordergrund stehen dabei die **Anfechtungsfristen** der § 121 Abs. 2 BGB, § 124 Abs. 3 BGB, deren Länge der Reformgesetzgeber von 30 auf 10 Jahre reduziert hat.[37] Daneben ist Abs. 5 für die erwerbende Verjährung (→ BGB Vor § 194 Rn. 2 f.) in Gestalt der **Ersitzung** relevant: Entsprechend Art. 229 § 6 Abs. 1 S. 1 verweisen die §§ 939, 941 BGB seit 1.1.2002 auf das neue Recht, für die Zeit vor dem 1.1.2002 enthalten sie eine Verweisung auf das frühere Recht (Abs. 1 S. 2).[38] 14

V. HGB, UmwG, übergangsrechtliche Sonderregeln und Analogien

Durch das SchuldRModG haben auch die Verjährungsvorschriften des HGB und des UmwG Änderungen erfahren. Betroffen sind etwa § 26 Abs. 1 HGB, § 27 Abs. 2 S. 2 HGB, § 139 Abs. 3 15

[28] Entsprechendes gilt im Rahmen des § 852 BGB aF bei Festlegung der maßgeblichen altrechtlichen Frist.

[29] So aber OLG Celle ZIP 2006, 2163 (2166); OLG Hamm WM 2006, 1477 (1480); LG Berlin ZGS 2006, 160; *Assmann/Wagner* NJW 2005, 3169 (3171 f.); *Wagner* BKR 2007, 18 (19 f.).

[30] *Heß* NJW 2002, 253 (258).

[31] *Gsell* NJW 2002, 1297 (1299, 1301 f.).

[32] BGH NJW 2007, 1584 (1586 f.); 2007, 2034 m. zust. Anm. *Grothe* WuB IV B. Art. 229 § 6 EGBGB 1.07; WM 2007, 639 (641); 2008, 89 (90) m. zust. Anm. *Grothe* WuB IV A. § 199 BGB 2.08; NJW-RR 2009, 547; NJW 2011, 3573; 2014, 2951 (2954); OLG Stuttgart ZIP 2005, 2152 (2156); OLG Braunschweig ZGS 2006, 79 (80); OLG Bamberg NJW 2006, 304; OLG Karlsruhe ZIP 2006, 1855 (1857); OLG Düsseldorf NZBau 2007, 648 (651); aus dem Schrifttum etwa *Gerneth* BKR 2006, 312 (313 ff.); *Stenzel* ZGS 2006, 130 (131 ff.); *Rohlfing* MDR 2006, 721 (722); *Würdinger* JZ 2007, 1055 ff.; *Möller* WM 2008, 476 (477 ff.); *Harms* NZKart 2014, 175 (176).

[33] BGH NJW 2012, 1645 (1646).

[34] *Kandelhard* NJW 2005, 630 (631, 633); Staudinger/*Peters/Jacoby,* 2016, Rn. 11.

[35] OLG Düsseldorf BeckRS 2006, 10382; LG Köln ZGS 2006, 38 (39 f.); *Schulte-Nölke/Hawxwell* NJW 2005, 2117 (2118); NK-BGB/*Budzikiewicz* Rn. 61; *Grothe* WuB IV B. Art. 229 § 6 EGBGB 1.07; offengelassen von BGH BeckRS 2007, 6013.

[36] OLG Düsseldorf BeckRS 2007, 65218; Grüneberg/*Ellenberger* Rn. 6.

[37] NK-BGB/*Budzikiewicz* Rn. 67.

[38] Staudinger/*Peters/Jacoby,* 2016, Rn. 30.

S. 2 HGB, § 159 Abs. 4 HGB sowie § 45 Abs. 1 UmwG, § 133 Abs. 3 UmwG, § 157 Abs. 1 UmwG. **Abs. 6** stellt klar, dass sich die Übergangsregeln des Art. 229 § 6 auf diese Fristen ebenfalls erstrecken. Unerwähnt bleiben die Fristen für Kostenforderungen der Gebührennotare (**GNotKG,** damals KostO). Sie verjähren seit Anfang 2002 nicht mehr nach § 196 Abs. 1 Nr. 15 BGB aF in zwei, sondern in vier Jahren (§ 6 Abs. 1 GNotKG, damals § 17 Abs. 1 KostO). Teilweise wird § 134 GNotKG (damals § 161 KostO) für entsprechend anwendbar gehalten,[39] mehr spricht jedoch auch hier für eine Analogie zu Art. 229 § 6.[40] Vorrangige **Spezialbestimmungen** des intertemporalen Verjährungsrechts, die ihrerseits jedoch zumeist auf Art. 229 § 6 verweisen, finden sich in Art. 229 § 12, ferner in § 147 PatG, § 31 GebrMG, § 158 Abs. 1 MarkenG, § 137i UrhG, § 26 Abs. 2 HalblSchG, § 72 Abs. 4 DesignG, § 170a BBergG, § 41 Abs. 7 SortSchG. Die mit Wirkung vom 10.7.2015 erfolgte Streichung der ehemaligen § 37b Abs. 4 WpHG aF und § 37c Abs. 4 WpHG aF durch das Kleinanlegerschutzgesetz hat zur Folge, dass die in § 37b Abs. 1 WpHG aF und § 37c Abs. 1 WpHG aF erfassten Ansprüche (seit 3.1.2018: §§ 97, 98 WpHG nF) nunmehr dem (für den Gläubiger günstigeren) allgemeinen Verjährungsregime der §§ 195, 199 BGB unterliegen. Auf eine Übergangsvorschrift wurde verzichtet, stattdessen war im (eiligen) Gesetzgebungsverfahren von der Geltung des „allgemeinen Übergangsrechts für Verjährungsänderungen" die Rede.[41] Was darunter zu verstehen sein soll, wird uneinheitlich beurteilt.[42] Richtigerweise ist Art. 229 § 12 Abs. 2 analog heranzuziehen.[43] Anwendung findet die längere Frist des neuen Rechts, wobei die bis zum Inkrafttreten der Novelle verstrichene Frist einzurechnen ist.

§ 7 Überleitungsvorschrift zu Zinsvorschriften nach dem Gesetz zur Modernisierung des Schuldrechts vom 26. November 2001

(1) [1]Soweit sie als Bezugsgröße für Zinsen und andere Leistungen in Rechtsvorschriften des Bundes auf dem Gebiet des Bürgerlichen Rechts und des Verfahrensrechts der Gerichte, in nach diesem Gesetz vorbehaltenen Landesrecht und in Vollstreckungstiteln und Verträgen auf Grund solcher Vorschriften verwendet werden, treten mit Wirkung vom 1. Januar 2002

1. **an die Stelle des Basiszinssatzes nach dem Diskontsatz-Überleitungs-Gesetz vom 9. Juni 1998 (BGBl. I S. 1242) der Basiszinssatz des Bürgerlichen Gesetzbuchs,**
2. **an die Stelle des Diskontsatzes der Deutschen Bundesbank der Basiszinssatz (§ 247 des Bürgerlichen Gesetzbuchs),**
3. **an die Stelle des Zinssatzes für Kassenkredite des Bundes der um 1,5 Prozentpunkte erhöhte Basiszinssatz des Bürgerlichen Gesetzbuchs,**
4. **an die Stelle des Lombardsatzes der Deutschen Bundesbank der Zinssatz der Spitzenrefinanzierungsfazilität der Europäischen Zentralbank (SRF-Zinssatz),**
5. **an die Stelle der „Frankfurt Interbank Offered Rate"-Sätze für die Beschaffung von Ein- bis Zwölfmonatsgeld von ersten Adressen auf dem deutschem Markt auf ihrer seit dem 2. Juli 1990 geltenden Grundlage (FIBOR-neu-Sätze) die „EURO Interbank Offered Rate"-Sätze für die Beschaffung von Ein- bis Zwölfmonatsgeld von ersten Adressen in den Teilnehmerstaaten der Europäischen Währungsunion (EURIBOR-Sätze) für die entsprechende Laufzeit,**
6. **an die Stelle des „Frankfurt Interbank Offered Rate"-Satzes für die Beschaffung von Tagesgeld („Overnight") von ersten Adressen auf dem deutschen Markt („FIBOR-Overnight"-Satz) der „EURO Overnight Index Average"-Satz für die Beschaffung von Tagesgeld („Overnight") von ersten Adressen in den Teilnehmerstaaten der Europäischen Währungsunion (EONIA-Satz) und**
7. **bei Verwendung der „Frankfurt Interbank Offered Rate"-Sätze für die Geldbeschaffung von ersten Adressen auf dem deutschem Markt auf ihrer seit dem 12. August 1985 geltenden Grundlage (FIBOR-alt-Sätze)**
   a) **an die Stelle des FIBOR-alt-Satzes für Dreimonatsgeld der EURIBOR-Satz für Dreimonatsgeld, multipliziert mit der Anzahl der Tage der jeweiligen Dreimonatsperiode und dividiert durch 90,**

---

[39] *Amann* in Amann/Brambring/Hertel, Die Schuldrechtsreform in der Vertragspraxis, 2002, 251; *Amann* DNotZ 2002, 94 (109).

[40] *Mansel/Budzikiewicz,* Das neue Verjährungsrecht, 2002, § 10 Rn. 42 ff.; für einen abschließenden Charakter von Art. 229 § 6 Abs. 6 dagegen *Brinkmann* NZG 2002, 855 (856).

[41] Beschlussempfehlung Finanzausschuss, BT-Drs. 18/4708, 68.

[42] Eingehend *Druckenbrodt* NJW 2015, 3749 ff.; *Piekenbrock* NJW 2016, 1350 ff.

[43] *Piekenbrock* NJW 2016, 1350 (1351 f.).

b) an die Stelle des FIBOR-alt-Satzes für Sechsmonatsgeld der EURIBOR-Satz für Sechsmonatsgeld, multipliziert mit der Anzahl der Tage der jeweiligen Sechsmonatsperiode und dividiert durch 180 und

c) wenn eine Anpassung der Bestimmungen über die Berechnung unterjähriger Zinsen nach § 5 Satz 1 Nr. 3 des Gesetzes zur Umstellung von Schuldverschreibungen auf Euro vom 9. Juni 1998 (BGBl. I S. 1242, 1250) erfolgt, an die Stelle aller FIBOR-alt-Sätze die EURIBOR-Sätze für die entsprechende Laufzeit.

[2]Satz 1 Nr. 5 bis 7 ist auf Zinsperioden nicht anzuwenden, die auf einen vor Ablauf des 31. Dezember 1998 festgestellten FIBOR-Satz Bezug nehmen; insoweit verbleibt es bei den zu Beginn der Zinsperiode vereinbarten FIBOR-Sätzen. [3]Soweit Zinsen für einen Zeitraum vor dem 1. Januar 1999 geltend gemacht werden, bezeichnet eine Bezugnahme auf den Basiszinssatz den Diskontsatz der Deutschen Bundesbank in der in diesem Zeitraum maßgebenden Höhe. [4]Die in den vorstehenden Sätzen geregelte Ersetzung von Zinssätzen begründet keinen Anspruch auf vorzeitige Kündigung, einseitige Aufhebung oder Abänderung von Verträgen und Abänderung von Vollstreckungstiteln. [5]Das Recht der Parteien, den Vertrag einvernehmlich zu ändern, bleibt unberührt.

(2) Für die Zeit vor dem 1. Januar 2002 sind das Diskontsatz-Überleitungs-Gesetz vom 9. Juni 1998 (BGBl. I S. 1242) und die auf seiner Grundlage erlassenen Rechtsverordnungen in der bis zu diesem Tag geltenden Fassung anzuwenden.

(3) Eine Veränderung des Basiszinssatzes gemäß § 247 Abs. 1 Satz 2 des Bürgerlichen Gesetzbuchs erfolgt erstmals zum 1. Januar 2002.

(4) Die Bundesregierung wird ermächtigt, durch Rechtsverordnung mit Zustimmung des Bundesrates

1. die Bezugsgröße für den Basiszinssatz gemäß § 247 des Bürgerlichen Gesetzbuchs und

2. den SRF-Zinssatz als Ersatz für den Lombardsatz der Deutschen Bundesbank

durch einen anderen Zinssatz der Europäischen Zentralbank zu ersetzen, der dem Basiszinssatz, den durch diesen ersetzten Zinssätzen und dem Lombardsatz in ihrer Funktion als Bezugsgrößen für Zinssätze eher entspricht.

Zur Kommentierung → 6. Aufl. 2015, Art. 229 § 7 Rn. 1 ff. 1

§ 8 Übergangsvorschriften zum Zweiten Gesetz zur Änderung schadensersatzrechtlicher Vorschriften vom 19. Juli 2002

(1) Die durch das Zweite Gesetz zur Änderung schadensersatzrechtlicher Vorschriften im

1. Arzneimittelgesetz,
2. Bürgerlichen Gesetzbuch,
3. Bundesberggesetz,
4. Straßenverkehrsgesetz,
5. Haftpflichtgesetz,
6. Luftverkehrsgesetz,
7. Bundesdatenschutzgesetz,
8. Gentechnikgesetz,
9. Produkthaftungsgesetz,
10. Umwelthaftungsgesetz,
11. Handelsgesetzbuch,
12. Bundesgrenzschutzgesetz,
13. Bundessozialhilfegesetz,
14. Gesetz über die Abgeltung von Besatzungsschäden,
15. Atomgesetz,
16. Bundesversorgungsgesetz,
17. Pflichtversicherungsgesetz und

in der Luftverkehrs-Zulassungs-Ordnung geänderten Vorschriften sind mit Ausnahme des durch Artikel 1 Nr. 2 des Zweiten Gesetzes zur Änderung schadensersatzrechtlicher Vorschriften eingefügten § 84a des Arzneimittelgesetzes und des durch Artikel 1 Nr. 4 des Zweiten Gesetzes zur Änderung schadensersatzrechtlicher Vorschriften geänderten § 88 des Arzneimittelgesetzes anzuwenden, wenn das schädigende Ereignis nach dem 31. Juli 2002 eingetreten ist.

(2) Der durch Artikel 1 Nr. 2 des Zweiten Gesetzes zur Änderung schadensersatzrechtlicher Vorschriften eingefügte § 84a des Arzneimittelgesetzes ist auch auf Fälle anzuwenden, in denen das schädigende Ereignis vor dem 1. August 2002 eingetreten ist, es sei denn, dass zu diesem Zeitpunkt über den Schadensersatz durch rechtskräftiges Urteil entschieden war oder Arzneimittelanwender und pharmazeutischer Unternehmer sich über den Schadensersatz geeinigt hatten.

(3) Der durch Artikel 1 Nr. 4 des Zweiten Gesetzes zur Änderung schadensersatzrechtlicher Vorschriften geänderte § 88 des Arzneimittelgesetzes ist erst auf Fälle anzuwenden, in denen das schädigende Ereignis nach dem 31. Dezember 2002 eingetreten ist.

1 Die Vorschrift schafft die notwendige intertemporale Kollisionsnorm im Hinblick auf die Änderungen des Schadensersatzrechts in Folge des Zweiten Gesetzes zur Änderung schadensersatzrechtlicher Vorschriften (2. SchadÄndG) vom 19.7.2002 (BGBl. 2002 I 2674) und wurde durch Art. 12 2. SchadÄndG als Art. 229 § 8 in das EGBGB eingefügt. Vergleichbare Bestimmungen enthalten Art. 231 § 4 sowie Art. 232 § 10, die im Hinblick auf das jeweils anzuwendende Recht jedoch auf die „Handlung" und nicht – wie Art. 229 § 8 – auf das „schädigende Ereignis" abstellen. Wiederum anders ist die auch für eine außervertragliche Haftung geltende Grundnorm in Art. 170 formuliert; danach ist die Entstehung des Schuldverhältnisses maßgeblich. Auf das „schädigende Ereignis" als Abgrenzungskriterium griff jedoch bereits die Übergangsbestimmung zum 1. SchadÄndG vom 16.8.1977 (BGBl. 1977 I 1577; Art. 5 Abs. 1 2. SchadÄndG) zurück, die insoweit auch in den Regierungsentwurf für ein 2. SchadÄndG übernommen wurde (s. Art. 8 Abs. 1 2. SchadÄndG-RegE),[1] der sich allerdings durch den Ablauf der 13. Legislaturperiode erledigt hatte (→ BGB § 249 Rn. 550).

2 Die Vorschrift hat nur noch geringe praktische Bedeutung,[2] so dass hinsichtlich ihrer Einzelheiten auf die Erl. in der → 5. Aufl. 2010, Rn. 1 ff. verwiesen werden kann. Ergänzend ist darauf hinzuweisen, dass sich insbesondere in der Rechtsprechung die Auffassung durchgesetzt hat, dass sich das für die kollisionsrechtliche Abgrenzung maßgebliche **„schädigende Ereignis"** nicht nach dem Eintritt des Schadens, sondern nach der **zum Schadensersatz verpflichtenden Handlung** bestimmt (→ 5. Aufl. 2010, Art. 229 § 8 Rn. 13).[3] Dies gilt indes nicht, wenn die Schadensersatzverpflichtung auf einer **Gefährdungshaftung** beruht. In diesem Fall ist der **Zeitpunkt der Rechtsgutsverletzung** für die Abgrenzung entscheidend (→ 5. Aufl. 2010, Art. 229 § 8 Rn. 16). In der neueren Rspr. ist dies insbesondere für die Haftung nach § 84 AMG anerkannt.[4]

§ 9 Überleitungsvorschrift zum OLG-Vertretungsänderungsgesetz vom 23. Juli 2002

(1) [1]Die §§ 312a, 312d, 346, 355, 358, 491, 492, 494, 495, 497, 498, 502, 505 und 506 des Bürgerlichen Gesetzbuchs in der seit dem 1. August 2002 geltenden Fassung sind, soweit nichts anderes bestimmt ist, nur anzuwenden auf

1. Haustürgeschäfte, die nach dem 1. August 2002 abgeschlossen worden sind, einschließlich ihrer Rückabwicklung und

2. andere Schuldverhältnisse, die nach dem 1. November 2002 entstanden sind.

[2]§ 355 Abs. 3 des Bürgerlichen Gesetzbuchs in der in Satz 1 genannten Fassung ist jedoch auch auf Haustürgeschäfte anzuwenden, die nach dem 31. Dezember 2001 abgeschlossen worden sind, einschließlich ihrer Rückabwicklung.

(2) § 355 Abs. 2 ist in der in Absatz 1 Satz 1 genannten Fassung auch auf Verträge anzuwenden, die vor diesem Zeitpunkt geschlossen worden sind, wenn die erforderliche Belehrung über das Widerrufs- oder Rückgaberecht erst nach diesem Zeitpunkt erteilt wird.

1 Die Vorschrift ist durch **Art. 25 Abs. 3 Nr. 1 OLG-VertrÄndG vom 23.7.2002** (BGBl. 2002 I 2850; → 4. Aufl. 2001, BGB § 355 Rn. 7, 55 ff.; → 4. Aufl. 2004, BGB § 506 Rn. 15 ff.) eingefügt worden, und zwar zunächst als Art. 229 § 8, in der bereinigten Fassung (BGBl. 2002 I 4410) sodann als Art. 229 § 9. Weil Altfälle, in denen sie zum Tragen kommt, inzwischen kaum noch vorkommen dürften und sich keine neuen Entwicklungen ergeben haben, wird von einer Kommen-

1 BT-Drs. 13/10435, 7.

2 Staudinger/*Schiemann*, 2016, Rn. 2.

3 OLG Brandenburg MedR 2010, 789 (799); OLG Zweibrücken BeckRS 2015, 16524.

4 So BGH NJW-RR 2010, 1331 Rn. 6; OLG Brandenburg MedR 2010, 789 (790) im Anschluss an KG BeckRS 2008, 25143; nachfolgend OLG Köln BeckRS 2013, 01564.

tierung an dieser Stelle abgesehen und auf die Vorauflage verwiesen (→ 8. Aufl. 2021, EGBGB Art. 229 § 9 Rn. 1).

§ 10 Überleitungsvorschrift zum Gesetz zur Änderung der Vorschriften über die Anfechtung der Vaterschaft und das Umgangsrecht von Bezugspersonen des Kindes, zur Registrierung von Vorsorgeverfügungen und zur Einführung von Vordrucken für die Vergütung von Berufsbetreuern vom 23. April 2004

Im Fall der Anfechtung nach § 1600 Abs. 1 Nr. 2 des Bürgerlichen Gesetzbuchs beginnt die Frist für die Anfechtung gemäß § 1600b Abs. 1 des Bürgerlichen Gesetzbuchs nicht vor dem 30. April 2004.

Zur Kommentierung → 6. Aufl. 2015, Art. 229 § 10 Rn. 1 ff. 1

§ 11 Überleitungsvorschrift zu dem Gesetz zur Änderung der Vorschriften über Fernabsatzverträge bei Finanzdienstleistungen vom 2. Dezember 2004

(1) [1]Auf Schuldverhältnisse, die bis zum Ablauf des 7. Dezember 2004 entstanden sind, finden das Bürgerliche Gesetzbuch und die BGB-Informationspflichten-Verordnung in der bis zu diesem Tag geltenden Fassung Anwendung. [2]Satz 1 gilt für Vertragsverhältnisse im Sinne des § 312b Abs. 4 Satz 1 des Bürgerlichen Gesetzbuchs mit der Maßgabe, dass es auf die Entstehung der erstmaligen Vereinbarung ankommt.

(2) Verkaufsprospekte, die vor dem Ablauf des 7. Dezember 2004 hergestellt wurden und die der Neufassung der BGB-Informationspflichten-Verordnung nicht genügen, dürfen bis zum 31. März 2005 aufgebraucht werden, soweit sie ausschließlich den Fernabsatz von Waren und Dienstleistungen betreffen, die nicht Finanzdienstleistungen sind.

I. Normzweck

Art. 229 § 11 wurde durch Art. 2 Nr. 2 Gesetz zur Änderung der Vorschriften über Fernabsatzverträge bei Finanzdienstleistungen vom 2.12.2004 (BGBl. 2004 I 3102) eingefügt. Er beschränkt den zeitlichen Anwendungsbereich der geänderten Gesetzesfassung insoweit als für Schuldverhältnisse, die bis zum Ablauf des 7.12.2004 entstanden sind, weiterhin die bis dahin geltende Rechtslage greift. Abs. 1 S. 2 verweist auf den nicht mehr in Geltung stehenden § 312b Abs. 4 S. 1 BGB aF, der im Wesentlichen dem heutigen § 312 Abs. 5 BGB entspricht. 1

Abs. 2 hat seine praktische Bedeutung weitgehend verloren, zumal hier eine Übergangsfrist für Verkaufsprospekte festgelegt wurde, die mit 31.3.2005 abgelaufen ist. 2

§ 12 Überleitungsvorschrift zum Gesetz zur Anpassung von Verjährungsvorschriften an das Gesetz zur Modernisierung des Schuldrechts

(1) [1]Auf die Verjährungsfristen gemäß den durch das Gesetz zur Anpassung von Verjährungsvorschriften an das Gesetz zur Modernisierung des Schuldrechts vom 9. Dezember 2004 (BGBl. I S. 3214) geänderten Vorschriften

1. **im Arzneimittelgesetz,**
2. **im Lebensmittelspezialitätengesetz,**
3. **in der Bundesrechtsanwaltsordnung,**
4. **in der Insolvenzordnung,**
5. **im Bürgerlichen Gesetzbuch,**
6. **im Gesetz zur Regelung der Wohnungsvermittlung,**
7. **im Handelsgesetzbuch,**
8. **im Umwandlungsgesetz,**
9. **im Aktiengesetz,**
10. **im Gesetz betreffend die Gesellschaften mit beschränkter Haftung,**
11. **im Gesetz betreffend die Erwerbs- und Wirtschaftsgenossenschaften,**
12. **in der Patentanwaltsordnung,**
13. **im Steuerberatungsgesetz,**
14. **in der Verordnung über Allgemeine Bedingungen für die Elektrizitätsversorgung von Tarifkunden,**

15. in der Verordnung über Allgemeine Bedingungen für die Gasversorgung von Tarifkunden,
16. in der Verordnung über Allgemeine Bedingungen für die Versorgung mit Wasser,
17. in der Verordnung über Allgemeine Bedingungen für die Versorgung mit Fernwärme,
18. im Rindfleischetikettierungsgesetz,
19. in der Telekommunikations-Kundenschutzverordnung und
20. in der Verordnung über die Allgemeinen Beförderungsbedingungen für den Straßenbahn- und Obusverkehr sowie für den Linienverkehr mit Kraftfahrzeugen

ist § 6 entsprechend anzuwenden, soweit nicht ein anderes bestimmt ist. [2]An die Stelle des 1. Januar 2002 tritt der 15. Dezember 2004, an die Stelle des 31. Dezember 2001 der 14. Dezember 2004.

(2) [1]Noch nicht verjährte Ansprüche, deren Verjährung sich nach Maßgabe des bis zum 14. Dezember 2004 geltenden Rechts nach den Regelungen über die regelmäßige Verjährung nach dem Bürgerlichen Gesetzbuch bestimmt hat und für die durch das Gesetz zur Anpassung von Verjährungsvorschriften an das Gesetz zur Modernisierung des Schuldrechts längere Verjährungsfristen bestimmt werden, verjähren nach den durch dieses Gesetz eingeführten Vorschriften. [2]Der Zeitraum, der vor dem 15. Dezember 2004 abgelaufen ist, wird in die Verjährungsfrist eingerechnet.

I. Normzweck

1 Bestehen für privatrechtliche Ansprüche, seien sie innerhalb oder außerhalb des BGB normiert, keine besonderen Verjährungsbestimmungen, findet wie schon vor der Schuldrechtsreform grundsätzlich die Regelverjährung der §§ 194 ff. BGB Anwendung (→ BGB § 195 Rn. 4, → BGB § 195 Rn. 13).[1] Mit dem Gesetz zur Anpassung von Verjährungsvorschriften an das Gesetz zur Modernisierung des Schuldrechts (Verjährungsanpassungsgesetz) vom 9.12.2004 (BGBl. 2004 I 3218) hat der Gesetzgeber im Jahre 2004 seine seit der Reform gehegte Planung realisiert, die damals immer noch beträchtliche Anzahl verstreuter **Spezialfristen,** soweit nicht schon im SchRModG oder anderweitig geschehen, mit der neuen Systematik des Verjährungsrechts zu synchronisieren. In vielen Fällen ist dies durch schlichte **Streichung von Vorschriften** geschehen, gelegentlich durch Verweis „auf die Regelungen über die regelmäßige Verjährung nach dem BGB", bisweilen aber auch durch Beibehaltung oder Neuschaffung eigenständiger Fristen. Das Verjährungsanpassungsgesetz konzentrierte sich dabei bewusst auf **privatrechtliche Materien,** wenngleich wegen avisierter Gesamtreformen die Verjährungsvorschriften des **Versicherungsvertragsrechts** und des **Seehandelsrechts** ausgenommen blieben.[2] Keine Regelung erfuhren (mit Ausnahme von § 24 BBodSchG) ferner Verjährungsbestimmungen im Bereich des **öffentlichen Rechts.** Zur Begründung wird in den Gesetzesmaterialien zum einen auf den Vorrang eigenständiger öffentlich-rechtlicher Verjährungsregeln (→ BGB § 195 Rn. 15 ff.), zum anderen auf das Erfordernis einer systematischen Abstimmung von Regelungsmaterien auf Bundes- und Landesebene verwiesen.[3] Für die geregelten Materien liefert Art. 7 Verjährungsanpassungsgesetz mit Art. 229 § 12 die erforderliche Überleitungsregelung, die sich ihrerseits weitgehend **an Art. 229 § 6 orientiert** und damit zugleich das **Wertungsmodell der Art. 169, 231 § 6** fortschreibt. Weil die Vorschrift auf das SchRModG zugeschnitten ist, scheidet eine unmittelbare Anwendung von Art. 229 § 6 aus. Stattdessen ordnet Art. 229 § 12 Abs. 1 eine analoge Anwendung an. Dem Vorbild des Art. 229 § 8 entsprechend hat der Gesetzgeber die von den Änderungen betroffenen Einzelgesetze enumerativ aufgelistet.

II. Entsprechende Anwendung des Art. 229 § 6

2 Die von Abs. 1 vorgeschriebene Analogie bezieht sich auf sämtliche **Verjährungsfristen,** die durch das Verjährungsanpassungsgesetz geändert worden sind.[4] Erfasst werden insbesondere auch Änderungen infolge **ersatzloser Streichung von Spezialfristen,** was zur Anwendung der Regelverjährung führt. Keine übergangsrechtliche Erwähnung gefunden hat die Änderung des Bundes-Bodenschutzgesetzes durch Art. 3 Verjährungsanpassungsgesetz. Die Vorschrift, die in § 24 Abs. 2 S. 3 BBodSchG mit einem neuen Halbsatz die §§ 438, 548 und 606 BGB für unanwendbar erklärt, bildet eine Reaktion auf instanzgerichtliche Urteile, denen zufolge auf den öffentlich-rechtlichen

[1] Begr. RegE, BT-Drs. 15/3653, 11.
[2] Begr. RegE, BT-Drs. 15/3653, 10.
[3] Begr. RegE, BT-Drs. 15/3653, 10.
[4] Begr. RegE, BT-Drs. 15/3653, 16.

Ausgleichsanspruch aus § 24 Abs. 2 BBodSchG die kurze schuldrechtliche Verjährung aus konkurrierenden BGB-Ansprüchen durchschlägt.[5] Es ging bei der Novellierung des BBodSchG durch das Verjährungsanpassungsgesetz also nicht um die Veränderung einer Verjährungsfrist, sondern um die Klärung einer Konkurrenzfrage, die durch divergierende Norminterpretationen ausgelöst worden ist. Auch die vom Verjährungsanpassungsgesetz vorgenommenen Änderungen des BGB (in §§ 197, 201, 1996, 1997 BGB) besitzen keine übergangsrechtliche Relevanz, so dass Abs. 1 Nr. 5 in der Praxis leerläuft.[6]

Art. 229 § 6 zeichnet sich durch einen **Vergleich der Rechtslage** vor und nach Inkrafttreten des SchRModG aus. Für die Zwecke des Verjährungsanpassungsgesetzes, das am 15.12.2004 in Kraft trat, sind die maßgeblichen **Stichtage** in Art. 229 § 12 Abs. 1 S. 2 fixiert. Entsprechende Anwendung von Art. 229 § 6 bedeutet zunächst, dass sich die Verjährung aller Ansprüche, die am 15.12.2004 bestanden haben[7] und (nach altem Recht) noch nicht verjährt waren, grundsätzlich nach den neuen, durch das Verjährungsanpassungsgesetz geschaffenen Regeln richtet. Analog anzuwenden sind neben Art. 229 § 6 Abs. 1 S. 1 unter anderem auch Art. 229 § 6 Abs. 3 und 4: Für Fälle, in denen die **neue Verjährungsfrist länger** ist als die alte, gilt aus Gründen des Schuldnerschutzes (vorbehaltlich Art. 229 § 12 Abs. 2) die alte Frist. Enthält umgekehrt das **neue Recht eine kürzere Verjährungsfrist** als das alte Recht, setzt sich die neue Frist durch. Zum Schutz des Gläubigers beginnt diese Frist erst am 15.12.2004 zu laufen. In entsprechender Anwendung des Art. 229 § 6 Abs. 4 S. 2 bleibt dessen ungeachtet die alte Frist maßgeblich, wenn nach ihr die Verjährung früher eintritt als nach der solchermaßen berechneten neuen Frist. Der Fristenvergleich unterliegt dabei den gleichen Regeln wie in Art. 229 § 6 (→ Art. 229 § 6 Rn. 13): Soweit das Verjährungsanpassungsgesetz die Verjährung nach §§ 195, 199 BGB eingeführt hat, kommt es für die neurechtliche Frist darauf an, ob zuerst die Regelfrist oder die Höchstfrist abgelaufen ist,[8] wobei die Dreijahresfrist nur dann bereits am 15.12.2004 zu laufen begonnen hat, wenn am Stichtag auf Seiten des Gläubigers **Kenntnis oder grobfahrlässige Unkenntnis** vorgelegen haben. Die **Ultimo-Regel** des § 199 Abs. 1 BGB bleibt freilich unanwendbar. 3

Art. 229 § 6 dient der Überleitung des gesamten Verjährungsrechts, konzentriert sich also nicht nur auf Fristen, ihren **Beginn** und die Berechnung ihres Laufs, sondern erfasst beispielsweise auch die Umwandlung von Unterbrechungsregeln in Hemmungstatbestände. Soweit derartige Spezifika im Verjährungsanpassungsgesetz kein Gegenstück finden, ist Art. 229 § 12 unanwendbar; es bleibt bei der durch Art. 229 § 6 geschaffenen Rechtslage.[9] Bedeutsam ist hingegen die analoge Anwendung von Art. 229 § 6 Abs. 1 S. 2, dem zufolge eine am 15.12.2004 bereits angelaufene Verjährungsfrist nicht rückwirkend modifiziert wird, mag auch der Verjährungslauf nach neuem Recht erst nach dem 14.12.2004 begonnen haben.[10] Im Verein mit Art. 229 § 6 Abs. 3 betrifft das namentlich die durch die Regelverjährung ersetzten **§ 51b BRAO, § 45b PAO, § 68 StBerG,** die bei Anspruchsentstehung (oder Auftragsende) vor dem Stichtag weiterhin zur Anwendung gelangen. Zwar enthielten die genannten berufsrechtlichen Haftungsvorschriften ebenfalls eine dreijährige Verjährungsfrist. Die Kombination aus subjektivem Beginn und objektiver Höchstfrist in §§ 195, 199 erweist sich jedoch im Fristenvergleich als länger.[11] 4

Besondere praktische Bedeutung besitzt die Verjährung der **anwaltlichen Sekundärhaftung** (zu Inhalt und Abschaffung → BGB Vor § 194 Rn. 17 f.). Ist der Primäranspruch vor dem Stichtag verjährt, richtet sich die Verjährung eines sekundären Schadensersatzanspruchs wegen pflichtwidrigen Unterlassens unproblematisch ebenfalls nach § 51b BRAO. Endet dagegen die Verjährungsfrist des Primäranspruchs nach dem Stichtag, fragt sich zunächst, ob zu diesem Zeitpunkt noch eine Hinweispflicht des Anwalts bestanden hat.[12] Obwohl der Gesetzgeber des Verjährungsanpassungsgesetzes mit den §§ 195, 199 BGB den Zweck, den Hinweispflicht und Sekundärhaftung verfolgen sollten, entfallen ließ, bleibt die Schutzbedürftigkeit des Mandanten doch so lange noch bestehen, als der Primäranspruch gemäß § 51b BRAO ohne Rücksicht auf Kenntnis oder Kennenmüssen verjährte. Eine anwaltliche Pflichtverletzung konnte also auch 5

---

5 LG Hamburg NZM 2001, 339 (340 f.); LG Frankenthal NJW-RR 2002, 1090 (1091 f.); offengelassen von BGH NJW-RR 2004, 1596 (1597).

6 Grüneberg/*Ellenberger* Rn. 1.

7 Zur Einbeziehung von Ansprüchen, die nach dem Stichtag aus einem Schuldverhältnis hervorgehen, das seinerseits bereits vor dem Stichtag entstanden ist, → Art. 229 § 6 Rn. 2; aA *Wagner* ZIP 2005, 558.

8 AA *Diller/Beck* ZIP 2005, 976 (978).

9 Begr. RegE, BT-Drs. 15/3653, 16.

10 OLG Celle NJOZ 2009, 2619 (2623); *Mansel/Budzikiewicz* NJW 2005, 321 (325); *Diller/Beck* ZIP 2005, 976 (977).

11 *Wagner* ZIP 2005, 558 (564); Grüneberg/*Ellenberger* Rn. 3.

12 Verneinend *Borgmann* NJW 2005, 22 (30).

noch nach dem Stichtag erfolgen.[13] Unabhängig davon entstand ein Sekundäranspruch erst mit Schadenseintritt, dh mit Verjährung des Primäranspruchs. Die Verjährung dieses Sekundäranspruchs soll sich dem BGH zufolge ebenfalls nach § 51b BRAO richten. In diesem Zusammenhang argumentiert der Gerichtshof, dass Hilfs- und Nebenrechte das verjährungsrechtliche Schicksal des Primäranspruchs teilen.[14] Ein derartiger Automatismus ist jedoch nicht anzuerkennen (→ BGB § 195 Rn. 40 f.). Vielmehr muss stets geprüft werden, ob die ratio der für den Hauptanspruch geltenden Verjährungsregel wirklich gebietet, dass Hilfs- und Nebenrechte, die das wirtschaftliche Interesse des Hauptanspruchs erfassen, ihre verjährungsrechtliche Selbständigkeit einbüßen.[15] Das ist für Sekundäransprüche wegen anwaltlicher Pflichtverletzung, die nach dem 14.12.2004 zur Entstehung gelangten, ausweislich des gesetzgeberischen Ziels, die Anwaltshaftung auf die Regelverjährung umzustellen, nicht ersichtlich. Für die Verjährung des Sekundäranspruchs bleibt es daher bei den §§ 195, 199 BGB. Das Problem einer in seltenen Einzelfällen drohenden Verjährungsverlängerung gegenüber dem alten Recht lässt sich dergestalt abmildern, dass die Zehnjahresfrist des § 199 Abs. 1 Nr. 3 BGB bereits ab Eintritt des Primärschadens berechnet wird.[16]

III. Ausnahmen

6 **1. Abs. 1 S. 1 aE.** Art. 229 § 12 Abs. 1 S. 1 aE erklärt Art. 229 § 6 nur insoweit für entsprechend anwendbar, als nicht ein anderes bestimmt ist. Eine solche anderweitige Bestimmung enthält der durch Art. 13 Verjährungsanpassungsgesetz geschaffene **§ 26e EGAktG,** der sich seinerseits an Art. 35 EGHGB orientiert. Hintergrund ist die Nachhaftungsregel des § 327 Abs. 4 AktG, in welchem der Gesetzgeber die frühere Verjährungsfrist durch eine Ausschlussfrist ersetzt hat, was zu einer systematischen Annäherung an § 160 HGB führte.

7 **2. Abs. 2.** Art. 229 § 12 Abs. 2 weicht vom Konzept des Art. 229 § 6 Abs. 3 ab und erklärt ausnahmsweise die **längere neue Verjährungsfrist für maßgeblich.** Vorausgesetzt wird dabei zweierlei: Erstens muss nach altem Recht die Regelverjährung der §§ 195, 199 BGB gegolten haben, zweitens muss durch das Verjährungsanpassungsgesetz eine längere Verjährungsfrist eingeführt worden sein. Das betrifft insbesondere das **Gesellschaftsrecht,** und dort die Ansprüche gegen die Gesellschafter aus **Kapitalaufbringung und Kapitalerhaltung** (s. § 54 Abs. 4 AktG, § 62 Abs. 3 AktG, § 302 AktG, § 19 Abs. 6 GmbHG, § 31 Abs. 5 GmbHG, § 22 Abs. 6 GenG). Wenngleich diese Ansprüche der Gesellschaft zugewiesen sind, fungieren sie in der Sache doch als Gläubigerschutzinstrument, genauer: als Ausgleich für die Gefährdung der Gesellschaftsgläubiger, die daraus resultiert, dass sie ihre Ansprüche mangels persönlicher Gesellschafterhaftung nur aus dem Gesellschaftsvermögen befriedigen können. Kenntnis von der Person des Schuldners und von den anspruchsbegründenden Tatsachen hat aber meist nur die Gesellschaft. Daher empfand der Gesetzgeber die von objektiv 30 auf subjektiv drei Jahre reduzierte Regelverjährung, wie sie durch das SchRModG eingeführt worden ist, als zu kurz[17] und normierte stattdessen in den genannten Vorschriften eine **Zehnjahresfrist.** Würde es nun bei der analogen Anwendung des Art. 229 § 6 Abs. 3 bleiben, unterfielen alle schon bestehenden Ansprüche den §§ 195, 199 BGB. Das will Art. 229 § 12 Abs. 2 vermeiden, wobei S. 2 der Bestimmung zufolge der Zeitraum, der vor Inkrafttreten des Verjährungsanpassungsgesetzes abgelaufen ist, in die Berechnung der neuen, längeren Frist eingerechnet wird. Für Ansprüche, die **nach dem 31.12.2001 entstanden** sind, entspricht der Verjährungslauf gemäß der neuen Zehnjahresfrist der alten Höchstfrist des § 199 Abs. 4 BGB. Art. 229 § 12 Abs. 2 bezieht sich seinem Wortlaut nach aber auch auf die Verjährung von Ansprüchen, die **vor Inkrafttreten des SchRModG entstanden** sind. In derartigen Fällen kann die Einbeziehung bereits abgelaufener Zeiträume nach Abs. 2 S. 2 dazu führen, dass Verjährung schon zum 15.12.2004 eingetreten ist.[18] Um einen Verstoß gegen Art. 14 GG zu vermeiden, bietet sich eine **teleologische Reduktion** des Inhalts an, dass die Rückwirkung auf den 1.1.2002 begrenzt bleibt.[19] Dafür spricht auch, dass der Gesetzgeber die Abweichung von Art. 229 § 6 Abs. 3 mit der Überlegung gerechtfer-

---

[13] Grüneberg/*Ellenberger* Rn. 3; aA OLG Köln 2.10.2008 – 12 U 94/07, nv.

[14] BGH WM 2008, 946; NJW 2009, 1350; BeckRS 2012, 20917; ebenso OLG Celle NJOZ 2009, 2619 (2623); OLG Hamm BeckRS 2015, 03338; vgl. auch bereits *Chab* AnwBl 2005, 356 (358).

[15] Vgl. Begr. RegE, BT-Drs. 14/6040, 104.

[16] *Mansel/Budzikiewicz* NJW 2005, 321 (326 f.); *Diller/Beck* ZIP 2005, 976 (980).

[17] Begr. RegE, BT-Drs. 15/3653, 11 f.

[18] *Mansel/Budzikiewicz* NJW 2005, 321 (328).

[19] BGH NJW-RR 2008, 843 (845 f.); 2008, 1254; OLG Jena ZIP 2006, 1862 (1864); OLG Düsseldorf NJW-RR 2006, 1188 (1189); OLG Brandenburg ZGS 2007, 118 (119); OLG Köln ZIP 2007, 819 (821); OLG Hamburg BeckRS 2008, 7964; *Mansel/Budzikiewicz* NJW 2005, 321 (328); *Stenzel* BB 2008, 1077 (1079 f.); krit. *Benecke/Geldsetzer* NZG 2008, 374 f., die eine Hemmungsregel befürworten.

tigt hat, es handele sich in der Sache um eine Anpassung, die schon bei der Schuldrechtsreform durch Verkürzung der seinerzeitigen Dreißigjahresverjährung hätte erfolgen können. Dann wäre Art. 229 § 6 Abs. 4 anzuwenden gewesen. Weil Art. 229 § 12 Abs. 2 den Gläubiger so stellen will, als wäre die zehnjährige Verjährungsfrist schon mit Inkrafttreten des SchRModG eingeführt worden, kommt es bei Einlageforderungen, die zwischen dem 31.12.1974 und dem 31.12.1981 fällig geworden sind, auch nicht erst (als Folge wiederholter Friständerungen) Ende 2011 zum Verjährungseintritt.[20] **Analoge Anwendung findet Abs. 2** auf die durch Aufhebung der § 37b Abs. 4 WpHG aF und § 37c Abs. 4 WpHG aF geschaffene intertemporale Situation (→ Art. 229 § 6 Rn. 15 aE).

§ 13 *(aufgehoben)*

§ 14 Übergangsvorschrift zum Zweiten Betreuungsrechtsänderungsgesetz vom 21. April 2005

Die Vergütungs- und Aufwendungsersatzansprüche von Vormündern, Betreuern und Pflegern, die vor dem 1. Juli 2005 entstanden sind, richten sich nach den bis zum Inkrafttreten des Zweiten Betreuungsrechtsänderungsgesetzes vom 21. April 2005 (BGBl. I S. 1073) geltenden Vorschriften.

Die Vorschrift des Art. 220 § 14 ist durch Zeitablauf gegenstandslos. 1

§ 15 Übergangsvorschrift zum Minderjährigenhaftungsbeschränkungsgesetz

Soweit der volljährig Gewordene Verbindlichkeiten vor dem Inkrafttreten des Minderjährigenhaftungsbeschränkungsgesetzes vom 25. August 1998 (BGBl. I S. 2487) am 1. Januar 1999 erfüllt hat oder diese im Wege der Zwangsvollstreckung befriedigt worden sind, sind Ansprüche aus ungerechtfertigter Bereicherung ausgeschlossen.

Art. 229 § 15 ist eine Übergangsvorschrift zu § 1629a BGB. Sie wurde eingefügt durch Art. 122 1
Nr. 1 Erstes Gesetz über die Bereinigung von Bundesrecht im Zuständigkeitsbereich des Bundesministeriums der Justiz vom 19.4.2006 (BGBl. 2006 I 866). Zur Kommentierung → 5. Aufl. 2010, Rn. 1 ff.

§ 16 *(aufgehoben)*

Art. 229 § 16 wurde aufgehoben mWv 29.7.2017 durch Gesetz vom 20.7.2017 (BGBl. 2017 1
I 2780).

§ 17 Übergangsvorschrift zum Gesetz zur Klärung der Vaterschaft unabhängig vom Anfechtungsverfahren

Ist eine Klage auf Anfechtung der Vaterschaft wegen Fristablaufs rechtskräftig abgewiesen worden, so ist eine Restitutionsklage nach § 641i der Zivilprozessordnung auch dann nicht statthaft, wenn ein nach § 1598a des Bürgerlichen Gesetzbuchs in der Fassung des Gesetzes zur Klärung der Vaterschaft unabhängig vom Anfechtungsverfahren vom 26. März 2008 (BGBl. I S. 441) eingeholtes Abstammungsgutachten die Abstammung widerlegt.

I. Einführung und Normzweck

Art. 229 § 17 wurde eingefügt durch Art. 5 Gesetz zur Klärung der Vaterschaft unabhängig 1
vom Anfechtungsverfahren vom 26.3.2008 (BGBl. 2008 I 441), in Kraft seit dem 1.4.2008. Die Regelung soll klarstellen, dass im Interesse von **Rechtssicherheit und Rechtsklarheit** – entsprechend den allgemeinen Grundsätzen der Rechtskraft – ein Restitutionsverfahren, das auf ein nach § 1598a BGB eingeholtes Abstammungsgutachten gestützt wird, auf solche Fälle beschränkt bleibt, in denen die frühere Entscheidung des Gerichts **sachlich unrichtig** war, beispielsweise weil für diese ein Sachverständigengutachten verwendet wurde, dessen wissenschaftlicher Standard aus heuti-

[20] *Herrler* ZIP 2008, 1568 (1569).

ger Sicht unzureichend ist.[1] Da die **FGG-Reform** erst zum 1.9.2009 in Kraft trat und das FamFG daher zum Zeitpunkt des Erlasses der Regelung noch nicht galt, spricht die Norm noch von der „Klage“ auf Anfechtung und verweist noch auf den früheren § 641i ZPO.

II. Ausschluss des Restitutionsantrags

2 Im Gegensatz zur Vaterschaftsanfechtung unterliegt die anfechtungsunabhängige Klärung der Vaterschaft durch eine Abstammungsbegutachtung nach **§ 1598a Abs. 2 BGB keiner Frist.** Damit können sich Fälle ergeben, in denen durch das Abstammungsgutachten festgestellt wird, dass biologisch keine Vaterschaft besteht, die rechtliche Vaterschaft aber wegen Ablaufs der Anfechtungsfrist nicht mehr anfechtbar ist. Praktische Relevanz hat das insbesondere, wenn die frühere Vaterschaftsanfechtungsklage bzw. der Anfechtungsantrag vom Gericht **rechtskräftig als verfristet abgewiesen** worden war. In dieser Situation soll es dem Anfechtenden nicht ermöglicht werden, im Wege eines Wiederaufnahmeverfahrens nach § 185 FamFG (früher § 641i ZPO) die Rechtskraft dieses Urteils bzw. Beschlusses zu durchbrechen. Letztlich ergibt sich das freilich schon aus einer sinnorientierten Auslegung von § 641i ZPO aF bzw. § 185 FamFG. Ein Wiederaufnahmeantrag ist generell nur statthaft, sofern ein neues Vaterschaftsgutachten vorgelegt wird, welches in dem früheren Verfahren zu einer anderen Entscheidung geführt haben würde. War allerdings bereits die **Anfechtungsfrist** abgelaufen, so hätte auch das erst jetzt vorgelegte Gutachten – unabhängig von seinem Inhalt – nicht zu einer anderen Entscheidung geführt, weil es darauf gar nicht angekommen wäre. Insofern hätte es eigentlich keiner gesonderten Übergangsregelung bedurft. Jedenfalls wird aber durch § 17 noch einmal ausdrücklich klargestellt, dass der Ablauf der Anfechtungsfrist nicht dadurch umgangen werden kann, dass auf dem Weg des § 1598a BGB ein neues Abstammungsgutachten eingeholt wird.[2] Das gilt auch, wenn das AG den Anfechtungsantrag als verfristet zurückgewiesen hatte und diese Entscheidung erst rechtskräftig geworden war, nachdem die Beschwerde dagegen wegen Scheiterns eines Verfahrenskostenhilfeantrags zurückgenommen worden war.[3]

III. Sonstige Fallkonstellationen

3 **Keinen Ausschluss** eines Restitutionsantrags sieht das Übergangsrecht für Anfechtungen vor, die zuvor aus **Beweisgründen** rechtskräftig abgewiesen worden waren.[4] Fraglich bleibt dabei, ob der Gesetzgeber vorausgesehen hat, dass Väter, die trotz einer vorangehenden gerichtlichen Vaterschaftsfeststellung oder gerichtlichen Abweisung einer Vaterschaftsanfechtung immer wieder an ihrer Vaterschaft gezweifelt haben, gemäß **§ 1598a BGB** grundsätzlich eine **erneute Abstammungsklärung** verlangen und bei negativem Ergebnis anschließend ein Wiederaufnahmeverfahren einleiten können. Relevant könnte dies insbesondere bei Entscheidungen sein, die noch auf erbbiologische Gutachten oder Blutgruppengutachten (zu den Gutachten → BGB § 1600d Rn. 61 ff.) gestützt wurden und somit aus der Zeit stammen, in der es noch keine zuverlässigen DNA-Gutachten gab. Der Gesetzgeber verweist zwar ausdrücklich darauf, dass die Wiederaufnahme möglich sein soll, wenn ein **Sachverständigengutachten** verwendet wurde, dessen **wissenschaftlicher Standard** aus heutiger Sicht **unzureichend** ist.[5] Theoretisch könnte das aber zu einer größeren Zahl von Verfahren führen, wenn betroffene Väter ihre Kinder – ggf. Jahrzehnte später – gemäß § 1598a BGB zur Abstammungsklärung zwingen können und dann bei entsprechendem Ergebnis Wiederaufnahmeverfahren einleiten. Tatsächlich hat der Gesetzgeber dafür in § 185 Abs. 4 FamFG auch angeordnet, dass die Fristen des § 586 ZPO hier nicht gelten. Damit greift auch die Regelung in § 586 Abs. 2 S. 2 ZPO nicht, wonach ein Wiederaufnahmeantrag in jedem Fall fünf Jahre nach Rechtskraft des betreffenden Urteils unstatthaft wird.

4 Einen Fall dieser Art hatte inzwischen der BGH[6] zu entscheiden. Hier wollte ein Mann gegen eine 30 Jahre zurückliegende Entscheidung angehen, die seine Vaterschaft aufgrund eines Blutgruppen- sowie eines HLA-System-Gutachtens festgestellt hatte. Die im Vorfeld begehrte Abstammungsklärung gemäß § 1598a BGB hatte das OLG Frankfurt[7] als Vorinstanz unter diesen Umständen als **rechtsmissbräuchlich** (§ 242 BGB) abgelehnt. Dem ist jedoch entgegenzuhalten, dass Rechtsmissbräuchlichkeit zwar ausnahmsweise bejaht werden kann, wenn die Vaterschaft in einem früheren

[1] BT-Drs. 16/6561, 17.
[2] Ebenso *Stößer* FamRZ 2009, 923 (930).
[3] OLG Brandenburg BeckRS 2013, 15067.
[4] *Borth* FPR 2007, 381 (385); ferner OLG Stuttgart FamRZ 2010, 53.
[5] BT-Drs. 16/6561, 17; bestätigend *Borth* FPR 2007, 381 (385); ferner OLG Stuttgart FamRZ 2010, 53.
[6] BGH NJW 2017, 2196.
[7] OLG Frankfurt NZFam 2016, 575.

gerichtlichen Verfahren eindeutig und zuverlässig geklärt worden ist,[8] nicht aber wenn begründete Zweifel an der Richtigkeit des früheren Gutachtens dargelegt werden können.[9] Und gewisse Zweifel bestanden im genannten Fall durchaus, da der Mann von seiner Zeugungsunfähigkeit ausging. Abgesehen davon meinte das OLG Frankfurt, dass das Verfahren nach § 1598a BGB nicht dazu ausgenutzt werden könne, die Voraussetzungen für ein Restitutionsverfahren zu schaffen. Das Restitutionsverfahren gemäß § 185 FamFG setze ein bereits vorhandenes Gutachten voraus bzw. ein Gutachten, das mit Zustimmung von Mutter und Kind erlangt worden sei.[10] Die theoretische Möglichkeit eines nachgelagerten Restitutionsverfahrens könne das rechtliche Interesse an der Einholung eines Gutachtens iSv § 1598a BGB nicht ersetzen. Der Zusammenklang von § 1598a BGB und § 185 FamFG dürfe nicht dazu führen, dass rechtliche Väter nach Etablierung neuer Gutachtenmethoden Mutter und Kind in neue Untersuchungen zwingen, um einer bestehenden (minimalen) Aussicht auf Restitution nachzugehen. Das sei mit der Schaffung von § 1598a BGB nicht bezweckt gewesen. Insoweit hatte das OLG Frankfurt dann auch – wenig überzeugend – mit einer teleologischen Reduktion des § 1598a BGB zu argumentieren versucht. Der BGH hat die Entscheidung im Ergebnis bestätigt, wählte aber eine andere Begründung. Es wurde ausgeführt, dass ein aus § 1598a BGB erhobener Anspruch generell nicht mehr der „Klärung" dienen könne, wenn eine solche Klärung bereits in einem anderen Verfahren erfolgt sei.[11] Ein Klärungsbedürfnis sei allein bei fehlerhafter Durchführung der früheren Begutachtung gegeben oder wenn das frühere Gutachten lediglich zu einem Grad der Gewissheit geführt habe, der dem nach aktuellen wissenschaftlichen Standards zu erreichenden eindeutig unterlegen sei. Damit werden die Anforderungen an einen Klärungsanspruch aus § 1598a BGB jedoch überspannt.

§ 18 Übergangsvorschrift zum Risikobegrenzungsgesetz

(1) [1]§ 498 des Bürgerlichen Gesetzbuchs ist in seiner seit dem 19. August 2008 geltenden Fassung nur auf Verträge anzuwenden, die nach dem 18. August 2008 geschlossen werden. [2]Zudem ist § 498 des Bürgerlichen Gesetzbuchs in seiner seit dem 19. August 2008 geltenden Fassung auf bestehende Vertragsverhältnisse anzuwenden, die nach dem 18. August 2008 vom Darlehensgeber übertragen werden.

(2) § 1192 Abs. 1a des Bürgerlichen Gesetzbuchs findet nur Anwendung, sofern der Erwerb der Grundschuld nach dem 19. August 2008 erfolgt ist.

(3) § 1193 Abs. 2 des Bürgerlichen Gesetzbuchs in der seit dem 19. August 2008 geltenden Fassung ist nur auf Grundschulden anzuwenden, die nach dem 19. August 2008 bestellt werden.

I. Überblick

Art. 229 § 18 wurde eingefügt mit Wirkung zum 19.8.2008 durch Art. 7 Risikobegrenzungsgesetz vom 12.8.2008 (BGBl. 2008 I 1666). Der Gesetzgeber hat mit den im Zuge des Risikobegrenzungsgesetzes im BGB vorgenommenen Änderungen auf den zunehmenden Verkauf von (nicht nur notleidenden) Krediten an Personen ohne Banklizenz und die dabei (angeblich) zu Tage getretenen Missstände reagiert.[1] Für die neue Kündigungsregelung des § 498 Abs. 3 BGB hat er hierzu eine Übergangsregelung in Abs. 1, für die die Grundschuld betreffenden Neuerungen Übergangsregelungen in Abs. 2 und 3 vorgesehen; zu den sonstigen Vorschriften → Rn. 3. 1

II. Schuldrechtliche Vorschriften (Abs. 1)

Im Zuge des Risikobegrenzungsgesetzes wurde zunächst innerhalb des **§ 498 BGB** ein Abs. 3 eingefügt, dem zufolge auch Immobiliardarlehensverträge wegen Zahlungsverzugs nur bei Erreichen einer qualifizierten Rückstandsquote kündbar sind. Nach Art. 229 § 18 Abs. 1 S. 1 ist diese Vorschrift aus Gründen des Vertrauensschutzes der Kreditinstitute grundsätzlich nur auf nach dem 18.8.2008 neu abgeschlossene Verträge anwendbar.[2] Eine Ausnahme gilt nach Abs. 1 S. 2 dann, wenn ein bestehendes Vertragsverhältnis nach diesem Zeitpunkt auf einen neuen Darlehensgeber übertragen 2

8 Vgl. Schulte-Bunert/Weinreich/*Schwonberg* FamFG § 171 Rn. 8.
9 So auch OLG Stuttgart FamRZ 2010, 53; *Muscheler* FPR 2008, 257 (261).
10 So auch OLG Zweibrücken NJW-RR 2005, 307, aber für das frühere Recht vor Erlass von § 1598a BGB.
11 BGH NJW 2017, 2196.
1 Im Überblick dazu etwa *Langenbucher* NJW 2008, 3169 ff.; *Lehmann* ZGS 2009, 214 ff.; *Rohe* FS Schwark, 2009, 611 ff.; *Artz* ZGS 2009, 23 ff.; *Höche* FS Nobbe, 2009, 317 ff.
2 Krit. *Bachner* DNotZ 2008, 644 (647 f.).

wird. Die strengeren Kündigungsvoraussetzungen gelten also auch für Altverträge, wenn das Vertragsverhältnis durch eine rechtsgeschäftliche Vertragsübernahme oder eine Maßnahme nach dem Umwandlungsgesetz auf einen neuen Darlehensgeber übertragen wurde; die bloße Zession der Darlehensforderung genügt demgegenüber nicht.[3]

3 Für die **übrigen Änderungen innerhalb des Schuldrechts,** also für die neu eingeführten Vorschriften der § 492 Abs. 1a S. 3 BGB, § 492a BGB, § 496 Abs. 2 BGB sowie den neu gefassten § 309 Nr. 10 BGB fehlt es an einer geschriebenen Übergangsregelung. Richtigerweise ist wie folgt zu differenzieren:[4] Die laufenden Mitteilungspflichten der § 492a BGB, § 496 Abs. 2 BGB belasten den Darlehensgeber bei Alt- nicht mehr als bei Neuverträgen; sie sind daher auch auf Altverträge anzuwenden.[5] Eine Ausnahme dürfte im Hinblick auf § 492a BGB allein für diejenigen Darlehen gelten, die in den ersten drei Monaten nach dem 19.8.2008 ausgelaufen sind. Dagegen kommt eine rückwirkende Anwendung der auf den Vertragsschluss bezogenen Informationspflicht des § 492a Abs. 1a S. 3 BGB oder des neu gefassten § 309 Nr. 10 BGB nicht in Betracht.

III. Recht der Grundschuld (Abs. 2 und 3)

4 Nach Abs. 2 greift der in § 1192 Abs. 1a BGB vorgesehene **Ausschluss des gutgläubigen einredefreien Erwerbs** nur ein, sofern der Erwerb der Sicherungsgrundschuld nach dem 19.8.2008 erfolgt. Danach werden freilich auch solche Grundschulden erfasst, die vor dem Inkrafttreten des Risikobegrenzungsgesetzes bestellt wurden. Der Gesetzgeber hält das für eine zulässige Inhalts- und Schrankenbestimmung des Eigentums, die die verfassungsrechtlichen Grundsätze der Verhältnismäßigkeit wahrt.[6] Frühere Erwerbsvorgänge hingegen bleiben unangetastet. Hat daher ein Erwerber vor dem Stichtag die Grundschuld gutgläubig einredefrei erworben, bleibt es auch für einen späteren Rechtsnachfolger, der die Grundschuld nach dem Stichtag erwirbt, bei der Einredefreiheit.[7] Abs. 3 schließlich ordnet an, dass das in § 1193 Abs. 2 S. 2 BGB vorgesehene Verbot abweichender Kündigungsbestimmungen nur für nach dem 19.8.2008 bestellte Sicherungsgrundschulden gilt.[8] Der Gesetzgeber wollte nicht nachträglich in die detaillierten Regelungen der Sicherungsabreden zum Eintritt der Verwertungsreife eingreifen.[9] Wurde eine vor dem 20.8.2008 bestellte Sicherungsgrundschuld nach diesem Zeitpunkt auf ein anderes Grundstück erstreckt, gilt die zwingende Fälligkeitsbestimmung des § 1193 Abs. 2 S. 2 BGB daher nur für das nachverpfändete Grundstück.[10]

§ 19 Überleitungsvorschrift zum Forderungssicherungsgesetz

(1) Die Vorschriften der §§ 204, 632a, 641, 648a und 649 des Bürgerlichen Gesetzbuchs in der seit dem 1. Januar 2009 geltenden Fassung sind nur auf Schuldverhältnisse anzuwenden, die nach diesem Tag entstanden sind.

(2) § 641a des Bürgerlichen Gesetzbuchs ist auf Schuldverhältnisse, die vor dem 1. Januar 2009 entstanden sind, in der bis zu diesem Zeitpunkt geltenden Fassung anzuwenden.

I. Allgemeines

1 Die Vorschrift wurde durch Art. 2 Nr. 1 FoSiG[1] mit Wirkung zum 1.1.2009 in das EGBGB eingefügt, zunächst fehlerhaft als § 18.[2] Sie enthält Überleitungsregeln für die in Abs. 1 genannten und durch das FoSiG geänderten Bestimmungen der §§ 204, 632a, 641, 648a und 649 BGB sowie für die aufgehobene Vorschrift des § 641a BGB (Abs. 2). Die Vorschrift des § 648a BGB figuriert

---

[3] So auch *Langenbucher* NJW 2008, 3169 (3171); implizit Begr. RegE, BT-Drs. 16/9821, 17 f.; aA PWW/*Schmidt-Kessel,* 5. Aufl. 2010, BGB Vor § 241 Rn. 76.

[4] PWW/*Schmidt-Kessel,* 5. Aufl. 2010, BGB Vor § 241 Rn. 77.

[5] So auch *Schalast* BB 2008, 2190 (2193).

[6] Begr. RegE, BT-Drs. 16/9821, 18.

[7] BGH NJW 2014, 550 Rn. 11; s. auch BGH NJW 2015, 619 Rn. 12.

[8] BGHZ 186, 28 Rn. 20 = NJW 2010, 3300.

[9] Begr. RegE, BT-Drs. 16/9821, 18.

[10] BGHZ 186, 28 Rn. 20 f. = NJW 2010, 3300; BGH NJW 2014, 1450 Rn. 4; OLG München NZM 2010, 255 (256); aA LG Berlin NJW 2009, 1680 (1681).

[1] Gesetz zur Sicherung von Werkunternehmeransprüchen und zur verbesserten Durchsetzung von Forderungen (Forderungssicherungsgesetz – FoSiG) vom 23.10.2008, BGBl. 2008 I 2022.

[2] Vgl. Berichtigung des Forderungssicherungsgesetzes vom 12.12.2008, BGBl. 2008 I 2582.

seit Inkrafttreten des Gesetzes zur Reform des Bauvertragsrechts[3] mit kleineren inhaltlichen Modifikationen als § 650f BGB (→ BGB § 650f Rn. 1), die Vorschrift des § 649 BGB als § 648 BGB (zum Übergangsrecht Art. 229 § 39). Nicht erfasst werden die durch das FoSiG ebenfalls im Wortlaut veränderten Bestimmungen der § 308 Nr. 5 BGB, § 309 Nr. 8 lit. b ff. BGB und § 310 Abs. 1 BGB, wodurch die allgemeine Privilegierung der VOB/B in § 308 Nr. 5 BGB, § 309 Nr. 8 lit. b ff. BGB aufgehoben, zugleich aber für Verträge im Geschäftsverkehr mit Unternehmen und der öffentlichen Hand festgeschrieben wurde (§ 310 Abs. 1 BGB).

II. Inhalt

Die Vorschrift regelt in **Abs. 1,** dass die durch das FoSiG geänderten Vorschriften der §§ 204, 632a, 641, 648a und 649 BGB nur auf Schuldverhältnisse anzuwenden sind, die nach dem Tag des Inkrafttretens des Forderungssicherungsgesetzes wirksam entstanden sind. Insoweit ist es erforderlich, dass sich der gesamte Entstehungstatbestand des Rechtsgeschäfts, in der Regel also Angebot und Annahme, unter der Geltung des neuen Rechts vollzogen hat. Daher gilt für bedingte und betagte Rechtsgeschäfte sowie solche, die unter dem Vorbehalt einer rückwirkenden (behördlichen oder gerichtlichen) Genehmigung stehen, auch dann das frühere Recht, wenn der Bedingungseintritt, der Beginn des Fristlaufs oder der Zeitpunkt der Genehmigung erst nach dem 1.1.2009 liegen. Nach **Abs. 2** ist die durch das FoSiG aufgehobene Vorschrift des § 641a BGB aus Gründen des Vertrauensschutzes weiterhin auf Schuldverhältnisse anzuwenden, die vor dem 1.1.2009 entstanden sind.[4] 2

§ 20 Übergangsvorschrift zum Gesetz zur Änderung des Zugewinnausgleichs- und Vormundschaftsrechts vom 6. Juli 2009

(1) Bei der Behandlung von Haushaltsgegenständen aus Anlass der Scheidung ist auf Haushaltsgegenstände, die vor dem 1. September 2009 angeschafft worden sind, § 1370 des Bürgerlichen Gesetzbuchs in der bis zu diesem Tag geltenden Fassung anzuwenden.

(2) Für Verfahren über den Ausgleich des Zugewinns, die vor dem 1. September 2009 anhängig werden, ist für den Zugewinnausgleich § 1374 des Bürgerlichen Gesetzbuchs in der bis zu diesem Tag geltenden Fassung anzuwenden.

(3) § 1813 Absatz 1 Nummer 3 des Bürgerlichen Gesetzbuchs in der Fassung vom 1. September 2009 gilt auch für vor dem 1. September 2009 anhängige Vormundschaften (§ 1773 des Bürgerlichen Gesetzbuchs), Pflegschaften (§ 1915 Absatz 1 des Bürgerlichen Gesetzbuchs) und Betreuungen (§ 1908i Absatz 1 Satz 1 des Bürgerlichen Gesetzbuchs).

Das Gesetz zur Änderung des Zugewinnausgleichs- und Vormundschaftsrechts vom 6.7.2009 ist am 1.9.2009 mit sofortiger Wirkung in Kraft getreten (BGBl. 2009 I 1696; Art. 13 Gesetz vom 6.7.2009). Für den **Zugewinnausgleich** gilt abgesehen von den beiden in Art. 229 § 20 Abs. 1 und Abs. 2 erfassten Regelungsgegenständen ab 1.9.2009 das neue Recht – es sei denn, der Güterstand war zu diesem Zeitpunkt bereits beendet gewesen. War das infolge **vor dem 1.9.2009** eingetretener **Rechtskraft der Scheidung** der Fall, ist der Zugewinnausgleich noch nach altem Recht durchzuführen, auch wenn er erst nach dem 1.9.2009 anhängig gemacht wurde.[1] In dieser Konstellation nämlich ist die Zugewinnausgleichsforderung gemäß § 1378 Abs. 3 S. 1 BGB dem Grunde wie der Höhe nach bereits vor dem 1.9.2009 entstanden beziehungsweise nicht entstanden. Das neue Recht würde hier also **in verfassungsrechtlich unzulässiger Weise** rückwirkend auf einen abgeschlossenen Sachverhalt angewandt. Dass der Gesetzgeber mit der – insoweit nicht eindeutig gefassten – Übergangsregelung in Art. 229 § 20 Abs. 2 eine solche Rückwirkung anordnen wollte, ist nicht ersichtlich.[2] Soweit Art. 229 § 20 Abs. 2 also von der Geltung der neuen Zugewinnausgleichs- 1

---

[3] Gesetz zur Reform des Bauvertragsrechts, zur Änderung der kaufrechtlichen Mängelhaftung, zur Stärkung des zivilprozessualen Rechtsschutzes und zum maschinellen Siegel im Grundbuch und Schiffsregisterverfahren vom 28.4.2017, BGBl. 2017 I 969; dazu RegE, BT-Drs. 18/8486; Beschlussempfehlung und Bericht BT-RA, BT-Drs. 18/11437.

[4] Vgl. Begr. RegE, BT-Drs. 16/511, 11, 18.

[1] BGH NJW 2018, 59 = FamRZ 2018, 21; NJW 2017, 2686 = FamRZ 2017, 1039 mAnm *Braeuer;* OLG Jena FamRZ 2017, 21; KG FamRZ 2012, 1642; OLG Brandenburg FamRZ 2011, 568; OLG Stuttgart FamRZ 2010, 1734; *Gutdeutsch/Hauß* FamRB 2009, 325; *Braeuer* NJW 2010, 351; *Koch* FamRZ 2011, 1261; anders *Büte* FPR 2010, 87; *Schwab* FamRZ 2009, 1961.

[2] Vgl. BT-Drs. 16/10798, 25; BR-Drs. 635/08, 18.

regeln auch in bereits anhängigen Verfahren ausgeht und hiervon nur § 1374 BGB ausnimmt (→ Rn. 5), bezieht sich das nur auf solche Verfahren, in denen der Güterstand am 1.9.2009 noch nicht beendet war. Die Änderung des **Vormundschaftsrechts** gilt ab 1.9.2009 ausnahmslos. Die neue Regelung erfasst, das stellt Art. 229 § 20 Abs. 3 klar, auch alle schon bestehenden Vormundschaften, Pflegschaften und Betreuungen.

2 Art. 229 § 20 Abs. 1 ordnet die **Weitergeltung** der mit Wirkung zum 1.9.2009 aufgehobenen Surrogatregelung des **§ 1370 BGB** für alle Haushaltsgegenstände an, die vor diesem Tag angeschafft worden waren. Vor dem 1.9.2009 getätigte Ersatzbeschaffungen sind also in das Eigentum des Ehegatten gefallen, dem der ersetzte Haushaltsgegenstand gehört hat. Bei Haushaltsgegenständen, die nach dem 1.9.2009 angeschafft worden sind, richtet sich der Eigentumserwerb dann nach den allgemeinen sachenrechtlichen Vorschriften der §§ 929 ff. BGB.

3 Dies gilt auch, wenn der **Eigentumserwerb am 1.9.2009** zwar eingeleitet, aber **noch nicht vollendet** war. Art. 229 § 20 Abs. 1 setzt für die Weitergeltung des § 1370 BGB nämlich einen am 1.9.2009 vollendeten Erwerb voraus – er fordert, dass der Haushaltsgegenstand an diesem Tag „angeschafft" war. Im wichtigsten Fall des mehraktigen Erwerbstatbestands von Hausrat, dem Kauf unter Eigentumsvorbehalt, bestimmt sich mithin, wenn der Kaufpreis erst nach dem 1.9.2009 vollständig gezahlt wird, der Eigentumserwerb nach den §§ 929 ff. BGB. Allerdings zeitigt § 1370 BGB in diesem Fall insofern weiterhin Wirkung, als der Ehegatte, dem der ersetzte Gegenstand gehört hat, vor dem 1.9.2009 als Surrogat das Anwartschaftsrecht am Ersatzgegenstand erworben hat – und dieses erstarkt mit vollständiger Kaufpreiszahlung in seiner Person zum Vollrecht und sichert seinen Eigentumserwerb.

4 Sinnvoll und geboten ist die in Art. 229 § 20 Abs. 1 angeordnete Weitergeltung des § 1370 BGB, um nachträgliche **Änderungen der sachenrechtlichen Zuordnung** von Haushaltsgegenständen **zu vermeiden.** In allen Fällen nämlich, in denen der Eigentumserwerb nach § 1370 BGB zu einer anderen Eigentumslage als der nach §§ 929 ff. BGB eintretenden führt, müsste es zu einem Wechsel in der Eigentümerstellung kommen. Keinen rechten Sinn allerdings gibt die Einschränkung der Weitergeltung des § 1370 BGB auf den Fall der Klärung der Eigentumsverhältnisse „aus Anlass der Scheidung". Haushaltsgegenstände werden schließlich bereits anlässlich der **Trennung,** vielfach auch schon während des Zusammenlebens im Zusammenhang mit Maßnahmen über die **vorzeitige Beendigung der Zugewinngemeinschaft** (§§ 1385, 1386 BGB) auseinandergesetzt. Auch in diesen Fällen ist zur Vermeidung nachträglicher Änderungen der Eigentumslage § 1370 BGB auf Haushaltsgegenstände anzuwenden, die am 1.9.2009 bereits angeschafft waren. Art. 229 § 20 Abs. 1 ist insofern teleologisch extensiv auszulegen und über den Wortlaut hinaus anzuwenden.

5 Nach Art. 229 § 20 Abs. 2 gilt in allen am 1.9.2009 bereits **anhängigen Zugewinnausgleichsverfahren** § 1374 BGB in der alten Fassung weiter. In laufenden Verfahren ist bei der Zugewinnberechnung **defizitäres Anfangsvermögen** mithin nach wie vor nicht zu berücksichtigen. Der Gesetzgeber erkennt insoweit das Interesse verschuldeter Ehegatten am Fortbestand der ihnen günstigen alten Rechtslage als schutzwürdig an – vorausgesetzt, dass der **Zugewinn als solcher** Gegenstand des gerichtlichen Verfahrens ist. Ob zugleich das Scheidungsverfahren anhängig ist, ist für die Weitergeltung des § 1374 BGB aF ebenso irrelevant wie umgekehrt der Umstand, dass nur dieses anhängig ist.

6 Alle anderen Vorschriften des Gesetzes zur Änderung des Zugewinnausgleichsrechts sind auch in den am 1.9.2009 bereits laufenden, unter der Geltung der alten Rechtslage eingeleiteten Verfahren anzuwenden. Vertrauensschutz auf die Weitergeltung der alten Normen ist hier insofern nicht angebracht, als die neuen Regelungen primär auf den Schutz vor Manipulationen im Zugewinnausgleich zielen und Vertrauen in den Fortbestand von Manipulationsmöglichkeiten nicht schutzwürdig ist.

7 Das in § 1813 Nr. 3 BGB ausdrücklich aufgenommene Recht eines Vormunds, Betreuers (§ 1908i Abs. 1 S. 1 BGB) oder Pflegers (§ 1915 Abs. 1 S. 1 BGB) zur genehmigungsfreien Führung eines Giro- oder Kontokorrentkontos gilt, das stellt Art. 229 § 20 Abs. 3 klar, auch für die bereits **vor dem 1.9.2009 eingerichteten Vormundschaften, Betreuungen** und **Pflegschaften.** Ab 1.9.2009 konnten mithin sämtliche Vormünder, Betreuer und Pfleger – unabhängig vom Zeitpunkt ihrer Bestellung – genehmigungsfrei über das Guthaben auf einem Giro- oder Kontokorrentkonto ihres Mündels, Betreuten oder Pfleglings verfügen. Sinnvoll war das insofern, als die Neufassung des § 1813 Nr. 3 BGB die Abwicklung des bargeldlosen Zahlungsverkehrs erleichtern sollte und es keinen Grund gab, diese Erleichterung nicht auch schon eingerichteten Vormundschafts-, Betreuungs- und Pflegschaftsverhältnissen zukommen zu lassen.

§ 21 Übergangsvorschriften für die Gesellschaft bürgerlichen Rechts im Grundbuchverfahren und im Schiffsregisterverfahren

(1) Eintragungen in das Grundbuch, die ein Recht einer Gesellschaft bürgerlichen Rechts betreffen, sollen nicht erfolgen, solange die Gesellschaft nicht im Gesellschaftsregister

eingetragen und daraufhin nach den durch das Personengesellschaftsrechtsmodernisierungsgesetz vom 10. August 2021 (BGBl. I S. 3436) geänderten Vorschriften im Grundbuch eingetragen ist.

(2) [1]Ist die Eintragung eines Gesellschafters gemäß § 47 Absatz 2 Satz 1 der Grundbuchordnung in der vor dem 1. Januar 2024 geltenden Fassung oder die Eintragung eines Gesellschafters, die vor dem Zeitpunkt des Inkrafttretens gemäß Artikel 5 Absatz 2 des Gesetzes zur Einführung des elektronischen Rechtsverkehrs und der elektronischen Akte im Grundbuchverfahren sowie zur Änderung weiterer grundbuch-, register- und kostenrechtlicher Vorschriften vom 11. August 2009 (BGBl. I 2009 S. 2713) am 18. August 2009 erfolgt ist, unrichtig geworden, findet eine Berichtigung nicht statt. [2]In diesem Fall gilt § 82 der Grundbuchordnung hinsichtlich der Eintragung der Gesellschaft nach den durch das Personengesellschaftsrechtsmodernisierungsgesetz geänderten Vorschriften im Grundbuch entsprechend.

(3) [1]Für die Eintragung der Gesellschaft in den Fällen der Absätze 1 und 2 gelten die Vorschriften des Zweiten Abschnitts der Grundbuchordnung entsprechend. [2]Es bedarf der Bewilligung der Gesellschafter, die nach § 47 Absatz 2 Satz 1 der Grundbuchordnung in der vor dem 1. Januar 2024 geltenden Fassung im Grundbuch eingetragen sind; die Zustimmung der einzutragenden Gesellschaft in den Fällen des § 22 Absatz 2 der Grundbuchordnung bleibt unberührt. [3]Dies gilt auch, wenn die Eintragung vor dem Zeitpunkt des Inkrafttretens gemäß Artikel 5 Absatz 2 des Gesetzes zur Einführung des elektronischen Rechtsverkehrs und der elektronischen Akte im Grundbuchverfahren sowie zur Änderung weiterer grundbuch-, register- und kostenrechtlicher Vorschriften vom 11. August 2009 (BGBl. I 2009 S. 2713) am 18. August 2009 erfolgt ist.

(4) [1]§ 899a des Bürgerlichen Gesetzbuchs und § 47 Absatz 2 der Grundbuchordnung in der vor dem 1. Januar 2024 geltenden Fassung sind auf Eintragungen anzuwenden, wenn vor diesem Zeitpunkt die Einigung oder Bewilligung erklärt und der Antrag auf Eintragung beim Grundbuchamt gestellt wurde. [2]Wurde vor dem in Satz 1 genannten Zeitpunkt eine Vormerkung eingetragen oder die Eintragung einer Vormerkung vor diesem Zeitpunkt bewilligt und beantragt, sind § 899a des Bürgerlichen Gesetzbuchs und § 47 Absatz 2 der Grundbuchordnung in der vor diesem Zeitpunkt geltenden Fassung auch auf die Eintragung der Rechtsänderung, die Gegenstand des durch die Vormerkung gesicherten Anspruchs ist, anzuwenden.

(5) § 51 der Schiffsregisterordnung in der bis einschließlich 1. Januar 2024 geltenden Fassung ist auf Eintragungen anzuwenden, wenn vor diesem Zeitpunkt die Einigung oder Bewilligung erklärt wurde und die Anmeldung zur Eintragung beim Schiffsregister erfolgte.

Art. 229 § 21 wurde durch das Gesetz zur Einführung des elektronischen Rechtsverkehrs und der elektronischen Akte im Grundbuchverfahren sowie zur Änderung weiterer grundbuch-, register- und kostenrechtlicher Vorschriften (ERVGBG) vom 11.8.2009 (BGBl. 2009 I 2713) eingefügt und trat gem. Art. 5 Abs. 2 ERVGBG am 18.8.2009 in Kraft. In seiner jetzigen – zum **1.1.2024** in Kraft getretenen und nunmehr grundlegend anderen – Fassung, die er durch das **MoPeG** (→ BGB § 873 Rn. 24) erlangt hat (Art. 49 Nr. 1 MoPeG), regelt Art. 229 § 21 die **übergangsrechtliche Behandlung von BGB-Gesellschaften** infolge der ersatzlosen **Aufhebung von § 899a BGB** mit Ablauf des 31.12.2023. Seit dem 1.1.2024 können auf der Grundlage des gleichzeitig neugefassten § 47 Abs. 2 GBO grundsätzlich nur noch solche BGB-Gesellschaften als Berechtigter im Grundbuch ausgewiesen werden, die in das neugeschaffene Gesellschaftsregister (§§ 707 ff. BGB) eingetragen sind (→ BGB § 899a Rn. 6). 1

Die **Rspr.** zu Art. 229 § 21 in seiner jetzigen Fassung befindet sich nach wenig mehr als einem halben Geltungsjahr naturgemäß noch **im Fluss.** Entschieden wurde unter anderem, dass 2
- das Voreintragungserfordernis gem. Abs. 1 nicht durch eine analoge Anwendung von § 40 Abs. 1 GBO entfällt;[1]
- es der Voreintragung im Gesellschaftsregister gem. Abs. 1 im Wege teleologischer Redaktion jedoch nicht bedarf, wenn gegen die Gesellschaft eine Zwangshypothek eingetragen werden soll;[2]
- aus Abs. 1 nicht folgt, dass im Fall eines identitätswahrenden Rechtsformwechsels von einer BGB-Gesellschaft zu einer Kommanditgesellschaft für die Grundbucheintragung der Kommanditgesell-

1 OLG Celle NZM 2024, 727 Rn. 12 ff. (sehr str.).
2 OLG Schleswig RFamU 2024, 368 Rn. 14 ff.

schaft die Voreintragung der BGB-Gesellschaft im Gesellschaftsregister nach Maßgabe des neuen Rechts erforderlich wäre; das gilt allgemein für die bloße Richtigstellung tatsächlicher Angaben;[3]
- das verfahrensrechtliche Regime des Abs. 3 auch auf die „isolierte" – nicht mit einer Verfügung über ein Recht zusammenhängende – Richtigstellung im Grundbuch nach erfolgter Eintragung im Gesellschaftsregister anzuwenden ist;[4]
- alle oder einzelne Gesellschafter einer im Gesellschaftsregister eingetragenen BGB-Gesellschaft Vollmacht, für sie in ihrer Eigenschaft als Gesellschafter zu handeln und die Zustimmungserklärung nach Abs. 3 S. 2 Hs. 2 iVm § 22 Abs. 2 GBO als Untervertreter für die Gesellschaft abzugeben, bereits vor Eintragung der Gesellschaft in das Gesellschaftsregister erteilen können;[5]
- Abs. 4 S. 1 auch auf Anträge anzuwenden ist, die – bei Jahresende 2023 – noch nicht vollzugsfähig gewesen sind;[6]
- Abs. 4 S. 1 hingegen nicht zur Anwendung gelangt – auch nicht im Wege einer Analogie – wenn es um die Eintragung (nur) eines Wechsels im Gesellschafterbestand geht.[7]

§ 22 Übergangsvorschrift zum Gesetz zur Umsetzung der Verbraucherkreditrichtlinie, des zivilrechtlichen Teils der Zahlungsdiensterichtlinie sowie zur Neuordnung der Vorschriften über das Widerrufs- und Rückgaberecht vom 29. Juli 2009

(1) [1]Auf Schuldverhältnisse, die die Ausführung von Zahlungsvorgängen zum Gegenstand haben und die vor dem 31. Oktober 2009 entstanden sind, ist Artikel 248 §§ 4 und 13 nicht anzuwenden. [2]Ist mit der Abwicklung eines Zahlungsvorgangs vor dem 31. Oktober 2009 begonnen worden, sind das Bürgerliche Gesetzbuch und die BGB-Informationspflichten-Verordnung jeweils in der bis dahin geltenden Fassung anzuwenden.

(2) Soweit andere als die in Absatz 1 geregelten Schuldverhältnisse vor dem 11. Juni 2010 entstanden sind, sind auf sie das Bürgerliche Gesetzbuch und die BGB-Informationspflichten-Verordnung jeweils in der bis dahin geltenden Fassung anzuwenden.

(3) Abweichend von Absatz 2 sind § 492 Abs. 5, § 493 Abs. 3, die §§ 499, 500 Abs. 1 sowie § 504 Abs. 1 und § 505 Abs. 2 des Bürgerlichen Gesetzbuchs auf unbefristete Schuldverhältnisse anzuwenden, die vor dem 11. Juni 2010 entstanden sind; § 505 Abs. 1 ist auf solche Schuldverhältnisse in Ansehung der Mitteilungen nach Vertragsschluss anzuwenden.

I. Überblick

1 Art. 229 § 22 wurde durch das Gesetz zur Umsetzung der Verbraucherkreditrichtlinie, des zivilrechtlichen Teils der Zahlungsdiensterichtlinie sowie zur Neuordnung der Vorschriften über das Widerrufs- und Rückgaberecht vom 29.7.2009 (BGBl. 2009 I 2355) eingeführt. Aufgrund der Umsetzungsfrist der novellierten Verbraucherkredit-RL, die am 11.6.2010 ablief, trat zum 31.10.2009 zunächst nur Abs. 1 in Kraft, der der Umsetzung des zivilrechtlichen Teils der ZDRL diente. Die sodann eingeführten Abs. 2 und 3 betreffen die intertemporale Geltung der neuen Widerrufsvorschriften und der Vorschriften über das geänderte Verbraucherkreditrecht (§§ 491 ff. BGB).

2 Mittels §§ 675c ff. BGB, Art. 248 und Art. 229 § 22 Abs. 1 wurde zunächst die **Erste ZDRL** von 2007 umgesetzt,[1] die sich einen einheitlichen europäischen Zahlungsverkehrsraum (Single European Payments Area, SEPA) zum Ziel gesetzt hatte. Dazu wurde das frühere Konzept einer teilweisen Kodifikation einzelner Formen des bargeldlosen Zahlungsverkehrs (insbesondere der Überweisung in §§ 676a–676f BGB aF in Umsetzung der früheren Überweisungs-RL und der Kartenzahlungen in § 676h BGB aF) aufgegeben. Stattdessen wurde eine umfassende Richtlinie erlassen, die diverse Zahlungsvorgänge adressiert. Art. 229 § 22 Abs. 1 S. 1 bestimmte den **zeitlichen und sachlichen Anwendungsbereich,** S. 2 nimmt davon Zahlungsvorgänge aus, mit deren Abwicklung vor dem 31.10.2009 begonnen wurde. Zur Umsetzung der zweiten ZDRL vgl. Art. 229 § 45.

[3] OLG München RFamU 2024, 338 (340).
[4] OLG Köln FGPrax 2024, 162 f.
[5] KG NJ 2024, 360 (361).
[6] OLG Düsseldorf FGPrax 2024, 155 (156 f.).
[7] OLG Frankfurt FGPrax 2024, 157 (158); aA *Dressler-Berlin* Rpfleger 2023, 710 (715 f.).
[1] RL 2007/64/EG des Europäischen Parlaments und des Rates vom 13.11.2007 über Zahlungsdienste im Binnenmarkt, zur Änderung der Richtlinien 97/7/EG, 2002/65/EG, 2005/60/EG und 2006/48/EG sowie zur Aufhebung der Richtlinie 97/5/EG, ABl. EG 2007 L 319, 1.

II. Anwendungsbereich der §§ 355 ff. BGB, der §§ 491 ff. BGB und des Art. 247 (Abs. 2 und 3)

1. „Gespaltenes" Inkrafttreten des Reformgesetzes. Im Regierungsentwurf[2] (Art. 229 § 20 RegE) war noch ein gemeinsames Inkrafttreten aller Teile des Reformgesetzes zum 31.10.2009 vorgesehen. Der Gesetzgeber hat sich dann aber für ein „gespaltenes" Inkrafttreten entschieden. Zum 31.10.2009 sind nur die Regelungen zum Zahlungsverkehr umgesetzt worden, wohingegen die durch die Verbraucherkredit-RL veranlassten Änderungen sowie die Neuordnung des Widerrufsrechts erst zum Ablauf der Umsetzungsfrist der Richtlinie, also am **11.6.2010** in Kraft getreten sind.[3] Die Aufteilung sollte gewährleisten, dass der Kreditwirtschaft genügend Zeit verblieb, um ihre Vertragsformulare und internen Abläufe auf die sowohl ihrer Zahl als auch ihrer inhaltlichen Tragweite nach gewichtigen Änderungen abstimmen zu können.[4] 3

2. Grundsatz (Abs. 2). In Übereinstimmung mit den **allgemeinen Grundsätzen des intertemporalen Rechts,** wonach ein Schuldverhältnis nach seinen Voraussetzungen, seinem Inhalt und seinen Wirkungen dem Recht untersteht, das zur Zeit der Verwirklichung seines Entstehungstatbestandes gilt (→ Rn. 3, → Rn. 5), bestimmt Abs. 2, dass auf andere als die in Abs. 1 geregelten Schuldverhältnisse das BGB in der bis dahin geltenden Fassung Anwendung findet, wenn das Schuldverhältnis vor dem 11.6.2010 begründet wurde.[5] Die Neuregelungen des Verbraucherkreditrechts (§§ 491 ff. BGB) und des allgemeinen Widerrufsrechts (§§ 355 ff. BGB) gelten mithin grundsätzlich nur für Verträge, die am oder nach dem 11.6.2010 geschlossen wurden.[6] Dem entspricht, dass nach Art. 30 Abs. 1 Verbraucherkredit-RL die Richtlinie für am Tage des Inkrafttretens der innerstaatlichen Umsetzungsmaßnahmen bereits laufende Kreditverträge nicht gilt. 4

3. Ausnahme für unbefristete Schuldverhältnisse (Abs. 3). Gemäß Art. 30 Abs. 2 Verbraucherkredit-RL sind bestimmte Vorgaben der Richtlinie auch auf am Tag des Inkrafttretens der innerstaatlichen Umsetzungsmaßnahme bereits laufende unbefristete Kreditverträge anzuwenden. Dementsprechend erklärt Abs. 3 auf vor dem 11.6.2010 entstandene unbefristete Schuldverhältnisse die Vorschriften der §§ 499, 500 Abs. 1 BGB betreffend das Kündigungsrecht und des § 492 Abs. 5 BGB betreffend die Textform von Mitteilungen des Darlehensgebers für anwendbar (eingehend zur Abgrenzung von befristeten und unbefristeten Darlehen → 8. Aufl. 2019, BGB § 488 Rn. 224 ff.). Zu beachten sind bei solchen Schuldverhältnissen daneben die laufenden Mitteilungspflichten der § 493 Abs. 3 BGB, § 504 Abs. 1 BGB und § 505 Abs. 2 BGB sowie in Ansehung der Mitteilungspflichten nach Vertragsschluss des § 505 Abs. 1 BGB. Entgegen der insofern nicht eindeutigen Fassung des Regierungsentwurfs wollte der Gesetzgeber damit klarstellen, dass nicht für alle bestehenden **Überziehungskonten** neue Verträge abgeschlossen oder vorvertragliche Informationspflichten nachgeholt werden müssen.[7] 5

§ 23 Überleitungsvorschrift zum Gesetz zur Änderung des Erb- und Verjährungsrechts

(1) [1]Die Vorschriften des Bürgerlichen Gesetzbuchs über die Verjährung in der seit dem 1. Januar 2010 geltenden Fassung sind auf die an diesem Tag bestehenden und nicht verjährten Ansprüche anzuwenden. [2]Der Beginn der Verjährung und die Verjährungsfrist bestimmen sich nach den Vorschriften des Bürgerlichen Gesetzbuchs in der vor dem 1. Januar 2010 geltenden Fassung, wenn bei Anwendung dieser Vorschriften die Verjährung früher vollendet wird als bei Anwendung der entsprechenden Vorschriften nach Satz 1.

(2) [1]Bestimmen sich der Beginn und die Verjährungsfrist nach den Vorschriften des Bürgerlichen Gesetzbuchs in der seit dem 1. Januar 2010 geltenden Fassung, beginnt die Frist nicht vor dem 1. Januar 2010. [2]Läuft die nach den Vorschriften des Bürgerlichen Gesetzbuchs in der vor dem 1. Januar 2010 geltenden Fassung bestimmte Verjährungsfrist früher ab als die Verjährungsfrist nach dem Bürgerlichen Gesetzbuch in der seit dem 1. Januar 2010 geltenden Fassung, ist die Verjährung mit Ablauf der Frist nach den vor dem 1. Januar 2010 geltenden Vorschriften vollendet.

---

2 BT-Drs. 16/11643.

3 Vgl. ABl. EU 2009 L 207, 14.

4 Vgl. Beschlussempfehlung RA, BT-Drs. 16/13669, 125.

5 Zum Verhältnis zu Art. 229 § 9 s. BGH BKR 2017, 192 (193).

6 BGH NJW 2011, 1061 Rn. 11; NJW-RR 2012, 416 Rn. 36; NJW 2012, 3428 Rn. 11; 2012, 3718 Rn. 21.

7 Vgl. Beschlussempfehlung RA, BT-Drs. 16/13669 zu Art. 2 Nr. 2 und 2a. In Art. 229 § 20 Abs. 2 S. 2 idF des RegE (BT-Drs. 16/11643) hieß es noch: „Informationspflichten für abgeschlossene Sachverhalte werden nicht begründet".

(3) Die Hemmung der Verjährung bestimmt sich für den Zeitraum vor dem 1. Januar 2010 nach den Vorschriften des Bürgerlichen Gesetzbuchs in der bis zu diesem Tag geltenden Fassung.

(4) [1]Im Übrigen gelten für Erbfälle vor dem 1. Januar 2010 die Vorschriften des Bürgerlichen Gesetzbuchs in der vor dem 1. Januar 2010 geltenden Fassung. [2]Für Erbfälle seit dem 1. Januar 2010 gelten die Vorschriften des Bürgerlichen Gesetzbuchs in der seit dem 1. Januar 2010 geltenden Fassung, unabhängig davon, ob an Ereignisse aus der Zeit vor dem Inkrafttreten dieser Vorschriften angeknüpft wird.

I. Materiell-rechtliche Hintergründe

1 Art. 229 § 23 wurde durch das Gesetz zur Änderung des Erb- und Verjährungsrechts vom 24.9.2009 eingefügt (BGBl. 2009 I 3142) und ist am 1.1.2010 in Kraft getreten. In verjährungsrechtlicher Hinsicht hat das Gesetz vor allem Änderungen im Bereich des früheren § 197 BGB zum Inhalt. Die dreißigjährige Verjährung familien- und erbrechtlicher Ansprüche (§ 197 Abs. 1 Nr. 2 BGB aF) ist weitgehend zu Gunsten der Regelverjährung aufgehoben worden. Lediglich Herausgabeansprüche des Erben oder Nacherben nebst den dazugehörigen Hilfsansprüchen unterliegen qua Erweiterung des jetzigen § 197 Abs. 1 Nr. 2 BGB nach wie vor der Dreißigjahresfrist. § 199 BGB wurde um einen Abs. 3a ergänzt, der eine dreißigjährige Höchstfrist für Ansprüche normiert, die auf einem Erbfall beruhen oder deren Geltendmachung die Kenntnis einer Verfügung von Todes wegen voraussetzt. Angepasst wurde dementsprechend auch § 2332 BGB. Daneben hat der Gesetzgeber die Hemmung aus familienrechtlichen und ähnlichen Gründen in § 207 BGB erweitert und die Ansprüche nach Auflösung des Verlöbnisses der (allerdings objektiv beginnenden) Dreijahresfrist des § 195 BGB unterstellt (§ 1302 BGB). Gleiches gilt für den Anspruch des Ausgleichsberechtigten gegen den beschenkten Dritten (§ 1390 Abs. 3 S. 1 BGB). Gestrichen wurde die bisherige Sonderverjährung der Zugewinnausgleichsforderung gemäß §§ 1363 ff. BGB in § 1378 Abs. 4 BGB. Weitere Änderungen betreffen schließlich die Hemmung der Vaterschaftsanfechtungsfristen gemäß § 1600b Abs. 5 BGB.

II. Fristenvergleich (Abs. 1 S. 2 und Abs. 2)

2 Das Überleitungsregime des Art. 229 § 23 orientiert sich in weiten Teilen am intertemporalen Verjährungsrecht des SchuldRModG (Art. 229 § 6). Es zielt auf eine möglichst **rasche Umstellung auf das neue Recht,** zugleich aber auf den **Vorrang der früher vollendeten Verjährung.** Abs. 1 S. 2 normiert deshalb zum Schutz des Schuldners einen auf Frist und Fristbeginn bezogenen Anwendungsvergleich zwischen neuem und altem Verjährungsrecht: Abweichend von Abs. 1 S. 1 sollen die neuen Verjährungsregeln nicht zur Anwendung gelangen, wenn der am Stichtag noch unverjährte Anspruch auf Basis des alten Rechts früher verjähren würde. In derartigen Konstellationen richten sich Verjährungsbeginn und Verjährungsfrist weiterhin nach altem Recht. Abs. 1 S. 2 entspricht damit im Wesentlichen Art. 229 § 6 Abs. 3, stellt aber im Einklang mit der hM zum Übergangsrecht des SchuldRModG klar (→ Art. 229 § 6 Rn. 13; → Art. 229 § 12 Rn. 4), dass in den Vergleich nicht nur die Fristen selbst einzustellen sind, sondern zugleich auch deren Beginn.

3 Abs. 2 schreibt das Wertungsmodell des Art. 229 § 6 Abs. 4 fort und setzt voraus, dass der Vergleich nach Abs. 1 S. 2 einen kürzeren Verjährungslauf nach neuem Recht ergibt. Um zu verhindern, dass ein Anspruch in diesem Fall bereits mit Inkrafttreten des neuen Rechts verjährt, legt Abs. 2 S. 1 als frühesten Verjährungsbeginn den Stichtag fest. Das bedeutet zweierlei: Erstens beginnen die **Höchstfristen** stets mit dem Stichtag zu laufen, zweitens ist die dreijährige Regelverjährung nur dann bereits vom Stichtag an zu berechnen, wenn zu diesem Zeitpunkt die **subjektiven Voraussetzungen des § 199 Abs. 1 Nr. 2 BGB** vorliegen.[1] Die **Ultimo-Regel** des § 199 Abs. 1 BGB bleibt hingegen unanwendbar (→ Art. 229 § 6 Rn. 13). Bei alledem kann natürlich die kürzere neurechtliche Frist länger laufen als die Verjährungsfrist nach altem Recht. Zum Schutz des Schuldners ordnet Abs. 2 S. 2 deshalb an, dass die alte Frist maßgeblich bleibt, wenn nach ihr im konkreten Einzelfall die Verjährung früher eintritt als auf Basis von Abs. 2 S. 1. Insbesondere soweit der Reformgesetzgeber die dreißigjährige Verjährung familien- und erbrechtlicher Ansprüche durch §§ 195, 199 BGB ersetzt hat, besitzt die Bestimmung praktische Relevanz. Der Regierungsentwurf hatte in einem weiteren Absatz des Art. 229 § 23 noch die entsprechende Anwendung der Abs. 1 und 2 auf **§ 1836e Abs. 1 BGB** vorgesehen. Der Vorschlag, die zehnjährige **Ausschlussfrist beim Regress der Staatskasse** für Aufwendungen oder Vergütungen von Vormunden, Betreuern und Pflegern an die dreijährige Regelverjährung anzupassen,[2] hat sich im Gesetzgebungsverfahren jedoch nicht durchsetzen können; sie wurde stattdessen gestrichen. Damit ent-

[1] Begr. RegE, BT-Drs. 16/8954, 26.

[2] Einzelheiten in Begr. RegE, BT-Drs. 16/8954, 16; Stellungnahme BR, BT-Drs. 16/8954, 29 f.; Gegenäußerung BReg., BT-Drs. 16/8954, 35 und Bericht RA, BT-Drs. 16/13543, 11.

fiel zugleich das Bedürfnis für eine entsprechende Übergangsregel. Die Gesetz gewordene Fassung des Art. 229 § 23 ist für die genannten Regressansprüche gänzlich unanwendbar, da für sie bereits seit dem Schuldrechtsmodernisierungsgesetz die dreijährige Regelverjährung zur Anwendung gelangte, nicht etwa § 197 Abs. 1 Nr. 2 aF (→ 6. Aufl. 2012, BGB § 197 Rn. 13 ff.).[3] Die zehnjährige Ausschlussfrist hatte damit seit 2002 ihre Bedeutung verloren. Auch die Auffassung, die Zehnjahresfrist sei eine vorrangige Spezialregel, ist durch nichts begründbar.[4]

III. Hemmungsgründe (Abs. 3)

Abs. 3 beruht auf dem Konzept des Art. 229 § 6 Abs. 1 S. 2, bezieht sich allerdings ausschließlich auf Hemmungsgründe, und dort primär auf § 207 Abs. 1 S. 2 BGB, daneben auf § 1600b Abs. 5 BGB. Vor dem Stichtag erfüllte Hemmungstatbestände unterliegen altem Recht. Reichen die tatbestandsrelevanten Umstände hingegen zeitlich über den Stichtag hinaus, unterliegen ihre Folgen ab 1.1.2010 ebenso dem heute geltenden Recht wie Tatbestände, die vollständig nach dem Stichtag verwirklicht werden. Soweit § 207 Abs. 1 S. 2 BGB die **Hemmung aus familiären und ähnlichen Gründen** im Vergleich zum alten Recht neugeschaffen oder erweitert hat, führt allein die Tatbestandsverwirklichung nach dem Stichtag dazu, dass der Ablauf der Verjährungsfrist hinausgeschoben wird. Der deliktsrechtliche Anspruch eines 1990 geborenen Heranwachsenden gegen seine Eltern beispielsweise unterlag erst vom 1.1.2010 an (wieder) der Hemmung gemäß § 207 Abs. 1 Nr. 2 BGB, nachdem er unter Geltung alten Rechts bereits bis zur Vollendung des 18. Lebensjahrs gehemmt war. Einer Übergangsregelung für Tatbestände der Ablaufhemmung und des Neubeginns der Verjährung bedurfte es nicht, da das Gesetz zur Änderung des Erb- und Verjährungsrechts in diesem Bereich keine Änderungen vorgenommen hat. 4

IV. Erbrechtliche Überleitung (Abs. 4)

Abs. 4 stellt klar, dass für Erbfälle, die vor dem Stichtag eingetreten sind, die bisherige Rechtslage fortgilt, soweit es sich nicht um verjährungsrechtliche Vorschriften handelt. Für alle **Erbfälle ab dem Stichtag** gelten die neuen Regelungen, und zwar auch dann, wenn an Ereignisse vor dem Stichtag angeknüpft wird. Dies betrifft beispielsweise die neugefassten **Pflichtteilsentziehungsgründe** in § 2333 BGB, für deren Anwendbarkeit es in intertemporaler Hinsicht nur darauf ankommt, ob der Erbfall am Stichtag oder danach eingetreten ist. Der Entziehungsgrund selbst dagegen mag ebenso wie die Verfügung von Todes wegen aus der Zeit davor stammen. Auch bei der Frage, mit welchem Anteil eine **Schenkung pflichtteilsergänzungspflichtig** ist, spielt ausschließlich der Zeitpunkt des Erbfalls eine Rolle. Ist der Erblasser vor dem Stichtag gestorben, bleibt die Schenkung innerhalb der Zehnjahresfrist des § 2325 Abs. 3 BGB aF in vollem Umfang ergänzungspflichtig. Bei Erbfällen am 1.1.2010 oder später gelangt hingegen die Pro-rata-Regelung des neugefassten § 2325 Abs. 3 BGB zum Zuge. Schließlich betrifft Abs. 4 den pflichtteilsberechtigten Erben, zu dessen Lasten vor dem Stichtag in einer Verfügung von Todes wegen **Beschränkungen oder Beschwerungen** angeordnet worden sind. Tritt der Erbfall nach dem Stichtag ein, kommt der Erbe in den Genuss des vereinfachten Wahlrechts gemäß § 2306 BGB.[5] 5

§ 24 Übergangsvorschrift zu dem Gesetz zur Erleichterung elektronischer Anmeldungen zum Vereinsregister und anderer vereinsrechtlicher Änderungen

[1]Ausländische Vereine und Stiftungen, denen vor dem 30. September 2009 die Rechtsfähigkeit im Inland verliehen wurde, bleiben rechtsfähig. [2]Auf die Vereine sind § 33 Absatz 2 und § 44 des Bürgerlichen Gesetzbuchs in der bis zum 29. September 2009 geltenden Fassung weiter anzuwenden.

Art. 229 § 24 wurde durch das Gesetz zur Erleichterung elektronischer Anmeldungen zum Vereinsregister und anderer vereinsrechtlicher Änderungen vom 24.9.2009 (BGBl. 2009 I 3145) eingefügt und trat am 30.9.2009 in Kraft. Die Vorschrift reagiert darauf, dass dieses Gesetz den § 23 BGB einschließlich der Verweisung in § 86 BGB ersatzlos beseitigt hat. Sie stellt klar, dass die Vereine und Stiftungen, die vor dem 30.9.2009 nach § 23 BGB rechtsfähig geworden sind, rechtsfähig bleiben. Für Vereine dieser Art bleiben auch § 33 Abs. 2 BGB, die Vorschrift über die Satzungsänderung bei konzessionierten Vereinen, und § 44 BGB, die Vorschrift über die Zuständigkeit und das Verfahren für die Entziehung der Rechtsfähigkeit, in der bis 30.9.2009 geltenden Fassung in Kraft. 1

[3] BGH BeckRS 2012, 04960.
[4] BGH BeckRS 2012, 04960.
[5] Begr. RegE, BT-Drs. 16/8954, 26.

§ 25 Übergangsvorschriften zum Gesetz zur Modernisierung der Regelungen über Teilzeit-Wohnrechteverträge, Verträge über langfristige Urlaubsprodukte sowie Vermittlungsverträge und Tauschsystemverträge

(1) Auf einen vor dem 23. Februar 2011 abgeschlossenen Teilzeit-Wohnrechtevertrag sind die §§ 481 bis 487 des Bürgerlichen Gesetzbuchs in der bis zu diesem Tag geltenden Fassung anzuwenden.

(2) Auf einen vor dem 23. Februar 2011 abgeschlossenen Vertrag über ein langfristiges Urlaubsprodukt im Sinne von § 481a des Bürgerlichen Gesetzbuchs, auf einen Vermittlungsvertrag im Sinne von § 481b Absatz 1 des Bürgerlichen Gesetzbuchs oder einen Tauschsystemvertrag im Sinne von § 481b Absatz 2 des Bürgerlichen Gesetzbuchs sind die §§ 481 bis 487 des Bürgerlichen Gesetzbuchs nicht anzuwenden.

I. Bedeutung der Vorschrift

1 Art. 229 § 25 wurde durch das Gesetz zur Modernisierung der Regelungen über Teilzeit-Wohnrechteverträge, Verträge über langfristige Urlaubsprodukte sowie Vermittlungsverträge und Tauschsystemverträge vom 17.1.2011 (BGBl. 2011 I 34) eingefügt und trat am 23.2.2011 in Kraft. Die Regelung ergänzt die allgemeine Übergangsvorschrift zum Gesetz zur Modernisierung des Schuldrechts vom 26.11.2001 des Art. 229 § 5 und § 11 TzWrG.

II. Ab dem 23.2.2011 abgeschlossene Verträge über Teilzeit-Wohnrechte, langfristige Urlaubsprodukte, Tauschsystem- und Vermittlungsverträge

2 Das Gesetz zur Modernisierung der Regelungen über Teilzeit-Wohnrechteverträge, langfristige Urlaubsprodukte sowie Vermittlungsverträge und Tauschsystemverträge vom 17.1.2011 (BGBl. 2011 I 34), hat §§ 481–487 BGB nicht unerheblich verändert. Der Gesetzgeber hat es daher für notwendig gehalten, in Art. 229 § 25 eine **Übergangsvorschrift** vorzusehen, die an den **Zeitpunkt des Vertragsschlusses** anknüpft. Danach gelten die §§ 481–487 BGB in der Fassung des Teilzeit-Wohnrechte-Modernisierungsgesetzes aus dem Jahre 2011 nur für Verträge, die am 23.2.2011 und später abgeschlossen wurden. Für Teilzeit-Wohnrechteverträge, die vor dem 23.2.2011 abgeschlossen wurden, bleibt es somit bei der Anwendung der §§ 481–487 BGB in der bis zu diesem Tag geltenden Fassung (→ Rn. 3 ff.). Dies steht mit der Timesharing-RL in Einklang. Nach Art. 16 Abs. 1 UAbs. 2 Timesharing-RL müssen die Mitgliedstaaten die in der RL vorgesehenen Regelungen ab dem 23.2.2011 anwenden; eine Anwendung auf Verträge, die vor diesem Zeitpunkt abgeschlossen wurden, ist nicht vorgesehen. Dementsprechend hat der Gesetzgeber ferner davon abgesehen, auf Verträge über langfristige Urlaubsprodukte nach § 481a BGB, Vermittlungsverträge und Tauschsystemverträge nach § 481b BGB, die vor dem 23.2.2011 abgeschlossen wurden, §§ 481–487 BGB in der ab diesem Zeitpunkt geltenden Fassung anzuwenden. Für diese Verträge gelten daher die Vorschriften der §§ 481–487 BGB nach Art. 229 § 25 Abs. 2 überhaupt nicht. Dasselbe trifft folgerichtig auf vor dem 23.2.2011 abgeschlossene Teilzeit-Wohnrechteverträge zu, welche nicht in den sachlichen Anwendungsbereich der §§ 481–487 BGB in der bis zum 23.2.2011 geltenden Fassung fielen.[1]

III. Vor dem 23.2.2011 abgeschlossene Teilzeit-Wohnrechteverträge

3 **1. Grundregel des Art. 229 § 5 S. 1.** Der **zeitliche Anwendungsbereich** der §§ 481–487 BGB aF ergibt sich für vor dem 23.2.2011 abgeschlossene Teilzeit-Wohnrechteverträge aus der Regelung der Übergangsvorschriften zum SchuldRModG (Art. 229 § 5). Nach Art. 229 § 5 S. 1 sind auf Schuldverhältnisse, die vor dem 1.1.2002 entstanden sind, das Bürgerliche Gesetzbuch und sonstige privatrechtliche Nebengesetze, unter anderem das TzWrG, in der bis zum 31.12.2001 geltenden Fassung anzuwenden. Für vor dem 1.1.2002 abgeschlossene Teilzeit-Wohnrechteverträge ist danach das TzWrG maßgeblich. Damit gilt für solche Verträge auch die Übergangsvorschrift des § 11 TzWrG. Diese lautet: „Dieses Gesetz findet keine Anwendung auf Verträge, die vor seinem Inkrafttreten geschlossen worden sind. Auf Verträge, die vor dem 30.6.2000 abgeschlossen worden sind, ist dieses Gesetz in der bis dahin geltenden Fassung anzuwenden." Damit ist auf Teilzeit-Wohnrechteverträge, die zwischen 1.1.1997 und 29.6.2000 abgeschlossen wurden, das TzWrG in seiner ursprünglichen Fassung vom 20.12.1996 (BGBl. 1996 I 2154) anzuwenden. Auf zwischen dem 30.6.2000 und 31.12.2001 abgeschlossene Verträge wird das TzWrG in der in diesem Zeitraum geltenden Fassung angewandt (Neubekanntmachung BGBl. 2000 I 957). Für Teilzeit-Wohnrechteverträge, die vor dem 1.1.1997 abgeschlossen wurden, sind weder das TzWrG noch die §§ 481 ff.

[1] Begr. RegE, BT-Drs. 17/2764, 22 li. Sp.

BGB maßgeblich. Relevanter Zeitpunkt für den Vertragsschluss ist der Zeitpunkt des Zugangs der Annahmeerklärung.[2]

2. Ausnahme für Dauerschuldverhältnisse nach Art. 229 § 5 S. 2. Diese Grundsätze hinsichtlich des zeitlichen Anwendungsbereichs der §§ 481 ff. BGB erfahren allerdings durch Art. 229 § 5 S. 2 eine erhebliche Modifikation. Danach gilt die soeben skizzierte Rechtslage für **Dauerschuldverhältnisse** mit der Maßgabe, dass **ab dem 1.1.2003 nur das BGB** und die damit verbundenen privatrechtlichen Nebengesetze einschließlich der BGB-InfoV **in der dann geltenden** – dh in der jeweils aktuellen – **Fassung** anzuwenden sind. Dauerschuldverhältnisse sind dadurch charakterisiert, dass die Leistungspflicht mindestens einer Partei in einem dauernden Verhalten oder in regelmäßig wiederkehrenden Leistungen besteht und dass der Umfang der geschuldeten Leistung und daher auch der Umfang der vom Gläubiger zu erbringenden Gegenleistung von der Dauer des Zeitraums abhängt, in dem die Leistungen des Schuldners fortlaufend zu erbringen sind.[3] Dauerschuldverhältnisse sind also durch das Element der Dauer und der wiederkehrenden Pflichtenanspannung der Beteiligten charakterisiert (→ BGB § 314 Rn. 6).[4] 4

Bei der Anwendung dieser Definition auf Teilzeit-Wohnrechteverträge muss man im Ausgangspunkt zwischen den verschiedenen Gestaltungsformen von Teilzeit-Wohnrechteverträgen unterscheiden (→ BGB § 481 Rn. 2 ff.): Schuldrechtlich und mitgliedschaftlich begründete Teilzeit-Wohnrechteverträge fallen unproblematisch unter den Begriff des Dauerschuldverhältnisses iSv Art. 229 § 5 S. 2.[5] Solche Verträge zeichnen sich durch eine lange Laufzeit und die Pflicht zu wiederkehrenden Leistungen aus, so dass der Umfang der jeweiligen Pflichten von der Zeitdauer abhängt. Schwieriger zu beurteilen ist demgegenüber das dingliche Timesharing: Hier liegt dem Verfügungsgeschäft, durch welches dem Verbraucher das Teilzeit-Wohnrecht eingeräumt wird, ein schuldrechtlicher Austauschvertrag, regelmäßig ein Rechtskauf, zugrunde (→ BGB § 481 Rn. 10). Für sich betrachtet handelt es sich dabei nicht um ein Dauerschuldverhältnis im genannten Sinn. Das Element der Dauer wird auf der Ebene des Verpflichtungsgeschäfts beim dinglichen Timesharing allerdings durch die dienst- bzw. werkvertraglichen und geschäftsbesorgungsrechtlichen Komponenten dieses Vertragstyps verwirklicht. Aufgrund dieser nicht unwesentlichen Bestandteile eines dinglich ausgestalteten Teilzeit-Wohnrechtevertrags hängt auch der Umfang der jeweiligen Leistungspflichten von der Dauer des gesamten Vertrages ab. Daher ist der Verpflichtungsvertrag beim dinglich ausgestalteten Timesharing ebenfalls als Dauerschuldverhältnis iSv Art. 229 § 5 S. 2 zu qualifizieren. 5

§ 26 Überleitungsvorschrift zum Gesetz zur Bekämpfung der Zwangsheirat und zum besseren Schutz der Opfer von Zwangsheirat sowie zur Änderung weiterer aufenthalts- und asylrechtlicher Vorschriften

Die Aufhebung einer vor dem 1. Juli 2011 geschlossenen Ehe ist ausgeschlossen, wenn die Ehe nach dem bis dahin geltenden Recht zu diesem Zeitpunkt nicht mehr hätte aufgehoben werden können.

Art. 229 § 26 wurde angefügt mit Wirkung vom 1.7.2011 durch Art. 7 Gesetz zur Bekämpfung der Zwangsheirat und zum besseren Schutz der Opfer von Zwangsheirat ua vom 23.6.2011 (BGBl. 2011 I 1266). Durch dieses Gesetz[1] wurde insbesondere **§ 1317 Abs. 1 S. 1 BGB** geändert. Die **Antragsfrist** für die Aufhebung einer Ehe im Fall der Bestimmung eines Ehegatten zur Eingehung der Ehe durch widerrechtliche Drohung wurde **auf drei Jahre verlängert.**[2] Hintergrund dafür ist, dass betroffene Ehegatten, vor allem Frauen, sich in der jeweiligen Drucksituation oft vorübergehend ihrem Schicksal fügen und auch nach Beendigung der Zwangslage zunächst nicht tätig werden. Die Gesetzesbegründung führt dies darauf zurück, dass die Betroffenen sich nicht selten in einer besonderen emotionalen Situation befinden und daher häufig erst nach längerer Zeit in der Lage sind, eine Aufhebung der Ehe aktiv zu betreiben. Da der betreffende Zeitraum die in anderen Fällen geltende Antragsfrist von einem Jahr (vgl. § 1317 Abs. 1 BGB) überdauern kann, hat der Gesetzgeber entschieden, dem von einer Zwangsheirat betroffenen Ehegatten eine Anfechtungsfrist von drei Jahren einzuräumen. 1

---

2 *Heß,* Intertemporales Privatrecht, 1998, 148.

3 *U. Huber* Leistungsstörungen II 437.

4 Grüneberg/*Grüneberg* BGB § 314 Rn. 2; *Kirsch* NJW 2002, 2521 (2522).

5 HK-BGB/*Staudinger/Friesen* BGB § 481 Rn. 2.

1 Näher dazu *Kaiser* FamRZ 2013, 77 ff.; *Sering* NJW 2011, 2161 ff.

2 Begr. RegE, BT-Drs. 17/4401, 13.

2 Art. 229 § 26 enthält die Übergangsregelung zu dieser Fristverlängerung. Nach dem Willen des Gesetzgebers gilt das neue Recht grundsätzlich auch für Ehen, die vor dem Inkrafttreten des oben genannten Gesetzes, also **vor dem 1.7.2011,** geschlossen wurden. § 26 stellt jedoch ausdrücklich klar, dass aus Gründen der Rechtssicherheit und des Vertrauensschutzes die Aufhebung der Ehe nicht begehrt werden kann, wenn die (zuvor) geltende Aufhebungsfrist von einem Jahr (§ 1317 Abs. 1 BGB aF) bereits vor Inkrafttreten dieses Gesetzes abgelaufen war. Auf diese Weise soll sichergestellt werden, dass nicht nachträglich in einen bereits abgeschlossenen Sachverhalt eingegriffen wird. Allein in Fällen, in denen die Einjahresfrist vor dem 1.7.2011 begonnen hatte, aber bis zu diesem Zeitpunkt noch nicht vollständig abgelaufen war, gilt zum Schutz des genötigten Ehegatten die Dreijahresfrist seit Ende der Zwangslage.[3] Das betrifft also alle Fälle von Zwangsheirat, in denen der Wegfall der Zwangslage nach dem 1.7.2010 eintrat.

§ 27 Übergangsvorschrift zum Gesetz zur Anpassung der Vorschriften über den Wertersatz bei Widerruf von Fernabsatzverträgen und über verbundene Verträge vom 27. Juli 2011

Sowohl Artikel 246 § 2 Absatz 3 Satz 1 als auch § 360 Absatz 3 des Bürgerlichen Gesetzbuchs sind bis zum Ablauf des 4. November 2011 auch im Fall der Übermittlung der Widerrufs- und der Rückgabebelehrungen nach den Mustern gemäß den Anlagen 1 und 2 in der Fassung des Gesetzes zur Umsetzung der Verbraucherkreditrichtlinie, des zivilrechtlichen Teils der Zahlungsdiensterichtlinie sowie zur Neuordnung der Vorschriften über das Widerrufs- und Rückgaberecht vom 29. Juni 2009 (BGBl. I S. 2355) anzuwenden.

1 Art. 229 § 27 wurde angefügt durch Gesetz vom 27.7.2011 (BGBl. 2011 I 1600) mit Wirkung vom 4.8.2011. Die Vorschrift legt fest, dass die Informationspflichten über den Widerruf bei Verbraucherverträgen innerhalb einer Übergangsfrist bis zum 4.11.2011 auch durch Übermittlung von Musterbelehrungen in der bis zur Gesetzesänderung geltenden Fassung erfüllt werden konnten. Die Regelung hat heute – außer bei der Entscheidung von Altfällen – keine praktische Bedeutung mehr.

§ 28 Übergangsvorschrift zum Gesetz zur Anpassung der Vorschriften des Internationalen Privatrechts an die Verordnung (EU) Nr. 1259/2010 und zur Änderung anderer Vorschriften des Internationalen Privatrechts vom 23. Januar 2013

(1) Artikel 17 Absatz 1 in der am 29. Januar 2013 geltenden Fassung ist anzuwenden, wenn das Verfahren auf Ehescheidung nach dem 28. Januar 2013 eingeleitet worden ist.

(2) Artikel 17 Absatz 3 und Artikel 17b Absatz 1 Satz 4 in der am 28. Januar 2013 geltenden Fassung sind weiter anzuwenden, wenn das Verfahren auf Ehescheidung oder Aufhebung der Lebenspartnerschaft vor dem 29. Januar 2013 eingeleitet worden ist.

I. Scheidungsfolgen ohne Versorgungsausgleich[1]

1 **Art. 17 Abs. 1 aF** ist durch die Vorschriften der Rom III-VO und der EuGüVO ersetzt worden. Die Rom III-VO gilt nach ihrem Art. 18 für gerichtliche Verfahren und Rechtswahlvereinbarungen, die **ab dem 21.6.2012** eingeleitet bzw. geschlossen wurden; die EuGüVO gilt nach Art. 69 EuGüVO für Verfahren, öffentliche Urkunden und gerichtliche Vergleiche, die **ab dem 29.1.2019** eingeleitet, förmlich errichtet oder geschlossen worden sind. Beide Verordnungen genießen in den teilnehmenden Staaten unmittelbare Wirkung. Art. 17 Abs. 1 aF ist deshalb seit dem 21.6.2012 auf die der Rom III-VO unterliegenden Gegenstände – dh auf die **Scheidung** und – theoretisch – auf unselbständige (keinem eigenen Statut unterliegende) nichtvermögensrechtliche Scheidungsfolgen nicht mehr anwendbar. Solche Scheidungsfolgen gibt es aber nicht. Die neue Fassung gilt nach Abs. 1 bei Verfahrenseinleitung ab dem **29.1.2013.** Die **Rechtshängigkeit** ist dabei nach deutschem Recht zu beurteilen, da es für eine Anlehnung an den europäischen Rechtshängigkeitsbegriff (→ Anh. Art. 17a Rn. 20) keinen hinreichenden Anhaltspunkt gibt.[2]

2 Zwischen den beiden Stichtagen klafft eine **zeitliche Lücke** (21.6.2012 bis 28.1.2013). Für die Scheidung und etwaige unselbständige nichtvermögensrechtliche Scheidungsfolgen spielt das

---

[3] BT-Drs. 17/4401, 13.

[1] Die nachfolgende Kommentierung beruht mit geringfügigen Veränderungen auf den Arbeiten des Vorgängers, Prof. Dr. Peter Winkler von Mohrenfels.

[2] *Rauscher* IPRax 2015, 139 (141); *Rauscher* FPR 2013, 257 (261).

keine Rolle: sie unterliegen seit dem 21.6.2012 der Rom III-VO bzw. seit dem 29.1.2019 der EuGüVO. Auch für die von der Anwendbarkeit der Rom III-VO ausgenommenen **selbständigen vermögensrechtlichen** Scheidungsfolgen (→ Art. 17 Rn. 36 ff.) ergeben sich durch die **Neufassung des Art. 17 Abs. 1** keine Änderungen: sie unterliegen ihren eigenen Statuten.

Von Bedeutung ist die zeitliche Lücke lediglich für **unselbständige vermögensrechtliche Scheidungsfolgen,** die keinem eigenen Statut unterliegen, sondern an das Scheidungsstatut gekoppelt sind (→ Art. 17 Rn. 38), insbesondere **Schenkungen** und **ehebezogene Zuwendungen, Genugtuungs-, Schadensersatz- und Entschädigungsansprüche** – falls sie nicht ausnahmsweise unterhaltsrechtliche Funktion haben:[3] für sie greift die Rom III-VO nicht ein;[4] stattdessen gilt im fraglichen Zeitraum Art. 17 Abs. 1 in der bis zum 28.1.2013 geltenden ursprünglichen Fassung,[5] die auf das Ehewirkungsstatut verweist. In diesen Fällen kommt es also zu einem Auseinanderfallen von dem nach der Rom III-VO anzuknüpfenden Scheidungsstatut und dem nach Art. 17 Abs. 1 aF anzuknüpfenden Scheidungsfolgenstatut.[6] Dies hat der deutsche Gesetzgeber offensichtlich der alternativ in Betracht gekommenen Vorverlegung des Stichtags in Abs. 1 auf den 21.6.2012 vorgezogen. Die Zuteilung einer im Ausland belegenen Ehewohnung nebst Hausrat unterliegt seit dem 29.1.2019 der EuGüVO.[7] 3

In Folge der zweiten Sahyouni-Entscheidung des EuGH[8] und ihrer Umsetzung durch den BGH[9] (→ Rom III-VO Art. 1 Rn. 14 ff.) ist die intertemporale Normgeltung für Privatscheidungen fraglich, die vom 21.6.2012 bis einschließlich zum 20.12.2018 durchgeführt wurden.[10] Das Problem stellt sich nur bei der kollisionsrechtlichen Würdigung von Privatscheidungen, nicht dagegen im Rahmen der verfahrensrechtlichen Anerkennung einer gerichtlich bestätigten Privatscheidung. Auf die kollisionsrechtliche Würdigung ausländischer Privatscheidungen findet bis einschließlich 28.1.2013 ebenfalls Art. 17 Abs. 1 S. 1 aF Anwendung.[11] Wie mit Privatscheidungen zu verfahren ist, die vom 29.1.2013 bis einschließlich zum 20.12.2018 durchgeführt wurden, ist umstritten. Während das OLG Düsseldorf[12] eine eingeschränkte Anwendung der Rom III-VO befürwortet hat, die mittlerweile in einer rückwirkenden Anwendung von Art. 17 Abs. 2 aufgeht, vertritt das OLG München eine rückwirkend analoge Anwendung von Art. 17 Abs. 1 aF[13] Beide Lösungen haben Stärken und Schwächen. Für die **rückwirkende Anwendung des Art. 17 Abs. 2** spricht neben der vor Sahyouni deutlich geäußerten gesetzgeberischen Auffassung, dass Privatscheidungen selbstverständlich in den Anwendungsbereich der Rom III-VO fallen,[14] vor allem, dass die Ehegatten bei einer analogen Anwendung des Art. 8 Rom III-VO in den Genuss der **Aufenthaltsanknüpfung** kommen.[15] So können sie von einigen der zwischenzeitlich auch in zahlreichen EU-Mitgliedstaaten eingeführten Vertragsscheidungsmodellen profitieren.[16] Für eine rückwirkende Anwendung von Art. 17 Abs. 1 aF spricht demgegenüber, dass die im anderen Fall notwendige **Rückbewirkung von Rechtsfolgen** als „echte Rückwirkung" am Maßstab des Rechtsstaatsprinzips (Art. 20 Abs. 1, 3 GG) an strenge Anforderungen geknüpft ist.[17] Die Voraussetzungen einer echten Rückwirkung sind in diesem besonderen Fall aber erfüllt. Entweder kann man bei einer ausstehenden Klärung durch den EuGH von einer Situation ausgehen, die der Gesetzgeber mit Art. 17 Abs. 2 nachträglich klargestellt hat. Oder man erkennt an, dass die Rechtslage vor der Klarstellung in Sahyouni II so 4

---

3 Staudinger/*Mankowski,* 2016, Rn. 10.

4 Staudinger/*Mankowski,* 2016, Rn. 10; Grüneberg/*Thorn* Art. 17 Rn. 4.

5 Art. 17 Abs. 1 idF der Bek. vom 21.9.1994, BGBl. 1994 I 2494: „Die Scheidung unterliegt dem Recht, das im Zeitpunkt des Eintritts der Rechtshängigkeit des Scheidungsantrags für die allgemeinen Wirkungen der Ehe maßgebend ist. Kann die Ehe hiernach nicht geschieden werden, so unterliegt die Scheidung dem deutschen Recht, wenn der die Scheidung begehrende Ehegatte in diesem Zeitpunkt Deutscher ist oder dies bei der Eheschließung war."

6 Bestätigt durch BGH NJW 2022, 62 (64).

7 Grüneberg/*Thorn* Art. 17 Rn. 3. Zum alten Recht → Art. 17 Rn. 38.

8 EuGH NJW 2018, 447 = FamRZ 2018, 169 mAnm *Claudia Mayer* FamRZ 2018, 171 und mAnm *Mankowski* FamRZ 2018, 821 = NZFam 2018, 126 mAnm *Rieck* NZFam 2018, 128 = IPRax 2018, 261 mAnm *Coester-Waltjen* IPRax 2018, 238 – Sahyouni II.

9 BGH NJW 2020, 3592.

10 *Wall* FamRZ 2020, 1704 (1705).

11 *Wall* FamRZ 2020, 1704 (1706).

12 OLG Düsseldorf FamRZ 2018, 1657; ebenso die hL, Nachweise bei *Wall* FamRZ 2020, 1704 (1708) Fn. 58.

13 OLG München FamRZ 2018, 817 (819 f.).

14 Kritik bei *Wall* FamRZ 2020, 1704 (1708).

15 *Antomo* StAZ 2019, 33 (37); *Dutta* FF 2018, 60 (61).

16 Beispielsweise wurde die Vertragsscheidung in Frankreich zum 1.1.2017 eingeführt.

17 *Wall* FamRZ 2020, 1704 (1710).

„unklar und verworren" war, dass eine Klärung zu erwarten war. Ein solcher Zustand, der kein schützenswertes Vertrauen in den Fortbestand der Rechtslage entstehen lässt, ist spätestens mit dem Urteil des EuGH in Sahyouni I entstanden.[18]

II. Versorgungsausgleich

5 **Art. 17 Abs. 4** (= Abs. 3 aF) und **Art. 17b Abs. 1 S. 3** (= S. 4 aF) werden durch die Rom III-VO nicht berührt. Die alten Fassungen der beiden Vorschriften sind übergangsweise auf Verfahren anzuwenden, die vor dem 29.1.2013 eingeleitet worden sind. Soweit Art. 17 Abs. 3 aF auf **Art. 17 Abs. 1 aF** verwies, gelten an dessen Stelle für ab dem 21.6.2012 aber vor dem 29.1.2013 eingeleitete Scheidungsverfahren die Anknüpfungsregeln der Rom III-VO. Hinsichtlich des Versorgungsausgleichs wurde Art. 17 Abs. 1 aF dagegen nicht von der Rom III-VO verdrängt, da der Versorgungsausgleich gemäß Art. 1 Abs. 2 lit. e Rom III-VO von deren Regelungsbereich ausgenommen ist.[19] Insoweit gilt deshalb weiterhin Art. 17 Abs. 1 in der bis zum 28.1.2013 geltenden Fassung, die auf das Ehewirkungsstatut verwies. Von Bedeutung ist dies nur für den **regelwidrigen Ausgleich** nach Art. 17 Abs. 4 S. 2: in beiden Fällen ist die Geltung deutschen Rechts erforderlich,[20] nach der Neufassung reicht es aber aus, wenn **einer** der Ehegatten bzw. Lebenspartner eine inländische Versorgungsanwartschaft erworben hat; auch ist bei Ehegatten die „Kenntnis" des Versorgungsausgleichs durch das **Ehewirkungsstatut** nicht mehr erforderlich. Mit dieser Änderung zieht der deutsche Gesetzgeber die Konsequenzen aus der Abkoppelung des Scheidungsstatuts vom Ehewirkungsstatut durch die Rom III-VO (→ Rom III-VO Art. 8 Rn. 13).[21]

§ 29 Übergangsvorschriften zum Mietrechtsänderungsgesetz vom 11. März 2013

(1) Auf ein bis zum 1. Mai 2013 entstandenes Mietverhältnis sind die §§ 536, 554, 559 bis 559b, 578 des Bürgerlichen Gesetzbuchs in der bis zum 1. Mai 2013 geltenden Fassung weiter anzuwenden, wenn
1. bei Modernisierungsmaßnahmen die Mitteilung nach § 554 Absatz 3 Satz 1 des Bürgerlichen Gesetzbuchs dem Mieter vor dem 1. Mai 2013 zugegangen ist oder
2. bei Modernisierungsmaßnahmen, auf die § 554 Absatz 3 Satz 3 des Bürgerlichen Gesetzbuchs in der bis zum 1. Mai 2013 geltenden Fassung anzuwenden ist, der Vermieter mit der Ausführung der Maßnahme vor dem 1. Mai 2013 begonnen hat.

(2) § 569 Absatz 2a des Bürgerlichen Gesetzbuchs ist auf ein vor dem 1. Mai 2013 entstandenes Mietverhältnis nicht anzuwenden.

1 Art. 229 § 29 wurde eingefügt durch Art. 2 MietRÄndG vom 11.3.2013 (BGBl. 2013 I 434).

2 Als Ausnahme von der Grundregel des Art. 170 EGBGB bestimmt Art. 171, dass unter anderem für bestehende Mietverhältnisse das – geänderte – Recht ab dem Zeitpunkt seines Inkrafttretens Anwendung findet. Wenn demgemäß durch den Gesetzgeber die beiderseitigen Rechte und Pflichten ändernde Bestimmungen erlassen werden, handelt es sich um einen Fall der **unechten Rückwirkung** (→ Art. 170 Rn. 9). Übergangsvorschriften sind dann erforderlich, wenn bestimmte Sachverhalte vor der Gesetzesänderung begonnen haben, aber nach deren Inkrafttreten noch nicht abgeschlossen sind und jeweils unterschiedliche Rechtsfolgen ausgelöst hätten.

3 Weil sowohl die Duldung als auch die Mieterhöhung nach Änderung des Gesetzes teilweise neu geregelt worden sind, könnte es problematisch werden, wenn die Modernisierung nach altem Recht zu dulden und die Mieterhöhung nach neuem Recht durchzuführen wäre. Nach **Abs. 1 Nr. 1** ist bei Bestandsmietverhältnissen deshalb auf den Zugang der Mitteilung nach § 554 Abs. 3 S. 1 BGB aF beim Mieter abzustellen. Erfolgt der Zugang noch unter Geltung des alten Rechts, ist sowohl für die Duldung als auch für die Mieterhöhung wegen Modernisierung das bislang geltende Recht maßgeblich. Geht die Modernisierungsankündigung dagegen dem Mieter ab Inkrafttreten der Reform zu, gilt sowohl für die Duldung als auch für die Mieterhöhung das neue Recht.

4 Bei Modernisierungsmaßnahmen, für die nach § 554 Abs. 3 S. 3 BGB aF keine Mitteilung erforderlich ist, kommt es nach **Abs. 1 Nr. 2** darauf an, ob der Vermieter mit der Ausführung der Maßnahmen noch unter Geltung des alten Rechts begonnen hat. Ist dies der Fall, richten sich auch hier sowohl Duldung als auch Mieterhöhung wegen Modernisierung nach bislang geltendem Recht. Auf später ausgeführte Maßnahmen ist jedoch das neue Recht anzuwenden.

[18] AA *Wall* FamRZ 2020, 1704 (1711).
[19] Staudinger/*Mankowski*, 2016, Rn. 13.
[20] Vgl. *Rauscher* FPR 2013, 257 (261).
[21] Staudinger/*Mankowski*, 2016, Rn. 12.

Abs. 2 bestimmt, dass das neue Kündigungsrecht nach § 569 Abs. 2a BGB wegen Rückstands mit der Leistung der Mietsicherheit auf die bis zum Inkrafttreten des Gesetzes bereits entstandenen Mietverhältnisse nicht anzuwenden ist. Weil die Sicherheitsleistung in engem, zeitlichen Zusammenhang mit dem Abschluss des Mietvertrages steht, erschien es daher nicht notwendig, die neue Regelung auch auf bestehende Mietverhältnisse anzuwenden. 5

§ 30 Überleitungsvorschrift zum Gesetz zur Reform der elterlichen Sorge nicht miteinander verheirateter Eltern

Hat ein Elternteil vor dem 19. Mai 2013 beim Familiengericht einen Antrag auf Ersetzung der Sorgeerklärung des anderen Elternteils gestellt, gilt dieser Antrag als ein Antrag auf Übertragung der elterlichen Sorge nach § 1626a Absatz 2 des Bürgerlichen Gesetzbuchs.

Art. 229 § 30 wurde eingefügt mit Wirkung vom 19.5.2013 durch das Gesetz zur Reform der elterlichen Sorge nicht miteinander verheirateter Eltern vom 16.4.2013 (BGBl. 2013 I 795). Zur Kommentierung → 8. Aufl. 2021, Rn. 1 ff. 1

§ 31 Überleitungsvorschrift zur Änderung der Verjährungsvorschriften des Bürgerlichen Gesetzbuchs durch das Gesetz zur Stärkung der Rechte von Opfern sexuellen Missbrauchs

Die Vorschriften des Bürgerlichen Gesetzbuchs in der seit dem 30. Juni 2013 geltenden Fassung über die Verjährung sind auf die an diesem Tag bestehenden und noch nicht verjährten Ansprüche anzuwenden.

Art. 229 § 31 wurde durch das Gesetz zur Stärkung der Rechte von Opfern sexuellen Missbrauchs (StORMG) vom 26.6.2013 (BGBl. 2013 I 1805) eingefügt und ist am 30.6.2013 in Kraft getreten (zur Gesetzgebungsgeschichte → BGB § 197 Rn. 5). Die Vorschrift betrifft ausschließlich den **neu gefassten § 197 Abs. 1 Nr. 1 BGB,** demzufolge Schadensersatzansprüche, die auf der vorsätzlichen Verletzung des Lebens, des Körpers, der Gesundheit, der Freiheit oder der sexuellen Selbstbestimmung beruhen, in dreißig Jahren statt in der Regelfrist der §§ 195, 199 BGB verjähren. Der RegE hatte daneben noch die ersatzlose Streichung der **Hemmungsregel des § 208 BGB** nebst einer an Art. 229 § 23 Abs. 3 orientierten Übergangsregel vorgesehen.[1] Im Gesetzgebungsverfahren setzte sich jedoch die Auffassung durch, dass manchmal auch die 30-jährige Verjährungsfrist zu kurz sei, weil die Opfer von Missbrauchsfällen auch noch lange nach der Tat nicht fähig seien, gegen die Täter vorzugehen.[2] § 208 BGB blieb daher unverändert erhalten. Das Überleitungsregime des Art. 229 § 31 **entspricht dem des Art. § 23 Abs. 1 S. 1** (→ Art. 229 § 23 Rn. 1 ff.). Es fehlt allerdings eine Parallelbestimmung zu Abs. 1 S. 2 des § 23, dh ein auf Frist und Fristbeginn bezogener **Anwendungsvergleich** zwischen neuem und altem Verjährungsrecht **erfolgt nicht.** Es ist dies eine Konsequenz der gesetzgeberischen Einschätzung, dass bei den erfassten Ansprüchen der Opferschutz auch in intertemporaler Hinsicht ganz im Vordergrund stehen solle, und zwar in einheitlicher Weise.[3] Dies führt zugleich dazu, dass sich der (rückzurechnende) Verjährungsbeginn stets nach § 200 BGB richtet, also die Entstehung des Anspruchs ausschlaggebend ist und nicht der Stichtag des 30.6.2013. Auf Schadensersatzansprüche, die bei Inkrafttreten der Norm bereits verjährt waren, wirkt sich § 31 nicht aus. Sie bleiben verjährt, alles andere verstieße gegen das rechtsstaatliche Rückwirkungsverbot.[4] 1

§ 32 Übergangsvorschrift zum Gesetz zur Umsetzung der Verbraucherrechterichtlinie und zur Änderung des Gesetzes zur Regelung der Wohnungsvermittlung

(1) Auf einen vor dem 13. Juni 2014 abgeschlossenen Verbrauchervertrag sind die Vorschriften dieses Gesetzes, des Bürgerlichen Gesetzbuchs, des Fernunterrichtsschutzgesetzes, der Zivilprozessordnung, des Gesetzes zur Regelung der Wohnungsvermittlung, des Gesetzes gegen unlauteren Wettbewerb, des Vermögensanlagengesetzes, der Wertpapierdienstleistungs-Verhaltens- und Organisationsverordnung, des Wertpapierprospektgeset-

1 BT-Drs. 17/6261, 6 f.
2 RA, BT-Drs. 17/12735, 18.
3 Vgl. Begr. RegE, BT-Drs. 17/6261, 20 f.
4 Begr. RegE, BT-Drs. 17/6261, 20 f.

zes, der Preisangabenverordnung, des Kapitalanlagegesetzbuchs, des Versicherungsvertragsgesetzes und des Unterlassungsklagengesetzes in der bis zu diesem Tag geltenden Fassung anzuwenden.

(2) Solange der Verbraucher bei einem Fernabsatzvertrag, der vor dem 13. Juni 2014 geschlossen wurde, nicht oder nicht entsprechend den zum Zeitpunkt des Vertragsschlusses geltenden gesetzlichen Anforderungen des Bürgerlichen Gesetzbuchs über sein Widerrufsrecht belehrt worden ist und solange das Widerrufsrecht aus diesem Grunde nicht erloschen ist, erlischt das Widerrufsrecht

1. **bei der Lieferung von Waren: zwölf Monate und 14 Tage nach Eingang der Waren beim Empfänger, jedoch nicht vor Ablauf des 27. Juni 2015,**
2. **bei der wiederkehrenden Lieferung gleichartiger Waren: zwölf Monate und 14 Tage nach Eingang der ersten Teillieferung, jedoch nicht vor Ablauf des 27. Juni 2015,**
3. **bei Dienstleistungen: mit Ablauf des 27. Juni 2015.**

(3) Solange der Verbraucher bei einem Haustürgeschäft, das vor dem 13. Juni 2014 geschlossen wurde, nicht oder nicht entsprechend den zum Zeitpunkt des Vertragsschlusses geltenden Anforderungen des Bürgerlichen Gesetzbuchs über sein Widerrufsrecht belehrt worden ist und solange das Widerrufsrecht aus diesem Grunde nicht erloschen ist, erlischt das Widerrufsrecht zwölf Monate und 14 Tage nach vollständiger Erbringung der beiderseitigen Leistungen aus dem Vertrag, nicht jedoch vor Ablauf des 27. Juni 2015.

(4) [1]Die Absätze 2 und 3 sind nicht anwendbar auf Verträge über Finanzdienstleistungen. [2]Solange der Verbraucher bei einem Haustürgeschäft, durch das der Unternehmer dem Verbraucher eine entgeltliche Finanzierungshilfe gewährt und das vor dem 11. Juni 2010 geschlossen wurde, nicht oder nicht entsprechend den zum Zeitpunkt des Vertragsschlusses geltenden Anforderungen des Bürgerlichen Gesetzbuchs über sein Widerrufsrecht belehrt worden ist und solange das Widerrufsrecht aus diesem Grunde nicht erloschen ist, erlischt das Widerrufsrecht zwölf Monate und 14 Tage nach vollständiger Erbringung der beiderseitigen Leistungen aus dem Vertrag, nicht jedoch vor Ablauf des 27. Juni 2015.

1 Art. 229 § 32 wurde angefügt mit Wirkung vom 13.6.2014 durch Gesetz vom 20.9.2013 (BGBl. 2013 I 3642).

§ 33 Überleitungsvorschrift zu dem Gesetz gegen unseriöse Geschäftspraktiken

Auf Schuldverhältnisse, die vor dem 9. Oktober 2013 entstanden sind, ist § 675 des Bürgerlichen Gesetzbuchs in der *bis zu diesem Tag* [richtig wohl: „bis zum Ablauf des 8. Oktober 2013"] geltenden Fassung anzuwenden.

1 Art. 229 § 33 wurde angefügt mit Wirkung vom 9.10.2013 durch Gesetz vom 1.10.2013 (BGBl. 2013 I 3714). Die Überleitungsvorschrift betrifft das durch das Gesetz gegen unseriöse Geschäftspraktiken neu eingefügte Textformerfordernis für sog. **„Gewinnspieldiensteverträge"** in § 675 Abs. 3 BGB (näher → BGB § 675 Rn. 135).[1] Der genannte Zeitpunkt ist – in Anlehnung an Art. 170 – maßgeblich für die Anwendbarkeit der durch dieses Gesetz in das BGB eingefügten Neuerungen. Diese Regelung gilt also nicht für Verträge, die vor dem 9.10.2013 geschlossen wurden.

§ 34 Überleitungsvorschrift zum Gesetz zur Bekämpfung von Zahlungsverzug im Geschäftsverkehr

[1]Die §§ 271a, 286, 288, 308 und 310 des Bürgerlichen Gesetzbuchs in der seit dem 29. Juli 2014 geltenden Fassung sind nur auf ein Schuldverhältnis anzuwenden, das nach dem 28. Juli 2014 entstanden ist. [2]Abweichend von Satz 1 sind die dort genannten Vorschriften auch auf ein vorher entstandenes Dauerschuldverhältnis anzuwenden, soweit die Gegenleistung nach dem 30. Juni 2016 erbracht wird.

1 Art. 229 § 34 wurde angefügt mit Wirkung vom 29.7.2014 durch Gesetz zur Bekämpfung von Zahlungsverzug im Geschäftsverkehr und zur Änderung des Erneuerbare-Energien-Gesetzes vom 22.7.2014 (BGBl. 2014 I 1218). Amtl. Anm.: Dieses Gesetz dient der Umsetzung der RL 2011/7/

---

[1] Näher *Köhler* NJW 2013, 3473 (3477).

EU des Europäischen Parlaments und des Rates vom 16.2.2011 zur Bekämpfung von Zahlungsverzug im Geschäftsverkehr (ABl. EU 2011 L 48, 1).

Die Regelung ist vergleichbar mit der in Art. 229 § 5. Auf die Kommentierung dort kann verwiesen werden. Entscheidend bei vertraglichen Schuldverhältnissen ist danach der Zeitpunkt der **Wirksamkeit des Vertragsschlusses,** im Regelfall also der des Wirksamwerdens der Annahmeerklärung (→ Art. 229 § 5 Rn. 2). Auf einen bis zum 28.7.2014 geschlossenen Vertrag, der befristet ist oder unter einer aufschiebenden Bedingung steht, ist altes Recht anzuwenden (→ Art. 229 § 5 Rn. 5). Bei genehmigungsbedürftigen vor dem Stichtag geschlossenen Verträgen kommt es darauf an, ob die Genehmigung zurückwirkt (dann altes Recht) oder nicht. Im letzteren Fall ist neues Recht anzuwenden (→ Art. 229 § 5 Rn. 7). 2

Bei **Dauerschuldverhältnissen** ordnet das Gesetz – abweichend von Vorstehendem – die Geltung des neuen Rechts **auch für vor dem Stichtag begründete Vertragsverhältnisse** an, soweit die Gegenleistung nach dem 30.6.2016 erbracht wird. Zum Begriff der Dauerschuldverhältnisse → Art. 229 § 5 Rn. 13; → BGB § 314 Rn. 9 ff. Das bedeutet, dass das neue Recht anzuwenden ist, soweit die Gegenleistung, für die ein Entgelt gefordert wird, nach diesem Zeitpunkt erbracht wird. Eine in dem Dauerschuldverhältnis oder selbständig vor dem Inkrafttreten des Gesetzes getroffene Vereinbarung, die Auswirkung auf diese Entgeltforderung hat, ist daher auch an § 271a BGB oder an § 308 Nr. 1 lit. a oder Nr. 1 lit. b BGB zu messen.[1] Für vorher erbrachte Gegenleistungen gilt dies nicht.[2] Für Dauerschuldverhältnisse, die nach dem 28.7.2014 begründet wurden, gilt die allgemeine Regelung: neues Recht ist anwendbar. 3

Für den Zeitraum zwischen dem Ablauf der Umsetzungsfrist (16.3.2013) und dem in Art. 229 § 34 bestimmten Zeitpunkt bleibt stets zu prüfen, inwieweit Regelungen des neuen Rechts vorab schon im Wege **richtlinienkonformer Auslegung** des alten Rechts angewendet werden können.[3] Zwar gestattet die Richtlinie in Art. 12 Abs. 4 RL 2011/7/EU Ausnahmeregelungen für vorher geschlossene Verträge, aber nur für vor dem 16.3.2013 geschlossene. 4

§ 35 Übergangsvorschriften zum Mietrechtsnovellierungsgesetz vom 21. April 2015

(1) Die §§ 556d bis 556g, 557a Absatz 4 und § 557b Absatz 4 des Bürgerlichen Gesetzbuchs sind nicht anzuwenden auf Mietverträge und Staffelmietvereinbarungen über Wohnraum, die abgeschlossen worden sind, bevor die vertragsgegenständliche Mietwohnung in den Anwendungsbereich einer Rechtsverordnung nach § 556d Absatz 2 des Bürgerlichen Gesetzbuchs fällt.

(2) § 557a Absatz 4 des Bürgerlichen Gesetzbuchs ist nicht mehr anzuwenden auf Mietstaffeln, deren erste Miete zu einem Zeitpunkt fällig wird, in dem die vertragsgegenständliche Mietwohnung nicht mehr in den Anwendungsbereich einer Rechtsverordnung nach § 556d Absatz 2 des Bürgerlichen Gesetzbuchs fällt.

Art. 229 § 35 wurde eingefügt mWv 1.6.2015 durch Gesetz vom 21.4.2015 (BGBl. 2015 I 610). 1

Die Vorschrift betrifft die Anwendung der Regelungen zur sog. **Mietpreisbremse** auf Mietverträge als Dauerschuldverhältnisse. Nach Maßgabe von Abs. 1 sind die entsprechenden Regelungen des BGB, insbesondere die §§ 556d ff. BGB, nicht anzuwenden auf Wohnraummietverträge, die bereits in dem Zeitpunkt abgeschlossen waren, zu dem in dem betreffenden Gebiet eine Rechtsverordnung iSd § 556d Abs. 2 BGB in Kraft getreten ist. Es wird an dieser Stelle deutlich, dass allein die Einführung der Regelungen in das BGB mit Wirkung zum 1.6.2015 keinen Einfluss auf die Begrenzung der zulässigen Miethöhe hatte. Um der „Mietpreisbremse" Geltung für konkrete Vertragsverhältnisse zu verschaffen, bedarf es des Erlasses entsprechender **Rechtsverordnungen auf Landesebene.** Deren Inkrafttreten stellt die **zeitliche Zäsur** dar. Die Regelungen zur Mietpreisbremse, insbesondere zum Umgang des Mieters mit der Rüge eines Verstoßes und der nachfolgenden Rückforderung überzahlter Miete wurden mit Wirkung zum 1.1.2019 und 1.4.2019 geändert (Art. 229 §§ 49 und 51). 2

---

1 BT-Drs. 18/1309, 22 f.

2 Zutr. NK-BGB/*Schulte-Nölke*, 4. Aufl. 2021, Rn. 2. Die Gesetzesbegründung ist dazu allerdings etwas kryptisch, aus ihr könnte man entnehmen, dass die Regelung auch für Gegenleistungen gelten soll, die nach dem Inkrafttreten des Gesetzes (29.7.2014) erbracht worden sind, dass aber die „neue Regelung zeitlich versetzt erst ab dem 1.7.2015" (das war der im Entwurf ins Auge gefasste Termin) „für Dauerschuldverhältnisse gilt". Der Gesetzestext gibt ein solches Verständnis aber nicht wieder; danach kommt es darauf an, dass die Gegenleistung erst nach dem 30.6.2016 erbracht wird.

3 Dazu *Oelsner* NJW 2013, 2469.

3 Entscheidungserheblich für die Anwendung der landesrechtlichen Regelungen ist alsdann nicht etwa der Beginn des Mietverhältnisses oder etwa die Übergabe der Wohnung an den Mieter, sondern der **Abschluss des Vertrages.**[1] Dieser kann freilich erheblich vor dem Beginn des Mietverhältnisses erfolgen. Tritt in der Zwischenzeit eine entsprechende Verordnung in Kraft, bleibt der vorher geschlossene Mietvertrag verschont, auch wenn die Mieter erst später einziehen und nach dem Vertrag Mietzahlung schulden.[2] Anwendung findet eine Verordnung nur auf Mietverträge, bei denen die vertragsgegenständliche Wohnung im Zeitpunkt des Vertragsabschlusses in den zeitlichen und räumlichen Anwendungsbereich der Verordnung fällt. Daher wirkt die Verordnung auch, wenn das Mietverhältnis während deren Geltung geschlossen, aber erst nach deren Außerkrafttreten in Gang gesetzt wird.[3] Bei einem **Parteiwechsel** während der Geltung einer Verordnung kommt es darauf an, ob ein neuer Vertrag geschlossen oder der alte Vertrag fortgeführt wird (auch → BGB § 556d Rn. 5).[4]

4 Entsprechendes bestimmt Art. 229 § 35 Abs. 1 für **Staffelmietvereinbarungen.** Auch hier kommt es darauf an, zu welchem Zeitpunkt die Vereinbarung getroffen wurde. Vorher verabredete Staffeln bleiben von der Begrenzung durch die sog. Mietpreisbremsenverordnungen verschont, auch wenn sie in dem Geltungszeitraum der Verordnung fällig werden.

5 Art. 229 § 35 **Abs. 2** betrifft das **Auslaufen einer Rechtsverordnung,** deren Wirkung nach § 556d Abs. 2 S. 1 BGB auf höchstens fünf Jahre beschränkt ist und die nach Art. 229 § 35 Abs. 2 S. 4 spätestens zum Jahresende 2020 in Kraft getreten sein muss. (Die Regelung wurde zum 1.4.2020 verlängert, nun **Außerkrafttreten spätestens mit Ablauf des 31.12.2025**). Der Vermieter wird während der Geltung einer solchen Verordnung nicht nur gehindert, den Mietpreis zu Vertragsbeginn frei festzulegen, sondern sieht sich nach § 557a Abs. 4 BGB auch beschränkt, frei Staffelvereinbarungen zu treffen, nach denen sich die Miete in regelmäßigen Abständen, zB in Jahresschritten erhöht. Diese Beschränkung endet nach Art. 229 § 35 Abs. 2 für eine Staffel, deren erster Fälligkeitszeitpunkt jenseits des Wirkungszeitraums einer Verordnung liegt. Auslaufende Mietstaffeln bleiben hingegen durch § 557a Abs. 4 BGB für die Dauer der Vereinbarung gedeckelt, wenn während ihrer Laufzeit das Ende des Wirkungszeitraums einer Verordnung erreicht wird.

§ 36 Überleitungsvorschrift zum Gesetz zum Internationalen Erbrecht und zur Änderung von Vorschriften zum Erbschein sowie zur Änderung sonstiger Vorschriften vom 29. Juni 2015

Auf Verfahren zur Erteilung von Erbscheinen nach einem Erblasser, der vor dem 17. August 2015 verstorben ist, sind das Bürgerliche Gesetzbuch und das Gesetz über das Verfahren in Familiensachen und in den Angelegenheiten der freiwilligen Gerichtsbarkeit in der bis zu diesem Tag geltenden Fassung weiterhin anzuwenden.

1 Das Gesetz zum Internationalen Erbrecht und zur Änderung von Vorschriften zum Erbschein sowie zur Änderung sonstiger Vorschriften (IntErbRErbschÄndG) vom 29.6.2015 (BGBl. 2015 I 1042) diente in erster Linie der Schaffung der nationalen Verfahrensregelungen der unmittelbar geltenden EuErbVO. Die Einführung der Durchführungsvorschriften zu Europäischen Nachlasszeugnis (ENZ) nahm der Gesetzgeber zum Anlass, auch die entsprechenden Regelungen zum Erbschein zu ändern. Zum einen wurden punktuell Vorschriften zum Erbschein an die Vorgaben der EuErbVO mit dem Ziel eines Verfahrensgleichlaufs von ENZ und deutschem Erbschein angepasst.[1] Zum anderen wurden in diesem Zusammenhang die unsystematisch im BGB enthaltenen verfahrensrechtlichen Vorschriften zum Erbschein folgerichtig in das FamFG übertragen.[2] **Inhaltlich** waren damit **kaum Neuregelungen** verbunden, ausgenommen die Einführung des quotenlosen gemeinschaftlichen Erbscheins (§ 352a Abs. 2 S. 2 FamFG).

2 Die Vorschriften der EuErbVO finden auf Todesfälle von Personen Anwendung, die am 17.8.2015 oder danach verstorben sind (Art. 83 Abs. 1 EuErbVO).[3] Diese Regelung der intertemporalen Anwendbarkeit der EuErbVO betrifft vor allem auch das ENZ. Das IntErbRVG enthält

---

[1] Staudinger/*Emmerich,* 2014, BGB § 556d Rn. 6.
[2] Schmidt-Futterer/*Börstinghaus* BGB § 556d Rn. 7; zum ähnlichen Problem bei der Kappungsgrenzenverordnung *Artz/Börstinghaus* NZM 2013, 593.
[3] So auch Staudinger/*Rolfs,* 2016, Rn. 5.
[4] Staudinger/*Emmerich,* 2014, BGB § 556d Rn. 8.
[1] KG FGPrax 2017, 35.
[2] Vgl. RegE, BT-Drs. 18/4201, 1.
[3] Zum Gleichlauf s. auch RegE, BT-Drs. 18/4201, 67.

keine diesbezügliche Vorschrift; es erfasst jedoch nur Verfahren aus dem Anwendungsbereich der EuErbVO. Sein **zeitlicher Anwendungsbereich** deckt sich bereits aus diesem Grund mit demjenigen der EuErbVO.[4] Auch die Änderungen des BGB und des FamFG (Synopse → BGB § 2353 Rn. 49),[5] die neben der Wechselbezüglichkeit bzw. der erbvertragsmäßigen Bindung einer Rechtswahl vor allem die Vorschriften zum Erbschein und das Testamentsvollstreckerzeugnis betreffen, sind nur auf Erbfälle anwendbar, die am oder nach dem Stichtag des 17.8.2015 eintreten bzw. eingetreten sind.[6] Verfahren, die vor diesem Stichtag verstorbene Erblasser betreffen, unterliegen nicht den neuen Vorschriften, sondern den bisherigen Bestimmungen.[7] Maßgeblich ist allein der Todestag des Erblassers, nicht etwa das Datum eines erteilten Erbscheins oder die Einleitung eines Einziehungsverfahrens.[8] Bedeutung hat dies, aber nur marginal, hinsichtlich der Angaben im Erbscheinsantrag.[9] Die Überleitungsvorschrift soll über ihren unmittelbaren Anwendungsbereich hinaus jedenfalls hinsichtlich der Bestimmung der örtlichen Zuständigkeit auch sonstige Nachlasssachen gemäß § 342 Abs. 1 FamFG betreffen.[10] Wichtiger sind die früher streitige, zwischenzeitlich vom EuGH geklärte Frage der internationalen Zuständigkeit der Nachlassgerichte[11] und die noch bestehenden Probleme hinsichtlich des quotenlosen gemeinschaftlichen Erbscheins.[12]

§ 37 Überleitungsvorschrift zum Gesetz zur Verbesserung der zivilrechtlichen Durchsetzung von verbraucherschützenden Vorschriften des Datenschutzrechts

§ 309 Nummer 13 des Bürgerlichen Gesetzbuchs in der seit dem 1. Oktober 2016 geltenden Fassung ist nur auf ein Schuldverhältnis anzuwenden, das nach dem 30. September 2016 entstanden ist.

Art. 229 § 37 wurde mit Wirkung vom 1.10.2016 durch das Gesetz vom 17.2.2016 zur Verbesserung der zivilrechtlichen Durchsetzung von verbraucherschützenden Vorschriften des Datenschutzrechts (BGBl. 2016 I 233) angefügt. Diese Überleitungsvorschrift betrifft eine Änderung des Klauselrechts. Der Gesetzgeber hat mit dem Datenschutzdurchsetzungsgesetz die Anforderungen an sog. „Schriftformklauseln" iSv § 309 Nr. 13 BGB verschärft, damit Erklärungen und Anzeigen des Vertragspartners nicht durch zu strenge Formerfordernisse erschwert werden können. Um Unternehmen genügend Zeit zu geben, ihre AGB an die neue Rechtslage anzupassen, hat der Gesetzgeber ihnen eine Übergangsfrist nach Verkündung des Gesetzes (17.2.2016) eingeräumt. Nach Art. 229 § 37 greift § 309 Nr. 13 BGB in seiner verschärften Fassung daher lediglich für Schuldverhältnisse, die nach dem 30.9.2016 entstanden sind. 1

§ 38 Übergangsvorschrift zum Gesetz zur Umsetzung der Wohnimmobilienkreditrichtlinie und zur Änderung handelsrechtlicher Vorschriften

(1) [1]Dieses Gesetz und das Bürgerliche Gesetzbuch jeweils in der bis zum 20. März 2016 geltenden Fassung sind vorbehaltlich des Absatzes 2 auf folgende Verträge anzuwenden, wenn sie vor dem 21. März 2016 abgeschlossen wurden:
1. Verbraucherdarlehensverträge und Verträge über entgeltliche Finanzierungshilfen,
2. Verträge über die Vermittlung von Verträgen gemäß Nummer 1.
[2]Für Verbraucherdarlehensverträge gemäß § 504 des Bürgerlichen Gesetzbuchs ist der Zeitpunkt des Abschlusses des Vertrags maßgeblich, mit dem der Darlehensgeber dem

4 *Lehman* ZEV 2015, 138; Dutta/Weber/*Dutta*, 2. Aufl. 2021, IntErbRVG § 1 Rn. 1; *Gierl* in: Gierl/Köhler/Kroiß/Wilsch IntErbR, 3. Aufl. 2020, § 1 Rn. 1. Vgl. auch Art. 22 Abs. 1 IntErbErbschÄndG vom 29.6.2015 (BGBl. 2015 I 1042).
5 S. ferner *Herzog* ErbR 2015, 606 (608); *Grziwotz* FamRZ 2016, 417 (421); *Grziwotz* notar 2016, 352 (353).
6 Vgl. OLG Düsseldorf ErbR 2020, 579 Rn. 2; 2018, 707 (709); 2018, 48 (50); ZEV 2017, 147.
7 Vgl. BGH NJW 2023, 1296 Rn. 10; OLG Düsseldorf FGPrax 2020, 187; ZEV 2020, 772 Rn. 17; OLG Celle NJW-RR 2018, 1031 (1032); OLG Düsseldorf FGPrax 2017, 267; RNotZ 2017, 166 (167); ErbR 2016, 268 (269).
8 OLG Düsseldorf FGPrax 2017, 128; OLG Düsseldorf BeckRS 2017, 108468.
9 Vgl. RegE, BT-Drs. 18/4201, 42: lediglich Standortverlagerung.
10 So KG FGPrax 2017, 35. Offen hinsichtlich Erbausschlagungen und diesbezüglichen Anfechtungserklärungen OLG Düsseldorf BeckRS 2016, 123367. Zum Amtsermittlungsgrundsatz gemäß § 2358 BGB aF s. BGH ZEV 2016, 208 (209).
11 EuGH NJW 2018, 2309 = ZEV 2018, 465; vgl. aber EuGH ErbR 2019, 421 = BeckRS 2019, 9314 zur notariellen Bestätigung der Erbenstellung.
12 S. nur MüKoFamFG/*Grziwotz* FamFG § 352a Rn. 18 ff.

Darlehensnehmer das Recht einräumt, sein laufendes Konto in bestimmter Höhe zu überziehen. [3]Für Verbraucherdarlehensverträge gemäß § 505 Absatz 1 des Bürgerlichen Gesetzbuchs ist der Zeitpunkt des Abschlusses des Vertrags maßgeblich, mit dem der Unternehmer mit dem Verbraucher ein Entgelt für den Fall vereinbart, dass er eine Überziehung seines laufenden Kontos duldet.

(2) Die §§ 504a und 505 Absatz 2 des Bürgerlichen Gesetzbuchs sind auf Verbraucherdarlehensverträge gemäß den §§ 504 und 505 des Bürgerlichen Gesetzbuchs auch dann anzuwenden, wenn diese Verträge vor dem 21. März 2016 abgeschlossen wurden.

(3) [1]Bei Immobiliardarlehensverträgen gemäß § 492 Absatz 1a Satz 2 des Bürgerlichen Gesetzbuchs in der vom 1. August 2002 bis einschließlich 10. Juni 2010 geltenden Fassung, die zwischen dem 1. September 2002 und dem 10. Juni 2010 geschlossen wurden, erlischt ein fortbestehendes Widerrufsrecht spätestens drei Monate nach dem 21. März 2016, wenn das Fortbestehen des Widerrufsrechts darauf beruht, dass die dem Verbraucher erteilte Widerrufsbelehrung den zum Zeitpunkt des Vertragsschlusses geltenden Anforderungen des Bürgerlichen Gesetzbuchs nicht entsprochen hat. [2]Bei Haustürgeschäften ist Satz 1 nur anzuwenden, wenn die beiderseitigen Leistungen aus dem Verbraucherdarlehensvertrag bei Ablauf des 21. Mai 2016 vollständig erbracht worden sind, andernfalls erlöschen die fortbestehenden Widerrufsrechte erst einen Monat nach vollständiger Erbringung der beiderseitigen Leistungen aus dem Vertrag.

Übersicht

I. Überblick

1 Die Änderungen, die das Gesetz zur Umsetzung der Wohnimmobilienkreditrichtlinie und zur Änderung handelsrechtlicher Vorschriften vom 11.3.2016 (BGBl. 2016 I 396) mit sich gebracht hat, gelten nach Abs. 1 S. 1 nur für Verträge, die am oder nach dem 21.3.2016 geschlossen wurden. Im Einklang mit Art. 43 Abs. 1 RL 2014/17/EU ist für zuvor geschlossene Verträge das BGB und EGBGB in seiner bis dahin geltenden Fassung anzuwenden. Besonderheiten gelten nach Abs. 1 S. 2 und 3 sowie nach Abs. 2 für Überziehungskredite (→ Rn. 2). Schließlich hat der Gesetzgeber die Umsetzung der Wohnimmobilienkreditrichtlinie zum Anlass genommen, die „ewigen" Widerrufsrechte zeitlich zu begrenzen, die aufgrund unzureichender Widerrufsbelehrungen bei zwischen 2002 und 2010 abgeschlossenen Immobilienfinanzierungen entstanden sind (→ Rn. 3).

II. Überziehungskredite

2 Vom Grundsatz des Abs. 1 S. 1 abweichende Sonderregeln gelten für Überziehungskredite. Nach Abs. 1 S. 2 ist bei Verbraucherdarlehensverträgen iSv § 504 BGB der Zeitpunkt der Einräumung der Überziehungsmöglichkeit maßgeblich, während es bei geduldeten Überziehungen iSv § 505 Abs. 1 BGB auf den Zeitpunkt des Abschlusses der Entgeltvereinbarung ankommt. Übergreifend ist also die das gesamte Vertragsverhältnis bestimmende Rahmenvereinbarung der entscheidende Anknüpfungspunkt. Das soll verhindern, dass unterschiedliche Regelungen hinsichtlich der jeweiligen Überziehung und der zugrunde liegenden Rahmenvereinbarung eingreifen.[1] Darüber hinaus finden nach Abs. 2 die neuen Beratungspflichten der § 504a BGB, § 505 Abs. 2 BGB, die an eine dauerhafte und erhebliche Überziehung des laufenden Kontos anknüpfen, auch auf schon bestehende Schuldverhältnisse Anwendung. Der Zeitpunkt des Vertragsschlusses ist in diesem Zusammenhang also ohne Belang.[2] Für Alt- wie Neuverträge konnte daher die an eine sechsmonatige Überziehung

[1] Begr. RegE, BT-Drs. 18/5922, 110.
[2] Begr. RegE, BT-Drs. 18/5922, 110.

anknüpfende Beratungspflicht des § 504a BGB erstmals mit Ablauf des 21.9.2016 und diejenige des § 505 Abs. 2 BGB, die einen Zeitraum von drei Monaten genügen lässt, erstmals mit Ablauf des 21.6.2016 eingreifen.

III. Immobiliardarlehensverträge (Abs. 3)

1. Normzweck. Vom Grundsatz (Abs. 1), dass für vor dem 21.3.2016 geschlossene Verträge die alte Rechtslage gilt, macht Abs. 3 für das Widerrufsrecht eine Ausnahme. Nach der auf Vorschlag des Ausschusses für Recht und Verbraucherschutz[3] aufgenommenen Bestimmung **erloschen** Widerrufsrechte bei Verbraucherimmobiliardarlehensverträgen, die zwischen der Einführung der Musterbelehrungen in der BGB-InfoV **am 1.9.2002**[4] und dem Inkrafttreten des Gesetzes zur Umsetzung der Verbraucherkreditrichtlinie, des zivilrechtlichen Teils der Zahlungsdiensterichtlinie sowie zur Neuordnung der Vorschriften über das Widerrufs- und Rückgaberecht vom 29.7.2009 am 11.6.2010 (BGBl. 2010 I 2355) geschlossen wurden, spätestens **mit Ablauf des 21.6.2016** (→ Rn. 15), wenn die bei Vertragsschluss erteilte **Widerrufsbelehrung** den zum Zeitpunkt des Vertragsschlusses geltenden **gesetzlichen Anforderungen** nicht entsprach. Bei diesen Verbraucherdarlehensverträgen begann die Widerrufsfrist grundsätzlich erst zu dem Zeitpunkt zu laufen, zu welchem dem Verbraucher eine deutlich gestaltete Belehrung über sein Widerrufsrecht[5] in Textform mitgeteilt worden ist (vgl. § 356b Abs. 2 S. 1 BGB, § 492 Abs. 2 BGB aF[6] iVm Art. 247 § 6 Abs. 2; vgl. auch § 495 Abs. 2 BGB in der bis 12.6.2014 geltenden Fassung und § 495 Abs. 1 BGB, § 355 Abs. 2 S. 1 BGB in der bis 11.6.2010 geltenden Fassung[7]). 3

Sofern die Widerrufsbelehrung bei den vorbezeichneten Darlehensverträgen **fehlerhaft** war, lief die Widerrufsfrist also **zunächst unbefristet** (vgl. § 355 Abs. 3 S. 3 BGB aF,[8] vgl. Art. 229 § 22 Abs. 2). Im Interesse der **Rechtssicherheit** sollen die Widerrufsrechte aus diesen Altverträgen nach Ablauf einer bestimmten Frist nunmehr erlöschen.[9] Die Verbraucher als Darlehensnehmer hatten ausreichend Zeit, ihre Altverträge und die erteilten Widerrufsbelehrungen zu prüfen, und dann gegebenenfalls einen Widerruf zu erklären. Die Erlöschensregelung wurde auf Immobiliardarlehensverträge (vgl. § 492 Abs. 1a BGB aF)[10] beschränkt, weil diese üblicherweise sehr lange Laufzeiten haben und sich die Unsicherheiten über das etwaige Fortbestehen des Widerrufsrechts hier deshalb besonders nachteilig für den Darlehensgeber auswirken kann.[11] Der Zinssatz für Immobiliardarlehen war seit 2010 stark gesunken. Lag der Effektivzinssatz für Wohnungsbaukredite an private Haushalte mit einer Laufzeit von über fünf Jahren im Jahr 2010 durchgehend noch über 4,5 %, betrug der Zinssatz im Jahr 2014 weniger als 4 % und sank im Jahr 2015 auf unter 3,5 %.[12] Die Darlehensnehmer konnten sich also bislang in Erwartung weiterer Zinssenkungen die Option des Widerrufs offenhalten und die Zinsentwicklung abwarten. 4

Der Gesetzgeber hatte Verbraucherdarlehensverträge im Blick, bei welchen die Widerrufsbelehrung deshalb fehlerhaft war, weil sie nicht dem **Muster der BGB-InfoV** (Anlage 2 zu § 14 Abs. 1 und 3 BGB-InfoV) entsprach. Bei der Verwendung der Musterbelehrung sollten nach § 14 Abs. 1 BGB-InfoV die an eine gesetzeskonforme Belehrung zu stellenden Anforderungen als erfüllt gelten, womit Rechtssicherheit geschaffen werden sollte.[13] Bis zur Entscheidung des BGH vom 15.8.2012,[14] die klarstellte, dass der Verwender einer unveränderten Musterwiderrufsbelehrung sich auf die **Schutzwirkungen** des § 14 Abs. 1 BGB-InfoV berufen kann, wenn er das in Anlage 2 zu § 14 Abs. 1 BGB-InfoV geregelte Muster für die Widerrufsbelehrung[15] verwendet hatte, war umstritten, ob die in § 14 Abs. 1 BGB-InfoV angeordnete **Gesetzlichkeitsfiktion** von der Ermächtigungs- 5

3 Beschlussempfehlung und Bericht, BT-Drs. 18/7584, Art. 2, Nr. 1.

4 Art. 3 Zweite Verordnung zur Änderung der BGB-Informationspflichten-Verordnung vom 1.8.2002, BGBl. 20020 I 2958.

5 Gesetz zur Einführung einer Musterwiderrufsinformation für Verbraucherdarlehensverträge, zur Änderung der Vorschriften über das Widerrufsrecht bei Verbraucherdarlehensverträgen und zur Änderung des Darlehensvermittlungsrechts vom 24.7.2010, BGBl. 2010 I 977.

6 IdF von Art. 1 Nr. 10 Gesetz zur Umsetzung der Verbraucherrechterichtlinie und zur Änderung des Gesetzes zur Regelung der Wohnungsvermittlung vom 20.9.2013, BGBl. 2013 I 3642.

7 IdF des Schuldrechtsmodernisierungsgesetzes vom 26.11.2001, BGBl. 2001 I 3138.

8 IdF des OLG-Vertretungsänderungsgesetz vom 23.7.2002, BGBl. 2002 I 2850.

9 Vgl. BT-Drs. 18/6286, 1 sowie 21.

10 IdF des Risikobegrenzungsgesetzes vom 12.8.2008 (BGBl. 2008 I 1666).

11 Vgl. BT-Drs. 18/7584, 146.

12 Vgl. die Monatsberichte der Deutschen Bundesbank unter www.bundesbank.de.

13 Vgl. *Omlor* NJW 2016, 1265.

14 BGHZ 194, 238 = NJW 2012, 3298 (3299).

15 Die einheitliche Festlegung diente der Vereinfachung für die Geschäftspraxis der Unternehmer, der Rechtssicherheit und der Entlastung der Rechtspflege, BT-Drs. 14/7052, 208.

grundlage (Art. 245 Nr. 1 aF) überhaupt gedeckt oder § 14 Abs. 1 BGB-InfoV mangels hinreichender Ermächtigungsgrundlage)[16] unwirksam ist.[17] Dann läge ein Verstoßes gegen die gesetzlichen Belehrungsanforderungen (§ 355 Abs. 2 S. 1 BGB) vor. Der BGH stellte in der genannten Entscheidung ua klar, dass der Unternehmer sich auf die Gesetzlichkeitsfiktion selbst dann berufen konnte, wenn das Muster fehlerhaft war und den gesetzlichen Anforderungen des § 355 Abs. 2 BGB aF an eine ordnungsgemäße Widerrufsbelehrung eigentlich nicht genügte.[18] Bis zur vorbezeichneten Entscheidung des BGH sind die Darlehensgeber jedoch oftmals von den Mustern der BGB-InfoV **abgewichen,** um den gesetzlichen Anforderungen an eine ordnungsgemäße Widerrufsbelehrung nachzukommen, wobei aufgrund dieser Abweichungen die Widerufsbelehrungen gerade nicht mehr von der Gesetzlichkeitsfiktion erfasst wurden.[19]

6 Das bei Verbraucherdarlehensverträgen im Fall der fehlerhaften Belehrung mit Ausnahme der Verwirkung (§ 355 Rn. 71) unbegrenzt bestehende Widerrufsrecht (→ BGB § 356b Rn. 6) erlischt nunmehr bei Verbraucherimmobiliardarlehensverträge seit der Neufassung von § 356b Abs. 2 BGB durch Einfügung von S. 4[20] nach zwölf Monaten und 14 Tagen seit dem Vertragsschluss beziehungsweise Aushändigung der Vertragsurkunde oder des Kreditantrags.[21] Für Immobiliardarlehensverträge, die nach dem 10.6.2010 – und vor dem 21.3.2016 (vgl. Abs. 1 S. 1) geschlossen wurden, besteht das Widerrufsrecht mangels anderweitiger Regelung im Fall der fehlerhaften Belehrung **weiterhin unbegrenzt.** Allerdings hatte der Gesetzgeber mWv 11.6.2010 mit Art. 246 § 2 Abs. 3 S. 1 aF[22] nunmehr mit Gesetzesrang bestimmt, dass der Unternehmer bei Verwendung der (veränderten) Musterbelehrung (Anlage 2) seine Belehrungspflicht erfüllte. Wich der Darlehensgeber von dem Muster – anders als bisher – ohne Not ab, erscheint er nicht schutzwürdig.

7 **2. Tatbestand.** Nach der Grundregel des S. 1 erlischt bei Immobiliardarlehensverträgen (vgl. § 492 Abs. 1a S. 2 BGB in der bis 10.6.2010 geltenden Fassung) ein etwa fortbestehendes Widerrufsrecht spätestens drei Monate nach dem Inkrafttreten dieses Gesetzes (Art. 16 Abs. 1), also am 21.6.2016. Da die Kreditwirtschaft damit rechnen musste, dass massenhaft langfristig geschlossene Kreditverträge bei weiter sinkenden Zinsen rückabzuwinkeln sind, erschien dem Gesetzgeber die rückwirkende Aufhebung des Widerrufsrechts mit Wirkung für die Zukunft verfassungsrechtlich zulässig (→ Rn. 13). Erfasst werden Immobiliardarlehensverträge, die nach dem 31.8.2002 und vor dem 11.6.2010 geschlossen wurden, für welche also der Gesetzgeber die Musterwiderrufsbelehrung (Anlage 2 zu § 14 Abs. 1 und 3 BGB-InfoV) vorgesehen hatte (→ Rn. 5). Tatsächlich kommen aber erst **ab dem 2.11.2002** geschlossene Verträge in Betracht.[23] Denn geschaffen wurde das „ewige Widerrufsrecht" im Zuge des OLGVertrÄndG in § 355 Abs. 3 (aF).[24] Anlass für die Änderung war das Urteil des EuGH vom 13.12.2001[25] in Sachen Heininger (→ Rn. 8). Nach Art. 229 § 9 Abs. 1 S. 1 Nr. 2 war die damalige Neuregelung auf Verträge anzuwenden, die erst nach dem 1.11.2002 geschlossen worden sind.

8 **a) Immobiliardarlehensverträge.** Vom Anwendungsbereich der Verbraucherkredit-RL waren **grundpfandrechtlich gesicherte Kredite** nicht erfasst (Art. 2 Abs. 2 lit. a Verbraucherkredit-RL). Auch der deutsche Gesetzgeber sah zunächst keine Notwendigkeit, das allgemeine Verbraucherkreditrecht auf Immobiliardarlehen zu erstrecken, und nahm diese vom Anwendungsbereich des Verbraucherkreditrechts weitgehend aus. Dem lag die Vorstellung zugrunde, dass grundpfandrechtlich gesicherte Darlehen typischerweise langfristig und zu gegenüber anderen Krediten günstigeren Bedingungen gewährt werden.[26] Nach dem Urteil des EuGH vom 13.12.2001[27] konnte der **Ausschluss des Widerrufsrechts** jedenfalls für an der Haustür geschlossene Immobiliardarlehens-

---

16 In der Fassung Gesetzes zur Änderung der Vorschriften über Fernabsatzverträge bei Finanzdienstleistungen vom 2.12.2004 (BGBl. 2004 I 3102).

17 Abl. OLG Schleswig OLGR 2007, 929 (931); → 5. Aufl. 2007, BGB § 355 Rn. 57 *(Masuch);* bejahend OLG Koblenz NJW 2006, 919 (921); Palandt/*Grüneberg,* 69. Aufl. 2010, BGB-InfoV § 14 Rn. 6.

18 Vgl. BGHZ 194, 238 Rn. 14 = NJW 2012, 3298.

19 *Omlor* NJW 2016, 1265.

20 Art. 1 Nr. 5 Gesetz vom 11.3.2016 (BGBl. 2016 I 396).

21 Vgl. dazu RegE, BT-Drs. 18/5922, 74.

22 Gesetz zur Umsetzung der Verbraucherkreditrichtlinie, des zivilrechtlichen Teils der Zahlungsdiensterichtlinie sowie zur Neuordnung der Vorschriften über das Widerrufs- und Rückgaberecht vom 29.7.2013 (BGBl. 2013 I 2355).

23 Vgl. *Kreße* WM 2017, 1485.

24 Gesetz vom 23.7.2002 (BGBl. 2002 I 2850, 4410) mWv 1.8.2002.

25 EuGH NJW 2002, 281 – Heininger/Hypo Vereinsbank.

26 Vgl. Begr. RegE, BT-Drs. 11/5462, 82 zu § 3 VerbrKrG.

27 EuGH NJW 2002, 281 – Heininger/Hypo Vereinsbank; vgl. BGH NJW 2002, 1881.

verträge (§ 491 Abs. 3 Nr. 1 BGB idF bis 31.7.2002)[28] indessen nicht erhalten bleiben. Der Gesetzgeber nahm die Umsetzung dieser EuGH-Entscheidung zum Anlass, Immobiliardarlehensverträge dem **allgemeinen Widerrufsrecht** zu unterstellen.[29] Durch die Streichung der Ausnahmebestimmung fiel auch die Definition für Immobiliardarlehensverträge weg und diese wurde in den neuen Abs. 1a S. 2 von § 492 BGB aF aufgenommen. Die spätere Streichung von § 492 Abs. 1a BGB aF[30] war rein redaktioneller Natur; die Definition fand Eingang in § 503 Abs. 1 BGB aF[31] und findet sich nun in § 491 Abs. 3 S. 1 BGB.

Maßgebend ist die in **§ 492 Abs. 1a S. 2 BGB** in der bis zum 10.6.2010 geltenden Fassung (§ 503 Abs. 1 BGB in der vom 11.6.2010 bis zum 20.3.2016 geltenden Fassung) enthaltende Definition, wonach Verbraucherdarlehensverträge erfasst sind, bei denen die Zurverfügungstellung des Darlehens von der **Sicherung durch ein Grundpfandrecht** – Hypothek, Grundschuld oder Rentenschuld – abhängig gemacht wurde und zu Bedingungen erfolgt war, die für grundpfandrechtlich abgesicherte Darlehensverträge und deren Zwischenfinanzierung üblich waren, wobei der Sicherung durch ein Grundpfandrecht gleichstand, wenn von einer Sicherung gemäß § 7 Abs. 3–5 BauSparkG abgesehen wurde.[32] Auf den konkreten Verwendungszweck des Realkredits kommt es nicht an; auch andere Zwecke als der Grundstückserwerb, der Bau oder Ausbau einer Wohnung kommen in Betracht.[33] Lag der Zinssatz oberhalb der Obergrenze der Streubreite, greift der Ausschluss des Widerrufs nicht; der Darlehensgeber soll dann nicht privilegiert sein. 9

b) Fehlerhafte Widerrufsbelehrung. Das Fortbestehen des Widerrufsrechts muss darauf beruhen, dass die dem Verbraucher erteilte Widerrufsbelehrung den zum Zeitpunkt des Vertragsschlusses geltenden Anforderungen des BGB (§ 355 Abs. 2 S. 1 BGB) **nicht entsprochen hat.** Die Schutzwirkung von § 14 Abs. 1 und 3 BGB-InfoV (→ Rn. 5) trat grundsätzlich nur ein, wenn der Verwender ein Formular verwendet hatte, das dem von § 14 Abs. 1 BGB-InfV in Bezug genommenen Muster für die Widerrufsbelehrung (Anlage 2 zu § 14 Abs. 1 und 3 BGB-InfV) sowohl **inhaltlich** als auch in der **äußeren Gestaltung** vollständig entsprach.[34] Auf die Schutzwirkung von § 14 Abs. 1 und 3 BGB-InfoV konnte sich der Unternehmer indessen nicht berufen, wenn er den Text der Musterbelehrung einer **eigenen inhaltlichen Bearbeitung** unterzogen hatte; ob die Abweichungen von der Musterbelehrung nur in der Aufnahme von insoweit zutreffenden Zusatzinformationen zugunsten des Belehrungsempfängers bestand, ist unerheblich.[35] 10

Die Erlöschensregelung greift nicht, wenn eine Widerrufsbelehrung **vollständig unterblieben** ist.[36] Der unterbliebenen Belehrung steht eine **grob fehlerhafte** gleich. Der Gesetzgeber hat es zur Vermeidung von Rechtsunsicherheit als sachgerecht angesehen, dass Widerrufsrechte aus Altverträgen nach angemessener Frist erlöschen zu lassen, wenn die Musterwiderrufsbelehrung in der Absicht, dem damaligen Anliegen des Gesetzgebers Rechnung zu tragen, abgeändert wurde (→ Rn. 5). Darlehensgeber könnten sich nun mit Widerrufen konfrontiert sehen, deren eigentliches Ziel es oftmals sein dürfte, sich von langfristigen Verträgen mit aus aktueller Sicht hohen Zinsen zu lösen (→ Rn. 4).[37] Die vorstehend dargestellte Problematik der Musterwiderrufsbelehrung (→ Rn. 5) rechtfertigt es daher, nicht jede falsche, sondern nur eine das **Muster der Anlage 2 zu § 14 Abs. 1 und 3 BGB-InfoV abändernde oder ergänzende Widerrufsbelehrung** der Übergangsregelung zu unterwerfen. Nur an diese Abweichungen von der Musterwiderrufsbelehrung knüpft der Gesetzgeber an;[38] der maßgebliche Zeitraum vom 1.9.2002 bis 10.6.2010 deckt sich mit demjenigen der Geltung von § 14 Abs. 1 BGB-InfoV.[39] 11

Damit ist nicht nur abzugrenzen zwischen einer fehlerhaften Widerrufsbelehrung und der völlig unterbliebenen, sondern auch zwischen einer allgemein, etwa „grob" fehlerhaften – die das 12

---

28 Vgl. Art. 25 Abs. 1 Nr. 10 lit. a, Abs. 2 OLG-VertrÄndG vom 23.7.2002 mWv 1.8.2002.

29 Vgl. BT-Drs. 14/9266, 47; dazu Bülow/Artz/*Bülow* Einf. Rn. 23 f.

30 Art. 1 Nr. 22 lit. b Gesetz zur Umsetzung der Verbraucherkreditrichtlinie, des zivilrechtlichen Teils der Zahlungsdiensterichtlinie sowie zur Neuordnung der Vorschriften über das Widerrufs- und Rückgaberecht vom 29.7.2009, mWv 11.6.2010 (Art. 11 Abs. 1), BGBl. 2010 I 2355.

31 IdF des Gesetzes vom 29.7.2009 (BGBl. 2009 I 2355); vgl. BT-Drs. 16/11643, 80.

32 Zu Einzelheiten → 6. Aufl. 2012, BGB § 503 Rn. 5 ff.

33 Staudinger/*Kessal-Wulf*, 2012, BGB § 503 Rn. 5.

34 Vgl. BGH NJW 2014, 2022 Rn. 15 mwN.

35 Vgl. BGH NJW 2014, 2022 Rn. 16 ff.

36 Vgl. BT-Drs. 18/7584, 146.

37 BT-Drs. 18/7584, 146.

38 BT-Drs. 18/7584, 146.

39 Art. 9 Nr. 4 Gesetz zur Umsetzung der Verbraucherkreditrichtlinie, des zivilrechtlichen Teils der Zahlungsdiensterichtlinie sowie zur Neuordnung der Vorschriften über das Widerrufs- und Rückgaberecht vom 29.7.2009 (BGBl. 2009 I 2355).

Widerrufsrecht nicht erlöschen ließe – und einer das Muster – in guter Absicht – **modifizierenden.**[40] Dass der Gesetzgeber eine „grob" fehlerhafte Widerrufsbelehrung einer unterlassenen Belehrung gleichstellen und von der Erlöschensregelung ausnehmen wollte, lässt sich nicht nur mit der Hervorhebung der Wirkung von § 14 Abs. 1 BGB-InfoV begründen, sondern auch damit, dass die **Rechts- und Planungssicherheit des Darlehensgebers** das Vertrauen des Verbrauchers auf den Fortbestand des Widerrufsrechts überwiegen muss.[41] Denn nur ein Darlehensgeber, der sich um eine gesetzeskonforme Widerrufsbelehrung durch Verwendung des Musters bemüht und sich aufgrund der bestehenden, vom Gesetzgeber verursachten Unsicherheiten herausgefordert fühlen durfte, die Musterbelehrung abzuändern, erschien schutzwürdig. Das „ewige" Widerrufsrecht erlischt somit nur dann, wenn der Unternehmer sich wenigstens an der bereitgestellten **Musterbelehrung** orientiert hatte, während bei **grob abweichenden,** etwa wesentliche Informationen zu Fristbeginn, -dauer oder Form des Widerrufs nicht vermittelnden Belehrungen, das Widerrufsrecht nicht spätestens mit Ablauf des 21.6.2016 erlischt. Obgleich die Vorschrift ihrem Wortlaut nach ohne Einschränkung auf eine den gesetzlichen Bestimmungen nicht entsprechende Belehrung abstellt und der Gesetzgeber in seiner Begründung durch die Fügung „insbesondere"[42] den Verstoß gegen die Musterbelehrung gleichsam als Regelbeispiel erwähnt hat, bedarf es der **teleologischen Reduktion** wegen der von dem Gesetzgeber bezweckten „Folgenbeseitigung".[43]

13 Das Erlöschen des Widerrufsrechts ist **verfassungsrechtlich unbedenklich.** Da nur Widerrufsrechte erfasst werden, die im Zeitpunkt des Inkrafttretens des Gesetzes am 21.3.2016 noch bestanden, handelt es sich um eine sog. unechte Rückwirkung.[44] Eine solche wäre nur ausnahmsweise unzulässig, wenn bei einer Abwägung im Einzelfall das Vertrauen des Einzelnen auf den Fortgeltung der Rechtslage gegenüber dem Wohl der Allgemeinheit überwiegt.[45] Das ist hier zu verneinen; das Interesse des Kreditinstituts am Bestand des Kredits und damit die Stabilität des Finanzsektors überwiegen. Dabei ist in den Blick zu nehmen, dass der Verbraucher immerhin über sein Widerrufsrecht belehrt worden ist, und im Grunde zwischen 6 und 14 Jahren Zeit zum Widerruf hatte.[46] Der aus Art. 2 Abs. 1 GG iVm Art. 20 Abs. 3 GG abzuleitende Grundsatz des Vertrauensschutzes würde nur verletzt, wenn nicht das Vertrauen auf die Richtigkeit der damaligen Widerrufsbelehrung, sondern das Vertrauen auf ein ewiges Widerrufsrecht unter dem Gesichtspunkt der Spekulation auf weiter sinkende Zinsen geschützt wäre.[47]

14 Das Erlöschen bei fehlerhafter Belehrung verstößt auch nicht gegen **Unionsrecht.** Die Verbraucherkredit-RL hat in Art. 2 Abs. 2 lit. a Verbraucherkredit-RL die Immobiliarkredite von ihrem Anwendungsbereich ausgenommen und kein Widerrufsrecht vorgesehen. Ein Verstoß gegen die Wohnimmobilienkredit-RL (RL 2014/17/EU, vgl. Art. 41 Wohnimmobilienkredit-RL) scheidet ebenfalls aus. Die RL enthält zwar Vorgaben zum Widerrufsrecht (vgl. Art. 14 Wohnimmobilienkredit-RL), bestimmt aber keine Höchstfrist für dessen Ausübung und wird daher insoweit nicht durch Art. 229 § 38 Abs. 3 umgesetzt, so dass das Erlöschen entgegen Art. 43 Abs. 1 Wohnimmobilienkredit-RL für vor dem 21.3.2016 bestehende Kreditverträge angeordnet werden konnte.[48] Art. 6 Abs. 1 Finanzdienstleistungs-Fernabsatz-RL (RL 2002/65/EG) sieht zwar für die Fälle einer unrichtigen Widerrufsbelehrung ein ewiges Widerrufsrecht vor. Nach Art. 6 Abs. 3 Finanzdienstleistungs-Fernabsatz-RL dürfen die Mitgliedstaaten das Widerrufsrecht für Immobiliar-Verbraucherdarlehensverträgen jedoch ausschließen. Schließlich sind weder die Verbraucherkredit-RL (RL 2008/48/EG, vgl. Art. 2 Abs. 2 lit. a Verbraucherkredit-RL) und die Verbraucherrechte-RL (RL 2011/83 EU, Art. 3 Abs. 3 lit. d Verbraucherrechte-RL) auf Immobiliardarlehensverträge anwendbar.

15 **c) Fristablauf.** Das Recht zum Widerruf erlischt ungeachtet der Kenntnis des Verbrauchers spätestens nach Ablauf von drei Monaten seit Inkrafttreten des Gesetzes am 21.3.2016 (Art. 16 Abs. 1 Gesetz vom 29.7.2009), also mit **Ablauf des 21.6.2016** (§ 187 Abs. 1 BGB, § 188 Abs. 2 S. 1 BGB).[49] Für die dreimonatige **Überlegungs- und Prüfungsfrist** hat der Gesetzgeber formal an

---

[40] So auch *Omlor* NJW 2016, 1265 (1267).
[41] BT-Drs. 18/7584, 146 f.
[42] BT-Drs. 18/7584, 146.
[43] *Omlor* NJW 2016, 1265 (1267).
[44] Vgl. OLG Frankfurt BeckRS 2019, 9050 Rn. 51; *Kreße* WM 2017, 1485 (1488); *Omlor* NJW 2016, 1265 (1266); aA *Brehm* AG 2016, R82 (R83).
[45] Vgl. BVerfGE 127, 1 Rn. 70 = NJW 2010, 3638.
[46] Vgl. OLG Frankfurt BeckRS 2019, 9050 Rn. 53; *Kreße* WM 2017, 1485 (1488); *Omlor* NJW 2016, 1265 (1266).
[47] Vgl. *Kreße* WM 2017, 1485 (1488).
[48] Vgl. OLG Frankfurt BeckRS 2019, 9050 Rn. 66; *Kreße* WM 2017, 1485 (1486).
[49] Vgl. BT-Drs. 18/7584, 146; BGH WM 2018, 369 (370); OLG Stuttgart BKR 2018, 32 Rn. 6 ff.; Palandt/*Weidenkaff* Rn. 5; aA *Omlor* NJW 2016, 1265 (1267 f.) unter Hinweis auf § 187 Abs. 2 S. 1 BGB.

das Inkrafttreten des Gesetzes vom 11.3.2016 angeknüpft. Der Gesetzgeber hielt die Frist für die Prüfung, und Entscheidung, ob ein gegebenenfalls fortbestehendes Widerrufsrecht ausgeübt werden soll, auch unter Vertrauensschutzgesichtspunkten für ausreichend.[50] Mit der gewollten Rechtssicherheit wäre es nicht zu vereinbaren, zusätzlich auf die Kenntnis des Verbrauchers vom Bestehen des Widerrufsrechts abzustellen.[51] Die Ausübung des Widerrufsrechts ist nicht schon wegen **Missbrauchs** ausgeschlossen (→ BGB § 356 Rn. 37). Die Möglichkeit, einen Kredit zu günstigeren Bedingungen abschließen zu können, reicht für die Annahme von Missbrauch nicht aus. Wie das Fehlen einer Begründungspflicht für den Widerruf zeigt, soll der Verbraucher in seiner Entscheidung über das Festhalten am Vertrag frei sein. Gerade dies hatte den Gesetzgeber bewogen, zum Schutz des Unternehmers, eine absolute Frist anzuordnen. Selten wird eine – grundsätzlich aber mögliche – **Verwirkung** (§ 242 BGB, → BGB § 356 Rn. 36) des Widerrufsrechts zu erwägen sein. Diese konnte freilich dazu führen, dass das Widerrufsrecht schon vor dem 22.6.2016 erloschen war.

Soweit der Darlehensgeber die gesetzeskonforme Belehrung **nachgeholt** hat, endet die Frist freilich entsprechend den für den Zeitpunkt des Vertragsschlusses geltenden Bestimmungen (Art. 229 § 22 Abs. 2; Abs. 1 S. 1), und nicht erst mit Ablauf des 21.6.2016. Maßgebend für die Rechtzeitigkeit des Widerrufs vor Ablauf der absoluten Frist ist nach der Vorschrift § 355 Abs. 1 S. 5 BGB der Tag der **Absendung des Widerrufs** bei einer schriftlichen, in Textform oder anderweitig dauerhaft verkörperten Erklärung (vgl. § 126b BGB), und nicht erst der Zugang der Erklärung beim Unternehmer. Gegenüber dem Interesse des Unternehmers an der Beseitigung der Rechtsunsicherheit überwiegt auch bei der Frage der Beachtung dieser Ausschlussfrist das Interesse des Verbrauchers, die ihm eingeräumte (verlängerte) Widerrufsfrist vollständig auszunutzen. Geht die Widerrufserklärung auf dem Transportweg verloren, so bleibt die Widerrufsfrist gleichwohl gewahrt, wenn der Verbraucher den Widerruf gegenüber dem Unternehmer unverzüglich wiederholt (im Einzelnen → BGB § 355 Rn. 57). 16

3. Haustürgeschäft (S. 2). a) Allgemeines. Die Vorschrift ergänzt die Bestimmungen zum Erlöschen des Widerrufsrechts nach S. 1 für in einer Haustürsituation geschlossene Verbraucherimmobiliardarlehensverträgen. Der Verbraucher hat im Fall der vollständigen Erbringung der beiderseiten Leistungen nur eine Überlegungsfrist von einem Monat. Das Widerrufsrecht bestand seit mindestens sechs Jahren und die Änderung war spätestens seit dem 21.3.2016 erkennbar. Nach der Entscheidung des EuGH vom 10.4.2008[52] war eine nationale Regelung mit Art. 5 Abs. 1 Haustürgeschäfte-RL[53] vereinbar, nach welcher das Widerrufsrecht nach einem Monat seit der **vollständigen Erbringung der Leistungen** aus einem langfristigen Darlehensvertrag durch die Vertragsparteien erlischt. Demzufolge kann bei den von S. 1 erfassten Darlehensverträgen, wenn sie in einer Haustürsituation geschlossen wurden, das Widerrufsrecht frühestens nach Ablauf von einem Monat seit vollständiger Erbringung der beiderseitigen Leistungen aus dem Vertrag, also auch ggf. noch nach dem 21.6.2016, nicht mehr ausgeübt werden.[54] 17

Der Gesetzeswortlaut scheint etwas missverständlich. Die Erlöschensregelung soll nicht nur dann greifen, wenn die beiderseitigen Leistungen **spätestens** bei „Ablauf des 21. Mai 2016" vollständig erbracht worden sind, dann erlischt das Widerrufsrecht mit Ablauf des 21.6.2016. Wird der Vertrag beiderseits erst nach dem 21.5.2016 erfüllt, erlischt ein noch bestehendes Widerrufsrecht ebenfalls einen Monat nach vollständiger Erbringung der beiderseitigen Leistungen aus dem Vertrag.[55] Denn die durch die Haustürsituation geschaffene Überrumpelung ist mit der Vertragserfüllung nicht notwendigerweise beendet.[56] 18

Bei im **Fernabsatz** geschlossenen Verbraucherimmobiliarverträgen bedurfte es der Einschränkung des Erlöschens nicht. Denn nach Art. 6 Abs. 3 lit. a und b Finanzdienstleistungs-Fernabsatz-RL[57] konnten die Mitgliedstaaten sogar den Ausschluss des Widerrufsrechts vorsehen, demgegenüber sich das Erlöschen als Minus darstellt.[58] 19

b) Haustürsituation. Für die Anwendung von S. 3 ist es erforderlich, dass der Verbraucher durch **mündliche Verhandlungen** an seinem Arbeitsplatz oder im Bereich einer Privatwohnung, anlässlich einer vom Unternehmer oder von einem Dritten zumindest auch im Interesse des Unter- 20

---

50 Vgl. BT-Drs. 18/7584, 147.
51 Vgl. *Omlor,* NJW 2016, 1265 (1268).
52 EuGH NJW 2008, 1865 – Hamilton; nachgehend BGH NJW 2010, 596.
53 RL 85/577/EWG vom 20.12.1985 über Haustürgeschäfte, ABl. 1985 L 372.
54 Krit. *Omlor* NJW 2016, 1265 (1268).
55 Vgl. BT-Drs. 18/7584, 146.
56 Vgl. BT-Drs 10/2876, 13.
57 RL 2002/65/EG vom 23.9.2002 über den Fernabsatz von Finanzdienstleistungen, ABl. 2002 L 271, 16.
58 Vgl. BT-Drs. 18/7584, 146.

nehmers durchgeführten Freizeitveranstaltung oder im Anschluss an ein **überraschendes Ansprechen** in Verkehrsmitteln oder im Bereich öffentlich zugänglicher Verkehrsflächen bestimmt worden ist (vgl. § 312 Abs. 1 S. 1 BGB aF[59]).

21 Die Bestimmung in § 312b Abs. 1 BGB über außerhalb von Geschäftsräumen geschlossene Verträge, mit welcher die in Art. 2 Nr. 8 Verbraucherrechte-RL enthaltene Definition umgesetzt wurde, stellt im Wesentlichen eine Erweiterung der bis dahin geltenden gesetzlichen Regelung zum Vorliegen einer Haustürsituation dar (→ BGB § 312b Rn. 7). Abzustellen ist für die Anwendung der Übergangsregelung S. 2 jedoch auf eine von **§ 312 Abs. 1 S. 1 BGB aF** erfasste Situation, die an die Bestimmung der **Haustürgeschäfte-RL** anknüpft. Nach Art. 1 Abs. 1 Haustürgeschäfte-RL handelt es sich um Verträge, die während eines vom Gewerbetreibenden außerhalb von dessen Geschäftsräumen organisierten Ausflugs, oder anlässlich eines Besuchs des Gewerbetreibenden beim Verbraucher in seiner oder in der Wohnung eines anderen Verbrauchers oder beim Verbraucher an seinem Arbeitsplatz, sofern der Besuch nicht auf ausdrücklichen Wunsch des Verbrauchers erfolgt, geschlossen werden. Nach Abs. 2 gilt dies auch für Verträge über andere Warenlieferungen oder Dienstleistungen als diejenigen, für die der Verbraucher den Gewerbetreibenden um einen Besuch gebeten hat, sofern der Verbraucher zum Zeitpunkt seiner Bitte nicht gewusst hat oder aus vertretbaren Gründen nicht wissen konnte, dass die Lieferung bzw. Erbringung dieser anderen Ware oder Dienstleistung zu den gewerblichen oder beruflichen Tätigkeiten des Gewerbetreibenden gehört. Die mit dem Verbraucherrechte-RL-UG einhergehenden Änderungen gelten erst für Verträge, die seit dem 13.6.2014 geschlossen worden sind (Art. 229 § 32 Abs. 1).

22 **c) Vollständige Erbringung der beiderseitigen Leistungen.** Die Bestimmung knüpft an die Regelung in § 2 HaustürWG (vgl. auch § 7 Abs. 2 VerbrKrG) an. Erforderlich ist die beiderseitige vollständige Erfüllung des Darlehensvertrags; bis zur letzten Rate, einschließlich Zinsen und Kosten. Der Sachverhalt muss insgesamt abgeschlossen,[60] das Geschäft **lückenlos und abschließend erfüllt** sein.[61]

§ 39 Übergangsvorschrift zum Gesetz zur Reform des Bauvertragsrechts, zur Änderung der kaufrechtlichen Mängelhaftung, zur Stärkung des zivilprozessualen Rechtsschutzes und zum maschinellen Siegel im Grundbuch- und Schiffsregisterverfahren

Auf ein Schuldverhältnis, das vor dem 1. Januar 2018 entstanden ist, finden die Vorschriften dieses Gesetzes, des Bürgerlichen Gesetzbuchs und der Verordnung über Abschlagszahlungen bei Bauträgerverträgen in der bis zu diesem Tag geltenden Fassung Anwendung.

1 Die Vorschrift des Art. 229 § 39 ist mWv 1.1.2018 durch das Gesetz zur Reform des Bauvertragsrechts vom 28.4.2017[1] in das EGBGB inkorporiert worden. Danach sind die Vorschriften des EGBGB, des BGB und der HausbauV[2] auf Schuldverhältnisse, die vor dem 1.1.2018 entstanden sind, weiterhin in der bis dahin geltenden Fassung anzuwenden. Darin kommt zum Ausdruck, dass Rechtsverhältnisse, die vor dem Inkrafttreten der mit dem Gesetz vom 28.4.2017 einhergehenden Gesetzesänderungen bereits begründet waren, von diesen Gesetzesänderungen unberührt bleiben. Die durch das Gesetz vom 28.4.2017 geänderten oder neu geschaffenen Vorschriften sind nur auf solche Schuldverhältnisse anzuwenden, die nach ihrem Inkrafttreten begründet wurden. Dies entspricht dem **Rechtsgedanken des Art. 170.**

2 Maßgebend dafür, dass ein Schuldverhältnis nicht unter die Regelungswirkung des Gesetzes vom 28.4.2017 fällt, ist insoweit, dass sich der gesamte **Entstehungstatbestand** des Rechtsgeschäfts, in der Regel also Angebot und Annahme, **vor dem 1.1.2018** vollzogen hat.[3] Daher gilt für aufschiebend bedingte und betagte Rechtsgeschäfte sowie solche, die unter dem Vorbehalt einer rückwirkenden (behördlichen oder gerichtlichen) Genehmigung stehen, auch dann das frühere Recht, wenn

---

59 IdF der Bek. vom 2.1.2002 (BGBl. 2002 I 42); zu den Einzelheiten → 6. Aufl. 2015, Rn. 43 ff. *(Masuch).*

60 Vgl. BGH NJW-RR 2005, 180 Rn. 19.

61 OLG Hamm OLGR 2003, 100 (101) = NJOZ 2003, 368; OLG Köln NJW-RR 1993, 428 (429).

1 Gesetz zur Reform des Bauvertragsrechts, zur Änderung der kaufrechtlichen Mängelhaftung, zur Stärkung des zivilprozessualen Rechtsschutzes und zum maschinellen Siegel im Grundbuch und Schiffsregisterverfahren vom 28.4.2017, BGBl. 2017 I 969; dazu RegE, BT-Drs. 18/8486; Beschlussempfehlung und Bericht BT-RA, BT-Drs. 18/11437.

2 Verordnung über Abschlagszahlungen bei Bauträgerverträgen vom 23.5.2001, BGBl. 2001 I 981.

3 *Pfennig* DNotZ 2018, 585 (589).

der Bedingungseintritt, der Beginn des Fristlaufs oder der Zeitpunkt der Genehmigung nach dem 1.1.2018 liegen.[4]

§ 40 Übergangsvorschrift zum Finanzaufsichtsrechtergänzungsgesetz

(1) Das Bürgerliche Gesetzbuch ist in der bis zum 9. Juni 2017 geltenden Fassung auf folgende Verträge anzuwenden, wenn sie vor dem 10. Juni 2017 abgeschlossen wurden:
1. Darlehensverträge, Verträge über entgeltliche und unentgeltliche Finanzierungshilfen sowie Immobilienverzehrkreditverträge,
2. Verträge über die Vermittlung von Verträgen nach Nummer 1.

(2) Dieses Gesetz ist in der bis zum 30. Juni 2018 geltenden Fassung auf folgende Verträge anzuwenden, wenn sie vor dem 1. Juli 2018 abgeschlossen wurden:
1. Darlehensverträge und Verträge über entgeltliche Finanzierungshilfen,
2. Verträge über die Vermittlung von Verträgen nach Nummer 1.

Die Vorschrift geht zurück auf Art. 7 Finanzaufsichtsrechtergänzungsgesetz vom 6.6.2017 1
(BGBl. 2017 I 1495). Sie betrifft §§ 491, 492b, 505b, 505e, 506, 512, 514 BGB. Diese Vorschriften finden gemäß Abs. 1 in ihrer neuen Fassung Anwendung auf Darlehensverträge, Verträge über entgeltliche und unentgeltliche Finanzierungshilfen sowie Immobilienverzehrkreditverträge (§ 491 Abs. 3 S. 4 BGB nF) und darauf bezogene Vermittlungsverträge, die am 10.6.2017 oder später geschlossen worden sind. Bis (einschließlich) zum 9.6.2017 geschlossene Verträge unterliegen hingegen der vorherigen Fassung des BGB. Maßgeblich ist der Zeitpunkt des Wirksamwerdens der Annahmeerklärung, und zwar unabhängig davon, ob eine aufschiebende Bedingung oder Befristung vereinbart wurde oder nicht (→ 8. Aufl. 2021, Art. 229 § 9 Rn. 2).

Das Finanzaufsichtsrechtergänzungsgesetz hat darüber hinaus Art. 247 § 4 und Art. 247a § 1 2
um neue Regelungen ergänzt. Diese Änderungen sind am 1.7.2018 in Kraft getreten. Gemäß Abs. 2 findet die neue Fassung der Art. 247 § 4, Art. 247a § 1 Anwendung auf Darlehensverträge, Verträge über entgeltliche Finanzierungshilfen und darauf bezogene Vermittlungsverträge, die am 1.7.2018 oder später geschlossen worden sind. Demgegenüber bleibt die vorherige Gesetzesfassung maßgeblich für bis (einschließlich) zum 30.6.2018 geschlossene Verträge (zum maßgeblichen Zeitpunkt → Rn. 1).

§ 41 Übergangsvorschrift zum Gesetz zur Änderung von Vorschriften im Bereich des Internationalen Privat- und Zivilverfahrensrechts vom 11. Juni 2017

Ist vor Inkrafttreten von Artikel 8 am 17. Juni 2017 eine Vollmacht erteilt oder eine Erklärung im Namen einer anderen Person gegenüber einem Dritten abgegeben oder für einen anderen entgegengenommen worden, bleibt das bisherige Internationale Privatrecht anwendbar.

§ 41 wurde angefügt mWv 17.6.2017 durch Gesetz vom 11.6.2017 (BGBl. 2017 I 1607). Art. 8 1
gilt ab dem 17.6.2017, wobei es für die Anwendung des bisherigen IPR (zusammenfassend → Art. 8 Rn. 17 ff.; ausführlich → 6. Aufl. 2015, Vor Art. 11 Rn. 45 ff.) darauf ankommt, ob die Vollmacht noch vor diesem Tag erteilt wurde. Der Gesetzgeber geht in der Formulierung der Übergangsvorschrift ersichtlich vom deutschen Sachrecht aus, wonach die Vollmacht durch einseitige, empfangsbedürftige Erklärung erteilt wird. Es ist denkbar, wenn auch sicher selten, dass die Vollmachtserklärung zwar vor dem Stichtag abgegeben, aber erst danach zugeht und damit wirksam wird. Maßgebend ist der Tag der Erklärung. Wenn nach dem anzuwendenden Recht die Vollmacht durch Vertrag erteilt wird (wie zB nach Art. 1984 C.c. Frankreich), kann eine längere Zeit zwischen der „Erteilung" und ihrer Wirksamkeit durch Annahme liegen. Man wird konsequenterweise auch hier darauf abstellen, ob die Erklärung des Vertretenen vor oder nach dem Stichtag erfolgte, mag die Annahme auch nachfolgen.

Das bisherige IPR ist nach der Alt. 2 aber auch dann anzuwenden, wenn vor dem Stichtag ein 2
Rechtsgeschäft im Namen eines anderen vorgenommen oder für einen anderen entgegengenommen wurde. Das bezieht sich auf Rechtsgeschäfte in fremdem Namen ohne genügende Vollmacht. Sie können noch nach dem Stichtag genehmigt werden. Diese Situation ist häufiger, weil oft Verträge in fremdem Namen, aber erklärtermaßen ohne Vollmacht abgeschlossen werden. Jedenfalls nach

[4] Vgl. BGH DtZ 1997, 118 (119).

neuem Recht folgen sowohl die Genehmigungsfähigkeit als auch die Genehmigung selbst dem Vollmachtsstatut (→ Art. 8 Rn. 157 f.); nach bisherigem Recht war zumindest hM, dass die Genehmigung nach dem Vollmachtsstatut vorzunehmen sei. Das wäre dann, sofern die zu genehmigende Erklärung vor dem Stichtag erfolgte, noch das alte Recht. Es werden nicht sehr oft rechtliche Unterschiede bestehen, aber denkbar ist das hinsichtlich der Form der Genehmigung oder ihrem Zugang.

§ 42 Übergangsvorschrift zum Dritten Gesetz zur Änderung reiserechtlicher Vorschriften

Auf einen vor dem 1. Juli 2018 abgeschlossenen Reisevertrag sind die Vorschriften dieses Gesetzes, des Bürgerlichen Gesetzbuchs, der BGB-Informationspflichten-Verordnung, des Unterlassungsklagengesetzes, der Gewerbeordnung und der Preisangabenverordnung in der bis zu diesem Tag geltenden Fassung weiter anzuwenden.

1 Obwohl das Dritte Gesetz zur Änderung reiserechtlicher Vorschriften vom 17.7.2017 bereits am 21.7.2017 verkündet wurde (BGBl. 2017 I 2394), ist es erst **ab dem 1.7.2018 anzuwenden.** Bis dahin galten die bisherigen Vorschriften; auch die bisherige Pauschalreise-RL 1990[1] trat erst zum 1.7.2018 außer Kraft (Art. 29 Pauschalreise-RL).[2] Diese außerordentlich lange Vorlaufzeit hat einen doppelten Grund: Zum einen verpflichtet der Unionsgesetzgeber die Mitgliedstaaten, die Umsetzungsvorschriften bis zum 31.12.2017 zu erlassen (Art. 28 Pauschalreise-RL). Er hielt also einen Vorlauf von sechs Monaten für erforderlich und ausreichend. Zum anderen sah sich der Umsetzungsgesetzgeber wegen der Bundestagswahl im September 2017 und der damit verbundenen Diskontinuität der Gesetzgebungsverfahren gehalten, das Gesetzgebungsverfahren bereits in der bisherigen Wahlperiode, die mit dem Zusammentreten des im September 2017 gewählten Bundestags endete, abzuschließen, weil sonst eine rechtzeitige Umsetzung nicht gewährleistet erschien.

§ 43 Überleitungsvorschrift zum Gesetz zur Einführung eines Anspruchs auf Hinterbliebenengeld

Wenn die zum Tode führende Verletzung nach dem 22. Juli 2017 eingetreten ist, sind die durch das Gesetz zur Einführung eines Anspruchs auf Hinterbliebenengeld vom 17. Juli 2017 (BGBl. I S. 2421) geänderten Vorschriften in folgenden Gesetzen anzuwenden:
1. Bürgerliches Gesetzbuch,
2. Arzneimittelgesetz,
3. Gentechnikgesetz,
4. Produkthaftungsgesetz,
5. Umwelthaftungsgesetz,
6. Atomgesetz,
7. Straßenverkehrsgesetz und
8. Haftpflichtgesetz.

1 Art. 229 § 43 wurde angefügt mWv 22.7.2017 durch das Gesetz zur Einführung eines Anspruchs auf Hinterbliebenengeld vom 17.7.2017 (BGBl. 2017 I 2421).

2 Art. 229 § 43 gilt nur für Todesfälle, die sich nicht beim **Betrieb eines Luftfahrzeugs** ereignet haben.[1] Für Flugzeugunfälle gilt die eigenständige Überleitungsvorschrift des § 72 Abs. 6 LuftVG. Danach kommt es für die Anwendung der Vorschriften über das Hinterbliebenengeld ebenfalls darauf an, dass sich der Luftverkehrsunfall nach dem 22.7.2017 ereignet hat.

3 Die Regelung des Art. 229 § 43 entspricht einem **allgemeinen Rechtsprinzip des intertemporalen Deliktsrechts,** das bereits der Überleitungsvorschrift des Art. 170 für das Inkrafttreten des BGB sowie dem Art. 232 § 10 für den Fall der Wiedervereinigung zugrunde gelegt wurde (zu Art. 232 § 10 eingehend → 4. Aufl. 2006, Art. 232 § 10 Rn. 1 ff.). Der allgemeine Rechtsgedanke, der in den genannten Bestimmungen ebenso wie in Art. 229 § 43 zum Ausdruck kommt, ist die

[1] Richtlinie 90/314/EWG des Rates vom 13.6.1990 über Pauschalreisen, ABl. EG 1990 L 158, 59.

[2] Richtlinie (EU) 2015/2302 des Europäischen Parlaments und des Rates vom 25.11.2015 über Pauschalreisen und verbundene Reiseleistungen, zur Änderung der Verordnung (EG) Nr. 2006/2004 und der Richtlinie 2011/83/EU des Europäischen Parlaments und des Rates sowie zur Aufhebung der Richtlinie 90/314/EWG des Rates, ABl. EU 2015 L 326, 1.

[1] Art. 10 Nr. 2 Gesetz vom 17.7.2017, BGBl. 2017 I 2421; BT-Drs. 18/11397, 15, 19.

Maxime, das Verhalten des Schuldners an denjenigen Normen zu messen, die in dem Zeitpunkt gelten, in dem der Schuldner über die Wahl zwischen verschiedenen Verhaltensoptionen entscheidet. Der Verursacher eines Unfalls soll nicht mit Rechtsfolgen konfrontiert werden, mit denen er im Zeitpunkt des Unfalls nicht zu rechnen brauchte. Dafür spricht sowohl der Gedanke des **Vertrauensschutzes** als auch die **verhaltenssteuernde Funktion** haftungs- und schadensersatzrechtlicher Normen (4. Aufl. 2006, Art. 232 § 10 Rn. 2).

Genauso wie im Kollisionsrecht der Delikte lassen sich auch im intertemporalen Deliktsrecht verschiedene Fallgruppen unterscheiden: Beim intertemporalen **Platzdelikt** liegen sowohl die Rechtsgutsverletzung als auch die dafür ursächliche Handlung vor oder nach dem Stichtag, im Fall des Hinterbliebenengelds also vor oder nach dem 22.7.2017. Davon hängt ab, ob der Verursacher einer Tötung den Hinterbliebenen eine Entschädigung schuldet. Nach dem klaren Wortlaut des § 43 kommt es dabei nicht auf die Todesfolge, sondern auf die dem Tod in der Regel vorgelagerte Körperverletzung an. Typische Beispiele sind **Verkehrsunfälle** im Straßen-, Schienen- und Luftverkehr. Liegt der Zeitpunkt des Unfalls nach dem 22.7.2017, haben die Angehörigen des getöteten Unfallopfers Ansprüche auf Hinterbliebenengeld, liegt er vor oder an dem Stichtag, können sie insoweit nichts verlangen. 4

Schwierigkeiten bereitet Art. 229 § 43 beim intertemporalen Distanzdelikt, also bei **Langzeitschäden,** bei denen **zwischen Handlung und Rechtsgutsverletzung ein Zeitintervall** liegt, in das der 22.7.2017 fällt (→ 4. Aufl. 2006, Art. 232 § 10 Rn. 12 ff.). Hier stellt sich die Frage, ob der Anspruch auf Hinterbliebenengeld besteht, wenn zwar die zum Tode führende Rechtsgutsverletzung nach dem 22.7.2017 eingetreten ist, die dafür ursächliche Handlung oder pflichtwidrige Unterlassung jedoch vor dem Stichtag liegt. Der Wortlaut des Art. 229 § 43, der auf die Verletzung abstellt, spricht für die Anwendung der Vorschriften über das Hinterbliebenengeld, die verhaltenssteuernde Funktion des Schadensrechts und der Gesichtspunkt des Vertrauensschutzes dagegen (→ Rn. 3). Hätte der Schädiger Hinterbliebenengeld zu zahlen, würde er mit Rechtsfolgen konfrontiert, die er im Zeitpunkt der schadensträchtigen Handlung nicht vorhersehen konnte. 5

Das Problem des intertemporalen Distanzdelikts hatte bereits der Gesetzgeber des Art. 170 gesehen, seine **Lösung** jedoch **Wissenschaft und Praxis** überlassen.[2] Die Gesetzgeber des Ersten und des Zweiten Schadensersatzrechtsänderungsgesetzes[3] haben Formulierungen verwendet, die wie Art. 229 § 43 auf den Eintritt des Schadens bzw. der Verletzung hindeuten („das schädigende Ereignis"), während § 23 UmweltHG darauf abstellt, dass der Schaden vor seinem Inkrafttreten „verursacht worden ist", und damit die Handlung in Bezug nimmt (→ 4. Aufl. 2006, Art. 232 § 10 Rn. 13). Für Schäden durch fehlerhafte Produkte ist in Art. 17 RL 85/374/EWG und in § 16 ProdHaftG klar geregelt, dass das europäische Produkthaftungsrecht nur für Produkte gilt, die nach seinem Inkrafttreten in den Verkehr gebracht wurden. Hier ist also eindeutig die schadensträchtige Handlung maßgeblich (→ ProdHaftG § 16 Rn. 1). Die Anknüpfungsentscheidung des Produkthaftungsgesetzes ist jedoch auch für Art. 229 § 43 zutreffend. Bei arzthaftungsrechtlichen Schadensersatzansprüchen kommt es also auf den Zeitpunkt der fehlerhaften Behandlung an.[4] Bei Langzeitschäden ist Hinterbliebenengeld nicht schon dann geschuldet, wenn der Eintritt der **Rechtsgutsverletzung** in den Zeitraum nach dem 22.7.2017 fällt, sondern es ist **zusätzlich** zu verlangen, dass auch die **schadensträchtige Handlung nach dem Stichtag** vorgenommen wurde (→ 4. Aufl. 2006, Art. 232 § 10 Rn. 14). 6

Bei **Dauerdelikten,** bei denen die schadensursächliche Handlung vor dem Stichtag begonnen und über diesen hinaus fortgesetzt wurde, wären an sich intertemporale Teilschäden zu bilden und deren Umfang nach § 287 ZPO zu schätzen (→ 4. Aufl. 2006, Art. 232 § 10 Rn. 16).[5] Da dies in Bezug auf die Todesfolge nicht möglich ist, sollte in diesen Fällen Hinterbliebenengeld gewährt werden, wenn nicht die vor dem 22.7.2017 liegenden Gesundheitsbeeinträchtigungen für sich allein genommen ausreichend gewesen wären, um den Tod zu verursachen. 7

§ 44 Überleitungsvorschrift zum Gesetz zur Bekämpfung von Kinderehen

(1) [1]§ 1303 Satz 2 des Bürgerlichen Gesetzbuchs in der ab dem 22. Juli 2017 geltenden Fassung ist für Ehen, die vor dem 22. Juli 2017 geschlossen worden sind, nicht anzuwenden. [2]Die Aufhebbarkeit dieser Ehen richtet sich nach dem bis zum 22. Juli 2017 geltenden Recht.

---

2 Mot. zum EGBGB, 1888, 257.
3 BGBl. 1977 I 1577, dort Art. 5; BGBl. 2002 I 2675, dort Art. 12 = Art. 229 § 8 Abs. 1 EGBGB.
4 Vgl. LG Flensburg BeckRS 2021, 34576.
5 So die Begr. zum UmweltHG, BT-Drs. 11/7104, 22.

(2) Die Aufhebung einer Ehe wegen eines Verstoßes gegen § 1303 des Bürgerlichen Gesetzbuchs ist ausgeschlossen, wenn sie nach Befreiung vom Erfordernis der Volljährigkeit nach § 1303 Absatz 2 bis 4 des Bürgerlichen Gesetzbuchs in der bis zum 21. Juli 2017 geltenden Fassung und vor dem 22. Juli 2017 geschlossen worden ist.

(3) [1]Bis zum 22. Juli 2017 noch nicht abgeschlossene Verfahren über die Erteilung einer Befreiung nach § 1303 Absatz 2 bis 4 des Bürgerlichen Gesetzbuchs in der bis zum 21. Juli 2017 geltenden Fassung sind erledigt. [2]Eine Genehmigung nach § 1315 Absatz 1 Satz 1 Nummer 1 Fall 1 des Bürgerlichen Gesetzbuchs in der bis zum 21. Juli 2017 geltenden Fassung kann nach dem 22. Juli 2017 nicht mehr erteilt werden.

(4) Artikel 13 Absatz 3 Nummer 1 gilt nicht, wenn
1. der minderjährige Ehegatte vor dem 22.7.1999 geboren worden ist, oder
2. die nach ausländischem Recht wirksame Ehe bis zur Volljährigkeit des minderjährigen Ehegatten geführt worden ist und kein Ehegatte seit der Eheschließung bis zur Volljährigkeit des minderjährigen Ehegatten seinen gewöhnlichen Aufenthalt in Deutschland hatte.

Übersicht

I. Entstehungsgeschichte, Allgemeines

1 Art. 229 § 44 wurde angefügt mWv **22.7.2017** durch das Gesetz zur Bekämpfung von Kinderehen vom 17.7.2017 (BGBl. 2017 I, 2429). Durch dieses Gesetz waren insbesondere materielle Eheschließungsnormen des BGB (→ Rn. 2) geändert worden, aber auch die kollisionsrechtliche Norm des Art. 13 (→ Rn. 3). Die hier kommentierte Norm enthält dazu das Übergangsrecht (→ Rn. 9 ff.). Abs. 1–3 betreffen nach deutschem Eheschließungsstatut geschlossene Ehen, Abs. 4 betrifft nach ausländischem Eheschließungsstatut geschlossene Ehen.

II. Das Gesetz zur Bekämpfung von Kinderehen

2 **1. Abschaffung der Minderjährigenehe.** Durch das Gesetz zur Bekämpfung von Kinderehen[1] wurde die Minderjährigenehe in Deutschland abgeschafft (→ BGB § 1303 Rn. 4 f.). Nach der Neufassung von **§ 1303 BGB** ist die Volljährigkeit in Deutschland ausnahmslos Voraussetzung für die Eheschließung (→ BGB § 1303 Rn. 10 ff.). Wird eine Ehe gleichwohl von einem/einer **16- oder 17-Jährigen** eingegangen, so ist sie grundsätzlich aufhebbar (§ 1314 Abs. 1 Nr. 1 BGB; → BGB § 1314 Rn. 3 ff.), es sei denn, der Ehegatte ist inzwischen volljährig und hat die Ehe bestätigt (§ 1315 Abs. 1 S. 1 Nr. 1 lit. a BGB) oder die Aufhebung stellt aufgrund außergewöhnlicher Umstände eine schwere Härte für den minderjährigen Ehegatten dar (§ 1315 Abs. 1 S. 1 Nr. 1 lit. b BGB; → BGB § 1315 Rn. 2 ff.). Den Aufhebungsantrag können die Ehegatten stellen oder die zuständige Behörde (§ 1316 Abs. 3 S. 2 BGB), die insoweit keinen Ermessensspielraum hat, sondern den Antrag stellen muss (→ BGB § 1316 Rn. 15 f.). Geht eine Person **unter 16 Jahren** eine Ehe ein, ist diese Ehe grundsätzlich von Anfang an **nichtig** (§ 1303 S. 2 BGB; → BGB § 1303 Rn. 12).

3 **2. Ergänzung von Art. 13 EGBGB. a) Ausgangssituation nach früherem Recht.** Nach Art. 13 Abs. 1 unterliegen die materiell-rechtlichen Voraussetzungen der Eheschließung für jeden Verlobten dem Recht des Staates, dem er angehört (→ Art. 13 Rn. 10 ff.). Das bedeutet, dass sich auch die Beurteilung der **Ehemündigkeit** grundsätzlich nach dem jeweiligen **Heimatrecht** bestimmt (→ Art. 13 Rn. 39 ff.). Das warf in der Vergangenheit die Folgefrage auf, wie man mit

[1] BT-Drs. 18/12086; dazu *Coester* FamRZ 2017, 77; *Majer* NZFam 2017, 537; *Antomo* ZRP 2017, 79; *Frie* FamRB 2017, 232; *Reuß* FamRZ 2019, 1 (4); *Opris* ZErb 2017, 158; Deutscher Anwaltverein Stellungnahme Nr. 12/2017.

einer im Ausland bzw. im Inland nach ausländischem Recht wirksam geschlossenen Minderjährigenehe in Deutschland umgehen sollte bzw. unter welchen Voraussetzungen sie mit wesentlichen Grundsätzen des deutschen Rechts, also mit dem **ordre public** des Art. 6, unvereinbar erschien.[2] Wirksame Ehen von 16- oder 17-Jährigen waren als eher unproblematisch eingestuft worden. Bei Ehen von unter 14-Jährigen wurde jedoch überwiegend von einem ordre public-Verstoß ausgegangen (→ Art. 6 Rn. 275). Bei den 14- und 15-Jährigen sollte es auf die Umstände des Einzelfalls ankommen.[3] Die Rechtslage war demgemäß in vielen Fällen zweifelhaft gewesen,[4] erlaubte aber gleichwohl eine flexible Handhabung im Einzelfall. Der Gesetzgeber sah jedenfalls Handlungsbedarf und traf schließlich in Art. 13 Abs. 3 eine Neuregelung.[5]

b) Eheschließung unter 16 Jahren. Nach **Art. 13 Abs. 3 Nr. 1** ist eine **nach ausländischem Recht wirksam geschlossene Ehe** unabhängig vom anwendbaren Recht nach deutschem Recht **unwirksam,** wenn der Verlobte im Zeitpunkt der Eheschließung das **16. Lebensjahr noch nicht vollendet** hatte.[6] Damit wurde eine Sonderregelung getroffen, die der Anwendung des allgemeinen ordre public-Vorbehalts gemäß Art. 6 vorgeht[7] bzw. diesen konkretisiert.[8] Auf die konkreten Umstände im Einzelfall, insbesondere das **Kindeswohl** und die individuelle Reife des Minderjährigen, kommt es demgemäß generell nicht mehr an (→ BGB § 1303 Rn. 18 f.). Eine Heilung (etwa durch Bestätigung) hatte der Gesetzgeber – vorbehaltlich der Übergangsregelung in Art. 229 § 44 Abs. 4 – zunächst ausgeschlossen.[9] Die Regelung hatte umgehend erhebliche Kritik erfahren (→ BGB § 1303 Rn. 14 ff.).[10] Der BGH hält die Regelung in Art. 13 Abs. 3 Nr. 1 für verfassungswidrig.[11] Mit Entscheidung vom 14.11.2018 hatte der BGH dem BVerfG die Frage vorgelegt, ob Art. 13 Abs. 3 Nr. 1 mit Art. 1 GG, Art. 2 Abs. 1 GG, Art. 3 Abs. 1 GG und Art. 6 Abs. 1 GG vereinbar sei, soweit eine unter Beteiligung eines nach ausländischem Recht ehemündigen Minderjährigen geschlossene Ehe nach deutschem Recht – vorbehaltlich der Ausnahmen in der Übergangsvorschrift des Art. 229 § 44 Abs. 4 – ohne einzelfallbezogene Prüfung als Nichtehe qualifiziert wird, wenn der Minderjährige im Zeitpunkt der Eheschließung das 16. Lebensjahr nicht vollendet hatte. 4

Mit **Beschluss vom 1.2.2023** stellte das **BVerfG** fest, dass die Regelung in Art. 13 Abs. 3 Nr. 1, soweit nicht die Ausnahmen in Art. 229 § 44 Abs. 4 (→ Rn. 13) greifen, mit dem Grundgesetz unvereinbar sei.[12] Die Vorschrift verletze das Grundrecht der Ehe(schließungs)freiheit aus Art. 6 Abs. 1 GG. Im Ausgangspunkt spricht das BVerfG zwar – mit Blick auf den Minderjährigenschutz und die damit verbundenen Zielsetzungen des Gesetzes zur Bekämpfung von Kinderehen (→ BGB § 1303 Rn. 6) – von einer geeigneten und im Sinne der Rechtsklarheit auch erforderlichen Regelung zu einem legitimen Zweck.[13] Insoweit wird die (starre) Festlegung eines Mindestheiratsalters nicht beanstandet und der gesetzgeberische Gestaltungsspielraum anerkannt. Die Regelung in Art. 13 Abs. 3 Nr. 1 sei aber nicht verhältnismäßig im engeren Sinne. Sie greife in den Bestand der im Ausland wirksam geschlossenen Ehen ein und vereitle den Anspruch auf Anerkennung solcher Ehen durch das deutsche Recht. Insoweit sei unverhältnismäßig, dass der Gesetzgeber **keine rechtliche Möglichkeit** geschaffen habe, die es Minderjährigen erlaube, **nach Erreichen der Volljährigkeit** die **Ehe im Inland als wirksame** zu führen. Es sei jedenfalls unangemessen, eine selbstbestimmte Entscheidung dafür auch dann noch auszuschließen, nachdem die Ehemündigkeit eingetreten ist und der zuvor zu schützende Minderjährige gerade die Fortsetzung der Ehe wünsche. Dies gelte insbes. in Fällen, in denen betroffene, bereits lange Zeit nach ausländischem Recht miteinander verheiratete Eheleute ihren Aufenthalt in Deutschland nehmen würden. 5

Außerdem ist es laut BVerfG versäumt worden, die **Folgen der gesetzesunmittelbaren Unwirksamkeit** der betreffenden Ehen in einer Weise zu regeln, wie es etwa **§ 1618 BGB für die Eheaufhe-** 6

---

2 Vgl. BT-Drs. 18/12086, 14.
3 Vgl. insbes. OLG Bamberg FamRZ 2016, 1270.
4 Dazu auch *Mankowski* FamRZ 2016, 1274 mwN.
5 Zur Rechtsnatur der misslungenen Regelung BeckOGK/*Rentsch,* 1.3.2024, Art. 13 Rn. 52.
6 ZB AG Kassel FamRZ 2018, 1149 = BeckRS 2018, 13248; vgl. auch BGH NZFam 2019, 65.
7 *Frie* FamRB 2017, 232 (235).
8 BeckOGK/*Kriewald,* 1.11.2023, Rn. 4.
9 Krit. *Antomo* ZRP 2017, 79 (81); *Rohe* StAZ 2018, 73 (78).
10 Vgl. *Reuß* FamRZ 2019, 1 (4); *Gössl* BRJ 2019, 6 (11); *Rixen* JZ 2019, 628 (631); *Frank* StAZ 2019, 129 (133); *Weller/Thomale/Hategan/Werner* FamRZ 2018, 1289 (1294); *Rohe* StAZ 2018, 73 (77); *Schwab* FamRZ 2017, 1369 (1370 ff.); *Antomo* ZRP 2017, 79 (81); *Bongartz* NZFam 2017, 541 (543); *Coester-Waltjen* IPRax 2017, 429 (431); *Möller/Yassari* KJ 2017, 269 (270 ff.).
11 BGH NZFam 2019, 65 mAnm *Löhnig;* dazu *Pfeiffer* LMK 2019, 415153; *Dutta* FamRZ 2019, 188; *Ernst* DRiZ 2019, 182; *Gutmann* NVwZ 2019, 277; *Onwuagbaizu* NZFam 2019, 465 (468).
12 BVerfG NJW 2023, 1494; dazu *Löhnig* NZFam 2023, 504; *Antomo* NJW 2023, 1474; *Rupp* FamRZ 2023, 855; *Gausing/Wittebol* JZ 2023, 851.
13 AA *Antomo* NJW 2023, 1474 (1476); *Erbarth* FamRB 2023, 264 (267).

bung vorsehe. Insbes. das Fehlen von Unterhaltsansprüchen wirke sich besonders nachteilig für die sozio-ökonomische Lage des Minderjährigen aus. Dem Gesetzgeber sei zwar erlaubt, an der Wertung festzuhalten, Auslandsehen bei Heirat von Personen unter 16 Jahren die inländische Wirksamkeit zu versagen. Ergänzend dazu müssten aber Regelungen für nacheheliche Ansprüche vorgesehen werden, die dem Umstand einer bereits geführten Ehe sowie einer etwaigen **sozio-ökonomischen Schutzbedürftigkeit** der bei Eheschließung Minderjährigen Rechnung tragen. Das könnten eigenständige Ansprüche für die Situation der inländisch unwirksamen Ehe sein. Das künftige Recht könnte aber auch auf Ansprüche verweisen, wie sie das geltende Recht für aufgehobene Ehen vorsieht (vgl. § 1618 BGB).

7 Allerdings hat das BVerfG die Regelung in Art. 13 Abs. 3 Nr. 1 nicht für (von Anfang an) nichtig erklärt, um ein rechtliches Vakuum und einen ggf. noch verfassungsferneren Zustand zu verhindern. Schließlich mögen im Vertrauen auf die Nichtigkeitsanordnung des Art. 13 Abs. 3 Nr. 1 inzwischen andere Ehen eingegangen worden sein. Daher **galt Art. 13 Abs. 3 Nr. 1** laut BVerfG bis zum Inkrafttreten einer Neuregelung durch den Gesetzgeber, längstens **bis zum 30.6.2024, fort.** Ergänzend dazu traf das BVerfG eine **Übergangsregelung** für **unterhaltsrechtliche Fragen** der weiterhin inländisch unwirksamen Ehe. Um den verfassungswidrigen Zustand des Fehlens unterhaltsrechtlicher Regelungen bei den nach Art. 13 Abs. 3 Nr. 1 unwirksamen Ehen zugunsten der betroffenen Minderjährigen zu mildern, sei § 1318 BGB auf solche Ehen mit der Maßgabe anzuwenden, dass mit der nicht nur vorübergehenden Trennung der Eheleute die durch die Vorschrift für anwendbar erklärten Scheidungsvorschriften (§§ 1569 ff. BGB) zur Anwendung gelangen. Soweit es danach auf die Ehedauer ankäme, sei auf die Dauer des Zusammenlebens abzustellen. Während der Dauer des Zusammenlebens der Ehegatten seien übergangsweise die **§§ 1360, 1360a BGB** für die Unterhaltsansprüche der Betroffenen entsprechend anzuwenden. Am 1.7.2024 ist das **Gesetz zum Schutz Minderjähriger bei Auslandsehen** (BGBl. 2024 I Nr. 212) in Kraft getreten. Der Gesetzgeber hat sich insoweit entschieden, die geltenden Vorschriften in § 1303 S. 2 BGB und in Art. 13 Abs. 3 Nr. 1 unberührt zu lassen, aber bezogen auf die nichtigen Ehen um Regelungen zu Unterhaltsansprüchen sowie zu einer Heilungsmöglichkeit durch (rückwirkende) neue Eheschließung zu ergänzen. Die Neuregelung dazu findet sich in § 1305 BGB.

8 **c) Eheschließung mit 16 oder 17 Jahren.** War der Verlobte bei Eheschließung 16 oder 17 Jahre alt, ist die nach ausländischem Recht geschlossene Ehe unter den gleichen Voraussetzungen wie eine nach deutschem Recht geschlossene Ehe (→ Rn. 2) **aufhebbar (Art. 13 Abs. 3 Nr. 2).** Nachdem der zuständigen Behörde bei der Frage, ob sie ein Verfahren einleitet, kein Ermessensspielraum zukommen soll (→ Rn. 2), werden solche Fälle also oft – sofern sie bekannt werden – mit dem Aufhebungsverfahren konfrontiert werden[14] (→ BGB § 1315 Rn. 2 ff.).

III. Übergangsrecht

9 **1. Überblick.** Art. 229 § 44 enthält die Übergangsregelungen zu den in → Rn. 1 genannten Gesetzesänderungen. Laut Gesetzesbegründung soll die Neuregelung für Ehen, die vor dem Inkrafttreten des Gesetzes im Inland geschlossen worden sind, nicht anwendbar sein. Für die **vor Inkrafttreten** der Neuregelung nach deutschem Recht geschlossenen Minderjährigenehen verbleibt es somit beim alten Recht. Für die **nach Inkrafttreten der neuen Normen** nach inländischem Recht zu schließenden Ehen und für Auslandsehen gilt die neue Rechtslage hingegen unmittelbar. Demzufolge können seit dem 22.7.2017 nach inländischem Recht in Deutschland keine Ehen mehr mit Minderjährigen geschlossen werden. Nach ausländischem Recht geschlossene Ehen unter Beteiligung Minderjähriger sind nun nach den §§ 1313 ff. BGB aufhebbar (Art. 13 Abs. 3 Nr. 2).[15]

10 **2. BGB-Normen. Abs. 1–3** beziehen sich auf die relevanten BGB-Normen. Art. 229 § 44 **Abs. 1** erfasst nur die **nach deutschem Recht geschlossenen inländischen Ehen.**[16] Für alle vor dem Inkrafttreten der Neuregelung geschlossenen Ehen von Minderjährigen, für die es am Befreiungserfordernis des § 1303 Abs. 2 BGB aF fehlte, bleibt es beim alten Recht. Diese Ehen sind wirksam, aber nach den Vorschriften des bisherigen Rechts aufhebbar. Das gilt auch für Ehen, die von Minderjährigen unter 16 Jahren geschlossen wurden.[17] Ehen, die nach deutschem Recht bis zum Inkrafttreten des Gesetzes nach einer Befreiung vom Erfordernis der Volljährigkeit nach § 1303 Abs. 2–4 BGB aF geschlossen wurden, bleiben voll wirksam; sie sind nach Art. 229 § 44 **Abs. 2** nicht wegen eines Verstoßes gegen die Altersgrenze aufhebbar.[18]

---

[14] Rechtsprechungsüberblick bei *Wagner* FamRZ 2021, 1266.

[15] BT-Drs. 18/12086, 23.

[16] BT-Drs. 18/12086, 24; klarstellend BGH NJW 2020, 3777; zu den verschiedenen Fallgruppen *Andrae* IPRax 2021, 522 (524).

[17] BeckOGK/*Kriewald,* 1.11.2023, Rn. 6; *Erbarth* NZFam 2021, 9 (11).

[18] BT-Drs. 18/12086, 24.

Verfahren auf Befreiung vom Erfordernis der Ehemündigkeit (§ 1303 Abs. 2–4 BGB aF), die bei Inkrafttreten der Neuregelung anhängig waren, haben sich gemäß Art. 229 § 44 **Abs. 3** kraft Gesetzes erledigt, soweit sie bis zum 22.7.2017 nicht abgeschlossen waren. Trotz einer bereits erteilten Befreiung darf der Standesbeamte die Ehe seit dem 22.7.2017 nicht mehr schließen. Eine Genehmigung des Familiengerichts nach § 1315 Abs. 1 S. 1 Nr. 1 Fall 1 BGB aF kann seitdem nicht mehr erteilt werden, denn diese Vorschrift wurde aufgehoben. Ein anhängiges Aufhebungsverfahren war jedoch fortzuführen.[19] **11**

Die Aufhebbarkeit einer **Auslandsehe,** die mit einem Ehegatten geschlossen worden ist, der bei Eheschließung zwar das 16., aber nicht das 18. Lebensjahr vollendet hatte, richtet sich nach den §§ 1313 ff. BGB in der geltenden Fassung. Die Überleitungsvorschriften von Art. 229 § 44 Abs. 1 oder Abs. 2 sind auf solche Ehen laut BGH **nicht analog** anzuwenden, da der Gesetzgeber insoweit bewusst keine Ausnahmeregelung getroffen habe und folglich keine planwidrige Regelungslücke gegeben sei.[20] **12**

3. IPR. Das Übergangsrecht zu **Art. 13 Abs. 3** ist in Art. 229 § 44 **Abs. 4** enthalten.[21] Abs. 4 gilt nur für nach **ausländischem Eheschließungsstatut geschlossene Ehen.** Ausgangspunkt ist dabei, dass die Regelungen in Art. 13 Abs. 3 seit ihrem Inkrafttreten am 22.7.2017 grundsätzlich auch für Altehen gelten. Für die Regelung in Art. 13 Abs. 3 **Nr. 2** (für Eheschließungen mit 16- oder 17-Jährigen) mit dem Verweis auf deutsches Recht ist insoweit nach dem Gesetzeskonzept mangels diesbezüglicher Übergangsregelung keine Einschränkung vorgesehen,[22] wodurch inländische und ausländische Ehen ungleich behandelt werden.[23] Der **Anwendungsbereich** von Art. 13 Abs. 3 **Nr. 1** (für Eheschließungen mit unter 16-Jährigen) hingegen wird durch Abs. 4 erheblich **eingeschränkt.** Soweit die darin getroffenen Ausschlusstatbestände greifen, verbleibt es bei der Wirksamkeitskontrolle der betroffenen Minderjährigenehen anhand des Maßstabs von Art. 6.[24] **13**

Der **Ausschlusstatbestand** von **Abs. 4 Nr. 1** erfasst nach der Gesetzesbegründung alle Fälle, in denen der/die Minderjährige vor dem 22.7.1999 geboren worden ist bzw. im Zeitpunkt des Inkrafttretens des Gesetzes (22.7.2017) nach deutschem Recht **bereits volljährig** war.[25] Für Ehegatten, die zum Stichtag beide bereits 18 Jahre alt oder älter waren, verbleibt es somit in der Regel bei einer Beurteilung auf Grundlage von Art. 6 (ordre public).[26] Beispielsweise soll – laut Gesetzesbegründung[27] – eine nach ausländischem Recht einst mit einer 15-Jährigen geschlossene Ehe wirksam sein, wenn die Betroffene im Zeitpunkt des Inkrafttretens des Gesetzes bereits 30 Jahre in dieser Ehe lebt.[28] Gleiches gilt indes, wenn eine Ehe zB im Jahr 2013 mit einer 14-Jährigen geschlossen wurde, die im Jahr 2017 noch vor Inkrafttreten der Neuregelung volljährig wurde. Wurde diese Ehe jedoch im Jahr 2014 geschlossen und tritt die Volljährigkeit erst 2018 ein, wäre diese Ehe unwirksam. Das ist Konsequenz der getroffenen **Stichtagsregelung.** Ob die Ehegatten auf eine bestimmte Rechtslage vertraut haben oder (als EU-Bürger) nach dem Recht eines anderen EU-Staates wirksam verheiratet sind, ist irrelevant.[29] Auf den Zeitpunkt der Einreise nach Deutschland kommt es insoweit auch nicht an.[30] **14**

Nach Art. 229 § 44 **Abs. 4 Nr. 2** gilt Art. 13 Abs. 3 Nr. 1 zum anderen nicht, wenn die **Ehe bis zur Volljährigkeit** des Minderjährigen **im Ausland geführt** wurde und kein Ehegatte seinen Aufenthalt bis zu diesem Zeitpunkt im Inland hatte. Es geht somit um Fälle mit **fehlendem Inlandsbezug** vor Erreichen der Volljährigkeit der Ehegatten. Eine Ehe wird geführt, wenn beide Ehegatten im Sinne einer ehelichen Lebensgemeinschaft gemäß § 1353 Abs. 1 BGB zusammenleben bzw. an einer solchen Lebensgemeinschaft tatsächlich festhalten.[31] Die Ehe eines Ausländers, der zB eine 15-Jährige geheiratet hat und fünf Jahre mit ihr außerhalb der Bundesrepublik Deutschland zusam- **15**

---

19 BT-Drs. 18/12086, 24.

20 BGH NJW 2020, 3777; *Löhnig* NJW 2020, 3782 (3783); krit. *Antomo* FamRZ 2020, 1538; NK-BGB/*Antomo* BGB § 1314 Rn. 4; BeckOGK/*Kriewald,* 1.11.2023, Rn. 7; aA *Andrae* IPRax 2021, 522.

21 Dazu *Hüßtege* FamRZ 2017, 1374 (1375); *Onwuagbaizu* NZFam 2019, 465; *Pfeiffer* LMK 2019, 415153.

22 Vgl. BGH NJW 2020, 3777; *Löhnig* NJW 2020, 3782 (3783); BeckOGK/*Rentsch,* 1.3.2024, Art. 13 Rn. 48; für eine abweichende Interpretation *Andrae* IPRax 2021, 522 (525 f.).

23 Zu Recht krit. BeckOGK/*Kriewald,* 1.11.2023, Rn. 19 f.; *Andrae* IPRax 2021, 522 (525).

24 OLG Frankfurt BeckRS 2019, 3941.

25 BT-Drs. 18/12086, 24.

26 So auch BeckOGK/*Kriewald,* 1.11.2023, Rn. 18.

27 Vgl. BT-Drs. 18/12086, 24 bzw. BR-Drs. 275/17, 26.

28 BT-Drs. 18/12086, 24.

29 Krit. *Frie* FamRB 2017, 232 (236 f.).

30 Vgl. Fallbeispiel bei BeckOGK/*Kriewald,* 1.11.2023, Rn. 13.1.

31 Vgl. BT-Drs. 18/12086, 24; Grüneberg/*Thorn* Art. 13 Rn. 22; *Onwuagbaizu* NZFam 2019, 465 (466); BeckOGK/*Kriewald,* 1.11.2023, Rn. 16; BeckOGK/*Rentsch,* 1.3.2024, Art. 13 Rn. 48.

mengelebt hat, wäre somit wirksam bzw. geheilt.[32] Wurde der **gewöhnliche Aufenthalt** eines Ehegatten jedoch zeitweilig in Deutschland begründet oder bestand keine eheliche Lebensgemeinschaft, so tritt keine Heilung ein. Im Schrifttum wird insoweit kritisiert, dass die Abgrenzung zwischen den Fällen der heilbaren und der nicht heilbaren Ehe vom Sachverhalt her „geringfügig" und „eher zufällig" sei, weshalb die Übergangsregelung misslungen sei.[33] Komme man als noch 17-Jährige(r) nach Deutschland, sei die Ehe unwirksam oder aufhebbar, ist man gerade schon 18 Jahre alt, sei die Ehe wirksam. Wenn auch nur einer der Ehegatten vor der Volljährigkeit (der eigenen oder der des anderen Ehegatten) seinen gewöhnlichen Aufenthalt vorübergehend in Deutschland gehabt habe, sei die Ehe nach deutschem Recht für alle Zeit eine Nichtehe. Verlegten diese Ehegatten dann nach sehr langem Zusammenleben in der Heimat später ihren gewöhnlichen Aufenthalt nach Deutschland, so sei die Ehe nach Art. 13 Abs. 3 unwirksam, ohne dass eine ggf. über Jahrzehnte im Herkunftsland gelebte Ehe Beachtung finde.[34] Das Konzept ist folglich nicht hinreichend durchdacht.

16 Unklar bleibt im Übrigen, was das Gesetz in Art. 229 § 44 Abs. 4 Nr. 2 mit **„Volljährigkeit"** meint. Nach dem Gesetzeszweck der Bekämpfung von Minderjährigenehen liegt nahe, dass der Gesetzgeber hier den Begriff der Volljährigkeit ausschließlich iSd § 2 BGB versteht,[35] sodass einheitlich auf die Vollendung des 18. Lebensjahres abzustellen ist (vgl. auch Art. 2 KSÜ). Würde man insoweit nämlich – nach IPR-rechtlichen Grundsätzen – auf Art. 7 Abs. 1 abstellen,[36] wonach sich die Volljährigkeit nach dem Heimatrecht des Ehegatten bestimmt, käme es je nach Herkunft zu unterschiedlichen Rechtsfolgen, zumal die Volljährigkeit danach auch wiederum von der Verheiratung abhängen könnte (vgl. Art. 7 Abs. 1 S. 2).[37] Der Gesetzgeber wollte die Regelung aber wohl nicht mittelbar vom Volljährigkeitsstatut abhängig machen.

§ 45 Übergangsvorschrift zum Gesetz zur Umsetzung der zweiten Zahlungsdiensterichtlinie vom 17. Juli 2017

(1) Auf Schuldverhältnisse, die die Ausführung von Zahlungsvorgängen zum Gegenstand haben und ab dem 13. Januar 2018 entstanden sind, sind nur das Bürgerliche Gesetzbuch und Artikel 248 in der ab dem 13. Januar 2018 geltenden Fassung anzuwenden.

(2) Auf Schuldverhältnisse, die die Ausführung von Zahlungsvorgängen zum Gegenstand haben und vor dem 13. Januar 2018 entstanden sind, sind das Bürgerliche Gesetzbuch und Artikel 248 in der bis zum 13. Januar 2018 geltenden Fassung anzuwenden, soweit in den Absätzen 3 und 4 nichts anderes bestimmt ist.

(3) Wenn bei einem Schuldverhältnis im Sinne von Absatz 2 erst ab dem 13. Januar 2018 mit der Abwicklung eines Zahlungsvorgangs begonnen worden ist, sind auf diesen Zahlungsvorgang nur das Bürgerliche Gesetzbuch und Artikel 248 in der ab dem 13. Januar 2018 geltenden Fassung anzuwenden.

(4) § 675f Absatz 3 des Bürgerlichen Gesetzbuchs in der ab dem 13. Januar 2018 geltenden Fassung ist ab diesem Tag auch auf Schuldverhältnisse im Sinne von Absatz 2 anzuwenden.

(5) § 270a des Bürgerlichen Gesetzbuchs ist auf alle Schuldverhältnisse anzuwenden, die ab dem 13. Januar 2018 entstanden sind.

1 Die Vorschrift regelt die zeitliche Anwendung der mit der Umsetzung der zweiten ZDRL[1] geänderten §§ 675c–676c BGB und des Art. 248 EGBGB. Die Norm steht im engen sachlichen Zusammenhang mit Art. 229 Abs. 1 und Abs. 2, die mit einer ähnlichen Regelungssystematik das Inkrafttreten der §§ 675c–676c BGB in Umsetzung der ersten ZDRL 2007 zum 1.11.2009 regeln. **Abs. 1** normiert somit das intertemporale Privatrecht der Zahlungsdienste und erfasst sog. **Neuver-**

---

32 BT-Drs. 18/12086, 24.

33 *Coester* DFGT-Stellungnahme 2017, 3; *Frie* FamRB 2017, 232 (236); *Bongartz* NZFam 2017, 541 (545); *Kemper* FamRB 2021, 226 (228).

34 *Pfeiffer* LMK 2019, 415153.

35 So Grüneberg/*Thorn* Art. 13 Rn. 22; wohl auch AG Kassel FamRZ 2018, 1149 = BeckRS 2018, 13248.

36 So allerdings *Onwuagbaizu* NZFam 2019, 465 (466) mwN; *Erbarth* FamRB 2018, 338 (340); BeckOGK/*Kriewald,* 1.11.2023, Rn. 15; wohl auch Erman/*Stürner* Art. 13 Rn. 41e.

37 Dazu *Frie* FamRB 2017, 232 (236); ferner BeckOGK/*Kriewald,* 1.11.2023, Rn. 15.2.

1 RL (EU) 2015/2366 des Europäischen Parlaments und des Rates vom 25.11.2015 über Zahlungsdienste im Binnenmarkt, zur Änderung der Richtlinien 2002/65/EG, 2009/110/EG und 2013/36/EU und der Verordnung (EU) Nr. 1093/2010 sowie zur Aufhebung der Richtlinie 2007/64/EG, ABl. EU 2015 L 337, 35.

träge, die ab dem 13.1.2018 geschlossen werden. Es bringt die bereits in Art. 170 geregelte Selbstverständlichkeit zum Ausdruck, dass auf solche Neuverträge nur das BGB bzw. das EGBGB und das ZAG in der ab dem 13.1.2018 geltenden Fassung Anwendung findet, da die Umsetzung der zweiten ZDRL zu diesem Datum zu erfolgen hatte. Dadurch, dass Abs. 1 an Schuldverhältnisse im Allgemeinen anknüpft, wird klargestellt, dass diese Regelung für Zahlungsdiensterahmenverträge wie für Einzelzahlungsverträge, aber auch für sonstige Verträge gilt, die einen Zahlungsdienst oder seine Auslösung zum Gegenstand haben oder Kontoinformationsdienste betreffen.

Demgegenüber erfassen **Abs. 2–4** sog. **Altverträge,** die vor dem 13.1.2018 0:00 Uhr abgeschlossen worden sind. Als Grundsatz wird in **Abs. 2** klargestellt, dass es insoweit mit dem BGB, EGBGB und ZAG in seiner bis zum Ablauf des 12.1.2018 geltenden Fassung sein Bewenden hat, dem neuen Recht nach Umsetzung der zweiten ZDRL also **grundsätzlich keine Rückwirkung** zukommt. Dies deckt sich mit dem intertemporalen Grundsatz in Art. 170. Von diesem Grundsatz sehen die Abs. 3 und 4 jedoch zwei wichtige Ausnahmen vor. 2

Abs. 3 ordnet an, dass bei vor dem 13.1.2018 geschlossenen Zahlungsverträgen gleichwohl das neue, ab dem Stichtag geltende Recht Anwendung findet, sofern mit der **Ausführung des Zahlungsvorgangs** (§ 675 Abs. 4 S. 1 BGB) erst ab dem 13.1.2018 0:00 Uhr begonnen wurde. Für die Frage, wann mit der Ausführung eines Zahlungsvorgangs begonnen wurde, kann auf die Auslegung des wortgleichen Tatbestandsmerkmals in Art. 228 Abs. 1, 2 (→ 5. Aufl. 2010, Art. 228 Rn. 2) bzw. in Art. 229 § 22 Abs. 1 S. 2 (→ Art. 229 § 22 Rn. 8) Rückgriff genommen werden. Maßgeblich ist somit nicht ein juristischer Akt, sondern der „individuelle Geschäftsvorfall" im Sinne eines „wirtschaftlich-praktischen Vorgangs".[2] Es soll ein Dualismus von altem und neuem Recht verhindert werden, sodass auf einen Zahlungsvorgang entweder nur altes oder ausschließlich das neue Recht Anwendung findet. Nicht ausgeschlossen ist es aber, dass sich das Zustandekommen und die Wirksamkeit des vor dem 13.1.2018 geschlossenen Zahlungsvertrages noch nach altem Recht bestimmt, während auf den nach dem Stichtag ausgeführten Zahlungsvorgang bereits das neue Recht Anwendung findet.[3] 3

Dem entspricht es, die „Abwicklung" mit der **ersten Ausführungshandlung des Zahlungsdienstleisters des Zahlers** beginnen zu lassen.[4] Auf die rein rechtsgeschäftliche Ebene – zB das Vorliegen einer wirksamen Weisung des Zahlers an seine Bank – also eines Zahlungsauftrags iSd § 675f Abs. 4 S. 2 BGB – kommt es insofern nicht an.[5] Ausreichend ist vielmehr jede tatsächliche Handlung seitens des Zahlungsdienstleisters des Zahlers oder des Zahlungsempfängers, die zur Ausführung des Zahlungsauftrags führt und nicht nur eine betriebsinterne Vorbereitungshandlung darstellt. Dies ist zB bei der Weiterleitung der im Onlinebanking erhaltenen Daten an ein Zahlungsverkehrssystem der Fall. Demgegenüber gehört die sog. Disposition (Überprüfung, ob das Konto des Zahlers die erforderliche Deckung aufweist) noch zu den Vorbereitungshandlungen. Im Falle eines institutsinternen Zahlungsauftrags wie der sog. Hausüberweisung – also immer dann, wenn das Konto des Zahlers und das des Zahlungsempfängers bei demselben Zahlungsdienstleister einschließlich etwaiger Zweigstellen geführt wird – ist auf die Eingabe in das institutsinterne Verrechnungssystem oder die sonstige Vorbereitung der Buchung abzustellen. Kein Ausführungsbeginn ist hingegen der bloße Zugang eines Zahlungsauftrags beim Zahlungsdienstleister (→ Art. 229 § 22 Rn. 8). 4

Anders als Art. 229 § 22 Abs. 1 S. 1 (→ Art. 229 § 22 Rn. 5 f.) sieht **Abs. 3 keine Zwangsmigration von Zahlungsdiensterahmenverträgen** vor, die vor dem 13.1.2018 abgeschlossen wurden. Lediglich die nach dem Stichtag auf Basis eines alten Zahlungsdiensterahmenvertrages ausgeführten Zahlungsvorgänge sind nach Abs. 3 dem neuen Recht unterworfen (→ Rn. 3 f.). Demgegenüber richtet sich die Kündigung von Altverträgen weiterhin nach § 675h BGB in der bis zum 13.1.2018 geltenden Fassung.[6] Dies ist wenig plausibel. Für Kündigungsentgelte, die nach § 675h Abs. 4 S. 2 BGB nF nun ausdrücklich verboten sind, ist dies allerdings unschädlich, da dieser Regelung nur klarstellende Bedeutung zukommt (→ BGB § 675h Rn. 25).[7] Gleichwohl ist die fehlende unechte Rückwirkung rechtspolitisch zu bemängeln. Für sie hätte darüber hinaus der Richtlinienzweck der Ermöglichung eines unkomplizierten Dienstleisterwechsels gesprochen (vgl. Erwägungsgrund 62 RL (EU) 2015/2366). Eine Ausnahme von dem Grundsatz der fehlenden Zwangsmigration bei Zahlungsdiensterahmenverträgen sieht Abs. 4 aber **für § 675f Abs. 3 BGB nF** vor, der dem Zahlungsdienstnutzer einen Anspruch auf die Nutzung von Zahlungsauslöse- und 5

---

2 So auch Staudinger/*Omlor,* 2016, Art. 228 Rn. 3.

3 RegE zur Umsetzung der 2. ZDRL, BT-Drs. 18/11495, 180.

4 Gleichsinnig Palandt/*Sprau,* 79. Aufl. 2020, Art. 229 § 22 Rn. 2; Staudinger/*Omlor,* 2020, BGB § 675c Rn. 74.

5 So jetzt auch Staudinger/*Omlor,* 2020, BGB § 675c Rn. 74.

6 Zust. BeckOGK/*Zahrte,* 1.3.2024, Rn. 15; Staudinger/*Omlor,* 2020, BGB § 675c Rn. 73.

7 Zutr. Hinweis bei Staudinger/*Omlor,* 2020, BGB § 675c Rn. 73, abw. noch → 7. Aufl. 2018, Rn. 5.

Kontoinformationsdiensten gibt. Allein dieser Regelung erkennt Abs. 4 Rückwirkung zu. Abreden, die das Recht auf Nutzung eines Zahlungsauslöse- oder Kontoinformationsdienstes in Altverträgen unmittelbar oder mittelbar ausschließen, sind daher ab dem 13.1.2018 auch in Altverträgen gemäß § 675e Abs. 1 BGB unwirksam.[8]

6 Für das **Preisaufschlagverbot** (Surchargingverbot) im Valutaverhältnis, das seit der Umsetzung der zweiten ZDRL in **§ 270a BGB** geregelt ist, bleibt es nach **Abs. 5** bei dem Grundsatz des Art. 170.[9] Das Verbot gilt also nur für Schuldverhältnisse, die ab dem 13.1.2018 entstanden sind, was vor allem bei Dauerschuldverhältnissen zu einer gespaltenen Rechtslage führt.[10] Auch diese fehlende Rückwirkung ist rechtspolitisch wenig überzeugend. Warum Kunden, deren Girovertrag vor dem 13.1.2018 abgeschlossen wurde, weniger weitgehend als Neukunden geschützt sein sollen, ist wenig überzeugend und im Interesse der Rechtssicherheit gerade auch aus Sicht der Händler abzulehnen. Dieses Ergebnis lässt sich allenfalls durch eine richtlinienkonforme Auslegung vor dem Hintergrund des Art. 62 Abs. 4 RL (EU) 2015/2366 vermeiden, der von den Mitgliedstaaten verlangt, dass sie „in jedem Fall sicher[stellen], dass der Zahlungsempfänger keine Entgelte für die Nutzung von Zahlungsinstrumenten verlangt". Man müsste dann Abs. 3 auf § 270a BGB analog anwenden,[11] sodass bei Dauerschuldverhältnissen, die ab dem 13.1.2018 Zahlungsvorgänge auslösen, das neue Surchargingverbot in § 270a BGB für solche Zahlungsvorgänge gilt, die nach dem Stichtag ausgelöst werden, was als zulässige unechte Rückwirkung einzuordnen wäre.[12] Das OLG München[13] legte diese Problematik dem EuGH vor, der entschied, dass Art. 62 Abs. 4 RL (EU) 2015/2366 einer nationalen Regelung entgegenstehe, nach der das Verbot der Erhebung von Entgelten von mit Verbrauchern geschlossenen Dauerschuldverhältnissen nur für Zahlungsvorgänge gelte, die in Erfüllung von nach dem 13.1.2018 geschlossenen Verträgen bewirkt würden. Das Surchargingverbot iSd Art. 62 Abs. 4 RL (EU) 2015/2366 sei damit auch auf Zahlungsvorgänge anzuwenden, die nach diesem Datum in Erfüllung von davor abgeschlossenen Dauerschuldverhältnissen bewirkt würden.[14] Diese Entscheidung ist in ihrer Deutlichkeit nachdrücklich zu begrüßen.[15] Ob sich ein entsprechendes Problem bei § 675f Abs. 6 BGB (Surchargingverbot im Akquisitionsverhältnis) stellt (→ BGB § 675f Rn. 69), hängt davon ab, ob man in der Ergänzung des neuen § 675f Abs. 6 BGB um die Gewährung sonstiger Anreize eine materielle Rechtsänderung oder nur eine Klarstellung der bisherigen Rechtlage sieht (→ BGB § 675f Rn. 70).[16] Mit Blick auf die entsprechende Vorgabe in der Richtlinie wäre auch insoweit die Anordnung einer unechten Rückwirkung vorzugswürdig gewesen.

§ 46 Überleitungsvorschrift zum Gesetz zur Regelung des Rechts auf Kenntnis der Abstammung bei heterologer Verwendung von Samen

§ 1600d Absatz 4 des Bürgerlichen Gesetzbuchs ist nicht anzuwenden, wenn der Samen, mithilfe dessen das Kind gezeugt wurde, vor Inkrafttreten des Gesetzes zur Regelung des Rechts auf Kenntnis der Abstammung bei heterologer Verwendung von Samen vom 17. Juli 2017 (BGBl. I S. 2513) verwendet wurde.

I. Allgemeines

1 Art. 229 § 46 wurde angefügt durch das Gesetz zur Regelung des Rechts auf Kenntnis der Abstammung bei heterologer Verwendung von Samen vom 17.7.2017 (BGBl. 2017 I 2513).[1] Mit

8 RegE, BT-Drs. 18/11495, 180; krit. zu dieser Regelung BeckOGK/*Zahrte,* 1.3.2024, Rn. 20 f.

9 Zust. BeckOGK/*Zahrte,* 1.6.2022, Rn. 23; Staudinger/*Omlor,* 2020, BGB § 675c Rn. 76.

10 AA Staudinger/*Omlor,* 2020, BGB § 675c Rn. 76, der für den intertemporalen Anwendungsbereich des § 270a BGB allein darauf abstellt, wann die Geldschuld entstanden ist. Dies bereitet zumindest bei Dauerschuldverhältnissen Schwierigkeiten und deckt sich auch nicht mit dem Wortlaut des Abs. 5.

11 So auch LG München I MMR 2020, 634 Rn. 33; Staudinger/*Omlor,* 2020, BGB § 675c Rn. 76 kommt mit seiner These, dass für die intertemporale Geltung des § 270a BGB auf das Entstehen der Geldschuld abzustellen ist, zum selben Ergebnis wie mit der hier befürworteten Analogie.

12 Ob man wirklich von planwidrigen Lücken ausgehen kann, ist zumindest zweifelhaft. Verf. dieser Kommentierung hatte den damaligen Berichterstatter im Finanzausschuss, MdB Matthias Hauer, auf dieses Problem mit Schreiben vom 21.3.2017 hingewiesen. Allerdings findet sich in der Begründung des Finanzausschusses (vgl. BT-Drs. 18/12568, 122, 162) kein Hinweis dazu, dass sich deren Mitglieder mit dieser Frage auseinandergesetzt hätten. Auch eine Antwort auf das Schreiben des Verf. ist ausgeblieben. Hierauf abstellend auch OLG München BeckRS 2020, 26155 Rn. 14.

13 OLG München BeckRS 2020, 26155.

14 EuGH NJW 2022, 529 Rn. 33; vgl. näher und zust. zum Ganzen *Casper* EWiR 2022, 33 (34 f.).

15 *Casper* EWiR 2022, 33, 34.

16 RegE, BT-Drs. 18/11495, 180.

1 Beschlussempfehlung und Bericht, BT-Drs. 18/12422 vom 17.5.2017; RegE, BT-Drs. 18/11291 vom 22.2.2017; BR-Drs. 785/16 vom 30.12.2016.

diesem Gesetz wurde speziell für die **Fälle der Samenspende** erstmals das Recht des Kindes auf Kenntnis der eigenen Abstammung gesetzlich verankert. Es wurde das Samenspenderregistergesetz (SaRegG) erlassen. Gemäß § 1 Abs. 1 SaRegG ist ein **Samenspenderregister** beim Bundesinstitut für Arzneimittel und Medizinprodukte (BfArM) eingerichtet worden. Das SaRegG enthält Regelungen zur Datenerhebung und Datenspeicherung bei medizinisch assistierten, offiziellen Samenspenden sowie zum diesbezüglichen **Auskunftsanspruch** des Kindes (→ SaRegG § 1 Rn. 1). Zugleich wurde in § 1600d Abs. 4 der Ausschluss der Vaterschaftsfeststellung des Samenspenders geregelt (→ Rn. 2). Alle Regelungen traten gemäß Art. 4 des Gesetzes vom 17.7.2017 zum **1.7.2018 in Kraft.** Damit wurde berücksichtigt, dass die Einrichtung des Registers und des diesbezüglichen neuen Verfahrens eine gewisse Zeit benötigte.[2]

II. Ausschluss der Vaterschaftsfeststellung des Samenspenders

1. Regelung in § 1600d Abs. 4 BGB. Parallel zu den Regelungen im SaRegG ist § 1600d BGB ergänzt worden. Ausgangspunkt ist dabei, dass die rechtlichen Eltern eines Kindes, das mithilfe einer Samenspende gezeugt wurde, die bestehende Vaterschaft nicht anfechten können (§ 1600 Abs. 4 BGB; → BGB § 1600 Rn. 50 ff.). Allerdings hat das Kind selbst nach wie vor ein Anfechtungsrecht, so dass es im Fall einer Anfechtung vaterlos werden könnte. Ein rechtlicher Vater kann im Fall eines Spenderkindes außerdem fehlen, wenn die Mutter ledig ist oder in einer eingetragenen Lebenspartnerschaft bzw. gleichgeschlechtlichen Ehe lebt. In solchen Fällen war es bislang nicht ausgeschlossen, dass Mutter oder Kind die Vaterschaftsfeststellung des Samenspenders nach § 1600d BGB betreiben, sofern sie seine Identität kennen. Nachdem die Kenntnis von der Identität des Spenders auf Grundlage des **Auskunftsanspruchs aus § 10 SaRegG** (→ SaRegG § 10 Rn. 1) nun deutlich leichter erlangt werden kann, wollte der Gesetzgeber im Gegenzug den Spender vor der etwaigen Vaterschaftsfeststellung schützen[3] und hat daher in § 1600d Abs. 4 BGB eine Neuregelung eingefügt, die zum 1.7.2018 in Kraft trat: Ist das Kind durch eine ärztlich unterstützte künstliche Befruchtung in einer Einrichtung der medizinischen Versorgung (zum Begriff → SaRegG § 1 Rn. 9) unter heterologer Verwendung von Samen gezeugt worden, der vom Spender einer Entnahmeeinrichtung iSv § 2 Abs. 1 S. 1 SaRegG (→ SaRegG § 1 Rn. 8) zur Verfügung gestellt wurde, so kann der Samenspender nicht als Vater dieses Kindes festgestellt werden (näher → BGB § 1600d Rn. 95 ff.). Private Samenspender hingegen können grundsätzlich weiterhin als Vater gemäß § 1600d Abs. 1 BGB festgestellt werden[4] (→ BGB § 1600d Rn. 100). 2

2. Übergangsrecht. Der Ausschluss der Vaterschaftsfeststellung gemäß § 1600d Abs. 4 BGB soll nur für Befruchtungen gelten, die **nach Inkrafttreten des neuen Rechts** (→ Rn. 1), also erst nach dem 1.7.2018, vorgenommen werden. Der Ausschluss entfaltet damit **keine Rückwirkung für Altfälle.** Für den Fall der Verwendung von Spendersamen vor dem 1.7.2018 kommt eine Freistellung des Samenspenders laut Gesetzesbegründung nicht in Betracht, weil die vorgesehene Aufklärung vor Verwendung der Spende mit der Folge einer unwiderruflichen Registrierung des Spenders hier nicht mehr möglich sei. Bereits gezeugten bzw. geborenen Kindern solle auch nicht rückwirkend ein möglicher rechtlicher Elternteil genommen werden. In diesen Fällen bleibt die Vaterschaftsfeststellung des Samenspenders nach § 1600d Abs. 1 BGB daher (theoretisch) weiterhin möglich.[5] 3

Für den Fall, dass Entnahmeeinrichtungen Samen vor Inkrafttreten des Gesetzes zum 1.7.2018 gewonnen hatten, stellt die Regelung in **§ 13 SaRegG** klar, dass dieser Samen nur noch dann zur Befruchtung verwendet werden darf, wenn eine Reihe von Vorgaben des SaRegG (insbesondere die Datenerhebung beim Samenspender) von der Entnahmeeinrichtung beachtet wird. Damit soll sichergestellt werden, dass auch in dieser Situation das Auskunftsrecht des Kindes später verwirklicht werden kann[6] (→ SaRegG § 13 Rn. 1). 4

§ 47 Übergangsvorschrift zum Gesetz zum Internationalen Güterrecht und zur Änderung von Vorschriften des Internationalen Privatrechts vom 17. Dezember 2018

(1) Die allgemeinen Wirkungen der Ehe bestimmen sich bis einschließlich 28. Januar 2019 nach Artikel 14 in der bis zu diesem Tag geltenden Fassung.

---

2 BT-Drs. 18/11291, 36; näher *Helms* FamRZ 2017, 1537.
3 Vgl. BT-Drs. 18/11291, 36.
4 BT-Drs. 18/11291, 35.
5 BT-Drs. 18/11291, 36.
6 BT-Drs. 18/11291, 34.

(2) Haben die Ehegatten die Ehe vor dem 29. Januar 2019 geschlossen und ab diesem Zeitpunkt keine Rechtswahl nach der Verordnung (EU) 2016/1103 über das auf ihren Güterstand anzuwendende Recht getroffen, sind folgende Vorschriften jeweils in ihrer bis einschließlich 28. Januar 2019 geltenden Fassung weiter anzuwenden:
1. die Vorschriften des Gesetzes über den ehelichen Güterstand von Vertriebenen und Flüchtlingen;
2. die Artikel 3a, 15, 16, 17a sowie 17b Absatz 4.

(3) Haben die Lebenspartner ihre eingetragene Partnerschaft vor dem 29. Januar 2019 eintragen lassen und ab diesem Zeitpunkt keine Rechtswahl nach der Verordnung (EU) 2016/1104 über das auf die güterrechtlichen Wirkungen ihrer eingetragenen Partnerschaft anzuwendende Recht getroffen, ist Artikel 17b Absatz 1 Satz 1 sowie Absatz 2 Satz 2 und 3 in der bis einschließlich 28. Januar 2019 geltenden Fassung weiter anzuwenden.

(4) Fand die Geburt oder die Annahme als Kind vor dem 29. Januar 2019 statt, so sind Artikel 19 Absatz 1 Satz 3 und Artikel 22 Absatz 1 Satz 2 in ihrer bis einschließlich 28. Januar 2019 geltenden Fassung anwendbar.

Schrifttum: *Andrae,* Internationales Familienrecht, 4. Aufl. 2019; *Campbell,* Neuregelungen im Internationalen Güterrecht, NJW-Spezial 2019, 708; *Erbarth,* Neues Internationales Privatrecht für die Wirkungen der Ehe im Allgemeinen, NZFam 2019, 417; *Hausmann,* Internationales und Europäisches Familienrecht, 3. Aufl. 2024; *Löhnig,* Die gleichgeschlechtliche Ehe im Internationalen Privatrecht, NZFam 2017, 1085; *Mankowski,* Neue Gesetze im deutschen Internationalen Ehe- und Eheverfahrensrecht, NJW 2019, 465.

I. Allgemeines

1 Art. 229 § 47 enthält **Übergangsbestimmungen** für die Änderungen, die sich aus dem Gesetz zum Internationalen Güterrecht und zur Änderung anderer Vorschriften des Internationalen Privatrechts vom 17.12.2018 (BGBl. 2018 I 2573) mit Wirkung vom 29.1.2019 ergeben haben. Abs. 1 bezieht sich auf die Anknüpfung der allgemeinen Ehewirkungen nach Art. 14. Abs. 2 regelt die Anknüpfung der güterrechtlichen Wirkungen von Ehen, die vor dem 29.1.2019 geschlossen wurden und bei denen die Ehegatten ab diesem Zeitpunkt keine Rechtswahl getroffen haben. Die Notwendigkeit einer solchen Übergangsbestimmung ergibt sich daraus, dass die kollisionsrechtlichen Vorschriften des Kapitels III der EuGüVO (Art. 20–35 EuGüVO) auf diese Ehen gemäß Art. 69 Abs. 3 EuGüVO noch nicht anwendbar sind. Für eingetragene Partnerschaften ist die parallele Problematik in Abs. 3 geregelt. Abs. 4 betrifft die Änderungen in Art. 19 und Art. 22, die durch die Neufassung des Art. 14 notwendig geworden sind.

II. Allgemeine Ehewirkungen (Abs. 1)

2 Das Gesetz zum Internationalen Güterrecht und zur Änderung anderer Vorschriften des Internationalen Privatrechts vom 17.12.2018 hat die Anknüpfung der **allgemeinen Wirkungen der Ehe** in Art. 14 mit Wirkung vom 29.1.2019 neu geregelt (→ Art. 14 Rn. 1 ff.). Dabei wurden die vorrangigen Rechtswahlmöglichkeiten in Art. 14 Abs. 1 deutlich erweitert. Bei der objektiven Anknüpfung wurde der gemeinsame gewöhnliche Aufenthalt der Ehegatten in Art. 14 Abs. 2 Nr. 1 an die Spitze der Anknüpfungsleiter gestellt. Art. 229 § 47 Abs. 1 stellt klar, dass die allgemeinen Wirkungen der Ehe sich bis einschließlich 28.1.2019 nach Art. 14 in der bis zu diesem Tag geltenden Fassung richten.[1] Hieraus lässt sich im Gegenschluss entnehmen, dass Art. 14 nF ab dem Tag des Inkrafttretens des Gesetzes vom 17.12.2018, also ab dem 29.1.2019 (Art. 10 Abs. 1 des Gesetzes) auch auf Ehen anwendbar ist, die vor dem Stichtag geschlossen wurden.[2] In Bezug auf die allgemeinen Ehewirkungen ist es damit bei vielen internationalen Ehen am 29.1.2019 zu einem **Statutenwechsel** kraft Änderung der Anknüpfungsregeln gekommen (→ Art. 14 Rn. 13).[3]

3 Die Anwendbarkeit des Art. 14 nF auf „Altehen" harmoniert mit der **Wandelbarkeit** des allgemeinen Ehewirkungsstatuts.[4] Art. 14 aF bleibt aber für **abgeschlossene Vorgänge** relevant, die bis einschließlich 28.1.2019 eingetreten sind. Zu denken ist etwa an Schenkungen und unbenannte Zuwendungen, die vor dem 29.1.2019 vorgenommen wurden, oder an die Geltung der gesetzlichen

---

1 Vgl. OLG Frankfurt FamRZ 2022, 431 (432) mAnm *B. Lorenz* = BeckRS 2021, 12371 Rn. 21 mAnm *Mankowski* NZFam 2021, 612.

2 Begr. RegE, BT-Drs. 19/4852, 40; *Hausmann* IntEuFamR B Rn. 709; *v. Bar/Mankowski* IPR II § 4 Rn. 391; *Mankowski* NJW 2019, 465 (470).

3 *v. Bar/Mankowski* IPR II § 4 Rn. 391.

4 Begr. RegE, BT-Drs. 19/4852, 40; *Mankowski* NJW 2019, 465 (470); *Erbarth* NZFam 2019, 417 (420).

Verpflichtungsermächtigung nach § 1357 BGB für Verträge, die vor dem Stichtag geschlossen wurden.[5] Insoweit gelten die gleichen Grundsätze wie bei einem Statutenwechsel kraft Änderung der Anknüpfungstatsachen (→ Art. 14 Rn. 133). Eine vor dem 29.1.2019 gemäß Art. 14 Abs. 2 oder Abs. 3 aF wirksam getroffene **Rechtswahl** bezüglich des allgemeinen Ehewirkungsstatuts bleibt auch über den Stichtag hinaus wirksam. Da Art. 14 aF ab dem 29.1.2019 nicht mehr anwendbar ist, enden die Wirkungen einer Rechtswahl nach Art. 14 Abs. 3 S. 1 aF aber nicht gemäß Art. 14 Abs. 3 S. 2 aF, wenn die Ehegatten am 29.1.2019 oder danach eine gemeinsame Staatsangehörigkeit erwerben.

III. Güterrechtliche Wirkungen von Ehen (Abs. 2)

Abs. 2 regelt die güterrechtlichen Wirkungen von Ehen, bei denen die kollisionsrechtlichen Vorschriften der EuGüVO (Art. 20–35) gemäß Art. 69 Abs. 3 EuGüVO noch nicht anwendbar sind. Konkret geht es um alle Ehen, die vor dem 29.1.2019 geschlossen wurden und bei denen die Ehegatten ab diesem Zeitpunkt keine Rechtswahl nach der EuGüVO getroffen haben. Für die güterrechtlichen Wirkungen dieser Ehen bleibt es nach Abs. 2 bei den bisherigen kollisionsrechtlichen Anknüpfungen. Abs. 2 hält damit den Grundsatz der **Unwandelbarkeit** des Ehegüterstatuts über den 29.1.2019 aufrecht. Unklarheiten in Bezug auf die Behandlung von Ehen, die am 29.1.2019 geschlossen worden sind,[6] haben sich durch die **Berichtigung** von Art. 69 Abs. 3 EuGüVO[7] erledigt. Seit dieser Berichtigung macht Art. 69 Abs. 3 EuGüVO ebenfalls deutlich, dass das neue Recht auch bei Eheschließung am 29.1.2019 anwendbar ist (→ EuGüVO Art. 69 Rn. 8). 4

Zu den aufrechterhaltenen Bestimmungen gehören nach Abs. 2 Nr. 1 die Vorschriften des **VFGüterstandsG** von 1969 (BGBl. 1969 I 1067), die nach Art. 15 Abs. 4 aF schon von der Reform von 1986 nicht berührt worden sind. Die nach Abs. 2 Nr. 2 für Altehen weiter maßgeblichen Art. 3a, 15 und 16 aF regelten bis einschließlich 28.1.2019 die Anknüpfung des Ehegüterstatuts für **heterosexuelle Ehen** und den Verkehrsschutz gegenüber Dritten. Art. 14 aF ist in Art. 229 § 47 Abs. 2 Nr. 2 zwar nicht aufgeführt. Da Art. 15 Abs. 1 aF unwandelbar auf das **bei der Eheschließung** für die allgemeinen Wirkungen der Ehe maßgebende Recht abstellt, ist das **allgemeine Ehewirkungsstatut** für den Zweck der Bestimmung des Ehegüterstatuts bei Altehen nach Art. 15 Abs. 1 aF aber weiter nach Art. 14 aF zu bestimmen (→ Art. 15 Rn. 2).[8] Es bleibt insoweit also beim Vorrang der gemeinsamen Staatsangehörigkeit der Ehegatten nach Art. 14 Abs. 1 Nr. 1 aF. Wegen der Unwandelbarkeit der Anknüpfung des Ehegüterstatuts an den Zeitpunkt der Eheschließung können die Bezugnahmen auf das letzte gemeinsame Heimatrecht (Art. 14 Abs. 1 Nr. 1 Alt. 2 aF) und den letzten gemeinsamen gewöhnlichen Aufenthalt der Ehegatten (Art. 14 Abs. 2 Nr. 2 Alt. 2 aF) dabei allerdings nicht relevant werden (→ Art. 15 aF Rn. 71).[9] Da Art. 15 Abs. 1 aF nach der allgemeinen Regel des Art. 4 Abs. 1 S. 1 eine **Gesamtverweisung** ausspricht,[10] ist eine mögliche Rück- oder Weiterverweisung beachtlich (→ Art. 15 aF Rn. 115 ff.). 5

Die Weitergeltung des Art. 17a aF für Altehen erklärt sich daraus, dass Art. 17a in der seit dem 29.1.2019 geltenden Fassung in Bezug auf die Nutzungsbefugnis für die im Inland belegene **Ehewohnung** und die im Inland befindlichen **Haushaltsgegenstände** keine Regelungen mehr enthält. Dahinter steht die Erwägung, dass Art. 17a in Bezug auf diese Regelungsgegenstände durch die EuGüVO verdrängt wird.[11] Die kollisionsrechtlichen Vorschriften der EuGüVO sind aber gemäß Art. 69 Abs. 3 EuGüVO nicht anwendbar, wenn die Ehegatten die Ehe vor dem 29.1.2019 geschlossen haben und ab diesem Zeitpunkt keine Rechtswahl nach der EuGüVO getroffen haben. Diese Lücke wird durch die Weitergeltung des Art. 17a in der bis einschließlich 28.1.2019 geltenden Fassung gefüllt. 6

Die Art. 15, 16 und 17a aF waren auf **gleichgeschlechtliche Ehen** nicht bzw. nicht unmittelbar anwendbar. Vielmehr sah Art. 17b Abs. 4 in der bis einschließlich 28.1.2019 geltenden Fassung vor, dass die Bestimmungen des Art. 17b Abs. 1–3 aF für gleichgeschlechtliche Ehen entsprechend gelten. Die güterrechtlichen Wirkungen einer gleichgeschlechtlichen Ehe richteten sich damit gemäß Art. 17b Abs. 1 S. 1 EGBGB aF nach den Sachvorschriften des Register führenden Staates. Der 7

---

5 Vgl. *Andrae* IntFamR § 4 Rn. 186.

6 Dazu *Campbell* NJW-Spezial 2019, 708 (709).

7 ABl. EU 2017 L 113, 62.

8 Vgl. BGH NJW 2019, 2935 Rn. 26 ff. mAnm *Niethammer-Jürgens/Wölfer* = FamRZ 2019, 1535 Rn. 26 ff. mAnm *Looschelders;* NJW 2020, 2024 Rn. 16; OLG München FGPrax 2021, 207 (208); OLG Frankfurt FamRZ 2022, 431 (432) = BeckRS 2021, 12371 Rn. 23; OLG Saarbrücken NJW-RR 2020, 266 (267); Hausmann IntEuFamR B Rn. 501; NK-BGB/*R. Magnus* EuGüVO/EuPartVO Art. 69 Rn. 16.

9 Vgl. OLG Naumburg ZEV 2023, 518 Rn. 29; *Hausmann* IntEuFamR B Rn. 501.

10 OLG Frankfurt FamRZ 2022, 431 (432) mAnm *B. Lorenz* = BeckRS 2021, 12371 Rn. 24.

11 Begr. RegE, BT-Drs. 19/4852, 39; *Hausmann* IntEuFamR B Rn. 359; *Junker* IPR § 18 Rn. 27.

Verkehrsschutz für Dritte war in Art. 17b Abs. 2 S. 2 und 3 aF in Anlehnung an Art. 16 aF geregelt.[12] Schließlich nahm Art. 17b Abs. 2 S. 1 aF die Vorschrift des Art. 17a in der bis einschließlich 28.1.2019 geltenden Fassung in Bezug.[13] Da Art. 229 § 47 Abs. 2 Nr. 2 auch auf Art. 17b Abs. 4 in der bis einschließlich 28.1.2019 geltenden Fassung verweist, gelten diese Vorschriften für gleichgeschlechtliche Ehen, die vor dem 29.1.2019 geschlossen wurden, weiter.[14] Treffen die Ehegatten ab dem 29.1.2019 eine **Rechtswahl** über das auf ihren Güterstand anzuwendende Recht, so richten sich die güterrechtlichen Wirkungen der Ehe ab dem Zeitpunkt der Rechtswahl nach der EuGüVO.

IV. Güterrecht eingetragener Partnerschaften (Abs. 3)

8 Die **güterrechtlichen Wirkungen** eingetragener Lebenspartnerschaften waren bis einschließlich 28.1.2019 in Art. 17b Abs. 1 S. 1 aF unter Verweis auf die Sachvorschriften des Register führenden Staates geregelt. Art. 17b Abs. 2 S. 2 und 3 aF regelte den **Verkehrsschutz.** Da diese Vorschriften im zeitlichen Anwendungsbereich der EuPartVO durch die EuPartVO verdrängt werden, hat der Gesetzgeber den güterrechtlichen Regelungsgegenstand und die hierauf bezogenen Verkehrsschutzbestimmungen in Art. 17b mit Wirkung vom 29.1.2019 gestrichen.[15] Der Vorrang der EuPartVO besteht nach Art. 69 Abs. 3 EuPartVO aber nur für Partner, die am 29.1.2019 oder danach ihre Partnerschaft haben eintragen lassen oder eine Rechtswahl des auf die güterrechtlichen Wirkungen ihrer eingetragenen Partnerschaft anzuwendenden Rechts getroffen haben (→ EuPartVO Art. 69 Rn. 1 ff.). Für die verbliebenen Fälle sieht Art. 229 § 47 Abs. 3 vor, dass Art. 17b Abs. 1 S. 1 und Abs. 2 S. 2 und 3 in der bis einschließlich 28.1.2019 geltenden Fassung weiter anzuwenden sind. Der Anwendungsbeginn der EuPartVO hat also auch in Bezug auf die güterrechtlichen Wirkungen eingetragener Partnerschaften zu **keinem automatischen Statutenwechsel** geführt.

V. Abstammung und Adoption (Abs. 4)

9 Die Neufassung des Art. 14 hat **redaktionelle Folgeänderungen** bei Art. 19 Abs. 1 S. 3 und Art. 22 Abs. 1 S. 2 aF erforderlich gemacht, weil die von den Vorschriften in Bezug genommene objektive Anknüpfung des allgemeinen Ehewirkungsstatuts seit dem 29.1.2019 nicht mehr in Art. 14 Abs. 1, sondern in Art. 14 Abs. 2 geregelt ist.[16] Da die **Rangfolge der Anknüpfungsmomente** in Art. 14 Abs. 2 nicht mit derjenigen in Art. 14 Abs. 1 aF übereinstimmt (→ Art. 14 Rn. 109), haben sich aus der redaktionellen Anpassung aber auch **inhaltliche Änderungen** ergeben.

10 Art. 229 § 47 Abs. 4 stellt klar, dass Art. 19 Abs. 1 S. 3 und Art. 22 Abs. 1 S. 2 aF in ihrer bis einschließlich 28.1.2019 geltenden Fassung weiter anzuwenden sind, sofern die Geburt des Kindes oder die Annahme als Kind vor dem 29.1.2019 stattfand. Der Gesetzgeber will damit verhindern, dass der Eintritt des Stichtags nach der Geburt oder Adoption des Kindes in Bezug auf das für die Entscheidung über die **Abstammung** bzw. die **Wirksamkeit der Adoption** maßgebende Recht zu einem **Statutenwechsel** führt. Die seit dem 31.3.2020 geltende Fassung des Art. 22 Abs. 1 knüpft die Adoption nicht mehr alternativ an das allgemeine Ehewirkungsstatut an, sondern verweist für Inlandsadoptionen einheitlich auf das deutsche Recht, im Übrigen auf das Recht am gewöhnlichen Aufenthalt des Anzunehmenden. Die diesbezüglichen Übergangsprobleme sind in Art. 229 § 52 geregelt.

§ 48 Überleitungsvorschrift zum Gesetz zur Umsetzung des Gesetzes zur Einführung des Rechts auf Eheschließung für Personen gleichen Geschlechts

Auf gleichgeschlechtliche Ehen und eingetragene Lebenspartnerschaften, die vor dem 1. Oktober 2017 im Ausland nach den Sachvorschriften des Register führenden Staates wirksam geschlossen oder begründet worden sind, findet Artikel 17b Absatz 4 in seiner bis einschließlich 30. September 2017 geltenden Fassung keine Anwendung.

1 Art. 229 § 48 wurde angefügt mWv 22.12.2018 durch Gesetz vom 18.12.2018 (BGBl. 2018 I 2639). Zur Kommentierung → Art. 17b Rn. 1 ff.

[12] Näher dazu *Löhnig* NZFam 2017, 1085 (1088).
[13] Vgl. *Löhnig* NZFam 2017, 1085 (1088).
[14] *Erbarth* NZFam 2019, 417 (422).
[15] Begr. RegE, BT-Drs.19/4852, 39.
[16] Begr. RegE, BT-Drs. 19/4852, 39.

§ 49 Übergangsvorschriften zum Mietrechtsanpassungsgesetz vom 18. Dezember 2018

(1) [1]Auf ein bis einschließlich 31. Dezember 2018 entstandenes Mietverhältnis sind die §§ 555c und 559 des Bürgerlichen Gesetzbuchs in der bis dahin geltenden Fassung weiter anzuwenden, wenn dem Mieter bei Modernisierungsmaßnahmen die Mitteilung nach § 555c Absatz 1 Satz 1 des Bürgerlichen Gesetzbuchs bis einschließlich 31. Dezember 2018 zugegangen ist. [2]Hat der Vermieter die Modernisierungsmaßnahme nicht oder nicht ordnungsgemäß nach § 555c Absatz 1 Satz 1 des Bürgerlichen Gesetzbuchs angekündigt, so gilt Satz 1 mit der Maßgabe, dass es an Stelle des Zugangs der Mitteilung nach § 555c Absatz 1 Satz 1 des Bürgerlichen Gesetzbuchs auf den Zugang der Mieterhöhungserklärung nach § 559b Absatz 1 Satz 1 des Bürgerlichen Gesetzbuchs ankommt. [3]§ 559c des Bürgerlichen Gesetzbuchs ist nur anzuwenden, wenn der Vermieter die Modernisierungsmaßnahme nach dem 31. Dezember 2018 angekündigt hat. [4]§ 559d des Bürgerlichen Gesetzbuchs ist nur anzuwenden auf ein Verhalten nach dem 31. Dezember 2018.

(2) [1]Auf ein bis einschließlich 31. Dezember 2018 entstandenes Mietverhältnis ist § 556g Absatz 1a des Bürgerlichen Gesetzbuchs nicht anzuwenden. [2]§ 556g Absatz 2 des Bürgerlichen Gesetzbuchs ist in der bis einschließlich 31. Dezember 2018 geltenden Fassung weiter auf Mietverhältnisse anzuwenden, die bis zu diesem Zeitpunkt im Anwendungsbereich der §§ 556d bis 556g des Bürgerlichen Gesetzbuchs abgeschlossen worden sind.

(3)Auf ein bis einschließlich 31. Dezember 2018 entstandenes Mietverhältnis ist § 578 Absatz 3 des Bürgerlichen Gesetzbuchs nicht anzuwenden.

Übersicht

I. Überblick

1 Art. 229 § 49 wurde angefügt mWv 1.1.2019 durch Gesetz vom 18.12.2018 (BGBl. 2018 I 2648). Die Regelung betrifft den Umgang mit durch das **Mietrechtsanpassungsgesetz** geänderten Vorschriften im laufenden Mietverhältnis. Dabei geht es in Abs. 1 um weitreichende Veränderungen im Recht der Mieterhöhung nach Durchführung von Modernisierungsmaßnahmen sowie um Pflichtverletzungen im Zusammenhang mit der Wohnungsmodernisierung, während sich Abs. 2 mit der Nachbesserung der Vorschriften zur sog. Mietpreisbremse beschäftigt. Abs. 3 betrifft eine Sonderregelung zur Anwendung wohnraummietrechtlicher Vorschriften auf die paritätische Vermietung.

II. Modernisierungsmaßnahmen (Abs. 1)

2 **1. Einschränkung der Mieterhöhung.** Die Möglichkeiten, nach Durchführung einer Modernisierungsmaßnahme die Miete im Wohnraummietverhältnis zu erhöhen, ist durch das Mietrechtsanpassungsgesetz mit Wirkung zum 1.1.2019 erheblich eingeschränkt worden. Dies geschah durch **zwei Maßnahmen,** die kumulativ wirken. Zum einen wurde der Umfang der anzusetzenden **Investitionen von 11 % auf 8 % gesenkt.** Der Vermieter kann die Jahresmiete nun gemäß § 559 Abs. 1 BGB nur noch um 8 % der für die Wohnung aufgewendeten Kosten erhöhen. Zum anderen wurde in § 559 Abs. 3a BGB eine völlig neuartige absolute **Kappungsgrenze** eingeführt, durch die für einen Zeitraum von sechs Jahren die Mieterhöhung auf 3 bzw. 2 Euro pro Quadratmeter Wohnfläche begrenzt wird. Insbesondere die Einführung der Kappungsgrenze stellt eine enorme Beschränkung der vormals bestehenden Möglichkeiten zur Mieterhöhung dar.

3 **2. Vereinfachtes Verfahren und Pflichtverletzung.** Mit dem Mietrechtsanpassungsgesetz wurde auch ein vereinfachtes Verfahren zur Durchführung der Mieterhöhung eingeführt (§ 559c BGB). Diesbezüglich gab es auch eine entsprechende Änderung in § 555c BGB zur Ankündigung

der Maßnahme. § 559d BGB enthält schließlich eine **Vermutungsregelung** zu Pflichtverletzungen im Zusammenhang mit der Ankündigung und Durchführung von baulichen Veränderungen an Wohnungen bzw. Mietshäusern.

4 **3. Orientierung an der ordnungsgemäßen Ankündigung.** Völlig zutreffend orientiert sich das Übergangsrecht so weit wie möglich an dem Tatbestand der ordnungsgemäßen Ankündigung der Modernisierungsmaßnahme. Mit dem **Zugang** der Ankündigung wird eine Modernisierungsmaßnahme ordnungsgemäß gegenüber dem Mieter in Gang gesetzt, so dass durch die Anknüpfung an diesem Zeitpunkt gewährleistet werden kann, dass für eine Maßnahme von deren Beginn bis zu deren Abschluss in Form der Mieterhöhung ein einheitliches Reglement gilt. Daher bestimmt Art. 229 § 49 Abs. 1 S. 1 iVm Abs. 1 S. 2, dass das vormalige Mieterhöhungsrecht auf eine Maßnahme Anwendung findet, wenn diese noch bis zum 31.12.2018 angekündigt wurde. Dass sowohl die tatsächliche Durchführung der Maßnahme als auch die Erklärung der Mieterhöhung später, also im Laufe des Jahres 2019 oder danach erfolgt, ist insoweit zunächst irrelevant. Erfolgt die ordnungsgemäße Ankündigung **nach dem Jahresbeginn 2019,** gilt das neue Recht. Der Tatbestand des Zugangs einer ordnungsgemäßen Ankündigung bildet einen tauglichen Orientierungspunkt zur Bestimmung des anwendbaren Rechts im zum Jahreswechsel 2018/2019 bereits bestehenden Dauerschuldverhältnis. Wurde **vor Jahresende 2019** ordnungsgemäß angekündigt, kann der Vermieter die Jahresmiete um bis zu 11 % der Investitionen erhöhen, andernfalls nur um 8 % und gedeckelt auf 2 bzw. 3 Euro pro Quadratmeter, wiederum abhängig davon, ob die Ausgangsmiete mindestens 7 Euro pro Quadratmeter betrug.

5 Auch für die Anwendbarkeit des vereinfachten Verfahrens ist der Zeitpunkt der Ankündigung maßgeblich. Dies ist schon daher zwingend richtig, als nach **§ 559c Abs. 5 Nr. 1 BGB** bereits in der Ankündigung der Maßnahme darauf **hingewiesen** werden muss, dass von dem vereinfachten Verfahren Gebrauch gemacht wird.

6 Die enorme **Schlechterstellung des Vermieters** im Zuge der Neuregelung von § 559 BGB hat zu einer **Häufung von Modernisierungsankündigungen** kurz vor dem Jahresende 2018 geführt. Die entsprechenden Ankündigungen gingen Mietern oftmals unmittelbar vor Sylvester 2018 zu, was auch darauf zurückzuführen ist, dass das Änderungsgesetz erst mit Datum vom 18.12.2018 verkündet wurde. Dazu ist zunächst festzustellen, dass es völlig legitim ist, die der einen Vertragspartei günstige Rechtslage auch noch kurz vor deren Außerkrafttreten zu nutzen. Dass mit den entsprechenden Modernisierungsmaßnahmen erst im Laufe des Jahres 2019 begonnen werden kann, versteht sich von selbst.

7 Umstritten ist allerdings, ob auch auf Maßnahmen, die zwar noch vor dem Stichtag angekündigt wurden, aber erst eine ganze Zeitlang später planmäßig durchgeführt werden sollen, das vormals geltende Recht Anwendung finden kann. Sitz der Materie ist § 555c Abs. 1 S. 1 BGB. Danach hat der Vermieter dem Mieter eine Modernisierungsmaßnahme **spätestens drei Monate vor ihrem Beginn** in Textform anzukündigen. Eine Regelung dazu, wann die Ankündigung **frühestens** erfolgen kann, existiert nicht. Man wird aber freilich feststellen können, dass es nach dem Sinn und Zweck der Regelung eines **zeitlichen Zusammenhangs zwischen Ankündigung und Durchführung** der Maßnahme bedarf. Liegt ein großer Zeitraum zwischen Ankündigung und geplantem Beginn der Maßnahme, wird es dem Vermieter oftmals nicht gelingen, die Maßnahme so hinreichend konkret anzukündigen, dass die Ankündigung als inhaltlich ordnungsgemäß eingeordnet werden kann, so dass das alte Recht nicht in Anspruch genommen werden kann. Problematisch sind allerdings die Fälle, in denen der Vermieter eine Maßnahme in seiner Ankündigung detailliert und exakt beschreibt, dem Mieter einen entsprechenden Zeitplan zukommen lässt und allein bis zum Beginn der Maßnahme noch einige Monate, womöglich ein Jahr oder mehr Zeit vergehen soll. Vermieter können vor dem Hintergrund notwendiger **Planungssicherheit** insbesondere bei großen Baumaßnahmen durchaus ein nachvollziehbares Interesse daran haben, frühzeitig mit den Mietern in Kommunikation zu treten. Auch Mietern mag eine **frühzeitige Information** über eine bevorstehende Baumaßnahme hilfreich sein, um sich darauf einstellen zu können. Beeinträchtigt wird der Mieter bei einer frühzeitigen Ankündigung allerdings dadurch, dass er das **Sonderkündigungsrecht aus § 555e BGB** nach § 555e Abs. 1 S. 2 BGB bis zum Ablauf des auf den Zugang der Ankündigung folgenden Monats ausüben muss und auch der Härteeinwand nach § 555d Abs. 3 S. 1 BGB innerhalb dieser Frist mitzuteilen ist. Führt dies aber zu einer Beschränkung frühzeitiger Ankündigungen durch den Vermieter bei komplexen Baumaßnahmen?

8 Die angesprochene Frage ist Gegenstand eines beim VIII. Zivilsenat des **BGH** anhängigen **Musterfeststellungsverfahrens.**[1] Erstinstanzlich hat sich das OLG München in einem viel beachteten Urteil dafür ausgesprochen, dass eine Modernisierungsmaßnahme, die etwa **ein Jahr vor dem**

---

1 BGH NZM 2021, 463.

geplanten Beginn der Maßnahme zugeht, **nicht als ordnungsgemäß** iSd Art. 229 § 49 Abs. 1 S. 2 einzuordnen ist.[2] Es fehle an dem in § 555c Abs. 1 S. 1 BGB gebotenen engen zeitlichen Zusammenhang zwischen Ankündigung und geplantem Baubeginn. Darüber hinaus werde das Kündigungsrecht aus § 555e Abs. 1 BGB ausgehöhlt. Trotz Ankündigung vor dem 31.12.2018 komme § 559 BGB in der seit dem 1.1.2019 geltenden Fassung zur Anwendung. Dieses Ergebnis erscheint indes perplex.

4. Maßgeblichkeit der Mieterhöhungserklärung. Der Vermieter kann nach Abschluss einer Modernisierungsmaßnahme die Mieterhöhung unabhängig davon erklären, dass er sie vorher angekündigt hatte. In einem solchen Fall mangelt es am Zugang einer Ankündigung als Orientierung, weshalb dann nach Art. 229 § 49 Abs. 1 S. 2 auf den Zugang der Mieterhöhungserklärung abzustellen ist. 9

5. Verhalten nach dem 1.1.2019. Hinsichtlich der Vermutung einer Pflichtverletzung kommt es gemäß Art. 229 § 49 Abs. 1 S. 4 darauf an, dass das Verhalten nach dem 31.12.2018 geschieht. 10

III. Mietpreisbremse

Durch das Mietrechtsanpassungsgesetz wurden die Vorschriften zur sog. Mietpreisbremse modifiziert. Eingeführt wurden **Aufklärungspflichten** des Vermieters, die **vorvertraglich** zu erfüllen sind (§ 556g Abs. 1a BGB). Daher sind diese neu eingeführten Pflichten nur bei Mietverhältnissen zu wahren, die **nach dem 31.12.2018** entstehen. 11

Weiterhin wurden die Anforderungen an die **Rüge,** die der Mieter erklären muss, möchte er zu viel gezahlte Miete kondizieren, gesenkt (§ 556g Abs. 2 BGB). Auch diesbezüglich gelten die neuen Regeln nur für Mietverträge, die nach dem 31.12.2018 abgeschlossen wurden. Diesbezüglich ist im Übrigen zum 1.4.2020 eine weitere Änderung des Gesetzes in Kraft getreten (Art. 229 § 50 EGBGB). 12

Abzustellen ist in Art. 229 § 49 Abs. 2 jeweils auf den **Zeitpunkt** des Vertragsabschlusses, nicht auf das Invollzugsetzen des Mietverhältnisses. 13

IV. Paritätische Vermietung

Durch § 578 Abs. 3 BGB werden zentrale Schutzvorschriften des Wohnraummietrechts entsprechend auf die Anmietung von Räumen durch eine **juristische Person des öffentlichen Rechts** oder einen **anerkannten Träger der Wohlfahrtspflege** zur Überlassung an Bedürftige angewendet. Dieser Schutz gilt nur für Verträge, die nach dem 31.12.2018 entstehen. 14

§ 50 Übergangsvorschriften zum Gesetz zur Verlängerung des Betrachtungszeitraums für die ortsübliche Vergleichsmiete

(1) [1]Mietspiegel können auch nach dem 31. Dezember 2019 nach § 558 Absatz 2 Satz 1 des Bürgerlichen Gesetzbuchs in der bis dahin geltenden Fassung neu erstellt werden, wenn der Stichtag für die Feststellung der ortsüblichen Vergleichsmiete vor dem 1. März 2020 liegt und der Mietspiegel vor dem 1. Januar 2021 veröffentlicht wird. [2]Mietspiegel, die nach Satz 1 neu erstellt wurden oder die bereits am 31. Dezember 2019 existierten, können entsprechend § 558d Absatz 2 des Bürgerlichen Gesetzbuchs innerhalb von zwei Jahren der Marktentwicklung angepasst werden.

(2) [1]In Gemeinden oder Teilen von Gemeinden, in denen ein Mietspiegel nach Absatz 1 Satz 1 neu erstellt wurde oder in denen am 31. Dezember 2019 ein Mietspiegel existierte, ist § 558 Absatz 2 Satz 1 des Bürgerlichen Gesetzbuchs in der bis zu diesem Tag geltenden Fassung anzuwenden, bis ein neuer Mietspiegel anwendbar ist, längstens jedoch zwei Jahre ab der Veröffentlichung des zuletzt erstellten Mietspiegels. [2]Wurde dieser Mietspiegel innerhalb von zwei Jahren der Marktentwicklung angepasst, ist die Veröffentlichung der ersten Anpassung maßgeblich.

Art. 229 § 50 wurde angefügt mWv 1.1.2020 durch Gesetz vom 21.12.2019 (BGBl. 2019 I 2911). Durch die Änderung des **§ 558 Abs. 2 BGB** wurde der Betrachtungszeitraum zur Bestimmung der ortsüblichen Vergleichsmiete **von vier auf sechs Jahre verlängert.** 1

Die Bestimmung der ortsüblichen Vergleichsmiete im Einzelfall, der sog. **Einzelvergleichsmiete,** ist relevant für die Feststellung der zulässigen Miethöhe unter Geltung der sog. Mietpreis- 2

[2] OLG München NZM 2019, 933 mAnm *Kappus.*

bremse nach § 556d BGB und des Betrags, um den der Vermieter nach dem System der Vergleichsmiete zur Mieterhöhung berechtigt ist (§ 558 BGB). Zum Umgang mit der ab dem Jahresbeginn 2020 anders zu bestimmenden ortsüblichen Vergleichsmiete insbesondere im laufenden Mietverhältnis verhält sich die Übergangsregelung erstaunlicherweise nicht.

3 Geregelt wird allein der Umgang mit **Mietspiegeln,** die aber nur ein gängiges Mittel zur Bestimmung der ortsüblichen Vergleichsmiete darstellen.[1] Dies geht auch aus der Begründung des Gesetzes klar hervor.[2] Hierzu wird bestimmt, wie mit erstellten, veröffentlichten und in Erarbeitung befindlichen Werken umzugehen ist.

§ 51 Übergangsvorschriften zum Gesetz zur Verlängerung und Verbesserung der Regelungen über die zulässige Miethöhe bei Mietbeginn

Auf ein bis einschließlich 31. März 2020 entstandenes Mietverhältnis ist § 556g des Bürgerlichen Gesetzbuchs in der bis dahin geltenden Fassung weiter anzuwenden.

1 Art. 229 § 51 wurde angeführt mWv 1.4.2020 durch Gesetz vom 19.3.2020 (BGBl. 2020 I 540). Im Anschluss an die Änderung mW zum 1.1.2019 (§ 49) wurden die Regelungen zur Rüge eines Verstoßes gegen die Vorschriften zur sog. Mietpreisbremse und zur Rückforderung überzahlter Miete zum 1.4.2020 erneut geändert.

2 Auch die Neuregelung des § 556g BGB gilt, wie bereits dessen Änderung zum 1.1.2019, nur für ab dem Stichtag neu entstehende Mietverhältnisse. Die Beurteilung der Regelungen zur Mietpreisbremse hat somit stets intertemporal abhängig vom Entstehen des Mietverhältnisses, dem Zeitpunkt des Vertragsabschlusses, zu erfolgen. Folgende Phasen sind zu unterscheiden: 1.6.2015 bis 31.12.2018 (Art. 229 § 35), 1.1.2019 bis 31.3.2020 (Art. 229 § 49), ab 1.4.2020 (Art. 229 § 51). Jeweils hängt die Wirkung der Mietpreisbremse davon ab, dass es eine wirksame entsprechende landesrechtliche Regelung gibt. Für ab dem 1.4.2020 neu abgeschlossene Mietverträge ist eine erhebliche und dringend notwendige Besserstellung der Mieter eingetreten, da nicht geschuldete Miete auch noch nach zwei Jahren und sechs Monaten zurückgefordert werden kann.

3 Die Ermächtigung zum Erlass von Landesverordnungen wurde verlängert und bezieht sich nun auf das Außerkrafttreten der VO zum 31.12.2025.

§ 52 Überleitungsvorschrift zum Gesetz zur Umsetzung der Entscheidung des Bundesverfassungsgerichts vom 26. März 2019 zum Ausschluss der Stiefkindadoption in nichtehelichen Familien

Auf vor dem 31. März 2020 abgeschlossene Vorgänge bleibt das bisherige Internationale Privatrecht anwendbar.

1 Art. 229 § 52 wurde angefügt mWv 31.3.2020 durch das Gesetz zur Umsetzung der Entscheidung des BVerfG vom 26.3.2019 zum Ausschluss der Stiefkindadoption in nichtehelichen Familien vom 19.3.2020 (BGBl. 2020 I 541). Zur Kommentierung des bisherigen Rechts Bd. 12 → 8. Aufl. 2021, Art. 22 Rn. 1 ff.; zur Kommentierung des neuen Rechts Bd. 13 → Art. 22 Rn. 1 ff.

§ 53 Übergangsvorschrift zum Gesetz über die Maklerkosten bei der Vermittlung von Kaufverträgen über Wohnungen und Einfamilienhäuser

Auf Rechtsverhältnisse, die vor dem 23. Dezember 2020 entstanden sind, sind die Vorschriften des Bürgerlichen Gesetzbuchs in der bis zu diesem Tag geltenden Fassung weiter anzuwenden.

1 Die Vorschrift des Art. 229 § 53 wurde angefügt mWv 23.12.2020 durch Gesetz vom 12.6.2020 (BGBl. 2020 I 1245). Zur Kommentierung → BGB § 656a Rn. 1, → BGB § 656c Rn. 1. Die Neuregelungen nach §§ 656a–656d BGB gelten für Maklerverträge, die in den sachlichen Anwendungsbereich der Vorschriften fallen und die ab dem 23.12.2020 zustande gekommen sind. Maßgeblich ist das Entstehen des Maklervertrages, nicht der Abschluss des Kaufvertrages als vermittelter Hauptvertrag. §§ 656a–656d BGB kommen zur Anwendung, wenn zumindest der Zugang der

[1] Sehr krit. dazu *Börstinghaus* NZM 2019, 841.

[2] BT-Drs. 19/14245, 24.

Annahmeerklärung auf den Stichtag fällt oder später erfolgt. Zur Kommentierung näher → BGB § 656a Rn. 1, → BGB § 656c Rn. 1.

§ 54 Übergangsvorschrift zum Gesetz zur Reform des Vormundschafts- und Betreuungsrechts

(1) Eine bei Ablauf des 31. Dezember 2022 bestehende Geschäftsfähigkeit besteht fort.

(2) Mit Inkrafttreten dieses Gesetzes am 1. Januar 2023 wird die Bestellung eines Gegenvormunds und eines Gegenbetreuers wirkungslos.

(3) Ist am 1. Januar 2023 ein Betreuer zur Besorgung aller Angelegenheiten bestellt, ist der Aufgabenkreis bis zum 1. Januar 2024 nach Maßgabe des § 1815 Absatz 1 des Bürgerlichen Gesetzbuchs zu ändern.

(4) [1]Auf Betreuungen, die am 1. Januar 2023 bestehen, findet § 1815 Absatz 2 Nummer 1 bis 4 des Bürgerlichen Gesetzbuchs bis zum 1. Januar 2028 keine Anwendung. [2]Bei der nächsten Entscheidung über die Aufhebung oder Verlängerung der Betreuung oder im Rahmen eines gerichtlichen Genehmigungsverfahrens nach § 1831 Absatz 2 des Bürgerlichen Gesetzbuchs hat das Betreuungsgericht über den Aufgabenkreis nach Maßgabe des § 1815 Absatz 2 des Bürgerlichen Gesetzbuchs zu entscheiden.

(5) Betreuer, die erstmals durch § 1859 Absatz 2 des Bürgerlichen Gesetzbuchs befreit sind, haben bis zum Ablauf des am 1. Januar 2023 noch laufenden Betreuungsjahres Rechnung zu legen.

(6) Auf vor dem 1. Januar 2023 abgeschlossene Vorgänge bleibt das bisherige Internationale Privatrecht anwendbar.

I. Allgemeines

Die Vorschrift des Art. 229 § 54 enthält Übergangsbestimmungen für die Änderungen, die sich aufgrund des Gesetzes zur Reform des Vormundschafts- und Betreuungsrechts vom 4.5.2021 (BGBl. 2021 I 882) mit Wirkung seit dem 1.1.2023 ergeben haben. Abs. 1 hebt hervor, dass die gesetzliche Reform keinen Einfluss auf die Geschäftsfähigkeit zeitigt. Abs. 2 ist als Reaktion auf die gesetzliche Abschaffung des Gegenvormunds und -betreuers zu verstehen. Abs. 3 und Abs. 4 nehmen Bezug auf die neuen Anforderungen betreffend die Anordnung der Aufgabenbereiche. Abs. 5 bezieht sich auf die Befreiung von der Pflicht zur Rechnungslegung. Die Geltung des bisherigen Internationalen Privatrechts ergibt sich aus Abs. 6. 1

II. Inhalt

1. Geschäftsfähigkeit (Abs. 1). Das reformierte Recht hat keinen Einfluss auf das Bestehen oder Nichtbestehen der Geschäftsfähigkeit. Im Besonderen bieten die neuen und geänderten Vorschriften als solche keinen eigenständigen Anlass, die im bisherigen Recht festgestellte Geschäftsfähigkeit zur Prüfung zu stellen. Vielmehr gilt, dass eine bei Ablauf des 31.12.2022 bestehende Geschäftsfähigkeit **fortbesteht.** Ab dem 1.1.2023 muss mithin nicht – ohne jeglichen Anlass – die Geschäftsfähigkeit der betroffenen Personen überprüft werden. Es bleibt bei dem Grundsatz, dass volljährige Personen als geschäftsfähig gelten. Zu beachten ist überdies, dass vor allem die Bestellung eines Betreuers einerseits unabhängig von der Geschäftsfähigkeit oder Geschäftsunfähigkeit des Betroffenen erfolgen kann, andererseits die Bestellung eines Betreuers die bestehende Geschäftsfähigkeit des Betroffenen nicht tangiert (→ BGB Vor § 1814 Rn. 5, 13). 2

2. Gegenvormund und Gegenbetreuer (Abs. 2). Das Gesetz zur Reform des Vormundschafts- und Betreuungsrechts sieht mit Wirkung ab dem 1.1.2023 den Gegenvormund/Gegenbetreuer als „Kontrollorgan" nicht mehr vor. Diejenigen **Vorschriften,** die sich im Vormundschaftsrecht auf den Gegenvormund oder (im Betreuungsrecht durch Verweisung über § 1908i Abs. 1 S. 1 BGB aF) auf den Gegenbetreuer bezogen, sind **gestrichen** worden. Im Hinblick auf den Gegenbetreuer weist die Gesetzesbegründung bspw. daraufhin, dieser bereite den Gerichten zusätzlichen Aufsichtsaufwand und dem Betreuten zusätzliche Kosten. Zudem habe der Gegenbetreuer in der Praxis keine nennenswerte Bedeutung erlangt (→ BGB Vor § 1814 Rn. 16). In Bezug auf das bis zum 31.12.2022 geltende Recht sieht Abs. 2 **keine Übergangsfrist** vor. Die Bestellung eines Gegenvormunds und eines Gegenbetreuers wird ab dem 1.1.2023 wirkungslos. 3

4 **3. Betreuung zur Besorgung aller Angelegenheiten (Abs. 3).** Das bis zum 31.12.2022 geltende Betreuungsrecht betrachtete die Anordnung einer Betreuung für alle Angelegenheiten als Ausnahmefall; zulässig aber war die Anordnung, welche dem Betreuer insgesamt eine umfassende Vertretungsmacht und Fremdbestimmungsbefugnis über den Betreuten zuwies. Mit dem reformierten Betreuungsrecht sind solche Betreuungen nicht mehr vereinbar; vor allem sieht § 1815 Abs. 1 S. 2 BGB vor, dass die Aufgabenbereiche des Betreuers vom Betreuungsgericht **im Einzelnen anzuordnen** sind (→ BGB § 1815 Rn. 9 ff.). Die existierenden Betreuungen für alle Angelegenheiten sind demnach an das neue Recht anzupassen. Die einschlägige Übergangsregelung in Abs. 3 sieht diesbezüglich eine vergleichsweise kurze Übergangsfrist vor: Sofern im Zeitpunkt des Inkrafttretens des Gesetzes ein Betreuer zur Besorgung aller Angelegenheiten bestellt ist, haben die Gerichte diesen Aufgabenkreis innerhalb einer **Übergangsfrist bis zum 1.1.2024** nach Maßgabe von § 1815 Abs. 1 BGB zu ändern. Bis zu diesem Zeitpunkt stellt die Übergangsfrist die rechtliche Handlungsfähigkeit des Betreuers in dem angeordneten Aufgabenkreis sicher (→ BGB § 1815 Rn. 56).

5 **4. Ausdrückliche Anordnung von Aufgabenbereichen (Abs. 4).** Seit dem 1.1.2023 darf der Betreuer gemäß **§ 1815 Abs. 2 BGB** bestimmte Entscheidungen nur treffen, wenn sie als Aufgabenbereich vom Betreuungsgericht ausdrücklich angeordnet worden sind (→ BGB § 1815 Rn. 68 ff.). Hierzu zählen etwa Einwilligungen in eine freiheitsentziehende Unterbringung oder freiheitsentziehende Maßnahmen (§ 1815 Abs. 2 Nr. 1, 2 BGB) sowie die Ausübung von Aufenthalts- und Umgangsbestimmungsbefugnissen (§ 1815 Abs. 2 Nr. 3, 4 BGB). Bis zum 31.12.2022 war das Erfordernis einer expliziten Anordnung im Wesentlichen den in § 1896 Abs. 4 BGB aF normierten Angelegenheiten vorbehalten (Kontrolle des Fernmelde- und Postverkehrs durch den Betreuer). Angesichts der deutlichen Erweiterung des Anordnungserfordernisses werden regelmäßig Betreuungsbeschlüsse existieren, welche die benannten Aufgabenbereiche bzw. Bestimmungsbefugnisse umfassen, ohne diese iSv § 1815 Abs. 2 BGB ausdrücklich zu benennen. Bspw. kann von der Gesundheitssorge die Aufenthaltsbestimmung im Ausland umfasst sein, von der allgemeinen Personensorge die Umgangsbestimmung. Für solche Betreuungen hält Abs. 4 eine **Übergangsfrist** bereit: Auf Betreuungen, die am 1.1.2023 bestehen, findet § 1815 Abs. 2 Nr. 1–4 BGB **bis zum 1.1.2028** keine Anwendung. Aufgabenbereiche und Befugnisse bleiben während der Übergangszeit erhalten, die rechtliche Handlungsfähigkeit des Betreuers wird gesichert. Die Betreuungsgerichte sind gehalten, bereits ergangene Beschlüsse an das neue Recht anzupassen und bei der nächsten Entscheidung über die Aufhebung oder Verlängerung der Betreuung (§ 294 Abs. 3 FamFG, § 295 Abs. 2 FamFG) oder im Rahmen eines gerichtlichen Genehmigungsverfahrens über den Aufgabenkreis nach Maßgabe von § 1815 Abs. 2 BGB zu entscheiden (→ BGB § 1815 Rn. 94 f.).

6 **5. Rechnungslegung (Abs. 5).** Befreite Betreuer sind von verschiedenen (vermögensrechtlichen) Erfordernissen und Verpflichtungen entbunden. Entbunden sind die befreiten Betreuer ua von der **Pflicht zur Rechnungslegung** (§ 1859 Abs. 1 S. 1 Nr. 3 BGB); einzureichen ist jährlich eine Vermögensübersicht (§ 1859 Abs. 1 S. 2 BGB). Zu den **befreiten Betreuern** zählen gemäß § 1859 Abs. 2 S. 1 Nr. 1–5 BGB: Verwandte in gerader Linie, Geschwister, Ehegatten, Betreuungsverein und -behörde, Vereins- und Behördenbetreuer. Der Kreis der befreiten Betreuer ist gegenüber dem bis zum 31.12.2022 geltenden Recht durch § 1859 Abs. 2 BGB erweitert worden. Zum einen sind nach § 1859 Abs. 2 S. 1 Nr. 1 BGB alle Verwandte in gerader Linie erfasst (§§ 1857a, 1908i Abs. 2 S. 2 BGB aF: Vater, Mutter, Abkömmlinge). Zum anderen wird das Selbstbestimmungsrecht des Betreuten dadurch gestärkt, dass das Gericht eine Befreiung für weitere als die in § 1859 Abs. 2 S. 1 BGB genannten Betreuer aussprechen kann. Sofern der Betreute schriftlich festgelegt hat, etwa im Rahmen einer Betreuungsverfügung, dass weitere Personen von den in § 1859 Abs. 1 S. 1 BGB genannten Pflichten zu befreien sind, kann das Betreuungsgericht dem entsprechen, wenn nicht erkennbar ist, dass der Betreute an diesem Wunsch nicht mehr festhalten möchte (§ 1859 Abs. 2 S. 2 BGB). Für Betreuer, die nunmehr **erstmals** gemäß § 1859 Abs. 2 BGB befreite Betreuer sind, sieht Abs. 5 vor, dass diese **bis zum Ablauf des am 1.1.2023 noch laufenden Betreuungsjahres** noch (entgegen § 1859 Abs. 1 S. 1 Nr. 3 BGB) Rechnung zu legen haben.

7 **6. Geltung des Internationalen Privatrechts (Abs. 6).** Schließlich bleibt nach Abs. 6 auf **Vorgänge, die vor dem 1.1.2023 abgeschlossen sind,** das bisherige Internationale Privatrecht anwendbar. Einschlägige Änderungen, die sich seit dem 1.1.2023 ergeben haben (Art. 7, 15, 24) und sich gemäß Abs. 6 nicht auf bereits zuvor abgeschlossene Vorgänge auswirken, betreffen etwa die Beurteilung der Geschäftsfähigkeit nach Art. 7. So wird die Geschäftsfähigkeit künftig nicht mehr an die Staatsangehörigkeit der betreffenden Person, sondern an deren gewöhnlichen Aufenthalt angeknüpft. Des Weiteren verweist Art. 24 Abs. 1 sowohl hinsichtlich gesetzlich als auch hinsichtlich rechtsgeschäftlich begründeter Fürsorgeverhältnisse (Zusammenfassung der Anknüpfungsgegen-

stände Vormundschaft, Betreuung und Pflegschaft) ebenfalls auf das Recht am gewöhnlichen Aufenthalt des Fürsorgebedürftigen.

§ 55 Übergangsvorschrift zum Gesetz zum Schutz von Kindern mit Varianten der Geschlechtsentwicklung

§ 1631e Absatz 6 des Bürgerlichen Gesetzbuchs ist auch auf Patientenakten von Kindern mit Varianten der Geschlechtsentwicklung anzuwenden, deren Behandlung vor dem 22. Mai 2021 durchgeführt worden ist, wenn die Aufbewahrungsfrist nach § 630f Absatz 3 des Bürgerlichen Gesetzbuchs nicht vor dem 22. Mai 2021 abgelaufen ist.

Die Vorschrift wurde mit Wirkung vom 22.5.2021 durch das Gesetz zum Schutz von Kindern mit Varianten der Geschlechtsentwicklung vom 12.5.2021 (BGBl. 2021 I 1082) eingefügt. Sie enthält eine Übergangsregelung für die in § 1631e Abs. 6 BGB angeordnete **verlängerte Aufbewahrungsfrist** für die Patientenakten bei Behandlungen von Kindern mit Varianten der Geschlechtsentwicklung an den inneren oder äußeren Geschlechtsmerkmalen. § 1361e Abs. 6 BGB ist demnach auch auf Patientenakten von Kinder mit Varianten der Geschlechtsentwicklung anzuwenden, deren Behandlung **vor dem 22.5.2021** (dem Tag des Inkrafttretens des § 1631e BGB) durchgeführt worden ist, wenn die Aufbewahrungsfrist nach § 630f Abs. 3 BGB nicht vor dem 22.5.2021 abgelaufen ist. Das bedeutet, dass die durch Abs. 6 verlängerte Aufbewahrungsfrist **auch für Altfälle,** dh für vor dem Stichtag erfolgte Behandlungen, gelten kann, nämlich dann, wenn die allgemeine Aufbewahrungsfrist des § 630f Abs. 3 BGB vor dem Stichtag noch nicht abgelaufen war; letztere beträgt zehn Jahre nach Abschluss der Behandlung.[1] 1

§ 56 Überleitungsvorschrift zum Gesetz über die Insolvenzsicherung durch Reisesicherungsfonds und zur Änderung reiserechtlicher Vorschriften

(1) Auf Pauschalreiseverträge und Verträge über verbundene Reiseleistungen, die vor dem 1. November 2021 abgeschlossen wurden, ist § 651r des Bürgerlichen Gesetzbuchs, auch in Verbindung mit § 651w Absatz 3 des Bürgerlichen Gesetzbuchs, in der bis zum 30. Juni 2021 geltenden Fassung mit der Maßgabe weiter anzuwenden, dass

1. ein Reisesicherungsfonds, der gemäß § 16 des Reisesicherungsfondsgesetzes fortbestehende Einstandspflichten eines Kundengeldabsicherers übernimmt, an die Stelle des bisherigen Kundengeldabsicherers tritt und

2. in den Fällen der Nummer 1 sich der bisherige Kundengeldabsicherer abweichend von § 651r Absatz 4 Satz 2 des Bürgerlichen Gesetzbuchs gegenüber dem Reisenden auf die Beendigung des Kundengeldabsicherungsvertrags berufen kann.

(2) [1]Auf einen Reisegutschein nach Artikel 240 § 6 sind die Vorschriften dieses Gesetzes und des Bürgerlichen Gesetzbuchs jeweils in der bis einschließlich 30. Juni 2021 geltenden Fassung weiter anzuwenden; Absatz 1 Nummer 1 und 2 gilt entsprechend. [2]In den Fällen des Artikels 240 § 6 Absatz 6 Satz 2 kann der Reisesicherungsfonds die Reisenden gegen Abtretung derjenigen Ansprüche, die ihnen nach Artikel 240 § 6 Absatz 6 Satz 2 gegen die Bundesrepublik Deutschland zustehen, vollständig entschädigen. [3]Er hat im Fall des Satzes 2 neben den abgetretenen Ansprüchen auch einen Anspruch auf angemessenen Ausgleich des zusätzlichen Abwicklungsaufwands gegen die Bundesrepublik Deutschland.

Die Vorschrift des Art. 229 § 56 wurde angefügt mWv 1.7.2021 durch Gesetz vom 25.6.2021 (BGBl. 2021 I 2114). Die Vorschrift bezieht sich auf § 16 RSG, der über den 31.10.2021 hinaus bestehende Einstandspflichten bisheriger Kundengeldabsicherer und deren Übernahme durch den Reisesicherungsfonds regelt (→ BGB Anh. § 651r Rn. 40). 1

§ 57 Übergangsvorschrift zum Gesetz zur Umsetzung der Richtlinie über bestimmte vertragsrechtliche Aspekte der Bereitstellung digitaler Inhalte und digitaler Dienstleistungen

(1) Auf Verbraucherverträge, welche die Bereitstellung eines digitalen Produkts zum Gegenstand haben und ab dem 1. Januar 2022 abgeschlossen wurden, sind nur die Vor-

[1] BT-Drs. 19/24686, 34.

schriften des Bürgerlichen Gesetzbuchs und des Unterlassungsklagengesetzes in der ab dem 1. Januar 2022 geltenden Fassung anzuwenden.

(2) Sofern nicht in Absatz 3 etwas anderes bestimmt ist, sind auf vor dem 1. Januar 2022 abgeschlossene Verbraucherverträge, welche die Bereitstellung eines digitalen Produkts zum Gegenstand haben, die Vorschriften des Bürgerlichen Gesetzbuchs und des Unterlassungsklagengesetzes in der ab dem 1. Januar 2022 geltenden Fassung anzuwenden, wenn die vertragsgegenständliche Bereitstellung ab dem 1. Januar 2022 erfolgt.

(3) § 327r des Bürgerlichen Gesetzbuchs ist auf Verbraucherverträge anzuwenden, welche die Bereitstellung eines digitalen Produkts zum Gegenstand haben und ab dem 1. Januar 2022 abgeschlossen wurden.

(4) Die §§ 327t und 327u des Bürgerlichen Gesetzbuchs sind auf Verträge anzuwenden, welche ab dem 1. Januar 2022 abgeschlossen wurden.

I. Bedeutung der Vorschrift

1 Art. 229 § 57 wurde durch das Gesetz zur Umsetzung der Richtlinie über bestimmte vertragsrechtliche Aspekte der Bereitstellung digitaler Inhalte und digitaler Dienstleistungen vom 25.6.2021 (BGBl. 2021 I 2123) eingefügt und trat am 1.1.2022 in Kraft. Die Regelung setzt Art. 24 Abs. 2 **Digitale-Inhalte-RL**[1] um.

II. Ab dem 1.1.2022 abgeschlossene Verbraucherverträge (Abs. 1)

2 Gemäß Abs. 1 finden auf Verbraucherverträge, die ab dem 1.1.2022 abgeschlossen werden, das BGB und das UKlaG in der ab dem 1.1.2022 geltenden Fassung Anwendung.

III. Vor dem 1.1.2022 abgeschlossene Verbraucherverträge (Abs. 2)

3 **1. Bereitstellung nach Inkrafttreten für zur Anwendung neuen Rechts.** Abs. 2 stellt klar, dass auf alle vor dem Datum des Inkrafttretens abgeschlossenen Verbraucherverträge über digitale Produkte auch dann das neue Recht Anwendung findet, wenn die vertragsgegenständliche Bereitstellung der digitalen Produkte nach dem Inkrafttreten des Gesetzes erfolgt. Die Regelung betrifft vor allem **Dauerschuldverhältnisse,** da bei einer einmaligen Bereitstellung der Vertragsabschluss und die Bereitstellung typischerweise zeitlich nah beieinander liegen. Die Regelung ist durch Art. 24 Abs. 2 Digitale-Inhalte-RL unionsrechtlich vorgegeben. Die Begründung des RegE weist zu Recht darauf hin, dass die Regelung nur zu einer „unechten" Rückwirkung führt, welche nur dann unzulässig wäre, „wenn nach einer Abwägung das Vertrauen der Betroffenen in das Fortbestehen der bisherigen Regelung schwerer wiegt als der mit der Änderung verfolgte Zweck".[2] Dies dürfte aber schon deswegen nicht der Fall sein, weil den Vertragspartnern mit Blick auf das langwierige Gesetzgebungsverfahren und die Umsetzungsfrist zunächst der Richtlinie und dann des Gesetzes ausreichend Zeit gegeben wurde, um bestehende Verträge an die neuen Regelungen anzupassen.

4 **2. Abs. 3.** Abweichend vom Grundsatz des Abs. 2, wonach die Bereitstellung nach dem 1.1.2022 zur Anwendung des neuen Rechts auch auf **zuvor geschlossene Verträge** führt, sieht Abs. 3 vor, dass diese Regelung nicht für die Regelungen zu Änderungen des digitalen Produkts in **§ 327r BGB** gilt. § 327r BGB gilt folglich nur für solche Verträge, die nach dem 1.1.2022 abgeschlossen wurden. Die Regelung ist durch Art. 24 Abs. 2 Digitale-Inhalte-RL vorgegeben.

IV. Regelungen zum Unternehmerregress

5 Die Vorschriften zum Unternehmerregress in den **§§ 327t, 327u BGB** sind nur auf Verträge anwendbar, die ab dem 1.1.2022 abgeschlossen werden. Die Regelung ist durch Art. 24 Abs. 2 Digitale-Inhalte-RL vorgegeben.

§ 58 Übergangsvorschrift zum Gesetz zur Regelung des Verkaufs von Sachen mit digitalen Elementen und anderer Aspekte des Kaufvertrags

Auf einen Kaufvertrag, der vor dem 1. Januar 2022 geschlossen worden ist, sind die Vorschriften dieses Gesetzes und des Bürgerlichen Gesetzbuchs in der bis einschließlich 31. Dezember 2021 geltenden Fassung anzuwenden.

---

[1] RL (EU) 2019/770 des Europäischen Parlaments und des Rates vom 20.5.2019 über bestimmte vertragsrechtliche Aspekte der Bereitstellung digitaler Inhalte und digitaler Dienstleistungen, ABl. EU 2019 L 136, 1.

[2] Begr. RegE, BT-Drs. 19/27653, 103.

Die Vorschrift des Art. 229 § 58 wurde angefügt mWv 1.1.2022 durch Gesetz vom 25.6.2021 (BGBl. 2021 I 2133). Sie setzt **Art. 24 Abs. 2 Warenkauf-RL** um, nach dem die Vorschriften der neuen Richtlinie ebenfalls nicht für vor dem 1.1.2022 geschlossene Verträge gelten. Die Regelung folgt dabei im Ausgangspunkt **allgemeinen Standards des intertemporalen Kollisionsrechts,** nach denen neues Recht nur auf solche Vertragsschuldverhältnisse anwendbar ist, die nach dessen Inkrafttreten entstehen (vgl. Art. 170, Art. 229 §§ 5 und 39).[1] Während diese Grundlinie regelmäßig auf dem Gedanken des Vertrauensschutzes für die Parteien von Altverträgen beruht,[2] tritt im Rahmen des Art. 229 § 58 als weiterer Normzweck der Schutz des Geltungsanspruchs (zwingenden) Altrechts für solche Verträge hinzu, die vor dem 1.1.2022 abgeschlossen worden sind. Dies ist vor dem Hintergrund zu sehen, dass die Warenkauf-RL die Verbrauchsgüterkauf-RL erst mit Wirkung zum 1.1.2022 aufgehoben und abgelöst hat (Art. 23 Warenkauf-RL).[3] Dementsprechend stellen Art. 24 Abs. 2 Warenkauf-RL und Art. 229 § 58 auch sicher, dass auf ältere Kaufverträge noch die Verbrauchsgüterkauf-RL und das für sie maßgebliche Umsetzungsrecht im BGB anwendbar sind (zu den Konsequenzen für abweichende Parteivereinbarungen → Rn. 6). Dies ist insbesondere dann relevant, wenn das alte Recht Verbrauchern in konkreten Einzelfragen ausnahmsweise eine günstigere Rechtsstellung als das neue Recht einräumt (vgl. etwa § 475 Abs. 4 BGB aF zum Ausschluss des Einwands absoluter Unverhältnismäßigkeit bei Verbrauchsgüterkaufverträgen). Art. 229 § 58 knüpft jedoch nicht an spezifische Einzelregelungen an, sondern bestimmt umfassend die Anwendbarkeit der alten bzw. neuen Regelungen des EGBGB („Vorschriften dieses Gesetzes") und des BGB für **Kaufverträge iSd §§ 433 ff. BGB.** Soweit § 650 Abs. 1 BGB für Werklieferungsverträge die Geltung des Kaufrechts anordnet, ist Art. 229 § 58 auch für diese Verträge maßgeblich. 1

Art. 229 § 58 weicht terminologisch insoweit von Vorgängerregelungen wie Art. 229 §§ 5 und 39 ab, als er nicht auf das Entstehen des Schuldverhältnisses, sondern den **Abschluss des Vertrags** abstellt. Dies beruht auf einer engen sprachlichen Anlehnung an Art. 24 Abs. 2 Warenkauf-RL (→ Rn. 1), der ebenfalls den Begriff des Vertragsschlusses als Zäsur verwendet. In der Sache sollte hierin jedoch keine Abweichung von dem etablierten Kriterium der rechtsverbindlichen Entstehung des Schuldverhältnisses gesehen werden. In den allermeisten Fällen entstehen kaufvertragliche Schuldverhältnisse unmittelbar mit dem Vertragsschluss durch Antrag und Annahme. In Sonderkonstellationen, in denen von einer rechtsverbindlichen Entstehung des kaufrechtlichen Schuldverhältnisses erst zu einem späteren Zeitpunkt gesprochen werden kann (→ Rn. 3), sollten auch Art. 24 Abs. 2 Warenkauf-RL und Art. 229 § 58 so verstanden werden, dass es auf den **Zeitpunkt einer erstmaligen Bindungswirkung für die Parteien** ankommt, da dieser Zeitpunkt auch für die Frage des anwendbaren Rechts maßgeblich erscheint. Aus europarechtlicher Sicht gilt dies umso mehr, als die Warenkauf-RL den Modus des Vertragsschlusses und die Entstehungsvoraussetzungen des Schuldverhältnisses nicht im Einzelnen regelt und der Wortlaut des Art. 24 Abs. 2 Warenkauf-RL vor diesem Hintergrund nicht überinterpretiert werden sollte. 2

Sofern der wirksame Vertragsschluss – wie regelmäßig – keine weiteren Voraussetzungen als Antrag und Annahme iSd §§ 145 ff. BGB hat, kommt es auf den **Zeitpunkt des Wirksamwerdens der letzten Vertragserklärung** an (→ Art. 229 § 5 Rn. 3).[4] Wenn der Antrag bereits vor, die Annahme aber erst ab dem 1.1.2022 erfolgt ist, findet daher bereits das neue Recht Anwendung. Liegen hingegen Antrag und Annahme vor diesem Datum, bleibt das alte Recht selbst dann anwendbar, wenn der **Vertrag aufschiebend bedingt oder befristet** ist und die Bedingung oder der maßgebliche Zeitablauf erst ab dem 1.1.2022 eintritt (→ Art. 229 § 5 Rn. 5; → Art. 229 § 39 Rn. 2). Der Grund hierfür ist wiederum, dass auch in diesen Fällen bereits mit dem Wirksamwerden der Vertragserklärungen eine grundsätzliche Bindung der Parteien eingetreten und der Vertrag daher iSd Art. 229 § 58 „geschlossen" worden ist. Kommt hingegen ein Kaufvertrag kraft Ausübung eines **Optionsrechts** zustande, bewirkt erst dessen Ausübung die maßgebliche Bindung und stellt daher den für Art. 229 § 58 maßgeblichen Zeitpunkt dar.[5] Im Fall eines **genehmigungsbedürftigen Vertrags** kommt es auf die ex tunc-Wirkung der Genehmigung (dann Abstellen auf das Wirksamwerden der Annahmeerklärung als maßgeblicher Zeitpunkt) oder deren ex nunc-Wirkung (dann Abstellen auf den Genehmigungszeitpunkt selbst) an.[6] Ein **Vorvertrag** und der sich anschließende 3

---

1 Vgl. NK-BGB/*Langen* Art. 229 § 39 Rn. 1; Staudinger/*Löwisch,* 2016, Art. 229 § 5 Rn. 1.

2 BGHZ 10, 391 (394) = NJW 1954, 231; BGHZ 44, 192 (194) = NJW 1966, 155; NK-BGB/*Budzikiewicz* Art. 229 § 5 Rn. 1.

3 BT-Drs. 19/27424, 45 f.; Grüneberg/*Weidenkaff* Rn. 1.

4 Vgl. NK-BGB/*Budzikiewicz* Art. 229 § 5 Rn. 26 f.; Staudinger/*Löwisch,* 2016, Art. 229 § 5 Rn. 10.

5 Vgl. NK-BGB/*Langen* Art. 229 § 39 Rn. 6; diff. NK-BGB/*Budzikiewicz* Art. 229 § 5 Rn. 31; Staudinger/*Löwisch,* 2016, Art. 229 § 5 Rn. 11.

6 *Hess* NJW 2002, 253 (255); eingehend NK-BGB/*Budzikiewicz* Art. 229 § 5 Rn. 32 ff., jeweils zu Art. 229 § 5; aA – stets Anwendbarkeit alten Rechts – Staudinger/*Löwisch,* 2016, Art. 229 § 5 Rn. 14.

Hauptvertrag sind für die Zwecke des Übergangsrechts jeweils selbständig zu beurteilen. Sofern der Hauptvertrag wegen eines Abschlusses nach dem 31.12.2021 neuem Recht unterfällt und dies in nicht vorhergesehener Weise den Regelungsplan berührt, den die Parteien bei dem früheren Abschluss des Vorvertrags gefasst hatten, kommt eine Störung der Geschäftsgrundlage des Vorvertrags mit entsprechenden Anpassungsfolgen in Betracht.[7] Problematisch gestaltet sich die Konkretisierung des Art. 229 § 58 in den Fällen der **Ausübung eines Vorkaufsrechts,** wenn der Kaufvertrag mit dem Dritten bereits vor dem 1.1.2022 abgeschlossen worden ist, die Ausübung des Vorkaufsrechts aber nach diesem Datum erfolgt. Der Umstand, dass gemäß § 464 Abs. 2 BGB (erst) mit der Ausübung des Vorkaufsrechts ein eigenständiger Kaufvertrag zwischen dem Berechtigten und dem Verpflichteten zustande kommt, könnte hier für eine Anwendung des neuen Rechts sprechen. Jedoch soll der in Ausübung des Vorkaufsrechts entstandene Vertrag gerade den Bestimmungen folgen, die für den vorangehenden Kaufvertrag mit dem Dritten maßgeblich sind. Dies kann sinnvollerweise nicht nur für die privatautonom festgelegten Vertragsinhalte gelten, sondern muss auch für das kraft Gesetzes auf den Vertrag anwendbare Recht maßgeblich sein, sodass in den skizzierten Konstellationen die besseren Gründe für die Geltung des alten Rechts sprechen (→ Art. 229 § 5 Rn. 6). Gleiches ist auf dieser Linie auch anzunehmen, wenn ab dem 1.1.2022 eine **Vertrags- oder Schuldübernahme** bzw. ein **Vertrags- oder Schuldbeitritt** erfolgt; auch die Rechte und Pflichten zwischen den neuen Beteiligten beurteilen sich daher noch nach dem alten Recht.[8] Wird schließlich ein **Kaufvertrag ab dem 1.1.2022 inhaltlich geändert,** berührt auch dies grundsätzlich nicht die fortdauernde Anwendbarkeit des alten Rechts. Anderes gilt nur dann, wenn die Änderungen ausnahmsweise ein solches Maß erreichen, dass bei materieller Betrachtung von einem Neuabschluss auszugehen ist (→ Art. 229 § 5 Rn. 10).[9]

4 Obwohl das neue Kaufrecht zum Teil **dauerschuldrechtliche Momente** aufweist (vgl. etwa § 475b Abs. 4 Nr. 2 BGB zu Aktualisierungspflichten und § 475c BGB zur dauerhaften Bereitstellung digitaler Elemente), enthält Art. 229 § 58 keine Vorschrift nach Art des Art. 229 § 5 S. 2, die nach einer Übergangsfrist auch bei einem Vertragsschluss vor dem 1.1.2022 zu einer Anwendbarkeit dieser neuen dauerschuldorientierten Regelungen führen könnte. Insoweit gehen sowohl Art. 24 Abs. 2 Warenkauf-RL als auch Art. 229 § 58 für die Zwecke des intertemporalen Privatrechts weiterhin einheitlich von dem klassischen Bild des Kaufvertrags als einem punktuellen Austauschvertrag aus.[10]

5 Sollte sich ein Beteiligter bei Abgabe seiner Vertragserklärung in einem **Irrtum** über das nach den vorstehend skizzierten Linien maßgebliche Recht (→ Rn. 2 ff.) befunden haben, ist ein solcher als **unbeachtlicher Rechtsfolgenirrtum** einzustufen, da der intertemporalrechtlichen Regelung des Art. 229 § 58 ein willensunabhängiges Ordnungsmoment zukommt.[11] Aus diesen Gründen kommt bei einer diesbezüglichen Fehlvorstellung einer oder beider Parteien zudem regelmäßig auch **kein Fehlen der Geschäftsgrundlage iSd § 313 BGB** in Betracht (zur unter Umständen abweichenden Rechtslage bei jeweils unterschiedlichem anwendbaren Recht auf einen Vor- und Hauptvertrag → Rn. 3).[12]

6 Schließlich können die Beteiligten in ihrem Kaufvertrag auch nicht ohne Weiteres durch **Parteiabreden** über die Anwendbarkeit des alten oder neuen Rechts in einer Art und Weise disponieren, die von den Standards des Art. 229 § 58 abweicht. Dies folgt bereits daraus, dass viele Regelungen für Verbrauchsgüterkaufverträge auf Basis – früher – der Verbrauchsgüterkauf-RL bzw. – jetzt – der Warenkauf-RL zwingendes Recht darstellen. Daher können vor dem europarechtlichen Hintergrund des Art. 229 § 58 die zwingenden Standards des alten Rechts auch nicht pauschal im Wege einer Parteidisposition durch die zwingenden Standards des neuen Rechts ersetzt werden (vgl. → Rn. 1). Insoweit weicht die Rechtslage zB von derjenigen im Rahmen des Art. 229 § 5 ab, bei der für vor dem maßgeblichen Stichtag entstandene Schuldverhältnisse eine parteiautonome Ersetzung des alten Rechts durch das neue Recht in Betracht kam (vgl. → Art. 229 § 5 Rn. 16 mwN). Soweit hingegen bestimmte Regelungen des nach Maßgabe des Art. 229 § 58 anwendbaren alten oder neuen Rechts inhaltlich dispositiv sind, können die Parteien hiervon selbstverständlich zugunsten des jeweils anderen Rechtsstands abweichen (→ Art. 229 § 5 Rn. 15). Dies kann äußerlich durch eine umfassende

---

[7] Vgl. NK-BGB/*Budzikiewicz* Art. 229 § 5 Rn. 39; Staudinger/*Löwisch,* 2016, Art. 229 § 5 Rn. 12.

[8] Vgl. BGH NJW-RR 2007, 668 Rn. 16 zu Art. 229 § 5; NK-BGB/*Budzikiewicz* Art. 229 § 5 Rn. 52.

[9] BGH NJW-RR 2007, 668 Rn. 16; NK-BGB/*Budzikiewicz* Art. 229 § 5 Rn. 52; enger – Anwendung des neuen Rechts nur bei Novation oder Bestätigung eines nichtigen Geschäfts iSd § 141 BGB – Staudinger/*Löwisch,* 2016, Art. 229 § 5 Rn. 24.

[10] Vgl. auch *Maultzsch* GPR 2019, 260 zur untergeordneten Rolle der dauerschuldrechtlichen Elemente im neuen Kaufrecht.

[11] Allg. hierzu *Neuner* BGB AT § 41 Rn. 89 ff.; → BGB § 119 Rn. 85 ff.

[12] Vgl. Staudinger/*Löwisch,* 2016, Art. 229 § 5 Rn. 10.

„Wahl" des anderen Rechtsstands erfolgen, hat auch dann jedoch nur die Wirkungen einer materiellrechtlichen Disposition in den Grenzen des zwingenden Vertragsrechts.[13]

§ 59 Allgemeine Überleitungsvorschrift zum Gesetz zur Vereinheitlichung des Stiftungsrechts

[1]Auf die vor dem 1. Juli 2023 bestehenden Stiftungen sind die §§ 82a bis 88 des Bürgerlichen Gesetzbuchs in der am 1. Juli 2023 geltenden Fassung anzuwenden. [2]In § 87c Absatz 1 Satz 1 bis 3 des Bürgerlichen Gesetzbuchs tritt bei diesen Stiftungen an die Stelle der Satzung die Stiftungsverfassung.

Übersicht

I. Überblick

Nach Art. 11 Abs. 2 Gesetz zur Vereinheitlichung des Stiftungsrechts und zur Änderung des Infektionsschutzgesetzes vom 16.7.2021 sind die in Art. 1 dieses Gesetzes enthaltenen Regelungen des materiellen Stiftungsrechts in den neuen §§ 82a–88 BGB ab dem **1.7.2023** zu berücksichtigen (BGBl. 2021 I 2947). Im Übrigen trat das Gesetz am Tag nach seiner Verkündung, mithin am 23.7.2021 (Verkündung am 22.7.2021), in Kraft. Dies betrifft die Verordnungsermächtigung in Art. 4 § 19 Gesetz vom 16.7.2021 zur Schaffung eines Stiftungsregisters (→ Rn. 4). Die durch den Rechtsausschuss[1] von einem Jahr im Regierungsentwurf auf zwei Jahre verlängerte Übergangsfrist soll den Stiftungen Zeit geben, ihre Satzungen an das neue Recht anzupassen, und den Bundesländern, ihre Stiftungsgesetze zu ändern.[2] 1

Mangels besonderer Vorgaben für die Anwendbarkeit der Reformvorschriften sind die Änderungen des materiellen Stiftungsrechts auch auf alle zum 1.7.2023 bereits **bestehenden Stiftungen** anwendbar. Dies wird durch die mit Art. 3 Gesetz vom 16.7.2021 geschaffene Überleitungsvorschrift des Art. 229 § 59 und ihre Begründung bekräftigt.[3] Ausgenommen werden die Neufassungen der §§ 80, 81, 81a und 82 BGB. Denn die neuen Vorschriften über die Anerkennung einer zu errichtenden Stiftung können logischerweise auf die nach dem früheren Recht anerkannten (nach 2002) oder genehmigten (vor 2002) Stiftungen nicht mehr angewendet werden. Diese Stiftungen sind bereits wirksam als juristische Personen entstanden und die Änderungen der Vorschriften über die Anerkennung neuer Stiftungen sollen sich auf ihren Bestand nicht auswirken.[4] Nicht geregelt wird, sondern nach allgemeinen Grundsätzen des intertemporalen Privat- und Verwaltungsrechts bestimmt sich, wie mit vor dem 1.7.2023 getätigten Stiftungsgeschäften verfahren werden soll, die noch nicht zur Anerkennung der Stiftung geführt haben.[5] Danach soll das behördliche Anerkennungsverfahren zwar auf der Grundlage des Rechtsstands im Zeitpunkt der Anerkennung erfolgen, auch wenn der Stifter das Stiftungsgeschäft schon vorher vorgenommen hatte.[6] Im Hinblick auf die Bedeutung des Stiftungsgeschäfts als verkörperter Stiftungswille wurde hingegen bereits für die Einführung des BGB im Hinblick auf Stiftungen überzeugend vertreten, dass die Vornahme des Stiftungsgeschäfts, zumal bei von Todes wegen errichteten Stiftungen, der entscheidende Zeitpunkt für die Anwendung des geltenden Rechts ist.[7] 2

13 Vgl. Staudinger/*Löwisch,* 2016, Art. 229 § 5 Rn. 49; NK-BGB/*Budzikiewicz* Art. 229 § 5 Rn. 9.
1 BT-Drs. 19/31118, 12.
2 Begr. RegE, BT-Drs. 19/28173, 107.
3 Begr. RegE, BT-Drs. 19/28173, 80.
4 Begr. RegE, BT-Drs. 19/28173, 81; BoKo/Bartodziej, Art. 229 § 59 EGBGB Rn. 7.
5 BoKo/Bartodziej, Art. 229 § 59 EGBGB Rn. 8.
6 BoKo/Bartodziej, Art. 229 § 59 EGBGB Rn. 8.
7 Nachweise bei BoKo/Bartodziej, Art. 229 § 59 EGBGB Rn. 8.

3 In S. 2 der Überleitungsvorschrift des Art. 229 § 59 wird davon abweichend eine besondere Regelung zu § 87c Abs. 1 S. 1–3 BGB der neuen Fassung getroffen. In dieser Vorschrift zur Bestimmung der bei der Beendigung der Stiftung vorgesehenen **Anfallberechtigung** tritt bei bestehenden Stiftungen an die Stelle der Satzung die *Stiftungsverfassung.* Nach neuem Recht heißt es in § 87c BGB nämlich „Mit der Auflösung oder Aufhebung der Stiftung fällt das Stiftungsvermögen an die in der *Satzung* bestimmten Anfallberechtigten." Nach der Begründung zum Regierungsentwurf soll daher für die Regelung über die Anfallberechtigung in § 87c S. 1–3 BGB nF bei Altstiftungen nicht nur auf die Satzung, sondern weiterhin wie in der Vorgängervorschrift § 88 BGB aF auf die *Verfassung* abgestellt werden. Verfassung meint das Gründungsgeschäft einschließlich der Satzung. Denn bei Altstiftungen sind Regelungen zur Anfallberechtigung nicht nur in Stiftungssatzungen getroffen worden, sondern können auch in anderen Teilen des Stiftungsgeschäfts, oder vor Inkrafttreten des BGB am 1.1.1900, in anderen Errichtungsakten enthalten sein.[8]

4 Daneben treten nach Art. 11 Abs. 1 Gesetz vom 16.7.2021 (→ Rn. 1), Art. 3 Gesetz vom 16.7.2021, Art. 4 §§ 1–18 und 20 Stiftungsregistergesetz und Art. 5 und 7 Nr. 3 Gesetz vom 16.7.2021 erst am 1.1.2026 in Kraft. Damit sollen die Vorschriften zu dem zum 1.1.2026 zu schaffenden neuen **Stiftungsregister** mit Publizitätswirkung im BGB und im neuen Stiftungsregistergesetz sowie die damit im Zusammenhang stehenden Folgeänderungen der Art. 5 und 7 Nr. 3 Gesetz vom 16.7.2021 erst einige Jahre nach Verkündung des Gesetzes zur Vereinheitlichung des Stiftungsrechts in Kraft treten. Es soll ausreichende Zeit gegeben werden, damit die notwendigen rechtlichen und technischen Voraussetzungen für den Aufbau und den Betrieb des bundeseinheitlichen Registers geschaffen werden können.[9] Für die Eintragungspflicht in das Stiftungsregister sieht § 10 StiftRG eine Übergangsvorschrift für bestehende Stiftungen vor (→ 10. Aufl. 2024, StiftRG § 10 Rn. 1).

II. Regelungsgehalt

5 **1. Allgemeines.** Mit dem **Gesetz zur Modernisierung des Stiftungsrechts** vom 15.7.2002 war das Recht der rechtsfähigen Stiftung des bürgerlichen Rechts erstmals seit Inkrafttreten des BGB am 1.1.1990 moderat modernisiert worden. Für diese geringfügigen Änderungen war seinerzeit keine Übergangsvorschrift vorgesehen. Der Ruf nach weitergehenden Reformen im Stiftungsrecht hat 2014 zur Einsetzung einer Bund-Länder-Arbeitsgruppe „Stiftungsrecht" unter Federführung des BMJV führt. Die Arbeitsgruppe hat am 29./30.11.2016 einen ersten Vorschlag für eine Reform des Stiftungsrechts veröffentlicht, der eine solide Diskussionsgrundlage für das Reformvorhaben darstellt, um die verschiedenen Landesstiftungsgesetze und die unterschiedlichen Kulturen der Stiftungsbehörden in den Ländern auf eine einheitliche bundesrechtliche Grundlage zu bringen. Der am 27.2.2018 vorgelegte Diskussionsentwurf und noch mehr der Referentenentwurf vom 28.8.2020 wurden hingegen vielfach als rückschrittlich kritisiert. Demgegenüber hat der Regierungsentwurf vom 3.2.2021 die meisten und das am 24.6.2021 im Bundestag verabschiedete Gesetz zur Vereinheitlichung des Stiftungsrechts weitere kritikwürdige Änderungen gegenüber dem Diskussionsentwurf wieder aufgegeben.[10] Diese langwierige und zeitlich gestreckte Gesetzgebungsgeschichte erklärt, warum die Gesetzesbegründung nicht vollständig mit der letztlich zum Gesetz gewordenen Fassung übereinstimmt (→ Rn. 8).

6 Das Grundanliegen des Gesetzes zur Vereinheitlichung des Stiftungsrechts, das auch in der Bezeichnung des Gesetzes Niederschlag gefunden hat, besteht darin, das Stiftungszivilrecht **abschließend bundesrechtlich in den §§ 80 ff. BGB zu regeln.** Damit wird eine einheitliche Rechtsgrundlage geschaffen und es werden sachlich nicht gerechtfertigte landesrechtliche Unterschiede im materiellen Stiftungsrecht der 16 Landesstiftungsgesetze harmonisiert. Problematisch ist die Umsetzung der Rechtsvereinheitlichung. Die Reform hat eine lange Zeit in Anspruch genommen, die man benötigte, um die unterschiedlichen Positionen der Landesstiftungsbehörden zusammenzubringen. Aber trotz des vorrangigen Reformziels, das materielle Stiftungsrecht im BGB zusammenzuführen, hat man sich dazu entschlossen, alle Regelungen der §§ 80–88 BGB bisheriger Fassung in 36 Vorschriften weitgehend neu zu formulieren. Zudem fehlt es an einem differenzierten Übergangsrecht. Das neue Stiftungsrecht ist auf alle, teilweise schon jahrhundertelang bestehenden Stiftungen ohne Ausnahme anzuwenden (→ Rn. 2).

7 Ursprünglich sah der Regierungsentwurf für statutarische Abweichungen vom geltenden dispositiven Recht den Begriff der „Errichtungssatzung" vor. Darin sah der Rechtsausschuss keine Verbesserung gegenüber den eingeführten Begriffen „Satzung" und „Stiftungsgeschäft",[11] wobei letzteres

---

[8] Begr. RegE, BT-Drs. 19/28173, 80; BoKo/Bartodziej, Art. 229 § 59 EGBGB Rn. 3.
[9] Begr. RegE, BT-Drs. 19/28173, 107.
[10] Zum Ganzen *Mehren* in Schauhoff/Mehren, Stiftungsrecht nach der Reform, 2022, Kap. 1 mwN.
[11] Bericht RA, BT-Drs. 19/31118, 9 f.

die Vermögensübertragung einschließlich der ersten Satzung umfasst. Im Zuge dessen wurden die Begrifflichkeiten geändert, was dazu geführt hat, dass nach altem Recht zulässige dispositive Satzungsklauseln, die erst nach der Errichtung der Stiftung vorgenommen wurden, nach neuem Recht Bestand haben. Dies entspricht auch dem Vertrauensschutz der Stiftung in den Bestand einer genehmigten Änderung der Stiftungssatzung. An zwei Stellen stellt aber die zum Gesetz gewordene Fassung weiter auf das historische Stiftungsgeschäft ab und lässt entsprechende Ausnahmen nur durch den Stifter zu (→ Rn. 12, → Rn. 15).

2. Bedeutung der Übergangsfrist. Der Gesetzgeber hat eine **Übergangfrist bis zum 1.7.2023** gewährt, damit bestehenden Stiftungen Gelegenheit gegeben wird, sich auf das neue Recht einzustellen und gegebenenfalls ihre Satzung anzupassen (→ Rn. 1). Unklar ist aber, wann eine Satzungsanpassung in der Übergangsfrist zulässig ist, wenn auf der Grundlage des neuen Stiftungsrechts durch zwingende Vorschriften bereits lange bestehende oder in der Übergangsfrist bis zum Inkrafttreten geänderte Satzungsklauseln nichtig werden. 8

Problematisch ist, dass jedenfalls nach der Begründung im Regierungsentwurf nicht mehr alles erlaubt ist, was nicht verboten ist, sondern **alles verboten ist, was nicht ausdrücklich erlaubt ist.**[12] So heißt es, bei „den einzelnen Vorschriften wird ausdrücklich geregelt, inwieweit davon durch die Satzung abgewichen werden kann".[13] Entsprechende Einschränkungen finden sich im Gesetz oder in der Begründung zu § 80 Abs. 1 S. 1 und S. 2 BGB, § 81 Abs. 1 Nr. 1, Abs. 2 BGB, § 82 BGB, § 83b Abs. 2, Abs. 4 BGB, § 83c Abs. 1 S. 2, Abs. 2, Abs. 3 BGB, § 84 Abs. 3, Abs. 4 S. 2 BGB, § 85 Abs. 2 S. 2, Abs. 4 BGB, § 85a Abs. 1 S. 1, S. 2 BGB, § 86b Abs. 1 S. 2 BGB, § 87 Abs. 3 BGB, zu den §§ 86–86h BGB und § 86a BGB, zu den §§ 87–87c BGB nF. Das führt zu einer **erheblichen Einschränkung der Stifterfreiheit** und widerspricht dem sonst im Zivilrecht, im Vereins-, im Personengesellschaftsrecht und im Recht der GmbH verwirklichten Grundsatz der Privatautonomie gemäß Art. 2 Abs. 1 GG. Zudem wurde die Vereinheitlichung des Landesrechts zum Anlass genommen, die jeweils strengste Behördenpraxis in Gesetzesform zu gießen, etwa zur Zulässigkeit einer Verbrauchsstiftung oder zur Zulässigkeit der reinen Zeitstiftung. Vorzugswürdig wäre die bisherige Regelungssystematik gewesen, wie sie auch noch im Diskussionsentwurf vorgesehen war, die den Stiftern weitgehende Gestaltungsfreiheit gewährt. Ebenso wie im Vereins- und Gesellschaftsrecht ist im Stiftungsrecht bereits durch die Auslegung weitgehend geklärt, welche (wenigen) Vorgaben zwingend sind. Nun ist es Aufgabe von Rechtsprechung und Wissenschaft für jede Rechtsnorm zu klären, ob die bisherige Auslegung fortbesteht, denn der Gesetzgeber wollte ausweislich der Begründung die Rechtsform Stiftung im Grundsatz beibehalten.[14] Womöglich wird die Auslegung bei einer Vielzahl der nach der Begründung zwingenden Regelungen ergeben, dass es sich um Redaktionsversehen handelt, die darauf beruhen, dass der Referentenentwurf noch das – zu Recht wieder **aufgegebene,** weil nur in der Aktiengesellschaft zum Schutz vieler anonymer Aktionäre notwendige – **Prinzip der Satzungsstrenge** in § 83 Abs. 2 BGB-RefE enthielt und die entsprechenden Begründungsteile im Regierungsentwurf nicht sauber geändert wurden.[15] Die Übertragung dieses Prinzip auf die Stiftung, die in den beiden vorgehenden Entwürfen der Bund-Länder-Arbeitsgruppe zum Stiftungsrecht nie zur Debatte stand, ist denn auch im Schrifttum deutlich kritisiert worden.[16] Im Regierungsentwurf ist die Vorschrift wieder entfallen. Es bleibt damit beim Grundsatz der Gestaltungsfreiheit des Stifters, sofern nicht zwingendes Recht entgegensteht. 9

3. Keine Vorwirkung des neuen Rechts. Erst recht gibt es insofern keine Vorwirkung der neuen zwingenden Regelungen, wie es im Schrifttum vereinzelt angenommen wird.[17] Grundsätzlich entfaltet ein neues Gesetz erst **mit seinem Inkrafttreten Wirkung** (Art. 82 Abs. 2 GG).[18] Methodisch allein zulässig ist eine gewisse Vorwirkung, wenn es um Neuregelungen geht, die das geltende Recht lediglich unverändert wiedergeben, wie es für Teile des neuen Stiftungsrechts der Fall ist.[19] Dies gilt aber nicht für nachteilige, die Stifterfreiheit einschränkende Änderungen. Eine Vorwirkung wird denn auch im Schrifttum für solche Fälle nicht vertreten.[20] Dies betrifft insbesondere bislang 10

12 Burgard npoR 2023, 103 ff.
13 Begr. RegE, BT-Drs. 19/28173, 29; zust. BoKo/Bartodziej, Art. 229 § 59 EGBGB Rn. 10.
14 Begr. RegE, BT-Drs. 19/28173, 29.
15 § 83 Abs. 2 BGB-RefE: „Durch die Satzung kann von den Vorschriften dieses Untertitels nur abgewichen werden, wenn dies ausdrücklich bestimmt ist."
16 S. nur *Arnold/Burgard/Jakob/Roth/Weitemeyer* npoR 2020, 294; *Gollan/Richter* npoR 2021, 29 (30); *Hüttemann/Rawert* ZIP 2021, 3 (31).
17 *Mehren* in Schauhoff/Mehren, Stiftungsrecht nach der Reform, 2022, Kap. 1 Rn. 10 mwN.
18 Vgl. nur BVerfGE 42, 263 (283).
19 Vgl. RegE, BT-Drs. 19/28173, 29.
20 Vgl. *Schauhoff/Mehren* NJW 2021, 2993 (2995); *Janitzki* ErbR 2022, 15 (19); *Schwalm* NotBZ 2022, 81 (82).

zulässige Stiftungsklauseln, die nach dem neuen Recht unzulässig sein sollen. So ist erstmals ein gesetzliches Auflösungsrecht für Stiftungsorgane vorgesehen. Nach § 87 Abs. 1 BGB soll der Vorstand die Stiftung aufheben, wenn die Stiftung ihren Zweck endgültig nicht mehr dauernd und nachhaltig erfüllen kann. Die Voraussetzung einer wesentlichen Änderung der Umstände, die sich in zahlreichen Stiftungssatzungen und Landesstiftungsgesetzen findet, ist hier nicht genannt und die Vorschrift soll ausweislich ihrer Begründung zwingend und abschließend sein.[21]

11 Eine derartige negativ einschränkende „Vorwirkung" ist verfassungsrechtlich bedenklich, handelt es sich doch bei Lichte besehen nicht um eine „Vorwirkung", sondern um eine Rückwirkung. Wegen des Verbots der Rückwirkung von Gesetzen vor ihrem Inkrafttreten würde sie eine **echte Rückwirkung** darstellen, weil sie die zum 1.7.2023 eintretenden Rechtsfolgen rückbewirken würde. Gesetze mit „echter" Rückwirkung sind am Rechtsstaatsprinzip in Verbindung mit den von der Rechtsfolgenanordnung berührten Grundrechten zu messen und regelmäßig nicht mit der Verfassung vereinbar. Das Rückwirkungsverbot gilt nicht, soweit sich kein Vertrauen auf den Bestand des geltenden Rechts bilden konnte oder ein Vertrauen auf eine bestimmte Rechtslage sachlich nicht gerechtfertigt und daher nicht schutzwürdig war. Von fehlendem Vertrauen kann man bei teils lang zurückliegenden Stiftungserrichtungen nicht sprechen. Ein solches Vertrauen in den Bestand der Stiftungssatzung ist nur dann nicht schutzwürdig, wenn der Vertrauensschutz aufgrund überragender Belange des Gemeinwohls zurücktritt.[22] Das ist etwa für die Anordnung der strafrechtlichen Vermögensabschöpfung zur Effektuierung des Strafrechts angenommen worden,[23] liegt im zivilrechtlichen Stiftungsrecht aber fern (s. auch → Rn. 16 ff.).

III. Bedeutung für ausgewählte Vorschriften

12 **1. § 83b Abs. 3 BGB.** Nach § 83b Abs. 1 und Abs. 2 BGB wird die bisher gebräuchliche Unterscheidung zwischen dem zu erhaltenden **Grundstockvermögen** und dem zu verbrauchenden **sonstigem Vermögen** erstmals normiert. Abs. 3 ermöglicht als Ausnahme eine Teilverbrauchsstiftung, wonach der Stifter bei Stiftungen, die auf unbestimmte Zeit errichtet werden, einen Teil des gewidmeten Vermögens zum sonstigen, also zum verbrauchenden Vermögen bestimmen kann. Diese Satzungsklausel soll auch bei bestehenden Stiftungen ausschließlich im Stiftungsgeschäft (→ Rn. 7), dh durch den historischen Stifter getroffen werden können.[24]

13 **2. §§ 83b, 83c BGB.** Die neuen Vorschriften des § 83b BGB und des § 83c BGB regeln die Verwaltung des Stiftungsvermögens und damit auch die Grundlagen der **Rechnungslegung.** Stiftungen mit dem Abschlussstichtag 30. Juni können sich aufgrund der Überleitungsvorschrift (→ Rn. 1) letztmalig im Hinblick auf den Jahresabschluss zum 30.6.2023 auf das bisher geltende Stiftungsrecht berufen. Bei Stiftungen mit Abschlussstichtag 31. Dezember ist hingegen bereits der 31.12.2022 der letzte Bilanzstichtag unter dem bisherigen Stiftungsrecht. Dies erscheint im Hinblick auf allgemeine Rechtsgrundsätze wie den Vertrauensschutz oder das Rückwirkungsverbot vertretbar, weil die Änderungen sich in Grenzen halten sollten und grundsätzlich genügend Zeit zur Vorbereitung besteht.

14 Doch wird im Schrifttum zu Recht darauf hingewiesen, dass die Regelungen aufgrund des speziellen Reformanliegens einer Vereinheitlichung auf Basis des heutigen Stiftungszivilrechts bereits eine **Vorwirkung** entfalten.[25] So heißt es in der Gesetzesbegründung: „… soll klargestellt werden, dass Satzungsbestimmungen, die bestimmen, dass die Zuwächse aus Umschichtungen des Grundstockvermögens … verwendet werden können, wirksam sind.".[26]

15 **3. § 85 Abs. 4 BGB.** In § 85 BGB werden erstmals bundeseinheitlich **Zweck-** und **Satzungsänderungen** nach einem gestaffelten System ermöglicht. Auch hier stellen sich Fragen zur Auswirkung auf bestehende Stiftungen. Denn wenn der Gesetzgeber für satzungsmäßige Erleichterungen von Zweck- und Satzungsänderungen eine Regelung im ursprünglichen Stiftungsgeschäft vorsieht, der historische Stifter sich aber bislang auf eine entsprechende Klausel in seinem Landesstiftungsrecht verlassen hat, sollte die Stiftung eine solche Klausel noch bis zum 30.6.2023 in der Satzung verankern können. Dies ermöglicht eine Auslegung des ursprünglichen Stiftungsgeschäfts nach dem mutmaßlichen Stifterwillen[27] sowie der Hinweis in der Gesetzesbegründung

---

21 Begr. BT-Drs. 19/28173, 76.

22 Vgl. nur jüngst BVerfGE 156, 354 (404).

23 Vgl. BVerfGE 156, 354; jüngst BVerfG NJW-Spezial 2022, 344.

24 Bericht RA, BT-Drs. 19/31118, 9.

25 *Mehren* in Schauhoff/Mehren, Stiftungsrecht nach der Reform, 2022, Kap. 1 Rn. 10 f.

26 BT-Drs. 19/28173, 58.

27 *Kirchhain* in Schauhoff/Mehren, Stiftungsrecht nach der Reform, 2022, Kap. 9 Rn. 43 f. mwN; *Schauer* npoR 2022, 54, 56; zur Bestimmung des mutmaßlichen Stifterwillens *Hüttemann/Rawert* AcP 222 (2022), 301 ff.

auf den Sinn und Zweck der Übergangsfrist von zwei Jahren, um notwendige Anpassungen an das neue Recht vornehmen zu können (→ Rn. 1). Fraglich ist, was nach dem 1.7.2023 mit wirksamen Beschlüssen passiert, die auf der Grundlage von Satzungsbestimmungen zur Änderung der Stiftungssatzung bis zum 30.6.2023 gefasst wurden. Diese sollten wirksam bleiben, wenn solche Beschlüsse ebenfalls bis zum 30.6.2023 genehmigt worden sind, aber nur, wenn die geänderte Satzungsbestimmung mit dem neuen Recht im Einklang steht.[28] Weniger problematisch ist die Geltung dispositiven Rechts ab dem 1.7.2023. In diesem Fall soll es § 85 Abs. 3 BGB ermöglichen, die Satzung so anzupassen, dass ein von den dispositiven Vorschriften abweichender Stifterwille berücksichtigt wird.[29]

4. § 87 BGB. Durch das Gesetz zur Vereinheitlichung des Stiftungsrechts ist in § 87 Abs. 1 und Abs. 2 BGB erstmals ein **gesetzliches Auflösungsrecht für Stiftungsorgane** vorgesehen.[30] Nach § 87 Abs. 1 BGB soll der Vorstand die Stiftung aufheben, wenn die Stiftung ihren Zweck endgültig nicht mehr dauernd und nachhaltig erfüllen kann. Die Voraussetzung einer wesentlichen Änderung der Umstände ist hier nicht genannt. Nach der Gesetzbegründung stellt § 87 zwingendes Recht dar und ist abschließend. Durch die Satzung soll die Auflösung einer Stiftung nicht erleichtert oder erschwert werden können.[31] **16**

Die Aussage in der **Gesetzesbegründung** vom zwingenden und abschließenden Charakter des § 87 Abs. 1 BGB ist missverständlich und in ihrer Allgemeinheit unzutreffend.[32] Die Begründung im Regierungsentwurf knüpft noch an das im vorgehenden Referentenentwurf überraschend und sonst allein im Aktienrecht (§ 23 Abs. 5 AktG) vorgesehene Prinzip der Satzungsstrenge an (Rn. 9).[33] Im Regierungsentwurf ist die Vorschrift wieder entfallen. Es bleibt damit beim Grundsatz der Gestaltungsfreiheit des Stifters, sofern nicht zwingendes Recht entgegensteht. **17**

Auch nach dem **Wortlaut** des § 87 Abs. 1 BGB ist die Regelung nicht zwingend und abschließend. Wenn dies in der Gesetzesbegründung anders formuliert ist, dann knüpft sie offenkundig noch immer an den Referentenentwurf an, der für das **Stiftungsrecht** ursprünglich in § 83 Abs. 2 BGB-RefE die Einführung des Prinzips der Satzungsstrenge vorgesehen hatte. Nachdem entsprechende Pläne fallengelassen wurden, ist die These von der zwingenden Wirkung des § 87 Abs. 1 BGB nicht haltbar.[34] **18**

Eine solche Regelung wäre auch verfassungsrechtlich unzulässig, sodass die Vorschrift dahingehend **verfassungskonform** auszulegen ist. Das neue Stiftungsrecht ist nach Art. 11 Abs. 2 Gesetz vom 16.7.2021 zum 1.7.2023 ohne Übergangsvorschriften gemäß Art. 229 § 59 auch auf bereits bestehenden Stiftungen anwendbar (→ Rn. 1). Damit entfaltet das Gesetz eine Rückwirkung, wenn nachträglich bereits bestehende und nach bisherigem Recht für zulässig angesehene Satzungsklauseln gemäß § 134 BGB unwirksam werden würden. Auch die rund zweijährige Übergangsfrist vom Erlass des Gesetzes vom 16.7.2021 bis zum 1.7.2023, mit der bestehenden Stiftungen die Gelegenheit gegeben werden soll, vor Inkrafttreten des neuen Rechts notwendige Satzungsänderungen vorzunehmen,[35] hilft hier nicht weiter. Denn wären statutarische Auflösungsklauseln nach neuem Recht unzulässig, würde auch eine entsprechende Satzungsänderung nicht darüber hinweghelfen können. **19**

Eine **Rückwirkung** des § 87 Abs. 1 BGB wäre nur unter engen Voraussetzungen zulässig. Das Bundesverfassungsgericht unterscheidet bei rückwirkenden Gesetzen in ständiger Rechtsprechung zwischen Gesetzen mit „echter" und solchen mit „unechter" Rückwirkung. Eine Rechtsnorm entfaltet – grundsätzlich unzulässige – „echte" Rückwirkung in Form einer Rückbewirkung von Rechtsfolgen, wenn ihre Rechtsfolge mit belastender Wirkung schon vor dem Zeitpunkt ihrer Verkündung für bereits abgeschlossene Tatbestände gelten soll. Demgegenüber ist von einer „unechten" Rückwirkung in Form einer tatbestandlichen Rückanknüpfung auszugehen, wenn die Rechtsfolgen eines Gesetzes erst nach Verkündung der Norm eintreten, deren Tatbestand aber Sachverhalte erfasst, die bereits vor Verkündung „ins Werk gesetzt" worden sind.[36] **20**

---

28 BoKo/Bartodziej, Art. 229 § 59 EGBGB Rn. 12.
29 BoKo/Bartodziej, Art. 229 § 59 EGBGB Rn. 15.
30 Gesetz zur Vereinheitlichung des Stiftungsrechts und zur Änderung des Infektionsschutzgesetzes vom 16.7.2021, BGBl. 2021 I 2947.
31 RegE, BT-Drs. 19/28173, 76.
32 Eingehend zum Folgenden Weitemeyer/Steffen ZIP 2023, 1617 ff.
33 § 83 Abs. 2 BGB-RefE: „Durch die Satzung kann von den Vorschriften dieses Untertitels nur abgewichen werden, wenn dies ausdrücklich bestimmt ist."
34 *Hüttemann/Rawert* ZIP 2021, 3 (31, 33); *Schauer* npoR 2022, 54 (58).
35 Begr. RegE, BT-Drs. 19/28173, 106.
36 Statt vieler nur BVerfGE 30, 392 (401 f.); BVerfGE 127, 1 (16 f.); BVerfGE 131, 20 (39); BVerfGE 148, 217 (255).

21 Hier ist von einer **unechten Rückwirkung** auszugehen, weil entsprechende Satzungsklauseln erst nach dem Inkrafttreten des Gesetzes zur Vereinheitlichung des Stiftungsrechts ab dem 1.7.2023 unwirksam werden sollen, aber der Tatbestand an bereits bestehende Stiftungssatzungen anknüpft. Auch wenn in den Fällen unechter Rückwirkung der Vertrauensschutz – anders als bei der echten Rückwirkung – nicht regelmäßig Vorrang hat, bedürfen die belastenden Wirkungen einer Enttäuschung schutzwürdigen Vertrauens einer hinreichenden Begründung nach den Maßstäben der Verhältnismäßigkeit. „Der Normadressat muss eine Enttäuschung seines Vertrauens in die alte Rechtslage nur hinnehmen, soweit dies aufgrund besonderer, gerade die Rückanknüpfung rechtfertigender öffentlicher Interessen unter Wahrung der Verhältnismäßigkeit gerechtfertigt ist."[37] Sachliche Gründe dafür, warum der auf eine hinreichend konkrete statutarische Auflösung gerichtete historische Stifterwille nicht mehr Berücksichtigung finden soll, sind nicht ersichtlich. Das neue Stiftungsrecht soll vor allem der Vereinheitlichung des Rechts dienen. Dies betrifft aber in erster Linie das unterschiedliche Landesrecht[38] und darf daher nicht zur Beschneidung der privatautonomen Stifterfreiheit bei Errichtung der Stiftung zu einer Einheitssatzung führen. Dafür besteht auch aus Gründen der Rechtssicherheit kein Bedürfnis, lässt sich doch der jeweiligen Satzung konkret entnehmen, was der Stifter angeordnet hat. Die Begründung, die Überleitungsvorschrift soll vermeiden, dass für Altstiftungen dauerhaft anderes Recht anwendbar ist als für die seit dem 1.7.2023 errichteten Stiftungen,[39] rechtfertigt die Einschränkung der Stifterfreiheit daher nicht.

22 Schließlich ist die Stiftung zwar grundsätzlich auf eine unbeschränkte Dauer ausgerichtet. Dieser **„Ewigkeitsgedanke"** des Stiftungsrechts ist letztlich aber nur ein Zugeständnis an den Stifter, eine dauerhafte Verbindung von Vermögen und Zweck zu schaffen, den das Recht sonst nicht zulässt. Die Stiftung ermöglicht es dem Stifter, seine privatautonome Entscheidung in einer Weise zu perpetuieren, wie es keine andere Rechtsform oder rechtliche Gestaltung erlaubt.[40] Entscheidend ist nicht die ewige Zweckbindung, sondern die Beständigkeit des Zweckes während des Bestehens der Stiftung.[41] Es ist kein Grund ersichtlich, warum der Stifter in Wahrnehmung seiner grundrechtlich geschützten Gestaltungsfreiheit das „Angebot" der Rechtsordnung auf Errichtung einer Ewigkeitsstiftung in vollem Umfang ausschöpfen muss, ebenso wenig wie ein Erblasser eine Dauertestamentsvollstreckung bis zur Maximaldauer von 30 Jahren anordnen muss. Mögen auch Stiftungen im Normalfall ohne zeitliche Begrenzung errichtet werden, entspricht dies noch nicht einmal dem historischen Befund (eingehend auch → BGB § 80 Rn. 41 ff.). Mit einem als „gesetzlicher Regeltypus" der Stiftung bezeichneten Normalbefund[42] lässt sich eine Einschränkung der Stifterfreiheit nicht rechtfertigen. Dies gilt auch für ein Verbot statutarischer Änderungsklauseln.

23 Zudem hat gerade das Gesetz zur Vereinheitlichung des Stiftungsrechts eine Reihe von Vorschriften geschaffen, um **nachträgliche Änderungsrechte** behutsam zu erweitern und zu vereinfachen.[43] Damit ist die nachträgliche Nichtigkeit statutarischer Auflösungsklauseln aus keinem denkbaren Grund gerechtfertigt. Erst recht ist insofern keine **Vorwirkung** des neuen § 87 Abs. 1 BGB anzunehmen, wie es vereinzelt für das neue Stiftungsrecht erwogen wird (→ Rn. 10).

§ 60 Übergangsvorschrift zum Gesetz für faire Verbraucherverträge

[1]Auf ein Schuldverhältnis, das vor dem 1. Oktober 2021 entstanden ist, sind die §§ 308 und 310 Absatz 1 Satz 1 und 2 des Bürgerlichen Gesetzbuchs in der bis zu diesem Tag geltenden Fassung anzuwenden. [2]Auf ein Schuldverhältnis, das vor dem 1. März 2022 entstanden ist, ist § 309 des Bürgerlichen Gesetzbuchs in der bis zu diesem Tag geltenden Fassung anzuwenden. [3]Die in § 312k des Bürgerlichen Gesetzbuchs in der Fassung vom 1. Juli 2022 vorgesehenen Pflichten gelten auch im Hinblick auf Schuldverhältnisse, die vor diesem Tag entstanden sind.

1 Die Vorschrift des Art. 229 § 60 wurde angefügt mWv 1.10.2021 durch Gesetz vom 10.8.2021 (BGBl. 2021 I 3433), wobei S. 2 erst mWv 1.3.2022 und S. 3 erst mWv 1.7.2022 in Kraft treten. Art. 229 § 60 wurde angefügt durch das Gesetz für faire Verbraucherverträge vom 10.8.2021 (BGBl. 2021 I 3433). Mit diesem Gesetz wurde unter anderem ein **neues Verbot in den Katalog des**

[37] So BVerfGE 157, 177 (202 f.); BVerfGE 127, 1 (20); BVerfGE 127, 31 (48 f.); BVerfGE 132, 302 (310 f.); BVerfGE 148, 217 (256 f.).
[38] Begr. RegE, BT-Drs. 19/28173, 1.
[39] BoKo/Bartodziej, Art. 229 § 59 EGBGB Rn. 2.
[40] *Mugdan,* Die gesamten Materialien zum Bürgerlichen Gesetzbuch für das Deutsche Reich, Bd. I, 1899, 961.
[41] Vgl. BT-Drs. 14/8765, 8; BT-Drs. 14/8894, 10.
[42] Begr. RegE BT-Drs. 19/28173, 45.
[43] Vgl. Begr. RegE, BT-Drs. 19/28173, 28 f.

§ 308 BGB eingefügt, um im Verbraucherverkehr die formularmäßige Vereinbarung von Abtretungsverboten einzuschränken (§ 308 Nr. 9 BGB nF). Darüber hinaus hat der Gesetzgeber die Zulässigkeit von **Verlängerungsklauseln in Verträgen** enger gefasst (§ 309 Nr. 9 BGB nF) und die Kündigung bestimmter im elektronischen Geschäftsverkehr geschlossener Verträge mit Verbrauchern durch den sog. **„Kündigungsbutton"** erleichtert (§ 312k BGB nF). Aufgrund der sehr unterschiedlichen Struktur dieser Neuerungen hat der Gesetzgeber in Art. 229 § 60 eine **differenzierte Regelung** des zeitlichen Anwendungsbereichs niedergelegt. Nach Art. 229 § 60 S. 1 sind **Verträge, die vor dem 1.10.2021** geschlossen wurden, nach § 308 und § 310 Abs. 1 S. 1 und 2 BGB zu kontrollieren, so dass **Abtretungsverbote** lediglich dem laxeren Maßstab des § 307 BGB genügen müssen, um wirksam zu sein (zu Vertragsänderungen → § 308 Nr. 9 Rn. 3). Für das erweiterte **Verbot von Verlängerungsklauseln** (§ 309 Nr. 9 BGB nF) wurde als Stichtag der **1.3.2022** festgelegt (Art. 229 § 60 S. 2). Anzuknüpfen ist dabei an den Zeitpunkt des Vertragsschlusses des (unverlängerten) Erstvertrags, auch wenn die Verlängerung selbst mangels Kündigung des Vertrags durch den Verbraucher erst nach dem Stichtag erfolgt (→ § 309 Nr. 9 Rn. 4). Die **Pflichten aus § 312k BGB nF** sind zum **1.7.2022** wirksam geworden und gelten ab diesem Zeitpunkt auch für noch nicht abgewickelte Verträge, die vor diesem Stichtag geschlossen wurden (Art. 229 § 60 S. 3). Diese Übergangsvorschrift ist gerechtfertigt, da Unternehmer seit Verabschiedung des Gesetzes fast ein Jahr lang Zeit hatten, ihre Internetseiten an die neue Rechtslage anzupassen.

§ 61 Übergangsvorschrift zum Personengesellschaftsrechtsmodernisierungsgesetz

[1]Die §§ 723 bis 728 des Bürgerlichen Gesetzbuchs in der vor dem 1. Januar 2024 geltenden Fassung sind mangels anderweitiger vertraglicher Vereinbarung weiter anzuwenden, wenn ein Gesellschafter bis zum 31. Dezember 2024 die Anwendung dieser Vorschriften gegenüber der Gesellschaft schriftlich verlangt, bevor innerhalb dieser Frist ein zur Auflösung der Gesellschaft oder zum Ausscheiden eines Gesellschafters führender Grund eintritt. [2]Das Verlangen kann durch einen Gesellschafterbeschluss zurückgewiesen werden.

Die Vorschrift des Art. 229 § 61 wurde angefügt mWv 1.1.2024 durch das Gesetz zur Modernisierung des Personengesellschaftsrechts (MoPeG) vom 10.8.2021 (BGBl. 2021 I 3436). Sie knüpft an **§ 723 BGB nF** an, der **personenbezogene Auflösungsgründe** nach altem Recht **in Ausscheidensgründe** verwandelt, wovon der Gesellschaftsvertrag durch eine Auflösungsklausel abweichen kann (→ BGB § 723 Rn. 1 f.). Das betrifft namentlich die Kündigung durch einen Gesellschafter (§ 723 BGB aF) oder den Privatgläubiger eines Gesellschafters (§ 725 BGB aF), den Tod eines Gesellschafters (§ 727 BGB aF) oder seine Insolvenz (§ 728 Abs. 2 BGB aF). Hinzu kommt die Ausschließung, die nach bisherigem Recht nur möglich war, wenn der Gesellschaftsvertrag eine Fortsetzungsklausel enthielt (§ 737 BGB aF). Nach § 723 Abs. 1 Nr. 1–5 BGB nF wird für diese Fälle nun das Ausscheiden des Gesellschafters als Regelfolge vorgesehen. In den folgenden Vorschriften des (neuen) vierten Kapitels (§§ 724–727 BGB nF) werden sodann die Voraussetzungen der einzelnen zum Ausscheiden führenden Gründe geregelt. Für die BGB-Gesellschaft wird damit zur Wahrung der Kontinuität des Rechtsträgers der Schritt nachvollzogen, den für OHG und KG schon die Handelsrechtsreform von 1998[1] gegangen war.[2] Nachvollziehbarerweise hat sich der Gesetzgeber deshalb auch für die Übergangsregelung daran orientiert; sie wurde nach dem **Vorbild** des (inzwischen aufgehobenen) **Art. 41 EGHGB** geschaffen.[3] – Wie diese Vorschrift, setzt auch Art. 229 § 61 nach ihrem Sinn und Zweck (→ Rn. 2) voraus, dass die Gesellschaft noch nach altem Recht, also vor dem 1.1.2024 gegründet worden ist; auf **Neugründungen nach dem 1.1.2024** ist sie daher **unanwendbar.**[4] 1

Die Übergangsregelung beruht auf dem Gedanken, dass Gesellschafter die Auflösungsfolge gezielt in ihren rechtsgeschäftlichen Willen aufgenommen haben können, indem sie **bewusst darauf verzichtet haben, eine Fortsetzungsklausel** iSv § 736 BGB aF zu vereinbaren, um es bei der gesetzlichen Regelfolge gemäß §§ 723 ff. BGB aF zu belassen.[5] In einem solchen Fall könnte die Auflösungsfolge – ohne Änderung des dispositiven Rechts – nur im Wege einer Vertragsänderung abgelöst werden, und hierfür bedarf es – vorbehaltlich einer Vertragsänderungen einschließenden 2

1 Gesetz zur Neuregelung des Kaufmanns- und Firmenrechts und zur Änderung anderer handels- und gesellschaftsrechtlicher Vorschriften (Handelsrechtsreformgesetz – HRefG) vom 22.6.1998 (BGBl. 1998 I 1474).

2 Dazu näher Habersack/Schäfer/*Schäfer* HGB § 131 Rn. 2 ff.

3 Begr. RegE, BT-Drs. 19/27635, 220 mit Hinweis auf Staub/*Schäfer* HGB § 131 Rn. 6; *K. Schmidt* BB 2001, 1 ff.

4 Staub/*Schäfer,* 4. Aufl. 2004, HGB § 131 Rn. 4a.

5 Begr. RegE, BT-Drs. 19/27635, 219.

Mehrheitsklausel (→ BGB § 714 Rn. 45 ff.) – grundsätzlich der Zustimmung sämtlicher Gesellschafter (§ 714 BGB nF). Deshalb wird durch Art. 229 § 61 **S. 1** jedem Gesellschafter bis zum 31.12.2024 das **Recht** eingeräumt, durch einseitige Erklärung gegenüber der Gesellschaft die **Anwendung des alten Rechts zu verlangen,** sofern der (bisherige) Auflösungsgrund bei Zugang der Erklärung noch nicht eingetreten war. Auch die Länge der auf das erste Jahr des Inkrafttretens des MoPeG bezogenen Frist, innerhalb derer dieses Recht auszuüben ist, folgt dem Vorbild des Art. 41 EGHGB. Der Gesetzgeber hält dies für erforderlich, aber auch ausreichend, damit die Gesellschafter sich auf die geänderte Rechtslage einstellen können. Dass **sowohl das schriftliche Verlangen** als auch der (alte) **Auflösungs**- und (jetzige) **Ausscheidensgrund bis 31.12.2024** zugegangen (→ Rn. 4) bzw. eingetreten sein müssen, dient der Rechtssicherheit und soll die anderen Gesellschafter davor schützen, dass der betroffene Gesellschafter einem bereits eingetretenen Ausscheidenstatbestand nachträglich eine Auflösungsfolge beigibt.[6]

3 Nach dem Wortlaut des Satzes 1 („mangels anderweitiger Regelung") besteht das Recht aus Art. 229 § 61 dann **nicht,** wenn der Gesellschaftsvertrag eine **Fortsetzungsklausel** iSv §§ 736, 737 BGB aF enthält (→ 8. Aufl. 2020, BGB § 736 Rn. 8 ff. bzw. → 8. Aufl. 2020, BGB § 737 Rn. 7). Denn in diesem Falle bewirkt das neue Recht keinerlei Rechtsänderung, so dass der Grundgedanke der Übergangsregelung (→ Rn. 2) nicht eingreift. Weil zudem selbst eine bewusst vereinbarte Auflösungsklausel jederzeit durch Vertragsänderung wieder abgeschafft werden kann, räumt **Satz 2** den übrigen Gesellschaftern die Möglichkeit ein, das fristgerecht erklärte Verlangen des Gesellschafters **durch Beschluss zurückzuweisen.** Das kommt allerdings nur in Betracht, *wenn* der Gesellschaftsvertrag für Vertragsänderungen eine **Mehrheitsentscheidung** vorsieht.[7] Nur in diesem Falle muss also der die Beibehaltung der bisherigen Rechtslage verlangende Gesellschafter, der keine Sperrminorität erreicht, gegen sich gelten lassen, dass die Mehrheit in den genannten Fällen (→ Rn. 1) zum Ausscheiden als Rechtsfolge übergehen möchte. Gilt hingegen die gesetzliche Regel der Einstimmigkeit für Vertragsänderungen (§ 714 BGB nF), scheidet eine Zurückweisung aus – es bleibt dann aufgrund des Verlangens bei der bisherigen Rechtslage, und zwar ohne zeitliche Beschränkung.[8] Es kommt dann auch keine Ausschließung (vgl. § 737 BGB aF), sondern nur die Auflösung der Gesellschaft aus wichtigem Grund in Betracht.

4 Nach dem Wortlaut des Art. 229 § 61 S. 1 ist das **schriftliche Verlangen** gegenüber der **Gesellschaft** zu erklären. Wie bei der Kündigung geht es der Sache nach aber um eine Vertragsänderung (→ Rn. 3) und somit um eine Angelegenheit der Gesellschafter. Konsequentermaßen sind deshalb, wie in Bezug auf die Kündigungserklärung, nicht die Geschäftsführer, sondern die Mitgesellschafter empfangszuständig (vgl. → BGB § 725 Rn. 14). Dass es sich bei dem „Verlangen" um eine **Willenserklärung** handelt, bedarf angesichts der rechtserheblichen Wirkungen, auf die sie abzielt, keiner weiteren Begründung.[9] Es wird somit als verkörperte Erklärung gemäß § 130 Abs. 1 S. 1 BGB erst mit **Zugang bei allen Mitgesellschaftern** wirksam, sofern der Gesellschaftsvertrag für die Kündigung keine andere Regelung trifft und die Geschäftsführer zur Entgegennahme ermächtigt. Im Übrigen ist auch eine Weiterleitung durch die Geschäftsführer ausreichend (→ BGB § 725 Rn. 14). Wegen der **Schriftform** s. § 126 BGB; nach § 126 Abs. 3 BGB kann sie durch die elektronische Form (§ 126a BGB) ersetzt werden.

5 Das Verlangen kann wirksam **nur von einem Gesellschafter** erklärt werden; Privatgläubiger eines Gesellschafters haben somit von vornherein keine Möglichkeit, die Anwendung des neuen Rechts für ihre Kündigungen gemäß § 725 BGB aF in der Übergangszeit abzuwehren. Wie allgemein müssen sie vielmehr die für die jeweilige Gesellschaft einschlägige Regelung gegen sich gelten lassen, sofern sie nur entweder Zugriff auf den Abfindungsanspruch (§ 728 BGB nF) *oder* das Liquidationsguthaben (§ 736d Abs. 6 BGB nF) haben, ihre Kündigung also entweder zum Ausscheiden oder zur Auflösung der Gesellschaft führt.

6 Eine schon von Art. 41 EGHGB bekannte Sonderproblematik betrifft **Kündigungserklärungen** eines Gesellschafters gemäß § 723 BGB aF, die zwischen dem 1.1.2024 und dem 31.12.2024 eingehen, ohne dass zuvor ein (separates) Verlangen gemäß Art. 229 § 61 erklärt worden ist, wie nach dem Wortlaut von S. 1 erforderlich.[10] Weil Kündigungserklärungen erst mit ihrem **Zugang** bei den Mitgesellschaftern wirksam werden (→ 8. Aufl. 2020, BGB § 723 Rn. 11), tritt allerdings auch der (bisherige) Auflösungsgrund iSv Art. 229 § 61, nämlich § 723 BGB aF, erst zu diesem Zeitpunkt ein.[11] Insofern wird man es sodann ausreichen lassen, dass das Verlangen gemäß S. 1

---

[6] Begr. RegE, BT-Drs. 19/27635, 220.
[7] So ausdrücklich auch Begr. RegE, BT-Drs. 19/27635, 220.
[8] Näher MünchHdbGesR, Bd. 1, § 1 Rn. 11.
[9] Nur (explizit) hinweisend auch Begr. RegE, BT-Drs. 19/27635, 219.
[10] Eingehend *K. Schmidt* BB 2001, 1 (3 ff.).
[11] Staub/*Schäfer,* 4. Aufl. 2004, HGB § 131 Rn. 5.

spätestens zeitgleich mit der Kündigung wirksam wird. Grundsätzlich kann man zudem annehmen, dass eine Kündigung, die auf die Auflösung der Gesellschaft gerichtet ist, was ggf. durch Auslegung zu ermitteln ist, aus Sicht der Empfänger **konkludent** ein solches Verlangen enthält.[12] Richtet der Gesellschafter seine Kündigungserklärung, auch an die Gesellschafter, wird das darin enthaltene *Verlangen* gemäß S. 1 sogleich wirksam (→ Rn. 4). Ausreichend ist auch eine Weiterleitung durch die Geschäftsführer, wenn die Erklärung nur der Gesellschaft zugeht (Rn. 4). Bei diesem Vorgehen ergeben sich somit keine Probleme mit der von Art. 229 § 61 vorausgesetzten zeitlichen Reihenfolge von Verlangen und der Kündigung als (bisherigem) Auflösungsgrund. Falls der Kündigungserklärung (aus Sicht ihrer Empfänger) hingegen *nicht* zu entnehmen ist, dass sie auf Auflösung der Gesellschaft gerichtet ist, dies aber dem Willen des Kündigenden entspricht, kommt lediglich eine Anfechtung wegen Inhaltsirrtums nach § 119 Abs. 1 Alt. 1 BGB in Betracht. Im Übrigen haben die übrigen Gesellschafter naturgemäß auch bei einem konkludenten Verlangen gemäß S. 2 das Recht, es durch einen vertragsändernden Mehrheitsbeschluss abzuwehren (→ Rn. 3).

Wird zwischen dem 1.1. und 31.12.2024 entweder gar **kein Verlangen erklärt** oder erst, 7
nachdem der (bisherige) Auflösungsgrund bereits eingetreten ist, **gilt uneingeschränkt das neue Recht,** so dass die in → Rn. 1 genannten Gründe jeweils gemäß § 723 Abs. 1 BGB nF zum Ausscheiden des betreffenden Gesellschafters führen, sofern in den Gesellschaftsvertrag nicht vor Eintritt des jeweiligen Grundes eine **Auflösungsklausel** im Wege der Vertragsänderung aufgenommen wird (→ BGB § 723 Rn. 4; → BGB § 723 Rn. 27 f.). Entsprechendes gilt naturgemäß, wenn das Verlangen erst nach dem 31.12.2024, also verspätet, eingeht oder der (bisherige) Auflösungsgrund erst nach dem 31.12.2024 eintritt. In allen diesen Fällen kann nur ein im Einzelfall aus der Treupflicht abgeleiteter Anspruch eines Gesellschafters auf Vertragsänderung gegenüber seinen Mitgesellschaftern helfen, der aber nur ausnahmsweise in Betracht kommen wird.[13] Überdies vermag eine Vertragsänderung naturgemäß nur für künftige Fälle Wirksamkeit zu entfalten. Selbstverständlich kann die Frist aber auch dann ausgeschöpft werden, wenn 2024 kein (bisheriger) Auflösungsgrund eintritt, sowie auch im Bezug auf weitere potentielle (bisherige) Auflösungsgründe. Ausgenommen bleiben lediglich die *vor* dem Zugang bereits eingetretenen Ausscheidens- bzw. Auflösungsfälle, weil das Verlangen nicht zurückwirkt.[14]

Unabhängig von der Übergangsvorschrift des Art. 229 § 61 können sich auch (andere) Probleme 8
bei der **Auslegung von Altverträgen** ergeben, die vor dem 1.1.2024 geschlossen wurden und Regelungen enthalten, die Ausscheidensgründe iSv § 723 Abs. 1 BGB nF zum Gegenstand haben, inhaltlich aber von § 723 Abs. 1 BGB nF abweichen, namentlich indem sie für einen aktuellen Ausscheidensgrund iSv § 723 Abs. 1 BGB nF ausdrücklich die Auflösungsfolge vorsehen.[15] So mag etwa der Gesellschaftsvertrag bestimmen, dass die (ordentliche) **Kündigung** eines Gesellschafters zur Auflösung der Gesellschaft führt oder die Fortsetzung einer kündigungsbedingt aufgelösten Gesellschaft der Zustimmung aller Gesellschafter bedarf. Art. 229 § 61 erfasst diese Fälle nicht unmittelbar, weil er naturgemäß keine Übergangsregelung in Bezug auf Vertragsbestimmungen trifft. Gleichwohl ist die Fortgeltung einer in einem Altvertrag **ausdrücklich geregelten Auflösungsfolge** nach dem 1.1.2024 nicht selbstverständlich. Denn die Gesellschafter mögen sich auf eine deklaratorische Wiedergabe des seinerzeit gültigen dispositiven Rechts beschränkt haben, so dass nicht ohne weiteres unterstellt werden darf, dass sie auch nach dessen Änderung, nunmehr also in Abweichung vom dispositiven Recht, an der Auflösungsfolge festhalten wollen.[16] Es bedarf daher in der Regel zusätzlicher Anhaltspunkte dafür, dass die Auflösung als bewusst gewählte, in einem Gesamtkontext stehende Rechtsfolge gewollt war. Als Auslegungshilfe können dabei auch außerhalb des Vertrages entsprechende Abreden herangezogen werden. Ohne solche Anhaltspunkte wird man anzunehmen haben, dass sich die Parteien lediglich auf die im Vertragsschluss geltende Rechtslage beziehen wollten. Dann entfällt aber mit der Änderung des rechtlichen Bezugsrahmens die Grundlage der Klausel,[17] so dass, wenn nicht schon die ergänzende Vertragsauslegung hilft, zumindest ihre Anpassung gemäß § 313 Abs. 1 BGB bzw. aufgrund der Treupflicht verlangt werden kann. Entsprechendes gilt für die beispielhaft erwähnte Fortsetzungsklausel.

Bei (alten) **Kündigungsklauseln ohne Rechtsfolgenanordnung** kommt hingegen Art. 229 9
§ 61 uneingeschränkt zur Anwendung (→ Rn. 7), so dass § 723 BGB nF eingreift, falls nicht sowohl ein Verlangen nach Satz 1 als auch der (bisherige) Ausscheidensgrund zwischen dem 1.1.2024 und

12 *K. Schmidt* BB 2001, 1 (5).
13 Staub/*Schäfer,* 4. Aufl. 2004, HGB § 131 Rn. 4a; *K. Schmidt* BB 2001, 1 (6).
14 Näher mwN MünchHdbGesR/*Schäfer* Bd. 1, § 1 Rn. 11.
15 Zum Parallelproblem nach der Handelsrechtsreform 1998 Habersack/Schäfer/*Schäfer* HGB § 131 Rn. 6.
16 AA MüKoHGB/*K. Schmidt,* 2. Aufl. 2006, HGB § 131 Rn. 59, der die fortgeltende Auflösungsfolge hier für unproblematisch hält.
17 Allg. zu Rechtsänderungen als Änderung der Geschäftsgrundlage s. nur → BGB § 313 Rn. 232 ff.

dem 31.12.2024 erklärt bzw. eingetreten sind – und zwar in dieser Reihenfolge, so dass das Verlangen spätestens zugleich mit einer Kündigung wirksam werden muss (→ Rn. 6).[18]

§ 62 Übergangsvorschrift zum Mietspiegelreformgesetz

[1]Für Gemeinden, für die infolge der durch § 558c Absatz 4 Satz 2 des Bürgerlichen Gesetzbuchs in der ab dem 1. Juli 2022 geltenden Fassung eingeführten Pflicht erstmalig ein Mietspiegel zu erstellen ist, ist dieser bis spätestens 1. Januar 2023 zu erstellen und zu veröffentlichen. [2]Wird für die Gemeinde in Erfüllung dieser Verpflichtung ein qualifizierter Mietspiegel erstellt, ist dieser bis spätestens 1. Januar 2024 zu erstellen und zu veröffentlichen.

1 Die Vorschrift des Art. 229 § 62 wurde angefügt mWv 1.7.2022 durch das Mietspiegelreformgesetz vom 10.8.2021 (BGBl. 2021 I 3515).

§ 63 Überleitungsvorschrift zum Gesetz zur Änderung der Strafprozessordnung – Erweiterung der Wiederaufnahmemöglichkeiten zuungunsten des Verurteilten gemäß § 362 StPO und zur Änderung der zivilrechtlichen Verjährung (Gesetz zur Herstellung materieller Gerechtigkeit)

§ 194 des Bürgerlichen Gesetzbuchs in der ab dem 30. Dezember 2021 geltenden Fassung ist auf die an diesem Tag bestehenden noch nicht verjährten Ansprüche anzuwenden.

1 Die Vorschrift des Art. 229 § 63 wurde angefügt mWv 30.12.2021 durch **Gesetz vom 21.12.2021** (BGBl. 2021 I 5252). Art. 1 Gesetz vom 21.12.2021 hatte § 362 StPO um eine Nr. 5 erweitert. Danach sollte die Wiederaufnahme eines rechtskräftig abgeschlossenen Verfahrens zuungunsten eines freigesprochenen Angeklagten bei schwersten und unverjährbaren Verbrechen (Mord, Völkermord, Verbrechen gegen die Menschlichkeit, Kriegsverbrechen gegen eine Person) zulässig sein, wenn sich aus nachträglich verfügbaren Beweismitteln die hohe Wahrscheinlichkeit einer Verurteilung des zuvor Freigesprochenen ergab. Zugleich wurde § 194 Abs. 2 BGB neu gefasst. § 194 Abs. 2 Nr. 1 BGB zufolge unterliegen zivilrechtliche Ansprüche, die aus einem unverjährbaren Verbrechen erwachsen, ebenfalls nicht mehr der Verjährung. Bis dato unterfielen diese Ansprüche der 30-jährigen Frist des § 197 Abs. 1 Nr. 1 BGB.[1] Zwischen strafrechtlicher Verfolgungsverjährung und zivilrechtlicher Verjährung besteht nunmehr also Gleichklang. Ein tatbestandlicher Zusammenhang mit § 362 Nr. 5 StPO wurde bei alledem nicht verlangt. Es sollte also keine Rolle spielen, ob eine Wiederaufnahme des Strafverfahrens erfolgt ist oder eine erstmalige Strafverfolgung in Rede steht.[2]

2 Die Überleitungsvorschrift des Art. 229 § 63 stellt sicher, dass alle am 30.12.2021 noch bestehenden und nicht verjährten Ansprüche, die aus einem unverjährbaren Verbrechen erwachsen sind, nicht mehr der Verjährung unterliegen. Konzeptionell entspricht die Norm Art. 169 Abs. 1 S. 1 und Art. 229 § 6 Abs. 1 S. 1. Sonderregeln über Hemmung und Neubeginn waren wegen der Unverjährbarkeit nach neuem Recht entbehrlich. Einen Fristenvergleich nach Art von Art. 229 § 6 Abs. 3 gibt es selbstverständlich ebenfalls nicht.

3 Mit Urteil vom 31.10.2023[3] hat das **BVerfG § 362 Nr. 5 StPO** wegen Verstoßes gegen Art. 103 Abs. 3 GG, auch iVm dem verfassungsrechtlichen Grundsatz des Vertrauensschutzes (Art. 20 Abs. 3 GG), für **verfassungswidrig und nichtig** erklärt. Das verfassungsgerichtliche Verdikt besitzt allerdings nur strafprozessuale Bedeutung. Auswirkungen auf § 194 Abs. 2 BGB hat es weder unmittelbar noch mittelbar. Auch Art. 229 § 63 bleibt somit unberührt. Es ist einzig Sache des Gesetzgebers, über eine etwaige neuerliche Änderung der Verjährung zivilrechtlicher Ansprüche nachzudenken, die aus unverjährbaren Verbrechen erwachsen. Da ein Konnex mit § 362 Nr. 5 StPO niemals intendiert war, dürfte eine abermalige Novelle des § 194 BGB eher unwahrscheinlich sein.

---

[18] Ebenso iE MüKoHGB/*K. Schmidt,* 2. Aufl. 2006, HGB § 131 Rn. 59.
[1] Im Einzelnen *Piekenbrock* JZ 2022, 124 (126 f.); BeckOGK/*Piekenbrock* BGB § 194 Rn. 72.
[2] BeckOGK/*Piekenbrock* BGB § 194 Rn. 71.2.
[3] BVerfG NJW 2023, 3698 = BGBl. 2023 I Nr. 357.

§ 64 Übergangsvorschrift zum Gesetz zur Abschaffung des Güterrechtsregisters

(1) Abweichend von § 1412 des Bürgerlichen Gesetzbuchs können Ehegatten und Partner einer eingetragenen Lebenspartnerschaft auch aus Eintragungen im Güterrechtsregister Dritten gegenüber Einwendungen
1. gegen ein Rechtsgeschäft herleiten, das zwischen einem der Ehegatten und dem Dritten vorgenommen worden ist, wenn das Geschäft vor dem 1. Januar 2028 abgeschlossen oder die Rechtshandlung vorgenommen worden ist, oder
2. gegen ein rechtskräftiges Urteil herleiten, das zwischen einem der Ehegatten und dem Dritten ergangen ist, wenn der Rechtsstreit vor dem 1. Januar 2028 rechtshängig geworden ist.

(2) Haben die Ehegatten Gütergemeinschaft vereinbart und dies in das Güterrechtsregister eintragen lassen, kann jeder Ehegatte ab dem 1. Januar 2023 verlangen, dass die vertragliche Regelung wegen Wegfalls des Güterrechtsregisters nach den Grundsätzen des § 313 des Bürgerlichen Gesetzbuchs angepasst wird.

(3) [1]Wird eine bestehende Eintragung in dem Register in der Zeit vom 1. Januar 2023 bis 31. Dezember 2027 unrichtig oder verlegen beide Ehegatten in diesem Zeitraum ihren gewöhnlichen Aufenthalt in einen anderen Registerbezirk, so verliert die Eintragung ihre Wirkung. [2]Eine nach Satz 1 unwirksame Eintragung ist auf Antrag eines Ehegatten zu löschen; die folgenden Vorschriften sind in der bis einschließlich 31. Dezember 2022 geltenden Fassung entsprechend anzuwenden:
1. die §§ 1558 und 1560 des Bürgerlichen Gesetzbuchs,
2. die auf der Grundlage des § 1558 Absatz 2 des Bürgerlichen Gesetzbuchs erlassenen Rechtsverordnungen,
3. das Gesetz über das Verfahren in Familiensachen und in den Angelegenheiten der freiwilligen Gerichtsbarkeit und
4. § 3 Nummer 1 Buchstabe e des Rechtspflegergesetzes.

(4) [1]Bis zum 31. Dezember 2037 ist jedem die Einsicht in das Register gestattet. [2]Von den Eintragungen kann eine Abschrift angefordert werden. [3]Die Abschrift ist auf Verlangen zu beglaubigen.

(5) Nach dem 31. Dezember 2037 können aus der Registereintragung keine Rechte mehr hergeleitet werden.

(6) [1]Die Rechte nach Artikel 15 der Verordnung (EU) 2016/679 des Europäischen Parlaments und des Rates vom 27. April 2016 zum Schutz natürlicher Personen bei der Verarbeitung personenbezogener Daten, zum Datenverkehr und zur Aufhebung der Richtlinie 95/46/EG (Datenschutz-Grundverordnung) (ABl. L 119 vom 4.5.2016, S. 1; L 314 vom 22.11.2016, S. 72; L 127 vom 23.5.2018, S. 2; L 74 vom 4.3.2021, S. 35) werden durch Einsicht in das Register nach Absatz 4 gewährt. [2]Das Gericht ist nicht verpflichtet, Personen, deren personenbezogene Daten im Güterrechtsregister oder in den Registerakten gespeichert sind, über die Offenlegung dieser Daten an Dritte Auskunft zu erteilen. [3]Im Übrigen gilt § 79a Absatz 2 und 3 des Bürgerlichen Gesetzbuchs entsprechend.

Die Vorschrift des Art. 229 § 64 wurde angefügt mWv 1.1.2023 durch das Gesetz zur Abschaffung des Güterrechtsregisters und zur Änderung des COVInsAG vom 31.10.2022 (BGBl. 2022 I 1966). 1

§ 65 Überleitungsvorschrift zum Verbandsklagenrichtlinienumsetzungsgesetz

[1]Die Vorschriften über die Hemmung der Verjährung nach den §§ 204 und 204a Absatz 1 Satz 1 Nummer 3 sowie Absatz 3 und 4 des Bürgerlichen Gesetzbuchs in der ab dem 13. Oktober 2023 geltenden Fassung sind auf die an diesem Tag bestehenden noch nicht verjährten Ansprüche anzuwenden. [2]Für den Zeitraum vor dem 13. Oktober 2023 richtet sich die Hemmung der Verjährung für diese Ansprüche nach den bis zu diesem Tag geltenden Vorschriften des Bürgerlichen Gesetzbuchs. [3]Die Vorschriften über die Hemmung der Verjährung nach § 204a Absatz 1 Satz 1 Nummer 1, 2 und 4 und Satz 2 des Bürgerlichen Gesetzbuchs sind nur auf diejenigen Ansprüche von Verbrauchern anzuwenden, die aufgrund solcher Zuwiderhandlungen eines Unternehmers nach § 2 des Unterlassungsklagengesetzes oder nach § 8 Absatz 1 des Gesetzes gegen

den unlauteren Wettbewerb entstanden sind, die nach dem Ablauf des 12. Oktober 2023 begangen wurden. [4]Für Ansprüche, die aufgrund von Zuwiderhandlungen entstanden sind, die ein Unternehmer vor dem 25. Juni 2023 begangen hat, richtet sich die Hemmung der Verjährung unabhängig davon, wann die Ansprüche entstanden sind, nach den vor dem 13. Oktober 2023 geltenden Vorschriften. [5]Die Sätze 2 und 3 gelten entsprechend für die Regelungen über die Hemmung der Verjährung nach § 204a Absatz 2 des Bürgerlichen Gesetzbuchs.

1 Die Vorschrift des Art. 229 § 65 wurde angefügt mWv 13.10.2023 durch **Gesetz vom 8.10.2023** (BGBl. 2023 I Nr. 272), dem sog. Verbandsklagenrichtlinienumsetzungsgesetz (VRUG). Sie enthält Übergangsregelungen zur Neufassung von § 204 BGB und zur Schaffung des § 204a BGB, im Übrigen dient sie der Umsetzung des Übergangsregimes der **Verbandsklagen-RL.** Stichtag ist der 13.10.2023. Den von der Richtlinie geforderte 25.6.2023 als Stichtag vermochte der deutsche Gesetzgeber nicht einzuhalten. Dass in S. 4 gleichwohl der 25.6.2023 Erwähnung findet, ist Art. 22 Abs. 3 S. 2 Verbandsklagen-RL geschuldet,[1] der für Verstöße gegen richtlinienrelevantes Verbraucherschutzrecht, die vor dem 25.6.2023 erfolgt sind, ein unmissverständliches Verbot gegenüber den Mitgliedstaaten ausspricht. Sie dürfen die Anwendung von nationalen Hemmungsregeln, die vor dem 25.6.2023 gegolten haben, für Abhilfeansprüche unabhängig vom Zeitpunkt ihrer Entstehung nicht ausschließen.

2 **S. 1 und 2** der Vorschrift beinhalten Überleitungsvorschriften für die Verjährungshemmung qua Erhebung von **Musterfeststellungsklagen.** Betroffen sind § 204 Abs. 1 Nr. 1a BGB aF sowie § 204a Abs. 1 S. 1 Nr. 3, Abs. 3 und 4 BGB nF. Konzeptionell wird dabei auf das Modell der Art. 169 Abs. 1 und Art. 229 § 6 Abs. 1 S. 1 und 2 zurückgegriffen: Beginnend mit dem Stichtag gilt neues Hemmungsrecht, auf vorherige Zeiträume gelangt altes Hemmungsrecht zur Anwendung. Der Zeitpunkt des unternehmerischen Rechtsverstoßes, der den in Rede stehenden Anspruch begründet, ist grds. irrelevant.[2] Die Ausnahme bildet S. 4, demzufolge Ansprüche, die auf Zuwiderhandlungen vor dem 25.6.2023 beruhen, unabhängig vom Zeitpunkt ihrer Entstehung dem alten Recht unterliegen.

3 In **S. 3 und 4** finden sich die Überleitungsbestimmungen zu § 204a Abs. 1 S. 1 Nr. 1, 2 und 4 sowie S. 2 BGB. Bisher hatten es die in der Vorschrift genannten einstweiligen Verfügungen und Unterlassungsklagen ebensowenig wie die erst durch das VRUG neu geschaffenen Abhilfeklagen vermocht, die Verjährung für Ansprüche von Verbrauchern zu hemmen, die aufgrund der streitgegenständlichen Zuwiderhandlungen entstanden sind. S. 3 der Norm sieht die Anwendung des neuen Hemmungsregimes erst für Ansprüche von Verbrauchern vor, die auf solchen Verbraucherrechtsverstößen beruhen, die nach dem 12.10.2023 erfolgt sind. Eine einstweilige Verfügung, eine Unterlassungsklage oder eine Abhilfeklage, die eine Zuwiderhandlung zum Gegenstand hat, die vor dem 13.10.2023 stattgefunden hat, hemmt die Verjährung der infolgedessen entstandenen Verbraucheransprüche nicht.

4 **S. 5** formuliert die intertemporale Regel zu § 204a Abs. 2 BGB und ordnet für Verbandsklagen, die in anderen Staaten der Union eingeleitet werden, die entsprechende Geltung der S. 2 und 3 an.

§ 66 Übergangsvorschrift zum Gesetz zur Finanzierung von zukunftssichernden Investitionen

Auf ein Schuldverhältnis, das vor dem 15. Dezember 2023 entstanden ist, ist § 310 des Bürgerlichen Gesetzesbuchs in der bis einschließlich 14. Dezember 2023 geltenden Fassung weiter anzuwenden.

1 Die Vorschrift des Art. 229 § 66 wurde angefügt mWv 15.12.2023 durch das Zukunftsfinanzierungsgesetz vom 11.12.2023 (BGBl. 2023 I Nr. 354).

§ 67 Überleitungsvorschrift zum Gesetz zur Änderung des Ehenamens- und Geburtsnamensrechts und des Internationalen Namensrechts

(1) [1]Ehegatten, die am 1. Mai 2025 bereits einen Ehenamen führen, können

1. ihren Ehenamen durch Wahl eines aus den Namen beider Ehegatten gebildeten Doppelnamens nach § 1355 Absatz 2 Satz 1 Nummer 3 in Verbindung mit Satz 2, Absatz 3 Nummer 2, Absatz 4 Satz 2 des Bürgerlichen Gesetzbuchs neu bestimmen oder

---

[1] Begr. RegE, BT-Drs. 20/6520, 108.

[2] Begr. RegE, BT-Drs. 20/6520, 108.

2. die Bestimmung des Ehenamens durch Erklärung gegenüber dem Standesamt, die öffentlich zu beglaubigen ist, widerrufen.

[2]In den Fällen des Satzes 1 Nummer 2 können Ehegatten den Geburtsnamen ihrer minderjährigen Kinder nach Absatz 2 neu bestimmen. 3Ein volljähriges Kind kann seinen Geburtsnamen entsprechend § 1617d Absatz 3 Satz 1 Nummer 2, Satz 2 des Bürgerlichen Gesetzbuchs neu bestimmen; § 1617c Absatz 3 gilt entsprechend.

(2) [1]Der Geburtsname vor dem 1. Mai 2025 geborener minderjähriger Kinder von Eltern ohne Ehenamen kann durch Wahl eines aus den Namen beider Elternteile gebildeten Doppelnamens nach § 1617 Absatz 1 Satz 1 Nummer 2 in Verbindung mit Satz 2, Absatz 2 Nummer 2, Absatz 3 und 5 des Bürgerlichen Gesetzbuchs, auch in Verbindung mit den §§ 1617a und 1617b des Bürgerlichen Gesetzbuchs, neu bestimmt werden. [2]Hat das Kind das fünfte Lebensjahr vollendet, so bedarf die Neubestimmung seines Geburtsnamens seiner Einwilligung. [3]Für die Einwilligung gilt § 1617c Absatz 1 Satz 2 und 3 des Bürgerlichen Gesetzbuchs entsprechend.

(3) § 1617e Absatz 4 des Bürgerlichen Gesetzbuchs ist auf Kinder anzuwenden, die

1. vor dem 1. Mai 2025 nach § 1618 des Bürgerlichen Gesetzbuchs oder vor dem 1. Juli 1970 nach § 1706 des Bürgerlichen Gesetzbuchs in den jeweils geltenden Fassungen einbenannt wurden oder

2. vor dem 2. Oktober 1990 nach § 65 des Familiengesetzbuchs der Deutschen Demokratischen Republik vom 20. Dezember 1965 (GBl. 1966 I Nr. 1 S. 1) in der jeweils geltenden Fassung einbenannt wurden.

(4) [1]Der Geburtsname vor dem 1. Mai 2025 geborener minderjähriger Kinder, die der friesischen Volksgruppe oder der dänischen Minderheit angehören, kann nach den §§ 1617g und 1617h des Bürgerlichen Gesetzbuchs neu bestimmt werden. [2]Absatz 2 Satz 2 und 3 gilt entsprechend.

(5) § 1617 Absatz 5 des Bürgerlichen Gesetzbuchs gilt für nach dem 30. April 2025 geborene Kinder mit der Maßgabe, dass für sie auch ein Doppelname bestimmt werden kann, der aus dem Namen des vorgeborenen Kindes der Eltern und dem Namen desjenigen Elternteils gebildet wird, dessen Name nicht zum Geburtsnamen des vorgeborenen Kindes bestimmt wurde.

(6) [1]Eine vor dem 1. Mai 2025 gemäß § 1767 des Bürgerlichen Gesetzbuchs angenommene Person kann den vor dem Ausspruch der Annahme geführten Namen zum Geburtsnamen bestimmen oder aus dem vor dem Ausspruch der Annahme geführten Namen und dem Familiennamen der annehmenden Person einen Doppelnamen zum Geburtsnamen bestimmen; § 1617 Absatz 1 Satz 2 und Absatz 2 Nummer 2 des Bürgerlichen Gesetzbuchs gilt entsprechend. [2]Die Erklärung ist gegenüber dem Standesamt abzugeben; sie muss öffentlich beglaubigt werden.

(7) Hat eine Person vor dem 1. Mai 2025 nach Artikel 47 Absatz 1 ihren Familiennamen bestimmt, so kann sie diesen nach Artikel 47 durch Bildung eines Doppelnamens aus ihren ursprünglichen Namen neu bestimmen.

(8) Auf vor dem 1. Mai 2025 abgeschlossene Vorgänge bleibt das bisherige Internationale Privatrecht anwendbar.

Art. 229 § 67 angefügt **mWv 1.5.2025** durch Gesetz vom 11.6.2024 (BGBl. 2024 I Nr. 185); Überschrift, Abs. 3 einleitender Satzteil geändert, Nr. 1 neu gefasst mWv 1.5.2025 durch Gesetz vom 24.6.2024 (BGBl. 2024 I Nr. 212). 1

§ 68 Überleitungsvorschrift zum Gesetz zum Schutz Minderjähriger bei Auslandsehen

Auf vor dem 1. Juli 2024 erfolgte Verfügungen eines nicht wirksam Verheirateten über sein Vermögen im Ganzen oder über Haushaltsgegenstände und auf Verpflichtungen zu solchen Verfügungen finden im Fall der Heilung der Ehe nach § 1305 Absatz 2 des Bürgerlichen Gesetzbuchs die §§ 1365 und 1369 des Bürgerlichen Gesetzbuchs keine Anwendung.

Art. 229 § 68 wurde angefügt mWv **1.7.2024** durch das **Gesetz zum Schutz Minderjähriger bei Auslandsehen** vom 24.6.2024 (BGBl. I Nr. 212). Vorausgegangen war der Erlass des Gesetzes 1 zur Bekämpfung von Kinderehen vom 17.7.2017 (BGBl. 2017 I 2429),[1] welches die Regelung in Art. 13 Abs. 3 Nr. 1 zur Unwirksamkeit von Auslandsehen mit Ehegatten unter 16 Jahren eingeführt hatte. Nachdem das BVerfG diese Regelung mit Beschluss vom 1.2.2023 beanstandet hatte[2] (näher → Art. 229 § 44 Rn. 5 ff.), war bis zum 30.6.2024 eine Neuregelung zu treffen. Insbesondere war dem Gesetzgeber aufgegeben, eine rechtliche Möglichkeit zu schaffen, die es Minderjährigen erlaube, nach Erreichen der Volljährigkeit im Inland eine wirksame Ehe zu führen. Das Gesetz zum Schutz Minderjähriger bei Auslandsehen hat demgemäß einen neuen **§ 1305 BGB** eingeführt. Nach § 1305 Abs. 2 S. 1 BGB können die nicht wirksam Verheirateten ihre im Ausland geschlossene und nach § 1303 S. 2 BGB oder Art. 13 Abs. 3 Nr. 1 unwirksame Ehe heilen, indem sie die **Ehe im Inland erneut schließen,** nachdem die bei der Eheschließung noch nicht 16-jährige Person das 18. Lebensjahr vollendet hat. Nach der erneuten Eheschließung ist für Rechtsfolgen der Ehe der Tag der unwirksamen Eheschließung maßgeblich (§ 1305 Abs. 2 S. 3 BGB). Auf diese Weise kann eine **rückwirkende Heilung** erfolgen.

2 § 68 enthält eine (im Gesetzentwurf[3] vom 14.5.2024 noch nicht enthaltene) Überleitungsvorschrift zum Gesetz zum Schutz Minderjähriger bei Auslandsehen. Die Norm soll der Vermeidung einer grundsätzlich unzulässigen echten **Rückwirkung**[4] dienen. Geschützt wird das **Vertrauen** auf die Wirksamkeit eines Rechtsgeschäfts in Fällen, in denen einer der nicht wirksam Verheirateten vor dem 1.7.2024 ein **Verpflichtungs- oder Verfügungsgeschäft betreffend sein Vermögen im Ganzen** (§ 1365 BGB) oder betreffend **Haushaltsgegenstände** (§ 1369 BGB) vorgenommen hatte. Insoweit vertrauten die Vertragsparteien (möglicherweise) auf die Unwirksamkeit der Ehe und das Nichtbestehen der güterrechtlichen Veräußerungsverbote; denn im genannten Zeitraum war eine rückwirkende Heilung von Minderjährigenehen nicht möglich und eine Änderung dieser Rechtslage auch nicht absehbar gewesen.[5] Wird die Ehe dann später gem. § 1305 Abs. 2 S. 3 BGB mit Rückwirkung geheilt, soll keine nachträgliche (rückwirkende) Unwirksamkeit dieser Rechtsgeschäfte wegen fehlender Zustimmung des anderen Ehegatten (vgl. § 1366 Abs. 4 BGB) eintreten. Die Geltung der §§ 1365 ff. BGB wird somit von der Rückwirkung ausgenommen.

§ 69 Übergangsvorschrift zum Gesetz zur Zulassung virtueller Wohnungseigentümerversammlungen, zur Erleichterung des Einsatzes von Steckersolargeräten und zur Übertragbarkeit beschränkter persönlicher Dienstbarkeiten für Erneuerbare-Energien-Anlagen

§ 1092 Absatz 3 Satz 1 des Bürgerlichen Gesetzbuchs in der seit dem 17. Oktober 2024 geltenden Fassung ist nur auf beschränkte persönliche Dienstbarkeiten anzuwenden, für die die Eintragungsbewilligung nach dem 17. Oktober 2024 notariell beurkundet oder öffentlich beglaubigt wird.

1 Art. 229 § 69 wurde angefügt mWv 17.10.2024 durch das Gesetz zur Zulassung virtueller Wohnungseigentümerversammlungen, zur Erleichterung des Einsatzes von Steckersolargeräten und zur Übertragbarkeit beschränkter persönlicher Dienstbarkeiten für Erneuerbare-Energien-Anlagen vom 10.10.2024 (BGBl. 2024 I Nr. 306).

Sechster Teil. Inkrafttreten und Übergangsrecht aus Anlaß der Einführung des Bürgerlichen Gesetzbuchs und dieses Einführungsgesetzes in dem in Artikel 3 des Einigungsvertrages genannten Gebiet

Art. 230–237 *(nicht abgedruckt)*

1 Zur Kommentierung → 4. Aufl. 2006.

[1] Dazu BT-Drs. 18/12086.
[2] BVerfG NJW 2023, 1494.
[3] BT-Drs. 20/11367.
[4] Vgl. allg. BVerfGE 11, 139 (145 f.) = NJW 1960, 1563 Ls.
[5] Vgl. Beschlussempfehlung RA vom 5.6.2024, BT-Drs. 20/11659, 22; vorgehend Anregung von *Budzikiewicz/Coester-Waltjen/Gössl/Heiderhoff/Michaels/Yassari* FamRZ 2024, 908 (913).

Siebter Teil. Durchführung des Bürgerlichen Gesetzbuchs, Verordnungsermächtigungen, Länderöffnungsklauseln, Informationspflichten

Art. 238 EGBGB Datenverarbeitung und Auskunftspflichten für qualifizierte Mietspiegel

§ 1 Erhebung und Übermittlung von Daten

(1) Zur Erstellung eines qualifizierten Mietspiegels dürfen die nach Landesrecht zuständigen Behörden bezogen auf das Gebiet, für das der Mietspiegel erstellt werden soll, die bei der Verwaltung der Grundsteuer bekannt gewordenen Namen und Anschriften der Grundstückseigentümer von den für die Verwaltung der Grundsteuer zuständigen Behörden erheben und in sonstiger Weise verarbeiten.

(2) [1]Zur Erstellung eines qualifizierten Mietspiegels übermittelt die Meldebehörde der nach Landesrecht zuständigen Behörde bezogen auf das Gebiet, für das der Mietspiegel erstellt werden soll, auf Ersuchen die nachfolgenden Daten aller volljährigen Personen:

1. Familienname,
2. Vornamen unter Kennzeichnung des gebräuchlichen Vornamens,
3. derzeitige Anschriften im Zuständigkeitsbereich der Meldebehörde,
4. Einzugsdaten sowie
5. Namen und Anschriften der Wohnungsgeber.

[2]Das Ersuchen kann nur alle zwei Jahre gestellt werden. 3Die nach Landesrecht zuständigen Behörden dürfen die in Satz 1 genannten Daten in dem zur Erstellung eines qualifizierten Mietspiegels erforderlichen Umfang erheben und in sonstiger Weise verarbeiten.

(3) Die in den Absätzen 1 und 2 Satz 1 genannten Daten dürfen auch von Stellen verarbeitet werden, die von der nach Landesrecht zuständigen Behörde damit beauftragt wurden, wenn die Datenverarbeitung auf der Grundlage einer Vereinbarung nach Artikel 28 Absatz 3 der Verordnung (EU) 2016/679 des Europäischen Parlaments und des Rates vom 27. April 2016 zum Schutz natürlicher Personen bei der Verarbeitung personenbezogener Daten, zum freien Datenverkehr und zur Aufhebung der Richtlinie 95/46/EG (Datenschutz-Grundverordnung) (ABl. L 119 vom 4.5.2016, S. 1; L 314 vom 22.11.2016, S. 72; L 127 vom 23.5.2018, S. 2) erfolgt.

(4) [1]Die nach Landesrecht zuständige Behörde und die in Absatz 3 bezeichneten Stellen haben die nach den Absätzen 1 und 2 erhobenen Daten unverzüglich zu löschen, sobald sie für die Erstellung des qualifizierten Mietspiegels nicht mehr erforderlich sind, es sei denn, sie werden für eine Anpassung mittels Stichprobe nach § 558d Absatz 2 Satz 2 des Bürgerlichen Gesetzbuchs benötigt. [2]Die nach den Absätzen 1 und 2 erhobenen Daten sind spätestens drei Jahre nach ihrer Erhebung zu löschen.

(5) [1]Zur Erstellung eines qualifizierten Mietspiegels dürfen die Statistikstellen der Gemeinden und der Gemeindeverbände, sofern sie das Statistikgeheimnis gewährleisten, von den Statistischen Ämtern des Bundes und der Länder folgende Daten aus der Gebäude- und Wohnungszählung des Zensus, bezogen auf das Gebiet, für das der Mietspiegel erstellt werden soll, erheben und in sonstiger Weise verarbeiten:

1. Erhebungsmerkmale für Gebäude mit Wohnraum und bewohnte Unterkünfte:
   a) Gemeinde, Postleitzahl und amtlicher Gemeindeschlüssel,
   b) Art des Gebäudes,
   c) Eigentumsverhältnisse,
   d) Gebäudetyp,
   e) Baujahr,
   f) Heizungsart und Energieträger,
   g) Zahl der Wohnungen,
2. Erhebungsmerkmale für Wohnungen:
   a) Art der Nutzung,
   b) Leerstandsdauer,
   c) Fläche der Wohnung,
   d) Zahl der Räume,
   e) Nettokaltmiete,
3. Hilfsmerkmale:
   Straße und Hausnummer der Wohnung.

[2]Die Statistikstellen der Gemeinden und Gemeindeverbände haben die nach Satz 1 Nummer 3 erhobenen Hilfsmerkmale zum frühestmöglichen Zeitpunkt, spätestens jedoch zwei Jahre nach Erhebung, zu löschen.

1 Art. 238 §§ 1–4 wurden neu gefasst mWv 1.7.2022 durch das Mietspiegelreformgesetz vom 10.8.2021 (BGBl. 2021 I 3515). Zur Kommentierung → BGB § 558d Rn. 1 ff.

§ 2 Auskunftspflichten

(1) Zur Erstellung eines qualifizierten Mietspiegels und zu seiner Anpassung mittels Stichprobe sind Eigentümer und Mieter von Wohnraum verpflichtet, der nach Landesrecht zuständigen Behörde auf Verlangen Auskunft zu erteilen darüber, ob der Wohnraum vermietet ist, sowie über die Anschrift der Wohnung.

(2) Zur Erstellung eines qualifizierten Mietspiegels und zu seiner Anpassung mittels Stichprobe sind Vermieter und Mieter von Wohnraum verpflichtet, der nach Landesrecht zuständigen Behörde auf Verlangen Auskunft über folgende Merkmale zu erteilen:

1. Erhebungsmerkmale:
   a) Beginn des Mietverhältnisses,
   b) Zeitpunkt und Art der letzten Mieterhöhung mit Ausnahme von Erhöhungen nach § 560 des Bürgerlichen Gesetzbuchs,
   c) Festlegungen der Miethöhe durch Gesetz oder im Zusammenhang mit einer Förderzusage,
   d) Art der Miete und Miethöhe,
   e) Art, Größe, Ausstattung, Beschaffenheit und Lage des vermieteten Wohnraums einschließlich seiner energetischen Ausstattung und Beschaffenheit (§ 558 Absatz 2 Satz 1 des Bürgerlichen Gesetzbuchs),
   f) Vorliegen besonderer Umstände, die zu einer Ermäßigung der Miethöhe geführt haben, insbesondere Verwandtschaft zwischen Vermieter und Mieter, ein zwischen Vermieter und Mieter bestehendes Beschäftigungsverhältnis oder die Übernahme besonderer Pflichten durch den Mieter,

2. Hilfsmerkmale:
   a) Anschrift der Wohnung,
   b) Namen und Anschriften der Mieter und Vermieter.

(3) Die Auskunftspflichten nach den Absätzen 1 und 2 bestehen auch gegenüber Stellen, die von der nach Landesrecht zuständigen Behörde mit der Erstellung oder Anpassung eines qualifizierten Mietspiegels nach § 1 Absatz 3 beauftragt wurden.

1 Zur Kommentierung → BGB § 558d Rn. 1 ff.

§ 3 Datenverarbeitung

(1) [1]Die nach Landesrecht zuständige Behörde darf die in § 2 Absatz 1 und 2 genannten Merkmale in dem zur Erstellung oder Anpassung eines qualifizierten Mietspiegels erforderlichen Umfang erheben und in sonstiger Weise verarbeiten. [2]Doppelerhebungen sind nur dann zulässig, wenn begründete Zweifel an der Richtigkeit einer Erhebung bestehen oder wenn dies zur stichprobenartigen Prüfung der Qualität der Erhebung erforderlich ist.

(2) [1]Die nach Landesrecht zuständige Behörde hat die Hilfsmerkmale des § 2 Absatz 2 Nummer 2 von den weiteren erhobenen Merkmalen zum frühestmöglichen Zeitpunkt zu trennen und gesondert zu verarbeiten. [2]Die Hilfsmerkmale sind zu löschen, sobald die Überprüfung der Erhebungs- und Hilfsmerkmale auf ihre Schlüssigkeit und Vollständigkeit abgeschlossen ist und sie auch für eine Anpassung des Mietspiegels nach § 558d Absatz 2 Satz 2 des Bürgerlichen Gesetzbuchs nicht mehr benötigt werden.

(3) Die Absätze 1 und 2 gelten entsprechend für Stellen, die von der nach Landesrecht zuständigen Behörde mit der Erstellung oder Anpassung eines qualifizierten Mietspiegels nach § 1 Absatz 3 beauftragt worden sind.

(4) [1]Die nach Landesrecht zuständige Behörde darf die nach Absatz 1 erhobenen Daten zu wissenschaftlichen Forschungszwecken in anonymisierter Form an Hochschulen, an

andere Einrichtungen, die wissenschaftliche Forschung betreiben, und an öffentliche Stellen übermitteln. [2]Sie ist befugt, die Daten zu diesem Zweck zu anonymisieren.

Zur Kommentierung → BGB § 558d Rn. 1 ff. 1

§ 4 Bußgeldvorschriften

(1) Ordnungswidrig handelt, wer vorsätzlich oder fahrlässig entgegen § 2 Absatz 1 oder 2, jeweils auch in Verbindung mit Absatz 3, eine Auskunft nicht, nicht rechtzeitig, nicht richtig oder nicht vollständig erteilt.

(2) Die Ordnungswidrigkeit kann mit einer Geldbuße bis zu fünftausend Euro geahndet werden.

Zur Kommentierung → BGB § 558d Rn. 1 ff. 1

Art. 239 EGBGB Länderöffnungsklausel

Die Länder können durch Gesetz bestimmen, dass der Antrag auf Erteilung eines Erbscheins der notariellen Beurkundung bedarf und die Versicherung an Eides statt nach § 352 Absatz 3 Satz 3 des Gesetzes über das Verfahren in Familiensachen und in den Angelegenheiten der freiwilligen Gerichtsbarkeit und nach § 36 Absatz 2 Satz 1 des Internationalen Erbrechtsverfahrensgesetzes vom 29. Juni 2015 (BGBl. I S. 1042) nur von einem Notar abzugeben ist.

I. Normzweck

Art. 239 wurde eingefügt mit Wirkung vom 1.9.2013 durch das Gesetz zur Übertragung von Aufgaben im Bereich der freiwilligen Gerichtsbarkeit auf Notare vom 26.6.2001 (BGBl. 2001 I 1800). Bis zum 30.10.2009 enthielt Art. 239 eine Ermächtigungsgrundlage, insbesondere für die BGB-InfoV (vgl. → 4. Aufl. 2006, Art. 239 Rn. 1 ff.). 1

Die Vorschrift steht im Gesamtzusammenhang der Übertragung verschiedener Aufgaben der Gerichte im Bereich der freiwilligen Gerichtsbarkeit auf das Notariat.[1] Nach der Gesetzesbegründung[2] soll damit einerseits eine fachkundige notarielle Rechtsberatung desjenigen, der die Erteilung eines Erbscheins beantragen will, gewährleistet sein. Zur Entlastung der Nachlassgerichte soll darüber hinaus durch den Notar sichergestellt werden, dass der Erbscheinsantrag alle erforderlichen Angaben enthält und die erforderlichen Unterlagen beigefügt werden (Filterfunktion). Dabei wird zugleich verhindert, dass der Antrag allein durch den für die Erteilung des Erbscheins zuständigen Rechtspfleger geprüft wird.[3] Der Notar wird hierdurch im Erbscheinsverfahren gleichsam zu einer Art Rechtsantragstelle für das Nachlassgericht.[4] Den möglichen Effektivitätsgewinnen und Beratungsvorteilen stehen dabei allerdings Mehrkosten für den Betroffenen gegenüber.[5] Der Gesetzgeber hat sich damit gegen eine in früheren Gesetzentwürfen[6] enthaltene weitergehende Übertragung der Aufgaben der Nachlassgerichte auf das Notariat entschieden. 2

II. Regelungsgehalt und Umsetzung

Die Öffnungsklausel betrifft zum einen ein Formerfordernis für den Erbscheinantrag (notarielle Beurkundung, § 128 BGB) und zum anderen die Anordnung der ausschließlichen Zuständigkeit der Notare zur Abnahme der eidesstattlichen Versicherung, dass dem Antragsteller nichts bekannt sei, was der Richtigkeit seiner Angaben entgegensteht (§ 352 Abs. 3 S. 3 FamFG, § 36 Abs. 2 S. 1 IntErbRVG; bis 16.8.2015: § 2356 Abs. 2 S. 1 BGB). Eine notarielle Beurkundung des Erbscheinsantrags erfolgt nach bisherigem Recht nur dann, wenn die eidesstattliche Versicherung vor einem Notar angegeben wird.[7] 3

[1] Vgl. hierzu *Preuß* DNotZ 2013, 740; *Heinemann* FGPrax 2013, 139; DNotI-Report 2013, 119; *Zimmermann* FamRZ 2014, 11.
[2] BT-Drs. 17/3136, 27 f.
[3] *Waxenberger* in Groll/Steiner, Praxis-Handbuch Erbrechtsberatung, 5. Aufl. 2019, Rn. 30.149.
[4] *Preuß* DNotZ 2013, 740 (750); vgl. auch *Heneweer* FGPrax 2004, 259 (260).
[5] Vgl. dazu ausf. *Kollmeyer* DNotZ 2020, 653, mit Berechnungsbeispielen.
[6] Vgl. BT-Drs. 17/1469, 7; zur sog. „großen Lösung" und zur Reformdiskussion *Wagner* RNotZ 2010, 316 (319); *Preuß* DNotZ 2013, 740 (741 f., 749 f.); Burandt/Rojahn/*Müller-Engels* Rn. 3 f.
[7] *Preuß* DNotZ 2013, 740 (749) mwN.

Nach bisherigem Recht kann diese auch vor dem Nachlassgericht abgegeben werden. Der Bundesgesetzgeber hat darauf verzichtet, die entsprechenden Regelungen selbst zu treffen, sondern hat dies in das Ermessen der einzelnen Bundesländer gestellt und damit eine Rechtszersplitterung in Kauf genommen.[8] Die einzelnen Bundesländer können von der Öffnungsklausel allerdings nur insgesamt Gebrauch machen, also nicht etwa nur isoliert das Formerfordernis anordnen oder nur isoliert die Zuständigkeit der Nachlassgerichte zur Abnahme der eidesstattlichen Versicherung aufheben.[9]

4 Soweit ersichtlich, hat bislang noch kein Bundesland von der Öffnungsklausel Gebrauch gemacht.

Art. 240 EGBGB [aufgehoben]

§ 1 [aufgehoben]

1 Die Vorschrift des Art. 240 (Vertragsrechtliche Regelungen aus Anlass der COVID-19-Pandemie) wurde aufgehoben mWv 1.10.2022 durch Gesetz vom 27.3.2020 (BGBl. 2020 I 569). Zur Kommentierung des schuldrechtlichen Moratoriums → 8. Aufl. 2021, Art. 240 § 1 Rn. 1 ff.

§ 2 [aufgehoben]

1 Die Vorschrift des Art. 240 (Vertragsrechtliche Regelungen aus Anlass der COVID-19-Pandemie) wurde aufgehoben mWv 1.10.2022 durch Gesetz vom 27.3.2020 (BGBl. 2020 I 569). Zur Kommentierung → 8. Aufl. 2021, Art. 240 § 2 Rn. 1 ff.

§ 3 [aufgehoben]

Übersicht

I. Normtext

1 Der Text der Vorschrift lautete mit Rechtsstand bis 30.9.2022:

§ 3 Regelungen zum Darlehensrecht

(1) [1]Für Verbraucherdarlehensverträge, die vor dem 15. März 2020 abgeschlossen wurden, gilt, dass Ansprüche des Darlehensgebers auf Rückzahlung, Zins- oder Tilgungsleistungen, die zwischen dem 1. April 2020 und dem 30. Juni 2020 fällig werden, mit Eintritt der Fälligkeit für die Dauer von drei Monaten gestundet werden, wenn der Verbraucher aufgrund der durch Ausbreitung der COVID-19-Pandemie hervorgerufenen außergewöhnlichen Verhältnisse Einnahmeausfälle hat, die dazu führen, dass ihm die Erbringung der geschuldeten Leistung nicht zumutbar ist. [2]Nicht zumutbar ist ihm die Erbringung der Leistung insbesondere dann, wenn sein angemessener Lebensunterhalt oder der angemessene Lebensunterhalt seiner Unterhaltsberechtigten gefährdet ist. [3]Der Verbraucher ist berechtigt,

[8] Krit. dazu *Zimmermann* FamRZ 2014, 11 (12).
[9] BT-Drs. 17/3136, 28.

in dem in Satz 1 genannten Zeitraum seine vertraglichen Zahlungen zu den ursprünglich vereinbarten Leistungsterminen weiter zu erbringen. [4]Soweit er die Zahlungen vertragsgemäß weiter leistet, gilt die in Satz 1 geregelte Stundung als nicht erfolgt.

(2) Die Vertragsparteien können von Absatz 1 abweichende Vereinbarungen, insbesondere über mögliche Teilleistungen, Zins- und Tilgungsanpassungen oder Umschuldungen treffen.

(3) [1]Kündigungen des Darlehensgebers wegen Zahlungsverzugs, wegen wesentlicher Verschlechterung der Vermögensverhältnisse des Verbrauchers oder der Werthaltigkeit einer für das Darlehen gestellten Sicherheit sind im Fall des Absatzes 1 bis zum Ablauf der Stundung ausgeschlossen. [2]Hiervon darf nicht zu Lasten des Verbrauchers abgewichen werden.

(4) [1]Der Darlehensgeber soll dem Verbraucher ein Gespräch über die Möglichkeit einer einverständlichen Regelung und über mögliche Unterstützungsmaßnahmen anbieten. [2]Für dieses können auch Fernkommunikationsmittel genutzt werden.

(5) [1]Kommt eine einverständliche Regelung für den Zeitraum nach dem 30. Juni 2020 nicht zustande, verlängert sich die Vertragslaufzeit um drei Monate. [2]Die jeweilige Fälligkeit der vertraglichen Leistungen wird um diese Frist hinausgeschoben. [3]Der Darlehensgeber stellt dem Verbraucher eine Abschrift des Vertrags zur Verfügung, in der die vereinbarten Vertragsänderungen oder die sich aus Satz 1 sowie aus Absatz 1 Satz 1 ergebenden Vertragsänderungen berücksichtigt sind.

(6) Die Absätze 1 bis 5 gelten nicht, wenn dem Darlehensgeber die Stundung oder der Ausschluss der Kündigung unter Berücksichtigung aller Umstände des Einzelfalls einschließlich der durch die COVID-19-Pandemie verursachten Veränderungen der allgemeinen Lebensumstände unzumutbar ist.

(7) Die Absätze 1 bis 6 gelten entsprechend für den Ausgleich und den Rückgriff unter Gesamtschuldnern nach § 426 des Bürgerlichen Gesetzbuchs.

(8) Die Bundesregierung wird ermächtigt, durch Rechtsverordnung mit Zustimmung des Bundestages und ohne Zustimmung des Bundesrates den personellen Anwendungsbereich der Absätze 1 bis 7 zu ändern und insbesondere Kleinstunternehmen im Sinne von Artikel 2 Absatz 3 des Anhangs der Empfehlung 2003/361/EG der Kommission vom 6. Mai 2003 betreffend die Definition der Kleinstunternehmen sowie der kleinen und mittleren Unternehmen in den Anwendungsbereich einzubeziehen.

II. Inhalt, Zweck und Systematik

Mit dem Gesetz zur Abmilderung der Folgen der COVID-19-Pandemie im Zivil-, Insolvenz- und Strafverfahrensrecht (COVFAG, → 8. Aufl. 2021, Art. 240 § 2 Rn. 2) vom 27.3.2020 (BGBl. 2020 I 569) ist eine Reihe neuer Vorschriften erlassen worden, zu denen auch die vorliegende, auf **Art. 5 COVFAG** zurückgehende Norm gehört. Das Gesetzespaket diente dazu, die Folgen der COVID-19-Pandemie – einschließlich der zu ihrer Eindämmung aufgrund der §§ 28 ff. IfSG und anderer Vorschriften angeordneten Beschränkungen – abzufedern.[1] Bei Erlass des Gesetzes war zu befürchten, dass (unter anderem) viele Verbraucher aufgrund vorübergehender krisenbedingter Einnahmeausfälle in Zahlungsschwierigkeiten geraten und infolge der an sich berechtigten Reaktion ihrer Vertragspartner von elementaren Leistungen wie Strom und Telekommunikation abgeschnitten würden sowie die Kündigung von Wohnraummiet- und Verbraucherdarlehensverhältnissen zu gewärtigen hätten, was infolge von „Dominoeffekten" weitere gesamtwirtschaftliche Verwerfungen hätte nach sich ziehen können.[2] Dies zu verhindern, entsprach im Ausgangspunkt (nicht aber im Hinblick auf die Umsetzung im Detail, → Rn. 25 f.) auch dem Interesse der Kreditwirtschaft. Zudem dürften die Regelungen des Art. 240 durch das Abfedern von Härten zur Akzeptanz der zur Eindämmung der Pandemie erlassenen Schutzmaßnahmen beigetragen haben. 2

Die Vorschrift diente daher dem **öffentlichen Interesse** an der Stabilisierung der Gesamtwirtschaft und ist im Kontext der **Funktionalisierung des Privatrechts** zu würdigen.[3] Darüber hinaus soll sie einen der Krisensituation angepassten **Interessenausgleich** zwischen den Belangen der Vertragspartner herstellen. Insoweit schützt sie das Bestandsinteresse des Darlehensnehmers vorübergehend besonders und möchte zugleich den Vertragspartnern „Zeit verschaffen, nach Lösungen zu suchen, um das Darlehensverhältnis nach Abklingen der Krise fortsetzen zu können".[4] Dazu gehörte die Suche nach geeigneten Hilfsangeboten ebenso wie eine etwaige einvernehmliche Modifikation 3

---

1 BT-Drs. 19/18110, 1.

2 Vgl. die Redebeiträge der Abgeordneten *Luczak, Thomae* und *Hirte,* Plenarprotokoll 19/154, 1951 f., 1956 sowie zu den Änderungen im Insolvenzrecht BT-Drs. 19/18110, 20. Im Schrifttum wie hier BeckOGK/*Köndgen,* 1.4.2022, Rn. 3.

3 Dazu allg. *Hellgardt,* Regulierung und Privatrecht, 2016; *Poelzig,* Normdurchsetzung durch Privatrecht, 2012; *Steindorff* FS L. Raiser, 1974, 621; krit. dazu *Marburger* AcP 192 (1992), 1 (30 f.); *E. Picker* in Riesenhuber, Privatrechtsgesellschaft, 2009, 207.

4 BT-Drs. 19/18110, 37 f.

des vertraglichen Leistungsprogramms, wobei das Gesetz in Abs. 5 eine Auffanglösung für den Fall des Scheiterns der privatautonomen Lösungssuche bereitstellte.

4 Historische Vorbilder der Norm, auf die die Materialien indes nicht Bezug nehmen, sind die nach dem zweiten Weltkrieg erlassenen Vorschriften über die **Vertragshilfe,** namentlich § 1 Vertragshilfegesetz,[5] § 21 Abs. 1 UmstG[6] und § 87 AKG.[7] Diese Vorschriften sahen eine Stundung (und ggf. sogar Herabsetzung) von Verbindlichkeiten nach Zumutbarkeitsgesichtspunkten vor, die allerdings durch richterlichen Gestaltungsakt angeordnet werden musste und nicht, wie im Fall des Art. 240 § 3, kraft Gesetzes zum Tragen kam (→ BGB § 313 Rn. 140 ff.). Eine gewisse strukturelle Verwandtschaft besteht auch zu der in § 313 BGB normierten Störung der Geschäftsgrundlage. Dies zeigt sich in der Rechtsfolge (gesetzliche Vertragsanpassung[8] nach Abs. 5 bzw. ihr im praktischen Ergebnis gleichstehende Stundung kraft Gesetzes), in der Stichtagsregelung in Abs. 1, die belegt, dass es um nach Vertragsschluss eintretende (→ Rn. 8) Änderungen der Rahmenbedingungen geht, sowie in der Bezugnahme der Parallelvorschrift für Gewerberaummietverträge (Art. 240 § 7 EGBGB) auf § 313.[9] Umstände wie die COVID-19-Pandemie können prinzipiell einen Fall des § 313 Abs. 1 BGB darstellen.[10] Allerdings geht es bei Art. 240 § 3 vornehmlich um die lediglich mittelbar durch die Pandemie ausgelöste wirtschaftliche Bedrängnis eines Vertragspartners (→ Rn. 13 ff.). Solche Umstände sind historisch nicht über das Institut der Geschäftsgrundlage gelöst worden, sondern über spezialgesetzliche Vertragshilfebestimmungen (→ BGB § 313 Rn. 141 ff.; → BGB § 313 Rn. 308). So liegt es auch im vorliegenden Zusammenhang in Bezug auf Art. 240 § 3.[11]

5 Art. 240 § 3 ist im Kontext der durch das Gesetz vorgenommenen **weiteren zivilrechtlichen Änderungen** zu sehen, die im Einzelnen durchaus unterschiedliche Rechtsfolgen vorsehen: Sie ist **lex specialis** zu dem in Art. 240 § 1 angeordneten **Moratorium** für bestimmte Dauerschuldverhältnisse,[12] das dem Schuldner ein als Einrede ausgestaltetes befristetes Leistungsverweigerungsrecht gibt, so dass er keine Pflichtverletzung begeht und insbesondere nicht in Verzug gerät, wenn er eine Leistung erst nach dem ursprünglichen Fälligkeitszeitpunkt erbringt (→ 8. Aufl. 2021, Art. 240 § 1 Rn. 48).[13] Anders verhält es sich, wenn der Mieter oder Pächter nicht rechtzeitig leistet; insoweit beschränkt Art. 240 § 2 lediglich die verzugsbedingte Kündigung als sekundäres Gestaltungsrecht.[14] Mit einer solchen Regelung wäre dem Darlehensnehmer schon angesichts der bei nicht rechtzeitiger Leistung oftmals drohenden Sicherheitenverwertung und Zwangsvollstreckung (namentlich aus etwaigen Titeln nach § 794 Abs. 1 Nr. 5 ZPO, § 800 ZPO)[15] nicht geholfen. Ein Leistungsverweigerungsrecht nach Art des Art. 240 § 1 hätte ihn vor die Situation gestellt, mit Fristablauf zusätzlich zu den laufenden Kreditraten auch noch den aufgelaufenen Rückstand begleichen zu müssen (→ Rn. 35), was der Situation beim Darlehensvertrag ebenfalls nicht gerecht geworden wäre, weshalb sich der Gesetzgeber insoweit mit Recht zu einem noch weiter reichenden Eingriff in bestehende Verträge entschieden hat.[16]

6 Grob zusammengefasst, sind nach **Abs. 1** im Anwendungsbereich der Regelung (→ Rn. 8 ff.) alle zwischen dem ersten April 2020 und dem 30.6.2020 fällig werdenden Rückzahlungs-, Zins- und Tilgungsansprüche des Darlehensgebers kraft Gesetzes für drei Monate **gestundet,** sofern die Leistung dem Verbraucher infolge pandemiebedingter Einnahmeausfälle nicht zumutbar ist. Dies gilt insbesondere, wenn der angemessene Lebensunterhalt des Darlehensnehmers und der Personen, denen er unterhaltspflichtig ist, gefährdet ist. Die freiwillige Leistungserbringung bleibt jedoch möglich und führt dazu, dass die Stundung insoweit als nicht erfolgt gilt. Die Regelungen des Abs. 1 sind nach Abs. 2 dispositiv. Zwingendes Recht, von dem nicht zulasten des Verbrauchers abgewichen

---

5 Gesetz über die richterliche Vertragshilfe vom 26.3.1952, BGBl. 1952 I 198.

6 Drittes Gesetz zur Neuordnung des Geldwesens vom 20.6.1948, Gesetzblatt der Verwaltung des Vereinigten Wirtschaftsgebietes (WiGBl.) Beil. Nr. 5, 13.

7 Gesetz zur allgemeinen Regelung durch den Krieg und den Zusammenbruch des Deutschen Reiches entstandener Schäden (Allgemeines Kriegsfolgengesetz – AKG) vom 5.11.1957, BGBl. 1957 I 1747. *Finkenauer* sieht in Art. 240 EGBGB indes ein „Sonderleistungsstörungsrecht", das er von der Vertragshilfe abgrenzt, → BGB § 313 Rn. 308.

8 So wörtlich BT-Drs. 19/18110, 40.

9 Dazu BeckOGK/*Martens,* 1.4.2022, BGB § 313 Rn. 239, 247.

10 *Weller/Lieberknecht/Habrich* NJW 2020, 2017 (1021 f.); zurückhaltender BeckOGK/*Martens,* 1.4.2024, BGB § 313 Rn. 229 ff.

11 BeckOGK/*Martens,* 1.4.2024, BGB § 313 Rn. 229, der indes auch den Ansatz des Art. 240 kritisiert.

12 Vgl. BT-Drs. 19/18110, 38.

13 BT-Drs. 19/18110, 35.

14 BT-Drs. 19/18110, 36.

15 Dazu Ellenberger/Bunte BankR-HdB/*Epp* § 73 Rn. 224 ff., 253 ff.

16 BT-Drs. 19/18110, 37 f.

werden kann,[17] ist jedoch der in **Abs. 3** angeordnete **Ausschluss der Kündigung** des Darlehensgebers wegen Zahlungsverzugs oder wesentlicher Verschlechterung der Vermögensverhältnisse des Darlehensnehmers oder einer dem Darlehensgeber gestellten Sicherheit.

Nach **Abs. 4** soll der Darlehensgeber dem Verbraucher anbieten, mit ihm (ggf. über Fernkommunikationsmittel) ein **Gespräch** über Möglichkeiten einer einverständlichen Regelung und mögliche Unterstützungsmaßnahmen zu führen. **Abs. 5** sieht eine **Auffangregelung** für den Fall vor, dass es den Vertragspartnern nicht gelingt, sich über die Modalitäten der Vertragsdurchführung nach dem 30.6.2020 zu einigen. In diesem Fall gilt, dass sich der **Fälligkeitszeitpunkt** aller geschuldeten Zahlungen jeweils um drei Monate verschiebt. Der Darlehensnehmer hat Anspruch auf eine Vertragsabschrift, aus der sich die kraft Gesetzes oder privatautonomer Vereinbarung geltenden geänderten Leistungsmodalitäten ergeben. Die Regelungen der Abs. 1–5 stehen jedoch unter dem in **Abs. 6** ausdrücklich normierten **Vorbehalt der Zumutbarkeit** für den Darlehensgeber. Nach **Abs. 7** gelten diese Regelungen (Abs. 1–6) entsprechend für den in § 426 BGB angeordneten Gesamtschuldnerausgleich bzw. -rückgriff. **Abs. 8** ermächtigte die Bundesregierung, durch Rechtsverordnung **Kleinstunternehmen** in den Anwendungsbereich der Regelung einzubeziehen oder sonstige Änderungen des personellen Anwendungsbereichs der in Abs. 1–7 getroffenen Regelungen vorzunehmen. Art. 240 § 4 ermöglichte es, den Zeitraum der Stundung nach Abs. 1 und die Dauer der Vertragsverlängerung nach Abs. 5 durch Rechtsverordnung zu verlängern. 7

III. Anwendungsbereich

Die zum 1.4.2020 in Kraft getretene und mit Wirkung zum 30.9.2022 wieder außer Geltung gesetzte (Art. 6 Abs. 3, 6 COVFAG) Vorschrift gilt für Verträge, die **vor dem 15.3.2020** geschlossen worden sind. Dafür muss die Annahmeerklärung am 14.3.2020 oder vorher wirksam geworden sein, was auch dann der Fall ist, wenn eine vereinbarte aufschiebende Bedingung oder Befristung erst später eintritt (vgl. → 8. Aufl. 2021, Art. 229 § 9 Rn. 2). Grund für diese Regelung ist, dass die Krise aus Sicht des Gesetzgebers ab dem 15.3.2020 bereits vorhersehbar war,[18] so dass Verbraucher, die den Vertrag an diesem Tag oder später abgeschlossen haben, nicht in gleicher Weise schutzwürdig sind. Hinzukommt, dass ab diesem Zeitpunkt geschlossene Verträge bereits dazu dienen können, einen krisenbedingten Liquiditätsbedarf abzufedern, so dass ein vertragsumgestaltender Eingriff dem Gesetzgeber insoweit nicht gerechtfertigt erschien.[19] 8

In den **sachlichen Anwendungsbereich** der Vorschrift fallen nur Verbraucherdarlehensverträge iSd § 491 BGB (→ BGB § 491 Rn. 35 ff.),[20] gleich, ob es sich um Allgemein- oder um Immobiliarverbraucherdarlehensverträge handelt (§ 491 Abs. 1 S. 2, Abs. 2, 3 BGB).[21] Es muss sich mithin um entgeltliche Darlehensverträge handeln, die keiner der in § 491 Abs. 2 S. 2, Abs. 3 S. 2, 4 BGB genannten Ausnahmen (→ BGB § 491 Rn. 71 ff.; → BGB § 491 Rn. 89 ff.) unterfallen. **Nicht** erfasst sind der entgeltliche Zahlungsaufschub einschließlich des Teilzahlungsgeschäfts und die sonstige entgeltliche **Finanzierungshilfe** (§§ 506 f. BGB)[22] sowie unentgeltliche Darlehensverträge und Finanzierungshilfen iSd §§ 514 f. BGB. Auch das Sachdarlehen (§ 607 BGB) ist kein Verbraucherdarlehensvertrag iSd § 491 BGB und fällt damit aus dem Anwendungsbereich des Art. 240 § 3 heraus.[23] Der Umstand, dass eine analoge Anwendung der Vorschriften des Verbraucherdarlehensrechts auf das Sachdarlehen geboten sein kann (→ BGB § 491 Rn. 47), ändert daran nichts. 9

Die Abgrenzung des sachlichen Anwendungsbereichs ist nicht durchweg gelungen. So leuchtet es nicht recht ein, weshalb etwa Arbeitgeber- und Förderdarlehen (§ 491 Abs. 2 S. 2 Nr. 4, 5 BGB) nicht erfasst werden, weil die vergleichsweise günstigen Konditionen nichts daran ändern, dass der Verbraucher im Fall pandemiebedingter Einnahmeausfälle mit der Zahlung der Raten überfordert sein kann. Gleichwohl sind solche Verträge nach dem Wortlaut des § 491 Abs. 1 S. 2 BGB keine Verbraucherdarlehensverträge, und die Materialien zu Art. 240 § 3 nehmen ausdrücklich auf die in § 491 BGB enthaltene Definition Bezug und stellen klar, dass Finanzierungshilfen nicht erfasst sind. 10

---

17 Zulässig sind Abweichungen zugunsten des Verbrauchers, Uhlenbruck/*Möllnitz/Schmidt-Kessel* Art. 240 §§ 1–4 Rn. 163.

18 BT-Drs. 19/18110, 38 mit Hinweis, dass aufgrund des typischerweise längeren Vorlaufs beim Abschluss von Darlehensverträgen ein anderer Stichtag angesetzt wurde als bei Art. 140 § 1.

19 BT-Drs. 19/18110, 34, 38.

20 BT-Drs. 19/18110, 38.

21 Uhlenbruck/*Möllnitz/Schmidt-Kessel* Art. 240 §§ 1–4 Rn. 134.

22 BT-Drs. 19/18110, 38; *Scholl* WM 2020, 765 (770); Uhlenbruck/*Möllnitz/Schmidt-Kessel* Art. 240 §§ 1–4 Rn. 135.

23 BT-Drs. 19/18110, 38; *Scholl* WM 2020, 765 (770); auch zu unentgeltlichen Verträgen Uhlenbruck/*Möllnitz/Schmidt-Kessel* Art. 240 §§ 1–4 Rn. 134 f.

All dies spricht gegen eine erweiternde Auslegung der Abmarkung des sachlichen Anwendungsbereichs in Art. 240 § 3 Abs. 1. Ebenfalls nicht einleuchtend erscheint, dass zwar die Finanzierung des Kfz-Erwerbs über ein Verbraucherdarlehen dem Art. 240 § 3 unterfällt, nicht aber ein Kfz-Leasingvertrag nach § 506 Abs. 2 BGB. Soweit der sachliche Anwendungsbereich nicht eröffnet ist, kann je nach Fallgestaltung auf die **Auffangvorschrift des Art. 240 § 1 (Moratorium)** zurückgegriffen werden.[24] Art. 240 § 1 Abs. 4 Nr. 1 Alt. 3 ist einschränkend dahingehend auszulegen, dass Art. 240 § 1 nur auf unter Art. 240 § 3 fallende Darlehensverträge keine Anwendung findet.[25] Das hilft indes nur weiter, wenn deren Tatbestandsvoraussetzungen erfüllt sind.

11 Durch den Verweis auf § 491 BGB bestimmt das Gesetz zugleich den (derzeitigen, → Rn. 45 f.) **persönlichen Anwendungsbereich** des Art. 240 § 3. Der Vertrag muss mithin von einem Unternehmer (§ 14 BGB) als Darlehensgeber mit einem als Darlehensnehmer handelnden Verbraucher (§ 13 BGB) abgeschlossen worden sein.[26] **Existenzgründer** sind nach allgemeinen Grundsätzen, sobald die Entscheidung zur Aufnahme einer gewerblichen oder selbständigen beruflichen Tätigkeit gefallen ist, keine Verbraucher iSd § 13 BGB mehr.[27] Allerdings finden die §§ 491–512 BGB kraft gesetzlicher Anordnung in § 513 BGB gleichwohl Anwendung (→ BGB § 513 Rn. 1). Darin liegt ein entscheidender Unterschied zu den Fällen des § 491 Abs. 2 S. 2, Abs. 3 S. 2, 4 (→ Rn. 7 f.), der es rechtfertigt, Existenzgründerdarlehen in den Fällen des § 513 BGB in den Anwendungsbereich des Art. 240 § 3 **einzubeziehen.** Dagegen ließe sich zwar auf den ersten Blick die Verordnungsermächtigung in Abs. 8 anführen, die es lediglich gestattete, den persönlichen Anwendungsbereich der Norm durch Rechtsverordnung auf Kleinstunternehmen auszudehnen, diese aber nicht schon ex lege in den Anwendungsbereich der Norm einbezog, wie es hier für den Existenzgründer befürwortet wird. Dieser mögliche Einwand überzeugt jedoch nicht, wenn man bedenkt, dass Kleinstunternehmer und Existenzgründer – ungeachtet der zweifellos gegebenen Schnittmenge – durchaus unterschiedliche Personengruppen sind. Die der Tradition des deutschen Verbraucherkreditrechts entsprechende Gleichstellung des Existenzgründers mit einem Verbraucher (→ BGB § 513 Rn. 1) ist daher auch im Rahmen des Art. 240 § 3 angezeigt.

12 Bzgl. der nach dem zweiten Weltkrieg erlassenen Vertragshilfebestimmungen (→ Rn. 4) hat die Rspr. den Standpunkt vertreten, dass sie den Rückgriff auf die Grundsätze der **Störung der Geschäftsgrundlage sperren** (→ BGB § 313 Rn. 141).[28] Entsprechendes wird man auch im Anwendungsbereich des Art. 240 § 3 (→ Rn. 8 ff.) anzunehmen haben (aA → BGB § 313 Rn. 144 sowie zur Regelung für Miet- und Pachtverträge, die jedoch insoweit einer abweichenden Auslegung zugänglich ist, → 8. Aufl. 2021, Art. 240 § 2 Rn. 4 ff.). Eine andere Bewertung kommt außerhalb des Anwendungsbereichs des Art. 240 § 3 sowie in atypischen Konstellationen in Betracht, denen die Norm nicht Rechnung trägt, oder in denen eine abweichende Rechtsfolge geltend gemacht wird (→ BGB § 313 Rn. 141). Abgesehen davon dürften die Art. 240 § 3 unterfallenden Sachverhalte überwiegend nicht den Tatbestand des § 313 BGB erfüllen (→ Rn. 4).[29]

IV. Stundung von Zahlungen des Verbrauchers (Abs. 1 und 2)

13 **1. Krisenbedingte Einnahmeausfälle.** Tatbestandsvoraussetzung des Abs. 1 ist, dass der Verbraucher aufgrund der durch Ausbreitung der COVID-19-Pandemie hervorgerufenen **außergewöhnlichen Verhältnisse** Einnahmeausfälle erlitten hat. Als Einnahmeausfall ist jedes Zurückbleiben der tatsächlichen Einnahmen hinter den im jeweiligen Zeitraum unter normalen Umständen zu erwartenden Einnahmen zu qualifizieren.[30] Die Einnahmeausfälle müssen nicht spezifisch durch eine Erkrankung des Darlehensnehmers oder eine ihm gegenüber ausgesprochene behördliche Verfügung (etwa nach §§ 28 ff. IfSG) bedingt sein. Vielmehr reicht es, wenn sie **in allgemeiner Form durch die Pandemie,** die dadurch bedingten Einschränkungen des öffentlichen Lebens oder die dadurch ausgelösten wirtschaftlichen Verwerfungen bedingt sind. Ausreichend ist damit zB auch, dass der Darlehensnehmer infolge der pandemiebedingten Schließung von Kindertageseinrichtungen oder Schulen verstärkt Kinderbetreuungsleistungen erbringen muss und deshalb seiner Arbeit nur noch eingeschränkt nachgehen kann. Für diese weite Auslegung spricht der Gesetzeswortlaut, der nicht auf die Pandemie als solche, sondern auf die dadurch hervorgerufenen außergewöhnlichen Verhältnisse abstellt. In die gleiche Richtung deuten die Materialien, in denen von „krisenbedingt

[24] BT-Drs. 19/18110, 38; vgl. auch BeckOGK/*Wendtland,* 1.5.2022, Art. 240 § 1 Rn. 12; aA Uhlenbruck/*Möllnitz/Schmidt-Kessel* Art. 240 §§ 1–4 Rn. 133.
[25] Vgl. BeckOGK/*Wendtland,* 1.5.2022, Art. 240 § 1 Rn. 12.
[26] BT-Drs. 19/18110, 38.
[27] BGH NJW 2011, 1236 Rn. 24; aA → BGB § 13 Rn. 62 ff. *(Micklitz).*
[28] BGH NJW 1952, 1371 (1372).
[29] BeckOGK/*Martens,* 1.4.2022, BGB § 313 Rn. 229.
[30] So nahezu wörtlich Uhlenbruck/*Möllnitz/Schmidt-Kessel* Art. 240 §§ 1–4 Rn. 147.

in eine Notlage" geratenen Darlehensnehmern die Rede ist.[31] Hinzukommt der Normzweck, der auch auf das Verhindern von „Dominoeffekten", mithin sich immer weiter vertiefender mittelbarer Auswirkungen der Pandemie, gerichtet ist (→ Rn. 1).

Die Norm erfasst **Einnahmeausfälle jeder Art.** Dies gilt nicht nur für Einbußen von Arbeitnehmern infolge von Kurzarbeit, Arbeitslosigkeit oder geringer ausfallenden variablen Vergütungsbestandteilen, sondern auch für wegbrechende Umsätze und Erträge von freiberuflich oder gewerblich tätigen Selbständigen.[32] Erfasst sind ferner krisenbedingt verringerte Kapitalerträge oder Einkünfte aus Vermietung und Verpachtung.[33] Auch insoweit gilt es, „Dominoeffekte" zu vermeiden, die etwa eintreten könnten, wenn Mieter mit Blick auf Art. 240 § 2 die Mietzahlung einstellen und der private Vermieter deshalb nicht mehr in der Lage ist, das zur Finanzierung des Objekts aufgenommene Immobiliar-Verbraucherdarlehen zu bedienen (→ Rn. 1). Ebenfalls einzubeziehen haben wird man den Fall, dass eine andere Person (namentlich der **Ehegatte** des Darlehensnehmers), die bislang wirtschaftlich an der Bedienung des Kredits mitwirkte, ihre Leistungen infolge krisenbedingter Umstände einstellt, weil dem Darlehensnehmer dann Einnahmen in Gestalt dieser Mitwirkung entgehen.[34] Derartiger Überlegungen bedarf es jedoch nicht, falls die andere, vormals an der Bedienung des Kredits mitwirkende Person ebenfalls Vertragspartner des Verbraucherdarlehensvertrags ist, weil diese Konstellation in Abs. 7 geregelt ist (→ Rn. 42 ff.). **14**

Allerdings müssen die Einnahmeausfälle durch die krisenbedingten außergewöhnlichen Verhältnisse (→ Rn. 13) **verursacht** worden sein. Hierunter wird man Mitursächlichkeit iSd Äquivalenztheorie zu verstehen haben (→ 8. Aufl. 2021, Art. 240 § 2 Rn. 18 aE), wobei ergänzend auf die allgemeinen, wenngleich in anderem Zusammenhang entwickelten, Korrektive der Adäquanz (→ BGB § 249 Rn. 109 ff.) und des Schutzzwecks der Norm (→ BGB § 249 Rn. 120 ff.) zurückzugreifen sein dürfte. **15**

2. Unzumutbarkeit der Leistung. Die erlittenen Einnahmeausfälle (→ Rn. 14) müssen wiederum ursächlich dafür gewesen sein (→ Rn. 15), dass es dem Darlehensnehmer nicht mehr **zumutbar** ist, die unter dem Verbraucherdarlehensvertrag geschuldete Leistung zu erbringen. Das ist nach Abs. 1 S. 2 insbesondere dann der Fall, wenn der **angemessene Lebensunterhalt** des Darlehensnehmers oder der Personen, denen er unterhaltspflichtig ist, gefährdet ist. Die Materialien deuten darauf hin, dass dieser Betrag **einzelfallabhängig** zu ermitteln ist, und enthalten sich einer weiteren Konkretisierung.[35] Richtigerweise wird man darauf abstellen müssen, welche Einschränkungen in der Lebensführung für den Zeitraum bis zum 30.6.2020 (bzw. dem sonst maßgeblichen Stichtag, → Rn. 28 f.) nach der Verkehrsanschauung und den Wertungen des Gesetzes zumutbar erscheinen.[36] **16**

Zahlungen, die aus vorhandenen liquiden Mitteln (zB Kontoguthaben) geleistet werden können, dürften dem Darlehensnehmer idR zumutbar sein (→ 8. Aufl. 2021, Art. 240 § 2 Rn. 19; aA → 8. Aufl. 2021, Art. 240 § 1 Rn. 22),[37] wenn nicht konkret absehbar ist, dass diese Mittel anderweitig eingesetzt werden müssen. Ein **Schonvermögen** wird man grds. nur in entsprechender Anwendung der sozialhilferechtlichen Grundsätze anerkennen können (§ 90 SGB XII).[38] Den Wertungen der Art. 240 §§ 1 ff. ist jedoch zu entnehmen, dass der Darlehensnehmer **nicht** gehalten ist, kurzfristig eine **Immobilie zu verkaufen** bzw. eine günstigere Mietwohnung zu beziehen. Auch wirtschaftlich unsinnige (insbesondere: Not-) Verkäufe anderer Vermögensgegenstände werden regelmäßig nicht zu verlangen sein.[39] Anders verhält es sich jedoch bei Aktien und anderen spekulativen Geldanlagen. Sie müssen erforderlichenfalls auch zu ungünstigen Kursen bzw. Preisen verkauft werden; insoweit verwirklicht sich das eingegangene Spekulationsrisiko. Regelmäßig nicht zu verlangen waren hingegen größere Umdispositionen in der Lebensführung, die sich über den 30.6.2020 hinaus ausgewirkt hätten (etwa der Verkauf eines Kfz oder üblicher Haushaltsgegenstände).[40] Dafür spricht, dass es nach den Wertungen des Gesetzes nur um einen Übergangszeitraum geht und das Gesetz die volkswirtschaftlichen Folgeeffekte der Pandemie gerade begrenzen will. **17**

---

31 BT-Drs. 19/18110, 38.

32 Uhlenbruck/*Möllnitz/Schmidt-Kessel* Art. 240 §§ 1–4 Rn. 149.

33 BeckOGK/*Köndgen,* 1.4.2022, Rn. 16; zu Mieteinkünften auch Uhlenbruck/*Möllnitz/Schmidt-Kessel* Art. 240 §§ 1–4 Rn. 149.

34 So wohl auch Uhlenbruck/*Möllnitz/Schmidt-Kessel* Art. 240 §§ 1–4 Rn. 149.

35 BT-Drs. 19/18110, 39; *Scholl* WM 2020, 765 (770).

36 Vgl. BeckOGK/*Köndgen,* 1.4.2022, Rn. 19.

37 Scholl WM 2020, 765 (770); *Lühmann* NJW 2020, 1321 (1322); Uhlenbruck/*Möllnitz/Schmidt-Kessel* Art. 240 §§ 1–4 Rn. 154; aA BeckOGK/*Köndgen,* 15.9.2023, Rn. 18.

38 Zurückhaltender *Lühmann* NJW 2020, 1321 (1322); gänzlich aA BeckOGK/*Köndgen,* 15.9.2023, Rn. 18.

39 *Lühmann* NJW 2020, 1321 (1322); weitergehend Uhlenbruck/*Möllnitz/Schmidt-Kessel* Art. 240 §§ 1–4 Rn. 154.

40 Vgl. auch Uhlenbruck/*Möllnitz/Schmidt-Kessel* Art. 240 §§ 1–4 Rn. 154.

18 Ob es dem Darlehensnehmer abzuverlangen ist, **anderweitige Verbindlichkeiten** nicht zu begleichen, wird man anhand der Wertungen des Gesetzes beurteilen müssen: Danach wird man es dem Darlehensnehmer regelmäßig **nicht** zumuten können, das **Leistungsverweigerungsrecht nach Art. 240 § 1** in Bezug auf die dort bezeichneten Dauerschuldverhältnisse geltend zu machen (→ 8. Aufl. 2021, Art. 240 § 1 Rn. 23).[41] Ist der Darlehensnehmer zB außer Stande, gleichzeitig die Kreditraten und die Abschlagzahlungen für (zB) Strom und Gas aufzubringen, so wird man es ihm gestatten müssen, weiter an die Versorgungsbetriebe zu leisten und dem Darlehensgeber die Stundung nach Art. 240 § 3 Abs. 1 entgegenzuhalten. Ansonsten würde die Überforderung des Darlehensnehmers nicht verhindert, sondern lediglich auf die Zeit nach dem Auslaufen des Moratoriums nach Art. 240 § 1 verschoben, weil dann die nach dieser Vorschrift ausgesetzten Zahlungen nachgeholt werden müssen.[42] Demgegenüber zielen die Art. 240 § 3 Abs. 4, 5 auf eine dauerhaft tragfähige Lösung, die nicht erreicht würde, wenn sich der Darlehensnehmer vorrangig auf Art. 240 § 1 berufen müsste.[43]

19 Entsprechendes wird man für das **Verhältnis zu Art. 240 § 2** anzunehmen haben.[44] Art. 240 § 3 Abs. 1 ist – auch mit Blick auf eine drohende „Überschuldungsspirale" – bewusst so gefasst, dass der Darlehensnehmer nicht in Verzug gerät (→ 8. Aufl. 2021, Art. 240 § 1 Rn. 23 f., → 8. Aufl. 2021, Art. 240 § 1 Rn. 48).[45] Diese Wertung würde konterkariert, wenn der Darlehensnehmer vorrangig den Schutz nach Art. 240 § 2 in Bezug auf Miet- und Pachtverbindlichkeiten in Anspruch nehmen müsste, obwohl diese Vorschrift den Verzugseintritt nicht ausschließt (→ 8. Aufl. 2021, Art. 240 § 1 Rn. 24).[46] Diese zur Klärung des Verhältnisses zu Art. 240 § 1 und Art. 240 § 2 formulierten Grundsätze rechtfertigen jedoch nicht den Schluss, dass es generell unzumutbar wäre, mit Verbindlichkeiten aus anderweitigen Verträgen in Verzug zu geraten (tendenziell aA → 8. Aufl. 2021, Art. 240 § 1 Rn. 23 f.). Vielmehr wird man es dem Darlehensnehmer ggf. zumuten können, zB mit Verbindlichkeiten aus Verträgen mit reinem Konsumzweck, die nicht zum angemessenen Lebensunterhalt iSd Abs. 1 S. 2 zu zählen sind, in Verzug zu geraten, sofern eine Zwangsvollstreckung nicht konkret droht.

20 **Sozialhilferechtliche Grundsätze** (§§ 27a ff. SGB XII) und die Pfändungsfreigrenzen der §§ 850 ff. ZPO eignen sich (abgesehen von den oben genannten Hinweisen) nur sehr begrenzt als Anhaltspunkte zur Bestimmung des angemessenen Lebensunterhalts. Schließlich indiziert der Begriff, dass der Betrag über dem notwendigen Lebensunterhalt (§ 27a Abs. 1 S. 1 SGB XII) liegt. Der Schuldner muss sich zwar in seiner Lebensführung einschränken, dies jedoch nicht bis auf den Betrag des sozialhilferechtlichen Existenzminimums.[47] Schon eher aussagekräftig erscheint der **unterhaltsrechtliche Selbstbehalt** (§ 1603 Abs. 1 BGB). Es versteht sich jedoch, dass die zu § 1603 Abs. 1 BGB entwickelten Grundsätze aufgrund der jeweils unterschiedlichen Interessenlage nicht schematisch übernommen werden können, sondern nur einen ersten Anhaltspunkt liefern (→ 8. Aufl. 2021, Art. 240 § 1 Rn. 20 f.).[48]

21 Der angemessene Lebensunterhalt muss nach Abs. 1 S. 2 nicht nur für den Schuldner, sondern auch für die Personen, denen er **Unterhalt schuldet,** gewährleistet bleiben. Dies gilt für gesetzliche Unterhaltspflichten jeder Art, wie sie sich namentlich aus §§ 1360 ff., 1570 ff., 1601 ff., 1615l ff. BGB oder entsprechenden Vorschriften anderer Rechtsordnungen ergeben. Insoweit wird der angemessene Lebensunterhalt in der Regel familienrechtsakzessorisch zu bestimmen sein; dabei ist jedoch die krisenbedingt verminderte Leistungsfähigkeit des Darlehensnehmers zu berücksichtigen.[49] Eine Verletzung der Unterhaltspflicht ist schon mit Blick auf § 170 StGB nicht zumutbar.

22 Darüber hinaus sind **ungeschriebene Fälle** vorstellbar, in denen die Leistung dem Darlehensnehmer unzumutbar ist, ohne dass die Voraussetzungen des Abs. 1 S. 2 vorliegen.[50] In Betracht kommt dies etwa, wenn er über dem angemessenen Lebensunterhalt (→ Rn. 16 ff.) liegende Geldbeträge einsetzen muss, um schwere Nachteile abzuwenden. Man denke etwa daran, dass ein Selbständiger zwar liquide Mittel hat, diese aber verwenden muss, um Arbeitnehmerbeiträge an den Sozialversicherungsträger abzuführen, weil er sich sonst nach § 266a StGB strafbar machen würde.

23 **3. Rechtsfolge. a) Grundsätzliches.** Ist der Tatbestand erfüllt, so sind zwischen dem ersten April 2020 und dem 30.6.2020 fällig werdende Ansprüche des Darlehensgebers auf Zins (§ 488

41 AA Uhlenbruck/*Möllnitz/Schmidt-Kessel* Art. 240 §§ 1–4 Rn. 154.
42 BT-Drs. 19/18110, 35, 37 f.
43 BT-Drs. 19/18110, 37 f.
44 Insoweit wie hier Uhlenbruck/*Möllnitz/Schmidt-Kessel* Art. 240 §§ 1–4 Rn. 154.
45 BT-Drs. 19/18110, 38, 41.
46 BT-Drs. 19/18110, 36; vgl. auch Uhlenbruck/*Möllnitz/Schmidt-Kessel* Art. 240 §§ 1–4 Rn. 154.
47 So auch BeckOGK/*Köndgen,* 15.9.2023, Rn. 22.
48 Vgl. BeckOGK/*Köndgen,* 15.9.2023, Rn. 22.
49 BeckOGK/*Köndgen,* 15.9.2023, Rn. 22.
50 Uhlenbruck/*Möllnitz/Schmidt-Kessel* Art. 240 §§ 1–4 Rn. 152.

Abs. 1 S. 2 Alt. 1 BGB), Tilgung und Darlehensrückzahlung (§ 488 Abs. 1 S. 2 Alt. 2 BGB) – nicht jedoch anderweitige Ansprüche des Darlehensgebers[51] – kraft Gesetzes für jeweils drei Monate **gestundet.**[52] Insoweit ist **jeder fällig werdende Teilbetrag gesondert zu betrachten.**[53] Nach einem Beispiel in den Materialien ist eine an sich am 2.6.2020 fällig werdende Zahlung bis zum 1.9.2020 (24 Uhr) gestundet, so dass sie mit Beginn des 2.9.2020 fällig wird.[54] Das ist richtig, wenn es sich – wovon wohl meist auszugehen ist – um eine Frist nach § 187 Abs. 2 BGB handelt, die Fälligkeit also im Beispiel mit Beginn des 2.6.2020 (0 Uhr) eintritt. Ansonsten, wenn also die Fälligkeit gemäß § 187 Abs. 1 BGB erst im Lauf eines Tages eintritt, ist die Dauer der Stundung nach § 188 Abs. 2 Alt. 1 BGB zu berechnen. Wenn also im Beispiel die Fälligkeit an sich am 2.6.2020 um 14 Uhr eintreten würde, wäre der Anspruch sogar bis zum Ablauf des 2.9.2020 gestundet und würde erst am 3.9.2020 um 0 Uhr fällig.

Falls die Zahlung eines **Teilbetrags** zumutbar ist, tritt insoweit keine Stundung ein.[55] Dies ist 24
zwar nicht frei von Zweifel, weil es in Abs. 1 S. 1 und 2 „wenn", in S. 4 hingegen „soweit" heißt. Eine solche Lesart erscheint aber gleichwohl richtig, weil es in der Sache keinen Grund gibt, die – vom Gesetzgeber ausdrücklich als schwerwiegenden Grundrechtseingriff bezeichnete[56] – Stundung weiter auszudehnen als erforderlich – und weil das Gesetz sich, wie Abs. 6 belegt, um einen Interessenausgleich zwischen beiden Vertragspartnern bemüht.

b) Unverzinslichkeit des Darlehens im Stundungszeitraum. Eine vereinbarte Verzinsung 25
des Darlehens ist während der Dauer der Stundung entgegen der hM nicht weitergelaufen.[57] Das erschließt sich u.a. aus der in Abs. 5 getroffenen Auffangregelung. Sie führt, wie die Materialien klarstellen, dieselbe Rechtsfolge herbei wie Abs. 1 für den dort genannten Zeitraum, kann also zur Auslegung des Abs. 1 herangezogen werden.[58] Nach Abs. 5 S. 2 wird die Fälligkeit aller vom Darlehensnehmer zu erbringenden Leistungen um drei Monate hinausgeschoben. Der Darlehensnehmer hat mithin den identischen Zahlungsstrom aus Zins und Tilgung zu leisten wie nach dem Vertrag, nur dass die Zahlungstermine nach hinten verschoben worden sind.[59] Daraus ergibt sich automatisch, dass während des Stundungszeitraums keine Zinsen anfallen – denn wäre es anders, würde es sich nicht um denselben, sondern um einen anderen, um zusätzliche Zinsen vermehrten Zahlungsstrom mit einem höheren Gesamtbetrag handeln.[60] Weil sich der Ausschluss der Verzinslichkeit bereits aus der Regelungsmechanik der Abs. 1, 5 ergibt, bedurfte es insoweit keiner weitergehenden gesetzgeberischen Anordnung.[61] Ungeachtet dessen wird in den Materialien explizit klargestellt, dass es sich um eine „gesetzliche Vertragsanpassung" handelt und deshalb neben Verzugszinsen und Schadensersatzansprüchen auch „Entgelte" – und damit auch Zinsen – zulasten des Verbrauchers nicht entstehen können.[62] Damit ist zugleich gesagt, dass die vertragliche Zinsabrede durch den gesetzgeberischen Eingriff für die Monate April, Mai und Juni 2020 verdrängt wird. Die Gegenansicht übersieht den mit den Worten „gesetzliche Vertragsanpassung" zum Ausdruck gebrachten hoheitlichen Charakter der Regelung; die Argumentation mit den typischen Folgen einer privatautonom vereinbarten Stundung geht deshalb fehl.[63] Hinzukommen weitere Umstände aus der Entstehungsgeschichte.[64]

---

51 BeckOGK/*Köndgen,* 15.9.2023, Rn. 36.

52 Uhlenbruck/*Möllnitz/Schmidt-Kessel* Art. 240 §§ 1–4 Rn. 143 f.

53 BT-Drs. 19/18110, 38; Uhlenbruck/*Möllnitz/Schmidt-Kessel* Art. 240 §§ 1–4 Rn. 145.

54 BT-Drs. 19/18110, 38.

55 AA wohl BeckOGK/*Köndgen,* 15.9.2023, Rn. 22.1.

56 BT-Drs. 19/18110, 38.

57 *Tiffe* BKR 2021, 21; Schmidt COVID 19/*Knops,* 3. Aufl. 2021, § 2 Rn. 21 ff.; *Fischer* VuR 2020, 203 (208); aA OLG Frankfurt BKR 2023, 457; *Scholl* WM 2020, 765 (771); *Rösler/Wimmer* WM 2020, 1148 ff.; Ellenberger/Bunte BankR-HdB/*Münscher/Peters/Jungmann,* § 56 Rn. 794 ff.; ferner *Klöhn* WM 2020, 1141 (1145 ff.); *Herdegen* WM 2021, 465; *Herresthal* ZIP 2020, 989.

58 BT-Drs. 19/18110, 39 f. mit Hinweis, die Wirkung des Abs. 1 werde durch Abs. 5 auf den gesamten Vertrag übertragen. Wie hier vorgehend *Scholl* WM 2020, 765 (771); *Tiffe* BKR 2021, 21 (23).

59 In den Materialien heißt es explizit, dass „nur die Fälligkeit der Leistungen um drei Monate verschoben" wird bzw. „die Fälligkeit der einzelnen Zins- und Tilgungsleistungen […] insgesamt um drei Monate verschoben" wird, BT-Drs. 19/18110, 39 f.; *Scholl* WM 2020, 765 (771); *Tiffe* BKR 2021, 21 (23).

60 *Tiffe* BKR 2021, 21 (23); vgl. auch *Scholl* WM 2020, 765 (771).

61 *Tiffe* BKR 2021, 21 (23 f.).

62 BT-Drs. 19/18110, 40; *Tiffe* BKR 2021, 21 (23 f.).

63 So aber Ellenberger/Bunte BankR-HdB/*Münscher/Peters/Jungmann,* § 56 Rn. 794 f.; wie hier *Tiffe* BKR 2021, 21 (24); vgl. auch Schmidt COVID-19/*Knops,* 3. Aufl. 2021, § 2 Rn. 21a.

64 Im Einzelnen *Tiffe* BKR 2021, 21 (23); s. auch Schmidt COVID-19/*Knops,* 3. Aufl. 2021, § 2 Rn. 21b mit Verweis auf BT-Drs. 19/23454, 26.

26 Gegen die Zinslosigkeit der Stundung spricht, dass der Normzweck sie nicht zwingend gebietet, solange nur während des Stundungszeitraums keine Zinszahlungen zu leisten sind, weil bereits die Stundung als solche „dem Verbraucher Luft verschafft".[65] Andererseits wird sich kaum bestreiten lassen, dass eine zinslose Stundung dem Verbraucher noch mehr „Luft verschafft". Indes ist es eher Sache des Staates als anderer Privatrechtssubjekte, den Verbraucher durch unentgeltliche Zuwendungen oder Leistungen zu unterstützen.[66] Diese Gesichtspunkte müssen bei der Gesetzesauslegung jedoch hinter die in den Materialien zum Ausdruck kommende gesetzgeberische Vorstellung (→ Rn. 25) zurücktreten und sind damit nur dem Bereich der Rechtspolitik zuzuordnen. Soweit eine zinslose Stundung den Darlehensgeber unter Mitberücksichtigung der genannte Umstände **unzumutbar** belasten würde (etwa bei einem sehr kurzfristigen Darlehen, bei dem durch eine dreimonatige Stundung die „Kalkulation der Bank völlig durcheinandergeworfen" würde[67]), kann **im Einzelfall** nach Abs. 6 Abhilfe geschaffen werden (→ Rn. 40 f.). Angesichts dessen und der historisch niedrigen Refinanzierungskosten der Kreditwirtschaft in dem in Rede stehenden Zeitraum besteht keine Veranlassung, das gefundene Auslegungsergebnis durch eine verfassungskonforme Auslegung zu überspielen.[68]

27 **c) Weitere Rechtsfolgen.** Leistet der Darlehensnehmer während der Stundung nicht auf die davon betroffenen Ansprüche, so handelt er **pflichtgemäß.** Insbesondere gerät er **nicht in Verzug** und ist keinen Schadensersatzansprüchen nach §§ 280 ff. BGB ausgesetzt.[69] Der Darlehensnehmer ist nach Abs. 1 S. 3 befugt, ungeachtet der Stundung zu leisten.[70] Die Stundung berührt also nicht die **Erfüllbarkeit** der Schuld (→ BGB § 500 Rn. 8 f.) ab dem ursprünglich vereinbarten Leistungszeitpunkt.[71] Soweit während des Stundungszeitraums gezahlt wird, gilt die Stundung als nicht erfolgt (Abs. 1 S. 4) mit der Folge, dass keine vorzeitige Rückzahlung iSd § 502 Abs. 1 S. 1 BGB gegeben ist und schon aus diesem Grund **keine Vorfälligkeitsentschädigung** anfällt. Hierin liegt die praktische Bedeutung des Art. 240 § 3 Abs. 1 S. 3 und 4 beim Allgemein-Verbraucherdarlehensvertrag, bei dem die Erfüllbarkeit nach § 500 Abs. 2 S. 1 BGB (anders als beim Immobiliar-Verbraucherdarlehensvertrag, § 500 Abs. 2 S. 2 BGB) ohnehin jederzeit gegeben ist, aber normalerweise den Rechtsnachteil des § 502 Abs. 1 BGB nach sich zieht (→ BGB § 488 Rn. 221; → BGB § 500 Rn. 8 ff.).

28 **d) Verlängerung durch Rechtsverordnung nach § 4.** Der in Abs. 1 genannte Zeitraum hätte durch Rechtsverordnung nach Art. 240 § 4 Abs. 1 bis zum 30.9.2020 verlängert werden können (zum Hintergrund und zu den tatbestandlichen Voraussetzungen → 8. Aufl. 2021, Art. 240 § 4 Rn. 1 f., → 8. Aufl. 2021, Art. 240 § 4 Rn. 4). Eine weitere, zeitlich nur durch die Befristung der Ermächtigungsgrundlage begrenzte (→ 8. Aufl. 2021, Art. 240 § 4 Rn. 9) Verlängerung durch Rechtsverordnung mit Zustimmung des Bundestags hätte Art. 240 § 4 Abs. 2 gestattet. Derartige Rechtsverordnungen sind jedoch nicht erlassen worden.[72]

29 **4. Dispositiver Charakter der Vorschrift (Abs. 2).** Wie sich aus Abs. 2 ergibt, ist die in Abs. 1 getroffene Regelung **dispositiv.** Das gilt jedoch nur für nach ihrem Inkrafttreten getroffene abweichende Vereinbarungen. Es liegt in der Natur der Sache und entspricht dem Normzweck (→ Rn. 1), dass Abs. 1 sich gegen vorher getroffene vertragliche Absprachen, die der COVID-19-Pandemie nicht Rechnung tragen, durchsetzen muss. Überdies werden Abweichungen durch **AGB** oder vorformulierte Individualvereinbarung (§ 310 Abs. 3 Nr. 2 BGB) mit Blick auf **§ 307 Abs. 1 BGB** nur begrenzt möglich sein. Bei der Inhaltskontrolle ist zu berücksichtigen, dass abweichende Vereinbarungen nach Abs. 2 und Abs. 4 durchaus erwünscht sind (→ Rn. 35). Darin wird man zwar keine Erlaubnisnormen zu sehen haben, die die Inhaltskontrolle gänzlich ausschließen, aber diese Absätze bringen gleichwohl die Wertung zum Ausdruck, dass bei der Inhaltskontrolle ein zurückhaltenderer Maßstab angebracht ist als sonst (allgemein → BGB § 307 Rn. 11). Das spricht insbesondere gegen die Anwendung des § 307 Abs. 2 Nr. 1 BGB auf Abweichungen von der Auf-

---

[65] BT-Drs. 19/18110, 37; Ellenberger/Bunte BankR-HdB/*Münscher/Peters/Jungmann* § 56 Rn. 796.

[66] Mit Recht krit. sprechen *Rösler/Wimmer* von einem „COVID-Beitrag", *Rösler/Wimmer* WM 2020, 1148 f.; aA Schmidt COVID-19/*Knops,* 3. Aufl. 2021, § 2 Rn. 21b.

[67] Beispiel von *Scholl* WM 2020, 765 (771).

[68] *Tiffe* BKR 2021, 21 (24 f.), allerdings auch mit dem aus Sicht des Verfassers nicht überzeugenden Argument, bei Verfassungswidrigkeit der Regelung komme es lediglich zu Staatshaftungsansprüchen; aA *Scholl* WM 2020, 765 (771); *Herdegen* WM 2021, 465.

[69] BT-Drs. 19/18110, 38.

[70] BT-Drs. 19/18110, 39.

[71] *Scholl* WM 2020, 765 (770).

[72] BeckOK BGB/*Möller,* 69. Ed. 1.5.2022, Rn. 1.

fangregelung des Abs. 5. Zur **Schriftform** und weiteren Anforderungen formaler Art für Änderungsverträge → BGB § 491 Rn. 49 ff.; → BGB § 492 Rn. 12 f.

V. Kündigungssperre (Abs. 3)

Bei Vorliegen der tatbestandlichen Voraussetzungen des Abs. 1 (→ Rn. 13 ff.) war während der Dauer der kraft Gesetzes eintretenden Stundung (→ Rn. 23 f., → Rn. 28 f.) die Kündigung wegen **Zahlungsverzugs** (§ 498 BGB) ausgeschlossen. Gleiches gilt für die Kündigung nach § 490 Abs. 1 BGB, Nr. 19 Abs. 3 Alt. 2 AGB-Banken wegen einer bereits eingetretenen oder drohenden **Verschlechterung der Vermögensverhältnisse** des Darlehensnehmers oder der Werthaltigkeit einer für das Darlehen gestellten Sicherheit.[73] Richtigerweise wird man darüber hinaus die Kündigung wegen **Ausbleibens einer geschuldeten Nachbesicherung** (Nr. 13 Abs. 2 AGB Banken iVm Nr. 13 Abs. 3, Nr. 19 Abs. 3 Alt. 3 AGB-Banken) unter Abs. 3 zu subsumieren haben.[74] Eine solche weite Auslegung ist mit dem Gesetzeswortlaut noch vereinbar und nach dem Normzweck geboten, weil die pandemiebedingte Sondersituation ansonsten über den Hebel des Nachbesicherungsverlangens doch noch zum Anlass genommen werden könnte, den Darlehensvertrag zu kündigen. Der Kündigungsausschluss greift jedoch nicht im Fall der **Unzumutbarkeit für den Darlehensgeber** nach Abs. 6).[75] 30

Im Detail ist die Rechtsfolge des Abs. 3 schwer zu konkretisieren. Grund hierfür ist zum einen, dass die Stundung sich jeweils auf einzelne, nach dem Vertrag an sich anstehende Zahlungen bezieht, während der Kündigungsausschluss nach Abs. 3 den Vertrag als Ganzen betrifft. Zum anderen entfaltet bereits die Stundung nach Abs. 1 eine gewisse Kündigungsschutzwirkung, weil sie den Verzugseintritt (bzw. die Vertiefung eines schon eingetretenen Verzugs) und damit auch das Eintreten der Voraussetzungen des § 498 Abs. 1 S. 1 Nr. 1, Abs. 2 BGB hindert.[76] Aus den Materialien erschließt sich, dass es dabei nicht bewenden soll, sondern „eine Verzugskündigung in dem genannten Zeitraum generell nicht in Frage kommt".[77] Beispielhaft wird auf den Fall verwiesen, dass die Nachfrist nach § 498 Abs. 1 S. 1 Nr. 2 BGB nach dem 1.4.2020 abläuft oder die Kündigung erst nach diesem Stichtag erklärt wird. Auch dann soll die Kündigung aufgrund des Abs. 3 ausgeschlossen sein, was damit begründet wird, dass es dem Darlehensnehmer im Fall des Abs. 1 infolge der pandemiebedingten Sondersituation schwerfallen werde, „in der gesetzten Nachfrist die Zahlungen noch zu erbringen und die Kündigung abzuwenden".[78] 31

Naheliegend erscheint daher, dass jedenfalls eine dem Verbraucher **zwischen dem 1.4.2020 und dem 30.6.2020 zugegangene Kündigungserklärung** aufgrund der genannten Kündigungsgründe (→ Rn. 30) **unwirksam** ist.[79] Das gilt aus Sicht des Verfassers selbst dann, wenn mit Wirkung zu einem nach dem Stundungszeitraum liegenden Stichtag gekündigt wird, weil dem Darlehensnehmer Zeit gegeben werden soll, um seine wirtschaftlichen Verhältnisse wieder zu ordnen und eine drohende Kündigung noch abzuwenden.[80] Ferner steht fest, dass Abs. 3 keine Wirkung mehr entfaltet, sobald keine Zahlung aus dem Vertrag mehr der Stundung nach Abs. 1 unterliegt. 32

Nicht eindeutig geregelt ist jedoch, was für Kündigungserklärungen gilt, die zwischen dem 1.7.2020 und dem 30.9.2020 zugehen: So wird eine an sich zum 1.4.2020 (0 Uhr) zu zahlende Rate infolge der Stundung nach Abs. 1 zum 1.7.2020 (ebenfalls 0 Uhr) fällig. Ab diesem Zeitpunkt kann der Darlehensnehmer wieder in Verzug geraten, so dass sich der Kündigungstatbestand nach § 498 BGB an sich verwirklichen kann. Allerdings können – je nach Lage des Falls – weitere unter dem Kreditvertrag geschuldete Zahlungen zu diesem Zeitpunkt noch der Stundung unterliegen. Das gilt längstens bis zum Ablauf des 30.9.2020, weil zu diesem Zeitpunkt die Stundung einer am 30.6.2020 tagsüber (§ 187 Abs. 1 BGB, § 188 Abs. 2 Alt. 1 BGB) fällig werdenden Zahlung abläuft. Insofern stellt sich die Frage, ob der Kündigungsausschluss nach Abs. 3 auch greift, wenn der Verbraucher mit den ab dem 1.7.2020 fällig werdenden (ursprünglich ab dem 1.4.2020 geschuldeten) Zahlungen in Verzug gerät, aber spätere unter dem Vertrag geschuldete Leistungen noch der Stundung unterliegen. Der Wortlaut des Abs. 3 spricht dafür, auch insoweit einen Kündigungsausschluss anzunehmen, solange noch eine nach dem Vertrag geschuldete Leistung der Stundung nach Abs. 1 unterliegt, mithin bis spätestens zum 30.9.2020. Allerdings dürfte Abs. 3 so nicht gemeint sein. Vielmehr wird man davon auszugehen haben, dass nur bis zum 30.6.2020 zugehende Kündigungser- 33

[73] BT-Drs. 19/18110, 39.

[74] AA wohl Uhlenbruck/*Möllnitz/Schmidt-Kessel* Art. 240 §§ 1–4 Rn. 137.

[75] Uhlenbruck/*Möllnitz/Schmidt-Kessel* Art. 240 §§ 1–4 Rn. 166 f.

[76] BT-Drs. 19/18110, 39; Uhlenbruck/*Möllnitz/Schmidt-Kessel* Art. 240 §§ 1–4 Rn. 165.

[77] BT-Drs. 19/18110, 39.

[78] BT-Drs. 19/18110, 39; dazu auch Uhlenbruck/*Möllnitz/Schmidt-Kessel* Art. 240 §§ 1–4 Rn. 165.

[79] Uhlenbruck/*Möllnitz/Schmidt-Kessel* Art. 240 §§ 1–4 Rn. 163.

[80] Vgl. BT-Drs. 19/18110, 39 f.

klärungen nach Abs. 3 unwirksam sind,[81] weil dem Gesetz die Annahme zugrunde liegt, dass der Darlehensnehmer danach wieder leistungsfähig sein wird und daher kein Bedürfnis mehr für ein Fortwirken der Kündigungssperre besteht.

34 Darüber hinaus stellt sich die Frage, ob sich während der Dauer der Kündigungssperre (→ Rn. 32 f.) der Tatbestand des § 498 BGB (weiter) verwirklichen kann, so dass ggf. unmittelbar nach dem Ende der Kündigungssperre gekündigt werden kann. Insoweit dürfte zu differenzieren sein: Für die Zwecke des § 498 Abs. 1 Nr. 1 lit. b, Abs. 2 BGB wird man **Rückstände** mit Zahlungen, die vor Beginn und nach Ende der Stundung (unter Berücksichtigung der Abs. 4, 5) fällig geworden sind, **addieren** können; lediglich während der Stundungsdauer ausgebliebene Zahlungen müssen infolge der Stundung außer Betracht bleiben. Was die **Nachfrist** nach § 498 Abs. 1 S. 1 Nr. 2 BGB angeht, so kann sie im Zeitraum der Kündigungssperre nicht wirksam gesetzt werden und auch nicht ab- oder weiterlaufen (→ Rn. 31).[82] Sofern am 1.4.2020 eine Nachfrist am Laufen war, die aufgrund des Abs. 3 nicht ablaufen konnte, wird man eine neue Nachfristsetzung mit der vollen Zweiwochenfrist des § 498 Abs. 1 S. 1 Nr. 2 BGB nach Auslaufen der Kündigungssperre verlangen müssen. Nur bei dieser Auslegung ist sichergestellt, dass dem Verbraucher einmal unter (jedenfalls nach der gesetzlichen Wertung) regulären Verhältnissen die gesamte Nachfrist am Stück zur Verfügung steht.

VI. Einverständliche Regelung (Abs. 4)

35 Zweck des in Abs. 4 vorgesehenen Gesprächs ist es zum einen gewesen, während der andauernden Stundung mögliche **Hilfsangebote** für den Darlehensnehmer zu sondieren[83] und die Rechtsfolgen des Abs. 1 bei Bedarf durch Vereinbarung (Abs. 2) an die im Einzelfall bestehende Situation anzupassen. Zum anderen sollte eine vertragliche Lösung für die **Zeit nach dem Auslaufen der Stundung** gemäß Abs. 1 angestoßen werden: Ohne die in Abs. 4 und Abs. 5 getroffene Regelung hätte der Verbraucher die im April, Mai und Juni 2020 an sich fälligen Leistungen jeweils nach Auslaufen der Stundung nachentrichten müssen, und zwar zusätzlich zu den dann (ggf.) regulär fällig werdenden Zahlungen. Bei einem typischen Annuitätenkredit wären also im Juli, August und September 2020 doppelte Raten zu zahlen gewesen, was die meisten Darlehensnehmer ersichtlich überfordert hätte.[84]

36 Tatbestand und Rechtsfolge des Abs. 4 wird man dahingehend zu konkretisieren haben, dass der Darlehensgeber **im Regelfall verpflichtet** gewesen ist,[85] ein Gespräch anzubieten, wenn er davon Kenntnis erlangte, dass wenigstens eine vom Verbraucher geschuldete Zahlung der Stundung nach Abs. 1 unterliegt (→ Rn. 13 ff.). Anders verhält es sich, wenn ein Gespräch ersichtlich sinnlos gewesen wäre (etwa, weil der Darlehensnehmer von sich aus erklärt hatte, es nicht führen zu wollen). Gesprächsinhalt hatten „mögliche Hilfs- oder Überbrückungsmaßnahmen" zu sein, soweit sie vom Darlehensgeber freiwillig angeboten wurden oder dem Darlehensgeber derartige Angebote Dritter (namentlich staatliche Hilfsmaßnahmen) „positiv bekannt" waren. Eine Pflicht, sich hierüber zu informieren, traf den Darlehensgeber nicht.[86] Zudem waren in dem Gespräch Perspektiven für eine Vereinbarung über die Weiterführung des Vertrags mit Blick auf die pandemiebedingte Sondersituation auszuloten. Dies betrifft sowohl den Zeitraum der Stundung als auch die weitere Laufzeit des Darlehens danach. Hat der Darlehensgeber dem Verbraucher unter Verletzung der Vorgabe des Abs. 4 kein Gespräch angeboten, liegt darin eine **Pflichtverletzung,** die Schadensersatzansprüche nach sich zieht, wenn auch die übrigen Voraussetzungen des § 280 Abs. 1 BGB (insbesondere ein Schaden) gegeben sind.[87]

VII. Die Auffangregelung des Abs. 5

37 Wie Abs. 4 soll auch Abs. 5 die ansonsten drohende Doppelbelastung des Darlehensnehmers im Zeitraum nach dem Auslaufen der Stundung (→ Rn. 35) abwenden.[88] Daher sieht die Vorschrift

---

81 So ohne Problematisierung auch Uhlenbruck/*Möllnitz/Schmidt-Kessel* Art. 240 §§ 1–4 Rn. 163.

82 BT-Drs. 19/18110, 39.

83 BT-Drs. 19/18110, 39 f.

84 BT-Drs. 19/18110, 39 f.

85 Uhlenbruck/*Möllnitz/Schmidt-Kessel* Art. 240 §§ 1–4 Rn. 172; aA wohl BeckOK BGB/*Möller,* 69. Ed. 1.5.2022, Rn. 7; Ellenberger/Bunte BankR-HdB/*Münscher/Peters/Jungmann* § 56 Rn. 803.

86 BT-Drs. 19/18110, 40.

87 Uhlenbruck/*Möllnitz/Schmidt-Kessel* Art. 240 §§ 1–4 Rn. 174; *Graf v. Westphalen,* in: Graf v. Westphalen/Thüsing, Vertragsrecht und AGB-Klauselwerke, 47. EL 2021, Rn. 28; aA Ellenberger/Bunte BankR-HdB/*Münscher/Peters/Jungmann* § 56 Rn. 803.

88 Uhlenbruck/*Möllnitz/Schmidt-Kessel* Art. 240 §§ 1–4 Rn. 173.

eine **gesetzliche Vertragsänderung**[89] als Auffangregelung vor, die zum Tragen kommt, wenn die Vertragspartner die Modalitäten der Weiterführung des Vertrags nach dem 30.6.2020 nicht einvernehmlich regeln. In Ermangelung eines anderen Stichtags wird man darauf abstellen müssen, ob bis zum Ablauf des 30.6.2020 eine dahingehende vertragliche Regelung zustande gekommen ist. Maßgeblich ist nach allgemeinen Grundsätzen der **Zugang der Annahmeerklärung** (→ Rn. 8) unter Wahrung der in § 492 Abs. 1 S. 1 BGB vorgesehenen **Schriftform** (→ BGB § 491 Rn. 49 ff.; → BGB § 492 Rn. 12 f.); gleich, ob der Änderungsvertrag noch einer Bedingung oder Befristung unterliegt oder nicht (→ Rn. 8). Ist bis zum Ablauf des 30.6.2020 (noch) kein Änderungsvertrag geschlossen, so verschiebt sich die Fälligkeit jeder am 1.7.2020 oder später fälligen Zahlung um drei Monate nach hinten, so dass sich auch die Vertragslaufzeit um drei Monate verlängert. Die Fristenrechnung erfolgt wie bei Abs. 1 (→ Rn. 23). Der Vertragsinhalt ändert sich kraft Gesetzes, so dass es keiner dahingehenden Erklärung eines Vertragspartners bedarf. Die Änderung tritt mithin auch dann ein, wenn sie den Vertragspartnern gar nicht bewusst oder sogar unerwünscht ist.

Die Regelung des Abs. 5 beruht auf der Annahme, dass die im April, Mai und Juni 2020 an **38** sich fälligen Zahlungen des Darlehensnehmers der Stundung nach Abs. 1 unterliegen. Das muss aber nicht der Fall sein. Man stelle sich etwa vor, dass ein Darlehensnehmer nur im Mai und Juni 2020 pandemiebedingte Einnahmeausfälle erleidet oder dass sich seine wirtschaftliche Lage bereits zum 1.6.2020 so verbessert, dass er wieder leistungsfähig ist. Hinzukommt, dass die Stundung nach Abs. 1 S. 4 als nicht erfolgt gilt, soweit der Darlehensnehmer ungeachtet der Stundung (und damit überobligatorisch) Leistungen erbringt.[90] In solchen Konstellationen ist eine **teleologische Reduktion** des Abs. 5 S. 1 angezeigt. Die Laufzeit des Vertrags verlängert sich dann nur, soweit es erforderlich ist, um eine Doppelbelastung der genannten Art (→ Rn. 35, → Rn. 37) zu vermeiden.[91] Nimmt ein Darlehensnehmer beispielsweise den Schutz des Abs. 1 nur für den April 2020 in Anspruch, nicht aber im Mai und im Juni 2020 (Abs. 1 S. 3, 4), so droht eine Doppelbelastung nur im Juli 2020, weil dann neben der regulären Zahlung für Juli 2020 auch der Rückstand aus dem April 2020 zu begleichen wäre. Um dieses Ergebnis zu vermeiden, genügt es, dass sich die Fälligkeit aller ab Juli 2020 an sich zu erbringenden Zahlungen um jeweils einen Monat nach hinten verschiebt, sodass es auch nur hierzu (und nicht zu der in Abs. 5 S. 1 eigentlich vorgesehenen Verlängerung um drei Monate) kommt.[92]

Die in Abs. 5 getroffene Auffangregelung lässt die **Dispositionsbefugnis** der Vertragspartner **39** unberührt. Diese können mithin (in den auch sonst maßgeblichen Grenzen) nach dem 30.6.2020 immer noch jederzeit eine abweichende vertragliche Regelung treffen. Ebenso wird zu entscheiden sein, wenn ein bis zum 30.6.2020 zugegangenes Angebot zum Abschluss eines Änderungsvertrags erst nach diesem Stichtag angenommen wird: Dann kommt die Auffangregelung des Abs. 5 zwar zunächst zum Tragen; sie wird aber (wenn dies – wie in dieser Konstellation wohl regelmäßig – dem Willen der Vertragspartner entspricht) sogar mit Rückwirkung zum Beginn des 1.7.2020) mit Zugang der Annahmeerklärung durch die abweichende vertragliche Regelung ersetzt. Zu **formularmäßigen** oder sonst vorformulierten Änderungsvereinbarungen gilt das zu Abs. 2 Gesagte (→ Rn. 29).

VIII. Unzumutbarkeit für den Darlehensgeber (Abs. 6)

Die Rechtsfolgen der Abs. 1–5 stehen nach Abs. 6 unter dem Vorbehalt der Zumutbarkeit für **40** den Darlehensgeber. Die Vorschrift soll den Weg zu einer Abwägung im Einzelfall eröffnen, um ansonsten drohende verfassungsrechtliche Bedenken gegen die Abs. 1–5 auszuräumen.[93] Als Beispiele nennen die Materialien „gravierende" oder länger andauernde, vom Darlehensnehmer zu vertretende Vertragsverletzungen wie „betrügerische Angaben oder vertragswidrige Veräußerungen von Sicherheiten".[94] Diese Beispiele erscheinen bei näherem Hinsehen jedoch wenig passend, weil eine außerordentliche Kündigung durch Abs. 3 ohnehin nicht ausgeschlossen wird (→ Rn. 30), so dass es eines Rückgriffs auf Abs. 6 insoweit nicht bedarf.[95] Eher dürfte der in Art. 240 § 1 Abs. 3 S. 1 angesprochene Fall der **Existenzgefährdung des Gläubigers,** hier also des Darlehensgebers, in Betracht kommen, soweit er ungeachtet etwaiger staatlicher Hilfen für die Kreditwirtschaft einzutreten drohte. Bei der Feststellung der Unzumutbarkeit nach Abs. 6 sind auch Kumulationseffekte zu

89 So wörtlich BT-Drs. 19/18110, 40.
90 Zu diesem Fall *Scholl* WM 2020, 765 (771).
91 So (ohne explizite Einordnung als teleologische Reduktion) auch *Scholl* WM 2020, 765 (771).
92 Scholl WM 2020, 765 (771).
93 BT-Drs. 19/18110, 40.
94 BT-Drs. 19/18110, 40.
95 BeckOGK/*Köndgen,* 15.9.2023, Rn. 60.

berücksichtigen, die sich ergeben können, wenn eine Vielzahl von Kunden gleichzeitig eine Stundung nach Abs. 1 geltend macht (→ 8. Aufl. 2021, Art. 240 § 1 Rn. 51).

41 Im Rahmen des Abs. 6 ist eine **Abwägung** der Belange beider Vertragsteile vorzunehmen, bei der jedoch ins Gewicht fällt, dass die Interessen des Darlehensnehmers unter den Voraussetzungen des Abs. 1 regelmäßig prävalieren, so dass Abs. 6 nur in „außergewöhnliche(n) Fallkonstellationen" zum Tragen kommt.[96] Das „wenn" in Abs. 6 wird man, wie auch an anderer Stelle im Rahmen des Art. 240 § 3 (→ Rn. 24), im Sinne von „soweit" zu lesen haben, so dass auch eine **teilweise Unzumutbarkeit** in Betracht kommt, bei deren Vorliegen die Rechtsfolgen der Abs. 1, 3 nur mit Abstrichen eintreten können (etwa in der Form, dass die Stundung nur für einen kürzeren Zeitraum als drei Monate eintritt oder dass sie entgegen den o.g. Grundsätzen (→ Rn. 25 f.) nicht zinslos erfolgt, sondern der Vertragszins weiter zu zahlen ist). Dagegen spricht zwar die bei einer solchen Lösung drohende Rechtsunsicherheit. Allerdings sollte diesem Gegenargument kein entscheidendes Gewicht zukommen, da sich die Voraussetzungen des Abs. 6 ohnehin nicht rechtssicher feststellen lassen und die Vorschrift überdies gerade darauf zielt, in atypischen Fällen Einzelfallgerechtigkeit herzustellen.

IX. Regelung zur Gesamtschuldnerschaft (Abs. 7)

42 Abs. 7 betrifft den Fall, dass die Voraussetzungen des Abs. 1 nur bei einem von mehreren gesamtschuldnerisch haftenden Darlehensnehmern vorliegen (sei es, dass nur einer von ihnen pandemiebedingte Einnahmeausfälle erleidet oder dass nur einer von mehreren Darlehensnehmern Verbraucher ist und der Tatbestand daher nur in seiner Person erfüllt ist[97]). Diese Konstellation ist aus zwei Gründen regelungsbedürftig: Der Gläubiger könnte den nicht von der Stundung betroffenen Darlehensnehmer nunmehr in höherem Maß als vorher in Anspruch nehmen (i) und dieser könnte (im bisherigen Umfang und wegen etwaiger Mehrzahlungen an den Gläubiger) Regressansprüche nach § 426 Abs. 1 BGB gegen den von der Stundung betroffenen anderen Darlehensnehmer geltend machen (ii). Ersteres könnte dazu führen, dass nunmehr auch der an sich noch leistungsfähige andere (nicht von Einnahmeausfällen betroffene) Darlehensnehmer überfordert wird; Letzteres (oder beide Gesichtspunkte zusammen) würde die Stundung nach Abs. 1 im praktischen Ergebnis leerlaufen lassen.[98]

43 Klar ist nach dem Wortlaut des Abs. 7 zunächst, dass Ausgleichsansprüche nach § 426 Abs. 1 BGB in jeder Ausprägung (Mitwirkung, Befreiung, Zahlung, → BGB § 426 Rn. 13) gestundet sind, wenn und soweit die Voraussetzungen des Abs. 1 in der Person des Ausgleichspflichtigen vorliegen.[99] Entsprechendes gilt für die cessio legis nach § 426 Abs. 2 BGB: Der Anspruch des Darlehensgebers gegen den von pandemiebedingten Ausfällen betroffenen Darlehensnehmer unterliegt nach Maßgabe des Abs. 1 ohnehin der Stundung, was sich der leistende Gesamtschuldner nach § 404 BGB entgegenhalten lassen muss.[100]

44 In den Materialien heißt es, der Gläubiger (gemeint ist ersichtlich der Darlehensgeber) solle „während des Stundungszeitraums nicht berechtigt sein, gemäß § 426 Absatz 1 BGB [sic!] den gestundeten Betrag von den anderen zusätzlich zu deren Anteil zu verlangen".[101] Das – mit Blick auf die Interessenlage sachgerechte (→ Rn. 42) – Regelungsziel, auch die Zugriffsmöglichkeiten des Gläubigers im Außenverhältnis zu begrenzen, hat im Gesetzeswortlaut keinen Niederschlag gefunden.[102] Dem liegt, wie die zitierte Passage zeigt, ein Missverständnis der Gesamtschulddogmatik zugrunde, welches dem Zeitdruck bei der Ausarbeitung des Entwurfs geschuldet sein dürfte.[103] Der insoweit planwidrig zu eng geratene Gesetzeswortlaut rechtfertigt es, die Norm im Weg der teleologischen Extension auf das Außenverhältnis zum Darlehensgeber zu erstrecken: Soweit der Regressanspruch im Innenverhältnis besteht, aber infolge des Abs. 7 der Stundung unterliegt (→ Rn. 43), können sich die selbst nicht von Einnahmeausfällen betroffenen Gesamtschuldner **im Außenverhältnis zum Gläubiger** auf die Stundung berufen,[104] dies aber naturgemäß insgesamt nur einmal in Höhe der eingetretenen Stundung zugunsten des von Einnahmeausfällen betroffenen Gesamtschuldners.

---

96 BT-Drs. 19/18110, 40.
97 Dazu Uhlenbruck/*Möllnitz/Schmidt-Kessel* Art. 240 §§ 1–4 Rn. 176.
98 BT-Drs. 19/18110, 40 f.
99 Uhlenbruck/*Möllnitz/Schmidt-Kessel* Art. 240 §§ 1–4 Rn. 175; *Scholl* WM 2020, 765 (772).
100 Vgl. BT-Drs. 19/18110, 40 f.
101 BT-Drs. 19/18110, 40.
102 Scholl WM 2020, 765 (772).
103 Insoweit ebenso *Scholl* WM 2020, 765 (772).
104 AA ohne Auseinandersetzung mit der Möglichkeit einer teleologischen Extension *Scholl* WM 2020, 765 (772).

X. Verordnungsermächtigung (Abs. 8)

Abs. 8 ermächtigte die Bundesregierung, im Verordnungsweg den personellen Anwendungsbereich der Abs. 1–7 zu modifizieren. Dies ist jedoch nicht geschehen.[105] **45**

§ 4 [aufgehoben]

1 Die Vorschrift des Art. 240 (Vertragsrechtliche Regelungen aus Anlass der COVID-19-Pandemie) wurde aufgehoben mWv 1.10.2022 durch Gesetz vom 27.3.2020 (BGBl. 2020 I 569). Zur Kommentierung der Verordnungsermächtigung → 8. Aufl. 2021, Rn. 1 ff.

§ 5 [aufgehoben]

Schrifttum: s. 8. Aufl. 2021.

Übersicht

I. Allgemeines, Normzweck

Die Vorschrift des Art. 240 § 5 (Gutschein für Freizeitveranstaltungen und Freizeiteinrichtungen) wurde durch Art. 1 COVVeranstG[1] mWv 20.5.2020 in das EGBGB eingefügt und mit Wirkung zum 1.10.2022 aufgehoben.[2] Gegenstand der Vorschrift sind Verträge über den Besuch von Freizeitveranstaltungen oder die Nutzung von Freizeiteinrichtungen (→ Rn. 4 ff.). Derartige Veranstaltungen konnten wegen der **Ausbreitung der COVID-19-Pandemie** aufgrund öffentlich-rechtlicher Vorschriften (vgl. §§ 28 ff. IfSG) regelmäßig nicht (mehr) durchgeführt werden. Soweit der Veranstalter im Wege des Vorverkaufs bereits Karten für Veranstaltungen dieser Art verkauft hatte, die **Durchführung** der Freizeitveranstaltung ihm aber im Nachhinein iSv. § 275 Abs. 1 BGB (rechtlich) **unmöglich** ist, hat der Erwerber einer Eintrittskarte an sich einen Anspruch auf Erstattung des Eintrittspreises (§ 326 Abs. 1 S. 1 Hs. 1, Abs. 4 BGB iVm § 346 Abs. 1 BGB).[3] Entsprechendes gilt, wenn Vorauszahlungen für die Nutzung einer Freizeiteinrichtung, die zu schließen war, geleistet wurden. **1**

Die **Rückzahlungsverpflichtung** kann bei den betroffenen Veranstaltern von Freizeitveranstaltungen bzw. Betreibern von Freizeiteinrichtungen zu einem erheblichen **Liquiditätsabfluss** **2**

[105] BeckOK BGB/*Möller*, 69. Ed. 1.5.2022, Rn. 2.

[1] Gesetz zur Abmilderung der Folgen der COVID-19-Pandemie im Veranstaltungsvertragsrecht und im Recht der Europäischen Gesellschaft (SE) und der Europäischen Genossenschaft (SCE) vom 15.5.2020, BGBl. 2020 I 948.

[2] Art. 6 Abs. 6 Gesetz zur Abmilderung der Folgen der Covid-19-Pandemie im Zivil-, Insolvenz- und Strafverfahrensrecht vom 27.3.2020, BGBl. 2020 I 569.

[3] Dazu auch *Stöber* NJW 2022, 897 Rn. 2 f., 6.

führen, der aufgrund der durch die Pandemie eingetretenen wirtschaftlichen Lage kaum anderweitig zu kompensieren war. Der Gesetzgeber hat sich daher veranlasst gesehen, die finanzielle Belastung der Veranstalter von Musik-, Kultur-, Sport- oder sonstigen Freizeitveranstaltungen sowie der Betreiber von Freizeiteinrichtungen abzumildern, indem diesem Personenkreis gemäß Art. 240 § 5 Abs. 1 und 2 die Möglichkeit eingeräumt wurde, an die Teilnahme- bzw. Nutzungsberechtigten anstelle der Erstattung des Eintrittspreises bzw. des Nutzungsentgeltes **ersatzweise Gutscheine** zu übergeben („Gutscheinlösung"; → Rn. 28 ff.). Auf diese Weise sollen im gesamtwirtschaftlichen Interesse sowohl die Anbieter der Leistungen vor einer existenzbedrohenden Situation als auch die monetären Interessen der Vertragspartner geschützt werden.[4]

3 Mit diesem Regelungsansatz wurde allerdings erheblich und zudem **rückwirkend in** bestehende Verträge und damit in die grundrechtlich durch Art. 14 GG und Art. 2 Abs. 1 GG geschützte **Privatautonomie (Vertragsfreiheit, Eigentumsfreiheit)** der Beteiligten **eingegriffen.** Die Gutscheinlösung macht Karteninhaber bzw. Nutzungsberechtigte, unabhängig davon, dass sie ohnehin schon in Vorleistung getreten sind, bei wirtschaftlicher Betrachtung zu Kreditgebern ihrer Vertragspartner. Zudem wird das **wirtschaftliche Risiko** einer Insolvenz der Anbieter **zu Lasten der Gläubiger** der Leistung, bei denen es sich regelmäßig um Verbraucher handelt, **verschoben:** Im Falle der Insolvenz des Anbieters wird die im Gutschein verbriefte Forderung zwar fällig, unterliegt aber der Abzinsung (§ 41 InsO) und ist zudem mit dem insolvenzrechtlichen Ausfallrisiko behaftet. Um diese Wirkung abzumildern, ist in Art. 240 § 5 Abs. 5 Nr. 1 (→ Rn. 36 ff.) vorgesehen, dass sich der Gläubiger mit der Ausstellung eines Gutscheins nicht abfinden muss, wenn dies für ihn angesichts seiner persönlichen Lebensumstände unzumutbar ist. Insoweit besteht ein Anspruch auf Auszahlung des Wertes des Gutscheins. Dieser ist darüber hinaus auch dann gegeben, wenn der Gutschein bis zum 31.12.2021 nicht eingelöst wurde (Art. 240 § 5 Abs. 5 Nr. 2). Inwieweit dieser Regelungsansatz verhältnismäßig ist, erscheint zweifelhaft (→ Rn. 37). Das **Regelungsmodell des** Art. 240 § 5 unterscheidet sich insoweit von der für den Rücktritt von Pauschalreiseverträgen mit Wirkung vom 17.7.2020 eingeführten Vorschrift des **Art. 240 § 6,** wonach dem Reisenden im Falle eines Gutscheinangebots seitens des Reiseveranstalters die Wahl bleibt, ob er dieses (zudem staatlich abgesicherte) Angebot annimmt oder auf der Rückzahlung des Reisepreises besteht. Anders angelegt ist auch die für Miet- und Pachtverhältnisse geltende Regelung des **Art. 240 § 7** (→ Rn. 43).

II. Anwendungsbereich

4 **1. Sachlicher Anwendungsbereich. a) Überblick.** In sachlicher Hinsicht bezieht sich Art. 240 § 5 auf Freizeitveranstaltungen und Freizeiteinrichtungen. Dabei handelt es sich nicht um feststehende Begriffe mit eindeutigem Bedeutungsgehalt. Entsprechendes gilt für den in der Bezeichnung des Artikelgesetzes verwendeten Begriff **„Veranstaltungsvertragsrecht",** der in Bezug auf Verträge über die Nutzung von Freizeiteinrichtungen ohnehin zu eng gewählt ist. Darauf kommt es aber im Ergebnis nicht an, weil für die sachliche Reichweite der Gutscheinlösung maßgeblich ist, was unter den in Art. 240 § 5 Abs. 1 und 2 verwendeten Begriffen der Freizeitveranstaltung und Freizeiteinrichtung zu verstehen ist. Das verbindende Element beider Fallgruppen besteht darin, dass die zu gewährende Leistung jeweils mit Freizeitaktivitäten in Verbindung steht (→ Rn. 6). Die auf die entsprechende Leistungserbringung gerichteten Verträge sind regelmäßig **gemischte Verträge** in Gestalt von Typenkombinationsverträgen (→ BGB § 311 Rn. 29 ff.), bei denen jedenfalls im Veranstaltungsbereich typischerweise erfolgsbezogene (werkvertragliche) Elemente im Vordergrund stehen, aber auch andere Elemente wie dienstvertragliche oder mietvertragliche Bestandteile zum Tragen kommen. Erfasst werden unter Umständen auch Verträge, bei denen der Ort der vom Veranstalter/Betreiber zu erbringenden **Leistung im Ausland** liegt, soweit auf solche Verträge deutsches Recht anzuwenden ist (vgl. zu Verbraucherverträgen Art. 6 Rom I-VO).

5 **b) Freizeitveranstaltung.** Für den Begriff der Freizeitveranstaltung fehlt eine Legaldefinition. Aus dem Wortlaut von Art. 240 § 5 Abs. 1 S. 1 lässt sich jedoch entnehmen, dass der Gesetzgeber ihn dort als **Oberbegriff für „Musik-, Kultur-, Sport- oder sonstige Freizeitveranstaltung(en)"** verwendet. Die Formulierung zeigt den nicht abschließenden Charakter der Aufzählung. In der Gesetzesbegründung wird beispielhaft zudem auf Konzerte, Festivals, Theatervorstellungen, Filmvorführungen, Wissenschaftsveranstaltungen, Vorträge, Lesungen und Sportwettkämpfe sowie im Hinblick auf Art. 240 § 5 Abs. 1 S. 2 auch auf Musik-, Sprach- und Sportkurse hingewiesen.[5] Erfasst werden demnach nicht nur Veranstaltungen, die auf die Erbringung einer einmaligen Leistung angelegt sind, sondern **auch Veranstaltungen mit Dauercharakter,** die sich über einen längeren Zeitraum erstrecken und durch eine wiederkehrende Leistungserbringung gekennzeichnet sind. Das

[4] Begr. RegE zum COVVeranstG, BT-Drs. 19/18697, 5.
[5] Begr. RegE zum COVVeranstG, BT-Drs. 19/18697, 5 (7).

gilt nicht nur für die in der Gesetzesbegründung erwähnten Kurse, sondern etwa auch für die saisonweise Berechtigung zum Besuch von Konzert- und Theatervorstellungen (Abonnements) oder von Sportveranstaltungen, wie sie in sog. Saison- oder Dauerkarten verkörpert ist.[6]

Aus der Gesetzesformulierung lässt sich entnehmen, dass es insoweit auf den **objektiven Charakter der** jeweiligen **Veranstaltung** ankommt und nicht darauf, mit welcher (subjektiven) Intention die Veranstaltung besucht wird. Eine „Freizeitveranstaltung" liegt daher vor, wenn ihre Durchführung allein (oder ganz überwiegend) die privaten Interessen der Besucher bedient. **Freizeit** ist nämlich dem Wortsinn nach die Zeit, in der jemand nicht zu arbeiten braucht, insoweit keine besonderen Verpflichtungen hat und damit die frei verfügbare Zeit für Erholung, Hobbys oder anderweitige Zerstreuung nutzen kann.[7] Die Begrenzung des sachlichen Anwendungsbereichs der Gutscheinlösung auf Freizeitveranstaltungen soll insoweit dafür sorgen, dass insbesondere Selbstständige, Freiberufler und kleine Betriebe, die oder deren Mitarbeiter an beruflich oder gewerblich ausgerichteten Veranstaltungen teilnehmen, von vornherein vor einer Liquiditätsbindung durch die Gutscheinlösung geschützt werden.[8] Aus diesem Grunde fehlt etwa Vortrags-, Seminar- und anderen (Wissenschafts-) **Veranstaltungen,** zB Kongressen, **die einen berufsspezifischen Anstrich haben** oder der Fort- und Weiterbildung dienen, der Freizeitcharakter,[9] und zwar unabhängig davon, ob der konkrete Besuch zugleich auch oder sogar ausschließlich aus privatem Interesse veranlasst ist.[10] Entsprechendes gilt für Fachmessen.[11] 6

Schwierigkeiten bereitet die Abgrenzung bei Veranstaltungen, die einen **gemischten Charakter** haben, also sowohl beruflichen (gewerblichen) als auch Freizeitinteressen dienen. Zu denken ist insoweit insbesondere an Messen, die sich sowohl an private Endverbraucher als auch an Fachpublikum wenden. Insoweit kommt es auf den objektiv zu bestimmenden **Schwerpunkt** der Veranstaltung an. Für eine Freizeitveranstaltung spricht, wenn die überwiegende Anzahl der Besucher dem privaten Publikum zuzuordnen ist und der Veranstaltung damit das Gepräge einer Publikumsmesse gibt. Alternativ ist es denkbar, das Verhältnis der Publikums- zu den Fachbesuchertagen heranzuziehen. 7

Der (objektive) Charakter einer Veranstaltung (→ Rn. 6 f.) hat Auswirkungen auf den Kreis derjenigen Personen, die **von** der **Gutscheinlösung betroffen** sind. Liegt keine Freizeitveranstaltung, sondern eine Fachveranstaltung vor und kommt damit die Gutscheinlösung nicht zum Tragen, kann ein bereits geleistetes **Eintrittsentgelt** nicht nur von Unternehmern, sondern auch von Personen, die als Verbraucher an einer (Fach-) Veranstaltung teilnehmen wollen oder wollten, **zurückgefordert werden** (§ 326 Abs. 1 S. 1 Hs. 1 BGB iVm § 346 Abs. 1 BGB). Insoweit partizipieren **Verbraucher** an dem vom Gesetzgeber eigentlich nur für Unternehmer gedachten Liquiditätsschutz (→ Rn. 6). Auf der anderen Seite unterfallen **beruflich tätige Personen,** die etwa als Konzert- oder Theaterkritiker eine Eintrittskarte für eine Kulturveranstaltung erworben haben, der Gutscheinlösung. 8

c) Freizeiteinrichtung. Eine Freizeiteinrichtung ist wie eine Freizeitveranstaltung objektiv dadurch geprägt, dass sie **allein oder ganz überwiegend zu privaten Aktivitäten während frei verfügbarer Zeit genutzt** wird. Erfasst werden Freizeiteinrichtungen jeder Art. Die in Art. 240 § 5 Abs. 2 genannten Musik-, Kultur- und Sporteinrichtungen sind nur beispielhaft zu verstehen, wie die Einbeziehung auch sonstiger Freizeiteinrichtungen zeigt. In den Gesetzesmaterialien werden insbesondere Schwimmbäder, Sportstudios, Tierparks, Freizeitparks und Museen erwähnt.[12] Ob der einzelne Nutzer die Freizeiteinrichtung tatsächlich zu privaten Zwecken aufsucht, ist wie bei Freizeitveranstaltungen unerheblich (→ Rn. 6). **Keine Freizeiteinrichtungen** sind Bildungseinrichtungen, die zwar in der Freizeit genutzt werden, aber der beruflichen Fort- und Weiterbildung oder ähnlichen Zielen dienen. Sie unterfallen nicht der Gutscheinlösung. 9

2. Personeller Anwendungsbereich. Auf die **Person des Teilnehmers oder Nutzers** kommt es nach Sinn und Zweck der gesetzlichen Regelung nicht entscheidend an. Da in sachlicher Hinsicht allein maßgeblich ist, ob die Teilnahme- oder Nutzungsberechtigung bei objektiver Betrachtung den Besuch einer Freizeitveranstaltung oder einer Freizeiteinrichtung ermöglicht 10

6 Begr. RegE zum COVVeranstG, BT-Drs. 19/18697, 5 (7).

7 S. www.duden.de/woerterbuch, Stichwort: Freizeit.

8 Begr. RegE zum COVVeranstG, BT-Drs. 19/18697, 5 (7).

9 So auch Begr. RegE zum COVVeranstG, BT-Drs. 19/18697, 5 (7).

10 Zum Erwerb von VIP-Dauerkarten, die mit Werbeleistungen verbunden sind, LG Paderborn BeckRS 2020, 33643 Rn. 28.

11 Begr. RegE zum COVVeranstG, BT-Drs. 19/18697, 5 (7); vgl. auch BGHZ 233, 266 Rn. 42 = NJW 2022, 2024 betr. Fitnessstudio.

12 Begr. RegE zum COVVeranstG, BT-Drs. 19/18697, 5 (8).

(→ Rn. 6, → Rn. 9), können Gläubiger der versprochenen Leistung nicht nur Verbraucher, sondern auch Unternehmer sein.[13] Unschädlich ist es, wenn eine Freizeitveranstaltung oder Freizeiteinrichtung im beruflichen Interesse aufgesucht werden sollte oder soll (→ Rn. 6, → Rn. 8).

11 Berechtigt zur Ausgabe eines Gutscheins (→ Rn. 30 ff.) anstelle der Entgeltrückzahlung ist bei Freizeitveranstaltungen der Veranstalter (Art. 240 § 5 Abs. 1), bei Freizeiteinrichtungen der Betreiber (Art. 240 § 5 Abs. 2). Zumindest bei Freizeitveranstaltungen wie kleineren (Laien-) Konzerten ist es denkbar, dass der **Veranstalter** nicht in Ausübung einer gewerblichen oder selbstständigen beruflichen Tätigkeit handelt, sodass es sich nicht zwingend um einen Unternehmer iSv § 13 BGB handeln muss. Mit dem Begriff „Veranstalter" bezeichnet das Gesetz nach Sinn und Zweck den Schuldner der zu erbringenden Freizeitveranstaltung, also den Vertragspartner des Besuchers. Dabei muss es sich nicht notwendig um die Person handeln, von der die Veranstaltung tatsächlich durchgeführt wird. Entsprechendes gilt für den **Betreiber** einer Freizeiteinrichtung. Maßgebend ist auch insoweit, wer als Vertragspartner des Nutzers auftritt, nicht ob der Vertragspartner wirtschaftlich oder rechtlich für den Betrieb der Freizeiteinrichtung verantwortlich zeichnet. **Nicht zum Kreis der Veranstalter/Betreiber** gehören Ticketdienstleister (Vorverkaufsstellen, Online-Ticketportale usw), die lediglich als Vermittler oder Kommissionäre für Veranstalter/Betreiber tätig sind.[14]

12 **3. Zeitlicher Anwendungsbereich.** Die Vorschrift ist in zeitlicher Hinsicht auf alle **Verträge** über die Teilnahme an einer Veranstaltung oder die Nutzung einer Freizeiteinrichtung, die **vor dem 8.3.2020 abgeschlossen** wurden, anzuwenden (Art. 240 § 5 Abs. 1 S. 1, Abs. 2). Der Gesetzgeber geht davon aus, dass ab dem 8.3.2020 die pandemieartige Ausbreitung des Sars-CoV-2-Virus und die dadurch bedingten Folgen für das gesellschaftliche Leben in der breiten Öffentlichkeit bekannt waren **(Stichtagslösung).**[15] Damit sind nur solche Veranstalter von Freizeitveranstaltungen oder Betreiber von Freizeiteinrichtungen als schutzwürdig anzusehen, die entsprechende Teilnahme- oder Nutzungsverträge vor dem 8.3.2020 abgeschlossen haben.

13 Maßgeblich ist, dass alle für die **Vertragsperfektionierung** erforderlichen Voraussetzungen vor dem 8.3.2020 vorlagen. Der Gesetzeswortlaut ist insoweit zwar nicht ganz eindeutig, wenn dort in Bezug auf Freizeitveranstaltungen von dem Erwerb einer Eintrittskarte oder sonstigen Teilnahmeberechtigung die Rede ist. Derartige Papiere werden aber regelmäßig nur ausgestellt und ausgehändigt, wenn dafür die schuldrechtlichen Voraussetzungen vorliegen. Auf die Aushändigung der Eintrittskarte kann es im Übrigen nicht entscheidend ankommen, da diese unter Umständen erst mit zeitlicher Verzögerung, beispielsweise bei Übersendung auf dem Postweg, erfolgt. Es wäre dann unter Umständen vom Zufall abhängig, ob die Karte noch vor dem Stichtag beim Erwerber eintrifft. Zudem ist in Abs. 2 in Bezug auf Freizeiteinrichtungen allgemeiner von dem Erwerb einer Nutzungsberechtigung (und nicht von einem Nutzerausweis oder dergleichen) die Rede, woraus geschlossen werden kann, dass es auch insoweit allein auf die durch den Vertragsschluss vermittelte schuldrechtliche Berechtigung ankommt. Die Gutscheinlösung greift mithin ein, wenn der Schuldner, also der Veranstalter einer Freizeitveranstaltung oder Betreiber einer Freizeiteinrichtung, **zum** gesetzlichen **Stichtag zur Leistung verpflichtet** war. Bei Abonnements, die sich automatisch verlängern, gilt das auch dann, wenn der Zeitpunkt der Verlängerung nach dem 7.3.2020 liegt, die Vertragsperfektionierung aber schon vorher stattgefunden hat.[16] An einer rechtzeitigen, zur Teilnahme bzw. Nutzung berechtigenden **Vertragsperfektionierung fehlt** es, sofern das Rechtsgeschäft unter einer aufschiebenden Bedingung (§ 158 Abs. 1 BGB) abgeschlossen wurde und der Bedingungseintritt erst nach dem 7.3.2020 erfolgt, oder zum Stichtag lediglich ein (bindendes) Angebot des Veranstalters/Betreibers vorlag.[17] Entsprechendes gilt, wenn der Vertragspartner des Schuldners nach dem 7.3.2020 von einem Widerrufsrecht wirksam Gebrauch gemacht hat.[18] Wird dagegen eine vor dem 8.3.2020 erworbene Teilnahme- oder Nutzungsberechtigung nach diesem Zeitpunkt verlängert, handelt es sich lediglich um eine Modifikation des Ursprungsvertrages und nicht um einen Neuabschluss, sodass der zeitliche Anwendungsbereich der Vorschrift eröffnet bleibt.[19]

---

13 Ebenso BeckOGK/*Preisser,* 1.4.2024, Rn. 21.

14 BGHZ 234, 182 Rn. 74 = NJW 2022, 2830; AG Bremen ZVertriebsR 2021, 98 Rn. 33; *Woitkewitsch* NJW 2022, 1134 Rn. 15; aA *Bergmann* WM 2021, 1209 (1211 f.).

15 Begr. RegE zum COVVeranstG, BT-Drs. 19/18697, 5 (7).

16 BeckOK BGB/*Voit,* 70. Ed. 1.11.2022, Rn. 7.

17 AA BeckOGK/*Preisser,* 1.4.2024, Rn. 16; BeckOK BGB/*Voit,* 70. Ed., 1.11.2022, Rn. 6, die sich für eine analoge Anwendung von Art. 240 § 5 im Falle eines bindenden Angebots des Veranstalters/Betreibers vor dem 8.3.2020 aussprechen.

18 BeckOGK/*Preisser,* 1.4.2024, Rn. 27; BeckOK BGB/*Voit,* 70. Ed. 1.11.2022, Rn. 8.

19 BeckOGK/*Preisser,* 1.4.2024, Rn. 17.

Angesichts der vom Gesetzgeber gewählten Stichtagslösung spielt es keine Rolle, ob im Einzelfall bereits **vor dem 8.3.2020 absehbar** war, **dass** eine **Leistung** wegen der COVID-19-Pandemie **mutmaßlich nicht (mehr) würde erbracht werden können.** Die vereinzelt bereits vor dem 8.3.2020 erfolgte Absage von (Groß-) Veranstaltungen[20] und die damit naheliegende Erwartung, dass alsbald auch andere Veranstaltungen betroffen sein könnten, lässt für sich genommen die Schutzbedürftigkeit der Veranstalter von Freizeitveranstaltungen oder Betreiber von Freizeiteinrichtungen nicht entfallen. Es kommt angesichts der gesetzlichen Regelung allein auf die objektive Vertragssituation am Stichtag an. Allerdings kann eine Berufung auf die Gutscheinlösung im Ausnahmefall treuwidrig sein (§ 242 BGB), wenn der Veranstalter bzw. Betreiber aufgrund einschlägiger behördlicher Hinweise schon vor dem 8.3.2020 davon ausgehen musste, dass er auf absehbare Zeit aus Infektionsschutzgründen nicht mehr in der Lage sein würde, die von ihm angebotene Leistung zu erbringen. 14

III. Voraussetzungen

1. Überblick. Die Vorschrift des Art. 240 § 5 sieht vor, dass Veranstalter (→ Rn. 11) einer Freizeitveranstaltung (→ Rn. 5 ff.) und Betreiber (→ Rn. 11) einer Freizeiteinrichtung (→ Rn. 9) berechtigt sind, dem Inhaber einer vor dem 8.3.2020 erworbenen Eintrittskarte oder sonstigen Teilnahmeberechtigung für eine Veranstaltung und dem Inhaber einer vor dem 8.3.2020 erworbenen Nutzungsberechtigung für eine Freizeiteinrichtung anstelle der vertraglich versprochenen Leistung einen Gutschein zu übergeben, wenn die Freizeitveranstaltung aufgrund der COVID-19-Pandemie nicht stattfinden konnte oder wenn die Freizeiteinrichtung aufgrund der COVID-19-Pandemie zu schließen war. 15

2. Erwerb einer Eintrittskarte, sonstigen Teilnahmeberechtigung oder Nutzungsberechtigung. Wie in → Rn. 12 f. erläutert, ist es erforderlich, dass die Teilnahme- bzw. Nutzungsberechtigung des Besuchers vor dem 8.3.2020 bestand. Der diesbezügliche Vertragsschluss zwischen dem Besucher und Veranstalter/Betreiber musste bei Freizeitveranstaltungen auf den **entgeltlichen Erwerb einer Eintrittskarte oder sonstigen Teilnahmeberechtigung** gerichtet gewesen sein, bei Freizeiteinrichtungen auf den Erwerb einer **Nutzungsberechtigung.** Das ist bei Restaurantbesuchen von vornherein nicht der Fall.[21] Daran fehlt es auch, wenn der Vertrag lediglich die Planung und Durchführung einer Veranstaltung beinhaltet, ohne dass damit die Aushändigung von Eintritts- oder Nutzungsberechtigungen verbunden ist.[22] 16

Bei **Eintrittskarten** handelt es sich regelmäßig um kleine Inhaberpapiere (§ 807 BGB; → 8. Aufl. 2020, BGB § 807 Rn. 10), in denen der Gläubiger der Leistung nicht bezeichnet ist, jedoch aus den Umständen ersichtlich ist, dass sich der Aussteller gegenüber dem Inhaber der Urkunde zur Erbringung der darin versprochenen Leistung verpflichtet, weshalb der Urkundeninhaber von dem Aussteller gegen Aushändigung der Urkunde (§ 797 BGB) die versprochene Leistung verlangen kann (§ 793 Abs. 1 BGB; → 8. Aufl. 2020, BGB § 807 Rn. 14). Zuweilen wird der Gläubiger aber auch in der Eintrittskarte benannt, sodass ein Namenspapier mit Inhaberklausel (sog. hinkendes Inhaberpapier; § 808 BGB, → 8. Aufl. 2020, BGB § 807 Rn. 10) vorliegt.[23] Was unter einer **sonstigen Teilnahmeberechtigung** zu verstehen ist, lässt sich dem Gesetzeswortlaut und den Gesetzesmaterialien nicht ohne Weiteres entnehmen. Naheliegend ist es, darunter alle nicht in einer Eintrittskarte verbrieften Rechte zu verstehen. Als Eintrittsberechtigung ist daher zB auch ein Armband zu qualifizieren, dass während der Veranstaltung zu tragen ist. Im Ergebnis kann es nicht darauf ankommen, ob der Besucher eine Eintrittskarte im eigentlichen Sinne erhalten hat, solange ihm ein vertraglicher Anspruch auf Teilnahme an der Freizeitveranstaltung zusteht. 17

Auch für die **Berechtigung zur Nutzung einer Freizeiteinrichtung** reicht es aus, wenn diese sich aus einer vertraglichen Vereinbarung zwischen dem Nutzer und dem Betreiber der Einrichtung ergibt. Das zeigt bereits der Wortlaut von Art. 240 § 5 Abs. 2. Die Nutzungsberechtigung wird gleichwohl häufig in einem kleinen Inhaberpapier (§ 807 BGB) verbrieft sein.[24] Denkbar ist in diesen Fällen wie bei Eintrittskarten zu Veranstaltungen aber auch, dass der Gläubiger in der Urkunde benannt ist. Dann handelt es sich um ein Namenspapier mit Inhaberklausel.[25] Im Übrigen kann sich die Nutzungsberechtigung auch aus einer Club- oder Mitgliedskarte ergeben, wie sie regelmäßig bei Fitness- und Sportstudios zur Dokumentation der „Mitgliedschaft" ausgegeben wird. 18

---

20 Abgesagt wurde ua bereits am 2.3.2020 die ITB Berlin.
21 KG NJW-RR 2022, 64 Rn. 27.
22 LG Paderborn NJW 2021, 170 Rn. 30, 33 betr. Abiturball.
23 *Weller* NJW 2005, 934 (935) betr. Fußball-WM-Ticket.
24 BGHZ 234, 182 Rn. 20 = NJW 2022, 2830 mwN.
25 AG Syke NJW 2003, 1054.

19 Der Erwerb einer Eintrittskarte oder sonstigen Teilnahmeberechtigung für eine **Freizeitveranstaltung** kann und wird sich zumeist auf den Besuch einer einzelnen Veranstaltung (Theateraufführung, Konzertveranstaltung, Fußballspiel) beziehen. Erfasst werden nach dem Wortlaut von Art. 240 § 5 Abs. 1 S. 2 aber auch Eintrittskarten oder sonstige Teilnahmeberechtigungen, die eine **Teilnahme an mehreren Veranstaltungen** ermöglichen. Dabei kann es sich beispielsweise um Theater- und Konzertabonnements oder sogenannte Dauerkarten, die etwa zum Besuch mehrerer Sportveranstaltungen in einer Spielzeit berechtigen, handeln. **Nicht erfasst** werden **Mitgliedschaften bei Theater- oder Konzertbesuchsorganisationen.** Sie ermöglichen regelmäßig nicht bereits die Teilnahme an bestimmten Veranstaltungen. Mitglieder derartiger Organisationen haben zumeist nur das Recht, Eintrittskarten verbilligt zu beziehen. Der Mitgliedschaft als solcher fehlt also der konkrete Bezug zu einer Veranstaltung oder Veranstaltungsreihe, der durch den Erwerb einer Eintrittskarte oder sonstigen Teilnahmeberechtigung vermittelt wird. In Bezug auf **Freizeiteinrichtungen** wird in Art. 240 § 5 Abs. 2 nicht zwischen dem Recht zum einmaligen oder mehrmaligen Besuch einer solchen Einrichtung differenziert. Insoweit dürfte es sich um ein Redaktionsversehen handeln. Gerade bei den in den Gesetzesmaterialien genannten Schwimmbädern, Tierparks, Freizeitparks und Museen ist es üblich, dass nicht nur Nutzungsberechtigungen für einzelne Besuche eingeräumt werden, sondern auch **Dauer- bzw. Jahreskarten** ausgegeben werden. Bei Sportstudios ist dies sogar die Regel. Aus diesem Grunde wäre es sachlich nicht nachvollziehbar, wenn die Gutscheinlösung bei Freizeiteinrichtungen an andere Voraussetzungen geknüpft wäre als bei Freizeitveranstaltungen. Die erworbene Nutzungsberechtigung kann sich also sowohl auf eine Einzelnutzung als auch auf eine mehrmalige Nutzung (Dauernutzung) beziehen.

20 **Inhaber einer Eintrittskarte, sonstigen Teilnahmeberechtigung oder Nutzungsberechtigung** ist diejenige Person, der das auf Besuch der Freizeitveranstaltung oder Freizeiteinrichtung gerichtete Forderungsrecht zusteht. Das sind der **originäre Inhaber** des Papiers, aber auch mögliche Zweiterwerber, die in keiner originären Vertragsbeziehung zum Veranstalter oder Betreiber stehen, sondern das Papier vom Erst- oder einem anderen Vorinhaber erworben haben. Im Hinblick auf den **Zweiterwerb** ist danach zu unterscheiden, in welcher Art die Teilnahme- bzw. Nutzungsberechtigung verkörpert ist. Handelt es sich um ein kleines Inhaberpapier (§ 807 BGB), erfolgt die Übertragung gemäß §§ 929 ff. BGB (→ 8. Aufl. 2020, BGB § 807 Rn. 14).[26] Namenspapiere mit Inhaberklausel sind gemäß §§ 398 ff. BGB, § 952 BGB durch Abtretung der zugrunde liegenden Forderung übertragbar, wobei die Übertragbarkeit nach § 399 Alt. 2 BGB ausgeschlossen werden kann.[27] Nicht übertragbar ist regelmäßig die Rechtsposition aus einer „Mitgliedschaft" in einem Sport- und Fitnessclub, da sie an die Person des Gläubigers gebunden ist (§ 399 Alt. 2 BGB iVm § 413 BGB).

21 **3. Leistungshindernis. a) Grundsatz.** Weitere Voraussetzung dafür, dass dem Veranstalter/Betreiber das Recht zusteht, anstelle der Erstattung des Eintrittspreises oder Nutzungsentgelts einen Gutschein auszugeben, ist, dass die **Veranstaltung** aufgrund der COVID-19-Pandemie **nicht stattfinden konnte** (Art. 240 § 5 Abs. 1 S. 1) bzw. die **Freizeiteinrichtung** aufgrund der COVID-19-Pandemie **zu schließen war** (Art. 240 § 5 Abs. 2). Der Veranstalter/Betreiber muss mithin an der Erbringung der jeweiligen Leistung gehindert sein. Die Auswirkungen der Pandemie müssen insoweit kausal geworden sein. Das setzt nicht zwingend eine ordnungsbehördliche Untersagungsverfügung voraus.

22 Ein Leistungshindernis besteht, wenn die **Erbringung der Leistung unmöglich** ist **(§ 275 Abs. 1 BGB),** und zwar entweder **vollständig oder** im Falle der mehrmaligen Teilnahme- oder Nutzungsberechtigung zumindest **teilweise** („soweit"). Teilweise Unmöglichkeit setzt voraus, dass die versprochene Leistung als solche teilbar ist (→ BGB § 275 Rn. 136). Das ist etwa bezogen auf **einzelne Aufführungen** eines Theaterabonnements oder einzelne Konzerte einer Konzertreihe der Fall, regelmäßig aber nicht im Hinblick auf eine einzelne Veranstaltung als solche. Die Durchführung einer Einzelveranstaltung ist daher nicht nur teilweise unmöglich, wenn diese anstelle einer Präsenz- als Online-Veranstaltung angeboten wird. Damit nimmt die Veranstaltung einen vollständig anderen Charakter an und entspricht nicht mehr dem ursprünglichen Leistungsversprechen. Bei **Freizeiteinrichtungen,** die aufgrund der COVID-19-Pandemie nur teilweise zu schließen waren, wie etwa Tierhäuser in Zoologischen Gärten, ist bereits die Teilbarkeit der Leistung in Frage zu stellen. In solchen Fällen dürfte, soweit die ständige Zugänglichkeit aller Bereiche der Freizeiteinrichtung überhaupt Leistungsgegenstand ist, von einer Schlechtleistung auszugehen sein. Fehlt es an den Voraussetzungen einer Unmöglichkeit iSv § 275 Abs. 1 BGB, kann die Leistungspflicht – im

---

[26] BGHZ 234, 182 Rn. 21 = NJW 2022, 2830; BGHZ 178, 63 Rn. 49 = NJW 2009, 1504; OLG München NJW-RR 2011, 1359 (1359 f.); *Weller* NJW 2005, 934 (935 f.).

[27] *Weller* NJW 2005, 934 (936).

Ausnahmefall – auch gemäß **§ 275 Abs. 2 BGB** ausgeschlossen sein, wenn der für die Erbringung der Leistung erforderliche Aufwand in einem groben Missverhältnis zum Leistungsinteresse des Gläubigers steht (auch → Rn. 26).

Entscheidend ist, dass die **Ursache** für die Nichtdurchführbarkeit einer Veranstaltung oder die Schließung einer Freizeiteinrichtung gerade **in der COVID-19-Pandemie** besteht. Insoweit reicht Mitursächlichkeit, wenn diese für sich genommen bereits zur (Teil-) Unmöglichkeit der Leistungserbringung führt. Konnte oder kann eine Veranstaltung dagegen ausschließlich aus anderen Gründen nicht durchgeführt oder eine Freizeiteinrichtung deshalb nicht geöffnet werden, ist der Anwendungsbereich von Art. 240 § 5 nicht eröffnet. Allein das zeitliche Zusammentreffen solcher Gründe mit der COVID-19-Pandemie reicht nicht. 23

Zweifelhaft ist, ob als Leistungshindernis auch ein **Wegfall der Geschäftsgrundlage** (§ 313 BGB) in Betracht kommt. Dagegen spricht der Wortlaut von Art. 240 § 5 Abs. 1 („nicht stattfinden konnte oder kann") und Abs. 2 („zu schließen war oder ist"). Danach muss die Leistungspflicht ipso iure entfallen und darf nicht erst von dem Anpassungsverlangen einer Vertragspartei abhängig sein. 24

b) Einzelfälle. aa) Freizeitveranstaltungen. (Teil-) Unmöglichkeit iSv § 275 Abs. 1 BGB ist jedenfalls dann gegeben, wenn die Veranstaltung infolge **öffentlicher-rechtlicher Verbote oder Gebote,** in der Regel wird es sich um Veranstaltungs- und Kontaktverbote oder die Verpflichtung zur Einhaltung von Abstandsgeboten handeln, nicht stattfinden konnte.[28] Unerheblich ist, auf welcher Rechtsgrundlage das öffentlich-rechtliche Verbot oder Gebot beruht. Es kann sich etwa um gesetzliche Regelungen (IfSG),[29] Verordnungs- oder (kommunales) Satzungsrecht handeln. Entscheidend ist, dass das Verbot oder Gebot gerade den Schutz vor oder die Abwehr von Gesundheitsgefahren aufgrund der COVID-19-Pandemie bezweckt (→ Rn. 23). Unschädlich ist es, wenn daneben auch noch andere Gründe für die Untersagung einer Veranstaltung vorlagen (→ Rn. 23). 25

Die Erbringung der Leistung kann für den Veranstalter auch deshalb (teil-) unmöglich iSv § 275 Abs. 1 BGB sein, weil nicht er selbst, sondern **Dritte,** deren Leistungen für die Durchführung einer Veranstaltung erforderlich sind, **von öffentlich-rechtlichen Ver- oder Geboten betroffen** sind. Zu denken ist beispielsweise daran, dass Künstler aufgrund von Reisebeschränkungen oder Einschränkungen bei Verkehrsmitteln wie im Flugverkehr nicht an den Veranstaltungsort gelangen konnten,[30] oder Dienstleister wie Caterer oder Techniker, zB für den Bühnenbau, ihre Leistung nicht erbringen durften. Denkbar ist auch, dass Künstler, die ihre Leistung in Person zu erbringen haben, an Sars-CoV-2 erkrankt sind. Unmöglichkeit liegt im Übrigen auch dann vor, wenn die **wirtschaftliche Belastungsgrenze** für die Durchführung der Veranstaltung **überschritten** ist (§ 275 Abs. 2 BGB; → BGB § 275 Rn. 73 ff.). Dies wird allerdings nur selten der Fall sein. Nicht ausreichend ist es jedenfalls, wenn die Veranstaltung für den Veranstalter infolge von COVID-19-Einschränkungen lediglich keine Gewinnerzielung erwarten ließ, sich damit im weiteren Sinne nicht „rechnete" und nur aus diesem Grunde abgesagt wurde.[31] 26

bb) Freizeiteinrichtungen. Die Schließung von **Freizeiteinrichtungen** kann wie die Nichtdurchführbarkeit von Freizeitveranstaltungen ebenfalls auf **öffentlich-rechtlichen Ver- oder Geboten** beruhen. Insoweit gelten die bei → Rn. 23, → Rn. 25 entwickelten Grundsätze entsprechend. Dagegen reicht es nicht aus, wenn der Betreiber die Freizeiteinrichtung aus freien Stücken geschlossen hat oder schließt.[32] Das ergibt sich bereits aus dem Wortlaut von Art. 240 § 5 Abs. 2 („ […] zu schließen war oder ist […]"). Es reicht daher nicht aus, wenn die Schließung allein auf wirtschaftlichen Gründen beruht, etwa weil sich der Betrieb unter den besonderen Umständen der COVID-19-Pandemie nicht mehr gelohnt hat. Das gilt selbst dann, wenn die Belastungsgrenze des § 275 Abs. 2 BGB erreicht ist oder der Betrieb der Einrichtung aus anderen Gründen unmöglich war. Im Gegensatz zu Freizeitveranstaltungen nach Art. 240 § 5 Abs. 1 stellt der Wortlaut von Abs. 2 bei Freizeiteinrichtungen allein auf die fremdbestimmte Schließung der Einrichtung ab. Bloße **mittelbare Folgen** öffentlich-rechtlicher Ver- oder Gebote, die zur wirtschaftlichen Unmöglichkeit iSv § 275 BGB führen, etwa die Verpflichtung zur Einhaltung von Mindestabständen, werden nicht erfasst. 27

IV. Rechtsfolgen

1. Ersetzungsbefugnis. Die Veranstalter von Freizeitveranstaltungen und Betreiber von Freizeiteinrichtungen sind unter den Voraussetzungen von Art. 240 § 5 Abs. 1 und 2 (→ Rn. 15 ff.) 28

[28] BGHZ 233, 266 Rn. 16 ff. = NJW 2022, 2024; vgl. auch LG Freiburg ZVertriebsR 2022, 219 Rn. 57.

[29] Dazu im Überblick *Rixen* NJW 2020, 1097 (1097 ff.).

[30] Begr. RegE zum COVVeranstG, BT-Drs. 19/18697, 5 (7).

[31] In der Tendenz weiter *Spenner/Estner* BB 2020, 852 (853) unter Hinweis darauf, dass es sich bei der Pandemie um ein Zufallsereignis handelt; ähnlich *Weller/Lieberknecht/Habrich* NJW 2020, 1017 (1020).

[32] BeckOGK/*Preisser,* 1.4.2024, Rn. 25; aA BeckOK BGB/*Voit,* 70. Ed. 1.11.2022, Rn. 10.

berechtigt, den jeweiligen Inhabern von Teilnahme- und Nutzungsberechtigungen **„anstelle einer Erstattung"** des Eintrittspreises oder Nutzungsentgeltes, die an sich gemäß § 326 Abs. 1, 4 BGB iVm § 346 BGB im Falle der Unmöglichkeit der Leistungserbringung zu erfolgen hat, „einen Gutschein zu übergeben" (Art. 240 § 5 Abs. 1, 2). Damit räumt der Gesetzgeber dem Veranstalter oder Betreiber (als Schuldner der Rückzahlungsverpflichtung) unabhängig davon, ob er wirtschaftlich zur Rückzahlung in der Lage ist, eine **Ersetzungsbefugnis** (facultas alternativa) ein,[33] die jedoch bis zum 31.12.2021 befristet war, wie sich mittelbar aus Art. 240 § 5 Abs. 5 Nr. 2 ergibt. Daraus folgt ein gesetzlich vermitteltes Schuldverhältnis zwischen dem Veranstalter/Betreiber und dem Gläubiger. **Vertragliche Vereinbarungen** der Parteien, die im Falle der Absage einer Veranstaltung oder Schließung einer Freizeiteinrichtung bereits privatautonom **die Übergabe eines Gutscheins** statt der Rückgewähr des Eintrittspreises oder Nutzungsentgeltes **vorsehen,** gehen der gesetzlichen Ersatzordnung nach Art. 240 § 5 vor.[34] Insoweit fehlt nämlich bereits die für die Ersetzungsbefugnis notwendige Anknüpfung an § 326 Abs. 4 BGB.

29 Die Ersetzungsbefugnis ändert nichts an der grundsätzlichen **Verpflichtung zur Rückzahlung** des Eintrittspreises oder Nutzungsentgeltes, die nur dann **erlischt, wenn** der **Gutschein** dem Inhaber der Teilnahme- oder Nutzungsberechtigung **übergeben wird.** Durch die Ausübung der Ersetzungsbefugnis, durch die der Schuldner von der ihm kraft Gesetzes eingeräumten einseitigen Gestaltungsmacht Gebrauch macht, wird das Schuldverhältnis insoweit nachträglich umgestaltet (→ BGB § 262 Rn. 8).[35] Diese Änderung kann nur mit Zustimmung des Gläubigers wieder rückgängig gemacht werden. Eine derartige privatautonome Vereinbarung wird durch Art. 240 § 5 nicht ausgeschlossen. Hat der Schuldner das **Teilnahme- oder Nutzungsentgelt in Unkenntnis** der Ersetzungsbefugnis an den Gläubiger **zurückgezahlt,** ist diese Leistung nicht kondizierbar.[36] Ein Übergang zur Gutscheinlösung ist insoweit nachträglich nicht mehr durch einseitige Gestaltung seitens des Schuldners, sondern ebenfalls nur durch privatautonome Vereinbarung mit dem Gläubiger möglich.

30 **2. Gutscheinübergabe.** Die Ersetzungsbefugnis gibt dem Veranstalter/Betreiber das Recht, anstelle einer Erstattung des Eintrittspreises bzw. Nutzungsentgeltes einen Gutschein zu übergeben (→ Rn. 28). Dabei handelt es sich, wie Art. 240 § 5 Abs. 3, 4 und 5 zeigen, um einen **Wertgutschein.** Mit der Verpflichtung zur Ausstellung eines Wertgutscheins (und nicht eines Sachgutscheins) sollte sichergestellt werden, dass der Inhaber des Gutscheins, soweit er sich nicht für eine Auszahlung des Gutscheinwertes nach dem 31.12.2021 entscheidet (Art. 240 § 5 Abs. 5 Nr. 2), frei wählen kann, ob und welche andere Veranstaltung/Freizeiteinrichtung desselben Veranstalters/Betreibers er besuchen will.[37] Da sich der Wert des Gutscheins an der ursprünglichen Leistung orientiert (→ Rn. 28), muss freilich ein gegebenenfalls höherer Preis für die „Ersatzleistung" durch Zahlung des Differenzbetrages ausgeglichen werden. Das wirtschaftliche Risiko einer Insolvenz des Veranstalters/Betreibers wird angesichts dieses Regelungskonzepts einseitig auf den Inhaber des Gutscheins verlagert (→ Rn. 3). Dies entspricht zwar dem Sinn und Zweck der Regelung, ist aber unter dem Blickwinkel des Verbraucherschutzes angreifbar. Auf der anderen Seite kann der Gutscheininhaber den **Gutschein,** bei dem es sich um ein kleines Inhaberpapier (§ 807 BGB) handelt (→ 8. Aufl. 2020, BGB § 807 Rn. 12),[38] **auf Dritte übertragen** (§§ 929 ff. BGB) und damit versuchen, den wirtschaftlichen Gegenwert des Gutscheins zu realisieren.

31 Die nach Art. 240 § 5 erforderliche **Übergabe** ist wie in § 433 Abs. 1 S. 1 BGB im Sinne der willensgetragenen Verschaffung des unmittelbaren Besitzes durch Einräumung der tatsächlichen Sachherrschaft zu verstehen (§ 854 BGB).[39] Übergabesurrogate (Begründung eines Besitzmittlungsverhältnisses iSv §§ 930, 868 BGB oder Abtretung des Herausgabeanspruchs, § 931 BGB) genügen nur, wenn dies von den Parteien vereinbart ist. Mit dem **Vollzug** der Übergabe des Gutscheins tritt die gesetzliche **Gestaltungswirkung** (→ Rn. 29) ein. Die bloße Ankündigung, einen Gutschein ausstellen zu wollen, reicht nicht aus.[40] Ausgeschlossen ist der Eintritt der Gestaltungswirkung

---

[33] BGHZ 233, 266 Rn. 38 = NJW 2022, 2024; *Englich/Weinert* NJW 2022, 1987 Rn. 15; *Jänsch* COVuR 2021, 578 (579); aA wohl *Weller/Schwemmer* NJW 2020, 2985 (2987), die von einer „quer zu den Erfüllungsmodalitäten des allgemeinen Schuldrechts" liegenden „Surrogatslösung" sprechen; in der Begr RegE zum COVVeranstG, BT-Drs. 19/18697, 5 (9) ist von Stundung die Rede; ebenso AG Essen BeckRS 2021, 589 Rn. 20; *Bömer/Nedelcu* NJOZ 2020, 1217 (1218).

[34] Ebenso BeckOK BGB/*Voit,* 70. Ed. 1.11.2022, Rn. 14.

[35] Staudinger/*Bittner/Kolbe,* 2019, BGB § 262 Rn. 14.

[36] Staudinger/*Bittner/Kolbe,* 2019, BGB § 262 Rn. 14.

[37] Begr. RegE zum COVVeranstG, BT-Drs. 19/18697, 5 (8).

[38] *Willems* NJW 2018, 1049.

[39] Begr. RegE zum COVVeranstG, BT-Drs. 19/18697, 5 (7).

[40] *Englich/Weinert* NJW 2022, 1987 Rn. 16.

zudem, wenn kein Wertgutschein, sondern ein **Sachgutschein,** zB für den Besuch einer Nachholveranstaltung oder anderen Veranstaltung ausgestellt wird.

Nach dem Wortlaut von Art. 240 § 5 Abs. 1 Nr. 1, Abs. 2 besteht die Ersetzungsbefugnis jeweils nur **für den vollständigen Erstattungsbetrag,** nicht aber für Teile davon, es sei denn, die ursprüngliche, aber nicht mehr erbringbare Leistung war selbst teilbar. Der Gutschein tritt insoweit an die Stelle des Erstattungsbetrags. Bei **teilbaren Leistungen,** zB Konzertreihen, Jahreskarten für Freizeiteinrichtungen (→ Rn. 22), ist der Wertgutschein für denjenigen Teil der Leistung auszustellen, der nicht stattfinden konnte. Das ergibt sich für Freizeitveranstaltungen ausdrücklich aus Art. 240 § 5 Abs. 1 S. 2. Eine entsprechende Regelung für Freizeiteinrichtungen fehlt in Abs. 2. Dabei dürfte es sich um ein Redaktionsversehen handeln. Auch insoweit ist davon auszugehen, dass der Betreiber einer Freizeiteinrichtung berechtigt ist, anstelle der anteiligen Rückzahlung des Nutzungsentgelts (zB bei Zeit-, Saison- oder Jahreskarten) einen Gutschein zu übergeben.[41] Der Wert einer teilweise nicht erbrachten Leistung ist entsprechend dem Anteil an der Gesamtvergütung zu ermitteln, es sei denn, die Parteien haben etwas anderes vereinbart.[42] 32

3. Wert des Gutscheins (Abs. 3). Der Wert des Gutscheins muss nach Art. 240 § 5 Abs. 3 S. 1 den **gesamten Eintrittspreis oder das gesamte sonstige Entgelt** einschließlich etwaiger Vorverkaufsgebühren umfassen. Damit will der Gesetzgeber erreichen, dass sich der Inhaber eines Gutscheins durch dessen Entgegennahme finanziell nicht schlechter steht als bei der an sich geschuldeten Rückzahlung des Eintrittspreises.[43] Freilich kann im Einzelfall zweifelhaft sein, ob Vorkaufsgebühren überhaupt Bestandteil des Eintrittsentgeltes sind, da es sich auch um eine gesonderte Vergütung für eine von Dritten erbrachte Vermittlungsleistung (Vertriebsleistung) handeln kann.[44] Der Gesetzgeber scheint sich dieser Problematik nicht bewusst gewesen zu sein. 33

Zudem dürfen für die **Ausstellung und Übersendung** des Gutscheins **keine zusätzlichen Kosten** in Rechnung gestellt werden (Art. 240 § 5 Abs. 3 S. 2). Die Regelung ist, jedenfalls nach dem Wortlaut von Art. 240 § 5 Abs. 3 S. 1, auf Freizeitveranstaltungen zugeschnitten. Für Freizeiteinrichtungen kann freilich nichts anderes gelten, sodass in entsprechender Anwendung auch etwaige Kosten für die Ausstellung von Clubausweisen etc von dem Gutschein abgedeckt sein müssen. 34

4. Angaben auf dem Gutschein (Abs. 4). Nach Art. 240 § 5 Abs. 4 muss sich aus dem Gutschein ergeben, dass dieser **wegen der COVID-19-Pandemie ausgestellt** wurde (Nr. 1) und dass der Inhaber des Gutscheins die **Auszahlung des Wertes** des Gutscheins unter einer der in Abs. 5 genannten Voraussetzungen **verlangen kann** (Nr. 2). In den Gesetzesmaterialien heißt es dazu, die Regelung solle für den Inhaber des Gutscheins Rechtssicherheit in Bezug auf die Durchsetzung etwaiger Rechte nach Abs. 5 herstellen.[45] Das gilt zumindest für die Angabe nach Nr. 1. Der nach Nr. 2 erforderliche Verweis auf die Rechte nach Abs. 5 ist eher mit dem Gedanken des Verbraucherschutzes in Verbindung zu bringen, wenngleich es sich bei den Gläubigern wie gezeigt nicht notwendig um Verbraucher handeln muss. Der Sinn und Zweck der Vorschrift gebietet es nicht, dass die Gesetzesformulierung als solche auf dem Gutschein erscheinen muss. Der Gutschein muss jedoch **klar und deutlich** den Anlass der Gutscheinausstellung (COVID-19-Pandemie) und die Voraussetzungen für eine Auszahlung des Gutscheins erkennen lassen. Als **nicht ausreichend** ist es insoweit anzusehen, wenn sich die Angabe auf dem Gutschein auf die Wiedergabe von Paragrafenbezeichnungen beschränkt. Nach Art. 240 § 5 Abs. 4 Nr. 2 sind nämlich die „in Absatz 5 genannten Voraussetzungen" anzugeben. **Fehlen** die nach Art. 240 § 5 Abs. 4 erforderlichen **Angaben oder sind diese nicht zureichend,** führt dies nicht zur Unwirksamkeit der Gutscheinübergabe und der damit verbundenen Gestaltungswirkung. Die Ersetzungsbefugnis begründet jedoch ein Schuldverhältnis zwischen dem Veranstalter/Betreiber und dem Gläubiger (auch → Rn. 28). Fehlende oder unzureichende Angaben auf dem Gutschein stellen insoweit eine **Pflichtverletzung** des Veranstalters/Betreibers dar, die eine Verpflichtung zum Schadensersatz (§ 280 Abs. 1 BGB) nach sich zieht. Ein Schaden des Gläubigers kann sich etwa daraus ergeben, dass er seinen Rückzahlungsanspruch nach Art. 240 § 5 Abs. 5 infolge der Pflichtverletzung nicht oder verspätet geltend macht. 35

V. Auszahlung des Gutscheinwertes (Abs. 5)

1. Überblick. In Art. 240 § 5 Abs. 5 ist vorgesehen, dass der Inhaber des Gutscheins **unter bestimmten Voraussetzungen** die **Auszahlung des im Gutschein verkörperten Wertes** ver- 36

---

41 IdS auch Begr. zum Entwurf eines Gesetzes zur Abmilderung der Folgen der COVID-19-Pandemie im Veranstaltungsvertragsrecht, BT-Drs. 19/18697, 5 (8).
42 Wohl auch BeckOK BGB/*Voit,* 70. Ed. 1.11.2022, Rn. 12.
43 Begr. RegE zum COVVeranstG, BT-Drs. 19/18697, 5 (8).
44 *Kreile/Hombach* ZUM 2001, 731 (759); *Spenner/Estner* BB 2020, 852 (853).
45 Begr. RegE zum COVVeranstG, BT-Drs. 19/18697, 5 (8).

langen kann. Das ist einerseits der Fall, wenn der Verweis auf den Gutschein für ihn angesichts seiner persönlichen Lebensumstände unzumutbar ist (Nr. 1), andererseits, wenn er den Gutschein bis zum 31.12.2021 nicht eingelöst hat (Nr. 2). Der Auszahlungsanspruch unterliegt insoweit der **regelmäßigen Verjährung** (§ 195 BGB).

37 Mit der Regelung will der Gesetzgeber die **Verfassungsmäßigkeit der Gutscheinlösung** sicherstellen. Immerhin greift Art. 240 § 5 nachträglich in ein bestehendes Schuldverhältnis ein, indem es einem Vertragspartner das Recht einräumt, das Schuldverhältnis einseitig umzugestalten und damit dem anderen Vertragspartner das Recht auf Rückzahlung eines Teilnahme- oder Nutzungsentgeltes zu entziehen (auch → Rn. 3). Inwieweit dieser Regelungsansatz schon deshalb verhältnismäßig ist, weil „der Rückzahlungsanspruch wegen der schwierigen finanziellen Situation vieler Veranstalter derzeit häufig gar nicht durchsetzbar sein wird",[46] mag bezweifelt werden, zumal sich die Situation für die Gläubiger durch die Ausgabe von Wertgutscheinen, die später möglicherweise gar nicht mehr verwendet werden können, nicht grundlegend ändert.[47] Offenbar hat der Gesetzgeber selbst die Notwendigkeit gesehen, die **Verhältnismäßigkeit der Regelung** vor dem Hintergrund eines Eingriffs in das Eigentum (Art. 14 Abs. 1 GG) – zu ergänzen ist: und in die Vertragsfreiheit (Art. 2 Abs. 1 GG) – zusätzlich **abzusichern.** Dieser Zweck wird mit Art. 240 § 5 Abs. 5 verfolgt.

38 **2. Einzelheiten.** Nach Art. 240 § 5 Abs. 5 Nr. 1 kann der Inhaber eines nach Abs. 1 und Abs. 2 ausgestellten Gutscheins (→ Rn. 30 ff.) die Auszahlung des Gutscheinwertes im Falle der Unzumutbarkeit der Gutscheinlösung verlangen, wobei sich die fehlende Zumutbarkeit aus den **persönlichen Lebensumständen** des Gutscheininhabers ergeben muss. Die zur Auszahlung berechtigenden Umstände müssen im Zeitpunkt der Geltendmachung des Anspruchs (noch) vorliegen und dürfen ihrer Art nach nicht nur vorübergehender Natur sein.[48] In Betracht kommen insoweit zunächst die **wirtschaftlichen Verhältnisse** des Gutscheininhabers. Diesbezüglich wird in den Gesetzesmaterialien als Beispiel angeführt, dass der Gutscheininhaber ohne die Auszahlung des Gutscheinwertes nicht in der Lage ist, existenziell wichtige Lebenshaltungskosten wie Miet- oder Energierechnungen zu begleichen.[49] Allgemeiner wird man formulieren können, dass Unzumutbarkeit jedenfalls dann vorliegt, wenn ohne die Rückzahlung die Gefahr besteht, dass der eigene Lebensunterhalt des Gutscheininhabers oder der Lebensunterhalt seiner unterhaltsberechtigten Angehörigen nicht mehr in angemessener Weise und ohne Hilfe Dritter bestritten werden kann. Insoweit kann auch ein gewisser Gleichlauf mit Art. 240 § 1 Abs. 1 S. 1 hergestellt werden,[50] wobei § 1360a BGB als Maßstab für den angemessenen Lebensunterhalt herangezogen werden kann.[51]

39 Zweifelhaft ist, ob die **fehlende Verwendbarkeit des Gutscheins** zur Unzumutbarkeit aufgrund persönlicher Lebensumstände führt, wenn der Gutscheininhaber beispielsweise geltend macht, er habe das **Interesse** am Besuch bestimmter Freizeitveranstaltungen oder Freizeiteinrichtungen **verloren.** Das wird ohne Weiteres nicht ausreichen, zumal die Verwendbarkeit einer Leistung nach allgemeinen Grundsätzen in den Risikobereich des Gläubigers fällt.[52] Dies wird man selbst dann annehmen müssen, wenn die ursprünglich geschuldete Leistung von dem Schuldner aufgrund gesetzlicher Regelung de facto durch eine andere, aber im weiteren Sinne noch vergleichbar verwendbare Leistung ersetzt werden darf. Anderenfalls würde zudem die Gefahr bestehen, dass die Gutscheinlösung weitgehend leer läuft.

40 Denkbar sind gleichwohl Einzelfälle, in denen die persönlichen Lebensumstände die Verwendbarkeit des Gutscheins von vornherein ausschließen und ein Zuwarten auf eine Rückzahlung des Gutscheinwertes nach dem 31.12.2021 als unzumutbar erscheinen lassen. Davon ist auszugehen, wenn eine **schwerwiegende Erkrankung** den Gutscheininhaber am Besuch von Freizeitveranstaltungen oder Freizeiteinrichtungen hindert[53] oder das **Aufsuchen der Veranstaltung oder Einrichtung mit unverhältnismäßigen zusätzlichen Aufwendungen verbunden** ist.[54] Das kann der Fall sein, wenn der Gutschein nur fernab des Wohnortes eingelöst werden kann. In den Gesetzes-

---

[46] So die Begr. RegE zum COVVeranstG, BT-Drs. 19/18697, 5 (8).

[47] Krit. auch BeckOK BGB/*Voit,* 70. Ed. 1.11.2022, Rn. 3; gegen Verfassungskonformität AG Frankfurt a.M. BeckRS 2020, 29716 Rn. 32 ff.; für Verfassungskonformität AG Essen BeckRS 2021, 589 Rn. 24 ff.; *Bömer/Nedelcu* NJOZ 2020, 1217 (1221 ff.); Grüneberg/*Retzlaff* Rn. 1; s. auch BVerfG NJW 2024, 492.

[48] IdS wohl auch BeckOK BGB/*Voit* Rn. 16.

[49] Begr. RegE zum COVVeranstG, BT-Drs. 19/18697, 5 (8).

[50] Zu Art. 240 § 1 Abs. 1 S. 1 *Schmidt-Kessel/Möllnitz* NJW 2020, 1103 (1104).

[51] *Kaulbach/Scholl* in Effer-Uhe/Mohnert, Vertragsrecht in der Corona-Krise, 2020, 95 (101 f.); aA *Liebscher/Zeyher/Steinbrück* ZIP 2020, 852 (853), die auf §§ 1601 ff. BGB abstellen.

[52] AG Frankfurt a.M. BeckRS 2020, 29716 Rn. 28 (Hochzeitstag).

[53] Vgl. AG Frankfurt a.M. BeckRS 2020, 29716 Rn. 28.

[54] IdS auch AG Frankfurt a.M. BeckRS 2020, 29716 Rn. 28; BeckOK BGB/*Voit,* 70. Ed. 1.11.2022, Rn. 16.

materialien wird der Sachverhalt erwähnt, dass ursprünglich der Besuch einer Veranstaltung am Urlaubsort geplant war.[55] Unter diesen Umständen wäre es unzumutbar, für eine Inanspruchnahme des Gutscheins erneut an den Urlaubsort oder einen anderen weit entfernten Ort reisen zu müssen. Das gilt nicht nur für Nachholveranstaltungen, sondern erst recht für andere dort angebotene Alternativveranstaltungen. Jedenfalls muss sich der Gutscheininhaber, da es nur auf seine persönlichen Lebensumstände ankommt, nicht darauf verweisen lassen, dass er den Gutschein gegen Entgelt auch an eine dritte Person übertragen kann (→ Rn. 30).

Die Verhältnismäßigkeit der Gutscheinlösung wird schließlich auch durch die **Befristung der Einlösung bis zum 31.12.2021** abgesichert. Hat der Gutscheininhaber den Gutschein bis zu diesem Zeitpunkt nicht eingelöst, steht ihm gegen den Veranstalter oder Betreiber ebenfalls ein Anspruch auf Auszahlung des Gutscheinwertes zu (Art. 240 § 5 Abs. 5 Nr. 2). Der Anspruch ist sofort fällig (§ 271 BGB). Ein **besonderer Grund für die Nichteinlösung** des Gutscheins **muss nicht vorliegen.** Insoweit ist es zumindest missverständlich, wenn in den Gesetzesmaterialien die unterbliebene Einlösung damit in Verbindung gebracht wird, dass der Termin einer Nachholveranstaltung nicht wahrgenommen werden konnte oder am Besuch einer Freizeiteinrichtung kein Interesse mehr besteht.[56] Eine derartige Verknüpfung lässt sich dem Gesetzeswortlaut nicht entnehmen. 41

VI. Prozessuales

Die **Darlegungs- und Beweislast** für die **Voraussetzungen der Gutscheinübergabe** gemäß Art. 240 § 5 Abs. 1 und 2 trifft den Veranstalter der Freizeitveranstaltung bzw. den Betreiber der Freizeiteinrichtung. Der Inhaber des Gutscheins hat darzulegen und zu beweisen, dass die Voraussetzungen für eine **Auszahlung des Wertes des Gutscheins** gemäß Art. 240 § 5 Abs. 5 vorliegen. Das ist im Falle des Abs. 5 Nr. 1 unter Umständen damit verbunden, dass die persönlichen Verhältnisse gegenüber dem Vertragspartner umfassend offenzulegen sind. Dieser Regelungsansatz erscheint in der Konsequenz unangemessen, da er den Gutscheininhaber von der Geltendmachung des Auszahlungsanspruchs abhalten kann. Im Ergebnis berührt das auch die Verhältnismäßigkeit der Regelung insgesamt. 42

VII. Verhältnis zu anderen Vorschriften

Die Gutscheinlösung **modifiziert** in ihrem Anwendungsbereich die Rechtsfolgenbestimmung in **§ 326 Abs. 1 S. 1 Hs. 1, Abs. 4 BGB.** Auf die **Geschäftsgrundlagenlehre** (§ 313 BGB) kann, unabhängig vom Vorrang der Rechtsfolgenbestimmung aus § 275 Abs. 1 BGB,[57] neben Art. 240 § 5 schon deshalb nicht zurückgegriffen werden, soweit die wirtschaftliche Risikoverteilung in Hinsicht auf die Auswirkungen der COVID-19-Pandemie mit der Gutscheinlösung eine abschließende Regelung gefunden hat.[58] Insoweit unterscheidet sich der Regelungsansatz des Art. 240 § 5 von Art. 240 § 7, der bei Miet- und Pachtverträgen die Anwendbarkeit der Geschäftsgrundlagenlehre gerade voraussetzt. Nicht ausgeschlossen sind dagegen im Grundsatz Ansprüche des Teilnehmers/Nutzers gegen den Veranstalter/Betreiber auf **Schadensersatz,** zB für Reisekosten, Stornierungsgebühren für Hotelreservierungen. Allerdings fehlt es regelmäßig am Verschulden des Veranstalters/Betreibers. 43

VIII. Abweichende Vereinbarungen

Die Vorschrift des Art. 240 § 5 beinhaltet **kein zwingendes Recht.** Es ist den Vertragsparteien daher unbenommen, abweichende vertragliche Vereinbarungen zu treffen.[59] Abweichende Bestimmungen in **AGB** sind am Leitbild des Art. 240 § 5 zu messen.[60] 44

§ 6 [aufgehoben]

Schrifttum: *Bacher,* Die Corona-Pandemie und allgemeine Regeln über Leistungsstörungen, MDR 2020, 514; *Bergmann,* Reiserecht, in Kroiß (Hrsg.), Rechtsprobleme durch COVID-19, 2. Aufl. 2021, § 8; *Führich,* Rücktritt

55 Begr. RegE zum COVVeranstG, BT-Drs. 19/18697, 5 (8).
56 Begr. RegE zum COVVeranstG, BT-Drs. 19/18697, 5 (9).
57 Vgl. nur BGHZ 233, 266 Rn. 30 = NJW 2022, 2024.
58 BGHZ 234, 182 Rn. 73 = NJW 2022, 2830; BGHZ 233, 266 Rn. 33 = NJW 2022, 2024 mwN, auch zu abw. Entscheidungen in der Instanz-Rspr.; KG NJW-RR 2022, 64 Rn. 22; *Jänsch* COVuR 2021, 581; wohl auch *Liebscher/Zeyher/Steinbrück* ZIP 2020, 852 (860) zu Art. 240 § 1; vgl. auch *Stöber* NJW 2022, 897 Rn. 5 ff.; undeutlich *Kumkar/Voß* ZIP 2020, 893 (895 einerseits, 901 andererseits) zu Art. 240 § 2.
59 BGHZ 233, 266 Rn. 39 = NJW 2022, 2024; BeckOGK/*Preisser,* 1.4.2024, Rn. 46.
60 BeckOGK/*Preisser,* 1.4.2024, Rn. 46.

vom Pauschalreisevertrag vor Reisebeginn wegen Covid-19-Pandemie, NJW 2020, 2137; *Jung,* Systemkrisen und das Institut der (großen) Geschäftsgrundlage, JZ 2020, 715; *Keiler,* COVID-19: Gutscheinlösungen für Reisende, RdW – Österreichisches Recht der Wirtschaft 2020, Heft 17, 1; *Lorenz,* Allgemeines Leistungsstörungsrecht, in H. Schmidt (Hrsg.), COVID-19 – Rechtsfragen zur Corona-Krise, 3. Aufl. 2021, § 1; *Rüfner,* Das Corona-Moratorium nach Art. 240 EGBGB, JZ 2020, 443; *Ruks,* Pandemie und Gutscheinlösung vor dem EuGH, VuR 2023, 293; *Schmidt-Kessel/Möllnitz,* Coronavertragsrecht – Sonderregeln für Verbraucher und Kleinstunternehmen, NJW 2020, 1103; *Scholl,* Die vertragsrechtlichen Regelungen in Art. 240 EGBGB aus Anlass der COVID-19-Pandemie, WM 2020, 765; *Staudinger/Achilles-Pujol,* Reiserecht, in H. Schmidt (Hrsg.), COVID-19, Rechtsfragen zur Corona-Krise, 3. Aufl. 2021, § 7; *Tonner,* Corona-Krise und Reiserecht, MDR 2020, 519; *Tonner,* COVID 19 und Reisegutscheine, MDR 2020, 1032; *Tonner/Bergmann/Blankenburg,* Reiserecht, 2. Aufl. 2022; *Weller/Lieberknecht/Habrich,* Virulente Leistungsstörungen – Auswirkungen der Corona-Krise auf die Vertragsdurchführung, NJW 2020, 1017.

Übersicht

I. Normzweck

1 Am 31.7.2020 trat das Gesetz zur Abmilderung der Folgen der COVID-19-Pandemie im Pauschalreiserecht vom 10.7.2020 (BGBl. 2020 I 1643, 1830) in Kraft, das in den seit dem 1.4.2020 geltenden Art. 240 den § 6 (Reisegutschein; Verordnungsermächtigung) einfügte; zum Abweichen des Inkrafttretens vom Verkündungsdatum → Rn. 19.[1] **Art. 240 trat insgesamt zum 1.10.2022 außer Kraft,** ist aber für Altfälle und als Orientierung für aktuelle Gutscheinlösungen noch relevant. Der Vorschlag der EU-Kommission über eine Änderung der Pauschalreise-RL vom 29.11.2023[2] enthält eine Gutscheinregelung, die dem Art. 240 § 6 aF ähnelt, so dass möglicherweise eine vergleichbare Vorschrift in absehbarer Zeit in das Pauschalreiserecht der §§ 651a ff. BGB eingefügt werden muss. Während Art. 240 § 1 dem Schutz der Verbraucher bei „wesentlichen" Dauerschuldverhältnissen zum Gegenstand hatte und die Art. 240 §§ 2 und 3 besondere Regeln für Miet- und Darlehensverträgen hinzufügten,[3] schützten die Art. 240 §§ 5 und 6 Unternehmer vor einem existenzbedrohenden Liquiditätsabfluss, wenn sie wegen der COVID-19-Pandemie Leistungen nicht erbringen konnten und infolgedessen nach den allgemeinen Vorschriften, insbesondere §§ 275, 326 BGB, Vorauszahlungen zurückzahlen müssten. Die Grundidee beider Vorschriften bestand in einer

[1] Der Gesetzestitel lautet vollständig: Gesetz zur Abmilderung der Folgen der COVID-19-Pandemie im Pauschalreisevertragsrecht und zur Sicherstellung der Funktionsfähigkeit der Kammern im Bereich der Bundesrechtsanwaltsordnung, der Bundesnotarordnung, der Wirtschaftsprüferordnung und des Steuerberatungsgesetzes während der COVID-19-Pandemie. Der im Gesetzgebungsverfahren hinzugefügte Art. 2 (COVID-19-Gesetz zur Funktionsfähigkeit der Kammern – COV19FKG) spielte für Art. 240 § 6 keine Rolle.

[2] COM(2023) 905 final.

[3] Zu Art. 240 § 1 *Bacher* MDR 2020, 514; *Lorenz* in H. Schmidt COVID-19 § 1 Rn. 1 ff.; *Rüfner* JZ 2020, 443; *Schmidt-Kessel/Möllnitz* NJW 2020, 1103; *Scholl* WM 2020, 765; vgl. ferner die Nachweise im Schrifttum zu Art. 240 § 1.

Gutscheinlösung: Der Unternehmer konnte die Rückzahlungsverpflichtung durch einen Gutschein abwenden, der bis zum 31.12.2021 einzulösen war. Beide Vorschriften nahmen auch die Interessen der Verbraucher in den Blick. Die Verbraucher mussten den Gutschein nicht einlösen, sie konnten spätestens ab dem 1.1.2022 die Rückzahlung verlangen. Damit wurde der Unternehmer von der Rückzahlungsverpflichtung nicht endgültig befreit; diese wurde lediglich verschoben, sofern nicht während der Geltungsdauer des Gutscheins eine Ersatzleistung erfolgte.

Art. 240 §§ 5 und 6 hatten jedoch mehr Unterschiede als Gemeinsamkeiten. Während im Veranstaltungsrecht der Verbraucher einen vom Unternehmer angebotenen Gutschein akzeptieren musste, war die Gutscheinlösung im Pauschalreiserecht für den Reisenden **freiwillig.** Auch die im Kommissionsvorschlag vom 29.11.2023 vorgesehene Gutscheinregelung geht von Freiwilligkeit aus. Der Reisende konnte auf seinem unverzüglichen Rückzahlungsanspruch nach § 651h Abs. 5 BGB bestehen. Deswegen bedurfte es anders als im Veranstaltungsrecht keiner Härteklausel (→ Art. 240 § 5 Rn. 38 ff.). 2

Während beim Veranstaltungsvertrag der Verbraucher das Insolvenzrisiko seines Vertragspartners während der Geltungsdauer des Gutscheins in vollem Umfang trug, war er bei Pauschalreiseverträgen dagegen geschützt. Die Vorschrift erstreckte die **Absicherung** nach § 651r BGB auf den Wert des Gutscheins. Der Absicherer musste also im Insolvenzfall den Wert des Gutscheins erstatten. Die Vorschrift ist inzwischen im Wesentlichen Rechtsgeschichte. Gemäß Art. 6 Nr. 6 des Gesetzes zur Abmilderung der Folgen der COVID-19-Pandemie im Pauschalreiserecht trat sie mWv 1.10.2022 außer Kraft. Von Relevanz ist die Vorschrift daher nur noch für Gutscheine, die zwischen dem 8.3.2020 und dem 31.12.2021 ausgestellt wurden. Unbeantwortet bleibt die Frage, ob Reisegutscheine außerhalb des zeitlichen Anwendungsbereichs der Vorschrift im Wege einer **einvernehmlichen Vertragsänderung** vereinbart werden dürfen, insbesondere angesichts der inzwischen deutlich verbesserten Insolvenzabsicherung (→ Rn. 42 ff.). 3

II. Unionsrechtlicher Hintergrund

Nach Art. 12 Abs. 4 **Pauschalreise-RL** hat der Reiseveranstalter alle Zahlungen des Reisenden bei einer Kündigung unverzüglich und innerhalb von 14 Tagen zu erstatten. Beruht die Kündigung auf unvermeidbaren, außergewöhnlichen Umständen, darf keine Stornogebühr abgezogen werden (Art. 12 Abs. 2 Pauschalreise-RL). Der Gesetzgeber hat diese Vorschrift in § 651h BGB umgesetzt. Eine Ersetzungsbefugnis durch einen Gutschein ist nicht vorgesehen. Obligatorische Gutscheinlösungen, die dem Reiseveranstalter gleichwohl eine derartige Befugnis zugestehen oder auch nur die Rückzahlungspflicht hinausschieben, sind damit mit der Richtlinie nicht vereinbar.[4] 4

Gleichwohl führten eine Reihe von Mitgliedstaaten, darunter Frankreich, Italien und Spanien, unter dem Druck der durch COVID-19 bedingten Liquiditätsengpässe eine Ersetzungsbefugnis durch Gutscheine ein. Dies führte zu Druck auch auf den deutschen Gesetzgeber. Die Bundesregierung erklärte daraufhin in einem Beschluss, dass sie eine Gutscheinlösung einführen möchte, und fragte die EU-Kommission nach deren unionsrechtlicher Zulässigkeit.[5] Die **Kommission** veröffentlichte wenig später eine förmliche **Empfehlung,** wonach Gutscheine dem Reisenden zwar als Alternative zum Rückzahlungsanspruch angeboten werden können, diesem aber das Recht auf eine Rückzahlung verbleiben müsse.[6] Die Empfehlung enthält detaillierte Regelungen über die Ausgestaltung des Gutscheins und über eine Insolvenzabsicherung, denen der deutsche Gesetzgeber mit dem Gesetz zur Abmilderung der Folgen der COVID-19-Pandemie im Pauschalreisevertragsrecht weitgehend folgte. Da eine Empfehlung nach Art. 288 AEUV unverbindlich ist, konnte der deutsche Gesetzgeber von der Empfehlung abweichen, sofern er nur den Rückzahlungsanspruch nach Art. 12 Pauschalreise-RL nicht verletzt hätte. Kernelemente der Empfehlung waren jedoch in Art. 240 § 6 enthalten. Nachdem die EU-Kommission **Vertragsverletzungsverfahren** gegen die Mitgliedstaaten einleitete, die den Reiseveranstaltern eine Ersetzungsbefugnis an die Hand gegeben hatten, gaben die meisten Mitgliedstaaten ihre verpflichtenden Gutscheinregelungen auf. Eines der Vertragsverletzungsverfahren führte jedoch zu einer Entscheidung des EuGH,[7] ebenso eine Vorlage 5

---

[4] *Führich* NJW 2020, 2137 (2140 f.); *Staudinger/Achilles-Pajol* in H. Schmidt, COVID-19, 3. Aufl. 2021, § 7 Rn. 18; *Tonner* MDR 2020, 519 (524 f.); anders *Keiler* RdW Heft 17/2020, 1 (2), der „Erstattung" iSd Art. 12 Abs. 4 Pauschalreise-RL nicht zwangsläufig als Erstattung in Geld versteht; anders auch *Bergmann* in Tonner/Bergmann/Blankenburg Reiserecht § 1 Rn. 349.

[5] Presse-und Informationsamt der BReg., Pressemitteilung 118 vom 2.4.2020.

[6] Empfehlung der Kommission vom 13.5.2020 zu Gutscheinen für Passagiere und Reisende als Alternative zur Rückerstattung von Zahlungen für annullierte Pauschalreisen und Beförderungsdienstleistungen im Kontext der COVID-19-Pandemie, C(2020) 3125 final.

[7] EuGH EuZW 2023, 728 – Europäische Kommission/Slowakische Republik.

aufgrund eines von französischen Verbraucherverbänden angestrengten Verfahrens.[8] Der EuGH lehnte in diesen Urteilen eine obligatorische Gutscheinlösung ab. Mit Ausführungen der Generalanwältin *Medina* in den Schlussanträgen, wonach eine sehr begrenzte Möglichkeit einer vorübergehenden Befreiung von der Erstattungspflicht bestehen könnte,[9] setzte er sich nicht auseinander. Ein weiteres Verfahren, bei dem das LG München wissen wollte, ob ein obligatorischer Gutschein zulässig sein könnte,[10] wurde gestrichen.[11]

6 Der **Kommissionsvorschlag** für eine Gutscheinlösung vom 29.11.2023[12] ist vor dem Hintergrund der Empfehlung vom 13.5.2020[13] und der inzwischen ergangenen EuGH-Rspr. zu sehen. Er will einen Art. 12a in die Pauschalreise-RL einfügen, der wie die Empfehlung Informationspflichten enthält, wonach der Reisende ua darüber aufgeklärt werden muss, nicht verpflichtet zu sein, einen Gutschein statt der Rückzahlung anzunehmen. Der Betrag des Gutscheins muss von der Insolvenzabsicherung abgedeckt sein. Die Gutscheinregelung soll für alle Fälle einer vorzeitigen Vertragsbeendigung gelten. Sollte es insoweit bei dem Kommissionsvorschlag bleiben, müsste der deutsche Umsetzungsgesetzgeber den aufgehobenen Art. 240 § 6 wiederaufleben lassen oder ihn ins Pauschalreiserecht der §§ 651a ff. BGB verschieben. Der Kommissionsvorschlag liegt auch auf der Linie der EuGH-Urteile.

7 Während außer Frage steht, dass eine Ersetzungsbefugnis mit dem Wortlaut der Pauschalreise-RL nicht vereinbar ist,[14] wird in der Literatur vertreten, dass der andere Lösungen verdrängende Rückzahlungsanspruch mit Primärrecht nicht vereinbar sei.[15] *Staudinger* nimmt eine unbeabsichtigte **Gesetzeslücke** an, weil der Unionsgesetzgeber die Möglichkeit einer Pandemie nicht gesehen hat und von der uneingeschränkten Rückzahlungsverpflichtung Abstand genommen hätte, wenn er diese Möglichkeit in Erwägung gezogen hätte. Die von ihm identifizierte Lücke will er unter Rückgriff auf das **Primärrecht** füllen. Dazu wägt er das Verhältnismäßigkeitsprinzip (Art. 5 Abs. 4 EUV), die unternehmerische Freiheit (Art. 16 GRCh), das Eigentumsrecht (Art. 17 GRCh) und den Verbraucherschutz (Art. 38 GRCh) ab und kommt zu dem Ergebnis, dass eine Ersetzungsbefugnis durch einen Gutschein geboten ist, sofern die Regelung eine Härteklausel und eine Insolvenzschutzregelung enthält.[16]

8 Dieser Auffassung ist nicht zuzustimmen. Die Annahme einer auszufüllenden Regelungslücke würde bedeuten, dass große Teile der Rechtsordnung unter dem Vorbehalt einer Anpassung durch die Rechtsprechung stünden, denn die Rechtsordnung war generell nicht auf einen Pandemie-Fall in den Ausmaßen der COVID-19-Pandemie vorbereitet. Diese Anpassung ist aber Aufgabe des dazu demokratisch legitimierten **Gesetzgebers,** der ihr zudem wesentlich zügiger nachkommen kann als die Rechtsprechung. Eine Anpassung der Rückzahlungsverpflichtung nach der Pauschalreise-RL kann nur die **EU-Kommission** in die Wege leiten, die das alleinige Initiativrecht für Gesetzgebungsverfahren auf Unionsebene hat. Die Kommission hat eindeutig erklärt, dass sie es auch in Zeiten der Pandemie bei der Regelung der Pauschalreise-RL belassen will und Gutscheine nur eine für den Reisenden freiwillige Alternative sein können.[17] Auch das **Europäische Parlament** vertritt diese Auffassung.[18] Es ist also ein Wille des Gesetzgebers festzustellen, über den man sich nicht durch die Annahme einer vermeintlichen Gesetzeslücke hinwegsetzen kann. Mit dem Vorschlag vom 29.11.2023 hat die Kommission diese Ansicht bestärkt.[19] Die methodischen Überlegungen von *Staudinger* sind allerdings bereits vor den Bekundungen von Kommission und Parlament geschrieben worden.

9 Auf die Lückenfüllung durch Primärrecht kommt es demnach nicht an. Selbst wenn eine Lücke anzunehmen wäre, wäre durch die Äußerungen von zwei der drei am Gesetzgebungsverfahren beteiligten Organe klargestellt, wie sie unter den Bedingungen der Pandemie zu schließen ist. Es ist zudem zweifelhaft, ob dem Abwägungsergebnis von *Staudinger* zu folgen wäre, denn es belastet den Verbraucher

---

[8] EuGH EuZW 2023, 709 mAnm *Führich* = VuR 2023, 304 mit Besprechungsaufsatz *Ruks* VuR 2023, 293 – Que choisir.

[9] Schlussanträge GA *Medina* 15.9.2022 – C-407/21.

[10] LG München RRa 2021, 272.

[11] EuGH BeckRS 2023, 18284 – RSD – Reisedienst Deutschland.

[12] COM(2023) 905 final.

[13] C(2020) 3125 final.

[14] Aus österreichischer Sicht *Keiler* RdW Heft 17/2020, 1 (6), der einen Gutschein nur für zulässig hält, wenn ihn der Reisende als Erfüllungssurrogat akzeptiert.

[15] *Staudinger/Achilles-Pujol* in H. Schmidt, COVID-19, 3. Aufl. 2021, § 7 Rn. 114 ff.

[16] Dieser Argumentation folgend *Bergmann* in Tonner/Bergmann/Blankenburg, Reiserecht, 2. Aufl. 2022, § 1 Rn. 347.

[17] Empfehlung C(2020) 3125 final.

[18] Entschließung des Europäischen Parlaments vom 19.6.2020 zu Verkehr und Tourismus im Jahr 2020 und darüber hinaus, 2020/2649 (RSP) Nr. 14.

[19] COM(2023) 905 final.

einseitig mit dem Risiko, für eine Leistung bezahlen zu müssen, die er sich infolge von durch die COVID-19-Pandemie verursachten Einkommenseinbußen nicht mehr leisten kann.[20] Da – anders als der zum 1.10.2020 außer Kraft tretende Art. 240 – die Empfehlung der Kommission keine Befristung enthält, ist sie auch nach dem 30.9.2022 relevant, aber eben nur als Empfehlung (→ Rn. 5).

III. Verhältnis zu anderen Normen

1. Rückzahlungsanspruch (§ 651h Abs. 5 BGB). Der Rückzahlungsanspruch nach § 651h Abs. 5 BGB ging nicht unter, wenn der Reiseveranstalter einen Gutschein gemäß Art. 240 § 6 aF ausstellte. Vielmehr konnte er lediglich während der Laufzeit des Gutscheins nicht ausgeübt werden. *Staudinger* sieht in dem Gutschein eine Leistung **erfüllungshalber** gemäß § 364 Abs. 2 BGB, weil der Reisende nicht mit dem Gutschein, sondern erst mit dessen Einlösung befriedigt wird.[21] Für diese Sicht spricht auch, dass der Reisende den Gutschein nicht einlösen musste, sondern nach dem Ende seiner Geltungsdauer den (ursprünglichen) Rückzahlungsanspruch geltend machen konnte. Der Rückzahlungsanspruch wurde damit nicht aufgehoben, sondern nur **verschoben.** Ein während der Geltungsdauer des Gutscheins geltend gemachter Rückzahlungsanspruch war nicht „unbegründet", sondern lediglich „zur Zeit unbegründet". Dabei würde es nach dem von der Kommission vorgeschlagenen Art. 12a Pauschalreise-RL bleiben. 10

Dem Reiseveranstalter stand mit dem Angebot eines Gutscheins auch **keine Ersetzungsbefugnis** zu. Dies würde für eine Leistung an Erfüllung statt gemäß § 364 Abs. 1 BGB sprechen. Der Reiseveranstalter konnte dem Reisenden den Gutschein vielmehr nur anbieten ohne einen Anspruch, dass dieser das Angebot annahm. Reagierte der Reisende nicht, blieb es bei dem Rückzahlungsanspruch, denn von einer stillschweigenden Annahme (§ 151 BGB) ist nicht auszugehen. Die Vorschrift sprach zwar von einem **Wahlrecht** des Reisenden, doch bestand dieses erst dann, wenn der Reiseveranstalter einen Gutschein anbot. Ohne das Angebot eines Gutscheins blieb es allein beim Rückzahlungsanspruch. 11

Sofern man die Zulässigkeit von Gutscheinen auch **außerhalb des Anwendungsbereichs** der Vorschrift anerkennt (→ Rn. 42 ff.), dh für nach dem 8.3.2020 abgeschlossene Pauschalreiseverträge (zum zeitlichen Anwendungsbereich → Rn. 19) werden auch derartige Gutscheine erfüllungshalber begeben. Der Rückzahlungsanspruch geht auch in diesem Fall nicht unter, sondern lebt wieder auf, falls der Gutschein nicht eingelöst wird. Mit der Annahme eines Gutscheins verzichtet der Reisende nicht endgültig auf den Rückzahlungsanspruch, so dass die Rechtsprechung zu Verzichtklauseln (→ BGB § 651y Rn. 5 ff.) nicht anzuwenden ist. Würde man den Gutschein nicht als Leistung erfüllungshalber qualifizieren, läge dagegen ein Verstoß gegen § 651h Abs. 5 BGB iVm § 651y BGB vor. 12

2. Wegfall der Geschäftsgrundlage (§ 313 BGB) und Unmöglichkeit (§ 275 BGB). Während zu Beginn der Pandemie die Möglichkeiten, mit Hilfe des **Wegfalls der Geschäftsgrundlage** gemäß § 313 BGB in bestehende Verträge einzugreifen, eher zurückhaltend beurteilt wurden,[22] mehrten sich später die Stimmen, die § 313 BGB eine größere Rolle zusprechen wollen.[23] So schlägt etwa *Jung* vor, die Pandemie als weitere Fallgruppe der Störung der großen Geschäftsgrundlage anzuerkennen und will dies auch auf die pauschalreiserechtliche Rückzahlungspflicht anwenden.[24] Es besteht allerdings Einmütigkeit, dass die Anwendbarkeit des § 313 BGB hinter speziellen Vorschriften, die vertragsrechtlichen Anpassungen bei Störungen der Geschäftsgrundalge vorsehen, zurücktritt (→ BGB § 313 Rn. 323).[25] Art. 240 § 6 aF war eine derartige Regelung, die zudem in wesentlichen Teilen rückwirkend anzuwenden war. Ein Rückgriff auf § 313 BGB war daher im Pauschalreiserecht während der Geltung des Art. 240 nicht möglich[26] und wird auch künftig nicht in Betracht kommen, falls die Gutscheinregelung des Kommissionsvorschlags in Kraft tritt. 13

Außerhalb des Anwendungsbereichs des Art. 240 § 6 aF hat sich die Diskussion, ob § 313 BGB bei einer Pandemie herangezogen werden kann, allerdings nicht erledigt. Die Frage ist nicht zuletzt bei der Buchung von einzelnen Reiseleistungen relevant, insbesondere bei Flügen (→ Rn. 18). Die Fluggastrechte-VO regelt nur die Kündigung durch den Luftbeförderer, nicht durch den Fluggast. Im ersteren Fall kann die Rückzahlungsverpflichtung des Luftbeförderers nach Art. 8 Abs. 1 Fluggast- 14

---

20 Ausführlicher *Tonner* MDR 2020, 519 (524 f.).

21 *Staudinger/Achilles-Pujol* in H. Schmidt, COVID-19, 3. Aufl. 2021, § 7 Rn. 21.

22 *Lorenz* in H. Schmidt, COVID-19, 3. Aufl. 2021, § 1 Rn. 40; speziell zum Pauschalreiserecht *Tonner* MDR 2020, 519 (525).

23 *Jung* JZ 2020, 715; *Weller/Lieberknecht/Habrich* NJW 2020, 1017; speziell zum Pauschalreiserecht *Bergmann* in Kroiß, Rechtsprobleme durch COVID-19, 2. Aufl. 2021, § 8 Rn. 39.

24 *Jung* JZ 2020, 715 (718).

25 *Jung* JZ 2020, 715 (717) zu Art. 240 § 5 aF.

26 Vgl. bereits *Tonner* MDR 2020, 519 (521); zust. → BGB § 313 Rn. 335 *(Finkenauer)*.

rechte-VO nicht durch einen Gutschein ersetzt werden, da sich die EU-Kommission zur Anwendbarkeit der Vorschrift auch in Pandemie-Zeiten bekannt hat.[27] Im letzteren Fall kommen dagegen die allgemeinen Vorschriften des BGB zur Anwendung. Bei einem Einreiseverbot am Bestimmungsort dürfte **rechtliche Unmöglichkeit** bestehen, auch wenn der gebuchte Flug durchgeführt wird, zumal den Luftbeförderern regelmäßig verboten ist, Fluggäste ohne gültige Einreisedokumente zu befördern. Dies löst die Rückzahlungsverpflichtung nach § 326 BGB aus. Hier könnte ein Anwendungsfall für § 313 BGB gegeben sein. Im Rahmen der in dieser Vorschrift vorgesehenen Vertragsanpassung wäre ein – auch obligatorischer – Gutschein denkbar.

15 Im Pauschalreiserecht sind dagegen sowohl die Rückzahlungsansprüche bei einem Rücktritt des Reisenden wie des Reiseveranstalters in der PauschalreiseRL geregelt, so dass wegen deren Vorrangigkeit § 313 BGB nicht zur Anwendung kommen kann. In den Entscheidungen Que choisir[28] und Slowakische Republik[29] hat der EuGH den Weg zu obligatorischen Gutscheinen jedoch versperrt. Allein der Unionsgesetzgeber könnte diesen Weg öffnen, was jedoch offensichtlich nicht seine Absicht ist.

IV. Anwendungsbereich (Abs. 1 S. 1)

16 **1. Persönlicher und sachlicher Anwendungsbereich.** Die Vorschrift war nur auf **Pauschalreiseverträge** anwendbar, also auf Verträge zwischen einem Reiseveranstalter und einem Reisenden über mindestens zwei verschiedene Reiseleistungen für den Zweck derselben Reise. Dagegen war sie nicht auf verbundene Reiseleistungen gemäß § 651w BGB anzuwenden, da es in diesem Fall bei der Vermittlerstellung des Unternehmers bleibt. Die Vorschrift war nur bei Kündigungen anwendbar, die **auf die COVID-19-Pandemie zurückzuführen** sind. Wird eine kostenlose Kündigung auf andere erhebliche Beeinträchtigungen gestützt, zB eine Naturkatastrophe, bedurfte eine Gutscheinlösung auch während der Geltung des Art. 240 aF einer einvernehmlichen Vertragsänderung, die nicht auf Art. 240 § 6 gestützt werden konnte. Zwischen der COVID-19-Pandemie und der Kündigung musste **Kausalität** bestehen. Wäre die Reise ohne erhebliche Beeinträchtigung durch die COVID-19-Pandemie durchführbar gewesen, durfte im Falle einer Kündigung nicht statt der Rückzahlung ein Gutschein angeboten werden. Allerdings hätte in derartigen Fällen meistens kein Grund für eine kostenlose Kündigung vorgelegen.

17 Nach der vorgeschlagenen **Neuregelung** der Europäischen Kommission wäre die Gutscheinvorschrift dagegen auf alle Fälle anzuwenden, in denen ein Rücktrittsanspruch ohne Stornogebühr besteht. Dies sind das Rücktrittsrecht wegen einer Preiserhöhung von mehr als 8 % (Art. 10 Pauschalreise-RL), wegen einer erheblichen Leistungsänderung (Art. 11 Pauschalreise-RL), wegen des Nichterreichens einer Mindestteilnehmerzahl oder wegen unvermeidbarer, außergewöhnlicher Umstände (Art. 12 Pauschalreise-RL). Der Anwendungsbereich wäre damit deutlich größer als nach dem früheren Art. 240 § 6 und würde **sich von dem Bezug auf die Pandemie lösen.**

18 Die Beschränkung der Regelung auf Pauschalreisen bedeutete, dass die Vorschrift auf einzelne Reiseleistungen nicht anzuwenden war. Gleichwohl spielen Gutscheine dort eine erhebliche Rolle, insbesondere bei **Luftbeförderungsverträgen.** Angesichts der zahlreichen Stornierungen infolge der weitgehenden Einstellung des Luftverkehrs wegen COVID-19 versuchten viele Luftbeförderungsunternehmen, den Flugpassagieren Gutscheine zur Verfügung zu stellen statt den Flugpreis zu erstatten. Art. 8 Abs. 1 Fluggastrechte-VO verpflichtet die Luftfahrtunternehmen jedoch, den vollständigen Flugpreis innerhalb von sieben Tagen zu erstatten, wenn das Luftfahrtunternehmen den Flug annulliert hat. Gutscheine bedürfen eines schriftlichen Einverständnisses des Fluggastes (Art. 7 Abs. 3 Fluggastrechte-VO). Nach Ansicht des EuGH liegt das schriftliche Einverständnis bereits vor, wenn der Fluggast auf der Webseite des Luftfahrtunternehmens auf einem Online-Formular diese Erstattungsmodalität unter Ausschluss der Auszahlung eines Geldbetrags gewählt hat, wobei dem Luftfahrtunternehmen allerdings umfassende Informationspflichten obliegen.[30] Die Akzeptanz eines Gutscheins birgt für den Fluggast ein nicht zu vernachlässigendes Risiko, da der Gutschein – anders als nach Art. 240 § 6 aF im Pauschalreiserecht – nicht gegen die Insolvenz des Luftbeförderungsunternehmens abgesichert ist. Hier Abhilfe zu schaffen,

---

[27] Bekanntmachung der Kommission, Auslegungsleitlinien zu den EU-Verordnungen über Passagierrechte vor dem Hintergrund der sich entwickelnden Situation im Zusammenhang mit COVID-19, C(2020) 1830 final vom 18.3.2020, Nr. 2.2. Auch die Empfehlung vom 13.5.2020 (C(2020) 3125 final vom 13.5.2020) umfasst Luftbeförderungen iSd Fluggastrechte-VO.

[28] EuGH EuZW 2023, 709 – Que choisir.

[29] EuGH EuZW 2023, 728 – Europäische Kommission/Slowakische Republik.

[30] EuGH 21.3.2024 – C-76/23 – Cobult, EuZW 2024, 574 m.Anm. *Hopperdietzel.*

obliegt dem Unionsgesetzgeber.[31] Auch in der COVID-19-Pandemie konnte nach den **Auslegungsleitlinien** der EU-Kommission vom März 2020 das Erstattungsrecht nicht gegen den Willen des Fluggasts durch einen Gutschein ersetzt werden.[32] Die Entschließung des Europäischen Parlaments vom 19.6.2020 (→ Rn. 8) umfasst auch Luftbeförderungsverträge.[33] Auch hier kann nicht von einer Gesetzeslücke ausgegangen werden, die durch Rückgriff auf Primärrecht zu schließen wäre. Eine dauerhafte Regelung im Rahmen der Fluggastrechte-VO ist jedoch derzeit – anders als im Pauschalreiserecht – nicht geplant.

2. Zeitlicher Anwendungsbereich. Nach Art. 3 Abs. 1 Gesetz zur Abmilderung der Folgen der COVID-19-Pandemie im Pauschalreisevertragsrecht sollte die Vorschrift am Tag nach der Verkündung im Bundesgesetzblatt **in Kraft treten,** sofern eine beihilferechtliche Genehmigung der EU-Kommission vorlag oder die Kommission erklärt hatte, dass eine solche Genehmigung nicht erforderlich sei. Der Gesetzgeber sah das Einholen einer derartigen Genehmigung für erforderlich an, weil in den staatlichen Garantiezusagen nach Abs. 6 S. 2 möglicherweise eine Beihilfe zu sehen sei (→ Rn. 35).[34] Die Erklärung der Kommission lag zum Zeitpunkt der Verkündung noch nicht vor, so dass die Vorschrift gemäß Art. 3 Abs. 1 S. 2 Gesetz zur Abmilderung der Folgen der COVID-19-Pandemie erst in Kraft trat, nachdem das BMJV nach Eingang der Erklärung das Inkrafttreten am 31.7.2020 im Bundesgesetzblatt bekannt gab. Gemeint ist das Inkrafttreten der gesamten Vorschrift, nicht nur ihrer beihilferechtlich relevanten Teile.[35] **19**

Die Vorschrift enthielt eine **Stichtagsregelung.** Sie galt nur für Pauschalreiseverträge, die vor dem 8.3.2020 abgeschlossen wurden. Damit wird die Zielrichtung der Vorschrift deutlich. Sie sollte den Reiseveranstalter vor durch die COVID-19-Pandemie verursachten Liquiditätsabflüssen schützen, die zum Zeitpunkt des Vertragsschlusses nicht vorhersehbar waren. Ab dem 8.3.2020 war dem Reiseveranstalter bekannt, dass die Pauschalreise wegen der Pandemie möglicherweise erheblich beeinträchtigt sein könnte mit der Folge von kostenlosen Rücktrittsrechten der Reisenden, so dass er sich bei Vertragsschluss entscheiden konnte, ob er sich auf dieses Risiko einlassen wollte.[36] **20**

Das Gesetz trat mWv 1.10.2022 gemäß seines Art. 6 Nr. 6 **außer Kraft.** Der vorübergehende Charakter der Regelung kam bereits dadurch zum Ausdruck, dass nach Abs. 4 die nach dieser Vorschrift ausgestellten Gutscheine ihre Gültigkeit verloren. Damit lebte der ursprüngliche Rückzahlungsanspruch wieder auf, dem gemäß § 651h Abs. 5 innerhalb von 14 Tagen nachzukommen war. Inwiefern Gutscheine nach Außerkrafttreten der Vorschrift vereinbart werden können, wird unten erörtert (→ Rn. 42 ff.). **21**

V. Rückwirkung (Abs. 1 S. 2 und 5)

Die Vorschrift enthielt eine ausdrückliche Regelung zu ihrer **Rückwirkung,** die sowohl den Reiseveranstalter wie den Reisenden begünstigte. Die Rückwirkung galt vom Zeitpunkt des Inkrafttretens der Vorschrift (31.7.2020) zurück bis zum Stichtag, dem 8.3.2020. Danach waren ab dem 8.3.2020 ausgestellte Gutscheine zulässig (Abs. 1 S. 2). **22**

Allerdings konnte nicht in jedem Fall davon ausgegangen werden, dass vor dem Inkrafttreten der Vorschrift zur Verfügung gestellte und vom Reisenden akzeptierte Gutscheine alle Voraussetzungen der Vorschrift erfüllten. Daraus folgte aber nicht die Unwirksamkeit des Gutscheins und damit das Wiederaufleben des Rückzahlungsanspruchs. Der Reisende hatte lediglich ein Recht, eine **Anpassung** der Gutscheine an die Rechtslage nach Art. 240 § 6 aF zu verlangen (Abs. 1 S. 5). Daraus, dass dem Reisenden nur ein Anspruch auf die Anpassung zustand, ist zu folgern, dass der Reiseveranstalter die Anpassung nicht von sich aus vornehmen musste.[37] **23**

VI. Wahlrecht (Abs. 1 S. 3 und 4)

Abs. 1 S. 3 und 4 sprachen von einem Wahlrecht des Reisenden. Dies war ungenau, denn der Reisende hatte kein originäres Wahlrecht zwischen dem Rückzahlungsanspruch und einem Gut- **24**

---

31 Das Europäische Parlament fordert seit Längerem eine Insolvenzabsicherung im Luftverkehr, zuletzt Entschließung des Europäischen Parlaments vom 24.10.2019 zu den negativen Auswirkungen der Insolvenz von Thomas Cook auf den Tourismus in der EU, 2019/2854 (RSP).

32 Bekanntmachung der Kommission – Auslegungsleitlinien zu den EU-Verordnungen über EU-Passagierrechte vor dem Hintergrund der sich entwickelnden Situation im Zusammenhang mit COVID-19, C(2020) 1830 final vom 18.3.2020.

33 2020/2649 (RSP).

34 Bericht RA, BT-Drs. 19/20718, 24 f.

35 Bericht RA, BT-Drs. 19/20718, 29.

36 Vgl. auch RegE, BT-Drs. 19/19581, 12.

37 Vgl. BeckOK BGB/*Geib* Rn. 5; *Bergmann* in Tonner/Bergmann/Blankenburg, Reiserecht, 2. Aufl. 2022, § 1 Rn. 345.

schein. Vielmehr oblag es allein der **Entscheidung des Reiseveranstalters,** ob er dem Reisenden einen Gutschein anbieten wollte. Es mag gute Gründe geben, warum der Reiseveranstalter keinen Gutschein anbot, vor allem die Komplikationen mit der Insolvenzabsicherung (→ Rn. 32 ff.). Nur wenn der Reiseveranstalter sich entschloss, dem Reisenden einen Gutschein anzubieten, konnte dieser sich entscheiden, ob er das **Angebot** annahm. Dies führte dann zu einer Leistung erfüllungshalber gemäß § 364 Abs. 2 BGB (→ Rn. 10).[38] Wie jedes Angebot blieb es folgenlos, wenn es nicht angenommen wurde. Die Annahme konnte nur ausnahmsweise stillschweigend erfolgen, zB dadurch dass der Reisende auf sein ursprüngliches Rückzahlungsbegehren innerhalb angemessener Zeit nicht zurückkam.

25 Die **Hinweispflicht** nach Abs. 1 S. 4 auf das Wahlrecht, genauer: auf das Recht des Reisenden das Angebot nicht anzunehmen mit der Folge, dass es beim Rückzahlungsanspruch blieb, ist von der Informationspflicht nach Abs. 3 Nr. 3 zu unterscheiden (→ Rn. 29). Der Hinweis nach Abs. 1 S. 4 hatte bereits mit dem Angebot zu erfolgen, während die Informationspflicht nach Abs. 3 Nr. 3 erst eingriff, wenn der Reisende den Gutschein akzeptiert hatte und ihm der Gutschein zur Verfügung gestellt wurde. Abs. 3 Nr. 3 wiederholte nicht das Wahlrecht, sondern wies den Reisenden darauf hin, dass er unter bestimmten Umständen trotz Zurverfügungstellung eines Gutscheins die Rückzahlung verlangen konnte.

VII. Inhalt des Gutscheins

26 **1. Wert des Gutscheins (Abs. 2).** Nach Abs. 2 musste der Gutschein seinen Wert beziffern. Dieser musste den erhaltenen **Vorauszahlungen** entsprechen. In der Praxis wird den Reisenden häufig ein Betrag angeboten, der über den erhaltenen Vorauszahlungen liegt, um einen Anreiz für eine Entscheidung des Reisenden für den Gutschein zu geben. Nach dem Wortlaut der Vorschrift musste der Gutscheinbetrag exakt den geleisteten Vorauszahlungen entsprechen, durfte also nicht um einen Bonus erhöht werden.

27 Unabhängig von der außer Kraft getretenen Vorschrift kann der Gutschein nur bei dem Reiseveranstalter eingelöst werden, der ihn ausgestellt hat. Der Reisende ist für eine künftige Reise an diesen Veranstalter gebunden und kann nicht auf für ihn attraktivere Angebote anderer Veranstalter ausweichen. Zudem gelten für eine mit dem Gutschein zu bezahlende Ersatzreise die tagesaktuellen Preise des Reiseveranstalters, die über dem Preis der ursprünglich gebuchten Reise liegen können. Der Gutschein enthält kein Versprechen, eine gleichwertige Ersatzreise zum Preis der ursprünglich gebuchten Reise buchen zu können. Schließlich wird dem Reisenden Liquidität entzogen, da er bis zum Vertragsschluss über eine Ersatzreise nicht über den Betrag des Gutscheins verfügen kann, anders als wenn er auf einer Rückzahlung bestanden hätte und eine Ersatzreise zu einem späteren Zeitpunkt buchen würde. Um diese Nachteile auszugleichen, werden die in → Rn. 26 genannten Boni gewährt.

28 **2. Informationspflichten (Abs. 3).** Neben der Angabe des Wertes musste der Reisegutschein eine Reihe weiterer Angaben enthalten, die in Abs. 3 aufgezählt sind. Zunächst musste darauf hingewiesen werden, dass der Gutschein **wegen der COVID-19-Pandemie** ausgegeben wurde. Der Reiseveranstalter war frei, wie er diesen Hinweis formulierte. Auf dem Reisegutschein musste ferner seine **Gültigkeitsdauer** vermerkt sein. Die Gültigkeitsdauer konnte beliebig lang sein; sie durfte gemäß Abs. 4 nur nicht über den 31.12.2021 hinausgehen (→ Rn. 31). Auch wenn es bei diesem Datum bleiben sollte, musste es auf dem Gutschein angegeben werden. Der Reiseveranstalter dürfte regelmäßig an einer möglichst langen Gültigkeitsdauer interessiert sein, weil er sonst den Rückzahlungsanspruch vor dem 31.12.2021 auslöste und die Liquiditätsvorteile der Gutscheinlösung einbüßte.

29 Der Reiseveranstalter musste den Reisenden auf dem Gutschein darauf hinweisen, dass er die **Erstattung seiner Vorauszahlungen** verlangen konnte, wenn er den Gutschein innerhalb der Geltungsdauer nicht einlöste. Mit der Akzeptanz des Gutscheins hatte der Reisende zwar das Recht verloren, die sofortige Erstattung zu verlangen, aber dieses Recht ist dadurch nicht erloschen, sondern nur aufgeschoben. Darauf sollte der Reisende ausdrücklich hingewiesen werden.[39] Schließlich musste der Reisende auf dem Gutschein auf die bestehende **Insolvenzabsicherung** für den Wert des Gutscheins hingewiesen werden. Der Reiseveranstalter musste dabei sowohl darüber informieren, dass er sich im Falle einer Insolvenz an den **Kundengeldabsicherer** des Reiseveranstalters wenden könne, als auch, dass eine ergänzende staatliche Absicherung bestand, falls die Kundengeldabsicherung nicht ausreichte.

---

[38] Ausf. *Staudinger/Achilles-Pajol* in H. Schmidt, COVID-19, 3. Aufl. 2021, § 7 Rn. 21.
[39] RegE, BT-Drs. 19/19851, 13.

Genauere Angaben waren darüber hinaus für die **staatliche Garantie** nach Abs. 6 erforderlich. Diese Garantie bestand für die ursprünglich gebuchte Reise nicht. Der Reisende wurde hier erstmals darüber informiert, dass es eine derartige Garantie gab. Eine der seinerzeitigen Regelung ähnliche staatliche Garantie gibt es heute während der Aufbauphase des Reisegarantiefonds (→ BGB Anh. § 651r Rn. 45 ff.). Der Reiseveranstalter musste ausdrücklich darauf hinweisen, dass **weitere Leistungen,** die über den Wert des Gutscheins hinausgingen, von der Insolvenzabsicherung **nicht umfasst** waren. Damit waren vor allem Boni für eine künftige Pauschalreise gemeint, mit denen der Reiseveranstalter den Gutschein attraktiv zu machen versucht (→ Rn. 26).[40] 30

3. Gültigkeitsdauer (Abs. 4). Abs. 4 regelte die maximale Gültigkeitsdauer von Gutscheinen. Sie verloren ihre Gültigkeit kraft Gesetzes mit dem Ablauf des **31.12.2021.** Waren sie bis dahin nicht eingelöst, lebte der Rückzahlungsanspruch nach § 651h Abs. 5 BGB wieder auf. Abs. 4 brachte zum Ausdruck, dass die Vorschrift insgesamt nur eine vorübergehende Maßnahme wegen der COVID-19-Pandemie war, die zudem durch die erst mit dem Inkrafttreten der deutlich verbesserten Insolvenzabsicherung zum 1.11.2021 (→ BGB § 651r Rn. 1 ff.) beseitigte unzureichende Insolvenzabsicherung des früheren Rechts verursacht wurde. 31

VIII. Insolvenzabsicherung (Abs. 6–9)

1. Kundengeldabsicherer (Abs. 6 S. 1). Im Falle einer Insolvenz des Reiseveranstalters musste sich der Reisende nach Abs. 6 S. 1 an den Kundengeldabsicherer wenden. Die Insolvenzabsicherung ist auch ein wesentliches Anliegen der Empfehlung der EU-Kommission[41] und jetzt des Kommissionsvorschlags vom 29.11.2023.[42] Die Vorschrift verwies für die Einzelheiten auf § 651r BGB. Damit kommt auch dessen Abs. 4 S. 2 zur Anwendung, wonach der Kundengeldabsicherer gegen die Forderung des Reisenden **nicht die zwischenzeitliche Beendigung des Kundengeldabsicherungsvertrags mit dem Reiseveranstalter einwenden** kann (→ BGB § 651r Rn. 37). Dem kam in Zusammenhang mit den Reisegutscheinen große Bedeutung zu, da der Rückzahlungsanspruch nach Ablauf der Geltungsdauer des Gutscheins regelmäßig erst längere Zeit nach der ursprünglich geplanten Reise wieder auflebte, in den meisten Fällen erst am 1.1.2022, wenn für den Gutschein keine kürzere Geltungsdauer vorgesehen war (→ Rn. 21). 32

2. Staatliche Garantie (Abs. 6 S. 2). Anlässlich der Insolvenz des Großveranstalters Thomas Cook im Herbst 2019 mussten die Bundesregierung und der Gesetzgeber die Erfahrung machen, dass die seinerzeit geltende Insolvenzabsicherung wegen der **Höchstbetragsregelung in § 651r Abs. 3 S. 3 BGB aF** entgegen den Vorgaben der Pauschalreise-RL zu der gebotenen Absicherung von Vorauszahlungen nicht ausreichte. Der Kundengeldabsicherer zahlte den Reisenden lediglich eine Quote von 26,38 % der angemeldeten Forderungen aus. Die Bundesregierung entschloss sich daraufhin, zwecks Vermeidung von Staatshaftungsansprüchen freiwillig den Reisenden die Beträge zu erstatten, die sie vom Kundengeldabsicherer nicht erhalten hatten. 33

Da sich eine den Vorgaben der PauschalreiseRL entsprechende Neufassung der Insolvenzabsicherung so schnell nicht auf die Beine stellen ließ, entschloss sich der Gesetzgeber, wenigstens Reisegutscheine kurzfristig vollständig abzusichern. Mit der neuen Insolvenzabsicherung nach dem RSG hat sich der Zweck des Abs. 6 jedoch erledigt. Der Reisende, dessen Erstattungsanspruch nach Ende der Gültigkeitsdauer eines Reisegutscheins vom Kundengeldabsicherer nicht vollständig erfüllt wurde, hatte einen Anspruch gegen die Staatskasse. Er musste nachweisen, in welcher Höhe er Erstattungen vom Kundengeldabsicherer erhalten hatte, und er musste der Staatskasse etwaige verbliebene Ansprüche gegen den Kundengeldabsicherer abtreten (Abs. 6 S. 3 und 4). Nach dem Kommissionsvorschlag ist der Gutschein von der Insolvenzabsicherung umfasst (Art. 12a Nr. 9 Pauschalreise-RL-E).[43] 34

3. Garantieprämie (Abs. 7–9). Während der Beratungen des Gesetzentwurfs im Rechtsausschuss fiel auf, dass mit der staatlichen Garantie ein **beihilferechtliches Problem** verbunden ist. Der Ausschuss fügte deshalb den Abs. 7 in den Entwurf ein, wonach die Bundesrepublik Deutschland vom Reiseveranstalter eine Garantieprämie erheben kann. Hintergrund war der Befristete Rahmen für staatliche Beihilfen zur Stützung der Wirtschaft angesichts des derzeitigen Ausbruchs von 35

40 RegE, BT-Drs. 19/19851, 13 zu Abs. 2.
41 C(2020) 3125 final vom 13.5.2020.
42 COM(2023) 905 final.
43 COM(2023) 905 final.

COVID-19.[44] Darin erklärte die EU-Kommission, dass sie staatliche Garantien für Darlehen im Zusammenhang mit der COVID-19-Pandemie für nach Art. 107 Abs. 3 lit. b AEUV nur für genehmigungsfähig hält, wenn vom begünstigten Unternehmen bestimmte Mindestprämien erhoben werden. Nachdem Verhandlungen der Bundesregierung mit der Kommission über die Mindestprämien zum Abschluss gebracht wurden, trat die Vorschrift am 31.7.2020 in Kraft (→ Rn. 19). Die Einzelheiten sind inzwischen gegenstandslos. Der Befristete Rahmen ist auch der Grund dafür, dass die staatliche Garantie im Rahmen des Aufbaus des Reisesicherungsfonds nicht ohne Garantieprämien geleistet werden darf. Die Probleme haben sich inzwischen durch die allgemeine Neuregelung der Insolvenzabsicherung erledigt bzw. auf diese verschoben (→ BGB Anh. § 651r Rn. 45 ff.). Abs. 9 schließlich bestimmte das BMJV als **zuständige Stelle** für die Durchführung der Erstattungsverfahren und der Erhebung der Garantieprämien.

36 Durch die Garantieprämien verlor die Gutscheinlösung auch aus Sicht der Reiseveranstalter viel von ihrer Attraktivität, weil der zu erreichende Liquiditätsvorteil mit Kosten verbunden war. Nur wenn diese Kosten sich im Rahmen halten, wird ein Reiseveranstalter sich entschließen, Reisegutscheine anzubieten. Da die Reisegutscheine wie aufgezeigt auch aus Sicht der Reisenden eine Reihe von Nachteilen im Vergleich zum Rückzahlungsanspruch mit sich bringen, wurde die gesetzliche Gutscheinlösung **für beide Vertragsparteien uninteressant.** Die Reiseveranstalter bieten statt dessen den Reisenden eher freiwillige Vereinbarungen an, die durch einen Bonus attraktiv gemacht werden. Die Insolvenzabsicherung von Gutscheinen kann inzwischen im Rahmen der neuen Insolvenzabsicherung nach dem RSG erfolgen.

IX. Provisionsanspruch des Reisevermittlers (Abs. 10)

37 Nicht nur die Reiseveranstalter, sondern auch die Reisevermittler waren in starkem Maße von den durch die COVID-19-Pandemie verursachten Liquiditätsengpässen betroffen. Die Reisevermittler hatten nicht nur so gut wie kein Neugeschäft, sondern mussten erhaltene Provisionen für bereits vor Monaten abgeschlossene Verträge, die bedingt durch die Pandemie gekündigt wurden, zurückzahlen, obwohl sie die Vermittlungstätigkeit bereits abschließend durchgeführt hatten. Dies liegt am **Handelsvertreter-Status** des Reisebüros, der dazu führt, dass die Provision nur bei einem (endgültig) wirksamen Vertragsschluss verdient ist (→ BGB § 651b Rn. 57).[45] Da die Reiseveranstalter auf den Vertrieb durch Reisevermittler angewiesen sind, verzichteten sie teilweise auf eine zeitnahe Durchsetzung von Provisionsrückzahlungsansprüchen, um einen großflächigen Zusammenbruch des Vertriebs zu verhindern. Die Reisevermittler tragen zudem das Insolvenzrisiko bei noch nicht erfolgten Provisionszahlungen, da diese im Gegensatz zu den Vorauszahlungen der Reisenden nicht gegen eine Insolvenz der Reiseveranstalter abgesichert sind.

38 Vor diesem Hintergrund war Abs. 10 der Vorschrift zu sehen. Die Vorschrift ging davon aus, dass bei einer Rückzahlung des Reisepreises infolge einer Kündigung regelmäßig der Provisionsanspruch entfällt. Wurde die sofortige Rückzahlung durch einen Gutschein ersetzt, **bestand nach der Vorschrift der Provisionsanspruch fort,** so dass der Reisevermittler eine bereits erhaltene Provision nicht zurückzahlen musste. Konsequenterweise entsteht ein Provisionsrückzahlungsanspruch, wenn der Reisende den Gutschein nicht einlöst und dadurch der Rückzahlungsanspruch des Reisenden gegen den Reiseveranstalter nach § 651h Abs. 5 BGB nach Ablauf der Geltungsdauer des Gutscheins wieder auflebt.

X. Reisegutscheine außerhalb des Anwendungsbereichs der Vorschrift

39 **1. Reisegutscheine außerhalb des sachlichen Anwendungsbereichs.** Art. 240 § 6 aF hatte nur einen beschränkten sachlichen Anwendungsbereich. Er galt nur für Pauschalreisen. Infolgedessen sind und waren die Vertragsparteien von **einzelnen Reiseleistungen** (Beförderung, Unterkunft) zu jedem Zeitpunkt frei, eine Vereinbarung über einen Reisegutschein zu treffen.

40 Es besteht jedoch eine bedeutsame Einschränkung, denn den Passagieren dürfen nicht die ihnen zwingend zustehenden Rechte genommen werden. Nach Art. 8 Fluggastrechte-VO und Art. 16 Fahrgastrechte-VO bestehen **zwingend Erstattungsansprüche bei einem Flug- bzw. Zugausfall.** Der Beförderer darf also keinen obligatorischen Gutschein in seinen Beförderungsbedingungen vorsehen. Die Erstattung hat innerhalb von sieben Tagen (Art. 8 Fluggastrechte-VO) bzw. eines Monats (Art. 16 Fahrgastrechte-VO) zu erfolgen. Inwiefern er eine freiwillige Gutscheinregelung mit dem Passagier treffen kann, bemisst sich nach den gleichen Kriterien wie bei einer Pauschalreise

[44] Mitteilung der Kommission, ABl. 2020 C 91 I vom 20.3.2020; ausf. zu diesem Hintergrund Bericht RA, BT-Drs. 19/20718, 24 f.

[45] *Stenzel/Tonner* in Tonner/Bergmann/Blankenburg, Reiserecht, 2. Aufl. 2022, § 3 Rn. 68 ff. (75).

(→ Rn. 46 f.). Dem EuGH reicht jedoch die Auswahl eines Gutscheins anstelle einer Rückzahlung bereits bei der Buchung unter Verwendung eines Formulars des Luftfahrtunternehmens (→ Rn. 18). Für die Beherbergung gibt es im Falle einer Absage durch den Hotelier keine speziellen gesetzlichen Regeln; es ist das allgemeine Vertragsrecht anzuwenden.

Etwas anderes gilt freilich, wenn der Passagier von sich aus den Beförderungs- bzw. Beherbergungsvertrag kündigen will. Hier gibt es keine gesetzlichen Vorschriften. Insbesondere fehlt eine dem § 651h Abs. 3 BGB (Art. 12 Abs. 2 Pauschalreise-RL) entsprechende Regelung. Pauschalreisende sind besser gestellt als die Vertragspartner von Beförderern und Hotels. Stornogebühren und selbst eine vollständige Nichterstattung einer nicht in Anspruch genommenen Leistung („non refundable tickets") sind daher – in den Grenzen einer AGB-Kontrolle – zulässig. **41**

2. Reisegutscheine außerhalb des zeitlichen Anwendungsbereichs. Es stellt sich die Frage, ob für teilweise oder ganz gekündigte Pauschalreisen eine Gutscheinvereinbarung zulässig ist oder ob dem der zwingende Charakter der Rückzahlungsansprüche des § 651h Abs. 5 BGB entgegensteht. Ein **obligatorischer Gutschein** ist **unzulässig.** Diese Ansicht vertritt der EuGH in den Rechtssachen Que choisir[46] und Slowakische Republik.[47] Auch die EU-Kommission weigerte sich in ihrer Empfehlung vom 13.5.2020[48] strikt, den Rückzahlungsanspruch aus Art. 12 PauschalreiseRL aufzuweichen. Auf dieser Linie liegt auch der Kommissionsvorschlag vom 29.11.2023.[49] **42**

Möglich ist daher nur ein **freiwilliger Gutschein,** bei dem ein doppeltes Wahlrecht besteht: Der Reiseveranstalter kann sich entscheiden, ob er es bei der Rückzahlung nach § 651h Abs. 5 BGB belässt oder ob er dem Reisenden einen Gutschein anbietet, und der Reisende kann sich entscheiden, ob er den Gutschein annimmt oder auf der Rückzahlung besteht. Können sich die Parteien nicht einigen, bleibt es bei der Rückzahlung. **43**

Vieles deutet darauf hin, dass ein freiwilliger Gutschein **unionsrechtskonform** ist. Die Kommission gab mit ihrer Empfehlung vom 13.5.2020 zu erkennen, dass sie einen freiwilligen Gutschein unter bestimmten Voraussetzungen für mit der PauschalreiseRL für vereinbar hält, und auch der EuGH liegt auf dieser Linie. Deutlicher waren noch die Schlussanträge der GA *Medina,* die Kriterien benannte, denen ein freiwilliger Gutschein genügen müsse.[50] Wird der Kommissionsvorschlag verabschiedet, ist endgültig geklärt, dass freiwillige Gutscheine zulässig sind, allerdings nur unter den strengen Voraussetzungen des Änderungsvorschlags (Art. 12a Pauschalreise-RL). **44**

Im Schrifttum wird ein freiwilliger Gutschein als Ausfluss der **Privatautonomie** für zulässig gehalten.[51] Dem könnte allenfalls entgegenstehen, dass die Vereinbarung über den Gutschein als Verzicht auf den Rückzahlungsanspruch angesehen wird. **Verzichtsklauseln** werden nach § 651y BGB als unzulässig angesehen (→ BGB § 651y Rn. 5). Mit der Annahme des Gutscheins geht der Rückzahlungsanspruch jedoch nicht unter. Seine Geltendmachung wird lediglich aufgeschoben (→ Rn. 10 ff.). Gegen einen freiwilligen Gutschein können daher aus § 651y BGB auch nach der gegenwärtigen Fassung der Pauschalreise-RL keine Bedenken erhoben werden, sofern der Gutschein als erfüllungshalber angesehen wird. **45**

3. Kriterien für zulässige freiwillige Reisegutscheine. Allerdings ist auch die Zulässigkeit eines freiwilligen Gutscheins an bestimmte Voraussetzungen geknüpft. Dies ergibt sich bereits daraus, dass ein freiwilliger Gutschein eine Ausnahme vom Prinzip der Rückzahlungspflicht nach der PauschalreiseRL ist. Die Gründe für das Eingreifen der Ausnahme müssen daher genau beschrieben und eng gefasst werden. In den Schlussanträgen von GA *Medina* finden sich Ausführungen in diese Richtung. Der EuGH griff ihre Ausführungen aber nicht auf und äußerte sich nicht zu Kriterien für freiwillige Gutscheine. **46**

Die Empfehlung der Kommission vom 13.5.2020 enthält drei Kernelemente zur Zulässigkeit eines Gutscheins, die auch nach Außerkrafttreten des Art. 240 Geltung beanspruchen: Die Freiwilligkeit, auf die der Reiseveranstalter **hinweisen muss,** das Recht des Reisenden, **auf den Rückzahlungsanspruch zurückzugreifen** und die **Insolvenzabsicherungspflicht.** Diese Kernelemente finden sich im Kommissionsvorschlag wieder. Sie können über eine AGB-Kontrolle gemäß § 307 BGB durchgesetzt werden mit der Folge, dass eine Gutscheinvereinbarung, die diesen Anforderungen nicht genügt, unwirksam ist. **47**

---

46 EuGH EuZW 2023, 709 mAnm Führich.

47 EuGH EuZW 2023,728 – Europäische Kommission/Slowakische Republik.

48 C(2020) 3135 final.

49 COM (2023) 905 final.

50 Schlussanträge GA *Medina* 15.9.2022 – C-407/21.

51 *Staudinger/Achilles-Pujol* in Schmidt, COVID 19, 3. Aufl. 2021, § 7 Rn. 65; ebenso BeckOGK/*Harke,* 1.1.2024, Rn. 25; BeckOK BGB/*Geib* Rn. 1; vgl. auch *Bergmann* in Tonner/Bergmann/Blankenburg, Reiserecht, 2. Aufl. 2022, Rn. 340 ff.

Art. 240 § 7 [aufgehoben]

Übersicht

I. Normzweck, Entstehungsgeschichte

1 Die Vorschrift des Art. 240 § 7 (Vertragsrechtliche Regelungen aus Anlass der COVID-19-Pandemie) wurde **aufgehoben mWv 1.10.2022** durch Gesetz vom 27.3.2020 (BGBl. 2020 I 569). Nach Art. 240 § 7 (Störung der Geschäftsgrundlage von Miet- und Pachtverträgen) wird eine schwerwiegende Umstandsveränderung und damit eine Grundlagenstörung iSv § 313 BGB widerleglich vermutet, wenn vermietete oder verpachtete Grundstücke oder Räume, die keine Wohnräume sind, für den Mieter bzw. Pächter infolge der zur Eindämmung der COVID-19-Pandemie getroffenen Maßnahmen nicht oder nur unter erheblichen Einschränkungen verwendet werden können. Vermutet wird damit das sog. reale Element einer Grundlagenstörung (→ BGB § 313 Rn. 56). Auf die Rechtsfolgen des § 313 BGB hat Art. 240 § 7 keinen Einfluss.

2 **1. Pandemiegeschehen.** Im März 2020 wurde wegen der COVID-19-Pandemie ein allgemeiner (erster) Lockdown verfügt, der die Schließung von Einzelhandelsgeschäften, Restaurants, Bars, Gaststätten, Hotels, Theatern und Kinos, Musikschulen, Fitnessstudios, Massage- und Friseursalons zur Folge hatte. Im April 2020 wurden Einzelhandelsgeschäfte von einer Ladenfläche mit nicht mehr als 800 m^2 von der Betriebsschließung ausgenommen. Die Beschränkungen hatten das Ziel, Kontakte in der Bevölkerung zur Infektionsprävention zu verhindern oder wenigstens zu verringern. Diese und andere Maßnahmen nahmen den Gewerbetreibenden oft vollständig den für die Miet- oder Pachtzahlung erforderlichen Umsatz. Es stellt sich daher die Frage, wie das Pandemierisiko zwischen den Parteien eines gewerblichen Miet- oder Pachtvertrags zu verteilen ist.

3 Große Filialisten kündigten im April 2020 an, keine Miete für den Zeitraum der pandemiebedingten Schließung zu zahlen. Einige gewerbliche Vermieter verzichteten andererseits freiwillig auf die Aprilmiete oder stellten auf eine Umsatzmiete um;[1] Immobilienfonds waren damit indes zurückhaltend.[2] Nach Einsetzen der sog. zweiten Infektionswelle im Herbst 2020 und der Verhängung eines Teil-Lockdowns ab dem 2.11.2020 und eines weiteren vollständigen Lockdowns ab dem 16.12.2020 wurde Art. 240 EGBGB um § 7 ergänzt.

4 **2. Gewährleistungs- und Unmöglichkeitsrecht.** Ein **Mangel** gemäß § 536 BGB kann nicht nur in der Mietsache selbst begründet liegen, sondern auch in ihren sog. Umweltbeziehungen rechtlicher Art. Bei behördlichen Betriebsuntersagungen oder -beschränkungen stellt die Rspr. für einen nachträglichen Mangel darauf ab, ob die Maßnahme mit der konkreten (körperlichen) Beschaffenheit, dem Zustand und der Lage der Mietsache **unmittelbar** in Zusammenhang steht (objektbezogene Maßnahme).[3] Eine betriebsbezogene Maßnahme dagegen begründet, weil auf persönlichen oder betrieblichen Umständen des Mieters beruhend, keinen Mangel;[4] sie beeinträchtigt lediglich den geschäftlichen Erfolg des Mieters, der insofern das Verwendungsrisiko trägt. Das RG nahm wegen während des Ersten Weltkriegs ergangener Tanzverbote noch einen Mangel des gemieteten Tanzlokals an,[5] und auch im Falle einer Sperrung oder erheblichen Beeinträchtigung des Zugangs zu einem Ladenlokal wurden Unmittelbarkeit und damit ein Mangel bejaht.[6] Dagegen betrafen die

---

1 *Krepold* WM 2020, 726 (728).

2 BeckOGK/*Siegmund,* 1.4.2024, Rn. 8.1.

3 *Weller/Schwemmer* NJW 2020, 2985 (2989).

4 BGH NJW-RR 2014, 264 Rn. 20; OLG München NJW 2021, 948 (949 f.).

5 RGZ 82, 277 (279); 89, 203 (206 f.); zur Beeinträchtigung eines „Nachtlokals" durch die Sperrstunde RGZ 88, 96 (99); zu einem Laden am Strand bei einem Badeverbot RGZ 91, 54 (55).

6 OLG Dresden NJW-RR 1999, 448 Rn. 14; KG NJW-RR 2008, 1042 Rn. 6; OLG Frankfurt NJW 2015, 2434 Rn. 19, 24; anders BGHZ 205, 177 Rn. 24, 35 = NJW 2015, 2177; BGH NJW 2020, 598 Rn. 28 für vom Nachbargrundstück ausgehenden, auch vom Vermieter nicht zu verhindernden Lärm.

Nichtraucherschutzgesetze nur die Art und Weise des Betriebs und fielen damit in die Risikosphäre des Mieters.[7] Die Urteile des RG zu den Tanzverboten werden heute überwiegend als im Ergebnis unbillig[8] und durch das Institut der Geschäftsgrundlage überholt angesehen.[9] Das hat seine Ursache letztlich darin, dass man das Schließungsrisiko nicht gänzlich dem Vermieter zuweisen will, sondern eine Risikoaufteilung für gerecht hält.[10]

Die **Rspr.** zu pandemiebedingten Betriebsuntersagungen verneint weitgehend einen Mangel unter Hinweis auf die Rspr. zum Rauchverbot in Gaststätten und den fehlenden Objektbezug bzw. die Unmittelbarkeit der Beeinträchtigung.[11] Man verweist darauf, dass die Gebrauchstauglichkeit an sich nicht beeinträchtigt sei und die Schließungsverfügungen keine Eigenschaft der Mietsache missbilligt hätten. Die den Geschäftsbetrieb gleichfalls nur mittelbar betreffenden Rauchverbote hätten wie die Pandemiemaßnahmen unmittelbar den Gesundheitsschutz der Bevölkerung beabsichtigt.[12] Selbst das Verkaufsverbot für Lokale mit mehr als 800 m² Verkaufsfläche betreffe nur den Geschäftsbetrieb, nicht aber das Mietobjekt selbst, auch wenn es insoweit um die Beschaffenheit der Mietsache selbst gehe.[13] Ganz überwiegend lehnt man auch **Unmöglichkeit** der Leistung mit der Folge des Entfallens der Mietzahlungspflicht gemäß § 326 BGB ab, weil der Vermieter nur zur Überlassung der Mietsache (und zu deren vertragsgemäßen Erhaltung) und nicht darüber hinaus zur Bereitstellung einer jederzeit öffnungsfähigen Immobilie verpflichtet sei.[14] 5

Wie bei den Krönungszug-Fällen (→ BGB § 313 Rn. 42, → BGB § 313 Rn. 159) ließe sich jedoch ohne weiteres ein Mangel bzw. Unmöglichkeit der Leistung annehmen, wenn man den Vertragszweck – Betreiben einer Gaststätte, eines Kinos etc. – als Leistungsinhalt ansieht. Vermietet und damit vertraglich geschuldet wird aus dieser Perspektive nicht irgendeine Immobilie, in welcher eine Gaststätte betrieben wird, sondern die Immobilie *als* Gaststätte zu einer im Vergleich etwa zu einem Lagerraum entsprechend höheren Miete. Mit der Schließung verwirklicht sich gemäß dieser Auffassung nur das den Vermieter treffende **Verwendbarkeitsrisiko.**[15] Ob man diesen Gedanken auf § 536 BGB stützt[16] oder auf das allgemeine Unmöglichkeitsrecht,[17] ist eher eine Geschmacksfrage. 6

Die meisten **Entscheidungen** von 2020 lehnten im Ergebnis einen Anspruch auf Herabsetzung der Miete oder Pacht gemäß § 313 BGB ab, wegen Vorrangs der §§ 536 f. BGB[18] oder einer vermeintlichen Sperrwirkung der speziellen Kündigungsregelung in Art. 240 § 2,[19] zumeist aber weil das normative Element einer Grundlagenprüfung verneint wurde.[20] Nie wurde allerdings das reale Moment, die schwerwiegende Umstandsänderung, negiert. Wenige Entscheidungen bejahten 7

---

7 BGH NJW 2011, 3151 Rn. 9 f.

8 RGZ 89, 203 (206 f.) gab dem Vermieter einen Räumungsanspruch; vgl. *Brinkmann* in Effer-Uhe/Mohnert, Vertragsrecht in der Coronakrise, 2020, 147 (167 f.).

9 OLG Frankfurt NZM 2021, 395 Rn. 36; BeckOGK/*Martens,* 1.4.2024, BGB § 313 Rn. 246.2.

10 *Zehelein* NZM 2020, 390 (396).

11 BGHZ 232, 178 Rn. 29, 32 = NJW 2022, 1370; BGH NJW 2022, 1378 Rn. 22; OLG München NJW 2021, 948 (949); OLG Karlsruhe NJW 2021, 945 Rn. 16 f.; KG GE 2021, 570 Rn. 93; anders aber OLG Dresden COVuR 2021, 212 Rn. 33: Die Maßnahme differenziere zwischen verschiedenen Geschäftsarten, weil der Einzelhandel für Lebensmittel ausgenommen war, und sei daher objektbezogen; gegen einen Mangel auch BeckOGK/*Martens,* 1.4.2024, BGB § 313 Rn. 246; *Kumkar/Voß* ZIP 2020, 893 (897); *Zehelein* NZM 2020, 390 (392 ff.); *Häublein/Müller* NZM 2020, 481 (484); BeckOGK/*Bieder,* 1.10.2023, BGB § 536 Rn. 29.2; *Brinkmann* in Effer-Uhe/Mohnert, Vertragsrecht in der Coronakrise, 2020, 147 (164 ff.); *Streyl* NZM 2020, 817 (819); *Sittner* NJW 2020, 1169 (1171).

12 OLG Frankfurt NZM 2021, 395 Rn. 35.

13 OLG Frankfurt NZM 2021, 395 Rn. 36.

14 BGHZ 232, 178 Rn. 40 = NJW 2022, 1370; BGH NJW 2022, 1378 Rn. 24; OLG München NJW 2021, 948 (949); OLG Karlsruhe NJW 2021, 945 Rn. 19; BeckOGK/*Bieder,* 1.10.2023, BGB § 536 Rn. 29.2; *Gerlach/Manzke* ZMR 2020, 551 (554).

15 Gegen eine einseitige Risikozuweisung auch BGHZ 232, 178 Rn. 55 f. = NJW 2022, 1370.

16 *Weller/Thomale* BB 2020, 962 (963 f.); *Anzinger/Strahl* ZIP 2020, 1833 (1835 f.); *Krepold* WM 2020, 726 (729 f.).

17 *Schall* JZ 2020, 388 (389); *Schall* JZ 2021, 455 ff.: Tragung der Zufallsgefahr durch den Vermieter.

18 LG München I GE 2020, 1493 Rn. 42.

19 AG Köln BeckRS 2020, 32288 Rn. 31; LG München II BeckRS 2020, 34263 Rn. 22; 2020, 34250 Rn. 19; LG Köln ZMR 2021, 315 Rn. 31.

20 LG Wiesbaden BeckRS 2020, 32449 Rn. 20; AG Düsseldorf BeckRS 2020, 31652 Rn. 34 ff. (bestätigt von BGH NJW-RR 2022, 1303 Rn. 38 ff.); LG Frankfurt GE 2020, 1495 Rn. 29 ff.; LG München II BeckRS 2020, 34263 Rn. 21 (bestätigt von OLG München NJW 2021, 948 Rn. 42); LG Oldenburg BeckRS 2020, 37735 Rn. 34; AG Köln BeckRS 2020, 32288 Rn. 31; LG Heidelberg GE 2020, 1184 Rn. 51 ff. (bestätigt durch OLG Karlsruhe NJW 2021, 945 Rn. 21 ff.); LG Mannheim GE 2020, 1253 Rn. 23; LG Zweibrücken BB 2020, 2450 Rn. 57 ff.; LG Lüneburg BeckRS 2020, 32664 Rn. 26; LG Chemnitz BeckRS 2020, 42519 Rn. 29; LG Stuttgart BeckRS 2020, 32275 Rn. 24.

im Ergebnis eine Mietreduktion auf Grund einer Grundlagenstörung,[21] die Mehrzahl der Stellungnahmen im Schrifttum nahm dagegen wenigstens grundsätzlich eine Grundlagenstörung an.[22] Gegen die Lösung über das Gewährleistungs- oder Unmöglichkeitsrecht spricht vor allem, dass sie das Schließungsrisiko einseitig dem Vermieter zuweist; zwar können auch § 536 BGB und § 326 BGB zu flexiblen Lösungen führen, weil die Minderung und der Wegfall der Zahlungspflicht nur so weit und so lange gelten, wie die vertraglich vorausgesetzte Gebrauchstauglichkeit aufgehoben ist. Das ändert aber nichts daran, dass das Risiko der pandemiebedingten Schließung so (zunächst) nur den Vermieter träfe, was der notwendig gemeinsamen Risikotragung widerspräche (→ Rn. 25).

8 **3. Gesetzgebung.** Am 29.9.2020 beantragten Abgeordnete und die Fraktion von Bündnis 90/Die Grünen erfolglos die Vorlage eines Gesetzentwurfs, nach welchem die Geschäftsgrundlage von Gewerberaummieten oder -pachten pandemiebedingt erheblich gestört worden sei, so dass ein Mietanpassungsanspruch nach § 313 BGB bestehe.[23] Am 13.12.2020 verabredeten die Bundeskanzlerin und die Regierungschefs der Länder eine Regelung, die „für Gewerbemiet- und Pachtverhältnisse, die von staatlichen COVID-19-Maßnahmen betroffen sind, […] gesetzlich vermutet, dass erhebliche (Nutzungs-)Beschränkungen in Folge der COVID-19-Pandemie eine schwerwiegende Veränderung der Geschäftsgrundlage darstellen können. Damit werden die Verhandlungen zwischen Gewerbemietern bzw. Pächtern und Eigentümern vereinfacht."[24]

9 Die geplante Neuregelung wurde vom Ausschuss für Recht und Verbraucherschutz des Deutschen Bundestags am 16.12.2020 auf Antrag der Regierungsfraktionen in seine Beschlussempfehlung[25] aufgenommen,[26] passierte am 17.12.2020 in zweiter und dritter Lesung den Bundestag[27] und am 18.12.2020 den Bundesrat[28] und trat nach Veröffentlichung im Bundesgesetzblatt am 30.12.2020[29] zum 31.12.2020 in Kraft. Begründet wurde sie erstens mit dem in der Praxis deutlich gewordenen Bedürfnis nach einer Klarstellung, dass § 313 BGB trotz der Regelungen des Art. 240 EGBGB anwendbar sei, zweitens mit der Absicht, die Verhandlungsbereitschaft von Vermietern im Hinblick auf eine Mietreduktion zu erhöhen, und schließlich mit der Gefahrengemeinschaft zwischen Mieter und Vermieter, da die hoheitlichen Maßnahmen keiner Partei zuzurechnen seien.[30]

10 Zusammen mit Art. 240 § 7 trat das **Vorrang- und Beschleunigungsgebot** des § 44 EGZPO in Kraft, das eine schnellere gerichtliche Anpassung von gewerblichen Miet- und Pachtverhältnissen durch vorrangige Terminierung und enge Fristsetzung ermöglichen soll.[31]

II. Anwendungsbereich

11 Art. 240 § 7 gilt gemäß Abs. 1 für Mietverhältnisse über Grundstücke und Räume, die keine Wohnräume sind, vgl. § 578 BGB, sowie gemäß Abs. 2 für Pachtverhältnisse. Das betrifft in erster Linie **Gewerbemietverhältnisse** und damit etwa Gaststätten, Hotels, Veranstaltungsräume, Einzelhandelsgeschäfte, Tanz- oder Musikschulen, Friseure oder Fitnessstudios, gleichgültig, ob die Parteien einen bestimmten Nutzungszweck vereinbart haben oder nicht.[32] Der Rechtsausschuss nennt darüber hinaus die Anmietung von zu Freizeitzwecken genutzten Räumen und Kultureinrichtungen.[33] Die Anmietung reiner Büroflächen ist ebenfalls vom Wortlaut der Vorschrift erfasst.[34]

---

21 LG Kempten BeckRS 2020, 37736 Rn. 37; LG Mönchengladbach BeckRS 2020, 30731 Rn. 40 ff.; AG Oberhausen BeckRS 2020, 35507; LG München I BeckRS 2020, 29556.

22 S. nur *Kumkar/Voß* ZIP 2020, 893 (899); *Eusani* MDR 2020, 889 (890); *Ekkenga/Schirrmacher* NZM 2020, 410 (412).

23 BT-Drs. 19/22898, 1. Daneben sollten die Vermieter kreditfinanzierter Gewerbeimmobilien einen Anspruch auf Anpassung ihrer Darlehensverträge erhalten. Die Ablehnung des Antrags durch den Rechtsausschuss findet sich in BT-Drs. 19/24501, durch den Bundestag in BT-PlProt. 19/196, 24795 (B).

24 S. https://www.bundesregierung.de/breg-de/aktuelles/pressemtteilungen/telefonkonferenz-der-bundeskanzlerin-mit-den-regierungschefinnen-und-regierungschefs-der-laender-am-13-dezember-2020-1827392 unter Nr. 15 (zuletzt abgerufen am 19.6.2024).

25 BT-Drs. 19/25251, 20.

26 Bericht RA, BT-Drs. 19/25322, 13 ff.

27 BT-PlProt. 19/202, 25375B-25383D.

28 BR-PlProt. 998, 497.

29 Art. 10 Gesetz zur weiteren Verkürzung des Restschuldbefreiungsverfahrens und zur Anpassung pandemiebedingter Vorschriften im Gesellschafts-, Genossenschafts-, Vereins- und Stiftungsrecht sowie im Miet- und Pachtrecht vom 22.12.2020 (BGBl. 2020 I 3332).

30 Bericht RA, BT-Drs. 19/25322, 14 f., 21.

31 BeckOGK/*Siegmund*, 1.4.2024, Rn. 55 ff.

32 OLG Frankfurt NZM 2021, 395 Rn. 42.

33 BT-Drs. 19/25322, 20.

34 *Römermann* NJW 2021, 265 (269).

Art. 240 § 7 trat zum 31.12.2020 in Kraft und trat wie Art. 240 insgesamt gemäß Art. 6 Abs. 6 COVFAG[35] mit Ablauf des 30.9.2022 **außer Kraft.** 12

Die Vorschrift hat keinen **Vorrang** vor dem besonderen und allgemeinen Leistungsstörungsrecht.[36] Sie sperrt auch nicht die Anwendung des § 313 BGB, wenn ihre Voraussetzungen nicht vorliegen.[37] 13

Diskutiert wurde die Frage, ob der Vorschrift **Rückwirkung** zukommt. Der Rechtsausschuss jedenfalls hält die Norm für anwendbar auf zum Zeitpunkt ihres Inkrafttretens noch nicht rechtskräftig entschiedene Sachverhalte, weil sie nur klarstellende Funktion habe.[38] Dem hat sich die hM angeschlossen: Die Rückwirkungsproblematik sei hier irrelevant,[39] Art. 240 § 7 stelle nur eine Vermutung für das Bestehen tatsächlicher Umstände auf, greife aber nicht rückwirkend in die Beurteilung abgeschlossener Sachverhalte ein.[40] Tatsächlich werden aber nicht nur Tatsachen vermutet, sondern mit der Vermutung der Geschäftsgrundlage sowie der Schwere der Umstandsänderung auch die materielle Beweislast hinsichtlich wertungsbedürftiger Rechtsbegriffe zu Ungunsten des Vermieters verschoben. Art. 240 § 7 ist daher nur auf den zweiten Lockdown, nicht auf den ersten anwendbar.[41] 14

III. Voraussetzungen

Die Norm bezieht sich wie § 578 BGB auf **vermietete oder verpachtete Grundstücke** und Räume, die keine Wohnräume sind. Räume in beweglichen Sachen (Containern, Zügen, Schiffen) werden also nicht erfasst (→ BGB § 578 Rn. 4), anders als vermietete Stellplätze für Container, Imbissbuden und dergleichen (→ BGB § 578 Rn. 3). Eine analoge Anwendung kommt etwa in Betracht, wenn einem Gastwirt der Ausschank in einer Markthalle eingeräumt ist.[42] 15

Erfasst werden **staatliche Maßnahmen** zur Bekämpfung der COVID-19-Pandemie, also Verordnungen, Allgemeinverfügungen und Verwaltungsakte, sei es von Seiten des Bundes, der Länder oder der Kreise und Gemeinden. Sie können zB in Betriebsschließungen, Abstandsregeln oder Begrenzungen der höchstens zulässigen Personenanzahl bestehen. Auch informelles Handeln kann darunterfallen.[43] 16

Die Maßnahmen müssen Auswirkungen auf den **Betrieb des Mieters oder Pächters** haben, was weit zu verstehen und nicht auf Gewerbebetriebe zu beschränken ist. Entscheidend ist die tatsächliche Nutzung der Miet- oder Pachtsache im Rahmen des vertraglich vereinbarten Zwecks.[44] Eine nicht gewerbliche Nutzung etwa durch Idealvereine zur Verwirklichung ihres ideellen Zwecks soll gleichfalls erfasst sein.[45] Ob ein Betrieb betroffen ist oder nicht, entscheidet eine Einzelfallbetrachtung. Bestimmte Branchen wie Baumärkte, Supermärkte, Apotheken und Drogerien, Optiker, Bäckereien und Versandhändler waren kaum von den staatlichen Maßnahmen betroffen. Ist Adressat der staatlichen Maßnahme dagegen eine **einzelne Person,** etwa auf Grund einer Quarantäneanordnung oder Ausgangssperre der Mieter oder Pächter selbst, ein Arbeitnehmer oder Kunde, ist die Norm unanwendbar, weil die Betriebseinschränkung nur Reflex einer staatlichen Maßnahme ist.[46] 17

Die **Verwendbarkeit** des Miet- oder Pachtobjekts muss entfallen oder erheblich eingeschränkt sein. Das kann auch zu bejahen sein, wenn nur ein Teil der Ladenfläche für den Publikumsverkehr genutzt werden kann oder nur eine bestimmte Anzahl von Personen sich auf einer bestimmten 18

35 Gesetz zur Abmilderung der Folgen der COVID-19-Pandemie im Zivil-, Insolvenz- und Strafverfahrensrecht vom 27.3.2020 (BGBl. 2020 I 569).

36 Bericht RA, BT-Drs. 19/25322, 15; krit. *Klein* BB 2021, 962 (966 f.).

37 Bericht RA, BT-Drs. 19/25322, 20; OLG Frankfurt NJW 2022, 2697 Rn. 20; OLG Düsseldorf BeckRS 2022, 20509 Rn. 16; vgl. auch BGH NJW 2022, 2024 Rn. 40.

38 Bericht RA, BT-Drs. 19/25322, 14, 24.

39 Ebenso BGHZ 232, 178 Rn. 48 = NJW 2022, 1370; OLG Frankfurt NZM 2021, 395 Rn. 42; KG GE 2021, 570 Rn. 101; OLG München NJW 2021, 948 (951); LG München I ZVertriebsR 2021, 86 Rn. 49; NZM 2021, 194 Rn. 59; LG Stuttgart BeckRS 2021, 4738 Rn. 40; AG Dortmund BeckRS 2021, 8596 Rn. 29; für eine ausnahmsweise statthafte Rückwirkung: OLG Celle BeckRS 2021, 37280 Rn. 46; LG Münster BeckRS 2021, 2997 Rn. 70; *Römermann* NJW 2021, 265 (269); *Streyl* in Schmidt, COVID-19, 3. Aufl. 2021, § 3 Rn. 77a.

40 AG Dortmund BeckRS 2021, 8596 Rn. 29; BeckOGK/*Siegmund,* 1.4.2024, Rn. 16.

41 *Jung* BB 2021, 329 (332); *Klein* BB 2021, 962 (967); gegen eine rückwirkende Anwendung wegen BVerfG NJW 2014, 1581 *Klimesch/Walther* ZMR 2021, 177 (178).

42 *Klein* BB 2021, 962 (968).

43 JurisPK-BGB/*Pfeiffer* § 313 Rn. 33.

44 Bericht RA, BT-Drs. 19/25322, 20.

45 Bericht RA, BT-Drs. 19/25322, 20.

46 Bericht RA, BT-Drs. 19/25322, 20; *Lorenz* in Schmidt, COVID-19, 3. Aufl. 2021, § 1 Rn. 32b.

Ladenfläche aufhalten darf.[47] Anders liegt es aber, wenn die Einschränkung der Personenzahl für den konkreten Betrieb keine Auswirkung hat, etwa im Falle eines ohnehin nur spärlich besuchten Autohauses.[48] Grundsätzlich ist auch die Verpflichtung des Arbeitgebers, den Arbeitnehmern Homeoffice anzubieten,[49] eine erhebliche Einschränkung der Verwendbarkeit der von ihm gemieteten Büroräume.[50]

19 An der **Kausalität** der staatlichen Maßnahmen („infolge") fehlt es, wenn die eingeschränkte oder aufgehobene Nutzbarkeit der Miet- oder Pachtsache nur mittelbare Folge staatlicher Maßnahmen ist.[51] Das betrifft Umsatzausfälle wegen sinkender Konsumbereitschaft oder wenn zB Autowerkstätten im Lockdown wegen geringerer Pkw-Nutzung nur niedrige Umsätze machen.[52] Wenn aus Gründen der Infektionsvermeidung die Kundschaft freiwillig dem Einzelhandel weitgehend fernbleibt oder der Schuldner selbst über die staatlichen Anordnungen hinaus seine Geschäftstätigkeit beschränkt, ist die geforderte Kausalität nicht gegeben; eine Grundlagenstörung kann gleichwohl anzunehmen sein (→ Rn. 27).

IV. Vermutungsinhalt

20 Art. 240 § 7 stellt klar, dass das Recht der Grundlagenstörung auf pandemiebedingte Leistungsstörungen anwendbar ist.[53] Damit ist der Auffassung, Art. 240 § 2 entfalte gegenüber § 313 BGB Sperrwirkung (→ BGB § 313 Rn. 320), die Grundlage entzogen. Die Vorschrift stellt darüber hinaus die Vermutung des realen Elements einer Grundlagenstörung auf, vermutet also die schwerwiegende Änderung eines zur Geschäftsgrundlage gewordenen Umstands nach Vertragsschluss. Vermutet wird damit erstens, dass ein bestimmter Umstand – Verwendbarkeit der Mietsache zum vertragsgemäßen Gebrauch – **Geschäftsgrundlage** des Vertrags wurde, und zweitens, dass dieser Umstand sich wegen der behördlichen Maßnahmen zur Pandemiebekämpfung **schwerwiegend geändert** hat. Die schwerwiegende Umstandsänderung ist daher von der anpassungswilligen Partei, im Gegensatz zu den anderen Voraussetzungen des § 313 BGB, nicht darzulegen und zu beweisen. Letztlich ist es die Funktion der Vorschrift, eine für die Anwendung des § 313 BGB notwendige Wertung – Überschreiten der Erheblichkeitsschwelle – vorwegzunehmen.

21 Das **hypothetische und normative Element** einer Grundlagenstörung, also die Prüfung des hypothetischen Parteiwillens, ob die Parteien bei richtiger Voraussicht den Vertrag nicht oder anders abgeschlossen hätten, sowie die Risikozuweisung und Zumutbarkeit (→ BGB § 313 Rn. 56), werden nicht vermutet.[54] Allerdings ist der Gesetzgeber der Auffassung, die Bejahung des hypothetischen Elements sei naheliegend, weil die Parteien bei Voraussicht eine andere Risikoaufteilung vorgenommen hätten.[55]

22 Die Vermutung ist **widerleglich** (§ 292 ZPO), weshalb der Anpassungsgegner den Vollbeweis führen muss, dass die Verwendbarkeit der Mietsache zum vertragsgemäßen Gebrauch nicht Vertragsgrundlage war oder keine schwerwiegende Umstandsänderung eingetreten ist. Indessen muss der anpassungswillige Mieter oder Pächter die Vermutungsbasis, die **Ausgangstatsachen,** beweisen, also die fehlende oder stark eingeschränkte Verwendbarkeit der Mietsache infolge der Maßnahmen. Er muss also die maßnahmenbedingten Umsatzausfälle darlegen und beweisen. Die Maßnahmen selbst sind nicht beweisbedürftig, weil gemäß § 291 ZPO gerichtsbekannt.

23 Die Vermutung ist nach dem Bericht des Rechtsausschusses **widerlegt,** wenn der Vertrag zu einem Zeitpunkt abgeschlossen wurde, in welchem die Auswirkungen der Pandemie bereits absehbar waren.[56] Das gilt auch, wenn während der Pandemie Vereinbarungen über die Miethöhe getroffen wurden.[57] Das ist allerdings keine Frage der schwerwiegenden Umstandsstörung, sondern der vertraglichen Risikoübernahme, die einen Anpassungsanspruch ausschließt (→ BGB § 313 Rn. 74, → BGB § 313 Rn. 311). Als Stichtag wird im Einklang mit Art. 240 § 1 der 8.3.2020 genannt (→ BGB § 313 Rn. 325).[58]

---

47 Bericht RA, BT-Drs. 19/25322, 20.
48 Beispiel bei *Klein* BB 2021, 962 (968); für eine Lagerhalle OLG Oldenburg BeckRS 2022, 6729.
49 Vgl. § 2 Abs. 3 SARS-CoV-2-Arbeitsschutzverordnung vom 21.1.2021. Die freiwillige Anordnung von Homeoffice ist also nicht erfasst.
50 BeckOGK/*Siegmund,* 1.4.2024, Rn. 28.
51 Bericht RA, BT-Drs. 19/25322, 20; *Klein* BB 2021, 962 (969); LG München II BeckRS 2021, 2996 Rn. 27.
52 BeckOGK/*Siegmund,* 1.4.2024, Rn. 29.
53 Bericht RA, BT-Drs. 19/25322, 14.
54 Bericht RA, BT-Drs. 19/25322, 21.
55 Bericht RA, BT-Drs. 19/25322, 21.
56 Bericht RA, BT-Drs. 19/25322, 20.
57 OLG Düsseldorf NJW 2023, 72 Rn. 35.
58 BeckOGK/*Siegmund,* 1.4.2024, Rn. 36.

V. Kritik

Die Vermutung des Art. 240 § 7 betrifft lediglich das reale Moment einer Grundlagenstörung. Diese Vermutung ist zwar richtig, aber sinnlos.[59] Dass die hoheitlichen Maßnahmen, die eine seit dem Zweiten Weltkrieg nicht mehr erreichte Eingriffsintensität hatten, die Geschäftsgrundlage einer Vielzahl von gewerblichen Verträgen erschütterten, ist ernsthaft nicht zu bezweifeln; die zu § 313 BGB ergangenen Entscheidungen lehnten ausnahmslos nicht das reale, sondern zumeist das normative Element ab (→ Rn. 7 m. Fn. 20). Die Bestimmung ist also in erster Linie appellativer Natur;[60] von ihr geht eine gewisse Signalwirkung aus: Zunehmend ergehen im Unterschied zum Jahr 2020 Urteile, die eine Grundlagenstörung zugunsten des Mieters annehmen;[61] der ausdrückliche „Hinweis" des Gesetzgebers auf § 313 BGB nimmt den Gerichten offenbar eine gewisse Zurückhaltung in dessen Anwendung. Dies kann tatsächlich, wie intendiert, die Verhandlungsbereitschaft des Vermieters erhöhen.[62] Das normative Element wird aber auch nach wie vor häufig verneint.[63] 24

VI. Grundlagenstörung bei gewerblichen Miet- und Pachtverträgen

Viele gewerbliche Mieter (Pächter), längst nicht alle, waren unmittelbar von den staatlichen Pandemiemaßnahmen betroffen (→ Rn. 1). Das Pandemierisiko ist als Fall der **„großen" Geschäftsgrundlage** anzusehen und daher im Grundsatz gleichermaßen dem Mieter (Pächter) wie dem Vermieter (Verpächter) zuzuweisen (→ BGB § 313 Rn. 306).[64] Gegen welche der Parteien sich eine staatliche Maßnahme zur Pandemiebekämpfung richtete, beruhte oft nur auf Zufall.[65] Eine einseitige Zuweisung des Risikos an den Vermieter wäre schon wegen der an den Mieter ausgezahlten öffentlichen Zuschüsse, die ausdrücklich dessen Liquidität im Hinblick auf die Mietzahlungen erhöhen sollten, unbillig, weil sie zu einer Überkompensation führen würde. Vor allem aber hätte ex ante kein redlicher Mieter von seinem Vermieter die Vereinbarung einer 100%igen Mietreduktion für den Fall einer pandemiebedingten Schließung erwarten können, weil der Vermieter seinerseits Betriebs- und Kapitalkosten zu tragen hat.[66] Es darf aber auch nicht umgekehrt auf Grund des regelmäßig den Mieter treffenden Verwendungsrisikos (→ BGB § 313 Rn. 224) allein diesem das Pandemierisiko auferlegt werden, weil dem Vermieter in Krisenzeiten eine anderweitige Vermietung des Objekts kaum möglich wäre.[67] Ein Vorrang des Unmöglichkeits- und Gewährleistungsrechts (→ BGB § 313 Rn. 156, → BGB § 313 Rn. 168) besteht aus diesen Gründen hier gerade nicht (→ BGB § 313 Rn. 312).[68] 25

Vertragliche Risikozuweisungen sind, wie stets (→ BGB § 313 Rn. 61, → BGB § 313 Rn. 311), vorrangig zu prüfen. Jedoch sind Regelungen zu einer Umsatzbeteiligung des Vermieters, Anlaufschwierigkeiten nach Eröffnung des Betriebs etc. dann nicht als Zuweisung des Pandemierisikos zu verstehen, wenn nicht ersichtlich ist, dass dieses hatte mitgeregelt werden sollen. Zumeist 26

59 Treffend BeckOGK/*Martens,* 1.4.2024, BGB § 313 Rn. 248; ähnlich krit. *Paulus* JZ 2021, 931 (933 f.); *Brinkmann/Thüsing* NZM 2021, 5 (12): „Griff ins Leere"; vgl. auch BeckOGK/*Harke,* 1.4.2024, BGB § 537 Rn. 14; *Lindner-Figura/Reuter* NJW 2021, 1061 (1065); *Schlereth/Starz* COVuR 2021, 81 (83 f.); *Schall* JZ 2021, 455 (459); positiver *Klimesch/Walther* ZMR 2021, 177 (180); *Zimmermann* WM 2021, 1781 (1783).

60 Vgl. auch den Bericht RA, BT-Drs. 19/25322, 14 f.

61 BGHZ 232, 178 Rn. 46 ff. = NJW 2022, 1370; KG GE 2021, 570 Rn. 110; LG Dortmund BeckRS 2021, 4565 (bestätigt von OLG Hamm BeckRS 2022, 13809 Rn. 28); LG Krefeld BeckRS 2021, 18181 (bestätigt von OLG Düsseldorf BeckRS 2022, 20509 Rn. 25); LG Itzehoe BeckRS 2021, 21429.

62 *Jung* BB 2021, 329 (333).

63 BGH NJW-RR 2023, 164 Rn. 33 f.; 2022, 1303 Rn. 38 ff.; OLG Frankfurt BeckRS 2021, 29627 Rn. 45 f.; LG München I ZVertriebsR 2021, 86 Rn. 52; NZM 2021, 194 Rn. 95; LG München II BeckRS 2021, 2996 Rn. 29; LG Stuttgart BeckRS 2021, 4738 Rn. 45 f.; LG Münster BeckRS 2021, 2999 Rn. 75.

64 BGHZ 232, 178 Rn. 55 = NJW 2022, 1370; BGH NJW 2022, 1378 Rn. 30; KG GE 2021, 570 Rn. 110; OLG München NJW 2021, 948 (950); LG Mönchengladbach BeckRS 2020, 30731 Rn. 49. Vgl. bereits BGH NJW 2000, 1714 Rn. 42; 2020, 331 Rn. 37 mit Verweis auf BGH ZMR 1996, 309: Zuweisung des Verwendungsrisikos des Mieters an den Vermieter in „extremen Ausnahmefällen". Wie hier *Kumkar/Voß* ZIP 2020, 893 (899); Staudinger/*Emmerich,* 2021, BGB Vor §§ 536 ff. Rn. 43; *Zehelein* NZM 2020, 390 (398); *Ekkenga/Schirrmacher* NZM 2020, 410 (414); *Häublein/Müller* NZM 2020, 481 (487 f.); *Brinkmann* in Effer-Uhe/Mohnert, Vertragsrecht in der Coronakrise, 2020, 147 (174); *Jung* JZ 2020, 715 (720); *Prütting* in Effer-Uhe/Mohnert, Vertragsrecht in der Coronakrise, 2020, 47 (66). Abl. aber (mangels Unzumutbarkeit) OLG Karlsruhe NJW 2021, 945 Rn. 20, 23; OLG München NJW 2021, 948 (952); NK-BGB/*Klein-Blenkers* BGB § 535 Rn. 230t; aA *Schmidt* AcP 222 (2022), 546 (568).

65 BeckOGK/*Martens,* 1.4.2024, BGB § 313 Rn. 248; *Streyl* in Schmidt, COVID-19, 3. Aufl. 2021, § 3 Rn. 87; LG Mönchengladbach BeckRS 2020, 30731 Rn. 57.

66 Vgl. BGH NJW 2022, 1378 Rn. 28; OLG München NJW 2021, 948 (949).

67 Richtig *Ekkenga/Schirrmacher* NZM 2020, 410 (412); *Brinkmann* in Effer-Uhe/Mohnert, Vertragsrecht in der Coronakrise, 2020, 147 (174); *Römermann* NJW 2021, 265 (268).

68 Richtig *Klein* BB 2021, 962 (967); anders *Weller/Thomale* BB 2020, 962 (963).

werden die Parteien einen funktionierenden Markt vorausgesetzt haben (→ Rn. 38).[69] Eine mietvertragliche Risikozuweisung legt der BGH grundsätzlich eng aus: Der Ausschluss einer Mietminderung bei Überschwemmung oder „sonstigen Katastrophen" schließe das Anpassungsrecht genauso wenig aus wie ein vertragliches Kündigungsrecht bei Betriebsuntersagung.[70]

27 Die Geschäftsgrundlage eines gewerblichen Mietvertrags ist aber nicht nur durch die behördlichen Schließungsanordnungen, die allein Gegenstand des Art. 240 § 7 sind, gestört, sondern auch durch einen **pandemiebedingten Nachfragerückgang:** Es kann keinen Unterschied machen, ob auf Grund von Empfehlungen der Regierung zur Infektionsvermeidung das gesellschaftliche Leben bereits freiwillig weitgehend zum Erliegen gekommen ist oder ob Ladenschließungen angeordnet wurden; auch das Risiko eines solchen freiwilligen Nachfragerückgangs wurde von keiner Partei übernommen.[71] Daher kann auch in der **Phase der Lockerung** der behördlichen Maßnahmen die Grundlagenstörung in verminderter Weise fortbestehen.[72] Sollte die Nachfrage aber trotz Erreichens eines dauerhaft niedrigen Infektionsniveaus aus Übervorsicht oder veränderten Kaufgewohnheiten oder wegen einer pandemiebedingten Rezession ausbleiben, gehört dies zum allgemeinen unternehmerischen Risiko des Mieters.[73] Ein Hotelpächter, der seine Einnahmen wesentlich durch Messen und Konferenzen erzielt, trägt das unternehmerische Risiko, dass sich der Trend zur Videokonferenz statt der persönlichen Begegnung durchsetzt.[74]

28 Wann die Grundlagenstörung so **schwerwiegend** ist, dass ein unveränderter Vertrag einer Partei unzumutbar ist, ist eine Frage des Einzelfalls. Grundsätzlich muss der Umsatz um mehr als 50% im Vergleich zu den Vorjahren zurückgegangen sein, was durch Vorlage der früheren Jahresabschlüsse bzw. Steuererklärungen zu belegen ist.[75] Die Störung muss auch von **gewisser Dauer** sein (→ BGB § 313 Rn. 58), wenige Tage der Schließung genügen nicht;[76] zumeist dürfte eine Betriebsruhe von zwei Wochen die Erheblichkeitsschwelle nicht überschreiten.[77] Da aber auf die Zeitabschnitte abzustellen ist, nach denen die Miete fällig wird, ist eine längere Störung regelmäßig als schwerwiegend anzusehen.[78]

29 Auch in **besonderen Fallgestaltungen** sollte eine andere als die gesetzliche Risikoverteilung herangezogen werden: Musste der Vermieter ein Einkaufszentrum schließen oder hatte er einen Shop-in-Shop vermietet und musste er dem Mieter den Zugang verweigern, spricht die Besonderheit des Pandemierisikos auch hier gegen eine einseitige Risikoallokation durch Anwendung des § 536 BGB. Von einer grundsätzlichen Risikoteilung ist auch auszugehen, wenn durch die Betriebsbeschränkung auf 800 m^2 Ladenfläche tatsächlich die physische Beschaffenheit der Mietsache relevant war und ein Mangel deshalb angenommen werden konnte.[79] Wurde eine gewerbliche Immobilie nur wegen eines COVID-19-Ausbruchs in einem benachbarten Heim geschlossen, könnte man gleichfalls die Objektbezogenheit bejahen;[80] dennoch spricht auch hier alles für eine Risikoteilung.[81]

30 Eine Grundlagenstörung ist nicht anzunehmen, wenn der Miet- oder Pachtvertrag erst **nach dem Pandemieausbruch** abgeschlossen wurde; hierin liegt eine bewusste Risikoübernahme durch den Mieter (→ BGB § 313 Rn. 325).[82]

31 Bei Störung der „großen" Geschäftsgrundlage ist grundsätzlich[83] eine **hälftige Risikoteilung** erforderlich (→ BGB § 313 Rn. 316; s. auch → Rn. 38 f.). Da das Grundlagenrecht nicht geeignet

---

[69] Anders LG München II BeckRS 2021, 2996 Rn. 29; LG Heidelberg GE 2020, 1184 Rn. 45, 55.

[70] BGHZ 232, 178 Rn. 51 = NJW 2022, 1370; BGH NJW 2022, 1378 Rn. 26; dazu mit Recht krit. *Sittner* NJW 2022, 1349 (1350); anders für die Formulierung „nicht zu vertretende Unterbrechung des Betriebes des Mietgegenstandes … gleich aus welchem Grund" OLG Hamm BeckRS 2021, 34799 Rn. 43.

[71] BeckOGK/*Martens,* 1.4.2024, BGB § 313 Rn. 251; s. auch OLG Frankfurt NJW 2022, 2697 Rn. 19 ff.; OLG Düsseldorf BeckRS 2022, 20509 Rn. 17.

[72] *Krepold* WM 2020, 726 (729); *Eusani* MDR 2020, 889 (891); *Göldner* ZfIR 2020, 403 (407); anders *Ekkenga/Schirrmacher* NZM 2020, 410 (414).

[73] Ähnlich BGH NJW 2022, 1378 Rn. 31; *Warmuth* COVuR 2020, 16 (18).

[74] LG Köln NJOZ 2022, 432 Rn. 37.

[75] S. auch BGH NJW-RR 2023, 164 Rn. 34. Bei Neugründungen ist auf einen fiktiven Jahresumsatz abzustellen, der sich mit Hilfe der Ist-Umsätze und der branchenüblichen Saisonverläufe errechnet.

[76] OLG München NJW 2021, 948 (951); dazu jurisPK-BGB/*Pfeiffer* BGB § 313 Rn. 55.

[77] BeckOGK/*Martens,* 1.4.2024, BGB § 313 Rn. 255; zu eng LG Heidelberg GE 2020, 1184 Rn. 60.

[78] OLG Dresden COVuR 2021, 212 Rn. 42 fordert indes die Schließung von einem Monat, *Leo* NZM 2021, 249 (253) wegen §§ 580, 580a BGB sogar von neun Monaten.

[79] Für die Annahme eines Mangels *Streyl* NZM 2020, 817 (820).

[80] *Bulgrin/Wolff* AG 2020, 367 (372).

[81] Vgl. auch BeckOGK/*Martens,* 1.4.2024, BGB § 313 Rn. 246.2.

[82] OLG Hamm BeckRS 2021, 34799 Rn. 49; OLG Koblenz NJOZ 2023, 712 Rn. 22; *Güther* ZMR 2021, 296 (297).

[83] So auch *Gsell* VersR 2022, 1541 (1549 f.); aA *Schmidt* AcP 222 (2022), 546 (562, 568). Das ist nicht mit einer „pauschalen" Halbteilung zu verwechseln, der BGHZ 232, 178 Rn. 57 f. = NJW 2022, 1370 zu Recht eine Absage erteilt hat; vgl. *Finkenauer/Stahl* JZ 2022, 309 (311).

ist, die Fälle der Bedrohung der Sozialexistenz zu lösen (→ BGB § 313 Rn. 308), ist primär die öffentliche Hand berufen, mit **öffentlichen Hilfen** wie verlorenen Zuschüssen, Darlehen, Bürgschaften, (Steuer-)Stundungen oder Staatsbeteiligungen die Not zielgerichtet zu lindern. Nur für auf diese Weise noch nicht befriedigend gelöste Fälle kann überhaupt auf das subsidiäre Grundlagenrecht zurückgegriffen werden.

Staatliche Zuschüsse erhöhen die Liquidität des gewerblichen Mieters, weshalb er sie sich zu 32
dem Anteil, der dem Verhältnis der Miete zu den Gesamtverbindlichkeiten im Mietzeitraum entspricht, anrechnen lassen muss, unabhängig davon, ob sie ihn ausdrücklich von seinen Mietzahlungspflichten entlasten sollen oder nicht (→ BGB § 313 Rn. 326).[84] Die Hilfen sind zunächst anteilig mit der Miete zu verrechnen, und der verbleibende Betrag ist sodann zwischen dem Vermieter und dem Mieter zu teilen.[85] Werden öffentliche Hilfen erst nach einer Mietanpassung genehmigt, hat eine Nachzahlung der Miete zu erfolgen.[86] Stellt ein antragsberechtigter Mieter einen Antrag auf öffentliche Hilfen nicht, ist er so zu stellen, als hätte er sie beantragt.[87] Entsprechendes gilt auch für Leistungen aus einer **Betriebsausfallversicherung.**[88] Eine Pflicht zu ihrem Abschluss existiert jedoch nicht, weshalb ihr Fehlen dem Schuldner nicht angelastet werden kann.[89] Dagegen ist das mit der Kurzarbeit, die den Arbeitgeber vom Risiko der Lohnfortzahlung bei Arbeitsausfall entlastet, verbundene **Kurzarbeitergeld** nicht zu berücksichtigen;[90] dieses ist eine Versicherungsleistung, die den Lohnausfall des Arbeitnehmers ausgleicht, nicht jedoch die für eine Mietzahlung erforderlichen liquiden Mittel des Arbeitgebers erhöht.

Eine **Existenzgefährdung** des Schuldners ist nicht vorauszusetzen (→ BGB § 313 Rn. 78, 33
→ BGB § 313 Rn. 315; → Rn. 35).[91] Weil es um die Verteilung eines gesamtgesellschaftlich zu tragenden Risikos geht, sind **Liquiditätsreserven** (Rücklagen) des Mieters kein Grund, ihm eine Mietanpassung zu verweigern; die Risikoallokation wird durch Reserven des Schuldners keine andere (→ BGB § 313 Rn. 315). Es ist daher auch nicht die Bildung von Reserven durch den Schuldner (in guten Jahren) zu erwarten, mit denen er pandemiebedingte Umsatzeinbußen ausgleichen müsste.[92] Es ist zudem auf den konkreten Mietvertrag und Mieter abzustellen, nicht auf andere Unternehmen oder Filialen desselben **Konzerns.**[93] Auch wenn in demselben Konzern zB neben dem Textilhandelsunternehmen mit

[84] BGHZ 232, 178 Rn. 59 = NJW 2022, 1370; LG Itzehoe ZMR 2021, 313 (315); Bericht RA, BT-Drs. 19/25322, 21; *Scholz* NJW 2020, 2209 (2211); *Eusani* MDR 2020, 962 (967); *Häublein/Müller* NZM 2020, 481 (489); *Martens* ZIP 2021, 1521 (1526); *Zimmermann* WM 2021, 1781 (1785); anders *Jung* JZ 2020, 715 (720) für die Soforthilfen des Aprils 2020; skeptisch aber *Schmidt* AcP 222 (2022), 546, 570.

[85] LG München I ZVertriebsR 2021, 86 Rn. 77 f.

[86] *Schall* JZ 2020, 388 (394); OLG Düsseldorf BeckRS 2022, 20509 Rn. 33.

[87] BeckOGK/*Siegmund,* 1.4.2024, Rn. 42; BGHZ 232, 178 Rn. 61 = NJW 2022, 1370; OLG Köln BeckRS 2021, 16176 Rn. 26.

[88] BGH NJW 2022, 1378 Rn. 34; OLG Frankfurt NZM 2021, 395 Rn. 58; OLG Düsseldorf BeckRS 2022, 20509 Rn. 22; restriktiv jedoch BGH NJW 2022, 872 Rn. 15 ff. bezüglich des Bestehens von Versicherungsschutz.

[89] OLG Frankfurt NZM 2021, 395 Rn. 61; LG Heidelberg GE 2020, 1184 Rn. 56; *Säcker/Schubert* BB 2020, 2563 (2569); anders LG Zweibrücken BB 2020, 2450 Rn. 62.

[90] KG GE 2021, 570 Rn. 48; OLG Düsseldorf BeckRS 2022, 20509 Rn. 31; *Säcker/Schubert* BB 2020, 2563 (2569); anders BGH NJW-RR 2022, 1303 Rn. 45; anders OLG Frankfurt NZM 2021, 395 Rn. 58; OLG Karlsruhe NJW 2021, 945 Rn. 27; LG München I ZVertriebsR 2021, 86 Rn. 73 f.; *Häublein/Müller* NZM 2020, 481 (488 f.); Bericht RA, BT-Drs. 19/25322, 21.

[91] BGHZ 232, 178 Rn. 59 = NJW 2022, 1370; BGH NJW 2022, 1378 Rn. 35; KG GE 2021, 570 Rn. 112; OLG München NJW 2021, 948 (951); BeckOGK/*Martens,* 1.4.2024, BGB § 313 Rn. 256; NK-BGB/*Jung* BGB § 313 Rn. 79; BeckOGK/*Siegmund,* 1.4.2024, Rn. 43; *Gsell* VersR 2022, 1541 (1547); *Römermann* NJW 2021, 265 (268); *Brinkmann/Thüsing* NZM 2021, 5 (10); BeckOGK/*Harke,* 1.4.2024, BGB § 537 Rn. 14; *Streyl* NZM 2020, 817 (824); *Klein* BB 2021, 962 (971); *Hübner* ZfIR 2020, 729 (730); *Schlereth/Starz* COVuR 2021, 81 (83); *Schwemmer* ZIP 2022, 193 (198); anders für die Gewerbemiete OLG Karlsruhe NJW 2021, 945 Rn. 22; LG Stuttgart BeckRS 2021, 4738 Rn. 46; 2020, 32275 Rn. 24; AG Düsseldorf BeckRS 2020, 31652 Rn. 35; AG Köln BeckRS 2020, 32288 Rn. 31; *Klimesch/Walther* ZMR 2020, 556 (557).

[92] BeckOGK/*Martens,* 1.4.2024, BGB § 313 Rn. 233, 253; anders OLG München NJW 2021, 948 (952); LG München I NZM 2021, 194 Rn. 68, 80: Rücklagen in Höhe von 20 % der Summe des EBITDA der letzten drei Jahre; ZVertriebsR 2021, 86 Rn. 58: eine Monatsmiete; LG Lüneburg BeckRS 2020, 32664 Rn. 32; *Klimesch/Walther* ZMR 2021, 177 (180).

[93] Wie hier BGHZ 232, 178 Rn. 58 = NJW 2022, 1370; BGH NJW 2022, 1378 Rn. 33; LG München I ZVertriebsR 2021, 86 Rn. 67; AG Dortmund BeckRS 2021, 8596 Rn. 39; BeckOGK/*Martens,* 1.4.2024, BGB § 313 Rn. 233; *Streyl* NZM 2020, 817 (825); anders OLG Frankfurt NZM 2021, 395 Rn. 54; OLG Karlsruhe NJW 2021, 945 Rn. 25; OLG München NJW 2021, 948 (952 f.); BeckOGK/*Siegmund,* 1.4.2024, Rn. 42; *Sittner* NJW 2022, 1349 (1351).

(geschlossenen) Textilhandelsfilialen ein (nicht geschlossene) Supermarktfilialen betreibendes Handelsunternehmen besteht, ist eine Risikoteilung zwischen den Parteien erforderlich, weil der Vermieter nach Kündigung keine oder nur eingeschränkte anderweitige Vermietungsmöglichkeiten hätte. Wollte man die Risikoteilung bei Unternehmen mit Konzernzugehörigkeit unter Verweis auf die im Konzern eventuell vorhandene ausreichende Liquidität ablehnen, müsste man auch bei konzernunabhängigen Unternehmen prüfen, ob ihre Gesellschafter oder Aktionäre Liquidität nachschießen können.

34 Vom Anpassungswilligen können, soweit dies sinnvoll und zumutbar erscheint, **einbußenmindernde Maßnahmen** erwartet werden, mit denen er selbst sein Geschäft anpasst, entweder indem er zB auf Online-Handel[94] oder einen Abhol- oder Lieferservice umstellt[95] oder das Geschäftslokal untervermietet.[96] Werden solche Maßnahmen nicht getroffen, wirkt sich dies zu Lasten des Mieters aus.[97] In manchen Geschäftsbereichen mögliche Nachholeffekte nach Wiedereröffnung des Geschäfts sind gleichfalls zu berücksichtigen, indem entsprechende Rechnungslegungspflichten und eine Nachzahlungspflicht auferlegt werden.[98]

35 Die **finanziellen Verhältnisse des Vermieters** sind so wenig wie die **des Mieters** (→ Rn. 33) in die Unzumutbarkeitsprüfung einzubeziehen.[99] Ob das Mietobjekt fremdfinanziert ist und der Vermieter durch den Mietausfall in eine wirtschaftliche Schieflage gerät, ist für die Äquivalenzstörung seines Vertragsverhältnisses mit dem Mieter gleichgültig. Ein etwaiger Mietausfall spielt nur im Verhältnis zu seinem Kreditgeber eine Rolle. § 313 BGB hat nicht die Aufgabe (und das Vermögen), über die Unzumutbarkeitsprüfung alle weiteren womöglich gestörten Vertragsverhältnisse auf ihren Anpassungsbedarf zu prüfen. Die noch ungewisse Störung des einen Vertragsverhältnisses (zum Kreditgeber) würde sonst in das andere Vertragsverhältnis (zum Mieter) hineingetragen werden müssen (→ BGB § 313 Rn. 315).[100]

36 Der anpassungswillige Mieter ist **beweisbelastet** auch für die Frage der Unzumutbarkeit (→ BGB § 313 Rn. 135). Er hat daher den Umsatz, die für einen Umsatzvergleich maßgeblichen Daten der Vorjahre sowie alle öffentlichen Hilfen, die ihm zugeflossen sind, sowie die zu ihrer Beantragung erforderlichen Informationen offenzulegen.[101]

37 Die **Anpassung** des gewerblichen Mietvertrags geschieht regelmäßig durch Herabsetzung der Miete. Daneben ist eine **Stundung** denkbar,[102] etwa wenn Nachholeffekte nach erneuter Öffnung absehbar sind und nur kurzfristig ein Liquiditätsengpass überwunden werden muss oder beantragte staatliche Hilfen noch nicht ausgezahlt worden sind. Auch die Verringerung der gemieteten Fläche unter gleichzeitiger Herabsetzung der Miete kann eine angemessene Anpassungsfolge sein. Die Möglichkeit einer ordentlichen Kündigung lässt eine Anpassung nicht entfallen,[103] weil die Miete nach Zeitabschnitten bemessen wird und die in die Zukunft wirkende Kündigung die pandemiebedingte, nicht allein vom Mieter zu tragende Störung der Äquivalenz nicht beseitigt. Eine auf § 313 Abs. 3 S. 2 BGB gestützte Kündigung kommt dagegen regelmäßig nicht in Betracht,[104] wohl aber eine **Verschiebung** der (Event-)Veranstaltung mit Bewirtung.[105] Das gilt im Grundsatz auch für einen auf § 313 Abs. 3 S. 1 BGB gestützten Rücktritt, wenn Räume für eine Hochzeitsfeier angemietet wurden; hier ist, wenigstens bei bereits länger standesamtlich Verheirateten, eine Verlegung für den Mieter zumutbar.[106]

---

94 Dazu OLG Hamm BeckRS 2022, 5455; KG BeckRS 2022, 42789 mit der Anforderung, Onlineeinnahmen eines Filialisten auch auf geschlossene Filialen zu verteilen.

95 OLG Frankfurt NZM 2021, 395 Rn. 57; LG München I ZVertriebsR 2021, 86 Rn. 68 f.; BeckOGK/*Siegmund,* 1.4.2024, Rn. 46; *Streyl* NZM 2020, 817 (825).

96 BGH NJW 2022, 1382 Rn. 58; LG München II BeckRS 2021, 2996 Rn. 30.

97 BeckOGK/*Martens,* 1.4.2024, BGB § 313 Rn. 252; BeckOGK/*Siegmund,* 1.4.2024, Rn. 44.

98 OLG Frankfurt NZM 2021, 395 Rn. 54; *Säcker/Schubert* BB 2020, 2563 (2570); *Streyl* in Schmidt, COVID-19, 3. Aufl. 2021, § 3 Rn. 95; *Martens* ZIP 2021, 1521 (1526).

99 Anders, wenn eine Existenzgefährdung bei Vermieter oder Mieter einträte: wohl BGH NJW 2022, 1378 Rn. 35; s. auch OLG Frankfurt NZM 2021, 395 Rn. 59, 61; OLG Frankfurt BeckRS 2021, 29627 Rn. 44; OLG München NJW 2021, 948 (952); BeckOGK/*Siegmund,* 1.4.2024, Rn. 49; dagegen ähnlich wie hier *Sittner* NJW 2022, 1349 (1352).

100 Zu diesem Gedanken NK-BGB/*Jung* BGB § 313 Rn. 79a.

101 BGHZ 232, 178 Rn. 61 = NJW 2022, 1370; LG Münster BeckRS 2021, 2999 Rn. 79 f.

102 OLG München NJW 2021, 948 (952); KG NJW 2022, 2693 Rn. 70; *Häublein/Müller* NZM 2020, 481 (489 f.); BeckOGK/*Siegmund,* 1.4.2024, Rn. 41, 50; anders *Kumkar/Voß* ZIP 2020, 893 (900); *Starke* ZfIR 2020, 361 (364); *Streyl* NZM 2020, 817 (825).

103 Anders (bei Bestehen einer kurzfristigen und zumutbaren Kündigungsmöglichkeit) BGH NJW 2022, 1378 Rn. 33; s. auch *Leo* NZM 2021, 249 (252).

104 *Ekkenga/Schirrmacher* NZM 2020, 410 (414); *Sittner* NJW 2020, 1169 (1172).

105 KG BeckRS 2022, 14382 Rn. 85 ff.: zumutbar selbst bei einem Aufpreis von 44 %, was BGH BeckRS 2024, 6524 jedoch offenlässt.

106 BGH NJW 2022, 1382 Rn. 41 ff.; NJW-RR 2023, 514 Rn. 33 (anders noch OLG Celle BeckRS 2021, 37280 Rn. 50).

Lediglich **Ausgangspunkt** für das Anpassungsmaß ist eine **hälftige Risikoverteilung** zwischen Mieter und Vermieter, weil das Pandemierisiko von niemandem zu tragen ist, aber verteilt werden muss.[107] Zwar ist eine Gewerbeimmobilie als Anlageobjekt womöglich der Arbeitskraft des Mieters überlegen.[108] Daraus lässt sich aber kein Rückschluss auf eine höhere Risikoallokation an den Vermieter ziehen, weil selbst vorausschauende Parteien das Pandemierisiko ex ante nicht anders als hälftig verteilt hätten. Regelmäßig wird es aber nicht bei der pauschalen Risikoteilung bleiben, weil zB Geldzuflüsse durch die öffentliche Hand oder Umsatz auf Grund einer zumutbaren Umstellung des Gewerbes anzurechnen sind, da es nicht zu einer Überkompensation kommen darf (→ BGB § 313 Rn. 314).[109] Es ist daher im Grundsatz eine vereinbarte Mindestmiete zu teilen; das gilt auch für eine (allein oder zusätzlich vereinbarte) **Umsatzmiete;**[110] denn die in der Vereinbarung einer Umsatzmiete liegende Risikozuweisung an den Vermieter (→ BGB § 313 Rn. 257, → BGB § 313 Rn. 268) gilt im Falle einer Störung der großen Geschäftsgrundlage gerade nicht, weil auch sie einen funktionierenden Markt voraussetzt.[111] Wurde indes die Umsatzmiete während der Pandemie vereinbart, hat der Vermieter das Risiko übernommen (→ Rn. 26). Zu unterscheiden ist ferner zwischen verbrauchsabhängigen Betriebskosten, die der Mieter allein zu tragen hat, und verbrauchsunabhängigen Betriebskosten, die zu teilen sind.[112] 38

Zwei **Beispiele zur Berechnung des angepassten Mietzinses,** die das Verhältnis von Halbteilung und Einzelfallumständen verdeutlichen: (1.) Erhält der Mieter bei einem Umsatzeinbruch auf Null öffentliche Hilfen, die drei Viertel seiner Verbindlichkeiten decken, so kommt für eine Halbierung nur ein Viertel der Mietforderung in Betracht, im Ergebnis erhält der Vermieter also sieben Achtel des Mietzinses. (2.) Erhält der Mieter öffentliche Hilfen sowie eine Versicherungssumme, die je 20 % seiner Kosten decken, und kann er weitere 20 % seiner Kosten durch eine Betriebsumstellung abdecken, so kann nur ein Anteil von 40 % der Mietforderung hälftig geteilt werden. Der Vermieter erhält dann 80 % des Mietzinses. 39

Anh. Art. 240 EGBGB

§§ 5, 6 COVMG [aufgehoben]

Das COVMG trat **mit Ablauf des 31.8.2022 außer Kraft** (Art. 6 Abs. 2 COVFAG). Zur Kommentierung des § 5 COVMG (Vereine und Stiftungen) und des § 6 COVMG (Wohnungseigentümergemeinschaften) → 8. Aufl. 2021, Anh. Art. 240 EGBGB. 1

Art. 241 [aufgehoben]

Art. 242 Informationspflichten bei Teilzeit-Wohnrechteverträgen, Verträgen über langfristige Urlaubsprodukte, Vermittlungsverträgen sowie Tauschsystemverträgen

§ 1 Vorvertragliche und vertragliche Pflichtangaben

(1) Als vorvertragliche Informationen nach § 482 Absatz 1 des Bürgerlichen Gesetzbuchs für den Abschluss eines Teilzeit-Wohnrechtevertrags, eines Vertrags über ein langfristiges Urlaubsprodukt, eines Vermittlungsvertrags oder eines Tauschsystemvertrags sind die Angaben nach den Anhängen der Richtlinie 2008/122/EG des Europäischen Parlaments und des Rates vom 14. Januar 2009 über den Schutz der Verbraucher im Hinblick auf bestimmte Aspekte von Teilzeitnutzungsverträgen, Verträgen über langfristige Urlaubsprodukte sowie Wiederverkaufs- und Tauschverträgen (ABl. L 33 vom 3.2.2009, S. 10) in leicht zugänglicher Form zur Verfügung zu stellen, und zwar

107 OLG Dresden COVuR 2021, 212 Rn. 44; *Finkenauer/Stahl* JZ 2022, 309 (311); *Gsell* VersR 2022, 1541 (1551); *Köndgen* JZ 2022, 990 (998); Staudinger/*Emmerich*, 2021, BGB Vor §§ 536 ff. Rn. 44; BeckOGK/*Martens*, 1.4.2024, BGB § 313 Rn. 250; *Häublein/Müller* NZM 2020, 481 (489); *Zehelein* NZM 2020, 390 (399 f.); anders OLG Hamm BeckRS 2021, 30476 Rn. 68; *Schall* JZ 2021, 455 (458 f.). Zu beachten ist, dass die Zumutbarkeitsprüfung anschließend noch zu erfolgen hat.

108 *Ekkenga/Schirrmacher* NZM 2020, 410 (413).

109 BGH NJW-RR 2022, 1303; OLG Karlsruhe NJW 2021, 945 Rn. 29; *Leo* NZM 2021, 249 (250 f.); *Güther* ZMR 2021, 296 (297).

110 *Streyl* NZM 2020, 817 (824); *Streyl* in Schmidt, COVID-19, 3. Aufl. 2021, § 3 Rn. 93.

111 BeckOGK/*Martens*, 1.4.2024, BGB § 313 Rn. 254; *Häublein/Müller* NZM 2020, 481 (488).

112 LG Krefeld BeckRS 2021, 18181 Rn. 75; *Streyl* NZM 2020, 817 (824); BeckOGK/*Siegmund*, 1.4.2024, Rn. 51.

1. für einen Teilzeit-Wohnrechtevertrag die Angaben nach Anhang I der Richtlinie,
2. für einen Vertrag über ein langfristiges Urlaubsprodukt die Angaben nach Anhang II der Richtlinie,
3. für einen Vermittlungsvertrag die Angaben nach Anhang III der Richtlinie,
4. für einen Tauschsystemvertrag die Angaben nach Anhang IV der Richtlinie.

(2) [1]Die Angaben in den Teilen 1 und 2 der Anhänge nach Absatz 1 Nummer 1 bis 4 sind in einem Formblatt nach den in den Anhängen enthaltenen Mustern zur Verfügung zu stellen. [2]Die Angaben nach Teil 3 des Anhangs können in das Formblatt aufgenommen oder auf andere Weise zur Verfügung gestellt werden. [3]Werden sie nicht in das Formblatt aufgenommen, ist auf dem Formblatt darauf hinzuweisen, wo die Angaben zu finden sind.

Übersicht

I. Bedeutung der Vorschrift

1 Art. 242 § 1 wurde durch das Gesetz zur Modernisierung der Regelungen über Teilzeit-Wohnrechteverträge, Verträge über langfristige Urlaubsprodukte sowie Vermittlungsverträge und Tauschsystemverträge vom 17.1.2011 (BGBl. 2011 I 34) vollständig und grundlegend neugefasst. Die Vorschrift bündelt unmittelbar die **vorvertraglichen und vertraglichen Informationspflichten** bei Verträgen iSd § 481 BGB, § 481a BGB und § 481b BGB. Sie verweist dabei in erster Linie auf die Formblätter aus dem Anhang der Timesharing-RL. Der Gesetzgeber hatte sich aufgrund des von der Timesharing-RL verfolgten Grundsatzes der Vollharmonisierung (→ BGB Vor § 481 Rn. 18) zu dieser Regelungstechnik entschlossen und keine eigenständige innerstaatliche Regelung der Informationspflichten in einer Rechtsverordnung mehr vorgesehen, wie dies der vor Inkrafttreten des Teilzeit-Wohnrechte-Modernisierungsgesetzes geltenden Rechtslage mit § 2 BGB-InfoV entsprach (→ 5. Aufl. 2008, Anh. BGB § 482 Rn. 1 ff.).[1]

2 Die vorvertraglichen Informationspflichten ergeben sich im Einzelnen aus den **Anhängen der Timesharing-RL.** Der Gesetzgeber hat davon abgesehen, diese eigenständig als Anlagen an das EGBGB anzufügen, da dies bei der Vielzahl der Sprachfassungen sehr aufwändig und unübersichtlich wäre.[2] Stattdessen wird direkt auf die Fundstelle der Timesharing-RL im Amtsblatt der EU verwiesen. Damit sind die Formblätter nach dem Anhang der Timesharing-RL in der nach § 483 BGB maßgeblichen Sprachfassung unmittelbar geltendes deutsches Recht. Art. 242 § 1 dient der Umsetzung von Art. 4 Abs. 1 Timesharing-RL sowie von Art. 5 Abs. 2 Timesharing-RL jeweils iVm Anh. I–IV Timesharing-RL. Dabei gelten für den Teilzeit-Wohnrechtevertrag die Angaben nach

[1] BT-Drs. 17/2764, 22 li. Sp.
[2] BT-Drs. 17/2764, 22 li. Sp.

Anh. I Timesharing-RL, für den Vertrag über ein langfristiges Urlaubsprodukt Anh. II Timesharing-RL, für den Vermittlungsvertrag Anh. III Timesharing-RL und für den Tauschsystemvertrag Anh. IV Timesharing-RL.

II. Regelungsgehalt des Art. 242 § 1 Abs. 2

Art. 242 § 1 Abs. 2 schreibt vor, dass die Informationspflichten nach Abs. 1 unter Verwendung des Formblatts erfüllt werden müssen, wie dies in dem jeweils einschlägigen Muster im Anhang der Timesharing-RL vorgeschrieben ist. Diese **Muster** folgen für alle Verträge **jeweils einem einheitlichen Aufbau: Teil 1** enthält Angaben über die **Vertragsparteien,** das **Produkt** und sonstige Leistungen des Unternehmers, **Preis, Geltungsdauer** des Vertrags. **Teil 2** enthält Angaben über das **Widerrufsrecht,** die Widerrufsfrist, das Anzahlungsverbot sowie den Hinweis, dass der Vertrag nach dem Internationalen Privatrecht einem anderen Recht unterliegen kann als dem Recht des Mitgliedstaats, in dem der Verbraucher seinen Wohnsitz hat. Diese Angaben müssen nach Art. 242 § 1 Abs. 2 in dem Formblatt enthalten sein und dem Verbraucher bereits vor Vertragsschluss nach Maßgabe des § 482 Abs. 1 S. 1 BGB überlassen werden. 3

Teil 3 der jeweiligen Anhänge sieht **zusätzliche Informationen** vor, auf die der Verbraucher ebenfalls einen Anspruch hat, die aber nicht in dem Formblatt aufgeführt sein müssen; diese Informationen müssen dem Verbraucher ebenfalls zur Verfügung gestellt werden. Sind sie nicht in dem Formblatt enthalten, muss dieses auf die Bezugsquelle der Informationen hinweisen. Hierher gehören beispielsweise zusätzliche Angaben über erworbene Rechte, über die Immobilie, über die Kosten und die Beendigung des Vertrags. Die Informationen in Teil 3 beziehen sich vielfach auf dieselben Umstände wie diejenigen in Teil 1, sind aber viel detaillierter. Mit dieser Aufspaltung soll erreicht werden, dass der an einem Vertragsschluss interessierte Verbraucher zunächst vor dem Vertragsschluss die notwendigen Mindestinformationen erhält und zur Kenntnis nehmen kann. Diese Regelungstechnik soll der Gefahr etwas gegensteuern, dass übermäßige Informationen auch eher nebensächlicher Art nicht mehr zur Kenntnis genommen werden und daher schädliche Folgen für den Verbraucherschutz haben können (→ BGB Vor § 481 Rn. 5). 4

III. Angaben für Teilzeit-Wohnrechteverträge nach Anh. I Timesharing-RL (Art. 242 § 1 Abs. 1 Nr. 1)

1. Pflichtangaben nach Anh. I Teil 1 Timesharing-RL. Angegeben werden müssen zunächst **Identität, Wohnsitz und Rechtsstellung** des oder der Unternehmer, die Vertragspartner werden sollen. Die Anforderung, Name und ladungsfähige Anschrift der Vertragsparteien in den Vertrag aufzunehmen, formuliert für den Vertrag ebenso § 484 Abs. 2 S. 5 Nr. 2 BGB (→ BGB § 484 Rn. 15 f.). Bei Personenmehrheiten (Gesellschaften, Vereinen und juristischen Personen) müssen die Firma und der Name des gesetzlichen Vertreters angeführt werden. Falls es sich bei dem gesetzlichen Vertreter wiederum um eine Personenmehrheit handelt, müssen auch deren Vertretungsverhältnisse genannt werden, bis die hinter den Anbietern stehenden natürlichen Personen offengelegt sind.[3] Der Bedeutungsgehalt dieser Anforderungen erschließt sich vor dem Hintergrund, dass vor Inkrafttreten des TzWrG und der RL 94/47/EG die Beteiligten und deren Rechtsbeziehungen untereinander häufig durch komplexe Vertragskonstruktionen verschleiert wurden;[4] dadurch konnte die Rechtsverfolgung des Verbrauchers erschwert werden. Vor diesem Hintergrund reicht es nicht aus, wenn lediglich ein Postfach als Adresse des Unternehmens angegeben wird.[5] 5

Mit Rechtsstellung (englisch: „legal status", französisch: „statut juridique") ist die **rechtliche Stellung** des Unternehmers **im Hinblick auf den Vertragsgegenstand** gemeint. Hierdurch soll die Rechtsbeziehung zwischen Veräußerer und Eigentümer offengelegt werden. Diese Vorschrift zielt vor allem auf die komplexen Vertragsstrukturen der Treuhandmodelle (→ BGB § 481 Rn. 16 f.). Es muss daher aufgeführt werden, ob der Vertragspartner des Verbrauchers Eigentümer des Wohngebäudes ist, ob er ein Dauerwohnrecht innehat oder ob er lediglich schuldrechtlich berechtigt ist. Bei einer ausländischen Anlage muss die rechtliche Stellung des Unternehmers in der Begrifflichkeit des ausländischen Rechts angegeben werden; außerdem müssen die ausländischen Termini übersetzt und kurz erläutert werden, falls die bloße Übersetzung missverstanden werden 6

---

3 Staudinger/*Martinek,* 2004, BGB § 482 Rn. 2; *Tonner,* Das Recht des Time-sharing an Ferienimmobilien, 1997, Rn. 192.

4 Vgl. etwa BGHZ 130, 151 = NJW 1995, 2637; OLG Köln NJW 1994, 59.

5 Ebenso bereits zu § 4 Abs. 1 Nr. 1 TzWrG Hildenbrand/Kappus/Mäsch/*Hildenbrand,* Time-Sharing und Teilzeit-Wohnrechtegesetz, 1997, TzWrG § 4 Rn. 7; s. auch BVerwG NJW 1999, 2608 (2609 f.).

kann, etwa weil das entsprechende ausländische Recht nach deutscher Begrifflichkeit einen anderen Inhalt hätte.[6]

7 Ferner muss das **Produkt,** zB die Immobilie, kurz beschrieben werden, was die Lage des Produkts im Raum und die postalische Adresse einschließt. Hinzu kommt die **genaue Angabe der Art und des Inhalts des Rechts,** welches der Verbraucher durch Vertragsschluss erwirbt. Damit ist die **konkrete Ausgestaltung des Rechtsverhältnisses** zwischen Verbraucher und Unternehmer bzw. Eigentümer gemeint. Hierbei genügt die typische Umschreibung in der Umgangssprache nicht; erforderlich ist vielmehr, dass die sich aus dem Vertragsverhältnis ergebenden einzelnen Rechte und Pflichten in der zutreffenden rechtlichen Terminologie benannt und beschrieben werden. Umfang und Ausübungsmodalitäten des Nutzungsrechtes müssen sich daher eindeutig aus Vertrag und Prospekt ergeben. Bei Anlagen im Ausland wiederum muss die Begrifflichkeit des ausländischen Nutzungsrechts genannt, in die Vertragssprache übersetzt und in dieser erläutert werden. Darüber hinaus müssen der **Zeitraum,** in dem das Nutzungsrecht ausgeübt werden kann, sowie seine **Geltungsdauer** und der Zeitpunkt, ab dem der Verbraucher sein Nutzungsrecht wahrnehmen kann, präzise angegeben werden.

8 Weitere unabdingbare Pflichtangaben sind der **Preis,** den der Verbraucher zu entrichten hat, sowie die zusätzlichen **obligatorischen Kosten,** die von ihm nach dem Vertrag zu übernehmen sind. Außerdem müssen die wichtigsten dem Verbraucher zur Verfügung gestellten **Versorgungsleistungen** und **Einrichtungen** einschließlich der hierfür von ihm separat zu begleichenden Kosten aufgeführt werden. Schließlich muss der Verbraucher darüber informiert werden, ob mit dem Teilzeit-Wohnrecht an einem **Tauschsystem** teilgenommen werden kann, sowie ggf. Name des Tauschsystems und die damit verbundenen Kosten, und ob der Unternehmer einen **Verhaltenskodex** unterzeichnet hat und ggf. Bezugsquelle oder Ort der Einsichtnahme.

9 **2. Pflichtangaben nach Anh. I Teil 2 Timesharing-RL.** Anh. I Teil 2 Timesharing-RL enthält verbindliche Informationen über das **Widerrufsrecht.** Der Verbraucher muss darüber in Kenntnis gesetzt werden, dass er den Vertrag ab seinem Abschluss bzw. Abschluss eines verbindlichen Vorvertrags binnen 14 Tagen ohne Angabe von Gründen widerrufen kann. Nähere Einzelheiten, wie etwa die Form der Ausübung des Widerrufs, brauchen dem Verbraucher an dieser Stelle nicht mitgeteilt zu werden; hierfür gibt es das Formblatt in Anh. V Timesharing-RL (→ Art. 242 § 2 Rn. 1 ff.). Ferner muss auf das Anzahlungsverbot während der Widerrufsfrist (§ 486 BGB) sowie darauf hingewiesen werden, dass der Verbraucher keinerlei Kosten oder Verpflichtungen tragen muss, die über das hinausgehen, was im Vertrag angegeben ist. Schließlich muss an dieser Stelle noch darüber informiert werden, dass der Vertrag einem anderen Recht unterliegen kann als dem Recht des Mitgliedstaats, in dem der Verbraucher seinen Wohnsitz oder seinen gewöhnlichen Aufenthalt hat.

10 **3. Pflichtangaben nach Anh. I Teil 3 Timesharing-RL. a) Informationen über die erworbenen Rechte (Anh. I Teil 3 Nr. 1 Timesharing-RL).** Die Pflichtangaben nach Anh. I Teil 3 Timesharing-RL sind sehr umfangreich. Der Unternehmer kann diese in das Formblatt aufnehmen, muss dies aber nicht tun, sofern er sie auf andere Art und Weise zur Verfügung stellt, etwa auf einem gesondert ausgehändigten dauerhaften Datenträger (CD-ROM oder USB-Stick). Hierher gehören nach Anh. I Teil 3 Nr. 1 Timesharing-RL zusätzliche **Informationen über die erworbenen Rechte.** Dazu zählen zunächst die **Voraussetzungen,** die nach dem Recht des Staates, in dem die Immobilie belegen ist, erfüllt sein müssen, damit das Nutzungsrecht ausgeübt werden kann. Soll der Vertrag ein Dauerwohnrecht gemäß §§ 31 ff. WEG einräumen, muss angegeben werden, ob die Eintragung im Grundbuch bereits erfolgt ist oder noch aussteht. Obliegt die Erfüllung derartiger Voraussetzungen dem Verbraucher, muss das ausdrücklich vereinbart werden.[7] Bei Verträgen iSv § 481 Abs. 2 S. 2 BGB, in denen kein Recht an einem bestimmten Gebäude erworben wird (sog. **flexibles Timesharing**), gehören zu der erforderlichen genauen Beschreibung des Nutzungsrechtes die Angaben über denkbare Einschränkungen der Wahlmöglichkeiten des Verbrauchers. Erfolgt die Zuteilung der einzelnen Nutzungsrechte zB nach einem Punktesystem, sind umfangreiche Angaben erforderlich, die auch die Funktionsweise des Systems erläutern (vgl. Anh. I Teil 3 Nr. 1 zweiter Gedankenstrich Timesharing-RL).

11 **b) Informationen über die Immobilie bzw. Unterkunft (Anh. I Teil 3 Nr. 2 Timesharing-RL).** Anh. I Teil 3 Nr. 2 Timesharing-RL verlangt zusätzliche Informationen über die Immobilien bzw. Unterkunft. Diese muss **genau und detailliert** beschrieben werden, was nach

6 *Tonner,* Das Recht des Time-sharing an Ferienimmobilien, 1997, Rn. 194.

7 So früher Palandt/*Weidenkaff,* 69. Aufl. 2010, BGB-InfoV § 2 Rn. 3; jetzt herauszulesen aus Anh. I Teil 2 dritter Gedankenstrich Timesharing-RL, auf die Art. 242 § 1 verweist.

einer ausführlichen bautechnischen Beschreibung verlangt.[8] Im Hinblick auf eine etwaige spätere Kostentragungspflicht des Verbrauchers hinsichtlich Instandsetzung und Reparaturen muss der Zustand des Gebäudes nach Art und Maß der baulichen Nutzung detailliert erläutert werden. Hierzu gehören neben Angaben zur Geschosszahl auch das Baujahr sowie die Bauweise und Ausstattung (Balkone, Terrassen ggf. mit Himmelsrichtung, Art der Baustoffe, Art und Ausgestaltung der wesentlichen Bestandteile des Grundstückes wie zB Dach, Keller, Heizung, Einbauküche, Badezimmereinrichtung).[9] Die Verpflichtung zur Angabe beschränkt sich nicht nur auf das konkrete Nutzungsobjekt, sondern bezieht auch die für die gemeinsame Nutzung vorgesehenen Räume mit ein. Mit dem Terminus **„Belegenheit"** der Immobilie ist ihre Lage im Raum im weitesten Sinne gemeint. Dies geht über die rein geographische Lage hinaus. Von Interesse sind hier alle wert- und urlaubsfreudenbildenden Faktoren, etwa die Beschreibung der näheren Umgebung (Strand, Berge, ländliche oder städtische Umgebung), aber auch die Entfernung zu Infrastruktureinrichtungen, wie Einkaufs- und Freizeitzentren. Diese geschilderten Erfordernisse gelten in entsprechender Weise, falls sich der Vertrag auf mehrere Immobilien bzw. sonstige Unterkünfte in beweglichen Sachen bezieht.

Darüber hinaus müssen Angaben über die dem Verbraucher zur Verfügung stehenden **Versorgungseinrichtungen** gemacht werden. Die aufgezählten Einrichtungen Strom, Wasser, Instandhaltung und Müllabfuhr sind lediglich beispielhaft genannt und nicht abschließend. Es müssen daher alle vorhandenen Versorgungseinrichtungen und Dienstleistungen angegeben werden. Dazu gehören neben den genannten etwa auch Reinigungsdienste, Waschservice, Kinderbetreuung und ähnliches.[10] Solche Einrichtungen stellen wertbildende Faktoren für den Preis des Teilzeit-Wohnrechts dar, deren Kenntnis für den Erwerber von großem Interesse ist. So kann das Fehlen von Einrichtungen oder Dienstleistungen die Wiederverkaufs- oder Tauschfähigkeit des Wohnrechte-Anteils negativ beeinflussen. Der Erwerber kann die wirtschaftliche Bedeutung der Einrichtung oder Dienstleistung allerdings nur ermessen, wenn er gleichzeitig über die konkreten **Nutzungsbedingungen** informiert wird. Der Unternehmer ist daher verpflichtet, die entsprechenden Verträge mit Dritten, gemeindliche Satzungen oder andere gesetzliche Bestimmungen, die den Zugang zu den Versorgungseinrichtungen und Dienstleistungen regeln, anzugeben. Eine summarische Zusammenstellung genügt aber nicht.[11] Ferner ist der Unternehmer verpflichtet, in den vorvertraglichen Informationen und im Vertrag die **gemeinsamen Einrichtungen,** die der Verbraucher nutzen können soll, sowie ihre **Nutzungsbedingungen** zu benennen. Hierzu zählen nicht nur die beispielhaft aufgezählten Anlagen, wie Schwimmbad oder Sauna, sondern auch andere gemeinsame Freizeiteinrichtungen (Sportanlagen, Diskothek etc) einschließlich deren Nutzungsbedingungen. Die Pflicht zur Information entfällt, wenn solche Anlagen nicht vorhanden sind[12] oder der Erwerber keinen Zutritt erlangen soll.[13] 12

c) Anforderungen für im Bau befindliche Unterkünfte (Anh. I Teil 3 Nr. 3 Timesharing-RL). Für in Planung oder im Bau befindliche Unterkünfte sind nach Anh. I Teil 3 Nr. 3 Timesharing-RL **zusätzliche Angaben** erforderlich. Bei noch nicht errichteten Gebäuden ist der Verbraucher besonders schutzwürdig, da er sich keine unmittelbare Anschauung von dem Gebäude verschaffen kann, an dem er ein Teilzeitnutzungsrecht erwerben möchte. Zunächst ist über den **Stand der Bauarbeiten** zu informieren. Diese Angaben sind für den Verbraucher zur Beurteilung des Fertigstellungsrisikos wichtig, da der Gesamtpreis unabhängig vom Stand der Vollendung des Bauwerks bezahlt werden muss.[14] Dies bezieht sich nicht nur auf die Arbeiten am Gebäude als solchem, sondern darüber hinaus ebenso auf den Stand der Bauarbeiten an den gemeinsamen Versorgungseinrichtungen; Anh. I Teil 3 Nr. 3 erster Gedankenstrich Timesharing-RL nennt hier beispielhaft Gas-, Strom-, Wasser- und Telefonanschluss. Darüber hinaus kann sich diese Informationspflicht nach Lage der Dinge auf weitere gemeinsame Versorgungseinrichtungen erstrecken, etwa Straßenver- 13

---

8 Hildenbrand/Kappus/Mäsch/*Hildenbrand,* Time-Sharing und Teilzeit-Wohnrechtegesetz, 1997, TzWrG § 4 Rn. 14.

9 Staudinger/*Martinek,* 2004, BGB § 482 Rn. 6; *Tonner,* Das Recht des Time-sharing an Ferienimmobilien, 1997, Rn. 201; sehr weitgehend Hildenbrand/Kappus/Mäsch/*Hildenbrand,* Time-Sharing und Teilzeit-Wohnrechtegesetz, 1997, TzWrG § 4 Rn. 16.

10 Grabitz/Hilf/Nettesheim/*Martinek* A 13 Rn. 147; Staudinger/*Martinek,* 2004, BGB § 482 Rn. 11.

11 Hildenbrand/Kappus/Mäsch/*Hildenbrand,* Time-Sharing und Teilzeit-Wohnrechtegesetz, 1997, TzWrG § 4 Rn. 28.

12 BT-Drs. 13/4185, 12 li. Sp.

13 Hildenbrand/Kappus/Mäsch/*Hildenbrand,* Time-Sharing und Teilzeit-Wohnrechtegesetz, 1997, TzWrG § 4 Rn. 30.

14 Vgl. *Drasdo* Teilzeit-Wohnrechtegesetz, 1997, TzWrG § 4 Rn. 8.

bindungen,[15] Kabelanschluss oder hauseigene Versorgungsseilbahn.[16] Offen bleibt, in welchen **zeitlichen Abständen** sich der Stand der Bauarbeiten in den vorvertraglichen Informationen und im Vertrag niederschlagen muss. Denkbar wäre, dass der Unternehmer jeden neuen Baufortschritt in seinen Unterlagen dokumentieren müsste. Dies erscheint freilich nicht zumutbar, weil damit relativ hohe Kosten hinsichtlich der jeweiligen Anpassung der vorvertraglichen Informationen und des Vertrages – unter Umständen in mehreren Sprachen – an den Baufortschritt verbunden wären. Außerdem entsteht dem Verbraucher kein Nachteil, wenn die Bauarbeiten gegenüber den Angaben bereits weiter fortgeschritten sind. Daher ist es erforderlich, aber auch ausreichend, wenn die Angaben nur in einem angemessenen zeitlichen Rahmen an den Stand der Bauarbeiten angeglichen werden.[17]

14 Ferner muss die **Frist für die Fertigstellung der Immobilie** angegeben werden. Hieraus kann gefolgert werden, dass als Angabe des Standes der Bauarbeiten eine pauschale Formulierung wie „fortgeschritten" oder „weitgehend fertiggestellt" nicht genügt.[18] In die Schätzung des voraussichtlichen Fertigstellungstermins müssen typische und vorhersehbare Verzögerungen einberechnet werden. Hierher gehören wetter- oder arbeitsmarktbedingte Verzögerungen[19] oder Verzögerungen aus rechtlichen Gründen, etwa weil das Bauvorhaben Einsprüchen Dritter ausgesetzt ist. Andernfalls kann der Verbraucher das von ihm übernommene Vorleistungsrisiko nicht übersehen. Außerdem muss der Veräußerer den Erwerber über die **zuständige Baugenehmigungsbehörde** und das **entsprechende Aktenzeichen der Baugenehmigung** informieren. Dadurch wird der Verbraucher in die Lage versetzt, sich bei der zuständigen Behörde über den Stand der Arbeiten zu erkundigen. Der Verbraucher soll sich demnach nicht auf die Informationen seines Vertragspartners verlassen müssen, sondern soll eigenständigen Nachforschungen bei einer unabhängigen Stelle nachgehen können. Es genügt eine **erteilte,** aber noch **nicht bestandskräftige Baugenehmigung.**[20] Dafür sprechen der Wortlaut sowie der Zweck der Vorschrift. Der Verbraucher soll lediglich davor bewahrt werden, in gänzlich ungeprüfte Bauvorhaben zu investieren. Angesichts der Länge der möglichen Widerspruchs- und Klagefristen, insbesondere bei Drittwidersprüchen (§§ 58, 70 VwGO), wäre die Verpflichtung zur Mitteilung des Aktenzeichens einer bestandskräftigen Baugenehmigung für den Unternehmer unzumutbar. Allerdings sind solche Umstände rechtlicher Art, die zu einer Verzögerung der Baubeendigung führen können, bei der Schätzung des angemessenen Fertigstellungstermins mit einzuberechnen. Unterlässt der Unternehmer dies, ist er so zu behandeln, als hätte er den Fertigungsstellungstermin nicht realistisch eingeschätzt. Außerdem ist der Unternehmer der vorvertraglichen Pflicht ausgesetzt, den Erwerbsinteressenten über ihm zur Zeit des Vertragsschlusses bekannte rechtlich relevante Einwendungen gegen die Baugenehmigung zu informieren. Unterlässt der Unternehmer eine an sich gebotene Information des Verbrauchers, kommen Ansprüche aus § 311 Abs. 2 BGB, § 280 Abs. 1 BGB in Betracht (→ BGB § 482 Rn. 11). Schließlich müssen **Garantien** für die Fertigstellung der Unterkunft oder für die Rückzahlung aller getätigten Zahlungen für den Fall der Nichtfertigstellung angegeben werden. Dies legt eine zwingende Stellung von Sicherheiten durch den Unternehmer und deren Angabe in den vorvertraglichen Informationen und dem Vertrag nahe.[21] Dies entspricht der bisherigen Rechtslage nach Anh. lit. d Nr. 5 Timesharing-RL 1994 (näher → 5. Aufl. 2008, BGB Anh. § 482 Rn. 20 f.).

15 **d) Informationen über die Kosten (Anh. I Teil 3 Nr. 4 Timesharing-RL).** Anh. I Teil 3 Nr. 4 Timesharing-RL verpflichtet den Veräußerer zu Angaben über die in Zusammenhang mit einem Teilzeit-Wohnrecht entstehenden Kosten im weitesten Sinn einschließlich des Verfahrens, wie diese Kosten auf den einzelnen Verbraucher umgelegt werden. Dies erfordert, dass die **Berechnungsgrundlagen** und ein **geschätzter Betrag** der **laufenden Kosten** angegeben werden, die vom Erwerber für die Einrichtungen und Dienstleistungen sowie für die Nutzung der Immobilie insgesamt entrichtet werden müssen. Hierdurch sollen die im Vorfeld des Inkrafttretens des TzWrG üblichen Werbemethoden unterbunden werden, die dem Verbraucher eine lebenslange kostenfreie Urlaubsmöglichkeit nach der einmaligen Bezahlung eines bestimmten Betrages suggeriert hatten.

---

15 Beispiel bei *Tonner,* Das Recht des Time-sharing an Ferienimmobilien, 1997, Rn. 202.

16 Beispiele bei Hildenbrand/Kappus/Mäsch/*Hildenbrand,* Time-Sharing und Teilzeit-Wohnrechtegesetz, 1997, TzWrG § 4 Rn. 19.

17 Hildenbrand/Kappus/Mäsch/*Hildenbrand,* Time-Sharing und Teilzeit-Wohnrechtegesetz, 1997, TzWrG § 4 Rn. 20.

18 Ebenso *Tonner,* Das Recht des Time-sharing an Ferienimmobilien, 1997, Rn. 202.

19 *Drasdo,* Teilzeit-Wohnrechtegesetz, 1997, TzWrG § 4 Rn. 10.

20 *Drasdo,* Teilzeit-Wohnrechtegesetz, 1997, TzWrG § 4 Rn. 14.

21 Ebenso zur RL 94/47/EG das Verständnis der EU-Kommission, vgl. Bericht über die Anwendung der RL 94/47/EG, SEC (1999) 1795 final, 29; ebenso Hildenbrand/Kappus/Mäsch/*Hildenbrand,* Time-Sharing und Teilzeit-Wohnrechtegesetz, 1997, TzWrG § 4 Rn. 24.

Der Gesetzgeber legt daher Wert darauf, dass ein konkreter, wenn auch geschätzter Betrag an jährlichen Zusatzkosten angegeben werden muss. Die laufenden Kosten müssen differenziert nach festen und verbrauchsabhängigen Kosten dargestellt werden.[22] Bei den verbrauchsabhängigen Kosten stellt die Höhe des Verbrauchs den einzigen unbekannten Faktor dar. Alle anderen Eckdaten müssen im Vorfeld bekanntgemacht werden. Um den geschätzten Betrag für den Verbraucher transparent zu gestalten, müssen die konkreten **Berechnungsgrundlagen** ebenfalls angegeben werden. Es genügt nicht, wenn die geschätzten Kosten pauschal genannt werden; vielmehr müssen sie nachvollziehbar aufgeschlüsselt und offengelegt werden.[23] Beispielhaft werden Steuern und Abgaben, Verwaltungsaufwand, Instandhaltung und -setzung genannt. Außergewöhnliche Kosten fallen nicht unter Anh. I Teil 3 Nr. 4 Timesharing-RL. Sie sind grundsätzlich vom Eigentümer zu tragen und können auf den Verbraucher nur nach Maßgabe und auf Grund der Angaben in Anh. I Teil 3 Nr. 6 erster Gedankenstrich Timesharing-RL (zu den Organisationsgrundsätzen → Rn. 19) abgewälzt werden. Beim dinglichen Timesharing in Form des Miteigentumsmodells muss der Verbraucher daher die außergewöhnlichen Kosten tragen. In Fällen des **flexiblen Timesharings** bezieht sich das Nutzungsrecht nicht auf ein konkretes Gebäude. Bei solchen Modellen ist der Unternehmer verpflichtet, die Berechnungsgrundlagen für alle der möglichen nutzbaren Wohnanlagen anzugeben. Dies zeigt der Wortlaut von Anh. I Teil 3 Nr. 4 Timesharing-RL, wo von „Kosten für die Nutzung der **jeweiligen Immobilie**" die Rede ist. Dies wird durch den Zweck der Bestimmungen bestätigt.[24]

Ferner müssen das Verfahren und die Voraussetzungen erläutert werden, unter denen die Kosten 16
erhöht werden können. **Spätere Kostenänderungen** sind nur eingeschränkt zulässig. Anh. I Teil 3 Nr. 4 erster Gedankenstrich Timesharing-RL spricht zwar nur von einer angemessenen Beschreibung der Kosten, die sich allerdings aus den konkreten Berechnungsgrundlagen ergeben müssen. Wenn sich im Laufe der Vertragszeit externe Kosten für angegebene Berechnungswerte verändern, kann der Unternehmer diese entsprechend umlegen. Nicht in den Berechnungsgrundlagen genannte Faktoren, insbesondere für noch nicht geplante oder nicht existierende Einrichtungen, können nicht nachträglich in die Berechnungsgrundlage eingestellt werden. Dies würde gegen die Pflicht des Unternehmers nach Anh. I Teil 2 dritter Gedankenstrich Timesharing-RL verstoßen, wonach die im Vertrag aufgeführten Kosten abschließend sind (→ Rn. 9). Der Verbraucher hat für Kosten, die durch die Ausweitung der Anlage entstehen, und die nicht in den Berechnungsgrundlagen enthalten sind, nicht aufzukommen. Vertragsklauseln, die dies vorsehen, sind nach § 307 Abs. 1 BGB unwirksam.[25] Zuletzt müssen auch Angaben darüber gemacht werden, ob Belastungen, Hypotheken, Grundpfandrechte oder andere dingliche Rechte auf die Unterkunft im Grundbuch eingetragen sind.

e) Informationen über die Beendigung des Vertrags (Anh. I Teil 3 Nr. 5 Timesharing- 17
RL). Weiter erforderlich sind Angaben über die Beendigung des Vertrags, wie etwa die Modalitäten der Vertragsbeendigung, deren Rechtsfolgen sowie Informationen über eine etwaige Kostenpflicht des Verbrauchers wegen der Vertragsbeendigung. Dies bezieht sich ebenso auf die Beendigung „akzessorischer" Verträge. Dabei handelt es sich um weitere Verträge, die in Zusammenhang mit einem Teilzeit-Wohnrecht geschlossen werden.

f) Weitere Angaben (Anh. I Teil 3 Nr. 6 Timesharing-RL). Anh. I Teil 3 Nr. 6 Timesha- 18
ring-RL verpflichtet zur Information über die **Grundsätze,** nach denen die Timesharing-Anlage **instandgehalten, repariert, verwaltet** und **organisiert** wird. Hierdurch soll der Verbraucher bereits beim Vertragsabschluss darüber in Kenntnis gesetzt werden, wer die Instandhaltung, Instandsetzung, Verwaltung und Organisation übernimmt und mit welchen Mitteln dies geschieht. Damit wird der Unternehmer gezwungen, eine **Verwaltungsordnung** aufzustellen und für deren Einhaltung zu sorgen.[26] Daraus muss sich ergeben, wer für die Verwaltung der Anlage zuständig und wo der jeweilige Ansprechpartner erreichbar ist. Außerdem muss die zeitliche Abfolge von Reinigungen, Schönheitsreparaturen und anderen Maßnahmen geregelt werden, die der Erhaltung der Anlage dienen. Der Zustand des Objekts ist nicht nur für die spätere Wiederveräußerung des Nutzungsrechts von Bedeutung, sondern auch für die Teilnahme an dem Markt der Tauschorganisationen. Die

---

22 BT-Drs. 13/4185, 12.

23 Grabitz/Hilf/Nettesheim/*Martinek* A 13 Rn. 151; HK-BGB/*Staudinger/Friesen* BGB § 482 Rn. 3.

24 Ebenso Hildenbrand/Kappus/Mäsch/*Hildenbrand,* Time-Sharing und Teilzeit-Wohnrechtegesetz, 1997, TzWrG § 4 Rn. 37.

25 Vgl. Hildenbrand/Kappus/Mäsch/*Hildenbrand,* Time-Sharing und Teilzeit-Wohnrechtegesetz, 1997, TzWrG § 4 Rn. 39; *Hildenbrand,* Vertragsgestaltung und Verbraucherschutz im Time-Sharing-Vertragsrecht, 1997, 214.

26 Hildenbrand/Kappus/Mäsch/*Hildenbrand,* Time-Sharing und Teilzeit-Wohnrechtegesetz, 1997, TzWrG § 4 Rn. 31.

Laufzeiten der Verträge der Tauschsystemanbieter sind regelmäßig zeitlich befristet; eine Verlängerung wird ua von dem Zustand der Anlage abhängig gemacht. Entspricht das Tauschobjekt nicht mehr dem Standard der Tauschpoolorganisation, so bleibt der Verbraucher letztlich auf die Eigennutzung verwiesen. Dann entfällt ein wichtiges Kaufmotiv.[27] Zur Rechtsnatur des Tauschsystemvertrages → BGB § 481b Rn. 9 f.

19 Der Eigentümer der Immobilie hat nach allgemeinen Grundsätzen alle Kosten, also auch **außergewöhnliche,** zu tragen, es sei denn, es wurde Abweichendes vereinbart. Bei einem dinglichen Timesharing-Modell trägt der Verbraucher automatisch diese Kosten anteilig, wenn er Miteigentümer des Timesharing-Objekts wird. Den Unternehmer trifft insoweit eine Hinweispflicht nach Anh. I Teil 2 dritter Gedankenstrich Timesharing-RL. Bei anderen Modellen können die Kosten für Instandhaltung und Instandsetzung auf den Verbraucher abgewälzt werden. Allerdings müssen die Grundsätze der Kostenpflicht im Vertrag hinreichend bestimmt und transparent geregelt werden. Hieraus folgende Rücklageverpflichtungen sind der Höhe nach zu bestimmen.

20 Der Verbraucher hat ein erhebliches Interesse daran zu erfahren, ob das erworbene Teilzeit-Wohnrecht übertragen werden kann (→ BGB § 481b Rn. 2). Daher wird der Unternehmer verpflichtet anzugeben, ob der Erwerber sich an einem **Wiederverkaufssystem** beteiligen kann. In diesem Fall muss der Unternehmer alle anfallenden Kosten für die Vermittlung und den Wiederverkauf angeben. Der Unternehmer ist freilich nicht verpflichtet, für Umtausch- oder Weiterveräußerungsgelegenheiten zu sorgen. Unabhängig von einem bestehenden Regelungswerk kann der Verbraucher sein Wohnrecht abtreten oder durch Dritte ausüben lassen. Ein vertraglicher Ausschluss der Abtretung nach § 399 Alt. 2 BGB im Rahmen eines Teilzeit-Wohnrechtevertrages oder eine zwingende, gebührenpflichtige Abwicklung über den Unternehmer muss sich an § 307 Abs. 1 BGB messen lassen. Ein schützenswertes Interesse des Verwenders an einem vollständigen Abtretungsausschluss besteht nicht.[28] Ein solcher Abtretungsausschluss wäre daher unwirksam.

21 Schließlich sind die **Sprachen** anzugeben, in denen der Vertrag durchgeführt und abgewickelt wird. § 483 BGB gilt nicht für die Vertragsdurchführung (→ BGB § 483 Rn. 10). Daher kann der Verbraucher nicht darauf vertrauen, dass die Sprache des Vertrags – regelmäßig diejenige seines Wohnsitzes oder seiner Staatsangehörigkeit (→ BGB § 483 Rn. 4) – auch für die Durchführung und Abwicklung verwendet wird. Dementsprechend soll der Verbraucher bereits vor Vertragsschluss über das Sprachenregime der Vertragsdurchführung informiert werden. Anzugeben ist ferner, ob und ggf. welche **außergerichtlichen Schlichtungsmöglichkeiten** bei Streitigkeiten im Zusammenhang mit dem Teilzeit-Wohnrecht bestehen.

IV. Angaben für Verträge über langfristige Urlaubsprodukte nach Anh. II Timesharing-RL (Art. 242 § 1 Abs. 1 Nr. 2)

22 Bei Verträgen über langfristige Urlaubsprodukte sind zum Teil dieselben Informationen zu überlassen wie bei Verträgen über Teilzeit-Wohnrechte. Bei Anh. II Teil 1 Timesharing-RL gilt die Besonderheit, dass ein Ratenzahlungsplan mit von vornherein feststehenden Beträgen und Fälligkeitsterminen aufgestellt werden muss. Dabei können die ausstehenden Beträge nach dem ersten Jahr angepasst werden (zum Ratenzahlungsplan → BGB § 486a Rn. 2 f.). Anh. II Teil 2 ist identisch mit Anh. I Teil 2 Timesharing-RL (→ Rn. 9). Anh. II Teil 3 Timesharing-RL enthält in Nr. 1 die Pflicht, über die erworbenen Rechte angemessen und korrekt zu informieren. Dies bezieht sich auf den Umfang möglicher Preisnachlässe, die anhand konkreter Beispiele erläutert werden müssen. Ferner muss informiert werden darüber, ob und inwieweit die Möglichkeiten für den Verbraucher, die gewährten Rechte zu nutzen, eingeschränkt sind, etwa aus Kapazitätsgründen, Gründen der Verfügbarkeit und zeitlichen Beschränkung bei Sonderangeboten. Anh. II Teil 3 Nr. 2 ist identisch mit Anh. I Teil 3 Nr. 5 Timesharing-RL (→ Rn. 17); Anh. II Teil 3 Nr. 3 Timesharing-RL entspricht Anh. I Teil 3 Nr. 6 dritter und vierter Gedankenstrich Timesharing-RL (→ Rn. 21).

V. Angaben für Vermittlungsverträge nach Anh. III Timesharing-RL (Art. 242 § 1 Abs. 1 Nr. 3)

23 Bei von der Timesharing-RL sog. Wiederverkaufsverträgen – nach der Terminologie des BGB Vermittlungsverträge nach § 481b Abs. 1 BGB – muss der Unternehmer teilweise dieselben Informationen überlassen wie bei Verträgen über Teilzeit-Wohnrechte. Anh. III Teil 1 verlangt neben Angaben zur Identität der Vertragsparteien und dem Preis des Produkts eine kurze Beschreibung der Dienstleistung sowie die Angabe der Vertragslaufzeit. Die Anforderungen des Anh. III Teils 2 sind

27 Vgl. *Kappus* in Graf v. Westphalen/Thüsing VertragsR, Time-Sharing-Verträge, 1995, Rn. 10.

28 Vgl. BGHZ 108, 52 (55) = NJW 1989, 2750; BGH ZIP 1997, 1072 (1074) = NJW 1997, 3434; Ulmer/Brandner/Hensen/*Bieder* BGB Anh. § 310 Rn. 4.

identisch mit denen für Teilzeit-Wohnrechteverträge (Anh. I Teil 2 Timesharing-RL; → Rn. 9). Anh. III Teil 3 enthält Vorgaben über die Vertragsbeendigung, Sprachen und außergerichtliche Streitbeilegungsmöglichkeiten, die mit den für Teilzeit-Wohnrechteverträge geltenden Anforderungen in Anh. I Teil 3 Nr. 5 Timesharing-RL (→ Rn. 17) und Anh. I Teil 3 Nr. 6 dritter und vierter Gedankenstrich Timesharing-RL deckungsgleich sind (→ Rn. 21).

VI. Angaben für Tauschsystemverträge nach Anh. IV Timesharing-RL (Art. 242 § 1 Abs. 1 Nr. 4)

Die für Tauschsystemverträge erforderlichen Informationen nach Anh. IV Timesharing-RL ähneln stark denjenigen, die für Teilzeit-Wohnrechteverträge nach Anh. I Timesharing-RL verpflichtend sind. Anh. IV Teil 1 stimmt im Wesentlichen mit Anh. I Teil 1 Timesharing-RL überein. Die Anforderungen von Anh. IV Teil 2 sind bis auf den dritten Gedankenstrich identisch mit denen für Teilzeit-Wohnrechteverträge (Anh. I Teil 2 Timesharing-RL, → Rn. 9). Anh. IV Teil 3 statuiert Pflichten zur Information über erworbene Rechte (Nr. 1), über die Immobilien (Nr. 2), über die Kosten (Nr. 3), über die Vertragsbeendigung (Nr. 4) sowie über die Sprachen der Vertragsdurchführung und außergerichtliche Streitbeilegungsmöglichkeiten (Nr. 5). Diese Informationspflichten decken sich weitgehend mit denen, die für Teilzeit-Wohnrechteverträge gelten (→ Rn. 10 ff.), mit Ausnahme der für Teilzeit-Wohnrechteverträge zusätzlich formulierten Informationspflichten bei im Bau befindlichen Unterkünften (Anh. I Teil 3 Nr. 3 Timesharing-RL). 24

VII. Rechtsfolgen eines Verstoßes gegen Art. 242 § 1

Bei **Verstößen hinsichtlich der Anforderungen an die vorvertraglichen Informationen** (Art. 242 § 1 iVm Anh. I–IV Timesharing-RL) gilt Folgendes: Fehlen die Informationen gänzlich oder sind sie unvollständig, läuft die Widerrufsfrist nach § 356a Abs. 3 S. 1 BGB erst an, wenn die Informationen nachgeholt und/oder korrekt erteilt wurden. Das Widerrufsrecht erlischt aber in jedem Fall nach § 356a Abs. 3 S. 2 BGB spätestens drei Monate und vierzehn Tage nach dem in § 356a Abs. 2 BGB genannten Zeitpunkt. Im Übrigen kommen Ansprüche des Erwerbers aus § 311 Abs. 2 BGB, § 280 Abs. 1 BGB oder Rechte aus § 123 BGB in Betracht (→ BGB § 482 Rn. 11 f.).[29] Darüber hinaus kann der Vertrag mangels Bestimmtheit nichtig sein, etwa wenn wesentliche Vertragsbestandteile, zB die Angaben in Anh. I Teil 1 Feld 2 Timesharing-RL, nicht aufgeführt werden.[30] Dazu zählt auch Anh. I Teil 1 Feld 3 Timesharing-RL. 25

§ 2 Informationen über das Widerrufsrecht

Einem Teilzeit-Wohnrechtevertrag, einem Vertrag über ein langfristiges Urlaubsprodukt, einem Vermittlungsvertrag oder einem Tauschsystemvertrag ist ein Formblatt gemäß dem Muster in Anhang V der Richtlinie 2008/122/EG des Europäischen Parlaments und des Rates vom 14. Januar 2009 über den Schutz der Verbraucher im Hinblick auf bestimmte Aspekte von Teilzeitnutzungsverträgen, Verträgen über langfristige Urlaubsprodukte sowie Wiederverkaufs- und Tauschverträgen (ABl. L 33 vom 3.2.2009, S. 10) in der Sprache nach § 483 Absatz 1 des Bürgerlichen Gesetzbuchs beizufügen, in das die einschlägigen Informationen zum Widerrufsrecht deutlich und verständlich eingefügt sind.

Die Einzelheiten des Inhalts der **Widerrufsbelehrung** nach § 482a BGB ergeben sich aus Art. 242 § 2. Diese Vorschrift verweist auf das Formblatt im **Anh. V Timesharing-RL** und setzt Art. 5 Abs. 4 UAbs. 3 Timesharing-RL um. Das Formblatt enthält **alle relevanten Angaben,** die von den gesetzlichen Vorschriften und der Timesharing-RL für die Widerrufsbelehrung verlangt werden, wie das Widerrufsrecht als solches, seine Dauer, den Beginn der Frist für die jeweiligen Konstellationen des § 356a BGB, das Anzahlungsverbot sowie der Umstand, dass der Verbraucher im Fall der Ausübung des Widerrufsrechts keine Kosten tragen muss. Das Formblatt enthält aber keinen Hinweis darauf, dass es für die Fristwahrung auf die Absendung des Widerrufs und nicht auf den Zugang beim Unternehmer ankommt. Diese Rechtsfolge ergibt sich aus § 355 Abs. 1 S. 5 BGB und Art. 7 S. 3 Timesharing-RL. Es erscheint empfehlenswert, diesen Umstand noch in das Formblatt aufzunehmen. Allerdings kann aus dem Fehlen dieses Umstands nicht auf eine fehlerhafte Belehrung über das Widerrufsrecht geschlossen werden, wie dies für andere Fälle des Widerrufsrechts 1

[29] *Hildenbrand,* Vertragsgestaltung und Verbraucherschutz im Time-Sharing-Vertragsrecht, 1997, 239 ff.; *v. Schwaller,* Das Teilzeit-Wohnrechtegesetz, 1999, 91 ff.

[30] BT-Drs. 13/4185, 11 re. Sp.

§ 312a Abs. 2 S. 1 BGB iVm Art. 246 Abs. 3 vorsieht. Ein Rückgriff auf diese Vorschrift ist vor dem Hintergrund des Grundsatzes der Vollharmonisierung ausgeschlossen (→ BGB § 482a Rn. 2 f.).

2 Verwendet der Unternehmer dieses Formblatt, können **Fehler bei der Gestaltung** lediglich dadurch auftreten, dass der Unternehmer den Beginn des Widerrufsrechts falsch berechnet und deshalb den Verbraucher unzutreffend über den Fristlauf informiert. In einem solchen Fall ist die Widerrufsbelehrung unzutreffend und damit unvollständig iSv § 356a Abs. 4 BGB. Die Rechtsfolgen ergeben sich dann aus § 356a Abs. 4 S. 2 BGB; das Widerrufsrecht erlischt spätestens zwölf Monate und vierzehn Tage nach Vertragsschluss bzw. Aushändigung der Vertragsurkunde nach § 356a Abs. 2 BGB.

Art. 243 Ver- und Entsorgungsbedingungen

[1]Das Bundesministerium für Wirtschaft und Energie kann im Einvernehmen mit dem Bundesministerium der Justiz und für Verbraucherschutz durch Rechtsverordnung mit Zustimmung des Bundesrates die Allgemeinen Bedingungen für die Versorgung mit Wasser und Fernwärme sowie die Entsorgung von Abwasser einschließlich von Rahmenregelungen über die Entgelte ausgewogen gestalten und hierbei unter angemessener Berücksichtigung der beiderseitigen Interessen

1. die Bestimmungen der Verträge einheitlich festsetzen,

2. Regelungen über den Vertragsschluss, den Gegenstand und die Beendigung der Verträge treffen sowie

3. die Rechte und Pflichten der Vertragsparteien festlegen.

[2]Satz 1 gilt entsprechend für Bedingungen öffentlich-rechtlich gestalteter Ver- und Entsorgungsverhältnisse mit Ausnahme der Regelung des Verwaltungsverfahrens.

I. Normzweck

1 Die Vorschrift betrifft nicht die rechtlichen Anforderungen an die Qualität („Trinkwasserinhaltsstoffe") des Trinkwassers[1] und auch nicht die kommunalabgaberechtlichen Vorgaben für die Wasserpreiskalkulation[2] sowie Normungen und Sicherheit der Abwasserentsorgung (§ 3 Abs. 4 AbwAG iVm AbwV), sondern ausschließlich die **Allgemeinen Vertragsbedingungen** für die Wasser- und Fernwärmeversorgung sowie für die Abwasserentsorgung, die nicht durch das Energiewirtschaftsrecht (EnWG) geregelt sind. Die Verankerung dieser Vorschrift im EGBGB (vormals § 27 des aufgehobenen AGRG) stellt systematisch eine „Verlegenheitslösung"[3] dar, da es mangels wettbewerblicher Öffnung der Märkte für Wasser und Abwasser kein dem EnWG oder TKG vergleichbares netzwirtschaftsrechtliches Wasser- und Abwassergesetz gibt (vgl. §§ 36 ff. EnWG).[4] Es gab daher kein geeignetes sektorspezifisches Gesetz, in dem diese Ermächtigungsgrundlage platziert werden konnte. **Zweck** der Verordnungsermächtigung ist es, einen angemessenen Ausgleich zwischen den Interessen der Allgemeinheit an einer kostengünstigen und sicheren Wasserversorgung und Abwasserentsorgung einerseits und den Rentabilitätsinteressen der die lokalen und regionalen Märkte beherrschenden Versorgungs- und Entsorgungsunternehmen herzustellen, da ohne staatliche Rahmenregelungen die Kunden vor überhöhten Preisen auf monopolistisch strukturierten Märkten nicht geschützt werden können.[5] Es ist nicht einleuchtend, dass das BVerfG[6] den Sinn der Rechtsverordnungen in der Herstellung einer ausgewogenen Regelung zwischen den konfligierenden Interessen der Allgemeinheit und den Individualinteressen einzelner Verbraucher sieht.[7] Es geht im Wasser- und Abwasserrecht und im Fernwärmerecht genauso

---

1 Diese Anforderungen werden durch die Trinkwasserverordnung geregelt, dazu *Schmitz/Seeliger/Oehmühen,* Die neue Trinkwasserverordnung, 4. Aufl. 2019.

2 Vgl. dazu *Reif,* Preiskalkulation privater Wasserversorgungsunternehmen, 2002, 233 ff.; BerlKommEnergieR/*Reif,* 2019, EnWG § 117 Rn. 3 ff.

3 Staudinger/*Schlosser,* 2016, Rn. 1.

4 Näher dazu *Becker/Riedel* ZNER 2003, 170 ff.; *Zschille/Walter/Hirschhausen* ZögW 2010, 201 ff.; *Gawel,* Die Governance der Wasserinfrastruktur, Bd. II, 2015; *Busse v.* Colbe FS Säcker, 2011, 575 ff.

5 Vgl. MüKoWettbR/*Reif,* 4. Aufl. 2022, GWB § 31 Rn. 17 ff.; *Säcker/Mohr* ZWeR 2012, 417 ff.

6 BVerfG JZ 1982, 288 f.

7 Die Berufung auf Autoren, die die Fortdauer der wettbewerbswidrigen Monopolisierung rechtfertigen (*Danner* in Perspektiven der Energiewirtschaft, 1976, 133) macht die Aussage des BVerfG nicht überzeugender. Vgl. zur aktuellen Diskussion um die Liberalisierung der Wasser- und Abwassermärkte *Geiger/Freund* EuZW 2003, 490 ff.; *Salzwedel* NuR 2004, 36 ff.; *Schalast* N&R 2005, 110 ff.; *Bardt,* Wettbewerb im Wassermarkt, 2006; näher dazu vgl. MüKoWettbR/*Reif,* 4. Aufl. 2022, GWB § 31 Rn. 33 ff. mwN.

wie im Bereich der übrigen Netzwirtschaften (TKG, EnWG) um den Schutz der Verbraucher vor marktstrukturell begründeter monopolistischer Exploitation.[8]

II. Die AVB-Rechtsverordnungen

Die Verfassungsmäßigkeit der Rechtsverordnung in Art. 243 ist nach der Entscheidung des BVerfG vom 2.11.1981 zu der Parallelvorschrift des § 39 EnVG im Hinblick auf Art. 80 Abs. 1 S. 2 GG[9] heute unstreitig. Die Norm schafft eine richtungsweisende Grundlage für die Ausfüllung durch den Gesetzgeber, die den vom Bundesverfassungsgericht aufgestellten Kriterien zur Konkretisierung des Art. 80 Abs. 1 S. 2 GG entspricht.[10] Die Verordnung stellt keinen Verstoß gegen das Selbstverwaltungsrecht der Kommunen dar;[11] die vorgesehene Einwirkung des Verordnungsgebers auf den Selbstverwaltungsbereich der Gemeinden ist durch eine Gesetzgebungskompetenz des Bundes, nämlich durch dessen Zuständigkeit für das Recht der Wirtschaft (Art. 74 Nr. 11 GG) sowie für die Förderung der landwirtschaftlichen Erzeugung und die Sicherung der Ernährung (Art. 74 Nr. 17 GG) gedeckt.[12] 2

Der Verordnungsgeber hat, gestützt auf die Vorgängervorschriften des Art. 243, die **Verordnung über Allgemeine Bedingungen für die Versorgung mit Fernwärme** vom 20.6.1980 (BGBl. 1980 I 742)[13] sowie die **Verordnung über Allgemeine Bedingungen über die Versorgung mit Wasser** vom 20.6.1980 (BGBl. 1980 I 750) erlassen. Es gilt auch weiterhin die Abwasserverordnung (AbwV) idF der Bekanntmachung vom 17.6.2004 (BGBl. 2004 I 1108, ber. 2625), zuletzt geändert durch Verordnung vom 17.4.2024 (BGBl. 2024 I Nr. 132). Die geplante neue Verordnung über die Allgemeinen Bedingungen für die Entsorgung von Abwässern liegt noch nicht vor.[14] 3

Rechtsverordnungen unterliegen nicht der Kontrolle der §§ 305 ff. BGB, sondern als bindende Rechtsvorschriften nur der Kontrolle auf ihre Gesetzes- und Verfassungskonformität.[15] Die Rechtsverordnungen müssen dabei den Wettbewerbsvorschriften des EU-Vertrages Rechnung tragen und dürfen die praktische Wirksamkeit (effet utile) der Wettbewerbsvorschriften (Art. 101 ff. AEUV) nicht unterlaufen.[16] Bezüglich verbleibender, vom Gesetz offen gelassener Gestaltungsspielräume bleibt es im Wasserrecht bei der Anwendung der §§ 305 ff. BGB[17] und der §§ 31 ff. GWB. Dies gilt namentlich für die von der Anwendung der AVBFernwärmeV und der AVBWasserV ausgeschlossenen Industriekunden (§ 1 Abs. 2 AVBFernwärmeV und § 1 Abs. 2 AVBWasserV).[18] 4

Art. 244 Abschlagszahlungen beim Hausbau

Das Bundesministerium der Justiz und für Verbraucherschutz wird ermächtigt, im Einvernehmen mit dem Bundesministerium für Wirtschaft und Energie durch Rechtsverordnung ohne Zustimmung des Bundesrates auch unter Abweichung von § 632a oder § 650m

---

8 Vgl. dazu *Emmerich* Zeitschrift für Energiewirtschaft 1980, 114 (121); BerlKommEnergieR/*Busche,* 4. Aufl. 2018, EnWG § 36 Rn. 1 ff.; *Strohn* FS Tolksdorf, 2014, 563 ff.; *Daiber* WuW 1996, 361 ff.; *Daiber* WuW 2000, 352 (358).

9 BVerfG JZ 1982, 288; ebenso BGH NJW 1987, 1622; KG VersR 1985, 288; aA früher *Knemeyer/Emmert* JZ 1982, 284 f.

10 Vgl. dazu die Nachweise bei *Säcker,* Die Wahlordnungen zum Mitbestimmungsgesetz, 1978, 125 ff.; BVerfGE 1, 14 (60); 2, 307 (334); 78, 249 (272).

11 So aber *Knemeyer/Emmert* JZ 1982, 84; dagegen bereits *Säcker/Busche* Verwaltungsarchiv 83 (1992), 125 ff.

12 BVerfG NVwZ 1982, 306.

13 Zum Anspruch auf Übertragung der Wegerechte zur Fernwärmeversorgung vgl. OLG Stuttgart EnWZ 2020, 173; *Körber* NZKart 2020, 34 sind zur Abänderung von Preisanpassungsklauseln vgl. *Wollschläger* EnWZ 2020, 57; *Säcker/Wolf* RdE 2011, 277.

14 Auch das EU-Recht klammert die wettbewerbliche Öffnung der Wasserwirtschaft über Art. 14 AEUV aus dem Anwendungsbereich des Art. 101 ff. AEUV aus; vgl. von der Groeben/Schwarze/Hatje/*van Vormizeele* AEUV Art. 14 Rn. 15.

15 So unterliegen die gesetzlichen Regelungen zur Grundversorgung auch nicht den AGB-Klauseln (vgl. Art. 1 Abs. 2 Klausel-RL), bestätigend EuGH EuZW 2015, 108, seien sie EU-rechtlichen oder deutsch-rechtlichen Ursprungs; vgl. Staudinger/*Schlosser,* 2016, Rn. 3; *Ulmer* Rn. 3; *Säcker/Mengering* BB 2013, 1859 (1865).

16 Dazu näher *Säcker* in Neues Energierecht, 2. Aufl. 2003, 159 ff. mN in Fn. 111.

17 Ebenso Staudinger/*Schlosser,* 2016, Rn. 3; BerlKommEnergieR/*Markert,* 4. Aufl. 2018, EnWG Anh. § 39 Rn. 4 ff.

18 Eingehend dazu *Hermann/Recknagel/Schmidt-Salzer,* Kommentar zu den Allgemeinen Versorgungsbedingungen für Elektrizität, Gas, Wasser und Fernwärme für Tarifkunden und Sonderkunden, Bd. I, 1981, Einl. Rn. 33 ff., 41.

des Bürgerlichen Gesetzbuchs zu regeln, welche Abschlagszahlungen bei Werkverträgen verlangt werden können, die die Errichtung oder den Umbau eines Hauses oder eines vergleichbaren Bauwerks zum Gegenstand haben, insbesondere wie viele Abschläge vereinbart werden können, welche erbrachten Gewerke hierbei mit welchen Prozentsätzen der Gesamtbausumme angesetzt werden können, welcher Abschlag für eine in dem Vertrag enthaltene Verpflichtung zur Verschaffung des Eigentums angesetzt werden kann und welche Sicherheit dem Besteller hierfür zu leisten ist.

I. Allgemeines

1 Die Vorschrift des Art. 244 in ihrer ursprünglichen Fassung ist durch **Art. 2 SchRModG** zusammen mit § 632a BGB in das EGBGB eingefügt worden. Der Wortlaut der Bestimmung wurde durch Art. 66 Achte Zuständigkeitsanpassungsverordnung vom 25.11.2003 (BGBl. 2003 I 2304), Art. 96 Neunte Zuständigkeitsanpassungsverordnung vom 31.10.2006 (BGBl. 2006 I 2407), durch Art. 2 Nr. 2 Forderungssicherungsgesetz vom 23.10.2008 (BGBl. 2008 I 2022) und mWv 1.1.2018 durch Art. 2 Nr. 2 **Gesetz zur Reform des Bauvertragsrechts** vom 28.4.2017 (BGBl. 2017 I 969) geändert. Mit Art. 2 Nr. 2 Gesetz vom 28.4.2017 wurde nach der Angabe „§ 632a BGB" die Angabe „oder § 650m BGB" eingefügt. Dies war erforderlich, weil die zuvor in § 632a Abs. 3 BGB geregelte Abschlagszahlung bei Verbraucherverträgen in die Vorschrift des § 650m BGB verlagert wurde.

2 Der **Grundkonzeption** nach handelt es sich bei Art. 244 um die **frühere Regelung des § 27a AGBG.**[1] Die Verordnungsermächtigung des Art. 244 soll es ermöglichen, auch abweichend von § 632a BGB, der nicht nur für Bauwerkverträge gilt, und von § 650m BGB eine speziell den Verhältnissen beim Hausbau gerecht werdende Regelung über Abschlagszahlungen zu treffen. Der Verordnungsgeber hat zu diesem Zweck – seinerzeit noch auf der Grundlage von § 27a AGBG – die Verordnung über Abschlagszahlungen bei Bauträgerverträgen (sog. HausbauV) vom 23.5.2001 (BGBl. 2001 I 981) erlassen, womit der Ermächtigungsrahmen nicht voll ausgeschöpft wurde (→ Rn. 3).

II. Anwendungsbereich

3 Die Verordnungsermächtigung des Art. 244 in der ursprünglichen, mit dem SchuldModG in Kraft getretenen Fassung bezog sich zunächst nur auf Abschlagszahlungen bei Werkverträgen, welche die **Errichtung eines Hauses oder eines vergleichbaren Bauwerks** zum Gegenstand haben. Zur Konkretisierung des Merkmals „Errichtung eines Hauses oder eines vergleichbaren Bauwerks" kann auf den Begriff des Bauwerks in § 634a Abs. 1 Nr. 2 BGB zurückgegriffen werden (→ BGB § 634a Rn. 18 ff.). Erfasst wird damit sowohl die erstmalige Herstellung von Gebäuden als auch deren Erhaltung und Bestandssicherung, wenn die Arbeiten von wesentlicher Bedeutung sind und insoweit einer Errichtung gleichkommen. Damit bezieht sich die Verordnungsermächtigung nicht nur auf die Ausgestaltung von Abschlagszahlungen bei Bauwerkverträgen „als solchen", sondern auch bei **Bauträgerverträgen,**[2] soweit diese dem Werkvertragsrecht unterliegen (→ BGB § 650u Rn. 2 ff.). Durch das am 1.1.2009 in Kraft getretene FoSiG[3] wurde die Verordnungsermächtigung zudem auf den **Umbau** eines Hauses oder eines vergleichbaren Bauwerks erstreckt. Ausweislich der Gesetzesbegründung soll mit dem Begriff „Umbau" an § 2 Abs. 5 HOAI (= § 3 Nr. 5 HOAI 2002) angeknüpft werden.[4] Unter einem Umbau ist danach die Umgestaltung eines vorhandenen Objekts mit wesentlichen Eingriffen in Konstruktion und Bestand zu verstehen.[5] Der Umbau ist insoweit von Modernisierungen abzugrenzen.[6]

4 Die Verordnungsermächtigung des Art. 244 umfasst die Regelung von **Abschlagszahlungen** nach Art, Inhalt, Umfang und Anzahl, wobei insbesondere vorgesehen ist, dass bezogen auf den Gesamtwerklohn für die Baumaßnahme („Gesamtbausumme") anteilige Abschläge für einzelne erbrachte Gewerke festgelegt werden können (zum Begriff der Abschlagszahlung → BGB § 632a Rn. 4). Vorbild ist offenbar § 3 Abs. 2 Nr. 2 MaBV. Inwieweit dies unter den in Art. 244 genannten

---

1 Zur Gesetzgebungsgeschichte von § 27a AGBG → 4. Aufl. 2000, AGBG § 27a Rn. 1 ff. *(Basedow).*

2 NK-BGB/*Polkowski* Rn. 8; *Schmidt-Räntsch* NZBau 2001, 356 (358 f.); Staudinger/*Peters/Jacoby,* 2016, Rn. 3.

3 Art. 2 Abs. 2 Gesetz zur Sicherung von Werkunternehmeransprüchen und zur verbesserten Durchsetzung von Forderungen (Forderungssicherungsgesetz – FoSiG) vom 23.10.2008, BGBl. 2008 I 2022.

4 Begr. RegE, BT-Drs. 16/511, 15.

5 Vgl. auch *Basty* DNotZ 2008, 891 (892).

6 AA NK-BGB/*Polkowski* Rn. 5; zum Begriff der Modernisierung BeckOK HOAI/*Krumb,* 12. Ed. 1.11.2022, HOAI § 2 Rn. 26 f.

Voraussetzungen sinnvoll ist, mag zweifelhaft erscheinen,[7] zumal die Verhältnisse im Bereich des Bauwerkvertrags in den wenigsten Fällen gleichförmig sind. Kritisch betrachtet wird auch, dass der Verordnungsgeber nach Art. 244 von der durch den Gesetzgeber getroffenen Grundentscheidung des § 632a BGB abweichen kann.[8] Freilich sind die Vorschriften des § 632a BGB (→ BGB § 632a Rn. 22) und des § 650m BGB (→ BGB § 650o Rn. 1) dispositiv. Erfasst werden von Art. 244 darüber hinaus auch Abschlagszahlungen für den Fall, dass der Unternehmer dem Besteller bezogen auf das Eigentum am Grundstück eine gesicherte Erwerbsposition verschafft hat.[9] Die Formulierung des Gesetzes, wonach die „Verpflichtung" zur Verschaffung des Eigentums ausreichen soll, ist ungenau, da es insoweit noch an der für eine Abschlagszahlung erforderlichen Teilleistung fehlt.[10] **Verfassungsrechtliche Bedenken**[11] im Hinblick auf eine etwaige Unbestimmtheit der Verordnungsermächtigung sind im Ergebnis unbegründet, da sich die Grenzen des Regelungsermessens jedenfalls durch Auslegung ermitteln lassen.[12]

Art. 245 [aufgehoben]

Art. 245 wurde durch das Gesetz zur Umsetzung der Verbraucherrechterichtlinie vom 20.9.2013 (BGBl. 2013 I 3642) aufgehoben. Details zur Belehrung sind jetzt in Art. 246 ff. und in den Anlagen 1, 3 und 7 geregelt (→ Art. 246 Rn. 1 ff.).[1] 1

Art. 246 Informationspflichten beim Verbrauchervertrag

(1) Der Unternehmer ist, sofern sich diese Informationen nicht aus den Umständen ergeben, nach § 312a Absatz 2 des Bürgerlichen Gesetzbuchs verpflichtet, dem Verbraucher vor Abgabe von dessen Vertragserklärung folgende Informationen in klarer und verständlicher Weise zur Verfügung zu stellen:

1. **die wesentlichen Eigenschaften der Waren oder Dienstleistungen in dem für den Datenträger und die Waren oder Dienstleistungen angemessenen Umfang,**
2. **seine Identität, beispielsweise seinen Handelsnamen und die Anschrift des Ortes, an dem er niedergelassen ist, sowie seine Telefonnummer,**
3. **den Gesamtpreis der Waren und Dienstleistungen einschließlich aller Steuern und Abgaben oder in den Fällen, in denen der Preis auf Grund der Beschaffenheit der Ware oder Dienstleistung vernünftigerweise nicht im Voraus berechnet werden kann, die Art der Preisberechnung sowie gegebenenfalls alle zusätzlichen Fracht-, Liefer- oder Versandkosten und alle sonstigen Kosten oder in den Fällen, in denen diese Kosten vernünftigerweise nicht im Voraus berechnet werden können, die Tatsache, dass solche zusätzlichen Kosten anfallen können,**
4. **gegebenenfalls die Zahlungs-, Liefer- und Leistungsbedingungen, den Termin, bis zu dem sich der Unternehmer verpflichtet hat, die Waren zu liefern oder die Dienstleistungen zu erbringen, sowie das Verfahren des Unternehmers zum Umgang mit Beschwerden,**
5. **das Bestehen eines gesetzlichen Mängelhaftungsrechts für die Waren oder die digitalen Produkte sowie gegebenenfalls das Bestehen und die Bedingungen von Kundendienstleistungen und Garantien,**
6. **gegebenenfalls die Laufzeit des Vertrags oder die Bedingungen der Kündigung unbefristeter Verträge oder sich automatisch verlängernder Verträge,**
7. **gegebenenfalls die Funktionalität der Waren mit digitalen Elementen oder der digitalen Produkte, einschließlich anwendbarer technischer Schutzmaßnahmen, und**
8. **gegebenenfalls, soweit wesentlich, die Kompatibilität und die Interoperabilität der Waren mit digitalen Elementen oder der digitalen Produkte, soweit diese Informationen dem Unternehmer bekannt sind oder bekannt sein müssen.**

(2) Absatz 1 ist nicht anzuwenden auf Verträge, die Geschäfte des täglichen Lebens zum Gegenstand haben und bei Vertragsschluss sofort erfüllt werden.

---

7 Krit. Staudinger/*Peters/Jacoby*, 2016, Rn. 4.
8 Vgl. auch → 4. Aufl. 2000, AGBG § 27a Rn. 4 *(Basedow)*; Staudinger/*Peters/Jacoby*, 2016, Rn. 6.
9 NK-BGB/*Polkowski* Rn. 12.
10 NK-BGB/*Polkowski* Rn. 12; Staudinger/*Peters/Jacoby*, 2016, Rn. 4.
11 IdS Staudinger/*Peters/Jacoby*, 2016, Rn. 5 f.
12 *Schmidt-Räntsch* NZBau 2001, 356 (358 f.).
1 Begr. RegE, BT-Drs. 17/12637, 73.

(3) [1]Steht dem Verbraucher ein Widerrufsrecht zu, ist der Unternehmer verpflichtet, den Verbraucher in Textform über sein Widerrufsrecht zu belehren. [2]Die Widerrufsbelehrung muss deutlich gestaltet sein und dem Verbraucher seine wesentlichen Rechte in einer dem benutzten Kommunikationsmittel angepassten Weise deutlich machen. [3]Sie muss Folgendes enthalten:
1. einen Hinweis auf das Recht zum Widerruf,
2. einen Hinweis darauf, dass der Widerruf durch Erklärung gegenüber dem Unternehmer erfolgt und keiner Begründung bedarf,
3. den Namen und die ladungsfähige Anschrift desjenigen, gegenüber dem der Widerruf zu erklären ist, und
4. einen Hinweis auf Dauer und Beginn der Widerrufsfrist sowie darauf, dass zur Fristwahrung die rechtzeitige Absendung der Widerrufserklärung genügt.

I. Normzweck und Systematik der Art. 246–246c

1 Die Art. 246–246c samt Anlagen in ihrer heutigen Fassung wurden mit **Wirkung zum 13.6.2014** eingefügt durch das Gesetz zur Umsetzung der Verbraucherrechterichtlinie und zur Änderung des Gesetzes zur Regelung der Wohnungsvermittlung (Verbraucherrechte-RL-UG) vom 20.9.2013 (BGBl. 2013 I 3642). Sie dienen der **Umsetzung von Vorgaben betreffend Informationspflichten** in diversen Richtlinien der EU und zugleich der **redaktionellen Entlastung des BGB:** Infolge der immer weiteren Ausdehnung von Informationspflichten hat der deutsche Gesetzgeber seit vielen Jahren Detailregelungen ausgelagert, um eine schlankere und übersichtlichere Regelung im BGB zu erhalten. Art. 246–246c mit Anlage 1 (zu Art. 246a § 1 Abs. 2 S. 2), Anlage 2 (zu Art. 246a § 1 Abs. 2 S. 1 Nr. 1 und § 2 Abs. 2 Nr. 2) und Anlage 3 (zu Art. 246b § 2 Abs. 3 S. 1) sind die unmittelbaren Nachfolgeregelungen von Art. 246 Anlagen 1 und 2 (zu Art. 246 § 2 Abs. 3 S. 1) idF des Gesetzes zur Umsetzung der Verbraucherkreditrichtlinie, des zivilrechtlichen Teils der Zahlungsdiensterichtlinie sowie zur Neuordnung der Vorschriften über das Widerrufs- und Rückgaberecht vom 29.7.2009 (BGBl. 2009 I 2355). Diese wiederum hatten mit Wirkung vom 11.6.2010 die §§ 1, 3 und 14 BGB-InfoV samt Anlagen 2 und 3 (zu Art. 14 BGB-InfoV) ersetzt.

2 Auslöser für die erneute Totalrevision der Informationspflichten durch das Verbraucherrechte-RL-UG war die erforderliche Umsetzung der **Verbraucherrechte-RL** in deutsches Recht. Die Verbraucherrechte-RL führte zum ersten Mal allgemeine Informationspflichten auch für den stationären Handel ein, die sich gemeinsam mit einer Auffangregelung für die Widerrufsbelehrung im neuen Art. 246 umgesetzt finden. Ferner ersetzte die Verbraucherrechte-RL die RL 85/577/EWG[1] sowie die RL 97/7/EG[2] und fasste außerhalb von Geschäftsräumen geschlossene Verträge (AGV, früher „Haustürgeschäfte" genannt) und allgemeine Fernabsatzverträge (FAV) unter einem im Wesentlichen einheitlichen Regime zusammen. Die entsprechenden Informationspflichten finden sich nunmehr in Art. 246a. Der deutsche Gesetzgeber musste die redaktionelle Einheit von allgemeinen FAV einerseits und FAV über Finanzdienstleistungen in Umsetzung der **RL 2002/65/EG** andererseits auflösen und hat eine neue Kategorie der AGV und FAV über Finanzdienstleistungen gebildet, deren Informationspflichten Art. 246b gewidmet ist. Schließlich bleibt auch die Umsetzung von Art. 10 **E-Commerce-RL** im selben Zusammenhang und findet sich nunmehr in Art. 246c. Eine Anpassung der Art. 246–246c erfolgte mWv 28.5.2022 aufgrund der Umsetzung der **RL (EU) 2019/2161**[3] durch Gesetz vom 10.8.2021 (BGBl. 2021 I 3483). Die Verbraucherrechte-RL wurde etwa um besondere Informationspflichten für Online-Marktplätze ergänzt. Die Vorgaben waren bis zum 28.11.2021 in nationales Recht umzusetzen.

3 Obgleich der Wortlaut der Vorschriften dies nicht zweifelsfrei erkennen lässt, sind die allermeisten von ihnen nach wie vor nur kraft **Verweisung durch §§ 312a, 312d und 312i BGB,** und nicht aus sich selbst heraus anwendbar. Daher ist etwa Art. 246a nicht auf alle AGV und FAV iSv §§ 312b, 312c BGB anzuwenden, sondern nur auf solche, für die die Anwendung von §§ 312 ff. BGB nicht gemäß § 312 Abs. 2–8 BGB ausgeschlossen ist (näher → BGB § 312 Rn. 46 ff.). Eine

[1] RL 85/577/EWG des Rates vom 20.12.1985 betreffend den Verbraucherschutz im Falle von außerhalb von Geschäftsräumen geschlossenen Verträgen, ABl. EU 2011 L 372, 31.

[2] RL 97/7/EG des Europäischen Parlaments und des Rates vom 20.5.1997 über den Verbraucherschutz bei Vertragsabschlüssen im Fernabsatz in der Fassung der Richtlinie 2002/65/EG des Europäischen Parlaments und des Rates vom 23.9.2002 über den Fernabsatz von Finanzdienstleistungen an Verbraucher und der Richtlinien 2005/29/EG und 2007/64/EG, ABl. EG 1997 L 144, 19.

[3] RL (EU) 2019/2161 des Europäischen Parlaments und des Rates vom 27.11.2019 zur Änderung der Richtlinie 93/13/EWG des Rates und der Richtlinien 98/6/EG, 2005/29/EG und 2011/83/EU des Europäischen Parlaments und des Rates zur besseren Durchsetzung und Modernisierung der Verbraucherschutzschriften der Union, ABl. EU 2019 L 328, 7.

gewisse Ausnahme macht diesbezüglich **Art. 246 Abs. 3,** der auch ohne entsprechende Verweisung im BGB oder in anderen Gesetzen Geltung beansprucht (→ BGB § 312a Rn. 41 ff.).

II. Allgemeine Verbraucherverträge (Art. 246)

1. Informationspflichten für den stationären Handel (Abs. 1). Art. 246 Abs. 1 und Abs. 2 dienen konkret der Umsetzung von **Art. 5 Verbraucherrechte-RL.** Infolge der Verbraucherrechte-RL musste erstmals ein Katalog von Informationspflichten für alle Verbraucherverträge eingeführt werden, also nicht nur für besondere Vertragstypen bzw. für besondere Vertriebstechniken. Um die Regelung im BGB zu entlasten, hat der Gesetzgeber den Katalog selbst in Art. 246 Abs. 1 ausgelagert. Die entsprechende Verweisung findet sich in **§ 312a Abs. 2 S. 1 BGB.** 4

Der **Anwendungsbereich** von Art. 246 ergibt sich erst aus einer Zusammenschau verschiedenster Vorschriften, konkret der § 310 Abs. 3 BGB (Definition Verbrauchervertrag), § 312 Abs. 1 BGB (Entgeltlichkeit), § 312 Abs. 2–8 BGB (Anwendungsbereich des neuen Verbrauchervertragsrechts) und 312a Abs. 2 S. 3 BGB (Ausschluss von AGV, FAV und Verträgen über Finanzdienstleistungen) sowie von Art. 246 Abs. 2 (Ausschluss von Bargeschäften des täglichen Lebens). Zusammenfassend gesagt, betrifft er den **stationären Handel** mit Verbrauchern, wobei sowohl Verträge über Finanzdienstleistungen als auch eine Reihe weiterer in § 312 Abs. 2–8 BGB genannter Verträge ebenso **ausgenommen** sind wie **Geschäfte des täglichen Lebens,**[4] die bei Vertragsschluss sofort erfüllt werden. 5

Hinsichtlich der Einzelheiten des acht Punkte umfassenden Katalogs **allgemeiner Informationspflichten** → BGB § 312a Rn. 16 ff. Nicht vollends geklärt ist, ob der Katalog der aufgelisteten Informationen abschließend ist oder nicht, da die Richtlinie insofern nur eine Mindestharmonisierung vorgesehen hat (Art. 5 Abs. 4 Verbraucherrechte-RL). Auch innerhalb ihres Anwendungsbereichs sind die Informationspflichten insofern abgeschwächt, als gemäß Art. 246 Abs. 1 dann nicht gesondert informiert werden muss, wenn sich eine Information ohnehin **aus den Umständen ergibt** (→ BGB § 312a Rn. 15). 6

Insgesamt ist zu befürchten, dass eine Reihe unbestimmter Begriffe (zB „wesentliche Eigenschaften der Waren oder Dienstleistungen" oder „Funktionsweise digitaler Inhalte") Anlass zu Vorlagen an den EuGH geben wird. Diesbezüglich bringt auch die RL (EU) 2019/2161 keine Klarstellung. Besondere **Sanktionen** für die Verletzung der allgemeinen Informationspflichten hat der Gesetzgeber nur in § 312a Abs. 2 S. 2 BGB für die Verletzung von kostenbezogenen Informationspflichten normiert,[5] doch müssen auch im Übrigen wirksame, angemessene und abschreckende Sanktionen für die Verletzung der einzelnen Pflichten bestehen. Diesbezüglich ist insbesondere an eine entsprechende Handhabung der Gewährleistung nach §§ 434 ff. BGB, §§ 633 ff. BGB, an Schadensersatz nach § 280 Abs. 1 BGB, § 241 Abs. 2 BGB, § 311 Abs. 2 BGB, oder an eine Irrtumsanfechtung zu denken, wobei die Beweislastumkehr gemäß § 312m Abs. 2 BGB die Geltendmachung solcher Rechtsbehelfe merklich erleichtert.[6] Insofern sind, je nach Auslegung der Bestimmungen durch die Gerichte, relativ weit gehende Ansprüche des Verbrauchers denkbar. Näher → BGB § 312a Rn. 37 ff. 7

2. Allgemeine Widerrufsbelehrung (Abs. 3). Abs. 3 enthält nähere Regelungen über die Belehrung hinsichtlich des Widerrufsrechts, wenn dem Verbraucher ein solches Widerrufsrecht zusteht. Entgegen erstem Anschein hat die Regelung allerdings nur einen **sehr begrenzten Anwendungsbereich.** Vorrangige **Sonderregelungen** gelten für Teilzeit-Wohnrechteverträge, Verträge über langfristige Urlaubsprodukte, Vermittlungsverträge und Tauschsystemverträge in §§ 482a, 483 BGB iVm Art. 242 § 2 iVm Anlage V RL 2008/122/EG, wobei der Gesetzgeber auf letztere lediglich verweist, ohne das in dieser Anlage befindliche Muster in deutschen Rechtsvorschriften gesondert wiederzugeben. Für AGV und FAV gelten vorrangig Art. 246a § 1 Abs. 2 und 3 iVm dem Muster-Widerrufsformular in Anlage 2 sowie bei AGV und FAV über Finanzdienstleistungen speziell Art. 246b § 1 Abs. 1 Nr. 12. Für Verbraucherdarlehensverträge gelten §§ 491a Abs. 1, 495 BGB iVm Art. 247 § 3 Abs. 1 Nr. 13, ebenso für Zahlungsaufschübe und sonstige Finanzierungshilfen (§ 506 Abs. 1 BGB). 8

Im Wesentlichen gilt Art. 246 Abs. 3 daher noch für das Widerrufsrecht bei **Ratenlieferungsverträgen** nach § 510 Abs. 2 BGB,[7] für den Widerruf nach **§ 4 FernUSG** und nach **§ 305 KAGB.** Näher → BGB § 312a Rn. 41 f. 9

4 Der Gesetzgeber möchte diesen Begriff ebenso verstanden wissen wie bei § 105a BGB, vgl. Begr. RegE, BT-Drs. 17/12637, 74.

5 Hierzu *Schomburg* VuR 2014, 18 (19).

6 Näher *Wendehorst* NJW 2014, 577 (578 f.).

7 Vgl. Begr. RegE, BT-Drs. 17/12637, 74.

10 Die Belehrung muss in **Textform** erfolgen, wobei der Begriff iSd § 126b BGB zu verstehen ist, sowie deutlich gestaltet sein und dem verwendeten Kommunikationsmittel entsprechen. **Inhaltlich** wird ein Hinweis auf das Recht zum Widerruf als solches verlangt sowie darauf, dass der Widerruf durch Erklärung gegenüber dem Unternehmer erfolgt und keiner Begründung bedarf. Anzugeben sind ferner Namen und ladungsfähige Anschrift desjenigen, gegenüber dem der Widerruf zu erklären ist, ebenso wie ein Hinweis auf Dauer und Beginn der Widerrufsfrist sowie darauf, dass zur Fristwahrung die rechtzeitige Absendung der Widerrufserklärung genügt. Näher → BGB § 312a Rn. 43.

Art. 246a Informationspflichten bei außerhalb von Geschäftsräumen geschlossenen Verträgen und Fernabsatzverträgen mit Ausnahme von Verträgen über Finanzdienstleistungen

§ 1 Informationspflichten

(1) [1]Der Unternehmer ist nach § 312d Absatz 1 des Bürgerlichen Gesetzbuchs verpflichtet, dem Verbraucher folgende Informationen zur Verfügung zu stellen:

1. die wesentlichen Eigenschaften der Waren oder Dienstleistungen in dem für das Kommunikationsmittel und für die Waren und Dienstleistungen angemessenen Umfang,

2. seine Identität, beispielsweise seinen Handelsnamen, sowie die Anschrift des Ortes, an dem er niedergelassen ist, sowie gegebenenfalls die Identität und die Anschrift des Unternehmers, in dessen Auftrager handelt,

3. seine Telefonnummer, seine E-Mail-Adresse sowie gegebenenfalls andere von ihm zur Verfügung gestellte Online-Kommunikationsmittel, sofern diese gewährleisten, dass der Verbraucher seine Korrespondenz mit dem Unternehmer, einschließlich deren Datums und deren Uhrzeit, auf einem dauerhaften Datenträger speichern kann,

4. zusätzlich zu den Angaben gemäß den Nummern 2 und 3 die Geschäftsanschrift des Unternehmers und gegebenenfalls die Anschrift des Unternehmers, in dessen Auftrag er handelt, an die sich der Verbraucher mit jeder Beschwerde wenden kann, falls diese Anschrift von der Anschrift nach Nummer 2 abweicht,

5. den Gesamtpreis der Waren oder der Dienstleistungen, einschließlich aller Steuern und Abgaben, oder in den Fällen, in denen der Preis auf Grund der Beschaffenheit der Waren oder der Dienstleistungen vernünftigerweise nicht im Voraus berechnet werden kann, die Art der Preisberechnung,

6. gegebenenfalls den Hinweis, dass der Preis auf der Grundlage einer automatisierten Entscheidungsfindung personalisiert wurde,

7. gegebenenfalls alle zusätzlich zu dem Gesamtpreis nach Nummer 5 anfallenden Fracht-, Liefer- oder Versandkosten und alle sonstigen Kosten, oder in den Fällen, in denen diese Kosten vernünftigerweise nicht im Voraus berechnet werden können, die Tatsache, dass solche zusätzlichen Kosten anfallen können,

8. im Falle eines unbefristeten Vertrags oder eines Abonnement-Vertrags den Gesamtpreis; dieser umfasst die pro Abrechnungszeitraum anfallenden Gesamtkosten und, wenn für einen solchen Vertrag Festbeträge in Rechnung gestellt werden, ebenfalls die monatlichen Gesamtkosten; wenn die Gesamtkosten vernünftigerweise nicht im Voraus berechnet werden können, ist die Art der Preisberechnung anzugeben,

9. die Kosten für den Einsatz des für den Vertragsabschluss genutzten Fernkommunikationsmittels, sofern dem Verbraucher Kosten berechnet werden, die über die Kosten für die bloße Nutzung des Fernkommunikationsmittels hinausgehen,

10. die Zahlungs-, Liefer- und Leistungsbedingungen, den Termin, bis zu dem der Unternehmer die Waren liefern oder die Dienstleistung erbringen muss, und gegebenenfalls das Verfahren des Unternehmers zum Umgang mit Beschwerden,

11. das Bestehen eines gesetzlichen Mängelhaftungsrechts für die Waren oder die digitalen Produkte,

12. gegebenenfalls das Bestehen und die Bedingungen von Kundendienst, Kundendienstleistungen und Garantien,

13. gegebenenfalls bestehende einschlägige Verhaltenskodizes gemäß Artikel 2 Buchstabe f der Richtlinie 2005/29/EG des Europäischen Parlaments und des Rates vom 11. Mai 2005 über unlautere Geschäftspraktiken im binnenmarktinternen Geschäftsverkehr zwischen Unternehmen und Verbrauchern und zur Änderung der Richtlinie 84/450/EWG des Rates, der Richtlinien 97/7/EG, 98/27/EG und 2002/65/EG des Europäischen Parlaments und des Rates sowie der Verordnung (EG) Nr. 2006/2004

des Europäischen Parlaments und des Rates (ABl. L 149 vom 11.6.2005, S. 22; L 253 vom 25.9.2009, S. 18), die zuletzt durch die Richtlinie (EU) 2019/2161 (ABl. L 328 vom 18.12.2019, S. 7) geändert worden ist, und wie Exemplare davon erhalten werden können,

14. gegebenenfalls die Laufzeit des Vertrags oder die Bedingungen der Kündigung unbefristeter Verträge oder sich automatisch verlängernder Verträge,

15. gegebenenfalls die Mindestdauer der Verpflichtungen, die der Verbraucher mit dem Vertrag eingeht,

16. gegebenenfalls die Tatsache, dass der Unternehmer vom Verbraucher die Stellung einer Kaution oder die Leistung anderer finanzieller Sicherheiten verlangen kann, sowie deren Bedingungen,

17. gegebenenfalls die Funktionalität der Waren mit digitalen Elementen oder der digitalen Produkte, einschließlich anwendbarer technischer Schutzmaßnahmen,

18. gegebenenfalls, soweit wesentlich, die Kompatibilität und die Interoperabilität der Waren mit digitalen Elementen oder der digitalen Produkte, soweit diese Informationen dem Unternehmer bekannt sind oder bekannt sein müssen, und

19. gegebenenfalls, dass der Verbraucher ein außergerichtliches Beschwerde- und Rechtsbehelfsverfahren, dem der Unternehmer unterworfen ist, nutzen kann, und dessen Zugangsvoraussetzungen.

[2]Wird der Vertrag im Rahmen einer öffentlich zugänglichen Versteigerung geschlossen, können anstelle der Angaben nach Satz 1 Nummer 2 und 3 die entsprechenden Angaben des Versteigerers zur Verfügung gestellt werden.

(2) [1]Steht dem Verbraucher ein Widerrufsrecht nach § 312g Absatz 1 des Bürgerlichen Gesetzbuchs zu, ist der Unternehmer verpflichtet, den Verbraucher zu informieren

1. über die Bedingungen, die Fristen und das Verfahren für die Ausübung des Widerrufsrechts nach § 355 Absatz 1 des Bürgerlichen Gesetzbuchs sowie das Muster-Widerrufsformular in der Anlage 2,

2. gegebenenfalls darüber, dass der Verbraucher im Widerrufsfall die Kosten für die Rücksendung der Waren zu tragen hat, und bei Fernabsatzverträgen zusätzlich über die Kosten für die Rücksendung der Waren, wenn die Waren auf Grund ihrer Beschaffenheit nicht auf dem normalen Postweg zurückgesendet werden können, und

3. darüber, dass der Verbraucher dem Unternehmer bei einem Vertrag über die Erbringung von Dienstleistungen, für die die Zahlung eines Preises vorgesehen ist, oder über die nicht in einem bestimmten Volumen oder in einer bestimmten Menge vereinbarte Lieferung von Wasser, Gas, Strom oder die Lieferung von Fernwärme einen angemessenen Betrag nach § 357a Absatz 2 des Bürgerlichen Gesetzbuchs für die vom Unternehmer erbrachte Leistung schuldet, wenn der Verbraucher das Widerrufsrecht ausübt, nachdem er auf Aufforderung des Unternehmers von diesem ausdrücklich den Beginn der Leistung vor Ablauf der Widerrufsfrist verlangt hat.

[2]Der Unternehmer kann diese Informationspflichten dadurch erfüllen, dass er das in der Anlage 1 vorgesehene Muster für die Widerrufsbelehrung zutreffend ausgefüllt in Textform übermittelt.

(3) Der Unternehmer hat den Verbraucher auch zu informieren, wenn

1. dem Verbraucher nach § 312g Absatz 2 Satz 1 Nummer 1, 2, 5 und 7 bis 13 des Bürgerlichen Gesetzbuchs ein Widerrufsrecht nicht zusteht, dass der Verbraucher seine Willenserklärung nicht widerrufen kann, oder

2. das Widerrufsrecht des Verbrauchers nach § 312g Absatz 2 Satz 1 Nummer 3, 4 und 6 sowie § 356 Absatz 4 und 5 des Bürgerlichen Gesetzbuchs vorzeitig erlöschen kann, über die Umstände, unter denen der Verbraucher ein zunächst bestehendes Widerrufsrecht verliert.

I. Normzweck und Systematik

Art. 246a dient der Umsetzung von **Art. 6–8 Verbraucherrechte-RL** und zugleich der Entlastung der Kernregelung in **§ 312d Abs. 1 BGB** zu den vorvertraglichen Informationspflichten bei AGV und FAV. Der Anwendungsbereich ergibt sich gleichfalls erst aus einer Zusammenschau verschiedenster Vorschriften, konkret der § 310 Abs. 3 BGB (Definition Verbrauchervertrag), § 312 Abs. 1 BGB (Entgeltlichkeit), § 312 Abs. 2–8 BGB (Anwendungsbereich des neuen Verbrauchervertragsrechts), §§ 312b, 312c BGB (Definitionen AGV und FAV) sowie § 312d Abs. 2 BGB (Ausschluss von Verträgen über Finanzdienstleistungen). Neben der durch die RL (EU) 2019/2161 bedingten 1

Novellierung der Art. 6–8 Verbraucherrechte-RL kommt als neue Bestimmung **Art. 6a Verbraucherrechte-RL** hinzu, der zusätzlich besondere Informationspflichten bei auf Online-Marktplätzen geschlossenen Verträgen normiert. Aufgrund des insoweit vollharmonisierenden Charakters der Verbraucherrechte-RL sind die Informationspflichten jedenfalls **abschließend** zu verstehen.

2 Bemerkenswert im Vergleich zur davor geltenden Rechtslage ist die erstmalige parallele Regelung von AGV und FAV. Diese werden nunmehr einem **einstufigen, vorvertraglichen Informationspflichtenregime** gemäß § 312d BGB und Art. 246a, das durch eine Pflicht zur Erteilung von **Abschriften und Bestätigungen** des Vertrags in § 312f BGB ergänzt wird, unterworfen. Zwar nimmt auch § 312f BGB noch einmal auf Art. 246a Bezug, doch ist der Lauf der Widerrufsfrist nach § 356 Abs. 3 BGB nur noch an die Erfüllung der vorvertraglichen Informationspflichten geknüpft, und auch dies nur insoweit, als just die Informationen über das Widerrufsrecht betroffen sind. Die Widerrufsfrist kann demnach zu laufen beginnen, auch wenn der Verbraucher die Information über das Widerrufsrecht erst in „flüchtiger Form" erhalten hat. Ob dies mit der Verbraucherrechte-RL vereinbar ist, erscheint fraglich.[1]

II. Vorvertragliche Informationen (Art. 246a §§ 1, 4)

3 **Art. 246a § 1** ist zunächst den **Informationsinhalten** gewidmet. Der Katalog von Informationspflichten umfasst in Abs. 1 19 Nummern plus in Abs. 2 drei Nummern bei Bestehen eines Widerrufsrechts und in Abs. 3 zwei Nummern bei Nichtbestehen eines Widerrufsrechts.[2]

4 Sehr detaillierte Anforderungen an die **Belehrung über das Widerrufsrecht** enthalten Art. 246a § 1 Abs. 2 und 3. Die Orientierung an der **Muster-Widerrufsbelehrung in Anlage 1** ist optional (Anlage 1 zu Art. 246a § 1 Abs. 2 S. 2).[3] Darüber hinaus ist dem Verbraucher **obligatorisch** ein **Muster-Widerrufsformular** zur Verfügung zu stellen, das von diesem aber nicht zwingend zu verwenden ist (Anlage 2 zu Art. 246a § 1 Abs. 2 Nr. 1 und § 2 Abs. 2 Nr. 2). Wegen der **drastischen Sanktionen,** die § 357 Abs. 5 S. 1 BGB, § 357a Abs. 1 Nr. 2, Abs. 2 Nr. 3 BGB an eine unterbliebene oder auch nur mangelhafte Widerrufsbelehrung knüpft, ist aus Unternehmersicht auf eine minutiöse Einhaltung dieser Anforderungen besonderes Augenmerk zu richten.

5 **Form und Zeitpunkt der Informationserteilung** ergibt sich dagegen erst aus **Art. 246a § 4.** Danach muss der Unternehmer dem Verbraucher die Informationen vor Abgabe von dessen Vertragserklärung in klarer und verständlicher Weise zur Verfügung stellen. Bei AGV müssen die Informationen auf **Papier** oder, wenn der Verbraucher zustimmt, auf einem anderen **dauerhaften Datenträger** zur Verfügung gestellt werden, lesbar sein und die Person des erklärenden Unternehmers nennen (weshalb der Gesetzgeber an dieser Stelle trotz Identität mit der Legaldefinition in § 126b BGB nicht von „Textform" spricht, ist unverständlich[4]). Bei FAV muss der Unternehmer dem Verbraucher die Informationen in einer den benutzten **Fernkommunikationsmitteln angepassten Weise** zur Verfügung stellen. Weiterhin bestimmt Art. 246a § 4 Abs. 3 S. 2, dass die Informationen dann, wenn sie auf einem dauerhaften Datenträger zur Verfügung gestellt werden, lesbar sein und die Person des erklärenden Unternehmers nennen müssen.

§ 2 Erleichterte Informationspflichten bei Reparatur- und Instandhaltungsarbeiten

(1) Hat der Verbraucher bei einem Vertrag über Reparatur- und Instandhaltungsarbeiten, der außerhalb von Geschäftsräumen geschlossen wird, bei dem die beiderseitigen Leistungen sofort erfüllt werden und die vom Verbraucher zu leistende Vergütung 200 Euro nicht übersteigt, ausdrücklich die Dienste des Unternehmers angefordert, muss der Unternehmer dem Verbraucher lediglich folgende Informationen zur Verfügung stellen:

1. **die Angaben nach § 1 Absatz 1 Satz 1 Nummern 2 und 3 sowie**
2. **den Preis oder die Art der Preisberechnung zusammen mit einem Kostenvoranschlag über die Gesamtkosten.**

(2) Ferner hat der Unternehmer dem Verbraucher folgende Informationen zur Verfügung zu stellen:

1. **die wesentlichen Eigenschaften der Waren oder Dienstleistungen in dem für das Kommunikationsmittel und die Waren oder Dienstleistungen angemessenen Umfang,**
2. **gegebenenfalls die Bedingungen, die Fristen und das Verfahren für die Ausübung des Widerrufsrechts sowie das Muster-Widerrufsformular in der Anlage 2 und**

---

1 Näher *Wendehorst* NJW 2014, 577 (582 f.) mwN.

2 Einzelheiten etwa bei *Föhlisch/Dyakova* MMR 2013, 3 (7 ff.); *Hoeren/Föhlisch* CR 2014, 242 (242 ff.).

3 Vgl. auch BeckOK BGB/*Martens* Art. 246a § 1 Rn. 34 ff.

4 Vgl. auch *Wendehorst* NJW 2014, 577 (578).

3. gegebenenfalls die Information, dass der Verbraucher seine Willenserklärung nicht widerrufen kann, oder die Umstände, unter denen der Verbraucher ein zunächst bestehendes Widerrufsrecht vorzeitig verliert.

(3) Eine vom Unternehmer zur Verfügung gestellte Abschrift oder Bestätigung des Vertrags nach § 312f Absatz 1 des Bürgerlichen Gesetzbuchs muss alle nach § 1 zu erteilenden Informationen enthalten.

I. Allgemeines

Näher → Art. 246a § 1 Rn. 2 ff. 1

II. Erleichterungen bei Reparatur- und Instandhaltungsarbeiten (Art. 246a § 2)

Für bestimmte Handwerkerverträge sieht **Art. 246a § 2 mit § 4 Abs. 2 S. 3** – in Ausnutzung einer durch Art. 7 Abs. 4 Verbraucherrechte-RL eröffneten Option – ein erleichtertes Informationspflichtenregime vor, das allerdings einen fast lächerlich schmalen Anwendungsbereich hat: Es muss sich um eine **ausdrücklich vom Verbraucher angeforderte Reparatur- oder Instandhaltungsmaßnahme** handeln, die Vergütung darf **200 Euro** nicht übersteigen, und die beiderseitigen Leistungen müssen **sofort erfüllt** werden. 2

Eher **lächerlich und lebensfern** sind auch die Erleichterungen selbst: Es müssen **vor Vertragsschluss** auf Papier oder, wenn der Verbraucher zustimmt, einem dauerhaften Datenträger zwingend nur Identität und Kontaktdaten des Unternehmers angegeben werden (Art. 246a § 2 Abs. 1), während Informationen über die wesentlichen Eigenschaften der Leistung und rund um das Widerrufsrecht (Art. 246a § 2 Abs. 2) in anderer Form erteilt werden dürfen, sofern sich der Verbraucher damit ausdrücklich einverstanden erklärt (Art. 246a § 4 Abs. 2 S. 3). Alsbald nach Vertragsschluss müssen dann allerdings sämtliche Angaben doch auf Papier oder, sofern der Verbraucher zustimmt, auf einem anderen dauerhaften Datenträger gemacht werden (Art. 246a § 2 Abs. 3). 3

§ 3 Erleichterte Informationspflichten bei begrenzter Darstellungsmöglichkeit

[1]Soll ein Fernabsatzvertrag mittels eines Fernkommunikationsmittels geschlossen werden, das nur begrenzten Raum oder begrenzte Zeit für die dem Verbraucher zu erteilenden Informationen bietet, ist der Unternehmer verpflichtet, dem Verbraucher mittels dieses Fernkommunikationsmittels zumindest folgende Informationen zur Verfügung zu stellen:
1. die wesentlichen Eigenschaften der Waren oder Dienstleistungen,
2. die Identität des Unternehmers,
3. den Gesamtpreis oder in den Fällen, in denen der Preis auf Grund der Beschaffenheit der Waren oder Dienstleistungen vernünftigerweise nicht im Voraus berechnet werden kann, die Art der Preisberechnung,
4. gegebenenfalls die Bedingungen, die Fristen und das Verfahren für die Ausübung des Widerrufsrechts nach § 355 Absatz 1 des Bürgerlichen Gesetzbuchs und
5. gegebenenfalls die Vertragslaufzeit und die Bedingungen für die Kündigung eines Dauerschuldverhältnisses.

[2]Die weiteren Angaben nach § 1 hat der Unternehmer dem Verbraucher in geeigneter Weise unter Beachtung von § 4 Absatz 3 zugänglich zu machen.

I. Allgemeines

Näher → Art. 246a § 1 Rn. 2 ff. 1

II. Erleichterungen bei begrenzter Darstellungsmöglichkeit (Art. 246a § 3)

Soll ein Fernabsatzvertrag mittels eines Fernkommunikationsmittels geschlossen werden, das nur begrenzten Raum oder begrenzte Zeit für die dem Verbraucher zu erteilenden Informationen bietet, ist der Unternehmer verpflichtet, dem Verbraucher mittels dieses Fernkommunikationsmittels die in Art. 246a § 3 S. 1 genannten Informationen zur Verfügung zu stellen. Die weiteren Angaben nach § 1 kann der Unternehmer dem Verbraucher in geeigneter Weise zugänglich machen (Art. 246a § 3 S. 2,§ 4 Abs. 3 S. 3), dh insbesondere unter **Nutzung eines anderen Fernkommunikationsmittels.** Die Einschränkungen von Art. 246a § 4 Abs. 1 und 3 sind insgesamt zu beachten. Daher muss der Unternehmer dem Verbraucher die Informationen in einer auch dem zweiten benutzten Fernkommunikationsmittel angepassten Weise zur Verfügung stellen, und soweit die Informationen auf einem dauerhaften Datenträger zur Verfügung gestellt werden, müssen sie lesbar sein, und die 2

Person des erklärenden Unternehmers muss genannt sein. Der Unternehmer muss aber die weiteren Informationen dem Verbraucher nicht sämtlich aktiv übermitteln, sondern es genügt der Hinweis auf eine andere Informationsquelle, beispielsweise durch Angabe einer gebührenfreien Telefonnummer oder eines Hypertext-Links zu einer Webseite des Unternehmers, auf der die einschlägigen Informationen unmittelbar abrufbar und leicht zugänglich sind.[1]

§ 4 Formale Anforderungen an die Erfüllung der Informationspflichten

(1) Der Unternehmer muss dem Verbraucher die Informationen nach den §§ 1 bis 3 vor Abgabe von dessen Vertragserklärung in klarer und verständlicher Weise zur Verfügung stellen.

(2) [1]Bei einem außerhalb von Geschäftsräumen geschlossenen Vertrag muss der Unternehmer die Informationen auf Papier oder, wenn der Verbraucher zustimmt, auf einem anderen dauerhaften Datenträger zur Verfügung stellen. [2]Die Informationen müssen lesbar sein. [3]Die Person des erklärenden Unternehmers muss genannt sein. [4]Der Unternehmer kann die Informationen nach § 2 Absatz 2 in anderer Form zur Verfügung stellen, wenn sich der Verbraucher hiermit ausdrücklich einverstanden erklärt hat.

(3) [1]Bei einem Fernabsatzvertrag muss der Unternehmer dem Verbraucher die Informationen in einer den benutzten Fernkommunikationsmitteln angepassten Weise zur Verfügung stellen. [2]Soweit die Informationen auf einem dauerhaften Datenträger zur Verfügung gestellt werden, müssen sie lesbar sein, und die Person des erklärenden Unternehmers muss genannt sein. [3]Abweichend von Satz 1 kann der Unternehmer dem Verbraucher die in § 3 Satz 2 genannten Informationen in geeigneter Weise zugänglich machen.

1 Zur Kommentierung → Art. 246a § 1 Rn. 5.

Art. 246b Informationspflichten bei außerhalb von Geschäftsräumen geschlossenen Verträgen und Fernabsatzverträgen über Finanzdienstleistungen

§ 1 Informationspflichten

(1) Der Unternehmer ist nach § 312d Absatz 2 des Bürgerlichen Gesetzbuchs verpflichtet, dem Verbraucher rechtzeitig vor Abgabe von dessen Vertragserklärung klar und verständlich und unter Angabe des geschäftlichen Zwecks, bei Fernabsatzverträgen in einer dem benutzten Fernkommunikationsmittel angepassten Weise, folgende Informationen zur Verfügung zu stellen:

1. **seine Identität, anzugeben ist auch das öffentliche Unternehmensregister, bei dem der Rechtsträger eingetragen ist, und die zugehörige Registernummer oder gleichwertige Kennung,**
2. **die Hauptgeschäftstätigkeit des Unternehmers und die für seine Zulassung zuständige Aufsichtsbehörde,**
3. **die Identität des Vertreters des Unternehmers in dem Mitgliedstaat, in dem der Verbraucher seinen Wohnsitz hat, wenn es einen solchen Vertreter gibt, oder die Identität einer anderen gewerblich tätigen Person als dem Anbieter, wenn der Verbraucher mit dieser Person geschäftlich zu tun hat, und die Eigenschaft, in der diese Person gegenüber dem Verbraucher tätig wird,**
4. **die ladungsfähige Anschrift des Unternehmers und jede andere Anschrift, die für die Geschäftsbeziehung zwischen diesem, seinem Vertreter oder einer anderen gewerblich tätigen Person nach Nummer 3 und dem Verbraucher maßgeblich ist, bei juristischen Personen, Personenvereinigungen oder Personengruppen auch den Namen des Vertretungsberechtigten,**
5. **die wesentlichen Merkmale der Finanzdienstleistung sowie Informationen darüber, wie der Vertrag zustande kommt,**
6. **den Gesamtpreis der Finanzdienstleistung einschließlich aller damit verbundenen Preisbestandteile sowie alle über den Unternehmer abgeführten Steuern oder, wenn kein genauer Preis angegeben werden kann, seine Berechnungsgrundlage, die dem Verbraucher eine Überprüfung des Preises ermöglicht,**

[1] Vgl. *Schirmbacher/Engelbrecht* ITRB 2014, 89 (91 f.).

7. gegebenenfalls zusätzlich anfallende Kosten sowie einen Hinweis auf mögliche weitere Steuern oder Kosten, die nicht über den Unternehmer abgeführt oder von ihm in Rechnung gestellt werden,
8. gegebenenfalls den Hinweis, dass sich die Finanzdienstleistung auf Finanzinstrumente bezieht, die wegen ihrer spezifischen Merkmale oder der durchzuführenden Vorgänge mit speziellen Risiken behaftet sind oder deren Preis Schwankungen auf dem Finanzmarkt unterliegt, auf die der Unternehmer keinen Einfluss hat, und dass in der Vergangenheit erwirtschaftete Erträge kein Indikator für künftige Erträge sind,
9. gegebenenfalls eine Befristung der Gültigkeitsdauer der zur Verfügung gestellten Informationen, beispielsweise die Gültigkeitsdauer befristeter Angebote, insbesondere hinsichtlich des Preises,
10. Einzelheiten hinsichtlich der Zahlung und der Erfüllung,
11. alle spezifischen zusätzlichen Kosten, die der Verbraucher für die Benutzung des Fernkommunikationsmittels zu tragen hat, wenn solche zusätzlichen Kosten durch den Unternehmer in Rechnung gestellt werden,
12. das Bestehen oder Nichtbestehen eines Widerrufsrechts sowie die Bedingungen, Einzelheiten der Ausübung, insbesondere Name und Anschrift desjenigen, gegenüber dem der Widerruf zu erklären ist, und die Rechtsfolgen des Widerrufs einschließlich Informationen über den Betrag, den der Verbraucher im Falle des Widerrufs nach § 357b des Bürgerlichen Gesetzbuchs für die erbrachte Leistung zu zahlen hat,
13. die Mindestlaufzeit des Vertrags, wenn dieser eine dauernde oder regelmäßig wiederkehrende Leistung zum Inhalt hat,
14. gegebenenfalls die vertraglichen Kündigungsbedingungen einschließlich etwaiger Vertragsstrafen,
15. die Mitgliedstaaten der Europäischen Union, deren Recht der Unternehmer der Aufnahme von Beziehungen zum Verbraucher vor Abschluss des Vertrags zugrunde legt,
16. gegebenenfalls eine Vertragsklausel über das auf den Vertrag anwendbare Recht oder über das zuständige Gericht,
17. die Sprachen, in welchen die Vertragsbedingungen und die in dieser Vorschrift genannten Vorabinformationen mitgeteilt werden, sowie die Sprachen, in welchen sich der Unternehmer verpflichtet, mit Zustimmung des Verbrauchers die Kommunikation während der Laufzeit dieses Vertrags zu führen,
18. den Hinweis, ob der Verbraucher ein außergerichtliches Beschwerde- und Rechtsbehelfsverfahren, dem der Unternehmer unterworfen ist, nutzen kann, und gegebenenfalls dessen Zugangsvoraussetzungen,
19. gegebenenfalls das Bestehen eines Garantiefonds oder anderer Entschädigungsregelungen, die weder unter die Richtlinie 2014/49/EU des Europäischen Parlaments und des Rates vom 16. April 2014 über Einlagensicherungssysteme (ABl. L 173 vom 12.6.2014, S. 149; L 212 vom 18.7.2014, S. 47, L 309 vom 30.10.2014, S. 37) noch unter die Richtlinie 97/9/EG des Europäischen Parlaments und des Rates vom 3. März 1997 über Systeme für die Entschädigung der Anleger (ABl. L 84 vom 26.3.1997, S. 22) fallen.

(2) [1]Bei Telefongesprächen hat der Unternehmer nur folgende Informationen zur Verfügung zu stellen:
1. die Identität der Kontaktperson des Verbrauchers und deren Verbindung zum Unternehmer,
2. die Beschreibung der Hauptmerkmale der Finanzdienstleistung,
3. den Gesamtpreis, den der Verbraucher dem Unternehmer für die Finanzdienstleistung schuldet, einschließlich aller über den Unternehmer abgeführten Steuern, oder, wenn kein genauer Preis angegeben werden kann, die Grundlage für die Berechnung des Preises, die dem Verbraucher eine Überprüfung des Preises ermöglicht,
4. mögliche weitere Steuern und Kosten, die nicht über den Unternehmer abgeführt oder von ihm in Rechnung gestellt werden, und
5. das Bestehen oder Nichtbestehen eines Widerrufsrechts sowie für den Fall, dass ein Widerrufsrecht besteht, auch die Widerrufsfrist und die Bedingungen, Einzelheiten der Ausübung und die Rechtsfolgen des Widerrufs einschließlich Informationen über den Betrag, den der Verbraucher im Falle des Widerrufs nach § 357b des Bürgerlichen Gesetzbuchs für die erbrachte Leistung zu zahlen hat.

[2]Satz 1 gilt nur, wenn der Unternehmer den Verbraucher darüber informiert hat, dass auf Wunsch weitere Informationen übermittelt werden können und welcher Art diese

Informationen sind, und der Verbraucher ausdrücklich auf die Übermittlung der weiteren Informationen vor Abgabe seiner Vertragserklärung verzichtet hat.

I. Normzweck und Systematik der Art. 246–246c

1 Näher → Art. 246 § 1 Rn. 1 ff.

II. AGV und FAV über Finanzdienstleistungen (Art. 246b)

2 Bei Finanzdienstleistungen – und zwar unabhängig davon, ob ein AGV oder FAV vorliegt – gilt ein **abweichendes Informationspflichtenregime nach § 312d Abs. 2 BGB mit Art. 246b EGBGB.** Der Gesetzgeber hat nun also die systematische Verbindung von Fernabsatz allgemein und Fernabsatz von Finanzdienstleistungen gelöst zugunsten einer systematischen Verbindung von AGV und FAV allgemein und AGV und FAV über Finanzdienstleistungen. Möglich war dies aufgrund der Tatsache, dass die Verbraucherrechte-RL für Finanzdienstleistungen überhaupt keine Vorgaben macht und der Gesetzgeber daher frei war, AGV über Finanzdienstleistungen dem Regime für den Fernabsatz von Finanzdienstleistungen zu unterstellen. Das Regime orientiert sich weitgehend an dem der **RL 2002/65/EG.**

3 Nach Art. 246b § 1 Abs. 1 ist der Unternehmer verpflichtet, dem Verbraucher **rechtzeitig vor Abgabe von dessen Vertragserklärung klar und verständlich** und unter Angabe des geschäftlichen Zwecks, bei Fernabsatzverträgen **in einer dem benutzten Fernkommunikationsmittel angepassten Weise,** die in dem 19 Nummern umfassenden Katalog von Abs. 1 aufgelisteten Informationen zur Verfügung zu stellen. Bei **Telefongesprächen** gelten die in Abs. 2 angeführten Erleichterungen.

§ 2 Weitere Informationspflichten

(1) [1]Der Unternehmer hat dem Verbraucher rechtzeitig vor Abgabe von dessen Vertragserklärung die folgenden Informationen auf einem dauerhaften Datenträger mitzuteilen:
1. die Vertragsbestimmungen einschließlich der Allgemeinen Geschäftsbedingungen und
2. die in § 1 Absatz 1 genannten Informationen.
[2]Wird der Vertrag auf Verlangen des Verbrauchers telefonisch oder unter Verwendung eines anderen Fernkommunikationsmittels geschlossen, das die Mitteilung auf einem dauerhaften Datenträger vor Vertragsschluss nicht gestattet, hat der Unternehmer dem Verbraucher abweichend von Satz 1 die Informationen unverzüglich nach Abschluss des Fernabsatzvertrags zu übermitteln.

(2) Der Verbraucher kann während der Laufzeit des Vertrags vom Unternehmer jederzeit verlangen, dass dieser ihm die Vertragsbedingungen einschließlich der Allgemeinen Geschäftsbedingungen in Papierform zur Verfügung stellt.

(3) Zur Erfüllung seiner Informationspflicht nach Absatz 1 Satz 1 Nummer 2 in Verbindung mit § 1 Absatz 1 Nummer 12 über das Bestehen eines Widerrufsrechts kann der Unternehmer dem Verbraucher das jeweils einschlägige in der Anlage 3 der Anlage 3a oder der Anlage 3b vorgesehene Muster für die Widerrufsbelehrung bei Finanzdienstleistungsverträgen zutreffend ausgefüllt in Textform übermitteln. In Fällen des Artikels 247 § 1 Absatz 2 Satz 6 kann der Unternehmer zur Erfüllung seiner Informationspflicht nach Artikel 246b § 2 Absatz 1 Satz 1 Nummer 2 in Verbindung mit Artikel 246b § 1 Absatz 1 Nummer 12 über das Bestehen eines Wirderrufsrechts dem Verbraucher das in der Anlage 6 vorgesehene Muster für das ESIS-Merkblatt zutreffend ausgefüllt in Textform übermitteln. Zur Erfüllung seiner Informationspflichten nach den Sätzen 1 und 2 kann der Unternehmer bis zum Ablauf des 31. Dezember 2021 auch das Muster der Anlage 3 in der Fassung von Artikel 2 Nummer 7 des Gesetzes zur Umetzung der Verbraucherrechterichtlinie und zur Änderung des Gesetzes zur Regelung der Wohnungsvermittlung vom 20. September 2013 (BGBl. I S. 3642) verwendet.

1 Gemäß Art. 246b § 2 muss der Unternehmer die Informationen auf einem **dauerhaften Datenträger** nachreichen. Zusätzlich hat der Verbraucher nach Art. 246b § 2 Abs. 2 das Recht, die gesamten **Vertragsbedingungen** in Papierform zu erhalten.

Art. 246c Informationspflichten bei Verträgen im elektronischen Geschäftsverkehr

Bei Verträgen im elektronischen Geschäftsverkehr muss der Unternehmer den Kunden unterrichten
1. über die einzelnen technischen Schritte, die zu einem Vertragsschluss führen,
2. darüber, ob der Vertragstext nach dem Vertragsschluss von dem Unternehmer gespeichert wird und ob er dem Kunden zugänglich ist,
3. darüber, wie er mit den nach § 312i Absatz 1 Satz 1 Nummer 1 des Bürgerlichen Gesetzbuchs zur Verfügung gestellten technischen Mitteln Eingabefehler vor Abgabe der Vertragserklärung erkennen und berichtigen kann,
4. über die für den Vertragsschluss zur Verfügung stehenden Sprachen und
5. über sämtliche einschlägigen Verhaltenskodizes, denen sich der Unternehmer unterwirft, sowie über die Möglichkeit eines elektronischen Zugangs zu diesen Regelwerken.

I. Normzweck und Systematik der Art. 246–246c

Näher → Art. 246 § 1 Rn. 1 ff. 1

II. Elektronischer Geschäftsverkehr (Art. 246c)

Art. 246c dient der Umsetzung von **Art. 10 E-Commerce-RL** und ist im Vergleich zur unmittelbaren Vorgängerregelung in Art. 246 § 3 aF im Wesentlichen unverändert geblieben. Die Informationspflichten im elektronischen Geschäftsverkehr verfolgen überwiegend den Zweck, durch Aufklärung über technische Abläufe einen **von Willensmängeln freien Vertragsschluss** zu gewährleisten. Das trifft jedenfalls für die gemäß Art. 246c Nr. 1–4 geschuldeten Informationen zu. Die nach Art. 246c Nr. 5 zu machende Angabe über die Verhaltenskodizes, denen der Unternehmer sich unterwirft, dürfte dagegen eher bezwecken, dass der Kunde regelwidriges Verhalten des Unternehmers den betreffenden Verbänden melden und damit auf außergerichtlichem Weg Druck auf den Unternehmer ausüben kann. Zu den Einzelheiten → BGB § 312i Rn. 70 ff. 2

Art. 246d Allgemeine Informationspflichten für Betreiber von Online-Marktplätzen

§ 1 Informationspflichten

Der Betreiber eines Online-Marktplatzes muss den Verbraucher informieren
1. zum Ranking der Waren, Dienstleistungen oder digitalen Inhalte, die dem Verbraucher als Ergebnis seiner Suchanfrage auf dem Online-Marktplatz präsentiert werden, allgemein über
a) die Hauptparameter zur Festlegung des Rankings und
b) die relative Gewichtung der Hauptparameter zur Festlegung des Rankings im Vergleich zu anderen Parametern,
2. falls dem Verbraucher auf dem Online-Marktplatz das Ergebnis eines Vergleichs von Waren, Dienstleistungen oder digitalen Inhalten präsentiert wird, über die Anbieter, die bei der Erstellung des Vergleichs einbezogen wurden,
3. gegebenenfalls darüber, dass es sich bei ihm und dem Anbieter der Waren, Dienstleistungen oder digitalen Inhalte um verbundene Unternehmen im Sinne von § 15 des Aktiengesetzes handelt,
4. darüber, ob es sich bei dem Anbieter der Waren, Dienstleistungen oder digitalen Inhalte nach dessen eigener Erklärung gegenüber dem Betreiber des Online-Marktplatzes um einen Unternehmer handelt,
5. falls es sich bei dem Anbieter der Waren, Dienstleistungen oder digitalen Inhalte nach dessen eigener Erklärung gegenüber dem Betreiber des Online-Marktplatzes nicht um einen Unternehmer handelt, darüber, dass die besonderen Vorschriften für Verbraucherverträge auf den Vertrag nicht anzuwenden sind,
6. gegebenenfalls darüber, in welchem Umfang der Anbieter der Waren, Dienstleistungen oder digitalen Inhalte sich des Betreibers des Online- Marktplatzes bei der Erfüllung von Verbindlichkeiten aus dem Vertrag mit dem Verbraucher bedient, und darüber, dass dem Verbraucher hierdurch keine eigenen vertraglichen Ansprüche gegenüber dem Betreiber des Online- Marktplatzes entstehen, und
7. falls ein Anbieter eine Eintrittsberechtigung für eine Veranstaltung weiterverkaufen will, ob und gegebenenfalls in welcher Höhe der Veranstalter nach Angaben des Anbieters einen Preis für den Erwerb dieser Eintrittsberechtigung festgelegt hat.

1 Art. 246d §§ 1 und 2 wurde eingefügt mWv 28.5.2022 durch das Gesetz zur Umsetzung der RL (EU) 2019/2161 vom 10.8.2021 (BGBl. 2021 I 3483).

§ 2 Formale Anforderungen

(1) Der Betreiber eines Online-Marktplatzes muss dem Verbraucher die Informationen nach § 1 vor Abgabe von dessen Vertragserklärung in klarer, verständlicher und in einer den benutzten Fernkommunikationsmitteln angepassten Weise zur Verfügung stellen.

(2) Die Informationen nach § 1 Nummer 1 und 2 müssen dem Verbraucher in einem bestimmten Bereich der Online-Benutzeroberfläche zur Verfügung gestellt werden, der von der Webseite, auf der die Angebote angezeigt werden, unmittelbar und leicht zugänglich ist.

1 Art. 246d §§ 1 und 2 wurde eingefügt mWv 28.5.2022 durch das Gesetz zur Umsetzung der RL (EU) 2019/2161 vom 10.8.2021 (BGBl. 2021 I 3483).

Art. 246e Verbotene Verletzung von Verbraucherinteressen und Bußgeldvorschriften

§ 1 Verbotene Verletzung von Verbraucherinteressen im Zusammenhang mit Verbraucherverträgen

(1) Die Verletzung von Verbraucherinteressen im Zusammenhang mit Verbraucherverträgen, bei der es sich um einen weitverbreiteten Verstoß gemäß Artikel 3 Nummer 3 oder einen weitverbreiteten Verstoß mit Unions-Dimension gemäß Artikel 3 Nummer 4 der Verordnung (EU) 2017/2394 des Europäischen Parlaments und des Rates vom 12. Dezember 2017 über die Zusammenarbeit zwischen den für die Durchsetzung der Verbraucherschutzgesetze zuständigen nationalen Behörden und zur Aufhebung der Verordnung (EG) Nr. 2006/2004 (ABl. L 345 vom 27.12.2017, S. 1), die zuletzt durch die Richtlinie (EU) 2019/771 (ABl. L 136 vom 22.5.2019, S. 28) geändert worden ist, handelt, ist verboten.

(2) Eine Verletzung von Verbraucherinteressen im Zusammenhang mit Verbraucherverträgen im Sinne des Absatzes 1 liegt vor, wenn

1. gegenüber dem Verbraucher ein nach § 241a Absatz 1 des Bürgerlichen Gesetzbuchs nicht begründeter Anspruch geltend gemacht wird,
2. von einem Unternehmer in seinen Allgemeinen Geschäftsbedingungen eine Bestimmung empfohlen oder verwendet wird,
   a) die nach § 309 des Bürgerlichen Gesetzbuchs unwirksam ist oder
   b) deren Empfehlung oder Verwendung gegenüber Verbrauchern dem Unternehmer durch rechtskräftiges Urteil untersagt wurde,
3. eine Identität oder der geschäftliche Zweck eines Anrufs nicht nach § 312a Absatz 1 des Bürgerlichen Gesetzbuchs offengelegt wird,
4. der Verbraucher nicht nach § 312a Absatz 2 Satz 1 oder § 312d Absatz 1 des Bürgerlichen Gesetzbuchs informiert wird,
5. eine Vereinbarung nach § 312a Absatz 3 Satz 1, auch in Verbindung mit Satz 2, des Bürgerlichen Gesetzbuchs nicht ausdrücklich getroffen wird,
6. eine nach § 312a Absatz 4 Nummer 2 oder Absatz 5 Satz 1 des Bürgerlichen Gesetzbuchs unwirksame Vereinbarung abgeschlossen wird,
7. von dem Verbraucher entgegen § 312e des Bürgerlichen Gesetzbuchs die Erstattung der Kosten verlangt wird,
8. eine Abschrift oder eine Bestätigung des Vertrags nach § 312f Absatz 1 Satz 1, auch in Verbindung mit Satz 2, oder nach Absatz 2 Satz 1 des Bürgerlichen Gesetzbuchs nicht zur Verfügung gestellt wird,
9. im elektronischen Geschäftsverkehr gegenüber Verbrauchern
   a) eine zusätzliche Angabe nicht nach den Vorgaben des § 312j Absatz 1 des Bürgerlichen Gesetzbuchs gemacht wird,
   b) eine Information nicht nach den Vorgaben des § 312j Absatz 2 des Bürgerlichen Gesetzbuchs zur Verfügung gestellt wird oder
   c) die Bestellsituation nicht nach den Vorgaben des § 312j Absatz 3 des Bürgerlichen Gesetzbuchs gestaltet wird,
10. der Verbraucher nicht nach § 312l Absatz 1 des Bürgerlichen Gesetzbuchs informiert wird,

11. eine Sache bei einem Verbrauchsgüterkauf nicht innerhalb einer dem Unternehmer nach § 323 Absatz 1 des Bürgerlichen Gesetzbuchs gesetzten angemessenen Frist geliefert wird,

12. nach einem wirksamen Widerruf des Vertrags durch den Verbraucher
a) Inhalte entgegen § 327p Absatz 2 Satz 1 in Verbindung mit § 357 Absatz 8 des Bürgerlichen Gesetzbuchs genutzt werden,
b) Inhalte nicht nach § 327p Absatz 3 Satz 1 in Verbindung mit § 357 Absatz 8 des Bürgerlichen Gesetzbuchs bereitgestellt werden,
c) eine empfangene Leistung dem Verbraucher nicht nach § 355 Absatz 3 Satz 1 in Verbindung mit § 357 Absatz 1 bis 3 des Bürgerlichen Gesetzbuchs zurückgewährt wird oder
d) Ware nicht nach § 357 Absatz 7 des Bürgerlichen Gesetzbuchs auf eigene Kosten abgeholt wird,

13. im Falle eines Rücktritts des Verbrauchers von einem Verbrauchsgüterkauf eine Leistung des Verbrauchers nicht nach § 346 Absatz 1 des Bürgerlichen Gesetzbuchs zurückgewährt wird,

14. der Zugang eines Widerrufs nicht nach § 356 Absatz 1 Satz 2 des Bürgerlichen Gesetzbuchs bestätigt wird oder

15. eine Sache dem Verbraucher nicht innerhalb der nach § 433 Absatz 1 Satz 1 in Verbindung mit § 475 Absatz 1 Satz 1 und 2 des Bürgerlichen Gesetzbuchs maßgeblichen Leistungszeit übergeben wird.

(3) Eine Verletzung von Verbraucherinteressen im Zusammenhang mit Verbraucherverträgen nach Absatz 1 liegt auch vor, wenn
1. eine Handlung oder Unterlassung die tatsächlichen Voraussetzungen eines der in Absatz 2 geregelten Fälle erfüllt und
2. auf den Verbrauchervertrag das nationale Recht eines anderen Mitgliedstaates der Europäischen Union anwendbar ist, welches eine Vorschrift enthält, die der jeweiligen in Absatz 2 genannten Vorschrift entspricht.

Art. 246e § 1 wurde eingefügt mWv 28.5.2022 durch das Gesetz zur Umsetzung der RL (EU) 2019/2161 vom 10.8.2021 (BGBl. 2021 I 3483); Abs. 2 Nr. 10 geändert mWv 1.7.2022 durch Gesetz vom 10.8.2021 (BGBl. 2021 I 3433). 1

§ 2 Bußgeldvorschriften

(1) Ordnungswidrig handelt, wer vorsätzlich oder fahrlässig entgegen § 1 Absatz 1 Verbraucherinteressen im Zusammenhang mit Verbraucherverträgen nach § 1 Absatz 2 oder 3 verletzt.

(2) [1]Die Ordnungswidrigkeit kann mit einer Geldbuße bis zu fünfzigtausend Euro geahndet werden. [2]Gegenüber einem Unternehmer, der in den von dem Verstoß betroffenen Mitgliedstaaten der Europäischen Union in dem der Behördenentscheidung vorausgegangenen Geschäftsjahr mehr als eine Million zweihundertfünfzigtausend Euro Jahresumsatz erzielt hat, kann eine höhere Geldbuße verhängt werden; diese darf 4 Prozent des Jahresumsatzes nicht übersteigen. [3]Die Höhe des Jahresumsatzes kann geschätzt werden. [4]Liegen keine Anhaltspunkte für eine Schätzung des Jahresumsatzes vor, beträgt das Höchstmaß der Geldbuße zwei Millionen Euro. [5]Abweichend von den Sätzen 2 bis 4 gilt gegenüber einem Täter oder einem Beteiligten, der im Sinne des § 9 des Gesetzes über Ordnungswidrigkeiten für einen Unternehmer handelt, und gegenüber einem Beteiligten im Sinne von § 14 Absatz 1 Satz 2 des Gesetzes über Ordnungswidrigkeiten, der kein Unternehmer ist, der Bußgeldrahmen des Satzes 1. [6]Das für die Ordnungswidrigkeit angedrohte Höchstmaß der Geldbuße im Sinne von § 30 Absatz 2 Satz 2 des Gesetzes über Ordnungswidrigkeiten ist das nach den Sätzen 1 bis 4 anwendbare Höchstmaß.

(3) Die Ordnungswidrigkeit kann nur im Rahmen einer koordinierten Durchsetzungsmaßnahme nach Artikel 21 der Verordnung (EU) 2017/2394 geahndet werden.

(4) Verwaltungsbehörde im Sinne des § 36 Absatz 1 Nummer 1 des Gesetzes über Ordnungswidrigkeiten ist das Umweltbundesamt.

1 Art. 246e § 2 wurde eingefügt mWv 28.5.2022 durch das Gesetz zur Umsetzung der RL (EU) 2019/2161 vom 10.8.2021 (BGBl. 2021 I 3483); Abs. 4 geändert mWv 1.8.2022 durch Gesetz vom 24.6.2022 (BGBl. 2022 I 959).

Art. 247 Informationspflichten bei Verbraucherdarlehensverträgen, entgeltlichen Finanzierungshilfen und Darlehensvermittlungsverträgen

Vorbemerkung (Vor Art. 247)

Übersicht

I. Anlage der Kommentierung, Anwendungsbereich

1 Die Vorschriften der Art. 247 §§ 1–18 fassen die einzelnen Pflichtangaben zusammen, die im Verbraucherkreditrecht zu beachten sind. Auf diese Vorschriften des EGBGB verweisen jeweils Normen des BGB, die die Informationspflicht begründen. Im Rahmen dieser Vorschriften, mithin der §§ 491 ff. BGB und der §§ 655a ff. BGB, wurden die Informationspflichten nach Art. 247 §§ 1–18 bislang mit kommentiert. Ab der neunten Auflage werden die Informationspflichten nur noch in der Kommentierung zu Art. 247 §§ 1–18 erläutert. Übergangsweise fanden sich die Erläuterungen in der 8. Aufl. an beiden Standorten. Da die Vorschriften des Art. 247 §§ 1–18 jeweils nur durch Verweis Anwendung finden, teilen sie den persönlichen und sachlichen Anwendungsbereich des Verbraucherkreditrechts. Sie gelten daher für Verbraucherdarlehensverträge (§ 491 BGB), entgeltliche Finanzierungshilfen (§ 506 BGB) sowie Darlehensvermittlungsverträge (§ 655a BGB).

2 Was den **zeitlichen** Anwendungsbereich angeht, so wurde Art. 247 durch Art. 2 Nr. 6 Gesetz zur Umsetzung der Verbraucherkreditrichtlinie, des zivilrechtlichen Teils der Zahlungsdiensterichtlinie sowie zur Neuordnung des Widerrufsrechts vom 29.7.2009 (BGBl. 2009 I 2355) neu in das EGBGB aufgenommen. Nach Art. 11 Abs. 1 Verbraucherkredit-RL-UG sind die Vorschriften zum 11.6.2010 in Kraft getreten; dies entspricht der Umsetzungsfrist für die Verbraucherkredit-RL vom 23.4.2008,[1] wobei Art. 27 Verbraucherkredit-RL nachträglich entsprechend korrigiert wurde.[2] Eine Übergangsregelung findet sich in Art. 229 § 22 (im Einzelnen → Art. 229 § 22 Rn. 1 ff.). Bereits durch das Gesetz zur Einführung einer Musterwiderrufsinformation für Verbraucherdarlehensverträge, zur Änderung der Vorschriften über das Widerrufsrecht bei Verbraucherdarlehensverträgen und zur Änderung des Darlehensvermittlungsrechts vom 24.7.2010 (BGBl. 2010 I 977)[3] wurden die Regelungen geändert. Dabei wurden im Kern in Art. 247 § 6 Abs. 2 S. 3 sowie in Art. 247 § 12 Abs. 1 S. 2 Muster für die Information über das Widerrufsrecht mit einer Gesetzlichkeitsfiktion eingeführt (→ Rn. 12; → Art. 247 § 6 Rn. 14) und die Informationspflichten der Darlehensvermittler nach Art. 247 § 13 neu geordnet. Abermals geändert wurde Art. 247 durch das **Gesetz zur Umsetzung der Verbraucherrechterichtlinie** und zur Änderung des Gesetzes zur Wohnraumvermittlung vom 20.9.2013 mit Wirkung zum 13.6.2014 (BGBl. 2014 I 3642).[4] Die Änderungen sind ganz überwiegend rein redaktioneller Natur. Sie beinhalten vor allem Anpassungen an die Neuordnung des Haustürwiderrufsrechts (nunmehr: Widerrufsrecht bzgl. außerhalb von Geschäftsräumen geschlossener Verträge), an die Verschiebung der Umschuldungsdarlehen innerhalb des § 495 BGB sowie an die Neunummerierung der Anlagen im Anhang.

---

1 RL 2008/48/EG des Europäischen Parlaments und des Rates vom 23.4.2008 über Verbraucherkreditverträge und zur Aufhebung der Richtlinie 87/102/EWG des Rates, ABl. EU 2008 L 133, 66.
2 Vgl. ABl. EU 2009 L 207, 14. Ursprünglich war noch der 12.5.2010 genannt.
3 Dazu BT-Drs. 17/1394; 17/2095.
4 Dazu BT-Drs. 17/12637; 17/13961.

Sodann hat das **Gesetz zur Umsetzung der Wohnimmobilienkreditrichtlinie** und zur Änderung handelsrechtlicher Vorschriften vom 11.3.2016 mit Wirkung zum 21.3.2016 (BGBl. 2016 I 396)[5] Änderungen von erheblichem Gewicht mit sich gebracht. Eingeführt wurde die Unterscheidung von Allgemein-Verbraucherdarlehensverträgen einerseits und Immobiliar-Verbraucherdarlehensverträgen andererseits. Was die Immobiliarkredite angeht, so wurde die bisherige Sondervorschrift des Art. 247 § 9 aF aufgehoben. Stattdessen ist die vorvertragliche Information für Immobiliar-Verbraucherdarlehensverträge in Art. 247 § 1 und für Allgemein-Verbraucherdarlehensverträge in Art. 247 § 2 neu geregelt. Hinsichtlich der vertraglichen Informationen finden sich Anpassungen in Art. 247 § 6 ff. Neu sind schließlich Art. 247 §§ 13a f. (besondere Regelungen für Darlehensvermittler) und Art. 247 § 18 (vorvertragliche Informationen bei Beratungsleistungen für Immobiliar-Verbraucherdarlehensverträge). Kleinere Änderungen haben sich ergeben durch das **Gesetz zur Ergänzung des Finanzdienstleistungsaufsichtsrechts** im Bereich der Maßnahmen bei Gefahren für die Stabilität des Finanzsystems und zur Änderung der Umsetzung der Wohnimmobilienkreditrichtlinie **(Finanzaufsichtsrechtergänzungsgesetz)** vom 6.6.2017 (BGBl. 2017 I 1495, Ergänzung des Art. 247 § 4 um den dritten Absatz)[6] sowie durch das Gesetz zur Umsetzung der zweiten Zahlungsdiensterichtlinie vom 17.7.2017 (BGBl. 2017 I 2446, terminologische Anpassung des Art. 247 § 3 Abs. 1 Nr. 10). Weitere Änderungen werden sich durch die **Novellierung der Verbraucherkreditrichtlinie** ergeben (→ BGB Vor § 491 Rn. 34 ff.). Der Gesetzgeber wird Umsetzungsbestimmungen zur neuen RL (EU) 2023/2225 erlassen und zum 20.11.2026 in Kraft setzen müssen (Art. 48 Abs. 1 Verbraucherkredit-RL). 3

II. Regelungskonzept

Informationen stehen ganz im Mittelpunkt des Verbraucherkreditrechts. Schon früher war der Verbraucher gemäß § 492 Abs. 1 S. 5 BGB, § 493 Abs. 1 S. 2 und Abs. 2 BGB sowie § 502 Abs. 1 BGB aF mit zahlreichen Informationen über den Kreditvertrag zu versorgen. Mit der revidierten Verbraucherkredit-RL (RL 2008/48/EG) hat der europäische Gesetzgeber nicht nur an dem der bisherigen gesetzlichen Regelung zugrunde liegenden **Informationsmodell** festgehalten, sondern vielmehr die vom Kreditgeber dem Verbraucher zur Verfügung zu stellenden Informationen erheblich ausgeweitet. Er setzt also verstärkt darauf, den Verbraucher in die Lage zu versetzen, selbst eine eigenverantwortliche Entscheidung über die geplante Kreditaufnahme treffen zu können. Der dabei erreichte Umfang der zur Verfügung zu stellenden Informationen stellt indes die Aufnahmefähigkeit des Verbrauchers auf die Probe (Problem des „information overload"; zum Ganzen näher → BGB Vor § 491 Rn. 3). Was den Grad der angestrebten Rechtsangleichung angeht, so ist die RL 2008/48/EG dem Grundsatz der **Vollharmonisierung** verpflichtet. Die Mitgliedstaaten dürfen daher weder hinter den unionsrechtlichen Vorgaben zurückbleiben noch über diese hinausgehen, haben diese vielmehr „eins zu eins" umzusetzen (→ BGB Vor § 491 Rn. 25 ff.). Das betrifft die Informationspflichten in besonderer Weise, denn deren Vereinheitlichung war ein Kernanliegen des Richtliniengebers. Dagegen beinhaltet die Wohnimmobilienkreditrichtlinie (RL 2014/17/EU) für Immobilienfinanzierungen grundsätzlich nur eine Mindestharmonisierung; abschließend geregelt sind aber immerhin die vorvertragliche Information sowie die Bestimmung des effektiven Jahreszinses (→ BGB Vor § 491 Rn. 31). 4

Die **Verortung** der Einzelheiten **im EGBGB** soll einerseits das BGB von umfangreichen und eher technischen Detailregelungen entlasten.[7] Andererseits wollte der Gesetzgeber durch die Verankerung in einem formellen Gesetz gewährleisten, dass die Verbindlichkeit der zur Verfügung gestellten Muster, anders als die entsprechender Vorbilder in der BGB-InfoV,[8] von den Gerichten nicht mit dem Argument in Frage gestellt werden kann, sie stünden mit den materiellen Vorgaben des Gesetzes nicht in Einklang.[9] Dieses Regelungsanliegen hat sich nachträglich durch die Rspr. des BGH relativiert, der zufolge sich der Unternehmer auch dann auf die Schutzwirkungen des § 14 BGB-InfoV aF berufen konnte, wenn das Muster für die Widerrufsbelehrung hinter den gesetzlichen Vorgaben zurückblieb.[10] 5

---

5 Dazu BT-Drs. 18/5922; 18/7584.

6 Dazu BT-Drs. 18/10935; 18/1174.

7 Krit. zu dem Regelungskonzept *Schirnbacher* BB 2009, 1088 (1091); *Derleder* NJW 2009, 3195 (3202); *Kulke* VuR 2009, 373 (377); rechtfertigend *Ady/Paetz* WM 2009, 1061 f.

8 Näher zum Problem *Masuch* NJW 2008, 1700; *Rohlfing* MDR 2008, 307.

9 Begr. RegE, BR-Drs. 848/08, 98, 211.

10 BGHZ 194, 238 = NJW 2012, 3298; BGH NJW 2014, 2022 Rn. 15; näher dazu *Schmidt-Kessel/Gläser* WM 2014, 965; *Damler*, Das gesetzlich privilegierte Muster, 2015, 118 ff.; *Schürnbrand* JZ 2015, 974 (976).

III. Ebenen der Informationsversorgung

6 **1. Überblick.** Im Einzelnen sind für den Verbraucherkredit selbst vier Ebenen der Informationsversorgung zu unterscheiden. Zunächst hat der Darlehensgeber, sofern er dort überhaupt Zahlen erwähnen will, bereits in der Werbung nach § 17 PAngV in auffallender Weise den Sollzinssatz (§ 489 Abs. 5 BGB), den Nettodarlehensbetrag (Art. 247 § 3 Abs. 2 S. 2) und den effektiven Jahreszins (§ 16 PAngV) anzugeben und anhand eines repräsentativen Beispiels zu erläutern. Das soll Lockvogelangebote und die irreführende Herausstellung isolierter Konditionen verhindern.[11] Bei Immobiliar-Verbraucherdarlehensverträgen und entsprechenden Finanzierungshilfen sowie Überziehungsmöglichkeiten, die als Standardgeschäfte angeboten werden, kommt nach Art. 247a die Pflicht hinzu, allgemeine Informationen zur Verfügung zu stellen. Zum Zweiten hat der Darlehensgeber dem Darlehensnehmer gemäß § 491a Abs. 1 BGB iVm Art. 247 rechtzeitig vor Vertragsschluss umfassende Informationen zur Verfügung zu stellen, damit der Verbraucher eine informierte Entscheidung über die beabsichtigte Darlehensaufnahme treffen und einen Marktvergleich anstellen kann (→ Rn. 7 ff.). Hier wie im Weiteren ist streng zwischen Allgemein-Verbraucherdarlehensverträgen einerseits und Immobiliar-Verbraucherdarlehensverträgen andererseits zu unterscheiden. Drittens sind nach § 492 Abs. 2 BGB iVm Art. 247 in den Vertrag selbst Informationen aufzunehmen (→ Rn. 11 ff.). Schließlich können den Darlehensgeber viertens auch im laufenden Vertragsverhältnis nach § 493 BGB, § 496 Abs. 2 BGB, § 504 Abs. 1 BGB, § 505 BGB noch Informationspflichten treffen (→ Rn. 16 f.). Beim Darlehensvermittlungsvertrag hingegen schreibt das Gesetz nur eine vorvertragliche Information vor (→ Art. 247 § 13 Rn. 2 f.).

7 **2. Vorvertragliche Information. a) Allgemein-Verbraucherdarlehensvertrag.** Bei Allgemein-Verbraucherdarlehensverträgen iSv § 491 Abs. 2 BGB ist der Darlehensgeber nach § 491a Abs. 1 BGB iVm Art. 247 § 2 verpflichtet, den Darlehensnehmer rechtzeitig vor Abgabe der Vertragserklärung des Darlehensnehmers über den Gegenstand des geplanten Vertrags zu informieren. Um einerseits die Vergleichbarkeit verschiedener Angebote zu erhöhen und andererseits dem Darlehensgeber die Erfüllung seiner komplexen Informationspflichten zu erleichtern, setzt der Gesetzgeber auf den Einsatz von Mustern. Daher schreibt Art. 247 § 2 Abs. 2 bei gewöhnlichen Verbraucherdarlehensverträgen den Einsatz der **„Europäischen Standardinformationen für Verbraucherkredite"** aus der Anlage 4 zwingend vor. Der Inhalt der vorvertraglichen Unterrichtung wird durch Art. 247 §§ 3–5, 8–13a näher bestimmt. Demgemäß müssen bei jedem gewöhnlichen Verbraucherdarlehensvertrag im Grundsatz zumindest die **Basisinformationen** nach Art. 247 § 3 genannt werden. Je nach Lage der Dinge sind aber Modifikationen zu beachten. So kommen gemäß Art. 247 § 5 Abs. 1 zunächst Erleichterungen in Betracht, wenn das für die Vertragsanbahnung eingesetzte Kommunikationsmittel die Übermittlung der vollständigen Informationen in der vorgesehenen Form nicht gestattet.

8 Umgekehrt können aber auch über Art. 247 § 3 hinaus **weitere Angaben** erforderlich sein, wenn der entsprechende Tatbestand für den konkret ins Auge gefassten Vertrag von Bedeutung ist. Zu beachten ist insofern zunächst Art. 247 § 4. Danach hat zunächst ein Hinweis zu erfolgen, dass der Verbraucher infolge des Vertragsschlusses Notarkosten zu tragen hat (Nr. 1). In die vorvertragliche Information sind weiterhin die zu stellenden Sicherheiten (Nr. 2) sowie der Anspruch auf Vorfälligkeitsentschädigung und dessen Berechnungsmethode aufzunehmen, falls der Darlehensgeber einen solchen Anspruch geltend zu machen beabsichtigt (Nr. 3). Nach Nr. 4 ist ggf. der Zeitraum zu benennen, für den sich der Darlehensgeber an die übermittelten Informationen bindet; eine gesetzliche Verpflichtung zur Einhaltung eines Mindestzeitraums verbindet sich damit nicht. Sodann behandelt Art. 247 § 8 Abs. 1 Verträge mit Zusatzleistungen. Weiterhin ist nach Art. 247 § 12 Abs. 1 S. 2 Nr. 1, und zwar auch in den Fällen des § 5, die Angabe des Gegenstands und des Barzahlungspreises erforderlich, wenn es sich um verbundene Verträge handelt. Schließlich sind gemäß Art. 247 § 13a der Name und die Anschrift eines bei der Anbahnung des Vertrags beteiligten Darlehensvermittlers zu nennen.

9 Für **bestimmte Sonderformen** des Verbraucherdarlehensvertrags sind von Art. 247 § 3 abweichende Angabepflichten zu beachten. Das gilt zum einen gemäß Art. 247 § 10 für Überziehungsmöglichkeiten iSv § 504 Abs. 2 BGB sowie zum anderen gemäß Art. 247 § 11 bei Umschuldungen iSv § 495 Abs. 2 Nr. 1 BGB. Hierfür steht mit der „Europäischen Verbraucherkreditinformation" aus der Anlage 5 ein eigenständiges Muster zur Verfügung, dessen Einsatz nach Art. 247 § 2 Abs. 3 S. 1 optional ist.

---

[11] *Ady/Paetz* WM 2009, 1061 (1067 f.); *Amschewitz* DB 2011, 1565; *Domke/Sperlich* BB 2010, 2069; s. auch LG Stuttgart BKR 2012, 206 sowie dazu *Weyand* BKR 2012, 197.

b) Immobiliar-Verbraucherdarlehensvertrag. Bei Immobiliar-Verbraucherdarlehensverträgen iSv § 491 Abs. 3 BGB richtet sich die vorvertragliche Information abschließend nach Art. 247 § 1. Die Unterrichtung hat nach Art. 247 § 1 Abs. 2 S. 1 anders als bei Allgemein-Verbraucherdarlehensverträgen nicht nur rechtzeitig vor Abgabe der Vertragserklärung des Darlehensnehmers zu erfolgen, sondern zusätzlich unverzüglich, nachdem der Darlehensgeber die für die Kreditwürdigkeitsprüfung erforderlichen Angaben erhalten hat. Für die Unterrichtung selbst ist nach Art. 247 § 1 Abs. 2 S. 2 zwingend das **„ESIS"-Merkblatt** aus der Anlage 6 als gesetzliches Muster zu verwenden. Sollen Beratungsleistungen erbracht werden, ist über die damit verbundenen Einzelheiten nach näherer Maßgabe des § 511 Abs. 1 BGB iVm Art. 247 § 18 zu informieren. 10

3. Informationspflichten bei Vertragsschluss. a) Allgemein-Verbraucherdarlehensvertrag. Für Allgemein-Verbraucherdarlehensverträge iSv § 491 Abs. 2 sieht Art. 247 §§ 6 ff. einen Katalog von Pflichtangaben vor, die in den Vertrag selbst aufzunehmen sind. Auszugehen ist dabei von Art. 247 § 6, welcher die im Ausgangspunkt zu beachtenden Informationen aufführt. Nach dessen Abs. 1 Nr. 1 sind zunächst fast alle **vorvertraglichen Basisinformationen** nach § 3 Abs. 1 zu **wiederholen.** Ausgenommen sind lediglich Art. 247 § 3 Abs. 1 Nr. 15 und 16 betreffend den Anspruch auf einen Vertragsentwurf und die Auskunft über eine Datenbankanfrage sowie Art. 247 § 3 Abs. 3 betreffend die Erläuterung anhand eines repräsentativen Beispiels. Was den Gesamtbetrag und den effektiven Jahreszins angeht, so ist Art. 247 § 6 Abs. 3 zu berücksichtigen, dem zufolge die Angabe unter Nennung der Annahmen zu erfolgen hat, die zum Zeitpunkt des Abschlusses des Vertrags bekannt sind und die in die Berechnung des effektiven Jahreszinses einfließen (näher → Art. 247 § 6 Rn. 4). 11

Zusätzlich bedarf es aber weiterer Angaben. Zunächst sind laut Art. 247 § 6 Abs. 1 Name und Anschrift des Darlehensnehmers (Nr. 2), die für den Darlehensgeber zuständige Aufsichtsbehörde (Nr. 3) sowie ein Hinweis auf den Anspruch des Darlehensnehmers auf Aushändigung eines Tilgungsplans (Nr. 4) in den Vertrag aufzunehmen. Der Inhalt des Tilgungsplans ergibt sich aus Art. 247 § 14. Sodann ist nach Nr. 5 das bei der Kündigung des Vertrags einzuhaltende Verfahren anzugeben. Weiterhin sind nach Nr. 6 sämtliche weitere Vertragsbedingungen in den Text aufzunehmen. Schließlich sind die in Art. 247 § 6 Abs. 2 aufgeführten Einzelheiten betreffend das **Widerrufsrecht** aufzuführen (zum Folgenden → Art. 247 § 6 Rn. 10 ff.). Um dem Darlehensgeber die Erfüllung der komplexen gesetzlichen Anforderungen zu erleichtern, enthält die Anlage 7 für die Widerrufsinformation ein gesetzliches **Muster.** Es besteht aus einem stets zu beachtenden Rumpf sowie Gestaltungshinweisen, die besonderen Ausprägungen (insbesondere verbundenen Verträgen) Rechnung tragen. Der Darlehensgeber muss es nicht verwenden; setzt er es jedoch ordnungsgemäß ein, gelten die gesetzlichen Anforderungen gemäß Art. 247 § 6 Abs. 2 S. 3 als erfüllt. Das Muster ist mit anderen Worten mit einer **Gesetzlichkeitsfiktion**[12] ausgestattet (→ Art. 247 § 6 Rn. 14). 12

b) Ergänzende Angabepflichten. Über die bei jedem gewöhnlichen Allgemein-Verbraucherdarlehensvertrag erforderlichen Informationen hinaus sind je nach Lage des Einzelfalls zusätzliche Angaben erforderlich. Zu beachten ist zunächst Art. 247 § 7. So muss der Vertrag ggf. einen Hinweis enthalten, dass der Darlehensnehmer die **Notarkosten** zu tragen hat (Nr. 1), und muss weiterhin die vom Darlehensgeber verlangten **Sicherheiten** und Versicherungen benennen (Nr. 2). In Übereinstimmung mit Art. 247 § 4 Abs. 1 Nr. 3 ist sodann nach Art. 247 § 7 Nr. 3 die Berechnungsmethode für den Anspruch auf **Vorfälligkeitsentschädigung** darzulegen, sofern der Darlehensgeber einen solchen durchzusetzen beabsichtigt. Eine unzureichende oder fehlende Angabe hierzu hat den Ausschluss des Anspruchs auf Vorfälligkeitsentschädigung gemäß § 502 Abs. 2 Nr. 2 BGB zur Folge. Nach Art. 247 § 7 Nr. 4 sind darüber hinaus der Zugang des Darlehensnehmers zu einem außergerichtlichen Beschwerde- und Rechtsbehelfsverfahren sowie ggf. die Voraussetzungen für diesen Zugang zu erläutern. 13

Wie schon in der vorvertraglichen Information gilt es gemäß Art. 247 § 8 weiterhin, **Zusatzleistungen** sowie gemäß Art. 247 § 13 Abs. 1 die Beteiligung eines Darlehensvermittlers zu berücksichtigen. Bei **verbundenen Verträgen** muss der Vertrag gemäß Art. 247 § 12 Abs. 1 S. 2 Nr. 2 auf die sich aus §§ 358 ff. BGB ergebenden Rechte hinweisen. Daher ist auf verständliche Art der Mechanismus des Einwendungs- und des Widerrufsdurchgriffs zu erläutern; dabei ist auf den Vorrang der Nacherfüllung gemäß § 359 Abs. 1 S. 3 BGB hinzuweisen. 14

c) Abweichende Angabepflichten; Immobiliar-Verbraucherdarlehensvertrag. Für bestimmte Sonderformen des Verbraucherdarlehensvertrags sind – wie schon bei der vorvertraglichen Information (→ Rn. 8) – abweichende Angabepflichten zu beachten. Das betrifft zunächst **Über-** 15

[12] Zu diesem Begriff s. etwa BGH NJW 2016, 1881 (1884). S. aber EuGH BKR 2020, 248; dazu *Piekenbrock* GPR 2020, 122.

ziehungskredite nach § 504 Abs. 2 BGB (Art. 247 § 10 Abs. 1 Nr. 2) sowie **Umschuldungen** nach § 495 Abs. 2 Nr. 1 BGB (Art. 247 § 11 Abs. 1 Nr. 2). Vor allem aber gelten für den **Immobiliar-Verbraucherdarlehensvertrag** iSv § 491 Abs. 3 BGB Besonderheiten. Es greift nach Art. 247 § 6 Abs. 1 S. 2 ein gegenüber dem Allgemein-Verbraucherdarlehensvertrag verkürzter Katalog von Pflichtangaben. Für die Information über das Widerrufsrecht steht in Anlage 8 ein eigenständiges Muster zur Verfügung (Art. 247 § 6 Abs. 2 S. 3 Alt. 2). Ergänzende Pflichtangaben können nach Art. 247 § 7 Abs. 2 sowie Art. 247 § 8 Abs. 2 und 3 in den Vertrag aufzunehmen sein.

16 **4. Informationspflichten während der Vertragsabwicklung.** Informationspflichten im laufenden Vertragsverhältnis gab es nach Maßgabe des § 493 BGB aF schon früher bei Überziehungskrediten (→ 5. Aufl. 2010, BGB § 493 Rn. 30 f., 41). Sie wurden mit dem Risikobegrenzungsgesetz im Jahre 2008 um Informationspflichten im Falle des Ablaufs der Vertragslaufzeit oder einer Festzinsperiode (§ 492a BGB aF, nunmehr § 493 Abs. 1, 2 und 6 BGB) sowie im Falle einer Abtretung der Darlehensforderung oder eines Wechsels in der Person des Darlehensgebers (§ 496 Abs. 2 BGB) ergänzt.[13] Im Zuge der Umsetzung der RL 2008/48/EG (→ Rn. 2) und der RL 2014/17/EU (→ Rn. 3) wurden sie weiter ausgebaut und teilweise neu geordnet. Zu verschiedenen Einzelpflichten des BGB findet sich in **Art. 247 §§ 14–17** eine nähere Konkretisierung; dabei folgt die Anordnung der Vorschriften innerhalb des EGBGB der systematischen Reihenfolge innerhalb des BGB.

17 Im Einzelnen kann der Darlehensnehmer vom Darlehensgeber nach § 492 Abs. 3 S. 2 BGB jederzeit einen **Tilgungsplan** verlangen. Aus diesem auf einem dauerhaften Datenträger (§ 126b S. 2 BGB) zur Verfügung zu stellenden Dokument muss nach Art. 247 § 14 Abs. 1 hervorgehen, welche Zahlungen in welchen Zeitabständen zu leisten sind und welche Bedingungen für diese Zahlungen gelten. Dabei ist aufzuschlüsseln, in welcher Höhe die Teilzahlungen auf das Darlehen, die Zinsen und die Kosten anzurechnen sind. Sind der Sollzinssatz oder die sonstigen Kosten variabel, ist nach Art. 247 § 14 Abs. 2 darauf hinzuweisen, dass die Daten des Tilgungsplans nur bis zur nächsten Anpassung gelten. Eine **Anpassung des Sollzinssatzes** wird nach § 493 Abs. 3 S. 1 BGB iVm Art. 247 § 15 erst wirksam, nachdem der Darlehensgeber den Darlehensnehmer über den angepassten Sollzinssatz (§ 489 Abs. 5 BGB), die angepasste Höhe der Teilzahlungen sowie die Zahl und die Fälligkeit der Teilzahlungen informiert hat, sofern diese sich ändern. Geht die Anpassung auf eine Änderung eines Referenzzinssatzes zurück, kann nach Maßgabe von § 493 Abs. 3 S. 2 BGB iVm Art. 247 § 15 Abs. 2 und 3 eine abweichende Vereinbarung getroffen werden. Schließlich sind in Art. 247 §§ 16 und 17 die Angaben vorgesehen, die eine Unterrichtung bei **Überziehungskrediten** zu enthalten hat. Zu unterscheiden sind dabei die vorher vertraglich eingeräumte Überziehungsmöglichkeit iSv § 504 BGB, für die Art. 247 § 16 gilt, und die geduldete Überziehung iSv § 505 BGB, bei der Art. 247 § 17 zu beachten ist.

§ 1 Vorvertragliche Informationen bei Immobiliar-Verbraucherdarlehensverträgen

(1) [1]Bei einem Immobiliar-Verbraucherdarlehensvertrag muss der Darlehensgeber dem Darlehensnehmer mitteilen, welche Informationen und Nachweise er innerhalb welchen Zeitraums von ihm benötigt, um eine ordnungsgemäße Kreditwürdigkeitsprüfung durchführen zu können. [2]Er hat den Darlehensnehmer darauf hinzuweisen, dass eine Kreditwürdigkeitsprüfung für den Abschluss des Darlehensvertrags zwingend ist und nur durchgeführt werden kann, wenn die hierfür benötigten Informationen und Nachweise richtig sind und vollständig beigebracht werden.

(2) [1]Der Darlehensgeber muss dem Darlehensnehmer die vorvertraglichen Informationen in Textform übermitteln, und zwar unverzüglich nachdem er die Angaben gemäß Absatz 1 erhalten hat und rechtzeitig vor Abgabe der Vertragserklärung des Darlehensnehmers. [2]Dafür muss der Darlehensgeber das entsprechend ausgefüllte Europäische Standardisierte Merkblatt gemäß dem Muster in Anlage 6 (ESIS-Merkblatt) verwenden. [3]Der Darlehensgeber hat das ESIS-Merkblatt auch jedem Vertragsangebot und jedem Vertragsvorschlag, an dessen Bedingungen er sich bindet, beizufügen. [4]Dies gilt nicht, wenn der Darlehensnehmer bereits ein Merkblatt erhalten hat, das über die speziellen Bedingungen des Vertragsangebots oder Vertragsvorschlags informiert. [5]Jeder bindende Vertragsvorschlag ist dem Darlehensnehmer in Textform zur Verfügung zu stellen. [6]Ist der Darlehensvertrag zugleich ein außerhalb von Geschäftsräumen geschlossener Vertrag oder ein Fern-

[13] Gesetz zur Begrenzung der mit Finanzinvestitionen verbundenen Risiken vom 12.8.2008, BGBl. 2008 I 1666; näher dazu etwa *Artz* ZGS 2009, 23 ff.; *Dörrie* ZBB 2008, 292 (296 ff.); *Höche* FS Nobbe, 2009, 317 (326 ff.); *Rohe* FS Schwark, 2009, 611 (615 f.).

absatzvertrag, gelten mit der Übermittlung des ESIS-Merkblatts auch die Anforderungen des § 312d Absatz 2 des Bürgerlichen Gesetzbuchs als erfüllt.

(3) [1]Weitere vorvertragliche Informationen sind, soweit nichts anderes bestimmt ist, in einem gesonderten Dokument zu erteilen, das dem ESIS-Merkblatt beigefügt werden kann. [2]Die weiteren vorvertraglichen Informationen müssen auch einen deutlich gestalteten Hinweis darauf enthalten, dass der Darlehensgeber Forderungen aus dem Darlehensvertrag ohne Zustimmung des Darlehensnehmers abtreten und das Vertragsverhältnis auf einen Dritten übertragen darf, soweit nicht die Abtretung im Vertrag ausgeschlossen wird oder der Darlehensnehmer der Übertragung zustimmen muss.

(4) Wenn der Darlehensgeber entscheidet, den Darlehensvertrag nicht abzuschließen, muss er dies dem Darlehensnehmer unverzüglich mitteilen.

I. Einführung

Vor Abschluss eines Immobiliar-Verbraucherdarlehensvertrags (§ 491 Abs. 3 BGB) hat der Darlehensgeber dem Darlehensnehmer nach Abs. 1 Hinweise zur Kreditwürdigkeitsprüfung zu erteilen. Sodann hat er ihn nach Abs. 2 mit Hilfe des sog. ESIS-Merkblatts zu unterrichten. Die Unterrichtung hat in Textform und in zeitlicher Hinsicht unverzüglich nach Erhalt der Angaben gemäß Abs. 1 und rechtzeitig vor Abgabe der Vertragserklärung des Darlehensnehmers zu erfolgen. Weitere vorvertragliche Informationen sind nach Abs. 3 S. 1 in einem gesonderten Dokument zu erteilen, das dem ESIS-Dokument beigefügt werden kann. Hierzu gehört nach Abs. 3 S. 2 regelmäßig ein Warnhinweis zur Übertragbarkeit. Schließlich hat es der Darlehensgeber dem Darlehensnehmer unverzüglich (§ 121 Abs. 1 S. 1 BGB) mitzuteilen, wenn er sich entscheidet, den Darlehensvertrag nicht abzuschließen. 1

Der **Normzweck** liegt darin, den Verbraucher durch Erteilung vorvertraglicher Informationen in die Lage zu versetzen, eine eigenverantwortliche Entscheidung über eine geplante Kreditaufnahme zu treffen (→ Vor Art. 247 Rn. 4; → BGB Vor § 491 Rn. 3; zum Einsatz von Merkblättern mit Gesetzlichkeitsfiktion insoweit → Vor Art. 247 Rn. 5, 7, 10). Zugleich soll das BGB von Detailregelungen technischer Art entlastet werden (→ Vor Art. 247 Rn. 5). Zur **Entstehungsgeschichte** und zum **zeitlichen Anwendungsbereich** ist auf die Vorbemerkung zu verweisen (→ Vor Art. 247 Rn. 2 f.). 2

II. Hinweise zur Kreditwürdigkeitsprüfung (Abs. 1)

In Umsetzung von Art. 20 Abs. 3 RL 2014/17/EU verpflichtet Abs. 1 S. 1 den Darlehensgeber, seinem prospektiven Vertragspartner mitzuteilen, welche **Informationen und Nachweise** (zu den in Betracht kommenden Quellen → BGB § 505b Rn. 14 f.) er innerhalb welchen Zeitraums von ihm benötigt, um eine ordnungsgemäße Kreditwürdigkeitsprüfung (§§ 505a ff.) durchführen zu können. Zudem hat er nach Abs. 1 S. 2, der Art. 20 Abs. 4 RL 2014/17/EU umsetzt, darauf hinzuweisen, dass eine Kreditwürdigkeitsprüfung zwingend ist und nur durchgeführt werden kann, wenn die hierfür benötigten Informationen und Nachweise richtig sind und vollständig beigebracht werden. Ausweislich Art. 20 Abs. 4 S. 3 RL 2014/17/EU kann dieser Warnhinweis in standardisierter Form erfolgen.[1] 3

III. Unterrichtung mit Hilfe des ESIS-Merkblatts (Abs. 2)

Zentrales Medium für die eigentliche vorvertragliche Information ist das Europäische Standardisierte Merkblatt (ESIS-Merkblatt), welches aus dem Anh. II RL 2014/17/EU in die Anlage 6 zum EGBGB übernommen wurde und nach Abs. 2 S. 2 **zwingend zu verwenden** ist.[2] Damit wird Art. 14 Abs. 2 RL 2014/17/EU umgesetzt. Ausweislich des Erwägungsgrunds 41 RL 2014/17/EU hat sich der Richtliniengeber bei der Abfassung des Musters um eine einfache und verständliche Sprache bemüht und daher nicht unbedingt die in der Richtlinie definierten **Rechtsbegriffe** verwendet; sie sollen jedoch die gleiche Bedeutung haben. Weiterhin folgt die RL 2014/17/EU (Wohnimmobilienkredit-RL) nach Art. 4 Nr. 1, 12 ff. RL 2014/17/EU sowie Erwägungsgründen 19 f. RL 2014/17/EU in der Systematik und vor allem in der Terminologie weithin der RL 2008/48/EG (Verbraucherkredit-RL). Daher kann für das Verständnis der Rechtsbegriffe (wie etwa effektiver Jahreszins oder Gesamtbetrag) auf den zu deren Umsetzung erlassenen § 3 und die Erläuterungen dazu verwiesen werden (→ Art. 247 § 3 Rn. 3 ff.). Mit der Übermittlung eines korrekt ausgefüllten 4

---

1 Ebenso Begr. RegE, BT-Drs. 18/5922, 111; Bülow/Artz/*Artz* BGB § 491a Rn. 21a.
2 Anders bis zum 20.3.2016 § 2 Abs. 2 S. 2 aF; → 7. Aufl. 2016, BGB § 491a Rn. 14.

ESIS-Merkblatts ist nicht nur den Anforderungen des Verbraucherkreditrechts Rechnung getragen, vielmehr gelten nach Abs. 2 S. 6 auch die Informationspflichten des § 312d Abs. 2 BGB als erfüllt, sofern der Darlehensvertrag zugleich ein **außerhalb von Geschäftsräumen** geschlossener Vertrag oder ein **Fernabsatzvertrag** ist.[3]

IV. Weitere vorvertragliche Informationen

5 **1. Allgemeines.** Das ESIS-Merkblatt ist europaweit einheitlich ausgestaltet und soll es dem Verbraucher erleichtern, verschiedene Angebote einfach miteinander zu vergleichen. Diese Funktion würde beeinträchtigt, wenn in das Dokument weitere Informationen aufgenommen werden dürften oder gar müssten.[4] Daher schreibt Abs. 3 S. 1 im Anschluss an Art. 14 Abs. 8 S. 2 RL 2014/17/EU und den einschlägigen Erwägungsgrund 42 RL 2014/17/EU vor, dass weitere vorvertragliche Informationen, soweit nicht ein anderes bestimmt ist, in einem gesonderten Dokument zu erteilen sind, welches dem ESIS-Merkblatt aber beigefügt werden kann. Als Sondervorschrift ist hier § 5 Abs. 2 zu berücksichtigen, der bei Telefongesprächen eine abweichende Erfüllung der ergänzenden Informationspflicht ermöglicht.[5]

6 **2. Warnhinweis zur Übertragbarkeit.** Nach Abs. 3 S. 2 müssen die weiteren vorvertraglichen Informationen auch einen deutlich gestalteten Hinweis darauf enthalten, dass der Darlehensgeber Forderungen aus dem Darlehensvertrag abtreten und das Vertragsverhältnis auf einen Dritten übertragen darf, soweit nicht die Abtretung im Vertrag ausgeschlossen wird oder der Darlehensnehmer der Übertragung zustimmen muss. Diese Regelung geht auf § 492 Abs. 1a S. 3 BGB aF in der Fassung des Risikobegrenzungsgesetzes zurück und war zwischenzeitlich in § 9 Abs. 1 S. 2 aF verankert. Sie soll den Verbraucher, der gerade bei langfristigen Immobilienfinanzierungen oftmals Vertrauen in die Person des Darlehensgebers setzt, vor einem **überraschenden Gläubigerwechsel** schützen.[6] Die Vorschrift steht damit in unmittelbarem gedanklichen Zusammenhang mit § 309 Nr. 10 BGB und § 496 Abs. 2 BGB und versteht sich zugleich als Absage an weitergehende rechtspolitische Forderungen nach einem Abtretungsverbot oder einem Sonderkündigungsrecht des Darlehensnehmers (→ BGB § 496 Rn. 13).

7 Der Hinweis hat sich auf alle **Forderungen** aus dem Darlehensvertrag (→ BGB § 496 Rn. 19) zu beziehen. Er ist nur insoweit entbehrlich, als die Abtretung nach § 399 Alt. 2 BGB ausgeschlossen ist. Bleibt die Abtretung in bestimmten Fällen möglich (etwa bei Verzug des Darlehensnehmers), so bedarf es eines Hinweises hierauf.[7] Eine rechtsgeschäftliche Übertragung des **Vertragsverhältnisses** wiederum setzt nach §§ 415 f. BGB grundsätzlich die Zustimmung des Darlehensnehmers voraus. Darauf muss ebenso wenig hingewiesen werden wie auf eine denkbare gesetzliche Rechtsnachfolge (Erbfall)[8] oder Umstrukturierungen, die im öffentlichen Bankensektor durch Gesetz oder Staatsvertrag vorgenommen werden.[9] Denn ausweislich ihres eindeutigen Wortlauts erfasst die Vorschrift nur Konstellationen, in denen der Darlehensgeber das Vertragsverhältnis übertragen „darf". Hinzuweisen ist daher lediglich auf eine mögliche Übertragung des Vertragsverhältnisses im Rahmen von Umstrukturierungsmaßnahmen nach dem Umwandlungsgesetz, die auch gegen den Willen des Vertragspartners durchgeführt werden können. Der Hinweis muss **hinreichend deutlich** gestaltet sein. Daher ist zum einen auf eine drucktechnische Hervorhebung zu achten; zum anderen haben ablenkende Zusätze zu unterbleiben.[10] Im Falle eines schuldhaften Zuwiderhandelns macht sich der Darlehensgeber schadensersatzpflichtig. In der Folge kann der Darlehensnehmer ggf. verlangen, so gestellt zu werden, als sei ein Abtretungsverbot vereinbart worden. Dabei wird allerdings schadensmindernd zu berücksichtigen sein, dass Darlehen mit Abtretungsausschluss am Markt regelmäßig nur gegen einen Zinsaufschlag angeboten werden.[11]

V. Form und Zeitpunkt der Information

8 Für die Hinweise zur Kreditwürdigkeitsprüfung nach Abs. 1 schreibt das Gesetz keine besondere Form vor; eine mündliche Erteilung ist daher rechtlich zulässig,[12] praktisch aber naturgemäß wenig

[3] Vgl. für Fernabsatzverträge Art. 14 Abs. 7 RL 2014/17/EU; für außerhalb von Geschäftsräumen geschlossene Verträge Begr. RegE, BT-Drs. 18/5922, 112.
[4] Bülow/Artz/*Artz* BGB § 491a Rn. 21.
[5] Begr. RegE, BT-Drs. 18/5922, 112.
[6] Näher *Artz* ZGS 2009, 23 (25); krit. dagegen *Lehmann* ZGS 2009, 214 (215 f.).
[7] Bericht Finanzausschuss, BT-Drs. 16/9821, 15; *Schwintowski* BankR, 4. Aufl. 2014, § 14 Rn. 132.
[8] Bericht Finanzausschuss, BT-Drs. 16/9821, 15.
[9] AA *Dörrie* ZBB 2008, 292 (297).
[10] Näher *Dörrie* ZBB 2008, 292 (297); *Höche* FS Nobbe, 2009, 317 (323); *Schwintowski* BankR, 4. Aufl. 2014, § 14 Rn. 131.
[11] Vgl. *Rohe* FS Schwark, 2009, 611 (615 f.); weitergehend *Knops* VuR 2009, 286 (288).
[12] Begr. RegE, BT-Drs. 18/5922, 111; Bülow/Artz/*Artz* BGB § 491a Rn. 21a.

sinnvoll. Das ESIS-Merkblatt hingegen ist nach Abs. 2 S. 1 in **Textform** (§ 126b BGB) zu übermitteln. Die weiteren vorvertraglichen Informationen sind nach Abs. 3 S. 1 in einem gesonderten Dokument zu erteilen. Damit ist zum Ausdruck gebracht, dass das Textformerfordernis auch insofern Geltung beansprucht.[13] Ebenfalls in Textform ist dem Darlehensnehmer gemäß Abs. 2 S. 5 zusätzlich noch jeder bindende Vertragsvorschlag des Darlehensgebers zur Verfügung zu stellen (vgl. Art. 14 Abs. 3 RL 2014/17/EU).[14] Der Begriff des bindenden Vertragsvorschlags entspricht dabei demjenigen des bindenden Vorschlags für bestimmte Vertragsbedingungen in § 491a Abs. 2 S. 3 BGB (→ BGB § 491a Rn. 15).[15]

Gemäß Abs. 2 S. 1 ist die vorvertragliche Information wie bei einem Allgemein-Verbraucherdarlehensvertrag jedenfalls rechtzeitig vor Abgabe der Vertragserklärung des Verbrauchers zu übermitteln (vgl. Art. 14 Abs. 1 lit. b, Abs. 7 RL 2014/17/EU; näher → Art. 247 § 2 Rn. 2 f.). Zusätzlich muss die vorvertragliche Information beim Immobiliar-Verbraucherdarlehensvertrag aber in Umsetzung von Art. 14 Abs. 1 lit. a RL 2014/17/EU auch **unverzüglich,** dh ohne schuldhaftes Zögern (§ 121 Abs. 1 S. 1 BGB), erteilt werden, nachdem der Darlehensgeber vom Verbraucher die angeforderten Informationen und Hinweise zur Kreditwürdigkeitsprüfung erhalten hat. Nach Erwägungsgrund 44 RL 2014/17/EU soll der Verbraucher die Informationen so rechtzeitig wie möglich erhalten, damit er die Merkmale von Kreditprodukten vergleichen und abwägen sowie erforderlichenfalls den Rat Dritter einholen kann. Dem Darlehensgeber muss es aber möglich sein, die erhaltenen Informationen aufzunehmen und zu verarbeiten.[16] Schließlich ist das ESIS-Merkblatt nach Abs. 2 S. 3 und 4 auch jedem Vertragsangebot und jedem Vertragsvorschlag, an dessen Bedingungen sich der Darlehensgeber bindet (→ BGB § 491a Rn. 15), beizufügen, wenn der Verbraucher hinsichtlich der speziellen Bedingungen nicht bereits ein Merkblatt erhalten hat (näher zu späteren Abweichungen → BGB § 491a Rn. 12). 9

§ 2 Form, Zeitpunkt und Muster der vorvertraglichen Informationen bei Allgemein-Verbraucherdarlehensverträgen

(1) [1]Bei einem Allgemein-Verbraucherdarlehensvertrag muss der Darlehensgeber den Darlehensnehmer über die Einzelheiten nach den §§ 3 bis 5 und 8 bis 13 unterrichten, und zwar rechtzeitig vor Abgabe der Vertragserklärung des Darlehensnehmers. [2]Die Unterrichtung erfolgt in Textform.

(2) Für die Unterrichtung nach Absatz 1 ist vorbehaltlich des Absatzes 3 die Europäische Standardinformation für Verbraucherkredite gemäß dem Muster in Anlage 4 zu verwenden.

(3) [1]Soll ein Allgemein-Verbraucherdarlehensvertrag gemäß § 495 Absatz 2 Nummer 1 oder § 504 Absatz 2 des Bürgerlichen Gesetzbuchs abgeschlossen werden, kann der Darlehensgeber zur Unterrichtung die Europäische Verbraucherkreditinformation gemäß dem Muster in Anlage 5 verwenden. [2]Verwendet der Darlehensgeber das Muster nicht, hat er bei der Unterrichtung alle nach den §§ 3 bis 5 und 8 bis 13 erforderlichen Angaben gleichartig zu gestalten und hervorzuheben.

(4) [1]Die Verpflichtung zur Unterrichtung nach § 491a Abs. 1 des Bürgerlichen Gesetzbuchs gilt als erfüllt, wenn der Darlehensgeber dem Darlehensnehmer das ordnungsgemäß ausgefüllte Muster in Textform übermittelt hat. [2]Ist der Darlehensvertrag zugleich ein Fernabsatzvertrag oder ein außerhalb von Geschäftsräumen geschlossener Vertrag, gelten mit der Übermittlung des entsprechenden ausgefüllten Musters auch die Anforderungen des § 312d Absatz 2 des Bürgerlichen Gesetzbuchs als erfüllt. [3]Die in diesem Absatz genannten Verpflichtungen gelten bis 31. Dezember 2010 auch bei Übermittlung des Musters in den Anlagen 4 und 5 in der Fassung des Gesetzes zur Umsetzung der Verbraucherkreditrichtlinie, des zivilrechtlichen Teils der Zahlungsdiensterichtlinie sowie zur Neuordnung der Vorschriften über das Widerrufs- und Rückgaberecht vom 29. Juli 2009 (BGBl. I S. 2355) als erfüllt.

I. Einführung

Bei Allgemein-Verbraucherdarlehensverträgen iSv § 491 Abs. 2 BGB wird der Inhalt der vorvertraglichen Unterrichtung durch Art. 247 §§ 2–5, 8–13a näher bestimmt.[1] Zunächst finden sich in 1

13 Begr. RegE, BT-Drs. 18/5922, 113.

14 Zur Vereinbarkeit mit dem Unionsrecht Begr. RegE, BT-Drs. 18/5922, 112.

15 Begr. RegE, BT-Drs. 18/5922, 112.

16 Freckmann/Merz Immobiliar-Verbraucherdarlehen/*Hölldampf* Rn. 136.

1 Der fehlende Verweis auf Art. 247 § 13a in Abs. 1 ist ein offensichtliches Redaktionsversehen.

§ 2 Vorgaben zur Form und zum Zeitpunkt der Unterrichtung (→ Rn. 2 f.) sowie zur Erfüllung der Informationspflicht mit Hilfe von **Mustern,** deren Einsatz teils obligatorisch, teils fakultativ ist (→ Rn. 4 ff.). Im Einzelnen sind in die vorvertraglichen Informationen grundsätzlich die **Basisangaben** nach § 3 aufzunehmen (→ Art. 247 § 3 Rn. 3 ff.). Je nach Lage der Dinge sind aber **Modifikationen** zu beachten. So kommen gemäß § 5 Abs. 1 Erleichterungen in Betracht, wenn das für die Vertragsanbahnung verwendete Kommunikationsmittel eine vollständige Unterrichtung nicht gestattet (→ Art. 247 § 5 Rn. 2 f.). Im Gegenzug können aber auch im Hinblick auf den Inhalt des vorgesehenen Vertrags oder die besonderen Umstände des beabsichtigten Vertragsschlusses zusätzliche Angaben erforderlich sein. Im Einzelnen zu beachten sind insofern Art. 247 § 4 (weitere Angaben in bestimmten Fällen), Art. 247 § 8 (Verträge mit Zusatzleistungen) und Art. 247 § 13a (Einschaltung eines Darlehensvermittlers). Für Überziehungsmöglichkeiten iSv § 504 Abs. 2 BGB, Umschuldungen iSv § 495 Abs. 2 Nr. 1 BGB sowie verbundene Verträge und Finanzierungshilfen sehen Art. 247 §§ 10–12 demgegenüber jeweils abweichende Informationspflichten vor.

II. Form und Zeitpunkt der Information (Abs. 1)

2 Die Unterrichtung hat in der **Textform des § 126b BGB** zu erfolgen (Abs. 1 S. 2). In zeitlicher Hinsicht forderte Art. 247 § 1 aF noch eine Unterrichtung rechtzeitig vor Vertragsschluss. Mit dem Gesetz zur Umsetzung der Wohnimmobilienkredit-RL wurde in Abs. 1 klargestellt, dass der maßgebliche Bezugspunkt die Abgabe der Vertragserklärung des Verbrauchers ist.[2] Entscheidend war indessen auch schon nach früherem Recht, dass der Darlehensgeber dem Darlehensnehmer die Informationen zugänglich gemacht haben muss, bevor dieser eine für ihn **verbindliche Willenserklärung** abgibt. Nur dann kann der Darlehensnehmer sie bei seiner Entscheidungsfindung berücksichtigen und ist nicht darauf angewiesen, einen erst nachträglich als unerwünscht erkannten Vertrag widerrufen zu müssen (→ BGB § 491a Rn. 1). Ob es sich bei der Vertragserklärung des Verbrauchers rechtstechnisch um das Angebot oder die Annahme handelt, ist ohne Belang.

3 Der Einhaltung einer starren **Mindestbedenkfrist** („Cooling Off Period") bedarf es dabei nicht, vielmehr kann der Vertrag noch am selben Tag, ja sogar im unmittelbaren Anschluss an die Überlassung der Information geschlossen werden.[3] Das Gesetz will eine angemessene Information des Verbrauchers gewährleisten, nicht aber den Vertragsschluss übermäßig erschweren. Dass sich der Verbraucher mit den zur Verfügung gestellten Informationen näher auseinandersetzt, lässt sich ohnehin nicht erzwingen. Jedoch muss er die Gelegenheit erhalten, die Unterlagen ohne zeitlichen Druck und in zumutbarer Weise zur Kenntnis zu nehmen; der Darlehensgeber darf mit anderen Worten nicht auf einen alsbaldigen Vertragsschluss drängen. Nach Erwägungsgrund 19 RL 2008/48/EG muss der Verbraucher die Unterlagen „mitnehmen und prüfen" können. Sofern der Darlehensnehmer es wünscht, ist ihm daher eine Prüfung der Informationen in räumlicher Abwesenheit des Darlehensgebers zu ermöglichen.[4]

III. Einsatz von Mustern (Abs. 2–4)

4 **1. Europäische Standardinformation (Abs. 2).** Die Vermittlung der umfangreichen vorvertraglichen Informationen soll bei Allgemein-Verbraucherdarlehensverträgen vorrangig unter Verwendung von gesetzlichen Mustern erfolgen. Damit wird zum einen dem Darlehensnehmer ein einfacher Vergleich verschiedener Angebote ermöglicht. Zum anderen erhält der Darlehensgeber Rechtssicherheit, weil nach Abs. 4 S. 1 und S. 2 die gesetzlichen Informationspflichten als erfüllt gelten, wenn der Darlehensgeber dem Darlehensnehmer das einschlägige Muster ordnungsgemäß ausgefüllt in Textform übermittelt (→ BGB § 491a Rn. 4 ff.). Daher schreibt Abs. 2 in Umsetzung des Art. 5 Abs. 1 S. 2 RL 2008/48/EG zwingend vor, dass die vorvertragliche Unterrichtung nach § 491a Abs. 1 BGB mit Hilfe des in Anlage 4 aufgenommenen Musters **„Europäische Standardinformation für Verbraucherkredite"** zu erfolgen hat, sofern nicht ein Vertrag gemäß § 495 Abs. 2 Nr. 1 BGB oder § 504 Abs. 2 BGB abgeschlossen werden soll. Bei gewöhnli-

[2] Begr. RegE, BT-Drs. 18/5922, 113.

[3] OLG Frankfurt NJW-RR 2024, 111 Rn. 29 ff.; vgl. auch BT-Drs. 16/11643, 122; *Nobbe* WM 2011, 625 (627); *Schürnbrand* ZBB 2008, 383 (386); *Wittig/Wittig* ZInsO 2009, 633 (639); *Merz/Rösler* ZIP 2011, 2381 (2383); Erman/*Nietsch* BGB § 491a Rn. 7; *Ellenberger*/Nobbe/*Müller-Christmann* BGB § 491a Rn. 43; Staub/*Renner* Kreditgeschäft Rn. 639; Staudinger/*Kessal-Wulf,* 2012, BGB § 491a Rn. 9; *Gercke,* Schadensersatz wegen vorvertraglicher Informationspflichtverletzungen beim Verbraucherkredit, 2014, 183 ff.; aA Soergel/*Seifert* BGB § 491a Rn. 9: im Regelfall kein Vertragsschluss am selben Tag.

[4] OLG Frankfurt NJW-RR 2024, 111 Rn. 29 ff.; vgl. auch Begr. RegE, BT-Drs. 16/11643, 122; Grüneberg/*Weidenkaff* Rn. 2; Bülow/Artz/*Artz* BGB § 491a Rn. 13; Erman/*Nietsch* BGB § 491a Rn. 7; enger Staudinger/*Kessal-Wulf,* 2012, BGB § 491a Rn. 10: räumliche Trennung erforderlich; krit. BuB/*Franke* Rn. 3/427b iVm 427a.

chen Verbraucherdarlehensverträgen und entsprechenden entgeltlichen Finanzierungshilfen (Art. 247 § 12 Abs. 1 S. 1) ist also die Verwendung anderer Formulare oder Vordrucke nicht erlaubt.

2. Umschuldungs- und Überziehungsdarlehen (Abs. 3). Auch für die verbleibenden Sonderformen des Allgemein-Verbraucherdarlehensvertrags, genauer für **Umschuldungsdarlehen** (§ 495 Abs. 2 Nr. 1 BGB) und **Überziehungskredite** (§ 504 Abs. 2 BGB) stellt Abs. 3 ein Muster zur Verfügung. Es handelt sich um die (ebenfalls der RL 2008/48/EG entnommene) **„Europäische Verbraucherkreditinformation"** aus der Anlage 5. Ein Einsatz der Europäischen Standardinformationen nach Anlage 4 hingegen kommt bei Umschuldungen und Überziehungsmöglichkeiten nicht in Betracht. 5

Der Einsatz des Musters nach Anlage 5 ist **fakultativ** (Abs. 3; Art. 6 Abs. 1 UAbs. 3 S. 2 RL 2008/48/EG; → BGB § 491a Rn. 7). Verwendet der Darlehensgeber es nicht, ist er gemäß Abs. 3 S. 2 verpflichtet, bei der Unterrichtung alle nach den Art. 247 §§ 3–5 und 8–13a[5] erforderlichen Angaben **gleichartig zu gestalten und hervorzuheben.** Es dürfen daher nicht einzelne Pflichtangaben optisch besonders herausgestellt werden.[6] Von fakultativen Hinweisen des Darlehensgebers sind die Pflichtangaben räumlich zu trennen (Art. 247 § 4 Abs. 2, → Art. 247 § 4 Rn. 4) und im Übrigen so herauszustellen, dass der Verbraucher sie klar und eindeutig als die für ihn wesentlichen Informationen wahrnimmt. 6

3. Rechtsfolgen bei Verwendung eines Musters (Abs. 4). Verwendet der Darlehensgeber das im Einzelfall einschlägige Muster, also entweder die „Europäischen Standardinformationen für Verbraucherkredite" (Anlage 4; → Rn. 4) oder die „Europäischen Verbraucherkreditinformationen" (Anlage 5, → Rn. 5), und füllt er es zudem ordnungsgemäß aus, so gelten nach Abs. 4 S. 1 und 2 die Informationspflichten aus § 491a Abs. 1 BGB sowie ggf. auch die Pflichten aus § 312d Abs. 2 BGB als erfüllt. Dies gilt unabhängig davon, ob die Verwendung im Einzelfall zwingend oder fakultativ ist. Da die Muster als Anhang in das EGBGB selbst aufgenommen wurden und daher an dessen Rang als förmlichem Gesetz teilhaben, können die Gerichte diese **Gesetzlichkeitsfiktion** nicht mit der Erwägung in Frage stellen, ein Muster weiche in einem bestimmten Punkt von den materiellen Vorgaben des Gesetzes ab.(zu diesem Regelungsmodell → Art. 247 § 6 Rn. 14).[7] Damit werden hinsichtlich der gewöhnlichen Kreditverträge die Vorgaben von Art. 5 Abs. 1 UAbs. 1 S. 3 RL 2008/48/EG sowie hinsichtlich der Umschuldungen und Überziehungsmöglichkeiten die Vorgaben von Art. 6 Abs. 1 UAbs. 3 S. 3 RL 2008/48/EG umgesetzt. 7

Die unwiderlegliche Vermutung greift nur ein, wenn dem Darlehensnehmer das Muster **ordnungsgemäß ausgefüllt** übermittelt wird. Die Angaben müssen daher die tatsächlich vorgesehenen Vertragsbedingungen und die erkennbaren Wünsche des Darlehensnehmers widerspiegeln, sofern der Darlehensgeber ihnen Rechnung tragen will.[8] Eine Ermächtigung nach dem Vorbild des Art. 247 § 6 Abs. 2 S. 5, in Format und Schriftgröße vom Muster abzuweichen, besteht nicht. Anordnung und Reihenfolge der einzelnen Informationen sind daher verbindlich vorgegeben.[9] Geringfügige Abweichungen im Schriftbild stellen die Gesetzlichkeitsfiktion aber nicht infrage, solange die gute Lesbarkeit für den durchschnittliche Verbraucher erhalten bleibt.[10] Um die Vergleichbarkeit verschiedener Angebote zu gewährleisten, wäre es hilfreich, wenn im konkreten Fall nicht einschlägige Felder, die den Zusatz „falls zutreffend" tragen, nicht zu löschen, sondern entsprechend zu kennzeichnen wären.[11] Da aber nunmehr die Ausfüllhinweise in der RL über Wohnimmobilienkreditverträge (RL 2014/17/EU) eine Streichung vorsehen, ist eine solche auch für den gewöhnlichen Verbraucherkredit nicht zu beanstanden.[12] Wird das Formular inhaltlich oder im Hinblick auf das Layout umgestaltet, so entfällt die Gesetzlichkeitsfik- 8

5 Art. 247 § 13a wird im Gesetzestext infolge eines Redaktionsversehens nicht genannt.

6 BeckOGK/*Knops,* 15.3.2024, BGB § 491a Rn. 62.

7 Staub/*Renner* Kreditgeschäft Rn. 606; s. zur Diskussion um die Wirksamkeit der Musterwiderrufsbelehrung nach § 14 BGB-InfoV aF, iErg bejahend BGHZ 194, 238 Rn. 10 ff. = NJW 2012, 3298.

8 Vgl. Begr. RegE, BT-Drs. 16/11643, 123.

9 *Wittig/Wittig* ZInsO 2009, 633 (635).

10 Vgl. BGH NJW 2011, 1061 Rn. 19 zu § 14 BGB-InfoV aF.

11 Darauf abhebend → 6. Aufl. 2012, Rn. 14 *(Schürnbrand)*; BuB/*Franke* Rn. 3/430b (bis 136. Lieferung).

12 *Schürnbrand* ZBB 2014, 168 (174); Bülow/Artz/*Artz* BGB § 491a Rn. 14a; iE ebenso Kümpel/Mülbert/Früh/Seyfried BankR/KapMarktR/*Wittig* Rn. 5.80; Ellenberger/Bunte BankR-HdB/*Münscher* § 56 Rn. 123; *Ellenberger*/Nobbe/*Müller-Christmann* BGB § 491a Rn. 49; *Gercke,* Schadensersatz wegen vorvertraglicher Informationspflichtverletzungen beim Verbraucherkredit, 2014, 119.

tion.[13] Ebenso verhält es sich beim Fehlen einer Angabe sowie im Fall ihrer Unvollständigkeit oder Fehlerhaftigkeit. Schädlich sind schließlich auch zusätzliche Hinweise, die in den Text des Musters aufgenommen werden.[14]

§ 3 Inhalt der vorvertraglichen Information bei Allgemein-Verbraucherdarlehensverträgen

(1) Die Unterrichtung vor Vertragsschluss muss folgende Informationen enthalten:
1. den Namen und die Anschrift des Darlehensgebers,
2. die Art des Darlehens,
3. den effektiven Jahreszins,
4. den Nettodarlehensbetrag,
5. den Sollzinssatz,
6. die Vertragslaufzeit,
7. Betrag, Zahl und Fälligkeit der einzelnen Teilzahlungen,
8. den Gesamtbetrag,
9. die Auszahlungsbedingungen,
10. alle sonstigen Kosten, insbesondere in Zusammenhang mit der Auszahlung oder der Verwendung eines Zahlungsinstruments, mit dem sowohl Zahlungsvorgänge als auch Abhebungen getätigt werden können, sowie die Bedingungen, unter denen die Kosten angepasst werden können,
11. den Verzugszinssatz und die Art und Weise seiner etwaigen Anpassung sowie gegebenenfalls anfallende Verzugskosten,
12. einen Warnhinweis zu den Folgen ausbleibender Zahlungen,
13. das Bestehen oder Nichtbestehen eines Widerrufsrechts,
14. das Recht des Darlehensnehmers, das Darlehen vorzeitig zurückzuzahlen,
15. die sich aus § 491a Abs. 2 des Bürgerlichen Gesetzbuchs ergebenden Rechte,
16. die sich aus § 29 Abs. 7 des Bundesdatenschutzgesetzes ergebenden Rechte.

(2) [1]Gesamtbetrag ist die Summe aus Nettodarlehensbetrag und Gesamtkosten. [2]Nettodarlehensbetrag ist der Höchstbetrag, auf den der Darlehensnehmer aufgrund des Darlehensvertrags Anspruch hat. [3]Die Gesamtkosten und der effektive Jahreszins sind nach § 16 der Preisangabenverordnung zu berechnen.

(3) [1]Der Gesamtbetrag und der effektive Jahreszins sind anhand eines repräsentativen Beispiels zu erläutern. [2]Dabei sind sämtliche in die Berechnung des effektiven Jahreszinses einfließenden Annahmen anzugeben und die vom Darlehensnehmer genannten Wünsche zu einzelnen Vertragsbedingungen zu berücksichtigen. [3]Der Darlehensgeber hat darauf hinzuweisen, dass sich der effektive Jahreszins unter Umständen erhöht, wenn der Verbraucherdarlehensvertrag mehrere Auszahlungsmöglichkeiten mit unterschiedlichen Kosten oder Sollzinssätzen vorsieht und die Berechnung des effektiven Jahreszinses auf der Vermutung beruht, dass die für die Art des Darlehens übliche Auszahlungsmöglichkeit vereinbart werde.

(4) [1]Die Angabe zum Sollzinssatz muss die Bedingungen und den Zeitraum für seine Anwendung sowie die Art und Weise seiner Anpassung enthalten. [2]Ist der Sollzinssatz von einem Index oder Referenzzinssatz abhängig, sind diese anzugeben. [3]Sieht der Verbraucherdarlehensvertrag mehrere Sollzinssätze vor, sind die Angaben für alle Sollzinssätze zu erteilen. [4]Sind im Fall des Satzes 3 Teilzahlungen vorgesehen, ist anzugeben, in welcher Reihenfolge die ausstehenden Forderungen des Darlehensgebers, für die unterschiedliche Sollzinssätze gelten, durch die Teilzahlungen getilgt werden.

Übersicht

[13] Vgl. zu § 14 BGB-InfoV aF BGHZ 172, 58 Rn. 12 = NJW 2007, 1946; BGH NJW 2010, 989 Rn. 20; 2011, 1061 Rn. 14; NZG 2012, 427 Rn. 17; NJW 2014, 2022 Rn. 15.

[14] Kümpel/Mülbert/Früh/Seyfried BankR/KapMarktR/*Wittig* Rn. 5.81.

I. Einführung

Abs. 1 benennt die Basisinformationen, die grundsätzlich bei jedem Allgemein-Verbraucherdarlehensvertrag (§ 491 Abs. 2 BGB) und bei entsprechenden entgeltlichen Finanzierungshilfen (§ 506 Abs. 1 BGB; Art. 247 § 12 Abs. 1 S. 1) in die vorvertragliche Information nach § 491a Abs. 1 BGB aufzunehmen sind (zum Einsatz von **Mustern** insoweit → Art. 247 § 2 Rn. 4 ff.). Die Vorschrift setzt Art. 5 Abs. 1 UAbs. 2 RL 2008/48/EG und Art. 6 Abs. 1 UAbs. 2 RL 2008/48/EG um. In den Fällen der Art. 247 §§ 4, 8 Abs. 1, 12 Abs. 1 S. 2 Nr. 1 können weitere Angaben hinzukommen, in den Fällen des Art. 247 § 5 Abs. 1 Erleichterungen eingreifen. Von § 3 abweichende Angabepflichten gelten nach Art. 247 § 10 bei Überziehungsmöglichkeiten iSv § 504 Abs. 2 BGB sowie nach Art. 247 § 11 bei Umschuldungen iSv § 495 Abs. 2 Nr. 1 BGB. Außerdem sind die Angaben nach § 3 Abs. 1 Nr. 1–14 zusätzlich in den Verbraucherdarlehensvertrag selbst aufzunehmen (Art. 247 § 6 Abs. 1 S. 1 Nr. 1). 1

Abs. 2 definiert die für das gesamte Verbraucherkreditrecht zentralen Begriffe des Gesamtbetrags, des Nettodarlehensbetrags, der Gesamtkosten und des effektiven Jahreszinses. Nach **Abs. 3** sind der Gesamtbetrag und der effektive Jahreszins anhand eines repräsentativen Beispiels zu erläutern, damit der Verbraucher seine Gesamtbelastung realistisch einschätzen kann. **Abs. 4** schließlich präzisiert die Angabe des Sollzinssatzes nach Abs. 1 Nr. 5. 2

II. Angaben nach Abs. 1 Nr. 1–16 und Abs. 2

1. Name und Anschrift des Darlehensgebers (Abs. 1 Nr. 1). Nach Abs. 1 Nr. 1 sind der Name (§ 12 BGB) bzw. die Firma (§ 17 HGB)[1] und die Anschrift des Darlehensgebers anzugeben. Geboten ist die Nennung einer **ladungsfähigen Postanschrift,** damit der Darlehensnehmer nicht nur Kontakt aufnehmen, sondern ggf. auch im Klageweg gegen den Darlehensgeber vorgehen kann; ein Postfach oder eine bloße E-Mail-Adresse genügt diesen Anforderungen nicht.[2] Ist bei der Anbahnung des Vertrags ein **Darlehensvermittler** beteiligt, sind nach Art. 247 § 13a Abs. 1 auch dessen Name und Anschrift zu nennen. 3

2. Art des Darlehens (Abs. 1 Nr. 2). Die Vorschrift dient der Umsetzung von Art. 5 Abs. 1 UAbs. 2 lit. a RL 2008/48/EG und Art. 6 Abs. 1 UAbs. 2 lit. a RL 2008/48/EG, wonach die Art des Kredits zu benennen ist. Gemeint ist eine **schlagwortartige Produktumschreibung,** die möglichst knapp, dabei aber aussagekräftig und verständlich ist.[3] Zu unterscheiden ist in jedem Fall zwischen Darlehensverträgen, Zahlungsaufschüben (Teilzahlungsgeschäften) und sonstigen Finanzierungshilfen (Leasingvertrag). Innerhalb der Gruppe der Darlehensverträge liegt im Weiteren die Kennzeichnung 4

1 BeckOGK/*Knops,* 15.3.2024, BGB § 491a Rn. 15.

2 Vgl. Nr. 1 der Europäischen Standardinformationen; Staudinger/*Kessal-Wulf,* 2012, BGB § 491a Rn. 12; Staub/*Renner* Kreditgeschäft Rn. 609; Soergel/*Seifert* BGB § 491a Rn. 16; BeckOGK/*Knops,* 15.3.2024, BGB § 491a Rn. 15; für „Postadresse“ Begr. RegE, BT-Drs. 16/11643, 123; Bülow/Artz/*Artz* BGB § 492 Rn. 77; PWW/*Pöschke* BGB § 491a Rn. 15; gegen Erfordernis einer „ladungsfähigen Anschrift“ OLG Köln BeckRS 2018, 48524 Rn. 13; Ellenberger/Bunte BankR-HdB/*Münscher* § 56 Rn. 126. Für die Widerrufsbelehrung nach altem Recht (1.8.2002 bis 10.6.2010) hat der BGH allerdings die Postfachanschrift genügen lassen: BGH WM 2016, 1930 Rn. 16; dazu *Grüneberg* WM 2017, 1 (8 f.).

3 Zust. Bülow/Artz/*Artz* BGB § 492 Rn. 78.

als Überziehungskredit nahe. Handelt es sich um einen **verbundenen Kreditvertrag** iSv Art. 3 lit. n RL 2008/48/EG (als Umsetzungsvorschrift zu § 358 Abs. 3 S. 1 BGB), so ist die Art des Darlehens nach der Rspr. des **EuGH** auch dadurch gekennzeichnet, so dass diese Tatsache anzugeben ist[4] (was aber richtigerweise auch durch an anderer Stelle, wie zB in der Widerrufsinformation, stehende Angaben zu den §§ 358 ff. BGB geschehen kann[5]). Entsprechendes gilt für den Umstand, dass es sich um einen befristeten Vertrag handelt, was durch Angabe der Vertragslaufzeit hinreichend deutlich wird.[6] Mit Blick auf diese Rspr. und die Begründung zum Regierungsentwurf empfehlen sich schließlich Hinweise auf die nähere Ausgestaltung, etwa als endfälliges Darlehen.[7]

5 **3. Effektiver Jahreszins (Abs. 1 Nr. 3, Abs. 2 S. 3).** Der effektive Jahreszins ist eine **besonders wichtige Informationsquelle** für den Darlehensnehmer. Wie Erwägungsgrund 43 RL 2008/48/EG und Erwägungsgrund 49 RL 2014/17/EU unterstreichen, soll diese Angabe dem Verbraucher nicht nur die jährliche **Gesamtbelastung** aus der Darlehensaufnahme vor Augen führen, sondern es ihm auch ermöglichen, europaweit in einen aussagekräftigen **Preisvergleich** mit den Angeboten anderer Kreditinstitute einzutreten.[8] Der Sollzinssatz (Nominalzins) eignet sich für diese Zwecke nicht, da er angesichts der zahlreichen am Markt anzutreffenden Darlehensformen und der von Kreditinstitut zu Kreditinstitut unterschiedlichen Konditionen keine hinreichende Aussagekraft besitzt, ja sogar die Gefahr einer Irreführung des Verbrauchers begründen kann. Der Effektivzins war denn auch schon nach § 492 Abs. 1 S. 5 Nr. 5 BGB aF im Verbraucherdarlehensvertrag anzugeben. Nunmehr ist er bereits in die vorvertragliche Information aufzunehmen und gemäß Abs. 3 anhand eines repräsentativen Beispiels zu erläutern (→ Rn. 31). Fehlt die Angabe des Effektivzinses im Vertrag selbst, greift § 494 Abs. 1–2 BGB ein; eine zu niedrige Angabe wird durch § 494 Abs. 3 BGB sanktioniert (→ BGB § 494 Rn. 31 ff.).

6 Für alle Einzelheiten verweist Abs. 2 S. 3 auf § 16 PAngV. Danach handelt es sich beim effektiven Jahreszins um die als **jährlicher Prozentsatz** des Nettodarlehensbetrags **ausgedrückten Gesamtkosten** des Kredits.[9] Sowohl die zu berücksichtigenden Kostenfaktoren als auch die Berechnungsformel sind durch Art. 19 RL 2008/48/EG und Art. 17 RL 2014/17/EU abschließend vorgegeben. Ausweislich des Erwägungsgrunds 54 RL 2014/17/EU wurde dabei ein Gleichlauf angestrebt. Die Berechnung hat auf Grundlage der in § 16 Abs. 3, 4 PAngV legaldefinierten Gesamtkosten (→ Rn. 16 ff.) anhand der mathematischen Formel im Anhang zu dieser Vorschrift auf zwei Dezimalstellen nach dem Komma zu erfolgen. Das gilt auch, wenn beide Dezimalstellen „null" betragen.[10] Der effektive Jahreszins ist in allen Fällen ausdrücklich als solcher zu bezeichnen. Zulässig sind leicht verständliche Abkürzungen („eff. Jahreszins").[11]

7 Die Bezeichnung als effektiver Jahreszins ist auch für einen veränderlichen Zinssatz zu verwenden. Die früher gebotene Kennzeichnung als „anfänglicher effektiver Jahreszins" ist entfallen.[12] Bei **veränderlichen Zinssätzen und Kosten** sind gemäß § 16 Abs. 5 PAngV die ursprünglichen Vertragsbedingungen für die gesamte Laufzeit des Kredits zugrunde zu legen, soweit eine zahlenmäßige Bestimmung im Zeitpunkt der Berechnung nicht möglich ist und keine der speziellen Annahmen nach der Anlage zu § 16 PAngV (insbesondere Nr. 2 lit. k) eingreift. Das betrifft alle Verträge mit Zinsanpassungsklauseln, gleich ob sie als Zinsgleit- oder Zinsänderungsklauseln mit einseitigem Anpassungsrecht des Darlehensgebers ausgestaltet sind. Ebenso hat bei der unechten Abschnittsfinanzierung die Effektivzinsberechnung über die gesamte Laufzeit zu erfolgen.[13]

4 Vgl. EuGH NJW 2022, 40 Rn. 65 ff. – Volkswagen Bank zur entsprechenden Vorschrift zum Inhalt des Vertrags (Art. 10 Abs. 2 lit. a Verbraucherkredit-RL).

5 BGH BKR 2024, 372 Rn. 28 ff.; OLG Stuttgart BeckRS 2022, 9208 Rn. 34.

6 Vgl. EuGH NJW 2022, 40 Rn. 65 ff. – Volkswagen Bank zur entsprechenden Vorschrift zum Inhalt des Vertrags (Art. 10 Abs. 2 lit. a Verbraucherkredit-RL); aus dem Schrifttum kritisch Ellenberger/Bunte BankR-HdB/*Münscher* § 56 Rn. 127; vgl. auch schon Begr. RegE, BT-Drs. 16/11643, 123.

7 Dazu und zur Kennzeichnung befristeter Verträge als solche Begr. RegE, BT-Drs. 16/11643, 123; Ellenberger/Bunte BankR-HdB/*Münscher* § 56 Rn. 127; Erman/*Nietsch* BGB § 491a Rn. 11; Staub/*Renner* Kreditgeschäft Rn. 610; Soergel/*Seifert* BGB § 491a Rn. 17; nach Bülow/Artz/*Artz* BGB § 492 Rn. 78 besteht keine Verpflichtung hierzu.

8 EuGH EuZW 2016, 474 Rn. 90 – Radlinger; *Habersack* WM 2006, 353 (355); krit. mit Blick auf verbleibende Unterschiede *Wimmer/Rösler* BKR 2011, 6 (7); zur Bedeutung im Lauterkeitsrecht EuGH NJW 2012, 1781.

9 BeckOGK/*Knops,* 15.3.2024, BGB § 491a Rn. 17.

10 Kümpel/Mülbert/Früh/Seyfried BankR/KapMarktR/*Wittig* Rn. 5.57; *Merz/Rösler* ZIP 2011, 2381 (2387).

11 PWW/*Pöschke* BGB § 491a Rn. 16; Staudinger/*Kessal-Wulf,* 2012, BGB § 491a Rn. 13.

12 Bülow/Artz/*Artz* BGB § 492 Rn. 89; Erman/*Nietsch* BGB § 491a Rn. 12; Grüneberg/*Weidenkaff* Rn. 2; *Köhler* WM 2012, 149; zum früheren Recht → 5. Aufl. 2008, § 492 Rn. 58 *(Schürnbrand).*

13 Näher *Wimmer/Rösler* BKR 2012, 527; zuvor schon *Köhler* WM 2012, 149 (150 f.); *Ady* WM 2010, 1305 (1307 f.); *Wimmer/Rösler* BKR 2011, 6 (8 f.); aus rechtspolitischer Sicht abl. *Rink* VuR 2011, 12 (13).

4. Nettodarlehensbetrag (Abs. 1 Nr. 4, Abs. 2 S. 2). Für den in die vorvertragliche Information aufzunehmenden Nettodarlehensbetrag enthält Abs. 2 S. 2 eine **Legaldefinition** im Sinne des **Höchstbetrags,** auf den der Darlehensnehmer aufgrund des Darlehensvertrags Anspruch hat.[14] Das Verständnis dieser Definition hat sich an dem in Art. 3 lit. l RL 2008/48/EG und Art. 4 Nr. 12 RL 2014/17/EU verwendeten Parallelbegriff des Gesamtkreditbetrags zu orientieren, der wiederum die Obergrenze oder Summe aller Beträge umfasst, die aufgrund des Kreditvertrags zur Verfügung gestellt werden. Bei Einräumung eines Kreditrahmens oder einer Überziehungsmöglichkeit ist deren Höchstgrenze maßgeblich; die früher stattdessen gebotene Angabe der Höchstgrenze des Darlehens geht damit im Begriff des Nettodarlehensbetrags auf.[15] 8

Im Einzelnen werden neben den direkt an den Darlehensnehmer zu leistenden Beträgen zunächst auch solche erfasst, die vereinbarungsgemäß (etwa im Rahmen eines verbundenen Geschäfts) an einen Dritten oder im Rahmen einer Umschuldung an einen anderen Darlehensgeber gezahlt oder aufgerechnet werden sollen. Ein **tatsächlicher Zufluss** beim Darlehensnehmer ist mit anderen Worten **entbehrlich.**[16] Abweichend vom früheren Recht (→ 5. Aufl. 2008, BGB § 492 Rn. 39) ist daher auch der zur internen Umschuldung beim selben Kreditgeber verwendete Betrag zu berücksichtigen. 9

Weil der Darlehensnehmer auf diese einen Anspruch hat, sind im Grundsatz bei der Berechnung des Nettodarlehensbetrags weiterhin solche **mitfinanzierten Einmalkosten** einzubeziehen, die der Darlehensgeber an Dritte abführt.[17] Dass der entsprechende Betrag dem Verbraucher praktisch nicht zur Verfügung steht, ist nicht ausschlaggebend. Jedoch darf ein Posten stets nur entweder beim Nettodarlehensbetrag oder den Gesamtkosten (→ Rn. 16) anzusetzen sein, da beide zusammen nach Abs. 2 S. 1 den Gesamtbetrag bilden.[18] Eine Ausnahme gilt daher für mitfinanzierte Nebenleistungen (namentlich also eine Restschuldversicherung), die Voraussetzung für die Kreditvergabe zu den vorgesehenen Vertragsbedingungen sind. Diese fließen nach Maßgabe des § 16 Abs. 4 Nr. 2 PAngV in die Berechnung der Gesamtkosten ein und dürfen daher nicht zugleich Teil des Nettodarlehensbetrags sein.[19] 10

5. Sollzinssatz (Abs. 1 Nr. 5, Abs. 4). Anzugeben und als solcher zu bezeichnen[20] ist der Sollzinssatz, also der vertraglich vereinbarte Nominalzinssatz. Nach der Definition in § 489 Abs. 5 BGB handelt es sich um den gebundenen oder veränderlichen periodischen Prozentsatz, der pro Jahr[21] auf das in Anspruch genommene Darlehen angewendet wird (→ BGB § 489 Rn. 22 ff.).[22] Ist der Sollzinssatz veränderlich, bedarf es der zusätzlichen Angaben nach Abs. 4, welche den Vorgaben aus Art. 5 Abs. 1 UAbs. 2 lit. f und h RL 2008/48/EG sowie Art. 6 Abs. 1 UAbs. 2 lit. e, Abs. 3 lit. a RL 2008/48/EG Rechnung tragen. Nach Abs. 4 S. 1 und 2 müssen namentlich die Art und Weise seiner Anpassung beschrieben und ein etwaig zugrunde gelegter Index oder Referenzzinssatz (§ 492 Abs. 7 BGB, vgl. auch § 675g Abs. 3 S. 2 BGB) benannt sein. Fehlen diese Angaben im Vertrag selbst, so scheidet nach § 494 Abs. 4 S. 2 BGB eine Anpassung zu Lasten des Darlehensnehmers aus (→ BGB § 494 Rn. 37). Zu beachten sind zudem die Anforderungen des Art. 247 **§ 4 Abs. 3** (→ Art. 247 § 4 Rn. 6). 11

Unberührt von alldem bleiben die materiell-rechtlichen Anforderungen an eine wirksame **Anpassungsklausel.**[23] Der Inhaltskontrolle nach § 307 BGB halten nur Klauseln stand, die zum einen das Äquivalenzverhältnis wahren, mithin eine Bindung des Kreditinstituts an den Umfang des Kostenanstiegs vorsehen und eine Verpflichtung enthalten, Kostenminderungen an die Kunden weiterzugeben, ohne dass das Kreditinstitut insoweit ein Ermessen hat.[24] Zum anderen müssen die Anpassungsvoraussetzungen so präzise formuliert sein, dass der Kunde die Berechtigung der 12

---

14 Vgl. auch BGH NJW 2014, 3713 Rn. 25: Betrag, der dem Darlehensnehmer nach allen Abzügen effektiv verbleibt.

15 Ellenberger/Bunte/*Münscher* § 56 Rn. 137; Staub/*Renner* Kreditgeschäft Rn. 612.

16 Begr. RegE, BT-Drs. 16/11643, 125.

17 Ellenberger/Bunte BankR-HdB/*Münscher* § 56 Rn. 136; Grüneberg/*Weidenkaff* Rn. 4; aA *Ellenberger*/Nobbe/*Müller-Christmann* BGB § 491a Rn. 17.

18 EuGH EuZW 2016, 474 Rn. 85 – Radlinger (mit Blick auf Art. 3 lit. h RL 2008/48/EG).

19 Grüneberg/*Weidenkaff* Rn. 4; Kümpel/Mülbert/Früh/Seyfried BankR/KapMarktR/*Wittig* Rn. 5.92; BuB/*Franke* Rn. 3/507a ff.; Staub/*Renner* Kreditgeschäft Rn. 612; *Merz*/*Rösler* ZIP 2011, 2381 (2387).

20 BeckOGK/*Knops,* 15.3.2024, BGB § 491a Rn. 21.

21 Dieser Bezugspunkt ist verbindlich, s. Bülow/Artz/*Artz* BGB § 492 Rn. 95; Staudinger/*Kessal-Wulf,* 2012, BGB § 492 Rn. 48.

22 BeckOGK/*Chr. A. Weber,* 1.2.2024, BGB § 489 Rn. 21.

23 BeckOGK/*Chr. A. Weber,* 1.2.2024, BGB § 488 Rn. 269 ff.; Staub/*Renner* Kreditgeschäft Rn. 613.

24 BGHZ 180, 257 Rn. 29 ff. = NJW 2009, 2051; *Nobbe* FS Lwowski, 2014, 83 (88 ff.); BeckOGK/*Chr. A. Weber,* 1.2.2024, BGB § 488 Rn. 277, 279.

Zinsanpassung in sachlicher und zeitlicher Hinsicht nachvollziehen kann.[25] Sieht der Verbraucherdarlehensvertrag mehrere Sollzinssätze vor, so ist nach Abs. 4 S. 3, 4 über die Anpassung eines jeden gesondert zu informieren und dabei auch ggf. auf die Reihenfolge der Verrechnung von Teilleistungen einzugehen. Fehlt die Angabe des Sollzinssatzes in der späteren Vertragsurkunde insgesamt, greift § 494 Abs. 1, 2 BGB.

13 **6. Vertragslaufzeit (Abs. 1 Nr. 6).** In Umsetzung von Art. 5 Abs. 1 UAbs. 2 lit. d RL 2008/48/EG ist die Vertragslaufzeit anzugeben. Es genügt, **unbefristete Verträge** als solche zu kennzeichnen.[26] Dies gilt auch für die sog. unechte Abschnittsfinanzierung, bei der die Vertragslaufzeit bei Vertragsschluss noch nicht absehbar ist.[27] Eine vereinbarte Laufzeit kann mit Hilfe eines Enddatums oder der Laufzeitdauer ausgedrückt werden.[28] Fehlt die Angabe im Vertrag selbst, ist der Darlehensnehmer nach § 494 Abs. 6 S. 1 BGB jederzeit zur Kündigung berechtigt (→ BGB § 494 Rn. 38).

14 **7. Betrag, Zahl und Fälligkeit der einzelnen Teilzahlungen (Abs. 1 Nr. 7).** Die Formulierung ist aus § 502 Abs. 1 Nr. 3 BGB aF entnommen. Ebenso wie dort kommt es im Hinblick auf den verfolgten Informationszweck auf die Zahl der Raten nicht an; eine „Teilzahlung" liegt vielmehr auch dann vor, wenn sich der Verbraucher zu einer **einmaligen** Zahlung verpflichtet.[29] Die einzelnen Beträge sind nominal anzugeben,[30] einer Aufschlüsselung nach Zins- und Tilgungsanteilen bedarf es nicht.[31] Bei einem endfälligen Darlehen ist der regelmäßig geschuldete Zins als konkreter Geldbetrag anzugeben.[32] Der Begriff der Fälligkeit ist mit Blick auf die entsprechenden Formulierungen in Art. 5 Abs. 1 UAbs. 2 lit. h RL 2008/48/EG und in den „Europäischen Standardinformationen" im Sinne von **Periodizität** zu verstehen. Es genügt daher, wenn die Zahlungstermine nach dem Kalender bestimmbar sind.[33] Die Angaben können sich auf den Zeitraum einer vereinbarten Zinsbindung beschränken, wenn die Zahl der danach noch zu leistenden Raten bei Vertragsschluss objektiv noch nicht feststeht.[34]

15 **8. Gesamtbetrag (Abs. 1 Nr. 8, Abs. 2 S. 1). a) Grundlagen.** Der Gesamtbetrag ist nach der Legaldefinition in Abs. 2 S. 1 die **Summe aus Nettodarlehensbetrag und Gesamtkosten.** Diese Angabe soll dem Verbraucher seine gesamte finanzielle Belastung, die er bei regulärem Vertragsverlauf aus der Kreditaufnahme zu tragen hat, in einer Zahl und damit auf einen Blick vor Augen führen.[35] Der Schutzzweck der Angabepflicht wird daher selbst dann verfehlt, wenn sich der Gesamtbetrag durch einfache Addition zweier Beträge ermitteln lässt.[36] Zusätzlich ist der Gesamtbetrag gemäß Abs. 3 S. 1 anhand eines repräsentativen Beispiels zu erläutern (→ Rn. 31). Im Hinblick auf Teilzahlungsgeschäfte entspricht der Begriff des Gesamtbetrags dem des **Teilzahlungspreises** iSv § 502 Abs. 1 Nr. 2 BGB aF, auf dessen gesonderte Fortführung der Gesetzgeber daher verzichtet hat.[37] Fehlt die Angabe des Gesamtbetrags im Vertrag selbst, greift als Sanktion § 494 Abs. 1, 2 BGB ein.

16 **b) Gesamtkosten.** In die Berechnung des Gesamtbetrags fließen neben dem Nettodarlehensbetrag (→ Rn. 8 ff.) die Gesamtkosten ein. In Umsetzung von Art. 3 lit. g RL 2008/48/EG (für Immobiliar-Verbraucherdarlehen: Art. 4 Nr. 13 RL 2014/17/EU) sind hierfür gemäß Abs. 2 S. 3 iVm § 16 Abs. 3 PAngV (zum Redaktionsversehen bzgl. des Verweises → Rn. 6) neben den Zinsen auch alle **sonstigen Kosten** einschließlich etwaiger Vermittlungskosten (§ 16 Abs. 3 S. 2 Nr. 1 PAngV) zu berücksichtigen, die der Verbraucher im Zusammenhang mit dem Verbraucherdarlehensvertrag zu entrichten hat und die dem Darlehensgeber bekannt sind, sofern diese nicht in der

---

25 BeckOGK/*Chr. A. Weber,* 1.2.2024, BGB § 488 Rn. 278.

26 OLG Frankfurt BeckRS 2018, 43183 Rn. 26; Begr. RegE, BT-Drs. 16/11643, 124; Bülow/Artz/*Artz* BGB § 492 Rn. 97; *Hölldampf* WM 2017, 114 (117); BeckOGK/*Knops,* 15.3.2024, BGB § 491a Rn. 22; Erman/*Nietsch* BGB § 491a Rn. 23; Grüneberg/*Weidenkaff* Rn. 2.

27 *Hölldampf* WM 2017, 114 (117); aA OLG Karlsruhe ZIP 2023, 1982 (1984 f.).

28 Kümpel/Mülbert/Früh/Seyfried BankR/KapMarktR/*Wittig* Rn. 5.96; Ellenberger/Bunte BankR-HdB/*Münscher* § 56 Rn. 136; *Ellenberger*/Nobbe/*Müller-Christmann* BGB § 491a Rn. 19.

29 → 5. Aufl. 2008, BGB § 502 Rn. 9 *(Schürnbrand);* BeckOGK/*Gerlach*/*Kuhle*/*Scharm* Rn. 18; Bülow/Artz/*Bülow* BGB § 506 Rn. 100; aA *Merz*/*Rösler* ZIP 2011, 2381 (2388).

30 Zust. Staub/*Renner* Kreditgeschäft Rn. 615.

31 Vgl. EuGH BeckRS 2019, 20137 Rn. 40 ff. zur vorvertraglichen Information.

32 OLG Saarbrücken BeckRS 2021, 10857 Rn. 40 ff.

33 Begr. RegE, BT-Drs. 16/11643, 124; Bülow/Artz/*Artz* BGB § 492 Rn. 99; Erman/*Nietsch* BGB § 491a Rn. 24; *Ellenberger*/Nobbe/*Müller-Christmann* BGB § 491a Rn. 20; Staudinger/*Kessal-Wulf,* 2012, BGB § 491a Rn. 17.

34 OLG Frankfurt BeckRS 2018, 45558 Rn. 16 f.

35 Vgl. BeckOGK/*Knops,* 15.3.2024, BGB § 491a Rn. 24.

36 Vgl. zum früheren Recht BGHZ 167, 252 Rn. 29 = NJW 2006, 1788; BGH WM 2006, 1243 (1246).

37 Begr. RegE, BT-Drs. 16/11643, 125.

Negativauflistung des § 16 Abs. 4 PAngV aufgeführt sind. Der Begriff ist weit definiert, um dem mit der Regelung verfolgten Ziel der Transparenz Rechnung zu tragen.[38] Nach § 16 Abs. 3 S. 2 PAngV gehören zu den sonstigen Kosten zum einen die Kosten für ein spezifisches Konto, wenn seine Eröffnung oder Führung Voraussetzung dafür ist, dass das Verbraucherdarlehen überhaupt oder nach den vorgesehenen Vertragsbedingungen gewährt wird (§ 16 Abs. 3 S. 2 Nr. 2 PAngV).[39] Zum anderen sind auch die Kosten für eine Immobilienbewertung zu berücksichtigen, sofern eine solche Bewertung für die Gewährung des Verbraucherdarlehens erforderlich ist (§ 16 Abs. 3 S. 2 Nr. 3 PAngV).

Die Regelung zielt als formelles Preisrecht darauf ab, alle tatsächlich preisbestimmenden Faktoren zu erfassen. Ob der Darlehensgeber die Kosten **berechtigt oder unberechtigt** verlangt, ist daher ohne Belang.[40] Auch ist das Erfordernis des Zusammenhangs mit dem Kreditvertrag weit auszulegen; namentlich kommt es nicht zwingend darauf an, dass der Kreditvertrag den Rechtsgrund der Zahlungspflicht bildet.[41] Sofern nur eine kausale Verbindung mit dem Kreditvertrag besteht, können daher neben Bearbeitungsgebühren, Provisionen oder einem Disagio auch die Kosten einer Versicherung zu berücksichtigen sein. Sind **Kostenfaktoren veränderlich** und lassen sich die Kosten im Zeitpunkt des Vertragsschlusses nicht zahlenmäßig bestimmen, so sind gemäß § 16 Abs. 5 PAngV grundsätzlich die anfänglichen Vertragsbedingungen für die gesamte Laufzeit zugrunde zu legen (→ Rn. 7). 17

Weiterhin ist eine **Kenntnis des Darlehensgebers** von den Kosten erforderlich. Dieses Merkmal ist im Lichte des Erwägungsgrundes 20 RL 2008/48/EG auszulegen. Demnach soll die Kenntnis objektiv beurteilt werden, wobei die Anforderungen an die berufliche Sorgfalt zu berücksichtigen sind. Mit anderen Worten genügt ein Kennenmüssen des Darlehensgebers.[42] Im Gegenzug bleiben solche Kosten unberücksichtigt, die dem Darlehensgeber nur aufgrund besonderer Umstände bekannt geworden sind.[43] Bei alldem ist in Rechnung zu stellen, dass über die Vermittlungskosten der Vermittler den Darlehensgeber nach Art. 247 § 13 Abs. 3 aufzuklären hat (→ Art. 247 § 13 Rn. 20). 18

Nicht zu berücksichtigen sind solche Kosten, die **im Negativkatalog des § 16 Abs. 4 PAngV** aufgeführt sind. Betroffen sind zunächst solche Beträge, die anfallen, weil der Verbraucher den Vertrag nicht ordnungsgemäß erfüllt (§ 16 Abs. 4 Nr. 1 PAngV). Die Kosten für Zusatzleistungen und damit insbesondere für eine **Restschuldversicherung** sind nur anzusetzen, sofern die Zusatzleistung **obligatorisch** ist (§ 16 Abs. 4 Nr. 2 PAngV).[44] Abweichend vom früheren Recht reicht es jedoch aus, dass der Abschluss der Versicherung Voraussetzung für eine Kreditvergabe zu den vorgesehenen Konditionen ist (zur Beweislast → Rn. 20). Nach der Rspr. des BGH zum früheren Recht nicht zu berücksichtigen sind Prämien für eine **Kapitallebensversicherung,** die der Tilgung eines endfälligen Darlehens dienen sollen und daher, obschon sie einen Risikoanteil enthalten, im Wesentlichen Zahlungsvorgänge im Rahmen eines Ansparvorgangs darstellen.[45] Da nunmehr nach § 2 Abs. 1 Nr. 1 VVG-InfoV die Kosten gesondert auszuweisen sind, sprechen die besseren Gründe dafür, diese bei der Berechnung der Gesamtkosten einzubeziehen.[46] Nicht in die Berechnung einzubeziehen sind weiterhin diejenigen Kosten mit Ausnahme des Kaufpreises, die vom Verbraucher beim Erwerb von Waren oder Dienstleistungen **unabhängig davon** zu tragen sind, ob es sich um ein Bar- oder Verbraucherdarlehensgeschäft handelt (§ 16 Abs. 4 Nr. 3 PAngV). Unberücksichtigt bleiben schließlich auch bestimmte **Grundbuchkosten** (§ 16 Abs. 4 Nr. 4 PAngV) sowie **Notarkosten**[47] (§ 16 Abs. 4 Nr. 5 PAngV). 19

---

38 So EuGH WM 2016, 14 Rn. 47 f. zu Art. 3 lit. g RL 2008/48/EG; BeckOGK/*Knops,* 15.3.2024, BGB § 491a Rn. 24.

39 Ausweislich Begr. RegE, BT-Drs. 18/5922, 132 soll damit § 6 Abs. 3 Nr. 3 PAngV aF inhaltlich unverändert fortgeführt werden.

40 BGHZ 187, 360 Rn. 39 = NJW 2011, 1801; BGHZ 190, 66 Rn. 35 = NJW 2011, 2640; BGHZ 201, 168 Rn. 36 ff. = NJW 2014, 2420.

41 Begr. RegE, BT-Drs. 16/11643, 141; *Wittig/Wittig* ZInsO 2009, 633 (636); BuB/*Franke* Rn. 3/503a; Erman/*Nietsch* BGB § 491a Rn. 14.

42 Vgl. *B. Koch* ÖBA 2009, 98 (101); Schwintowski/*Samhat* BankR Kap. 15 Rn. 219; aA *Josten* KreditvertragsR Rn. 557.

43 Begr. RegE, BT-Drs. 16/11643, 141; *Wittig/Wittig* ZInsO 2009, 633 (636); zurückhaltend *Ellenberger*/Nobbe/*Müller-Christmann* BGB § 491a Rn. 14.

44 Vgl. BGH WM 2012, 30 Rn. 28.

45 Vgl. BGH 162, 20 (24 ff.) = NJW 2005, 985; *Habersack* WM 2006, 353 (354 f.); aA LG Frankfurt a.M. VuR 2004, 454; *Beining* VuR 2006, 407 (409 f.); *Reifner* WM 2005, 1825.

46 IE ebenso *Ellenberger*/Nobbe/*Müller-Christmann* BGB § 491a Rn. 16; vgl. auch Bülow/Artz/*Artz* BGB § 492 Rn. 110; an der bisherigen Einordnung festhaltend dagegen PWW/*Pöschke* BGB § 491a Rn. 17; Staudinger/*Kessal-Wulf,* 2012, BGB § 491a Rn. 14.

47 OLG Stuttgart BeckRS 2018, 35407 Rn. 31.

20 Für das Vorliegen der tatbestandlichen Voraussetzungen eines Ausnahmetatbestands des § 16 Abs. 4 PAngV trägt jeweils derjenige die **Beweislast,** der sich darauf im Prozess beruft. Die Kosten einer Restschuldversicherung bleiben daher nur dann unberücksichtigt, wenn der Darlehensgeber den Nachweis führen kann, dass der Abschluss fakultativ ist. In der Gesetzesbegründung wird dies mit der Erwägung gerechtfertigt, bei der gebotenen risikoadäquaten Kreditvergabe sei ein Konnex zwischen den Vertragsbedingungen und dem Abschluss einer Restschuldversicherung zu vermuten.[48] Diese betriebswirtschaftlich an sich naheliegende Überlegung scheint teilweise nicht der Praxis zu entsprechen; jedenfalls haben bislang zahlreiche Kreditinstitute eine Restschuldversicherung nicht in das Kreditscoring einfließen lassen. Ungeachtet dessen ist die Wertung des Gesetzes zu beachten.

21 **9. Auszahlungsbedingungen (Abs. 1 Nr. 9).** In Umsetzung von Art. 5 Abs. 1 UAbs. 2 lit. c RL 2008/48/EG sind die Auszahlungsbedingungen anzugeben. Das schließt ggf. insbesondere den Hinweis darauf ein, dass die Valuta nicht an den Darlehensnehmer selbst, sondern vereinbarungsgemäß an einen Dritten ausgezahlt werde.[49]

22 **10. Sonstige Kosten (Abs. 1 Nr. 10).** In Abgrenzung zu Abs. 1 Nr. 11 sind unter den sonstigen Kosten nur diejenigen zu verstehen, die im Zusammenhang mit dem Vertrag bei **ordnungsgemäßer Abwicklung** anfallen.[50] Ohne Belang ist, ob dies vor Abschluss des Vertrags oder bei dessen Durchführung geschieht.[51] Mit Blick auf Art. 5 Abs. 1 UAbs. 2 lit. i RL 2008/48/EG werden aber nur „Entgelte aufgrund des Kreditvertrags" erfasst; Kosten aus einem separaten Vertrag sind mit anderen Worten bei Abs. 1 Nr. 10 nicht anzugeben (etwa: Kosten der Fahrzeugversicherung bei Finanzierung des Erwerbs eines Kraftfahrzeugs;[52] vom Darlehensnehmer aufgrund des Vermittlungsvertrags direkt an den Vermittler zu zahlende Vergütung, s. dazu Art. 247 § 13 Abs. 2 Nr. 1).[53] Ebenfalls nicht anzugeben sind die in Art. 247 § 4 Abs. 1 Nr. 1 gesondert angesprochenen Notarkosten im Rahmen der Bestellung dinglicher Sicherheiten.[54] Lediglich beispielhaft werden die Kosten der Auszahlung und der Verwendung eines Zahlungsinstruments iSd § 1 Abs. 20 ZAG genannt.

23 Eine Einschränkung nach dem Vorbild des § 16 Abs. 3 S. 2 Nr. 2 PAngV und § 16 Abs. 4 Nr. 2 PAngV, der zufolge nicht obligatorische Komponenten unberücksichtigt zu bleiben haben, findet sich zwar im Wortlaut nicht. Jedoch haben nach der Vorgabe des Art. 5 Abs. 1 UAbs. 2 lit. i RL 2008/48/EG Entgelte für ein fakultatives Konto außen vor zu bleiben. Diese Wertung verallgemeinernd sind insgesamt solche Kosten nicht zu berücksichtigen, die nicht in die **Effektivzinsberechnung** einfließen.[55] Da sich eine von der Einbeziehung bei der Effektivzinsberechnung losgelöste allgemeine Angabepflicht für Versicherungen nach dem Vorbild des § 492 Abs. 1 S. 5 Nr. 6 aF im geltenden Recht nicht mehr findet, sind demnach nur die Kosten einer obligatorischen Restschuldversicherung auszuweisen (→ Rn. 19).

24 Erfasst werden ua Kreditgebühren, Forward-Gebühren, Cap-Gebühren, Antragsgebühren, Auskunftsgebühren, Schätzgebühren, Bearbeitungsgebühren, Inkassokosten für den Einzug der Monatsraten, ein laufzeitunabhängiges Disagio sowie Vermittlungskosten. Anders verhält es sich, wenn die Vermittlungskosten vom Darlehensgeber beglichen werden, und zwar selbst dann, wenn sie als Rechnungsposten in die Kalkulation des Sollzinses einfließen und dadurch mittelbar vom Darlehensnehmer getragen werden (sog. **verstecktes packing**); diese in den Sollzins einfließenden Kosten sind nicht nach Nr. 10 offenzulegen.[56] Allerdings trifft den Vermittler insoweit eine vorvertragliche Informationspflicht (Art. 247 § 13 Abs. 2 S. 1 Nr. 2, → Art. 247 § 13 Rn. 11).[57] Eine getrennte

---

[48] Begr. RegE, BT-Drs. 16/11643, 141; s. daneben *Ady/Paetz* WM 2009, 1061 (1068); *Wimmer/Rösler* BKR 2011, 6 (7); *Ellenberger*/Nobbe/*Müller-Christmann* BGB § 491a Rn. 16; krit. *Geßner,* Die rechtlichen Grenzen restschuldversicherter Verbraucherdarlehensverträge, 2011, 226 ff.; aus rechtspolitischer Sicht krit. *Rink* VuR 2011, 12; zu den Beweisschwierigkeiten nach früherem Recht OLG Oldenburg BKR 2009, 115 (118); *Knops* VuR 2006, 1455 (1456 f.).

[49] Begr. RegE, BT-Drs. 16/11643, 124 zu § 6 Abs. 3 Nr. 4 PAngV aF; Kümpel/Mülbert/Früh/Seyfried BankR/KapMarktR/*Wittig* Rn. 5.100; Erman/*Nietsch* BGB § 491a Rn. 27; Staudinger/*Kessal-Wulf,* 2012, BGB § 491a Rn. 17; PWW/*Pöschke* BGB § 491a Rn. 20.

[50] So auch BeckOGK/*Knops,* 15.3.2024, BGB § 491a Rn. 27.

[51] Begr. RegE, BT-Drs. 16/11643, 124; Erman/*Nietsch* BGB § 491a Rn. 28; PWW/*Pöschke* BGB § 491a Rn. 21; Ellenberger/Bunte BankR-HdB/*Münscher* § 56 Rn. 146.

[52] OLG Stuttgart BeckRS 2019, 11068 Rn. 27; Erman/*Nietsch* BGB § 491a Rn. 28.

[53] So Begr. RegE, BT-Drs. 16/11643, 124; Grüneberg/*Weidenkaff* Rn. 2; Ellenberger/Bunte BankR-HdB/*Münscher* § 56 Rn. 146.

[54] BGH BKR 2020, 252 Rn. 2 f.

[55] AA Bülow/Artz/*Artz* BGB § 492 Rn. 119; BeckOGK/*Knops,* 15.3.2024, BGB § 491a Rn. 27.

[56] BGH NJW-RR 2020, 116 Rn. 3 ff.; Ellenberger/Bunte BankR-HdB/*Münscher* § 56 Rn. 146; abw. noch diese Kommentierung bis zur → 8. Aufl. 2020, EGBGB Art. 247 § 3 Rn. 24 mwN.

[57] BGH NJW-RR 2020, 116 Rn. 16.

Ausweisung der einzelnen Posten nach Nr. 10 ist nach Auffassung des Gesetzgebers nicht geboten.[58] Eine Aufschlüsselung ist jedoch jedenfalls insofern unentbehrlich, als die Kosten veränderlich sind und die **Bedingungen der Anpassung** für jede Kostenart gesondert anzugeben sind.[59] Im Übrigen legen die „Europäischen Standardinformationen" nahe, dass auch ansonsten so zu verfahren ist.

11. Verzugszinsen (Abs. 1 Nr. 11). Als Verzugszinssatz ist aus Gründen der Transparenz die zum Zeitpunkt der Erstellung maßgebliche **absolute Zahl** zu nennen, der allgemeine Hinweis auf die nach § 497 Abs. 1 S. 1 BGB einschlägige Formel „5 Prozentpunkte über dem Basiszins" genügt nicht.[60] Erfolgt im Vertragstext im Rahmen des Art. 247 § 6 Abs. 1 Nr. 1 iVm Abs. 1 Nr. 11 gleichwohl nur dieser allgemeine Hinweis, steht das dem **Beginn der Widerrufsfrist** nach § 356b Abs. 2 S. 1 BGB aber regelmäßig nicht entgegen.[61] Auf den Mechanismus der Anpassung des Verzugszinses ist unter dem Gesichtspunkt „Art und Weise seiner Anpassung" einzugehen. Insoweit verlangt der EuGH aufgrund von Art. 10 Abs. 2 lit. l RL 2008/48/EG eine leicht verständliche Darstellung der Berechnungsmethode, die den Verbraucher in den Stand versetzt, den jeweils maßgeblichen Verzugszins anhand der Angaben im Vertragstext selbst zu errechnen, sowie die Angabe der Zeitpunkte, zu denen die Neuberechnung zu erfolgen hat.[62] Angesichts dessen wird man jedenfalls die Angaben verlangen müssen, dass der Basiszins jeweils zum 1. Januar und zum 1. Juli eines Jahres bestimmt und von der Deutschen Bundesbank im Bundesanzeiger bekanntgemacht wird.[63] Dass nach § 497 Abs. 1 S. 2 BGB im Einzelfall der Nachweis eines höheren oder niedrigeren Schadens möglich bleibt, muss hingegen nicht gesondert erwähnt werden. **Außerhalb des Anwendungsbereichs der Verbraucherkredit-RL** verlangt der BGH entgegen der hier vertretenen Ansicht nach wie vor nicht die Angabe des Verzugszinssatzes als absolute Zahl.[64] Die Bedeutung dieser Abweichung von den og Grundsätzen wird jedoch dadurch relativiert, dass Abs. 1 Nr. 11 nicht zu den in Art. 247 § 6 Abs. 1 S. 2 in Bezug genommenen Vorschriften gehört und daher auf Immobiliar-Verbraucherdarlehensverträge keine Anwendung findet.[65] In einer im Vertragstext enthaltene Angabe, während der Vertragslaufzeit würden keine Verzugszinsen berechnet, kann ein Anspruchsverzicht liegen mit der Folge, dass weitergehende Angaben zu den Verzugszinsen entbehrlich sind.[66] 25

12. Warnhinweis zu den Folgen ausbleibender Zahlungen (Abs. 1 Nr. 12). Die „Europäischen Standardinformationen" geben insofern die Formulierung vor, dass „ausbleibende Zahlungen schwerwiegende Folgen (zB Zwangsverkauf) haben und die Erlangung eines Kredits erschweren". Daher ist eine Anpassung an die Umstände des Einzelfalls sowie eine Warnung vor anderen, objektiv mindestens ebenso gewichtigen Folgen (vor allem einer außerordentlichen Kündigung) nicht erforderlich.[67] Dabei hat es zu bewenden, obwohl die Schutzwirkung eines derart pauschalen Hinweises gering ist. 26

13. Bestehen eines Widerrufsrechts (Abs. 1 Nr. 13). Es ist nur mitzuteilen, ob überhaupt ein Widerrufsrecht von 14 Kalendertagen besteht (vgl. die Formulierung in den „Europäischen Standardinformationen"); Einzelheiten über seine Ausübung bleiben gemäß Art. 247 § 6 Abs. 2 der vertraglichen Information vorbehalten.[68] 27

14. Recht zur vorzeitigen Rückzahlung (Abs. 1 Nr. 14). In Umsetzung von Art. 5 Abs. 1 UAbs. 2 lit. p RL 2008/48/EG ist der Verbraucher über das in § 500 Abs. 2 S. 1 BGB verankerte 28

---

58 Vgl. Begr. RegE, BT-Drs. 16/11643, 124; ebenso Grüneberg/*Weidenkaff* Rn. 2.

59 Staub/*Renner* Kreditgeschäft Rn. 619.

60 BGH NJW 2022, 1890 Rn. 11 f. in Anpassung an EuGH NJW 2022, 40 Rn. 81 ff. – Volkswagen Bank; so schon → 8. Aufl. 2020, EGBGB Art. 247 § 3 Rn. 25; zust. Bülow/Artz/*Artz* § 492 Rn. 128; Staub/*Renner* Kreditgeschäft Rn. 619; *Kiehnle* jurisPR-BKR 11/2022 Anm. 1; aA zunächst BGHZ 224, 1 Rn. 52 = NJW 2020, 461; Nobbe/*Müller-Christmann,* 3. Aufl., Rn. 16; Kümpel/Mülbert/Früh/Seyfried BankR/KapMarktR/*Wittig* Rn. 5.104; Soergel/*Seifert* Rn. 29.

61 BGH BKR 2024, 372 Rn. 32 ff.; *Grüneberg* NJW 2024, 993 Rn. 17.

62 EuGH NJW 2022, 40 Rn. 94 f. – Volkswagen Bank.

63 Vgl. EuGH NJW 2022, 40 Rn. 83 ff. – Volkswagen Bank.

64 StRspr, s. etwa BGH NJW 2023, 910 Rn. 26; BeckRS 2023, 12816 Rn. 16; NJW 2022, 1890 Rn. 12; vor dem Volkswagen Bank-Urteil des EuGH BGHZ 224, 1 Rn. 52 = NJW 2020, 461; *Stark* NJW 2022, 1892; aA bereits → 8. Aufl. 2020, EGBGB Art. 247 § 3 Rn. 25.

65 *Stark* NJW 2022, 1892.

66 OLG Frankfurt NJW-RR 2022, 59 Rn. 5 ff.

67 Grüneberg/*Weidenkaff* Rn. 2; Kümpel/Mülbert/Früh/Seyfried BankR/KapMarktR/*Wittig* Rn. 5.105; Langenbucher/Bliesener/Spindler/*Roth* Rn. 8; zu Recht weisen jedoch *Wittig/Wittig* ZInsO 2009, 633 (637) darauf hin, dass eine Anpassung an die Besonderheiten des Darlehens sinnvoll ist.

68 So auch BeckOGK/*Knops,* 15.3.2024, BGB § 491a Rn. 30.

Recht zur vorzeitigen Erfüllung des Darlehensvertrags zu informieren. Zur Information über eine etwa verlangte Vorfälligkeitsentschädigung s. Art. 247 § 4 Abs. 1 Nr. 3 (→ Art. 247 § 4 Rn. 3).

29 **15. Recht auf einen Vertragsentwurf (Abs. 1 Nr. 15).** In Umsetzung von Art. 5 Abs. 1 UAbs. 2 lit. r RL 2008/48/EG ist dem Verbraucher mitzuteilen, dass er einen Entwurf des Verbraucherdarlehensvertrags verlangen kann, außer wenn der Darlehensgeber zum Vertragsschluss nicht bereit ist.

30 **16. Datenbankabfrage (Abs. 1 Nr. 16).** Der Verbraucher ist auf seine Rechte aus § 30 Abs. 2 BDSG (bis 24.5.2018: § 29 Abs. 7 BDSG 2003) hinzuweisen; dies betrifft die Information über das Ergebnis einer Datenbankanfrage im Falle der Kreditverweigerung (vgl. Art. 5 Abs. 1 UAbs. 2 lit. q RL 2008/48/EG). Die Formulierung hat sich am Gesetzestext bzw. an der gleichsinnigen Vorgabe in den „Europäischen Standardinformationen" zu orientieren.

III. Erläuterung anhand eines repräsentativen Beispiels (Abs. 3)

31 In Umsetzung von Art. 5 Abs. 1 UAbs. 2 lit. g RL 2008/48/EG sind die Pflichtangaben über den effektiven Jahreszins (Abs. 1 Nr. 3) und den Gesamtbetrag (Abs. 1 Nr. 8) gemäß Abs. 3 S. 1 anhand eines repräsentativen Beispiels zu erläutern. Dadurch soll dem Darlehensnehmer eine **realistische Einschätzung** der ihn treffenden Belastung ermöglicht und die **Preistransparenz** weiter verbessert werden. Dabei sind nach Abs. 3 S. 2 die vom Darlehensnehmer genannten Wünsche zu den einzelnen Vertragsbedingungen zu berücksichtigen, und zwar, so ist hinzuzufügen, vollständig und richtig. Wegen dieses persönlichen Zuschnitts wird das in die vorvertragliche Information aufzunehmende Beispiel regelmäßig nicht mit dem aus der Werbung (§ 17 Abs. 4 PAngV) identisch sein können.[69]

32 Noch nicht zu berücksichtigen ist hingegen das individuelle Kreditrisiko des speziellen Darlehensnehmers; vielmehr genügt es, im Hinblick auf ein künftiges ungewisses Verhalten des Darlehensnehmers von einem Ergebnis auszugehen, das bei dem Darlehensgeber in vielen Fällen tatsächlich oder jedenfalls durchschnittlich eintritt.[70] Sofern bei neuen Kreditprodukten Erfahrungswerte fehlen, hat eine Prognose zu erfolgen. Schließlich hat der Darlehensgeber nach Abs. 3 S. 3 darauf hinzuweisen, dass sich der effektive Jahreszins unter Umständen erhöht, wenn der Vertrag mehrere Auszahlungsmöglichkeiten mit unterschiedlichen Kosten oder Sollzinssätzen vorsieht und die Berechnung darauf beruht, dass die für die Art des Darlehens übliche Auszahlungsmöglichkeit vereinbart wird.

IV. Sollzinssatz (Abs. 4) – Weiterverweis

33 Vgl. die Ausführungen zu Abs. 1 Nr. 5 (→ Rn. 11 f.).

§ 4 Weitere Angaben bei der vorvertraglichen Information bei Allgemein-Verbraucherdarlehensverträgen

(1) Die Unterrichtung muss bei Allgemein-Verbraucherdarlehensverträgen folgende Angaben enthalten, soweit sie für den in Betracht kommenden Vertragsabschluss erheblich sind:

1. einen Hinweis, dass der Darlehensnehmer infolge des Vertragsabschlusses Notarkosten zu tragen hat,
2. Sicherheiten, die der Darlehensgeber verlangt,
3. den Anspruch auf Vorfälligkeitsentschädigung und dessen Berechnungsmethode, soweit der Darlehensgeber diesen Anspruch geltend macht, falls der Darlehensnehmer das Darlehen vorzeitig zurückzahlt,
4. gegebenenfalls den Zeitraum, für den sich der Darlehensgeber an die übermittelten Informationen bindet.

(2) Weitere Hinweise des Darlehensgebers müssen räumlich getrennt von den Angaben nach Absatz 1 und nach den §§ 3 und 8 bis 13a übermittelt werden.

(3) Wird in einem Allgemein-Verbraucherdarlehensvertrag auf einen Referenzwert im Sinne des Artikels 3 Absatz 1 Nummer 3 der Verordnung (EU) 2016/1011 des Europä-

[69] Begr. RegE, BT-Drs. 16/11643, 125; Bülow/Artz/*Artz* BGB § 491a Rn. 19; Staub/*Renner* Kreditgeschäft Rn. 625; *Gercke,* Schadensersatz wegen vorvertraglicher Informationspflichtverletzungen beim Verbraucherkredit, 2014, 122; vgl. zu § 6a PAngV aF *Domke/Sperlich* BB 2010, 2069.

[70] Begr. RegE, BT-Drs. 16/11643, 125; *Wittig/Wittig* ZInsO 2009, 633 (637); *Zahn,* Überschuldungsprävention durch verantwortliche Kreditvergabe, 2011, 195.

ischen Parlaments und des Rates vom 8. Juni 2016 über Indizes, die bei Finanzinstrumenten und Finanzkontrakten als Referenzwert oder zur Messung der Wertentwicklung eines Investmentfonds verwendet werden, und zur Änderung der Richtlinien 2008/48/EG und 2014/17/EU sowie der Verordnung (EU) Nr. 596/2014 (ABl. L 171 vom 29.6.2016, S. 1) Bezug genommen, teilt der Darlehensgeber dem Darlehensnehmer in einem gesonderten Dokument, das dem Formular „Europäische Standardinformationen für Verbraucherkredite" beigefügt werden kann, die Bezeichnung des Referenzwerts und den Namen des Administrators sowie die möglichen Auswirkungen auf den Darlehensnehmer mit.

I. Einführung

Beim Abschluss eines Allgemein-Verbraucherdarlehensvertrags (§ 491 Abs. 2 BGB) muss die vorvertragliche Information die in Art. 247 § 3 benannten Basisinformationen beinhalten. In **Abs. 1 Nr. 1–4** finden sich **weitere Angaben,** die aufgenommen werden müssen, falls sie für den ins Auge gefassten Vertragsabschluss relevant sind. **Abs. 2** statuiert ein **Gebot der räumlichen Trennung** der Pflichtangaben nach Abs. 1 sowie nach Art. 247 §§ 3, 8–13a von weiteren Hinweisen, welche der Darlehensgeber freiwillig erteilt. Der zum 1.7.2018 in Kraft getretene **dritte Absatz** verlangt Angaben zu einem **Referenzwert** iSd Art. 3 Abs. 1 Nr. 3 VO (EU) 2016/1011, auf den der Allgemein-Verbraucherdarlehensvertrag (ggf.) Bezug nimmt. **1**

II. Pflichtangaben nach Abs. 1

Was die Pflichtangaben nach Abs. 1 angeht, so ist nach Nr. 1 darauf hinzuweisen, dass der Verbraucher die **Notarkosten** zu tragen hat (vgl. Art. 5 Abs. 1 UAbs. 2 lit. j RL 2008/48/EG; zur Nichtberücksichtigung bei der Effektivzinsberechnung → Art. 247 § 3 Rn. 19). Eine genaue Bezifferung ist regelmäßig noch nicht möglich und daher auch nicht vorgeschrieben.[1] Weiterhin sind gemäß Abs. 1 Nr. 2 die **Sicherheiten** anzugeben, welche der Darlehensgeber verlangt (Abs. 1 Nr. 2, vgl. dazu Art. 5 Abs. 1 UAbs. 2 lit. n RL 2008/48/EG). Der Begriff ist weit zu verstehen und umfasst alle zusätzlichen Ansprüche und Rechte, die sich der Darlehensgeber für den Fall einer Leistungsstörung gewähren lassen will (→ Art. 247 § 7 Rn. 2).[2] **2**

Sofern der Darlehensgeber im Falle einer vorzeitigen Rückzahlung des Darlehens eine **Vorfälligkeitsentschädigung** iSv § 502 BGB geltend machen will, hat er – in Ergänzung zu Art. 247 § 3 Abs. 1 Nr. 14 (→ Art. 247 § 3 Rn. 28) – gemäß Abs. 1 Nr. 3 diesen Umstand und die Berechnungsmethode anzugeben (vgl. Art. 5 Abs. 1 UAbs. 2 lit. p RL 2008/48/EG; zu den Anforderungen an die Darstellung der Berechnungsmethode → Art. 247 § 7 Rn. 3). An die in der vorvertraglichen Information mitgeteilten **Konditionen** ist der Darlehensgeber nur dann **gebunden,** wenn er sich gegenüber dem Darlehensnehmer entsprechend verpflichtet. In diesem Fall ist gemäß Abs. 1 Nr. 4 der entsprechende Zeitraum zu benennen (vgl. Art. 5 Abs. 1 UAbs. 2 lit. s RL 2008/48/EG). Mit der RL 2008/48/EG ist dieser Ansatz vereinbar, weil es nach Erwägungsgrund 25 RL 2008/48/EG den Mitgliedstaaten überlassen bleibt, die Frage eines möglicherweise verbindlichen Charakters zu regeln. **3**

III. Räumliche Trennung von freiwilligen Hinweisen (Abs. 2)

Neben den Pflichtangaben nach Abs. 1 und nach Art. 247 §§ 3, 8–13a darf der Darlehensgeber weitere **freiwillige Hinweise** in die vorvertragliche Information einstellen. Diese hat er jedoch gemäß Abs. 2 von den Pflichtangaben räumlich zu trennen, damit diese für den Darlehensnehmer besonders wichtigen Informationen als Block deutlich wahrnehmbar sind und nicht durch weitergehende Angaben verwässert werden.[3] **4**

IV. Bezugnahme auf einen Referenzwert (Abs. 3)

Das Finanzaufsichtsrechtergänzungsgesetz (→ BGB Vor § 491 Rn. 17) hat Art. 247 § 4 mit Wirkung zum 1.7.2018 einen neuen Abs. 3 hinzugefügt. Danach sind dem Darlehensnehmer Infor- **5**

---

1 Begr. RegE, BT-Drs. 16/11643, 126; Soergel/*Seifert* BGB § 491a Rn. 36; Ellenberger/Bunte BankR-HdB/*Münscher* § 56 Rn. 156; Erman/*Nietsch* BGB § 491a Rn. 34; Staudinger/*Kessal-Wulf,* 2012, BGB § 492 Rn. 72; Staub/*Renner* Kreditgeschäft Rn. 627; krit. Langenbucher/Bliesener/Spindler/*Roth* Rn. 1: „Angabe der Kosten laut Tabelle sowie üblicher Nebenkosten und Pauschalen etc".

2 Begr. RegE, BT-Drs. 16/11643, 126; *Ellenberger*/Nobbe/*Müller-Christmann* BGB § 491a Rn. 32; Erman/*Nietsch* BGB § 491a Rn. 34; Staudinger/*Kessal-Wulf,* 2012, BGB § 492 Rn. 72; Staub/*Renner* Kreditgeschäft Rn. 628.

3 BeckOGK/*Knops,* 15.3.2024, BGB § 491a Rn. 39; Grüneberg/*Weidenkaff* Rn. 3; Erman/*Nietsch* BGB § 491a Rn. 34.

mationen über einen **Referenzwert** mitzuteilen, auf den der Allgemein-Verbraucherdarlehensvertrag Bezug nimmt (zum Immobiliar-Verbraucherdarlehensvertrag vgl. Art. 247a § 1 Abs. 2 S. 1 Nr. 14). Dem liegt eine entsprechende Änderung des Art. 5 RL 2008/48/EG durch Art. 57 VO (EU) 2016/1011 (sog. Benchmark-VO) zugrunde.

6 Im Einzelnen: Abs. 3 setzt voraus, dass der Vertrag einen Referenzwert iSd Benchmark-VO in Bezug nimmt. Dies ist nach den aufeinander bezogenen Legaldefinitionen in Art. 3 Abs. 1 Nr. 1, Nr. 3, Nr. 18 VO (EU) 2016/1011 (ua) jeder Index, auf den Bezug genommen wird, um einen Geldbetrag zu ermitteln, der aufgrund eines Kreditvertrags iSd der Verbraucherkredit-RL oder der Wohnimmobilienkredit-RL (Art. 3 lit. c RL 2008/48/EG, Art. 4 Nr. 3 RL 2014/17/EU) zu zahlen ist. Erfasst sind mithin insbesondere im Vertrag in Bezug genommene **EURIBOR**-Sätze.[4] Mitgeteilt werden müssen dem Verbraucher in einem **gesonderten Dokument** die Bezeichnung des Referenzwerts, der Name des Administrators gemäß Art. 3 Abs. 1 Nr. 6 VO (EU) 2016/1011 und die „möglichen Auswirkungen auf den Darlehensnehmer" (Abs. 3), mithin in der Regel die Angabe, dass die Zinslast sich bei einer Steigerung des Referenzwerts vergrößert und im umgekehrten Fall verringert. Zu weiteren Pflichten des Darlehensgebers in solchen Konstellationen → Art. 247 § 3 Rn. 11 f.

§ 5 Information bei besonderen Kommunikationsmitteln

(1) [1]Wählt der Darlehensnehmer für die Vertragsanbahnung bei Allgemein-Verbraucherdarlehensverträgen Kommunikationsmittel, die die Übermittlung der vorstehenden Informationen in der in § 2 vorgesehenen Form nicht gestatten, ist die vollständige Unterrichtung nach § 2 unverzüglich nachzuholen. [2]Bei Telefongesprächen muss die Beschreibung der wesentlichen Merkmale nach Artikel 246b § 1 Absatz 1 Nummer 5 zumindest die Angaben nach § 3 Abs. 1 Nr. 3 bis 9, Abs. 3 und 4 enthalten.

(2) Bei Telefongesprächen, die sich auf Immobiliar-Verbraucherdarlehensverträge beziehen, muss die Beschreibung der wesentlichen Merkmale nach Artikel 246b § 1 Absatz 1 Nummer 5 zumindest die Angaben nach Teil A Abschnitt 3 bis 6 des ESIS-Merkblatts gemäß dem Muster in Anlage 6 enthalten.

I. Einführung

1 Kann der Darlehensgeber wegen der besonderen Form der Vertragsanbahnung bei einem Allgemein-Verbraucherdarlehensvertrag (§ 491 Abs. 2 BGB) seinen Informationspflichten nicht in der in Art. 247 § 2 vorgesehenen Form nachkommen, so können nach Art. 247 § 5 Abs. 1 unter bestimmten Voraussetzungen (→ Rn. 2) Erleichterungen eingreifen. Auch für Immobiliar-Verbraucherdarlehensverträge (§ 491 Abs. 3 BGB), die bei einem Telefongespräch angebahnt werden, sieht Abs. 2 Erleichterungen vor (→ Rn. 4).

II. Allgemein-Verbraucherdarlehensvertrag (Abs. 1)

2 Sofern ein Verbraucherdarlehensvertrag dem Grundsatz des § 492 Abs. 1 BGB gemäß der Schriftform bedarf, ist dem Unternehmer eine vollständige Information des Verbrauchers in Textform nach den Vorgaben der Art. 247 §§ 1 ff. möglich und zumutbar.[1] Etwas anderes kann **nur** gelten, **wenn der Vertrag nach dem Gesetz formlos zustande kommen kann,** mithin bei der eingeräumten **Überziehungsmöglichkeit** nach § 504 Abs. 2 S. 2 BGB und beim **Teilzahlungsgeschäft** im Fernabsatz nach § 507 Abs. 1 S. 2 BGB.[2] Für den Fall, dass die Vertragspartner von einer dieser Möglichkeiten des formlosen Vertragsschlusses Gebrauch machen, sieht Abs. 1 daher Erleichterungen vor, sofern ein Kommunikationsmittel genutzt wird, das eine rechtzeitige und vollständige Information des Verbrauchers unter Wahrung der Textform nicht gestattet. Betroffen ist damit vor allem die mündliche oder fernmündliche Vertragsanbahnung. Das gilt schon nach dem Gesetzeswortlaut allerdings nur, wenn **der Darlehensnehmer dieses Kommunikationsmittel gewählt hat.** Geht die Initiative zum Vertragsschluss dagegen vom Darlehensgeber aus oder stellt er eine alternative Kommunikationsform nicht zur Verfügung, bewendet es bei den allgemeinen Regeln.[3] So wird einer Aushöhlung des gesetzlichen Informationsregimes durch den Darlehensgeber vorgebeugt.

---

[4] RegE zum Finanzaufsichtsrechtergänzungsgesetz, BT-Drs. 18/10935, 2, 42.
[1] Begr. RegE, BT-Drs. 16/11643, 126; Staub/*Renner* Kreditgeschäft Rn. 631.
[2] Begr. RegE, BT-Drs. 16/11643, 126; Staub/*Renner* Kreditgeschäft Rn. 631.
[3] Mit einem Beispiel Begr. RegE, BT-Drs. 16/11643, 126 f.; Schwintowski/*Samhat* BankR Kap. 15 Rn. 162; Staub/*Renner* Kreditgeschäft Rn. 631; eher noch zurückhaltender Langenbucher/Bliesener/Spindler/*Roth* Rn. 1.

Der Darlehensgeber wird von der Erfüllung der Informationspflichten freigestellt, soweit ihm diese nicht möglich oder nicht zumutbar ist. Konkretisierend bestimmt Abs. 1 S. 2, dass bei **Telefongesprächen** die Beschreibung der wesentlichen Merkmale der Dienstleistung iSv Art. 246b § 1 Abs. 1 Nr. 5 mindestens die Angaben nach Art. 247 § 3 Abs. 1 Nr. 3–9, Abs. 3, 4 enthalten muss. Entsprechend der Vorgabe des Art. 5 Abs. 2 RL 2008/48/EG können mit anderen Worten alle sonstigen Angaben entfallen. Dies gilt jedoch nicht für die Angaben nach Art. 247 § 12 Abs. 1 S. 2 Nr. 1, die das Gesetz ausdrücklich auch im Fall des § 5 Abs. 1 verlangt. In allen Fällen einer nicht formgerechten oder unvollständigen Information ist die vollständige Unterrichtung nach Abs. 1 S. 1 im Einklang mit Art. 5 Abs. 3 RL 2008/48/EG außerdem unverzüglich, dh ohne schuldhaftes Zögern (§ 121 Abs. 1 S. 1 BGB), **nachzuholen.** Das gilt auch dann, wenn zu diesem Zeitpunkt der Vertrag bereits geschlossen ist und dem Verbraucher daher nach § 504 Abs. 2 S. 2 BGB, § 507 Abs. 1 S. 2 BGB zusätzlich der ebenso aussagekräftige Vertragsinhalt mitzuteilen ist. 3

III. Immobiliar-Verbraucherdarlehensvertrag (Abs. 2)

Abs. 2 sieht Erleichterungen für die telefonische Anbahnung von Immobiliar-Verbraucherdarlehensverträgen iSd § 491 Abs. 3 BGB vor. Allerdings müssen Immobiliar-Verbraucherdarlehensverträge ohnehin schriftlich abgeschlossen werden (§ 492 Abs. 1 BGB), und die og Ausnahmebestimmungen, die einen formlosen Vertragsschluss zulassen (→ Rn. 2), werden bei ihnen nicht relevant. Angesichts dessen wird es in aller Regel möglich und zumutbar sein, die vorvertraglichen Informationen gemäß Art. 247 § 1 Abs. 2 rechtzeitig in Textform zu übermitteln, so dass Anwendungsfälle des Abs. 2 nur schwer vorstellbar sein dürften (→ Rn. 2). 4

§ 6 Vertragsinhalt

(1) [1]Der Verbraucherdarlehensvertrag muss klar und verständlich folgende Angaben enthalten:
1. die in § 3 Abs. 1 Nr. 1 bis 14 und Abs. 4 genannten Angaben,
2. den Namen und die Anschrift des Darlehensnehmers,
3. die für den Darlehensgeber zuständige Aufsichtsbehörde,
4. einen Hinweis auf den Anspruch des Darlehensnehmers auf einen Tilgungsplan nach § 492 Abs. 3 Satz 2 des Bürgerlichen Gesetzbuchs,
5. das einzuhaltende Verfahren bei der Kündigung des Vertrags,
6. sämtliche weitere Vertragsbedingungen.
[2]Bei einem Immobiliar-Verbraucherdarlehensvertrag sind abweichend von Satz 1 nur die in § 3 Absatz 1 Nummer 1 bis 7, 10 und 13 sowie Absatz 4 genannten Angaben zwingend. [3]Abweichend von § 3 Absatz 1 Nummer 7 ist die Anzahl der Teilzahlungen nicht anzugeben, wenn die Laufzeit des Darlehensvertrags von dem Zeitpunkt der Zuteilung eines Bausparvertrags abhängt.

(2) [1]Besteht ein Widerrufsrecht nach § 495 des Bürgerlichen Gesetzbuchs, müssen im Vertrag Angaben zur Frist und zu anderen Umständen für die Erklärung des Widerrufs sowie ein Hinweis auf die Verpflichtung des Darlehensnehmers enthalten sein, ein bereits ausbezahltes Darlehen zurückzuzahlen und Zinsen zu vergüten. [2]Der pro Tag zu zahlende Zinsbetrag ist anzugeben. [3]Enthält der Verbraucherdarlehensvertrag eine Vertragsklausel in hervorgehobener und deutlich gestalteter Form, die bei Allgemein-Verbraucherdarlehensverträgen dem Muster in Anlage 7 und bei Immobiliar-Verbraucherdarlehensverträgen dem Muster in Anlage 8 entspricht, genügt diese Vertragsklausel den Anforderungen der Sätze 1 und 2. [4]Dies gilt bis zum Ablauf des 4. November 2011 auch bei entsprechender Verwendung dieses Musters in der Fassung des Gesetzes zur Einführung einer Musterwiderrufsinformation für Verbraucherdarlehensverträge, zur Änderung der Vorschriften über das Widerrufsrecht bei Verbraucherdarlehensverträgen und zur Änderung des Darlehensvermittlungsrechts vom 24. Juli 2010 (BGBl. I S. 977). [4]Der Darlehensgeber darf unter Beachtung von Satz 3 in Format und Schriftgröße jeweils von dem Muster abweichen.

(3) Bei Allgemein-Verbraucherdarlehensverträgen hat die Angabe des Gesamtbetrags und des effektiven Jahreszinses unter Angabe der Annahmen zu erfolgen, die zum Zeitpunkt des Abschlusses des Vertrags bekannt sind und die in die Berechnung des effektiven Jahreszinses einfließen.

Übersicht

I. Einführung

1 Gemäß § 492 Abs. 2 BGB muss jeder Verbraucherdarlehensvertrag (§ 491 Abs. 1 BGB) und jeder Vertrag über eine entsprechende entgeltliche Finanzierungshilfe (§ 506 Abs. 1 BGB; § 12 Abs. 1 S. 1) die **Pflichtangaben** nach §§ 6 ff. enthalten. Dabei bildet **§ 6** die **Grundnorm** derjenigen Angaben, die in einem gewöhnlichen Verbraucherdarlehensvertrag anzuführen sind.[1] Bei **Allgemein-Verbraucherdarlehensverträgen** (§ 491 Abs. 2 BGB) sind die Angaben nach Abs. 1 S. 1 in den Vertrag aufzunehmen; im Hinblick auf den Gesamtbetrag und den effektiven Jahreszins nach Maßgabe des Abs. 3. Bei **Immobiliar-Verbraucherdarlehensverträgen** (§ 491 Abs. 3 BGB) greifen demgegenüber nach Abs. 1 S. 2 nur reduzierte Angabepflichten. Daneben haben **ergänzende Angaben** nach Art. 247 § 7 (weitere Angaben), Art. 247 § 8 (Verträge mit Zusatzleistungen) und Art. 247 § 13 (Einschaltung eines Darlehensvermittlers) zu treten, sofern deren Tatbestand im Einzelfall einschlägig ist. Für einige besondere Kreditformen (Überziehungsmöglichkeiten gemäß § 504 Abs. 2 BGB, Umschuldungen gemäß § 495 Abs. 2 Nr. 1 BGB, verbundene Verträge und entgeltliche Finanzierungshilfen) gelten dagegen die vorrangigen **Spezialvorschriften** der Art. 247 §§ 10–12, welche die Art. 247 §§ 6–8 teilweise modifizieren, teilweise ergänzen.

2 An die Stelle der sonst im Verbraucherschutzrecht üblichen Widerrufsbelehrung tritt im Verbraucherkreditrecht gemäß Abs. 2 die Pflichtangabe zum **Widerrufsrecht.** Der Darlehensgeber kann hierzu entweder nach näherer Maßgabe des Abs. 2 S. 1 und 2 eine eigene Vertragsklausel formulieren oder nach Abs. 2 S. 3 und 4 das Muster aus der Anlage 7 bzw. 8 verwenden. Diesen Mustern kommt jeweils eine Gesetzlichkeitsfiktion zugute (→ Rn. 14).

II. Angaben nach Abs. 1 und 3

3 **1. Allgemein-Verbraucherdarlehensvertrag. a) Angaben nach Abs. 1 Nr. 1 und Abs. 3.** Gemäß Abs. 1 S. 1 Nr. 1 sind in den Verbraucherdarlehensvertrag (zum Immobiliar-Verbraucherdarlehensvertrag aber → Rn. 8 f.) die Angaben nach Art. 247 § 3 Abs. 1 Nr. 1–14 und Art. 247 § 3 Abs. 4 aufzunehmen. Mit Ausnahme der Angaben nach § 3 Abs. 1 Nr. 15 und 16 sowie des repräsentativen Beispiels nach Art. 247 § 3 Abs. 3 sind mithin alle **Basisangaben aus der vorvertraglichen Information** (im Einzelnen → Art. 247 § 3 Rn. 3 ff.) nochmals im Vertrag selbst anzuführen, worin zum Teil eine unsachgemäße Informationsverdopplung gesehen wird.[2] Alle Pflichtangaben (auch solche nach Abs. 1 S. 1 Nr. 2–6 und S. 2) sind so **klar** zu formulieren **und übersichtlich** zu gestalten, dass sie für den Darlehensnehmer aus sich heraus verständlich sind.[3] Schriftbild und Schriftgröße müssen eine gute Lesbarkeit gewährleisten.

4 An die Stelle des erläuternden Beispiels zum Gesamtbetrag und zum effektiven Jahreszins tritt gemäß **Abs. 3** die Angabe der Annahmen, die zum Zeitpunkt des Abschlusses des Vertrags bekannt sind und die in die Berechnung des effektiven Jahreszinses einfließen. Damit sind alle Vermutungen und Folgerungen gemeint, mit denen die Platzhalter in der Gleichung zur Berechnung des effektiven Jahreszinses aufgefüllt werden (vgl. dazu näher die Anlage zu § 16 PAngV).[4] Weil gemäß § 16 Abs. 3 PAngV dem effektiven Jahreszins nur solche Kosten zugrunde zu legen sind, die dem Kreditgeber

[1] Vgl. BeckOGK/*Knops,* 15.3.2024, BGB § 492 Rn. 20.
[2] *Schürnbrand* ZBB 2008, 383 (386); HKK/*F. L. Schäfer* BGB §§ 488–512 Rn. 95 f.; *Zahn,* Überschuldungsprävention durch verantwortliche Kreditvergabe, 2011, 198.
[3] *Ellenberger*/Nobbe/*Müller-Christmann* BGB § 492 Rn. 18; Grüneberg/*Weidenkaff* Rn. 2; Staudinger/*Kessal-Wulf,* 2012, BGB § 492 Rn. 26.
[4] Begr. RegE, BT-Drs. 16/11643, 128.

bekannt sind, ist auch die Angabepflicht nach Abs. 3 entsprechend beschränkt. Im Anschluss an Erwägungsgrund 20 RL 2008/48/EG ist der Begriff freilich objektiv zu bestimmen; maßgeblich ist, welche Kenntnis der Darlehensgeber unter Berücksichtigung seiner beruflichen Sorgfalt haben musste (→ Art. 247 § 3 Rn. 18).

b) Weitere Angaben nach Abs. 1 Nr. 1–4, 6. Ergänzend sind nach Abs. 1 S. 1 Nr. 2 Name und Anschrift des Darlehensnehmers aufzuführen (vgl. Art. 10 Abs. 2 lit. b RL 2008/48/EG); erforderlich ist, wie im Rahmen der Parallelvorschrift des § 3 Abs. 1 Nr. 1, die Angabe einer **ladungsfähigen Postanschrift** (→ Art. 247 § 3 Rn. 3).[5] Soweit der Darlehensgeber einer **Aufsicht** unterliegt, ist die zuständige Behörde gemäß Abs. 1 S. 1 Nr. 3 zu benennen (vgl. Art. 10 Abs. 2 lit. v RL 2008/48/EG). Nach der Rspr. des BGH genügt die Angabe der **BaFin** mit ihren Anschriften in Bonn und Frankfurt.[6] Die zusätzliche Angabe der EZB und/oder der EBA ist wohl zulässig, aber nicht erforderlich.[7] Wenn ein Zeitpunkt für die Rückzahlung des Darlehens bestimmt ist, muss der Darlehensgeber gemäß Abs. 1 S. 1 Nr. 4 auf den Anspruch des Darlehensnehmers auf einen **Tilgungsplan** nach § 492 Abs. 3 S. 2 BGB hinweisen (vgl. Art. 10 Abs. 2 lit. i RL 2008/48/EG). Eine nähere Erläuterung des Inhalts des Tilgungsplans ist nicht geboten.[8] Ferner ist gemäß Abs. 1 S. 1 Nr. 5 das bei Kündigung des Vertrags einzuhaltende Verfahren anzugeben (→ Rn. 6). In die Vertragsurkunde sind darüber hinaus nach Abs. 1 S. 1 Nr. 6 alle **weiteren Vertragsbedingungen** aufzunehmen (vgl. Art. 10 Abs. 2 lit. u RL 2008/48/EG). Das betrifft insbesondere die AGB des Darlehensgebers, sofern diese einen Bezug zum Darlehensvertrag aufweisen.[9] Zu den Erfordernissen der **Klarheit und Übersichtlichkeit** → Rn. 3. 5

c) Bei Kündigung einzuhaltendes Verfahren (Abs. 1 Nr. 5). Gemäß Abs. 1 S. 1 Nr. 5 ist das bei der Kündigung einzuhaltende Verfahren zu benennen. Diese Angabe bezieht sich nach der Rspr. des EuGH **ausschließlich** auf das Kündigungsrecht nach **Art. 13 RL 2008/48/EG** und ist damit von vornherein nur bei unbefristeten Verträgen von Bedeutung.[10] Nicht präzisiert hat der EuGH, ob nur über das in § 500 Abs. 1 BGB umgesetzte Kündigungsrecht des Verbrauchers beim unbefristeten Kreditvertrag nach Art. 13 Abs. 1 UAbs. 1 RL 2008/48/EG aufgeklärt werden muss oder ob auch Angaben zu dem (nur kraft einer dahingehenden Vereinbarung bestehenden) Kündigungsrecht des Kreditgebers nach Art. 13 Abs. 1 UAbs. 2 RL 2008/48/EG (vgl. § 499 Abs. 1 BGB) erforderlich sind. 6

Erwägungsgrund 31 RL 2008/48/EG spricht eher dafür, dass nur Angaben zum Kündigungsrecht **des Verbrauchers** erforderlich sind (→ 7. Aufl. 2017, Rn. 27 [*Schürnbrand*]).[11] Folgt man dem, so bezieht sich der Hinweis nach Abs. 1 Nr. 5 ausschließlich auf das Kündigungsrecht des Darlehensnehmers nach **§ 500 Abs. 1 S. 1 BGB** (→ 8. Auf. 2021 EGBGB Art. 247 § 6 Rn. 6 f.). Denkbar ist aber auch, dass der EuGH zusätzlich Angaben zu einem vertraglichen Recht des Darlehensgebers zur ordentlichen Kündigung unbefristeter Verträge (vgl. § 499 Abs. 1 BGB) verlangen wird, wie es namentlich in Nr. 19 Abs. 2 AGB Banken vorgesehen ist.[12] Nicht durchgesetzt haben sich die abweichenden Ansichten, dass über sämtliche kraft Gesetzes bestehenden Kündigungsrechte oder aber über die Kündigungsrechte des Darlehensgebers bei regulärem Vertragsverlauf informiert werden müsse (im Einzelnen mit Nachweisen → 8. Auf. 2021 EGBGB Art. 247 § 6 Rn. 6 f.). 7

2. Immobiliar-Verbraucherdarlehensvertrag. Reduzierte Angabepflichten gelten bei **Immobiliar-Verbraucherdarlehensverträgen** iSd § 491 Abs. 3 BGB. Ebenso wie im Rahmen der Vorgängernorm des Art. 247 § 9 Abs. 1 S. 1 aF sind gemäß Abs. 1 S. 2 nur die Angaben nach Art. 247 § 3 Abs. 1 Nr. 1–7, 10, 13 sowie Art. 247 § 3 Abs. 4 zwingend, die Angaben nach Abs. 1 8

---

5 *Ellenberger*/Nobbe/*Müller-Christmann* BGB § 492 Rn. 20; Soergel/*Seifert* BGB § 492 Rn. 26; Staub/*Renner* Kreditgeschäft Rn. 671. Für die Widerrufsbelehrung nach altem Recht (1.8.2002 bis 10.6.2010) hat der BGH allerdings die Postfachanschrift genügen lassen: BGH WM 2016, 1930 Rn. 16; dazu *Grüneberg* WM 2017, 1 (8 f.).

6 BGH BeckRS 2017, 120504 Rn. 5, 27 (teilw. nicht mit abgedruckt in NJW-RR 2017, 1077); bestätigt durch BGH BKR 2021, 164 Rn. 14 ohne Ausführungen zu den Anschriften; OLG Stuttgart BeckRS 2019, 29843 Rn. 31 f.; aus dem Schrifttum BeckOGK/*Knops,* 15.8.2022, BGB § 492 Rn. 26; eingehend BeckOGK/*Gerlach*/*Kuhle*/*Scharm,* 15.8.2020, Rn. 16.

7 Vgl. BeckOGK/*Gerlach*/*Kuhle*/*Scharm,* 15.8.2020, Rn. 16 f.

8 Bülow/Artz/*Artz* BGB § 492 Rn. 136; Staub/*Renner* Kreditgeschäft Rn. 671; Grüneberg/*Weidenkaff* Rn. 3.

9 Begr. RegE, BT-Drs. 16/11643, 128; *Ellenberger*/Nobbe/*Müller-Christmann* BGB § 492 Rn. 20; Erman/*Nietsch* BGB § 492 Rn. 15; Schwintowski/*Samhat* BankR Kap. 15 Rn. 212.

10 EuGH NJW 2022, 40 Rn. 103 ff. – Volkswagen Bank.

11 Insoweit aA *Herresthal* ZIP 2018, 753 (758).

12 *Herresthal* ZIP 2018, 753 (758); vgl. auch BeckOGK/*Chr. A. Weber,* 1.2.2024, BGB § 488 Rn. 321.

S. 1 Nr. 2–6 hingegen entbehrlich.[13] Hiergegen bestehen auch keine unionsrechtlichen Bedenken.[14] Vgl. zur Frage, inwieweit **Sicherheiten** im Vertrag zu benennen sind, → BGB § 494 Rn. 39; zu den Erfordernissen der **Klarheit und Übersichtlichkeit** → Rn. 3.

9 Besonderheiten gelten für Darlehen, die der Zwischenfinanzierung bis zur Zuteilung eines **Bausparvertrags** dienen. Da dieser Zeitpunkt gemäß § 4 Abs. 5 BauSparkG nicht im Voraus festgelegt werden darf, entbindet Abs. 1 S. 3 (früher: Art. 247 § 9 Abs. 2 aF) den Darlehensgeber von der Verpflichtung zur Angabe der Teilzahlungen (Art. 247 § 3 Abs. 1 Nr. 7). Der deutsche Gesetzgeber rechtfertigt den Ausnahmetatbestand mit dem (für sich genommen zutreffenden) Hinweis auf Art. 3 Abs. 3 lit. d RL 2014/17/EU iVm Art. 4 Nr. 23 RL 2014/17/EU;[15] einer solchen Rechtfertigung bedarf es im Hinblick auf Pflichtangaben im Vertrag indessen gar nicht (→ BGB § 492 Rn. 6). Die weiterhin erforderliche Mitteilung der Laufzeit (Art. 247 § 3 Abs. 1 Nr. 6) lässt sich etwa durch die Umschreibung „bis zur Zuteilung" bewerkstelligen.[16]

III. Angaben zum Widerrufsrecht (Abs. 2)

10 **1. Inhalt. a) Allgemeine Gesichtspunkte.** Während in der vorvertraglichen Information gemäß Art. 247 § 3 Abs. 1 Nr. 13 nur auf das „Ob" des Widerrufsrechts einzugehen ist, sind nach Abs. 2 in den Vertrag selbst weitergehende Informationen aufzunehmen. Im Anwendungsbereich der RL 2008/48/EG ist dies durch Art. 10 Abs. 2 lit. p RL 2008/48/EG vorgegeben. Weil der deutsche Gesetzgeber die zuvor übliche gesonderte Widerrufsbelehrung mit dieser Vorgabe für unvereinbar ansah, tritt an ihre Stelle die Pflichtangabe nach Abs. 2.[17] Die Angabe zum Widerrufsrecht muss bei Allgemein- wie Immobiliar-Verbraucherdarlehensverträgen **klar und verständlich** sein, aber nicht optisch hervorgehoben werden.[18] Die Verwendung von Ankreuzoptionen ist nicht zu beanstanden, wenn sich für den Verbraucher einfach erschließt, welche Textvariante ihn betrifft.[19] In der Sache müssen zunächst Angaben zur Frist einschließlich der Voraussetzungen des Fristbeginns[20] und zu anderen Umständen für die Erklärung des Widerrufs enthalten sein (Abs. 2 S. 1 Alt. 1, 2). Hinzuweisen ist auch darauf, dass der Beginn der Widerrufsfrist nach **§ 356b Abs. 1 BGB** davon abhängt, dass dem Darlehensnehmer eine der dort genannten **Unterlagen** zur Verfügung gestellt worden ist.[21] Ferner muss ein Hinweis enthalten sein, dass der Darlehensnehmer ein bereits ausbezahltes Darlehen zurückzuzahlen und Zinsen zu vergüten hat. Dabei ist gemäß Abs. 2 S. 2 die pro Tag anfallende Zinsbelastung als fester Betrag anzugeben,[22] der keinesfalls über dem Betrag liegen darf, welcher sich rechnerisch aus dem vertraglichen Sollzinssatz ergibt.[23] Wird er mit Null Euro beziffert, liegt darin ein Verzicht auf den betreffenden Anspruch mit der Folge, dass die Widerrufsinformation durch diese Angabe nicht unrichtig wird.[24] Gegen die Berechnung nach der 30/360-Methode (sog. deutsche kaufmännische Zinsberechnungsmethode) bestehen insoweit keine Bedenken.[25] In Übereinstimmung mit der abschließenden Vorgabe des Art. 10 Abs. 2 lit. p RL

---

[13] Vgl. BGHZ 213, 52 = NJW 2017, 1306 Rn. 27; ausdrücklich klarstellend Beschlussempfehlung und Bericht RA, BT-Drs. 18/7584, 147; aA Bülow/Artz/*Artz* BGB § 492 Rn. 138; *Feldhusen* NJW 2017, 1905 (1907 f.); vgl. auch OLG Koblenz BeckRS 2015, 18758 Rn. 18 ff.

[14] AA – Art. 2 Abs. 2 lit. b RL 2008/48/EG nicht hinreichend berücksichtigend – *Feldhusen* NJW 2017, 1905 (1907 f.).

[15] Begr. RegE, BT-Drs. 18/5922, 115.

[16] So auch Begr. RegE, BT-Drs. 16/11643, 130; Ellenberger/Bunte BankR-HdB/*Jungmann* § 58 Rn. 214.

[17] Begr. RegE, BT-Drs. 16/11643, 83, 128; vgl. auch BGH NJW 2016, 1881 Rn. 29 f.: „Ein-Urkunden-Modell".

[18] BGH NJW 2016, 1881 Rn. 24 ff.; OLG Düsseldorf BeckRS 2015, 11627 Rn. 23; LG Nürnberg-Fürth BKR 2015, 522 (523 f.); BKR 2016, 210 (213 f.); LG Heidelberg BKR 2015, 154 Rn. 54; *Grüneberg* WM 2017, 1 (7 f.); *Lechner* WM 2017, 737 (738); aA OLG Karlsruhe WM 2015, 1712 (1713); *Barta* EWiR 2016, 257 (258); offen OLG München BeckRS 2015, 11203 Rn. 10.

[19] BGH NJW 2016, 1881 Rn. 41 ff.; OLG Stuttgart WM 2016, 263 (266 f.); LG Nürnberg-Fürth BKR 2016, 210 (212); *Grüneberg* WM 2017, 1 (8); *Lechner* WM 2017, 737 (738); *Mankowski* WuB 2016, 457 (460).

[20] Ellenberger/Bunte BankR-HdB/*Peters* BankR-HdB, § 56 Rn. 434.

[21] Vgl. zu jeweils anderen Rechtsständen BGH NJW-RR 2017, 815 Rn. 25; 2017, 886 Rn. 13; NJW 2017, 2340 Rn. 21 ff.

[22] Bülow/Artz/*Bülow* BGB § 495 Rn. 105; PWW/*Pöschke* BGB § 492 Rn. 14; Staudinger/*Kessal-Wulf*, 2012, BGB § 492 Rn. 70. Zum Problem, dass der Zinssatz bei Vertragsschluss noch nicht feststeht, BuB/*Franke* BankR Rn. 3/551b.

[23] EuGH BeckRS 2023, 36805 Rn. 231 ff. – BMW Bank ua.

[24] BGH BKR 2020, 253 Rn. 9.

[25] BGH NJW-RR 2017, 1077 Rn. 23; *Hölldampf* WM 2018, 114 (116); zu den verschiedenen Berechnungsmethoden BeckOGK/*Chr. A. Weber*, 1.2.2024, BGB § 488 Rn. 254 f.

2008/48/EG muss daher auf den Aufwendungsersatzanspruch des § 357b Abs. 3 S. 5 BGB nicht hingewiesen werden.[26]

b) Situation im Geltungsbereich der Verbraucherkredit-RL 2008. Aus der RL 2008/48/EU ergeben sich innerhalb ihres Anwendungsbereichs (Art. 2 RL 2008/48/EG, → BGB Vor § 491 Rn. 24 ff.) weitreichende Anforderungen an die Widerrufsinformation: Zu den nach Art. 10 Abs. 2 lit. p RL 2008/48/EG in den Vertrag aufzunehmenden Informationen gehören das Bestehen oder Nichtbestehen eines Widerrufsrechts, die Frist sowie die Modalitäten der Rechtsausübung. Nach der Rspr. des **EuGH** muss insoweit auch über die Voraussetzungen des Fristbeginns nach Art. 14 Abs. 1 UAbs. 2 RL 2008/48/EG informiert werden, wie sie im nationalen Recht in §§ 355, 356b BGB normiert sind.[27] Unvereinbar mit den Anforderungen des Art. 10 Abs. 2 lit. p RL 2008/48/EU ist aus Sicht des EuGH jedenfalls ein sog. **Kaskadenverweis** auf § 492 Abs. 2 BGB und sodann mittelbar auf Art. 247 §§ 6-13 EGBGB mit den dort in Bezug genommenen weiteren Vorschriften.[28] Aber auch ein einfacher, nicht als Kaskade ausgestalteter Normverweis dürfte nicht genügen; vielmehr sind die Pflichtangaben explizit im Vertrag aufzulisten.[29] Diese EuGH-Entscheidung hat der Gesetzgeber zum Anlass genommen, die in Anlage 7 enthaltene Musterwiderrufsinformation für Allgemein-Verbraucherdarlehensverträge nach Abs. 2 S. 3 entsprechend umzugestalten (→ Rn. 13; → BGB Vor § 491 Rn. 18).[30] Auf der Ebene des nationalen Rechts sind die Vorgaben des EuGH durch **richtlinienkonforme Auslegung** umzusetzen: Im Anwendungsbereich der RL 2008/48/EG ist eine Widerrufsinformation, die einen Kaskadenverweis der genannten Art enthält, nicht „klar und verständlich" iSv Abs. 1 S. 1.[31] Das gilt aber nur, soweit der Darlehensgeber sich nicht der in Abs. 2 S. 3 enthaltenen **Muster-Widerrufsinformation** bedient hat, weil die dem Muster nach Abs. 2 S. 3 zukommende **Gesetzlichkeitsfiktion** explizit durch den Gesetzgeber angeordnet worden ist und daher nicht durch richtlinienkonforme Auslegung oder Rechtsfortbildung überwunden werden kann (→ Rn. 14).[32] 11

c) Rechtslage außerhalb des Geltungsbereichs der Verbraucherkredit-RL 2008. Bei Verträgen, die nicht in den Geltungsbereich der Verbraucherkredit-RL fallen (Art. 2 RL 2008/48/EG, → BGB Vor § 491 Rn. 24 ff.; wohl auch bei Allgemein-Verbraucherdarlehensverträgen mit einem Gesamtkreditbetrag von mehr als 75.000 Euro, Art. 2 Abs. 2 lit. c RL 2008/48/EU,[33] Null-Prozent-Finanzierungen[34] und vor Inkrafttreten der Verbraucherkredit-RL geschlossenen Verträgen[35]) belässt die Rspr. es bei ihrer bisherigen Linie, dass der Kaskadenverweis auf § 492 Abs. 2 BGB, Art. 247 §§ 6–13 und die dort in Bezug genommenen Vorschriften „nach den Maßstäben des nationalen Rechts […] klar und verständlich" iSv Art. 247 § 6 Abs. 1 S. 1 ist.[36] Davon abgesehen, besteht beim **Immobiliar-Verbraucherdarlehensvertrag** insofern eine andere Situation, als die RL 2014/17/EU keine mit Art. 14 Abs. 1 UAbs. 2 RL 2008/48/EG vergleichbaren Vorgaben zum Beginn der Widerrufsfrist enthält.[37] Der Fristbeginn hängt hier von weniger weitreichenden tatbestandlichen Voraussetzungen ab (§ 356b Abs. 2 S. 2 BGB), so dass auch die Angabe zum Beginn der Widerrufsfrist nach Abs. 2 S. 1 Alt. 1 weniger umfangreich auszufallen hat.[38] Soweit außerhalb des 12

---

26 Begr. RegE, BT-Drs. 17/1394, 29; Staudinger/*Kessal-Wulf*, 2012, BGB § 492 Rn. 70; aA Grüneberg/*Weidenkaff* Rn. 5.

27 EuGH NJW 2020, 1423 – Kreissparkasse Saarlouis; dazu *Piekenbrock* GPR 2020, 122; zum bisherigen Stand der nationalen Rspr. BGH NJW 2017, 1306 Rn. 18 ff.; NJW-RR 2017, 815 Rn. 24; OLG Stuttgart BeckRS 2016, 18365; *Lechner* WM 2017, 737 (738).

28 EuGH BKR NJW 2020, 1423 – Kreissparkasse Saarlouis.

29 Vgl. EuGH BKR NJW 2020, 1423 Rn. 46 f. – Kreissparkasse Saarlouis. Interpretation wie hier bei *Allstadt* WM 2021, 268 (270); *Hölldampf* WM 2021, 1678 (1680).

30 Gesetz zur Anpassung des Finanzdienstleistungsrechts an die Rechtsprechung des Gerichtshofs der Europäischen Union vom 11.9.2019 in der Rechtssache C-383/19 und vom 26.3.2020 in der Rechtssache C-66/19 vom 9.6.2021 (BGBl. 2021 I 1666).

31 BGH NJW 2021, 307 Rn. 16; BKR 2021, 106 Rn. 16; aA *Hölldampf* WM 2021, 1678 (1680); *Herresthal* ZIP 2020, 745.

32 BGH NJW 2021, 307 Rn. 17; BKR 2021, 106 Rn. 17; 2020, 253 Rn. 11; BeckRS 2020, 18475; *Herresthal* ZIP 2020, 745 (749 ff.); *Knoll/Nordholtz* NJW 2020, 1407 (1408 f.); aA *Knops* NJW 2020, 2297 (2298 ff.); abweichend auch noch → 8. Aufl. 2021, EGBGB Art. 247 § 6 Rn. 14.

33 Vgl. BGH BKR 2021, 708 Rn. 2 mit explizitem Verweis auch auf Art. 2 Abs. 2 lit. c RL 2008/48/EG; *Grüneberg* WM 2022, 153 (154).

34 OLG Braunschweig BeckRS 2022, 10826 Rn. 57 f.; *Grüneberg* WM 2022, 153 (154).

35 Vgl. *Stackmann* NJW 2022, 2375 Rn. 21.

36 BGH BKR 2020, 255; BeckRS 2020, 7412; vgl. auch *Herresthal* ZIP 2020, 745 (746, 748).

37 BGH BKR 2020, 255; zum bisherigen Stand der nationalen Rspr. BGH NJW 2017, 1306 Rn. 18 ff.; NJW-RR 2017, 815 Rn. 24; OLG Stuttgart BeckRS 2016, 18365; *Lechner* WM 2017, 737 (738).

38 Vgl. *Hölldampf* WM 2021, 1678 (1681) mit Hinweis zum vorherigen Rechtsstand insoweit.

Anwendungsbereichs der RL 2008/48/EG (zulässigerweise)[39] mit einem Verweis auf § 492 Abs. 2 BGB gearbeitet wird, können **Beispiele** in Bezug auf Pflichtangaben aufgenommen werden; sie müssen dann jedoch grundsätzlich auf den konkreten Vertragstyp zutreffen.[40] Ist dies nicht der Fall, weil Angaben aufgelistet werden, die für den konkreten Vertrag gar keine Pflichtangaben sind, so liegt es allerdings nahe, dass der Beginn der Widerrufsfrist kraft privatautonomer Vereinbarung zusätzlich davon abhängig gemacht wurde, dass auch die zusätzlich genannten Angaben im Vertrag enthalten sind.[41] Die Widerrufsinformation ist dann insoweit nicht unrichtig; damit die Frist beginnt, muss der Vertrag die betreffenden Angaben aber auch tatsächlich enthalten.[42]

13 **2. Gesetzliche Muster. a) Grundlagen.** Um dem Darlehensgeber die Erfüllung der komplexen gesetzlichen Anforderungen zu erleichtern und die Rechtspflege zu entlasten, enthalten die – mit Wirkung zum 15.6.2021 novellierte (zum Hintergrund → Rn. 11)[43] – Anlage 7 zum EGBGB mit Blick auf Allgemein-Verbraucherdarlehensverträge und die Anlage 8 zum EGBGB mit Blick auf Immobiliar-Verbraucherdarlehensverträge für die Widerrufsinformation jeweils ein gesetzliches Muster. Sie bestehen aus einem stets zu beachtenden Rumpf sowie Gestaltungshinweisen, die besonderen Ausprägungen (insbesondere verbundenen Verträgen) Rechnung tragen. Die Muster eignen sich allein zum Einsatz im eigentlichen Vertrag, nicht aber bei einer Nachholung der Widerrufsinformation nach Maßgabe von § 492 Abs. 6 BGB.[44] Eine Verpflichtung, sie einzusetzen, besteht nicht.[45]

14 Verwendet der Darlehensgeber das einschlägige Muster ordnungsgemäß, gelten die gesetzlichen Anforderungen gemäß Abs. 2 S. 3 als erfüllt. Gerichte können keine zusätzlichen oder abweichenden Angaben verlangen, vielmehr kommt den Mustern eine **Gesetzlichkeitsfiktion** zu. Der Gesetzgeber hat die Muster gezielt auf der Ebene des formellen Gesetzes verankert, um (nach den schlechten Erfahrungen mit dem Belehrungsmuster in der BGB-InfoV)[46] einem Streit über ihre Wirksamkeit von vornherein den Boden zu entziehen. Die Muster dürfen von den Gerichten daher nicht auf ihre inhaltliche Richtigkeit überprüft und womöglich als gesetzwidrig verworfen werden.[47] An **unionsrechtliche Vorgaben** (namentlich der Verbraucherkredit-RL) bleibt der Gesetzgeber zwar ungeachtet der Muster gebunden (→ Rn. 11).[48] Dem BGH ist aber darin zuzustimmen, dass die in Art. 247 § 6 Abs. 2 S. 3 EGBGB verankerte Gesetzlichkeitsfiktion **nicht durch eine richtlinienkonforme Auslegung** oder Rechtsfortbildung überwunden werden kann, weil das nationale Recht insoweit keine Auslegungsspielräume eröffnet.[49] Das hat nunmehr auch der **EuGH** bestätigt: Weicht das gesetzliche Muster inhaltlich von unionsrechtlichen Vorgaben ab, so besteht insoweit zwar ein unionsrechtswidriger Zustand;[50] dieser rechtfertigt es aber weder, nationale Vorschriften wie Art. 247 § 6 Abs. 2 S. 3 contra legem richtlinienkonform auszulegen oder fortzubilden, noch bietet er eine Grundlage dafür, solche Vorschriften im Verhältnis zu privatwirtschaftlich verfassten Kreditinstituten unangewendet zu lassen.[51] In dieser Fall-

---

[39] BGH BKR 2020, 255; BeckRS 2020, 7412 zum bisherigen Stand der nationalen Rspr. BGH NJW 2017, 1306 Rn. 18 ff.; NJW-RR 2017, 815 Rn. 24.

[40] LG Nürnberg-Fürth BKR 2016, 210 (214 f.); *Lechner* WM 2017, 737 (738 f.).

[41] BGH NJW 2017, 1306 Rn. 23 ff.; NJW-RR 2017, 1077 Rn. 22; *Hölldampf* WM 2017, 114 (118 f.); krit. *Spitzer* MDR 2016, 1297 (1298).

[42] BGH NJW 2017, 1306 Rn. 23 ff.; NJW-RR 2017, 1077 Rn. 22; OLG Karlsruhe BeckRS 2017, 110019 Rn. 29 ff. mit Hinweis, dass Aufnahme in vorvertragliche Information nicht genügt; krit. *Hölldampf* WM 2017, 114 (118 f.).

[43] Gesetz vom 9.6.2021 (BGBl. 2021 I 1666); dazu RegE, BT-Drs. 19/26928, 24 ff.

[44] Begr. RegE, BT-Drs. 17/1394, 22; Grüneberg/*Weidenkaff* Rn. 6.

[45] BGH NJW 2016, 1881 Rn. 36; Staudinger/*Kessal-Wulf,* 2012, BGB § 492 Rn. 69; PWW/*Pöschke* BGB § 492 Rn. 15.

[46] Vgl. zu der letztlich zu bejahenden Wirksamkeit BGHZ 194, 238 Rn. 10 ff. = NJW 2012, 3298; BGH NJW 2014, 2022 Rn. 15; *Schmidt-Kessel/Gläser* WM 2014, 965; *Schürnbrand* JZ 2015, 974 (976); krit. *Damler,* Das gesetzlich privilegierte Muster im Privatrecht, 2015, 122 ff.

[47] Vgl. BGH BKR 2020, 253 Rn. 11.

[48] *Knops* NJW 2020, 2297 (2298 ff.); BeckOGK/*Gerlach/Kuhle/Scharm,* 15.8.2020, Rn. 29; so auch noch → 8. Aufl. 2021, EGBGB Art. 247 § 6 Rn. 14.

[49] BGH NJW 2021, 307 Rn. 17; BKR 2021, 106 Rn. 17; 2020, 253 Rn. 11; BeckRS 2020, 18475; *Herresthal* ZIP 2020, 745 (749 ff.); *Knoll/Nordholtz* NJW 2020, 1407 (1408 f.); BeckOGK/*Gerlach/Kuhle/Scharm,* 15.8.2020, Art. 247 § 6 Rn. 29; aA *Knops* NJW 2020, 2297 (2298 ff.); abw. auch noch → 8. Aufl. 2021, EGBGB Art. 247 § 6 Rn. 14.

[50] EuGH BeckRS 2023, 36805 Rn. 216 ff. – BMW Bank ua; *Hampe* BKR 2024, 366 (370); *Freitag/Allstadt* BKR 2021, 1 (2 ff.).

[51] EuGH BeckRS 2023, 36805 Rn. 216 ff., 221 f., 225 ff. – BMW Bank ua; dies aufgreifend BGH BKR 2024, 372 Rn. 18 ff.; *Grüneberg* NJW 2024, 993 Rn. 3 ff.; *Hampe* BKR 2024, 366 (370 f.).

gestaltung ist die Frage der Richtlinienkonformität eines mit Gesetzlichkeitsfiktion ausgestalteten Musters in einem Zivilprozess zwischen den Vertragspartnern des Verbraucherdarlehensvertrags folglich nicht entscheidungserheblich.[52]

b) Richtige Verwendung. Die Gesetzlichkeitsfiktion greift nach dem Wortlaut des Abs. 2 S. 3 nur ein, wenn das einschlägige Muster in hervorgehobener und deutlich gestalteter Form verwendet wird. Die Anforderungen an die graphische Gestaltung sind bei Verwendung eines Musters strenger als sonst (→ Rn. 10).[53] Eine Hervorhebung ist etwa durch die Verwendung einer besonderen Schriftgröße, Farbe oder Umrandung möglich. Dagegen ist nicht erforderlich, dass dem Hinweis auf das Widerrufsrecht innerhalb der Vertragsdokumentation eine Alleinstellung zukommt.[54] Nach Abs. 2 S. 5 darf der Darlehensgeber zwar in Format und Schriftgröße von dem Muster abweichen, um es dem Layout des übrigen Vertrags anpassen zu können.[55] Dabei muss aber das **Deutlichkeitsgebot** gewahrt bleiben. Insbesondere eine extrem kleine Schrift oder das Weglassen der vorgeschriebenen Zwischenüberschriften können die Lesbarkeit für den durchschnittlichen Verbraucher wesentlich erschweren.[56] 15

Inhaltlich ist das Muster **vollständig und richtig** auszufüllen und dabei nach Maßgabe der Gestaltungshinweise den tatsächlichen Besonderheiten des Vertragsverhältnisses anzupassen.[57] Dabei sind auch solche Hinweise unentbehrlich, die über die Vorgaben des Abs. 2 S. 1, 2 hinausgehen. Das betrifft etwa den Hinweis auf den Anspruch aus § 357b Abs. 3 S. 5 BGB sowie auf die Pflicht, das Darlehen binnen 30 Tagen zurückzuzahlen.[58] Umgekehrt scheidet eine Berufung auf die Gesetzlichkeitsfiktion auch aus, wenn nicht einschlägige Angaben aufgenommen werden, ohne dass dies kenntlich gemacht ist (etwa die Angabe eines in Wahrheit nicht abgeschlossenen Restschuldversicherungsvertrags als angeblich mit dem Darlehensvertrag verbundener Vertrag).[59] Verstöße gegen das Deutlichkeitsgebot sowie sachliche Änderungen oder Auslassungen führen zum Verlust der Gesetzlichkeitsfiktion.[60] Das gilt unabhängig vom Umfang der vom Darlehensgeber vorgenommenen Änderungen und der damit verfolgten Zielsetzung; vielmehr schließt jede eigene inhaltliche Bearbeitung die Schutzwirkung aus.[61] Rein sprachliche oder redaktionelle Anpassungen können dagegen im Einzelfall unschädlich sein.[62] Ausgeschlossen wird die Gesetzlichkeitsfiktion auch durch Zusätze, die den Verbraucher verwirren, oder weitere Angaben, die sich nicht deutlich vom gesetzlich vorgeschriebenen Kern abheben. Greift die Gesetzlichkeitsfiktion nicht ein, ist die Widerrufsinformation nicht per se fehlerhaft. Vielmehr bleibt im Einzelfall zu prüfen, ob sie den materiellen Anforderungen 16

---

52 Vgl. *Grüneberg* NJW 2024, 993 Rn. 11 ff.; krit. *Freitag/Allstadt* BKR 2021, 1 (3).

53 Vgl. zu den gesetzgeberischen Erwägungen, insbes. mit Blick auf das Unionsrecht, Begr. RegE, BT-Drs. 17/1394, 21; daneben BGH NJW 2016, 1881 Rn. 39.

54 OLG Stuttgart WM 2014, 995 (997); 2016, 263 (265 f.); OLG Düsseldorf BeckRS 2015, 14324 Rn. 12; LG Heidelberg BKR 2015, 154 (155); 2015, 417 (421); aA OLG Düsseldorf BeckRS 2015, 11627 Rn. 20.

55 Grüneberg/*Weidenkaff* Rn. 6.

56 Zu Zwischenunterschriften BGH NJW 2022, 1746 Rn. 13; BKR 2021, 371 Rn. 14; vgl. auch BGH NJW 2011, 1061 Rn. 17 ff. zu Anlage 2 zu § 14 BGB-InfoV aF; zur Schriftgröße OLG Stuttgart BeckRS 2020, 14369 Rn. 20 f.: ausreichend sei „ohne Hilfsmittel unproblematisch und ausreichend" lesbar für einen „normal informierten, angemessen aufmerksamen und verständigen Verbraucher".

57 Vgl. dazu LG Münster BeckRS 2014, 10820 mit der zutr. Erwägung, dass die abstrakten „Einfügungsbefehle" nicht zusätzlich in den Text aufzunehmen seien, und der sehr weitgehenden Schlussfolgerung, dass dadurch die Gesetzlichkeitsfiktion entfalle; zust. LG Dortmund BKR 2016, 168 (169).

58 Begr. RegE, BT-Drs. 17/1394, 29; vgl. zum Aufwendungsersatzanspruch jeweils Gestaltungshinweis 4.

59 BGH NJW 2021, 307 Rn. 18; BKR 2021, 106 Rn. 18.

60 Vgl. LG Dortmund BKR 2016, 168 (169); LG Münster BeckRS 2014, 10820; vgl. zu § 14 BGB-InfoV aF BGHZ 172, 58 Rn. 12 = NJW 2007, 1946; BGHZ 194, 150 Rn. 15 = NJW 2012, 3428; BGH NJW 2010, 989 Rn. 20; 2011, 1061 Rn. 14 ff.; WM 2011, 474 Rn. 21 ff.; 2011, 1799 Rn. 36 ff.; NZG 2012, 427 Rn. 17; NJW 2014, 2022 Rn. 15.

61 OLG Düsseldorf BeckRS 2015, 11627 Rn. 21; LG Nürnberg-Fürth BKR 2016, 210 (215): Austausch der Beispiele für Pflichtangaben nach § 492 Abs. 2; vgl. zu § 14 BGB-InfoV aF BGHZ 194, 150 Rn. 15 = NJW 2012, 3428; BGH WM 2011, 1799 Rn. 39; NZG 2012, 427 Rn. 17; NJW 2014, 2022 Rn. 18; WM 2016, 968 Rn. 18; übergreifend dazu *Schürnbrand* JZ 2015, 974 (979 f.).

62 Vgl. LG Heidelberg BKR 2015, 154 (155); PWW/*Pöschke* BGB § 492 Rn. 15; zu § 14 BGB-InfoV aF OLG Bamberg WM 2013, 927; OLG Frankfurt WM 2014, 1860: Ersetzung von „Widerrufsfrist" durch „Frist"; WM 2015, 1985 (1986): gestalterische Anpassungen; ZIP 2016, 1524 (1526 f.); OLG Hamburg BKR 2015, 336 (337): Umformulierung in die erste Person Plural; KG WM 2015, 180: Anpassung an § 66 TKG aF; OLG München WM 2016, 260 (262 f.): Hinweis zu Empfangsvertreter; abl. zum Hinweis „Bitte im Einzelfall prüfen" BGH NJW 2016, 3512 Rn. 19; OLG Nürnberg BKR 2016, 205 (206); aA insoweit OLG Düsseldorf WM 2016, 1227 (1228 f.); zum Ganzen auch BVerfG WM 2016, 1434. Zur „inhaltlich zutreffende(n) Vervollständigung" im Hinblick auf nicht im Muster enthaltene Fragen unter Geltung des § 14 BGB-InfoV aF BGH NJW 2017, 243 Rn. 27.

des Gesetzes Rechnung trägt. Zur Frage eines Rechtsmissbrauchs durch Berufung auf das Nichteingreifen der Gesetzlichkeitsfiktion[63] → BGB § 495 Rn. 18 f.

§ 7 Weitere Angaben im Vertrag

(1) Der Allgemein-Verbraucherdarlehensvertrag muss folgende klar und verständlich formulierte weitere Angaben enthalten, soweit sie für den Vertrag bedeutsam sind:
1. einen Hinweis, dass der Darlehensnehmer Notarkosten zu tragen hat,
2. die vom Darlehensgeber verlangten Sicherheiten und Versicherungen, im Fall von entgeltlichen Finanzierungshilfen insbesondere einen Eigentumsvorbehalt,
3. die Berechnungsmethode des Anspruchs auf Vorfälligkeitsentschädigung, soweit der Darlehensgeber beabsichtigt, diesen Anspruch geltend zu machen, falls der Darlehensnehmer das Darlehen vorzeitig zurückzahlt,
4. den Zugang des Darlehensnehmers zu einem außergerichtlichen Beschwerde- und Rechtsbehelfsverfahren und gegebenenfalls die Voraussetzungen für diesen Zugang.

(2) Der Immobiliar-Verbraucherdarlehensvertrag muss folgende klar und verständlich formulierte weitere Angaben enthalten, soweit sie für den Vertrag bedeutsam sind:
1. die Voraussetzungen und die Berechnungsmethode für den Anspruch auf Vorfälligkeitsentschädigung, soweit der Darlehensgeber beabsichtigt, diesen Anspruch geltend zu machen, falls der Darlehensnehmer das Darlehen vorzeitig zurückzahlt, und die sich aus § 493 Absatz 5 des Bürgerlichen Gesetzbuchs ergebenden Pflichten,
2. bei einem Immobiliar-Verbraucherdarlehensvertrag in Fremdwährung auch die sich aus den §§ 503 und 493 Absatz 4 des Bürgerlichen Gesetzbuchs ergebenden Rechte des Darlehensnehmers.

1 Abs. 1 betrifft **Allgemein-Verbraucherdarlehensverträge** iSd § 491 Abs. 2 BGB. Dabei ist Abs. 1 Nr. 1–3 spiegelbildlich zu dem die vorvertragliche Information betreffenden Art. 247 § 4 angelegt und daher auch gleichsinnig zu interpretieren (→ Art. 247 § 4 Rn. 2 f.). Demzufolge genügt nach Abs. 1 Nr. 1 ein Hinweis, dass der Darlehensnehmer die **Notarkosten** zu tragen hat (vgl. Art. 10 Abs. 2 lit. n RL 2008/48/EG); eine nähere Bezifferung ist nicht geboten.[1]

2 Anzugeben sind nach Abs. 1 Nr. 2 (Art. 10 Abs. 2 lit. o RL 2008/48/EG) die **Sicherheiten** und **Versicherungen,**[2] soweit der Darlehensgeber ihre Stellung verlangt. Der Begriff der Sicherheiten ist weit zu verstehen (vgl. § 232 BGB) und umfasst alle zusätzlichen Ansprüche und Rechte für den Fall, dass der Darlehensnehmer das Darlehen nicht zurückzahlt. Sie müssen vom Darlehensgeber konkret, jedenfalls aber nach Art und Umfang spezifiziert angegeben werden; die Bezugnahme auf Nr. 13, 14 AGB-Banken bzw. Nr. 21, 22 AGB-Sparkassen reicht nicht aus.[3] „Verlangte Sicherheiten" bedeutet, dass die schuldrechtliche Verpflichtung in die Vertragserklärung aufgenommen werden muss. Das dingliche Vollzugsgeschäft kann ebenso wie die weitere Sicherungsvereinbarung Gegenstand einer gesonderten Vereinbarung sein.[4] Stehen Darlehensgeber und Darlehensnehmer in einer laufenden Geschäftsbeziehung, für die auch im Hinblick auf künftige Ansprüche bereits Sicherheiten bestellt wurden, so genügt es, pauschal auf deren Fortgeltung hinzuweisen.[5]

3 Sofern der Darlehensgeber bei vorzeitiger Rückzahlung des Darlehens den Anspruch auf **Vorfälligkeitsentschädigung** geltend zu machen beabsichtigt, hat er **beim Allgemein-Verbraucherdarlehensvertrag** gemäß Abs. 1 Nr. 3 die Berechnungsmethode anzugeben. Damit wird Art. 10 Abs. 2 lit. r RL 2008/48/EG Rechnung getragen. Fehlt die Angabe oder ist sie unzureichend, ist der Anspruch gemäß § 502 Abs. 2 Nr. 2 BGB ausgeschlossen (→ BGB § 502 Rn. 14 mit Forderung nach einer restriktiven Auslegung). Was die Detailtiefe der Darstellung der Berechnungsmethode angeht, besteht offenkundig ein Zielkonflikt zwischen mathematischer Genauigkeit und Verständlichkeit, der vernünftigerweise zugunsten der Verständlichkeit aufzulösen wäre.[6] Demgemäß ließ der

---

63 Dazu BGH NJW 2021, 307 Rn. 27 f.

1 Staudinger/*Kessal-Wulf,* 2012, Rn. 72; krit. Langenbucher/Bliesener/Spindler/*Roth* Rn. 2.

2 Zur Fahrzeugversicherung beim finanzierten Kfz-Kauf OLG Stuttgart BeckRS 2019, 11068 Rn. 42.

3 Ebenso Staudinger/*Kessal-Wulf,* 2012, BGB § 492 Rn. 72; Bülow/Artz/*Artz* BGB § 492 Rn. 142.

4 Begr. RegE, BT-Drs. 16/11643, 128; Bülow/Artz/*Artz* BGB § 492 Rn. 140; Kümpel/Mülbert/Früh/Seyfried BankR/KapMarktR/*Wittig* Rn. 5.207; BeckOK BGB/*Möller,* 1.8.2022, BGB § 492 Rn. 52.

5 Vgl. Staudinger/*Kessal-Wulf,* 2012, BGB § 492 Rn. 73; PWW/*Pöschke* BGB § 492 Rn. 10; zu § 4 VerbrKrG Begr. RegE, BT-Drs. 11/5462, 20.

6 *Rösler/Werner* BKR 2009, 1 (3); *Mülbert/Zahn* FS Maier-Reimer, 2010, 457 (475 f.); Ellenberger/Bunte BankR-HdB/*Münscher* § 56 Rn. 158; Kümpel/Mülbert/Früh/Seyfried BankR/KapMarktR/*Wittig* Rn. 5.113; vgl. auch OLG Köln BeckRS 2018, 35784 Rn. 23 ff.; zurückhaltend Langenbucher/Bliesener/Spindler/*Roth* Rn. 4.

BGH es bislang genügen, wenn der Vertrag die „wesentlichen Parameter" für die Berechnung „in groben Zügen benennt".[7] Diese an sich sachgerechte Rspr. ist **im Anwendungsbereich der RL 2008/48/EG**[8] durch das **Volkswagen Bank-Urteils des EuGH** infrage gestellt worden.[9] Darin verlangte der EuGH zwar nicht die Wiedergabe der mathematischen Formel zur Berechnung der Entschädigung. Allerdings postulierte er das Erfordernis, den Rechenweg „in einer konkreten und für einen Durchschnittsverbraucher leicht nachvollziehbaren Weise" anzugeben, „so dass dieser die Höhe der […] Entschädigung anhand der im Kreditvertrag gegebenen Informationen bestimmen kann".[10] Damit wäre dem Darlehensgeber eine *descriptio diabolica* abverlangt worden,[11] zumal bereits im Hinblick auf die unionsrechtlichen Anforderungen an den der Beschreibung zugrundeliegenden Rechenweg Rechtsunsicherheit besteht.[12] Erfreulicherweise hat der EuGH seine nicht sachgemäßen Vorgaben in der Folge aber im **BMW Bank-Urteil** zumindest teilweise korrigiert und entschärft.[13] Danach kann der Allgemein-Verbraucherdarlehensvertrag den Anforderungen an die Darstellung der Berechnung der Entschädigung genügen, sofern er „andere Elemente enthält, die es dem Verbraucher ermöglichen, die Höhe der […] Entschädigung und insbesondere den Betrag, den er im Fall der vorzeitigen Rückzahlung […] höchstens zu zahlen haben wird, leicht zu ermitteln".[14] Dem Informationsinteresse des Verbrauchers ist mithin hinreichend Rechnung getragen, wenn er dem Vertrag die **Deckelung der Vorfälligkeitsentschädigung** nach § 502 Abs. 3 BGB entnehmen kann.[15]

Ferner ist nach Abs. 1 Nr. 4 auf den Zugang des Darlehensnehmers zu **außergerichtlichen** 4 **Beschwerde- und Rechtsbehelfsverfahren** und ggf. die Voraussetzungen für diesen Zugang hinzuweisen. Erfasst sind neben Schlichtungsverfahren nach § 14 Abs. 1 S. 1 Nr. 2 UKlaG[16] auch andere Verfahren mit einem gewissen Formalisierungsgrad,[17] welche vom Verbraucher selbst (und nicht lediglich durch einen Verbraucherverband) unmittelbar in Gang gesetzt werden können.[18] Der **EuGH** verlangt im Rahmen des zugrunde liegenden Art. 10 Abs. 2 lit. t RL 2008/48/EG weitreichende und detaillierte Angaben, die den Verbraucher in die Lage versetzen, die Zweckmäßigkeit der Einleitung eines solchen Verfahrens zu beurteilen und dieses Verfahren auch tatsächlich einzuleiten.[19] Danach müssen dem Verbraucher im Vertragstext (und nicht lediglich in einer darin in Bezug genommenen, im Internet verfügbaren Verfahrensordnung) „die wesentlichen Informationen über alle dem Verbraucher zur Verfügung stehenden außergerichtlichen Beschwerde- oder Rechtsbehelfsverfahren" erteilt werden. Dazu zählt der Gerichtshof neben den damit verbundenen etwaigen[20] Kosten die formalen Voraussetzungen dieser Verfahren einschließlich der Frage, ob sie in Papierform oder auf elektronischem Weg einzuleiten sind und an welche Postanschrift oder elektronische Adresse der Verbraucher sich insoweit wenden muss,[21] wobei Angaben, deren Fehlen lediglich einen Hinweis unter Eröffnung einer **Ergänzungsmöglichkeit** zur Folge hat, nach der zutreffenden Rspr. des

---

7 BGH NJW 2020, 461 Rn. 44 ff.

8 Außerhalb des Anwendungsbereichs der Verbraucherkredit-RL, insbes. beim Immobiliar-Verbraucherdarlehensvertrag, sieht sich der BGH nicht an die Vorgaben aus der Volkswagen Bank-Entscheidung (EuGH NJW 2022, 40) gebunden, BGH BKR 2021, 708 Rn. 2; *Grüneberg* WM 2022, 153 (154). Das überzeugt iErg, wenngleich bzgl. mittelbarer Auswirkungen im Geltungsbereich der Wohnimmobilienkredit-RL weitergehende Überlegungen anzustellen sind, *Chr. A. Weber* BKR 2022, 7 (11 ff.); aA *Tiffe* BKR 2021, 704 (706).

9 EuGH NJW 2022, 40 Rn. 96 ff. – Volkswagen Bank; *Feldhusen* IWRZ 2022, 51 (54 f.); *Chr. A. Weber* BKR 2022, 7 (9 ff.) mit Kritik an der Entscheidung; befürwortend hingegen *Knops* ZRP 2022, 145 (147 f.); vgl. auch *Tiffe* BKR 2021, 704 (705).

10 EuGH NJW 2022, 40 Rn. 96 ff. – Volkswagen Bank; *Feldhusen* IWRZ 2022, 51 (54 f.); *Chr. A. Weber* BKR 2022, 7 (9 ff.) mit Kritik an der Entscheidung; befürwortend hingegen *Knops* ZRP 2022, 145 (147 f.); vgl. auch *Tiffe* BKR 2021, 704 (705).

11 So ohne diesen Begriff *Grüneberg* BKR 2023, 273 (275); vgl. auch *Chr. A. Weber* BKR 2022, 7 (9 ff.); aA *Feldhusen* IWRZ 2022, 51 (54 f.). Das OLG Stuttgart versucht, die Anforderungen insoweit handhabbar zu halten (OLG Stuttgart BKR 2022, 588 Rn. 21 ff.), überzeugt aber in der Begründung nicht.

12 Dazu *Chr. A. Weber* BKR 2022, 7 (9 ff.) mwN.

13 EuGH BeckRS 2023, 36805 Rn. 253 ff. – BMW Bank ua; *Hampe* BKR 2024, 366 (369 f.).

14 EuGH BeckRS 2023, 36805 Rn. 256 – BMW Bank ua.

15 *Hampe* BKR 2024, 366 (369 f.).

16 BeckOGK/*Gerlach/Kuhle/Scharm,* 15.11.2020, Rn. 16.

17 BeckOGK/*Gerlach/Kuhle/Scharm,* 15.11.2020, Rn. 17.

18 Bülow/Artz/*Artz* BGB § 492 Rn. 149.

19 EuGH NJW 2022, 40 Rn. 119 ff. – Volkswagen Bank; BGH BKR 2024, 372 Rn. 43 ff.

20 Zur Entbehrlichkeit der Angabe bei für den Verbraucher kostenfreien Verfahren BGH BKR 2024, 372 Rn. 46.

21 EuGH NJW 2022, 40 Rn. 119 ff. – Volkswagen Bank; BeckRS 2023, 36805 Rn. 243 ff. – BMW Bank ua; BGH BKR 2024, 372 Rn. 43 ff.

BGH insoweit unterbleiben dürfen.[22] Diese Vorgaben sind, weil das nationale Recht Raum für eine derartige Auslegung lässt, durch **richtlinienkonforme Auslegung** des Abs. 1 Nr. 4 umzusetzen.[23]

5 Für **Immobiliar-Verbraucherdarlehensverträge** iSd § 491 Abs. 3 BGB gelten die Anforderungen des Abs. 2. Dessen Nr. 1 betrifft die Vorfälligkeitsentschädigung. Ebenso wie bei Allgemein-Verbraucherdarlehensverträgen ist die Berechnungsmethode anzugeben (→ Rn. 3).[24] Die sachwidrigen Vorgaben hierzu im Volkswagen Bank-Urteil des EuGH sind (ebenso wie die weniger weitgehenden Vorgaben des BMW Bank-Urteils) nur im Anwendungsbereich der Verbraucherkredit-RL maßgeblich und betreffen Immobiliar-Verbraucherdarlehensverträge daher nicht unmittelbar (→ BGB § 502 Rn. 16).[25] Mittelbare Auswirkungen des Urteils auf den Immobiliar-Verbraucherdarlehensvertrag sind vorstellbar, aber richtigerweise zu verneinen (ausführlich → BGB § 502 Rn. 16 f.).[26] Der Verbraucher ist aber nicht nur über die Berechnungsmethode zu informieren, sondern auch über die die Voraussetzungen des Anspruchs auf Vorfälligkeitsentschädigung sowie darüber, dass der Darlehensgeber ihm im Falle einer beabsichtigten vorzeitigen Rückführung die für die Prüfung dieser Möglichkeit erforderlichen Informationen zu übermitteln hat. Handelt es sich um ein Fremdwährungsdarlehen, ist Nr. 2 zu beachten. Fehlt die Angabe, so greift als Rechtsfolge § 494 Abs. 6 S. 3 BGB ein (→ BGB § 494 Rn. 41).

§ 8 Verträge mit Zusatzleistungen

(1) [1]Verlangt der Darlehensgeber zum Abschluss eines Allgemein-Verbraucherdarlehensvertrags, dass der Darlehensnehmer zusätzliche Leistungen des Darlehensgebers annimmt oder einen weiteren Vertrag abschließt, insbesondere einen Versicherungsvertrag oder Kontoführungsvertrag, hat der Darlehensgeber dies zusammen mit der vorvertraglichen Information anzugeben. [2]In der vorvertraglichen Information sind Kontoführungsgebühren sowie die Bedingungen, unter denen sie angepasst werden können, anzugeben.

(2) Werden im Zusammenhang mit einem Verbraucherdarlehensvertrag Kontoführungsgebühren erhoben, so sind diese sowie die Bedingungen, unter denen die Gebühren angepasst werden können, im Vertrag anzugeben.

(3) [1]Dienen die vom Darlehensnehmer geleisteten Zahlungen nicht der unmittelbaren Darlehenstilgung, sind die Zeiträume und Bedingungen für die Zahlung der Sollzinsen und der damit verbundenen wiederkehrenden und nicht wiederkehrenden Kosten im Verbraucherdarlehensvertrag aufzustellen. [2]Verpflichtet sich der Darlehensnehmer mit dem Abschluss eines Verbraucherdarlehensvertrags auch zur Vermögensbildung, muss aus der vorvertraglichen Information und aus dem Verbraucherdarlehensvertrag klar und verständlich hervorgehen, dass weder die während der Vertragslaufzeit fälligen Zahlungsverpflichtungen noch die Ansprüche, die der Darlehensnehmer aus der Vermögensbildung erwirbt, die Tilgung des Darlehens gewährleisten, es sei denn, dies wird vertraglich vereinbart.

1 Die Norm statuiert zusätzliche Informationspflichten beim Abschluss von Verträgen mit Zusatzleistungen. Diese Pflichten beziehen sich zum Teil auf die **vorvertragliche Information** und ergänzen insoweit die Pflichtangaben nach Art. 247 § 3. Zum Teil betreffen sie aber auch die **Angaben im Vertrag** und treten insoweit neben Art. 247 § 6. Was den sachlichen Anwendungsbereich angeht, so betrifft Abs. 1 ausschließlich **Allgemein-Verbraucherdarlehensverträge** nach § 491 Abs. 2 BGB. Demgegenüber beziehen sich Abs. 2 und Abs. 3 allgemein auf Verbraucherdarlehensverträge (§ 491 Abs. 1 S. 2 BGB) und finden damit auch Anwendung auf den in § 491 Abs. 3 normierten **Immobiliar-Verbraucherdarlehensvertrag.**[1]

2 Macht der Darlehensgeber den Abschluss eines **Allgemein-Verbraucherdarlehensvertrags** (§ 491 Abs. 2 BGB) davon abhängig, dass der Darlehensnehmer eine zusätzliche Leistung des Darlehensgebers annimmt oder einen weiteren Vertrag abschließt, so hat er dies nach **Abs. 1 S. 1** zusammen mit der **vorvertraglichen** Information anzugeben (zur Angabe im Vertrag → Rn. 3; zur Situation beim Immobiliar-Verbraucherdarlehensvertrag vgl. Abschnitt 8 ESIS-Merkblatt in

[22] BGH BKR 2024, 372 Rn. 47.
[23] Vgl. BGH NJW 2021, 307 Rn. 16.
[24] Begr. RegE, BT-Drs. 18/5922, 116.
[25] BGH BeckRS 2021, 31432; 2021, 30333; 2021, 33029; *Chr. A. Weber* BKR 2022, 7 (12); aA *Tiffe* BKR 2021, 704 (706 ff.).
[26] *Chr. A. Weber* BKR 2022, 7 (12); aA *Tiffe* BKR 2021, 704 (706 ff.).
[1] Begr. RegE, BT-Drs. 18/5922, 116.

Anlage 6 zum EGBGB[2]). Erfasst werden mithin im Anschluss an Art. 5 Abs. 1 UAbs. 2 lit. k RL 2008/48/EG nur **obligatorische Zusatzleistungen.** Der Begriff ist allerdings weit zu verstehen. Es ist nicht erforderlich, dass die Annahme der zusätzlichen Leistung oder der Abschluss des weiteren Vertrags Voraussetzung dafür ist, dass das Darlehen überhaupt gewährt wird. Vielmehr genügt es ebenso wie bei § 16 Abs. 4 Nr. 2 PAngV (→ Art. 247 § 3 Rn. 19), wenn die Einräumung der vorgesehenen Vertragsbedingungen von der Zusatzleistung abhängt.[3] Lediglich beispielhaft[4] sind im Gesetz typische Anwendungsfälle hervorgehoben: Versicherungsverträge, wie namentlich die Restschuldversicherung, Kontoführungsverträge sowie Spar-/Kreditkombinationen, die unter Abs. 3 fallen (→ Rn. 4 f.). Nach **Abs. 1 S. 2** in der **vorvertraglichen** Information gesondert anzugeben sind **Kontoführungsgebühren** und die Bedingungen, unter denen sie angepasst werden können.

Werden im Zusammenhang mit einem Verbraucherdarlehensvertrag – gleich, ob es sich um einen Allgemein- oder einen Immobiliar-Verbraucherdarlehensvertrag handelt[5] – **Kontoführungsgebühren** erhoben, so sind diese nach **Abs. 2** (früher: Art. 247 § 8 Abs. 1 S. 2 aF) zusätzlich zu den Angaben nach Art. 247 § 6 **im Vertrag anzugeben.** Ebenfalls eine Pflicht zur Angabe im Vertrag (und nicht in der vorvertraglichen Information) statuiert **Abs. 3 S. 1.** Danach müssen, sofern die vom Darlehensnehmer geleisteten Zahlungen nicht der unmittelbaren Darlehenstilgung dienen, im Vertrag zusätzlich die Zeiträume und Bedingungen für die Zahlung der Sollzinsen und der damit verbundenen wiederkehrenden und nicht wiederkehrenden Kosten angegeben werden. 3

Besondere Gefahren gehen für den Darlehensnehmer von Vertragsgestaltungen aus, bei denen die von ihm geleisteten Zahlungen nicht unmittelbar der Darlehenstilgung, sondern der Vermögensbildung dienen **(Spar-/Kreditkombinationen).** Sie begegnen vor allem in der Form endfälliger Darlehen mit Tilgungsaussetzung, die am Ende der Laufzeit aus dem angesparten Kapitalstock (häufig einer Kapitallebensversicherung) zurückgeführt werden sollen. Die Anrechnung erfolgt regelmäßig entsprechend § 364 Abs. 2 BGB nur erfüllungshalber, so dass der Darlehensnehmer das Risiko einer Unterdeckung zu tragen hat, die sich aus einer ungünstigen Wertentwicklung des Sparprodukts ergibt.[6] Vor diesem Hintergrund verpflichtet **Abs. 3 S. 2** (Art. 5 Abs. 5 RL 2008/48/EG) den Darlehensgeber, **in der vorvertraglichen Information und im Vertrag** (gleich, ob Allgemein- oder Immobiliar-Verbraucherdarlehensvertrag, → Rn. 1) klar und verständlich darauf hinzuweisen, dass weder die während der Vertragslaufzeit fälligen Zahlungspflichten (also die vom Verbraucher aufzubringenden Sparraten und die ggf. an den Darlehensgeber zu erbringenden Zinszahlungen) noch die aus der Vermögensbildung erworbenen Ansprüche (also der angesparte Kapitalstock) die Tilgung des Darlehens gewährleisten, das Darlehen vielmehr am Ende der Laufzeit **zur vollständigen Tilgung ansteht.**[7] Die Angabe ist entbehrlich, wenn das Risiko einer Unterdeckung nicht besteht, weil im Sparvertrag die Abdeckung der Darlehensrückzahlungsforderung garantiert ist oder aber die Anrechnung der Sparleistung ausnahmsweise gemäß § 364 Abs. 1 BGB an Erfüllungs statt erfolgt (Abs. 3 S. 2 Hs. 2).[8] 4

§ 9 *[aufgehoben]*

Die frühere Spezialvorschrift zu Immobiliardarlehensverträgen (§ 503 BGB aF) ist durch das Gesetz zur Umsetzung der Wohnimmobilienkreditrichtlinie und zur Änderung handelsrechtlicher Vorschriften vom 11.3.2016 (BGBl. 2016 I 396) aufgehoben worden, weil die Sondervorschriften für Immobilienfinanzierungen nunmehr im Zusammenhang mit den jeweiligen Sachregelungen zu finden sind.[1] 1

---

2 Begr. RegE, BT-Drs. 18/5922, 116.

3 Begr. RegE, BT-Drs. 16/11643, 128; Grüneberg/*Weidenkaff* Rn. 2; Staudinger/*Kessal-Wulf,* 2012, BGB § 491a Rn. 21.

4 *Ellenberger*/Nobbe/*Müller-Christmann* BGB § 491a Rn. 37; Staudinger/*Kessal-Wulf,* 2012, BGB § 491a Rn. 21; BeckOGK/*Knops,* 15.3.2024, BGB § 491a Rn. 41.

5 Begr. RegE, BT-Drs. 18/5922, 116.

6 BGH WM 2008, 121; OLG Karlsruhe WM 2006, 1810; LG Ravensburg BKR 2012, 286.

7 BeckOGK/*Knops,* 15.3.2024, BGB § 491a Rn. 43. Zu möglichen Schadensersatzansprüchen des Verbrauchers *Gercke,* Schadensersatz wegen vorvertraglicher Informationspflichtverletzungen beim Verbraucherkredit, 2014, 191 ff.

8 Nur auf den ersten Fall abstellend Begr. RegE, BT-Drs. 16/11643, 130; Bülow/Artz/*Artz* BGB § 492 Rn. 152; Grüneberg/*Weidenkaff* Rn. 3; zum zweiten Fall Staudinger/*Kessal-Wulf,* 2012, BGB § 492 Rn. 76.

1 Begr. RegE, BT-Drs. 18/5922, 117.

§ 10 Abweichende Mitteilungspflichten bei Überziehungsmöglichkeiten gemäß § 504 Abs. 2 des Bürgerlichen Gesetzbuchs

(1) Bei Überziehungsmöglichkeiten im Sinne des § 504 Abs. 2 des Bürgerlichen Gesetzbuchs sind abweichend von den §§ 3, 4 und 6 nur anzugeben:

1. in der vorvertraglichen Information
a) die Angaben nach § 3 Absatz 1 Nummer 1 bis 6, 10, 11 und 16, Absatz 3 und 4 sowie gegebenenfalls nach § 4 Abs. 1 Nr. 4,
b) die Bedingungen zur Beendigung des Darlehensverhältnisses und
c) der Hinweis, dass der Darlehensnehmer jederzeit zur Rückzahlung des gesamten Darlehensbetrags aufgefordert werden kann, falls ein entsprechendes Kündigungsrecht für den Darlehensgeber vereinbart werden soll;

2. im Vertrag
a) die Angaben nach § 6 Abs. 1 Nr. 1 in Verbindung mit § 3 Abs. 1 Nr. 1 bis 6, 9 und 10, Abs. 4,
b) die Angaben nach § 6 Abs. 1 Nr. 2 und 5,
c) die Gesamtkosten sowie
d) gegebenenfalls der Hinweis nach Nummer 1 Buchstabe c.

(2) In den Fällen des § 5 Absatz 1 muss die Beschreibung der wesentlichen Merkmale nach Artikel 246b § 1 Absatz 1 Nummer 5 zumindest die Angaben nach § 3 Absatz 1 Nummer 3 bis 5, 10, Absatz 3 und 4 sowie nach Absatz 1 Nr. 1 Buchstabe c enthalten.

(3) Die Angabe des effektiven Jahreszinses ist entbehrlich, wenn der Darlehensgeber außer den Sollzinsen keine weiteren Kosten verlangt und die Sollzinsen nicht in kürzeren Zeiträumen als drei Monaten fällig werden.

I. Überblick

1 Die Vorschrift behandelt die bei Überziehungsmöglichkeiten nach § 504 Abs. 2 BGB zu beachtenden Informationspflichten. Sie bezieht sich mithin nur auf **kurzfristige** Überziehungsmöglichkeiten in Form des **Allgemein-Verbraucherdarlehensvertrags,** welche die tatbestandlichen Voraussetzungen des § 504 Abs. 2 BGB erfüllen (→ BGB § 504 Rn. 17). Geregelt werden sowohl die zu erteilenden vorvertraglichen Informationen (Abs. 1 Nr. 1, Abs. 2) als auch die Pflichtangaben im Vertrag selbst (Abs. 1 Nr. 2). Die Norm geht als lex specialis, die einige Pflichtangaben entfallen lässt, im Gegenzug aber auch zusätzliche Angaben verlangt, den allgemeinen Vorschriften der Art. 247 §§ 3 f., 6 vor. Dagegen bleiben Angabepflichten nach Art. 247 §§ 7 f., 12 ff. von ihr unberührt. Den unionsrechtlichen Hintergrund der Norm bildet Art. 2 Abs. 3 RL 2008/48/EG (→ BGB § 504 Rn. 3).

II. Vorvertragliche Information

2 **1. Allgemeine Anforderungen; Verwendung des Musters.** Die in die vorvertragliche Information aufzunehmenden Mindestangaben sind nicht den allgemeinen Normen der Art. 247 §§ 3 und 4, sondern der diese verdrängenden Spezialvorschrift des **Abs. 1** zu entnehmen. Demnach sind zwar einige Pflichtangaben entbehrlich, jedoch kommen auch neue dazu (→ Rn. 4 ff.). Unberührt hiervon bleibt die Pflicht, weitere Angaben in die vorvertragliche Information aufzunehmen, wenn die tatbestandlichen Voraussetzungen der Art. 247 §§ 12 oder 13 erfüllt sind.[1] Im Einzelnen sind gemäß **Abs. 1 Nr. 1 lit. a** aus dem **Katalog der Mindestangaben** des § 3 nur diejenigen nach Abs. 1 Nr. 1–6, 10, 11 und 16 sowie nach Abs. 3 und 4 aufzunehmen; hinzukommt ggf. die Angabe nach Art. 247 § 4 Abs. 1 Nr. 4. Nicht zu unterrichten ist daher über die (nicht existierenden) Teilzahlungen, den (ohnehin beständigen Schwankungen ausgesetzten) Gesamtbetrag, die (aus Sicht des Verbrauchers durchweg unproblematischen) Auszahlungsbedingungen, die Folgen ausbleibender Zahlungen, das Nichtbestehen eines Widerrufsrechts, das Recht auf vorzeitige Rückzahlung und den Anspruch auf einen Vertragsentwurf.

3 Der Darlehensgeber kann zur Unterrichtung das gesetzliche **Muster „Europäische Verbraucherkreditinformationen"** nach Anlage 5 zu Art. 247 § 2 Abs. 3 S. 1 verwenden. Macht er von dieser Option Gebrauch und übermittelt er dem Verbraucher ein ordnungsgemäß ausgefülltes Muster auf einem dauerhaften Datenträger (§ 126b S. 2 BGB), so gilt seine Informationspflicht nach Art. 247 § 2 Abs. 4 als erfüllt (→ Art. 247 § 2 Rn. 5, 7 f.).

[1] Vgl. Begr. RegE, BT-Drs. 16/11643, 130 noch unter Einschluss des § 4; daran anknüpfend *Ellenberger/*Nobbe/*Artner* BGB § 504 Rn. 38; Grüneberg/*Weidenkaff* Rn. 1; sowie – § 4 ausnehmend – Begr. RegE, BT-Drs. 17/1394, 22.

2. Einsatz besonderer Kommunikationsmittel (Abs. 2). Unter den Voraussetzungen des § 504 Abs. 2 S. 2 BGB kann eine kurzfristige Überziehungsmöglichkeit formlos vereinbart werden. Insofern kann sich die in Art. 247 § 5 Abs. 1 angesprochene Situation ergeben, dass der **Darlehensnehmer** den Vertrag mittels eines Kommunikationsmittels anbahnt, das die Erteilung vorvertraglicher Informationen unter Wahrung des Art. 247 § 2 nicht zulässt (→ Art. 247 § 5 Rn. 2). In diesem Fall müssen gemäß Abs. 2 als Hauptmerkmale der Leistung (Art. 246b § 1 Abs. 1 Nr. 5) nur der (ggf. jedoch entbehrliche, → Rn. 5) effektive Jahreszins (einschließlich eines repräsentativen Beispiels), der Nettodarlehensbetrag, der Sollzinssatz (einschließlich der Art und Weise seiner Anpassung sowie der weiteren Angaben nach § 3 Abs. 4), die sonstigen Kosten und die Fälligkeit der Rückzahlungsforderung (Abs. 1 Nr. 1 lit. c) genannt werden.[2] 4

3. Entbehrlichkeit der Angabe des effektiven Jahreszinses (Abs. 3). Darüber hinaus hat der deutsche Gesetzgeber von der Option des Art. 6 Abs. 2 RL 2008/48/EG Gebrauch gemacht und in Abs. 3 die Angabe des effektiven Jahreszinses für entbehrlich erklärt, wenn der Darlehensgeber außer den Sollzinsen keine Kosten verlangt und die Sollzinsen nicht in kürzeren Abständen als drei Monaten fällig werden. Er wollte damit dem Umstand Rechnung tragen, dass die Berechnung des effektiven Jahreszinses bei Überziehungsmöglichkeiten sehr umständlich ist.[3] Die tatbestandlichen Voraussetzungen des Abs. 3 sind wie die korrespondierenden Tatbestandsmerkmale in § 504 Abs. 2 S. 2 BGB auszulegen (→ BGB § 504 Rn. 24 f.). 5

4. Bedingungen zur Beendigung; Weiteres (Abs. 1 Nr. 1 lit. b, c). Gemäß **Abs. 1 Nr. 1 lit. b** sind die Bedingungen zur **Beendigung** des Vertragsverhältnisses in die vorvertragliche Information aufzunehmen. Diese sind in der vorvertraglichen Information selbst zu umschreiben, ein bloßer Verweis auf die AGB des Kreditinstituts genügt nicht (vgl. Nr. 18, 19 AGB-Banken). Das dort vorgesehene Recht zur einseitigen Vertragsaufhebung (Kündigung) erstreckt sich grundsätzlich auf die „Geschäftsverbindung" im Ganzen. Es erfasst daher neben dem Giroverhältnis auch die als Neben- oder Zusatzabrede ausgestaltete Einräumung des Überziehungskredits. Zulässig ist aber auch die isolierte Kündigung des Kreditrahmens, wobei der Girokunde nicht gehindert ist, seinerseits das Giroverhältnis auch im Übrigen zu beenden. Wegen der einschneidenden Folgen einer Kündigung seitens des Darlehensgebers unterliegt die Ausübung des Kündigungsrechts zwar gewissen **Beschränkungen** (→ BGB § 504 Rn. 20); diese müssen aber nicht zum Gegenstand der Information nach Abs. 1 Nr. 1 lit. b gemacht werden. Gemäß Abs. 1 Nr. 1 lit. c ist ein **gesonderter Hinweis** erforderlich, dass der Darlehensnehmer jederzeit zur **Rückzahlung** aufgefordert werden kann, wenn ein entsprechendes Kündigungsrecht des Darlehensgebers vorgesehen ist. 6

III. Pflichtangaben im Vertrag

Die Pflichtangaben im Vertrag selbst bestimmen sich nach **Abs. 1 Nr. 2,** der die allgemeine Vorschrift des Art. 247 § 6 verdrängt. Demnach sind in den Vertrag zunächst die Angaben nach § 3 Abs. 1 Nr. 1–6, 9 und 10 (→ Art. 247 § 3 Rn. 3 ff.) sowie jene nach Art. 247 § 3 Abs. 4 (→ Art. 247 § 3 Rn. 11 f.) aufzunehmen. Die danach unter anderem erforderliche Angabe des effektiven Jahreszinses ist nach **Abs. 3** jedoch entbehrlich, wenn der Darlehensgeber außer den Sollzinsen keine Kosten verlangt und die Sollzinsen nicht in kürzeren Abständen als drei Monaten fällig werden (→ Rn. 5). Weiterhin vorgeschrieben sind Angaben zum Namen und zur Anschrift des Darlehensnehmers sowie zu dem bei der Kündigung des Vertrags einzuhaltenden Verfahren (Art. 247 § 6 Abs. 1 S. 1 Nr. 2, 5; → Art. 247 § 6 Rn. 6 ff.). Aufzuführen sind schließlich die Gesamtkosten (vgl. Art. 247 § 3 Abs. 2 S. 3; → Art. 247 § 3 Rn. 16) sowie ggf. der Hinweis zur jederzeitigen Rückzahlungspflicht nach Abs. 1 Nr. 1 lit. c (→ Rn. 6 aE). Daneben können im Einzelfall Angabepflichten nach Art. 247 §§ 7, 8, 12 und 13 bestehen.[4] 7

§ 11 Abweichende Mitteilungspflichten bei Allgemein-Verbraucherdarlehensverträgen zur Umschuldung gemäß § 495 Absatz 2 Nummer 1 des Bürgerlichen Gesetzbuchs

(1) Bei Allgemein-Verbraucherdarlehensverträgen zur Umschuldung gemäß § 495 Absatz 2 Nummer 1 des Bürgerlichen Gesetzbuchs sind abweichend von den §§ 3, 4 und 6 nur anzugeben:

---

2 Vgl. in der Zusammenschau Begr. RegE, BT-Drs. 16/11643, 131 und BT-Drs. 17/1394, 22.

3 Begr. RegE, BT-Drs. 16/11643, 131.

4 Vgl. Bülow/Artz/*Bülow* BGB § 504 Rn. 34; *Ellenberger*/Nobbe/*Artner* BGB § 504 Rn. 38; Grüneberg/*Weidenkaff* Rn. 1.

1. in der vorvertraglichen Information
a) die Angaben nach § 3 Abs. 1 Nr. 1 bis 7, 10, 11, 14 und 16, Abs. 3 und 4,
b) die Angaben nach § 4 Abs. 1 Nr. 3,
c) die Angaben nach § 10 Abs. 1 Nr. 1 Buchstabe b sowie
d) gegebenenfalls die Angaben nach § 4 Abs. 1 Nr. 4;
2. im Vertrag
a) die Angaben nach § 6 Abs. 1 Nr. 1 in Verbindung mit § 3 Abs. 1 Nr. 1 bis 9, 11 und 14, Abs. 3 und 4 sowie
b) die Angaben nach § 6 Abs. 1 Nr. 2 bis 4 und 6.

(2) In den Fällen des § 5 Absatz 1 muss die Beschreibung der wesentlichen Merkmale nach Artikel 246b § 1 Absatz 1 Nummer 5 zumindest die Angaben nach § 3 Abs. 1 Nr. 3 bis 6, 10 sowie Abs. 3 und 4 enthalten.

(3) [1]Wird ein Verbraucherdarlehensvertrag gemäß § 495 Absatz 2 Nummer 1 des Bürgerlichen Gesetzbuchs als Überziehungsmöglichkeit im Sinne des § 504 Abs. 2 Satz 1 des Bürgerlichen Gesetzbuchs abgeschlossen, gilt § 10. [2]Die Absätze 1 und 2 sind nicht anzuwenden.

1 Die Vorschrift behandelt die Informationspflichten, die bei Allgemein-Verbraucherdarlehensverträgen zur Umschuldung iSv § 495 Abs. 2 Nr. 1 BGB (→ BGB § 495 Rn. 21) zu beachten sind. Handelt es sich zugleich um eine **Überziehungsmöglichkeit** nach § 504 Abs. 2 BGB, so kommt gemäß Abs. 3 (unionsrechtskonform, Art. 6 Abs. 3 S. 2 RL 2008/48/EG) **allein Art. 247 § 10** zur Anwendung. Auch im Übrigen ist Art. 247 § 11 den Vorschriften des Art. 247 § 10 nachgebildet. Ebenso wie dieser enthält auch Art. 247 § 11 eine Sonderregelung nur zu Art. 247 §§ 3 f. und § 6, während die Angabepflichten nach Art. 247 §§ 7 f., 12 f. daneben zur Anwendung gelangen können (zu Art. 247 § 5 s. Abs. 2).[1]

2 Im Einzelnen ergibt sich aus **Abs. 1 Nr. 1,** dass in der **vorvertraglichen Information** zur Vereinfachung von Umschuldungen **nicht** über den Gesamtbetrag, die Auszahlungsbedingungen sowie das Nichtbestehen eines Widerrufsrechts zu berichten ist. Auch der Warnhinweis nach Art. 247 § 3 Abs. 1 Nr. 12 und die Information über die Rechte nach § 491a Abs. 2 BGB entfallen. **Erforderlich** sind jedoch die vorvertraglichen Informationen zur **Vorfälligkeitsentschädigung** und zu einer etwaigen **Bindung** des Darlehensgebers nach Maßgabe von Abs. 1 Nr. 1 lit. b, d iVm Art. 247 § 4 Abs. 1 Nr. 3, 4 (zu beidem → Art. 247 § 4 Rn. 3) sowie zur **Beendigung** des Darlehensverhältnisses (Abs. 1 Nr. 1 lit. c iVm Art. 247 § 10 Abs. 1 Nr. 1 lit. b; dazu → Art. 247 § 10 Rn. 6). Für den Fall, dass der Darlehensnehmer den Vertrag über **besondere Kommunikationsmittel** iSd Art. 247 § 5 Abs. 1 anbahnt, enthält **Abs. 2** eine Sonderregelung zur Erteilung der vorvertraglichen Informationen. Dieser Sonderregelung dürfte jedoch kaum praktische Bedeutung zukommen, da Verträge nach § 495 Abs. 2 Nr. 1 BGB der Schriftform bedürfen (§ 492 Abs. 1 BGB) und dieser Umstand es möglich und zumutbar erscheinen lässt, die vorvertraglichen Informationen auf dem regulären Weg zu erteilen (→ Art. 247 § 5 Rn. 2).

3 Was die **in den Vertrag** aufzunehmenden Angaben angeht, so sind nach **Abs. 1 Nr. 2 lit. a** von den in Art. 247 § 6 Abs. 1 Nr. 1 in Bezug genommenen Angaben nur jene nach Art. 247 § 3 Abs. 1 Nr. 10, 12 und 13 **entbehrlich.** Dies betrifft die Angaben zu sonstigen Kosten, den Warnhinweis zu den Folgen ausbleibender Zahlungen und den Hinweis auf das Nichtbestehen des Widerrufsrechts, anders als bei der vorvertraglichen Information (→ Rn. 2) aber nicht die Angaben zum Gesamtbetrag und zu den Auszahlungsbedingungen (Art. 247 § 3 Abs. 1 Nr. 8, 9), deren Aufnahme in den Vertrag nach Abs. 1 Nr. 2 lit. a geboten ist. Von den weiteren in Art. 247 § 6 Abs. 1 Nr. 2–6 vorgesehenen Angaben im Vertrag macht **Abs. 1 Nr. 2 lit. b** ebenfalls nur geringfügige Abstriche; entbehrlich ist lediglich die Angabe nach Art. 247 § 6 Abs. 1 Nr. 5 betreffend das einzuhaltende Verfahren bei Kündigung des Vertrags.

§ 12 Verbundene Verträge und entgeltliche Finanzierungshilfen

(1) [1]Die §§ 1 bis 11 gelten entsprechend für die in § 506 Absatz 1 des Bürgerlichen Gesetzbuchs bezeichneten Verträge über entgeltliche Finanzierungshilfen. [2]Bei diesen Verträgen oder Verbraucherdarlehensverträgen, die mit einem anderen Vertrag gemäß § 358 des Bürgerlichen Gesetzbuchs verbunden sind oder in denen eine Ware oder Leistung gemäß § 360 Absatz 2 Satz 2 des Bürgerlichen Gesetzbuchs angegeben ist, muss enthalten:

[1] Begr. RegE, BT-Drs. 16/11643, 131; Grüneberg/*Weidenkaff* Rn. 1.

1. die vorvertragliche Information, auch in den Fällen des § 5, den Gegenstand und den Barzahlungspreis,
2. der Vertrag
a) den Gegenstand und den Barzahlungspreis sowie
b) Informationen über die sich aus den §§ 358 und 359 oder § 360 des Bürgerlichen Gesetzbuchs ergebenden Rechte und über die Bedingungen für die Ausübung dieser Rechte.

[3]Enthält der Verbraucherdarlehensvertrag eine Vertragsklausel in hervorgehobener und deutlich gestalteter Form, die bei Allgemein-Verbraucherdarlehensverträgen dem Muster in Anlage 7 und bei Immobiliar-Verbraucherdarlehensverträgen dem Muster in Anlage 8 entspricht, genügt diese Vertragsklausel bei verbundenen Verträgen sowie Geschäften gemäß § 360 Absatz 2 Satz 2 des Bürgerlichen Gesetzbuchs den in Satz 2 Nummer 2 Buchstabe b gestellten Anforderungen. [4]Dies gilt bis zum Ablauf des 4. November 2011 auch bei entsprechender Verwendung dieses Musters in der Fassung des Gesetzes zur Einführung einer Musterwiderrufsinformation für Verbraucherdarlehensverträge, zur Änderung der Vorschriften über das Widerrufsrecht bei Verbraucherdarlehensverträgen und zur Änderung des Darlehensvermittlungsrechts vom 24. Juli 2010 (BGBl. I S. 977). [5]Bei Verträgen über eine entgeltliche Finanzierungshilfe treten diese Rechtsfolgen nur ein, wenn die Informationen dem im Einzelfall vorliegenden Vertragstyp angepasst sind. [6]Der Darlehensgeber darf unter Beachtung von Satz 3 in Format und Schriftgröße von dem Muster abweichen.

(2) [1]Bei Verträgen gemäß § 506 Absatz 2 Satz 1 Nummer 3 des Bürgerlichen Gesetzbuchs sind die Angaben nach § 3 Abs. 1 Nr. 14, § 4 Abs. 1 Nr. 3 und § 7 Nummer 3 entbehrlich. [2]§ 14 Abs. 1 Satz 2 ist nicht anzuwenden. [3]Hat der Unternehmer den Gegenstand für den Verbraucher erworben, tritt an die Stelle des Barzahlungspreises der Anschaffungspreis.

Übersicht

I. Einführung

Zunächst sind gemäß **Abs. 1 S. 1** die für Verbraucherdarlehensverträge geltenden Vorschriften der Art. 247 §§ 1–11 auf entgeltliche Finanzierungshilfen iSv § 506 Abs. 1 BGB entsprechend anzuwenden. Gemeint sind sowohl der entgeltliche Zahlungsaufschub als auch die sonstige entgeltliche Finanzierungshilfe (→ BGB § 506 Rn. 4 ff., 24 ff.). Ergänzend müssen bei diesen Verträgen und bei Verbraucherdarlehensverträgen, die mit einem anderen Vertrag gemäß § 358 BGB verbunden sind oder in denen eine Ware oder Leistung gemäß § 360 Abs. 2 S. 2 BGB angegeben ist, die **vorvertragliche Information (Abs. 1 S. 2 Nr. 1)** und der **Vertrag (Abs. 1 S. 2 Nr. 2)** weitere Pflichtangaben enthalten. Das Gesetz stellt mit Blick auf Allgemein-Verbraucherdarlehensverträge in der Anlage 7 und mit Blick auf Immobiliar-Verbraucherdarlehensverträge in der Anlage 8 auch für diese Sonderkonstellation (vgl. im Übrigen Art. 247 § 6 Abs. 2) **Muster** zur Widerrufsinformation zur Verfügung, die mit einer Gesetzlichkeitsfiktion gekoppelt sind (näher → Art. 247 § 6 Rn. 11, 13 ff.). **Abs. 2** regelt die Information des Verbrauchers bei **Leasingverträgen mit Restwertgarantie** (§ 506 Abs. 2 Nr. 3 BGB). 1

II. Vorvertragliche Information

Abs. 1 S. 1 stellt im Einklang mit der Wertung des § 506 Abs. 1 BGB klar, dass Art. 247 **§§ 1–11** auf die entgeltliche Finanzierungshilfe entsprechende Anwendung finden. Eine Abweichung gilt gemäß **Abs. 2 S. 1** allein für Gebrauchsüberlassungsverträge mit Restwertgarantie iSv § 506 Abs. 2 S. 1 Nr. 3 BGB (→ Rn. 11 f.). Im Gegenzug bedarf es nach **Abs. 1 S. 2 Nr. 1** bei allen entgeltlichen Finanzierungshilfen sowie bei Verbraucherdarlehensverträgen, die mit einem anderen Vertrag gemäß § 358 BGB verbunden sind oder in denen eine Ware oder Leistung gemäß § 360 Abs. 2 S. 2 BGB angegeben ist, zweier zusätzlicher Angaben. Zum einen ist der finanzierte **Gegenstand** zu bezeichnen. Der Begriff ist weit zu verstehen. Er bezieht sich wie in § 506 Abs. 2 BGB (→ BGB § 506 2

Rn. 25) auf sämtliche Formen von Kauf-, Werk- und Dienstleistungsverträgen.[1] Ausreichend ist regelmäßig eine Gattungsbezeichnung.

3 Zum anderen ist der **Barzahlungspreis** anzugeben. In Anlehnung an die in § 1a Abs. 1 S. 3 AbzG[2] enthaltene Umschreibung ist darunter jener Preis zu verstehen, der bei Gesamtfälligkeit im Zeitpunkt der Übergabe bzw. der Leistungserbringung zu zahlen wäre.[3] Der Verkäufer der Sache oder der Erbringer der sonstigen Leistung hat mithin den Preis anzugeben, den er ohne Kreditierung des Entgelts üblicherweise fordert. Ist er dazu nicht in der Lage, weil er seine Lieferung oder Leistung nur gegen Teilzahlung erbringt, gilt die Sonderregelung des § 507 Abs. 3 BGB (→ BGB § 507 Rn. 24 ff.).

4 Die Mehrwertsteuer ist auch dann in den Barzahlungspreis einzubeziehen, wenn der Verbraucher zum Vorsteuerabzug berechtigt und die Steuer für ihn daher nur ein durchlaufender Posten ist.[4] Das ergibt sich aus dem mit der Angabe des Barzahlungspreises verfolgten Vergleichszweck. Demgegenüber bleibt die Möglichkeit des Verbrauchers, bei Barzahlung einen **Skonto** abzuziehen, außer Betracht, weil der Skonto keine Kreditierung, sondern eine Vergütung des Anbieters für die in der alsbaldigen Zahlung liegende zusätzliche Leistung des Abnehmers darstellt.[5] **Abs. 2 S. 3** entspricht § 506 Abs. 4 S. 2 BGB und stellt klar, dass anstelle des Barzahlungspreises auf den **Anschaffungspreis** abzustellen ist, wenn der Unternehmer den Gegenstand für den Verbraucher erworben hat (→ BGB § 506 Rn. 41).

III. Angaben im Vertrag

5 **1. Allgemeines.** Im Einklang mit der Wertung des § 506 Abs. 1 BGB finden gemäß **Abs. 1 S. 1** bei Verträgen über entgeltliche Finanzierungshilfen (ua) die auf den Vertragsinhalt bezogenen Vorschriften der Art. 247 **§§ 6–11** entsprechende Anwendung. Bei Verträgen über entgeltliche Finanzierungshilfen sowie Verbraucherdarlehensverträgen, die mit einem anderen Vertrag gemäß § 358 BGB verbunden sind oder in denen die Ware oder Leistung gemäß § 360 Abs. 2 S. 2 BGB (§ 359a Abs. 1 BGB aF) angegeben ist, sind darüber hinaus nach **Abs. 1 S. 2 Nr. 2 lit. a,** wie schon in der vorvertraglichen Information, der Gegenstand und der Barzahlungspreis bzw. nach Maßgabe des **Abs. 2 S. 3** der Anschaffungspreis anzugeben (→ Rn. 2 ff.).

6 **2. Information über die Rechte aus §§ 358 ff. BGB.** In den zuletzt genannten Fällen (→ Rn. 5 aE) muss der Vertrag weiterhin gemäß **Abs. 1 S. 2 Nr. 2 lit. b** (in Umsetzung des Art. 10 Abs. 2 lit. q RL 2008/48/EG) Informationen über die sich aus § 358 BGB und § 359 BGB oder § 360 BGB ergebenden Rechte und die Bedingungen ihrer Ausübung enthalten.[6] Bei entgeltlichen Finanzierungshilfen bestehen solche Rechte freilich nur, soweit der Tatbestand verbundener Verträge oder eines angegebenen Geschäfts im Einzelfall erfüllt ist (→ BGB § 506 Rn. 38). Der Darlehensgeber muss sich bei der rechtlichen Einordnung konkret festlegen und trägt das **Beurteilungsrisiko** (→ BGB § 358 Rn. 71 ff., 75).[7] Ein allgemein gehaltener Hinweis des Inhalts, dass in den Fällen verbundener Verträge oder eines angegebenen Geschäfts bestimmte Sonderregelungen eingreifen, oder ein als hilfsweise oder vorsorglich gekennzeichneter Hinweis genügen dem Informationsbedürfnis des Verbrauchers nicht.[8] Eine Verkennung der Rechtslage kann aber auch nicht zu Lasten des Partners des finanzierten Geschäfts gehen. Liegen die Voraussetzungen des § 358 Abs. 3 BGB nicht vor, belehrt der Darlehensgeber aber gleichwohl über die Rechtsfolgen des § 358 Abs. 2 BGB, hat er daher seiner Informationspflicht nicht Genüge getan.

7 Im Einzelnen ist zunächst auf den **Widerrufsdurchgriff,** mithin darauf hinzuweisen, dass der Verbraucher, wenn er bei einem verbundenen Geschäft einen der Verträge widerruft, auch an den anderen nicht mehr gebunden ist (§ 358 Abs. 1, 2 BGB). Dabei ist auf die besonderen Modalitäten der Rückabwicklung einzugehen (§ 358 Abs. 4 BGB). Eine „Pflichtenteilung" in dem Sinne, dass

---

1 Begr. RegE, BT-Drs. 16/11643, 132; Erman/*Nietsch* BGB § 506 Rn. 34.

2 → 2. Aufl. 1988, AbzG § 1a Rn. 12.

3 Vgl. Begr. RegE, BT-Drs. 16/11643, 132; Grüneberg/*Weidenkaff* Rn. 2; Bülow/Artz/*Bülow* BGB § 506 Rn. 105; Staudinger/*Kessal-Wulf,* 2012, BGB § 506 Rn. 27.

4 BGHZ 62, 42 (48) = NJW 1974, 365; OLG Karlsruhe/Freiburg NJW 1973, 2067; OLG Karlsruhe WM 1998, 2156 (2157); Bülow/Artz/*Bülow* BGB § 506 Rn. 107; Staudinger/*Kessal-Wulf,* 2012, BGB § 506 Rn. 27.

5 Staudinger/*Kessal-Wulf,* 2012, BGB § 506 Rn. 27; ausf. *Knütel* JR 1985, 353 (354); aA möglicherweise *Spitzer* MDR 2017, 1297 (1298 f.).

6 BGH NJW 2021, 2807 Rn. 12.

7 Vgl. Begr. RegE, BT-Drs. 17/1394, 27; allg. auch *Rehmke/Tiffe* VuR 2014, 135 (139).

8 So aber zu §§ 355, 358 Abs. 5 BGB aF OLG München BKR 2016, 30 (32 f.); 2015, 337 (338); LG Bonn BKR 2015, 425 (427); LG Heidelberg BKR 2015, 417 (420); LG Hof BKR 2016, 167 (168); *Wallner* BKR 2016, 177 (180); krit. dazu *Sommermeyer/Podewils* EWiR 2016, 131 (132).

allein der Vertragspartner des Verbundgeschäfts im Rahmen seiner Widerrufsbelehrung auf die Erstreckungswirkung des § 358 Abs. 1 BGB aufmerksam macht, genügt dem Schutzzweck einer unzweideutigen Information nicht (→ BGB § 358 Rn. 72).[9] Da der Darlehensgeber über die Widerruflichkeit des finanzierten Geschäfts nicht zwingend Kenntnis hat, genügt insofern aber der allgemeine Hinweis, dass der Widerruf dieses Vertrags zur Rückabwicklung auch des Darlehensvertrags führt.[10]

Weiterhin ist der Darlehensnehmer über die sich aus dem **Einwendungsdurchgriff** des § 359 Abs. 1 S. 1 BGB ergebenden Rechte und die dabei nach § 359 Abs. 1 S. 2 und 3 BGB zu beachtenden Grenzen zu belehren. Bei **Geschäften nach § 360 Abs. 2 S. 2 BGB** genügt nach dem Gesetzeswortlaut der Hinweis auf den Widerrufsdurchgriff des § 358 Abs. 1 BGB. Die bewusste Aussparung des Einwendungsdurchgriffs widerspricht allerdings den Vorgaben des Art. 15 Abs. 2 RL 2008/48/EG;[11] eine richtlinienkonforme Rechtsfortbildung erscheint insoweit denkbar (aA → 7. Aufl. 2017, Rn. 37 [*Schürnbrand*]).[12] 8

Zur Erfüllung dieser komplexen Vorgaben kann der Darlehensgeber bei Allgemein-Verbraucherdarlehensverträgen das **Muster** zur Widerrufsinformation aus Anlage 7 zum EGBGB und bei Immobiliar-Verbraucherdarlehensverträgen das Muster aus Anlage 8 zum EGBGB verwenden; eine dahingehende Rechtspflicht besteht nicht. Die Gestaltungshinweise 5 ff. ermöglichen eine Anpassung an die Besonderheiten des Einzelfalls. In diesem Fall kommt dem Darlehensgeber die **Gesetzlichkeitsfiktion** des Abs. 1 S. 3 zugute; die Informationspflicht des Abs. 1 S. 2 Nr. 2 lit. b gilt als erfüllt (→ Art. 247 § 6 Rn. 11, 14 zu einer Parallelvorschrift). Das gilt indes nur, wenn das Muster in hervorgehobener sowie deutlich gestalteter Form verwendet und unter zutreffender Umsetzung der Gestaltungshinweise vollständig und richtig ausgefüllt wird (→ Art. 247 § 6 Rn. 15 f.). 9

Darüber hinaus macht **Abs. 1 S. 5** das Eingreifen der Gesetzlichkeitsfiktion auch davon abhängig, dass bei Verträgen über entgeltliche Finanzierungshilfen die Informationen an den **im Einzelfall vorliegenden Vertragstyp angepasst** werden. Das kann die Bezeichnung des Vertrags (etwa Leasingvertrag statt Darlehensvertrag), der Vertragsparteien (Leasinggeber statt Darlehensgeber), den zurückzugewährenden Gegenstand (Leasinggegenstand statt ausgezahlten Betrag) und den Nutzungsausfall (täglich anfallende Leasingrate statt Zinsen pro Tag) betreffen.[13] Auf diese Weise sollen dem Verbraucher seine Rechte und Pflichten aus dem konkreten Vertrag verdeutlicht werden. 10

IV. Der Leasingvertrag mit Restwertgarantie als Sonderfall

Für den Leasingvertrag gelten nach Abs. 1 grundsätzlich die gleichen vorvertraglichen und vertraglichen Angabepflichten wie für den Darlehensvertrag (→ BGB § 506 Rn. 36). Anders verhält es sich nach **Abs. 2 S. 1** allein bei Gebrauchsüberlassungsverträgen mit Restwertgarantie iSv § 506 Abs. 2 S. 1 Nr. 3 BGB (→ BGB § 506 Rn. 27 ff., 37), deren Einbindung in das Verbraucherkreditrecht von der RL 2008/48/EG nicht vorgeschrieben ist (→ BGB § 506 Rn. 27 f.).[14] Der deutsche Gesetzgeber konnte sie daher abweichend vom Rechtsregime der Verbraucherkredit-RL ausgestalten. Nach § 506 Abs. 2 S. 2 BGB finden bei ihnen das Recht zur vorzeitigen Erfüllung (§ 500 Abs. 2 BGB) und die daran anknüpfende Regelung über die Vorfälligkeitsentschädigung (§ 502 BGB) keine Anwendung (näher → BGB § 506 Rn. 37). Folgerichtig entfallen gemäß **Abs. 2 S. 1** die darauf bezogenen Angaben in der **vorvertraglichen Information** (Art. 247 § 3 Abs. 1 Nr. 14, Art. 247 § 4 Abs. 1 Nr. 3) und **im Vertrag** (Art. 247 § 7 Abs. 1 Nr. 3). 11

Weiterhin entfällt gemäß **Abs. 2 S. 2** die Pflicht, im Tilgungsplan aufzuschlüsseln, in welcher Höhe Teilzahlungen auf das Darlehen, die Zinsen und die sonstigen Kosten angerechnet werden (Art. 247 § 14 Abs. 1 S. 2). Der Gesetzgeber war der Auffassung, dass sich diese Angabe auf Leasingverträge mit Restwertgarantie nicht sinnvoll übertragen lasse.[15] Im Schrifttum wird zT vertreten, dass auch **Abs. 1 S. 2** auf entgeltliche Finanzierungshilfen im Allgemeinen und auf Leasingverträge im Besonderen keine Anwendung finde, weil insoweit eine teleologische Reduktion geboten sei.[16] Dem ist jedoch zu widersprechen. Zwar betrifft die Vorgabe des Art. 5 Abs. 1 UAbs. 2 lit. e RL 2008/48/EG über die Angabe des Gegenstands und des Barzahlungspreises ausweislich ihres Wort- 12

[9] Vgl. zu § 358 Abs. 5 BGB aF BGH NJW 2009, 3020 Rn. 23 f.
[10] Begr. RegE, BT-Drs. 17/1394, 27.
[11] Näher *Schürnbrand* Bankrechtstag 2009, 173 (190 f.); *Schürnbrand* ZBB 2010, 123 (127); *Wildemann* VuR 2011, 55 (59); *Habersack* FS Picker, 2010, 327 (338 f.); aA Begr. RegE, BT-Drs. 17/12637, 68.
[12] *Ellenberger*/Nobbe/*Neumann* BGB § 360 Rn. 21; aA *Wildemann* VuR 2011, 55 (59).
[13] Begr. RegE, BT-Drs. 17/139, 23; Bülow/Artz/*Bülow* BGB § 495 Rn. 109; Grüneberg/*Weidenkaff* Rn. 3; auf die damit verbundenen Schwierigkeiten hinweisend *Billing*/*Milsch* NJW 2015, 2369 (2371).
[14] EuGH NJW 2024, 809 Rn. 126 ff. – BMW Bank ua.
[15] Begr. RegE, BT-Drs. 16/11643, 132 f.: Tilgungsplan ist „Zahlungsplan".
[16] So *Omlor* NJW 2010, 2694 (2699); erwägend auch Erman/*Nietsch* BGB § 506 Rn. 33.

lauts lediglich den entgeltlichen Zahlungsaufschub und verbundene Kreditverträge. Nach ihrem Regelungsplan liegt allerdings eine Erstreckung im Wege der Rechtsfortbildung auch auf sonstige Finanzierungshilfen nahe, soweit ein bestimmter Gegenstand finanziert wird. Einer teleologischen Reduktion der genannten Art bedarf es daher nicht (→ 8. Aufl. 2019, BGB § 491a Rn. 46).[17]

§ 13 Darlehensvermittler bei Verbraucherdarlehensverträgen

(1) Ist bei der Anbahnung oder beim Abschluss eines Verbraucherdarlehensvertrags oder eines Vertrags über eine entgeltliche Finanzierungshilfe ein Darlehensvermittler beteiligt, so ist der Vertragsinhalt nach § 6 Abs. 1 um den Namen und die Anschrift des beteiligten Darlehensvermittlers zu ergänzen.

(2) [1]Wird der Darlehensvermittlungsvertrag im Sinne des § 655a des Bürgerlichen Gesetzbuchs mit einem Verbraucher abgeschlossen, so hat der Darlehensvermittler den Verbraucher rechtzeitig vor Abschluss des Darlehensvermittlungsvertrags auf einem dauerhaften Datenträger zu unterrichten über
1. die Höhe einer vom Verbraucher verlangten Vergütung,
2. die Tatsache, ob er für die Vermittlung von einem Dritten ein Entgelt oder sonstige Anreize erhält sowie gegebenenfalls die Höhe,
3. den Umfang seiner Befugnisse, insbesondere, ob er ausschließlich für einen oder mehrere bestimmte Darlehensgeber oder unabhängig tätig wird, und
4. gegebenenfalls weitere vom Verbraucher verlangte Nebenentgelte sowie deren Höhe, soweit diese zum Zeitpunkt der Unterrichtung bekannt ist, andernfalls einen Höchstbetrag.

[2]Wird der Darlehensvermittlungsvertrag im Sinne des § 655a des Bürgerlichen Gesetzbuchs ausschließlich mit einem Dritten abgeschlossen, so hat der Darlehensvermittler den Verbraucher rechtzeitig vor Abschluss eines vermittelten Vertrags im Sinne von Absatz 1 auf einem dauerhaften Datenträger über die Einzelheiten gemäß Satz 1 Nummer 2 und 3 zu unterrichten.

(3) [1]Der Darlehensvermittler hat dem Darlehensgeber die Höhe der von ihm verlangten Vergütung vor der Annahme des Auftrags mitzuteilen. [2]Darlehensvermittler und Darlehensgeber haben sicherzustellen, dass die andere Partei eine Abschrift des Vertrags im Sinne von Absatz 1 erhält.

(4) Wirbt der Darlehensvermittler gegenüber einem Verbraucher für den Abschluss eines Verbraucherdarlehensvertrags oder eines Vertrags über eine entgeltliche Finanzierungshilfe, so hat er hierbei die Angaben nach Absatz 2 Satz 1 Nummer 3 einzubeziehen.

Übersicht

I. Überblick und Systematik

1 Art. 247 § 13 regelt besondere Informationspflichten, die bei **Einschaltung eines Vermittlers** eingreifen. Die Vorschrift betrifft sämtliche Verbraucherdarlehensverträge iSv § 491 Abs. 1 BGB, also sowohl Allgemein-Verbraucherdarlehensverträge (§ 491 Abs. 2 BGB) als auch Immobiliar-Verbraucherdarlehensverträge (§ 491 Abs. 3 BGB). Demgegenüber stellt § 13a zusätzlich besondere

[17] AA *Omlor* NJW 2010, 2694 (2699); vgl. auch Erman/*Nietsch* BGB § 506 Rn. 33.

Regelungen für Darlehensvermittler bei Allgemein-Verbraucherdarlehensverträgen auf, während § 13b besondere Pflichten für den Darlehensvermittler bei Immobiliar-Verbraucherdarlehensverträgen begründet. Die in §§ 13 ff. geregelten Pflichten treffen **sämtliche Darlehensvermittler,** mithin auch Warenlieferanten und Dienstleistungserbringer, welche lediglich in untergeordneter Funktion tätig sind; die Privilegierung nach § 655a Abs. 2 S. 3 BGB (→ BGB § 655a Rn. 31 f.) kommt insoweit nicht zum Tragen.[1]

Abs. 1 betrifft die Pflichtangaben **im Vertrag.** In Verbraucherdarlehensverträge und Verträge über entsprechende Finanzierungshilfen, die unter Mitwirkung eines Darlehensvermittlers zustande kommen, sind dessen Name und Anschrift aufzunehmen (→ Rn. 3). **Abs. 2** statuiert **vorvertragliche** Informationspflichten des Darlehensvermittlers vor Abschluss des Darlehensvermittlungsvertrags. In **Abs. 3** normiert das Gesetz Informationspflichten zwischen Darlehensgeber und Darlehensvermittler (→ Rn. 20), während sich in **Abs. 4** Vorgaben zur Werbung des Darlehensvermittlers finden (→ Rn. 21). 2

II. Pflichtangaben im Vertrag (Abs. 1)

Wird bei der Anbahnung oder dem Abschluss eines Verbraucherdarlehensvertrags (§ 491 BGB) oder einer entgeltlichen Finanzierungshilfe (§ 506 BGB) ein Vermittler eingeschaltet, so sind gemäß **Abs. 1** sein Name und seine Anschrift in den **Kreditvertrag** (§ 492 Abs. 2 BGB, ggf. iVm § 506 Abs. 1 BGB) aufzunehmen. Die Norm statuiert somit eine Informationspflicht des Kreditgebers und setzt die Vorgabe aus Art. 10 Abs. 2 lit. b RL 2008/48/EG um (zur vorvertraglichen Information s. Art. 247 §§ 13a, 13b Abs. 1 Nr. 1 sowie Art. 5 Abs. 1 S. 4 lit. b RL 2008/48/EG und Art. 6 Abs. 1 S. 2 lit. b RL 2008/48/EG). Wird gegen sie verstoßen, so gelten die Erläuterungen bei → BGB § 492 Rn. 22 f. 3

III. Information vor Abschluss des Vermittlungsvertrags (Abs. 2)

1. Normzweck und Systematik. Gemäß § 655a Abs. 2 S. 1 BGB iVm Abs. 2 und Art. 247 § 13b Abs. 1 hat der Darlehensvermittler den Verbraucher im Vorfeld des Vertragsschlusses über die Modalitäten der Darlehensvermittlung zu unterrichten. Damit soll **Transparenz** geschaffen und der Verbraucher vom Abschluss wirtschaftlich unvertretbarer Vermittlungsverträge abgehalten werden. Dem Verbraucher soll das gesamte Ausmaß der allein auf der Einschaltung des Darlehensvermittlers beruhenden Verteuerung des Kredits vor Augen geführt werden, die im älteren Schrifttum mit häufig 5–7 % des kreditierten Betrags beziffert worden ist.[2] Zugleich sollen mögliche **Interessenkonflikte** in der Person des Vermittlers offengelegt werden.[3] 4

Nach Abs. 2 S. 1 und 2 ist zu unterscheiden zwischen Darlehensvermittlungsverträgen, die mit dem **Verbraucher** zustande kommen, und solchen, die ausschließlich mit einem **Dritten** geschlossen werden (s. auch → BGB § 655a Rn. 2, 20, 22). Der Vertragsschluss mit dem Verbraucher ist immer dann unabdingbar, wenn der Darlehensvermittler (zumindest auch) von ihm eine Vergütung verlangt. Ein zusätzliches Tätigwerden des Vermittlers für einen Dritten hindert die Einordnung als Darlehensvermittlungsvertrag mit einem Verbraucher nicht.[4] Erhält der Vermittler seine Vergütung hingegen ausschließlich vom Darlehensgeber, so wird nach den allgemeinen Grundsätzen der Rechtsgeschäftslehre ein Vertragsschluss zwischen Vermittler und Verbraucher regelmäßig nicht gewollt sein; für die Fiktion eines solchen Vertrags besteht weder ein sachlicher Grund noch eine hinreichende gesetzliche Grundlage. Bei der Vermittlung eines **Immobiliar-Verbraucherdarlehensvertrags** oder einer entsprechenden Finanzierungshilfe ergeben sich zusätzliche Pflichten aus Art. 247 § 13b. 5

2. Vertragsschluss mit einem Verbraucher (Abs. 2 S. 1). a) Form und Zeitpunkt der Information. Für die Unterrichtung hat der Darlehensvermittler einen dauerhaften Datenträger iSv § 126b S. 2 BGB zu verwenden. Die Unterrichtung hat im Falle eines Vermittlungsvertrags mit einem Verbraucher (→ Rn. 5) **rechtzeitig** vor dessen Abschluss zu erfolgen. Der Begriff ist ebenso wie in der Parallelvorschrift des Art. 247 § 2 Abs. 1 S. 1 auszulegen (→ Art. 247 § 2 Rn. 2 f.).[5] Der Verbraucher muss die Informationen demnach erhalten, bevor er sich vertraglich gebunden hat, und 6

---

1 Begr. RegE, BT-Drs. 16/11643, 133; PWW/*Pöschke* BGB § 655a Rn. 13; Staudinger/*Herresthal,* 2020, BGB § 655a Rn. 55; NK-BGB/*Wichert* BGB § 655a Rn. 19.

2 Vgl. *Holzscheck/Hörmann/Daviter,* Praxis des Konsumentenkredits, 1982, 107; Bruchner/Ott/Wagner-Wieduwilt/*Bruchner* VerbrKrG § 15 Rn. 5; *Godefroid* Verbraucherkreditverträge Teil 3 Rn. 52.

3 Vgl. Erwägungsgrund 47 RL 2014/17/EU; Begr. RegE, BT-Drs. 18/5922, 118; Begr. RegE, BT-Drs. 16/11643, 133.

4 2069. Begr. RegE, BT-Drs. 16/11643, 125; *Wittig/Wittig* ZInsO 2009, 633 (637); *Zahn,* Überschuldungsprävention durch verantwortliche Kreditvergabe, 2011, 274.

5 Begr. RegE, BT-Drs. 16/11643, 133.

er muss die Gelegenheit haben, die Unterlagen ohne zeitlichen Druck in zumutbarer Weise zur Kenntnis zu nehmen. Inwieweit er davon Gebrauch macht, bleibt ihm überlassen. Auch ist eine Mindestbedenkfrist nicht zu wahren.[6] Beginnt der Darlehensvermittler seine Vermittlungstätigkeit bei einem Immobiliar-Verbraucherdarlehen vor Abschluss des Vermittlungsvertrags, so sind die Informationspflichten gemäß Art. 247 § 13b Abs. 1 S. 1 nach dessen S. 2 rechtzeitig vor Ausübung der Vermittlungstätigkeit zu erfüllen.

7 **b) Angabe nach Abs. 2 S. 1 Nr. 1: Vergütung.** Bei einem zumindest auch mit dem Verbraucher zustande gekommenen Darlehensvermittlungsvertrag (→ Rn. 5) ist die Höhe einer vom Verbraucher verlangten Vergütung anzugeben. Damit werden Art. 21 lit. b RL 2008/48/EG und Art. 15 Abs. 1 lit. e RL 2014/17/EU umgesetzt. Abweichend von § 655b Abs. 1 S. 2 Hs. 1 BGB aF ist die Vergütung nicht als Prozentsatz des Darlehens auszudrücken (→ 5. Aufl. 2008, BGB § 655b Rn. 5), sondern ein Endbetrag als **absolute Zahl** anzugeben.[7] Der Gesetzgeber verspricht sich hiervon eine Steigerung der Transparenz. Eine Aufschlüsselung in einzelne Positionen ist nur zulässig, wenn sie zusätzlich zur Angabe des Endbetrags erfolgt und das Interesse des Verbrauchers nicht von diesem ablenkt. Gleiches gilt für die Nennung in Form eines Jahreszinses.[8]

8 Weichen der vereinbarte Betrag und der zusätzlich angegebene Prozentsatz voneinander ab, schuldet der Verbraucher nach dem Rechtsgedanken des § 494 Abs. 3 BGB bei zu hoher Angabe den vereinbarten Betrag, bei zu niedriger Angabe hingegen nur den aus dem ausgewiesenen Prozentsatz zu errechnenden Betrag.[9] Kann die Höhe der Vergütung noch nicht genau benannt werden, so genügt bei der Vermittlung von Immobiliar-Verbraucherdarlehensverträgen nach § 13b Abs. 1 S. 1 Nr. 5 die Angabe der Berechnungsmethode (→ Art. 247 § 13b Rn. 3); bei Allgemein-Verbraucherdarlehensverträgen besteht diese Möglichkeit nicht.

9 **c) Abs. 2 S. 1 Nr. 2: Drittvergütung, sonstige Anreize.** Das Erfordernis, ein von einem Dritten (insbesondere vom Darlehensgeber oder einer ihm verbundenen Person) gewährtes Entgelt offen zu legen, geht auf § 15 Abs. 1 S. 1 Hs. 2 VerbrKrG und § 655b Abs. 1 S. 2 Hs. 2 BGB aF zurück. Es war dort freilich noch eine Pflichtangabe im Vermittlungsvertrag selbst. Mit dem Gesetz zur Umsetzung der Wohnimmobilienkreditrichtlinie (→ BGB Vor § 491 Rn. 16) wurde die Angabepflicht in Umsetzung von Art. 15 Abs. 1 lit. g RL 2014/17/EU auf „sonstige Anreize" (→ Art. 247 § 13b Rn. 4) ausgedehnt. Die allgemeine Verbraucherkredit-RL 2008/14/EG schreibt eine solche Information zwar nicht vor,[10] steht ihr aber angesichts des für die Pflichten der Darlehensvermittler insoweit (ausnahmsweise) maßgeblichen Grundsatzes der Mindestharmonisierung (→ BGB § 655a Rn. 7) auch nicht entgegen.

10 In persönlicher Hinsicht werden grundsätzlich nur Entgeltvereinbarungen erfasst, an denen der **Vermittler** selbst beteiligt ist. Fließen (etwa bei Einschaltung eines Haupt- und Untervermittlers) Provisionen an einen Dritten, sind diese aber mit Blick auf das Umgehungsverbot des § 655e Abs. 1 S. 2 BGB anzugeben, wenn der Dritte mit dem Vermittler gesellschaftsrechtlich oder in sonstiger Weise so verflochten ist, dass es sich um wirtschaftlich identische Personen handelt.[11] In gegenständlicher Hinsicht sind im Ausgangspunkt sämtliche Leistungen zu erfassen, wobei die Nennung eines genauen Geldbetrags erforderlich und eine Angabe als Prozentsatz allenfalls ergänzend zulässig ist (→ Rn. 7).[12] Bei der Vermittlung von Immobiliar-Verbraucherdarlehen gilt ergänzend Art. 247 § 13b Abs. 1 S. 1 Nr. 7, der ggf. eine spätere Mitteilung zulässt (→ Art. 247 § 13b Rn. 4).

11 Erfasst werden zunächst sämtliche Gestaltungen, die aus Sicht des Verbrauchers zu einer Verteuerung seines Kreditengagements führen. Dies gilt für den Fall, dass die vom Darlehensgeber gewährte Vergütung, die im älteren Schrifttum mit regelmäßig zwischen 0,2 und 0,3 % der Vermittlungssumme pro Monat beziffert worden ist,[13] in Form eines sog. „offenen **packing**" und damit als offen

---

[6] Staudinger/*Herresthal,* 2020, BGB § 655a Rn. 57.

[7] Vgl. Begr. RegE, BT-Drs. 16/11643, 133; Bülow/Artz/*Artz* BGB § 655a Rn. 23; Staudinger/*Herresthal,* 2020, BGB § 655a Rn. 60; BeckOK BGB/*Möller,* 1.5.2023, BGB § 655a Rn. 12.

[8] Vgl. zum umgekehrten Problem bei § 655b aF → 5. Aufl. 2009, BGB § 655b Rn. 6.

[9] AA Staudinger/*Herresthal,* 2020, BGB § 655a Rn. 68: Keine analoge Anwendung des § 494 Abs. 3 BGB, vielmehr Frage der Auslegung der Abrede und der hinreichenden Transparenz.

[10] Vgl. Begr. RegE, BT-Drs. 18/5922, 118; Staudinger/*Herresthal,* 2020, BGB § 655a Rn. 63; *Rott* VuR 2008, 281 (284).

[11] BGH NJW-RR 2012, 1073 Rn. 19, 22 zu § 655b Abs. 1 S. 2 aF; Staudinger/*Herresthal,* 2020, BGB § 655a Rn. 63.

[12] Grüneberg/*Weidenkaff* Rn. 2; Staudinger/*Herresthal,* 2020, BGB § 655a Rn. 65; großzügiger – Beschreibung der Vergütungsvereinbarung genügt – BuB/*Franke* Rn. 3/670b; *Behneke* in Beule/Merz, Rechtshandbuch Bankvertrieb, 2013, Rn. 1239.

[13] Vgl. BGH NJW 1980, 2074 mAnm *Löwe* NJW 1980, 2079; OLG Stuttgart NJW 1982, 1599 und NJW 1985, 2597; *Holzscheck/Hörmann/Daviter,* Praxis des Konsumentenkredits, 1982, 102; *Sandkühler* DRiZ 1989, 121 (123).

ausgewiesener Kostenfaktor auf den Verbraucher abgewälzt wird. In gleicher Weise, also in der vorvertraglichen Information zum Darlehensvermittlungsvertrag nach Art. 247 § 13 Abs. 2 S. 1 Nr. 2, ist auch die Abwälzung der vom Darlehensgeber geschuldeten Vergütung über ein im Zinssatz „verstecktes packing" offenzulegen.[14] Dagegen bedarf es beim versteckten packing keiner Offenlegung durch den Darlehensgeber nach Art. 247 § 3 Abs. 1 Nr. 10 (→ Art. 247 § 3 Rn. 24).[15]

Zweck der Angabe ist es nicht allein, dem Verbraucher die Kosten der Vermittlung offenzulegen, sondern er soll auch die von einer gemäß §§ 98, 99 HGB zulässigen Tätigkeit als Doppelmakler ausgehenden Gefahren vor Augen geführt bekommen (→ Rn. 4). Daher ist die Angabe einer erfolgsbezogenen Vergütung des Vermittlers durch den Darlehensgeber selbst dann unverzichtbar, wenn der Darlehensgeber den vermittelten Verbraucherdarlehensvertrag gleichwohl zu den auch für nicht vermittelte Kredite geforderten Konditionen **(„Schaltersätze")** vergibt.[16] Hat der Darlehensvermittler mit mehreren Darlehensgebern Einreicherverträge mit jeweils **unterschiedlichen Vergütungsvereinbarungen** geschlossen, so genügt eine alternative Angabe der mit den jeweiligen Darlehensgebern vereinbarten Vergütungssätze, wenn sie in klarer und für den Verbraucher nachvollziehbarer Form erfolgt.[17] 12

Zwar obliegt es dem Verbraucher, der sich auf die Nichtigkeit des Vermittlungsvertrags nach § 655b Abs. 2 BGB beruft, das Vorliegen einer Vergütungsvereinbarung zwischen Darlehensgeber und Vermittler **nachzuweisen.** Doch genügt regelmäßig bereits der Nachweis, dass der Darlehensgeber vergleichbare Darlehensverträge auch zu niedrigeren Schaltersätzen gewährt, weil in diesem Fall eine entsprechende Provisionsvereinbarung zu vermuten ist und es für die Nichtigkeitsfolge des § 655b Abs. 2 BGB nicht auf die Höhe der vom Darlehensgeber im Einzelfall gewährten Vermittlungsvergütung ankommt.[18] 13

d) Angabe nach Abs. 2 S. 1 Nr. 3: Befugnisse des Vermittlers. In Umsetzung von Art. 21 lit. a RL 2008/48/EG muss der Vermittler gemäß Abs. 2 S. 1 Nr. 3 den Umfang seiner Befugnisse offenlegen. Tritt er als Vertreter für den Darlehensgeber auf (→ BGB § 655a Rn. 9), betrifft das die Reichweite seines Verhandlungsmandats und seiner Rechtsmacht. Nach der ausdrücklichen Hervorhebung im Gesetzestext hat der Darlehensvermittler aber vor allem anzugeben, ob er ausschließlich für einen oder für mehrere bestimmte Darlehensgeber tätig wird. Dadurch werden für den Verbraucher mögliche **Verflechtungen** des Vermittlers mit dem Darlehensgeber nachvollziehbar.[19] Bei der Vermittlung von Immobiliar-Verbraucherdarlehen greift zusätzlich Art. 247 § 13b Abs. 1 S. 1 Nr. 3 (→ Art. 247 § 13b Rn. 3). 14

e) Abs. 2 S. 1 Nr. 4: Nebenentgelte. Nur bei Vermittlungsverträgen mit Verbrauchern (→ Rn. 5) sind schließlich gemäß Abs. 2 S. 1 Nr. 4 ggf. weitere vom Verbraucher verlangte Nebenentgelte anzugeben. Die RL 2008/48/EG schreibt eine solche Information zwar nicht vor, steht ihr aber angesichts des für die Pflichten der Darlehensvermittler (ausnahmsweise) maßgeblichen Grundsatzes der Mindestharmonisierung (→ BGB § 655a Rn. 7) auch nicht entgegen. Die Vorschrift steht in unmittelbarem gedanklichem Zusammenhang mit § 655d BGB und dient wie dieser der Eindämmung von missbräuchlichen Entgelten (→ BGB § 655d Rn. 1). Die nach § 655d S. 2 BGB allenfalls ersatzfähigen tatsächlich entstandenen, erforderlichen **Auslagen** müssen demnach näher umschrieben werden, damit der Verbraucher schon im Vorfeld des Vertragsschlusses die Höhe des Anspruchs realistisch einschätzen kann.[20] 15

Naturgemäß stehen Art und Umfang der Auslagen vor Vertragsschluss vielfach noch nicht fest (Telefon, Porto). Gleichwohl sind die Nebenentgelte im Einzelnen aufzuschlüsseln;[21] eine Zusammenfassung zu überschaubaren Sachgruppen kann im Einzelfall zulässig sein. Soweit möglich, sind die Auslagen jeweils betragsmäßig zu beziffern, hilfsweise ist ein Höchstbetrag anzugeben. Wie der Wortlaut des § 655d S. 3 BGB („die Höchstbeträge") zeigt, ist ein solcher nicht zusammenfassend, 16

---

14 BGH NJW-RR 2020, 116 Rn. 16; Bülow/Artz/*Artz* BGB § 655a Rn. 25; Staudinger/*Herresthal,* 2020, BGB § 655a Rn. 65.

15 BGH NJW-RR 2020, 116 Rn. 3 ff.

16 So auch Bülow/Artz/*Artz* BGB § 655a Rn. 27; Staudinger/*Herresthal,* 2020, BGB § 655a Rn. 66; ebenso nun Ellenberger/Bunte BankR-HdB/*Jungmann* § 61 Rn. 45; aA → 5. Aufl. 2009, BGB § 655b Rn. 9 *(Habersack);* BeckOK BGB/*Möller,* 1.5.2023, BGB § 655a Rn. 13; Staudinger/*Kessal-Wulf,* 2010, Rn. 17; *Dietel,* Aufklärungspflichten bei der Vermittlung von Verbraucherdarlehen, 2009, 116 f.

17 BeckOK BGB/*Möller,* 1.5.2023, BGB § 655a Rn. 13; Staudinger/*Herresthal,* 2020, BGB § 655a Rn. 66; *Godefroid* Verbraucherkreditverträge Teil 3 Rn. 70; aA → 7. Aufl. 2017, BGB § 655a Rn. 25 *(Schürnbrand); Emmerich* in v. Westphalen/Emmerich/v. Rottenburg VerbrKrG § 15 Rn. 40.

18 Ebenso Staudinger/*Herresthal,* 2020, BGB § 655b Rn. 8.

19 Begr. RegE, BT-Drs. 16/11643, 133; Soergel/*Krepold* BGB § 655a Rn. 9.

20 Begr. RegE, BT-Drs. 16/11643, 133.

21 Vgl. Begr. RegE, BT-Drs. 16/11643, 133.

sondern bezogen auf jede Auslagenposition anzugeben.[22] Die zusätzliche Angabe einer Gesamtsumme verlangt das Gesetz nicht. Der Anspruch auf Ersatz der Auslagen ist nach § 655d S. 3 BGB auf die in der vorvertraglichen Information genannten Beträge bzw. Höchstbeträge begrenzt (→ BGB § 655d Rn. 8). Es nicht zu beanstanden, wenn der Darlehensvermittler seine möglichen Auslagen besonders hoch taxiert.[23] Er lässt sein Angebot dadurch nämlich als eher unattraktiv erscheinen, ohne auf diesem Weg die aus § 655d S. 2 BGB folgenden Grenzen hinausschieben zu können.

17 **3. Vertragsschluss ausschließlich mit einem Dritten (Abs. 2 S. 2).** Wird der Darlehensvermittlungsvertrag nicht (zumindest auch) mit dem Verbraucher, sondern **ausschließlich** mit einem Dritten abgeschlossen (→ Rn. 5), so ist der Vermittler im Rahmen eines gesetzlichen Schuldverhältnisses (→ BGB § 655a Rn. 2) verpflichtet, den Verbraucher rechtzeitig vor Abschluss des vermittelten Vertrags über die Einzelheiten gemäß Abs. 2 S. 2 und ggf. Art. 247 § 13b Abs. 1 zu unterrichten. Es entfallen dann die – tatbestandlich ohnehin nicht einschlägigen – Angaben nach Abs. 2 S. 1 Nr. 1 und 4 über vom Verbraucher an den Darlehensvermittler zu entrichtende Entgelte.

18 **4. Sanktionen.** Durch fehlende oder fehlerhafte Angaben verletzt der Darlehensvermittler seine Pflichten und macht sich gegenüber dem Verbraucher unter den Voraussetzungen des § 280 Abs. 1 BGB **schadensersatzpflichtig.**[24] Den Darlehensgeber trifft insofern keine Haftung.[25] Daneben können Ansprüche aus dem UWG und § 2 UKlaG treten. Bei Darlehensvermittlungsverträgen mit einem Verbraucher führt überdies das Fehlen (grundsätzlich aber nicht die Unrichtigkeit) von Pflichtangaben gem. § 655b Abs. 2 BGB zur **Nichtigkeit** des daraufhin geschlossenen Darlehensvermittlungsvertrags und dem Ausschluss sämtlicher Erfüllungsansprüche (→ BGB § 655b Rn. 9 f.). Ist die vom Verbraucher an den Darlehensvermittler zu zahlende Vergütung zu niedrig angegeben, so reduziert sich diese auf den ausgewiesenen Betrag (→ BGB § 655b Rn. 9). Zur Beschränkung des Anspruchs auf Ersatz der Auslagen → BGB § 655d Rn. 8.

19 **5. Spätere Abweichungen.** Der Verbraucher darf sich auf die Beständigkeit der zunächst mitgeteilten Informationen verlassen und ist daher nicht gehalten, die ihm vorgelegte Vertragsurkunde auf Abweichungen durchzumustern. Weist der Darlehensvermittler auf sie nicht gesondert hin, so verhält er sich **pflichtwidrig und widersprüchlich.** Er macht sich schadensersatzpflichtig und muss sich überdies nach § 242 an der niedrigeren Angabe aus der vorvertraglichen Information festhalten lassen, auch wenn im Vertrag selbst ein höheres Entgelt festgesetzt ist (→ BGB § 491a Rn. 12);[26] der Vertrag ist nicht nach § 655b Abs. 2 BGB nichtig (→ BGB § 655b Rn. 9). Eine Reduzierung des Entgelts ist demgegenüber zulässig. Möglich ist auch eine abweichende Festsetzung infolge neuer Verhandlungen zwischen den Vertragsparteien; einer erneuten vorvertraglichen Information bedarf es dann nicht, weil die übrigen Pflichtangaben unberührt bleiben (zur Abgrenzung → BGB § 491a Rn. 12).

IV. Weitere Vorgaben nach Abs. 3 und Abs. 4

20 **Abs. 3** betrifft das **Rechtsverhältnis zwischen Darlehensgeber und Darlehensvermittler.** Nach S. 1 hat der Darlehensvermittler dem Darlehensgeber die Höhe der von ihm verlangten Vergütung vor der Annahme des Auftrags mitzuteilen, damit der Darlehensgeber diese Vermittlungskosten als Teil der Gesamtkosten bei der Berechnung des effektiven Jahreszinses berücksichtigen kann (vgl. Art. 247 § 3 Abs. 2 S. 3 iVm § 16 Abs. 3 PAngV; → Art. 247 § 3 Rn. 18).[27] Damit wird die Vorgabe des Art. 21 lit. c RL 2008/48/EG umgesetzt. S. 2 wiederum verpflichtet Darlehensgeber und -vermittler sicherzustellen, dass der jeweils andere ebenfalls eine Abschrift des Kreditvertrags erhält. Damit soll Art. 10 Abs. 1 S. 2 RL 2008/48/EG umgesetzt werden, dem zufolge alle am Vertragsschluss beteiligten Personen eine Vertragsabschrift erhalten.[28]

21 Die in **Abs. 4** verankerte Verpflichtung des Darlehensvermittlers, in der **Werbung** auf den Umfang seiner Befugnisse (Abs. 2 S. 1 Nr. 3) hinzuweisen, dient der Umsetzung von Art. 21 lit. a

[22] So wohl auch Bülow/Artz/*Artz* BGB § 655d Rn. 6; Grüneberg/*Weidenkaff* Rn. 2; aA Staudinger/*Herresthal,* 2020, BGB § 655a Rn. 68.

[23] Staudinger/*Herresthal,* 2020, BGB § 655a Rn. 68.

[24] Vgl. Begr. RegE, BT-Drs. 17/1394, 21; Staudinger/*Herresthal,* 2020, BGB § 655a Rn. 72; NK-BGB/*Wichert* BGB § 655a Rn. 20.

[25] *Rott* VuR 2008, 281 (285); PWW/*Pöschke* BGB § 655a Rn. 11.

[26] Im Ergebnis ähnlich, aber mit anderem konstruktiven Ansatz 2069. Begr. RegE, BT-Drs. 16/11643, 125; *Wittig/Wittig* ZInsO 2009, 633 (637); *Zahn,* Überschuldungsprävention durch verantwortliche Kreditvergabe, 2011, 292: Rechtsgedanke des § 655d S. 3 BGB; Staudinger/*Herresthal,* 2016, BGB § 655a Rn. 58: Auslegung der Vertragsabrede nach §§ 133, 157 BGB.

[27] Begr. RegE, BT-Drs. 16/11643, 133; Grüneberg/*Weidenkaff* Rn. 2.

[28] Begr. RegE, BT-Drs. 16/11643, 133.

RL 2008/48/EG und ist gewerberechtlicher Natur. Die Verankerung im EGBGB erfolgte allein aus gesetzgebungstechnischen Gründen; anderweitige Regelungsorte (PAngV, MaBV) kamen aus Sicht des Gesetzgebers nicht in Betracht.[29] Die Norm soll sicherstellen, dass der Verbraucher jederzeit über die Rechtsstellung des Vermittlers informiert ist.[30]

§ 13a Besondere Regelungen für Darlehensvermittler bei Allgemein-Verbraucherdarlehensverträgen

Ist bei der Anbahnung oder beim Abschluss eines Allgemein-Verbraucherdarlehensvertrags oder eines Vertrags über eine entsprechende entgeltliche Finanzierungshilfe ein Darlehensvermittler beteiligt, so sind die vorvertraglichen Informationen nach § 3 Absatz 1 Nummer 1 um den Namen und die Anschrift des beteiligten Darlehensvermittlers zu ergänzen.

Die Vorschrift betrifft die vor Abschluss eines Allgemein-Verbraucherdarlehensvertrags zu gewährenden **vorvertraglichen Informationen.** Sie verlangt zusätzlich zur Angabe des Namens und der Anschrift des Darlehensgebers (Art. 247 § 3 Abs. 1 Nr. 1) die entsprechenden Angaben zum Darlehensvermittler (zu den Anforderungen → Art. 247 § 3 Rn. 3). Die gleiche Vorgabe findet sich in Art. 247 § 13 Abs. 1 (→ Art. 247 § 13 Rn. 3), der indes nicht die vorvertragliche Information, sondern den Vertragsinhalt gemäß Art. 247 § 6 betrifft. Parallelen bestehen ferner zu der für den Immobiliar-Verbraucherdarlehensvertrag geltenden Vorschrift des Art. 247 § 13b Abs. 1 Nr. 1 (→ Art. 247 § 13b Rn. 2). 1

§ 13b Besondere Regelungen für Darlehensvermittler bei Immobiliar-Verbraucherdarlehensverträgen

(1) [1]Bei der Vermittlung von Immobiliar-Verbraucherdarlehensverträgen muss der Darlehensvermittler mit der Unterrichtung nach § 13 Absatz 2 Folgendes zusätzlich mitteilen:
1. seine Identität und Anschrift,
2. in welches Register er eingetragen wurde, gegebenenfalls die Registrierungsnummer, und auf welche Weise der Registereintrag eingesehen werden kann,
3. ob er an einen oder mehrere Darlehensgeber gemäß § 655a Absatz 3 Satz 3 des Bürgerlichen Gesetzbuchs gebunden oder ausschließlich für einen oder mehrere Darlehensgeber tätig ist, und wenn ja, die Namen der Darlehensgeber,
4. ob er Beratungsleistungen anbietet,
5. die Methode, nach der seine Vergütung berechnet wird, falls die Höhe noch nicht genau benannt werden kann,
6. welche interne Verfahren für Beschwerden von Verbrauchern oder anderen interessierten Parteien über Darlehensvermittler zur Verfügung stehen sowie einen möglichen Zugang des Verbrauchers zu einem außergerichtlichen Beschwerde- und Rechtsbehelfsverfahren,
7. ob ihm für seine im Zusammenhang mit dem Darlehensvertrag stehende Dienstleistung Provisionen oder sonstige Anreize von einem Dritten gewährt werden, und wenn ja, in welcher Höhe; ist die Höhe noch nicht bekannt, so ist mitzuteilen, dass der tatsächliche Betrag zu einem späteren Zeitpunkt im ESIS-Merkblatt angegeben wird.
[2]Beginnt der Darlehensvermittler seine Vermittlungstätigkeit vor Abschluss des Vermittlungsvertrags, so sind die Informationspflichten gemäß Satz 1 rechtzeitig vor Ausübung der Vermittlungstätigkeit zu erteilen.

(2) Bei Immobiliar-Verbraucherdarlehensverträgen hat der Darlehensvermittler dem Darlehensgeber die Informationen gemäß § 1 Absatz 1, die er von dem Darlehensnehmer erhalten hat, zum Zweck der Kreditwürdigkeitsprüfung richtig und vollständig zu übermitteln.

(3) Bietet der Darlehensvermittler im Zusammenhang mit der Vermittlung eines Immobiliar-Verbraucherdarlehensvertrags Beratungsleistungen an, gilt § 18 entsprechend.

---

29 Mit näherer Begr. Begr. RegE, BT-Drs. 17/1394, 25.
30 Grüneberg/*Weidenkaff* Rn. 2.

I. Überblick

1 Die vor dem Abschluss eines Darlehensvermittlungsvertrags iSd § 655a BGB zu erteilenden vorvertraglichen Informationen finden sich grundsätzlich in Art. 247 § 13 Abs. 2. Ist der Vertrag auf die Vermittlung eines Immobiliar-Verbraucherdarlehensvertrags gerichtet, so ergeben sich ergänzende vorvertragliche Angabepflichten aus **Abs. 1** S. 1 Nr. 1–7. **Abs. 2** setzt sodann Art. 20 Abs. 2 RL 2014/17/EU um und regelt Informationsübermittlungspflichten im Innenverhältnis zwischen Darlehensvermittler und Darlehensgeber. **Abs. 3** regelt durch Verweis auf die einschlägige Vorschrift des Art. 247 § 18 vorvertragliche Informationspflichten in Bezug auf Beratungsleistungen zu Immobiliar-Verbraucherdarlehensverträgen.

II. Information vor Abschluss des Vermittlungsvertrags (Abs. 1)

2 Bei Immobiliar-Verbraucherdarlehensverträgen (§ 491 Abs. 3 BGB) oder entsprechenden Finanzierungshilfen (§ 506 Abs. 1 S. 2 BGB) sind in die vorvertragliche Unterrichtung nach § 13 Abs. 2 (→ Art. 247 § 13 Rn. 4 ff.) gemäß Abs. 1 weitere Informationen aufzunehmen. Zunächst ist der Verbraucher nach Abs. 1 S. 1 **Nr. 1** (Art. 15 Abs. 1 lit. a RL 2014/17/EU) über die **Identität und Anschrift** des Darlehensvermittlers zu informieren. Nach Abs. 1 S. 1 **Nr. 2** (Art. 15 Abs. 1 lit. b RL 2014/17/EU) hat der Darlehensvermittler anzugeben, in welches **Register** er eingetragen wurde (s. insbesondere § 11a GewO, §§ 6 ff. ImmVermV), ggf. die Registernummer, und auf welche Weise der Registereintrag eingesehen werden kann. Durch letztere Information soll dem Verbraucher ermöglicht werden, gerade auch bei grenzüberschreitenden Vermittlungen die Registereintragung des Vermittlers zu überprüfen.[1]

3 Abs. 1 S. 1 **Nr. 3** (Art. 15 Abs. 1 lit. c RL 2014/17/EU) verpflichtet zur Angabe, ob der Vermittler an einen oder mehrere Darlehensgeber gemäß § 655a Abs. 3 S. 3 BGB (→ BGB § 655a Rn. 34) **gebunden oder ausschließlich** für einen oder mehrere Darlehensgeber tätig ist, und wenn ja, die Namen der Darlehensgeber. Allein die Angabe, dass innerhalb einer bestimmten Gruppe kooperiert wird, reicht nicht aus.[2] Der Kunde soll wissen, welche Produkte er vom Vermittler erwarten kann und welchen Ausschnitt des Marktes der Vermittler repräsentiert.[3] Nach Abs. 1 S. 1 **Nr. 4** (Art. 15 Abs. 1 lit. d RL 2014/17/EU) hat der Vermittler anzugeben, ob er **Beratungsleistungen** iSv § 511 Abs. 1 BGB anbietet (→ BGB § 655a Rn. 33 f.; → Art. 247 § 18 Rn. 2). Sofern dies der Fall ist, kann er die Angabe sogleich mit den zusätzlichen Informationen nach Abs. 3 iVm Art. 247 § 18 verbinden. Grundsätzlich ist in der vorvertraglichen Information die Höhe der vom Verbraucher verlangten Vergütung anzugeben (→ Art. 247 § 13 Rn. 7). Wenn sie zu diesem Zeitpunkt noch nicht bekannt ist, muss bei Immobiliar-Verbraucherdarlehensverträgen nach Abs. 1 S. 1 **Nr. 5** (Art. 15 Abs. 1 lit. e RL 2014/17 EU) zumindest die **Methode zur Berechnung der Vergütung** benannt werden. Die Information muss so gestaltet sein, dass der Verbraucher die auf ihn zukommende Belastung tatsächlich abschätzen kann.[4]

4 Zu den Pflichtangaben gehört nach Abs. 1 S. 1 **Nr. 6** (Art. 15 Abs. 1 lit. f RL 2014/17/EU) einerseits der Hinweis, welche internen **Verfahren für Beschwerden** zur Verfügung stehen. Andererseits ist der Verbraucher über einen möglichen Zugang zu außergerichtlichen Beschwerde- und Rechtsbehelfsverfahren zu informieren. Das betrifft namentlich das Schlichtungsverfahren nach § 14 Abs. 1 S. 1 Nr. 2 UKlaG. Es erscheint naheliegend, dass der **EuGH** die hohen, von ihm zu Art. 10 Abs. 2 lit. t RL 2008/48/EG (Art. 247 § 7 Abs. 1 Nr. 4) formulierten Anforderungen an die Angabe zum außergerichtlichen Beschwerde- und Rechtsbehelfsverfahren[5] auf den hier zugrundeliegenden Art. 15 Abs. 1 lit. f RL 2014/17/EU übertragen wird mit der Folge, dass auch Abs. 1 S. 1 Nr. 6 der richtlinienkonformen Auslegung bedarf (→ Art. 247 § 7 Rn. 4). Nach Abs. 1 S. 1 **Nr. 7** Hs. 1 (Art. 15 Abs. 1 lit. g RL 2014/17/EU) hat der Darlehensvermittler darüber zu informieren, ob ihm für seine Dienstleistung **Provisionen oder sonstige Anreize** von einem Dritten gewährt werden, und wenn ja, in welcher Höhe. Dem Verbraucher soll transparent gemacht werden, wie sich die Vergütung des Vermittlers insgesamt zusammensetzt.[6] Der Begriff des Anreizes ist daher weit zu verstehen und erfasst – ohne Rücksicht auf die Bezeichnung und den Rechtsgrund – sämtliche Leistungen, die der Vermittler erhält. Ist die Höhe noch nicht bekannt, so ist nach Abs. 1 S. 1 Nr. 7 Hs. 2 mitzuteilen, dass der tatsächliche Betrag zu einem späteren Zeitpunkt im ESIS-Merkblatt angegeben wird.

---

1 Begr. RegE, BT-Drs. 18/5922, 118.
2 Freckmann/Merz Immobiliar-Verbraucherdarlehen/*Freckmann* Rn. 638.
3 Begr. RegE, BT-Drs. 18/5922, 118.
4 Vgl. Begr. RegE, BT-Drs. 18/5922, 119.
5 EuGH NJW 2022, 40 Rn. 128 ff. – Volkswagen Bank; BeckRS 2023, 36805 Rn. 243 ff. – BMW Bank ua.
6 Zu möglichen Posten Freckmann/Merz Immobiliar-Verbraucherdarlehen/*Freckmann* Rn. 638.

III. Pflichten nach Abs. 2 und 3

Der Darlehensvermittler ist nach **Abs. 2** verpflichtet, die zum Zweck der Kreditwürdigkeitsprüfung eingeholten Informationen richtig und vollständig an den Darlehensgeber zu übermitteln. Denn dieser hat die Kreditwürdigkeitsprüfung durchzuführen (§§ 505a ff. BGB). In diesem Zusammenhang obliegt es dem Vermittler, etwaigen Nachfragen des Darlehensgebers im Hinblick auf die erteilten Informationen nachzugehen.[7] Darüber hinaus ist ein Darlehensvermittler, der im Zusammenhang mit einem Immobiliar-Verbraucherdarlehensvertrag Beratungsleistungen erbringt, schon nach § 655a Abs. 3 BGB iVm § 511 Abs. 1 BGB gehalten, den Darlehensnehmer nach näherer Maßgabe des Art. 247 § 18 zu informieren. **Abs. 3** wiederholt diese Anordnung, hinter der Art. 22 Abs. 1 und 2 RL 2014/17/EU steht. 5

§ 14 Tilgungsplan

(1) [1]Verlangt der Darlehensnehmer nach § 492 Abs. 3 Satz 2 des Bürgerlichen Gesetzbuchs einen Tilgungsplan, muss aus diesem hervorgehen, welche Zahlungen in welchen Zeitabständen zu leisten sind und welche Bedingungen für diese Zahlungen gelten. [2]Dabei ist aufzuschlüsseln, in welcher Höhe die Teilzahlungen auf das Darlehen, die nach dem Sollzinssatz berechneten Zinsen und die sonstigen Kosten angerechnet werden.

(2) Ist der Sollzinssatz nicht gebunden oder können die sonstigen Kosten angepasst werden, ist in dem Tilgungsplan in klarer und verständlicher Form anzugeben, dass die Daten des Tilgungsplans nur bis zur nächsten Anpassung des Sollzinssatzes oder der sonstigen Kosten gelten.

(3) [1]Der Tilgungsplan ist dem Darlehensnehmer auf einem dauerhaften Datenträger zur Verfügung zu stellen. [2]Der Anspruch erlischt nicht, solange das Vertragsverhältnis besteht.

Ist bei einem Verbraucherdarlehensvertrag (§ 491 BGB) ein Zeitpunkt für die Rückzahlung des Darlehens bestimmt, so kann der Darlehensnehmer gemäß § 492 Abs. 3 S. 2 BGB jederzeit einen Tilgungsplan nach Art. 247 § 14 verlangen. Auf diesem Weg soll sich der Darlehensnehmer einerseits über seine **Belastung und den Stand der Rückführung** des Darlehens informieren können; zum anderen erleichtert ein Tilgungsplan im Streitfall die Zuordnung von Leistungen.[1] Der Darlehensgeber hat den Darlehensnehmer bei einem Allgemein-Verbraucherdarlehensvertrag nach Art. 247 § 6 Abs. 1 S. 1 Nr. 4 auf sein Recht **hinzuweisen,** muss aber erst auf dessen Verlangen hin tätig werden.[2] Bei einem Immobiliar-Verbraucherdarlehensvertrag besteht eine solche Hinweispflicht nicht (→ Art. 247 § 6 Rn. 8). 1

In Umsetzung von Art. 10 Abs. 3 RL 2008/48/EG („kostenlos und zu jedem beliebigen Zeitpunkt") stellt **Abs. 3 S. 2** klar, dass der Anspruch nicht erlischt, solange das Vertragsverhältnis besteht. Der Darlehensnehmer kann daher auch **mehrfach** kostenlos einen Tilgungsplan anfordern, um sich über den aktuellen Stand seiner Verpflichtungen zu informieren. Nur ganz ausnahmsweise kann dem das Verbot des Rechtsmissbrauchs entgegenstehen, wenn dem Darlehensnehmer wegen einer wiederholten Anforderung in kurzem zeitlichen Abstand ein berechtigtes Informationsinteresse fehlt und im Gegenzug dem Darlehensgeber die erneute Erfüllung des Anspruchs wegen der damit verbundenen Kosten unzumutbar ist.[3] Auch das in etwas anderem Zusammenhang ergangene Volkswagen Bank-Urteil des EuGH[4] spricht für große Zurückhaltung im Hinblick auf den Rechtsmissbrauchseinwand. 2

Der Tilgungsplan ist dem Darlehensnehmer gemäß **Abs. 3 S. 1** auf einem **dauerhaften Datenträger** (§ 126b S. 2 BGB) zur Verfügung zu stellen. Es genügt, wenn er sich den aktuellen Plan im 3

---

[7] Begr. RegE, BT-Drs. 18/5922, 119.

[1] Vgl. Begr. RegE, BT-Drs. 16/11643, 133; Bülow/Artz/*Artz* BGB § 492 Rn. 55; Staub/*Renner* Kreditgeschäft Rn. 684; teilweise abw. KG BKR 2024, 197 Rn. 38: Ausgangspunkt sei nicht der jeweilige Saldo bei Anforderung des Tilgungsplans.

[2] PWW/*Pöschke* BGB § 492 Rn. 16; Staudinger/*Kessal-Wulf,* 2012, BGB § 492 Rn. 81.

[3] Vgl. BeckOGK/*Knops,* 15.3.2024, BGB § 492 Rn. 75; *Rösler/Werner* BKR 2009, 1 (4); Kümpel/Mülbert/Früh/Seyfried BankR/KapMarktR/*Wittig* Rn. 5.288; *Gercke,* Schadensersatz wegen vorvertraglicher Informationspflichtverletzungen beim Verbraucherkredit, 2014, 139; s. auch BuB/*Franke* Rn. 3/615: kein Anspruch auf monatliche Einforderung eines stets unveränderten Tilgungsplans; noch restriktiver *Josten* KreditvertragsR Rn. 587.

[4] EuGH NJW 2022, 40 Rn. 119 ff. – Volkswagen Bank.

Online-Banking oder an einem Automaten ausdrucken kann.[5] Aus dem Tilgungsplan muss nach **Abs. 1** hervorgehen, welche Zahlungen künftig in welchen Zeitabständen zu leisten sind und welche Bedingungen insoweit gelten. Als Ausgangspunkt genügt mithin der aktuelle Saldo, es müssen nicht alle Zahlungen in der Vergangenheit aufgelistet werden.[6] In diesem Zusammenhang ist der jeweilige Tilgungs-, Zins- und Kostenanteil aufzuschlüsseln.

4 Ist der Sollzinssatz nicht gebunden oder können die sonstigen Kosten geändert werden, so ist der Tilgungsplan auf der Basis der **derzeit maßgeblichen Konditionen** zu erstellen. Das ergibt sich aus **Abs. 2,** dem zufolge in dem Tilgungsplan unter dieser Voraussetzung in klarer und verständlicher Form anzugeben ist, dass die Daten in einem solchen Fall nur bis zur nächsten Anpassung aktuell sind. Auf diese Weise soll der Darlehensnehmer gewarnt und auf die beschränkte Aussagekraft des Tilgungsplans aufmerksam gemacht werden.

§ 15 Unterrichtungen bei Zinsanpassungen

(1) Eine Zinsanpassung in einem Verbraucherdarlehensvertrag oder einem Vertrag über eine entgeltliche Finanzierungshilfe wird erst wirksam, nachdem der Darlehensgeber den Darlehensnehmer über
1. den angepassten Sollzinssatz,
2. die angepasste Höhe der Teilzahlungen und
3. die Zahl und die Fälligkeit der Teilzahlungen, sofern sich diese ändern,
unterrichtet hat.

(2) [1]Geht die Anpassung des Sollzinssatzes auf die Änderung eines Referenzzinssatzes zurück, können die Vertragsparteien einen von Absatz 1 abweichenden Zeitpunkt für die Wirksamkeit der Zinsanpassung vereinbaren. [2]In diesen Fällen muss der Vertrag eine Pflicht des Darlehensgebers vorsehen, den Darlehensnehmer nach Absatz 1 in regelmäßigen Zeitabständen zu unterrichten. [3]Bei einem Immobiliar-Verbraucherdarlehensvertrag muss der Vertrags ferner die Pflicht vorsehen, auch über den neuen Referenzzinssatz zu unterrichten. [4]Außerdem muss der Darlehensnehmer die Höhe des Referenzzinssatzes in den Geschäftsräumen des Darlehensgebers einsehen können.

(3) Werden bei einem Immobiliar-Verbraucherdarlehensvertrag Änderungen des Sollzinssatzes im Wege der Versteigerung auf den Kapitalmärkten festgelegt und kann der Darlehensgeber den Darlehensnehmer daher nicht vor dem Wirksamwerden der Änderung über diese in Kenntnis setzen, so hat der Darlehensgeber den Darlehensnehmer abweichend von Absatz 1 rechtzeitig vor der Versteigerung über das bevorstehende Verfahren zu unterrichten und darauf hinzuweisen, wie sich die Versteigerung auf den Sollzinssatz auswirken könnte.

I. Einleitung

1 Eine Zinsanpassung wird bei einem Verbraucherdarlehensvertrag mit veränderlichem Sollzinssatz (§ 489 Abs. 5 BGB) gemäß § 493 Abs. 3 S. 1 BGB erst wirksam, nachdem der Darlehensgeber den Darlehensnehmer über die Einzelheiten unterrichtet hat, die sich aus Art. 247 § 15 ergeben. Abweichende Vereinbarungen sind gemäß § 493 Abs. 3 S. 2 BGB im Rahmen des Art. 247 § 15 Abs. 2 und 3 möglich. Zugrunde liegende unionsrechtliche Vorgaben finden sich in Art. 11 Abs. 2 RL 2008/48/EG und Art. 27 Abs. 2 RL 2014/17/EU.

II. Information des Darlehensnehmers (Abs. 1)

2 Die in Abs. 1 vorgesehene Unterrichtung des Darlehensnehmers ist Voraussetzung für die Wirksamkeit der Anpassung des Sollzinssatzes (§ 493 Abs. 3 S. 1 BGB). Dem Darlehensnehmer sind der angepasste Sollzinssatz (§ 489 Abs. 5 BGB), die angepasste Höhe der Teilzahlungen sowie die Zahl und die Fälligkeit der Teilzahlungen gemäß § 492 Abs. 5 BGB auf einem dauerhaften Datenträger (§ 126b S. 2 BGB) mitzuteilen,[1] sofern sich diese ändern. Im Rahmen einer eingeräumten **Überzie-**

---

5 Begr. RegE, BT-Drs. 16/11643, 133; BeckOGK/*Knops,* 15.3.2024, BGB § 492 Rn. 76, aber einmalige Überlassung in schriftlicher Form verlangend; Ellenberger/Bunte BankR-HdB/*Peters* § 56 Rn. 223; Erman/*Nietsch* BGB § 492 Rn. 33.

6 Kümpel/Mülbert/Früh/Seyfried BankR/KapMarktR/*Wittig* Rn. 5.290; PWW/*Pöschke* BGB § 492 Rn. 16; Langenbucher/Bliesener/Spindler/*Roth* BGB § 492 Rn. 16; *Josten* KreditvertragsR Rn. 587; Staub/*Renner* Kreditgeschäft Rn. 684; aA – Ausgangspunkt sei nicht der jeweilige Saldo bei Anforderung des Tilgungsplans, sondern der anfängliche Saldo – KG BKR 2024, 197 Rn. 38.

1 Grüneberg/*Weidenkaff* BGB § 493 Rn. 3.

hungsmöglichkeit gilt dies gemäß § 504 Abs. 1 S. 3 BGB nur bei einer Erhöhung des Sollzinssatzes (→ BGB § 504 Rn. 15). Ohne die gebotene Mitteilung gilt der zuvor maßgebliche Sollzinssatz fort; einer weiteren **Sanktion** in Form eines Schadensersatzanspruchs bedarf es daneben nicht. Da die Norm allein den Interessen des Verbrauchers dienen soll, ist eine **Ausnahme** zu machen, wenn die beabsichtigte Zinsanpassung für ihn günstig ist.[2]

Auch bei Einhaltung der Vorgaben des Abs. 1 iVm § 493 Abs. 3 S. 1 BGB wird eine Anpassung nur wirksam, wenn das **Anpassungsrecht wirksam vereinbart** und im Einzelfall nach Maßgabe des § 315 Abs. 2 BGB in zulässiger Weise ausgeübt wurde (zu den Anforderungen → Art. 247 § 3 Rn. 12). Dabei ist nach § 492 Abs. 5 BGB ein dauerhafter Datenträger (§ 126b S. 2 BGB) zu verwenden. In diesem Zusammenhang ist auch § 494 Abs. 4 S. 2 BGB zu beachten, dem zufolge eine Anpassung zu Lasten des Darlehensnehmers ausscheidet, wenn im Vertrag nicht nach Maßgabe des Art. 247 § 6 Abs. 1 S. 1 Nr. 1 bzw. des Art. 247 § 6 Abs. 1 S. 2, jeweils iVm Art. 247 § 3 Abs. 4, angegeben ist, unter welchen Voraussetzungen die Zinsen angepasst werden können (→ BGB § 494 Rn. 37). 3

III. Abweichende Vereinbarung

1. Anknüpfung an Referenzzinssatz (Abs. 2). In Umsetzung von Art. 11 Abs. 2 RL 2008/48/EG und Art. 27 Abs. 2 RL 2014/17/EU sieht § 493 Abs. 3 S. 2 BGB iVm Abs. 2 S. 1 für alle Verbraucherdarlehensverträge vor, dass die Parteien einen von § 493 Abs. 3 S. 1 BGB abweichenden Zeitpunkt für die Wirksamkeit der Zinsanpassung vereinbaren können, wenn die Anpassung des Sollzinssatzes auf die Änderung eines Referenzzinssatzes iSv § 492 Abs. 7 BGB (vgl. auch § 675g Abs. 3 S. 2 BGB) zurückgeht. Der Zinssatz muss mithin objektiv, eindeutig bestimmt und für Darlehensgeber und Darlehensnehmer verfügbar und überprüfbar sein (→ BGB § 492 Rn. 58).[3] Der Verbraucher bedarf dann nicht zwingend einer gesonderten Vorabinformation, um auf die Änderung aufmerksam gemacht zu werden. Zulässig sind daher Vereinbarungen, nach denen sich die Änderung des Referenzzinssatzes sofort oder nach einer bestimmten Frist auswirken soll. 4

Eine angemessene Information des Verbrauchers ist allerdings auch in diesem Fall gewährleistet. Zunächst muss der Vertrag nämlich gemäß Abs. 2 S. 2 die Pflicht des Darlehensgebers vorsehen, den Darlehensnehmer nach Maßgabe des Abs. 1 in **regelmäßigen Zeitabständen** zu unterrichten. Der Begriff ist wie in § 493 Abs. 4 S. 2 Nr. 4 BGB und in § 504 Abs. 1 S. 1 BGB zu verstehen, zielt also auf nicht zu große, aufeinander abgestimmte Zeitintervalle (→ BGB § 493 Rn. 14; → BGB § 504 Rn. 13). Möglich ist namentlich die Unterrichtung auf dem Kontoauszug, wenn dessen regelmäßige Ausgabe oder Übermittlung vereinbart ist.[4] Bei Immobiliar-Verbraucherdarlehensverträgen iSd § 491 Abs. 3 BGB muss der Vertrag nach Abs. 2 S. 3 zusätzlich noch die Pflicht vorsehen, auch über den neuen Referenzzinssatz zu unterrichten.[5] 5

Außerdem muss der Darlehensnehmer gemäß Abs. 2 S. 4 bei allen Verträgen die Höhe des Referenzzinssatzes in den **Geschäftsräumen** des Darlehensgebers einsehen können. Sofern die Gesetzesbegründung hierzu ausführt, dass der Darlehensnehmer die zumutbare Möglichkeit haben müsse, einen Geschäftsraum des Darlehensgebers aufzusuchen,[6] mag das aus teleologischen Gründen nachvollziehbar sein. Diese Auslegung (und ein entsprechendes Verständnis der gleich lautenden Richtlinienvorgaben) überzeugt aber gleichwohl nicht, weil damit gerade die von der RL 2008/48/EG und der RL 2014/17/EU angestrebte Erleichterung der grenzüberschreitenden Kreditvergabe zumindest partiell konterkariert würde. Werden die besonderen Voraussetzungen des Abs. 2 S. 2–4 nicht beachtet, kann eine Zinsanpassung nur nach Maßgabe des § 493 Abs. 3 S. 1 BGB und nicht vor dem im Vertrag vorgesehenen Zeitpunkt wirksam werden. 6

2. Festlegung durch Versteigerung (Abs. 3). In Deutschland ist es ungebräuchlich, Änderungen des Sollzinssatzes im Wege der Versteigerung auf den Kapitalmärkten festzulegen. Wird eine solche Vereinbarung aber bei einem Immobiliar-Verbraucherdarlehensvertrag iSd § 491 Abs. 3 BGB getroffen und kann der Darlehensgeber den Darlehensnehmer daher nicht im Vorfeld über die Änderung in Kenntnis setzen, lässt es Abs. 3 ausreichen, wenn der Darlehensgeber den Darlehensnehmer gemäß § 492 Abs. 5 BGB auf einem dauerhaften Datenträger (§ 126b S. 2 BGB) rechtzeitig vor der Versteige- 7

---

2 Staudinger/*Kessal-Wulf,* 2012, BGB § 493 Rn. 4; *Ellenberger*/Nobbe/*Müller-Christmann* BGB § 493 Rn. 7; PWW/*Pöschke* BGB § 493 Rn. 3; BeckOGK/*Knops,* 15.3.2024, BGB § 493 Rn. 18.1; s. auch NK-BGB/*Krämer* BGB § 493 Rn. 7; iE ähnlich Erman/*Nietsch* BGB § 493 Rn. 20; Grüneberg/*Weidenkaff* BGB § 493 Rn. 7: Schadensersatzanspruch des Darlehensnehmers.

3 Vgl. *Josten* KreditvertragsR Rn. 637.

4 Begr. RegE, BT-Drs. 16/11643, 134; Staudinger/*Kessal-Wulf,* 2012, BGB § 493 Rn. 5; Erman/*Nietsch* BGB § 493 Rn. 11; Staub/*Renner* Kreditgeschäft Rn. 694.

5 Vgl. dazu Begr. RegE, BT-Drs. 18/5922, 120.

6 Begr. RegE, BT-Drs. 16/11643, 134.

rung über das bevorstehende Verfahren unterrichtet und darauf hinweist, wie sich die Versteigerung auf den Sollzinssatz auswirken könnte. Der Verbraucher soll sich auf die möglicherweise eintretende Änderung einstellen können.[7] Zu den Folgen eines Verstoßes gegen die Vorgabe → Rn. 6 aE.

§ 16 Unterrichtung bei Überziehungsmöglichkeiten

Die Unterrichtung nach § 504 Abs. 1 Satz 1 des Bürgerlichen Gesetzbuchs muss folgende Angaben enthalten:
1. den genauen Zeitraum, auf den sie sich bezieht,
2. Datum und Höhe der an den Darlehensnehmer ausbezahlten Beträge,
3. Saldo und Datum der vorangegangenen Unterrichtung,
4. den neuen Saldo,
5. Datum und Höhe der Rückzahlungen des Darlehensnehmers,
6. den angewendeten Sollzinssatz,
7. die erhobenen Kosten und
8. den gegebenenfalls zurückzuzahlenden Mindestbetrag.

1 Die Vorschrift konkretisiert den Inhalt der in § 504 Abs. 1 S. 1 BGB vorgesehenen wiederkehrenden Unterrichtung des Verbrauchers im Falle einer Überziehungsmöglichkeit (→ BGB § 504 Rn. 7 ff.). Die zugrunde liegenden unionsrechtlichen Vorgaben finden sich in Art. 12 Abs. 1 RL 2008/48/EG. Zum Zeitpunkt und zur Form der Unterrichtung sowie zu den Rechtsfolgen einer Verletzung der Unterrichtungspflicht ist auf die Kommentierung zu § 504 BGB zu verweisen (→ BGB § 504 Rn. 13 f.). Den logischen Ausgangspunkt der Unterrichtung bilden Saldo und Datum der vorausgegangenen Unterrichtung (Nr. 3). Daran anknüpfend, sind der Zeitraum, auf den sich die nunmehr erfolgende Unterrichtung bezieht (Nr. 1), sowie – einschließlich ihres jeweiligen Datums – die erfolgten Auszahlungen (Nr. 2) und Rückzahlungen (Nr. 3) anzugeben. Daraus sowie aus den weiteren Angaben zum angewendeten Sollzinssatz (Nr. 6; § 489 Abs. 5 BGB) und zu sämtlichen Kosten, die durch den Darlehensvertrag im Berichtszeitraum[1] angefallen sind (Nr. 7), ergibt sich der ebenfalls mitzuteilende neue Saldo (Nr. 4). Soweit der Darlehensnehmer zur Rückzahlung verpflichtet ist, muss schließlich auch der zurückzuzahlende Mindestbetrag genannt werden (Nr. 8).

§ 17 Angaben bei geduldeten Überziehungen

(1) Die Unterrichtung nach § 505 Abs. 1 des Bürgerlichen Gesetzbuchs muss folgende Angaben enthalten:
1. den Sollzinssatz, die Bedingungen für seine Anwendung und, soweit vorhanden, Indizes oder Referenzzinssätze, auf die sich der Sollzinssatz bezieht,
2. sämtliche Kosten, die ab dem Zeitpunkt der Überziehung anfallen, sowie die Bedingungen, unter denen die Kosten angepasst werden können.

(2) Die Unterrichtung nach § 505 Abs. 2 des Bürgerlichen Gesetzbuchs muss folgende Angaben enthalten:
1. das Vorliegen einer Überziehung,
2. den Betrag der Überziehung,
3. den Sollzinssatz und
4. etwaige Vertragsstrafen, Kosten und Verzugszinsen.

1 Die Vorschrift betrifft geduldete Überziehungen iSv § 505 BGB (→ BGB § 505 Rn. 6 f.). Sie findet ihren unionsrechtlichen Hintergrund in Art. 18 RL 2008/48/EG.[1] Damit der Verbraucher die auf ihn zukommende Belastung bereits im Vorfeld einschätzen und bei der Entscheidung über die Kreditaufnahme berücksichtigen kann, müssen die Pflichtangaben nach **Abs. 1** bereits in der insoweit zu schließenden Rahmenvereinbarung (→ BGB § 505 Rn. 3) enthalten sein und dem Verbraucher sodann in regelmäßigen Abständen mitgeteilt werden. Zum Zeitpunkt und zur Form der Unterrichtung ist auf die Kommentierung zu § 505 BGB zu verweisen (→ BGB § 505 Rn. 4). Zu unterrichten ist der Verbraucher danach (Nr. 1) über den Sollzinssatz iSd § 489 Abs. 5 BGB, die

[7] Begr. RegE, BT-Drs. 18/5922, 120.

[1] Begr. RegE, BT-Drs. 16/11643, 134; *Ellenberger*/Nobbe/*Artner* BGB § 504 Rn. 24; Grüneberg/*Weidenkaff* BGB § 504 Rn. 3.

[1] BeckOGK/*Knops*, 15.3.2024, BGB § 505 Rn. 16.

Bedingungen für dessen Anwendung[2] und Indizes oder Referenzzinssätze (§ 492 Abs. 7 BGB, → BGB § 492 Rn. 58; vgl. auch § 675g Abs. 3 S. 2 BGB), auf die sich der Sollzinssatz ggf. bezieht, sowie (Nr. 2) über sämtliche Kosten, die ab dem Zeitpunkt der Überziehung anfallen, einschließlich der Bedingungen, unter denen sie angepasst werden können.

Außerdem hat der Darlehensgeber den Darlehensnehmer gemäß § 505 Abs. 2 BGB im Falle einer erheblichen Überziehung von mehr als einem Monat (→ BGB § 505 Rn. 9 f.) über die sich aus **Abs. 2** ergebenden Einzelheiten zu unterrichten (zu Form und Zeitpunkt der Information → BGB § 505 Rn. 11). Diese sind (s. bereits → 6. Aufl. 2012, BGB § 505 Rn. 10) das Vorliegen einer Überziehung, der Betrag der Überziehung, der Sollzinssatz (§ 489 Abs. 5 BGB) und etwaige Vertragsstrafen (§ 339 BGB), Kosten und Verzugszinsen (§ 497 BGB). Letzteres ist als Hinweis auf den Aufwand zu verstehen, der durch die nicht (rechtzeitige) Rückführung der Überziehung entstehen kann.[3] 2

§ 18 Vorvertragliche Informationen bei Beratungsleistungen für Immobiliar-Verbraucherdarlehensverträge

(1) [1]Bevor der Darlehensgeber Beratungsleistungen für einen Immobiliar-Verbraucherdarlehensvertrag erbringt oder einen entsprechenden Beratungsvertrag schließt, hat er den Darlehensnehmer darüber zu informieren,
1. wie hoch das Entgelt ist, sofern ein solches für die Beratungsleistungen verlangt wird,
2. ob der Darlehensgeber seiner Empfehlung
a) nur oder im Wesentlichen eigene Produkte zugrunde legt oder
b) neben eigenen Produkten auch eine größere Anzahl von Produkten anderer Anbieter zugrunde legt.

[2]Lässt sich die Höhe des Entgelts nach Satz 1 Nummer 1 noch nicht bestimmen, ist über die Methode zu informieren, die für die Berechnung verwendet wird.

(2) Die Informationen sind auf einem dauerhaften Datenträger zu übermitteln; sie können in der gleichen Art und Weise wie weitere vorvertragliche Informationen gemäß § 1 Absatz 3 Satz 1 erteilt werden.

I. Überblick

Bevor in Bezug auf einen **Immobiliar-Verbraucherdarlehensvertrag** (§ 491 Abs. 3 BGB) Beratungsleistungen erbracht werden oder ein Beratungsvertrag abgeschlossen wird, hat der Darlehensgeber dem Darlehensnehmer Informationen über ein verlangtes Entgelt und die bei der Beratung zu berücksichtigende Produktpalette zur Verfügung zu stellen. Auf diese Weise soll **Transparenz** hergestellt und dem Darlehensnehmer die Entscheidung erleichtert werden, ob die Inanspruchnahme von Beratungsleistungen für ihn sinnvoll ist. Auch wird ihm vor Augen geführt, dass der Darlehensgeber über die Kreditvergabe hinaus eine besondere Dienstleistung erbringt, an deren Schlechterfüllung sich Haftungsfolgen knüpfen können.[1] 1

II. Hinweis auf Beratungsmöglichkeit

Gemäß Art. 22 Abs. 1 RL 2014/17/EU haben die Mitgliedstaaten sicherzustellen, dass der Kreditgeber ausdrücklich darüber informiert, ob Beratungsdienstleistungen erbracht werden oder erbracht werden können. Ausweislich Erwägungsgrund 63 RL 2014/17/EU schließt das den Hinweis ein, dass Beratungsdienstleistungen nicht erbracht werden können, die Darlehensvergabe mithin nur im beratungsfreien Geschäft erfolgt. Eine solche Unterrichtungspflicht ist in § 511 BGB und § 18 nicht ausdrücklich normiert worden. Allerdings belegen die Gesetzesmaterialien hinreichend deutlich und konkret, dass der Gesetzgeber die Vorgaben des Art. 22 Abs. 1 RL 2014/17/EU ordnungsgemäß umsetzen wollte.[2] Angesichts dessen erscheint eine richtlinienkonforme Rechtsfortbildung möglich, zumal mit § 13b Abs. 1 S. 1 Nr. 4 als Analogiegrundlage wenigstens ein gewisser Anknüpfungspunkt im nationalen Recht vorhanden ist und § 511 BGB durch die damit anzuerkennende Pflicht zur Information über das „'ob' der Beratung" nicht in sein Gegenteil verkehrt, sondern lediglich ergänzt wird (aA → 7. Aufl. 2017, Rn. 12 [*Schürnbrand*]).[3] 2

---

[2] Vgl. BuB/*Franke* Rn. 3/595 f. zur Frage, ob die vollständige Wiedergabe des Zinsanpassungsmechanismus erforderlich ist.

[3] Näher zum Auslegungsproblem BuB/*Franke* Rn. 3/597 f.

[1] Vgl. Freckmann/Merz Immobiliar-Verbraucherdarlehen/*Freckmann* Rn. 166.

[2] BT-Drs. 18/5922, 105; dazu BeckOGK/*Harnos,* 1.3.2024, BGB § 511 Rn. 30.

[3] BeckOGK/*Harnos,* BGB § 511 Rn. 28; allg. BGHZ 179, 27 = NJW 2009, 427; BGHZ 192, 148 = NJW 2012, 1073; aA *Schürnbrand* JZ 2007, 910 (913 ff.).

III. Entgelt

3 Zu nennen ist nach Abs. 1 S. 1 **Nr. 1** die genaue Höhe des Entgelts, das der Darlehensgeber für die Beratungsleistungen verlangt. Lässt sich dessen Höhe noch nicht bestimmen, etwa weil das Entgelt von dem erst später gewählten Kreditprodukt oder der Höhe des Darlehens abhängt,[4] hat der Darlehensgeber nach Abs. 1 S. 2 über die Methode zu informieren, die für die Berechnung verwendet wird. Lässt sich der Darlehensnehmer **unwidersprochen** auf die Beratung ein, so wird die Mitteilung als Entgeltabrede Gegenstand des dann jedenfalls stillschweigend abgeschlossenen Beratungsvertrags. Erbringt der Darlehensgeber die Beratungsleistung ohne zusätzliche Vergütung, so bedarf es keines gesonderten Hinweises auf diesen Umstand.[5] Fungiert der Berater zugleich als Vermittler, hat er den Darlehensnehmer nach § 655a Abs. 2 S. 1 BGB iVm Art. 247 § 13 Abs. 2 S. 1 Nr. 2 darüber zu informieren, wenn er für die Vermittlung von einem Dritten, also regelmäßig dem Darlehensgeber, ein Entgelt, Provisionen oder sonstige Anreize erhält.

IV. Produktpalette

4 Dem Darlehensgeber steht es frei, bei der Beratung nur eigene Produkte zu berücksichtigen. Zur besseren Orientierung des Kunden darüber, wie stark seine Vertriebsinteressen sind, hat der Darlehensgeber aber nach Abs. 1 S. 1 Nr. 2 darüber zu informieren, ob er (a) nur oder im Wesentlichen nur eigene Produkte oder (b) neben eigenen Produkten auch eine **größere Anzahl** von Produkten anderer Anbieter zugrunde legt. Nähere Hinweise, wie die Begriffe „Produkt" und „größere Anzahl" zu konkretisieren sind, finden sich in den Gesetzesmaterialien nicht. Entscheidend muss sein, ob bei wertender Betrachtung der Umstände des Einzelfalls ein nicht zu vernachlässigender Ausschnitt aus dem gesamten Kreditmarkt Berücksichtigung findet. Dafür spricht die Formulierung des Art. 22 Abs. 2 lit. a RL 2014/17/EU, die sich auf eine „größere Auswahl von Produkten auf dem Markt" bezieht. Hiervon dürfte auszugehen sein, wenn mindestens 20 Prozent der Produkte von anderen Anbietern stammen. Der Darlehensgeber schuldet nur die vom Gesetz vorgegebene allgemeine Angabe, genügt seiner Informationspflicht aber auch, wenn er offenlegt, wie viele eigene und fremde Produkte er der Empfehlung zugrunde legt.[6]

V. Zeitpunkt; Form

5 Die Unterrichtung muss erfolgen, bevor ein Beratungsvertrag geschlossen wird oder Beratungsleistungen erbracht werden. Die Informationen sind dem Darlehensnehmer nach Abs. 2 auf einem **dauerhaften Datenträger** (§ 126b S. 2 BGB) zu übermitteln. Sie können dem ESIS-Merkblatt beigefügt werden, sind aber auch dann in ein gesondertes Dokument aufzunehmen (→ Art. 247 § 1 Rn. 5).

Art. 247a Allgemeine Informationspflichten bei Verbraucherdarlehensverträgen, Verträgen über entgeltliche Finanzierungshilfen und deren Vermittlung

§ 1 Allgemeine Informationspflichten bei Immobiliar-Verbraucherdarlehensverträgen und entsprechenden Finanzierungshilfen

(1) Unternehmer, die den Abschluss von Immobiliar-Verbraucherdarlehensverträgen oder deren Vermittlung durch gebundene Darlehensvermittler gemäß § 655a Absatz 3 Satz 3 des Bürgerlichen Gesetzbuchs anbieten, stellen für Standardgeschäfte nach § 675a des Bürgerlichen Gesetzbuchs schriftlich, in geeigneten Fällen auch elektronisch, unentgeltlich Informationen über Entgelte und Auslagen der Geschäftsbesorgung zur Verfügung, soweit nicht eine Preisfestsetzung nach § 315 des Bürgerlichen Gesetzbuchs erfolgt oder die Entgelte und Auslagen gesetzlich verbindlich geregelt sind.

(2) [1]Die Informationen nach Absatz 1 müssen zumindest folgende Angaben enthalten:
1. die Identität und Anschrift des Darlehensgebers oder Darlehensvermittlers,
2. die Zwecke, für die das Darlehen verwendet werden kann,
3. die möglichen Formen von Sicherheiten, gegebenenfalls einschließlich eines Hinweises darauf, dass die Grundstücke oder grundstücksgleichen Rechte, an denen die Sicherheiten bestellt werden, in einem anderen Mitgliedstaat der Europäischen Union belegen sein dürfen,
4. die möglichen Laufzeiten der Darlehensverträge,

---

4 Begr. RegE, BT-Drs. 18/5922, 121.
5 BeckOGK/*Harnos,* 1.3.2024, BGB § 511 Rn. 24.2.
6 Vgl. BeckOGK/*Harnos,* 1.3.2024, BGB § 511 Rn. 28.

5. die angebotenen Arten von Sollzinssätzen, jeweils mit dem Hinweis, ob diese als feste oder veränderliche Zinssätze oder in beiden Varianten angeboten werden; die Merkmale eines festen und eines veränderlichen Zinssatzes, einschließlich der sich hieraus ergebenden Konsequenzen für den Darlehensnehmer, sind kurz darzustellen,
6. ein repräsentatives Beispiel des Nettodarlehensbetrags, der Gesamtkosten, des Gesamtbetrags und des effektiven Jahreszinses,
7. einen Hinweis auf mögliche weitere, im Zusammenhang mit einem Darlehensvertrag anfallende Kosten, die nicht in den Gesamtkosten des Darlehens enthalten sind,
8. die verschiedenen möglichen Optionen zur Rückzahlung des Darlehens einschließlich der Anzahl, Häufigkeit und Höhe der regelmäßigen Rückzahlungsraten,
9. gegebenenfalls einen klaren und prägnanten Hinweis darauf, dass die Einhaltung der Bedingungen des Darlehensvertrags nicht in jedem Fall gewährleistet, dass damit der in Anspruch genommene Darlehensbetrag vollständig zurückgezahlt werden wird,
10. die Bedingungen, die für eine vorzeitige Rückzahlung gelten,
11. Auskunft darüber, ob für den Vertragsschluss eine Bewertung des Werts des belasteten Grundstücks oder des Werts des zu erwerbenden oder zu erhaltenden Grundstücks, Gebäudes oder grundstücksgleichen Rechts erforderlich ist und, falls ja, wer dafür verantwortlich ist, dass die Bewertung durchgeführt wird, sowie Informationen darüber, ob dem Darlehensnehmer hierdurch Kosten entstehen,
12. Auskunft über die Nebenleistungen, die der Darlehensnehmer erwerben muss, damit ihm das Darlehen überhaupt oder nach den vorgesehenen Vertragsbedingungen gewährt wird, und gegebenenfalls einen Hinweis darauf, dass die Nebenleistungen von einem anderen Anbieter als dem Darlehensgeber erworben werden können,
13. eine allgemeine Warnung vor möglichen Konsequenzen für den Fall, dass der Darlehensnehmer die mit dem Darlehensvertrag eingegangenen Verpflichtungen nicht einhält, und
14. falls Verträge angeboten werden, in denen auf einen Referenzwert im Sinne des Artikels 3 Absatz 1 Nummer 3 der Verordnung (EU) 2016/1011 Bezug genommen wird, die Bezeichnungen der Referenzwerte und die Namen der Administratoren sowie die möglichen Auswirkungen auf den Darlehensnehmer.

[2]Werden Verträge in einer anderen Währung als der Landeswährung des Darlehensnehmers nach § 503 Absatz 1 Satz 1 des Bürgerlichen Gesetzbuchs angeboten, so sind die in Betracht kommenden ausländischen Währungen anzugeben sowie die möglichen Konsequenzen eines Darlehens in Fremdwährung für den Darlehensnehmer zu erläutern.

(3) Die Absätze 1 und 2 gelten entsprechend, wenn der Abschluss von Verträgen über entgeltliche Finanzierungshilfen gemäß § 506 Absatz 1 Satz 2 und 3 des Bürgerlichen Gesetzbuchs oder deren Vermittlung durch gebundene Darlehensvermittler gemäß § 655a Absatz 3 Satz 3 des Bürgerlichen Gesetzbuchs angeboten wird.

I. Grundlagen

Die Norm geht auf das Gesetz zur Umsetzung der Wohnimmobilienkreditrichtlinie und zur Änderung handelsrechtlicher Vorschriften vom 11.3.2016 (BGBl. 2016 I 396) zurück und dient der **Umsetzung der Vorgaben aus Art. 13 RL 2014/17/EU** (Wohnimmobilienkredit-RL). Nach der Fassung des RegE sollten die Informationspflichten (mit gleichem Inhalt) noch im Rahmen des § 675a BGB verankert werden. Davon hat der Gesetzgeber auf Empfehlung des Bundestagsausschusses für Recht und Verbraucherschutz abgesehen, um möglichen Missverständnissen vorzubeugen, dass es sich bei diesen allgemeinen Informationspflichten um eine eigenständige Geschäftsbesorgung handeln könnte.[1] Mit Wirkung zum 1.7.2018 ist der Katalog in Abs. 2 durch das **Finanzaufsichtsrechtergänzungsgesetz** um eine **neue Nr. 14** ergänzt worden (→ Rn. 7). 1

Die allgemeinen Informationspflichten bei Immobiliar-Verbraucherdarlehensverträgen bilden einen **Baustein innerhalb des Systems verbraucherkreditrechtlicher Informationspflichten** (→ Vor Art. 247 Rn. 4 ff.). Sie sind einerseits zeitlich vor den vorvertraglichen und vertraglichen Informationspflichten der §§ 491a, 492 BGB angesiedelt, die auf ein bestimmtes, vom Verbraucher konkret anvisiertes Kreditprodukt zugeschnitten und im Einzelnen in Art. 247 geregelt sind.[2] Sie treten andererseits neben die Informationspflichten, die der Darlehensgeber nach § 17 PAngV bei Werbemaßnahmen zu berücksichtigen hat. Ausweislich Erwägungsgrund 38 RL 2014/17/EU ließ sich der Unionsgesetzgeber insofern von der Überlegung leiten, dass in der Werbung tendenziell 2

[1] Beschlussempfehlung und Bericht RA, BT-Drs. 18/7584, 147; *v. Klitzing/Seiffert* WM 2016, 774 (776).
[2] Vgl. *v. Klitzing/Seiffert* WM 2016, 774 (776).

der Schwerpunkt auf ein Produkt oder einige Produkte im Besonderen gelegt wird, die Verbraucher ihre Entscheidungen aber in umfassender Kenntnis der gesamten Palette angebotener Kredite treffen können sollten. Hierzu dienen die allgemeinen Informationen.

II. Anwendungsbereich, tatbestandliche Voraussetzungen

3 Die Norm gilt nach Abs. 1 unmittelbar, wenn **Immobiliar-Verbraucherdarlehensverträge** iSv § 491 Abs. 3 BGB (→ BGB § 491 Rn. 83 ff.) angeboten oder vermittelt werden; sie findet nach Abs. 3 entsprechende Anwendung auf Finanzierungshilfen iSv § 506 Abs. 1 S. 2 BGB, also auf solche Finanzierungshilfen, die ebenfalls den nach § 491 Abs. 3 BGB charakteristischen Bezug zu einer Immobilie aufweisen (→ BGB § 506 Rn. 20). Dabei ist auch die Entgeltlichkeitsfiktion des § 506 Abs. 1 S. 3 zu beachten (→ BGB § 506 Rn. 7).[3]

4 Zur Informationserteilung **verpflichtet** ist der Unternehmer (§ 14 BGB), der den Abschluss der erfassten Immobiliar-Verbraucherdarlehensverträge oder Finanzierungshilfen anbietet. Darüber hinaus trifft die Informationspflicht den gebundenen Darlehensvermittler (§ 655a Abs. 3 S. 3 BGB). Letzteres kommt im Gesetzeswortlaut zwar nur unvollkommen zum Ausdruck, entspricht aber der Vorgabe des Art. 13 Abs. 1 RL 2014/17/EU.[4] Ebenso wie in § 675a BGB ist in Art. 247a nicht ausdrücklich geregelt, wer **Berechtigter,** also Inhaber des Informationsanspruchs ist. Hier wie dort gilt aber, dass begünstigt die Kunden und die potentiellen Kunden des Auskunftspflichtigen, nicht aber Verbraucherschutzverbände sind (→ 8. Aufl. 2020, BGB § 675a Rn. 7).[5]

5 Die Norm findet nur Anwendung, sofern **Standardgeschäfte** angeboten werden. Dies sind nach der – vom Gesetz ausdrücklich in Bezug genommenen – Legaldefinition in § 675a BGB regelmäßig anfallende standardisierte Geschäftsvorgänge (→ 8. Aufl. 2020, BGB § 675a Rn. 8), mithin standardisierte und regelmäßig abgeschlossene Immobiliar-Verbraucherdarlehensverträge oder Finanzierungshilfen iSv § 506 Abs. 1 S. 2 BGB. Über darüber hinaus angebotene Standardgeschäfte anderen Inhalts muss nicht informiert werden.[6] Zwar ist in Art. 13 RL 2014/17/EU eine solche Beschränkung nicht ausdrücklich vorgesehen; ihre Zulässigkeit folgt aber daraus, dass die allgemeinen Informationspflichten in der Sache auf solche Unternehmer zugeschnitten sind, die im Rahmen ihrer gewerblichen Tätigkeit regelmäßig entsprechende Kreditverträge anbieten oder vermitteln.[7]

III. Informationspflichten

6 **1. Entgelte und Auslagen (Abs. 1).** Zu informieren ist nach Abs. 1 über Entgelte und Auslagen der „Geschäftsbesorgung". Allerdings ist weder der Abschluss eines Immobiliar-Verbraucherdarlehensvertrags oder einer Finanzierungshilfen iSv § 506 Abs. 1 S. 2 BGB noch (in der Regel) der Abschluss eines Darlehensvermittlungsvertrags iSd § 655a BGB (→ BGB § 655a Rn. 8) eine Geschäftsbesorgung iSv §§ 675, 675a BGB (→ 8. Aufl. 2020, BGB § 675a Rn. 5).[8] Der Begriff der Geschäftsbesorgung in Abs. 1 ist daher untechnisch zu verstehen[9] im Sinne der Tätigkeit des zur Informationserteilung verpflichteten Unternehmers im Rahmen des Abschlusses bzw. der Vermittlung der erfassten Standardgeschäfte. Zur Auslegung der Begriffe „Entgelte" und „Auslagen" kann gleichwohl auf die Grundsätze zu § 675a BGB zurückgegriffen werden (→ 8. Aufl. 2020, BGB § 675a Rn. 10); Gleiches gilt für die Art und Weise der Informationserteilung (schriftlich, in geeigneten Fällen auch elektronisch, unentgeltlich, → 8. Aufl. 2020, BGB § 675a Rn. 11 ff.). Offenzulegen sind die konkret verlangten Beträge.[10] Allerdings entfällt die Informationspflicht entgegen dem Gesetzeswortlaut nicht vollumfänglich, soweit eine Preisfestsetzung nach § 315 BGB erfolgt oder die Entgelte und Auslagen gesetzlich verbindlich geregelt sind; vielmehr folgt aus den Vorgaben des Art. 13 RL 2014/17/EU, dass die in Abs. 2 genannten Informationen stets zu erteilen sind, soweit dies nicht schon kraft Natur der Sache ausgeschlossen ist.[11]

7 **2. Weitere Konditionen (Abs. 2).** Über die Angaben zu Entgelten nach Abs. 1 hinaus müssen in die allgemeine Information die Pflichtangaben nach Abs. 2 aufgenommen werden. Auch sie müssen mithin schriftlich, in geeigneten Fällen auch elektronisch, sowie unentgeltlich zur Verfügung

---

[3] Beschlussempfehlung und Bericht RA, BT-Drs. 18/7584, 148.
[4] So auch BeckOGK/*Gerlach/Kuhle/Scharm,* 1.5.2019, Rn. 10.
[5] *v. Klitzing/Seiffert* WM 2016, 774 (776).
[6] Ausf. BeckOGK/*Gerlach/Kuhle/Scharm,* 1.5.2019, Rn. 21.
[7] Vgl. Begr. RegE, BT-Drs. 18/5922, 109; BeckOGK/*Gerlach/Kuhle/Scharm,* 1.5.2019, Rn. 11.
[8] Wie hier BeckOGK/*Gerlach/Kuhle/Scharm,* 1.5.2019, Rn. 22; vgl. auch *v. Klitzing/Seiffert* WM 2016, 774 (776).
[9] So auch BeckOGK/*Gerlach/Kuhle/Scharm,* 1.5.2019, Rn. 22.
[10] AA BeckOGK/*Gerlach/Kuhle/Scharm,* 1.5.2019, Rn. 23 f.
[11] Ebenso BeckOGK/*Gerlach/Kuhle/Scharm,* 1.5.2019, Rn. 25.

gestellt werden (→ Rn. 6). Der Katalog stimmt mit dem in Art. 13 Abs. 1 lit. a–n RL 2014/17/EU überein. Nach dem ausdrücklichen Wortlaut der deutschen wie der europäischen Norm handelt es sich um eine Mindestanforderung, über die die Verpflichteten hinausgehen können.[12] Durch Art. 7 Nr. 3 **Finanzaufsichtsrechtergänzungsgesetz** vom 6.6.2017 (BGBl. 2017 I 1495) ist der Katalog des Abs. 2 S. 1 mWv 1.7.2018 um eine neue **Nr. 14** ergänzt worden (→ Rn. 9). Sie trägt Art. 58 VO (EU) 2016/1011 (sog. Benchmark-VO) Rechnung, der eine entsprechende Regelung in Art. 13 Abs. 1 Wohnimmobilienkredit-RL eingefügt hat. Eine vergleichbare Vorschrift zum Allgemein-Verbraucherdarlehensvertrag findet sich in Art. 247 § 4 Abs. 3.[13]

Systematisch **knüpfen** die einzelnen Pflichtangaben **an die in §§ 491 ff. BGB sowie Art. 247 getroffenen Regelungen** an. Daher hat sich ihre Auslegung an diesen Normen und insbesondere an den dort getroffenen Legaldefinitionen zu orientieren. Das betrifft namentlich den Begriff der Laufzeit (Art. 247 § 3 Abs. 1 Nr. 6; → Art. 247 § 3 Rn. 13), des Sollzinssatzes (§ 489 Abs. 5 BGB, Art. 247 § 3 Abs. 1 Nr. 5; → Art. 247 § 3 Rn. 11), des Nettodarlehensbetrags (Art. 247 § 3 Abs. 2 S. 2; → Art. 247 § 3 Rn. 8 ff.), der Gesamtkosten (Art. 247 § 3 Abs. 2 S. 3 iVm § 16 Abs. 3 PAngV; → Art. 247 § 3 Rn. 16 ff.), des Gesamtbetrags (Art. 247 § 3 Abs. 2 S. 1; → Art. 247 § 3 Rn. 15) und des effektiven Jahreszinses (Art. 247 § 3 Abs. 2 S. 3 iVm § 16 PAngV; → Art. 247 § 3 Rn. 5 ff.). Der Begriff der Sicherheiten in Nr. 3 ist ebenso weit auszulegen wie derjenige in Art. 247 § 4 Nr. 2 (→ Art. 247 § 4 Rn. 2). Das repräsentative Beispiel der Nr. 6 entspricht demjenigen, das nach § 17 Abs. 4 PAngV in die Werbung aufzunehmen ist (zur Abgrenzung → Art. 247 § 3 Rn. 31).[14] 8

Dem Hinweis nach Nr. 9 kommt insbesondere Bedeutung zu, wenn das Darlehen innerhalb der vertraglichen Laufzeit durch die vereinbarten Tilgungszahlungen nicht vollständig getilgt wird und für den Darlehensnehmer im Anschluss weiterer Finanzierungsbedarf bestehen wird.[15] Die in Nr. 10 in Bezug genommenen Bedingungen, die für eine vorzeitige Rückzahlung gelten, beziehen sich auf die Anforderungen des § 500 Abs. 2 BGB sowie ggf. auf eine nach § 502 BGB zu leistende Vorfälligkeitsentschädigung. Hinsichtlich der Nr. 13 liegt eine Orientierung an Teil A Nr. 13 ESIS-Merkblatt nahe (Anlage 6 zum EGBGB).[16] Die zum 1.7.2018 in Kraft getretene Nr. 14 (→ Rn. 7) verlangt nähere Angaben zu einem Referenzwert iSd Art. 3 Abs. 1 Nr. 3 VO (EU) 2016/1011, falls Verträge angeboten werden, die darauf Bezug nehmen. Erfasst ist insbesondere die Bezugnahme auf EURIBOR-Sätze (→ Art. 247 § 4 Rn. 6).[17] Was schließlich die in Abs. 2 S. 2 adressierten Fremdwährungskredite (§ 503 BGB) angeht, so sind die in Betracht kommenden ausländischen Währungen anzugeben sowie mögliche Konsequenzen für den Darlehensnehmer zu erläutern. Das betrifft vor allem das Wechselkursrisiko, vgl. Teil A Nr. 3 ESIS-Merkblatt (Anlage 6 zum EGBGB).[18] 9

3. Sanktionen. Die Rechtsfolgen eines Informationspflichtverstoßes sind nicht eigenständig in Art. 247a geregelt. Verbraucherschutzverbände können im Fall eines Verstoßes einen Unterlassungsanspruch aus § 2 Abs. 1 S. 1, Abs. 2 S. 1 Nr. 1 lit. f UKlaG geltend machen.[19] Im Übrigen gelten die Ausführungen zu möglichen Sanktionen nach dem UWG und dem UKlaG sowie zu Ansprüchen nach § 280 Abs. 1 BGB, § 311 Abs. 2 BGB, § 241 Abs. 2 BGB in → 8. Aufl. 2020, BGB § 675a Rn. 16 entsprechend.[20] 10

§ 2 Allgemeine Informationspflichten bei Überziehungsmöglichkeiten und Entgeltvereinbarungen für die Duldung einer Überziehung

(1) Unternehmer, die den Abschluss von Verträgen über die Einräumung von Überziehungsmöglichkeiten gemäß § 504 des Bürgerlichen Gesetzbuchs oder deren Vermittlung durch gebundene Darlehensvermittler gemäß § 655a Absatz 3 Satz 3 des Bürgerlichen Gesetzbuchs anbieten, stellen für Standardgeschäfte nach § 675a des Bürgerlichen Gesetzbuchs schriftlich, in geeigneten Fällen auch elektronisch, unentgeltlich Informationen über Entgelte und Auslagen der Geschäftsbesorgung zur Verfügung, soweit nicht eine

12 Begr. RegE, BT-Drs. 18/5922, 109.

13 Zum Ganzen s. Begr. RegE zum Finanzaufsichtsrechtergänzungsgesetz, BT-Drs. 18/10935, 2, 42.

14 Eingehend zu den einzelnen Pflichtangaben BeckOGK/*Gerlach/Kuhle/Scharm,* 1.5.2019, Rn. 27 ff., namentlich bzgl. des repräsentativen Beispiels wie hier, BeckOGK/*Gerlach/Kuhle/Scharm,* 1.5.2019, Rn. 47 f.

15 Begr. RegE, BT-Drs. 18/5922, 109.

16 Vgl. BeckOGK/*Gerlach/Kuhle/Scharm,* 1.5.2019, Rn. 65.

17 Begr. RegE zum Finanzaufsichtsrechtergänzungsgesetz, BT-Drs. 18/10935, 2, 42; ausf. BeckOGK/*Gerlach/Kuhle/Scharm,* 1.5.2019, Rn. 66 ff.

18 So auch BeckOGK/*Gerlach/Kuhle/Scharm,* 1.5.2019, Rn. 75.

19 Vgl. BGH NJW 2021, 3255 Rn. 14 f.; NJW-RR 2021, 1056 R. 13 f.

20 Ausf. BeckOGK/*Gerlach/Kuhle/Scharm,* 1.5.2019, Rn. 76 ff.

Preisfestsetzung nach § 315 des Bürgerlichen Gesetzbuchs erfolgt oder die Entgelte und Auslagen gesetzlich verbindlich geregelt sind.

(2) [1]Der Sollzinssatz, der für die Überziehungsmöglichkeit berechnet wird, ist in den nach Absatz 1 zur Verfügung zu stellenden Informationen klar, eindeutig und in auffallender Weise anzugeben. [2]Verfügt derjenige, der gemäß Absatz 1 Informationen bereitzustellen hat, über einen Internetauftritt, so ist der Sollzinssatz in entsprechender Weise auch dort anzugeben.

(3) Die Absätze 1 und 2 gelten entsprechend für Unternehmer, die den Abschluss von Entgeltvereinbarungen für die Duldung von Überziehungen gemäß § 505 des Bürgerlichen Gesetzbuchs anbieten.

I. Grundlagen

1 Ebenso wie die Regelungen des Art. 247a § 1 gehen auch diejenigen des Art. 247a § 2 auf das Gesetz zur Umsetzung der Wohnimmobilienkreditrichtlinie zurück und sollten nach dessen RegE noch in § 675a BGB verankert werden. Auch für Überziehungskredite wurde mit den allgemeinen Informationspflichten eine Informationsebene eingeführt, die zeitlich vor den vorvertraglichen und vertraglichen Informationspflichten angesiedelt ist (zum Ganzen → Art. 247a § 1 Rn. 1 f.). Die Vorschriften sollen für **Preistransparenz bei Überziehungskrediten** sorgen. Zusammen mit der in §§ 504a, 505 Abs. 2 BGB verankerten Pflicht zur Unterbreitung eines Beratungsangebots bei einer dauerhaften und erheblichen Inanspruchnahme sind sie die Reaktion des Gesetzgebers auf eine korrekturbedürftige Entwicklung des Marktes für Überziehungskredite (→ BGB § 504a Rn. 1). Die Informationspflichten sind nicht durch das Unionsrecht vorgegeben. Der Gesetzgeber hielt sie aber für europarechtlich zulässig, da die RL 2008/48/EG keine Regelungen zu allgemeinen Informationspflichten vorsehe, die unabhängig von einem Vertragsschluss erfüllt werden müssten.[1] Diese Einschätzung ist mit Blick darauf, dass es zentrales Anliegen der Richtlinie ist, die Informationspflichten des Darlehensgebers abschließend zu harmonisieren, nicht selbstverständlich.[2]

II. Einzelheiten

2 **1. Anwendungsbereich.** Die Norm verpflichtet Unternehmer (§ 14 BGB), die den Abschluss von Überziehungskrediten oder deren Vermittlung durch gebundene Darlehensvermittler iSv § 655a Abs. 3 S. 3 BGB anbieten. Sie betrifft nach Abs. 1 Überziehungsmöglichkeiten iSv § 504 BGB und findet nach Abs. 3 entsprechende Anwendung auf Unternehmer, die Entgeltvereinbarungen für die Duldung von Überziehungen gemäß § 505 BGB anbieten. Die Norm findet weiterhin nur Anwendung, sofern die Überziehungskredite als **Standardgeschäfte** iSv § 675a BGB angeboten werden (→ Art. 247a § 1 Rn. 5). Vgl. zu den Berechtigten und den Informationspflichtigen → Art. 247a § 1 Rn. 4. In Ermangelung unionsrechtlicher Vorgaben (→ Rn. 1) besteht zwar keine Pflicht, die Vorschrift ebenso auszulegen wie § 1; die gleichsinnige Auslegung beider Normen erscheint aber ungeachtet dessen nach nationalem Recht geboten.[3]

3 **2. Informationspflicht.** Bereitzustellen sind nach Abs. 1, der § 675a BGB entspricht, zunächst Informationen über anfallende Entgelte und Auslagen, und zwar auch, wenn sie sich nicht auf eine Geschäftsbesorgung iSd §§ 675, 675a BGB beziehen (→ Art. 247a § 1 Rn. 6; zur Orientierung an Art. 247a § 1 → Rn. 2). Für die Art und Weise der Informationserteilung gelten die Hinweise in → Art. 247a § 1 Rn. 6 entsprechend. Um die Vergleichbarkeit der Konditionen am Markt zu verbessern, verschärft Abs. 2 S. 1 die allgemeine Anforderung dahingehend, dass innerhalb der Information der **Sollzinssatz** (§ 489 Abs. 5 BGB) klar, eindeutig und in auffallender Weise anzugeben ist. Unzureichend ist nicht nur eine Angabe im Kleingedruckten oder in einer Fußnote.[4] Vielmehr bedarf die Angabe zum Sollzins einer „Hervorhebung gegenüber dem Kontext", die derart gestaltet ist, dass sie „die Aufmerksamkeit des Kunden auf sich zieht und somit sicher zur Kenntnis genommen wird".[5] Das Gebot der Klarheit wird nicht schon dadurch verletzt, dass der Darlehensgeber keinen einheitlichen Sollzins für alle Kunden anbietet, sondern in Abhängigkeit von individuellen Eigenschaften des jeweiligen Kunden unterschiedliche Zinssätze berechnet; § 2 lässt mithin die Preisgestal-

---

1 Begr. RegE, BT-Drs. 18/5922, 110; dies aufgreifend BGH NJW-RR 2021, 1056 Rn. 26.

2 Näher, auch zur Vereinbarkeit mit der RL 2014/92/EU, BeckOGK/*Gerlach/Kuhle/Scharm,* 1.5.2019, Rn. 6, 22.

3 Wie hier BeckOGK/*Gerlach/Kuhle/Scharm,* 1.5.2019, Rn. 8. Zur zugrundeliegenden rechtsmethodischen Problematik s. *Habersack/Mayer* JZ 1999, 913 ff.

4 So Begr. RegE, BT-Drs. 18/5922, 110.

5 BGH NJW 2021, 3255 Rn. 26, 29; vgl. auch BGH NJW-RR 2021, 1056 Rn. 20 ff.

tungsfreiheit des Darlehensgebers unberührt.[6] In diesem Fall müssen aber zumindest die Ober- und die Untergrenze der gewöhnlich geforderten Sollzinssätze angegeben werden, so dass die Spanne der berechneten Zinssätze für den Kunden transparent ist.[7] Der Unternehmer kann seiner Informationspflicht auf verschiedene Weise nachkommen; verfügt er aber über einen **Internetauftritt,** muss er den Sollzinssatz nach Abs. 2 S. 2 jedenfalls auch dort klar, eindeutig und in auffallender Weise veröffentlichen. Interessierte Verbraucher sollen auf einfache Art und Weise und unabhängig von Ladenöffnungszeiten verschiedene Angebote vergleichen und sich einen Marktüberblick verschaffen können.[8]

3. Sanktionen. Hinsichtlich der Rechtsfolgen eines Informationspflichtverstoßes gelten die Hinweise bei → Art. 247a § 1 Rn. 10 entsprechend. 4

Art. 248 Informationspflichten bei der Erbringung von Zahlungsdienstleistungen

Vorbemerkung (Vor Art. 248)

I. Überblick, Verweis auf Kommentierung im Zahlungsdiensterecht

Art. 248 regelt die Informationspflichten bei Zahlungsdiensteverträgen iSd §§ 675c ff. BGB und wurde durch das Gesetz zur Umsetzung der Verbraucherkredit-RL, des zivilrechtlichen Teils der **ZDRL**[1] sowie zur Neuordnung der Vorschriften über das Widerrufs- und Rückgaberecht vom 29.7.2009 (BGBl. 2009 I 2355) eingeführt, das hinsichtlich des zivilrechtlichen Teils der ZDRL am 31.10.2009 in Kraft getreten ist. In Umsetzung der zweiten ZDRL (RL (EU) 2015/2366)[2] wurde das hier geregelte System der Informationspflichten angepasst und in Teilen erweitert. Art. 248 ist in vier Abschnitte untergliedert. Nach einem allgemeinen Teil (Art. 248 §§ 1–2), der die Konkurrenz zu Informationspflichten bei Fernabsatzgeschäften sowie die Sprache, in der die Information zu erteilen ist, regelt, bilden die Informationspflichten bei Zahlungsdiensterahmenverträgen (Art. 248 §§ 3–11) das erste Kernstück der Regelung. Es folgen als zweites Herzstück entsprechend modifizierte Vorschriften zu Einzelzahlungsverträgen (Art. 248 §§ 12–16). Mit der Aufnahme von Zahlungsauslösediensten in den Kreis der Zahlungsdienste durch Art. 4 Nr. 3 RL (EU) 2015/2366 iVm Anh. I Abs. 7 RL (EU) 2015/2366 sind mit Art. 248 §§ 13 Abs. 2 und 13a entsprechende Informationspflichten für Zahlungsauslösedienstleister aufgenommen worden. Den Abschluss bilden sodann die Informationspflichten von Zahlungsempfängern und Dritten (Art. 248 §§ 17–19). Die nachfolgende Kommentierung beschränkt sich auf eine kurze Erläuterung der Informationspflichten. Die materiell-rechtlichen Grundlagen der §§ 675c ff. BGB können an dieser Stelle nicht wiedergegeben werden. Bezüglich der **Detailfragen** wird jeweils auf die **Kommentierung der §§ 675c–676c BGB** in Band 6 verwiesen (→ BGB § 675c Rn. 1 ff.). 1

II. Normzweck und Systematik

Art. 248 diente zunächst der Umsetzung der Informationspflichten der Art. 30–50 RL 2007/64/EG. Nunmehr werden die Art. 38–60 RL (EU) 2015/2366 umgesetzt. Durch die dort statuierten Informationspflichten, die eine leichtere Vergleichbarkeit von Zahlungsdiensten ermöglichen, soll Transparenz geschaffen werden. Damit soll der Wettbewerb innerhalb des gesamten europäischen Zahlungsverkehrsraums – also auch über die Grenzen einzelner Mitgliedstaaten hinweg – gefördert werden (vgl. Erwägungsgrund 59 RL (EU) 2015/2366). Die auf eine Vollharmonisierung zielende Richtlinie legt dabei den Pflichten-Kanon verbindlich fest und fordert grundsätzlich eine unentgeltliche Informationserteilung (Art. 62 RL (EU) 2015/2366, Erwägungsgründe 56, 59, 61 RL (EU) 2015/2366). Rechtspolitisch ist zweifelhaft, ob diese sehr umfangreichen Informationspflichten wirklich stets einen Erkenntnisgewinn bringen, zumal es bei Informationen nach Abschluss eines Einzelzahlungsvertrages zu Doppelungen kommen kann, wenn der Kunde mit dem Zahlungsdienstleister bereits einen Zahlungsdiensterahmenvertrag geschlossen hat (vgl. insbesondere → Art. 248 2

---

6 BGH NJW 2021, 3255 Rn. 19.

7 BGH NJW 2021, 3255 Rn. 20 ff.

8 So Begr. RegE, BT-Drs. 18/5922, 110.

1 RL 2007/64/EG des Europäischen Parlamentes und des Rates vom 13.11.2007 über Zahlungsdienste im Binnenmarkt, zur Änderung der Richtlinien 97/7/EG, 2002/65/EG, 2005/60/EG und 2006/48/EG sowie zur Aufhebung der Richtlinie 97/5/EG, ABl. EU 2007 L 319, 1.

2 RL (EU) 2015/2366 des europäischen Parlaments und des Rates vom 25.11.2015 über Zahlungsdienste im Binnenmarkt, Zur Änderung der Richtlinien 2002/65/EG, 2009/110/EG und 2013/36/EU und der Verordnung (EU) Nr. 1093/2010 sowie zur Aufhebung der Richtlinie 2007/64/EG, ABl. EU 2015 L 337, 35.

§ 12 Rn. 1; → Art. 248 § 14 Rn. 2). Bei der Umsetzung hat es der Gesetzgeber zu Recht vermieden, die zahlreichen Informationsvorschriften der vormaligen RL 2007/64/EG bzw. der nunmehr geltenden RL (EU) 2015/2366 mit in den auch so schon umfangreichen Katalog der §§ 675c–676c BGB aufzunehmen. Stattdessen sind die **Informationspflichten** im EGBGB **gebündelt,** wodurch § 675d Abs. 1–5 BGB, § 675g Abs. 1 BGB, § 675h Abs. 2 S. 2 BGB, § 675q Abs. 2 S. 2 BGB und § 676b Abs. 2 S. 2 BGB mit einem Verweis auf Art. 248 auskommen. Damit einhergehend wurden unter anderem §§ 12, 13 BGB-InfoV aufgehoben, die bis 2009 die Informationspflichten von Kreditinstituten bei Überweisungen regelten.[3]

III. Anwendungsbereich

3 Den **zeitlichen Anwendungsbereich** des Art. 248 bestimmt Art. 229 § 22 Abs. 1 bzw. Art. 229 § 45 EGBGB. Nach allgemeinen intertemporalen Grundsätzen wäre Art. 248 nur auf Schuldverhältnisse anzuwenden, die nach dem 30.10.2009 entstanden sind. Maßgeblich wäre hiernach also das Datum des Vertragsschlusses. Hiervon weicht **Art. 229 § 22 Abs. 1 S. 1** dergestalt ab, dass er Art. 248 mit Ausnahme der vorvertraglichen Informationspflichten in Art. 248 §§ 4 und 13 auch für vor diesem Stichtag geschlossene Verträge über Zahlungsdienste für anwendbar erklärt. Demnach ist Art. 248 mit Ausnahme der Art. 248 §§ 4 und 13 auch auf **Altverträge** anzuwenden. Art. 229 § 22 Abs. 1 S. 2 stellt klar, dass auf Zahlungsvorgänge iSd § 675f Abs. 3 S. 2 BGB, mit deren Abwicklung schon vor dem 31.10.2009 begonnen worden ist, noch das BGB und die BGB-InfoV in ihrer früheren Fassung anwendbar sind. Zu Einzelheiten → Art. 229 § 22 Rn. 5. Der Stichtag für die Geltung des durch die RL (EU) 2015/2366 neugefassten Art. 248 ist der 13.1.2018. Auch insoweit reicht für die Anwendung des neuen Rechts, dass der Zahlungsdienstevertrag vor dem Stichtag geschlossen wurde, sofern mit der Ausführung des Zahlungsvorgangs erst danach begonnen worden ist (→ Art. 229 § 45 Rn. 3 f.). Für unter dem alten Recht geschlossene Zahlungsdiensterahmenverträge findet ab dem 13.1.2018 keine Zwangsmigration zur neuen Fassung des Art. 248 statt (→ Art. 229 § 45 Rn. 5).

4 Der **sachliche Anwendungsbereich** des Art. 248 ist auf Informationspflichten bei der **Erbringung von Zahlungsdienstleistungen** beschränkt. Hier ist zunächst die Legaldefinition aus § 675c Abs. 3 BGB iVm § 1 Abs. 1 S. 2 Nr. 1–8 ZAG, § 2 Abs. 1 ZAG (früher § 1 Abs. 2 Nr. 1–6, Abs. 10 ZAG 2007) zu beachten. Zahlungsdienste sind demnach vor allem: Bareinzahlungen und Barauszahlungen (§ 1 Abs. 1 S. 2 Nr. 1 und 2 ZAG), die Nutzung von Lastschriften, Überweisungen und Zahlungskarten jeweils mit oder ohne Kreditgewährung (§ 1 Abs. 1 S. 2 Nr. 3 und Nr. 4 ZAG), die Ausgabe von Zahlungsinstrumenten oder die Annahme und Abrechnung von Zahlungsvorgängen (Akquisitionsgeschäft, vgl. § 1 Abs. 1 S. 2 Nr. 5 ZAG, s. auch Abs. 20, 23 ff., 35), Finanztransfergeschäfte (§ 2 Abs. 1 Nr. 6 ZAG) und Zahlungsauslösedienste (§ 1 Abs. 1 S. 2 Nr. 7 ZAG, s. auch Abs. 33). Als wichtigste **Ausnahmen** zu nennen sind: Barzahlungsvorgänge mit nur zwei Beteiligten (§ 2 Abs. 1 Nr. 1 ZAG), Scheck- und Wechselgeschäfte (§ 2 Abs. 1 Nr. 6 ZAG), Zahlungsvorgänge im Zusammenhang mit der Bedienung von Wertpapieranlagen (§ 2 Abs. 1 Nr. 8 ZAG) und Zahlungsdienste von Zahlungsdienstleistern untereinander (§ 2 Abs. 1 Nr. 12 ZAG). Mangels Vorliegens eines Zahlungsdienstes ist bei diesen Geschäften Art. 248 insgesamt nicht anwendbar. Eine partielle Ausnahme stellen Bargeldabhebungsdienste dar, bei denen der Dienstleister keine anderen Zahlungsdienste erbringt (§ 2 Abs. 1 Nr. 14 ZAG). Insoweit greifen nur die Informationspflichten nach Art. 248 § 17a ein.

5 Bis Januar 2018 beschränkte sich der sachliche Anwendungsbereich des Art. 248 gemäß § 675d Abs. 1 S. 2 BGB ausschließlich auf die Erbringung von Zahlungsdienstleistungen, die auf die Währung eines Staates innerhalb des Europäischen Wirtschaftsraums lauteten und bei denen sowohl der Zahlungsdienstleister des Zahlers als auch der des Empfängers innerhalb des Europäischen Wirtschaftsraums belegen waren.[4] Nunmehr sind auch Fälle eines **Drittstaatenbezugs** erfasst, der dadurch entsteht, dass einer der beteiligten Zahlungsdienstleister außerhalb des EWR belegen ist oder der Zahlungsvorgang in einer entsprechenden Drittstaatenwährung erfolgt (zu den Details → BGB § 675d Rn. 25 ff.).[5]

---

3 Art. 9 Nr. 3 Gesetz zur Umsetzung der Verbraucherkreditrichtlinie, des zivilrechtlichen Teils der Zahlungsdiensterichtlinie sowie zur Neuordnung der Vorschriften über das Widerrufs- und Rückgaberecht in der Fassung der Bekanntmachung vom 3.8.2009 (BGBl. 2009 I 2355).

4 So der eindeutige Wortlaut des § 675d Abs. 1 S. 2 BGB aF in Umsetzung von Art. 2 Abs. 1, 2 RL 2007/64/EG (jetzt Art. 2 Abs. 1, 2 RL (EU) 2015/2366). Dagegen noch anders Art. 2 Vorschlag für eine Richtlinie des Europäischen Parlaments und des Rates über Zahlungsdienste im Binnenmarkt und zur Änderung der Richtlinien 97/7/EG, 2000/12/EG und 2002/65/EG vom 1.12.2005, KOM endg. (2005) 603.

5 Vgl. RegE zur Umsetzung der 2. ZDRL, BT-Drs. 18/11495, 151 vor dem Hintergrund der Erweiterung des Anwendungsbereichs durch Art. 2 Abs. 3, 4 RL (EU) 2015/2366.

Art. 248 ist gemäß § 675d Abs. 1 BGB hinsichtlich der Art. 248 §§ 1–12, 13 Abs. 1, 3–5, 14–16 bzw. gemäß § 675d Abs. 5 BGB bezüglich der Art. 248 §§ 17–18 **zwingendes Recht,** sofern es sich bei dem Zahlungsdienstnutzer um einen Verbraucher iSd § 13 BGB handelt. Dies ergibt sich aus einem Umkehrschluss zu § 675e Abs. 4 BGB (→ BGB § 675e Rn. 13). Danach darf von den Vorschriften des § 675d Abs. 1–5 BGB nur dann abgewichen werden, wenn es sich bei dem Zahlungsdienstnutzer nicht um einen Verbraucher iSd § 13 BGB handelt. Zu beachten ist aber die durch § 675d Abs. 2 S. 2 Hs. 2 BGB in Umsetzung der RL (EU) 2015/2366 geschaffene Teildisponibilität bei Kontoinformationsdiensten (→ Art. 248 § 4 Rn. 1). Auch eröffnet Art. 248 § 10 für die in Art. 248 §§ 7, 8 und Art. 248 § 9 Nr. 2 genannten nachträglich zu erteilenden Informationen die Möglichkeit, hinsichtlich der Häufigkeit bzw. der Art und Weise der Informationserteilung auch gegenüber Verbrauchern abweichende Vereinbarungen zu treffen (zu den Details → Art. 248 § 10 Rn. 1). 6

Zu den **Rechtfolgen eines Verstoßes** gegen die Informationspflichten (→ BGB § 675d Rn. 11 ff.). 7

Abschnitt 1. Allgemeine Vorschriften

§ 1 Konkurrierende Informationspflichten

[1]Ist der Zahlungsdienstevertrag zugleich ein Fernabsatzvertrag oder ein außerhalb von Geschäftsräumen geschlossener Vertrag, so werden die Informationspflichten nach Artikel 246b § 1 Absatz 1 durch die Informationspflichten nach den §§ 2 bis 13 und 14 bis 16 ersetzt. [2]Dies gilt bei Fernabsatzverträgen nicht für die in Artikel 246b § 1 Absatz 1 Nummer 7 bis 12, 15 und 19 und bei außerhalb von Geschäftsräumen geschlossenen Verträgen nicht für die in Artikel 246b § 1 Absatz 1 Nummer 12 genannten Informationspflichten.

Die in Art. 248 § 1 enthaltene Konkurrenzregel dient der Umsetzung von Art. 39 S. 2 RL (EU) 2015/2366 und Art. 110 RL (EU) 2015/2366. Art. 248 § 1 wurde durch das Gesetz zur Umsetzung der Verbraucherrechte-RL vom 20.9.2013 (BGBl. 2013 I 3642) geändert und an die neue Zählung und Terminologie angepasst. Das Verhältnis des Art. 248 zu den Informationspflichten im Fernabsatz gestaltet sich danach wie folgt: Soweit der Zahlungsdienstevertrag (→ BGB § 675f Rn. 5 ff., → BGB § 675f Rn. 13 ff., → BGB § 675f Rn. 20 ff.) als Fernabsatzgeschäft (§ 312c BGB) abgeschlossen wird, hat **Art. 248 grundsätzlich Vorrang** vor Art. 246b §§ 1, 2,[1] da Art. 248 EGBGB grundsätzlich strenger ist als Art. 246b.[2] Anwendbar bleiben aber gemäß Art. 248 § 1 S. 2 die Informationspflichten des Art. 246b § 1 Abs. 1 Nr. 7–12, 15, 19 (näher → Art. 246b Rn. 1 ff.). Konkret ist also neben Informationen gemäß Art. 248 über Liefer-, Versandkosten sowie Steuern (Art. 246b § 1 Abs. 1 Nr. 7), Investitionsrisiken (Art. 246b § 1 Abs. 1 Nr. 8), Gültigkeitsdauer der Informationen (Art. 246b § 1 Abs. 1 Nr. 9), Zahlungseinzelheiten (Art. 246b § 1 Abs. 1 Nr. 10), Kosten der Fernkommunikation (Art. 246b § 1 Abs. 1 Nr. 11), Widerrufs- bzw. Rückgaberecht (Art. 246b § 1 Abs. 1 Nr. 12), anwendbares Recht der Mitgliedstaaten (Art. 246b § 1 Abs. 1 Nr. 15) und Garantiefonds (Art. 246b § 1 Abs. 1 Nr. 19) zu unterrichten. Darüber hinaus ist bei außerhalb von Geschäftsräumen geschlossenen Verträgen über das Widerrufsrecht (Art. 246b § 1 Abs. 1 Nr. 12) zu informieren.[3] Die besonderen Informationsvorschriften gelten kumulativ zu Art. 248 EGBGB.[4] 1

Bei den in Umsetzung von Art. 46 RL (EU) 2015/2366 durch **Art. 248 § 13a** (Informationspflichten eines Zahlungsauslösedienstleisters) normierten Informationspflichten besteht aus Sicht der Begründung zum Regierungsentwurf kein Konkurrenzverhältnis zu Art. 246b § 1 Abs. 1, sodass Art. 248 § 13a keiner Erwähnung in S. 1 bedarf.[5] Damit unterstellt der Gesetzgeber, dass die **Dienste eines Zahlungsauslösedienstleisters** trotz der 2018 erfolgten Aufnahme in den Katalog der Zahlungsdienste iSd RL (EU) 2015/2366 nicht als Finanzdienstleistung iSd §§ 312d, 312 Abs. 5 BGB einzuordnen sind. Sollte die Tätigkeit von Zahlungsauslösedienstleistern gleichwohl unter § 312d BGB fallen, wäre der Anwendungsbereich des Art. 246b eröffnet und es bestünde ein Konkurrenzverhältnis. Ob man Art. 248 § 1 dann analog heranziehen kann, ist offen. Dies dürfte aber zu bejahen 2

---

1 Nicht verdrängt wird ausweislich des Wortlauts jedoch Art. 246b § 1 Abs. 2. Da dieser aber nur ein Unterfall zu Art. 246b § 1 Abs. 1 ist, dürfte auch er von Art. 248 § 1 S. 2 erfasst sein.

2 BeckOGK/*Zahrte,* 1.3.2024, Rn. 10.

3 Vgl. näher zum Ganzen auch Langenbucher/Bliesener/Spindler/*Herresthal* Kap. 2 BGB § 675d Rn. 20; BeckOGK/*Zahrte,* 1.3.2024, Rn. 13 f.

4 BeckOGK/*Zahrte,* 1.3.2024, Rn. 15; vgl. auch Staudinger/*Omlor,* 2020, Rn. 4.

5 Vgl. RegE zur Umsetzung der 2. ZDRL, BT-Drs. 18/11495, 180.

sein, da sich der Gesetzgeber dieser Situation ersichtlich nicht bewusst war und eine Information nach beiden Vorschriften nicht sinnvoll ist.

§ 2 Allgemeine Form

Die Informationen und Vertragsbedingungen sind in einer Amtssprache des Mitgliedstaats der Europäischen Union oder des Vertragsstaats des Abkommens über den Europäischen Wirtschaftsraum, in dem der Zahlungsdienst angeboten wird, oder in einer anderen zwischen den Parteien vereinbarten Sprache in leicht verständlichen Worten und in klarer und verständlicher Form abzufassen.

1 Art. 248 § 2 legt die Anforderungen für die nachfolgenden Informationspflichten in sprachlicher Hinsicht fest und setzt damit Art. 44 Abs. 1 S. 3 RL (EU) 2015/2366 bzw. Art. 51 Abs. 1 S. 2 RL (EU) 2015/2366 um. Anders als die amtliche Überschrift es nahelegt, stellt Art. 248 § 2 dabei nur inhaltliche Anforderungen[1] auf, beinhaltet also nicht etwa eine Formvorschrift (Art. 248 § 3).[2] Die Informationen und Vertragsbedingungen müssen demnach zum einen **klar und verständlich** sein. Die neu eingefügte Vorgabe der leicht verständlichen Worte soll keine sachliche Änderung im Vergleich zur vorigen Fassung mit sich bringen, sondern bloß der sprachlichen Präzisierung dienen.[3] Die nähere Ausgestaltung dieses **Transparenzgebots** wird der Rechtspraxis überlassen. Dabei wird man sich cum grano salis an der Auslegung des § 307 Abs. 1 S. 2 BGB bzw. seiner Vorgabe in Art. 4 Abs. 2 aE RL (EU) 2015/2366 über missbräuchliche Klauseln in Verbraucherverträgen (RL 93/13/EWG) orientieren können.[4] Allerdings ist die Transparenzkontrolle nach Art. 248 § 2 weiter als die AGB-Kontrolle, da dieser auch Individualvereinbarungen erfasst.[5] Zur Ausgestaltung des sprachlichen Transparenzgebot → Rn. 3.

2 § 2 ordnet weiterhin an, dass neben einer vereinbarten **Sprache** nur eine Amtssprache des Staates, in dem der Zahlungsdienst angeboten wird, statthaft ist, wobei es sich um einen Mitgliedstaat der Europäischen Union oder einen Vertragsstaat des Abkommens über den Europäischen Wirtschaftsraum handeln muss. Grundsätzlich muss die Information also in der jeweiligen Amtssprache des Landes erfolgen, in dem der Zahlungsdienst angeboten wird. Soweit der Zahlungsdienst in Deutschland angeboten wird, muss die Unterrichtung also auf **Deutsch** stattfinden,[6] sofern die Parteien nicht eine andere Sprache vereinbart haben. Bei der **vereinbarten Sprache** muss es sich nicht um eine der Amtssprachen innerhalb der EU bzw. des EWR handeln. Ein bekanntes Beispiel war etwa das Bankamiz-Konzept der Deutschen Bank, bei dem mit türkischstämmigen Kunden in Türkisch kommuniziert wurde.[7] Die Sprachwahl unterliegt der AGB-Kontrolle, wenn mit der abweichenden Sprachwahl der Kunde benachteiligt wird, insoweit bildet die Grundregel, dass nur Amtssprachen des EWR maßgeblich sind, ein Leitbild iSd § 307 Abs. 2 Nr. 1 BGB.[8] Bei grenzüberschreitenden Zahlungsvorgängen wird der Zahlungsvorgang in dem Land angeboten, in dem er initiiert wird, wobei in der Regel an die Autorisierung iSd § 675j BGB angeknüpft werden kann. Werden die Zahlungsdienste in mehreren Ländern angeboten, müssen Informationen in den jeweiligen Landessprachen bereitgestellt werden.[9]

3 Seit 2018 ordnet § 2 zudem an, dass die Informationen in **leicht verständlichen Worten** und in klarer und verständlicher Form zu erbringen ist. Damit soll nicht die Inklusion in den Klassenzimmern an den Bankschalter getragen werden. Vielmehr geht die überwiegende Auffassung mit Recht davon aus, dass es sich insoweit um eine Klarstellung des schon vor 2018 geltenden Rechtszustandes

---

1 Ähnlich Staudinger/*Omlor,* 2020, Rn. 1.

2 BeckOGK/*Zahrte,* 1.3.2024, Rn. 3.

3 RegE zur Umsetzung der 2. ZDRL, BT-Drs. 18/11495, 181.

4 Ähnlich Grüneberg/*Grüneberg* Rn. 1; Staudinger/*Omlor,* 2020, Art. 248 Rn. 4 ff.; abw. Ellenberger/Findeisen/Nobbe/Böger/*Brian/Pfeifer* Art. 248 § 2 Rn. 3, die einen Gleichlauf der Transparenzgebote annehmen; so wohl auch BeckOGK/*Zahrte,* 1.3.2024, Rn. 8; dagegen dem § 307 Abs. 1 S. 2 BGB einen strengeren und damit nicht vergleichbaren Maßstab zusprechend Langenbucher/Bliesener/Spindler/*Herresthal* Kap. 2 BGB § 675d Rn. 23.

5 Staudinger/*Omlor,* 2020, Rn. 12; grds. auch BeckOGK/*Zahrte,* 1.3.2024, Rn. 9.

6 Vgl. allg. dazu etwa *Lässig,* Deutsch als Gerichts- und Amtssprache, 1980, 23 ff. Sorbisch oder Friesisch sind keine Amtssprachen, Staudinger/*Omlor,* 2020, Rn. 9 mwN; teilweise abw. BeckOGK/*Zahrte,* 1.3.2024, Rn. 6 unter Hinweis auf § 4 BbgVwVfG. Es kann aber nur um landesweite und nicht auch um nur regional gültige Amtssprachen gehen.

7 Dieses 2010 begonnene Konzept ist jedoch zwischenzeitlich wiedereingestellt worden.

8 Staudinger/*Omlor,* 2020, Rn. 11.

9 Staudinger/*Omlor,* 2020, Rn. 8.

handelt, der einer sprachlichen Anpassung an Art. 44 Abs. 1 S. 3 ZDRL sowie Art. 51 Abs. 1 S. 2 ZDRL geschuldet ist.[10] Das Gebot, verständliche Worte zu verwenden, schießt es nicht aus, Fachtermini zu verwenden, insbesondere wenn diese auch im Gesetz verwendet werden. Auch ist es nicht unzulässig gesetzliche Passagen wörtlich zu wiederholen.[11] Sind diese – wie leider gerade im Zahlungsverkehrsrecht immer wieder zu beobachten – alles andere als eine Ausgeburt sprachlicher Eleganz und leicht verständlicher Wortwahl, kann dies nicht zu Lasten des Vertragsgestalters gehen, der den Gesetzgeber nur wiederholt.[12] Um es zuzuspitzen: Verfehlt der Normverfasser das Jhering'sche Postulat, dass der Gesetzgeber wie ein Philosoph denken, aber wie ein Bauer reden soll, muss der Vertragsgestalter nicht päpstlicher als der Souverän sein. Gleichwohl hat sich der Zahlungsdienstleister darum zu bemühen, einfache Sätze zu bilden und verständlich zu formulieren, ohne dass hieran übertriebene Anforderungen zu stellen sind. Insbesondere ist es zulässig Fachtermini wie Zahlungsdienstnutzer durch Bankkunde zu ersetzen.[13]

Mit der ebenfalls in § 2 adressierten **klar und verständlichen Form** ist nicht die Sprache 4
selbst, sondern die äußere Darstellung der Information gemeint. Dieses Erfordernis schließt Verweise zwar nicht per se aus, aber der Vertragsgestalter sollte sich selbstkritisch reflektieren, wenn seine Anzahl an Verweisen die des Kommentators in einem Großkommentar erreicht.[14] Auch sind bei langen Texten Zwischenüberschriften oder halbfette Hervorhebungen von wichtigen Schlagwörtern geboten. Ein Inhaltsverzeichnis kann hilfreich sein, ist aber nicht zwingend geboten.[15] In einer alternden Gesellschaft ist es zudem nach § 2 geboten, die Schriftgröße der Information so zu wählen, dass auch der mid fifty den Text zwar nicht ohne Lesebrille, aber doch ohne Zuhilfenahme einer Lupe lesen kann.[16]

Abschnitt 2. Zahlungsdiensterahmenverträge

§ 3 Besondere Form

Bei Zahlungsdiensterahmenverträgen (§ 675f Abs. 2 des Bürgerlichen Gesetzbuchs) hat der Zahlungsdienstleister dem Zahlungsdienstnutzer die in den §§ 4 bis 9 genannten Informationen und Vertragsbedingungen auf einem dauerhaften Datenträger mitzuteilen.

I. Regelungsgehalt und Umsetzung der RL 2007/64/EG

Art. 248 §§ 3–11 widmen sich den Zahlungsdiensterahmenverträgen und damit der Umsetzung 1
der Art. 50 ff. RL (EU) 2015/2366. Hierunter sind gemäß § 675f Abs. 2 BGB Verträge zu verstehen, die die Ausführung von Zahlungsvorgängen (gemeint ist der technische Vorgang, vgl. § 675f Abs. 4 S. 1 BGB) und ggf. auch die Führung eines Zahlungskontos (§ 675c Abs. 3 BGB iVm § 1 Abs. 17 ZAG) zum Gegenstand haben (zu den Details → BGB § 675f Rn. 20 ff.). Die Trennung zwischen Art. 248 §§ 3 ff. und Art. 248 §§ 12 ff. (Einzelzahlungsverträge) ist aufgrund des unterschiedlichen Informationsumfanges und der unterschiedlichen Formvorschriften (→ Rn. 3) notwendig (vgl. Art. 50 ff. RL (EU) 2015/2366 im Gegensatz zu Art. 43 ff. RL (EU) 2015/2366). Im Gegensatz zur RL (EU) 2015/2366 werden die Vorschriften, die für den **Zahlungsdiensterahmenvertrag** gelten, im EGBGB vorangestellt. In der Praxis sind Rahmenverträge und darunter fallende Zahlungsvorgänge weitaus häufiger und fallen wirtschaftlich mehr ins Gewicht als Einzelzahlungsverträge (vgl. hierzu Erwägungsgrund 57 RL (EU) 2015/2366). Wichtige Anwendungsbeispiele sind der Girovertrag und der Kartenvertrag.[1] Durch Art. 248 § 3 wird ein Teil des Art. 51 Abs. 1 S. 1 RL (EU) 2015/2366 umgesetzt. In Art. 248 § 4 finden sich in Umsetzung der RL (EU) 2015/2366 auch Informationspflichten, die bei Zahlungsauslösediensten entstehen.

---

10 BeckOGK/*Zahrte,* 1.3.2024, Rn. 10.

11 BeckOGK/*Zahrte,* 1.3.2024, Rn. 8; Langenbucher/Bliesener/Spindler/*Herresthal* Kap. 2 BGB § 675d Rn. 23.

12 Treffend Langenbucher/Bliesener/Spindler/*Herresthal* Kap. 2 BGB § 675d Rn. 23; ebenso BeckOGK/*Zahrte,* 1.3.2024, Rn. 11.

13 IErg ebenso Langenbucher/Bliesener/Spindler/*Herresthal* Kap. 2 BGB § 675d Rn. 23; ebenso BeckOGK/*Zahrte,* 1.3.2024, Rn. 11 f.

14 Ähnlich BeckOGK/*Zahrte,* 1.3.2024, Rn. 15: möglichst wenig Querverweise.

15 Zutr. BeckOGK/*Zahrte,* 1.3.2024, Rn. 15.

16 Gleichsinnig, wenn auch ohne Angabe zum Lebensalter des Kommentators, BeckOGK/*Zahrte,* 1.3.2024, Rn. 15: angemessene Schriftgröße.

1 Zur Frage, ob jedem Überweisungsvorgang auch ein Einzelzahlungsvertrag zugrunde liegt, → BGB § 675f Rn. 29, 78; → BGB § 675j Rn. 75; *Grundmann* WM 2009, 1109 (1112 f.); Grüneberg/*Grüneberg* BGB § 675f Rn. 19. Der Dauerauftrag ist kein Zahlungsdiensterahmenvertrag, sondern ein Zahlungsauftrag, der auf eine Vielzahl von Überweisungen gerichtet ist.

II. Normzweck und Umfang der Form

2 Der Zahlungsdienstnutzer[2] soll umfassend über die Vertragsbedingungen und die in den Art. 248 §§ 4–9 genannten Informationen informiert werden,[3] die ihm **auf einem dauerhaften Datenträger** (§ 126b BGB) mitzuteilen sind.[4] Dies verlangt eine Erklärung in einer Urkunde oder in einer anderen zur dauerhaften Wiedergabe in Schriftzeichen geeigneten Weise. Geeignete Schriftträger sind damit neben Urkunden – also dem guten alten Stück Papier – auch elektronische Speichermedien, sofern dort die gespeicherten Daten in Schriftzeichen lesbar sind und der Schriftträger geeignet ist, die Daten dauerhaft festzuhalten (→ BGB § 126b Rn. 4 ff.). Dies bedeutet auch nach Vorgabe der RL (EU) 2015/2366 (Art. 51 Abs. 1 S. 1 RL (EU) 2015/2366 und Erwägungsgrund 57 RL (EU) 2015/2366), dass die Informationsbereitstellung auch mittels CD, DVD, USB-Stick oder vergleichbarer Formate erfolgen kann. Verallgemeinernd kann man formulieren, dass jede optische, elektronische, oder magnetische Speicherung auf einem mobilen Speichermedium genügt.[5] Eine bloße Zurverfügungstellung im Internet reicht nicht. Daran ändert sich auch dann nichts, wenn die Daten in einer Cloud zwischengespeichert werden.[6] Der EuGH hat bei einer Speicherung im Internet vielmehr gefordert, dass „jede Möglichkeit der einseitigen Änderung ihres Inhalts [der Informationen, M.C.] durch den Zahlungsdienstleister oder durch einen mit der Verwaltung der Website betrauten Administrator ausgeschlossen sein" muss.[7]

III. Umfang der Mitteilungspflicht

3 **1. Terminologie und Grundsatz.** Gemäß Art. 248 § 3 muss der Zahlungsdienstleister die Informationen nicht nur – wie von Art. 248 § 12 gefordert – zur Verfügung stellen, sondern mitteilen. Innerhalb des Art. 248 ist also zwischen dem „Zurverfügungstellen" iSd Art. 248 § 12 und der Mitteilung nach Art. 248 § 3 als den beiden Formen der Unterrichtung zu unterscheiden. Die **Mitteilung** kennzeichnet, dass die erforderlichen Informationen vom Zahlungsdienstleister zu dem in den Art. 248 §§ 4 ff. geforderten Zeitpunkten von sich aus übermittelt werden, ohne dass der Zahlungsdienstnutzer sie ausdrücklich anfordern muss.[8] Der Zahlungsdienstleister schuldet also die Ermöglichung des Zugangs, mit anderen Worten einen Übermittlungserfolg ähnlich wie bei einer Bringschuld.[9] Den Zahlungsdienstleister trifft also die Initiativlast.[10] Beim **„Zurverfügungstellen"** trifft den Zahlungsdienstleister zwar ebenfalls die Initiativlast hinsichtlich der geschuldeten Information, die er zur Verfügung stellen muss, aber die Erfüllung der Pflicht setzt nicht einen Zugang, also den Übermittlungserfolg voraus. Damit dieser eintritt, kann vielmehr vom Zahlungsdienstnutzer eine Mitwirkungshandlung (aktive Beteiligung durch den Zahlungsdienstnutzer) gefordert werden.[11] Dieser muss den Ermittlungserfolg herbeiführen, in dem er die vom Zahlungsdienstleister zur Verfügung gestellten Information abruft oder sonst wie entgegennimmt, indem er sich zB in die Mailbox des online geführten Zahlungskontos einloggt[12] oder mittels einer Kontokarte die Informationen am Kontoauszugsdrucker abruft.[13] Erst damit ist der Zugang bewirkt. Gründe dafür, das Einstellen der Daten in die **Postbox beim Onlinebanking** bzw. in den klassischen Kontoauszugsdrucker, der heute nur noch im Filialgeschäft zum Einsatz kommt, unterschiedlich zu behandeln, sind nicht

---

2 Dies ist gemäß § 675f Abs. 1 BGB diejenige Person, die einen Zahlungsdienst als Zahler, Zahlungsempfänger oder in beiden Eigenschaften in Anspruch nimmt.

3 Dass in Deutschland insoweit auch auf § 6 verwiesen wird, ist europarechtlich nicht geboten, aber ohne praktische Relevanz, vgl. näher BeckOGK/*Zahrte,* 1.3.2024, Rn. 13.

4 Ausdrückliche Bezugnahme auf § 126b BGB auch in Begr. RegE, BT-Drs. 16/11643, 135.

5 BeckOGK/*Zahrte,* 1.3.2024, Rn. 11 mwN.

6 AA BeckOGK/*Zahrte,* 1.3.2024, Rn. 11; *Zahrte* BKR 2017, 279 (280).

7 EuGH NJW 2017, 871 = EuZW 2017, 485 Rn. 44 – BAWAG.

8 Begr. RegE, BT-Drs. 16/11643, 100 zu § 675d Abs. 1 BGB aF; so nun auch BGH BKR 2023, 788 (792) mwN.

9 Staudinger/*Omlor,* 2020, Rn. 9 f.; abw. Erman/*v. Westphalen* BGB § 675d Rn. 2, nach dessen Auffassung sie „wie eine Schickschuld" zu behandeln sind; ebenso BeckOGK/*Zahrte,* 1.3.2024, Rn. 14.

10 Staudinger/*Omlor,* 2020, Rn. 8.

11 EuGH NJW 2017, 871 = EuZW 2017, 485 Rn. 47 f. – BAWAG; BGH BKR 2023, 788 (792).

12 So zutr. jetzt auch BGH BKR 2023, 788 (792); aA aber OLG Köln BKR 2022, 315 (318), das dies aber als Fall der Mitteilung deutet; ebenso – wie den Fall das Kunde darauf hingewiesen wird, dass der Auszug zum Ausdruck bereitsteht – Langenbucher/Bliesener/Spindler/*Herresthal* Kap. 2 BGB § 675d Rn. 7, 30; Grüneberg/*Grüneberg* BGB § 675d Rn. 3; vgl. ferner BeckOGK/*Zahrte,* 1.3.2024, Rn. 14; BeckOGK/*Zahrte,* 1.3.2024, Art. 248 § 10 Rn. 10 f. unter Hinweis auf *Lehmann/Rettig* NJW 2020, 569.

13 BGH BKR 2023, 788 (792); vgl. auch Begr. RegE, BT-Drs. 16/11643, 100 zu § 675d Abs. 1 BGB aF; dies aber unter der Voraussetzung, dass der Auszug tatsächlich gedruckt wurde, als Mitteilung deutend BeckOGK/*Zahrte,* 1.3.2024, Rn. 15.

ersichtlich.[14] Den Kontoauszugsdrucker bzw. das Onlinepostfach mit dem tradierten Postkosten an der Haustür gleichzusetzen ist nicht veranlasst, da vom Kunden nicht erwartet werden kann, dass er eine Onlinepostbox oder gar den Kontoauszugsdrucker mit der identischen Regelmäßigkeit öffnet, wie den Hausbriefkasten. Eine Gleichsetzung ist im Fall der Onlinepostbox allenfalls dann gerechtfertigt, wenn der Kunde über die dort eingestellte Nachricht zusätzlich per SMS oder E-Mail benachrichtigt wird und das Einstellen nach Benachrichtigung als Zugang vereinbart wurde (→ Rn. 4).

Wird die Form der Zurverfügungstellung allerdings als Regelform der Unterrichtung mit dem Kunden vereinbart, tritt sie funktional an die Stelle der **Mitteilung.**[15] „Mitteilen" verlangt somit ein Mehr gegenüber dem „Zurverfügungstellen". Umstritten ist, ob das Zurverfügungstellen der Information auch dann zur Mitteilung avanciert, wenn der Zahlungsdienstleister den Zahlungsdienstnutzer mittels Ad-hoc-Information wie einer Mitteilung per SMS oder E-Mail darüber informiert, dass die Information nun zum Abruf zur Verfügung gestellt wurde.[16] Dagegen spricht, dass so die Grenze zwischen beiden Unterrichtungsformen verwischt würde. Allerdings dürfen die Vertragsparteien gemäß Art. 248 § 10 iVm Art. 248 § 4 Abs. 1 Nr. 4 lit. b eine vereinfachte Form der Unterrichtung – wie zB das „Zurverfügungstellen" – auch beim Zahlungsdiensterahmenvertrag für die nachträglich zu erteilenden Informationen der Art. 248 §§ 7, 8, 9 Nr. 2 vereinbaren. Die Kreditwirtschaft hat hiervon in ihren neuen Sonderbedingungen flächendeckend Gebrauch gemacht. Gegenüber Unternehmern können die Informationspflichten gemäß § 675e Abs. 4 BGB hingegen vollständig abbedungen werden (→ Vor Art. 248 Rn. 6). Beweispflichtig dafür, ob die Informationen dem Kunden mitgeteilt wurden, ist gemäß § 675d Abs. 3 BGB der Zahlungsdienstleister. 4

2. Kunde ohne Computer oder CD-Laufwerk. Angesichts der Informationsfülle, die durch Art. 248 ausgelöst wird, stellte sich in der Praxis das Bedürfnis, dem Kunden die Informationen in Form eines elektronischen Speichermediums wie etwa einer CD-ROM, einer DVD oder auch eines USB-Sticks anstelle eines umfangreichen Papierkonvoluts zukommen zu lassen. Ob eine derartige Übermittelung den Anforderungen des Mitteilens iSd Art. 248 § 3 aF genügte, war nicht abschließend geklärt. Dafür sprach auf den ersten Blick die Erwähnung der Formanforderung in Art. 248 § 3. Andererseits wurde in der allgemeinen Diskussion zu § 126b BGB darauf hingewiesen, dass der Zugang einer Erklärung nur dann gewahrt ist, wenn der Adressat sein Einverständnis mit dem Empfang elektronischer Erklärungen ausdrücklich oder zumindest konkludent erteilt hat, da den Empfänger grundsätzlich keine Pflicht trifft, entsprechende technische Vorrichtungen vorzuhalten (→ BGB § 126b Rn. 12; → BGB § 126 Rn. 28 ff.).[17] Art. 248 § 3 in der Fassung durch das Gesetz zur Umsetzung der Verbraucherrechte-RL vom 20.9.2013 (BGBl. 2013 I 3642) löst die Frage im Sinne des Bedürfnisses der Praxis, indem Art. 248 § 3 statt der Textform lediglich die Mitteilung auf einem dauerhaften Datenträger vorsieht. Sofern die Bank mit ihrem Kunden also kein Internetbanking vereinbart hat, könnte der **Zugang der Mitteilung** allerdings scheitern, sofern der Kunde nicht über ein entsprechendes Computerlaufwerk oder einen PC verfügt. Im Anschluss an die in → Rn. 3 genannten Grundsätze lässt sich hinsichtlich der Mitteilung einer Information iSd Art. 248 § 3 insofern eine Parallele zum Zugang von Willenserklärungen (allgemein → BGB § 130 Rn. 16 mwN) ziehen, als die vorgenannten Anforderungen an die Mitteilung wenigstens verlangen, dass die Information in den Machtbereich des Empfängers eintritt und für ihn lesbar ist.[18] Erhält der Kunde eine Nachricht mit Informationen auf einem für ihn nicht lesbaren Datenträger, ist der Zugang also nicht erfolgt. 5

Für eine **Stellungnahme** ist von der Funktion der Mitteilung in Art. 248 § 3 und dessen Normzweck auszugehen. Der Kunde soll im Fall der Mitteilung ohne weitere Umstände an die Information gelangen können. Dies würde grundsätzlich für die Notwendigkeit einer Übersendung in Papierform streiten. Andererseits verpflichtet Art. 248 § 3 in der ab 13.6.2014 gültigen Fassung den Zahlungsdienstleister nur dazu, die Information **auf einem dauerhaften Datenträger** mitzuteilen. Vor diesem Hintergrund scheint es sachgerecht, eine Mitteilung der Informationen dann genügen zu lassen, wenn der Zahlungsdienstleister in einem Anschreiben darauf hinweist, dass dem Kunden jederzeit eine gedruckte Papierversion der Informationen kostenlos zur Verfügung gestellt wird. Damit wird zwar entgegen der soeben (→ Rn. 3) entwickelten Grundregel eine gewisse Initiativlast auf den Zahlungsdienstnutzer wie beim Zurverfügungstellen zurückverlagert, was jedoch auch jenseits eines vereinbarten Internetbankings vertretbar scheint, zumal im Rahmen des Art. 248 6

14 Dies verkennend die in Fn. 12 unter aA Genannten.

15 Ellenberger/Findeisen/Nobbe/Böger/*Brian/Pfeifer* BGB § 675d Rn. 14 bzw. Ellenberger/Findeisen/Nobbe/Böger/*Brian/Pfeifer* Art. 248 § 3 Rn. 7 f.: „wenn vereinbart"; Staudinger/*Omlor,* 2020, Rn. 7, 9: „sofern … gewidmet"; *Zahrte* BKR 2017, 279 (281).

16 EuGH NJW 2017, 871 = EuZW 2017, 485 Rn. 47 f. – BAWAG; aA Staudinger/*Omlor,* 2020, Rn. 10.

17 Vgl. aus neuer Zeit auch *Thalmair* NJW 2011, 14; *Reiff* ZJS 2012, 432.

18 Vgl. Langenbucher/Bliesener/Spindler/*Herresthal* Kap. 2 BGB § 675d Rn. 32.

§ 10 iVm Art. 248 § 4 Abs. 1 Nr. 4 lit. b andere Formen der Unterrichtung vereinbart werden können (→ Rn. 3). Erhält der Kunde die Informationen auf dem für ihn nicht lesbaren Datenträger ohne einen entsprechenden Hinweis, wird man ihn für verpflichtet halten können, bei der Bank zurückzufragen. Die bloße Übersendung eines Anschreibens mit der Angabe einer Internetseite, auf der die Informationen gespeichert sind und ausgedruckt werden können, genügt jedoch auch dann nicht, wenn der Zahlungsdienstleister auf Wunsch des Kunden bereit ist, diesem eine gedruckte Version zu übermitteln, da es insoweit an der erstmaligen Mitteilung in der Form eines dauerhaften Datenträgers fehlt (insofern allgemein zu § 126b BGB → BGB § 126b Rn. 5). Enthält die Mitteilung des Zahlungsdienstleisters eine Willenserklärung (zB iSd §§ 675g, 675h BGB), gelten die allgemeinen Grundsätze des Zugangs nach § 130 BGB.[19] – Zu den Rechtsfolgen eines Verstoßes gegen die Mitteilungspflichten → BGB § 675d Rn. 11 ff.

§ 4 Vorvertragliche Informationen

(1) Die folgenden vorvertraglichen Informationen und Vertragsbedingungen müssen rechtzeitig vor Abgabe der Vertragserklärung des Zahlungsdienstnutzers mitgeteilt werden:

1. zum Zahlungsdienstleister
   a) den Namen, die ladungsfähige Anschrift seiner Hauptverwaltung und gegebenenfalls seines Agenten oder seiner Zweigniederlassung in dem Mitgliedstaat, in dem der Zahlungsdienst angeboten wird, sowie alle anderen Anschriften einschließlich E-Mail-Adresse, die für die Kommunikation mit dem Zahlungsdienstleister von Belang sind, und
   b) die für den Zahlungsdienstleister zuständigen Aufsichtsbehörden und das bei der Bundesanstalt für Finanzdienstleistungsaufsicht geführte Register oder jedes andere relevante öffentliche Register, in das der Zahlungsdienstleister als zugelassen eingetragen ist, sowie seine Registernummer oder eine gleichwertige in diesem Register verwendete Kennung,

2. zur Nutzung des Zahlungsdienstes
   a) eine Beschreibung der wesentlichen Merkmale des zu erbringenden Zahlungsdienstes,
   b) Informationen oder Kundenkennungen, die für die ordnungsgemäße Auslösung oder Ausführung eines Zahlungsauftrags erforderlich sind,
   c) die Art und Weise der Zustimmung zur Auslösung eines Zahlungsauftrags oder zur Ausführung eines Zahlungsvorgangs und des Widerrufs eines Zahlungsauftrags gemäß den §§ 675j und 675p des Bürgerlichen Gesetzbuchs,
   d) den Zeitpunkt, ab dem ein Zahlungsauftrag gemäß § 675n Abs. 1 des Bürgerlichen Gesetzbuchs als zugegangen gilt, und gegebenenfalls den vom Zahlungsdienstleister gemäß § 675n Abs. 1 Satz 3 festgelegten Zeitpunkt,
   e) die maximale Ausführungsfrist für die zu erbringenden Zahlungsdienste,
   f) die Angabe, ob die Möglichkeit besteht, Betragsobergrenzen für die Nutzung eines Zahlungsinstruments gemäß § 675k Abs. 1 des Bürgerlichen Gesetzbuchs zu vereinbaren, und
   g) im Falle von kartengebundenen Zahlungsinstrumenten, die mehrere Zahlungsmarken tragen, die Rechte des Zahlungsdienstnutzers gemäß Artikel 8 der Verordnung (EU) 2015/751 des Europäischen Parlaments und des Rates vom 29. April 2015 über Interbankenentgelte für kartengebundene Zahlungsvorgänge (ABl. L 123 vom 19.5.2015, S. 1),

3. zu Entgelten, Zinsen und Wechselkursen
   a) alle Entgelte, die der Zahlungsdienstnutzer an den Zahlungsdienstleister zu entrichten hat, einschließlich derjenigen, die sich danach richten, wie und wie oft über die geforderten Informationen zu unterrichten ist, sowie gegebenenfalls eine Aufschlüsselung dieser Entgelte,
   b) gegebenenfalls die zugrunde gelegten Zinssätze und Wechselkurse oder, bei Anwendung von Referenzzinssätzen und -wechselkursen, die Methode für die Berechnung der tatsächlichen Zinsen sowie der maßgebliche Stichtag und der Index oder die Grundlage für die Bestimmung des Referenzzinssatzes oder -wechselkurses, und

[19] Grüneberg/*Grüneberg* Rn. 1; Langenbucher/Bliesener/Spindler/*Herresthal* Kap. 2 BGB § 675d Rn. 32.

c) soweit vereinbart, das unmittelbare Wirksamwerden von Änderungen des Referenzzinssatzes oder -wechselkurses gemäß § 675g Absatz 3 des Bürgerlichen Gesetzbuchs,

4. zur Kommunikation

a) die Kommunikationsmittel, deren Nutzung zwischen den Parteien für die Informationsübermittlung und Anzeigepflichten vereinbart wird, einschließlich der technischen Anforderungen an die Ausstattung und die Software des Zahlungsdienstnutzers,

b) Angaben dazu, wie und wie oft die nach diesem Artikel geforderten Informationen mitzuteilen oder zugänglich zu machen sind,

c) die Sprache oder Sprachen, in der oder in denen der Vertrag zu schließen ist und in der oder in denen die Kommunikation für die Dauer des Vertragsverhältnisses erfolgen soll, und

d) einen Hinweis auf das Recht des Zahlungsdienstnutzers gemäß § 5, Informationen und Vertragsbedingungen in einer Urkunde zu erhalten,

5. zu den Schutz- und Abhilfemaßnahmen

a) gegebenenfalls eine Beschreibung, wie der Zahlungsdienstnutzer ein Zahlungsinstrument sicher aufbewahrt und wie er seine Anzeigepflicht gegenüber dem Zahlungsdienstleister gemäß § 675l Absatz 1 Satz 2 des Bürgerlichen Gesetzbuchs erfüllt,

b) eine Beschreibung des sicheren Verfahrens zur Unterrichtung des Zahlungsdienstnutzers durch den Zahlungsdienstleister im Falle vermuteten oder tatsächlichen Betrugs oder bei Sicherheitsrisiken,

c) soweit vereinbart, die Bedingungen, unter denen sich der Zahlungsdienstleister das Recht vorbehält, ein Zahlungsinstrument gemäß § 675k Abs. 2 des Bürgerlichen Gesetzbuchs zu sperren,

d) Informationen zur Haftung des Zahlers gemäß § 675v des Bürgerlichen Gesetzbuchs einschließlich Angaben zum Höchstbetrag,

e) Angaben dazu, wie und innerhalb welcher Frist der Zahlungsdienstnutzer dem Zahlungsdienstleister nicht autorisierte oder fehlerhaft ausgelöste oder ausgeführte Zahlungsvorgänge gemäß § 676b des Bürgerlichen Gesetzbuchs anzeigen muss, sowie Informationen über die Haftung des Zahlungsdienstleisters bei nicht autorisierten Zahlungsvorgängen gemäß § 675u des Bürgerlichen Gesetzbuchs,

f) Informationen über die Haftung des Zahlungsdienstleisters bei der Auslösung oder Ausführung von Zahlungsvorgängen gemäß § 675y des Bürgerlichen Gesetzbuchs und

g) die Bedingungen für Erstattungen gemäß § 675x des Bürgerlichen Gesetzbuchs,

6. zu Änderungen der Bedingungen und Kündigung des Zahlungsdiensterahmenvertrags

a) soweit vereinbart, die Angabe, dass die Zustimmung des Zahlungsdienstnutzers zu einer Änderung der Vertragsbedingungen gemäß § 675g des Bürgerlichen Gesetzbuchs als erteilt gilt, wenn er dem Zahlungsdienstleister seine Ablehnung nicht vor dem Zeitpunkt angezeigt hat, zu dem die geänderten Vertragsbedingungen in Kraft treten sollen,

b) die Laufzeit des Zahlungsdiensterahmenvertrags und

c) einen Hinweis auf das Recht des Zahlungsdienstnutzers, den Vertrag zu kündigen, sowie auf sonstige kündigungsrelevante Vereinbarungen gemäß § 675g Abs. 2 und § 675h des Bürgerlichen Gesetzbuchs,

7. die Vertragsklauseln über das auf den Zahlungsdiensterahmenvertrag anwendbare Recht oder über das zuständige Gericht und

8. einen Hinweis auf die Beschwerdeverfahren gemäß den §§ 60 bis 62 des Zahlungsdiensteaufsichtsgesetzes sowie auf das außergerichtliche Rechtsbehelfsverfahren nach § 14 des Unterlassungsklagengesetzes.

(2) Wenn auf Verlangen des Zahlungsdienstnutzers der Zahlungsdiensterahmenvertrag unter Verwendung eines Fernkommunikationsmittels geschlossen wird, das dem Zahlungsdienstleister die Mitteilung der in Absatz 1 bestimmten Informationen und Vertragsbedingungen auf einem dauerhaften Datenträger nicht gestattet, hat der Zahlungsdienstleister dem Zahlungsdienstnutzer diese unverzüglich nach Abschluss des Vertrags in der in den §§ 2 und 3 vorgesehenen Form mitzuteilen.

(3) Die Pflichten gemäß Absatz 1 können auch erfüllt werden, indem eine Abschrift des Vertragsentwurfs übermittelt wird, die die nach Absatz 1 erforderlichen Informationen und Vertragsbedingungen enthält.

Übersicht

I. Regelungsgehalt des Abs. 1

1 Abs. 1 regelt Informationspflichten und Vertragsbedingungen, die der Zahlungsdienstleister dem Zahlungsdienstnutzer zur Verfügung stellen soll. Art. 248 § 4 setzt im Wesentlichen Art. 52 RL (EU) 2015/2366 um. Danach sollen dem Nutzer die **Informationspflichten** bereits **vor Vertragsschluss** mitgeteilt werden. Von diesem „Mitteilen" kann der Zahlungsdienstleister beim Abschluss des ersten Zahlungsdiensterahmenvertrages mit Verbrauchern nicht abweichen, indem er hierfür vertraglich eine weniger weitreichende Form der Übermittlung (→ Art. 248 Vor § 1 Rn. 6; → Art. 248 § 3 Rn. 3) vereinbart, da diese dem Zahlungsdienstnutzer gemäß Art. 248 § 4 Abs. 1 Nr. 4 lit. b mitgeteilt werden müsste.[1] Art. 248 § 10 greift noch nicht ein. Art. 248 § 4 Abs. 1 setzt somit zugleich Art. 51 Abs. 1 S. 1 RL (EU) 2015/2366 um (s. hierzu auch Erwägungsgrund 57 RL (EU) 2015/2366). Dazu sind umfangreiche Unterrichtungen über den Zahlungsdienstleister (Nr. 1), den Zahlungsdienst und die Kosten (Nr. 2, 3), Kontaktmöglichkeiten (Nr. 4), Schutz- und Abhilfemaßnahmen (Nr. 5), Vertragsänderungs- und Kündigungsmechanismen (Nr. 6) und über Rechtsschutzmöglichkeiten (Nr. 7, 8) vorgesehen. Nach § 675d Abs. 2 S. 2 BGB sind auch Kontoinformationsdienstleister Adressaten der Informationspflichten nach Art. 248 § 4. Ihnen wird aber wegen der Unanwendbarkeit von Art. 44 und 51 RL (EU) 2015/2366, in denen Zeitpunkt und Form der Information geregelt sind, nach § 675d Abs. 2 S. 2 Hs. 2 BGB gestattet, diese beiden Punkte mit dem Zahlungsdienstnutzer zu vereinbaren.[2]

II. Normzweck des Abs. 1

2 Ziel der Vorschrift ist eine umfassende Information des Zahlungsdienstnutzers bereits vor Abschluss des Vertrages. Durch die Informationspflichten sollen die Markttransparenz erhöht und der Wettbewerb gefördert werden.[3] Dem Nutzer wird durch die vorvertraglichen Informationspflichten eine Vergleichsmöglichkeit zwischen den unterschiedlichen Zahlungsdienstleistern eröffnet. Um die **Transparenz** und die **Vergleichbarkeit** zu erhöhen, müssen zwangsläufig auch Modalitäten und Bedingungen bereits im Vorfeld benannt werden. Daher war es notwendig, auch die Vertragsbedingungen, die zB in Art. 248 § 4 Abs. 1 Nr. 2 lit. c, Nr. 3 lit. c, Nr. 4 lit. a–c, Nr. 5 lit. a und c genannt werden, mit in den Art. 248 § 4 Abs. 1 aufzunehmen. Im Gegensatz zu Einzelzahlungsverträgen ist im Rahmen eines Zahlungsdiensterahmenvertrages der Informationsbedarf des Zahlungsdienstnutzers höher, sodass zwangsläufig der Pflichtenkatalog des Art. 248 § 4 Abs. 1 umfangreicher als in der vergleichbaren Vorschrift des Art. 248 § 13 Abs. 1 für den Einzelzahlungsvertrag ist.

III. Informationspflicht bei bereits existierendem, anderem Zahlungsdiensterahmenvertrag

3 Besteht zwischen dem Zahlungsdienstleister und dem Zahlungsdienstnutzer bereits ein Zahlungsdiensterahmenvertrag (zB bei der Eröffnung eines zweiten Girokontos oder bei der Einrichtung

1 Ebenso Staudinger/*Omlor,* 2020, Rn. 2; BeckOGK/*Zahrte,* 1.6.202, Rn. 52; Langenbucher/Bliesener/Spindler/*Herresthal* Kap. 2 BGB § 675d Rn. 34.

2 Vgl. RegE zur Umsetzung der 2. ZDRL, BT-Drs. 18/11495, 151.

3 So *Frank/Massari* WM 2009, 1117 (1119); BeckOGK/*Zahrte,* 1.3.2024, Rn. 3; Staudinger/*Omlor,* 2020, Rn. 1.

eines Depots), stellt sich die Frage, ob der Zahlungsdienstleister erneut umfassend iSd Art. 248 § 4 informieren muss. Einfacher wäre ein Verweis auf die bereits erfolgte erstmalige Information, zumindest sofern es sich um Informationen und Vertragsbedingungen handelt, die in den jeweiligen Verträgen gleichlautend sind. Gegen diese Verweislösung spricht prima vista, dass jeder Zahlungsdiensterahmenvertrag unabhängig von anderen Verträgen existiert. Auch fehlt es an einer gesetzlichen Grundlage für eine derartige Verweisung. Gleichwohl wird man aus einer teleologischen Auslegung des Art. 248 § 4 in Einzelfällen eine bloße **Verweisung auf eine bereits erteilte Information** genügen lassen können, sofern es sich wie bei der Erteilung eines zweiten Dauerauftrages um das gleiche Produkt handelt und sich die Informationen und die Vertragsbedingungen nicht geändert haben. Denn durch eine schlichte Wiederholung ergibt sich für den Kunden kein zusätzlicher Informationsgewinn; stattdessen entstehen dem Zahlungsdienstleister unnötige Kosten für die Übermittlung der Informationen. Deshalb liegt es nahe, in diesen Fällen im Wege einer teleologischen Reduktion auf eine wiederholte Information zu verzichten.[4] Wird hingegen ein zweiter Zahlungsdiensterahmenvertrag geschlossen, der zwar dasselbe Produkt betrifft, haben sich aber zwischenzeitlich die nach Art. 248 § 4 bekanntzugebenden Informationen oder die Vertragsbedingungen geändert, so ist eine vollständige Neuinformation vonnöten, da eine bloße Mitteilung der geänderten Informationen bzw. Vertragsbedingungen unter Verweis auf die unveränderten Informationen im Übrigen zu unübersichtlich wäre.[5] Dies gilt trotz der Aktualisierungspflicht des Art. 248 § 9 Nr. 1, da diese auf die Angaben nach Art. 248 § 4 Abs. 1 Nr. 1 begrenzt ist. Auch nach § 675g Abs. 1 BGB muss nur über die geänderten Vertragsbedingungen in der Form der Art. 248 §§ 2, 3 unterrichtet werden. Erst recht ist eine erneute vollständige Information bei einem zweiten Rahmenvertrag über ein anderes Produkt (Abschluss eines Depots nach vorherigem Abschluss eines Girovertrages) notwendig.

IV. Einzelne Informationspflichten des Abs. 1

Angesichts der Tatsache, dass viele der einzelnen Informationspflichten in Abs. 1 Nr. 1–8 aus sich selbst heraus verständlich sind, soll im Folgenden nicht jede einzelne Informationspflicht kommentiert werden.[6] Vielmehr hat sich die Darstellung auf solche Informationspflichten zu beschränken, bei denen sich Zweifelsfragen ergeben. 4

1. „Die ladungsfähige Anschrift" (Abs. 1 Nr. 1 lit. a Var. 2). Art. 248 § 4 Abs. 1 Nr. 1 lit. a Var. 2 schreibt vor, dass die Informationspflichten auch die Angabe einer ladungsfähigen Anschrift umfassen. Im Gegensatz zu Art. 52 Nr. 1 lit. a RL (EU) 2015/2366 wurde im Rahmen der Umsetzung das Wort „ladungsfähig" mit in den Gesetzestext aufgenommen.[7] Die ladungsfähige Anschrift der Hauptverwaltung ist die geographische Anschrift des Zahlungsdienstleisters, die aus dem Land, dem Ort sowie der Straße und der Hausnummer besteht, unter der dieser seinen Hauptsitz hat. Eine **Postfach-Anschrift** genügt dagegen nicht.[8] **Sinn und Zweck der Ergänzung** ist es, dem Zahlungsdienstnutzer die Möglichkeit zu geben, etwaige Ansprüche gegen den Unternehmer schnell und effektiv im Klagewege geltend zu machen.[9] Unter dem schlichten Begriff der Anschrift hätte sich indessen auch eine Postfachanschrift subsumieren lassen.[10] Jedoch genügt deren Angabe in der Klageschrift für eine wirksame Klageerhebung nicht.[11] 5

Nicht umfasst ist die **Angabe des Namens der gesetzlichen Vertreter.** Dies ergibt sich schon aus einem systematischen Vergleich zu Art. 246b § 1 Nr. 3 und 4, wo genau zwischen der „ladungsfähigen Anschrift" und „Namen des Vertretungsberechtigten" unterschieden wird. Auch 6

4 Dies explizit abl. aber Staudinger/*Omlor,* 2020, Rn. 3; teleologische Reduktion wohl auch abl. Langenbucher/Bliesener/Spindler/*Herresthal* Kap. 2 BGB § 675d Rn. 36.

5 Zust. Ellenberger/Findeisen/Nobbe//Böger/*Brian/Pfeifer* Art. 248 § 2 Rn. 6; Langenbucher/Bliesener/Spindler/*Herresthal* Kap. 2 BGB § 675d Rn. 36.

6 Ebenso ähnliche Herangehensweise bei BeckOGK/*Zahrte,* 1.3.2024, Rn. 4; Grüneberg/*Grüneberg* Rn. 2; vgl. bereits Begr. RegE, BT-Drs. 16/11643, 135, der die gesetzgeberische Idee zu vielen der in Art. 248 § 4 Abs. 1 aF genannten Pflichtangaben nicht näher erläutert.

7 Vgl. demgegenüber den Wortlaut des Art. 52 Nr. 1 lit. a RL (EU) 2015/2366, der schlicht von Anschrift spricht; ebenso die Vorgängervorschrift des Art. 42 Nr. 1 lit. a RL 2007/64/EG.

8 Vgl. zum mittlerweile aufgehobenen § 1 BGB-InfoV OLG Hamburg NJW 2004, 1114 (1115); Grüneberg/*Grüneberg* Art. 246b § 1 Rn. 5; Erman/*R. Koch* BGB § 312d Rn. 44 mwN.

9 Staudinger/*Omlor,* 2020, Rn. 5 und Langenbucher/Bliesener/Spindler/*Herresthal* Kap. 2 BGB § 675d Rn. 40, die zu Recht auf den Einklang dieser Auslegung mit den unionsrechtlichen Vorgaben hinweisen; ebenso BeckOGK/*Zahrte,* 1.3.2024, Rn. 5, der von einer Präzisierung der Richtlinienvorschriften ausgeht.

10 So zur zwischen dem 1.1.2002 und dem 10.6.2010 geltenden Fassung des § 355 Abs. 2 S. 1 BGB, der schlicht von Anschrift sprach, etwa BGH NJW 2002, 2391 (2392 ff.).

11 Vgl. statt aller BVerwG NJW 1999, 2608; MüKoZPO/*Becker-Eberhard* ZPO § 253 Rn. 57.

ist es bei juristischen Personen nicht notwendig, den Namen des gesetzlichen Vertreters zu benennen, um die Klage einzureichen, sodass auch nicht im Wege einer teleologischen Auslegung oder Analogie eine Ausdehnung notwendig erscheint. Während die Angabe der ladungsfähigen Anschrift trotz der Soll-Fassung des § 130 Nr. 1 ZPO ein notwendiges Erfordernis darstellt,[12] wird dies für die Nennung des gesetzlichen Vertreters gemäß § 253 Abs. 4 ZPO, § 130 Nr. 1 ZPO verneint.[13] Daraus ergibt sich, dass weder die Angabe des gesetzlichen Vertreters des Zahlungsdienstleisters vor Vertragsschluss notwendig ist, noch dass Änderungen eine Unterrichtungspflicht gemäß Art. 248 § 9 Nr. 1 auslösen.

7 **2. „Alle anderen Anschriften" (Abs. 1 Nr. 1 lit. a Var. 4).** Der Zahlungsdienstleister ist verpflichtet, alle Anschriften einschließlich von **E-Mail-Adressen,** die für die Kommunikation zwischen dem Zahlungsdienstleister und Zahlungsdienstnutzer von Belang sind, mitzuteilen. Verfügt der Zahlungsdienstleister über Niederlassungen, so fallen auch diese unter den Wortlaut des Gesetzes, da es sich um eine Anschrift handelt, bei welcher der Nutzer Zahlungsdienste in Anspruch nehmen kann (zB die Abgabe eines beleghaften Überweisungsträgers). Fraglich ist jedoch, welche von den **Niederlassungen** für den jeweiligen Zahlungsdienstnutzer von Belang sind, da es kaum sinnvoll sein dürfte, dem Kunden einer Großbank die Anschrift sämtlicher Niederlassungen in Deutschland oder gar in ganz Europa mitzuteilen. Sofern der Zahlungsdienstnutzer seine Zahlungsverkehrsgeschäfte sämtlich über Fernkommunikationsmittel oder Internetbanking abwickelt, genügt die Angabe der Anschrift der Niederlassung bzw. der Hauptstelle, die das Konto des Nutzers führt, soweit nicht ausnahmsweise damit zu rechnen ist, dass der Kunde auch andere Filialen für seine Bankgeschäfte im Präsenzgeschäft nutzt.[14] Mutatis mutandis sind bei dem reinen Präsenzkunden neben der Anschrift der kontoführenden Stelle auch diejenigen Anschriften der im näheren Umkreis benachbarten Filialen zu benennen, soweit damit zu rechnen ist, dass der Kunde auch diese für seine Bankgeschäfte nutzen wird.[15] Nicht erforderlich ist es hingegen, bundesweit alle Filialen mit einem Geldautomaten zu benennen, die der Kunde allenfalls ausnahmsweise nutzen dürfte.

8 **3. Zur Nutzung des Zahlungsdienstes (Abs. 1 Nr. 2).** Die gemäß Art. 248 § 4 Abs. 1 Nr. 2 mitzuteilenden Informationen betreffen vor allem die Beschreibung des Zahlungsdienstes sowie das Zustandekommen und den Widerruf des Zahlungsdienstevertrages. Die deutschen Banken haben diese Informationen in den jeweiligen Sonderbedingungen verortet, die zum 31.10.2009 grundlegend geändert und seither mehrfach angepasst wurden (aktuelle Fassung von September 2021). Überblicksartig und beispielhaft sind hier zu nennen: Die Beschreibung der wesentlichen Merkmale (Art. 248 § 4 Abs. 1 Nr. 2 lit. a) findet sich in Nr. 1.1 Sonderbedingungen für den Überweisungsverkehr bzw. Nr. 2.1.1 Sonderbedingungen für den Lastschriftverkehr. Nr. 1.2 Sonderbedingungen für den Überweisungsverkehr bestimmt entsprechend Art. 248 § 4 Abs. 1 Nr. 2 lit. b die zu verwendenden Kundenkennungen.[16] Seit dem Inkrafttreten der SEPA-VO hat der Kunde demnach seine IBAN anzugeben.[17] Die laut Art. 248 § 4 Abs. 1 Nr. 2 lit. c unter anderem erforderliche Information über die Widerrufsmöglichkeit des Kunden wird durch Nr. 1.5 Sonderbedingungen für den Überweisungsverkehr geregelt. Gemäß der Vorgabe in Art. 248 § 4 Abs. 1 Nr. 2 lit. d informiert Nr. 1.4 Sonderbedingungen für den Überweisungsverkehr über den Zeitpunkt, in dem ein Zahlungsauftrag als zugegangen gilt. Nr. 1.4 Sonderbedingungen für den Überweisungsverkehr gibt dabei im Wesentlichen § 675n Abs. 1 BGB wieder, zudem wurde von der Möglichkeit Gebrauch gemacht, gemäß § 675n Abs. 1 S. 3 BGB einen Annahmeschluss zu bestimmen, der allerdings erst im Preis- und Leistungsverzeichnis konkretisiert wird. Die Angaben gemäß Art. 248 § 4 Abs. 1 Nr. 2 lit. e finden sich für den Überweisungsverkehr in Nr. 2.2 Sonderbedingungen für den Überweisungsverkehr iVm dem Preis- und Leistungsverzeichnis. Gemäß Art. 248 § 4 Abs. 1 Nr. 2 lit. g ist der Zahlungsdienstnutzer im Falle des sog. Co-Badging über sein Recht auf Erhalt eines kartengebundenen Zahlungsinstruments mit zwei oder mehreren Zahlungsmarken sowie über die verfügbaren Zahlungsmarken

---

12 Vgl. MüKoZPO/*Becker-Eberhard* ZPO § 253 Rn. 57 mwN.

13 Vgl. MüKoZPO/*Becker-Eberhard* ZPO § 253 Rn. 61 f. mwN.

14 Vgl. dazu auch BeckOGK/*Zahrte,* 1.3.2024, Rn. 7, der sogar davon ausgeht, dass die Anschrift der kontoführenden Zweigstelle entbehrlich sein kann, wenn es sich um eine Direktbank handelt; ebenso zu Direktbanken Langenbucher/Bliesener/Spindler/*Herresthal* Kap. 2 BGB § 675d Rn. 41.

15 So auch Staudinger/*Omlor,* 2020, Rn. 7: „typisierte[r] Bedarf des konkreten Zahlungsdienstnutzers"; eine Pflicht zur Angabe anderer als der mit der Kontoführung beauftragten Filiale oder Niederlassung hingegen abl. Langenbucher/Bliesener/Spindler/*Herresthal* Kap. 2 BGB § 675d Rn. 41.

16 Abgedruckt und erläutert bei *Bunte/Zahrte,* AGB-Banken, AGB-Sparkassen, Sonderbedingungen, 6. Aufl. 2023.

17 Die zusätzliche Angabe der BIC sieht Nr. 1.2 Sonderbedingungen für den Überweisungsverkehr für Überweisungen in anderen Währungen als Euro vor; liegt das Zielgebiet außerhalb des EWR, kann alternativ zur IBAN neben der BIC auch die Kontonummer angegeben werden.

und ihre Eigenschaften, einschließlich ihrer Funktionsweise, Kosten und Sicherheit zu informieren.[18] Hintergrund dieser durch die Umsetzung der zweiten ZDRL eingeführten neuen Informationspflicht ist Art. 8 VO (EU) 2015/751. Danach kann ein Verbraucher verlangen, dass er zwei oder mehrere Zahlungsmarken bei einem kartengebundenen Zahlungsinstrument erhält, über deren Funktionsweise sowie mögliche Kosten er zu unterrichten ist.

4. Entgelte, Zinsen und Wechselkurs (Abs. 1 Nr. 3). a) Überblick, Regelungsgehalt, Normzweck. Gemäß Art. 248 § 4 Abs. 1 Nr. 3 schuldet der Zahlungsdienstleister auch Angaben zu Entgelten, Zinsen und Wechselkursen. Damit soll der Zahlungsdienstnutzer bereits vor Vertragsschluss wissen, was für Kosten auf ihn zukommen können, um die angebotene Zahlungsdienstleistung mit anderen vergleichen zu können. Damit bildet Nr. 3 einen wesentlichen Baustein für die mit den Informationspflichten intendierte **Steigerung des Wettbewerbs** (→ Rn. 2).[19] In der Praxis erfolgt diese Information nicht durch Nr. 12 AGB-Banken, welcher Zinsen, Entgelte und Auslagen betrifft, sondern durch einen Verweis auf die vertraglichen Vereinbarungen bzw. entsprechenden Sonderbedingungen über Nr. 12 Abs. 7 AGB-Banken. 9

b) Entgelt (lit. a). Der Begriff des Entgelts iSd Art. 248 § 4 Abs. 1 Nr. 3 lit. a ist umfassend zu verstehen und schließt alle vom Zahlungsdienstnutzer zu tragenden Kosten ein.[20] Damit sind auch anfallende Kontoführungsgebühren erfasst. Diese **weite Auslegung des Entgeltbegriffs** erfordert es aber nicht, ihn zugleich als Oberbegriff auch für die weiteren in Nr. 3 verwendeten Termini, Zinsen und Wechselkurse, zu begreifen. Die Abgrenzung zu Zinsen ist in der Akzessorietät der Zinsforderung gegenüber einer überlassenen Kapitalsumme zu suchen.[21] Demgegenüber kennzeichnet ein Entgelt, dass es entweder an einen einzelnen oder mehrere konkrete Geschäftsvorfälle anknüpft oder aber als Pauschale für eine unbestimmte Vielzahl von Geschäftsvorfällen in Rechnung gestellt wird.[22] Zu den mitteilungspflichtigen Entgelten gehören auch solche, die nach § 675d Abs. 4 BGB für überobligatorische Informationen vereinbart werden können. 10

c) Zinsen (lit. b). aa) Anwendungsbereich. Der Anwendungsbereich der lit. b ist unklar. Prima vista fallen unter den Zinsbegriff zuvörderst die für einen Kontokorrentkredit oder eine geduldete Kontoüberziehung iSd § 505 BGB in Rechnung gestellten sog. **Dispozinsen.**[23] Gleichwohl sind dem Vernehmen nach gegen diese Auslegung von der Kreditwirtschaft berechtigte Zweifel vorgebracht worden. Für eine Stellungnahme ist nicht nur auf den Wortlaut abzustellen, der eindeutig für eine Einbeziehung spricht, vielmehr ist maßgeblich auch der Normzweck heranzuziehen. Führt man sich vor Augen, dass im Bereich des Verbraucherkredits bereits nach § 504 Abs. 1 BGB, § 505 Abs. 1 BGB iVm Art. 247 §§ 16, 17 eine Information über die Zinshöhe bei einem Kontokorrentkredit geschuldet wird, sprechen die besseren Gründe dafür, das Kreditinstitut nicht abermals nach Nr. 3 zu verpflichten.[24] Weiterhin ist unter dem Gesichtspunkt des Normzwecks anzuführen, dass der Höhe der Dispozinsen für den Vergleich mit anderen Zahlungsverkehrsprodukten, welche Art. 248 vor Augen hat, allenfalls eine untergeordnete Bedeutung zukommt. Mit dieser normzweckorientierten Auslegung gelangt man jedoch quasi zu einer Aufspaltung des bisher einheitlich gedachten Girovertrages in mehrere Rahmenverträge. Zum einen existiert dann ein Zahlungsdiensterahmenvertrag, der den Zahlungsdienstleister zur Führung eines Zahlungskontos verpflichtet, zum anderen ein Rahmenvertrag über die Ausgestaltung des Giro- bzw. Zahlungskontos, der zugleich auch den Kontokorrentkredit regelt, also nicht nur eine Kontokorrentabrede iSd § 355 HGB, sondern gerade auch eine Kreditbeziehung vorsieht. 11

Eine derartige Auslegung ist jedoch unter mehreren Gesichtspunkten schlüssig. Gemäß § 675f Abs. 2 S. 1 BGB wird der Zahlungsdienstleister verpflichtet, ggf. ein **Zahlungskonto** zu führen, um Zahlungsdienste iSd § 1 Abs. 1 S. 2 ZAG durchführen zu können (zur Definition → BGB § 675c Rn. 47). Dies setzte nach der Legaldefinition des alten § 1 Abs. 3 ZAG nur eine Kontokorrentabrede, nicht aber auch die Abrede über einen Kontokorrentkredit voraus. Auch wenn diese 12

---

18 RegE zur Umsetzung der 2. ZDRL, BT-Drs. 18/11495, 181.

19 Ähnlich Staudinger/*Omlor,* 2020, Rn. 9, der zu Recht darauf hinweist, dass so auch nach Vertragsschluss ein Leistungsvergleich erzielt wird; s. auch BeckOGK/*Zahrte,* 1.3.2024, Rn. 3, der auf die dadurch gewonnene Markttransparenz hinweist.

20 So auch Staudinger/*Omlor,* 2020, Rn. 12 mit einer umfangreichen Definition; ebenso BeckOGK/*Zahrte,* 1.3.2024, Rn. 22.

21 Ähnlich Staudinger/*Omlor,* 2020, Rn. 13.

22 So auch Langenbucher/Bliesener/Spindler/*Herresthal* Kap. 2 BGB § 675d Rn. 43.

23 So zB Staudinger/*Omlor,* 2020, Rn. 13.

24 So auch BeckOGK/*Zahrte,* 1.3.2024, Rn. 24; Langenbucher/Bliesener/Spindler/*Herresthal* Kap. 2 BGB § 675d Rn. 46; aA Staudinger/*Omlor,* 2020, Rn. 14, der den Vorrang der verbraucherdahrlehensrechtlichen Informationspflichten ablehnt.

Passage nicht in den neuen § 1 Abs. 17 ZAG übernommen worden ist, dürfte sich einen sachliche Änderung gegenüber der bisherigen Rechtslage nicht ergeben.[25] Bereits die Gesetzesbegründung zu § 1 Abs. 3 ZAG aF[26] stellte klar, dass das Girokonto, das auf einem Girovertrag zwischen Bank und Kunde beruht, eine besondere Kontoform bildet. Sie ist mit der Definition des Zahlungskontos nicht deckungsgleich. Schließlich entspricht diese gespaltene Auslegung auch dem in der Rechtspraxis häufig zu beobachtenden Vorgehen, wonach zunächst ein auf Guthabenbasis zu führendes Girokonto eröffnet wird und die Abrede über einen Kontokorrentkredit erst später nachfolgt. Ferner hält das hier gefundene Ergebnis auch einer richtlinienkonformen Auslegung stand. Art. 52 Nr. 3 lit. b RL (EU) 2015/2366 spricht wie Art. 248 § 4 Abs. 1 Nr. 3 lit. b gerade nur von „gegebenenfalls … zugrunde gelegten Zinssätze", womit beide Male zum Ausdruck kommt, dass eine Einbeziehung von Zinsen aus einem Kontokorrentkredit zumindest nicht zwingend geboten ist. Im Gegenteil lässt sich dem Erwägungsgrund Nr. 40 der Richtlinie entnehmen, dass zwischen der Zahlungs- und der Kreditfunktion des Girokontos zu unterscheiden ist. Der Anwendungsbereich des Art. 248 § 4 Abs. 1 Nr. 3 erstreckt sich daher lediglich auf echte **Kreditkartenkonten,** bei denen der Kunde die in Anspruch genommenen Zahlungsdienste nicht sofort bei Rechnungsstellung begleicht, sondern sich hierfür einen Kredit gewähren lässt.

13 **bb) Zinsbegriff und Aufschlüsselung.** Klärungsbedürftig erscheint auch, welche Angaben der Zahlungsdienstleister erfüllen muss, wenn er Zinsen im Rahmen eines Zahlungsdiensterahmenvertrages erhebt und man nicht von einer verdrängenden Wirkung des Verbraucherkreditrechts ausgeht (§ 504 Abs. 1 BGB; § 505 Abs. 1 BGB iVm Art. 247 §§ 16, 17 EGBGB). Zinsen, die eine akzessorische Berechnung anhand eines überlassenen Kapitalbetrages kennzeichnet (→ Rn. 10), sind dabei gegenüber sonstigen Entgelten gesondert anzugeben, was sich bereits auch aus lit. a ergibt. Aus lit. b ergibt sich hingegen deutlich, dass die Berechnungsmethoden und die Zinskalkulation nur bei der Verwendung eines Referenzzinssatzes (zum Begriff → Rn. 14), nicht aber bei sonstigen Zinsen anzugeben sind. Insbesondere die **Marge,** die auf die Refinanzierungskosten aufgeschlagen wird, muss jenseits der Verwendung eines Referenzzinssatzes nicht angegeben werden. Aber auch bei der Verwendung eines Referenzzinssatzes ist der Zahlungsdienstleister nicht verpflichtet, seinen internen Zinskonditionenbeitrag anzugeben. Dies würde zu einer Aufschlüsselung sämtlicher Refinanzierungskosten führen und wäre nicht mehr mit dem Geheimhaltungsinteresse des Zahlungsdienstleisters vereinbar.[27]

14 **cc) Referenzzinssatz.** Nach Art. 248 § 4 Abs. 1 Nr. 3 lit. c ist auch ein Referenzzinssatz (zB EURIBOR oder dem früheren LIBOR) anzugeben, sofern dieser bei der Zinsberechnung zugrunde gelegt wird, Änderungen unmittelbar wirksam werden und er aus einer öffentlich zugänglichen und für beide Parteien eines Zahlungsdienstevertrags überprüfbaren Quelle stammt.[28] Zu Einzelheiten → BGB § 675g Rn. 21 f.

15 **d) Wechselkurse (lit. b).** Hinsichtlich der Informationspflichten, die der Zahlungsdienstleister bei der Angabe von Wechselkursen beachten muss, gelten die Ausführungen zum Zinssatz – insbesondere hinsichtlich der Aufschlüsselung gemäß → Rn. 13 – entsprechend. Daher hat der Zahlungsdienstleister dem Zahlungsdienstnutzer sämtliche Wechselkurse und auch entsprechende Referenzwechselkurse zu nennen, die für den Zahlungsdienstnutzer entscheidungserheblich sind. Da sich der Anwendungsbereich des Art. 248 jedoch seit der Umsetzung der RL (EU) 2015/2366 auf die Erbringung von Zahlungsdiensten in einer **Währung eines Staates außerhalb des EWR** erstreckt (→ Vor Art. 248 Rn. 5), sind nunmehr auch solche Wechselkurse anzugeben. Damit kann freilich nicht gemeint sein, dass konkrete Kurse anzugeben wären, da diese Angabe wegen der Schwankungen der Wechselkurse die gesetzliche Intention verfehlen würde. Auch hier genügen Referenzsätze bzw. bei im internationalen Handelsverkehr wenig verbreiteten Währungen die Quelle, aus der man sich über den aktuellen Wechselkurs informieren kann.[29]

16 **5. Urkundenerfordernis (Abs. 1 Nr. 4 lit. d).** Gemäß Art. 248 § 4 Abs. 1 Nr. 4 lit. d muss der Zahlungsdienstleister den Zahlungsdienstnutzer darauf hinweisen, dass dieser berechtigt ist, jederzeit die Informationen und Vertragsbedingungen in einer **Urkunde** zu erhalten. Insoweit besteht zunächst eine Divergenz zu den Voraussetzungen des Art. 248 § 5, der insoweit die Papierform oder einen anderen dauerhaften Datenträger ausreichen lässt, zum anderen zu den Vorgaben aus der ZDRL, namentlich Art. 52 Nr. 4 lit. d RL (EU) 2015/2366 iVm Art. 53 RL (EU) 2015/2366. Die

---

[25] RegE zur Umsetzung der 2. ZDRL, BT-Drs. 18/11495, 110.
[26] Vgl. Begr. RegE, BT-Drs. 16/11613, 35.
[27] Ebenso BeckOGK/*Zahrte,* 1.3.2024, Rn. 26.
[28] BeckOGK/*Zahrte,* 1.3.2024, Rn. 29; Staudinger/*Omlor,* 2020, Rn. 15.
[29] BeckOGK/*Zahrte,* 1.3.2024, Rn. 27 f. mit einem Formulierungsvorschlag.

Regelung des Art. 248 § 4 Abs. 1 Nr. 4 lit. d ist daher möglicherweise zu weitgehend und könnte richtlinienkonform teleologisch reduziert werden, sodass auch die Papierform oder ein anderer dauerhafter Datenträger ausreichend ist. Aus dem Sinn und Zweck der Richtlinie, deren Ziel die Vollharmonisierung ist (Art. 107 Abs. 1 RL (EU) 2015/2366; näher → BGB Vor § 675c Rn. 6), ergibt sich, dass weder zugunsten noch zulasten des Zahlungsdienstnutzers von den Vorgaben der Richtlinie abgewichen werden sollte. Dies spräche an sich für eine teleologische Reduktion des Gesetzeswortlauts, sodass der Zahlungsdienstnutzer lediglich verlangen kann, die Informationen und Vertragsbedingungen in Papierform oder auf einem anderen dauerhaften Datenträger zu erhalten.[30] Andererseits soll der Zahlungsdienstnutzer das Recht haben, die Informationen und Vertragsbedingungen jederzeit zu erhalten. Wenn er jedoch nicht über eine Vorrichtung wie zB einen PC verfügt, die es ihm erlaubt, die Informationen und Vertragsbedingungen zu lesen, so muss ihm das Recht eingeräumt werden, die Informationen in einer Urkunde zu verlangen (→ Art. 248 § 3 Rn. 5). Daher ist eine teleologische Reduktion im Ergebnis zu verneinen, sodass entsprechend dem Wortlaut des Art. 248 § 4 Abs. 1 Nr. 4 lit. d der Zahlungsdienstnutzer das Recht erhält, die Informationen und Vertragsbedingungen gemäß Art. 248 § 5 in einer Urkunde zu erhalten.[31]

6. Kündigungsmöglichkeiten (Abs. 1 Nr. 6). Dem Zahlungsdienstnutzer wird gemäß § 675h Abs. 1 S. 1 BGB grundsätzlich das Recht eingeräumt, den Vertrag jederzeit ohne Einhaltung einer Kündigungsfrist ordentlich zu kündigen, es sei denn, dass eine Kündigungsfrist vereinbart wurde, die jedoch gemäß § 675h Abs. 1 S. 2 BGB nicht länger als einen Monat sein darf. Hierüber muss er nach Abs. 1 Nr. 6 lit. c informiert werden. Darüber hinaus räumt § 675g Abs. 2 S. 2 BGB dem Zahlungsdienstnutzer das **Recht zur** fristlosen und unentgeltlichen **Kündigung** auch für den Fall ein, dass der Nutzer mit der vom Zahlungsdienstleister angekündigten Änderung des Inhalts des Rahmenvertrags nicht einverstanden ist und zwischen den Parteien vereinbart wurde, dass die Zustimmung als erteilt gilt, sofern der Kunde nicht widerspricht.[32] Auch hierauf erstreckt sich das Informationsrecht nach Abs. 1 Nr. 6 lit. c, sofern es sich bei der jeweiligen Information um einen Vertragsbestandteil handelt (→ Rn. 19). **17**

Weiterhin ist der Kunde über mögliche **Zustimmungsfiktionsklauseln** iSd. § 675g Abs. 2 BGB und ihre Wirkungsweise zu informieren (Abs. 1 Nr. 6 lit. a). Die Praxis hatte hierauf entsprechend reagiert und in Nr. 1 Abs. 2 AGB-Banken bzw. Nr. 2 Abs. 1, 2 AGB-Sparkassen (jeweils Fassung bis April 2021) eine weite Zustimmungsfiktionsklausel nach Ablauf von zwei Monaten ohne Widerspruch nebst einem Kündigungsrecht aufgenommen. Der Bundesgerichtshof hat diesen Zustimmungsfiktionsmechanismus am 27.4.2021 allerdings gegenüber von Verbrauchern gem. § 307 Abs. 1, 2 Nr. 1 BGB überraschend für unwirksam erklärt,[33] was in der Literatur zurecht kritisiert wurde[34] (zu den Einzelheiten → BGB § 675g Rn. 10 ff.). Die Kreditwirtschaft hat im September 2021 eine neue Fassung des Nr. 1 Abs. 2 AGB-Banken bzw. Nr. 2 AGB-Sparkassen vorgelegt, die – unter Berücksichtigung der Vorgaben des BGH – eine Zustimmungsfiktion in erheblich geringerem Umfang vorsieht.[35] An der Informationspflicht nach Abs. 1 Nr. 6 lit. a ändert dieser verringerte Anwendungsbereich der Zustimmungsfiktionsklausel nichts. **18**

Angesichts der auch weiterhin hohen praktischen Relevanz von Zustimmungsfiktionsklauseln stellt sich die Frage, ob einem Zahlungsdienstnutzer bereits dann das Recht zur fristlosen Kündigung zusteht, wenn sich nur die gemäß § 4 Abs. 1 informationspflichtigen Tatsachen ändern. Sofern dies der Fall ist, wäre der Kunde bereits vor Vertragsschluss gemäß Art. 248 § 4 Abs. 1 Nr. 6 lit. c auf dieses Kündigungsrecht hinzuweisen. Dies wäre dann der Fall, wenn sämtliche **vorvertraglichen Informationspflichten** Bestandteil des Vertrages und daher **Bindungswirkung** zwischen den Vertragsparteien entfalten würden. Das Kündigungsrecht würde jedoch bei vielen der eher technischen Informationspflichten wie etwa dem Sitz des Zahlungsdienstnutzers deutlich über das Ziel hinausschießen. Unter Rückgriff auf die Unterscheidung in Art. 248 § 4 Abs. 1 am Anfang zwischen Informationspflichten und Vertragsbedingungen muss vielmehr für jede der in Art. 248 § 4 genannten Informationspflichten im Einzelfall untersucht werden, ob diese auch zugleich Vertragsbedingung **19**

---

30 So iE Langenbucher/Bliesener/Spindler/*Herresthal* Kap. 2 BGB § 675d Rn. 48, der indes von einem Redaktionsversehen ausgeht und den Begriff der Urkunde mit dem der Textform iSd § 126b BGB gleichsetzt; vgl. auch BeckOGK/*Zahrte,* 1.3.2024, Rn. 33, der die praktische Relevanz von Abs. 1 Nr. 4 lit. d aufgrund der weiterhin herrschenden Dominanz papierhafter Vertragswerke für gering hält.

31 AA aber Staudinger/*Omlor,* 2020, Rn. 17, der den Urkundenbegriff weit auslegen möchte und die Informationen in Papierform oder auf einem anderen dauerhaften Datenträger zulässt.

32 Grüneberg/*Grüneberg* BGB § 675g Rn. 6, 8.

33 BGH NJW 2021, 2273.

34 Krit. ua *Casper* ZIP 2021, 2361 (2362 ff.); *Omlor* NJW 2021, 2243 (2245); *Langner* WM 2021, 1869 ff.; BeckOGK/*Zahrte,* 1.3.2024, Rn. 38.

35 Diese Fassung zu Unrecht kritisierend *Rodi,* WM 2022, 1665 (1669 ff.).

werden soll.[36] Soweit es sich nur um für den Vertragsschluss unerhebliche oder untergeordnete Informationen handelt (wie zB die ladungsfähige Anschrift, geänderte E-Mail-Adressen, Registernummern oder die zuständige Aufsichtsbehörde, Kundenkennungen oder die Belehrung über gesetzliche Rechtsfolgen wie zB in Nr. 5 lit. d, f, g) ist eine gleichzeitige Einordnung als Vertragsbedingung abzulehnen. Dies dürfte auch für die **Verlegung oder die Auflösung einer Niederlassung** (Art. 248 § 4 Abs. 1 Nr. 1 lit. a Alt. 4) gelten, auch wenn für den Filialkunden die räumliche Nähe einen den Vertragsschluss beeinflussenden Faktor bilden kann. Insoweit ist das ohnehin bestehende ordentliche Kündigungsrecht ausreichend.[37]

V. Nachholung der Information bei Distanzgeschäften (Abs. 2)

20 In Umsetzung von Art. 51 Abs. 2 RL (EU) 2015/2366 wird es dem Zahlungsdienstleister ermöglicht, seine Pflichten aus Art. 248 § 4 Abs. 1 auch unverzüglich nach Vertragsschluss zu erfüllen.[38] Voraussetzung ist jedoch, dass auf **Verlangen** des Zahlungsdienstnutzers der Zahlungsdiensterahmenvertrag unter Verwendung eines **Fernkommunikationsmittels** geschlossen wird, sodass eine **vorvertragliche Übermittlung** der Information in Textform **nicht sinnvoll** möglich ist.[39] Der Zahlungsdienstleister hat jedoch die in Art. 248 §§ 2, 3 geforderten Vorgaben einzuhalten, also den Zahlungsdienstnutzer insbesondere auf Deutsch bzw. in der Vertragssprache und auf einem dauerhaften Datenträger zu unterrichten.[40] Abs. 2 suspendiert allerdings nicht von der Vorgabe in § 305 Abs. 2 Nr. 2 BGB, wonach der Kunde bei Vertragsbestandteilen bereits vor Vertragsschluss die Möglichkeit haben muss, hiervon Kenntnis zu nehmen, sofern es sich um AGB handelt.[41]

VI. Übermittlung eines Vertragsentwurfs (Abs. 3)

21 In Umsetzung des Art. 51 Abs. 3 RL (EU) 2015/2366 ermöglicht es Abs. 3 dem Zahlungsdienstleister, seine vorvertraglichen Informationspflichten auch durch die Übermittlung einer Kopie des Vertragsentwurfs zu erfüllen. Dass Abs. 3 anders als die ZDRL von Abschrift spricht ändert nicht. Auch eine elektronische Kopie in Textform dürfte ausreichend sein.[42] **Voraussetzung** ist jedoch, dass sämtliche nach Abs. 1 erforderlichen Informationen und Vertragsbedingungen zur Verfügung gestellt werden.[43]

§ 5 Zugang zu Vertragsbedingungen und vorvertraglicher Informationen während der Vertragslaufzeit

Während der Vertragslaufzeit kann der Zahlungsdienstnutzer jederzeit die Übermittlung der Vertragsbedingungen sowie der in § 4 genannten Informationen in Papierform oder auf einem anderen dauerhaften Datenträger verlangen.

1 Art. 248 § 5 setzte zunächst Art. 43 RL 2007/64/EG um und gestand dem Zahlungsdienstnutzer das Recht zu, während der Vertragslaufzeit die Informationen des Art. 248 § 4 und die Vertragsbedingungen in Papierform oder auf einem anderen dauerhaften Datenträger abzurufen. Nach dem nunmehr geltenden Art. 53 RL (EU) 2015/2366 wird dieses Recht des Zahlungsdienstnutzers aufgewertet. Es handelt sich bei Art. 248 § 5 nunmehr um einen **verhaltenen Anspruch,** wonach der Zahlungsdienst-

---

36 Ebenso BeckOGK/*Zahrte,* 1.3.2024, Rn. 40; s. auch *Bunte/Zahrte* AGB-Banken Nr. 1 Rn. 39; *Bunte/Zahrte* AGB-Sparkassen Nr. 2 Rn. 16 f., der ein Sonderkündigungsrecht jeweils bei Änderungen der Bedingungen zu Zahlungsdiensten bejaht.

37 Zum Umfang des Art. 248 § 4 Abs. 1 Nr. 6 bei Änderungskündigungen vgl. OLG Naumburg WM 2013, 1706 (1709).

38 BeckOGK/*Zahrte,* 1.3.2024, Rn. 46.

39 Zu diesen Voraussetzungen s. auch Staudinger/*Omlor,* 2020, Rn. 24.

40 Vgl. Begr. RegE, BT-Drs. 16/11643, 135; ebenso BeckOGK/*Zahrte,* 1.3.2024, Rn. 46; ausführlicher zum Ganzen Langenbucher/Bliesener/Spindler/*Herresthal* Kap. 2 BGB § 675d Rn. 55–59.

41 BeckOGK/*Zahrte,* 1.3.2024, Rn. 46; Langenbucher/Bliesener/Spindler/*Herresthal* Kap. 2 BGB § 675d Rn. 59.

42 Langenbucher/Bliesener/Spindler/*Herresthal* Kap. 2 BGB § 675d Rn. 60; BeckOGK/*Zahrte,* 1.3.2024, Rn. 48; Ellenberger/Findeisen/Nobbe/Böger/*Brian/Pfeifer* Art. 248 § 4 Rn. 4 mit Fn. 5 (Anh. § 675d BGB).

43 Vgl. Begr. RegE, BT-Drs. 16/11643, 135; Langenbucher/Bliesener/Spindler/*Herresthal* Kap. 2 BGB § 675d Rn. 60 f.; BeckOGK/*Zahrte,* 1.3.2024, Rn. 47 ff.; Staudinger/*Omlor,* 2020, Rn. 26; aA – für ein Mitteilungserfordernis – aber Grüneberg/*Grüneberg* Rn. 3; Ellenberger/Findeisen/Nobbe/Böger/*Brian/Pfeifer* BGB § 675d Rn. 12; Ellenberger/Findeisen/Nobbe/Böger/*Brian/Pfeifer* Art. 248 Rn. 4 (Anh. § 675d BGB).

leister die Information immer dann schuldet, wenn der Zahlungsdienstnutzer sie verlangt.[1] Besondere Voraussetzungen für ein Informationsbedürfnis sieht Art. 248 § 5 nicht vor. Die Übermittlung muss unentgeltlich erfolgen, wie sich aus einem Umkehrschluss zu § 675d Abs. 4 BGB ergibt.[2] Durch das Recht aus Art. 248 § 5 soll der Zahlungsdienstnutzer auch nach Vertragsschluss in die Lage versetzt werden, sich jederzeit Rechtsklarheit zu verschaffen, indem er die gesetzlichen Vorgaben mit der tatsächlichen Praxis vergleicht.[3] Dabei kann der Zahlungsdienstnutzer wählen, in welcher der Formvorschrift genügenden Art und Weise er die Informationen haben möchte.[4] Wird eine schriftliche Übersendung gefordert, ist die Überlassung einer pdf-Datei nicht genügend. Aufgrund des **Wahlrechts des Zahlungsdienstnutzers** genügt der Zahlungsdienstleister den Formanforderungen also nur dann, wenn dem Zahlungsdienstnutzer die Angaben in der angeforderten Form mitgeteilt werden. Auf die Möglichkeit, die Informationen auch in Form einer Urkunde zu erhalten, muss ihn der Zahlungsdienstleister gemäß Art. 248 § 4 Abs. 1 Nr. 4 lit. d hinweisen.

Aufgrund des Wortlauts des Art. 248 § 5 könnte man meinen, dass die in Art. 248 § 4 genannten 2
Punkte ausschließlich Informationen darstellen. Dies ist indes nicht der Fall (→ Art. 248 § 4 Rn. 2, → Art. 248 § 4 Rn. 16). In Art. 248 § 4 werden nämlich **auch Vertragsbedingungen** geregelt (so auch der eindeutige Wortlaut des Art. 248 § 4). Art. 53 RL (EU) 2015/2366 spricht ebenfalls von der Vorlage der Vertragsbedingungen sowie der Informationen und Vertragsbedingungen nach Art. 52 RL (EU) 2015/2366. Daher muss Art. 248 § 5 richtlinienkonform in der Weise ausgelegt werden, dass die Übermittlung auch aller in Art. 248 § 4 genannten Vertragsbedingungen verlangt werden kann.[5] Der Anspruch kann vorbehaltlich des allgemeinen Missbrauchs mehrfach geltend gemacht werden.[6] Ob er auch abgetreten werden kann, ist umstritten. Überwiegend wird dies mit Blick auf § 399 Alt. 1 BGB verneint, da in der **Abtretung** eine Inhaltsänderung liege.[7] Gerade für den auf Vertragsbedingungen gerichteten Auskunft wird dies bestritten.[8] Daran ist richtig, dass ein Dritter mit den bloßen Vertragsbedingungen durchaus etwas anfangen kann, nicht jedoch mit den sonstigen individuellen Informationsrechten, die sowohl bei § 675d BGB wie bei Art. 248 § 5 EGBGB im Vordergrund stehen. Sie sind höchstpersönlicher Natur und somit der Abtretung entzogen. Auch wäre der Zahlungsdienstnutzer nach einer Abtretung selbst gar nicht mehr auskunftsberechtigt, was ebenfalls gegen die Abtretung streitet.[9] Eine das Informationsrecht verdoppelnde Abtretung oder einen Begrenzung der Abtretung auf Auskunft der verwendeten Vertragsbedingungen wäre der Kreditwirtschaft kaum zumutbar.

Abweichende Vereinbarungen sind möglich, wegen § 675e Abs. 1 BGB und des Vollharmoni- 3
sierungsgebots gegenüber einem Zahlungsdienstnutzer jedoch nur zu dessen Gunsten. Eine Ausnahme gilt nach § 675e Abs. 4 BGB nur dann, wenn der Zahlungsdienstnutzer ein Unternehmer ist. Unter diesen Voraussetzungen können die Parteien von der strengeren Form der Mitteilung **Abweichendes vereinbaren,** sofern diese Vereinbarung gemäß Art. 248 § 4 Abs. 1 Nr. 4 lit. b mitgeteilt wurde. Kommt der Zahlungsdienstleister einer telefonischen Anfrage eines Verbrauchers nach, ihm den Inhalt mündlich zu erläutern, ist dies unschädlich, da es sich insoweit um eine zulässige Abweichung zugunsten des Verbrauchers handelt.[10] Umgekehrt kann der Zahlungsdienstleister den Zahlungsdienstnutzer, der Verbraucher ist, aber nicht auf eine mündliche Auskunft verweisen. Eine Bepreisung ist nicht zulässig; § 675d Abs. 4 BGB ist nicht anwendbar, solange der Kunde nicht mehr verlangt, als ihm nach § 5 zusteht.[11]

§ 6 Informationen vor Ausführung einzelner Zahlungsvorgänge

Vor Ausführung eines einzelnen vom Zahler ausgelösten Zahlungsvorgangs teilt der Zahlungsdienstleister auf Verlangen des Zahlers Folgendes mit:

---

1 Grüneberg/*Grüneberg* Rn. 1; BeckOGK/*Zahrte,* 1.3.2024, Rn. 2.
2 Staudinger/*Omlor,* 2020, Rn. 6.
3 Begr. RegE, BT-Drs. 16/11643, 135; BeckOGK/*Zahrte,* 1.3.2024, Rn. 2.
4 Begr. RegE, BT-Drs. 16/11643, 135.
5 So auch Langenbucher/Bliesener/Spindler/*Herresthal* Kap. 2 BGB § 675d Rn. 63; vgl. auch BeckOGK/*Zahrte,* 1.3.2024, Rn. 2, der dieses Ergebnis aber nicht aus einer richtlinienkonformen Auslegung, sondern allein aus dem Verweis auf Art. 248 § 4 herleitet.
6 Ellenberger/Findeisen/Nobbe/Böger/*Brian/Pfeifer* Rn. 3; BeckOGK/*Zahrte,* 1.3.2024, Rn. 5.
7 AG Frankfurt BeckRS 2022, 35689 Rn. 15 und BeckRS 2022, 35690 Rn. 16; AG Duisburg BeckRS 2022, 27038 Rn. 17; LG Bonn BeckRS 2023, 12880 Rn. 38; ebenso BeckOGK/*Zahrte* Art. 248 § 5 Rn. 9 f.
8 BeckOK BGB/Schmalenbach BGB § 675d Rn. 9a.
9 Ausführlicher BeckOGK/*Zahrte,* 1.3.2024, Rn. 10 unter Hinweis auf das Schlechterstellungsverbot aus § 675e Abs. 1 BGB, da meines Erachtens im vorliegenden Zusammenhang nur bedingt weiterführt.
10 BeckOGK/*Zahrte,* 1.3.2024, Rn. 10.
11 BeckOGK/*Zahrte,* 1.3.2024, Rn. 7 f.; Ellenberger/Findeisen/Nobbe/Böger/*Brian/Pfeifer* Rn. 4; Langenbucher/Bliesener/Spindler/*Herresthal* Kap. 2 BGB § 675d Rn. 65; Staub/*Staub* Zahlungsgeschäft Rn. 125.

1. die maximale Ausführungsfrist,
2. die dem Zahler in Rechnung zu stellenden Entgelte und
3. gegebenenfalls die Aufschlüsselung der Entgelte nach Nummer 2.

1 Bei einzelnen Zahlungsvorgängen (§ 675f Abs. 4 S. 1 BGB), die vom Zahler ausgelöst werden (sog. Push-Zahlungen), normiert Art. 248 § 6 das Recht des Zahlers, **auf** sein **Verlangen** hin[1] Informationen über die maximale Ausführungsfrist (§ 675s BGB) und die für diesen Zahlungsvorgang anfallenden Kosten zu erhalten. Es handelt sich also auch insoweit um einen verhaltenen Anspruch (→ Art. 248 § 5 Rn. 1).[2] Es geht also um transaktionsbezogene Informationen. Der so umgesetzte Art. 56 RL (EU) 2015/2366 soll dem Umstand Rechnung tragen, dass innerhalb eines Zahlungsdiensterahmenvertrags grundsätzlich keine Unterrichtung vor den einzelnen Zahlungsvorgängen stattfindet.[3] Die Ausführungsfristen sind in § 675s BGB geregelt und betragen seit dem 1.1.2012 grundsätzlich einen Tag (näher → BGB § 675s Rn. 24, → BGB § 675s Rn. 32 ff.).

2 Der **Begriff des Entgelts** (→ Art. 248 § 4 Rn. 10) in Nr. 2 und Nr. 3 bezieht sich auf alle Entgelte, die vom Zahlungsdienstleister oder von zwischengeschalteten Banken in Rechnung gestellt werden, nicht aber auf Entgelte, die der Zahlungsempfänger vom Zahler verlangt.[4] Bei aus verschiedenen Positionen bestehenden Entgelten ist der Zahlungsdienstleister gemäß Nr. 3 dazu verpflichtet, diese einzeln aufzuschlüsseln, damit der Zahlungsdienstnutzer eine vollständige Überprüfung vornehmen kann.[5] Hinsichtlich des für den einzelnen Zahlungsvorgang in Rechnung gestellten Entgelts ist das Kürzungsverbot in § 675q BGB zu berücksichtigen. Deswegen, aber auch aufgrund der in Praxis üblichen Pauschalbepreisung, hat § 6 eine geringe praktische Relevanz.[6] Eine gewissen Bedeutung entfaltet die Vorschrift aber mit Blick auf Zahlungen in Drittstaaten, wie Auslandsüberweisungen außerhalb des Europäischen Zahlungsverkehrsraumes, da diese Entgelte oft beträchtlich sind.

§ 7 Informationen an den Zahler bei einzelnen Zahlungsvorgängen

Nach Belastung des Kontos des Zahlers mit dem Zahlungsbetrag eines einzelnen Zahlungsvorgangs oder, falls der Zahler kein Zahlungskonto verwendet, nach Zugang des Zahlungsauftrags teilt der Zahlungsdienstleister des Zahlers diesem unverzüglich die folgenden Informationen mit:
1. eine dem Zahlungsvorgang zugeordnete Kennung, die dem Zahler die Identifizierung des betreffenden Zahlungsvorgangs ermöglicht, sowie gegebenenfalls Angaben zum Zahlungsempfänger,
2. den Zahlungsbetrag in der Währung, in der das Zahlungskonto des Zahlers belastet wird, oder in der Währung, die im Zahlungsauftrag verwendet wird,
3. die für den Zahlungsvorgang zu entrichtenden Entgelte und gegebenenfalls eine Aufschlüsselung der Beträge dieser Entgelte oder die vom Zahler zu entrichtenden Zinsen,
4. gegebenenfalls den Wechselkurs, den der Zahlungsdienstleister des Zahlers dem Zahlungsvorgang zugrunde gelegt hat, und den Betrag, der nach dieser Währungsumrechnung Gegenstand des Zahlungsvorgangs ist, und
5. das Wertstellungsdatum der Belastung oder das Datum des Zugangs des Zahlungsauftrags.

I. Regelungsgehalt und Umsetzung der RL (EU) 2015/2366

1 In Umsetzung des Art. 57 RL (EU) 2015/2366 regelt Art. 248 § 7 die **Informationspflichten nach Zugang eines Zahlungsauftrags,** die der Zahlungsdienstleister des Zahlers diesem mitzuteilen hat. Unterhält der Zahler ein Zahlungskonto, sind ihm die Informationen erst unverzüglich nach Belastung des Aufwendungsersatzanspruchs aus dem jeweiligen Zahlungsvorgang mitzuteilen.[1] Da die Belastung eines Kontos gleichzeitig die Ausführung eines einzelnen Zahlungsauftrages voraussetzt, sind die Informationspflichten in diesem Fall nach der Ausführung eines Zahlungsvorgangs mitzuteilen, sofern das Kreditinstitut nicht ausnahmsweise einen Vorschuss nach §§ 675c, 669 BGB durchsetzt. § 7 steht in einem Spannungsverhältnis zu § 59 Abs. 2 ZAG, wonach Zahlungsdienstleis-

[1] Vgl. hierzu BeckOGK/*Zahrte,* 1.3.2024, Rn. 6.
[2] Ebenso BeckOGK/*Zahrte,* 1.3.2024, Rn. 6; so jetzt wohl auch Staudinger/*Omlor,* 2020, Rn. 4.
[3] Vgl. Begr. RegE, BT-Drs. 16/11643, 136.
[4] Ebenso BeckOGK/*Zahrte,* 1.3.2024, Rn. 11; Staudinger/*Omlor,* 2020, Rn. 6.
[5] Ebenso BeckOGK/*Zahrte,* 1.3.2024, Rn. 14.
[6] BeckOGK/*Zahrte,* 1.3.2024, Rn. 16.
[1] BeckOGK/*Zahrte,* 1.3.2024, Rn. 4.

ter „die für das Erbringen ihrer Zahlungsdienste notwendigen personenbezogenen Daten nur mit der ausdrücklichen Einwilligung des Zahlungsdienstnutzers verarbeiten" dürfen.[2] Um eine Normkollision zu vermeiden, wäre an sich § 7 vorrangig und von einer entsprechenden Einwilligung durch Erteilung des Zahlungsauftrags auszugehen. Allerdings hat die Kreditwirtschaft in den Sonderbedingungen (zB SB Überweisungsverkehr Nr. 1.3) formularvertragsmäßig diese Zustimmung eingeholt.[3] Dagegen ist nichts einzuwenden, sodass sich das Problem einer Kollision von Art. 248 § 7 und § 59 Abs. 2 ZAG in der Praxis nicht stellt.[4]

Wird **kein Zahlungskonto** verwendet, sind die Informationen bereits nach Eingang des Zahlungsauftrags mitzuteilen.[5] Zu diesem Zeitpunkt erfolgt noch keine Ausführung des Zahlungsauftrages, sodass die Informationspflicht des Art. 248 § 7 in diesem Fall unabhängig vom späteren Ausführungszeitpunkt ist. Diese Unterscheidung ist insbesondere bei Terminüberweisungen iSd § 675n Abs. 2 BGB entscheidend (näher → BGB § 675n Rn. 49 ff.).[6] 2

Die **Informationspflicht** erstreckt sich in allen Fällen auf die Angaben aller für den Zahlungsvorgang relevanten Daten, insbesondere die Nennung einer Kennung (Nr. 1), die eindeutig dem Zahlungsvorgang zuzurechnen ist, und die Entgelte, Zinsen und Wechselkurse für die Ausführung des Auftrages (Nr. 3, 4). Diese müssen aus Gründen der Transparenz auch dann angegeben werden, wenn bestimmte Referenzzinssätze gemäß § 675g Abs. 3 BGB zwischen den Vertragsparteien vereinbart wurden. Von der strengeren Form der Mitteilung können die Parteien Abweichendes vereinbaren (Art. 248 § 10), sofern diese Vereinbarung gemäß Art. 248 § 4 Abs. 1 Nr. 4 lit. b mitgeteilt wurde. 3

II. Normzweck und Art der Information

Die Vorschrift ermöglicht es dem Zahler, die einzelnen Zahlungsaufträge genau nachzuvollziehen und zu überprüfen.[7] In Deutschland wurden vor Einführung des Art. 248 § 7 EGBGB die meisten Angaben bereits durch die **Angaben auf dem Kontoauszug** abgedeckt.[8] Nr. 1 verlangt jedoch auch noch die Angabe einer **Kennung,** die von dem Zahlungsdienstleister für jeden Vorgang zu vergeben ist (Nr. 1). Dies könnte man als die Vergabe einer konkreten Kennzeichnung jedes Zahlungsvorgangs in Form von Zahlen und/oder Buchstaben verstehen.[9] Dagegen streitet jedoch eine richtlinienkonforme Auslegung. Art. 47 Abs. 1 ZDRL 2015 spricht lediglich von einer Referenz (übereinstimmend andere Sprachfassungen).[10] Da die Kennung nur eine konkrete Zuordnung des einzelnen Zahlungsvorgangs ermöglichen soll, ist es auch ausreichend, wenn der Kontoauszug lediglich die Zuordnung durch die Angabe einer konkreten Rechnungsnummer oder durch Angabe eines sonstigen konkreten Verwendungszwecks ermöglicht, ohne dass zusätzlich ein eigener „Zahlen- oder Buchstabenschlüssel" vergeben werden muss.[11] Demgegenüber kreiert Nr. 1 keinen Anspruch auf weitergehende Bestätigungen oder Informationen wie einen Eingangsstempel auf einem körperlichen Überweisungsbeleg oder einen Vermerk „überwiesen am…" auf der Rechnung, die der Kunde überwiesen hat. Ein derartiger Anspruch ist von § 7 gerade nicht erfasst.[12] 4

Der Zweck der Norm gebietet es, nur die **Entgelte und Zinsen** anzugeben, die dem speziellen Zahlungsvorgang zuzurechnen sind (sog. Vorbehalt der Einschlägigkeit).[13] Dabei bleiben zB pauschale Kontoführungsgebühren außen vor und werden nicht, auch nicht anteilig, von den Informationspflichten des Art. 248 § 7 umfasst.[14] Es müssen nur die Entgelte und Zinsen angegeben werden, die der Zahlungsdienstleister des Zahlers diesem auch tatsächlich berechnet. Dies folgt nicht zuletzt aus dem Wort „gegebenenfalls" in Nr. 3.[15] Andere Angaben, insbesondere solche Entgelte, die 5

2 Zur überzeugenden rechtspolitischen Kritik an dieser Vorschrift vgl. Casper/Terlau/*Störing* ZAG § 59 Rn. 5 ff.

3 Vollständige Aufzählung bei BeckOGK/*Zahrte,* 1.3.2024, Rn. 10.

4 Zutr. BeckOGK/*Zahrte,* 1.3.2024, Rn. 9 f.

5 Grüneberg/*Grüneberg* Rn. 1; ähnlich BeckOGK/*Zahrte,* 1.3.2024, Rn. 5, der zunächst die Erstellung eines Zugangsbelegs fordert.

6 Vgl. Grüneberg/*Grüneberg* BGB § 675n Rn. 6.

7 BeckOGK/*Zahrte,* 1.3.2024, Rn. 2.

8 So auch BGH NJW 2014, 922 Rn. 16.

9 So andeutungsweise → 8. Aufl. 2021, Rn. 4 sowie die Interpretation von BGH BKR 2023, 788 Rn. 37.

10 BGH BKR 2023, 788 Rn. 37.

11 So BGH BKR 2023, 788 Rn. 37 in Bestätigung von OLG Köln BKR 2022, 315 (318).

12 BeckOGK/*Zahrte,* 1.3.2024, Rn. 7.

13 OLG Köln BKR 2022, 315 (318); Staudinger/*Omlor,* 2020, Rn. 7.

14 OLG Köln BKR 2022, 315 (318).

15 OLG Köln BKR 2022, 315 (318), allerdings noch zur aF, in der das „gegebenenfalls" zu Beginn der Nr. 4 stand. Ein sachlicher Unterschied dürfte sich aus der Verschiebung nicht ergeben.

der Zahlungsdienstleister des Zahlungsempfängers dem Zahler in Rechnung stellt,[16] müssen nicht angegeben werden, da diese variieren können.[17] Bei ihnen ist eine unverzügliche Mitteilung über den Zahlungsvorgang nicht gewährleistet, auch sind sie im Vorfeld oft gar nicht bekannt.

III. Sammelüberweisungen

6 Problematisch erscheint jedoch die Informationspflichtenerfüllung für den Zahlungsdienstleister, wenn der Zahlungsdienstnutzer Zahlungen im Rahmen einer Sammelüberweisung einreicht. Ob jede einzelne Überweisung innerhalb eines Sammelauftrags auch eine einzelne Weisung oder nur die Sammelüberweisung als solche einen einzigen Zahlungsauftrag (§ 675f Abs. 4 S. 2 BGB) darstellt, war bereits nach altem Recht vor Umsetzung der ZDRLI nicht abschließend geklärt (→ 5. Aufl. 2009, BGB § 676a Rn. 56 mwN). Für die Anwendung des Art. 248 § 7 wird man davon ausgehen müssen, dass **jede einzelne Überweisung** innerhalb einer Sammelüberweisung **einen** einzelnen **Zahlungsvorgang** darstellt (→ BGB § 675j Rn. 76).[18] Der Zahlungsdienstnutzer soll umfassend über jeden einzelnen Vorgang informiert werden. Um einen Zahlungsvorgang jedoch auch im Rahmen einer Sammelüberweisung genau zuzuordnen, bedarf es einer Kennung, die jede einzelne Überweisung genau identifiziert. Nur dadurch ist es ihm möglich, den Zahlungsvorgang zurückzuverfolgen. Im Rahmen einer Sammelüberweisung können jedoch diejenigen Informationen, die für alle Einzelüberweisungen gleich sind, zusammengefasst werden.[19] Dazu zählt zB die Angabe eines einzigen Wechselkurses, wenn die Einzelüberweisungen innerhalb einer Sammelüberweisung zu einem einheitlichen Wechselkurs umgerechnet werden. Zusammenfassen lassen sich vor allem auch die Angaben über die Wertstellung der Belastung oder das Datum des Zugangs des Zahlungsauftrages (Nr. 5), die bei einer Sammelüberweisung denknotwendigerweise nur einheitlich mitgeteilt werden können.

§ 8 Informationen an den Zahlungsempfänger bei einzelnen Zahlungsvorgängen

Nach Ausführung eines einzelnen Zahlungsvorgangs teilt der Zahlungsdienstleister des Zahlungsempfängers diesem unverzüglich die folgenden Informationen mit:

1. **eine dem Zahlungsvorgang zugeordnete Kennung, die dem Zahlungsempfänger die Identifizierung des Zahlungsvorgangs und des Zahlers ermöglicht, sowie alle weiteren mit dem Zahlungsvorgang übermittelten Angaben,**
2. **den Zahlungsbetrag in der Währung, in der dieser Betrag auf dem Zahlungskonto des Zahlungsempfängers gutgeschrieben wird,**
3. **den Betrag der für den Zahlungsvorgang zu entrichtenden Entgelte und gegebenenfalls deren Aufschlüsselung oder der vom Zahlungsempfänger zu entrichtenden Zinsen,**
4. **gegebenenfalls den Wechselkurs, den der Zahlungsdienstleister des Zahlungsempfängers dem Zahlungsvorgang zugrunde gelegt hat, und den Betrag, der vor dieser Währungsumrechnung Gegenstand des Zahlungsvorgangs war, und**
5. **das Wertstellungsdatum der Gutschrift.**

I. Regelungsgehalt und Umsetzung der RL (EU) 2015/2366

1 In Umsetzung des Art. 58 Abs. 1 RL (EU) 2015/2366 regelt Art. 248 § 8 die **Informationspflichten** des Zahlungsdienstleisters gegenüber dem Zahlungsempfänger **nach Ausführung eines Zahlungsvorgangs.** Dabei erstreckt sich die Informationspflicht auf die Angaben aller für den Zahlungsvorgang relevanten Daten, insbesondere die Nennung einer Kennung (Nr. 1), die eindeutig dem Zahlungsvorgang zuzurechnen ist, und die Entgelte, Zinsen und Wechselkursangaben für die Ausführung des Auftrages (Nr. 3, Nr. 4). Diese müssen aus Gründen der Transparenz auch dann angegeben werden, wenn bestimmte Referenzzinssätze gemäß § 675g Abs. 3 BGB iVm Art. 248 § 4 Abs. 1 Nr. 3 lit. b und lit. c zwischen den Vertragsparteien vereinbart wurden bzw. sich ändern.

II. Normzweck

2 Die Vorschrift ermöglicht es dem Zahlungsempfänger, die einzelnen Zahlungsaufträge genau nachzuvollziehen und zu überprüfen. Die Vorschrift differenziert nicht zwischen sog. **Push- und Pull-Zahlungen.** Dies bedeutet, dass der Zahlungsempfänger sowohl bei einem durch einen ande-

[16] Dies wäre zB dann der Fall, wenn bei einer Überweisung sämtliche Gebühren vom Zahler getragen werden (sog. our-Variante, im Gegensatz zur beneficiary- oder share-Variante).
[17] Vgl. auch Staudinger/*Omlor*, 2020, Rn. 8 mit einer Fallgruppenbildung.
[18] So auch BeckOGK/*Zahrte*, 1.3.2024, Rn. 8.
[19] Weitergehend Staudinger/*Omlor*, 2020, Rn. 6.

ren (zB Überweisung) als auch durch ihn selbst ausgelösten Zahlungsauftrag (zB Lastschrift) gemäß Art. 248 § 8 informiert werden muss. Dies leuchtet bei **Überweisungen** für Nr. 1 prima vista nicht ein, da der Empfänger im Moment der Mitteilung der Kennung bereits über die Gutschrift verfügt. Allerdings wird es ihm bei einer verspäteten Überweisung so ermöglicht, unter Angabe der Kennung beim Überweisenden rückzufragen, der sich dann seinerseits an seinen Zahlungsdienstleister wenden kann. Dies setzt freilich voraus, dass die dem Überweisenden nach Art. 248 § 7 Nr. 1 und dem Empfänger nach Art. 248 § 8 Nr. 1 mitgeteilten Kennungen identisch sind. Für eine teleologische Reduktion des Art. 248 § 8 Nr. 1 bei Überweisungen ist im Ergebnis also kein Raum. Die Informationen sind unverzüglich zu erteilen. Der Begriff ist autonom anhand der ZDRL auszulegen, diese Auslegung dürfte sich aber mit der tradierten Definition in § 121 Abs. 1 S. 1 BGB decken.[1]

In Deutschland wurden die meisten Angaben bereits vor der Einführung des Gesetzes durch die Angaben auf dem Kontoauszug abgedeckt.[2] Neu ist vor allem die Angabe einer Kennung. Der Zweck der Norm schreibt es vor, dass nur die **Entgelte und Zinsen** anzugeben sind, die dem speziellen Zahlungsvorgang zuzurechnen sind und die dem Zahlungsempfänger in Rechnung gestellt werden (Maßgeblichkeitsvorbehalt).[3] Dabei bleiben wie bei Art. 248 § 7 zB pauschale Kontoführungsgebühren außen vor und werden nicht, auch nicht anteilig, von den Informationspflichten des Art. 248 § 8 umfasst. Von der strengeren Form der Mitteilung – insbesondere vom Erfordernis der Unverzüglichkeit – können die Parteien Abweichendes vereinbaren (Art. 248 § 10), sofern diese Vereinbarung gemäß Art. 248 § 4 Abs. 1 Nr. 4 lit. b mitgeteilt wurde. 3

III. Sammellastschrift

Für Probleme, die sich aufgrund einer **Sammellastschrift** darstellen könnten, gilt das Gleiche wie bei einer Sammelüberweisung (→ Art. 248 § 7 Rn. 6).[4] 4

§ 9 Sonstige Informationen während des Vertragsverhältnisses

Während des Vertragsverhältnisses ist der Zahlungsdienstleister verpflichtet, den Zahlungsdienstnutzer unverzüglich zu unterrichten, wenn
1. **sich Umstände, über die gemäß § 4 Abs. 1 Nr. 1 unterrichtet wurde, ändern oder**
2. **zum Nachteil des Zahlungsdienstnutzers Änderungen von Zinssätzen wirksam geworden sind.**

Durch Art. 248 § 9 werden Teile des Art. 54 Abs. 1 S. 1 und Abs. 2 S. 2 Hs. 1 RL (EU) 2015/2366 umgesetzt. Er verpflichtet den Zahlungsdienstleister bei einem bestehenden Zahlungsdiensterahmenvertrag zur unverzüglichen Unterrichtung (zum Begriff → § 8 Rn. 2), wenn sich Umstände iSd **§ 4 Abs. 1 Nr. 1** ändern oder wenn Zinssatzänderungen zum Nachteil des Zahlungsdienstnutzers wirksam werden. Zunächst ist festzuhalten, dass nur ein Ausschnitt aus dem Katalog des Art. 248 § 4 Abs. 1 durch Art. 248 § 9 Nr. 1 abgedeckt wird. Die anderen Änderungen von Informationen und Vertragsbedingungen, die gemäß Art. 248 § 4 Abs. 1 Nr. 2 ff. dem Zahlungsdienstnutzer mitgeteilt werden müssen, werden von **§ 675g BGB** erfasst.[1] Richtlinienkonform wäre es jedoch, den Zahlungsdienstnutzer nicht erst unverzüglich nach der Änderung, sondern bereits zwei Monate vorher (vgl. Art. 54 Abs. 1 RL (EU) 2015/2366) auch über Änderungen nach Art. 248 § 4 Abs. 1 Nr. 1 zu informieren. Gleichwohl muss bedacht werden, dass der Zahlungsdienstleister zur wirksamen Änderung seiner Adresse nicht eine zweimonatige Wartefrist einhalten muss, bis er alle Zahlungsdienstnutzer informiert und diese Information auch zugegangen ist, er also den Zugang beweisen müsste.[2] Aus diesem Grunde ist eine teleologische Auslegung der RL (EU) 2015/2366 mit der Maßgabe vorzunehmen, dass eine unverzügliche Unterrichtung über die Angaben des Art. 248 § 4 Abs. 1 Nr. 1 ausreichend ist. Aus diesem Grund ist die Divergenz zwischen der Richtlinie und der deutschen Umsetzung nachvollziehbar und begrüßenswert.[3] Zur Diskussion, ob bereits eine 1

[1] Ungenau BeckOGK/*Zahrte,* 1.3.2024, Rn. 5, der unmittelbar auf § 121 BGB verweist.

[2] Grüneberg/*Grüneberg* Rn. 1.

[3] BeckOGK/*Zahrte,* 1.3.2024, Rn. 6.3.

[4] Gleichsinnig BeckOGK/*Zahrte,* 1.3.2024, Rn. 8; Staudinger/*Omlor,* 2020, Rn. 7.

[1] Ähnlich Staudinger/*Omlor,* 2020, Rn. 5 f., der aber nur Vertragsbedingungen vom Wortlaut erfasst sieht und iÜ für eine richtlinienkonforme Rechtsfortbildung des Art. 248 § 9 Nr. 1 plädiert; vgl. auch Grüneberg/*Grüneberg* Rn. 1.

[2] Begr. RegE, BT-Drs. 16/11643, 104 zu § 675g Abs. 2 BGB.

[3] Im Ergebnis ähnlich BeckOGK/*Zahrte,* 1.3.2024, Rn. 6; Langenbucher/Bliesener/Spindler/*Herresthal* Kap. 2 BGB § 675d Rn. 78.

Veränderung des Art. 248 § 4 Abs. 1 Nr. 1 zu einer einseitigen, fristlosen Kündigung gemäß § 675g Abs. 2 S. 2 BGB führen kann, → § 4 Rn. 17b.

2 **Art. 248 § 9 Nr. 2** legt fest, dass nachteilige Änderungen der vertraglich vereinbarten Zinssätze, sofern sie gemäß § 675g Abs. 3 BGB gegenüber dem Zahlungsdienstnutzer wirksam geworden sind, dem Zahlungsdienstnutzer unverzüglich nach der Änderung mitzuteilen sind. Zu dem Recht des Zahlungsdienstleisters, unabhängig von der Einhaltung einer zweimonatigen Frist, Änderungen von Zinssätzen sofort wirksam werden zu lassen, → BGB § 675g Rn. 22. Positive Veränderungen müssen dagegen nicht mitgeteilt werden, wie schon aus Art. 54 Abs. 2 S. 3 RL (EU) 2015/2366 hervorgeht. Zu beachten ist, dass von Art. 248 § 9 Nr. 2 gemäß Art. 248 § 10 hinsichtlich des Verfahrens abgewichen werden darf und damit auch dem Zahlungsdienstleister die Möglichkeit geboten wird, die Unterrichtung auch später durchzuführen. Nr. 2 spricht zwar nicht unmittelbar von Referenzzinssätzen. Doch dürften Änderungen eines variablen Zinses, welche aufgrund der Anpassung des zugrundeliegenden Referenzzinssatzes erfolgen, nach dem Wortlaut der Nr. 2 ebenfalls die Informationspflicht auslösen. Um bei häufigen Änderungen des zugrundeliegenden Referenzzinssatzes (bei EURIBOR und dem Ende 2021 ausgelaufenen LIBOR einmal täglich) eine nicht mehr überschaubare Informationsflut zu vermeiden, dürfte die Praxis gut beraten sein, von der Möglichkeit nach Art. 248 § 10 Gebrauch zu machen, eine abweichende Regelung zu treffen.

§ 10 Abweichende Vereinbarungen

[1]Für die in den §§ 7, 8 und 9 Nr. 2 genannten Informationen können Zahlungsdienstleister und Zahlungsdienstnutzer eine andere Häufigkeit und eine von § 3 abweichende Form oder ein abweichendes Verfahren vereinbaren. [2]Über die in den §§ 7 und 8 genannten Informationen hat der Zahlungsdienstleister jedoch mindestens einmal monatlich so zu unterrichten, dass der Zahlungsdienstnutzer die Informationen unverändert aufbewahren und wiedergeben kann.

1 Durch Art. 248 § 10 werden die Art. 54 Abs. 2 S. 2 Hs. 2 RL (EU) 2015/2366, Art. 57 Abs. 2 RL (EU) 2015/2366 und Art. 58 Abs. 2 RL (EU) 2015/2366 umgesetzt. Art. 248 § 10 S. 1 erlaubt es den Vertragsparteien eines Zahlungsdiensterahmenvertrags für die in den Art. 248 §§ 7, 8 und Art. 248 § 9 Nr. 2 genannten Informationen, also solche, die nicht bereits vorvertraglich durch den Zahlungsdienstleister gemäß Art. 248 § 4 zur Verfügung gestellt werden müssen, eine andere Häufigkeit, eine andere Form und ein anderes Verfahren zu vereinbaren. Es ist davon auszugehen, dass hiervon in der Praxis umfangreich Gebrauch gemacht wird, um die Kosten für die Zahlungsdienstleister möglichst gering zu halten. Eine entsprechende Vereinbarung vorausgesetzt, kann somit wie bisher die geforderte Informationsübermittlung mittels der **Übersendung von Kontoauszügen,** der Möglichkeit des Ausdrucks eines Kontoauszugs am Kontoauszugsdrucker oder auch mittels Übersendung einer speicherbaren Datei oder deren Bereitstellung zum Abruf erfolgen.[1]

2 Aufgrund des eindeutigen Wortlauts von **S. 2** muss über die Informationen nach den Art. 248 §§ 7 und 8 aber **wenigstens einmal monatlich** informiert werden, sofern Zahlungsvorgänge stattgefunden haben.[2] Fraglich ist jedoch, ob nur über die in den einzelnen Ziffern der Art. 248 §§ 7 und 8 genannten Punkte informiert werden muss, sofern sich im besagten Zeitraum keine Änderungen ergeben haben. Während bei Art. 248 § 7 Nr. 1, 2 und 5 bzw. Art. 248 § 8 Nr. 1, 2 und 5 denknotwendigerweise immer dann informiert werden muss, sofern Zahlungsvorgänge stattfanden, besteht ein Informationsbedarf über die in den jeweiligen Nr. 3 und 4 genannten Punkte (Entgelte, Zinsen und Wechselkurse) nur dann, sofern sich Änderungen ergeben. Dies ergibt sich schon aus dem Wortlaut der Art. 248 §§ 7, 8 Nr. 3, 4, der insoweit von „gegebenenfalls" spricht.[3] Fest steht jedoch, dass durch den Wortlaut des Art. 248 § 10 **S. 2** einmal monatlich zu einem **festen Zeitpunkt** informiert werden muss. Deshalb muss bei Umsatzlosigkeit bzw. bei unveränderten Referenzzinssätzen das Verfahren so ausgestaltet sein, dass sich der Zahlungsdienstnutzer über die Umsatzlosigkeit Gewissheit verschaffen kann.[4]

---

[1] So ausdrücklich Begr. RegE, BT-Drs. 16/11643, 136; näher zum Ganzen BeckOGK/*Zahrte,* 1.3.2024, Rn. 4 ff.

[2] So ausdrücklich Begr. RegE, BT-Drs. 16/11643, 136; dem folgend Staudinger/*Omlor,* 2020, Rn. 2; wohl auch Ellenberger/Findeisen/Nobbe/Böger/*Brian/Pfeifer* Rn. 4.

[3] Zum sog. Maßgeblichkeitsvorbehalt vgl. auch OLG Köln BKR 2022, 315 Rn. 41; teilweise abw. Staudinger/*Omlor,* 2020, Rn. 2; Langenbucher/Bliesener/Spindler/*Herresthal* Kap. 2 BGB § 675d Rn. 83; Ellenberger/Findeisen/Nobbe/Böger/*Brian/Pfeifer* Art. 248 § 10 Rn. 4.

[4] Zutr. BeckOGK/*Zahrte,* 1.3.2024, Rn. 7.

Was die **Art der Informationserteilung** anbelangt, sind die Informationen nach Art. 248 § 10 so zu erteilen, dass der Zahlungsdienstnutzer sie unverändert aufbewahren und reproduzieren kann.[5] Daher ist bei der Nutzung von Kontoauszügen als Informationsübermittlung die gängige Praxis in der Weise zu verändern, dass der Abruf tatsächlich einmal monatlich sichergestellt ist.[6] Früher wurde häufig eine längere Frist (sechs Wochen oder gar drei Monate) vereinbart. Sinn und Zweck der Art. 248 § 7 und Art. 248 § 8 ist es, den Zahlungsdienstnutzer unverzüglich zu informieren. Daher ist eine zwingende Monatsfrist noch verhältnismäßig. 3

Aus dem Umkehrschluss zu § 675d Abs. 5 BGB ergibt sich im Übrigen, dass die monatliche Unterrichtung **unentgeltlich** erfolgen muss.[7] Diese Unentgeltlichkeit ist auch explizit in Art. 57 Abs. 2 RL (EU) 2015/2366 angeordnet („kostenlos"). 4

§ 11 Ausnahmen für Kleinbetragsinstrumente und E-Geld

(1) [1]Bei Zahlungsdiensteverträgen über die Überlassung eines Kleinbetragsinstruments (§ 675i Abs. 1 des Bürgerlichen Gesetzbuchs) teilt der Zahlungsdienstleister dem Zahlungsdienstnutzer abweichend von den §§ 4 und 6 nur Folgendes mit:

1. die wesentlichen Merkmale des Zahlungsdienstes, einschließlich der Nutzungsmöglichkeiten des Kleinbetragsinstruments,
2. Haftungshinweise,
3. die anfallenden Entgelte und
4. die anderen für den Zahlungsdienstnutzer wesentlichen Vertragsinformationen.

[2]Ferner gibt der Zahlungsdienstleister an, wo die weiteren gemäß § 4 vorgeschriebenen Informationen und Vertragsbedingungen in leicht zugänglicher Form zur Verfügung gestellt sind.

(2) Bei Verträgen nach Absatz 1 können die Vertragsparteien abweichend von den §§ 7 und 8 vereinbaren, dass der Zahlungsdienstleister dem Zahlungsdienstnutzer nach Ausführung eines Zahlungsvorgangs

1. nur eine dem Zahlungsvorgang zugeordnete Kennung mitteilen oder zur Verfügung stellen muss, die es ermöglicht, den betreffenden Zahlungsvorgang, seinen Betrag sowie die erhobenen Entgelte zu identifizieren, und im Fall mehrerer gleichartiger Zahlungsvorgänge an den selben Zahlungsempfänger eine Information, die den Gesamtbetrag und die erhobenen Entgelte für diese Zahlungsvorgänge enthält,
2. die unter Nummer 1 genannten Informationen nicht mitteilen oder zur Verfügung stellen muss, wenn die Nutzung des Kleinbetragsinstruments keinem Zahlungsdienstnutzer zugeordnet werden kann oder wenn der Zahlungsdienstleister auf andere Weise technisch nicht in der Lage ist, diese Informationen mitzuteilen; in diesem Fall hat der Zahlungsdienstleister dem Zahlungsdienstnutzer eine Möglichkeit anzubieten, die gespeicherten Beträge zu überprüfen.

I. Regelungsgehalt

Art. 248 § 11 enthält für sog. Kleinbetragsinstrumente, für die bereits von bestimmten Vorschriften der §§ 675c ff. BGB hinsichtlich der Erbringung und Nutzung von Zahlungsdiensten abgewichen werden kann (→ BGB § 675i Rn. 11 f.; § 675i BGB setzt Art. 63 RL (EU) 2015/2366 um), eine Ausnahmevorschrift von den weitgehenden vorvertraglichen Informationspflichten des Art. 248 § 4. Mit Art. 248 § 11 wird Art. 42 Abs. 1 lit. a und c RL (EU) 2015/2366 umgesetzt. Zu den Kleinbetragsinstrumenten zählt vor allem die besonders in Deutschland lange Zeit beliebte **Geldkarte,** deren Verbreitung aber wegen der NCF und der Möglichkeit, kontaktlos zu zahlen, rückläufig ist.[1] Bedeutung wird § 11 aber künftig zunehmend im Zusammenhang mit Smartphone- bzw. App-basierte Kleinbetragszahlungssysteme sowie Ergänzungsprodukte zum Internet- und Onlinebanking entfalten.[2] 1

---

5 So ausdrücklich Begr. RegE, BT-Drs. 16/11643, 136.

6 Abw. BeckOGK/*Zahrte,* 1.3.2024, Rn. 8: Nichtabruf sei unschädlich, da mit der Einstellung in den KAD bereits der Zugang erfolgt sei, dagegen → § 3 Rn. 3. Bei Onlinepostfächern kommt es auf die Vereinbarung an, grundsätzlich gilt aber nichts anderes als beim KAD. Es kann aber vereinbart werden, dass der Zugang mit Einstellung in das Onlinepostfach als Zugang gilt, sofern der Kunde hierüber anderweitig (zB per SMS oder E-Mail) informiert wurde.

7 *Fornasier* WM 2013, 205 (210).

1 BeckOGK/*Zahrte,* 1.3.2024, Rn. 3.

2 BeckOGK/*Zahrte,* 1.3.2024, Rn. 4.

2 **Abs. 1** verpflichtet den Zahlungsdienstleister, entgegen der Vorschriften der Art. 248 §§ 4 und 6, nur zur Mitteilung der in Art. 248 § 11 Abs. 1 Nr. 1–4 genannten Informationen.[3] Über darüber hinaus gehende gemäß Art. 248 § 4 vorgeschriebene Informationen und Vertragsbedingungen muss der Zahlungsdienstleister gemäß Art. 248 § 11 Abs. 1 S. 2 lediglich den Ort angeben, an dem er die Informationen in leicht zugänglicher Form bloß zur Verfügung stellt. Hierzu zählen papiergestützte Informationsträger wie Aushänge oder Broschüren in der Filiale, aber auch die Zurverfügungstellung der Information im Internet, sofern Internetbanking vereinbart wurde.[4]

3 **Abs. 2** vereinfacht die Mitteilungspflichten für Kleinbetragsinstrumente nach der Ausführung eines Zahlungsvorgangs, sofern die Vertragsparteien dies vereinbart haben. Es müssen nicht die in den Art. 248 §§ 7 und 8 vorgeschriebenen umfangreichen Informationspflichten erfüllt werden. Stattdessen reicht es aus, eine dem Zahlungsvorgang zugeordnete Kennung zur Verfügung zu stellen (Art. 248 § 11 Abs. 2 Nr. 1), sofern dies bei dem jeweiligen Kleinbetragsinstrument technisch möglich ist (Art. 248 § 11 Abs. 2 Nr. 2 Hs. 1), was gerade bei der Geldkarte wegen der Zwischenschaltung von sog. Händler- und Kartenevidenzzentralen ausgeschlossen sein dürfte. Damit wird bei der Geldkarte gerade beabsichtigt, dass die Bank den mit der Karte getätigten Umsatz nicht einem konkreten Händler zuordnen kann (näher → BGB § 675i Rn. 17 ff.).[5] Ferner sind der beim jeweiligen Umsatz abgebuchte Betrag sowie die erhobenen Entgelte anzuzeigen (Art. 248 § 11 Abs. 2 Nr. 1), sodass es zumindest dem Zahlungsdienstnutzer möglich ist, die getätigten Umsätze zu überprüfen (Art. 248 § 11 Abs. 2 Nr. 2 Hs. 2).

II. Normzweck

4 Kleinbetragsinstrumente werden gerade bei Geschäften im Zusammenhang mit Waren und Dienstleistungen des Niedrigpreissegments als kostengünstige und benutzerfreundliche Alternative gegenüber den herkömmlichen Zahlungsverkehrsprodukten angesehen und von bestimmten Anforderungen der ZDRL ausgenommen, um ihre Verwendung zu fördern bzw. zu ermöglichen. Die damit einhergehende **Schlechterstellung des Zahlungsdienstnutzers** gegenüber solchen Zahlungsverkehrsprodukten, die den Vorgaben der Richtlinie vollständig genügen müssen (zB Universalkreditkarten, Debitkarten), wurde bewusst in Kauf genommen. Durch Betragshöchstgrenzen für Kleinbetragsinstrumente soll das Verlust- und Missbrauchsrisiko für den Zahlungsdienstnutzer überschaubar gehalten werden.[6]

Abschnitt 3. Einzelzahlungsverträge

§ 12 Besondere Form

[1]Bei einem Einzelzahlungsvertrag, der nicht Gegenstand eines Zahlungsdiensterahmenvertrags ist, hat der Zahlungsdienstleister dem Zahlungsdienstnutzer die in § 13 genannten Informationen und Vertragsbedingungen hinsichtlich der von ihm zu erbringenden Zahlungsdienste in leicht zugänglicher Form zur Verfügung zu stellen. [2]Auf Verlangen des Zahlungsdienstnutzers stellt ihm der Zahlungsdienstleister die Informationen und Vertragsbedingungen in Papierform oder auf einem anderen dauerhaften Datenträger zur Verfügung.

1 Einzelzahlungsverträge, die nicht von einem Zahlungsdiensterahmenvertrag umfasst sind, bilden den Inhalt des dritten Abschnitts von Art. 248. Hierunter versteht § 675f Abs. 1 BGB einen Vertrag, der auf die Ausführung eines einzelnen Zahlungsvorgangs, nicht aber wie beim Zahlungsdiensterahmenvertrag (§ 675f Abs. 2 BGB) auf die Ausführung einer Vielzahl von Zahlungsvorgängen und ggf. die Führung eines Zahlungskontos gerichtet ist. Dazu zählt nach ganz überwiegendem Verständnis bei einem bestehenden Girokonto **nicht** jede **Einzelüberweisung,** sie ist vielmehr als Zahlungsauftrag (§ 675f Abs. 4 S. 2 BGB) zu qualifizieren (näher → BGB § 675f Rn. 29, → BGB § 675f Rn. 78; → BGB § 675j Rn. 75 mwN). Bei der Überweisung erfolgt die Information des Zahlungsdienstnutzers abschließend durch die §§ 4 ff., insbesondere durch Art. 248 §§ 7 f., sodass für eine Anwendung der Art. 248 §§ 12–16 kein Raum ist. Damit entfällt allerdings auch die durch Art. 248 § 12 gewährte Erleichterung des bloßen Zurverfügungstellens der Informationen (→ Rn. 2), sodass

---

[3] Vgl. hierzu näher Grüneberg/*Grüneberg* Rn. 2.

[4] BeckOGK/*Zahrte,* 1.3.2024, Rn. 7; Staudinger/*Omlor,* 2020, Rn. 5.

[5] Vgl. zum Ganzen Baumbach/Hefermehl/*Casper,* WG, SchG, Recht des Zahlungsverkehrs, 24. Aufl. 2020, ZV Rn. 834 ff.

[6] So ausdrücklich Begr. RegE, BT-Drs. 16/11643, 104 f. zu § 675i BGB; vgl. auch Erwägungsgrund 81 RL (EU) 2015/2366; vgl. ferner BeckOGK/*Zahrte,* 1.3.2024, Rn. 5.

man dann eine von Art. 248 § 3 abweichende Form vereinbaren sollte, was nach § 10 zulässig ist. Wichtigstes Beispiel für Einzelzahlungsverträge sind Barüberweisungen ohne ein vorhandenes Zahlungskonto (näher → BGB § 675f Rn. 16) sowie Zahlungsauslösedienste, die jedoch in Art. 248 § 13 Abs. 2, Art. 248 § 13a besonders adressiert werden. Zudem ist der Zahlungsauslösedienstleister wegen § 1 Abs. 1 S. 2 Nr. 7 ZAG selbst Zahlungsdienstleister und somit §§ 1-11 unterworfen, wenn er mit seinen Kunden einen Zahlungsdiensterahmenvertrag abschließt, was bei vorheriger Registrierung durchaus vorkommen kann.[1]

Da das Informationsbedürfnis beim Einzelzahlungsvertrag deutlich geringer als beim Zahlungsdiensterahmenvertrag ist, stellt Art. 248 § 12 Erleichterungen auf. Bei den Einzelzahlungsverträgen lässt es Art. 248 § 12 deshalb genügen, die **Informationen** und Vertragsbedingungen **in leicht zugänglicher Form zur Verfügung zu stellen,** soweit der Zahlungsdienstnutzer sie nicht in Papierform oder auf einem anderen dauerhaften Datenträger verlangt. Diese Anforderung ist bereits dann erfüllt, wenn entsprechende Aushänge oder Broschüren in den Filialen vorhanden sind.[2] Die Richtlinie und auch die Begründung des Regierungsentwurfs gehen dabei davon aus, dass es sich bei solchen Einzelzahlungsverträgen allerdings in der Regel um Geschäfte in der Anwesenheit beider Vertragsparteien handelt und somit die Unterrichtung nicht in Textform erfolgen muss.[3] Aus diesem Grunde bedarf es nicht der strengeren Form des Mitteilens, wie es Art. 248 § 3 im Rahmen von Zahlungsdiensterahmenverträgen vorschreibt. Daher stellt sich die bei Art. 248 § 3 diskutierte Problematik, ob eine Mitteilung auf CD auch gegenüber einem Kunden ohne PC genügt (→ Art. 248 § 3 Rn. 5), für Art. 248 § 12 nicht. Mit Art. 248 § 12 wird ein Teil des Art. 44 Abs. 1 S. 1 RL (EU) 2015/2366 umgesetzt. Die Informationspflicht gilt freilich nur in Bezug auf die vom (kontoführenden) Zahlungsdienstleister selbst zu erbringenden Zahlungsdienste und damit nicht bezüglich Zahlungsdiensten, die noch im Verantwortungsbereich eines Zahlungsauslösedienstleisters erbracht werden.[4] 2

§ 13 Vorvertragliche Informationen

(1) Die folgenden vorvertraglichen Informationen und Vertragsbedingungen sind rechtzeitig vor Abgabe der Vertragserklärung des Zahlungsdienstnutzers zur Verfügung zu stellen:

1. **die vom Zahlungsdienstnutzer mitzuteilenden Informationen oder Kundenkennungen, die für die ordnungsgemäße Auslösung oder Ausführung eines Zahlungsauftrags erforderlich sind,**
2. **die maximale Ausführungsfrist für den zu erbringenden Zahlungsdienst,**
3. **alle Entgelte, die der Zahlungsdienstnutzer an den Zahlungsdienstleister zu entrichten hat, und gegebenenfalls ihre Aufschlüsselung,**
4. **gegebenenfalls der dem Zahlungsvorgang zugrunde zu legende tatsächliche Wechselkurs oder Referenzwechselkurs.**

(2) Ein Zahlungsauslösedienstleister hat dem Zahler rechtzeitig vor der Auslösung des Zahlungsvorgangs auch die folgenden Informationen zur Verfügung zu stellen:

1. **den Namen des Zahlungsauslösedienstleisters, die Anschrift seiner Hauptverwaltung und gegebenenfalls die Anschrift seines Agenten oder seiner Zweigniederlassung in dem Mitgliedstaat, in dem der Zahlungsauslösedienst angeboten wird, sowie alle anderen Kontaktdaten einschließlich der E-Mail-Adresse, die für die Kommunikation mit dem Zahlungsauslösedienstleister von Belang sind, und**
2. **die Kontaktdaten der zuständigen Behörde.**

(3) Die anderen in § 4 Absatz 1 genannten Informationen sind, soweit sie für den Einzelzahlungsvertrag erheblich sind, dem Zahlungsdienstnutzer ebenfalls zur Verfügung zu stellen.

(4) Wenn auf Verlangen des Zahlungsdienstnutzers der Einzelzahlungsvertrag unter Verwendung eines Fernkommunikationsmittels geschlossen wird, das dem Zahlungsdienstleister die Informationsunterrichtung nach Absatz 1 nicht gestattet, hat der Zahlungsdienstleister

---

1 Gleichsinnig BeckOGK/*Zahrte,* 1.3.2024, Art. 248 § 13 Rn. 5.

2 Vgl. Begr. RegE, BT-Drs. 16/11643, 136; vgl. ferner BeckOGK/*Zahrte,* 1.3.2024, Rn. 10.

3 So ausdrücklich Begr. RegE, BT-Drs. 16/11643, 136; Staudinger/*Omlor,* 2020, Rn. 5; aA BeckOGK/*Zahrte,* 1.3.2024, Rn. 10, nach dessen Auffassung auch eine mündliche Informationserteilung ausreichen soll. Dafür lässt sich die hier vertretene Auffassung allerdings nicht fruchtbar machen.

4 Vgl. RegE zur Umsetzung der 2. ZDRL, BT-Drs. 18/11495, 182.

den Zahlungsdienstnutzer unverzüglich nach Ausführung des Zahlungsvorgangs in der Form zu unterrichten, die in den §§ 2 und 12 vorgesehen ist.

(5) Die Pflichten gemäß Absatz 1 können auch erfüllt werden, indem eine Abschrift des Vertragsentwurfs übermittelt wird, die die nach Absatz 1 erforderlichen Informationen und Vertragsbedingungen enthält.

I. Umfang der Information (Abs. 1–3)

1 In Umsetzung von Teilen des Art. 44 Abs. 1 S. 1 RL (EU) 2015/2366 bzw. Art. 45 RL (EU) 2015/2366 zählt Art. 248 § 13 Abs. 1 die wichtigsten vorvertraglichen Informationen auf, die dem Zahlungsdienstnutzer vor Abgabe seiner Vertragserklärung in der Form des Art. 248 § 12 zur Verfügung zu stellen sind. Abs. 1 adressiert den **Zahlungsdienstleister,** der auch Dienstleister eines Auslöse- oder eines Kontoinformationsdienstes sein kann (vgl. § 675d Abs. 2 BGB).[1] Aus Art. 248 § 13 Abs. 3 wird deutlich, dass der Katalog des **Abs. 1 nicht abschließend** zu verstehen ist. Sofern weitere der in Art. 248 § 4 Abs. 1 genannten Informationen für den Einzelzahlungsvorgang erheblich sind, müssen auch diese durch den Zahlungsdienstleister zur Verfügung gestellt werden. Durch die Verlagerung des früheren Abs. 1 S. 2 in den heutigen **Abs. 3** hat sich aus Sicht der Zahlungsdienstleisters keine inhaltliche Änderung ergeben.[2] Im Übrigen, insbesondere zu den umstrittenen Fragen, welche Entgelte (Nr. 3) und welche Wechsel- und Referenzwechselkurse (Nr. 4) anzugeben sind, → Art. 248 § 4 Rn. 2 ff.

2 **Abs. 2** hat die Aufgabe, ergänzende, vorvertragliche Informationspflichten des **Zahlungsauslösedienstleisters** zu beschreiben. Dies ergibt sich unstreitig aus der Formulierung „auch“ in Abs. 2. Verglichen mit dem Zahlungsdienstleister werden dem Zahlungsauslösedienstleister also zusätzlich eigene Informationspflichten auferlegt, die die eigenen Kontaktdaten (Nr. 1) als auch diejenigen der zuständigen Aufsichtsbehörde umfassen (Nr. 2). Der Sache nach entspricht das im Wesentlichen den Angaben in Art. 248 § 4 Abs. 1 Nr. 1 (→ Art. 248 § 4 Rn. 5 ff.). Der genaue **Zweck** dieser Sonderregelung ist nicht vollständig geklärt. Fest steht, dass der Zahler auf jeden Fall über die Kontaktdaten des Zahlungsauslösedienstleisters verfügen können soll. Anders als bei den Angaben des Zahlungsdienstleisters (Art. 248 § 4 Abs. 1 Nr. 1; → § 4 Rn. 5) wird es regelmäßig nicht um die Sicherung einer effektiven Klagemöglichkeit gehen, da nach § 675u S. 5 BGB, § 675y Abs. 1 S. 3, Abs. 3 S. 3 BGB eine Haftung des Zahlungsauslösedienstleisters im Verhältnis zum Kunden ausgeschlossen wird. Der Zweck kann also zuvörderst darin bestehen, dem Zahler die Daten des Zahlungsauslösedienstleisters zu verschaffen, damit er sie an seinen Zahlungsdienstleister weiterleiten kann, der sie dann zur Geltendmachung von Regressansprüchen nach § 676a BGB verwenden kann.[3] Allerdings entfalten die Informationsansprüche dann Sinn, wenn der Zahlungsauslösedienstleister ausnahmsweise unmittelbar gegenüber dem Zahlungsdienstnutzer haftet, da er den Zahlungsauftrag gar nicht weitergeleitet hat oder aber da der Zahlungsdienstleister des Zahlers insolvent ist.[4] Neben der Information nach Abs. 2 haben die Dienstleister von Zahlungsauslösediensten auch die allgemeinen Informationspflichten nach Abs. 1 zu erbringen, was in § 675d Abs. 2 S. 1 BGB klargestellt wird.[5] Aus der systematischen Stellung wird deutlich, dass auch diese Angaben sowie diejenigen nach Abs. 2 nicht abschließender Natur sind, sondern ggf. nach Abs. 3 zu ergänzen sind.[6] Nach Auslösung des Zahlungsdienstes treffen den Zahlungsauslösedienstleister zusätzlich die Informationspflichten nach Art. 248 § 13a. Auch wenn Art. 248 § 13 Abs. 1–3 zu Recht davon ausgeht, dass der Zahlungsauslösedienstleister und der Zahlungsdienstnutzer regelmäßig durch einen Einzelzahlungsvertrag verbunden sind, ist dies nicht zwingend der Fall, da im Einzelfall zwischen beiden auch ein Zahlungsdiensterahmenvertrag vorliegen kann. Für diesen Fall enthält das Gesetz eine planwidrige Regelungslücke, die durch eine analoge Anwendung des Art. 248 § 13 Abs. 1–3 zu schließen ist.[7]

II. Nachträgliche Information (Abs. 4)

3 Für den wohl eher seltenen Fall, dass ein Einzelzahlungsvertrag im Fernabsatz mittels eines **Fernkommunikationsmittels** zustande kommt, lässt Abs. 4 in Umsetzung des Art. 44 Abs. 2 RL

---

1 BeckOGK/*Zahrte,* 1.3.2024, Rn. 13.
2 RegE zur Umsetzung der 2. ZDRL, BT-Drs. 18/11495, 182.
3 Zust. BeckOGK/*Zahrte,* 1.3.2024, Rn. 11.
4 Zutr. Hinweis bei Staudinger/*Omlor,* 2020, Rn. 7; zur ausnahmsweise eingreifenden Haftung des Auslösedienstleisters vgl. näher dazu Baumbach/Hefermehl/*Casper,* WG, SchG, Recht des Zahlungsverkehrs, 24. Aufl. 2020, ZV Rn. 134 ff.
5 RegE zur Umsetzung der 2. ZDRL, BT-Drs. 18/11495, 182.
6 RegE zur Umsetzung der 2. ZDRL, BT-Drs. 18/11495, 182.
7 Zutr. Staudinger/*Omlor,* 2020, Rn. 4.

(EU) 2015/2366 eine nachträgliche Information zu.[8] Die Regelung entspricht sachlich dem Art. 248 § 4 Abs. 2. Als Anwendungsfall erscheint am ehesten eine Auftragserteilung per Telefon denkbar, bei der dem Zahlungsdienstleister die Erfüllung seiner Informationspflichten selbst in der gegenüber Art. 248 § 4 vereinfachten Form des Abs. 1 nicht möglich ist. Demgegenüber lassen sich beim Internetbanking die Informationspflichten in der Form des Abs. 1 problemlos erfüllen.

III. Übermittlung eines Vertragsentwurfs (Abs. 5)

In Umsetzung von Art. 44 RL (EU) 2015/2366 ermöglicht es Abs. 5 dem Zahlungsdienstleister, seine vorvertraglichen Informationspflichten auch durch die Übermittlung einer Kopie des **Vertragsentwurfs** zu erfüllen. Voraussetzung ist aber, dass sämtliche nach Abs. 1, 3 erforderlichen Informationen und Vertragsbedingungen übermittelt werden.[9] Insoweit stellt Abs. 5 strengere Anforderungen an die Form als Abs. 1 und ist identisch mit Art. 248 § 4 Abs. 3 (→ Art. 248 § 4 Rn. 21). 4

§ 13a Informationen an den Zahler und den Zahlungsempfänger nach Auslösung des Zahlungsauftrags über einen Zahlungsauslösedienstleister

Ein Zahlungsauslösedienstleister unterrichtet den Zahler und gegebenenfalls den Zahlungsempfänger unmittelbar nach der Auslösung des Zahlungsauftrags über

1. **die erfolgreiche Auslösung des Zahlungsauftrags beim kontoführenden Zahlungsdienstleister des Zahlers,**
2. **die dem Zahlungsvorgang zugeordnete Kennung, die dem Zahler und dem Zahlungsempfänger die Identifizierung des Zahlungsvorgangs und dem Zahlungsempfänger gegebenenfalls die Identifizierung des Zahlers ermöglicht, sowie jede weitere mit dem Zahlungsvorgang übermittelte Angabe,**
3. **den Zahlungsbetrag,**
4. **gegebenenfalls die Höhe aller an den Zahlungsauslösedienstleister für den Zahlungsvorgang zu entrichtenden Entgelte sowie gegebenenfalls deren Aufschlüsselung.**

Mit Art. 248 § 13a wird die **Vorgabe in Art. 46 RL (EU) 2015/2366** umgesetzt. Er regelt die Informationspflichten des Zahlungsauslösedienstleisters nach dem Auslösen des Zahlungsvorgangs gegenüber dem Zahler und ggf. auch gegenüber dem Zahlungsempfänger. Die Norm wurde durch das Gesetz zur Umsetzung der zweiten ZDRL eingefügt. Abzugrenzen ist Art. 248 § 13a zum einen von den in Art. 248 § 13 Abs. 2 geregelten vorvertraglichen Informationspflichten des Zahlungsauslösedienstleisters (→ Rn. 2), zum anderen von Art. 248 §§ 14, 15 (→ Rn. 2). Wie bei Art. 248 § 14 bleibt offen, ob die bei § 7 erforderliche Mitteilung zu verlangen ist, oder ob hier ein Zurverfügungstellen genügt. Wegen des offenen Wortlauts, der nur von Unterrichtung spricht, was als Oberbegriff für beide Alternativen zu interpretieren ist, wird man von einem Wahlrecht des Zahlungsauslösedienstleisters ausgehen müssen (→ Art. 248 § 14 Rn. 1). Ob der Zahlungsauslösedienstleister aufgrund eines Einzelzahlungs- oder ausnahmsweise aufgrund eines Zahlungsdiensterahmenvertrags tätig wird, kann für die Anwendung des § 13a keinen Unterschied machen (→ Art. 248 § 13 Rn. 2).[1] 1

Bis auf Nr. 1 decken sich die Informationspflichten, die sich auf die Ausführung des konkreten Zahlungsauftrages beziehen, mit den auch noch durch den Zahlungsdienstleister zu erbringenden Informationen nach Art. 248 §§ 14, 15. Die **Abgrenzung** vollzieht sich durch die Personenverschiedenheit der Informationspflichtigen sowie in zeitlicher Hinsicht. Die Pflichten nach Art. 248 § 13a entstehen mit Auslösung (genauer Erteilung)[2] des Zahlungsauftrags beim Zahlungsauslösedienstleister; diejenigen nach **Art. 248 §§ 14, 15** erst bei Zugang des Zahlungsauftrags beim kontoführenden Zahlungsdienstleister. Dies bringt die in Art. 248 § 14 hinzugefügte Wendung „hinsichtlich der von ihm zu erbringenden Zahlungsdienste" zum Ausdruck.[3] In der Praxis können diese Zeitpunkte allerdings zusammenfallen oder zumindest eng beieinander liegen. Auffällig ist aber, dass der **Zeitpunkt der Unterrichtung** nicht als „unverzüglich" wie in §§ 7, 15 umschrieben wird, sondern unmittelbar an den erbrachten Zahlungsdienst geknüpft wird. Dies wird man als sofort und nicht als unverzüglich, das trotz autonomer Auslesung ähnlich wie in § 121 Abs. 1 S. 1 BGB zu bestimmen 2

---

8 Begr. RegE, BT-Drs. 16/11643, 137.
9 Begr. RegE, BT-Drs. 16/11643, 137.
1 Staudinger/*Omlor,* 2020, Rn. 4.
2 Staudinger/*Omlor,* 2020, Rn. 10; BeckOGK/*Zahrte,* 1.3.2024, Rn. 15.
3 RegE zur Umsetzung der 2. ZDRL, BT-Drs. 18/11495, 182.

sein dürfte, zu übersetzen haben.[4] Dies ergibt sich auch aus einer teleologischen Auslegung, da die erfolgreiche Vermittlung des Zahlungsauslösedienstes nicht per Brief oder Email, sondern unmittelbar am Bildschirm bei Nutzung des Zahlungsauslösedienstes mitgeteilt wird.[5] Auch wenn „sofort" nicht zwingend mit § 271 BGB gleichzusetzen ist, da es einer autonomen Auslegung auf europäischer Ebene bedarf, wird man ähnlich wie Deutschland auf den strengeren Charakter von „sofort" gegenüber „unverzüglich" verweisen können.

3 Was die Einzelheiten der Informationspflichten anbelangt, kommt vor allem **Nr. 1** eigenständige Bedeutung zu. Der Zahlungsauslösedienstleister hat über die erfolgreiche Auslösung des Zahlungsdienstes zu informieren, also darüber, dass der Zahlungsauftrag dem Zahlungsdienstleister des Zahlers übermittelt wurde, dort eingegangen und zur weiteren Verarbeitung in dessen System eingespeist worden ist. Ebenso ist darüber zu informieren, falls die Auslösung des Zahlungsdienstes nicht erfolgreich war. Dies folgt allerdings aus § 675o Abs. 1 BGB und nicht aus Nr. 1.[6] **Nr. 2** entspricht sachlich Art. 248 § 14 Nr. 1 bzw. Art. 248 § 7 Nr. 1. Die **Nr. 3** ist im Wesentlichen deckungsgleich mit Art. 248 § 14 Nr. 2 bzw. Art. 248 § 7 Nr. 2, verzichtet aber auf die Klarstellung, dass die Angabe des Zahlungsbetrages in der Währung zu erfolgen hat, in welcher der Zahlungsauftrag erteilt wird. Dies ist aber auch bei Art. 248 § 13a Nr. 3 nicht anders zu beurteilen, da sich dies bereits aus der Natur der Sache ergibt. **Nr. 4** entspricht Art. 248 § 14 Nr. 3 bzw. Art. 248 § 7 Nr. 3. Wegen der Einzelheiten zu Nr. 2–4 ist auf die Erläuterungen zu Art. 248 § 14 und Art. 248 § 7 zu verweisen (→ Art. 248 § 14 Rn. 1; → Art. 248 § 7 Rn. 3 ff.).

4 Ob der Zahlungsauslösedienstleister auch den **Zahlungsempfänger** zu informieren hat, wird durch Art. 248 § 13a nicht geregelt. Da der Zahlungsempfänger mit dem Auslösedienstleister in aller Regel durch einen Zahlungsdiensterahmenvertrag verbunden ist, greift die Informationspflicht nach Art. 248 § 8 ein.[7] Sollte dies ausnahmsweise nicht der Fall sein, dass Auslösedienstleister und Zahlungsempfänger nur durch einen Einzelzahlungsvertrag verbunden sind, ist Art. 248 § 13a Nr. 1 analog anzuwenden.[8]

§ 14 Informationen an den Zahler nach Zugang des Zahlungsauftrags

Nach Zugang des Zahlungsauftrags unterrichtet der Zahlungsdienstleister des Zahlers diesen hinsichtlich der von ihm zu erbringenden Zahlungsdienste unverzüglich über

1. **die dem Zahlungsvorgang zugeordnete Kennung, die dem Zahler die Identifizierung des betreffenden Zahlungsvorgangs ermöglicht, sowie gegebenenfalls Angaben zum Zahlungsempfänger,**
2. **den Zahlungsbetrag in der im Zahlungsauftrag verwendeten Währung,**
3. **die Höhe der vom Zahler für den Zahlungsvorgang zu entrichtenden Entgelte und gegebenenfalls deren Aufschlüsselung,**
4. **gegebenenfalls den Wechselkurs, den der Zahlungsdienstleister des Zahlers dem Zahlungsvorgang zugrunde gelegt hat, oder einen Verweis darauf, sofern dieser Kurs von dem in § 13 Abs. 1 Nr. 4 genannten Kurs abweicht, und den Betrag, der nach dieser Währungsumrechnung Gegenstand des Zahlungsvorgangs ist, und**
5. **das Datum des Zugangs des Zahlungsauftrags.**

1 In Umsetzung des Art. 48 RL (EU) 2015/2366 setzt Art. 248 § 14 spiegelbildlich zu Art. 248 § 7 die Informationen fest, über die der Zahler von seinem Zahlungsdienstleister **nach Zugang des Zahlungsauftrags** zu unterrichten ist. Offen bleibt, ob wie bei Art. 248 § 7 eine Mitteilung erforderlich ist, oder ob hier ein Zurverfügungstellen genügt. Wegen des offenen Wortlauts, der beide Alternativen erfasst, wird man von einem Wahlrecht des Zahlungsdienstleisters ausgehen müssen, unbeschadet des Rechts des Kunden, Unterrichtung nach Art. 248 § 12 S. 2 verlangen zu können.[1] Seit der Umsetzung der zweiten ZDRL wird klargestellt, dass sich die Informationspflicht nur auf die Teile erstreckt, die vom Zahlungsdienstleister selbst zu erbringen sind,[2] was bei der Vorschaltung eines Zahlungsauslösedienstleisters oder einem Zahlungsvorgang in einem Drittstaat relevant wird.

[4] BeckOGK/*Zahrte,* 1.3.2024, Rn. 15; Staudinger/*Omlor,* 2020, Rn. 11; Grüneberg/*Grüneberg* Rn. 1; aA Ellenberger/Findeisen/Nobbe/Böger/*Brian/Pfeifer* Rn. 3, die „unmittelbar nach" mit „unverzüglich" gleichsetzen wollen.

[5] Ähnlich BeckOGK/*Zahrte,* 1.3.2024, Rn. 15.

[6] Staudinger/*Omlor,* 2020, Rn. 6; aA BeckOGK/*Zahrte,* 1.3.2024, Rn. 8.

[7] BeckOGK/*Zahrte,* 1.3.2024, Rn. 2, 16.

[8] Ausf. Begr. bei Staudinger/*Omlor,* 2020, Rn. 5.

[1] Überzeugend Staudinger/*Omlor,* 2020, Rn. 3; so auch BeckOGK/*Zahrte,* 1.3.2024, Rn. 3.

[2] RegE zur Umsetzung der 2. ZDRL, BT-Drs. 18/11495, 182.

Damit wird eine zeitliche Abgrenzung zu den Informationspflichten des Zahlungsauslösedienstleisters beabsichtigt (→ Art. 248 § 13a Rn. 2).

Im Unterschied zu Art. 248 § 7 muss dem Zahler im Rahmen des Art. 248 § 14 Nr. 4 eine Mitteilung für den Fall gemacht werden, dass der Wechselkurs von dem in Art. 248 § 13 Abs. 1 **Nr. 4** genannten Kurs abweicht. Prima vista ist fraglich, warum diese **zwei Wechselkurse** bei einem Einzelzahlungsauftrag überhaupt divergieren können. Dies hängt damit zusammen, dass die Informationen gemäß Art. 248 § 13 Abs. 1 und 3 vor Erteilung des Auftrages bereitgestellt werden, während die Informationen gemäß Art. 248 § 14 erst nach Ausführung erfolgen. In der Zwischenzeit könnten sich Kursschwankungen gerade hinsichtlich volatiler Wechselkurse ergeben. Da diese Schwankungen zulasten des Zahlers und nicht des Zahlungsdienstleisters gehen, ist eine Information über eine mögliche Divergenz sinnvoll. Erfolgt die Information hingegen im Rahmen des Art. 248 § 13 Abs. 2, ist eine Divergenz ausgeschlossen. Hinsichtlich der weiteren Einzelheiten → Art. 248 § 7 Rn. 1 f., auch zum Zeitpunkt der Unterrichtung: „unverzüglich", was zwar ähnlich mit § 121 Abs. 1 S. 1 BGB ist, aber wegen des Gebots einer autonomen europäischen Auslegung nicht gleichgesetzt werden kann. 2

Sollte man jede einzelne **Überweisung** entgegen der hier vertretenen Auffassung (→ BGB § 675f Rn. 29, → BGB § 675f Rn. 78) als Einzelzahlungsvertrag qualifizieren, stellt sich die Frage, ob **Art. 248 § 14** dem Art. 248 § 7 insoweit als **lex specialis** vorgeht. Dies wird man zu bejahen haben, um Doppelungen und Überschneidungen zu vermeiden (ausführlichere Begründung → 5. Aufl. 2010, Rn. 2). 3

§ 15 Informationen an den Zahlungsempfänger nach Ausführung des Zahlungsvorgangs

Nach Ausführung des Zahlungsvorgangs unterrichtet der Zahlungsdienstleister des Zahlungsempfängers diesen hinsichtlich der von ihm erbrachten Zahlungsdienste unverzüglich über

1. **die dem Zahlungsvorgang zugeordnete Kennung, die dem Zahlungsempfänger die Identifizierung des betreffenden Zahlungsvorgangs und gegebenenfalls des Zahlers ermöglicht, sowie jede weitere mit dem Zahlungsvorgang übermittelte Angabe,**
2. **den Zahlungsbetrag in der Währung, in der er dem Zahlungsempfänger zur Verfügung steht,**
3. **die Höhe aller vom Zahlungsempfänger für den Zahlungsvorgang zu entrichtenden Entgelte und gegebenenfalls deren Aufschlüsselung,**
4. **gegebenenfalls den Wechselkurs, den der Zahlungsdienstleister des Zahlungsempfängers dem Zahlungsvorgang zugrunde gelegt hat, und den Betrag, der vor dieser Währungsumrechnung Gegenstand des Zahlungsvorgangs war, und**
5. **das Wertstellungsdatum der Gutschrift.**

In Umsetzung des Art. 49 RL (EU) 2015/2366 regelt Art. 248 § 15 spiegelbildlich zu Art. 248 § 8 die Informationen, über die der Zahlungsdienstleister des Zahlungsempfängers seinen Kunden **nach der Ausführung eines Zahlungsvorgangs** unterrichten muss. Die Norm geht also in Abgrenzung zu Art. 248 § 8 davon aus, dass das Inkassoverhältnis durch einen Einzel- und nicht durch einen Zahlungsdiensterahmenvertrag begründet ist. Auch bei Art. 248 § 15 besteht ein Wahlrecht zwischen Mitteilung oder Zurverfügungstellung (→ Art. 248 § 14 Rn. 1). Zahlungsdienstleister des Zahlungsempfängers iSd Art. 248 § 15 ist auch derjenige Zahlungsdienstleister, bei welchem ein Zahlungsempfänger Geldbeträge entgegennimmt, ohne dass er mit diesem durch einen Zahlungsdiensterahmenvertrag verbunden ist.[1] Dies ist zB dann der Fall, wenn der Zahlungsempfänger eine Barauszahlung erhält, die ihm überwiesen wurde, ohne dass das Empfängerinstitut für ihn ein Zahlungskonto führt. Hierin wird regelmäßig ein Einzelzahlungsvertrag liegen, zwingend ist das jedoch nicht. Art. 248 § 15 findet mit anderen Worten auch dann Anwendung, wenn im Inkassoverhältnis gar keine vertragliche Beziehung vorliegt.[2] Dies wird aber nur äußerst selten der Fall sein. Auch bei einem Finanztransfergeschäft kann Art. 248 § 15 anwendbar sein, auch hier liegt regelmäßig ein Zahlungsvertrag vor.[3] Wegen der weiteren Einzelheiten → Art. 248 § 8 Rn. 1 ff. 1

Auch in Art. 248 § 15 wird seit der Umsetzung der zweiten ZDRL nunmehr ausdrücklich klargestellt, dass der Zahlungsdienstleister des Zahlungsempfängers die Informationen nur für die 2

[1] Begr. RegE, BT-Drs. 16/11643, 111, 137 zu § 675s BGB aF.
[2] Staudinger/*Omlor,* 2020, Rn. 3.
[3] Staudinger/*Omlor,* 2020, Rn. 3; BeckOGK/*Zahrte,* 1.3.2024, Rn. 5.

Bestandteile des Zahlungsvorgangs schuldet, die von ihm erbracht werden.[4] Damit wird der **Anwendungsbereich** von Art. 248 § 13a und Art. 248 § 14 abgegrenzt (→ Art. 248 § 14 Rn. 1; → Art. 248 § 13a Rn. 2).

§ 16 Informationen bei Einzelzahlung mittels rahmenvertraglich geregelten Zahlungsinstruments

Wird ein Zahlungsauftrag für eine Einzelzahlung über ein rahmenvertraglich geregeltes Zahlungsinstrument übermittelt, so ist nur der Zahlungsdienstleister, der Partei des Zahlungsdiensterahmenvertrags ist, verpflichtet, den Zahlungsdienstnutzer nach Maßgabe des Abschnitts 2 zu unterrichten.

I. Normzweck und Regelungsgehalt

1 Art. 248 § 16 setzt Art. 43 Abs. 2 RL (EU) 2015/2366 um. Er geht von einer Drei-Parteien-Konstellation bei **Kartenzahlungen** aus.[1] Parteien sind der Karteninhaber als Zahlungsdienstnutzer, sein Zahlungsdienstleister, also das kartenausgebende Unternehmen, und der Zahlungsdienstleister, der den Zahlungsauftrag mittels eines Zahlungsinstrumentes (§ 675c Abs. 3 BGB iVm § 1 Abs. 20 ZAG; näher → BGB § 675c Rn. 49; → BGB § 675j Rn. 49 ff.) übermittelt, also die Bank des Händlers. Da die Ausgabe und die Nutzung eines Zahlungsinstrumentes immer mit einem Zahlungsdiensterahmenvertrag einhergehen, ordnet § 16 an, dass nur der Zahlungsdienstleister des Karteninhabers (also zB das Kreditkartenunternehmen), nicht aber die Hausbank des Händlers, die den Zahlungsauftrag (§ 675f Abs. 4 S. 2 BGB) weiterleitet, zu den nachträglichen Informationen gemäß Art. 248 § 7 und ggf. nach Art. 248 § 8 verpflichtet ist. Die **ratio** des Art. 248 § 16 besteht darin, dass der Zahlungsdienstnutzer bereits umfassend durch den Zahlungsdiensterahmenvertrag informiert wird. Darüberhinausgehende zusätzliche Entgelte und andere Gebühren, die der Zahlungsdienstleister des Vertragshändlers erhebt, müssen vom Zahlungsdienstleister des Zahlers (also dem kartenausgebenden Unternehmen) nach Maßgabe der Art. 248 §§ 12–13, 14–15 dem Zahler (Karteninhaber) angezeigt werden.[2]

II. Anwendungsbereich

2 Vom Anwendungsbereich ist lediglich der Einsatz solcher Zahlungsinstrumente (zu den Einzelheiten vgl. § 675c Abs. 3 BGB iVm § 1 Abs. 20 ZAG; näher → BGB § 675c Rn. 49; → BGB § 675j Rn. 49 ff.) erfasst, bei denen einer der beteiligten Zahlungsdienstleister nicht gleichzeitig Vertragspartner des Zahlungsdiensterahmenvertrags ist. Wichtigster Anwendungsfall ist der Einsatz der **Kreditkarte im Präsenzgeschäft** mit Unterschrift und/oder PIN (nicht aber ihr Einsatz im Mail-Order-Verfahren[3]) sowie der Einsatz der **Debitkarte** unter Verwendung der PIN, ebenso wie im ELV.[4] Bei der Nutzung der Debitkarte am **Geldausgabeautomaten** ist zu unterscheiden. Die Nutzung von Automaten des Inhabers des Zahlungsinstruments (also der kartenausgebenden Bank) ist nicht von Art. 248 § 16, sondern direkt von Art. 248 §§ 3 ff. umfasst. Erfasst ist mithin nur die Auszahlung am institutsfremden Geldausgabeautomaten.[5] Der Anwendungsbereich ist nur dann eröffnet, wenn der den Zahlungsauftrag entgegennehmende Betreiber des Geldausgabeautomaten selbst Zahlungsdienstleister ist. Für sog. **unabhängige Geldautomatenbetreiber,** die nicht Zahlungsdienstleister sind, gilt ausschließlich Art. 248 § 17a. Das **Onlinebanking,** das ebenfalls ein Anwendungsbeispiel für ein Zahlungsinstrument darstellt, fällt ebenfalls nicht in den Anwendungsbereich des Art. 248 § 16, da kein weiterer Zahlungsdienstleister beteiligt ist.[6]

Abschnitt 4. Informationspflichten von Zahlungsempfängern und Dritten

§ 17 Informationspflichten des Zahlungsempfängers

(1) Sollen Zahlungen mittels eines Zahlungsinstruments in einer anderen Währung als Euro erfolgen und wird vor der Auslösung des Zahlungsvorgangs vom Zahlungsempfän-

---

4 RegE zur Umsetzung der 2. ZDRL, BT-Drs. 18/11495, 182; BeckOGK/*Zahrte,* 1.3.2024, Rn. 4.

1 BeckOGK/*Zahrte,* 1.3.2024, Rn. 1.

2 Zust. Ellenberger/Findeisen/Nobbe/*Brian*/*Pfeifer* Art. 248 § 16 Rn. 7.

3 AA Staudinger/*Omlor,* 2020, Rn. 3; wie hier aber BeckOGK/*Zahrte,* 1.3.2024, Rn. 9.

4 Mit der nunmehr erforderlichen Vorabautorisierung gilt dies auch bei der SEPA-Lastschrift (→ BGB § 675f Rn. 92 ff.); zur Rechtslage nach der früher vertretenen Genehmigungstheorie zum elektronischen Lastschriftverfahren → 6. Aufl. 2015, Rn. 2.

5 Vgl. näher BeckOGK/*Zahrte,* 1.3.2024, Rn. 6.

6 Staudinger/*Omlor,* 2020, Rn. 3.

ger eine Währungsumrechnung angeboten, muss der Zahlungsempfänger dem Zahler alle damit verbundenen Entgelte sowie den der Währungsumrechnung zugrunde gelegten Wechselkurs offen legen.

(2) Verlangt der Zahlungsempfänger für die Nutzung eines bestimmten Zahlungsinstruments ein Entgelt oder bietet er eine Ermäßigung an, so teilt er dies dem Zahler vor Auslösung des Zahlungsvorgangs mit.

I. Regelungsgehalt und Anwendungsbereich des Abs. 1

Mit Art. 248 § 17 wird Art. 59 RL (EU) 2015/2366 umgesetzt. Vor Verabschiedung der ZDRL wurde die dabei stattfindende Währungsumrechnung oftmals nicht offen und für den Zahler häufig ein sehr ungünstiger Wechselkurs zugrunde gelegt.[1] Abs. 1 bestimmt, dass ausnahmsweise auch der Zahlungsempfänger, der eine Zahlung mittels eines Zahlungsinstrumentes in einer anderen Währung als Euro entgegennimmt und zuvor eine **Währungsumrechnung** anbietet, den Zahler über die damit verbundenen Kosten sowie den zugrunde gelegten Wechselkurs zu informieren hat.[2] Hauptanwendungsfall ist der Vertragshändler bei einer Kreditkartenzahlung. Es sollen zudem solche Fälle erfasst werden, bei denen ausnahmsweise auch in einer anderen als der örtlichen Währung gezahlt werden kann.[3] Fraglich ist die Rechtslage, wenn ein Zahlungsdienst für gewöhnlich in der Währung eines anderen Mitgliedstaats erbracht wird (etwa in Fällen eines Fremdwährungskontos), nun aber eine Zahlung mit vorheriger Umrechnung in Euro erfolgen soll. Ausweislich des Art. 2 Abs. 2 RL (EU) 2015/2366 findet Art. 59 RL (EU) 2015/2366 auch bei dieser Ausgangskonstellation Anwendung. Die Anwendbarkeit des Art. 248 § 17 Abs. 1 bliebe aber nach seinem Wortlaut versperrt. Insofern bietet sich für derartige Fälle eine der Richtlinie entsprechende analoge Anwendung des Art. 248 § 17 an.[4] 1

Abs. 1 findet nur Anwendung auf **Zahlungen mittels eines Zahlungsinstrumentes** (vgl. § 675c Abs. 3 BGB iVm § 1 Abs. 20 ZAG; näher → BGB § 675c Rn. 49; → BGB § 675j Rn. 49 ff.). Diese Einschränkung, die sich so nicht in Art. 59 RL (EU) 2015/2366 findet, trägt dem Anwendungsbereich der Richtlinie auf bargeldlose Zahlungsverfahren Rechnung.[5] **Bargeldzahlungen,** die explizit gemäß Art. 3 lit. a RL (EU) 2015/2366 ausgeschlossen sind, mussten im Rahmen der Art. 248 §§ 17–19 zusätzlich ausgeschlossen werden, da diese nicht an die Erbringung von Zahlungsdiensten (§ 675c Abs. 1 BGB) und damit auch nicht an § 1 Abs. 1 S. 2 ZAG anknüpfen (vgl. auch § 2 Abs. 1 Nr. 1 ZAG). Ebenfalls nicht vom Anwendungsbereich des Abs. 1 erfasst sind Auszahlungen am **Geldautomaten.**[6] Abs. 1 geht von zwei Voraussetzungen aus. Einerseits wird verlangt, dass die Zahlung in einer anderen Währung als in Euro erfolgt. Andererseits wird vorausgesetzt, dass der Zahlungsempfänger die Währungsumstellung anbietet. Bei Geldautomaten wird jedoch nur eine Währung angeboten. 2

Der **Anwendungsbereich** beschränkt sich daher auf die sog. **dynamische Währungsumrechnung** (DCC – dynamic currency conversion), bei der dem Nutzer eine Bezahlung in seiner Heimatwährung ermöglicht wird. Strikt davon zu trennen ist das Nutzen von Karten, bei denen die Umrechnung erst durch den Zahlungsdienstleister des Zahlers vorgenommen wird und die Bezahlung selbst in der Währung des Landes erfolgt.[7] Über diese Konditionen wird allein durch das kartenausgebende Unternehmen im Rahmen seiner Informationspflichten aus Art. 248 § 4 Abs. 1 S. 1 Nr. 3 informiert. Aufgrund dieser Beschränkungen dürfte der Anwendungsbereich von Abs. 1 relativ gering sein. Er erstreckt sich vor allem auf die Nutzung von Karten, bei denen ausnahmsweise bereits beim Zahlungsempfänger selbst eine Umrechnung in die Heimatwährung des Zahlers erfolgt. Dies dürfte höchstens an Flughäfen oder in grenznahen Gebieten zu solchen Ländern vorkommen, die nicht der Eurozone angehören.[8] Dieser Service wird häufig durch 3

---

1 Begr. RegE, BT-Drs. 16/11643, 137; BeckOGK/*Zahrte,* 1.3.2024, Rn. 5.

2 BeckOGK/*Zahrte,* 1.3.2024, Rn. 3; zur Begrifflichkeit vgl. Staudinger/*Omlor,* 2020, Rn. 5.

3 Hierauf abstellend Begr. RegE, BT-Drs. 16/11643, 137.

4 So iErg auch Staudinger/*Omlor,* 2020, Rn. 5. In anderen Fällen als der Währungsumrechnung und Zahlung in Euro dürften die Sachverhalte indes auch nach den Wertungen der RL (EU) 2015/2366 weiterhin unter Art. 248 § 17 Abs. 1 subsumierbar sein.

5 Lücken sehend, die im Wege der Analogie zu schließen seien, Staudinger/*Omlor,* 2020, Rn. 3, 5.

6 Im Ergebnis ebenso Staudinger/*Omlor,* 2020, Rn. 4, der jedoch maßgeblich darauf abstellt, dass es bei der Nutzung von Geldautomaten „an einem vom Zahler personenverschiedenen Zahlungsempfänger, den gegenüber dem Zahler Informationspflichten treffen könnten", fehle; stattdessen könnten aber Informationspflichten Dritter aus Art. 248 § 18 folgen.

7 Begr. RegE, BT-Drs. 16/11643, 137; BeckOGK/*Zahrte,* 1.3.2024, Rn. 7; Staudinger/*Omlor,* 2020, Rn. 6.

8 Zust. BeckOGK/*Zahrte,* 1.3.2024, Rn. 5.

einen schlechten Umrechnungskurs oder durch hohe Provisionen erkauft.[9] Ansonsten erfolgt die Währungsumrechnung regelmäßig erst bei dem Zahlungsdienstleister des Zahlers.

II. Information über Preisnachlässe bei Barzahlungen (Abs. 2)

4 Abs. 2 setzt Art. 60 Abs. 1 RL (EU) 2015/2366 um und verpflichtet den Zahlungsempfänger, den Zahler noch vor der Auslösung eines Zahlungsvorgangs darüber zu informieren, dass er für den Einsatz eines bestimmten Zahlungsinstruments einen Preisaufschlag verlangt oder einen Preisnachlass anbietet. Hintergrund dieser Einschränkung ist die gebräuchliche Vereinbarung in den sog. Händlerbedingungen, wonach der Händler für den Einsatz von Debit- oder Kreditkarten keinen Preisaufschlag verlangen bzw. für eine Barzahlung keinen Preisnachlass gewähren darf.[10] Auf diese Vereinbarung kann sich der Karteninhaber im Wege des Vertrages zugunsten Dritter unmittelbar gegenüber dem Vertragshändler berufen. Dieses sog. **Preisaufschlagsverbot** (auch als Surcharging-Verbot bezeichnet) wird durch Art. 62 Abs. 3 S. 1 RL (EU) 2015/2366 grundsätzlich untersagt. Allerdings räumt dessen S. 2 den Mitgliedstaaten die Option ein, das Preisaufschlagsverbot ganz oder teilweise wieder einzuführen, um den Wettbewerb und die Nutzung effizienter Zahlungsinstrumente zu fördern. Der Regierungsentwurf zum ersten Umsetzungsgesetz hatte noch vollständig darauf verzichtet, von dieser Option Gebrauch zu machen.[11] Auf Kritik der Verbände und der Fachöffentlichkeit hin[12] hat der Rechtsausschuss dem Bundestag vorgeschlagen, von der Option zumindest teilweise Gebrauch zu machen und das Verbot von Preisnachlässen für Barzahlungen in den Händlerbedingungen bzw. Teilnahmeverträgen zu untersagen.[13] Demzufolge können gemäß § 675f Abs. 6 BGB – rechtspolitisch wenig überzeugend – in den Händlerbedingungen nunmehr nur noch Preisaufschläge, nicht aber Preisnachlässe untersagt werden. Die Kreditkartenpraxis hat an ihrer bisherigen Übung des Preisaufschlagsverbots festgehalten (näher zum Ganzen, auch zu weiteren Einschränkungen durch die Umsetzung der zweiten ZDRL → BGB § 675f Rn. 67 ff.).

5 Adressat der Informationspflicht in Abs. 2 ist der Zahlungsempfänger, also bei Kartenzahlungen der Vertragshändler. Ihm muss die Information mitgeteilt, nicht nur zur Verfügung gestellt werden. Der Zahlungsempfänger muss den Kunden eventuelle Preisnachlässe für Barzahlungen vor Auslösung des Zahlungsvorgangs mitteilen. Über die **Art und Weise der Mitteilung** schweigt sich Abs. 2 aus. Neben einem ausdrücklichen Hinweis, der nicht nur schriftlich oder auf einem dauerhaften Datenträger, sondern auch mündlich erfolgen kann, dürfte auch ein deutlich sichtbarer Aushang in der Nähe des Kassenterminals genügen.[14] Bei Bestellungen im Internet hat der Hinweis in unmittelbaren Zusammenhang mit dem Bestellvorgang auf der Bestellseite zu erfolgen.[15] Ein versteckter Hinweis im Eingangsbereich des Ladenlokals zusammen mit dem Kreditkartenzeichen oder auf einer anderen Seite bei Bestellungen im Internet wie den FAQ genügt den Anforderungen des Abs. 2 hingegen nicht. Entsprechendes gilt, soweit der Zahlungsempfänger einen Preisaufschlag für die Kartenzahlung durchsetzen will und ihm seine Händlerbedingungen bzw. der Teilnahmevertrag dies nicht verwehren. Dies war bei einigen Fluggesellschaften zu beobachten, die ihre Verhandlungsmacht gegenüber den Kartenunternehmen genutzt hatten und bereits vor Inkrafttreten des § 675f Abs. 5 BGB aF (nunmehr § 675f Abs. 6 BGB) und des Art. 248 § 17 Abs. 2 Preisaufschläge mit ihren Kunden vereinbaren durften.

III. Verstoß gegen die Pflichten nach Abs. 1 und Abs. 2

6 Ein **Verstoß** des Zahlungsempfängers stellt eine Pflichtverletzung des mit dem Kunden abgeschlossenen Valutaverhältnisses dar und begründet einen **Schadensersatzanspruch** nach § 280 Abs. 1 BGB. Bei der unterlassenen Angabe des Wechselkurses ist die Differenz zwischen dem ungünstigen und dem marktüblichen Wechselkurs zu erstatten.[16]

---

9 BeckOGK/*Zahrte,* 1.3.2024, Rn. 5.

10 Vgl. hierzu etwa Baumbach/Hefermehl/*Casper,* WG, SchG, Recht des Zahlungsverkehrs, 24. Aufl. 2020, ZV Rn. 701, 703.

11 Vgl. RegE, BT-Drs. 16/11643, 17, 103 zu § 675f Abs. 5 BGB.

12 Vgl. etwa *Escher* in einem Schreiben zu der öffentlichen Anhörung vor dem RA am 23.3.2009, 3 f.; Stellungnahme der Verbraucherzentrale – Bundesverband (vzbv) zur entsprechenden Anhörung, 22 f., beide abrufbar unter http://webarchiv.bundestag.de/cgi/archive.php (zuletzt abgerufen am 2.2.2024).

13 Bericht RA, BT-Drs. 16/13669, 27, 124.

14 Zust. BeckOGK/*Zahrte,* 1.3.2024, Rn. 9; vgl. auch Staudinger/*Omlor,* 2020, Rn. 11.

15 Staudinger/*Omlor,* 2020, Rn. 11.

16 Zutr. BeckOGK/*Zahrte,* 1.3.2024, Rn. 11.

§ 17a Informationspflichten des Bargeldabhebungsdienstleisters

Ein Dienstleister, der Bargeldabhebungsdienste erbringt, ist verpflichtet, den Kunden über alle Entgelte für eine Geldabhebung entsprechend § 13 Absatz 1 und 3, den §§ 14, 15 sowie 17 Absatz 1 sowohl vor der Abhebung als auch auf der Quittung nach dem Erhalt des Bargeldes zu unterrichten.

Der durch die Umsetzung der zweiten ZDRL eingeführte Art. 248 § 17a setzt die Vorgaben in Art. 3 lit. o iVm Art. 45, 48 f., 59 RL (EU) 2015/2366 um. Die Norm bezweckt die Informationspflichten in Art. 248 § 13 Abs. 1 und 3 sowie in Art. 248 §§ 14, 15 und Art. 248 § 17 Abs. 1 auf solche Betreiber von Geldausgabeautomaten zu erstrecken, die keine Zahlungsdienstleister sind und nicht bereits aufgrund dieser Qualifikation den vorgenannten Informationspflichten unterliegen.[1] Vor 2018 hatten die Betreiber unabhängiger Geldausgabeautomaten gemäß Art. 248 § 18 nur hinsichtlich der Gebühren zu informieren (→ 6. Aufl. 2015, Art. 248 § 18 Rn. 2). Mit § 17a werden die **unabhängigen Betreiber von Geldausgabeautomaten** seit dem 13.1.2018 deutlich weitergehenden **Informationspflichten** unterworfen, indem sie Zahlungsdienstleistern insoweit praktisch gleichgestellt werden. Das Gesetz spricht in der Überschrift von Bargeldabhebungsdienstleistern, ohne diesen Begriff zu definieren.[2] Hinsichtlich des Inhalts der Informationspflichten ist auf die Erl. zu den Art. 248 §§ 13, 14, 15 und Art. 248 § 17 zu verweisen. Eine eigenständige Regelung enthält Art. 248 § 17a hinsichtlich des Anspruchs auf Erteilung einer Quittung (→ Rn. 3). 1

Der **Anwendungsbereich** ist auf unabhängige Geldausgabeautomatenbetreiber beschränkt, die nicht ohnehin schon Zahlungsdienstleister sind.[3] Sie sind gemäß Art. 3 lit. o RL (EU) 2015/2366 (vgl. auch § 2 Abs. 1 Nr. 14 ZAG) grundsätzlich vom Anwendungsbereich der Richtlinie ausgeschlossen, sofern sie im Übrigen keine Zahlungsdienste erbringen. § 675d BGB und damit Art. 248 §§ 1–16 gelten für sie an sich nicht. Mit Art. 248 § 17a soll – wie bereits zuvor mit Art. 248 § 18 – vorrangig die Entgeltpraxis für Bargeldabhebungen von in Deutschland bisher wenig verbreiteten sog. unabhängigen Geldautomatenbetreibern transparenter gemacht werden. Es ist davon auszugehen, dass auch zukünftig nur wenige unabhängige Betreiber Geldautomaten in Deutschland aufstellen werden, da das Netz aus Geldautomaten der unterschiedlichen Kreditinstitute und deren Verbänden innerhalb Deutschlands derart dicht ist, dass sich ein unabhängiger Betrieb kaum lohnen würde. Unterstützt wird diese These auch noch dadurch, dass die – häufig kostenlosen – Abhebungen innerhalb der unterschiedlichen Bankengruppen (zB Sparkassen- und Giroverband, CashGroup) deutschlandweit angeboten werden. Denkbar sind unabhängig betriebene Geldautomaten vor allem an Flughäfen, Bahnhöfen oder Messestandorten.[4] § 17a ist nicht lex specialis zu § 16, da Zahlungsdienstleister nicht von § 17a, sondern nur von § 16 erfasst sind.[5] 2

Die Informationspflichten gemäß Art. 248 § 13 Abs. 1 und 3 sowie in Art. 248 §§ 14, 15 und Art. 248 § 17 Abs. 1 sind vor der Abhebung zu erteilen. Die Mitteilung muss also so rechtzeitig vor der Erteilung des Zahlungsauftrags erfolgen, dass der Auszahlungsvorgang noch – ohne Kosten auszulösen – abgebrochen werden kann.[6] Neben diesen im Vorgriff auf den Zahlungsauftrag zu erteilenden Informationen erwirbt der Zahler zudem einen Anspruch auf Erteilung einer **Quittung,** die ihrerseits wiederum die Informationen nach Art. 248 § 13 Abs. 1 und 3 sowie in Art. 248 §§ 14, 15 und Art. 248 § 17 Abs. 1 enthalten muss. Sie ist nach dem Erhalt des Bargelds zu erteilen. Dies wird man dahin zu verstehen haben, dass die Quittung unmittelbar nach der Auszahlung zu erstellen ist,[7] also zumindest unverzüglich iSd § 121 Abs. 1 S. 1 BGB, wenn nicht sofort (§ 271 BGB). Zur Form der Quittung verhält sich Art. 248 § 17a nicht. Es gelten die Vorgaben des Art. 248 § 2. Dass die Quittung zwingend schriftlich in Papierform zu erteilen ist, lässt sich Art. 248 § 17a nicht entnehmen, auch die Übersendung in Textform (zB als E-Mail) muss genügen.[8] Das folgt auch aus der Funktion der Quittung. Sie hat allein die Aufgabe, dem Kunden einen Abgleich mit dem Kontoauszug zu ermöglichen, um zu überprüfen, ob ihm nicht mehr Gebühren als angekündigt in Rechnung gestellt wurden.[9] 3

---

1 RegE zur Umsetzung der 2. ZDRL vom 8.2.2017, BT-Drs. 18/11495, 183; Staudinger/*Omlor,* 2020, Rn. 6 spricht mit Recht von einer partiellen Rechtsgrundverweisung.

2 Näher dazu BeckOGK/*Zahrte,* 1.3.2024, Rn. 4 f.

3 Ausführlicher zum Ganzen BeckOGK/*Zahrte,* 1.3.2024, Rn. 10 ff., der zu Recht eine Analogie auf Zahlungsdienstleister ablehnt, da diese bereits von Art. 248 § 16 erfasst sind.

4 Staudinger/*Omlor,* 2020, Rn. 4; BeckOGK/*Zahrte,* 1.3.2024, Rn. 15.

5 BeckOGK/*Zahrte,* 1.3.2024, Rn. 11 f.

6 Staudinger/*Omlor,* 2020, Rn. 9.

7 Staudinger/*Omlor,* 2020, Rn. 9.

8 Staudinger/*Omlor,* 2020, Rn. 8.

9 BeckOGK/*Zahrte,* 1.3.2024, Rn. 8.

4 Ein **Verstoß** gegen die Pflichten nach Art. 248 § 17a löst mangels vertraglicher Beziehung zwischen dem unabhängigen Aufsteller des Geldautomaten und dem Zahler keine auf § 280 Abs. 1 BGB zu stützende Schadensersatzansprüche aus. Allerdings kann man Art. 248 § 17a als Schutzgesetz iSd § 823 Abs. 2 BGB einordnen. Werden die Konditionen nicht im Vorfeld angezeigt, stellt sich die Frage, ob diese nicht geschuldet sind. **§ 675d Abs. 5 S. 2 BGB** gilt allerdings nicht, da er expressis verbis nur auf Art. 248 § 17 Abs. 2 und Art. 248 § 18, nicht aber auch auf Art. 248 § 17a verweist. Eine Analogie ist wegen des Vollharmonisierungsgebots (Art. 107 Abs. 3 ZDRL) ausgeschlossen.[10] Rechtspolitisch ist diese Differenzierung wenig nachvollziehbar.

§ 18 Informationspflichten Dritter

Verlangt ein Dritter, über welchen ein Zahlungsdienstnutzer einen Zahlungsvorgang auslösen kann, von diesem für die Nutzung eines bestimmten Zahlungsinstruments ein Entgelt, so teilt er dies dem Zahlungsdienstnutzer vor der Auslösung des Zahlungsvorgangs mit.

I. Regelungsgehalt und Umsetzung der RL 2007/64/EG

1 In Umsetzung des Art. 60 Abs. 2 RL (EU) 2015/2366 regelt Art. 248 § 18, dass ein Dritter über Entgelte informieren muss, die er Zahlungsdienstnutzern für die Nutzung eines bestimmten Zahlungsinstruments in Rechnung stellt, zu welchem er keine (rahmen-)vertraglichen Beziehungen unterhält.[1] Diese Informationen müssen vor der Auslösung des Zahlungsvorgangs mitgeteilt werden. Der **Dritte** ist weder Zahler, Zahlungsempfänger, kontoführender Zahlungsdienstleister noch Zahlungsauslösedienstleister.[2] Mitzuteilen ist die konkrete Entgelthöhe und seine Zusammensetzung.[3]

II. Anwendungsbereich

2 Der Anwendungsbereich des Art. 248 § 18 dürfte in Deutschland praktisch gleich Null sein. Er erstreckt sich beispielsweise nicht auf Händler, die Zahlungsempfänger sind und daher möglicherweise unter Art. 248 § 17 fallen. Er beschränkte sich bis zum 13.1.2018 vor allem auf die **Betreiber unabhängiger Geldautomaten,** die seit der Umsetzung der zweiten ZDRL allerdings bereits durch den spezielleren Art. 248 § 17a erfasst sind und somit schon über Art. 248 § 17a iVm Art. 248 § 4 Abs. 1 Nr. 3 lit. a und Art. 248 § 6 Nr. 2 und Nr. 3 bzw. Art. 248 § 13 Abs. 1 Nr. 3 zur entsprechenden vorvertraglichen Information wie ein Zahlungsdienstleister verpflichtet sind.[4] Zahlungsauslösedienstleister fallen ebenfalls nicht in den Anwendungsbereich des Art. 248 § 18, da sie infolge der Verpflichtung nach Art. 248 § 13a Nr. 4 zu einer dem Art. 248 § 18 entsprechenden Information im Vorfeld der Auslösung des Zahlungsvorgangs verpflichtet sind. Ob es nach der Umsetzung der zweiten ZDRL überhaupt noch Anwendungsfälle für Art. 248 § 18 gibt, wird die weitere Diskussion weisen müssen.[5]

§ 19 Abweichende Vereinbarungen

Handelt es sich bei dem Zahlungsdienstnutzer nicht um einen Verbraucher, so können die Parteien vereinbaren, dass die §§ 17 und 18 ganz oder teilweise nicht anzuwenden sind.

1 Art. 248 § 19 regelt in Umsetzung von Art. 38 Abs. 1 S. 2 RL (EU) 2015/2366, inwieweit von den Vorgaben der Art. 248 §§ 17, 18 abgewichen werden kann. Voraussetzung dafür ist, dass es sich

---

10 Staudinger/*Omlor,* 2020, Rn. 10.
1 Grüneberg/*Grüneberg* Rn. 1.
2 Gegen eine Anwendbarkeit auf Zahlungsdienstleister wohl auch RegE, BT-Drs. 16/11643, 138; dezidiert idS Grüneberg/*Grüneberg* Rn. 1; aA Staudinger/*Omlor,* 2020, Rn. 3 f., nach dessen Ansicht die Informationspflichten für Zahlungsdienstleister noch nicht vollständig in Art. 248 §§ 3–16 umgesetzt seien; sowie Ellenberger/Findeisen/Nobbe/Böger/*Brian/Pfeifer* Art. 248 § 18 Rn. 3, die § 18 weiterhin auf unabhängige Geldausgabeautomatenbetreiber anwenden wollen und nicht erklären (können), wie sich Art. 248 § 17a zu Art. 248 § 18 verhält.
3 BeckOGK/*Zahrte,* 1.3.2024, Rn. 6; Ellenberger/Findeisen/Nobbe/Böger/*Brian/Pfeifer* Art. 248 § 18 Rn. 6.
4 Insoweit zust. Staudinger/*Omlor,* 2020, Rn. 5.
5 Ebenfalls keinen Anwendungsbereich ausmachend BeckOGK/*Zahrte,* 1.3.2024, Rn. 3, 5; demgegenüber meint Staudinger/*Omlor,* 2020, Rn. 4 einen Anwendungsfall dann zu erkennen, wenn ein individuelles, direktes Entgelt erhoben wird und kein entsprechendes Interbankenabkommen besteht (Lückenfüllungsfunktion). Doch auch in diesem Beispiel werden wieder nur die unabhängigen Automatenbetreiber benannt, die bereits durch den spezielleren Art. 248 § 17a erfasst sind.

beim Zahlungsdienstnutzer nicht um einen **Verbraucher** iSd § 13 BGB handelt. Diese Vorschrift ist notwendig, da § 675e Abs. 4 BGB insoweit voraussetzt, dass einer der Vertragspartner Zahlungsdienstleister ist.[1] Dies ist jedoch nicht bei Dritten iSd Art. 248 § 18 der Fall, sodass damit die Disponibilität explizit in Art. 248 § 19 geregelt werden musste, was bis zur Umsetzung der Zweiten ZDRL vor allem für unabhängige Geldausgabeautomatenbetreiber von Bedeutung war (→ 6. Aufl. 2015, Rn. 1). Sofern jedoch eine der Vertragsparteien **Zahlungsdienstleister** ist, wird man annehmen müssen, dass bereits die Disponibilität durch § 675e Abs. 4 BGB eröffnet ist und Art. 248 § 19 nicht mehr zur Anwendung kommt.

Unklar und zweifelhaft ist es jedoch, wieso die **Disponibilität nur für Art. 248 § 17 *und*** 2
Art. 248 § 18 eröffnet wird, nicht aber auch für den neu hinzugefügten Art. 248 § 17a. Insoweit könnte es sich um ein Redaktionsversehen handeln,[2] das prima vista dazu führen würde, dass die nunmehr von Art. 248 § 17a erfassten unabhängigen Geldausgabeautomatenbetreiber nicht mehr die Möglichkeit haben, sich von den Informationspflichten frei zu zeichnen. Dies ließe sich dadurch rechtfertigen, dass die unabhängigen Geldausgabeautomatenbetreiber nunmehr weitergehenden Informationspflichten als im alten Recht unterliegen (→ Art. 248 § 17a Rn. 1). Anderseits eröffnet Art. 38 Abs. 1 S. 1 RL (EU) 2015/2366 die Disponibilität aller Vorschriften des dritten Teils der RL (EU) 2015/2366, dh auch derjenigen, auf die sich Art. 248 § 17a gründet (namentlich Art. 45, 48 f., 59 RL (EU) 2015/2366 iVm Art. 3 lit. o RL (EU) 2015/2366). Da die unabhängigen Geldausgabeautomatenbetreiber weiterhin keine Zahlungsdienstleister sind, sprechen die besseren Gründe dafür, im Wege einer richtlinienkonformen Rechtsfortbildung auch insoweit eine Disponibilität zu eröffnen, da sie sonst strenger als Zahlungsdienstleister behandelt werden, die sich auf § 675e Abs. 4 BGB berufen können.[3] Der praktische Anwendungsbereich dürfte allerdings auch insoweit sehr gering sein,[4] da bei der Abhebung am Automaten eines unabhängigen Aufstellers typischerweise kein Vertrag mit dem Automatenaufsteller abgeschlossen wird (→ Art. 248 § 17a Rn. 4). Selbst wenn man in der Abhebung einen konkludenten Abschluss eines Einzelzahlungsvertrags sieht, müsste die abweichende Vereinbarung mittels Einblendungen am Bildschirm des Geldausgabeautomaten vor der Abhebung erfolgen und von dem Kunden durch das Bestätigen von Auswahlfeldern bestätigt werden, was kaum vorstellbar ist. Dies gilt umso mehr, als der Abhebende auch noch erklären müsste, dass er kein Verbraucher ist.[5]

Art. 249 Informationspflichten bei Verbraucherbauverträgen

§ 1 Informationspflichten bei Verbraucherbauverträgen

Der Unternehmer ist nach § 650j des Bürgerlichen Gesetzbuchs verpflichtet, dem Verbraucher rechtzeitig vor Abgabe von dessen Vertragserklärung eine Baubeschreibung in Textform zur Verfügung zu stellen.

Die Vorschrift des Art. 249 § 1, die mWv 1.1.2018 durch das Gesetz zur Reform des Bauver- 1
tragsrechts[1] in das EGBGB eingefügt wurde, regelt die Informationspflichten des Unternehmers gegenüber Verbrauchern im Vorfeld des Abschlusses von Verbraucherbauverträgen iSv § 650i BGB. Sie verpflichtet den Unternehmer dazu, dem Verbraucher eine Baubeschreibung in Textform zur Verfügung zu stellen. Damit sollen die aufgrund von **Vertragsverhandlungen** entstandenen, gerechtfertigten **Erwartungen des Bestellers** (Verbrauchers) geschützt und gleichzeitig der **Wettbewerb gefördert** werden, indem der Verbraucher aufgrund der Baubeschreibung in den Stand gesetzt wird, Konkurrenzangebote einzuholen. Die vorgeschriebene Textform soll dem Verbraucher die Beweisführung erleichtern. Einzelheiten zu den Modalitäten der Informationsvermittlung nach Art. 249 § 1 werden im Zusammenhang mit § 650j BGB behandelt (→ BGB § 650j Rn. 15 ff.).

---

1 Wie hier Grüneberg/*Grüneberg* Rn. 1; Grüneberg/*Grüneberg* BGB § 675d Rn. 6; Ellenberger/Findeisen/Nobbe/Böger/*Brian/Pfeifer* Art. 248 § 19 Rn. 2; BeckOGK/*Zahrte,* 1.3.2024, Rn. 2, 5; aA Staudinger/*Omlor,* 2020, Rn. 2, der Art. 248 § 19 als „überflüssige Sonderregelung" einordnet.

2 So Staudinger/*Omlor,* 2020, Rn. 2; BeckOGK/*Zahrte,* 1.3.2024, Rn. 8.

3 Ebenso Staudinger/*Omlor,* 2020, Rn. 2; iErg wohl auch BeckOGK/*Zahrte,* 1.3.2024, Rn. 8.

4 Ebenso BeckOGK/*Zahrte,* 1.3.2024, Rn. 9.

5 Zutr. Hinweis bei BeckOGK/*Zahrte,* 1.3.2024, Rn. 9.

1 Gesetz zur Reform des Bauvertragsrechts, zur Änderung der kaufrechtlichen Mängelhaftung, zur Stärkung des zivilprozessualen Rechtsschutzes und zum maschinellen Siegel im Grundbuch und Schiffsregisterverfahren vom 28.4.2017, BGBl. 2017 I 969; dazu RegE, BT-Drs. 18/8486; Beschlussempfehlung und Bericht BT-RA, BT-Drs. 18/11437.

§ 2 Inhalt der Baubeschreibung

(1) [1]In der Baubeschreibung sind die wesentlichen Eigenschaften des angebotenen Werks in klarer Weise darzustellen. [2]Sie muss mindestens folgende Informationen enthalten:

1. allgemeine Beschreibung des herzustellenden Gebäudes oder der vorzunehmenden Umbauten, gegebenenfalls Haustyp und Bauweise,
2. Art und Umfang der angebotenen Leistungen, gegebenenfalls der Planung und der Bauleitung, der Arbeiten am Grundstück und der Baustelleneinrichtung sowie der Ausbaustufe,
3. Gebäudedaten, Pläne mit Raum- und Flächenangaben sowie Ansichten, Grundrisse und Schnitte,
4. gegebenenfalls Angaben zum Energie-, zum Brandschutz- und zum Schallschutzstandard sowie zur Bauphysik,
5. Angaben zur Beschreibung der Baukonstruktionen aller wesentlichen Gewerke,
6. gegebenenfalls Beschreibung des Innenausbaus,
7. gegebenenfalls Beschreibung der gebäudetechnischen Anlagen,
8. Angaben zu Qualitätsmerkmalen, denen das Gebäude oder der Umbau genügen muss,
9. gegebenenfalls Beschreibung der Sanitärobjekte, der Armaturen, der Elektroanlage, der Installationen, der Informationstechnologie und der Außenanlagen.

(2) [1]Die Baubeschreibung hat verbindliche Angaben zum Zeitpunkt der Fertigstellung des Werks zu enthalten. [2]Steht der Beginn der Baumaßnahme noch nicht fest, ist ihre Dauer anzugeben.

1 Wie Art. 249 § 1 wurde auch Art. 249 § 2 durch das Gesetz vom 28.4.2017 (BGBl. 2017 I 969) mWv 1.1.2018 in das EGBGB inkorporiert. Die Bestimmung enthält Mindestvorgaben für die inhaltliche Gestaltung der nach Art. 249 § 1 dem Verbraucher zu Informationszwecken zur Verfügung zu stellenden Baubeschreibung. Wegen der Einzelheiten sei auf die Kommentierung zu § 650j BGB verwiesen (→ BGB § 650j Rn. 2 ff.).

§ 3 Widerrufsbelehrung

(1) [1]Steht dem Verbraucher ein Widerrufsrecht nach § 650l Satz 1 des Bürgerlichen Gesetzbuchs zu, ist der Unternehmer verpflichtet, den Verbraucher vor Abgabe von dessen Vertragserklärung in Textform über sein Widerrufsrecht zu belehren. [2]Die Widerrufsbelehrung muss deutlich gestaltet sein und dem Verbraucher seine wesentlichen Rechte in einer an das benutzte Kommunikationsmittel angepassten Weise deutlich machen. [3]Sie muss Folgendes enthalten:

1. einen Hinweis auf das Recht zum Widerruf,
2. einen Hinweis darauf, dass der Widerruf durch Erklärung gegenüber dem Unternehmer erfolgt und keiner Begründung bedarf,
3. den Namen, die ladungsfähige Anschrift und die Telefonnummer desjenigen, gegenüber dem der Widerruf zu erklären ist, gegebenenfalls seine Telefaxnummer und E-Mail-Adresse,
4. einen Hinweis auf die Dauer und den Beginn der Widerrufsfrist sowie darauf, dass zur Fristwahrung die rechtzeitige Absendung der Widerrufserklärung genügt, und
5. einen Hinweis darauf, dass der Verbraucher dem Unternehmer Wertersatz nach § 357e des Bürgerlichen Gesetzbuchs schuldet, wenn die Rückgewähr der bis zum Widerruf erbrachten Leistung ihrer Natur nach ausgeschlossen ist.

(2) Der Unternehmer kann seine Belehrungspflicht dadurch erfüllen, dass er dem Verbraucher das in Anlage 10 vorgesehene Muster für die Widerrufsbelehrung zutreffend ausgefüllt in Textform übermittelt.

1 Mit der Bestimmung des Art. 249 § 3, die wie Art. 249 §§ 1 und 2 durch das Gesetz vom 28.4.2017 (BGBl. 2017 I 969) mWv 1.1.2018 in das EGBGB eingefügt wurde, werden Einzelheiten zur Ausgestaltung der Widerrufsbelehrung geregelt, die der Unternehmer dem Verbraucher **vor Abschluss eines Verbraucherbauvertrages iSv § 650i BGB** zu erteilen hat. Die Vorschrift bezieht sich auf das für Verbraucherverträge nach § 650l vorgesehene Widerrufsrecht zu Gunsten des Verbrauchers. Einzelheiten zu den nach Art. 249 § 3 bestehenden Anforderungen an Inhalt und Form der Widerrufsbelehrung werden im Zusammenhang mit § 650l behandelt (→ BGB § 650l Rn. 3 ff.).

Art. 250 Informationspflichten bei Pauschalreiseverträgen

Vorbemerkung (Vor Art. 250)

Übersicht

I. Entstehungsgeschichte

Die Art. 250–253 wurden durch das Dritte Reiserechtsänderungsgesetz im Zuge der Umsetzung der Pauschalreise-RL[1] eingefügt und **traten am 1.7.2018 in Kraft.** Bis dahin galt die BGB-InfoV aF. Die BGB-InfoV aF ist auch danach noch auf Verträge anzuwenden, die vor dem 1.7.2018 geschlossen wurden (→ Art. 229 § 42 Rn. 1).[2] 1

Der Gesetzgeber folgte damit einer Regelungstechnik, die er schon seit Längerem betrieb, nämlich Informationspflichten aus vertragsrechtlichen EU-Richtlinien nicht im BGB selbst umzusetzen, sondern wegen ihres Umfangs außerhalb desselben. Dazu bediente er sich früher der BGB-InfoV, kam dann aber zu der Einsicht, dass unionsrechtliche Vorschriften nicht im Wege einer Verordnung umgesetzt werden sollten. Dieser Überlegung verdanken die Art. 242 ff. ihre Existenz. Die **BGB-InfoV** wurde nach und nach aufgehoben und enthielt zuletzt nur noch reiserechtliche Vorschriften. Sie konnte daher mit dem 3. ReiseRÄndG **aufgehoben** werden (Art. 7 S. 2 3. ReiseRÄndG). 2

Bereits die ursprüngliche **Pauschalreise-RL** enthielt an zahlreichen Stellen Informationspflichten. Der deutsche Umsetzungsgesetzgeber entschloss sich bei ihrer Umsetzung erstmals, die Informationspflichten der Richtlinie nicht wie die übrige Richtlinie in den Text des BGB zu integrieren, sondern in eine davon getrennte Verordnung einzustellen, weil sonst das Reisevertragsrecht im BGB einen Umfang angenommen hätte, der unverhältnismäßig im Vergleich zur sonstigen Regelungsdichte des BGB-Vertragsrechts geworden wäre.[3] Die Aufteilung der Pauschalreise-RL in BGB-Vorschriften und in eine Verordnung war gewissermaßen der Preis dafür, dass das Reisevertragsrecht im Prinzip im BGB belassen und nicht in ein „Sondergesetz" eingestellt wurde, dessen Re-Integration ins BGB bei der Schuldrechtsreform angestanden hätte.[4] Der Verordnungsgeber verabschiedete zunächst im Zusammenhang mit der Umsetzung der Pauschalreise-RL eine **„Verordnung über die Informationspflichten von Reiseveranstaltern – InfVO"** vom 14.11.1994 (BGBl. 1994 I 3436). Im Zuge der **Schuldrechtsreform** und der damit verbundenen Integration verbraucherrechtlicher Nebengesetze kam der Gesetzgeber auf den Gedanken, auch bei anderen Vertragstypen gemeinschaftsrechtlich gebotene Informationspflichten nicht ins BGB selbst zu übernehmen, sondern in eine Verordnung auszugliedern. Die Reise-InfVO wurde zu einer Verordnung über Informationspflichten nach bürgerlichem Recht schlechthin erweitert, die mit der Schuldrechtsreform Anfang Januar 2002 in Kraft trat und die bisherige Reise-InfVO als **§§ 4 ff. BGB-InfoV** aufnahm (BGBl. 2002 I 342). 3

In die BGB-InfoV aF wurden sodann im März 2002 in Erfüllung der Aufträge des Gesetzgebers des 2. ReiseRÄndG an den Verordnungsgesetzgeber die Informationspflichten bei Gastschulaufenthalten und über den Sicherungsschein eingeschoben (BGBl. 2002 I 1141 und 1230). Ermächtigungsgrundlage hierfür war der mit dem 3. ReiseRÄndG aufgehobene Art. 238 Abs. 1. Die Vorschriften wurden nochmals im November 2008 geändert.[5] 4

Um den Widerspruch zwischen dem Vorrang des Unionsrechts und der Nachrangigkeit einer Verordnung gegenüber dem formellen Gesetz aufzulösen, begann der Gesetzgeber mit der Umsetzung der Zahlungsdienste-RL und der Verbraucherkredit-RL, die aus Richtlinien resultierenden 5

[1] RL (EU) 2015/2302 des Europäischen Parlaments und des Rates vom 25.11.2015 über Pauschalreisen und verbundene Reiseleistungen, zur Änderung der Verordnung (EG) Nr. 2006/2004 und der Richtlinie 2011/83/EU des Europäischen Parlaments und des Rates sowie zur Aufhebung der Richtlinie 90/314/EWG des Rates, ABl. EU 2015 L 326, 1.

[2] → 7. Aufl. 2018, BGB-InfoV Vor § 4 Rn. 1 ff.

[3] BT-Drs. 12/5354, 16.

[4] Ein Sondergesetz hatte der *Verf.* im Vorfeld der Umsetzungsdiskussion vorgeschlagen, *Tonner* EuZW 1990, 409 (412); anders von vornherein die Intentionen des Bundesjustizministeriums, vgl. *H. W. Eckert* ZRP 1991, 454 (458).

[5] 4. ÄndVO vom 23.10.2008, BGBl. 2008 I 2069; dazu *Führich* RRa 2009, 162.

Informationspflichten in formelle Gesetze umzusetzen (Art. 246 ff.). Die Informationspflichten sind jetzt weitgehend im EGBGB selbst geregelt. Im Reiserecht blieb jedoch zunächst bis zum 3. ReiseRÄndG alles beim Alten. Zuletzt bestand die BGB-InfoV nur noch aus reiserechtlichen Informationspflichten.

6 Der Unionsgesetzgeber hat mit der Pauschalreise-RL 2015 die **Informationspflichten erheblich ausgebaut,** so dass der Umsetzungsgesetzgeber weit mehr als nur eine Verschiebung der Informationspflichten in das EGBGB vornehmen musste. So sind insbesondere die Informationspflichten nicht nur wie bisher vom Reiseveranstalter zu beachten, sondern auch gemäß § 651v BGB vom **Reisevermittler** (→ BGB § 651v Rn. 6 ff.). Den Reisevermittler treffen damit erstmals gesetzlich geregelte Informationspflichten. Vermittelt der Vermittler einen Pauschalreisevertrag, muss er – ebenso wie der Reiseveranstalter – die Informationspflichten nach Art. 250 einhalten. Bei den sog. **verbundenen Reiseleistungen** gemäß § 651w BGB kommen für beide die Informationspflichten nach Art. 251 zur Anwendung.

7 Darüber hinaus führt die Neuregelung erstmals zu **Formblättern,** die zum Zwecke der Informationserteilung zwingend verwendet werden müssen. Mit diesen standardisierten Informationen arbeitet der Unionsgesetzgeber schon seit einiger Zeit. Sie wurden auch im Pauschalreiserecht aufgenommen. Die Vielzahl der Formblätter führte im Vorfeld der Umsetzung zu einiger Unruhe, da die Reisebüros über die Schwierigkeit klagten, jeweils das richtige Formblatt auszuhändigen.[6]

8 Wie bereits vor Inkrafttreten des 3. ReiseRÄndG im Jahre 2018 unterscheidet das Gesetz zwischen **vorvertraglichen und vertraglichen Informationspflichten.** Die vorvertraglichen Informationspflichten sind in Art. 250 §§ 1–5, die vertraglichen in Art. 250 §§ 6–10 geregelt. Wie auch die vorhergehenden Vorschriften im EGBGB enthält Art. 250 bei den vorvertraglichen Informationspflichten die Reihenfolge Form und Zeitpunkt (Art. 250 § 1), Formblatt (Art. 250 § 2) und eine Aufzählung der Informationspflichten im Einzelnen (Art. 250 § 3). Im Gegensatz zur früheren Rechtslage sind die vorvertraglichen Informationspflichten nicht nur bei der Verwendung von Prospekten und Angeboten auf Webseiten zu erfüllen, sondern in jeder Vertragsanbahnungssituation.

9 Die Pflicht des Reiseveranstalters, Informationen zu erteilen, ist auf **vier verschiedene Zeitpunkte** des Kontakts mit den Kunden verteilt. Er muss
- bei der Prospektgestaltung bzw. der Gestaltung eines Online-Angebots, spätestens jedoch vor einer Direktbuchung Art. 250 § 3 beachten,
- seine Reisebüros und sonstigen Buchungsstellen instruieren, vor der Buchung die nach Art. 250 § 3 erforderlichen Angaben zu machen,
- in die Vertragsbestätigung die nach Art. 250 § 6 erforderlichen Angaben aufnehmen und
- den Reiseunterlagen die nach Art. 250 § 7 erforderlichen Angaben beifügen.

II. Rechtsnatur der Informationspflichten

10 Die Gestaltung des Prospekts war für den Reiseveranstalter schon vor Inkrafttreten der Pauschalreise-RL nicht leicht, weil er dessen Doppelrolle als Werbeträger und als – zumindest ergänzende – vertraglich bindende Leistungsbeschreibung berücksichtigen muss. Als Werbung darf der Prospekt nicht unlauter oder irreführend iSd §§ 3 und 5 UWG sein.[7] Außerdem ist der Reiseveranstalter nach § 5a Abs. 2 UWG zur Angabe **wesentlicher Informationen** verpflichtet. Dazu zählen gemäß § 5a Abs. 4 UWG auch die Informationspflichten nach der Pauschalreise-RL. Ist die Leistungsbeschreibung falsch, kann es zu einem Mangel gemäß § 651i BGB kommen. Es besteht also eine **Doppelkontrolle des Prospekts oder von Online-Angeboten über das UWG und das vertragliche Gewährleistungsrecht.**

11 Die Pflichtangaben haben darüber hinaus auch eine **vertragsrechtliche Qualität,** wie § 651d Abs. 3 S. 1 BGB ausdrücklich feststellt. Diese Vorschrift ist auf Art. 6 Abs. 1 Pauschalreise-RL zurückzuführen. Danach bleiben die vorvertraglichen Angaben ohne Änderungsvorbehalt in jedem Fall vertragsrechtlich verbindlich. Die Verbindlichkeit der Prospektangaben muss jedoch nicht zwangsläufig dazu führen, dass in der Webseite oder im Prospekt ein Vertragsangebot iSv § 145 zu sehen ist. Vielmehr ist die Webseite bzw. der Prospekt eine bloße **invitatio ad offerendum.**[8] Die nach der Pauschalreise-RL und § 651d Abs. 3 BGB vorgesehene Bindungswirkung der vorvertraglichen Angaben bleibt gleichwohl nicht bedeutungslos (→ BGB § 651d Rn. 16 ff.).

12 Vertragliche Informationspflichten waren dem deutschen Reiserecht auch vor Inkrafttreten der Pauschalreise-RL schon geläufig. Sie sind von der Rspr. auf der Basis des § 651f Abs. 1 BGB aF

---

6 *Thöle* RRa 2017, 165 (166).

7 Zum Zusammenhang mit dem UWG *Bergmann* in Tonner/Bergmann/Blankenburg, Reiserecht, 2. Aufl. 2022, § 1 Rn. 153.

8 HM, Staudinger/*Staudinger,* 2016, BGB § 651a Rn. 69; *Staudinger* in Führich/Staudinger, Reiserecht, 9. Aufl. 2024, § 5 Rn. 31.

(jetzt § 651n Abs. 1 BGB) entwickelt worden. Leitentscheidung ist der **Visum-Fall des BGH** (→ BGB § 651n Rn. 5).[9] Gerade die besonders wichtige Fallgruppe der Unterrichtung über Pass- und Visumerfordernisse war bereits durch § 5 BGB-InfoV aF (jetzt Art. 250 § 3 Nr. 6) zu einer vorvertraglichen Pflicht geworden. Im Gegensatz zur früheren Rechtslage spielt es keine Rolle mehr, ob der Reiseveranstalter oder der Reisevermittler eine Falschauskunft erteilt, denn gemäß § 651d BGB bzw. § 651v BGB obliegen beiden die Informationspflichten.

Die **vertraglichen Informationspflichten** sind in Art. 250 § 6 geregelt. Weder die Verordnung noch die Pauschalreise-RL enthalten eine ausdrückliche vertragsrechtliche Sanktion für den Fall einer Verletzung dieser Vorschrift. Es besteht ein **Schadensersatzanspruch nach § 651n Abs. 1 BGB.** Informationspflichten sind grundsätzlich eine anerkannte Fallgruppe der Pflichten nach § 280 BGB (→ BGB § 280 Rn. 101 ff.). Im Pauschalreisevertragsrecht gelten sie als Hauptpflichten und wurden unter § 651f Abs. 1 BGB aF (jetzt § 651n BGB) subsumiert, ohne dass das Verhältnis zwischen dieser Vorschrift und § 280 BGB restlos klar ist (→ BGB § 651n Rn. 5 ff.).[10] Dem Reisenden muss freilich ein Schaden entstanden sein. Eine Sanktionierung über § 651n Abs. 1 BGB kommt auch bei der Verletzung einer vorvertraglichen Informationspflicht in Betracht, da diese Pflichten gemäß Art. 250 § 6 Abs. 2 zu vertraglichen Pflichten werden. 13

Informationspflichten ergeben sich darüber hinaus indirekt **aus dem verschuldensunabhängigen Mangelbegriff des § 651i BGB.** Wenn der Reiseveranstalter für Lärm, einen weiten Weg zum Strand, eine ungewöhnlich schlichte Zimmerausstattung oder fehlenden Service beim Essen nicht haften will, wird er im Prospekt oder auf seiner Webseite darauf hinweisen, denn mangels Hinweises wird sonst geschuldet, was der Reisende objektiverweise hätte erwarten können, so dass es leicht zu einem Mangel kommen kann. Durch möglichst präzise Informationen kann der Reiseveranstalter auch Leistungen von unterdurchschnittlichem Standard mangelfrei erbringen; er muss eben nur die „kleinen Schönheitsfehler" erwähnen. So wird durch den verschuldensunabhängigen Mangelbegriff ein Druck auf den Reiseveranstalter ausgeübt zu informieren, ohne dass man Informationspflichten ausdrücklich normieren muss. Auch im Zusammenhang mit **unvermeidbaren außergewöhnlichen Umständen,** die gemäß § 651h Abs. 3 BGB zu einer erheblichen Beeinträchtigung führen, können Informationspflichten des Reiseveranstalters entstehen. Der BGH hält in einer Entscheidung zur Vorgängervorschrift des § 651j BGB aF den Reiseveranstalter für verpflichtet, dem Reisenden die notwendigen Informationen über einen aufziehenden Wirbelsturm zur Verfügung zu stellen, damit dieser ggf. noch vor Antritt der Reise entscheiden kann, ob er sein Kündigungsrecht gemäß § 651j BGB aF (jetzt § 651h Abs. 3 BGB) ausüben will (→ BGB § 651h Rn. 44).[11] 14

Darüber hinaus ist zu berücksichtigen, dass die schon früher von der Rspr. im Rahmen des § 651f Abs. 1 BGB aF (jetzt § 651n Abs. 1 BGB) entwickelten sowie die sich indirekt aus der Gewährleistung (§ 651i BGB) ergebenden Informationspflichten nicht unbedingt mit den Pflichtenkatalogen des Art. 250 §§ 3 und 6 übereinstimmen. Auch ist die Rspr. nicht gehindert, weitere Informationspflichten innerhalb des § 651n Abs. 1 BGB zu begründen, die dann über Art. 250 hinausgehen und kraft Richterrechts gelten. Allerdings sind viele der von der Rspr. entwickelten Pflichten durch die Pauschalreise-RL 2015 zu gesetzlichen Pflichten geworden und nun entsprechend den gesetzlichen Vorgaben richtlinienkonform anzuwenden. 15

Die zahlreichen Informationspflichten der Pauschalreise-RL und damit zwangsläufig der deutschen Umsetzungsvorschriften in Art. 250 entsprechen dem Modell des europäischen Verbraucherrechts vom mündigen, aufgeklärten Verbraucher, das der EuGH zunächst im Lauterkeitsrecht begründete.[12] Der europäische Gesetzgeber entwickelte dies im Verbrauchervertragsrecht zu einem **Informationsmodell** weiter. Der Verbraucher soll am Markt eine informierte Entscheidung treffen; wenn er nur über genügend Informationen verfügt, soll der Markt seine Funktion ausüben können, zu einem angemessenen Interessenausgleich zu führen, ohne dass es weiterer marktkompensatorischer Maßnahmen bedarf. Diesem Ansatz ist **nicht zu folgen.** Es ist längst anerkannt, dass der Verbraucher eine derartige Vielzahl von Informationen nicht verarbeiten kann,[13] eine „information overload" vielmehr eine trügerische Sicherheit vorspiegelt, die den 16

---

9 BGH NJW 1985, 1165.

10 *Staudinger* in Führich/Staudinger, Reiserecht, 9. Aufl. 2024, § 9 Rn. 28; gegen die Einordnung als Hauptpflichten *Tempel* NJW 1996, 1625 (1626 f.).

11 BGH NJW 2002, 3700 (3701) = RRa 2002, 258; im Anschluss daran OLG Frankfurt NJW-RR 2003, 1139 = RRa 2003, 110.

12 EuGH Slg. 1998, I-4657 = NJW 1998, 3183 – Gut Springenheide; *Busch* in Twigg-Flesner, Research Handbook on EU Consumer and Contract Law, 2016, ch. 10; *Lennart Schmitt,* Das unionsrechtliche Verbraucherleitbild, 2018, 265 ff.

13 Vgl. bereits die Aufarbeitung der einschlägigen verhaltenswissenschaftlichen Forschung am Beispiel der Timesharing-RL durch *Kind,* Die Grenzen des Verbraucherschutzes durch Information, 1998, 442 ff.; aktuell

Verbraucher keineswegs befähigt, eine mit den Anbietern gleich starke Stellung am Markt einzunehmen. Marktkompensatorische Maßnahmen zum Ausgleich des Ungleichgewichts sind deswegen unverzichtbar, wie die Pauschalreise-RL selbst mit ihren zwingenden vertragsrechtlichen Vorschriften zeigt.

III. Sanktionen

17 Die Sanktionen gegen eine Verletzung der Informationspflichten durch den Reiseveranstalter[14] ergeben sich aus der Rechtsnatur der einzelnen Vorschriften. Die Pflichtangaben nach Art. 250 § 3 sind vorvertragliche Pflichten. Durch die Ausgabe eines Prospekts oder das Anklicken einer Webseite entsteht zwischen dem Reiseveranstalter und dem Reiseinteressenten ein Vertragsanbahnungsverhältnis. Infolgedessen bedeutet eine falsche oder unterlassene Information, sofern sie durch Art. 250 § 3 gefordert war, eine Verletzung einer Pflicht gemäß § 241 Abs. 2 BGB, § 311 Abs. 2 BGB **(culpa in contrahendo).** Daraus folgt ein Schadensersatzanspruch des Reiseinteressenten. Ein Schaden wird jedoch nur ausnahmsweise entstehen, zumal die Pflichtangaben Bestandteil der Vertragsbestätigung (Art. 250 § 6 Abs. 2) und damit Vertragsbestandteil werden. Der Reisende hat vertragliche Ansprüche, falls die Angaben und die erbrachte Leistung nicht übereinstimmen. Der Schadensersatzanspruch wegen einer Pflichtverletzung gemäß § 241 Abs. 2 BGB, § 311 Abs. 2 BGB ist deshalb ein nur sehr schwaches Sanktionsinstrument.

18 Wichtiger sind vertragliche Ansprüche. Die vorvertraglichen Pflichtangaben sind auch im Rahmen der Reisebestätigung von Bedeutung (Art. 250 § 6 Abs. 2). Bezieht sich der Reiseveranstalter in der Reisebestätigung auf einen Prospekt oder eine Webseite, in denen er seinen Pflichten aus Art. 250 § 3 nur unzureichend nachgekommen ist, begeht er eine **Vertragspflichtverletzung.** Diese ist nach **§ 651n Abs. 1 BGB** mit einem Schadensersatzanspruch sanktioniert. Bei einer durchgeführten Reise kann den Reisenden infolge einer falschen Angabe auf einer Webseite oder im Prospekt zwar eher ein Schaden treffen, aber bei vielen Pflichtangaben wird es eine Ausnahme sein, so dass auch der Schadensersatzanspruch nach § 651n Abs. 1 BGB kein besonders wirksames Sanktionsinstrument ist.

19 Das Auseinanderfallen zwischen Prospektbeschreibung bzw. den Angaben auf der Website und Leistungserbringung kann aber auch zu einem **Mangel gemäß § 651i BGB** führen. In diesem Fall kann der Reisende nach § 651m BGB mindern oder bei erheblichen Abweichungen nach § 651l BGB kündigen. Diese Sanktionen dürften den Reiseveranstalter am ehesten veranlassen, seinen Pflichten nach Art. 250 §§ 3 und 6 nachzukommen.

20 An eine Verletzung einer vorvertraglichen Pflichtangabe nach Art. 250 § 3 knüpft das Sanktionsinstrumentarium des UWG an.[15] Zum einen hat der Reiseveranstalter die Angabe einer wesentlichen Information unterlassen und damit den Tatbestand des § 5a Abs. 2 UWG erfüllt. Zum anderen hat er einer gesetzlichen Vorschrift zuwider gehandelt, die auch dazu bestimmt ist, im Interesse der Marktteilnehmer das Marktverhalten zu regeln, und damit § 3a UWG verletzt. Eine nach dem UWG unlautere geschäftliche Handlung liegt freilich in beiden Fällen erst vor, wenn sie geeignet ist, das wirtschaftliche Verhalten des Verbrauchers bzw. des Mitbewerbers wesentlich zu beeinflussen.[16] Die Konkurrenten und die nach **§ 8 Abs. 3 UWG** klagebefugten Verbände können in diesem Fall im Wege der Unterlassungsklage vorgehen. Eine sorgfältige Gestaltung der Webseiten und der Prospekte sowie der sonstigen vor Vertragsschluss zur Verfügung gestellten Informationen ist daher dringend geboten. Verstöße gegen Prospektpflichtangaben können auch ohne lauterkeitsrechtlichen Bezug von Verbraucherverbänden abgemahnt und ggf. mit einer Unterlassungsklage gemäß § 2 UKlaG verfolgt werden. Die Umsetzungsvorschriften der Pauschalreise-RL einschließlich der Informationspflichten im EGBGB gehören zu den Vorschriften, die im Anh. I Verbandsklagen-RL (RL (EU) 2020/1828) aufgezählt sind. Auch nach der Aufhebung der Unterlassungsklagen-RL (RL 2009/22/EG) führt das deutsche Umsetzungsrecht diese Vorschriften im bestehen gebliebenen § 2 Abs. 2 Nr. 1 UKlaG und nicht im neuen Verbraucherrechteduchsetzungsgesetz (VDuG) auf.[17]

Busch, The future of pre-contractual information duties, in Twigg-Flesner, Research Handbook on EU Consumer and Contract Law, 2016, 221 ff.; positivere Bewertung bei *Staudinger* in Führich/Staudinger, Reiserecht, 9. Aufl. 2024, § 9 Rn. 2.

14 *Staudinger* in Führich/Staudinger, Reiserecht, 9. Aufl. 2024, § 9 Rn. 25, weist darauf hin, dass die Pauschalreise-RL eine effektive Durchsetzung verlangt.

15 Zu UWG und Pauschalreiserecht *Bergmann* in Tonner/Bergmann/Blankenburg, Reiserecht, 2. Aufl. 2022, § 8; *Stenzel* in Führich/Staudinger, 9. Aufl. 2024, § 29.

16 So die Formulierung der Spürbarkeitsschwelle seit der UWG-Reform von 2015; dazu *A. Reich* VuR 2016, 257.

17 Zur RL (EU) 2020/1828 *Augenhofer* NJW 2021, 113; *Röthemeyer* VuR 2021, 43; zur Umsetzung durch das VDuG *Röthemeyer* VuR 2023, 332; *Schläfke/Lühmann,*NJW 2023, 3385; *Stadler* ZZP 2023, 129 (151).

§ 1 Form und Zeitpunkt der vorvertraglichen Unterrichtung

(1) [1]Die Unterrichtung des Reisenden nach § 651d Absatz 1 und 5 sowie § 651v Absatz 1 des Bürgerlichen Gesetzbuchs muss erfolgen, bevor dieser seine Vertragserklärung abgibt. [2]Die Informationen sind klar, verständlich und in hervorgehobener Weise mitzuteilen; werden sie schriftlich erteilt, müssen sie leserlich sein.

(2) Änderungen der vorvertraglichen Informationen sind dem Reisenden vor Vertragsschluss klar, verständlich und in hervorgehobener Weise mitzuteilen.

Abs. 1 S. 1 wiederholt die zitierten § 651d Abs. 1 und 5 BGB sowie § 651v BGB, die bereits regeln, dass es sich um vorvertragliche Informationspflichten handelt. § 651d Abs. 1 und 5 BGB verpflichtet den **Reiseveranstalter** zu den Informationen, § 651v BGB den **Reisevermittler.** Das Gesetz trägt dafür Sorge, dass die Informationspflichten nicht doppelt erfüllt werden müssen: Wird der Reiseveranstalter aktiv, erfüllt er damit auch die Informationspflichten des Reisevermittlers (§ 651d Abs. 1 S. 2 BGB), informiert dieser, erfüllt er auch die Pflichten des Reiseveranstalters (§ 651v S. 2 BGB). 1

Abs. 1 S. 2 verlangt **klare und verständliche Informationen.** Dies entspricht der Vorgängervorschrift (§ 4 Abs. 1 BGB-InfoV), die deutlich lesbare, klare und genaue Angaben verlangte. § 4 BGB-InfoV aF beschränkte sich jedoch auf Prospektangaben. In der Lit. wurde jedoch bereits zum alten Recht einmütig vertreten, dass die Vorschrift auch auf **Online-Angebote** anzuwenden ist.[1] Nach der Neuregelung ist dies eindeutig, da keine Beschränkung auf Prospekte mehr erfolgt. Die Informationen müssen überdies stets erteilt werden, also auch dann, wenn weder ein Prospekt noch eine Webseite zur Vertragsanbahnung verwendet wird. Darüber hinaus sind die Informationen in „hervorgehobener Weise" mitzuteilen. In der umzusetzenden Richtlinienvorschrift (Art. 5 Abs. 3 Pauschalreise-RL) ist von „deutlich" die Rede.[2] Die Vorschrift regelt nicht die Sprache, doch ist zu verlangen, dass die Hinweise in der Vertrags- bzw. Verhandlungssprache gegeben werden.[3] 2

Die Informationen sind dem Reisenden zur Verfügung zu stellen, bevor dieser seine **Vertragserklärung** abgibt, die regelmäßig in der Buchungserklärung zu sehen ist. Sie dürfen also nicht erst mit der Annahmeerklärung des Reiseveranstalters, die regelmäßig in der Vertragsbestätigung zu sehen ist, erfolgen.[4] 3

Die vorvertraglichen Informationen werden wie bisher **Vertragsbestandteil.** Dies geht aus § 651d Abs. 3 BGB nF hervor, der Art. 6 Abs. 1 Pauschalreise-RL umsetzt. Der Reiseveranstalter ist aber nicht unabänderlich an die vorvertraglichen Informationen gebunden. Er kann im Vertrag ausdrücklich etwas anderes vereinbaren, aber eben nur ausdrücklich. Abs. 2 verlangt, dass derartige **Änderungen** dem Reisenden vor Vertragsschluss klar, verständlich und in hervorgehobener Weise mitzuteilen sind. Damit wird Art. 6 Abs. 1 Pauschalreise-RL umgesetzt. Den vorvertraglichen Informationen als solchen muss aber nicht von vornherein ein Änderungsvorbehalt beigefügt werden,[5] mit anderen Worten, **vor Vertragsschluss** tritt **keine Bindung** an die vorvertraglichen Informationen ein. Vielmehr genügt es, wenn der Reiseveranstalter die Änderung vor Vertragsschluss mitteilt. 4

§ 2 Formblatt für die vorvertragliche Unterrichtung

(1) Dem Reisenden ist gemäß dem in Anlage 11 enthaltenen Muster ein zutreffend ausgefülltes Formblatt zur Verfügung zu stellen.

(2) Bei Verträgen nach § 651u des Bürgerlichen Gesetzbuchs ist anstelle des Formblatts gemäß dem in Anlage 11 enthaltenen Muster das zutreffend ausgefüllte Formblatt gemäß dem in Anlage 12 enthaltenen Muster zu verwenden.

(3) Soll ein Pauschalreisevertrag telefonisch geschlossen werden, können die Informationen aus dem jeweiligen Formblatt abweichend von den Absätzen 1 und 2 auch telefonisch zur Verfügung gestellt werden.

---

1 *Führich,* Reiserecht, 7. Aufl. 2015, § 20 Rn. 15; Staudinger/*Staudinger,* 2016, BGB-InfoV § 4 Rn. 20.

2 Dies ist nach dem RegE, BT-Drs. 18/10822, 73, ein Übersetzungsfehler.

3 So *Staudinger* in Führich/Staudinger, Reiserecht, 9. Aufl. 2024, § 9 Rn. 18; *Bergmann* in Tonner/Bergmann/Blankenburg, Reiserecht, 2. Aufl. 2022, § 1 Rn. 151.

4 Vgl. *Staudinger* in Führich/Staudinger, Reiserecht, 9. Aufl. 2024, § 9 Rn. 21.

5 So auch *Staudinger* in Führich/Staudinger, Reiserecht, 9. Aufl. 2024, § 9 Rn. 22, mit dem Hinweis, dass der anders lautende Erwägungsgrund Nr. 26 Pauschalreise-RL ein Redaktionsversehen ist.

1 Eine der wichtigsten und im Gesetzgebungsverfahren heftig kritisierten Neuerungen der Pauschalreise-RL 2015 besteht darin, dass Formblätter übermittelt werden müssen. Die zugrunde liegende Vorschrift der Pauschalreise-RL verlangt, dass das einschlägige Formblatt bereit gestellt werden muss, **bevor der Reisende vertraglich gebunden** ist. Dies ist in § 651d Abs. 1 BGB umgesetzt, der sich auch auf das Formblatt bezieht (→ BGB § 651d Rn. 9).

2 Die **Pauschalreise-RL** enthält **acht verschiedene Formblätter,** die in den Anhängen 11–17 des EGBGB umgesetzt sind.[1] Die geringere Zahl erklärt sich daraus, dass der Umsetzungsgesetzgeber die Formblätter A des Anh. I und des Anh. II Pauschalreise-RL zu einem Formblatt zusammengeführt hat, weil sich die beiden Formblätter nach der Richtlinie nur dadurch unterscheiden, dass in dem Formblatt A des Anhangs I Hyperlinks verwendet werden können. Dies ist eine begrüßenswerte Vereinfachung und verstößt nicht gegen das Vollharmonisierungsprinzip der Pauschalreise-RL. Diese verlangt nämlich keine 1:1-Umsetzung. An Stelle der zwei eingesparten Formblätter fügte der Umsetzungsgesetzgeber allerdings ein weiteres für Gastschulaufenthalte hinzu (→ Rn. 5).

3 Der **Anh. II** Pauschalreise-RL ist das bei weitem wichtigste Formblatt, weil es bei **Pauschalreisen** anzuwenden ist. Wie bei den folgenden Formblättern auch, sind in einem Kasten an der Spitze des Formblatts die drei wichtigsten Informationen zusammengestellt. Damit gibt der Unionsgesetzgeber zu erkennen, dass er aus der von ihm selbst verursachten Informationsflut immerhin gelernt hat, dass wichtig ist, zwischen wichtigen und weiteren Informationen zu trennen. Die wichtigen Informationen, die im Kopfteil genannt sind, betreffen den Hinweis, dass es sich um eine Pauschalreise handelt mit der Folge, dass der Reisende alle für Pauschalreisen geltenden Rechte in Anspruch nehmen kann. Der Name des Unternehmers ist einzufügen. Besonders wichtig ist, dass der Reiseveranstalter verpflichtet ist, auf das Bestehen einer **Insolvenzabsicherung** hinzuweisen. Dieser Hinweis erfolgt an prominenter Stelle. Der Sicherungsschein ist daher eigentlich überflüssig geworden, doch ist er trotz der vollharmonisierenden Pauschalreise-RL weiterhin zulässig, weil diese den Mitgliedstaaten in Erwägungsgrund Nr. 39 S. 4 Pauschalreise-RL ausdrücklich gestattet, eine Bescheinigung zu verlangen, die einen Direktanspruch gegen den Insolvenzabsicherer dokumentiert (→ Art. 252 Rn. 1).

4 Die übrigen Teile des Formblatts enthalten eine zusammenfassende Darstellung der Rechte des Pauschalreisenden. Die auf dem Formblatt enthaltenen Informationen haben daher einen anderen Charakter als die nach Art. 250 § 3 zu erteilenden Informationen. Das Formblatt beschreibt sozusagen den **rechtlichen Rahmen,** innerhalb dessen sich der Pauschalreisende bewegt, während die Informationen nach Art. 250 § 3 der Beschreibung der konkreten Reise dienen. Der Reiseveranstalter muss das **Formblatt** vor der erstmaligen Verwendung **ausfüllen.** Dazu muss er die sog. **Gestaltungshinweise** beachten, die sich am Ende der jeweiligen Formblätter befinden.

5 Abs. 2 enthält eine Regelung für **Gastschulaufenthalte** gemäß § 651u BGB nF. Gastschulaufenthalte fallen nicht unter die Pauschalreise-RL, so dass der Umsetzungsgesetzgeber das System der Formblätter nicht auf Gastschulaufenthalte hätte erstrecken müssen. Der Einheitlichkeit halber hat er sich aber gleichwohl dazu entschlossen und in Anlage 12 ein eigenes Formblatt für Gastschulaufenthalte vorgesehen. Das Formblatt entspricht dem Formblatt 11 für Pauschalreisen und weist darauf hin, dass es sich bei einem Gastschulaufenthalt um eine Pauschalreise handelt. Darüber hinaus werden die speziellen Rechte, die sich aus § 651u BGB nF ergeben, erwähnt.

6 Grundsätzlich unterliegt das Formblatt **keinen Formvorschriften.** Es kann daher sowohl schriftlich wie auch online zur Verfügung gestellt werden. Eine Online-Version muss nicht herunterladbar sein. Dies ist auch nicht erforderlich, da der Inhalt des Formblatts gesetzlich festgeschrieben ist und vom Verwender nicht verändert werden darf. Ein bloßes Vorlesen im Reisebüro reicht dagegen nicht aus. Jedoch erlaubt Abs. 3 eine **telefonische Zurverfügungstellung** der Informationen, falls der Vertrag telefonisch abgeschlossen werden soll. Dies läuft darauf hinaus, dass das gesamte Formblatt am Telefon vorgelesen werden muss – ein Vorgang, der sich praktisch kaum vorstellen lässt.[2] Bedenken gegen die Klarheit und Verständlichkeit einer telefonischen Übermittlung sind daher eher theoretischer Natur.

§ 3 Weitere Angaben bei der vorvertraglichen Unterrichtung

Die Unterrichtung muss folgende Informationen enthalten, soweit sie für die in Betracht kommende Pauschalreise erheblich sind:

---

[1] Zu den Formblättern auch *Bergmann* in Tonner/Bergmann/Blankenburg, Reiserecht, 2. Aufl. 2022, § 1 Rn. 161 ff.

[2] So aber BT-Drs. 18/10822, 101.

1. die wesentlichen Eigenschaften der Reiseleistungen, und zwar
a) Bestimmungsort oder, wenn die Pauschalreise mehrere Aufenthalte umfasst, die einzelnen Bestimmungsorte sowie die einzelnen Zeiträume (Datumsangaben und Anzahl der Übernachtungen),
b) Reiseroute,
c) Transportmittel (Merkmale und Klasse),
d) Ort, Tag und Zeit der Abreise und der Rückreise oder, sofern eine genaue Zeitangabe noch nicht möglich ist, ungefähre Zeit der Abreise und Rückreise, ferner Orte und Dauer von Zwischenstationen sowie die dort zu erreichenden Anschlussverbindungen,
e) Unterkunft (Lage, Hauptmerkmale und gegebenenfalls touristische Einstufung der Unterkunft nach den Regeln des jeweiligen Bestimmungslandes),
f) Mahlzeiten,
g) Besichtigungen, Ausflüge oder sonstige im Reisepreis inbegriffene Leistungen,
h) sofern dies nicht aus dem Zusammenhang hervorgeht, die Angabe, ob eine der Reiseleistungen für den Reisenden als Teil einer Gruppe erbracht wird, und wenn dies der Fall ist, sofern möglich, die Angabe der ungefähren Gruppengröße,
i) sofern die Nutzung touristischer Leistungen im Sinne des § 651a Absatz 3 Satz 1 Nummer 4 des Bürgerlichen Gesetzbuchs durch den Reisenden von einer wirksamen mündlichen Kommunikation abhängt, die Sprache, in der diese Leistungen erbracht werden, und
j) die Angabe, ob die Pauschalreise im Allgemeinen für Personen mit eingeschränkter Mobilität geeignet ist, sowie auf Verlangen des Reisenden genaue Informationen über eine solche Eignung unter Berücksichtigung der Bedürfnisse des Reisenden,

2. die Firma oder den Namen des Reiseveranstalters, die Anschrift des Ortes, an dem er niedergelassen ist, die Telefonnummer und gegebenenfalls die E-Mail-Adresse; diese Angaben sind gegebenenfalls auch bezüglich des Reisevermittlers zu erteilen,

3. den Reisepreis einschließlich Steuern und gegebenenfalls aller zusätzlichen Gebühren, Entgelte und sonstigen Kosten, oder, wenn sich diese Kosten vor Vertragsschluss nicht bestimmen lassen, die Angabe der Art von Mehrkosten, für die der Reisende gegebenenfalls noch aufkommen muss,

4. die Zahlungsmodalitäten einschließlich des Betrags oder des Prozentsatzes des Reisepreises, der als Anzahlung zu leisten ist, sowie des Zeitplans für die Zahlung des Restbetrags oder für die Stellung finanzieller Sicherheiten durch den Reisenden,

5. die für die Durchführung der Pauschalreise erforderliche Mindestteilnehmerzahl sowie die Angabe, bis zu welchem Zeitpunkt vor dem vertraglich vereinbarten Reisebeginn dem Reisenden die Rücktrittserklärung des Reiseveranstalters gemäß § 651h Absatz 4 Satz 1 Nummer 1 des Bürgerlichen Gesetzbuchs zugegangen sein muss,

6. allgemeine Pass- und Visumerfordernisse des Bestimmungslands, einschließlich der ungefähren Fristen für die Erlangung von Visa, sowie gesundheitspolizeiliche Formalitäten,

7. den Hinweis, dass der Reisende vor Reisebeginn gegen Zahlung einer angemessenen Entschädigung oder gegebenenfalls einer vom Reiseveranstalter verlangten Entschädigungspauschale jederzeit vom Vertrag zurücktreten kann,

8. den Hinweis auf den möglichen Abschluss einer Reiserücktrittskostenversicherung oder einer Versicherung zur Deckung der Kosten einer Unterstützung einschließlich einer Rückbeförderung bei Unfall, Krankheit oder Tod.

Übersicht

I. Normzweck

1 Die vorvertraglichen Informationspflichten nach Art. 250 § 3 bestehen unabhängig von der Pflicht, gemäß Art. 250 § 2 ein Formblatt zu übermitteln. Die Informationspflichten nach Art. 250 § 3 sind **nicht bereits in dem Formblatt enthalten.** Der Reiseveranstalter muss sie also eigens übermitteln, etwa in einem Prospekt oder online. Für die Form gilt Art. 250 § 1. Die Informationspflichten sind **erschöpfend,** schließen jedoch die in anderen anwendbaren Unionsrechtsakten enthaltenen Informationspflichten nicht aus (Erwägungsgrund Nr. 26 Pauschalreise-RL). In einer Fußnote zu Erwägungsgrund 26 Nr. Pauschalreise-RL werden die in Betracht kommenden Rechtsakte genannt, namentlich die Passagierrechte-Verordnungen und die VO (EG) 1008/2008 (Luftverkehrsdienste-VO), nicht jedoch die Verbraucherrechte-RL, denn diese ist auf Pauschalreisen nicht anwendbar (Art. 27 Pauschalreise-RL).

2 Art. 250 § 3 und der zugrunde liegende Art. 5 Pauschalreise-RL knüpfen an die zum 1.7.2018 außer Kraft tretende **BGB-InfoV** bzw. die Informationspflichten nach der bisherigen Pauschalreise-RL 1990 an. Deren Informationspflichten bleiben im Wesentlichen bestehen, wurden aber durch eine Reihe **weiterer Informationspflichten ergänzt.** Prospekte und Webseiten mussten entsprechend angepasst werden.

3 Das Gesetz fasst im Anschluss an die Pauschalreise-RL zehn Informationspflichten unter der Überschrift **„Wesentliche Eigenschaften der Reiseleistungen"** zusammen. Die Liste ist nicht unerheblich länger als die Vorgängervorschrift des § 4 Abs. 1 BGB-InfoV, weil der Unionsgesetzgeber einige der früheren vertraglichen Informationspflichten als vorvertragliche Informationspflichten eingestuft hat. Außerdem gilt die Verbraucherrechte-RL einschließlich ihrer Informationspflichten ab dem 1.7.2018 nicht mehr für Pauschalreisen, weswegen entsprechende Informationspflichten in die Pauschalreise-RL eingefügt wurden. Art. 250 § 3 unterscheidet sich daher erheblich vom früheren § 4 Abs. 1 BGB-InfoV, obwohl die neu eingefügten Pflichten der Sache nach auch schon zuvor bestanden. Im Einzelnen gilt dabei folgendes:

II. Wesentliche Eigenschaften der Reiseleistungen

4 **1. Bestimmungsort.** Nach Art. 250 § 3 Nr. 1 lit. a muss stets der Bestimmungsort angegeben werden. Die Vorschrift enthält eine Regelung für Rundreisen. Es ist ausdrücklich geregelt, dass bei mehreren Aufenthalten die einzelnen Bestimmungsorte angegeben werden müssen, wobei eine Konkretisierung durch Datumsangaben und die Zahl der Übernachtungen an den einzelnen Bestimmungsorten vorgenommen werden muss. Bei Kreuzfahrten sind die Häfen und die befahrenen Gewässer anzugeben.[1] „Bestimmungsort" heißt mehr als Angabe eines Ferienzielgebietes, etwa „Playa de …". Es muss sich um einen postalisch korrekten Ortsnamen handeln,[2] so dass der Reisende in der Lage ist, ihn in Reiseführern, Landkarten oder im Internet wiederzufinden. Der Reisende muss sich eine Vorstellung machen können, wo sich innerhalb eines Feriengebietes der Bestimmungsort befindet. Um den Zweck der Vorschrift zu erfüllen, ist es sinnvoll, aber nicht zwingend, bei sehr kleinen Orten den nächstgrößeren mit anzugeben.

5 **2. Reiseroute.** Nach Art. 250 § 3 Nr. 1 lit. b muss die Reiseroute angegeben werden. Diese Vorschrift hat überwiegend, aber nicht nur, Bedeutung für **Rundreisen und Kreuzfahrten.**[3] Auch bei einem Standard-Badeurlaub gibt es eine Reiseroute. Der Reisende muss informiert werden über Abflug- und Zielflughafen und muss eine Vorstellung über den anschließenden Transfer haben können.[4] Am zweckmäßigsten informiert man ihn deshalb über die Transferzeit. Bei einer Rundreise müssen alle Übernachtungsorte sowie die sonstigen Orte, an denen Halt gemacht werden soll, angegeben werden. Bei Planungsunsicherheiten kann sich der Reiseveranstalter nicht mit vagen Angaben aus der Verantwortung stehlen, vielmehr muss er Risiken über den Fahrtverlauf mit zulässi-

[1] *Staudinger* in Führich/Staudinger, Reiserecht, 9. Aufl. 2024, § 9 Rn. 9.
[2] Zust. Staudinger/*Staudinger,* 2016, Rn. 7.
[3] Speziell zu Kreuzfahrten *Staudinger* in Führich/Staudinger, Reiserecht, 9. Aufl. 2024, § 9 Rn. 9.
[4] Zust. Staudinger/*Staudinger,* 2016, BGB-InfoV § 4 Rn. 11.

gen Leistungsänderungsvorbehalten zu steuern versuchen (→ BGB § 651f Rn. 19 ff.).[5] Eine Zwischenlandung ist im Prospekt anzugeben, sonst ist von einem Non-Stop-Flug auszugehen.[6]

Ein **Direktflug** schließt zwar luftfahrttechnisch eine Zwischenlandung nicht aus, er bedeutet lediglich eine Beförderung unter einer einheitlichen Flugnummer bis zum Bestimmungsort. Ein Flug ohne Zwischenlandung wird dagegen als **Non-Stop-Flug** bezeichnet. Jedoch ist vom Empfängerhorizont des luftfahrttechnischen Laien auszugehen, der auch bei einem „Direktflug" einen Flug ohne Zwischenlandung erwartet.[7] 6

3. Transportmittel. Die dritte Informationspflicht betrifft Transportmittel (Merkmale und Klasse), Art. 250 § 3 Nr. 1 lit. c. Selbstverständlich muss ein Reiseveranstalter angeben, ob die Reise mit **Flugzeug, Bahn oder Bus** durchgeführt wird. Weniger selbstverständlich ist dagegen die Auslegung des Begriffs **„Merkmal"**. Die Angabe der Fluggesellschaft ist zwingend erforderlich.[8] Das legt schon der Vergleich mit anderen Informationspflichten nahe: Sind beispielsweise Angaben über die Mahlzeiten sowie über Kategorie, Komfort und Hauptmerkmale der Unterbringung geschuldet, so kann nichts anderes für die Transportleistung gelten. Außerdem beeinflussen den Wert einer Reise in entscheidendem Maße nicht nur Unterkunft und Umgebung, sondern auch Service und Sicherheitsstandard im Rahmen der Beförderungsleistung. Gerade von ihr machen die Reisenden ihre Entscheidung für eine bestimmte Reise abhängig.[9] Allerdings darf die Fluggesellschaft nach Maßgabe der VO (EG) 2111/2005 geändert werden (→ BGB § 651g Rn. 14).[10] 7

Unter **„Klasse"** sind die üblichen Flugzeug- und Bahnklassen wie „Business-Class" oder „Economy" zu verstehen. Sollten weniger übliche Begriffe verwendet werden, müssen sie erläutert werden, insbesondere wenn sie zu Verwechslungen Anlass geben.[11] Art. 250 § 3 Nr. 1 lit. c gilt auch für den **Transfer.** Der Reiseveranstalter muss also angeben, ob der Transfer per Bus, per Taxi oder auf andere Weise durchgeführt wird. 8

4. Reisedatum (Nr. 1 lit. d). Nach Art. 250 § 3 Nr. 1 lit. d müssen Tag, voraussichtliche Zeit und Ort der **Abreise und Rückkehr** genannt werden. Gegen diese sehr genauen Anforderungen ist eingewendet worden, sie hinderten die Reiseveranstalter an der notwendigen Flexibilität bei der Planung der Flugreise, wenn Abflug- und Rückkehrzeiten unter Umständen schon Monate im Voraus auf die Stunde genau verbindlich festgelegt werden müssen. Die Pauschalreise-RL 2015 und der Umsetzungsgesetzgeber haben dem durch Einfügung des Wortes ‚voraussichtliche' Rechnung zu tragen versucht. Der BGH hat im Rahmen eines AGB-Kontrollverfahrens entschieden, dass eine als voraussichtlich bezeichnete Abflugzeit wenigstens annähernd einzuhalten ist.[12] Die endgültige Festlegung im Vertrag dem Reiseveranstalter zu überlassen, ist nicht zulässig, ebenso wenig, wie Auskünfte des Reisebüros für unverbindlich zu erklären. Mit der Neufassung der Vorschrift ist ein weiteres Urteil des BGH gegenstandslos, wonach eine Klausel, der zufolge genaue Flugzeiten bei Vertragsschluss noch nicht bekannt sind, zulässig sein soll.[13] Sowohl der Reiseveranstalter wie der Reisevermittler sind jetzt bereits vorvertraglich verpflichtet, die ungefähre Zeit anzugeben.[14] Will der Reiseveranstalter daran nicht festgehalten werden, muss er sich eines Leistungsänderungsvorbehalts bedienen (→ BGB § 651f Rn. 19 ff.). 9

5. Unterkunft. Nach Art. 250 § 3 Nr. 1 lit. e müssen eine Reihe von Merkmalen für die Unterkunft angegeben werden. Das erste betrifft die **„Lage"**. Das bedeutet, dass eine Reihe von Beschreibungsmerkmalen, die in seriösen Prospekten bzw. auf der Webseite ohnehin üblich sind, verbindlich ist. Zur „Lage" gehört eine Einstufung zwischen ruhig und laut sowie zwischen zentral 10

---

5 Anders *Bergmann* in Tonner/Bergmann/Blankenburg, Reiserecht, 2. Aufl. 2022, § 1 Rn. 171.

6 Zust. *Staudinger* in Führich/Staudinger, Reiserecht, 9. Aufl. 2024, § 9 Rn. 9; *Bergmann* in Tonner/Bergmann/Blankenburg, Reiserecht, 2. Aufl. 2022, § 1 Rn. 170.

7 So iErg auch AG Kleve NJW-RR 2000, 135. Gegen ein Verständnis von „Direktflug" im engen luftfahrttechnischen Sinn ausf. *Schmid* RRa 2005, 151.

8 So iErg AG Bonn RRa 1997, 179; AG Düsseldorf RRa 1998, 61; auch *Führich,* Reiserecht, 7. Aufl. 2015, § 20 Rn. 24; *Schmid* NJW 1996, 1636 ff.; aA *Tempel* NJW 1996, 1625 (1629); Staudinger/*Staudinger,* 2016, Rn. 8.

9 Vgl. *Tonner/Lindner* VuR 1996, 249.

10 Dazu *Lindner* RRa 2006, 58.

11 LG Frankfurt a. M. NJW-RR 1991, 316: Mangel, weil trotz Angabe „europäische Business-Class" Beförderungen außerhalb Europas in der Economy Class durchgeführt wurden.

12 BGH NJW 2014, 1168 = RRa 2014, 132.

13 BGH NJW 2014, 3721 = RRa 2015, 68.

14 Die Überlegung von *Führich,* Reiserecht, 7. Aufl. 2015, § 22 Rn. 8, ein Zeitfenster von vier Stunden anzunehmen, ist in die 8. Aufl. 2019 nicht übernommen worden, *Staudinger* in Führich/Staudinger, Reiserecht, 9. Aufl. 2024, § 9 Rn. 9.

und abgelegen, ferner eine **Entfernungsangabe** zu üblichen Urlaubsaktivitäten, dh beim Badeurlaub die Entfernung zum Meer und beim Winterurlaub die Entfernung zum nächsten Skilift.[15]

11 Als nächstes muss der Reiseveranstalter **„Hauptmerkmale"** der Unterkunft, angeben. Darunter ist zu verstehen, ob es sich um ein Hotel, eine Pension, ein Ferienhaus, ein Appartement, eine Club-Anlage oder dergleichen handelt. Der Reiseveranstalter ist frei, ob er ein eigenes Klassifikationssystem verwendet, das er an einer Stelle im Prospekt oder auf der Webseite erläutert und dann bei den einzelnen Angeboten durch Verwendung von Sternchen oder ähnlichen Symbolen zum Ausdruck bringt. Andernfalls muss er bei jeder einzelnen Beschreibung Aussagen zu den „Hauptmerkmalen" machen. Diese Aussagen müssen sich sowohl auf die vom Reisenden zu benutzenden Zimmer als auch auf die Hotelanlage als ganze beziehen. Ein Foto muss einen Hinweis enthalten, wenn das abgebildete Zimmer nur einem Teil der im Hotel vorhandenen Zimmer entspricht.[16]

12 Im Einzelnen ist dabei folgendes zu beachten: Der Reiseveranstalter muss die **sanitären Verhältnisse** beschreiben, dh der Reisende muss informiert werden, ob er WC und Dusche oder Bad in seinem Zimmer erwarten kann. Der Standard der **Möblierung** muss erwähnt werden, wobei wertende Ausdrücke zulässig sind, dh es muss eine Einstufung zwischen „einfach, aber zweckmäßig" und „sehr luxuriös" vorgenommen werden. Betten, die nicht dem in Deutschland Üblichen entsprechen, sollten angegeben werden, zB französische Doppelbetten. Was der Reisende als übliche Ausstattung erwarten kann, ohne dass es dazu einer Aussage im Prospekt oder auf der Webseite bedarf, hängt von der Kategorie ab. In einer Luxus-Kategorie kann der Reisende etwa Fernseher oder Radio und Mini-Bar erwarten. Sollte dies nicht vorhanden sein, muss es auf der Webseite bzw. im Prospekt angegeben werden. In einer einfacheren Kategorie können diese Dinge dagegen nicht erwartet werden. Der Reiseveranstalter muss auf die **Lage der Zimmer in der Hotelanlage** hinweisen, zB „Doppelzimmer direkt über der Diskothek", „Zimmer in ruhigem Nebenhaus, vom Haupthaus durch Straße getrennt". Die wesentlichen Hotel-Einrichtungen müssen aufgeführt werden, zB Restaurant, Swimmingpool, Diskothek.

13 Schließlich muss der Reiseveranstalter die **„Zulassung und touristische Einstufung"** der Unterbringung angeben. Damit ist die Einstufung gemäß den Vorschriften des Bestimmungslandes gemeint. Der Reiseveranstalter muss also Sternchen oder andere Symbole, die nach den Vorschriften des Bestimmungslandes verteilt werden, auf die Webseite bzw. in den Prospekt mit aufnehmen und erläutern. Das kann Probleme mit sich bringen, wenn der Reiseveranstalter ein eigenes Sternchen-System verwendet und deswegen bei den einzelnen Angeboten eine doppelte Klassifizierung angeben muss. Dieses Problem muss er meistern, denn die Vorschrift hat ihren guten Sinn: Der Reisende wird so in die Lage versetzt, Hotels in unterschiedlichen Prospekten oder auf unterschiedlichen Webseiten leichter zu vergleichen. Das Klassifikationssystem des Bestimmungslandes darf deswegen im Prospekt oder der Webseite nicht so untergebracht werden, dass man es, verglichen mit dem Klassifikationssystem des Reiseveranstalters, übersehen kann. Der Reiseveranstalter hat kein Wahlrecht, ob er auf ein eigenes Klassifizierungssystem oder das des Bestimmungslandes zurückgreift.[17]

14 Die Pauschalreise-RL bezieht sich nur auf die touristische Einstufung in EU-Mitgliedstaaten. Man kann daraus den Schluss ziehen, dass staatlich verliehene „Sternchen" in Nicht-EU-Mitgliedstaaten nicht angegeben werden müssen. Die Formulierung von Abs. 1 Nr. 3 ist aber weiter, so dass auch etwa türkische oder tunesische Klassifikationen anzugeben sind.

15 **6. Mahlzeiten.** Nach Art. 250 § 3 Nr. 1 lit. f muss der Reiseveranstalter über Mahlzeiten informieren. Dieser Begriff bedarf einer **Auslegung,** der sowohl das Bedürfnis des Reiseveranstalters nach einer praktikablen Handhabung der Vorschrift als auch das Informationsinteresse des Reisenden berücksichtigt. Natürlich kann man nicht Monate im Voraus im Prospekt bzw. der Webseite bereits komplette Menüpläne wiedergeben, aber man muss andererseits die Intention der Vorschrift ernst nehmen und muss dem Reisenden mehr an Information zur Verfügung stellen als die Kürzel „Ü/F", „HP" und „VP". Der Reisende sollte wissen,

- welchen Service-Standard er erwarten kann,
- wann er mit warmen und wann mit kalten Mahlzeiten zu rechnen hat, und
- ob die Mahlzeiten eher „landestypisch" oder eher „international" sind.

16 Der Reiseveranstalter muss angeben, ob der Reisende sich am **Büffet** selbst bedienen muss oder ob er am Tisch bedient wird.[18] Ist Letzteres der Fall, muss angegeben werden, ob der Reisende in der Zeitwahl innerhalb eines bestimmten Rahmens frei ist oder ob in Schichten zu festgelegten Zeitpunkten gegessen wird. Durch die **COVID-19-Pandemie** bedingte Änderungen, etwa Essen in

15 LG Düsseldorf RRa 2001, 74: Angabe einer 150 m entfernten Autobahn erforderlich.
16 AG Düsseldorf RRa 1998, 116.
17 So jetzt auch *Staudinger* in Führich/Staudinger, Reiserecht, 9. Aufl. 2024, § 9 Rn. 9.
18 Zustimmend *Staudinger* in Führich/Staudinger, Reiserecht, 9. Aufl. 2024, § 9 Rn. 9.

Schichten mit Bedienung statt Buffet, sind nur im Rahmen eines zulässigen Änderungsvorbehalts gemäß § 651f BGB möglich. Der Reiseveranstalter muss auch informieren, ob eine Auswahl besteht. Werden überwiegend landestypische Mahlzeiten gereicht, muss beschrieben werden, was darunter zu verstehen ist. Das gilt auch für das Frühstück, wenn es von mitteleuropäischen Vorstellungen abweicht.

7. Sonstige Leistungen (Nr. 1 lit. g). Nach Art. 250 § 3 Nr. 1 lit. g müssen Besuche, Aus- 17
flüge und sonstige Leistungen angegeben werden, dh alles, was über die Grundelemente einer Pauschalreise (Beförderung, Unterkunft, Verpflegung) hinausgeht. Sonstige Leistungen sind insbesondere **Kurse** im Rahmen eines „Aktiv"-Urlaubs, zB Sport- oder Hobbykurse. Dies gilt nur, wenn die Leistungen **im Reisepreis inbegriffen** sind.

8. Gruppenreise (Nr. 1 lit. h). Die Vorschrift des Art. 250 § 3 Nr. 1 lit. h, wonach darüber 18
zu informieren ist, wenn Reiseleistungen als Teil einer Gruppenreise erbracht werden, ist erst durch die Pauschalreise-RL 2015 und deren Umsetzung eingeführt worden. Sie dürfte vor allem bei Studien- und Rundreisen eine Rolle spielen. Der Reiseveranstalter oder der Reisevermittler muss auch über die ungefähre **Gruppengröße** informieren. Der Reisende ist sicherlich vor der Buchung interessiert zu erfahren, ob die Reise in einer kleineren oder größeren Gruppe durchgeführt wird, doch muss sich der Reiseveranstalter bei der Buchung noch nicht festlegen, denn die Gruppengröße muss nur angegeben werden, wenn dies möglich ist.

9. Mündliche Kommunikation (Nr. 1 lit. i). Neu ist auch die Informationspflicht nach 19
Art. 250 § 3 Nr. 1 lit. i, wonach, falls die Nutzung touristischer Leistungen von einer wirksamen mündlichen Kommunikation abhängt, die **Sprache** anzugeben ist, in der die Leistungen erbracht werden. Die allgemein auf Webseiten oder in Prospekten verwendete Bezeichnung „deutschsprachige Reiseleitung" ist ausreichend. Bedeutung hat dies nicht nur bei geführten Rund- und Studienreisen, sondern etwa auch bei Sportkursen.[19]

10. Eingeschränkte Mobilität (Nr. 1 lit. j). Außerdem muss der Reiseveranstalter angeben, 20
ob die Pauschalreise für Personen mit eingeschränkter Mobilität geeignet ist. Dies muss in jedem Fall angegeben werden („im Allgemeinen"), also unabhängig davon, ob der konkrete Reiseinteressent eine Person mit eingeschränkter Mobilität ist. Auf Verlangen des Reisenden müssen jedoch **genauere Informationen** gegeben werden, die die Bedürfnisse des konkreten Reisenden berücksichtigen müssen.[20]

Zur **Definition** der Person mit eingeschränkter Mobilität ist auf die EU-Passagierrechte-Ver- 21
ordnungen zurückzugreifen.[21] Eine besondere Rolle spielt dabei die **Fluggastrechte-VO.** Nach Art. 2 lit. i Fluggastrechte-VO ist eine Person mit eingeschränkter Mobilität eine Person, deren Mobilität bei der Benutzung von Beförderungsmitteln aufgrund einer körperlichen Behinderung (sensorischer oder motorischer Art, dauerhaft oder vorübergehend), einer geistigen Beeinträchtigung, ihres Alters oder anderer Behinderungen eingeschränkt ist und deren Zustand besondere Unterstützung und eine Anpassung der allen Fluggästen bereitgestellten Dienstleistungen an die Bedürfnisse dieser Person erfordert.

Naturgemäß ist diese Definition in Zusammenhang mit Pauschalreisen nicht nur auf **Beförde-** 22
rungsleistungen, sondern auch auf die **Unterkunft** anzuwenden. Der Reiseveranstalter bzw. der Reisevermittler muss daher zum einen Auskunft geben, ob das dem Reisende zur Verfügung stehende Zimmer und die von ihm zu benutzenden Hoteleinrichtungen **barrierefrei** sind; dies ist bereits eine allgemeine Angabe, die schon auf der Webseite oder im Prospekt zu erfolgen hat, etwa wenn bestimmte Hoteleinrichtungen nicht barrierefrei zu erreichen sind. Die darüber hinausgehenden, auf den konkreten Reisenden zugeschnittenen Angaben setzen allerdings voraus, dass der Reisende seine Behinderungen darlegt, zB fragt, ob das Hotel für Blinde geeignet ist.

III. Name und Anschrift (Nr. 2)

Der Reiseveranstalter muss seinen **Namen,** die **Anschrift** des Ortes seiner Niederlassung, die 23
Telefonnummer und ggf. die **E-Mail-Adresse** angeben (Art. 250 § 3 Nr. 2). Diese Anforderungen sind **kumulativ** zu erfüllen; eine bloße Telefonnummer oder E-Mail-Adresse genügen nicht. „Gege-

19 *Staudinger* in Führich/Staudinger, Reiserecht, 9. Aufl. 2024, § 9 Rn. 9.

20 *Bergmann* in Tonner/Bergmann/Blankenburg, Reiserecht, 2. Aufl. 2022, § 1 Rn. 183, schlägt einen Hinweis im Anmeldeformular vor.

21 So der Gesetzgeber, BT-Drs. 18/10822, 101.

benenfalls" bedeutet, dass die E-Mail-Adresse nur anzugeben ist, wenn der Reiseveranstalter über einen E-Mail-Anschluss verfügt.[22]

24 Nach bisherigem Recht ergab sich die Pflicht zur Namensangabe auch aus Art. 246 Nr. 2 und Art. 246a § 1 Nr. 2, die Vorschriften der Verbraucherrechte-RL umsetzen. Da die Pauschalreise-RL aber eine abschließende Regelung ist, sind die entsprechenden Pflichten in die Pauschalreise-RL aufgenommen worden und ergeben sich nunmehr nur aus Art. 250 § 3 Nr. 2. Der Umsetzungsgesetzgeber hat dies durch § 312 Nr. 7 BGB berücksichtigt. Die Vorschriften erscheinen auf den ersten Blick unnötig kompliziert, sind aber der Systematik des EU-Verbrauchervertragsrechts geschuldet. Außerdem musste der Umsetzungsgesetzgeber auf den Begriff „ladungsfähige Anschrift" verzichten, da er in der zugrunde liegenden Vorschrift der Pauschalreise-RL (Art. 5 Abs. 1 lit. b Pauschalreise-RL) nicht enthalten ist.

IV. Preisangaben (Nr. 3)

25 Die Preisangaben umfassen den Reisepreis, die Höhe der zu leistenden Anzahlung und die Fälligkeit des Restbetrages. Der Reisepreis muss der **Brutto-Preis** sein. Dies ergibt sich bereits aus dem selbstverständlich auch auf den Reiseprospekt und eine Webseite anwendbaren § 1 Abs. 1 PAngV.[23] Die auf die Verbraucherrechte-RL zurückgehenden Pflichten zur Angabe des Gesamtpreises nach Art. 246 Abs. 1 Nr. 3 und Art. 246a § 1 Nr. 4 sind dagegen auf Pauschalreisen nicht mehr anzuwenden, da die Pauschalreise-RL eine abschließende Regelung darstellt, was der Umsetzungsgesetzgeber mit § 312 Abs. 7 BGB berücksichtigte. Es ist jetzt nur noch Art. 250 § 3 Nr. 3 anzuwenden.

26 Lauterkeitsrechtlich ergibt sich die Pflicht zur Bruttopreisangabe aus § 5a Abs. 3 Nr. 3 UWG, wonach ein **„im Voraus berechenbarer Endpreis"** zu den wesentlichen Informationspflichten gehört (zum Begriff → Art. 250 Rn. 22). Auch Flughafen- und sonstige **Gebühren** sind in den Brutto-Preis einzurechnen.[24] Dies gilt nicht nur dann, wenn der Reiseveranstalter oder einer seiner Leistungsträger Schuldner dieser Gebühren ist, wenn zB die Fluggesellschaft die Start- und Landegebühren zu zahlen hat, sondern auch dann, wenn zwar der Reisende formal Gebührenschuldner ist und der Reiseveranstalter nur eine Inkasso-Funktion wahrnimmt, zB eine Einreise-Gebühr, die mit der Gebühr abgegoltene Leistung aber notwendigerweise zur Durchführung der Reise in Anspruch genommen werden muss.

27 Fragwürdig sind auch Online-Buchungsvorgänge, bei denen zunächst ein **Netto-Preis** genannt wird, im Laufe des Buchungsvorgangs jedoch **weitere Preisbestandteile hinzukommen,** zB Steuern. Einzurechnen sind Steuern, bei denen der Reiseveranstalter selbst Steuerschuldner ist, nicht jedoch Abgaben, deren Schuldner der Reisende ist, zB eine **Kurtaxe.**[25] Zwar wird unmittelbar vor Vertragsschluss der Endpreis genannt, jedoch liegt gleichwohl ein Verstoß gegen die PAngV vor, denn diese will den Verbraucher gerade im vorvertraglichen Stadium schützen. Der Verbraucher wird durch den scheinbar günstigen Netto-Preis angelockt und dürfte den Buchungsvorgang häufig nicht mehr abbrechen, wenn er unmittelbar vor Vertragsschluss den tatsächlich zu entrichtenden Preis erfährt.[26] Im Bereich des Luftverkehrs ist eine derartige Praxis nicht zulässig, da nach Art. 23 VO (EG) 1008/2008 die Endpreise „stets", also auch zu Beginn des Buchungsvorgangs, auszuweisen sind.[27] Ein „tagesaktuelles Preissystem", bei dem sich der Reiseveranstalter im Prospekt für die Zeit bis zur Buchung Flughafenzuschläge und -abschläge bis zu 50 Euro je Flugstrecke vorbehält, verstößt dem BGH zufolge nicht gegen Preisrecht.[28]

28 Ebenso müssen **Nebenkosten einer Ferienwohnung** in den Preis einberechnet werden, auch wenn die Nebenkosten an einen Dritten abzuführen sind.[29] Dies gilt für die fixen Nebenkosten und Nebenkostenpauschalen, während verbrauchsabhängige und fakultative Nebenkosten nicht angegeben werden müssen.[30] Bei variablen Nebenkosten, die notwendigerweise anfallen, zB Heizungskosten bei einem Winterurlaub, muss jedoch der Berechnungsmodus angegeben werden.

29 Bei Kreuzfahrten wurde internationalen Gebräuchen folgend bislang häufig ein **Zwangstrinkgeld** erhoben, das vom Bordguthaben des Reisenden abgebucht wurde. Diese Praxis ist jedoch mit

---

22 Anders *Staudinger* in Führich/Staudinger, Reiserecht, 9. Aufl. 2024, § 9 Rn. 10: Angabe der E-Mail-Adresse sei freigestellt.

23 Zur Nichtverdrängung der PAngV durch Art. 250 § 4 *Führich* RRa 2009, 162 (165).

24 BGH NJW-RR 2001, 1693 (1694); BGHR 2004, 676; OLG Köln 9.5.2007 – 6 U 239/06, nv.

25 *Bergmann* in Tonner/Bergmann/Blankenburg, Reiserecht, 2. Aufl. 2022, § 1 Rn. 189.

26 Unzutr. OLG Köln MMR 2005, 251, das diese Praxis billigt; vgl. auch *Tonner* VuR 2008, 210.

27 EuGH ECLI:EU:C:2015:11 = NJW 2015, 1081 – Air Berlin; dazu *Tonner* VuR 2015, 454.

28 So BGH NJW 2010, 2521 = RRa 2010, 192. Zur Frage, ob dies durch Art. 250 § 4 Abs. 2 durchbrochen wird, → Rn. 30 ff.

29 BGH NJW 1991, 2706.

30 *Stenzel* in Führich/Staudinger, Reiserecht, 9. Aufl. 2024, § 29 Rn. 388–392.

der PAngV nicht vereinbar, weil es Teil des Gesamtpreises ist,[31] und zwar auch dann, wenn der Reisende die Möglichkeit hat, der Abbuchung zu widersprechen.[32] Zulässig bleibt die „Ermunterung" zu einem freiwilligen Trinkgeld, das nicht über das Bordguthaben eingezogen wird. Auch ein **Serviceentgelt** eines Reisevermittlers ist in den Gesamtpreis einzubeziehen.[33]

V. Zahlungsmodalitäten (Nr. 4)

Die Höhe der zulässigen **Anzahlung** ergibt sich aus den Maßstäben der Rspr., wobei der BGH 20 % für zulässig und höhere Quoten für nur ausnahmsweise zulässig erklärte (→ BGB § 651a Rn. 108).[34] Art. 250 § 3 äußert sich nicht zu der Frage, wo auf der Webseite oder im Prospekt die Preisangaben zu machen sind. Die Separierung der Preise in einem Preisteil des Prospekts ist daher zulässig. **30**

Ein weiteres Problem ergibt sich, wenn gedruckte **Prospekte im Baukastensystem** aufgebaut sind (→ BGB § 651a Rn. 24). Der Kunde muss – entgegen der Intention der PAngV – selbst rechnen, um den Reisepreis zu ermitteln. Ein Abdruck aller denkbaren Gesamtpreise ist praktisch nicht möglich. Bei formaler Betrachtung zwingt die PAngV den Reiseveranstalter aber dazu. Man könnte jedoch erwägen, sie teleologisch zu reduzieren und es genügen zu lassen, wenn der Reiseveranstalter repräsentative Musterberechnungen im Prospekt abdruckt. Wenn eine Webseite nach dem Baukastensystem aufgebaut ist, besteht dieses Problem nicht, da die Webseite den Gesamtpreis vor der Buchung errechnen kann. **31**

VI. Mindestteilnehmerzahl (Nr. 5)

Nach Art. 250 § 3 Nr. 5 sind gewisse Angaben im Prospekt erforderlich, falls der Reiseveranstalter die Reise nur durchführen will, wenn eine Mindestteilnehmerzahl erreicht wird. Der Reiseveranstalter bzw. der Reisevermittler muss einmal auf die Mindestteilnehmerzahl hinweisen und zum anderen erklären, **bis zu welchem Zeitpunkt** vor Reiseantritt dem Reisenden ggf. mitgeteilt wird, dass die Pauschalreise nicht stattfindet. Wie lange der Reiseveranstalter vor Reiseantritt aus diesem Grunde zurücktreten kann, ist jetzt in § 651h Abs. 4 S. 1 Nr. 1 BGB geregelt (→ BGB § 651h Rn. 59). **32**

VII. Pass- und Visumerfordernisse, gesundheitspolizeiliche Vorschriften (Nr. 6)

Nach Art. 250 § 3 Nr. 6 ist über Pass- und Visumerfordernisse sowie über gesundheitspolizeiliche Vorschriften zu informieren. Zu den Passerfordernissen gehört die Frage, ob ein **Reisepass** für die Einreise benötigt wird und wie lange er noch gültig sein muss.[35] Wenn auf der Webseite oder im Prospekt, der Grundlage der Buchung ist, in deutlicher Weise auf das Erfordernis eines gültigen Reisepasses hingewiesen wird, darf sich der Reisende nicht auf die mündlich erteilte Auskunft des Reisebüros, eine Eintragung in den Pass der Eltern bzw. ein Personalausweis reiche aus, verlassen.[36] Die Eintragung in den Pass der Eltern und neuerdings auch der Kinderpass sind inzwischen abgeschafft. Auch über **Besonderheiten,** zB die Nichtanerkennung eines Passes in arabischen Ländern, wenn er ein Visum Israels enthält, muss informiert werden. Dagegen braucht nicht darauf hingewiesen zu werden, wenn vor der Einreise **zusätzliche Formulare** ausgefüllt werden müssen, wohl aber auf das bereits vor Reisebeginn auszufüllende Online-Formular für die Einreise in die USA (ESTA).[37] Derartige Online-Reiseformulare, meist als eTA (electronic Travel Authorization) bezeichnet, werden von immer mehr Staaten verlangt. Das Gleiche gilt für vor Reiseantritt auszufüllende Online-Formulare, die im Zuge der **Covid-19-Pandemie** eingeführt wurden. Der Reiseveranstalter ist weder verpflichtet, dem Reisenden die Visa zu beschaffen[38] noch bei der Ausfüllung der eTA-Formulare zu helfen. **33**

Wird zur Einreise ein **Visum** verlangt, so reicht es nicht aus, lediglich auf diesen Umstand im Prospekt aufmerksam zu machen. Vielmehr müssen auch die ungefähren **Fristen,** die zur Erlangung des Visums eingehalten werden müssen, erwähnt werden. Dies steht ausdrücklich im Gesetz. Anders als nach früherem Recht besteht die Informationspflicht nicht nur gegenüber Angehörigen des **34**

---

31 BGH WRP 2015, 1464 – Der Zauber des Nordens; OLG Koblenz RRa 2015, 90; OLG Jena NJW-RR 2014, 1000.

32 OLG Koblenz NJW-RR 2019, 1140 = RRa 2019, 268, das von einem Verstoß gegen § 312a BGB ausgeht.

33 *Stenzel* in Führich/Staudinger, Reiserecht, 9. Aufl. 2024, § 29 Rn. 378–381.

34 BGHZ 203, 335 = NJW 2015, 1444; dazu *Tamm* RRa 2015, 109.

35 Vgl. auch *Tonner* RRa 2000, 169.

36 AG Bonn RRa 1998, 155; AG Uelzen RRa 2007, 231.

37 *Staudinger* in Führich/Staudinger, Reiserecht, 9. Aufl. 2024, § 9 Rn. 14.

38 OLG Rostock NJW-RR 2009, 346 = RRa 2009, 98.

Mitgliedstaats, in dem die Reise angeboten wird, sondern gilt unabhängig von der Staatsangehörigkeit zugunsten aller Reiseinteressenten. Es empfiehlt sich, dass der Reiseveranstalter bzw. der Reisevermittler die Staatsangehörigkeit des oder der Reiseinteressenten bei der Buchung erfragt, um sicherzustellen, dass die Pauschalreise nicht an der fehlenden Erfüllung von Einreisebestimmungen scheitert.[39]

35 Es kann aber nicht verlangt werden, dass bereits im Prospekt oder auf der Webseite Informationen für sämtliche Staatsangehörigkeiten bereit gestellt werden. Das Gesetz nimmt darauf Rücksicht, indem es nur „allgemeine" Informationen verlangt, ohne dies jedoch zu präzisieren. Es dürfte zu verlangen sein, dass der Reiseveranstalter einen Weg aufzeigt, wie der Reiseinteressent an die notwenigen Informationen gelangt, etwa durch einen Verweis auf ein Konsulat des in Aussicht genommenen Bestimmungslandes oder auf eine vom Bestimmungsland oder einem externen Dienstleister bereit gestellte Webseite. Das Gesetz schweigt dazu, ob im Rahmen der Buchung die allgemeine Informationspflicht im Hinblick auf die Person des Reisenden zu konkretisieren ist. Es enthält keine Verpflichtung des Reiseveranstalters, etwa ein Visum zu besorgen.

36 Die gesundheitspolizeilichen Erfordernisse betreffen vor allem **Schutzimpfungen.** Der Reiseveranstalter muss informieren, falls solche Impfungen mit einem gewissen zeitlichen Abstand zum Reiseantritt durchgeführt werden müssen. Hinzuweisen ist auch auf gesundheitliche Schutzmaßnahmen, die vom Einreisestaat im Zuge der **COVID-19-Pandemie** eingeführt wurden. Dagegen muss der Reiseveranstalter den Reisenden nicht darüber aufklären, welche Impfungen zwar zweckmäßig, aber nicht vorgeschrieben sind.[40] Solche Informationen haben sich zwar eingebürgert und sollten auch beibehalten werden, rechtlich geboten auf Grund des Art. 250 § 3 Nr. 6 sind sie aber nicht, denn diese Vorschrift hat nicht den Gesundheitsschutz des Reisenden, sondern die Beseitigung formaler Einreisehindernisse zum Gegenstand.

37 Die **Informationen** dürfen **nicht veraltet** sein.[41] Das zwingt den Reiseveranstalter dazu, laufend Erkundungen über Veränderungen der Vorschriften der bereisten Länder einzuholen und diese auch weiterzuleiten.[42] Er darf den Reisenden nicht darauf verweisen, sich selbst zu informieren, ob die Auskünfte noch aktuell sind. Er muss ggf. Einlegeblätter für Prospekte drucken und sicherstellen, dass die Reisebüros sie zusammen mit den Prospekten an Reiseinteressenten aushändigen. Einfacher ist naturgemäß die **Aktualisierung** einer Information auf einer Webseite. Auch hier ist der Reisende allerdings darauf hinzuweisen, dass eine Aktualisierung stattgefunden hat. Als vorvertragliche Pflicht greift Art. 250 § 3 Nr. 7 nur bis zum Zeitpunkt des Vertragsschlusses ein. Zuzustimmen ist der Ansicht, dass den Reiseveranstalter auch **nach Vertragsschluss eine Fürsorgepflicht** trifft, über Veränderungen der Pass- und Visumerfordernisse zu informieren.[43]

VIII. Hinweis auf Rücktrittsrecht (Nr. 7)

38 Nach Art. 250 § 3 Nr. 7 muss der Reiseveranstalter auf das jederzeitige **Rücktrittsrecht vor Reisebeginn** sowie auf eine etwaige **Stornogebühr** hinweisen. Damit ist jedoch nur das Rücktrittsrecht nach § 651h Abs. 1 oder 2 BGB gemeint, nicht das kostenlose Rücktrittsrecht nach § 651h Abs. 3 BGB im Falle einer erheblichen Beeinträchtigung wegen eines unvermeidbaren, außergewöhnlichen Umstands. Dieses sollte jedoch in die ARB eingearbeitet werden, weil sonst der unzutreffende Eindruck entsteht, im Falle eines Rücktritts sei stets eine Entschädigung an den Reiseveranstalter zu zahlen.[44]

IX. Hinweis auf Versicherungen (Nr. 8)

39 Art. 250 § 3 Nr. 8 schließlich entspricht dem bisherigen § 6 Abs. 2 Nr. 9 BGB-InfoV mit einer Hinweispflicht auf **Versicherungen** und wird damit von einer vertraglichen zu einer vorvertraglichen Informationspflicht. Es muss jedoch nicht auf alle Reiseversicherungen hingewiesen werden, sondern nur auf die Möglichkeit des Abschlusses einer **Reiserücktrittskosten-Versicherung**[45] sowie einer Versicherung, die die Kosten bei Krankheit, Unfall oder Tod deckt, einschließlich der Rückführungskosten. Auch wenn mit diesen Ereignissen häufig ein Reiseabbruch verbunden sein wird, handelt es sich dabei aber nicht um eine **Reiseabbruch-Versicherung.** Diese umfasst mehr

---

39 *Bergmann* in Tonner/Bergmann/Blankenburg, Reiserecht, 2. Aufl. 2022, § 1 Rn. 197.

40 Zust. Staudinger/*Staudinger,* 2016, BGB-InfoV § 4 Rn. 12; *Staudinger* in Führich/Staudinger, Reiserecht, 9. Aufl. 2024, § 9 Rn. 14; anders für behördlich empfohlene Impfungen *Tempel* NJW 1996, 1625 (1629).

41 *Staudinger* in Führich/Staudinger, Reiserecht, 8. Aufl. 2019, § 9 Rn. 9.

42 AA AG Karlsruhe NJW-RR 1994, 1398; wie hier *Führich,* Reiserecht, 7. Aufl. 2015, § 20 Rn. 28.

43 *Staudinger* in Führich/Staudinger, Reiserecht, 9. Aufl. 2024, § 9 Rn. 14.

44 So *Staudinger* in Führich/Staudinger, Reiserecht, 9. Aufl. 2024, § 9 Rn. 16.

45 Zur Aushändigung der Allgemeinen Versicherungsbedingungen vgl. AG Hannover RRa 2003, 139.

als eine Versicherung der Rückführungskosten, nämlich insbesondere den nicht verbrauchten Teil des Reisepreises.[46] Die Reiseabbruchversicherung wird auch vom neuen Recht nicht von der Hinweispflicht erfasst. Selbstverständlich ist der Reiseveranstalter oder der Reisevermittler nicht gehindert, dem Reisenden eine Versicherung anzubieten, die neben etwaigen Rückbeförderungskosten auch den nicht in Anspruch genommenen Teil des Reisepreises erstattet.

§ 4 Vorvertragliche Unterrichtung in den Fällen des § 651c des Bürgerlichen Gesetzbuchs

[1]Für Pauschalreiseverträge nach § 651c des Bürgerlichen Gesetzbuchs ist abweichend von § 2 Absatz 1 anstelle des Formblatts gemäß dem in Anlage 11 enthaltenen Muster das zutreffend ausgefüllte Formblatt gemäß dem in Anlage 13 enthaltenen Muster zu verwenden. [2]Zur Unterrichtung nach § 3 sind verpflichtet

1. der als Reiseveranstalter anzusehende Unternehmer nur in Bezug auf die Reiseleistung, die er zu erbringen hat,

2. jeder andere Unternehmer, dem nach § 651c Absatz 1 Nummer 2 des Bürgerlichen Gesetzbuchs Daten übermittelt werden, in Bezug auf die von ihm zu erbringende Reiseleistung; er trägt gegenüber dem Reisenden die Beweislast für die Erfüllung seiner Informationspflichten.

Bei einer sog. **Click-through-Buchung** wird der Erbringer einer Einzelleistung zum Reiseveranstalter, wenn der Reisende unter den Voraussetzungen des § 651c BGB bei einem anderen Unternehmer eine weitere Reiseleistung hinzu bucht. Es kommt also ein **Pauschalreisevertrag mit dem Erbringer der ersten Reiseleistung** zustande. Die Pauschalreise-RL sieht für diesen Fall ein **eigenes Formblatt** vor, was der Umsetzungsgesetzgeber in Art. 250 § 4 S. 1 und der Anlage 13 umgesetzt hat. Das Formblatt hat der erste Unternehmer, der zum Reiseveranstalter geworden ist, zur Verfügung zu stellen.[1] Dies muss erst dann erfolgen, wenn der Reisende die zweite Leistung bucht, denn vorher ist der erste Leistungserbringer noch nicht zum Reiseveranstalter geworden. Der zweite Unternehmer muss den ersten Unternehmer gemäß Art. 250 § 8 darüber unterrichten. 1

An der Spitze des Formblatts wird der Reisende darüber informiert, dass er eine Pauschalreise abgeschlossen hat, die Rechte eines Pauschalreisenden hat und der erste Unternehmer über eine **Insolvenzabsicherung** verfügt. Die Voraussetzungen eines click through werden allerdings nicht dargestellt. Wenn der erste Unternehmer lediglich einen Link auf die Webseite eines zweiten Unternehmers zur Verfügung stellt, der die Voraussetzungen eines click-through nicht erfüllt, zB weil keine Kundendaten übermittelt wurden, braucht der erste Unternehmer auch nicht das Formblatt zur Verfügung zu stellen. 2

Da durch das click through eine Pauschalreise zustande kommt, müssen auch die vorvertraglichen **Informationspflichten** nach Art. 250 § 3 erfüllt werden. Art. 250 § 4 S. 2 teilt die Informationspflichten auf die beiden beteiligten Unternehmer auf. Der zum Reiseveranstalter gewordene erste Unternehmer muss die Informationspflichten nur für die von ihm zu erbringende Reiseleistung erfüllen, während der zweite Unternehmer, dem die Kundendaten übertragen wurden, für die von ihm erbrachten Reiseleistungen zuständig ist. 3

§ 5 Gestaltung des Vertrags

Der Pauschalreisevertrag muss in einfacher und verständlicher Sprache abgefasst und, sofern er schriftlich geschlossen wird, leserlich sein.

Die Vorschrift wiederholt für den Vertrag, was bereits für die vorvertraglichen Informationspflichten gilt (Art. 250 § 1 Abs. 1 S. 2): Sie müssen verständlich sein und dürfen kein „Juristendeutsch" enthalten,[1] wie aus den Worten „in einfacher Sprache" hervorgeht. Aus der Vorschrift wird deutlich, dass für den **Vertragsschluss** selbst **keine Form** vorgeschrieben ist. Das Fehlen einer Vertragsbestätigung nach Art. 250 § 6 führt also nicht zur Unwirksamkeit eines nur mündlich abgeschlossenen Vertrags. 1

---

46 BGH NJW 2006, 3134 = RRa 2006, 256; krit. *Staudinger* RRa 2007, 245 (254); vgl. auch *Tamm* MDR 2007, 312. Zur „Abspaltung" der Reiseabbruch-Versicherung aus der Reiserücktrittskosten-Versicherung *Richter* in van Bühren/Richter, Reiseversicherung, 4. Aufl. 2021, Vor Ziff. 1 VB Reiserücktritt Rn. 22.

1 Begr. RegE, BT-Drs. 18/10822, 102; *Staudinger* in Führich/Staudinger, Reiserecht, 9. Aufl. 2024, § 6 Rn. 3; *Bergmann* in Tonner/Bergmann/Blankenburg, Reiserecht, 2. Aufl. 2022, § 1 Rn. 204.

1 BeckOGK/*Alexander* Rn. 8.1.

§ 6 Abschrift oder Bestätigung des Vertrags

(1) [1]Dem Reisenden ist bei oder unverzüglich nach Vertragsschluss auf einem dauerhaften Datenträger eine Abschrift oder Bestätigung des Vertrags zur Verfügung zu stellen. [2]Der Reisende hat Anspruch auf eine Abschrift oder Bestätigung des Vertrags in Papierform, wenn der Vertragsschluss
1. bei gleichzeitiger körperlicher Anwesenheit der Vertragsschließenden erfolgte oder
2. außerhalb von Geschäftsräumen erfolgte (§ 312b des Bürgerlichen Gesetzbuchs); wenn der Reisende zustimmt, kann für die Abschrift oder die Bestätigung des Vertrags auch ein anderer dauerhafter Datenträger verwendet werden.

(2) Die Abschrift oder Bestätigung des Vertrags muss klar, verständlich und in hervorgehobener Weise den vollständigen Vertragsinhalt wiedergeben und außer den in § 3 genannten Informationen die folgenden Angaben enthalten:
1. besondere Vorgaben des Reisenden, denen der Reiseveranstalter zugestimmt hat,
2. den Hinweis, dass der Reiseveranstalter
a) gemäß § 651i des Bürgerlichen Gesetzbuchs für die ordnungsgemäße Erbringung aller von dem Vertrag umfassten Reiseleistungen verantwortlich ist und
b) gemäß § 651g des Bürgerlichen Gesetzbuchs zum Beistand verpflichtet ist, wenn sich der Reisende in Schwierigkeiten befindet,
3. den Namen des Absicherers sowie dessen Kontaktdaten einschließlich der Anschrift des Ortes, an dem er niedergelassen ist; im Fall des § 651s des Bürgerlichen Gesetzbuchs sind diese Angaben zu erteilen in Bezug auf die Einrichtung, die den Insolvenzschutz bietet, und gegebenenfalls in Bezug auf die zuständige Behörde,
4. Namen, Anschrift, Telefonnummer, E-Mail-Adresse und gegebenenfalls Faxnummer des Vertreters des Reiseveranstalters vor Ort, einer Kontaktstelle oder eines anderen Dienstes, an den oder die sich der Reisende wenden kann, um schnell mit dem Reiseveranstalter Verbindung aufzunehmen, wenn der Reisende
a) Beistand nach § 651q des Bürgerlichen Gesetzbuchs benötigt oder
b) einen aufgetretenen Reisemangel anzeigen will,
5. den Hinweis auf die Obliegenheit des Reisenden, dem Reiseveranstalter einen aufgetretenen Reisemangel unverzüglich anzuzeigen,
6. bei Minderjährigen, die ohne Begleitung durch einen Elternteil oder eine andere berechtigte Person reisen, Angaben darüber, wie eine unmittelbare Verbindung zu dem Minderjährigen oder zu dem an dessen Aufenthaltsort für ihn Verantwortlichen hergestellt werden kann; dies gilt nicht, wenn der Vertrag keine Beherbergung des Minderjährigen umfasst,
7. Informationen
a) zu bestehenden internen Beschwerdeverfahren,
b) gemäß § 36 des Verbraucherstreitbeilegungsgesetzes zur Teilnahme an alternativen Streitbeilegungsverfahren und
c) zur Online-Streitbeilegungsplattform gemäß Artikel 14 der Verordnung (EU) Nr. 524/2013 des Europäischen Parlaments und des Rates vom 21. Mai 2013 über die Online-Beilegung verbraucherrechtlicher Streitigkeiten und zur Änderung der Verordnung (EG) Nr. 2006/2004 und der Richtlinie 2009/22/EG (ABl. L 165 vom 18.6.2013, S. 1),
8. den Hinweis auf das Recht des Reisenden, den Vertrag gemäß § 651e des Bürgerlichen Gesetzbuchs auf einen anderen Reisenden zu übertragen.

Übersicht

I. Anforderungen an die Vertragsbestätigung

Die Grundkonzeption des bisherigen Rechts, neben den vorvertraglichen Informationspflichten eine Reisebestätigung mit bestimmten Pflichtangaben zu verlangen, ist beibehalten worden, auch wenn das Gesetz nicht mehr den Begriff Reisebestätigung verwendet, sondern von Vertragsbestätigung spricht. Jedoch sind viele der bisherigen in der Reisebestätigung verlangten Angaben zu vorvertraglichen Informationspflichten geworden, während für die Vertragsbestätigung neue Angaben gefordert werden. Zu einem größeren Teil resultieren sie aus der zunehmenden Relevanz von Online-Buchungen. 1

Abs. 1 stimmt mit § 6 Abs. 1 BGB-InfoV aF weitgehend überein. Jedoch wird der Begriff „Urkunde" nicht mehr verwendet. Stattdessen stellt die Vorschrift auf einen **dauerhaften Datenträger** ab und stellt damit klar, dass nicht mehr allein Papierform in Betracht kommt, sondern eine Vertragsbestätigung auch online erfolgen kann. Papierform wird nur noch bei einem Vertragsschluss bei gleichzeitiger körperlicher Anwesenheit der Vertragsschließenden, also im Reisebüro, und bei Außergeschäftsraumverträgen verlangt. Im letztgenannten Fall kann der Reisende allerdings auch der Verwendung eines anderen dauerhaften Datenträgers zustimmen. Der Einfluss der digitalen Welt äußert sich auch in Kleinigkeiten: Während die Reisebestätigung bisher „auszuhändigen" war, was auf Papierform abstellt, ist sie nunmehr „zur Verfügung zu stellen". 2

Nach Abs. 1 muss dem Reisenden bei oder unverzüglich nach Vertragsschluss eine Abschrift oder Bestätigung des Vertrags auf einem dauerhaften Datenträger zur Verfügung gestellt werden. Die Vertragsbestätigung kann, aber muss nicht notwendigerweise die Vertragsannahmeerklärung des Reiseveranstalters auf das in der Buchungserklärung zu sehende Vertragsangebot des Reisenden sein. Der Reiseveranstalter kann das Vertragsangebot auch schon vorher formlos angenommen haben; dann hat die Vertragsbestätigung hinsichtlich des Vertragsschlusses nur deklaratorische Bedeutung (→ BGB § 651a Rn. 89).[1] Die Buchungserklärung muss also keineswegs die nach der Vorschrift erforderlichen Angaben aufweisen. Das kann zur Folge haben, dass manche Angaben erstmals in der Vertragsbestätigung auftauchen, dann aber bindend sind, sofern sie der Buchung nicht widersprechen. Der Reiseveranstalter übt in diesem Fall ein **Leistungsbestimmungsrecht** gemäß § 315 BGB aus. Nach § 315 BGB muss die Leistungsbestimmung nach billigem Ermessen getroffen werden. Das ist dann nicht der Fall, wenn die Vertragsbestätigung Einzelheiten enthält, mit denen der Reisende auf Grund der Leistungsbeschreibung auf der Webseite oder im Prospekt oder anderer bei der Buchung gemachter Angaben nicht zu rechnen brauchte. Bei einer **Online-Buchung** muss die **Bestellbestätigung** gemäß § 312i Abs. 1 Nr. 3 BGB hinzu kommen, die ebenfalls mit der Vertragsbestätigung identisch sein kann, aber dies nicht sein muss (→ BGB § 651a Rn. 97 f.). 3

Widerspricht die Vertragsbestätigung der Buchungserklärung, so liegt kein Fall des § 315 BGB vor. Es ist vielmehr zu unterscheiden: Soll der Vertrag durch die Vertragsbestätigung erst zustande kommen, ist § 150 BGB anzuwenden: der Reiseveranstalter lehnt das Angebot des Reisenden ab und macht seinerseits ein neues, annahmebedürftiges Angebot. Ist der Vertrag schon vorher geschlossen, so hat der Reisende einen Anspruch auf Zurverfügungstellung einer dem Vertrag entsprechenden Vertragsbestätigung. 4

Die Vertragsbestätigung muss auf einem **dauerhaften Datenträger** erfolgen. Der „dauerhafte Datenträger" ist in § 126b BGB definiert (→ BGB § 126b Rn. 5). Eine Vertragsbestätigung per E-Mail reicht aus. Bei einer **telefonischen Buchung** muss die Vertragsbestätigung durch ein anderes Medium als das Telefon zur Verfügung gestellt werden.[2] Geht man davon aus, dass der Vertragsschluss bereits formlos telefonisch erfolgt, hat die Vertragsbestätigung lediglich deklaratorische Funktion. Nach hier vertretener Ansicht können bei einem telefonischen Vertragsschluss aber die AGB nicht wirksam einbezogen werden, so dass ein Vertragsangebot mit AGB erst durch die Zurverfügungstellung der AGB zustande kommt (→ BGB § 651a Rn. 96). Dieses muss der Reisende annehmen, wobei eine stillschweigende Annahme ausreicht. Nach Ansicht des EuGH liegt das schriftliche Einverständnis bereits vor, wenn der Fluggast auf der Webseite des Luftfahrtunternehmens auf einem Online-Formular diese Erstattungsmodalität unter Ausschluss der Auszahlung eines Geldbetrags gewählt hat, wobei dem Luftfahrtunternehmen allerdings umfassende Informationspflichten obliegen.[3] Dem EuGH reicht jedoch die Auswahl eines Gutscheins anstelle einer Rückzahlung bereits bei der Buchung unter Verwendung eines Formulars des Luftfahrtunternehmens (→ Rn. 18). 5

---

1 So auch *Staudinger* in Führich/Staudinger, Reiserecht, 9. Aufl. 2024, § 5 Rn. 32.

2 *Staudinger* in Führich/Staudinger, Reiserecht, 9. Aufl. 2024, § 5 Rn. 32.

3 EuGH 21.3.2024 – C-76/23 – Cobult, EuZW 2024, 574 mAnm *Hopperdietzel*.

II. Inhalt der Vertragsbestätigung

6 Art. 250 § 6 Abs. 2 enthält acht **Pflichtangaben** für die Reisebestätigung. Außerdem müssen die **vorvertraglichen Informationen** nach Art. 250 § 3 **wiederholt** werden.[4] Die Möglichkeit, dieser Wiederholung durch Verweis auf den Prospekt zu entgehen (§ 6 Abs. 4 BGB-InfoV aF), fällt weg. Dies hat seinen Grund darin, dass die vorvertraglichen Angaben nicht auf einem dauerhaften Datenträger vorhanden sein müssen und somit ihre Beweisbarkeit nach Vertragsschluss nicht gewährleistet ist.

7 **1. Besondere Vorgaben des Reisenden (Abs. 2 Nr. 1).** Art. 250 § 6 Abs. 2 Nr. 1 sieht die Angabe besonderer Vorgaben des Reisenden, denen der Reiseveranstalter zugestimmt hat, vor. Diese wurden früher als **Sonderwünsche** bezeichnet (§ 6 Abs. 2 Nr. 5 BGB-InfoV aF). Das heißt keineswegs, dass nicht in der Vertragsbestätigung auftauchende besondere Vorgaben unbeachtlich sind.[5] Vielmehr ist zu differenzieren: Ist die Vertragsbestätigung pauschal abgefasst, ohne auf die besonderen Vorgaben einzugehen, sind diese angenommen.[6] **Übermittlungsfehler** sind nach § 651x Nr. 2 BGB zu beurteilen (→ BGB § 651x Rn. 8 ff.). Lehnt die Vertragsbestätigung den Sonderwunsch ausdrücklich oder jedenfalls für den Reisenden erkennbar ab, liegt eine Abweichung zwischen Vertragsangebot (Buchung) und Vertragsannahme (Vertragsbestätigung) vor. Die die besonderen Vorgaben des Reisenden ablehnende Vertragsbestätigung ist die Ablehnung des Vertragsangebots des Reisenden, verbunden mit dem Angebot zum Abschluss eines anderen Vertrags, dessen Annahme dem Reisenden freigestellt ist (§ 150 Abs. 2 BGB).

8 **2. Hinweis auf Verpflichtung zum Beistand (Abs. 2 Nr. 2).** Nach Art. 250 § 6 Abs. 2 Nr. 2 muss der Reiseveranstalter darauf hinweisen, dass er für die **ordnungsgemäße Erbringung der Reiseleistungen** verantwortlich ist und zum **Beistand** gemäß § 651q BGB verpflichtet ist, wenn der Reisende in Schwierigkeiten gerät. Der Sinn der Vorschrift besteht darin, den Reisenden darauf hinzuweisen, dass ihm gegenüber der Reiseveranstalter und nicht etwa der Erbringer der einzelnen Reiseleistung verantwortlich ist. Die Angabe wird ergänzt durch die Pflicht zur Angabe der Kontaktdaten der für den Beistand zuständigen Stelle gemäß Art. 250 § 6 Abs. 2 Nr. 4 lit. a.

9 **3. Kontaktdaten des Absicherers (Abs. 2 Nr. 3).** Nach Art. 250 § 6 Abs. 2 Nr. 3 müssen die **Kontaktdaten des Absicherers** angegeben werden. Hat der Reiseveranstalter seinen Sitz in einem anderen Mitgliedstaat oder einem Mitgliedstaat des EWR und eine Insolvenzabsicherung gemäß den in seinem Sitzstaat geltenden Vorschriften (§ 651s BGB), müssen die Kontaktdaten des dort ansässigen Insolvenzabsicherers bzw. der dort zuständigen Behörde angegeben werden.

10 **4. Vertretung vor Ort (Abs. 2 Nr. 4).** Nach Art. 250 § 6 Abs. 2 Nr. 4 Abs. 1 Nr. 3 muss der Reiseveranstalter über die **Erreichbarkeit seiner örtlichen Vertretung** informieren, in Ermangelung einer solchen darüber, wie der Reisende ansonsten mit dem Reiseveranstalter Kontakt aufnehmen kann. Dazu gehören Namen, Anschrift, Telefonnummer, E-Mail-Adresse und gegebenenfalls eine Fax-Nummer. In belebten Reisegebieten, in denen ein genügend dichtes Netz örtlicher Vertretungen vorhanden ist, dürfte die Vorschrift keine Probleme bereiten, angesichts der heutigen Verbreitung von Mobiltelefonen auch darüber hinaus nicht. „Örtliche Vertretungen" müssen nicht unbedingt nur veranstaltereigene örtliche Reiseleitungen sein. In Betracht kommen auch Agenturen im Zielgebiet, derer sich der Veranstalter bedient. Statt einer örtlichen Vertretung kann sich der Reiseveranstalter auch einer **Kontaktstelle** bedienen, die sich nicht notwendigerweise vor Ort befinden muss. Es kann sich auch um die Serviceeinrichtung eines Dritten handeln.

11 Die Aufgaben der Vertretung vor Ort oder der Kontaktstelle sind in Art. 250 § 6 Abs. 2 Nr. 4 lit. a und b aufgezählt. Sie hat Beistand nach § 651q BGB zu leisten und **Reisemängelanzeigen** des Reisenden entgegenzunehmen. Es ist im Gesetz zwar nicht ausdrücklich geregelt, dass sie auch eine Abhilfe in die Wege leiten muss, doch wird der Reiseveranstalter im eigenen Interesse dafür sorgen, dass dies der Fall ist, weil er sonst Minderungsansprüche und bei erheblichen Mängeln sogar eine Kündigung des Reisenden riskiert.

12 **5. Fristen (Abs. 2 Nr. 5).** Der Reiseveranstalter muss den Reisenden auf seine Obliegenheit hinweisen, ihm einen aufgetretenen Mangel anzuzeigen, die sich aus **§ 651o Abs. 1 BGB** ergibt. Die Vorschrift erwähnt allerdings nicht, dass diese Obliegenheit unter Umständen auch entfallen kann, wenn Abhilfe durch den Reiseveranstalter ersichtlich nicht möglich ist oder der Reiseveranstalter oder sein Repräsentant nicht erreichbar sind (→ BGB § 651o Rn. 8). Sie verpflichtet den

[4] Krit. zu dieser Wiederholung *Bergmann* in Tonner/Bergmann/Blankenburg, Reiserecht, 2. Aufl. 2022, § 1 Rn. 211.
[5] So auch *Führich*, Reiserecht, 7. Aufl. 2015, § 22 Rn. 11; aA Staudinger/*Staudinger* BGB-InfoV § 6 Rn. 11.
[6] So zu Recht LG Frankfurt a. M. NJW-RR 1991, 878.

Reiseveranstalter ferner nicht, den Reisenden auf die gravierenden Folgen einer versäumten Anzeige vor Ort hinzuweisen, nämlich den Verlust seines Minderungs- und Schadensersatzanspruchs (§ 651o Abs. 2 BGB). Allerdings bestehen wegen des vollharmonisierenden Charakters der zugrundeliegenden Pauschalreise-RL Bedenken, die Hinweispflicht über den bloßen Hinweis auf die Anzeigepflicht hinaus auf einen Hinweis auf deren Grenzen zu erweitern.[7] Besteht keine Anzeigepflicht, entfallen auch nicht die Rechte nach §§ 651m und 651n BGB. Das Unterlassen der Anzeige ist auch dann nicht schuldhaft, wenn der Reiseveranstalter der Hinweispflicht nach Art. 250 § 6 Abs. 2 Nr. 5 nicht nachkommt.[8]

6. Minderjährige (Abs. 2 Nr. 6). Art. 250 § 6 Abs. 2 Nr. 6 betrifft **Pauschalreisen Minderjähriger,** und zwar nicht nur Auslandsreisen. Es muss angegeben werden, wie eine Verbindung zu dem Minderjährigen hergestellt werden kann. Alternativ reicht es, wenn eine Verbindung zu dem **am Aufenthaltsort Verantwortlichen** ermöglicht werden kann. Die Vorschrift gilt für Pauschalreisen im Sinne der Pauschalreise-RL. Bei Gastschulaufenthalten kommen gemäß Art. 250 § 9 weitere Informationspflichten hinzu. 13

7. Streitbeilegungsverfahren (Abs. 2 Nr. 7). Nach Art. 250 § 6 Abs. 2 Nr. 7 muss der Reisende im Vertrag auch über interne Beschwerdeverfahren, **alternative Streitbeilegungsverfahren** und die Online-Streitbeilegungsplattform informiert werden. Die Informationspflicht über allgemeine Streitbeilegungsverfahren ergibt sich auch aus § 36 VSBG und umfasst einen Hinweis darauf, ob der Unternehmer bereit ist, an einem Streitbeilegungsverfahren teilzunehmen. Es muss also auch darüber informiert werden, wenn es an dieser Bereitschaft fehlt. 14

Ein spezifisches alternatives Streitbeilegungsverfahren für Pauschalreisen gibt es derzeit anders als für Beförderungsverträge noch nicht. Reisende können deswegen eine Auffangschlichtungsstelle anrufen, die gemäß § 29 Abs. 1 VSBG als **Universalschlichtungsstelle des Bundes** beim Zentrum für Schlichtung in Kehl eingerichtet ist. Allerdings kann kein Unternehmen gezwungen werden, das Ergebnis eines Schlichtungsverfahrens zu akzeptieren. 15

8. Übertragungsrecht (Abs. 2 Nr. 8). Letztlich muss der Reisende gemäß Art. 250 § 6 Abs. 2 Nr. 8 über sein Recht informiert werden, den Vertrag gemäß § 651e BGB auf einen anderen Reisenden zu übertragen. 16

§ 7 Reiseunterlagen, Unterrichtung vor Reisebeginn

(1) Der Reiseveranstalter hat dem Reisenden rechtzeitig vor Reisebeginn die notwendigen Reiseunterlagen zu übermitteln, insbesondere notwendige Buchungsbelege, Gutscheine, Beförderungsausweise und Eintrittskarten.

(2) [1]Der Reiseveranstalter hat den Reisenden rechtzeitig vor Reisebeginn zu unterrichten über die Abreise- und Ankunftszeiten sowie gegebenenfalls die Zeiten für die Abfertigung vor der Beförderung, die Orte und Dauer von Zwischenstationen sowie die dort zu erreichenden Anschlussverbindungen. [2]Eine besondere Mitteilung nach Satz 1 ist nicht erforderlich, soweit diese Informationen bereits in einer dem Reisenden zur Verfügung gestellten Abschrift oder Bestätigung des Vertrags gemäß § 6 oder in einer Information des Reisenden nach § 8 Absatz 2 enthalten sind und inzwischen keine Änderungen eingetreten sind.

Der Reiseveranstalter muss nicht nur vorvertraglich und vertraglich, sondern auch **vor Reisebeginn** informieren. Dieser Schritt ist in Art. 250 § 7 geregelt. Der Reiseveranstalter wird ausdrücklich verpflichtet, die notwendigen **Reiseunterlagen** zu übermitteln. Dies steht bereits in § 651d Abs. 3 S. 3 BGB und wird in Abs. 1 präzisiert (Buchungsbelege etc). 1

Die Pflicht zur Mitteilung der **Abreise- und Ankunftszeiten** ist bereits eine vorvertragliche Informationspflicht (Art. 250 § 3 Abs. 1 Nr. 1 lit. d) und ist gemäß Art. 250 § 6 Abs. 2 in die Vertragsbestätigung aufzunehmen. Sie wird in Abs. 2 wiederholt, weil Art. 250 § 3 Abs. 1 Nr. 1 lit. d sich mit einer ungefähren Zeitangabe begnügt, während vor Reisebeginn die endgültige Zeit anzugeben ist. Aus diesem Grunde ist die Angabe entbehrlich, wenn sie sich gegenüber der Reisebestätigung nicht geändert hat (Abs. 2 S. 2).[1] 2

7 *Staudinger* in Führich/Staudinger, Reiserecht, 9. Aufl. 2024, § 18 Rn. 9.

8 BGH NJW-RR 2017, 756 = RRa 2017, 168; NJW-RR 2018, 1255 = RRa 2018, 257 zur Vorgängervorschrift in der BGB-InfoV.

1 *Bergmann* in Tonner/Bergmann/Blankenburg, Reiserecht, 2. Aufl. 2022, § 1 Rn. 215.

3 Nach Abs. 2 S. 1 muss über **Abreise- und Ankunftszeiten, Abfertigungszeiten, Orte von Zwischenstationen und die dort zu erreichenden Anschlussverbindungen** informiert werden. Das bedeutet nicht mehr, als dass dem Reisenden ein Fahr- bzw. Flugplan zur Verfügung gestellt werden muss, der für jede Einzelstrecke Abreise- und Ankunftszeit enthält. Der Reiseveranstalter ist außerdem verpflichtet, den Reisenden rechtzeitig über jede Änderung der ihm einmal auf der Webseite, im Reiseprospekt oder der Buchungsbestätigung mitgeteilten Abreise- und Ankunftszeiten mit einer besonderen Mitteilung zu informieren (Art. 250 § 7 Abs. 2 S. 2); eine kommentarlose Übersendung des Flugscheins mit den geänderten neuen Abflugzeiten soll als „besondere Mitteilung" nicht ausreichen.[2] Man mag darüber streiten, ob „Zwischenstationen" lediglich als „Umsteigestationen" zu lesen ist, oder ob darüber hinaus auch Zwischenlandungen bei Direktflügen anzugeben sind. Im Interesse des Reisenden und angesichts der geringen Mühe für den Reiseveranstalter ist die weitere Variante zu bevorzugen. Zur Bezeichnung der Anschlussverbindungen gehört die Angabe des Flugterminals, des Bahnsteigs oder der Busabfahrtsstelle.[3]

§ 8 Mitteilungspflichten anderer Unternehmer und Information des Reisenden nach Vertragsschluss in den Fällen des § 651c des Bürgerlichen Gesetzbuchs

(1) Schließt ein Unternehmer, dem nach § 651c Absatz 1 Nummer 2 des Bürgerlichen Gesetzbuchs Daten übermittelt werden, mit dem Reisenden einen Vertrag über eine Reiseleistung ab, hat er den als Reiseveranstalter anzusehenden Unternehmer über den Umstand des Vertragsschlusses zu unterrichten und diesem in Bezug auf die von ihm zu erbringende Reiseleistung die Informationen zur Verfügung zu stellen, die zur Erfüllung der Verpflichtungen als Reiseveranstalter erforderlich sind.

(2) Der als Reiseveranstalter anzusehende Unternehmer hat dem Reisenden die in § 6 Absatz 2 Nummer 1 bis 8 genannten Angaben klar, verständlich und in hervorgehobener Weise auf einem dauerhaften Datenträger zur Verfügung zu stellen, sobald er von dem anderen Unternehmer gemäß Absatz 1 über den Umstand des Vertragsschlusses unterrichtet wurde.

1 Abs. 1 stellt sicher, dass bei einer **Click-through-Buchung** der erste Unternehmer, der gemäß § 651c Abs. 1 BGB zum Reiseveranstalter wird, erfährt, dass er zum Reiseveranstalter geworden ist. Die Verantwortung dafür liegt beim **zweiten Unternehmer,** dem die Kundendaten übermittelt worden sind. Er hat dem ersten Unternehmer den Umstand des **Vertragsschlusses mitzuteilen.** Dies ist sachgerecht. Der Unternehmer, der einen Link zu einem anderen Unternehmer einrichtet, über den Kundendaten übermittelt werden, mag zwar feststellen können, wenn der Reisende diesen Link benutzt. Daraus kann er aber nicht schließen, ob es zum Vertragsschluss gekommen ist. In der Praxis wird die Meldung des zweiten Unternehmers automatisiert werden können.

2 Wenn der erste Unternehmer zum Reiseveranstalter wird, haftet er auch für die Leistungen des zweiten Unternehmers. Dazu muss er wissen, welche Leistungen der zweite Unternehmer versprochen hat. Wird der zum Reiseveranstalter gewordene Unternehmer wegen eines Mangels der Leistung des zweiten Unternehmers in Anspruch genommen, muss er wissen, ob und worin der Mangel aus der Sicht des Leistungserbringers besteht, damit er etwaige Einwendungen gegen den geltend gemachten Anspruch des Reisenden erheben kann. Deswegen sieht Abs. 1 vor, dass der **zweite Unternehmer die Informationen zur Verfügung zu stellen hat,** die zur Erfüllung der Verpflichtungen als Reiseveranstalter erforderlich sind.

3 Anders als bei den vorvertraglichen Informationspflichten, die nach Art. 250 § 4 auf den zum Reiseveranstalter werdenden Unternehmer und den zweiten Unternehmer verteilt sind, trifft nach Abs. 2 den zum **Reiseveranstalter** werdenden Unternehmer die Pflicht, die vertraglichen **Informationen** gemäß Art. 250 § 6 für die **gesamte Reise** zu erteilen, also auch für die von dem zweiten Unternehmer erbrachten Leistungen. Auch dafür dient die Informationspflicht nach Abs. 1.

§ 9 Weitere Informationspflichten bei Verträgen über Gastschulaufenthalte

Über die in § 6 Absatz 2 bestimmten Angaben hinaus hat der Reiseveranstalter dem Reisenden folgende Informationen zu erteilen:

[2] Vgl. LG Kleve RRa 1997, 179 (180) zur Vorgängervorschrift in der BGB-InfoV.
[3] AG Frankfurt a. M. NJW-RR 1995, 694.

1. Namen, Anschrift, Telefonnummer und gegebenenfalls E-Mail-Adresse der Gastfamilie, in welcher der Gastschüler untergebracht ist, einschließlich Veränderungen,
2. Namen und Erreichbarkeit eines Ansprechpartners im Aufnahmeland, bei dem auch Abhilfe verlangt werden kann, einschließlich Veränderungen, und
3. Abhilfeverlangen des Gastschülers und die vom Reiseveranstalter ergriffenen Maßnahmen.

Die Vorschrift ist keine Umsetzung einer Vorgabe der Pauschalreise-RL, da **Gastschulaufenthalte** von der Pauschalreise-RL nicht erfasst werden. Sie erlaubt aber die Erstreckung des Pauschalreiserechts auf Gastschulverträge, so dass die bisherige deutsche Regelung beibehalten werden konnte. Deshalb findet sie sich jetzt in § 651u BGB (§ 651l BGB aF) und die dazugehörige Informationspflicht nunmehr in Art. 250 § 9 (früher § 7 BGB-InfoV). § 7 BGB-InfoV aF wurde nur geringfügig um die Angabe einer Telefonnummer und einer E-Mail-Adresse ergänzt. 1

Es handelt sich um Informationspflichten, die erst **während des Aufenthaltes** eingreifen. Sie überschneiden sich teilweise mit den als Obliegenheiten ausgestalteten Informationspflichten nach § 651u Abs. 3 BGB. Der Grund dafür besteht darin, dass die Obliegenheiten vor Reiseantritt bestehen. Verletzt sie der Reiseveranstalter, kann der Reisende zurücktreten, ohne Stornogebühren zahlen zu müssen. Tritt er sie gleichwohl an, soll er wenigstens vor Ort informiert werden.[1] 2

Die Vorschrift stellt zunächst klar, dass auch bei Gastschulaufenthalten die Informationspflichten nach Art. 250 § 6 Abs. 2 gelten. Sie sind gegenüber dem Reisenden – das ist der Vertragspartner des Veranstalters, nicht notwendigerweise die Person, die tatsächlich reist –, dem Gastschüler und seinem gesetzlichen Vertreter, soweit dieser nicht der Reisende ist, zu erfüllen. 3

Nach Art. 250 § 9 Nr. 1 müssen **Name, Anschrift, Telefonnummer und ggf. E-Mail-Adresse der Gastfamilie** einschließlich von Veränderungen mitgeteilt werden. Es geht also nicht nur, wie bei § 651u Abs. 3 BGB, um die Ankunftsadresse. Die Informationspflicht greift insbesondere bei Umzügen des Gastschülers gegenüber den Eltern ein.[2] Nach Art. 250 § 9 Nr. 2 gilt das Gleiche für einen **Ansprechpartner** im Aufnahmeland. Auch hier müssen Veränderungen mitgeteilt werden. Art. 250 § 9 Nr. 3 schließlich verlangt, dass **Abhilfeverlangen** des Gastschülers und die vom Reiseveranstalter ergriffenen Maßnahmen **mitgeteilt** werden. Die Begründung führt dazu aus, dass der Gastschüler, auch wenn er nicht der Vertragspartner und minderjährig ist, ein Abhilfeverlangen stellen kann.[3] Darüber ist dann der Reisende, also in der Regel die Eltern, zu informieren. Stellen die Eltern selbst ein Abhilfeverlangen, was ihnen die Information über den Ansprechpartner nach Art. 250 § 9 Nr. 2 erleichtern soll, müssen sie darüber natürlich nicht unterrichtet werden. Es bleibt aber in jedem Fall die Informationspflicht über die ergriffenen Maßnahmen. 4

Die Vorschrift berücksichtigt in erster Linie die **Interessen der Eltern.**[4] Im Gegensatz zu einer „normalen" Pauschalreise fallen bei einem Gastschulaufenthalt der Reisende im Rechtssinne, also der Vertragspartner, und derjenige, der die Reise durchführt, also der Gastschüler, meistens auseinander.[5] Für diese Situation bedarf es zusätzlicher Informationspflichten, da der Katalog des Art. 250 § 6 BGB-InfoV vom Regelfall ausgeht, wonach der Reisende sowohl Vertragspartner ist als auch die Reise durchführt. 5

§ 10 Unterrichtung bei erheblichen Vertragsänderungen

Beabsichtigt der Reiseveranstalter eine Vertragsänderung nach § 651g Absatz 1 des Bürgerlichen Gesetzbuchs, hat er den Reisenden unverzüglich nach Kenntnis von dem Änderungsgrund auf einem dauerhaften Datenträger klar, verständlich und in hervorgehobener Weise zu informieren über
1. die angebotene Vertragsänderung, die Gründe hierfür sowie
a) im Fall einer Erhöhung des Reisepreises über deren Berechnung,
b) im Fall einer sonstigen Vertragsänderung über die Auswirkungen dieser Änderung auf den Reisepreis gemäß § 651g Absatz 3 Satz 2 des Bürgerlichen Gesetzbuchs,
2. die Frist, innerhalb derer der Reisende ohne Zahlung einer Entschädigung vom Vertrag zurücktreten oder das Angebot zur Vertragsänderung annehmen kann,

---

1 BT-Drs. 14/5944, 17.
2 Vgl. auch BeckOGK/*Meier* Rn. 4.
3 BT-Drs. 14/5944, 17 f.
4 Vgl. BeckOGK/*Meier* Rn. 6; *Staudinger* in Führich/Staudinger, Reiserecht, 8. Aufl. 2019, § 7 Rn. 9.
5 Vgl. LG Berlin RRa 2008, 113 in Auseinandersetzung mit einer AGB-Klausel.

3. **den Umstand, dass das Angebot zur Vertragsänderung als angenommen gilt, wenn der Reisende sich nicht innerhalb der Frist erklärt, und**
4. **die gegebenenfalls als Ersatz angebotene Pauschalreise und deren Reisepreis.**

1 Nach Art. 10 und 11 Pauschalreise-RL ist der Reiseveranstalter berechtigt, unter bestimmten Voraussetzungen den Preis und die Reiseleistungen zu ändern. Bei einer **wesentlichen Leistungsänderung** bedarf es dabei der **Zustimmung** des Reisenden. Die damit verbundenen Informationspflichten sind in Art. 11 Abs. 3 Pauschalreise-RL geregelt. Der Umsetzungsgesetzgeber hat in § 651g BGB die Fälle zusammengefasst, in denen der Reiseveranstalter den Vertrag nicht einseitig ändern kann, und das Verfahren einer zustimmungspflichtigen Vertragsänderung gemäß den Vorgaben der Pauschalreise-RL vorgesehen. Dies gilt sowohl für erhebliche Preisänderungen (→ BGB § 651g Rn. 4 ff.) wie sonstige Leistungsänderungen (→ BGB § 651g Rn. 11 ff.). Die in diesem Zusammenhang anfallenden Informationspflichten, also die Umsetzung von Art. 11 Abs. 3 Pauschalreise-RL, finden sich in Art. 250 § 10.[1]

2 Der Reiseveranstalter muss über die **Gründe** für die Vertragsänderung (Nr. 1), die **Frist,** innerhalb derer sich der Reisende erklären muss (Nr. 2) und ggf. eine **Ersatzreise** (Nr. 4) informieren. Besonders wichtig ist die Nr. 3, denn der Umsetzungsgesetzgeber hat sich dafür entschieden, dass das Angebot zur Vertragsänderung **nach Fristablauf als angenommen** gilt (§ 651g Abs. 2 S. 3 BGB). Darüber muss der Reiseveranstalter ihn aufklären.

Art. 251 Informationspflichten bei Vermittlung verbundener Reiseleistungen

§ 1 Form und Zeitpunkt der Unterrichtung

[1]Die Unterrichtung des Reisenden nach § 651w Absatz 2 des Bürgerlichen Gesetzbuchs muss erfolgen, bevor dieser eine Vertragserklärung betreffend einen Vertrag über eine Reiseleistung abgibt, dessen Zustandekommen bewirkt, dass eine Vermittlung verbundener Reiseleistungen erfolgt ist. [2]Die Informationen sind klar, verständlich und in hervorgehobener Weise mitzuteilen.

1 Bei verbundenen Reiseleistungen (§ 651w BGB; zum Begriff → § 651w Rn. 12) bestehen besondere Pflichten des **Vermittlers.** Der Vermittler wird zwar nicht zum Reiseveranstalter, wie dies in den Fällen des § 651b Abs. 1 BGB geschehen kann, aber es treffen ihn zusätzliche Pflichten, die über die im Pauschalreiserecht geregelten allgemeinen Vermittlerpflichten (§ 651v BGB) hinausgehen, insbesondere eine **Insolvenzabsicherungspflicht,** wenn er das **Inkasso** des Reisepreises betreibt. Darüber hinaus treffen ihn Informationspflichten, die in der Verwendung unterschiedlicher **Formblätter** bestehen. Diese Formblätter sind der wesentliche Regelungsinhalt des Art. 251 und der Anlagen 14–17 zum EGBGB. Die EU-Kommission will in ihrem Vorschlag für eine geänderte Pauschalreise-RL den Begriff der verbundenen Reiseleistungen auf Fälle **einschränken,** in denen die zweite Leistung innerhalb von 24 Stunden nach der ersten gebucht wird.[1]

2 Mit der Unterrichtung nach § 651w Abs. 2 BGB sind die **Formblätter** nach den Anlagen 14–17 gemeint. § 651w Abs. 2 BGB verweist auf Art. 251 und Art. 251 § 2 wiederum auf die Formblätter. Den Vermittler verbundener Reiseleistungen treffen jedoch nicht die Informationspflichten, die den Erbringern der einzelnen verbundenen Reiseleistungen obliegen. Da eine Pauschalreise nicht Gegenstand verbundener Reiseleistungen sein kann, kommen die pauschalreiserechtlichen Informationspflichten nach Art. 250 im Rahmen verbundener Reiseleistungen nicht zur Anwendung.

3 S. 1 stellt klar, dass die Informationspflichten vorvertraglich zu erfüllen sind, dh dass das richtige Formblatt **vor Vertragsschluss** zur Verfügung zu stellen ist. Die Schwierigkeit für den Vermittler besteht darin zu erkennen, ob er sich im Anwendungsbereich der Vorschrift über verbundene Reiseleistungen bewegt. Dies ist eine Frage des § 651w BGB. S. 2 schließlich enthält das im Unionsrecht übliche Gebot, dass die Informationen klar und verständlich zu sein haben. Dies bedeutet auch, dass die Sprache der Vertragsverhandlungen zu verwenden ist.[2]

---

1 *Bergmann* in Tonner/Bergmann/Blankenburg, Reiserecht, 2. Aufl. 2022, § 1 Rn. 220, empfiehlt, dafür geeignete Mustervorlagen bereitzuhalten.

1 COM(2023) 905 final vom 29.11.2023.

2 BeckOGK/*Meier* Rn. 4.

§ 2 Formblatt für die Unterrichtung des Reisenden

[1]Dem Reisenden ist gemäß den in den Anlagen 14 bis 17 enthaltenen Mustern ein zutreffend ausgefülltes Formblatt zur Verfügung zu stellen, und zwar

1. sofern der Vermittler verbundener Reiseleistungen ein Beförderer ist, mit dem der Reisende einen die Rückbeförderung umfassenden Beförderungsvertrag geschlossen hat:
   a) ein Formblatt gemäß dem Muster in Anlage 14, wenn die Vermittlung nach § 651w Absatz 1 Satz 1 Nummer 1 des Bürgerlichen Gesetzbuchs erfolgt,
   b) ein Formblatt gemäß dem Muster in Anlage 15, wenn die Vermittlung nach § 651w Absatz 1 Satz 1 Nummer 2 des Bürgerlichen Gesetzbuchs erfolgt,

2. sofern es sich bei dem Vermittler verbundener Reiseleistungen nicht um einen Beförderer handelt, mit dem der Reisende einen die Rückbeförderung umfassenden Beförderungsvertrag geschlossen hat:
   a) ein Formblatt gemäß dem Muster in Anlage 16, wenn die Vermittlung nach § 651w Absatz 1 Satz 1 Nummer 1 des Bürgerlichen Gesetzbuchs erfolgt,
   b) ein Formblatt gemäß dem Muster in Anlage 17, wenn die Vermittlung nach § 651w Absatz 1 Satz 1 Nummer 2 des Bürgerlichen Gesetzbuchs erfolgt.

[2]Erfolgt die Vermittlung verbundener Reiseleistungen in den Fällen von Satz 1 Nummer 1 und 2 Buchstabe b bei gleichzeitiger körperlicher Anwesenheit des Reisenden und des Vermittlers verbundener Reiseleistungen, hat der Vermittler verbundener Reiseleistungen abweichend von Satz 1 die in den betreffenden Formblättern enthaltenen Informationen in einer der Vermittlungssituation angepassten Weise zur Verfügung zu stellen. [3]Entsprechendes gilt, wenn die Vermittlung verbundener Reiseleistungen weder bei gleichzeitiger körperlicher Anwesenheit des Reisenden und des Vermittlers verbundener Reiseleistungen noch online erfolgt.

Für verbundene Reiseleistungen kommen nicht weniger als **vier verschiedene Formblätter** 1 in Betracht.[1] Dies liegt daran, dass die Pauschalreise-RL und damit das Umsetzungsgesetz danach unterscheiden, ob der Vermittler ein **Beförderer** ist oder nicht, und ob die Verträge über die verschiedenen verbundenen Reiseleistungen beim selben Kontakt mit der Vertriebsstelle geschlossen wurde, oder ob der zweite Vertrag später, aber innerhalb eines Zeitraums von 24 Stunden geschlossen wurde.

Die vier Formblätter enthalten übereinstimmend einen Hinweis, dass der Reisende **keine pauschalreiserechtlichen Ansprüche** erwirbt und der Vermittler nicht für die Leistungen haftet. Es 2 folgt der Hinweis auf den Insolvenzschutz für Zahlungen an den Vermittler einschließlich der Erläuterung, dass dieser **Insolvenzschutz** im Falle der Insolvenz eines Leistungserbringers nicht eingreift.

Wie auch sonst bei **gleichzeitiger körperlicher Anwesenheit der Vertragsparteien** bei 3 Vertragsschluss enthält die Vorschrift in S. 2 eine Sonderregelung. Während aber etwa Art. 250 § 6 S. 2 Nr. 1 in dieser Situation für die Vertragsbestätigung bei der Pauschalreise Papierform verlangt, begnügt sich das Gesetz bei verbundenen Reiseleistungen mit der nichtssagenden Formulierung, die Informationen seien in einer der Vermittlungssituation angepassten Weise zur Verfügung zu stellen. In der Begründung des RegE findet sich dazu nichts.[2] Gemeint ist wohl, dass es nicht besonders sinnvoll ist, das Formblatt bei einem Vertragsschluss unter Anwesenden online zu übermitteln, obwohl dies für die Formblätter grundsätzlich möglich ist. Der Gesetzgeber scheute wegen des komplexen unionsrechtlichen Hintergrunds der Vorschrift[3] jedoch davor zurück, ausdrücklich Papierform anzuordnen. Im Zweifel liegt die Papierform jedoch nahe.

S. 3 befasst sich in ähnlicher Weise mit dem **telefonischen Vertragsschluss.**[4] Auch hier gilt, 4 dass das Formblatt in einer der Vermittlungssituation angepassten Weise zur Verfügung zu stellen ist. Das Gesetz spricht zwar nicht direkt vom telefonischen Vertragsschluss, sondern von einer Vermittlung, die weder bei gleichzeitiger körperlicher Anwesenheit der Parteien noch online erfolgt, doch kommt für diese Fallkonstellation praktisch nur der telefonische Vertragsschluss in Betracht. Unter einer angepassten Form könnte das Vorlesen des Formblatts zu verstehen sein, doch ist dies ebenso wie das Vorlesen von AGB nicht praktikabel. Wie bei AGB kann es daher erst zum Vertragsschluss kommen, wenn das Formblatt dem Reisenden auf andere Weise zur Verfügung gestellt wurde, etwa

---

1 Ausf. zu den einzelnen Formblättern BeckOGK/*Meier* Rn. 4.1 ff.
2 BT-Drs. 18/10822, 105.
3 Dazu BeckOGK/*Meier* Rn. 6.
4 Dazu BeckOGK/*Meier* Rn. 8.

durch Übersenden per Brief oder E-Mail. Der Vertrag kommt erst zustande, wenn der Reisende das aufgrund des Telefongesprächs unterbreitete Angebot des Reiseveranstalters, das das Formblatt enthält, annimmt. Dies kann auch stillschweigend geschehen.

5 Die Formblätter nach Anhang 14 und 15 betreffen die Fälle, in denen der Vermittler ein **Beförderer** ist und die Beförderung die **Rückreise** umfasst. Der Grund für diese Abgrenzung liegt darin, dass die **Insolvenzabsicherung** nicht nur Zahlungen des Reisenden an den Vermittler, sondern auch die **Rückbeförderung** abdecken muss (Art. 19 Abs. 1 S. 2 Pauschalreise-RL, § 651w Abs. 3 S. 2 BGB). In diesen Fällen ist also stets eine Insolvenzabsicherung notwendig, auch dann, wenn der Vermittler keine Zahlungen des Reisenden entgegennimmt. Die Formblätter nach Anhang 14 und 15 weisen daher uneingeschränkt auf eine Insolvenzabsicherung hin.

6 Das Formblatt nach Anhang 14 ist zu verwenden, wenn der Reisende die vermittelten Verträge **anlässlich eines einzigen Kontakts** mit der Vertriebsstelle des Vermittlers abschließt (§ 651w Abs. 1 S. 1 Nr. 1 BGB), das Formblatt nach Anlage 15 dagegen, wenn der weitere Vertrag **in gezielter Weise innerhalb von 24 Stunden nach dem ersten Vertrag** geschlossen ist (§ 651w Abs. 1 S. 1 Nr. 2 BGB). Unter „in gezielter Weise" ist ein kommerzieller Link zu verstehen (Erwägungsgrund Nr. 13 Pauschalreise-RL). Das Formblatt nach Anlage 14 formuliert daher: „Bei Buchung zusätzlicher Reiseleistungen für Ihre Reise im Anschluss an die Auswahl und Zahlung einer Reiseleistung …", während es im Formblatt nach Anlage 15 heißt: „Bei Buchung zusätzlicher Reiseleistungen für Ihre Reise über diesen Link oder diese Links innerhalb von 24 Stunden nach Bestätigung Ihrer Buchung …".

7 Ist der Vermittler **kein Beförderer,** der auch die Rückbeförderung schuldet, sind die Formblätter nach den Anlagen 16 oder 17 zu verwenden. In diesen Fällen ist **keine Insolvenzabsicherung** erforderlich, wenn der Vermittler **kein Inkasso** des Reisepreises betreibt. Reisebüros wollen vielfach eine Insolvenzabsicherung vermeiden und sind deshalb daran interessiert, diesen Weg zu beschreiten. Die beiden Formblätter enthalten jedoch trotzdem den Hinweis auf die Insolvenzabsicherung, weil die Pauschalreise-RL insoweit keine Einschränkung enthält. Dabei ist zwar erwähnt, dass nur Zahlungen an den Vermittler abgesichert sein müssen, so dass der Hinweis für den Fall, dass keine Zahlungen an den Vermittler erfolgen, gegenstandslos ist. Dagegen fügte der Umsetzungsgesetzgeber zur Vermeidung von Missverständnissen den beiden Formblättern eine *-Fußnote hinzu, wonach die Absätze über die Insolvenzabsicherung entfallen, wenn der Vermittler Zahlungen des Reisenden für die Reiseleistungen nicht oder erst nach deren Erbringung annimmt.[5] Dies soll sogar dann gelten, wenn Zahlungen aufgrund einer Inkassovollmacht des Vermittlers auf einem **insolvenzfesten Treuhandkonto** gutgeschrieben werden.

8 Die Begründung zum RegE erläutert, dass diese Regelung in Absprache mit der EU-Kommission zustande gekommen sei.[6] Im RefE war sie noch nicht enthalten. Entscheidend für die Änderung war der Druck der Reiseindustrie, die soweit wie möglich die Insolvenzabsicherung aus den verbundenen Reiseleistungen heraushalten wollte. Daraus resultiert auch die Erweiterung auf das insolvenzfeste Treuhandkonto.

Art. 252 Sicherungsschein; Mitteilungspflicht des Absicherers

(1) [1]Der Sicherungsschein nach § 651r Absatz 4 Satz 1, auch in Verbindung mit § 651w Absatz 3 Satz 4, des Bürgerlichen Gesetzbuchs ist gemäß dem in Anlage 18 enthaltenen Muster zu erstellen und dem Reisenden zutreffend ausgefüllt in Textform zu übermitteln. [2]Von dem Muster darf in Format und Schriftgröße abgewichen werden. [3]Auf dem Sicherungsschein darf die Firma oder ein Kennzeichen des Absicherers oder seines Beauftragten abgedruckt werden. [4]Enthält die Urkunde neben dem Sicherungsschein weitere Angaben oder Texte, muss sich der Sicherungsschein deutlich hiervon abheben.

(2) [1]Bei Pauschalreisen ist der Sicherungsschein der Bestätigung oder der Abschrift des Vertrags anzuheften oder auf ihrer Rückseite abzudrucken. [2]Der Sicherungsschein kann auch elektronisch mit der Bestätigung oder Abschrift des Vertrags verbunden werden. [3]Bei Pauschalreisen nach § 651c des Bürgerlichen Gesetzbuchs ist der Sicherungsschein zu übermitteln, sobald der als Reiseveranstalter anzusehende Unternehmer nach Artikel 250 § 8 Absatz 1 über den Umstand eines weiteren Vertragsschlusses unterrichtet worden ist.

[5] BeckOGK/*Meier* Rn. 4.3 spricht von einer angemessenen teleologischen Reduktion der Pauschalreise-RL.
[6] BT-Drs. 18/10822, 105.

(3) Bei Vermittlung verbundener Reiseleistungen ist der Sicherungsschein zu übermitteln, sobald der Vermittler verbundener Reiseleistungen nach § 651w Absatz 5 des Bürgerlichen Gesetzbuchs über den Umstand eines weiteren Vertragsschlusses unterrichtet worden ist.

(4) Ein Reisevermittler ist dem Reisenden gegenüber verpflichtet, den Sicherungsschein auf seine Gültigkeit hin zu überprüfen, wenn er ihn dem Reisenden übermittelt.

(5) Der Absicherer (§ 651r Absatz 3 des Bürgerlichen Gesetzbuchs) ist verpflichtet, die Beendigung des Absicherungsvertrags der zuständigen Behörde unverzüglich mitzuteilen.

Übersicht

I. Normzweck

Die Verpflichtung, einen Sicherungsschein nach zwingendem Muster zu verwenden, war ein Kernstück des 2. ReiseRÄndG. Der Gesetzgeber bezweckte damit eine Verbesserung der Effizienz der Absicherung, indem es dem Reisenden erleichtert wird festzustellen, ob für den von ihm abgeschlossenen Reisevertrag eine Absicherung besteht (bis zum Inkrafttreten des G über die Insolvenzabsicherung durch Reisesicherungsfonds am 1.7.2021 Kundengeldabsicherung genannt, → BGB § 651r Rn. 7). Dazu sollten Gestaltung und Inhalt der Sicherungsscheine soweit wie möglich vereinheitlicht werden.[1] 1

Der RefE des 3. ReiseRÄndG wollte die Vorschrift über den Sicherungsschein (§ 651k Abs. 3 und 4 BGB aF) streichen, weil er darin eine wegen der Vollharmonisierung unzulässige **Verdoppelung** der bereits durch die Formblätter gewährleisteten **Information über die Insolvenzabsicherung** sah.[2] Der RegE entschloss sich gleichwohl, den Sicherungsschein weiterhin vorzuschreiben (§ 651r Abs. 4 BGB). Nach Erwägungsgrund 39 Pauschalreise-RL ist dies trotz der Vollharmonisierung zulässig. Deswegen musste auch die Vorschrift über das Muster für den Sicherungsschein und das Muster selbst beibehalten werden. 2

Abs. 1 verweist auf das **Muster,** das in Anlage 18 enthalten ist. Der jetzige Text ist gegenüber der früheren Fassung (Anlage zu § 9 BGB-InfoV aF) gestrafft. Neu ist Abs. 2 S. 3, der auf die **Click-through-Buchung** gemäß § 651c BGB abstellt. Der als Reiseveranstalter anzusehende Unternehmer muss danach den Sicherungsschein übermitteln, sobald er über einen weiteren Vertragsschluss unterrichtet worden ist. 3

Auch bei **verbundenen Reiseleistungen** ist die Übermittlung eines Sicherungsscheins erforderlich (Abs. 3). Der Sicherungsschein muss übermittelt werden, wenn der Vermittler über einen weiteren Vertragsschluss unterrichtet worden ist. Die Vorschrift ist restriktiv auszulegen, denn eine Insolvenzabsicherungspflicht besteht nicht in jedem Fall verbundener Reiseleistungen, sondern nur dann, wenn ein Beförderer auch die Rückbeförderung schuldet oder der Vermittler Zahlungen auf den Reisepreis entgegennimmt. In anderen Fällen kann mangels Insolvenzabsicherungspflicht kein Sicherungsschein übergeben werden. 4

Die Verpflichtung des **Vermittlers,** den Sicherungsschein auf seine Gültigkeit hin zu überprüfen (Abs. 4), findet sich etwas versteckt in Abs. 4. Man hätte diese Verpflichtung in § 651r Abs. 4 BGB regeln sollen, wie dies im früheren Recht der Fall war (§ 651k Abs. 3 S. 4 BGB aF). 5

II. Form und Inhalt des Sicherungsscheins (Abs. 1)

Die Pflicht, den vorgeschriebenen Sicherungsschein zu verwenden, ist in Abs. 1 enthalten. Die Pflichtangaben ergeben sich aus dem Muster der Anlage 18. Die Pflichtangaben wurden durch das G über die Insolvenzabsicherung durch Reisesicherungsfonds mWv 1.11.2021 geändert. Der Sicherungsschein muss enthalten 6

[1] BT-Drs. 14/5944, 16 f. Auf die begrenzte Zielerreichung hinweisend *Fischer/Lindner* RRa 2002, 154.
[2] Zust. *Tonner* RRa 2017, 5 (6).

– den Namen des Reisenden oder die Buchungsnummer, wobei allerdings auch auf die Rückseite oder auf die Reisebestätigung verwiesen werden kann oder stattdessen der Satz eingefügt werden kann: „Dieser Sicherungsschein gilt für den Buchenden und alle Reiseteilnehmer."
– die Geltungsdauer des Sicherungsscheins, falls diese befristet ist;
– einen Hinweis auf den Höchstbetrag von 1 Million Euro für jeden Insolvenzfall sowie darauf, dass sich der Erstattungsanspruch deshalb gegebenenfalls verringern kann – diese Angabe ist aber nicht in jedem Fall einschlägig (→ Rn. 7);
– eine Adresse für Rückfragen, wobei die Anforderungen an die Adresse genauer beschrieben werden;
– Name, Anschrift und Telefonnummer des Absicherers oder der Stelle, die für die Schadensabwicklung zuständig ist, also nicht nur ein Postfach, eine Telefonnummer oder eine E-Mail-Adresse.

7 Der Hinweis auf die Höchstbetragsregelung kommt in den meisten Fällen nicht zur Anwendung, da der Reisesicherungsfonds grundsätzlich eine vollständige Absicherung bietet. Gehört der Reiseveranstalter zum Kreis der Unternehmen, die sich auch über einen Versicherer oder ein Kreditinstitut absichern können, darf der Versicherer oder das Kreditinstitut die **Haftung auf 1 Million Euro je Insolvenzfall begrenzen,** wenn der Umsatz des Reiseveranstalters 3 Millionen Euro nicht übersteigt (→ BGB § 651r Rn. 31).[3]

8 Nach Abs. 1 S. 2 dürfen sich Abweichungen vom Muster nur auf Format und Schriftgröße beziehen, nicht aber auf die Pflichtangaben. Der Sicherungsschein muss aber **lesbar bleiben.** Eine Verkleinerung unter **Schriftgröße 9** dürfte deshalb unzulässig sein. Bei Verwendung von Farben ist darauf zu achten, dass sich der Text vom Untergrund deutlich abhebt. Ein weiterer, auf derselben Urkunde befindlicher Text darf nicht so gestaltet werden, dass der Sicherungsschein vollständig in den Hintergrund tritt.

9 Weitere Angaben darf der Sicherungsschein nicht enthalten. Dies ergibt sich aus der Verwendung des Wortes „Muster" sowie aus dem Zweck der Regelung, wonach die einfache Erkennbarkeit des Sicherungsscheins sichergestellt werden soll. Allerdings dürfen gemäß Abs. 1 S. 4 weitere Texte auf dieselbe Urkunde gesetzt werden. Sie müssen aber **deutlich vom Sicherungsschein abgehoben** sein. Dafür bietet sich zB ein Rahmen an oder eine andere drucktechnische Gestaltung wie Fettdruck oder ein größeres Format.[4] Die Pflichtangabe, wonach die Erstattung erst nach Jahresablauf erfolgt, ist entfallen, weil dies mit der Pauschalreise-RL nicht vereinbar wäre (→ BGB § 651r Rn. 25).

III. Verbindung des Sicherungsscheins mit der Vertragsbestätigung (Abs. 2)

10 Es soll gewährleistet sein, dass der Reisende den Sicherungsschein in Verbindung mit der Vertragsbestätigung wahrnimmt. Deswegen muss er mit ihr gemäß Abs. 2 S. 1 **fest verbunden** werden. Er muss entweder angeheftet oder abgedruckt sein.

11 Abs. 2 S. 2 will den elektronischen Sicherungsschein ermöglichen. Er muss ebenfalls mit der Vertragsbestätigung verbunden sein. Daher ist ein elektronischer Sicherungsschein nicht möglich, wenn die Vertragsbestätigung in Papierform erfolgt.

IV. Verbundene Reiseleistungen (Abs. 3)

12 Nach § 651r Abs. 4 S. 1 BGB hat der Reiseveranstalter einen Sicherungsschein zur Verfügung zu stellen. Eine ausdrückliche gleichlautende Pflicht für den Vermittler verbundener Reiseleistungen fehlt im Gesetz, jedoch enthält § 651w Abs. 3 S. 4 BGB eine Verweisung auf § 651r Abs. 2–4 BGB sowie §§ 651s und 651t BGB, so dass auch der Vermittler verbundener Reiseleistungen einen Sicherungsschein ausstellen muss, soweit er Zahlungen des Reisenden entgegennimmt.[5] Abs. 1 S. 1 erstreckt die Regelungen der Vorschrift ausdrücklich auf verbundene Reiseleistungen, sofern der Reisevermittler Zahlungen des Reisenden entgegennimmt.

13 Abs. 3 regelt den **Zeitpunkt,** zu dem der Sicherungsschein bei verbundenen Reiseleistungen übergeben werden muss. Nach § 651w Abs. 1 S. 1 Nr. 2 BGB kann der Unternehmer, der die erste Reiseleistung erbringt, nicht wissen, ob der Reisende innerhalb von 24 Stunden einen Vertrag über eine weitere Reiseleistung abschließt, die der erste Unternehmer in gezielter Weise vermittelt hat. Infolgedessen ist zu diesem Zeitpunkt nicht klar, ob ein Scherungsschein zur Verfügung gestellt werden muss. Der zweite Unternehme muss deswegen gemäß § 651w Abs. 5 BGB den ersten Unternehmer über den Umstand des Vertragsschlusses zu unterrichten (→ BGB § 651w Rn. 49). Erst dann muss der erste Unternehme gemäß Abs. 3 den Sicherungsschein zur Verfügung stellen.

---

3 Ausf. *Tonner* MDR 2021, 1240 (1244).
4 Ähnlich BeckOGK/*Blankenburg* Rn. 15.
5 Vgl. auch *Staudinger* in Führich/Staudinger, Reiserecht, 9. Aufl. 2024, § 27 Rn. 14.

V. Prüfungspflicht des Reisevermittlers (Abs. 4)

Abs. 4 übernimmt den früheren § 651k Abs. 3 S. 4 BGB aF. Danach muss der Reisevermittler prüfen, ob der zur Verfügung gestellte Sicherungsschein gültig ist. Erkennt er die Ungültigkeit des Sicherungsscheins aufgrund einer unterlassenen oder unsorgfältigen Überprüfung nicht, macht er sich gemäß § 280 BGB **schadensersatzpflichtig,** falls der Reisende infolge einer fehlenden Insolvenzabsicherung einen Schaden erleidet. 14

Da die Pauschalreise-RL einen Sicherungsschein zwar zulässt, aber nicht verlangt, kann von Reiseveranstaltern mit Sitz in einem **anderen Mitgliedstaat des EWR** gemäß § 651s BGB kein Sicherungsschein verlangt werden. Abs. 4 greift hier nicht ein.[6] Der Reisevermittler ist jedoch gemäß § 651v Abs. 2 S. 1 BGB iVm § 651t Nr. 2 BGB verpflichtet, dem Reisenden die Kontaktdaten des Insolvenzabsicherers bzw. der zuständigen Behörde mitzuteilen, so dass auch in diesem Fall eine Überprüfungspflicht besteht. 15

VI. Beendigung einer Absicherung (Abs. 5)

Abs. 5 übernimmt den aufgehobenen Art. 238 Abs. 2 mit geringfügigen Anpassungen. Die Vorschrift enthält eine **gewerberechtliche Verpflichtung** des Reiseveranstalters, die aus dem 2. ReiseRÄndG stammt und die der Gesetzgeber offenbar nicht anders unterzubringen vermochte. Im Vorfeld des 2. ReiseRÄndG war die Gewerbeaufsicht in die Kritik geraten, der man vorwarf, dass es ihr nicht gelungen sei, mit Hilfe des Ordnungswidrigkeitstatbestands des § 147b GewO „schwarze Schafe" vom Markt zu nehmen, die entgegen den gesetzlichen Vorschriften keinen Kundengeldabsicherungsvertrag abschlossen oder nicht abschließen konnten, weil sie die Bonitätskriterien der Versicherer nicht erfüllten.[7] Es wurden deshalb Verschärfungen der gewerberechtlichen Vorschriften erörtert, nicht zuletzt um dem gemeinschaftsrechtlichen Gebot der effektiven Umsetzung der Pauschalreise-RL von 1990 nachzukommen. Im Gespräch war ua eine sog **„weiße Liste"**, dh ein Register, das alle Reiseveranstalter hätte enthalten sollen, die einen Absicherungsvertrag abgeschlossen hatten. 16

Ein derartiges **Register** befindet sich jetzt auf der Webseite des Deutschen Reisesicherungsfonds (DRSF). Fehlt ein Veranstalter in diesem Register, darf daraus allerdings nicht geschlossen werden, dass er nicht abgesichert ist. Vielmehr ist dies nur ein Anlass zu weiteren Recherchen über eine bestehende Absicherung. Der Absicherer ist nach Abs. 5 verpflichtet, die Beendigung des Absicherungsvertrags der zuständigen Behörde mitzuteilen. Weitergehende Anzeigepflichten hat der Reisesicherungsfonds gegenüber dem Bundesministerium der Justiz als der für ihn zuständigen Aufsichtsbehörde (→ BGB Anh. § 651r Rn. 42 ff.).[8] Für Versicherer und Kreditinstitute bleibt es aber bei der Aufsicht durch die Bundesanstalt für Finanzdienstleistungsaufsicht (Bafin). 17

Die Vorschrift ist zwar zu begrüßen, hat aber ihre **Grenzen.** So hilft sie wenig, wenn der Reiseveranstalter unter anderem Namen weiterhin aktiv ist.[9] Sinnvoll wäre es auch gewesen, dem Absicherer eine Meldepflicht dann aufzuerlegen, wenn er den Abschluss eines Absicherungsvertrags ablehnt.[10] Allerdings dürfen nur Versicherer und Kreditinstitute eine Absicherung ablehnen. Für den Reisesicherungsfonds besteht ein Kontrahierungszwang (§ 15 RSG). Zu kritisieren ist auch die **systematische Einstellung** der Vorschrift in das EGBGB.[11] Es handelt sich um eine gewerberechtliche Vorschrift; sie hätte hinter § 147b GewO ihren Platz gehabt. Im EGBGB wird man sie kaum suchen. 18

Art. 253 Zentrale Kontaktstelle

§ 1 Zentrale Kontaktstelle; Informationen über die Insolvenzsicherung

(1) Die Aufgaben der zentralen Kontaktstelle nach Artikel 18 Absatz 2 bis 4 der Richtlinie (EU) 2015/2302 nimmt das Bundesamt für Justiz wahr.

(2) Das Bundesamt für Justiz stellt den zentralen Kontaktstellen anderer Mitgliedstaaten oder sonstiger Vertragsstaaten des Abkommens über den Europäischen Wirtschaftsraum alle notwendigen Informationen über die gesetzlichen Anforderungen an die Verpflich-

---

6 AA BeckOGK/*Blankenburg* Rn. 22.

7 *Tonner,* Die Insolvenzabsicherung im Pauschalreiserecht, 2002, 77 ff.

8 Im Einzelnen *Tonner* MDR 2021, 1240 (1244).

9 *Tonner,* Die Insolvenzabsicherung im Pauschalreiserecht, 2002, 36.

10 *Tonner,* Die Insolvenzabsicherung im Pauschalreiserecht, 2002, 87; Staudinger/*Staudinger,* 2016, BGB § 651k Rn. 22; zust. BeckOGK/*Blankenburg* Rn. 25.

11 So auch Staudinger/*Staudinger,* 2016, BGB § 651k Rn. 22; BeckOGK/*Blankenburg* Rn. 24.

tung von Reiseveranstaltern und Vermittlern verbundener Reiseleistungen zur Insolvenzsicherung (§§ 651r bis 651t, 651w Absatz 3 des Bürgerlichen Gesetzbuchs) zur Verfügung.

1 Aufgrund der **Dienstleistungsfreiheit** nach Art. 56 AEUV haben Reiseveranstalter aus anderen Mitgliedstaaten das Recht, auf dem deutschen Markt aktiv zu werden, wie auch umgekehrt deutsche Unternehmen im gesamten Binnenmarkt tätig werden können. Dabei gilt das **Herkunftslandprinzip,** dh ein Reiseveranstalter handelt rechtmäßig, wenn er nach den Vorschriften seines Sitzstaats handelt. Bedeutung hat dies insbesondere für die Insolvenzabsicherung. Die Vorschriften der Pauschalreise-RL sind nur sehr allgemein und überlassen viele Details den Mitgliedstaaten, so dass sich die **Insolvenzabsicherungssysteme** in den Mitgliedstaaten **stark unterscheiden.** Daran hat auch die Pauschalreise-RL 2015 nicht viel geändert.

2 Die Folge ist, dass Reiseveranstalter mit unterschiedlicher Insolvenzabsicherung auf den jeweiligen nationalen Märkten tätig sind. Das erschwert deren **gewerberechtliche Überwachung,** denn die Behörde muss jeweils feststellen. ob der betreffende Reiseveranstalter in seinem Sitzstaat eine Insolvenzabsicherung abgeschlossen hat, und ob er dabei die im Sitzstaat geltenden Vorschriften eingehalten hat. Dazu ist eine nationale Behörde aber nicht in der Lage.

3 Die Pauschalreise-RL enthält deshalb in Art. 18 Pauschalreise-RL eine Vorschrift zur **gegenseitigen Anerkennung des Insolvenzschutzes** und Verwaltungszusammenarbeit. Die gegenseitige Anerkennung (Art. 18 Abs. 1 Pauschalreise-RL) ist in § 651s BGB umgesetzt. Sie folgt ohnehin bereits primärrechtlich aus der Niederlassungsfreiheit in Verbindung mit dem Herkunftslandprinzip.

4 Die **Verwaltungszusammenarbeit** ist in Art. 18 Abs. 2–4 Pauschalreise-RL geregelt und in Art. 253 umgesetzt. Art. 253 § 1 benennt, wie von Art. 18 Abs. 2 Pauschalreise-RL verlangt, eine zentrale Kontaktstelle, und zwar das Bundesamt für Justiz. Die Rolle des Bundesamts für Justiz ist aber nach den Art. 253 §§ 2 und 3 nur die einer Durchgangsstation, abgesehen davon, dass es nach Abs. 2 alle notwendigen Informationen über die gesetzlichen Anforderungen zur Insolvenzabsicherung, nämlich die §§ 651r–651t, 651w Abs. 3 BGB, erteilt. Es gibt also Rechtsauskünfte allgemeiner Art.

5 Auskunftsersuchen der inländischen „zuständigen Behörden“ leitet das Bundesamt für Justiz an die Kontaktstelle des Niederlassungsstaats weiter (Art. 253 § 2: **Ausgehende Ersuchen**) bzw. umgekehrt die von einer Kontaktstelle eines anderen Mitgliedstaats eingehenden Auskunftsersuchen an die „zuständige Behörde“ (Art. 253 § 3: **Eingehende Ersuchen**). Das Bundesamt der Justiz wird also von sich aus weder in die eine noch in die andere Richtung aktiv.

6 Ob mit diesen „Kontaktstellen“ viel gewonnen ist, muss bezweifelt werden. Die Gewerbeaufsicht konnte in Deutschland bislang keine Rolle spielen, so dass nicht zu erwarten ist, dass ausgehende Ersuchen eine nennenswerte Rolle spielen werden. Umgekehrt ist jedoch nicht ausgeschlossen, dass die Verwaltungsbehörden anderer Mitgliedstaaten in größerem Umfang an das Bundesamt für Justiz herantreten werden und dieses die gewerberechtliche Aufsicht häufiger einschalten muss.

7 Die Einrichtung einer Kontaktstelle mit ausgehenden und eingehenden Ersuchen ist keine pauschalreiserechtliche Besonderheit. Sie entspricht dem System, das auch der **CPC-VO 2017** zugrunde liegt.[1] Diese Verordnung wird durch das nationale EU-Verbraucherschutzdurchsetzungsgesetz (EU-VSchDG) ergänzt. Danach haben die Mitgliedstaaten zuständige Behörden und zentrale Vermittlungsstellen zu benennen, die zusammenarbeiten, um grenzüberschreitende Verstöße gegen Verbraucherschutzvorschriften abzustellen. Die CPC-VO spricht von ersuchten und ersuchenden Behörden. Allerdings geht die Verordnung über Auskunftsersuchen hinaus und umfasst auch Durchsetzungsersuchen. Sie erfasst das gesamte Pauschalreiserecht und nicht nur, wie die Kontaktstelle nach Art. 253, die Insolvenzsicherung. Die zentrale Vermittlungsstelle kann „benannte Stellen“ mit der Durchsetzung beauftragen, wozu der Verbraucherzentrale Bundesverband und die Zentrale zur Bekämpfung unlauteren Wettbewerbs gehören. Dies hat in pauschalreiserechtlichen Fällen durchaus praktische Bedeutung.[2] Wegen der Durchsetzungsersuchen dürfte die CPC-VO im Pauschalreiserecht sogar wichtiger werden als die in der Pauschalreise-RL vorgesehene Kontaktstelle. Zentrale Vermittlungsstelle iSd CPC-VO ist ebenfalls das Bundesamt für Justiz.

8 Die Neufassung der CPC-VO ist ein deutlicher Ausdruck dafür, dass der Unionsgesetzgeber stärker als bisher auf eine **behördliche Durchsetzung von Verbraucherschutzrecht** setzt. Dies entspricht der Tradition in vielen Mitgliedstaaten, während man in Deutschland bislang stärker auf

---

1 VO (EU) 2017/2394 des Europäischen Parlaments und des Rates vom 12.12.2017 über die Zusammenarbeit zwischen den für die Durchsetzung der Verbraucherschutzgesetze zuständigen nationalen Behörden und zur Aufhebung der Verordnung (EG) Nr. 2006/2004, ABl. EU 2017 L 345, 1.

2 Zu den auf diesem Wege ergangenen unveröffentlichten Urteilen für die Zentrale zur Bekämpfung unlauteren Wettbewerbs *Schönheit* RRa 2020, 168; für die Verbraucherverbände *Hoppe/Tonner* RRa 2016, 168 (169 f.); *Hoppe/Tonner* RRa 2022, 165 (168 f.); *Hoppe/Tonner* RRa 2023, 63 (65).

eine zivilrechtliche Durchsetzung abgestellt hat. Jedoch wird sich der deutsche Gesetzgeber den Tendenzen auf der Unionsebene nicht entziehen können, wobei die Diskussion stark auf das Kartellrecht fokussiert ist.[3]

§ 2 Ausgehende Ersuchen

Das Bundesamt für Justiz leitet Auskunftsersuchen der zuständigen Behörden zur Klärung von Zweifeln, ob ein Reiseveranstalter oder ein Vermittler verbundener Reiseleistungen mit Sitz in einem anderen Mitgliedstaat oder in einem anderen Vertragsstaat des Abkommens über den Europäischen Wirtschaftsraum seiner Verpflichtung zur Insolvenzsicherung (§§ 651s, 651w Absatz 3 des Bürgerlichen Gesetzbuchs) nachgekommen ist, an die zentrale Kontaktstelle des Niederlassungsstaats weiter.

Bei ausgehenden Ersuchen geht es regelmäßig darum, dass ein Reisender mit Wohnsitz im Zuständigkeitsbereich einer deutschen Behörde durch die zweifelhafte Insolvenzabsicherung eines Reiseveranstalters mit Sitz in einem anderen Mitgliedstaat geschädigt wird oder geschädigt zu werden droht. Nur eine **„zuständige Behörde"** kann sich an das Bundesamt für Justiz wenden. Da es in Deutschland keine speziellen Aufsichtsbehörden für Pauschalreisen gibt, ist die **Gewerbeaufsicht** gemäß § 35 GewO die „zuständige Behörde". In Betracht kommt auch die für die Verfolgung von Ordnungswidrigkeiten zuständige Stelle, wenn ein Verstoß gegen § 147b GewO (Annahme von Vorauszahlungen ohne Insolvenzabsicherung) möglich erscheint.[1] 1

Die Gewerbebehörden nehmen jedoch eine Aufsicht über Pauschalreiseveranstalter praktisch nicht wahr, so dass nicht mit Auskunftsersuchen zu rechnen ist. Ebenso wenig werden Verstöße gegen § 147b GewO geahndet (→ BGB § 651r Rn. 34). Die **Vorschrift läuft** daher **leer.** Ob Gerichte als „zuständige Behörden" angesehen werden könnten, ist eher zweifelhaft und führt auch nicht weiter, da pauschalreiserechtliche Streitigkeiten regelmäßig in zivilrechtlichen Verfahren auftauchen und hier kein Amtsermittlungsgrundsatz besteht. Die Pauschalreise-RL spricht übrigens nicht von zuständigen Behörden, sondern vom Mitgliedstaat (Art. 18 Abs. 4 Pauschalreise-RL). 2

§ 3 Eingehende Ersuchen

(1) Auskunftsersuchen zentraler Kontaktstellen anderer Mitgliedstaaten oder sonstiger Vertragsstaaten des Abkommens über den Europäischen Wirtschaftsraum zur Klärung von Zweifeln, ob ein Reiseveranstalter oder ein Vermittler verbundener Reiseleistungen mit Sitz im Inland seiner Verpflichtung zur Insolvenzsicherung (§§ 651r, 651w Absatz 3 des Bürgerlichen Gesetzbuchs) nachgekommen ist, leitet das Bundesamt für Justiz unverzüglich an die zuständige Behörde weiter.

(2) [1]Die zuständige Behörde ergreift unverzüglich die zur Klärung erforderlichen Maßnahmen und teilt dem Bundesamt für Justiz das Ergebnis mit. [2]Das Bundesamt für Justiz leitet die Mitteilung der zuständigen Behörde unverzüglich an die zentrale Kontaktstelle des anderen Staats weiter.

(3) Sofern das Ersuchen innerhalb von 15 Arbeitstagen nach Eingang noch nicht abschließend beantwortet werden kann, erteilt das Bundesamt für Justiz der zentralen Kontaktstelle des anderen Staats innerhalb dieser Frist eine erste Antwort.

Etwas größere praktische Bedeutung als Art. 253 § 2 könnte die Vorschrift über eingehende Ersuchen erlangen. Darum geht es um Zweifel bei der Insolvenzabsicherung von **Reiseveranstaltern mit Sitz im Inland,** die sich in einem anderen Mitgliedstaat auswirken und von einer dortigen Behörde aufgegriffen werden. Wenn sich diese Behörde über die Kontaktstelle ihres Mitgliedstaats beim Bundesamt für Justiz meldet, muss dieses das Ersuchen an die zuständige inländische Behörde weiterleiten. Mit derartigen Ersuchen ist zu rechnen, da in vielen anderen Mitgliedstaaten für Pauschalreisen zuständige Behörden existieren. 1

„Zuständige Behörde" ist die **Gewerbeaufsicht,** so dass auch bei Art. 253 § 3 das Problem auftaucht, dass die Gewerbeaufsicht keine aktive Aufsicht über Pauschalreisen betreibt. Nach der Vorschrift und dem zugrunde liegenden Art. 18 Pauschalreise-RL ist sie aber zu einer **Auskunft** 2

---

3 Vgl. dazu *Podszun/Busch/Henning-Bodewig* GRUR 2018, 1004, die ein Gutachten für das Bundeswirtschaftsministerium zusammenfassen; *Tonner* in FS Wiedemann, 2020, 993 (998 ff.).

1 Darauf weist BeckOGK/*Blankenburg* Rn. 12 hin.

verpflichtet. Die Pflicht des Bundesamts für Justiz, die Auskunft **„unverzüglich“** zu erteilen (Art. 253 § 3 Abs. 2; die Pauschalreise-RL spricht in Art. 18 Abs. 4 Pauschalreise-RL von „so rasch wie möglich“), gilt indirekt auch für die zuständige Behörde, da das Bundesamt für Justiz ohne die Zuarbeit der zuständigen Behörde das Auskunftsersuchen nicht bearbeiten kann. Auch die Möglichkeit, nach Ablauf einer Frist von 15 Arbeitstagen der Kontaktstelle des anderen Mitgliedstaats lediglich eine „erste Antwort“ zu erteilen (Art. 253 § 3 Abs. 3), beseitigt nicht die Pflicht zur unverzüglichen abschließenden Beantwortung nach Art. 253 § 3 Abs. 2.

3 In vielen Fällen könnte es für den anderen Mitgliedstaat effektiver sein, nicht den Weg über die Verwaltungszusammenarbeit nach Art. 18 Pauschalreise-RL zu gehen, sondern über die **CPC-VO.** Hier gibt es von der deutschen zentralen Vermittlungsstelle „benannte Stellen“, denen die Klagebefugnis nach dem UKlaG bzw. nach dem UWG zusteht, und zwar ohne Beschränkung auf die Insolvenzabsicherung. Damit ist zudem eine Durchsetzung und nicht nur eine Auskunft verbunden.[1]

1 Nachweise der auf diesem Wege erstrittenen Gerichtsentscheidungen für die Zentrale zur Bekämpfung unlauteren Wettbewerbs bei *Schönheit* RRa 2020, 168; für die Verbraucherverbände bei *Hoppe/Tonner* RRa 2016, 168 (169 f.); *Hoppe/Tonner* RRa 2022, 165 (168 f.); *Hoppe/Tonner* RRa 2023, 63 (65).

Teil 12. Nachtrag zu Band 5: WBVG

Gesetz zur Regelung von Verträgen über Wohnraum mit Pflege- oder Betreuungsleistungen (Wohn- und Betreuungsvertragsgesetz – WBVG)

vom 29. Juli 2009 (BGBl. 2009 I 2319),
zuletzt geändert durch Gesetz vom 30. November 2019 (BGBl. 2019 I 1948)

§ 1 WBVG Anwendungsbereich

(1) [1]Dieses Gesetz ist anzuwenden auf einen Vertrag zwischen einem Unternehmer und einem volljährigen Verbraucher, in dem sich der Unternehmer zur Überlassung von Wohnraum und zur Erbringung von Pflege- oder Betreuungsleistungen verpflichtet, die der Bewältigung eines durch Alter, Pflegebedürftigkeit oder Behinderung bedingten Hilfebedarfs dienen. [2]Unerheblich ist, ob die Pflege- oder Betreuungsleistungen nach den vertraglichen Vereinbarungen vom Unternehmer zur Verfügung gestellt oder vorgehalten werden. [3]Das Gesetz ist nicht anzuwenden, wenn der Vertrag neben der Überlassung von Wohnraum ausschließlich die Erbringung von allgemeinen Unterstützungsleistungen wie die Vermittlung von Pflege- oder Betreuungsleistungen, Leistungen der hauswirtschaftlichen Versorgung oder Notrufdienste zum Gegenstand hat.

(2) [1]Dieses Gesetz ist entsprechend anzuwenden, wenn die vom Unternehmer geschuldeten Leistungen Gegenstand verschiedener Verträge sind und
1. **der Bestand des Vertrags über die Überlassung von Wohnraum von dem Bestand des Vertrags über die Erbringung von Pflege- oder Betreuungsleistungen abhängig ist,**
2. **der Verbraucher an dem Vertrag über die Überlassung von Wohnraum nach den vertraglichen Vereinbarungen nicht unabhängig von dem Vertrag über die Erbringung von Pflege- oder Betreuungsleistungen festhalten kann oder**
3. **der Unternehmer den Abschluss des Vertrags über die Überlassung von Wohnraum von dem Abschluss des Vertrags über die Erbringung von Pflege- oder Betreuungsleistungen tatsächlich abhängig macht.**

[2]Dies gilt auch, wenn in den Fällen des Satzes 1 die Leistungen von verschiedenen Unternehmern geschuldet werden, es sei denn, diese sind nicht rechtlich oder wirtschaftlich miteinander verbunden.

Schrifttum (zum WBVG): *Bachem/Hacke,* Wohn- und Betreuungsvertragsgesetz, 2015; *Beetz/Schwedler-Allmendinger,* Wohn- und Betreuungsvertragsgesetz, 2024; *Dittrich,* Rechtsprobleme am Ende eines Heimvertrages – eine Analyse der aktuellen Rechtsprechung, SRa 2021, 13; *Drasdo,* Die Fälligkeit des Entgelts für Alten- und Pflegewohnheime sowie Einrichtungen für Betreutes Wohnen, WuM 2024, 69; *Drasdo,* Zehn Jahre Wohn- und Betreuungsvertragsgesetz, NJW 2019, 2894; *Drasdo,* Heimunterbringung und „Betreutes Wohnen", Im Focus: Zivilrecht unter dem Wohn- und Betreuungsvertragsgesetz seit 2013, NZM 2015, 601; *Drasdo,* Heimunterbringung und „Betreutes Wohnen", Entwicklungslinien unter dem Wohn- und Betreuungsvertragsgesetz seit Mitte 2015, NZM 2017, 577; *Drasdo,* Die Zuständigkeit für Klagen bei Ansprüchen aus dem Wohn- und Betreuungsvertragsgesetz, Seniorenrecht aktuell 2014, 161; *Drasdo,* Heimunterbringung und „Betreutes Wohnen", Das Wohn- und Betreuungsvertragsgesetz in der Gerichtspraxis 2010–2012, NZM 2013, 289; *Drasdo,* Tod des Pflegeleistungsempfängers beendet Heimvertrag, NVwZ 2011, 1181; *Drasdo,* Das Wohn- und Betreuungsvertragsgesetz, NJW 2010, 1174; *Drasdo,* Die Raumüberlassung unter dem HeimG, NZM 2008, 665; *Düncher/Schweigler,* Entgelterhöhungen im Wohn- und Betreuungsvertrag, GuP 2017, 5; *Ensenbach,* Klare Abgrenzung: Betreutes Wohnen fällt nicht unter Heimrecht, FWW 2009, 122; *Franckenstein v.u.z.,* Das Seniorenwohnen mit Pflege- und Servicekomponenten – Abgrenzung und Übergang von Wohnung zu Pflegezimmer und die rechtlichen Folgen, ZfIR 2022, 164; *Fuchs,* Judex non calculat: Die Rechtsprechung zur Entgelterhöhung nach dem Heimgesetz, NJW 1995, 2905; *Graumann,* Zur einseitigen Entgelterhöhung des Heimbetreibers bei Änderung der Berechnungsgrundlage gemäß § 9 WBVG, PflR 2016, 627; *Iffland/Düncher,* Wohn- und Betreuungsvertragsgesetz: Der Kommentar für die Arbeitspraxis (Altenheim), 2011; *Kaminski,* Die Kündigung von Heimverträgen nach dem Wohn- und Betreuungsvertragsgesetz (WBVG), WsZ 2013, 278; *Kieser/Niedziolka,* Entgelterhöhung nach § 9 WBVG durch vertraglich vereinbarte Zustimmungsfiktionen, GuP 2014, 24; *Kohte/Rabe-Rosendahl,* Die gesetzliche Aktualisierung des individualvertraglichen Verbraucherschutzes in der ambulanten Pflege, VuR 2024, 123; *Lehmann-Richter,*

Mischmietverhältnisse – Abgrenzung der Wohnraummiete vom Heimrecht, Betreutem Wohnen und Genossenschaftsrecht, MieRB 2011, 126; *Mälzer,* Verbraucherschutz in Heimverträgen: Der BGH zur Zulässigkeit einer „Reservierungsgebühr" und zur Inhaltskontrolle von Heimverträgen über § 15 WBVG auch für Privatversicherte, VuR 2023, 375; *Pattar,* Sozialrechtliches Dreiecksverhältnis – Rechtsbeziehung zwischen Hilfsbedürftigen, Sozialhilfeträger und Einrichtungsträgern, SRa 2012, 85; *Rosenow,* Rückforderungsanspruch von Menschen mit Behinderungen in Einrichtungen der Eingliederungshilfe?, VuR 2021, 372; *Schmid,* Entgelterhöhungen nach dem Heimgesetz bei Selbstzahlern, NJW 1995, 436; *Stein,* Erhöhung des Heimentgelts, Seniorenrecht aktuell 2016, 190; *Steffens,* Verträge in Seniorenheimen nach dem Wohn- und Betreuungsvertragsgesetz, Seniorenrecht aktuell 2014, 78; *Tamm,* Das Wohn- und Betreuungsvertragsgesetz (WBVG): Zivilrechtlicher Verbraucherschutz für Heimbewohner, VuR 2016, 370; *Weber,* Notwendiger Inhalt von Wohn- und Betreuungsverträgen, NZM 2021, 185; *Weber,* „Verbraucherschutz" bei Verträgen über Wohnraum in Verbindung mit pflege- und Betreuungsleistungen, NZM 2010, 337; *Weber,* Häusliche Krankenpflege nach SGB V in einer stationären Einrichtung der Eingliederungshilfe, NZS 2011, 650.

Übersicht

I. Einführung zum WBVG

1 Das Gesetz zur Regelung von Verträgen über Wohnraum mit Pflege- oder Betreuungsleistungen (Wohn- und Betreuungsvertragsgesetz – WBVG) wurde in Folge der Föderalismusreform eingeführt und **regelt die vertragliche Beziehung zwischen professionellen Anbietern von Wohn- und Betreuungsleistungen und dem Verbraucher** als dessen Abnehmer.[1] Es enthält typische Elemente des Verbraucherprivatrechts, etwa die in § 16 angeordnete halbzwingende Wirkung zugunsten des Verbrauchers, vorvertragliche und vertragliche Informationspflichten sowie Regelungen zur Änderung und Beendigung des Vertrags, sei es durch Kündigung oder Tod, ferner zur Nicht- und Schlechtleistung. Bei den Regelungen zur Vergütung erfolgt eine Verknüpfung zum SGB XI und XII, wodurch eine Harmonisierung von Sozial- und Vertragsrecht bewerkstelligt werden soll. Schließlich wurde ein Bezug zum Verbraucherstreitbeilegungsgesetz hergestellt. Es handelt sich somit um spezifisch auf die Bedürfnisse und Schutzbedürftigkeit älterer Menschen sowie pflegebedürftiger Volljähriger oder Volljähriger mit Behinderung zugeschnittenes Verbraucherprivatrecht.[2]

2 Die **Überlagerung** der privatvertraglichen Beziehung zwischen dem Unternehmer und dem Verbraucher einerseits durch die Regelungen des **Sozialrechts,** andererseits durch die besonderen Bedürfnisse auf Pflege und Betreuung angewiesener Menschen, führt teilweise zu Rechten und Ansprüchen, die dem Vertragsrecht an sich fremd sind. Exemplarisch zu nennen ist etwa die Pflicht des Unternehmers zum Nachweis von Leistungsersatz in Folge der Vertragskündigung in § 13 oder die Befreiung des Verbrauchers von der Zahlungspflicht bei vorzeitigem Umzug. Vielfach erinnern die Regelungen allerdings auch an die des Mietrechts, insbesondere des **Wohnraummietrechts,** etwa hinsichtlich der Entgeltanpassung, des Wechsels der Vertragsparteien nach § 5 oder der Sicherheitsleistung in § 14.

3 Das Gesetz verfolgt im Kern das **Ziel,** älteren sowie pflegebedürftigen volljährigen Menschen beim Abschluss und der Durchführung von Verträgen über die Überlassung von Wohnraum mit Pflege- oder Betreuungsleistungen vor Benachteiligungen Schutz zu bieten und sie dadurch in einer möglichst selbständigen und selbstbestimmten Lebensführung zu unterstützen.[3] Der **besondere Schutzbedarf** ergibt sich nach den Erwägungen des Gesetzgebers aus der doppelten Abhängigkeit des Verbrauchers vom Unternehmer und wird noch verstärkt, weil es sich in der Regel um langfristige Entscheidungen zum Lebensmittelpunkt handelt. Der Gesetzgeber hatte auch im Blick, dass den Unternehmern hinreichende Gestaltungsmöglichkeiten verbleiben sollen. Dies gebiete nicht nur der Gedanke des gerechten Interessenausgleichs, sondern sei darüber hinaus auch eine wesentliche Voraussetzung für die Entwicklung neuer und vielfältiger Angebote. Nur so könnten neue Wahlmöglichkeiten für die Verbraucherinnen und Verbraucher entstehen, die eine Berücksichtigung der

1 Ausf. zur historischen Entwicklung und zur Gesetzgebungskompetenz etwa *Bachem/Hacke* Einl. Rn. 1 ff.
2 *Bachem/Hacke* Einl. Rn. 19.
3 BT-Drs. 16/12409, 10.

individuellen Bedürfnisse und Wünsche ermöglichen.[4] Daher berücksichtigt das Gesetz auch den Bedarf an Gestaltungsfreiheit für Unternehmer, neue Formen des Lebens unter Betreuung anzubieten.

Der rein zivilrechtliche Ansatz des WBVG führt dazu, dass es sich um die Regelung eines **eigenständigen atypischen Vertrags** handelt, bei dem die Überlassung von Wohnraum, kombiniert mit der Erbringung von Pflege- und Betreuungsleistungen durch einen oder mehrere Unternehmer an einen Verbraucher im Mittelpunkt steht. Allerdings decken die Regelungen des WBVG nicht sämtliche Fragen des Vertrags ab, sodass **ergänzend** die Normen des allgemeinen Schuldrechts, etwa des Leistungsstörungsrechts oder des Verbraucherschutzes beim Vertragsschluss unter Verwendung besonderer Vertriebsformen sowie des AGB-Rechts anzuwenden sind.[5] Gleiches gilt für die Vorschriften zur Rechtsgeschäftslehre im Allgemeinen Teil des BGB. Auch und insbesondere §§ 13, 14 BGB finden zur Bestimmung des persönlichen Anwendungsbereichs des Gesetzes Anwendung. 4

Auch wenn das Gesetz einen **rein privatrechtlichen Ansatz** wählt, kommt es zu erheblichen **Einflüssen** aus verschiedenen Bereichen des öffentlichen Rechts, sowohl bundes- als auch landesrechtlicher Herkunft, worauf an den entsprechenden Stellen eingegangen wird. Dies betrifft insbesondere Sachverhalte, in denen der Verbraucher öffentliche Transferleistungen in Anspruch nimmt. Die wichtigste Regelung ist insoweit in § 15 zu finden, die erhebliche Ausstrahlungswirkung auf zahlreiche Normen des Gesetzes hat. 5

II. Anwendungsbereich des Gesetzes

1. Normzweck. Gegenstand der Regelung in § 1 ist die Bestimmung des Anwendungsbereichs des Gesetzes. Dies betrifft sowohl den persönlichen als auch den sachlichen Anwendungsbereich der Normen. Neben der Bezeichnung von Unternehmer und volljährigem Verbraucher als Vertragsparteien benennt § 1 die typischen Pflichten, die Gegenstand des Vertrages sein müssen, damit das Gesetz Anwendung findet. 6

2. Einzelerläuterung. a) Anwendungsbereich des Gesetzes. Nach Maßgabe von **§ 1 Abs. 1 S. 1** ist das Gesetz anwendbar auf Verträge zwischen Unternehmern und volljährigen Verbrauchern, bei denen sich der Unternehmer zur Überlassung von Wohnraum und zur Erbringung von Pflege- oder Betreuungsleistungen verpflichtet, die der Bewältigung einer von Alter, Pflegebedürftigkeit oder Behinderung bedingten Hilfebedürftigkeit dienen. Grundsätzlich erfolgt damit eine aus den Regelungen des Verbraucherprivatrechts bekannte Anknüpfung. Es bedarf eines Aufeinandertreffens eines Unternehmers und eines Verbrauchers und einer zusätzlichen Komponente, die hier in der doppelten Zweckbestimmung des Vertrages liegt. Der Verbraucher tritt einem Unternehmer gegenüber, der weitreichend für die Gestaltung seines Alltags Verantwortung trägt, nämlich im Hinblick auf seine Unterkunft einerseits und die Pflege respektive Betreuung andererseits.[6] In Anbetracht des Verbraucherbegriffs aus § 13 BGB ist mit der Voraussetzung der Volljährigkeit eine Besonderheit zu beachten. Im Ergebnis folgt die Anwendbarkeit des Gesetzes auf einen konkreten Vertrag unmittelbar aus dem Gegenstand der vertraglichen Vereinbarung zwischen den Parteien, die besondere Qualifikationen erfüllen müssen, Unternehmer einerseits und volljähriger Verbraucher andererseits.[7] 7

Während in § 1 Abs. 1 S. 1 und 2 die Anwendbarkeit der Vorschriften positiv bestimmt wird, ordnet **Abs. 1 S. 3** den **Ausschluss** für weniger intensive Unterstützungsleitungen an. In Abs. 2 wird festgestellt, dass das WBVG auch entsprechend zur Anwendung kommt, wenn die Zurverfügungstellung des Wohnraums einerseits sowie die Betreuungs- und Pflegeleistung andererseits im Rahmen unterschiedlicher Verträge oder gar von unterschiedlichen Unternehmern angeboten wird (Abs. 2 S. 2). Man spricht von **verbundenen Verträgen.** Bezüglich dieser Konstellation enthält das Gesetz an einigen Stellen **Sonderregelungen,** etwa bei der Kündigung durch den Verbraucher nach § 11 oder der Kündigung durch den Unternehmer gem. § 12 Abs. 5 und der damit in Zusammenhang stehenden Nachweispflicht aus § 13. 8

b) Persönlicher Anwendungsbereich. Vertragspartei auf der Anbieterseite muss ein **Unternehmer iSd § 14 BGB** sein. Insofern sind keine Besonderheiten zu beachten und kann auf das Gesetz und die Ausführungen zu § 14 BGB verwiesen werden (→ BGB § 14 Rn. 1 ff.). Unternehmer ist somit nach § 14 Abs. 1 BGB eine natürliche oder juristische Person oder eine rechtsfähige Personengesellschaft, die bei Abschluss eines Rechtsgeschäfts in Ausübung ihrer gewerblichen oder 9

[4] BT-Drs. 16/12409, 11.

[5] BGH NJW-RR 2019, 942 (943); 2016, 944.

[6] LG München I SRa 2020, 307 (308); *Weber* NZM 2010, 337 (338).

[7] *Bachem/Hacke* Rn. 5.

selbständigen beruflichen Tätigkeit handelt. Hinzuweisen ist darauf, dass auch nach der grundlegenden Reform des Personengesellschaftsrechts die **Gesellschaft bürgerlichen Rechts,** deren Rechtsfähigkeit nun Leitbildfunktion zukommt (§ 705 Abs. 2 BGB), nicht stets als Unternehmerin einzuordnen, sondern vielmehr weiterhin auf den Zweck des Geschäfts abzustellen ist. Auch **gemeinnützige Organisationen oder Vereine** kommen als Unternehmer in Betracht, wenn sie die Leistung gewerblich anbieten.

10 Der Vertrag muss auf der anderen Seite von einem **Verbraucher iSd § 13 BGB** geschlossen worden sein. Verbraucher ist nach Maßgabe von § 13 BGB jede natürliche Person, die ein Rechtsgeschäft zu Zwecken abschließt, die überwiegend weder ihrer gewerblichen noch ihrer selbständigen beruflichen Tätigkeit zugerechnet werden können (→ BGB § 13 Rn. 1 ff.).

11 Unproblematisch ist der Vertragsschluss durch eine natürliche, volljährige Person als Verbraucher zu beurteilen, die persönlich die Leistung, bestehend aus der Inanspruchnahme von Wohnraum sowie Pflege- und Betreuungsleistungen, in Anspruch nehmen möchte. Durchaus vorstellbar ist auch die **teilgewerbliche bzw. berufliche Nutzung** des Wohnraums durch eine natürliche Person. Sowohl Personen mit Behinderung als auch ältere Menschen mögen ein Interesse daran haben, eine gewerbliche oder selbständig berufliche Tätigkeit, die sich etwa online ausüben lässt, aus den Räumen heraus zu verfolgen oder in diesen aufzunehmen. Hier sind die allgemeinen Grundsätze des Verbraucherprivatrechts anzuwenden, wonach es einer überwiegend selbständig beruflichen oder gewerblichen Tätigkeit bedarf, um den Status als Verbraucher zu verlieren. Weiterhin ist darauf hinzuweisen, dass nach deutschem Recht eine nicht selbständige berufliche Tätigkeit in Bezug auf damit verbundene Verträge, hier die Unterkunft und Inanspruchnahme der Pflegeleistung, als Verbraucherhandeln eingeordnet wird. Übt die natürliche Person somit eine unselbständige berufliche Tätigkeit in den betreffenden Räumen aus, bleibt sie unzweifelhaft Verbraucherin.

12 Auch **Personenmehrheiten** und die Gesellschaft bürgerlichen Rechts, sei sie rechtsfähig oder nicht, kommen als Normadressaten in Betracht, etwa als Wohngemeinschaft. Es dürfte aber eher als Ausnahmefall einzuordnen sein, dass Verträge nach dem WBVG nicht jeweils mit einzelnen Personen abgeschlossen werden, da dem jeweiligen Bedarf an persönlicher Pflege große Relevanz für das Vertragsverhältnis zukommt, etwa im Zusammenhang mit dem Kündigungsrecht des Unternehmers nach § 12 Abs. 1 S. 3 Nr. 2 lit. b bzw. dem damit in Zusammenhang stehenden Ausschlusstatbestand aus § 8 Abs. 4.

13 Es mag durchaus vorkommen und naheliegen, dass diejenige natürliche Person, die den Wohnraum und die Betreuungsleistung in Anspruch nimmt, nicht selbst die auf den Vertragsabschluss gerichtete Willenserklärung abgibt, sondern, womöglich auch vor dem Hintergrund der den Betreuungsbedarf auslösenden Beeinträchtigung, **vertreten** wird. In dieser Konstellation kommt es, wie im Verbraucherprivatrecht im Allgemeinen, nur auf die Verbrauchereigenschaft des Vertretenen, also des zukünftigen Bewohners an.[8] Es geht im Kern darum, dass ein Vertrag abgeschlossen wird, der zur Leistungserbringung an einen Verbraucher verpflichtet, sodass auch die Konstellation des echten Vertrags zugunsten Dritter erfasst sein muss, ohne dass der Verbraucher selbst Vertragspartner wird. Dem Umstand, dass gerade ein **pflegebedürftiger Verbraucher** beim Abschluss eines Vertrages iSd WBVG **in seiner Geschäftsfähigkeit eingeschränkt** sein kann, wird das Gesetz durch die Regelung in § 4 Abs. 2 gerecht, die eine Abweichung von den allgemeinen Grundsätzen der Rechtsgeschäftslehre statuiert. Die Geschäftsunfähigkeit des Verbrauchers steht der Wirksamkeit respektive Genehmigungsfähigkeit des Vertrags nicht entgegen. § 105 BGB wird insoweit modifiziert.

14 Vor dem Hintergrund, dass die Unterbringung **Minderjähriger,** also von Kindern und Jugendlichen, nach dem Kinder- und Jugendhilferecht anders geregelt ist, beschränkt sich der Anwendungsbereich des Gesetzes auf Verträge mit **volljährigen** Verbrauchern. Dabei kommt es darauf an, dass die betreffenden Personen zu Beginn der Leistungserbringung das Stadium der Volljährigkeit erlangt haben.[9]

15 Eine **entsprechende Anwendung** des WBVG wird allerdings nach **§ 119 SGB XI** angeordnet für den Vertrag zwischen dem Träger einer zugelassenen stationären Pflegeeinrichtung (§ 72 Abs. 1 S. 1 SGB XI), auf die das Wohn- und Betreuungsvertragsgesetz keine Anwendung findet, und dem pflegebedürftigen Bewohner. Das betrifft vor allem Pflegeheime für Minderjährige.

16 Der Verbraucher muss schließlich **persönlich betroffen, hilfsbedürftig** sein. Der zu bewältigende Hilfsbedarf muss erwachsen aus dem Umstand des Alters, der Pflegebedürftigkeit oder einer Behinderung des Verbrauchers. Hinsichtlich der Einordnung einer Person als „älterer Mensch" besteht keine konkrete Altersschwelle, während sich bezüglich der Merkmale von Pflegebedürftigkeit und Behinderung auf die einschlägigen Regelungen der SGB XI und IX zurückgreifen lässt. Aller-

---

[8] S. etwa *Bülow/Artz* Verbraucherprivatrecht Rn. 64; *Bülow/Artz* Verbraucherkreditrecht BGB § 491 Rn. 41.
[9] Grüneberg/*Weidenkaff* Rn. 2.

dings kann der Vertrag bereits bei bester Gesundheit im Hinblick auf die Pflegeleistung geschlossen werden, die alsdann zunächst nur vorgehalten wird (§ 1 Abs. 1 S. 2).

c) Sachlicher Anwendungsbereich. Ob man die Einrichtung rechtlich **als Heim bezeichnet,** ist für die Anwendung des WBVG irrelevant. Der **BGH** hat die Merkmale eines Heims folgendermaßen definiert. Es komme darauf an, „dass die Unterkunft in einer für eine Vielzahl von Menschen bestimmten Einrichtung erfolgt, deren Bestand von den jeweiligen Bewohnern unabhängig ist, und in der eine heimtypische Organisationsstruktur an die Stelle der Eigengestaltung der Haushaltsführung und des häuslichen Wirkungskreises tritt". Insoweit bedürfe es einer Gesamtschau verschiedener Kriterien, die die Art der Einrichtung und die bauliche Gestaltung und Beschaffenheit der Einheit einbeziehe.[10] Das WBVG bezieht allerdings neben der **stationären Unterbringung** von Personen auch **neue Formen der Wohnbetreuung** in seinen Anwendungsbereich ein.[11] Verbraucherschutz wird auf diesem Wege weitgehend gewährt. Abzustellen ist nicht auf die heimrechtliche Gesamtschau, sondern allein auf die vertragliche Vereinbarung.[12] 17

Sachlich muss der Vertrag den Unternehmer zum einen dazu verpflichten, dem Verbraucher **Wohnraum** zur Verfügung zu stellen. Es geht also um die **mietähnliche Überlassung von Räumen auf eine bestimmte Zeit oder Dauer.** Unerheblich ist, ob dem Verbraucher der Wohnraum zur alleinigen oder teilweise bzw. umfassend gemeinschaftlichen Nutzung mit anderen zur Verfügung gestellt wird. Ebenso wenig kommt es darauf an, ob der Wohnraum möbliert überlassen wird. Der Begriff des Wohnraums entspricht dem allgemeinen des Wohnraummietrechts in den §§ 549 ff. BGB (→ BGB § 549 Rn. 3 ff.). Da dem Verbraucher der Wohnraum überlassen werden muss, darf er nicht in dessen Eigentum respektive Miteigentum stehen.[13] 18

Neben der unbefristeten Überlassung von Wohnraum an den Verbraucher ist auch die **befristete Zurverfügungstellung** vom Gesetz erfasst. Daher fällt auch die Überlassung von Wohnraum im Rahmen der Kurzzeitpflege in den Anwendungsbereich. Gem. §§ 119, 72 SGB XI sind die Regelungen wohl auch entsprechend auf die Überlassung von Wohnraum im Rahmen von Tages- und Nachtpflegeeinrichtungen anwendbar.[14] 19

Kumulativ zur Überlassung von Wohnraum muss der Vertrag den Unternehmer verpflichten, dem Verbraucher gegenüber **Pflege- und Betreuungsleitungen** zu erbringen, wobei diese zusätzlichen Leistungen im Gesetz zwar nicht näher bestimmt werden, aber im Zusammenhang zu der persönlichen Betroffenheit des Verbrauchers stehen müssen, also dessen Alter, Pflegebedürftigkeit oder Behinderung.[15] Aus der Kombination von wesentlichen Leistungen für das Leben des Hilfsbedürftigen aus einer Hand erwächst die herausragende Relevanz des Vertrages für den Verbraucher und dessen Schutzbedürftigkeit, der das Gesetz gerecht werden möchte.[16] 20

Grundsätzlich **nicht anzuwenden** ist das Gesetz hingegen gem. § 1 Abs. 1 S. 3 auf Wohnformen, die gemeinhin als **„Betreutes Wohnen"** bezeichnet werden, bei denen keine pflegebezogenen Betreuungsleistungen im engeren Sinne, sondern nur allgemeine Unterstützungsleistungen erbracht werden. Es handelt sich im Kern um eine Spielart des selbständigen Wohnens.[17] Zu denken ist auch an neue Wohnformen wie die ambulant betreute Wohngemeinschaft, das Wohnen in Residenzen oder das Mehrgenerationenwohnen.[18] Als solche allgemeinen Unterstützungsleitungen bezeichnet das Gesetz die Vermittlung von Pflege- oder Beratungsleistungen, hauswirtschaftliche Hilfe oder die Bereitstellung eines Notrufdienstes. Zu denken ist auch an Hausmeister-, Fahr-, Begleit-, Besuchs- und Sicherheitsdienste.[19] Man mag auch vom „Service-Wohnen" sprechen, das auch dann nicht vom Gesetz erfasst wird, wenn mehrere allgemeine Leistungen kumulativ erbracht werden.[20] Soweit die Unterstützungsleitung beim Betreuten Wohnen intensivere Pflege- und Betreuungsleistungen umfasst, die über den Umfang „allgemeiner Bereuungsleistungen" hinausgehen, steht einer Anwendung des Gesetzes nichts im Wege.[21] Nicht ausreichend ist es zur Anwendung des Gesetzes aber 21

---

10 BGH NJW 2018, 41.
11 Grüneberg/*Weidenkaff* Rn. 1.
12 *Bachem/Hacke* Rn. 5.
13 *Bachem/Hacke* Rn. 27.
14 Ausf. *Bachem/Hacke* Rn. 32 ff.
15 AG Ratzeburg SRa 2023, 292.
16 *Weber* NZM 2010, 337 (338); LG München I SRa 2020, 307.
17 *Drasdo* NZM 2008, 665.
18 BeckOGK/*Drasdo,* 1.4.2024, Rn. 44 ff., 98 ff. mit zahlr. Bsp.; Beetz/Schwedler-Allmendinger/*Schwedler/Glaab* Rn. 20.
19 Grüneberg/*Weidenkaff* Rn. 2.
20 *Franckenstein* ZfIR 2022, 164 (170); Beetz/Schwedler-Allmendinger/*Schwedler/Glaab* Rn. 20.
21 Zutr. Beetz/Schwedler-Allmendinger/*Schwedler/Glaab* Rn. 10; Grüneberg/*Weidenkaff* Rn. 2; *Bachem/Hacke* Einl. Rn. 21; *Franckenstein* ZfIR 2022, 164 (170); AG Ratzeburg SRa 2023, 292.

auch, dass sich der Unternehmer, der den Verbraucher zunächst nur unterbringt, für den Fall der festgestellten, dauerhaften Pflegebedürftigkeit dazu verpflichtet, zukünftig eine dem Gesundheitszustand des Verbrauchers dann angemessene Unterkunft anzubieten.[22] Auch auf die **ambulante Pflege** findet das Gesetz mangels Wohnraumverschaffung keine Anwendung.[23]

22 Die Pflege- und Betreuungsleistung kann vom Unternehmer selbst erbracht oder auch nur vorgehalten werden, also **abrufbar** sein, wie § 1 Abs. 1 S. 2 bestimmt. Insoweit kommt es auf die Inanspruchnahme durch den Verbraucher nicht an, soweit die Leistungserbringung vereinbart und die Leistungen für den Bedarfsfall bereitgestellt, organisiert sind.[24] Bedarf an Leistungen mag auch erst im Laufe der Zeit entstehen.

23 **3. Vertragsvielfalt.** Durch Aufsplittung der Wohn- und Betreuungsleistung in unterschiedliche einzelne Verträge soll die halbzwingende, verbraucherschützende Wirkung des WBVG nicht umgangen werden können. Insofern ist in der Regelung des § 1 Abs. 2 eine Konkretisierung des § 16 zu sehen. § 1 Abs. 2 ordnet für **drei Konstellationen** die **entsprechende Anwendung** des Gesetzes an.[25] Dabei ergibt sich die Anwendung des Gesetzes im Kern stets daraus, dass die Wohnraumüberlassung in Abhängigkeit von der Erbringung sonstiger Betreuungsleistungen steht. Es kommt dabei nicht auf die rechtliche, sondern die tatsächliche Abhängigkeit der Verträge über die Überlassung von Wohnraum und die Erbringung von Pflege- und Betreuungsleistungen an.[26]

24 Nach § 1 Abs. 2 **Nr. 1** liegt ein solcher Fall vor, wenn eine **ausdrückliche Abhängigkeitsvereinbarung** besteht, dh der Bestand des Wohnraumüberlassungsvertrags von dem Vertrag über die Erbringung der Betreuungsleistungen abhängt. **Nr. 2** betrifft die Fallkonstellation, dass es **keine isolierte Kündigungsmöglichkeit** des Vertrags über die Betreuungsleistung gibt und der Verbraucher somit nicht unabhängig von dem Betreuungsangebot allein an dem Vertrag über die Wohnraumüberlassung festhalten kann. Schließlich regelt **Nr. 3** die Fallkonstellation, dass der Unternehmer den Vertragsabschluss über die Wohnraumüberlassung davon **abhängig** macht, dass auch der Vertrag über die Pflege- und Betreuungsleistung geschlossen wird. Indiz dafür kann sein, dass aus der Sicht des Unternehmers nicht jedermann als Vertragspartner in Betracht kommt, sondern nur an Verbraucher geleistet wird, die bestimmte Beeinträchtigungen aufweisen, zB intensivpflegebedürftig sind.[27]

25 Es ist schließlich nach Maßgabe von § 1 Abs. 2 S. 2 unerheblich, wenn die derart rechtlich oder wirtschaftlich miteinander verbundenen Leistungen von **unterschiedlichen Unternehmen** erbracht werden. Die **Beweislast** für das Fehlen einer entsprechenden Verbundenheit trägt der Unternehmer.[28]

§ 2 WBVG Ausnahmen vom Anwendungsbereich

Dieses Gesetz ist nicht anzuwenden auf Verträge über

1. **Leistungen der Krankenhäuser, Vorsorge- oder Rehabilitationseinrichtungen im Sinne des § 107 des Fünften Buches Sozialgesetzbuch,**
2. **Leistungen der Internate der Berufsbildungs- und Berufsförderungswerke,**
3. **Leistungen im Sinne des § 41 des Achten Buches Sozialgesetzbuch,**
4. **Leistungen, die im Rahmen von Kur- oder Erholungsaufenthalten erbracht werden.**

I. Normzweck

1 Gegenstand der Regelung ist der Anwendungsausschluss des gesamten Gesetzes hinsichtlich konkret aufgezählter Vertragskonstellationen, die die Aufnahme und Versorgung hilfebedürftiger Personen betreffen. Die Vorschrift enthält eine enumerative, **abschließende Aufzählung,** für welche Einrichtungen und Bereiche das WBVG nicht gelten soll.[1]

II. Einzelerläuterung

2 Die im Gesetz benannten Einrichtungen sind klar definiert und bedürfen daher keiner tiefgründigen Erläuterung. Es geht stets darum, dass für die benannten Fälle alternative, vorrangige Regelungen existieren.[2]

---

22 LG München I SRa 2020, 307.

23 Zu den diesbezüglichen Problemen des Verbraucherschutzes *Kohte/Rabe-Rosendahl* VuR 2024, 123.

24 LG München I SRa 2020, 307 (308); *Franckenstein* ZfIR 2022, 164 (169).

25 Krit. zur „Breite" und „Unübersichtlichkeit" der entsprechenden Anwendbarkeit nach Abs. 2 *Weber* NZM 2010, 337 (338 f.).

26 LG Krefeld NJOZ 2022, 494.

27 LG Krefeld NJOZ 2022, 494.

28 LG Krefeld NJOZ 2022, 494 (495).

1 BT-Drs. 16/12409, 16.

2 Aufzählung von Beispielen bei Beetz/Schwedler-Allmendinger/*Schwedler/Glaab* Rn. 3 ff.

So zählt **§ 107 SGB V** die Einrichtungen der Krankenpflege, Versorgung und Rehabilitation konkret auf und bezeichnet die Leistungen, die dort erbracht werden. Nach Maßgabe von Nr. 2 werden Verträge zur Aufnahme in Internate bestimmter Träger ausgenommen, während es in Nr. 3 um die Hilfe für junge Volljährige, in der Regel im Alter zwischen 18 und 21 Jahren, geht. Diese werden trotz ihrer Hilfsbedürftigkeit wie Kinder und Jugendliche vom Anwendungsbereich des Gesetzes ausgenommen. Schließlich wird in Nr. 4 festgestellt, dass die Überlassung von Wohnraum und Erbringung der weiteren Leistungen iSd Gesetzes von einer gewissen Dauer geprägt sein muss, sodass der Aufenthalt zu Erholungs- und Urlaubszwecken von der Anwendung des Gesetzes ausgeschlossen ist, obwohl er sich unter die Voraussetzungen des § 1 fassen ließe. 3

§ 3 WBVG Informationspflichten vor Vertragsschluss

(1) Der Unternehmer hat den Verbraucher rechtzeitig vor Abgabe von dessen Vertragserklärung in Textform und in leicht verständlicher Sprache über sein allgemeines Leistungsangebot und über den wesentlichen Inhalt seiner für den Verbraucher in Betracht kommenden Leistungen zu informieren.

(2) Zur Information des Unternehmers über sein allgemeines Leistungsangebot gehört die Darstellung
1. der Ausstattung und Lage des Gebäudes, in dem sich der Wohnraum befindet, sowie der dem gemeinschaftlichen Gebrauch dienenden Anlagen und Einrichtungen, zu denen der Verbraucher Zugang hat, und gegebenenfalls ihrer Nutzungsbedingungen,
2. der darin enthaltenen Leistungen nach Art, Inhalt und Umfang,
3. der Ergebnisse der Qualitätsprüfungen, soweit sie nach § 115 Absatz 1a Satz 1 des Elften Buches Sozialgesetzbuch oder nach landesrechtlichen Vorschriften zu veröffentlichen sind.

(3) [1]Zur Information über die für den Verbraucher in Betracht kommenden Leistungen gehört die Darstellung
1. des Wohnraums, der Pflege- oder Betreuungsleistungen, gegebenenfalls der Verpflegung als Teil der Betreuungsleistungen sowie der einzelnen weiteren Leistungen nach Art, Inhalt und Umfang,
2. des den Pflege- oder Betreuungsleistungen zugrunde liegenden Leistungskonzepts,
3. der für die in Nummer 1 benannten Leistungen jeweils zu zahlenden Entgelte, der nach § 82 Absatz 3 und 4 des Elften Buches Sozialgesetzbuch gesondert berechenbaren Investitionskosten sowie des Gesamtentgelts,
4. der Voraussetzungen für mögliche Leistungs- und Entgeltveränderungen,
5. des Umfangs und der Folgen eines Ausschlusses der Angebotspflicht nach § 8 Absatz 4, wenn ein solcher Ausschluss vereinbart werden soll.
[2]Die Darstellung nach Satz 1 Nummer 5 muss in hervorgehobener Form erfolgen.

(4) [1]Erfüllt der Unternehmer seine Informationspflichten nach den Absätzen 1 bis 3 nicht, ist § 6 Absatz 2 Satz 2 und 3 entsprechend anzuwenden. [2]Weitergehende zivilrechtliche Ansprüche des Verbrauchers bleiben unberührt.

(5) Die sich aus anderen Gesetzen ergebenden Informationspflichten bleiben unberührt.

Übersicht

I. Normzweck

Ganz in der Tradition verbraucherprivatrechtlicher Sondervorschriften ordnet § 3 **vorvertragliche Informationspflichten** an, die der Unternehmer dem Verbraucher gegenüber zu wahren hat. Mit Abschluss eines Vertrages über einen Heimplatz trifft der Verbraucher eine wesentliche und weitreichende Lebensentscheidung, sowohl persönlich als auch finanziell. Mit der Statuierung der vorvertraglichen Informationspflichten verfolgt der Gesetzgeber den Zweck, Transparenz der Bedin- 1 gungen, die dieser weitreichenden Entscheidung zu Grunde liegen, zu gewähren.[1] Gegenstand der Informationspflicht sind das allgemeine Leistungsangebot des Unternehmers, konkretisiert in Abs. 2, und der wesentliche Inhalt der für den Verbraucher in Betracht kommenden Leistungen in Abs. 3.

II. Einzelerläuterung

2 **1. Zeitpunkt und Form der Informationserteilung.** Die gesetzlich benannten Informationen sind dem Verbraucher in **Textform** iSd § 126b BGB (→ BGB § 126b Rn. 4 ff.) zu erteilen. Ausreichend kann dazu die Überlassung eines Prospekts sein, aus dem sich alle notwendigen Informationen entnehmen lassen.[2]

3 Die Anforderung, dass die Informationen **„in leicht verständlicher Sprache"** zu erteilen sind, wird in den Gesetzesmaterialien nicht näher erläutert. Zu fordern sind wohl Formulierungen, die auf Fremdwörter, Fachbegriffe sowie Schachtelsätze verzichten.[3] Auch ein Verbraucher ohne weitreichende schulische oder akademische Ausbildung muss die ihm zur Verfügung gestellten Informationen verstehen können.[4] Es geht darum, dass ein **Durchschnittskunde** bei verständiger Würdigung und aufmerksamer Durchsicht der Informationen klar erkennen kann, was mit dem Abschluss des Vertrages und dem Einzug in die Einrichtung auf ihn zukommt.[5] Eine Anlehnung an die Grundsätze des ABG-rechtlichen Transparenzgebots, das auch die Begriffe „klar und verständlich" verwendet, bietet sich an,[6] wobei zu berücksichtigen ist, dass in § 3 Abs. 3 die konkreten Bedürfnisse des potentiellen Kunden in den Blick zu nehmen sind.

4 § 3 Abs. 3 S. 2 verlangt weiterhin die Darstellung der Information über den besonders relevanten Ausschluss der Angebotspflicht nach § 8 Abs. 4 in hervorgehobener Form. Hier geht es darum, dass sich oftmals der Grad der Pflegebedürftigkeit des Verbrauchers im Laufe der Zeit steigern wird. Der Unternehmer hat dann seine Dienstleitung entsprechend anzupassen bzw. ein entsprechendes Angebot zu unterbreiten und auch ein Recht zur Erhöhung des Entgelts. Diese **Pflicht zur Anpassung des Angebots** bei Änderung des Pflege- und Betreuungsbedarfs kann der Unternehmer allerdings unter den in § 8 Abs. 4 benannten Voraussetzungen ausschließen. Auf den Umfang und die Folgen dieses Ausschlusses ist angesichts seiner erheblichen Relevanz in hervorgehobener Form hinzuweisen.

5 Eine **vorvertragliche** Erläuterungspflicht, wie man sie etwa aus dem Verbraucherkreditrecht kennt (§ 491a Abs. 3 BGB) besteht **nicht.** Da sich die Erfüllung der Informationspflicht aber an den individuellen Bedürfnissen des Verbrauchers orientiert, bestehen durchaus große Ähnlichkeiten zu einer solchen Erläuterungspflicht, die über eine abstrakte Pflicht zur Information hinausgeht.

6 Wie in anderen verbraucherprivatrechtlichen Normen ordnet § 3 Abs. 1 die **„Rechtzeitigkeit"** der Informationserteilung vor Abgabe der Vertragserklärung an. In den Gesetzesmaterialien ist die Begrifflichkeit nicht näher erläutert. Die Erteilung der Informationen hat jedenfalls vor Vertragsschluss und mit hinreichendem Vorlauf zu erfolgen, dass sie der Verbraucher noch in Ruhe zur Kenntnis nehmen kann, bevor er sich bindet. Für die Annahme der Angemessenheit eines Zeitraums von drei Tagen gibt es keine tragende Begründung.[7] Ebenso wenig nah liegt die Orientierung an der Frist von **zwei Wochen** aus § 17 Abs. 2a S. 2 Nr. 2 BeurkG.[8] Es ist durchaus zu empfehlen, die vorvertragliche Information klar vom später zu unterbreitenden Vertragstext zu trennen, also unterschiedliche Formulare zu verwenden.[9]

7 Effizientes Verbraucherprivatrecht für tatsächlich Schutzbedürftige geht stets einher mit dem Ausschluss, auf die Wirkung von Schutzvorschriften **verzichten** zu können. Auch im Hinblick auf die Regelung des § 16 ist es daher **nicht möglich, vorab** gegenüber dem Unternehmer wirksam auf die Erteilung der Informationen zu verzichten.[10] Nach Erteilung der Information liegt es allerdings in der Hand des Verbrauchers, rasch den Vertrag abzuschließen, so dass nichts dagegen spricht, aus eigenen Stücken auf eine eingehende Lektüre und Kenntnisnahme zu verzichten.[11]

8 **2. Gegenstand der Informationspflicht.** Der Verbraucher soll durch die Erfüllung der Informationspflicht über das allgemeine Leistungsangebot (§ 3 **Abs. 2**) einen **Gesamteindruck** von dem die Leistungen anbietenden Unternehmen, dh von dem Unternehmer und von dessen Leistungen

---

1 BT-Drs. 16/12409, 11.
2 Schmidt-Futterer/Blank/*Eisenschmid,* 14. Aufl. 2019, BGB Vor § 535 Rn. 131c.
3 Ebenso *Weber* NZM 2010, 337 (340).
4 BeckOGK/*Drasdo,* 1.4.2024, Rn. 6.
5 BGH NJW-RR 2019, 942 (943).
6 BGH NJW-RR 2019, 942 (943); Grüneberg/*Weidenkaff* Rn. 3.
7 So aber Beetz/Schwedler-Allmendinger/*Rothe* Rn. 9; *Bachem/Hacke* Rn. 6.
8 So aber BeckOGK/*Drasdo,* 1.7.2024, Rn. 11.
9 *Weber* NZM 2021, 185 (186).
10 Beetz/Schwedler-Allmendinger/*Rothe* Rn. 10; BeckOGK/Drasdo, 1.7.2024, Rn. 13.
11 Beetz/Schwedler-Allmendinger/*Rothe* Rn. 10.

erhalten.[12] Abzustellen ist daher auf die **individuellen Zustände des Objekts und des Pflege- und Betreuungsbetriebs.**[13] In § 3 Abs. 2 werden konkrete Bestandteile der allgemeinen Informationspflicht bezeichnet. Zu den Informationen über die Ausstattung des Gebäudes (§ 3 Abs. 2 Nr. 1) zählt unter anderem die Anzahl der vorhandenen Etagen des Gebäudes, die Anzahl und Art der vorhandenen Zimmer (Einzel-, Doppel- oder Mehrbettzimmer), die vorhandenen Gemeinschaftsflächen sowie das Vorhandensein von Fahrstühlen oder behindertengerechter Ausstattung.[14] Hinsichtlich der Lage des Gebäudes kommt es maßgeblich auf die postalische Anschrift an, wobei die Angabe von GPS-Angaben nicht ausreicht. Zu den Informationen über die Nutzungsbedingungen der Einrichtungen zählen insbesondere eine Haus-, Sauna- oder Schwimmbadordnung, soweit sie vorhanden sind. Ist deren Nutzung nicht im Grundpreis enthalten und wird ein **Entgelt gesondert** erhoben, ist darauf hinzuweisen.[15] Dem Verbraucher ist weiterhin mitzuteilen, worin die in dem allgemeinen Angebot enthaltenen Leistungen bestehen. Das Gesetz bezeichnet dies als Art, Umfang und Inhalt der Leistungen (§ 3 Abs. 2 Nr. 2). Schließlich verpflichtet § 3 Abs. 2 Nr. 3 den Unternehmer dazu, die Ergebnisse von **Qualitätsprüfungen** offenzulegen, soweit deren Veröffentlichung sozial- oder landesgesetzlich zu erfolgen hat (§ 115 Abs. 1a S. 1 SGB XI). Hintergrund dieser Informationspflicht ist der Umstand, dass Verbraucher in hohem Alter oftmals nicht in der Lage sind, sich die Informationen aus dem Internet selbst zu besorgen, weshalb diese ihnen zur Verfügung gestellt werden sollen. Die Verpflichtung bezieht sich allerdings nur auf den aktuellen Bericht. Über ältere Prüfungsergebnisse muss der Unternehmer nicht informieren.[16]

Die Regelung des § 3 **Abs. 3** bezieht sich, anders als Abs. 2, nicht auf allgemeine Auskünfte, **9** sondern verlangt die Erteilung von **individuellen, auf die Person des Verbrauchers abgestimmten Informationen.**[17] Dies schließt die standardisierte Information des Verbrauchers weitgehend aus. Der Unternehmer kann jedoch Formulare oder Broschüren mit individuell ergänzten Lückentexten oder Ankreuzmöglichkeiten nutzen.

Zu der Darstellung des Wohnraums, der Pflege- und Betreuungsleistungen sowie der Verpfle- **10** gung (§ 3 Abs. 3 **Nr. 1**) zählen Angaben über die Zimmerbelegung (Einzel-, Doppel- oder Mehrbettzimmer), die **Grundausstattung** des Zimmers, vorhandener Platz für eigene Einrichtungsgegenstände sowie die Größe des Zimmers, das konkret bezogen werden kann und soll.[18] Vor Vertragsschluss hat der Unternehmer in der Regel keine detaillierten Informationen über die konkreten Bedürfnisse des Bewohners im Hinblick auf die Pflege- und Betreuungsleistung. Gefordert werden kann daher allenfalls die Beschreibung von Angeboten, die für den Interessenten nach seiner persönlichen Konstitution relevant werden könnten.[19] Im Hinblick auf die Verpflegung hat der Unternehmer insbesondere darüber zu informieren, in welchem Umfang diese angeboten wird. Es sind aber auch Informationen über spezielle Diäten und das Angebot vegetarischen bzw. veganen Essens zur Verfügung zu stellen.[20]

Bei der Darstellung des **Leistungskonzeptes** (§ 3 Abs. 3 **Nr. 2**) ist zu beachten, dass dieses **11** nach § 6 Abs. 3 zum Inhalt des Vertrages wird. Eine unzutreffende Darstellung des Leistungskonzepts kann dazu führen, dass dem Verbraucher alsdann ein Recht auf Minderung des Entgelts nach § 10 Abs. 1 zusteht.[21] Das Leistungskonzept ergibt sich bei Pflegeeinrichtungen nach § 71 SGB XI aus § 72 SGB XI. In anderen Fällen, etwa dem Betreuten Wohnen oder bei besonderen Wohnformen, bestimmt der Unternehmer selbst das Leistungskonzept.

Zu den erforderlichen Informationen zählt nach Maßgabe von § 3 Abs. 3 **Nr. 3** auch die **12** Erläuterung der **Entgeltstruktur,** dh der Zusammensetzung des Entgelts und die auf die einzelnen Leistungen entfallenden Anteile. Anzugeben sind in diesem Zusammenhang auch die nach § 82 Abs. 3, 4 SGB XI gesondert zu ermittelnden Investitionskosten. Dem Verbraucher soll vorab Klarheit über die ihn treffenden Kosten verschafft werden.[22] Umstritten ist, ob in Pflegevereinbarungen zwischen Heimbetreiber und Kostenträger ausgehandelte Tagessätze darzustellen sind.[23] Im Sinne eines umfangreichen Verbraucherschutzes ist dies zu bejahen.

---

12 BT-Drs. 16/12409, 16.
13 *Iffland/Düncher* Rn. 6.
14 BeckOGK/*Drasdo,* 1.4.2024, Rn. 20 f.
15 BeckOGK/*Drasdo,* 1.4.2024, Rn. 23 f.
16 BeckOGK/*Drasdo,* 1.4.2024, Rn. 28 ff.
17 BT-Drs. 16/12409, 17.
18 Grüneberg/*Weidenkaff* Rn. 2.
19 BeckOGK/*Drasdo,* 1.4.2024, Rn. 37.
20 BeckOGK/*Drasdo,* 1.4.2024, Rn. 38.
21 *Iffland/Düncher* Rn. 7.
22 BeckOGK/*Drasdo,* 1.4.2024, Rn. 42.
23 S. *Iffland/Düncher* Rn. 7 einerseits und BeckOGK/*Drasdo,* 1.4.2024, Rn. 43 andererseits.

13 Aufgrund des mit der Miete vergleichbaren Dauerschuldcharakters des Vertrags räumt das Gesetz dem Unternehmer die Möglichkeit ein, auf **spätere Veränderungen** zu reagieren. Anpassungsrechte mit unterschiedlichen Voraussetzungen finden sich in § 8 und § 9. Hierüber sowie über die jeweiligen Voraussetzungen einer einseitigen Veränderung des Vertrags muss der Unternehmer den Verbraucher gem. § 3 Abs. 3 **Nr. 4** vorab informieren.[24] Sofern der Unternehmer beabsichtigt, seine Verpflichtung zur Anpassung des Angebots nach § 8 Abs. 4 infolge gestiegenem Betreuungsbedarf des Verbrauchers auszuschließen, hat er den Verbraucher aufgrund der elementaren Bedeutung dieses Ausschlusses für dessen zukünftige Lebensumstände gem. § 3 Abs. 3 **Nr. 5** im Vorfeld über die Auswirkungen eines etwaigen Ausschlusses aufzuklären.[25] Diese Information muss gem. § 3 Abs. 3 S. 2 aufgrund ihrer besonderen Relevanz in hervorgehobener Form erteilt werden.

14 **3. Rechtsfolgen eines Verstoßes gegen die Informationspflicht.** Eine Verletzung der sich aus der Vorschrift ergebenden Informationspflichten ist **sowohl bei unrichtiger als auch unvollständiger Informationserteilung** gegeben.[26] Der Vertrag wird dadurch jedoch nicht etwa nichtig, vielmehr orientieren sich die Rechtsfolgen an § 6 Abs. 2 S. 2 und 3, die entsprechend anzuwenden sind. Danach kann der Verbraucher zum einen den Vertrag jederzeit **fristlos kündigen,** zum anderen sind die Informationen in der entsprechenden Form **nachzuholen.** In Anbetracht des Mangels an altersgerechten Einrichtungen als Alternative mag man das Kündigungsrechts des Verbrauchers mit Recht als eher stumpfes Schwert bezeichnen.[27] Holt der Unternehmer seine Verpflichtung vollständig und fehlerfrei nach, entfällt das Kündigungsrecht des Verbrauchers.[28] Diese Folge tritt unmittelbar mit Nachholung und nicht erst nach Ablauf von zwei Wochen ein, wie es § 11 Abs. 2 S. 2 für die verspätete Aushändigung der Vertragsausfertigung bestimmt.[29]

15 § 3 **Abs. 4** stellt abschließend klar, dass weitergehende **Schadensersatzansprüche** des Verbrauchers, insbesondere aus § 311 Abs. 2 BGB, § 241 Abs. 2 BGB, unberührt bleiben.[30]

16 **4. Weitergehende Informationspflichten.** Die Regelung des § 3 soll bestehenden Verbraucherschutz erweitern und nicht einschränken. § 3 **Abs. 5** bestimmt daher, dass weitergehende Informationspflichten nach anderen Gesetzen unberührt bleiben.[31] Derartige Pflichten können sich etwa aus den jeweiligen **landesgesetzlichen Regelungen** ergeben und betreffen oftmals den sog. Heimbeirat oder öffentliche Beratungsstellen.[32]

§ 4 WBVG Vertragsschluss und Vertragsdauer

(1) [1]Der Vertrag wird auf unbestimmte Zeit geschlossen. [2]Die Vereinbarung einer Befristung ist zulässig, wenn die Befristung den Interessen des Verbrauchers nicht widerspricht. [3]Ist die vereinbarte Befristung nach Satz 2 unzulässig, gilt der Vertrag für unbestimmte Zeit, sofern nicht der Verbraucher seinen entgegenstehenden Willen innerhalb von zwei Wochen nach Ende der vereinbarten Vertragsdauer dem Unternehmer erklärt.

(2) [1]War der Verbraucher bei Abschluss des Vertrags geschäftsunfähig, so hängt die Wirksamkeit des Vertrags von der Genehmigung eines Bevollmächtigten oder Betreuers ab. [2]§ 108 Absatz 2 des Bürgerlichen Gesetzbuchs ist entsprechend anzuwenden. [3]In Ansehung einer bereits bewirkten Leistung und deren Gegenleistung gilt der Vertrag als wirksam geschlossen. [4]Solange der Vertrag nicht wirksam geschlossen worden ist, kann der Unternehmer das Vertragsverhältnis nur aus wichtigem Grund für gelöst erklären; die §§ 12 und 13 Absatz 2 und 4 sind entsprechend anzuwenden.

(3) [1]Mit dem Tod des Verbrauchers endet das Vertragsverhältnis zwischen ihm und dem Unternehmer. [2]Die vertraglichen Bestimmungen hinsichtlich der Behandlung des in den Räumen oder in Verwahrung des Unternehmers befindlichen Nachlasses des Verbrauchers bleiben wirksam. [3]Eine Fortgeltung des Vertrags kann für die Überlassung des Wohnraums gegen Fortzahlung der darauf entfallenden Entgeltbestandteile vereinbart werden, soweit ein Zeitraum von zwei Wochen nach dem Sterbetag des Verbrauchers nicht überschritten

---

[24] BeckOGK/*Drasdo,* 1.4.2024, Rn. 44.
[25] BT-Drs. 16/12409, 17.
[26] *Iffland/Düncher* Rn. 14.
[27] *Steffens* Seniorenrecht aktuell 2014, 78; krit. auch *Weber* NZM 2010, 337 (340).
[28] Grüneberg/*Weidenkaff* Rn. 3.
[29] *Iffland/Düncher* Rn. 8; BeckOGK/*Drasdo,* 1.4.2024, Rn. 54.
[30] BeckOGK/*Drasdo,* 1.4.2024, Rn. 55.
[31] BT-Drs. 16/12409, 18.
[32] BeckOGK/*Drasdo,* 1.4.2024, Rn. 57 f.

wird. [4]In diesen Fällen ermäßigt sich das geschuldete Entgelt um den Wert der ersparten Aufwendungen des Unternehmers.

Übersicht

I. Normzweck

Die Regelung fasst einige Besonderheiten des Vertragsinhalts und -abschlusses sowie der Vertragsbeendigung zusammen. Es ist festzustellen, dass die einzelnen Regelungsgegenstände nicht unmittelbar einen sachlichen Zusammenhang aufweisen. Zutreffend wird auch darauf hingewiesen, dass sich die Vorschrift systematisch teilweise an § 6 hätte anschließen müssen, da dort Form und Inhalt des Vertrags geregelt sind.[1] Es geht in § 4 einmal um die Dauer der Vertragslaufzeit und die Möglichkeit der Befristung. Weiterhin greift die Vorschrift die Problematik auf, dass ein pflegebedürftiger Verbraucher im Zeitpunkt des Vertragsabschlusses womöglich geschäftsunfähig sein könnte und die Anwendung der allgemeinen Regeln zur Rechtsgeschäftslehre mit der Anordnung der Nichtigkeit (§ 105 BGB) nicht zu angemessenen Ergebnissen führt. Schließlich geht es um die Folgen des Todes des Verbrauchers für den Vertrag. 1

II. Einzelerläuterung

1. Unbefristeter Vertrag. Zum Schutz des Verbrauchers liegt dem Gesetz, ähnlich dem deutschen Wohnraummietrecht, in § 4 Abs. 1 S. 1 das Konzept des unbefristeten Vertrags zugrunde. Der Verbraucher soll bis zu seinem Tod seinen sicheren Lebensmittelpunkt in dem zur Verfügung gestellten Wohnraum finden. Eine **Befristung** ist, soweit sie nicht gesetzlich erlaubt ist, in Anbetracht von § 16 **unwirksam.** Die unbefristete Laufzeit des Vertrages gilt kraft Gesetzes, auch ohne vertragliche Vereinbarung.[2] 2

2. Befristung des Vertrags im Interesse des Verbrauchers. Eine Durchbrechung der unzulässigen Befristung erfolgt in § 4 Abs. 1 S. 2. Danach ist eine Befristung des Vertrags zulässig, sofern sie im Interesse des Verbrauchers erfolgt bzw. dessen Interesse nicht widerspricht. Die **Ausnahmeregelung** dient der Zulassung von Verträgen über Kurzzeitpflege und solchen über vorübergehende Leistungen im Rahmen der Eingliederungshilfe.[3] Darin liegt wiederum eine gesetzliche Ausnahme von der Regelung des § 16, die abweichende Vereinbarungen zulasten des Verbrauchers grundsätzlich untersagt. Die Laufzeit der jeweiligen Befristung orientiert sich am Interesse des Verbrauchers.[4] 3

3. Kündigung des befristeten Vertrags. Wie im Wohnraummietrecht (§ 575 BGB) wird man davon auszugehen haben, dass die Befristung des Vertrags beide Parteien bindet (aA → BGB § 575 Rn. 4 ff.), also neben dem Unternehmer auch den Verbraucher. Da dem Unternehmer allerdings ohnehin kein ordentliches Kündigungsrecht zusteht, hat die Befristung für den Unternehmer keine Bedeutung.[5] Das Recht zur fristlosen Kündigung steht dem Unternehmer bei Vorliegen der entsprechenden Voraussetzungen aus § 12 allerdings trotz der Befristung des Vertrags zu.[6] Über das Recht zur ordentlichen Kündigung aus § 11 verfügt der Verbraucher beim befristeten Vertrag nicht.[7] Freilich kann es ihm eingeräumt werden.[8] Allerdings kann auch der Verbraucher den befristeten Vertrag fristlos kündigen, wenn er dazu berechtigt ist (§ 11 Abs. 3). 4

4. Folgen einer unwirksamen Befristung. Eine unwirksame Befristung führt nach Maßgabe von § 4 Abs. 1 S. 3 dazu, dass der Vertrag als **auf unbestimmte Zeit geschlossen gilt,** sofern 5

[1] Grüneberg/*Weidenkaff* Rn. 1.
[2] Grüneberg/*Weidenkaff* Rn. 2.
[3] BT-Drs. 16/12409, 18.
[4] Grüneberg/*Weidenkaff* Rn. 2.
[5] Schmid/*Harz*/*Schmid*/*Harsch* § 12 Rn. 1.
[6] BeckOGK/*Drasdo*, 1.4.2024, Rn. 13.
[7] Zutr. Grüneberg/*Weidenkaff* Rn. 2; aA *Bachem*/*Hacke* Rn. 13; BeckOGK/*Drasdo*, 1.4.2024, Rn. 14.
[8] Grüneberg/*Weidenkaff* Rn. 2.

nicht der Verbraucher seinen entgegenstehenden Willen innerhalb von zwei Wochen nach Ende der vereinbarten Vertragsdauer dem Unternehmer gegenüber mitteilt. Die Erklärung des Verbrauchers ist eine empfangsbedürftige Willenserklärung, deren Zugang er beweisen muss. Die Einhaltung der gesetzlichen Schriftform ist nicht gefordert und wäre mit dem Schutzzweck der Vorschrift schwerlich zu vereinbaren.[9] Versäumt der Verbraucher die **Frist von zwei Wochen,** bleibt ihm nur die Kündigung des dann unbefristeten Vertrags nach § 11, um den Vertrag zu beenden.

6 **5. Geschäftsunfähigkeit des Verbrauchers.** Die besonderen Bedürfnisse des Verbrauchers im Zusammenhang mit dem WBVG legen es nahe, dass die Geschäftsfähigkeit des Verbrauchers in Zweifel stehen kann. Mangelt es an der Geschäftsfähigkeit, so hängt die Wirksamkeit des Vertrags von der **Genehmigung** eines Bevollmächtigten oder Betreuers ab (§ 4 Abs. 2 S. 2 iVm § 108 Abs. 2 BGB). Das Gesetz nimmt sich der Wirkungen der mit dem geschäftsunfähigen Verbraucher geschlossenen Vereinbarung in der dann eintretenden Schwebezeit an und ordnet in § 4 Abs. 2 S. 1 eine Ausnahme von der in § 105 Abs. 1 BGB angeordneten Nichtigkeit der Vereinbarung an.[10] Bis zur Genehmigung des Bevollmächtigten respektive Betreuers sind die mit dem geschäftsunfähigen Verbraucher getroffenen Vereinbarungen **schwebend unwirksam** und nicht nichtig. Die Genehmigung führt alsdann mit Wirkung ex tunc zur Wirksamkeit des Vertrags (§ 184 Abs. 1 BGB). Wird die Genehmigung verweigert, führt dies zur Nichtigkeit des Vertrags. Alsdann kommt das Recht des ungerechtfertigen Bereichs zur Anwendung.[11]

7 Hinsichtlich der trotz Unwirksamkeit des Vertrags erbrachten Leistungen wird der Vertrag gem. § 4 Abs. 2 S. 3 als wirksam behandelt. Die Regelung gilt jedoch nur für den Fall der Unwirksamkeit des Vertrages aufgrund der fehlenden Geschäftsfähigkeit des Verbrauchers und ist nicht auf andere rechtshindernde Einwendungen zu erstrecken.[12] Durch die Fiktion der Vertragswirksamkeit wird eine komplizierte Rückabwicklung der gegenseitig erbrachten Leistungen über das Recht der ungerechtfertigten Bereicherung vermieden. Hinsichtlich des nach § 7 Abs. 2 S. 1 angemessenen Entgelts und der bereits erbrachten Leistungen des Unternehmers tritt daher Nichtigkeit, sollte es mangels Genehmigung dazu kommen, ex nunc ein.[13]

8 Auch den schwebend unwirksamen Vertrag kann der Unternehmer gem. § 4 Abs. 2 S. 4 nur unter den Voraussetzungen des **§ 12 aus wichtigem Grund „für gelöst erklären".** Damit soll dem Umstand Rechnung getragen werden, dass nur wirksame Verträge gekündigt werden können. Es wird die entsprechende Anwendung des Kündigungsreglements angeordnet. Auch die Rechtsfolgen des Kündigungsrechts nach § 13 finden entsprechende Anwendung.

9 Der Unternehmer kann den Bevollmächtigten oder Betreuer nach § 108 Abs. 2 BGB **zur Genehmigung auffordern,** um Rechtsklarheit zu erreichen und die entsprechende Frist in Gang zu setzen.[14] Bleibt die Genehmigung aus und steht damit fest, dass der Vertrag nicht zu Stande kommt, gelten ab diesem Zeitpunkt die allgemeinen Regelungen. Soweit der Verbraucher wieder geschäftsfähig wird, kann er den Vertrag selbst genehmigen. § 108 Abs. 3 BGB findet, auch wenn er im Gesetz nicht benannt ist, entsprechende Anwendung.[15] War die Frist zur Genehmigung nach Aufforderung durch den Unternehmer gegenüber dem Bevollmächtigten oder Betreuer allerdings bereits bei Wiedererlangung der Geschäftsfähigkeit abgelaufen, ist der Vertrag bereits endgültig als von Anfang an unwirksam anzusehen, so dass eine Genehmigung durch den nun geschäftsfähigen Verbraucher nicht mehr in Betracht kommt.

10 Problematisch ist, ob dem Unternehmer neben dem bereicherungsrechtlichen Anspruch auch ein **Anspruch aus § 546a BGB** zusteht, wenn der Verbraucher trotz fehlender Genehmigung in den überlassenen Wohnräumen verbleibt.[16] Dies dürfte vor dem Hintergrund der sondergesetzlichen Regelung zu **verneinen** sein. Ob der Unternehmer von dem Verbraucher in solchen Fällen unmittelbar die Räumung verlangen kann, lässt sich nicht ohne Einbeziehung der jeweiligen landesrechtlichen Bestimmungen über die Obhuts- und Betreuungspflicht beantworten.[17]

11 **6. Beendigung des Vertrags mit dem Tod des Verbrauchers.** Nach Maßgabe von § 4 Abs. 3 S. 1 endet das Vertragsverhältnis grundsätzlich mit dem Tod des Verbrauchers und geht nicht

---

9 *Iffland/Düncher* Rn. 5.
10 *Drasdo* NJW 2019, 2894 (2895).
11 OLG Dresden BeckRS 2021, 48218.
12 BT-Drs. 16/12409, 18.
13 Grüneberg/*Weidenkaff* Rn. 3.
14 BeckOGK/*Drasdo,* 1.4.2024, Rn. 37.
15 Grüneberg/*Weidenkaff* Rn. 3.
16 *Bachem/Hacke* Rn. 22; aA Grüneberg/*Weidenkaff* Rn. 3.
17 BeckOGK/*Drasdo,* 1.4.2024, Rn. 40.

nach den Grundsätzen der Gesamtrechtsnachfolge auf den oder die **Erben** über.[18] Die Haftung der Erben besteht daher nur für Verpflichtungen und Verbindlichkeiten, die vor dem Tod des Verbrauchers begründet wurden.[19] Einer Kündigung durch die Erben bedarf es, anders als etwa im Mietrecht (§§ 563 ff. BGB) nicht.[20]

Ausgenommen davon sind Vereinbarungen den in den Räumlichkeiten befindlichen **Nachlass** des Verbrauchers betreffend (§ 4 Abs. 3 S. 2). Die Regelung ist notwendig, da der Unternehmer andernfalls keine Handhabe hätte, nach dem Willen des Verbrauchers berechtigterweise mit dem Nachlass des Verbrauchers zu verfahren. Abweichend von der mit dem Eintritt des Todes angeordneten Vertragsbeendigung kann nach § 4 Abs. 3 S. 3 die **Fortgeltung des Vertrages für die Dauer von maximal zwei Wochen über den Sterbetag hinaus** vereinbart werden, soweit es um die Wohnraumüberlassung geht. Damit soll dem Umstand Rechnung getragen werden, dass den Angehörigen die sofortige Räumung oftmals nicht möglich ist. Der Verbraucher kann auf diese Weise auch dazu beitragen, dass den Angehörigen ein würdevoller Abschied vom Verstorbenen in seiner Umgebung ermöglicht wird.[21] Eine Vergütung ist alsdann nur noch für die Überlassung des Wohnraums zu zahlen, was sich aus § 4 Abs. 3 S. 3 ergibt.[22] Pflege- und Betreuungsleistungen werden nicht mehr in Anspruch genommen. Unbenommen ist es Dritten, etwa Angehörigen, nach dem Tod des Verbrauchers eine weitergehende, also längere Nutzung der Räume zu vereinbaren.[23] 12

Kommt es trotz Vorliegens einer entsprechenden nachlaufenden Vereinbarung zu einer vorzeitigen Neubelegung des Zimmers, kann sich der Unternehmer gegenüber den Erben **schadensersatzpflichtig** machen.[24] Er verliert weiterhin den Vergütungsanspruch für den Zeitraum.[25] Die Vorschrift hindert den Unternehmer allerdings nicht daran, mit den Angehörigen eine über die Frist von zwei Wochen hinausgehende, eigenständige Vereinbarung über die Wohnraumüberlassung nach dem Sterbetag des Verbrauchers zu treffen.[26] 13

Probleme im Zusammenhang mit der zweiwöchigen Fortgeltung des Vertrags – jedenfalls im Hinblick auf die Wohnraumüberlassung – bereitet § 15 Abs. 1, sofern der Verbraucher Sozialleistungen nach dem SGB XI in Anspruch nimmt. Die Regelung ordnet an, dass in den genannten Fällen die Vereinbarungen mit den Verbrauchern den gesetzlichen Vorgaben des SGB XI entsprechen müssen. Nach **§ 87a Abs. 1 SGB XI endet die Zahlungspflicht des Heimbewohners über den Kostenträger** aber mit dem Tod des Bewohners. Davon abweichende Vereinbarungen sind nach § 87a Abs. 1 S. 4 SGB XI nicht zulässig. Möglich und rechtlich zulässig erscheint vor diesem Hintergrund allein dann eine über den Sterbetag des Verbrauchers hinausgehende Vereinbarung der Fortgeltung des Vertrages, sofern zum Zeitpunkt des Vertragsschlusses noch keine Sozialleistungen bezogen wurden.[27] 14

§ 5 WBVG Wechsel der Vertragsparteien

(1) [1]Mit Personen, die mit dem Verbraucher einen auf Dauer angelegten gemeinsamen Haushalt führen und nicht Vertragspartner des Unternehmers hinsichtlich der Überlassung des Wohnraums sind, wird das Vertragsverhältnis beim Tod des Verbrauchers hinsichtlich der Überlassung des Wohnraums gegen Zahlung der darauf entfallenden Entgeltbestandteile bis zum Ablauf des dritten Kalendermonats nach dem Sterbetag des Verbrauchers fortgesetzt. [2]Erklären Personen, mit denen das Vertragsverhältnis fortgesetzt wurde, innerhalb von vier Wochen nach dem Sterbetag des Verbrauchers dem Unternehmer, dass sie das Vertragsverhältnis nicht fortsetzen wollen, gilt die Fortsetzung des Vertragsverhältnisses als nicht erfolgt. [3]Ist das Vertragsverhältnis mit mehreren Personen fortgesetzt worden, so kann jeder die Erklärung für sich abgeben.

(2) Wird der überlassene Wohnraum nach Beginn des Vertragsverhältnisses von dem Unternehmer an einen Dritten veräußert, gelten für die Rechte und Pflichten des Erwerbers hinsichtlich der Überlassung des Wohnraums die §§ 566 bis 567b des Bürgerlichen Gesetzbuchs entsprechend.

---

18 Dazu *Drasdo* NVwZ 2011, 1181.
19 Grüneberg/*Weidenkaff* Rn. 3.
20 Grüneberg/*Weidenkaff* Rn. 4.
21 BT-Drs. 16/12409, 19.
22 Grüneberg/*Weidenkaff* Rn. 4.
23 BeckOGK/Drasdo, 1.7.2024, Rn. 27; LSG Sachsen-Anhalt BeckRS 2023, 7093.
24 BeckOGK/*Drasdo,* 1.4.2024, Rn. 26.
25 Grüneberg/*Weidenkaff* § 4 Rn. 4 mit Verweis auf BGH NJW 2003, 1453 zum HeimG.
26 *Iffland/Düncher* Rn. 7.
27 Dazu ausf. *Drasdo* NVwZ 2011, 1181 ff.

I. Normzweck

1 In der Vorschrift des § 5 sind zwei unterschiedliche Regelungstatbestände zusammengerührt worden. Die Regelung des § 5 Abs. 1 dient dem Schutz von Haushaltsangehörigen des Verbrauchers, die nicht Vertragspartner des Unternehmers sind, im Fall des Todes des Verbrauchers. Sie ist **§ 563 BGB** nachgebildet. Dabei sind nicht nur Lebenspartner erfasst. Der Schutzbereich der Vorschrift ist weiter gefasst, wobei es sich beim Lebenspartner aber wohl um die häufigste Erscheinungsform der mit im Haushalt des Verbrauchers lebenden Person handelt. Durch die Regelung in Abs. 1 soll eine sozialverträgliche Beendigung der Wohnraumüberlassung an den Dritten ermöglicht werden.[1] Weiterhin dient die Vorschrift in Abs. 2 durch die Anordnung der entsprechenden Geltung der **§§ 566 ff. BGB** dem Schutz des Verbrauchers für den Fall, dass es auf Seiten des Betreibers zu einem Wechsel kommt, der Wohnraum veräußert wird. Beide Regelungen verbindet die Abweichung vom Grundsatz der Relativität der Schuldverhältnisse.[2]

II. Einzelerläuterung

2 **1. Vertragsübernahme durch Haushaltsangehörigen.** Die Regelung des § 5 Abs. 1 hat die Fallkonstellation vor Augen, dass der Haushaltsangehörige des Verbrauchers nicht auch Vertragspartner des Unternehmers geworden ist.[3] Anders als bei § 563 BGB, an den die Regelung angelehnt ist, werden **alle Personen** erfasst, die mit dem Verbraucher zusammengelebt haben. Es kann sich um Ehepartner, Lebensgefährten, Kinder oder sonstige Mitbewohner handeln.[4] Unbeachtlich ist, wie lange der Verbraucher bereits in einem Haushalt mit der weiteren Person gelebt hat. Maßgeblich ist allein die Intention des Verbrauchers, mit dem Dritten **dauerhaft zusammenzuleben.**[5] Weiterhin muss die Aufnahme des Dritten berechtigt erfolgt sein.[6]

3 Die gesetzlich angeordnete Vertragsübernahme ist auf den Vertragsbestandteil der Wohnraumüberlassung und den Zeitraum von drei Monaten, beginnend mit dem Ablauf des Monats, in den der Todestag des Verbrauchers fällt, **beschränkt.** Fällt der Todestag somit auf den ersten Tag eines Monats, kann sich insgesamt ein Fortbestehen des Vertragsverhältnisses für die Dauer von vier Monaten ergeben.[7] Damit soll sichergestellt werden, dass der überlebende Lebenspartner respektive Mitbewohner einen eventuell anderweitig benötigten Heimplatz nicht unverhältnismäßig lange blockiert.[8] Ihm soll aber gleichzeitig die Möglichkeit eingeräumt werden, in Ruhe neuen Wohnraum zu suchen.[9] Kraft Gesetzes wird durch § 5 Abs. 1 S. 1 ein **neues Schuldverhältnis** in Form eines Wohnraummietverhältnisses auf bestimmte Zeit mit dem Dritten begründet, dessen Bedingungen sich an dem mit dem Verbraucher geschlossenen Vertrag orientieren.[10]

4 Liegt eine Vereinbarung nach § 4 Abs. 3 S. 3 vor, ist es möglich, dass nach dem Tode des Verbrauchers für den Zeitraum von zwei Wochen **zwei Vertragsverhältnisse nebeneinander** bestehen.[11]

5 Allerdings kann der Dritte, der nicht Vertragspartei war, nicht gezwungen werden, das Vertragsverhältnis entgegen seinem Willen über den Tod des Verbrauchers hinaus fortzusetzen. Der in § 5 Abs. 1 S. 1 vorgesehene teilweise Vertragsübergang kann daher nach Maßgabe von § 5 Abs. 1 S. 2 seitens des Dritten durch **formlose Erklärung** gegenüber dem Unternehmer vermieden werden. Einer Begründung für die Nichtfortführung des Vertragsverhältnisses bedarf es nicht. Die Erklärung muss jedoch innerhalb von vier Wochen nach dem Todestag des Verbrauchers erfolgen. Diese Frist läuft kraft Gesetzes unabhängig von der Kenntnis des Dritten vom Todesfall.[12] Die Erklärung des Dritten bewirkt die Fiktion, dass die Fortsetzung des Vertragsverhältnisses als nicht erfolgt gilt. Soweit die Räumlichkeiten dennoch weiterhin von dem Dritten nach dem Todestag des Verbrauchers als Vertragspartner genutzt worden sind, steht dem Unternehmer ein bereicherungsrechtlicher Ausgleichsanspruch zu.[13]

---

[1] Grüneberg/*Weidenkaff* Rn. 1.
[2] Grüneberg/*Weidenkaff* Rn. 1.
[3] BeckOGK/*Drasdo,* 1.4.2024, Rn. 3.
[4] BT-Drs. 16/12409, 19; offenbar enger versteht dies Grüneberg/*Weidenkaff* Rn. 2 mit Verweis auf §§ 549, 563 BGB.
[5] *Iffland/Düncher* Rn. 5.
[6] Grüneberg/*Weidenkaff* Rn. 2.
[7] Grüneberg/*Weidenkaff* Rn. 2.
[8] BeckOGK/*Drasdo,* 1.4.2024, Rn. 18.
[9] BT-Drs. 16/12409, 19.
[10] Grüneberg/*Weidenkaff* Rn. 2.
[11] BeckOGK/*Drasdo,* 1.4.2024, Rn. 14.
[12] Grüneberg/*Weidenkaff* Rn. 2.
[13] BeckOGK/*Drasdo,* 1.4.2024, Rn. 27; *Iffland/Düncher* Rn. 8; Grüneberg/*Weidenkaff* Rn. 2 aE.

Sofern **mehrere Personen** für eine Vertragsfortsetzung in Frage kommen, müssen diese den Vertrag nicht zwingend gemeinsam übernehmen. Jede Person kann eigenständig entsprechende Entscheidungen treffen und Erklärungen abgeben.[14] 6

Zum Nachteil des Verbrauchers **abweichende Vereinbarungen** sind gem. § 16 **unzulässig.** Dies gilt, anders als bei dem Vorbild des § 563 BGB, der in Abs. 5 eine drittschützende Regelung enthält, jedoch nicht für Vereinbarungen, die das Eintrittsrecht des Haushaltsangehörigen betreffen, also gegenüber dem oder mit den Dritten.[15] 7

2. Grundstücksveräußerung. § 5 **Abs. 2** schützt den Bestand des Vertrags mit dem Verbraucher jedenfalls im Hinblick auf die Wohnraumüberlassung durch die Anordnung der entsprechenden Geltung von §§ 566–567b BGB im Fall der Veräußerung des Wohnraums. Dabei müssen Unternehmer und Veräußerer, wie in § 566 BGB, grundsätzlich personenidentisch sein.[16] Auch im Übrigen stellen sich hier hinsichtlich der Wohnraumüberlassung die vielfältigen aus der Anwendung des § 566 BGB bekannten Probleme. Das Gesetz ordnet die Anwendung der §§ 566 ff. BGB bezogen auf die Wohnraumüberlassung an, ohne dass das weitere Schicksal des Vertragsverhältnisses über die Pflege- und Betreuungsleistung geregelt würde. Es kommt daher bei der Veräußerung des Wohnraums zur Aufspaltung des vormals einheitlichen Vertragsverhältnisses.[17] Der Verbraucher sieht sich alsdann **zwei Vertragspartnern** für die von ihm ursprünglich einheitlich gewünschte Leistungserbringung gegenüber. 8

Schwierigkeiten können sich für den Verbraucher in Folge der **Aufsplittung des Vertrags** ergeben, wenn aufgrund eines Mangels am Wohnraum die Pflege- und Betreuungsleistungen nicht vollständig bzw. ordnungsgemäß erbracht werden können. Außerdem läuft der Verbraucher Gefahr, dass sich seine Rechtsbeziehung zum Erwerber allein nach den weniger verbraucherschützenden mietrechtlichen Vorschriften richtet.[18] Es wird daher zu Recht vorgeschlagen, die Regelung des § 5 Abs. 2 nur auf Wohnraummietverträge anzuwenden, die iSd § 1 Abs. 2 von vornherein mit einem separaten Vertrag über die Betreuungs- und Pflegeleistung verbunden ist, sowie auf solche Verträge, deren Schwerpunkt in der Wohnraumüberlassung liegt.[19] Wendet man die Regelung uneingeschränkt an und ist der Erwerber des Grundstücks mit dem bisherigen Eigentümer und Unternehmer weder rechtlich noch wirtschaftlich verbunden, unterfallen die beiden ursprünglich gekoppelten Verträge nach dem Eigentumsübergang aufgrund des damit verbundenen Entfallens der doppelten Abhängigkeit des Verbrauchers nicht mehr dem Anwendungsbereich des WBVG.[20] 9

Ferner fehlen Regelungen dazu, was gelten soll, wenn der Heimbetreiber die Immobilie selbst nur **angemietet** hat und dessen Vermieter das Eigentum daran weiterveräußert. § 565 BGB ist weder direkt noch analog anwendbar.[21] Im Falle der **Insolvenz** des Unternehmers als Grundstückseigentümer hängen die Folgen für den Verbraucher vom Verhalten des Insolvenzverwalters ab. Wählt dieser die Erfüllung des Vertrags, besteht das Wohn- und Betreuungsverhältnis fort. Verweigert dieser ein solches, findet § 108 Abs. 1 InsO keine Anwendung und das Vertragsverhältnis endet.[22] 10

§ 6 WBVG Schriftform und Vertragsinhalt

(1) [1]Der Vertrag ist schriftlich abzuschließen. [2]Der Abschluss des Vertrags in elektronischer Form ist ausgeschlossen. [3]Der Unternehmer hat dem Verbraucher eine Ausfertigung des Vertrags auszuhändigen.

(2) [1]Wird der Vertrag nicht in schriftlicher Form geschlossen, sind zu Lasten des Verbrauchers von den gesetzlichen Regelungen abweichende Vereinbarungen unwirksam, auch wenn sie durch andere Vorschriften dieses Gesetzes zugelassen werden; im Übrigen bleibt der Vertrag wirksam. [2]Der Verbraucher kann den Vertrag jederzeit ohne Einhaltung einer Frist kündigen. [3]Ist der schriftliche Vertragsschluss im Interesse des Verbrauchers unterblieben, insbesondere weil zum Zeitpunkt des Vertragsschlusses beim Verbraucher Gründe vorlagen, die ihn an der schriftlichen Abgabe seiner Vertragserklärung hinderten, muss der schriftliche Vertragsschluss unverzüglich nachgeholt werden.

14 BT-Drs. 16/12409, 19.
15 Grüneberg/*Weidenkaff* Rn. 1.
16 Grüneberg/*Weidenkaff* Rn. 3; BGH NJW-RR 2004, 657.
17 Grüneberg/*Weidenkaff* Rn. 3.
18 BeckOGK/*Drasdo,* 1.4.2024, Rn. 50 ff.
19 *Bachem/Hacke* Rn. 17; *Iffland/Düncher* Rn. 11.
20 *Bachem/Hacke* Rn. 18; aA wohl BeckOGK/*Drasdo,* 1.4.2024, Rn. 47, der jedenfalls hinsichtlich der beim Unternehmer verbleibenden Dienstleistungspflichten weiterhin das WBVG anwenden will.
21 BeckOGK/*Drasdo,* 1.4.2024, Rn. 56.
22 BeckOGK/*Drasdo,* 1.4.2024, Rn. 61 ff.

(3) Der Vertrag muss mindestens
1. **die Leistungen des Unternehmers nach Art, Inhalt und Umfang einzeln beschreiben,**
2. **die für diese Leistungen jeweils zu zahlenden Entgelte, getrennt nach Überlassung des Wohnraums, Pflege- oder Betreuungsleistungen, gegebenenfalls Verpflegung als Teil der Betreuungsleistungen sowie den einzelnen weiteren Leistungen, die nach § 82 Absatz 3 und 4 des Elften Buches Sozialgesetzbuch gesondert berechenbaren Investitionskosten und das Gesamtentgelt angeben,**
3. **die Informationen des Unternehmers nach § 3 als Vertragsgrundlage benennen und mögliche Abweichungen von den vorvertraglichen Informationen gesondert kenntlich machen,**
4. **die Informationen nach § 36 Absatz 1 des Verbraucherstreitbeilegungsgesetzes vom 19. Februar 2016 (BGBl. I S. 254) geben; dies gilt auch, wenn der Unternehmer keine Webseite unterhält oder keine Allgemeinen Geschäftsbedingungen verwendet.**

Übersicht

I. Normzweck

1 Die Vorschrift des § 6 Abs. 1 bezweckt durch die Anordnung eines strengen Schriftformgebots den Schutz des Verbrauchers, was der Relevanz des Vertrags für dessen Lebenssituation gerecht wird. Weiterhin werden Mindestanforderungen an den Inhalt des Vertrags statuiert.

II. Einzelerläuterung

2 **1. Schriftform.** Den Maßstab für die einzuhaltende Form bildet nach § 6 Abs. 1 S. 1 die Schriftform aus § 126 BGB, während in Anbetracht der Schutzbedürftigkeit älterer Verbraucher nach Maßgabe von § 6 Abs. 1 S. 2 die **elektronische Form des § 126a BGB nicht genügt.** Das Erfordernis der Schriftform erstreckt sich auch auf Vertragsänderungen, etwa Entgelterhöhungen nach § 8 oder § 9.[1] Dem Verbraucher ist gem. § 6 Abs. 1 S. 3 eine **Vertragsausfertigung auszuhändigen.** Hier bietet sich eine Orientierung an § 492 Abs. 3 S. 1 BGB an, wonach dem Verbraucher eine Abschrift des Vertrags zur Verfügung zu stellen ist.[2] Die Übergabe der Abschrift ist für die Wirksamkeit des Vertragsschlusses ohne Bedeutung. Ihr Ausbleiben führt nach § 11 Abs. 2 S. 2 jedoch dazu, dass dem Verbraucher ein Recht zur fristlosen Kündigung des Vertrags bis zum Ablauf von zwei Wochen nach der Aushändigung der Ausfertigung zusteht. In Anbetracht des gesetzlich angeordneten Schriftformgebots scheidet ein konkludenter Vertragsschluss aus.[3]

3 **2. Rechtsfolgen eines Formverstoßes.** Auf den Verstoß gegen verbraucherschützende Formvorschriften passt die in § 125 BGB angeordnete Nichtigkeitsfolge oftmals nicht. Dem Verbraucher würde der Vertrag aus der Hand geschlagen, sanktionierte man den Formverstoß in dieser Weise. Ein parallel gelagertes Problem findet sich etwa im Verbraucherkreditrecht in den §§ 492, 494 BGB, wo die Heilung des Vertrages zu gesetzlich bestimmten Bedingungen angeordnet wird, wenn es zur Auszahlung des Darlehens gekommen ist. Ähnlich bestimmt § 6 Abs. 2 eine besondere Rechtsfolge, die sich insoweit als vorrangige Norm zu § 550 BGB respektive § 125 BGB bezeichnen lässt.

4 § 6 Abs. 2 S. 1 ordnet an, dass der Vertrag trotz des Verstoßes gegen das Schriftformgebot **wirksam** ist.[4] Allerdings sind an sich zulässige, von den gesetzlichen Vorgaben zu Lasten des Verbrauchers **abweichende Vereinbarungen unwirksam.** Insofern besteht eine gewisse Parallele zur Regelung des § 494 BGB, wo auch die Heilung des Vertrags zu gesetzlichen Bedingungen angeordnet wird.

5 Das Gesetz bestimmt nicht eindeutig, ob ein Formverstoß nach Abs. 1 auch dann vorliegt, wenn die in § 6 Abs. 3 genannten erforderlichen Vertragsinhalte nicht in der dem Verbraucher

1 Grüneberg/*Weidenkaff* Rn. 2.
2 Grüneberg/*Weidenkaff* Rn. 3.
3 *Dittrich* SRa 2021, 13.
4 SG Mannheim BeckRS 2024, 11819.

ausgehändigten schriftlichen Ausfertigung enthalten sind.[5] Aufzunehmen sind in den schriftlichen Vertrag **alle wesentlichen Vereinbarungen** des Vertrags.[6] Hier gelten die gleichen Anforderungen wie im Wohnraummietrecht. Das Fehlen des in Abs. 3 benannten Mindestinhalts in der für den Verbraucher bestimmten Ausfertigung führt zu einem Formfehler mit der entsprechenden Rechtsfolge.[7]

Vom Unternehmer erbrachte Leistungen, die auf einer unwirksamen Vereinbarung beruhen, 6
kann dieser aus **§ 812 BGB** ersetzt verlangen.[8] Ausgeschlossen ist dies, soweit es sich um Zusatzleistungen iSd § 88 SGB XI handelt.[9]

Der Verbraucher kann, solange der Formverstoß nicht behoben wird, den Vertrag nach § 6 7
Abs. 2 S. 2 **jederzeit fristlos kündigen.** Dies betrifft auch verbundene Verträge nach § 1 Abs. 2 S. 2.[10] Die Einhaltung der Schriftform kann jederzeit nachgeholt werden und beseitigt dann das fristlose Kündigungsrecht des Verbrauchers.[11] Ist die Einhaltung der Form im Interesse des Verbrauchers unterblieben, insbesondere weil zum Zeitpunkt des Vertragsschlusses etwa gesundheitliche Gründe vorlagen, die ihn an der Abgabe der Willenserklärung in schriftlicher Form hinderten, hat auch der Unternehmer, der den Formfehler nicht zu vertreten hat, einen Anspruch auf **Nachholung** der Einhaltung des Schriftformgebots.[12] Fraglich erscheint, ob die Nachholung unverzüglich nach Entfallen der besonderen Gründe, die den Vertragsschluss ohne Schriftform im Interesse begründet haben, erfolgen muss.[13] Sie muss jedenfalls erfolgen, wenn es möglich ist, unter Berücksichtigung der persönl. Gründe des Verbrauchers und technischen Umstände.[14] Zweifelhaft erscheint, dass die Nachholung der Schriftform auch das Kündigungsrecht des Verbrauchers aus § 11 Abs. 2 S. 2 entfallen lässt.[15]

3. Vertragsinhalt. Zum Schutz des Verbrauchers gibt § 6 Abs. 3 einen **Mindestinhalt** vor, 8
der in dem Vertrag enthalten sein muss. Dadurch soll der Verbraucher die vom Unternehmer angebotenen Leistungen erkennen und in Anbetracht der Angabe des Entgelts auf ihre Angemessenheit hin überprüfen können.[16] Die Angaben haben dem Transparenzgebot zu genügen, wobei eine Orientierung an den Grundsätzen zu § 307 Abs. 1 S. 2 BGB möglich ist.[17]

Die **Leistungsbeschreibung** nach § 6 Abs. 3 Nr. 1 muss Art, Inhalt und Umfang der verein- 9
barten Leistungen umfassen und in verständlicher Sprache verfasst sein.[18] Zur Vereinfachung kann auf geschlossene Rahmenverträge iSd §§ 72, 75 SGB XI, § 79 SGB XII verwiesen werden, ohne dass ein Verstoß gegen §§ 305 ff. BGB anzunehmen ist.[19] Dies folgt bereits daraus, dass Verträge mit Verbrauchern, die Leistungen nach dem SGB XI oder XII beziehen, nach § 15 inhaltlich den dortigen Vorgaben entsprechen müssen.[20] Die Vereinbarung geringerer Leistungen als solche, die im Rahmenvertrag mit den Kostenträgern bestimmt sind, sofern ein solcher besteht, ist nicht möglich. Zulässig ist hingegen die Vereinbarung weitergehender Leistungspflichten des Unternehmers.[21]

Die **Entgeltaufstellung** nach § 6 Abs. 3 Nr. 2 erleichtert dem Verbraucher im Falle einer 10
Schlechtleistung die Berechnung der Minderung aus § 10. Zudem ist sie bei der Ermittlung der ersparten Aufwendungen nach § 7 Abs. 5 hilfreich.[22] Aufzusplitten sind die Entgelte nach den einzelnen Leistungselementen, insbesondere der Zurverfügungstellung des Wohnraums, der Pflege- und

5 BeckOGK/*Drasdo,* 1.4.2024, Rn. 27.
6 Grüneberg/*Weidenkaff* Rn. 5.
7 Grüneberg/*Weidenkaff* Rn. 5; aA BeckOGK/*Drasdo,* 1.4.2024, Rn. 27.
8 Grüneberg/*Weidenkaff* Rn. 5.
9 BGH NJW 2005, 3633.
10 LG Krefeld BeckRS 2021, 3486.
11 So jedenfalls Grüneberg/*Weidenkaff* Rn. 5; BeckOGK/*Drasdo,* 1.4.2024, Rn. 44; anders wohl BT-Drs. 16/12409, 20 li. Sp.
12 Grüneberg/*Weidenkaff* Rn. 5; BeckOGK/*Drasdo,* 1.4.2024, Rn. 48.
13 So BT-Drs. 16/12409, 20 li. Sp.; *Iffland/Düncher* Rn. 10; krit. aufgrund des Wortlauts des Gesetzes BeckOGK/*Drasdo,* 1.4.2024, Rn. 48.
14 LG Berlin BeckRS 2002, 33677; BeckOGK/Drasdo, 1.7.2024, Rn. 47.
15 So wohl Grüneberg/*Weidenkaff* Rn. 5; aA BeckOGK/*Drasdo,* 1.4.2024, Rn. 49, der annimmt, dass die Kündigungsmöglichkeit des Verbrauchers nach § 11 Abs. 2 S. 2 bis zwei Wochen nach Aushändigung der Vertragsurkunde bestehen bleibt.
16 BeckOGK/*Drasdo,* 1.4.2024, Rn. 49.
17 BGH NJW-RR 2019, 942.
18 BeckOGK/*Drasdo,* 1.4.2024, Rn. 13; kritisch zur gängigen Praxis *Weber* NZOI 2021, 185.
19 BGH NJW 2002, 507.
20 *Iffland/Düncher* Rn. 11.
21 *Weber* NZS 2011, 650 (654).
22 BeckOGK/*Drasdo,* 1.4.2024, Rn. 14.

Betreuungsleistungen sowie der Verpflegung. Ebenso einzeln aufzuführen sind die **Investitionskosten** nach § 82 Abs. 3 und 4 SGB XI. Zum **Umlagemaßstab** gegenüber den einzelnen Verbrauchern verhält sich die Vorschrift nicht.[23] Schwierigkeiten können auftreten, wenn **Rahmenverträge** iSd SGB XI die Aufschlüsselung der Entgelte nicht ermöglichen.[24] Angenommen wird daher, dass die Rspr. zur alten Rechtslage auf die aktuelle Rechtlage übertragen werden kann und die Aufgliederungspflicht in diesem Fall entfällt.[25]

11 Durch die Aufnahme der **vorvertraglichen Informationen** unter Berücksichtigung des § 126 BGB in den Vertrag (§ 6 Abs. 3 Nr. 3) werden diese zum Vertragsinhalt. So wird sichergestellt, dass die vor Vertragsschluss erteilten Informationen auch tatsächlich mit dem Vertragsinhalt übereinstimmen.[26] Dabei genügt die Beifügung der Informationen als Anlage oder die Wiederholung der Angaben bzw. eine Bezugnahme darauf, soweit die gesetzliche Form gewahrt wird.[27] Abweichungen sind gesondert kenntlich zu machen.

12 Die Regelung des § 6 Abs. 3 Nr. 4 dehnt schließlich die sich aus **§ 36 VSBG** ergebenden Pflichten aus, indem die Informationserteilung unabhängig davon vorgesehen ist, ob der Unternehmer eine Internetseite betreibt oder AGB verwendet.[28]

§ 7 WBVG Leistungspflichten

(1) Der Unternehmer ist verpflichtet, dem Verbraucher den Wohnraum in einem zum vertragsgemäßen Gebrauch geeigneten Zustand zu überlassen und während der vereinbarten Vertragsdauer in diesem Zustand zu erhalten sowie die vertraglich vereinbarten Pflege- oder Betreuungsleistungen nach dem allgemein anerkannten Stand fachlicher Erkenntnisse zu erbringen.

(2) [1]Der Verbraucher hat das vereinbarte Entgelt zu zahlen, soweit dieses insgesamt und nach seinen Bestandteilen im Verhältnis zu den Leistungen angemessen ist. [2]In Verträgen mit Verbrauchern, die Leistungen nach dem Elften Buch Sozialgesetzbuch in Anspruch nehmen, gilt die aufgrund der Bestimmungen des Siebten und Achten Kapitels des Elften Buches Sozialgesetzbuch festgelegte Höhe des Entgelts als vereinbart und angemessen. [3]In Verträgen mit Verbrauchern, denen Hilfe in Einrichtungen nach dem Zwölften Buch Sozialgesetzbuch gewährt wird, gilt die aufgrund des Zehnten Kapitels des Zwölften Buches Sozialgesetzbuch festgelegte Höhe des Entgelts als vereinbart und angemessen. [4]In Verträgen mit Verbrauchern, die Leistungen nach Teil 2 des Neunten Buches Sozialgesetzbuch in Anspruch nehmen, gilt die aufgrund der Bestimmungen des Teils 2 Kapitel 8 des Neunten Buches Sozialgesetzbuch festgelegte Höhe des Entgelts für diese Leistungen als vereinbart und angemessen.

(3) [1]Der Unternehmer hat das Entgelt sowie die Entgeltbestandteile für die Verbraucher nach einheitlichen Grundsätzen zu bemessen. [2]Eine Differenzierung ist zulässig, soweit eine öffentliche Förderung von betriebsnotwendigen Investitionsaufwendungen nur für einen Teil der Einrichtung erfolgt ist. [3]Sie ist auch insofern zulässig, als Vergütungsvereinbarungen nach dem Zehnten Kapitel des Zwölften Buches Sozialgesetzbuch über Investitionsbeträge oder gesondert berechenbare Investitionskosten getroffen worden sind.

(4) Werden Leistungen unmittelbar zu Lasten eines Sozialleistungsträgers erbracht, ist der Unternehmer verpflichtet, den Verbraucher unverzüglich schriftlich unter Mitteilung des Kostenanteils hierauf hinzuweisen.

(5) [1]Soweit der Verbraucher länger als drei Tage abwesend ist, muss sich der Unternehmer den Wert der dadurch ersparten Aufwendungen auf seinen Entgeltanspruch anrechnen lassen. [2]Im Vertrag kann eine Pauschalierung des Anrechnungsbetrags vereinbart werden. [3]In Verträgen mit Verbrauchern, die Leistungen nach dem Elften Buch Sozialgesetzbuch in Anspruch nehmen, ergibt sich die Höhe des Anrechnungsbetrags aus den in § 87a Absatz 1 Satz 7 des Elften Buches Sozialgesetzbuch genannten Vereinbarungen.

---

[23] LG Lübeck SRa 2024, 42.
[24] *Iffland/Düncher* Rn. 12.
[25] Vgl. BGH NJW 2005, 393; 2002, 507; BeckOGK/*Drasdo,* 1.4.2024, Rn. 15.
[26] BT-Drs. 16/12409, 20 re. Sp.
[27] *Iffland/Düncher* Rn. 13.
[28] BeckOGK/*Drasdo,* 1.4.2024, Rn. 21 ff.

Übersicht

I. Normzweck

Die Regelung konkretisiert die Pflichten der Vertragsparteien in einem mit herkömmlichen Verträgen des Privatrechts verglichenen ungemein hohen Maße an Detailliertheit. Hervorzuheben ist insbesondere die Orientierung der Höhe des Entgelts an dessen **Angemessenheit,** was den Verträgen des BGB fremd ist. Eine Unterscheidung nach Vollzeit-, Tages- oder Kurzzeitpflege hat der Gesetzgeber hinsichtlich der Bestimmung des Pflichtenprogramms nicht getroffen.[1] Die Pflichten der Vertragsparteien müssen sich **hinreichend transparent** aus der Vereinbarung ergeben. Diesbezüglich kann auf die Maßstäbe aus § 307 Abs. 1 S. 2 BGB zurückgegriffen werden.[2] Auch von den Regelungen des § 7 kann gem. § 16 nicht zulasten des Verbrauchers abgewichen werden, wobei § 7 Abs. 5 S. 2 eine Ausnahme statuiert. 1

II. Einzelerläuterung

1. Pflichten des Unternehmers. In § 7 **Abs. 1** werden die Pflichten des Unternehmers definiert. Danach hat der Unternehmer den Wohnraum in einem zum vertragsgemäßen Gebrauch geeigneten Zustand zu überlassen und während der Vertragsdauer in diesem Zustand zu erhalten. Die Regelung orientiert sich somit an § 535 Abs. 1 S. 2 BGB. Daneben trifft ihn, ebenfalls als Hauptleistungspflicht aus dem Vertrag, die Pflicht zur Erbringung der vereinbarten Pflege- und Betreuungsleistungen nach einem allgemein anerkannten Stand fachlicher Erkenntnisse. 2

a) Wohnraumüberlassung. Unübersehbar ist hinsichtlich der Wohnraumüberlassung die Anlehnung der Regelung an § 535 Abs. 1 S. 2 BGB. Die Grundsätze des Wohnraummietrechts sind daher auf den Vertrag anzuwenden. Neben der Primärleistungspflicht treffen den Unternehmer die gleichen allgemeinen Schutz- und Verkehrssicherungspflichten, mit denen sich der Wohnraumvermieter konfrontiert sieht (→ BGB § 535 Rn. 125, → BGB § 535 Rn. 211). Spiegelbildlich treffen auch den Verbraucher die üblichen Nebenpflichten eines Wohnraummieters, etwa die Obhutspflichten hinsichtlich der zur Verfügung gestellten Güter oder Rücksichtnahmepflichten anderen Bewohnern gegenüber (→ BGB § 535 Rn. 234 ff.).[3] Bei der Beurteilung, ob der Wohnraum in vertragsgemäßem Zustand überlassen wurde, sind die individuellen Vereinbarungen mit dem Verbraucher maßgeblich. Hier spielt die **Hilfsbedürftigkeit** des konkreten Verbrauchers eine Rolle. Erforderlich kann etwa die Ausstattung des Wohnraums mit besonderen Möbeln (Krankenbett) oder medizinischen Geräten sein.[4] 3

Die Pflicht zur Instandhaltung und Instandsetzung umfasst auch die Vornahme der sog. **Schönheitsreparaturen,** die jedoch wegen § 16 **nicht** auf den Verbraucher abgewälzt werden können.[5] Im Wohnraummietrecht unterliegt diese Pflicht abweichend davon nicht der halbzwingenden Geltung zugunsten des Mieters (→ BGB § 535 Rn. 146). Bei Vorliegen triftiger Gründe kann der Unternehmer das Zutrittsrecht zu den Wohnräumen des Verbrauchers für Dritte einschränken.[6] 4

b) Pflege- und Betreuungsleistungen. Die Verpflichtung zur Durchführung der Pflege- und Betreuungsleistungen nach dem **Stand der fachlichen Erkenntnisse** soll sicherstellen, dass die Leistungen sach- und fachkundig von entsprechend qualifiziertem Personal durchgeführt werden.[7] Fachliche Erkenntnisse sind anzunehmen, wenn in Fachkreisen eine bestimmte Methode als Anwen- 5

1 *Iffland/Düncher* Rn. 3.
2 BGH NJW-RR 2019, 942 (943).
3 Grüneberg/*Weidenkaff* Rn. 3.
4 *Iffland/Düncher* Rn. 5.
5 Ensenbach FFW 2009, 122 (124); BeckOGK/*Drasdo,* 1.4.2024, Rn. 9.
6 AG Mettmann BeckRS 2017, 122292; bestätigt durch LG Wuppertal BeckRS 2017, 129330.
7 BT-Drs. 16/12409, 20 re. Sp.; Grüneberg/*Weidenkaff* Rn. 2.

dung Anerkennung erlangt hat.[8] Maßgeblich ist insoweit der Zeitpunkt der Erbringung respektive Unterlassung der erforderlichen Pflege- oder Betreuungsleistungen.[9] DIN Normen, insbesondere die DIN 18025 und DIN 77800, stellen lediglich sachgerechte Empfehlungen dar.[10]

6 **2. Pflichten des Verbrauchers.** § 7 **Abs. 2** stellt zunächst klar, dass der Verbraucher verpflichtet ist, das **vereinbarte Entgelt** zu zahlen. Damit dürfte kein gesetzlicher Zahlungsanspruch statuiert, sondern die vertragliche Verpflichtung konkretisiert werden.[11] Auch während der Beeinträchtigungen durch die COVID-19-Pandemie bestand der Entgeltanspruch uneingeschränkt fort, da die Leistungen erbracht werden konnten.[12] Eine Besonderheit besteht darin, dass die Verpflichtung zur Zahlung nach Maßgabe von § 7 Abs. 2 S. 1 nur insoweit besteht, als das vereinbarte Entgelt **angemessen** ist.[13]

7 Hinsichtlich der **Fälligkeit** des Entgelts enthält weder § 7 noch das WBVG im Übrigen eine eigenständige Regelung. Vertraglich orientiert man sich vielfach an § 556b Abs. 1 BGB.[14] Es stellt sich allerdings die Frage, ob dies angesichts § 16 möglich ist. Aus § 320 BGB folgt die Vorfälligkeit der Zahlung jedenfalls nicht.[15] Nach Maßgabe von § 271 Abs. 2 BGB iVm § 16 kommt eine Vorleistungspflicht des Verbrauchers nicht in Betracht. Die vereinbarte Leistungszeit, der betreffende Monat, muss abgelaufen sein, damit der Zahlungsanspruch fällig wird. Der Vereinbarung iSd § 556b Abs. 1 BGB, wonach zu Beginn des Leistungszeitraums zu zahlen ist, ist daher wegen eines Verstoßes gegen § 16 die Wirksamkeit zu versagen.[16]

8 Im Zusammenhang mit der Wohnraumüberlassung treffen den Verbraucher die typischen **Obhutspflichten** eines Mieters. Beim anzusetzenden Sorgfaltsmaßstab ist allerdings stets die individuelle Beeinträchtigung des Verbrauchers zu berücksichtigen.

9 **3. Angemessenheit des Entgelts. a) Entgeltangemessenheit und vertragliche Bindung.** Das vom Verbraucher zu zahlende Entgelt muss insgesamt sowie nach seinen einzelnen kalkulatorischen Bestandteilen im Verhältnis zu den Leistungen des Unternehmers angemessen sein.[17] Eine **Mischkalkulation** scheidet vor diesem Hintergrund aus, sodass die Zulässigkeit einer reinen Gesamtbetrachtung der Angemessenheit abzulehnen ist.[18] Die Regelung zur Angemessenheitskontrolle des Entgelts schränkt die Vertragsfreiheit der Parteien enorm ein. Rechtfertigt wird dies in der Begründung des Gesetzes mit dem Schutz des Verbrauchers, den man in dieser Lebenssituation nicht den ungeregelten Kräften des Marktes aussetzen möchte. Dem Unternehmer verbleibe durch die gesetzliche Formulierung ein ausreichender Spielraum zur Preisgestaltung, sodass es nicht zu einer übermäßigen Benachteiligung komme.[19] Diese Argumentation wird jedoch unter dem Gesichtspunkt angezweifelt, dass die Mehrheit der Heimbewohner über die Träger der Sozialversicherung, welche nach den **Rahmenverträgen** ohne Berücksichtigung der individuellen Ausgestaltung der Einrichtung zahlen, nur einheitliche Entgelte zahlen müssen.[20] Ein Unternehmergewinn darf bei der Preisbildung einberechnet werden.[21] Entspricht das Entgelt der Höhe nach dieser Rahmenverträge, hat der Verbraucher die Unangemessenheit darzulegen und ggf. zu beweisen.[22]

10 Soweit das Entgelt als unangemessen zu qualifizieren ist, ist der Vertrag **nach § 134 BGB teilweise unwirksam,** und dem Verbraucher steht ein Rückforderungsanspruch aus § 812 Abs. 1 S. 1 BGB hinsichtlich des die Angemessenheit überschreitenden Teils zu.[23] Die Unwirksamkeit des gesamten Vertrags in Folge der Unangemessenheit des Entgelts anzunehmen, widerspräche den Interessen des Verbrauchers.[24] Ebenso erscheint es als eine unangemessene Kompensation, dem Verbraucher die Leistung unentgeltlich zu überlassen. Es kommt somit **kraft Gesetzes** zu einer **Anpassung der Entgeltabrede** auf das angemessene Maß. Maßgeblich für die Beurteilung ist der

---

8 *Iffland/Düncher* Rn. 5.
9 BeckOGK/*Drasdo,* 1.4.2024, Rn. 11.
10 *Iffland/Düncher* Rn. 5.
11 BeckOGK/*Drasdo,* 1.4.2024, Rn. 13 meint wohl, dass sich diese Pflicht [konstitutiv] aus dem Gesetz ergibt.
12 BGH NZM 2022, 509.
13 BGH NZM 2016, 561 (562).
14 So die Beobachtung von *Drasdo* WuM 2024, 69.
15 Grüneberg/*Weidenkaff* Rn. 4; *Drasdo* WuM 2024, 69.
16 Zutr. *Drasdo* WuM 2024, 69 (70).
17 OLG Celle BeckRS 2015, 02453.
18 *Drasdo* NZM 2008, 665; BeckOGK/*Drasdo,* 1.4.2024, Rn. 25; aA wohl *Iffland/Düncher* Rn. 6.
19 BT-Drs. 16/12409, 20 re. Sp.
20 BeckOGK/*Drasdo,* 1.4.2024, Rn. 16.
21 BT-Drs. 16/12409, 21 li. Sp.; *Iffland/Düncher* Rn. 6.
22 OLG Dresden BeckRS 2021, 48218; BeckOGK/Drasdo, 1.7.2024, Rn. 19.
23 *Drasdo* WuM 2024, 69 (71); BeckOGK/*Drasdo,* 1.4.2024, Rn. 18; *Iffland/Düncher* Rn. 6.
24 *Rosenow* VuR 2021, 372.

Zeitpunkt des Vertragsschlusses. Im Zweifel ist das angemessene Entgelt nach § 287 Abs. 2 ZPO durch das Gericht zu schätzen.[25]

b) Feststellung der Angemessenheit. Zu überprüfen ist zur Feststellung der Angemessenheit des Entgelts zum einen der objektive Wert der vom Unternehmer angebotenen respektive erbrachten Leistungen. Preise, die weit über den ansonsten Marktüblichen liegen, sind nicht angemessen. Es geht um einen **Vergleich** der angebotenen Leistung mit dem Angebot ähnlicher Anbieter.[26] Dem Unternehmer verbleibt jedoch ein **Beurteilungsspielraum** bei der Art der Leistungsgewährung, weshalb eine genaue Kostenermittlung nicht erforderlich ist.[27] Zum anderen ist zu überprüfen, ob die vereinbarten Leistungen nach ihrer Art und ihrem Umfang dem Bedarf des Verbrauchers entsprechen und insoweit angemessen sind.[28] 11

c) Fiktion der Angemessenheit. Nimmt der Verbraucher Leistungen nach dem SGB XI oder SGB XII in Anspruch, gelten die zwischen Heimbetreiber und Sozialträger in den **Rahmenverträgen** vereinbarten Vergütungen auch als zwischen Unternehmer und Verbraucher vereinbart und angemessen.[29] Hintergrund der Regelung ist der Umstand, dass eine Angemessenheitsprüfung der vereinbarten Vergütung bereits bei Abschluss der Rahmenverträge vorgenommen wird. Die gesetzliche Fiktion ersetzt jedoch keine Vereinbarung über das Entgelt im Vertrag zwischen Betreiber und Verbraucher.[30] Die Vermutung zu entkräften, ist Sache des Verbrauchers.[31] Die Vereinbarung einer **Reservierungsgebühr** für die Zeit zwischen Vertragsschluss und Einzug ist gem. § 15 Abs. 1 S. 2 BGB **unwirksam.**[32] 12

d) Differenzierungsverbot. Nach Maßgabe von § 7 **Abs. 3** hat der Unternehmer bei der Bemessung des Entgelts alle Bewohner der Einrichtung **gleich zu behandeln.** Auch darin liegt eine enorme Abweichung von den allgemeinen Grundsätzen des Vertragsrechts. Eine Differenzierung ist nur in Ausnahmefällen möglich, nach § 7 Abs. 3 S. 2 etwa dann, wenn eine öffentliche Förderung von betriebsnotwendigen Investitionen nur für einen Teil der Einrichtung erfolgt ist. Ferner gem. § 7 Abs. 3 S. 3, wenn Vergütungsvereinbarungen nach dem zehnten Kapitel des SGB XII über Investitionsbeträge oder gesondert berechenbare Investitionskosten getroffen wurden. Grundsätzlich sind damit individuelle Abrechnungen nach tatsächlichem Verbrauch oder konkret in Anspruch genommenen Leistungen weder notwendig noch zulässig.[33] Unzulässig ist es insbesondere, zwischen Bewohnern zu differenzieren, die die Leistung aus eigenen Mitteln respektive unter Zuhilfenahme von Sozialleistungen bewirken.[34] 13

4. Informationspflicht des Unternehmers. Die Regelung des § 7 **Abs. 4** verpflichtet den Unternehmer zur Information des Verbrauchers darüber, dass Leistungen zu Lasten des Sozialhilfeträgers erbracht werden. Die Vorschrift verfolgt auch den Zweck, sicherzustellen, dass gegenüber dem Sozialhilfeträger nur solche Leistungen abgerechnet werden, die der Verbraucher auch erhalten hat.[35] 14

5. Entgeltminderung bei Abwesenheit. Schließlich bestimmt § 7 **Abs. 5,** dass sich der Unternehmer ersparte Aufwendungen bei länger als drei Tage andauernder Abwesenheit des Verbrauchers auf seinen Entgeltanspruch zwingend anrechnen lassen muss. Im Kern können Einsparungen des Unternehmers wohl nur in den Kosten der **Verpflegung** liegen, da die Räumlichkeiten, das Personal sowie sonstige pflegerische Einrichtungen weiterhin vom Unternehmer vorgehalten werden müssen.[36] Auch hinsichtlich der Verpflegung kann allerdings eine Einsparung entfallen, wenn die Abwesenheit kurzfristig erfolgt, da der Unternehmer seine Kalkulation im Vertrauen auf die Anwesenheit des Verbrauchers vornehmen können muss.[37] Soweit Bewohner Leistungen nach dem SGB XI beziehen, ist die Höhe der ersparten Aufwendungen regelmäßig in dem nach § 87a Abs. 1 S. 7 SGB XI abzuschließenden Rahmenvertrag zwischen Heimbetreiber und Unternehmer 15

---

25 *Iffland/Düncher* Rn. 6.
26 Grüneberg/*Weidenkaff* Rn. 4.
27 *Drasdo* NZM 2008, 665.
28 BeckOGK/*Drasdo,* 1.4.2024, Rn. 20.
29 OLG Dresden BeckRS 2022, 4620.
30 SG Berlin-Brandenburg BeckRS 2012, 74302; BeckOGK/*Drasdo,* 1.4.2024, Rn. 24.
31 OLG Dresden BeckRS 2022, 4620.
32 BGH NJW 2021, 3587.
33 *Drasdo* NZM 2008, 665.
34 VG Düsseldorf BeckRS 2014, 57400; SG Rostock BeckRS 2022, 15610; *Drasdo* WuM 2024, 69 (71).
35 BT-Drs. 16/12409, 21 li. Sp.; BeckOGK/*Drasdo,* 1.4.2024, Rn. 32.
36 BGH MDR 2014, 393; *Iffland/Düncher* Rn. 9; BeckOGK/*Drasdo,* 1.4.2024, Rn. 35.
37 BeckOGK/*Drasdo,* 1.4.2024, Rn. 37 unter Berufung auf BSG BeckRS 2017, 108647.

geregelt.[38] Auch mehrere kurze Unterbrechungen hintereinander sollen getrennt zu beurteilen sein und der dreitägige Ausschluss der Anrechnung jeweils neu beginnen.[39] Die Vereinbarung von **Pauschalen** ist vom Gesetz ausdrücklich zugelassen und zur Vermeidung von Streitigkeiten sinnvoll.[40] Rückforderungsansprüche des Verbrauchers **verjähren** nach §§ 195, 199 BGB.

§ 8 WBVG Vertragsanpassung bei Änderung des Pflege- u. Betreuungsbedarfs

(1) [1]Ändert sich der Pflege- oder Betreuungsbedarf des Verbrauchers, muss der Unternehmer eine entsprechende Anpassung der Leistungen anbieten. [2]Der Verbraucher kann das Angebot auch teilweise annehmen. [3]Die Leistungspflicht des Unternehmers und das vom Verbraucher zu zahlende angemessene Entgelt erhöhen oder verringern sich in dem Umfang, in dem der Verbraucher das Angebot angenommen hat.

(2) [1]In Verträgen mit Verbrauchern, die Leistungen nach dem Elften Buch Sozialgesetzbuch in Anspruch nehmen oder denen Hilfe in Einrichtungen nach dem Zwölften Buch Sozialgesetzbuch gewährt wird, ist der Unternehmer berechtigt, bei einer Änderung des Pflege- oder Betreuungsbedarfs des Verbrauchers den Vertrag nach Maßgabe des Absatzes 1 Satz 3 durch einseitige Erklärung anzupassen. [2]Absatz 3 ist entsprechend anzuwenden.

(3) Der Unternehmer hat das Angebot zur Anpassung des Vertrags dem Verbraucher durch Gegenüberstellung der bisherigen und der angebotenen Leistungen sowie der dafür jeweils zu entrichtenden Entgelte schriftlich darzustellen und zu begründen.

(4) [1]Der Unternehmer kann die Pflicht, eine Anpassung anzubieten, durch gesonderte Vereinbarung mit dem Verbraucher bei Vertragsschluss ganz oder teilweise ausschließen. [2]Der Ausschluss ist nur wirksam, soweit der Unternehmer unter Berücksichtigung des dem Vertrag zugrunde gelegten Leistungskonzepts daran ein berechtigtes Interesse hat und dieses in der Vereinbarung begründet. [3]Die Belange von Menschen mit Behinderungen sind besonders zu berücksichtigen. [4]Die Vereinbarung bedarf zu ihrer Wirksamkeit der Schriftform; die elektronische Form ist ausgeschlossen.

Übersicht

I. Normzweck

1 Der Vertrag nach dem WBVG stellt ein **Dauerschuldverhältnis** dar, das für einen Zeitraum geschlossen wird, in dem sich die Bedürftigkeit des Verbrauchers absehbar verändert. Dieser Ausgangslage wird die Regelung des § 8 gerecht. Die Vorschrift trägt somit dem allgemeinen Gedanken der wechselseitigen Berücksichtigung der Interessen der Vertragspartner unter Berücksichtigung der besonderen Beziehung der Beteiligten Rechnung.[1] Zudem soll die Regelung verhindern, dass dem Verbraucher seitens des Unternehmers eine Leistung aufgedrängt wird, für deren Erbringung es keine Vereinbarung gibt.[2]

II. Einzelerläuterung

2 **1. Änderung des Pflege- oder Betreuungsbedarfs.** Voraussetzung für den Anspruch des Verbrauchers auf Erhalt eines Anpassungsangebots ist die tatsächliche Veränderung des Pflege- oder

[38] BeckOGK/*Drasdo,* 1.4.2024, Rn. 39.
[39] *Drasdo* NZM 2008, 665.
[40] *Iffland/Düncher* Rn. 9; *Drasdo* WuM 2024, 69 (71).
[1] BeckOGK/*Drasdo,* 1.4.2024, Rn. 1 f.; *Iffland/Düncher* Rn. 3.
[2] BT-Drs. 16/12409, 21 re. Sp.

Betreuungsbedarfs.[3] Dem Verbraucher steht ggf. ein Anspruch auf Leistungsanpassung zu.[4] Als Vergleichsmaßstab dient der Bedarf im Zeitpunkt des Vertragsschlusses respektive der letzten Änderung. **Mehrmalige Anpassungen** hintereinander sind möglich.[5] Erfasst werden von § 8 sowohl Erhöhungen als auch Verringerungen des Bedarfs.[6] Angemessen erscheint, dass die Veränderungen nachhaltig sein und ein **gewisses Gewicht** haben müssen, weil man dem Unternehmer nicht wird zumuten können, auf jede geringfügige Änderung des Bedarfs reagieren zu müssen.[7]

2. Anpassungsverfahren. Das Gesetz sieht für die Anpassung des Vertrags keinen einheitlichen Mechanismus vor. Es **differenziert** vielmehr bei der Art und Weise der Vertragsanpassungsmöglichkeit durch den Unternehmer danach, ob der Verbraucher ein sog. Selbstzahler ist oder die Kosten von einem Sozialleistungsträger übernommen werden. Für Selbstzahler gilt Abs. 1, die Anpassung bei Leistungsempfängern erfolgt nach Maßgabe von Abs. 2. 3

a) Vertragliche Anpassung. Bei Verbrauchern als Selbstzahlern hat der Unternehmer dem Verbraucher nach § 8 Abs. 1 S. 1 ein **Angebot** auf Vertragsanpassung zu unterbreiten.[8] Bei dem Angebot handelt es sich um eine empfangsbedürftige Willenserklärung. Im Hinblick auf das Schriftformgebot aus § 6 Abs. 1 S. 1 ist eine konkludente Annahme durch Inanspruchnahme der geänderten Leistungen nicht möglich.[9] Bis zu welchem Zeitpunkt das Angebot durch den Verbraucher angenommen werden kann, ist im Gesetz nicht geregelt. Insofern gelten die §§ 145 ff. BGB.[10] Der Verbraucher kann das Angebot jedoch, in Abweichung von § 150 Abs. 2 BGB, gem. § 8 Abs. 1 S. 2 auch nur **teilweise annehmen.**[11] Auf eine Erweiterung oder sonstige Abänderung des Angebots findet § 150 Abs. 2 BGB Anwendung.[12] Die Erhöhung der Leistung durch die Pflegeversicherung führt nicht zur Anpassung des Vertrags. Es bedarf des Angebots zur Anpassung.[13] 4

Die Leistungspflicht des Unternehmers und das vom Verbraucher zu zahlende Entgelt erhöhen oder verringern sich in dem Umfang, in dem der Verbraucher das Angebot angenommen hat, wie § 8 Abs. 1 S. 3 bestimmt. Fraglich ist, was gelten soll, wenn das Anpassungsangebot in tatsächlicher Hinsicht **unteilbare Leistungen** enthält, der Verbraucher dennoch nur einen Teil in Anspruch nehmen möchte. Es ist davon auszugehen, dass eine Vertragsänderung in diesem Falle nicht zu Stande kommt, ebenso wenig, wenn der Verbraucher die angebotenen Leistungen nur gegen ein geringeres Entgelt annehmen möchte.[14] 5

Nimmt der Verbraucher das Angebot des Unternehmers nicht an, kommt es zu **keiner Vertragsanpassung.** Darüber hinaus muss sich der Unternehmer nicht einmal dasjenige auf seinen Entgeltanspruch anrechnen lassen, was er aufgrund einer unter Umständen geringeren Inanspruchnahme durch den Verbraucher erspart.[15] 6

Bei einer Erhöhung des Entgelts infolge eines gestiegenen Leistungsumfangs seitens des Unternehmers steht dem Verbraucher **kein Sonderkündigungsrecht** zu. Das Sonderkündigungsrecht aus § 11 Abs. 1 S. 2 bezieht sich lediglich auf Entgelterhöhungen nach § 9.[16] Andererseits kann sich aus der Ablehnung des Angebots durch den Verbraucher ein Kündigungsrecht für den Unternehmer aus § 12 Abs. 1 S. 3 Nr. 2 lit. a ergeben, wenn der Unternehmer aufgrund des Ausbleibens der Annahme des Angebots auf Vertragsänderung dem Verbraucher keine fachgerechte Pflege- und Betreuungsleistungen erbringen und ihm deswegen ein Festhalten am Vertrag nicht zugemutet werden kann. Zu berücksichtigen sind dabei jedoch die Voraussetzungen nach § 12 Abs. 2. 7

b) Einseitiges Anpassungsrecht. Bezieht der Verbraucher Leistungen nach **SGB XI oder SGB XII,** bedarf es keines Angebots seitens des Unternehmers.[17] Erforderlich ist lediglich, allerdings auch notwendigerweise, eine einseitige Erklärung zur Änderung des Vertrags durch den Unterneh- 8

---

3 Vgl. BT-Drs. 16/12409, 21 re. Sp.; Grüneberg/*Weidenkaff* Rn. 2; LSG Sachsen-Anhalt BeckRS 2013, 72982.
4 OLG Naumburg BeckRS 2023, 35408.
5 BeckOGK/*Drasdo,* 1.4.2024, Rn. 5.
6 BT-Drs. 16/12409, 21 re. Sp.; vgl. auch den Wortlaut § 8 Abs. 1 S. 3; ebenso auch *Iffland/Düncher* Rn. 5.
7 BeckOGK/*Drasdo,* 1.4.2024, Rn. 6 f.
8 BT-Drs. 16/12409, 21 re. Sp.
9 BeckOGK/*Drasdo,* 1.4.2024, Rn. 11; aA *Iffland/Düncher* Rn. 8.
10 BeckOGK/*Drasdo,* 1.4.2024, Rn. 17.
11 *Iffland/Düncher* Rn. 9; Grüneberg/*Weidenkaff* Rn. 3.
12 BeckOGK/*Drasdo,* 1.4.2024, Rn. 17.
13 OLG Naumburg BeckRS 2023, 35408.
14 BeckOGK/*Drasdo,* 1.4.2024, Rn. 18.
15 BeckOGK/*Drasdo,* 1.4.2024, Rn. 19.
16 *Iffland/Düncher* Rn. 17; BeckOGK/*Drasdo,* 1.4.2024, Rn. 20.
17 *Iffland/Düncher* Rn. 10.

mer.[18] Um eine wirksame Änderung des Vertrags herbeizuführen, müssen freilich die Voraussetzungen für eine Anpassung, die tatsächliche Veränderung des Pflege- und Betreuungsbedarfs, erfüllt sein und gem. § 8 Abs. 2 S. 2 die erforderliche Form nach § 8 Abs. 3 eingehalten werden.

9 **3. Form und Inhalt der Änderung.** § 8 Abs. 3 schreibt dem Unternehmer vor, welchen Inhalt und welche Form sein Angebot zur Vertragsänderung respektive seine einseitige Erhöhungserklärung haben muss. Danach ist zunächst **Schriftform** geboten. Um hinreichende Transparenz im Anpassungsprozess zu gewährleisten, hat der Unternehmer dem Verbraucher die bisherigen und zukünftigen Leistungen **gegenüberzustellen.**[19] Der Unternehmer muss den gestiegenen Pflege- und Betreuungsbedarf darlegen und **begründen.**

10 Ist die Anpassungserklärung oder das Angebot zur Änderung **fehlerhaft,** führt dies zur Unwirksamkeit der Änderungen. Trotz eventuell im Vertrauen auf die wirksame Vertragsänderung erbrachter Leistungen kann der Unternehmer kein erhöhtes Entgelt verlangen.[20] Soweit der Verbraucher dennoch Zahlungen erbracht hat, kann er diese kondizieren. Zu beachten ist jedoch, dass der Unternehmer entreichert sein könnte, weil er seinerseits Leistungen erbracht hat.[21]

11 **4. Ausschluss der Änderung.** § 8 **Abs. 4** enthält eine sehr wichtige **Ausnahme.** Der Verbraucher hat die Möglichkeit, die Anpassung des Vertrags wegen der Veränderung der Pflege- oder Betreuungsbedürftigkeit des Verbrauchers von vornherein auszuschließen. Hintergrund eines solchen Ausschlusses ist in der Regel, dass die Einrichtung auf einen derart erhöhten Bedarf nicht zugeschnitten ist und der Unternehmer eine entsprechende angemessene Betreuung nicht zu leisten im Stande ist.[22]

12 Die Pflicht des Unternehmers, eine Vertragsanpassung anzubieten, entfällt allerdings nur, wenn dies **bereits bei Vertragsschluss vereinbart** wurde. Eine entsprechende Vereinbarung später im Laufe des Vertrages zu treffen, ist nicht möglich.[23] Sofern der Unternehmer eine Einrichtung iSd § 71 SGB XI betreibt, besteht die Ausschlussmöglichkeit gem. § 15 nur, wenn der nach § 72 SGB XI zu schließende Versorgungsvertrag dies zulässt. Im Allgemeinen besteht die Möglichkeit des Ausschlusses nur, wenn ein berechtigtes Interesse des Unternehmers vorliegt, was sich aus § 8 Abs. 4 S. 2 ergibt. Als solches kommt etwa die Ausrichtung des Unternehmers auf bestimmte Krankheitsbilder in Betracht. Der Unternehmer soll durch die gesetzliche Vorgabe, eine Vertragsanpassung anbieten zu müssen, nicht mit unüberschaubaren Risiken belastet werden, etwa in dem Falle, dass sich ein kaum pflegebedürftiger Bewohner zu einem Menschen entwickelt, der Intensivpflege benötigt.[24] Das Leistungskonzept des Unternehmers ist ein Indiz für die Feststellung des berechtigten Interesses.

13 Die Kriterien, nach denen ein Leistungsanpassungsausschluss erfolgt, müssen **objektiv bestimmbar** sein und für eine Personenmehrheit Geltung beanspruchen.[25] Berechtigte Interessen des Unternehmers können nur solche sein, die der Erfüllung eines legitimen Zwecks dienen und die den grundsätzlichen Interessen der Allgemeinheit nicht zuwiderlaufen. Je nach Pflegebedürftigkeit des Verbrauchers sind unter Umständen auch Vorschriften des **Baurechts** zu beachten, welche aufgrund der örtlichen Gegebenheiten eine Anpassung der Leistung an den gewandelten Pflege- und Betreuungsbedarf ausschließen können.

14 Im Zusammenhang mit der Möglichkeit des Ausschlusses der Anpassungspflicht ist § 12 Abs. 1 S. 3 Nr. 2 lit. b zu berücksichtigen, wonach der Unternehmer unter den Voraussetzungen des § 12 Abs. 2 **kündigen** kann, wenn er die fachgerechte Pflege und Betreuung unter den bisherigen Konditionen unter zumutbaren Bedingungen nicht mehr anbieten kann.

15 Ein fehlerhafter Ausschluss kann, sofern der Unternehmer die Leistungen nicht anpasst, unter den Voraussetzungen des § 280 BGB zu einem **Schadensersatzanspruch** des Verbrauchers führen.[26]

16 Für die Wirksamkeit des Ausschlusses ist nach § 8 Abs. 4 S. 4 die Einhaltung der gesetzlichen **Schriftform** erforderlich. Die elektronische Form wird an dieser Stelle des Gesetzes erneut ausdrücklich ausgeschlossen. Es bedarf einer **gesonderten Vereinbarung,** die nicht mit dem Vertrag verbunden werden kann, was sich aus § 8 Abs. 4 S. 1 ergibt. Insofern bedarf es zur Wahrung der

---

18 OLG Naumburg NJ 2024, 68.
19 OLG Naumburg BeckRS 2023, 35408.
20 *Iffland/Düncher* Rn. 18.
21 Dazu OLG Hamm BeckRS 2017, 116573.
22 LG Rottweil NJOZ 2022, 296.
23 BeckOGK/*Drasdo,* 1.4.2024, Rn. 39.
24 BeckOGK/*Drasdo,* 1.4.2024, Rn. 39.
25 BT-Drs. 16/12409, 22 re. Sp.; *Bachem/Hacke* Rn. 87; *Iffland/Düncher* Rn. 14.
26 *Drasdo* NZM 2015, 601; Tamm VuR 2016, 370.

Transparenz einer deutlichen (optischen) Trennung der Vereinbarung vom Vertrag.[27] Es wird in Zweifel gezogen, dass angesichts der Notwendigkeit, einzelne Krankheitsbilder und Bereuungsbedarfe detailliert darzustellen, der Ausschluss im Rahmen von **AGB** erfolgen kann.[28] Die **Gründe** für den Ausschluss hat der Unternehmer nach § 8 Abs. 4 S. 2 in der Vereinbarung darzulegen. Vorvertraglich hat der Unternehmer im Rahmen der Erfüllung seiner Informationspflichten in hervorgehobener Form auf den Ausschluss hinzuweisen (§ 3 Abs. 3 S. 2).

In Anbetracht von § 8 Abs. 4 S. 1 hat die Vereinbarung **im zeitlichen Zusammenhang mit dem Vertragsabschluss** zu erfolgen, sodass eine gleichzeitige Unterzeichnung möglich ist.[29] Weder ein späterer Abschluss der Vereinbarung noch spätere Änderung oder Ergänzung des Vertrags kommen in Betracht, um eine entsprechende Vereinbarung nachträglich noch abzuschließen.[30] 17

§ 9 WBVG Entgelterhöhung bei Änderung der Berechnungsgrundlage

(1) [1]Der Unternehmer kann eine Erhöhung des Entgelts verlangen, wenn sich die bisherige Berechnungsgrundlage verändert. [2]Neben dem erhöhten Entgelt muss auch die Erhöhung selbst angemessen sein. [3]Satz 2 gilt nicht für die in § 7 Absatz 2 Satz 2 bis 4 genannten Fälle. [4]Entgelterhöhungen aufgrund von Investitionsaufwendungen sind nur zulässig, soweit sie nach der Art des Betriebs notwendig sind und nicht durch öffentliche Förderung gedeckt werden.

(2) [1]Der Unternehmer hat dem Verbraucher die beabsichtigte Erhöhung des Entgelts schriftlich mitzuteilen und zu begründen. [2]Aus der Mitteilung muss der Zeitpunkt hervorgehen, zu dem der Unternehmer die Erhöhung des Entgelts verlangt. [3]In der Begründung muss er unter Angabe des Umlagemaßstabs die Positionen benennen, für die sich durch die veränderte Berechnungsgrundlage Kostensteigerungen ergeben, und die bisherigen Entgeltbestandteile den vorgesehenen neuen Entgeltbestandteilen gegenüberstellen. [4]Der Verbraucher schuldet das erhöhte Entgelt frühestens vier Wochen nach Zugang des hinreichend begründeten Erhöhungsverlangens. [5]Der Verbraucher muss rechtzeitig Gelegenheit erhalten, die Angaben des Unternehmers durch Einsichtnahme in die Kalkulationsunterlagen zu überprüfen.

Übersicht

I. Normzweck

Mit der Regelung sollen unangemessene Preissteigerungen verhindert werden, die dem gesetzgeberischen Ziel, dem Verbraucher einen Aufenthalt bis zu seinem Lebensende sicher zu stellen, zuwiderlaufen.[1] Nach der Gesetzesbegründung dient die Vorschrift ferner dem Schutz des Verbrauchers vor willkürlichen Entgelterhöhungen durch den Unternehmer.[2] Allerdings ist zu beachten, dass Grundlage einer Entgelterhöhung ein Änderungsmechanismus des Dauerschuldverhältnisses sein muss, sodass sich willkürliche Veränderungen der Bedingungen womöglich von selbst verbieten. 1

Anders als in § 8, wo die Erhöhung des Entgelts allein Folge einer Steigerung des Pflege- und Betreuungsumfangs ist, ändert sich bei einer Entgelterhöhung nach § 9 der **Preis** für die vertraglich vereinbarten Leistungen.[3] Die Regelung dient dem Ausgleich der berechtigten Interessen des Unternehmers, aufgrund gestiegener Kosten nicht defizitär arbeiten zu müssen, und den schutzwürdigen Interessen des Verbrauchers am Erhalt seines Heimplatzes.[4] Auf die Einführung einer Kappungs- 2

[27] LG Rottweil NJOZ 2022, 1453; OLG Oldenburg WM 2020, 657; Grüneberg/*Weidenkaff* Rn. 2.
[28] *Drasdo* NJW 2019, 2894 (2897).
[29] So BeckOGK/*Drasdo,* 1.4.2024, Rn. 52, wenn nicht aber gar sogar erforderlich ist.
[30] Grüneberg/*Weidenkaff* Rn. 2; *Tamm* VuR 2016, 370.
[1] BeckOGK/*Drasdo,* 1.4.2024, Rn. 2.
[2] BT-Drs. 16/12409, 23.
[3] BT-Drs. 16/12409, 23 re. Sp.; BGH NJW-RR 2016, 944 Rn. 24; *Bachem/Hacke* § 8 Rn. 1.
[4] *Bachem/Hacke* Rn. 1; BeckOGK/*Drasdo,* 1.4.2024, Rn. 5.

grenze, wie sie § 558 Abs. 3 BGB für die Erhöhung der Wohnraummiete bis zur ortsüblichen Vergleichsmiete vorsieht, wurde verzichtet, weil die Bedingungen von § 9 strenger sein sollen als die der Erhöhung der Miete.[5] Ähnlich der Regelung aus dem Wohnraummietrecht steht aber dem Unternehmer gegenüber dem Verbraucher ein Anspruch auf Zustimmung zu dem Erhöhungsverlangen zu, ohne dass dies in § 9 in der den §§ 558 ff. BGB eigenen detaillierten Art und Weise gesetzlich geregelt wäre.

II. Einzelerläuterungen

3 **1. Voraussetzungen einer wirksamen Entgelterhöhung.** Eine Erhöhung des Entgelts kann nur verlangt werden, wenn sich die **Berechnungsgrundlage verändert** (§ 9 Abs. 1 S. 1). Die Wirksamkeit einer Entgelterhöhung setzt die Zustimmung des Verbrauchers voraus, auch dann, wenn er Leistungen nach dem SGB XI bezieht. Gegen § 16 verstoßen Vereinbarungen, durch die dem Unternehmer ein einseitiges Erhöhungsrecht eingeräumt werden soll.[6]

4 **a) Berechnungsgrundlage.** Der zentrale Begriff der Berechnungsgrundlage, der bereits in der Vorgängerregelung (§ 7 Abs. 1 S. 1 HeimG) verwendet wurde, wird von Rspr. und Lit. leicht unterschiedlich interpretiert.[7] Ein Teil der Rspr. und der Lit. will den Begriff an die **mietrechtlichen Vorschriften** und § 10 WoBindG anlehnen,[8] auch wenn er im Mietrecht keine Entsprechung findet.[9] Unter den Begriff der Berechnungsgrundlage soll danach die Summe aller Faktoren, die für die Entgeltfestlegung durch den Unternehmer maßgeblich waren, fallen. Eingeschlossen ist der Gewinn des Unternehmers, die Kalkulation eines angemessenen Ausfallrisikos sowie die Bildung betriebswirtschaftlich angemessener Rücklagen und Abschreibungen.[10] Nach anderer Ansicht im Schrifttum wird unter Berufung auf den Umstand, dass es zum Mietrecht kaum Parallelen gebe, angenommen, dass die Berechnungsgrundlage nur die **gesamte kaufmännisch ermittelte Kostenstruktur** sein könne. Betriebswirtschaftliche Rücklagen und Abschreibungen können danach nicht nur in die Berechnungsgrundlage eingehen, sondern müssen gar deren Inhalt sein, damit der Bestand des Heims auf Dauer gesichert wird.[11] Am Ende führen die unterschiedlichen Meinungen nicht zu wesentlich verschiedenen Ergebnissen, wenn es um die Frage geht, welche Positionen der Berechnungsgrundlage Berücksichtigung bei der Erhöhung finden.[12]

5 In der Praxis ergibt sich der Bedarf für Änderungen des Entgelts hauptsächlich durch **Veränderungen der Sach- und Personalkosten.**[13] Als Hintergrund in Betracht kommt aber auch die Erhöhung des Entgelts für die Nutzung der Immobilie, die dem Unternehmer nicht gehört, also eine Mietanpassung gegenüber dem Unternehmer durch einen Dritten.[14] Weil es dabei um die Umlage von Kosten auf den Verbraucher geht, sieht das Gesetz, anders als § 558 Abs. 1 BGB, keine zeitliche Begrenzung bzw. Befristung vor. Der Unternehmer kann in unbegrenzter Zahl entsprechende Erhöhungen geltend machen.[15]

6 **b) Doppelte Angemessenheitsprüfung.** Zur Wirksamkeit der Erhöhung muss sowohl die Erhöhung selbst als auch das erhöhte Entgelt insgesamt angemessen sein.[16] Man spricht von der doppelten Angemessenheitsprüfung.[17] Die Prüfung der Angemessenheit des Entgelts hat **objektiv** zu erfolgen.[18] Das erfordert vom Unternehmer, ähnlich der Rechtslage bezüglich der umlegbaren Betriebskosten im Mietrecht (§ 556 Abs. 3 BGB; vgl. → BGB § 556 Rn. 114 ff.), sich bei der Kostenkalkulation an Wirtschaftlichkeitsgesichtspunkten zu orientieren.[19] Es gilt das sich aus § 242 BGB ergebende **Wirtschaftlichkeitsgebot.**

---

[5] BT-Drs. 16/12409, 23 re. Sp.
[6] BGH WuM 2016, 439.
[7] *Bachem/Hacke* Rn. 11 mwN.
[8] Vgl. LG Hamburg NJW 1995, 468 (469); LG Gießen NJW 1995, 2929; OLG München NJW 1995, 465 (466); Schmid NJW 1995, 436 (437).
[9] *Iffland/Düncher* Rn. 5.
[10] *Bachem/Hacke* Rn. 12.
[11] *Fuchs* NJW 1995, 2905 (2906); BeckOGK/*Drasdo*, 1.4.2024, Rn. 9.
[12] *Bachem/Hacke* Rn. 14.
[13] Grüneberg/*Weidenkaff* Rn. 2.
[14] AG Ratzeburg SRa 2023, 292.
[15] BT-Drs. 16/12409, 23 re. Sp.
[16] BT-Drs. 16/12409, 23 re. Sp.
[17] *Bachem/Hacke* Rn. 41; BeckOGK/*Drasdo*, 1.4.2024, Rn. 16; *Iffland/Düncher* Rn. 6; Grüneberg/*Weidenkaff* Rn. 2.
[18] Schmid/*Harz/Harsch* Rn. 2.
[19] BeckOGK/*Drasdo*, 1.4.2024, Rn. 13.

Von der Angemessenheit des Entgelts für die einzelnen Leistungen respektive insgesamt ist auszugehen, wenn die Kosten den **allgemeinen Marktgegebenheiten** gerecht werden.[20] Für die Vergleichbarkeit sind die Lage der Einrichtung, ihre Ausstattung und Größe, die Anzahl der Bewohner und des vorhandenen Pflegepersonals, die Beschaffenheit der Wohn- und Gemeinschaftsräume sowie das Vorhandensein von besonderen Annehmlichkeiten wie Schwimmbädern, Fitnessräumen oder Dienstleistungseinrichtungen von Bedeutung.[21] Grundsätzlich unbeachtlich für die Angemessenheitsprüfung ist, ob sich die Kostensteigerung als sehr hoch darstellt.[22] 7

c) Angemessenheitsvermutung. Eine Angemessenheitsprüfung hat gem. § 9 Abs. 1 S. 3 nicht stattzufinden, wenn der Verbraucher Leistungen nach dem **SGB XI oder SGB XII** bezieht. Die Angemessenheitsvermutung des § 7 Abs. 2 S. 2 und 3 gilt nach der Vorschrift in diesen Fällen auch für eine Entgelterhöhung, weil davon ausgegangen wird, dass die in den Rahmenverträgen vereinbarten Entgelte angemessen sind, wodurch das Verfahren vereinfacht wird.[23] Dem Unternehmer steht in dieser Konstellation eine Erhöhung damit nur dann zu, wenn sie sich das erhöhte Entgelt **noch innerhalb des vereinbarten Rahmens** bewegt.[24] 8

d) Investitionskosten. Auch vom Unternehmer getätigte Investitionen können eine Veränderung der Berechnungsgrundlage mit sich bringen und zu einer Entgelterhöhung führen. Allerdings kann eine Erhöhung darauf gestützt nur in eingeschränktem Rahmen erfolgen.[25] Erforderlich ist, dass die Investition nach der Betriebsart notwendig ist und die Kosten nicht durch eine öffentliche Förderung gedeckt wurden. Die Erhöhungsmöglichkeit betrifft nicht in erster Linie Instandhaltungs- oder setzungsmaßnahmen. Diese werden wohl regelmäßig bereits über das vom Verbraucher zu zahlende Entgelt abgedeckt. Relevant sind hauptsächlich **Modernisierungserhöhungen.**[26] Dafür spricht auch die Gesetzesbegründung, wonach die Regelung den Verbraucher vor Luxusmodernisierungen schützen soll.[27] Durch das Merkmal der **Betriebsnotwendigkeit** wird sichergestellt, dass die Investitionen dem Verbraucher auch zu Gute kommen.[28] Die Betriebsnotwendigkeit einer Investition bestimmt sich wiederum nach der Art der Unterkunft und ist aus der Perspektive eines an einer nachhaltigen Betriebsführung interessierten Unternehmers zu beurteilen.[29] In der Regel liegt eine notwendige Investition vor, wenn dadurch der Aufrechterhaltung oder Verbesserung des Betriebs gedient ist.[30] Bei einer durch einen Versorgungsvertrag nach §§ 71, 72 SGB XI zugelassenen Pflegeeinrichtung sind bei der Beurteilung der Notwendigkeit der Investition **§ 82 Abs. 3 und 4 SGB XI** zu berücksichtigen. Nach diesen Vorschriften kann der Unternehmer die Höhe der Investition zwar selbst bestimmen, bedarf beim Betrieb einer geförderten Einrichtung aber der **Zustimmung der Behörde.** Im Fall einer nicht geförderten Einrichtung muss der Investitionsbetrag der Behörde nur angezeigt werden.[31] 9

2. Erhöhungsverfahren. § 9 Abs. 2 enthält die formellen Anforderungen des Erhöhungsverfahrens. Das Erhöhungsbegehren muss dem Verbraucher gegenüber **schriftlich** (§ 6 Abs. 2) mitgeteilt und **begründet** werden.[32] Hierbei ist auch die Angabe des Erhöhungsbetrags zwingend geboten.[33] Beachtlich ist, dass, anders als an jeder anderen Stelle im WBVG, die Zulässigkeit der elektronischen Form an dieser Stelle nicht noch einmal explizit ausgeschlossen wird.[34] 10

Die Entgelterhöhung tritt nicht durch einseitige Erklärung respektive kraft Gesetzes ein. Erforderlich ist vielmehr und stets die **Zustimmung des Verbrauchers** unter Beachtung der Form des § 6.[35] Dem Unternehmer steht ein **Anspruch** auf Zustimmung zu.[36] Auch im Falle einer Erhöhung 11

---

20 *Fuchs* NJW 1995, 2905; *Schmid* NJW 1995, 436.
21 BeckOGK/*Drasdo,* 1.4.2024, Rn. 14.
22 *Schmid* NJW 1995, 436.
23 BGH NJW-RR 2016, 944; OLG Köln BeckRS 2024, 4804; *Bachem/Hacke* Rn. 50; Schmid/*Harz/Harsch* Rn. 3.
24 BeckOGK/*Drasdo,* 1.4.2024, Rn. 18.
25 BeckOGK/*Drasdo,* 1.4.2024, Rn. 19.
26 Schmid/*Harz/Harsch* Rn. 4.
27 BT-Drs. 16/12409, 23 re. Sp.
28 *Bachem/Hacke* Rn. 51; BeckOGK/*Drasdo,* 1.4.2024, Rn. 21.
29 *Bachem/Hacke* Rn. 51; *Dickmann/Kempchen* Rn. 6.
30 *Dickmann/Kempchen* Rn. 6; aA wohl BeckOGK/*Drasdo,* 1.4.2024, Rn. 20, der meint, der „Unternehmer soll die Einrichtung nicht auf Kosten der Bewohner für den Markt attraktiver machen können".
31 *Bachem/Hacke* Rn. 52.
32 LG Aurich NZM 2018, 808.
33 BT-Drs. 16/12409, 23 f.
34 Hierauf weist auch BeckOGK/*Drasdo,* 1.4.2024, Rn. 26; für Zulässigkeit Grüneberg/*Weidenkaff* Rn. 3.
35 BGH NJW-RR 2016, 944; OLG Hamm BeckRS 2015, 19281; LG Köln BeckRS 2022, 15676; Grüneberg/*Weidenkaff* Rn. 3; aA OLG Düsseldorf BeckRS 2015, 15495.
36 Grüneberg/*Weidenkaff* Rn. 2.

des Entgelts im Rahmen der Vereinbarungen nach SGB XI bedarf es der Zustimmung des Verbrauchers.[37] Anders als § 558b Abs. 2 S. 1 BGB für das Wohnraummietrecht sieht § 9 **keine Frist** für die Annahme des Änderungsangebots vor. Insofern gelten die allgemeinen Grundsätze der Rechtsgeschäftslehre. Der Verbraucher kann das Angebot, anders als im Wohnraummietrecht, „soweit", nicht nur teilweise annehmen.[38] Eine dahingehende Äußerung stellt sich nach Maßgabe von § 150 Abs. 2 BGB als neues Angebot seitens des Verbrauchers dar.[39] Dem Unternehmer ist es in Anbetracht von § 16 nicht möglich, mit dem Verbraucher ein von den gesetzlichen Vorschriften abweichendes einseitiges Erhöhungsrecht zu vereinbaren.[40] Es verbietet sich, den Mechanismus der §§ 558 ff. BGB ungefiltert auf das Erhöhungsverfahren nach § 9 zu übertragen.[41] So ist auch eine konkludente Zustimmung des Verbrauchers durch Zahlung des erhöhten Entgelts nicht vorgesehen, da dadurch die Form nicht gewahrt wird.[42]

12 Dass allein in dem Umstand, dass der Verbraucher angesichts des Erhöhungsverlangens nicht von seinem Sonderkündigungsrecht aus § 11 Gebrauch macht, keine konkludente Zustimmung zu der Erhöhung gefolgert werden kann, dürfte wohl außer Frage stehen.[43] Auch zu der vergleichbaren Konstellation im Wohnraummietrecht in § 561 BGB wird dies nicht vertreten. Die Vereinbarung einer Zustimmungsfiktion verstößt gegen § 16.[44]

13 Lehnt der Verbraucher die dem Unternehmer zustehende Zustimmung ab, muss er auf Erklärung der Annahme seines Angebots **Klage erheben.**[45] Diesbezüglich besteht kein Reglement, das mit den §§ 558 ff. BGB vergleichbar wäre. Das die Annahme zusprechende Urteil wirkt auf den in dem Verlangen benannten, zulässigen Erhöhungszeitpunkt zurück.[46]

14 Nach § 9 Abs. 2 S. 2 muss in dem Erhöhungsverlangen des Unternehmers der **Zeitpunkt genannt** werden, zu dem die Entgelterhöhung verlangt wird. Hiervon zu unterscheiden ist der Zeitpunkt der Wirksamkeit der Erhöhung nach § 9 Abs. 2 S. 4.[47] In der **Begründung** müssen die bisherigen Kosten den neuen veränderten Kosten in nachvollziehbarer Weise gegenübergestellt und der Umlagemaßstab offengelegt werden.[48] Der Verbraucher soll auf den ersten Blick erkennen können, welche Positionen für ihn teurer und wie hoch die Kosten künftig sein werden.[49] Das Beifügen von Belegen ist allerdings nicht erforderlich.[50] Dem Verbraucher steht jedoch ein **Einsichtsrecht** zu, das sich aus § 9 Abs. 2 S. 5 ergibt. Im Falle der Betreuung oder Vertretung kann sich auch ein Anspruch auf Überlassung von Fotokopien gegen Kostenerstattung oder auf sonstige Weise ergeben.[51]

15 Mangelt es an der Begründung oder hält der Unternehmer das gesetzlich vorgesehene Verfahren nicht ein, so ist das **Erhöhungsverlangen unwirksam,** sodass eine Erhöhung nicht eintritt.[52] Eine einvernehmliche Änderung ist, anders als im Wohnraummietrecht, wegen eines darin liegenden Verstoßes gegen § 16 nicht möglich.[53]

16 **3. Wirkungszeitpunkt der Erhöhung.** Nach § 9 Abs. 2 S. 4 schuldet der Verbraucher das erhöhte Entgelt **frühestens vier Wochen** nach Zugang des Erhöhungsverlangens. Dem Verbraucher soll damit eine hinreichende Bedenkzeit eingeräumt werden, ob er das Angebot annehmen oder von dem außerordentlichen Kündigungsrecht nach § 11 Abs. 1 S. 2 Gebrauch machen möchte.[54]

---

37 BGH NJW-RR 2016, 944; Grüneberg/*Weidenkaff* Rn. 3.

38 OLG Dresden NZM 2023, 301 (303); Grüneberg/*Weidenkaff* Rn. 3.

39 BGH NJW-RR 2016, 944; Grüneberg/*Weidenkaff* Rn. 3.

40 BGH NJW-RR 2016, 944; LG Berlin BeckRS 2019, 36727; LG Köln BeckRS 2021, 54892; BeckOGK/*Drasdo,* 1.4.2024, Rn. 35; Grüneberg/*Weidenkaff* Rn. 3.

41 So aber weitgehend das OLG Dresden NZM 2023, 301 (302), das ua kommentarlos auf BGH-Rspr. zu § 558 BGB verweist.

42 AA BGH NJW-RR 2016, 944 Rn. 31; OLG Dresden NZM 2023, 301 (302); Grüneberg/*Weidenkaff* Rn. 3; eingehend zu der Entscheidung des BGH *Düncher/Schweigler* GuP 2017, 5.

43 So auch *Düncher/Schweigler* GuP 2017, 5 (6 f.).

44 AA *Kieser/Niedziolka* GuP 2014, 1.

45 Grüneberg/*Weidenkaff* Rn. 3 aE.

46 OLG Dresden NZM 2023, 301.

47 Schmid/*Harz/Harsch* Rn. 7.

48 OLG Dresden NZM 2023, 301 (303).

49 BT-Drs. 16/12409, 24.

50 *Schmid* NJW 1995, 436.

51 Schmid/*Harz/Harsch* Rn. 9; Grüneberg/*Weidenkaff* Rn. 3; aA *Bachem/Hacke* Rn. 76, die nur auf die Einsichtnahme vor Ort abstellen.

52 BT-Drs. 16/12409, 23 f.

53 Grüneberg/*Weidenkaff* Rn. 3.

54 BT-Drs. 16/12409, 24 re. Sp.; BGH NJW-RR 2016, 944 Rn. 28.

§ 10 WBVG Nichtleistung oder Schlechtleistung

(1) Erbringt der Unternehmer die vertraglichen Leistungen ganz oder teilweise nicht oder weisen sie nicht unerhebliche Mängel auf, kann der Verbraucher unbeschadet weitergehender zivilrechtlicher Ansprüche bis zu sechs Monate rückwirkend eine angemessene Kürzung des vereinbarten Entgelts verlangen.

(2) Zeigt sich während der Vertragsdauer ein Mangel des Wohnraums oder wird eine Maßnahme zum Schutz des Wohnraums gegen eine nicht vorhergesehene Gefahr erforderlich, so hat der Verbraucher dies dem Unternehmer unverzüglich anzuzeigen.

(3) Soweit der Unternehmer infolge einer schuldhaften Unterlassung der Anzeige nach Absatz 2 nicht Abhilfe schaffen konnte, ist der Verbraucher nicht berechtigt, sein Kürzungsrecht nach Absatz 1 geltend zu machen.

(4) Absatz 1 ist nicht anzuwenden, soweit nach § 115 Absatz 3 des Elften Buches Sozialgesetzbuch wegen desselben Sachverhalts ein Kürzungsbetrag vereinbart oder festgesetzt worden ist.

(5) [1]Bei Verbrauchern, denen Hilfe in Einrichtungen nach dem Zwölften Buch Sozialgesetzbuch gewährt wird, steht der Kürzungsbetrag nach Absatz 1 bis zur Höhe der erbrachten Leistungen vorrangig dem Träger der Sozialhilfe zu. [2]Verbrauchern, die Leistungen nach dem Elften Buch Sozialgesetzbuch in Anspruch nehmen, steht der Kürzungsbetrag bis zur Höhe ihres Eigenanteils selbst zu; ein überschießender Betrag ist an die Pflegekasse auszuzahlen. [3]Bei Verbrauchern, die Leistungen nach Teil 2 des Neunten Buches Sozialgesetzbuch in Anspruch nehmen, steht der Kürzungsbetrag nach Absatz 1 bis zur Höhe der erbrachten Leistungen vorrangig dem Träger der Eingliederungshilfe zu.

Übersicht

I. Normzweck

1 In § 10 enthält das Gesetz eine **spezielle Gewährleistungsvorschrift** für die Nicht- oder Schlechtleistung des Unternehmers.[1] Diese besteht, weil die Gewährleistungsrechte des BGB nicht in allen Fällen passgenau für Wohn- und Betreuungsverträge sind,[2] was sich daraus ergibt, dass es sich bei Wohn- und Betreuungsverträgen um typengemischte Verträge mit miet-, dienst- und werkvertraglichen Elementen handelt.[3] Während das BGB keine Gewährleistungsregelungen für den Dienstvertrag enthält, unterscheiden sich die Vorschriften zu den anderen regelmäßig betroffenen Vertragstypen voneinander. Durch die einheitliche Regelung soll verhindert werden, dass unterschiedliches Gewährleistungsrecht abhängig davon anwendbar ist, wo im Einzelfall der Schwerpunkt der Pflichtverletzung des Vertrags liegt.[4]

II. Einzelerläuterungen

2 **1. Recht zur Entgeltminderung.** Im Kern räumt § 10 Abs. 1 dem Verbraucher ein Recht zur Minderung des Entgelts bei Nicht- bzw. Teilleistung des Unternehmers ein. Dieses erfährt alsdann Modifikationen durch die Abs. 2–5. Die Fokussierung auf das Recht zur Minderung als zentrales Gewährleistungsrecht zeigt eine gewisse Nähe zum mietrechtlichen Reglement, wobei unmittelbar auffällt, dass die Minderung in § 10 anders als bei § 536 BGB (→ BGB § 536 Rn. 38) nicht kraft Gesetzes eintritt.

3 Erfasst werden von § 10 Abs. 1 **sämtliche Leitungspflichten des Unternehmers,** also ebenso Haupt- wie Nebenleistungspflichten.[5] Das Gesetz fasst die Tatbestände der Nicht- und Schlechtleistung

1 BT-Drs. 16/12409, 12.
2 BeckOGK/*Drasdo,* 1.4.2024, Rn. 2.
3 *Drasdo* JM 2014, 404.
4 *Iffland/Düncher* Rn. 3.
5 BeckOGK/*Drasdo,* 1.4.2024, Rn. 3.

zusammen. Wegen der Besonderheiten des typengemischten Vertrags bereitet die Abgrenzung von Nicht- und Schlechtleistung durchaus Probleme. Hier stellt sich insbesondere die Frage der qualitativen oder quantitativen Schlechtleistung.[6] Allerdings liegt gerade darin auch der Vorteil der einheitlichen, auf sämtliche Pflichtverletzungen anzuwendenden Gewährleistungsnorm. Einer entsprechenden Differenzierung bedarf es, abgesehen von der Feststellung der Erheblichkeit eines Mangels, nicht.

4 Anzuknüpfen ist zunächst am Inhalt der vertraglichen Vereinbarung. Anders als etwa im Kaufrecht stellt die Vorschrift nicht auf die übliche Beschaffenheit der Leistung ab. Man mag also feststellen, dass in § 10 von der Geltung des **subjektiven Fehlerbegriffs** auszugehen ist.[7] Die **Beweislast** für das Vorliegen des Kürzungsanspruchs als auch für dessen Umfang trifft den Verbraucher.[8]

5 Entsprechend der Regelung im Mietrecht kommt bei einer Schlechtleistung die Minderung des Entgelts nur in Betracht, wenn der **Mangel „nicht unerheblich“** ist (→ BGB § 536 Rn. 32). Allein pandemiebedingte Besuchs- und Ausgangsbeschränkungen haben nicht zu einer Entgeltkürzung berechtigt, wenn der Wohnraum ordnungsgemäß zur Verfügung gestellt und die Pflege- und Betreuungsleistung standardgerecht erbracht wurde.[9] Leichte und schnell zu beseitigende Mängel, etwa am Wohnraum, rechtfertigen eine Entgeltkürzung nicht.[10] Exemplarisch sei die Aufbewahrung schmutziger Wäsche im Schrank anstelle des Wäschekorbs genannt.[11] An dieser Stelle wird die Abgrenzung von Nicht- und Schlechtleistung relevant. Nur im Falle der mangelhaften Leistung bedarf es der Feststellung der Erheblichkeit.[12] So bereitet es etwa Probleme bei der Qualifikation der Pflichtverletzung, wenn ein Mehrbettzimmer statt des vereinbarten Einzelzimmers überlassen wird.[13] Darin liegt in Anbetracht der tatsächlichen Leistungserbringung eine Schlechtleistung und nicht etwa eine teilweise Nichtleistung.

6 Wesentlich unterscheidet sich die Minderung in § 10 von der Rechtslage im Mietrecht dadurch, dass es der **Geltendmachung** durch den Verbraucher bedarf, während die Miete bei Vorliegen eines nicht unerheblichen Mangels kraft Gesetzes gemindert ist.[14] In der Geltendmachung der Minderung liegt eine geschäftsähnliche Handlung, die gegenüber dem Unternehmer vorzunehmen ist[15] und auf die die Vorschriften über Willenserklärungen entsprechend anzuwenden sind.[16]

7 Auch die **konkludente Erklärung der Minderung** ist möglich, während eine bloße Minderzahlung, deren Hintergrund nicht klar wird, jedoch nicht ausreichend ist.[17] Ebenso wenig genügt eine bloße Rüge von Mängeln, sofern dieser nicht auch der Wunsch nach einer Kürzung entnommen werden kann.[18] Ab der Geltendmachung der Minderung wirkt diese, solange die Pflichtverletzung andauert und, soweit sie bereits in der Vergangenheit vorlag, für bis zu sechs Monate zurück.[19] Sofern die Pflichtverletzung einen Zeitraum betrifft, der länger als sechs Monate ab der Geltendmachung zurückliegt, geht das Recht zur Entgeltkürzung unter.[20] Darin liegt eine Begrenzung des Minderungsrechts in Gestalt einer materiellen Ausschlussfrist.[21] Nach einem überschaubaren Zeitraum von sechs Monaten soll Klarheit darüber herrschen, dass ordnungsgemäß geleistet wurde, wodurch schwierige, weit in die Vergangenheit reichende Feststellungen von Mängeln im Interesse der Rechtssicherheit beider Parteien entbehrlich sind.[22] Berechnet wird die **Frist** vom Zeitpunkt des Zugangs des Verlangens durch den Verbraucher aus.[23] Das Recht zur Kürzung des Entgelts steht dem Verbraucher **unabhängig vom Verschulden** des Unternehmers zu.[24] Das Minderungsrecht steht nur dem Verbraucher zu und **nicht etwa Dritten,** die eine Schuldübernahme oder den Schuldbeitritt erklärt haben.[25]

---

6 Grüneberg/*Weidenkaff* Rn. 3; AG Bad Oeynhausen BeckRS 2021, 39398.
7 *Iffland/Düncher* Rn. 6.
8 OLG Düsseldorf NJW-RR 2011, 1683; BeckOGK/*Drasdo,* 1.4.2024, Rn. 24; *Drasdo* JM 2014, 404 (406); Grüneberg/*Weidenkaff* Rn. 3.
9 BGH NZM 2022, 509.
10 BeckOGK/*Drasdo,* 1.4.2024, Rn. 5.
11 LG Bochum BeckRS 2013, 15353.
12 BeckOGK/*Drasdo,* 1.4.2024, Rn. 6.
13 *Iffland/Düncher* Rn. 6: teilweise Nichtleistung.
14 OLG Frankfurt NJW-RR 2014, 688.
15 OLG Frankfurt NJW-RR 2014, 688; OLG Düsseldorf NJW-RR 2011, 1683.
16 *Drasdo* JM 2014, 404 (405).
17 OLG Düsseldorf NJW-RR 2011, 1683.
18 OLG Düsseldorf NJW-RR 2011, 1683.
19 OLG Frankfurt NJW-RR 2014, 688.
20 OLG Frankfurt NJW-RR 2014, 688.
21 BT-Drs. 16/12409, 25; OLG Düsseldorf NJW-RR 2011, 1683.
22 OLG Düsseldorf NJW-RR 2011, 1683.
23 OLG Frankfurt NJW-RR 2014, 688.
24 BeckOGK/*Drasdo,* 1.4.2024, Rn. 8.
25 OLG Frankfurt NJW-RR 2014, 688.

2. Rechtsfolge der Minderung. Die Rechtsfolge des Minderungsverlangens besteht in der **angemessenen Entgeltkürzung.** Dabei setzt die Angemessenheit der Kürzung ein adäquates Verhältnis zwischen der Leistungsbeeinträchtigung und der Reduzierung des Entgelts voraus.[26] Bei der Bemessung der Kürzung muss hinsichtlich der einzelnen Leistungsbestandteile des Vertrags unterschieden werden. Sofern etwa nur der Wohnraum mangelbehaftet ist, kann grundsätzlich nur der hierauf entfallende Anteil des Entgelts gekürzt werden und muss die Pflegeleistung vollständig vergütet werden.[27] Im Einzelfall ist eine **Minderung auf Null** vorstellbar, sodass der Verbraucher die Befreiung von dem vollständigen vereinbarten Gesamtentgelt verlangen kann.[28] Dies dürfte allerdings nur in besonders gelagerten Ausnahmefällen vorkommen, etwa wenn die Heizungsanlage der Einrichtung im Winter ausfällt und auch Pflegekräfte ihre Tätigkeit unter den Bedingungen nicht erbringen können.[29] Im Hinblick auf Mängel an den Räumen lässt sich auf die im Mietrecht entwickelten **Minderungsquoten** zurückgreifen.[30] Problematisch ist eine Bestimmung des Minderungsbetrags allerdings bei Nicht- oder Schlechtleistungen in Bezug auf andere Pflichten des Unternehmers, wie etwa der Pflege.[31] 8

Im Prozess unterliegt der Kürzungsbetrag der **gerichtlichen Schätzung nach § 287 Abs. 1 ZPO.**[32] Allerdings hilft die Schätzung oftmals nicht weiter, weil dazu zumindest nachvollziehbare Anknüpfungspunkte vorliegen müssen.[33] Oftmals wird ein Sachverständigengutachten zur Bestimmung des Kürzungsbetrags erforderlich sein.[34] Es besteht für den Verbraucher die Gefahr des Entstehens eines Kündigungsgrundes in Folge einer übermäßigen Kürzung der Vergütung nach § 12 Abs. 1 S. 3 Nr. 4.[35] Der Verbraucher ist hinsichtlich des Wertes der Beeinträchtigung darlegungs- und beweispflichtig,[36] es sei denn, dass es sich um ausschließlich in den Kenntnisbereich des Betreibers fallende Umstände handelt, die von maßgeblicher Bedeutung für die Minderung sind.[37] 9

Das Kürzungsrecht hinsichtlich der Vergütung kann **bis zu sechs Monate rückwirkend** geltend gemacht werden.[38] Dem Verbraucher steht insoweit ein bereicherungsrechtlicher Rückzahlungsanspruch zu, wenn er über den geminderten Betrag hinaus, im Zweifel ungekürzt, geleistet hat. Für die Zukunft besteht ein Leistungsverweigerungsrecht in der entsprechenden Höhe. Bei der Frist von sechs Monaten handelt es sich um eine materielle Ausschlussfrist, die mit dem Verlangen des Verbrauchers zu laufen beginnt.[39] 10

Die Vorschrift stellt fest, dass die Minderung **unbeschadet weiterer Ansprüche** möglich ist. Insbesondere der Erfüllungsanspruch bleibt dem Verbraucher erhalten.[40] Ebenso ist es dem Verbraucher unbenommen, Schadensersatzansprüche wegen der Pflichtverletzung geltend zu machen, wobei der Minderungsbetrag im Falle der Deckungsgleichheit anzurechnen ist.[41] Dies betrifft auch Ansprüche wegen der Verletzung allgemeiner Pflichten, etwa Verkehrssicherungspflichten.[42] Dem Verbraucher steht auch die Möglichkeit zu, das Zurückbehaltungsrecht aus § 320 BGB als Druckmittel zur Beseitigung des Mangels einzusetzen.[43] Ebenfalls bestehen neben § 10 Abs. 1 etwaige Gewährleistungsrechte aus dem Miet-, Dienst- und Werkvertragsrechts,[44] was daraus folgt, dass § 10 nur einen kleinen Bereich der denkbaren Nicht- und Schlechtleistungen erfasst. 11

3. Anzeigepflicht des Verbrauchers. Den Verbraucher trifft nach **Abs. 2** die Pflicht, während der Vertragsdauer auftretende Mängel und Handlungsnotwendigkeiten wegen des Eintretens einer nicht vorhersehbaren Gefahr für den Wohnraum dem Unternehmer unverzüglich anzuzeigen. Unterlässt er dies, führt das nach Maßgabe von Abs. 3 zum Ausschluss des Minderungsanspruchs. Die Regelung entspricht inhaltlich § 536c Abs. 1 S. 1 und Abs. 2 BGB und betrifft nur den Wohn- 12

26 BeckOGK/*Drasdo,* 1.4.2024, Rn. 9.
27 *Drasdo* JM 2014, 404 (406).
28 BT-Drs. 16/12409, 25.
29 BeckOGK/*Drasdo,* 1.4.2024, Rn. 11.
30 BeckOGK/*Drasdo,* 1.4.2024, Rn. 40.
31 BeckOGK/*Drasdo,* 1.4.2024, Rn. 39.
32 BeckOGK/*Drasdo,* 1.4.2024, Rn. 10.
33 BeckOGK/*Drasdo,* 1.4.2024, Rn. 39.
34 BeckOGK/*Drasdo,* 1.4.2024, Rn. 39.
35 *Kaminski* WsZ 2013, 278 (282).
36 *Drasdo* JM 2014, 404 (406).
37 *Drasdo* JM 2014, 404 (406).
38 BT-Drs. 16/12409, 25.
39 OLG Frankfurt NJW-RR 2014, 688; OLG Düsseldorf NJW-RR 2011, 1683; Grüneberg/*Weidenkaff* Rn. 3.
40 *Drasdo* JM 2014, 404.
41 BT-Drs. 16/12409, 25.
42 *Drasdo* JM 2014, 404 (405).
43 BeckOGK/*Drasdo,* 1.4.2024, Rn. 13.
44 *Drasdo* JM 2014, 404 (405).

raum.[45] Die zu **§ 536c BGB** entwickelten Grundsätze (→ BGB § 536c Rn. 3 ff.) können im Wesentlichen herangezogen werden.[46] Allerdings ist hinsichtlich des Sorgfaltsmaßstabs im Vergleich zum Wohnraummietrecht stets zu berücksichtigen, dass es sich bei den Verbrauchern um pflegebedürftige und womöglich auch geistig eingeschränkte Personen handelt. Dies mag die Möglichkeit der Wahrnehmung von Mängeln und Gefahren durchaus einschränken.

13 Der anzuzeigende Mangel iSd Abs. 2 setzt **keine Gebrauchsbeeinträchtigung** voraus. Der Unternehmer soll bereits im Vorfeld verhindern können, dass ein Mangel sich zu einer Gebrauchsbeeinträchtigung ausweitet.[47] Allerdings muss der Verbraucher den Mangel erkannt haben können. Die Anzeigepflicht des Verbrauchers besteht nicht, wenn der Unternehmer auf andere Weise vom Mangel Kenntnis erlangt hat.[48] Entsprechendes gilt auch im Falle der Mangelkenntnis von Erfüllungsgehilfen des Unternehmers, beispielsweise eines Hausmeisters.[49]

14 Die Anzeigepflicht des Verbrauchers folgt aus dessen Obhutspflicht für den Wohnraum, entsteht erst ab dem Zeitpunkt der Überlassung und ist insoweit als **vertragliche Nebenpflicht** des Verbrauchers zu qualifizieren.[50] Allerdings begründet die unterlassene Anzeige keine Schadensersatzpflichten des Verbrauchers. Eine § 536c Abs. 2 S. 1 BGB entsprechende Vorschrift enthält das WBVG nicht.[51]

15 Die **formlose Anzeige** hat **unverzüglich,** also ohne schuldhaftes Zögern (§ 121 BGB), gegenüber dem Unternehmer zu erfolgen.[52] Je ernster die Gefahr für den Wohnraum ist, desto dringender ist die Anzeige geboten.[53] Eine verspätete Anzeige steht einer unterlassenen Anzeige gleich.[54] Die Anzeige ist an den Unternehmer zu richten und muss diesem nach § 130 BGB zugehen.[55] Zwar kann die Anzeige auch an Personen, die vom Unternehmer für die Verwaltung der Einrichtung beauftragt wurden, zugehen, aber nicht jeder Angestellte des Unternehmers erfüllt diese Voraussetzungen, sodass auch nicht jeder Angestellte zur Entgegennahme berufen ist.[56] In erster Linie sind Mitarbeiter der Verwaltung der Einrichtung und nicht etwa das Pflegepersonal zur Entgegennahme berufen.[57]

16 Die Vereinbarung eines Schriftformerfordernisses hinsichtlich der Anzeigepflicht ist in Ansehung von § 16 ausgeschlossen, wodurch sich die Rechtslage vom Mietrecht unterscheidet.[58]

17 Die Anzeigepflicht des Verbrauchers **endet** erst mit Beendigung des Vertragsverhältnisses und Rückgabe der Wohnung und ist somit als Dauerpflicht ausgestaltet.[59] Das bloße Verlassen der Räume lässt die Anzeigepflicht nicht entfallen. Erst ab Rückgabe der Räume erhält der Unternehmer die uneingeschränkte Kontrolle über den Wohnraum zurück.

18 Nach Maßgabe von **Abs. 3** ist das Minderungsrecht nur bei einem schuldhaften Unterlassen der Anzeige durch den Verbraucher **ausgeschlossen.**[60] Der Verbraucher soll den Mangel nicht sehenden Auges hinnehmen und später Gewährleistungsrechte geltend machen können. Dem Unternehmer soll auf der anderen Seite möglichst rasch die Möglichkeit zur Mangelbeseitigung eingeräumt werden.[61] Der Verschuldensmaßstab folgt zwar grundsätzlich aus §§ 276, 278 BGB.[62] Allerdings sind an dieser Stelle die besonderen Umstände pflegebedürftiger Menschen in die Beurteilung einzubeziehen.

19 **4. Sozialrechtliche Überlagerung.** Häufig werden Leistungen des Unternehmers in den **Rahmenverträgen** des jeweiligen Bundeslandes festgelegt, etwa die notwendige Anzahl an Personal für die Pflege und die Betreuung.[63] Wenn solche Anforderungen nicht erfüllt sind, kann das Entgelt nach §§ 82 ff. SGB XI bereits seitens des Pflegeversicherungsträgers nach § 115 Abs. 3 SGB XI gekürzt werden. Abs. 4 stellt insoweit sicher, dass es in derartigen Konstellationen nicht zu einer doppelten Minderung kommt.[64] Allerdings ist der Anwendungsbereich der Regelung auf solche

---

[45] BT-Drs. 16/12409, 25.
[46] *Drasdo* JM 2014, 404 (406).
[47] BeckOGK/*Drasdo,* 1.4.2024, Rn. 32.
[48] BeckOGK/*Drasdo,* 1.4.2024, Rn. 33.
[49] *Iffland/Düncher* Rn. 11.
[50] BT-Drs. 16/12409, 25; BeckOGK/*Drasdo,* 1.4.2024, Rn. 32.
[51] BeckOGK/*Drasdo,* 1.4.2024, Rn. 37.
[52] BT-Drs. 16/12409, 25.
[53] *Iffland/Düncher* Rn. 13.
[54] BeckOGK/*Drasdo,* 1.4.2024, Rn. 36.
[55] BeckOGK/*Drasdo,* 1.4.2024, Rn. 35.
[56] BeckOGK/*Drasdo,* 1.4.2024, Rn. 35.
[57] Beetz/Schwedler-Allmendinger/*Kempchen* Rn. 32.
[58] BeckOGK/*Drasdo,* 1.4.2024, Rn. 31; *Drasdo* JM 2014, 404 (406).
[59] BeckOGK/*Drasdo,* 1.4.2024, Rn. 34.
[60] BT-Drs. 16/12409, 25.
[61] BT-Drs. 16/12409, 25.
[62] BT-Drs. 16/12409, 25.
[63] BeckOGK/*Drasdo,* 1.4.2024, Rn. 43.
[64] BT-Drs. 16/12409, 25.

Pflichtverletzungen beschränkt, die sich sowohl auf das Verhältnis zwischen Unternehmer und Kostenträger als auch auf Verhältnis zwischen Unternehmer und Verbraucher beziehen. Nicht anwendbar ist Abs. 4, wenn es sich bei der verletzten Pflicht um eine Pflicht handelt, die sich nur aus dem Verhältnis zwischen Unternehmer und Verbraucher ergibt. Sofern sich die Pflicht nur aus dem Verhältnis zwischen Unternehmer und Kostenträger ergibt, hat der Verbraucher ohnehin kein Minderungsrecht – nicht jede Pflichtverletzung aus dem Vertrag mit dem Kostenträger schlägt auf den individuellen Vertrag zwischen Unternehmer und Verbraucher durch.[65]

Die Regelung des Abs. 5 S. 1 betrifft Fälle, in denen die Finanzierung (teilweise) über die Sozialhilfe iSd SGB XII getragen wird. Soweit dies der Fall ist, steht dem **Sozialhilfeträger** der **Anspruch auf den Kürzungsbetrag** zu.[66] Abs. 5 S. 2 bestimmt, dass im Falle der Finanzierung über die Pflegeversicherung der Verbraucher die Kürzung in Höhe des Eigenanteils verlangen kann. Weitergehende Kürzungen stehen der Pflegekasse zu und sind an diese zurückzuzahlen.[67] Insofern bestimmt Abs. 5 S. 2 eine Umkehrung der Reihenfolge im Vergleich zu Abs. 5 S. 1.[68] Wegen unzureichender Pflege kommen Kürzungen zunächst dem Verbraucher zugute (bis zur Höhe des Eigenanteils), obwohl die Leistung durch die Pflegekasse abgegolten wird.[69] 20

§ 11 WBVG Kündigung durch den Verbraucher

(1) [1]Der Verbraucher kann den Vertrag spätestens am dritten Werktag eines Kalendermonats zum Ablauf desselben Monats schriftlich kündigen. [2]Bei einer Erhöhung des Entgelts ist eine Kündigung jederzeit zu dem Zeitpunkt möglich, zu dem der Unternehmer die Erhöhung des Entgelts verlangt. [3]In den Fällen des § 1 Absatz 2 Satz 1 Nummer 1 und 2 kann der Verbraucher nur alle Verträge einheitlich kündigen. [4]Bei Verträgen im Sinne des § 1 Absatz 2 Satz 2 hat der Verbraucher die Kündigung dann gegenüber allen Unternehmern zu erklären.

(2) [1]Innerhalb von zwei Wochen nach Beginn des Vertragsverhältnisses kann der Verbraucher jederzeit ohne Einhaltung einer Frist kündigen. [2]Wird dem Verbraucher erst nach Beginn des Vertragsverhältnisses eine Ausfertigung des Vertrags ausgehändigt, kann der Verbraucher auch noch bis zum Ablauf von zwei Wochen nach der Aushändigung kündigen.

(3) Der Verbraucher kann den Vertrag aus wichtigem Grund jederzeit ohne Einhaltung einer Kündigungsfrist kündigen, wenn ihm die Fortsetzung des Vertrags bis zum Ablauf der Kündigungsfrist nicht zuzumuten ist.

(4) [1]Die Absätze 2 und 3 sind in den Fällen des § 1 Absatz 2 auf jeden der Verträge gesondert anzuwenden. [2]Kann der Verbraucher hiernach einen Vertrag kündigen, ist er auch zur Kündigung der anderen Verträge berechtigt. [3]Er hat dann die Kündigung einheitlich für alle Verträge und zu demselben Zeitpunkt zu erklären. [4]Bei Verträgen im Sinne des § 1 Absatz 2 Satz 2 hat der Verbraucher die Kündigung gegenüber allen Unternehmern zu erklären.

(5) [1]Kündigt der Unternehmer in den Fällen des § 1 Absatz 2 einen Vertrag, kann der Verbraucher zu demselben Zeitpunkt alle anderen Verträge kündigen. [2]Die Kündigung muss unverzüglich nach Zugang der Kündigungserklärung des Unternehmers erfolgen. [3]Absatz 4 Satz 3 und 4 ist entsprechend anzuwenden.

Übersicht

[65] BT-Drs. 16/12409, 25.
[66] BT-Drs. 16/12409, 25; zust. BeckOGK/*Drasdo,* 1.4.2024, Rn. 44.
[67] BT-Drs. 16/12409, 25; OGK Köln BeckRS 2024, 4804.
[68] BeckOGK/*Drasdo,* 1.4.2024, Rn. 46.
[69] BeckOGK/*Drasdo,* 1.4.2024, Rn. 46.

I. Normzweck

1 Gegenstand der Regelung des § 11 ist das **Kündigungsrecht des Verbrauchers.** Dem Verbraucher wird sowohl das Recht zur ordentlichen (Abs. 1, S. 1 und 3) als auch zur außerordentlichen (Abs. 1 S. 2, Abs. 2–5) Kündigung eingeräumt. Von den Vorschriften ist eine Abweichung zum Nachteil des Verbrauchers nicht möglich, was sich aus § 16 ergibt.[1] Die Rechtsfolgen der Kündigung sind gesetzlich nur rudimentär geregelt.[2]

II. Einzelerläuterungen

2 **1. Ordentliches Kündigungsrecht des Verbrauchers.** Aus § 11 Abs. 1 S. 1 ergibt sich das ordentliche Kündigungsrecht des Verbrauchers. Die Regelung der Kündigungsfrist orientiert sich am Mietrecht, wenn der dritte Werktag eines Kalendermonats zur Berechnung der Kündigungsfrist in Bezug genommen wird (→ BGB 573c Rn. 6). Allerdings endet der Vertrag im WBVG dann bereits zum Ende desselben Monats, während etwa im Wohnraummietrecht das Ende des übernächsten Monats in Bezug genommen wird. Der Verbraucher kann somit das Vertragsverhältnis mit einer **Monatsfrist** ordentlich kündigen. Diese beträgt im kürzesten Fall real einen Monat abzüglich einiger Tage, wenn die Kündigung tatsächlich am dritten Werktag eines Monats beim Unternehmer eingeht. Höchstens beträgt die Frist knapp zwei Monate, wenn der angesprochene Kündigungstag verpasst wird. Einer Begründung bedarf die ordentliche Kündigung des Verbrauchers nicht.[3]

3 Voraussetzung für das Bestehen des ordentlichen Kündigungsrecht ist die **Formwirksamkeit des Vertrags.** Andernfalls steht dem Verbraucher schon nach § 6 Abs. 2 S. 2 ein fristloses Kündigungsrecht zu.[4] Wie im Wohnraummietrecht steht das ordentliche Kündigungsrecht dem Verbraucher weiterhin nicht zu, wenn der Vertrag zulässigerweise nach § 4 Abs. 1 S. 2 **befristet** wurde (aA → BGB § 575 Rn. 4 ff.). Unter Berücksichtigung der Regelung in § 16 sind Vereinbarungen über den Kündigungsausschluss oder die Verlängerung der Kündigungsfrist unwirksam.[5]

4 In der Kündigungserklärung liegt eine einseitige empfangsbedürftige Gestaltungserklärung. Die Kündigungserklärung muss nach Maßgabe von § 11 Abs. 1 S. 1 die **Schriftform** wahren. Die elektronische Form nach § 126a BGB ist ausgeschlossen.[6] Das Schriftformgebot ist allerdings nach dem eindeutigen Wortlaut des Gesetzes auf die Fälle der ordentlichen Kündigung beschränkt und gilt nicht auch für die außerordentliche Kündigung.[7]

5 In der **Vertragsbeendigung** zum maßgeblichen Zeitpunkt liegt die wesentliche Rechtsfolge der ordentlichen Kündigung.

6 Soweit das Vertragsverhältnis durch den Bewohner gekündigt wird, führt dies bei der Gewährung von Sozialleistungen nach **§ 87a SGB XI** zur Einstellung der Leistungen mit dem Auszug des Bewohners. Wenn der Bewohner kündigt und vorzeitig auszieht, kann der Träger der Sozialleistungen die Zahlungen einstellen. Die Regelung des § 15, die eine Harmonisierung von Sozial- und Vertragsrecht bezweckt, führt allerdings dazu, dass der Verbraucher im Falle des vorzeitigen Auszugs auch gegenüber dem Unternehmer frei wird.[8]

7 **2. Kündigung wegen Entgelterhöhung.** In § 11 Abs. 1 S. 2 wird dem Verbraucher ein **Sonderkündigungsrecht** bei Entgelterhöhungen eingeräumt (vgl. im Wohnraummietrecht → BGB § 561 Rn. 1 ff.). Dieses Kündigungsrecht betrifft die Fälle der Entgelterhöhung nach § 9 und entsteht nicht, sofern die Entgelterhöhung mit einer Veränderung der Leistung nach § 8 Abs. 1 S. 3 einhergeht.[9] Das Kündigungsrecht kann jederzeit zu dem Zeitpunkt, ab dem die Entgelterhöhung wirksam sein werden soll, ausgeübt werden. Aus § 9 Abs. 2 S. 4 ergibt sich, dass der Zeitraum zwischen dem Verlangen und dem Eintreten der Entgelterhöhung **mindestens vier Wochen** beträgt. Die Kündigung kann aber auch noch am Tag vor dem Eintreten der Entgelterhöhung erfolgen.[10]

8 Auch wenn es schwer nachzuvollziehen ist, bezieht sich das Formerfordernis der Kündigungserklärung nach Maßgabe von § 11 Abs. 1 S. 1 nur auf die ordentliche Kündigung, sodass davon auszugehen ist, dass für die weiteren Tatbestände, die allesamt die fristlose Kündigung betreffen, **formfrei** gekündigt werden kann.

---

1 *Kaminski* WzS 2013, 278 (280).
2 *Kaminski* WzS 2013, 278 (279).
3 BeckOGK/*Drasdo,* 1.4.2024, Rn. 2.
4 BeckOGK/*Drasdo,* 1.4.2024, Rn. 3.
5 BeckOGK/*Drasdo,* 1.4.2024, Rn. 4.
6 BeckOGK/*Drasdo,* 1.4.2024, Rn. 16.
7 *Dickmann* Rn. 16; aA *Iffland/Düncher* Rn. 5.
8 BGH MDR 2018, 1428; *Dittrich* SRa 2021, 13 (15).
9 BeckOGK/*Drasdo,* 1.4.2024, Rn. 26.
10 *Dickmann* Rn. 17.

3. Verbundene Verträge. Bei verbundenen Verträgen iSd § Abs. 2 S. 1 Nr. 1 und 2 ist eine ordentliche Kündigung nur **einheitlich** möglich. Dies erscheint sachgerecht, da der Verbraucher ansonsten trotz der Kündigung ungerechtfertigt Vorteile der einzelnen Verträge und den Schutz des WBVG erhalten könnte.[11] Die Regelung des § 11 Abs. 1 S. 4 stellt sicher, dass alle mit dem Verbraucher vertraglich in Verbindung stehenden Unternehmer im Falle von § 1 Abs. 2 S. 2, verbundene Verträge mit mehreren Unternehmern, von der Kündigung des Verbrauchers Kenntnis erlangen.[12] Allerdings besteht die Gefahr, dass Verbraucher mitunter keine Kenntnis von den verschiedenen Vertragsverhältnissen haben, sodass in Folge dessen die Gefahr einer unwirksamen Kündigung besteht.[13] 9

4. Probezeit. § 11 Abs. 2 S. 1 billigt dem Verbraucher ein außerordentliches Kündigungsrecht innerhalb von **zwei Wochen nach Wohnraumüberlassung** zu. Durch die Einräumung dieser Möglichkeit, den Vertrag bereits kurz nach Überlassung der Wohnräume wieder zu kündigen, wird es dem Verbraucher ermöglicht, das Leben unter den besonderen, neuen Rahmenbedingungen auszuprobieren. Man mag von einem „Probewohnen" für den Verbraucher ohne großes Risiko sprechen.[14] Der Verbraucher soll prüfen können, ob die Einrichtung und das Leistungskonzept seinen Vorstellungen und Erwartungen entsprechen.[15] In Anbetracht der Möglichkeit, den Vertrag innerhalb von zwei Wochen wieder zu beenden, geht der Verbraucher ein sehr überschaubares Risiko ein.[16] Die Kündigung kann innerhalb der ersten beiden Wochen nach Beginn des Vertragsverhältnisses mit sofortiger Wirkung oder aber auch zum Ende dieser Periode gekündigt werden. 10

5. Fehlende Vertragsausfertigung. § 11 Abs. 2 S. 2 billigt dem Verbraucher ein **Sonderkündigungsrecht** für den Fall zu, dass er die Vertragsausfertigung, die ihm nach Maßgabe von § 6 Abs. 1 S. 3 auszuhändigen ist, erst nach der Wohnraumüberlassung erhält. Dadurch wird die in § 6 Abs. 1 S. 3 verankerte Informationspflicht gestärkt und ein diesbezüglicher Verstoß sanktioniert. Auch hier wird dem Verbraucher das Kündigungsrecht für den Zeitraum von **zwei Wochen** seit Aushändigung des Vertrags eingeräumt. Von der Überlassung des Wohnraums ist die Einräumung dieses Sonderkündigungsrechts nicht abhängig.[17] 11

Der Verbraucher soll gut informiert darüber entscheiden können, ob er dauerhaft in der Einrichtung leben möchte. Insofern ergänzen sich die beiden Fälle des § 11 Abs. 2. Der Verbraucher soll sich ein Bild von dem zur Verfügung gestellten Wohnraum gemacht haben und die Vertragsbedingungen in Ruhe zur Kenntnis nehmen können, bevor der Vertrag längerfristig bindend wird. 12

6. Fristlose Kündigung aus wichtigem Grund. Während das außerordentliche Kündigungsrecht aus § 11 Abs. 2 an den Besonderheiten des Vertragsbeginns anknüpft, regelt § 11 Abs. 3 einen Kündigungstatbestand, der allgemein einen wichtigen Grund im Fokus hat, der dem Verbraucher die fristlose Beendigung des Vertrags ermöglichen soll. Ein wichtiger Grund zur fristlosen Kündigung besteht, wenn dem Verbraucher die Fortsetzung des Vertragsverhältnisses bis zum Ablauf der Kündigungsfrist **nicht mehr zugemutet** werden kann. Die Formulierung des Abs. 3 ist an das Mietrecht angelehnt und entspricht **§ 543 Abs. 1 BGB,** ebenso aber auch **§ 626 Abs. 1 BGB und § 314 Abs. 1 BGB,** sodass auf die Kasuistik zu diesen Vorschriften zurückgegriffen werden kann.[18] 13

Der **wichtige Grund** zur fristlosen Kündigung muss aus der Risikosphäre des Unternehmers stammen.[19] Ein Verschulden des Unternehmers ist allerdings nicht erforderlich.[20] Dem Verbraucher muss es darüber hinaus unzumutbar sein, den Vertrag bis zum Ablauf der ordentlichen Kündigungsfrist fortzusetzen. Die Feststellung der Unzumutbarkeit setzt eine Abwägung der Interessen voraus, wobei es maßgeblich auf die Situation des Verbrauchers ankommt.[21] In Anbetracht der kurzen Frist für die ordentliche Kündigung kommen nur Fälle in Betracht, in denen dauerhafte, schwerwiegende Beeinträchtigungen des Verbrauchers drohen. Zu nennen sind etwa Vernachlässigungen durch das Pflegepersonal, die zu Gesundheitsbeeinträchtigungen führen können oder übergriffiges Verhalten, etwa nicht notwendige Fixierungen des Verbrauchers.[22] Hinsichtlich der Mängel des Wohnraums 14

11 *Iffland/Düncher* Rn. 8.
12 BT-Drs. 16/12409, 25.
13 BeckOGK/*Drasdo,* 1.4.2024, Rn. 21.
14 BT-Drs. 16/12409, 25.
15 BT-Drs. 16/12409, 25.
16 BT-Drs. 16/12409, 25.
17 AA offenbar BeckOGK/*Drasdo,* 1.4.2024, Rn. 28, der eine analoge Anwendung für geboten hält.
18 *Kaminski* WzS 2013, 278 (280).
19 *Iffland/Düncher* Rn. 11; *Kaminski* WzS 2013, 278 (280).
20 BeckOGK/*Drasdo,* 1.4.2024, Rn. 34; *Iffland/Düncher* Rn. 11.
21 BeckOGK/*Drasdo,* 1.4.2024, Rn. 35.
22 BeckOGK/*Drasdo,* 1.4.2024, Rn. 36.

kann auf die Grundsätze zu § 569 Abs. 1 BGB verwiesen werden. Es müssen, damit der Verbleib für den Bewohner unzumutbar wird, besonders gefährliche und akute Mängel vorliegen.[23] Ausgeschlossen ist das Kündigungsrecht nach str. Ansicht aber dann, wenn der Mieter den gesundheitsgefährdenden Zustand selbst zu vertreten hat (→ BGB § 569 Rn. 14). Hat der Verbraucher eine kostengünstigere Möglichkeit zur Unterbringung gefunden, stellt dies kein Grund für die fristlose Kündigung dar.[24]

15 Eine vorherige **Abmahnung** ist zur fristlosen Kündigung **nicht erforderlich,** kann jedoch bei der Beurteilung der Unzumutbarkeit berücksichtigt werden.[25] Die Kündigung kann auch hier angesichts des eindeutigen Wortlauts des Gesetzes **formfrei** erfolgen.[26]

16 **7. Verbundene Verträge.** In § 11 Abs. 4 und 5 finden sich schließlich Sonderregelungen für verbundene Verträge. In der Regel wird der Verbraucher, der mehrere Verträge abgeschlossen hat, ein seinen Bedürfnissen entsprechendes Gesamtpaket organisiert haben, das oftmals nur in dieser Zusammenstellung und komplett funktioniert. Kündigt der Verbraucher einen Vertrag, soll er nicht an die anderen Verträge gebunden bleiben.[27] Das Gesetz löst das Problem in der Art und Weise, dass der Verbraucher im Falle der Kündigung eines Vertrags entscheiden können soll, was mit den anderen Verträgen geschieht. § 11 Abs. 4 S. 1 stellt zunächst einmal klar, dass das Recht zur außerordentlichen Kündigung aus den Abs. 2 und 3 separat für jeden einzelnen Vertrag entstehen kann, während Abs. 4 S. 2 dem Verbraucher ein außerordentliches Kündigungsrecht für alle verbundenen Verträge zubilligt, wenn er sich dazu entschließt, einen Vertrag fristlos zu kündigen. Die Erstreckung der Vertragsbeendigung auf weitere, verbundene Verträge liegt somit in der Hand des Verbrauchers. Allerdings wird es in zahlreichen Fällen nicht sinnvoll sein, in Anbetracht des Gesamtversorgungsverhältnisses nur einzelne Verträge zu kündigen.[28] Die Kündigung der Verträge muss in diesem Fall allerdings für sämtliche Verträge, die beendet werden sollen, zum selben Zeitpunkt und gegenüber allen beteiligten Unternehmern erfolgen, was sich aus § 11 Abs. 4 S. 3 ergibt.

17 Während es in § 11 Abs. 1–4 ausschließlich um das Kündigungsrecht des Verbrauchers geht, nimmt sich **Abs. 5** der Konstellation an, dass ein **Unternehmer** hinsichtlich eines verbundenen Vertrags ein Kündigungsrecht ausgeübt hat. Hier billigt das Gesetz dem Verbraucher die Möglichkeit zu, anlässlich der Unternehmerkündigung die anderen verbundenen Verträge gegenüber den jeweiligen Unternehmern zu kündigen.

18 Voraussetzung für das Kündigungsrecht des Verbrauchers ist es, dass die Kündigung des Unternehmers **wirksam** ist, also die Voraussetzungen des § 12, der die Unternehmerkündigung zum Gegenstand hat, erfüllt sind.[29] Dem Verbraucher stehen dann nach Maßgabe von § 11 Abs. 5 S. 3 die gleichen Wahlmöglichkeiten zu, die er bei der eigenen Kündigung nach Abs. 4 hat. Die Kündigung aller übrigen Verträge muss seitens des Verbrauchers **unverzüglich** (§ 121 Abs. 1 BGB) nach Zugang der Kündigung durch den Unternehmer gegenüber den jeweiligen Unternehmern erfolgen.[30]

§ 12 WBVG Kündigung durch den Unternehmer

(1) [1]Der Unternehmer kann den Vertrag nur aus wichtigem Grund kündigen. [2]Die Kündigung bedarf der Schriftform und ist zu begründen. [3]Ein wichtiger Grund liegt insbesondere vor, wenn

1. **der Unternehmer den Betrieb einstellt, wesentlich einschränkt oder in seiner Art verändert und die Fortsetzung des Vertrags für den Unternehmer eine unzumutbare Härte bedeuten würde,**
2. **der Unternehmer eine fachgerechte Pflege- oder Betreuungsleistung nicht erbringen kann, weil**
   a) **der Verbraucher eine vom Unternehmer angebotene Anpassung der Leistungen nach § 8 Absatz 1 nicht annimmt oder**
   b) **der Unternehmer eine Anpassung der Leistungen aufgrund eines Ausschlusses nach § 8 Absatz 4 nicht anbietet**

   und dem Unternehmer deshalb ein Festhalten an dem Vertrag nicht zumutbar ist,

---

23 BeckOGK/*Drasdo,* 1.4.2024, Rn. 38.
24 LSG BW BeckRS 2009, 58707; LSG Sachsen-Anhalt BeckRS 2023, 7093.
25 BeckOGK/*Drasdo,* 1.4.2024, Rn. 37.
26 Beetz/Schwedler-Allmendinger/*Kempchen* Rn. 21.
27 BT-Drs. 16/12409, 26.
28 Beetz/Schwedler-Allmendinger/*Kempchen* Rn. 34.
29 BeckOGK/*Drasdo,* 1.4.2024, Rn. 52.
30 BT-Drs. 16/12409, 26.

3. der Verbraucher seine vertraglichen Pflichten schuldhaft so gröblich verletzt, dass dem Unternehmer die Fortsetzung des Vertrags nicht mehr zugemutet werden kann, oder
4. der Verbraucher
a) für zwei aufeinander folgende Termine mit der Entrichtung des Entgelts oder eines Teils des Entgelts, der das Entgelt für einen Monat übersteigt, im Verzug ist oder
b) in einem Zeitraum, der sich über mehr als zwei Termine erstreckt, mit der Entrichtung des Entgelts in Höhe eines Betrags in Verzug gekommen ist, der das Entgelt für zwei Monate erreicht.

[4]Eine Kündigung des Vertrags zum Zwecke der Erhöhung des Entgelts ist ausgeschlossen.

(2) Der Unternehmer kann aus dem Grund des Absatzes 1 Satz 3 Nummer 2 Buchstabe a nur kündigen, wenn er zuvor dem Verbraucher gegenüber sein Angebot nach § 8 Absatz 1 Satz 1 unter Bestimmung einer angemessenen Annahmefrist und unter Hinweis auf die beabsichtigte Kündigung erneuert hat und der Kündigungsgrund durch eine Annahme des Verbrauchers im Sinne des § 8 Absatz 1 Satz 2 nicht entfallen ist.

(3) [1]Der Unternehmer kann aus dem Grund des Absatzes 1 Satz 3 Nummer 4 nur kündigen, wenn er zuvor dem Verbraucher unter Hinweis auf die beabsichtigte Kündigung erfolglos eine angemessene Zahlungsfrist gesetzt hat. [2]Ist der Verbraucher in den Fällen des Absatzes 1 Satz 3 Nummer 4 mit der Entrichtung des Entgelts für die Überlassung von Wohnraum in Rückstand geraten, ist die Kündigung ausgeschlossen, wenn der Unternehmer vorher befriedigt wird. [3]Die Kündigung wird unwirksam, wenn der Unternehmer bis zum Ablauf von zwei Monaten nach Eintritt der Rechtshängigkeit des Räumungsanspruchs hinsichtlich des fälligen Entgelts befriedigt wird oder eine öffentliche Stelle sich zur Befriedigung verpflichtet.

(4) [1]In den Fällen des Absatzes 1 Satz 3 Nummer 2 bis 4 kann der Unternehmer den Vertrag ohne Einhaltung einer Frist kündigen. [2]Im Übrigen ist eine Kündigung bis zum dritten Werktag eines Kalendermonats zum Ablauf des nächsten Monats zulässig.

(5) [1]Die Absätze 1 bis 4 sind in den Fällen des § 1 Absatz 2 auf jeden der Verträge gesondert anzuwenden. [2]Der Unternehmer kann in den Fällen des § 1 Absatz 2 einen Vertrag auch dann kündigen, wenn ein anderer Vertrag gekündigt wird und ihm deshalb ein Festhalten an dem Vertrag unter Berücksichtigung der berechtigten Interessen des Verbrauchers nicht zumutbar ist. [3]Er kann sein Kündigungsrecht nur unverzüglich nach Kenntnis von der Kündigung des anderen Vertrags ausüben. [4]Dies gilt unabhängig davon, ob die Kündigung des anderen Vertrags durch ihn, einen anderen Unternehmer oder durch den Verbraucher erfolgt ist.

Übersicht

I. Normzweck

Gegenstand der Regelung in § 12 ist das Kündigungsrecht des Unternehmers. Dem Unterneh- 1
mer steht, anders als dem Verbraucher und anders als im Wohnraummietrecht (→ BGB § 573 Rn. 1 ff.), kein ordentliches Kündigungsrecht zu. Er kann grundsätzlich nur aus wichtigem Grund, also außerordentlich kündigen. Die Vorschrift berücksichtigt auf der anderen Seite die Interessen des Verbrauchers am Fortbestand des Vertrages, insbesondere in den Fällen, dass der Kündigungsgrund nicht aus dessen Sphäre stammt.

II. Einzelerläuterungen

1. Außerordentliche Kündigung des Unternehmers. Voraussetzung einer solchen außeror- 2
dentlichen Kündigung ist neben dem Vorliegen eines Kündigungsgrundes und der Wahrung der

Schriftform bei der Kündigungserklärung eine ordnungsgemäße **Begründung** der Kündigung durch den Unternehmer (§ 12 Abs. 1 S. 2). Die Begründung hat schriftlich im Kündigungsschreiben zu erfolgen.[1] Allerdings sind keine zu hohen und übertriebenen formalen Anforderungen an die Begründung zu stellen (→ vgl. BGB § 569 Rn. 56). Ausreichend ist es vielmehr, wenn der Kündigungsgrund für eine verständige und mit der Vorgeschichte betraute Betreuungsperson ausreichend und nachvollziehbar dargelegt wird und der wichtige Grund durch Angaben der Tatsachen so ausführlich bezeichnet, dass er von anderen Gründen unterschieden werden kann.[2] Ein Verstoß gegen die Begründungspflicht hat die Unwirksamkeit der Kündigung zur Folge.[3] § 12 Abs. 1 S. 4 stellt, ähnlich der Rechtslage im Wohnraummietrecht, klar, dass eine **Erhöhungskündigung ausgeschlossen** ist.[4] An dieser Stelle schließt das Gesetz, das die Einhaltung der Schriftform für die Kündigungserklärung vorschreibt, erstaunlicherweise die Wahrung der Schriftform durch elektronische Form (§ 126a BGB) nicht aus.

3 **2. Kündigungsgründe.** In § 12 **Abs. 1 S. 3** werden naheliegende wichtige Kündigungsgründe des Unternehmers benannt, ohne dass es sich um eine abschließende Aufzählung handelte („insbesondere").[5]

4 **a) Betriebseinstellung.** Zunächst besteht das Recht zur Kündigung wegen **unzumutbarer Härte** aufgrund der Einstellung oder wesentlichen Veränderung der Art des Betriebs (§ 12 Abs. 1 S. 3 Nr. 1).[6] Die unzumutbare Härte zeigt sich darin, dass eine weitere Bindung des Unternehmers an den Vertrag nach Abwägung der Interessen beider Vertragsparteien unter keinen Umständen mehr gerechtfertigt werden kann. Eine allein aus der Interessensphäre des Unternehmers stammende Veränderung des Betriebs reicht nicht ohne weiteres, um das Recht zur Vertragsbeendigung zu begründen. Eine drohende Betriebseinstellung wegen des defizitären Geschäftsbetriebs genügt als Kündigungsgrund allein zwar nicht.[7] Den Unternehmer trifft dann aber die Pflicht, den Verbraucher auf die prekäre Situation hinzuweisen, damit ihn eine etwaig bevorstehende Kündigung nicht unerwartet trifft. Dem Unternehmer ist bewusst, dass der Verbraucher beabsichtigt, in der Wohnung auf Dauer seinen Lebensmittelpunkt zu begründen, sodass von ihm erwartet werden kann, die Belastung für den Verbraucher, welche mit einem Umzug einhergeht, soweit wie möglich zu vermeiden.

5 Liegt der Kündigungsgrund nach Abs. 1 S. 3 Nr. 1 vor, kann der Vertrag durch den Unternehmer zum dritten Werktag eines Kalendermonats **zum Ablauf des nächsten Kalendermonats** gekündigt werden, was sich aus § 12 Abs. 4 S. 2 ergibt. Es bestehen für den Unternehmer und den Verbraucher, der zum Monatsende kündigen kann (§ 11 Abs. 1 S. 1), somit asymmetrische Kündigungsfristen.

6 **b) Unmöglichkeit der fachgerechten Leistung.** Ein weiterer Kündigungsgrund für den Unternehmer kann darin bestehen, dass er die fachgerechte Pflege- und Betreuungsleistung nicht erbringen kann. Diesbezüglich benennt § 11 Abs. 1 S. 3 Nr. 2 zwei Alternativen. Zunächst kann die fehlende Erbringbarkeit darin begründet liegen, dass der Verbraucher eine vom Unternehmer angebotene **Leistungsanpassung** nach § 8 Abs. 1 nicht annimmt (§ 12 Abs. 1 S. 3 Nr. 2 lit. a). Somit kann die Verpflichtung des Unternehmers zur Erbringung einer fachgerechten Pflege- und Betreuungsleistung wegen Ablehnung eines Leistungsanpassungsangebots durch den Verbraucher wegfallen. Weitere Voraussetzung für das Entstehen des Kündigungsrechts ist allerdings, dass dem Unternehmer das Festhalten an dem Vertrag unter diesen Umständen **nicht mehr zugemutet** werden kann (§ 12 Abs. 1 S. 3 aE).

7 Die Regelung ist im engen Zusammenhang zu § 8 Abs. 1 S. 1 zu sehen, wonach der Unternehmer verpflichtet ist, eine Leistungsanpassung anzubieten, wenn sich der Pflege- und Betreuungsbedarf des Verbrauchers ändert. Allerdings ist § 8 so konzipiert, dass diese Leistungsänderung durch den Unternehmer eben nur angeboten werden muss, dem Verbraucher also grundsätzlich die Option zusteht, auf eine Anpassung zu verzichten. Diese Möglichkeit nähme man dem Verbraucher, könnte der Unternehmer allein aus dem Grund kündigen, dass sich der Verbraucher mit der Anpassung nicht einverstanden erklärt. Daher bedarf es zusätzlich der Unzumutbarkeit, am Vertrag festzuhalten. Dem Verbraucher wird somit die Gestaltungsmöglichkeit nach § 8 Abs. 1 S. 1 erhalten. Könnte der Unternehmer stets kündigen, wenn er mangels Zustimmung des Verbrauchers hinter dessen bestehenden Pflege- und Betreuungsbedarf zurückbleibt, weil der Verbraucher sich mit einer einge-

[1] *Iffland/Düncher* § 12 Rn. 6.
[2] *Kaminski* WzS 2013, 278 (280) unter Verweis auf BGH NJW 2007, 2845.
[3] BGH RDG 2005, 11.
[4] BT-Drs. 16/12409, 27.
[5] LG Rottweil NJOZ 2022, 1453 Rn. 30.
[6] Hierzu OLG Hamburg BeckRS 2016, 124125; *Iffland/Düncher* Rn. 9 f.
[7] LG Köln BeckRS 2021, 59949.

schränkten Leistung zufriedengibt, liefe das Recht des Verbrauchers leer, ein Angebot auf Leistungsanpassung nicht oder nur teilweise anzunehmen.[8] Die Beurteilung der Unzumutbarkeit erfordert eine **umfassende Interessenabwägung,** nach deren Ergebnis das Interesse des Unternehmers, sich vom Vertrag zu lösen, das Interesse des Verbrauchers, auch ohne Anpassung in der Einrichtung zu verbleiben, überragt.[9] Gegeben sein kann dies etwa, weil der Unternehmer beim Festhalten an dem Vertrag seinen vertraglichen Pflichten gegenüber Dritten, beispielsweise anderen Verbrauchern oder Mitarbeitern, nicht nachkommen kann.[10]

Weiterhin müssen die zusätzlichen Voraussetzungen aus § 12 Abs. 2 vorliegen. Danach hat der Unternehmer, bevor er tatsächlich die Kündigung erklärt, das Angebot nach § 8 Abs. 1 S. 1 **noch einmal zu bekräftigen.** Dem Verbraucher soll somit vor Augen geführt werden, dass sich der Unternehmer, bleibt er bei der Ablehnung der Annahme, zur Kündigung gezwungen sieht. Womöglich war dem Verbraucher im Zeitpunkt des ursprünglichen Angebots zur Anpassung der vertraglich geschuldeten Leistung an den veränderten Pflege- und Betreuungsbedarf noch nicht klar, welche weitreichenden Konsequenzen die Ablehnung haben könnte. Diese negative Entscheidung soll der Verbraucher in Anbetracht der drohenden Kündigung noch einmal überdenken dürfen. Dazu bedarf es eines neuen Angebots durch den Unternehmer, weil das ursprüngliche Angebot mit der Ablehnung erloschen ist (§§ 146, 150 BGB). Das neue Angebot des Unternehmers muss nicht den Anforderungen des § 8 Abs. 3 entsprechen. Es reicht aus, wenn der Unternehmer auf das ursprüngliche Angebot Bezug nimmt.[11] Dazu hat der Unternehmer dem Verbraucher eine **angemessene Frist zur Annahme des erneuerten Angebots** zu unterbreiten und ihn auf die beabsichtigte Kündigung hinzuweisen. Nimmt der Verbraucher das erneute Angebot an, fällt der Kündigungsgrund weg, was in § 12 Abs. 2 klargestellt wird. Sofern nur eine teilweise Annahme durch den Verbraucher erfolgt, bedarf es einer erneuten Überprüfung, ob dem Unternehmer das Festhalten an dem Vertrag unter diesen Bedingungen nicht zuzumuten ist. – Liegt der Kündigungsgrund nach § 12 Abs. 1 S. 3 Nr. 2 lit. a iVm Abs. 2 vor, kann der Unternehmer nach Maßgabe von Abs. 4 ohne Einhaltung einer Frist kündigen. 8

Auch in Zusammenhang zu der Anpassung der Pflege- und Betreuungsleistung steht das außerordentliche, fristlose Kündigungsrecht des Unternehmers aus § 11 Abs. 1 S. 3 Nr. 2 lit. b. Hier geht es darum, dass sich der Bedarf des Verbrauchers verändert, im Vertrag gem. § 8 Abs. 4 eine entsprechende Anpassung der Leistung aber wirksam ausgeschlossen worden war. Daraus folgt die Nichterbringbarkeit einer fachgerechten Pflege- und Betreuungsleistung seitens des Unternehmers. Allein die fehlende Verpflichtung des Unternehmers zur Erbringung einer fachgerechten Pflege- und Betreuungsleistung wegen des Ausschlusses der Anpassung zu einer angemessenen Leistungspflicht nach § 8 Abs. 4 lässt das Kündigungsrecht des Unternehmers allerdings nicht entstehen. Auch hier muss es dem Unternehmer **unzumutbar** sein, weiter an dem Vertrag festzuhalten. Die Kündigung kann in diesem Fall ohne Einhaltung einer Frist erfolgen (§ 12 Abs. 4 S. 1). 9

c) Schuldhafte, gröbliche Pflichtverletzung durch den Verbraucher. Verletzt der Verbraucher eine vertragliche Pflicht gröblich und ist dem Unternehmer das Festhalten am Vertrag aus diesem Grund nicht mehr zuzumuten, kann er nach § 11 Abs. 1 S. 3 Nr. 3 fristlos kündigen (§ 11 Abs. 4 S. 1).[12] Vorausgesetzt ist ein **schuldhaftes Verhalten** des Verbrauchers, das etwa in einem beharrlichen Verstoß gegen ein im Heimvertrag festgelegtes Rauchverbot im Zimmer bestehen kann.[13] Auch die wiederholte Bezeichnung der Pflegerinnen als „Freudenmädchen" und vorsätzliche Verletzung anderer Heimbewohner mit dem Rollstuhl können eine Kündigung rechtfertigen.[14] Allerdings ist in diesem Zusammenhang stets zu beachten, dass hinsichtlich der zu erwartenden Verhaltensweisen die **Pflegebedürftigkeit** der Verbraucher zu berücksichtigen ist und nicht etwa Maßstäbe anzusetzen sind, die im Umgang mit Personen gelten, die weder Betreuungs- noch Pflegebedarf haben. Insbesondere im Falle von geistig beeinträchtigten Personen bedarf es einer entsprechenden Toleranz.[15] Gewisse Verhaltensauffälligkeiten von Demenzerkrankten sind selbstverständlich hinzunehmen.[16] So genügen Vorfälle, wie das Ausspucken vor Personen oder das Werfen von Essensresten nicht, um eine gröbliche Pflichtverletzung zu begründen,[17] ebenso wenig das Betteln in der 10

---

[8] BT-Drs. 16/12409, 26.
[9] BT-Drs. 16/12409, 26.
[10] BT-Drs. 16/12409, 27.
[11] BT-Drs. 16/12409, 27.
[12] OLG Frankfurt SRa 2019, 209.
[13] LG Freiburg NJW-RR 2013, 503; LG Münster NJOZ 2017, 825; LG Berlin BeckRS 2020, 18072.
[14] AG Chemnitz 19.3.2013 – 21 C 677/12, nv.
[15] Zu Einzelfällen *Dittrich* SRa 2021, 13.
[16] So auch OLG Oldenburg NJW 2020, 3044.
[17] LG Freiburg NJW-RR 2013, 503.

Umgebung des Heims[18] oder eine willkürlich erstattete Strafanzeige durch den Verbraucher gegen den Betreiber.[19] Gegenüber (bekannt) **schuldunfähigen Bewohnern** kommt eine Fehlverhaltenskündigung nicht in Betracht.[20] Hier mag ggf. eine Kündigung wegen des Vorliegens eines sonstigen wichtigen Grundes erfolgen, da die Aufzählung in § 12 Abs. 1 nicht abschließend ist.[21]

11 Einer vorherigen **Abmahnung** des Verbrauchers bedarf es unter Berücksichtigung der Grundsätze des § 314 BGB. Pflichtverletzungen von Mitbewohnern, die dem Vertrag des Verbrauchers zugeordnet sind, werden diesem zugerechnet.

12 **d) Zahlungsverzug.** Der Kündigungstatbestand des § 12 Abs. 1 S. 3 Nr. 4 betrifft den Zahlungsverzug des Verbrauchers und entspricht den mietrechtlichen Regelungen in § 543 Abs. 2 S. 1 BGB und § 569 Abs. 3 Nr. 2 S. 1 BGB. Die Fälligkeit des Zahlungsanspruchs des Unternehmers ergibt sich aus § 7. Weitere Voraussetzungen der Kündigung wegen Verzugs folgen aus § 11 Abs. 3. Danach bedarf es des Hinweises des Unternehmers auf die beabsichtigte Kündigung und der Setzung einer angemessenen Frist zur Zahlung. Kündigungsvoraussetzung ist alsdann der **erfolglose Ablauf einer solchen angemessen Zahlungsfrist.**

13 Weiterhin darf die Kündigung nicht ausgeschlossen sein. Hier knüpft das Gesetz hinsichtlich des für die Überlassung des Wohnraums zu zahlenden Entgelts an zwei sehr praxisrelevante Ausschlusstatbestände aus dem Mietrecht an. Die Kündigung wegen des Zahlungsverzugs ist zum einen ausgeschlossen, wenn der Unternehmer vorher befriedigt wird (§ 12 Abs. 3 S. 2). Zum anderen enthält § 12 Abs. 3 S. 3 eine Regelung zur sog. **Schonfristzahlung.** Danach wird die Kündigung unwirksam, wenn innerhalb von zwei Monaten nach Eintritt der Rechtshängigkeit des Räumungsanspruchs das fällige Entgelt gezahlt wird oder sich eine öffentliche Stelle zur Befriedigung des Unternehmers verpflichtet. Diese Vorschriften entsprechen weitgehend § 543 Abs. 2 S. 2 BGB und § 569 Abs. 3 Nr. 2 S. 1 BGB. Hinzuweisen ist allerdings darauf, dass in § 12 auf die im Mietrecht geltende Einschränkung verzichtet wurde, dass eine Schonfristzahlung nicht mehr mit der entsprechenden Wirkung möglich ist, wenn innerhalb der letzten zwei Jahre bereits ein solcher Vorgang stattgefunden hatte (§ 569 Abs. 3 Nr. 2 S. 2 BGB).

14 Auch die Kündigung wegen Zahlungsverzugs kann gem. § 12 Abs. 4 S. 1 ohne Einhaltung einer Frist erfolgen.

15 **e) Offener Tatbestand.** Da die Aufzählung der Kündigungsgründe in der Regelung des § 12 Abs. 1 S. 3 **nicht abschließend** ist, was sich allein aus der Verwendung der Formulierung „insbesondere" ergibt, kommen auch andere Gründe in Betracht, die eine fristlose Kündigung durch den Unternehmer rechtfertigen können.[22] Die Umstände müssen ein den aufgezählten Gründen **vergleichbares Gewicht** haben.[23] In Betracht kommt etwa die objektive erhebliche Gefährdung von Mitarbeitern oder Mitbewohnern.[24] Eines Verschuldens des Verbrauchers bedarf es nicht zwingend (→ BGB § 543 Rn. 8). Auch nicht schuldhaft begangene Pflichtverletzungen können dazu führen, dass dem Betreiber einer Einrichtung die Fortsetzung des Vertrags nicht mehr zuzumuten ist.[25] Allerdings muss es dem Unternehmer auch hier **unzumutbar** sein, an dem Vertrag weiterhin festzuhalten. Die Unzumutbarkeit kann in Frage stehen, wenn entsprechende Verhaltensweisen des Verbrauchers bereits bei Abschluss des Vertrages bekannt waren und über einen längeren Zeitraum geduldet wurden.[26] Die Kündigung aus sonstigen Gründen erfolgt nach Maßgabe von § 12 Abs. 4 S. 2 bis zum dritten Werktag des Kalendermonats zum Ende des darauffolgenden Monats.

16 **3. Verbundene Verträge.** In § 12 Abs. 5 findet sich eine besondere Regelung für die Kündigung des Unternehmers in der Fallgestaltung, dass mehrere Verträge geschlossen wurden (§ 1 Abs. 2). Dazu stellt Abs. 5 S. 1 zunächst klar, dass die Regelungen zum Kündigungsrecht in Abs. 1 S. 3 Nr. 1–4 in Bezug auf jeden Vertrag einzeln anzuwenden sind.

17 § 12 Abs. 5 S. 2 räumt dem Unternehmer alsdann ein weiteres Kündigungsrecht ein, sofern ein anderer Vertrag gekündigt wird und ihm das Festhalten an dem Vertrag unter diesen Umständen nicht mehr zuzumuten ist. Der Unternehmer hat in aller Regel ein **besonderes wirtschaftliches Interesse** an dem Abschluss mehrerer Verträge als Gesamtpaket, weshalb er nicht an einen Vertrag

---

[18] LG Freiburg NJW-RR 2013, 503.

[19] OLG Oldenburg NJW 2020, 2044.

[20] OLG Schleswig NJOZ 2015, 671.

[21] Vgl. *Iffland/Düncher* Rn. 12; vgl. auch BGH RDG 2005, 11.

[22] *Drasdo* NZM 2013, 290 (294); *Iffland/Düncher* Rn. 8; LG Rottweil NJOZ 2022, 1453 Rn. 30.

[23] BT-Drs. 16/12409, 26; LG Rottweil NJOZ 2022, 1453 Rn. 30.

[24] *Iffland/Düncher* Rn. 8.

[25] OLG Köln BeckRS 2020, 43999; LG Berlin BeckRS 2020, 18072; *Iffland/Düncher* Rn. 8.

[26] LG Rottweil NJOZ 2022, 1453 Rn. 38; OLG Oldenburg NJW 2020, 3044; OLG Köln BeckRS 2020, 43999.

gebunden bleiben soll, der wirtschaftlich nicht mehr sinnvoll ist und den er ohne den gekündigten Vertrag nicht abgeschlossen hätte.[27] Dabei kommt es nicht darauf an, ob der andere Vertrag vom Verbraucher, einem anderen Unternehmer oder dem berechtigten Unternehmer selbst gekündigt wurde.[28] Die Kündigung bezüglich zusammenhängender Verträge hat unverzüglich (§ 121 Abs. 1 BGB) zu erfolgen. Maßgeblich ist insoweit der **Zeitpunkt,** in dem der Unternehmer Kenntnis von der Kündigung des anderen Vertrags erlangt.

4. Rechtsfolgen der Kündigung. Die Rechtsfolgen der Kündigung sind nicht ausführlich geregelt worden.[29] Aus der Rechtsnatur der Kündigung ergibt sich die Beendigung des Vertrags zum maßgeblichen Zeitpunkt. Hinsichtlich der Herausgabepflicht des Wohnraums kann auf § 546 BGB Bezug genommen werden.[30] 18

§ 13 WBVG Nachweis von Leistungsersatz und Übernahme der Umzugskosten

(1) [1]Hat der Verbraucher nach § 11 Absatz 3 Satz 1 aufgrund eines vom Unternehmer zu vertretenden Kündigungsgrundes gekündigt, ist der Unternehmer dem Verbraucher auf dessen Verlangen zum Nachweis eines angemessenen Leistungsersatzes zu zumutbaren Bedingungen und zur Übernahme der Umzugskosten in angemessenem Umfang verpflichtet. [2]§ 115 Absatz 4 des Elften Buches Sozialgesetzbuch bleibt unberührt.

(2) [1]Hat der Unternehmer nach § 12 Absatz 1 Satz 1 aus den Gründen des § 12 Absatz 1 Satz 3 Nummer 1 oder nach § 12 Absatz 5 gekündigt, so hat er dem Verbraucher auf dessen Verlangen einen angemessenen Leistungsersatz zu zumutbaren Bedingungen nachzuweisen. [2]In den Fällen des § 12 Absatz 1 Satz 3 Nummer 1 hat der Unternehmer auch die Kosten des Umzugs in angemessenem Umfang zu tragen.

(3) Der Verbraucher kann den Nachweis eines angemessenen Leistungsersatzes zu zumutbaren Bedingungen nach Absatz 1 auch dann verlangen, wenn er noch nicht gekündigt hat.

(4) [1]Wird in den Fällen des § 1 Absatz 2 ein Vertrag gekündigt, gelten die Absätze 1 bis 3 entsprechend. [2]Der Unternehmer hat die Kosten des Umzugs in angemessenem Umfang nur zu tragen, wenn ein Vertrag über die Überlassung von Wohnraum gekündigt wird. [3]Werden mehrere Verträge gekündigt, kann der Verbraucher den Nachweis eines angemessenen Leistungsersatzes zu zumutbaren Bedingungen und unter der Voraussetzung des Satzes 2 auch die Übernahme der Umzugskosten von jedem Unternehmer fordern, dessen Vertrag gekündigt ist. [4]Die Unternehmer haften als Gesamtschuldner.

Übersicht

I. Normzweck

Die Vorschrift bietet einen besonderen Schutz des Verbrauchers im Fall der Kündigung des Vertrags. Liegen die Ursachen für die Vertragsbeendigung in der Sphäre des Unternehmers, können in Folge der Kündigung weitere Leistungspflichten des Unternehmers ausgelöst werden. Dabei handelt es sich insbesondere um die Pflicht des Unternehmers, dem Verbraucher auf dessen Verlangen einen Nachweis über einen angemessenen Leistungsersatz zu erbringen und die Umzugskosten des Verbrauchers zu übernehmen. 1

II. Einzelerläuterungen

1. Leistungsersatznachweis und Übernahme der Umzugskosten. Nach Maßgabe von § 13 Abs. 3 kann der Verbraucher bereits bei Vorliegen der Kündigungsvoraussetzungen aus § 11 Abs. 3 S. 1 den Nachweis eines angemessenen Leistungsersatzes verlangen, um nicht das Risiko 2

27 BT-Drs. 16/12409, 28.
28 BT-Drs. 16/12409, 28.
29 *Kaminski* WzS 2013, 278 (279).
30 *Kaminski* WzS 2013, 278 (279).

eingehen zu müssen, nach einer Kündigung keine Unterkunft bzw. Pflege und Betreuung zu bekommen.[1] Die Erfüllung dieser Ansprüche ist **Voraussetzung für den Räumungsanspruch** des Unternehmers.[2] Die Erbringung eines solchen Leistungsnachweises ist allerdings keine Voraussetzung für die Wirksamkeit der Kündigung.[3] Verletzt der Unternehmer eine Pflicht aus § 13, so ergeben sich die Rechtsfolgen aus dem allgemeinen Leistungsstörungsrecht, sodass insbesondere Schadensersatzansprüche des Verbrauchers nach §§ 280 ff. BGB erwachsen.[4]

3 **a) Kündigung durch den Verbraucher.** Die Regelung des § 13 Abs. 1 betrifft den Fall der Kündigung durch den Verbraucher aus einem wichtigen Grund, den der Unternehmer zu vertreten hat (§ 276 BGB). Es muss somit ein dem Unternehmer vorwerfbares Verhalten vorliegen, das auch in der Verletzung einer übernommenen Garantie respektive eines Beschaffungsrisikos liegen kann.[5] Dem Verbraucher steht dann gegenüber dem Unternehmer ein Anspruch auf Nachweis eines Leistungsersatzes und auf Übernahme der Umzugskosten zu.

4 Der **Leistungsnachweis** besteht in der Information über vergleichbare Leistungen eines zum Vertragsschluss bereiten Drittanbieters. Die Bedingungen des Drittanbieters müssen dem Verbraucher zumutbar sein, das heißt etwa, dass die anderweitige Unterkunft nicht zu weit vom ursprünglichen Leistungsort entfernt sein darf. Auch konfessionelle Bindungen und die Höhe der Entgelte sind bei der Beurteilung der Zumutbarkeit zu berücksichtigen.[6] Der nachgewiesene Ersatzunternehmer muss auch tatsächlich dazu bereit sein, zu den angegebenen Bedingungen zu leisten.[7]

5 Die Belastung des Unternehmers mit den Umzugskosten des Verbrauchers führt nicht dazu, dass der Unternehmer den Umzug organisieren müsste.[8] Der Anspruch ist vielmehr beschränkt auf eine Kostenerstattung in einem angemessenen Umfang. Die Angemessenheit der Kosten richtet sich nach dem Aufwand für den Transport zu einer nachgewiesenen Ersatzeinrichtung. Entscheidet sich Verbraucher dafür, in eine weiter entfernte Einrichtung umzuziehen, muss er die Mehrkosten selbst tragen.[9]

6 Dadurch, dass das Gesetz bestimmt, dass der Anspruch nur auf Verlangen des Verbrauchers besteht, wird klargestellt, dass die Verpflichtung des Unternehmers zum Nachweis einer Ersatzleistung nur besteht, wenn der Verbraucher neuen Wohnraum bzw. einen neuen Anbieter für die Pflegeleistung nicht selbst suchen möchte. Es steht dem Verbraucher frei, von seinem Recht Gebrauch zu machen, sodass der Unternehmer, sofern der Verbraucher den Anspruch nicht geltend macht, unaufgefordert schlicht keinen Nachweis eines Leistungsersatzes erbringen muss.[10]

7 In § 13 Abs. 1 S. 2 wird zudem klargestellt, dass der Anspruch des Verbrauchers gegen **Pflegekassen** auf Vermittlung in eine andere geeignete Pflegeeinrichtung bei schwerwiegenden Mängeln im Pflegeheim (§ 115 Abs. 4 SGB XI iVm § 71 Abs. 2 SGB XI) neben dem Anspruch gegen den Unternehmer auf Ersatzleistungsnachweis besteht. Nach Maßgabe von § 115 Abs. 4 SGB XI sind Pflegekassen, wenn sie schwerwiegende Mängel im Pflegeheim nach § 71 Abs. 2 SGB XI feststellen, verpflichtet, den betroffenen Bewohnern auf deren Antrag eine andere geeignete Pflegeeinrichtung zu vermitteln.

8 **b) Kündigung durch den Unternehmer.** Die Regelung des § 13 Abs. 2 betrifft die Kündigung durch den Unternehmer wegen Betriebseinstellung respektive vergleichbarer Umstände iSd § 12 Abs. 1 S. 3 Nr. 1 sowie die Kündigung eines mit dem gekündigten Vertrag zusammenhängenden Vertrags nach § 12 Abs. 5. Wenn der Unternehmer nach § 12 Abs. 1 S. 3 Nr. 1 kündigt, ist er sowohl dazu verpflichtet, dem Verbraucher einen Ersatzleistungsnachweis zu erbringen, als auch dazu, dessen Umzugskosten zu tragen. Diese Verpflichtung erwächst aus dem Umstand, dass der Kündigungsgrund in diesen Fällen aus der Sphäre des Unternehmers stammt. Eines Verschuldens des Unternehmers für das Entstehen des Kündigungsgrunds bedarf es nicht.[11] Sofern der Unternehmer nach § 12 Abs. 5 kündigt, hat er nur die Pflicht zum Nachweis über die Ersatzleistung zu erfüllen.

9 Die **Pflicht zum Ersatzleistungsnachweis** erscheint auch im Falle der Kündigung nach § 12 Abs. 5 als interessengerecht.[12] Dem Verbraucher steht in der Regel nicht viel Zeit zur Verfügung, um selbst nach entsprechenden Angeboten zu suchen, da die Kündigung unverzüglich durch den Unternehmer ausgesprochen werden muss. Die Kündigung des verbundenen Vertrags durch den

---

1 BT-Drs. 16/12409, 28 f.
2 Grüneberg/*Weidenkaff* Rn. 2.
3 BGH RDG 2005, 11; *Kaminski* WsZ 2013, 278 (282); *Iffland/Düncher* Rn. 9.
4 *Iffland/Düncher* Rn. 10.
5 *Iffland/Düncher* Rn. 5.
6 *Iffland/Düncher* Rn. 6.
7 Grüneberg/*Weidenkaff* Rn. 2.
8 *Iffland/Düncher* Rn. 5.
9 *Iffland/Düncher* Rn. 8.
10 *Drasdo* NJW 2019, 2894 (2897).
11 BT-Drs. 16/12409, 28.
12 BT-Drs. 16/12409, 28.

Unternehmer ist regelmäßig für den Verbraucher nicht vorhersehbar. Schließlich hat der Unternehmer im Zweifel einen besseren Marktüberblick, sodass ihm die kurzfristige Organisation eines Ersatzes leichter fällt als dem Verbraucher.

Damit der Verbraucher übergangslos ein Ersatzangebot in Anspruch nehmen kann, steht ihm nach § 13 Abs. 3 der Anspruch auf den Nachweis eines angemessenen Leistungsersatzes auch schon zu, wenn er noch nicht fristlos gekündigt hat, dies aber beabsichtigt. **10**

2. Verbundene Verträge. Die Regelung des § 13 Abs. 4 enthält besondere Vorgaben für Fälle mit zusammenhängenden Verträgen. In § 13 Abs. 4 S. 1 wird sichergestellt, dass dem Verbraucher die Ansprüche aus den Abs. 1 bis 3 auf Nachweis von Leistungsersatz und Übernahme der Umzugskosten auch zustehen, wenn das dem Verbraucher erbrauchte Gesamtpaket aus zusammenhängenden Verträgen iSd § 1 Abs. 2 erbracht wird. § 13 Abs. 4 S. 2 stellt klar, dass die Pflicht des Unternehmers zur Tragung der Umzugskosten unter den Voraussetzungen der Abs. 1 und 2 nur für den Fall besteht, dass der Vertrag über die Überlassung von Wohnraum gekündigt worden ist, da bei zusammenhängenden Verträgen der Vertrag über die Überlassung von Wohnraum nicht zwangsläufig von einer Kündigung betroffen sein muss.[13] **11**

Schließlich ordnet § 13 Abs. 4 S. 3 und 4 die **Gesamtschuldnerschaft** (§ 421 BGB) bezüglich der in Abs. 1–3 genannten Pflichten aller Unternehmer, deren Verträge gekündigt wurden, an. Hintergrund dessen ist, dass der Verbraucher in der Regel ein Leistungsbündel gewählt hat, weil er die verschiedenen Leistungen nicht einzeln organisieren wollte. Die Vorteile der Bündelung sollen durch die Kündigung einzelner Verträge allerdings nicht ausgehebelt werden. Deshalb soll der Verbraucher bei der Kündigung mehrerer Verträge nicht den Ersatz für die dadurch wegfallenden Verträge einzeln neu organisieren müssen, sondern einen Anspruch gegen den Unternehmer auf Nachweis für Ersatz aller Leistungen haben.[14] Auch für die Übernahme der Umzugskosten wird eine gesamtschuldnerische Haftung angenommen.[15] Ob die gesamtschuldnerische Haftung aller Unternehmer angemessen und sinnvoll ist, insbesondere wenn nicht alle beteiligten Unternehmen bezüglich der Einzelheiten des Leistungsangebots die gleiche Sachkunde haben, kann durchaus bezweifelt werden.[16] **12**

§ 14 WBVG Sicherheitsleistungen

(1) [1]Der Unternehmer kann von dem Verbraucher Sicherheiten für die Erfüllung seiner Pflichten aus dem Vertrag verlangen, wenn dies im Vertrag vereinbart ist. [2]Die Sicherheiten dürfen das Doppelte des auf einen Monat entfallenden Entgelts nicht übersteigen. [3]Auf Verlangen des Verbrauchers können die Sicherheiten auch durch eine Garantie oder ein sonstiges Zahlungsversprechen eines im Geltungsbereich dieses Gesetzes zum Geschäftsbetrieb befugten Kreditinstituts oder Kreditversicherers oder einer öffentlich-rechtlichen Körperschaft geleistet werden.

(2) In den Fällen des § 1 Absatz 2 gilt Absatz 1 mit der Maßgabe, dass der Unternehmer von dem Verbraucher für die Erfüllung seiner Pflichten aus dem Vertrag nur Sicherheiten verlangen kann, soweit der Vertrag die Überlassung von Wohnraum betrifft.

(3) [1]Ist als Sicherheit eine Geldsumme bereitzustellen, so kann diese in drei gleichen monatlichen Teilleistungen erbracht werden. [2]Die erste Teilleistung ist zu Beginn des Vertragsverhältnisses fällig. [3]Der Unternehmer hat die Geldsumme von seinem Vermögen getrennt für jeden Verbraucher einzeln bei einem Kreditinstitut zu dem für Spareinlagen mit dreimonatiger Kündigungsfrist marktüblichen Zinssatz anzulegen. [4]Die Zinsen stehen, auch soweit ein höherer Zinssatz erzielt wird, dem Verbraucher zu und erhöhen die Sicherheit.

(4) [1]Von Verbrauchern, die Leistungen nach den §§ 42 und 43 des Elften Buches Sozialgesetzbuch in Anspruch nehmen, oder Verbrauchern, denen Hilfe in Einrichtungen nach dem Zwölften Buch Sozialgesetzbuch gewährt wird, kann der Unternehmer keine Sicherheiten nach Absatz 1 verlangen. [2]Von Verbrauchern, die Leistungen nach dem Dritten oder Vierten Kapitel des Zwölften Buches Sozialgesetzbuch erhalten und in einer besonderen Wohnform nach § 42a Absatz 2 Satz 1 Nummer 2 und Satz 3 des Zwölften Buches Sozialgesetzbuch leben, kann der Unternehmer keine Sicherheiten nach Absatz 1 verlangen, wenn das für die Überlassung von Wohnraum geschuldete Entgelt durch Direktzah-

13 BT-Drs. 16/12409, 29.
14 BT-Drs. 16/12409, 29.
15 BeckOGK/*Drasdo*, 1.4.2024, Rn. 27.
16 In diesem Sinne auch *Iffland/Düncher* Rn. 5.

lung des Sozialhilfeträgers an den Unternehmer geleistet wird. ³Von Verbrauchern, die Leistungen im Sinne des § 36 Absatz 1 Satz 1 des Elften Buches Sozialgesetzbuch in Anspruch nehmen, kann der Unternehmer nur für die Erfüllung der die Überlassung von Wohnraum betreffenden Pflichten aus dem Vertrag Sicherheiten verlangen.

Übersicht

I. Normzweck

1 § 14 enthält eine weitgehend abschließende Regelung zum Anspruch des Unternehmers auf Sicherheitsleistung.[1] Der Anspruch des Unternehmers setzt eine vertragliche Vereinbarung voraus. Eine routinemäßig beigefügte „Beitrittserklärung“ eines Dritten ist unwirksam, wenn im Wohn- und Betreuungsvertrag der Beitritt eines Dritten nicht vereinbart ist.[2] Der Schutzbereich des § 14 erfasst neben dem Verbraucher auch Dritte als Sicherungsgeber.[3]

II. Einzelerläuterungen

2 **1. Fallgestaltungen.** Die Regelung trifft eine **Differenzierung** zwischen sog. Gesamtverträgen, in denen die Überlassung von Wohnraum und die Pflege- und Betreuungsleistung aus einer Hand erfolgt (§ 14 Abs. 1), und zusammenhängenden Verträgen iSd § 1 Abs. 2, bei denen nach Maßgabe von § 14 Abs. 2 Sicherheit nur für die vertragliche Verpflichtung zur Überlassung von Wohnraum verlangt werden darf.

3 Kein Recht auf Sicherheitsbestellung besteht in den Fällen des § 14 **Abs. 4.** Zum einen geht es um die Fälle der Kurzzeitpflege und der vollstationären Pflege (§§ 42, 43 SGB XI). Zum anderen um eine Konstellation, in der dem Unternehmer mit dem öffentlichen Träger ein leistungsfähiger, unmittelbar zahlender Schuldner zur Verfügung steht, sodass es einer Sicherheit nicht bedarf.[4] Der Ausschluss nach Abs. 4 gilt aber nicht, wenn der Betreiber der Einrichtung nicht unmittelbar mit dem Sozialhilfeträger als Erbringer der Sachleistung abrechnet, sondern mit dem Bewohner.[5] Hier ergibt sich ein Problem, wenn der Leistungsbezug erst nach Vertragsschluss gewährt wird. Teilweise wird vertreten, dass dem Verbraucher dann ein Anspruch auf Rückzahlung einer geleisteten Kaution zusteht.[6] Andererseits stellt man sich mit überzeugender Argumentation auf den Standpunkt, dass der Anspruch auf Rückzahlung ausscheide, weil die Vereinbarung über die Bestellung der Sicherheit zum maßgeblichen Zeitpunkt des Vertragsschlusses wirksam war und nicht durch die spätere Leistungsbewilligung unwirksam werde.[7]

4 **2. Vertragliche Vereinbarung.** Der Verpflichtung zur Sicherheitsleistung liegt nach Maßgabe von § 14 Abs. 1 S. 1 eine Vereinbarung zugrunde, die dem Schriftformerfordernis nach § 6 Abs. 1 genügen muss und keine Abweichungen zum Nachteil des Verbrauchers enthalten darf, was sich aus § 16 ergibt.[8]

5 **3. Art und Höhe der Sicherheit.** § 14 Abs. 1 S. 3 betrifft die Art der zu leistenden Sicherheit. Grundsätzlich ist die Sicherheit in Form einer Geldleistung zu erbringen. Dem Verbraucher steht aber auch das Recht zu, andere Formen von Sicherheitsleistungen zu wählen.[9] Insoweit gelten §§ 232 ff. BGB.[10] Das Gesetz zählt die Garantie oder ein sonstiges Zahlungsversprechen eines Kreditinstituts auf. Auch diese Möglichkeit, eine andere als die Geldleistung zu erbringen, kann nicht

[1] BeckOGK/*Drasdo,* 1.4.2024, Rn. 1.
[2] BGH NZM 2015, 635.
[3] BGH NZM 2015, 635.
[4] Krit. *Frings* SRa 2012, 137; *Iffland/Düncher* Rn. 3.
[5] BGH NZM 2018, 677; OLG Köln NJOZ 2017, 1720.
[6] VG Düsseldorf BeckRS 2011, 55297.
[7] *Drasdo* NJW 2019, 2894 (2897); *Drasdo* NZM 2013, 289 (294).
[8] BGH NZM 2015, 635; Grüneberg/*Weidenkaff* Rn. 2.
[9] OLG Köln NJOZ 2017, 1720.
[10] BeckOGK/*Drasdo,* 1.4.2024, Rn. 9.

vertraglich abbedungen werden (§ 16). Der Verbraucher soll nicht gezwungen sein, seine liquiden Mittel für die Kaution einzusetzen.[11] Auch die Kombination von Sicherheiten ist zulässig, solange insgesamt keine Überschreitung des gesetzlich bestimmten Höchstbetrags erfolgt.[12]

Die betragsmäßige Begrenzung der Sicherheit auf das Doppelte des Monatsentgelts erfolgt in § 14 Abs. 1 S. 2. Bei Gesamtverträgen wird das gesamte Entgelt für die Wohnungsüberlassung und die Betreuungsversorgungsleistungen zugrunde gelegt.[13] Dieser Betrag wird häufig erheblich über den drei Monatsmieten liegen, die nach § 551 Abs. 1 BGB zulässig sind.[14] Probleme der Berechnung treten auf, wenn zu erbringende Entgelte nicht in monatlich gleicher Höhe anfallen. Während teilweise vertreten wird, dass eine Durchschnittsrechnung anzustellen ist,[15] ist nach überzeugender Auffassung nur der nicht variable Betrag als monatliches Entgelt zugrunde zu legen.[16] Für die Vornahme einer Durchschnittsrechnung besteht keine gesetzliche Grundlage. Eine Vereinbarung über eine übermäßige Besicherung ist gem. § 16 nichtig. In Anlehnung an die Rechtslage im Mietrecht (§ 551 BGB) kommt es zu einer Reduzierung auf das zulässige Maß (→ BGB § 551 Rn. 11). **6**

4. Verbundene Verträge. Bei zusammenhängenden Verträgen iSd § 1 Abs. 2 steht nur dem Unternehmer, der den Wohnraum überlässt, ein Anspruch auf Sicherheit zu. Dessen zulässige Höhe bemisst sich an dem Betrag des Entgelts für die Wohnraumüberlassung (§ 14 Abs. 2).[17] Allein für die Erbringung von Dienstleistungen, bezüglich der Unternehmer nicht in Vorleistung geht, soll er keine Sicherheiten verlangen dürfen.[18] **7**

5. Modalitäten der Sicherheitsleistung und -anlage. In § 14 Abs. 3 sind die Modalitäten der Sicherheitsleistung geregelt. Dem Verbraucher steht nach Abs. 3 S. 1 und 2 das Recht zu, die Barzahlung in drei monatlichen Teilleistungen ab Beginn des Vertragsverhältnisses zu erbringen. Die erste Leistung ist **fällig** mit dem Beginn des Vertragsverhältnisses, der mit der Überlassung des Wohnraums und nicht dem Abschluss des Vertrags einher geht.[19] Der Verbraucher muss sich auf das Recht zur Teilleistung berufen. Grundsätzlich wird der Anspruch auf die Leistung der gesamten Sicherheit zu Beginn fällig. **8**

Entscheidet sich der Verbraucher dazu, die Sicherheit in einer anderen Form zu erbringen, wird dieser Anspruch des Unternehmers mit der Überlassung des Wohnraums fällig.[20] **9**

Nach Maßgabe von § 14 Abs. 3 S. 3 hat der Unternehmer die Sicherheit im Falle einer Geldleistung anzulegen. Es bedarf der Trennung von seinem Vermögen und den Sicherheitsleistungen anderer Verbraucher. Für jeden einzelnen Verbraucher ist die **Sicherheit somit separat anzulegen.** Es bedarf, vergleichbar mit § 551 Abs. 3 S. 1 BGB, der Anlegung bei einem Kreditinstitut, mindestens zu den marktüblichen Zinskonditionen für dreimonatige Spareinlagen (→ BGB § 551 Rn. 22).[21] Der Zinsertrag steht in vollem Umfang wirtschaftlich dem Verbraucher zu, auch wenn er höher als marktüblich ist, verbleibt aber zunächst als Sicherheit beim Unternehmer. **10**

Die **Beendigung** des Vertrags begründet die Abrechnungs- und Rückzahlungspflicht des Unternehmers. Da gesetzlich keine konkrete Abrechnungsfrist vorgesehen ist, bestimmt sich diese, vergleichbar der Rechtslage im Mietrecht, nach den Umständen des Einzelfalls.[22] **11**

§ 15 WBVG Besondere Bestimmungen bei Bezug von Sozialleistungen

(1) [1]In Verträgen mit Verbrauchern, die Leistungen nach dem Elften Buch Sozialgesetzbuch in Anspruch nehmen, müssen die Vereinbarungen den Regelungen des Siebten und Achten Kapitels des Elften Buches Sozialgesetzbuch sowie den aufgrund des Siebten und Achten Kapitels des Elften Buches Sozialgesetzbuch getroffenen Regelungen entsprechen. [2]Vereinbarungen, die diesen Regelungen nicht entsprechen, sind unwirksam.

---

11 BT-Drs. 16/12409, 29.
12 *Iffland/Düncher* Rn. 10.
13 BeckOGK/*Drasdo,* 1.4.2024, Rn. 19.
14 BeckOGK/*Drasdo,* 1.4.2024, Rn. 19.
15 *Kassen/Pitzer/Zabel/Esmeier/Fahnenstich,* Wohn- und Teilhabegesetz Nordrhein-Westfalen, 2011, Kap. K Rn. 105.
16 BeckOGK/*Drasdo,* 1.4.2024, Rn. 17.
17 BT-Drs. 16/12409, 29.
18 BT-Drs. 16/12409, 29.
19 BeckOGK/*Drasdo,* 1.4.2024, Rn. 13; *Iffland/Düncher* Rn. 7.
20 Vgl. BeckOGK/*Drasdo,* 1.4.2024, Rn. 13.
21 Vgl. *Iffland/Düncher* Rn. 8.
22 *Iffland/Düncher* Rn. 12.

(2) [1]In Verträgen mit Verbrauchern, die Leistungen nach dem Zwölften Buch Sozialgesetzbuch in Anspruch nehmen, müssen die Vereinbarungen den aufgrund des Zehnten Kapitels des Zwölften Buches Sozialgesetzbuch getroffenen Regelungen entsprechen. [2]Absatz 1 Satz 2 ist entsprechend anzuwenden.

(3) [1]In Verträgen mit Verbrauchern, die Leistungen nach Teil 2 des Neunten Buches Sozialgesetzbuch in Anspruch nehmen, müssen die Vereinbarungen den aufgrund des Teils 2 Kapitel 8 des Neunten Buches Sozialgesetzbuch getroffenen Regelungen entsprechen. [2]Absatz 1 Satz 2 ist entsprechend anzuwenden.

I. Normzweck

1 Der Regelungszweck von § 15 liegt in der Harmonisierung der zivilrechtlichen Vereinbarungen mit den Vorschriften des Sozialversicherungsrechts.[1] Es entsteht ein sog. **leistungsrechtliches Dreiecksverhältnis.**[2] Grundsätzlich sind von den Vorgaben der Kapitel 7 und 8 des SGB XI (§ 15 Abs. 1) und der Kapitel 10 und 12 des SGB XII (§ 15 Abs. 2) und den auf ihrer Grundlage getroffenen Regelungen abweichende vertragliche Vereinbarungen unwirksam, wenn der Verbraucher entsprechende Leistungen nach dem SGB XI bzw. SGB XII in Anspruch nimmt. Die vertraglichen Vereinbarungen müssen grundsätzlich den benannten sozialrechtlichen Regelungen entsprechen.[3] Daraus folgt zum einen der Vorrang des Sozialrechts und zum anderen das Bedürfnis, hinsichtlich jeden einzelnen Bewohners zu prüfen, ob er Sozialleistungen bezieht, da dies die Wirksamkeit vertraglicher Vereinbarungen unmittelbar betrifft.[4]

II. Einzelerläuterungen

2 **1. Inanspruchnahme von Leistungen.** § 15 Abs. 1 betrifft den Fall, dass der Verbraucher Leistungen nach dem SGB XI in Anspruch nimmt. Leistungen nach dem SGB XI sind solche Leistungen des § 28 Abs. 1 SGB XI, die den Aufenthalt in der Einrichtung durch den Verbraucher betreffen können. Leistungen an Pflegepersonen gem. §§ 44 ff. SGB XI oder ähnliche Fallgestaltungen sind nicht erfasst.[5] Allerdings sind auch Leistungen von privaten Pflegeversicherungen Gegenstand der Regelung.[6]

3 In Bezug genommen werden Regelungen der Kapitel 7 und 8, **§§ 69–92b SGB XI.** Dabei geht es um Regelungen bezüglich der Beziehungen der Pflegekassen zu den Leistungserbringern, insbesondere die Vorschriften über die Pflegevergütung. In Folge dessen können beispielsweise Entgelte für die Begleitung von Bewohnern zu Ärzten oder Therapeuten nicht Gegenstand einer gesonderten Vergütungsvereinbarung sein, wenn sie nach dem Rahmenvertrag als Grundleistung gelten.[7]

4 § 15 betrifft allerdings **nur die Vertragsausgestaltung,** nicht die Vertragsaus*führung,* sodass ein Verbraucher aus dieser Vorschrift keinen Schutz herleiten kann, sofern der Unternehmer die in den Rahmenverträgen der Länder vorgegebenen Leistungs- und Qualitätsstandards (Anzahl des für die Pflege notwendigen Personals etc.) im Einzelnen nicht einhält. Einschlägig ist diesbezüglich das Minderungsrecht nach § 10 Abs. 1.[8]

5 § 15 Abs. 2 betrifft die Konstellation, dass der Verbraucher Leistungen nach dem SGB XII bezieht. Es geht um die in **§ 8 SGB XII** aufgezählten Leistungen.[9]

6 **2. Rechtsfolge abweichender Vereinbarung.** Die Rechtsfolge einer abweichenden Vereinbarung liegt in deren **Nichtigkeit** (§ 15 Abs. 1 S. 2 iVm Abs. 2 S. 2). Beispielsweise ist die Vereinbarung über die Fortgeltung des Heimvertrags und damit der Fortbestand des Zahlungsanspruchs des Unternehmers hinsichtlich einzelner Bestandteile des Heimentgelts über den Tod des Verbrauchers hinaus wegen eines Verstoßes gegen § 87a Abs. 1 S. 4 SGB XI nach Maßgabe von § 15 Abs. 1 S. 2 nichtig.[10] Entsprechendes gilt für die Vereinbarung einer Reservierungsgebühr für die Zeit von der

[1] BGH NJW 2021, 3597; BeckOGK/*Drasdo,* 1.4.2024, Rn. 1.
[2] *Drasdo* NJW 2019, 2894.
[3] BGH NJW 2021, 3597.
[4] *Drasdo* NJW 2019, 2894.
[5] *Iffland/Düncher* Rn. 3.
[6] BGH NJW 2021, 3597; Grüneberg/*Weidenkaff* Rn. 1; aA BeckOGK/*Drasdo,* 1.4.2024, Rn. 13.
[7] *Drasdo* NZM 2017, 577 (578) mit Verweis auf VGH Kassel BeckRS 2015, 45638.
[8] *Drasdo* NJW-Spezial 2012, 225 (226).
[9] Ausf. zu Leistungen zum Lebensunterhalt nach §§ 28 ff. SGB XII/Leistungen zur Grundsicherung im Alter nach §§ 41 ff. SGB XII etc vgl. *Iffland/Düncher* § 7 Rn. 80.
[10] BVerwG BeckRS 2010, 50098; BGH MDR 2018, 1428; *Drasdo* NVwZ 2011, 1181 (1182).

Aufnahme des Pflegbedürftigen bis zum tatsächlichen Einzugstermin.[11] Der Verbraucher wird auch von der Zahlungspflicht gegenüber dem Unternehmer befreit, wenn er nach einer Kündigung vorzeitig auszieht.[12]

In Folge der Nichtigkeitsanordnung entstehende Regelungslücken im Vertrag sind im Wege der **ergänzenden Vertragsauslegung** zu schließen.[13] Es ist zu bestimmen, was die Parteien bei einer angemessenen Abwägung ihrer Interessen nach Treu und Glauben vereinbart hätten, wenn sie von der Unwirksamkeit der von ihnen getroffenen Regelung gewusst hätten. Dabei sind die gesetzlichen Vorgaben des WBVG und der SGB XI und SGB XII zu berücksichtigen.[14] § 139 BGB kommt nicht zur Anwendung.[15] Der Verbraucher soll in Folge des Verstoßes durch Anordnung der Gesamtnichtigkeit nicht schutzlos gestellt werden. 7

§ 16 WBVG Unwirksamkeit abweichender Vereinbarungen

Von den Vorschriften dieses Gesetzes zum Nachteil des Verbrauchers abweichende Vereinbarungen sind unwirksam.

Die Regelung des § 16 ordnet die **halbzwingende Wirkung** des Gesetzes an. Vereinbarungen, die zum Nachteil des Verbrauchers von den Vorgaben des WBVG abweichen, sind unwirksam. Vertragliche Abweichungen vom Gesetz, die den Verbraucher nicht benachteiligen, sind zulässig.[1] 1

Eine unwirksame Abweichung von den Vorgaben des Gesetzes liegt nicht vor, wenn das Gesetz ausdrücklich eine Abweichung zulässt, so zB in § 8 Abs. 4, soweit wiederum der dort vorgegebene Rahmen eingehalten wird. Ebenso können zwischen den Parteien Vereinbarungen getroffen werden, die außerhalb des sachlichen Anwendungsbereichs des WBVG liegen.[2] 2

Nach der überwiegenden Ansicht ist eine Vereinbarung, nach der der Verbraucher zur **Vorleistung** verpflichtet ist, unter Berücksichtigung von § 16 **nicht zulässig.** Zwar ist in § 7 die Fälligkeit des Entgelts nicht geregelt, aber der Verbraucher muss Zahlungen erst dann erbringen, wenn der Unternehmer vollständig geleistet hat (§ 320 BGB). Dieses Ergebnis folgt zwingend aus § 16.[3] 3

Maßgeblich sind **rechtliche Nachteile** für den Verbraucher, nicht wirtschaftliche.[4] Dabei ist eine objektive Beurteilung anhand der individuellen Situation des jeweiligen Verbrauchers als Vertragspartner vorzunehmen.[5] 4

Rechtsfolge einer nachteiligen Abweichung ist die **Nichtigkeit** der abweichenden vertraglichen Vereinbarung. Es kommt nicht zu einer Anwendung von § 139 BGB.[6] Der Verbraucher soll nicht schutzlos gestellt werden, weil einzelne Regelungen wegen des Verstoßes gegen § 16 nicht gelten. 5

§ 17 WBVG Übergangsvorschrift

(1) [1]Auf Heimverträge im Sinne des § 5 Absatz 1 Satz 1 des Heimgesetzes, die vor dem 1. Oktober 2009 geschlossenen worden sind, sind bis zum 30. April 2010 die §§ 5 bis 9 und 14 Absatz 2 Nummer 4, Absatz 4, 7 und 8 des Heimgesetzes in ihrer bis zum 30. September 2009 geltenden Fassung anzuwenden. [2]Ab dem 1. Mai 2010 richten sich die Rechte und Pflichten aus den in Satz 1 genannten Verträgen nach diesem Gesetz. [3]Der Unternehmer hat den Verbraucher vor der erforderlichen schriftlichen Anpassung eines Vertrags in entsprechender Anwendung des § 3 zu informieren.

(2) Auf die bis zum 30. September 2009 geschlossenen Verträge, die keine Heimverträge im Sinne des § 5 Absatz 1 Satz 1 des Heimgesetzes sind, ist dieses Gesetz nicht anzuwenden.

(3) § 6 Absatz 3 Nummer 4 gilt nur für nach dem 31. März 2016 geschlossene Verträge.

---

11 BGH NJW 2021, 3597 m. zust. Bespr. *Mälzer* VuR 2023, 375.
12 BGH MDR 2018, 1428.
13 BT-Drs. 16/12409, 29; Grüneberg/*Weidenkaff* Rn. 1.
14 BeckOGK/*Drasdo,* 1.4.2024, Rn. 1.
15 BeckOGK/*Drasdo,* 1.4.2024, Rn. 1; *Iffland/Düncher* Rn. 7.
1 BT-Drs. 16/12409, 30.
2 *Iffland/Düncher* § 16 Rn. 6.
3 *Drasdo* NJW 2010, 1174 (1176).
4 BeckOGK/*Drasdo,* 1.4.2024, § 12 Rn. 4; *Iffland/Düncher* Rn. 5.
5 BeckOGK/*Drasdo,* 1.4.2024, § 12 Rn. 4; *Iffland/Düncher* Rn. 5.
6 BeckOGK/*Drasdo,* 1.4.2024, Rn. 9; *Iffland/Düncher* Rn. 7.

1 § 17 enthält eine Regelung über die Anwendung des WBVG auf Verträge, die **vor seinem Inkrafttreten** geschlossen wurden. Diesbezüglich erfolgt eine Differenzierung zwischen Heimverträgen iSv § 5 Abs. 1 S. 1 HeimG und sonstigen Verträgen.

2 Nach § 17 Abs. 1 ist das WBVG seit **dem 1.5.2010 auch auf Heimverträge** iSd § 5 Abs. 1 S. 1 Heimgesetz anwendbar, die **vor dem Inkrafttreten (1.10.2009) geschlossen** wurden. Für den zwischenzeitlichen Zeitraum, die Übergangsphase (Anfang Oktober 2009 bis Ende April 2010), haben Unternehmer die Möglichkeit zur Umstellung der betroffenen Verträge erhalten.[1] Der Unternehmer hatte die Verbraucher entsprechend § 3 vor der schriftlichen Vertragsanpassung zu informieren (§ 17 Abs. 1 S. 3).

3 Hinsichtlich sonstiger Verträge gilt das WBVG nur, wenn die Verträge nach Inkrafttreten des Gesetzes geschlossen wurden, also **ab dem 1.10.2009.** Für Verträge, die bis zum 30.9.2009 geschlossen wurden, gilt das WBVG daher nicht. Sie genießen Bestandsschutz.[2]

4 Ein **Sonderfall** liegt in § 6 Abs. 3 Nr. 4 vor. Nach Maßgabe von § 17 Abs. 3 besteht die Informationspflicht des Unternehmers nach **§ 6 Abs. 1 VSBG** nur für Verträge, die ab dem 1.4.2016 geschlossen wurden.

---

1 BT-Drs. 16/12409, 30.

2 *Bachem/Hacke* Rn. 11.

Sachverzeichnis

Die fett gedruckten Ziffern bezeichnen Artikel,
Paragraphen oder Abschnitte, die mager gedruckten Randnummern.

Bearbeiter: Dr. Martina Schulz

A

B

D

E

F

G

H

I

J

K

M

N

O

P

Q

R

S

T

U

V

W

Z

§ 6 Abs. 1 S. 1 erfasst auch Ansprüche iSd §§ 196, 197 BGB aF, wenn sie im Jahre 2001 entstanden sind, so dass die Verjährung gemäß § 201 BGB aF mit Ablauf des 31.12.2001 zu laufen begann.[10]

2. Hemmung, Ablaufhemmung, Neubeginn. Entsprechendes gilt für Hemmung, Ablaufhemmung und Neubeginn der Verjährung. Vor dem Stichtag abgeschlossene Tatbestände unterliegen mithin altem Recht. Reichen die tatbestandsrelevanten Umstände hingegen zeitlich über den Stichtag hinaus, unterliegen ihre Folgen ab 1.1.2002 ebenso dem heute geltenden Recht wie Tatbestände, die vollständig nach dem Stichtag verwirklicht werden. Neugeschaffene, dem alten Recht unbekannte Hemmungsgründe beispielsweise (wie § 203 BGB oder § 208 BGB) führen erst ab diesem Zeitpunkt dazu, dass der Ablauf der Verjährungsfrist hinausgeschoben wird.[11] Dabei muss der jeweiligen neurechtlichen Sachnorm durch Auslegung entnommen werden, ob und inwieweit sie auch Ansprüche nach altem Recht erfasst. Im Falle der Ablaufhemmung gemäß § 479 Abs. 2 BGB aF (heute § 445b Abs. 2 BGB) etwa war dies zu bejahen, weil ein zufälliger Abbruch des Regresses in der Lieferkette, wie er als Folge von Art. 229 § 6 Abs. 3 eintreten könnte, dem Normzweck entgegenstünde.[12] 6

Eine weitergehende Präzisierung enthält **Abs. 1 S. 3,** demzufolge die frühere Rechtslage auch in solchen Fällen maßgeblich bleibt, in denen eine vor dem Stichtag eingetretene Unterbrechung durch einen nach dem Stichtag eingetretenen Umstand als nicht erfolgt oder als erfolgt gilt. Nach dieser hauptsächlich auf **§ 212 Abs. 1 BGB aF, § 215 Abs. 2 BGB aF** zugeschnittenen Norm beurteilt sich in vollem Umfang nach altem Recht, ob durch Klagerücknahme, Prozessurteil oder mehr als sechsmonatige Untätigkeit die ex ante bewirkte Unterbrechung rückwirkend wieder entfallen ist. Eine **kraft Abs. 2 mit dem 1.1.2002 eingetretene Hemmung** teilt das Schicksal der bisherigen altrechtlichen Unterbrechung.[13] Wollte man lediglich eine vor dem Stichtag eingetretene Unterbrechung als beseitigt ansehen, wäre der Regelungsgehalt von Abs. 1 S. 3 in kaum nachvollziehbarer Weise marginalisiert.[14] Auch das Prinzip vom Vorrang der früher eingetretenen Verjährung (näher → Rn. 1, → Rn. 9) gebietet, dass Abs. 1 S. 3 eine nach dem Stichtag übergeleitete Hemmung unter den gleichen Voraussetzungen zum rückwirkenden Wegfall bringt wie eine Unterbrechung vor dem Stichtag. Altes Recht (§ 212 Abs. 2 BGB aF) entscheidet umgekehrt auch darüber, unter welchen Voraussetzungen eine neuerliche Klageerhebung nach dem Stichtag dazu führt, dass eine Unterbrechung schon als vor dem Stichtag eingetreten gilt. Natürlich bestimmen sich die Wirkungen dieser Unterbrechung seit 1.1.2002 aber nach § 209 BGB. Die Vorschrift des Abs. 1 S. 3 hat daneben Konsequenzen für **rückwirkende Verjährungseinwirkungen durch „Zustellung demnächst“** (§ 167 ZPO; → § 204 Rn. 27 ff.). Erfolgte die Zustellung nach dem Stichtag, konnte daher wegen eines zuvor gestellten Antrags auf Rechtsverfolgung noch Unterbrechung nach altem Recht eintreten, die sich ab dem Stichtag dann als Hemmung fortsetzte.[15] 7

Abs. 2, der die Überleitung von **ehemaligen Unterbrechungsregeln in Hemmungstatbestände** zum Gegenstand hat und vor allem die Rechtsverfolgung iSd § 209 BGB aF erfasst, besitzt lediglich klarstellenden Charakter. Eine derartige Unterbrechung, wenn sie vor dem Stichtag eingetreten und noch nicht beendet war, endete danach mit Ablauf des 31.12.2001. Als Konsequenz begann am 1.1.2002 die (vorbehaltlich Abs. 3 und 4 nach jetzt geltendem Recht zu bemessende) Verjährung neu[16] und wurde sogleich nach § 204 BGB gehemmt. 8

III. Verjährungsdauer

Ausnahmen von Abs. 1 S. 1 bestehen ferner im Hinblick auf die Länge der Verjährungsfristen. Dabei entspricht Abs. 4 dem Regelungsgehalt der Art. 169 Abs. 2, Art. 231 § 6 Abs. 2, während Abs. 3 ein Novum im deutschen intertemporalen Verjährungsrecht darstellt. Im Verein führen die beiden Absätze dazu, dass sich bei Fristabweichungen zwischen altem und neuem Recht stets die **kürzere Frist durchsetzt,** dh der im Ergebnis frühere Verjährungseintritt entscheidet. Enthalten altes und neues Recht gleich lange Fristen, stellen sich auf der Grundlage des Abs. 1 S. 1 keine besonderen Probleme. Zu einem Fristenvergleich analog Abs. 3 und 4 kommt es nicht.[17] Zu beachten sind gemäß Abs. 1 S. 2 lediglich jene Verschiebungen, die als Folge von Hemmungs- und Unterbrechungs- bzw. Neubeginnsgründen auftreten (→ Rn. 6). Die durch das SchuldRModG **neu einge-** 9

---

10 *Gsell* NJW 2002, 1297 (1300 f.).
11 KG ZEV 2008, 481 (482).
12 *Heß* NJW 2002, 253 (259 f.); aA *Budzikiewicz* AnwBl 2002, 394 (399).
13 BGH NJW 2007, 2034 (2035), allerdings mit zweifelhafter Begr.
14 Eingehend *Grothe* WuB IV B. Art. 229 § 6 EGBGB 1.07.
15 BGH NJW 2008, 1674 f. gegen OLG München NJW-RR 2005, 1108 (1109).
16 OLG Düsseldorf NJOZ 2006, 3202 (3203 f.).
17 Offengelassen von OLG Düsseldorf NJOZ 2006, 3202 (3204); aA *Gsell* NJW 2002, 1297 (1302); s. auch Staudinger/*Peters/Jacoby,* 2016, Rn. 13 f., der zwischen „gleiche(n)“ und „unveränderte(n) Fristen“ trennt.

führten Tatbestände der **Ablaufhemmung,** namentlich § 210 Abs. 1 S. 1 Alt. 1 BGB, § 438 Abs. 3 S. 2 BGB, § 479 Abs. 2 BGB aF (heute § 445b Abs. 2 BGB) und § 634a Abs. 3 S. 2 BGB, üben keinen Einfluss auf die Verjährungsfrist selbst aus, sondern spielen nur im konkreten Einzelfall für den Verjährungseintritt eine Rolle. Es handelt sich um bloße Verjährungsmodalitäten. Ausweislich Abs. 1 S. 2 hat der Gesetzgeber ihre intertemporale Bedeutung erkannt, so dass eine entsprechende Anwendung der Abs. 3 und 4 mangels Regelungslücke nicht gerechtfertigt ist.[18] Die genannten Bestimmungen können vielmehr in gleicher Weise wie neue Hemmungsgründe in casu zu einer Verlängerung der Verjährung führen.

10 **1. Längere Frist nach neuem Recht (Abs. 3).** Aus Gründen des Schuldnerschutzes bleibt es bei der Frist des alten Rechts, sofern das neue Recht abstrakt eine längere Frist vorsieht. Der konkrete Verjährungseintritt bestimmt sich nach näherer Maßgabe der Ausführungen in → Rn. 6. Wichtige Anwendungsfälle von Abs. 3 bilden die im Vergleich zu § 438 Abs. 1 BGB, § 634a Abs. 1 BGB erheblich kürzeren Gewährleistungsregeln der § 477 Abs. 1 BGB aF, § 638 Abs. 1 BGB aF. Dies gilt unter Berücksichtigung des in → Rn. 2 Gesagten auch dann, wenn der Anspruch nach dem 31.12.2001 einem Vertragsverhältnis entsprang, das vor dem Stichtag entstanden ist.[19] Die Gegenmeinung[20] führt zu einem vom Gesetzgeber nicht gewollten Eingriff in das vertragliche Äquivalenzverhältnis und damit in die Parteiautonomie.

11 Probleme bereiten **vertragliche Fristverlängerungen,** die vor dem 1.1.2002 vereinbart worden und wegen § 225 BGB aF iVm § 134 BGB unwirksam geblieben sind, nach heute geltendem Recht jedoch Wirksamkeit entfalten würden (§ 202 Abs. 2 BGB). Zwar führt der nachträgliche Wegfall eines Verbotsgesetzes grundsätzlich nicht zur **Heilung früherer verbotswidriger Parteivereinbarungen.**[21] Mit Art. 229 § 6 hat der Gesetzgeber indes eine spezielle Übergangsregelung geschaffen, die dem novellierten Verjährungsrecht schnellstmöglich zu voller Wirksamkeit verhelfen soll.[22] Dieser ratio entspricht es, § 202 Abs. 2 BGB ab dem Stichtag auch auf früher getroffene Verjährungsabreden zu erstrecken, so dass es keiner neuerlichen Vereinbarung bedarf.[23] Voraussetzung ist allerdings, dass der Anspruch nicht bereits vor dem Stichtag verjährt war. Ungewöhnlich ist die skizzierte Heilung nichtiger Abreden nicht; auch im Rahmen des Art. 25 Abs. 2 aF[24] entsprach sie der hM.[25] Der Fristenvergleich nach Art. 229 § 6 Abs. 3 steht dem verlängerten Verjährungslauf nicht entgegen. Zum einen spricht die Norm von „Verjährungsfristen nach dem Bürgerlichen Gesetzbuch", zum anderen bleibt bei einer Parteivereinbarung für den Schuldnerschutzgedanken des Abs. 3 kein Raum.[26]

12 **2. Kürzere Frist nach neuem Recht (Abs. 4).** Enthält das novellierte Recht abstrakt eine kürzere Frist als das alte Recht, beginnt Abs. 4 S. 1 zufolge die neue Frist erst am Stichtag zu laufen. Die Vorschrift dient dem Schutz des Gläubigers. Der Gesetzgeber wollte verhindern, dass als Folge von Abs. 1 S. 1 die anwendbare kürzere Frist im Extremfall am 1.1.2002 bereits abgelaufen ist.[27] Als Korrektiv zu Gunsten der Schuldnerbelange statuiert Abs. 4 S. 2 jedoch ein **Günstigkeitsprinzip:** Die alte Frist bleibt maßgeblich, sofern nach ihr im konkreten Einzelfall, also auch unter Berücksichtigung des in → Rn. 6 Gesagten, die Verjährung früher eintritt als nach dem Modus des Abs. 4 S. 1. Insbesondere weil der Reformgesetzgeber die dreißigjährige Regelverjährung durch §§ 195, 199 BGB ersetzt hat, besitzt die Bestimmung große praktische Relevanz.

13 **3. Fristenvergleich.** Der nach Abs. 3 und Abs. 4 anzustellende Fristenvergleich wirft die Frage auf, ob es im Rahmen des neuen Rechts auf die Regelverjährung des § 195 BGB, ggf. unter Hinzuziehung der Bestimmung des Fristbeginns in § 199 Abs. 1 BGB, oder auf die Höchstfristen

---

[18] *Pfeiffer* ZGS 2002, 17; vgl. auch BGHZ 142, 172 (181 f.) = NJW 1999, 3332 zu Art. 231 § 6; aA *Budzikiewicz* AnwBl 2002, 394 (398).

[19] BGH NJW 2006, 44 (45); LG Kaiserslautern NJW-RR 2005, 1114 (1115); *Gsell* NJW 2002, 1297 (1303); Grüneberg/*Ellenberger* Rn. 5.

[20] NK-BGB/*Budzikiewicz* Rn. 46; *Budzikiewicz* AnwBl 2002, 394 (395).

[21] BGHZ 11, 59 (60) = NJW 1954, 549; Staudinger/*Seibl/Fischinger/Hengstberger,* 2021, BGB § 134 Rn. 86.

[22] Dagegen will *Lakkis* AcP 203 (2003), 763 (783) auf die Übergangsvorschrift des Art. 229 § 5 statt der des Art. 229 § 6 abstellen.

[23] Vgl. NK-BGB/*Budzikiewicz* Rn. 49 f.; aA Staudinger/*Peters/Jacoby,* 2016, Rn. 9.

[24] Zur Nichtigkeit vor dem 1.9.1986 s. BGH NJW 1972, 1001 (1003); Staudinger/*Dörner,* 2007, Art. 25 Rn. 12, 16.

[25] LG Hamburg IPRspr. 1991 Nr. 142 S. 264 (274 f.); bestätigt durch OLG Hamburg IPRspr. 1992 Nr. 162 (S. 352); Palandt/*Thorn,* 2015, Art. 26 Rn. 8; *v. Bar* IPR II, 1. Aufl. 1991, Rn. 359; *Lange* DNotZ 2000, 343; aA Staudinger/*Dörner,* 2007, Art. 25 Rn. 16; Soergel/*Schurig,* 12. Aufl. 1996, Art. 25 Rn. 21.

[26] NK-BGB/*Budzikiewicz* Rn. 53.

[27] Begr. RegE, BT-Drs. 14/6040, 273.